D1919802

Harte-Bavendamm/Henning-Bodewig
UWG-Kommentar

Gesetz gegen den unlauteren Wettbewerb (UWG)

Mit Preisangabenverordnung
und Geschäftsgeheimnisgesetz

Kommentar

Herausgegeben von

Prof. Dr. Henning Harte-Bavendamm
Rechtsanwalt in Hamburg

Prof. Dr. Frauke Henning-Bodewig
Max-Planck-Institut für
Innovation und Wettbewerb in München

Dr. Michael Goldmann
Rechtsanwalt in Hamburg

Dr. Jan Tolkmitt
Richter am Bundesgerichtshof

Bearbeitet von

RiOLG a. D. Prof. em. *Dr. Hans-Jürgen Ahrens,* Göttingen; Vors.RiOLG a. D. *Hermann Brüning,* Hamburg; RA *Dr. Dirk Bruhn,* Hamburg; Vors.RiLG Prof. *Dr. Gunda Dreyer,* Kassel; RA *Dr. Christian Frank,* München; RiOLG Prof. *Dr. Jochen Glöckner,* Konstanz; RA *Dr. Michael Goldmann,* Hamburg; RA Prof. *Dr. Henning Harte-Bavendamm,* Hamburg; Prof. *Dr. Frauke Henning-Bodewig,* München; RA *Dr. Carl von Jagow,* Hamburg; RA *Dr. Erhard Keller,* Düsseldorf; RA *Dr. Hermann-Josef Omsels,* Berlin; Prof. *Dr. Peter Picht,* Zürich; Prof. *Dr. Rupprecht Podszun,* Düsseldorf; Vors.RiOLG *Konrad Retzer,* München; Prof. em. *Dr. Rolf Sack,* Mannheim; RA Prof. *Dr. Thomas Sambuc,* Stuttgart; RA *Dr. Karolina Schöler,* Hamburg; RA *Dr. Andreas Schulz,* München; RiBGH *Dr. Jan Tolkmitt,* Hamburg; RA *Dr. Stefan Weidert,* Berlin

5. Auflage 2021

C.H.BECK

Zitiervorschlag: (Beispiel)
Harte-Bavendamm/Henning-Bodewig/Podszun UWG § 1 Rn. 1

www.beck.de

ISBN 978 3 406 75504 0

© 2021 Verlag C. H. Beck oHG
Wilhelmstraße 9, 80801 München
Satz, Druck, Bindung und Umschlaggestaltung:
C. H. Beck Nördlingen
(Adresse wie Verlag)

CO_2 neutral
chbeck.de/nachhaltig

Gedruckt auf säurefreiem, alterungsbeständigem Papier
(hergestellt aus chlorfrei gebleichtem Zellstoff)

Vorwort

Mit der Vorauflage von 2016 waren die Auswirkungen der UWG-Reform 2015, die im Ausgangspunkt der besseren Anpassung an die Vorgaben der Richtlinie über unlautere Geschäftspraktiken (RL 2005/729/EG vom 11. Mai 2005) dienen sollte, in die Kommentierung einbezogen worden. Wer erwartet hatte, die lauterkeitsrechtlichen Aktivitäten auf europäischer und deutscher Ebene kämen nun einstweilen zur Ruhe, so dass Rechtsprechung und Rechtswissenschaft sich darauf konzentrieren könnten, die vielfältigen Neuerungen der vergangenen zehn Jahre näher zu beleuchten und mit Leben zu erfüllen, sah sich getäuscht. Im Rahmen ihres Projekts „New Deal for Consumers" erließ die Europäische Kommission die sogenannte „Omnibus-Richtlinie" 2019/2161 vom 27. November 2019, mit der sie eine bessere Durchsetzung und eine Modernisierung der Verbraucherschutzvorschriften der Union anstrebte. Ein erheblicher Teil der durch die „Omnibus-Richtlinie" herbeizuführenden Änderungen betrifft die UGP-Richtlinie 2005/29/EG.

Parallel hierzu und unabhängig hiervon hatte die Bundesregierung am 15. Mai 2019 den Entwurf für ein „Gesetz zur Stärkung des fairen Wettbewerbs" vorgelegt, mit dem missbräuchliche Abmahnungen zurückgedrängt und die missbräuchliche Anspruchsverfolgung eingedämmt werden sollten. Der vielfach kritisierte Entwurf war schon am 23. Oktober 2019 Gegenstand einer öffentlichen Anhörung im Ausschuss für Recht und Verbraucherschutz. Zu diesem Zeitpunkt waren die Vorbereitungen für die 5. Auflage dieses Kommentars bereits weit fortgeschritten. Es stellte alle am Kommentar Beteiligten vor besondere Herausforderungen, dass sich das weitere Gesetzgebungsverfahren in ganz ungewöhnlichem Ausmaß verzögerte. Erst am 1. Dezember 2020 konnte das Gesetz zur Stärkung des fairen Wettbewerbs verkündet werden, nachdem noch im allerletzten Stadium der parlamentarischen Behandlung signifikante Abweichungen vom Regierungsentwurf beschlossen worden waren. Dem besonderen Einsatz der von diesen Verzögerungen und Last-Minute-Änderungen betroffenen Autoren ist es zu verdanken, dass die 5. Auflage bereits mit sämtlichen auf das Gesetz zur Stärkung des fairen Wettbewerbs zurückgehenden Neuerungen im Frühjahr 2021 hätte erscheinen können. Die rasch darauf folgenden weiteren Reformbestrebungen ließen dies jedoch nicht zu.

Zur Umsetzung der „Omnibus-Richtlinie" veröffentlichte die Bundesregierung im Januar 2021 den Entwurf für ein „Gesetz zur Stärkung des Verbraucherschutzes im Wettbewerbs- und Gewerberecht". Ungeachtet kritischer Stellungnahmen zum entsprechenden Referentenentwurf stimmte der Regierungsentwurf mit diesem im Wesentlichen überein. In weiten Bereichen verfolgten beide Entwürfe – ganz anders als etwa bei Umsetzung der UGP-Richtlinie – ein Konzept der praktisch wortlautgetreuen Übernahme der Richtlinienvorschriften. Darüber hinaus überraschte der Referentenentwurf jedoch auch mit einer nicht durch das Europäische Recht gebotenen Regelung des sogenannten Influencermarketing. Da sich alsbald abzeichnete, dass das Gesetz zur Stärkung des Verbraucherschutzes noch in der laufenden Wahlperiode verabschiedet werden würde, entschlossen sich Verlag und Herausgeber, das Ergebnis des Gesetzgebungsverfahrens noch abzuwarten – dies ungeachtet dessen, dass die neuen Vorschriften erst am 28. Mai 2022 in Kraft treten sollten (und, was mittlerweile feststeht, auch in Kraft treten werden). Tatsächlich wurde das Gesetz mit einigen vom Ausschuss für Recht und Verbraucherschutz vorgeschlagenen Änderungen noch Ende Juni 2021 beschlossen und am 17. August 2021 im Bundesgesetzblatt verkündet. In einem separaten Teil dieser 5. Auflage ist die ab 28. Mai 2022 geltende Fassung des UWG (in diesem Werk informell als „UWG 2022" bezeichnet) geschlossen abgedruckt. Alle über rein redaktionelle Anpassungen hinausgehenden Neuerungen werden dort in teils noch knapper, teils schon durchaus detaillierter Form kommentiert; Letzteres gilt insbesondere für den in § 9 Abs. 2 UWG 2022 aufgenommenen individuellen Schadensersatzanspruch der durch unlautere geschäftliche Handlungen geschädigten Verbraucher. Wegen aller vom Gesetz zur Stärkung des Verbraucherschutzes nicht berührten Vorschriften des UWG wird auf die Kommentierung der bei Erscheinen dieser 5. Auflage anwendbaren Gesetzesfassung verwiesen (diese wird zur Abgrenzung vom künftigen „UWG 2022" in diesem Werk informell als „UWG 2020" bezeichnet, da sie die aufgrund des Gesetzes zur Stärkung des fairen Wettbewerbs vom 26. November 2020 geänderten Vorschriften bereits einbezieht).

Dieser weit nach dem ursprünglich geplanten Erscheinungstermin der 5. Auflage eingetretenen Gesetzesänderungen nicht genug, passierte Ende Juni 2021 auch noch das „Gesetz für faire Verbraucherverträge" den Bundestag und den Bundesrat. Es tritt – soweit für das UWG relevant – am 1. Oktober 2021 in Kraft. In einem neuen § 7a UWG werden die Voraussetzungen für die Telefonwerbung verschärft, flankiert durch neue Bußgeldvorschriften in § 20 UWG. Diese Neuerungen werden im ersten Teil dieser 5. Auflage mit kommentiert, also nicht im separaten Abschnitt über das „UWG 2022".

Ein weiterer unionsrechtlich veranlasster Einschnitt betrifft die vollständige Neuordnung des Schutzes von Geschäftsgeheimnissen. Die auch aus deutscher Sicht überfällige Reform des bisher im Nebenstrafrecht der §§ 17–19 UWG verankerten Schutzes von Betriebs- und Geschäftsgeheimnissen beruht auf der Richtlinie (EU) 2016/943, in deren Umsetzung die §§ 17–19 UWG aufgehoben wurden. Voraussetzungen und Grenzen des Schutzes von Geschäftsgeheimnissen richten sich nun nach dem am 26. April 2019 in Kraft getretenen Gesetz zum Schutz von Geschäftsgeheimnissen (GeschGehG), einem Stammgesetz, das – endlich – die zivilrechtlichen Regelungen in den Vordergrund stellt und die Strafandrohungen nur noch als Annex behandelt. In Teil III dieser 5. Auflage findet sich eine ausführliche, kommentierende Einführung in den Hintergrund, die Zielrichtung und die Struktur des GeschGehG sowie in die Grundzüge der einzelnen materiell- und verfahrensrechtlichen Vorschriften des neuen Gesetzes.

Aus dem Autorenteam für die Länderberichte im Abschnitt F der Einleitung sind Prof. *Dr. Antonia Bakardjieva Engelbrekt* und Prof. *Dr. Theo Bodewig* ausgeschieden. Verlag und Herausgeber sind beiden Wissenschaftlern für ihre Beiträge zu den Vorauflagen zu großem Dank verbunden.

Die Herausgeberin und der Herausgeber der ersten vier Auflagen haben dem Verlag vorgeschlagen, die Herausgebertätigkeit auf weitere Schultern zu verteilen. Erfreulicherweise konnten Rechtsanwalt *Dr. Michael Goldmann* und RiBGH *Dr. Jan Tolkmitt* dafür gewonnen werden, über ihre jeweiligen Kommentierungen hinaus diese zusätzlichen Aufgaben mit zu übernehmen.

Herausgeberin und Herausgeber würden sich glücklich schätzen, wenn dieser Kommentar – wie schon seit Erscheinen der Erstauflage im Jahr 2004 – die Diskussion über die Entwicklung des Lauterkeitsrechts weiter mit inspirieren würde. Sie sind für kritische Äußerungen aus dem Leserkreis jederzeit dankbar. Anregungen erbitten wir an henning@harte-bavendamm.de, fhb@ip. mpg.de, m.goldmann@harte-bavendamm.de und/oder tolkmitj@hu-berlin.de.

Im August 2021

Henning Harte-Bavendamm (Hamburg)
Frauke Henning-Bodewig (München)
Michael Goldmann (Hamburg)
Jan Tolkmitt (Hamburg)

Im Einzelnen haben bearbeitet:

Es haben bearbeitet:

RiOLG a. D. Prof. Dr. Hans-Jürgen Ahrens ...	Einleitung G I.-IV.
Vors. RiOLG a. D. Hermann Brüning	Vorbemerkung § 12 UWG, §§ 13, 13a
RA Dr. Dirk Bruhn	Anhang § 3 UWG Rn. 317–362, 390–401, § 4 UWG Rn. 40–86
Vors.RiLG Prof. Dr. Gunda Dreyer	Anhang § 3 UWG Rn. 32–44, 62–72, 186, 196, 213–225, 264–298, 417–440, § 5 UWG Rn. 1–402, 592–662, 839–890, 910a-910d, 1070–1139, 1174–1220, 1239–1248, 1277–1376, 1388–1433, § 5a UWG Rn. 1–236, § 16 UWG, Anh UWG 2022 § 5
RA Dr. Christian Frank	Anhang § 3 UWG Rn. 226–250, 441–459, § 5a UWG Rn. 237–407, Anh UWG 2022 § 5a, § 5b Rn. 5–8, Anhang § 3 Nr. 23 a–c
RiOLG Prof. Dr. Jochen Glöckner	Einleitung B-E
RA Dr. Michael Goldmann	Vorbemerkung § 8 UWG, §§ 8–10 UWG, § 15a UWG, Anh UWG 2022 § 9
RA Prof. Dr. Henning Harte-Bavendamm ...	GeschGehG, Anh UWG 2022 § 5b Rn. 1–4
RA Prof. Dr. Frauke Henning-Bodewig	Einleitung F, Anhang § 3 UWG Rn. 1–31, 376–389, 480–488
RA Dr. Carl von Jagow	§ 3a UWG
RA Dr. Erhard Keller	Einleitung A, § 2 UWG, Anh UWG 2022 § 2
RA Dr. Hermann-Josef Omsels	§ 4 UWG Rn. 1–39, 300–577
Prof. Dr. Peter Picht	Anhang § 3 UWG Rn. 251–263, 489–515, § 4a UWG
Prof. Dr. Rupprecht Podszun	§ 1 UWG, 3 UWG, Anh UWG 2022 §§ 1, 5c, 6, 19
Vors.RiOLG Konrad Retzer	§ 12 UWG Rn. 1–518, 689–713
Prof. Dr. Rolf Sack	§ 6 UWG
RA Prof. Dr. Thomas Sambuc	Einleitung G V., § 4 UWG Rn. 89–299
RA Dr. Karolina Schöler	Anhang § 3 UWG Rn. 470–479, 516–533, § 7 UWG, § 20 UWG, Anh UWG 2022 Anhang § 3 Nr. 26, 32
RA Dr. Andreas Schulz	§ 11 UWG
Vors. RiOLG Dr. Jan Tolkmitt	§ 7a, § 12 UWG Rn. 519–688, §§ 14, 15 UWG, Anh UWG 2022 § 14
RA Dr. Stefan Weidert	Anhang § 3 UWG Rn. 45–61, 73–185, 197–212, 299–316, 363–375, 402–416, 460–469, § 5 UWG Rn. 403–591, 663–838, 891–910, 911–1069, 1140–1173, 1221–1238, 1249–1276, 1377–1387, PAngV

Inhaltsverzeichnis

Kommentierung des UWG

Einleitung

Kapitel 1. Allgemeine Bestimmungen

Kapitel 2. Rechtsfolgen

Kapitel 3. Verfahrensvorschriften

Kapitel 4. Straf- und Bußgeldvorschriften

Kommentierung der Preisangabenverordnung

Schutz von Geschäftsgeheimnissen

Anhang UWG 2022

Abkürzungsverzeichnis

aA/AA .... anderer Ansicht
aaO .... am angegebenen Ort
Abk .... Abkommen
ABl. .... Amtsblatt der Europäischen Gemeinschaft
abl. .... ablehnend
Abs. .... Absatz
abw. .... abweichend
AcP .... Archiv für die civilistische Praxis (Band, Jahr, Seite)
AEUV .... Vertrag über die Arbeitsweise der Europäischen Union idF v. 9.5.2008 (ABl. Nr. C S. 47)
aF .... alte Fassung
AfP .... Archiv für Presserecht (Jahr, Seite)
AG .... Amtsgericht; Aktiengesellschaft
AGB .... Allgemeine Geschäftsbedingungen
AGF/GfK .... Arbeitsgemeinschaft Fernsehforschung
AktG .... Aktiengesetz v. 6.9.1965 (BGBl. I S. 1089)
allg. .... allgemein
aM .... anderer Meinung
AMG .... Gesetz über den Verkehr mit Arzneimitteln (Arzneimittelgesetz)
Amtl. Begr. .... amtliche Begründung
Anh. .... Anhang
Anl. .... Anlage
Anm. .... Anmerkung
AO .... Abgabenordnung idF v. 1.10.2002 (BGBl. I S. 3866)
AOL .... American Online Inc.
AöR .... Archiv des öffentlichen Rechts (Band, Seite)
AP .... Arbeitsrechtliche Praxis. Nachschlagewerk des Bundesarbeitsgerichts
ApBetrO .... Apothekenbetriebsordnung
ApGes .... Apothekengesetz idF v. 15.10.1980 (BGBl. I S. 1993)
ArbGG .... Arbeitsgerichtsgesetz idF v. 2.7.1979 (BGBl. I S. 853)
ARD .... Allgemeiner Rundfunk Deutschland
Art. .... Artikel
ASA .... Advertising Standards Authority (Großbritannien)
ASAI .... Advertising Standards Authority for Ireland
AT .... Allgemeiner Teil
Aufl. .... Auflage
AWG .... Außenwirtschaftsgesetz v. 6.6.2013 (BGBl. I S. 1482)
Az. .... Aktenzeichen

BACC .... Broadcast Advertising Clearance Center (Großbritannien)
BAG .... Bundesarbeitsgericht (auch amtl. Sammlung seiner Entscheidungen, Band, Seite)
BAnz .... Bundesanzeiger
BayObLG .... Bayerisches Oberstes Landesgericht
BB .... Betriebs-Berater (Jahr, Seite, Zeitschrift)
BB (AWD) .... Der Betriebsberater, Außenwirtschaftsdienst (Jahr, Seite)
BBC .... British Broadcasting Corporation (London)
Bd. .... Band
Begr. .... Begründung
Bek. .... Bekanntmachung
Bekl .... Beklagter
ber. .... berichtigt
Beschl. .... Beschluss
BGBInfoV .... BGB-Informationspflichtenverordnung idF v. 5.8.2002 (BGBl. I S. 3002)
betr. .... betreffend

Abkürzungsverzeichnis

BGB	Bürgerliches Gesetzbuch idF v. 2.1.2002 (BGBl. I S. 42)
BGBl.	Bundesgesetzblatt
BGH	Bundesgerichtshof
BGHZ	Amtliche Sammlung der Entscheidungen des Bundesgerichtshofs in Zivilsachen (Band, Seite)
BGHSt	Entscheidungen des Bundesgerichtshofs in Strafsachen (Band, Seite)
BIM	Bundesminister des Inneren
BMJ	Bundesministerium der Justiz
BKartA	Bundeskartellamt
BMW	Bayerische Motoren-Werke
BO	Berufsordnung
BORA	Berufsordnung für Rechtsanwälte
BPatG	Bundespatentgericht (auch amtliche Sammlung seiner Entscheidungen)
BRAO	Bundesrechtsanwaltsordnung
BR-Drs.	Bundesrats-Drucksache
BSC	Broadcasting Standards Commission
BSG	Bundessozialgericht
BStBl	Bundessteuerblatt
BT	Bundestag/Besonderer Teil
BT-Drs.	Bundestagsdrucksache
BVerfG	Bundesverfassungsgericht
BVerfGG	Gesetz über das Bundesverfassungsgericht
BVerwG	Bundesverwaltungsgericht
BVP	Bureau de la Vèrification de Publicitè (Frankreich)
BW	Burgerlijk Wetboek (Niederlande)
BWM	Bundesminister für Wirtschaft
CA	Autonome Regionen (Communidades Autonòmas, Spanien)
CAP	Commitee on Advertising Practice (Großbritannien)/Codice di Autodisciplina Pubblicitaria (Italien)
CASI	Code of Advertising Standards for Ireland
CC	Code Civil (Frankreich)/Codice Civile (Italien)
cic	culpa in contrahendo
C. Cons.	Code de la Consommation (Frankreich)
CPI	Còdigo da Propriedade Industrial (Portugal)
CR	Computer und Recht (Jahr, Seite)
DAR	Deutsches Anwaltsrecht (Zeitschrift)
DB	Der Betrieb (Jahr, Seite)
DBGM	Deutsches Bundesgebrauchsmuster
DBP	Deutsches Bundespatent
ders.	derselbe
DesignG	Gesetz über den rechtlichen Schutz von Design v. 24.2.2014 (BGBl. I S. 122)
Die AG	Die Aktiengesellschaft, Zeitschrift für das gesamte Aktienwesen (Jahr, Seite)
dies.	dieselbe
DIHT	Deutscher Industrie- und Handelstag
Diss.	Dissertation
DJT	Deutscher Juristentag
DL-InfoV	Verordnung über Informationspflichten für Dienstleistungserbringer (Dienstleistungs-Informationspflichten-Verordnung) v. 12. März 2010 (BGBl. I S. 267)
DM	Deutsche Mark
DMA	Direct Marketing Authortiy (Großbritannien)
DÖV	Die öffentliche Verwaltung (Jahr, Seite)
DPA	Deutsches Patentamt, München
DRiZ	Deutsche Richterzeitung (Jahr, Seite)
DSL	Digital Subscriber Line
Drs.	Drucksache
DVBl	Deutsches Verwaltungsblatt (Jahr, Seite)
DVO	Durchführungsverordnung
DZWiR	Deutsche Zeitschrift für Wirtschaftsrecht

ebd.	ebenda
EC	Electronic Commerce (Großbritannien)
e-commerce-RL	Richtlinie 2000/31/EG des Europäischen Parlaments und des Rates vom 8. Juni 2000 über bestimmte rechtliche Aspekte der Dienste der Informationsgesellschaft, insbesondere des elektronischen Geschäftsverkehrs, im Binnenmarkt („Richtlinie über den elektronischen Geschäftsverkehr") (ABl. Nr. L 178 S. 1)
ECRL	E-Commerce-Richtlinie
EFTA	European Free Trade Association
EG	Europäische Gemeinschaft
EGBGB	Einführungsgesetz zum Bürgerlichen Gesetzbuche idF v. 21.9.1994 (BGBl. I S. 2494)
EGMR	Europäischer Gerichtshof für Menschenrechte
EGV	Vertrag über die Europäische Gemeinschaft
Einf.	Einführung
Einl.	Einleitung
EKMR	Europäische Kommission für Menschenrechte
E-Mail	Electronic-Mail (elektronische Post)
EMRK	Europäische Konvention für Menschenrechte
endg.	endgültig
Erl.	Erläuterung
ErstrG	Gesetz über die Erstreckung von gewerblichen Schutzrechten (Erstreckungsgesetz)
EU	Europäische Union
EuG	Gericht erster Instanz der EG
EuGH (Slg)	Gerichtshof der Europäischen Gemeinschaft (Sammlung der Rechtsprechung des Gerichtshofs, Band, Seite)
EuGVÜ	Europäisches Gerichtsstands- und Vollstreckungsübereinkommen v. 27.9.1968
EuGVVO	Verordnung (EG) Nr. 44/2001 des Rates vom 22. Dezember 2000 über die gerichtliche Zuständigkeit und die Anerkennung und Vollstreckung von Entscheidungen in Zivil- und Handelssachen (ABl. Nr. L 351 S. 1)
EuR	Europarecht (Jahr, Seite)
EuZW	Europäische Zeitschrift für Wirtschaftsrecht (Jahr, Seite)
e. V.	eingetragener Verein; einstweilige Verfügung
EWiR	Entscheidungen zum Wirtschaftsrecht, Verlag Kommunikationsforum Recht Wirtschaft Steuern, Köln
EWS	Europäisches Wirtschafts- und Steuerrecht (Jahr, Seite)
f.	folgende
ff.	fortfolgende
Fn.	Fußnote
FS	Festschrift
G	Gesetz
GATT	General Agreement on Tariffs and Trade
GBl.	Gesetzblatt
GebrMG	Gebrauchsmustergesetz idF v. 22.8.1986 (BGBl. I S. 1455)
gem.	gemäß
GeschmMG	Geschmacksmustergesetz v. 12.3.2004 (BGBl. I S. 390)
GewA	Gewerbearchiv (Jahr, Seite)
GewO	Gewerbeordnung idF v. 22.2.1999 (BGBl. I S. 202)
GG	Grundgesetz der Bundesrepublik Deutschland v. 23.5.1949 (BGBl. S. 1)
ggf.	gegebenenfalls
GjS	Gesetz über die Verbreitung jugendgefährdender Schriften idF v. 12.7.1985 (BGBl. I 1502)
GKG	Gerichtskostengesetz idF v. 27.2.2014 (BGBl. I S. 154)
GmbHR	GmbH-Rundschau (Band, Seite)
GO	Gemeindeordnung
GOÄ	Gebührenordnung für Ärtze
GroßKomm	Großkommentar
GroßKomm	Großkommentar zum UWG, hrsg. von Teplitzky/Peifer/Leistner, 2. Aufl. 2013

GRUR	Gewerblicher Rechtsschutz und Urheberrecht, Zeitschrift der Deutschen Vereinigung für gewerblichen Rechtsschutz und Urheberrecht (Jahr, Seite)
GRUR Int	Gewerblicher Rechtsschutz und Urheberrecht, Zeitschrift der Deutschen Vereinigung für gewerblichen Rechtsschutz und Urheberrecht – Auslands- und internationaler Teil (Jahr, Seite)
Grds; grds	Grundsatz; grundsätzlich
GrZS	Großer Zivilsenat des RG oder des BGH
GVBl	Gesetz- und Verordnungsblatt
GVG	Gerichtsverfassungsgesetz idF v. 9.5.1975 (BGBl. I S. 1077)
GWB	Gesetz gegen Wettbewerbsbeschränkungen idF v. 26.6.2013 (BGBl. I S. 1750)
Halbbd.	Halbband
HandwO	Handwerksordnung idF v. 24.9.1998 (BGBl. I S. 3074)
HdB	Handbuch
HGB	Handelsgesetzbuch v. 10.5.1897 (RGBl. S. 219)
HK	Heidelberger Kommentar zum Wettbewerbsrecht, 2000
hL	herrschende Lehre
hM	herrschende Meinung
HMSO	Her Majesty's Stationary Office (Großbritannien)
HPG	Heilpraktikergesetz/Gesetz zur Regelung gewisser Handelspraktiken und zur Sanktionierung des unlauteren Wettbewerbs (Luxemburg)
Hrsg.	Herausgeber
HWG	Heilmittelwerbegesetz idF v. 19.10.1994 (BGBl. I S. 3068)
HWiG	Gesetz über den Widerruf von Haustürgeschäften und ähnlichen Geschäften v. 29.6.2000 (BGBl. I S. 955)
ICANN	Internet Corporation for Assigned Names and Numbers
idF	in der Fassung
idR	in der Regel
IDMA	Irish Direct Marketing Association
IHK	Industrie- und Handelskammer
IPR	Internationales Privatrecht
IPrax	Praxis des Internationalen Privat- und Verfahrensrechts (Jahrgang, Seite)
InsO	Insolvenzordnung v. 5.10.1994 (BGBl. I S. 2866)
iS	im Sinne
ITV	Independent Television Commission
iVm	in Verbindung mit
JBl.	Justizblatt
JMStV	Jugendmedienschutzstaatsvertrag
JR	Juristische Rundschau (Jahr, Seite)
JurA	Juristische Analysen (Jahr, Seite)
JuS	Juristische Schulung (Jahr, Seite)
JW	Juristische Wochenschrift (Jahr, Seite)
JZ	Juristenzeitung (Jahr, Seite)
Kap.	Kapitel
KG	Kammergericht/Kommanditgesellschaft
KO	Konsumentenombudsmann
KOM	Entscheidungen der Kommission der Europäischen Gemeinschaft
K & R	Kommunikation und Recht (Jahr, Seite)
krit	kritisch
KWG	Gesetz über das Kreditwesen idF v. 11.7.1985 (BGBl. I 1472)
LadSchlG	Ladenschlussgesetz
LAG	Landesarbeitsgericht
LCD	Ley de Competencia des leal (Gesetz gegen den unlauteren Wettbewerb, Spanien)
LG	Landgericht
LKartBeh	Landeskartellbehörde

LMBG .... Lebensmittel- und Bedarfsgegenständegesetz
LMG .... Lebensmittelwerbegesetz (Österreich)
LMKV .... Lebensmittelkennzeichnungsverordnung
LOCM .... Gesetz zur Ordnung des Einzelhandels (Spanien)
LPC .... Loi sur les Pratiques du Commerce (Belgien)
LPG .... Landespressegesetz
LRE .... Lebensmittelrechtliche Entscheidungen
LuGÜ .... Übereinkommen von Lugano über die gerichtliche Zuständigkeit und die Vollstreckung gerichtlicher Entscheidungen in Zivil- und Handelssachen vom 16. September 1988

MA .... Der Markenartikel (Jahr, Seite)
MarkenG .... Gesetz über den Schutz von Marken und sonstigen Kennzeichen (Markengesetz) v. 25.10.1994 (BGBl. I S. 3082)
MarkenR .... Markenrecht
mAnm .... mit Anmerkung
MBO .... Muster-Berufsordnung für die deutschen Ärztinnen und Ärzte
MDR .... Monatsschrift für Deutsches Recht (Jahr, Seite)
MdSt .... Mediendienstestaatsvertrag
mfg .... marktvertriebsgesetz (Schweden)
MHA .... Madrider Herkunftsabkommen
Mitt. .... Mitteilungen
MMR .... Multimedia und Recht (Jahr, Seite)
MSN .... Microsoft Network
MTVO .... Mineral- und Tafelwasserverordnung
MüKo .... Münchener Kommentar
MuW .... Markenschutz und Wettbewerb (Jahr, Seite)
mwN .... mit weiteren Nachweisen

NdsVBl. .... Niedersächsisches Verwaltungsblatt
nF .... neue Fassung
NJW .... Neue Juristische Wochenschrift (Jahr, Seite)
NJW-CoR .... Computerreport (Jahr, Seite)
NJW-RR .... NJW-Rechtsprechung-Report Zivilrecht (Jahr, Seite)
NJWE-WettbR .... NJW-Entscheidungsdienst Wettbewerbsrecht (Jahr, Seite)
NKV .... Nährwertkennzeichnungsverordnung
Nr. .... Nummer
NRL .... Nederlands Reclamecode (Niederlande)
NStZ .... Neue Zeitschrift für Strafrecht
NTV .... News-Television (Nachrichtenfernsehen)
NVwZ .... Neue Zeitschrift für Verwaltungsrecht
NVwZ-RR .... Rechtsprechungssammlung der Neuen Zeitschrift für Verwaltungsrecht
NZA .... Neue Zeitschrift für Arbeits- und Sozialrecht (Jahr, Seite)

o. .... oben
ÖBl .... Österreichische Blätter für gewerblichen Rechtsschutz und Urheberrecht (Jahr, Seite)
ODCA .... Office of the Director of Consumer Affairs (Irland)
OEM .... Original Equipment Manufacturer
OFCOM .... Office of Commuciations (Großbritannien)
OFT .... Office of Fair Trading (Großbritannien)
Oftel .... Office of Telecommunications
OGH .... Oberster Gerichtshof (Wien)
ÖJZ .... Österreichische Juristenzeitung
ÖOGH .... Österreichischer Oberster Gerichtshof
ÖUWG .... Österreichisches Gesetz gegen den unlauteren Wettbewerb
ÖZW .... Österreichische Zeitschrift für Wirtschaftsrecht (Jahr, Seite)
OHG .... offene Handelsgesellschaft
OLG .... Oberlandesgericht
OVG .... Oberverwaltungsgericht

OWiG .... Gesetz über Ordnungswidrigkeiten

PAngV .... Preisangabenverordnung idF v. 18.10.2002 (BGBl. I S. 4197)
PatG .... Patentgesetz idF v. 16.12.1980 (BGBl. 1981 I S. 1)
PECR .... Privacy and Electronic Communication Regulations (Großbritannien)
PharmR .... Pharmarecht (Jahr, Seite)
PR .... Public relation
ProdHG .... Gesetz über die Haftung für fehlerhafte Produkte (Produkthaftungsgesetz) v. 15.12.1989 (BGBl. I S. 2198)
PrPG .... Gesetz zur Stärkung des Schutzes geistigen Eigentums und zur Bekämpfung der Produktpiraterie v. 7.3.1990 (BGBl. I S. 422)
PVÜ .... Pariser Verbandsübereinkunft vom 20.3.1883 zum Schutze des gewerblichen Eigentums

RA .... Radio Authority
RabelsZ .... Zeitschrift für ausländisches und internationales Privatrecht, begründet v. Rabel (Jahr, Seite)
RabattG .... Rabattgesetz v. 25.11.1933 (RGBl. S. 1011)
RBerG .... Rechtsberatungsgesetz v. 13.12.1935 (RGBl. S. 1478)
Rn. .... Randnummer
RegE .... Regierungsentwurf
RegTP .... Regulierungsbehörde für Telekommunikation und Post
RfStV .... Rundfunkstaatsvertrag
RG .... Reichsgericht
RGZ .... amtl. Sammlung der Entscheidungen des Reichsgerichts in Zivilsachen (Band, Seite)
RGBl. .... Reichsgesetzblatt
RiStBV .... Richtlinien für das Strafverfahren und das Bußgeldverfahren
RIW .... Recht der Internationalen Wirtschaft (Jahr, Seite)
RL .... Richtlinie
Rs. .... Rechtssache
Rspr. .... Rechtsprechung
RStV .... Rundfunkstaatsvertrag
RVG .... Rechtsanwaltsvergütungsgesetz v. 5.5.2004 (BGBl. I S. 718)
RVO .... Reichsversicherungsordnung v. 19.7.1911 (RGBl. S. 509)
RWP .... Rechts- und Wirtschaftspraxis, Forkel-Verlag, Lose-Blatt-Sammlung, Wb- und WerbeR
RWS-Skript .... Kommunikationsforum Recht Wirtschaft Steuern, Tagungs- und Verlagsgesellschaft mbH Köln
RWW .... Rechtsfragen in Wettbewerb und Werbung (Loseblattausgabe, hrsg. von Amann/Jaspers seit 1982)

S. .... Satz/Seite
s. .... siehe
sa .... siehe auch
SchwUWG .... Schweizerisches Bundesgesetz über den unlauteren Wettbewerb
SGB .... Sozialgesetzbuch
Slg. .... Sammlung europarechtlicher Entscheidungen (EuGH)
SNWG .... Säuglingsnahrungswerbungsgesetz
sog. .... so genannte
StaatsV/Stv .... Staatsvertrag
StGB .... Strafgesetzbuch idF v. 13.11.1998 (BGBl. I S. 3322)
StPO .... Strafprozessordnung idF v. 7.4.1987 (BGBl. I S. 1074)
str. .... streitig
stRspr .... ständige Rechtsprechung
Stv .... Staatsvertrag

TabakStG .... Tabaksteuergesetz
TDG .... Teledienstegesetz
Teilbd. .... Teilband

TKG	Telekommunikationsgesetz
TRIPS	Trade related aspects of intellectual property rights (Abkommen über handelsbezogene Aspekte der Rechte des geistigen Eigentums)
Tz.	Teilziffer
u.	unten
UDRP	Uniform Domain Name Dispute Resolution Policy
Ufita	Archiv für Urheber-, Film-, Funk- und Theaterrecht (Band, Seite)
UGP-RL	Richtlinie 2005/29/EG des Europäischen Parlaments und des Rates vom 11. Mai 2005 über unlautere Geschäftspraktiken von Unternehmen gegenüber Verbrauchern im Binnenmarkt und zur Änderung der Richtlinie 84/450/EWG des Rates, der Richtlinien 97/7/EG, 98/27/EG und 2002/65/EG des Europäischen Parlaments und des Rates sowie der Verordnung (EG Nr. 2006/2004 des Europäischen Parlaments und des Rates (Richtlinie über unlautere Geschäftspraktiken) vom 11. Mai 2005 (ABl. Nr. L 149 S. 22, ber. ABl. 2009 Nr. L 253 S. 18)
UKlaG	Unterlassungsklagengesetz idF v. 27.8.2002 (BGBl. I S. 3422)
UKlaV	Unterlassungsklagenverordnung v. 3.7.2002 (BGBl. I S. 2565)
UN	Vereinte Nationen (United Nations)
UNICEF	Kinderhilfswerk der Vereinten Nationen (United Nations International Children's Emergency Fund)
UrhG	Gesetz über Urheberschutz und verwandte Schutzrechte
URL	Uniform Ressource Location (einheitliche Quellen-Adressierung)
Urt.	Urteil
uU	unter Umständen
UWG	Gesetz gegen den unlauteren Wettbewerb idF v. 26.6.2013 (BGBl. I S. 1750)
v.	vom
VerbrKrG	Verbraucherkreditgesetz idF v. 29.6.2000 (BGBl. I S. 340)
Verf.	Verfasser
VersR	Versicherungsrecht (Jahr, Seite)
VerstVO	Versteigerungsverordnung
VerwArch	Verwaltungsarchiv (Zeitschrift)
VG	Verwaltungsgericht
VGH	Verwaltungsgerichtshof
vgl.	vergleiche
Vkf-VO-E	Vorschlag für eine Verordnung über Verkaufsförderung
VO	Verordnung
VRS	Verkehrsrechtsammlung (Band, Seite)
VStS	Vereinigte Strafsenate
VuR	Verbraucher und Recht (Jahr, Seite)
VwGO	Verwaltungsgerichtsordnung
VwZG	Verwaltungszustellungsgesetz
WBezG	Gesetz zum Schutze der Warenbezeichnungen vom 12. Mai 1894 (RGBl. S. 441)
WeinG	Weingesetz
WettbR	Wettbewerbsrecht
WHO	Weltgesundheitsorganisation
WIPO	World Intellectual Property Organization
WIR	Wirtschaftsrecht (Jahr, Seite)
WiStG	Wirtschaftsstrafgesetz idF v. 3.6.1975 (BGBl. I S. 1313)
„wistra"	Zeitschrift für Wirtschaft – Steuer – Strafrecht
WiVerw	Wirtschaft und Verwaltung – Vierteljahresbeilage zum Gewerbearchiv (Jahr, Seite)
WM	Wertpapier-Mitteilungen (Jahr, Seite)
WPO	Wirtschaftsprüferordnung idF v. 5.11.1975 (BGBl. I S. 2803)
WRP	Wettbewerbsrecht in Recht und Praxis (Jahr, Seite)
WSI-Mitteilungen	Monatszeitschrift des Wirtschafts- und Sozialwissenschaftlichen Instituts in der Hans-Böckler-Stiftung

WuM	Wohnungswirtschaft und Mietrecht (Zeitschrift)
WuW	Wirtschaft und Wettbewerb (Jahr, Seite)
WuW/E	WuW-Entscheidungssammlung zum Kartellrecht
www	world wide web
WZG	Warenzeichengesetz v. 5.5.1936 (RGBl. S. 134)
ZAW	Zentralausschuss der Werbewirtschaft
zB	zum Beispiel
ZDF	Zweites Deutsches Fernsehen
Zentrale	Wettbewerbszentrale zur Bekämpfung unlauteren Wettbewerbs
ZEuP	Zeitschrift für Europäisches Privatrecht
ZfRV	Zeitschrift für Rechtsvergleichung, Internationales Privatrecht und Europarecht (Jahr, Seite)
ZHR	Zeitschrift für das gesamte Handels- und Wirtschaftsrecht (Band, Jahr, Seite)
Ziff.	Ziffer
ZIP	Zeitschrift für Wirtschaftsrecht und Insolvenzpraxis (Jahr, Seite)
zit.	zitiert
ZLR	Zeitschrift für das gesamte Lebensmittelrecht (Jahr, Seite)
ZNKN	Gesetz zur Bekämpfung des unlauteren Wettbewerbs (Polen)
ZPO	Zivilprozessordnung idF v. 5.12.2005 (BGBl. I S. 3202)
ZRP	Zeitschrift für Rechtspolitik (Jahr, Seite)
ZS	Zivilsenat
ZStW	Zeitschrift für die gesamte Strafrechtswissenschaft (Band, Seite)
zT	zum Teil
ZugabeVO	Zugabeverordnung
ZUM	Zeitschrift für Urheber- und Medienrecht/Film und Recht (Jahr, Seite)
ZVglRWiss	Zeitschrift für vergleichende Rechtswissenschaft
ZVP	Zeitschrift für Verbraucherpolitik (Band, Seite)
ZZP	Zeitschrift für Zivilprozeß (Jahr, Seite)

Literaturverzeichnis

(Spezialliteraturverzeichnisse finden sich bei den einzelnen Erläuterungen)

Ackermann, Wettbewerbsrecht, 1997, Berlin ua

Ahrens, Wettbewerbsverfahrensrecht, 1983, Köln, Berlin, Bonn, München

Ahrens, Der Wettbewerbsprozess, 9. Aufl. 2021, Köln, Berlin, München

Ahrens, Der Beweis im Zivilprozess, 2014, Köln

Ahrens/McGuire, Modellgesetz für Geistiges Eigentum, 2012, München

Aun/Loschelder/Gosch, Praxishandbuch Know-how-Schutz, 2010, Köln

Baer, Das Gesetz gegen den unlauteren Wettbewerb vom 7. Juni 1909, 1910, Berlin

Baudenbacher, Lauterkeitsrecht, Kommentar zum Gesetz gegen den unlauteren Wettbewerb (UWG), 2001

Bauer, Der unlautere Wettbewerb und seine Behandlung im Recht, 1902, München

Baumbach, Das gesamte Wettbewerbsrecht, 1931, München

Baumbach/Hefermehl, Wettbewerbsrecht, 23. Aufl. 2004, München

Baumgärtel, Handbuch der Beweislast im Privatrecht, Bd. 3, UWG, bearbeitet von Gustav Ulrich, 1986, Köln-Berlin-Bonn-München

Beater, Verbraucherschutz und Schutzzweckdenken im Wettbewerbsrecht, 2000

Beater, Unlauterer Wettbewerb, 2011, Tübingen

Becher, Gesetz gegen den unlauteren Wettbewerb, 2. Aufl. 1982, München

Bechtold/Bosch, GWB. Kommentar, 9. Aufl. 2018, München

Benkard, Patentgesetz, 11. Aufl. 2015, München

Berlit, Wettbewerbsrecht, 10. Aufl. 2017, München

Berneke, Die einstweilige Verfügung in Wettbewerbssachen, 4. Aufl. 2018

Böhm/Berg, Der Schutz gegen unlauteren Wettbewerb, 1910, München

Bokelmann, Das Recht der Firmen und Geschäftsbezeichnungen, 4. Aufl. 1997, Freiburg, München, Berlin

Borck, Die anwaltliche Praxis in Wettbewerbssachen, 1992, Stuttgart

Brammsen, Lauterkeitsstrafrecht, 2019, München

Busche/Stoll/Wiebe, TRIPS, 2. Aufl., 2013

Büscher, UWG, 2019, Köln

Büscher/Dittmer/Schiwy, Gewerblicher Rechtsschutz, Urheberrecht, Medienrecht, 3. Aufl. 2015 Köln, München

Bußmann/Peitzcker/Kleine, Gewerblicher Rechtsschutz und Urheberrecht, 3. Aufl. 1962, Berlin

Callmann, Der unlautere Wettbewerb, 2. Aufl. 1932, Mannheim

Dauses [Hrsg.], Handbuch des EU-Wirtschaftsrechts, Grundwerk Stand: 52. EL 2/2021, München

Drexl, Die wirtschaftliche Selbstbestimmung des Verbrauchers. Eine Studie zum Privat- und Wirtschaftsrecht unter Berücksichtigung gemeinschaftlicher Bezüge, 1998.

ders., Die Einwirkung der Grundrechte auf die Auslegung der Generalklauseln des UWG, in: Neuordnung des Wettbewerbsrechts, 11. Ringberg-Symposium des Max-Plank-Instituts für ausländisches und internationales Patent-, Urheber- und Wettbewerbsrecht, 14. bis 18. Juni 1997, Schloss Ringberg, Tegernsee, Schricker Henning-Bodewig (Hrsg.), 1998/99, S. 163 ff.

Doepner, Heilmittelwerbegesetz, 2. Aufl. 2000, München

Eichmann/Jestaedt/Funk/Meier, Designgesetz, Gemeinschaftsgeschmacksmusterverordnung, 6. Aufl. 2019, München

Ekey/Klippel/Kotthoff, Wettbewerbsrecht. Heidelberger Kommentar, 2. Aufl. 2005, Heidelberg (zit.: HK/*Bearbeiter*)

Emmerich/Lange, Unlauterer Wettbewerb, 11. Aufl. 2019, München

Erdmann/Rojahn/Sosnitza, Handbuch des Fachanwalts Gewerblicher Rechtsschutz, 3. Aufl. 2018, Köln

Fezer, Markenrecht, 4. Aufl. 2009, München

Fezer/Büscher/Obergfell/Bearbeiter UWG, Lauterkeitsrecht, Kommentar zum Gesetz gegen den unlauteren Wettbewerb (UWG) 3. Aufl. 2016, München

Fikentscher, Wettbewerb und gewerblicher Rechtsschutz, 1958, München und Berlin

ders., Wirtschaftsrecht, Band I Weltwirtschaftsrecht und Europäisches Wirtschaftsrecht, Band II Deutsches Wirtschaftsrecht, 1983, München und Berlin

Finger, Das Reichsgesetz gegen den unlauteren Wettbewerb vom 7. Juni 1909 nebst dem Rechte am Namen, 4. Aufl. 1911, Berlin

Fuld, Das Reichsgesetz gegen den unlauteren Wettbewerb vom 7. Juni 1909, 1910, Hannover
v. Gamm, Wettbewerbsrechtliche Nebengesetze, 1977, Köln, Berlin, Bonn, München
ders., Gesetz gegen den unlauteren Wettbewerb, 3. Aufl. 1993, Köln, Berlin, Bonn, München
v. Gamm, Wettbewerbsrecht, 5. Aufl. 1987, Köln, Berlin, Bonn, München
Gaul/Bartenbach, Handbuch des gewerblichen Rechtsschutzes, 3. Aufl. ab 1984, Köln
Gerold/Schmidt, RVG. Rechtsanwaltsvergütungsgesetz, 25. Aufl. 2021, München
GroßKomm UWG/*Bearbeiter.,* Großkommentar. UWG, Teplitzky/Peifer/Leistner (Hrsg.), 3 Bde., 2. Aufl. 2013, Berlin
Gloy/Loschelder/Dankwerts, (Hrsg.) Handbuch des Wettbewerbsrechts, 5. Aufl. 2019, München
v. Godin, Kommentar zum Gesetz gegen den unlauteren Wettbewerb nebst Warenzeichenverletzungen, Zugabeverordnung und Rabattgesetz, 2. Aufl. 1974, Berlin u. New York
Goldbaum, Gesetz gegen den unlauteren Wettbewerb, 1926, Berlin
Goldmann, Unternehmenskennzeichen, 4. Aufl. 2018, Köln, Berlin, Bonn, München
Götting, Gewerblicher Rechtsschutz, 11. Aufl. 2020, München und Berlin
Götting/Nordemann, UWG, 3. Aufl. 2016, Baden-Baden
Groeben/Bearb., Groeben, von der/Schwarze/Hatje (Hrsg.), Europäisches Unionsrecht, 7. Aufl. 2015
Gröning, Heilmittelwerberecht, 1998
Hailbronner/Klein/Magiera/Müller-Graff, Handkommentar zum Vertrag über die Europäische Union (EUV/EGV), 1998, Köln
Harte-Bavendamm/Ohly/Kalbfus, GeschGehG, Kommentar, 2020, München
Hasselblatt (Hrsg.), Münchener Anwaltshandbuch Gewerblicher Rechtsschutz, 5. Aufl. 2017, München
Hefermehl/Köhler/Bornkamm, Gesetz gegen den unlauteren Wettbewerb, 26. Aufl., 2008, München
Henning-Bodewig (Hrsg.), International Handbook of Unfair Competition, 2013, Baden-Baden
Hilty/Henning-Bodewig (Hrsg.), Lauterkeitsrecht und Arquis Communitaire, 2009, München
Hoene/Runkel, Wettbewerbsrecht, 3. Aufl. 2006, Bonn
Immenga/Mestmäcker, GWB. Kommentar zum Kartellgesetz, 6. Aufl. 2020, München
Ingerl/Rohnke, Markengesetz. Kommentar 3. Aufl. 2010, München
Kahn/Weiß, Gesetz gegen den unlauteren Wettbewerb vom 7. Juni 1909, 2. Aufl. 1910, München
Kalbfus, Know-how-Schutz in Deutschland zwischen Strafrecht und Zivilrecht – welcher Reformbedarf besteht?, 2011
Kehl, Wettbewerbsrecht, 1990, Köln, Berlin, Bonn, München
Köhler/Bornkamm/Feddersen, Gesetz gegen den unlauteren Wettbewerb, 39. Aufl. 2021, München
Köhler/Piper, UWG, Gesetz gegen den unlauteren Wettbewerb, 5. Aufl. 2010, München
Kohler, Der unlautere Wettbewerb, 1914, Berlin
Koppensteiner, Wettbewerbsrecht Band 2: Unlauterer Wettbewerb, 3. Aufl. 1997, Wien
Kuhn, Das Gesetz gegen den unlauteren Wettbewerb vom 7. Juni 1909, 1911, Mannheim
Kur/*Bearbeiter,* Markenrecht, 3. Aufl. 2020
Lehmann (Hrsg.), Rechtsschutz und Verwertung von Computerprogrammen, 2. Aufl. 1993, Köln
Lehmler, UWG, 2007, Neuwied
Leistner, Richtiger Vertrag und unlauterer Wettbewerb, 2007
Lettl, Der lauterkeitsrechtliche Schutz vor irreführender Werbung in Europa, 2004
Lobe, Die Bekämpfung des unlauteren Wettbewerbs, Band I: Der unlautere Wettbewerb als Rechtsverletzung nach dem bürgerlichen Gesetzbuch und den Nebengesetzen, 1907 Band III: Materialien des Gesetzes zur Bekämpfung des unlauteren Wettbewerbs, 1907, Leipzig
Marshall, Unlauterer Wettbewerb, 2. Aufl. 1993, München
Melullis, Handbuch des Wettbewerbsprozesses, 3. Aufl. 2000, Köln
Mestmäcker/Schweitzer, Europäisches Wettbewerbsrecht, 3. Aufl. 2014, München
Meyer, Produktspezifische Werberegelungen im Europäischen Gemeinschaftsrecht, in: Neuordnung des Wettbewerbsrechts, 11. Ringberg-Symposium des Max-Planck-Instituts für ausländisches und internationales Patent-, Urheber- und Wettbewerbsrecht, 14. bis 18. Juni 1997, Schloss Ringberg, Tegernsee, Schricker/Henning-Bodewig (Hrsg.), 1998/99, S. 93 ff.
Menke, Zur Fallgruppe „Gefühlsbetonte Werbung" – Bemerkungen aus Anlass der „Arbeitsplätze bei uns"-Entscheidung des BGH, GRUR 1995, 534 ff.
MüKoBGB/*Bearb.,* Münchener Kommentar zum Bürgerlichen Gesetzbuch, Band 2: Schuldrecht Allgemeiner Teil I §§ 241–310, Krüger (Red.), 8. Aufl., 2019, München
MüKoUWG/*Bearb.,* Münchener Kommentar zum Lauterkeitsrecht. Gesamtwerk in 2 Bänden, Heermann/Schlinghoff (Hrsg.), 2. Aufl. 2014, München, 3. Aufl. 2020, Bd. 1
Müller, Das Reichsgesetz zur Bekämpfung des unlauteren Wettbewerbs vom 27. Mai 1896, 4. Aufl. 1904, Fürth

Nees/Beuth, Wettbewerbs- und Kartellrecht, 1980, Wiesbaden
Nerreter, Allgemeine Grundlagen eines deutschen Wettbewerbsrechts, 1936, Berlin
Niemöller, Das Verbraucherleitbild in der deutschen und europäischen Rechtsprechung. Diss. jur. Augsburg 1999. Europäisches Wirtschaftsrecht Bd. 18, München
Nirk, Gewerblicher Rechtsschutz, 1981, Stuttgart, Berlin, Köln, Mainz
Nirk/Kurtze, Wettbewerbsstreitigkeiten, 2. Aufl. 1992, München
Nordemann, Wettbewerbs- und Markenrecht, 11. Aufl. 2012, Baden-Baden
Ohly/Sosnitza, Kommentar zum Gesetz gegen den unlauteren Wettbewerb, 7. Aufl., 2016, München
Oppermann, Europarecht, 5. Aufl. 2011, München
Palandt, BGB, 80. Aufl. 2021, München
Reimer, Wettbewerbs- und Warenzeichenrecht, 3. Aufl. 1954, Köln-Berlin
Rengeling/Middeke/Gellermann (Hrsg.), Handbuch des Rechtschutzes in der EU, 3. Aufl., 2014
Rinck/Schwark, Wirtschaftsrecht, 6. Aufl. 1986
Rittner/Dreher, Europäisches und deutsches Wirtschaftsrecht, 3. Aufl. 2007, Heidelberg
Dreher/Kulka, Wettbewerbs- und Kartellrecht, Eine systematische Darstellung des deutschen und europäischen Rechts, 11. Aufl. 2021, Heidelberg
Römermann/Hartung, Anwaltliches Berufsrecht, 3. Aufl. 2018, München
Rosenthal/Leffmann, Kommentar zum Gesetz gegen den unlauteren Wettbewerb, 9. Aufl. 1969, Berlin und Frankfurt
Rosenthal, Wettbewerbsgesetz nebst den materiellen Vorschriften des Warenzeichengesetzes, 8. Aufl. 1930, Berlin
Ruhl/Tolkmitt, Gemeinschaftsgeschmacksmuster, 3. Aufl. 2019, Köln
Sambuc, Der UWG-Nachahmungsschutz, 1996, München
Scherer, Privatrechtliche Grenzen der Verbraucherwerbung, 1996
Schotthöffer (Hrsg.), Handbuch des Werberechts in den EG-Staaten, Österreich, Schweiz und USA, 1991, Köln
Schramm, Grundlagenforschung auf dem Gebiet des gewerblichen Rechtsschutzes und Urheberrechts, 1954, Berlin u. Köln
Schricker, Gesetzesverletzung und Sittenverstoß, 1970, München
Schricker/Loewenheim, Urheberrecht, 6. Aufl. 2020, München
Schwarze/Becker/Hatje/Schoo (Hrsg.), EU-Kommentar, 4. Aufl. 2019, Baden-Baden
SIWR, Schweizerisches Immaterialgüter- und Wettbewerbsrecht, v. Büren/David (Hrsg.). Bd. 1 Allgemeiner Teil Teilband 1 Grundlagen, 2. Aufl. 2002 (zit.: SIWR I/1/*Bearb.*); Bd. 5 Wettbewerbsrecht Teilband 1. Lauterkeitsrecht, 2. Aufl. 1998 (zit.: SIWR V/1/*Bearb.*); Bd. 5 Wettbewerbsrecht Teilband 2 Kartellrecht (zit.: SIWR V/2/*Bearb.*), 2000
Sosnitza, Wettbewerbsbeschränkungen durch die Rechtsprechung. Erscheinungsformen und Ursachen auf dem Gebiet des Lauterkeitsrechts, 1995
Sprüngli, Der unlautere Wettbewerb, 1955, Zürich
Ströbele/Hacker/Thiering, Markengesetz. Kommentar, 13. Aufl. 2021, Köln
Teplitzky, Wettbewerbsrechtliche Ansprüche und Verfahren, 12. Aufl. 2019, Köln
Tetzner, Kommentar zum Gesetz gegen den unlauteren Wettbewerb, 2. Aufl. 1957, Köln
Tilmann, Wirtschaftsrecht, 1986
Traub, Wettbewerbsrechtliche Verfahrenspraxis, Örtliche Besonderheiten in der Rechtsprechung der Oberlandesgerichte, 2. Aufl. 1991, Frankfurt am Main
Troller, Immaterielgüterrecht. Patentrecht, Markenrecht, Muster- und Modellrecht, Urheberrecht, Wettbewerbsrecht, Bd. I, 3. Aufl. 1983
Ullmann, UWG, juris Praxiskommentar, 4. Aufl. 2016, Saarbrücken
Ulmer, Sinnzusammenhänge im modernen Wettbewerbsrecht, 1932, Berlin
Ulmer/Reimer, Das Recht des unlauteren Wettbewerbs in den Mitgliedstaaten der Europäischen Wirtschaftsgemeinschaft, Band III – Deutschland 1968, München, Köln
Völker, Preisangabenrecht, 1996, München
Wassermann, Der Unlautere Wettbewerb nach deutschem Recht, 1911, Leipzig
Walter/Grüber [Hrsg.], Anwaltshandbuch Wettbewerbspraxis, 1998, Köln
Waetherill/Beaumont, EU Law. The essential guide to the legal workings of the European Union, 3. Aufl., 1999
Weinmann/Walden, Die Gesetzgebung gegen den Unlauteren Wettbewerb, 1927, Wien
Wenzel, Das Recht der Wort- und Bildberichterstattung, Handbuch des Äußerungsrechts, 6. Aufl., 2018, Köln

Gesetz gegen den unlauteren Wettbewerb (UWG)

in der Fassung der Bekanntmachung vom 3. März 2010 (BGBl. I S. 254),
zuletzt geändert durch das Gesetz für faire Verbraucherverträge vom 10. August 2021
(BGBl. I S. 3433)*

FNA 43-7

Kapitel 1. Allgemeine Bestimmungen

§ 1 Zweck des Gesetzes

[1]Dieses Gesetz dient dem Schutz der Mitbewerber, der Verbraucherinnen und Verbraucher sowie der sonstigen Marktteilnehmer vor unlauteren geschäftlichen Handlungen. [2]Es schützt zugleich das Interesse der Allgemeinheit an einem unverfälschten Wettbewerb.

§ 2 Definitionen

(1) Im Sinne dieses Gesetzes bedeutet

1. „geschäftliche Handlung" jedes Verhalten einer Person zugunsten des eigenen oder eines fremden Unternehmens vor, bei oder nach einem Geschäftsabschluss, das mit der Förderung des Absatzes oder des Bezugs von Waren oder Dienstleistungen oder mit dem Abschluss oder der Durchführung eines Vertrags über Waren oder Dienstleistungen objektiv zusammenhängt; als Waren gelten auch Grundstücke, als Dienstleistungen auch Rechte und Verpflichtungen;
2. „Marktteilnehmer" neben Mitbewerbern und Verbrauchern alle Personen, die als Anbieter oder Nachfrager von Waren oder Dienstleistungen tätig sind;
3. „Mitbewerber" jeder Unternehmer, der mit einem oder mehreren Unternehmern als Anbieter oder Nachfrager von Waren oder Dienstleistungen in einem konkreten Wettbewerbsverhältnis steht;
4. „Nachricht" jede Information, die zwischen einer endlichen Zahl von Beteiligten über einen öffentlich zugänglichen elektronischen Kommunikationsdienst ausgetauscht oder weitergeleitet wird; dies schließt nicht Informationen ein, die als Teil eines Rundfunkdienstes über ein elektronisches Kommunikationsnetz an die Öffentlichkeit weitergeleitet werden, soweit die Informationen nicht mit dem identifizierbaren Teilnehmer oder Nutzer, der sie erhält, in Verbindung gebracht werden können;
5. „Verhaltenskodex" Vereinbarungen oder Vorschriften über das Verhalten von Unternehmern, zu welchem diese sich in Bezug auf Wirtschaftszweige oder einzelne geschäftliche Handlungen verpflichtet haben, ohne dass sich solche Verpflichtungen aus Gesetzes- oder Verwaltungsvorschriften ergeben;
6. „Unternehmer" jede natürliche oder juristische Person, die geschäftliche Handlungen im Rahmen ihrer gewerblichen, handwerklichen oder beruflichen Tätigkeit vornimmt, und jede Person, die im Namen oder Auftrag einer solchen Person handelt;
7. „unternehmerische Sorgfalt" der Standard an Fachkenntnissen und Sorgfalt, von dem billigerweise angenommen werden kann, dass ein Unternehmer ihn in seinem Tätig-

* Zu der am 28.5.2022 in Kraft tretenden, auf dem Gesetz zur Stärkung des Verbraucherschutzes im Wettbewerbs- und Gewerberecht vom 10.8.2021 (BGBl. I S. 3504) beruhenden Fassung des UWG wird auf die Kommentierung im Anhang „UWG 2022" verwiesen, s. u. S. 3069.

keitsbereich gegenüber Verbrauchern nach Treu und Glauben unter Berücksichtigung der anständigen Marktgepflogenheiten einhält;
8. „wesentliche Beeinflussung des wirtschaftlichen Verhaltens des Verbrauchers" die Vornahme einer geschäftlichen Handlung, um die Fähigkeit des Verbrauchers, eine informierte Entscheidung zu treffen, spürbar zu beeinträchtigen und damit den Verbraucher zu einer geschäftlichen Entscheidung zu veranlassen, die er andernfalls nicht getroffen hätte;
9. „geschäftliche Entscheidung" jede Entscheidung eines Verbrauchers oder sonstigen Marktteilnehmers darüber, ob, wie und unter welchen Bedingungen er ein Geschäft abschließen, eine Zahlung leisten, eine Ware oder Dienstleistung behalten oder abgeben oder ein vertragliches Recht im Zusammenhang mit einer Ware oder Dienstleistung ausüben will, unabhängig davon, ob der Verbraucher oder sonstige Marktteilnehmer sich entschließt, tätig zu werden.

(2) Für den Verbraucherbegriff gilt § 13 des Bürgerlichen Gesetzbuchs entsprechend.

§ 3 Verbot unlauterer geschäftlicher Handlungen

(1) Unlautere geschäftliche Handlungen sind unzulässig.

(2) Geschäftliche Handlungen, die sich an Verbraucher richten oder diese erreichen, sind unlauter, wenn sie nicht der unternehmerischen Sorgfalt entsprechen und dazu geeignet sind, das wirtschaftliche Verhalten des Verbrauchers wesentlich zu beeinflussen.

(3) Die im Anhang dieses Gesetzes aufgeführten geschäftlichen Handlungen gegenüber Verbrauchern sind stets unzulässig.

(4) [1] Bei der Beurteilung von geschäftlichen Handlungen gegenüber Verbrauchern ist auf den durchschnittlichen Verbraucher oder, wenn sich die geschäftliche Handlung an eine bestimmte Gruppe von Verbrauchern wendet, auf ein durchschnittliches Mitglied dieser Gruppe abzustellen. [2] Geschäftliche Handlungen, die für den Unternehmer vorhersehbar das wirtschaftliche Verhalten nur einer eindeutig identifizierbaren Gruppe von Verbrauchern wesentlich beeinflussen, die auf Grund von geistigen oder körperlichen Beeinträchtigungen, Alter oder Leichtgläubigkeit im Hinblick auf diese geschäftlichen Handlungen oder die diesen zugrunde liegenden Waren oder Dienstleistungen besonders schutzbedürftig sind, sind aus der Sicht eines durchschnittlichen Mitglieds dieser Gruppe zu beurteilen.

§ 3a Rechtsbruch

Unlauter handelt, wer einer gesetzlichen Vorschrift zuwiderhandelt, die auch dazu bestimmt ist, im Interesse der Marktteilnehmer das Marktverhalten zu regeln, und der Verstoß geeignet ist, die Interessen von Verbrauchern, sonstigen Marktteilnehmern oder Mitbewerbern spürbar zu beeinträchtigen.

§ 4 Mitbewerberschutz

Unlauter handelt, wer

1. die Kennzeichen, Waren, Dienstleistungen, Tätigkeiten oder persönlichen oder geschäftlichen Verhältnisse eines Mitbewerbers herabsetzt oder verunglimpft;
2. über die Waren, Dienstleistungen oder das Unternehmen eines Mitbewerbers oder über den Unternehmer oder ein Mitglied der Unternehmensleitung Tatsachen behauptet oder verbreitet, die geeignet sind, den Betrieb des Unternehmens oder den Kredit des Unternehmers zu schädigen, sofern die Tatsachen nicht erweislich wahr sind; handelt es sich um vertrauliche Mitteilungen und hat der Mitteilende oder der Empfänger der Mitteilung an ihr ein berechtigtes Interesse, so ist die Handlung nur dann unlauter, wenn die Tatsachen der Wahrheit zuwider behauptet oder verbreitet wurden;

3. Waren oder Dienstleistungen anbietet, die eine Nachahmung der Waren oder Dienstleistungen eines Mitbewerbers sind, wenn er
   a) eine vermeidbare Täuschung der Abnehmer über die betriebliche Herkunft herbeiführt,
   b) die Wertschätzung der nachgeahmten Ware oder Dienstleistung unangemessen ausnutzt oder beeinträchtigt oder
   c) die für die Nachahmung erforderlichen Kenntnisse oder Unterlagen unredlich erlangt hat;
4. Mitbewerber gezielt behindert.

§ 4a Aggressive geschäftliche Handlungen

(1) [1]Unlauter handelt, wer eine aggressive geschäftliche Handlung vornimmt, die geeignet ist, den Verbraucher oder sonstigen Marktteilnehmer zu einer geschäftlichen Entscheidung zu veranlassen, die dieser andernfalls nicht getroffen hätte. [2]Eine geschäftliche Handlung ist aggressiv, wenn sie im konkreten Fall unter Berücksichtigung aller Umstände geeignet ist, die Entscheidungsfreiheit des Verbrauchers oder sonstigen Marktteilnehmers erheblich zu beeinträchtigen durch

1. Belästigung,
2. Nötigung einschließlich der Anwendung körperlicher Gewalt oder
3. unzulässige Beeinflussung.

[3]Eine unzulässige Beeinflussung liegt vor, wenn der Unternehmer eine Machtposition gegenüber dem Verbraucher oder sonstigen Marktteilnehmer zur Ausübung von Druck, auch ohne Anwendung oder Androhung von körperlicher Gewalt, in einer Weise ausnutzt, die die Fähigkeit des Verbrauchers oder sonstigen Marktteilnehmers zu einer informierten Entscheidung wesentlich einschränkt.

(2) [1]Bei der Feststellung, ob eine geschäftliche Handlung aggressiv im Sinne des Absatzes 1 Satz 2 ist, ist abzustellen auf

1. Zeitpunkt, Ort, Art oder Dauer der Handlung;
2. die Verwendung drohender oder beleidigender Formulierungen oder Verhaltensweisen;
3. die bewusste Ausnutzung von konkreten Unglückssituationen oder Umständen von solcher Schwere, dass sie das Urteilsvermögen des Verbrauchers oder sonstigen Marktteilnehmers beeinträchtigen, um dessen Entscheidung zu beeinflussen;
4. belastende oder unverhältnismäßige Hindernisse nichtvertraglicher Art, mit denen der Unternehmer den Verbraucher oder sonstigen Marktteilnehmer an der Ausübung seiner vertraglichen Rechte zu hindern versucht, wozu auch das Recht gehört, den Vertrag zu kündigen oder zu einer anderen Ware oder Dienstleistung oder einem anderen Unternehmer zu wechseln;
5. Drohungen mit rechtlich unzulässigen Handlungen.

[2]Zu den Umständen, die nach Nummer 3 zu berücksichtigen sind, zählen insbesondere geistige und körperliche Beeinträchtigungen, das Alter, die geschäftliche Unerfahrenheit, die Leichtgläubigkeit, die Angst und die Zwangslage von Verbrauchern.

§ 5 Irreführende geschäftliche Handlungen

(1) [1]Unlauter handelt, wer eine irreführende geschäftliche Handlung vornimmt, die geeignet ist, den Verbraucher oder sonstigen Marktteilnehmer zu einer geschäftlichen Entscheidung zu veranlassen, die er andernfalls nicht getroffen hätte. [2]Eine geschäftliche Handlung ist irreführend, wenn sie unwahre Angaben enthält oder sonstige zur Täuschung geeignete Angaben über folgende Umstände enthält:

1. die wesentlichen Merkmale der Ware oder Dienstleistung wie Verfügbarkeit, Art, Ausführung, Vorteile, Risiken, Zusammensetzung, Zubehör, Verfahren oder Zeitpunkt der Herstellung, Lieferung oder Erbringung, Zwecktauglichkeit, Verwendungsmöglichkeit, Menge, Beschaffenheit, Kundendienst und Beschwerdeverfahren, geographische oder betriebliche Herkunft, von der Verwendung zu erwartende Ergebnisse oder die Ergebnisse oder wesentlichen Bestandteile von Tests der Waren oder Dienstleistungen;
2. den Anlass des Verkaufs wie das Vorhandensein eines besonderen Preisvorteils, den Preis oder die Art und Weise, in der er berechnet wird, oder die Bedingungen, unter denen die Ware geliefert oder die Dienstleistung erbracht wird;
3. die Person, Eigenschaften oder Rechte des Unternehmers wie Identität, Vermögen einschließlich der Rechte des geistigen Eigentums, den Umfang von Verpflichtungen, Befähigung, Status, Zulassung, Mitgliedschaften oder Beziehungen, Auszeichnungen oder Ehrungen, Beweggründe für die geschäftliche Handlung oder die Art des Vertriebs;
4. Aussagen oder Symbole, die im Zusammenhang mit direktem oder indirektem Sponsoring stehen oder sich auf eine Zulassung des Unternehmers oder der Waren oder Dienstleistungen beziehen;
5. die Notwendigkeit einer Leistung, eines Ersatzteils, eines Austauschs oder einer Reparatur;
6. die Einhaltung eines Verhaltenskodexes, auf den sich der Unternehmer verbindlich verpflichtet hat, wenn er auf diese Bindung hinweist, oder
7. Rechte des Verbrauchers, insbesondere solche auf Grund von Garantieversprechen oder Gewährleistungsrechte bei Leistungsstörungen.

(2) Eine geschäftliche Handlung ist auch irreführend, wenn sie im Zusammenhang mit der Vermarktung von Waren oder Dienstleistungen einschließlich vergleichender Werbung eine Verwechslungsgefahr mit einer anderen Ware oder Dienstleistung oder mit der Marke oder einem anderen Kennzeichen eines Mitbewerbers hervorruft.

(3) Angaben im Sinne von Absatz 1 Satz 2 sind auch Angaben im Rahmen vergleichender Werbung sowie bildliche Darstellungen und sonstige Veranstaltungen, die darauf zielen und geeignet sind, solche Angaben zu ersetzen.

(4) [1] Es wird vermutet, dass es irreführend ist, mit der Herabsetzung eines Preises zu werben, sofern der Preis nur für eine unangemessen kurze Zeit gefordert worden ist. [2] Ist streitig, ob und in welchem Zeitraum der Preis gefordert worden ist, so trifft die Beweislast denjenigen, der mit der Preisherabsetzung geworben hat.

§ 5a Irreführung durch Unterlassen

(1) Bei der Beurteilung, ob das Verschweigen einer Tatsache irreführend ist, sind insbesondere deren Bedeutung für die geschäftliche Entscheidung nach der Verkehrsauffassung sowie die Eignung des Verschweigens zur Beeinflussung der Entscheidung zu berücksichtigen.

(2) [1] Unlauter handelt, wer im konkreten Fall unter Berücksichtigung aller Umstände dem Verbraucher eine wesentliche Information vorenthält,

1. die der Verbraucher je nach den Umständen benötigt, um eine informierte geschäftliche Entscheidung zu treffen, und
2. deren Vorenthalten geeignet ist, den Verbraucher zu einer geschäftlichen Entscheidung zu veranlassen, die er andernfalls nicht getroffen hätte.

[2] Als Vorenthalten gilt auch

1. das Verheimlichen wesentlicher Informationen,
2. die Bereitstellung wesentlicher Informationen in unklarer, unverständlicher oder zweideutiger Weise,
3. die nicht rechtzeitige Bereitstellung wesentlicher Informationen.

(3) Werden Waren oder Dienstleistungen unter Hinweis auf deren Merkmale und Preis in einer dem verwendeten Kommunikationsmittel angemessenen Weise so angeboten, dass ein durchschnittlicher Verbraucher das Geschäft abschließen kann, gelten folgende Infor-

mationen als wesentlich im Sinne des Absatzes 2, sofern sie sich nicht unmittelbar aus den Umständen ergeben:

1. alle wesentlichen Merkmale der Ware oder Dienstleistung in dem dieser und dem verwendeten Kommunikationsmittel angemessenen Umfang;
2. die Identität und Anschrift des Unternehmers, gegebenenfalls die Identität und Anschrift des Unternehmers, für den er handelt;
3. der Gesamtpreis oder in Fällen, in denen ein solcher Preis auf Grund der Beschaffenheit der Ware oder Dienstleistung nicht im Voraus berechnet werden kann, die Art der Preisberechnung sowie gegebenenfalls alle zusätzlichen Fracht-, Liefer- und Zustellkosten oder in Fällen, in denen diese Kosten nicht im Voraus berechnet werden können, die Tatsache, dass solche zusätzlichen Kosten anfallen können;
4. Zahlungs-, Liefer- und Leistungsbedingungen sowie Verfahren zum Umgang mit Beschwerden, soweit sie von Erfordernissen der unternehmerischen Sorgfalt abweichen, und
5. das Bestehen eines Rechts zum Rücktritt oder Widerruf.

(4) Als wesentlich im Sinne des Absatzes 2 gelten auch Informationen, die dem Verbraucher auf Grund unionsrechtlicher Verordnungen oder nach Rechtsvorschriften zur Umsetzung unionsrechtlicher Richtlinien für kommerzielle Kommunikation einschließlich Werbung und Marketing nicht vorenthalten werden dürfen.

(5) Bei der Beurteilung, ob Informationen vorenthalten wurden, sind zu berücksichtigen:

1. räumliche oder zeitliche Beschränkungen durch das für die geschäftliche Handlung gewählte Kommunikationsmittel sowie
2. alle Maßnahmen des Unternehmers, um dem Verbraucher die Informationen auf andere Weise als durch das Kommunikationsmittel nach Nummer 1 zur Verfügung zu stellen.

(6) Unlauter handelt auch, wer den kommerziellen Zweck einer geschäftlichen Handlung nicht kenntlich macht, sofern sich dieser nicht unmittelbar aus den Umständen ergibt, und das Nichtkenntlichmachen geeignet ist, den Verbraucher zu einer geschäftlichen Entscheidung zu veranlassen, die er andernfalls nicht getroffen hätte.

§ 6 Vergleichende Werbung

(1) Vergleichende Werbung ist jede Werbung, die unmittelbar oder mittelbar einen Mitbewerber oder die von einem Mitbewerber angebotenen Waren oder Dienstleistungen erkennbar macht.

(2) Unlauter handelt, wer vergleichend wirbt, wenn der Vergleich

1. sich nicht auf Waren oder Dienstleistungen für den gleichen Bedarf oder dieselbe Zweckbestimmung bezieht,
2. nicht objektiv auf eine oder mehrere wesentliche, relevante, nachprüfbare und typische Eigenschaften oder den Preis dieser Waren oder Dienstleistungen bezogen ist,
3. im geschäftlichen Verkehr zu einer Gefahr von Verwechslungen zwischen dem Werbenden und einem Mitbewerber oder zwischen den von diesen angebotenen Waren oder Dienstleistungen oder den von ihnen verwendeten Kennzeichen führt,
4. den Ruf des von einem Mitbewerber verwendeten Kennzeichens in unlauterer Weise ausnutzt oder beeinträchtigt,
5. die Waren, Dienstleistungen, Tätigkeiten oder persönlichen oder geschäftlichen Verhältnisse eines Mitbewerbers herabsetzt oder verunglimpft oder
6. eine Ware oder Dienstleistung als Imitation oder Nachahmung einer unter einem geschützten Kennzeichen vertriebenen Ware oder Dienstleistung darstellt.

§ 7 Unzumutbare Belästigungen

(1) [1]Eine geschäftliche Handlung, durch die ein Marktteilnehmer in unzumutbarer Weise belästigt wird, ist unzulässig. [2]Dies gilt insbesondere für Werbung, obwohl erkennbar ist, dass der angesprochene Marktteilnehmer diese Werbung nicht wünscht.

(2) Eine unzumutbare Belästigung ist stets anzunehmen

1. bei Werbung unter Verwendung eines in den Nummern 2 und 3 nicht aufgeführten, für den Fernabsatz geeigneten Mittels der kommerziellen Kommunikation, durch die ein Verbraucher hartnäckig angesprochen wird, obwohl er dies erkennbar nicht wünscht;
2. bei Werbung mit einem Telefonanruf gegenüber einem Verbraucher ohne dessen vorherige ausdrückliche Einwilligung oder gegenüber einem sonstigen Marktteilnehmer ohne dessen zumindest mutmaßliche Einwilligung,
3. bei Werbung unter Verwendung einer automatischen Anrufmaschine, eines Faxgerätes oder elektronischer Post, ohne dass eine vorherige ausdrückliche Einwilligung des Adressaten vorliegt, oder
4. bei Werbung mit einer Nachricht,
   a) bei der die Identität des Absenders, in dessen Auftrag die Nachricht übermittelt wird, verschleiert oder verheimlicht wird oder
   b) bei der gegen § 6 Absatz 1 des Telemediengesetzes verstoßen wird oder in der der Empfänger aufgefordert wird, eine Website aufzurufen, die gegen diese Vorschrift verstößt, oder
   c) bei der keine gültige Adresse vorhanden ist, an die der Empfänger eine Aufforderung zur Einstellung solcher Nachrichten richten kann, ohne dass hierfür andere als die Übermittlungskosten nach den Basistarifen entstehen.

(3) Abweichend von Absatz 2 Nummer 3 ist eine unzumutbare Belästigung bei einer Werbung unter Verwendung elektronischer Post nicht anzunehmen, wenn

1. ein Unternehmer im Zusammenhang mit dem Verkauf einer Ware oder Dienstleistung von dem Kunden dessen elektronische Postadresse erhalten hat,
2. der Unternehmer die Adresse zur Direktwerbung für eigene ähnliche Waren oder Dienstleistungen verwendet,
3. der Kunde der Verwendung nicht widersprochen hat und
4. der Kunde bei Erhebung der Adresse und bei jeder Verwendung klar und deutlich darauf hingewiesen wird, dass er der Verwendung jederzeit widersprechen kann, ohne dass hierfür andere als die Übermittlungskosten nach den Basistarifen entstehen.

§ 7a[1] Einwilligung in Telefonwerbung

(1) Wer mit einem Telefonanruf gegenüber einem Verbraucher wirbt, hat dessen vorherige ausdrückliche Einwilligung in die Telefonwerbung zum Zeitpunkt der Erteilung in angemessener Form zu dokumentieren und gemäß Absatz 2 Satz 1 aufzubewahren.

(2) Die werbenden Unternehmen müssen den Nachweis nach Absatz 1 ab Erteilung der Einwilligung sowie nach jeder Verwendung der Einwilligung fünf Jahre aufbewahren. Die werbenden Unternehmen haben der nach § 20 Absatz 3 zuständigen Verwaltungsbehörde den Nachweis nach Absatz 1 auf Verlangen unverzüglich vorzulegen.

Kapitel 2. Rechtsfolgen

§ 8 Beseitigung und Unterlassung

(1) [1]Wer eine nach § 3 oder § 7 unzulässige geschäftliche Handlung vornimmt, kann auf Beseitigung und bei Wiederholungsgefahr auf Unterlassung in Anspruch genommen werden. [2]Der Anspruch auf Unterlassung besteht bereits dann, wenn eine derartige Zuwiderhandlung gegen § 3 oder § 7 droht.

---

[1] § 7a ist gemäß Art. 4 des Gesetzes für faire Verbraucherverträge vom 10.8.2021 (BGBl. I S. 3434) am 1.10.2021 in Kraft getreten.

(2) Werden die Zuwiderhandlungen in einem Unternehmen von einem Mitarbeiter oder Beauftragten begangen, so sind der Unterlassungsanspruch und der Beseitigungsanspruch auch gegen den Inhaber des Unternehmens begründet.

(3) Die Ansprüche aus Absatz 1 stehen zu:[2]

1. jedem Mitbewerber;
2. rechtsfähigen Verbänden zur Förderung gewerblicher oder selbständiger beruflicher Interessen, soweit ihnen eine erhebliche Zahl von Unternehmern angehört, die Waren oder Dienstleistungen gleicher oder verwandter Art auf demselben Markt vertreiben, wenn sie insbesondere nach ihrer personellen, sachlichen und finanziellen Ausstattung imstande sind, ihre satzungsmäßigen Aufgaben der Verfolgung gewerblicher oder selbständiger beruflicher Interessen tatsächlich wahrzunehmen und soweit die Zuwiderhandlung die Interessen ihrer Mitglieder berührt;
3. qualifizierten Einrichtungen, die nachweisen, dass sie in der Liste der qualifizierten Einrichtungen nach § 4 des Unterlassungsklagengesetzes oder in dem Verzeichnis der Europäischen Kommission nach Artikel 4 Absatz 3 der Richtlinie 2009/22/EG des Europäischen Parlaments und des Rates vom 23. April 2009 über Unterlassungsklagen zum Schutz der Verbraucherinteressen (ABl. L 110 vom 1.5.2009, S. 30) eingetragen sind;
4. den Industrie- und Handelskammern oder den Handwerkskammern.

*[Abs. 3 idF des Gesetzes zur Stärkung des fairen Wettbewerbs]**

(3) Die Ansprüche aus Absatz 1 stehen zu:

1. *jedem Mitbewerber, der Waren oder Dienstleistungen in nicht unerheblichem Maße und nicht nur gelegentlich vertreibt oder nachfragt,*
2. *denjenigen rechtsfähigen Verbänden zur Förderung gewerblicher oder selbständiger beruflicher Interessen, die in der Liste der qualifizierten Wirtschaftsverbände nach § 8b eingetragen sind, soweit ihnen eine erhebliche Zahl von Unternehmen angehört, die Waren oder Dienstleistungen gleicher oder verwandter Art auf demselben Markt vertreiben, und die Zuwiderhandlung die Interessen ihrer Mitglieder berührt,*
3. *den qualifizierten Einrichtungen, die in der Liste der qualifizierten Einrichtungen nach § 4 des Unterlassungsklagengesetzes eingetragen sind, oder den qualifizierten Einrichtungen aus anderen Mitgliedstaaten der Europäischen Union, die in dem Verzeichnis der Europäischen Kommission nach Artikel 4 Absatz 3 der Richtlinie 2009/22/EG des Europäischen Parlaments und des Rates vom 23. April 2009 über Unterlassungsklagen zum Schutz der Verbraucherinteressen (ABl. L 110 vom 1.5.2009, S. 30), die zuletzt durch die Verordnung (EU) 2018/302 (ABl. L 60 vom 2.3.2018, S. 1) geändert worden ist, eingetragen sind,*
4. *den Industrie- und Handelskammern, den nach der Handwerksordnung errichteten Organisationen und anderen berufsständischen Körperschaften des öffentlichen Rechts im Rahmen der Erfüllung ihrer Aufgaben sowie den Gewerkschaften im Rahmen der Erfüllung ihrer Aufgaben bei der Vertretung selbständiger beruflicher Interessen.*

(4) Stellen nach Absatz 3 Nummer 2 und 3 können die Ansprüche nicht geltend machen, solange ihre Eintragung ruht.

(5) [1]§ 13 des Unterlassungsklagengesetzes ist entsprechend anzuwenden; in § 13 Absatz 1 und 3 Satz 2 des Unterlassungsklagengesetzes treten an die Stelle der dort aufgeführten Ansprüche nach dem Unterlassungsklagengesetz die Ansprüche nach dieser Vorschrift. [2]Im Übrigen findet das Unterlassungsklagengesetz keine Anwendung, es sei denn, es liegt ein Fall des § 4e des Unterlassungsklagengesetzes vor.

---

[2] Abgedruckt wird, hier zunächst der bei Erscheinen der 5. Auflage gültige Text. § 8 Abs. 3 wurde durch das Gesetz zur Stärkung des fairen Wettbewerbs vom 20.11.2020 neu gefasst. Die ab 1.12.2021 geltende Fassung des § 8 Abs. 3 wird in Kursivdruck eingefügt und unten ab S. 2034 kommentiert.

* Gemäß Art. 9 Gesetz zur Stärkung des fairen Wettbewerbs tritt § 8 Abs. 3 nF UWG ein Jahr nach Verkündung des Gesetzes zur Stärkung des fairen Wettbewerbs in Kraft.

§ 8a Anspruchsberechtigte bei einem Verstoß gegen die Verordnung (EU) 2019/1150

Anspruchsberechtigt nach § 8 Absatz 1 sind bei einem Verstoß gegen die Verordnung (EU) 2019/1150 des Europäischen Parlaments und des Rates vom 20. Juni 2019 zur Förderung von Fairness und Transparenz für gewerbliche Nutzer von Online-Vermittlungsdiensten (ABl. L 186 vom 11.7.2019, S. 57) abweichend von § 8 Absatz 3 die Verbände, Organisationen und öffentlichen Stellen, die die Voraussetzungen des Artikels 14 Absatz 3 und 4 der Verordnung (EU) 2019/1150 erfüllen.

§ 8b Liste der qualifizierten Wirtschaftsverbände

(1) Das Bundesamt für Justiz führt eine Liste der qualifizierten Wirtschaftsverbände und veröffentlicht sie in der jeweils aktuellen Fassung auf seiner Internetseite.

(2) Ein rechtsfähiger Verband, zu dessen satzungsmäßigen Aufgaben es gehört, gewerbliche oder selbstständige berufliche Interessen zu verfolgen und zu fördern sowie zu Fragen des lauteren Wettbewerbs zu beraten und zu informieren, wird auf seinen Antrag in die Liste eingetragen, wenn

1. er mindestens 75 Unternehmer als Mitglieder hat,
2. er zum Zeitpunkt der Antragstellung seit mindestens einem Jahr seine satzungsmäßigen Aufgaben wahrgenommen hat,
3. auf Grund seiner bisherigen Tätigkeit sowie seiner personellen, sachlichen und finanziellen Ausstattung gesichert erscheint, dass er
   a) seine satzungsmäßigen Aufgaben auch künftig dauerhaft wirksam und sachgerecht erfüllen wird und
   b) seine Ansprüche nicht vorwiegend geltend machen wird, um für sich Einnahmen aus Abmahnungen oder Vertragsstrafen zu erzielen,
4. seinen Mitgliedern keine Zuwendungen aus dem Verbandsvermögen gewährt werden und Personen, die für den Verband tätig sind, nicht durch unangemessen hohe Vergütungen oder andere Zuwendungen begünstigt werden.

(3) § 4 Absatz 3 und 4 sowie die §§ 4a bis 4d des Unterlassungsklagengesetzes sind entsprechend anzuwenden.

§ 8c Verbot der missbräuchlichen Geltendmachung von Ansprüchen; Haftung

(1) Die Geltendmachung der Ansprüche aus § 8 Absatz 1 ist unzulässig, wenn sie unter Berücksichtigung der gesamten Umstände missbräuchlich ist.

(2) Eine missbräuchliche Geltendmachung ist im Zweifel anzunehmen, wenn

1. die Geltendmachung der Ansprüche vorwiegend dazu dient, gegen den Zuwiderhandelnden einen Anspruch auf Ersatz von Aufwendungen oder von Kosten der Rechtsverfolgung oder die Zahlung einer Vertragsstrafe entstehen zu lassen,
2. ein Mitbewerber eine erhebliche Anzahl von Verstößen gegen die gleiche Rechtsvorschrift durch Abmahnungen geltend macht, wenn die Anzahl der geltend gemachten Verstöße außer Verhältnis zum Umfang der eigenen Geschäftstätigkeit steht oder wenn anzunehmen ist, dass der Mitbewerber das wirtschaftliche Risiko seines außergerichtlichen oder gerichtlichen Vorgehens nicht selbst trägt,
3. ein Mitbewerber den Gegenstandswert für eine Abmahnung unangemessen hoch ansetzt,
4. offensichtlich überhöhte Vertragsstrafen vereinbart oder gefordert werden,
5. eine vorgeschlagene Unterlassungsverpflichtung offensichtlich über die abgemahnte Rechtsverletzung hinausgeht,

6. mehrere Zuwiderhandlungen, die zusammen hätten abgemahnt werden können, einzeln abgemahnt werden oder
7. wegen einer Zuwiderhandlung, für die mehrere Zuwiderhandelnde verantwortlich sind, die Ansprüche gegen die Zuwiderhandelnden ohne sachlichen Grund nicht zusammen geltend gemacht werden.

(3) [1]Im Fall der missbräuchlichen Geltendmachung von Ansprüchen kann der Anspruchsgegner vom Anspruchsteller Ersatz der für seine Rechtsverteidigung erforderlichen Aufwendungen fordern. [2]Weitergehende Ersatzansprüche bleiben unberührt.

§ 9 Schadensersatz

[1]Wer vorsätzlich oder fahrlässig eine nach § 3 oder § 7 unzulässige geschäftliche Handlung vornimmt, ist den Mitbewerbern zum Ersatz des daraus entstehenden Schadens verpflichtet. [2]Gegen verantwortliche Personen von periodischen Druckschriften kann der Anspruch auf Schadensersatz nur bei einer vorsätzlichen Zuwiderhandlung geltend gemacht werden.

§ 10 Gewinnabschöpfung

(1) Wer vorsätzlich eine nach § 3 oder § 7 unzulässige geschäftliche Handlung vornimmt und hierdurch zu Lasten einer Vielzahl von Abnehmern einen Gewinn erzielt, kann von den gemäß § 8 Absatz 3 Nummer 2 bis 4 zur Geltendmachung eines Unterlassungsanspruchs Berechtigten auf Herausgabe dieses Gewinns an den Bundeshaushalt in Anspruch genommen werden.

(2) [1]Auf den Gewinn sind die Leistungen anzurechnen, die der Schuldner auf Grund der Zuwiderhandlung an Dritte oder an den Staat erbracht hat. [2]Soweit der Schuldner solche Leistungen erst nach Erfüllung des Anspruchs nach Absatz 1 erbracht hat, erstattet die zuständige Stelle des Bundes dem Schuldner den abgeführten Gewinn in Höhe der nachgewiesenen Zahlungen zurück.

(3) Beanspruchen mehrere Gläubiger den Gewinn, so gelten die §§ 428 bis 430 des Bürgerlichen Gesetzbuchs entsprechend.

(4) [1]Die Gläubiger haben der zuständigen Stelle des Bundes über die Geltendmachung von Ansprüchen nach Absatz 1 Auskunft zu erteilen. [2]Sie können von der zuständigen Stelle des Bundes Erstattung der für die Geltendmachung des Anspruchs erforderlichen Aufwendungen verlangen, soweit sie vom Schuldner keinen Ausgleich erlangen können. [3]Der Erstattungsanspruch ist auf die Höhe des an den Bundeshaushalt abgeführten Gewinns beschränkt.

(5) Zuständige Stelle im Sinn der Absätze 2 und 4 ist das Bundesamt für Justiz.

§ 11 Verjährung

(1) Die Ansprüche aus §§ 8, 9 und 13 Absatz 3 verjähren in sechs Monaten.

(2) Die Verjährungsfrist beginnt, wenn

1. der Anspruch entstanden ist und
2. der Gläubiger von den den Anspruch begründenden Umständen und der Person des Schuldners Kenntnis erlangt oder ohne grobe Fahrlässigkeit erlangen müsste.

(3) Schadensersatzansprüche verjähren ohne Rücksicht auf die Kenntnis oder grob fahrlässige Unkenntnis in zehn Jahren von ihrer Entstehung, spätestens in 30 Jahren von der den Schaden auslösenden Handlung an.

(4) Andere Ansprüche verjähren ohne Rücksicht auf die Kenntnis oder grob fahrlässige Unkenntnis in drei Jahren von der Entstehung an.

Kapitel 3. Verfahrensvorschriften

§ 12 Einstweiliger Rechtsschutz; Veröffentlichungsbefugnis; Streitwertminderung

(1) Zur Sicherung der in diesem Gesetz bezeichneten Ansprüche auf Unterlassung können einstweilige Verfügungen auch ohne die Darlegung und Glaubhaftmachung der in den §§ 935 und 940 der Zivilprozessordnung bezeichneten Voraussetzungen erlassen werden.

(2) [1]Ist auf Grund dieses Gesetzes Klage auf Unterlassung erhoben worden, so kann das Gericht der obsiegenden Partei die Befugnis zusprechen, das Urteil auf Kosten der unterliegenden Partei öffentlich bekannt zu machen, wenn sie ein berechtigtes Interesse dartut. [2]Art und Umfang der Bekanntmachung werden im Urteil bestimmt. [3]Die Befugnis erlischt, wenn von ihr nicht innerhalb von drei Monaten nach Eintritt der Rechtskraft Gebrauch gemacht worden ist. [4]Der Ausspruch nach Satz 1 ist nicht vorläufig vollstreckbar.

(3) [1]Macht eine Partei in Rechtsstreitigkeiten, in denen durch Klage ein Anspruch aus einem der in diesem Gesetz geregelten Rechtsverhältnisse geltend gemacht wird, glaubhaft, dass die Belastung mit den Prozesskosten nach dem vollen Streitwert ihre wirtschaftliche Lage erheblich gefährden würde, so kann das Gericht auf ihren Antrag anordnen, dass die Verpflichtung dieser Partei zur Zahlung von Gerichtskosten sich nach einem ihrer Wirtschaftslage angepassten Teil des Streitwerts bemisst. [2]Die Anordnung hat zur Folge, dass

1. die begünstigte Partei die Gebühren ihres Rechtsanwalts ebenfalls nur nach diesem Teil des Streitwerts zu entrichten hat,
2. die begünstigte Partei, soweit ihr Kosten des Rechtsstreits auferlegt werden oder soweit sie diese übernimmt, die von dem Gegner entrichteten Gerichtsgebühren und die Gebühren seines Rechtsanwalts nur nach dem Teil des Streitwerts zu erstatten hat und
3. der Rechtsanwalt der begünstigten Partei, soweit die außergerichtlichen Kosten dem Gegner auferlegt oder von ihm übernommen werden, seine Gebühren von dem Gegner nach dem für diesen geltenden Streitwert beitreiben kann.

(4) [1]Der Antrag nach Absatz 3 kann vor der Geschäftsstelle des Gerichts zur Niederschrift erklärt werden. [2]Er ist vor der Verhandlung zur Hauptsache anzubringen. [3]Danach ist er nur zulässig, wenn der angenommene oder festgesetzte Streitwert später durch das Gericht heraufgesetzt wird. [4]Vor der Entscheidung über den Antrag ist der Gegner zu hören.

§ 13 Abmahnung; Unterlassungsverpflichtung; Haftung

(1) Die zur Geltendmachung eines Unterlassungsanspruchs Berechtigten sollen den Schuldner vor der Einleitung eines gerichtlichen Verfahrens abmahnen und ihm Gelegenheit geben, den Streit durch Abgabe einer mit einer angemessenen Vertragsstrafe bewehrten Unterlassungsverpflichtung beizulegen.

(2) In der Abmahnung muss klar und verständlich angegeben werden:

1. Name oder Firma des Abmahnenden sowie im Fall einer Vertretung zusätzlich Name oder Firma des Vertreters,
2. die Voraussetzungen der Anspruchsberechtigung nach § 8 Absatz 3,
3. ob und in welcher Höhe ein Aufwendungsersatzanspruch geltend gemacht wird und wie sich dieser berechnet,
4. die Rechtsverletzung unter Angabe der tatsächlichen Umstände,
5. in den Fällen des Absatzes 4, dass der Anspruch auf Aufwendungsersatz ausgeschlossen ist.

(3) Soweit die Abmahnung berechtigt ist und den Anforderungen des Absatzes 2 entspricht, kann der Abmahnende vom Abgemahnten Ersatz der erforderlichen Aufwendungen verlangen.

(4) Der Anspruch auf Ersatz der erforderlichen Aufwendungen nach Absatz 3 ist für Anspruchsberechtigte nach § 8 Absatz 3 Nummer 1 ausgeschlossen bei

1. im elektronischen Geschäftsverkehr oder in Telemedien begangenen Verstößen gegen gesetzliche Informations- und Kennzeichnungspflichten oder
2. sonstigen Verstößen gegen die Verordnung (EU) 2016/679 des Europäischen Parlaments und des Rates vom 27. April 2016 zum Schutz natürlicher Personen bei der Verarbeitung personenbezogener Daten, zum freien Datenverkehr und zur Aufhebung der Richtlinie 95/46/EG (Datenschutz-Grundverordnung) (ABl. L 119 vom 4.5.2016, S. 1; L 314 vom 22.11.2016, S. 72; L 127 vom 23.5.2018, S. 2) und das Bundesdatenschutzgesetz durch Unternehmen sowie gewerblich tätige Vereine, sofern sie in der Regel weniger als 250 Mitarbeiter beschäftigen.

(5) [1] Soweit die Abmahnung unberechtigt ist oder nicht den Anforderungen des Absatzes 2 entspricht oder soweit entgegen Absatz 4 ein Anspruch auf Aufwendungsersatz geltend gemacht wird, hat der Abgemahnte gegen den Abmahnenden einen Anspruch auf Ersatz der für seine Rechtsverteidigung erforderlichen Aufwendungen. [2] Der Anspruch nach Satz 1 ist beschränkt auf die Höhe des Aufwendungsersatzanspruchs, die der Abmahnende geltend macht. [3] Bei einer unberechtigten Abmahnung ist der Anspruch nach Satz 1 ausgeschlossen, wenn die fehlende Berechtigung der Abmahnung für den Abmahnenden zum Zeitpunkt der Abmahnung nicht erkennbar war. [4] Weitergehende Ersatzansprüche bleiben unberührt.

§ 13a Vertragsstrafe

(1) Bei der Festlegung einer angemessenen Vertragsstrafe nach § 13 Absatz 1 sind folgende Umstände zu berücksichtigen:

1. Art, Ausmaß und Folgen der Zuwiderhandlung,
2. Schuldhaftigkeit der Zuwiderhandlung und bei schuldhafter Zuwiderhandlung die Schwere des Verschuldens,
3. Größe, Marktstärke und Wettbewerbsfähigkeit des Abgemahnten sowie
4. wirtschaftliches Interesse des Abgemahnten an erfolgten und zukünftigen Verstößen.

(2) Die Vereinbarung einer Vertragsstrafe nach Absatz 1 ist für Anspruchsberechtigte nach § 8 Absatz 3 Nummer 1 bei einer erstmaligen Abmahnung bei Verstößen nach § 13 Absatz 4 ausgeschlossen, wenn der Abgemahnte in der Regel weniger als 100 Mitarbeiter beschäftigt.

(3) Vertragsstrafen dürfen eine Höhe von 1000 Euro nicht überschreiten, wenn die Zuwiderhandlung angesichts ihrer Art, ihres Ausmaßes und ihrer Folgen die Interessen von Verbrauchern, Mitbewerbern und sonstigen Marktteilnehmern in nur unerheblichem Maße beeinträchtigt und wenn der Abgemahnte in der Regel weniger als 100 Mitarbeiter beschäftigt.

(4) Verspricht der Abgemahnte auf Verlangen des Abmahnenden eine unangemessen hohe Vertragsstrafe, schuldet er lediglich eine Vertragsstrafe in angemessener Höhe.

(5) [1] Ist lediglich eine Vertragsstrafe vereinbart, deren Höhe noch nicht beziffert wurde, kann der Abgemahnte bei Uneinigkeit über die Höhe auch ohne Zustimmung des Abmahnenden eine Einigungsstelle nach § 15 anrufen. [2] Das Gleiche gilt, wenn der Abgemahnte nach Absatz 4 nur eine Vertragsstrafe in angemessener Höhe schuldet. [3] Ist ein Verfahren vor der Einigungsstelle anhängig, so ist eine erst nach Anrufung der Einigungsstelle erhobene Klage nicht zulässig.

§ 14 Sachliche und örtliche Zuständigkeit; Verordnungsermächtigung

(1) Für alle bürgerlichen Rechtsstreitigkeiten, mit denen ein Anspruch auf Grund dieses Gesetzes geltend gemacht wird, sind die Landgerichte ausschließlich zuständig.

(2) [1] Für alle bürgerlichen Rechtsstreitigkeiten, mit denen ein Anspruch auf Grund dieses Gesetzes geltend gemacht wird, ist das Gericht zuständig, in dessen Bezirk der Beklagte

seinen allgemeinen Gerichtsstand hat. [2] Für alle bürgerlichen Rechtsstreitigkeiten, mit denen ein Anspruch auf Grund dieses Gesetzes geltend gemacht wird, ist außerdem das Gericht zuständig, in dessen Bezirk die Zuwiderhandlung begangen wurde. [3] Satz 2 gilt nicht für

1. Rechtsstreitigkeiten wegen Zuwiderhandlungen im elektronischen Geschäftsverkehr oder in Telemedien oder
2. Rechtsstreitigkeiten, die von den nach § 8 Absatz 3 Nummer 2 bis 4 zur Geltendmachung eines Unterlassungsanspruchs Berechtigten geltend gemacht werden,

es sei denn, der Beklagte hat im Inland keinen allgemeinen Gerichtsstand.

(3) [1] Die Landesregierungen werden ermächtigt, durch Rechtsverordnung für die Bezirke mehrerer Landgerichte eines von ihnen als Gericht für Wettbewerbsstreitsachen zu bestimmen, wenn dies der Rechtspflege in Wettbewerbsstreitsachen dienlich ist. [2] Die Landesregierungen können die Ermächtigung durch Rechtsverordnung auf die Landesjustizverwaltungen übertragen. [3] Die Länder können außerdem durch Vereinbarung die den Gerichten eines Landes obliegenden Klagen nach Absatz 1 insgesamt oder teilweise dem zuständigen Gericht eines anderen Landes übertragen.

§ 15 Einigungsstellen

(1) Die Landesregierungen errichten bei Industrie- und Handelskammern Einigungsstellen zur Beilegung von bürgerlichen Rechtsstreitigkeiten, in denen ein Anspruch auf Grund dieses Gesetzes geltend gemacht wird (Einigungsstellen).

(2) [1] Die Einigungsstellen sind mit einer vorsitzenden Person, die die Befähigung zum Richteramt nach dem Deutschen Richtergesetz hat, und beisitzenden Personen zu besetzen. [2] Als beisitzende Personen werden im Falle einer Anrufung durch eine nach § 8 Absatz 3 Nummer 3 zur Geltendmachung eines Unterlassungsanspruchs berechtigte qualifizierte Einrichtung Unternehmer und Verbraucher in gleicher Anzahl tätig, sonst mindestens zwei sachverständige Unternehmer. [3] Die vorsitzende Person soll auf dem Gebiet des Wettbewerbsrechts erfahren sein. [4] Die beisitzenden Personen werden von der vorsitzenden Person für den jeweiligen Streitfall aus einer alljährlich für das Kalenderjahr aufzustellenden Liste berufen. [5] Die Berufung soll im Einvernehmen mit den Parteien erfolgen. [6] Für die Ausschließung und Ablehnung von Mitgliedern der Einigungsstelle sind die § 41 bis 43 und § 44 Absatz 2 bis 4 der Zivilprozessordnung entsprechend anzuwenden. [7] Über das Ablehnungsgesuch entscheidet das für den Sitz der Einigungsstelle zuständige Landgericht (Kammer für Handelssachen oder, falls es an einer solchen fehlt, Zivilkammer).

(3) [1] Die Einigungsstellen können bei bürgerlichen Rechtsstreitigkeiten, in denen ein Anspruch auf Grund dieses Gesetzes geltend gemacht wird, angerufen werden, wenn der Gegner zustimmt. [2] Soweit die geschäftlichen Handlungen Verbraucher betreffen, können die Einigungsstellen von jeder Partei zu einer Aussprache mit dem Gegner über den Streitfall angerufen werden; einer Zustimmung des Gegners bedarf es nicht.

(4) Für die Zuständigkeit der Einigungsstellen ist § 14 entsprechend anzuwenden.

(5) [1] Die der Einigungsstelle vorsitzende Person kann das persönliche Erscheinen der Parteien anordnen. [2] Gegen eine unentschuldigt ausbleibende Partei kann die Einigungsstelle ein Ordnungsgeld festsetzen. [3] Gegen die Anordnung des persönlichen Erscheinens und gegen die Festsetzung des Ordnungsgeldes findet die sofortige Beschwerde nach den Vorschriften der Zivilprozessordnung an das für den Sitz der Einigungsstelle zuständige Landgericht (Kammer für Handelssachen oder, falls es an einer solchen fehlt, Zivilkammer) statt.

(6) [1] Die Einigungsstelle hat einen gütlichen Ausgleich anzustreben. [2] Sie kann den Parteien einen schriftlichen, mit Gründen versehenen Einigungsvorschlag machen. [3] Der Einigungsvorschlag und seine Begründung dürfen nur mit Zustimmung der Parteien veröffentlicht werden.

(7) [1]Kommt ein Vergleich zustande, so muss er in einem besonderen Schriftstück niedergelegt und unter Angabe des Tages seines Zustandekommens von den Mitgliedern der Einigungsstelle, welche in der Verhandlung mitgewirkt haben, sowie von den Parteien unterschrieben werden. [2]Aus einem vor der Einigungsstelle geschlossenen Vergleich findet die Zwangsvollstreckung statt; § 797a der Zivilprozessordnung ist entsprechend anzuwenden.

(8) Die Einigungsstelle kann, wenn sie den geltend gemachten Anspruch von vornherein für unbegründet oder sich selbst für unzuständig erachtet, die Einleitung von Einigungsverhandlungen ablehnen.

(9) [1]Durch die Anrufung der Einigungsstelle wird die Verjährung in gleicher Weise wie durch Klageerhebung gehemmt. [2]Kommt ein Vergleich nicht zustande, so ist der Zeitpunkt, zu dem das Verfahren beendet ist, von der Einigungsstelle festzustellen. [3]Die vorsitzende Person hat dies den Parteien mitzuteilen.

(10) [1]Ist ein Rechtsstreit der in Absatz 3 Satz 2 bezeichneten Art ohne vorherige Anrufung der Einigungsstelle anhängig gemacht worden, so kann das Gericht auf Antrag den Parteien unter Anberaumung eines neuen Termins aufgeben, vor diesem Termin die Einigungsstelle zur Herbeiführung eines gütlichen Ausgleichs anzurufen. [2]In dem Verfahren über den Antrag auf Erlass einer einstweiligen Verfügung ist diese Anordnung nur zulässig, wenn der Gegner zustimmt. [3]Absatz 8 ist nicht anzuwenden. [4]Ist ein Verfahren vor der Einigungsstelle anhängig, so ist eine erst nach Anrufung der Einigungsstelle erhobene Klage des Antragsgegners auf Feststellung, dass der geltend gemachte Anspruch nicht bestehe, nicht zulässig.

(11) [1]Die Landesregierungen werden ermächtigt, durch Rechtsverordnung die zur Durchführung der vorstehenden Bestimmungen und zur Regelung des Verfahrens vor den Einigungsstellen erforderlichen Vorschriften zu erlassen, insbesondere über die Aufsicht über die Einigungsstellen, über ihre Besetzung unter angemessener Beteiligung der nicht den Industrie- und Handelskammern angehörenden Unternehmern (§ 2 Abs. 2 bis 6 des Gesetzes zur vorläufigen Regelung des Rechts der Industrie- und Handelskammern in der im Bundesgesetzblatt Teil III, Gliederungsnummer 701-1, veröffentlichten bereinigten Fassung), und über die Vollstreckung von Ordnungsgeldern, sowie Bestimmungen über die Erhebung von Auslagen durch die Einigungsstelle zu treffen. [2]Bei der Besetzung der Einigungsstellen sind die Vorschläge der für ein Bundesland errichteten, mit öffentlichen Mitteln geförderten Verbraucherzentralen zur Bestimmung der in Absatz 2 Satz 2 genannten Verbraucher zu berücksichtigen.

(12) Abweichend von Absatz 2 Satz 1 kann in den Ländern Brandenburg, Mecklenburg-Vorpommern, Sachsen, Sachsen-Anhalt und Thüringen die Einigungsstelle auch mit einem Rechtskundigen als Vorsitzendem besetzt werden, der die Befähigung zum Berufsrichter nach dem Recht der Deutschen Demokratischen Republik erworben hat.

§ 15a Überleitungsvorschrift zum Gesetz zur Stärkung des fairen Wettbewerbs

(1) § 8 Absatz 3 Nummer 2 ist nicht anzuwenden auf Verfahren, die am 1. September 2021 bereits rechtshängig sind.

(2) Die §§ 13 und 13a Absatz 2 und 3 sind nicht anzuwenden auf Abmahnungen, die vor dem 2. Dezember 2020 bereits zugegangen sind.

Kapitel 4. Straf- und Bußgeldvorschriften

§ 16 Strafbare Werbung

(1) Wer in der Absicht, den Anschein eines besonders günstigen Angebots hervorzurufen, in öffentlichen Bekanntmachungen oder in Mitteilungen, die für einen größeren Kreis von

Personen bestimmt sind, durch unwahre Angaben irreführend wirbt, wird mit Freiheitsstrafe bis zu zwei Jahren oder mit Geldstrafe bestraft.

(2) Wer es im geschäftlichen Verkehr unternimmt, Verbraucher zur Abnahme von Waren, Dienstleistungen oder Rechten durch das Versprechen zu veranlassen, sie würden entweder vom Veranstalter selbst oder von einem Dritten besondere Vorteile erlangen, wenn sie andere zum Abschluss gleichartiger Geschäfte veranlassen, die ihrerseits nach der Art dieser Werbung derartige Vorteile für eine entsprechende Werbung weiterer Abnehmer erlangen sollen, wird mit Freiheitsstrafe bis zu zwei Jahren oder mit Geldstrafe bestraft.

§§ 17–19 *(aufgehoben)*

§ 20 Bußgeldvorschriften

(1) Ordnungswidrig handelt, wer vorsätzlich oder fahrlässig

1. entgegen § 7 Absatz 1 Satz 1 in Verbindung mit Absatz 2 Nummer 2 oder 3 mit einem Telefonanruf oder unter Verwendung einer automatischen Anrufmaschine gegenüber einem Verbraucher ohne dessen vorherige ausdrückliche Einwilligung wirbt,
2.[1] Entgegen § 7a Absatz 1 eine dort genannte Einwilligung nicht, nicht richtig, nicht vollständig oder nicht rechtzeitig dokumentiert oder nicht oder nicht mindestens fünf Jahre aufbewahrt,
3. entgegen § 8b Absatz 3 in Verbindung mit § 4b Absatz 1 des Unterlassungsklagengesetzes, auch in Verbindung mit einer Rechtsverordnung nach § 4d Nummer 2 des Unterlassungsklagengesetzes, einen dort genannten Bericht nicht, nicht richtig, nicht vollständig oder nicht rechtzeitig erstattet oder
4. einer Rechtsverordnung nach § 8b Absatz 3 in Verbindung mit § 4d Nummer 1 des Unterlassungsklagengesetzes oder einer vollziehbaren Anordnung auf Grund einer solchen Rechtsverordnung zuwiderhandelt, soweit die Rechtsverordnung für einen bestimmten Tatbestand auf diese Bußgeldvorschrift verweist.

(2) Die Ordnungswidrigkeit kann in den Fällen des Absatzes 1 Nummer 1 mit einer Geldbuße bis zu dreihunderttausend Euro, in den Fällen des Absatzes 1 Nummer 2 mit einer Geldbuße bis fünfzigtausend Euro und in den übrigen Fällen mit einer Geldbuße bis zu hunderttausend Euro geahndet werden.

(3) Verwaltungsbehörde im Sinne des § 36 Absatz 1 Nummer 1 des Gesetzes über Ordnungswidrigkeiten ist in den Fällen des Absatzes 1 Nummer 1 und 2 die Bundesnetzagentur für Elektrizität, Gas, Telekommunikation, Post und Eisenbahnen, in den übrigen Fällen das Bundesamt für Justiz.

Anhang

(zu § 3 Absatz 3)

Unzulässige geschäftliche Handlungen im Sinne des § 3 Absatz 3 sind

1. die unwahre Angabe eines Unternehmers, zu den Unterzeichnern eines Verhaltenskodexes zu gehören;
2. die Verwendung von Gütezeichen, Qualitätskennzeichen oder Ähnlichem ohne die erforderliche Genehmigung;

[1] § 20 Abs. 1 Nr. 2, eingefügt durch das Gesetz für faire Verbraucherverträge vom 10.8.2021 (BGBl. I S. 3433), tritt am 1.10.2021 in Kraft.

3. die unwahre Angabe, ein Verhaltenskodex sei von einer öffentlichen oder anderen Stelle gebilligt;
4. die unwahre Angabe, ein Unternehmer, eine von ihm vorgenommene geschäftliche Handlung oder eine Ware oder Dienstleistung sei von einer öffentlichen oder privaten Stelle bestätigt, gebilligt oder genehmigt worden, oder die unwahre Angabe, den Bedingungen für die Bestätigung, Billigung oder Genehmigung werde entsprochen;
5. Waren- oder Dienstleistungsangebote im Sinne des § 5a Abs. 3 zu einem bestimmten Preis, wenn der Unternehmer nicht darüber aufklärt, dass er hinreichende Gründe für die Annahme hat, er werde nicht in der Lage sein, diese oder gleichartige Waren oder Dienstleistungen für einen angemessenen Zeitraum in angemessener Menge zum genannten Preis bereitzustellen oder bereitstellen zu lassen (Lockangebote). Ist die Bevorratung kürzer als zwei Tage, obliegt es dem Unternehmer, die Angemessenheit nachzuweisen;
6. Waren- oder Dienstleistungsangebote im Sinne des § 5a Abs. 3 zu einem bestimmten Preis, wenn der Unternehmer sodann in der Absicht, stattdessen eine andere Ware oder Dienstleistung abzusetzen, eine fehlerhafte Ausführung der Ware oder Dienstleistung vorführt oder sich weigert zu zeigen, was er beworben hat, oder sich weigert, Bestellungen dafür anzunehmen oder die beworbene Leistung innerhalb einer vertretbaren Zeit zu erbringen;
7. die unwahre Angabe, bestimmte Waren oder Dienstleistungen seien allgemein oder zu bestimmten Bedingungen nur für einen sehr begrenzten Zeitraum verfügbar, um den Verbraucher zu einer sofortigen geschäftlichen Entscheidung zu veranlassen, ohne dass dieser Zeit und Gelegenheit hat, sich auf Grund von Informationen zu entscheiden;
8. Kundendienstleistungen in einer anderen Sprache als derjenigen, in der die Verhandlungen vor dem Abschluss des Geschäfts geführt worden sind, wenn die ursprünglich verwendete Sprache nicht Amtssprache des Mitgliedstaats ist, in dem der Unternehmer niedergelassen ist; dies gilt nicht, soweit Verbraucher vor dem Abschluss des Geschäfts darüber aufgeklärt werden, dass diese Leistungen in einer anderen als der ursprünglich verwendeten Sprache erbracht werden;
9. die unwahre Angabe oder das Erwecken des unzutreffenden Eindrucks, eine Ware oder Dienstleistung sei verkehrsfähig;
10. die unwahre Angabe oder das Erwecken des unzutreffenden Eindrucks, gesetzlich bestehende Rechte stellten eine Besonderheit des Angebots dar;
11. der vom Unternehmer finanzierte Einsatz redaktioneller Inhalte zu Zwecken der Verkaufsförderung, ohne dass sich dieser Zusammenhang aus dem Inhalt oder aus der Art der optischen oder akustischen Darstellung eindeutig ergibt (als Information getarnte Werbung);
12. unwahre Angaben über Art und Ausmaß einer Gefahr für die persönliche Sicherheit des Verbrauchers oder seiner Familie für den Fall, dass er die angebotene Ware nicht erwirbt oder die angebotene Dienstleistung nicht in Anspruch nimmt;
13. Werbung für eine Ware oder Dienstleistung, die der Ware oder Dienstleistung eines bestimmten Herstellers ähnlich ist, wenn dies in der Absicht geschieht, über die betriebliche Herkunft der beworbenen Ware oder Dienstleistung zu täuschen;
14. die Einführung, der Betrieb oder die Förderung eines Systems zur Verkaufsförderung, bei dem vom Verbraucher ein finanzieller Beitrag für die Möglichkeit verlangt wird, allein oder hauptsächlich durch die Einführung weiterer Teilnehmer in das System eine Vergütung zu erlangen (Schneeball- oder Pyramidensystem);
15. die unwahre Angabe, der Unternehmer werde demnächst sein Geschäft aufgeben oder seine Geschäftsräume verlegen;
16. die Angabe, durch eine bestimmte Ware oder Dienstleistung ließen sich die Gewinnchancen bei einem Glücksspiel erhöhen;
17. die unwahre Angabe oder das Erwecken des unzutreffenden Eindrucks, der Verbraucher habe bereits einen Preis gewonnen oder werde ihn gewinnen oder werde durch eine

bestimmte Handlung einen Preis gewinnen oder einen sonstigen Vorteil erlangen, wenn es einen solchen Preis oder Vorteil tatsächlich nicht gibt, oder wenn jedenfalls die Möglichkeit, einen Preis oder sonstigen Vorteil zu erlangen, von der Zahlung eines Geldbetrags oder der Übernahme von Kosten abhängig gemacht wird;

18. die unwahre Angabe, eine Ware oder Dienstleistung könne Krankheiten, Funktionsstörungen oder Missbildungen heilen;
19. eine unwahre Angabe über die Marktbedingungen oder Bezugsquellen, um den Verbraucher dazu zu bewegen, eine Ware oder Dienstleistung zu weniger günstigen Bedingungen als den allgemeinen Marktbedingungen abzunehmen oder in Anspruch zu nehmen;
20. das Angebot eines Wettbewerbs oder Preisausschreibens, wenn weder die in Aussicht gestellten Preise noch ein angemessenes Äquivalent vergeben werden;
21. das Angebot einer Ware oder Dienstleistung als „gratis", „umsonst", „kostenfrei" oder dergleichen, wenn hierfür gleichwohl Kosten zu tragen sind; dies gilt nicht für Kosten, die im Zusammenhang mit dem Eingehen auf das Waren- oder Dienstleistungsangebot oder für die Abholung oder Lieferung der Ware oder die Inanspruchnahme der Dienstleistung unvermeidbar sind;
22. die Übermittlung von Werbematerial unter Beifügung einer Zahlungsaufforderung, wenn damit der unzutreffende Eindruck vermittelt wird, die beworbene Ware oder Dienstleistung sei bereits bestellt;
23. die unwahre Angabe oder das Erwecken des unzutreffenden Eindrucks, der Unternehmer sei Verbraucher oder nicht für Zwecke seines Geschäfts, Handels, Gewerbes oder Berufs tätig;
24. die unwahre Angabe oder das Erwecken des unzutreffenden Eindrucks, es sei im Zusammenhang mit Waren oder Dienstleistungen in einem anderen Mitgliedstaat der Europäischen Union als dem des Warenverkaufs oder der Dienstleistung ein Kundendienst verfügbar;
25. das Erwecken des Eindrucks, der Verbraucher könne bestimmte Räumlichkeiten nicht ohne vorherigen Vertragsabschluss verlassen;
26. bei persönlichem Aufsuchen in der Wohnung die Nichtbeachtung einer Aufforderung des Besuchten, diese zu verlassen oder nicht zu ihr zurückzukehren, es sein denn, der Besuch ist zur rechtmäßigen Durchsetzung einer vertraglichen Verpflichtung gerechtfertigt;
27. Maßnahmen, durch die der Verbraucher von der Durchsetzung seiner vertraglichen Rechte aus einem Versicherungsverhältnis dadurch abgehalten werden soll, dass von ihm bei der Geltendmachung seines Anspruchs die Vorlage von Unterlagen verlangt wird, die zum Nachweis dieses Anspruchs nicht erforderlich sind, oder dass Schreiben zur Geltendmachung eines solchen Anspruchs systematisch nicht beantwortet werden;
28. die in eine Werbung einbezogene unmittelbare Aufforderung an Kinder, selbst die beworbene Ware zu erwerben oder die beworbene Dienstleistung in Anspruch zu nehmen oder ihre Eltern oder andere Erwachsene dazu zu veranlassen;
29. die Aufforderung zur Bezahlung nicht bestellter, aber gelieferter Waren oder erbrachter Dienstleistungen oder eine Aufforderung zur Rücksendung oder Aufbewahrung nicht bestellter Sachen und
30. die ausdrückliche Angabe, dass der Arbeitsplatz oder Lebensunterhalt des Unternehmers gefährdet sei, wenn der Verbraucher die Ware oder Dienstleistung nicht abnehme.

Gesetz gegen den unlauteren Wettbewerb (UWG)

in der Fassung der Bekanntmachung vom 3. März 2010 (BGBl. I S. 254),
zuletzt geändert durch das Gesetz für faire Verbraucherverträge vom 10. August 2021
(BGBl. I S. 3433)*

FNA 43-7

Einleitung

Gesamtübersicht

* Zu der am 28.5.2022 in Kraft tretenden, auf dem Gesetz zur Stärkung des Verbraucherschutzes im Wettbewerbs- und Gewerberecht vom 10.8.2021 (BGBl. I S. 3504) bestehenden Fassung des UWG wird auf die Kommentierung im Anhang „UWG 2022" verwiesen, s. u. S. 3069.

A. Entwicklung und gegenwärtiger Stand des deutschen Lauterkeitsrechts

Übersicht

Neueres Schrifttum ab 2018, insb. zum Gesetz zur Stärkung des fairen Wettbewerbs sowie zu dem RefE/RegE eines „Gesetzes zur Stärkung des Verbraucherschutzes im Wettbewerbs- und Gewerberecht" (New Deal for Consumers): *Alexander,* Die Rechtsprechung des EuGH zur Richtlinie 2005/29/EG in den Jahren 2019 und 2020, WRP 2021, 424; *Alexander,* Neue Transparenzforderung im Internet – Ergänzung der UGP-RL durch den „New Deal for Consumers", WRP 2019, 1235; *Aßhoff,* Mysterium Abmahnwelle – Der Referentenentwurf zum Schutz vor rechtsmissbräuchlicher Abmahnung und seine Wirksamkeit in der Praxis, CR 2018, 720 ff.; *Augenhofer,* Die Reform des Verbraucherrechts durch den „New Deal" – Ein Schritt zur einer effektiven Rechtsdurchsetzung?, EuZW 2019, 5 ff.; *Droege,* Der „New Deal for consumers" – ein Paradigmentwechsel im deutschen UWG, WRP 2019, 160 ff.; *Eickemeier/Brodersen,* Der Entwurf eines Gesetzes zur Stärkung des fairen Wettbewerbs, BB 2019, 1859; *Feddersen,* Gesetz zur Stärkung des fairen Wettbewerbs: Neuerungen bei Vertragsstrafe und Gerichtsstand, WRP 2021, 713; *Fezer,* Die Generalklausel – Eine Sternstunde des Lauterkeitsrechts in der Europäischen Union, FS für Wolfgang Büscher 2018, S. 297 ff.; *Fritzsche,* Endlich: Das Gesetz zur Stärkung des fairen Wettbewerbs, WRP 2020, 1367 ff.; *Fritzsche,* Anmerkungen zum Referentenentwurf für ein Gesetz zur Stärkung des fairen Wettbewerbs, WRP 2018, 1277; Stellungnahme der *GRUR* zum Referentenentwurf eines Gesetzes zur Stärkung des fairen Wettbewerbs, GRUR 2019, 59 ff.; *Henning-Bodewig,* Vergleichsportale, UWG und Befugnisse des Bundeskartellamts, WRP 2019, 537 ff.; *Hohlweck,* Das Gesetz zur Stärkung des fairen Wettbewerbs 2020 – Auswirkungen der Neuregelungen in der ersten und zweiten Instanz, WRP 2021, 719; *Hohlweck,* Das Gesetz zur Stärkung des fairen Wettbewerbs – Heilmittel oder Placebo? WRP 2020, 266; *Jüttner,* Der Anwendungsbereich der UGP-RL und seine Ausnahmebereiche, WRP 2021, 863; *Kochendörfer,* Die Neufassung des Rechtsmißbrauchs – was ändert sich? WRP 2020, 1513 ff.; *Köhler,* Behördliche Rechtsdurchsetzung – Auch im Lauterkeitsrecht?, WRP 2020, 803; *Köhler,* Der Schadensersatzanspruch der Verbraucher im künftigen UWG, WRP 2021, 129 ff.; *Köhler,* Stellungnahme zum Entwurf eines Gesetzes zur Stärkung des fairen Wettbewerbs, WRP 2019, 1550 ff.; *Köhler,* Der Schutz von Kollektivinteressen und Individualinteressen im UWG, Festschrift für Wolfgang Büscher, 2018, S. 333 ff.; *Köhler,* Behördliche Durchsetzung des Lauterkeitsrechts – eine Aufgabe für das Bundeskartellamt?, WRP 2018, 519 ff.; *Lettl,* Der Entwurf des Gesetzes zur Stärkung des fairen Wettbewerbs, WM 2019, 289; *Michel,* Die Neuerungen des GSFW zum Abmahnmissbrauch – Heilung, Wiederholungsgefahr, Vertragsstrafe WRP 2021, 704; *Motejl/Rosenow,* Entstehungsgeschichte, Zweck und wesentlicher Inhalt des Gesetzes zur Stärkung des fairen Wettbewerbs, WRP 2021, 699 ff.; *Omsels/Zott,* Ausgewählte Probleme im neuen UWG, WRP 2021, 278; *Peukert,* Aufbau und innere Logik des UWG – Bestandsaufnahme und Alternativvorschlag, WRP 2019, 546 ff.; *Rätze,* Gesetz zur Stärkung des (un)fairen Wettbewerbs, WRP 2020, 1519 ff.; *Rüther,* Die Einschränkung des fliegenden Gerichtsstandes durch § 14 Abs. 2 S. 3 Nr. 1 UWG, WRP 2021, 726; *Scherer,* Verbraucherschadensersatz durch § 9 Abs. 2 UWG-RegE als Umsetzung von Art. 3 Nr. 5 Omnibus-RL – eine Revolution im Lauterkeitsrecht, WRP 2021, 561; *Wolf,* Behördliche Durchsetzung des Lauterkeitsrechts zur Optimierung des Wettbewerbsschutzes, WRP 2019, 283 ff.

Schrifttum bis 2018, insb. zur UWG-Reform 2015: *Alexander,* Anmerkungen zum Referentenentwurf eines 2. Gesetzes zur Änderung des UWG, GRUR 2014, 1384 ff.; *Ernst,* Corporate Social Responsibilty (CSR) und das Wettbewerbsrecht, WRP 2010, 1304; *Fritzsche,* Überlegungen zum Referentenentwurf eines 2. Gesetzes zur Änderung des UWG, WRP 2014, 1392 ff.; *Glöckner,* UWG-Novelle mit Konzept und Konsequenz, WRP 2014, 1399 ff.; *Harte-Bavendamm,* Vermutete Verstöße gegen die „fachliche Sorgfalt" (§ 4 UWG RegE), FS Ahrens 2015, 101 ff.; *Henning-Bodewig,* Enforcement im deutschen und europäischen Lauterkeitsrecht, WRP 2015, 667 ff.; *Henning-Bodewig,* Lauterkeit im B2B-Verhältnis – „anständige Marktgepflogenheiten", nicht „fachliche Sorgfalt"!, GRUR-Int. 2015, 529 ff.; *Henning-Bodewig,* Erneute UWG-Reform? Einige Anmerkungen zum Referentenentwurf 2014, WRP 2014 1407 ff.; *Henning-Bodewig,* Der Schutzzweck des UWG und die Richtlinie über unlautere Geschäftspraktiken, GRUR 2013, 238 ff.; *Keller,* UWG-Reform 2015 – Die „fachliche Sorgfalt" wird einheitlicher Lauterkeitsmaßstab, WRP 2015, Editorial zu Heft 3; *Kirchhoff,* Die UWG-Novelle 2015 – nur Kodifizierung der Rechtsprechung oder substanziell Neues? WRP 2015, 659 ff.; *Köhler,* Das neue UWG 2015: Was ändert sich für die Praxis? NJW 2016, 593 ff.; *Köhler,* UWG-Reform 2015: Im Regierungsentwurf nicht angesprochene Defizite bei der Umsetzung der UGP-Richtlinie, WRP 2015, 1037 ff.; *Köhler,* Der Regierungsentwurf zur UWG-Novelle 2015: Nur Klarstellungen oder doch tiefgreifende Änderungen? WRP 2015, 275 ff.; *Köhler,* Alternativentwurf (UWG-AE) zum Regierungsentwurf (UWG-E) eines 2. Gesetzes zur Änderung des Gesetzes gegen den unlauteren Wettbewerb, WRP 2015, 1311 ff.; *Köhler,* Stellungnahme zum Referentenentwurf eines 2. Gesetzes zur Änderung des UWG, WRP 2014, 1410 ff.; *Köhler,* UWG-Reform 2015: Was ändert sich im Lauterkeitsrecht? WRP 2015 Editorial Heft 12; *Ohly,* Das neue UWG im Überblick, GRUR 2016, 3 ff.; *Ohly,* Alternativentwurf („große Lösung") zum Regierungsentwurf eines 2. Gesetzes zur Änderung des Gesetzes gegen den unlauteren Wettbewerb, WRP 2015, 1443 ff.; *Ohly,* Nach der Reform ist vor der Reform – Anmerkungen zum Referentenentwurf eines 2. Gesetzes zur Änderung des UWG, GRUR 2014, 1137 ff.; *Sack,* Anmerkungen zur geplanten Änderungen des UWG, WRP 2014, 1418 ff.; *Schlingloff,* Keine Änderungen für die Rechtspraxis? Ein erster Blick auf den Referentenentwurf zur Änderung des UWG, WRP 2014, 1424 ff.; *Sosnitza,* Der Regierungsentwurf zur Änderung des Gesetzes gegen unlauteren Wettbewerb, GRUR 2015, 318 ff.; *Timm-Wagner,* Die Umsetzung der Richtlinie über unlautere Geschäftspraktiken in Deutschland, GRUR 2013, 245 ff.

Stellungnahme von Verbänden zur UWG-Reform 2015: Verbraucherzentrale Bundesverband e. V. (vzbv) – Stellungnahme zum Referentenentwurf eines 2. Gesetzes zur Änderung des Gesetzes gegen unlauteren Wettbewerb, WRP 2015, 177 ff.; Zentralverband der deutschen Werbewirtschaft ZAW e. V. – Anmerkungen zum Entwurf eines 2. Gesetzes zur Änderung des Gesetzes gegen den unlauteren Wettbewerb, WRP 2015, 180 ff.; Markenverband – Position zum Entwurf eines 2. Gesetzes zur Änderung des Gesetzes gegen den unlauteren Wettbewerb, WRP 2015, 46 ff.; Deutscher Industrie- und Handelstag (DIHK) – Stellungnahme zum Referentenentwurf eines 2. Gesetzes zur Änderung des Gesetzes gegen den unlauteren Wettbewerb, WRP 2014, 1426 ff.; Deutsche Vereinigung für gewerblichen Rechtsschutz und Urheberrecht e. V. (GRUR) – Stellungnahme zum Entwurf eines 2. Gesetzes zur Änderung des Gesetzes gegen den unlauteren Wettbewerb, GRUR 2014, 1185 ff.; Handelsverband Deutschland (HDE) – Stellungnahme zu dem Referentenentwurf eines 2. Gesetzes zur Änderung des Gesetzes gegen unlauteren Wettbewerb, WRP 2014, 1430 ff.; Wettbewerbszentrale/*Münker* – Stellungnahme der Wettbewerbszentrale zum Referentenentwurf eines 2. Gesetzes zur Änderung des Gesetzes gegen unlauteren Wettbewerb, WRP 2014, 1434 ff.

Schrifttum zum UWG 2008 sowie zur UGP-Richtlinie bis einschließlich 2012: *Ahrens,* Das Verhältnis von UWG und Vertragsrecht aufgrund der EU-Richtlinie über unlautere Geschäftspraktiken, FS Loewenheim, 2009, 407 ff.; *Alexander,* Vertragsrecht und Lauterkeitsrecht unter dem Einfluss der Richtlinie 2005/29/EG über unlautere Geschäftspraktiken, WRP 2012, 515 ff.; *Beater,* Allgemeinheitsinteressen und UWG, WRP 2012, 6 ff.; *Brömmelmeyer,* Der Binnenmarkt als Leitstern der Richtlinie über unlautere Geschäftspraktiken, GRUR 2007, 295 ff.; *Fezer,* Plädoyer für eine offensive Umsetzung der Richtlinie über unlautere Geschäftspraktiken in das deutsche UWG, WRP 2006, 781 ff.; *Fezer,* Der Dualismus der Lauterkeitsrechtsordnung des b2c-Geschäftsverkehrs und des b2b-Geschäftsverkehrs im UWG, WRP 2009, 1163 ff.; *Fezer,* Eine Replik: Die Auslegung der UGP-RL vom UWG aus?, WRP 2010, 677 ff.; *Glöckner,* Richtlinienvorschlag über unlautere Geschäftspraktiken, deutsches UWG oder die schwierige Umsetzung von europarechtlichen Generalklauseln, WRP 2004, 936 ff.; *Glöckner,* Der gegenständliche Anwendungsbereich des Lauterkeitsrechts nach der UWG-Novelle 2008 – Ein Paradigmenwechsel mit Folgen, WRP 2009, 1175 ff.; *Glöckner/Henning-Bodewig,* EG-Richtlinie über unlautere Geschäftspraktiken: Was wird aus dem neuen UWG?, WRP 2005, 1311 ff.; *Gomille,* Äußerungsfreiheit und geschäftliche Handlung, WRP 2009, 525 ff.; *Henning-Bodewig,* Die Richtlinie 2005/29/EG über unlautere Geschäftspraktiken, GRUR Int. 2005, 629 ff.; *Hoeren,* Das neue UWG und dessen Auswirkungen auf den B2B-Bereich, WRP 2009, 789 ff.; *Keßler,* Lauterkeitsschutz und Wettbewerbsordnung – Zur Umsetzung der Richtlinie 2005/29/EG über unlautere Geschäftspraktiken in Deutschland und Österreich, WRP 2007, 714 ff.; *Keßler/Micklitz,* Das neue UWG – Auf halbem Wege nach Europa, VuR 2009, 88 ff.; *Köhler,* Zur Umsetzung der Richtlinie über unlautere Geschäftspraktiken, GRUR 2005, 793 ff.; *Köhler,* „Wettbewerbshandlung" und „Geschäftspraktiken" – Zur richtlinienkonformen Auslegung des Begriffs der Wettbewerbshandlung und zu seiner Definition im künftigen UWG, WRP 2007, 1393 ff.; *Köhler,* Die Durchsetzung des Vertragsrechts mit den Mitteln des Lauterkeitsrechts, FS Medicus, 2009, 225 ff.; *Köhler,* Die UWG-Novelle 2008, WRP 2009, 109 ff.; *Köhler,* Unzulässige geschäftliche Handlungen bei Abschluss und Durchführung eines Vertrags, WRP 2009, 898 ff.; *Köhler,* „Fachliche Sorgfalt" – Der weiße Fleck auf der Landkarte des UWG, WRP 2012, 22 ff.; *Köhler,* Richtlinienkonforme Gesetzgebung statt richtlinienkonformer Auslegung: Plädoyer für eine weitere UWG-Novelle, WRP 2012, 251 ff.; *Köhler,* Die Umsetzung der Richtlinie über unlautere Geschäftspraktiken in Deutschland – eine kritische Analyse, GRUR 2012, 1073 ff.; *Köhler/Lettl,* Das geltende europäische Lauterkeitsrecht, der Vorschlag für eine EG-Richtlinie über unlautere Geschäftspraktiken und die UWG-Reform, WRP 2003, 1019; *Kulka,* Der Entwurf eines „Ersten Gesetzes zur Änderung des Gesetzes gegen unlauteren Wettbewerb", DB 2008, 1548 ff.; *Lettl,* Das neue UWG, GRUR-RR 2009, 41 ff.; *Sack,* Individualschutz gegen unlauteren Wettbewerb, WRP 2009, 1330 ff.; *Scherer,* Lauterkeitsrecht und Leistungsstörungsrecht – Veränderung des Verhältnisses durch § 2 I Nr. 1 UWG? WRP 2009, 761 ff.; *Scherer,* Die „Verbrauchergeneralklausel" des § 3 II 1 UWG – Eine überflüssige Norm, WRP 2010, 586 ff.; *Schöttle,* Aus eins mach zwei – die neuen Generalklauseln im Lauterkeitsrecht, GRUR 2009, 546 ff.; *Seichter,* Der Umsetzungsbedarf der Richtlinie über unlautere Geschäftspraktiken, WRP 2005, 1087 ff.; *Sosnitza,* Der Gesetzentwurf zur Umsetzung der Richtlinie über unlautere Geschäftspraktiken, WRP 2008, 1014 ff.; *Steinbeck,* Richtlinie über unlautere Geschäftspraktiken: Irreführende Geschäftspraktiken – Umsetzung in das deutsche Recht, WRP 2006, 632 ff.

Älteres Schrifttum zum UWG und zur UWG-Reform 2004: *Ahrens,* Die Entstehung der zivilrechtlichen Sanktionen des UWG, WRP 1980, 129 ff.; *Beater,* Entwicklungen des Wettbewerbsrechts durch die gesetzgebende und die rechtsprechende Gewalt – Eine rechtshistorische und rechtsvergleichende Skizze, in: FS Erdmann, 2002, S. 513 ff.; *Beier,* 100 Jahre Pariser Verbandsübereinkunft – Ihre Rolle in Vergangenheit, Gegenwart und Zukunft, GRUR Int. 1983, 339 ff.; *Bornkamm,* Wettbewerbs- und Kartellrechtsprechung zwischen nationalem und europäischem Recht, FS aus Anlass des 50 jährigen Bestehens von Bundesgerichtshof, Bundesanwaltschaft und Rechtsanwaltschaft beim Bundesgerichtshof, 2000, S. 343 ff.; *Engels/Salomon,* Vom Lauterkeitsrecht zum Verbraucherschutz: UWG-Reform 2003, WRP 2004, 32 ff.; *Fezer,* Modernisierung des deutschen Rechts gegen den unlauteren Wettbewerb auf der Grundlage einer Europäisierung des Wettbewerbsrechts, WRP 2001, 989 ff.; *Gloy,* Die Entwicklung des Wettbewerbsrechts und seiner Nebengebiete, in: FS GRUR, 1991, S. 855 ff.; *Henning-Bodewig,* Richtlinienvorschlag über unlautere Geschäftspraktiken und UWG-Reform, GRUR Int. 2004, 183 ff.; *dies.,* Das neue Gesetz gegen den unlauteren Wettbewerb, GRUR 2004, 713 ff.; *Keßler/Micklitz,* Funktionswandel des UWG, WRP 2003, 919 ff.; *Keßler,* Lauterkeitsschutz und Wettbewerbsordnung – Zur Umsetzung der Richtlinie 2005/29/EG über unlautere Geschäftspraktiken in Deutschland und Österreich, WRP 2007, 714 ff.; *Köhler/Bornkamm/Henning-Bodewig,* Vorschlag für eine Richtlinie zum Lauterkeitsrecht und eine UWG-Reform, WRP 2002, 1317 ff.; *Köhler/Lettl,* Das geltende europäische Lauterkeitsrecht, der Vorschlag für eine EG-Richtlinie über unlautere Geschäftspraktiken und die UWG-Reform, WRP 2003, 1019 ff.; *Köhler,* UWG-Reform und Verbraucherschutz, GRUR 2003, 265 ff.; *Köhler,* Das neue UWG, NJW 2004, 2121 ff.; *Lettl,* Gemeinschaftsrecht und neues UWG, WRP 2004, 1079 ff.; *Loschelder,* Die Novellierung des Gesetzes gegen den unlauteren Wettbewerb, GRUR 1994, 535 ff.; *Sack/Münker/Kaestner,* Das reformierte UWG im Überblick – Die Sicht der Praxis, BB 2004, 1689 ff. *Niederleithinger,* Die vernachlässigte Einheit der Rechtsordnung im Wettbewerbsrecht, GRUR Int. 1996, 467 ff.; *Ohly,* Richterrecht und Generalklausel im Recht des unlauteren Wettbewerbs, 1997; *Sack,* Vergleichende Werbung und die Erheblichkeitsschwelle in § 3 des Regierungsentwurfs einer UWG-Novelle, WRP 2004, 30 ff.; *Schricker,* Deregulierung im Recht des unlauteren Wettbewerbs?, GRUR Int. 1994, 586 ff.; *Schricker,* Hundert Jahre Gesetz gegen den unlauteren Wettbewerb – Licht und Schatten, GRUR Int. 1996, 473 ff.; *Schricker/Henning-Bodewig,* Elemente einer Harmonisierung des Rechts des unlauteren Wettbewerbs in der Europäischen Union, WRP 2001, 1367 ff.; *Sosnitza,* Das Koordinatensystem des Rechts des unlauteren Wettbewerbs im Spannungsfeld zwischen Europa und Deutschland, GRUR 2003, 739 ff.; *Spätgens,* Wettbewerbsrechtsprechung im Wandel, in: FS Tilmann, 2003, S. 239 ff.; Stellungnahme der GRUR zum „Entwurf für eine europäische Richtlinie und ein deutsches Gesetz gegen unlauteren Wettbewerb" von Köhler/Bornkamm/Henning-Bodewig, GRUR 2003, 127 ff.; *Tilmann,* Die UWG-Novelle, BB 1994, 1793 ff.; *Ullmann,* Das Koordinatensystem des Rechts des unlauteren Wettbewerbs im Spannungsfeld von Europa und Deutschland, GRUR 2003, 817 ff.; *Wadle,* Das Reichsgesetz zur Bekämpfung des unlauteren Wettbewerb von 1896 – Etappe eines zögerlichen Beginns, JuS 1996, 1064 ff.

I. Das UWG 1909

1. Von der Entstehung des Lauterkeitsrechts im 19. Jahrhundert bis zum UWG 1909. Mit der durch die Gewerbeordnung von 1869 verwirklichten Gewerbefreiheit setzte in Deutschland eine – auch durch andere Faktoren begünstigte – stürmische wirtschaftliche Entwicklung ein, die auch und gerade aus heutiger Sicht zu immer drastischeren unlauteren Wettbewerbsformen führte. Das Markenschutzgesetz von 1874[1] konnte keine Grundlage gegen den unlauteren Wettbewerb bilden und verleitete das Reichsgericht in einem Urteil vom 30.11.1880 sogar zu dem Gegenschluss, dass nicht entsprechend diesem Gesetz 1

[1] RGBl. S. 134.

angemeldete Marken auch keinen Schutz nach den Regeln der „concurrence déloyale" in Anspruch nehmen könnten.[2] Auch in der Folgezeit hat das Reichsgericht betont, dass die aus Art. 1392 ff. Code Civil von der französischen Rechtsprechung hergeleiteten Grundsätze über die concurrence déloyale im Handelsgesetzbuch und im gemeinen Recht keinen Boden hätten und eine Abhilfe gegen „dolose Konkurrenz" nur von der Gesetzgebung geschaffen werden könne.[3] Die geforderte gesetzgeberische Abhilfe ist – nachdem schon mit dem das Markenschutzgesetz von 1874 ablösenden Gesetz zum Schutz der Warenbezeichnungen vom 12.5.1894 (RGBl. S. 441) eine Verbesserung erreicht worden war und die Rechtsprechung den Grundsatz der abschließenden Regelung auch des Wettbewerbsrechts durch das Warenbezeichnungsrecht aufgegeben hatte[4] – mit dem **Gesetz zur Bekämpfung des unlauteren Wettbewerbs vom 27.5.1896**[5] erfolgt. Das Gesetz enthielt in § 1 eine dem § 5 UWG nF vergleichbare Generalklausel gegen Irreführung sowie weitere Regelungen gegen Anschwärzung, gegen Geheimnisverrat sowie eine dem späteren § 16 UWG aF vergleichbare firmenrechtliche Regelung, aber noch keine dem französischen Vorbild folgende, dem § 1 UWG aF und heutigen § 3 UWG entsprechende Generalklausel.[6] Die skeptische Einschätzung Bismarcks,[7] der zu dem Gesetzentwurf meinte:

> *„Damit wird man nicht weit kommen. Schon die Überschrift – unlauterer Wettbewerb –, was das für ein Wort ist; das hört sich an wie Wachtelschlag auf dem Felde."*

sollte sich für das Gesetz von 1896 noch als richtig erweisen. Ein umfassender Schutz vor unlauterem Wettbewerb war nämlich auf dieser Grundlage nicht gewährbar. Die konzeptionellen Schutzlücken konnten von der Rechtsprechung nach dem Inkrafttreten des BGB am 1.1.1900 auf der Grundlage der deliktsrechtlichen Generalklausel des § 826 BGB[8] nur teilweise geschlossen werden.

2 Erst das **Zweite Gesetz gegen den unlauteren Wettbewerb vom 7.6.1909**[9] beseitigte die Schwächen[10] des bisherigen Rechts. Dieses Gesetz bildete bis zum UWG 2004 die im Wesentlichen unveränderte gesetzliche Grundlage des Lauterkeitsrechts in Deutschland. An der Spitze des neuen Gesetzes stand nun – wenn auch erst im Gefolge der darüber geführten Reichstagsdebatte[11] – die berühmte „große" Generalklausel des § 1 UWG aF, die lautete:

> *Wer im geschäftlichen Verkehr zu Zwecken des Wettbewerbs Handlungen vornimmt, die gegen die guten Sitten verstoßen, kann auf Unterlassung und Schadensersatz in Anspruch genommen werden.*

---

[2] RGZ 3, 67 (69) – Apollinarisbrunnen.

[3] RGZ 20, 71 (75 f.); vgl. auch RGZ 18, 93 (99 ff.); 29, 57 ff.

[4] RGZ 38, 128 (131) – Zigarrenausstattungen; RGZ 48, 233 (235) – P. A. H.... Solingen.

[5] RGBl. 1896 S. 145; abgedruckt auch in GRUR 1896, 178 f.

[6] Zur ersten Lesung des Gesetzes im Reichstag und zur Aufnahme des Entwurfs in den interessierten Kreisen vgl. GRUR 1896, 18 (61 f.); umfassend zur Gesetzesentstehung GroßKomm-UWG/*Pahlow*, 2. Aufl., Einl. UWG B Rn. 13 ff.

[7] Bismarck-Gespräche, Von der Entlassung bis zum Tode, 1963, S. 401.

[8] RGZ 48, 114 (119 f.) – Dampfschifffahrtsgesellschaft; RGZ 60, 94 (104 f.) – Feingoldschlägervereinigung; vgl. weiter GroßKomm-UWG/*Pahlow*, 2. Aufl., Einl. UWG B Rn. 16 f. und *Beater*, Unlauterer Wettbewerb (2011), § 3 Rn. 294 f.

[9] RGBl. 1909 S. 499; das Gesetz ist auch abgedruckt in GRUR 1909, 314 ff. Der Entwurf des Gesetzes mit Begründung findet sich in GRUR 1909, 39 ff., die erste Beratung des Gesetzesentwurfs ist in GRUR 1909, 106 ff. dokumentiert.

[10] Vgl. *von Bethmann-Hollweg* in der ersten Beratung des Gesetzesentwurfs (GRUR 1909, 106): „Dass das alte Wettbewerbsgesetz nicht all die Hoffnungen erfüllt hat, die man bei seinem Erlass an es knüpfte – darüber herrscht, glaube ich, Einstimmigkeit … Es wird gegenwärtig wohl allseitig anerkannt, dass das geltende Gesetz schädliche Lücken aufweist, die nur im Wege der Legislative ausgefüllt werden können, deren Ausfüllung aber im Interesse unseres wirtschaftlichen Lebens eine dringliche geworden ist."

[11] Abgedruckt in GRUR 1909, 106 ff., vgl. etwa die Ausführungen des Abgeordneten *Giese* (GRUR 1909, 108 f.): „Ein alter Wunsch richtet sich auf die Einführung einer Generalklausel, … die alle diejenigen Fälle … trifft, die durch die Spezialbestimmungen des Gesetzes nicht getroffen werden … Wenn es gelingt, eine solche erweiterte Generalklausel zu schaffen, so wird sie eine erfolgreiche Waffe gegen alle Machenschaften im Bereich des unlauteren Wettbewerbs bieten …"

Diese weite Generalklausel, die gewissermaßen die „Nussschale" des gesamten Rechts gegen den unlauteren Wettbewerb[12] bildete, ermöglichte es, sämtliche Erscheinungsformen des unlauteren Wettbewerbs zu erfassen. Mit der das ganze Gesetz beherrschenden Generalklausel des § 1 UWG aF und ihrem Verweis auf die „guten Sitten" im Wettbewerb wurde das Wettbewerbsrecht zu einem offenen, vom Richter im Einzelfall zu konkretisierenden Recht, wobei die Rationalität und Berechenbarkeit der Entscheidungen auf der Grundlage der notwendigerweise unbestimmten Weite des Tatbestandes durch die Herausbildung eines engmaschigen Netzes von Fallgruppen und Unterfallgruppen gewährleistet wurden.[13]

2. Entwicklung bis Ende des Zweiten Weltkriegs. Das UWG galt bis zum Ende des Zweiten Weltkriegs im Wesentlichen unverändert fort.[14] Die damaligen Änderungen betrafen insbesondere das Ausverkaufswesen.[15] Wesentliche Änderungen außerhalb des UWG erfolgten jedoch durch die **Zugabeverordnung** und das **Rabattgesetz,** mit denen zugunsten der mittelständigen Wirtschaft das Angebot und die Gewährung von Zugaben und Rabatten eingedämmt werden sollten. 3

Mit der am 9.3.1932 als „erster Teil der Verordnung zum Schutze der Wirtschaft" erlassenen **ZugabeVO**[16] wurde – über alle Wirtschaftsstufen hinweg – verboten, im geschäftlichen Verkehr neben einer Ware oder einer Leistung eine Zugabe (Ware oder Leistung) anzubieten, anzukündigen oder zu gewähren. Das **Zugabeverbot** sollte dazu dienen, eine **unsachliche Beeinflussung der Kaufentscheidung** zu vermeiden, zugleich eine Verfälschung des Wettbewerbs auf dem Markt der Hauptleistung sowie dem Markt der Nebenleistung verhindern und einer Übersteigerung des Zugabewettbewerbs entgegentreten.[17] Später wurde als der für die Auslegung der ZugabeVO maßgebende Zweck der Schutz der Kunden vor Irreführung, unsachlicher Beeinflussung und Preisverschleierung gesehen.[18] Die ZugabeVO wurde mit dem europäischen Gemeinschaftsrecht als noch vereinbar angesehen,[19] ist aber im Jahre 2001 ersatzlos aufgehoben worden.[20] 4

Mit dem Gesetz über Preisnachlässe – kurz **„Rabattgesetz"** – vom 25.11.1933[21] wurde es grundsätzlich verboten, im Verkehr mit dem letzten Verbraucher für Waren oder Leistungen des täglichen Bedarfs einen Preisnachlass anzubieten oder zu gewähren. Erlaubt war lediglich ein Barzahlungsnachlass von höchstens 3 %. Der Zweck des Rabattgesetzes bestand darin, eine Verschleierung künstlich überhöhter Preisgestaltungen und die damit verbundene Irreführungseignung zu verhindern und einer Verschiebung des Wettbewerbs unter Einzelhändlern durch die Gewährung von Nachlässen vom Normalpreis zu begegnen.[22] Das Rabattgesetz berührte zwar nicht die allgemeine Preisgestaltungsfreiheit der 5

---

[12] *Baumbach/Hefermehl,* Wettbewerbsrecht, 22. Aufl., Einl. UWG Rn. 17.

[13] *Köhler/Bornkamm/Feddersen,* UWG, Einl. Rn. 2.4; *Fezer/Büscher/Obergfell,* UWG, 3. Aufl., Einl. A Rn. 26, spricht zu Recht davon, dass sich die Generalklausel als ein „Erfolgsmodell" zur Bekämpfung unlauteren Wettbewerbs erwiesen habe.

[14] Auch der 1911 in der PVÜ aufgenommene Art. 10bis sicherte den Verbandsangehörigen einen wirksamen Schutz gegen unlauteren Wettbewerb, der in Art. 10bis Abs. 2 PVÜ in der Haager Revisionsfassung von 1925 als jede Wettbewerbshandlung definiert wurde, die den anständigen Gepflogenheiten in Gewerbe oder Handel zuwiderläuft; vgl. zu Art. 10bis PVÜ *Keller* → § 2 Rn. 187.

[15] Die Änderungsgesetze bis zum Jahr 2000 sind im Einzelnen bei *Köhler/Bornkamm/Feddersen,* UWG, 38. Aufl., Einl. Rn. 2.9 aufgeführt. Zur Entwicklung des Lauterkeitsrechts bis zum Ende des Zweiten Weltkrieges GroßKomm-UWG/*Pahlow,* 2. Aufl., Einl. UWG B Rn. 21 ff.; *Beater,* Unlauterer Wettbewerb (2011), § 3 Rn. 297 ff.

[16] RGBl. I S. 121.

[17] Zu den Schutzzwecken der früheren ZugabeVO vgl. *Köhler/Piper,* 3. Aufl., Einf. ZugabeVO Rn. 2; *Baumbach/Hefermehl,* Wettbewerbsrecht, 21. Aufl., Einl. ZugabeVO Rn. 1 ff.

[18] BGH GRUR 1995, 165 (166) – Kosmetikset; BGH GRUR 1999, 515 (517) – Bonusmeilen.

[19] EuGH GRUR-Int 1983, 648 – Oosthoek sowie BGH GRUR 1999, 515 (517) – Bonusmeilen.

[20] Gesetz zur Aufhebung der ZugabeVO und zur Anpassung weiterer Rechtsvorschriften vom 23.7.2001, BGBl. I S. 1661.

[21] RGBl. I S. 1011.

[22] Zu den Zwecken des Rabattgesetzes vgl. *Baumbach/Hefermehl,* Wettbewerbsrecht, 21. Aufl., Einl. RabattG Rn. 8 f.; *Köhler/Piper,* UWG, 3. Aufl., Einf. RabattG Rn. 5.

Händler, sondern lediglich deren Möglichkeit, individuell von allgemein angekündigten Normalpreisen wieder abweichen zu können. Es stand jedoch stets als wettbewerbsfeindlich und preiswettbewerbsbeschränkend in der Kritik,[23] zumal sein Anwendungsbereich durch eine extensive Auslegung des Begriffes der „Waren oder Leistungen des täglichen Bedarfs" ganz weit gezogen wurde.[24] Die EG-Kommission hatte das Rabattgesetz als mit dem EG-Vertrag unvereinbar angesehen und eine Klage zum EuGH angekündigt.[25] Das Rabattgesetz ist – zeitgleich mit der ZugabeVO – im Jahre 2001 ersatzlos aufgehoben worden.[26]

6 **3. Entwicklung bis 1980.** Mit dem Änderungsgesetz vom 21.7.1965 und dem damit eingeführten **Verbandsklagerecht für Verbraucherschutzverbände** hat auch der Gesetzgeber sich der bereits früher von Reichsgericht und Bundesgerichtshof entwickelten Auffassung angeschlossen, wonach das UWG **nicht lediglich einen reinen Konkurrentenschutz** bezweckt, sondern auch dem **Verbraucherschutz** dient.[27] Mit Gesetz vom 26.6.1969[28] wurden die §§ 6a und 6b aF und damit das Verbot der Hersteller- und Großhändlerwerbung sowie des Kaufscheinhandels in das UWG eingefügt und damit besondere Erscheinungsformen des Stufenwettbewerbs zugunsten des Mittelstands geregelt. Einen ganz erheblichen Einfluss auf die Entwicklung des Wettbewerbsrechts im Sinne einer Förderung der Verfolgung wettbewerbsrechtlicher Ansprüche hatte auch das „Fotowettbewerb"-Urteil des BGH, wonach der Abmahner vom Abgemahnten den Ersatz der Aufwendungen für eine Abmahnung verlangen kann.[29] Die insbesondere eine Verstärkung des Verbraucherschutzes betreffenden Bemühungen um eine Reform des UWG Ende der 70er Jahre, mit einerseits dem von der damaligen sozialliberalen Koalition 1978 vorgelegten Änderungsentwurf[30] und andererseits dem von der damaligen CDU/CSU-Opposition vorgelegten Gegenentwurf,[31] blieben – auch in der folgenden Legislaturperiode – ohne Ergebnis.

7 **4. Änderungsgesetze 1986.** Der Erlass der nur als Mindeststandard verstandenen **Irreführungsrichtlinie**[32] im Jahre 1984 beeinflusste das deutsche Lauterkeitsrecht zunächst nicht. Eine nicht unerhebliche Umgestaltung des UWG brachten aber die **Änderungsgesetze des Jahres 1986** mit sich. Durch das Zweite Gesetz zur Bekämpfung der Wirtschaftskriminalität vom 15.5.1986[33] wurden der **Straftatbestand der progressiven Kundenwerbung des § 6c UWG aF** eingefügt und der lauterkeitsrechtliche Geheimnisschutz in § 17 UWG aF erweitert. Zudem sind durch das Gesetz zur Änderung wirtschafts-, verbraucher-, arbeits- und sozialrechtlicher Vorschriften vom 25.7.1986[34] die §§ 6d und 6e

---

[23] Zur Kritik vgl.: GK-UWG/*Pahlow,* 2. Aufl., Einl. B Rn. 30 ff.

[24] Als „Waren oder Leistungen des täglichen Bedarfs" wurden etwa auch Miniaturgolfbahnen (BGH GRUR 1977, 264 ff. – Miniaturgolf) und Pkws angesehen (BGH GRUR 1985, 983 ff. – Kraftfahrzeug-Rabatt).

[25] Mitteilung der Kommission in GRUR-Int 1999, 809.

[26] Gesetz zur Aufhebung des RabattG vom 23.7.2001, BGBl. I S. 1663. Zur umfangreichen Diskussion um die Aufhebung des Rabattgesetzes und der Zugabeverordnung sowie deren Folgen nach altem Recht vgl. die Schrifttumsnachweise bei *Köhler/Piper,* UWG, 3. Aufl., § 1 vor Rn. 239.

[27] *Schricker* GRUR-Int 1996, 473 (476) sah mit der Einführung der Verbraucherverbandsklage „vollendete Tatsachen" über den vom UWG auch verfolgten Verbraucherschutzweck bestätigt. Zur Entwicklung des Verbraucherschutzes im UWG vgl. *Beater,* Unlauterer Wettbewerb (2011), § 14 Rn. 1064 ff.

[28] BGBl. I S. 633.

[29] BGHZ 52, 393 (399) – Fotowettbewerb.

[30] Referentenentwurf nebst Begründung abgedruckt in WRP 1978, 277 ff.; dazu *Krieger* WRP 1978, 1 ff.; *Lindenmeyer/Henseler* WRP 1978, 87 ff.; *Ahrens* WRP 1978, 677 ff.

[31] BT-Drs. 8/1670, hierzu *Gaedertz* WRP 1977, 681 ff.

[32] Richtlinie des Rates zur Angleichung der Rechts- und Verwaltungsvorschriften der Mitgliedstaaten über irreführende Werbung vom 10.12.1984, 84/450/EWG = GRUR-Int 1984, 688 ff., heute Richtlinie 2006/114/EG des Europäischen Parlaments und des Rates vom 12.12.2006 über irreführende und vergleichende Werbung ABl. L 376, S. 21; zur Irreführungsrichtlinie vgl. *Glöckner* in → Einl. Rn. 120 ff.

[33] BGBl. I S. 721. Zu der im Vorfeld geführten Diskussion insbesondere über einen Verbraucherschadensersatzanspruch: *Schricker* GRUR 1979, 1 ff.

[34] BGBl. I S. 1169, bereinigt 1987 BGBl. I S. 565.

UWG aF neu eingefügt worden, die eine **Werbung mit mengenmäßigen Beschränkungen und Preisgegenüberstellungen** verboten. Zugleich wurden das Sonderveranstaltungs- und Räumungsverkaufsrecht unter Aufhebung der früheren Bestimmungen zusammengefasst und in §§ 7 und 8 UWG aF neu geregelt, die Klagebefugnis der Industrie- und Handelskammern sowie der Handwerkskammern neben einer redaktionellen Umgestaltung des § 13 UWG aF ausdrücklich festgelegt und in § 13a UWG aF ein Rücktrittsrecht für Abnehmer vorgesehen, die durch unwahre Werbung zum Vertragsschluss bestimmt worden sind.[35]

5. Erste Liberalisierungstendenzen von 1990–2000. Eine erste deutliche Liberalisierung erfuhr das **seit dem 3.10.1990 im gesamten Deutschland geltende UWG** (Art. 8 Einigungsvertrag) durch das am 1.8.1994 in Kraft getretene Gesetz zur Änderung des UWG vom 25.7.1994.[36] Mit diesem Gesetz wurden die von der Rechtsprechung ohnehin nur restriktiv ausgelegten, als „abstrakte Gefährdungsdelikte" neben den §§ 6a und 6b UWG aF stets auch als wettbewerbsfeindlich kritisierten §§ 6d und 6e UWG aF[37] wieder gestrichen. Die Novelle war insbesondere darauf gerichtet, die **Verfolgbarkeit von Wettbewerbsverstößen einzuschränken.**[38] Zu diesem Zweck wurde die Klagebefugnis der „abstrakt" betroffenen Gewerbetreibenden und der Wirtschaftsverbände durch eine Neufassung des § 13 Abs. 2 Nr. 1 und 2 UWG aF eingeschränkt,[39] der „fliegende Gerichtsstand" durch eine Neufassung des § 24 UWG aF erheblich eingeschränkt sowie eine die Anspruchsverfolgung betreffende Missbrauchsregelung in § 13 Abs. 5 UWG aF eingeführt. Die Regelung zum Schutz der geschäftlichen Bezeichnungen (Firma, besondere Geschäftsbezeichnungen, Titel) in § 16 UWG aF wurde durch Art. 25 des Markenrechtsreformgesetzes vom 25.10.1994[40] aufgehoben und in das am 1.1.1995 in Kraft getretene Markengesetz transferiert (vgl. §§ 1 Nr. 2, 5, 6 und 15 MarkenG). Schließlich wurden durch das Gesetz zur Bekämpfung der Korruption vom 13.8.1997[41] das „Schmiergeld"-Verbot des § 12 UWG aF aufgehoben und durch den im Wesentlichen inhaltsgleichen § 299 StGB ersetzt sowie mit Gesetz vom 22.6.1998[42] § 6c S. 2 UWG aF gestrichen. 8

6. Weitere Liberalisierungen ab dem Jahre 2000: Gesetz zur vergleichenden Werbung und Aufhebung von ZugabeVO und RabattG. Der Liberalisierungsdruck und die Liberalisierungsbereitschaft nahmen nicht zuletzt unter dem Eindruck der Rechtsprechung des EuGH sowie anhaltender Klagen über die „extreme Gipfellage" des deutschen Lauterkeitsrechts[43] weiter zu, obwohl die im Jahre 1995 vom Bundesministerium der Justiz eingerichtete „Arbeitsgruppe Überprüfung des Wettbewerbsrechts" noch zu dem Ergebnis gekommen war, dass eine umfassende Überarbeitung des Gesetzes gegen den unlauteren Wettbewerb nicht erforderlich sei.[44] Nachdem im Jahre 2000 zunächst die **PreisangabenVO** umfassend novelliert[45] worden war, nahm die bereits durch die Recht- 9

---

35 Zu vergleichbaren Tendenzen im Rahmen des aktuellen EU-Projekts „New Deal for consumers" vgl. → Rn. 62.

36 BGBl. I S. 1738.

37 Zur restriktiven Interpretation der Vorschriften der §§ 6d, 6e UWG aF vgl. BGH GRUR 1988, 834 ff. – Schilderwald (zu § 6e UWG aF) und BGH GRUR 1989, 213 f. – Gesamtes Angebot (zu § 6d UWG aF).

38 Zur UWG-Novelle 1994 vgl. *Borck* WRP 1994, 349 ff.; *Kisseler* WRP 1994, 768 ff.; *Loschelder* GRUR 1994, 535 ff.; *Tilmann* BB 1994, 1793 ff.

39 Zur früheren Klagebefugnis von „abstrakt" betroffenen Mitbewerbern vgl. Harte/Henning/*Keller*, UWG, 3. Aufl., § 2 Rn. 116.

40 BGBl. I S. 3082.

41 BGBl. I S. 2038.

42 BGBl. I S. 1474.

43 *Schricker* WRP 1993, 619.

44 Bericht der Arbeitsgruppe „Überprüfung des Wettbewerbsrechts" in WRP 1997, 167 ff.

45 PreisangabenVO in der Fassung der Bekanntmachung vom 28.6.2000, BGBl. I S. 1244, heute PreisangabenVO in der Fassung der Bek. vom 18.10.2002, BGBl. I S. 4197, zul. geänd. durch G zur Änd. reiserechtlicher Vorschriften v. 17.7.2017 (BGBl. I S. 2394).

sprechung des EuGH erzwungene „Europäisierung“ des deutschen Lauterkeitsrechts durch das **Gesetz zur vergleichenden Werbung** und zur Änderung wettbewerbsrechtlicher Vorschriften vom 1.9.2000[46] ihren Fortgang. Damit wurden die Richtlinie 97/55/EWG vom 6.10.1997 zur Änderung der Richtlinie 84/450/EWG über irreführende Werbung zwecks Einbeziehung der vergleichenden Werbung in das deutsche Recht umgesetzt,[47] die Formen **zulässiger vergleichender Werbung in § 2 UWG aF** geregelt, die §§ 3 und 4 UWG aF ergänzt und zugleich §§ 6c und 24 Abs. 2 S. 2 UWG aF neu gefasst. Mit den Gesetzen vom 23.7.2001[48] wurden schließlich die **ZugabeVO und das RabattG ersatzlos aufgehoben.**[49] Durch Art. 5 Abs. 24 SchuModG vom 26.11.2001[50] wurde § 13 Abs. 7 UWG aF eingefügt, und durch Gesetz vom 13.12.2001[51] wurde die Androhung in § 6 Abs. 2 S. 2 UWG aF auf Euro umgestellt.

10 **7. Liberalisierung des Lauterkeitsrechts durch die Rechtsprechung.** Die durch die „kleine“ UWG-Novelle von 1994 eingeleitete Liberalisierung des Wettbewerbsrechts fand ihre Entsprechung in einer **zunehmend liberalen Rechtsprechung.** Die dabei vor dem Hintergrund einer unverändert gebliebenen Textfassung des Gesetzes vollzogenen „stillen Wandlungen“[52] der Rechtsprechung, insbesondere unter dem Eindruck des zunehmend den Bereich des Lauterkeitsrechts erfassenden Gemeinschaftsrechts sowie der Rechtsprechung des EuGH[53] und des BGH,[54] haben zu einem nachhaltigen Umbruch des deutschen Lauterkeitsrechts geführt. Lediglich beispielhaft für diese Wandlungen seien genannt die in ihrer Bedeutung kaum zu überschätzende **Änderung des Verbraucherleitbildes** mit dem nunmehrigen Referenzmodell eines durchschnittlich informierten, aufmerksamen und verständigen Verbrauchers,[55] die Aufgabe des Verbotsgrundsatzes bei der vergleichenden Werbung,[56] die erweiterte Zulässigkeit von Kopplungsangeboten,[57] das Zurückdrängen der

---

[46] BGBl. I S. 1374.

[47] Die Rechtsprechung hatte allerdings bereits vor Ablauf der Umsetzungsfrist der Richtlinie die Zulässigkeit vergleichender Werbung im Wege richtlinienkonformer Auslegung des § 1 UWG aF anerkannt, vgl. BGH GRUR 1998, 824 – Testpreis-Angebot; BGH GRUR 1999, 69 – Preisvergleichsliste II; BGH GRUR 1999, 501 – Vergleichen Sie.

[48] BGBl. I S. 1661 (1663).

[49] Ein bereits im Jahre 1994 unternommener erster Anlauf, das Rabattgesetz aufzuheben (vgl. BT-Drs. 12/6722 und 12/7271), ist am damals noch vorhandenen Widerstand der Wirtschaftsverbände gescheitert. Zur umfassenden Diskussion um die Folgen der Aufhebung von RabattG und ZugabeVO vgl. *Berneke* WRP 2001, 615; *Cordes* WRP 2001, 867 ff.; *Köhler* BB 2001, 265 ff.; *Köhler* GRUR 2001, 1067 ff.; *Steinbeck* ZIP 2001, 1741 ff.

[50] BGBl. I S. 3138 (3184).

[51] BGBl. I S. 3656 (3677).

[52] Vgl. den unter dem Titel „Die stillen Wandlungen des Wettbewerbsrechts“ stehenden Aufsatz von *Beater* JZ 2000, 973 ff. zu der „Orient-Teppichmuster“-Entscheidung des BGH.

[53] EuGH GRUR-Int 1974, 467 – Dassonville; EuGH GRUR-Int 1979, 468 – Cassis de Dijon; EuGH GRUR-Int 1990, 955 – GB-INNO; EuGH GRUR-Int 1991, 215 – Pall; EuGH GRUR 1993, 747 – Yves Rocher; EuGH GRUR-Int 1993, 951 – Nissan; EuGH GRUR 1994, 296 – Keck und Mithouard; EuGH GRUR 1994, 303 – Clinique; EuGH GRUR-Int 1995, 804 – Mars; EuGH GRUR-Int 1995, 900 – Alpine Investments; EuGH GRUR-Int 1998, 795 – Gut Springenheide; EuGH GRUR-Int 2000, 756 – naturrein; EuGH GRUR-Int 2000, 354 – Estée Lauder; EuGH GRUR-Int 2002, 50 – Toshiba; EuGH GRUR-Int 2004, 742 – Pippig.

[54] Vgl. insoweit auch *Ullmann* GRUR 2003, 817 ff.

[55] EuGH GRUR-Int 1998, 795 (797) = WRP 1998, 848 (850 f.) – Gut Springenheide; BGH GRUR 2000, 619 (621) – Orient-Teppichmuster; BGH WRP 2004, 225 (226) – Mindestverzinsung; zum Verbraucherleitbild aus jüngerer Zeit: EuGH GRUR 2018, 940 Rn. 56 – Dyson/BSH; EuGH GRUR 2015, 701 Rn. 36 – Himbeer-Vanille-Abenteuer; BGH GRUR 2018, 431 Rn. 27 – Tiegelgröße; BGH GRUR 2015, 906 Rn. 22 – TIP der Woche; BGH GRUR 2015, 504 Rn. 17 – Kostenlose Zweitbrille; BGH GRUR 2012, 184 Rn. 19 – Branchenbuch Berg sowie unten § 2 Rn. 244 *(Keller)* und Erwägungsgrund 18 der UGP-RL, die auf einen Durchschnittsverbraucher abstellt, der angemessen gut unterrichtet und angemessen aufmerksam und kritisch ist.

[56] BGH GRUR 1998, 824 – Testpreisangebot; BGH GRUR 1999, 69 – Preisvergleichsliste II; BGH GRUR 1999, 501 – Vergleichen Sie.

[57] BGH GRUR 2002, 976 ff. – Kopplungsangebot I und BGH GRUR 2002, 979 ff. – Kopplungsangebot II.

Reichweite des psychologischen Kaufzwangs,[58] die Einschränkungen im Rahmen der Fallgruppe Vorsprung durch Rechtsbruch[59] oder die Änderung der Rechtsprechung zu Vertriebsbindungssystemen.[60] Das **UWG 2004** hat sich diese „Entwicklungsstufe" der Rechtsprechung praktisch vollständig zu eigen gemacht.[61]

II. Modernisierung des Lauterkeitsrechts durch das UWG 2004

1. Anfänge und Grundlagen der Reform, Gesetzgebungsverfahren. Die **umfassende Reform des Lauterkeitsrechts durch das UWG 2004** nahm ihren Anfang in den Gesetzen zur Aufhebung der Zugabeverordnung und des Rabattgesetzes vom 23.7.2001.[62] In der Begründung beider Gesetze war angekündigt, dass das Bundesministerium der Justiz eine **Arbeitsgruppe** aus Vertretern der Verbraucher und der beteiligten Wirtschaftskreise einsetzen werde, die Vorschläge für die **weitere Modernisierung des Rechts gegen unlauteren Wettbewerb** und für ein europäisches Harmonisierungskonzept erarbeiten sollten.[63] Diese Arbeitsgruppe nahm noch im Jahre 2001 ihre Arbeit auf. In die Reformberatungen der Arbeitsgruppe eingegangen sind die von *Fezer* sowie *Schricker/Henning-Bodewig* erstatteten Gutachten.[64] 11

Grundlegend für das UWG 2004 wurde ein von *Köhler/Bornkamm/Henning-Bodewig* erarbeiteter **„Vorschlag" für eine Richtlinie zum Lauterkeitsrecht und eine UWG-Reform.**[65] Der Vorschlag entsprach in seiner Struktur (Normzweckklausel, Definitionsbestimmungen, Generalklausel, Beispielskatalog) und seinen sachlichen Regelungsvorschlägen schon in weitem Umfang dem später Gesetz gewordenen UWG 2004. Dass der Entwurf von *Köhler/Bornkamm/Henning-Bodewig* sich nicht lediglich auf einen Vorschlag für ein neues deutsches UWG beschränkte, sondern zugleich auch einen Vorschlag für eine EU-Richtlinie zum Lauterkeitsrecht vorsah, unterstrich den auch vom Gesetzgeber geteilten Willen, ein liberaleres, europarechtskonformes Recht gegen den unlauteren Wettbewerb zu schaffen. Der Entwurf bildete damit zugleich ein Referenzmodell für ein einheitliches europäisches Lauterkeitsrecht, das der in Deutschland allseits geteilten Forderung der Bundesregierung nach einem Mitbewerber wie Verbraucher gleichermaßen schützenden Rechtsrahmen entsprach.[66] 12

---

[58] BGH WRP 2003, 742 ff. – Umgekehrte Versteigerung II.

[59] Vgl. BGH GRUR 2002, 825 ff. – Elektroarbeiten; BGH GRUR 2003, 164 ff. – Altautoverwertung; BGH WRP 2004, 337 (339) – Krankenkassenzulassung.

[60] BGH GRUR 1999, 1109 ff. – Entfernung der Herstellungsnummer; BGH GRUR 1999, 1113 – Außenseiteranspruch I; BGH GRUR 2000, 724 ff. – Außenseiteranspruch II; BGH GRUR 2001, 448 ff. – Kontrollnummerbeseitigung II.

[61] Kritisch gerade dazu: *Engels/Salomon* WRP 2004, 32 ff.

[62] BGBl. I S. 1661 und 1663. Die Reform stand stets auch unter dem Eindruck der europäischen Vorhaben zum Lauterkeitsrecht, nämlich dem Vorschlag einer „VO-Verkaufsförderung" sowie dem „Grünbuch zum Verbraucherschutz" in der EU, das in der „Richtlinie über unlautere Geschäftspraktiken" gemündet ist, vgl. zu beiden Vorhaben *Glöckner* → Einl. Rn. 169 ff.

[63] BT-Drs. 14/5441 zu A VI sowie BT-Drs. 14/5594.

[64] *Fezer* WRP 2001, 989 ff. und *Schricker/Henning-Bodewig* WRP 2001, 1367 ff.

[65] WRP 2002, 1317 ff., hierzu die Stellungnahme der GRUR in GRUR 2003, 127 ff.

[66] Die EG-Kommission hat sich allerdings mit der Richtlinie 2005/29/EG vom 11.5.2005 über unlautere Geschäftspraktiken zunächst auf eine Harmonisierung des verbraucherbezogenen Lauterkeitsrechts beschränkt. In dieser Richtlinie ist anerkannt, dass es selbstverständlich „andere Geschäftspraktiken" gibt, die „zwar nicht den Verbraucher schädigen, sich jedoch nachteilig für die Mitbewerber und gewerblichen Kunden ausbilden können" (Erwägungsgrund 8). Weiter heißt es dort, dass die Kommission sorgfältig prüfen sollte, ob auf dem Gebiet des unlauteren Wettbewerbs über den Regelungsbereich dieser Richtlinie hinausgehende gemeinschaftliche Maßnahmen erforderlich sind. In dem Bericht der Kommission an das Europäische Parlament, den Rat und den europäischen Wirtschafts- und Sozialausschuss vom 14.3.2013 (Com(2013) 139 final) S. 12, zog die Kommission allerdings das Fazit, dass „die überwältigende Mehrheit der Mitgliedsstaaten und Interessenträger eine Ausweitung des Geltungsbereichs der Richtlinie nicht unterstützt, weder auf B2B-Geschäftshandlungen noch auf C2C- oder C2B-Beziehungen", sodass nach Auffassung der Kommission derzeit „nichts für eine entsprechende Ausweitung" der Richtlinie spricht.

13 Das UWG 2004 vom 3.7.2004[67] trat nach weiteren Diskussionen im Gesetzgebungsverfahren und einer erfolglosen Anrufung des Vermittlungsausschusses[68] durch den Bundesrat am 8.7.2004 in Kraft.[69]

14 **2. Struktur des UWG 2004.** Die Schwerpunkte der mit dem **UWG 2004 verbundenen inhaltlichen Änderungen** im Vergleich zum bisherigen Recht bildeten die Voranstellung einer den Zweck des UWG umreißenden **„Programmnorm"** sowie die **erstmalige Benennung des Verbrauchers als Schutzsubjekt in §§ 1, 3 UWG.** Weitere inhaltliche Neuerungen waren die **Ersetzung des als veraltet und europauntauglich angesehenen Begriffs der „guten Sitten" in der Generalklausel durch den auch sonst im europäischen Recht gebrauchten Begriff der „Unlauterkeit"** (in §§ 1, 3 UWG), die Einführung einer für alle Fälle des unlauteren Wettbewerbs geltenden **Bagatellgrenze** („materielle Erheblichkeitsschwelle") sowie der **Wegfall der Anspruchsberechtigung von nur „abstrakt" betroffenen Mitbewerbern.** Neu waren zudem der vollständige **Verzicht auf Regelungen über Sonderveranstaltungen, Jubiläumsverkäufe und Räumungsverkäufe** sowie die **Einführung eines Gewinnabschöpfungsanspruchs.** Mit dem UWG 2004 entfielen auch die bisherigen **abstrakten Gefährdungsdelikte der §§ 6, 6a und 6b UWG aF** (Insolvenzwarenverkauf, Hersteller- und Großhändlerwerbung sowie Kaufscheinhandel). Gestrichen wurde auch das in § 13a UWG aF geregelte Rücktrittsrecht bei strafbarer irreführender Werbung, das in der Praxis keine Bedeutung erlangt hatte.

15 **3. Der Stand des Lauterkeitsrechts auf der Grundlage des UWG 2004.** Mit dem UWG 2004 war eine **Liberalisierung** und grundlegende **Modernisierung** des deutschen Lauterkeitsrechts erreicht. Das wurde – grob skizziert – einerseits durch die **„Inkorporation" des neuesten Standes der gewandelten Rechtsprechung** (vgl. → Rn. 10) sowie die **Aufgabe von unzeitgemäßen Beschränkungen des Wettbewerbs** (vgl. → Rn. 14) und andererseits durch die **verstärkte Betonung des Verbraucherschutzzwecks des UWG** erreicht, wie er in den §§ 1, 3 UWG 2004 sowie dem Gewinnabschöpfungsanspruch zum Ausdruck kam. Der allgemein akzeptierte und bewährte Bestand des früheren Wettbewerbsrechts, wie er vor allem von der gewandelten Rechtsprechung und Literatur auf der Grundlage des § 1 UWG aF geschaffen worden war, blieb erhalten. Die früher auf der Grundlage des § 1 UWG aF entwickelten „Fallgruppen" waren – inhaltlich teilweise modifiziert in Anlehnung an die neuere Rechtsprechung – weitgehend in den Beispielskatalog des § 4 UWG sowie in § 7 UWG (belästigende Werbung) übernommen und stellten alsdann, ebenso wie die Regelungen zur irreführenden und vergleichenden Werbung, gesetzliche Konkretisierungen der **neu gefassten Generalklausel** des § 3 UWG dar. Diese neue Systematik des UWG führte zu einem deutlich verstärkten Gewicht der Einzeltatbestände und einer starken normativen Einbindung der Generalklausel.

III. Reform des UWG 2004 im Lichte der UGP-Richtlinie durch das UWG 2008

16 **1. Europäischer Hintergrund.** Die UWG-Reform 2004 war – wie etwa gerade der „Doppelcharakter" des „Vorschlags" von *Köhler/Bornkamm/Henning-Bodewig* für eine „Richtlinie zum Lauterkeitsrecht und eine UWG-Reform"[70] zeigte – auf eine Europäisierung des deutschen Lauterkeitsrechts gerichtet. Angesichts des im Jahr 2004 ungewis-

[67] BGBl. I S. 1414; zur Begründung des Gesetzesentwurfs vgl. BT-Drs. 15/1487.

[68] Vgl. Beschluss des Bundesrats v. 14.5.2004, BR-Drs. 288/04; vgl. zudem die Gegenäußerung des Bundesregierung BT-Drs. 15/1478, 40 ff.

[69] Ausführlicher zum Gesetzgebungsverfahren des UWG 2004 vgl. die → Einl. A Rn. 13–16 der 1. und 2. Aufl. dieses Kommentars.

[70] WRP 2002, 1317 ff., hierzu die Stellungnahme der GRUR in GRUR 2003, 127 ff.

sen Zeitrahmens für die damaligen europarechtlichen lauterkeitsrechtlichen Vorhaben, nämlich des damals zur Debatte stehenden Vorschlags für eine „Verordnung über Verkaufsförderung im Binnenmarkt“[71] sowie die als Folgemaßnahme zu einem „Grünbuch zum Verbraucherschutz in der Europäischen Union“ zu erwartende Richtlinie,[72] hatte sich die Bundesregierung damals zu einer Reform entschlossen.[73] Die Folgemaßnahme zum „Grünbuch zum Verbraucherschutz“ nahm aber alsdann vergleichsweise rasch Gestalt an und wurde schon im Juni 2005 als **„Richtlinie 2005/29/EG über unlautere Geschäftspraktiken im binnenmarktinternen Geschäftsverkehr“** (UGP-RL) im Amtsblatt der Europäischen Union verkündet. Mit Blick auf die von der Richtlinie geforderte Vollharmonisierung des von ihr allein erfassten verbraucherschutzbezogenen Lauterkeitsrecht war damit eine weitere Reform des deutschen UWG unvermeidlich.

2. UGP-Richtlinie als Basis des verbraucherbezogenen Lauterkeitsrechts und 17
des UWG 2008. Die UGP-RL bildet in ihrem Anwendungsbereich die verbindliche Basis des deutschen verbraucherbezogenen Lauterkeitsrechts. Weil sich der deutsche Gesetzgeber – zu Recht – dazu entschlossen hat, das mitbewerber- und verbraucherbezogene Lauterkeitsrecht in ein und demselben Gesetz zu regeln, kommt der UGP-RL aber auch für das mitbewerberbezogene Lauterkeitsrecht eine kaum zu überschätzende Bedeutung zu. Die UGP-RL ist deshalb hier[74] kurz zu skizzieren:

a) Verbraucherschutz- und Binnenmarktziel der Richtlinie. Die Richtlinie be- 18
zweckt nach Art. 1, unlautere Geschäftspraktiken abzuwehren, die die wirtschaftlichen Interessen der Verbraucher beeinträchtigen und so zu einem reibungslosen Funktionieren des Binnenmarkts[75] und zum Erreichen eines hohen Verbraucherschutzniveaus beizutragen.[76] Die Richtlinie ist deshalb aus Verbrauchersicht[77] und im Lichte ihres Zwecks auszulegen, dem Verbraucher eine informierte („informationsgeleitete“) und freie, mithin rationale Entscheidung zu ermöglichen[78] und ihn vor belästigenden, nötigenden und sonst unzulässigen Praktiken zu schützen, die seine Wahlfreiheit beeinträchtigen.[79] Soweit eine Vorschrift des nationalen Rechts nicht den Schutz der Verbraucher, sondern nur den Schutz der Mitbewerber und der sonstigen Marktteilnehmer bezweckt, ist der Anwendungsbereich der Richtlinie nicht berührt.[80]

b) Vollharmonisierung. Die UGP-RL bezweckt eine zwingende Rechtsangleichung 19
und „Vollharmonisierung“ im Bereich der „unlauteren Geschäftspraktiken“ im Verhältnis zu Verbrauchern.[81] Es heißt insoweit in Erwägungsgrund 6:

> *Die vorliegende Richtlinie gleicht deshalb die Rechtsvorschriften der Mitgliedstaaten über unlautere Geschäftspraktiken einschließlich der unlauteren Werbung an, die die wirtschaftlichen*

---

[71] Vorschlag der Kommission für eine Verordnung über Verkaufsförderung im Binnenmarkt vom 2.10.2001 (KOM(2001) 546 endg.) und geänderte Fassung vom 15.5.2003 (9416/03), dazu Stellungnahme der Deutschen Vereinigung für gewerblichen Rechtsschutz und Urheberrecht in GRUR 2002, 410 ff. Die Kommission hatte den Verordnungsvorschlag später aufgegeben, vgl. ABl. 2006 C 64, S. 7.

[72] „Grünbuch zum Verbraucherschutz in der Europäischen Union“ (KOM(2001) 531 endg.); hierzu auch Einl. Rn. 170 f. *(Glöckner)*.

[73] Kritisch dazu *Keßler* WRP 2007, 714 (715); *Kulka* DB 2008, 1548 ff.

[74] Vgl. umfassend zur UGP-RL *Glöckner* → Einl. Rn. 237 ff.

[75] Vgl. dazu *Podszun* → § 1 Rn. 29.

[76] EuGH GRUR 2019, 1064 Rn. 25 – Orange/Polska; EuGH GRUR 2013, 297 Rn. 29 – Köck.

[77] EuGH GRUR 2013, 1159 Rn. 36 – BKK Mobil Oil.

[78] BGH GRUR 2014, 686 Rn. 23 – Goldbärenbarren; kritisch insoweit zur deutschen Rechtsprechung *Lettl* WRP 2019, 1265 ff.

[79] Erwägungsgrund 16 UGP-Richtlinie.

[80] EuGH GRUR-Int 2015, 1140 Rn. 29 – Cdiscount; EuGH GRUR 2013, 297 Rn. 31 – Köck; EuGH GRUR-Int 2013, 936 Rn. 31 – Euronics Belgium.

[81] EuGH GRUR 2018, 303 Rn. 26 ff. – Europamur; EuGH GRUR-Int 2015, 1140 Rn. 34 – Cdiscount; EuGH GRUR-Int 2013, 942 Rn. 20 – Citroen Belux; EuGH GRUR-Int 2010, 221 – Plus.

Interessen der Verbraucher unmittelbar und dadurch die wirtschaftlichen Interessen rechtmäßig handelnder Mitbewerber mittelbar schädigen.... Sie erfasst und berührt nicht die nationalen Rechtsvorschriften in Bezug auf unlautere Geschäftspraktiken, die lediglich die wirtschaftlichen Interessen von Mitbewerbern schädigen...., die Mitgliedstaaten können solche Praktiken... weiterhin regeln.

Die UGP-RL erforderte nicht die Aufspaltung des deutschen Wettbewerbsrechts in ein allein verbraucherbezogenes und ein allein mitbewerberbezogenes Lauterkeitsrecht. Es ist nach allgemeiner Meinung möglich, sowohl den „B2B"- als auch den „B2C"-Bereich durch ein und denselben Rechtsakt in einem Gesetz zu regeln.[82]

20 **c) Sachlicher Anwendungsbereich.** Die UGP-RL gilt nach Art. 3 Abs. 1 für unlautere Geschäftspraktiken iSd Art. 5 von Unternehmen gegenüber Verbrauchern vor, während oder nach Abschluss eines auf ein Produkt bezogenen Handelsgeschäfts. Sie definiert den Begriff der **„Geschäftspraktiken im Geschäftsverkehr zwischen Unternehmen und Verbrauchern"** in Art. 2 lit. d und versteht darunter

jede Handlung, Unterlassung, Verhaltensweise oder Erklärung, kommerzielle Mitteilungen einschließlich Werbung und Marketing eines Gewerbetreibenden, die unmittelbar mit der Absatzförderung, dem Verkauf oder der Lieferung eines Produkts an Verbraucher zusammenhängt.

Die Richtlinie ging damit über das bisherige Recht hinaus, indem sie auch Handlungen nach Vertragsschluss erfasst und auf eine subjektive Wettbewerbsabsicht verzichtet. Das Vertragsrecht bleibt jedoch durch die Richtlinie unberührt (vgl. Erwägungsgrund 9).

21 **d) Regelungsinhalt.** Die zentrale Aussage der Richtlinie findet sich in der umfassenden Generalklausel des Art. 5 Abs. 1, wo es knapp heißt: **„Unlautere Geschäftspraktiken sind verboten"**. Eine Geschäftspraktik ist nach Art. 5 Abs. 2 unlauter, wenn sie a) den Erfordernissen der **beruflichen Sorgfalt** widerspricht und b) in Bezug auf das jeweilige Produkt das Wirtschaftsverhalten des Durchschnittsverbrauchers, den sie erreicht oder an den sie sich richtet, wesentlich beeinflusst oder dazu geeignet ist, es wesentlich zu beeinflussen.[83] Als unlauter sind nach § 5 Abs. 4 UGP-RL insbesondere die in Art. 6 und 7 speziell geregelten **irreführenden** sowie die in Art. 8 und 9 speziell geregelten **aggressiven Geschäftspraktiken** anzusehen. Außerdem enthält die Richtlinie einen allgemein als **„Black List"** bezeichneten Anhang I von unterschiedlichen, im einzelnen aufgelisteten **Geschäftspraktiken, die unter allen Umständen als unlauter zu gelten haben** (Art. 5 Abs. 5). Die in der Richtlinie enthaltenen Regelungen zur Rechtsdurchsetzung brachten keinen Änderungsbedarf des deutschen Rechts mit sich.

22 **3. Gesetzgebungsverfahren.** Der Gesetzgeber hat im Juli 2007 einen ersten Referentenentwurf zur Änderung des UWG vorgelegt, der noch eine ganz zurückhaltende Anpassung des UWG an die Richtlinie vorsah. Deutlich stärkere Anpassungen an die UGP-Richtlinie enthielt dagegen der von der Bundesregierung im Frühjahr 2008 vorgelegte Gesetzentwurf. Dieser Entwurf ist mit insgesamt nur geringen Änderungen alsdann Gesetz geworden.[84] Die Verkündung des **UWG 2008** im Bundesgesetzblatt erfolgte am **29.12.2008.** Das UWG 2008 war vom 30.12.2008 bis zum 9.12.2015 in Kraft.

23 **4. Grundzüge des UWG 2008 – Überblick über die damaligen Änderungen.** Das UWG regelte nach wie vor die verbraucher- und mitbewerberbezogenen Handlungen in ein und demselben Gesetz. Das deutsche Lauterkeitsrecht war aber nunmehr – auch soweit mitbewerberbezogene Handlungen berührt waren – in weitem Umfange **europarechtlich**

[82] Vgl. den „Bericht der Kommission an das europäische Parlament, den Rat und den europäischen Wirtschafts- und Sozialausschluss über die Anwendung der UGP-Richtlinie" (COM(2013) 139 Final) S. 10; *Erdmann/Loschelder* in Gloy/Loschelder/Danckwerts, HdBWettbR, 5. Aufl., § 3 Rn. 8; *Ohly*/Sosnitza, Einf. UWG A Rn. 1; *Fezer* WRP 2009, 1163 (1165); *Glöckner* WRP 2009, 1175 (1177).

[83] Zu den Relevanzerfordernissen *Lettl* WRP 2019, 1265 ff.

[84] BGBl. I S. 2949.

determiniert.[85] Das UWG wurde noch stärker als bislang verbraucherschützend zur Gewährleistung einer informierten Entscheidung des Verbrauchers ausgerichtet. Sichtbarster Ausdruck hierfür waren die neuen Regelungen in § 3 Abs. 2 sowie § 5a Abs. 2 UWG. Die **Grundstruktur des UWG** mit einer vorangestellten **Schutzzweckklausel** sowie einer unlauteren Wettbewerb umfassend verbietenden **Generalklausel** mit sich daran anschließenden, aber nicht als „per se"-Verbote zu verstehenden Konkretisierungstatbeständen in den §§ 4 ff. sowie § 7 UWG wurde beibehalten. Neu war zudem die Übernahme der durch die UGP-Richtlinie vorgegebenen **„Schwarzen Liste"** in einen Anhang des Gesetzes, in dem diejenigen irreführenden und aggressiven geschäftlichen Handlungen aufgeführt waren, die unter allen Umständen als unlauter und stets unzulässig anzusehen waren.

5. Änderungen des UWG 2008. Eine **Neufassung des Wortlauts des UWG 2008** in der seit dem 4.8.2009 geltenden Fassung wurde mit Gesetz vom 3.3.2010 bekannt gemacht.[86] Diese Neufassung berücksichtigte das Gesetz zur Bekämpfung unerlaubter Telefonwerbung,[87] mit dem § 7 Abs. 2 Nr. 2 UWG durch die Aufnahme des Erfordernisses einer „ausdrücklichen" Einwilligung des Verbrauchers bei telefonischer Werbung geändert und die Bußgeldvorschrift des § 20 UWG neu geschaffen wurde. Danach konnte eine unlautere Telefonwerbung gegenüber Verbrauchern mit einem Bußgeld von nun bis zu 300.000,00 EUR geahndet werden, um die unerwünschte Telefonwerbung weiter einzudämmen.[88] 24

6. Kritik an der Umsetzung der UGP-Richtlinie im UWG 2008. Die **Kommission** hat zum Ende des Jahres 2011 die Umsetzung der UGP-RL im UWG 2008 beanstandet und geltend gemacht, dass einige Bestimmungen der UGP-RL im UWG 2008 entweder keine Entsprechung fänden oder dort jedenfalls falsch umgesetzt worden seien. Außerdem enthalte das UWG 2008 weiterhin Vorschriften zu unlauteren Praktiken, die über die Vorschriften der Richtlinie hinausgingen und damit dem Zweck der Richtlinie zu einer vollständigen Harmonisierung des verbraucherbezogenen Lauterkeitsrechts zuwider liefen. Die Kommission hatte in ihrer Beanstandung allerdings nicht einen Fall aus dem Anwendungsbereich der UGP-RL genannt, der nicht den Vorgaben der UGP-RL entsprechend „gelebt" oder entschieden worden wäre. Insbesondere in Folge dieser Beanstandungen entwickelte sich eine umfangreiche Debatte[89] darüber, ob die UGP-RL im UWG 2008 hinreichend umgesetzt sei. Auch wenn Art. 288 Abs. 3 AEUV (früher Art. 249 EGV) den Mitgliedsstaaten die „Wahl der Form und der Mittel" zur Umsetzung einer Richtlinie überlässt und es grundsätzlich nicht erforderlich ist, den Richtlinientext selbst wörtlich zu übernehmen,[90] war anerkannt, dass eine richtlinienkonforme Auslegung eines bestehenden Gesetzes allein den Anforderungen an eine ordnungsgemäße Umsetzung im Sinne von Art. 288 Abs. 3 AEUV nicht genügt.[91] Es bestand sonach mehr und mehr Konsens darüber, dass das UWG 2008 einer erneuten Reform bedurfte und näher am Wortlaut der UGP-RL auszurichten war. 25

[85] Vgl. dazu etwa *Köhler* WRP 2012, 251 ff.; *Fezer* WRP 2010, 677 ff.; *Glöckner* WRP 2009, 1175 ff.; *Hoeren* WRP 2009, 789 ff.; *Köhler* WRP 2009, 109 ff.; *Lettl* GRUR-RR 2009, 41 ff.

[86] BGBl. I S. 254.

[87] Vom 29.7.2009, BGBl. I S. 2413.

[88] Begründung zum Gesetzesentwurf der Bundesregierung, BT-Drs. 16/10734, 7 und weitere Verschärfung durch das Gesetz über unseriöse Geschäftspraktiken vom 20.9.2013, BGBl. I S. 3714. Die Neufassung des UWG 2008 berücksichtigte ferner das Gesetz zur Umsetzung der Verbraucherkreditrichtlinie vom 29.7.2009, mit dem § 8 Abs. 5 S. 1 UWG geändert wurde.

[89] Exemplarisch: *Köhler* WRP 2012, 251 ff. und GRUR 2012, 1073 ff.; *Timm-Wagner* GRUR 2013, 245 ff.; *Henning-Bodewig* GRUR 2013, 238 ff.

[90] Calliess/*Ruffert*, EUV/AEUV, 6. Aufl., AEUV Art. 288 Rn. 32; vgl. auch *Hetmank* GRUR 2015, 323 ff.

[91] EuGH C-144/99, Slg. 2001, I-3541 Rn. 21 – Kommission/Niederlande.

rechtfertigen.[103] Die Normzweckklausel und insbesondere der von ihr betonte Verbraucherschutzzweck können in Verbindung mit der Generalklausel die normative Grundlage für künftige Weiterentwicklungen des Wettbewerbsrechts bilden.

34 **2. Definitionen (§ 2 UWG).** In § 2 UWG sind die für das Lauterkeitsrecht zentralen Begriffe, insbesondere der die frühere „Wettbewerbshandlung" ablösende Begriff der „geschäftlichen Handlung" (§ 2 Abs. 1 Nr. 1 UWG) sowie der des „Mitbewerbers" (§ 2 Abs. 1 Nr. 3 UWG) legaldefiniert. Außerdem finden sich dort Definitionen über „Marktteilnehmer", „Nachrichten", „Verhaltenskodex", „Unternehmer" und den nach der UGP-RL zentralen Begriff der „unternehmerischen Sorgfalt". Für den Verbraucherbegriff ordnet das UWG in § 2 Abs. 2 die entsprechende Geltung des § 13 BGB an. Der Gesetzgeber hat zudem 2015 den Definitionskatalog um das Kriterium der „wesentlichen Beeinflussung des wirtschaftlichen Verhaltens des Verbrauchers" (§ 2 Abs. 1 Nr. 8 UWG), auf das etwa die Verbrauchergeneralklausel in § 3 Abs. 2 UWG abstellt, sowie um den grundlegenden Begriff der „geschäftlichen Entscheidung" (§ 2 Abs. 1 Nr. 9 UWG) erweitert. Im Rahmen der alsbald zu erwartenden Umsetzung der RL 2019/2161 wird der Katalog alsdann noch um eine Definition des „Online-Marktplatzes" sowie des „Ranking" ergänzt.

35 Der Begriff der „geschäftlichen Handlungen" ist der Zentralbegriff des Definitionskatalogs. Der lauterkeitsrechtlichen Beurteilung unterliegen nur „geschäftliche Handlungen", die den Anwendungsbereich des Lauterkeitsrechts vom allgemeinen Deliktsrecht abgrenzen. Eine **geschäftliche Handlung** ist in **jedem Verhalten** zu sehen, das die **Absatz- oder Nachfrageinteressen eines Unternehmens objektiv fördert oder mit einem Vertragsschluss oder einer Vertragsdurchführung im objektiven Zusammenhang steht** und auf eine **geschäftliche Entscheidung des Adressaten** gerichtet ist.[104] Diese „geschäftliche Entscheidung" des Adressaten muss noch nicht in einer rechtsgeschäftlichen Erklärung bestehen oder gar schon Teil des Geschäftsabschlusses selbst sein, ausreichend ist vielmehr jedwede Maßnahme in Richtung auf den vom Unternehmer letztlich erstrebten Geschäftsabschluss, wie etwa das Aufsuchen eines Geschäfts oder die nähere Beschäftigung mit einer Internet-Werbung.[105]

36 Das UWG 2015 hat den im UWG 2008 neu eingeführten Begriff der „fachlichen Sorgfalt" durch den Begriff der **„unternehmerischen Sorgfalt"** ersetzt, ohne dass damit eine sachliche Änderung verbunden wäre. Das UWG knüpft damit an die Definition der „beruflichen Sorgfalt" in Art. 2 lit. h UGP-RL an (dazu eingehend → § 2 Rn. 180 ff.). Der Sorgfaltsverstoß bildet die materielle Grundlage des Unlauterkeitsurteils nach der UGP-RL. Eine Geschäftspraxis ist unlauter, wenn sie gemäß Art. 5 Abs. 2 lit. a den Erfordernissen der beruflichen Sorgfaltspflicht widerspricht und nach Art. 5 Abs. 2 lit. b das Entscheidungsverhalten des Verbrauchers beeinträchtigen kann. In vergleichbarer Weise erklärt nunmehr § 3 Abs. 2 UWG geschäftliche Handlungen gegenüber Verbrauchern für unzulässig, wenn sie nicht der für den Unternehmer geltenden unternehmerischen Sorgfalt entsprechen und dazu geeignet sind, das wirtschaftliche Verhalten des Verbrauchers wesentlich zu beeinflussen.

---

[103] Vgl. dazu *Beater* WRP 2012, 6 ff.; *Henning-Bodewig* WRP 2011, 1014 ff. sowie unten § 2 Rn. 109 *(Keller)*. Die Rechtsprechung berücksichtigte überindividuelle Allgemeininteressen etwa im Rahmen der Fallgruppe der „Marktstörung" oder, des Schutzes der Presse als Institution durch besondere Regeln bei der Umsonstlieferung von Presseerzeugnissen. Überindividuelle Interessen können zu Maßstabsverschiebungen bei der lauterkeitsrechtlichen Bewertung führen. So ist gesundheitsbezogene Werbung tendenziell strenger als sonstige Werbung zu beurteilen und sind wahre, aber täuschungsgeeignete Angaben milder als schlicht unwahre Angaben zu bewerten.

[104] BGH GRUR 2020, 886 Rn. 31 ff. – Preisänderungsregelung; BGH GRUR 2019, 1202 Rn. 13 – Identitätsdiebstahl; BGH GRUR 2019, 189 Rn. 54 – Crailsheimer Stadtblatt II.

[105] Vgl. insoweit BGH GRUR 2020, 1226 Rn. 33 – LTE-Geschwindigkeit; BGH GRUR 2019, 746 Rn. 29 – Energieeffizienzklasse III; EuGH GRUR 2014, 196 Rn. 36 – Trento Sviluppo, und unten § 2 Rn. 216 ff. und 226 *(Keller)*.

3. Generalklauseln (§ 3 UWG). Die im Zuge des UWG 2015 erheblich geänderten **Generalklauseln des § 3 Abs. 1 und Abs. 2 UWG stellen die zentralen Vorschriften des neuen Gesetzes** dar. Damit können insbesondere etwa neuartige Erscheinungsformen unlauterer Handlungen im Bereich des Mitbewerberschutzes und des Schutzes sonstiger Marktteilnehmer erfasst werden, die in ihrem Unlauterkeitsgehalt den Tatbeständen der §§ 3a–7 UWG entsprechen[106] Die Generalklauseln haben allerdings angesichts der nunmehr ausdrücklich geregelten Unlauterkeitstatbestände erheblich an Bedeutung verloren. Die neu formulierte **Generalklausel des § 3 Abs. 1 UWG** lautet nunmehr: 37

„Unlautere geschäftliche Handlungen sind unzulässig“.

§ 3 Abs. 1 UWG ist außerhalb des Anwendungsbereichs der UGP-RL und der Richtlinie über irreführende oder vergleichende Werbung wie bisher ein **Auffangtatbestand** und somit **echte Generalklausel** für solche unlauteren Handlungen, die von den weiteren Bestimmungen des UWG nicht erfasst werden, aber einen vergleichbaren Unrechtsgehalt aufweisen.[107] Das nach § 3 Abs. 1 UWG aF noch erforderliche „Spürbarkeitserfordernis“ ist entfallen. Der Gesetzgeber hat es nunmehr ganz der Rechtsprechung überlassen, in Konkretisierung des Tatbestandsmerkmals der Unlauterkeit für die vom Auffangtatbestand erfassten Fälle ggf. angemessene Spürbarkeitserfordernisse aufzustellen, um insbesondere Abmahnungen von Bagatellverstößen zu verhindern.[108] Dieser Weg erscheint umso mehr gangbar, als der Rechtsbruchtatbestand § 3a UWG nunmehr ein eigenes Relevanzerfordernis aufweist und weitere Fallkonstellationen aus dem B2B-Bereich – wie etwa die Fälle des § 4 Nr. 1–4 UWG oder die Fälle der „unzumutbaren“ Belästigungen – von vornherein ein wettbewerblich relevantes Gewicht aufweisen. Soweit die Unlauterkeit einer geschäftlichen Handlung abschließend in der UGP-RL oder in der Richtlinie über irreführende vergleichende Werbung geregelt ist, sind ausschließlich die „Verbrauchergeneralklausel“ und die der Richtlinie entsprechenden Spezialtatbestände anwendbar.[109]

Die im Rahmen der UWG-Reform 2015 neu formulierte **„Verbrauchergeneralklausel“** des § 3 Abs. 2 UWG lautet nunmehr wie folgt: 38

Geschäftliche Handlungen, die sich an Verbraucher richten oder diese erreichen, sind unlauter, wenn sie nicht der unternehmerischen Sorgfalt entsprechen und dazu geeignet sind, das wirtschaftliche Verhalten des Verbrauchers wesentlich zu beeinflussen.

Auch wenn die „Verbrauchergeneralklausel“ damit nicht dem einfacheren Wortlaut des Art. 3 UGP-RL („Diese Richtlinie gilt für unlautere Geschäftspraktiken im Sinne des Art. 5 von Unternehmen gegenüber Verbrauchern…“) folgt, rückt sie das deutsche Recht doch wesentlich näher als bislang an den Wortlaut der Richtlinie und insbesondere deren Art. 5 heran. Die Vorschrift folgt der UGP-RL insbesondere in ihrem auf ein **materielles Unlauterkeitskriterium** („berufliche Sorgfalt“) sowie ein **Relevanzkriterium** („wesentliche Beeinflussung des wirtschaftlichen Verhaltens des Verbrauchers“) abstellenden Regelungsmodell. Sowohl das materielle Unlauterkeitskriterium als auch das Relevanzkriterium sind nunmehr in § 2 Abs. 1 Nr. 7 und Nr. 8 UWG legal definiert. Für den durch § 3 Abs. 2 UWG erfassten Bereich hat die Generalklausel § 3 Abs. 1 UWG nur noch die **Funktion einer Rechtsfolgenverweisung.**[110]

§ 3 Abs. 3 UWG verweist wie bislang auf den **Anhang** mit einer Liste geschäftlicher Handlungen gegenüber Verbrauchern **(„Black List“)**, die stets unzulässig sind **(Verbote** 39

---

[106] BGH GRUR 2018, 535 Rn. 27 – Knochenzement I; *Büscher* UWG § 3 Rn. 8.

[107] Beschlussempfehlung und Bericht des Ausschusses für Recht und Verbraucherschutz, BT-Drs. 18/6571, 13.

[108] Beschlussempfehlung und Bericht des Ausschusses für Recht und Verbraucherschutz, BT-Drs. 18/6571, 14.

[109] Beschlussempfehlung und Bericht des Ausschusses für Recht und Verbraucherschutz, BT-Drs. 18/6571, 14.

[110] Beschlussempfehlung und Bericht des Ausschusses für Recht und Verbraucherschutz, BT-Drs. 18/6571, 14; *Köhler* NJW 2016, 593 (594).

ohne Wertungsvorbehalt), ohne dass in diesen Fällen noch gesondert zu prüfen wäre, ob die Verbraucherinteressen spürbar beeinträchtigt sind, was bei einem „Black List"-Verstoß aber ohnehin regelmäßig anzunehmen wäre. Die bisher in § 3 Abs. 2 S. 2 und S. 3 UWG aF enthaltenen, auf besonders schutzwürdige Verbraucher abstellenden Beurteilungsmaßstäbe hat der Gesetzgeber nunmehr in einen neuen § 3 Abs. 4 UWG transferiert.

40 Die 2015 heftig diskutierte **Abgrenzungsproblematik** zwischen der Verbrauchergeneralklausel des § 3 Abs. 2 UWG und der Generalklausel des § 3 Abs. 1 UWG bleibt auch im neuen Recht erhalten. Ein und dieselbe Handlung kann sowohl einen verbraucherschützenden als auch einen mitbewerberschützenden Tatbestand verwirklichen. Ein Beispiel ist eine irreführende und zugleich mitbewerberherabsetzende Werbung in einer Verbraucherzeitschrift. Für solche **doppelrelevanten Handlungen** ist aber auch eine **doppelte lauterkeitsrechtliche Beurteilung** zum einen nach den verbraucherschützenden Maßstäben als auch nach den mitbewerberschützenden Maßstäben möglich.[111]

41 **4. Rechtsbruch (§ 3a UWG).** Der Gesetzgeber hat 2015 den **Rechtsbruchtatbestand** des § 4 Nr. 11 UWG aF in den neuen **eigenständigen Tatbestand des § 3a UWG** überführt. Der Wortlaut ist hinsichtlich des erforderlichen materiellen Verstoßes („Unlauter handelt, wer einer gesetzlichen Vorschrift zuwiderhandelt, die auch dazu bestimmt ist, im Interesse der Marktteilnehmer das Marktverhalten zu regeln") unverändert geblieben. Mit Blick auf den Wegfall des Spürbarkeitskriteriums in § 3 Abs. 1 UWG ist nunmehr allerdings der Rechtsbruchtatbestand des § 3a UWG um ein **eigenes Relevanzkriterium** ergänzt worden („und der Verstoß geeignet ist, die Interessen von Verbrauchern, sonstigen Marktteilnehmern oder Mitbewerbern spürbar zu beeinträchtigen"). Der Rechtsbruchtatbestand hat sich mittlerweile zu einer der **praktisch bedeutsamsten lauterkeitsrechtlichen Regelungen** entwickelt.[112] Die gesetzliche Neuregelung hat im Vergleich zur bisherigen Rechtslage zu keiner sachlichen Änderung geführt.

42 **5. Mitbewerberschutz (§ 4 UWG).** Der Gesetzgeber hat 2015 den alten Beispielskatalog des § 4 aF aufgelöst und in **§ 4 Nr. 1–4 UWG nF** allein die **mitbewerberschützenden Vorschriften** des § 4 Nr. 7–10 aF mit unverändertem Wortlaut übernommen. Es ist sonach nach wie vor verboten, Mitbewerber zu verunglimpfen (§ 4 Nr. 1 und 2 UWG), Leistungen von Mitbewerbern unlauter nachzuahmen (§ 4 Nr. 3 UWG) oder Mitbewerber gezielt zu behindern[113] (§ 4 Nr. 4 UWG). Mit der Neuregelung ist eine **klare Trennung** zwischen den verbraucherschützenden und den mitbewerberschützenden Vorschriften erreicht, was etwa auch der Fachausschuss für Marken- und Wettbewerbsrecht der GRUR sowie breite Teile der Literatur empfohlen hatten.[114] In der Gesetzesbegründung ist zu Recht hervorgehoben, dass die ausschließlich mitbewerberbezogenen Tatbestände des neuformulierten § 4 UWG nicht in den Anwendungsbereich der UGP-RL fallen.[115]

43 **6. Die entfallenen Tatbestände des Beispielskatalogs des § 4 UWG aF.** Hinsichtlich der **entfallenen Tatbestände** des **§ 4 UWG aF** hebt die Begründung zum UWG 2015[116] hervor, dass die **Tatbestände** des **§ 4 Nr. 1 und Nr. 2 UWG aF** sich in dem neuen § 4a UWG finden und der Schutz vor menschenverachtenden geschäftlichen Handlungen auf der Grundlage des § 3 Abs. 1 UWG gewährleistet ist.[117] Die bisherige Regelung des **§ 4 Nr. 3 UWG aF** findet sich nunmehr in § 5a Abs. 6 UWG. Die Irreführungsfälle

[111] Zum Prinzip der Doppelkontrolle doppelrelevanter Handlungen vgl. *Köhler/Bornkamm/Feddersen*, UWG, § 3 Rn. 3.12; *Köhler* WRP 2015, 275 (280 ff.) und *Ohly* WRP 2015, 1443 (1444).

[112] Vgl. *Büscher* GRUR 2019, 217 ff., *Büscher* GRUR 2018, 113; *Ohly* WRP 2015, 1443 (1447); *Metzger* GRUR-Int 2015, 687 ff.

[113] Vgl. BGH GRUR 2019, 1305 ff. – Werbeblocker III.

[114] Vgl. exemplarisch die Stellungnahme der GRUR in GRUR 2014, 1185 ff.

[115] Beschlussempfehlung und Bericht des Ausschusses für Recht und Verbraucherschutz, BT-Drs. 18/6571, 13.

[116] Beschlussempfehlung und Bericht des Ausschusses für Recht und Verbraucherschutz, BT-Drs. 18/6571, 14.

[117] Vgl. zur Transformation des § 4 Abs. 1 Nr. 1 und 2 in § 4a nF: *Fritzsche* WRP 2016, 1 (7).

betreffenden Tatbestände des **§ 4 Nr. 4 und Nr. 5 UWG aF** sind durch die allgemeinen Irreführungstatbestände der §§ 5 und 5a nF abgedeckt. Das in **§ 4 Nr. 6 UWG aF** noch enthaltene Verbot, die Teilnahme von Verbrauchern an einem Preisausschreiben oder Gewinnspiel von dem Erwerb einer Ware oder der Inanspruchnahme einer Dienstleistung abhängig zu machen, war nach der Rechtsprechung des EuGH[118] mit der UGP-RL nicht zu vereinbaren und wurde deshalb ersatzlos gestrichen.

7. Verbot aggressiver geschäftlicher Handlungen (§ 4a UWG). Mit der UWG-Reform 2015 hat der Gesetzgeber in Umsetzung der Art. 8 und 9 der UGP-RL den neugeschaffenen Tatbestand des **§ 4a UWG über unlautere aggressive geschäftliche Handlungen** in das UWG eingefügt. Das Aggressionsverbot wurde zudem – über die UGP-RL hinaus – auch auf den Schutz **sonstiger Marktteilnehmer** erstreckt. Die entscheidende Regelung des § 4a Abs. 1 S. 1 lautet nunmehr: 44

Unlauter handelt, wer eine aggressive geschäftliche Handlung vornimmt, die geeignet ist, den Verbraucher oder sonstigen Marktteilnehmer zu einer geschäftlichen Entscheidung zu veranlassen, die dieser andernfalls nicht getroffen hätte.

Für eine aggressive Handlung kennzeichnend ist, dass sie die Entscheidungsfreiheit des Verbrauchers oder sonstigen Marktteilnehmers durch **Belästigung, Nötigung oder unzulässige Beeinflussung** erheblich beeinträchtigt.[119] Hierbei kommt es insbesondere auf die in § 4a Abs. 2 UWG im Einzelnen näher umschriebenen Umstände an. Der in § 4a Abs. 2 S. 2 UWG vorgesehene Schutz von besonders schutzbedürftigen Verbrauchergruppen ist bereits durch § 3 Abs. 4 S. 2 UWG gewährleistet und stellt eine unschädliche Doppelregelung dar.[120]

8. Irreführungsverbote (§§ 5 und 5a UWG). Das seit jeher geltende Verbot der Irreführung ist in §§ 5 und 5a UWG in Anlehnung an die UGP-RL geregelt. Die dort formulierten **Irreführungsverbote knüpfen an den Begriff der geschäftlichen Handlung** an, wodurch nicht nur bloße Äußerungen, sondern jedwedes irreführendes Verhalten (etwa ein irreführendes „Unterschieben von Waren") erfasst ist. Verboten sind unwahre und täuschungsgeeignete Angaben über geschäftliche Verhältnisse jedweder Art.[121] In § 5 Abs. 1 S. 1 UWG ist nunmehr ausdrücklich klargestellt, dass die Vorschrift neben dem Schutz der Verbraucher auch dem Schutz der sonstigen Marktteilnehmer dient. Zudem ist in das Irreführungsverbot eine dem Art. 6 Abs. 1 der UGP-Richtlinie entsprechende Relevanzklausel aufgenommen worden.[122] In § 5a UWG ist – wie bislang – geregelt, dass auch das **Verschweigen einer Information irreführend** sein kann. Die UWG-Reform 2015 hat den § 5a Abs. 2 UWG näher an den Wortlaut des Art. 7 der UGP-Richtlinie herangeführt. Danach handelt unlauter, wer im konkreten Fall unter Berücksichtigung aller Umstände dem Verbraucher eine wesentliche Information vorenthält, die der Verbraucher je nach den Umständen benötigt, um eine informierte geschäftliche Entscheidung zu treffen und deren Vorenthalten geeignet ist, den Verbraucher zu einer geschäftlichen Entscheidung zu veranlassen, die er andernfalls nicht getroffen hätte. 45

Den Irreführungs-Regelungen liegt das **Leitbild eines Durchschnittsverbrauchers** zugrunde, **der angemessen gut unterrichtet und angemessen aufmerksam und kritisch ist** (vgl. Erwägungsgrund 18 der UGP-RL). Auf der Grundlage der Rechtspre- 46

---

[118] EuGH GRUR 2010, 244 ff. – Plus Warenhandelsgesellschaft; BGH GRUR 2011, 532 – Millionenchance II; BGH GRUR 2008, 807 ff. – Millionenchance I.

[119] Vgl. BGH GRUR 2019, 750 Rn. 33 – Wifi-Spot; BGH GRUR 2018, 1251 Rn. 51 – Werbeblocker II. Zu der Neuregelung der aggressiven geschäftlichen Handlung vgl. insgesamt *Fritzsche* WRP 2016, 1 ff.; *Scherer* GRUR 2016, 233 ff.

[120] Zur Doppelregelung vgl. kritisch *Köhler* NJW 2016, 593 (596).

[121] Erfasst sind nicht nur Tatsachenbehauptungen, sondern auch Meinungsäußerungen, vgl. BGH GRUR 2019, 754 – Prämiensparverträge.

[122] Auch bisher nahm die Rechtsprechung bei Irreführungen regelmäßig eine wettbewerbliche Relevanz des Verhaltens an, vgl. BGH WRP 2016, 331 Rn. 22 – Piadina-Rückruf.

chung des EuGH stellt auch der BGH auf das Leitbild eines durchschnittlich informierten, aufmerksamen und verständigen Verbrauchers ab, der das fragliche Werbeverhalten mit einer der Situation angemessenen Aufmerksamkeit verfolgt.[123]

47 Eine geschäftliche Handlung ist nach **§ 5 Abs. 2 UWG** auch dann irreführend, wenn sie im Zusammenhang mit der **Vermarktung von Waren oder Dienstleistungen** einschließlich vergleichender Werbung eine **Verwechslungsgefahr mit einer anderen Ware** oder Dienstleistung oder mit der Marke oder einem anderen Kennzeichen eines Mitbewerbers hervorruft. Der Anwendungsbereich dieser der Umsetzung von Art. 6 Abs. 2 lit. a der UGP-RL dienenden Bestimmung ist noch nicht gänzlich klar. Einerseits lässt sich Art. 6 Abs. 2 lit. a UGP-RL und dem folgend § 5 Abs. 2 UWG als eine weit über die Tatbestände der „Herkunftstäuschung" sowie des „ergänzenden Leistungsschutzes" von Produktgestaltungen hinausgehende Regelung verstehen, die sämtliche Arten von Produktverwechslungen und Zeichenverwechslungen erfasst. Andererseits stehen dem erhebliche systematische Bedenken entgegen, weil nicht angenommen werden kann, dass im Falle einer Verbraucherirreführung bei einer markenrechtlichen Verwechslungsgefahr oder einer Herkunftstäuschung im Sinne des Leistungsschutzes nach § 4 Nr. 3 UWG auch Dritte Ansprüche verfolgen können, obwohl sie selbst nicht Inhaber der Marke oder Leistungsschutzposition sind. Die letztgenannten, durchschlagend erscheinenden Erwägungen lassen es ratsam erscheinen, den Tatbestand des § 5 Abs. 2 UWG eng zu interpretieren. Es ist der Rechtsprechung aufgegeben, das Verhältnis zwischen kennzeichenrechtlichen und lauterkeitsrechtlichen Ansprüchen weiter zu konkretisieren,[124] die praktische Bedeutung der Vorschrift ist wohl eher gering.[125] Darüber hinaus handelt nach § 5a Abs. 6 UWG (entsprechend dem früheren § 4 Nr. 3 UWG) unlauter, wer den kommerziellen Zweck einer geschäftlichen Handlung nicht kenntlich macht, sofern sich dieser nicht unmittelbar aus den Umständen ergibt, und das Nichtkenntlichmachen geeignet ist, den Verbraucher zu einer geschäftlichen Entscheidung zu veranlassen, die er andernfalls nicht getroffen hätte.

Das in § 5 und § 5a UWG geregelte Irreführungsrecht wird wohl im Zuge der auf der Grundlage der RL 2019/2161 zu erwartenden Reform nicht unerheblich umgestaltet.[126]

48 **9. Vergleichende Werbung (§ 6 UWG).** Als **vergleichende Werbung**[127] ist jede Werbung anzusehen, die unmittelbar oder mittelbar einen Mitbewerber oder die von einem Mitbewerber angebotenen Waren oder Dienstleistungen erkennbar macht (§ 6 Abs. 1 UWG). In § 6 Abs. 2 UWG sind die Umstände angegeben, die eine vergleichende Werbung unlauter machen. Dies ist der Fall, wenn sich der Vergleich nicht auf Waren oder Dienstleistungen für den gleichen Bedarf oder dieselbe Zweckbestimmung bezieht (§ 6 Abs. 2 Nr. 1 UWG), wenn sich der Vergleich nicht objektiv auf eine oder mehrere wesentliche, relevante, nachprüfbare und typische Eigenschaften oder den Preis dieser Ware

[123] BGH GRUR 2018, 431 Rn. 27 – Tiegelgröße; BGH GRUR 2017, 1265 Rn. 19 ff. – Preisportal; BGH GRUR 2015, 906 Rn. 22 – TIP der Woche; BGH GRUR 2015, 504 Rn. 17 – Kostenlose Zweitbrille; BGH GRUR 2012, 184 Rn. 19 – Branchenbuch Berg; BGH GRUR 2009, 1064 Rn. 37 – Geld-zurück-Garantie II; vgl. zum Verbraucherleitbild auch *Glöckner* → Einl. Rn. 429 ff. und *Dreyer* → § 5 Rn. 146 ff. sowie Ohly/*Sosnitza*, UWG, § 2 Rn. 115 ff.

[124] Gesetzentwurf der Bundesregierung, BT-Drs. 16/10734, 31.

[125] Vgl. etwa BGH GRUR 2018, 935 Rn. 57 – go fit, wonach ein Anspruch aus § 5 Abs. 2 UWG ausscheidet, wenn es an einer Kennzeichenverletzung fehlt; vgl. auch BGH GRUR 2020, 1311 Rn. 57 – Vorwerk, wonach dem Zeicheninhaber über das Lauterkeitsrecht keine Schutzposition eingeräumt werden darf, die ihm nach dem Kennzeichenrecht nicht zukommt.

[126] Vgl. den im Januar 2021 vorgelegten RegE eines „Gesetzes zur Stärkung des Verbraucherschutzes im Wettbewerbs- und Gewerberecht", das die Einführung einer „Dual Quality Klausel" in § 5 Abs. 3 Nr. 2 sowie neue Regelungen im Bereich „Irreführung durch Unterlassen" (§ 5a) sowie der „wesentlichen Informationen" (§ 5b) vorsieht. Der Gesetzesentwurf stand bei Redaktionsschluss dieser Auflage kurz vor seiner Verabschiedung und ist in dieser Auflage auch bereits kommentiert.

[127] Eine vergleichende Werbung setzt nach der Rechtsprechung des BGH neben dem Erkennbarmachen konkreter Wettbewerber zwingend einen Vergleich der von diesen angebotenen Produkte (oder Dienstleistungen) voraus, vgl. BGH GRUR 2019, 644 Rn. 14 ff. – Knochenzement II; BGH GRUR 2019, 631 – Das beste Netz; BGH GRUR 2015, 1136 Rn. 19 – Staubsaugerbeutel im Internet.

oder Dienstleistung bezieht (§ 6 Abs. 2 Nr. 2 UWG) oder wenn der Vergleich zu einer Gefahr von Verwechslungen zwischen dem Werbenden und einem Mitbewerber oder zwischen den von diesen angebotenen Waren oder Dienstleistungen führt (§ 6 Abs. 2 Nr. 3 UWG). Unlauter ist es auch, im Rahmen der vergleichenden Werbung den Ruf des von einem Mitbewerber verwendeten Kennzeichens in unlauterer Weise auszunutzen oder zu beeinträchtigen (§ 6 Abs. 2 Nr. 4 UWG), die Waren, Dienstleistungen, Tätigkeiten oder persönlichen oder geschäftlichen Verhältnisse eines Mitbewerbers herabzusetzen oder zu verunglimpfen (§ 6 Abs. 2 Nr. 5 UWG) oder eine Ware oder Dienstleistung als Imitation oder Nachahmung einer unter einem geschützten Kennzeichen vertriebenen Ware oder Dienstleistung darzustellen (§ 6 Abs. 2 Nr. 6 UWG).

10. Unzumutbare Belästigung (§ 7 UWG). Das **Verbot der unzumutbaren Belästigung** ist umfassend in § 7 UWG geregelt. Nach § 7 Abs. 1 UWG ist eine geschäftliche Handlung unzulässig, durch die ein Marktteilnehmer in unzumutbarer Weise belästigt wird (§ 7 Abs. 1 S. 1 UWG). Unzumutbar ist eine Belästigung iSd § 7 Abs. 1 S. 1 UWG, wenn sie eine solche Intensität erreicht, dass sie von einem großen Teil der Verbraucher als unerträglich empfunden wird, wobei der Maßstab des durchschnittlich empfindlichen Adressaten zugrunde zu legen ist.[128] Eine unzumutbare und unzulässige Belästigung liegt nach § 7 Abs. 1 S. 2 UWG insbesondere in einer **Werbung,** obwohl erkennbar ist, dass der **angesprochene Marktteilnehmer diese Werbung nicht wünscht.** Eine **Telefonwerbung** gegenüber Verbrauchern ist ohne deren **vorherige ausdrückliche Einwilligung**[129] nach § 7 Abs. 2 Nr. 2 UWG stets unzulässig, eine Telefonwerbung gegenüber Gewerbetreibenden verlangt zumindest deren mutmaßliche Einwilligung. Ohne eine vorherige ausdrückliche Einwilligung des Adressaten (der Gewerbetreibender oder Verbraucher sein mag) ist auch eine **Werbung unter Verwendung einer automatischen Anrufmaschine, eines Faxgerätes oder elektronischer Post** stets unzulässig (§ 7 Abs. 2 Nr. 3 UWG). Auch eine **E-Mail-Werbung** (elektronische Post) ist sonach ohne vorherige ausdrückliche Einwilligung der Adressaten als unzumutbar belästigend anzusehen. Eine Ausnahme für E-Mail-Werbung gilt nur dann, wenn ein Unternehmer im Zusammenhang mit dem Verkauf einer Ware oder Dienstleistung von dem Kunden dessen elektronische Postadresse erhalten hat und der Unternehmer die Adresse zur Direktwerbung für eigene ähnliche Waren oder Dienstleistungen verwendet (vgl. § 7 Abs. 3 UWG mit weiteren dort aufgeführten Anforderungen). Im Übrigen ist nach § 7 Abs. 2 Nr. 4 UWG eine per E-Mail, SMS, MMS oÄ versandte Werbung unzulässig, bei der die Identität des Absenders, in dessen Auftrag die Nachricht übermittelt wird, verschleiert oder verheimlicht wird oder bei der keine gültige Adresse vorhanden ist, an die der Empfänger eine Aufforderung zur Einstellung solcher Nachrichten richten kann. 49

11. Stets unzulässige geschäftliche Handlungen gemäß dem „Anhang" zu § 3 Abs. 3 UWG („Black List"). Das UWG 2008 hat die durch die UGP-RL vorgegebene „Black List" in einen Anhang des Gesetzes übernommen, in dem diejenigen irreführenden und aggressiven geschäftlichen Handlungen aufgeführt sind, die unter allen Umständen unlauter und stets unzulässig sind. Die Reihenfolge der aufgelisteten geschäftlichen Handlungen entspricht bis einschließlich Nr. 16 der Reihenfolge, in der die geschäftlichen Handlungen im Anhang I der Richtlinie aufgeführt sind. Der Tatbestand in Nr. 31 der Richtlinie ist in der deutschen „Schwarzen Liste" als Nr. 17 geführt, weil Gesetzgeber und Literatur in dem Verbot zunächst einen Irreführungstatbestand sahen.[130] Die Zählung der Tatbestände im deutschen Anhang ist deshalb ab Nr. 17 gegenüber der Richtlinie verschoben. Außerdem ist Nr. 26 des Anhangs I der UGP-RL (hartnäckiges und unerwünsch- 50

[128] BGH GRUR 2019, 750 Rn. 27 – Wifi-Spot.

[129] Das Erfordernis einer „ausdrücklichen" Einwilligung wurde durch das Gesetz zur Bekämpfung unlauterer Telefonwerbung vom 29.7.2009 BGBl. I S. 2413 ff. in § 7 Abs. 2 Nr. 2 UWG aufgenommen.

[130] Anders EuGH GRUR 2012, 1269 Rn. 38 ff. – Purely Creative, der das Verbot den aggressiven Geschäftspraktiken zuordnet, vgl. dazu auch *Köhler* GRUR 2012, 1211 ff. und *Scherer* WRP 2013, 143 ff.

tes Ansprechen über Telefon, Fax, E-Mail oder sonstige für den Fernabsatz geeignete Medien) nicht in der „Black List", sondern in § 7 Abs. 2 UWG umgesetzt. Im Zuge der UWG-Reform hat der Gesetzgeber lediglich die „Black-List"-Tatbestände der Nr. 13, 14 und 29 redaktionell überarbeitet, ansonsten aber keine Änderungen vorgenommen.

51 Die in der **„Black List"** aufgelisteten Einzeltatbestände gelten nur für geschäftliche Handlungen, die sich unmittelbar an Verbraucher richten. Nach Erwägungsgrund 17 der Richtlinie dient Anhang I dem Zweck, Verhaltensweisen, die unter allen Umständen als unlauter einzustufen sind, leichter identifizieren zu können, um auf diese Weise die Rechtssicherheit zu erhöhen. Es handelt sich dabei um **per se-Verbote ohne Relevanzprüfung,** so dass es nicht mehr auf eine Beurteilung des Einzelfalls ankommt (Verbote ohne Wertungsvorbehalt). Lediglich **beispielhaft** ist hier zu erwähnen, dass etwa

- nach Nr. 2 die nicht autorisierte Verwendung von Güte- und Qualitätszeichen unzulässig ist,
- nach Nr. 6 Lockangebote unzulässig sind, die darauf abzielen, andere als die beworbenen Waren oder Dienstleistungen abzusetzen,
- nach Nr. 7 unwahre Angaben unzulässig sind, wonach bestimmte Waren oder Dienstleistungen nur für einen begrenzten Zeitraum verfügbar seien, um den Verbraucher unter zeitlichen Druck zu setzen,
- nach Nr. 10 unzulässig ist, den unzutreffenden Eindruck hervorzurufen, gesetzlich bestehende Rechte stellten eine Besonderheit des Angebots dar,
- nach Nr. 11 als redaktionelle Informationen getarnte entgeltliche Verkaufsförderungsmaßnahmen unzulässig sind,[131]
- nach Nr. 15 unwahre Angaben über Geschäftsaufgaben oder Geschäftsraumverlegungen unzulässig sind,
- nach Nr. 16 die Angabe unzulässig ist, dass (zu ergänzen ist: der Kauf) eine(r) bestimmten Ware die Gewinnchancen bei einem Glücksspiel erhöhen würde,
- nach Nr. 28 die in eine Werbung einbezogene unmittelbare Aufforderung an Kinder, selbst die beworbene Ware zu erwerben oder ihre Eltern und/oder andere Erwachsene dazu zu veranlassen, untersagt ist.

52 Die **Tatbestände der „Black List"** sind von **unterschiedlichem Gewicht** und auch von **unterschiedlicher Streitrelevanz.** So erscheint das in Nr. 25 geregelte Verbot, nicht den Eindruck erwecken zu dürfen, dass der Verbraucher bestimmte Räumlichkeiten nicht ohne vorherigen Vertragsschluss verlassen kann, so evident und klar, dass hierüber eine gerichtliche Diskussion wohl kaum geführt zu werden braucht (was allerdings schon für die Beurteilung von „Bus-Kaffeefahrten" für Verbraucher, in deren Zusammenhang die Verbraucher auf die Nutzung des Busses angewiesen sind, nicht mehr selbstverständlich erscheint), während andere Verbote, wie etwa das Verbot redaktioneller Werbung in Nr. 11 oder das Verbot nach Nr. 28, unmittelbare Aufforderungen an Kinder zu richten, selbst die beworbenen Waren zu erwerben oder ihre Eltern oder andere Erwachsene dazu zu veranlassen, unschärfer und streitrelevanter erscheinen.

53 Die im Zuge des „New Deal for Consumers" erlassene Richtlinie 2019/2161 sieht die Einführung von insgesamt **vier neuen Black List Tatbeständen** vor (vgl. → Rn. 76).

54 **12. Verfahrensrechtliche Regelungen (§§ 8 ff. UWG).** Das durch die UWG Reformen 2008 und 2015 im wesentlichen unverändert gebliebene **Anspruchs- und Sanktionssystem** hat das „Gesetz zur Stärkung des fairen Wettbewerbs" nicht unerheblich geändert. Die Änderungen zielten insbesondere darauf ab, missbräuchliche Abmahnungen zu verhindern und eine missbräuchliche Anspruchsverfolgung einzudämmen. Dieses Regelungsziel hätte wohl einfacher durch den generellen Ausschluss einer Erstattung von Abmahnkosten für Mitbewerber erreicht werden können. Die nunmehr vorgesehenen

[131] Vgl. dazu auch das Vorabentscheidungsersuchen des BGH bezüglich des nach Nr. 11 erforderlichen „geldwerten Vorteils", BGH GRUR 2020, 997 – GRAZIA Style-Nights.

umfangreichen Regelungen zu Abmahnungen und Vertragsstrafen erschweren aber auch die berechtigte und im Sinne eines lauteren Wettbewerbs auch erwünschte Anspruchsverfolgung.

a) Lauterkeitsrechtliche Ansprüche. In § 8 Abs. 1 UWG sind der **Unterlassungsanspruch** als Anspruchsgrundlage geregelt und die materiellrechtlichen Erfordernisse einer Erstbegehungs- oder Wiederholungsgefahr ausdrücklich genannt. Zudem ist dort auch der schon bislang anerkannte **Beseitigungsanspruch** klarstellend erwähnt. Der in § 9 UWG geregelte **Schadensersatzanspruch** kann allein Mitbewerbern zustehen und ist bei vorsätzlicher oder fahrlässiger Handlung gegeben. Das **schadensersatzrechtliche Presseprivileg** gemäß § 9 S. 2 UWG erstreckt sich auf sämtliche Arten von Wettbewerbsverstößen und ist nicht mehr wie nach § 13 Abs. 6 Nr. 1 UWG aF auf Irreführungen beschränkt. Die **missbräuchliche Geltendmachung lauterkeitsrechtlicher Ansprüche** ist unzulässig (vgl. § 8 Abs. 4 UWG und § 13 Abs. 5 UWG aF). 55

b) Anspruchsberechtigung. Die lauterkeitsrechtliche **Anspruchsberechtigung** ist **abschließend in den §§ 8–10 UWG** geregelt; die frühere Anspruchsberechtigung des „unmittelbar Verletzten" auf der Grundlage der verletzten Norm besteht nicht mehr.[132] Aus dem Kreis der **„Mitbewerber"** sind nur diejenigen anspruchsberechtigt, die – entsprechend der Bestimmung des § 2 Abs. 1 Nr. 3 UWG – in einem **„konkreten Wettbewerbsverhältnis"** zu dem Verletzer stehen. Anspruchsberechtigt sind nach der ab dem 1. Dezember 2021 geltenden Neuregelung durch das Gesetz zur Stärkung des fairen Wettbewerbs allerdings nur noch solche Mitbewerber, die den Wettbewerbsbezug vermittelnde **Waren oder Dienstleistungen in nicht unerheblichem Maße und nicht nur gelegentlich vertreiben oder nachfragen.** Im übrigen sind zwar – wie bisher – rechtsfähige Verbände zur Förderung gewerblicher oder selbstständiger beruflicher Interessen klageberechtigt, allerdings nur noch insoweit, als sie in die Liste der qualifizierten Wettbewerbsverbände nach § 8a eingetragen sind, die ihrerseits erhebliche Anforderungen an die sachliche, personelle und finanzielle Ausgestaltung stellt und beispielsweise verlangt, dass der Verband mindestens 75 Unternehmer als Mitglieder hat, seit mindestens einem Jahr im Vereinsregister eingetragen ist und seinen Mitgliedern keine Zuwendungen aus dem Vereinsvermögen gewährt und auch sonst für den Verein tätigen Personen nicht durch unangemessen hohe Vergütungen oder andere Zuwendungen begünstigt. Ferner sind – wie bisher – Verbraucherschutzverbände iSd § 8 Abs. 3 Nr. 3[133], Industrie- und Handelskammern sowie Handwerkskammern (§ 8 Abs. 3 Nr. 4) anspruchsberechtigt. Die Regelungen des § 8 Abs. 3 Nr. 2 ist gemäß § 15a Abs. 1 nicht anzuwenden auf Verfahren, die am 1.9.2021 bereits rechtshängig sind, sodass den klagebefugten Verbänden noch eine Übergangsfrist zur Verfügung steht, um sich entsprechend den neuen gesetzlichen Anforderungen zu organisieren. 56

c) Verbot der missbräuchlichen Geltendmachung von Ansprüchen. Das Gesetz sieht nunmehr in § 8c ein detailreiches Verbot der missbräuchlichen Geltendmachung von Ansprüchen vor. Danach ist „im Zweifel" eine missbräuchliche Geltendmachung von lauterkeitsrechtlichen Ansprüchen anzunehmen, wenn die Geltendmachung der Ansprüche vorwiegend aus finanziellen Interessen erfolgt (§ 8c Abs. 2 Nr. 1), die Rechtsverfolgung außer Verhältnis zum Umfang der eigenen Geschäftstätigkeit steht oder wenn anzunehmen ist, dass der Mitbewerber das wirtschaftliche Risiko seiner Anspruchsverfolgung nicht selbst trägt (§ 8c Abs. 2 Nr. 2), der Gegenstandswert für eine Abmahnung unangemessen hoch angesetzt ist (§ 8c Abs. 2 Nr. 3), offensichtlich überhöhte Vertragsstrafen vereinbart oder gefordert werden (§ 8c Abs. 2 Nr. 4), eine vorgeschlagene Unterlassungsverpflichtung offensichtlich über die abgemahnte Rechtsverletzung hinausgeht (§ 8c Abs. 2 Nr. 5) oder 57

[132] Vgl. dazu unten § 2 Rn. 113 ff. *(Keller);* aM *Sack* WRP 2020, 675 ff.

[133] Vgl. insoweit auch die Richtlinie (EU) 2020/1828 über Verbandsklagen zum Schutz von Kollektivinteressen der Verbraucher und zur Aufhebung der Richtlinie 2009/22/EG.

mehrere Zuwiderhandlungen einzeln abgemahnt werden, obwohl sie hätten zusammen abgemahnt werden können (§ 8c Abs. 2 Nr. 6) oder wegen einer Zuwiderhandlung, für die mehrere zuwider Handlende verantwortlich sind, die Ansprüche grundlos nicht zusammen geltend gemacht werden (§ 8c Abs. 2 Nr. 7). Im Falle der missbräuchlichen Geltendmachung kann der Anspruchsgegner einen Ersatz der für seine Rechtsverteidigung erforderlichen Aufwendungen verlangen.

58 **d) Einstweiliger Rechtschutz, Veröffentlichungsbefugnis, Streitwertminderung.** Die neu gefasste Vorschrift des § 12 enthält als solche unverändert gebliebene Regelungen zum einstweiligen Rechtschutz und der Dringlichkeitsvermutung sowie zur Veröffentlichungsbefugnis und zur Streitwertminderung.

59 **e) Abmahnung und Unterlassungsverpflichtung.** Die durch das Gesetz zur Stärkung des fairen Wettbewerbs neugefasste Vorschrift des § 13 enthält zunächst in Abs. 1 eine **Abmahnungsobliegenheit,** die jedoch nach wie vor keine Prozessvoraussetzung darstellt, so dass eine Prozessführung ohne Abmahnung lediglich negative Kostenfolgen nach sich ziehen kann; es handelt sich somit der Sache nach um eine Kostenregelung. Die Vorschrift des § 13 Abs. 2 verlangt nunmehr, dass eine **Abmahnung bestimmten Mindesterfordernissen** zu genügen hat und „klar und verständlich" etwa den Namen oder die Firma des Abmahnenden (Nr. 1), die Voraussetzungen der Anspruchsberechtigung nach § 8 Abs. 3 Nr. 2, ob und in welcher Höhe ein Aufwendungsersatzanspruch geltend gemacht wird und wie er sich berechnet (Nr. 3) sowie die Rechtsverletzung unter Angabe der tatsächlichen Umstände (Nr. 4) anzugeben hat. Außerdem ist in den Fällen des § 13 Abs. 4, nach dem ein Abmahnkostenersatz ausgeschlossen ist, auch tatsächlich auf diesen Ausschluss des Aufwendungsersatzes hinzuweisen. In § 13 Abs. 3 ist weiterhin wie bislang vorgesehen, dass für eine berechtigte Abmahnung auch ein Ersatz der erforderlichen Aufwendungen verlangt werden kann. Allerdings ist nach § 13 Abs. 4 Abmahnkostenersatz bei Verletzungen im elektronischen Geschäftsverkehr oder in Telemedien, bei Verstößen gegen gesetzliche Informations- und Kennzeichnungspflichten sowie bei Verstößen gegen die DSGVO und das BDSG durch Unternehmen sowie gewerblich tätige Vereine, soweit sie in der Regel weniger als 350 Mitarbeiter beschäftigen, ausgeschlossen. In § 13 Abs. 5 ist ein Gegenanspruch des Abgemahnten bei unberechtigten Abmahnungen vorgesehen.

60 **f) Vertragsstrafe.** Die durch das Gesetz zur Stärkung des fairen Wettbewerbs neu eingefügte Regelung des § 13a sieht umfangreiche Regelungen zur Vertragsstrafe vor. Gemäß § 13a Abs. 1 sind bei der Festlegung einer angemessenen Vertragsstrafe Art, Ausmaß und die Folgen der Zuwiderhandlung (Nr. 1), die Schuldhaftigkeit der Zuwiderhandlung und die Schwere des Verschuldens (Nr. 2), die Größe, Marktstärke und Wettbewerbsfähigkeit des Abgemahnten (Nr. 3) sowie das wirtschaftliche Interesse des Abgemahnten an erfolgten und zukünftigen Verstößen (Nr. 4) zu berücksichtigen. Die Vereinbarung einer Vertragsstrafe ist für Mitbewerber bei einer erstmaligen Abmahnung bei Verstößen nach § 13 Abs. 4 (Verstöße gegen Informations- und Kennzeichenpflichten im elektronischen Geschäftsverkehr sowie DSGVO und BDSG) ausgeschlossen (§ 13a Abs. 2). Außerdem dürfen nach § 13a Abs. 3 Vertragsstrafen bei nur geringfügig beeinträchtigenden Zuwiderhandlungen einen Betrag von 1.000,00 EUR nicht überschreiten. In § 13a Abs. 4 ist ferner geregelt, dass lediglich eine **Vertragsstrafe in angemessener Höhe** geschuldet ist, wenn der Abgemahnte auf Verlangen des Abmahnenden eine unangemessen hohe Vertragsstrafe versprochen hat. Die §§ 13 und 13a Abs. 2 und 3 sind nicht anzuwenden auf Abmahnungen, die vor dem 2.12.2020 bereits zugegangen sind (§ 15a).

61 **g) § 14 Sachliche und örtliche Zuständigkeit.** Das „Gesetz zur Stärkung des fairen Wettbewerbs" hat die in § 14 geregelte sachlich und örtliche Zuständigkeit im wesentlichen beibehalten. Es war insbesondere umstritten, ob es bei dem in § 12 geregelten „fliegenden Gerichtsstand" für Mitbewerber bleiben kann. Der Gesetzesentwurf der Bundesregierung hatte noch vorgesehen, den fliegenden Gerichtsstand nur noch für den Fall aufrecht zu

erhalten, dass sich die geschäftliche Handlung an einen örtlich begrenzten Kreis von Marktteilnehmern wendet. Diesen Ansatz hat das spätere Gesetz zu Recht aufgegeben und den fliegenden Gerichtsstand grundsätzlich erhalten. Der fliegende Gerichtsstand des § 14 Abs. 2 S. 2 („… ist außerdem das Gericht zuständig, in dessen Bezirk die Zuwiderhandlung begangen wurde"), gilt nunmehr lediglich nicht mehr für Rechtsstreitigkeiten wegen Zuwiderhandlungen im elektronischen Geschäftsverkehr oder in Telemedien (§ 14 Abs. 2 S. 3).[134] Die nach § 8 Abs. 2 Nr. 2–4 klageberechtigten Verbände können den fliegenden Gerichtsstand nach wie vor nicht in Anspruch nehmen.

h) Gewinnabschöpfung. Der in § 10 UWG geregelte **Gewinnabschöpfungsanspruch** ist 2004 in das UWG eingefügt worden. Der Gewinnabschöpfungsanspruch soll dazu beitragen, dass sich „unlauterer Wettbewerb nicht lohnt" und zu Lasten einer Vielzahl von Abnehmern erzielte Gewinne, insbesondere auf Grund von „Streuschäden" im Bagatellbereich, die von den Betroffenen regelmäßig nicht geltend gemacht werden, von dem unlauter Handelnden nicht vereinnahmt bleiben dürfen. Der Anspruch ist lediglich bei einer **vorsätzlichen Zuwiderhandlung** in allen Fällen des unlauteren Wettbewerbs gegeben und setzt eine **Gewinnerzielung zu Lasten einer Vielzahl von Abnehmern** voraus. Nur die gem. § 8 Abs. 3 Nr. 2–4 UWG klageberechtigten Verbände können einen Anspruch auf Gewinnabschöpfung geltend machen, und dies auch nur zugunsten des Bundeshaushalts. Eine Gewinnabschöpfungsklage eines Verbraucherverbands, die von einem gewerblichen Prozessfinanzierer finanziert wird, dem im Fall des Obsiegens eine Vergütung in Form eines Anteils am abgeschöpften Gewinn zugesagt wird, widerspricht aber dem Zweck des § 10 UWG und ist unzulässig.[135] Ein Gewinnabschöpfungsanspruch ist insbesondere für besonders krasse Fälle unlauteren Wettbewerbs (Schwindelrechnungen, Mogelpackungen oÄ) gerechtfertigt. Die komplizierten Anrechnungsregelungen des § 10 Abs. 2–5 UWG mindern allerdings die Handhabbarkeit der Regelung.[136] Die Regelung hat in der Praxis keine hervorgehobene Bedeutung erlangt. 62

i) Strafrechtliche Regelungen. Das UWG enthält nach wie vor eine Vorschrift über die strafbare Werbung[137] (§ 16 UWG). 63

13. Geschäftsgeheimnisse. Am 5.7.2016 trat die Richtlinie (EU) 2016/943[138] in Kraft, die zu einer weitreichenden Vereinheitlichung des zivilrechtlichen Geheimnisschutzes führt, aber auch Auswirkungen auf den strafrechtlichen Schutz hat. Der Gesetzgeber hat zur Umsetzung der Richtlinie[139] den ursprünglich in §§ 17–19 UWG aF geregelten Schutz von Geschäfts- und Betriebsgeheimnissen aus dem UWG ausgelagert und neu in dem Gesetz zum Schutz von Geschäftsgeheimnissen (GeschGehG) umfassend geregelt.[140] Das GeschGehG ist seit dem 26.4.2019 in Kraft. Das GeschGehG hat das bisherige Recht zum Geschäftsgeheimnisschutz grundlegend geändert und eng an die Richtlinie ange- 64

[134] Vgl. dazu *Feddersen* WRP 2021, 713 ff.; *Motejl/Rosenow* WRP 2021, 699 ff.; *Rüther* WRP 2021, 726 ff.; LG Düsseldorf WRP 2021, 395; OLG Düsseldorf WRP 2021, 513.

[135] Vgl. BGH GRUR 2019, 850 – Prozessfinanzierer II; zuvor bereits BGH GRUR 2018, 1166 – Prozessfinanzierer.

[136] Ausführlich zum Gewinnabschöpfungsanspruch die Kommentierung des § 10 von *Goldmann.* Zur Kritik der GRUR an dem Gewinnabschöpfungsanspruch in der Fassung des Vorschlags von *Köhler/Bornkamm/Henning-Bodewig* GRUR 2003, 127 (131).

[137] Dazu *Alexander* WRP 2004, 407 ff.

[138] Richtlinie (EU) 2016/943 vom 8.6.2016 über den Schutz vertraulichen Know-hows und vertraulicher Geschäftsinformationen (Geschäftsgeheimnisse) vor rechtswidrigem Erwerb sowie vor rechtswidriger Nutzung und Offenlegung, ABl. 2016 L 157, S. 1.

[139] Die Richtlinie bezweckt die Harmonisierung des Geheimnisschutzrechts in der EU und ist teilweise zwingend, teilweise aber auch nur mindestharmonisierend.

[140] Aus der kaum noch überblickbaren Literatur zum GeschGehG: *Alexander,* Grundstrukturen des Schutzes von Geschäftsgeheimnissen durch das neue GeschGehG, WRP 2019, 673 ff.; *Kalbfus* WRP 2019, 692 ff.; *Thiel* WRP 2019, 700 ff.; *Ohly* GRUR 2019, 441 ff.; Harte-Bavendamm/Ohly/Kalbfus, GeschGehG 1. Aufl. 2020; Köhler/Bornkamm/Feddersen/*Alexander,* GeschGehG sowie Keller/Schönknecht/Glinke, GeschGehG, 1. Aufl. 2021.

lehnt.[141] Erstmalig ist das Geschäftsgeheimnis in § 2 Nr. 1 GeschGehG definiert. Neu sind auch die in §§ 3, 4 und 5 enthaltenen Erlaubnis- und Verbotstatbestände. Des Weiteren hat der Gesetzgeber erstmals Tatbestände wie das Reverse-Engineering (§ 3 Abs. 1 Nr. 2 GeschGehG) oder das Whistleblowing (§ 5 Nr. 2 GeschGehG) geregelt.[142] Abschnitt 3 regelt in den §§ 15–22 GeschGehG das Verfahren in Geschäftsgeheimnisstreitsachen. In § 23 GeschGehG ist nunmehr der strafrechtliche Schutz von Geschäftsgeheimnissen geregelt.

VI. Bedeutungszuwachs des sonstigen Unionsrechts

65 Die Bedeutung des Unionsrechts für das Lauterkeitsrecht hat auch über lauterkeitsbezogene Richtlinien hinaus, insbesondere die UGP-RL sowie die Richtlinie über irreführende und vergleichende Werbung, in den vergangenen Jahren in geradezu dramatischer Weise zugenommen.[143] Den Ausgangspunkt der Entwicklung bildete dabei das unionsrechtliche Primärrecht, insbesondere die **Warenverkehrs- und Dienstleistungsfreiheit gem. Art. 34, 56 AEUV (früher Art. 28, 49 EG-Vertrag)** in ihrer weiten Auslegung durch die Rechtsprechung des EuGH.[144] Die Rechtsprechung des EuGH unterzieht lauterkeitsrechtliche Verbote einer europarechtlichen Verhältnismäßigkeitsprüfung unter dem Blickwinkel der Binnenmarktfreiheit.[145]

66 Der schleichend zunehmende, oft gar nicht mehr richtig wahrgenommene Bedeutungszuwachs des Unionsrechts beruht insbesondere auf einer **Vielzahl von sektorspezifischen,** nicht in erster Linie das Lauterkeitsrecht betreffenden **Unionsrechtsakten,** die den Bereich des Wettbewerbsrechts nur „am Rande" berühren. Lauterkeitsrechtlich relevant sind beispielsweise insbesondere die Richtlinie 2010/13/EU über audiovisuelle Mediendienste,[146] die Datenschutzrichtlinie 2002/58/EG über elektronische Kommunikation,[147] die „E-Commerce-Richtlinie" vom 8.6.2000,[148] die Richtlinie über Unterlassungsklagen zum Schutz von Verbraucherinteressen,[149] die Richtlinie über die auch die Werbung für Humanarzneimittel einschließende Schaffung eines Gemeinschaftskodexes für Humanarzneimittel,[150] die Richtlinie über die Rechte der Verbraucher[151] sowie etwa die Verbrauchsgüterkauf-Richtlinie.[152] Die damit verbundene Unübersichtlichkeit erschwert nicht nur die Durchsetzbarkeit der Regelungen im Binnenmarkt, sondern auch

[141] Ein detaillierter Überblick zur Neuordnung des Geschäftsgeheimnisschutzes findet sich bei *Harte-Bavendamm*/Ohly/Kalbfus, GeschGehG, 1. Aufl. 2020, Einl. A Rn. 78 ff.; *Keller*/Schönknecht/Glinke, GeschGehG, 1. Aufl. 2021, Einl. Rn. 1 ff.

[142] Vgl. *Ohly* GRUR 2019, 441 ff.; *Kalbfus* WRP 2018, 692 ff.; *Dann/Markgraf* NJW 2019, 1774 (1776 f.).

[143] Umfassend zum europäischen und internationalen Lauterkeitsrecht *Glöckner* Einl. B und C.

[144] Hierzu umfassend *Glöckner* → Einl. Rn. 87 ff.

[145] Vgl. EuGH GRUR 2016, 1312 – Deutsche Parkinson Vereinigung/Zentrale; paradigmatisch: EuGH GRUR-Int 1995, 804 – Mars; EuGH GRUR-Int 1993, 951 – Nissan; EuGH GRUR-Int 1990, 955 – GB-Inno.

[146] RL 2009/22/EG über Unterlassungsklagen zum Schutz der Verbraucherinteressen ABl. 2009 L 110, S. 30, zuletzt geändert durch Art. 22 Abs. 2 Rili 2019/771/EU vom 22.5.2019, ABl. L 136, S. 28.

[147] RL 2002/58/EG 12.7.2002 über die Verarbeitung personenbezogener Daten und den Schutz der Privatsphäre in der elektronischen Kommunikation, ABl. L 201, S. 37, zuletzt geänd. durch Art. 2 ÄndRL 2009/136/EG v. 25.11.2009 (ABl. L 337, S. 11, ber. 2013 ABl. L 241, S. 9). Das UWG 2004 setzte Art. 13 dieser Richtlinie in § 7 UWG in nationales Recht um.

[148] RL 2000/31/EG vom 8.6.2000 über bestimmte rechtliche Aspekte der Dienste der Informationsgesellschaft, insbesondere des elektronischen Geschäftsverkehrs im Binnenmarkt, ABl. 2000 L 178, S. 1.

[149] RL 98/27/EG über Unterlassungsklagen zum Schutz von Verbraucherinteressen, ABl. 1998 L 166, S. 51, zuletzt geändert durch Art. 9 Abs. 1 RL 2009/22/EG vom 23.4.2009, ABl. L 110, S. 30.

[150] RL 2001/83/EG vom 6.11.2001 zur Schaffung eines Gemeinschaftskodexes für Humanarzneimittel, ABl. 2001 L 311, S. 67, zuletzt geändert durch Art. 1 ÄndRiLi 2012/26/EU vom 25.10.2012, ABl. L 299, S. 1.

[151] RL 2011/83/EU vom 25.10.2011 über die Rechte der Verbraucher, ABl. L 304, S. 64.

[152] RL 1999/44/EG zu bestimmten Aspekten des Verbrauchsgüterkaufs und der Garantien für Verbrauchsgüter, ABl. 1999 L 171, S. 12, geändert durch Art. 33 ÄndRiLi 2011/83/EU vom 25.10.2011, ABl. L 304, S. 64.

die Transparenz der Rechtslage für die marktbeteiligten Unternehmen und Verbraucher.[153]

VII. Bedeutungszuwachs des ausländischen Rechts

Ein Bedeutungszuwachs des ausländischen Rechts ergibt sich nicht allein dadurch, dass selbst kleinere Unternehmen heute regelmäßig auch geschäftliche Verbindungen ins Ausland und insbesondere in das Gebiet der EU unterhalten und dann den dort geltenden Regelungen unterliegen. Die verstärkte Bedeutung ausländischen Rechts folgt vielmehr in umgekehrter Richtung auch daraus, dass ausländische Unternehmen in bestimmten Konstellationen ihr heimisches Recht mit nach Deutschland importieren und auch hier nur dem Recht ihres Heimatlandes unterliegen. Angesprochen ist damit das **„Herkunftslandprinzip“,**[154] wie es bereits heute etwa – in Umsetzung von Art. 3 Abs. 1 E-Commerce-RL – innerhalb der EU gilt.[155] 67

Das Herkunftslandprinzip bringt es mit sich, dass sich bei **grenzüberschreitenden Sachverhalten** in der EU stets das (richtlinienkonforme) **mildere** Heimatrecht des Herkunftslandes gegenüber einem eventuell strengeren Recht des Empfangsstaates **durchsetzt.** Damit wird die Kenntnis des nationalen Wettbewerbsrechts der anderen Mitgliedstaaten unerlässlich.[156] Die Kenntnis des ausländischen Rechts und der ausländischen Rechtspraxis nimmt aber auch deshalb an Bedeutung zu, weil die Rechtspraxis in anderen Mitgliedstaaten Indizwirkung für eine bestimmte Auslegung harmonisierten Rechts haben kann, soweit noch keine EuGH-Rechtsprechung vorliegt. 68

VIII. Bedeutungszuwachs des Verfassungsrechts

Wettbewerbliches Handeln unterliegt, ebenso wie seine Regelung durch den Gesetzgeber und die Interpretation durch die Gerichte, dem übergeordneten Verfassungsrecht. Nachdem das deutsche Wettbewerbsrecht bereits wiederholt Gegenstand von Entscheidungen des **Europäischen Gerichtshofs für Menschenrechte** war, hat sich in jüngerer Zeit auch das **BVerfG** verstärkt mit dieser Materie befasst.[157] Die Entscheidungen des BVerfG haben bereits unter Geltung des alten UWG vor 2004 nachhaltig die wettbewerbsrechtliche Sicht von Tatbeständen wie die schockierende oder gefühlsbetonte Werbung beeinflusst. Das BVerfG hat insbesondere auch der bisherigen Praxis der ohne Anhörung des Gegners erlassenen Beschlußverfügung in lauterkeitsrechtlichen Eilsachen ein Ende bereitet.[158] Verstärkte Beachtung verdient auch die **EU-Grundrechtscharta.**[159] 69

[153] Zur Kritik der GRUR daran vgl. deren Stellungnahme zum Vorschlag für eine Verordnung über Verkaufsförderung in GRUR 2002, 410 ff.

[154] Vgl. dazu *Glöckner* → Einl. Rn. 525 ff.

[155] Das Hanseatische Oberlandesgericht hat in einem einstweiligen Verfügungsverfahren etwa niederländisches Wettbewerbsrecht angewendet, vgl. GRUR 2004, 880 f. und dazu *Henning-Bodewig* GRUR 2004, 822 ff. Zum Herkunftslandprinzip im Zusammenhang mit Gemeinschafts-Rechtsakten vgl. *Glöckner* Einl. Rn. 525 ff.

[156] Vgl. in diesem Kommentar die „Länderberichte“ zum Wettbewerbsrecht der Mitgliedstaaten, Einl. F.

[157] Vgl. etwa nur zur Bedeutung der Meinungsäußerungsfreiheit im Zusammenhang mit Äußerungen zu wirtschaftlichen Zwecken: BVerfG GRUR 2008, 81 ff. – Pharmakartell; vgl. auch BGH GRUR 2015, 694 Rn. 34 – Bezugsquelle für Bachblüten sowie etwa BVerfG GRUR 2019, 757 – Märchenbilder zur Einschränkung eine Unterlassungsanspruchs unter dem Blickwinkel der Kunstfreiheit.

[158] BVerfG GRUR 2020, 1119 ff.; BVerfG GRUR 2020, 1236 ff.; *Bornkamm* GRUR 2020, 715 ff.; *Tyra* WRP 2020, 1525 ff.; *Mantz* NJW 2020, 2007 ff.

[159] Dazu BGH GRUR 2019, 97 Rn. 30 – Apothekenmuster; BGH GRUR 2011, 631 Rn. 18 ff. – Unser wichtigstes Cigarettenpapier, und *B. Raue* GRUR-Int 2012, 402 ff.; vgl. dazu auch *Anna Große-Wentrup,* Die Europäische Grundrechtecharta im Spannungsfeld der Kompetenzverteilung zwischen Europäischer Union und Mitgliedstaaten, 2003.

IX. Neue Entwicklungen – EU-„New Deal for Consumers“ und RegE eines „Gesetzes zur Stärkung des Verbraucherschutzes im Wettbewerbs- und Gewerberecht“

70 **1. Allgemeines.** Das in den vergangenen Jahren durch mehrere Reformen geänderte Lauterkeitsrecht bleibt auch künftig in Bewegung. Es zeichnen sich nämlich sowohl auf nationaler als auch auf europäischer Ebene weitere Reformvorhaben ab. Erhebliche Änderungen des Lauterkeitsrechts haben sich durch das am 2.12.2020 in Kraft getretene „Gesetz zur Stärkung des fairen Wettbewerbs“ vom 26.11.2020[160] ergeben (vgl. dazu → Rn. 29 ff.). Schon in Kürze sind weitere erhebliche Änderungen des Lauterkeitsrechts durch das EU-Projekt „New Deal for Consumers“ und die im Rahmen dieses Projekts verabschiedete, bis zum 28.11.2021 in nationales Recht umzusetzende Richtlinie (EU) 2019/2161 vom 27.11.2019[161] zur besseren Durchsetzung und Modernisierung der Verbraucherschutzvorschriften der Union zu erwarten.

71 **2. EU-„New Deal for Consumers“.** Die Europäische Kommission hat im Rahmen ihres Projekts **„New Deal for Consumers“** ua[162] (Änderung von vier bestehenden EU-Richtlinien) die sogenannte „Omnibusrichtlinie“ 2019/2161 vom 27.11.2019[163] zur besseren Durchsetzung und Modernisierung der Verbraucherschutzvorschriften der Union erlassen.[164] Ein erheblicher Teil der Änderungen durch die „Omnibusrichtlinie“ betrifft – neben Änderungen der Klauselrichtlinie 93/13/EWG, der Grundpreisrichtlinie 98/6/EG sowie der Verbraucherrechterichtlinie 2011/83/EU – die UGP-Richtlinie 2005/29/EG. Das BMJV hat im November 2020 einen RefE eines „Gesetzes zur Stärkung des Verbraucherschutzes im Wettbewerbs- und Gewerberecht“ vorgelegt, mit dem die Vorgaben der RL 2019/2161 fast wortlautgetreu umgesetzt würden. Der Referentenentwurf ist mittlerweile durch den im Januar 2021 vorgelegten RegE eines „Gesetzes zur Stärkung des Verbraucherschutzes im Wettbewerbs- und Gewerberecht“ fortentwickelt worden.[165] Der RegE (hierzu im Einzelnen nachfolgend Rn. 76a und 76b) setzt die Vorgaben der nachfolgenden einzelnen erörterten Omnibusrichtlinie nahezu wortlautgetreu um.

72 **a) Erweiterung des Definitionenkatalogs.** Die RL 2019/2161 sieht zunächst mit Blick auf die zunehmende Digitalisierung eine **Ergänzung des Definitionenkatalogs** des Art. 2 der UGP-RL vor. Die Definition des „Produkts in Art. 2 lit. c UG-RL nF ist um eine Definition der digitalen Dienstleistung und digitalen Inhalte ergänzt. Danach sollen sowohl das „Ranking“ sowie der „Online-Marktplatz“ eine eigenständige Definition im Rahmen des bisherigen Katalogs erhalten. Beide neuen Definitionsnormen will der RegE eines „Gesetzes zur Stärkung des Verbraucherschutzes im Wettbewerbs- und Gewerberecht“ übernehmen.

[160] BGBl. 2020 I S. 2568 ff.; die Auswirkungen dieses Gesetzes sind in dieser 5. Auflage des Kommentars bereits berücksichtigt.

[161] RL (EU) 2019/2161 vom 27.11.2019 (ABl. L 328 S. 7); eingehend zur Genese der Richtlinie und zu deren wesentlichem Inhalt unten Einl. Rn. 193 ff. *(Glöckner)*.

[162] Daneben umfasst das Projekt die Richtlinie (EU) 2020/1828 über Verbandsklagen zum Schutz der Kollektivinteressen der Verbraucher und zur Aufhebung der Richtlinie 2009/22/EG (EU).

[163] Richtlinie (EU) 2019/2161 des Europäischen Parlaments und des Rates vom 27.11.2019 zur Änderung der Richtlinie 93/13/EWG des Rates und der Richtlinien 98/6/EG, 2005/29/EG und 2011/83/EU des Europäischen Parlaments und des Rates zur besseren Durchsetzung und Modernisierung der Verbraucherschutzvorschriften der Union, 18.12.2019, ABl. 328/7.

[164] Hierzu unten Einl. Rn. 193 ff. *(Glöckner)*; einen Überblick zu den geplanten Neuerungen bieten *Alexander* WRP 2019, 1235; *Augenhofer* EuZW 2019, 5; *Dröge* WRP 2019, 160 ff.; *Föhlisch* CR 2018, 583; zum Schadensersatzanspruch der Verbraucher im künfigen UWG vgl. *Köhler* WRP 2021, 129 ff und *Scherer* WRP 2021, 561 ff. sowie *Glöckner*, GRUR 2021, 919.

[165] Vgl. BT-Drucksache 19/27873 vom 24.3.2021. Zur Umsetzung gemäß BGBl. I S. 3504 s. u. Anhang „UWG 2022“, S. 3069 ff.

b) „Dual quality"-Vertrieb und neue Transparenzvorschriften beim Online-Marketing. Die RL 2019/2161 hat in die UGP-RL eine Irreführungs-Regelung zu einem **„Dual quality"-Vertrieb von Waren** in der EU eingefügt. Es ist danach unzulässig, eine Ware in einem EU-Mitgliedstaat als identisch mit einer in anderen Mitgliedsstaaten vertriebenen Ware zu vermarkten, obgleich sich diese Waren in ihrer Zusammensetzung oder in ihren Merkmalen wesentlich voneinander unterscheiden, sofern dies nicht durch legitime und objektive Faktoren gerechtfertigt ist. Der im Januar 2021 vorgelegte RegE eines Gesetzes zur Stärkung des Verbraucherschutzes im Wettbewerbs- und Gewerberecht sieht eine nahezu wortlautgetreue Übernahme dieser Regelung vor. Die Richtlinie enthält zudem eine Reihe von neuen, die Transparenz erhöhenden Vorschriften beim Online-Marketing (Art. 7 Abs. 4 und Abs. 6, black list). 73

c) Lauterkeitsrechtliche Rechtsbehelfe/Ansprüche für Verbraucher. Eine wichtige Neuerung ist die **Einführung von lauterkeitsrechtlichen Rechtsbehelfen für Verbraucher.** Danach müssen Verbraucher, die durch unlautere Geschäftspraktiken geschädigt wurden, einen Zugang zu angemessenen und wirksamen Rechtsbehelfen, einschließlich Ersatz des ihnen entstandenen Schadens sowie gegebenenfalls Preisminderung oder Beendigung des Vertrags haben. Die Mitgliedsstaaten können allerdings die Voraussetzung für die Anwendung und die Folgen der Rechtsbehelfe festlegen. Die neue Vorschrift des Art. 11a Abs. 1 ist bislang so verstanden worden, dass den Verbrauchern im UWG zumindest eine Schadensersatzberechtigung bei unlauterem Wettbewerb einzuräumen ist. Das erscheint allerdings nicht zwingend. Der im Januar 2021 vorgelegte RegE eines Gesetzes zur Stärkung des Verbraucherschutzes im Wettbewerbs- und Gewerberecht sieht in § 9 Abs. 2 einen Schadensersatzanspruch für durch unlautere Handlungen iSd § 3 geschädigte Verbraucher vor.[166] Die GRUR hat sich in ihrer Stellungnahme dafür eingesetzt, dass ein solcher Schadensersatzanspruch jedenfalls subsidiär zu den für Verbraucher zugänglichen vertraglichen Ansprüchen oder – weitergehend – subsidiär zu den gesamten für Verbraucher zugänglichen Ansprüchen ausgestaltet wird. Der lauterkeitsrechtliche Schadensersatzanspruch darf und sollte jedenfalls nicht das auch EU-rechtlich determinierte zivilrechtliche Anspruchssystem mit den dort vorgesehenen Anspruchsvoraussetzungen und Anspruchsfolgen überspielen.[167] 74

d) Neue Bußgeldsanktionen. Die RL 2019/2161 hat zudem die UGP-RL um einen ganzen Katalog von bei Sanktionen zu berücksichtigenden Kriterien ergänzt (Art. 13 Abs. 2) und zwingt darüber hinaus zur Einführung von Bußgeldtatbeständen mit empfindlichen Geldbußen zumindest bei unlauteren Handlungen mit grenzüberschreitender Wirkung (Art. 13 Abs. 3). Der RegE zur Stärkung des Verbraucherschutzes im Wettbewerbs- und Gewerberecht sieht auch insoweit eine den europarechtlichen Vorgaben folgende neue Bußgeldregelung in § 19 RefE vor. 75

e) Neue Black List Tatbestände. Die RL 2019/2161 sieht im übrigen die Einführung von **vier neuen Black List Tatbeständen** vor. Es handelt sich hierbei um einen neuen Black List-Tatbestand der intransparente, bezahlte Werbung oder spezielle Zahlungen nicht offenlegenden **„Anzeige von Suchergebnissen"** (Nr. 11a), eine Regelung zu dem **„Wiederverkauf von Eintrittskarten"** (Nr. 23a), zur **„Behauptung, dass Bewertungen eines Produkts von Verbrauchern stammen"** (Nr. 23b) sowie der **„Abgabe gefälschter Bewertungen oder Empfehlungen von Verbrauchern"** (Nr. 23c). Der im Januar 2021 vorgelegte RegE eines „Gesetzes zur Stärkung des Verbraucherschutzes im Wettbewerbs- und Gewerberecht" sieht die praktisch wortlautgetreue Übernahme dieser neuen Black List-Tatbestände vor. 76

---

[166] Vgl. zu diesem neuen Verbraucher-Schadensersatzanspruch s. u. S. 3110 ff. (*Goldmann*); *Köhler* WRP 2021, 129 ff.; *Alexander* WRP 2021, 136 ff.; *Scherer* WRP 2021, 561 ff.; *Maaßen* GRUR-Prax 2021, 7 ff.

[167] Vgl. dazu eingehend die Stellungahme der GRUR vom 7.12.2020, abgedruckt in GRUR 2021, 456 ff.

76a **3. RegE eines „Gesetzes zur Stärkung des Verbraucherschutzes im Wettbewerbs- und Gewerberecht".** Im Januar 2021 hat das BMJV einen RegE eines „Gesetzes zur Stärkung des Verbraucherschutzes im Wettbewerbs- und Gewerberecht" vorgelegt,[168] der im Wesentlichen dem RefE vom November 2020 folgt. Mit dem Gesetzentwurf soll der Schutz von Verbrauchern vor unlauteren Handlungen insbesondere im Kontext digitaler Geschäftsmodelle verbessert werden, was insbesondere durch Regelungen zur Verbesserung der Verbraucherinformation bei Rankings und Verbraucherbewertungen erreicht werden soll. Der RegE enthält Ergänzungen des „Definitionskatalogs" (um den „Online-Marktplatz" sowie das „Ranking") sowie eine Regelung zu einem „Dual quality"-Marketing von Waren in einen neuen § 5 Abs. 3 Nr. 2. Darüber hinaus strukturiert der RegE die Regelungen zur „Irreführung durch Unterlassen" und zu den „wesentlichen Informationen" in systematisch verbesserter Weise in § 5a und einem neuen § 5b. Der Gesetzentwurf enthält in einem neuen § 5a Abs. 4 auch eine als „Klarstellung" bezeichnete Abgrenzung von kommerzieller Kommunikation zu Meinungsäußerungen, die insbesondere für Influencer wichtig ist. Empfiehlt ein Influencer ein Produkt eines fremden Unternehmens, ohne dafür Geld oder eine ähnliche Gegenleistung zu erhalten, soll kein kommerzieller Zweck vorliegen. Dann müssen Influencer diese Empfehlung auch nicht als „kommerziell" kennzeichnen. Die Regelung soll auch für Influencer, die sich aus dem Ausland an deutsche Verbraucher richten, gelten. In einem neuen § 5c sieht der RegE eine Regelung zu den verbotenen Verletzungen von Verbraucherinteressen durch unlautere geschäftliche Handlungen vor. Eine einschneidende Änderung ergibt sicht durch den in § 9 Abs. 2 RegE UWG vorgesehenen Verbraucher-Schadenersatzanspruch. Die Regelung soll lauten:

„Wer vorsätzlich oder fahrlässig eine nach § 3 unzulässige geschäftliche Handlung vornimmt und hierdurch Verbraucher zu einer geschäftlichen Entscheidung veranlasst, die sie andernfalls nicht getroffen hätten, ist ihnen zum Ersatz des daraus entstehenden Schadens verpflichtet. Dies gilt nicht für unlautere geschäftliche Handlungen nach den §§ 3a, 4 und 6."

76b Darüber hinaus enthält der RegE in einem neuen § 19 einschneidende Bußgeldvorschriften bei einem weitverbreiteten Verstoß mit unionsweiter Dimension. Die GRUR hat zu dem RefE eingehend und in weiten Teilen auch kritisch Stellung genommen.[169] Einen ersten Überblick gibt auch *Alexander* in WRP 2021, 136 ff. („Überblick und Anmerkungen zum RefE eines Gesetzes zur Stärkung des Verbraucherschutzes im Wettbewerbs- und Gewerberecht"). Den Schadenersatzanspruch der Verbraucher in künftigen UWG beleuchten eingehend *Goldmann* (unten S. 3110 ff.), *Köhler* in WRP 2021, 129 ff. und *Scherer* in WRP 2021, 561 ff. sowie *Glöckner*, GRUR 2021, 919 ff. Das Gesetz wurde am 10.8.2021 verabschiedet und am 17.8.2021 verkündet (BGBl. I S. 3504). Kommentiert werden die Änderungen des UWG unten im Anhang „UWG 2020" (S. 3009 ff.).

---

[168] Vgl. BT-Drucksache 19/27873 vom 24.3.2021.
[169] GRUR 2021, 456.

B. Europäisches Lauterkeitsrecht

Übersicht

Schrifttum vor Einl B–E: *Ackermann,* Das Sprachenproblem im europäischen Primär- und Sekundärrecht und der Turmbau zu Babel, WRP 2000, 807; *Ahlfeld,* Zwingende Erfordernisse im Sinne der Cassis-Rechtsprechung des Europäischen Gerichtshofs zu Art. 30 EGV. Anwendungsbereiche – Einzelstaatliche Regelungsspielräume – Quellen, 1996; *Ahrens,* Das Herkunftslandprinzip in der E-Commerce-Richtlinie, CR 2000, 835; *Ahrens,* Verwirrtheiten juristischer Verkehrskreise zum Verbraucherleitbild einer „normativen Verkehrsauffassung“, WRP 2000, 812; *Albrecht,* Europäisches Werberecht und seine Auswirkungen auf das deutsche Wettbewerbsrecht, WRP 1997, 926; *Alexander,* Die „Schwarze Liste“ der UGP-Richtlinie und ihre Umsetzung in Deutschland und Österreich, GRUR Int. 2010, 1025; *Alexander,* Die „Aufforderung zum Kauf“ im Lauterkeitsrecht, WRP 2012, 125; *Alexander,* Anmerkungen zum Referentenentwurf eines Zweiten Gesetzes zur Änderung des UWG, WRP 2014, 1384; *Alexander,* Überblick und Anmerkungen zum Referentenentwurf eines Gesetzes zur Stärkung des Verbraucherschutzes im Wettbewerbs- und Gewerberecht, WRP 2021, 136; *Alio,* Die Neufassung der Brüssel I-Verordnung, NJW 2014, 2395; *Bakardjieva Engelbrekt,* Fair Trading Law in Flux?, 2003; *Bär,* Internationales Kartellrecht und unlauterer Wettbewerb, in: Beiträge zum neuen IPR des Sachen-, Schuld- und Gesellschaftsrechts. Festschrift für Prof. Rudolf Moser, 1987, S. 143; v. Bar, in: Internationales Verbraucherschutzrecht, Kolloquium zu Ehren von Fritz Reichert-Facilides, Anton Schnyder (Hrsg.), 1995, S. 75; *Basedow,* Der kollisionsrechtliche Gehalt der Produktfreiheiten im europäischen Binnenmarkt: favor offerentis, RabelsZ 59 (1995), 1; *Baudenbacher,* Suggestivwerbung und Lauterkeitsrecht, 1978; *Baudenbacher,* Probleme der Rechtsverfolgung im schweizerischen Recht des unlauteren Wettbewerbs, GRUR Int. 1980, 344; *Baudenbacher,* Die wettbewerbsrechtliche Beurteilung grenzüberschreitender Werbe- und Absatztätigkeit nach schweizerischem Recht, GRUR Int. 1988, 310; *Baudenbacher,* Erschöpfung der Immaterialgüterrechte in der EFTA und die Rechtslage in der EU, GRUR Int. 2000, 584, 593; *Beater,* Verbraucherschutz und Schutzzweckdenken im Wettbewerbsrecht, 2000; *Beater,* Zum Verhältnis von europäischem und nationalem Wettbewerbsrecht. Überlegungen am Beispiel des Schutzes vor irreführender Werbung und des Verbraucherbegriffs, GRUR Int. 2000, 963; *Beier,* Hundert Jahre Pariser Verbandsübereinkunft – Ihre Rolle in Vergangenheit, Gegenwart und Zukunft, GRUR Int. 1983, 339; *Berger,* Die EG-Verordnung über die Zusammenarbeit der Gerichte auf dem Gebiet der Beweisaufnahme in Zivil- und Handelssachen, IPRax 2001, 522; *Berlit,* Auswirkungen der Aufhebung des Rabattgesetzes und der Zugabenverordnung auf die Auslegung von § 1 UWG und § 3 UWG, WRP 2001, 349; *Bernhard,* Cassis de Dijon und Kollisionsrecht – am Beispiel des unlauteren Wettbewerbs, EuZW 1992, 437; *Bernhard,* Das Internationale Privatrecht des unlauteren Wettbewerbs in den Mitgliedstaaten der EG, 1994; *Beyerlein,* Ergänzender Leistungsschutz gemäß § 4 Nr. 9 UWG als „geistiges Eigentum“ nach der Enforcement-Richtlinie (2004/48/EG), WRP 2005, 1354; *Bischoff,* Besprechung des Gutachtens 1/2003 des EuGH vom 7.2.2006, EuZW 2006, 295; *Bleckmann,* Zur Problematik der Cassis de Dijon-Rechtsprechung des Europäischen Gerichtshofs, GRUR Int. 1986, 172; *Bodewig,* Elektronischer Geschäftsverkehr und Unlauterer Wettbewerb, GRUR Int. 2000, 475; *Böhler,* Wettbewerbsrechtliche Schranken für Werbemaßnahmen gegenüber Minderjährigen. Einfluss der UGP-RL auf die kinderschützenden Beispielstatbestände des § 4 UWG, WRP 2011, 1028; *Bornkamm,* Gerichtsstand und anwendbares Recht bei Kennzeichen- und Wettbewerbsverstößen im Internet, in: Neues Recht für neue Medien, Michael Bartsch, Bernd Lutterbeck (Hrsg.), 1998, S 99; *Bornkamm,* Entwicklung der Rechtsprechung im Wettbewerbsrecht – Vergleichende Werbung, in: Werbung und Werbeverbote im Lichte des europäischen Gemeinschaftsrechts, Jürgen Schwarze (Hrsg.), 1999 (zit.: Werbung und Werbeverbote), S. 134; *Bornkamm,* Wettbewerbs- und Kartellrechtsrechtsprechung zwischen nationalem und europäischem Recht, in: Festschrift aus Anlass des fünfzigjährigen Bestehens von Bundesgerichtshof, Bundesanwaltschaft und Rechtsanwaltschaft beim Bundesgerichtshof, Karlmann Geiß u. a. (Hrsg.), 2000, S. 343; *Bornkamm,* Markenrecht und wettbewerbsrechtlicher Kennzeichenschutz – Zur Vorrangthese der Rechtsprechung, GRUR 2005, 97; *Bornkamm,* Die Schnittstellen zwischen gewerblichem Rechtsschutz und UWG. Grenzen des lauterkeitsrechtlichen Verwechslungsschutzes, GRUR 2011, 1; *Brannekämper,* Wettbewerbsstreitigkeiten mit Auslandsbeziehung im Verfahren der einstweiligen Verfügung, WRP 1994, 661; *Brenn,* Der elektronische Geschäftsverkehr, ÖJZ 1999, 481; *Buchner,* Rom II und das Internationale Immaterialgüter- und Wettbewerbsrecht, GRUR Int. 2005, 1004; *Buchner/Rehberg,* Wann ist der Verbraucher ein „mündiger“ Verbraucher? Zur Diskussion um die Nutrition & Health Claims-Verordnung der EU, GRUR Int. 2007, 394; *Bücken,* Intertemporaler Anwendungsbereich der Rom II-VO, IPRax 2009, 125; *Burckhardt,* Die lauterkeitsrechtliche Beurteilung des modernen Direktmarketings, 2000; *Buschle,* Ende eines Missverständnisses – Kecks leiser Abgang (Konsumentenombudsmannen (KO) ./. Gourmet International Products AB (GIP), EuGH vom 8. März 2001, C-405/98), ELR 2001, 75; *Buschle,* Kommunikationsfreiheit in den Grundrechten und Grundfreiheiten des EG-Vertrages, 2004; *Castendyk,* Werbung nach der Fernsehrichtlinie, in: Werbung und Werbeverbote im Lichte des europäischen Gemeinschaftsrechts, Jürgen Schwarze (Hrsg.), 1999, S. 151; *Cottier/Wermelinger,* Implementing and Enforcing Corporate Social Responsibility: The Potential of Unfair Competition Rules in International Law, in: Corporate Social Responsibility, Reto Hilty/Frauke Henning-Bodewig (Hrsg.), 2014, S. 81; *Crabit,* La directive sur le commerce électronique. Le projet „Méditerranée", R. D. U. E. 2000, 749; *Damm,* Privatautonomie und Verbraucherschutz, VersR 1999, 129; *v. Danwitz,* Nährwert- und gesundheitsbezogene Angaben im Visier des Gesetzgebers, GRUR 2005, 896; *Danwitz,* Werbe- und Anreicherungsverbot – Stand und Perspektiven der Auseinandersetzung, ZLR 2005, 201; *Dauses,* Die Rechtsprechung des EuGH zum Verbraucherschutz und zur Werbefreiheit im Binnenmarkt, EuZW 1995, 425; *Dauses,* „... sed perseverare in errore ...", EuZW 2001, 577; *Dauses/Roth,* Neuere Entwicklungen in der Rechtsprechung des EuGH zur Warenverkehrsfreiheit in der EU, ZLR 1996, 507; *De Franceschi,* Unlautere Geschäftspraktiken und Luftbeförderungsverträge: Der Fall *Ryanair* und die Leitlinien der italienischen Rechtsprechung, euvr 2012, 41; *Dethloff,* Marketing im Internet und Internationales Wettbewerbsrecht, NJW 1998, 1596; *Dethloff,* Europäisches Kollisionsrecht des unlauteren Wettbewerbs, JZ 2000, 179; *Dethloff,* Europäisierung des Wettbewerbsrechts. Einfluss des europäischen Rechts auf das Sach- und Kollisionsrecht des unlauteren Wettbewerbs, 2001; *Deutsch,* Der Einfluss des europäischen Rechts auf den Irreführungstatbestand § 3 UWG – Gedanken zum Verbraucherleitbild und zur Relevanz bei Täuschungen, GRUR 1996, 541; *Drasch,* Das Herkunftslandprinzip im internationalen Privatrecht. Auswirkungen des europäischen Binnenmarktes auf Vertrags- und Wettbewerbsstatut, 1996; *Drexl,* Die wirtschaftliche Selbstbestimmung des Verbrauchers. Eine Studie zum Privat- und Wirtschaftsrecht unter Berücksichtigung gemeinschaftsrechtlicher Bezüge, 1998; *Drexl,* Die Einwirkung der Grundrechte auf die Auslegung der Generalklauseln des UWG, in: Neuordnung des Wettbewerbsrechts, 11. Ringberg-Symposium des Max-Planck-Instituts für ausländisches und internationales Patent-, Urheber- und Wettbewerbsrecht, 14. bis 18. Juni 1997, Schloss Ringberg, Tegernsee, Gerhard Schricker, Frauke Henning-Bodewig (Hrsg.), 1998/99, S. 163; *Drexl,* Community Legislation Continued: Complete Harmonisation, Framework Legislation or Non-Binding Measures – Alternative Approaches to European Contract Law, Consumer Protection and Unfair Trade Practices?, [2002] Eur. Bus. L. R. 557; *Dubs,* Das Lauterkeitsrecht nach schweizerischem Kollisionsrecht. Zugleich ein Beitrag zur Materialisierung des Internationalprivatrechts, 2000; *Dück,* Vergleichende Werbung mit geografischer Herkunft im internationalen Kontext – Warsteiner vs. Beck's/AB InBev, GRUR Int. 2016, 216; *Dutoit,* Convergences et divergences des droits nationaux de la concurrence déloyale dans la CEE, in: Un droit européen de la concurrence déloyale en formation? Actes du colloque de Lausanne, 1994, S. 97; *Ebenroth,* Neue Ansätze zur Warenverkehrsfreiheit im Binnenmarkt der Europäischen Union, in: Festschrift für Henning Piper, Willi Erdmann u. a. (Hrsg.), 1996, S. 133; *Ebenroth/Hübschle,* Gewerbliche Schutzrechte und Marktaufteilung im Binnenmarkt der Europäischen Union, 1994; *Ehricke,* Die richtlinienkonforme Auslegung nationalen Rechts vor Ende der Umsetzungsfrist einer Richtlinie, EuZW 1999, 553; *Ennuschat,* Europäischer Gerichtshof kippt Glücksspielmonopol! Oder doch nicht?, GewA 2010, 425; *Fassbender,* Zum Erfordernis einer richtlinienkonformen Auslegung des Begriffs der vergleichenden Werbung, EuZW 2005, 42; *Fezer,* Europäisierung des Wettbewerbsrechts. Gemeinschaftsrechtliche Grenzen im Recht des unlauteren Wettbewerbs – Kommentar zur jüngsten Entwicklung der Rechtsprechung des EuGH zum Warenverkehrsrecht (Rechtssachen „Yves Rocher", „Keck und Mithouard" und „Hünermund"), JZ 1994, 317; *Fezer,* Das wettbewerbsrechtliche Irreführungsverbot als ein normatives Modell des verständigen Verbrauchers im Europäischen Unionsrecht. Zugleich eine Besprechung der Entscheidung „Mars" des EuGH vom 6. Juli 1995 – Rechtssache C 470/93, WRP 1995, 671; *Fezer,* Modernisierung des deutschen Rechts gegen den unlauteren Wettbewerb auf der Grundlage einer Europäisierung des Wettbewerbsrechts, WRP 2001, 989; *Fezer,* Entwicklungslinien und Prinzipien des Markenrechts in Europa, GRUR 2003, 457; *Fezer,* Objektive Theorie der Lauterkeit im Wettbewerb in: Perspektiven des geistigen Eigentums und des Wettbewerbsrechts: Festschrift für Gerhard Schricker zum 70. Geburtstag, Ansgar Ohly (Hrsg.), 2005, S. 671; *Fezer,* Imitationsmarketing – Die irreführende Produktvermarktung im Sinne der europäischen Lauterkeitsrichtlinie (Art. 6 Abs. 2 lit. a RL), MarkenR 2006, 511; *Fezer,* Plädoyer für eine offensive Umsetzung der Richtlinie über unlautere Geschäftspraktiken in das deutsche UWG, WRP 2006, 781; *Fezer,* Das Informationsgebot der Lauterkeitsrichtlinie als subjektives Verbraucherrecht, WRP 2007, 1021; *Fezer,* Normenkonkurrenz zwischen Kennzeichenrecht und Lauterkeitsrecht, WRP 2008, 1; *Fezer/Koos,* Das gemeinschaftsrechtliche Herkunftslandprinzip und die e-commerce-Richtlinie. Zur dringenden Notwendigkeit einer Harmonisierung des Wettbewerbsrechts in den Mitgliedstaaten der Europäischen Union als einer gemeinschaftsrechtlichen Aufgabe, IPRax 2000, 349; *Fleischer,* Vertragsschlussbezogene Informationspflichten im Gemeinschaftsprivatrecht, ZEuP 2000, 772; *Flessner,* Fakultatives Kollisionsrecht, RabelsZ 34 (1970), 547; *Franzen,* Privatrechtsangleichung durch die Europäische Gemeinschaft, 1999; *Fritzsche,* Überlegungen zum Referentenentwurf eines Zweiten Gesetzes zur Änderung des UWG, WRP 2014, 1392; *Gärtner,* Zum Richtlinienentwurf über den Schutz von Geschäftsgeheimnissen, NZG 2014, 650; *Gamerith,* Neue Herausforderungen für ein europäisches Lauterkeitsrecht. Studie für den Arbeitskreis „UWG" des Bundesministeriums für Wirtschaft und Arbeit, WRP 2003, 143; *Gamerith,* Der Richtlinienvorschlag über unlautere Geschäftspraktiken – Möglichkeiten einer harmonischen Umsetzung. Studie für den Arbeitskreis „UWG" des Bundesministeriums für Wirtschaft und Arbeit, WRP 2005, 391; *v. Gamm,* Vorschlag der EG-Kommission für eine Richtlinie des Rates über vergleichende Werbung und zur Änderung der Richtlinie 84/450/EWG über irreführende Werbung, ABlEG Nr. L 250 v. 19.9.1984, S. 17, WRP 1992, 143; *Gaugenrieder,* Einheitliche Grundlage für den Schutz von Geschäftsgeheimnissen in Europa – Zukunftstraum oder Alptraum, BB 2014, 1987; *Geimer,* Salut für die Verordnung (EG) Nr. 44/2001 (Brüssel I-VO), IPRax 2002, 69; *Glöckner,* Lauterkeitsrechtliche Behandlung des Telemarketing – Zur verbraucherschützenden Wirkweise des UWG, JKR 1998, 49; *Glöckner,* „Cold Calling" und europäische Richtlinie zum Fernabsatz – ein trojanisches Pferd im deutschen Lauterkeitsrecht, GRUR Int. 2000, 29; *Glöckner,* Grundverkehrsbeschränkungen und Europarecht. Zugleich ein Beitrag zum Anwendungsbereich der Kapitalverkehrsfreiheit, EuR 2000, 592; *Glöckner,* Wettbewerbsverstöße im Internet – Grenzen einer kollisionsrechtlichen Problemlösung, ZVglRWiss 99 (2000), 278; *Glöckner,* Äquivalenzbehauptungen in der Werbung nach europäischem Marken- und Lauterkeitsrecht, ELR 2001, 344; *Glöckner,* Think Big!, ELR 2002, 42; *Glöckner,* Neueste Entwicklungen im internationalen und europäischen Lauterkeitsrecht, in: Neueste Entwicklungen im europäischen und internationalen Immaterialgüterrecht. Fünftes St.Galler Internationales Immaterialgüterrechtsforum 2001 (IIF 2001), Carl Baudenbacher/Jürg Simon (Hrsg.), 2002, S. 239; *Glöckner,* Europäische Harmonisierung des Fernabsatzes an Verbraucher – abgeschlossen, aber nicht vollständig!, ELR 2003, 26; *Glöckner,* Schutz bekannter Marken gegen Rufausbeutung nach Europäischem Markenrecht (EuGH v. 9. Januar 2003, Rs. C-292/00 – Davidoff), ELR 2003, 161; *Glöckner,* Aktuelle Entwicklungen in der europäischen Gesetzgebung auf dem Gebiet des Lauterkeitsrechts, in: Neueste Entwicklungen im europäischen und internationalen Immaterialgüterrecht. 7. St. Galler Internationales Immaterialgüterrechtsforum 2003 (IIF 2003), Carl Baudenbacher/Jürg Simon (Hrsg.), 2004, S. 227; *Glöckner,* Beschreibende Angaben, markenmäßiger Gebrauch und die Unterordnung des Markenrechts unter ein Europäisches Lauterkeitsrecht, ELR 2004, 21; *Glöckner,* Richtlinienvorschlag über unlautere Geschäftspraktiken, deutsches UWG oder die schwierige Umsetzung von europarechtlichen Generalklauseln, WRP 2004, 936; *Glöckner,* Ist die Union reif für die Kontrolle an der Quelle?, WRP 2005, 795; *Glöckner,* Europäisches Lauterkeitsrecht, 2006; *Glöckner,* Zweckmehrheit im System des Europäischen Wettbewerbsschutzes, in: Grosch/Illman (Hrsg.), Gewerbliche Schutzrechte und ihre Durchsetzung – Festschrift für Tilman Schilling, 2007, S. 165; *Glöckner,* Der Schutz von Verwechslungsgefahr im Spannungsfeld von Kennzeichenrecht und verbraucherschützendem Lauterkeitsrecht, in: Geistiges Eigentum und Gemeinfreiheit, Ansgar Ohly, Diethelm Klippel (Hrsg.), 2007, S. 145; *Glöckner,* Keine klare Sache: der zeitliche Anwendungsbereich der Rom-II-Verordnung, IPRax 2009, 121; *Glöckner,* Der gegenständliche Anwendungsbereich des Lauterkeitsrechts nach der UWG-Novelle 2008 – ein Paradigmenwechsel mit Folgen, WRP 2009, 1175; *Glöckner,* The Scope of Application of the UCP Directive – I Know What You Did Last Summer, IIC 2010, 570; *Glöckner,* Der grenzüberschreitende Lauterkeitsprozess nach BGH vom 11.2.2010 – Ausschreibung in Bulgarien. Klärende Worte des Bundesgerichtshofs zum Ort der Beeinträchtigung der wirtschaftlichen Interessen und offene Fragen, WRP 2011, 137; *Glöckner,* The Regulatory Framework for Comparative Advertising in Europe – Time for a New Round of Harmonization, IIC 2012, 35; *Glöckner,* Über die Schwierigkeit, Proteus zu beschreiben – die Umsetzung der Richtlinie über unlautere Geschäftspraktiken in Deutschland, GRUR 2013, 224; *Glöckner,* Rechtsbruchtatbestand oder … The Saga Continues!, GRUR 2013, 568; *Glöckner,* UWG-Novelle mit Konzept und Konsequenz, WRP 2014, 1399; *Glöckner,* Good News from Luxembourg? Die Anwendung des Lauterkeitsrechts auf Verhalten zur Förderung eines fremden Unternehmens nach EuGH – RLvS Verlagsgesellschaft mbH, in: Festschrift für Helmut Köhler zum 70. Geburtstag, Alexander u. a. (Hrsg.), 2014, S. 159; *Glöckner,* Das Recht, die Verfügungsbefugnis und die Verhinderungsmacht am Beispiel des Verhältnisses zwischen Marken- und Lauterkeitsrecht, in: Marktkommunikation zwischen Geistigem Eigentum und Verbraucherschutz. Festschrift für Karl-Heinz Fezer zum 70. Geburtstag, Wolfgang Büscher u. a. (Hrsg.), 2016, S. 167; *Glöckner,* Die Rolle des Staates als enforcer im Wirtschaftsrecht, WuW 2019, 546; *Glöckner/Henning-Bodewig,* EG-Richtlinie über unlautere Geschäftspraktiken – Was wird aus dem „neuen" UWG?, WRP 2005, 1311; *Glöckner/Kur,* Wettbewerbshandlungen im Internet, GRUR 2014 Beil. Apr., 29; *Göhre,* Frischer Wind aus Brüssel? Der Vorschlag der Europäischen Kommission für eine Verordnung über Verkaufsförderung im Binnenmarkt und das Grünbuch der Europäischen Kommission zum Verbraucherschutz in der Europäischen Union, WRP 2002, 36; *Grandpierre,* Herkunftsprinzip kontra Marktortanknüpfung. Auswirkungen des Gemeinschaftsrechts auf die Kollisionsregeln im Wettbewerbsrecht, 1999; *Grünwald,* Das Verbot der irreführenden Werbung – ein Handelshemmnis?, 2000; GRUR, Deutsche Vereinigung für Gewerblichen Rechtsschutz und Urheberrecht e. V., Stellungnahme zum „Grünbuch über Verbraucherschutz in der Europäischen Union", GRUR 2002, 408 (zit.: GRUR Stellungnahme Grünbuch Verbraucherschutz); GRUR, Deutsche Vereinigung für Gewerblichen Rechtsschutz und Urheberrecht e. V., Stellungnahme zum Vorschlag für eine Verordnung über „Verkaufsförderung im Binnenmarkt", GRUR 2002, 410 (zit.: GRUR Stellungnahme Verkaufsförderungs-VO); *Günther,* Erwünschte Regelung unerwünschter Werbung? Zur Auslegung von Artikel 10 der Fernabsatzrichtlinie 97/7/EG, CR 1999, 172; *Halfmeier,* Vom Cassislikör zur E-Commerce-Richtlinie: Auf dem Weg zu einem europäischen Mediendeliktsrecht, ZEuP 2001, 837; *Handig,* Neues im Internationalen Wettbewerbsrecht – Auswirkungen der Rom II-Verordnung, GRUR Int 2008, 24; *Hecker,* Die Richtlinie über unlautere Geschäftspraktiken – Einige Gedanken zu den „aggressiven Geschäftspraktiken" – Umsetzung ins deutsche Recht, WRP 2006, 640; *v. Hein,* Die Kodifikation des europäischen IPR der außervertraglichen Schuldverhältnisse vor dem Abschluss?, VersR 2007, 440; *Heermann,* Auswirkungen der Europäischen Rechtsentwicklung auf das deutsche Wettbewerbsrecht oder Wohin steuert das deutsche Werberecht nach der Entscheidung des EuGH vom 7.3.1990 in Sachen „GB-INNO-BM ./. Confédération du commerce Luxembourgeois"?, WRP 1993, 578; *Heermann,* Das deutsche Wettbewerbsrecht und die „Keck"-Rechtsprechung des EuGH. Missverständnisse und Argumentationsdefizite rund um den Begriff der „Verkaufsmodalitäten", WRP 1999, 381; *Heermann,* Aktuelle Anwendungsfragen und -probleme zu § 4 Nr. 4 UWG, WRP 2011, 688; *Heermann,* Richtlinienkonforme Auslegung und Anwendung von § 4 Nr. 2 UWG, GRUR 2011, 781; *Heerstraßen,* Die künftige Rolle von Präjudizien im Verfahren des Luganer Übereinkommens, RIW 1993, 179; *Heiderhoff,* Eine europäische Kollisionsregel für Pressedelikte, EuZW 2007, 428; *Heinemann,* Immaterialgüterschutz in der Wettbewerbsordnung. Eine grundlagenorientierte Untersuchung zum Kartellrecht des geistigen Eigentums, 2002; *Heinze,* Der europäische Deliktsgerichtsstand bei Lauterkeitsverstößen, IPRax 2009, 231; *Henning-Bodewig,* Das Grünbuch der EU-Kommission über die „Kommerziellen Kommunikationen", GRUR Int. 1997, 515; *Henning-Bodewig,* Der internationale Schutz gegen unlauteren Wettbewerb, in: Neuordnung des Wettbewerbsrechts, 11. Ringberg-Symposium des Max-Planck-Instituts für ausländisches und internationales Patent-, Urheber- und Wettbewerbsrecht, 14. bis 18. Juni 1997, Schloss Ringberg, Tegernsee, Gerhard Schricker, Frauke Henning-Bodewig (Hrsg.), 1998/99, S. 21; *Henning-Bodewig,* Werbung nach der Fernsehrichtlinie, in: Werbung und Werbeverbote im Lichte des europäischen Gemeinschaftsrechts, Jürgen Schwarze (Hrsg.), 1999, S. 170; *Henning-Bodewig,* Das Folgedokument zum Grünbuch über die kommerziellen Kommunikationen im Binnenmarkt: Ein neuer Ansatz der Kommission?, GRUR Int. 1999, 233; *Henning-Bodewig,* International Protection Against Unfair Competition – Art. 10bis Paris Convention, TRIPS and WIPO Model Provisions, 30 IIC 166 (1999); *Henning-Bodewig,* E-Commerce und irreführende Werbung. Auswirkungen des Herkunftslandprinzips auf das europäische und deutsche Irreführungsrecht, WRP 2001, 771; *Henning-Bodewig,* Das Europäische Wettbewerbsrecht: Eine Zwischenbilanz, GRUR Int. 2002, 389; *Henning-Bodewig,* Das Europäische Lauterkeitsrecht: B2C, B2B oder doch beides?, in: Festschrift für Winfried Tilmann. Zum 65. Geburtstag, Erhard Keller u. a. (Hrsg.), 2003, S. 149; *Henning-Bodewig,* Richtlinienvorschlag über unlautere Geschäftspraktiken und UWG-Reform, GRUR Int. 2004, 183; *Henning-Bodewig,* Die Richtlinie 2005/29/EG über unlautere Geschäftspraktiken, GRUR Int. 2005, 629; *Henning-Bodewig,* Neuorientierung von § 4 Nr. 1 und 2 UWG?, WRP 2006, 621; *Henning-Bodewig,* International Unfair Competition Law, in: Law Against Unfair Competition. Towards a New Paradigm in Europe?, Hilty/Henning-Bodewig (Hrsg.), 2007, S. 53; *Henning-Bodewig,* Nationale Eigenständigkeit und europäische Vorgaben im Lauterkeitsrecht, GRUR Int. 2010, 549; *Henning-Bodewig,* Der Schutzzweck des UWG und die Richtlinie über unlautere Geschäftspraktiken, GRUR 2013, 238; *Henning-Bodewig,* Internationale Standards gegen unlauteren Wettbewerb, GRUR Int. 2013, 1; *Henning-Bodewig,* § 2 International Protection against Unfair Competition, in: International Handbook on Unfair Competition, Frauke Henning-Bodewig (Hrsg.), 2013; *Henning-Bodewig,* „Unlautere" Geschäftspraktiken und der Bezug zu Art. 10bis PVÜ – Warum „unseriöse" Geschäftspraktiken keinen Sinn ergibt, GRUR Int. 2014, 997; *Henning-Bodewig,* TRIPS and Corporate Social Responsibility: Unethical Equals Unfair Business Practices?, in: TRIPS plus 20. From Trade Rules to Market Principles, Hanns Ullrich/Reto Hilty/Matthias Lamping/Josef Drexl (Hrsg.), 2016, S. 701; *Henning-Bodewig/Kur,* Marke und Verbraucher, Band II, 1988/89; *Henning-Bodewig/Schricker,* Stellungnahme des Max-Planck-Instituts für ausländisches und internationales Patent-, Urheber- und Wettbewerbsrecht zum Grünbuch zum Verbraucherschutz in der EU, KOM (2002) 531 endg., GRUR Int. 2002, 319; *Heyers,* Wettbewerblicher Schutz gegen das Einschieben in fremde Serien – Zugleich ein Beitrag zu Rang und Bedeutung wettbewerblicher Nachahmungsfreiheit nach der UWG-Novelle, GRUR 2006, 23; *Höder,* Die kollisionsrechtliche Behandlung unteilbarer Multistate-Verstöße, 2002; *Hödl,* Die Beurteilung von verkaufsbehindernden Maßnahmen im Europäischen Binnenmarkt. Neue Interpretationsansätze zu Art. 30 EGV auf der Grundlage der Keck-Entscheidung, 1997; *Höpperger/Senftleben,* Protection Against Unfair Competition at the International Level, in: Law Against Unfair Competition. Towards a New Paradigm in Europe?, Reto Hilty/Frauke Henning-Bodewig (Hrsg.), 2007, S. 61; *Hoeren,* Cybermanners und Wettbewerbsrecht – Einige Überlegungen zum Lauterkeitsrecht im Internet, WRP 1997, 993; *Hoeren,* Vorschlag für eine EU-Richtlinie über E-Commerce. Eine erste kritische Analyse, MMR 1999, 192; *Hösch,* Der Einfluss der Freiheit des Warenverkehrs (Art. 30 EWGV) auf das Recht des unlauteren Wettbewerbs, 1994; *Holznagel/Holznagel,* Zukunft der Haftungsregeln für Internet-Provider. Zugleich: Eine Kritik des Electronic Commerce-Richtlinienentwurfs vom 18.11.1998, K&R 1999, 103; *Huber/Bach,* Die Rom II-VO Kommissionsentwurf und aktuelle Entwicklungen, IPRax 2005, 73; *Hucke,* Erforderlichkeit einer Harmonisierung des Wettbewerbsrechts in Europa, 2001; *Hüttebräuker,* Vorschlag für eine EU-Verordnung über nährwert- und gesundheitsbezogene Angaben in Bezug auf Lebensmittel – eine kritische Bestandsaufnahme, WRP 2004, 188; *Jakob,* Wem gehört „Havana Club"? – Stationen eines hochprozentigen Handelskriegs, GRUR Int. 2002, 406; *Jametti Greiner,* Überblick zum Lugano-Übereinkommen über die gerichtliche Zuständigkeit und die Vollstreckung gerichtlicher Entscheidungen in Zivil- und Handelssachen, ZBJV 128 (1992), 42; *Jayme/Kohler,* Europäisches Kollisionsrecht 1997 – Vergemeinschaftung durch „Säulenwechsel"?, IPRax 1997, 385; *Jestaedt/Kästle,* Kehrtwende oder Rückbesinnung in der Anwendung von Art. 30 EGV: Das Keck-Urteil, EWS 1994, 26; *Joerges,* Die klassische Konzeption des Internationalen Privatrechts und das Recht des unlauteren Wettbewerbs, RabelsZ 36 (1972), 421; *John,* Das rundfunkrechtliche Trennungsgebot im Lauterkeitsrecht unter Geltung der UGP-Richtlinie, WRP 2011, 1357; *Joliet,* Das Recht des unlauteren Wettbewerbs und der freie Warenverkehr. Die Rechtsprechung des Europäischen Gerichtshofs, GRUR Int. 1994, 1; *Joliet,* Der freie Warenverkehr: Das Urteil Keck und Mithouard und die Neuorientierung der Rechtsprechung, GRUR Int. 1994, 979; *Joliet,* Droit de la concurrence déloyale et libre circulation des marchandises. La jurisprudence de la Cour de Justice des Communautés Européennes, in: Un droit européen de la concurrence déloyale en formation. Actes du colloque de Lausanne, 1994, S. 29; *Jung,* Die Health Claims Verordnung – Neue Grenzen gesundheitsbezogener Werbung für Lebensmittel, WRP 2007, 389; *Keilholz,* § 3 UWG und der mündige Bürger, in: Ein Richter, ein Bürger, ein Christ –

Festschrift für Helmut Simon, Willy Brandt u. a. (Hrsg.), 1987, S. 681; *Keilholz,* Die misslungene Harmonisierung des Verbots der irreführenden Werbung in der EG und ihre Konsequenzen für die deutsche Rechtsprechung, GRUR Int. 1987, 390; *Keßler,* Die umweltbezogene Aussage in der Produktwerbung – dogmatische und wettbewerbstheoretische Aspekte des Irreführungsverbots, WRP 1988, 714; *Keßler,* Wettbewerbstheoretische Aspekte des Irreführungsverbots – eine ökonomische und dogmengeschichtliche Analyse, WRP 1990, 73; *Keßler,* Wettbewerbsrechtliches Irreführungsverbot und Verbraucherinformation – erste Anmerkung zur „Yves Rocher"-Entscheidung des EuGH, WRP 1993, 571; *Keßler,* Lauterkeitsschutz und Wettbewerbsordnung – zur Umsetzung der Richtlinie 2005/29/EG über unlautere Geschäftspraktiken in Deutschland und Österreich, WRP 2007, 714; *Keßler/Micklitz,* Der Richtlinienvorschlag über unlautere Praktiken im binnenmarktinternen Geschäftsverkehr, BB 2003, 2073; *Keßler/Micklitz,* Die Richtlinie 2005/29/EG über unlautere Geschäftspraktiken im binnenmarktinternen Geschäftsverkehr zwischen Unternehmern und Verbrauchern, BB Beil. 2005 Nr. 1, 1; *Kisseler,* Das deutsche Wettbewerbsrecht im Binnenmarkt, WRP 1994, 1; *Klauer,* Die Europäisierung des Privatrechts – Der EuGH als Zivilrichter, 1997; *Koch,* Internationale Gerichtszuständigkeit und Internet, CR 1999, 121; *Kocher,* Ungenügende Harmonisierung im Bereich der irreführenden Werbung am Beispiel der finnischen Rechtsprechung über Tiefstpreisgarantien, GRUR Int. 2002, 707; *Kohlegger,* Ein Vergleich zwischen EuGVÜ und LGVÜ, ÖJZ 1999, 41; *Kohler,* Integration und Auslegung – Zur Doppelfunktion des Europäischen Gerichtshofs, in: Ein internationales Zivilverfahrensrecht für Gesamteuropa. EuGVÜ, Lugano-Übereinkommen und die Rechtsentwicklungen in Mittel- und Osteuropa, Erik Jayme (Hrsg.), 1992, S 11; *Köhler,* Die „Bagatellklausel" in § 3 UWG, GRUR 2005, 1; *Köhler,* Was ist „vergleichende Werbung"?, GRUR 2005, 273; *Köhler,* Zur Umsetzung der Richtlinie über unlautere Geschäftspraktiken, GRUR 2005, 793; *Köhler,* „Wettbewerbshandlung" und „Geschäftspraktiken". Zur richtlinienkonformen Auslegung des Begriffs der Wettbewerbshandlung und seiner Definition im künftigen UWG, WRP 2007, 1393; *Köhler,* Zur richtlinienkonformen Auslegung und Neuregelung der „Bagatellklausel" in § 3 UWG, WRP 2008, 10; *Köhler,* Gesundheitsversprechen in der Lebensmittelwerbung: Die wettbewerbliche Sicht, ZLR 2008, 135; *Köhler,* Das Verhältnis des Wettbewerbsrechts zum Recht des geistigen Eigentums – Zur Notwendigkeit einer Neubestimmung auf Grund der Richtlinie über unlautere Geschäftspraktiken, GRUR 2007, 548; *Köhler,* Unbestellte Waren und Dienstleistungen – neue Normen, neue Fragen, GRUR 2012, 217; *Köhler,* Die Umsetzung der Richtlinie über unlautere Geschäftspraktiken in Deutschland – eine kritische Analyse, GRUR 2012, 1073; *Köhler,* „Fachliche Sorgfalt" – Der weiße Fleck auf der Landkarte des UWG, WRP 2012, 22; *Köhler,* Richtlinienkonforme Gesetzgebung statt richtlinienkonformer Auslegung: Plädoyer für eine weitere UWG-Novelle, WRP 2012, 251; *Köhler,* Stellungnahme zum Referentenentwurf eines Zweiten Gesetzes zur Änderung des UWG, WRP 2014, 1410; *Köhler,* UWG-Reform 2015: Im Regierungsentwurf nicht angesprochene Defizite bei der Umsetzung der UGP-Richtlinie, WRP 2015, 1037; *Köhler,* Der Schadensersatzanspruch der Verbraucher im künftigen UWG, WRP 2021, 129; *Köhler/Bornkamm/Henning-Bodewig,* Vorschlag für eine Richtlinie zum Lauterkeitsrecht und eine UWG-Reform, WRP 2002, 1317; *Köhler/Lettl,* Das geltende europäische Lauterkeitsrecht, der Vorschlag für eine EG-Richtlinie über unlautere Geschäftspraktiken und die UWG-Reform, WRP 2003, 1019; *Koos,* Europäischer Lauterkeitsmaßstab und globale Integration, 1996; *Koos,* Grundsätze des Lauterkeitskollisionsrechts im Lichte der Schutzzwecke des UWG, WRP 2006, 499; *Kotthoff,* Werbung ausländischer Unternehmen im Inland. Die Beurteilung grenzüberschreitender Werbung nach dem internationalen Privatrecht, dem Wettbewerbsrecht und dem Recht der Europäischen Union, 1995; *Kotthoff,* Der Schutz des Euro-Marketings über Art. 30 EGV, WRP 1996, 79; *Kotthoff,* Die Anwendbarkeit des deutschen Wettbewerbsrechts auf Wettbewerbshandlungen im Internet, CR 1997, 676; *Kreuzer/Klötgen,* Die Shevill-Entscheidung des EuGH: Abschaffung des Deliktsortsgerichtsstands des Art. 5 Nr. 3 EuGVÜ für ehrverletzende Streudelikte, IPRax 1997, 90; *Kroker,* Irreführende Werbung. Die Rechtsprechung des EuGH, 1998; *Kubis,* Internationale Zuständigkeit bei Persönlichkeits- und Immaterialgüterrechtsverletzungen, 1999; *Kugelmann,* Werbung als Dienstleistung, EuR 2001, 363; *Kulka,* Der Entwurf eines Ersten Gesetzes zur Änderung des Gesetzes gegen den unlauteren Wettbewerb, DB 2008, 1548; *Kur,* Ansätze zur Harmonisierung des Lauterkeitsrechts im Bereich des wettbewerblichen Leistungsschutzes, GRUR Int. 1998, 771; *Kur,* Die Harmonisierung des Lauterkeitsrechts durch Angleichungsmaßnahmen in angrenzenden Bereichen, in: Neuordnung des Wettbewerbsrechts, 11. Ringberg-Symposium des Max-Planck-Instituts für ausländisches und internationales Patent-, Urheber- und Wettbewerbsrecht, 14. bis 18. Juni 1997, Schloss Ringberg, Tegernsee, Gerhard Schricker, Frauke Henning-Bodewig (Hrsg.), 1998/99, S. 116; *Kur,* Trade Marks Function, Don't They? CJEU Jurisprudence and Unfair Competition Principles, IIC 2014, 434; *Lange,* Der internationale Gerichtsstand der unerlaubten Handlung nach dem EuGVÜ bei Verletzung von nationalen Kennzeichen, WRP 2000, 940; *Leible,* Werbung für EG-Neuwagen, NJW 2000, 1242; *Leible,* Rechtswahl im IPR der außervertraglichen Schuldverhältnisse nach der Rom II-Verordnung, RIW 2008, 257; *Leible/Lehmann,* Die neue EG-Verordnung über das auf außervertragliche Schuldverhältnisse anzuwendende Recht („Rom II"), RIW 2007, 721; *Leible/Sosnitza,* § 17 LMBG nach „Darbo". Ein Plädoyer für die Streichung von § 17 Abs. 1 Nr. 4 LMBG, WRP 2000, 610; *Leistner,* Unfair Competition or Consumer Protection? The Commission's Unfair Commercial Pratices Proposal 2003, in: Bell/Kilpatrick (eds.), The Cambridge Yearbook of European Law Studies, Vol. 6, 2003-04, S. 141; *Leistner,* Richtiger Vertrag und lauterer Wettbewerb, 2007; *Leistner/Pothmann,* E-Mail-Direktmarketing im neuen europäischen Recht und in der UWG-Reform, WRP 2003, 815; *Lengauer,* Zivilprozessuale Probleme bei der gerichtlichen Verfolgung von publikumswirksamen Wettbewerbsverstößen, 1995; *Lensdorf,* Das deutsche Werberecht im Rahmen des Euro-Marketing – Liberalisierung im Wege der Harmonisierung, 1998; *Lenz,* Unlauterer Wettbewerb und freier Warenverkehr in der

Rechtsprechung des Europäischen Gerichtshofes, ZEuP 1994, 624; *Lettl,* Der lauterkeitsrechtliche Schutz vor irreführender Werbung in Europa, GRUR Int. 2004, 85; *Lettl,* Gemeinschaftsrecht und neues UWG, WRP 2004, 1079; *Lindacher,* Internationale Zuständigkeit in Wettbewerbssachen. Der Gerichtsstand der Wettbewerbshandlung nach autonomem deutschen IZPR, in: Festschrift für Hideo Nakamura zum 70. Geburtstag, Andreas Heldrich, Takeyoshi Uchida (Hrsg.), 1996, S 323; *Lindacher,* Zum Internationalen Privatrecht des unlauteren Wettbewerbs, WRP 1996, 645; *Lindacher,* Die internationale Dimension lauterkeitsrechtlicher Unterlassungsansprüche: Marktterritorialität versus Universalität, GRUR Int. 2008, 453; *Linder,* Das UWG als Ansatz des Konsumentenschutzes: Instrumentalisierung des Lauterkeitsrechts im Hinblick auf den Schutz von Konsumenteninteressen?, 1994; *Loosen,* „Großer Bruder" statt „schöne neue Welt" – nährwert- und gesundheitsbezogene Werbung für Lebensmittel nach Verabschiedung der Claims-Verordnung, ZLR 2006, 521; *Ludwig,* Irreführende und vergleichende Werbung in der Europäischen Gemeinschaft, 1993; *Lurger/Vallant,* Die österreichische Umsetzung des Herkunftslandprinzips der E-Commerce-Richtlinie, MMR 2002, 203; *Lutz,* Veränderungen des Wettbewerbsrechts im Zuge der Richtlinie über unlautere Geschäftspraktiken, GRUR 2006, 908; *Mankowski,* Besondere Formen von Wettbewerbsverstößen im Internet und Internationales Wettbewerbsrecht, GRUR Int. 1999, 995; *Mankowski,* Internet und Internationales Wettbewerbsrecht, GRUR Int. 1999, 909; *Mankowski,* Das Herkunftslandprinzip als Internationales Privatrecht der e-commerce-Richtlinie, ZVglRWiss 100 (2001), 137; *Mankowski,* Was soll der Anknüpfungspunkt des (europäischen) Internationalen Wettbewerbsrechts sein?, GRUR Int. 2005, 634; *Mankowski,* Wettbewerbsrechtliche strafbewehrte Unterlassungserklärung und internationale Gerichtsstandsvereinbarung, WRP 2015, 554; *Martin-Ehlers,* Die Irreführungsverbote des UWG im Spannungsfeld des freien europäischen Warenverkehrs, 1996; *Marx,* Vergleichende Werbung – wie weit reicht die Harmonisierung?, EWS 2001, 353; *Meier,* Einschränkung des deutschen Wettbewerbsrechts durch das Europäische Gemeinschaftsrecht, GRUR Int. 1990, 817; *Meier,* Die Lauterkeit des Handelsverkehrs: Zur Einwirkung des Art. 30 EWGV auf Auslegung und Anwendung der Generalklauseln des deutschen Wettbewerbsrechts, GRUR Int. 1993, 219; *Meisterernst/Haber,* Die VO (EG) 1924/2006 über nährwert- und gesundheitsbezogene Angaben, WRP 2007, 363; *Meyer,* Produktspezifische Werberegelungen im Europäischen Gemeinschaftsrecht, in: Neuordnung des Wettbewerbsrechts, 11. Ringberg-Symposium des Max-Planck-Instituts für ausländisches und internationales Patent-, Urheber- und Wettbewerbsrecht, 14. bis 18. Juni 1997, Schloss Ringberg, Tegernsee, Gerhard Schricker, Frauke Henning-Bodewig (Hrsg.), 1998/99, S. 93; *Micklitz,* Cross-Border Consumer Conflicts – A French-German Experience, JCP 1993, 411; *Micklitz/Keßler,* Europäisches Lauterkeitsrecht, GRUR Int. 2002, 885; *Micklitz/Keßler,* Funktionswandel des UWG, WRP 2003, 919; *Müller,* Die demoskopische Ermittlung der Verkehrsauffassung im Rahmen des § 3 UWG, 1987; *Müller-Feldhammer,* Der Deliktsgerichtsstand des Art. 5 Nr. 3 EuGVÜ im internationalen Wettbewerbsrecht, EWS 1998, 162; *Müller-Graff,* Fakultatives Kollisionsrecht im internationalen Wettbewerbsrecht, RabelsZ 48 (1984), 289; *Münker,* Harmonisierung des Rechtsschutzes gegen unlauteren Wettbewerb in der Europäischen Union, WRP 1996, 990; *Nacken,* Das Grünbuch über die Kommerziellen Kommunikationen – der Beginn einer Harmonisierungsdiskussion?, WRP 1997, 929; *Nagel/Gottwald,* Internationales Zivilprozessrecht, 8. Aufl., 2020; *Naumann,* Voraussetzungen der vergleichenden Werbung, ELR 2003, 250; *Niederleithinger,* Harmonisierung des Wettbewerbsrechts – en détail oder en gros?, AnwBl 1992, 337; *Nielsen,* Brussels I and Denmark, IPRax 2007, 506; *Niemöller,* Das Verbraucherleitbild in der deutschen und europäischen Rechtsprechung. Verhandlungs- und Vertragsparität als Regelungsgehalt des § 3 UWG, 1999; *Noll-Ehlers,* Kohärente und systematische Beschränkung der Grundfreiheiten – Ausgehend von der Entwicklung des Gemeinschaftsrechts im Glücksspielbereich, EuZW 2008, 522; *Nordemann,* Irreführung und vergleichende Werbung in Europa, in: Werbung und Werbeverbote im Lichte des europäischen Gemeinschaftsrechts, Jürgen Schwarze (Hrsg.), 1999, S. 148; *Nordmann,* Neuere Entwicklungen im Recht der vergleichenden Werbung, GRUR Int. 2002, 297; *Novak,* Ungleichbehandlung von ausländischen Produkten oder Dienstleistungen – Einheitliche Rechtfertigungstatbestände im EG-Vertrag – Zugleich Urteilsanmerkung zu EuGH vom 9.7.1997, DB 1997, 2219 „De Agostini", DB 1997, 2589; *Novak,* Gedanken zum Verwechslungs- und Verwässerungsschutz im europäischen Markenrecht, EuZW 2001, 46; *Ofner,* Die Rom II-Verordnung – Neues Internationales Privatrecht für außervertragliche Schuldverhältnisse in der Europäischen Union, ZfRV 2008, 13; *Ohly,* Die vergleichende Werbung im britischen Recht, GRUR Int. 1993, 730; *Ohly,* Die Bemühungen um eine Rechtsvereinheitlichung auf EU-Ebene von den Anfängen bis zur Richtlinie über irreführende Werbung von 1984, in: Neuordnung des Wettbewerbsrechts, 11. Ringberg-Symposium des Max-Planck-Instituts für ausländisches und internationales Patent-, Urheber- und Wettbewerbsrecht, 14. bis 18. Juni 1997, Schloss Ringberg, Tegernsee, Gerhard Schricker, Frauke Henning-Bodewig (Hrsg.), 1998/99, S. 69; *Ohly,* Herkunftslandprinzip und Kollisionsrecht, GRUR Int. 2001, 899; *Ohly,* Das Herkunftslandsprinzip im Bereich vollständig angeglichenen Lauterkeitsrechts, WRP 2006, 1401; *Ohly,* Vergleichende Werbung für Zubehör und Warensortimente, Anmerkungen zu den EuGH-Urteilen „Siemens/VIPA" und „LIDL Belgium/Colryt", GRUR 2007, 3; *Ohly,* Der Geheimnisschutz im deutschen Recht: heutiger Stand und Perspektiven, GRUR 2014, 1; *Ohly,* Alternativentwurf („Große Lösung") zum Regierungsentwurf eines 2. Gesetzes zur Änderung des Gesetzes gegen den unlauteren Wettbewerb, WRP 2015, 1443; *Ohly,* Das auf die Verletzung von Geschäftsgeheimnissen anwendbare Recht, FS Harte-Bavendamm, 2020, S. 385; *Oliver,* Some Further Reflections on the Scope of Articles 28–38 (ex 30–36) EC, 36 CML Rev. 783, 797 (1999); *Oliver,* Of Trailers and Jet Skis: Is the Case Law on Article 34 TFEU Hurtling in a New Direction?, 33 Fordh. Int. L. J. 1423 [2011]; *Oppenhoff,* Im Spannungsfeld zwischen Gemeinschaftsrecht und deutschem Wettbewerbsrecht, in: Festschrift für Otto-Friedrich Frhr. v. Gamm, Willi Erdmann u. a. (Hrsg.), 1990, S. 117; *Peifer,* Die Zukunft der irreführenden Geschäftspraktiken, WRP 2008,

556; *Peifer,* Aufräumen im UWG – Was bleibt nach der Kodifikation zum irreführenden Unterlassen für § 4 Nr. 1, 4, 5 und 6 UWG?, WRP 2010, 1432; *Peifer,* Vergleichende Werbung und sonst nichts? Überbordender Schutzbereich der Vorschriften zur vergleichenden Werbung?, WRP 2011, 1; *Perau,* Die „Clinique"-Entscheidung des EuGH. Anmerkungen zum Urteil des EuGH vom 2. Februar 1994, ZIP 1994, 394, ZIP 1994, 513; *Perau,* Werbeverbote im Gemeinschaftsrecht. Gemeinschaftsrechtliche Grenzen nationaler und gemeinschaftsrechtlicher Werbebeschränkungen, 1997; *Pescatore,* Variations sur la jurisprudence „Cassis de Dijon" ou la solidarité entre l'ordre public national et l'ordre public communautaire, in: Economic Law and Justice in Times of Globalisation. Festschrift for Carl Baudenbacher, Mario Monti u. a. (Hrsg.), 2008, S. 543; *Pflüger,* Reichweite internationalrechtlicher Vorgaben, in: Lauterkeitsrecht und Acquis Communautaire, Hilty/Henning-Bodewig (Hrsg.), 2009, S. 65; *Pflüger,* Der internationale Schutz gegen unlauteren Wettbewerb, 2010; *Pflüger,* Reichweite internationalrechtlicher Vorgaben, in: Lauterkeitsrecht und Acquis Communautaire, Reto Hilty/Frauke Henning-Bodewig (Hrsg.), 2009, S. 65; *Piekenbrock,* Die Bedeutung des Herkunftslandsprinzips im europäischen Wettbewerbsrecht, GRUR Int. 2005, 997; *Piper,* Zu den Auswirkungen des EG-Binnenmarktes auf das deutsche Recht gegen den unlauteren Wettbewerb, WRP 1992, 685; *Plaß,* Die gesetzliche Neuregelung der vergleichenden Werbung, NJW 2000, 3161; *Podszun,* Verbraucherrechtsdurchsetzung im Mix aus öffentlichem Recht und Zivilrecht: Die reformierte CPC-Verordnung, FS Harte-Bavendamm, 2020, 417; *Podszun/Busch/Henning-Bodewig,* Behördliche Durchsetzung des Verbraucherrechts? Darstellung und Systematisierung von Möglichkeiten und Defiziten der privaten Durchsetzung des Verbraucherschutzes sowie Einbeziehung der Kartellbehörden zu dessen Durchsetzung, 2018, https://www.bmwi.de/Redaktion/DE/Publikationen/Studien/behoerdliche-durchsetzung-des-verbraucherrechts.pdf?__blob=publicationFile&v=10; *Pöchhacker,* Suggestivwerbung und unlauterer Wettbewerb, 1990; *Radeideh,* Fair Trading in EC Law, 2005; *Rauer,* Richtlinienentwurf: Europaweit einheitlicher Schutz von Geschäftsgeheimnissen, GRUR-Prax 2014, 2; *Reese,* Das „6-Korn-Eier"-Urteil des EuGH – Leitentscheidung für ein Leitbild?, WRP 1998, 1035; *Reese,* Grenzüberschreitende Werbung in der Europäischen Gemeinschaft – unter besonderer Berücksichtigung der Auswirkungen des Gemeinschaftsrechts auf das deutsche Recht des unlauteren Wettbewerbs, 1994; *Reger,* Der internationale Schutz gegen unlauteren Wettbewerb und das TRIPS-Übereinkommen, 1999; *Reich,* Die wettbewerbsrechtliche Beurteilung der Haustürwerbung, GRUR 2011, 589; *Riffel,* The Protection against Unfair Competition in the WTO TRIPS Agreement. The Scope and Prospects of Article 10bis of the Paris Convention for the Protection of Industrial Property, 2016; *Ritscher/Beutler,* Vergleichende Werbung – die neue EU-Richtlinie im Vergleich mit dem schweizerischen Recht, sic! 1998, 261; *Rönck,* Technische Normen als Gestaltungsmittel des Europäischen Gemeinschaftsrechts. Zulässigkeit und Praktikabilität ihrer Rezeption zur Realisierung des Gemeinsamen Marktes, 1995; *Rosenthal,* Das auf unerlaubte Handlungen im Internet anwendbare Recht, AJP/PJA 1997, 1340; *Rodrigues,* Using the TRIPS Agreement's Unfair Competition Clause to Curb the Misappropriation of Biological Resources, traditional Knowledge and Expressions of Folklore in User Countries' (2014) 4(2) Queen Mary Journal of Intellectual Property 139; *Roth,* Angleichung des IPR durch sekundäres Gemeinschaftsrecht, IPRax 1994, 165; *Roth,* Zur Tragweite der Harmonisierung im Recht des unlauteren Wettbewerbs, in: Festschrift für Ernst-Joachim Mestmäcker zum siebzigsten Geburtstag, Ulrich Immenga u. a. (Hrsg.), 1996, S. 725; *Rüffler,* Österreichisches und europäisches Wirtschaftsprivatrecht. Teil 6/2: Wettbewerbsrecht – UWG, 1998; *Ruhl/Bohner,* Vorsicht Anzeige! Als Information getarnte Werbung nach der UWG-Reform 2008, WRP 2011, 375; *Rüssmann,* Wettbewerbshandlungen im Internet – Internationale Zuständigkeit und anwendbares Recht, K&R 1998, 422; *Sack,* Die kollisions- und wettbewerbsrechtliche Beurteilung grenzüberschreitender Werbe- und Absatztätigkeit nach deutschem Recht, GRUR Int. 1988, 320; *Sack,* Grenzüberschreitende Zugabe- und Rabattwerbung, IPRax 1991, 386; *Sack,* Marktortprinzip und allgemeine Ausweichklausel im internationalen Wettbewerbsrecht, am Beispiel der sog. Gran-Canaria-Fälle, IPRax 1992, 24; *Sack,* Art. 30, 36 EG-Vertrag und das internationale Wettbewerbsrecht, WRP 1994, 281; *Sack,* Staatliche Regelungen sogenannter „Verkaufsmodalitäten" und Art. 30 EG-Vertrag, EWS 1994, 37; *Sack,* Die Berücksichtigung der Richtlinie 97/55/EG über irreführende und vergleichende Werbung bei der Anwendung der §§ 1 und 3 UWG, WRP 1998, 241; *Sack,* Staatliche Werbebeschränkungen und die Art. 30 und 59 EG-Vertrag, WRP 1998, 103; *Sack,* Das Verbraucherleitbild und das Unternehmerleitbild im europäischen und deutschen Wettbewerbsrecht, WRP 1998, 264; *Sack,* Die Auswirkungen des europäischen Rechts auf das Verbot irreführender Werbung, in: Werbung und Werbeverbote im Lichte des europäischen Gemeinschaftsrechts, Jürgen Schwarze (Hrsg.), 1999, S 102; *Sack,* Die Präzisierung des Verbraucherleitbildes durch den EuGH, WRP 1999, 399; *Sack,* Das internationale Wettbewerbs- und Immaterialgüterrecht nach der EGBGB-Novelle, WRP 2000, 269; *Sack,* Vergleichende Werbung nach der UWG-Novelle, WRP 2001, 327; *Sack,* Das internationale Wettbewerbsrecht nach der E-Commerce-Richtlinie (ECRL) und dem EGG-/TDG-Entwurf, WRP 2001, 1408; *Sack,* Herkunftslandprinzip und internationale elektronische Werbung nach der Novellierung des Teledienstegesetzes (TDG), WRP 2002, 271; *Sack,* Die Toshiba-Entscheidung des EuGH zur vergleichenden Werbung, WRP 2002, 363; *Sack,* Vergleichende Werbung und die Erheblichkeitsschwelle in § 3 des Regierungsentwurfs einer UWG-Novelle, WRP 2004, 30; *Sack,* Die neue deutsche Formel des europäischen Verbraucherleitbildes, WRP 2005, 462; *Sack,* Internationales Lauterkeitsrecht nach der Rom II-VO, WRP 2008, 845; *Sack,* Markenrechtliche Probleme vergleichender Werbung, GRUR 2008, 201; *Sack,* Die IPR-Neutralität der E-Commerce-Richtlinie und des Telemediengesetzes, EWS 2011, 65; *Sack,* Die Warenverkehrsfreiheit nach Art. 34 AEUV und die Ungleichbehandlung von Inlands- und Importware, EWS 2011, 265; *Sack,* Der EuGH zu Art. 3 E-Commerce-Richtlinie – die Entscheidung „eDate Advertising", EWS 2011, 513; *Sack,* Art. 6 Abs. 2 Rom II–VO und „bilaterales" unlauteres Wettbewerbsverhalten, GRUR Int. 2012, 601; *Sack,* Anmerkungen zur geplanten

Änderung des UWG, WRP 2014, 1418; *Sack*, Internationales Lauterkeitsrecht, 2019; *Sack*, Herkunftslandprinzip und internationales Lauterkeitsrecht, WRP 2019, 1095; *Säcker,* Das UWG zwischen den Mühlsteinen europäischer Harmonisierung und grundrechtsgebotener Liberalisierung, WRP 2004, 1199; *Schack,* Internationale Urheber-, Marken- und Wettbewerbsrechtsverletzungen im Internet. Internationales Privatrecht, MMR 2000, 59; *Schaub,* Die Neuregelung des Internationalen Deliktsrechts in Deutschland und das europäische Gemeinschaftsrecht, RabelsZ 66 (2002), 18; *Scherer,* Normative Bestimmung von Verwechslungs- und Irreführungsgefahr im Markenrecht, GRUR 2000, 273; *Scherer,* Partielle Verschlechterung der Verbrauchersituation durch die europäische Rechtsvereinheitlichung bei vergleichender Werbung, WRP 2001, 89; *Scherer,* Das Ende des Verdikts der „gefühlsbetonten" Werbung – Aufgabe der „Sachlichkeits"-Doktrin?, GRUR 2008, 490, *Scherer,* Die „Verbrauchergeneralklausel" des § 3 II 1 UWG – eine überflüssige Norm, WRP 2010, 586; *Scherer,* Zum Anwendungsbereich von Nr. 29 des UWG-Anhangs („Schwarze Liste"), WRP 2012, 139; *Schluep,* Die Europaverträglichkeit des schweizerischen Lauterkeitsrechts, in: Un droit européen de la concurrence déloyale en formation? Actes du colloque de Lausanne, 1994, S. 67; *Schmid,* in: Neuordnung des Wettbewerbsrechts, 11. Ringberg-Symposium des Max-Planck-Instituts für ausländisches und internationales Patent-, Urheber- und Wettbewerbsrecht, 14. bis 18. Juni 1997, Schloss Ringberg, Tegernsee, Gerhard Schricker, Frauke Henning-Bodewig (Hrsg.), 1998/99, S. 253; *Schmidhuber,* Verhaltenskodizes im neuen UWG – Überlegungen zur Bedeutung für die lauterkeitsrechtliche Praxis in Deutschland, WRP 2010, 593; *Schmitz,* Die kommerzielle Kommunikation im Binnenmarkt im Lichte der neueren Rechtsprechung zur Warenverkehrsfreiheit, 2000; *Schönherr,* Wettbewerbsrechtliche Aspekte des Internet, ÖBl 1999, 267; *Schricker,* Deutsches Rabattrecht – weltweit? Bemerkungen zur Entscheidung des BGH vom 13. Mai 1977 – „Weltweit-Club", GRUR 1977, 646; *Schricker,* Werbung, Wettbewerb und Verbraucherschutz: Neue Wege zur Bekämpfung unlauterer Geschäftspraktiken, in: Jahrbuch der Max-Planck-Gesellschaft 1979, S. 55; *Schricker,* Probleme der Europäischen Angleichung des Rechts des unlauteren Wettbewerbs, in: Festschrift für Konrad Zweigert zum 70. Geburtstag, Ulrich Drobnig u. a. (Hrsg.), 1981, S. 537; *Schricker,* Etikettierung beim Weinexport und internationales Wettbewerbsrecht, IPRax 1983, 103; *Schricker,* Die Bekämpfung der irreführenden Werbung in den Mitgliedstaaten der EG, GRUR Int. 1990, 112; *Schricker,* Die europäische Angleichung des Rechts des unlauteren Wettbewerbs – ein aussichtsloses Unterfangen?, GRUR Int. 1990, 771; *Schricker,* Zur Werberechtspolitik der EG – Liberalisierung und Restriktion im Wettstreit, GRUR Int. 1992, 347; *Schricker,* Deregulierung im Recht des unlauteren Wettbewerbs?, GRUR Int. 1994, 586; *Schricker,* Einführung in das Recht der Werbung, Internationales und Europäisches Recht, in: Recht der Werbung in Europa, Gerhard Schricker (Hrsg.), Grundwerk 1995; *Schricker,* Twenty-Five Years of Protection Against Unfair Protection, 26 IIC 782 (1995); *Schricker/Henning-Bodewig,* Elemente einer Harmonisierung des Rechts des unlauteren Wettbewerbs in der Europäischen Union, WRP 2001, 1367; *Schünemann,* Mündigkeit versus Schutzbedürftigkeit – Legitimationsprobleme des Verbraucher-Leitbildes, in: Festschrift für Hans Erich Brandner zum 70. Geburtstag, Gerd Pfeiffer u. a. (Hrsg.), 1996, S. 279; *Schünemann,* „Unlauterkeit" in den Generalklauseln und Interessenabwägung nach neuem UWG, WRP 2004, 925; *Schwander,* Das UWG im grenzüberschreitenden Verkehr, in: Das UWG auf neuer Grundlage, Baudenbacher (Hrsg.), 1989, S. 161; *Schwintowski,* Konzept, Funktion und Entwicklung des deutschen und europäischen Wettbewerbsrechts, ZVglRWiss 92 (1993) 40; *Schwintowski,* Verkaufsmodalitäten und unlauterer Wettbewerb – zu Recht eine nationale Domäne? Freier Warenverkehr im Europäischen Binnenmarkt – eine Fundamentalkritik an der Rechtsprechung des EuGH zu Art. 28 EGV, in: Systembildung und Systemlücken in Kerngebieten des Europäischen Privatrechts, Stefan Grundmann (Hrsg.), 2000, S. 457; *Seichter,* Der Umsetzungsbedarf der Richtlinie über unlautere Geschäftspraktiken, WRP 2005, 1087; *Sosnitza,* Wettbewerbsbeschränkungen durch die Rechtsprechung. Erschreinungsformen und Ursachen auf dem Gebiet des Lauterkeitsrechts, 1995; *Sosnitza,* Die Richtlinie über unlautere Geschäftspraktiken – Voll- oder Teilharmonisierung?, WRP 2006, 1; *Sosnitza,* Der Gesetzesentwurf zur Umsetzung der Richtlinie über unlautere Geschäftspraktiken, WRP 2008, 1014; *Spindler,* Verantwortlichkeit von Diensteanbietern nach dem Vorschlag einer E-Commerce-Richtlinie, MMR 1999, 199; *Spindler,* Das Gesetz zum elektronischen Geschäftsverkehr – Verantwortlichkeit der Diensteanbieter und Herkunftslandprinzip, NJW 2002, 921; *Spindler,* Das Herkunftslandprinzip im neuen Teledienstegesetz, RIW 2002, 183; *Spindler,* Herkunftslandprinzip und Kollisionsrecht – Binnenmarktintegration ohne Harmonisierung? Die Folgen der Richtlinie im elektronischen Geschäftsverkehr für das Kollisionsrecht, RabelsZ 66 (2002), 633; *Spindler/Volkmann,* Die zivilrechtliche Störerhaftung der Internet-Provider, WRP 2003, 1; *Spindler/Weber,* Die Umsetzung der Enforcement-Richtlinie nach dem Regierungsentwurf für ein Gesetz zur Verbesserung der Durchsetzung von Rechten des geistigen Eigentums, ZUM 2007, 257; *Springer,* Europäisches Gemeinschaftsrecht und die Auslegung des Irreführungsverbots gemäß § 3 UWG, 1995; *Stein,* Das Tabakwerbeverbot, in: Werbung und Werbeverbote im Lichte des europäischen Gemeinschaftsrechts, Jürgen Schwarze (Hrsg.), 1999 (zit. Werbung und Werbeverbote), S. 52; *Steinbeck,* Richtlinie über unlautere Geschäftspraktiken: Irreführende Geschäftspraktiken – Umsetzung in das deutsche Recht, WRP 2006, 632; *Steinbeck,* Die Zukunft der aggressiven Geschäftspraktiken, WRP 2008, 865; *Steinbeck,* Irrwege bei der Irreführung durch Unterlassen, WRP 2011, 1221; *Steindorff,* Unlauterer Wettbewerb im System des EG-Rechts, WRP 1993, 139; *Steindorff,* Unvollkommener Binnenmarkt, ZHR 158 (1994), 149; *Steiner,* Drawing the Line: Uses and Abuses of Article 30 EEC, 29 CML Rev. 749, 750 (1992); *Streinz,* Mindestharmonisierung im Binnenmarkt, in: Mindestharmonisierung im Europäischen Binnenmarkt. Referate des 7. Bonner Europa-Symposions vom 27. April 1996, Ulrich Everling, Wulf-Henning Roth (Hrsg.), 1996, S. 9; *Strepp,* Irreführung und Verwechslungsgefahr. Einige dogmatische Aspekte des Verhältnisses von Wettbewerbs- und Markenrecht, 2000; *Stuyck,* Das Recht des unlauteren Wettbewerbs und der Freie Waren- und Dienstleistungsverkehr in der Europäischen Union, WRP 1994, 578; *Stuyck/Terryn/Van Dyck,* La proposition de directive „pratiques commerciales déloyales": quel marché unique pour le consommateur, Rev. Eur. Dr. Consomm. 2003, 239; *Tebbens,* Die einheitliche Auslegung des Lugano-Übereinkommens, in: Europäisches Kollisionsrecht: Die Konventionen von Brüssel, Lugano und Rom. Ausländische Erfahrungen und österreichische Perspektiven, Gerte Reichelt (Hrsg.), 1993, S. 49; *Tebbens,* Les conflits de loi en matière de publicité déloyale à l'épreuve du droit communautaire, Rev. crit. dr. internat. privé 83 (1994), 451; *Thole,* Die internationale Zuständigkeit für Vertragsstrafe- und Unterlassungsklagen von Wettbewerbsverbänden, IPRax 2015, 65; *Tilmann,* Irreführende Werbung in Europa – Möglichkeiten und Grenzen der Rechtsentwicklung, GRUR 1990, 87; *Tilmann,* Richtlinie vergleichende Werbung, GRUR 1997, 790; *Timm-Wagner,* Die Umsetzung der Richtlinie über unlautere Geschäftspraktiken in Deutschland, GRUR 2013, 245; *Trägner,* Das Verbot irreführender Werbung nach § 3 UWG im Europäischen Binnenmarkt, 1993; *Troller,* Das internationale Privatrecht des unlauteren Wettbewerbs in vergleichender Darstellung der Rechte Deutschlands, Englands, Frankreichs, Italiens, der Schweiz und der USA, 1962; *Ukena/Opfermann,* Werbung und Sponsoring zugunsten von Tabakerzeugnissen, WRP 1999, 141; *Ulmer,* Das Recht des unlauteren Wettbewerbs in den Mitgliedstaaten der EWG, Bd. I, Vergleichende Darstellung mit Vorschlägen zur Rechtsangleichung, 1965; *Ungerer,* Brexit von Brüssel und den anderen EU-Verordnungen zum Internationalen Zivilverfahrens- und Privatrecht, in: Brexit und die juristischen Folgen. Privat- und Wirtschaftsrecht der Europäischen Union, Kramme/Baldus/Schmidt-Kessel (Hrsg.), 2017, S. 297 ff.; *van den Bergh,* Wer schützt die europäischen Verbraucher vor dem Brüsseler Verbraucherschutz? Zu den möglichen adversen Effekten der europäischen Richtlinien zum Schutze der Verbraucher, in: Effiziente Verhaltenssteuerung und Kooperation im Zivilrecht. Beiträge zum V. Travemünder Symposium zur ökonomischen Analyse des Rechts, Claus Ott, Hans-Bernd Schäfer (Hrsg.), 1996, S. 77; *van Meenen,* Lauterkeitsrecht und Verbraucherschutz im IPR, 1995; *van den Bergh/Lehmann,* Informationsökonomie und Verbraucherschutz im Wettbewerbs- und Warenzeichenrecht, GRUR Int. 1992, 588; *Veelken,* Nationales Lauterkeitsrecht und Europäisches Gemeinschaftsrecht, ZVglRWiss 92 (1993), 241; *Veelken,* Kundenfang gegenüber dem Verbraucher, WRP 2004, 1; *Wägenbaur,* La législation de la Communauté Européenne en matière de concurrence déloyale, in: Un droit européen de la concurrence déloyale en formation? Actes du colloque de Lausanne, 1994, S. 9; *Wagner,* Internationales Deliktsrecht, die Arbeiten an der Rom II-Verordnung und der Europäische Deliktsgerichtsstand, IPRax 2006, 372; *Wagner,* Änderungsbedarf im autonomen deutschen internationalen Privatrecht aufgrund der Rom II-Verordnung, IPRax 2008, 314; *Waldenberger,* Electronic Commerce: der Richtlinienvorschlag der EG-Kommission, EuZW 1999, 296; *Walter,* Grundlagen und Reichweite des Transparenzgebotes bei Wettbewerbshandlungen, 2008; *Weatherill,* Consumer Policy, in: The Evolution of EU Law, Paul Craig, Gráinne de Búrca (Hrsg.), 1999, S. 693; *Weber,* Internationale Harmonisierungsansätze im Lauterkeitsrecht, sic! 1998, 158; *Weinand,* Europarecht und Recht gegen den unlauteren Wettbewerb. Entwicklung und Harmonisierung des Rechts gegen den unlauteren Wettbewerb im EG-Rechtssystem, 1998; *Weyer,* Freier Warenverkehr und nationale Regelungsgewalt in der Europäischen Union. Eine Analyse des Anwendungsbereichs der Art. 30–36 EG-Vertrag auf Grundlage der Rechtsprechung des EuGH, 1997; *White,* In Search of the Limits to Article 30 of the EEC Treaty, 26 CML Rev. 235 (1989); *Wiebe,* Die „guten Sitten" im Wettbewerb – eine europäische Regelungsaufgabe?, WRP 2002, 283; *Wilhelmsson,* The Abuse of the "Confident Consumer" as a Justification for EC Consumer Law, 27 J. Cons. Pol. 317, 318 ff. (2004).

I. Bedeutung der europäischen Regelungsvorgaben für das deutsche UWG

77 Bis zum 11.12.2007 war das deutsche UWG in seinem Kern ein autonomes deutsches Gesetz, das auf der Grundlage seiner eigenen, über beinahe 100 Jahre entwickelten Funktionalität ausgelegt und angewendet werden konnte. Europäische Regelungseinflüsse waren nur punktuell zu beachten: Nach dem Scheitern des ehrgeizigen Vorhabens einer Gesamtharmonisierung des Lauterkeitsrechts (vgl. dazu → Rn. 85) war Marktverhalten allein durch die Richtlinie über irreführende Werbung (vgl. dazu → Rn. 120 ff.) im Sinne eines für die deutsche Lauterkeitsrechtsordnung kaum wahrnehmbaren Mindestschutzes harmonisiert; in der Folge wurden die Marktintegration hindernde Spitzen des deutschen Schutzes von Verbraucherinteressen durch die ausdrückliche Übernahme[1] des vom EuGH entwickelten Verbraucherleitbildes (vgl. → Rn. 429 ff.) gekappt. Die unangemessene Einflussnahme war europarechtlich nicht geregelt. Der Belästigungstatbestand wurde allein durch europarechtliche Regelungen des Fernabsatzes bzw. des Datenschutzes bei der elektronischen Kommunikation beeinflusst und insoweit sicherte der deutsche Staat im Rahmen der Europäischen Gesetzgebung den Fortbestand der traditionell restriktiven Behandlung innerhalb des Lauterkeitsrechts. Außerhalb der verbrauchergerichteten Tatbestände hielt allein die Richtlinie über vergleichende Werbung (vgl. dazu → Rn. 198 ff.) totalharmonisierende Regelun-

[1] BGH GRUR 2000, 619 (621) – Orient-Teppichmuster.

gen bereit, die im Rahmen von § 2 UWG aF bzw. § 6 UWG bereits seit längerem Aufnahme ins UWG gefunden hatten.

78 Erst die **Richtlinie 2005/29 über unlautere Geschäftspraktiken**[2] (im Folgenden: **UGP-Richtlinie; UGP-RL**) führte zu drastischen Veränderungen: Seit Ablauf der Frist zur Anwendung der UGP-Richtlinie am 12.12.2007 sind **große Teile des deutschen Lauterkeitsrechts** durch den Regelungsgehalt der UGP-Richtlinie **abschließend determiniert.** Durch die UGP-Richtlinie wird zunächst der in seiner praktischen Bedeutung quantitativ wohl überwiegende Bereich, nämlich das Verhalten von Gewerbetreibenden, das unmittelbar mit der Absatzförderung, dem Verkauf oder der Lieferung eines Produktes an Verbraucher zusammenhängt, erfasst. Weil die UGP-Richtlinie eine **Totalharmonisierung** bewirkt, gibt es insoweit keinerlei Regelungsspielräume mehr für den nationalen Gesetzgeber.

79 Doch selbst außerhalb ihres Anwendungsbereichs erstreckt sich der Einfluss der UGP-Richtlinie auf die Anwendung des UWG: Zwar geht der Anwendungsbereich des UWG nach wie vor weit über den der UGP-Richtlinie hinaus, da der deutsche Gesetzgeber nicht allein an der bewährten Schutzzwecktrias (Schutz der Verbraucher, der Gewerbetreibenden und der Allgemeinheit) festgehalten hat, wie sich aus § 1 ergibt, sondern auch geschäftliches Verhalten gegenüber Nicht-Verbrauchern durch dasselbe Gesetz erfasst, vgl. § 2 Abs. 1 Nr. 1. Weil der deutsche Gesetzgeber aber die UGP-Richtlinie in der Weise überschießend umgesetzt hat, dass geschäftliches Verhalten gegenüber Nicht-Verbrauchern im Regelfall (Ausnahmen begründen insbes. § 3 Abs. 2, § 4a Abs. 2 S. 2 sowie § 5a Abs. 2–6) denselben Verhaltensnormen unterworfen ist, werden namentlich Irreführungen und aggressive geschäftliche Handlungen gegenüber gewerblichen Abnehmern den Regelungsstandards der UGP-Richtlinie unterworfen, da der deutsche Gesetzgeber eine Rechtsspaltung vermeiden wollte.[3]

80 Allein in denjenigen Rechtsbereichen, welche weder durch den Anwendungsbereich der UGP-Richtlinie erfasst noch durch die von ihr aufgestellten Verhaltensnormen beeinflusst werden (insbes. **unmittelbar mitbewerbergerichtetes Verhalten**), hat das deutsche Lauterkeitsrecht seinen autonomen, nur partiell oder punktuell (zB vergleichende Werbung) europarechtlich beeinflussten Charakter behalten. Der Schutz von Unternehmensgeheimnissen, seit 1896 Kernbestandteil des lauterkeitsrechtlichen Schutzes, wurde im Zuge der Umsetzung der Richtlinie 2016/943[4] jedoch ausgelagert und im Geschäftsgeheimnisgesetz verselbständigt.[5]

81 Innerhalb des Anwendungsbereichs der UGP-Richtlinie (vgl. dazu → Rn. 281 ff.) müssen die Normen und Rechtsbegriffe nunmehr europarechtlich autonom – dh insbesondere nicht auf einem nationalen Vorverständnis aufbauend – ausgelegt werden (zur Wirkweise der Richtlinie bei der Rechtsanwendung vgl. → Rn. 270 ff.). Die Konsequenzen sind nicht nur rechtstheoretischer Natur, sondern haben eminent praktische Bedeutung für den Rechtsanwender. So kann und muss bei der Auslegung der einschlägigen Sachverhalte

---

[2] Richtlinie 2005/29/EG des Europäischen Parlaments und des Rates vom 11.5.2005 über unlautere Geschäftspraktiken im binnenmarktinternen Geschäftsverkehr zwischen Unternehmen und Verbrauchern und zur Änderung der Richtlinie 84/450/EWG des Rates, der Richtlinien 97/7/EG, 98/27/EG und 2002/65/EG des Europäischen Parlaments und des Rates sowie der Verordnung (EG) Nr. 2006/2004 des Europäischen Parlaments und des Rates (Richtlinie über unlautere Geschäftspraktiken), ABl. 2005 L 149, S. 22.

[3] Begründung RegE, BT-Drs. 16/10145, 11: „möglichst durch denselben Rechtsakt". Begründung RegE, BT-Drs. 18/4535, 8: „Da sich das UWG als ein das Lauterkeitsrecht einheitlich regelndes Gesetz bewährt hat, soll an dem Grundsatz festgehalten werden, dass (…) auch (der Schutz) von Mitbewerbern und sonstigen Marktteilnehmern in ein und demselben Gesetz geregelt ist."

[4] Richtlinie (EU) 2016/943 des Europäischen Parlaments und des Rates vom 8.6.2016 über den Schutz vertraulichen Know-hows und vertraulicher Geschäftsinformationen (Geschäftsgeheimnisse) vor rechtswidrigem Erwerb sowie rechtswidriger Nutzung und Offenlegung, ABl. 2016 L 157, S. 1.

[5] Gesetz zur Umsetzung der Richtlinie (EU) 2016/943 zum Schutz von Geschäftsgeheimnissen vor rechtswidrigem Erwerb sowie rechtswidriger Nutzung und Offenlegung. Vom 18.4.2019, BGBl. I S. 466.

nunmehr **europarechtlich argumentiert** werden;[6] im Zweifelsfall hat eine Vorlage an den **EuGH** zu erfolgen, der insofern das letzte Wort hat.

82 Dass diese Verschiebung nicht zu grundstürzenden Änderungen führte, lag daran, dass das UWG bereits vor der Umsetzung der UGP-Richtlinie durch die UWG-Novellen 2008 und 2015 nach seiner wettbewerbsfunktionalen Konzeption und seinen Strukturen weitgehend richtlinienkompatibel war. An der Praxis zum UWG 2004 konnte in vielen – für die Praxis jedenfalls hinsichtlich der Ergebnisse wohl in den weitaus meisten – Fällen festgehalten werden, wenn und weil diese den von der UGP-Richtlinie statuierten Grundsätzen bereits entsprachen. Allerdings bleibt nach wie vor in jedem Einzelfall zu prüfen, ob die Neufassung des UWG und die Pflicht zur Auslegung im Licht der UGP-Richtlinie eine Interpretationsverschiebung bewirken.

83 Die naheliegende Absicht des deutschen Gesetzgebers, auf den seinerzeit bereits auf Hochtouren laufenden Europäischen Gesetzgebungsprozess durch den raschen Erlass des UWG 2004 noch Einfluss zu nehmen, erwies sich indes – jedenfalls im nachhinein – als überehrgeizig.[7] Untauglich erwies sich auch das Bemühen des Gesetzgebers, die Änderungen bei der erforderlichen Umsetzung der UGP-Richtlinie im Jahr 2008 so unauffällig wie möglich zu integrieren. Beides machte das deutsche Lauterkeitsrecht zum Dauerpatienten: Die anschließende Auseinandersetzung mit der EU Kommission mündete in die Novelle des UWG von 2015. Während im Fachdiskurs weitgehende Übereinstimmung zum Befund – die Rechtsanwendung stimmt mit den Vorgaben der UGP-Richtlinie überein; das UWG als positives Recht genügt den Transparenzanforderungen aber in wesentlichen Punkten nicht – hergestellt wurde,[8] prallte bei den Therapievorschlägen wiederum in der Rechtskultur eingebranntes Systemdenken auf den Wunsch nach homöopathischer Behandlung. Es erscheint symptomatisch, dass Referentenentwurf,[9] Regierungsentwurf[10] und die Beschlussempfehlung des Rechtsausschusses,[11] die in das letztlich verabschiedete Zweite Gesetz zur Änderung des Gesetzes gegen den unlauteren Wettbewerb[12] **(UWG 2015)** mündeten, wiewohl sie alle betonen, nur gesetzessystematische Klarstellungen vorzunehmen, jeweils grundverschiedene Regelungskonzepte verfolgten.

84 Wegen der besonderen Bedeutung, welche die totalharmonisierenden Richtlinienbestimmungen über vergleichende Werbung sowie unlautere Geschäftspraktiken gegenüber Verbrauchern erlangt haben, soll im Folgenden die Entwicklung des Europäischen Lauterkeitsrechts (II.) nur knapp dargestellt werden. Dafür werden die totalharmonisierenden Regelungen vergleichender Werbung (III.) und unlauterer Geschäftspraktiken gegenüber Verbrauchern (IV.) im Zusammenhang erläutert. Auch insoweit kann im Hinblick auf die umfassende Umsetzung der Vorschriften im Verlauf von zwei UWG-Novellen und deren inzwischen flächendeckender Konkretisierung durch die Praxis zum deutschen Recht weitgehend auf die Erläuterungen zu den Normen des UWG verwiesen werden. An dieser Stelle sollen insbesondere übergreifende Aspekte sowie die aus dem Europarecht resultierenden Folgen für die Rechtsanwender vertieft dargestellt werden. In die unionsrechtlichen Vorgaben zur Durchsetzung des Lauterkeitsrechts (V.) ist insbesondere als Folge des Abgas-

---

[6] Vgl. etwa öOGH ÖBl 2008, 276 – W.-Klaviere.

[7] Kritisch bereits *Ohly* GRUR 2004, 889 (900); *Henning-Bodewig* GRUR Int. 2004, 183; *Köhler* GRUR 2005, 793 (802).

[8] *Köhler* GRUR 2012, 1073 (1082); *Köhler* WRP 2014, 1410; *Köhler* WRP 2015, 1037 ff.; *Henning-Bodewig* GRUR 2013, 238 (244); *Glöckner* GRUR 2013, 224 (238); *Glöckner* WRP 2014, 1399 (1400); *Timm-Wagner* GRUR 2013, 245 (248); *Fritzsche* WRP 2014, 1392; *Alexander* WRP 2014, 1384 ff.; *Ohly* WRP 2015, 1443 ff.

[9] Referentenentwurf des Bundesministeriums der Justiz und für Verbraucherschutz – Entwurf eines Zweiten Gesetzes zur Änderung des Gesetzes gegen den unlauteren Wettbewerb, GRUR 2014, 1180.

[10] Gesetzentwurf der Bundesregierung, Entwurf eines Zweiten Gesetzes zur Änderung des Gesetzes gegen den unlauteren Wettbewerb, BT-Drs. 18/4535.

[11] Beschlussempfehlung und Bericht des Ausschusses für Recht und Verbraucherschutz zu dem Gesetzentwurf der Bundesregierung – Drucksache 18/4535, BT-Drs. 18/6571.

[12] Zweites Gesetz zur Änderung des Gesetzes gegen den unlauteren Wettbewerb vom 2.12.2015, BGBl. I S. 2158.

skandals und der dadurch veranlassten Initiative der Kommission „New Deal for Consumers“ Bewegung geraten. Den Abschluss bilden Ausführungen, die vor allem das für die materielle „Strenge“ des Lauterkeitsrechts maßgebliche Verbraucherleitbild des Europäischen Lauterkeitsrechts und aus ihm abzuleitende Rechtsfolgen erläutern (VI.).

II. Entwicklung des Europäischen Lauterkeitsrechts

1. Scheitern der frühen Bemühungen um eine Gesamtharmonisierung. Bereits zu Beginn der 1960er-Jahre hatte die Europäische Kommission beim Max-Planck-Institut für Innovation und Wettbewerb[13] eine Bestandsaufnahme zum Recht des unlauteren Wettbewerbs in Auftrag gegeben. Unter der Leitung *Eugen Ulmers* entstand das umfangreiche **Gutachten** zum **„Recht des unlauteren Wettbewerbs in den Mitgliedstaaten der EWG“.**[14] In dem ersten, 1965 erschienenen Band schlug *Ulmer* den Abschluss eines völkerrechtlichen Vertrages vor. 85

Verschiedene Umstände, namentlich der Widerstand der 1972 der Gemeinschaft beigetretenen *Common Law*-Staaten Großbritannien und Irland, führten jedoch unter der Geltung des Einstimmigkeitserfordernisses dazu, dass das anspruchsvolle Vorhaben umfassender Harmonisierung weiter und weiter eingeschränkt wurde, bis schließlich nicht mehr als die im Jahr 1984 verabschiedete und vergleichsweise bedeutungslose **Richtlinie über irreführende Werbung** (vgl. → Rn. 120 ff.; im folgenden: **Irreführungsrichtlinie 1984**) übrig blieb.[15] In Äußerungen aus den Reihen der Kommission schien allerdings Anfang der 90er-Jahre fast eine gewisse Erleichterung durch, dass sich das (über-)anspruchsvolle Projekt totgelaufen hatte.[16] Im Anschluss an den Maastrichter Vertrag mit seiner ausdrücklichen Niederlegung des Subsidiaritätsprinzips wurde die Reduzierung der Ansprüche damit gerechtfertigt, dass eine **allgemeine Harmonisierung nicht erforderlich** sei, weil zahlreiche Wettbewerbshandlungen nur lokale oder nationale Bedeutung hätten. Daneben sei eine solche Harmonisierung politisch nicht opportun: Generelle Regelungen zur Harmonisierung ließen sich nur dann durchsetzen, wenn ihre Notwendigkeit für die Verwirklichung des Binnenmarktes feststehe.[17] In der Folge wurden einzelne Gesichtspunkte in verschiedenen Gemeinschaftsrechtsakten spezifisch geregelt. Sie werden im Folgenden dargestellt (→ Rn. 120 ff.). Erst sehr viel später wurde wiederum erkannt, dass ein solcher *„piecemeal approach“* weder der lauterkeitsrechtlichen Problematik noch dem Anliegen der Marktintegration gerecht wird. Zwar ist es nicht gelungen, alle Formen unlauteren Wettbewerbsverhaltens einer einheitlichen gemeinschaftlichen Regelung zu unterwerfen. Immerhin wurde aber durch die UGP-Richtlinie (vgl. dazu noch → Einl. Rn. 237 ff.) der besonders bedeutsame Bereich unmittelbar verbrauchergerichteter Geschäftspraktiken unionsweit und vollständig harmonisiert. 86

2. Negativ-Integration durch die Grundfreiheiten. a) Konzept der Negativ-Integration. Das Harmonisierungskonzept der Europäischen Wirtschaftsgemeinschaft wandelte sich in den 1970er- und 1980er-Jahren dramatisch. Ursprünglich hatte die **Marktintegration durch Positivharmonisierung** im Vordergrund gestanden. Die Grundfreiheiten, überwiegend als bloße Diskriminierungsverbote verstanden, sollten allein als Sicherheitsnetz für die verbleibenden, nicht harmonisierten Bereiche dienen. Die Vergrößerung der Runde der Mitgliedstaaten um 50 % im Jahr 1972 und das Aufeinander- 87

[13] Damals noch Institut für internationales und ausländisches Patent-, Marken- und Urheberrecht der Universität München.

[14] Die deutsche Ausgabe des Gutachtens ist in sechs Bänden veröffentlicht: *Ulmer,* Das Recht des unlauteren Wettbewerbs in den Mitgliedstaaten der EWG, Bd. I, Vergleichende Darstellung mit Vorschlägen zur Rechtsangleichung, 1965. Die folgenden Bände widmen sich den einzelnen Mitgliedstaaten und sind zwischen 1967 und 1981 erschienen. Mit der Erweiterung der Gemeinschaft wurde die Reihe fortgesetzt.

[15] Vgl. die Darstellungen von *Schricker* FS Zweigert, 1981, 537 (540 ff.); *Ohly* in Neuordnung des Wettbewerbsrechts, S. 69, 72 ff.

[16] *Wägenbaur* in Un droit européen de la concurrence déloyale en formation, S. 9, 26.

[17] *Wägenbaur* in Un droit européen de la concurrence déloyale en formation, S. 9, 23.

prallen verschiedener Rechtskulturen in Verbindung mit dem seinerzeit geltenden Einstimmigkeitserfordernis im Rat gem. Art. 100 EWGV (exemplarisch erscheint das erste Scheitern einer Regelung vergleichender Werbung;[18] vgl. nunmehr Art. 114, 115 AEUV) brachten die Harmonisierungsbemühungen jedoch in weiten Bereichen zum Erliegen.

88 In dieser Situation durchschlug der EuGH bereits vor der Einheitlichen Europäischen Akte den Knoten, indem er die Grundfreiheiten, allen voran die Warenverkehrsfreiheit, als allgemeine Beschränkungsverbote auslegte (dazu sogl.), was eine **Positivharmonisierung weitgehend überflüssig** machte. Die Kommission und der Rat billigten dieses Vorgehen und bestätigten diese Praxis ausdrücklich durch die Übernahme der sog. **„Neuen Strategie“.**[19] Im Ergebnis wurde in den 1980er-Jahren das Regel-/Ausnahmeverhältnis zwischen Positivharmonisierung und Negativ-Integration durch die Grundfreiheiten umgekehrt.[20] Nach dem Weißbuch der Kommission zur „Vollendung des Binnenmarkts“ sollen die Harmonisierungsbemühungen auf die Bereiche reduziert werden, welche der EuGH als „zwingende Erfordernisse“ anerkennt.[21]

89 Als Schwungrad[22] der Negativ-Integration diente namentlich die inzwischen in Art. 34 AEUV niedergelegte **Freiheit des Warenverkehrs.** Für nationale Regelungen kommt daneben zunehmend der **Dienstleistungsfreiheit** Bedeutung zu, da zum einen das vertriebene Produkt selbst eine Dienstleistung sein kann und zum anderen Unternehmen, die Werbeleistungen anbieten, durch Werbebeschränkungen an der Erbringung ihrer Leistungen gehindert werden.

90 **b) Warenverkehrsfreiheit, Art. 34 AEUV. aa) Anwendungsbereich.** Umstritten war zunächst, ob neben diskriminierenden auch **unterschiedslos anwendbare Regelungen** unter das Verbot der Maßnahmen gleicher Wirkung des Art. 30 EWGV (nunmehr Art. 34 AEUV) fallen können.[23] In Betracht kommen nicht nur Produktnormen und technische Vorschriften, sondern auch die im allgemeinen nicht diskriminierenden unterschiedlichen Regelungen der Mitgliedstaaten[24] über Werbung. In solchen Fällen schadet dem Anbieter aus einem anderen Mitgliedstaat nicht die Diskriminierung, dh die ungleiche Behandlung, sondern **die Gleichbehandlung behindert** ihn.

91 **(a) Dassonville und Cassis de Dijon.** Der EuGH entschied diese Frage bereits 1974 in dem Vorabentscheidungsverfahren *Dassonville* und stellte fest, dass **jede Handelsregelung der Mitgliedstaaten, die geeignet ist, den innergemeinschaftlichen Handel unmittelbar oder mittelbar, tatsächlich oder potentiell zu behindern,** als **Maßnahme gleicher Wirkung** anzusehen sei.[25] Die endgültige Klarstellung erfolgte im Jahr 1979 im Urteil in der Rechtssache *Cassis de Dijon.*[26] Nach einer deutschen Regelung mussten Fruchtsaftliköre einen Mindestgehalt von 25 % an Weingeist haben, weshalb der in Frank-

---

[18] Vgl. Begründung zum Vorschlag der Kommission vom 21.6.1991 für eine Richtlinie des Rates über vergleichende Werbung und zur Änderung der Richtlinie 84/450 über irreführende Werbung, KOM(91) 147 endg., S. 3.

[19] Vgl. das Weißbuch der Kommission an den Europäischen Rat „Vollendung des Binnenmarkts“, KOM (85) 310 endg., S. 6 Rn. 13; und die Entschließung des Rates v. 7.5.1985 über eine neue Konzeption auf dem Gebiet der technischen Harmonisierung und der Normung, ABl. 1985 C 136, S. 1. Zu dieser „neuen Konzeption“ vgl. *Rönck* S. 81 ff.; *Streinz* in Mindestharmonisierung S. 9, 10 ff.

[20] *Bleckmann* GRUR Int. 1986, 172 (176).

[21] Weißbuch der Kommission an den Europäischen Rat „Vollendung des Binnenmarkts“, KOM(85) 310 endg., S. 19 Rn. 65, 66.

[22] Weniger freundlich *Sack* EWS 1994, 37 (42): Brecheisen.

[23] Vgl. die Darstellungen bei *Pipkorn* in Der Beitrag des Gerichtshofes der Europäischen Gemeinschaften zur Verwirklichung des Gemeinsamen Marktes, S. 9, 13 ff.; Groeben/Schwarze/Hatje/*Müller-Graff* AEUV Art. 34 Rn. 29 mwN in Fn. 72.

[24] Durch Art. 36 des Abkommens über den Europäischen Wirtschaftsraum, ABl. 1994 L 1, S. 3 wird der territoriale Anwendungsbereich der Grundfreiheiten freilich auf den Europäischen Wirtschaftsraum erweitert. Aus sprachlichen Gründen wird im Folgenden gleichwohl allein von der „Gemeinschaft“ bzw. der „Union“ und ihren „Mitgliedstaaten“ gesprochen.

[25] EuGH 11.7.1974 – 8/74, Slg. 1974, 837 Rn. 5 = GRUR Int. 1974, 467 – Dassonville.

[26] EuGH 20.2.1979 – 120/78, Slg. 1979, 649 = GRUR Int. 1979, 468 – Cassis de Dijon. Im Hinblick auf die umfangreiche Literatur zur Tragweite der sog. *Cassis*-Rechtsprechung vgl. nur *Ahlfeld,* passim.

reich hergestellte Fruchtsaftlikör Cassis de Dijon mit einem Weingeistgehalt von nur 15–20 % vom deutschen Markt ausgeschlossen wurde. Die zu untersuchende Vermarktungsregel war unterschiedslos für in- und ausländische Waren anwendbar. Der Gerichtshof bejahte gleichwohl die Anwendbarkeit von Art. 30 EWGV (jetzt Art. 34 AEUV).

Zugleich reagierte der EuGH auf das damit geschaffene Bedürfnis nach einer **Erweiterung der Rechtfertigungsgründe:** Nach der Formulierung aus dem Urteil *Cassis-de-Dijon* sind Hemmnisse für den Binnenhandel der Gemeinschaft, die sich aus Unterschieden der nationalen Regelungen über die Vermarktung ergeben, nur zulässig, soweit diese Bestimmungen notwendig sind, um **zwingenden Erfordernissen** gerecht zu werden, **insbesondere den Erfordernissen** des Schutzes **der Lauterkeit des Handelsverkehrs und des Verbraucherschutzes.**[27] Damit gelang dem EuGH der vollständige Durchbruch zu einem Verständnis der Warenverkehrsfreiheit, das vom **Herkunftslandprinzip**[28] ausgeht.[29] 92

Nach 1979 kam es zwar zu zahlreichen Urteilen des EuGH über mitgliedstaatliche Regelungen lauterkeitsrechtlicher Natur.[30] Da die ersten Entscheidungen des EuGH die jeweils streitgegenständlichen mitgliedstaatlichen Regelungen billigten[31] oder keine Abweichung vom geltenden Recht bewirkten,[32] schien die **Relevanz der europarechtlichen Kontrolle** unter dem Prüfungsmaßstab der Grundfreiheiten jedoch zunächst begrenzt. Das änderte sich schlagartig mit einigen Urteilen aus den frühen 1990er-Jahren.[33] In *GB-INNO*[34] (1990) ging es um die luxemburgische Regelung, wonach bei Angeboten, die mit einem Preisnachlass verbunden sind, weder die Dauer des Angebots angegeben noch auf die früheren Preise hingewiesen werden durfte. In der Rechtssache *Yves Rocher*[35] (1993) war das deutsche Verbot der Werbung mit Eigenpreisvergleichen in § 6e UWG aF Streitgegenstand. Beide wurden als nicht zu rechtfertigende Maßnahmen gleicher Wirkung betrachtet und gaben den Anstoß zu einer ersten Deregulierungsdebatte zum deutschen UWG[36] sowie zu der UWG-Novelle von 1994.[37] 93

---

[27] EuGH 20.2.1979 – 120/78, Slg. 1979, 649 Rn. 8 = GRUR Int. 1979, 468 – Cassis de Dijon.

[28] Der Begriff „Herkunftslandprinzip" wird mit einer Vielzahl von Inhalten verbunden. Für den Kollisionsrechtler handelt es sich um eine international-privatrechtliche Anknüpfungsregel; für den Europarechtler ist demgegenüber mit dem Begriff häufig die von der Regelung in der Richtlinie über den elektronischen Geschäftsverkehr geprägte Horrorvorstellung einer blinden Derogation des Marktortrechts verbunden. Hier wird der Begriff Herkunftslandprinzip demgegenüber so gebraucht, wie er im Europarecht entstanden ist, vgl. *Pescatore* FS Baudenbacher, 2008, 543 (546, 555).

[29] *Dauses* EuZW 1995, 425, spricht insoweit von einer „kopernikanischen Wende". Vgl. zum Herkunftslandprinzip die Mitteilung der Kommission über die Auswirkungen des Urteils des Europäischen Gerichtshofes vom 20.2.1979 in der Rechtssache 120/78 („Cassis de Dijon"), ABl. 1980 C 256, S. 2: „Jedes aus einem Mitgliedstaat eingeführte Erzeugnis ist grundsätzlich im Hoheitsgebiet der anderen Mitgliedstaaten zuzulassen, sofern es rechtmäßig hergestellt worden ist, d. h. soweit es der im Ausfuhrland geltenden Regelung oder den dort verkehrsüblichen, traditionsmäßigen Herstellungsverfahren entspricht und in diesem Land in den Verkehr gebracht worden ist."

[30] Vgl. die Darstellungen bei *Reese* S. 66 ff.; *Joliet* GRUR Int. 1994, 1 (2 ff.); *Lenz* ZEuP 1994, 624 ff.; *Stuyck* WRP 1994, 578 (579 ff.).

[31] EuGH 2.3.1982 – 6/81, Slg. 1982, 707 = GRUR Int. 1982, 439 – Beele, zum niederländischen Verbot der sklavischen Nachahmung; 15.12.1982 – 286/81, Slg. 1982, 4575 = GRUR Int. 1983, 648 – Zugabeverbot, zum niederländischen Zugabenverbot; 16.5.1989 – 382/87, Slg. 1989, 1235 = GRUR Int. 1990, 459 – Buet, zu einem französischen Verbot des Haustürverkaufs für bestimmte Produkte.

[32] Die Entscheidung des EuGH 13.3.1984 – 16/83, Slg. 1984, 1299 = GRUR Int. 1984, 291 – Bocksbeutel, entsprach in Begründung und Ergebnis im Wesentlichen dem Urteil des BGH GRUR 1979, 415 (416) – Cantil-Flasche.

[33] Vgl. *Schricker* GRUR Int. 1994, 586 (589): jähes Erwachen; *Bornkamm,* Anm. zu EuGH 18.5.1993 – C-126/91, Slg. 1993, I-2361 = GRUR 1993, 747 – Yves Rocher, GRUR 1993, 748: dem deutschen Wettbewerbsrechtler sei endgültig die Illusion geraubt worden, im Kleingarten des deutschen Lauterkeitsrechts könnten weiterhin seltene, sonst in Europa nicht vorkommende Arten gezüchtet werden; *Martin-Ehlers* S. 19.

[34] EuGH 7.3.1990 – C-362/88, Slg. 1990, I-667 = GRUR Int. 1990, 955 – GB-INNO-BM.

[35] EuGH 18.5.1993 – C-126/91, Slg. 1993, I-2361 = GRUR 1993, 747 – Yves Rocher mAnm *Schricker* WRP 1993, 615; *Bornkamm* GRUR 1993, 748. Vgl. dazu auch *Heermann* WRP 1993, 578 ff.; *Keßler* WRP 1993, 571 ff.

[36] Vgl. einerseits *Schricker* GRUR Int. 1994, 586 (590 ff.), andererseits *Kisseler* WRP 1994, 1 ff.

[37] Gesetz zur Änderung des Gesetzes gegen den unlauteren Wettbewerb vom 25.7.1994, BGBl. I S. 1738.

94 **(b) Keck und Mithouard.** Der **Einfluss der Warenverkehrsfreiheit auf nationale Lauterkeitsregeln blieb gleichwohl begrenzt.** Dafür ist vor allem die sog. *Keck*-Rechtsprechung des EuGH verantwortlich. Die Leiter zweier französischer Supermärkte, *Keck* und *Mithouard,* wurden in einem Strafverfahren beschuldigt, entgegen dem allgemeinen Verbot des Weiterverkaufs zum Verlustpreis Bier und Kaffee unter dem Einstandspreis verkauft zu haben. Die Angeklagten machten geltend, das Verbot verstoße gegen die Vorschriften über die Freiheit des Warenverkehrs.[38] Anlässlich dessen hielt der EuGH es für notwendig, seine bisherige Rechtsprechung zu überprüfen und klarzustellen. In Aufnahme einer bereits angelegten Rechtsprechungslinie[39] entschied der EuGH, dass **die Anwendung nationaler Bestimmungen, die bestimmte Verkaufsmodalitäten beschränken oder verbieten, nicht geeignet sei, den Handel zwischen den Mitgliedstaaten zu beschränken.** Ausdrücklich stellte der Gerichtshof klar, dass dies nur dann zutreffe, wenn die fragliche Bestimmung für alle betroffenen Wirtschaftsteilnehmer gelte, die ihre Tätigkeit im Inland ausübten, **und der Absatz inländischer Erzeugnisse und der Erzeugnisse aus anderen Mitgliedstaten rechtlich wie tatsächlich in gleicher Weise berührt** werde.[40]

95 Mit dem *Keck*-Urteil schien zunächst der gesamte Bereich der nationalen **Lauterkeitsrechte** als **Beschränkung der Verkaufsmodalitäten** außerhalb des Anwendungsbereichs des Gemeinschaftsrechts zu liegen. Der EuGH stellte jedoch bereits ein Jahr später im Urteil *Clinique* klar, dass für alle nationalen Regelungen betreffend Bezeichnung, Form, Abmessungen, Gewicht, Aufmachung, Etikettierung und Verpackung von Waren nach wie vor die alte Rechtsprechung vor *Keck* gilt.[41] Zahlreiche lauterkeitsrechtliche Vorschriften knüpfen **an das Produkt bzw. seine Ausstattung** an und verbleiben so auf alle Fälle im Regelungsbereich der *Cassis*-Rechtsprechung.

96 Die **Unterscheidung zwischen vertriebs- und produktbezogenen Maßnahmen** sorgte für erhebliche Unruhe.[42] Inzwischen darf als geklärt gelten (vgl. dazu die Voraufl., Einl. B → Rn. 19), dass **bestimmte Verkaufsmodalitäten** in diesem Sinne sämtliche **rechtlich und tatsächlich unterschiedslos anwendbaren** Maßnahmen sind,[43] wie sich aus der klarstellenden Formulierung des EuGH im unmittelbar folgenden „sofern"-Satz der *Keck*-Formel ergibt, in welchem der Gerichtshof das Argument der handelspolitischen Neutralität[44] der Regelungen (im folgenden kurz: **Marktneutralität**[45]) betont, und damit zugleich den eigentlichen Hauptzweck der Entscheidung, nämlich die Rückführung der Rechtsprechung zur Warenverkehrsfreiheit auf das Erfordernis eines **spezifischen Binnenmarktbezuges,** offenlegt: Von der *Keck*-Formel profitieren nämlich nur solche Regelungen, die den Absatz inländischer Erzeugnisse und der Erzeugnisse aus anderen Mitgliedstaten **rechtlich wie tatsächlich in gleicher Weise berühren.**[46]

---

[38] EuGH 24.11.1993 – C-267/91, C-268/91, Slg. 1993, I-6097 Rn. 3 = GRUR 1994, 296 – Keck und Mithouard.

[39] EuGH 14.7.1981 – 155/80, C-155/80, Slg. 1981, 1993 Rn. 21 = NJW 1981, 1885 – Nachtbackverbot; 11.7.1985 – 60/84, Slg. 1985, 2605 Rn. 20, 21 = GRUR Int. 1986, 114 – Cinéthèque; 23.11.1989 – C-145/88, Slg. 1989, 3851 Rn. 11 = GRUR Int. 1991, 41 – Torfaen; 28.2.1991 – C-332/89, Slg. 1991, I-1027 Rn. 10 = EuZW 1991, 318 – Sonntagsarbeit. Vgl. namentlich die Darstellung von GA *Tesauro,* Schlussanträge Rn. 12 ff., zu EuGH 15.12.1993 – C-292/92, Slg. 1993, I-6787 – Hünermund. Zu den verschiedenen Quellen der Doktrin vgl. *Joliet* in Un droit européen de la concurrence déloyale en formation, S. 29, 58 Fn. 78; *Novak* DB 1997, 2589 (2590).

[40] EuGH 24.11.1993 – C-267/91, C-268/91, Slg. 1993, I-6097 Rn. 16 = GRUR 1994, 296 – Keck und Mithouard.

[41] EuGH 2.2.1994 – C-315/92, Slg. 1994, I-317 Rn. 13 = GRUR 1994, 303 – Clinique.

[42] Zu der Veröffentlichungsflut im Anschluss an das *Keck*-Urteil vgl. nur die Zusammenfassung der Deutungsansätze bei *Beater* S. 66 ff.; *Schmitz* S. 162 ff.

[43] *Jestaedt/Kästle* EWS 1994, 26 (28); *Heermann* WRP 1999, 381 (383).

[44] *Weatherill/Beaumont* S. 610.

[45] Ähnlich Köhler/Bornkamm/Feddersen/*Köhler* Einl. UWG Rn. 3.25.

[46] EuGH 20.6.1996 – C-418/93, Slg. 1996, I-2975 Rn. 15 ff. = EuZW 1996, 600 – Italienische Ladenöffnungszeiten.

Die *Keck*-Rechtsprechung im so verstandenen Sinne ermöglicht dem EuGH einerseits, über den formal verstandenen Begriff der Diskriminierung hinauszugehen und die Behinderung durch Gleichbehandlung[47] zu erfassen,[48] gleichzeitig aber der Regelungssouveränität der Mitgliedstaaten gerecht zu werden, indem eine **spezifische Verbindung** zwischen der bloßen Beschränkung der Absatzmöglichkeit und der ausländischen Herkunft der Waren verlangt wird. Der Zugriff der Warenverkehrsfreiheit ist demgemäß davon abhängig, ob durch die nationale Regelung der **Marktzugang** von Anbietern aus anderen Mitgliedstaaten **erschwert** wird, dh ihm **Hindernisse** bereitet werden, **die inländischen Anbietern in dieser Form nicht im Wege stehen**[49] (zu den verfahrensrechtlichen Anforderungen sogl.). Die Maßgeblichkeit der Marktzugangserschwerung wurde durch die Rechtsprechung des EuGH zu den übrigen Grundfreiheiten bestätigt.[50] Geschlossen wurde der Kreis durch das *TK-Heimdienst*-Urteil des EuGH zur Warenverkehrsfreiheit, in welchem der EuGH bei der Beurteilung, ob eine „bestimmte Verkaufsmodalität" im Sinne der *Keck*-Doktrin vorlag, unmittelbar auf die Prüfung zurückgriff, ob der **Marktzugang** der Waren aus anderen Mitgliedstaaten stärker behindert wird als der von einheimischen Waren.[51] In seiner Entscheidung der Rechtssache *Gourmet* stellte der EuGH zunächst die *Keck*-Formel vollends vom Kopf auf die Füße: 97

„Nach Randnummer 17 des Urteils Keck und Mithouard fallen nationale Bestimmungen, die bestimmte Verkaufsmodalitäten beschränken oder verbieten, nur dann nicht in den Anwendungsbereich des Artikels 30 EG-Vertrag, wenn sie nicht geeignet sind, den Marktzugang für Erzeugnisse aus einem anderen Mitgliedstaat zu versperren oder stärker zu behindern, als sie dies für inländische Erzeugnisse tun."[52]

Diesen Weg hat der EuGH in jüngeren Entscheidungen weiterverfolgt.[53] Der EFTA-Gerichtshof hat das **materielle Kriterium der Marktneutralität** bereits einer Entscheidung zugrundegelegt, ohne die Entscheidung *Keck* überhaupt noch zu zitieren.[54] Da der EuGH die Keck-Rechtsprechung selbst nie aufgegeben hat[55] und ihre Weiterentwicklung unmittelbar aus den Erwägungsgründen der Entscheidung *Keck* abgeleitet werden kann, erscheint es immerhin zweckmäßiger, das **Kriterium der Marktzugangsbehinderung** als **„modern"** oder **„materiell" verstandene Keck-Doktrin** zu begreifen,[56] als in ihm 98

---

[47] Vgl. dazu EuGH 14.7.1981 – 155/80, C-155/80, Slg. 1981, 1993 Rn. 8, 10 = NJW 1981, 1885 – Nachtbackverbot.

[48] Insoweit ist es nicht zutreffend, im *Keck*-Urteil eine Rückführung der Warenverkehrsfreiheit auf ein bloßes Diskriminierungsverbot im Bereich nicht-produktbezogener Regelungen zu erkennen, zB *Sack* EWS 1994, 37 (44); vgl. bereits *Hödl* S. 156. Eine tatsächliche Ungleichbehandlung iSd Keck-Rechtsprechung ist auf der Grundlage der vom EuGH entwickelten Dogmatik nicht stets eine Diskriminierung im Rechtssinn: So begründet EuGH 8.3.2001 – C-405/98, Slg. 2001, I-1795 Rn. 21 ff. = GRUR Int. 2001, 553 – Gourmet, zunächst, weshalb das schwedische Werbeverbot für Alkoholika sich nicht marktneutral auswirkt, um anschließend im Zusammenhang der Rechtfertigungsmöglichkeit, dort, Rn. 32, darauf hinzuweisen, dass keine der dem Gerichtshof vorliegenden Informationen auf eine Diskriminierung hindeute. Anders *Novak* DB 1997, 2589 (2590), allerdings auf der Grundlage eines weiteren Diskriminierungsbegriffs.

[49] Schwarze/*Becker* AEUV Art. 34 Rn. 47 ff. Es ist insoweit nicht sinnvoll, die Begründung von Marktzutrittsschranken als Anknüfungspunkt einer (zu) weit verstandenen Diskriminierung *neben* die Diskriminierung durch Rechtsunterschiede zu stellen, so *Dethloff* S. 173 ff.

[50] Vgl. bereits *Glöckner* EuR 2000, 592 (616 ff.).

[51] EuGH 13.1.2000 – C-254/98, Slg. 2000, I-151 Rn. 29 = EuZW 2000, 309 – TK-Heimdienst.

[52] EuGH 8.3.2001 – C-405/98, Slg. 2001, I-1795 Rn. 17 = GRUR Int. 2001, 553 – Gourmet.

[53] EuGH 11.12.2003 – C-322/01, Slg. 2003, I-14887 Rn. 71 = GRUR Int. 2004, 418 – DocMorris; 25.3.2004 – C-71/02, Slg. 2004, I-3025 Rn. 37 = GRUR Int. 2004, 626 – Karner Industrie-Auktionen; 26.5.2005 – C-20/03, Slg. 2005, I-4133 Rn. 26 = EuZW 2005, 497 – Burmanjer.

[54] EFTA-GH 25.2.2005 – E-4/04, 2005 EFTA Ct. Rep. 1 Rn. 46, 47 – Pedicel.

[55] Vgl. etwa EuGH 25.3.2004 – C-71/02, Slg. 2004, I-3025 Rn. 37–42 = GRUR Int. 2004, 626 (628) – Karner Industrie-Auktionen; 15.7.2004 – C-239/02, Slg. 2004, I-7007 Rn. 51 = EuZW 2004, 657 – Douwe Egberts; 10.2.2009 – C-110/05, Slg. 2009, I-519 Rn. 34 = EuZW 2009, 173 – Komm./Italien.

[56] Ebenso GA *Maduro,* Schlussanträge, verb. Rs. C-158, 159/04, Slg. 2006, I-8135 Rn. 45 ff. – Alfa Vita.

ein neues Kriterium zu erkennen.[57] Unter der Keck-Doktrin als Kurzbezeichnung sollte daher richtigerweise nicht (mehr) die formale Unterscheidung nach produktbezogenen Regelungen und Regelungen bloßer Vertriebsmodalitäten, sondern die Unterscheidung nach Regelungen, die geeignet sind, den Marktzugang für Erzeugnisse aus einem anderen Mitgliedstaat zu versperren oder stärker zu behindern, als sie dies für inländische Erzeugnisse tun, und Regelungen, die dies nicht tun, in anderen Worten: sich marktneutral auswirken, verstanden werden.

99 **(c) Mangelnde Marktneutralität ohne einheimische Produkte sowie marktneutrale Verwendungsbeschränkungen: Ausnahme oder Bestätigung von Keck?** Vgl. dazu die Voraufl., Einl. B → Rn. 23 ff.

100 **(d) Keck im Verfahren.** Durch die Anknüpfung der *Keck*-Formel an die faktische Benachteiligung wurde ein **Unsicherheitsfaktor** in die Dogmatik getragen, da die **tatsächlichen Auswirkungen** einer Regelung **stets einzelfallabhängig** sind.[58] Dem Urteil *De Agostini* zum schwedischen Verbot von an Kinder gerichteter Fernsehwerbung konnte entnommen werden, dass die Wirksamkeit verschiedener Absatzförderungsformen und damit auch die Frage nach einer unterschiedlichen Betroffenheit eingeführter Waren **eine vom vorlegenden Gericht zu beurteilende Frage** ist. Der EuGH hatte in diesem Zusammenhang das vorlegende Gericht auf die möglicherweise fehlende Marktneutralität ausdrücklich aufmerksam gemacht.[59]

101 Die sich daraus ergebende **Einzelfallabhängigkeit** der Tragweite der Grundfreiheiten wurde in der Literatur beanstandet.[60] Gelegentlich nahm denn auch der EuGH selbst zur Marktneutralität mitgliedstaatlicher Regelungen Stellung: So bejahte er die Marktneutralität in der Rechtssache *Italienische Ladenöffnungszeiten,*[61] obgleich das vorlegende italienische Gericht Zweifel geäußert hatte, ob eine Regelung zur Begrenzung der Ladenöffnungszeiten[62] inländische und importierte Waren tatsächlich in gleicher Weise berühre: Der italienische Markt sei nämlich gekennzeichnet durch eine große Zahl kleiner Betriebe mit einem sehr beschränkten Kundenkreis auf der einen Seite und durch große Einkaufszentren, die am Stadtrand oder außerhalb der Städte gelegen seien, auf der anderen Seite. Da der Verbraucher an Werktagen nur über wenig freie Zeit verfüge, seien diese großen Einkaufszentren nur an Sonntagen für die Kunden leicht erreichbar; die Unmöglichkeit, diese Zentren mit ausreichender Leichtigkeit und Häufigkeit zu erreichen, leite die Nachfrage zu den kleinen Betrieben um, die näher am Verbraucher gelegen seien, und damit zu inländischen Erzeugnissen, da in diesen kleinen Betrieben ausländische Erzeugnisse im allgemeinen nicht in derselben Auswahl und Menge zu finden seien. Dieser Zusammenhang erschien dem EuGH aber wohl zu ungewiss.

102 Ein Beispiel für die **Ablehnung der Marktneutralität durch den EuGH** selbst liefert das bereits angesprochene Urteil in der Rechtssache *Gourmet:* Streitgegenstand war das schwedische Verbot der Printwerbung für Getränke mit einem Alkoholgehalt von mehr als 2,25 %, gegen welches die *Gourmet AB* als Herausgeberin einer Zeitschrift verstoßen hatte. *Gourmet AB* wandte ein, dass ein solches Verbot die Warenverkehrsfreiheit verletze, da es

---

[57] Groeben/Schwarze/Hatje/*Müller-Graff* AEUV Art. 34 Rn. 41; *Dethloff* S. 173 ff., begründet wohl Marktzutrittsschranken als Anknüpfungspunkt einer (zu) weit verstandenen Diskriminierung *neben* der Diskriminierung durch Rechtsunterschiede.

[58] *Kotthoff* S. 111; *Ebenroth* FS Piper, 1996, 133 (168); *Ahlfeld* S. 158; *Heermann* WRP 1999, 381 (384); *Oliver* 36 CML Rev. 783, 796 (1999).

[59] EuGH Slg. 1997, I-3843 Rn. 43 = GRUR Int. 1997, 913 – De Agostini. In gleicher Weise hat der EFTA-GH in *Nille* (norwegische Genehmigungspflicht für den Betrieb von Videovermietungen) das vorlegende Gericht auf eine nicht auszuschließende Diskriminierung hingewiesen, EFTA-GH 14.5.1997 – E-5/96, 1997 EFTA Ct. Rep. 32 Rn. 29 – Nille.

[60] *Sack* WRP 1998, 103 (108): Beurteilung in allgemeiner Weise und einheitlich für alle Importeure.

[61] EuGH Slg. 1996, I-2975 = EuZW 1996, 600 – Italienische Ladenöffnungszeiten. Zu einem ähnlichen Sachverhalt war das Urteil des EuGH Slg. 1994, I-2355 = NJW 1994, 2141 – Punto Casa, ergangen.

[62] Bereits EuGH Slg. 1994, I-2355 Rn. 12 ff. = NJW 1994, 2141 – Punto Casa.

eingeführte Waren stärker belaste als einheimische. Der EuGH wies zwar darauf hin, dass eine genaue Untersuchung der die Lage in Schweden kennzeichnenden tatsächlichen Umstände dem nationalen Gericht obläge, wenn sie denn nötig wäre. Dennoch meinte er, selbst feststellen zu können, dass das schwedische Werbeverbot sich **nicht marktneutral** auswirke. Zunächst sei bei Erzeugnissen wie den alkoholischen Getränken, deren Genuss mit herkömmlichen gesellschaftlichen Übungen sowie örtlichen Sitten und Gebräuchen verbunden sei, ein totales Verbot jeder an die Verbraucher gerichteten Werbung geeignet, den Marktzugang für Erzeugnisse aus anderen Mitgliedstaaten stärker zu behindern als für inländische Erzeugnisse, weil der Verbraucher mit letzteren unwillkürlich besser vertraut sei.[63] Hinzu kam, dass in Schweden Printwerbung in Druckschriften zulässig war, die ausschließlich an den Verkaufsstätten verteilt werden. Insoweit wirkte sich das schwedische Vertriebsmonopol für Alkoholika[64] zum Nachteil der schwedischen Regelung aus.

Mit der Entscheidung *Gourmet* setzte der EuGH sich in einen gewissen Widerspruch zu den genannten älteren Urteilen. Die **Feststellungskompetenz** hinsichtlich der mangelnden Marktneutralität hatte er insbes. in *De Agostini* sehr deutlich den **mitgliedstaatlichen Gerichten** zugewiesen. Davon rückte der EuGH in seiner Entscheidung *Gourmet* – leider unausgesprochen – ab. Wenn der EuGH mit dieser Entscheidung die anzulegenden Maßstäbe bewusst hätte verschieben wollen, wäre ein klärendes Wort angebracht gewesen. Stattdessen bezog sich der EuGH ausdrücklich auf sein Urteil in der Rechtssache *De Agostini*[65] und erweckte damit den Eindruck der Kontinuität. Tatsächlich mag der weitere Verlauf dieser Rechtssache eine Rolle gespielt haben: Trotz des Hinweises durch den EuGH hatte das schwedische Marktgericht *(Marknadsdomstolen)* bei der Fortsetzung des Verfahrens die Marktneutralität mit der Begründung bejaht, die von De Agostini geltend gemachten, den Marktzugang behindernden Umstände seien nicht durch das Produkt als solches oder seine Herkunft begründet worden, sondern durch die Position, die De Agostini in seiner Eigenschaft als ausländisches Unternehmen und als neuer Teilnehmer auf dem schwedischen Markt im Vergleich zu bereits in Schweden niedergelassenen einnehme.[66] Gerade letzterer Gesichtspunkt schließt – ganz im Gegenteil – die Marktneutralität aus! Die Entscheidung *Gourmet* ist damit wohl weniger als „leiser Abschied" von der *Keck*-Doktrin[67] zu deuten, denn als nachdrücklicher Hinweis an die Gerichte der Mitgliedstaaten, das Kriterium der Marktneutralität ernst zu nehmen.[68] Dennoch bildet die Dichte des Zugriffs der Grundfreiheiten bzw., in prozessualer Terminologie, das **Beweismaß** heute **im Hinblick auf die Frage nach der fehlenden Marktneutralität** nicht nur aus dogmatischen, sondern vor allem aus pragmatischen Gründen die **„offene Flanke"** der *Keck*-Doktrin. Insbesondere für die **anwaltliche Praxis** stellt die Begründung der fehlenden Marktneutralität einer nationalen Regelung im konkreten Fall die erste Hürde dar, bevor Gebrauch von der scharfen Waffe der Grundfreiheiten gemacht werden kann. 103

bb) Abwägung mit den zwingenden Erfordernissen der Cassis-Formel – Europäisches Verbraucherleitbild. In der Entscheidung *Cassis de Dijon*[69] bestätigte der EuGH nicht allein den Anwendungsbereich der Warenverkehrsfreiheit gemäß der *Dassonville*-Formel, sondern eröffnete den Mitgliedstaaten zugleich die Möglichkeit, den Warenverkehr durch nicht-diskriminierende Regelungen zu beschränken, „um **zwingenden Erforder-** 104

[63] EuGH Slg. 2001, I-1795 Rn. 21 = GRUR Int. 2001, 553 – Gourmet. Vgl. bereits EFTA-GH 27.6.1997 – E-6/96, 1997 EFTA Ct. Rep. 56 Rn. 73 – Wilhelmsen. Die fehlende Marktneutralität wurde auch in EuGH Slg. 2004, I-7007 Rn. 52, 53 = EuZW 2004, 657 – Douwe Egberts, bejaht.

[64] Es war vom EuGH Slg. 1997, I-5909 = EuZW 1998, 55 – Franzén, im Grundsatz für zulässig erachtet worden.

[65] EuGH Slg. 2001, I-1795 Rn. 19 =GRUR Int. 2001, 553 – Gourmet.

[66] Marknadsdomstolen GRUR Int. 1999, 466 (467) – De Agostini II.

[67] So *Buschle* ELR 2001, 75.

[68] Ähnlich EuGH Slg. 2003, I-14887 Rn. 74 = GRUR 2004, 174 – DocMorris.

[69] EuGH Slg. 1979, 649 Rn. 8 = GRUR Int. 1979, 468 – Cassis de Dijon.

nissen gerecht zu werden, insbesondere den Erfordernissen [..]. **der Lauterkeit des Handelsverkehrs und des Verbraucherschutzes**" (Hervorhebungen d. Verf.). Damit wurde den nationalen Lauterkeitsordnungen gleichwohl kein Persilschein ausgestellt,[70] sondern die **Notwendigkeit einer Abwägung** von Warenverkehrsfreiheit und Lauterkeitsschutz im Einzelfall begründet,[71] wie in den Entscheidungen *Bocksbeutel,*[72] *Pall,*[73] *Nissan,*[74] *Clinique,*[75] *Mars,*[76] *6-Korn,*[77] *Lifting*[78] und *naturrein*[79] (vgl. zu den Entscheidungen ausf. die 2. Auflage, Einl. B → Rn. 129 ff.) zu der von den Mitgliedstaaten berufenen Irreführungsgefahr deutlich wurde. In ihnen prüfte der EuGH das Vorliegen der **Schutzvoraussetzungen autonom** und definierte den **Modelladressaten (vgl. dazu → Rn. 434).**

105 **cc) Kohärenzvorbehalt.** In jüngerer Zeit wird die Rechtfertigung mit zwingenden Erfordernissen vermehrt unter den Vorbehalt gestellt, dass die Mitgliedstaaten das von ihnen gewählte legitime Regelungsziel **„kohärent und systematisch"** verfolgen. Dieser Kohärenzvorbehalt, auch sog. ***hypocrisy test,***[80] wurde vom EuGH in Entscheidungen zum **Glücksspielbereich** entwickelt[81] und bisher auf Beschränkungen der Niederlassungsfreiheit durch mitgliedstaatliche Regelungen aus dem Gesundheitssystem[82], auf Beschränkungen des freien Warenverkehrs durch Fahrverbote[83] sowie auf Beschränkungen der Niederlassungsfreiheit der Dienstleister in der Dienstleistungsrichtlinie[84] übertragen. Die Generalanwälte wenden das Kohärenzgebot dagegen zunehmend universell an[85] und der **EFTA-Gerichtshof** erkennt in ihm gar einen **allgemeinen Grundsatz.**[86]

106 Der Kohärenzvorbehalt hat eine sektorielle und eine horizontale Dimension.[87] **Zunächst** ist **jede einzelne Beschränkung der Grundfreiheiten gesondert** auf ihre Kohärenz hin zu überprüfen.[88] So hat der **EuGH** etwa anerkannt, dass zwischen den verschiedenen Arten

[70] *Gormley,* Prohibiting Restrictions on Trade within the EEC. The theory and application of Articles 30–36 of the EEC Treaty, 1985, S. 52. AA noch *Hösl* S. 325.

[71] *Reese* S. 56; *Dauses* EuZW 1995, 425. *Rüffler* S. 65, bezeichnet das als Optimierungsproblem.

[72] EuGH Slg. 1984, 1299 = GRUR Int. 1984, 291 – Bocksbeutel.

[73] EuGH Slg. 1990, I-4827 Rn. 19 = GRUR Int. 1991, 215 – Pall.

[74] EuGH Slg. 1992, I-131 Rn. 4 = GRUR Int. 1993, 951 – Nissan.

[75] EuGH Slg. 1994, I-317 Rn. 21 ff. = GRUR 1994, 303 – Clinique.

[76] EuGH Slg. 1995, I-1923 = GRUR Int. 1995, 804 – Mars.

[77] EuGH Slg. 1998, I-4657 Rn. 31 ff. = GRUR Int. 1998, 795 – 6-Korn. Die Formulierungen aus der *6-Korn*-Entscheidung finden sich nahezu wörtlich wiederholt im Urteil des EuGH Slg. 1999, I-513 Rn. 36 = GRUR Int. 1999, 345 – Verbraucherschutzverein/Sektkellerei Kessler.

[78] EuGH Slg. 2000, I-117 = GRUR Int. 2000, 354 – Estée Lauder/Lancaster.

[79] EuGH Slg. 2000, I-2297 = GRUR Int. 2000, 756 – naturrein.

[80] So GA *Mengozzi* Schlussanträge Rn. 50 mwN, zu EuGH Slg. 2010, I-8069 Rn. 88, 97 f. = NVwZ 2010, 1409 – Stoß ua.

[81] EuGH Slg. 2003, I-13031 Rn. 67 = EuZW 2004, 115 – Gambelli; EuGH Slg. 2007, I-1891 Rn. 53 = NJW 2007, 1515 – Placanica; EuGH Slg. 2010, I-8069 Rn. 88, 97 f. = NVwZ 2010, 1409 – Stoß ua; EuGH ECLI:EU:C:2011:582 Rn. 54 = EuZW 2011, 841 – Dickinger und Ömer; EuGH ECLI:EU:C:2012:80 Rn. 63 = EuZW 2012, 275 – Costa und Cifone.

[82] EuGH Slg. 2009, I-1721 Rn. 55 ff. = EuZW 2009, 298 – Hartlauer; EuGH Slg. 2009, I-4171 Rn. 42 ff. = NJW 2009, 2112 – Apothekerkammer des Saarlandes; EuGH Slg. 2010, I-4629 Rn. 94 ff. = EuZW 2010, 578 – Blanco Pérez und Chao Gómez.

[83] EuGH ECLI:EU:C:2011:854 Rn. 126 = ZUR 2012, 291 – Kommission/Österreich.

[84] EuGH, 4.7.2019 – C-377/17 – Mindestsätze der HOAI = NJW 2019, 2529, Rn. 89.

[85] GA *Trstenjak* Schlussanträge Rn. 101 ff., zu EuGH C-221/09, Slg. 2011, I-5389 – AJD Tuna (Verbot der Anlandung von Thunfisch); GA *Mengozzi* Schlussanträge Rn. 75 ff., zu EuGH C-161/09, Slg. 2011, I-915 – Kakavetsos-Fragkopoulos (Verbringung, Verarbeitung und Inverkehrbringen getrockneter Weintrauben); GA *Kokott* Schlussanträge Rn. 63 ff., zu EuGH verb. Rs. C-436, 437/08, Slg. 2011, I-305 – Haribo und Österreichische Salinen (Besteuerung ausländischer Dividenden); GA *Mengozzi* Schlussanträge Rn. 40 f., zu EuGH ECLI:EU:C:2011:750 = EuZW 2012, 75 – Aladzhov (Beschränkung der Freizügigkeit wegen Steuerschulden); GA *Bot* Schlussanträge Rn. 65, zu EuGH ECLI:EU:C:2015:776 = EuZW 2016, 466 – Dansk Industrie.

[86] EFTA-GH 14.3.2007 – E-1/06, 2007 EFTA Ct. Rep. 8 Rn. 43 – Spielautomaten.

[87] *Ennuschat* GewA 2010, 425 (426).

[88] EuGH Slg. 2007, I-1891 Rn. 49 = NJW 2007, 1515 – Placanica; *Noll-Ehlers* EuZW 2008, 522 (523).

von Glücksspielen erhebliche Unterschiede in der konkreten Ausformung und im Gefährdungspotential bestehen, die unterschiedliche Regelungen rechtfertigen können.[89] Daneben ist aber auch eine **gewisse Gesamtkohärenz** der mitgliedstaatlichen Politik **innerhalb des jeweiligen Regelungsbereichs** erforderlich.[90] So kann etwa eine mitgliedstaatliche Politik, die eher darauf abzielt, zur Teilnahme an anderen Glücksspielen zu ermuntern, als darauf, die Gelegenheiten zum Spiel zu verringern, zur Folge haben, dass das der Errichtung eines Sportwetten- und Lotteriemonopols zugrunde liegende Ziel, Anreize zu übermäßigen Ausgaben für das Spielen zu vermeiden und die Spielsucht zu bekämpfen, mit ihm nicht mehr wirksam verfolgt werden kann.[91] Der **EFTA-Gerichtshof** misst dem Kohärenzgebot eine deutlich **stärker sektorübergreifende Funktion** bei.[92]

Die **Prüfung** des Kohärenzkriteriums ist **Sache des mitgliedstaatlichen Gerichts,** das mit der Auslegung und Anwendung der nationalen Beschränkungsregelung befasst ist.[93] 107
Beim gegenwärtigen Integrationsstand, der keine universelle Europäische Rechtsetzungskompetenz vorsieht, diese vielmehr durch die Verträge einzeln und konkret begründet wird, erschiene eine globale Kohärenzkontrolle durch die Unionsgerichte in der Tat als Überschreitung ihrer Verbandskompetenz. Die Geltungszeitlichkeit des Rechts und die dynamische Entwicklung von Gerechtigkeitsvorstellungen, unterschiedliche gesellschaftliche Wichtigkeit und Einsatz knapper Gesetzgebungsressourcen, politische Durchsetzungskraft und institutionelle Strukturen sorgen dafür, dass Rechtsordnungen bei hinreichend globaler Betrachtung stets hinter dem Ideal vollständiger Kohärenz und Systematik zurückbleiben werden. Für die neue Rechtsordnung der Union gilt das wohl noch stärker als für die Rechtsordnungen ihrer Mitgliedstaaten. Die Anwendung eines **globalen Kohärenztests** zur Begründung umfassender Kontrollkompetenz der Unionsgerichte käme einer ***probatio diabolica*** gleich.

dd) Rechtfertigung gem. Art. 36 AEUV. Als Grenze des Verbots von ein- bzw. 108
ausfuhrbeschränkenden Maßnahmen sieht der AEU-Vertrag die **Rechtfertigung** auf der Grundlage von **Art. 36** vor. Es handelt sich dabei allerdings weder um eine allgemeine Schutzklausel noch um die Festlegung einer *domaine réservé* der Mitgliedstaaten.[94] Obgleich der EuGH den Anwendungsbereich der Warenverkehrsfreiheit durch seine *Dassonville*-Rechtsprechung erheblich ausgeweitet hatte, sprach er sich ausdrücklich gegen eine entsprechend extensive Auslegung der Ausnahmevorschrift in Art. 36 EGV (jetzt Art. 36 AEUV) aus: Zunächst wird der darin befindliche **Katalog der Schutzgüter** als **abschließend** betrachtet.[95] Daneben wird die Vorschrift wegen ihres letzten Satzes dahingehend verstanden, dass sie „Tatbestände nicht-wirtschaftlicher Art (enthalte, d. Verf.), die die Verwirklichung der in den Artikeln 30 bis 34 (nunmehr Art. 34, 35 AEUV, d. Verf.) aufgestellten Grundsätze nicht in Frage stellen können".[96]

Als **unionsrechtliche Begriffe** werden die aufgeführten Schutzgründe zwar im Grund- 109
satz unionsrechtlich umgrenzt. Der EuGH gewährt den **Mitgliedstaaten** dabei jedoch einen

---

[89] EuGH Slg. 2010, I-8069 Rn. 88, 97 f., 1409 = NVwZ 2010, 1409 – Stoß ua; EuGH Slg. 2010, I-8149 Rn. 62 f. = NVwZ 2010, 1422 – Carmen Media Group; *Ennuschat* GewA 2010, 425 (426).

[90] *Ennuschat* GewA 2010, 425 (426).

[91] EuGH Slg. 2010, I-8069 Rn. 88, 97 f., 106 f. = NVwZ 2010, 1409 – Stoß ua; EuGH Slg. 2010, I-8149 Rn. 68, 71 = NVwZ 2010, 1422 – Carmen Media Group, mit ausführlicher Anm. zum Streitstand *Gundel* ZUM 2010, 955 (956 f.); aA noch GA *Mengozzi* Schlussanträge Rn. 72 ff., zu EuGH Slg. 2010, I-8069 Rn. 88, 97 f. = NVwZ 2010, 1409 – Stoß ua.

[92] Vgl. dazu EFTA-GH 14.3.2007 – E-1/06, 2007 EFTA Ct. Rep. 8 Rn. 43 ff. – Spielautomaten; 5.4.2001 – E-3/00, 2000-01 EFTA Ct. Rep. 73 Rn. 41 – ESA/Norwegen; ausführlich *Noll-Ehlers* EuZW 2008, 522 (524).

[93] EuGH Slg. 2011, I-5633 Rn. 47 = EuZW 2011, 674 – Zeturf; Slg. 2011, I-8185 Rn. 54 = EuZW 2011, 841 – Dickinger und Ömer.

[94] Groeben/Schwarze/Hatje/*Müller-Graff* AEUV Art. 36 Rn. 1.

[95] EuGH Slg. 1981, 1625 Rn. 8 = GRUR Int. 1982, 117 – Irish Souvenirs; EuGH Slg. 1982, 2187 Rn. 27 = NJW 1983, 1965 – Kommission/Italien.

[96] StRspr seit EuGH 7/61, Slg. 1961, 695 (720) – Kommission/Italien; vgl. nur EuGH Slg. 1995, I-563 Rn. 36 = EuZW 1995, 369 – Evans.

gewissen **Konkretisierungsspielraum.**[97] Darüber hinaus obliegt es den Mitgliedstaaten, über die Intensität des Schutzes, dh das Schutzniveau, zu entscheiden.[98] Abgesehen davon stehen auch die Rechtfertigungsgründe des Art. 36 AEUV unter einem **Verhältnismäßigkeitsvorbehalt,**[99] der die Schranken-Schranke des Art. 36 S. 2 AEUV (willkürliche Diskriminierung oder verschleierte Handelsbeschränkung) weitgehend leerlaufen lässt.[100] Lauterkeitsrechtliche Regelungen der Mitgliedstaaten können nur selten durch Art. 36 AEUV gerechtfertigt werden. Denkbar ist dies immerhin zB bei Vertriebs- oder Werbeverboten im Bereich des Lebens- oder Arzneimittelrechts, die dem **Schutz von Leben und Gesundheit** der Verbraucher dienen,[101] vgl. Art. 3 Abs. 3 UGP-RL. Der Rechtfertigungsgrund des **Schutzes der öffentlichen Ordnung** wird demgegenüber **nicht** schon dadurch eröffnet, dass nationale Vorschriften **strafbewehrt** sind.[102] Der **Verbraucherschutz** zählt **ebenfalls nicht** zur öffentlichen Ordnung. Durch die Entscheidung *Kohl* wurde er exklusiv dem Bereich der *Cassis*-Doktrin zugewiesen.[103] Mitgliedstaatliche **Regelungen lauterkeitsrechtlicher Natur** sollen auch **nicht** unter den Rechtfertigungsgrund des **Schutzes des gewerblichen und kommerziellen Eigentums** fallen. Es erscheint zwar aus dogmatischen und praktischen Erwägungen fragwürdig, den markenrechtlichen Schutz vor der Begründung einer Verwechslungsgefahr oder den patentrechtlichen Schutz vor der Benützung einer geschützten Erfindung anderen Normsystemen zu unterwerfen als den lauterkeitsrechtlichen.[104] Jedoch macht die anhaltende Diskussion zu der Abgrenzung von spezifischem Gegenstand des Schutzrechts und seiner Ausübung[105] bzw. zur Erschöpfung[106] hinreichend deutlich, dass die Verortung der Problematik in Art. 36 AEUV allein zusätzliche Probleme schaffen würde, zumal die materiellen Standards der Rechtfertigung nach Art. 36 AEUV bzw. der *Cassis*-Formel weitgehend deckungsgleich sind. Zu beachten ist jedoch, dass der EuGH im Urteil *Turrón de Alicante* davon ausgegangen ist, dass der mitgliedstaatliche **Schutz geographischer Herkunftsangaben** an Art. 36 AEUV zu messen ist.[107]

110 **c) Dienstleistungsfreiheit, Art. 56 AEUV.** Als Konsequenz der **„Vorreiterrolle" der Warenverkehrsfreiheit** innerhalb der Dogmatik der Grundfreiheiten[108] wurde der Zugriff auf die Lauterkeitsrechtsordnungen der Mitgliedstaaten im Wege der Negativ-Integration zunächst auf die Art. 30 ff. EWGV (nunmehr Art. 34 ff. AEUV) gestützt. Die

---

[97] EuGH Slg. 1979, 3795 Rn. 15 = GRUR Int. 1980, 229 – Henn und Darby, zur öffentlichen Sittlichkeit.

[98] EuGH 104/75, Slg. 1976, 613 Rn. 14/18 – de Peijper; EuGH Slg. 1979, 3795 Rn. 15 GRUR Int. 1980, 229 – Henn und Darby; EuGH 261/85, Slg. 1988, 547 Rn. 12 – Kommission/Vereinigtes Königreich; EuGH Slg. 2003, I-14887 Rn. 103 = GRUR 2004, 174 – DocMorris; EuGH ECLI:EU:C:2016:776 Rn. 30 = GRUR 2016, 1312 – Deutsche Parkinson Vereinigung.

[99] EuGH Slg. 1978, 1935 Rn. 30 = GRUR 1979, 68 – Qualitätsbezeichnungen; EuGH 153/78, Slg. 1979, 2555 Rn. 8 – Komm./Deutschland; EuGH Slg. 1983, 531 Rn. 12 = NJW 1983, 2757 – Komm./Belgien; EuGH 42/82, Slg. 1983, 1013 Rn. 54 – Komm./Frankreich; EuGH Slg. 1984, 2727 Rn. 37 = DVBl 1985, 333 – Campus Oil; EuGH Slg. 1995, I-536 Rn. 38 ff. = EuZW 1995, 369 – Evans; EuGH ECLI:EU:C:2016:776 Rn. 34 ff. = GRUR 2016, 1312 – Deutsche Parkinson Vereinigung.

[100] Groeben/Schwarze/Hatje/*Müller-Graff* AEUV Art. 36 Rn. 162 ff. Vgl. aber EuGH Slg. 1980, 2299 Rn. 17 = NJW 1981, 1147 – Frz. Alkoholika: Darin wird die Möglichkeit einer Rechtfertigung des Werbeverbotes im Grundsatz anerkannt. Im zu entscheidenden Fall wurde in der Ausgestaltung des Verbotes jedoch ein Mittel zur Diskriminierung erkannt.

[101] Vgl. EuGH Slg. 1980, 2299 Rn. 15 = NJW 1981, 1147 – Frz. Alkoholika; EuGH Slg. 2001, I-1795 Rn. 26 ff. = GRUR Int. 2001, 553 – Gourmet. Zur Rechtfertigung auf der Grundlage des Gesundheitsschutzes vgl. *Dethloff* S. 182 ff.

[102] EuGH Slg. 1984, 1299 Rn. 33 = GRUR Int. 1984, 291 – Bocksbeutel.

[103] EuGH Slg. 1984, 3651 Rn. 19 = GRUR Int. 1985, 110 – Kohl.

[104] *Joliet* in Un droit européen de la concurrence déloyale en formation, S. 29, 59 ff.

[105] Vgl. dazu *Ebenroth/Hübschle* Rn. 78 ff.; *Klauer* S. 234 ff.; sowie grundlegend *Heinemann,* passim.

[106] Vgl. dazu nur *Baudenbacher* GRUR Int. 2000, 584 ff., sowie die übrigen, in GRUR Int. 2000, Heft 7, veröffentlichten, im Rahmen der 27. Tagung der Deutschen Gesellschaft für Rechtsvergleichung am 24.9.1999 gehaltenen, Referate.

[107] EuGH Slg. 1992, I-5529 Rn. 23 ff. = GRUR Int. 1993, 76 – Turrón de Alicante. Vgl. dazu *Joliet* in Un droit européen de la concurrence déloyale en formation, S. 29, 38 ff., 42.

[108] Groeben/Schwarze/Hatje/*Müller-Graff* AEUV vor Art. 34 ff. Rn. 10.

oben dargestellte Eingrenzung des Anwendungsbereichs der Warenverkehrsfreiheit durch die Entscheidung *Keck* hat die **Akzente verschoben.**[109] Insbesondere die Kommission stützt ihre **Harmonisierungsbemühungen inzwischen** schwerpunktmäßig auf die **Beeinträchtigung der Dienstleistungsfreiheit.** Letztere ist zunächst anwendbar, wenn nicht Waren, sondern **Dienstleistungen grenzüberschreitend vertrieben** werden (aa).[110] Die Dienstleistungsfreiheit kann daneben mittelbar auch den Warenvertrieb erfassen, sofern sich nationale Vermarktungsregelungen negativ auf die **Erbringung von Dienstleistungen, namentlich von Werbeunternehmen,** auswirken (bb).

aa) Grenzüberschreitender Vertrieb von Dienstleistungen. Spätestens seit der Entscheidung *Gebhard*[111] ist anerkannt, dass die Dienstleistungsfreiheit ebenso wie die Warenverkehrsfreiheit ein **Beschränkungsverbot** begründet. Damit werden Regelungen, durch welche Dienstleister in ihrer grenzüberschreitenden Tätigkeit eingeschränkt werden, grundsätzlich von Art. 56 AEUV erfasst. Dazu zählen lauterkeitsrechtliche Regelungen des Empfängerlandes, welche die konkrete Vertriebsform einschränken. Über das Verhältnis zwischen der Dienstleistungsfreiheit und mitgliedstaatlichen Einschränkungen des **Telefonmarketing** hat der EuGH in der Rechtssache *Alpine Investments*[112] bereits entschieden: Das niederländische Ministerium der Finanzen hatte einer auf Warentermingeschäfte spezialisierten niederländischen Gesellschaft das sogenannte *cold calling,* dh die Praxis, mit Privatleuten (ua in Belgien, Frankreich und dem Vereinigten Königreich) ohne deren vorherige schriftliche Zustimmung telefonisch Kontakt aufzunehmen, um ihnen verschiedene Finanzdienstleistungen anzubieten, untersagt. Dagegen wandte sich die betroffene Gesellschaft. Im Vorabentscheidungsverfahren ging es zunächst um die Frage, ob die *Keck*-Doktrin auf die Dienstleistungsfreiheit zu erstrecken sei. Der EuGH bejahte die Anwendbarkeit der Dienstleistungsfreiheit, weil das von der Regierung ausgesprochene Verbot **unmittelbar den Zugang** des betroffenen Unternehmens zum Dienstleistungsmarkt in den anderen Mitgliedstaaten **beeinflusse** und daher geeignet sei, den innergemeinschaftlichen Dienstleistungsverkehr zu behindern.[113] Die Argumentation des EuGH über die **unmittelbare Beschränkung des Marktzugangs** betrifft – *mutatis mutandis* – auch innerhalb der Union ansässige Anbieter, denen auf der Grundlage der Marktortregel der Zutritt auf den inländischen Markt durch die Beanstandung der Telefonwerbung versperrt wird.[114] Damit ist zugleich die Grenze des Anwendungsbereichs der Dienstleistungsfreiheit benannt: Wo der Marktzugang von Dienstleistern außerhalb des Mitgliedstaates nicht unmittelbar beeinflusst wird und die beschränkende Regel sich somit marktneutral auswirkt, greift die Dienstleistungsfreiheit nicht ein.[115] Bestätigt wurden diese Grundsätze durch die Entscheidung des EuGH in der Rechtssache *Mobistar:* Eine nach belgischem Recht erhobene 111

[109] Vgl. die Darstellung von *Kugelmann* EuR 2001, 363 (374).

[110] EuGH Slg. 1987, 3801 Rn. 32 = WuW/E EWG/MUV 803 – Vlaamse Reisbureaus; EuGH Slg. 1994, I-1039 Rn. 25 ff. = NJW 1994, 2013 – Schindler; EuGH Slg. 1995, I-1141 = GRUR Int. 1995, 900 – Alpine Investments. Zur Abgrenzung vgl. GA *Stix-Hackl,* Schlussanträge Rn. 34 ff., zu EuGH Slg. 2002, I-607 – Canal Satélite.

[111] EuGH Slg. 1995, I-4165 = NJW 1996, 579 – Gebhard.

[112] EuGH Slg. 1995, I-1141 = GRUR Int. 1995, 900 – Alpine Investments.

[113] EuGH Slg. 1995, I-1141 Rn. 32 ff. = GRUR Int. 1995, 900 – Alpine Investments.

[114] *Glöckner* GRUR Int. 2000, 29 (35). *Rüffler* S. 94; *Sack* WRP 1998, 103 (113), sind der Auffassung, aus *Alpine Investments* lasse sich nicht entnehmen, ob die *Keck*-Doktrin auf die Dienstleistungsfreiheit anwendbar sei, weil es sich nicht um eine Beschränkung der Einfuhr, sondern um eine Ausfuhrbegrenzung handle. *Weinand* S. 64 ff., will die Grundsätze der *Alpine Investments*-Entscheidung zwar auf Einfuhrbeschränkungen übertragen, erkennt in ihnen jedoch eine Einschränkung der *Keck*-Doktrin. *Burckhardt* S. 175; *Dethloff* S. 236, entnehmen dem Urteil *e contrario,* dass die *Keck*-Doktrin bei Einfuhrbeschränkungen anzuwenden sei. In diese Richtung weist auch die Entscheidung des EuGH v. 22.1.2002 – C-390/99, Slg. 2002, I-607 Rn. 29, 30 – Canal Satélite, allerdings ohne ausdrückliche Stellungnahme. Schwarze/*Holoubek* AEUV Art. 56, 57 Rn. 74, will die *Keck*-Doktrin bei Beschränkungen durch den Empfangstaat nicht anwenden, weil die Dienstleistungsfreiheit auf dem Herkunftslandprinzip beruht.

[115] Ähnlich nimmt *Hödl* S. 187 an, dass das Urteil die Intention der *Keck*-Rechtsprechung bestätigt. Vgl. die Zusammenfassung von GK/*Heinze* Einl. C Rn. 196: Erfordernis spezifischer Behinderung des Marktzugangs erforderlich.

Abgabe auf Sendetürme für Mobilfunksignale begründet keine Verletzung der Dienstleistungsfreiheit.[116] Sie verursacht zwar zusätzliche Kosten für die Dienstleister, berührt aber die Erbringung von Dienstleistungen zwischen Mitgliedstaaten in gleicher Weise wie deren Erbringung innerhalb eines einzigen Mitgliedstaats. Ausländische Betreiber werden durch diese Maßnahmen weder in tatsächlicher noch in rechtlicher Hinsicht stärker belastet als inländische Betreiber. Diese Abgrenzung wurde in der Entscheidung *United Pan-Europe Communications Belgium* bestätigt.[117] Ein Beispiel für mangelnde Marktneutralität lieferte das italienische Verbot der Werbung für Schönheitsoperationen über nationale Fernsehsender: Es wurde gerade deshalb an der Dienstleistungsfreiheit gemessen, weil solche Werbung auf lokalen Fernsehsendern zulässig blieb, und diese unterschiedliche Behandlung im nationalen Recht den Marktzutritt für ausländische Marktteilnehmer besonders erschwert.[118]

112 Wenngleich die niederländische Maßnahme im Fall *Alpine Investments* somit nicht durch die modern verstandene *Keck*-Doktrin geschützt wurde, blieb sie doch im Ergebnis unbeanstandet: Der EuGH ist zunächst dem Vortrag der niederländischen Regierung gefolgt, nach welchem die Privatperson, die im allgemeinen durch das *cold calling* überrascht werde, nicht in der Lage sei, sich über die Risiken, die sich aus der Art der ihr vorgeschlagenen Transaktionen ergeben, zu informieren oder die Qualität und den Preis der Dienstleistungen des Anrufers mit den Angeboten der Konkurrenten zu vergleichen. Da der Warenterminmarkt äußerst spekulativ und für wenig erfahrene Kapitalanleger schwer durchschaubar sei, hielt der EuGH es für erforderlich, diese vor den **aggressivsten Methoden der Kundenwerbung** zu schützen. *Alpine Investments* wandte ein, dass es dafür keines allgemeinen Verbotes der telefonischen Werbung bedürfe. Zum wirksamen Schutz der Verbraucher würde es ausreichen, wenn die Maklergesellschaften die unaufgefordert vorgenommenen Telefonanrufe aufzeichnen müssten, wie im Vereinigten Königreich. Diesbezüglich entgegnete der EuGH zutreffend, der Umstand, dass ein Mitgliedstaat weniger strenge Vorschriften erlasse als ein anderer Mitgliedstaat, bedeute nicht, dass dessen Vorschriften unverhältnismäßig seien. Abschließend hob der EuGH hervor, dass die in Rede stehende Regelung nur eine begrenzte Tragweite habe: Sie verbiete nämlich nur die telefonische oder persönliche Kontaktaufnahme mit potentiellen Kunden ohne deren vorherige schriftliche Zustimmung, so dass die anderen Methoden der Kontaktaufnahme zulässig blieben. Sodann betreffe diese Maßnahme allein die Beziehungen zu potentiellen Kunden, nicht aber zu den Personen, die bereits Kunden seien; diese hätten weiterhin die Möglichkeit, neuen Kontakten schriftlich zuzustimmen. Schließlich sei das Verbot nicht erbetener Telefonanrufe auf den Markt beschränkt, auf dem Missbräuche festgestellt worden seien, im vorliegenden Fall auf den Markt für Warenterminverträge.[119]

113 **bb) Beeinträchtigung von Werbe- und Vertriebsdienstleistern sowie der Empfänger der Werbung.** Nationale Vermarktungsregelungen – auch lauterkeitsrechtlicher Natur – beschränken insbesondere die **Betreiber von Werbemedien** wie zB die Herausgeber von Presseerzeugnissen oder Fernsehveranstalter, die Werberaum zur Verfügung stellen, Werbeagenturen und Direktmarketinganbieter. Besonders deutlich wird dies im Bereich des **Telemarketing,** das in Deutschland, Österreich und der Schweiz vergleichsweise strengen Anforderungen unterliegt. Agenturen, die sich auf die im Mitgliedstaat ihres Sitzes in weiterem Umfang gestattete Durchführung von Telefonwerbung spezialisiert haben, wird zB die Möglichkeit des Zugangs auf den deutschen Markt insgesamt genommen.[120] Dasselbe gilt für klassische Werbeleistungen, wenn sie grenzüberschreitend erbracht werden können, etwa für den Entwurf und die Gestaltung von Printwerbeanzeigen. Werbe- und Absatztätigkeiten selbständiger Dritter sind stets an den für Dienstleistungen

[116] EuGH Slg. 2005, I-7723 Rn. 31 ff. = EuZW 2005, 692 – Mobistar und Belgacom Mobile.

[117] EuGH Slg. 2007, I-11135 Rn. 29 ff. = EuZW 2008, 86 – United Pan-Europe Communications Belgium.

[118] EuGH Slg. 2008, I-5785 Rn. 33 = EuZW 2008, 505 – Corporación Dermoestética.

[119] EuGH Slg. 1995, I-1141 Rn. 47 ff. = GRUR Int. 1995, 900 – Alpine Investments.

[120] *Günther* CR 1999, 172 (178).

geltenden Regeln zu messen. Im Anwendungsbereich der Dienstleistungsrichtlinie (vgl. dazu → Rn. 172 ff.) sind deren Vorgaben zu beachten; im übrigen greifen die Art. 56 ff. AEUV ein.[121] Bei selbständigen Dienstleistungen an Dritte muss die vom EuGH in seiner *Keck*-Rechtsprechung entwickelte Unterscheidung nach der Marktneutralität der die Einfuhr[122] beschränkenden Regelung nicht deshalb analog herangezogen werden, weil es sich in der Sache um eine Maßnahme zur Förderung des **Waren**absatzes handelt.[123] Eine ungerechtfertigte Differenzierung der europarechtlichen Maßgaben in Abhängigkeit davon, ob es sich um Maßnahmen der Eigen- oder der Fremdwerbung handelt, wird dadurch ausgeschlossen, dass der Anknüpfungspunkt der Grundfreiheit nicht mehr die **Waren**einfuhr, sondern die grenzüberschreitende Erbringung der **Werbedienstleistung** ist.

Bezogen auf die grenzüberschreitende Werbedienstleistung sind die in der *Keck*-Entscheidung entwickelten Grundsätze jedoch entsprechend anwendbar: Erfasst werden allein Werberegelungen, die ausländischen Anbietern von Werbedienstleistungen den **Marktzugang** in größerem Umfang erschweren als inländischen Anbietern.[124] Ein solches Verständnis wird durch die Entscheidung des EuGH in der Rechtssache *Alpine Investments* und seine Argumentation über die Einschränkung des Marktzugangs bestätigt. Einschränkende Werberegelungen der Einfuhrstaaten wirken sich **auf dem Markt für Werbedienstleistungen** im Allgemeinen neutral aus.[125] Ganz in diesem Sinne stellte der EuGH in der Entscheidung *Viacom Outdoor* fest, dass die **streitgegenständliche auf öffentlichen Plakatraum erhobene Werbungssteuer** weder eine rechtliche Ungleichbehandlung begründe noch geeignet sei, die grenzüberschreitend erbrachte Werbedienstleistung „zu behindern oder weniger attraktiv zu machen", ergänzt durch die Parenthese „– auch wenn … (die Dienstleistungen, d. Verf.) wegen des Ortes der Niederlassung des Erbringers oder des Empfängers der Dienstleistung grenzüberschreitenden Charakter haben sollten".[126] Durch letzteren Hinweis wird klargestellt, dass die Formulierung „weniger attraktiv" sich nicht auf das Nichtbestehen der mitgliedstaatlichen Regelung beziehen kann, denn durch die Belastung mit einer Steuer im Zielstaat wird die grenzüberschreitende Erbringung von Dienstleistungen selbstredend weniger attraktiv. Die Ausführungen des EuGH erlangen ihre Bedeutung vor dem Hintergrund, dass in Italien alle Maßnahmen der Außenwerbung auf öffentlichen Flächen gleichermaßen besteuert wurden und der Marktzutritt durch die vergleichsweise moderate Höhe der Steuer nicht beeinträchtigt wurde. **114**

Schließlich könnte daran gedacht werden, in der lauterkeitsrechtlich begründeten Beschränkung von Werbung einen Eingriff in die passive Dienstleistungsfreiheit zu erkennen. **115**

[121] EuGH Slg. 1988, 2085 Rn. 13 ff. = GRUR Int. 1989, 665 – Bond van Adverteerders; EuGH Slg. 1997, I-3843 Rn. 48 = GRUR Int. 1997, 913 – De Agostini; EuGH Slg. 1999, I-7599 Rn. 49 = GRUR Int. 2000, 266 – ARD/PRO Sieben Media AG; EuGH Slg. 2000, I-8419 Rn. 99 = GRUR 2001, 67 – Deutschland/Parlament und Rat; EuGH Slg. 2001, I-1795 Rn. 37 = GRUR Int. 2001, 553 – Gourmet. Insoweit ist eine deutliche Akzentverschiebung insbesondere bei den Harmonisierungsbemühungen der Kommission erkennbar.

[122] In EuGH Slg. 1999, I-7599 Rn. 49 = GRUR Int. 2000, 266 – ARD/PRO Sieben Media AG, ging es um die Ausfuhr beschränkende Regelungen. Durch strengere Regelungen des Niederlassungsstaates für die Berechnung der zulässigen Dauer von Werbeunterbrechungen bei Fernsehsendungen werden lediglich die in diesem Staat niedergelassenen Fernsehveranstalter gegenüber ihren Konkurrenten in anderen Mitgliedstaaten benachteiligt. Die damit verbundene Inländerdiskriminierung wird allerdings weder von der Grundfreiheit noch vom allgemeinen Gleichbehandlungsgebot erfasst, vgl. GA *Jacobs,* Schlussanträge Rn. 83 ff., zu EuGH Slg. 1999, I-7599 – ARD/PRO Sieben Media AG; EuGH Slg. 1999, I-7599 Rn. 53 = GRUR Int. 2000, 266 – ARD/PRO Sieben Media AG.

[123] EuGH Slg. 1997, I-3843 Rn. 50 = GRUR Int. 1997, 913 – De Agostini; EuGH Slg. 2001, I-1795 Rn. 37 ff. = GRUR Int. 2001, 553 – Gourmet.

[124] *Kugelmann* EuR 2001, 363 (369).

[125] Bereits *Perau* S. 171. Insoweit besteht ein Unterschied zu den Auswirkungen von Werberegelungen auf die grenzüberschreitende Vermarktung von Produkten, vgl. dazu die besondere Begründung der fehlenden Marktneutralität in EuGH Slg. 2001, I-1795 Rn. 21 ff. = GRUR Int. 2001, 553 – Gourmet, sowie zuvor den Hinweis in EFTA-GH 27.6.1997 – E-6/96, 1997 EFTA Ct. Rep. 56 Rn. 73 – Wilhelmsen. Das hat der EuGH in seiner Begründung der Entscheidung *Gourmet,* EuGH Slg. 2001, I-1795 Rn. 39 = GRUR Int. 2001, 553 – Gourmet, übersehen.

[126] EuGH Slg. 2005, I-1167 Rn. 38 = EuZW 2005, 282 (284) – Viacom Outdoor.

Insoweit muss allerdings auf den „richtigen" Adressaten geachtet werden: Die Werbedienstleistung nimmt der nach der Verkehrsanschauung Werbende entgegen, nicht der Werbeadressat. Soweit die Grundfreiheit des Dienstleisters im Bereich der Werbung mit einem Grundrecht, der Meinungsäußerungsfreiheit, verknüpft ist, fallen die Rechtsinhaber auf der Passivseite auseinander: Der Besteller der Werbedienstleistung kann sich auf die passive Dienstleistungsfreiheit stützen, doch der Adressat der Werbemaßnahme auf die passive Informationsfreiheit.

116 Im Übrigen können Eingriffe in die Dienstleistungsfreiheit in Entsprechung zur warenverkehrsrechtlichen *Cassis*-Doktrin **gerechtfertigt** werden.[127] In der Entscheidung *Gebhard*[128] stellte der EuGH klar, dass „nationale Maßnahmen, die die Ausübung der durch den Vertrag garantierten grundlegenden Freiheiten behindern oder weniger attraktiv machen können, vier Voraussetzungen erfüllen müssen: Sie müssen in nichtdiskriminierender Weise angewandt werden, sie müssen aus zwingenden Gründen des Allgemeininteresses (vgl. → Rn. 104) gerechtfertigt sein, sie müssen geeignet sein, die Verwirklichung des mit ihnen verfolgten Zieles zu gewährleisten, und sie dürfen nicht über das hinausgehen, was zur Erreichung dieses Zieles erforderlich ist".[129] Diese Anforderungen wurden in der Rechtssache *De Agostini* bestätigt.[130]

117 **d) Zusammenfassung und Konsequenzen für das deutsche Lauterkeitsrecht. aa) Anwendungsbereich von Warenverkehrs- und Dienstleistungsfreiheit.** Die Warenverkehrs- bzw. Dienstleistungsfreiheit sind stets dann noch relevant, wenn es an einer Totalharmonisierung durch das Sekundärrecht fehlt. Betroffen sind insbesondere die Anwendungsbereiche nur mindestharmonisierender Rechtsakte sowie die Ausnahmen von den Anwendungsbereichen totalharmonisierender Rechtsakte. Insbesondere bei der Anwendung des Rechtsbruchtatbestandes muss nicht selten auf die Grundfreiheiten zurückgegriffen werden. Anwendbar sind diese, wenn – auch nicht-diskriminierende – mitgliedstaatliche Regelungen sich **nicht marktneutral** auswirken, dh für den grenzüberschreitenden Handel bzw. für grenzüberschreitend erbrachte Dienstleistungen den **Marktzutritt versperren oder weitergehend behindern, als sie dies für einheimische oder etablierte Waren und Dienstleistungen** tun. Bei produktbezogenen Regelungen wird dies unwiderleglich vermutet. Verwendungsbeschränkungen, welche den sozial sinnvollen Einsatz der Produkte praktisch ausschließen, werden produktbezogenen Regelungen gleichgestellt. Unsicherheiten bestehen nach wie vor in verfahrensrechtlicher Hinsicht. Der Praxis ist zu empfehlen, die fehlende Marktneutralität einer mitgliedstaatlichen Regelung im konkreten Fall darzulegen und ggf. unter Beweis zu stellen, damit das befasste Gericht zu einer europarechtlichen Auseinandersetzung gezwungen wird.

118 **bb) Rechtfertigung durch zwingende Erfordernisse.** Ist danach der **Anwendungsbereich** der Grundfreiheiten eröffnet, so kann eine **Rechtfertigung** von Behinderungen über die zwingenden Erfordernisse der *Cassis*-Formel erfolgen, wenn es an einer (abschließenden) Positiv-Harmonisierung fehlt.[131] Zu beachten sind insoweit insbesondere die Vorgaben der unten genannten Einzelrechtsakte, namentlich der Richtlinie über unlautere Geschäftspraktiken sowie der Dienstleistungsrichtlinie (vgl. dazu → Rn. 172 ff.).

119 Dabei ist der EuGH **großzügig bei der Anerkennung** der von den Mitgliedstaaten vorgetragenen Allgemeininteressen als zwingenden Erfordernissen. Insbesondere der **Schutz der Lauterkeit des Handelsverkehrs und der Verbraucher** sind als im Grundsatz schutzwürdige Interessen **anerkannt.** Der EuGH nimmt jedoch eine sehr **strenge Verhältnismäßigkeitsprüfung** vor. In zahlreichen Urteilen wird deutlich, dass es nicht

[127] EuGH Slg. 1997, I-3843 Rn. 51 ff. = GRUR Int. 1997, 913 – De Agostini; EuGH Slg. 1999, I-7599 Rn. 50 = GRUR Int. 2000, 266 – ARD/PRO Sieben Media AG.
[128] EuGH Slg. 1995, I-4165 = NJW 1996, 579 – Gebhard.
[129] EuGH Slg. 1995, I-4165 Rn. 37 = NJW 1996, 579 – Gebhard.
[130] EuGH Slg. 1997, I-3843 Rn. 52 = GRUR Int. 1997, 913 – De Agostini.
[131] EuGH Slg. 1979, 649 Rn. 8 = GRUR Int. 1979, 468 – Cassis de Dijon.

um entweder-oder-Entscheidungen geht, sondern dass der EuGH sehr wohl differenziert, welches Maß etwa an Irreführungsgefahr er gewillt ist, im Interesse der Marktintegration hinzunehmen. Es geht bei dieser **Abwägung** allerdings weniger um den Ausgleich des europäischen Integrationsinteresses mit den nationalen Regelungskompetenzen. Vielmehr hat der EuGH deutlich gemacht, dass er mit seiner *Cassis*-Rechtsprechung die von den mitgliedstaatlichen Regelungen verfolgten Ziele des Gemeinwohls als schützenswerte Interessen des Europarechts selbst akzeptiert.[132]

3. Einzelmaßnahmen zur Positivharmonisierung des Lauterkeitsrechts. a) Irreführungen B2B: Irreführungsrichtlinie 1984/2006. Im Jahr 1984 wurde als Überbleibsel der ursprünglichen Bemühungen um die Gesamtharmonisierung des Lauterkeitsrechts (vgl. dazu → Rn. 85 ff.) die Richtlinie über irreführende Werbung[133] erlassen. In den Erwägungsgründen wird betont, dass die in den Mitgliedstaaten geltenden Vorschriften gegen irreführende Werbung stark voneinander abwichen, was sich auf die Errichtung und das Funktionieren des Gemeinsamen Marktes nachteilig auswirke. **Irreführende Werbung verfälsche den Wettbewerb.** Grenzüberschreitende Werbung werde durch die Rechtsverschiedenheiten behindert, der freie Waren- und Dienstleistungsverkehr erschwert. 120

Es liege im Interesse der Allgemeinheit der Verbraucher sowie all derer, die im Gemeinsamen Markt bei der Ausübung eines Handels, Gewerbes, Handwerks oder freien Berufs miteinander im Wettbewerb ständen, die einzelstaatlichen Bestimmungen zum Schutz gegen irreführende Werbung einander anzugleichen. Dem entspricht die Übernahme der sog. **„Schutzzwecktrias"** (Schutz von Verbrauchern, Gewerbetreibenden und der Allgemeinheit) in Art. 1 der Richtlinie in ihrer bis 2005 geltenden Fassung. Im Jahr 1997 wurde die Richtlinie über irreführende Werbung durch die Richtlinie über vergleichende Werbung umbenannt und gegenständlich erweitert (vgl. dazu → Rn. 127). Die UGP-Richtlinie (vgl. dazu → Rn. 166 ff.) bewirkte im Jahr 2005, dass der Schutz der Verbraucher vor Irreführungen als Zweck der Richtlinie ausgenommen wurden. Im Hinblick auf all diese Änderungen wurde die Irreführungsrichtlinie in **kodifizierter Fassung als Richtlinie 2006/114/EG**[134] (im Folgenden stets: **Irreführungsrichtlinie; IrreführungsRL;** Artikelbezeichnungen beziehen sich nachfolgend, soweit nicht anders angegeben, auf die in der Richtlinie 2006/114 verwendete Zählung) neu erlassen. 121

Die Kommission beabsichtigte zwar zunächst, einen Vorschlag zur Stärkung des Schutzes von Unternehmen vor grenzüberschreitenden irreführenden Vermarktungspraktiken vorzulegen. Die Überarbeitung der Irreführungsrichtlinie war auf spezifische problematische Bereiche, insbesondere den Adressbuchschwindel, gerichtet. Sie sollte auch das Zusammenwirken der Irreführungsrichtlinie mit der Richtlinie über unlautere Geschäftspraktiken (vgl. dazu → Rn. 237 ff.) klarstellen. Der Europäische Wirtschafts- und Sozialausschuss hatte dieser Mitteilung grundsätzlich zugestimmt.[135] 122

Auf der Grundlage der Mitteilung der Kommission über intelligente Regulierung[136] wurde Ende 2015 ein „Eignungstest" *(fitness check)* für den Acquis des Verbraucherrechts eingeleitet. Aus Gründen der Konsistenz und wegen des Sachzusammenhangs wurden die Preisangabenrichtlinie (vgl. dazu → Rn. 159), die Unterlassungsklagerichtlinie (vgl. dazu 123

[132] Vgl. dazu im einzelnen *Glöckner,* Europäisches Lauterkeitsrecht, S. 117 ff.

[133] Richtlinie 84/450/EWG des Rates vom 10.9.1984 zur Angleichung der Rechts- und Verwaltungsvorschriften der Mitgliedstaaten über irreführende Werbung, ABl. 1984 L 250, S. 17.

[134] Richtlinie 2006/114/EG des Europäischen Parlaments und des Rates vom 12.12.2006 über irreführende und vergleichende Werbung (kodifizierte Fassung), ABl. 2006 L 376, S. 21.

[135] Stellungnahme des Europäischen Wirtschafts- und Sozialausschusses zu der Mitteilung der Kommission an das Europäische Parlament, den Rat, den Europäischen Wirtschafts- und Sozialausschuss und den Ausschuss der Regionen: „Schutz von Unternehmen vor irreführenden Vermarktungspraktiken und Gewährleistung der wirksamen Durchsetzung" – Überarbeitung der Richtlinie 2006/114/EG über irreführende und vergleichende Werbung, COM(2012) 702 final, ABl. 2013 C 271, S. 61.

[136] Mitteilung der Kommission an das Europäische Parlament, den Rat, den Wirtschafts- und Sozialausschuss und den Ausschuss der Regionen v. 8.10.2010, Intelligente Regulierung in der Europäischen Union, KOM[2010] 543 endg.

→ Rn. 395), aber auch die Irreführungsrichtlinie in diesen Eignungstest einbezogen.[137] Das mit erheblichem Aufwand verfolgte Verfahren wurde allerdings im Hinblick auf die Irreführungsrichtlinie mit einem bemerkenswert nichtssagenden Ergebnis abgeschlossen.[138] Mit gravierenden Änderungen[139] ist daher in näherer Zukunft kaum zu rechnen.

124 **aa) Regelungsgehalt.** Die Irreführungsrichtlinie enthält bezüglich irreführender Werbung im Kern nur zwei Regelungen: Sie **definiert** zunächst in Art. 2 lit. a **„Werbung"** als jede Äußerung bei der Ausübung eines Handels, Gewerbes, Handwerks oder freien Berufs mit dem **Ziel, den Absatz** von Waren oder die Erbringung von Dienstleistungen, einschließlich unbeweglicher Sachen, Rechte und Verpflichtungen, **zu fördern.** Das Erfordernis einer Äußerung nach dem Erscheinungsbild des Kommunikationsaktes hat zu der Schwierigkeit bei der Erfassung des Insertionsschwindels durch die Übersendung von Zahlungsträgern geführt, welche die Kommission durch die Überarbeitung der Irreführungsrichtlinie beheben wollte.[140] Im Übrigen handelt es sich aber um einen weiten Begriff, der zB auch die Nutzung eines Domain Namens oder – unabhängig von der Wahrnehmbarkeit für Menschen – den Einsatz von Metatags auf websites umfasst.[141] Artikel 2 lit. b[142] definiert **„irreführende Werbung"** als „jede Werbung, die in irgendeiner Weise – einschließlich ihrer Aufmachung – die Personen, an die sie sich richtet oder die von ihr erreicht werden, täuscht oder zu täuschen geeignet ist und die infolge der ihr innewohnenden Täuschung ihr wirtschaftliches Verhalten beeinflussen kann oder aus diesen Gründen einen Mitbewerber schädigt oder zu schädigen geeignet ist". Bei der Beurteilung der Frage, ob eine Werbung irreführend ist, sind gem. Art. 3 IrreführungsRL alle ihre Bestandteile zu berücksichtigen. Die darauf folgende Aufzählung ist nicht abschließend, wie sich aus der Formulierung „insbesondere" ergibt. Daneben ordnet Art. 5 Abs. 1 IrreführungsRL an, dass die „Mitgliedstaaten […] im Interesse der Gewerbetreibenden und der Mitbewerber

---

[137] European Commission, REFIT Fitness Check of consumer law, http://ec.europa.eu/newsroom/document.cfm?doc_id=44639, site zul. besucht am 9.4.2021.

[138] Europäische Kommission, Arbeitsunterlage der Kommissionsdienststellen v. 23.5.2017, SWD (2017) 170 endg. Zusammenfassung der Eignungsprüfung zu Richtlinie 2005/29/EG des Europäischen Parlaments und des Rates v. 11.5.2005 über unlautere Geschäftspraktiken im binnenmarktinternen Geschäftsverkehr zwischen Unternehmen und Verbrauchern und zur Änderung der Richtlinie 84/450/EWG des Rates, der Richtlinien 97/7/EG, 98/27/EG und 2002/65/EG des Europäischen Parlaments und des Rates sowie der Verordnung (EG) Nr. 2006/2004 des Europäischen Parlaments und des Rates (Richtlinie über unlautere Geschäftspraktiken), Richtlinie 93/13/EWG des Rates v. 5.4.1993 über missbräuchliche Klauseln in Verbraucherverträgen, Richtlinie 98/6/EG des Europäischen Parlaments und des Rates v. 16.2.1998 über den Schutz der Verbraucher bei der Angabe der Preise der ihnen angebotenen Erzeugnisse, Richtlinie 1999/44/EG des Europäischen Parlaments und des Rates v. 25.5.1999 zu bestimmten Aspekten des Verbrauchsgüterkaufs und der Garantien für Verbrauchsgüter, Richtlinie 2009/22/EG des Europäischen Parlaments und des Rates v. 23.4.2009 über Unterlassungsklagen zum Schutz der Verbraucherinteressen, Richtlinie 2006/114/EG des Europäischen Parlaments und des Rates v. 12.12.2006 über irreführende und vergleichende Werbung, SWD (2017) 208 endg., abrufbar unter https://ec.europa.eu/transparency/regdoc/?fuseaction=list&coteId=10102&year=2017&number=208&version=ALL&language=de, site zul. besucht am 9.4.2021), enthält keinerlei Äußerung zur den Regelungen in der Irreführungsrichtlinie.

[139] Die Kommission hatte bereits den Novellierungsprozess eingeleitet, Mitteilung der Kommission an das Europäische Parlament, den Rat, den Europäischen Wirtschafts- und Sozialausschuss und den Ausschuss der Regionen v. 27.11.2012, Schutz von Unternehmen vor irreführenden Vermarktungspraktiken und Gewährleistung der wirksamen Durchsetzung – Überarbeitung der Richtlinie 2006/114/EG über irreführende und vergleichende Werbung, KOM(2012) 702 endg. Dennoch enthielten weder der Vorschlag noch die Richtlinie (EU) 2019/2161 des Europäischen Parlaments und des Rates v. 27.11.2019 zur Änderung der Richtlinie 93/13/EWG des Rates und der Richtlinien 98/6/EG, 2005/29/EG und 2011/83/EU des Europäischen Parlaments und des Rates zur besseren Durchsetzung und Modernisierung der Verbraucherschutzvorschriften der Union, ABl. 2019, L 328, S. 7, keine Änderungen der Irreführungsrichtlinie.

[140] Mitteilung der Kommission an das Europäische Parlament, den Rat, den Europäischen Wirtschafts- und Sozialausschuss und den Ausschuss der Regionen, Schutz von Unternehmen vor irreführenden Vermarktungspraktiken und Gewährleistung der wirksamen Durchsetzung Überarbeitung der Richtlinie 2006/114/EG über irreführende und vergleichende Werbung, KOM(2012) 702 final, 5.2.1.

[141] EuGH ECLI:EU:C:2013:516 Rn. 60 = GRUR 2013, 1049 – Belgian Electronic Sorting Technology NV/Bert Peelaers und Visys NV.

[142] Vgl. dazu *Trägner* S. 64 ff.; *Ludwig* S. 259.

sicher [-stellen, d. Verf.], dass **geeignete und wirksame Möglichkeiten zur Bekämpfung der irreführenden Werbung**" (Hervorhebung d. Verf.) vorhanden sind.

bb) Konzeptionelle Mängel der Irreführungsverbote. Die Irreführungsrichtlinie enthält wie sämtliche europarechtlichen Irreführungstatbestände bis hin zur UGP-Richtlinie (vgl. dazu → Rn. 237 ff.) an zwei „Schaltstellen" der Anwendung **Lücken,** welche die angestrebte Harmonisierung zunächst vereitelt haben:[143] Zum einen fehlt eine **Normierung des materiellen Irreführungsstandards.** Das bezieht sich zunächst auf das intellektuelle Niveau der zu schützenden Adressaten. Sollen durchschnittlich intelligente und informierte Adressaten geschützt werden oder sollen auch unterprivilegierte Adressatenschichten unter den Schutz der Norm fallen?[144] Auf die Adressatengruppe von Verbrauchern bezogen lässt sich noch pointierter formulieren: Geht es den Irreführungsverboten um **Markt- oder um Minderheitenschutz?** Daneben wird die zugrundezulegende **Wahrnehmungssituation** nicht festgelegt. Soll die Beurteilung von einem aufmerksamen, Werbung kritisch analysierenden und Aufklärungshinweise sorgfältig studierenden Verbraucher ausgehen oder, wofür unter informationsökonomischen Gesichtspunkten vieles spricht, von einem Verbraucher, dessen knappe Zeit ihm nur gestattet, Werbeanzeigen „quer" zu lesen, der auf optische Schlüsselsignale für die (Wieder-)Erkennung von ihm geschätzter Produkte vertraut und der keine Lust verspürt, für einen halben Einkaufswagen voller Lebensmittel unverständliche Zutatenverzeichnisse im Detail zu prüfen? Zum zweiten legen sämtliche Rechtsakte **in methodischer Hinsicht** nicht fest, ob die **Verkehrsauffassung** empirisch oder nach eigener Sachkunde der Richterinnen und Richter **ermittelt** werden soll.[145] 125

Deswegen gelangten die nationalen Rechtsordnungen in ähnlich gelagerten Fällen häufig zu unterschiedlichen Ergebnissen.[146] Angesichts der Divergenzen wurden die Chancen, zu einem europaweit einheitlichen Irreführungsverbot zu gelangen, lange Zeit skeptisch beurteilt.[147] Seit 1995[148] wurden diese Lücken immerhin durch die **Rechtsprechung des EuGH** schrittweise geschlossen (vgl. dazu → Rn. 434 ff.). 126

b) Vergleichende Werbung: Richtlinie über vergleichende Werbung 1997/2006 (vgl. dazu ausf. u. III.). Bereits in den Begründungserwägungen zur Irreführungsrichtlinie wurde ausgeführt, dass die Angleichung der Irreführungstatbestände nur eine erste Phase der Harmonisierung bilden solle. In einer zweiten Phase sollten anhand entsprechender Vorschläge der Kommission die unlautere Werbung und, soweit erforderlich, auch die vergleichende Werbung behandelt werden. Ihrem Auftrag kam die Kommission mit dem Vorschlag für eine Richtlinie über vergleichende Werbung am 28.5.1991[149] nach. Im Jahr 1997 wurde die Richtlinie 97/55/EG „zur Änderung der Richtlinie 84/450/EWG über irreführende Werbung zwecks Einbeziehung der vergleichenden Werbung"[150] erlassen. Die 127

[143] Skeptisch *Dutoit* in Un droit européen de la concurrence déloyale en formation, S. 97, 105; *Springer* S. 49; *Ludwig* S. 261; *Münker* WRP 1996, 990; *Albrecht* WRP 1997, 926; *Dethloff* S. 12.

[144] Zweifelnd *Deutsch* GRUR 1996, 541 (542 ff.).

[145] Darin ist allerdings kein Versäumnis des Gesetzgebers der Richtlinie über irreführende und vergleichende Werbung zu erkennen. Zur Möglichkeit einer Harmonisierung der nationalen Gerichtsverfahren vgl. *Schelo,* Zur Rechtsangleichung im Europäischen Zivilprozessrecht: EG-Kompetenzen und Modellgesetz, 1999, passim.

[146] Vgl. beispielhaft den Fall *Direct Shopping,* ausführlich beschrieben bei *Micklitz* JCP 1993, 411 ff.; *Kocher* GRUR Int. 2002, 707 ff. Vgl. zur Kritik an der Richtlinie i. ü. *Keilholz* GRUR Int. 1987, 390 (392); *Keilholz* FS Simon, 1987, 681 (688); *Schricker* GRUR Int. 1990, 112 (121); *Niederleithinger* AnwBl 1992, 337 (340 ff.); *Henning-Bodewig* GRUR Int. 2002, 389 (393).

[147] *Keilholz* GRUR Int. 1987, 390 ff.; *Tilmann* GRUR 1990, 87 ff.

[148] Ebenso GA *Fennelly,* Schlussanträge Rn. 27, zu EuGH Slg. 2000, I-117 – Estée Lauder/Lancaster.

[149] Vorschlag für eine Richtlinie des Rates über vergleichende Werbung und zur Änderung der Richtlinie 84/450 über irreführende Werbung, KOM(91) 147 endg., ABl. 1991 C 180, S. 14.

[150] Richtlinie 97/55/EG des Europäischen Parlaments und des Rates vom 6.10.1997 zur Änderung der Richtlinie 84/450/EWG über irreführende Werbung zwecks Einbeziehung der vergleichenden Werbung (97/55/EG), ABl. 1997 L 290, S. 18.

Richtlinie 84/450/EWG erhielt durch sie den Titel „... über irreführende und vergleichende Werbung“. Im Jahr 2006 wurde die **Richtlinie über irreführende und vergleichende Werbung in einer kodifizierten Fassung** neu erlassen.[151] Im Rahmen der bereits angelaufenen Novellierungsarbeiten (vgl. → Rn. 122 f.) beabsichtigte die Kommission, die Definition des Begriffs der vergleichenden Werbung und seine Beziehung zu Rechten des Geistigen Eigentums der Mitbewerber, insbesondere Marken und Ursprungsbezeichnungen, zu überprüfen. Auch die Bedingungen, unter denen Werbung rechtmäßig auf dem Vergleich von Preisen ausschließlich bestimmter Produktgruppen basieren kann, sollten geklärt werden.[152] Da insoweit ohnehin vor allem auf der Grundlage der Rechtsprechung des Gerichtshofs bestimmte Aspekte der vergleichenden Werbung klargestellt werden sollten[153], die strukturellen Mängel der Regelungen[154] aber nicht adressiert wurden, ist der Abbruch des Vorhabens nach der REFIT-Prüfung (vgl. dazu → Rn. 123) von vergleichsweise geringer Bedeutung.

128 Mit der Richtlinie über vergleichende Werbung war für das deutsche Lauterkeitsrecht gesetzgebungstechnisch (Übergang vom Verbots- zum Missbrauchsprinzip) als auch inhaltlich (grundsätzliche Anerkennung der Zulässigkeit der vergleichenden Werbung) ein Paradigmenwechsel verbunden, der den Gesetzgeber, anders als im Zuge der Umsetzung der Irreführungsrichtlinie, zu massiven Eingriffen in das UWG (§ 2 UWG 2000) veranlasste. Deswegen und weil die Irreführungsrichtlinie im Hinblick auf die vergleichende Werbung einen Anspruch auf Totalharmonisierung stellt, werden die einschlägigen Vorschriften unten (→ Einl. Rn. 198 ff.) im Zusammenhang dargestellt.

129 **c) Marktverhaltensregeln für den Fernabsatz. aa) Datenschutzrichtlinie für elektronische Kommunikation 2002.** Über das in Art. 13 Abs. 1 der am 12.7.2002 erlassenen **Datenschutzrichtlinie 2002/58 für elektronische Kommunikation**[155] zunächst niedergelegte Verbot der Werbung unter Verwendung von **Anrufmaschinen** und durch **Telefax** ohne vorherige Einwilligung bestand seit jeher breiter politischer Konsens.[156] Umstritten war aber die Behandlung anderer Formen unerwünschten Direktmarketings. Vor diesem Hintergrund erscheint bemerkenswert, dass Art. 13 Abs. 1[157] iVm Art. 2 lit. h Richtlinie 2002/58 auch **E-Mail-** und **SMS- oder MMS-Werbung** ohne vorherige

[151] Richtlinie 2006/114/EG des Europäischen Parlaments und des Rates vom 12.12.2006 über irreführende und vergleichende Werbung (kodifizierte Fassung), ABl. 2006 L 376, S. 21.

[152] Mitteilung der Kommission an das Europäische Parlament, den Rat, den Europäischen Wirtschafts- und Sozialausschuss und den Ausschuss der Regionen, Schutz von Unternehmen vor irreführenden Vermarktungspraktiken und Gewährleistung der wirksamen Durchsetzung Überarbeitung der Richtlinie 2006/114/EG über irreführende und vergleichende Werbung, KOM(2012) 702 final, 4.2.

[153] Mitteilung der Kommission an das Europäische Parlament, den Rat, den Europäischen Wirtschafts- und Sozialausschuss und den Ausschuss der Regionen, Schutz von Unternehmen vor irreführenden Vermarktungspraktiken und Gewährleistung der wirksamen Durchsetzung Überarbeitung der Richtlinie 2006/114/EG über irreführende und vergleichende Werbung, KOM(2012) 702 final, 5.2.1.

[154] Vgl. dazu *Glöckner* IIC 2012, 35 ff.

[155] Richtlinie 2002/58/EG des Europäischen Parlaments und des Rates vom 12.7.2002 über die Verarbeitung personenbezogener Daten und den Schutz der Privatsphäre in der elektronischen Kommunikation (Datenschutzrichtlinie für elektronische Kommunikation), ABl. 2002 L 201, S. 37. Zuletzt geändert durch die Richtlinie 2009/136/EG des Europäischen Parlaments und des Rates vom 25.11.2009 zur Änderung der Richtlinie 2002/22/EG über den Universaldienst und Nutzerrechte bei elektronischen Kommunikationsnetzen und -diensten, der Richtlinie 2002/58/EG über die Verarbeitung personenbezogener Daten und den Schutz der Privatsphäre in der elektronischen Kommunikation und der Verordnung (EG) Nr. 2006/2004 über die Zusammenarbeit im Verbraucherschutz, ABl. 2009 L 337, S. 11.

[156] Vgl. bereits Art. 10 Abs. 1 Richtlinie 97/7/EG des Europäischen Parlaments und des Rates vom 20.5.1997 über den Verbraucherschutz bei Vertragsabschlüssen im Fernabsatz – Erklärung des Rates und des Parlaments zu Artikel 6 Absatz 1 – Erklärung der Kommission zu Artikel 3 Absatz 1 erster Gedankenstrich, ABl. 1997 L 144, S. 19.

[157] In der Fassung der Änderung durch die Richtlinie 2009/136/EG des Europäischen Parlaments und des Rates vom 25.11.2009 zur Änderung der Richtlinie 2002/22/EG über den Universaldienst und Nutzerrechte bei elektronischen Kommunikationsnetzen und -diensten, der Richtlinie 2002/58/EG über die Verarbeitung personenbezogener Daten und den Schutz der Privatsphäre in der elektronischen Kommunikation und der Verordnung (EG) Nr. 2006/2004 über die Zusammenarbeit im Verbraucherschutz, ABl. 2009 L 337, S. 11.

Einwilligung generell und ohne Einschränkungen nach dem Adressatenkreis verbietet. Das zugrundegelegte Regelungsmodell wird als ***opt-in*-Modell** bezeichnet, weil die potentiellen Adressaten sich positiv für den Erhalt von Werbebotschaften entscheiden können. Begründet wird dieses Vorgehen in Begründungserwägung 40 mit dem Harmonisierungsziel. Was damit gemeint ist, machte der Richtlinienvorschlag noch deutlicher: Die Koexistenz mit auf **Robinson-Listen** basierenden Schutzsystemen nach dem sog. ***opt-out-Modell,*** die ein Verbot von einer vorher ausdrücklich geäußerten Erklärung, keine Werbebotschaften erhalten zu wollen, abhängig machen, gestatte nicht die erwünschte Marktintegration, weil aus den E-Mail-Adressen häufig nicht hervorgehe, in welchen Mitgliedstaaten die Adressaten wohnten,[158] und die maßgeblichen Rechtsgrundsätze – insoweit greift das Herkunftslandprinzip der Richtlinie über den elektronischen Geschäftsverkehr nicht ein, vgl. deren Art. 3 Abs. 2 – von den Werbetreibenden daher nicht zu ermitteln seien. Entsprechende Regelungen soll die sog. **e-Privacy-Verordnung** enthalten, welche die Datenschutzrichtlinie für die elektronische Kommunikation ersetzen soll.[159] Sie wurde allerdings bislang im Rat von den Mitgliedstaaten blockiert. Zur Umsetzung der Richtlinie 2002/58 und anderer Richtlinien diente das Telekommunikationsgesetz vom 22.6.2004,[160] das am 26.6.2004 größtenteils in Kraft trat. Es wurde am 1.4.2007 durch das Telemediengesetz (TMG)[161] abgelöst, ohne dass die hier relevanten Regelungen geändert wurden.

Für andere als die in Art. 13 Abs. 1 Richtlinie 2002/58 genannten Werbemedien (automatische Anrufmaschinen, Telefax, elektronische Post), dh insbesondere die einfache **Telefonwerbung,** gestattet Art. 13 Abs. 3 allerdings – ebenso wie die Fernabsatzrichtlinie für Finanzdienstleistungen – den Mitgliedstaaten, **alternativ dem *opt-out-* oder dem *opt-in*-Modell** zu folgen. 130

bb) Richtlinie über den Fernabsatz von Finanzdienstleistungen 2002. Verträge, die den Fernabsatz von **Finanzdienstleistungen** betreffen, wurden trotz des anerkannten besonderen Schutzbedürfnisses gem. Art. 3 Abs. 1 1. Spiegelstrich der inzwischen durch die Verbraucherrechterichtlinie[162] aufgehobenen allgemeinen Fernabsatzrichtlinie[163] von ihrem gegenständlichen Anwendungsbereich **ausgenommen.** Damit sollte indes keine Privilegierung solcher Verträge bewirkt werden. Als **separates Regelungsinstrument** wurde am 23.9.2002 die **Richtlinie 2002/65/EG über den Fernabsatz von Finanzdienstleistungen**[164] erlassen. Sie trat am 9.10.2002 in Kraft (vgl. Art. 22) und gilt noch heute. 131

Die von der Richtlinie 2002/65 aufgestellten **allgemeinen Marktverhaltensregeln** für den Fernabsatz von Finanzdienstleistungen entsprechen denjenigen der Datenschutzrichtlinie für die elektronische Kommunikation. Im Übrigen überlässt die Richtlinie 2002/65, 132

158 Vgl. Begründung Nr. 3 zum Vorschlag für eine Richtlinie des Europäischen Parlaments und des Rates über die Verarbeitung personenbezogener Daten und den Schutz der Privatsphäre in der elektronischen Kommunikation, ABl. 2000 C 365 E, S. 223.

159 Art. 16 Vorschlag für eine Verordnung des Europäischen Parlaments und des Rates v. 10.1.2017 über die Achtung des Privatlebens und den Schutz personenbezogener Daten in der elektronischen Kommunikation und zur Aufhebung der Richtlinie 2002/58/EG (Verordnung über Privatsphäre und elektronische Kommunikation, KOM(2017) 10 endg.

160 BGBl. 2004 I S. 1190.

161 Art. 1 des Gesetzes zur Vereinheitlichung von Vorschriften über bestimmte elektronische Informations- und Kommunikationsdienste (Elektronischer-Geschäftsverkehr-Vereinheitlichungsgesetz – ElGVG), BGBl. 2007 I S. 179.

162 Richtlinie 2011/83/EU des Europäischen Parlaments und des Rates vom 25.10.2011 über die Rechte der Verbraucher, zur Änderung der Richtlinie 93/13/EWG des Rates und der Richtlinie 1999/44/EG des Europäischen Parlaments und des Rates sowie zur Aufhebung der Richtlinie 85/577/EWG des Rates und der Richtlinie 97/7/EG des Europäischen Parlaments und des Rates, ABl. 2011 L 304, S. 64.

163 Richtlinie 97/7/EG des Europäischen Parlamentes und des Rates vom 20.5.1997 über den Verbraucherschutz bei Vertragsabschlüssen im Fernabsatz, ABl. 1997 L 144, S. 19.

164 Richtlinie 2002/65/EG des Europäischen Parlaments und des Rates vom 23.9.2003 über den Fernabsatz von Finanzdienstleistungen an Verbraucher und zur Änderung der Richtlinie 90/619/EWG des Rates und der Richtlinien 97/7/EG und 98/27/EG, ABl. 2002 L 271, S. 16.

obgleich sie gem. Art. 14 **formal** dem Prinzip der **Totalharmonisierung** verpflichtet ist, die **Behandlung anderer unerwünschter Mitteilungen** jedoch im Ergebnis ebenfalls dem **Gutdünken der Mitgliedstaaten,** die **alternativ** entweder dem in Deutschland und Österreich verfolgten ***opt-in*-Prinzip** (Werbemitteilung sind nur mit vorangegangener Zustimmung der Adressaten zulässig) oder dem vor allem in Großbritannien etablierten sog. ***opt-out*-Prinzip** (Werbemitteilungen sind zwar ohne vorherige Zustimmung der Adressaten zulässig; die Werbetreibenden müssen jedoch sog. „Robinson-Listen" beachten) folgen können, Art. 10 Abs. 2 RL 2002/65.[165] Damit bleibt der auf Verbraucher begrenzte Schutz der Richtlinie über den Fernabsatz von Finanzdienstleistungen gegen unerwünschte elektronische Post zwar hinter dem universell durch die Datenschutzrichtlinie für elektronische Kommunikation gewährten Schutz zurück.[166] Ein Konflikt entsteht daraus aber nicht, da gem. EGr. 26 S. 2 RL 2002/65 „die zusätzlichen Garantien unberührt bleiben, die dem Verbraucher aufgrund gemeinschaftsrechtlicher Regelungen über den Schutz der Privatsphäre und personenbezogener Daten zustehen". Ebenso wie im Hinblick auf die Regelung in der Datenschutzrichtlinie in der elektronischen Kommunikation auf die früher in Art. 10 Fernabsatzrichtlinie enthaltene Regel beim Erlass der Verbraucherrechterichtlinie verzichtet werden konnte (vgl. EGr. 61 VerbraucherrechteRL), hätte aber bei dieser Gelegenheit die ebenfalls überflüssige Regelung in Art. 10 RL 2002/65 aufgehoben werden können.

133 **cc) Richtlinie über den elektronischen Geschäftsverkehr 2000.** Die **Richtlinie 2000/31 über den elektronischen Geschäftsverkehr**[167] enthält ebenfalls ihrer Struktur nach lauterkeitsrechtliche Regelungen in Art. 7. Gemäß Absatz 1 der Vorschrift müssen durch **elektronische Post** (E-Mail) übermittelte **unerbetene kommerzielle Kommunikationen** bei Eingang beim Nutzer **klar und unzweideutig als solche bezeichnet** sein. Darüber hinausgehend werden die Mitgliedstaaten in Art. 7 Abs. 2 RL 2000/31 dazu verpflichtet sicherzustellen, dass Diensteanbieter, die unerbetene kommerzielle Informationen durch elektronische Post übermitteln, regelmäßig sog. **„Robinson-Listen" konsultieren,** in die sich natürliche Personen eintragen können, die keine derartigen Informationen zu erhalten wünschen, und dass die Diensteanbieter diese Listen beachten. Durch Art. 7 Abs. 2 RL 2000/31 wird jedoch nicht etwa das *Opt-out*-System im Bereich der E-Mail-Werbung materiellrechtlich vorgegeben. Die Standards der Datenschutzrichtlinie für elektronische Kommunikation bzw. der Fernabsatzrichtlinie für Finanzdienstleistungen werden nicht modifiziert. Die Regelung in Art. 7 Abs. 2 RL 2000/31 geht vielmehr davon aus, dass die nationalen Rechtsordnungen dem *Opt-out*-System folgen. Wenn das der Fall ist, muss die Beachtung der Robinson-Listen gewährleistet sein. Für Mitgliedstaaten, die nach den Vorgaben der Fernabsatzrichtlinien zulässigerweise dem *Opt-in*-System folgen, hatte die Vorschrift von vornherein keinen Anwendungsbereich.[168] Durch die später erlassene Datenschutzrichtlinie für elektronische Kommunikation und deren allgemeines Verbot unerwünschter elektronischer Post in Art. 13 Abs. 1 geht die Vorschrift auch im Hinblick auf diejenigen Mitgliedstaaten, die ursprünglich dem *Opt-out*-System folgten, seit deren Umsetzung weitgehend ins Leere.

134 Die Art. 12–15 RL 2000/31 enthalten zudem die **Regelungen zur Verantwortlichkeit der Anbieter**[169] und erlangen für das Lauterkeitsrecht auf der **Sanktionenseite** Relevanz. Die Richtlinie will mit den Bestimmungen zur Verantwortlichkeit sämtliche Haftungsbereiche erfassen, also das Urheberrecht ebenso wie das Marken- und Lauterkeitsrecht, und versteht sich damit als Querschnitts- oder „horizontale Regelung". Ihr Anwen-

[165] Vgl. dazu im einzelnen *Glöckner* ELR 2003, 26.
[166] Zutr. bereits *Leistner/Pothmann* WRP 2003, 815 (823 ff.).
[167] Richtlinie 2000/31/EG des Europäischen Parlaments und des Rates vom 8.6.2000 über bestimmte rechtliche Aspekte der Dienste der Informationsgesellschaft, insbesondere des elektronischen Geschäftsverkehrs, im Binnenmarkt („Richtlinie über den elektronischen Geschäftsverkehr"), ABl. 2000 L 178, S. 1.
[168] Wie hier *Dethloff* S. 31.
[169] Vgl. dazu *Holznagel/Holznagel* K&R 1999, 103 ff.

dungsbereich ist beschränkt auf „in der Regel gegen Entgelt" erbrachte Dienstleistungen, wie sich aus der Verweisung innerhalb der Definition des Begriffs der „Dienste der Informationsgesellschaft" in Art. 2 lit. a RL 2000/31 auf Art. 1 Nr. 2 der sog. **Transparenzrichtlinie**[170] ergibt. Die Haftungsvorschriften in der Richtlinie über elektronischen Geschäftsverkehr knüpfen an die technischen Gegebenheiten *(caching, hosting)* an. Die reine **Durchleitung** soll gem. Art. 12 im Regelfall keine Haftung begründen. Unterlassungsansprüche des Geschädigten müssen von der Privilegierung ausgenommen werden. Die Betreiber von E-Mail-Diensten werden damit zwar von der Haftung freigestellt, bei Anbietern von *mailing lists* ist die Rechtslage demgegenüber zweifelhaft. Jedenfalls bei moderierten *mailing lists* greift die Haftungsprivilegierung in Art. 12 nicht ein.[171] Die europäische Lösung stellt hinsichtlich des *Caching* und des *Hosting* in den Art. 13 und 14 unterschiedliche Bedingungen auf. Artikel 14 RL 2000/31 verlangt, dass der Anbieter beim ***Hosting*** unverzüglich tätig wird, um die Information zu entfernen oder den Zugang zu ihr zu sperren, nachdem er erfahren hat oder ihm bewusst geworden ist, dass die Tätigkeit rechtswidrig ist. Schutzbehauptungen im Hinblick auf die Kenntnis der Rechtswidrigkeit wird dadurch vorgebeugt, dass die Kenntnis von Tatsachen oder Umständen, aus denen die Rechtswidrigkeit offensichtlich wird, zur Begründung der zivilrechtlichen Haftung auf Schadensersatz ausreicht. Überwachungspflichten im Hinblick auf die Inhalte werden in Art. 15 Richtlinie 2000/31 ausdrücklich ausgeschlossen. Die **Haftung für Hyperlinks** wird nicht geregelt.[172] Zur Umsetzung wurde das Gesetz über rechtliche Rahmenbedingungen für den elektronischen Geschäftsverkehr vom 14.12.2001 erlassen,[173] das am 21.12.2001 in Kraft trat. Die Regelung in Art. 7 Abs. 2 RL 2000/31 ist in Deutschland gegenstandslos. Artikel 7 Abs. 1 findet sich in § 7 Abs. 2 Nr. 4 UWG. Die Vorschriften über die Haftung wurden ohne Änderungen in den §§ 7 ff. TMG[174] übernommen. Auf dieser Grundlage wird etwa die Haftung von Portalbetreibern begrenzt:[175] Der Annahme einer allgemeinen Prüfungspflicht von Diensteanbietern im Sinne der §§ 8–10 TMG für die von Nutzern auf ihre Server eingestellten fremden Daten stehen § 7 Abs. 2 S. 1 TMG bzw. Art. 15 Abs. 1 RL 2000/31 entgegen. Danach sind Überwachungspflichten allgemeiner Art ausgeschlossen. Dem Betreiber eines Bewertungsportals ist grundsätzlich nicht zuzumuten, jeden Beitrag vor der Veröffentlichung im Internet auf eine mögliche Rechtsverletzung hin zu untersuchen. Nicht ausgeschlossen sind hingegen Überwachungspflichten in spezifischen Fällen.[176] Für eine erhöhte Prüfungspflicht spricht insbesondere, wenn der Betreiber bei seiner Tätigkeit Rechtsverletzungen in erheblichem Umfang Vorschub leistet oder sie durch eigene Maßnahmen fördert.[177] Die Haftungsregelungen in der Richtlinie über den elektronischen Geschäftsverkehr sollen durch die Regelungen im sog. Digital Service Act abgelöst werden, Vorschlag der Kommission vom 15.12.2020 für eine Verordnung des Europäischen Parlaments und des Rates über einen Binnenmarkt für digitale

---

170 Richtlinie 98/34/EG des Europäischen Parlaments und des Rates vom 22.6.1998 über ein Informationsverfahren auf dem Gebiet der Normen und technischen Vorschriften, ABl. 1998 L 204, S. 37, geändert durch die Richtlinie 98/48/EG, ABl. 1998 L 217, S. 18: „Dienstleistung der Informationsgesellschaft, d. h. jede in der Regel gegen Entgelt elektronisch im Fernabsatz und auf individuellen Abruf eines Empfängers erbrachte Dienstleistung."

171 *Spindler* MMR 1999, 199 (201). Zur Umsetzung im TDG vgl. *Spindler* NJW 2002, 921; *Spindler/Volkmann* WRP 2003, 1.

172 BGH WRP 2016, 187 – Haftung für Hyperlink. Allein den urheberrechtlichen Regelungen über die öffentliche Wiedergabe entnimmt der EuGH die Haftung, EuGH ECLI:EU:C:2016:644 Rn. 35 ff. = WRP 2016, 1347 – GS Media/Sanoma Media ua.

173 BGBl. 2001 I S. 3721.

174 Art. 1 des Gesetzes zur Vereinheitlichung von Vorschriften über bestimmte elektronische Informations- und Kommunikationsdienste (Elektronischer-Geschäftsverkehr-Vereinheitlichungsgesetz – ElGVG), BGBl. 2007 I S. 179.

175 BGHZ 191, 19 Rn. 23 – Stiftparfüm.

176 BGH GRUR 2015, 1129 Rn. 31 – Hotelbewertungsportal.

177 BGH GRUR 2013, 1030 Rn. 44 – File-Hosting-Dienst; BGH ZUM-RD 2013, 565 Rn. 31 – Prüfpflichten; BGH GRUR 2015, 1129 Rn. 36 – Hotelbewertungsportal.

Dienste (Gesetz über digitale Dienste) und zur Änderung der Richtlinie 2000/31/EG, KOM [2020] 825 final.

135 **d) Europarechtliche Werberegelungen.** Einen erheblichen Anteil des vom Lauterkeitsrecht angesprochenen Marktverhaltens machen die verschiedenen Formen der Werbung aus. Auch **europarechtliche Werberegelungen**[178] haben daher zT lauterkeitsrechtliche Inhalte.

136 **aa) Fernsehrichtlinie 1989/97 – Richtlinie über audiovisuelle Mediendienste 2007/2010/2018.** Im Jahr 1989 entstand die **Fernsehrichtlinie**[179] parallel zur **Europaratskonvention** über grenzüberschreitendes Fernsehen vom 15.3.1989,[180] die ähnliche Grundsätze niederlegt. Die Fernsehrichtlinie wurde im Jahr 1997 durch die Richtlinie 97/36[181] an die in der Zwischenzeit eingetretenen tatsächlichen und rechtlichen Veränderungen angepasst. Dabei ging es vor allem darum, die Werberegelungen auf Teleshopping-Veranstaltungen zu erstrecken. Am 11.12.2007 wurde eine neue Richtlinie „Audiovisuelle Mediendienste ohne Grenzen" verabschiedet.[182] Mit der Neuregelung sollte vor allem der **Medienkonvergenz** Rechnung getragen werden. Der Titel der Fernsehrichtlinie wurde daher zunächst geändert und bezieht sich seither auf „audiovisuelle Mediendienste", Art. 1 Nr. 1 der Änderungsrichtlinie. Im Jahr 2010 wurde die geänderte Richtlinie in kodifizierter Form als **Richtlinie 2010/13 über audiovisuelle Mediendienste** neu erlassen.[183] Sie wurde im Jahr 2018 geändert[184], um der weiteren Medienkonvergenz, dem Aufkommen von Video-Sharing-Plattformen und geänderten Nutzergewohnheiten Rechnung zu tragen.

137 Werberegelungen finden sich nunmehr zunächst in den allgemeinen Vorschriften für alle audio-visuellen Mediendienste. Diese gelten gem. Art. 2 Abs. 1 RL 2010/13 **unabhängig vom verwendeten Medium** innerhalb des Anwendungsbereichs der Richtlinie. **„Audiovisuelle Mediendienste"** sind gem. Art. 1 Abs. 1 lit. a RL 2010/13 Dienstleistungen, für die ein Mediendiensteanbieter die redaktionelle Verantwortung trägt und deren Hauptzweck die Bereitstellung von Sendungen zur Information, Unterhaltung oder Bildung der allgemeinen Öffentlichkeit über elektronische Kommunikationsnetze iSd Art. 2 lit. a RL 2002/21 ist. Bei diesen audiovisuellen Mediendiensten handelt es sich entweder um Fernsehprogramme oder um audiovisuelle Mediendienste auf Abruf und/oder die audiovisuelle kommerzielle Kommunikation. Die Dienstleistung beruht demgemäß auf **„Sendungen"**, worunter eine Abfolge von bewegten Bildern mit oder ohne Ton verstanden wird.

---

[178] Vgl. dazu *Perau* S. 67 ff.; *Meyer* in Neuordnung des Wettbewerbsrechts, S. 93 ff.

[179] Richtlinie 89/552/EWG des Rates vom 3.10.1989 zur Koordinierung bestimmter Rechts- und Verwaltungsvorschriften der Mitgliedstaaten über die Ausübung der Fernsehtätigkeit, ABl. 1989 L 298, S. 23.

[180] European Convention on Transfrontier Television v. 5.5.1989, abgeändert durch das Protocol amending the European Convention on Transfrontier Television ETS No. 171, in Kraft seit dem 1.3.2002, bereitgehalten unter https://rm.coe.int/en/web/conventions/full-list/-/conventions/treaty/171, site zul. besucht am 9.4.2021.

[181] Richtlinie 97/36/EG des Europäischen Parlaments und des Rates vom 30.6.1997 zur Änderung der Richtlinie 89/552/EWG des Rates zur Koordinierung bestimmter Rechts- und Verwaltungsvorschriften der Mitgliedstaaten über die Ausübung der Fernsehtätigkeit, ABl. 1997 L 202, S. 60, mittlerweile aufgehoben durch die Richtlinie 2010/13/EU des Europäischen Parlaments und des Rates vom 10.3.2010 zur Koordinierung bestimmter Rechts- und Verwaltungsvorschriften der Mitgliedstaaten über die Bereitstellung audiovisueller Mediendienste (Richtlinie über audiovisuelle Mediendienste), ABl. 2010 L 95, S. 1.

[182] Richtlinie 2007/65/EG des Europäischen Parlaments und des Rates vom 11.12.2007 zur Änderung der Richtlinie 89/552/EWG des Rates zur Koordinierung bestimmter Rechts- und Verwaltungsvorschriften der Mitgliedstaaten über die Ausübung der Fernsehtätigkeit, ABl. 2007 L 332, S. 27.

[183] Richtlinie 2010/13/EU des Europäischen Parlaments und des Rates vom 10.3.2010 zur Koordinierung bestimmter Rechts- und Verwaltungsvorschriften der Mitgliedstaaten über die Bereitstellung audiovisueller Mediendienste (Richtlinie über audiovisuelle Mediendienste), ABl. 2010 L 95, S. 1.

[184] Richtlinie (EU) 2018/1808 des Europäischen Parlaments und des Rates vom 14.11.2018 zur Änderung der Richtlinie 2010/13/EU zur Koordinierung bestimmter Rechts- und Verwaltungsvorschriften der Mitgliedstaaten über die Bereitstellung audiovisueller Mediendienste (Richtlinie über audiovisuelle Mediendienste) im Hinblick auf sich verändernde Marktgegebenheiten, ABl. 2018 L 303, S. 69.

Audiovisuelle kommerzielle Kommunikation muss gem. Art. 9 Abs. 1 lit. a RL 2010/13 leicht als solche zu erkennen sein; **„Schleichwerbung“**[185] ist verboten. Gemäß Art. 9 Abs. 1 lit. b RL 2010/13 dürfen in der kommerziellen Kommunikation **keine subliminalen Techniken** eingesetzt werden. **Product Placement** ist zwar gem. Art. 11 Abs. 1, 2 RL 2010/13 für alle seit dem 19.12.2009 produzierten Sendungen im Grundsatz verboten; die Ausnahmeregelung in Art. 11 Abs. 3 RL 2010/13 gestattet indes das Product Placement in an Erwachsene gerichteten Kinofilmen, Filmen und Serien, Sportsendungen und Sendungen der leichten Unterhaltung, wenn kein Entgelt geleistet wurde und auf das Product Placement hingewiesen wird, vgl. im Einzelnen die Anforderungen in Art. 11 Abs. 3, UAbs. 2 RL 2010/13. Die Einhaltung des Trennungsprinzips wird bei gesponserten[186] Sendungen besonders problematisch.[187] Dazu stellt Art. 10 RL 2010/13 besondere Anforderungen an zulässiges **Sponsoring.** 138

In Art. 9 Abs. 1 lit. c RL 2010/13 werden bestimmte Werbeformen aus allgemeinen **gesellschaftspolitischen Erwägungen** verboten. Damit wird zT über den traditionell verstandenen Regelungsbereich des Lauterkeitsrechts hinausgegangen: Audiovisuelle kommerzielle Kommunikation darf nicht die **Menschenwürde** verletzen, keine **Diskriminierungen** nach Rasse, Geschlecht oder ethnischer Herkunft, Staatsangehörigkeit, Religion oder Glauben, Behinderungen, Alter oder sexueller Ausrichtung beinhalten oder fördern sowie keine Verhaltensweisen fördern, welche die **Gesundheit** oder **Sicherheit** oder den **Schutz der Umwelt** gefährden. 139

Die Art. 9 Abs. 1 lit. d–f RL 2010/13 enthalten schließlich **gegenständlich anknüpfende Werbeverbote.** Gemäß Art. 9 Abs. 1 lit. d RL 2010/13 ist jede Form der audiovisuellen kommerziellen Kommunikation für **Zigaretten und andere Tabakerzeugnisse** untersagt. Weiter darf gem. Art. 9 Abs. 1 lit. e RL 2010/13 für **alkoholische Getränke** weder speziell an Minderjährige gerichtet sein noch den übermäßigen Genuss solcher Getränke fördern. Audiovisuelle kommerzielle Kommunikation für **verschreibungspflichtige Arzneimittel und Behandlungen** ist gem. Art. 9 Abs. 1 lit. f RL 2010/13 untersagt. Die Werbeverbote für Tabak und Arzneimittel werden durch das an die Hersteller solcher Erzeugnisse gerichtete Verbot des Sponsoring in Art. 10 Abs. 2, 3 RL 2010/13 abgesichert. 140

Artikel 9 Abs. 1 lit. g RL 2010/13 dient unmittelbar dem **Jugendschutz.** Auf eine Generalklausel, wonach die audiovisuelle kommerzielle Kommunikation weder zur **körperlichen oder seelischen Beeinträchtigung Minderjähriger** führen darf, werden im einzelnen folgende Anforderungen zum Schutz Minderjähriger aufgestellt: Minderjährige dürfen zunächst **keinen direkten Kaufappellen** ausgesetzt werden, die ihre Unerfahrenheit und Leichtgläubigkeit ausnutzen, und sie dürfen auch **nicht unmittelbar** dazu **aufgefordert werden, ihre Eltern oder Dritte zum Kauf der beworbenen Ware oder Dienstleistung zu bewegen.** Weiter darf nicht das **besondere Vertrauen** ausgenutzt werden, das Minderjährige zu Eltern, Lehrern und anderen Vertrauenspersonen haben. Schließlich dürfen Minderjährige nicht ohne berechtigten Grund **in gefährlichen Situationen** gezeigt werden. 141

In ihrem Kapitel VII enthält die Richtlinie **besondere Schranken für die Fernsehwerbung** sowie das **Teleshopping** sowohl in qualitativer als auch in quantitativer Hin- 142

---

[185] Die Richtlinie definiert in Art. 1 lit. j Schleichwerbung als die Erwähnung oder Darstellung von Waren, Dienstleistungen, Namen, Marke oder Tätigkeiten eines Herstellers von Waren oder eines Erbringers von Dienstleistungen in Sendungen, wenn sie vom Mediendiensteanbieter absichtlich zu Werbezwecken vorgesehen ist und die Allgemeinheit über ihren eigentlichen Zweck irreführen kann. Eine Erwähnung oder Darstellung gilt insbesondere dann als beabsichtigt, wenn sie gegen Entgelt oder eine ähnliche Gegenleistung erfolgt.

[186] Sponsoring ist gem. Art. 1 lit. k Richtlinie 2010/13 jeder Beitrag von nicht im Bereich der Produktion von audiovisuellen Werken tätigen öffentlichen oder privaten Unternehmen zur Finanzierung von audiovisuellen Mediendiensten oder Sendungen mit dem Ziel, ihren Namen, ihre Marke, ihr Erscheinungsbild, ihre Tätigkeiten oder ihre Leistungen zu fördern.

[187] Vgl. dazu *Henning-Bodewig* in Werbung und Werbeverbote, S. 170 ff.

sicht. Artikel 19 RL 2010/13 gibt die **qualitativen Mindestanforderungen** vor, denen Fernsehwerbung stets zu genügen hat, und konkretisiert zugleich das **Gebot redaktioneller Trennung:**[188] Fernsehwerbung und Teleshopping müssen als solche leicht erkennbar und durch optische und/oder akustische und/oder räumliche Mittel eindeutig von anderen Programmteilen getrennt sein, Art. 19 Abs. 1 RL 2010/13. Einzeln gesendete Werbe- und Teleshoppingspots müssen gem. Art. 19 Abs. 2 RL 2010/13 die Ausnahme bilden.

143 **bb) Humanarzneimittelrichtlinie 2001.** Bereits die Fernsehrichtlinie hatte die Fernsehwerbung für verschreibungspflichtige Arzneimittel verboten. Der europäische Gesetzgeber fand, dass dieser Grundsatz auf die übrigen Medien auszudehnen sei und erließ zu diesem Zweck im Jahr 1992 die Arzneimittelwerbungsrichtlinie,[189] deren Regelungen sich nunmehr in der **Humanarzneimittelrichtlinie 2001/83**[190] befinden (dazu und zur Umsetzung vgl. *v. Jagow* Vorauf., Einl. I Rn. 44 ff.). Die Richtlinie unterscheidet die in Art. 88 ff. geregelte **Öffentlichkeitswerbung** von der in Art. 91 ff. geregelten **Werbung bei den im Gesundheitswesen tätigen Personen.**

144 Gemäß Art. 88 Abs. 1 RL 2001/83 ist die **Öffentlichkeitswerbung** für Arzneimittel, die nur auf **ärztliche Verschreibung** abgegeben werden dürfen oder die **psychotrope Substanzen oder Suchtstoffe** im Sinne der internationalen Übereinkommen enthalten, **stets unzulässig.** Gleiches gilt gem. Art. 88 Abs. 2 RL 2001/83 für Arzneimittel, die nach ihrer Zusammensetzung und Zweckbestimmung so beschaffen und konzipiert sind, dass sie ohne Tätigwerden eines Arztes für die Diagnose, Verschreibung oder Behandlung nicht verwendet werden können.

145 **Zulässig** bleibt gem. Art. 88 Abs. 2 RL 2001/83 nur **Öffentlichkeitswerbung** für Arzneimittel, die nach ihrer Zusammensetzung und Zweckbestimmung so beschaffen und konzipiert sind, dass sie **ohne Tätigwerden eines Arztes** für die Diagnose, Verschreibung oder Behandlung verwendet werden können. Im Übrigen unterliegt die **zulässige Öffentlichkeitswerbung** strengen Anforderungen: Artikel 89 Abs. 1 lit. a, b RL 2001/83 statuieren zunächst detaillierte **Informationspflichten.** In Art. 90 RL 2001/83 wird das Irreführungsverbot des Art. 87 Abs. 3 im Hinblick auf die besondere **suggestive Wirkung** (vgl. die Formulierung „nahe legen") einer Arzneimittelwerbung konkretisiert. Zunächst darf Öffentlichkeitswerbung für ein Arzneimittel keine Elemente enthalten, die eine **ärztliche Untersuchung** oder einen chirurgischen Eingriff als **überflüssig** erscheinen lassen, insbesondere dadurch, dass sie eine Diagnose anbietet oder eine Behandlung auf dem Korrespondenzwege empfiehlt (lit. a). Die Werbung darf weiterhin weder nahelegen, dass die Wirkung des Arzneimittels **ohne Nebenwirkungen** garantiert wird oder einer anderen Behandlung oder einem anderen Arzneimittel entspricht oder **überlegen** ist (lit. b), noch dass die normale gute Gesundheit des Patienten durch die Verwendung des Arzneimittels verbessert (lit. c) oder im Falle der Nichtverwendung des Arzneimittels beeinträchtigt werden könnte (lit. d).

146 Öffentlichkeitswerbung darf darüber hinaus keine Umstände enthalten, die ausschließlich oder hauptsächlich für **Kinder** gelten (lit. d). Die **Ausnutzung fachlicher Autorität** durch Bezugnahme auf eine Empfehlung von Wissenschaftlern, von im Gesundheitswesen tätigen Personen oder von Personen, die aufgrund ihrer Bekanntheit zum Arzneimittelverbrauch anregen können, ist ebenso unzulässig (lit. e). Dasselbe gilt für die **Verharmlosung der von Arzneimittel ausgehenden Gefahren** durch die Gleichsetzung mit einem Lebensmittel, einem kosmetischen Mittel oder anderen Gebrauchsgütern (lit. g).

---

[188] Vgl. dazu *Castendyk* in Werbung und Werbeverbote, S. 151, 158 ff.; EuGH ECLI:EU:C:2016:89 Rn. 29 = GRUR Int. 2016, 385 – Sanoma Media Finland Oy/Nelonen Media.

[189] Richtlinie 92/28/EWG des Rates vom 31.3.1992 über die Werbung für Humanarzneimittel, ABl. 1992 L 113, S. 13 Rn. 4.

[190] Richtlinie 2001/83/EG des Europäischen Parlaments und des Rates vom 6.11.2001 zur Schaffung eines Gemeinschaftskodexes für Humanarzneimittel, ABl. 2001 L 311, S. 67, zuletzt geändert durch Richtlinie 2012/26/EU des Europäischen Parlaments und des Rates vom 25.10.2012 zur Änderung der Richtlinie 2001/83/EG hinsichtlich der Pharmakovigilanz, ABl. 2012 L 299, S. 1.

Im Hinblick auf die irreführende Tendenz des Begriffs ist es unzulässig nahezulegen, die Sicherheit oder Wirksamkeit des Arzneimittels sei darauf zurückzuführen, dass es sich um ein **„Naturprodukt"** handle (lit. h). Genauso unzulässig ist es, durch eine ausführliche Beschreibung oder Darstellung der Anamnese zu einer falschen **Selbstdiagnose** zu verleiten (lit. i). Generalklauselartig werden im Übrigen die missbräuchliche, besorgniserregende oder irreführende Bezugnahme auf **Genesungsbescheinigungen** (***„testimonials"***; lit. i) und die Verwendung **bildlicher Darstellungen** der Veränderungen des menschlichen Körpers aufgrund von Krankheiten oder Schädigungen oder der Wirkung eines Arzneimittels im menschlichen Körper oder in Körperteilen (lit. j) verboten. 147

In Art. 91 ff. RL 2001/83 wird die **Werbung bei den im Gesundheitswesen tätigen Personen** geregelt. Die Richtlinie wechselt hier die Perspektive. An die Stelle des unkundigen und leicht zu beeinflussenden Patienten tritt das sachkundige Fachpersonal. Insoweit konnte der Gesetzgeber es bei der **Absicherung hinreichender Informationsmöglichkeiten** belassen. Gemäß Art. 91 RL 2001/83 muss jede Werbung für ein Arzneimittel bei den zu seiner Verschreibung oder Abgabe berechtigten Personen die wesentlichen Informationen im Einklang mit der Zusammenfassung der Produkteigenschaften und die Einstufung des Arzneimittels hinsichtlich der Abgabe umfassen. 148

Im Vorabentscheidungsverfahren *Gintec* ging es um die Frage, ob die Richtlinie nur einen Mindest- oder zugleich einen abschließenden Höchststandard für die Verbote der Öffentlichkeitswerbung für Arzneimittel setzt.[191] Der EuGH nahm zu Recht an, dass die Irreführungsrichtlinie unbeschadet der Rechtsvorschriften der Gemeinschaft gelte, die auf die Werbung für bestimmte Waren oder Dienstleistungen anwendbar sind. Da die Richtlinie 2001/83 spezielle Vorschriften über die Arzneimittelwerbung enthalte, stelle sie eine Sonderregelung gegenüber der in der Irreführungsrichtlinie vorgesehenen allgemeinen Regelung des Schutzes gegen irreführende Werbung dar. Die Mindestharmonisierung der Irreführungsrichtlinie sei daher für die Frage, wie weit die Harmonisierung der Humanarzneimittelrichtlinie gehe, unerheblich (EuGH Slg. 2007, I-9517 = GRUR 2008, 267, Rn. 31 – Gintec). 149

Vielmehr kam der EuGH zu dem Ergebnis, „dass mit der Richtlinie 2001/83 eine vollständige Harmonisierung des Bereichs der Arzneimittelwerbung erfolgt ist, wobei die Fälle, in denen die Mitgliedstaaten befugt sind, Bestimmungen zu erlassen, die von der in dieser Richtlinie getroffenen Regelung abweichen, ausdrücklich aufgeführt sind. Die Richtlinie ist somit dahin auszulegen, dass ein Mitgliedstaat in seinen innerstaatlichen Rechtsvorschriften kein uneingeschränktes und unbedingtes Verbot vorsehen darf, in der Öffentlichkeitswerbung für Arzneimittel Äußerungen Dritter zu verwenden, während deren Verwendung nach der Richtlinie nur wegen ihres konkreten Inhalts oder der Eigenschaft ihres Urhebers eingeschränkt werden darf" (EuGH Slg. 2007, I-9517 = GRUR 2008, 267, Rn. 39 – Gintec). Der Bundesgerichtshof geht inzwischen gleichfalls von der Totalharmonisierung aus.[192] 150

Gleichwohl bereitet das *per se*-Verbot des Art. 88 Richtlinie 2001/83 Schwierigkeiten, wie die Entscheidung *MSD Sharp & Dohme* des EuGH zeigt.[193] MSD Sharp & Dohme hatte als Herstellerin mehrerer verschreibungspflichtiger Medikamente deren Beipackzettel im Internet veröffentlicht. Fraglich ist, ob darin bereits gem. Art. 88 RL 2001/83 verbotene Werbung zu erkennen ist. Auf die Vorlage des Bundesgerichtshofs[194] befand der EuGH, dass die Veröffentlichung der Beipackzettel keine Werbung sei. Dies erstaunt einerseits, da die Veröffentlichung von Informationsmaterial zu gewerblich vertriebenen Produkten auf der Website des Herstellers jedenfalls zumindest mittelbar den Verkauf von Arzneimitteln zu fördern geeignet ist und damit nach allgemeinen Grundsätzen eine Information darstellt, die gem. Art. 86 RL 2001/83 als Arzneimittelwerbung einzustufen wäre. Andererseits 151

---

[191] EuGH Slg. 2007, I-9517 = GRUR 2008, 267 – Gintec.
[192] BGH GRUR 2012, 1058 Rn. 10 – Euminz.
[193] EuGH Slg. 2011, I-3249 = MMR 2011, 529 – MSD Sharp & Dohme/Merckle GmbH.
[194] BGH GRUR 2009, 988 – Arzneimittelpräsentation im Internet.

macht der Fall überdeutlich, dass der weite Werbungsbegriff in Verbindung mit dem *per se*-Verbot des Art. 88 zu überschießenden und dysfunktionalen Beschränkungen führt. Der EuGH begründete die Ausnahme des streitigen Verhaltens vom Werbebegriff mit dem fehlenden Werbeziel, welches bei der Veröffentlichung der Packungsbeilagen im Internet nicht gegeben sei. Denn es handle sich hierbei um Informationen, die nur demjenigen zugänglich seien, der sich um sie bemühe („Pull-Dienste"), damit unterscheide sich das Verhalten maßgeblich von Informationen mit denen sich der Nutzer unaufgefordert konfrontiert sehe („Push-Dienste", also Pop-Up-Fenster, etc). Dieser Zugang setzt sich indes in krassen Widerspruch zur bislang allgemeinen Auffassung, die vom Werbecharakter aller gewerblichen Websites ausgeht. Mit gleichem Ergebnis, aber anderer und besserer Begründung argumentierte GA *Trstenjak*. Sie legte die Richtlinie 2001/83 grundrechtskonform aus und gelangte so zu dem Ergebnis, dass das streitgegenständliche Verhalten vom Arzneimittelwerbebegriff auszunehmen sei.[195] Ähnlich hatte bereits der Bundesgerichtshof in der Begründung der Vorlagefrage einen Ausweg in Richtung einer Güter- und Interessenabwägung und einer teleologischen Reduktion des Arzneimittelwerbebegriffes gesucht.[196]

152 **cc) Tabakwerbungsrichtlinien 1998/2003.** Die **Tabakwerbungsrichtlinie** 1998/43[197] statuierte ein generelles Verbot jeder Form der Werbung für und des Sponsoring zugunsten von Tabakerzeugnissen in der Gemeinschaft.[198] Auf eine Klage der Bundesrepublik Deutschland hin beanstandete der **EuGH** jedoch die gewählte Rechtsgrundlage[199] und erklärte die Richtlinie insgesamt für **nichtig.** Allerdings wies er darauf hin, dass auf der Grundlage von Art. 100a EGV (nunmehr Art. 110 AEUV) der Erlass einer Richtlinie, die bestimmte Formen der Werbung und des Sponsoring zugunsten von Tabakerzeugnissen verboten hätte, zulässig gewesen wäre.[200] Am 20.6.2003 trat die insoweit angepasste **Tabakwerbungsrichtlinie 2003/33**[201] in Kraft. Sie greift ebenfalls auf ein generelles Verbot von Tabakwerbung in Printmedien, im Rundfunk sowie im Internet zurück, Art. 3, 4 RL 2003/33. Daneben wird das Sponsoring von Veranstaltungen verboten, an denen mehrere Mitgliedstaaten beteiligt sind bzw. die in mehreren Mitgliedstaaten stattfinden, Art. 5 Abs. 1 RL 2003/33. Auf ein Verbot indirekter Werbung wird allerdings ebenso verzichtet wie auf ein Verbot von Plakat- oder Kinowerbung, um den vom EuGH **angemahnten Binnenmarktbezug** sicherzustellen.[202] Erst am 21.12.2006 wurde die Richtlinie durch das **Erste Gesetz zur Änderung des Vorläufigen Tabakgesetzes**[203] in nationales Recht umgesetzt. Ergänzt werden die Werbeverbote der Tabakwerbungsrichtlinie durch die Werbebeschränkungen in Art. 13 **Tabakproduktrichtlinie von 2014**[204]. Diese Richtlinie

---

195 GA *Trstenjak* Schlussanträge Rn. 60 ff. zu EuGH C-316/09, Slg. 2011, I-3249 – MSD Sharp & Dohme/Merckle GmbH.

196 Vgl. BGH GRUR 2009, 988 Rn. 10 ff. – Arzneimittelpräsentation im Internet.

197 Richtlinie 98/43/EG des Europäischen Parlaments und des Rates vom 6.7.1998 zur Angleichung der Rechts- und Verwaltungsvorschriften der Mitgliedstaaten über Werbung und Sponsoring zugunsten von Tabakerzeugnissen, ABl. 1998 L 213, S. 9, für nichtig erklärt durch EuGH Slg. 2000, I-8419 = GRUR 2001, 67 – Bundesrepublik Deutschland/Parlament und Rat.

198 Art. 3 Abs. 1 Richtlinie 98/43. Zur Kritik vgl. *Ukena/Opfermann* WRP 1999, 141 (142 ff.); *Stein* in Werbung und Werbeverbote, S. 52, 55.

199 EuGH Slg. 2000, I-8419 Rn. 109 ff. = GRUR 2001, 67 – Bundesrepublik Deutschland/Parlament und Rat.

200 EuGH Slg. 2000, I-8419 Rn. 117 = GRUR 2001, 67 – Bundesrepublik Deutschland/Parlament und Rat.

201 Richtlinie 2003/33/EG des Europäischen Parlaments und des Rates vom 26.5.2003 zur Angleichung der Rechts- und Verwaltungsvorschriften der Mitgliedstaaten über Werbung und Sponsoring von Tabakerzeugnissen, ABl. 2003 L 152, S. 16.

202 Vgl. EGr 12 Richtlinie 2003/33. Krit. dazu *Dauses* EuZW 2001, 577. Auch gegen diese Richtlinie klagte die Bundesrepublik Deutschland vor dem EuGH, blieb jedoch erfolglos, EuGH Slg. 2006, I-11573 = EuZW 2007, 46 – Bundesrepublik Deutschland/Parlament und Rat.

203 BGBl. 2006 I S. 3365.

204 Richtlinie 2014/40/EU des Europäischen Parlaments und des Rates vom 3.4.2014 zur Angleichung der Rechts- und Verwaltungsvorschriften der Mitgliedstaaten über die Herstellung, die Aufmachung und den Verkauf von Tabakerzeugnissen und verwandten Erzeugnissen und zur Aufhebung der Richtlinie 2001/37/EG, ABl. 2014 L 127, S. 1.

wurde durch das Tabakerzeugnisgesetz umgesetzt (vgl. dazu *v. Jagow* Voraufl., Einl. I Rn. 37–39).

dd) Verordnung über nährwert- und gesundheitsbezogene Angaben über Lebensmittel 2006. Am 19.1.2007 trat die **Verordnung Nr. 1924/2006 über gesundheitsbezogene Angaben**[205] (sog. **„Health Claims-Verordnung"**) in Kraft, die europaweit einheitliche Regeln für die Verwendung nährwert- und gesundheitsbezogener Angaben bei Lebensmitteln einführt (vgl. dazu u. *v. Jagow* Voraufl., Einl. I Rn. 15 ff.). Zweck der Verordnung ist nach ihrem Art. 1 Abs. 1 neben der Gewährleistung des Funktionierens des Binnenmarktes vor allem ein **hohes Verbraucherschutzniveau im Hinblick auf Ernährungsfragen.** Die Verbraucher sollen dazu animiert werden, sich „richtig", also gesund zu ernähren, um durch Fehlernährung ausgelöste Gesundheitsrisiken zu vermeiden.[206] Dazu regelt die Verordnung die Zulässigkeit nährwert- und gesundheitsbezogener Angaben im Rahmen von Werbemaßnahmen und auf Etiketten. 153

Die Verordnung über gesundheitsbezogene Angaben ist Teil eines verzweigten Systems von Vorschriften über den Vertrieb von Lebensmitteln.[207] Insbesondere die Verordnung über gesundheitsbezogene Angaben löste indes eine kontroverse Diskussion aus: 154

Die **Kritiker** bezweifeln bereits die **Gesetzgebungskompetenz der Gemeinschaft** und halten die Verordnung für das **falsche Regelungsinstrument.**[208] Die gewichtigste inhaltliche Kritik knüpft an einen vermeintlichen Verstoß gegen das primäre materielle Gemeinschaftsrecht, insbesondere die Warenverkehrsfreiheit.[209] Schließlich wurde der 155

---

[205] Verordnung Nr. 1924/2006/EG des Europäischen Parlaments und des Rates vom 20.12.2006 über nährwert- und gesundheitsbezogene Angaben über Lebensmittel, ABl. 2006 L 404, S. 9 bzw. in der berichtigten Fassung ABl. 2007 L 12, S. 3, zuletzt geändert durch Verordnung (EU) Nr. 1169/2011 des Europäischen Parlaments und des Rates vom 25.10.2011 betreffend die Information der Verbraucher über Lebensmittel und zur Änderung der Verordnungen (EG) Nr. 1924/2006 und (EG) Nr. 1925/2006 des Europäischen Parlaments und des Rates und zur Aufhebung der Richtlinie 87/250/EWG der Kommission, der Richtlinie 90/496/EWG des Rates, der Richtlinie 1999/10/EG der Kommission, der Richtlinie 2000/13/EG des Europäischen Parlaments und des Rates, der Richtlinien 2002/67/EG und 2008/5/EG der Kommission und der Verordnung (EG) Nr. 608/2004 der Kommission, ABl. 2011 L 304, S. 18. Ausführlich hierzu *v. Jagow* Voraufl., Einl. I Rn. 15 ff.

[206] *Buchner/Rehberg* GRUR Int. 2007, 394 (395).

[207] So verweist Art. 1 Abs. 5 VO Nr. 1924/2006 auf verschiedene Richtlinien, die teilweise speziellere Regelungen enthalten: Verordnung (EU) Nr. 609/2013 des Europäischen Parlaments und des Rates vom 12.6.2013 über Lebensmittel für Säuglinge und Kleinkinder, Lebensmittel für besondere medizinische Zwecke und Tagesrationen für gewichtskontrollierende Ernährung und zur Aufhebung der Richtlinie 92/52/EWG des Rates, der Richtlinien 96/8/EG, 1999/21/EG, 2006/125/EG und 2006/141/EG der Kommission, der Richtlinie 2009/39/EG des Europäischen Parlaments und des Rates sowie der Verordnungen (EG) Nr. 41/2009 und (EG) Nr. 953/2009 des Rates und der Kommission, ABl. 2013 L 181, S. 35; Richtlinie 2009/54/EG des Europäischen Parlaments und des Rates vom 18.6.2009 über die Gewinnung von und den Handel mit natürlichen Mineralwässern, ABl. 2009 L 164, S. 45; Richtlinie 98/83/EG des Rates vom 3.11.1998 über die Qualität von Wasser für den menschlichen Gebrauch, ABl. 1998 L 330, S. 32, zul. geändert durch die Richtlinie (EU) 2015/1787 der Kommission vom 6.10.2015 zur Änderung der Anhänge II und III der Richtlinie 98/83/EG des Rates über die Qualität von Wasser für den menschlichen Gebrauch, ABl. 2015 L 260, S. 6; Richtlinie 2002/46/EG vom 10.6.2002 zur Angleichung der Rechtsvorschriften der Mitgliedstaaten über Nahrungsergänzungsmittel, ABl. 2002 L 183, S. 51, zul. geändert durch die Verordnung (EU) 2015/414 der Kommission vom 12.3.2015 zur Änderung der Richtlinie 2002/46/EG des Europäischen Parlaments und des Rates im Hinblick auf (6S)-5-Methyltetrahydrofolsäure, Glucosaminsalz zur Verwendung bei der Herstellung von Nahrungsergänzungsmitteln, ABl. 2015 L 68, S. 26. Außerdem wurde zeitgleich mit der Verordnung über gesundheitsbezogene Angaben eine weitere Verordnung erlassen, die den Zusatz von Vitaminen und Mineralstoffen zu Lebensmitteln regelt Verordnung Nr. 1925/2006/EG des Europäischen Parlaments und des Rates vom 20.12.2006 über den Zusatz von Vitaminen und Mineralstoffen sowie bestimmten anderen Stoffen zu Lebensmitteln, ABl. 2006 L 404, S. 26, zuletzt geändert durch Verordnung (EU) 2015/403 der Kommission vom 11.3.2015 zur Änderung des Anhangs III der Verordnung (EG) Nr. 1925/2006 des Europäischen Parlaments und des Rates in Bezug auf Ephedra-Arten und Yohimbe (Pausinystalia Yohimbe (K. Schum) Pierre ex Beille), ABl. 2015 L 67, S. 4.

[208] *Hüttebräuker* WRP 2004, 188 (193 ff.) mwN.

[209] *Loosen* ZLR 2006, 521 (522); *Meisterernst/Haber* WRP 2007, 363 (365); *v. Danwitz* ZLR 2005, 201 (222, 223). Letzterer bezieht sich noch auf die ursprüngliche Fassung, allerdings blieben die von ihm kritisierten Punkte zumindest in den Grundzügen erhalten.

Wechsel der Verfahrensweise angegriffen: Bis dahin war die Verwendung von nährwert- und gesundheitsbezogenen Angaben bei Lebensmitteln grundsätzlich erlaubt, und es fand eine nachträgliche Kontrolle statt. Die Verordnung führte demgegenüber in Art. 10 Abs. 1 das System des präventiven Verbots mit Erlaubnisvorbehalt ein, wobei die Art. 15 ff. verschiedene Arten des Genehmigungsverfahrens vorsehen.[210] Insbesondere die Einzelzulassung stellt den Verwender vor größere Schwierigkeiten. Um eine solche zu erlangen, muss unter anderem dargelegt werden, dass eine gesundheitsbezogene Angabe die Anforderungen der Verordnung erfüllt, Art. 15 Abs. 3 lit. c VO Nr. 1924/2006.[211]

156 Gleichzeitig wurden die materiellen **Voraussetzungen für die Zulässigkeit von nährwert- und gesundheitsbezogenen Angaben verschärft.** Bis dahin galt „nur" ein Irreführungsverbot unter Zugrundelegung des in der Rechtsprechung des EuGH entwickelten Modelladressaten (vgl. dazu → Rn. 434, 437). Die Verordnung regelt demgegenüber im Einzelnen, wann eine Angabe erlaubt ist (vgl. Art. 8 Abs. 1 VO Nr. 1924/2006). Unter anderem ist die Nachprüfbarkeit der Angaben nach anerkannten wissenschaftlichen Erkenntnissen erforderlich. Zur Bedeutung der sog. **Nährwertprofile** vgl. die Voraufl., Einl. B → Rn. 86.

In diesem Zusammenhang steht der zentrale Vorwurf, an welchen der vermeintliche Verstoß gegen das primäre Gemeinschaftsrecht geknüpft wird, dem Verbraucher werde zu wenig Eigenverantwortung abverlangt.[212] Betroffen ist das **Spannungsverhältnis zwischen Informationsbedarf**[213] **und Verbraucherentmündigung.**[214] Zugegebenermaßen lässt sich das der Verordnung zugrundegelegte Regelungsbedürfnis nicht ohne weiteres mit dem vom EuGH entwickelten Verbraucherleitbild vereinbaren.[215] Zu berücksichtigen ist jedoch, dass das im Rahmen der *Cassis*-Rechtsprechung zu den Grundfreiheiten entwickelte Verbraucherleitbild (vgl. dazu → Rn. 434) das Ergebnis einer Abwägung der konkurrierenden Allgemeininteressen an Wettbewerbsintensivierung durch Marktintegration einerseits und Verbraucherschutz bzw. Schutz des Wettbewerbs gegen Verfälschungen durch Irreführung andererseits darstellt. Eine solche ist notwendig, solange ein Rechtsgebiet nur teilharmonisiert ist (vgl. dazu → Rn. 444 ff.).

Wegen der von der Verordnung gestellten hohen Anforderungen darf jedenfalls der **Begriff der „gesundheitsbezogenen" Angabe nicht übermäßig weit ausgelegt** werden. Kritikwürdig erscheint das Vorgehen des EuGH, nicht das Tatbestandsmerkmal im Lichte der betroffenen Grundrechte auszulegen und eine konkrete Gesundheitsgefährdung zu verlangen, sondern den abstrakten Verbotstatbestand isoliert an den Grundrechten zu messen und – naheliegenderweise – zu billigen.[216] Die Ergebnisse sind im Hinblick auf den Schutz der Meinungsäußerungs- sowie der Informationsfreiheit bedenklich. In einem Fall der Bewerbung von tatsächlich säurereduzierten Weinen als „bekömmlich" bejahte der EuGH angesichts des per se-Verbotes in Art. 4 Abs. 3 UAbs. 1 VO Nr. 1924/2006, dass es sich um eine gesundheitsbezogene Angabe handele, weil die eine leichte Aufnahme und

---

[210] Nach Art. 13 VO Nr. 1924/2006 ist für bestimmte Angaben die allgemeine Zulassung möglich. Die betreffenden Angaben werden in einer Gemeinschaftsliste aufgeführt. Weiter gibt es die Möglichkeit der Einzelzulassung gemäß Art. 15 und ein beschleunigtes Zulassungsverfahren gem. Art. 17 VO Nr. 1924/2006.

[211] *v. Danwitz* GRUR 2005, 896 (901), weist zutreffend darauf hin, dass zu den allgemeinen Beweisproblemen der Zulassungsfähigkeit auch die geforderten Formulierungsvorschläge in allen Mitgliedsprachen Schwierigkeiten bereiten dürften.

[212] Zum Teil wird von Vorzensur oder Überreglementierung gesprochen, vgl. *Buchner/Rehberg* GRUR Int. 2007, 394, die einen Teil der diesbezüglichen Kritik zusammengefasst haben. Es handelt sich um einen der wenigen Versuche deutscher Autoren, die Verordnung zu rechtfertigen.

[213] *Buchner/Rehberg* GRUR Int. 2007, 394 (396).

[214] *v. Danwitz* ZLR 2005, 201.

[215] Es ist bezeichnend, dass der EuGH ein absolutes, von einer Irreführungsgefahr unabhängiges, Verbot, bestimmte Angaben über das „Schlankerwerden" oder „ärztliche Empfehlungen" in die Werbung für Lebensmittel aufzunehmen, als nicht gerechtfertigte Verletzung der Warenverkehrsfreiheit betrachtet hat, EuGH Slg. 2004, I-7007 Rn. 59 = EuZW 2004, 657 – Douwe Egberts.

[216] EuGH ECLI:EU:C:2012:526 Rn. 42 ff. = WRP 2012, 1368 – Deutsches Weintor.

Verdaulichkeit des Weins suggerierende Bezeichnung impliziere, dass das Verdauungssystem bei seinem Genuss nicht oder wenig leide und dass der Zustand dieses Systems selbst bei wiederholtem, also in größeren Mengen und langfristig erfolgendem Verzehr verhältnismäßig gesund und intakt bleibt, weil dieser Wein sich durch einen reduzierten Säuregehalt auszeichne. Damit sei die fragliche Angabe geeignet, eine nachhaltige positive physiologische Wirkung zu suggerieren, die in der Erhaltung des Verdauungssystems in gutem Zustand bestehe, während für andere Weine unterstellt werde, das sie bei häufigerem Verzehr nachhaltige negative Auswirkungen auf das Verdauungssystem und folglich auf die Gesundheit hätten.[217]

Für den Werbeslogan „So wichtig wie das tägliche Glas Milch" für einen zuckerhaltigen Früchtequark bejahte der Bundesgerichtshof konsequenterweise ebenfalls das Vorliegen einer **gesundheitsbezogenen Angabe.** Der Begriff erfasse daher **jeden Zusammenhang, der eine Verbesserung des Gesundheitszustands dank des Verzehrs des Lebensmittels impliziere.** Vorliegend geschehe dies, weil der Slogan an die unter den Durchschnittsadressaten verbreitete Meinung anknüpfe, Kinder und Jugendliche sollten im Hinblick auf diese gesundheitsfördernde Wirkung, insbesondere wegen der enthaltenen Mineralstoffe, täglich ein Glas Milch trinken, die diese positive Wirkung auf den Früchtequark übertrügen, der in dieser Hinsicht „dem täglichen Glas Milch" gleichgestellt werde.[218] Zutreffend geht der Bundesgerichtshof von der Idealkonkurrenz der allgemeinen Irreführungsverbote mit den lebensmittelrechtlichen Irreführungsverboten und den Etikettierungspflichten (dazu sogl.) aus.[219] **157**

Eine **direkte Verknüpfung** der Verordnung über gesundheitsbezogene Angaben mit dem nationalen Lauterkeitsrecht stellt **§ 3a UWG** her. Die Verordnung über gesundheitsbezogene Angaben wird im Allgemeinen als Vorschrift wahrgenommen, die iSd § 3a auch dazu bestimmt ist, im Interesse der Marktteilnehmer das Marktverhalten zu regeln.[220] In mehreren Fällen wurden Verstöße gegen die Verordnung über gesundheitsbezogene Angaben bereits unter lauterkeitsrechtlichen Gesichtspunkten geprüft.[221] **158**

e) Ettikettierungsvorschriften. Der Schaffung von Markttransparenz unter gleichzeitigem Abbau von Marktzutrittsschranken dienen vor allem Etikettierungs- und Kennzeichnungspflichten harmonisierende Rechtsakte. Auf der Vergütungsseite ist die Richtlinie über **Preisangaben**[222] zu nennen, auf der Leistungsseite begründen Unionsrechtsakte Mindestkennzeichnungspflichten für eine Vielzahl von Produkten. Die ältere Etikettierungsrichtlinie wurde 2011 durch die **Lebensmittelinformationsverordnung** Nr. 1169/2011[223] abgelöst. Sie verpflichtet die Unternehmen, Lebensmittel nur mit detaillierten Angaben in den Verkehr zu bringen. Im Übrigen bestehen zahlreiche produktbezogene Informationspflichten, Art. 10 iVm Anh. III VO Nr. 1169/2011. **159**

[217] EuGH ECLI:EU:C:2012:526 Rn. 39 ff. = WRP 2012, 1368 – Deutsches Weintor.

[218] BGH GRUR 2015, 403 Rn. 33 f. – Monsterbacke II.

[219] BGH GRUR 2015, 403 Rn. 18 – Monsterbacke II.

[220] Davon geht BGH GRUR 2015, 403 Rn. 32 ff. – Monsterbacke II, ersichtlich aus.

[221] Eine unzulässige gesundheitsbezogene Angabe bejahten OLG Rostock WRP 2011, 1330 – reich an wertvollen Vitaminen und Nährstoffen, für ein Hirseprodukt; KG Magazindienst 2011, 345 – Reich an Vitamin B12, für ein Nahrungsergänzungsmittel (Spirulina-Präparat); OLG Zweibrücken Magazindienst 2010, 883 – Wirkt sich positiv auf den gesamten Organismus aus, für ein Nahrungsergänzungsmittel.

[222] Richtlinie 98/6/EG des Europäischen Parlaments und des Rates vom 16.2.1998 über den Schutz der Verbraucher bei der Angabe der Preise der ihnen angebotenen Erzeugnisse, ABl. 1998 L 80, S. 27.

[223] Verordnung (EU) Nr. 1169/2011 des Europäischen Parlaments und des Rates vom 25.10.2011 betreffend die Information der Verbraucher über Lebensmittel und zur Änderung der Verordnungen (EG) Nr. 1924/2006 und (EG) Nr. 1925/2006 des Europäischen Parlaments und des Rates und zur Aufhebung der Richtlinie 87/250/EWG der Kommission, der Richtlinie 90/496/EWG des Rates, der Richtlinie 1999/10/EG der Kommission, der Richtlinie 2000/13/EG des Europäischen Parlaments und des Rates, der Richtlinien 2002/67/EG und 2008/5/EG der Kommission und der Verordnung (EG) Nr. 608/2004 der Kommission, ABl. 2011 L 304, S. 18.

160 **f) Verlagerung ins Immaterialgüterrecht.** Das im internationalen Rahmen feststellbare Harmonisierungsdefizit des Lauterkeitsrechts gegenüber dem Immaterialgüterrecht findet zumindest im Bereich der konkurrentengerichteten Wettbewerbsverstöße bis heute seine Entsprechung auf der Ebene des Europarechts. Im B2B-Bereich kann sogar von einer **Verlagerung der Harmonisierungsbemühungen ins Immaterialgüterrecht** gesprochen werden.[224]

161 **aa) Schutz gegen die Begründung von Verwechslungs- und Verwässerungsgefahr sowie Rufausbeutung durch das Europäische Markenrecht.** Der Schutz von Wettbewerbern und der Marktgegenseite vor der Begründung der Gefahr einer Fehlzuordnung der betrieblichen Herkunft,[225] wird in erheblichem Umfang durch das Kennzeichenrecht geleistet.[226] Insoweit spielt die **Harmonisierung des Markenrechts** eine herausragende Rolle und muss in die Betrachtung der europäischen Rechtsquellen des Lauterkeitsrechts einbezogen werden.[227] In den Begründungserwägungen zur Markenrechtsrichtlinie aus dem Jahr 1989[228] wird ausgeführt, dass es Zweck des durch die eingetragene Marke gewährten Schutzes sei, insbesondere die Herkunftsfunktion der Marke zu gewährleisten.

162 Die Verletzung der Herkunftsfunktion hat zweierlei Dimension: Der Eingriff in den **Zuweisungsgehalt des Immaterialgüterrechts** löst zunächst die zeichenrechtlichen Ansprüche des Rechtsinhabers aus. Sachlich überlagert der so gewährte **immaterialgüterrechtliche Individualschutz** zwar den **lauterkeitsrechtlichen Wettbewerbsschutz.** Die vom Lauterkeitsrecht geschützten Allgemeininteressen gebieten aber, die lauterkeitsrechtlichen Rechtsbehelfe, mit welchen eine Verfälschung des Wettbewerbs im Interesse aller Marktbeteiligter verhindert werden soll, auch bei Zeichenverletzungen zur Verfügung zu stellen. Was der Europäische Gesetzgeber für bedeutend genug gehalten hat, um selbst den nicht harmonisierten Bereich des Leistungsschutzes durch das Verbot der Irreführung über die betriebliche Herkunft zu überlagern (vgl. EGr. 14 S. 6 UGP-RL, vgl. dazu → Rn. 369 ff.), muss erst recht für den kennzeichenrechtlichen Zuordnungsschutz gelten.[229]

163 Auch in materieller Hinsicht kann das Lauterkeitsrecht nach der Markenrechtsrichtlinie insbesondere **außerhalb der Begründung einer Verwechslungsgefahr**[230] eine selbständige Rolle spielen. Die in den Mitgliedstaaten geltenden Bestimmungen über den Schutz gegenüber der Verwendung eines Zeichens zu anderen Zwecken als der Unterscheidung von Waren oder Dienstleistungen bleiben gem. Art. 10 Abs. 6 MarkenrechtsRL unberührt, wenn die Benutzung des Zeichens **die Unterscheidungskraft oder die Wertschätzung der Marke ohne rechtfertigenden Grund in unlauterer Weise ausnutzt** oder **beeinträchtigt.**[231]

---

224 Ähnlich *Kur* GRUR Int. 1998, 771 (773); *Kur* in Neuordnung des Wettbewerbsrechts, S. 116, 123: Entlastung des Wettbewerbsrechts; *Kur* IIC 2014, 434; *Reger* S. 2: Originäre Bereiche des Unlauterkeitsrechts würden gewerblichen Schutzrechten „zugeschlagen".

225 Der Begriff der „betrieblichen Herkunft" soll hier nicht „naturalistisch" in Anknüpfung an die Produktionsstätte verstanden werden. Er bezieht sich vielmehr auf die – allerdings wiederum nicht produkthaftungsrechtlich gedachte – Vermarktungsverantwortung des Herstellers. Vgl. dazu *Fezer* GRUR 2003, 457 (463 ff.).

226 Zu dieser Verlagerung vgl. *Kur* in Neuordnung des Wettbewerbsrechts, S. 116 ff.

227 *Schluep* in Un droit européen de la concurrence déloyale en formation, S. 67, 70: Zum Lauterkeitsrecht gehört das gesamte Kennzeichenrecht. Ähnlich *Wägenbaur* in Un droit européen de la concurrence déloyale en formation, S. 9, 27, zum Muster- und Modellrecht. AA *Rüffler* S. 19.

228 Erste Richtlinie 89/104/EWG des Rates vom 21.12.1988 zur Angleichung der Rechtsvorschriften der Mitgliedstaaten über die Marken, ABl. 1989 L 40, S. 1; inzwischen ersetzt durch die Richtlinie (EU) 2015/2436 des Europäischen Parlaments und des Rates vom 16.12.2015 zur Angleichung der Rechtsvorschriften der Mitgliedstaaten über die Marken, ABl. 2015 L 336, S. 1. Vgl. dort nun EGr. 16 S. 1.

229 Vgl. dazu bereits *Glöckner* in Geistiges Eigentum und Gemeinfreiheit, S. 145 ff., 163 ff.; *Fezer* MarkenR 2006, 511 (512); *Köhler* GRUR 2007, 548 (550 ff.). Inzwischen BGH GRUR 2013, 1161 Rn. 60 – Hard Rock Café. Im Einzelnen vgl. u. *Sambuc* → Einl. Rn. 1194, 1200.

230 Zur Trennung beider Gesichtspunkte im Europarecht vgl. *Novak* EuZW 2001, 46 (48).

231 Vgl. dazu EuGH Slg. 2002, I-10913 Rn. 30 ff. = GRUR 2003, 143 – Robelco.

Daneben macht der seit der Novelle des Unionsmarkenrechts 2015 obligatorisch ausgestaltete erweiterte Schutz bekannter Marken[232] gem. Art. 10 Abs. 2 lit. c MarkenrechtsRL unter denselben Voraussetzungen außerhalb des Warenähnlichkeitsbereichs die Verlagerung lauterkeitsrechtlicher Argumentation ins Kennzeichenrecht deutlich. Das Unionsmarkenrecht gewährt in Art. 9 Abs. 1 lit. c UnionsmarkenVO[233] seit jeher dem Inhaber einer **„bekannten" Unionsmarke Schutz außerhalb des Warenähnlichkeitsbereichs,** wenn die Benutzung des Zeichens die Unterscheidungskraft oder die Wertschätzung der Gemeinschaftsmarke ohne rechtfertigenden Grund in unlauterer Weise ausnutzt oder beeinträchtigt. **164**

bb) Leistungsschutz durch Harmonisierung der Erfinderrechte. Der Schutz gegen Nachahmungen und damit der Schutz gewerblicher Leistungen ieS ist die Domäne des immaterialgüterrechtlichen Schutzes der **Erfinderrechte**[234] auf sondergesetzlicher Grundlage: Patentrecht, Designrecht, Sortenschutzrecht und das Urheberrecht sind den Rechtsordnungen aller Mitgliedstaaten bekannt. Die Harmonisierungsbestrebungen der Gemeinschaft sind weit gediehen.[235] Auf eine Darstellung der unionsrechtlichen Harmonisierung der Immaterialgüterrechte soll an dieser Stelle verzichtet werden, weil das Europarecht selbst den immaterialgüterrechtlichen Leistungsschutz und den Lauterkeitsschutz trotz ihrer gegenständlichen Bezüge strukturell trennt. Hinzuweisen ist gleichwohl darauf, dass Problemkreise, die in Deutschland in der Vergangenheit zur Entwicklung des sog. ergänzenden lauterkeitsrechtlichen Leistungsschutzes geführt haben, inzwischen – häufig durch Rechtsakte des Unionsrechts veranlasst – durch Regelungen immaterialgüterrechtlicher Provenienz behandelt werden. So gewährt etwa das nicht eingetragene Gemeinschaftsgeschmacksmuster originellen Produktgestaltungen wie Modeneuheiten einen dreijährigen Schutz vor Nachahmung. Der lauterkeitsrechtliche Schutz von Nachbarrechten wurde im Rahmen des kodifizierten Schutzes der verwandten Schutzrechte durch Gewährung urheberrechtlichen Leistungsschutzes gem. §§ 70 ff. UrhG zB für Lichtbildner, ausführende Künstler, Hersteller von Tonträgern und Sendeunternehmen überflüssig. Ähnliches gilt für den Schutz von Computerprogrammen auf der Grundlage von §§ 69a ff. UrhG[236] und Datenbanken gem. §§ 4 Abs. 2, 87a ff. UrhG.[237] **165**

---

[232] Vgl. dazu EuGH Slg. 1999, I-5421 Rn. 12 ff. = GRUR Int. 2000, 73 – Chevy.

[233] Verordnung (EG) Nr. 40/94 des Rates vom 20.12.1993 über die Gemeinschaftsmarke, ABl. 1994 L 11, S. 1; inzwischen aufgehoben und abgelöst durch die Verordnung (EG) Nr. 207/2009 des Rates vom 26.2.2009 über die Gemeinschaftsmarke (kodifizierte Fassung), ABl. 2009 L 78, S. 1, geändert durch die Verordnung (EU) Nr. 2015/2424 des Europäischen Parlaments und des Rates vom 16.12.2015, ABl. 2015 L 341, S. 21.

[234] Den Begriff verwendete bereits *Nerreter,* Allgemeine Grundlagen eines deutschen Wettbewerbsrechtes, 1936, S. 89. Vgl. aus jüngerer Zeit *Baudenbacher* GRUR Int. 2000, 584 (593).

[235] *Klauer* S. 228. Vgl. zum Patentrecht einerseits das EPÜ, andererseits der Beschluss des Rates v. 10.3.2011 über die Ermächtigung zu einer Verstärkten Zusammenarbeit im Bereich der Schaffung eines einheitlichen Patentschutzes, ABl. 2011 L 76, S. 53; ferner die Richtlinie 87/54/EWG vom 16.12.1986 über den Rechtsschutz der Topographien von Halbleitererzeugnissen, ABl. 1987 L 24, S. 36; die Richtlinie 2009/24/EG des Europäischen Parlaments und des Rates vom 23.4.2009 über den Rechtsschutz von Computerprogrammen (kodifizierte Fassung), ABl. 2009 L 111, S. 16; die Richtlinie 96/9/EG des Europäischen Parlaments und des Rates vom 11.3.1996 über den rechtlichen Schutz von Datenbanken, ABl. 1996 L 77, S. 20; zum Musterrecht vgl. die Richtlinie 98/71/EG des Europäischen Parlaments und des Rates vom 13.10.1998 über den rechtlichen Schutz von Mustern und Modellen, ABl. 1998 L 289, S. 28, sowie die Verordnung (EG) Nr. 6/2002 des Rates vom 12.12.2001 über das Gemeinschaftsgeschmacksmuster, ABl. 2002 L 3, S. 1; zum Urheberrecht vgl. die Richtlinie 2001/29/EG des Europäischen Parlaments und des Rates vom 22.5.2001 zur Harmonisierung bestimmter Aspekte des Urheberrechts und der verwandten Schutzrechte in der Informationsgesellschaft, ABl. 2001 L 167, S. 10. Zur Harmonisierung der Sanktionen wurde die Richtlinie 2004/48/EG des Europäischen Parlaments und des Rates zur Durchsetzung der Rechte des geistigen Eigentums, ABl. 2004 L 157, S. 16, erlassen.

[236] Richtlinie 2009/24/EG des Europäischen Parlaments und des Rates vom 23.4.2009 über den Rechtsschutz von Computerprogrammen (kodifizierte Fassung), ABl. 2009 L 111, S. 16.

[237] Richtlinie 96/9/EG des Europäischen Parlaments und des Rates vom 11.3.1996 über den rechtlichen Schutz von Datenbanken, ABl. 1996 L 77, S. 20.

166 **g) Irreführungen B2C und andere unlautere geschäftliche Handlungen: Richtlinie über unlautere Geschäftspraktiken 2005/2019 (vgl. dazu ausf. u. IV.).** Die im Lauterkeitsrecht traditionell federführende **Generaldirektion Binnenmarkt (DG Markt)** der Europäischen Kommission verfolgte seit Mitte der 1990 er-Jahre einen stark am Herkunftslandprinzip orientierten Ansatz, der nur in spezifischen Bereichen durch harmonisierende Maßnahmen ergänzt werden sollte. Insbesondere im **Grünbuch über kommerzielle Kommunikationen im Binnenmarkt von 1996**[238] und dem **Folgedokument von 1998**[239] bekannte sich die Kommission zu einem regulativen Zugang über die Grundfreiheiten, hob aber hervor, dass der Zweck verfolgt werde, jenseits der Grenzen möglicher Negativintegration mögliche Harmonisierungsbedürfnisse zu identifizieren.[240]

167 Die **Generaldirektion Gesundheit und Verbraucherschutz (DG Sanco)** beauftragte im Jahr 2000 ua das Institut für Europäisches Wirtschafts- und Verbraucherrecht eV mit einer Studie über die **Realisierbarkeit eines allgemeinen Rechtsrahmens zur Lauterkeit im Handelsverkehr,** die unter der Federführung von *Hans-W. Micklitz* im November 2000 erstellt wurde (im Folgenden: Micklitz-Studie).[241] Vor allem sollte mit der Studie das Ziel verfolgt werden, die disparaten und nicht ganz widerspruchsfreien Regelungen, die auf unterschiedliche Weise ins Lauterkeitsrecht intervenieren, durch ein kohärentes System zu ersetzen.

168 Am 2.10.2001 wurden der Öffentlichkeit die Resultate der Tätigkeit beider Generaldirektionen präsentiert: Zunächst sollte der Verbraucherschutz im Binnenmarkt insgesamt modernisiert werden. Diesbezüglich wurde ein **Grünbuch zum Verbraucherschutz** verabschiedet. Ergänzt wurden diese Pläne der Kommission durch einen **Vorschlag für eine Verordnung über die Verkaufsförderung im Binnenmarkt,** die beide im Grünbuch vorgeschlagenen Regelungsalternativen (dazu sogl.) ergänzen könnte.[242]

169 **aa) (Geänderter) Vorschlag für eine Verordnung über Verkaufsförderung.** Auf der Grundlage der Vorarbeiten zu einer „Mitteilung über kommerzielle Kommunikationen" entstand der **Vorschlag für eine Verordnung über Verkaufsförderung** als Bestandteil einer „Mitteilung der Kommission zur Verkaufsförderung im Binnenmarkt".[243] Im Zentrum des Vorschlags stand die **Aufhebung nicht mehr zeitgemäßer allgemeiner Verbote und Beschränkungen,** die in verschiedenen Mitgliedstaaten Verkaufsförderaktionen reglementieren. Betroffen waren Zugabenverbote, Wertbegrenzungen für Rabatte oder Verbote einer Kopplung der Teilnahme an Werbepreisausschreiben an einen Kauf. Die Kommission verfolgte jedoch kein schlichtes Deregulierungsanliegen. Vielmehr sollten, wo mit den genannten Beschränkungen ernstzunehmende Ziele des Verbraucherschutzes verfolgt würden, weitreichende, teils revolutionäre, **Informationsvorschriften,** die ein **höheres Verbraucherschutzniveau** gewährleisten sollten, an die Stelle dieser Beschränkungen gesetzt werden. Der Vorschlag scheiterte indes

[238] Grünbuch der Kommission vom 8.5.1996, Kommerzielle Kommunikationen im Binnenmarkt, KOM (96) 192 endg.; vgl. dazu *Henning-Bodewig* GRUR Int. 1997, 515.

[239] Mitteilung der Kommission an den Rat, das Europäische Parlament und den Wirtschafts- und Sozialausschuss, Folgedokument zum Grünbuch über kommerzielle Kommunikationen im Binnenmarkt (im Folgenden: Folgedokument), KOM(98) 121 endg. Vgl. dazu *Henning-Bodewig* GRUR Int. 1999, 233.

[240] Folgedokument, KOM(98) 121 endg., S. 9.

[241] Die Studie ist unterteilt in drei Abschnitte. Band III, http://ec.europa.eu/consumers/archive/cons_int/safe_shop/fair_bus_pract/green_pap_comm/studies/sur21_vol3_en.pdf, dient der Bestandsaufnahme, Band II, http://ec.europa.eu/consumers/archive/cons_int/safe_shop/fair_bus_pract/green_pap_ comm/studies/sur21_vol2_en.pdf, als Brücke zum abschließenden Vorschlag mit Begründung, der in Band I präsentiert wird., vgl. Micklitz-Studie, I, http://ec.europa.eu/consumers/archive/cons_int/safe_ shop/fair_bus_pract/green_pap_comm/studies/sur21_vol1_en.pdf, S. 3, sites zul. besucht am 9.4.2021.

[242] Vgl. dazu *Glöckner* ELR 2002, 42; *Glöckner* IIF 2001, 239 (271 ff.); *Göhre* WRP 2002, 36 ff.; *Henning-Bodewig* GRUR Int. 2002, 389 (395 ff.); *Drexl* [2002] Eur. Bus. L. R. 557, 564 ff.

[243] Mitteilung der Kommission vom 2.10.2001 über Verkaufsförderung im Binnenmarkt, KOM(2001) 546 endg., S. 3, 6.

mehrfach am mangelnden Konsens im Rat über das Herkunftslandprinzip und wurde daraufhin zurückgezogen.[244] Von dem gescheiterten Vorschlag geht keinerlei „Sperrwirkung“ im Hinblick auf die Regelung von Verkaufsförderungsmaßnahmen aus.[245]

bb) Grünbuch zum Verbraucherschutz in der Europäischen Union. Zeitgleich wurde ein **Grünbuch zum Verbraucherschutz in der Europäischen Union** verabschiedet.[246] Zwölf Mitgliedstaaten wünschten, dass die Kommission eine Rahmenrichtlinie über lautere Geschäftspraktiken ausarbeite.[247] Bereits am 11.6.2002 veröffentlichte die Kommission deshalb das Folgedokument zum Grünbuch über den Verbraucherschutz. Auch der Rat forderte die Kommission auf, der weiteren Befassung mit dem Grünbuch Priorität einzuräumen. 170

Am 18.6.2003 legte die Kommission einen Vorschlag für eine Richtlinie über unlautere Geschäftspraktiken[248] vor. Die Richtlinie 2005/29/EG über unlautere Geschäftspraktiken[249] (im Folgenden: UGP-Richtlinie; UGP-RL; vgl. dazu im einzelnen → Rn. 237 ff.) wurde am 11.5.2005 beschlossen.[250] Sie war bis zum 12.6.2007 umzusetzen und ab dem 12.12.2007 anzuwenden. Spätestens seit diesem Zeitpunkt bestand eine Pflicht zu richtlinienkonformer Auslegung des geltenden Rechts.[251] Am 30.12.2008 trat das zur Umsetzung der UGP-Richtlinie erlassene Änderungsgesetz in Kraft, am 10.12.2015 das zweite Änderungsgesetz. Als erste gesetzgeberische Folge des sog. ***„New Deal for Consumers“*** wurde die UGP-Richtlinie im Jahr 2019 erheblich geändert (vgl. dazu ausf. → Rn. 193 ff., 387 ff.).[252] 171

h) Dienstleistungen im Binnenmarkt: Dienstleistungsrichtlinie 2006. Die **Dienstleistungsrichtlinie 2006/123**[253] trat am 28.12.2006 in Kraft. Die Mitgliedstaaten hatten die Dienstleistungsrichtlinie gem. Art. 44 bis zum 28.12.2009 umzusetzen. In 172

[244] Vgl. Vorschläge der Kommission, die auf ihre allgemeine Relevanz, auf ihre Auswirkungen auf die Wettbewerbsfähigkeit sowie auf sonstige Folgen überprüft und daraufhin zurückgezogen wurden, ABl. 2006 C 64, S. 3.

[245] Bereits EuGH Slg. 2009, I-2949 Rn. 29 aE = GRUR 2009, 599 – VTB-VAB NV ua; bestätigt in EuGH Slg. 2010, I-217 Rn. 37 = GRUR 2010, 244 – Plus.

[246] Grünbuch zum Verbraucherschutz in der Europäischen Union vom 2.10.2001, KOM(2001) 531 endg.

[247] Verbraucherkommissar *Byrne,* Pressemitteilung vom 11.6.2002, IP/02/842.

[248] Vorschlag der Europäischen Kommission vom 18.6.2003 für eine Richtlinie des Europäischen Parlaments und des Rates über unlautere Geschäftspraktiken im binnenmarktinternen Geschäftsverkehr zwischen Unternehmen und Verbrauchern und zur Änderung der Richtlinien 84/450/EWG, 97/7/EG und 98/27/EG (Richtlinie über unlautere Geschäftspraktiken), KOM(2003) 356 endg.

[249] Richtlinie 2005/29/EG des Europäischen Parlaments und des Rates vom 11.5.2005 über unlautere Geschäftspraktiken im binnenmarktinternen Geschäftsverkehr zwischen Unternehmen und Verbrauchern und zur Änderung der Richtlinie 84/450/EWG des Rates, der Richtlinien 97/7/EG, 98/27/EG und 2002/65/EG des Europäischen Parlaments und des Rates sowie der Verordnung (EG) Nr. 2006/2004 des Europäischen Parlaments und des Rates (Richtlinie über unlautere Geschäftspraktiken), ABl. 2005 L 149, S. 22. Ein Überblick über die Richtlinie findet sich bei *Henning-Bodewig* GRUR Int. 2005, 629. Zum Richtlinienvorschlag vgl. *Stuyck/Terryn/Van Dyck* Rev. Eur. Dr. Consomm. 2003, 239; *Köhler/Lettl* WRP 2003, 1019; *Veelken* WRP 2004, 1; *Henning-Bodewig* GRUR Int. 2004, 183; *Glöckner* WRP 2004, 936; *Lettl* WRP 2004, 1079; *Leistner* in Bell/Kilpatrick (eds.), The Cambridge Yearbook of European Law Studies, Vol. 6, 2003-04, S. 141 ff. Der Titel der Richtlinie wurde in „Richtlinie über unlautere Geschäftspraktiken von Unternehmen gegenüber Verbrauchern im Binnenmarkt“ berichtigt, Berichtigung der Richtlinie 2005/29/EG des Europäischen Parlaments und des Rates vom 11.5.2005 über unlautere Geschäftspraktiken im binnenmarktinternen Geschäftsverkehr zwischen Unternehmen und Verbrauchern und zur Änderung der Richtlinie 84/450/EWG des Rates, der Richtlinien 97/7/EG, 98/27/EG und 2002/65/EG des Europäischen Parlaments und des Rates sowie der Verordnung (EG) Nr. 2006/2004 des Europäischen Parlaments und des Rates (Richtlinie über unlautere Geschäftspraktiken), (ABl. 2005 L 149), ABl. 2009 L 253, S. 18.

[250] Zur Entstehungsgeschichte ausführlich MüKoUWG/*Micklitz/Namysłowska* Vor UGP-RL Rn. 3.

[251] *Köhler* WRP 2008, 10; ausf. Voraufl. → Einl. B Rn. 349.

[252] Richtlinie (EU) 2019/2161 des Europäischen Parlaments und des Rates vom 27. November 2019 zur Änderung der Richtlinie 93/13/EWG des Rates und der Richtlinien 98/6/EG, 2005/29/EG und 2011/83/EU des Europäischen Parlaments und Rates zur besseren Durchsetzung und Modernisierung der Verbraucherschutzvorschriften der Union, ABl. 2019 Nr. L 328/7.

[253] Richtlinie 2006/123/EG des Europäischen Parlaments und des Rates vom 12.12.2006 über Dienstleistungen im Binnenmarkt, ABl. 2006 L 376, S. 36.

Deutschland wurde durch das Gesetz zur Umsetzung der Dienstleistungsrichtlinie im Gewerberecht und in weiteren Rechtsvorschriften[254] insbesondere ein neuer § 4 GewO geschaffen, der Art. 16 (Dienstleistungsfreiheit) Richtlinie 2006/123 umsetzt. Zugleich wurde im Zusammenspiel mit dem Vierten Gesetz zur Änderung verwaltungsrechtlicher Vorschriften[255] eine Entscheidungsfrist und Genehmigungsfiktion ua für Gewerbeanträge und die Möglichkeit der Verfahrensabwicklung in elektronischer Form sowie über eine einheitliche Stelle (einheitlicher Ansprechpartner im Sinne von Art. 6 Richtlinie 2006/123) eingeführt. Die in der Dienstleistungsrichtlinie geregelten Informationspflichten wurden in der Dienstleistungs-Informationspflichten-Verordnung[256] umgesetzt. Daneben erfolgten weitere Rechtsanpassungen durch Bund, Länder und Kommunen.[257]

173 **aa) Anwendungsbereich und Regelungsgehalt.** Als Teil der Ausführung der sogenannten Lissabon-Strategie[258] sollte die Dienstleistungsrichtlinie mithelfen, die Ziele dieser Strategie zu erreichen, namentlich dazu beitragen, Arbeitsplätze zu schaffen und die **Wettbewerbsfähigkeit bzw. Produktivität zu steigern.**

174 Nach Art. 2 Abs. 1 RL 2006/123 ist der Anwendungsbereich eröffnet „für **Dienstleistungen,** die von einem in einem Mitgliedstaat niedergelassenen Dienstleistungserbringer angeboten werden“ Weiter bestimmt Art. 4 Nr. 1 RL 2006/123, dass **jede selbständige Tätigkeit, die in der Regel gegen Entgelt erbracht wird** und von Art. 50 EG (inzwischen Art. 57 AEUV) erfasst wird, eine Dienstleistung darstellt; es handelt sich also um einen sehr breiten Anwendungsbereich.

175 Die Dienstleistungsrichtlinie strebt zum einen **Verwaltungsvereinfachungen** an, Art. 5 ff. Dazu gehören eine **Vereinfachung der Verfahren,** Art. 5 RL 2006/123, die **Einführung einheitlicher Ansprechpartner,** Art. 6 RL 2006/123 sowie ein **Recht auf Information,** Art. 7 RL 2006/123. Zum anderen betrifft die Richtlinie die **Niederlassungsfreiheit der Dienstleistungserbringer,** was neben genauen Vorschriften bzgl. etwaiger Genehmigungsverfahren, Art. 9 ff. RL 2006/123, auch deren inhaltliche Anforderungen betrifft, Art. 14 ff. RL 2006/123. Weiter werden in Art. 16 ff. RL 2006/123 unter der Überschrift „Freier Dienstleistungsverkehr“ Regelungen getroffen, welche die Reichweite des Herkunftslandprinzips betreffen. Dazu gehören auch die Rechte der Dienstleistungsempfänger, Art. 19 ff. RL 2006/123, und die Qualität der Dienstleistungen, Art. 22 ff. RL 2006/123.

176 **bb) Reichweite des Herkunftslandprinzips.** Artikel 16 RL 2006/123 spricht nicht mehr von einem Herkunftslandprinzip, sondern verpflichtet nach seinem Abs. 1 S. 2 den Mitgliedstaat, in dem die Dienstleistung erbracht wird, die freie Aufnahme und freie Ausübung von Dienstleistungstätigkeiten innerhalb seines Hoheitsgebiets zu gewährleisten. Nachfolgend werden Gründe aufgezählt, die nicht zu einem Verbot der Ausführung einer Dienstleistung führen dürfen. Darin ist zwar strukturell die Kodifizierung der Grundsätze zu erkennen, welche der EuGH bzgl. der Anerkennung und Beschränkung von Dienst-

[254] BGBl. 2009 I S. 2091.

[255] BGBl. 2008 I S. 2418.

[256] BGBl. 2010 I S. 267.

[257] Auf Bundesebene zB durch das Gesetz zur Umsetzung der Dienstleistungsrichtlinie in der Justiz und zur Änderung weiterer Vorschriften, BGBl. 2010 I S. 2248, und das Gesetz zur Umsetzung der Dienstleistungsrichtlinie auf dem Gebiet des Umweltrechts sowie zur Änderung umweltrechtlicher Vorschriften, BGBl. 2010 I S. 1163.

[258] Die Lissabon-Strategie bezeichnet eine Agenda, die auf einem Sondergipfel der Staats- und Regierungschefs der EU beschlossen wurde. Nach dieser sollte neben den bereits erwähnten Zielen auch eine soziale Komponente verfolgt werden. Alles in allem war das angestrebte Ziel die Union bis zum Jahr 2010 zum „wettbewerbsfähigsten und dynamischsten wissensbasierten Wirtschaftsraum“ zu machen. Nachdem die Kernziele der Lissabon-Strategie nicht erreicht wurden, vgl. dazu das Arbeitsdokument der Kommission zur Bewertung der Lissabon-Strategie, SEK(2010) 114 endg., S. 3, wurde zur Bewältigung der globalen Wirtschafts- und Finanzkrise die Wachstumsstrategie „Europa 2020“ verabschiedet, vgl. die Schlussfolgerungen des Europäischen Rates vom 17.6.2010, EUCO 13/10, S. 1; zu Europa 2020 vgl. die Mitteilung der Kommission zu Europa 2020, KOM(2010) 2020 endg.

leistungen angewendet hat.[259] In der Sache **fehlt** aber in der Aufzählung des Art. 16 Abs. 1 lit. b RL 2006/123 der **Schutz der Verbraucher und der Lauterkeit des Handelsverkehrs,** die als **zwingende Erfordernisse** iSd *Gebhard*-Rechtsprechung durch das Lauterkeitsrecht verursachte Beschränkungen grenzüberschreitender Dienstleistungen bisher rechtfertigen konnten (vgl. dazu → Rn. 116).

cc) Abstimmung auf lauterkeitsrechtliche Regelungen. Eine weitere Fragestellung, die sich aus der Reichweite des Herkunftslandsprinzips ergibt, ist das **Verhältnis zwischen den Regelungen der Dienstleistungsrichtlinie und denen des Lauterkeitsrechts.** Gemäß EGr. 10 UGP-RL gilt diese „nur insoweit, als keine spezifischen Vorschriften des Gemeinschaftsrechts vorliegen, die spezielle Aspekte unlauterer Geschäftspraktiken regeln". Weiter stellt EGr. 32 RL 2006/123 fest, dass diese Richtlinie „im Einklang mit der gemeinschaftlichen Gesetzgebung zum Verbraucherschutz wie etwa der Richtlinie 2005/29/EG" steht. Da das Lauterkeitsrecht nicht von den Vorbehalten des Art. 16 Abs. 1 lit. b RL 2006/123 umfasst wird, droht die Dienstleistungsrichtlinie mit dem in ihr verankerten Herkunftslandprinzip die Regelungen der UGP-Richtlinie, insbesondere die im Gesetzgebungsverfahren vereinbarte Einschränkung des Herkunftslandprinzips, zu konterkarieren. 177

Bei der Entwicklung einer Lösung ist zunächst davon auszugehen, dass die Dienstleistungsrichtlinie nicht als *lex specialis* iSd Art. 3 Abs. 4 UGP-RL anzusehen ist.[260] Im Übrigen ist vom **Zweck der Dienstleistungsrichtlinie, Beschränkungen der Dienstleistungs- und Niederlassungsfreiheit zu beseitigen,** auszugehen. Wo Maßnahmen des sekundären Unionsrechts bereits zu einer **Totalharmonisierung** geführt haben, ist das **Ziel der Marktintegration erreicht;** Vorschriften des mitgliedstaatlichen Rechts, die totalharmonisierende Richtlinien umsetzen, stehen der Marktintegration *a priori* nicht entgegen. Eine solche Deutung wird durch die Begründung im Richtlinienvorschlag[261] gestützt und erklärt zugleich die Feststellung in EGr. 32 RL 2006/123, wonach diese „im Einklang" mit der UGP-Richtlinie steht. Die harmonisierten Vorschriften des Lauterkeitsrechts werden innerhalb der Anwendungsbereiche der **UGP-Richtlinie** sowie der totalharmonisierenden Regelungen der Richtlinie über irreführende und vergleichende Werbung[262] **(vergleichende Werbung)** nicht mehr am allgemeinen Maßstab der Dienstleistungsrichtlinie (Herkunftslandprinzip!) gemessen. Es bleibt bei der zusätzlichen Anwendung des Art. 22 RL 2006/123.[263] 178

Etwas anders stellt sich die Rechtslage im Bereich nicht totalharmonisierender Unionsregelungen dar. Im Hinblick auf die nur **mindestharmonisierten Regelungen über irreführende Werbung**[264] ist seit jeher anerkannt, dass insbesondere den Grundfreiheiten eine Begrenzung des Maximalschutzes zu entnehmen sein kann.[265] So stellt sich die Frage, ob durch die Anwendung der Dienstleistungsrichtlinie den Mitgliedstaaten ein engeres Regelungskorsett angelegt wird. Dagegen spricht maßgeblich, dass nach dieser Logik nachträglich sämtliche lediglich mindestharmonisierenden Richtlinien im Anwendungsbereich der Dienstleistungsrichtlinie zu totalharmonisierenden Richtlinien umgewandelt würden. Ein entsprechender Regelungswille des Gemeinschaftsgesetzgebers ist indes nicht feststellbar. Es bleibt daher die in **Art. 3 Abs. 1** RL 2006/123 niedergelegte Regel anwendbar, wonach **allgemeine Regelungen** wie die in der Dienstleistungsrichtlinie enthaltenen (vgl. 179

[259] Calliess/Ruffert/*Kluth* AEUV Art. 59 Rn. 29.

[260] Arbeitspapier der Kommissionsdienststellen v. 25.5.2016, Leitlinien zur Umsetzung/Anwendung der Richtlinie 2005/29/EG über unlautere Geschäftspraktiken, SWD (2016) 163, S. 25.

[261] Vorschlag der Kommission v. 25.2.2004 für eine Richtlinie des Europäischen Parlaments und des Rates über Dienstleistungen im Binnenmarkt, KOM(2004) 2 endg., S. 18.

[262] Vgl. Art. 8 Abs. 1 UAbs. 2 der Richtlinie 2006/114/EG des Europäischen Parlaments und des Rates vom 12.12.2006 über irreführende und vergleichende Werbung (kodifizierte Fassung), ABl. 2006 L 376, S. 21.

[263] Arbeitspapier der Kommissionsdienststellen v. 25.5.2016, Leitlinien zur Umsetzung/Anwendung der Richtlinie 2005/29/EG über unlautere Geschäftspraktiken, SWD (2016) 163, S. 25.

[264] Vgl. nunmehr Art. 8 Abs. 1 UAbs. 1 IrreführungsRL.

[265] EuGH Slg. 2004, I-3025 Rn. 33 f. = GRUR Int. 2004, 626 – Karner Industrie-Auktionen.

die Umschreibung in EGr. 12 RL 2006/123 als „Rechtsrahmen") **durch speziellere Regelungen** wie die in der Irreführungsrichtlinie **verdrängt werden.** Insoweit definieren **allein die Grundfreiheiten das zulässige Höchstmaß** mitgliedstaatlicher Beschränkung.

180 **Anderes gilt demgegenüber für die nicht harmonisierten Bereiche** wie etwa den Geschäftsverkehr zwischen Unternehmern (B2B-Bereich) außerhalb des Anwendungsbereichs der Irreführungsrichtlinie. Insoweit kommt die **Dienstleistungsrichtlinie uneingeschränkt** zur Anwendung. Für das Verhältnis der Dienstleistungsrichtlinie zum deutschen **UWG** ist dementsprechend **zu differenzieren.** Nationale Beschränkungen der Dienstleistungsfreiheit durch das Lauterkeitsrecht in nicht harmonisierten Bereichen müssen sich im Anwendungsbereich der Dienstleistungsrichtlinie (vgl. dazu → Rn. 172 ff.) an den **eingeschränkten Rechtfertigungsmöglichkeiten in Art. 16 Abs. 1 lit. b, Abs. 3 RL 2006/123** messen lassen.

181 **i) Geheimnisschutz: Richtlinie über den Schutz von Geschäftsgeheimnissen 2016.** Im Jahr 2013 legte die Kommission einen Vorschlag für eine Richtlinie zur Verbesserung des Geheimnisschutzes vor.[266] Angesichts der Tatsache, dass alle EU-Mitgliedstaaten ohnehin durch Art. 39 TRIPs gebunden waren, bot er in der Sache wenig Anlass zur Diskussion.[267] Verschiedene Schwächen, namentlich in den Formulierungen, sowie die öffentliche Aufmerksamkeit der Snowdon-Affäre führten jedoch zu weitreichenden Änderungsvorschlägen im Bericht des Rechtsausschusses.[268] Bereits in der Ersten Lesung im Europäischen Parlament wurde der im Trilog-Verfahren abgestimmte Text[269] jedoch mit großer Mehrheit verabschiedet.[270] Die Richtlinie[271] ist am 5.7.2016 in Kraft getreten und musste gem. Art. 19 Abs. 1 bis zum 9.6.2018 umgesetzt werden. Dies geschah – erheblich verspätet – durch das Gesetz zur Umsetzung der Richtlinie (EU) 2016/943 zum Schutz von Geschäftsgeheimnissen vor rechtswidrigem Erwerb sowie rechtswidriger Nutzung und Offenlegung[272] mit Wirkung vom 26.4.2019 (im Einzelnen vgl. u. *Harte-Bavendamm* → Dritter Teil GeschGehG). Die Regelungen im UWG zum Geheimnisschutz wurden aufgehoben und in ein selbständiges Gesetz, das Geschäftsgeheimnisgesetz, überführt.

182 **j) Schutz in der Agrarlieferkette: Richtlinie über unlautere Handelspraktiken in der Agrar- und Lebensmittelversorgungskette 2019.** Die Beschränkungen zum einen des EU-kartellrechtlichen Verbots missbräuchlichen Verhaltens auf marktbeherrschende Unternehmen ieS und zum anderen der Klauselrichtlinie bzw. der UGP-Richtlinie auf Verbrauchergeschäfte bzw. Geschäftspraktiken gegenüber Verbrauchern haben auf der Ebene des Unionsrechts eine schmerzhafte Lücke gelassen, deren Schließung vor allem für

[266] Vorschlag der Kommission v. 28.11.2013 für eine Richtlinie des Europäischen Parlaments und des Rates über den Schutz vertraulichen Know-hows und vertraulicher Geschäftsinformationen (Geschäftsgeheimnisse) vor rechtswidrigem Erwerb sowie rechtswidriger Nutzung und Offenlegung, KOM(2013) 813 final; eingehend zu den Grundzügen und zur Entstehung der Richtlinie (EU) 2016/943 *Kalbfus* in Harte-Bavendamm/Ohly/Kalbfus, GeschGehG, 1. Aufl. 2020, Einl. A.III.

[267] Vgl. die Stellungnahme des Generalsekretariats des Rates v. 26.5.2014, Interinstitutional File 2013/0402 (COD), Dok.-Nr. 9870/14, S. 2: „the overall objective of the draft directive met a large consensus between the Member States which welcomed this initiative."

[268] Bericht des Rechtsausschusses des Europäischen Parlaments vom 22.6.2015 über den Vorschlag für eine Richtlinie des Europäischen Parlaments und des Rates über den Schutz vertraulichen Know-hows und vertraulicher Geschäftsinformationen (Geschäftsgeheimnisse) vor rechtswidrigem Erwerb sowie rechtswidriger Nutzung und Offenlegung, KOM(2013) 813.

[269] Standpunkt des Europäischen Parlaments festgelegt in erster Lesung am 14.4.2016 im Hinblick auf den Erlass der Richtlinie (EU) 2016/… der Europäischen Parlaments und des Rates über den Schutz vertraulichen Know-hows und vertraulicher Geschäftsinformationen (Geschäftsgeheimnisse) vor rechtswidrigem Erwerb sowie rechtswidriger Nutzung und Offenlegung, P8 TA(2016)0131.

[270] Vgl. dazu *Gärtner* NZG 2014, 650; *Gaugenrieder* BB 2014, 1987; *Ohly* GRUR 2014, 1; *Rauer* GRUR-Prax 2014, 2.

[271] Richtlinie (EU) 2016/943 vom 8.6.2016 über den Schutz vertraulichen Know-hows und vertraulicher Geschäftsinformationen (Geschäftsgeheimnisse), ABl. 2016 L 157, S. 1.

[272] Gesetz zur Umsetzung der Richtlinie (EU) 2016/943 zum Schutz von Geschäftsgeheimnissen vor rechtswidrigem Erwerb sowie rechtswidriger Nutzung und Offenlegung. Vom 18.4.2019, BGBl. I S. 446.

diejenigen Fälle angemahnt wurde, in denen Unternehmen in Lieferbeziehungen wirtschaftlich von bestimmten Lieferanten bzw. Abnehmern abhängig sind. Sie hat die Kommission im Jahr 2013 zur Verabschiedung eines Grünbuchs veranlasst, das **Lieferketten** sowohl innerhalb als auch außerhalb der Lebensmittelversorgung umfasste.[273] Die 2014 einsetzende Landwirtschaftskrise verengte die Diskussion allerdings auf **Abhängigkeitsverhältnisse innerhalb der Lebensmittelerzeugungskette.**

Der sich in den Mitgliedstaaten rasch verändernde Rechtsrahmen veranlasste die Kommission indes zur Zurückhaltung.[274] Dem Europäischen Parlament ging dies nicht weit genug: Es forderte die Kommission zu weitergehendem Eingreifen auf.[275] Am 12.4.2018 legte die Europäische Kommission einen Vorschlag für eine Richtlinie über unlautere Handelspraktiken in den Geschäftsbeziehungen zwischen Unternehmen in der Lebensmittelversorgungskette[276] vor. In Rekordzeit wurde bereits am 19.12.2018 im Trilogverfahren ein politischer Kompromiss gefunden.[277] Am 12.3.2019 billigte das Europäische Parlament in erster Lesung den – redaktionell leicht überarbeiteten – Kompromisstext.[278] Nach Annahme durch den Rat trat die Richtlinie über unlautere Handelspraktiken[279] (nachfolgend UHP-Richtlinie; UHP-RL) bereits am 29.4.2019 in Kraft. Sie ist bis zum 1.5.2021 umzusetzen und spätestens am 1.11.2021 anzuwenden, Art. 13 Abs. 1 UHP-RL. Obwohl die UHP-Richtlinie im Kern wettbewerbsrechtliche Regelungen enthält, soll die Umsetzung ähnlich sektoriell erfolgen wie die Europäische Richtlinie, Gesetzentwurf der Bundesregierung v. 25.1.2021, Entwurf eines Zweiten Gesetzes zur Änderung des Agrarmarktstrukturgesetzes, BT-Drs. 19/26102. **183**

aa) Mindestharmonisierung, Art. 1 Abs. 1, 9 Abs. 1 UHP-RL. Die Handelspraktiken in den Geschäftsbeziehungen zwischen Unternehmen, die von der UHP-Richtlinie geregelt werden, sind typischerweise Bestandteile von Austauschverträgen bzw. werden im Zusammenhang vertraglicher Beziehungen zwischen Unternehmen begangen. Aus Rücksicht auf die unterschiedlich ausgeprägte Bereitschaft der Mitgliedstaaten, in zwischen Unternehmern ausgehandelte Verträge zu intervenieren, beschränkt die UHP-Richtlinie sich darauf, einige spezifische Formen unlauterer Handelspraktiken zu verbieten, bei denen die Unlauterkeit auf der Hand liegt[280], gestattet aber den Mitgliedstaaten, das Schutzniveau **184**

---

[273] Grünbuch über unlautere Handelspraktiken in der B2B-Lieferkette für Lebensmittel und Nicht-Lebensmittel, COM[2013] 37 final. Vgl. dazu *Hilty/Henning-Bodewig/Podszun,* Stellungnahme des Max-Planck-Instituts für Immaterialgüter- und Wettbewerbsrecht vom 29.4.2013 zum Grünbuch über unlautere Handelspraktiken in der B2B-Lieferkette, https://pure.mpg.de/pubman/item/item_1786483_10/component/file_1786482/MPI_Stellungnahme_Gruenbuch_B2B_2013-04-30.pdf, site zul. besucht am 9.4.2021.

[274] Bericht der Kommission an das Europäische Parlament und den Rat v. 29.1.2016 über unlautere Handelspraktiken zwischen Unternehmen in der Lebensmittelversorgungskette, KOM(2016) 32 endg., 4.

[275] Entschließung des Europäischen Parlaments vom 7.6.2016 zu unlauteren Handelspraktiken in der Lebensmittelversorgungskette, P8_TA-PROV(2016)0250, EGr. 50, 56.

[276] Vorschlag der Kommission vom 12.4.2018 für eine Richtlinie des Europäischen Parlaments und des Rates über unlautere Handelspraktiken in den Geschäftsbeziehungen zwischen Unternehmen in der Lebensmittelversorgungskette, KOM(2018) 173 final.

[277] Europäische Kommission – Pressemitteilung: Einigung bei unlauteren Handelspraktiken in der Lebensmittelversorgungskette schützt alle Landwirte in der EU, Brüssel, 19.12.2018, IP 18/6790. Eine Fassung des Kompromisstexts in englischer Sprache ist verfügbar, Vorschlag für eine Richtlinie des Europäischen Parlaments und des Rates über unlautere Handelspraktiken bei Geschäftsbeziehungen zwischen Unternehmen in der Lebensmittelversorgungskette – Bestätigung des endgültigen Kompromisstextes im Hinblick auf eine Einigung, Interinstitutionelles Dossier 2018/0082(COD), Dok.-Nr. 5061/19.

[278] Legislative Entschließung des Europäischen Parlaments vom 12.3.2019 zu dem Vorschlag für eine Richtlinie des Europäischen Parlaments und des Rates über unlautere Handelspraktiken in den Geschäftsbeziehungen zwischen Unternehmen in der Lebensmittelversorgungskette (COM(2018)0173 – C8–0139/2018 – 2018/0082(COD)), P8_TA-PROV(2019)0152.

[279] Richtlinie (EU) 2019/633 des Europäischen Parlaments und des Rates vom 17.4.2019 über unlautere Handelspraktiken in den Geschäftsbeziehungen zwischen Unternehmen in der Agrar- und Lebensmittelversorgungskette (PE/4/2019/REV/2), ABl. 2019 L 111, S. 59.

[280] Vorschlag der Kommission vom 12.4.2018 für eine Richtlinie des Europäischen Parlaments und des Rates über unlautere Handelspraktiken in den Geschäftsbeziehungen zwischen Unternehmen in der Lebensmittelversorgungskette, KOM(2018) 173 final, Begründung, S. 3.

zu erhöhen. Das Prinzip der **Mindestharmonisierung** ist in den Art. 1 Abs. 1, 9 Abs. 1 UHP-RL niedergelegt.

185 **bb) Anwendungsbereich, Art. 1 UHP-RL.** Zwar ist es naheliegend, dass der Markt für **Agrar- und Lebensmittelerzeugnisse** von spezifischen Unvollkommenheiten bestimmt wird, die sowohl aus der Natur der Produkte als auch den Marktverhältnissen in der Lebensmittelkette resultieren. Dennoch hat es die Kommission es bereits im ursprünglichen Vorschlag nicht für notwendig gehalten zu begründen, weshalb der Anwendungsbereich der UHP-Richtlinie in Abweichung von dem ursprünglich im Grünbuch verfolgten Zugang auf den Verkauf von Lebensmittelerzeugnissen beschränkt sein sollte. Im weiteren Gesetzgebungsverfahren wurde der Anwendungsbereich auf sämtliche Agrarerzeugnisse erweitert, Art. 1 Abs. 1, Abs. 2, 2 Nr. 1 UHP-RL.

186 Zu unlauteren Handelspraktiken kommt es nach Ansicht der Kommission im Wesentlichen aufgrund der unterlegenen Verhandlungsmacht der Lieferanten als Folge ihrer **wirtschaftlichen Abhängigkeit** gegenüber den großen Einzelhandelsketten. Aus diesem Grund wollte die Kommission den Anwendungsbereich der besonderen Verbote unlauterer Handelspraktiken ursprünglich auf Fälle beschränken, in denen solche Praktiken im Zusammenhang mit Kaufverträgen durch einen Anbieter geschehen, der ein kleines oder mittleres Unternehmen ist, Art. 1 Abs. 2 UHP-RL-V.[281] Für den Begriff des kleinen oder mittleren Unternehmens sollte an die auf absolute umsatz- und mitarbeiterbezogene Kennzahlen abstellende Empfehlung 2003/361 der Kommission[282] angeknüpft werden.[283] Im Gesetzgebungsverfahren wurde die Untauglichkeit des allzu groben Indikators erkannt. Statt aber auf einen die relative Marktbedeutung der beteiligten Unternehmen berücksichtigenden offenen Tatbestand der wirtschaftlichen Abhängigkeit zurückzugreifen, knüpft die UHP-Richtlinie nunmehr ihren Anwendungsbereich in einigermaßen grotesker Weise an Größenrelationen, die wiederum auf den Umsatz abstellen, Art. 1 Abs. 2 UHP-RL.

187 **cc) Spezifische Verbote statt einer Generalklausel, Art. 1 Abs. 1 UHP-RL.** Als Folge vorangegangener Studien und einer Folgenabschätzung verzichtete die Europäische Kommission bereits in ihrem Richtlinienvorschlag darauf, von einer Art. 5 UGP-RL vergleichbaren Generalklausel Gebrauch zu machen.[284] Stattdessen versuchte die Kommission, politische Akzeptanz zu gewinnen, indem die aus der UHP-Richtlinie resultierenden Verpflichtungen der Mitgliedstaaten auf sehr grundlegende und einleuchtende Anforderungen reduziert wurden. Insoweit argumentierte die Kommission damit, dass bestimmte Formen von Handelspraktiken bereits aufgrund ihrer Art unlauter seien, während andere Gegenstand der Vertragsfreiheit der Beteiligten bleiben und nur unter besonderen Voraussetzungen eingeschränkt werden sollen.[285]

188 Beide Arten von unlauteren Handelspraktiken werden von den korrespondierenden Absätzen des Art. 3 UHP-RL geregelt. Die Lektüre der Begründung und der Begründungserwägungen zeigt jedoch, dass die Unterscheidung nicht unbedingt davon abhängt, ob bestimmte Handelspraktiken ihrer Art nach unlauter sind und deshalb nicht durch den im Vertrag zum Ausdruck gebrachten Willen der Beteiligten getragen werden können. Tatsächlich ist die Begründung für die Unterscheidung ökonomischer Natur: Die Begründungserwägungen des Richtlinienvorschlags hoben bereits zutreffend hervor, dass Handelspraktiken, die in klaren und eindeutigen Regelungen zwischen den Parteien festgelegt werden, durchaus effizienzfördernde Wirkung haben können und deshalb nicht

281 Vorschlag UHP-RL, KOM(2018) 173 final, Begründung, S. 9.

282 Empfehlung der Kommission vom 6.5.2003 betreffend die Definition der Kleinstunternehmen sowie der kleinen und mittleren Unternehmen, ABl. 2003 L 124, S. 36.

283 Vorschlag UHP-RL, KOM(2018) 173 final, Begründung, S. 8, EGr. 7 S. 2, 3, Art. 1 Abs. 2, 2 lit. c UHPRL-V.

284 Vorschlag UHP-RL, KOM(2018) 173 final, Begründung, S. 9.

285 Vorschlag UHP-RL, KOM(2018) 173 final, Begründung, S. 9; EGr. 12 S. 2 UHPRL-V.

verboten werden sollen.[286] Aus diesem Grund soll die Kontrolle solcher vertraglicher Klauseln nicht in derselben Weise erfolgen wie die Kontrolle von Praktiken, die erst einsetzen, nachdem der Güteraustausch begonnen hat und die nicht im Voraus vereinbart wurden.[287] Die verabschiedete UHP-Richtlinie hat diesen Ansatz übernommen, vgl. EGr. 16 UHP-RL.

dd) Im Vertrag vorgesehen, Art. 3 Abs. 2 UHP-RL. Art. 3 Abs. 2 UHPRL verbietet bestimmte Handelspraktiken, obwohl sie ihre Grundlage in einer vorherigen Vereinbarung finden. Dabei handelt es sich um die **Rücksendung nicht verkaufter Agrar- oder Lebensmittelerzeugnisse** (lit. a), das **Verlangen von Zahlungen für die Listung oder die Lagerung** von Agrar- oder Lebensmittelerzeugnissen des Lieferanten (lit. b), die **Zahlung für Rabatte im Zuge von Verkaufsförderungsmaßnahmen** für Agrar- und Lebensmittelerzeugnisse (lit. c), die **Zahlung für die Werbung und Vermarktung** für Agrar- und Lebensmittelerzeugnisse (lit. d, e) sowie für den **Einsatz von Mitarbeitern** für die Einrichtung der Verkaufsräumlichkeiten für den Verkauf der gelieferten Produkte(lit. f). All diese Praktiken sind jedoch nur dann unlauter, wenn sie **nicht klar und eindeutig in der Liefervereinbarung festgelegt** wurden. 189

ee) Praktiken, die keine Grundlage in einem Vertrag finden, Art. 3 Abs. 1 UHP-RL. Daneben verbietet Art. 3 Abs. 1 UHPRL eine Gruppe von Handelspraktiken unabhängig davon, ob sie in einem Vertrag vereinbart wurden: Es sind die **verspätete Zahlung** für verderbliche Agrar- und Lebensmittelerzeugnisse (lit. a), die **kurzfristige Stornierung** der Bestellung verderblicher Agrar- und Lebensmittelerzeugnisse (lit. b), die **einseitige Änderung der Bedingungen** der Liefervereinbarung durch den Käufer (lit. c), das **Verlangen von Zahlungen,** die nicht im Zusammenhang mit dem Verkauf von Agrar- und Lebensmittelerzeugnissen stehen (lit. d), **die Bezahlung des Lieferanten für die Verschwendung** von Agrar- und Lebensmittelerzeugnissen in den Räumlichkeiten des Käufers, die dem Lieferanten nicht zurechenbar ist (lit. e), die **Weigerung, den zustande gekommenen Liefervertrag schriftlich zu bestätigen** (lit. f), die **unrechtmäßige Verwendung von Unternehmensgeheimnissen** durch den Käufer (lit. g), die **Androhung von Vergeltungsmaßnahmen** gegenüber dem Gebrauch vetraglicher Rechte (lit. h) sowie das **Verlangen von Entschädigung für die Kosten der Bearbeitung von Kundenbeschwerden** unabhängig vom Verschulden des Lieferanten (lit. i). 190

ff) Überwindung des „Angstfaktors", Art. 4, 6 UHP-RL. Seit dem Einsetzen der Diskussion war es offensichtlich, dass die meisten, womöglich alle, für unlauter gehaltenen Handelspraktiken entweder gegen allgemeine Grundsätze des Vertragsrechts oder gegen die Bindungswirkung eines geschlossenen Vertrages verstoßen. Allerdings sind die vom Vertragsrecht zur Verfügung gestellten Rechtsbehelfe häufig nicht hinreichend wirksam, weil sie im Wege von Rechtsstreitigkeiten vor den Zivilgerichten durchgesetzt werden müssen.[288] Lieferanten mit einer unterlegenen Verhandlungsmacht werden sich in einer Dilemmasituation wiederfinden: Entweder sie akzeptieren die unlauteren Handelspraktiken des überlegenen Nachfragers oder sie riskieren einen Rechtsstreit, den sie zwar gewinnen mögen, der ihnen als Folge ihrer wirtschaftlichen Unterlegenheit aber nicht hilft *(„you may win the case, but lose your business")*. Dieser Zusammenhang wurde im Verlauf der Diskussion mit der Kurzbezeichnung **„Angstfaktor"** versehen.[289] Eines der Hauptziele der verabschiedeten Regelungen ist es, Rechtsbehelfe bereitzustellen, die diesen Angstfaktor überwinden helfen.[290] Dazu werden im Wesentlichen zwei Instrumente eingesetzt: Zum einen 191

[286] Vorschlag UHP-RL, KOM(2018) 173 final, Begründung, S. 9.
[287] Vorschlag UHP-RL, KOM(2018) 173 final, Begründung, S. 9.
[288] Mitteilung der Kommission an das Europäische Parlament, den Rat, den europäischen Wirtschafts- und Sozialausschuss und den Ausschuss der Regionen vom 15.7.2014, Gegen unlautere Handelspraktiken zwischen Unternehmen in der Lebensmittelversorgungskette, KOM(2014) 472 final, S. 7.
[289] Vorschlag UHP-RL, KOM(2018) 173 final, Begründung, S. 2.
[290] Vorschlag UHP-RL, KOM(2018) 173 final, Begründung, S. 2, 10.

misstraut die UHP-Richtlinie der privaten Rechtsdurchsetzung. Deshalb muss die **Durchsetzung durch Behörden** gem. Art. 4, 6 UHPRL gewährleistet sein. Zum anderen versucht Art. 5 UHPRL, den Parteien, welche den Durchsetzungsbehörden die notwendigen Informationen zur Rechtsdurchsetzung gegen verletzende Käufer liefern, **Vertraulichkeit** zu gewähren, um Nachteile zu vermeiden, die aus einer formellen Beschwerde resultieren könnten.

192 **gg) Homogenität, Art. 8 UHP-RL.** Obwohl die UHP-Richtlinie nicht auf die Binnenmarktkompetenz, sondern auf Art. 43 Abs. 2 AEUV gestützt wird, zeigt die Begründung schließlich deutlich die Notwendigkeit unionsweit harmonisierten Schutzes vor unlauteren Handelspraktiken auf.[291] Die UHP-Richtlinie zielt darauf ab, die **Homogenität** sowohl der Rechtsentwicklung als auch der Rechtsdurchsetzung sicherzustellen, EGr. 36–39 UHP-RL. Zu diesem Zweck soll ein **Netzwerk der Durchsetzungsbehörden** geschaffen werden, die sich regelmäßig treffen, Informationen austauschen, bewährte Verfahren beraten und einander bei Untersuchungen mit grenzüberschreitender Dimension Amtshilfe leisten, Art. 8 UHP-RL.

193 **k) „New Deal for Consumers".** Bereits im Jahr 2015 waren auf der Grundlage der Mitteilung der Kommission über die „Regulatorische Eignung der EU-Vorschriften"[292] die Verbraucher- und Marketingvorschriften der Union einer Eignungsprüfung **(„Fitness Check")** durch die Kommission unterzogen worden (sog. **REFIT-Eignungsprüfung**)[293], welche die Kommission zu der Annahme führte, dass in der Gesellschaft ein Informationsdefizit bezüglich der Rechte und Pflichten, die aus den Richtlinien resultieren, bestehe und die Durchsetzung der Richtlinienbestimmungen verbessert werden müsse.[294] Vor allem durch den Dieselskandal wurde eine neue Gesetzgebungsinitiative angestoßen[295], deren englischsprachige Bezeichnung[296] sich nicht ohne Grund an Präsident Roosevelts „New Deal" anlehnt. Auf dem Akquis des Verbraucherrechts aufbauend sollten vor allem neue Instrumente in Gestalt individueller Rechtsbehelfe von Verbrauchern geschaffen werden, die bei einem neuen „Dieselgate" infolge der damit verbundenen irreführenden Werbung zur Verfügung ständen. Daneben sollte mehr Transparenz auf Online-Marktplätzen geschaffen werden.[297] Dies alles sollte mit besserem Rechtsschutz durch verstärkten Behördeneinatz verbunden sein.[298] Die Initiative mündete in zwei im April 2018 vorgelegte Gesetzgebungsvorschläge: Im Hinblick auf das zuletzt genannte Ziel sollte die Unterlassungsklagenrichtlinie abgelöst und durch eine weitergehende Richtlinie ersetzt werden, die

[291] Vorschlag UHP-RL, KOM(2018) 173 final, Begründung, S. 10, EGr. 1, 8 UHP-RL.

[292] Mitteilung der Kommission an das Europäische Parlament, den Rat, den Europäischen Wirtschafts- und Sozialausschuss und den Ausschuss der Regionen v. 12.12.2012, Regulatorische Eignung der EU-Vorschriften, KOM(2012) 746 endg.

[293] Vgl. dazu ausf. *Augenhofer* EuZW 2019, 5 ff.

[294] Bericht zur Eignungsprüfung der Richtlinie 2005/29/EG über unlautere Geschäftspraktiken, Richtlinie 93/13/EWG über missbräuchliche Vertragsklauseln, Richtlinie 98/6/EWG über den Schutz der Verbraucher bei der Angabe der Preise der ihnen angebotenen Erzeugnisse, Richtlinie 1999/44/EG zu bestimmten Aspekten des Verbrauchsgüterkaufs und der Garantien der Verbrauchsgüter, Richtlinie 2009/22/EG über Unterlassungsklagen zum Schutz der Verbraucherinteressen und Richtlinie 2006/114/EG über irreführende und vergleichende Werbung v. 23.5.2013, SWD(2017) 208 endg. und SWD (2017) 209 endg., abrufbar unter http://ec.europa.eu/newsroom/document.cfm?doc_id=44639, site zul. besucht am 9.4.2021.

[295] Mitteilung der Kommission an das Europäische Parlament, den Rat und den Europäischen Wirtschafts- und Sozialausschuss v. 11.4.2018, Neugestaltung der Rahmenbedingungen für die Verbraucher, KOM(2018) 183 final. Die englischsprachige Version trägt den plastischeren Titel „A new deal for consumers". Vgl. dazu *Dröge* WRP 2019, 160.

[296] Ebenso *Alexander* WRP 2019, 1235. Vgl. dazu auch *Hakenberg/Kowollik* EWS 2019, 61.

[297] Mitteilung der Kommission an das Europäische Parlament, den Rat und den Europäischen Wirtschafts- und Sozialausschuss v. 11.4.2018, Neugestaltung der Rahmenbedingungen für die Verbraucher, KOM(2018) 183 final, Begründung, S. 5.

[298] Mitteilung der Kommission an das Europäische Parlament, den Rat und den Europäischen Wirtschafts- und Sozialausschuss v. 11.4.2018, Neugestaltung der Rahmenbedingungen für die Verbraucher, KOM(2018) 183 final, Begründung, S. 7 f.

im Anschluss an die Empfehlung der Kommission aus dem Jahr 2013[299] Verbandsklagen zum Schutz der Kollektivinteressen der Verbraucher ermöglicht, die auch die Geltendmachung von Ansprüchen auf Entschädigung umfassen (vgl. dazu noch ausf. → Rn. 399 ff.). Daneben sollte eine **Änderungsrichtlinie** (sog. **„Omnibus-Richtlinie"**) materielle Verbraucherschutzregeln insbesondere im Bereich des Fernabsatzes und des elektronischen Geschäftsverkehrs, aber auch im Hinblick auf unlautere Geschäftspraktiken nachschärfen und die gewünschten Individualsanktionen einführen. Die Omnibus-Richtlinie enthält zahlreiche Änderungen auch der UGP-Richtlinie. Der Vorschlag der Kommission[300] wurde Ende März 2019 überarbeitet. In dieser Fassung erzielten der Rat und das Parlament Anfang April 2019 eine vorläufige Einigung[301], die vom Parlament am 17.4.2019 angenommen wurde.[302] Nach erheblichen sprachlichen Korrekturen billigte auch der Rat den Vorschlag am 8.11.2019.[303] Bedenken der Bundesregierung, die sich der Abstimmung im Rat enthielt[304], blieben ungehört. Am 18.12.2019 wurde die Änderungsrichtlinie veröffentlicht.[305] Die Änderungen der UGP-Richtlinie traten am 7.1.2020 in Kraft, Art. 8 der Änderungsrichtlinie, und sind von den Mitgliedstaaten bis zum 28.11.2021 umzusetzen (vgl. dazu *Keller* Einl. A Rn. 70 ff.). Die umgesetzten Vorschriften sind spätestens ab dem 28.3.2022 anzuwenden. Die Neuregelungen der UGP-Richtlinie sind als nachfolgend als „UGP-RL 2019" gekennzeichnet.

– *Klärung des Anwendungsbereichs.* Für Haustürgeschäfte und Verkaufs- und Werbefahrten („Kaffeefahrten") wird es den Mitgliedstaaten in Art. 3 Abs. 5 UGP-RL 2019 ausdrücklich freigestellt, eigene nationale Regelungen gegen aggressive oder irreführende Praktiken zu erlassen. Soweit mitgliedstaatliche Verbote nicht auf den Schutz wirtschaftlicher Verbraucherinteressen gestützt sind, fallen sie nicht in den Anwendungsbereich der UGP-Richtlinie (vgl. EGr. 7 S. 2 UGP-RL); im Übrigen stützt die Änderungsrichtlinie sich diesbezüglich auf das Subsidiaritätsprinzip und den Wunsch nach vereinfachter Durchsetzung, EGr. 55 der Änderungsrichtlinie. **194**
– *Definitionen.* Nach Art. 3 Abs. 1 Nr. 1 der Änderungsrichtlinie umfasst die Definition des **Produktes** nach Art. 2 Abs. 1 lit. c UGP-RL 2019 auch *„digitale Dienstleistungen und digitale Inhalte"* und es in Art. 2 Abs. 1 lit. m, n UGP-RL 2019 wurden Definitionen für „Ranking" und „Online-Marktplätze" aufgenommen:
„Ranking" bedeutet gem. Art. 2 Abs. 1 lit. m UGP-RL 2019 „die relative Hervorhebung von Produkten, wie sie vom Gewerbetreibenden dargestellt, organisiert oder

299 Empfehlung der Kommission vom 11.6.2013, Gemeinsame Grundsätze für kollektive Unterlassungs- und Schadensersatzverfahren in den Mitgliedstaaten bei Verletzung von durch Unionsrecht garantierten Rechten, ABl. 2013 L 201, S. 60.

300 Kommission, Vorschlag für eine Richtlinie des Europäischen Parlamentes und des Rates zur Änderung der Richtlinie 93/13/EWG des Rates vom 5.4.1993, der Richtlinie 98/6/EG des Europäischen Parlaments und des Rates, der Richtlinie 2005/29/EG des Europäischen Parlaments und des Rates sowie der Richtlinie 2011/83/EU des Europäischen Parlaments und des Rates zur besseren Durchsetzung und Modernisierung der EU-Verbraucherschutzvorschriften, KOM(2018) 185 endg.

301 Europäische Kommission, Pressemitteilung „Neue Rahmenbedingungen für Verbraucher: Europäische Kommission begrüßt vorläufige Einigung über Stärkung der EU-Verbraucherschutzvorschriften" v. 2.4.2019, IP/19/1755.

302 Legislative Entschließung des Europäischen Parlaments vom 17.4.2019 zu dem Vorschlag für eine Richtlinie des Europäischen Parlaments und des Rates zur Änderung der Richtlinie 93/13/EWG des Rates vom 5.4.1993, der Richtlinie 98/6/EG des Europäischen Parlaments und des Rates, der Richtlinie 2005/29/EG des Europäischen Parlaments und des Rates sowie der Richtlinie 2011/83/EU des Europäischen Parlaments und des Rates zur besseren Durchsetzung und Modernisierung der EU-Verbraucherschutzvorschriften (COM(2018)0185 – C8–0143/2018 – 2018/0090(COD)), TA/2019/0399, Dok. P8_TA(2019) 0399.

303 Rat, Interinst. File 2018/0090(COD), Dok.-Nr. 13934/19 v. 11.11.2019.

304 Rat, Interinst. File 2018/0090(COD), Dok.-Nr. 13934/19 v. 11.11.2019.

305 Richtlinie (EU) 2019/2161 des Europäischen Parlaments und des Rates vom 27.11.2019 zur Änderung der Richtlinie 93/13/EWG des Rates und der Richtlinien 98/6/EG, 2005/29/EG und 2011/83/EU des Europäischen Parlaments und des Rates zur besseren Durchsetzung und Modernisierung der Verbraucherschutzvorschriften der Union, ABl. 2019 L 328, S. 7.

kommuniziert wird, unabhängig von den technischen Mitteln, die für die Darstellung, Organisation oder Kommunikation verwendet werden"

Unter einem **„Online-Marktplatz"** ist gem. Art. 2 Abs. 1 lit. n UGP-RL ein Dienst zu verstehen, „der es Verbrauchern durch die Verwendung von Software, einschließlich einer Website, eines Teils einer Website oder einer Anwendung, die vom oder im Namen des Gewerbetreibenden betrieben wird, ermöglicht, Fernabsatzverträge mit anderen Gewerbetreibenden oder Verbrauchern, abzuschließen".

– *Irreführungsverbot und dual quality.* Im Hinblick auf die Praxis, dass Produkte innerhalb der Union in unterschiedlicher Beschaffenheit („zweierlei Qualität"; ***„dual quality"***) vertrieben werden, wird die lauterkeitsrechtliche Kontrolle über das Irreführungsverbot verschärft, indem in Art. 6 Abs. 2 UGP-RL 2019 als weiteres Regelbeispiel in lit. c die *„Vermarktung einer Ware in einem Mitgliedstaat als identisch mit einer in anderen Mitgliedstaaten vermarkteten Ware, obgleich sich diese Warenin ihrer Zusammensetzung oder ihren Merkmalen wesentlich voneinander unterscheiden, sofern dies nicht durch legitime und objektive Faktoren gerechtfertigt ist"*, aufgenommen wird. Die Prüfung verlagert sich mithin auf die Frage, unter welchen Umständen ein Unternehmen Waren „als identisch" vermarktet, wenn es in der Regel schlicht überhaupt keine Angaben macht, sondern allenfalls identische oder ähnliche Kennzeichen und Produktaufmachung verwendet.

– *Information über Umgang mit Verbraucherbeschwerden.* Das Verfahren zum Umgang mit Verbraucherbeschwerden ist keine wesentliche Information nach Art. 7 Abs. 4 lit. d UGP-RL 2019 mehr, über die stets zu informieren ist.

– *Transparenz auf Online-Marktplätzen.* Einer der wesentlichen materiellen Beanstandungspunkte im Rahmen des REFIT-Verfahrens war die schlechte Erfassung intransparenter Vertriebsausgestaltungen bei Online-Plattformen gewesen.[306] Diese Lücke wurde durch mehrere Änderungen der UGP-Richtlinie geschlossen:

Der Katalog der wesentlichen Informationen des Art. 7 Abs. 4 wurde um lit. f ergänzt, die zur Transparenz über die Funktion eines Unternehmers auf Online-Marktplätzen beitragen soll.[307] *„[F]ür Produkte, die auf Online-Marktplätzen angeboten werden, [ist darüber zu informieren,] ob es sich bei dem Dritten, der die Produkte anbietet, um einen Gewerbetreibenden handelt oder nicht, auf der Grundlage der Erklärung dieses Dritten gegenüber dem Anbieter des Online-Marktplatzes.*

Gemäß Art. 7 Abs. 4a UGP-RL 2019 werden überdies Informationen über die für Rankings auf Online-Suchmaschinen verantwortlichen Parameter als wesentlich angesehen: *„[A]llgemeine Informationen, die die Hauptparameter für die Festlegung des Rankings der dem Verbraucher im Ergebnis der Suche vorgeschlagenen Produkte, sowie die relative Gewichtung dieser Parameter im Vergleich zu anderen Parametern, betreffen und die in einem bestimmten Bereich der Online-Benutzeroberfläche zur Verfügung gestellt werden, der von der Seite, auf der die Suchergebnisse angezeigt werden, unmittelbar und leicht zugänglich ist"*, werden darin als wesentlich erklärt.

Schließlich sind gem. Art. 7 Abs. 6 UGP-RL 2019 auch Informationen darüber wesentlich, „ob und wie der Gewerbetreibende sicherstellt, dass die veröffentlichten Bewertungen von Verbrauchern stammen, die die Produkte tatsächlich verwendet oder erworben haben".

– *Zusätzliche Per se-Verbote.* Ergänzt und verschärft wurden die Anforderungen der UGP-Richtlinie durch neue Per se-Verbote in Anhang I:

---

[306] Bericht zur Eignungsprüfung der Richtlinie 2005/29/EG über unlautere Geschäftspraktiken, Richtlinie 93/13/EWG über missbräuchliche Vertragsklauseln, Richtlinie 98/6/EWG über den Schutz der Verbraucher bei der Angabe der Preise der ihnen angebotenen Erzeugnisse, Richtlinie 1999/44/EG zu bestimmten Aspekten des Verbrauchsgüterkaufs und der Garantien der Verbrauchsgüter, Richtlinie 2009/22/EG über Unterlassungsklagen zum Schutz der Verbraucherinteressen und Richtlinie 2006/114/EG über irreführende und vergleichende Werbung v. 23.5.2013, SWD (2017) 208 endg. und SWD (2017) 209 endg., S. 70, 110. Dazu *Augenhofer* EuZW 2019, 5 (6).

[307] *Alexander* WRP 2019, 1235 (1237).

Unter allen Umständen verboten ist gem. Nr. 11a die *„Anzeige von Suchergebnissen aufgrund der Online-Suchanfrage eines Verbrauchers ohne dass etwaige bezahlte Werbung oder spezielle Zahlungen, die dazu dienen, ein höheres Ranking der jeweiligen Produkte im Rahmen der Suchergebnisse zu erreichen, eindeutig offengelegt werden"*.

Verboten ist gem. Nr. 23a auch der *„Wiederverkauf von Eintrittskarten für Veranstaltungen an Verbraucher, wenn der Gewerbetreibende diese Eintrittskarten unter Verwendung automatisierter Verfahren erworben hat, die dazu dienen, Beschränkungen in Bezug auf die Zahl der von einer Person zu erwerbenden Eintrittskarten oder andere für den Verkauf der Eintrittskarten geltende Regeln zu umgehen"*.

Dasselbe gilt gem. Nr. 23b für die *„Behauptung, dass Bewertungen eines Produkts von Verbrauchern stammen, die das Produkt tatsächlich verwendet oder erworben haben, ohne dass angemessene und verhältnismäßige Schritte unternommen wurden, um zu prüfen, ob die Bewertungen wirklich von solchen Verbrauchern stammen"*.

Schließlich ist gem. Nr. 23c die *„Abgabe gefälschter Bewertungen oder Empfehlungen von Verbrauchern bzw. die Erteilung des Auftrags an andere juristische oder natürliche Personen, gefälschte Bewertungen oder Empfehlungen von Verbrauchern abzugeben, sowie die falsche Darstellung von Verbraucherbewertungen oder Empfehlungen in sozialen Medien zu Zwecken der Verkaufsförderung"* unter allen Umständen unzulässig.

– Die weiteren Änderungen zielen auf die Durchsetzung und werden als solche im dortigen Zusammenhang erörtert (vgl. → Rn. 387 ff.): Durch Art. 11a Abs. 1 UGP-RL 2019 wird ein Zugang der geschädigten Verbraucher *„zu angemessenen und wirksamen Rechtsbehelfen, einschließlich Ersatz des dem Verbraucher entstandenen Schadens sowie gegebenenfalls Preisminderung oder Beendigung des Vertrags"* gefordert. Zugleich wurde auch Art. 13 UGP-RL überarbeitet, der die Regelungen der Sanktionen bisher den Mitgliedstaaten überließ. Die Neufassung sieht ua in Art. 13 Abs. 2 UGP-RL 2019 einen Kriterienkatalog für die Bemessung der Sanktionen vor. Wenn die Durchsetzung auf der Grundlage der Verbandsklagenrichtlinie (vgl. dazu → Rn. 399 ff.) erfolgt, müssen gem. Art. 13 Abs. 3 UGP-RL 2019 die Sanktionen Geldbußen mit einem Höchstbetrag von 4% des Jahresumsatzes des Unternehmers in dem betroffenen Mitgliedstaat umfassen.

Die Neuerungen sind in erheblichem Umfang überflüssig[308]; zum Teil sind sie rechtspolitisch fragwürdig oder beeinträchtigen ausgewogene Strukturentscheidungen des Rechts. Die Aufnahme der Regelungen über die Manipulation von Rankings durch Zahlungen sowie den irreführenden Einsatz von Bewertungen ist überflüssig, da alle aufgeführten Maßnahmen gut über die allgemeinen Irreführungsverbote erfasst werden und die neuen Per se-Verbote nur einen geringen Mehrwert an Rechtssicherheit vermitteln. Von praktischer Bedeutung ist insoweit allein im Hinblick auf die problematische Beweislage die Einbeziehung von Durchsetzungsbehörden mit Ermittlungsbefugnissen (vgl. dazu → Rn. 419 ff.).[309] **195**

Rechtspolitisch fragwürdig ist das Verbot des Weitervertriebs von Eventtickets. Hier erschließt sich bereits die verbraucherpolitische Schadenstheorie nicht[310]: Wenn der Bezug von Eventtickets Beschränkungen unterliegt, ist in aller Regel auch der Weitervertrieb ausgeschlossen. Die angeblich geschützten Verbraucher wissen jedoch in aller Regel sowohl, dass sie deutlich höhere Preise als beim Direktbezug entrichten, als auch, dass sie möglicherweise keinen Anspruch auf Nutzung des Tickets haben. – Die Verschärfung der Anforderungen an den Vertrieb von Waren in unterschiedlicher Qualität wird sich in aller Regel bei mit Marken gekennzeichneten Produkten auswirken. Ein strenges lauterkeits- **196**

308 *Augenhofer* EuZW 2019, 5 (7 f.).

309 Vgl. dazu vertiefend *Podszun/Busch/Henning-Bodewig*, Behördliche Durchsetzung des Verbraucherrechts? Darstellung und Systematisierung von Möglichkeiten und Defiziten der privaten Durchsetzung des Verbraucherschutzes sowie Einbeziehung der Kartellbehörden zu dessen Durchsetzung, Februar 2018, https://www.bmwi.de/Redaktion/DE/Publikationen/Studien/behoerdliche-durchsetzung-des-verbraucherrechts.pdf?__blob=publicationFile&v=10, site zul. besucht am 9.4.2021, S. 113.

310 Ähnlich *Alexander* WRP 2019, 1235 (1239 f.).

rechtliches Gebot, identische Marken nur für identische Produkte einzusetzen, träte jedoch in Konflikt mit anerkannten Grundsätzen des gleichfalls unionsrechtlich harmonisierten Markenrechts, welches die Garantiefunktion der Marke allein als Chance des Markeninhabers begreift, daraus aber keine Verpflichtung zur Produktversteinerung ableitet.[311]

197 Der Schwerpunkt der Problematik wird aus der mangelnden Abstimmung der Individualansprüche auf die vertraglichen Rechtsbehelfe resultieren.[312] Als Folge der im Bereich des Verbrauchsgüterkaufs unionsrechtlich vorgegebenen Bestimmung der Vertragsmäßigkeit durch öffentliche Äußerungen des Verkäufers, des Herstellers oder dessen Vertreters gem. Art. 2 Abs. 2 lit. d Verbrauchsgüterkauf-RL[313] (umgesetzt § 434 Abs. 1 S. 3 BGB) bzw. künftig gem. Art. 7 Abs. 1 lit. d Warenkauf-RL[314] hat der Verbraucherkäufer zwar bestimmte, in Art. 3 Verbrauchsgüterkauf-RL bzw. Art. 13 Warenkauf-RL festgelegte, Rechtsbehelfe. Die Rechte des Käufers auf Minderung oder Vertragsauflösung stehen allerdings gem. Art. 3 Abs. 5 Verbrauchsgüterkauf-RL bzw. Art. 13 Abs. 4 Warenkauf-RL unter dem Vorbehalt, dass der Verkäufer innerhalb einer angemessenen Frist nicht oder nicht ohne erhebliche Unannehmlichkeiten für den Käufer Abhilfe geschaffen hat. Die in Art. 11a Abs. 1 UGP-RL 2019 vorgesehenen Rechtsbehelfe sehen diese, den Verkäufer schützenden, Einschränkungen indes nicht vor. Es ist nicht anzunehmen, dass der Unionsgesetzgeber an dieser Stelle seine eigenen wohlabgewogenen Regelungen unterläuft, umso weniger, als das ebenfalls von der Generaldirektion Justiz und Verbraucher betriebene Vorhaben zur Novellierung der Verbrauchsgüterkaufrichtlinie praktisch zeitgleich im Rahmen der Warenkaufrichtlinie an eben diesen Regelungen festhielt und die Änderungsrichtlinie an anderer Stelle, insbes. Art. 2 Abs. 3, unmittelbar auf die Regelungen der Warenkauf-Richtlinie bezugnimmt. Auf der Grundlage von Art. 3 Abs. 4 UGP-RL ist vielmehr davon auszugehen, dass es sich bei den Regelungen zu den Rechtsbehelfen des Käufers bei unzutreffenden öffentlichen Äußerungen um besondere Regelungen handelt, welche den Regelungen der UGP-Richtlinie vorgehen. Im Zuge der Umsetzung der Änderungsrichtlinie wurde inzwischen ein Regierungsentwurf vorgelegt.[315] Verbreitete Kritik[316] wurde nur punktuell aufgegriffen. Problematisch erscheinen die Neuregelungen in §§ 1 Abs. 2, 5c, 9 Abs. 2 UWG-RegE.

III. Richtlinie über vergleichende Werbung 1997/2006

198 **1. Entwicklung.** Seit dem Erlass der Richtlinie über vergleichende Werbung im Jahr 1997 (vgl. dazu → Rn. 127) blieben die diesbezüglichen Vorschriften der Irreführungsrichtlinie weitgehend unverändert. Mit Erlass der UGP-Richtlinie wurde zwar der Schutzzweck der Irreführungsrichtlinie im Hinblick auf irreführende Werbung reduziert, doch wurde ihr gegenständlicher Anwendungsbereich nicht eingeschränkt. Überdies blieb der auf „Festlegung der Bedingungen für zulässige vergleichende Werbung" gerichtete Schutzzweck erhalten. Der Verbotsgrund der Begründung einer Irreführungsgefahr knüpft – wegen des nicht eingeschränkten Anwendungsbereichs ohne Not – gespalten an. Die Reihenfolge der Zulässigkeitserfordernisse wurde geändert und Art. 3a Abs. 2 IrreführungsRL 1997 wurde gestrichen.

[311] Ebenso *Dröge* WRP 2019, 160 (164 ff.).

[312] Dazu ausf. *Dröge* WRP 2019, 160 (162 ff.).

[313] Richtlinie 1999/44/EG des Europäischen Parlaments und des Rates vom 25.5.1999 zu bestimmten Aspekten des Verbrauchsgüterkaufs und der Garantien für Verbrauchsgüter, ABl. 1999 L 171, S. 12.

[314] Richtlinie (EU) 2019/771 des Europäischen Parlaments und des Rates vom 20.5.2019 über bestimmte vertragsrechtliche Aspekte des Warenkaufs, zur Änderung der Verordnung (EU) 2017/2394 und der Richtlinie 2009/22/EG sowie zur Aufhebung der Richtlinie 1999/44/EG, ABl. 2019 L 136, S. 28.

[315] Gesetzentwurf der Bundesregierung, Entwurf eines Gesetzes zur Stärkung des Verbraucherschutzes im Wettbewerbs- und Gewerberecht, BR-Drs. 56/21.

[316] Vgl. nur *Keller,* Stellungnahme des Fachausschusses für Wettbewerbs- und Markenrecht der GRUR zum Referentenentwurf des Bundesministeriums der Justiz und für Verbraucherschutz zum Entwurf eines Gesetzes zur Stärkung des Verbraucherschutzes im Wettbewerbs- und Gewerberecht, GRUR 2021, 456.

Mit der Kodifizierung in der Richtlinie 2006/114 ging eine Neunummerierung einher. Daneben wurde der bisherige Art. 7 Abs. 2 IrreführungsRL zu Art. 8 Abs. 1 UAbs. 2 IrreführungsRL, so dass die auf Abs. 1 beschränkte Verweisung in Art. 4 IrreführungsRL (vorher Art. 3 lit. a IrreführungsRL 1997) in ihrem Sinn verändert wurde (vgl. dazu sogl. → Rn. 202 ff.). Die angekündigte Überarbeitung der Vorschriften über vergleichende Werbung (vgl. dazu → Rn. 127) wurde wohl aufgegeben. **199**

2. Totalharmonisierung. Anders als bei der Irreführungsrichtlinie 1984 strebte der Europäische Gesetzgeber bei Erlass der Richtlinie über vergleichende Werbung 1997 bereits eine **Totalharmonisierung** an. Die Mindestharmonisierungsklausel in Art. 7 IrreführungsRL 1984 wurde zu diesem Zweck durch Einfügung eines Absatzes 2 modifiziert, wonach die Mindeststandardklausel des Absatzes 1 „nicht für vergleichende Werbung [gilt, d. Verf.], soweit es sich um den Vergleich handelt". Im Rahmen des Zulässigkeitskataloges wurde bei der Verweisung auf die Begründung einer Irreführungsgefahr ausdrücklich auf Art. 7 Abs. 1 IrreführungsRL 1997 verwiesen. Insbesondere der deutsche Gesetzgeber ging davon aus, dass dadurch sichergestellt worden sei, die Möglichkeit der Mitgliedstaaten, ein höheres Schutzniveau gegen irreführende Werbung zu gewährleisten, bestehe auch bei Irreführungen im Rahmen vergleichender Werbung.[317] **200**

Im Vorlageverfahren *Pippig./. Hartlauer*[318] nutzte der österreichische Oberste Gerichtshof die Gelegenheit,[319] um zunächst die grundlegende Frage nach dem Verhältnis der Verweisung in Art. 3a Abs. 1 lit. a auf Art. 7 Abs. 1 IrreführungsRL 1997 zu klären.[320] Der EuGH löste den **„scheinbar bestehenden Widerspruch"** (vgl. dazu ausf. die Voraufl., Einl. B → Rn. 121) dadurch auf, dass er die Richtlinie anhand ihrer Ziele, dh insbesondere des Ziels der Marktintegration durch Totalharmonisierung der vergleichenden Werbung, auslegte und so zum **Vorrang** der Regelung in Art. 7 Abs. 2 aF gelangte (EuGH Rn. 42 ff. – Pippig). Dieses Vorgehen mag aus dogmatischer und historischer Sicht kritikwürdig sein – bei einer solchen Auslegung hätte sich der Europäische Gesetzgeber den Verweis in Art. 3a Abs. 1 lit. a aF auf Art. 7 Abs. 1 aF sparen können –, aus integrationspolitischer Sicht war es unabdingbar! **201**

Im Zuge der **Kodifizierung der Richtlinie über irreführende und vergleichende Werbung** wurde die **Normstruktur des bisherigen Art. 7, dessen Regelungsgehalt sich nunmehr in Art. 8 findet, verändert.** Aus dem bisherigen Absatz 2 wurde Unterabsatz 2 des ersten Absatzes. Die soeben geschilderte Auslegungsproblematik wurde mit dieser redaktionellen Änderung behoben, da nunmehr Art. 4 lit. a für die vergleichende Werbung insgesamt auch auf die Regelung in Art. 8 Abs. 1 UAbs. 2 verweist. Die Rechtsprechung des EuGH wird damit positiv-rechtlich unterfüttert. Kritikwürdig ist ein solches Verfahren allerdings insoweit, als das **Kodifikationsverfahren keine materiell-inhaltlichen Änderungen zur Folge haben darf.**[321] Nur im Hinblick darauf rechtfertigt sich das **vereinfachte Gesetzgebungsverfahren.** **202**

3. Struktur. In Art. 2 lit. c IrreführungsRL wird die **vergleichende Werbung definiert** als: **203**

> *„jede Werbung, die unmittelbar oder mittelbar einen Mitbewerber oder die Erzeugnisse oder Dienstleistungen, die von einem Mitbewerber angeboten werden, erkennbar macht".*

---

[317] Begründung RegE, BT-Drs. 14/2959, 7.

[318] EuGH Slg. 2003, I-3095 = GRUR 2003, 533 – Pippig.

[319] Was GA *Tizzano,* Schlussanträge Rn. 38, zu EuGH Slg. 2003, I-3095 – Pippig, dazu veranlasste, diese Vorlagefrage wegen mangelnder Bestimmtheit und des hypothetischen Charakters dieses Teils der Frage, für unzulässig zu halten.

[320] Vgl. dazu GA *Tizzano,* Schlussanträge Rn. 40 ff., zu EuGH Slg. 2003, I-3095 – Pippig; *Naumann* ELR 2003, 250 (253) mwN.

[321] Vorschlag der Europäischen Kommission vom 19.5.2006 für eine Richtlinie des Europäischen Parlaments und des Rates über irreführende und vergleichende Werbung (kodifizierte Fassung), KOM(2006) 222 endg., Begr. Nr. 4.

204 **Vergleichende Werbung** ist nach Art. 4 IrreführungsRL **zulässig, sofern** sie nicht irreführend ist (lit. a), Waren oder Dienstleistungen für den gleichen Bedarf oder die gleiche Zweckbestimmung vergleicht (lit. b), eine oder mehrere wesentliche, relevante, nachprüfbare und typische Eigenschaften, zu denen auch der Preis gehören kann, objektiv vergleicht (lit. c), Mitbewerber oder deren Erzeugnisse oder Kennzeichen nicht herabsetzt oder verunglimpft (lit. d), sich bei Waren mit Ursprungsbezeichnungen in jedem Fall auf Waren mit derselben Bezeichnung bezieht (lit. e), den Ruf einer Marke, einer Firma, anderer Kennzeichen eines Mitbewerbers oder Ursprungsbezeichnungen von Konkurrenzerzeugnissen nicht in unlauterer Weise ausnutzt (lit. f), die Ware oder Dienstleistung nicht als Imitation oder Nachahmung einer anderen Ware oder Dienstleistung mit geschützter Marke oder geschütztem Handelsnamen darstellt (lit. g) und schließlich auf dem Markt keine Verwechslungsgefahr zwischen dem Werbenden und einem Mitbewerber oder deren Kennzeichen verursacht (lit. h).[322] Die Erfordernisse sind kumulativ zu erfüllen, EGr. 11 S. 1 IrreführungsRL.

205 Im Hinblick auf Verstöße ordnen die Art. 5–7 IrreführungsRL dieselben Sanktionen an wie für Verstöße gegen das Verbot irreführender Werbung (vgl. dazu → Rn. 380).

206 **4. Anwendungsbereich.** Die besonders weite Definition vergleichender Werbung ermöglicht es, alle Arten der vergleichenden Werbung abzudecken.[323] Erfasst wird jede **bezugnehmende Werbung,** dh die persönliche, die sachlich kritisierende und die anlehnend vergleichende Werbung.[324] Es genügt die nur **mittelbare Bezugnahme** auf einen Mitbewerber oder die von ihm angebotenen Leistungen.[325]

207 **a) Werbung.** „Werbung" ist in Art. 2 lit. a IrreführungsRL definiert als „jede Äußerung bei der Ausübung eines Handels, Gewerbes, Handwerks oder freien Berufs mit dem Ziel, den Absatz von Waren oder die Erbringung von Dienstleistungen, einschließlich unbeweglicher Sachen, Rechte und Verpflichtungen zu fördern". Aus Art. 2 lit. d UGP-RL ergibt sich, dass die Werbung einen Teilbereich der geschäftlichen Handlung ausmacht. Überdies lässt sich festhalten, dass beide Begriffe sich strukturell entsprechen: Während eine geschäftliche Handlung aber in jeglichem Verhalten erkannt werden kann, setzt die Werbung eine Äußerung, mithin nach dem objektiven Erscheinungsbild einen Kommunikationsakt voraus (vgl. dazu → Rn. 124). Unternehmensbezug wird in beiden Fällen verlangt. Im Hinblick auf den Marktbezug genügt bei der geschäftlichen Handlung ein objektiver Zusammenhang mit der Absatzförderung, während bei der Werbung ein finaler Zusammenhang vorliegen muss.

208 **b) Erkennbarmachen eines Mitbewerbers oder seiner Produkte. aa) Mitbewerber.** In der Rechtssache *de Landtsheer Emmanuel*[326] ging es um einen Vergleich eines Bieres mit Champagner.

Fraglich ist bereits, ob es sich bei den Herstellern von Champagner um **„Mitbewerber"** iSd Art. 2 lit. c IrreführungsRL im Verhältnis zum Hersteller eines Bieres handelt. Die Problematik schöpft im wesentlichen zum einen aus den überschießenden Zulässigkeitserfordernissen in Art. 4 IrreführungsRL, zum anderen aus dem Erfordernis des Vergleichs von Produkten für den gleichen Bedarf oder dieselbe Zweckbestimmung gem. Art. 4 lit. c IrreführungsRL: Würde im Rahmen von Art. 2 lit. c IrreführungsRL ein enges Wettbewerbsverhältnis verlangt, so liefe das Zulässigkeitserfordernis in Art. 4 lit. c IrreführungsRL im Wesentlichen leer (EuGH Rn. 45 – de Landtsheer Emmanuel). Überdies

[322] Vgl. dazu *Tilmann* GRUR 1997, 790 (795 ff.); *Ritscher/Beutler* sic! 1998, 261 (262 ff.); *Hucke* S. 446 ff.
[323] Vgl. EGr. 8 S. 2 IrreführungsRL, und dazu EuGH Slg. 2001, I-7945 Rn. 30 = GRUR Int. 2002, 50 – Toshiba/Katun; EuGH Slg. 2003, I-3095 Rn. 35 = GRUR 2003, 533 – Pippig; EuGH Slg. 2007, I-3115 Rn. 16 = GRUR 2007, 511 – de Landtsheer Emmanuel; EuGH Slg. 2009, I-5185 Rn. 52 = GRUR 2009, 756 – L'Oréal.
[324] MüKoUWG/*Micklitz/Namysłowska* UGP-RL Art. 6 Rn. 133 ff.; GK/*Glöckner* § 6 Rn. 345 ff.
[325] EuGH Slg. 2003, I-3095 Rn. 35 = GRUR 2003, 533 – Pippig.
[326] EuGH Slg. 2007, I-3115 = GRUR 2007, 511 – de Landtsheer Emmanuel.

würde das Harmonisierungsziel nur sehr eingeschränkt erreicht. Würde der Mitbewerberbegriff demgegenüber sehr weit – ähnlich wie in § 2 Abs. 1 Nr. 3 UWG – ausgelegt, so begründete Art. 4 lit. c IrreführungsRL ein weitreichendes *per se*-Verbot bloß bezugnehmender Werbung.

Der EuGH löste dieses Problem sehr pragmatisch: Die Einstufung von Unternehmen als **„Mitbewerber“** beruhe „definitionsgemäß auf der **Substituierbarkeit** der Waren oder Dienstleistungen, die sie auf dem Markt anbieten“ (EuGH Rn. 28 – de Landtsheer Emmanuel; Hervorhebung d. Verf.). Die **Bezugnahme auf den aus der kartellrechtlichen Marktabgrenzung stammenden Begriff der Substituierbarkeit scheint nahezuliegen.** Um das oben angesprochene Problem zu umgehen, verweist der EuGH allerdings auf eigene Entscheidungen zu Art. 110 AEUV. Im Kontext der mitgliedstaatlichen Kontrolle diskriminierender Besteuerungssysteme hatte der EuGH bereits entwickelt, dass von einem gewissen Grad der Substitution zwischen Waren ausgegangen werden könne, wenn Waren in gewisser Weise gleichen Bedürfnissen dienen können.[327] Für die konkrete Beurteilung dieses Substitutionsgrades sind die nationalen Gerichte zuständig. Die Beurteilung ist im Licht der Ziele der Irreführungsrichtlinie und der in der Rechtsprechung des Gerichtshofs herausgearbeiteten Grundsätze vorzunehmen. Zumindest zwischen einem Teil der von den betreffenden Unternehmen angebotenen Produktpalette muss ein **Wettbewerbsverhältnis** bestehen. 209

Fraglich bleibt insoweit, wie weit die **lauterkeitsrechtliche Betrachtung im Ergebnis von der kartellrechtlichen abweicht.**[328] Einer weitgehenden Festlegung hat der EuGH sich enthalten und dem mitgliedstaatlichen Gericht stattdessen aufgegeben abzustellen auf (1) den augenblicklichen Zustand des Marktes und die Verbrauchsgewohnheiten und ihre Entwicklungsmöglichkeiten, (2) den Teil des Gemeinschaftsgebiets, in dem die Werbung verbreitet wird, ohne jedoch gegebenenfalls die Auswirkungen, die die Entwicklung der in anderen Mitgliedstaaten festgestellten Verbrauchsgewohnheiten auf den in Frage stehenden innerstaatlichen Markt haben kann, auszuschließen, sowie (3) die besonderen Merkmale der Ware, für die geworben werden soll, und das Image, das der Werbende ihnen geben will (EuGH Rn. 42 – de Landtsheer Emmanuel). 210

Diese Kriterien entsprechen den für die Prüfung des Erfordernisses des Vergleichs von Produkten für den gleichen Bedarf oder dieselbe Zweckbestimmung gem. Art. 4 lit. c IrreführungsRL anzulegenden. Während jedoch die Definition der vergleichenden Werbung in Art. 2 lit. c IrreführungsRL das Bestehen eines Wettbewerbsverhältnisses zwischen Unternehmen erfordert, wofür die Prüfung genügt, ob die von ihnen angebotenen Waren untereinander in allgemeiner Weise einen gewissen Grad an Substituierbarkeit aufweisen (vgl. o.), verlangt Art. 4 lit. c IrreführungsRL eine individuelle und konkrete Beurteilung der speziellen Waren, die in der Werbeaussage miteinander verglichen werden, um zu ermitteln, ob sie wirklich untereinander substituierbar sind (EuGH Rn. 47, 48 – de Landtsheer Emmanuel). 211

bb) Erkennbar machen und abstrakte Bezugnahmen. In der Rechtssache *de Landtsheer Emmanuel* hatte der Bierhersteller sein Produkt abstrakt mit Champagner in Bezug gesetzt. So stellte sich die weitere Frage, ob dadurch einzelne Mitbewerber, nämlich die Hersteller von Champagner, erkennbar gemacht wurden. Der EuGH stellte klar, dass der Umstand, dass ein Unternehmen in seiner Werbeaussage nur auf eine Warengattung Bezug nehme, nicht von vornherein das Erkennbarmachen eines Mitbewerbers ausschließt. Unerheblich ist auch, dass eine solche abstrakte Bezugnahme wegen der Struktur des in Frage stehenden Marktes mehrere Mitbewerber oder die von ihnen angebotenen Waren oder Dienstleistungen erkennbar macht (EuGH – *de Landtsheer Emmanuel,* Rn. 18 ff.). 212

[327] EuGH Slg. 1980, 417 Rn. 14 = RIW 1980, 714 – Komm./Vereinigtes Königreich; EuGH Slg. 1987, 3299 Rn. 10 = NJW 1989, 660 – Komm./Belgien.

[328] MüKoUWG/*Micklitz/Namysłowska* UGP-RL Art. 6 Rn. 152.

213 Durch den abstrakten Vergleich des Bieres mit Champagner im Fall *de Landtsheer Emmanuel* werden dessen Hersteller dann erkennbar gemacht, wenn es möglich ist, diese Unternehmen oder die von ihm angebotenen Waren konkret als diejenigen zu erkennen, auf welche die Werbeaussage konkret Bezug nimmt (EuGH – *de Landtsheer Emmanuel,* Rn. 24). Dies festzustellen obliegt dem mitgliedstaatlichen Gericht (EuGH Rn. 22, 23 – de Landtsheer Emmanuel).

214 **c) Vergleichserfordernis; insbes. Konkordanzlisten.** Ob ein Mitbewerber oder seine Produkte erkennbar gemacht werden, hängt von der jeweiligen Äußerung im Kontext der Marktbedingungen ab (vgl. dazu ausf. u. *Sack* → § 6 Rn. 72). Umstritten ist indes, ob auch die **einseitige Bezugnahme** ohne eigentlichen Werbevergleich von der Richtlinie erfasst wird.[329] Insoweit ist zu differenzieren: Trotz missverständlicher Äußerungen[330] ist davon auszugehen, dass die Regelung in Art. 2 lit. c IrreführungsRL über das bloße Erkennbarmachen des Mitbewerbers hinaus ein Element des Inbezugsetzens verlangt. Einige jüngere Entscheidungen des EuGH machen dies hinreichend deutlich.[331] Der Bundesgerichtshof ist – nach gewissem Mäandern[332] – ebenfalls zu dieser Auffassung gelangt.[333] Ein solches Inbezugsetzen kann implizit durch die Gegenüberstellung als kompatibles Ersatzprodukt (Verbrauchsmaterialien, Ersatzteile, Zubehör) geschehen. Mehr ist den Entscheidungen *Toshiba* und *Siemens*[334] nicht zu entnehmen.

215, 216 **5. Zulässigkeitserfordernisse.** Die Zulässigkeitserfordernisse werden im Einzelnen bei der Regelung vergleichender Werbung in § 6 von *Sack* erläutert. An dieser Stelle sollen allein einige im strukturellen Kontext des Europarechts stehende Gesichtspunkte hervorgehoben werden.

217 **a) Verbotskatalog, Liberalisierungszweck und Günstigkeitsprinzip.** Die in Art. 4 IrreführungsRL aufgezählten Zulässigkeitserfordernisse gestatten vergleichende Werbung nur unter sehr **restriktiven Bedingungen.** So erlaubt etwa Art. 4 lit. b IrreführungsRL seinem Wortlaut nach ausschließlich Produktvergleiche, scheint aber unternehmensbezogenen Vergleichen entgegenzustehen. Weiter verlangt Art. 4 lit. c IrreführungsRL, dass diese Vergleiche sachbezogen und objektiv sind. Damit wären alle Vergleiche, die auf subjektiv wahrgenommene Qualitäten wie etwa das Aussehen, den physiologischen Geschmack oder die subjektiven Präferenzen abstellen, stets unzulässig. Gemäß Art. 4 lit. g IrreführungsRL könnten Produkte, die unter geschützten Kennzeichen vertrieben werden, zwar von Mitbewerbern nachgeahmt werden, die Mitbewerber dürften die Nachahmung aber in der Werbung nicht hervorheben. Schließlich würde Art. 4 lit. e IrreführungsRL sämtliche Vergleiche von Waren mit Ursprungsbezeichnungen mit Waren ohne dieselbe Ursprungsbezeichnung ausschließen.

218 Vor diesem Hintergrund war vor allem unmittelbar nach Verabschiedung der Richtlinie über vergleichende Werbung vertreten worden, dass Art. 3a IrreführungsRL 1997 (inzwischen Art. 4 IrreführungsRL) lediglich eine Reihe von Zulässigkeitsvoraussetzungen aufstelle, unter denen vergleichende Werbung auf alle Fälle zulässig sein müsse **(Zulässigkeitskatalog).** Der Wortlaut spricht vor allem unter Berücksichtigung der Entstehungsgeschichte[335] durchaus für eine solche wettbewerbsfreundliche Interpretation. Es war zunächst aber

[329] Vgl. *Sack* WRP 2001, 327 (335) mwN; *Sack* u. → § 6 Rn. 76 ff.; MüKoUWG/*Micklitz/Namysłowska* UGP-RL Art. 6 Rn. 134. Dagegen wohl BGH GRUR 2002, 75 (77) – Soooo … billig.

[330] BGH GRUR 2012, 74 Rn. 18 – Coaching-Newsletter.

[331] EuGH Slg. 2006, I-8501 Rn. 24 ff. = GRUR 2007, 69 – Lidl/Colruyt; EuGH Slg. 2007, I-3115 Rn. 52 = GRUR 2007, 511 – de Landtsheer Emmanuel.

[332] Zunächst einen Werbevergleich verlangend BGH GRUR 1999, 1100 (1101) juris-Rn. 24 – Generika-Werbung; BGH GRUR 2002, 75 (76) – „SOOOO … BILLIG!"?; BGH GRUR 2002, 982 (983) – DIE „STEINZEIT" IST VORBEI!; dann ablehnend BGH GRUR 2004, 607 (611) – Genealogie der Düfte.

[333] BGH GRUR 2012, 74 Rn. 18 – Coaching-Newsletter.

[334] Vgl. dazu die Voraufl., Einl. B → Rn. 137 ff.; sowie vertiefend GK/*Glöckner* § 6 Rn. 259 ff.

[335] Während der Wortlaut des Geänderten Vorschlags für eine Richtlinie des Europäischen Parlaments und des Rates über vergleichende Werbung und zur Änderung der Richtlinie 84/450/EWG über irreführende

nicht klar, ob der Regelung daneben zu entnehmen ist, dass die Mitgliedstaaten vergleichende Werbung auch stets zu verbieten haben **(Verbotskatalog),** wenn die wie gezeigt sehr restriktiven Zulässigkeitsbedingungen nicht erfüllt sind (zum Streitstand vgl. u. *Sack* → § 6 Rn. 19 ff.). Mit dem **totalharmonisierenden Regelungsziel** ist indes nur letztere Interpretation zu vereinbaren, wie der EuGH in der Entscheidung *Pippig* hinreichend deutlich gemacht hat.[336] Auch der deutsche Gesetzgeber ging bei der Umsetzung von einem Verbotskatalog aus.[337]

So stellt sich umso dringlicher die Frage, ob das mit der Richtlinie über vergleichende Werbung zumindest auch verfolgte Liberalisierungsanliegen inzwischen völlig aufgegeben wurde. Tatsächlich darf aber zunächst nicht vernachlässigt werden, dass im Kernbereich nicht durch Auskunft oder Abwehr veranlasster sachbezogener Vergleiche durchaus eine Liberalisierung stattgefunden hat: Die der vergleichenden Werbung immanente Herabsetzung[338] und Rufausnutzung,[339] die über Jahrzehnte das Verbot vergleichender Werbung[340] trugen, müssen nun bei der Anwendung von Art. 4 lit. d, f IrreführungsRL außer Betracht bleiben.[341] Insoweit wurde nicht allein die Regelungsstruktur (vom Verbots- zum Missbrauchprinzip), sondern auch die Grundsatzentscheidung über die Zulässigkeit vergleichender Werbung paradigmatisch geändert. **219**

Die inzwischen wohl allgemein (an-)erkannte **überschießende Wirkung der Zulässigkeitserfordernisse** in Art. 4 IrreführungsRL[342] muss auf andere Weise korrigiert werden. In diesem Sinne betont der EuGH seit den ersten Entscheidungen, dass die an die vergleichende Werbung gestellten Anforderungen in dem für sie **günstigsten Sinn** ausgelegt werden müssen.[343] Während die erste Entscheidung *Toshiba* diesen Grundsatz noch aus den in den Begründungserwägungen genannten Zielen ableitete, wonach vergleichende Werbung dazu beitragen solle, die Vorteile der verschiedenen vergleichbaren Erzeugnisse objektiv herauszustellen und so den Wettbewerb zu fördern,[344] zog die unmittelbar folgende Entscheidung *Pippig* ihn bereits zur Auflösung eines „scheinbar bestehenden Widerspruchs" heran.[345] Spätere Entscheidungen verwendeten den nun schon als „ständige Rechtsprechung" bezeichneten[346] und abstrakt der Prüfung vorangestellten Grundsatz kaum verhohlen dazu, übermäßig restriktive Zulässigkeitsvoraussetzungen gegen ihren eindeutigen Wortlaut richterrechtlich zurückzustutzen,[347] oder eine offene Abwägung wettbewerbsfördernder und wettbewerbsbeschränkender Auswirkungen zu ermöglichen.[348] **220**

Werbung, KOM(94) 151 endg., ABl. 1994 C 136, S. 4, noch ein im Sinne des Verbotsprinzips klarstellendes „nur" enthielt, wurde dieses „nur" im Gemeinsamen Standpunkt wieder fallen gelassen.

[336] EuGH Slg. 2003, I-3095 Rn. 54, 70 = GRUR 2003, 533 – Pippig.

[337] Begründung RegE, BT-Drs. 14/2959, 6.

[338] Vgl. dazu in Deutschland grundlegend *J. Kohler,* Persönliche und sachliche Reklame in der Großindustrie, MuW XVI, 127 (128).

[339] Vgl. dazu in Deutschland grundlegend *Lobe,* Der Hinweis auf fremde gewerbliche Leistung als Mittel zur Reklame, MuW XVI, 129 (131).

[340] Grundlegend RG GRUR 1931, 1299 (1301) – Hellegold.

[341] Köhler/Bornkamm/Feddersen/*Köhler* § 6 Rn. 170; MüKoUWG/*Menke* § 6 Rn. 283 ff., 285.

[342] Vgl. u. *Sack* → § 6 Rn. 42; *Peifer* WRP 2011, 1 (3 ff.); *Glöckner* IIC 2012, 35.

[343] EuGH Slg. 2001, I-7945 Rn. 37 = GRUR 2002, 354 – Toshiba; EuGH Slg. 2003, I-3095 Rn. 42 = GRUR 2003, 533 – Pippig; EuGH Slg. 2006, I-8501 Rn. 22, 32 = GRUR 2007, 69 – Lidl/Colruyt; EuGH Slg. 2007, I-3115 Rn. 35, 63 = GRUR 2007, 511 – de Landtsheer Emmanuel; EuGH Slg. 2009, I-5185 Rn. 69 = GRUR 2009, 756 – L'Oréal; EuGH Slg. 2010, I-11761 Rn. 21 = GRUR 2011, 159 – Lidl/Vierzon; EuGH ECLI:EU:C:2017:95 Rn. 21 = NJW 2017, 1657 – Carrefour Hypermarchés.

[344] EuGH Slg. 2001, I-7945 Rn. 36 = GRUR 2002, 354 – Toshiba.

[345] EuGH Slg. 2003, I-3095 Rn. 42 = GRUR 2003, 533 – Pippig. Ähnlich zog EuGH Slg. 2006, I-8501 Rn. 32 = GRUR 2007, 69 – Lidl/Colruyt, ihn zur Auslegung eines offenen Wortlauts heran.

[346] Vgl. dazu die inhaltsanalytische Untersuchung von *Dederichs,* Die Methodik des EuGH, 2004, S. 23, 37 ff.

[347] EuGH Slg. 2007, I-3115 Rn. 63 = GRUR 2007, 511 – de Landtsheer Emmanuel.

[348] EuGH Slg. 2009, I-5185 Rn. 69 = GRUR 2009, 756 – L'Oréal; EuGH Slg. 2010, I-11761 Rn. 21 = GRUR 2011, 159 – Lidl/Vierzon.

221 **b) EU-grundrechtskonforme Auslegung.** Die beschriebene Entwicklung des **Günstigkeitsprinzips** ist methodisch angreifbar: Tatsächlich lassen sich den Quellen der Richtlinie über vergleichende Werbung nämlich keine auf die Existenz eines solchen Prinzips deutenden Hinweise entnehmen. Ein Liberalisierungsanliegen ist, soweit es über die grundsätzliche Entscheidung über die Zulässigkeit vergleichender Werbung hinausgeht, im Gesetzgebungsverfahren in den Hintergrund getreten, was bereits der deutsche Gesetzgeber bei der Umsetzung aussprach.[349] Im Verlauf des Europäischen Gesetzgebungsverfahrens wurde die Regelung mit immer mehr die vergleichende Werbung einschränkenden Anforderungen belastet. Das Ergebnis ist eine „kleinkarierte und materiell nicht überzeugende" Regelung.[350] Ein „Günstigkeitsprinzip" kann nicht als Leitmotiv der Gesamtregelung vergleichender Werbung abgeleitet, sondern muss ihm vielmehr – aus anderen Rechtsgründen entwickelt – entgegengesetzt werden.

222 Diese Rechtsgründe sind in den beim Erlass der Richtlinie über vergleichende Werbung in ihrer Bedeutung noch nicht erkannten **Unionsgrundrechten** zu erkennen. Die **Geltung der Meinungsäußerungsfreiheit im Unionsrecht** ist anerkannt, wobei der EuGH sich bei seinen Begründungen **ausdrücklich an Art. 10 EMRK orientiert.**[351] Gebunden wird namentlich die Union selbst.[352] Auch wird die **Wirtschaftswerbung vom Schutzbereich umfasst.**[353] Eingriffe können aufgrund der in Art. 10 Abs. 2 EMRK genannten Ziele des Schutzes des Rufs und der Rechte anderer gerechtfertigt werden.[354] Insoweit gilt jedoch ein **Verhältnismäßigkeitsvorbehalt.** Die Interessenabwägung zwischen der Meinungsäußerungsfreiheit und dem Schutz der Rechte anderer, der gem. Art. 10 Abs. 2 EMRK in einer demokratischen Gesellschaft unabdingbar ist, wird vom EGMR sehr weitreichend untersucht. Bedeutung hat die **EU-grundrechtskonforme Auslegung** vor allem bei den Zulässigkeitsvoraussetzungen in Art. 4 lit. b, c, e, g IrreführungsRL sowie im Hinblick auf die Frage nach dem Bestehen eines quantitativen Spürbarkeitserfordernisses.

223 **aa) Persönlich vergleichende Werbung und unternehmensbezogene Vergleiche und Art. 4 lit. b IrreführungsRL.** Das aus Art. 4 lit. b IrreführungsRL resultierende Verbot persönlich vergleichender Werbung ist allerdings jedenfalls dann nicht überschießend, wenn solche **unternehmensbezogenen Vergleiche** nicht erfasst werden, bei denen Aussagen gemacht werden, die allein formal unternehmensbezogen sind (zB Alter, Qualifikation, Kapitalausstattung etc), in der Sache aber die Qualität der Produkte beschreiben. Das ist insbesondere bei **Dienstleistungen** (Qualifikation der tatsächlichen Erbringer) oder bei **Vertrauensqualitäten von Waren** (Verlässlichkeit, auch in Zukunft Reparaturservices oder langjährige Haltbarkeitsgarantien in Anspruch nehmen zu können), der Fall.

224 **bb) Vergleiche subjektiver Produkteigenschaften und Art. 4 lit. c IrreführungsRL.** Der Regelung in Art. 4 lit. c IrreführungsRL, wonach nachprüfbare Eigenschaften objektiv verglichen werden müssen, ist weiter zu entnehmen, dass allein sachliche Produktvergleiche zulässig sein sollen. Vergleiche, bei denen mit der **subjektiven Wahrnehmung** sich verändernde Qualitäten wie **Geschmack, Schönheit oder sozialer Zusatznutzen wie Image, Prestige** etc angesprochen werden, sind danach *per se* verboten. In der Rechtfertigungslogik der Irreführungsrichtlinie ist das konsequent und gewollt, denn die zur Rechtfertigung des Eingriffs in die Persönlichkeitsrechte der Mitbewerber (vgl. EGr. 9 IrreführungsRL: „die Mitbewerber schädigen") herangezogene Markttransparenz (vgl. EGr. 8 IrreführungsRL: „zulässiges Mittel zur Unterrichtung der Verbraucher über ihre Vorteile") wird durch solche nicht sachbezogenen Vergleiche nicht gefördert.

---

349 Begründung RegE, BT-Drs. 14/2959, 6.

350 *Ohly,* Das neue UWG – Mehr Freiheit für den Wettbewerb?, GRUR 2004, 889 (896).

351 Vgl. nur EuGH Slg. 1997, I-3689 Rn. 25 = GRUR Int. 1997, 951 – Vereinigte Familiapress.

352 EuGH Slg. 1984, 19 Rn. 34 = GRUR Int. 1985, 187 – VBVB; EuGH 100/88, Slg. 1989, 4285 Rn. 16 – Oyowe und Traore. Vgl. dazu *Buschle* S. 138.

353 EuGH Slg. 2004, I-3025 Rn. 51 = GRUR 2004, 965 – Karner.

354 EGMR 11.12.2003 – 39069/97 Rn. 27 = M&R 2004, 43 – Krone Verlag/Österreich.

Vernachlässigt wird bei einer derart verengten Perspektive, dass auch nicht sachlich vergleichende Werbung den Wettbewerb dadurch fördert, dass sie den Adressaten die Existenz substitutionsfähiger Angebote unmittelbar vor Augen führt. Die die Mitbewerber schädigende Wirkung wird gleichzeitig durch den Umstand minimiert, dass auch ein formal als Urteil des Werbenden erscheinender Vergleich (zB „schöner als Golf" für ein Automobil der Kompaktklasse) ohne weiteres das eigene Urteil des Adressaten anspricht und dadurch in seiner herabsetzenden Wirkung relativiert wird. Vor diesem Hintergrund bedarf es im Lichte der **Meinungsäußerungsfreiheit** einer **engen Auslegung** des Zulässigkeitserfordernisses. 225

cc) Vergleiche von Produkten mit geschützten Herkunftsangaben und Art. 4 lit. e IrreführungsRL. Im Vorabentscheidungsverfahren *de Landtsheer,* bei dem es um die Anlehnung der Werbung von Bier an Champagner ging, hatte die vorlegende Cour d'appel de Bruxelles beinahe ungläubig die Frage gestellt, ob nach Art. 3a Abs. 1 lit. f IrreführungsRL 1997 (nunmehr Art. 4 lit. e IrreführungsRL) tatsächlich jeder Vergleich unzulässig sei, der sich bei Waren ohne Ursprungsbezeichnung auf Waren mit Ursprungsbezeichnung beziehe.[355] 226

GA *Mengozzi* bejahte in seinen Schlussanträgen diese Frage und hielt „keinen ernsthaften Zweifel an der Auslegung dieser Bestimmung" für möglich.[356] Der Lesart, dass nur dann, wenn Erzeugnisse mit Ursprungsbezeichnungen miteinander verglichen würden, es sich um dieselben Ursprungsbezeichnungen handeln müsse, die Vorschrift dem Vergleich von Erzeugnissen ohne Ursprungsbezeichnung mit Erzeugnissen mit Ursprungsbezeichnung aber nicht entgegenstehe, hielt er das *argumentum a maiore ad minus* entgegen: Es erscheine „etwas merkwürdig und unwahrscheinlich, dass sich der Gemeinschaftsgesetzgeber bei der Festlegung der Bedingungen für die Zulässigkeit des Werbevergleichs darum bemüht haben sollte, den Vergleich zwischen Erzeugnissen mit unterschiedlichen Ursprungsbezeichnungen zu verbieten, ohne gleichzeitig darum bemüht zu sein, den Vergleich zwischen einem Erzeugnis mit Ursprungsbezeichnung und einem Erzeugnis ohne Ursprungsverzeichnis durch ein entsprechendes Verbot zu regeln" (Schlussanträge Rn. 119[357]). Dass die Vorschrift den Wettbewerb zugunsten der Erzeugnisse mit Ursprungsbezeichnungen erheblich beschränke, erkannte GA *Mengozzi* zwar, fügte sich aber der bewussten Entscheidung des Gemeinschaftsgesetzgebers, die nicht über den Weg der Auslegung zur Diskussion gestellt werden könne (Schlussanträge Rn. 124). 227

Der EuGH[358] legte sich weniger Zurückhaltung gegenüber dem Europäischen Gesetzgeber auf: Er verwies zunächst auf die in EGr. 12 IrreführungsRL 1997 (nunmehr EGr. 12 IrreführungsRL) zum Ausdruck gebrachte Absicht des Gesetzgebers, die sondergesetzlichen Wertungen zu schützen (EuGH Rn. 59 – de Landtsheer), und führte aus, welche Nutzungen einer Ursprungsbezeichnung im Widerspruch zu Art. 13 Abs. 1 GGA/GUB-VO stehen (EuGH Rn. 60 – de Landtsheer). 228

Die Zulässigkeitsvoraussetzung in Art. 3a Abs. 1 lit. f IrreführungsRL 1997 (nunmehr Art. 4 lit. e IrreführungsRL) prüfte der EuGH demgegenüber primär unter Zugrundelegung der eigenen Funktionalität der Irreführungsrichtlinie (EuGH Rn. 61 – de Landtsheer) und nannte insoweit die **Möglichkeit verbesserter Verbraucherinformation** (EuGH Rn. 62 – de Landtsheer). Im Hinblick darauf setzte er seine ständige Rechtsprechung fort, wonach die an vergleichende Werbung gestellten Anforderungen so günstig wie möglich für diese Werbung auszulegen sind (EuGH Rn. 63 – de Landtsheer). 229

[355] EuGH Slg. 2007, I-3115, 4. Vorlagefrage = GRUR 2007, 511 – de Landtsheer Emmanuel.

[356] GA *Mengozzi,* Schlussanträge Rn. 116, zu EuGH Slg. 2007, I-3115 – de Landtsheer Emmanuel. In diesem Sinne wurde die gegenteilige Entscheidung des EuGH in der Literatur als „sensationell" wahrgenommen, vgl. *Fusi,* Anm. zu EuGH C-381/05, Diritto Industriale 2007, 393 (394).

[357] Das Beispiel war bereits von *Meli,* La pubblicità comparativa fra vecchia e nuova disciplina, Giur. comm. 1999, 267 (288)/I, bemüht worden.

[358] EuGH Slg. 2007, I-3115 = GRUR 2007, 511 – de Landtsheer Emmanuel.

230 Vor diesem Hintergrund schränkte der EuGH den Anwendungsbereich der Zulässigkeitsvoraussetzung drastisch ein: Sofern alle anderen Zulässigkeitsvoraussetzungen für vergleichende Werbung eingehalten seien, erscheine ein Schutz von Ursprungsbezeichnungen, der sich im Sinne eines **absoluten Verbots** von Vergleichen zwischen Waren ohne Ursprungsbezeichnung und Waren mit Ursprungsbezeichnung auswirkte, **nicht gerechtfertigt** und ohne berechtigte Grundlage in Art. 3a Abs. 1 lit. f IrreführungsRL 1997 (nunmehr Art. 4 lit. e IrreführungsRL; EuGH Rn. 70 – de Landtsheer).

231 So anerkennenswert die Entscheidung unter wettbewerblicher Perspektive erscheint, so schwer ist sie methodisch nachzuvollziehen. Der EuGH besteht darauf, dass ein *per se*-Verbot des Vergleichs mit Erzeugnissen mit Ursprungsbezeichnungen sich nicht ausdrücklich aus dem Wortlaut ergebe, sondern eine extensive Auslegung dieser Zulässigkeitsvoraussetzung für vergleichende Werbung voraussetze (EuGH Rn. 71 – de Landtsheer). Diese Einschätzung kann nur schwer geteilt werden. Tatsächlich nimmt der EuGH eine teleologische Reduktion des übermäßig weiten Wortlautes der Zulässigkeitsvoraussetzung vor und rechtfertigt diese mit dem Günstigkeitsprinzip.

232 **dd) „Offene" Imitationswerbung und Art. 4 lit. g IrreführungsRL.** Ähnlich problematisch erscheint das pauschale Verbot der Darstellung eines Produkts als Imitation oder Nachahmung eines kennzeichengeschützten Produkts in Art. 4 lit. g IrreführungsRL ohne Rücksicht darauf, ob der Vertrieb dieses nachgeahmten Produkts zulässig ist. Die auch sog. **„Parfümklausel"** geht auf das Interesse Frankreichs zurück, im Interesse seiner Hersteller von Luxusparfums die Verwendung von Duftvergleichslisten untersagen zu können. So nimmt es nicht wunder, dass der EuGH in der Vorabentscheidung *L'Oréal,*[359] in deren Ausgangsverfahren es um genau solche **Duftvergleichslisten** ging, sehr weitreichende Annahmen aufstellte: Es seien „nicht nur Werbebotschaften verboten, die den Gedanken an eine Imitation oder Nachahmung **ausdrücklich** wecken, sondern auch solche Botschaften, die in Anbetracht ihrer Gesamtdarstellung und des wirtschaftlichen Kontextes im jeweiligen Fall **geeignet ...** [seien, d. Verf.], den betreffenden Verkehrskreisen diesen Gedanken implizit zu vermitteln" (EuGH Rn. 75 – L'Oréal; Hervorhebungen d. Verf.).

233 Wichtig bleibt jedoch, auch insoweit im Auge zu behalten, dass Art. 4 lit. g IrreführungsRL gerade die **Darstellung als Imitation** oder Nachahmung verlangt. Darauf sind auch die Ausführungen des EuGH, die eine implizite Vermittlung genügen lassen, bezogen. Auf diese Weise gelingt es, diese Entscheidung zu Duftvergleichslisten von der ständigen **wettbewerbsfreundlichen Rechtsprechung** des EuGH **zu Konkordanzlisten** bei Verbrauchsmaterialien oder Zubehörteilen[360] **abzugrenzen.**

234 Unter Zugrundelegung des Günstigkeitsprinzips stellt sich Art. 4 lit. g als **Konkretisierung des Rufausbeutungstatbestandes** in Art. 4 lit. f IrreführungsRL dar. Konkordanzlisten nützen im Regelfall nicht den besonderen Ruf, sondern allein die Marktverbreitung eines Hauptprodukts aus. Nach der Grundsatzentscheidung zugunsten vergleichender Werbung muss dies zulässig sein, weil der Werbevergleich eben auch mit sogar unter bekannten Marken vertriebenen Produkten gestattet wird (EGr. 14, 15 IrreführungsRL). Wegen der Marktbesonderheiten bei Parfums, namentlich der besonders hohen Gefährdung gegenüber Trittbrettfahrern, und dem Umstand, dass dort nicht die bloße Marktverbreitung, sondern der gute Ruf, wie er in der Bekanntheit des Duftes zum Ausdruck kommt, ausgenutzt wird, kann die Vorschrift bei einer in diesem Sinne restriktiven Auslegung im Sinne des Günstigkeitsprinzips wettbewerblich gerechtfertigt werden.

235 **ee) Vergleichende Werbung und Spürbarkeitserfordernis.** Durch § 6 Abs. 2 UWG wird die in § 3 Abs. 1 UWG vorausgesetzte **Unlauterkeit** der geschäftlichen Handlung **konkretisiert.** Während der Wortlaut der Norm kein Spürbarkeitserfordernis mehr enthält,

---

[359] EuGH Slg. 2009, I-5185 = GRUR 2009, 756 – L'Oréal; vgl. dazu *Dreher* ELR 2009, 309.

[360] Vgl. EuGH Slg. 2001, I-7945 Rn. 31 = GRUR 2002, 354 – Toshiba; EuGH Slg. 2006, I-2147 Rn. 12 = GRUR 2006, 345 – Siemens/VIPA.

soll sich nach dem Willen des Gesetzgebers an dessen Fortgeltung zwar nichts geändert haben.[361] Der Gesetzgeber hat jedoch zugleich zum Ausdruck gebracht, dass ausschließlich die der allgemeinen Generalklausel nachfolgenden Bestimmungen anzuwenden sind, soweit die Unlauterkeit abschließend in der UGP- oder der Irreführungsrichtlinie geregelt sind.[362] Die Problematik der Anwendung des Spürbarkeitserfordernisses auf die vergleichende Werbung (vgl. dazu die Voraufl., → Einl. B Rn. 177 ff.) hat sich damit erledigt.

Die besondere Frage, ob die teilweise übermäßig restriktiv ausgefallenen Zulässigkeits- 236
erfordernisse des Art. 4 IrreführungsRL bzw. § 6 Abs. 2 UWG über das Spürbarkeitserfordernis in ihrer Schärfe reduziert werden können, ist gleichfalls beantwortet. Die Lösung des Problems überschießender Verbotstatbestände kann weder aus dem nationalen Recht in das Europarecht getragen werden – dem steht der Vorrang des Europarechts entgegen – noch methodenehrlich im Wege der isolierten Auslegung der Irreführungsrichtlinie gewonnen werden: Wortlaut, innere Systematik und Entstehungsgeschichte belegen, dass die Regelungen der Irreführungsrichtlinie über vergleichende Werbung genau so „kleinkariert und materiell nicht überzeugend" gemeint sind, wie sie in der Rechtsanwendung erscheinen (vgl. bereits → Rn. 221 ff.). Die in der Sache unangemessenen Tatbestände sollten methodisch überzeugender durch eine EU-grundrechtskonforme Auslegung der Zulässigkeitsvoraussetzungen in Art. 4 IrreführungsRL eingeschränkt werden (vgl. dazu bereits → Rn. 221 ff.). Die wettbewerblichen Auswirkungen der beanstandeten vergleichenden Werbung gehen dann bereits in die Reichweite des Unlauterkeitstatbestandes ein. Einer selbständigen Prüfung der Spürbarkeit bedarf es nicht mehr.

IV. Richtlinie über unlautere Geschäftspraktiken 2005/2019

1. Entwicklung. Die **UGP-Richtlinie**[363] wurde seit ihrem Inkrafttreten mehrfach ver- 237
ändert. Durch eine **Berichtigung**[364] wurden die deutsche und die italienische Sprachfassung geändert: In der deutschen Sprachfassung wurden die etwas schwammigen Formulierungen, die auf den Geschäftsverkehr zwischen Unternehmen und Verbrauchern abstellten, im Titel der Richtlinie, in EGr. 8, in Art. 2 lit. d, in Art. 3 Abs. 1 sowie in allen verweisenden Vorschriften in die Formulierung **„Geschäftspraktiken von Unternehmen gegenüber Verbrauchern"** geändert (vgl. dazu → Rn. 281 ff., 285). Von geringerer Bedeutung blieb, dass die Kommission im Jahr 2009 **Leitlinien zur Umsetzung und Anwendung der Richtlinie** (im folgenden: Leitlinien) verabschiedet hat, die im Jahr 2016 erneuert und erweitert wurden[365]. Im Jahr 2013 verabschiedete die Kommission eine **Mitteilung über die Anwendung der UGP-Richtlinie,**[366] in der sie zunächst ihre Zufriedenheit mit dem Funktionieren der UGP-Richtlinie zum Ausdruck brachte, jedoch die

[361] Beschlussempfehlung und Bericht des Ausschusses für Recht und Verbraucherschutz v. 4.11.2015, BT-Drs. 18/6571, 15.

[362] Beschlussempfehlung und Bericht des Ausschusses für Recht und Verbraucherschutz v. 4.11.2015, BT-Drs. 18/6571, 15.

[363] Richtlinie 2005/29/EG des Europäischen Parlaments und des Rates vom 11.5.2005 über unlautere Geschäftspraktiken im binnenmarktinternen Geschäftsverkehr zwischen Unternehmen und Verbrauchern und zur Änderung der Richtlinie 84/450/EWG des Rates, der Richtlinien 97/7/EG, 98/27/EG und 2002/65/EG des Europäischen Parlaments und des Rates sowie der Verordnung (EG) Nr. 2006/2004 des Europäischen Parlaments und des Rates (Richtlinie über unlautere Geschäftspraktiken), ABl. 2005 L 149, S. 22, in der Fassung der Richtlinie (EU) 2019/2161 des Europäischen Parlaments und des Rates vom 27. November 2019 zur Änderung der Richtlinie 93/13/EWG des Rates und der Richtlinien 98/6/EG, 2005/29/EG und 2011/83/EU des Europäischen Parlaments und des Rates zur besseren Durchsetzung und Modernisierung der Verbraucherschutzvorschriften der Union, ABl. 2019 L 328, S. 7.

[364] Berichtigung der Richtlinie 2005/29/EG, ABl. 2009 L 253, S. 18.

[365] Arbeitspapier der Kommissionsdienststellen v. 3.12.2009, Leitlinien zur Umsetzung/Anwendung der Richtlinie 2005/29/EG über unlautere Geschäftspraktiken im Binnenmarkt, SEK(2009) 1666; abgelöst durch die Arbeitsunterlage der Kommissionsdienststellen. Leitlinien zur Umsetzung/Anwendung der Richtlinie 2005/29/EG über unlautere Geschäftspraktiken v. 25.5.2016, SWD(2016) 163 final.

[366] Mitteilung der Kommission v. 14.3.2013 an das Europäische Parlament, den Rat und den Europäischen Wirtschafts- und Sozialausschuss über die Anwendung der Richtlinie über unlautere Geschäftspraktiken. Stärkung des Verbraucherschutzes, Vertrauensbildung im Binnenmarkt, KOM(2013) 138 final.

Notwendigkeit verstärkter nationaler Durchsetzungsmaßnahmen sowie einer verstärkten Zusammenarbeit bei der grenzüberschreitenden Durchsetzung, insbesondere im Falle unlauterer Praktiken, die gleichzeitig in verschiedenen Mitgliedstaaten auftreten, feststellte. Erhebliche Bedeutung kommt den Änderungen zu, die durch die im Rahmen des „New Deal for Consumers" erlassene Änderungsrichtlinie aus dem Jahr 2019 bewirkt wurden (vgl. dazu ausf. → Rn. 193 ff., → Rn. 387 ff.).

238 **2. Totalharmonisierung.** Wie bereits bei den Regelungen über vergleichende Werbung stand beim Erlass der UGP-Richtlinie das Ziel der **Totalharmonisierung** zum Zweck der Marktintegration im Vordergrund. Eine ausdrückliche Regelung, wie etwa in Art. 8 Abs. 1 UAbs. 2 IrreführungsRL, fehlt zwar. Der in Art. 1 UGP-RL enthaltene Hinweis auf das reibungslose Funktionieren des Binnenmarktes, die fehlende Mindestklausel sowie die deutlichen Hinweise auf die Ersetzung der mitgliedstaatlichen Generalklauseln durch ein einziges, gemeinsames und generelles Verbot (EGr. 11 S. 2, 13 S. 2 UGP-RL) machen das Regelungsanliegen des Europäischen Gesetzgebers aber hinreichend deutlich. Nicht zuletzt wurde der Verzicht auf Art. 4 Abs. 1 des Vorschlags mit der Totalharmonisierung begründet, die eine solche Vorschrift überflüssig mache.[367] Dementsprechend wurde die UGP-Richtlinie von Anfang an als totalharmonisierend verstanden.[368] Der deutsche Gesetzgeber legte bereits seiner Umsetzungsregelung im Jahr 2008 ebenfalls ausdrücklich dieses Verständnis zugrunde.[369] Der EuGH hat den Anspruch auf Totalharmonisierung in den Entscheidungen *VTB*[370] und *Plus*[371] bestätigt und die Praxis der Rechtsanwendung leistet ihm Folge.[372]

239 **a) Reichweite der Bindung des Gesetzgebers.** Gemäß Art. 288 Abs. 3 AEUV bindet die Richtlinie die Mitgliedstaaten hinsichtlich des zu erreichenden Ziels, überlässt ihnen aber, zur Erreichung dieses Ziels die im nationalen Recht geeignetste Form und die dazu erforderlichen Mittel zu wählen. Die Diskussion um die geeignetste Form und die erforderlichen Mittel nahm in Deutschland viel Raum in Anspruch und fand auf hohem Niveau statt.[373] Im Ergebnis entschied sich der Gesetzgeber bereits bei der Umsetzung im Jahr 2008 dafür, an dem in Deutschland etablierten Modell des integrierten Schutzes von Mitbewerber-, Abnehmer- (insbes. Verbraucher-) und Allgemeininteressen festzuhalten, das von einheitlichen Regelungen für alle geschäftlichen Handlungen sowohl gegenüber Verbrauchern als auch gegenüber Unternehmern ausgeht. Auf dieser Grundlage wurden in erheblichem Umfang Neuregelungen erlassen (vgl. insbes. § 2 Abs. 1 Nr. 1 UWG 2008: geschäftliche Handlung; § 3 Abs. 2, 3 iVm Anh. UWG 2008: verbraucherrechtliche Generalklausel und *per se*-Verbote; §§ 5, 5a UWG 2008: Irreführende geschäftliche Handlungen und Irreführung durch Unterlassen; § 7 UWG 2008: Unzumutbare Belästigungen). In weitem Umfang hielt der deutsche Gesetzgeber eine vergleichsweise wortlautnahe Umsetzung für geboten (insbes. Anhang zu § 3 Abs. 3 UWG 2008), doch teilweise nahm er für sich in Anspruch, die in der UGP-Richtlinie verwendete Diktion den Strukturen des deutschen Rechts anzugleichen.

240 Im Hinblick auf letzteres wurde der Vorwurf der unzureichenden Umsetzung erhoben. Nach der **Rechtsprechung des EuGH** sind für die Beurteilung, ob **Umsetzungsregelungen** den unionsrechtlichen Auftrag erfüllen, **zwei Aspekte** maßgeblich: Zum einen muss die **materielle Rechtslage** im Mitgliedstaat nach der Umsetzung den Vorgaben der

[367] IP/04/658 v. 18.5.2004, S. 2. Zu offen gelassenen Fragen vgl. *Glöckner* WRP 2004, 936 (939).

[368] Zu deren verdeckten Lücken vgl. *Sosnitza* WRP 2006, 1; *Ohly* WRP 2006, 1401 (1409 ff.).

[369] Begründung RegE, BT-Drs. 16/10145, 1.

[370] EuGH Slg. 2009, I-2949 Rn. 52 = GRUR 2009, 599 – VTB-VAB NV ua.

[371] EuGH Slg. 2010, I-217 Rn. 41 = GRUR 2010, 244 – Plus.

[372] Vgl. nur BGHZ 187, 231 Rn. 19 – Millionenchance II.

[373] Vgl. nur die Beiträge von *Gamerith* WRP 2005, 391 (429 ff.); *Köhler* GRUR 2005, 793; *Seichter* WRP 2005, 1087; *Glöckner/Henning-Bodewig* WRP 2005, 1311; *Sosnitza* WRP 2006, 1; *Hecker* WRP 2006, 640; *Steinbeck* WRP 2006, 632; *Lutz* GRUR 2006, 908; *Fezer* WRP 2006, 781; *Keßler* WRP 2007, 714; *Köhler* WRP 2007, 1393; *Sosnitza* WRP 2008, 1014; *Kulka* DB 2008, 1548.

Richtlinie entsprechen (dazu sogl. aa). Zum anderen muss diese Rechtslage **in spezifischer Weise** ausgehend vom positiven Recht **erkennbar** sein (dazu sogl. bb).[374]

aa) Objektive Zielerreichung. Der Umstand, dass die UGP-Richtlinie ursprünglich als „Rahmenrichtlinie" bezeichnet wurde[375], kann nichts daran ändern, dass der Rechtsakt als Richtlinie gem. Art. 288 Abs. 3 AEUV für die Mitgliedstaaten **verbindlich Ziele festschreibt.** Insoweit stellt sich allein die Frage nach der Bedeutung des Umstandes, dass die UGP-Richtlinie mit Generalklauseln und unbestimmten Rechtsbegriffen operiert. Durch Generalklauseln delegiert der Gesetzgeber Konkretisierungsbefugnisse an die Rechtsprechung. Im europarechtlichen Kontext wird die Folgefrage aufgeworfen, ob damit zugleich eine (Auslegungs-)Kompetenzverlagerung **an die Mitgliedstaaten, dh deren Gesetzgeber und Gerichte,** verbunden ist. Sie wäre nur dann zu bejahen, wenn die in der UGP-Richtlinie und insbes. der Generalklausel verwendeten **Rechtsbegriffe** nicht **europarechtlich autonom** auszulegen wären. Dabei ist von dem Grundsatz auszugehen, dass in auf Rechtsharmonisierung gerichteten Unionsrechtsakten verwendete Rechtsbegriffe stets solche des Unionsrechts sind, die folgerichtig unabhängig von der Bedeutung, die sie im Kontext des nationalen Rechts haben mögen, dh „autonom" auszulegen sind, weil anderenfalls der Harmonisierungszweck verfehlt würde.[376] Mit der **UGP-Richtlinie** wurde eine **Totalharmonisierung** angestrebt. Die Annahme einer konkludenten Verweisung auf die nationalen Begriffe der Unlauterkeit etc verträgt sich damit jedenfalls nicht. 241

Zu untersuchen bleibt, ob daneben der Umstand der denkbar **offenen Formulierungen** („unlauter", „berufliche Sorgfaltspflicht", „Marktgepflogenheiten", „Treu und Glauben", „zu täuschen geeignet", „Ausnutzung einer Machtposition") zu einer anderen Wertung zwingt. Unbestimmte Rechtsbegriffe im Europäischen Sekundärrecht sollten indes nicht als Indiz dafür gewertet werden, dass der europäische Gesetzgeber ihre Auslegung ins Belieben, der mitgliedstaatlichen Organe gestellt hat. Vielmehr unterliegt die mitgliedstaatliche Regelung auch insoweit **voller europarechtlicher Kontrolle.** Anders als bei der Verweisung auf das nationale Recht ordnet sich das Europarecht im Fall der Verwendung unbestimmter Rechtsbegriffe nicht unter. Im Ergebnis ist davon auszugehen, dass im Anwendungsbereich der UGP-Richtlinie materiell ein **einziger Begriffsinhalt der Unlauterkeit europaweit** gelten soll.[377] Dem entspricht die Einschätzung des Ministerrates, das Herkunftslandprinzip könne als Folge der vollständigen Harmonisierung aufgegeben werden.[378] 242

Völlig unabhängig vom Befund zum Wortlaut der einzelnen Vorschriften des UWG muss davon ausgegangen werden, dass das geltende deutsche Lauterkeitsrecht im Hinblick auf die **objektive Zielerreichung seit Dezember 2007 vollumfänglich den Vorgaben der UGP-Richtlinie** entsprach. Das ergibt sich bereits aus der **Befolgung der Pflicht zur richtlinienkonformen Auslegung** durch die Gerichte: 243

Die unionsrechtliche Pflicht der mitgliedstaatlichen Gerichte zur Auslegung des nationalen Rechts im Lichte der umzusetzenden Richtlinie besteht nach der Rechtsprechung des EuGH zwar nur „soweit wie möglich".[379] In Deutschland umfassen diese Möglichkeiten aber sogar die **wortlautübersteigenden Auslegungsmethoden** der **Analogie** bzw. der **teleologischen Reduktion.** Der Weg zu ihnen wird eröffnet, wenn gesetzliche Regelungen **planwidrig unvollständig** sind. Das kann selbst bei klarem Wortlaut und ausdrücklich geäußertem Willen des Gesetzgebers der Fall sein, wenn ausweislich der Gesetzgebungs- 244

---

[374] EuGH C-254/00, Slg. 2001, I-7567 Rn. 7 – Komm./Niederlande; EuGH C-394/00, Slg. 2002, I-581 Rn. 11 – Komm./Irland.

[375] ZB *Sosnitza* WRP 2006, 1 (2).

[376] Vgl. zul. EuGH ECLI:EU:C:2016:467 Rn. 45 mwN GRUR Int. 2016, 810 – Nikolajeva.

[377] *Henning-Bodewig* GRUR Int. 2004, 183 (190); MüKoUWG/*Leible* EU A Rn. 189; Ohly/Sosnitza/*Ohly* Einf. C Rn. 45.

[378] MüKoUWG/*Micklitz/Namysłowska* UGP-RL Art. 4 Rn. 12.

[379] Vgl. grundlegend EuGH C-106/89, Slg. 1990, I-4135 Rn. 8 – Marleasing SA/La Comercial Internacional de Alimentacion SA.

materialien **widersprüchliche Ziele,** insbesondere die Umsetzung einer Richtlinie einerseits und ein besonderes, mit der Richtlinie nicht in Einklang stehendes Ziel verfolgt werden.[380] Bei der Novellierung des UWG in den Jahren 2008 und 2015 verfolgte der deutsche Gesetzgeber ausdrücklich das Ziel, das seinerzeit geltende UWG an die Vorgaben der UGP-Richtlinie anzupassen.[381]

245 Vor diesem Hintergrund sind deutsche Gerichte in der Lage, sowohl über die Generalklausel des § 3 UWG jegliches Verhalten zu verbieten, das womöglich unter Abweichung von den Vorgaben der Art. 6 ff. UGP-Richtlinie von den Sondertatbeständen des UWG nicht erfasst wird, als auch dem Wortlaut nach anwendbare Verbotstatbestände des UWG unangewendet zu lassen, wenn ihre Anwendung im Widerspruch zu den Vorgaben der UGP-Richtlinie stände. Ihre diesbezügliche Bereitschaft haben die deutschen Gerichte, allen voran der Bundesgerichtshof, in Entscheidungen zu § 4 Nr. 6,[382] 11[383] UWG 2008, ausdrücklich deutlich gemacht. Im Fall der Nichtanwendung überschießender Verbotstatbestände kommen die UGP-Richtlinie korrekt umsetzende Tatbestände zum Zuge.[384]

246 **bb) Publizität.** Es genügt jedoch nicht, dass das mitgliedstaatliche Recht durch die Gerichte im Sinne der Regelungen einer Richtlinie ausgelegt und angewendet wird. Traditionell wird davon ausgegangen, dass ein Mitgliedstaat seiner Umsetzungspflicht nicht dadurch genügen kann, dass er die Anpassung des Rechts seinen Gerichten überlässt. Der Pflicht zur richtlinienkonformen Auslegung darf daher nicht entnommen werden, dass die richtlinienkonforme Auslegung die Umsetzung ersetzen könnte. Im **Zentrum der Umsetzungspflicht** stehen die Herstellung von **Publizität, Klarheit und Bestimmtheit.**[385] In der Entscheidung *Kommission. /. Schweden*[386] fasste der EuGH seine ständige Rechtsprechung in der Weise zusammen, dass jeder Mitgliedstaat, der Adressat einer Richtlinie ist, die Verpflichtung hat, in seiner nationalen Rechtsordnung alle erforderlichen Maßnahmen zu ergreifen, um die volle Wirksamkeit der Richtlinie gemäß ihrer Zielsetzung zu gewährleisten. Unerlässlich ist es, dass die sich aus den nationalen Umsetzungsmaßnahmen ergebende Rechtslage **hinreichend bestimmt und klar ist und dass die Begünstigten in die Lage versetzt werden, von allen ihren Rechten Kenntnis zu erlangen** und diese gegebenenfalls vor den nationalen Gerichten geltend zu machen.[387] Besonders wichtig ist die letzte Voraussetzung, wenn die Richtlinie darauf abzielt, den **Angehörigen anderer Mitgliedstaaten Ansprüche** zu verleihen.

247 In der genannten Entscheidung *Kommission. /. Schweden* hat der EuGH es genügen lassen, dass Schweden im Rahmen seiner Umsetzung der Klauselrichtlinie die im Anhang der Richtlinie enthaltene indikative Liste missbräuchlicher Klauseln nur in die Gesetzgebungsmaterialien aufgenommen hatte. Entsprechendes hätte sich für die Sondertatbestände der Art. 6–9 UGP-RL vertreten lassen können (vgl. dazu im Einzelnen die Voraufl., Einl. B → Rn. 184 ff.). Mit der UWG-Novelle 2015 und der weitreichenden Angleichung der Tatbestände über Irreführungen (§ 5 Abs. 1 S. 1 aE), Irreführungen durch Unterlassen (§ 5a Abs. 2) aggressive geschäftliche Handlungen (§ 4a Abs. 1) haben sich die damit zusammenhängenden Fragen jedenfalls erledigt.

248 **Vergleichbar ist die Rechtslage** bei der UGP-Richtlinie im Hinblick auf die **Sondertatbestände der Art. 6–9** (zu den Tatbeständen in Anh. I vgl. → Rn. 352 ff.). Es ist sicherzustellen, dass zum einen der **materielle Schutzstandard,** welchen die Richtlinie

---

[380] Grundlegend BGHZ 179, 27 Rn. 20 ff., 24 – Quelle.

[381] Begründung RegE, BT-Drs. 16/10145, 1.

[382] Die Anwendung der Vorschrift wird ausdrücklich im Leitsatz 1 BGHZ 187, 231 – Millionenchance II, ausgeschlossen.

[383] BGH WRP 2010, 1143 Rn. 15 – Gallardo Spyder.

[384] BGHZ 187, 231 Leitsatz 2 – Millionenchance II.

[385] Bereits EuGH Slg. 1997, I-1653 Rn. 39 = NVwZ 1998, 48 – Kommission/Deutschland.

[386] EuGH Slg. 2002, I-4147 Rn. 15 ff. = EuZW 2002, 467 – Kommission/Schweden mAnm *Wittwer* ELR 2002, 245.

[387] Vgl. insbes. EuGH Slg. 2001, I-3541 Rn. 17 = EuZW 2001, 437 – Kommission/Niederlande mAnm *Wittwer* ELR 2001, 334.

vorsieht, weder unter- noch überschritten wird (vgl. bereits → Rn. 245), und zum anderen die **geschützten Verbraucher unschwer Kenntnis über die ihnen gewährten Rechte** erlangen können. Durch eine weitgehende Annäherung des Wortlauts insbesondere von § 5 UWG an Art. 6 UGP-RL, von § 5a Abs. 2–6 UWG an Art. 7 UGP-RL sowie von § 4a UWG an Art. 8, 9 UGP-RL ist die damit verbundene Prolematik jedenfalls entschärft (zur Notwendigkeit der Angleichung vgl. im Einzelnen die Vorauf., Einl. B → Rn. 188 ff.).

b) Reichweite der Bindung der Gerichte. Ist damit festzuhalten, dass zum einen das **UWG nunmehr im Anwendungsbereich der UGP-Richtlinie als Umsetzungsgesetz vollumfänglich durch deren Wertungen gebunden** ist und seine Legitimation aus dem europäischen Regelungsauftrag schöpft sowie zum anderen die Gerichte ohne weiteres befugt sind, das UWG punktgenau konform mit den Zielvorgaben der UGP-Richtlinie auszulegen, so bleibt die für die Praxis enorm relevante Frage zu beantworten, ob oder wie weit bei der Anwendung des zur Umsetzung der UGP-Richtlinie erlassenen UWG gleichwohl auf den Stand des autonomen deutschen Lauterkeitsrechts zurückgegriffen werden darf. Insoweit ist zunächst die Frage zu beantworten, ob die Vorgaben der UGP-Richtlinie zu einem Paradigmenwechsel im Verhältnis zum etablierten deutschen Lauterkeitsrecht geführt haben (aa). Anschließend ist zu untersuchen, anhand welcher Wertungen des Unionsrechts lauterkeitsrechtliche Verhaltens- und Sanktionsnormen konkretisiert werden können (bb). 249

aa) Paradigmenwechsel? Aus verschiedenen Richtungen ist angemerkt worden, durch die UGP-Richtlinie sei ein **Paradigmenwechsel** für das deutsche Recht des unlauteren Wettbewerbs bewirkt worden. Das ist sicher richtig, insoweit die UGP-Richtlinie das **Lauterkeitsrecht aus der Perspektive geschädigter Verbraucher** „denkt".[388] Ganz konkrete Folgen hatte das für Formen von Wettbewerbsverhalten, bei denen bislang ganz überwiegend der Schutz der Mitbewerber im Vordergrund gestanden hat (zur Produktnachahmung unter Begründung einer Verwechslungsgefahr vgl. EGr. 14 S. 6 UGP-RL; zur Irreführung über die betriebliche Herkunft vgl. → Rn. 370 ff.; zur Vorsprungserlangung durch Rechtsbruch vgl. → Rn. 360 ff.). Im Hinblick auf Fallreihen wie die Wertreklame oder die gefühlsbetonte Werbung hatte das deutsche Lauterkeitsrecht „autonom" den verbraucherzentrierten Zugang gewählt (vgl. dazu die Voraufl., Einl. B → Rn. 500 ff.). 250

Soweit angenommen wird, die UGP-Richtlinie habe insgesamt zu einer grundlegenden Neuausrichtung, zur Ablösung eines sonderdeliktsrechtlich konzipierten, Mitbewerber schützenden, geschäftsmoralisch interpretierten und auf ein Verhaltensrecht konzentrierten Lauterkeitsrechts alter Prägung durch eine moderne, durchgängig wettbewerblich, dh an den Erfordernissen einer *workable competition* auf die Verhinderung von Wettbewerbsverfälschungen ausgerichtete, moderne Lauterkeitsordnung geführt,[389] liegt dem eine sehr überspitzte Abbildung der Grundkonzeption des jüngeren deutschen Lauterkeitsrechts – gleichgültig, ob vor oder nach 2004 – zugrunde. Die deutsche **Praxis orientierte** sich **in allen relevanten Fragen im Ergebnis** bereits seit längerer Zeit **an einer wettbewerbsbezogen-funktionalen Interpretation des Lauterkeitsrechts.**[390] 251

Aus verschiedenen Richtungen wird eine Hinwendung zu einem **Recht der Marktkommunikation** erkannt.[391] Dem ist insoweit zuzustimmen, als Marktkommunikation ein bedeutender, vielleicht der bedeutendste einzelne Regelungsgegenstand des Lauterkeitsrechts ist. Er ist jedoch kaum sein einziger: Individuelle Behinderung hat zB viel mit Wettbewerb, doch nicht immer mit Marktkommunikation zu tun. Auf der anderen Seite stehen verschiedene andere Rechtsgebiete außerhalb des klassischen Lauterkeitsrechts, namentlich das Markenrecht oder das Verbraucherprivatrecht, in engem Zusammenhang mit der Marktkommunikation. So wäre eine Umgruppierung der Rechtsdisziplinen sicher 252

[388] Vgl. insbes. *Fezer* WRP 2006, 781 (784); *Keßler* WRP 2007, 714 (716).
[389] *Keßler/Micklitz* BB Beil. 2005 Nr. 1, 1.
[390] Ähnlich in der Bewertung *Sosnitza* WRP 2008, 1014 (1016 f.).
[391] *Fezer* Einl. E Rn. 302 ff.

ebenso intellektuell reizvoll, wie eine Querschnittsuntersuchung hermeneutischen Gewinn verspricht.

253 Eine solche an der Marktkommunikation ausgerichtete Umgruppierung erscheint indes vor allem deshalb wenig sinnvoll, weil die Entwicklung des Europäischen Rechts selbst sich weitgehend entlang der etablierten Rechtsdisziplinen vollzieht. Die große Bedeutung der **Marktkommunikation innerhalb der UGP-Richtlinie** ist vor allem auf deren Beschränkung auf **Geschäftspraktiken im Geschäftsverkehr zwischen Unternehmen und Verbrauchern** zurückzuführen. Dabei geht es schwerpunktmäßig[392] um Werbung oder andere Marketingmaßnahmen, die auf Kommunikationsakten mit Verbrauchern als Wirtschaftsteilnehmern auf der Marktgegenseite beruhen. Der Oberbegriff, unter welchem die Kommission gem. EGr. 8 S. 3 UGP-RL gehalten ist, sorgfältig zu prüfen, ob über den Regelungsbereich dieser Richtlinie hinausgehende gemeinschaftliche Maßnahmen erforderlich sind, ist demgegenüber das Gebiet des unlauteren Wettbewerbs – nicht etwa die Marktkommunikation gegenüber Unternehmen.

254 Eine andere Verschiebung, die in engem Zusammenhang mit der verbraucherschützenden Zielrichtung der UGP-RL steht, wird verschiedenen Hinweisen[393] auf die von Beeinträchtigungen freizuhaltende **Fähigkeit zur „informierten Entscheidung" des Verbrauchers** entnommen: Geschaffen werde damit ein lauterkeitsrechtliches Informationsmodell des Verbraucherschutzes.[394] Das UWG 2004 wurde beanstandet, weil es das das EG-Recht beherrschende Informationsparadigma, welches zum Kernbestand des Europäischen Verbraucherrechts gehöre, nur unzureichend verwirklicht habe.[395] Substantielle Änderungen seien gefordert.

255 Richtig ist daran, dass der **Information der Marktteilnehmer im Unionsrecht eine kaum zu unterschätzende Bedeutung** zukommt. Zunächst wurde das **Informationsparadigma** vom EuGH im Rahmen der *Cassis*-Doktrin entwickelt, um einen – auch vom Europarecht – geboten erachteten Verbraucherschutz zu gewähren, gleichzeitig aber durch ihn motivierte Behinderungen des freien Waren- und Dienstleistungsverkehrs zu beseitigen (vgl. dazu → Rn. 434 ff.). Informationspflichten wurden insoweit aber nicht durch das Europarecht begründet, sondern erhielten dessen Weihen, weil sie als milderes Mittel zur Verfolgung zwingender Erfordernisse des Verbraucherschutzes erschienen, auf diese Weise weitergehende Vertriebsverbote als überschießend erkennen ließen und damit deren Überwindung gestatteten.[396] Anschließend zog der Europäische Gesetzgeber die Information als tragendes Element des Verbraucherschutzes heran.[397] Jeder europarechtlich begründeten Informationspflicht ging allerdings ein Gesetzgebungsverfahren voraus, in welchem Voraussetzungen und Reichweite der Informationspflichten detailliert geregelt wurden.

256 Zutreffend ist ebenfalls, dass die UGP-Richtlinie sehr **konkrete Vorgaben enthält, welche Informationen in welchen Situationen von Unternehmen bereitzustellen sind.** Fraglich ist demgegenüber, ob die UGP-Richtlinie allgemeine, dh über die ausdrücklichen Regelungen in Art. 7 hinausgehende und auf die Generalklausel zu stützende Informationspflichten begründet (vgl. dazu → Rn. 335 ff.). Diese Frage bedarf gründlicherer Untersuchung[398] und wird sich aller Voraussicht nach erst aufgrund der sich entwickelnden Praxis beantworten lassen. Es kann daher kaum verwundern, dass auch Proponenten

---

[392] Selbst gegenüber Verbrauchern wird man allerdings bestimmte Regeln kaum noch unter den Gesichtspunkt der Marktkommunikation subsumieren können, vgl. etwa Nr. 27 Anh. I UGP-RL: systematische Nichtbeantwortung einschlägiger Schreiben, um so den Verbraucher von der Ausübung seiner vertraglichen Rechte abzuhalten.

[393] EGr. 6 aE; 14 S. 1, 2; Art. 2 lit. e, j, Art. 7 Abs. 1 UGP-RL.

[394] *Fezer* WRP 2006, 781 (787).

[395] MüKoUWG/*Micklitz*, 1. Aufl., Einl. D Rn. 10.

[396] *Glöckner*, Europäisches Lauterkeitsrecht, S. 122 ff.

[397] Zum Einsatz von Informationspflichten als Element des Schutzes wirtschaftlicher Verbraucherinteressen vgl. *Glöckner*, Europäisches Lauterkeitsrecht, S. 195 ff.

[398] Vgl. bereits *Walter*, Grundlagen und Reichweite des Transparenzgebotes bei Wettbewerbshandlungen, 2008, passim.

der These, wonach das Informationsparadigma zum zentralen Parameter der Marktkommunikation aufzuwerten sei,[399] im Ergebnis nur dann von durchsetzbaren Recht auf Information ausgehen, wenn das Lauterkeitsrecht in das Vertragsrecht interveniert und das Informationsgebot unionsrechtlich verankert ist.[400] Ebenso wenig hilft die Floskel von der „informierten Entscheidung" in Zusammenhängen weiter, in welchen von vornherein **nicht in die Informiertheit** als Grundlage der Entscheidung, **sondern in die Freiheit** des Entscheidungsprozesses eingegriffen wird (zB Art. 8 iVm 2 lit. j UGP-RL, vgl. dazu → Rn. 357).

Unlauterer Wettbewerb kann auch durch andere Geschäftspraktiken als Akte der Markt- **257** kommunikation begangen werden und Verbraucherschutz gegen unlautere Geschäftspraktiken darf sich nicht auf den Schutz der Information als Entscheidungsgrundlage beschränken.[401] Der Wunsch, unter Berufung auf die neuen europarechtlichen Vorgaben manch alten Zopf – oder zumindest dessen Überbleibsel – abzuschneiden, ist nachvollziehbar und wird nachvollzogen. Über einem vermeintlichen Paradigmenwechsel darf es jedoch nicht dazu kommen, dass bislang in Deutschland – und teils inzwischen auch durch das Europarecht ausdrücklich – anerkannte (vgl. EGr. 11 S. 2, Art. 8, 9 UGP-RL zu aggressiven Geschäftspraktiken) Lauterkeitsverstöße vernachlässigt werden, allein weil der Verbraucher über ausreichende Information verfügt (vgl. dazu → Rn. 463). Tatsächlich lässt sich die Entscheidung *Teekanne* des EuGH eher gegen als für eine Verselbständigung des Informationsparadigmas anführen (vgl. dazu → Rn. 462 f.).

Der Gesetzgeber der UGP-Richtlinie hat nicht über Regelungsmodelle entschieden, **258** sondern über konkrete Regelungen, die – jede einzelne für sich und in ihrem Zusammenwirken – nicht nur im Wortlaut, sondern auch und vor allem in ihrem Geiste von den Mitgliedstaaten umzusetzen sind. Da die UGP-Richtlinie in Deutschland nicht durch Verwaltungsbehörden durchgesetzt wird, ist Deutschland vor allem im Rahmen der richtlinienkonformen Auslegung durch die Gerichte in der Pflicht. Seit dem Ablauf der Umsetzungsfrist am 12.12.2007 machen die Begründungen der Entscheidungen deutscher Gerichte deutlich, dass diese Pflicht wahrgenommen wird;[402] besondere Erwähnung verdienen in diesem Zusammenhang die Vorlagebeschlüsse gem. Art. 267 AEUV.[403]

In jüngerer Zeit hat eine andere Verschiebung größere Bedeutung erlangt: In Deutsch- **259** land wie in anderen Mitgliedstaaten wird das Lauterkeitsrecht traditionell schwerpunktmäßig zivilrechtlich „gedacht" und durchgesetzt. Die strafrechtlichen Sanktionen in den §§ 16 ff. haben eher geringe Bedeutung. Daraus folgt insbesondere die Notwendigkeit der Abstimmung auf vertragsrechtliche Rechtsbehelfe. Zum Zeitpunkt des Inkrafttretens der UGP-Richtlinie standen die zivilrechtliche und die verwaltungsrechtliche Durchsetzung gleichberechtigt nebeneinander, vgl. Art. 11 Abs. 1 UAbs. 2 UGP-RL. Bereits die Erstreckung des Anwendungsbereichs der UGP-Richtlinie auf Maßnahmen während und nach dem Vertragsschluss sowie die weite Auslegung des Begriffs der Geschäftspraxis haben die Koordination eines deliktsrechtlich konzipierten Lauterkeitsrechts mit den vertragsrechtlichen Rechtsbehelfen erschwert. Allein die Feststellung in EGr. 9 S. 1 UGP-RL, wonach die Richtlinie „nicht individuelle Klagen von Personen [berührt, d. Verf.], die durch eine

---

399 MüKoUWG/*Micklitz,* 1. Aufl., Einl. D Rn. 17.

400 MüKoUWG/*Micklitz/Namyslowska* UGP-RL Art. 11 Rn. 18; MüKoUWG/*Micklitz/Namysłowska* UGP-RL Art. 7 Rn. 41.

401 So aber wohl *Radeideh,* der die Regelung des *fair trading,* verstanden als Marktverhalten zwischen Unternehmen und Verbrauchern, S. 4, insgesamt auf ein einheitliches Prinzip reduziert, wonach Verbraucher in die Lage zu versetzen sind, ihre wirtschaftlichen Wahlentscheidungen in voller Kenntnis der Tatsachen zu treffen, S. 184. Zutreffend die Differenzierung von MüKoUWG/*Micklitz/Namyslowska* Vor UGP-RL Rn. 29, UGP-RL Art. 9 Rn. 11.

402 Vgl. nur BGH WRP 2008, 1175 – Millionenchance I; BGH WRP 2009, 1229 – Geld-zurück-Garantie II; BGH WRP 2009, 1076 – Brillenversorgung; BGH WRP 2010, 1143 – Gallardo Spyder; BGHZ 187, 231 – Millionenchance II; BGH WRP 2012, 309 – Betriebskrankenkasse.

403 BGH WRP 2008, 1175 – Millionenchance I; BGH WRP 2012, 309 – Betriebskrankenkasse; BGH WRP 2018, 65 – MeinPaket.de II.

unlautere Geschäftspraxis geschädigtwurden", die vom deutschen Gesetzgeber in der Weise genutzt wurde, dass Verbraucherindividualklagen ausgeschlossen wurden, verdeckte die entstehenden Wertungswidersprüche. Die im Zuge des ***„New Deal for Consumers"*** vorgenommenen Änderungen sehen nunmehr allerdings Individualsanktionen vor (vgl. dazu → Rn. 399) die tief in die vertragsrechtlichen – und ebenfalls unionsrechtlich determinierten – Regelungen eingreifen und daher der Abstimmung bedürfen.

260 Gleichzeitig müssen gem. Art. 13 UGP-RL 2019 abschreckend wirkende Sanktionen durch Behörden eingeführt werden. Damit wird unmittelbar an die Verschärfung der Verordnung über die Zusammenarbeit im Verbraucherschutz (vgl. dazu → Rn. 410) angeknüpft. Insgesamt entsteht so das Zerrbild des Lauterkeitsrechts als ein behördlich durchgesetztes Marktüberwachungsrecht. Die dadurch bewirkten Verschiebungen werden von größerer Bedeutung sein als die Totalharmonisierung der Verhaltensnormen des verbraucherschützenden Lauterkeitsrechts in der UGP-Richtlinie.

261 **bb) Elemente der Kontinuität: Wettbewerbszentrierung des Lauterkeitsschutzes.** Zuständige Gerichte können weder die Entscheidung mangels einschlägiger Vorgaben des Unionsrechts verweigern noch aus Anlass jedes Einzelfalls (in Deutschland registrierte juris allein für 2020 über 360 Gerichtsentscheidungen zum UWG) eine Vielzahl besonderer Fragen dem EuGH zur Vorabentscheidung vorlegen. Sie können aber bewährte Grundsätze auf ihre Kompatibilität mit dem **System des europarechtlichen Wettbewerbsschutzes** überprüfen und bei positivem Ergebnis unter neuer Begründung (vgl. o.) beibehalten oder anderenfalls verwerfen. Zu Recht wird in diesem Sinne auf die Notwendigkeit einer **Einpassung des nationalen Lauterkeitsrechts in ein Gesamtsystem zum Schutz des funktionsfähigen Wettbewerbs** hingewiesen,[404] wobei die im europarechtlichen Kontext häufig wiederholte Formel vom wirksamen Wettbewerb[405] keine Bezugnahme auf ein bestimmtes ökonomisches Wettbewerbsmodell enthält.

262 Ob der Schutz des Wettbewerbs das Verbot bestimmter Verhaltensformen fordert und rechtfertigt, ist vielmehr unter Einbeziehung all dessen zu bestimmen, was im jüngeren Kartellrechtsjargon als *„sound economic evidence"* beschrieben wird. Die **Erfahrungssätze des Lauterkeitsrechts,** seien sie bezogen auf die Wahrnehmung geschäftlicher Handlungen durch die Marktgegenseite oder auf deren Verhalten oder das der Wettbewerber, sind zu hinterfragen, auf ihre Plausibilität zu überprüfen und auf deren Reichweite zu beschränken.[406] Insbesondere sind die zugrunde liegenden Annahmen offenzulegen. Wertvolle Hinweise kann insoweit die durch die *New Industrial Economics* von neuem angestoßene experimentelle Ökonomik geben. Die Kommission bekennt sich in ihren Leitlinien zur Anwendung der UGP-Richtlinie ausdrücklich zu einer Berücksichtigung verhaltensökonomischer Erkenntnisse.[407]

263 **cc) Graduelle Ausdifferenzierung des Europäischen Lauterkeitsrechts.** Als Konsequenz der europäischen Verteilung justizieller Kompetenz sind zur Konkretisierung der zur Umsetzung der UGP-Richtlinie erlassenen Regelungen in erster Linie[408] die **mitgliedstaatlichen Gerichte** berufen. Deren **Pflicht zur richtlinienkonformen Auslegung** steht außer Frage (vgl. dazu → Rn. 243 ff.).

264 Der **Konkretisierungsgrad der europarechtlichen Vorgaben ist jedoch durchaus unterschiedlich.** Der Europäische Gesetzgeber hat sich an verschiedenen Stellen große Mühe gegeben, bestimmte Formen von Wettbewerbsverhalten zu sanktionieren (vgl. etwa

---

[404] Vgl. zB *Keßler* WRP 2007, 714 (716). Zur wettbewerblich-funktionalen Auslegung vgl. nur *Baudenbacher* Art. 1 Rn. 12 ff.; in diesem Werk 3. Aufl. *Schünemann* § 1 Rn. 39 ff.

[405] Vgl. nur EuGH 6/72, Slg. 1973, 214 Leitsatz 11 – Continental Can.

[406] Vgl. dazu *Beutel* Wahrnehmungsbezogene richterliche Erfahrungssätze im Marken- und Lauterkeitsrecht, 2011.

[407] Arbeitspapier der Kommissionsdienststellen v. 25.5.2016, Leitlinien zur Umsetzung/Anwendung der Richtlinie 2005/29/EG über unlautere Geschäftspraktiken, SWD (2016) 163, S. 65.

[408] In verschiedenen Mitgliedstaaten, so etwa in Italien oder Ungarn, werden allerdings auch Wettbewerbsbehörden eingesetzt, die vorrangig die Anwendungspraxis prägen.

die Tatbestände im Anh. I UGP-RL) oder freizusprechen (vgl. EGr. 6 S. 5 UGP-RL: anerkannte Werbe- und Marketingmethoden wie rechtmäßige Produktplatzierung, Markendifferenzierung oder Anreize, die auf rechtmäßige Weise die Wahrnehmung von Produkten durch den Verbraucher und sein Verhalten beeinflussen können). Sehr rasch ist jedoch im lauterkeitsrechtlichen Tagesgeschäft die Grenze solcher klärender Hinweise erreicht. In negativer Hinsicht stellen die in der in Anhang I UGP-RL geregelten Fallkonstellationen der „schwarzen Liste" in der Praxis glücklicherweise selten vorkommende, besonders grobe Wettbewerbsverstöße dar. Auch auf der anderen Seite des Lichtspektrums ist die Feststellung „blütenweißer" Geschäftspraktiken nicht so einfach, wie der genannte Erwägungsgrund es nahe legt: Die Frage etwa, wann *product placement* rechtmäßig ist, ist gerade umstritten und problematisch (zur Verwendung in audiovisuellen Mediendiensten vgl. die aufwendige Regelung in Art. 11 Richtlinie 2010/13/EU; dasselbe gilt für Anreize, welche die Wahrnehmung von Produkten oder das Verbraucherverhalten beeinflussen können. Hier ist es gerade die Aufgabe der Art. 5–9 UGP-RL, die Grenzen zwischen zulässiger und unzulässiger Beeinflussung zu ziehen.

Überdies nimmt der **Konkretisierungsgrad der Regelungen** in der UGP-Richtlinie **265** rasch ab. Im Bereich des Irreführungstatbestandes kann zwar noch auf die Praxis des EuGH zu den Grundfreiheiten zurückgegriffen werden. Selbst hier hat aber die Totalharmonisierung zu einer erheblichen Inhaltsverschiebung geführt (vgl. dazu → Rn. 438 ff.). In anderen Bereichen lassen sich Sondertatbeständen im Sekundärrecht verallgemeinerungsfähige Wertungen entnehmen. Aus den in Art. 9 Abs. 1 lit. a, b, 19 Richtlinie 2010/13 sowie Art. 6 lit. a Richtlinie 2000/31 für audiovisuelle Mediendienste und Dienste im elektronischen Geschaftsverkehr aufgestellten Regelungen lassen sich ein allgemeines Gebot der Erkennbarkeit der kommerziellen Kommunikation (vgl. auch Nr. 11 Anh. I UGP-RL) und, negativ gewendet, Verbote der Schleichwerbung sowie unterschwelliger (subliminaler) Werbung ableiten. Auch die in Art. 6 lit. c, d Richtlinie 2000/31 für Dienste im elektronischen Geschäftsverkehr aufgestellten Anforderungen an die Transparenz bei Angeboten zur Verkaufsförderung, Preisausschreiben oder Gewinnspielen sind verallgemeinerungsfähig. Allerdings wird der EuGH seiner Aufgabe, das Recht methodenehrlich weiterzuentwickeln und insbesondere die Möglichkeit und Reichweite von wortlautübersteigenden Auslegungsformen auszuloten, nicht gerecht.[409]

Jedenfalls werden die Inhalte der UGP-Richtlinie im Hinblick auf konkrete Sachverhalte **266** häufig nicht im Sinne der *acte-clair* Doktrin[410] eindeutig sein. Wo Zweifel am Inhalt der UGP-Richtlinie bestehen bleiben, entscheidungsrelevant sind und von den Parteien gerügt werden, hat das letztinstanzlich entscheidende Gericht die Fragen dem EuGH zur Entscheidung gem. Art. 267 AEUV vorzulegen. Den **Auslegungsvorrang behält somit der EuGH.**

Die **Rolle der mitgliedstaatlichen Gerichte im judiziellen Dialog** darf dennoch **267** nicht unterschätzt werden. Sie leisten einen erheblichen Beitrag zur europäischen Rechtsentwicklung durch die **Auswahl der Fälle, welche in ein Vorabentscheidungsverfahren geführt werden, durch die Formulierung der Rechtsfragen sowie durch deren Begründung.** Diese Vorlagemöglichkeit bestand bereits seit dem Inkrafttreten der UGP-Richtlinie, dh seit dem 12.6.2005. Die vor allem in Deutschland und Österreich rege Prozesstätigkeit auf dem Gebiet des Lauterkeitsrechts bietet reichlich Gelegenheit zur Auswahl geeigneter Vorlageverfahren. Auf dem Gebiet des Markenrechts hat der EuGH in der Vergangenheit die Bereitschaft gezeigt, guten Argumentationen vorlegender Höchstgerichte – selbst gegen die Schlussanträge des Generalanwaltes – zu folgen.[411] Auf dem Gebiet des

---

[409] Vgl. etwa EuGH ECLI:EU:C:2013:669 = WRP 2013, 1575 – RLvS Verlagsgesellschaft, und dazu *Glöckner* FS Köhler, 2014, 159 (171).

[410] EuGH Slg. 1982, 3415 = NJW 1982, 1257 – C. I. L. F. I. T.

[411] EuGH Slg. 2003, I-389 = GRUR 2003, 240 – Davidoff; EuGH Slg. 2003, I-3161 = GRUR 2003, 514 – Linde ua; EuGH Slg. 2004, I-691 = GRUR 2004, 224 – Gerolsteiner.

Lauterkeitsrechts zeigt die *Teekanne*-Entscheidung,[412] dass der EuGH sogar bereit ist, eigene Positionen zu modifizieren.

268 Es wird allerdings größerer Anstrengungen bedürfen, um aus dem für die Entwicklung des Europäischen Lauterkeitsrechts existentiellen **judiziellen Dialog** ein flüssiges Gespräch zu machen. Die vorlegenden Gerichte haben dabei einige allgemeine Grundsätze zu beachten:

– Die europäische Lauterkeitsrechtsordnung ist vor allem eine autonome Rechtsordnung. Begründungen, die sich auf tradierte Rechtssätze des nationalen Lauterkeitsrechts stützen, sind in dieser Form nicht überzeugend.
– Die europäische Rechtsordnung ist weniger eine dogmatische als eine politische Rechtsordnung. Die häufig am Anfang der Begründungserwägungen zu findenden beschwörenden Verweise auf das mit einer Richtlinie angestrebte hohe Verbraucherschutzniveau machen deutlich, dass es dem EuGH leichter fällt, entlang der klaren Linien abstrakter *„policies"* zu entscheiden, als den häufig verwinkelten Wegen der durch politische Kompromisse entstandenen konkreten Normlogiken zu folgen.
– Verschiedene jüngere Entscheidungen haben gezeigt, dass der EuGH – nicht selten wohl aus institutionellen Gründen – mit abstrakten Rechtsfragen überfordert wird.[413] Je konkreter die Fragen und der dazu mitgeteilte Sachverhalt,[414] desto sinnvoller erscheinen die gegebenen Anworten.

269 Doch auch den EuGH treffen aus dem Grundsatz der Unionstreue **Pflichten zur Zusammenarbeit:** Wenn der EuGH gleich einem Fachgericht entscheidet (beispielhaft im Zusammenhang der vergleichenden Werbung), dürfen die mitgliedstaatlichen Fachgerichte zu Recht erwarten, dass er seine Entscheidungen mit adäquater Qualität begründet und sich angemessen mit den aufgeworfenen Problemen auseinandersetzt. Bei den lauterkeitsrechtlichen Entscheidungen der jüngeren Zeit hat es daran nicht selten gefehlt. Diese Kritik darf nicht missverstanden werden. Im Interesse der angestrebten Totalharmonisierung wäre eine Forderung nach *judicial self-restraint* verfehlt. Es kann deshalb nicht darum gehen, den EuGH zu „bremsen". Im Gegenteil mag gerade die Unzulänglichkeit der unionsrechtlichen Rechtsquellen Grund dafür sein, auf der Grundlage von nach System und Struktur anerkannten Quellen bestehende Lücken zu füllen oder überschießende Regelungen im Einklang mit einem beschränkteren Regelungswillen des Gesetzgebers zu stutzen. Gelegenheit zu notwendiger und vom EuGH zu leistender Rechtsfortbildung gibt es reichlich. Dabei mag es sogar durchaus dazu kommen, dass der EuGH Fragen entscheidet, welche der Unionsgesetzgeber nicht zu klären vermochte. So bestimmte er zB in *Pippig*[415] zu Recht die Frage nach der Reichweite der Vollharmonisierung durch Art. 7 Abs. 2 IrreführungsRL 1997. Als Pendant zu dieser Kompetenz trägt der EuGH indes die Verantwortung für eine methodenehrliche Aufbereitung seiner Entscheidungen. Selbst wenn die Kollegialstruktur der Spruchkörper eine stringente Begründung häufig nicht erleichtern mag, schuldet der EuGH diese Qualität der Auseinandersetzung sowohl den Mitgliedstaaten als auch der Gesamtheit der Rechtsanwender, für die seine Entscheidungen systemprägende Kraft haben.

270 **dd) Reichweite der Pflicht zu richtlinienkonformer Auslegung. (a) Keine unmittelbare Anwendung im Rahmen zivilrechtlicher Streitigkeiten.** Eine **unmittelbare Anwendung der UGP-Richtlinie ist ausgeschlossen,** soweit – wie nach dem zur

[412] EuGH ECLI:EU:C:2015:361 = GRUR 2015, 701 – Teekanne.

[413] So ließ etwa EuGH Slg. 1998, I-4657 = GRUR Int. 1998, 795 – 6-Korn, die methodische Frage nach der Ermittlung der Verkehrsauffassung weitgehend unbeantwortet. In EuGH Slg. 2001, I-7945 Rn. 31 = GRUR Int. 2002, 50 – Toshiba, schoss der EuGH mit seiner Formulierung über die Erforderlichkeit eines Vergleichs weit über das Ziel hinaus; es dauerte Jahre, bis EuGH und mitgliedstaatliche Gerichte diesen Fehler korrigierten. In EuGH Slg. 2009, I-2949 Rn. 49, 50 = GRUR 2009, 599 – VTB-VAB NV ua, brachte der EuGH wiederum durch eine weit ausgreifende Formulierung große Unsicherheit in die Rechtsanwendung.

[414] Vgl. die Hinweise bei Rengeling/Middeke/Gellermann/*Middeke* § 10 Rn. 81 ff.

[415] EuGH Slg. 2003, I-3095 Rn. 42 = GRUR 2003, 533 – Pippig.

Umsetzung erlassenen UWG – zivilrechtliche Ansprüche Privater in Rede stehen.[416] Lediglich im Vertikalverhältnis, dh zwischen Mitgliedstaat und Bürger bleibt es dem Staat versagt, sich auf seine Säumnis bei der Umsetzung zu berufen.[417] Allenfalls in Strafverfahren wegen Verstößen gegen die §§ 16 ff. kann sich der Angeklagte unmittelbar auf ihm günstiges Richtlinienrecht berufen.

(b) Zeitliche Erstreckung. Soweit das nach den Grundsätzen des intertemporalen Rechts (vgl. dazu *Keller* → Einl. A Rn. 28 ff., 31) **geltende Recht** zur Anwendung gelangt, ist es innerhalb des gegenständlichen Anwendungsbereichs der maßgebenden Richtlinien **von Europarechts wegen richtlinienkonform** auszulegen. Für Sachverhalte, die zwar noch **unter der Geltung des UWG 2004, aber nach dem Ablauf der Umsetzungsfrist abgeschlossen** wurden, ist **formell das UWG 2004** anwendbar. Wegen des **Ablaufs der Frist zur Umsetzung der UGP-Richtlinie** besteht aber auch insoweit eine **Pflicht zu richtlinienkonformer Auslegung.**[418] 271

(c) Richtlinienkonforme Auslegung und Vorlagemöglichkeit bzw. -pflicht bei überschießender Umsetzung. Dass eine **überschießende,** dh über den Anwendungsbereich der Richtlinie hinausgehende **Umsetzung** grundsätzlich unionsrechtlich unschädlich ist,[419] wirft die Frage auf, wie sich eine solche überschießende Umsetzung auf die Vorlagemöglichkeit bzw. -pflicht der Gerichte auswirkt. Für Rechtsfragen, die aus der Anwendung überschießend umgesetzter Richtlinien resultieren, bedarf es zunächst einer **richtlinienkonformen Auslegung.** Das ergibt sich zwar nicht aus einer unionsrechtlichen Verpflichtung, wohl aber aus dem **mitgliedstaatlichen Interesse, eine gespaltene Auslegung** des nach dem **Willen des nationalen Gesetzgebers einheitlichen Rechts zu verhindern,** insbesondere um Abgrenzungsschwierigkeiten im Hinblick auf den Anwendungsbereich der UGP-Richtlinie zu vermeiden.[420] 272

Die so begründete Notwendigkeit richtlinienkonformer Auslegung des nationalen Rechts auch außerhalb des harmonisierten Bereichs legt den durch den EuGH bestätigten Schluss nahe, dass eine **korrespondierende Vorlagemöglichkeit** bestehen muss.[421] Nicht geklärt ist damit allerdings, ob bei Vorliegen der sonstigen Voraussetzungen des Art. 267 AEUV das letztinstanzliche Gericht verpflichtet ist, die Fragestellung dem EuGH vorzulegen.[422] Nimmt man aber eine Pflicht zur richtlinienkonformen Auslegung an, um eine Rechtsspaltung zu verhindern, so muss konsequenterweise auch eine Vorlagepflicht angenommen werden, auch wenn sich eine solche nicht aus dem Europarecht selbst ergibt. 273

3. Struktur. Der sachliche Geltungsbereich der UGP-Richtlinie wird von dem **weit gefassten Konzept der „lauteren Geschäftspraktiken"** bestimmt. Während die UGP-Richtlinie in der Fassung des ursprünglichen Vorschlags – anders als insbesondere die 274

[416] Die anerkannten Ausnahmen von diesem Grundsatz, insbesondere die reflexhafte Berücksichtigung der Unwirksamkeit sowie die Nichtanwendung richtlinienwidriger Regelungen als Vorfrage, vgl. EuGH Slg. 1996, I-2201 = EuZW 1996, 379 – CIA Security; vgl. im einzelnen Groeben/Schwarze/Hatje/*Geismann* AEUV Art. 288 Rn. 53, 54, greifen bei den UWG-Tatbeständen nicht ein. Ebenso GK/*Heinze* Einl. C Rn. 16.

[417] EuGH 41–74, Slg. 1974, 1348 Rn. 12 – Van Duyn; ausdrücklich gegen sog. horizontale Direktwirkung EuGH C-104/05 P, Slg. 1996, I-1281 Rn. 15 ff. – El Corte Inglès.

[418] EuGH Slg. 2006, I-6057 Rn. 115, 124 = NJW 2006, 2465 – Adeneler; BGHZ 138, 55 (60 f.) – Testpreis-Angebot; BGH GRUR 2008, 807 – Millionenchance I; *Köhler* WRP 2008, 10.

[419] Vgl. → Rn. 303; bereits *Glöckner/Henning-Bodewig* WRP 2005, 1311 (1325).

[420] BGH NJW 2002, 1881 (1884).

[421] Zu den §§ 84 ff. HGB, die auch bzgl. Dienstleistungen gelten, wobei die zugrunde liegende Richtlinie nur Waren betrifft vgl. EuGH Slg. 2006, I-2879 = EuZW 2006, 341 – Honyvem Informazioni Commerciali Srl/Mariella De Zotti; zu Verbraucherkredit und Haustürgeschäften, bei denen ein Unterschied des Anwendungsbereichs dadurch entsteht, dass die nationalen Regelungen ein Haustürgeschäft auch dann annehmen, wenn die auslösende Situation nur bei Vertragsanbahnung vorliegt vgl. EuGH Slg. 2001, I-9945 = EuZW 2002, 84 – Heininger; EuGH C-166/84, Slg. 1985, 3001 – Thomas Duenger GmbH/Oberfinanzdirektion Frankfurt/Main.

[422] Für eine solche Vorlagepflicht MüKoBGB/*Ernst* Einl. vor § 241 Rn. 63.

Irreführungsrichtlinie in ihrer ursprünglichen Fassung – **allein dem Schutz der Verbraucher** dienen sollte, Art. 1, 5 Abs. 2, 2. Spiegelstr. des Vorschlags, wurde in der endgültigen Fassung klargestellt, dass die Richtlinie daneben mittelbar die wirtschaftlichen Interessen der Mitbewerber schützt, EGr. 6 S. 1, 8 S. 2. Folgerichtig sollen auch Mitbewerber klagebefugt sein, Art. 11 Abs. 1 UGP-RL. Allerdings konnten sich die durchaus zahlreichen Stimmen, die einen umfassenden Anwendungsbereich der Richtlinie gefordert hatten, nicht durchsetzen: Erfasst wird nur verbrauchergerichtetes Marktverhalten der Unternehmen (vgl. dazu → Rn. 281).

275 Die im Richtlinienvorschlag noch vorgesehene Verpflichtung des Herkunftsstaates, die Geschäftspraktiken der in ihm niedergelassenen Gewerbetreibenden zu kontrollieren (Prinzip der **„Kontrolle an der Quelle“**), wurde bereits in der politischen Einigung aufgegeben. Das ist sinnvoll, da die damit verbundene Regelung bei reinem Wettbewerbsexport im Widerspruch zum kollisionsrechtlichen Marktortprinzip gem. Art. 6 Abs. 1 Rom II-VO steht (vgl. dazu → Einl. Rn. 546 ff.).

276 Die UGP-Richtlinie begründet in der **Generalklausel** des Art. 5 Abs. 1 ein zwingendes **Verbot unlauterer Geschäftspraktiken.** Eine Geschäftspraktik[423] gilt gem. Art. 5 Abs. 2 UGP-RL als unlauter, wenn sie zum einen den Erfordernissen der **beruflichen Sorgfaltspflicht** widerspricht und zum anderen das **wirtschaftliche Verhalten des angesprochenen Durchschnittsverbrauchers wesentlich beeinflusst oder dazu geeignet** ist. Gemäß EGr. 18 S. 2 UGP-RL wird damit auf den in der Rechtsprechung des EuGH entwickelten Durchschnittsverbraucher bezuggenommen (vgl. dazu → Rn. 350, 434 f.). Mit Art. 5 Abs. 3 UGP-RL werden allerdings explizit darüber hinausgehend **Verbrauchergruppen** geschützt, die auf Grund von geistigen oder körperlichen Gebrechen, Alter oder Leichtgläubigkeit **besonders schutzwürdig** sind. Hierdurch soll aber weder zu dem „leichtgläubigen Verbraucher“ zurückgekehrt, noch der Gewerbetreibende übermäßig belastet werden.[424] Zu diesem Zweck bindet die Vorschrift die Anknüpfung an solche Verbrauchergruppen an die Voraussetzungen, dass diese **Gruppen eindeutig identifizierbar** sind und die Geschäftspraktiken **für den Gewerbetreibenden voraussehbar** nur die Entscheidungen dieser Gruppe wesentlich beeinflussen. Fraglos handelt es sich bei der Bestimmung der Reichweite dieser Norm um eine entscheidende Stellschraube für den Wert der Gesamtregelung. Bei der Beurteilung der besonderen Schutzwürdigkeit bestimmter von Werbemaßnahmen angesprochenen Gruppen werden die mitgliedstaatlichen Gerichte sicher eine gewisse Freiheit genießen. Es erscheint allerdings zu weitgehend, die damit verbundenen Fragen insgesamt einer Prärogative nationaler Moralvorstellungen – etwa über den angemessenen Umgang mit Senioren oder Kindern – zu überstellen.[425]

277 Auf die Generalklausel lässt die UGP-Richtlinie einen gestuften **Beispielskatalog** unlauterer Geschäftspraktiken folgen. In Art. 5 Abs. 4 lit. a iVm 6 ff. UGP-RL werden **irreführende Handlungen** näher geregelt. Bemerkenswert ist die detaillierte Regelung des irreführenden Unterlassens in Art. 7 UGP-RL. Als irreführend gilt danach auch das **Vorenthalten** von unter Würdigung aller tatsächlicher Umstände **wesentlichen Informationen.**[426] Informationen, die Gewerbetreibende aufgrund anderer Akte des Unionsrechts verschaffen müssen, sind gem. Art. 7 Abs. 5 UGP-RL stets wesentlich. Spezifische lauterkeitsrechtliche Informationspflichten werden zwar nicht begründet. Bestimmte Informationen werden aber in Art. 7 Abs. 4 UGP-RL im Fall der Aufforderung zum Kauf ausdrücklich als wesentlich erklärt.

---

[423] Obgleich die Richtlinie selbst den Singular „Geschäftspraxis“ zu „Geschäftspraktiken“ bildet, soll im folgenden die sprachlich korrekte Begrifflichkeit, vgl. dazu *Fezer* WRP 2006, 781 (785) Fn. 23, Verwendung finden.

[424] Vgl. dazu auch *Glöckner/Henning-Bodewig* WRP 2005, 1311 (1330); *Henning-Bodewig* WRP 2006, 621 (624); MüKoUWG/*Micklitz/Namyslowska* UGP-RL Art. 5 Rn. 62.

[425] So MüKoUWG/*Micklitz/Namyslowska* UGP-RL Art. 5 Rn. 69.

[426] Zum Verhältnis von Irreführung durch aktives Tun und durch Unterlassen sowie zum Erfordernis der Entscheidungsrelevanz beim Unterlassen vgl. *Steinbeck* WRP 2011, 1221.

Aggressive Geschäftspraktiken, wie sie in Art. 8 ff. näher geregelt sind, sind gem. Art. 5 Abs. 4 lit. b UGP-RL ebenfalls unlauter. Die Vorschrift verlangt, dass die Entscheidungsfreiheit des Verbrauchers durch „unzulässige Beeinflussung […] erheblich beeinträchtigt wird" und der Verbraucher dadurch „veranlasst wird, eine geschäftliche Entscheidung zu treffen, die er anderenfalls nicht getroffen hätte". Der Begriff der **„unzulässigen Beeinflussung"** wird in Art. 2 lit. j UGP-RL definiert. **278**

Schließlich verweist Art. 5 Abs. 5 UGP-RL auf die **„schwarze Liste"** von in einem Anhang konkret aufgelisteten Geschäftspraktiken, die unter allen Umständen als unlauter anzusehen sind. Dabei handelt es sich um typische Geschäftspraktiken, für welche klargestellt wird, dass es sich um irreführende oder aggressive Geschäftspraktiken handelt. Dazu zählen ua **Lockangebote, *bait-and-switch,* redaktionelle Werbung, Schneeballsysteme, hartnäckige und unerwünschte Telefon-, Telefax-, E-Mail- und SMS-Werbung, an Kinder gerichtete Werbung** und die **Zusendung unbestellter Waren.** Diese im Anhang genannten Geschäftspraktiken sind gem. Art. 5 Abs. 5 UGP-RL „unter allen Umständen" unlauter. **279**

Die im Grünbuch entwickelte Idee der **Ko-Regulierung** konnte sich im Vorschlag nicht durchsetzen.[427] Immerhin gestattet Art. 10 UGP-RL den Mitgliedstaaten, die **Kontrolle unlauterer Geschäftspraktiken** durch die **Urheber nationaler Kodizes** zuzulassen, sofern diese Kontrolle nur **neben der staatlichen Kontrolle** steht. Die Begründung führt dazu aus, dass es durchaus ein Potential für EU-weit anwendbare Kodizes zur Förderung der Konvergenz hinsichtlich der an die berufliche Sorgfalt zu stellenden Anforderungen gebe. Allerdings müsse gewährleistet sein, dass derartige Kodizes den Wettbewerb nicht verhinderten, einschränkten oder verzerrten.[428] Dieser sehr zurückhaltenden Einschätzung kann zugestimmt werden, und die Rolle, welche Kodizes nach Art. 10 UGP-RL noch spielen, kann toleriert werden.[429] Ihre praktische Bedeutung ist in Deutschland überschaubar.[430] **280**

4. Anwendungsbereich. a) Geschäftspraktiken von Unternehmen gegenüber Verbrauchern. Die Kommission wollte ursprünglich die UGP-Richtlinie auf Geschäfte zwischen Unternehmern und Verbrauchern beschränken. Dieser Zugang war **niemals sinnvoll** (zur Kritik vgl. die Voraufl., Einl. B → Rn. 226 ff.). **281**

Im Verlauf des Europäischen Gesetzgebungsverfahrens wurde die **wesensmäßige Verknüpfung von Verbraucher- und Wettbewerberinteressen im Wettbewerb**[431] immerhin ausdrücklich anerkannt (EGr. 6 S. 1, 8 S. 2 UGP-RL) und den Mitbewerbern die Klagebefugnis erteilt (Art. 11 Abs. 1 UGP-RL: „einschließlich Mitbewerbern"). In der Tat hat selbst Wettbewerbsverhalten gegenüber Nicht-Verbrauchern wie etwa die individuelle Behinderung oder Ausbeutung Auswirkungen auf den Wettbewerb und damit letztlich für die Verbraucher, ebenso wie in entgegengesetzter Richtung Wettbewerbsverhalten gegenüber Verbrauchern, wie etwa Irreführungen oder aggressive Werbung, zugleich die Wettbewerber schädigen kann und wird, indem Geschäft wettbewerbswidrig umgeleitet wird. Selbst die nordischen Ombudsleute – Verbraucherschützer *par excellence* – hatten in ihrer Stellungnahme beanstandet, dass Wettbewerbspraktiken wie die sklavische Nachahmung oder die Anschwärzung nicht erfasst werden, obwohl von beiden eine irreführende Wirkung auf die Verbraucher ausgehe.[432] Diesbezüglich wurde klargestellt, dass die UGP-Richtlinie jegliches irreführende Verhalten erfasst (EGr. 14 S. 6 UGP-RL). Unbefriedi- **282**

---

[427] Zur Kritik daran vgl. bereits *Glöckner* IIF 2001, 239 (280 ff.), *Glöckner* ELR 2002, 42 (47). Zurückhaltend zur Bedeutung dieses Regulierungsmodells auch MüKoUWG/*Micklitz,* 1. Aufl., EG D Rn. 52.

[428] Begründung des Vorschlags für eine Richtlinie über unlautere Geschäftspraktiken, KOM(2003) 356 endg., Rn. 73.

[429] *Henning-Bodewig/Schricker* GRUR Int. 2002, 319 (323). Zur verbleibenden Bedeutung der Kodizes vgl. MüKoUWG/*Micklitz/Namyslowska* UGP-RL Art. 10 Rn. 1 ff.

[430] Vgl. *Schmidhuber* WRP 2010, 593 (595).

[431] *Henning-Bodewig/Schricker* GRUR Int. 2002, 319 (320); *Köhler/Bornkamm/Henning-Bodewig* WRP 2002, 1317 (1324); *Gamerith* WRP 2003, 143 (162).

[432] *Statement from the Consumer Ombudsmen in Sweden, Denmark, Finland and Norway on the proposal for a directive on Unfair Commercial Practices* (COM(2003) 356 final) v. 29.9.2003.

gend bleibt jedoch nach wie vor die beschränkte Reichweite der Harmonisierung im Hinblick auf nicht-verbrauchergerichtete Formen des Wettbewerbsverhaltens.[433] Dieses Problem hat der EuGH durch eine großzügige Auslegung des Begriffs der geschäftlichen Handlung gegenüber Verbrauchern[434] weitgehend entschärft (zu daraus resultierenden Problemen vgl. → Rn. 286 ff.).

283 **b) Schutzzweck und unzulängliche Umschreibung des gegenständlichen Anwendungsbereichs.** Trotz – oder wegen – der intensiven Diskussion um das der UGP-Richtlinie zugrundezulegende Regelungsmodell ist die für die Bestimmung der Reichweite mitgliedstaatlicher Bindung maßgebliche Definition des gegenständlichen Anwendungsbereichs gründlich misslungen: Nach dem Zweckartikel in Art. 1 UGP-RL sollen nur die mitgliedstaatlichen Regelungen über solche „unlauteren Geschäftspraktiken, die die wirtschaftlichen Interessen der Verbraucher beeinträchtigen", harmonisiert werden. Dazu klärt EGr. 6 S. 1 UGP-RL, dass die Richtlinie die Vorschriften über unlautere Geschäftspraktiken angleiche, „die die wirtschaftlichen Interessen der **Verbraucher unmittelbar** und dadurch die wirtschaftlichen Interessen rechtmäßig handelnder **Mitbewerber mittelbar** schädigen" (Hervorhebung d. Verf.). Der in Art. 3 Abs. 1 UGP-RL definierte **gegenständliche Anwendungsbereich korrespondiert** mit diesem eingeschränkten Harmonisierungszweck jedoch **nicht:** Danach erfasst die UGP-Richtlinie nämlich (seit der Berichtigung,[435] vgl. dazu → Rn. 285) sämtliche „unlautere Geschäftspraktiken im Sinne des Artikels 5 von Unternehmen gegenüber Verbrauchern". Der Verweis auf Art. 5 UGP-RL, der die Unlauterkeit definiert, ist im Rahmen einer Definition zur Bestimmung des Anwendungsbereichs ein Missgriff.[436] Dafür scheint die Definition der Geschäftspraktik von Unternehmen gegenüber Verbrauchern in Art. 2 lit. d UGP-RL weiterzuhelfen, die jedes Verhalten, das „unmittelbar mit der Absatzförderung, dem Verkauf oder der Lieferung eines Produkts an Verbraucher zusammenhängt" umfasst. Durch die Aufnahme des Adverbs „unmittelbar" in Art. 2 lit. d UGP-RL wird der Mangel der Abstimmung mit Art. 1 UGP-RL indes nur auf den ersten Blick verdeckt, denn selbstverständlich gibt es Geschäftspraktiken, die zwar unmittelbar mit der Absatzförderung zusammenhängen, ohne aber unmittelbar wirtschaftliche Verbraucherinteressen zu schädigen.[437] **Wörtlich verstanden** erfasst der **weite Anwendungsbereich** deswegen **Geschäftspraktiken,** bei denen der **primäre Schutzzweck** überhaupt **nicht betroffen** ist. Zu denken ist etwa an nicht irreführende Herabsetzungen von Mitbewerbern gegenüber Verbrauchern (§ 4 Nr. 1, 2), das Angebot unlauter anlehnend oder unter Vorlagenerschleichung nachgeahmter Produkte an Verbraucher (§ 4 Nr. 3 lit. b, c), die Verletzung von Normen im Zuge von Angeboten an Verbraucher (zB Verletzung von Geschäftsöffnungszeiten, § 3a), selbst den Preiskampf in Vernichtungsabsicht (§ 4 Nr. 4).

284 Der EuGH hat diesen Konflikt bislang methodisch sehr konservativ zu bewältigen gesucht. In seiner Entscheidung *VTB*[438] zum belgischen Koppelungsverbot ging er ohne jegliche Problematisierung, doch unter ausdrücklicher Bezugnahme auf Rn. 69, 70 der Schlussanträge seiner Generalanwältin, vom Vorliegen einer Geschäftspraxis von Unternehmen gegenüber Verbrauchern aus. GA *Trstenjak* hatte in den bezuggenommenen Rand-

[433] Ebenso MüKoUWG/*Micklitz*/*Namyslowska* UGP-RL Art. 3 Rn. 17.

[434] EuGH Slg. 2009, I-2949 Rn. 49, 50 = GRUR 2009, 599 – VTB-VAB NV ua; EuGH Slg. 2010, I-217 Rn. 39 = GRUR 2010, 244 – Plus.

[435] Berichtigung der Richtlinie 2005/29/EG des Europäischen Parlaments und des Rates vom 11.5.2005 über unlautere Geschäftspraktiken im binnenmarktinternen Geschäftsverkehr zwischen Unternehmen und Verbrauchern und zur Änderung der Richtlinie 84/450/EWG des Rates, der Richtlinien 97/7/EG, 98/27/EG und 2002/65/EG des Europäischen Parlaments und des Rates sowie der Verordnung (EG) Nr. 2006/2004 des Europäischen Parlaments und des Rates (Richtlinie über unlautere Geschäftspraktiken), (ABl. 2005 L 149), ABl. 2009 L 253, S. 18.

[436] Vgl. bereits *Glöckner* WRP 2009, 1175 (1177); *Glöckner* IIC 2010, 570 (576); GK/*Heinze* Einl. C Rn. 254.

[437] Ausführlich bereits *Glöckner* IIC 2010, 570 (578 ff.).

[438] EuGH Slg. 2009, I-2949 Rn. 50 = WRP 2009, 722 – VTB.

nummern indes lediglich das Vorliegen einer Geschäftspraktik ohne weiteres bejaht, was in der Tat nahelag. Sie war auf den „persönlichen Anwendungsbereich" der Geschäftspraktik erst in den anschließenden Randnummern eingegangen, was vom EuGH aber gar nicht mehr gewürdigt wurde. In den folgenden Entscheidungen *Plus, Mediaprint, Wamo* und *Köck* erkannte der EuGH die Problematik zwar, nahm aber unter Bezugnahme auf EGr. 6 S. 3 UGP-RL vom Anwendungsbereich der UGP-RL allein solche nationale Rechtsvorschriften aus, die unlautere Geschäftspraktiken betreffen, die **„lediglich"** oder **„ausschließlich"** die wirtschaftlichen Interessen von Mitbewerbern schädigen.[439]

Die Entscheidungen des EuGH sind von erheblicher Bedeutung für die Rechtsentwicklung. Aus integrationspolitischer Sicht mag man begrüßen, dass der EuGH mit seiner naiv erscheinenden Ignoranz der gesetzgeberischen Fehlleistung dem europäischen Lauterkeitsrecht einen Harmonisierungsschub verliehen hat, zu dem der Europäische Gesetzgeber trotz des Regelungsauftrags in EGr. 8 S. 4 UGP-RL auf absehbare Zeit angesichts der unterschiedlichen Vorstellungen etwa über den Leistungsschutz[440] oder den Persönlichkeitsschutz im Wettbewerb wohl kaum in der Lage gewesen wäre. Zu dieser Deutung der Entscheidungen passt, dass der Europäische Gesetzgeber sich im Anschluss an die Entscheidung beeilte, den **Wortlaut der UGP-Richtlinie zu berichtigen:** An die Stelle des im Hinblick auf den Nexus zum beschränkten Verbraucherschutzzweck offeneren „zwischen Unternehmen und Verbrauchern" wurde sowohl in Art. 2 lit. d als auch in Art. 3 Abs. 1 UGP-RL der deutschen Fassung die schärfere, aber auch erweiternde Formulierung **„von Unternehmen gegenüber Verbrauchern"** gesetzt.[441] 285

Die eigentlichen Probleme entstehen aus dem mangelnden Zuschnitt der UGP-Richtlinie auf derartige Geschäftspraktiken. Ohne die Begründung einer Irreführungsgefahr oder eine aggressive Beinflussung der geschäftlichen Entscheidung der Verbraucher bleibt allein die Generalklausel anwendbar, deren Umschreibung der Unlauterkeit allerdings kaum eine Subsumtion relevanter Geschäftspraktiken gestattet. Für die Praxis bedeutet dies ein erhebliches Maß an Rechtsunsicherheit in weiten Bereichen, namentlich weil konkretisierende mitgliedstaatliche Regelungen nach den von der Kommission zugrundegelegten Vorstellungen von der mitgliedstaatlichen Konkretisierungskompetenz nicht mit dem Anspruch der UGP-Richtlinie auf Totalharmonisierung zu vereinbaren wären. 286

Tatsächlich ging auch die **Begründung zum Vorschlag der UGP-Richtlinie** noch wie selbstverständlich davon aus, dass die Herabsetzung von Mitbewerbern ohne Irreführung der Verbraucher ebenso wie die sklavische Nachahmung ohne Begründung einer Verwechslungsgefahr nicht in den Anwendungsbereich der UGP-RL fielen.[442] Auch die **Leitlinien der Kommission 2009** schlossen Verbote des Preiskampfs in Vernichtungsabsicht ebenso wie des Verkaufs unter Einstandspreis vom Anwendungsbereich der UGP-Richtlinie aus.[443] In den **Leitlinien von 2016** werden noch Verbote von Verlustverkäufen genannt, wenn sie nicht dem Verbraucherschutz dienen.[444] Der Bundesgerichtshof hat erstere Einschätzung im Hinblick auf § 4 Nr. 7 UWG 2008 geteilt.[445] Nach den genannten 287

[439] EuGH Slg. 2010, I-217 Rn. 39 = WRP 2010, 232 – Plus; EuGH Slg. 2010, I-10909 Rn. 23 = WRP 2011, 45 – Mediaprint; EuGH Slg. 2011, I-5835 Rn. 22 = GRUR Int. 2011, 853 – Wamo BVBA; EuGH ECLI:EU:C:2013:14 Rn. 30 = WRP 2013, 460 – Georg Köck.

[440] Vgl. insoweit nunmehr den Regelungsauftrag in EGr. 17 Satz 4 GeschäftsgeheimnisRL.

[441] Berichtigung der Richtlinie 2005/29/EG des Europäischen Parlaments und des Rates vom 11.5.2005 über unlautere Geschäftspraktiken im binnenmarktinternen Geschäftsverkehr zwischen Unternehmen und Verbrauchern und zur Änderung der Richtlinie 84/450/EWG des Rates, der Richtlinien 97/7/EG, 98/27/EG und 2002/65/EG des Europäischen Parlaments und des Rates sowie der Verordnung (EG) Nr. 2006/2004 des Europäischen Parlaments und des Rates (Richtlinie über unlautere Geschäftspraktiken), (ABl. 2005 L 149), ABl. 2009 L 253, S. 18.

[442] KOM(2003) 356 endg., Rn. 40.

[443] Arbeitspapier der Kommissionsdienststellen v. 3.12.2009, Leitlinien zur Umsetzung/Anwendung der Richtlinie 2005/29/EG über unlautere Geschäftspraktiken im Binnenmarkt, SEK(2009) 1666, S. 16.

[444] Arbeitsunterlage der Kommissionsdienststellen v. 25.5.2016, Leitlinien zur Umsetzung/Anwendung der Richtlinie 2005/29/EG über unlautere Geschäftspraktiken, SWD (2016) 163, S. 12.

[445] BGH GRUR 2012, 74 Rn. 28 – Coaching-Newsletter.

Entscheidungen des EuGH fällt die Begründung indes schwer, da die deutschen UWG-Tatbestände gem. § 1 insgesamt zumindest auch dem Verbraucherschutz dienen. Immerhin sind Änderungen der Problemsicht durch den EuGH erkennbar:

288 Die Entscheidung *RLvS Verlagsgesellschaft*[446] begrenzt den Anwendungsbereich der UGP-Richtlinie in einer Weise, die sich nur mit einem gewachsenen Bewusstsein der Problematik konkurrierender Regelungszwecke – *in casu* das Interesse am **Schutz des Vertrauens in Neutralität und Objektivität der Presse** – erklären lässt.[447] In der Entscheidung *Euronics* fordert der EuGH die mitgliedstaatlichen Gerichte beinahe dazu auf, andere Gesetzeszwecke zu erkennen als den vom Gesetzgeber ausdrücklich benannten Verbraucherschutz: Obgleich das vorlegende Gericht darauf hingewiesen hatte, dass das belgische Verbot des Verkaufs unter Einstandspreis den Schutz der Verbraucher bezwecke, eröffnete der EuGH ihm wiederholt die Möglichkeit der Feststellung, dass das Verbot eben nicht diesem Zweck dienen solle.[448]

289 Im Hintergrund dessen muss die gewachsene Erkenntnis unterstellt werden, dass **Verbraucherschutz eben nicht gleich Verbraucherschutz** ist: Bereits in Art. 85 Abs. 3 EWGV (inzwischen Art. 101 Abs. 3 AEUV) wurde niedergelegt, dass die Beteiligung der Verbraucher am Gewinn aus wettbewerbsbeschränkenden Abreden zur Freistellung vom Kartellverbot führen könne, und in Art. 86 lit. b EWGV (inzwischen Art. 102 lit. b AEUV), dass ein Missbrauch einer marktbeherrschenden Stellung in der Einschränkung der Erzeugung, des Absatzes oder der technischen Entwicklung zum Schaden der Verbraucher zu erkennen ist. Eine im eigentlichen Sinne verbraucherschützende Funktion wurde den kartellrechtlichen Regelungen gleichwohl über Jahrzehnte nicht beigemessen. Erst in jüngerer Zeit hat der Verbraucherschutz auch den Weg ins Kartellrecht gefunden. Immerhin kann es vor diesem Hintergrund nicht verwundern, dass Gesetzgeber häufig zur Begründung allgemeiner Wettbewerbsregeln auch den Verbraucherschutz genannt haben. In zahlreichen Fällen – das dem Fall *Euronics* zugrundeliegende Verbot des Verkaufs unter Einstandspreis mag prototypisch dafür stehen – schützen solche Vorschriften den Verbraucher indes nicht vor geschäftlichen Handlungen, die seine wirtschaftlichen Interessen unmittelbar schädigen, sondern vor Handlungen, die allenfalls mittelbar, nämlich über die befürchtete Verschlechterung der Marktstruktur, die Wahlmöglichkeiten von Verbrauchern einschränken oder die Preise steigen lassen.

290 Der in Art. 2 lit. d UGP-RL verwendeten Formulierung gelingt die Eingrenzung des Anwendungsbereichs der UGP-Richtlinie in einem ersten Schritt nur insoweit, als bei der ganz überwiegenden Zahl unlauterer geschäftlicher Handlungen, nämlich insbesondere dem irreführenden Verhalten und den aggressiven Geschäftspraktiken, die Adressaten der Geschäftspraktik auch diejenigen sind, deren wirtschaftliche Interessen unmittelbar geschädigt werden. Es **bedarf** aber einer **weiteren Einschränkung,** um solche **Geschäftspraktiken** auszugrenzen, bei denen **wirtschaftliche Verbraucherinteressen nicht unmittelbar geschädigt werden.**[449] Diese Einschränkung kann auf die EGr. 6 S. 1, 8 S. 1 UGP-RL gestützt werden. Begründungserwägung 6 S. 1 UGP-RL ist zu entnehmen, dass nur diejenigen Rechtsvorschriften über solche geschäftliche Handlungen harmonisiert werden, „die die wirtschaftlichen Interessen der Verbraucher **unmittelbar** […] schädigen" (Hervorhebung d. Verf.). Begründungserwägung 6 S. 3 UGP-RL bekräftigt dies aus entgegengesetzter Perspektive. Denn jegliche unmittelbare Schädigung wirtschaftlicher Verbraucherinteressen führt in den Anwendungsbereich von Art. 3 Abs. 1 UGP-RL. Diese Deutung (maßgeblich sind die Wirkungen der Geschäftspraktiken, nicht aber die Regelungszwecke der mitgliedstaatlichen Vorschriften) ist zum einen vor dem Hintergrund des *effet utile* der auf vollständige Marktintegration sowie ein hohes Verbraucherschutzniveau

---

[446] EuGH ECLI:EU:C:2013:669 = WRP 2013, 1575 – RLvS Verlagsgesellschaft.

[447] Vgl. *Glöckner* FS Köhler, 2014, 159 (164 ff.).

[448] EuGH ECLI:EU:C:2013:154 Rn. 17, 31 = GRUR Int. 2013, 936 – Euronics. Ähnlich bereits EuGH Slg. 2011, I-5835 Rn. 24 ff., 27 = GRUR Int. 2011, 853 – Wamo BVBA.

[449] GroßKomm-UWG/*Heinze* Einl. C Rn. 283 ff.

gerichteten UGP-Richtlinie geboten. Dass eine unmittelbare Schädigung wirtschaftlicher Verbraucherinteressen tatsächlich unabdingbar ist, geht zum anderen aus EGr. 8 S. 3 UGP-RL hervor, der für „andere Geschäftspraktiken, die zwar nicht den Verbraucher schädigen, […]" die Regelungskompetenz der Mitgliedstaaten ausdrücklich bestätigt, sowie aus EGr. 10 S. 6 UGP-RL, wonach die UGP-Richtlinie den gemeinschaftlichen Besitzstand in Bezug auf Geschäftspraktiken ergänzt, die den wirtschaftlichen Interessen der Verbraucher schaden. Zusammengenommen machen diese Begründungserwägungen deutlich, dass die für den Anwendungsbereich der UGP-Richtlinie für Geschäftspraktiken *„business-to-consumer"* vis-à-vis *„business-to-business"* erforderliche Abgrenzung weder allein nach der Adressierung der geschäftlichen Handlung (= geschäftliche Handlung gerichtet an Verbraucher) noch nach dem Schutzzweck der mitgliedstaatlichen Vorschrift (= Regelung soll zumindest auch dem Verbraucherschutz dienen[450]) vorgenommen werden darf, sondern danach zu erfolgen hat, ob durch die im Rahmen einer auf Absatzförderung gerichteten Strategie vorgenommene geschäftliche Handlung **wirtschaftliche Verbraucherinteressen unmittelbar gefährdet** werden.

c) Schranken des gegenständlichen Anwendungsbereichs. aa) Schranken des Anwendungsbereichs oder konkurrenzrechtliches Zurücktreten? Unter der Überschrift „Anwendungsbereich" definiert die UGP-Richtlinie in Art. 3 Abs. 1 zunächst ihren gegenständlichen Anwendungsbereich (zu diesbezüglichen Schwächen vgl. bereits → Rn. 283 ff.). In den anschließenden Absätzen 2–10 finden sich in unterschiedlichen Formulierungen Hinweise darauf, dass die UGP-Richtlinie für bestimmte mitgliedstaatliche Vorschriften „nicht gilt" (Abs. 10) oder diese „unberührt lässt" (Abs. 2, 3, 7, 8), dass Mitgliedstaaten „nicht daran gehindert werden, Vorschriften zu erlassen" oder „Anforderungen stellen" können (Abs. 5, 9), schließlich dass andere Rechtsvorschriften der Union denen der UGP-Richtlinie unter bestimmten Umständen vorgehen (Abs. 4). In methodischer Hinsicht handelt es sich dabei zum einen um ganz unterschiedliche Instrumente, die zum anderen – anders als ihre systematische Stellung und die Überschrift der Regelung es vermuten lassen – gerade nicht den gegenständlichen Anwendungsbereich der UGP-Richtlinie einschränken. 291

Am deutlichsten macht Art. 3 Abs. 4 UGP-RL, dass es sich insoweit um eine echte Regelung des Konkurrenzverhältnisses handelt. Doch auch die übrigen Regelungen schränken die Anwendbarkeit der UGP-Richtlinie nicht ein, sondern modifizieren jeweils in auslegungsbedürftiger Weise deren Anspruch auf Totalharmonisierung. 292

bb) Keine Anwendung der UGP-Richtlinie im Verhältnis B2B, C2C und C2B, Art. 3 Abs. 1 UGP-RL. Die einzigen echten Schranken des Anwendungsbereichs resultieren aus der Regelung in Art. 3 Abs. 1 UGP-RL selbst: Keine Anwendung findet die UGP-Richtlinie im Verhältnis ***business to business*** (kurz: **B2B,** gemeint ist das Verhältnis Unternehmer zu Unternehmer), Art. 3 Abs. 1 UGP-RL.[451] Sehr klar ist danach, dass unmittelbar unternehmensgerichtetes Verhalten nicht erfasst wird. Das können sowohl marktvermittelte Geschäftspraktiken sein, wenn die Marktgegenseite nicht aus Verbrauchern besteht (zB Irreführungen gewerblicher Adressaten, die durch die Irreführungsrichtlinie erfasst werden, vgl. dazu → Rn. 121), als auch nicht marktvermittelte Geschäftspraktiken im Zusammenhang des Geschäftsverkehrs mit anderen Unternehmen.[452] Bei marktvermittelten Geschäftspraktiken gegenüber Verbrauchern werden die oben (vgl. → Rn. 283 f.) beschriebenen Probleme aufgeworfen. 293

Ebenfalls nicht von der UGP-Richtlinie erfasst wird das wirtschaftliche Verhalten von Nicht-Unternehmern. Auf der Grundlage der Art. 3 Abs. 1, 2 lit. d, b UGP-RL wird allein das Verhalten von natürlichen oder juristischen Personen erfasst, die „im Rahmen ihrer 294

[450] Zur Gefahr der Manipulation durch die mitgliedstaatlichen Gesetzgeber vgl. GK/*Heinze* Einl. C Rn. 290, *Glöckner* WRP 2014, 1399 (1402).
[451] BGH GRUR 2011, 539 Rn. 23 – Rechtsberatung durch Lebensmittelchemiker.
[452] EGr 6 UGP-RL; EuGH GRUR 2011, 76 Rn. 21 – Mediaprint.

gewerblichen, handwerklichen oder beruflichen Tätigkeit" handeln. Nicht gewerbliche Verkäufe unter Verbrauchern (***consumer to consumer,* kurz: C2C**) liegen damit außerhalb des Anwendungsbereichs der UGP-Richtlinie. Dasselbe gilt für das **Nachfrageverhalten** von Unternehmen gegenüber Verbrauchern (***consumer to business,* kurz: C2B**). Von dieser Ausnahme betroffen werden zB Geschäftspraktiken von Auto-, Antiquitäten oder Gebrauchtwarenhändlern, die als Ankäufer gegenüber Verbrauchern auftreten.[453] Dies gilt freilich nur, solange allein die Nachfrageseite betroffen ist. Bei der Verbindung mit einem Absatzgeschäft (zB Inzahlungnahme eines Gebrauchtwagens bei einem Neuwagenkauf) wird die UGP-Richtlinie wieder anwendbar.

295 **cc) Verdeckte Grenzen der Totalharmonisierung?** Bereits verschiedentlich wurde auf die eher **verdeckte Begrenzung des gegenständlichen Anwendungsbereichs** hingewiesen, die in EGr. 7 S. 2 UGP-RL enthalten ist.[454] Danach bezieht sich die UGP-Richtlinie „nicht auf die **gesetzlichen Anforderungen in Fragen der guten Sitten und des Anstands,** die in den Mitgliedstaaten sehr unterschiedlich sind". Die zitierten „guten Sitten" sind sicher nicht die guten Sitten des § 1 UWG aF – die Harmonisierung würde sonst ausgeschlossen! Vielmehr handelt es sich dabei um einen sehr weitgefassten Ausnahmetatbestand, mit welchem national unterschiedlich vorgeprägte Moralvorstellungen (plastischer die englischsprachige Formulierung *„taste and decency"*) erfasst werden können. Die Kommission selbst nimmt an, dass die UGP-Richtlinie für die Anwendung mitgliedstaatlicher Vorschriften zum Schutz der Menschenwürde, zur Verhinderung sexueller, rassistischer und religiöser Diskriminierung oder zur Darstellung von Nacktheit, Gewalt und asozialem Verhalten nicht von Bedeutung sei.[455] Gleichwohl können und dürfen über diese verdeckte Beschränkung des Anwendungsbereichs der UGP-Richtlinie nicht breitflächig Geschäftspraktiken eximiert werden, da sonst der Harmonisierungszweck vereitelt würde. Abgrenzungsversuche über das Kriterium der Beeinträchtigung der Wahlfreiheit führen, wiewohl gut gemeint, kaum weiter. Regelungen wie das beispielhaft genannte Verbot des direkten Ansprechens auf der Straße beeinträchtigen selbstverständlich die Wahlfreiheit der Verbraucher, indem sie ihnen diesen womöglich erwünschten Vertriebskanal nehmen – und dies unabhängig davon, ob sie auf den Schutz gegen unzulässige Beeinflussung (dann im Anwendungsbereich von Art. 8, 9 UGP-RL), auf den Schutz gegen Belästigung durch unerwünschte Werbemaßnahmen (so die Logik des § 7 UWG) oder auf gewerbepolizeiliche Gründe gestützt werden.[456] Das direkte persönliche Ansprechen auf der Straße wird in EGr. 7 S. 3 UGP-RL ausdrücklich als Beispiel genannt. Der deutsche Gesetzgeber hat daher zu Recht bezweifelt, ob dasselbe für sämtliche Formen des Direktmarketing gelten könne.[457] Der europäische Gesetzgeber hat die damit aufgeworfenen schwierigen Fragen unter Berufung auf das Subsidiaritätsprinzip in EGr. 55, Art. 3 Abs. 5 UGP-RL 2019 durch eine weitgehende Freigabe mitgliedstaatlicher Regelungen im Bereich des Direktmarketing abgeschnitten.

296 **dd) Speziellere Unionsregelungen, Art. 3 Abs. 4 UGP-RL.** Die – wegen des **Prinzips der begrenzten Einzelermächtigung** notwendigerweise punktuelle – Unionsgesetzgebung legt nach einem auch unionsrechtlich etablierten Grundsatz für die Koordination **tatbestandlich überlappender Vorschriften** die Meta-Regel *lex specialis derogat legi generali* zugrunde, die sich in Art. 3 Abs. 4 UGP-RL wiederfindet. Der Regelung geht

[453] Arbeitspapier der Kommissionsdienststellen v. 25.5.2016, Leitlinien zur Umsetzung/Anwendung der Richtlinie 2005/29/EG über unlautere Geschäftspraktiken, SWD (2016) 163, S. 8.

[454] *Glöckner/Henning-Bodewig* WRP 2005, 1311 (1320): erhebliche Beeinträchtigung des Harmonisierungsziels; *Sosnitza* WRP 2006, 1 (6): versteckte Öffnungsklausel; MüKoUWG/*Micklitz/Namyslowska* UGP-RL Art. 5 Rn. 24.

[455] Arbeitspapier der Kommissionsdienststellen v. 25.5.2016, Leitlinien zur Umsetzung/Anwendung der Richtlinie 2005/29/EG über unlautere Geschäftspraktiken, SWD (2016) 163, S. 10. Vgl. auch GK/*Heinze* Einl. C Rn. 301.

[456] Insoweit erscheint die Abgrenzung von *Keßler* WRP 2007, 714 (718), problematisch.

[457] Begründung RegE, BT-Drs. 16/10145, 29.

es ausschließlich um das Binnenverhältnis unionsrechtlicher Normen. Einer Umsetzung bedarf es daher nicht. Vorab verdient Beachtung, dass der Anwendungsbereich des unionsrechtlichen Spezialitätsprinzips weiter ist als in der deutschen Methodenlehre: Nach deutscher Vorstellung ist die konkurrenzmäßige Verdrängung einer allgemeineren Regelung nur dann zulässig, wenn die vermeintlich speziellere Norm auch dieselben Zwecke verfolgt.[458] Weitere, dh andere, Zwecke der allgemeineren Vorschriften schließen eine Verdrängung an sich aus. Im Unionsrecht wird die Frage nach der Spezialität demgegenüber eher phänomenologisch erfasst. So wurde etwa die Richtlinie 2001/83, die spezielle Vorschriften für die Arzneimittelwerbung enthält (vgl. → Rn. 143) als Sonderregelung gegenüber der UGP-Richtlinie erkannt,[459] obgleich die Arzneimittelrichtlinie „in erster Linie einen wirksamen Schutz der öffentlichen Gesundheit" (EGr. 2 Richtlinie 2001/83) anstrebt, und den Schutz wirtschaftlicher Verbraucherinteressen sowie den mittelbaren Schutz der Wettbewerber jedenfalls nicht nennt. Die Folgen der Spezialität sind zumindest unscharf: Im Fall einer Kollision sollen die Bestimmungen der spezielleren Norm vorgehen und auf diese speziellen Aspekte unlauterer Geschäftspraktiken anwendbar sein.[460] Klar ist damit, dass **speziellere Vorschriften, die schärfere Anforderungen aufstellen,** zB zur Werbung und Marketing im Zusammenhang mit Flugpreisen[461] oder zur Öffentlichkeitswerbung für Arzneimittel (vgl. dazu → Rn. 145 ff.) europarechtlich erhalten werden.[462] Auch mitgliedstaatlichen Verboten, die von solchen spezielleren Unionsregelungen gedeckt sind, steht die UGP-Richtlinie deshalb nicht entgegen, vgl. EGr. 10 S. 3 UGP-RL.[463]

Unberührt bleibt davon aber die Frage, ob die Regelungen des spezielleren Rechtsaktes beanspruchen, die Anforderungen an lauteres Marktverhalten **abschließend** zu regeln, oder ob **bei milderen Anforderungen speziellerer Vorschriften ergänzend** auf allgemeinere Vorschriften wie die in der UGP-Richtlinie enthaltenen Grundsätze zurückzugreifen ist. Nach der zutreffenden Ansicht der Kommission ergänzt die UGP-Richtlinie sektorale Vorschriften und füllt etwaige Lücken im Schutz vor unlauteren Geschäftspraktiken.[464] Es bedarf demnach einer **Auslegung** der jeweils spezielleren Rechtsakte, ob diese beanspruchen, die Folgen einer bestimmten Geschäftspraktik abschließend zu regeln.[465] Die universelle Schutzwürdigkeit der mit der UGP-Richtlinie verfolgten Interessen wird die Annahme einer in diesem Sinne abschließenden Regelung nur selten gestatten (vgl. dazu → Rn. 378, 456 ff.). 297

Zum **Verhältnis von Art. 3 Abs. 4 zu Art. 3 Abs. 5 UGP-RL** a. F.[466] Vgl. dazu die Voraufl., Einl. B Rn. 243. 298

ee) Vorschriften über Gesundheits- und Sicherheitsaspekte, Art. 3 Abs. 3 UGP-RL. Gemäß Art. 1 UGP-RL wird allein die Harmonisierung mitgliedstaatlicher Regelungen über unlautere Geschäftspraktiken bezweckt, welche die **wirtschaftlichen Interessen** der Verbraucher beeinträchtigen. Vor diesem Hintergrund wird zunächst die Ausnahmeregelung in Art. 3 Abs. 3 UGP-RL verständlich, wonach mitgliedstaatliche Vorschriften in 299

[458] ZB *Rüthers/Fischer/Birk,* Rechtstheorie, 8. Aufl. 2015, Rn. 771; *Larenz,* Methodenlehre der Rechtswissenschaft, 6. Aufl. 1991, S. 269, knüpfte hingegen an den Anwendungsbereich der Normen an.

[459] EuGH ECLI:EU:C:2015:481 Rn. 80 = GRUR 2015, 1028 – Abcur AB.

[460] EuGH ECLI:EU:C:2015:481 Rn. 81 = GRUR 2015, 1028 – Abcur AB.

[461] Verordnung (EG) Nr. 1008/2008 des Europäischen Parlaments und des Rates vom 24.9.2008 über gemeinsame Vorschriften für die Durchführung von Luftverkehrsdiensten in der Gemeinschaft, ABl. 2008 L 293, S. 3.

[462] Arbeitspapier der Kommissionsdienststellen v. 25.5.2016, Leitlinien zur Umsetzung/Anwendung der Richtlinie 2005/29/EG über unlautere Geschäftspraktiken, SWD (2016) 163, S. 16.

[463] BGH GRUR 2011, 843 Rn. 14 – Vorrichtung zur Schädlingsbekämpfung.

[464] Arbeitspapier der Kommissionsdienststellen v. 25.5.2016, Leitlinien zur Umsetzung/Anwendung der Richtlinie 2005/29/EG über unlautere Geschäftspraktiken im Binnenmarkt, SWD (2016) 163, S. 18. Zustimmend *Alexander,* WRP 2021, 424, 428.

[465] In diesem Sinne etwa EuGH Slg. 2007, I-9517 = GRUR 2008, 267 – Gintec, zum Verhältnis der Arzneimittelrichtlinie zur Irreführungsrichtlinie, vgl. dazu → Rn. 148 ff.; EuGH ECLI:EU:C:2018:710 Rn. 72 = GRUR 2018, 1156 – Wind Tre.

[466] Offen lassend BGH GRUR 2015, 1240 Rn. 34 – Der Zauber des Nordens.

Bezug auf die **Gesundheits- und Sicherheitsaspekte** von Produkten unberührt bleiben. Diese Regelung gestattet nicht allein die unmittelbare Fortgeltung solcher – regelmäßig verwaltungsrechtlicher – Regelungen[467], sondern auch ihre Heranziehung im Rahmen des Lauterkeitsrechts unter dem Gesichtspunkt des Rechtsbruchs.[468] Obgleich in Art. 3 Abs. 3 UGP-RL nicht genannt, anerkennt die Kommission, dass dieselben Grundsätze auch bei **Umweltschutzvorschriften** gelten.[469]

300 **ff) Standesrechtliche Regelungen, Art. 3 Abs. 8 UGP-RL.** Standesrechtliche Regelungen, hierzu zählen **berufsständische Kodizes** und andere spezifische Regelungen für **reglementierte Berufe,** lässt die UGP-Richtlinie ebenfalls unberührt, Art. 3 Abs. 8 UGP-RL. Diese können somit ebenfalls als Marktverhaltensregelung über § 3a UWG ohne Rücksicht auf die UGP-Richtlinie erfasst werden.[470]

301 **gg) Glücksspielrecht.** Gemäß EGr. 9 UGP-RL berührt diese nicht die gemeinschaftlichen und nationalen Vorschriften zu Niederlassungsbedingungen und Genehmigungsregelungen, einschließlich solcher Vorschriften, die sich im Einklang mit dem Gemeinschaftsrecht auf Glücksspiele beziehen. Damit ist indes keine Ausnahme vom Anwendungsbereich der UGP-Richtlinie verbunden. Vielmehr bleibt die UGP-Richtlinie im Hinblick auf ihre eigenen Regelungsziele, den Verbraucherschutz gegenüber unlauteren, insbesondere irreführenden oder unangemessen aggressiven, Geschäftspraktiken, anwendbar. Dies wird durch den Sondertatbestand in Nr. 16 Anh. I UGP-RL bestätigt, wonach die Behauptung, Produkte könnten die Gewinnchancen bei Glücksspielen erhöhen, stets verboten ist.

302 Eingeschränkt wird allein der Anspruch der UGP-Richtlinie auf Totalharmonisierung. Weitergehende mitgliedstaatliche Regelungen, wie zB die Werbeverbote in § 5 GlüStV, bleiben danach zulässig. Insbesondere können Verstöße gegen diese über § 3a UWG ohne Rücksicht auf die UGP-Richtlinie erfasst werden.[471] Selbstverständlich müssen entsprechende nationale Regelungen sich mit dem übrigen Unionsrecht in Einklang befinden, EGr. 9 UGP-RL. Konflikte bestehen in diesem Bereich regelmäßig mit der Dienstleistungs- und der Niederlassungsfreiheit.

303 **d) Festhalten am integrierten Lauterkeitsrecht.** Die **Beschränkung des gegenständlichen Anwendungsbereichs** der UGP-Richtlinie musste sich im nationalen Recht nicht nachteilig auswirken, da die Mitgliedstaaten frei blieben, außerhalb des gegenständlichen Anwendungsbereichs der UGP-Richtlinie in den Schranken des allgemeinen Europarechts zu legiferieren, vgl. EGr. 6 S. 3 UGP-RL. Der deutsche Gesetzgeber hielt vor diesem Hintergrund bewusst am integrierten Regelungsmodell des deutschen Lauterkeitsrechts fest.[472]

304 **5. Definitionen. a) Verbraucher und Unternehmen.** Die **Definitionen des Verbrauchers bzw. des Gewerbetreibenden** in der UGP-Richtlinie scheinen auf den ersten Blick von denjenigen in § 13 BGB, § 2 Abs. 1 Nr. 6 UWG abzuweichen. Nach der Definition des **Verbrauchers** aus Art. 2 lit. a UGP-RL ist ein „Verbraucher" jede natürliche Person, die im Geschäftsverkehr im Sinne dieser Richtlinie zu Zwecken handelt, die nicht ihrer gewerblichen, handwerklichen oder beruflichen Tätigkeit zugerechnet werden können, wohingegen die deutsche Regelung in § 13 BGB jede natürliche Person

[467] EuGH ECLI:EU:C:2015:481 Rn. 75 ff. = GRUR 2015, 1028 – Abcur.

[468] BGH GRUR 2011, 843 Rn. 14 – Vorrichtung zur Schädlingsbekämpfung; BGH GRUR 2015, 916 Rn. 15 – Abgabe ohne Rezept.

[469] Arbeitspapier der Kommissionsdienststellen v. 25.5.2016, Leitlinien zur Umsetzung/Anwendung der Richtlinie 2005/29/EG über unlautere Geschäftspraktiken im Binnenmarkt, SWD (2016) 163, S. 10.

[470] BGH GRUR 2012, 79 Rn. 11 – Rechtsberatung durch Einzelhandelsverband.

[471] BGH GRUR 2012, 201 Rn. 18 – Poker im Internet; BGH GRUR 2012, 193 Rn. 16 – Sportwetten im Internet II.

[472] Begründung RegE, BT-Drs. 16/10145, 11. Bestätigend Arbeitspapier der Kommissionsdienststellen v. 25.5.2016, Leitlinien zur Umsetzung/Anwendung der Richtlinie 2005/29/EG über unlautere Geschäftspraktiken, SWD (2016) 163, S. 10.

umfasst, die ein Rechtsgeschäft zu einem Zwecke abschließt, der weder ihrer gewerblichen noch ihrer **selbständigen** beruflichen Tätigkeit zugerechnet werden kann. Die Verfolgung von Zwecken, die der **nicht-selbständigen beruflichen** Tätigkeit zuzuordnen sind, schließt folglich die Anwendung der Regelungen der UGP-Richtlinie aus, die der deutschen, an den Verbraucherbegriff anknüpfenden, Regelungen hingegen nicht. Der deutsche Verbraucherbegriff ist somit weiter. Da die UGP-Richtlinie es jedoch nicht verbietet, den wettbewerblichen Verbraucherschutz auch auf solche Personen zu erstrecken, die keine Verbraucher iSd Art. 2 lit. a UGP-RL sind, ist die weitere Fassung des Verbraucherbegriffs im Hinblick auf den Anwendungsbereich gem. Art. 3 Abs. 1 UGP-RL jedenfalls unschädlich.[473] Daneben stellt sich die Frage, ob die Formulierung in Art. 2 lit. a UGP-RL tatsächlich den Verbraucherbegriff einengt oder ob im Wege der systematischen Auslegung festgestellt werden kann, dass die unselbständige berufliche Tätigkeit auch im Unionsrecht die Verbrauchereigenschaft nicht ausschließen kann.[474] Im Bereich der Sachnormen knüpft das UWG die meisten Vorschriften von vornherein nicht an die Verbrauchereigenschaft.[475] Wo dies der Fall ist (es bleiben §§ 3 Abs. 2, 3, 4a Abs. 2 S. 2, 5a Abs. 2, 7 Abs. 2 Nr. 1, 2 Alt. 1, § 16 Abs. 2), schöpft das deutsche Recht weitgehend Gestaltungsspielräume aus, welche das Europarecht lässt.[476]

Ähnliches gilt an sich auch für das synonyme[477] Begriffspaar **Gewerbetreibender/ Unternehmer.** Nach Art. 2 lit. b UGP-RL ist jedoch auch diejenige Person Gewerbetreibender, die im Namen oder Auftrag eines Gewerbetreibenden handelt. Solche Personen wurden zwar vom deutschen Unternehmerbegriff gem. §§ 2 Abs. 2 UWG 2004, 14 BGB nicht erfasst. Die lauterkeitsrechtliche Haftung der deutschen Regelungen trifft aber von vornherein nicht den Unternehmer, sondern den unmittelbar Handelnden, der kein Unternehmer sein muss. Soweit er ein gewisses Mindestmaß an Entscheidungsspielraum[478] hat, das es gestattet, sein Verhalten als geschäftliche Handlung zu qualifizieren, wird sein Verhalten vom Anwendungsbereich des UWG erfasst und damit dem Regelungsauftrag der UGP-Richtlinie genügt.[479] Die nach der UGP-Richtlinie geforderte Haftung der Unternehmer ergäbe sich nach deutschen Vorstellungen aus allgemeinen Zurechnungsnormen, die durch § 8 Abs. 2 ergänzt werden (vgl. u. *Keller* → § 2 Rn. 251). Gleichwohl erkannte der Gesetzgeber an dieser Stelle Anpassungsbedarf,[480] weshalb im Lauterkeitsrecht mit der Definition in § 2 Abs. 1 Nr. 6 UWG ein anderer als der allgemeine Unternehmerbegriff des § 14 BGB gilt. 305

b) Produkt. Das UWG sprach in der Vergangenheit zwar von **Waren und Dienstleistungen.** Nach Art. 2 lit. c UGP-RL ist ein Produkt aber jede Ware oder Dienstleistung. Mit der UWG-Novelle 2015 wurde der Sprachgebrauch jedenfalls in diesem Sinne vereinheitlicht, vgl. § 2 Abs. 1 Nr. 9 (vgl. u. *Keller* → § 2 Rn. 24, 218). 306

c) Geschäftspraktiken. Nach der Legaldefinition in Art. 2 lit. d UGP-RL ist eine **Geschäftspraktik** jede Handlung, Unterlassung, Verhaltensweise oder Erklärung, kommerzielle Mitteilung einschließlich Werbung und Marketing eines Gewerbetreibenden, die unmittelbar mit der Absatzförderung, dem Verkauf oder der Lieferung eines Produkts an Verbraucher zusammenhängt. 307

---

[473] Begründung RegE, BT-Drs. 16/10145, 12; *Lettl* WRP 2004, 1079 (1090).

[474] So Köhler/Bornkamm/Feddersen/*Köhler* § 2 Rn. 162. Vgl. EuGH ECLI:EU:C:2013:634 Rn. 33 = WRP 2013, 154 – BKK Mobil Oil.

[475] Vgl. bereits *Glöckner/Henning-Bodewig* WRP 2005, 1311 (1325).

[476] BGHZ 187, 231 – Millionenchance II. Strafrechtliche Sanktionen werden auf der Grundlage von Art. 11 UGP-RL ohnehin nicht gefordert.

[477] EuGH ECLI:EU:C:2013:634 Rn. 31 = WRP 2013, 154 – BKK Mobil Oil.

[478] Vgl. dazu BGH GRUR 2011, 340 Rn. 30 – Irische Butter.

[479] Köhler/Bornkamm/Feddersen/*Köhler* § 8 Rn. 2.38 ff. Zum Unternehmerbegriff vgl. insbes. EuGH ECLI:EU:C:2018:808 = GRUR 2018, 1154 – Kamenova.

[480] Begründung RegE, BT-Drs. 16/10145, 12. Krit. dazu *Sosnitza* WRP 2008, 1014 (1018).

308 Der deutsche Gesetzgeber gab im Zuge der UWG-Novelle 2008 die Verwendung des ehrwürdigen Begriffs der **Wettbewerbshandlung** zur Bestimmung des gegenständlichen Anwendungsbereichs des UWG auf. Zu groß erschien ihm die begriffliche Abweichung von der „Geschäftspraktik" der UGP-Richtlinie.[481] Handlungen während und nach Vertragsschluss hätten nicht notwendigerweise etwas mit Wettbewerb zu tun.[482] Auf der anderen Seite wollte er aber weder den Begriff der Geschäftspraxis noch gar der Geschäftspraktik übernehmen, weil diesen in der deutschen Sprache eine abwertende Bedeutung zukomme, der die ebenfalls erfassten lauteren Verhaltensformen diskreditiere.[483] Der Gesetzgeber hat sich insoweit für den Begriff der **„geschäftlichen Handlung"** entschieden und diesen in § 2 Abs. 1 Nr. 1 definiert.

309 Eine **inhaltliche Problemstellung** ergab sich zunächst aus der – neben dem Marktbezug (vgl. dazu *Keller* → § 2 Rn. 28) – zweiten Voraussetzung der Wettbewerbshandlung gem. § 2 Abs. 1 Nr. 1 UWG 2004, wonach mit dem **Ziel gehandelt werden musste, zugunsten eines Unternehmens den Absatz oder den Bezug von Waren oder Dienstleistungen zu fördern.** Ein solches Merkmal – unabhängig davon, ob dieses Ziel subjektiv interpretiert wird, was durch die Formulierung nahegelegt wurde,[484] oder objektiv, was der Struktur des Wettbewerbsschutzes entspricht[485] – kennt die UGP-Richtlinie nicht.

Zu Recht hat der Gesetzgeber das **Wettbewerbsförderungsziel durch ein objektives Kriterium eingetauscht.** § 2 Abs. 1 Nr. 1 verlangt lediglich einen **objektiven Zusammenhang zwischen dem fraglichen Verhalten und der Absatzförderung** bzw. der Durchführung des Vertrages. Alle Fragen werden indes auch durch diese Definition nicht beantwortet. Zutreffend kann der Formulierung aber entnommen werden, dass die geschäftliche Handlung wie die Geschäftspraktik gem. Art. 2 lit. d UGP-RL zunächst Unternehmens- sowie Marktbezug verlangt (vgl. u. *Keller* → § 2 Rn. 273 ff.).

310 Die **Schlüsselfrage nach der lauterkeitsrechtlichen Haftung der Medien für objektiv wettbewerbsrelevante Äußerungen** wurde inzwischen zum Teil geklärt: Im europäischen Gesetzgebungsverfahren war sie soweit ersichtlich nicht diskutiert worden.[486] Der EuGH hat in der Rechtssache *RLvS Verlagsgesellschaft* leider die Chance versäumt, den Harmonisierungsanspruch der UGP-Richtlinie auf die Medien, insbesondere die Presse, zu erstrecken. Die UGP-Richtlinie ist nach seiner Lesart nicht auf das Verhalten von Medienunternehmen, die fremden Wettbewerb fördern, anwendbar.[487] Aus der Entscheidung spricht der Respekt vor der Sonderrolle der Presse, wohl auch die im Augenblick noch fehlende Fähigkeit oder Bereitschaft, Rechtsharmonisierung und Grundrechtsschutz methodisch zu verbinden.[488] Die Beantwortung der Frage bleibt damit den Mitgliedstaaten überlassen:

311 In Rechtssystemen, welche die objektive Wettbewerbsrelevanz genügen lassen, wird die Anwendbarkeit des UWG auf redaktionelle Medienäußerungen regelmäßig bejaht.[489] In der Begründung des deutschen Regierungsentwurfs zum UWG 2008 wird demgegenüber kategorisch behauptet, redaktionelle Äußerungen ständen in keinem objektiven Zusam-

---

481 Zur beschränkten Bindung des Gesetzgebers im Hinblick auf den Wortlaut der Regelungen vgl. bereits *Glöckner/Henning-Bodewig* WRP 2005, 1311 (1322). Eine Bindung im Hinblick auf den Wortlaut lehnt auch *Keßler* WRP 2007, 714 (718) mwN in Fn. 32, ab.

482 Begründung RegE, BT-Drs. 16/10145, 20.

483 Begründung RegE, BT-Drs. 16/10145, 20.

484 In diesem Sinne etwa Hefermehl/Köhler/Bornkamm, 26. Aufl. 2008, § 2 Rn. 26. Weitere Nachw. bei *Köhler* WRP 2007, 1393, 195 Fn. 5.

485 Vgl. bereits *Fezer* FS Schricker, 2005, 671 (673); *Fezer* WRP 2006, 781 (785); *Glöckner,* Europäisches Lauterkeitsrecht, S. 531 ff.; *Sosnitza* WRP 2008, 1014 (1017).

486 *Keßler* WRP 2007, 714 (719), schlägt diesbezüglich eine teleologische Reduktion von Art. 5 Abs. 1 UGP-RL vor.

487 EuGH ECLI:EU:C:2013:669 Rn. 40 ff. = GRUR 2013, 1245.

488 Vgl. dazu *Glöckner* FS Köhler, 2014, 159 (165 ff.).

489 Für die Schweiz vgl. BGE 117 IV 193 – Bernina; 120 II 76 – Mikrowellen; 124 III 72 – Kassensturz; 125 III 185 – Mikrowellen II.

menhang mit dem Absatz von Waren.[490] Eine derart pauschale Beurteilung verbietet sich indes. Insbesondere **getarnte Werbung** wird ohne weiteres von der UGP-Richtlinie erfasst (vgl. Nr. 11 Anh. I UGP-RL, ebenso die Leitlinien),[491] worauf die Begründung des Regierungsentwurfs zum UWG 2008 zutreffend hinweist.[492] Soweit nach der alten Rechtslage, dh der Rechtsprechung *Frank der Tat*[493] bzw. § 2 Abs. 1 Nr. 1 UWG 2004 eine Medienhaftung für redaktionelle Äußerungen begründet würde, muss dies auch nach § 2 Abs. 1 Nr. 1 gelten. Die Begründung der Nicht-Anwendbarkeit des UWG auf redaktionelle Medienäußerungen im Regierungsentwurf, dass der objektive Zusammenhang allein dann fehle, wenn solche Äußerungen „**nur** der Information der Leserschaft **dienten**" (Hervorhebung d. Verf.),[494] ist problematisch, weil sie gleichsam unter umgekehrten Vorzeichen **doch ein finales Element** einführt, welches die UGP-Richtlinie nicht verwendet und – in Gestalt der Wettbewerbsförderungsabsicht – vom deutschen Gesetzgeber bewusst aufgegeben wurde.[495] Man wird der Entscheidung *Coaching-Newsletter* des Bundesgerichtshofs immerhin entnehmen können, dass bei redaktionellen Beiträgen die Befreiung von der lauterkeitsrechtlichen Haftung nur unter engen Voraussetzungen gewährt wird. Bereits der Umstand, dass redaktionelle Beiträge in einem Newsletter den Eindruck fördern, der gewerblich tätige Anbieter sei besonders fachkundig und wissenschaftlichem Arbeiten verpflichtet, genügt, um eine geschäftliche Handlung zu begründen.[496] Der Vorgehensweise des deutschen Gesetzgebers, die damit zusammenhängenden Fragen nicht im Gesetz zu regeln, ist immerhin abzugewinnen, dass sie eine künftige kohärente Entwicklung des Europäischen und des deutschen Lauterkeitsrechts gestattet.

Gemäß Art. 3 Abs. 1 UGP-RL gilt diese für unlautere Geschäftspraktiken iSd Art. 5 **312** zwischen Unternehmen und Verbrauchern vor, **während und nach Abschluss** eines auf ein Produkt bezogenen Handelsgeschäfts. Daneben bringen Art. 6 Abs. 1 lit. b – Kundendienst – und lit. e – Ersatzteile und Reparatur – sowie Nr. 27 Anh. I UGP-RL zum Ausdruck, dass auch **After-Sales-Maßnahmen** durch den Begriff der Geschäftspraktiken erfasst werden. Der Gesetzgeber hat in der Definition der geschäftlichen Handlung klargestellt, dass **sowohl Verhalten vor als auch während oder nach einem Geschäftsabschluss** in einem **objektiven Zusammenhang mit der Absatzförderung oder mit der Durchführung eines Vertrages** stehen kann. Das ist begrüßenswert. Die Rechtsprechung legt diese Änderung ausdrücklich zugrunde.[497]

In der Konsequenz kann aber nach dem Wortlaut des § 2 Abs. 1 Nr. 1 etwa jegliche **313** unberechtigte Weigerung, bestehende Mängelansprüche zu erfüllen, als geschäftliche Handlung qualifiziert werden, die am Maßstab des § 3 zu messen wäre. Der EuGH entnimmt weder der Formulierung der Begriffe „Geschäftspraxis", *„commercial practice"*, *„pratique commerciale"*, die auf das Erfordernis einer wettbewerblichen Breitenwirkung des Verhaltens hindeuten, noch dem Hinweis in EGr. 9 S. 2, dass die UGP-Richtlinie nicht in das Vertragsrecht eingreifen möchte, und der Umsetzung in Art. 3 Abs. 2 UGP-RL,[498] dass singuläres, sich im Individualrechtsverhältnis erschöpfendes Verhalten aus dem Anwendungsbereich der UGP-Richtlinie auszuschließen ist (in diesem Sinne vgl. die Ausführungen in der 3. Aufl.).[499] An dieser Stelle erhält die – unten (→ Rn. 318) näher beanstandete

---

[490] Begründung RegE, BT-Drs. 16/10145, 21.

[491] Arbeitspapier der Kommissionsdienststellen v. 25.5.2016, Leitlinien zur Umsetzung/Anwendung der Richtlinie 2005/29/EG über unlautere Geschäftspraktiken, SWD (2016) 163, S. 80.

[492] Begründung RegE, BT-Drs. 16/10145, 32.

[493] BGH GRUR 1986, 898 (899) – Frank der Tat.

[494] Begründung RegE, BT-Drs. 16/10145, 21. Darauf hebt wohl auch BGH GRUR 2012, 74 Rn. 15 – Coaching-Newsletter („wenn er allein der Information … dient").

[495] Begründung RegE, BT-Drs. 16/10145, 20 f.

[496] BGH GRUR 2012, 74 Rn. 16 – Coaching-Newsletter.

[497] BGH GRUR 2009, 876 Rn. 25 – Änderung der Voreinstellung II; BGH GRUR 2010, 1117 Rn. 18 – Gewährleistungsausschluss im Internet.

[498] Zu den Überlappungen vgl. grundlegend *Leistner* S. 525 ff.

[499] EuGH ECLI:EU:C:2015:225 Rn. 41 ff. = GRUR 2015, 600 – Nemzeti.

– Konnotation des Verstoßes gegen eine „fachliche Sorgfaltspflicht" als Verstoß gegen eine außerlauterkeitsrechtliche Sorgfaltspflicht praktische Bedeutung, wäre doch in jedem Einzelfall zu hinterfragen, welcher Umgang etwa mit Qualitätsbeanstandungen vom Gewerbetreibenden nach Treu und Glauben billigerweise erwartet werden kann. Bei unzutreffenden Auskünften würde die Unlauterkeit gar unwiderleglich vermutet.[500]

314 Eine derart extensive Auslegung des Begriffs mit der damit verbundenen Erstreckung der totalharmonisierenden Wirkung der UGP-Richtlinie, wie sie der EuGH in der Rechtssache *Nemzeti* entwickelt hat, wird die Rechtsdurchsetzung des Lauterkeitsrechts in Deutschland nachhaltig beeinflussen: Bislang wird davon ausgegangen, dass bei jeder einzelnen Verletzungshandlung die Wiederholungsgefahr vermutet und ein Unterlassungsanspruch gewährt wird. Verbunden ist dies mit dem Anspruch auf Erstattung der Abmahnkosten gem. § 12 UWG. Diese Rechtsfolgen, angewendet auf jegliches Verhalten im Zuge der Durchführung und Abwicklung von Verträgen, erscheinen bei weitem überschießend. Fraglich ist, ob diesen Folgen durch die Begründung eines Negativerfordernises der mangelnden Einbindung in eine Geschäftsstrategie[501] entgangen werden kann. Der EuGH hat selbst darauf hingewiesen, dass erforderliche Korrekturen bei den Rechtsfolgen vorzunehmen sind.[502] In Betracht zu ziehen ist demgemäß, die Vermutung der Wiederholungsgefahr in Fällen einzuschränken, in denen sich ein Verstoß wegen der Umstände des Einzelfalles nicht wiederholen kann, weil der objektive Sorgfaltspflichtverstoß unverschuldet oder nur versehentlich begangen wurde.

315 **d) Wesentliche Beeinflussung des wirtschaftlichen Verhaltens.** Nach Art. 2 lit. e UGP-RL liegt eine **„wesentliche Beeinflussung des wirtschaftlichen Verhaltens des Verbrauchers"** vor, wenn eine Geschäftspraktik angewendet wird, „um die Fähigkeit des Verbrauchers, eine informierte Entscheidung zu treffen, spürbar zu beeinträchtigen und damit den Verbraucher zu einer geschäftlichen Entscheidung zu veranlassen, die er andernfalls nicht getroffen hätte".

316 Die Definition ist nur eingeschränkt gelungen: Dass der Verbraucher durch eine Geschäftspraktik zu einer geschäftlichen Entscheidung veranlasst wird, die er anderenfalls nicht getroffen hätte, ist jeder (funktionierenden) Marketingmaßnahme eigen. So verstanden geht das Kriterium nicht über den Zusammenhang mit der Absatzförderung etc gem. Art. 2 lit. d UGP-RL hinaus, den jede Geschäftspraktik aufweisen muss. Eine Klarstellung, dass damit die **Geschäftsentscheidungsrelevanz gerade des Verstoßes gegen die berufliche Sorgfaltspflicht** gemeint sein muss (vgl. dazu → Rn. 340 ff.), fehlt in der Definition leider. Daneben wird „die Fähigkeit, eine informierte Entscheidung zu treffen" von vornherein nur bei den Irreführungs- bzw. Verschleierungsfällen beeinträchtigt. Bei Eingriffen in den Entscheidungsprozess taugt das Kriterium nicht.

317 Immerhin bleibt der Hinweis, dass das Verhalten die Entscheidung der Verbraucher **„spürbar" beeinträchtigen** *(„appreciably impair", „compromettant sensiblement")* muss. Damit bringt die UGP-Richtlinie besser als die ältere deutsche Formulierung der Nicht-Unerheblichkeit im UWG 2004 zum Ausdruck, dass auf ein **allgemeines Prinzip des Wettbewerbsrechts** zurückzugreifen ist. Das Erfordernis **der Spürbarkeit** bildet das **Korrelat zum Auswirkungsprinzip,** das nicht allein als kollisions-, sondern auch als **materiellrechtliches Prinzip das gesamte Wettbewerbsrecht prägt.**[503] Der Gesetzgeber hat inzwischen zwar die Definition der wesentlichen Beeinflussung in § 2 Abs. 1 Nr. 8 aufgenommen, dafür aber den Hinweis auf das Spürbarkeitserfordernis in der Generalklausel des § 3 Abs. 1 aufgegeben. Im Hinblick auf das Gesetzgebungsverfahren kann indes auf keinen Änderungswillen geschlossen werden.[504] Die Existenz des Spürbarkeits-

[500] Vgl. EuGH ECLI:EU:C:2015:225 = GRUR 2015, 600 – Nemzeti.
[501] So noch GroßKommUWG/*Heinze,* 2. Aufl., Einl. C Rn. 258.
[502] EuGH ECLI:EU:C:2015:225 Rn. 57 ff. = GRUR 2015, 600 – Nemzeti.
[503] *Glöckner,* Europäisches Lauterkeitsrecht, S. 534.
[504] Beschlussempfehlung und Bericht des Ausschusses für Recht und Verbraucherschutz v. 4.11.2015, BT-Drs. 18/6571, 15.

erfordernisses steht aber jedenfalls der Annahme nicht entgegen, dass die verschiedenen gesetzlich typisierten Verletzungstatbestände nicht allein über die Unlauterkeit, sondern auch über die Spürbarkeitsschwelle entscheiden.

e) Berufliche Sorgfalt. Bereits im Ausgangspunkt verfehlt erscheint die **Anknüpfung des qualitativen Kriteriums**[505] **der Unlauterkeit** an die Verletzung der **„beruflichen Sorgfalt"** in Art. 5 Abs. 2 UGP-RL. Die Formulierung der „beruflichen Sorgfalt" entspricht begrifflich nicht dem der UGP-Richtlinie zugrundeliegenden Ziel des Verbraucherschutzes.[506] Daneben passt der Begriff sprachlich nicht zu dem verfolgten Zweck: Man mag einem Gewerbetreibenden, der ein fehlerhaftes Produkt vertreibt, ohne es vorher zu prüfen, ggf. einen Verstoß gegen die berufliche Sorgfalt vorwerfen – darum geht es aber der UGP-Richtlinie nicht! Die Argumentation über die Sorgfaltspflichtverletzung legt nahe, dass die Verletzung außerwettbewerblicher Pflichten[507] zur Unlauterkeit führt. Daran könnte aber allenfalls bei Verstößen gegen Pflichten gedacht werden, die aus exogenen Quellen stammen (etwa Verstoß gegen verbraucherrechtliche Informationspflichten, vgl. Art. 7 Abs. 1, 4 UGP-RL; Vereitelung der Ausübung eines verbraucherrechtlich begründeten Widerrufsrechts, Art. 9 lit. d UGP-RL),[508] wenn insoweit lauterkeitsrechtlich der Vorwurf an die Verletzung einer Pflicht zur Verschaffung von Rechtskenntnis geknüpft würde. All das führt aber am Zweck der Vorschriften, bestimmtes Marktverhalten aus objektiven Gründen zu verbieten, vorbei.[509] Tatsächlich begründet die UGP-Richtlinie selbst die maßgebenden Pflichten für Geschäftspraktiken. Bei besonders aggressivem Marketing oder bei der Werbung mit irreführenden Angaben – um die es der UGP-Richtlinie geht –, steht demgemäß nicht notwendigerweise ein Verstoß gegen eine außerhalb der UGP-Richtlinie selbst begründete Sorgfaltspflicht im Raum. Das österreichische Vorabentscheidungsverfahren *CHS Tour*[510] dürfte nicht zuletzt auf die in der deutschen Sprache bestehende Konnotation des Begriffs der Verletzung der beruflichen Sorgfaltspflicht zurückzuführen sein. Zutreffend weist *Köhler* darauf hin, dass es der Regelung vor allem um die Pflicht des Gewerbetreibenden zur Rücksichtnahme auf die wirtschaftlichen Interessen der Verbraucher geht.[511] 318

Auch die gesetzliche Definition in Art. 2 lit. h UGP-RL überzeugt wenig. Die Formulierung der **„anständigen Marktgepflogenheiten"** ist angelehnt an die Definition unlauteren Wettbewerbs in der PVÜ (vgl. dazu → Einl. Rn. 786 ff.). Mit ihr muss sie zunächst die Kritik teilen, eher nach dem Maßstab der Geschäftsmoral („anständig", *„honest"*, *„honnête"*) denn dem der Wettbewerbsschädlichkeit ausgefüllt zu werden. Die ursprüngliche Begründung im Richtlinienvorschlag, die Verwendung dieses Begriffs sei notwendig, damit eine dem allgemeinen Handelsbrauch und den Gepflogenheiten entsprechende Geschäftspraktik von der Generalklausel nicht erfasst werde,[512] vermag erst recht nicht zu über- 319

---

505 Der Verstoß gegen die berufliche Sorgfaltspflicht ist nur eines von zwei Elementen, welche nach dem Regelungsmodell der Richtlinie die Unlauterkeit begründen, vgl. Art. 5 Abs. 2 UGP-RL. Dennoch erscheint es methodisch zulässig, die Begrifflichkeit zu abstrahieren und in der Verletzung der beruflichen Sorgfaltspflicht das qualitative, marktverhaltensbezogene Element zu erkennen, welches der deutsche Gesetzgeber mit dem Begriff der Unlauterkeit in § 3 UWG gemeint hat, ähnlich *Köhler* WRP 2008, 10 (12), und inzwischen BGHZ 187, 231 Rn. 23 – Millionenchance II: Unwert- und Relevanzkriterium.

506 Bereits *Glöckner* WRP 2004, 936 (939). Ebenso MüKoUWG/*Micklitz/Namyslowska* UGP-RL Art. 5 Rn. 35; Ohly/Sosnitza/*Ohly* Einf. C Rn. 51.

507 In diesem Sinne wohl MüKoUWG/*Micklitz/Namysloswka* UGP-RL Art. 5 Rn. 37 ff.: Konkretisierung der Berufspflichten durch Berufskodizes.

508 Krit. zur Umsetzung auch *Sosnitza* WRP 2008, 1014 (1018).

509 Tatsächlich zeigen die von *De Franceschi* euvr 2012, 41 (43 f.), berichteten Erfahrungen, dass etwa in Italien eine Entscheidung des Staatsrates erforderlich war, um deutlich zu machen, dass der lauterkeitsrechtliche Begriff der fachlichen Sorgfalt sich vom vertrags- und deliktsrechtlichen Begriff unterscheide.

510 EuGH ECLI:EU:C:2013:574 Rn. 18, 48 = GRUR Int. 2012, 268 – CHS Tour Services GmbH.

511 Köhler/Bornkamm/Feddersen/*Köhler* § 3 Rn. 3.19; *Köhler* WRP 2012, 22 (24).

512 Begründung des Vorschlags für eine Richtlinie über unlautere Geschäftspraktiken, KOM(2003) 356 endg., Rn. 53.

zeugen. Es sollte ganz im Gegenteil hervorgehoben werden, dass die Unlauterkeit einer Geschäftspraktik nicht durch ihre Branchenüblichkeit ausgeschlossen wird.[513]

320 Bei der Umsetzung war die Frage zu beantworten, ob die Definition der **beruflichen Sorgfalt** einer Umsetzung in das nationale Recht bedarf. Im Bewusstsein der Problematik abstrakter Definitionen der Unlauterkeit enthielt das UWG 2004 mit gutem Grund keine solche. Bereits die Begründung des Regierungsentwurfs zum UWG 2004 stellte jedoch immerhin fest, dass eine Handlung dann als unlauter anzusehen sei, wenn sie „den anständigen Gepflogenheiten" des Marktes entgegenlaufe.[514]

321 Der Gesetzgeber hat jedenfalls Umsetzungsbedarf erkannt[515] und 2008 eine Definition in § 2 Abs. 1 Nr. 7 aufgenommen. Er hat allerdings den Begriff der beruflichen Sorgfaltspflicht durch denjenigen der „fachlichen Sorgfalt" ersetzt. Erst bei der UWG-Novelle 2015 wurde der Begriff durch den der **„unternehmerischen Sorgfalt"** ersetzt.[516] Damit kann vor allem der oben beschriebenen Irreführungstendenz dieses Begriffs entgegengewirkt werden.

322 **6. Herkunftslandprinzip.** Zum Herkunftslandprinzip führte die Begründung des Richtlinienvorschlages aus, dass die durch die Richtlinie herbeigeführte Konvergenz die Voraussetzungen für die Einführung des **Grundsatzes der gegenseitigen Anerkennung** schaffe.[517] Tatsächlich fügt dieser Grundsatz der gegenseitigen Anerkennung **(Herkunftslandprinzip ieS)** sich als materiellrechtliches Prinzip in die Dogmatik der Grundfreiheiten und insbes. die *Cassis*-Rspr. des EuGH, auch wenn er **im Fall der Totalharmonisierung** an sich als **überflüssig** erscheint. Nach der Begründung des Richtlinienvorschlags handelt es sich um eine Art von Reserveregelung für den Fall, in dem der Zielstaat unter der Generalklausel strengere Anforderungen stellt als der Herkunftsstaat.[518]

323 Es bedürfte im nationalen Recht allerdings einer Norm, die klarstellt, dass im Anwendungsbereich der UGP-Richtlinie weder die Warenverkehrs- noch die Dienstleistungsfreiheit aus Gründen eingeschränkt werden darf, die mit dem durch die Richtlinie geregelten Sachgebiet zusammenhängen, vgl. Art. 4 UGP-RL.[519] Im Hinblick auf die der Regelung in Art. 4 UGP-RL vorangegangene politische Auseinandersetzung sah der Gesetzgeber dies allerdings anders, stellte sich auf den Standpunkt, dass in Art. 4 UGP-RL nur eine Wiederholung der Waren- und Dienstleistungsfreiheit, die auch außerhalb der umzusetzenden Richtlinie zu beachten sei (zu den Problemen bereits → Rn. 104 ff.), zu erkennen sei, und verzichtete auf die Umsetzung.[520] Hinzuweisen ist auf die Parallelproblematik anlässlich der Umsetzung des vergleichbaren Art. 8 Tabakwerbungsrichtlinie.[521] Zu den Folgerisiken vgl. die Voraufl., Einl. B → Rn. 274.

324 Weil insoweit die materielle Rechtslage nach dem Willen des Europäischen Gesetzgebers totalharmonisiert ist, geht *Ohly* davon aus, dass die Berufung auf das Herkunftslandprinzip insofern ausgeschlossen ist, als bei einem Rechtsstreit das Gericht des Marktortes keinen Vergleich der nationalen Rechtsordnungen vornehmen dürfe, sondern allein das nationale Recht europarechtskonform auszulegen habe, da auch die Rechtsordnung des Herkunftslandes die Vorgaben der UGP-Richtlinie zu beachten habe.[522] Es ist allerdings fraglich, ob damit der Zweck der Binnenmarktklausel erreicht würde. Die Annahme scheint immerhin

---

[513] Ohly/Sosnitza/*Ohly* Einf. C Rn. 51.

[514] Begründung RegE, BT-Drs. 15/1487, 16.

[515] Begründung RegE, BT-Drs. 16/10145, 12.

[516] Vgl. dazu bereits *Köhler* WRP 2012, 22.

[517] Begründung des Vorschlags für eine Richtlinie über unlautere Geschäftspraktiken, KOM(2003) 356 endg., Rn. 47, sowie EGr. 8.

[518] Begründung des Vorschlags für eine Richtlinie über unlautere Geschäftspraktiken, KOM(2003) 356 endg., Rn. 49.

[519] Protokollerklärung der Kommission zur politischen Einigung. Ebenso *Veelken* WRP 2004, 1 (13 f.). Dagegen *Gamerith* WRP 2005, 391 (411). Vgl. auch *Ohly* WRP 2006, 1401 (1408 ff.).

[520] Begründung RegE, BT-Drs. 16/10145, 15. Krit. auch GK/*Heinze* Einl. C Rn. 247.

[521] Vgl. bereits *Glöckner/Henning-Bodewig* WRP 2005, 1311 (1326).

[522] *Ohly* WRP 2006, 1401 (1406); ebenso Köhler/Bornkamm/Feddersen/*Bornkamm* § 5 Rn. 0.41.

plausibel, dass mitgliedstaatliche Gerichte, die in den Strukturen des eigenen Lauterkeitsrechts sozialisiert wurden, seltener annehmen werden, dass die Regelungen des eigenen Rechts richtlinienwidrig seien, die des Herkunftslandes aber richtlinienkonform. Große Relevanz hat diese Konstellation in der Zeit seit 2007 aber nicht erlangt.[523] Die Annahme liegt nahe, dass das erreichte Maß an Rechtsharmonisierung bereits so groß ist, dass Rechtskonflikte beim Exportmarketing kaum noch auftreten (zur Anwendung des Herkunftslandsprinzips vgl. → Einl. Rn. 632, 690).

7. Generalklausel. Nach Art. 5 Abs. 1 UGP-RL sind unlautere Geschäftspraktiken verboten. Die Unlauterkeit verlangt zum einen einen Verstoß gegen die berufliche Sorgfaltspflicht, Art. 5 Abs. 2 lit. a UGP-RL (dazu u. a)), zum anderen die Eignung zur wesentlichen Beeinflussung des wirtschaftlichen Verhaltens des Durchschnittsverbrauchers, Art. 5 Abs. 2 lit. b. UGP-RL (dazu u. b)). Dabei lässt sich die Zweiteilung des Tatbestandes auf eine Normlogik zurückführen, deren erster Teil einen besonderen **Handlungsunwert** verlangt, der mit dem **Verstoß gegen die berufliche Sorgfaltspflicht** umschrieben ist. Der zweite Teil macht den **wettbewerbsfunktionalen Kontext** der Verhaltensnormen deutlich: Die Einhaltung der beruflichen Sorgfaltspflicht wird den Gewerbetreibenden nicht aus allgemeinen Ordnungserwägungen aufgegeben, sondern um die wirtschaftlichen Interessen der Verbraucher zu schützen. Auch eine Verletzung der beruflichen Sorgfaltspflicht bleibt unerheblich, wenn die angesprochenen Verbraucher keine anderen geschäftlichen Entscheidungen im Fall des pflichtgemäßen Verhaltens getroffen hätten. Ein besonderer **Erfolgsunwert** der Geschäftspraktik muss daher hinzutreten.[524] 325

a) Verstoß gegen die berufliche Sorgfaltspflicht. Die berufliche Sorgfaltspflicht, deren Verletzung Art. 5 Abs. 2 lit. a UGP-RL verlangt, wird in Art. 2 lit. h UGP-RL definiert. Allerdings haben weder das Tatbestandsmerkmal der beruflichen Sorgfaltspflicht aus sich heraus noch seine Definition in Art. 2 lit. h mit der alternativen Anknüpfung an die „anständigen Marktgepflogenheiten" oder „Treu und Glauben" Erkenntniswert.[525] Begrifflich-deduktive Methoden versagen hier. Demgegenüber vermag zum einen, die Beschreibung des **Schutzzwecks in Art. 1 UGP-RL** im Hinblick auf die gebotene funktionale Auslegung weiterzuhelfen. Zum anderen liefern die **konkretisierenden Tatbestände der Art. 6 ff. UGP-RL Induktionsmaterial** zur Auslegung des Begriffs der beruflichen Sorgfaltspflichten (vgl. dazu → Rn. 331 ff.). 326

aa) Wettbewerbsfunktionalität. Für eine sinnvolle Ausfüllung kann zunächst die in Art. 1 UGP-RL niedergelegte **Markt- und Wettbewerbsfunktionalität** herangezogen werden. **Zweckartikel und Generalklausel** sind innerhalb der UGP-Richtlinie wie im UWG (vgl. dazu u. *Podszun* → § 3 Rn. 37, 43) oder im schweizerischen UWG[526] als **strukturelle Einheit** zu begreifen. Gemäß Art. 1 UGP-RL soll durch die Harmonisierung der mitgliedstaatlichen Regelungen über unlautere Geschäftspraktiken, die die wirtschaftlichen Interessen der Verbraucher beeinträchtigen, zu einem reibungslosen Funktionieren des Binnenmarkts und zum Erreichen eines hohen Verbraucherschutzniveaus beigetragen werden. Markintegration und Verbraucherschutz werden durch das Instrument der Totalharmonisierung untrennbar verbunden; der Regelungszusammenhang – das bringt die 327

---

[523] Vgl. immerhin OLG Köln GRUR-RR 2014, 298 Rn. 13 – Tourismusabgabe.

[524] Ähnlich in der Bewertung BGHZ 187, 231 Rn. 23 – Millionenchance II: Unwert- und Relevanzkriterium; ebenso *Köhler* WRP 2012, 251 (252); ähnlich bereits *Köhler* WRP 2008, 10 (12): Eigenart und Wirkungsweise; MüKoBGB/*Drexl* Rom II-VO Art. 6 Rn. 16; *Bakardjieva Engelbrekt* S. 612: *materiality condition codifying a de minimis rule.* Ganz anders in der Deutung wohl MüKoUWG/*Micklitz/Namyslowska* UGP-RL Art. 5 Rn. 37 ff., 34 ff.: berufliche Sorgfaltspflicht wegen Scheitern von Kodizes unerheblich; maßgebend demgegenüber die Beeinträchtigung der informierten Entscheidung.

[525] Vgl. bereits *Glöckner* WRP 2004, 936 (939). Ähnlich Piper/Ohly/*Ohly,* 4. Aufl., Einf. C Rn. 57. Zum Begriff der „anständigen Gepflogenheiten" gem. Art. 10bis PVÜ ebenso MüKoBGB/*Drexl* Rom II-VO Art. 6 Rn. 30.

[526] *Baudenbacher* Art. 2 Rn. 4, 26; Botschaft zu einem Bundesgesetz gegen den unlauteren Wettbewerb (UWG) v. 18.5.1983, BBl. 1983 II S. 1009, 1042 (152.1), 1059 (241.2).

Formulierung über die Beeinträchtigung der „wirtschaftlichen Verbraucherinteressen" deutlich zum Ausdruck – ist jedoch der des Wettbewerbs und der Marktbedingungen.

328 In diesem Sinne wird insbesondere von *Micklitz* und *Keßler* ganz zu Recht die Notwendigkeit einer Einpassung des nationalen Lauterkeitsrechts in ein **Gesamtsystem zum Schutz des funktionsfähigen Wettbewerbs** hervorgehoben.[527] Die im europarechtlichen Kontext häufig wiederholte Formel vom wirksamen Wettbewerb[528] enthält indes keine Bezugnahme auf ein bestimmtes ökonomisches Wettbewerbsmodell.

329 Den von *Keßler* und *Micklitz* demgegenüber verschiedentlich verwendeten[529] terminus technicus *workable competition* benutzt die Europäische Praxis soweit ersichtlich nicht[530], sondern den untechnischen Begriff *„effective"* und verwendet das Argument des Wettbewerbsschutzes in flexibler Weise. Bedarfsgemäß lässt sie jüngere Entwicklungen der Wettbewerbstheorie einfließen. Insoweit besteht die Gefahr, dass durch das Argument mit dem Schutz der *workable competition* auf ein Wettbewerbsmodell abgestellt wird, das tatsächlich die Herstellung völliger Markttransparenz anstrebt. Bereits der Begriff der *workable competition* geht auf die frühen Arbeiten von *J. M. Clark*[531] zurück, in welchen *workable competition* noch als zweitbeste Lösung zum Modell des vollkommenen Wettbewerbs[532] verstanden wurde (im Einzelnen vgl. dazu die Voraufl., Einl. B → Rn. 28). Ökonomen sind sich jedoch demgemäß heute weitgehend einig, dass ***workable competition*** oder **funktionsfähiger Wettbewerb** (im technischen Sinne) als **Wettbewerbsmodelle überholt** sind.

330 Größere Bedeutung kommt heute im Recht des unlauteren Wettbewerbs denjenigen Funktionsbedingungen zu, die an die geschäftlichen Entscheidungen der Marktgegenseite, insbesondere der Verbraucher anknüpfen. Bei Irreführungen und aggressiven Geschäftspraktiken liegt der Konnex zutage: Bei beiden Bereichen – der Sicherung von **Entscheidungsgrundlage wie -prozess** – können entweder in der Natur der Entscheidungsträger und/oder der vom Unternehmen gesteuerten Entscheidungssituation Unvollkommenheiten bestehen, welche das Einschreiten der Rechtsordnung gebieten.

331 **bb) Induktive Wirkung der Sondertatbestände.** Gegengerichtet zur zweckorientierten Ausfüllung der Generalklausel verläuft vor allem der Weg der **Konkretisierung durch Fallreihenbildung.** Diesen Weg hat der Europäische Gesetzgeber durch die Schaffung von Sondertatbeständen in den Art. 6 ff. sowie die Aufnahme des Anhangs I UGP-RL selbst beschritten.

332 Deren Bedeutung erschöpft sich nicht in der Klarstellung, dass zB die Beeinträchtigung der Entscheidungsfreiheit des Durchschnittsverbrauchers durch unzulässige Beeinflussung aggressiv und mithin unlauter ist, und der damit geschaffenen Rechtssicherheit. In der kontinentaleuropäischen Rechtstradition ist anerkannt, dass eine **Wechselwirkung zwischen Generalklauseln und den sie konkretisierenden Tatbeständen** besteht. Während insbesondere Zweckartikel wie in Art. 1 UGP-RL die Auslegung aller Einzeltatbestände beeinflussen,[533] stellen die Einzeltatbestände ihrerseits „Induktionsmaterial" zur Auslegung der Generalklausel bereit.[534]

---

527 *Keßler* WRP 2007, 714 (716).

528 Vgl. nur EuGH 6/72, Slg. 1973, 214 Leitsatz 11 – Continental Can.

529 *Keßler/Micklitz* BB 2005, Beil. 1, 1 (3).

530 Die einzige Entscheidung der Unionsgerichte, in welcher der Begriff technisch eingesetzt wurde, ist die Entscheidung EuGH Slg. 1977, 1875, Ls. 4, Rn. 20 = GRUR Int. 1978, 254 – Metro I; zitierend und auseinandersetzungslos EuG T-88/92, Slg. 1996, II-1961 Rn. 107 – Leclerc.

531 *Clark,* Toward a Concept of Workable Competition, 30 Am. Econ. Rev. 241 ff. (1940).

532 Vgl. die Darstellung von *Hoppmann,* Das Konzept der optimalen Wettbewerbsintensität, JBNSt 179 (1966), 286 (288).

533 Ohly/Sosnitza/*Sosnitza* § 1 Rn. 1, 7; Köhler/Bornkamm/Feddersen/*Köhler* § 1 Rn. 6; *Baudenbacher* Art. 1 Rn. 11.

534 Bereits *Germann,* Zur Rechtsfindung im Wettbewerbsrecht auf der Grundlage des Entwurfs eines Bundesgesetzes über den unlautern Wettbewerb, ZBJV 72 (1936), 49 (55); *Baudenbacher* Suggestivwerbung S. 105; *Baudenbacher* Art. 2 Rn. 7. Die selbständig konkretisierende Wirkung der Sondertatbestände wird dort allerdings nicht in Frage gestellt.

In der Sache geht es darum, den **Einzeltatbeständen verallgemeinerungsfähige Argumente zu entnehmen,** die im Rahmen der Generalklausel zum Tragen gebracht werden können, auch wenn die Einzeltatbestände nicht erfüllt sind. Es darf allerdings nicht verkannt werden, dass diese Methode umso unergiebiger wird, je abstrakter bereits die Einzeltatbestände formuliert sind. In der UGP-Richtlinie zählt Art. 5 Abs. 4 zwei abstrakte Gesichtspunkte auf, welche verbrauchergerichtete Geschäftspraktiken unlauter – weil wettbewerbsverfälschend – erscheinen lassen: Es sind die **Beeinträchtigung der Entscheidungsgrundlage** (Irreführung, irreführendes Unterlassen) sowie die Beeinträchtigung des **Entscheidungsprozesses** (unzulässig aggressive Beeinflussung).[535] 333

Artikel 5 Abs. 4 UGP-RL stellt klar, dass diese Gesichtspunkte kein abschließendes Urteil über die Unlauterkeit gestatten („Unlautere Geschäftspraktiken sind **insbesondere** solche, die … irreführend … oder … aggressiv … sind." Hervorhebung d. Verf.). Dem ist aus methodischer Sicht beizupflichten. Allerdings fällt es schwer Gründe zu finden, aus denen die wirtschaftlichen Interessen von Verbrauchern unmittelbar beeinträchtigende geschäftliche Handlungen, die weder irreführend noch aggressiv sind, in Ansehung des beschränkten Schutzzwecks der UGP-Richtlinie unlauter sein sollten, da die jeweils bezuggenommenen Vorschriften denkbar weit formuliert sind (vgl. bereits EGr. 13 UGP-RL aE). Bereits die unzumutbare Überziehung mit unerwünschten Werbemaßnahmen gem. § 7 lässt sich kaum in dieses Modell einfügen. Immerhin legt die abschließende Formulierung der Irreführungskriterien in Art. 6 Abs. 1 UGP-RL den Rückgriff auf die Generalklausel nahe, wenn **über andere als die dort aufgeführten Gegenstände irregeführt** wird. Dafür spricht insbesondere, dass bereits die in Anh. I Nr. 14 UGP-RL als *per se* irreführende Geschäftspraktiken genannten Schneeballsysteme zu keinem der im Katalog des Art. 6 Abs. 1 UGP-RL genannten Bezugspunkte der Irreführung passen.[536] Artikel 6 UGP-RL lässt indes keinen Zweifel an der Intention des Gesetzgebers, jegliche wettbewerbsverfälschende Irreführung zu erfassen.[537] Das gestattet den Rückgriff auf die Generalklausel. 334

cc) Anwendung der Generalklausel auf bloße Nicht-Information? Seit Ende der 1960er-Jahre wird diskutiert, in welchem Umfang die Rationalität wirtschaftlicher Entscheidungen bzw. die Aufgeklärtheit der sie treffenden Wirtschaftsteilnehmer zu gewährleisten ist, um zum einen die Konsumentensouveränität wiederherzustellen und zum anderen optimale Marktergebnisse zu erzielen. Aus lauterkeitsrechtlicher Sicht ist zu beantworten, ob die **bloße Nicht-Information,** dh das Unterlassen von Aufklärung unlauter sein kann. Methodisch könnte **die Generalklausel** ein solches Verhalten erfassen; fraglich ist jedoch zunächst, ob die ausdrücklichen Regelungen irreführender Unterlassungen in Art. 7 UGP-RL eine solche Annahme gestatten. Die Informationspflichten der Art. 7 Abs. 4, 5 UGP-RL (vgl. dazu → Rn. 277) fügen sich in ein Modell ein, das keine selbständigen lauterkeitsrechtlichen Informationspflichten begründet, sondern davon ausgeht, dass es einer gesetzgeberischen Vorentscheidung darüber bedarf, welche generell-abstrakt beschriebenen Informationen zu verschaffen sind. Die Regelungen werden als politischer Kompromiss über die zu verschaffenden Informationen betrachtet.[538] 335

Ein zwingendes Argument gegen die Bejahung einer auf die Generalklausel gestützten Informationspflicht im konkreten Einzelfall[539] ist dem indes wohl nicht zu entnehmen. Verschiedene Gründe sprechen aber durchaus **gegen eine solche Erweiterung des** 336

---

[535] Die plastische Unterscheidung wurde soweit ersichtlich von *Beater* Verbraucherschutz S. 139 ff., 190 ff., etabliert.

[536] Vgl. dazu MüKoUWG/*Micklitz/Namyslowska* UGP-RL Art. 6 Rn. 66.

[537] So ausdr. zur Parallelregelung in der IrreführungsRL EuGH ECLI:EU:C:2013:516 Rn. 34 ff. = GRUR 2013, 1049 – Belgian Electronic Sorting Technology NV. Das ist in deren Regelungskontext methodisch fragwürdig, da der Werbebegriff eine Äußerung voraussetzt.

[538] *Bakardjieva Engelbrekt* S. 612.

[539] *Walter* S. 312.

Zugriffsbereichs des Lauterkeitsrechts (vgl. dazu im Einzelnen die Voraufl. Einl. B → Rn. 291 ff.).

337 **b) Eignung zur wesentlichen Beeinflussung des wirtschaftlichen Verhaltens.** Weil die UGP-Richtlinie in den Art. 6–8 nicht allein das qualitative Element, sondern über Art. 5 Abs. 4 UGP-RL die Unlauterkeit insgesamt konkretisiert, findet das Erfordernis der **wesentlichen Beeinträchtigung der wirtschaftlichen Entscheidung gem. Art. 5 Abs. 2 lit. b,** wie definiert in Art. 2 lit. e und k UGP-RL (geschäftliche Entscheidung), **ausschließlich im Rahmen der Generalklausel** Anwendung.

338 Die **Sondertatbestände** der Art. 6–8 UGP-RL werden demgegenüber sprachlich mit der **Notwendigkeit belastet, auch das quantitative Element, den für die Annahme der Unlauterkeit erforderlichen Erfolgsunwert, mitregeln zu müssen.** Sie tun dies durch die (leider nicht einheitlich gebrauchte) Formulierung „und die somit einen Durchschnittsverbraucher zu einer geschäftlichen Entscheidung veranlasst oder zu veranlassen geeignet ist, die er sonst nicht getroffen hätte" (so in Art. 7 Abs. 1 UGP-RL; ähnlich Art. 6 Abs. 1, 2, Art. 7 Abs. 2, Art. 8 UGP-RL).

339 Dieses Kriterium entspricht der Definition der wesentlichen Beeinflussung in Art. 2 lit. e UGP-RL nur partiell,[540] nämlich im Hinblick auf deren letzten Halbsatz, nicht aber im Hinblick auf das vorgelagerte und zugleich weitergehende Erfordernis, „die Fähigkeit des Verbrauchers, eine informierte Entscheidung zu treffen, spürbar zu beeinträchtigen". Weitergehender **Begründungen zur spürbaren Beeinträchtigung** der Fähigkeit, eine informierte Entscheidung zu treffen, **bedarf es daher im Rahmen der Sondertatbestände nicht.** Letztere konkretisieren mithin nicht allein den Verstoß gegen die berufliche Sorgfaltspflicht gem. Art. 5 Abs. 2 lit. a UGP-RL, sondern antizipieren zugleich, dass Irreführungen und aggressive Geschäftspraktiken stets geeignet sind, die Fähigkeit der Verbraucher, eine informierte Entscheidung zu treffen, spürbar zu beeinträchtigen. Das ist sinnvoll, weil die **Irreführung bzw. die Aggressivität indizieren, dass die Grundlage oder der Prozess der geschäftlichen Entscheidung spürbar beeinträchtigt sind.** Wegen der **Totalharmonisierung darf auch im Rahmen der deutschen Umsetzungstatbestände (§§ 4a, 5, 5a) nichts anderes** gelten. Die besondere Verletzungsform begründet bereits die Spürbarkeit der Beeinträchtigung.

340 Im Ergebnis verlangt die UGP-Richtlinie damit innerhalb der Fallgruppen der Irreführung und der unangemessenen Einflussnahme nicht mehr als die Eignung zur Veranlassung einer **geschäftlichen Entscheidung,** die anderenfalls nicht getroffen worden wäre. Die geschäftliche Entscheidung wird durch Art. 2 lit. k UGP-RL sehr breit definiert und umfasst alle Rechtshandlungen, die auf den Vertragsschluss, die Erfüllung oder die Erhaltung von Verträgen gerichtet sind. Verkürzt wurde diese Eignung als „Relevanz für die Verbraucherentscheidung"[541] oder „geschäftliche Relevanz"[542] bezeichnet. Nachfolgend wird der Begriff **„Geschäftsentscheidungsrelevanz"** verwendet.

341 Die Struktur der objektiven Verhaltensnormen der UGP-Richtlinie macht allerdings nicht deutlich, ob diese **Geschäftsentscheidungsrelevanz der konkreten Geschäftspraktik insgesamt oder allein ihrem spezifischen Unlauterkeitsgehalt** anhaften muss. Der deutschen Lauterkeitsrechtsordnung sind beide Aspekte vertraut: Im Rahmen des allgemeinen Erfordernisses der Wettbewerbshandlung wurde traditionell verlangt, dass sich das geschäftliche Verhalten eines Gewerbetreibenden auf gegenwärtige oder potentielle Mitbewerber auswirken kann.[543] Bei unmittelbar verbraucherbezogenem Verhalten ist das der Fall, wenn deren geschäftliche Entscheidung beeinflusst wird.

342 Daneben wurde im deutschen Recht insbesondere im Rahmen des Irreführungstatbestandes seit jeher die **wettbewerbliche Relevanz** geprüft. Sie wurde zwar ebenfalls als

[540] Ähnlich *Radeideh* S. 261.
[541] *Steinbeck* WRP 2006, 632.
[542] *Köhler* WRP 2008, 10 (12).
[543] Vgl. zB *Baumbach/Hefermehl,* 17. Aufl. 1993, Einl. UWG Rn. 214.

Eignung definiert, eine Marktentscheidung zu beeinflussen.[544] Insoweit geht es allerdings sehr eindeutig nicht um die Relevanz der konkreten angegriffenen Geschäftspraktik – etwa einer Preisauszeichnung, eines Plakats oder eines Fernsehspots –, sondern um die **spezifische Relevanz ihres wettbewerbsverfälschenden Bestandteils,** dh der irreführenden Angabe. Die UGP-Richtlinie ist insoweit mehrdeutig. Zumindest in den Art. 7 Abs. 1, 2 und Art. 8 wird durch die Verwendung von „somit" bzw. „dadurch" (engl. *thereby*) bzw. „und dies veranlasst" sprachlich klargestellt, dass das Erfordernis geschäftlicher Relevanz sich auf das irreführende Unterlassen bzw. die unzulässige Beeinflussung beziehen muss. In den Art. 6 Abs. 1, 2 UGP-RL fehlt ein solcher Hinweis jedoch – Analogie oder Umkehrschluss? Für eine auf die Geschäftspraktik als solche bezogene Auslegung der geschäftlichen Relevanz spricht zwar insbesondere die Struktur der Generalklausel. Nach ihr ist die Eignung, eine geschäftliche Entscheidung zu veranlassen, nicht im Hinblick auf den Verstoß gegen die berufliche Sorgfaltspflicht, sondern im Hinblick auf die Geschäftspraktik zu prüfen. Dagegen lässt sich allerdings ins Feld führen, dass das Erfordernis der allgemeinen Wettbewerbsrelevanz sich bereits aus der Definition der Geschäftspraktik (unmittelbarer Zusammenhang mit Absatzförderung etc) ergibt.

343 Aus systematischen Gründen muss das **Erfordernis der Geschäftsentscheidungsrelevanz** in den Sondertatbeständen aber durchweg **auf die unlauterkeitsbegründenden Umstände** gestützt werden, wie es die oben zitierten Formulierungen verlangen.[545] Zunächst spricht gegen einen Umkehrschluss, dass der Gesetzgeber bei der Formulierung der jeweiligen Passagen offensichtlich unsorgfältig war. Für die Analogie spricht demgegenüber, dass Werbung mit falschen, aber nicht irreführenden Tatsachen mangels Wettbewerbsrelevanz der Irreführung nicht verboten werden muss.[546] Schließlich gestattet eine solche Auslegung einen Gleichlauf mit der an Nicht-Verbraucher gerichteten irreführenden Werbung, die gem. Art. 2 lit. b IrreführungsRL geeignet sein muss, „infolge der ihr innewohnenden Täuschung" das wirtschaftliche Verhalten ihrer Adressaten zu beeinflussen.

344 Eine solche Deutung „passt" nicht zuletzt zu dem **Verzicht auf das weitere Erfordernis der spürbaren Beeinträchtigung** der Fähigkeit des Verbrauchers, eine informierte Entscheidung zu treffen, wie es für die Generalklausel in Art. 5 Abs. 2 lit. b, 2 lit. e UGP-RL erforderlich ist: Soweit die Irreführung bzw. die unangemessene Einflussnahme wettbewerblich relevant sind, weil sie geeignet sind, die geschäftliche Entscheidung der Adressaten zu beeinflussen, ergibt sich bereits aus der Natur der Lauterkeitsverstöße, dass sie die Fähigkeit der Verbraucher zu einer freien und unverfälschten Entscheidung und damit den Wettbewerb auch **spürbar** beeinflussen. Separat zu prüfen bleibt allein die Geschäftsentscheidungsrelevanz der Irreführung (vgl. nunmehr §§ 4a Abs. 1 S. 1, 5 Abs. 1 S. 1 aE, 5a Abs. 2 Nr. 2).[547] Bei den besonders groben Verstößen, die in Anhang I aufgezählt sind, wird gem. Art. 5 Abs. 5 UGP-RL auch die Geschäftsentscheidungsrelevanz unwiderleglich vermutet.

345 **c) Umsetzung. aa) Abgrenzung zum nicht harmonisierten Bereich.** Die Generalklausel in Art. 5 Abs. 2 lit. b bzw. 2 lit. e UGP-RL wurde inzwischen in den §§ 3 Abs. 2, 2 Abs. 1 Nr. 7, 8, 9 weitgehend wortlautgetreu umgesetzt. Der **Anwendungsbereich der unionsrechtlichen Generalklausel** wurde im UWG allerdings mit den Worten „Geschäftliche Handlungen, die sich an Verbraucher richten oder diese erreichen" umschrieben. Mit dieser Formulierung soll sichergestellt werden, dass der Anwendungsbereich der totalharmonisierenden UGP-Richtlinie gem. Art. 3 Abs. 1 iVm 2 lit. d UGP-RL umfassend abgebildet wird.[548] Die gewählte Formulierung findet allein in Art. 5

---

[544] Begründung RegE, BT-Drs. 15/1487, 19; BGH GRUR 2003, 628 (630) – Klosterbrauerei; *Köhler* WRP 2008, 10 (12).

[545] Ebenso *Radeideh* S. 276.

[546] Vgl. dazu bereits *Glöckner/Henning-Bodewig* WRP 2005, 1311 (1330), und → Rn. 474.

[547] Richtig daher BGH GRUR 2008, 186 – Telefonaktion. *Alexander* GRUR Int. 2010, 1025 (1033) spricht insoweit von einer Vermengung innerhalb des „Drei-Stufen-Systems" der UGP-Richtlinie.

[548] Begr. RegE, BT-Drs. 18/4535, 12.

Abs. 2 lit. b UGP-RL eine unionsrechtliche Stütze. Dort wird sie allerdings dazu verwendet, den maßgeblichen Adressaten zu identifizieren. Ihr funktionaler Zusammenhang ist damit ein ganz anderer als die Definition des Anwendungsbereichs der UGP-RL. Mit der Regelung in § 3 Abs. 2 wurde mithin ein gravierender „Konstruktionsfehler" der UGP-Richtlinie (vgl. dazu → Rn. 283) ins UWG übernommen und verfestigt: Die UGP-Richtlinie soll zwar primär die wirtschaftlichen Interessen der Verbraucher schützen, EGr. 6, 8, Art. 1 UGP-RL. Ihr gegenständlicher Anwendungsbereich umfasst aber gem. Art. 3 Abs. 1, 2 lit. d UGP-RL alle Geschäftspraktiken von Unternehmen gegenüber Verbrauchern, dh alle Verhaltensweisen von Gewerbetreibenden, die unmittelbar mit der Absatzförderung, dem Verkauf oder der Lieferung eines Produkts an Verbraucher zusammenhängen. Die oben (→ Rn. 300) beschriebenen Tendenzen auf der Ebene des Unionsrechts zur Korrektur dieses Fehlers im Wege einer wertenden Bestimmung des Anwendungsbereichs[549] werden auf der Ebene des nationalen Rechts verhindert. Die weitere Rechtsentwicklung wird antizipiert und überdies in eine kaum erstrebenswerte Richtung gelenkt.

346 **bb) Anwendung von § 3 Abs. 1.** Nach der Vorstellung des Gesetzgebers dient die Vorschrift außerhalb des Anwendungsbereichs der UGP-Richtlinie als Auffangtatbestand für geschäftliche Handlungen, die von den Konkretisierungstatbeständen nicht erfasst werden, aber einen vergleichbaren Unlauterkeitsgehalt aufweisen. Der Gesetzgeber hat es der Rechtsprechung überlassen, „wie nach bisheriger Rechtslage … in Konkretisierung des Tatbestandsmerkmals der Unlauterkeit … gegebenenfalls angemessene Spürbarkeitserfordernisse aufzustellen, um insbesondere Abmahnungen von Bagatellverstößen zu verhindern"[550] (zur Kritik daran vgl. die Voraufl., Einl. B → Rn. 314).

347 Es bleibt daher durchweg der Umstand zu berücksichtigen, dass weder „die guten Sitten" noch die unternehmerische Sorgfalt per se durchsetzungsfähig sind, sondern erst dann, wenn ihre Verletzung Interessen von Marktteilnehmern spürbar beeinträchtigt. Dem steht nicht entgegen, dass bei bestimmten typisierten Verletzungshandlungen die spürbare Interessenbeeinträchtigung indiziert wird. Innerhalb des Anwendungsbereichs der UGP-Richtlinie ist der Unionsgesetzgeber bereits von dieser Einsicht ausgegangen (vgl. → Rn. 339) und auch außerhalb des Anwendungsbereichs der UGP-Richtlinie sollte sie fruchtbar gemacht werden. In der Konsequenz kann bei Verletzungen des § 4 im Regelfall auf eine gesonderte Prüfung der Spürbarkeit der Interessenbeeinträchtigung verzichtet werden; bei der Anwendung des § 3 Abs. 1, zu denken ist etwa an die Fallgruppe der allgemeinen Marktbehinderung, ist sie demgegenüber stets zu prüfen (vgl. dazu u. *Podszun* → § 3 Rn. 181 ff.).

348 Nach der Begründung des Regierungsentwurfs zum UWG 2004 war zwar unter der in § 3 UWG verlangten Verfälschung des Wettbewerbs „von vornherein nicht eine Verfälschung des Wettbewerbs als Institution der Marktwirtschaft" zu verstehen, sondern die Wirkungen wettbewerbswidrigen Verhaltens auf das Marktgeschehen.[551] Eine Aufspaltung der Begriffe des Wettbewerbs im lauterkeitsrechtlichen Sinne auf der einen Seite und des Begriffs des „Wettbewerbs als Institution der Marktwirtschaft" auf der anderen war jedoch niemals sinnvoll.[552] Im Ergebnis führt jede Beeinflussung des wirtschaftlichen Verbraucherverhaltens durch unlautere Geschäftspraktiken zu einer Beeinträchtigung des Wettbewerbs.[553] Diese Deutung wurde durch die **Übernahme des Spürbarkeitskriteriums**

[549] EuGH ECLI:EU:C:2013:154 Rn. 17, 31 = GRUR Int. 2013, 936 – Euronics. Ähnlich bereits EuGH Slg. 2011, I-5835 Rn. 24 ff., 27 = GRUR Int. 2011, 853 – Wamo BVBA.

[550] Beschlussempfehlung und Bericht des Ausschusses für Recht und Verbraucherschutz zu dem Gesetzentwurf der Bundesregierung – Drucksache 18/4535 – Entwurf eines Zweiten Gesetzes zur Änderung des Gesetzes gegen den unlauteren Wettbewerb, BT-Drs. 18/6571, 14 f.

[551] Begründung RegE, BT-Drs. 15/1487, 17.

[552] Vgl. dazu bereits ausführlich *Glöckner/Henning-Bodewig* WRP 2005, 1311 (1328); *Keßler* WRP 2007, 714 (716).

[553] *Köhler* WRP 2008, 10 (11).

im Jahr 2008 bestätigt.[554] Der häufig verwendete Ausdruck „Bagatellklausel“[555] – und ähnlich der Begründungsansatz in der Begründung des Rechtsausschusses – ist zwar insoweit missverständlich, als er darauf hinzudeuten scheint, dass zwar eine Rechtsverletzung vorliegt, diese aber wegen ihrer geringen Bedeutung die Inanspruchnahme der staatlichen Rechtsdurchsetzungsmechanismen nicht rechtfertigt *(„De minimis non curat praetor.“)*.[556] Vor dem Hintergrund der Schutzzweckbestimmung des § 1 S. 2 UWG lässt sich die Norm aber besser in dem Sinne deuten, dass Verstöße gegen objektive Verhaltensgebote von vornherein nur dann **wettbewerbs**rechtsrelevant sind, wenn sie zu einer Wettbewerbsbeeinträchtigung führen (können). Das Merkmal der Spürbarkeit der Interessenbeeinträchtigung hätte folglich dieselbe Funktion wie etwa im EU-Kartellrecht das vom EuGH als ungeschriebenes Tatbestandsmerkmal des Art. 101 AEUV entwickelte „Spürbarkeitserfordernis“[557] zur Wettbewerbsbeschränkung, wenngleich eine kartellrechtsanaloge Betrachtung **der Wettbewerbsbeeinträchtigung** keineswegs zu der von manchen befürchteten Konsequenz zwingt, dass jeder Verletzte im UWG-Prozess neben dem Verletzungstatbestand auch die Marktfolgen der Verletzungshandlung vorzutragen und zu beweisen und dazu womöglich Marktuntersuchungen anzustrengen bzw. vorzufinanzieren hätte.[558] Die Wettbewerbsbeeinträchtigung und ihre Spürbarkeit können in den meisten Fällen unmittelbar der Natur der fraglichen Geschäftspraktik entnommen werden[559] – und müssen dies nach der Systematik der UGP-Richtlinie ohnehin in all jenen Fällen, die von Art. 6–8 UGP-RL erfasst werden (vgl. → Rn. 340).

d) Verhältnis von § 3 Abs. 1 und Abs. 2 UWG. Eines der Hauptprobleme bei der richtlinienkonformen Anwendung des UWG 2008 bestand in dem wenig geklärten Verhältnis der beiden Generalklauseln.[560] Zu diesem Zweck hat der Gesetzgeber in der UWG-Novelle 2015 vor allem die tückische „jedenfalls“-Formulierung in § 3 Abs. 2 beseitigt.[561] Während der Regierungsentwurf aber noch durch zwei trennscharf formulierte Regelungen im positiven Recht deutlich machen wollte, dass der totalharmonisierende Anspruch der in § 3 Abs. 2 umgesetzten Generalklausel der UGP-Richtlinie nicht durch die Anwendung der allgemeinen Generalklausel beeinträchtigt werde, bleibt dieses Verhältnis im nunmehr geltenden Recht ungeklärt. Allein ein vergleichsweise versteckter Hinweis in den Gesetzgebungsmaterialien[562] bestätigt, dass ausschließlich die Bestimmungen zur Umsetzung der UGP-Richtlinie anzuwenden sind, soweit die Unlauterkeit einer geschäftlichen Handlung abschließend in der UGP-Richtlinie oder der Irreführungsrichtlinie geregelt sind. 349

e) Adressatenkreis. Die UGP-Richtlinie begnügt sich im Hinblick auf das den objektiven Verhaltensnormen zugrundezulegende Verbraucherleitbild, auf „den **Durchschnitts-** 350

[554] Vgl. bereits *Glöckner/Henning-Bodewig* WRP 2005, 1311 (1328).
[555] Begründung RegE, BT-Drs. 15/1487, 17; *Köhler* GRUR 2005, 1.
[556] In diesem Sinne insbes. *Köhler* GRUR 2005, 1 (2).
[557] Es wird nicht verkannt, dass ausgerechnet dort – nämlich im EU-Kartellrecht – ebenfalls die Begriffe „Bagatellbekanntmachung“ bzw. *„De minimis notice“* für die Bekanntmachung über Vereinbarungen von geringer Bedeutung, die im Sinne des Artikels 101 Absatz 1 des Vertrags über die Arbeitsweise der Europäischen Union den Wettbewerb nicht spürbar beschränken (De-minimis-Bekanntmachung), ABl. 2014 C 291, S. 1, verwendet wird.
[558] In diesem Sinne die Befürchtung von *Köhler* GRUR 2005, 1 (3).
[559] Vgl. BGH GRUR 2008, 186 – Telefonaktion. Ähnlich im Kontext des EU-Kartellrechts zum Missbrauchstatbestand EuGH ECLI:EU:C:2015:651 Rn. 73 = GRUR Int. 2016, 68 – Post Danmark A/S.
[560] Vgl. Voraufl., Einl. B → Rn. 333 ff.; *Glöckner* WRP 2014, 1399 (1400).
[561] Begründung RegE, BT-Drs. 18/4535, 12.
[562] In Übereinstimmung mit der Rechtsprechung des EuGH, vgl. EuGH Slg. 2002, I-4147 Rn. 23 = EuZW 2002, 465 – Komm./Schweden, soll davon ausgegangen werden, dass auch in Deutschland die Gesetzgebungsmaterialien, dh insbesondere die Regierungsbegründung, von der Rechtsgemeinschaft bei der Auslegung von Gesetzen zur Kenntnis genommen werden und daher als Beitrag zur erforderlichen Publizität und Transparenz gewürdigt werden können. Vorliegend findet sich der Hinweis allerdings nur in der erfahrungsgemäß eher selten konsultierten Begründung der Beschlussempfehlung des Rechtsausschusses, BT-Drs. 18/6571, 15.

verbraucher, der angemessen gut unterrichtet und angemessen aufmerksam und kritisch ist, unter Berücksichtigung sozialer, kultureller und sprachlicher Faktoren in der Auslegung des Gerichtshofs" bezugzunehmen (EGr. 18 S. 2). Im Regelfall ist auf denjenigen Durchschnittsverbraucher abzustellen, den die Geschäftspraktik erreicht oder an den sie sich richtet. Wenn sich eine Geschäftspraktik an eine bestimmte Gruppe von Verbrauchern wendet, ist auf das durchschnittlichen Mitglied dieser Gruppe abzustellen, Art. 5 Abs. 2 lit. b UGP-RL. Unabhängig von der Ausrichtung der Geschäftspraktik ist gem. Art. 5 Abs. 3 UGP-RL auf das Durchschnittsmitglied einer eindeutig identifizierbaren Gruppe von Verbrauchern, die aufgrund von geistigen oder körperlichen Gebrechen, Alter oder Leichtgläubigkeit im Hinblick auf diese Praktiken oder die ihnen zugrunde liegenden Produkte besonders schutzbedürftig sind, abzustellen, wenn die Geschäftspraktiken voraussichtlich in einer für den Gewerbetreibenden vernünftigerweise vorhersehbaren Art und Weise das wirtschaftliche Verhalten nur dieser Gruppe wesentlich beeinflusst.

351 Über diese Vorschrift kann der Schutzbereich der UGP-Richtlinie erheblich erweitert werden (vgl. bereits → Rn. 276). Eine wortlautnahe Umsetzung ist nunmehr in § 3 Abs. 4 erfolgt.

352 **f) Per se-Verbote.** Die UGP-Richtlinie verknüpft Verstöße gegen die in Anh. I UGP-RL geregelten Tatbestände über Art. 5 Abs. 5 UGP-RL mit dem Unlauterkeitsurteil „unter allen Umständen". Der deutsche Gesetzgeber ist diesem Regelungsmodell gefolgt[563] und hat die Einzeltatbestände der **„Schwarzen Liste"** in einen Anhang überführt, der über § 3 Abs. 3 mit der Verbotsnorm verknüpft wird. Der erforderliche **Ausschluss der Wertungsmöglichkeit** wird durch die Formulierung „stets unzulässig" bewirkt.

353 **Die abschließende Liste** der in Anh. I UGP-RL enthaltenen Tatbestände, bei denen es weder einer konkreten Begründung der Verletzung der beruflichen Sorgfaltspflicht noch einer Begründung der Beeinflussung der geschäftlichen Entscheidung bedarf, darf **nur durch den Europäischen Gesetzgeber erweitert werden,** EGr. 17 S. 3, 4 UGP-RL.[564] Die damit verbundene Starrheit sollte nicht beanstandet werden.[565] Die Art. 6–8 UGP-RL bzw. die Generalklausel schaffen alle erforderlichen Spielräume, um unlauteres Verhalten zu erfassen. Allerdings wird den Mitgliedstaaten die Möglichkeit genommen, innerhalb der Sondertatbestände Fallreihen zu entwickeln, bei denen vergleichbar den Tatbeständen im Anhang ohne Wertung des konkreten Falles entschieden wird.[566] Es erscheint fragwürdig, ob der Gesetzgeber den Anwendungsbereich der *per se*-Verbote dadurch faktisch erweitern kann, dass er Tatbestände mit einer Beweislastverteilung versieht, wie etwa in Anh. Nr. 5 UWG, wo dem Unternehmer die Beweislast für die Angemessenheit des Bevorratungszeitraums überbürdet wird, wenn diese zwei Tage unterschreitet.[567]

354 Daneben ist jeweils zu hinterfragen, ob aus einem solchen absoluten Verbot ein Indiz zu entnehmen ist, dass in seinem **Vor- und Umfeld** liegende Sachverhalte nach einer wertenden Prüfung durch die Art. 6 ff. bzw. 8 ff. zu erfassen sind, oder ob ganz im Gegenteil das *argumentum e contrario,* ein Umkehrschluss aus den negativen Tatbestandsmerkmalen, zu ziehen ist. Dazu lieferte Anh. I Nr. 26 UWG a. F. ein anschauliches Beispiel: Weist die Erfassung der Telefonwerbung über das Verbot des hartnäckigen und unerwünschten Ansprechens über Telefon in erster Linie darauf hin, dass unerwünschte Telefonwerbung wegen der mit ihr verbundenen Beeinträchtigung der Entscheidungsbildung generell ein lauterkeitsrechtliches Problem darstellt, oder ist dem Erfordernis des „hartnäckigen" Ansprechens zu entnehmen, dass das nicht-hartnäckige, insbesondere das einmalige oder sporadische, Ansprechen niemals die Entscheidungsbildung der Durchschnittsadressaten beeinträchtigen kann?

---

[563] Vgl. dazu *Alexander* GRUR Int. 2010, 1025.

[564] EuGH Slg. 2009, I-2949 Rn. 56 = GRUR 2009, 599 – VTB-VAB NV ua.

[565] Vgl. die Kritik bei MüKoUWG/*Micklitz/Namysłowska* UGP-RL Anh. I Rn. 6.

[566] Zutr. Begründung RegE, BT-Drs. 16/10145, 29.

[567] Zum Umgang mit solchen verfahrensrechtlichen Umgehungsversuchen vgl. EuGH ECLI:EU:C:2013:14 Rn. 50 = EuZW 2013, 309 – Köck, zum generellen Verbot unter Erlaubnisvorbehalt.

Gerade **wegen der einschneidenden Wirkung der** ***per se*****-Verbote,** jegliche Wertungsmöglichkeit auszuschließen, darf **kein Umkehrschluss** gezogen werden. Wegen des Ausschlusses der Wertungsmöglichkeit musste der Gesetzgeber einen **„Sicherheitsabstand"** in die im Anhang I geregelten Verbotsnormen formulieren. Innerhalb dieses „Sicherheitsabstands" sind die erfassten Geschäftspraktiken zwar nicht „unter allen Umständen" wettbewerbswidrig, können es aber nach den jeweiligen Umständen auf der Grundlage der §§ 3 ff. sein.[568] **355**

8. Irreführungen. Im Hinblick auf die enge Anlehnung der §§ 5, 5a an die Art. 6, 7 UGP-RL sowie die inzwischen auch von der Praxis nachvollzogene richtlinienkonforme Auslegung der Tatbestände (vgl. dazu bereits o. → Rn. 243 ff.) kann an dieser Stelle auf die Ausführungen in der Voraufl., Einl. B → Rn. 324 ff. sowie die Erläuterungen von *Dreyer* und *Weidert* zu §§ 5, 5a verwiesen werden. **356**

9. Aggressive Geschäftspraktiken. Im Hinblick auf die enge Anlehnung des § 4a an die Art. 8, 9 UGP-RL sowie die inzwischen auch von der Praxis nachvollzogene richtlinienkonforme Auslegung des Tatbestandes (vgl. dazu bereits o. → Rn. 243 ff.) kann an dieser Stelle auf die Ausführungen in der Voraufl., Einl. B → Rn. 346 ff. sowie die Erläuterungen von *Picht* zu § 4a verwiesen werden. **357**

10. Per se-Verbote („Schwarze Liste"). Im Hinblick auf die enge Anlehnung von § 3 Abs. 3 iVm Anh. an die Art. 5 Abs. 5 iVm Anh. I UGP-RL sowie die von der Praxis nachvollzogene richtlinienkonforme Auslegung der Tatbestände (vgl. dazu bereits o. → Rn. 243 ff.) kann an dieser Stelle auf die Ausführungen in der Voraufl., Einl. B → Rn. 360 ff. sowie die Erläuterungen zum Anh. § 3 verwiesen werden. **358**

11. Richtlinienkonformität des geltenden UWG. Im Hinblick auf die Regelungen der UGP-Richtlinie wurde bereits auf die Konformität der Umsetzungsvorschriften eingegangen. Es bleibt, die Regelungen des UWG, die kein Vorbild in der UGP-Richtlinie haben, einer kritischen Prüfung zu unterziehen. **359**

a) § 3a UWG: Rechtsbruch. Abgesehen von der strukturverwandten Regelung in Art. 7 Abs. 5 UGP-RL kennt das Unionsrecht keinen vergleichbaren Tatbestand. Das verwundert umso mehr, als das Unionsrecht selbst nicht allein im Bereich des Direkt- und Distanzmarketings,[569] sondern insbesondere im Umfeld des Irreführungsverbots zahlreiche, zT vorverlagerte und abstrakte Gefährdungstatbestände bereithält und darauf gründende Verbote bestimmter Geschäftspraktiken errichtet. Auf der Grundlage der ausdrücklichen Anerkennung in EGr. 6 S. 1, 8 S. 2 UGP-RL muss der Umstand Berücksichtigung finden, dass die Verletzung von gesetzlichen Normen nicht allein die möglicherweise primär geschützten Verbraucher, sondern mittelbar auch die sich rechtskonform verhaltenden Mitbewerber schädigt. Dem trägt im deutschen Recht § 3a Rechnung. Die Regelung wurde aus dem „Beispielskatalog" des § 4 UWG 2008 herausgelöst. Richtig ist daran, dass der Rechtsbruchtatbestand sich weder auf eine Vertiefung des Verbraucherschutzes reduzieren lässt, noch „ganz überwiegend Regelungen außerhalb des Geltungsbereichs der Richtlinie" betrifft.[570] Tatsächlich betrifft die Regelung mit der oben gegebenen Begründung „doppelrelevante" geschäftliche Handlungen *par excellence.* Der Mitbewerberschutz wird durch den Anspruch der UGP-Richtlinie auf Totalharmonisierung überlagert, was tatsächlich in einer Vielzahl von Fällen eine richtlinienkonforme Auslegung – tatsächlich **360**

---

[568] EuGH ECLI:EU:C:2014:211 Rn. 32 = GRUR Int. 2014, 592 – 4finance,; BGH GRUR 2012, 184 Rn. 29 – Branchenbuch Berg; MüKoUWG/*Micklitz/Namysłowska* UGP-RLAnhang I Rn. 11; Köhler/Bornkamm/Feddersen/*Köhler* Anhang zu § 3 III Rn. 0.8.

[569] Darauf weisen MüKoUWG/*Micklitz/Namysłowska* UGP-RL Art. 9 Rn. 2, zu Recht hin. Im Hinblick auf Art. 7 Abs. 5 UGP-RL gehen *Micklitz/Namysłowska* von einer „Irreführung durch Rechtsbruch" aus, UGP-RL Art. 7 Rn. 36.

[570] So aber die Beschlussempfehlung und Bericht des Ausschusses für Recht und Verbraucherschutz zu dem Gesetzentwurf der Bundesregierung – Drucksache 18/4535, BT-Drs. 18/6571, 15.

eine Nicht-Anwendung der Vorschrift – erfordern wird.[571] Der Tatbestand des § 3a, der die Formulierung des § 4 Nr. 11 UWG 2008 übernimmt und um das insoweit anerkannt geltende Spürbarkeitserfordernis des § 3 Abs. 1 UWG 2008 ergänzt, verbirgt diese Zusammenhänge nach wie vor.[572]

361 § 3a darf jedenfalls nur auf solche Rechtsverletzungen angewendet werden, die entweder **nicht vom Anwendungsbereich der UGP-RL erfasst werden** (geschäftliche Handlung gegenüber Unternehmen),[573] nach der UGP-Richtlinie „unberührt bleiben" (vgl. dazu bereits → Rn. 299 ff.: im Glücksspielrecht, vgl. EGr. 9 UGP-RL;[574] Gesundheits- und Sicherheitsaspekte, vgl. Art. 3 Abs. 3 UGP-RL;[575] standesrechtliche Regelungen, vgl. Art. 3 Abs. 8 UGP-RL)[576] oder aber wenn die verletzten Verbotstatbestände durch speziellere Unionsregelungen gedeckt sind, vgl. EGr. 10 S. 3, Art. 3 Abs. 4 UGP-RL.[577]

362 **b) § 4 UWG: Mitbewerberschutz. aa) „De-facto Schwarze Liste"?** § 4 UWG konkretisiert nach dem Regelungsmodell des UWG die Unlauterkeit iSd § 3 Abs. 1 UWG. Bezogen auf die Vorgängerregelung in § 4 UWG 2008 hatte die EU-Kommission beanstandet, dass damit Wertungsspielräume abgeschnitten würden und die Zahl der *per se*-Verbote unzulässig erweitert werde.

363 Tatsächlich hatte der EuGH in der Entscheidung *Plus* nicht einmal berücksichtigt, dass § 4 Nr. 6 UWG 2008 unter dem Vorbehalt der spürbaren Interessenbeeinträchtigung gem. § 3 Abs. 1 stand. Dies sollte indes nicht maßgeblich gegen diese Einordnung sprechen. Zunächst hatte bereits der Bundesgerichtshof in seinem Vorlagebeschluss diesen Aspekt nicht hervorgehoben, sondern im Gegenteil die maßgebliche Entscheidungserheblichkeit geprüft und bejaht.[578] GA *Trstenjak* stützte ihre Annahme, dass es sich bei § 4 Nr. 6 UWG 2008 um ein *per se*-Verbot handele, zu Unrecht auf diese Bejahung sowie eine vermeintliche Praxis, nach welcher im Fall des § 4 Nr. 6 UWG 2008 stets von der Erheblichkeit der Wettbewerbsbeschränkung auszugehen sei. Nicht zuletzt wurde die Vorlagefrage, nach der die streitgegenständliche Regelung Koppelungsangebote verbietet, „ohne dass es darauf ankommt, ob die Werbemaßnahme im Einzelfall Verbraucherinteressen beeinträchtigt",[579] missverstanden: Aus der Begründung des Vorlagebeschlusses ergab sich im Gegenteil, dass die Erheblichkeit der Wettbewerbsbeeinträchtigung und damit die Prüfung der Entscheidungsrelevanz gem. Art. 5 Abs. 2 lit. b UGP-RL bejaht worden war; die Formulierung der Vorlagefrage bezog sich vielmehr auf die Ausgestaltung der Vorschrift als **abstrakter Gefährdungstatbestand,** der eben keine konkrete Irreführungsgefahr voraussetzt.

364 Die §§ 4–6 UWG lassen jedenfalls die Argumentation unberührt, dass es Verstößen an Geschäftsentscheidungsrelevanz mangelt, weil die Adressaten der Maßnahme dieselbe geschäftliche Entscheidung auch ohne die Beeinflussung durch die unlauteren geschäftlichen Handlungen getroffen hätten. Das entspricht zum Irreführungstatbestand jahrzehntealter Praxis und der inzwischen geltenden Regelung in § 5 Abs. 1 S. 1, wurde im Zusammenhang mit den jüngeren §§ 4a, 5a UWG ausdrücklich ins Gesetz aufgenommen. Im Rahmen von § 4 fehlt eine solche Klarstellung indes. Vom Vorwurf der Intransparenz bliebe die Regelung daher nur verschont, wenn sie nicht vom Harmonisierungsziel des Unionsrechts erfasst würden.

365 **bb) Einzelverstöße in § 4. (a) Gegenständlicher Anwendungsbereich.** § 4 ist seit 2015 mit der amtlichen Überschrift „Mitbewerberschutz" versehen. Der Gesetzgeber hat

[571] Seit BGH GRUR 2009, 1180 Ls. 2 – 0,00 Grundgebühr.
[572] Kritisch dazu bereits *Glöckner* GRUR 2013, 568 (572 ff.); Voraufl., Einl. B → Rn. 457.
[573] BGH GRUR 2011, 539 Rn. 23 – Rechtsberatung durch Lebensmittelchemiker.
[574] BGH GRUR 2012, 201 Rn. 18 – Poker im Internet; GRUR 2012, 193 Rn. 16.
[575] BGH GRUR 2011, 843 Rn. 14 – Vorrichtung zur Schädlingsbekämpfung.
[576] BGH GRUR 2012, 79 Rn. 11 – Rechtsberatung durch Einzelhandelsverband.
[577] BGH MPR 2011, 88 – Ärztliches Berufsrecht.
[578] BGH GRUR 2008, 807 Rn. 15 – Millionenchance I.
[579] GA *Trstenjak,* Schlussanträge Rn. 83, zu EuGH Slg. 2010, I-217 – Plus.

damit eine Brücke über den Fluss der totalharmonisierenden UGP-Richtlinie betreten[580], welche der EuGH in seinen jüngeren Entscheidungen gebaut hatte, indem er sich bei der Begrenzung des Anwendungsbereichs auf die Frage konzentrierte, ob eine mitgliedstaatliche Regelung „lediglich" andere Zwecke als den Schutz wirtschaftlicher Verbraucherinteressen verfolgte. Dabei legte er jeweils den vom Mitgliedstaat angegebenen Zweck zugrunde (vgl. dazu o. → Rn. 288). Für das deutsche Lauterkeitsrecht bleiben freilich die in § 1 niedergelegte Schutzzwecktrias und die ansonsten regelmäßige und zutreffende Betonung des Umstandes, dass im Wettbewerb Austausch- und Parallelprozesse untrennbar miteinander verbunden seien, weshalb eine Aufteilung verbraucher- und mitbewerberschützender Regelungen nicht sinnvoll sei. Vor diesem Hintergrund bleibt ein gewisses Risiko, ob die in § 4 enthaltenen Regelungen tatsächlich außerhalb des Anwendungsbereichs der UGP-Richtlinie bleiben, wie es der Gesetzgeber angenommen hat[581]. Die Konkretisierungstatbestände differenzieren dem integrierten Schutzmodell des UWG entsprechend nicht nach den Adressaten der darin geregelten geschäftlichen Handlungen. *A priori* können sie daher auch Geschäftspraktiken iSd Art. 3 Abs. 1 iVm 2 lit. d UGP-RL erfassen. Sie sind insoweit an der UGP-Richtlinie zu messen.

(b) § 4 Nr. 1, 2: Herabsetzung, Anschwärzung. Sowohl bei § 4 Nr. 1 als auch Nr. 2 **366**
UWG handelt es sich um Tatbestände, die zwar in erster Linie die Grundrechte sowie wirtschaftlichen Interessen der betroffenen Mitbewerber schützen, aber durch unmittelbare Einwirkung auf Verbraucher begangen werden können. Insoweit stellt sich in aller Schärfe die oben (→ Rn. 283 ff., 290) aufgeworfene Frage nach der Bestimmung des **Anwendungsbereichs der UGP-Richtlinie.** Die UGP-Richtlinie will gemäß der Umschreibung ihres Schutzzwecks (vgl. EGr. 6 S. 1, 8 S. 1 UGP-RL) ausschließlich Regelungen harmonisieren, welche „die wirtschaftlichen Interessen der Verbraucher unmittelbar … schädigen", EGr. 8 S. 1 UGP-RL. Durch Herabsetzungen oder nicht irreführende Anschwärzungen von Mitbewerbern werden aber, selbst wenn sie unmittelbar gegenüber Verbrauchern und zur Absatzförderung begangen werden, deren wirtschaftliche Interessen im Regelfall nicht unmittelbar geschädigt.

Die sprachlich ausgreifende Begründung der Entscheidungen *VTB* und *Plus* würde es **367**
zwar gestatten, die Regelungen dem gegenständlichen Anwendungsbereich der UGP-Richtlinie zu unterwerfen. Der Regelungszweck der UGP-Richtlinie zwingt aber zu einer **engeren Auslegung** von Art. 3 Abs. 1 UGP-RL, als sein überschießender Wortlaut gestattet. Der unbestrittene Grundsatz der **praktischen Wirksamkeit** wird dadurch nicht in Frage gestellt, dass Geschäftspraktiken, die unmittelbar allein Mitbewerber, Verbraucher aber allenfalls mittelbar – wenn nämlich solchermaßen unlauter behinderte Mitbewerber vom Markt verdrängt werden und die Konsumentenauswahl sich verringert – schädigen, nicht von der UGP-Richtlinie erfasst werden. Der Unionsgesetzgeber hat in den EGr. 6 S. 1, 8 S. 1 UGP-RL zum Ausdruck gebracht, dass er solche, zwar uU verbrauchervermittelten, aber nicht unmittelbar verbraucherschädigenden Geschäftspraktiken nicht regeln wollte. Ganz konkret lässt sich schließlich den **Gesetzgebungsmaterialien** entnehmen, dass nicht irreführende Herabsetzungen nicht von der UGP-Richtlinie erfasst werden sollten.[582] Der Tatbestand in § 4 Nr. 1 (Herabsetzung) wird damit tatsächlich vom Anwendungsbereich der UGP-Richtlinie nicht erfasst.

Insoweit bleibt es bei einer Überlagerung durch die UGP-Richtlinie allein in denjenigen **368**
Fällen, in denen sich herabsetzende Äußerungen über Mitbewerber an Verbraucher richten

[580] Beschlussempfehlung und Bericht des Ausschusses für Recht und Verbraucherschutz (6. Ausschuss) zu dem Gesetzentwurf der Bundesregierung – Drucksache 18/4535 –, BT-Drs. 18/6551, 14.

[581] Beschlussempfehlung und Bericht des Ausschusses für Recht und Verbraucherschutz (6. Ausschuss) zu dem Gesetzentwurf der Bundesregierung – Drucksache 18/4535 –, BT-Drs. 18/6551, 14.

[582] Vorschlag für eine Richtlinie des Europäischen Parlaments und des Rates über unlautere Geschäftspraktiken im binnenmarktinternen Geschäftsverkehr zwischen Unternehmen und Verbrauchern und zur Änderung der Richtlinien 84/450/EWG, 97/7/EG and 98/27/EG (Richtlinie über unlautere Geschäftspraktiken), KOM(2003) 356 endg., Rn. 40.

und zugleich geeignet sind, deren wirtschaftliche Interessen unmittelbar zu beeinträchtigen.[583] Dazu kommt es, wenn angesprochene Verbraucher durch **irreführende Angaben** in geschäftsentscheidungsrelevanter Weise getäuscht werden, maW bei der Anschwärzung gem. § 4 Nr. 2 gegenüber Verbrauchern.

369 **(c) § 4 Nr. 3: Produktnachahmung.** Soweit Produktnachahmungen Verbraucherinteressen unmittelbar schädigen, weil sie eine **relevante Verwechslungsgefahr** begründen, vollziehen die §§ 5 Abs. 1 Nr. 1 (Irreführung über die betriebliche Herkunft), Abs. 2 UWG die in EGr. 14 S. 6 UGP-RL zum Ausdruck gebrachte Wertung unmittelbar nach. Auch insoweit steht § 4 Nr. 3 lit. a jedoch nicht außerhalb des Anwendungsbereichs der UGP-Richtlinie, sondern bleibt einem Gebot richtlinienkonformer Auslegung unterworfen.

370 Soweit aber keine Verwechslungsgefahr begründet wird, werden allein die Interessen der Mitbewerber unmittelbar geschädigt. Insoweit ist die Rechtslage der bei der Herabsetzung und nicht irreführenden Anschwärzung vergleichbar: Die Tatbestände bewegen sich außerhalb des Anwendungsbereichs der UGP-RL, selbst wenn nachgeahmte Produkte an Verbraucher vertrieben werden.[584]

371 **(d) § 4 Nr. 4: Gezielte Behinderung.** Diesbezüglich ist noch weitergehend zu differenzieren: Bestimmte Behinderungsformen werden in keiner Weise durch an Verbraucher gerichtetes Verhalten begangen. Dazu gehören etwa das Abwerben von Mitarbeitern oder der Bezugsboykott. Insoweit ist eine verdrängende Wirkung der UGP-Richtllinie ausgeschlossen.

372 Bestimmte Formen der Behinderung können zwar durch an Verbraucher gerichtetes Verhalten begangen werden (Herabsetzung, Anschwärzung, vergleichende Werbung, Produktnachahmung), sind aber Gegenstand selbständiger und nach hM speziellerer Tatbestände (vgl. dazu bereits o.). Schließlich können bestimmte Formen der Behinderung durch an Verbraucher gerichtetes Verhalten iwS begangen werden (zB **Aufruf zum Verbraucherboykott, Überkleben von Werbeplakaten, Abfangen von Kunden**). Hierbei ist zu unterscheiden: Das einfache Zusammentreffen zweier unterschiedlicher Unlauterkeitselemente in derselben konkreten geschäftlichen Handlung (etwa Abfangen von Kunden durch unzulässige Beeinflussung) lässt die rechtlich getrennte Behandlung unberührt: Dass die Regelung aggressiver geschäftlicher Praktiken in § 4a Abs. 1 durch die Art. 8 ff. UGP-RL totalharmonisiert ist, führt im Fall ihrer unionsrechtlichen Zulässigkeit daher nicht zu einer Freistellung im Hinblick auf die Behinderung von Mitbewerbern als Folge des Abfangens von Kunden. Anders stellt sich die Rechtslage im Fall von im eigentlichen Sinn doppelrelevanten geschäftlichen Handlungen dar.[585] Bei geschäftlichen Handlungen, die *uno actu* und **untrennbar** zugleich unmittelbar wirtschaftliche Verbraucherinteressen und die Interessen von Mitbewerbern schädigen (zB, Produktnachahmung unter Begründung der Gefahr von Verwechslungen durch Verbraucher), setzt sich wiederum der Anspruch der UGP-Richtlinie auf Totalharmonisierung durch. Im Übrigen bewegen sich aber Behinderungen, die durch § 4 Nr. 4 erfasst werden, **nicht mehr im gegenständlichen Anwendungsbereich der UGP-Richtlinie.** Die bloß mittelbare Beeinträchtigung von Verbraucherinteressen, die sich aus der möglichen Marktverschließung durch Verdrängung der Mitbewerber ergibt, genügt nicht, den Anwendungsbereich der UGP-Richtlinie zu eröffnen.

373 **c) § 7 Abs. 1 UWG: Unzulässigkeit unzumutbarer Belästigungen.** In der Vorschrift wird zwar weder auf den Durchschnittsverbraucher noch auf die Kausalität der

[583] Vgl. bereits *Glöckner* WRP 2014, 1399 (1403).

[584] Vgl. auch insoweit Vorschlag für eine Richtlinie des Europäischen Parlaments und des Rates über unlautere Geschäftspraktiken im binnenmarktinternen Geschäftsverkehr zwischen Unternehmen und Verbrauchern und zur Änderung der Richtlinien 84/450/EWG, 97/7/EG and 98/27/EG (Richtlinie über unlautere Geschäftspraktiken), KOM(2003) 356 endg., Rn. 40.

[585] Vgl. dazu *Glöckner* WRP 2014, 1399 (1402).

Belästigung für die geschäftlichen Entscheidungen abgestellt. Dennoch ist die Vorschrift richtlinienkonform. Die Gesamtregelung in § 7 hat innerhalb des UWG einen Sonderstatus, wie bereits daran deutlich wird, dass sie zum einen dem Wortlaut nach nicht die Unlauterkeit konkretisiert, sondern unmittelbar die Unzulässigkeit begründet, und zum anderen die Sanktionsnormen in den §§ 8 ff. die Unzulässigkeit gem. § 7 durchweg selbständig neben der Unzulässigkeit gem. § 3 nennen. Die Zielrichtung von § 7 ist nicht die Verhinderung von Geschäftspraktiken, welche die Entscheidungsfreiheit durch Irreführung, unangemessene Beeinflussung oder in sonstiger Weise beeinträchtigen – Schutz gegen unangemessene Beeinflussung gewährt bereits § 4a –, sondern der **Schutz** der Adressaten, innerhalb ihrer **individuellen privaten oder beruflichen Sphären,** von geschäftlichen Handlungen verschont zu bleiben, die sie nicht wünschen.[586] Der in § 7 verwendete Belästigungsbegriff entspricht von vornherein nicht dem in § 4a Abs. 1 Nr. 1 UWG und Art. 8 UGP-RL verwendeten, welcher die unzulässige Beeinflussung konkretisiert (vgl. bereits die Voraufl., Einl. B → Rn. 353).

Die von § 7 UWG geregelten Fälle unzumutbarer Belästigungen werden zwar vom Wortlaut des Art. 3 Abs. 1, 2 lit. e UGP-RL erfasst, soweit die geschäftlichen Handlungen von Unternehmen an Verbraucher gerichtet sind. Für die besonders relevanten Bereiche der belästigenden Werbung unter Verwendung elektronischer Post, elektronischer Anrufmaschinen, von Telefax oder Telefon enthält § 7 Abs. 2 und 3 UWG aber Sonderregelungen, die sich auf gem. Art. 3 Abs. 4 UGP-RL unberührte speziellere unionsrechtliche Vorschriften stützen können. **374**

Verschiedene europäische Rechtsakte gestatten nämlich eine **weitestgehende Beibehaltung der bestehenden Regelungen:** So verlangt Art. 13 Abs. 1 Richtlinie 2002/58 ein Verbot der Verwendung von automatische Anrufmaschinen, Faxgeräten oder elektronischer Post für die Zwecke der Direktwerbung ohne die vorherige Einwilligung der Adressaten. Es findet sich in § 7 Abs. 2 Nr. 3 wieder. Darüber hinausgehend verlangt Nr. 26 Anh. I UGP-RL, dass das hartnäckige Ansprechen über für den Fernabsatz geeignete Medien „unter allen Umständen" verboten sein soll. Dies wird für die Telefonwerbung in § 7 Abs. 2 Nr. 2 umgesetzt, wobei allerdings bereits der erste unerwünschte Werbeanruf unzulässig ist. Insoweit stützt der Gesetzgeber sich ebenfalls zu Recht auf die Datenschutzrichtlinie für elektronische Kommunikation[587] (vgl. dazu → Rn. 129), die in Art. 13 Abs. 3 den Mitgliedstaaten im Hinblick auf die Telefonwerbung das Festhalten an sog. *opt-in* Systemen (vgl. dazu → Rn. 129 ff.) gestattet. In EGr. 14 S. 9 UGP-RL hat der europäische Gesetzgeber ausdrücklich klargestellt, dass diese Vorschrift unberührt bleiben solle. Mit § 7 Abs. 2 Nr. 4 UWG wird Art. 13 Abs. 4 Richtlinie 2002/58 umgesetzt.[588] Soweit die Umsetzungsnorm über den Anwendungsbereich von Art. 13 Abs. 4 Richtlinie 2002/58 („elektronische Nachricht") hinausgeht, kann dies mit der allgemein auf den Gesichtspunkt der Irreführung bzw. Verschleierung gestützten Unlauterkeit begründet werden. **375**

Natürlich mag man sich fragen, warum ein „hartnäckiges und unerwünschtes kommerzielles Ansprechen per E-Mail" überhaupt einer lauterkeitsrechtlichen Regelung bedarf, wenn jede Art von E-Mail-Werbung durch die (insoweit vorgehende) Datenschutzrichtlinie für elektronische Kommunikation ohnehin verboten ist, was der Europäische Gesetzgeber zu allem Überfluss selbst zum Ausdruck bringt. An dieser Stelle wirkt sich die durch die UGP-Richtlinie bewirkte **Verkomplizierung des europäischen Rechtsrahmens** am stärksten aus. Partiell erklären lässt die Gesetzgebungstechnik sich durch die noch nicht unionsweit harmonisierte Regelung der Telefonwerbung: Insoweit begründet Nr. 26 **376**

---

[586] Begründung RegE, BT-Drs. 14/1587, 20: „Die Belästigung besteht darin, dass die Wettbewerbshandlung den Empfängern aufgedrängt wird."; BGH GRUR 2005, 443 juris-Rn. 24 – Ansprechen in der Öffentlichkeit II.

[587] Begründung RegE, BT-Drs. 16/10145, 29.

[588] Begründung RegE, BT-Drs. 16/10145, 29.

Anh. I UGP-RL in Mitgliedstaaten, die bislang zulässigerweise dem *opt out*-Prinzip gefolgt sind, ein Mindestverbot.

377 Durch § 7 Abs. 1 S. 2 wird vor allem die Briefkastenwerbung gegen den erkennbaren Wunsch des Adressaten („Keine Werbung!") verboten. Von § 7 Abs. 1 S. 1 erfasst bleibt die unerwünschte Behelligung mit geschäftlichen Handlungen anderer Art. Nach den geäußerten Vorstellungen des deutschen Gesetzgebers erfolgt der Schutz der Unternehmen durch das Merkmal der Unzumutbarkeit, das eine spezielle Bagatellschwelle errichtet.[589] Weil niemand einen Anspruch darauf hat, von Werbung verschont zu bleiben, scheitern an der Unzumutbarkeitsschwelle sämtliche „üblichen" Werbeformen, selbst wenn sie zB Verbraucher über Zeitschriften, Fernseher oder online-Angebote in ihrer Privatsphäre erreichen.

378 Grenzwertig sind jedoch Formen der Direktwerbung, die sich in ihrer in die Individualsphäre eindringenden Wirkung qualitativ von „normaler" Öffentlichkeitswerbung unterscheiden. Seit jeher unterwerfen die Mitgliedstaaten das **persönliche Ansprechen zu Werbezwecken,** sei es an der Haustür, am Arbeitsplatz oder auf öffentlichen Verkehrsflächen, besonderen Regelungen. Diese Möglichkeit sollte ihnen nach dem geäußerten Willen des Europäischen Gesetzgebers, EGr. 7 S. 4 UGP-RL, erhalten bleiben. Der normative Teil der UGP-Richtlinie bildet diese Annahme zwar nicht ab und Ausführungen dazu, wie diese Möglichkeit in die Struktur des Art. 3 UGP-RL einzubinden ist, fehlen. Der maßgebliche Wille des Europäischen Gesetzgebers trägt aber jedenfalls die Annahme, dass ein Tatbestand, der genau diese Fallgruppen der persönlichen Direktansprache erfasst und noch dazu nicht pauschal, sondern sachangemessen unter dem Vorbehalt der Unzumutbarkeit[590] verbietet, von der UGP-Richtlinie nicht ausgeschlossen werden kann. Dabei trägt der in EGr. 7 S. 4 zum Ausdruck gebrachte Vorbehalt der „guten Sitten" und des Anstandes genau die in § 7 UWG – in bewusster Abweichung[591] von der übrigen Struktur der lauterkeitsrechtlichen Verhaltensnormen – geregelten Verbote: Mit ihnen sollen eben nicht die wirtschaftlichen Interessen der Verbraucher geschützt werden: Der Schutz wirtschaftlicher Interessen der Verbraucher liegt § 4a UWG zugrunde, welcher die Freiheit der Entscheidungsfindung schützt. In § 7 UWG geht es demgegenüber um den **Schutz von beruflicher und Privatsphäre.**[592] Die Einbindung ins Lauterkeitsrecht hat neben traditionellen Gründen vor allem die Funktion, die **Rechtsschutzmöglichkeiten zugunsten der Adressaten zu verbessern:** Individuell stehen diesen zwar uU negatorische Ansprüche im Hinblick auf die Verletzung ihrer Persönlichkeitsrechte, die Funktionsvereitelung der Empfangseinrichtungen oÄ zu,[593] wodurch die in Art. 13 Abs. 6 Richtlinie 2002/58 nunmehr niedergelegte Pflicht der Mitgliedstaaten, den individuell Betroffenen gerichtlichen Rechtsschutz einzuräumen, erfüllt wird. Die gerichtliche Geltendmachung dieser Ansprüche ist aber wegen der häufig wechselnden Verletzer nicht wirtschaftlich möglich bzw. sinnvoll. Die Unterwerfung unter das Lauterkeitsrecht steht daher eher im Kontext der **Verbesserung des kollektiven Rechtsschutzes** durch Mitbewerber- und Verbandsklagen. Die Änderung der Richtlinie 2002/65 steht dem nicht entgegen. Auf der Grundlage von Art. 3 Abs. 4 UGP-RL kann der Richtlinie 2002/58 als spezieller Regelung nicht entnommen werden, den Rechtsschutz abschließend zu regeln. Im Gegenteil legen die Begründungserwägungen nahe, dass neben der bei grenzüberschreitenden Verstößen geforderten Anwendung der VO Nr. 2006/2004 auch Mitbewerber- und Verbandsklagen, wie sie § 8 Abs. 3 UWG vorsieht, zur Effektivierung des Rechtsschutzes verwendet werden dürfen.

---

[589] Begründung RegE, BT-Drs. 16/10145, 28.
[590] Zur Auslegung vgl. BGH GRUR 2005, 443 juris-Rn. 20 ff. – Ansprechen in der Öffentlichkeit II.
[591] Begründung RegE, BT-Drs. 16/10145, 30.
[592] Begründung RegE, BT-Drs. 16/10145, 28: „für Werbung gilt, bei der erkennbar ist, dass der angesprochene Marktteilnehmer diese nicht wünscht."
[593] Vgl. bereits *Glöckner* JKR 1998, 51 (66 ff.).

V. Durchsetzung

Für die Praxis von kaum zu unterschätzender Bedeutung sind die unionsrechtlichen Vorschriften, durch welche die **Durchsetzung des Lauterkeitsrechts harmonisiert** wird. Im Zentrum des Problems unterschiedlicher Wettbewerbsbedingungen stand nicht zuletzt die ganz unterschiedliche Handhabung der wettbewerblichen Verhaltensnormen durch Behörden und Gerichte. 379

1. Richtlinie über irreführende und vergleichende Werbung 1984/1997 – kodifizierte Fassung 2006. Gemäß Art. 5 Abs. 1 IrreführungsRL haben die Mitgliedstaaten im Interesse der Gewerbetreibenden und ihrer Mitbewerber sicherzustellen, dass **geeignete und wirksame Mittel zur Bekämpfung der irreführenden Werbung vorhanden sind, und die Einhaltung der Bestimmungen über vergleichende Werbung zu gewährleisten.** Diese Mittel müssen Rechtsvorschriften umfassen, die es den Personen oder Organisationen, die nach dem nationalen Recht ein berechtigtes Interesse am Verbot irreführender Werbung oder an der Regelung vergleichender Werbung haben, gestatten, entweder gerichtlich gegen eine solche Werbung vorzugehen oder eine solche Werbung vor eine Verwaltungsbehörde zu bringen, die zuständig ist, über Beschwerden zu entscheiden oder geeignete gerichtliche Schritte einzuleiten, wobei es jedem Mitgliedstaat obliegt zu entscheiden, welches der vorstehend genannten Mittel gegeben sein soll und ob das Gericht oder die Verwaltungsbehörden ermächtigt werden sollen, die Durchführung eines bestimmten Vorverfahrens zu verlangen. 380

Diese Vorschrift hat die wirksame und gleichförmige Entwicklung des Irreführungsverbots nicht sicherstellen können. Die **Kompromisslösung** sollte sowohl das in Deutschland praktizierte integrierte Schutzkonzept, das auf private Klagen vertraut, wie auch, etwa in Großbritannien praktizierte, Systeme, die mit einer Selbstkontrolle operieren, oder kombinierte Systeme, die sich aus zivil-, verwaltungs- und strafrechtlichen Komponenten zusammensetzen, gestatten.[594] Im Ergebnis blieb es in Deutschland bei einem leicht zugänglichen und kostengünstigen Rechtsschutz durch die Zivilgerichte, in Großbritannien bei einem System, welches die Selbstkontrolle lediglich mit einem dünnen Netz, gebildet aus der möglichen Beschwerde beim Director General of Fair Trading und dessen möglicher Klage,[595] rechtlich absicherte. Vervollständigt wird das bunte Bild durch die skandinavischen Marktgesetze, die durch Ombudsleute und Marktgerichte durchgesetzt werden, sowie die mit Wettbewerbsbehörden operierenden Durchsetzungssysteme wie etwa in Italien oder Ungarn.[596] 381

Daneben wird die Frage der **Aktivlegitimation bzw. der Beschwerdeberechtigung nicht unionsrechtlich geregelt.** Die als Relativsatz formulierte Einschränkung „die nach dem nationalen Recht ein berechtigtes Interesse am Verbot irreführender Werbung oder an der Regelung vergleichender Werbung haben“, wird nicht nur auf das vorstehende Substantiv „Organisationen“ bezogen, wodurch allein die Voraussetzungen der Verbandsklage dem mitgliedstaatlichen Prozessrecht zugewiesen würden, sondern auch auf die voran geregelten „Personen“.[597] Immerhin war in der Vergangenheit die Aktivlegitimation der betroffenen Mitbewerber in allen Mitgliedstaaten unbestritten.[598] 382

---

[594] Zu diesem Ansatz vgl. insbes. *Hucke* S. 407 ff.

[595] Zu solchen Klagen ist es in der Vergangenheit nur äußerst selten gekommen, vgl. die Darstellung bei *Ohly* GRUR Int. 1993, 730 (737). Im Jahr 2002 wurde der *Director General* durch das *Office of Fair Trading* abgelöst. Seit dem 1.4.2014 wurden die Funktionen des OFT von der *Competition and Market Authority* (CMA) übernommen. Auf der Grundlage von sec. 11, 205 Enterprise Act 2002 haben auch Verbraucherschutzeinrichtungen, die vom Ministerium für Handel und Industrie (Department of Trade and Industry) bestimmt wurden, die Möglichkeit, sog. *super-complaints* zu erheben.

[596] Vgl. zusammenfassend *Henning-Bodewig* GRUR 2013, 238 (240 ff.).

[597] Vgl. *Lettl* WRP 2004, 1079 (1129).

[598] Vgl. MüKoUWG/*Micklitz*/*Namyslowska* UGP-RL Art. 11 Rn. 16.

383 Im Zuge der Novelle der Irreführungsrichtlinie sollte insbesondere die Verfolgung grenzüberschreitender Verletzungen durch ein System verbessert werden, das der Zusammenarbeit beim Verbraucherschutz (vgl. dazu → Rn. 406) entspricht.[599] Die Einsetzung einer *Ad hoc*-Arbeitsgruppe nationaler Durchsetzungsbehörden und anderer wichtiger Behörden wurde angekündigt, um den Informationsaustausch und die Koordinierung der Durchsetzungsaktivitäten zu fördern.[600] Dieses Vorhaben mündete in die Änderungen der Verordnung über die Zusammenarbeit im Verbraucherschutz (dazu sogl.).

384 **2. Richtlinie über unlautere Geschäftspraktiken 2005/2019.** Im Bestreben um ein vom Gesetzgebungsziel der Marktintegration gefordertes *level playing field* sowie um Rechtssicherheit hatte der Europäische Gesetzgeber sich bei der Umschreibung der objektiven Verhaltensnormen größte Mühe gegeben. Umso enttäuschender war es, dass auf der Ebene der Durchsetzung zunächst kaum ein Fortschritt gegenüber der Irreführungsrichtlinie erzielt wurde.[601] Artikel 11 UGP-RL hat deren Regulierungsdefizit übernommen. Veranlasst durch die Diskussion um den Schutzzweck der UGP-Richtlinie (vgl. dazu → Rn. 274, 282) hat der Gesetzgeber allerdings bei der Aufzählung der zu berechtigenden Personen im Anschluss an den auf die mitgliedstaatliche Rechtsordnung verweisenden Relativsatz „einschließlich Mitbewerbern" eingefügt. Auf diese Weise wurde der *status quo ante* im Hinblick auf die Aktivlegitimation erhalten.

385 Problematisch war jedoch, freilich nicht erst, aber doch ganz besonders seit dem Erlass der UGP-Richtlinie, ob auch den **Verbrauchern Rechte** vermittelt werden. Unter dem autonomen deutschen Recht war dies im Hinblick auf mögliche Ansprüche aus § 823 Abs. 2 BGB stets abgelehnt worden.[602] Mit dem Argument, das in der Praxis bewährte Durchsetzungssystem einer Kombination von zivilrechtlichen und strafrechtlichen Sanktionen erfülle die Anforderung geeigneter und wirksamer Mittel zur Bekämpfung unlauterer geschäftlicher Praktiken, verneinte der deutsche Gesetzgeber auch nach Erlass der UGP-Richtlinie Umsetzungsbedarf.[603] Insbesondere müsse keine Konsumentenindividualklage eingeführt werden, weil die UGP-Richtlinie gem. EGr. 9 S. 1 keine Regelungen zu individuellen Klagerechten von Personen enthalte, die durch unlautere Geschäftspraktiken geschädigt seien.[604] In der Literatur wurde die Ablehnung auf das Argument gestützt, die Irreführungs- bzw. UGP-Richtlinie schützten lediglich die **kollektiven Verbraucherinteressen,** denen durch die Möglichkeit der Verbraucherverbandsklage Rechnung getragen werde.[605] Im Übrigen bestehe angesichts des vertragsrechtlichen Rechtsschutzes kein individuelles Schutzbedürfnis.

386 Angesichts der europarechtlichen Ausgangslage war am Vorgehen des deutschen Gesetzgebers zwar nichts zu beanstanden. Tatsächlich war es aber ein Ärgernis, dass der Europäische Gesetzgeber, so nachdrücklich er die harmonische Anwendung der objektiven Verhaltensnormen verfolgt, den Mitgliedstaaten auf der Durchsetzungsebene so weitgehend entgegengekommen ist. Die Disbalance zwischen dem bei den Verhaltensnormen entwickelten Harmonisierungseifer und der bei den Sanktionsnormen ebenso offensichtlichen

---

599 Mitteilung der Kommission an das Europäische Parlament, den Rat, den Europäischen Wirtschafts- und Sozialausschuss und den Ausschuss der Regionen, Schutz von Unternehmen vor irreführenden Vermarktungspraktiken und Gewährleistung der wirksamen Durchsetzung Überarbeitung der Richtlinie 2006/114/EG über irreführende und vergleichende Werbung, KOM(2012) 702 final, 5.2.2.

600 Mitteilung der Kommission an das Europäische Parlament, den Rat, den Europäischen Wirtschafts- und Sozialausschuss und den Ausschuss der Regionen, Schutz von Unternehmen vor irreführenden Vermarktungspraktiken und Gewährleistung der wirksamen Durchsetzung Überarbeitung der Richtlinie 2006/114/EG über irreführende und vergleichende Werbung, KOM(2012) 702 final, 5.1.

601 *Henning-Bodewig* GRUR Int. 2010, 549 (563). Vgl. dazu *Bakardjieva Engelbrekt* S. 614 ff. Die Autorin hat die verdienstvolle Aufgabe übernommen, die Frage nach der Harmonisierung des Lauterkeitsrechts insgesamt aus einer Perspektive der *institutional choice* zu untersuchen.

602 Grundlegend BGH GRUR 1975, 150 – Prüfzeichen. Vgl. Begründung RegE, BT-Drs. 15/1487, 22.

603 Begründung RegE, BT-Drs. 16/10145, 18.

604 Begründung RegE, BT-Drs. 16/10145, 19.

605 Vgl. *Gamerith* WRP 2005, 391 (403 ff.).

Trägheit verblüffte. Darüber noch hinausgehend ermutigte der EuGH die Mitgliedstaaten, eine von ihm selbst offensichtlich nicht für abschließend überzeugend gehaltenene Auslegung der Verhaltensnormen durch Begrenzung der Sanktionen zu korrigieren.[606] Dass die Schlamperei den Despotismus mildern kann,[607] ist zwar seit langem bekannt, daraus eine Regelungsmaxime des Unionsrechts zu entwickeln aber ganz und gar verfehlt. Es mutet doch einigermaßen seltsam an, eine Richtlinie zum Schutz der Verbraucher zu erlassen, wenn die Verbraucher sich nicht auf die in ihr begründeten Rechtspflichten berufen dürfen.[608]

Zu diesbezüglichen Änderungen hat die im Rahmen des sog. „New Deal for Consumers" erlassene Änderungsrichtlinie (sog. Omnibus-Richtlinie, vgl. dazu → Rn. 193 ff.) geführt. Durch sie wurde Art. 11a UGP-RL 2019 eingeführt, der die Mitgliedstaaten verpflichtet sicherzustellen, dass die geschädigten Verbraucher „*Zugang zu angemessenen und wirksamen Rechtsbehelfen, einschließlich Ersatz des dem Verbraucher entstandenen Schadens sowie gegebenenfalls Preisminderung oder Beendigung des Vertrags [haben]. Die Mitgliedstaaten können die Voraussetzungen für die Anwendung und die Folgen der Rechtsbehelfe festlegen. Die Mitgliedstaaten können gegebenenfalls die Schwere und Art der unlauteren Geschäftspraktik, den dem Verbraucher entstandenen Schaden sowie weitere relevante Umstände berücksichtigen.*."[609] **387**

Schwierigkeiten dürften weniger aus der Begründung der Aktivlegitimation der Verbraucher entstehen. Das schweizerische UWG kennt seit 1988 eine umfassende Klageberechtigung der Verbraucher, vgl. Art. 10 Abs. 1 chUWG. Die in Deutschland in der Vergangenheit regelmäßig prophezeite Klageflut ist dort ausgeblieben. Nur vereinzelt wurden Klagen von Konsumenten auf die Verletzung lauterkeitsrechtlicher Normen gestützt, regelmäßig in Begleitung vertragsrechtlicher Ansprüche.[610] Allerdings ist zu beachten, dass in der Schweiz keine Anreize zur Durchsetzung in Gestalt von erstattungsfähigen Abmahnungskosten gesetzt werden und auch der Anwendungsbereich des UWG im Hinblick auf die Abgrenzung zur reinen Vertragsverletzung erheblich enger ist. **388**

Größere Probleme dürfte daher die **Abstimmung der lauterkeitsrechtlichen Rechtsbehelfe** auf die vertragsrechtlichen Ansprüche sowie die Strukturen der Rechtsdurchsetzung in Deutschland bereiten. Wollte man auch die Aktivlegitimation von Verbrauchern zur Geltendmachung negatorischer Ansprüche begründen[611], so läge es nahe, die **Erstattungsfähigkeit der Abmahnkosten** an ein zusätzliches Erfordernis des **wettbewerblichen Verfolgungsinteresses** zu knüpfen, an dem es fehlt, wenn ein Lauterkeitsverstoß keine über das Individualrechtsverhältnis hinausreichenden Auswirkungen hat. In diesem Sinne gestattet Art. 11a Abs. 1 S. 3 UGP-RL 2019 den Mitgliedstaaten, die Schwere und Art der unlauteren Geschäftspraktik zu berücksichtigen. **389**

Ähnliches gilt im Hinblick auf das Verhältnis zu der unionsrechtlich determinierten vertragsrechtlichen Haftung des Unternehmers. Die Regelung in Art. 11a Abs. 2 UGP-RL 2019 ordnet ausdrücklich an, dass die nach der UGP-Richtlinie zu verschaffenden Rechtsbehelfe „*nicht die Anwendung anderer Rechtsbehelfe [berühren], die den Verbrauchern nach dem Unionsrecht oder dem nationalen Recht zur Verfügung stehen*". Die Begründungserwägungen erläutern dies nicht. Klar ist, dass vertragliche Regelungen nicht zulasten der Verbraucher eingeschränkt werden sollen. Doch auch in entgegengesetzter Richtung gebietet **390**

---

606 EuGH ECLI:EU:C:2015:225 Rn. 59 = GRUR 2015, 600 – Nemzeti.

607 *Adler,* Bericht an die Internationale (Internationaler Sozialistenkongress in Paris 1889), zitiert nach Callesen, Briefwechsel Victor Adler – Friedrich Engels, 2011, S. 127: „Die österreichische Regierung ist gleich unfähig, bei einem Werke der Gerechtigkeit konsequent zu sein wie bei einem Werke der Unterdrückung; sie schwankt beständig hin und her, – wir haben den Despotismus gemildert durch Schlamperei".

608 *Säcker* WRP 2004, 1199 (1219); *Fezer* WRP 2006, 781 (788); MüKoUWG/*Micklitz/Namyslowska* UGP-RL Art. 11 Rn. 19.

609 Art. 3 Nr. 5 in der Fassung des Beschlusses des Rates v. 8.11.2019, Interinst. Dossier 2018/0090(COD), Dok.-Nr. 8489/19.

610 ZB HGer Zürich SMI 1988, 246 – Swiss Residence.

611 So *Köhler,* WRP 2021, 129, 135; anders der Gesetzentwurf der Bundesregierung. Entwurf eines Gesetzes zur Stärkung des Verbraucherschutzes im Wettbewerbs- und Gewerberecht, BT-Drs. 19/27873.

der Grundsatz der harmonischen Auslegung der Unionsrechtsakte Berücksichtigung der vertragsrechtlichen Wertungen. Insoweit muss Beachtung finden, dass auch die Regelungen der Warenkauf-RL[612] nach deren Art. 4 totalharmonisierend wirken, dh keinen weitergehenden Verbraucherschutz gestatten. Die Vertragsmäßigkeit der Waren bestimmt sich gem. Art. 7 Abs. 1 lit. d Warenkauf-RL danach, was der Verbraucher *„unter Berücksichtigung öffentlicher Erklärungen, die von dem Verkäufer oder im Auftrag des Verkäufers oder einer anderen Person in vorhergehenden Gliedern der Vertragskette einschließlich des Herstellers, insbesondere in der Werbung oder auf dem Etikett, abgegeben wurden, vernünftigerweise erwarten kann."* Angaben in der Werbung, die Geschäftspraktiken iSd Art. 2 Abs. 1 lit. d UGP-RL sind, werden danach typischerweise die Sollbeschaffenheit der gekauften Ware bestimmen und die in der Warenkauf-Richtlinie geregelten Rechtsbehelfe des Käufers auslösen. Im Fall der Lieferung nicht vertragsmäßiger Waren hat der Unionsgesetzgeber über den Anspruch auf die Herstellung des vertragsgemäßen Zustandes hinausgehende Ansprüche, insbesondere die Minderung des Preises und die Beendigung des Vertrages gem. Art. 13 Abs. 4 Warenkauf-RL, an das Vorliegen zusätzlicher Voraussetzungen, typischerweise das Scheitern der Herstellung des vertragsgemäßen Zustands, geknüpft. Diese Regelung würde funktionslos, wenn auf der Grundlage von Art. 11a Abs. 1 UGP-RL die „Preisminderung oder Beendigung des Vertrags" durch den Verbraucher stets möglich bliebe.[613] Zur gebotenen kohärenten Auslegung der Unionsrechtsakte muss der Begriff „gegebenenfalls" in Art. 11a Abs. 1 UGP-RL 2019 in der Weise ausgelegt werden, dass diese Rechtsbehelfe dann zu gewähren sind, wenn dem Verbraucher auf andere Weise keine „angemessenen und wirksamen Rechtsbehelfe", die Art. 11a Abs. 1 UGP-RL 2019 primär verlangt, zur Verfügung stehen.

391 Dasselbe gilt für den dem Verbraucher entstandenen Schaden. Hier endet zwar gem. Art. 3 Abs. 6 Warenkauf-RL die unionsrechtliche Totalharmonsierung des Vertragsrechts. In Deutschland sind vertragliche Schadensersatzansprüche im Fall von Sachmängeln gem. §§ 433 Abs. 1 S. 2, 437 Nr. 3, 280 ff., 311a BGB regelmäßig verschuldensabhängig. Dem Händler wird man aber, wenn der Sachmangel auf einer öffentlichen Äußerung des personenverschiedenen Herstellers beruht und die Voraussetzungen des Art. 7 Abs. 2 nicht erfüllt sind, zumindest den Vorwurf machen können, die Ware ohne Aufklärung der unzutreffenden Werbung verkauft zu haben. Der Schutz des Verkäufers im Hinblick auf sein Recht zur zweiten Andienung gem. § 281 Abs. 1 BGB ist im Hinblick auf den lauterkeitsrechtlichen Schadensersatzanspruch ebenfalls durch das Erfordernis der Angemessenheit und Wirksamkeit des vertragsrechtlichen Rechtsbehelfs zu gewährleisten. Der Unionsgesetzgeber hat in Art. 11a Abs. 1 S. 2 UGP-RL überdies den Mitgliedstaaten ausdrücklich überlassen, die Voraussetzungen für die Anwendung und die Folgen der Rechtsbehelfe festzulegen.

392 Hinzu kommt die **Schärfung des übrigen Sanktionsinstrumentariums**[614] auf der Grundlage von Art. 13 UGP-RL 2019. Zunächst wurde in Art. 13 Abs. 2 UGP-RL 2019 ein Katalog von Umständen aufgenommen, der sehr deutlich macht, dass allein negatorische Ansprüche, die durch einen Anspruch auf Erstattung der Abmahnkosten ergänzt werden, bei gravierenden Verstößen nicht mehr als *„wirksam, verhältnismäßig und abschreckend"* im Sinne von Art. 13 Abs. 1 UGP-RL 2019 betrachtet würden. Der Sanktionsbegriff wird hier zwar nicht definiert, aber recht eindeutig im Hinblick auf **Geldbußen** oder zivilrechtliche Geldansprüche mit pönalem Charakter verwendet. Die gem. Art. 13 Abs. 2 UGP-RL 2019 obligatorisch zu berücksichtigenden Umstände (lit. a: Art, Schwere, Dauer und Umfang des Verstoßes; lit. c: frühere Verstöße; lit. f: andere erschwerende oder

---

[612] Richtinie (EU) 2019/771 des Europäischen Parlaments und des Rates vom 20.5.2019 über bestimmte vertragsrechtliche Aspekte des Warenkaufs, zur Änderung der Verordnung (EU) 2017/2394und der Richtlinie 2009/22/EG sowie zur Aufhebung der Richtlinie 1999/44/EG, ABl. 2019 L 136, S. 28.

[613] Das vernachlässigt der Gesetzentwurf der Bundesregierung. Entwurf eines Gesetzes zur Stärkung des Verbraucherschutzes im Wettbewerbs- und Gewerberecht, BT-Drs. 19/2787, S. 38.

[614] Vgl. dazu *Hakenberg/Kowollik* EWS 2019, 61 (66 f.).

mildernde Umstände) lassen sich selbst unter Einbeziehung von Schadensersatzansprüchen nicht verwerten, wenn diese wie im deutschen Recht allein Kompensationszwecken dienen. Der deutsche Gesetzgeber wird daher nicht ohne eine Erweiterung der Sanktionsnormen in §§ 8 ff. UWG auskommen. Der Unionsgesetzgeber hat die Ausgestaltung zwar offen gelassen. Es würde allerdings einen gröberen Eingriff in das etablierte Rechtssystem bedeuten, wenn im Zuge der Umsetzung zivilrechtliche Sanktionen mit pönalem Charakter eingeführt würden, als wenn die Straf- und Ordnungswidrigkeitentatbestände in den §§ 16 ff. UWG ausgedehnt würden. Es ist daher davon auszugehen, dass auf der Grundlage von Art. 13 Abs. 2 UGP-RL 2019 neue Straf- und Bußgeldtatbeständen über die Anforderungen der Verordnung Nr. 2017/2394 hinaus (vgl. dazu → Rn. 406), dh auch für rein nationale Lauterkeitsrechtsverstöße, zu schaffen sind.

Leider ist das Verhältnis dieser Vorschrift zu der nachfolgenden Regelung in Art. 13 Abs. 3 UGP-RL 2019 nicht klar. Dieser Absatz enthält Sondervorschriften für die Verhängung von Geldbußen auf der Grundlage der **Verordnung** Nr. 2017/2394 (vgl. dazu → Rn. 406 ff.). Danach dürfen die Mitgliedstaaten die Verhängung von Geldbußen „*aus verfassungsrechtlichen Gründen […] auf:* **393**

a) Verstöße gegen die Artikel 6, 7, 8 und 9 sowie gegen Anhang I dieser Richtlinie und

b) die fortgesetzte Anwendung einer Geschäftspraktik durch einen Gewerbetreibenden, die von der zuständigen nationalen Behörde oder dem zuständigen nationalen Gericht als unlauter eingestuft worden ist, wenn diese Geschäftspraktik keinen Verstoß gemäß Buchstaben a darstellt" beschränken.

Durch diese Vorschrift wird namentlich der für erhebliche Bußgelder auf der Grundlage der Menarini-Rechtsprechung des EGMR[615] anwendbare und in Art. 7 EMRK niedergelegte Grundsatz *nulla poena sine lege certa* umgesetzt. Wenn Geldbußen einen Umfang von 4 % des Jahresumsatzes erreichen können (und nach dem mit dem Gesetz verfolgten Ziel, bei weiteren „Dieselskandalen" scharfe Sanktionen zu verhängen, auch sollen!), wäre es selbst nach den für das Unionsrecht geltenden Schranken geboten, den Bestimmtheitsgrundsatz anzuwenden und bei Verstößen gegen die Generalklausel im Regelfall Geldbußen auszuschließen (Art. 13 Abs. 3 lit. a UGP-RL 2019). Verstöße gegen die Generalklausel sind nur dann mit Geldbußen zu ahnden, wenn das allgemeine Verbot durch konkretisierende Feststellungen von zuständigen Behörden oder Gerichten konkretisiert wurden (Art. 13 Abs. 3 lit. b UGP-RL 2019). Dasselbe muss auch für ggf. auf der Grundlage von Art. 13 Abs. 2 UGP-RL zu verhängende Geldbußen gelten. **394**

3. Richtlinie über Unterlassungsklagen/Verbandsklagen 1998/2009/2020. Der Schutz wirtschaftlicher Verbraucherinteressen durch die Begründung von Rechten oder Pflichten im Einzelrechtsverhältnis dient dem Schutz individueller Verbraucherinteressen. Der Schutz **kollektiver Verbraucherinteressen** bedarf demgegenüber einer breiteren Basis. Unter **Kollektivinteressen im engeren Sinne** (vgl. dazu EGr. 2 Satz 2 UnterlassungsklagenRL; dazu sogl.) sind die **Interessen zu verstehen, bei denen es sich nicht um eine Kumulierung von Interessen durch einen Verstoß geschädigter Personen handelt.** Kollektiven Verbraucherinteressen dienen vor allem **Verbandsklagen.** Sie wurden bereits in mehreren Verbraucherschutzrichtlinien vorgesehen. Dabei traten jedoch regelmäßig Probleme bei der grenzüberschreitenden Rechtsverfolgung auf, die durch die **Richtlinie über Unterlassungsklagen aus dem Jahr 1998,**[616] **in kodifizierter Fassung neu erlassen als Richtlinie 2009/22/EG,** behoben werden sollten. **395**

---

615 EGMR 27.9.2011 – 43509/08 Rn. 58 ff. – Menarini.

616 Richtlinie 98/27/EG des Europäischen Parlaments und des Rates vom 19. Mai 1998 über Unterlassungsklagen zum Schutz der Verbraucherinteressen, ABl. 1998 Nr. L 166/51, inzwischen abgelöst durch die Richtlinie 2009/22/EG des Europäischen Parlaments und des Rates vom 23. April 2009 über Unterlassungsklagen zum Schutz der Verbraucherinteressen (kodifizierte Fassung), ABl. 2009 Nr. L 110/30, EGr. 4 ff.

396 Weitere Bemühungen in Richtung einer kollektiven Durchsetzung von **Schadensersatzansprüchen bei Streuschäden** kamen über eine Empfehlung[617] nicht hinaus. Erst der Dieselskandal und die mit ihm verbundene Wahrnehmung, dass US-amerikanische Verbraucher in den Genuss großzügiger Vergleiche kamen, die europäischen Verbraucher aber mit dem Hinweis abgespeist wurden, dass die Gebrauchstauglichkeit der Fahrzeuge nicht eingeschränkt sei, steigerte die Wirkungsmacht des Anliegens (vgl. dazu bereits o. Rn. 193.). Innerhalb kurzer Zeit wurde die **Richtlinie 2020/1828 über Verbandsklagen zum Schutz der Kollektivinteressen der Verbraucher**[618] erlassen, die zugleich die Unterlassungsklagenrichtlinie ablöste.

In erklärter Abgrenzung zum US-amerikanischen Modell der spontan entstehenden *„class"*, der die gerichtliche Rechtsdurchsetzung ermöglicht wird, hält die Verbandsklagenrichtlinie an dem bereits in der Unterlassungsklagenrichtlinie entwickelten, kontrollierteren und weniger reaktionsfähigen Modell der Verbandsklage fest. Zur kollektiven Rechtsdurchsetzung bedarf es einer registrierten und bestimmten Anforderungen unterworfenen, vgl. Art. 4 Abs. 3 RL 2020/1828, **„qualifizierten Einrichtung"**.

397 An drei Stellen geht die Verbandsklagenrichtlinie jedoch deutlich über das Regelungsprogramm der Unterlassungsklagenrichtlinie hinaus. Zunächst gibt die Verbandsklagenrichtlinie – obgleich sie den Schutz kollektiver Verbraucherinteressen im Titel führt – den engeren Zugang der Unterlassungsklagenrichtlinie zur Definition kollektiver Verbraucherinteressen auf. Die in Art. 3 Abs. 3 RL 2020/1828 definierten kollektiven Verbraucherinteressen sind kein *aliud* mehr gegenüber der Summe der individuellen Verbraucherinteressen. Jede Gruppe von Verbrauchern genügt. Das erscheint insoweit konsequent, als die auf Ausgleichsentscheidungen gerichtete Verbandsklage (dazu sogl.) gezielt als Instrument zur Überwindung der **rationalen Apathie** und damit als Mittel zur **Verstärkung des individuellen Verbraucherschutzes** verstanden wird.

398 Daneben ist der Anwendungsbereich der Verbandsklagenrichtlinie nicht mehr auf die grenzüberschreitende Rechtsverfolgung beschränkt. Sie erfasst sowohl **grenzüberschreitende** als auch **innerstaatliche Verbandsklagen,** Art. 4 Abs. 2 RL 2020/1828.

399 Schließlich sind die qualifizierten Einrichtungen nicht mehr allein befugt, auf Unterlassungsentscheidungen gerichtete Klagen zu erheben, sondern auch auf **Abhilfe** zu klagen, Art. 7 Abs. 4 RL 2020/1828. Zur Abhilfe gehören Schadenersatz, Reparatur, Ersatzleistung, Preisminderung, Vertragsauflösung oder Erstattung des gezahlten Preises, Art. 9 Abs. 1 RL 2020/1828. Vor allem in Deutschland war das der US-amerikanischen *class action* zugrundeliegende ***opt out*-Prinzip** verfassungsrechtlich umstritten. Vor diesem Hintergrund überlässt die Verbandsklagenrichtlinie den Mitgliedstaaten die Ausgestaltung des Rechtsverhältnisses zwischen qualifizierter Einrichtung und repräsentierten Verbrauchern, Art. 9 Abs. 2 RL 2020/1828.

400 Wie bereits in der Unterlassungsklagenrichtlinie werden die Mitgliedstaaten verpflichtet, die institutionelle Infrastruktur zur wirksamen Bekämpfung von Verstößen gegen kollektive Verbraucherinteressen bereitzustellen. Sie haben sicherzustellen, dass Verbraucherorganisationen als für die Erhebung innerstaatlicher Verbandsklagen, für die Erhebung grenzüberschreitender Verbandsklagen oder für die Erhebung beider Arten von Verbandsklagen qualifizierte Einrichtung benannt werden können, und müssen diese benennen, wenn sie die materiellen Anforderungen erfüllen.

401 Die **Unterlassungsklagenrichtlinie** wurde im Gesetz über Unterlassungsklagen bei Verbraucherrechts- und anderen -verstößen umgesetzt.[619] Dabei blieb die **selbständige**

---

[617] Empfehlung der Kommission vom 11.6.2013, Gemeinsame Grundsätze für kollektive Unterlassungs- und Schadensersatzverfahren in den Mitgliedstaaten bei Verletzung von durch Unionsrecht garantierten Rechten, ABl. 2013 L 201, S. 60.

[618] Richtlinie (EU) 2020/1828 des Europäischen Parlaments und des Rates vom 25. November 2020 über Verbandsklagen zum Schutz der Kollektivinteressen der Verbraucher und zur Aufhebung der Richtlinie 2009/22/EG, ABl. 2020 L 409, S. 1.

[619] BGBl. 2001, I S. 3138, 3173.

Regelung der lauterkeitsrechtlichen Unterlassungsklage qualifizierter Einrichtungen auch über die UWG-Novellen 2004, 2008 und 2015 erhalten. Wegen der unterschiedlichen Anknüpfungspunkte der Durchsetzung können qualifizierte Einrichtungen durchaus aus mehreren Rechtsgründen aktivlegitimiert sein, z. B. im Fall der Verwendung unwirksamer Allgemeiner Geschäftsbedingungen: Zu Recht hat der Bundesgerichtshof angenommen, dass die Anwendbarkeit des § 4 Nr. 11 UWG 2008 (inzwischen § 3a) nicht wegen eines Vorrangs des § 2 Abs. 1 Satz 1 und Abs. 2 Nr. 1 UKlaG ausgeschlossen ist. Eine ausdrückliche Vorrangregelung lässt sich weder dem UKlaG noch dem UWG entnehmen. Das UKlaG stellt kein in sich geschlossenes Rechtsschutzsystem dar.[620] Die Verbandsklagenrichtlinie ist bis zum 25.12.2022 umzusetzen und bis zum 25.6.2023 anzuwenden.

4. Richtlinie zur Durchsetzung der Rechte des Geistigen Eigentums 2004. Die **Richtlinie 2004/48 zur Durchsetzung der Rechte des Geistigen Eigentums**[621] aus dem Jahr 2004 soll zur Harmonisierung des gewerblichen Rechtsschutzes und des Urheberrechts beitragen. Die Richtlinie zielt gem. Art. 1 auf die Harmonisierung der zum Schutz des Geistigen Eigentums zur Verfügung stehenden Maßnahmen, Verfahren und Rechtsbehelfe. Es handelt sich allerdings gem. Art. 2 Abs. 1 Richtlinie 2004/48 lediglich um eine Teilharmonisierung, bei der die Mitgliedstaaten das Recht behalten, weitergehende Maßnahmen zu treffen. 402

Außer dem Hinweis in Art. 1 S. 2 Richtlinie 2004/48, dass zu den Rechten des geistigen Eigentums iSd Richtlinie auch gewerbliche Schutzrechte zählen, wird auf diesen Zentralbegriff nicht näher eingegangen. **Ob** und inwieweit **das Lauterkeitsrecht durch die Richtlinie betroffen** ist, wird offen gelassen. Nach EGr. 13 S. 2 Richtlinie 2004/48 werden die Mitgliedstaaten durch die Richtlinie nicht daran gehindert, die Bestimmungen dieser Richtlinie bei Bedarf zu innerstaatlichen Zwecken auf Handlungen **auszuweiten,** die den unlauteren Wettbewerb einschließlich der Produktpiraterie oder vergleichbare Tätigkeiten betreffen.[622] Diese Formulierung macht deutlich, dass das Lauterkeitsrecht im Ausgangspunkt nicht von den Vorgaben der Richtlinie 2004/48 erfasst wird. 403

Der **Anwendungsbereich** der Richtlinie 2004/48 ist allerdings **dynamisch** ausgestaltet: Das Lauterkeitsrecht zählt zwar nicht obligatorisch zum Geistigen Eigentum im Sinne der Richtlinie; wenn aber das mitgliedstaatliche Recht das Lauterkeitsrecht zum Geistigen Eigentum zählt, muss auch den Vorgaben der Richtlinie 2004/48 entsprechender Rechtsschutz gewährt werden. Das ergibt sich aus dem Hinweis in EGr. 13 S. 1, wonach der Anwendungsbereich der Richtlinie so breit wie möglich gewählt werden muss, damit er alle Rechte des Geistigen Eigentums erfasst, die den Rechtsvorschriften der jeweiligen Mitgliedstaaten unterliegen. In ähnlicher Weise hat der EuGH zur Begrifflichkeit des TRIPs-Abkommens entschieden, dass lauterkeitsrechtliche Sachverhalte grundsätzlich von den einzelnen nationalen Rechtsordnungen unter den Begriff „Rechte des geistigen Eigentums" gezogen werden können.[623] 404

Nach deutschem Verständnis wird das Lauterkeitsrecht zwar insgesamt dem „Gewerblichen Rechtsschutz" zugerechnet.[624] Die Regelungen der Richtlinie 2004/48 kommen namentlich im Umfeld der Immaterialgüterrechte zum Tragen. Diese werden im Lauterkeitsrecht insbesondere durch § 4 Nr. 3 beim ergänzenden Leistungsschutz relevant.[625] Diesbezüglich stellt sich insbesondere die Frage, wie die Norm dogmatisch einzuordnen ist. 405

---

[620] BGH GRUR 2010, 1117 – *Gewährleistungsausschluss im Internet,* Rn. 31.

[621] Richtlinie 2004/48/EG des Europäischen Parlamentes und des Rates vom 29.4.2004 zur Durchsetzung der Rechte des geistigen Eigentums, ABl. 2004 L 157, S. 1, berichtigt durch ABl. 2004 L 195, S. 16.

[622] Ähnlich der Wortlaut der englischen *(extend),* französischen *(étendre),* italienischen *(estendere)* und spanischen *(extender)* Fassung. Restriktiv auch die Erklärung der Kommission zu Art. 2 der Richtlinie, ABl. 2005 L 94, S. 73.

[623] EuGH Slg. 2000, I-11307 = GRUR 2001, 235 (238) – Dior.

[624] Dasselbe Verständnis liegt der Pariser Verbandsübereinkunft zugrunde, vgl. deren Art. 10bis und dazu → Einl. Rn. 786.

[625] Vgl. dazu *Beyerlein* WRP 2005, 1354.

Verschiedene Entscheidungen des Bundesgerichtshofs weisen recht eindeutig auf eine Deutung im Sinne originären Leistungsschutzes hin,[626] wohingegen die sonst gepflegte Sprachregelung betont, dass stets nur die Art und Weise der Verwendung fremder Arbeitsergebnisse den Anknüpfungspunkt des Unlauterkeitsurteils bilden könne. Der deutsche Gesetzgeber hat das Lauterkeitsrecht gleichwohl weder als tauglichen materiellen Bezugspunkt der Durchsetzungsrichtlinie erkannt noch materielle Änderungen vorgenommen.

406 **5. Verordnung über die Zusammenarbeit im Verbraucherschutz 2004/2017 („CPC-Verordnung"). a) Entwicklung.** Im Hintergrund des vergleichsweise plötzlichen Interesses der DG Sanco für das Lauterkeitsrecht standen rechtlich vergleichsweise einfach gelagerte Sachverhalte, in denen ganz eindeutig unseriöse Geschäftemacher das Durchsetzungsdefizit ausnutzen, welches beim sog. *off-shore*-Wettbewerb entsteht. Beispielhaft sei der Fall genannt, welcher der Entscheidung des deutschen Bundesgerichtshofs aus dem Jahr 1997 – *Werbegewinnspiel im Ausland*[627] – zugrundelag:

407 Ein in Deutschland niedergelassener Anbieter hatte ausschließlich in Frankreich wohnhafte Verbraucher betrogen. Dagegen ging ein deutscher Verbraucherschutzverein gestützt auf §§ 1, 3 UWG aF vor. Der BGH wies die Klage als unbegründet ab. Anwendbar sei auf der Grundlage der **Marktortregel** allein französisches Recht. Das deutsche UWG könne daher keinen Unterlassungsanspruch begründen. Auf die Verletzung französischen Rechts habe der Kläger sich aber nicht berufen. Immerhin ließ der BGH offen, ob die Klagebefugnis des Verbrauchervereins uU auch Verletzungen des französischen Wettbewerbsrechts umfasse. Der kaltschnäuzige Umgang der deutschen Justiz mit den Interessen der geschädigten französischen Konsumenten ist bei der Kommission nicht unbemerkt geblieben. Das **Durchsetzungsdefizit** war eines der von der DG Sanco seit dem Grünbuch über Verbraucherschutz verfolgten Kernthemen. Es wurde erkannt, dass bei so evidenten Wettbewerbsverstößen ein verwaltungsrechtlicher Durchsetzungsmechanismus unabdingbar ist. Am 18.7.2003 legte die Kommission deshalb einen Vorschlag für eine Verordnung über die Zusammenarbeit im Verbraucherschutz (in Rückgriff auf die englischsprachige Bezeichnung *„consumer protection co-operation"* meist **„CPC-Verordnung"** genannt) vor.[628] Die daraus resultierende Verordnung Nr. 2006/2004 trat am 29.12.2004 in Kraft[629], wurde aber im Jahr 2017 durch die Verordnung 2017/2394[630] ersetzt, um wahrgenommene Durchsetzungsmängel bei Verstößen im digitalen Umfeld zu überwinden, EGr. 1, 3 VO 2017/2394. Die Neuregelungen sind gem. Art. 42 VO 2017/2394 erst am 17.1.2020 in Kraft getreten.

408 **b) Inhalt.** Der Schutz der Verbraucher gegen grenzüberschreitende Verstöße erfordere die Einrichtung eines **Netzes öffentlicher Durchsetzungsbehörden** im gesamten Binnenmarkt (EGr. 6 VO Nr. 2006/2004). Die Verordnung 2017/2394 regelt die Bedingungen, unter denen die zuständigen Behörden in den Mitgliedstaaten, die als für die Durchsetzung der Gesetze zum Schutz der Verbraucherinteressen verantwortlich benannt wurden, untereinander und mit der Kommission zusammenarbeiten, um die Einhaltung dieser Rechtsvorschriften und das reibungslose Funktionieren des Binnenmarkts sicherzustellen und um den Schutz der wirtschaftlichen Interessen der Verbraucher zu fördern, Art. 1 VO

[626] BGH GRUR 2005, 349 – Klemmbausteine III, zur zeitlichen Begrenzung des Leistungsschutzes; dieses Verständnis bestätigend *Heyers* GRUR 2006, 23 (27).

[627] BGH GRUR 1998, 419 – Werbegewinnspiel im Ausland. Vgl. dazu → Einl. Rn. 700.

[628] Vorschlag für eine Verordnung des Europäischen Parlaments und des Rates über die Zusammenarbeit zwischen den für die Durchsetzung der Verbraucherschutzgesetze zuständigen nationalen Behörden („Verordnung über die Zusammenarbeit im Verbraucherschutz"), KOM(2003) 443 endg.

[629] Verordnung (EG) Nr. 2006/2004 des Europäischen Parlaments und des Rates vom 27.10.2004 über die Zusammenarbeit zwischen den für die Durchsetzung der Verbraucherschutzgesetze zuständigen nationalen Behörden („Verordnung über die Zusammenarbeit im Verbraucherschutz"), ABl. 2004 L 364, S. 1.

[630] Verordnung (EU) 2017/2394 des Europäischen Parlaments und des Rates vom 12.12.2017 über die Zusammenarbeit zwischen den für die Durchsetzung der Verbraucherschutzgesetze zuständigen nationalen Behörden und zur Aufhebung der Verordnung (EG) Nr. 2006/2004, ABl. 2017 L 345, S. 1.

2017/2394. Die für den Anwendungsbereich der Verordnung maßgebenden Gesetze zum Schutz der Verbraucherinteressen werden gem. Art. 3 Nr. 1 VO 2017/2394 im Anhang abschließend aufgeführt. Dabei handelt es sich um den **Gesamtbestand der Richtlinien zum Schutz der wirtschaftlichen Verbraucherinteressen.** Dazu zählen **auch die UGP-Richtlinie,** vgl. Anh. Nr. 9, sowie **die Irreführungsrichtlinie,** vgl. Anhang Nr. 11 VO 2017/2394.

Jeder Mitgliedstaat hat gem. Art. 5 Abs. 1 VO 2017/2394 die **zuständigen Behörden** und eine **zentrale Verbindungsstelle** zu benennen, die für die Anwendung dieser Verordnung zuständig sind. Die Mitgliedstaaten sind nach der neuen Verordnung – und aufgrund einschlägiger schlechter Erfahrungen – verpflichtet sicherzustellen, dass, wenn es mehr als eine zuständige Behörde in ihrem Hoheitsgebiet gibt, die jeweiligen Pflichten klar definiert sind und dass diese eng zusammenarbeiten, um diese Pflichten wirksam zu erfüllen, Art. 5 Abs. 5, 6 Abs. 1 VO 2017/2394. 409

Die zuständigen Behörden müssen über die in Art. 9 Abs. 1 VO 2017/2394 zur Durchführung dieser Verordnung **erforderlichen Ermittlungs- und Durchsetzungsbefugnisse** verfügen. Zu den Ermittlungsbefugnissen muss gem. Art. 9 Abs. 3 VO 2017/2394 mindestens das Recht gehören, Zugang zu allen relevanten Daten zu erhalten; Ermittlungen vor Ort durchzuführen und Testkäufe durchzuführen. Zu den Durchsetzungsbefugnissen müssen gem. Art. 9 Abs. 4 VO 2017/2394 die Möglichkeiten gehören, die Einstellung von Verstößen zu untersagen und zu bewirken, ggf. vorläufige Maßnahmen zu treffen, Abhilfezusagen anzustreben und entgegenzunehmen und Verbraucher zu informieren. Im Hinblick auf die zahlreichen online begangenen Verstöße werden die Kompetenzen der zuständigen Stellen zur Entfernung oder Sperrung von online-Schnittstellen (insbesondere Websites, vgl. Art. 3 Nr. 15 VO 2017/2394) sowie Domainnamen ausdrücklich genannt. Den maßgeblichen **Unterschied zur Vorgängerregelung** stellt die Möglichkeit dar, auch **Geldbußen** verhängen zu können, wenn die verletzte Norm dies vorsieht, Art. 9 Abs. 5 VO 2017/2394 (zu Geldbußen wegen Verstößen gegen die UGP-Richtlinie vgl. die Sonderregelung in Art. 13 Abs. 3 UGP-RL 2019 und dazu → Rn. 393). Im Hinblick auf die tatsächliche Erfüllung all dieser Aufgaben sind die zuständigen Behörden gem. Art. 5 Abs. 4 VO 2017/2394 mit ausreichenden Ressourcen auszustatten. 410

Die zuständigen Behörden sollen im Wege der **Amtshilfe** tätig werden, dh auf Verlangen der ersuchenden Behörde. Die Amtshilfe kann sich zunächst auf die **Erteilung von Auskünften** beziehen, Art. 11 Abs. 1 VO 2017/2394. Die ersuchte Behörde unternimmt die erforderlichen und angemessenen Ermittlungen oder trifft andere Maßnahmen, um die angeforderten Informationen zu beschaffen, Art. 11 Abs. 2 VO 2017/2394. In Art. 16 Abs. 1 VO 2017/2394 kommt der angestrebte „Netzwerkcharakter" besonders gut zum Ausdruck: Auch ohne Ersuchen sollen die Behörden von sich aus für grenzüberschreitende Verstöße relevante Informationen weitergeben. 411

Sehr viel weiterreichend ist das **Durchsetzungsersuchen** gem. Art. 12 VO 2017/2394: Auf Ersuchen einer ersuchenden Behörde hat die ersuchte Behörde nämlich alle erforderlichen und verhältnismäßigen Durchsetzungsmaßnahmen zu treffen 412

Die ersuchte Behörde kann zwar diesen Verpflichtungen auch dadurch nachkommen, dass sie eine Stelle, die gemäß Art. 7, 3 Nr. 8 VO 2017/2394 als Stelle benannt worden ist, die ein berechtigtes Interesse an der Einstellung oder der Untersagung von Verstößen gegen Unionsrecht zum Schutz der Verbraucherinteressen hat, anweist, alle ihr nach innerstaatlichem Recht zur Verfügung stehenden Durchsetzungsmaßnahmen zu treffen, um die Einstellung oder das Verbot des innergemeinschaftlichen Verstoßes im Auftrag der ersuchten Behörde zu bewirken. Dieses – auf die österreichische und deutsche Durchsetzungspraxis durch private Klagen von Verbraucherverbänden zugeschnittene – Vorgehen steht allerdings unter dem Vorbehalt der Zustimmung der ersuchenden Behörde, Art. 7 Abs. 1 S. 2 VO Nr. 2017/2394. Überdies ist offensichtlich, dass insbesondere der massiv in Grundrechte eingreifende Gebrauch von Ermittlungsbefugnissen bis hin zur Durchsuchung sowie von Sanktionsbefugnissen einschließlich der Verhängung von Netzsperren nach 413 herkömmlichem staatsrechtlichem Verständnis privaten Verbänden Raum überlassen werden kann.[631]

414 Angesichts dieser weitreichenden Verpflichtungen wurde in Art. 14 VO 2017/2394 niedergelegt, dass ein **Amtshilfeersuchen nur unter strengen Voraussetzungen abgelehnt** werden kann. Ein Durchsetzungsersuchen kann namentlich abgelehnt werden, wenn die ersuchende Behörde keine ausreichenden Informationen erteilt hat, oder bereits ein Gerichtsverfahren eingeleitet oder abgeschlossen wurde oder nach Ausermittlung kein innergemeinschaftlicher Verstoß angenommen werden kann. **Informationsersuchen** können gem. Art. 15 Abs. 3 VO Nr. 2006/2004 abgelehnt werden, wenn bereits ein behördliches oder Gerichtsverfahren eingeleitet oder abgeschlossen wurde, Verpflichtungszusagen entgegengenommen wurden oder nach einer sachdienlichen Entwicklung kein Verstoß begangen wurde.

415 **Bei Unstimmigkeiten** zwischen ersuchender und ersuchter Behörde gibt zunächst die Kommission eine Stellungnahme ab, Art. 14 Abs. 4 VO 2017/2394.

416 Die Verordnung erfasst nicht alle Verletzungen des verbraucherrechtlichen Akquis, sondern lediglich Verstöße innerhalb der Union, weitverbreitete Verstöße und weitverbreitete Verstöße mit Unions-Dimension, Art. 2 Abs. 1 VO 2017/2394. Unter „Verstöße [n, d. Verf.] innerhalb der Union" wird „jede Handlung oder Unterlassung [verstanden, d. Verf.], die gegen die Unionsrecht zum Schutz der Verbraucherinteressen verstößt und die Kollektivinteressen von Verbrauchern geschädigt hat, schädigt oder schädigen kann, die in einem anderen Mitgliedstaat oder anderen Mitgliedstaaten als dem Mitgliedstaat ansässig sind, in dem a) die Handlung oder die Unterlassung ihren Ursprung hatte oder stattfand, b) der für die Handlung oder Unterlassung verantwortliche Verkäufer oder Dienstleistungserbringer niedergelassen ist, oder c) Beweismittel oder Vermögensgegenstände des Unternehmers vorhanden sind, die einen Zusammenhang mit der Handlung oder der Unterlassung aufweisen". Die „Verstöße innerhalb der Union" entsprechend damit im Wesentlichen den innergemeinschaftlichen Verstößen der Vorgängerregelung.

417 Durch die zusätzlichen Formulierungen kommt es aber zu einer erheblichen Erweiterung des Anwendungsbereichs: Die jüngere Verordnung ist nämlich auch auf „weitverbreitete Verstöße" anwendbar. Dabei handelt es sich gem. Art. 3 Nr. 3 VO 2017/2394 zum einen um Verstöße, welche die kollektiven Verbraucherinteressen verletzen, die in mindestens zwei anderen Mitgliedstaaten als dem Mitgliedstaat ansässig sind, in dem entweder die Verletzungshandlung ihren Ursprung hatte oder stattfand oder der für die Verletzung verantwortliche Unternehmer niedergelassen ist oder Beweismittel oder Vermögensgegenstände des Unternehmers vorhanden sind, die einen Zusammenhang mit der Handlung oder der Unterlassung aufweisen, und zum anderen um Verstöße, die in mindestens drei Mitgliedstaaten gleichzeitig stattfinden sowie gemeinsame Merkmale aufweisen, einschließlich derselben unerlaubten Verhaltensweise und derselben verletzten Interessen.

418 Schließlich findet die Verordnung auf „weitverbreitete Verstöße mit Unions-Dimension" Anwendung. Dabei handelt es sich gem. Art. 3 Nr. 4 VO 2017/2394 um Verstöße die in mindestens zwei Dritteln der Mitgliedstaaten, die zusammen mindestens zwei Drittel der Bevölkerung der Union ausmachen, die Kollektivinteressen von Verbrauchern verletzen.

419 **c) Stellungnahme.** Die **Schaffung von Wettbewerbsbehörden,** die Kartellbehörden gleich auch Lauterkeitsverstöße unter Einsatz hoheitlicher Gewalt verfolgen und ahnden können, ist in Staaten mit traditionell zivilrechtlicher Ausrichtung des Lauterkeitsrechts, wie zB Deutschland, nicht weniger als revolutionär.[632] Dennoch sollten entsprechende Tendenzen begrüßt werden. Denn selbst in Deutschland, wo das Durchsetzungsniveau erfreulich hoch ist, sind in bestimmten Bereichen Wettbewerbsverstöße an der Tagesordnung. Es handelt sich dabei um vergleichsweise offene und offensichtliche Wettbewerbsverstöße. Dennoch mangelt es an der Durchsetzung, sei es, weil in einem

[631] Vgl. *Glöckner* WuW 2019, 546 (547); *Podszun,* FS Harte-Bavendamm, 2020, S. 417 (433 f.).
[632] Vgl. *Podszun,* FS Harte-Bavendamm, 2020, S. 417 (433 f.).

„Kartell der Unlauteren"[633] keine Partei ein Interesse daran hat *(cold calling),* sei es weil der **Urheber des Wettbewerbsverhaltens nicht greifbar** ist (Werbegewinnspiele) oder weil sich der **Aufwand eines Rechtsstreits** für die allein geschädigten Konsumenten nicht lohnt.[634]

420 Andere Rechtsordnungen haben hier längst die Konsequenzen gezogen und **Behörden mit der Verfolgung unseriöser Geschäftemacher betraut.** In der Schweiz ebenso wie in Deutschland wird demgegenüber regelmäßig darauf hingewiesen, dass eine Durchsetzung des Lauterkeitsrechts mit öffentlichen Mitteln angesichts der Vielzahl und Vielgestaltigkeit der Wettbewerbsverstöße zum einen nicht möglich wäre und zum anderen die Verwaltung wegen der Bewertungsproblematik überfordern würde.[635] Ersterem Argument ist zu entgegnen, dass es nicht darum gehen kann, die Durchsetzung durch Private zu **ersetzen,** sondern allein, sie in Bereichen mit feststellbaren Vollzugsmängeln zu **ergänzen.**[636] Eine quantitative Überforderung einer Verwaltungsbehörde ist daher nicht zu befürchten. Die weitergehende Einschätzung, dass mangelnde Kompetenz der Verwaltungsbehörden den Gesetzgeber zur Instrumentalisierung privater Kläger beeinflusst habe,[637] ist wohl unzutreffend, solange die Durchsetzung des Lauterkeitsrechts nicht den **allgemeinen** Verwaltungsbehörden zugemutet wird,[638] sondern **Wettbewerbs**behörden geschaffen bzw. genutzt werden. Immerhin ist bei der Kartellbekämpfung international ein Trend zur Schaffung hochspezialisierter Behörden feststellbar. Die guten Ergebnisse, die mit einem solchen Mechanismus seit jeher in den USA, wo die Federal Trade Commission (FTC) nicht nur Kartellrechtsverstöße, sondern gem. sec. 5 FTC Act auch *unfair methods of competition* verfolgt[639] und in jüngerer Zeit in Italien[640] oder Ungarn gemacht werden, zeigen, dass es trotz der Vielgestaltigkeit der Wettbewerbshandlungen möglich ist, für die Entwicklung des Lauterkeitsrechts und der Wirtschaftspraxis wichtige Akzente zu setzen.[641]

421 Damit kann die privatrechtliche Rechtsdurchsetzung sinnvoll ergänzt werden. Aufgrund der Kontrolle durch die öffentlichrechtlichen Kautelen ist es ferner möglich, die Behörden bei der Ermittlung von Verstößen gegen das Lauterkeitsrecht mit denjenigen **Zwangsbefugnissen** auszustatten, welche die CPC-Verordnung nunmehr vorsieht. Damit könnten auch bislang verborgen gebliebene bzw. anders nicht zu beweisende oder nicht zu verfolgende Wettbewerbsverletzungen aufgedeckt und geahndet werden, die zwar unterhalb der Schwelle strafbaren Betrugs liegen, aber gleichwohl erhebliche Schäden verursachen. Nicht zuletzt vor diesem Hintergrund sollte der Einsatz der behördlichen Durchsetzungsinstrumente von einem bestehendem Allgemeininteresse an der Rechtsverfolgung abhängig gemacht werden.[642] Schließlich gestattet die **Sanktionierung durch flexible Geldbußen,** nachhaltig gegen Wettbewerbsverletzer vorzugehen. Die Bußen könnten sich einerseits am gesamtwirtschaftlich angerichteten Schaden orientieren und so eine hinrei-

---

633 *Baudenbacher* GRUR Int. 1980, 344 (345).

634 Zu den Lücken der zivilrechtlichen Durchsetzung *Podszun/Busch/Henning-Bodewig,* S. 9 ff.

635 *Schricker* in Jahrbuch der Max-Planck-Gesellschaft 1979, S. 55.

636 *Podszun,* FS Harte-Bavendamm, 2020, 417 (438 f.).

637 *Lengauer* S. 17.

638 So stellt sich die Rechtslage allerdings *de lege lata* im Bereich der strafrechtlich sanktionierten Wettbewerbsverstöße dar.

639 15 U. S. C. A. § 45a (2).

640 Vgl. *Amato,* Il gusto della libertà, 1998, S. 51 ff. Zu den Vorzügen der Durchsetzung durch die Autorità Garante im Vergleich zur Durchsetzung durch die ordentlichen Gerichte vgl. *Balzano,* L'Autorità Garante della Concorrenza e l'autodisciplina pubblicitaria alla luce della nuova disciplina sulla pubblicità ingannevole, Riv. Dir. Comm. 1993 I 653 (662 ff.).

641 Die Autorità Garante veröffentlicht wöchentlich ihre Entscheidungen im Boll. Sett. https://www.agcm.it/pubblicazioni/bollettino-settimanale/ site zul. besucht am 9.4.2021; darunter befanden sich im Winter 2015 noch im Schnitt 5–10 *provvedimenti* zu *pratiche commerciali scorrette.* In dem Zeitraum zwischen August und November 2019 wurden allerdings regelmäßig nur drei provvedimenti zu pratiche commerciali scorrette veröffentlicht.

642 Vgl. bereits *Glöckner* WuW 2019, 546 (553); *Podszun,* FS Harte-Bavendamm, 2020, 417 (438): „Primat der privaten Rechtsdurchsetzung".

chende Präventionswirkung auch bei Streudelikten ausüben, andererseits durch Abschöpfung des Gewinns aus dem Wettbewerbsverstoß ausschließen, dass unlauterer Wettbewerb sich am Ende doch lohnt. Damit sind sie unter generalpräventiven Aspekten den zivilrechtlichen Sanktionen strukturell überlegen[643] und praktikabler als der Anspruch auf Gewinnabschöpfung nach § 10. Das allgemeine Deliktsrecht gestattet die Einbeziehung solcher Gesichtspunkte nur sehr eingeschränkt.

422 Gleichwohl ist der Zugang der CPC-Verordnung kritikwürdig. Unter Praktikabilitätsgesichtspunkten ist die **Schaffung von 27 solcher Behörden, die im Wege wechselseitiger Amtshilfe tätig werden,** mehr als **problematisch.** Wie soeben gezeigt, vermag eine Behörde lediglich, die privatrechtliche Durchsetzung in bestimmten Bereichen sinnvoll zu ergänzen. Es bedarf dann aber weitgehender Freiheit der Behörde bei der Ausübung ihres Auswahlermessens hinsichtlich der Frage, welchen Verstößen sie in welcher Weise nachgehen will. Die Behörden rechtlich zum Tätigwerden zu verpflichten, um die Effektivität des grenzüberschreitenden Rechtsschutzes nicht zu beeinträchtigen, wird diesem Bedürfnis nach Flexibilität bei der Ausübung des Aufgreifermessens nicht gerecht.

423 Es ist nicht einsichtig, weshalb nicht dem erfolgreichen Modell der Europäischen Kartellrechtsdurchsetzung folgend eine Abteilung Unlauterer Wettbewerb bei der Generaldirektion Wettbewerb geschaffen wird, der entsprechend den Zuständigkeiten der Kommission im Bereich des EU-Kartellrechts die vom Verordnungsvorschlag umfassten Eingriffsermächtigungen erteilt werden. Zwar wurde die Kartellrechtsdurchsetzung seit 2004 dezentralisiert. Es ist aber auch unleugbar, dass die Kommission die Möglichkeit zum Einschreiten behalten hat, und vor allem eine **wichtige Rolle bei der Koordination des Behördennetzwerks** (ECN) wahrnimmt. Eine vergleichbare Funktion ist auch bei der Durchsetzung innergemeinschaftlicher Wettbewerbsverstöße unabdingbar. Die Führung einer Liste der relevanten Stellen gem. Art. 8 Abs. 2, die Abgabe von Stellungnahmen bei Konflikten gem. Art. 7 Abs. 2 sowie im Amtshilfeverfahren gem. Art. 14 Abs. 4, die Koordination gemeinsamer Aktionen gem. Art. 17 Abs. 2 sowie von Sweeps gem. Art. 29 Abs. 1, die Abgabe von Warnmeldungen gem. Art. 26 Abs. 2, die Bereitstellung einer Datenbank gem. Art. 35 sowie die Unterrichtungspflichten gem. Art. 16 Abs. 1, 17 Abs. 1 VO 2017/2394 sind zwar Schritte in die richtige Richtung,[644] genügen aber, um die Kommission zur „Spinne" im Netzwerk der Lauterkeitsbehörden[645] zu machen. Es bedarf eigener Ermittlungs- und Durchsetzungskompetenzen.In den letzten vier Jahren hat sich ein Durchschnitt von ca. 240 Ermittlungs- bzw. Durchsetzungsersuchen pro Jahr ergeben, wobei für das Jahr 2018 deutlich niedrigere Zahlen berichtet wurden.[646]

424 **d) EG-Verbraucherschutzdurchsetzungsgesetz 2006/2020.** In Deutschland trat am 21.12.2006 das EG-Verbraucherschutzdurchsetzungsgesetz; VSchDG)[647] in Kraft, welches der Durchführung der Verordnung Nr. 2006/2004 über die Zusammenarbeit im Verbraucherschutz diente. Es wurde am 30.6.2020 an die in Kraft getretene VO 2017/2394 angepasst und heißt nun EU-Verbraucherschutzdurchführungsgesetz (EU-VSchDG).[648] Dieses Gesetz benennt in § 2 die für die Durchführung der Verordnung in Deutschland zuständigen Behörden.

425 Für Verstöße gegen die IrreführungsRL, die UGP-Richtlinie sowie gegen die Fernabsatzrichtlinien ist gem. § 2 Nr. 1 lit. a VSchDG das **Bundesamt für Justiz** zuständige

[643] Unter diesem Gesichtspunkt ist die Aufnahme sog. Marktstörungsabgaben in die Marktgesetze der skandinavischen Staaten zu würdigen.

[644] Zustimmend *Podszun,* FS Harte-Bavendamm, 2020, 417 (431): „gestärkte Rolle".

[645] MüKoUWG/*Micklitz/Namyslowska* UGP-RL Art. 11 Rn. 58.

[646] Vgl. die Statistik auf http://ec.europa.eu/internal_market/scoreboard/performance_by_governance_tool/consumer_protection_cooperation_network/index_en.htm#maincontentSec2, site zul. besucht am 9.4.2021; vgl. dazu auch *Podszun,* FS Harte-Bavendamm, 2020, 417 (422 f.).

[647] BGBl. 2006 I S. 3367.

[648] Gesetz zur Änderung des EG-VSchDG sowie des Gesetzes über die Errichtung des Bundesamts für Justiz vom 25. Juni 2020, BGBl. I S. 1474.

Behörde. Als zentrale Verbindungsstelle wird in § 3 Abs. 1 VSchDG das Bundesministerium der Justiz und für Verbraucherschutz festgelegt. Allerdings ist die Frage zu stellen, weshalb nicht auf die naheliegende Möglichkeit zurückgegriffen wurde, das **Bundeskartellamt** mit den erforderlichen Mitteln auszustatten und für zuständig zu erklären. Beim Bundeskartellamt hätte nicht allein auf ökonomische Expertise und Branchenkenntnis, sondern auch auf institutionelles Know how im Hinblick auf die Zusammenarbeit in einem europäischen Netwerk von Durchsetzungsbehörden sowie eigene Durchsetzungstätigkeit vom Ermittlungsverfahren bis hin zur Sanktionierung bestanden.[649]

Von der Möglichkeit des Art. 4 Abs. 2 S. 2 VO 2006/2004 war Gebrauch gemacht worden: Gemäß § 7 Abs. 1 VSchDG soll die zuständige Stelle, bevor sie eine Durchsetzungsmaßnahme ergreift, eine gem. UKlaG oder § 8 Abs. 3 Nr. 2–4 genannte Stelle beauftragen, auf das Abstellen innergemeinschaftlicher Verstöße hinzuwirken. Der beauftragte Dritte muss in die Beauftragung einwilligen und hinreichend Gewähr für die ordnungsgemäße Erfüllung der Aufgabe bieten. Solche Beauftragungen können gem. § 7 Abs. 3 VSchDG auch in **Rahmenvereinbarungen** zustande kommen. Rahmenvereinbarungen wurden zwischen dem Bundesamt für Verbraucherschutz einerseits sowie dem Verbraucherzentrale Bundesverband eV sowie der Zentrale zur Bekämpfung unlauteren Wettbewerbs eV („Wettbewerbszentrale") andererseits geschlossen. **426**

Obgleich die Neuregelungen in der VO 2017/2394 den Einsatz „ernannter Stellen" ebenfalls gestatten und die Regelungen in § 7 VSchDG beibehalten wurden, liegt doch auf der Hand, dass jedenfalls nicht mehr umfassend auf die Möglichkeit der Rechtsverfolgung durch Verbände zurückgegriffen werden konnte. Insbesondere die Möglichkeit der Verhängung von Sanktionen, namentlich von Bußgeldern, aber auch die erforderlichen Ermittlungsbefugnisse verlangten nach deutschen staatsrechtlichen Vorstellungen nach staatlicher Legitimation; sie sind einer Delegation an Rechtspersonen des Privatrechts nicht zugänglich.[650] **427**

Zu diesem Zweck wurde auf das Bundesamt für Justiz zurückgegriffen.[651] Das institutionelle Setting wurde durch die Ermächtigung des Bundesamts für Justiz erheblich verändert. Während es wohl eine Überfrachtung des Bundeskartellamtes bedeutet hätte, das gesamte Verbraucherrecht behördlich durchzusetzen, wäre eine Übertragung der Kompetenzen zur ergänzenden Durchsetzung des Lauterkeitsrechts naheliegend erschienen.[652] **428**

VI. Wie streng ist das Europäische Lauterkeitsrecht – Verbraucherleitbild und Anwendung

1. Institutionelle Einbettung. Die Darstellung hat gezeigt, dass die Anwendung des Lauterkeitsrechts in unterschiedlicher Breite (horizontal: UGP-Richtlinie; Irreführungsrichtlinie; sektoral: spezielle Regelungen) und Tiefe (Totalharmonisierung von geschäftlichen Handlungen „B2C" sowie vergleichender Werbung; Mindestharmonisierung von Irreführungen von Nicht-Verbrauchern) vom Unionsrecht beeinflusst wird. Die Institutionen der EU nehmen ihre Rolle dabei durchaus expansiv wahr: Das gilt vielleicht am geringsten für die EU Kommission in ihrer Rolle als Initiatorin unionsrechtlicher Gesetzgebung, wesentlich stärker bereits für ihre Rolle als Hüterin der Verträge und bis heute wahrscheinlich am ausgeprägtesten für den EuGH als „Motor der Integration". Seinen augenscheinlichsten Niederschlag findet dies in der ausgreifenden Rechtsprechung zum Anwendungsbereich harmonisierender Richtlinien (zB zum Begriff vergleichender Wer- **429**

[649] Eindringliches Plädoyer dafür von *Podszun,* FS Harte-Bavendamm, 2020, S. 417 (434 f.).

[650] Ähnlich die Studie von *Podszun/Busch/Henning-Bodewig,* https://www.bmwi.de/Redaktion/DE/Publikationen/Studien/behoerdliche-durchsetzung-des-verbraucherrechts.html, site zul. besucht am 9.4.2021.

[651] Gesetzentwurf der Bundesregierung. Entwurf eines Gesetzes zur Änderung des EG-Verbraucherschutzdurchsetzungsgesetzes sowie des Gesetzes über die Errichtung des Bundesamts für Justiz, BT-Drs. 19/16781, S. 18.

[652] *Glöckner* WuW 2019, 546 (551 ff.).

bung oder zur Geschäftspraktik) und in der schwach ausgeprägten Rücksichtnahme auf nationale Kulturen der Gesetzgebungstechnik.

430 So weit der Einfluss des Europarechts reicht und so intensiv die Bemühungen, den Zugriffsbereich des Unionsrechts zu klären, insbesondere im Zuge der Arbeiten an der UGP-Richtlinie waren und noch sind,[653] so blass bzw. widersprüchlich sind die materiellen Signale im Hinblick darauf, was aus unionsrechtlichen Gründen weshalb verboten oder zulässig sein soll. In den meisten Fällen geht es um die Frage, welches Maß an latenter oder aktueller Irreführungsneigung, Informationsmangel oder werblicher Beeinflussung von den Adressaten hinzunehmen ist. Wenn es sich dabei um Verbraucher handelt, ist damit die Schlüsselfrage nach dem **Verbraucherleitbild** angesprochen.

431 Die Verwirrung in den Mitgliedstaaten, jedenfalls in Deutschland, liegt sicher in erheblichem Umfang an der verzögerten Wahrnehmung der maßgeblichen Entwicklungstendenzen im Gemeinschafts- bzw. Unionsrecht: Die deutsche Rechtsprechung griff bereits ab Mitte der 1990er-Jahre die Tendenzen zur Liberalisierung auf, die von der Anwendung der Grundfreiheiten spürbar seit Anfang der 1990er-Jahre[654] auf die deutschen Verbotstatbestände ausgegangen waren.

432 Das UWG von 2004 reagierte nicht allein als Folge der Anordnung des Herkunftslandprinzips in der E-Commerce-Richtlinie (vgl. dazu → Einl. Rn. 532 ff.) aus dem Jahr 2000 mit weiterer Deregulierung (insbes. der Abschaffung der Regulierung von Sonderverkäufen), sondern versah diese mit einer wirtschaftspolitischen Finalität[655] und konzipierte auf dieser Grundlage ein methodisch und strukturell gelungenes Gesetz. Die Gerichte folgten diesem Aufruf zur Liberalisierung. Befürchtungen, dass auf der Grundlage der Generalklausel die Wertungen des Gesetzgebers missachtet würden, die durch etliche Veröffentlichungen aus dieser Zeit schienen,[656] erwiesen sich als unbegründet.

433 **Vernachlässigt** wurde vor allem in der Folgezeit, dass mit der oben beschriebenen und weitreichenden Totalharmonisierung durch die Richtlinien über vergleichende Werbung (seit 1998; → Einl. Rn. 200 ff.) und unlautere Geschäftspraktiken (seit 2005; → Einl. Rn. 238 ff.), aber auch durch spezialgesetzliche Regelungen wie die Humanarzneimittelrichtlinie oder die Verordnung über gesundheitsbezogene Angaben (→ Einl. Rn. 149 ff.), **aus unionsrechtlicher Perspektive der Hauptgrund für die Liberalisierung des Lauterkeitsrechts, nämlich der Abbau von Marktzutrittsschranken, entfallen** war. Das Unionsrecht wechselte – aus deutscher Sicht teils unerkannt, teils unversehens – in die Rolle eines selbst nunmehr gelegentlich überregulierenden und –restriktiven Rechts mit der bizarren Folge, dass inzwischen stellenweise[657] auf unionsrechtlicher Grundlage wieder gilt, was überkommen geglaubtem deutschem Standard entsprach. Verstärkt wurden diese Missverständnisse freilich durch mangelnde methodische Klarheit und Offenheit vor allem bei den Begründungen von Urteilen und Beschlüssen des EuGH sowie in den Rechtsetzungsakten des Unionsrechts, die in aller Regel durch die Verwendung identischer Begriffe nach außen eine inhaltliche Kontinuität beschworen, diese allerdings in der Sache keineswegs gewährleisteten. Vor diesem Hintergrund soll nachfolgend zunächst die Entwicklung dargestellt werden, bevor einige Schlussfolgerungen für die Rechtsanwendung gezogen werden.

[653] So wird etwa fortlaufend an der Aktualisierung der Leitlinien, Arbeitspapier der Kommissionsdienststellen v. 25.5.2016, Leitlinien zur Umsetzung/Anwendung der Richtlinie 2005/29/EG über unlautere Geschäftspraktiken, SWD (2016) 163, gearbeitet.

[654] EuGH Slg. 1993, I-2361 Rn. 7, 23 = GRUR 1993, 747 – Yves Rocher; EuGH Slg. 1994, I-317 Rn. 17, 24 = GRUR 1994, 303 – Clinique.

[655] Begründung RegE, BT-Drs. 15/1487, 12.

[656] In dieser Richtung zB *Ullmann* GRUR 2003, 817; Harte/Henning/*Schünemann,* 1. Aufl., § 3 Rn. 45 ff., 48, mit dem Aufruf zu „materieller Subsidiarität" der Generalklausel.

[657] Vgl. etwa die Betrachtung der bloß anlockenden irreführenden Werbung, wenn der Irrtum vor dem Geschäftsabschluss beseitigt wird, → Rn. 476.

2. Entwicklung des Verbraucherleitbildes. a) Primärrechtliche Grundlagen. Noch vor dem Erlass der Irreführungsrichtlinie im Jahr 1984 hatte der EuGH bereits durch seine *Cassis*-Rechtsprechung und die Anerkennung der zwingenden Erfordernisses der Lauterkeit des Handelsverkehrs und des Verbraucherschutzes (vgl. dazu → Rn. 92) die Notwendigkeit einer fallweisen Abwägung der betroffenen Interessen begründet. Vor allem bei abstrakten Gefährdungstatbeständen sowie Vertriebsverboten der Mitgliedstaaten, die an Irreführungsgefahren anknüpften, welche durch Informationen oder Kennzeichnung vermieden werden konnten, hielt der EuGH regelmäßig das Interesse an der Marktintegration für gewichtiger als das Interesse am Schutz der Verbraucher oder der Lauterkeit im Handelsverkehr. Für hinreichenden Schutz sollten Informationspflichten (sog. *„labelling doctrine"*) bzw. konkrete Irreführungsverbote genügen, die an eine greifbare Gefährdungslage anknüpften. In mehreren Entscheidungen wurde ein Verbraucherleitbild entwickelt, das bis heute – zumindest begrifflich – Bestand hat. Hervorzuheben ist in diesem Zusammenhang die Entscheidung *6-Korn* aus dem Jahr 1998. Darin hielt der EuGH fest, dass auf die „mutmaßliche Erwartung eines durchschnittlich informierten, aufmerksamen und verständigen Durchschnittsverbrauchers" abzustellen sei.[658] 434

Die **Unterschiede in der Anwendung des Irreführungsverbots** zwischen der überkommenen deutschen Praxis und dem EuGH beruhten weniger darauf, dass der Modelladressat des deutschen Rechts für deutlich weniger intelligent gehalten wurde als der vom EuGH zugrundegelegte. Zu dem Auseinanderdriften der Maßstäbe kam es im Wesentlichen deshalb, weil deutsche Gerichte bei der Beurteilung der Irreführungsgefahr praktisch ohne Ausnahme davon ausgegangen waren, dass Werbung nur **flüchtig wahrgenommen** werde. In der Entscheidung *Orient-Teppichmuster*[659] übernahm der Bundesgerichtshof demgegenüber nicht nur formal das Verbraucherleitbild des EuGH, sondern machte auch deutlich, dass die **Irreführungsgefahr stets im Hinblick auf die konkrete Gefährdungssituation** zu beurteilen ist. Das muss auf der Grundlage der Rechtsprechung des EuGH für zulässig gehalten werden.[660] Als Beleg dafür, dass auch der EuGH die Mitgliedstaaten nicht etwa auf die Zugrundelegung einer von durchschnittlicher Aufmerksamkeit geprägten Wahrnehmungssituation festlegen wollte, kann herangezogen werden, dass in der Folge durch eine Änderung der Übersetzungspraxis für die deutschsprachigen Fassungen der Entscheidungen der Europäischen Gerichte vom **„normal informierten und angemessen aufmerksamen und verständigen Durchschnittsverbraucher"** gesprochen wird. Hierdurch wird nicht nur der Streitpunkt umgangen, ob sich das „durchschnittlich" auch auf „aufmerksam und verständig" bezieht, sondern auch die Frage nach der genauen Übersetzung des englischen Begriffes *„reasonably"*.[661] Im Hinblick auf die zugrundezulegende Aufmerksamkeit des Adressaten ist maßgeblich, welches „Nutzerverhalten" bei der in Rede stehenden Geschäftspraktik angemessen ist. 435

b) Schließung der Regelungslücken in den Irreführungsverboten des Sekundärrechts. Das allgemeine, von der Irreführungsrichtlinie und der UGP-Richtlinie begründete Verbot irreführender Werbung bzw. irreführender Geschäftspraktiken wurde bereits dargestellt (vgl. → Rn. 124 ff., 356 ff.). Das Europarecht konstituiert daneben – parallel zu den nationalen Rechtsordnungen – zahlreiche **Irreführungsverbote verwaltungsrecht-** 436

[658] EuGH Slg. 1998, I-4657 Rn. 31 = GRUR Int. 1998, 795 – 6-Korn.

[659] BGH GRUR 2000, 619 (621) – Orient-Teppichmuster. Vgl. auch bereits BGH GRUR 1997, 304 (306) – Energiekosten-Preisvergleich II; BGH GRUR 1998, 1037 (1038) – Schmuck-Set; vgl. dazu *Bornkamm* FS BGH, 2000, 343 (360). Ebenso OGH ÖBl 2001, 18 – Lego-Klemmbausteine mAnm *Augenhofer* ÖBl 2001, 59; *Hauer* ÖBl 2001, 60.

[660] Anders sieht das offensichtlich die Kommission, welche die *Orient-Teppichmuster*-Entscheidung des BGH als Beleg dafür heranzieht, dass die deutsche Rechtsprechung nicht das Verbraucherleitbild des Europarechts zugrundelegt, vgl. Vorschlag der Kommission für eine Richtlinie über unlautere Geschäftspraktiken, KOM(2003) 356 endg., Rn. 12 iVm der erweiterten Folgenabschätzung der GFA, SEK/2003/0724 endg.), Tz. 1.4 zu Fn. 31.

[661] Vgl. *Sack* WRP 2005, 462.

licher Natur.[662] Vorschriften, welche die Irreführung der Verbraucher verhindern sollen, finden sich in Rechtsakten des abgeleiteten Rechts von sektorieller Bedeutung. Es fehlt jedoch an Hinweisen über den Gegenstand und die Methode zur gerichtlichen Feststellung eben dieser Täuschungseignung.

437 Die Lücken wurden durch die oben dargestellte Rechtsprechung des EuGH zum Verbraucherleitbild im primärrechtlichen Zusammenhang der Cassis-Rechtsprechung geschlossen. In verschiedenen Entscheidungen hat der EuGH die **Einheitlichkeit von Irreführungstatbeständen und Verbraucherleitbild** über die verschiedenen Regelungszusammenhänge hinweg hervorgehoben. In der Konsequenz entstand der Eindruck eines einheitlichen, das gesamte EU-Verbraucherrecht überwölbenden Schutzprinzips, das geprägt war von einem vergleichsweise optimistischen Verbraucherbild, nämlich einem informierten, aber jedenfalls informierbaren Verbraucher, der seine soziale Umwelt und die Märkte mit wachen Sinnen und Verständnis verfolgt,[663] seine wirtschaftlichen Chancen im Binnenmarkt „smart" nutzt und deshalb insbesondere der Werbung aufgeschlossen und kritisch gegenübertritt, Werbebehauptungen durch Konsultation geschuldeter Produktinformation überprüft,[664] ein „Recht auf wahre Information"[665] hat und durch zutreffende Information nicht irregeführt werden kann.[666] Solche Darstellungen finden sich bis heute in der deutschsprachigen Literatur.[667]

438 **c) Der Rückschwung des Pendels.** Ohne Änderung der offiziellen Lesart – so beruft sich EGr. 18 UGP-RL mehrfach auf die Rechtsprechung des Gerichtshofs – hat erst im Verlauf der letzten 15 bis 20 Jahre ein Paradigmenwechsel stattgefunden, dessen Ursachen nicht ganz klar sind (vgl. dazu die Voraufl., Einl. B → Rn. 433).

439 Jedenfalls wurde in den Jahren seit etwa 2001 eine Vielzahl von Rechtsakten erlassen, in denen der Europäische Gesetzgeber selbst ein grundverschiedenes Leitbild des Verbrauchers zugrundelegte: Dabei folgt die – bereits tief in den 1990er-Jahren einsetzende – Gewährung umfassender Verbraucherrechte im Vertragsrecht[668] noch weitgehend der Binnenmarktlogik: Verbraucher werden als passive Marktbürger nur dann andere als die ihnen vertrauten heimischen Anbieter, insbesondere solche aus anderern Mitgliedstaaten, zur Deckung ihrer wirtschaftlichen Bedürfnisse heranziehen, wenn sie darauf vertrauen können, dass ein Mindestsockel an Rechten unabhängig von der Niederlassung des Anbieters oder dem Ort des Vertragsschlusses oder der -durchführung gewährleistet ist *(„confident consumer")*.[669] Eine Verstärkung des Verbraucherschutzes dient so unmittelbar der Marktintegration.

440 Daneben standen Rechtsakte, bei denen eine paternalistische Grundhaltung zwar unverkennbar ist, aber das gesetzgeberische Einschreiten vornehmlich mit dem **Gesundheitsschutz** begründet werden kann, wie zB Werbeverbote für latent gesundheitsgefährdende

---

662 Zu verschiedenen berufsspezifischen Irreführungsverboten vgl. u. *v. Jagow* Einl. J.

663 Exemplarisch EGr. 8 Richtlinie 2000/13: „Eine detaillierte Etikettierung, die Auskunft gibt über die genaue Art und die Merkmale des Erzeugnisses, ermöglicht es dem Verbraucher, sachkundig seine Wahl zu treffen, und ist insofern am zweckmäßigsten, als sie die geringsten Handelshemmnisse nach sich zieht."

664 ZB EuGH Slg. 1995, I-3599 Rn. 34 = EuZW 1996, 245 – Kommission/Deutschland; EuGH Slg. 2000, I-2297 = GRUR Int. 2000, 756 – naturrein.

665 EuGH Slg. 1990, I-667 = GRUR Int. 1990, 955 – GB-INNO-BM.

666 So die verbreitete Lesart von EuGH Slg. 1993, I-2361 Rn. 17 = GRUR 1993, 747 – Yves Rocher.

667 Vgl. diesbezüglich die Zusammenfassungen von MüKoUWG/*Micklitz,* 2. Aufl., Einl. D Art. 6 Rn. 87; ähnlich noch MüKoUWG/*Micklitz/Namyslowska* UGP-RL Art. 5 Rn. 61: Fortbestand des auf dem Verhältnismäßigkeitsprinzips beruhenden Verbraucherleitbildes; GroßKommUWG/*Heinze* Einl. C Rn. 161 ff.

668 EGr. 4, 5 Richtlinie 1999/44/EG des Europäischen Parlaments und des Rates vom 25.5.1999 zu bestimmten Aspekten des Verbrauchsgüterkaufs und der Garantien für Verbrauchsgüter, ABl. 1999 L 171, S. 12; EGr. 8 Richtlinie 2008/48/EG des Europäischen Parlaments und des Rates vom 23.4.2008 über Verbraucherkreditverträge und zur Aufhebung der Richtlinie 87/102/EWG des Rates, ABl. 2008 L 13, S. 66; EGr. 6 S. 3 Richtlinie 2011/83/EU des Europäischen Parlaments und des Rates vom 25.10.2011 über die Rechte der Verbraucher, zur Abänderung der Richtlinie 93/13/EWG des Rates und der Richtlinie 1999/44/EG des Europäischen Parlaments und des Rates sowie zur Aufhebung der Richtlinie 85/577/EWG des Rates und der Richtlinie 97/7/EG des Europäischen Parlaments und des Rates, ABl. 2011 L 304, S. 64.

669 *Wilhelmsson* 27 J. Cons. Pol. 317, 318 ff. (2004).

Lebensmittel[670] oder Aufklärungspflichten über die Gesundheitsgefahren auf Zigarettenpackungen,[671] denen die Europäische Rechtsprechung bereitwillig folgte:

Das Verbot, einen tatsächlich gegenüber anderen Weißweinen säurereduzierten Weißwein als „bekömmlich" zu bewerben,[672] ist ebenso wie das Verbot, für eine Zigarette mit dem Hinweis „ohne Zusatzstoffe" zu werben,[673] kaum mit der aus der Entscheidung *GB-Inno* gefolgerten „Recht auf zutreffende Informationen" vereinbar. Die gesundheitlichen Gefahren des Rauchens sind – jedenfalls dem Durchschnittsadressaten der Werbung, wie er von der Rechtsprechung entwickelt wurde (vgl. dazu → Rn. 434 f.) – bekannt.[674] Auch die von der Rechtsordnung gleichwohl aufgestellten qualifizierten Informationspflichten[675] werden also keineswegs benötigt, um die Funktionsfähigkeit des Wettbewerbs sicherstellen, sondern sollen über eine **Zwangsinformation** der Käufer die sozialen Kosten aus der Gesundheitsschädlichkeit des Rauchens minimieren.[676] 441

In jüngster Zeit gingen auch Rechtsakte zum Schutz der wirtschaftlichen Verbraucherinteressen auf ein Modell vorverlagerten, verhaltensorientierten Schutzes über, das für die oben beschriebenen Modelladressaten eigentlich überschießend wirkt. Beispielhaft können die Tatbestände des Anhangs der UGP-Richtlinie in der extensiven Lesart der zu ihnen ergangenen Entscheidungen des EuGH[677] genannt werden, aber auch die Vorverlagerung des Schutzes durch eine weite Definition des Begriffs der Geschäftspraktiken (zur Erfassung bloß anlockender geschäftlicher Handlungen vgl. → Rn. 477).[678] Ausdrücklich ist der EuGH über seine Etikettierungsrechtsprechung hinausgegangen (vgl. → Rn. 460 ff.). **Vor diesem Hintergrund führen Hinweise auf das in der Marktöffnungsphase durch den EuGH entwickelte Verbraucherleitbild den Rechtsanwender in die Irre.** 442

3. Folgen für die Rechtsanwendung. a) Verhältnis sekundärrechtlicher Irreführungsverbote zum aus Art. 34 AEUV entwickelten Verbraucherleitbild. Das Europäische Sekundärrecht hält zahlreiche Vorschriften bereit, die als abstrakte Verbotstatbestände nicht von der Begründung einer konkreten Irreführungsgefahr abhängen oder konkretisierende Vorschriften zur Etikettierung und Bezeichnung bereithalten. Das Ver- 443

---

670 Verordnung Nr. 1924/2006/EG des Europäischen Parlaments und des Rates vom 20.12.2006 über nährwert- und gesundheitsbezogene Angaben über Lebensmittel, ABl. 2006 L 404, S. 9; berichtigte Fassung ABl. 2007 L 12, S. 3, zuletzt geändert durch Verordnung (EU) Nr. 1169/2011 des Europäischen Parlaments und des Rates vom 25.10.2011 betreffend die Information der Verbraucher über Lebensmittel und zur Änderung der Verordnungen (EG) Nr. 1924/2006 und (EG) Nr. 1925/2006 des Europäischen Parlaments und des Rates und zur Aufhebung der Richtlinie 87/250/EWG der Kommission, der Richtlinie 90/496/EWG des Rates, der Richtlinie 1999/10/EG der Kommission, der Richtlinie 2000/13/EG des Europäischen Parlaments und des Rates, der Richtlinien 2002/67/EG und 2008/5/EG der Kommission und der Verordnung (EG) Nr. 608/2004 der Kommission, ABl. 2011 L 304, S. 18. Vgl. dazu → Rn. 153.

671 Art. 8 ff. Richtlinie 2014/40/EU des Europäischen Parlaments und des Rates vom 3.4.2014 zur Angleichung der Rechts- und Verwaltungsvorschriften der Mitgliedstaaten über die Herstellung, die Aufmachung und den Verkauf von Tabakerzeugnissen und verwandten Erzeugnissen und zur Aufhebung der Richtlinie 2001/37/EG, ABl. 2014 L 127, S. 1.

672 EuGH ECLI:EU:C:2012:52 Rn. 51 = GRUR 2012, 11616 – Deutsches Weintor.

673 Vgl. Art. 13 Abs. 1 lit. b; EGr. 27 Richtlinie 2014/40/EU des Europäischen Parlaments und des Rates vom 3.4.2014 zur Angleichung der Rechts- und Verwaltungsvorschriften der Mitgliedstaaten über die Herstellung, die Aufmachung und den Verkauf von Tabakerzeugnissen und verwandten Erzeugnissen und zur Aufhebung der Richtlinie 2001/37/EG, ABl. 2014 L 127, S. 1.

674 Auf eine Neigung des Adressaten, ein Krebserkrankungsrisiko zu unterschätzen oder aus dem Entscheidungsszenario zu eliminieren, weist *Leistner* S. 130 hin.

675 Art. 8 ff. Richtlinie 2014/40/EU des Europäischen Parlaments und des Rates vom 3.4.2014 zur Angleichung der Rechts- und Verwaltungsvorschriften der Mitgliedstaaten über die Herstellung, die Aufmachung und den Verkauf von Tabakerzeugnissen und verwandten Erzeugnissen und zur Aufhebung der Richtlinie 2001/37/EG, ABl. 2014 L 127, S. 1.

676 Ausführlich *Leistner* S. 131.

677 EuGH ECLI:EU:C:2012:651 Rn. 31 ff. = GRUR 2012, 1269 – Purely Creative Ltd. ua, zu Nr. 31 Anh. I UGP-RL (Sweepstakes); EuGH ECLI:EU:C:2014:211 Rn. 23 f., 34 = GRUR Int. 2014, 592 – 4finance, zu Nr. 14 Anh. I UGP-RL (Beitragserfordernis für Schneeballsystem). Ähnliche Wertung von GK/*Heinze* Einl. C Rn. 68.

678 EuGH ECLI:EU:C:2013:859 Rn. 36 = GRUR 2014, 19 – Trento Sviluppo.

hältnis dieser Vorschriften zu der Entwicklung des Verbraucherleitbildes im Zusammenhang mit primärrechtlichen Vorschriften wird verschiedentlich problematisiert: So wird behauptet, dass das Sekundärrecht kein anderes Leitbild zugrundelegen dürfe, weil der EuGH in der Anwendung des Primärrechts ein optimistischeres Verbraucherleitbild entwickelt habe (vgl. die Nachw. → Rn. 155 ff.).

444 **aa) Vorrang des Primärrechts.** Selbstverständlich überwindet das Primärrecht im Grundsatz sekundärrechtliche Vorschriften.[679] Es wäre dennoch falsch, ein sekundärrechtliches Irreführungsverbot am Maßstab des im Rahmen der *Cassis*-Rechtsprechung zu Art. 34 AEUV entwickelten Verbraucherleitbildes zu messen. Das ergibt sich aus der Prämisse der *Cassis*-Rechtsprechung selbst. Zwingende Erfordernisse der Lauterkeit des Handelsverkehrs oder des Verbraucherschutzes rechtfertigen nämlich nur **in Ermangelung unionsrechtlicher Regelungen** Beschränkungen des freien Waren- und Dienstleistungsverkehrs.[680] Sobald diese unionsrechtlichen Regelungen bestehen, ist die mitgliedstaatliche Maßnahme primär an ihnen zu messen. Führt die sekundärrechtliche Regelung nur zu einer Teilharmonisierung (Mindestklausel), wie in der Irreführungsrichtlinie, so bleiben die Mitgliedstaaten ergänzend den Anforderungen des Primärrechts unterworfen.[681] Die sekundärrechtliche Regelung wird aber als solche nicht am Primärrecht gemessen. Für das europäische Sekundärrecht gelten die Grundfreiheiten – wiewohl höherrangiges Recht – nicht als Beschränkungsverbote,[682] weil dieser Garantiegehalt gerade an das Nichtvorliegen positivharmonisierender Rechtsakte geknüpft ist. Es wurde deshalb zu Recht darauf hingewiesen, dass die unionsrechtlichen Irreführungsstandards durchaus unterschiedlich sein können, wenn als Folge einer sekundärrechtlich bewirkten Vollharmonisierung das im Rahmen der grundfreiheitsrechtlichen Bewertung vordringlich verfolgte Interesse an Marktintegration nicht in die Abwägung einzustellen ist.[683]

445 Als Schranken übermäßig restriktiver unionsrechtlicher Normen kommen daher nicht die Grundfreiheiten, sondern allenfalls die **Unionsgrundrechte** in Betracht.[684] Insoweit mag der Umstand, dass der EuGH alle Irreführungsverbote einheitlich auslegt (dazu sogl.), auf die unterschwellige Erkenntnis zurückzuführen sein, dass unionsrechtliche Irreführungsverbote als Schranken der Meinungsäußerungsfreiheit in derselben Weise einer Schranken-Schranke der Verhältnismäßigkeit zu unterwerfen sind wie als Schranken der gleichgerichteten Grundfreiheiten.[685]

446 Von Nachteil wirkt es sich allerdings aus, dass der EuGH die erforderliche **EU-Grundrechtsprüfung** nicht auf den Akt konkreter Rechtsanwendung bezieht, sondern lediglich auf den **einschränkenden Unionsrechtsakt.**[686] Als Folge der Anerkennung der gesetzgeberischen Notwendigkeit der Abstraktion sowie des weiten gesetzgeberischen Ermessensspielraums insbesondere bei Einschränkungen der Freiheit zur Meinungsäußerung im wirtschaftlichen Kontext bleibt die Grundrechtskontrolle eine viel zu schwache Waffe gegen überschießende Verbotstatbestände. Die Kontrolldichte der vom EuGH ausgeübten Uni-

---

[679] MüKoUWG/*Micklitz/Namysłowska* UGP-RL Art. 6 Rn. 7.

[680] EuGH Slg. 1979, 649 Rn. 8 = GRUR Int. 1979, 468 – Cassis de Dijon. Klarstellend EuGH Slg. 2003, I-14887 Rn. 64 = GRUR 2004, 174 – DocMorris.

[681] Deutlich EuGH Slg. 2003, I-14887 Rn. 64 = GRUR 2004, 174 – DocMorris, zur Mindestklausel in der Fernabsatzrichtlinie; EuGH Slg. 2004, I-3025 Rn. 34 = GRUR 2004, 965 – Karner, zur Irreführungsrichtlinie. Es trifft daher nicht ganz den Kern, wenn die Anwendung von Art. 28 EG (nunmehr Art. 34 AEUV) auf das mitgliedstaatliche Recht im Rahmen des Art. 8 IrreführungsRL auf die Bindung des sekundären Gemeinschaftsrechts an das Primärrecht zurückgeführt wird, so aber MüKoUWG/*Micklitz/Namysłowska* UGP-RL Art. 8–9 Rn. 6 Zum Auslegungsproblem vgl. MüKoUWG/*Leible* EU A Rn. 122.

[682] MüKoUWG/*Leible* EU A Rn. 118.

[683] *Beater* GRUR Int. 2000, 963 (973); *Glöckner,* Europäisches Lauterkeitsrecht, S. 486.

[684] MüKoUWG/*Leible* EU A Rn. 118.

[685] MüKoUWG/*Leible* EU A Rn. 123; *Streinz,* Europarecht, 9. Aufl. 2012, Rn. 790 f. Vgl. bereits *Glöckner/Henning-Bodewig* WRP 2005, 1311 (1314 ff.).

[686] EuGH ECLI:EU:C:2012:526 Rn. 59 = GRUR 2012, 1161 – Deutsches Weintor.

onsgrundrechte bleibt erheblich hinter derjenigen zurück, die im nationalen Kontext bei der Kontrolle durch das Bundesverfassungsgericht[687] bereits erreicht wurde.

bb) Einheitlicher Irreführungstatbestand? Der EuGH hat sehr früh auf eine homogene Auslegung der verschiedenen Irreführungstatbestände und Verbraucherleitbilder hingewirkt. Im Fall *Clinique* legte er die in der **teilharmonisierten Irreführungsrichtlinie** sowie der (vollharmonisierten) Vorschriften über die Verpackung und Etikettierung kosmetischer Mittel enthaltenen Irreführungsverbote „wie das gesamte abgeleitete Recht im Lichte der Bestimmungen des EWG-Vertrags über den freien Warenverkehr" aus.[688] Ähnlich verfuhr er später in den Fällen *6-Korn*[689] und *Lifting.*[690] Auch im Kontext des Markenrechts wurden die Begriffe der Irreführung über die kommerzielle Herkunft sowie die Verwechslungsgefahr zusammengeführt.[691] 447

Im Bereich **vollharmonisierter Rechtsgebiete** ist die Praxis des EuGH uneinheitlich. An sich sollte hier die Heranziehung der Grundfreiheiten ausgeschlossen sein.[692] Nicht zu verkennen ist aber, dass auch vollharmonisierende Rechtsakte des Unionsrechts häufig nur einen begrenzten Regelungszweck haben. Das mag nicht selten[693] gerechtfertigt haben, zur Berücksichtigung davon nicht erfasster zwingender Interessen des Verbraucher- oder Wettbewerbsschutzes das mitgliedstaatliche Lauterkeitsrecht anzuwenden. Dann muss diese Anwendung selbstredend wieder am Maßstab der *Cassis*-Doktrin und damit am Europäischen Verbraucherleitbild gemessen[694] werden. Diese **feststellbare Tendenz der Rechtsprechung, unabhängig von der Provenienz der Regelungen einheitliche Maßstäbe an alle Irreführungsverbote anzulegen,** mag die große Nonchalance bei der Abstimmung der Irreführungsrichtlinie und der Richtlinie über unlautere Geschäftspraktiken[695] erklären. 448

Für die Zukunft ist eine **Offenlegung und Differenzierung im Hinblick auf Regelungszwecke** (zB Schutz wirtschaftlicher Verbraucherinteressen; Schutz der Verbrauchergesundheit) und **Verbraucherleitbilder** (bloß **marktfunktionaler Schutz** durch allgemeines Lauterkeitsrecht;[696] **marktkorrigierender Verbraucherschutz** bei Verbrauchergesundheit[697]) anzumahnen. Differenzierende Standards gestatten zugleich, die sehr häufig auftretende Frage nach dem Verhältnis unterschiedlicher Unionsrechtsakte einfacher und kohärenter zu beantworten. 449

b) Verhältnis von Unionsrechtsakten zueinander. aa) UGP-Richtlinie und Irreführungsrichtlinie. Bei untrennbaren geschäftlichen Handlungen im Anwendungsbereich der UGP-Richtlinie überlagert letztere als Folge ihres totalharmonisierenden Anspruchs die 450

[687] Exemplarisch BVerfG GRUR 2001, 170 – Benetton; BVerfG GRUR 2003, 442 – Benetton-Werbung II.

[688] EuGH Slg. 1994, I-317 Rn. 12 = GRUR 1994, 303 – Clinique.

[689] EuGH Slg. 1998, I-4657 Rn. 27 ff. = GRUR Int. 1998, 795 – 6-Korn.

[690] EuGH Slg. 2000, I-117 Rn. 28 = GRUR Int. 2000, 354 (356) – Estée Lauder/Lancaster.

[691] EuGH Slg. 2008, I-4254 Rn. 50 = GRUR 2008, 698 – O2.

[692] MüKoUWG/*Leible* EU A Rn. 123. Richtig demgemäß EuGH Slg. 2000, I-117 Rn. 23 = GRUR Int. 2000, 354 (356) – Estée Lauder/Lancaster. Vgl. aber demgegenüber EuGH Slg. 1994, I-317 Rn. 17 = GRUR 1994, 303 – Clinique, wo der EuGH feststellte, dass die deutschen Rechtsvorschriften, durch welche das Irreführungsverbot der vollharmonisierenden Richtlinie 76/768 umgesetzt wurden, in ihrer Anwendung im Einklang mit den ex-Art. 30 und 36 EWG-Vertrag in deren Auslegung durch den Gerichtshof stehen müssten.

[693] Prototypisch EuGH Slg. 1997, I-3843 Rn. 37, 60 = GRUR Int. 1997, 913 – De Agostini: Schutz der Jugend in Fernsehrichtlinie abschließend geregelt, nicht aber Schutz gegen Irreführung. Anders lag demgegenüber die Rechtssache *Clinique,* wo der EuGH selbst feststellte, dass die Richtlinie ausweislich ihrer Begründungserwägungen ausdrücklich die zwingenden Erfordernisse zum Schutz der Verbraucher und der Lauterkeit des Handelsverkehrs im Sinne der *Cassis*-Rechtsprechung festgelegt habe und das Ziel des Schutzes der Gesundheit von Menschen iSd Art. 30 EG verfolge, da eine irreführende Information über die Eigenschaften dieser Erzeugnisse Auswirkungen auf die Volksgesundheit haben könnte, EuGH Slg. 1994, I-317 Rn. 15 = GRUR 1994, 303 – Clinique.

[694] So ausdrücklich EuGH Slg. 2003, I-14887 Rn. 64 mwN = GRUR 2004, 174 – DocMorris.

[695] Vgl. dazu MüKoUWG/*Micklitz/Namysłowska* UGP-RL Art. 6 Rn. 5.

[696] GK/*Heinze* Einl. C Rn. 67.

[697] GK/*Heinze* Einl. C Rn. 69.

Irreführungsrichtlinie im Hinblick auf die Frage, ob diese als Folge der Begründung einer Irreführungsgefahr unzulässig sind. Im Hinblick auf an Verbraucher gerichtete vergleichende Werbung kommt die Irreführungsrichtlinie zwar neben der UGP-Richtlinie zur Anwendung, vgl. EGr. 6 S. 4 UGP-RL; es bleibt aber beim Irreführungsstandard der UGP-Richtlinie, vgl. Art. 4 lit. a IrreführungsRL.

451 **bb) UGP-Richtlinie und Markenrecht.** Gemäß EGr. 9 S. 2 UGP-RL „berührt" die Richtlinie nicht die gemeinschaftlichen und nationalen Vorschriften im Bereich des Schutzes des geistigen Eigentums (en. *is without prejudice,* fr. *s'applique sans préjudice,* it. *non pregiudica,* es. *tampoco afecta*). Es fehlt zwar eine korrespondierende Regelung im verfügenden Teil der UGP-Richtlinie. Der hierdurch bewirkte Verlust an Rechtssicherheit bleibt aber überschaubar, wie die Parallelregelung zum Vertragsrecht in Art. 3 Abs. 2 UGP-RL deutlich macht („bleibt unberührt"). Was das bedeutet, führt der Europäische Gesetzgeber nämlich nicht aus. Relativ selbstverständlich erscheint, dass die Verbotsnormen im Recht des Geistigen Eigentums, insbesondere im Markenrecht, fortbestehen und selbständig angewendet werden können: Der Ausschluss der Gefahr einer Irreführung über die kommerzielle Herkunft iSd Art. 6 Abs. 1 lit. b UGP-RL ändert also zB nichts an der Anwendbarkeit des Identitätsschutzes gem. Art. 10 Abs. 2 lit. a MarkenrechtsRL.[698]

452 Die lapidare Feststellung in den Begründungserwägungen verhält sich indes nicht mit gleicher Klarheit zur Problematik von vorgesehenen Handlungsspielräumen: Es entspricht allgemeiner Auffassung, dass die Markenrechtsrichtlinie die mitgliedstaatlichen Markenrechtsordnungen in dem Sinne harmonisiert, dass Markenrechte als subjektive Rechte gewährt werden.[699] Wie alle Eigentumsrechte weisen sie ihrem Inhaber einen Freiraum zu, innerhalb dessen er im Rahmen der allgemeinen Rechtsordnung von seinem Recht Gebrauch machen kann. Zu diesem Gebrauch zählen der Einsatz im Geschäftsverkehr durch dauerhafte oder zeitweise Überlassung an Dritte (Lizenzierung), durch Vergleich, aber auch der schlichte Verzicht auf die Durchsetzung, wie er etwa gelebten „Gleichgewichtslagen"[700] zugrundeliegt. All diese vom Europäischen Markenrecht eingeräumten Möglichkeiten können durch die konkurrierende Anwendung des Europäischen Lauterkeitsrechts konterkariert werden. Die Möglichkeit der Geltendmachung der Irreführungsgefahr durch Dritte nähme dem Markeninhaber nämlich weitgehend die Möglichkeit, privatautonom einschlägige Verpflichtungen zu begründen. Aus dem subjektiven Recht am Kennzeichen folgende Verfügungsbefugnis und gegengerichtete Verhinderungsmacht stoßen an dieser Stelle unvermittelt aufeinander. Anders als der Europäische Gesetzgeber glauben machen will, berührt die Anwendung der lauterkeitsrechtlichen Regelungen den Schutz des Geistigen Eigentums in solchen Fällen eben doch.[701]

453 An dieser Stelle muss ein in der in der Praxis des EuGH zu erkennender Grundsatz fruchtbar gemacht werden, wonach Rechtsnormen des Unionsrechts so auszulegen sind, dass sie sich sinnvoll ergänzen **(„kohärente Auslegung").**[702] Wenn also der spezifische Gegenstand[703] des Markenrechts auch in der Möglichkeit erkannt wird, über das Recht zu

[698] Richtlinie (EU) 2015/2436 des Europäischen Parlaments und des Rates vom 16.12.2015 zur Angleichung der Rechtsvorschriften der Mitgliedstaaten über die Marken, ABl. 2015 L 336, S. 1.

[699] *Ekey* in Heidelberger Kommentar zum Markenrecht, Bd. 1, 4. Aufl., 2019, § 14 Rn. 53.

[700] BGH GRUR 2013, 397 – Peek & Cloppenburg III.

[701] Vgl. bereits *Glöckner* FS Fezer, 2016, 167 (179 ff.).

[702] Beispiele rechtsaktübersteigender kohärenter Auslegung finden sich etwa bei EuGH Slg. 1999, I-5553 Rn. 20 = GRUR Int. 2000, 69 – Farmitalia; EuGH Slg. 2006, I-4089 Rn. 22 ff. = GRUR 2006, 694 – Massachusetts Institute of Technology; EuGH Slg. 2009, I-7295 Rn. 23 ff. = GRUR Int. 2010, 41 – AHP Manufacturing, jeweils zur Reichweite ergänzender Schutzzertifikate; GA *Trstenjak,* Schlussanträge Rn. 87 ff., zu EuGH ECLI:EU:C:2011:788 = EuZW 2012, 302 – Perenicová, zum Verhältnis der UGP-Richtlinie zur Klauselrichtlinie. Positiv auch GK/*Heinze* Einl. C Rn. 24.

[703] Bewusst wird hier an die Diktion des EuGH zur Beschränkung der Privilegierung des Geistigen Eigentums im Rahmen der Warenverkehrsfreiheit gem. Art. 36 AEUV angeknüpft, vgl. EuGH ECLI:EU:C:2012:370 = GRUR 2012, 817 – Donner. Ebenso bereits *Fezer* GRUR 2010, 953 (958).

dessen Verwertung zu verfügen, darf die Anwendung der verbraucherschützenden UGP-Richtlinie diese Möglichkeit nicht völlig ausschließen.[704]

Vor dem Hintergrund, dass der Gesetzgeber der UGP-Richtlinie bestimmte Fälle, in denen deren Anwendungsbereich in den des Immaterialgüterschutzes hineinragt, erkennbar erfassen wollte, wie etwa die Produktnachahmung unter Begründung einer Verwechslungsgefahr, vgl. EGr. 14 S. 6 UGP-RL, kommen weder die Annahme einer Beschränkung des Anwendungsbereichs der UGP-Richtlinie noch eine Verdrängung unter dem Gesichtspunkt der Spezialität, die Art. 3 Abs. 4 UGP-RL entnommen werden könnte, in Betracht. Der pauschale Ausschluss des lauterkeitsrechtlichen Schutzes im Sinne der überkommenen Vorrangthese war niemals angemessen und würde auch zur Lösung des Binnenkonflikts innerhalb der europarechtlichen Subsysteme nicht beitragen. Er verdeckt und verhindert zugleich die Notwendigkeit eines angemessenen **Interessenausgleichs:** So bleibt allein, die gebotene **Einschränkung tatbestandsimmanent** vorzunehmen.[705] Erforderlich ist damit eine Lösung innerhalb der §§ 4 Nr. 3 lit. a, 5 Abs. 1 Nr. 1, Abs. 2 UWG, die sämtlich die Begründung einer Irreführungs- bzw. Verwechslungsgefahr verlangen. 454

cc) UGP-Richtlinie und besondere Irreführungsverbote, Informationsgebote sowie Verbote unzulässiger Beeinflussung. Im Hinblick auf besondere unionsrechtliche Regelungen greift die Anordnung des Art. 3 Abs. 4 UGP-RL ein: Rechtsvorschriften der Union, die besondere Aspekte unlauterer Geschäftspraktiken regeln, sollen denen der UGP-RL vorgehen und für diese besonderen Aspekte maßgebend sein. Der Formulierung lässt sich zweierlei entnehmen: 455

Anders als etwa die Vorschriften des Immaterialgüter- oder Vertragsrechts bleiben solche Regelungen nicht nur unberührt, sondern sollen denen der UGP-Richtlinie vorgehen. In einer Richtung wird damit zunächst die politische Absicht bekräftigt, mit der UGP-Richtlinie ein horizontal wirkendes „Auffangnetz" zu schaffen, das einen Mindestschutzstandard sichert, vgl. EGr. 10 S. 4 UGP-RL. Schwierigkeiten entstehen aus der Formulierung indes, wenn die spezielleren Vorschriften hinter dem von der UGP-Richtlinie etablierten Maß an Verbraucherschutz zurückfallen. In solchen Fällen sollte indes im Regelfall keine Verdrängungswirkung angenommen werden. Es ist nicht ersichtlich, dass der Unionsgesetzgeber den durch die UGP-Richtlinie gewährten Verbraucherschutz sektoriell beschränken wollte. Allenfalls mag eine Vermutung begründet werden, dass beispielsweise in sektoriellen Rechtsakten konkret begründete Informationspflichten sämtliche wesentlichen Informationen iSd Art. 7 Abs. 1 UGP-RL sind, vgl. dazu auch Art. 7 Abs. 5 UGP-RL. 456

Daneben verdient Beachtung, dass der Vorrang eben nur so weit reicht, als „besondere Aspekte" geregelt sind. **Jenseits dieser besonderen Aspekte** bleibt der **Rückgriff** auf die UGP-Richtlinie stets **möglich.** 457

Besondere Schwierigkeiten bereiten unionsrechtliche Sonderregelungen, die noch dem Regelungsprinzip der **Mindestharmonisierung** folgen, wie etwa Art. 10 Richtlinie 98/6. Bei der Preisauszeichnung handelt es sich durchaus um Geschäftspraktiken iSd Art. 2 lit. d UGP-RL. Demgemäß wird die Informationspflicht in Art. 3 Abs. 4 Richtlinie 98/6 in Anh. II UGP-RL ausdrücklich aufgeführt. Vom Privileg des Art. 3 Abs. 4 UGP-RL werden auch solche mitgliedstaatlichen Regelungen erfasst, die von der Mindestklausel Gebrauch machen und weitergehende Pflichten begründen. Auch nach Ablauf der Übergangsfrist in Art. 3 Abs. 5 UGP-RL a. F. ist an der Regelung in Art. 3 Abs. 4 UGP-RL uneingeschränkt festgehalten worden.[706] 458

Stets ist zu beachten, dass Rechtsakte des Unionsrechts, wiewohl sie äußerlich ähnliche Sachverhalte regeln, nicht notwendigerweise „spezieller" iSd Art. 3 Abs. 4 UGP-RL wirken. So schützen etwa die Verbote der unerwünschten Fax- oder E-Mail-Werbung in Art. 13 Abs. 1 RL 2002/58 (vgl. dazu → Rn. 375) von vornherein nicht wirtschaftliche 459

---

704 Ähnlich bereits *Fezer* GRUR 2010, 953; *Bornkamm* GRUR 2011, 1 (7).
705 *Fezer* GRUR 2009, 451 (457): tatbestandliche Begrenzungsfunktion.
706 Ebenso BGH WRP 2014, 689 Rn. 18 – 2 Flaschen GRATIS.

Verbraucherinteressen, sondern gem. Art. 1 Abs. 1 die Grundrechte und Grundfreiheiten, insbesondere das Recht auf Privatsphäre, in Bezug auf die Verarbeitung personenbezogener Daten im Bereich der elektronischen Kommunikation. Obwohl der unionsrechtliche Spezialitätsgrundsatz keine Zweckidentität voraussetzt, ist hier von einer schlichten Ergänzung des Verbaucherschutzes durch die UGP-Richtlinie auszugehen.

460 **c) Maßstäbe der Unlauterkeit bei Irreführungen. aa) Kein universeller Fortbestand der „labelling doctrine".** In der Vergangenheit hatte der EuGH den bei der Anwendung der Grundfreiheiten bestehenden Zielkonflikt zwischen dem Interesse an Marktintegration und dem gegengerichteten Interesse am Schutz vor Wettbewerbsverfälschungen durch Irreführungsgefahren regelmäßig mithilfe des **„Informationsparadigmas"** aufgelöst: Im europäischen Verbraucherrecht und bei der Abwägung der „zwingenden Gründe des Schutzes der Verbraucher und der Lauterkeit des Handels" im Sinne der *Cassis*-Formel wurde der Grundsatz entwickelt, dass ein informierter Abnehmer ein hinreichend geschützter Abnehmer sei, so dass weitergehende Vertriebsverbote nicht erforderliche Beschränkungen des Handelsverkehrs begründen. Information ging daher vor Vertriebsbeschränkung

461 Bei unterstellter Informierbarkeit wird der materielle Konflikt damit jedoch einseitig zulasten des Verbrauchers ausgetragen, dem die aus der **Marktintegration resultierenden Transaktionskosten** bislang sehr einseitig aufgebürdet wurden.[707] Ein nicht untypisches Beispiel bot das Urteil des EuGH vom 26.10.1995:[708] In Deutschland ist es bekanntlich üblich, Sauce hollandaise und béarnaise auf Butterbasis herzustellen. Deutsches Lebensmittelrecht schrieb demgemäß vor, dass entsprechende Trockenprodukte, die nicht aus Butter bestanden, mit einem entsprechenden Hinweis zu versehen seien. Der EuGH hielt diese Hinweispflicht jedoch für nicht erforderlich, weil der Verbraucher das Zutatenverzeichnis lesen und die gemäss der Lebensmittelrichtlinie verwendeten Abkürzungen verstehen werde. In der Entscheidung *naturrein*[709] aus dem Jahr 2000 nahm der EuGH ebenfalls an, dass die durch eben diese Bezeichnung einer Marmelade begründete Irreführungsgefahr im Hinblick auf die Verwendung des Konservierungsmittels Pektin durch dessen Aufnahme im Zutatenverzeichnis gemäß den Vorgaben der Etikettierungsrichtlinie ausgeschlossen werde. Es war stets fragwürdig, ob der Durchschnittsverbraucher überhaupt in der Lage ist, die von Lebensmittelchemikern entworfene Liste von Zutaten, bei denen die Bezeichnung unter dem Namen der Klasse, gefolgt von ihrem spezifischen Namen oder der EG-Nummer zwingend vorgeschrieben ist,[710] zu verstehen. Maßgebend muss sein, dass der Verbraucher nicht gezwungen werden darf, für ein geringwertiges Produkt minutenlange Warenkunde zu betreiben.[711] Eine auf den Schutz des Wettbewerbs konzentrierte Betrachtung des Lauterkeitsrechts muss vielmehr die **Verteilung der Transaktionskosten** einbeziehen.[712]

462 An dieser Stelle hatte der **Wegfall des Bedürfnisses nach rechtlicher Marktintegration** infolge der durch die UGP-Richtlinie bewirkten **Totalharmonisierung** durchaus segensreiche Wirkung: In der Entscheidung *Teekanne* aus dem Jahr 2015 gab der EuGH im Konflikt zwischen der Begründung einer Irreführungsgefahr durch die Produktbezeichnung und -aufmachung einerseits und der Erfüllung der lebensmittelrechtlichen Grundinformationspflichten durch ein zutreffendes Zutatenverzeichnis andererseits dem Schutz der Verbraucher vor Irreführung den Vorrang.[713] Ausdrücklich zitiert der EuGH die

---

[707] *Sack* WRP 1999, 399 (401); *Weatherill* in The Evolution of EU law, S. 693, 700; *Beater* GRUR Int. 2000, 963 (970); *Hucke* S. 102: Risikoverlagerung.

[708] EuGH Slg. 1995, I-3599 Rn. 34 = EuZW 1996, 245 – Kommission/Deutschland.

[709] EuGH Slg. 2000, I-2297 = GRUR Int. 2000, 756 – naturrein.

[710] Vgl. Anh. II der Richtlinie 2000/13/EG des Europäischen Parlaments und des Rates vom 20.3.2000 zur Angleichung der Rechtsvorschriften der Mitgliedstaaten über die Etikettierung und Aufmachung von Lebensmitteln sowie die Werbung hierfür, ABl. 2000 L 109, S. 29.

[711] Ebenso *Buchner/Rehberg* GRUR Int. 2007, 394 (401).

[712] Bereits *van den Bergh/Lehmann* GRUR Int. 1992, 588 (589 ff.).

[713] EuGH ECLI:EU:C:2015:361 Rn. 38 = GRUR 2015, 701 – Teekanne.

anderslautenden Entscheidungen *Kommission ./. Deutschland („Sauce béarnaise")* und *naturrein*[714] und stellt daraufhin fest, dass der Umstand, dass das Verzeichnis der Zutaten auf der Verpackung des im Ausgangsverfahren in Rede stehenden Erzeugnisses angebracht ist, für sich allein nicht ausschließen kann, dass die Etikettierung des Erzeugnisses und die Art und Weise, in der sie erfolgt, geeignet sein können, den Käufer irrezuführen.[715]

Die Entscheidung *Teekanne* bezieht sich zwar ausdrücklich allein auf das Verhältnis des Irreführungsverbots in Art. 2 Abs. 1 lit. a i zur Kennzeichnungspflicht in Art. 3 Abs. 1 der Etikettierungsrichtlinie. Überdies wurden die Regelungen der Etikettierungsrichtlinie durch die Lebensmittelinformationsverordnung (vgl. dazu → Rn. 159) aufgehoben, innerhalb welcher sie jedoch fortbestehen. Der EuGH hat aber sehr deutlich gemacht, dass – auch wenn die Etikettierungsrichtline eine spezifische Bestimmung des Lebensmittelrechts darstelle – Art. 2 Abs. 1 lit. a bekräftige, dass die Etikettierung eines Lebensmittels nicht irreführend sein dürfe. Die rechtskonforme **Information verschafft mithin keine Absolution** (mehr!) vom Vorwurf der irreführenden Etikettierung. Dieser Grundsatz kann nicht allein innerhalb der Etikettierungsvorschriften angewendet werden, sondern erfasst auch das Verhältnis zwischen besonderen Informationspflichten und allgemeinem Irreführungsverbot. 463

bb) Trennung der Verbraucherleitbilder. Die Entscheidung des EuGH ist zu begrüßen.[716] Wenn sie tatsächlich eine **allgemeine Entwicklung innerhalb unionsrechtlich totalharmonisierter Rechtsgebiete** auslöst, wird sie wegen der Weite des Anwendungsbereichs der UGP-Richtlinie von maßgeblicher Bedeutung für die Entwicklung des lauterkeitsrechtlichen Verbraucherschutzes sein. Diesbezüglich bleibt allein zu kritisieren, dass der EuGH seine Fortbildung des Rechts nicht offenlegt, sondern durch die ausdrückliche Bezugnahme auf das etablierte Modell des Durchschnittsverbrauchers[717] eher verdeckt. 464

Tatsächlich gestattet allein die **Totalharmonisierung,** sei es durch die Lebensmittelinformationsverordnung oder die UGP-Richtlinie, das **Irreführungsverbot im Sinne eines wettbewerbsfunktional idealen Schutzstandards** (dazu sogl.) anzuwenden. Im nur **mindestharmonisierten Bereich,** welcher der Kontrolle durch die Grundfreiheiten unterworfen ist, kann die *labelling doctrine* nach wie vor genutzt werden, um Handelshemmnisse abzubauen. 465

cc) Irreführungsgefahr als Rechtsbegriff. (a) Notwendigkeit der Interessenabwägung. Stets ist in der Sache ein Kompromiss zwischen freiem, dh möglichst geringen staatlichen Einschränkungen unterliegendem, und unverfälschtem, dh seine Funktionen erfüllenden Wettbewerb zu finden. Im Bereich des Irreführungsverbots bedeutet das, dass die Bestimmung der **quantitativen Aufgreifschwelle**[718] irreführender Angaben im Sinne einer **Optimierung der Wettbewerbsfunktionen** zwischen **Wettbewerbsintensivierung durch (erforderliche) Marktintegration sowie Information** einerseits und **Wettbewerbsschutz gegen irreführungsbedingte Verfälschung** andererseits zu erfolgen hat. 466

Ein wettbewerbsbezogenes Verständnis des Lauterkeitsrechts gebietet zunächst eine **Loslösung** von der Vorstellung, dass bereits die Irreführung eines **„nicht unerheblichen Teils der angesprochenen Verkehrskreise"**[719] die relevante Irreführungsgefahr begründen kann. Eine wettbewerbsbezogene Auslegung des lauterkeitsrechtlichen Irreführungsverbotes verbietet ein absolutes, allein auf die falsche Vorstellung eines wie groß auch immer definierten Teils des angesprochenen Verkehrskreises bezogenes Verständnis. An das 467

---

[714] EuGH ECLI:EU:C:2015:361 Rn. 37 = GRUR 2015, 701 – Teekanne.
[715] EuGH ECLI:EU:C:2015:361 Rn. 38 = GRUR 2015, 701 – Teekanne.
[716] Vgl. bereits die Kritik in der Voraufl., → Einl. B Rn. 54 ff., 57.
[717] EuGH ECLI:EU:C:2015:361 Rn. 36 = GRUR 2015, 701 – Teekanne.
[718] Begriff von GroßKommUWG/*Lindacher/Peifer* UWG § 5 Rn. 62.
[719] Vgl. BGH GRUR 1955, 37 (40) – Cupresa; allg. dazu GroßKommUWG/*Lindacher/Peifer* UWG § 5 Rn. 262 ff.

Vorliegen einer Irreführungsgefahr sind unmittelbar Rechtsfolgen geknüpft; es handelt sich um einen **Rechtsbegriff,** dessen Voraussetzungen im Rahmen einer wertenden Abwägung zu bestimmen sind.[720]

468 Das bedeutet allerdings nicht, dass es Sache des Gesetzgebers oder der Gerichte sei festzulegen, wie der Verkehr bestimmte Angaben zu verstehen habe. Existente Irreführungsgefahren und die damit verbundene Verfälschung des Wettbewerbs können nicht mit dem Argument ignoriert werden, dass nur der geschädigte Adressat aus seinen Fehlern lerne und ein „gehöriges" Misstrauen entwickle.[721]

469 **(b) Normativer Begriff auf objektiver Grundlage.** Andererseits kann es auch nicht darum gehen, eine objektiv festzustellende Irreführungsgefahr nur um das Korrektiv einer besonderen Interessenabwägung zu ergänzen.[722] Sinnvollerweise sollte die **Entscheidung über das Vorliegen einer Irreführungsgefahr im Wege einer integrierten Interessenabwägung** vorgenommen werden. In diese Abwägung sind **irreführungsbegründende und irreführungshindernde Umstände einzustellen.**

470 Bei dieser Interessenabwägung geht es um die **Abgrenzung individueller Freiräume:** Sie hat einerseits die **Freiheitsrechte des Wettbewerbers**[723] sowie das **Allgemeininteresse an freiem Wettbewerb,** andererseits das **Allgemeininteresse** am Schutz der Wettbewerbsordnung vor **Verfälschungen** zu berücksichtigen. Insoweit sind namentlich die Intensität und Bedeutung der **objektiv** bestehenden **Irreführungsgefahr** zu berücksichtigen.[724]

471 Das Interesse der Allgemeinheit am **Schutz des unverfälschten Wettbewerbs** wird umso stärker berührt, je größer das Irreführungspotential ist. Maßgebend ist dabei zunächst, **wie viele** Adressaten irregeführt werden.[725] Die **empirische Feststellung** durch **Umfrageforschung** hat insoweit **besondere Bedeutung,** weil erst sie bei bestehenden schutzwürdigen Interessen der Wettbewerber und der Allgemeinheit an der Zulässigkeit der beanstandeten Angabe eine **Gewichtung** des Interesses am Schutz des unverfälschten Wettbewerbs – jenseits des „Bauchgefühls" der entscheidenden Gerichtspersonen – und damit eine bewusste Abwägung gestattet.

472 Insoweit geht es darum, die **Transaktionskosten zu minimieren:**[726] Zu berücksichtigen ist, ob der Wettbewerber das Irreführungspotential durch zumutbare Maßnahmen, etwa klarere oder eindeutigere Ausdrücke und Bezeichnungen oder Information unproblematisch ausschalten kann. An dieser Stelle kann an die von der Ökonomischen Analyse des Rechts entwickelten Grundsätze zur Belastung des *cheapest risk avoiders* bzw. die Erkenntnisse der **Informationsökonomik**[727] angeknüpft werden.[728] Von Relevanz ist dabei, ob eine vorvertragliche Informationseinholung durch den Kaufinteressenten möglich ist,[729] ob die zur Verfügung stehende Information zuverlässig und aktuell, dh inhaltlich korrekt ist, ob den Nachfragern aufgrund ihrer Ausbildung die Verarbeitung der erhältlichen Information möglich ist, ob die Menge der Information von ihnen verarbeitet werden kann und schließlich, ob der Grenznutzen der Information die Grenzkosten der Suche übersteigt.[730]

---

[720] Ähnlich *Dethloff* S. 17.

[721] *Trägner* S. 141.

[722] Bereits *Niemöller* S. 213 ff. Das meint wohl auch *Strepp* S. 66.

[723] *Springer* S. 185.

[724] GroßKommUWG/*Lindacher/Peifer* UWG § 5 Rn. 61.

[725] BGH GRUR 1994, 519 (520) – Grand Marnier; *Springer* S. 185.

[726] Vgl. dazu *van den Bergh* in Effiziente Verhaltenssteuerung, S. 77, 89 ff.

[727] Grundlegend *Stigler,* The Economics of Information, 69 J. Pol. Econ. 213 ff. (1961).

[728] *van den Bergh/Lehmann* GRUR Int. 1992, 588 (589 ff.); *Keßler* WRP 1993, 571 (575); *Linder* S. 61 ff.; *Drexl* S. 193 ff.; *Rüffler* S. 287.

[729] Das ist typischerweise bei sog. „Vertrauensgütern", also zB Medikamenten, bei denen der Patient dem Arzt vertrauen muss, nicht der Fall.

[730] *Nelson,* Information and Consumer Behavior, 78 J. Pol. Econ. 311, 313 (1970). Vgl. die Aufzählung bei *Fleischer* ZEuP 2000, 772 (776).

Maßgebliche Bedeutung hat in diesem Zusammenhang die **Intensität der Irreführung.** So sind Fälle denkbar, in denen zwar eine Irreführung anzunehmen ist, diese jedoch gegenständlich als unbedeutend erscheint. So wurde zu Recht die Irreführung über einen ausreichenden Vorrat eines besonders beworbenen „D-Netz-Handtelefons" verneint: Die in einer Anzeige beworbenen Geräte waren zwar nicht vorrätig. Vorrätig waren allerdings Geräte, die sich von den beworbenen nur dadurch unterschieden, dass auf ihnen Marken- und Typenbezeichnungen der Telekom angebracht waren.[731] **473**

dd) Irreführung und Geschäftsentscheidungsrelevanz. Bereits Art. 2 lit. b IrreführungsRL verlangt, dass eine Werbeangabe nicht allein geeignet ist irrezuführen, sondern daneben „infolge der ihr innewohnenden Täuschung ihr [sc. ihrer Adressaten, d. Verf.] wirtschaftliches Verhalten beeinflussen kann oder aus diesen Gründen einen Mitbewerber schädigt oder zu schädigen geeignet ist". Die Art. 6, 7 UGP-RL setzen in ähnlicher Weise voraus, dass die irreführende Handlung „somit einen Durchschnittsverbraucher zu einer geschäftlichen Entscheidung veranlasst oder zu veranlassen geeignet ist, die er sonst nicht getroffen hätte" (so die Formulierung in Art. 7 Abs. 1 UGP-RL). Beide Formulierungen bringen dadurch zum Ausdruck, dass die lauterkeitsrechtlichen Irreführungsverbote nicht die Wahrheit als solche schützen, sondern **irreführendes Verhalten** im Wettbewerb wegen seiner **schädigenden Wirkung** verbieten. **474**

Dieser Aspekt wurde im deutschen Lauterkeitsrecht traditionell unter dem Gesichtspunkt der **wettbewerblichen Relevanz** geprüft. Eine zusätzliche Spürbarkeitsprüfung nach § 3 UWG war ausgeschlossen, da die wettbewerbliche Relevanz ein dem Irreführungstatbestand immanentes spezifisches Relevanzerfordernis darstellte.[732] Inzwischen wurde die überfällige positiv-rechtliche Anordnung der Relevanzschwelle in § 5 Abs. 1 S. 1 aE nachgeholt. Sie wird hier als **„Geschäftsentscheidungsrelevanz"** bezeichnet. **475**

(a) Richtigstellung vor Kaufentschluss und Anlockwirkung. Auf den ersten Blick scheint es an der Geschäftsentscheidungsrelevanz in Fällen zu fehlen, in denen Angaben zwar irreführen, sich aber im Marktverhalten der Adressaten nicht auswirken, weil sie im Verlauf der Verhandlungen korrigiert werden. Dabei ist freilich Vorsicht geboten. Aus unionsrechtlicher Perspektive stellt bereits die Entscheidung, ein Geschäftslokal zu betreten, eine geschäftliche Entscheidung iSd Art. 6, 2 lit. k dar.[733] Tatsächlich kann die bloße **Möglichkeit der Aufklärung eines Irrtums** im Regelfall nicht die Gefahr einer Wettbewerbsverfälschung ausschließen; es bedarf vielmehr **konkreter Anhaltspunkte,** dass eine Richtigstellung erfolgen wird. Im Übrigen kann der Wettbewerb selbst im Fall der rechtzeitigen Richtigstellung beeinträchtigt werden, wenn bis zu diesem Zeitpunkt bereits **nicht ersatzfähige Transaktionskosten** *(sunk costs)* oder ein **anderweitiger Wettbewerbsvorsprung** des irreführend Werbenden entstanden sind. Zutreffend hat der Bundesgerichtshof in der jüngeren Entscheidung *Telefonaktion* die wettbewerbliche Relevanz einer irreführenden Angabe trotz ihrer Richtigstellung darauf gestützt, dass der irreführend Werbende eine erste Kontaktaufnahme für die Mitgliederwerbung nutzen könne.[734] **476**

Andererseits erscheint die pauschale Bejahung der Geschäftsentscheidungsrelevanz in jedem Fall der **bloßen Anlockung** durch irreführende Angaben[735] – durch das ältere **477**

[731] BGH GRUR 1998, 949 (950) – D-Netz-Handtelefon. In dieselbe Kategorie fällt OGH WBl 1993, 266 – 5.000 Anzeigen: Die Ankündigung, eine Zeitung enthalte 5.000 Anzeigen, war falsch, da es tatsächlich 113 weniger waren. In BGH GRUR 1973, 206 – Skibindungen, hatte der Hersteller für bestimmte Skibindungen mit Rennerfolgen geworben, wobei die im Handel erhältlichen Bindungen sich von den im Rennen eingesetzten und im Übrigen baugleichen Bindungen allein durch weniger harte Federn unterschieden.

[732] BGH GRUR 2009, 888 (889) – Thermoroll; BGH GRUR 2012, 286 Rn. 18 – Falsche Suchrubrik; Köhler/*Bornkamm,* 33. Aufl., § 5 Rn. 2.20 f., 2.169.

[733] EuGH ECLI:EU:C:2013:859 Rn. 36= GRUR 2014, 19 – Trento Sviluppo. Vgl. bereits Arbeitspapier der Kommissionsdienststellen v. 3.12.2009, Leitlinien zur Umsetzung/Anwendung der Richtlinie 2005/29/EG über unlautere Geschäftspraktiken im Binnenmarkt, SEK(2009) 1666, S. 26.

[734] BGH GRUR 2008, 186 (189) – Telefonaktion.

[735] Vgl. zB Köhler/Bornkamm/Feddersen/*Bornkamm* UWG § 5 Rn. 1.196.

deutsche Lauterkeitsrecht ebenso wie das moderne europäische – unangemessen. Insoweit bedarf es einer stärkeren Berücksichtigung situativer Elemente,[736] worauf GA *Tesauro* im Fall *Nissan* zu Recht hingewiesen hat.[737] Wo auch aus Sicht der Verbraucher keine schutzwürdigen wirtschaftlichen Interessen unmittelbar berührt sind, bedarf es des Eingriffs der Lauterkeitsrechtsordnung nicht.

478 **(b) Normative Einschränkungen der Geschäftsentscheidungsrelevanz?** Fraglich ist, ob unter dem Gesichtspunkt der vermeintlich fehlenden **Geschäftsentscheidungsrelevanz** auch normative Aspekte zur Beschränkung der lauterkeitsrechtlichen Haftung Berücksichtigung finden können. Einen Grenzfall stellt insoweit ein älteres Urteil des Bundesgerichtshofs dar, in dem angenommen wurde, dass die Abnehmer auf die unterbliebene Verwendung der härteren Federn beworbener Rennskibindungen in den tatsächlich in den Verkauf gelangenden Bindungen „vernünftigerweise" keinen Wert legten.[738] Richtigerweise können aber Erwägungen des Inhalts, dass bestimmte Umstände für die Kaufentscheidung unerheblich sein müssten – zu denken ist vor allem an die irreführende Werbung mit Vorurteilen[739] –, die Geschäftsentscheidungsrelevanz der Irreführung nicht ausschließen.[740] Es handelt sich dabei um eine Konsequenz aus dem gebotenen weiten Leistungsbegriff: Ebenso wie Gerichte sich nicht anmaßen können festzulegen, dass bestimmte Umstände des Angebotes wie zB die Vermittlung eines Zusatznutzens keine „gewerbliche Leistung" seien, können sie entscheiden, dass bestimmte Umstände unerheblich für die Bewertung der Leistung zu sein haben. Ganz in diesem Sinne hat der Bundesgerichtshof im *Klosterbrauerei*-Fall[741] die wettbewerbliche Relevanz zu Recht bejaht: Das Berufungsgericht hatte angenommen, die Verbraucher seien sich darüber im klaren, dass bei Beachtung des Reinheitsgebots für den einzelnen Bierbrauer nur ein relativ geringer Spielraum verbleibe mit der Folge, dass Verbraucher sich in erster Linie an Geschmacksrichtungen und Biergattungen orientierten. Damit missachtete das Berufungsgericht, dass auch die Kaufentscheidung verständiger Verbraucher maßgeblich durch Erwägungen beeinflusst werden kann, die sich einer rationalen Überprüfung entziehen. Die beworbene klösterliche Brautradition stellt ein solches Qualitätssignal dar, das – ähnlich wie die Alterswerbung – eine unternehmensbezogene positive Assoziation weckt. Derartige versteckte Qualitätssignale können für die Kaufentscheidung des Publikums maßgeblich sein. Dies werde nicht zuletzt auch durch das Verhalten der Anbieter selbst belegt, die derartigen Merkmalen, durch die sie sich von ihren Wettbewerbern abzusetzen vermögen, in der Aufmachung ihrer Produkte und in der Werbung generell einen breiten Raum einräumen. In einer solchen Situation dürfen die Gerichte der Werbemaßnahme nicht die wettbewerbliche Relevanz absprechen.

479 Die Geschäftsentscheidungsrelevanz muss stets im Hinblick auf die Auswirkungen der fraglichen irreführenden Angabe auf den Wettbewerb untersucht werden. Der Konsumentenschutz ist insoweit unerheblich. Es spielt daher weder eine Rolle, ob dem Schutzinteresse der Marktgegenseite Genüge getan ist, noch ob die Abweichung der Realität von den Werbeangaben die Abnehmer begünstigt.[742] Im Hinblick auf die maßgebende

---

[736] *Hucke* S. 104.

[737] GA *Tesauro,* Schlussanträge Rn. 8, 9, zu EuGH Slg. 1992, I-131 – Nissan: Beim Kauf von Personenwagen sei davon auszugehen, dass sich potentielle Käufer vor dem Erwerb über das Vorhandensein bestimmter Ausstattungsmerkmale informieren würden. Ganz in diesem Sinne BGH GRUR 2003, 626 (627) – Umgekehrte Versteigerung II; Köhler/Bornkamm/Feddersen/*Bornkamm* UWG § 5 Rn. 1.199.

[738] BGH GRUR 1973, 206 (207) – Skibindungen.

[739] Vgl. dazu GK/*Lindacher,* 1. Aufl., UWG § 3 Rn. 129. Zum entgegengesetzten Fall – der Irreführung über die geographische Herkunft bei objektiver Gleichwertigkeit der Ware, vgl. OLG Köln GRUR 1989, 694 (695) – Frischgeflügel, und dazu krit. *Oppenhoff* FS v. Gamm, 1990, 117 (124 ff.).

[740] *Heermann* WRP 1993, 578 (593); *Müller* Verkehrsauffassung S. 209. AA *Springer* S. 184. Zur Deutung des Urteils *Pall* in diesem Zusammenhang vgl. noch → Rn. 480.

[741] BGH GRUR 2003, 628 – Klosterbrauerei.

[742] So BGH GRUR 2000, 239 (241) – Last-Minute-Reise, zur Werbung mit der Bezeichnung „Last minute" für längerfristig buchbare Reisen: Der Eindruck der Kurzfristigkeit sei lauterkeitsrechtlich unerheblich, da eine Abweichung durch längere Fristen dem Kunden nur zugute komme.

Fehlleitung der Nachfrage kann es allein darauf ankommen, ob eine unzutreffende Vorstellung der Abnehmer sich deshalb **nicht in einer Fehlleitung der Nachfrage** niederschlägt, weil ihre **Marktentscheidung ohne die Irreführung nicht anders ausfallen** würde.[743]

ee) Methode der Feststellung des Verständnisses der maßgeblichen Adressaten. 480, 481
Ähnlich unterschiedlich wie der materiellen Frage nach dem den Irreführungsverboten zugrundeliegenden Schutzstandard näherten sich die Rechtsordnungen der Mitgliedstaaten dem methodischen Problem, auf welche Weise die Verletzung festzustellen sei. Die Irreführungsrichtlinie hatte – ebenso wie die sektoriellen Irreführungsverbote – keine Regelung getroffen (vgl. bereits → Rn. 125).

Begründungserwägung 18 S. 5 UGP-RL sieht vor, dass der Begriff des **Durchschnittsverbrauchers nicht auf einer statistischen Grundlage** beruhe. Allein gelesen könnte diesem Satz entnommen werden, dass der Europäische Gesetzgeber die Verwendung von auf Verkehrsbefragungen gestützten Sachverständigengutachten damit ausgeschlossen habe.[744] Der in den Begründungserwägungen unmittelbar folgende Satz fordert die nationalen Gerichte und Verwaltungsbehörden aber auf, sich „auf ihre eigene Urteilsfähigkeit **unter Berücksichtigung der Rechtsprechung des Gerichtshofs**" (Hervorhebung d. Verf.) zu verlassen. Im Zusammenhang gelesen liegt die Deutung näher, dass der Europäische Gesetzgeber auf die vom EuGH entwickelten Handlungsanweisungen zurückgreifen wollte.[745] 482

Der *Mars*-Entscheidung aus dem Jahr 1995 war wegen der in diesem Urteil verwendeten Formulierung „Von verständigen Verbrauchern kann erwartet werden"[746] in der Literatur in methodischer Hinsicht ein Bekenntnis zu einem **normativen Begriff der Irreführungsgefahr** entnommen worden.[747] In der Konsequenz wäre insb. der deutschen Praxis, die den Begriff der Irreführungsgefahr traditionell im Ausgangspunkt objektiv verstand und die Frage stellte, ob **tatsächlich eine Irreführungsgefahr** begründet werde, der Boden entzogen worden. Die jüngeren Entscheidungen des EuGH in den Rechtssachen *6-Korn,*[748] *Sektkellerei Kessler*[749] und *Lifting*[750] machen demgegenüber deutlich, dass der EuGH selbst nicht so weit gehen möchte. Die darin verwendete Formulierung, maßgebend sei die **„mutmaßliche Erwartung"** eines durchschnittlichen Adressaten, spricht im Gegenteil für eine **objektive** Betrachtungsweise.[751] Mit einer **normativen Betrachtungsweise** ließe sich die vom Gerichtshof ausdrücklich **gestattete empirische Feststellung des Verbraucherverständnisses gar nicht vereinbaren,** denn bei Zugrundelegung eines normativen Irreführungsbegriffs wäre das tatsächliche, dh objektive Verständnis der angesprochenen Verkehrskreise unerheblich.[752] Vor allem die Entscheidung *6-Korn*[753] ist vor dem 483

[743] Deshalb muss der Entscheidung des BGH GRUR 2000, 239 (241) – Last-Minute-Reise, zur Werbung mit der Bezeichnung „Last minute" für längerfristig buchbare Reisen, widersprochen werden. Die Angabe „Last minute" hat bei Flugreisen Signalwirkung im Hinblick auf günstige Preise, ganz unabhängig davon, wie günstig die Preise wirklich sind. Ohne diese Signalwirkung würden zahlreiche Abnehmer sich anders entscheiden. An der wettbewerblichen Relevanz – zumindest im Hinblick auf die mitgeschützten Interessen der Mitbewerber – kann deshalb kein Zweifel bestehen. In diesem Sinne wohl auch Köhler/Bornkamm/Feddersen/*Bornkamm* § 5 Rn. 1.194.

[744] Vgl. bereits *Glöckner* WRP 2004, 936 (941) Fn. 56.

[745] Die Deutung von MüKoUWG/*Micklitz/Namysłowska* UGP-RL Art. 5 Rn. 81, der Europäische Gesetzgeber habe eine Abschaffung der Möglichkeit der Einholung von Gutachten an den Vorbehalt geknüpft, dass der EuGH seine Rechtsprechung ändere, liegt wohl eher fern; etwas andere Nuancierung MüKoUWG/*Micklitz/Namysłowska* EG D Art. 6 Rn. 34.

[746] EuGH Slg. 1995, I-1923 Rn. 24 = GRUR Int. 1995, 804 – Mars.

[747] *Fezer* WRP 1995, 671 (675); *Niemöller* S. 187 ff.; *Scherer* GRUR 2000, 273 (275); *Dethloff* S. 199.

[748] EuGH Slg. 1998, I-4657 Rn. 33 ff., 35 = GRUR Int. 1998, 795 – 6-Korn.

[749] EuGH Slg. 1999, I-513 = GRUR Int. 1999, 345 – Verbraucherschutzverein/Sektkellerei Kessler.

[750] EuGH Slg. 2000, I-117 Rn. 29 ff. = GRUR Int. 2000, 354 – Estée Lauder/Lancaster.

[751] *Reese* WRP 1998, 1035 (1038 ff.); *Sack* WRP 1999, 399 (401); *Niemöller* S. 188. AA *Scherer* GRUR 2000, 273 (275).

[752] So auch *Sack* WRP 1999, 399 (401); und in konsumentenrechtlichem Zusammenhang *Damm* VersR 1999, 129 (136). Diesen Zusammenhang vernachlässigt *Scherer* GRUR 2000, 273 (275), und gelangt auf diese

Hintergrund der nach dem *Mars*-Urteil entbrannten Diskussion im deutschen Recht und der im Hinblick darauf gezielten, wenn auch missverständlich formulierten, Vorlagefragen zu würdigen. Danach bleibt den Gerichten gestattet, auf Umfragegutachten zurückzukommen, wenn sie sich selbst zu einer Beurteilung außerstande sehen. In der Rechtssache *Ving* bestätigte der EuGH diese Sichtweise.[754] Eine Festlegung der nationalen Gerichte auf ein normatives Verständnis der Irreführungsgefahr ist jedenfalls ausgeschlossen.[755]

484 Die Kommission selbst bekennt sich inzwischen ausdrücklich zu der Berücksichtigung verhaltensökonomischer Erkenntnisse,[756] die ebenfalls auf empirischen Grundlagen ruhen. Richtig ist, dass man in Deutschland und Österreich[757] bereits seit einiger Zeit **Erfahrungen im Umgang mit Meinungsumfragen** gesammelt hat. Wo diese Erfahrung fehlt, bestehen regelmäßig negative Vorurteile gegenüber deren Wert.[758] Auch kommt es bisweilen zu – nach dem **aktuellen Stand der Umfrageforschung** – annähernd grotesken Fehlurteilen.[759]

485 Durch die Möglichkeit der Durchführung von Meinungsumfragen erweitert man den Interpretationsspielraum der nationalen Gerichte keineswegs[760]: Tatsächlich schränken Gerichte durch Einholung von Gutachten ihre vorhandenen Wertungsspielräume ein.[761] Vielleicht würde es die homogene Rechtsentwicklung gar fördern, wenn in allen Mitgliedstaaten der Rechtsschutz stärker auf – selbstverständlich nach den Standards der Umfrageforschung durchzuführende – Meinungsumfragen gestützt würde.

486 Auch wenn sich Österreich und Deutschland hinsichtlich der Verwendung von auf Umfragen gestützten Gutachten im Lauterkeitsrecht vergleichsweise isoliert sehen,[762] korrespondieren diesem Umstand jedenfalls keine methodischen Bedenken grundsätzlicher Art: **Im Kennzeichenrecht** ist der Einsatz der Umfrageforschung europaweit zwar nicht im Verkehr durchgesetzt, aber weit verbreitet. Der **im Kartellrecht** von der Europäischen Kommission eingeschlagene *more economic approach* erodiert normative, auf abstrakte Wertungen von Gesetzgeber und Gerichten gestützte, Entscheidungen weitgehend und verlangt eine am konkreten Verhalten der Marktbeteiligten orientierte Beweisführung auch und gerade im Prozess. Der verstärkte Rückgriff auf empirische, insbesondere ökonomische Argumente wird also in einer benachbarten Disziplin gerade vom Europarecht selbst

---

Weise zu der Schlussfolgerung, dass der EuGH „ganz evident" die empirische zugunsten der normativen Feststellungsweise ausscheide. Vgl. dazu allg. *Ahrens* WRP 2000, 812 ff.

[753] EuGH Slg. 1998, I-4657 = GRUR Int. 1998, 795 – 6-Korn.

[754] EuGH Slg. 2011, I-3903 Rn. 22 = GRUR 2011, 930 – Konsumentombudsmannen/Ving Sverige AB.

[755] *Sack* WRP 1999, 399 (401); *Niemöller* S. 189. AA *Strepp* S. 65. Gemessen an der insoweit deutlichen Judikatur des EuGH erscheint auch die Darstellung der Kommission, Arbeitspapier der Kommissionsdienststellen v. 25.5.2016, Leitlinien zur Umsetzung/Anwendung der Richtlinie 2005/29/EG über unlautere Geschäftspraktiken, SWD (2016) 163, S. 48, S. 29, in der die normative Formulierung des EuGH weiterverwendet wird, irreführend.

[756] Arbeitspapier der Kommissionsdienststellen v. 25.5.2016, Leitlinien zur Umsetzung/Anwendung der Richtlinie 2005/29/EG über unlautere Geschäftspraktiken, SWD (2016) 163, S. 65.

[757] Auch dort werden Meinungsumfragen als Beweismittel zur Irreführungsgefahr zugelassen, vgl. OGH ecolex 1995, 497 – PM-Privatmarkt.

[758] Exemplarisch GA *Fennelly* Schlussanträge Rn. 28, zu EuGH Slg. 1998, I-4657 – 6-Korn; wiedergegeben im Arbeitspapier der Kommissionsdienststellen v. 25.5.2016, Leitlinien zur Umsetzung/Anwendung der Richtlinie 2005/29/EG über unlautere Geschäftspraktiken, SWD (2016) 163, S. 48.

[759] EuG, Slg. 2006, II-2211 Rn. 43 = GRUR Int. 2007, 137 – Vitakraft/Vitacoat, lehnte die Verwendung einer Marktstudie mit der Begründung ab, die Art der Fragestellung sei unzulässig führend gewesen. In jenem Kontext – Frage nach der Verkehrsdurchsetzung eines Kennzeichens – war dieser Vorwurf umfragemethodisch unhaltbar, vgl. dazu *Niedermann*, Empirische Erkenntnisse zur Verkehrsdurchsetzung, GRUR 2006, 367 (373 f.).

[760] So aber MüKoUWG/*Micklitz/Namysłowska* UGP-RL Art. 6 Rn. 29; skeptisch auch GK/*Heinze* Einl. C Rn. 243.

[761] Was MüKoUWG/*Micklitz/Namysłowska* UGP-RL Art. 6 Rn. 103, im Zusammenhang der Beurteilung der wettbewerblichen Relevanz auch selbstverständlich zugrundelegen.

[762] Im internationalen Vergleich verdient die Praxis der US-amerikanischen FTC Hervorhebung, vgl. bereits FTC Policy Statement on Deception v. 14.10.1983, appended to *Cliffdale Associates, Inc.*, 103 F. T. C. 110, 174 (1984), Fn. 8, 13.

gefördert. Wie im Kartellrecht bedarf es auch im Lauterkeitsrecht sicher einer **Diskussion um Vor- und Nachteile des Einsatzes empirischer Methoden unter Einbeziehung der Verfahrenseffizienz und einer eventuellen Abschreckungswirkung im Hinblick auf den Effektivitätsgrundsatz.** Mit der Reduktion der Pflicht zur Einholung von Gutachten in der Entscheidung *Elternbriefe*[763] hat das deutsche Lauterkeitsrecht diesbezüglich jedoch wohl einen insgesamt gelungenen Ausgleich gefunden, der zugleich dem von der Europäischen Rechtsprechung entwickelten Regel-Ausnahme-Verhältnis entspricht.[764]

d) Maßstäbe der Unlauterkeit bei aggressiven Geschäftspraktiken. aa) Beeinträchtigung der autonomen Entscheidung von Durchschnittsverbrauchern als Anknüpfungspunkt des Unlauterkeitsurteils. Bei einem Verständnis des Lauterkeitsrechts als einem Instrument zum **Schutz der wirtschaftlichen Verbraucherinteressen sowie der Funktionsbedingungen des Wettbewerbs** ist der Zugriff auf geschäftliche Handlungen, bei denen in die Entscheidungsautonomie der Marktgegenseite, namentlich von Verbrauchern, eingegriffen wird, nicht nur zulässig, sondern geboten.[765] Fehlsteuerungen wirtschaftlicher Entscheidungen können auch durch Beeinträchtigungen des Entscheidungsprozesses bewirkt werden.[766] Darauf zielen die Regelungen in Art. 8, 9 UGP-RL, § 4a UWG. 487

Fraglich ist stets, **wie weitgehend der Schutz der Autonomie** zu gewähren ist. Absolute Autonomie des Einzelnen ist innerhalb einer Gesellschaft unmöglich. Dementsprechend kann es auch im Lauterkeitsrecht nur darum gehen, ein für die Wettbewerbsordnung unerlässliches Mindestmaß an Autonomie der Marktbeteiligten sicherzustellen. So häufig der Eingriff in die Autonomie bzw. Entschließungsfreiheit der Abnehmer zur Begründung der Unlauterkeit herangezogen wird,[767] so **undeutlich** bleibt der **Inhalt des** zugrundegelegten **Autonomiekonzepts.** 488

Der Begriff der **Autonomie** bzw. der Willensfreiheit ist – wie die Irreführungs- oder Verwechslungsgefahr – kein objektiver, der Seinswelt zugeordneter, sondern gleichfalls ein **Rechtsbegriff,** der im Hinblick auf das zu schützende Rechtsgut auszulegen ist.[768] 489

Der normative Gehalt der Autonomie muss im Lauterkeitsrecht aus ihrem Geltungsgrund abgeleitet werden. Autonomie ist nicht allein Funktionsbedingung des Wettbewerbs, dh muss nicht allein gewährleistet werden, um den Wettbewerb zu schützen, sondern der Wettbewerb wird zugleich geschützt, um durch ihn die Autonomie des Einzelnen zu erhalten.[769] Die Reichweite des Autonomiebegriffs ist demgemäß der objektiven Wertordnung der Verfassung zu entnehmen. Maßgebende Bedeutung erlangt dabei das allgemeine Persönlichkeitsrecht des Betroffenen.[770] Davon ausgehend ist die bloße Beeinflussung der Abnehmer legitim, so lange der Abnehmer sie erkennt und inhaltlich zumindest mitträgt. Eine **Kontrollfrage** kann lauten, ob der Abnehmer, der einem Werbeappell gefolgt ist, *ex post,* dh **nach dem Wegfall der motivierenden Wirkung** durch die 490

---

[763] BGH GRUR 2002, 550 (552) – Elternbriefe.

[764] *Lettl* S. 310.

[765] Vgl. nur *Micklitz/Keßler* WRP 2003, 919 (921).

[766] Vgl. bereits *Beater* Verbraucherschutz S. 190 ff.; *Beater* § 16 Rn. 1 ff.

[767] Vgl. § 4a. Zum alten Recht vgl. nur *Baumbach/Hefermehl,* 22. Aufl. 2001, Einl. UWG Rn. 161. *Drexl* S. 7 ff., errichtet ein ganzes Modell des Verbraucherschutzes auf das Konzept der „wirtschaftlichen Selbstbestimmung". Dort S. 630, wird ausgeführt, dass sich eine Beeinträchtigung der wirtschaftlichen Selbstbestimmung durch ein Vertrags- oder Wettbewerbsversagen definiert. Dieses Versagen sei wiederum über die Koordinationsordnung des Marktes zu ermitteln. Ob der Begriff der Selbstbestimmung damit inhaltlich bestimmbar wird, soll hier dahingestellt bleiben. Die deutsche Rechtsprechung gründet in weiten Bereichen auf unterstellten Beeinträchtigungen der „freien Willensentschließung" oder „Willensbeeinträchtigung", vgl. die Nachw. bei *I. Scherer* S. 39 ff.

[768] *Drexl* S. 431, zur wirtschaftlichen Selbstbestimmung.

[769] Genau umgekehrt ordnet *Drexl* S. 7 das Verhältnis: Autonomie werde dem Einzelnen nicht um ihrer selbst willen eingeräumt, sondern weil sich über die Selbstbestimmung die Koordinationsordnung des Marktes verwirkliche.

[770] Das erkennt auch *Drexl* S. 253 ff., 254, an.

Einflussnahme des Werbenden, das **Geschäft** in seiner konkreten Form noch **gutheißen** kann.

491 Die Autonomie wird nicht allein durch die Verpflichtung zur Zurverfügungstellung einer hinreichenden Entscheidungsgrundlage gewahrt, sondern ebenso durch den **Schutz der Fähigkeit, auf eben dieser Grundlage zu einer nach zu definierenden Maßstäben als „frei" bewerteten Entscheidung zu gelangen.** Wird dies einmal anerkannt, so bedarf es der **Definition einer Relevanzschwelle** für die Annahme einer unlauteren Beeinträchtigung, da jegliche, auch ganz unstreitig rechtmäßige, Werbung Einfluss auf den Entscheidungsprozess zu nehmen sucht – darin besteht ihre ureigene Aufgabe.[771]

492 Bei der Festlegung dieser Schwelle auf **Erkenntnisse der Verhaltenswissenschaften zurückzugreifen,** steht keineswegs im Widerspruch zur Methodik der Beurteilung der Irreführungsgefahr. Der Irreführungsbegriff des Europarechts ist zwar ein Rechtsbegriff, aber kein normativer Begriff im strengen Sinne (vgl. dazu bereits → Rn. 469 ff.). Ebenso wenig wie das Bestehen der Irreführungsgefahr ist die Gefahr einer erheblichen Beeinträchtigung einer geschäftlichen Entscheidung der unmittelbaren Beweiserhebung zugänglich, und ebenso sehr ist sie das **Ergebnis einer wertenden Abwägung.** Dass in diese Abwägung **empirisch gegründete Umstände, und damit in diesem Fall psychologische und soziologische Erkenntnisse,**[772] einfließen müssen, ist – in beiden Fällen – nur sinnvoll. Die Parallele zum Irreführungstatbestand wird dadurch fortgesetzt, dass die oben beschriebene Kontrollfrage im Regelfall von den Richterinnen und Richtern, die zu den potentiellen Adressaten einer Werbemaßnahme zählen, *ex cathedra* beantwortet werden kann.[773] Die hier vorgeschlagene Kontrollfrage ist schließlich nicht in dem Sinne (miss-) zu verstehen, dass eine Beweiserhebung bezüglich des Einzelfalles zu erfolgen hätte.

493 Ausgeschlossen wird die Willensfreiheit zunächst durch die Anwendung von *vis absoluta.* Ihre Ausübung im Wettbewerb ist daher zu verbieten. Bei der im Regelfall „nur" angewandten *vis compulsiva* bleibt die Willensfreiheit demgegenüber im Grundsatz erhalten. Dennoch gebietet der Persönlichkeitsschutz des Betroffenen ein weitergehendes Verbot der Ausübung von Zwang, oder allgemeiner, von Einwirkungen auf die Entscheidung. Dem entsprechen die strafrechtliche Sanktionierung der Nötigung und die zivilrechtliche Anordnung der Nichtigkeitsfolge für Rechtsgeschäfte, die unter Anwendung von Zwang zustandegekommen sind. Im Lauterkeitsrecht kann die Autonomie des Einzelnen im Grundsatz in weiterem Umfang geschützt werden, da gegen den Dritten im Regelfall keine Strafsanktionen verhängt werden und – anders als uU bei der Nichtigkeit von Rechtsgeschäften – kein Verkehrsinteresse an der Beständigkeit besteht. Im Hintergrund dessen ist stets zu sehen, dass durch **allgemeine** Beschränkungen der Intensität zulässiger Einwirkungen **alle Wettbewerber in gleicher Weise betroffen** werden.

494 Allerdings darf daraus nicht geschlossen werden, dass der Schutz der Autonomie bis ins Unendliche erhöht werden dürfte. Unter dem maßgebenden Gesichtspunkt des Eingriffs in die autonome Entscheidung geht die europäische Rechtsordnung – wenngleich im Hinblick auf die Irreführungsgefahr – von einem **Durchschnittsadressaten** aus (vgl. → Rn. 434 ff.). Bei der Beurteilung, ob eine relevante „Beeinflussungsgefahr" iSd § 4a UWG begründet wird, ist auf denselben Durchschnittsverbraucher zurückzugreifen, der im hier zu beurteilenden Kontext nicht „normal informiert und angemessen aufmerksam und verständig", sondern **angemessen verständig und nicht überdurchschnittlich beeinflussbar** sein müsste. Dieses Verständnis wird durch die UGP-Richtlinie bestätigt, indem diese einheitlich, dh auch hinsichtlich der in Art. 5 Abs. 4 lit. b, 8, 9 UGP-RL erfassten aggressiven Geschäftspraktiken auf einen einheitlich verstandenen Durchschnittsverbrau-

[771] MüKoUWG/*Micklitz/Namysłowska* UGP-RL Art. 8–9 Rn. 28.

[772] Vgl. etwa die Beispiele bei *Leistner* S. 123 ff.

[773] Im Gegenteil werden Sachverständigengutachten auf der Grundlage von Verkehrsbefragungen regelmäßig nicht weiterführen, vgl. bereits *Glöckner,* Europäisches Lauterkeitsrecht, S. 573. Dass es sich um eine fiktive Bewertung handelt, so zu Recht MüKoUWG/*Micklitz/Namysłowska* UGP-RL Art. 5 Rn. 59, schließt allerdings die Zugrundelegung einer hypothetischen tatsächlichen Reaktion der Adressaten nicht aus.

cher abstellt. Artikel 8 stuft eine Geschäftspraktik als aggressiv ein, wenn „unter Berücksichtigung aller tatsächlichen Umstände die Entscheidungs- oder Verhaltensfreiheit des Durchschnittsverbrauchers in Bezug auf das Produkt" beeinflusst wird.

bb) Zugrundelegung eines offenen Leistungsbegriffs. Davon ausgehend lassen sich zunächst bestimmte Formen der Einflussnahme als unschädlich ausmachen: Ein modernes Verständnis des Wettbewerbsschutzes gebietet die Anknüpfung an einen **„offenen" Leistungsbegriff.**[774] Der Wettbewerber muss es in der Hand haben, die von ihm erbrachte Leistung selbst zu gestalten, soweit der Markt ihn dabei trägt. Die Vermittlung von Zusatznutzen zählt dazu.[775] Es ist nicht Aufgabe des Lauterkeitsrechts, die Abnehmer in paternalistischer Manier zur Verwendung ihrer Mittel allein nach den Parametern von Preis und Qualität der Leistung anzuhalten oder die Wettbewerber auf ein darauf beschränktes Werbeverhalten zu verpflichten. Ein solch enges Verständnis ist mit dem vom Europarecht gem. Art. 119, 120 AEUV geforderten System der **offenen Marktwirtschaft mit freiem Wettbewerb** nicht zu vereinbaren.[776] **495**

Die ältere deutsche Praxis, die angenommen hatte, dass eine **gefühlsbetonte Werbung,**[777] durch welche die Entschließung des Kunden unter Ausnutzung seiner Gefühle in einer dem Leitbild des Leistungswettbewerbs widersprechenden Weise in seiner Kaufentscheidung unsachlich beeinflusst werde, unlauter sei,[778] wurde zu Recht bereits durch die *H. I. V. positive II*-Entscheidung[779] des Bundesverfassungsgerichts sowie ein gewandeltes Verbraucherleitbild überwunden. In der Entscheidung *Artenschutz* lehnte der Bundesgerichtshof trotz des fehlenden sachlichen Zusammenhangs die Unlauterkeit ab, da sich keine tatsächliche Beeinträchtigung der freien Willensbildung feststellen ließ.[780] **496**

Der mangelnde Sachzusammenhang ist tatsächlich kein tauglicher Gesichtspunkt zur Begründung des Unlauterkeitsurteils[781] (vgl. dazu bereits die Voraufl., Einl. B → Rn. 502 f.). Dieses Ergebnis wird durch die hier (vgl. → Rn. 490) entwickelte Kontrollfrage bestätigt: Wer ein bestimmtes Bier trinkt, um damit den Regenwald zu retten, wird das damit vermittelte gute Gefühl sicher noch dann haben, wenn er den Werbeappellen nicht mehr ausgesetzt ist. Es ist daher zu begrüßen, dass § 4a den Begriff der Unsachlichkeit nicht mehr verwendet. **497**

cc) Intensität der Einflussnahme. Auch im Übrigen, dh im Hinblick auf die **Frage nach der zulässigen Intensität der Einwirkung** auf die Marktgegenseite,[782] sollte die oben entwickelte Kontrollfrage als Test herangezogen werden. Danach ist maßgebend, ob **498**

---

774 *Menke* GRUR 1995, 534 (537); *I. Scherer* S. 48; *Sosnitza* S. 236.

775 MüKoUWG/*Sosnitza* Grundl. A Rn. 15.

776 *Menke* GRUR 1995, 534 (537). Zu beachten ist allerdings, dass das Europarecht selbst an einigen Stellen bedenklich in die Nähe einer solchen Bevormundung der Wettbewerbsteilnehmer gerät, vgl. zB die Formulierung des EuGH Slg. 1966, 322 (391) = GRUR Ausl. 1966, 580 – Consten und Grundig, nach der es als grundsätzlich wettbewerbsschädlich betrachtet wird, wenn es den Herstellern gelingt, ihr Produkt von denjenigen anderer Hersteller durch Markenpflege und Werbung abzuheben.

777 Vgl. dazu *Ahrens* → Einl. Rn. 1067–1069; u. *Picht* → § 4a Rn. 91 ff.

778 Vgl. noch *Baumbach/Hefermehl,* 22. Aufl. 2001, UWG § 1 Rn. 185 mwN.

779 BVerfG GRUR 2003, 442 – H. I. V. positive II.

780 BGH GRUR 2006, 75 (76) – Artenschutz; vgl. auch die folgenden Entscheidungen BGH GRUR 2007, 247 – Regenwaldprojekt I; GRUR 2007, 251 – Regenwaldprojekt II.

781 *Menke* GRUR 1995, 534 (536 ff.); *Sosnitza* S. 95.

782 *I. Scherer* S. 62 ff., 63, will ausgehend von der Beherrschbarkeit der werblichen Beeinflussung abgrenzen. Es müsse darauf ankommen, ob der Verbraucher noch die Möglichkeit hat, seinen Willen anders zu bilden als dies durch die werbliche Beeinflussung angestrebt wird; der Verbraucher müsse noch in der Lage sein, der Beeinflussung zu widerstehen, die Werbeappelle nicht zu befolgen, sich anders zu verhalten als durch die betreffende Werbung gefordert. Beim Wort genommen wird letzteres praktisch stets der Fall sein – der Verbraucher wird ja nicht hypnotisiert oder in anderer Form jeglicher Möglichkeit beraubt, seinen Willen zu bilden und zu betätigen. Jedenfalls so eng verstanden erscheint das Kriterium der Beherrschbarkeit zur Differenzierung als ungeeignet. *I. Scherer* S. 66, scheint demgemäß das eigene Kriterium durch das Erfordernis eines Quorums relativieren zu wollen – ein Postulat, das sich nur schwer mit der unmittelbar voranstehenden Anknüpfung an einen „flüchtigen Durchschnittsbetrachter", *Scherer* S. 65, vereinbaren lässt.

die Adressaten *ex post,* dh nach Wegfall der motivatorischen Wirkung der Werbemaßnahme, ihre eigene wirtschaftliche Entscheidung zumindest billigen würden. Bei der Beurteilung dieser Frage sollte ein weitestmöglicher Gleichlauf mit der Behandlung des Schutzes vor Irreführungen angestrebt werden.[783]

[783] Bereits *Glöckner* JKR 1998, 49 (76); *Baudenbacher/Glöckner* Art. 3 lit. h Rn. 4.

C. Erläuterungen zum Internationalen Lauterkeitsrecht

Verordnung (EG) Nr. 864/2007 des Europäischen Parlaments und des Rates vom 11. Juli 2007 über das auf außervertragliche Schuldverhältnisse anzuwendende Recht (Rom II), ABl. 2007 Nr. L 199/40

Unerlaubte Handlungen

Artikel 4 Allgemeine Kollisionsnorm

(1) Soweit in dieser Verordnung nichts anderes vorgesehen ist, ist auf ein außervertragliches Schuldverhältnis aus unerlaubter Handlung das Recht des Staates anzuwenden, in dem der Schaden eintritt, unabhängig davon, in welchem Staat das schadensbegründende Ereignis oder indirekte Schadensfolgen eingetreten sind.

(2) Haben jedoch die Person, deren Haftung geltend gemacht wird, und die Person, die geschädigt wurde, zum Zeitpunkt des Schadenseintritts ihren gewöhnlichen Aufenthalt in demselben Staat, so unterliegt die unerlaubte Handlung dem Recht dieses Staates.

(3) Ergibt sich aus der Gesamtheit der Umstände, dass die unerlaubte Handlung eine offensichtlich engere Verbindung mit einem anderen als dem in den Absätzen 1 oder 2 bezeichneten Staat aufweist, so ist das Recht dieses anderen Staates anzuwenden. Eine offensichtlich engere Verbindung mit einem anderen Staat könnte sich insbesondere aus einem bereits bestehenden Rechtsverhältnis zwischen den Parteien – wie einem Vertrag – ergeben, das mit der betreffenden unerlaubten Handlung in enger Verbindung steht.

Artikel 6 Unlauterer Wettbewerb und den freien Wettbewerb einschränkendes Verhalten

(1) Auf außervertragliche Schuldverhältnisse aus unlauterem Wettbewerbsverhalten ist das Recht des Staates anzuwenden, in dessen Gebiet die Wettbewerbsbeziehungen oder die kollektiven Interessen der Verbraucher beeinträchtigt worden sind oder wahrscheinlich beeinträchtigt werden.

(2) Beeinträchtigt ein unlauteres Wettbewerbsverhalten ausschließlich die Interessen eines bestimmten Wettbewerbers, ist Artikel 4 anwendbar.

(3)

a) Auf außervertragliche Schuldverhältnisse aus einem den Wettbewerb einschränkenden Verhalten ist das Recht des Staates anzuwenden, dessen Markt beeinträchtigt ist oder wahrscheinlich beeinträchtigt wird.

b) Wird der Markt in mehr als einem Staat beeinträchtigt oder wahrscheinlich beeinträchtigt, so kann ein Geschädigter, der vor einem Gericht im Mitgliedstaat des Wohnsitzes des Beklagten klagt, seinen Anspruch auf das Recht des Mitgliedstaats des angerufenen Gerichts stützen, sofern der Markt in diesem Mitgliedstaat zu den Märkten gehört, die unmittelbar und wesentlich durch das den Wettbewerb einschränkende Verhalten beeinträchtigt sind, das das außervertragliche Schuldverhältnis begründet, auf welches sich der Anspruch stützt; klagt der Kläger gemäß den geltenden Regeln über die gerichtliche Zuständigkeit vor diesem Gericht gegen mehr als einen Beklagten, so kann er seinen Anspruch nur dann auf das Recht dieses Gerichts stützen, wenn das den Wettbewerb einschränkende Verhalten, auf das sich der Anspruch gegen jeden dieser Beklagten stützt, auch den Markt im Mitgliedstaat dieses Gerichts unmittelbar und wesentlich beeinträchtigt.

(4) Von dem nach diesem Artikel anzuwendenden Recht kann nicht durch eine Vereinbarung gemäß Artikel 14 abgewichen werden.

Artikel 3 EGBGB Anwendungsbereich; Verhältnis zu Regelungen der Europäischen Gemeinschaft und zu völkerrechtlichen Vereinbarungen

Soweit nicht

1. unmittelbar anwendbare Regelungen der Europäischen Gemeinschaft in ihrer jeweils geltenden Fassung, insbesondere die Verordnung (EG) Nr. 864/2007 des Europäischen Parlaments und

des Rates vom 11. Juli 2007 („Rom II") (ABl. EU L 199 S. 40) über das auf außervertragliche Schuldverhältnisse anzuwendende Recht, oder

2. Regelungen in völkerrechtlichen Vereinbarungen, soweit sie unmittelbar anwendbares innerstaatliches Recht geworden sind,

maßgeblich sind, bestimmt sich das anzuwendende Recht bei Sachverhalten mit einer Verbindung zu einem ausländischen Staat nach den Vorschriften dieses Kapitels (Internationales Privatrecht).

Artikel 40 EGBGB Unerlaubte Handlung

(1) Ansprüche aus unerlaubter Handlung unterliegen dem Recht des Staates, in dem der Ersatzpflichtige gehandelt hat. Der Verletzte kann verlangen, dass anstelle dieses Rechts das Recht des Staates angewandt wird, in dem der Erfolg eingetreten ist. Das Bestimmungsrecht kann nur im ersten Rechtszug bis zum Ende des frühen ersten Termins oder dem Ende des schriftlichen Vorverfahrens ausgeübt werden.

(2) Hatten der Ersatzpflichtige und der Verletzte zur Zeit des Haftungsereignisses ihren gewöhnlichen Aufenthalt in demselben Staat, so ist das Recht dieses Staates anzuwenden. Handelt es sich um Gesellschaften, Vereine oder juristische Personen, so steht dem gewöhnlichen Aufenthalt der Ort gleich, an dem sich die Hauptverwaltung oder, wenn eine Niederlassung beteiligt ist, an dem sich diese befindet.

(3) Ansprüche, die dem Recht eines anderen Staates unterliegen, können nicht geltend gemacht werden, soweit sie

1. wesentlich weiter gehen als zur angemessenen Entschädigung des Verletzten erforderlich,
2. offensichtlich anderen Zwecken als einer angemessenen Entschädigung des Verletzten dienen oder
3. haftungsrechtlichen Regelungen eines für die Bundesrepublik Deutschland verbindlichen Übereinkommens widersprechen.

(4) Der Verletzte kann seinen Anspruch unmittelbar gegen einen Versicherer des Ersatzpflichtigen geltend machen, wenn das auf die unerlaubte Handlung anzuwendende Recht oder das Recht, dem der Versicherungsvertrag unterliegt, dies vorsieht.

Artikel 41 EGBGB Wesentlich engere Verbindung

(1) Besteht mit dem Recht eines Staates eine wesentlich engere Verbindung als mit dem Recht, das nach den Artikeln 38 bis 40 Abs. 2 maßgebend wäre, so ist jenes Recht anzuwenden.

(2) Eine wesentlich engere Verbindung kann sich insbesondere ergeben

1. aus einer besonderen rechtlichen oder tatsächlichen Beziehung zwischen den Beteiligten im Zusammenhang mit dem Schuldverhältnis oder
2. in den Fällen des Artikels 38 Abs. 2 und 3 und des Artikels 39 aus dem gewöhnlichen Aufenthalt der Beteiligten in demselben Staat im Zeitpunkt des rechtserheblichen Geschehens; Artikel 40 Abs. 2 Satz 2 gilt entsprechend.

Artikel 42 EGBGB Rechtswahl

Nach Eintritt des Ereignisses, durch das ein außervertragliches Schuldverhältnis entstanden ist, können die Parteien das Recht wählen, dem es unterliegen soll. Rechte Dritter bleiben unberührt.

Übersicht

Schrifttum: Vgl. vor Einl. B.

499 Die Frage nach dem anzuwendenden Recht bildet den – meist unproblematischen, mitunter auch übersehenen – Einstieg in die Prüfung der Unlauterkeit einer geschäftlichen Handlung. Das heimische Recht darf nur im Fall eines nationalen Sachverhalts unbesehen angewendet werden. Im **internationalen Verhältnis, dh bei Sachverhalten mit Verbindung zu einem ausländischen Staat, vgl. Art. 1 Abs. 1 Rom II-VO, Art. 3 EGBGB,** bestimmen die Regelungen des **Internationalen Privatrechts** das anzuwendende Recht.

500 **Vorrangig** zu berücksichtigen sind **unmittelbar anwendbare Regelungen der Europäischen Union, vgl. Art. 3 Nr. 1 EGBGB.** Für schadensbegründende Ereignisse, die nach dem 11.1.2009[1] eingetreten sind, hält die sog. **Rom II-Verordnung**[2] über das auf außervertragliche Schuldverhältnisse anzuwendende Recht unmittelbar anwendbare und abschließende Kollisionsregeln bereit (vgl. dazu der Überblick u. → Rn. 508 ff.).

501 Bis dahin waren allein punktuelle Gemeinschaftsregelungen zu beachten, die allerdings nicht unmittelbar anwendbar sind. Weil die in Richtlinien enthaltenen Regelungen gleichwohl für die Auslegung des zu ihrer Umsetzung erlassenen Rechts maßgeblich sind, werden sie ebenfalls im Kontext des Unionsrechts dargestellt (I.2–4; → Rn. 522 ff.): Als kollisionsrechtliche Sonderregelung zu beachten ist nach hM das in der Richtlinie über audiovisuelle Mediendienste niedergelegte Sendestaatsprinzip (dazu → Rn. 527 ff.). Auch der in Umsetzung des in der Richtlinie über den elektronischen Geschäftsverkehr niedergelegten Prinzips der „Kontrolle an der Quelle" (vgl. → Rn. 545 ff.) erlassene § 3 Abs. 1 TMG enthält eine Sonderkollisionsnorm für sog. Offshore-Wettbewerb (dazu → Rn. 555 ff.). Im Übrigen ist das **Herkunftslandprinzip** des europäischen Rechts aber im Sinne einer materiellen Beschränkung der Sanktionsgewalt der nationalen Rechtsordnung zu verstehen (vgl. → Rn. 522 ff., 25 ff.).

502 Gleichfalls vorrangig heranzuziehen sind gem. Art. 3 Nr. 2 EGBGB Kollisionsregeln in völkerrechtlichen Vereinbarungen, soweit diese unmittelbar anwendbar geworden sind (II.; → Rn. 573).

503 Im Übrigen war bis zum Eintreten der Geltungskraft der Rom II-Verordnung das autonome deutsche **Internationale Privatrecht** auf der Grundlage der Art. 40 ff. EGBGB anzuwenden (dazu u. III., → Rn. 575 ff.). Lauterkeitsverstöße werden zwar traditionell als unerlaubte Handlungen qualifiziert (III.; dazu → Rn. 576); spätestens seit den 1960er-Jahren hat sich jedoch eine **Sonderanknüpfung** lauterkeitsrechtlicher Ansprüche **nach dem Marktortprinzip** entwickelt (dazu → Rn. 578). Lediglich bei gezielten Behinderungen soll der Sitzstaat des Geschädigten maßgebend sein (vgl. → Rn. 616 ff.).

504 Für schadensbegründende Ereignisse, die vor dem **11.1.2009** eingetreten sind, bleibt zwar das autonome deutsche Kollisionsrecht anwendbar. Im Hinblick auf die seit dem eingetretene **Rechtsänderung** sollten die offenen und im Bereich des Lauterkeitsrechts weitgehend von der Rechtsprechung konkretisierten Tatbestände der Art. 40, 41 EGBGB aber durch die Praxis auf das nunmehr geltende Recht zugeführt werden, zumal die Unterschiede gerade im Lauterkeitsrecht eher die Begründungen als die Ergebnisse betreffen werden.[3] In diesem Sinne werden **Anwendungsprobleme nachfolgend schwer-**

[1] EuGH Slg. 2011, I-11603 Rn. 37 = EuZW 2012, 35 – Homawoo/GMF. Vgl. dazu → Rn. 520.
[2] Verordnung (EG) Nr. 864/2007 des Europäischen Parlaments und des Rates vom 11.7.2007 über das auf außervertragliche Schuldverhältnisse anzuwendende Recht (Rom II), ABl. 2007 L 199, S. 40.
[3] Beispielhaft BGH GRUR 2010, 847 Rn. 19 – Ausschreibung in Bulgarien.

punktmäßig unter Zugrundelegung der Rom II-Verordnung (IV., V., VI., VII.) dargestellt. Die Sachfragen stellen sich unter der Geltung der Rom II-Verordnung in ähnlicher Weise wie nach dem früheren Recht:

Bei der Anwendung des Marktortprinzips differenziert die hM nach dem Werbe- und dem Absatzort (dazu → Rn. 641 ff.) und hält mit wenig überzeugenden Gründen den Werbeort für maßgebend. Große Probleme bereitet bis heute sog. *multistate*-Marketing (dazu → Rn. 655 ff.). Dabei kommt es auf der Grundlage des Marktortprinzips zu einer **Normenkumulation.** Bei (geographisch) unteilbaren geschäftlichen Handlungen hat der Marktteilnehmer sich nach der strengsten Wettbewerbsordnung zu richten. Insbesondere bei geschäftlichen Handlungen im Internet vermag jedoch einerseits das Produkt, andererseits die Vertriebspolitik der Wettbewerbsteilnehmer (objektive Gestaltung der Website, eingehaltene *disclaimer*) den Marktort objektiv zu konkretisieren (dazu → Rn. 666 ff.). Im Prozess führt das Marktortprinzip zu einer Parzellierung der Ansprüche (dazu → Rn. 673 ff.). Im Einzelnen ist nach der Art der Wettbewerbsverstöße zu differenzieren (dazu → Rn. 680 ff.). 505

I. Vorrang unmittelbar anwendbarer Kollisionsregeln des Unionsrechts, Art. 3 Nr. 1 EGBGB

Die Regelung in Art. 3 Abs. 2 S. 2 EGBGB hatte für Kollisionsnormen des gemeinschaftsrechtlichen Sekundärrechts nur deklaratorische Bedeutung.[4] Soweit unionsrechtliche Kollisionsnormen unmittelbar anwendbar sind, genießen sie kraft ihrer Natur Vorrang vor dem nationalen Recht.[5] Die Regelung in Art. 3 Nr. 1 EGBGB[6] formuliert diesen Zusammenhang nunmehr noch deutlicher.[7] Die **europarechtliche Vereinheitlichung des Kollisionsrechts** im Bereich des Lauterkeitsrechts hat mit der Verabschiedung der **Rom II-Verordnung**[8] (1.) einen **qualitativen Sprung**[9] vollzogen. Mit ihrer Geltung wurden nicht allein die autonomen deutschen Vorschriften im Wesentlichen obsolet.[10] Unionsrechtliche Sonderregelungen, die bislang lediglich punktuell vorrangig gegenüber dem nationalen Recht anzuwenden waren, werden nunmehr flächendeckend vom IPR der Europäischen Union (Rom I-, Rom II-Verordnung) überlagert. Sie behalten ihre Bedeutung künftig allein unter dem Gesichtspunkt der Spezialität oder indem sie auf materiellrechtlicher Ebene die kollisionsrechtlichen Wertungen überwinden. 506

Zu differenzieren sind diesbezüglich die Harmonisierung durch das Recht der Grundfreiheiten (2.), durch vertragsstatutsbezogene Vorschriften im Unionsverbraucherrecht (3.) und schließlich durch wettbewerbsstatutsbezogene Anordnungen des Herkunftslandprinzips (4.),[11] wie sie insbesondere in den Richtlinien über audiovisuelle Mediendienste sowie über elektronischen Geschäftsverkehr enthalten sein könnten. 507

1. Rom II-Verordnung 2007. a) Regelungsgehalt. Die Verordnung Nr. 864/2007 über das auf außervertragliche Schuldverhältnisse anzuwendende Recht (im Folgenden: **Rom II-Verordnung; Rom II-VO**)[12] gilt für außervertragliche Schuldverhältnisse in **Zivil- und Handelssachen.** Letzterer Begriff ist **autonom** und insbesondere unter Rück- 508

---

[4] Staudinger/*Hausmann* EGBGB Art. 3 Rn. 15.

[5] Vgl. Art. 288 Abs. 2 AEUV für Verordnungen; EuGH Slg. 1964, 1253 = EuR 1966, 360 – Costa/E. N. E. L., für das Primärrecht.

[6] Gesetz zur Anpassung der Vorschriften des Internationalen Privatrechts an die Verordnung (EG) Nr. 864/2007 vom 10.12.2008, BGBl. I S. 2401.

[7] Staudinger/*Hausmann* EGBGB Art. 3 Rn. 15; GK/*Klass* Einl. D Rn. 10.

[8] Zum Entstehen vgl. ausf. GK/*Klass* Einl. D Rn. 242 ff.

[9] *Leible/Lehmann* RIW 2007, 721 (735): „neues Zeitalter".

[10] *Sack* WRP 2008, 845 (846).

[11] Zur Terminologie und den Begriffen „Herkunftsland" bzw. „Ursprungsland" vgl. *Sack* WRP 1994, 281 (288).

[12] Verordnung (EG) Nr. 864/2007 des Europäischen Parlaments und des Rates vom 11.7.2007 über das auf außervertragliche Schuldverhältnisse anzuwendende Recht (Rom II), ABl. 2007 L 199, S. 40.

griff auf die Judikatur des EuGH zur EuGVVO bzw. zum EuGVÜ (vgl. dazu → Einl. Rn. 704 ff.) auszulegen.[13] Zivilrechtliche Ansprüche aus Wettbewerbsverletzungen gehören jedenfalls dazu.

509 Die fraglichen Schuldverhältnisse müssen weiter eine **Verbindung zum Recht verschiedener Staaten** aufweisen, Art. 1 Abs. 1 Rom II-VO. Der Geltungsbereich der Verordnung beschränkt sich damit nicht auf Rechtsstreitigkeiten, deren Anknüpfungsmomente ein **internationales Verhältnis innerhalb der EU** begründen, sondern die Verordnung regelt innerhalb ihres gegenständlichen Anwendungsbereichs **universell** das Internationale Privatrecht aller Mitgliedstaaten[14] mit Ausnahme Dänemarks.[15] Im Hinblick auf die auf diese Weise verhinderte Rechtsspaltung (Verordnungsrecht für Unionssachverhalte – autonomes mitgliedstaatliches Kollisionsrecht für Drittstaatssachverhalte) ist die Ausdehnung des Anwendungsbereichs zu begrüßen.[16]

510 Entsprechendes gilt im Hinblick auf die **Rechtsfolge:** Sie kann nämlich nicht nur in der Anwendung des Rechts eines Mitgliedstaates, sondern gemäß den Anknüpfungsregeln der Verordnung auch in der **Anwendung des Rechts eines Drittstaates** bestehen, Art. 3 Rom II-VO. Es handelt sich mithin um **allseitige Kollisionsnormen.**

511 Eine ausdrückliche Einschränkung des Anwendungsbereichs der Verordnung im Hinblick auf den **Vorrang speziellerer unionsrechtlicher Kollisionsnormen,** wie sie Art. 3 des Geänderten Vorschlags[17] noch vorgesehen hatte,[18] fehlt in der verabschiedeten Fassung zwar. Nach dem allgemeinen Grundsatz *lex specialis derogat legi generali* verdrängen in spezielleren Rechtsakten enthaltene Regelungen aber die allgemeineren.[19] In diesem Sinne stellt Begründungserwägung 35 fest, dass die Rom II-Verordnung die Möglichkeit der Aufnahme von Kollisionsnormen für außervertragliche Schuldverhältnisse in Vorschriften des Gemeinschaftsrechts in Bezug auf besondere Gegenstände nicht ausschließt, und Art. 27 ordnet an, dass die Rom II-Verordnung nicht die Anwendung von Vorschriften des Gemeinschaftsrechts berührt, die für besondere Gegenstände Kollisionsnormen für außervertragliche Schuldverhältnisse enthalten.

512 Die etwas gewundene Formulierung in EGr. 35 S. 4 Rom II-VO, wonach die „Anwendung der Vorschriften im anzuwendenden Recht, die durch die Bestimmungen dieser Verordnung berufen wurden,… nicht die Freiheit des Waren- und Dienstleistungsverkehrs, wie sie in den Rechtsinstrumenten der Gemeinschaft wie der Richtlinie 2000/31/EG des Europäischen Parlaments und des Rates vom 8. Juni 2000 über bestimmte rechtliche Aspekte der Dienste der Informationsgesellschaft, insbesondere des elektronischen Geschäftsverkehrs, im Binnenmarkt („Richtlinie über den elektronischen Geschäftsverkehr") ausgestaltet ist, beschränken" sollte, steht in engem Zusammenhang mit der Auseinandersetzung um die Wirkweise des Herkunftslandsprinzips in der Richtlinie über den elektronischen Geschäftsverkehr (vgl. dazu → Rn. 532 ff.).

513 Dass **unlauterer Wettbewerb als unerlaubte Handlung** zu qualifizieren ist, ergibt sich mittelbar aus Art. 6 Rom II-VO, der für diesen eine Sonderanknüpfung bereithält. Im **Regelfall** ist auf unerlaubte Handlungen das Recht des **Ortes** anzuwenden, an welchem der **Schaden eintritt,** Art. 4 Abs. 1 (sog. *lex loci damni;* vgl. EGr. 16, 18 Rom II-VO).

---

[13] EGr. 7 Rom II-VO; Begründung des Vorschlags der Europäischen Kommission vom 22.7.2003 für eine Verordnung des Europäischen Parlaments und des Rates über das auf außervertragliche Schuldverhältnisse anzuwendende Recht („Rom II"), KOM(2003) 427 endg. (im Folgenden: Begründung, KOM(2003) 427 endg.), S. 8. Vgl. EuGH ECLI:EU:C:2016:612 Rn. 36 = GRUR 2016, 1183 – Amazon.

[14] Staudinger/*Fezer/Koos* IntWirtschR Rn. 439; MüKoUWG/*Mankowski* IntWettbR Rn. 33; *Handig* GRUR Int. 2008, 25.

[15] Art. 1 Abs. 4 Rom II-VO. Zu den Gründen vgl. → Einl. Rn. 709.

[16] Zustimmend auch *Leible/Lehmann* RIW 2007, 721 (724). Krit. demgegenüber *Wagner* IPRax 2006, 372 (389).

[17] Geänderter Vorschlag für eine Verordnung des Europäischen Parlaments und des Rates über das auf außervertragliche Schuldverhältnisse anzuwendende Recht („Rom II"), KOM(2006) 83 endg.

[18] Auf dieser Basis beruht die Darstellung von MüKoUWG/*Mankowski* IntWettbR Rn. 30, 35.

[19] MüKoUWG/*Mankowski* IntWettbR Rn. 35.

Indirekte Folgen sind damit **aber nicht** gemeint, wie EGr. 13 Rom II-VO klarstellt. Beispielhaft wird darauf hingewiesen, dass bei Personen- oder Sachschäden als Staat, in dem der Schaden eintritt, der Staat gelten solle, in dem der Personen- oder Sachschaden tatsächlich eingetreten sei, (ergänze:) nicht aber derjenige Staat, in dem die negativen Vermögensfolgen eintreten.

Als **Ausnahme** von dieser allgemeinen Regel (so EGr. 18 Rom II-VO) ordnet Art. 4 **514** Abs. 2 Rom II-VO an, dass das **Recht des Aufenthaltsorts** anzuwenden ist, wenn die Person, deren Haftung geltend gemacht wird, und die Person, die geschädigt wurde, zum Zeitpunkt des Schadenseintritts ihren **gewöhnlichen Aufenthalt in demselben Staat** haben.

Den Rückgriff auf die Rechtsordnung eines anderen Staates gestattet Art. 4 Abs. 3 **515** Rom II-VO als **„Ausweichklausel"**, wenn sich aus der Gesamtheit der Umstände ergibt, dass die unerlaubte Handlung eine **offensichtlich engere Verbindung** mit diesem als dem in den Absätzen 1 oder 2 bezeichneten Staat aufweist. Der Anwendungsbereich dieser Norm für Lauterkeitsverstöße ist begrenzt, weil im Regelfall die Präzisierungen des Schadensorts in Art. 6 Abs. 1, 2 Rom II-VO auf die denkbar engste Verbindung abstellen.[20] Eine offensichtlich engere Verbindung mit einem anderen Staat könnte sich aber immerhin aus einem **bereits bestehenden Rechtsverhältnis** zwischen den Parteien – wie einem Vertrag – ergeben, das mit der betreffenden unerlaubten Handlung in enger Verbindung steht, Art. 4 Abs. 3 S. 2 Rom II-VO. Geht es um die lauterkeitsrechtliche Beurteilung des Einsatzes von missbräuchlichen Klauseln in AGB, so vermag das anwendbare Vertragsstatut indes nicht, eine engere Beziehung zu begründen.[21]

Die Folgeregelungen werden in den Begründungserwägungen als Sonderbestimmun- **516** gen für Bereiche charakterisiert, bei welchen die Anwendung der beschriebenen Regelungen nicht zu einem angemessenen Interessenausgleich führt (EGr. 19). Zu den in Art. 6 Rom II-VO bereitgehaltenen **Sonderregelungen für aus Wettbewerbsverletzungen verursachte Schäden** führen die Begründungserwägungen allerdings ausdrücklich aus, dass diese keine Ausnahmen von der allgemeinen Regel nach Art. 4 Abs. 1, sondern vielmehr **eine Präzisierung** derselben darstellen sollen (EGr. 21 S. 1 Rom II-VO).[22]

Gemäß Art. 6 Abs. 1 Rom II-VO ist auf außervertragliche **Schuldverhältnisse aus** **517** **unlauterem Wettbewerbsverhalten** das Recht des Staates anzuwenden, in dessen Gebiet die **Wettbewerbsbeziehungen oder die kollektiven Interessen der Verbraucher beeinträchtigt worden sind oder wahrscheinlich beeinträchtigt werden.** Der Anwendungsbereich von Art. 6 Abs. 1 Rom II-VO entspricht im Wesentlichen dem des UWG.[23] Durch diese Anknüpfung soll die Kollisionsnorm die Wettbewerber, die Verbraucher und die Öffentlichkeit schützen und das reibungslose Funktionieren der Marktwirtschaft sicherstellen (EGr. 21 S. 2). Wenn ein unlauteres Wettbewerbsverhalten ausschließlich die Interessen eines bestimmten Wettbewerbers beeinträchtigt, bleibt demgegenüber Art. 4 anwendbar, Art. 6 Abs. 2 Rom II-VO.

Eine vorherige Rechtswahl wird angesichts der Natur von Wettbewerbsbeziehungen **518** bereits selten praktisch werden. Doch auch die nicht fernliegende Möglichkeit einer nachträglichen **Rechtswahl** wird nach Art. 6 Abs. 4 Rom II-VO ausgeschlossen. Nach der Systematik der Norm gilt dieser Ausschluss sogar für die betriebsbezogenen Verstöße des Art. 6 Abs. 2 Rom II-VO. Das mag man kritisieren[24] oder als ausdrückliche Anerkennung des Umstandes begrüßen, dass es im Wettbewerb kein relevantes Verhalten gibt, dessen

[20] Fezer/*Hausmann/Obergfell* IntLautPrivatR Rn. 253.
[21] EuGH ECLI:EU:C:2016:612 Rn. 45 = GRUR 2016, 1183 – Amazon.
[22] Zur Gesetzgebungsgeschichte bis zum Geänderten Vorschlag vgl. Staudinger/*Fezer/Koos* IntWirtschR Rn. 430 ff.; bis zum Parlamentsentwurf 2007 vgl. *v. Hein* VersR 2007, 440.
[23] OLG Köln GRUR-RR 2014, 298 Rn. 11 – Tourismusabgabe.
[24] Ausf. Nachw. bei Staudinger/*Fezer/Koos* IntWirtschR Rn. 670.

objektive Auswirkungen nicht zumindest mittelbar auch die Marktgegenseite und die Allgemeinheit berühren.[25]

519 **b) Verhältnis zu anderen Rechtsakten des Unionsrechts.** Gemäß Art. 27 Rom II-VO berührt die Verordnung nicht die Anwendung von **Vorschriften des Unionsrechts, die für besondere Gegenstände Kollisionsnormen** für außervertragliche Schuldverhältnisse enthalten. Diese Vorschrift ist kritisiert worden, da sie eine weitgehende Aushöhlung der in der Verordnung getroffenen Regelungen gestattet.[26] Insbesondere die verschiedenen Anordnungen des Herkunftslandprinzips (vgl. dazu sogl. → Rn. 522 ff.) lassen – unabhängig davon, ob sie kollisionsrechtlich oder als sachrechtliche Beschränkungsnormen verstanden werden – die Anordnungen in Art. 6 Abs. 1, 2 Rom II-VO in weiten Bereichen (Fernsehwerbung, kommerzielle Kommunikationen im Internet) leerlaufen.

520 **c) Übergangsfragen.** Gemäß Art. 32 Rom II-VO „gilt" die Verordnung in ihrem wesentlichen Teil erst seit dem 11.1.2009, ihr zeitlicher Anwendungsbereich ist gem. Art. 31 Rom II-VO auf schadensbegründende Ereignisse beschränkt, die nach ihrem „Inkrafttreten" eintreten. Dem wird entnommen, dass es insgesamt bis zum 11.1.2009 bei der Anwendung der überkommenen Grundsätze geblieben sei.[27] Die dieser Annahme zugrundeliegende – und häufig unreflektierte – Gleichsetzung des in Art. 31 Rom II-VO bezuggenommenen Inkrafttretens mit der in Art. 31 Rom II-VO geregelten Geltung ist indes verkürzt. Bereits die sprachliche Unterscheidung von Inkrafttreten und Geltung – nicht nur in der deutschen Fassung – legt eine Differenzierung nahe. Tatsächlich enthalten andere Verordnungen im Sachzusammenhang der Zivilrechtspflege ausdrücklich separate Regelungen zum Inkrafttreten und zum Beginn der Geltung (zB Art. 24 BeweisaufnahmeVO Nr. 1206/2001, vgl. dazu → Einl. Rn. 767; Art. 26 ZustellungsVO Nr. 1393/2007, vgl. dazu → Einl. Rn. 757; Art. 29 BagatellVO Nr. 861/2007, vgl. dazu → Einl. Rn. 781). Vor diesem Hintergrund hat auch der EuGH angenommen, dass die **Rom II-Verordnung bereits am 20.8.2007 in Kraft getreten** ist.[28] Die befremdlichen Folgen im Hinblick auf Rechtssicherheit und Prozessökonomie, die resultieren würden, wenn schadensbegründende Ereignisse, die nach diesem Zeitpunkt eingetreten sind, erst ab dem Anwendungsstichtag der Rom II-Verordnung zu unterwerfen wären, haben den EuGH indes veranlasst, bei der Auslegung von Art. 31 Rom II-VO, der sich nach seiner Überschrift auf die „zeitliche Anwendbarkeit" bezieht, den durch Art. 32 Rom II-VO festgesetzten Anwendungszeitpunkt zu berücksichtigen, so dass die Rom II-Verordnung allein auf schadensbegründende Ereignisse angewandt wird, die von diesem Zeitpunkt an eintreten.[29] Mit der so gefundenen „schlanken" Lösung wird man sicher einfacher leben können als mit dem misslungenen Versuch der Differenzierung durch den Europäischen Gesetzgeber. Einmal mehr stellt sich jedoch die Frage nach dem Verhältnis zwischen gesetzgebender und rechtsprechender Gewalt: Hätte der Gesetzgeber eine so einfache Lösung gewollt, so hätte er sich nicht in einer Reihe von Regelungsvorschlägen[30] zur Gesetz gewordenen Fassung durchringen müssen. Das vom Europäischen Gesetzgeber verfolgte Regelungsziel lässt sich gerade beim Auseinanderfallen von Inkrafttreten und Anwendung erkennen: Der Gesetzgeber wollte den Gerichten eine Übergangsfrist zur Aneig-

---

[25] So ausdrücklich Begründung, KOM(2003) 427 endg., S. 17. Ebenso Staudinger/*Fezer/Koos* IntWirtschR Rn. 671.

[26] Bereits *Buchner* GRUR Int. 2005, 1004 (1010): „Etikettenschwindel".

[27] BGH GRUR 2010, 847 (848) – Ausschreibung in Bulgarien, allerdings ohne Problematisierung; *Leible/Lehmann* RIW 2007, 721 (724); *Ofner* ZfRV 2008, 13 (15); Köhler/Bornkamm/Feddersen/*Köhler* Einl. Rn. 5.13; *Bücken* IPRax 2009, 125.

[28] EuGH Slg. 2011, I-11603 Rn. 37 = EuZW 2012, 35 – Homawoo/GMF.

[29] EuGH Slg. 2011, I-11603 Rn. 37 = EuZW 2012, 35 – Homawoo/GMF. Bestätigt in EuGH, Urt. v. 25.3.2021, C-307/18 – Obala, ECLI:EU:C:2021:236, Rn. 57.

[30] Detailliert wiedergegeben bei GA *Mengozzi* Schlussanträge Rn. 25 ff., zu EuGH Slg. 2011, I-11603 Rn. 37 = EuZW 2012, 35 – Homawoo/GMF.

nung des neuen Rechts einräumen, gleichzeitig aber weder rückwirkend die Rechtslage ändern noch die Harmonisierung weiter als in Art. 32 Rom II-VO geregelt aufschieben, was die in Art. 31 Rom II-VO getroffene Regelung motivierte.[31] Letzteres Ziel wurde durch die Rechtsprechung geopfert.

Bei in die Zukunft wirkenden Verletzungsunterlassungsansprüchen ist ggf. für die Beurteilung der Erstverletzung dasjenige Recht anzuwenden, das sich unter Zugrundelegung des zu diesem Zeitpunkt geltenden Kollisionsrechts ergibt, wohingegen für die Beurteilung der für ein gerichtliches Verbot ebenfalls erforderlichen Rechtswidrigkeit in der Zukunft dasjenige Recht zugrunde zu legen ist, auf welches das dann geltende Kollisionsrecht verweist.[32] 521

2. Kein kollisionsrechtlicher Gehalt der Cassis-Rechtsprechung. In der Literatur wird zT die Auffassung vertreten, der in den Art. 34, 36 AEUV (früher Art. 28, 30 EG) niedergelegten **Warenverkehrsfreiheit** in ihrer Deutung durch den EuGH in der Rechtssache *Cassis de Dijon* (vgl. dazu → Einl. Rn. 91) sei eine kollisionsrechtliche Anknüpfung des internationalen Wettbewerbsrechts an das Recht des Herkunftslandes zu entnehmen.[33] Noch weitergehend wird gefolgert, dass die Rechtsprechung des EuGH im Ergebnis auf das Günstigkeitsprinzip hinauslaufe: Das in Rede stehende Wettbewerbsverhalten sei zulässig, wenn es entweder den Bestimmungen des Herkunftslandes oder des Marktortes entspreche.[34] 522

Eine solche Interpretation ist indes weder zwingend noch sinnvoll. Freilich liegt auf der Hand, dass dem europarechtlichen Herkunftslandprinzip (vgl. dazu → Einl. Rn. 92) auch durch eine entsprechende kollisionsrechtliche Anknüpfung genügt werden kann. „Warum also „nicht gleich“ an das Recht des Ursprungslandes anknüpfen?“[35] Der Grund dafür liegt in der *Cassis*-Rechtsprechung selbst. Der Schutz der **Verbraucher sowie der Lauterkeit des Handels ist ein „zwingendes Erfordernis“ des öffentlichen Interesses,** welches die durch eine diskriminierungsfreie Anwendung des Marktortrechts uU eintretende Beschränkung des Warenverkehrs rechtfertigen kann (vgl. bereits → Einl. Rn. 104). Die in der *Cassis*-Formel zum Ausdruck gebrachte **Notwendigkeit der Abwägung** würde durch eine **kollisionsrechtliche Deutung des Herkunftslandprinzips umgangen.**[36] Ferner zeigt die Rechtsprechung des EuGH, dass er selbst stets von der – auch von den vorlegenden Gerichten unterstellten – Anwendbarkeit der nationalen Vorschriften ausgegangen ist und diese nicht in Frage gestellt hat.[37] Aus den **Grundfreiheiten des Europarechts** sind daher **keine Kollisionsnormen** abzuleiten.[38] 523

3. Ausdrückliche kollisionsrechtliche Regelungen im sekundären Verbraucherrecht. Ausdrückliche Regelungen kollisionsrechtlicher Natur finden sich im europäischen Sekundärrecht vor allem im Bereich der **Verbraucherrechtsrichtlinien.** Das ist nur konsequent, denn der Erlass von Richtlinien geht von deren Umsetzung durch die nationalen Rechtsordnungen aus. Die das materielle Verbraucherrecht innerhalb der EU harmonisierenden Richtlinien könnten durch die Wahl einer nicht harmonisierten außer- 524

---

[31] Vgl. *Glöckner* IPRax 2009, 121 (123).

[32] BGH GRUR 2016, 513 Rn. 13 – Eizellspende; öOGH GRUR Int. 2012, 468 (471).

[33] *Bernhard* EuZW 1992, 437 mwN in Fn. 1; *Basedow* RabelsZ 59 (1995), 1 (12 ff.); *Drasch* S. 313, 365; *Grandpierre* S. 106 ff., 118. Offen lassend *Kropholler* IPR § 53 VI 1.

[34] *Basedow* RabelsZ 59 (1995), 1 (16 ff.). Dagegen selbst *Drasch* S. 332, 365; *Grandpierre* S. 187.

[35] *Bernhard* EuZW 1992, 437 (440).

[36] *Bernhard* EuZW 1992, 437 (443); *Sack* WRP 1994, 281 (289); Staudinger/*v. Hoffmann* EGBGB Art. 40 Rn. 295. *Drasch* S. 328 ff., 366, und *Grandpierre* S. 183 ff., korrigieren dieses Ergebnis wiederum, indem sie die *Keck*- und *Cassis*-Rechtsprechung innerhalb der kollisionsrechtlichen Anknüpfungsregel berücksichtigen.

[37] *Tebbens* Rev. crit. dr. int. privé 83 (1994), 451 (474 ff.); *Sack* WRP 1994, 281 (285); *Kotthoff* S. 23; *Martin-Ehlers* S. 46.

[38] *Rüffler* S. 145; *Fezer/Koos* IPRax 2000, 349 (350); *Dethloff* S. 269 ff., 275; *Ahrens* CR 2000, 835 (838); *Ohly* GRUR Int. 2001, 899 (901); *Halfmeier* ZEuP 2001, 837 (853); MüKoBGB/*Drexl* Rom II-VO Art. 6 Rn. 51; MüKoUWG/*Mankowski* IntWettbR Rn. 155; Staudinger/*Fezer/Koos* IntWirtschR Rn. 425; GK/*Klass* Einl. D Rn. 161; *Sack,* Internationales Lauterkeitsrecht, Kap. 12 Rn. 107.

europäischen Rechtsordnung umgangen werden.[39] Der Zweck der Verbraucherrechtsrichtlinien, die Harmonisierung des Sachrechts für Binnensachverhalte, gebietet den Erlass von Sonderkollisionsregeln für den Fall einer im Grundsatz zulässigen Wahl der Rechtsordnung von **Drittstaaten.**[40] Die Anordnungen der Richtlinien haben zur Einfügung von Art. 29a EGBGB in das deutsche Internationale Privatrecht geführt. Sie betreffen indes wie auch Art. 29a EGBGB allein das **Vertragsstatut.** Die Verabschiedung der sog. Rom I-Verordnung[41] machte als Folge der universellen Wirkung auch dieser Regelungen und der umfassenden Absicherung verbraucherschützender Vorschriften durch Art. 6 Abs. 1, 2 Rom I-VO eine solche Vorschrift überflüssig. Durch das Gesetz zur Anpassung der Vorschriften des Internationalen Privatrechts an die Verordnung (EG) Nr. 593/2008 v. 25.7.2009[42] wurde Art. 29a EGBG ersatzlos gestrichen.

525 **4. Herkunftslandprinzip in werbungsrelevanten sektoriellen Richtlinien und seine Umsetzung. a) Vorgaben in Richtlinien.** Das Europarecht scheint in der Richtlinie über audiovisuelle Mediendienste und in der Richtlinie über den elektronischen Geschäftsverkehr **Sonderregelungen für das Wettbewerbsstatut** aufzustellen, in denen nicht an den Ort der Beeinträchtigung der Wettbewerbsbeziehungen bzw. der kollektiven Verbraucherinteressen gem. Art. 6 Abs. 1 Rom II-VO, sondern an das Herkunftsland angeknüpft wird:

526 **aa) Fernsehrichtlinie 1989/1997 – Richtlinie über audiovisuelle Mediendienste 2007/2010/2018.** In dem Bestreben, einen einheitlichen europäischen Fernsehmarkt zu schaffen, wurde 1989 die **Fernsehrichtlinie** erlassen.[43] Als Folge der **Medienkonvergenz** wurde die Richtlinie überarbeitet und im Jahr 2010 in kodifizierter Form als **Richtlinie 2010/13 über audiovisuelle Mediendienste**[44] neu erlassen (vgl. bereits → Einl. Rn. 136 ff.). Insbesondere die veränderten Konsumgewohnheiten jüngerer Nutzer in Verbindung mit dem Entstehen von Videoabrufdiensten und Video-Sharing-Plattformen haben neuen Anpassungsbedarf ergeben, dem der Europäische Gesetzgeber durch die Änderungsrichtlinie 2018/1808[45] Rechnung getragen hat. Die Richtlinie über audiovisuelle Mediendienste ist zwar nicht darauf ausgerichtet, soziale Netzwerke an sich zu regulieren, aber sie sollte sich auf diese Dienste erstrecken, wenn eine wesentliche Funktion des sozialen Netzwerks in der Bereitstellung von Sendungen und von nutzergenerierten Videos besteht, EGr. 5 Satz 1 ÄnderungsRL 2018/1808. Am Herkunftslandprinzip wurde indes festgehalten. Begründungserwägung 33 Richtlinie 2010/13 bezeichnet es als Kernbestandteil der Richtlinie und unverzichtbar für die Schaffung des Binnenmarktes.

---

[39] Diese Problematik lag der Entscheidung des EuGH Slg. 2000, I-9305 = EuZW 2001, 50 – Ingmar, zugrunde, und wurde durch die Annahme gelöst, es handle sich bei den streitgegenständlichen Regelungen zum Schutz des Handelsvertreters um zwingendes Recht, das nicht durch eine Rechtswahl umgangen werden könne.

[40] *Rühl,* § 12 AGBG im System des internationalen Verbraucherschutzrechts, RIW 1999, 321 (322).

[41] Verordnung (EG) Nr. 593/2008 des Europäischen Parlaments und des Rates vom 17.6.2008 über das auf vertragliche Schuldverhältnisse anzuwendende Recht (Rom I), ABl. 2008 L 177, S. 6.

[42] BGBl. 2009 I S. 1574.

[43] Richtlinie 89/552/EWG des Rates vom 3.10.1989 zur Koordinierung bestimmter Rechts- und Verwaltungsvorschriften der Mitgliedstaaten über die Ausübung der Fernsehtätigkeit, ABl. 1989 L 298, S. 23 (Fernsehrichtlinie).

[44] Richtlinie 2010/13/EU des Europäischen Parlaments und des Rates vom 10.3.2010 zur Koordinierung bestimmter Rechts- und Verwaltungsvorschriften der Mitgliedstaaten über die Bereitstellung audiovisueller Mediendienste (Richtlinie über audiovisuelle Mediendienste), ABl. 2010 L 95, S. 1. Zuletzt geändert durch die Richtlinie (EU) 2018/1808 des Europäischen Parlaments und des Rates vom 14.11.2018 zur Änderung der Richtlinie 2010/13/EU zur Koordinierung bestimmter Rechts- und Verwaltungsvorschriften der Mitgliedstaaten über die Bereitstellung audiovisueller Mediendienste (Richtlinie über audiovisuelle Mediendienste) im Hinblick auf sich verändernde Marktgegebenheiten, ABl. 2018 L 303, S. 69.

[45] Richtlinie (EU) 2018/1808 des Europäischen Parlaments und des Rates vom 14.11.2018 zur Änderung der Richtlinie 2010/13/EU zur Koordinierung bestimmter Rechts- und Verwaltungsvorschriften der Mitgliedstaaten über die Bereitstellung audiovisueller Mediendienste (Richtlinie über audiovisuelle Mediendienste) im Hinblick auf sich verändernde Marktgegebenheiten, ABl. 2018 L 303, S. 69.

Dementsprechend gebietet Art. 2 Abs. 1 Richtlinie 2010/13 jedem Mitgliedstaat, dafür zu sorgen, dass alle audiovisuellen Mediendienste, die von seiner Rechtshoheit unterworfenen Mediendiensteanbietern übertragen werden, den Vorschriften des Rechtssystems entsprechen, die auf für die Allgemeinheit bestimmte audiovisuelle Mediendienste in diesem Mitgliedstaat anwendbar sind. Insoweit **verpflichten** die Art. 5 ff. Richtlinie 2010/13 **die Mitgliedstaaten** dazu, mit geeigneten Mitteln im Rahmen ihrer Rechtsvorschriften dafür zu sorgen, dass die ihrer Rechtshoheit unterworfenen Mediendiensteanbieter die durch die Richtlinie 2010/13 niedergelegten Mindestbestimmungen einhalten **(„Kontrolle an der Quelle")**. Die **Kehrseite** dessen ist die in Art. 3 Abs. 1 Richtlinie 2010/13 niedergelegte **Verpflichtung der jeweils anderen Mitgliedstaaten, den freien Empfang zu gewährleisten** und die Weiterverbreitung von audiovisuellen Mediendiensten aus anderen Mitgliedstaaten in ihrem Hoheitsgebiet nicht aus Gründen zu behindern, die in mit dieser Richtlinie koordinierte Bereiche fallen (sog. **Sendestaatsprinzip**). Sie bleiben gem. Art. 3 Abs. 2 Richtlinie 2010/13 allein unter engen Voraussetzungen befugt, die Weiterverbreitung von Fernsehprogrammen vorübergehend auszusetzen. Seit der Änderung 2018 wird nicht mehr zwischen Fernsehprogrammen und Abrufdiensten unterschieden, weil die Verfahren und Voraussetzungen von Beschränkung für lineare und nichtlineare Dienste gleich sein sollten, EGr. 9 ÄnderungsRL 2018/1808. Die bisher in Art. 3 Abs. 4 Richtlinie 2010/13 vorgesehene Möglichkeit der Abrufstaaten, auch gestützt auf den Schutz der Verbraucher die Verbreitung zu beschränken, fehlt zwar in Art. 3 Abs. 2 S. 1. Zu einem vergleichbaren Ergebnis, wenngleich unter strengeren Anforderungen, führt aber Art. 4 Abs. 3, 4 Richtlinie 2010/13 in der Fassung von 2018, der mit der Rechtsprechung des EuGH zu Möglichkeiten der Einschränkung der Dienstleistungsfreiheit gerechtfertigt wird, EGr. 10 ÄnderungsRL 2018/1808. 527

Von der ganz herrschenden Meinung wurde der Anordnung des Sendestaatsprinzips bislang **kollisionsrechtlicher Gehalt** beigemessen.[46] Für ein kollisionsrechtliches Verständnis sprach vor allem die Formulierung von EGr. 15 Richtlinie 1989/552.[47] Es war allerdings bereits danach zweifelhaft, ob insoweit tatsächlich eine echte Ausnahme von dem im Übrigen nachweisbaren materiellrechtlichen Verständnis des Herkunftslandprinzips begründet werden sollte, denn mit Bezug auf die Parallelregelung in Art. 1 Abs. 2 lit. b der später erlassenen **Satelliten- und Kabelweiterverbreitungsrichtlinie**[48] wurde im Grünbuch der Kommission „Urheberrecht und verwandte Schutzrechte in der Informationsgesellschaft" ausdrücklich festgestellt, dass die Richtlinie nicht auf die Frage des Kollisionsrechts eingehen wolle, sondern lediglich den Sendeakt definiere, gegenüber dem Rechtsschutz gesucht werde.[49] In der kodifizierten Fassung der Richtlinie ist die maßgebliche Begründungserwägung nicht mehr enthalten. Die Änderungsrichtlinie 2018/1808 geht davon aus, dass bei den erfassten Video-Sharing-Plattformen die Rechtshoheit auf der Grundlage der konkreten Gegebenheiten anhand der in der Richtlinie 2010/13 festgelegten Kriterien festgestellt werden muss, EGr. 8 Satz 1 ÄnderungsRL 2018/1808. 528

---

[46] MüKoUWG/*Mankowski* IntWettbR Rn. 99; *Roth* IPRax 1994, 165 (171, 174); GK/*Schricker*, 1. Aufl., Einl. F Rn. 159; GK/*Klass* Einl. D Rn. 184; Staudinger/*v. Hoffmann* EGBGB Art. 40 Rn. 300; *Rüffler* S. 148; *Grandpierre* S. 18; *Dethloff* S. 51; *Mankowski* ZVglRWiss 100 (2001), 137 (142). AA *Halfmeier* ZEuP 2001, 837 (858); Staudinger/*Fezer/Koos* IntWirtschR Rn. 572.

[47] „Im Gemeinsamen Markt müssen alle Fernsehsendungen, die ihren Ursprung in der Gemeinschaft haben und für den Empfang in der Gemeinschaft bestimmt sind, speziell diejenigen, welche für den Empfang in einem anderen Mitgliedstaat bestimmt sind, dem auf die zum Empfang durch die Allgemeinheit im Ursprungsmitgliedstaat bestimmten Fernsehsendungen *anwendbaren* Recht dieses Mitgliedstaats ebenso wie dieser Richtlinie entsprechen." (Hervorhebung d. Verf.). Vgl. bereits die Ausführungen in Fernsehen ohne Grenzen. Grünbuch über die Errichtung des gemeinsamen Marktes für den Rundfunk, insbesondere über Satellit und Kabel (Mitteilung der Kommission an den Rat), KOM(84) 300 endg., S. 147 ff.

[48] Richtlinie 93/83/EWG des Rates vom 27.9.1993 zur Koordinierung bestimmter urheber- und leistungsschutzrechtlicher Vorschriften betreffend Satellitenrundfunk und Kabelweiterverbreitung, ABl. 1993 L 248, S. 15.

[49] Grünbuch der Kommission v. 19.7.1995 – Urheberrecht und verwandte Schutzrechte in der Informationsgesellschaft, KOM(95) 382 endg., S. 40.

529 Jedenfalls reicht der **Geltungsanspruch** eines kollisionsrechtlich verstandenen Herkunftslandprinzips nicht weiter als der **sachliche Anwendungsbereich** der Richtlinie, dh ihr **koordinierter Bereich,**[50] wie Entscheidungen des EFTA-Gerichtshofs und des EuGH zur Reichweite der Fernsehrichtlinie deutlich gemacht haben: Schwedische[51] und norwegische[52] Regelungen verbieten im Fernsehen ausgestrahlte Werbespots, die darauf gerichtet sind, die Aufmerksamkeit von Kindern unter zwölf Jahren zu erregen.[53] In der Rechtssache *Mattel und Lego* wurde dem **EFTA-Gerichtshof** 1995 die Frage vorgelegt, ob die norwegische Regelung mit dem in der EU-Fernsehrichtlinie verankerten Sendestaatsprinzip vereinbar war. Im Ausgangsverfahren war der norwegische Konsumentenombud gegen Werbesendungen für Barbie-Puppen und Lego-Bausteine vorgegangen, die von Großbritannien nach Norwegen ausgestrahlt wurden.[54] Der EFTA-Gerichtshof beantwortete nicht allein die Vorlagefrage zur Vereinbarkeit einer solchen Regelung mit dem in der Fernsehrichtlinie[55] niedergelegten Sendestaatsprinzip, sondern stellte fest, **die Fernsehrichtlinie behalte in ihrer Begründungserwägung 17 bestehende oder künftige Harmonisierungsakte des Gemeinschaftsrechts vor,** vor allem soweit sie dem **Schutz von Verbrauchern und der Lauterkeit von Handelsgeschäften und des Wettbewerbs** dienten. Damit werde Bezug genommen auf die Richtlinie des Rates 84/450/EWG vom 10.9.1984 zur Angleichung der Rechts- und Verwaltungsvorschriften der Mitgliedstaaten über irreführende Werbung, die auch Teil des EWR-Rechts sei. Die Fernsehrichtlinie wolle mithin einen Mitgliedstaat nicht daran hindern, Maßnahmen nach der Richtlinie 84/450/EWG zu ergreifen mit Bezug auf eine Werbung, die nach der zuletzt genannten Richtlinie als irreführend anzusehen sei. In Fällen der grenzüberschreitenden Sendung sei der Empfangsstaat auch eher in der Lage, festzustellen, ob eine Fernsehwerbung, die sich an das Publikum in diesem Staat richte, irreführend sei oder nicht. Beim Urteil darüber, ob eine Werbung irreführend sei oder nicht, seien normalerweise höhere Maßstäbe anzulegen, wenn sich die Werbung spezifisch an Kinder richte.[56]

530 In den verbundenen Rechtssachen *Schwedischer Konsumentenombudsman gegen De Agostini und TV-Shop i Sverige AB* wurde der **EuGH** mit denselben Rechtsfragen[57] befasst. Er legte die Fernsehrichtlinie zwar dahingehend aus, „dass eine Bestimmung eines nationalen Rundfunkgesetzes, wonach eine Werbeanzeige, die im Fernsehen während der Werbezeit ausgestrahlt wird, nicht darauf gerichtet sein darf, die Aufmerksamkeit von Kindern unter zwölf Jahren zu erregen, auf Fernsehsendungen aus anderen Mitgliedstaaten nicht angewendet werden darf",[58] **folgte dem EFTA-Gerichtshof** jedoch, indem er ausführte, „dass die Richtlinie 84/450/EWG des Rates vom 10. September 1984 zur Angleichung der Rechts- und Verwaltungsvorschriften der Mitgliedstaaten über irreführende Werbung (ABl. L 250, S. 17), die insbesondere in ihrem Artikel 4 Absatz 1

[50] Staudinger/*v. Hoffmann* EGBGB Art. 40 Rn. 300; *Rüffler* S. 149 ff.; *Dethloff* S. 52.

[51] § 11 Radiolag (1966: 755; Rundfunkgesetz).

[52] § 1 Markedsføringsloven No. 47 v. 16.6.1972 (Marktgesetz) iVm § 3-1 Abs. 2 Krinkastingsloven No. 127 v. 4.12.1992 (Fernsehgesetz).

[53] Zur Vereinbarkeit der Regelung mit Art. 34 AEUV (früher Art. 30 EGV) vgl. EuGH Slg. 1997, I-3843 Rn. 39 ff. = GRUR Int. 1997, 913 – De Agostini. Zuvor bereits EFTA-GH GRUR Int. 1996, 52 – Mattel und Lego, 1994/95 Ct. Rep. 113 Rn. 56, zur vergleichbaren norwegischen Regelung.

[54] EFTA-GH GRUR Int. 1996, 52 – Mattel und Lego, 1994/95 EFTA Ct. Rep. 113.

[55] Die den Entscheidungen zugrundeliegende Richtlinie 89/552/EWG des Rates vom 3.10.1989 zur Koordinierung bestimmter Rechts- und Verwaltungsvorschriften der Mitgliedstaaten über die Ausübung der Fernsehtätigkeit, ABl. 1989 L 298, S. 23 (sog. Fernsehrichtlinie), wurde 2010 in geänderter Form durch die Richtlinie 2010/13/EU des Europäischen Parlaments und des Rates vom 10.3.2010 zur Koordinierung bestimmter Rechts- und Verwaltungsvorschriften der Mitgliedstaaten über die Bereitstellung audiovisueller Mediendienste (Richtlinie über audiovisuelle Mediendienste), ABl. 2010 L 95, S. 1, neu erlassen.

[56] EFTA-GH GRUR Int. 1996, 52 – Mattel und Lego, 1994/95 EFTA Ct. Rep. 113 Rn. 54 ff., 58.

[57] In einem Fernsehspot war folgende Werbung enthalten: „Alle zwei Wochen kannst Du Teile für ein fluoreszierendes Dinosauriermodell und die Hefte sammeln, die zusammen ein Nachschlagewerk ergeben. Alles für nur 7,50 Kronen", EFTA-GH 27.2.1995 – E-4/94, 1994/95 EFTA Ct. Rep. 89 – De Agostini; 27.2.1995 – E-5/94, 1994/95 EFTA Ct. Rep. 93 – TV Shop i Sverige.

[58] EuGH Slg. 1997, I-3843 Rn. 62 = GRUR Int. 1997, 913 – De Agostini.

vorsieht, dass die Mitgliedstaaten im Interesse sowohl der Verbraucher als auch der Wettbewerber und der Allgemeinheit für geeignete und wirksame Möglichkeiten zur Bekämpfung der irreführenden Werbung sorgen, im Bereich der Fernsehwerbung ihren Sinn verlöre, wenn der Empfangsstaat gegenüber einem Werbetreibenden keine Maßnahmen mehr treffen könnte; dies stände im Gegensatz zur der Willenskundgebung des Gemeinschaftsgesetzgebers (vgl. in diesem Sinne Urteil des Gerichtshofes der Europäischen Freihandelsassoziation vom 16. Juni 1995, E-8/94 und E-9/94, Forbrukerombudet/Mattel Scandinavia und Lego Norge, Report of the EFTA Court 1 January 1994-30 June 1995, 113, Randnrn. 54 bis 56 und 58).“[59] Gestützt auf diese Ausführungen gelangte der EuGH zu dem Schluss, die Fernsehrichtlinie verwehre es „einem Mitgliedstaat nicht, gemäß einer allgemeinen Regelung zum Schutz der Verbraucher gegen irreführende Werbung Maßnahmen gegenüber einem Werbetreibenden wegen einer von einem anderen Mitgliedstaat aus ausgestrahlten Fernsehwerbung zu treffen, sofern diese Maßnahmen nicht die Weiterverbreitung im eigentlichen Sinne von Fernsehsendungen aus diesem anderen Mitgliedstaat im Hoheitsgebiet des erstgenannten Mitgliedstaats behindern.“ (EuGH Rn. 38 – De Agostini).

Beide Entscheidungen machen deutlich, dass auch aufgrund der Richtlinie über audiovisuelle Medien **außerhalb** des **harmonisierten Bereichs** eine kollisionsrechtliche Anknüpfung nach dem Herkunftslandprinzip nicht verlangt wird. Denn sonst hätte die Anwendung des Rechts des Empfangsstaates bereits aus diesem Grund beanstandet werden müssen. Die Änderungsrichtlinie zur Einbeziehung audiovisueller Mediendienste bzw. inzwischen die kodifizierte Fassung in der Richtlinie 2010/13 bestätigen diese Einschätzung: Die Möglichkeiten der Beschränkung von im Ausland niedergelassenen Fernsehprogrammen bleiben in Art. 4 Abs. 2 Richtlinie 2010/13 erhalten. Durch Art. 4 Abs. 3–5 wurden Regelungen für die Beschränkung von audiovisuellen Mediendiensten geschaffen, die in ihren materiellen und prozeduralen Anforderungen jenen in Art. 3 Abs. 4–6 Richtlinie 2000/31 über den elektronischen Geschäftsverkehr entsprechen (vgl. EGr. 37 Richtlinie 2010/13). **531**

bb) Richtlinie über den elektronischen Geschäftsverkehr 2000. Im Anwendungsbereich der **Richtlinie 2000/31 über den elektronischen Geschäftsverkehr**[60] wird wie bereits bei der Fernsehrichtlinie vom **Herkunftslandprinzip** ausgegangen, Art. 3 Abs. 2. Das Herkunftslandprinzip wird im lauterkeitsrechtlichen Bereich allein für die **grenzüberschreitende E-Mail-Werbung durchbrochen,** Art. 3 Abs. 3 iVm Anh. Spiegelstr. 8 Richtlinie 2000/31. In der Literatur war bereits Art. 3 Abs. 2 des Richtlinienvorschlags als Kollisionsregel interpretiert worden.[61] Eine solche Deutung ist indes nicht zwingend. Bereits Begründungserwägung 7 des Richtlinienvorschlags machte deutlich, dass die Richtlinie nicht darauf abziele, spezifische Regeln des Internationalen Privatrechts betreffend das anwendbare Recht herbeizuführen. In diesem Sinne ist eine weitere **Klarstellung** durch die Aufnahme von **Art. 1 Abs. 4** Richtlinie 2000/31[62] und einen Hinweis im zweiten Halbsatz der Begründungserwägung 23[63] erfolgt. **532**

---

[59] EuGH Slg. 1997, I-3843 Rn. 37 = GRUR Int. 1997, 913 – De Agostini.

[60] Richtlinie 2000/31/EG des Europäischen Parlaments und des Rates vom 8.6.2000 über bestimmte rechtliche Aspekte der Dienste der Informationsgesellschaft, insbesondere des elektronischen Geschäftsverkehrs, im Binnenmarkt („Richtlinie über den elektronischen Geschäftsverkehr“), ABl. 2000 L 178, S. 1.

[61] *Mankowski* GRUR Int. 1999, 909 (912 ff.); *Mankowski* ZVglRWiss 100 (2001), 137 ff.; *Brenn* ÖJZ 1999, 481 (482), unklar 484.

[62] „Diese Richtlinie schafft weder zusätzliche Regeln im Bereich des internationalen Privatrechts, noch befasst sie sich mit der Zuständigkeit der Gerichte.“ Vgl. dazu *Crabit* R. D. U. E. 2000, 749 (798 ff.).

[63] Die Begründungserwägung lautet vollständig: „(23) Diese Richtlinie zielt weder darauf ab, zusätzliche Regeln im Bereich des internationalen Privatrechts hinsichtlich des anwendbaren Rechts zu schaffen, noch befasst sie sich mit der Zuständigkeit der Gerichte; Vorschriften des anwendbaren Rechts, die durch Regeln des Internationalen Privatrechts bestimmt sind, dürfen die Freiheit zur Erbringung von Diensten der Informationsgesellschaft im Sinne dieser Richtlinie nicht einschränken.“

533 Im Hinblick auf die vor allem in Deutschland heftig ausgetragene Auseinandersetzung (vgl. dazu noch die Vorauf l., → Einl. C Rn. 32 ff.)[64] hatte der Bundesgerichtshof die Frage zunächst ausdrücklich offengelassen.[65] Auf seinen Vorlagebeschluss hin[66] bestätigte der EuGH in der Rechtssache *eDate Advertising* in Übereinstimmung mit der inzwischen wohl überwiegenden Meinung in Deutschland[67] jedenfalls, dass Art. 3 Richtlinie 2000/31 keine Umsetzung in Form einer speziellen Kollisionsregel verlangt.[68] Deutlicher noch hatte GA *Cruz Villalòn*[69] plädiert, dass Art. 3 Richtlinie 2000/31 keine Regelung über das anwendbare Recht einführe.[70] In diesem Sinne hat der Bundesgerichtshof inzwischen festgehalten, dass **§ 3 Abs. 2 TMG keine Kollisionsnorm** enthält, sondern ein **sachrechtliches Beschränkungsverbot** begründet.[71]

534 Unabhängig davon, ob man das Herkunftslandprinzip der Richtlinie über den elektronischen Geschäftsverkehr kollisionsrechtlich oder sachrechtlich begreift,[72] bietet es der **Kritik breite Angriffsfläche:** *Fezer* und *Koos* haben zutreffend darauf hingewiesen, dass die sekundärrechtliche Niederlegung eines materiellrechtlich verstandenen Herkunftslandprinzips dessen Einschränkungen bei marktneutralen Beschränkungen des Warenverkehrs (*Keck*-Doktrin) übergeht und faktisch zu einer **Privilegierung des Online- gegenüber dem Offline-Marketing** führt.[73] Generell wird ein *„race to the bottom"* befürchtet.[74] Das liegt insbesondere daran, dass der **„koordinierte Bereich"** in der Richtlinie über den elektronischen Geschäftsverkehr – anders als in der Richtlinie über audiovisuelle Mediendienste – offener definiert wird und geschäftliche Handlungen erfasst, die in der Sache gerade **nicht harmonisiert** wurden.[75] Überdies kann das unionsrechtlich begründete Herkunftslandprinzip nur im europäischen Rahmen gelten. Als missliche Konsequenz hätte man mit einer **Rechtsspaltung** zu leben: Bei „europäischen Sachverhalten" müsste die Eingriffsmöglichkeit der nach der Auswirkungstheorie berufenen Rechtsordnung auf das Maß der Rechtsordnung des Herkunftslandes beschränkt werden, bei „internationalen Sachverhalten" nicht. In der Literatur ist zu Recht die Meinung geäußert worden, dass ein europarechtliches Herkunftslandprinzip allein dem weiteren Ausbau der **„Festung Europa"** dient.[76] Dem vom Herkunftsprinzip in der Richtlinie 2000/31 ausgehenden Regelungsdruck bzw. dem in EGr. 65 Richtlinie 2000/31 enthaltenen Handlungsauftrag ist immerhin der Anstoß zu der weitreichenden Totalharmonisierung des Lauterkeitsrechts innerhalb der EU durch die UGP-Richtlinie (vgl. dazu → Einl. Rn. 237 ff.) zu verdanken.

---

[64] Zusammenfassende Darstellung bei *Sack* WRP 2019, 1095 (1096 f.); *Sack*, Internationales Lauterkeitsrecht, Kap. 8 Rn. 2.

[65] BGH WRP 2006, 736 (739) – Arzneimittelwerbung im Internet.

[66] BGH WRP 2010, 108 – www.rainbow.at.

[67] Vgl. Köhler/Bornkamm/Feddersen/*Köhler* Einl. Rn. 3.47; *Piekenbrock* GRUR Int. 2005, 997 (1003); *Koos* WRP 2006, 499 (503) mwN in Fn. 39. W. Nachw. zum Streitstand bei BGH WRP 2006, 736 (739) – Arzneimittelwerbung im Internet.

[68] EuGH Slg. 2011, I-10269 Rn. 63 = GRUR 2012, 300 – eDate Advertising.

[69] GA *Cruz Villalòn* Schlussanträge Rn. 70 ff., 72, zu EuGH Slg. 2011, I-10269 Rn. 63 = GRUR 2012, 300 – eDate Advertising.

[70] Zu der aus der Verwendung des Attributs „zusätzlich" resultierenden Problematik vgl. *Sack* EWS 2011, 65.

[71] BGH GRUR 2012, 850 Rn. 30 – rainbow.at II; OLG Köln GRUR-RR 2014, 298 Rn. 13 – Tourismusabgabe. Entsprechend zu § 20 öECG öOGH GRUR Int. 2013, 1163 (1166) – VfG Versandapotheke für Österreich.

[72] *Spindler* MMR 1999, 199 (206); *Ohly* GRUR Int. 2001, 900 (906). Offen lassend auch BGH WRP 2006, 736 (739) – Arzneimittelwerbung im Internet mwN; *Bodewig* GRUR Int. 2000, 475 (479).

[73] *Fezer/Koos* IPRax 2000, 349 (353 ff.). Vgl. ausführlich Staudinger/*Fezer/Koos* IntWirtschR Rn. 597.

[74] *Hoeren* MMR 1999, 192 (194); *Mankowski* GRUR Int. 1999, 909 (914); *Mankowski* ZVglRWiss 100 (2001), 137 (163 ff.); *Fezer/Koos* IPRax 2000, 349 (354); *Bodewig* GRUR Int. 2000, 475 (481); *Henning-Bodewig* WRP 2001, 771 (772); *Lurger/Vallant* MMR 2002, 203 (207). *Bornkamm* FS BGH, 2000, 343 (353), spricht von „erheblichem Harmonisierungsdruck". Als erste, wenngleich *in casu* zu begrüßende, Ausprägung solcher Tendenzen muss die Entscheidung der deutschen Bundesregierung gewertet werden, Rabattgesetz und Zugabeverordnung im Zusammenhang mit der Umsetzung der Richtlinie über den elektronischen Geschäftsverkehr abzuschaffen, vgl. *Berlit* WRP 2001, 349.

[75] Zu dieser Problematik vgl. *Henning-Bodewig* WRP 2001, 771 (774); *Dethloff* S. 55.

[76] *Mankowski* GRUR Int. 1999, 909 (914).

cc) Vorschlag für eine Verordnung über Verkaufsförderungsmaßnahmen (†)

Artikel 3 des Geänderten Vorschlags für eine Verordnung über Verkaufsförderungsmaßnahmen

Nutzung und kommerzielle Kommunikation von Verkaufsförderaktionen

...

2. Die Mitgliedstaaten und die nichtöffentlichen Regulierungsstellen beschränken weder den freien Dienstleistungsverkehr noch den freien Verkehr von Waren, die von der Nutzung von Verkaufsförderaktionen profitieren, auf Grund der Nutzung dieser Verkaufsförderung und Hinweisen darauf im Rahmen kommerzieller Kommunikation; das gemeinschaftliche und das einzelstaatliche Wettbewerbsrecht bleiben davon unberührt.

Der **Geänderte Vorschlag für eine Verordnung über Verkaufsförderungsmaßnahmen** enthielt keine echte Regelung des Binnenmarktes, weil eine Verordnung aufgrund ihrer unmittelbaren Anwendbarkeit und ihres Vorrangs gegenüber dem mitgliedstaatlichen Recht ohnehin europaweit gilt. Insoweit bedurfte es allein einer **Sperrklausel,** welche die Reichweite des Vorrangs umschreibt. Sie war in Art. 3 Abs. 2 des inzwischen zurückgezogenen Vorschlags[77] enthalten. Aus den Rechtswirkungen der Verordnung ergibt sich, dass die Vorschrift die Anwendbarkeit des nationalen Rechts auf der materiellrechtlichen Ebene begrenzt. Kritik an der Sperrklausel des Art. 3 Abs. 2 entzündete sich jedoch im Hinblick auf die darin umschriebene Reichweite der Sperrwirkung.[78] 535

dd) Richtlinie über Tabakwerbung 2003. Gemäß Art. 8 der **Tabakwerbungsrichtlinie**[79] dürfen die Mitgliedstaaten den freien Verkehr von Waren und Dienstleistungen, die mit dieser Richtlinie im Einklang stehen, nicht verbieten oder einschränken. Auch dieser, unter der Überschrift „Freier Verkehr von Waren und Dienstleistungen" getroffenen, Regelung liegt ein materiellrechtliches Verständnis zugrunde. 536

ee) Richtlinie über unlautere Geschäftspraktiken 2005

Artikel 4 der Richtlinie über unlautere Geschäftspraktiken

Binnenmarkt

Die Mitgliedstaaten dürfen den freien Dienstleistungsverkehr und den freien Warenverkehr nicht aus Gründen, die mit dem durch diese Richtlinie angeglichenen Sachgebiet zusammenhängen, einschränken.

Die Formulierung in Art. 4 UGP-RL lässt kaum Zweifel, dass auch insoweit eine **materiellrechtliche Beschränkung** der mitgliedstaatlichen Rechtsordnungen angestrebt wird.[80] Zur Problematik der Reichweite vgl. → Einl. Rn. 322). 537

ff) Dienstleistungsrichtlinie 2006. Die in Art. 16 Richtlinie 2006/123[81] enthaltene Vorschrift wird ebenfalls überwiegend **sachrechtlich interpretiert.**[82] Die Regelung in Art. 3 Abs. 2 Richtlinie 2006/123, wonach die Dienstleistungsrichtlinie nicht die Regeln des Internationalen Privatrechts betrifft, stützt diese Annahme. 538

---

[77] Vgl. Vorschläge der Kommission, die auf ihre allgemeine Relevanz, auf ihre Auswirkungen auf die Wettbewerbsfähigkeit sowie auf sonstige Folgen überprüft und daraufhin zurückgezogen wurden, ABl. 2006 C 64, S. 3.

[78] *Glöckner* IIF 2001, 239 (277); *Göhre* WRP 2002, 36 (42); *Henning-Bodewig* GRUR Int. 2002, 389 (397); GRUR Stellungnahme Vorschlag Verkaufsförderungs-VO GRUR 2002, 410 (412).

[79] Richtlinie 2003/33/EG des Europäischen Parlaments und des Rates vom 26.5.2003 zur Angleichung der Rechts- und Verwaltungsvorschriften der Mitgliedstaaten über Werbung und Sponsoring zugunsten von Tabakerzeugnissen, ABl. 2003 L 152, S. 1.

[80] Staudinger/*Fezer/Koos* IntWirtschR Rn. 573; GK/*Klass* Einl. D Rn. 230.

[81] Richtlinie 2006/123/EG des Europäischen Parlaments und des Rates vom 12.12.2006 über Dienstleistungen im Binnenmarkt, ABl. 2006 L 376, S. 36.

[82] Staudinger/*Fezer/Koos* IntWirtschR Rn. 576; GK/*Klass* Einl. D Rn. 236.

539 **b) Umsetzung der Regelungen. aa) TDG und TMG.** Durch das Gesetz über rechtliche Rahmenbedingungen für den elektronischen Geschäftsverkehr **(Elektronischer Geschäftsverkehr-Gesetz – EGG)**[83] wurden die hier relevanten Vorgaben der Richtlinie über den elektronischen Geschäftsverkehr im **Teledienstegesetz (TDG)** umgesetzt. Das TDG wurde seinerseits mit Wirkung vom 1.3.2007 in das **Telemediengesetz (TMG)** überführt. Die im Hinblick auf die Anwendung des Herkunftslandprinzips relevanten Normen blieben dabei weitgehend unverändert.

„§ 1 Anwendungsbereich

…

(5) Dieses Gesetz trifft weder Regelungen im Bereich des internationalen Privatrechts noch regelt es die Zuständigkeit der Gerichte.

§ 3 Herkunftslandprinzip

(1) In der Bundesrepublik Deutschland nach § 2a niedergelassene Diensteanbieter und ihre Telemedien unterliegen den Anforderungen des deutschen Rechts auch dann, wenn die Telemedien innerhalb des Geltungsbereichs der Richtlinie 2000/31/EG des Europäischen Parlaments und des Rates vom 8. Juni 2000 über bestimmte rechtliche Aspekte der Dienste der Informationsgesellschaft, insbesondere des elektronischen Geschäftsverkehrs, im Binnenmarkt (Richtlinie über den elektronischen Geschäftsverkehr) (ABl. L 178 vom 17.7.2000, S. 1) und der Richtlinie 2010/13/EU in einem anderen Mitgliedstaat geschäftsmäßig angeboten oder verbreitet werden.

(2) Der freie Dienstleistungsverkehr von Telemedien, die innerhalb des Geltungsbereichs der Richtlinie 2000/31/EG und der Richtlinie 2010/13/EU Deutschland von Diensteanbietern, die in einem anderen Mitgliedstaat niedergelassen sind, geschäftsmäßig angeboten oder verbreitet werden, wird vorbehaltlich der Absätze 5 und 6 nicht eingeschränkt."

540 **(a) Kollisionsrecht und TMG.** Die Schwierigkeiten bei der Auslegung der Art. 1 Abs. 4, Art. 3 Richtlinie 2000/31 setzten sich im Zuge der Umsetzung fort. Der **Entwurf des Bundesjustizministeriums**[84] hatte einen dogmatisch perfekten Balanceakt zwischen kollisionsrechtlicher Neutralität und materieller Aufgabenbewältigung versucht. Zu diesem Zweck enthielten sowohl § 4 Abs. 1 als auch Abs. 2 TDG-E einerseits einen **Kollisionsrechtsvorbehalt,** andererseits einen **Günstigkeitsvergleich.** *Sack* hat jedoch nachgewiesen, dass selbst dieser aufwendige Vorschlag nicht frei von systematischen Brüchen war.[85] Im Übrigen glaubte die Europäische Kommission im Kollisionsrechtsvorbehalt einen Verstoß gegen die Vorgaben von Art. 3 Abs. 1 Richtlinie 2000/31 zu erkennen (dazu sogl.). Die verabschiedete Fassung kommt ohne die Kollisionsrechtsvorbehalte und Günstigkeitsvergleiche aus. Damit stellt sich jedoch die Frage, ob § 3 TMG wirklich keine kollisionsrechtlichen Regelungen trifft, wie es § 1 Abs. 5 TMG postuliert. Zweckmäßigerweise sind insoweit die beiden Regelungsbereiche des § 3 TMG zu unterscheiden:

541 **(b) Geltung des Herkunftslandprinzips, § 3 Abs. 2 TMG.** Die in § 3 TMG enthaltenen Regelungen tragen insgesamt die amtliche Überschrift **„Herkunftslandprinzip".** Das ist eine bemerkenswerte – und zugleich verhängnisvolle – Abweichung gegenüber dem Richtlinientext, dessen Art. 3 die Überschrift „Binnenmarkt" trägt. Tatsächlich übermittelt allein § 3 Abs. 2 TMG den Regelungsgehalt, der im Europarecht gewöhnlich unter dem Begriff **„Herkunftslandprinzip"** verstanden wird, nämlich den **Grundsatz gegenseitiger Anerkennung,** wie er vom EuGH im Fall *Cassis-de-Dijon*[86] entwickelt wurde und im Zuge der seit der Einheitlichen Europäischen Akte verfolgten sog. „Neuen

[83] BGBl. 2001 I S. 3721.

[84] Gesetzentwurf der Bundesregierung, Entwurf eines Gesetzes über rechtliche Rahmenbedingungen für den elektronischen Geschäftsverkehr (Elektronischer Geschäftsverkehr-Gesetz – EGG), BT-Drs. 14/6098.

[85] *Sack* WRP 2001, 1408 (1417, 1419).

[86] EuGH Slg. 1979, 649 = GRUR Int. 1979, 468 – Cassis de Dijon. Vgl. dazu → Einl. B Rn. 91.

Strategie",[87] in das Harmonisierungskonzept der EU einging.[88] Dieses Herkunftslandprinzip führt, wie oben (→ Einl. Rn. 92) dargestellt, als materiellrechtliche Regel des Europarechts vermittelt durch dessen Vorrang allein zu einer fallweisen Begrenzung des Geltungsanspruchs des anwendbaren Sachrechts und ist kollisionsrechtlich tatsächlich neutral. Das so verstandene Herkunftslandprinzip liegt der Wirkungsweise der Grundfreiheiten (vgl. → Rn. 522 ff., heute nahezu unstreitig) sowie dem Sendestaatsprinzip der Richtlinie über audiovisuelle Mediendienste (nach hier vertretener Auffassung) zugrunde. Die Richtlinie über elektronischen Geschäftsverkehr gestattet jedenfalls eine materiellrechtliche Deutung (vgl. dazu → Rn. 533). Auf dieser Grundlage wird die in § 3 Abs. 2 S. 1 TMG getroffene Regelung inzwischen ebenfalls von der Praxis als sachrechtliche Begrenzungsnorm gedeutet.[89]

Eine praktische **Anwendungsfrage** resultiert allerdings zunächst aus der **Reichweite der Harmonisierung.** Weil die Richtlinie über den elektronischen Geschäftsverkehr **nicht die Lieferung von Produkten** regelt, ist die Vorschrift auf Vertriebsverbote nicht anwendbar, vgl. Art. 2 lit. h ii, 2. Spiegelstr. Richtlinie 2000/31.[90] 542

Weitere Einschränkungen ergeben sich aus **Art. 3 Abs. 4** Richtlinie 2000/31. Danach können die Mitgliedstaaten das Herkunftslandprinzip einschränkende Maßnahmen ergreifen, wenn **besondere Allgemeininteressen** auf dem Spiel stehen und ein Konsultationsverfahren mit dem Herkunftsstaat erfolglos durchlaufen wurde. Entsprechende Regelungen enthielten im deutschen Recht zunächst § 4 Abs. 2 S. 2 iVm § 5 TDG und nunmehr § 3 Abs. 2 iVm § 3 Abs. 5 TMG. Auf dieser Grundlage lehnte der Bundesgerichtshof die Anwendung des niederländischen Rechts auf eine in den Niederlanden ansässige Händlerin mit Arzneimitteln ab. Ein Werbeverbot für im Inland nicht zugelassene Arzneimittel diene dem **Schutz der öffentlichen Gesundheit und sei für die Verfolgung dieses Ziels verhältnismäßig** iSd § 3 Abs. 5 S. 1 Nr. 2 TMG (die Entscheidung erging noch zu § 4 Abs. 5 S. 1 Nr. 3 TDG).[91] Methodisch ist dieser Umgang fragwürdig. Die **Ausnahmevorschriften** in Art. 3 Abs. 4 Richtlinie 2000/31 **setzen** ein bestimmtes, in lit. b geregeltes **Konsultationsverfahren mit den Behörden** des Niederlassungsstaates **voraus.** Lediglich unter den Voraussetzungen des Art. 3 Abs. 5 Richtlinie 2000/31, dh **in dringlichen Fällen,** kann davon abgewichen werden. Allerdings wird dann eine **Mitteilung an die Kommission und den Niederlassungsstaat** verlangt. 543

Dieses **Konsultationsverfahren würde umgangen,** wenn in jedem (Einzel-)Rechtsstreit auf der Grundlage von § 3 Abs. 5 TMG unter unmittelbarer Anwendung der genannten Kriterien der Einwand der Zulässigkeit des Wettbewerbsverhaltens im Herkunftsland abgewehrt werden könnte. Daneben würde das **Herkunftslandprinzip** als Ganzes **ausgehöhlt.**[92] 544

(c) Anordnung der Kontrolle durch das Recht des Niederlassungsstaates, § 3 Abs. 1 TMG. Das eigentliche **kollisionsrechtliche Problem** entsteht demgemäß nicht aus den Art. 3 Abs. 2 Richtlinie 2000/31 bzw. § 3 Abs. 2 TMG, sondern aus den **Anordnungen der Kontrolle durch das Recht des Niederlassungsstaates** in Art. 3 545

[87] Vgl. dazu das Weißbuch der Kommission an den Europäischen Rat „Vollendung des Binnenmarkts", KOM(85) 310 endg., S. 6 Rn. 13, S. 19 Rn. 65 ff. Vgl. bereits → Einl. Rn. 88.

[88] So deutlich nun EuGH Slg. 2011, I-10269 Rn. 59 = GRUR 2012, 300 – eDate Advertising; GA *Cruz Villalòn* Schlussanträge Rn. 71, zu EuGH Slg. 2011, I-10269 Rn. 63 = GRUR 2012, 300 – eDate Advertising.

[89] BGH GRUR 2012, 850 Rn. 30 – rainbow.at II: Im konkreten Fall bedurfte es des Günstigkeitsvergleichs nicht, weil bereits unter Zugrundelegung des deutschen Sachrechts keine Einschränkung der Online-Dienstleisters eintrat; BGH ZUM-RD 2020, 186, Rn. 25; OLG Köln GRUR-RR 2014, 298 Rn. 13 – Tourismusabgabe.

[90] BGH WRP 2006, 736 (738) – Arzneimittelwerbung im Internet; WRP 2006, 1516 (1517) – Pietra di Soln.

[91] BGH WRP 2006, 736 (738) – Arzneimittelwerbung im Internet. Dem folgend LG Karlsruhe IPRspr 2011, Nr. 166, 398.

[92] Ebenso *Ohly* WRP 2006, 1401 (1405) mwN in Fn. 66.

Abs. 1 Richtlinie 2000/31 bzw. § 3 Abs. 1 TMG.[93] Sie haben **mit dem Herkunftslandprinzip im Sinne eines Prinzips gegenseitiger Anerkennung gar nichts** zu tun – die amtliche Überschrift des § 3 TMG ist insoweit irreführend! –, sondern **ordnen vielmehr an,** dass die **Mitgliedstaaten die in ihren Territorien niedergelassenen Diensteanbieter wirksamer Kontrolle unterwerfen.** Die in Art. 3 Abs. 1 Richtlinie 2000/31 getroffene Regelung ist insoweit allenfalls die **sachnotwendige Voraussetzung,** um im **Binnenmarkt** (vgl. die Überschrift dieser Vorschrift!) dem Herkunftslandprinzip folgen zu können: Dazu muss gewährleistet sein, dass der Niederlassungsstaat selbst die Kontrolle vornimmt. Die Richtlinie bringt das mit der Formulierung zum Ausdruck: „Jeder Mitgliedstaat **trägt dafür Sorge,** dass die Dienste der Informationsgesellschaft, die von einem in seinem Hoheitsgebiet niedergelassenen Diensteanbieter erbracht werden, den in diesem Mitgliedstaat geltenden innerstaatlichen Vorschriften entsprechen, …" (Hervorhebung d. Verf.). Der deutsche Gesetzgeber ist diesem Auftrag mit der Anordnung „in Deutschland niedergelassene Diensteanbieter […] unterliegen den Anforderungen des deutschen Rechts" nachgekommen.

546 Die **Reichweite des europarechtlichen Regelungsauftrags** ist indes vor allem in der deutschen Literatur umstritten. Weitgehend klar erscheint allein, dass zu den „geltenden innerstaatlichen Vorschriften" iSd Art. 3 Abs. 1 Richtlinie 2000/31 nicht auch das Kollisionsrecht gehören kann. Eine **Gesamtverweisung** wäre sinnlos, da es in allen Fällen, in denen das nationale Kollisionsrecht des Herkunftslandes an den Marktort anknüpft, zu eben der Rechtskumulation käme, die durch die Richtlinie vermieden werden soll.[94] Erst recht gilt dies unter Zugrundelegung der Regelung in Art. 6 Abs. 1 Rom II-VO.

547 α) **Kritik in der Literatur.** Eine **bloße Sachnormverweisung** soll ebenfalls nicht in Frage kommen, weil sie jedenfalls in Fällen echten *off shore*-Marketings (der in Mitgliedstaat A niedergelassene Anbieter wird ausschließlich auf den Märkten anderer Mitgliedstaaten aktiv) in Konflikt mit der berufenen kollisionsrechtlichen Neutralität der Richtlinie träte:[95] Nach dem vermeintlich unberührten Kollisionsrecht des Herkunftsstaates komme in solchen Fällen vielmehr das Recht des Marktortes zur Anwendung.[96] Für die **erste Alternative,** in welcher das Recht des **Marktortes strengere Anforderungen** stellt als das Herkunftsrecht, wird eine teleologische Reduktion des in Art. 3 Abs. 2 Richtlinie 2000/31 niedergelegten Herkunftslandprinzips gefordert,[97] weil das Ziel der Richtlinie, dem „gutgläubig" multinational agierenden Unternehmen zu ermöglichen, sich auf lediglich eine, nämlich seine Heimatrechtsordnung einzustellen, beim *off shore*-Marketing nicht gefährdet sei.[98] Der Gewerbetreibende habe sich insoweit auf die rechtlichen Anforderungen des Zielstaates einzustellen. Für die **zweite Alternative,** in welcher das Recht des **Herkunftsorts strengere Anforderungen** stellt als das Recht des Marktortes, wird die Anwendung des Herkunftsortsrechts erst recht abgelehnt, weil am Marktort kein entsprechendes Regelungsbedürfnis bestehe. In der Konsequenz wurde verschiedentlich die Ansicht vertreten,[99] Art. 3 Abs. 1 Richtlinie 2000/31 bzw. § 3 Abs. 1 TMG seien eng auszulegen bzw. teleologisch zu reduzieren mit der Folge, dass reine Exportsachverhalte nach wie vor dem Recht des Marktortes unterworfen seien. Schließlich wird

---

93 Staudinger/*Fezer/Koos* IntWirtschR Rn. 611.

94 *Fezer/Koos* IPrax 2000, 349 (353); Staudinger/*Fezer/Koos* IntWirtschR Rn. 583; *Crabit* R. D. U. E. 2000, 749 (803); *Ohly* GRUR Int. 2001, 899 (905); *Sack* WRP 2002, 271 (274); *Sack* EWS 2011, 513 (514 f.); *Lurger/Vallant* MMR 2002, 203 (205). Anders nunmehr wohl *Sack* WRP 2019, 1095 (1097): die Verhinderung der Mehrfachanknüpfung lasse sich nicht als Zweck der Richtlinie 2000/31 feststellen. Diese Annahme vernachlässigt EGr. 22 RL 2000/31.

95 *Sack* WRP 2002, 271 (274); *Sack* WRP 2008, 845 (857), mit Bezug auf Art. 3 Abs. 1 Richtlinie 2000/31. Ebenso *Sack* WRP 2019, 1095 (1096 ff.).

96 MüKoBGB/*Drexl* Rom II-VO Art. 6 Rn. 83.

97 *Sack* WRP 2002, 271 (278 ff.).

98 *Sack* WRP 2002, 271 (276, 278 ff., 280).

99 *Sack* WRP 2002, 271 (276 ff.); *Sack* WRP 2008, 845 (856); *Ohly* GRUR Int. 2001, 899 (902) (allerdings noch auf der Grundlage des Regierungsentwurfs zum EGG).

die Entscheidung des Bundesgerichtshofs *rainbow.at II*[100] auf den Gesamttatbestand des § 3 TMG bezogen.[101]

β) Europarechtskonforme Auslegung. Sämtliche Argumente sind inhaltlich berechtigt und aus der Sicht des Wettbewerbsjuristen wohlfundiert: Im Bereich des gesamten Wettbewerbsrechts, dh im Kartell- wie im Lauterkeitsrecht, hat sich das **Marktort- oder Auswirkungsprinzip als kollisionsrechtliche Grundregel** (vgl. dazu noch → Rn. 595 ff.) auch international weitgehend durchgesetzt, da es die materielle Grundfunktion der Rechtsgebiete – den effektiven Schutz des wirksamen Wettbewerbs – als kollisionsrechtliches Anknüpfungsmerkmal aufgreift. Ganz in diesem Sinne folgt die Art. 6 Abs. 1, 3 Rom II-VO ebenfalls dem Marktort- bzw. Auswirkungsprinzip (vgl. → Rn. 606 ff.). **548**

Abweichungen von diesem Prinzip führen unter **wettbewerblichen Gesichtspunkten** zu **adversen Effekten.** Bereits das sachrechtlich verstandene Herkunftslandprinzip der *Cassis-de-Dijon*-Rechtsprechung führt zur **Inländerdiskriminierung**[102], weil das Konzept der Negativ-Integration darauf beruht, dass die im grenzüberschreitenden Verhältnis durch die Grundfreiheiten überwundene nationale Norm für Inländer nach wie vor Geltung behält. Die wettbewerbsrechtliche Grundregel der *par condicio concurrentium* wird also bereits an dieser Stelle eingeschränkt.[103] Weiterreichende Anordnungen des Herkunftslandprinzips im Sinne eines Anerkennungsprinzips erzwingen weitere Zugeständnisse beim Schutz des unverfälschten Wettbewerb als Unionsziel gem. Art. 3 Abs. 3 EU iVm Protokoll (Nr. 27) über den Binnenmarkt und den Wettbewerb (früher Art. 3 Abs. 1 lit. g EG). Das gilt zunächst bei milderen Vorschriften des Herkunftslandes und „reinen" Exportsachverhalten (*off shore*-Wettbewerb), bei welchen der rechtfertigende Grund für eine möglicherweise eintretende Wettbewerbsverzerrung – die durch einheitliches Marketing ermöglichten Effizienzgewinne – entfällt.[104] **549**

Ins Quadrat wird die bei jeder Geltung des Herkunftslandprinzips eintretende **Wettbewerbsverzerrung** jedoch erhoben, wenn im Sinne einer Ausübungsanordnung **selbst das strengere Recht des Herkunftslandes auf reine Auslandssachverhalte** angewendet werden soll. In einem solchen Fall werden Anbieter gezwungen, Regeln einzuhalten, die zum einen ihren am Marktort niedergelassenen Konkurrenten nicht auferlegt sind – ein Verstoß gegen den Grundsatz der *par condicio* –, und die zum anderen dem Verkehr im Bestimmungsland überhaupt nicht bekannt sind, bei denen es also an den in der *Cassis*-Rechtsprechung als Rechtfertigungsgründe anerkannten zwingenden Erfordernissen des Allgemeininteresses offensichtlich fehlt. Der in Art. 3 Abs. 1 Richtlinie 2000/31 niedergelegte Kontrollauftrag pervertiert geradezu den Gedanken des Wettbewerbsschutzes. **550**

Dennoch hat sich die Europäische Gemeinschaft, dh weder die Generaldirektion Binnenmarkt noch die Kommission allein, zur Verabschiedung der in Art. 3 Abs. 1 Richtlinie 2000/31 enthaltenen Regelung entschlossen. Insoweit sollte zunächst klargestellt werden, dass die oben dargestellten Interpretationsversuche, mit denen der Regelungsgehalt von Art. 3 Abs. 1 Richtlinie 2000/31 „zurückbuchstabiert" und die angesprochenen Probleme angemessen gelöst werden sollen, wiewohl gut gemeint, an der **Regelungsintention der Vorschrift** vorbeigehen. In der Kommission ist man sich einig, dass **Art. 3 Abs. 1** Richtlinie 2000/31 **auch und gerade bei reinem *off shore*-Wettbewerb** anzuwenden ist.[105] Die eintretenden adversen Effekte für den Wettbewerb sind weder Redaktionsversehen noch bei der Verabschiedung unbekannt gewesen. Sie sind untrennbar mit dem mit der Vorschrift angestrebten Regelungsmodell verbunden und wurden daher bewusst in Kauf genommen. **551**

---

[100] BGH GRUR 2012, 850 – rainbow.at II.
[101] GK/*Klass* Einl. D Rn. 224.
[102] Köhler/Bornkamm/Feddersen/*Köhler* Einl. Rn. 3.47.
[103] EuGH Slg. 1981, 1993 Rn. 10 = NJW 1981, 1885 – Nachtbackverbot.
[104] *Sack* WRP 2002, 271 (276); *Sack* WRP 2019, 1095 (1099).
[105] *Crabit* R. D. U. E. 2000, 749 (800).

552 Im Hintergrund dessen steht ein durchaus beeindruckendes **Konzept.** Es wird bereits daraus ersichtlich, dass die Niederlegung des Herkunftslandprinzips ieS in Art. 3 Abs. 2 Richtlinie 2000/31 nicht etwa in den Vordergrund gerückt und allein an die Ausübung der Kontrolle im Herkunftsstaat geknüpft wird, wie es dem marktintegrationspolitischen Gedanken des Verzichts auf Kontrolle im Marktortstaat im Vertrauen auf Kontrolle im Herkunftsstaat[106] entspräche. Vielmehr steht die Anordnung der **Kontrolle durch den Herkunftsstaat an erster Stelle,** und die Gesamtregelung figuriert unter der Bezeichnung **„Binnenmarkt".** Ergänzt wird dieser bemerkenswerte Zugang durch EGr. 22 Richtlinie 2000/31:

„(22) Die Aufsicht über Dienste der Informationsgesellschaft hat am Herkunftsort zu erfolgen, um einen wirksamen Schutz der Ziele des Allgemeininteresses zu gewährleisten. Deshalb muss dafür gesorgt werden, dass die zuständige Behörde diesen Schutz nicht allein für die Bürger ihres Landes, sondern für alle Bürger der Gemeinschaft sichert. Um das gegenseitige Vertrauen der Mitgliedstaaten zu fördern, muss die Verantwortlichkeit des Mitgliedstaates des Herkunftsortes der Dienste klar herausgestellt werden. Um den freien Dienstleistungsverkehr und die Rechtssicherheit für Anbieter und Nutzer wirksam zu gewährleisten, sollten die Dienste der Informationsgesellschaft zudem grundsätzlich dem Rechtssystem desjenigen Mitgliedstaates unterworfen werden, in dem der Anbieter niedergelassen ist."

553 Artikel 3 Abs. 1 Richtlinie 2000/31 in Verbindung mit der zitierten Begründungserwägung 22 schafft ein neuartiges Modell der **Aufgabenteilung im Binnenmarkt:** Die Rechtspflege wird nicht mehr durch diejenigen Rechtsordnungen durchgeführt, die von einer geschäftlichen Handlung **betroffen** sind, sondern vielmehr gleichsam **treuhänderisch für alle Unionsbürger** vom jeweiligen Niederlassungsstaat vorgenommen. Es handelt sich in der Sache um **stellvertretende Rechtspflege** im Interesse anderer Gemeinwesen.

554 Die Richtlinie begründet das **Prinzip der „Kontrolle an der Quelle"** mit dem Binnenmarktgedanken. In der Kommission wird darüber hinausgehend für die Anwendbarkeit des Prinzips auf *off shore*-Marketing das Argument angeführt, man wolle „Rechtsdumping" verhindern. Es solle Unternehmen nicht gestattet werden, nationale Standards zu missachten,[107] weil ihr Marktverhalten „nur" auf das EU-Ausland gerichtet sei.[108] Vor diesem Hintergrund ist eine teleologische Reduktion von § 3 Abs. 1 TMG als Folge der geforderten europarechtskonformen Auslegung unzulässig.[109] Die **Erfassung von *off shore*-Marketing** ist **keine unbeabsichtigte überschießende Rechtsfolge,** sondern durchaus **angestrebt.** Angesichts dessen erscheint es überaus bedauerlich, dass im Vorabentscheidungsverfahren *eDate Advertising* nicht auf diese Besonderheit der Regelungsanordnung in Art. 3 Abs. 1 Richtlinie 2000/31 eingegangen wurde.[110] Bevor zu diesem durchaus **visionären Konzept** Stellung genommen wird, soll allerdings auf seine Umsetzung im deutschen Recht eingegangen werden:

555 **γ) Off shore-Marketing und Kollisionsrecht.** Spätestens **an dieser Stelle muss** bei der Umsetzung, wenn das anwendbare Kollisionsrecht dem Marktort- bzw. Auswirkungsprinzip folgt – wie das Europäische und früher das deutsche –, **mit dem vermeintlichen Dogma der kollisionsrechtlichen Neutralität gebrochen werden.** Denn anders lassen sich die klaren Ziele der Richtlinie[111] nicht umsetzen: Wendete sich zB ein in Deutschland

---

[106] Vgl. dazu *Mankowski* GRUR Int. 1999, 909 (913) (Anerkennungsgedanke).

[107] Vgl. insoweit den nicht untypischen Fall BGH GRUR 1998, 419 – Gewinnspiel im Ausland.

[108] *Crabit* R. D. U. E. 2000, 749 (760).

[109] Staudinger/*Fezer/Koos* IntWirtschR Rn. 609, 613 f.

[110] GA *Cruz Villalòn* Schlussanträge Rn. 71, zu EuGH Slg. 2011, I-10269 Rn. 63 = GRUR 2012, 300 – eDate Advertising, nimmt an, dass Art. 3 Abs. 1 Richtlinie 2000/31 allein die Anwendbarkeit der Normen des Mitgliedstaats der Dienstleistung bestätige; der EuGH äußert sich überhaupt nicht zum Sinn der Vorschrift.

[111] Die Annahme von GK/*Klass* Einl. D Rn. 226, lässt sich mit der Richtlinie 2000/31 kaum vereinbaren.

niedergelassener Anbieter mit irreführenden Online-Angeboten **ausschließlich** an in Frankreich niedergelassene Abnehmer, so wäre auf der Grundlage von Art. 6 Abs. 1 Rom II-VO (vgl. dazu → Rn. 606 ff.) allein die französische Rechtsordnung anwendbar.[112] Der Kontrollauftrag des Art. 3 Abs. 1 Richtlinie 2000/31 ginge – ohne eine entsprechende Regelung – ins Leere. Weil aber nach dem eindeutigen Regelungsauftrag der Richtlinie sichergestellt werden muss, dass die erbrachten Dienste den im Niederlassungsstaat geltenden, dh den deutschen Vorschriften entsprechen, muss das auf der Grundlage des Art. 6 Abs. 1 Rom II-VO bei echtem *off shore*-Marketing ins Ausland verweisende allgemeine Kollisionsrecht durch eine Norm überwunden werden, welche die Geltung des deutschen Rechts für diesen Fall anordnet. Hier geht es – anders als beim Herkunftslandprinzip ieS (dazu → Rn. 523 ff.)! – **nicht** um eine sachliche **Beschränkung** eines nach dem unberührten Kollisionsrecht anwendbaren Rechts durch einen Günstigkeitsvergleich. Vielmehr muss die **Anwendbarkeit des** deutschen **Rechts** erst gegen die allgemeine Regel des Art. 6 Abs. 1 Rom II-VO **positiv begründet** werden.

Dazu bedarf es in Deutschland allerdings kollisionsrechtlicher Vorschriften. In der Kommission wird Art. 3 Abs. 1 Richtlinie 2000/31 zwar als völlig **neuartiger Zugang zur Rechtsintegration** gedeutet: Indem die Vorschrift den „Binnenmarkt" in ihr Zentrum rücke, solle die klassische kollisionsrechtliche Dreistufenprüfung bei internationalen Verhältnissen „Zuständigkeit – anwendbares Recht – Sachrecht" überwunden werden.[113] Wie bei rein nationalen Sachverhalten, so solle auch bei europäischen Sachverhalten im Regelungsbereich der Richtlinie über den elektronischen Geschäftsverkehr die Frage nach dem anwendbaren Recht gar nicht gestellt werden. Dieses Verständnis stand nicht zuletzt im Hintergrund der massiven Intervention der Kommission im Verlauf des deutschen Gesetzgebungsverfahrens, welches im Ergebnis zur Abschaffung der Kollisionsrechtsvorbehalte führte. Die Idee der Überwindung der stets zum **Primat des Kollisionsrechts** über das harmonisierte Sachrecht führenden Frage nach dem anwendbaren Recht ist sicher bestechend. Sie liegt nicht zuletzt der Schaffung von Unionsimmaterialgüterrechten zugrunde. Im Hinblick auf bestimmte regulatorische Zwecke, dort der unionsweite Schutz von Immaterialgüterrechten, hier die Ermöglichung gemeinschaftsweiten Online Marketings, werden die nationalen Grenzen innerhalb des Binnenmarkts für unbeachtlich erklärt. Dass dieses Konzept im Grundsatz zukunftstauglich ist, zeigen die Unionsimmaterialgüterrechte. 556

Im Hinblick auf dieses Ziel entsteht jedoch aus dem von der Gemeinschaft gewählten **Mittel der Gesetzgebung,** nämlich der Richtlinie, ein entscheidendes Problem. Anders als Verordnungen – die als Regelungsinstrument zur Schaffung der Unionsimmaterialgüterrechte gewählt wurden – sind Richtlinien nicht unmittelbar anwendbar, sondern bedürfen gem. Art. 288 Abs. 3 AEUV der Umsetzung durch die Mitgliedstaaten. Im Ergebnis bleibt es damit bei einer Mehrheit zwar harmonisierter, aber dennoch nationaler Rechtsordnungen. Diese Mehrheit von Rechtsordnungen **verlangt** bei grenzüberschreitenden Sachverhalten nach wie vor eine **Beantwortung der vorrangigen Frage nach dem anwendbaren Recht.** Das eigentliche Regelungsziel des Art. 3 Abs. 1 Richtlinie 2000/31, nämlich die Überwindung dieser Ebene, hätte nur im Wege einer Verordnung erreicht werden können. So bleibt es dem Prinzip des Art. 288 Abs. 3 AEUV entsprechend bei einer *obligation de résultat.*[114] 557

Das Postulat des § 1 Abs. 5 TMG wird durch § 3 Abs. 1 TMG tatsächlich Lügen gestraft. In der Literatur wurde die Situation mit dem Bild von *René Magritte,* ‚Ceci n'est pas une pipe' verglichen.[115] Man mag insoweit auch in Anlehnung an *Medicus'* Diktion von „per- 558

[112] Vgl. BGH GRUR 1998, 419 – Gewinnspiel im Ausland.

[113] *Crabit* R. D. U. E. 2000, 749 (801): *„Les règles du DIP seront écartees ...".*

[114] Der Hinweis auf den zwingenden Charakter und die genauen und bestimmten Anordnungen des Art. 3 Richtlinie 2000/31 von *Crabit* R. D. U. E. 2000, 749 (802), geht daher fehl.

[115] *Vermeer* Molengrafica 1999/2000, 151 (180), zit. bei *Mankowski* IPrax 2002, 257 (258) Fn. 11; *Ohly* GRUR Int. 2001, 899 (900).

plexer" Gesetzgebung sprechen.[116] Das deutsche Recht hätte eine kollisionsrechtliche Sondervorschrift schaffen müssen, um dem europäischen Regelungsauftrag („trägt dafür Sorge"[117]) gerecht zu werden. Es hat dies jedoch nicht getan und stattdessen festgehalten, dass keine zusätzlichen Kollisionsnormen geschaffen werden.[118] Es ist insoweit der **Dogmatik aufgegeben, eine Lösung zu finden,** welche dem europarechtlichen Regelungsauftrag gerecht wird, die Trennung von Kollisions- und Sachrecht berücksichtigt und zugleich den widersprüchlichen Normen des nationalen Rechts jeweils einen sinnvollen Anwendungsbereich belässt.[119]

559 **δ) Trennung von Herkunftslandprinzip und Ausübungsanordnung.** Ein in der Literatur angebotener Lösungsvorschlag besteht darin, das **Herkunftslandprinzip insgesamt,** dh sowohl den Regelungsgehalt von Abs. 1 als auch von Abs. 2, **kollisionsrechtlich zu interpretieren** und Art. 1 Abs. 4 Richtlinie 2000/31 ebenso wie § 1 Abs. 5 TMG zu ignorieren.[120] Eine solche Lösung „passt" indes zum einen nicht zum europarechtlichen Verständnis des Herkunftslandprinzips ieS.[121] Zum anderen würde sie den Auslegungsgrundsatz missachten, wonach jeder geltenden Norm ein sinnvoller Anwendungsbereich zuzuweisen ist. Ein **anderer Lösungsvorschlag** entwickelt aus Art. 1 Abs. 4 Richtlinie 2000/31 einen Grundsatz der **„IPR-Neutralität"** der Richtlinie, welchem Vorrang gegenüber der Regelungsintention des Art. 3 Abs. 1 Richtlinie 2000/31 zukomme.[122] Ein solcher Grundsatz kann der Richtlinie 2000/31 indes nicht entnommen werden. Bereits im europäischen Gesetzgebungsverfahren konnte sich die deutsche Regierung, die eine Regelung des Wortlauts „lässt die Regelungen des Internationalen Privatrechts unberührt" aufgenommen haben wollte, nicht durchsetzen.[123]

560 Insoweit gebietet im Gegenteil der **Grundsatz europarechtskonformer Auslegung,** § 3 Abs. 1 TMG den Vorrang gegenüber § 1 Abs. 5 TMG zu gewähren.[124] Dem kann nicht entgegengehalten werden, dass § 1 Abs. 5 TMG seinerseits auf Art. 1 Abs. 4 Richtlinie 2000/31 zurückzuführen und der Konflikt bereits in ihr begründet sei.[125] Die Richtlinie 2000/31 konnte sich wohl tatsächlich auf den Standpunkt stellen, dass sie **keine zusätzlichen** Regelungen zum anwendbaren Recht enthalte,[126] wenn, wie oben ausgeführt, das Herkunftslandprinzip iSv Art. 3 Abs. 2 Richtlinie 2000/31 materiellrechtlich verstanden wird. Im Hinblick auf die **tatsächliche Kontrolle** durch die Rechtsordnungen der Niederlassungsstaaten beschränkt sich die Richtlinie auf den an die Mitgliedstaaten erteilten **Auftrag, „dafür Sorge zu tragen".**[127] Nicht mehr ist auch der Entscheidung des EuGH in der Rechtssache *eDate Advertising* zu entnehmen.[128] Wie die Mitgliedstaaten dies bewirken, bleibt ihnen überlassen[129] (vgl. → Rn. 545).

---

116 *Medicus/Petersen,* Allgemeiner Teil des BGB, 11. Aufl. 2016, Rn. 759: Perplexität als innere Widersprüchlichkeit.

117 Vgl. dazu EuGH Slg. 2011, I-10269 Rn. 63 = GRUR 2012, 300 – eDate Advertising.

118 In Österreich wurde dieser Fehler vermieden, vgl. dazu *Lurger/Vallant* MMR 2002, 203 (204 ff.).

119 Spöttisch diesbezüglich *Mankowski* IPrax 2002, 257 (258) Fn. 18: „verzweifelt zu nennendes Bemühen, sowohl ein sinnhaftes Konzept zu entwickeln, als auch nicht in Gegensatz zu Wortlaut… zu geraten".

120 *Mankowski* IPrax 2002, 257 ff.

121 Das vernachlässigt *Mankowski* IPrax 2002, 257 (262).

122 *Sack* WRP 2002, 271 (273 ff.); *Sack* WRP 2008, 845 (855 ff.); *Sack* EWS 2011, 513 (514 f.); *Sack* WRP 2019, 1095 (1096).

123 Zur Gesetzgebungsgeschichte vgl. *Crabit* R. D. U. E. 2000, 749 (803).

124 *Mankowski* IPrax 2002, 257 (258). AA *Sack* WRP 2002, 271 (276).

125 So der Vorwurf von *Mankowski* IPrax 2002, 257 ff.; *Lurger/Vallant* MMR 2002, 203 (208).

126 Ablehnend *Lurger/Vallant* MMR 2002, 203 (208); *Mankowski* IPrax 2002, 257 (258).

127 Vgl. insoweit *Crabit* R. D. U. E. 2000, 749 (799 ff.), der zunächst begründet, weshalb Art. 3 Richtlinie 2000/31 selbst nicht kollisionsrechtlicher Natur sei, und im unmittelbaren Anschluss seine Auswirkungen auf die mitgliedstaatlichen Kollisionsrechtsordnungen darstellt.

128 EuGH Slg. 2011, I-10269 Rn. 63 = GRUR 2012, 300 – eDate Advertising.

129 EuGH Slg. 2011, I-10269 Rn. 63 = GRUR 2012, 300 – eDate Advertising. *Crabit* R. D. U. E. 2000, 749 (800), nennt im Hinblick auf die Umsetzung von Art. 3 Abs. 2 Richtlinie 2000/31 eine kollisionsrechtliche, eine sachrechtliche und sogar eine (allerdings fragwürdige) prozessuale Lösung.

In das TMG muss also eine **kollisionsrechtliche Regelung hineingelesen** werden, nämlich in Art. 3 Abs. 1 TMG. Anders kann die Anwendung des deutschen Rechts auf die sich ausschließlich auf anderen Märkten innerhalb der EU auswirkenden Wettbewerbshandlungen in Deutschland niedergelassener Diensteanbieter nicht begründet werden.[130] Die in **§ 1 Abs. 5 TMG** enthaltene Regelung muss europarechtskonform ausgelegt, dh **insoweit teleologisch reduziert** werden. Sie **behält immerhin ihre Bedeutung,** indem sie anordnet, dass das in **§ 3 Abs. 2 Richtlinie 2000/31 niedergelegte Herkunftslandprinzip** ieS in Deutschland nicht auf kollisionsrechtlichem, sondern auf **sachrechtlichem Wege** umgesetzt wird. 561

Die **disparaten Regelungsgehalte** der in Art. 3 Richtlinie 2000/31 bzw. § 3 TMG enthaltenen Anordnungen legen nahe, die Vorschrift nicht einheitlich kollisions- oder materiellrechtlich, sondern **differenziert auszulegen:**[131] Auf **„Importsachverhalte“,**[132] bei denen deutsche Gerichte als **Erfolgsortgerichte** zuständig sind, ist ausschließlich die **materiellrechtliche Lösung** des § 3 Abs. 2 TMG anzuwenden.[133] Auf der Ebene des Kollisionsrechts bleibt es bei der Anwendung der allgemeinen Grundsätze. Das Recht des **Herkunftsorts** wirkt **materiell begrenzend,** wenn es niedrigere Anforderungen stellt als das Recht des Marktorts.[134] Das entspricht dem bekannten Vorgehen auf der Grundlage der Negativ-Integration durch die Grundfreiheiten, mit der Ausnahme, dass innerhalb des koordinierten Bereichs der Richtlinie keine Rechtfertigung durch die Schutzgüter der *Cassis*-Formel möglich ist. Wenn das Recht des Herkunftsortes strenger ist als das deutsche Recht, bleibt insoweit eine nicht zu bedauernde Lücke (dazu sogl.).[135] Auf **„Exportsachverhalte“,** für deren Beurteilung deutsche Gerichte als Sitzstaatsgerichte zuständig sein mögen, ist gem. § 3 Abs. 1 TMG als Sonderkollisionsnorm deutsches Recht anzuwenden. Die Begrenzung des Anwendungsbereichs von § 3 Abs. 1 TMG als Sonderkollisionsnorm für Exportsachverhalte beruht auf der Formulierung „In Deutschland niedergelassene Diensteanbieter…“. Die Annahme einer allseitigen Kollisionsnorm lässt sich im Hinblick auf den eindeutigen Wortlaut und die intensive Diskussion dieses Problems im Gesetzgebungsverfahren nicht begründen. Zumindest auf der europäischen Ebene wäre zwar eine einheitliche Lösung sinnvoller. Auf der nationalen Ebene kann aber gut mit einer Differenzierung gearbeitet werden. 562

(d) Konsequenzen für die Rechtsanwendung. α) Zusammenspiel mit den Zuständigkeitsregelungen in der EuGVVO. In der Literatur wurde nicht zuletzt die mangelnde **Abstimmung mit dem System der gerichtlichen Zuständigkeit nach der EuGVVO** beanstandet. Dem liegt allerdings wohl ein Missverständnis zugrunde. Im Hinblick auf die Zuständigkeit zur gerichtlichen Durchsetzung stellt die Richtlinie über den elektronischen Geschäftsverkehr ebenfalls keine zusätzlichen Regeln auf, Art. 1 Abs. 4 Richtlinie 2000/31. In Art. 3 Abs. 1 verpflichtet die Richtlinie die Mitgliedstaaten zunächst zum Erlass der Rechtsnormen, die für eine Kontrolle der in ihnen niedergelassenen Diensteanbieter im koordinierten Bereich erforderlich sind, daneben aber auch zur verwaltungsrechtlichen Ausübung dieser Kontrolle sowie in den Art. 18, 20 Richtlinie 2000/31 zur Einrichtung geeigneter Verfahren zur Gewährung privatrechtlichen Rechtsschutzes. **Keinesfalls wird** aber durch diese Vorschriften **im Widerspruch zu Art. 7 Nr. 2 EuGVVO die gerichtliche Kontrolle den Gerichten des Sitzstaates** (vgl. dazu → Einl. 563

[130] Ebenso OLG Hamburg GRUR-RR 2015, 110 Rn. 151 – Buddy Bots; Staudinger/*Fezer/Koos* IntWirtschR Rn. 609. Die Abweichung von der in Art. 6 Abs. 1 Rom-II-VO niedergelegten Regel kann durch Art. 27 Rom-II-VO gerechtfertigt werden.

[131] Dagegen wohl *Mankowski* IPrax 2002, 257 (262).

[132] Ähnliche Begriffe („Wettbewerbsimport“ bzw. „-export“) verwendet *Schricker* IPRax 1983, 103; GK/*Schricker,* 1. Aufl., Einl. Rn. F 178.

[133] So etwa BGH GRUR 2012, 850 Rn. 30 – rainbow.at II.

[134] Der Beschl. des OLG Hamburg GRUR 2004, 880 – Active Two mAnm *Henning-Bodewig* GRUR 2004, 822, ist daher nur unter der Voraussetzung richtig begründet, dass die wettbewerblichen Interessen der Parteien auch in den Niederlanden kollidierten.

[135] An dieser Stelle unterscheidet sich die hier vertretene Lösung von der kollisionsrechtlichen Lösung.

Rn. 715 ff.) vorbehalten. Die Gerichte des Schadensortes bleiben zuständig.[136] Sie haben jedoch auf der Grundlage von Art. 3 Abs. 2 Richtlinie 2000/31 das Recht des Herkunftsstaates zu berücksichtigen. Dies kann – wie zB in Österreich – durch eine kollisionsrechtliche Lösung erfolgen. Im Fall der vom deutschen Gesetzgeber gewählten Lösung sind **niedrigere rechtliche Standards** des Herkunftslandes aber als **materiellrechtliche Schranken** zu berücksichtigen, § 3 Abs. 2 TMG.

564 **Höhere rechtliche Anforderungen** des Herkunftsstaates müssten von deutschen Marktortgerichten demgegenüber zunächst kollisionsrechtlich zur Geltung gebracht werden. Insoweit verhält es sich an sich nicht anders als beim *off shore*-Wettbewerb in Deutschland niedergelassener Anbieter. Insoweit besteht jedoch eine **Regelungslücke.** Wegen des klaren Wortlauts der Vorschrift handelt es sich bei der in **§ 3 Abs. 1 TMG** enthaltenen Kollisionsnorm nämlich um eine **einseitige Kollisionsnorm.** Insoweit bliebe zwar eine systemwidrige Lücke bei der Rechtsdurchsetzung. Denn einerseits steht das Regelungsziel nach der Intention des europäischen Gesetzgebers fest: Es ist die Durchsetzung der höheren Standards des Herkunftsstaates. Andererseits können diese Standards nur im Herkunftsland durchgesetzt werden. Dem deutschen Gesetzgeber kann insoweit allerdings kein Vorwurf gemacht werden. Denn diese Lücke ist tatsächlich bereits in der Formulierung von Art. 3 Abs. 1 Richtlinie 2000/31 angelegt. Man hätte die Richtlinie daher „überschießend" durch eine **allseitige Kollisionsnorm** umsetzen müssen, wie es in Österreich geschehen ist,[137] um ihren eingebauten Systemfehler zu korrigieren.

565 **β) „Kontrolle an der Quelle" und zivilrechtliche Ansprüche.** Artikel 3 Abs. 1 Richtlinie 2000/31 und ihm folgend § 3 Abs. 1 TMG haben daneben **Konsequenzen für das lauterkeitsrechtliche Sanktionensystem:** In der Konsequenz der Betrachtung der Regelungen als Ausprägung des Gedankens stellvertretender Rechtspflege liegt es, unter Anwendung des Rechts des Herkunftsstaates entgegen dem beim Marktortprinzip zugrunde zu legenden (vgl. → Rn. 674) Prinzip der Parzellierung der Rechtsfolgen das **Recht des Herkunftsstaates** auf den gesamten Geltungsbereich der Richtlinie **zu exportieren.** Für zivilrechtliche Ansprüche aus Lauterkeitsverstößen heißt das: **Negatorische Ansprüche** müssen **nicht auf das Gebiet des Herkunftsstaates beschränkt** werden. Es kann ferner eine **Gesamtschadensliquidation** stattfinden.[138] Dieses Ergebnis entspricht der *Shevill*-Rechtsprechung des EuGH (vgl. dazu → Einl. Rn. 728), die ebenfalls die Zuständigkeit des Gerichts am (Wohn-)Sitz des Beklagten für die Geltendmachung des Gesamtschadens bejaht.

566 **(e) Kritik am System des Art. 3 Richtlinie 2000/31: Wettbewerb und Binnenmarkt.** Was an der Regelung in Art. 3 Richtlinie 2000/31 sicher nicht kritisiert werden kann, ist der Mangel an **Visionen und an Mut, sie umzusetzen.**[139] Dementsprechend hat das oben dargestellte Regelungskonzept es durchaus verdient, nicht an der Elle überkommener und ausschließlich lauterkeitsrechtlicher[140] Strukturen gemessen zu werden. Es muss jedoch dem eigenen Anspruch gerecht werden und insoweit den Anforderungen des Europarechts genügen.

567 Neben dem oben geschilderten Widerspruch, der aus der Verwendung der Richtlinie als Regelungsinstrument und der angestrebten Aufhebung der kollisionsrechtlichen Frage nach dem anwendbaren Recht entsteht, resultiert ein zweites europarechtliches Problem aus einer möglichen Verletzung des primärrechtlichen Unionsziels des Wettbewerbsschutzes.

[136] Die von *Crabit* R. D. U. E. 2000, 749 (800 ff.), dargestellte Möglichkeit des an sich zuständigen Marktortgerichts, seine Zuständigkeit abzulehnen, verstößt gegen die gleichrangige Regelung der EuGVVO.

[137] § 20 Abs. 1 ECG, vgl. dazu *Lurger/Vallant* MMR 2002, 203 (207).

[138] Ebenso *Sack* WRP 2013, 1545 Rn. 10 für den Fall, dass man der Sachnormverweisungstheorie zu Art. 3 Abs. 1 Richtlinie 2000/31 folgt.

[139] Vgl. bereits *Kuner*, Editorial, MMR 1999, 185: „den Atem verschlagende Konsequenz".

[140] In der Fachdiskussion wird bisweilen vernachlässigt, dass die Richtlinie über den elektronischen Geschäftsverkehr nicht etwa nur das Lauterkeitsrecht, sondern ebenso alle anderen Rechtsbereiche, die von ganz anderen Strukturen geprägt sind, erfasst.

Mit der Streichung von Art. 3 Abs. 1 lit. g EG durch den Lissabon-Vertrag ist keine Veränderung der „Zielkoordinaten" des EU-Rechts verbunden. Bereits im Verlaufe der Arbeit am Lissabonner Vertrag traten dem die Kommission selbst sowie mehrere Mitgliedstaaten entschieden entgegen, was zur Aufnahme des Protokolls Nr. 27 führte. Darin wird klargestellt, dass der Schutz des Binnenmarktes gem. Art. 3 Abs. 3 EU das System zum Schutz des Wettbewerbs umfasst. Der EuGH hat die erste sich bietende Gelegenheit genutzt, die Kontinuität hervorzuheben.[141] Unter dem „System, das den **Wettbewerb innerhalb des Binnenmarkts vor Verfälschungen schützt**", werden zwar gewöhnlich die Vorschriften des Europäischen Wettbewerbsrechts (Art. 101 ff. AEUV) verstanden. Der Wettbewerb kann jedoch auch durch andere Wettbewerbshandlungen verfälscht werden. In diesem Sinne weist EGr. 3 IrreführungsRL[142] ausdrücklich darauf hin dass, „irreführende und unzulässige vergleichende Werbung geeignet [ist], zur Verfälschung des Wettbewerbs im Binnenmarkt" zu führen. Eine Beschränkung von Art. 3 Abs. 3 EU iVm Protokoll Nr. 27 auf den Schutz gegen Wettbewerbsbeschränkungen erscheint damit nicht vereinbar. Wie durch Irreführungen wird der Wettbewerb verfälscht, wenn das Grundprinzip der *par condicio concurrentium* verletzt wird. Freilich lässt sich trefflich darüber streiten, welche Umstände im einzelnen zur *par condicio* zählen. Im Übrigen verfügt der Unionsgesetzgeber bei der Verfolgung konfligierender Ziele wie hier der Marktintegration und des Wettbewerbsschutzes über ein beträchtliches und der Kontrolle nur sehr beschränkt zugängliches Ermessen.

Dennoch wird zumindest eine Kontrolle der Grundlagen der Ermessensausübung zu **568**
erfolgen haben. Dabei ist zweierlei zu beachten: Der Regelungszugang von Art. 3 Abs. 1 Richtlinie 2000/31, die **Begründung eines Binnenmarktes,** beruht nicht auf einer nach kartellrechtlichen Grundsätzen festgestellten **Homogenität des geographischen Marktes innerhalb der EU bzw. des EWR,** sondern auf dessen **Fiktion, da es aufgrund der unterlassenen materiellen Harmonisierung an der Vergleichbarkeit der rechtlichen Rahmenbedingungen**[143] **fehlt.** Der Abbau rechtlicher Handelshemmnisse, insbesondere durch die Totalharmonisierung durch die UGP-Richtlinie, hat zwar in gewissem Umfang zu einer Vergrößerung der geographischen Märkte geführt, aber keinesfalls zwangsläufig zu ihrer „Globalisierung" oder auch nur Europäisierung. Indem der europäische Gesetzgeber dies vernachlässigt hat, und seine Entscheidung zugunsten der Marktintegration auf die Fiktion eines wettbewerblich hinreichend homogenen Binnenmarktes gestützt hat,[144] hat er zugleich seine Abwägungsentscheidung auf unzutreffender tatsächlicher Grundlage getroffen.

Darüber hinaus muss die Frage gestellt werden, ob die absolute Anordnung der „Kon- **569**
trolle an der Quelle" überhaupt vom **Binnenmarktziel** gefordert wird. Tatsächlich kann es der Regelung vor allem bei *off shore*-Marketing nicht mehr um die bloße Erleichterung des Marktzugangs gehen, welche dem Herkunftslandprinzip ieS zugrunde liegt (vgl. dazu → Einl. Rn. 92). Dies gilt vor allem für das Agieren auf Märkten mit niedrigerem Schutzniveau. Insoweit begründet die vorgesehene „Kontrolle an der Quelle" **faktisch ein Exporthindernis,** das uU sogar gegen Art. 35 AEUV verstößt.

Im Hintergrund der ausnahmslosen Anordnung des Herkunftslandprinzips steht das Ziel **570**
einer **unbedingten Normenkonzentration.** Die als Konsequenz des Marktortprinzips bei multinationalem Marketing eintretende Normenkumulation, die zu Recht als Bremsschuh des E-commerce empfunden wird,[145] soll unter allen Umständen vermieden wer-

---

[141] EuGH Slg. 2011, I-527 Rn. 20 = GRUR Int. 2011, 413 – TeliaSonera.

[142] Richtlinie 2006/114/EG des Europäischen Parlaments und des Rates vom 12.12.2006 über irreführende und vergleichende Werbung (kodifizierte Fassung), ABl. 2006 L 376, S. 21.

[143] Vgl. nur die Bekanntmachung der Kommission über die Definition des relevanten Marktes im Sinne des Wettbewerbsrechts der Gemeinschaft, ABl. 1997 C 372, S. 5, Rn. 8.

[144] Sehr deutlich *Crabit* R. D. U. E. 2000, 749 (759).

[145] Vgl. bereits *Glöckner* ZVglRWiss 99 (2000), 278 (298).

den.[146] Dieser **allgemeine Wohlfahrtsgesichtspunkt** findet jedoch – ebenso wie etwa der Schutz der Gesundheit als selbständiges Regelungsziel – keine Grundlage im Unionsrecht.

571 **bb) Tabakwerbung.** Die **Tabakwerbungsrichtlinie** wurde durch ein **Gesetz zur Änderung des Vorläufigen Tabakgesetzes** umgesetzt, ohne dass das Herkunftslandprinzip eine eigene Regelung erhalten hätte. Der Regierungsentwurf[147] enthält keine Begründung dafür.

572 **cc) Unlautere Geschäftspraktiken.** Auch die letzten Änderungen des UWG zur **Umsetzung der Richtlinie 2005/29 über unlautere Geschäftspraktiken** glaubten, ohne eine ausdrückliche Anordnung des Herkunftslandprinzips auszukommen. Im Hinblick auf die der Regelung in Art. 4 Richtlinie 2005/29 vorangegangene politische Auseinandersetzung stellte der Gesetzgeber sich auf den Standpunkt, dass in Art. 4 Richtlinie 2005/29 nur eine **Wiederholung der Verpflichtung aus der Waren- und Dienstleistungsfreiheit** zu erkennen sei, die ohnehin beachtet werden müssten.[148] Im Allgemeinen wird jedenfalls von einer sachrechtlichen Wirkung der Vorschrift ausgegangen.[149]

II. Vorrang unmittelbar anwendbarer Regelungen des Völkerrechts, Art. 3 Nr. 2 EGBGB

573 Bereits gem. Art. 3 Abs. 2 EGBGB aF genossen **kollisionsrechtliche Regelungen in internationalen Verträgen Vorrang** gegenüber den allgemeinen Vorschriften im EGBGB. Es handelte sich hierbei zwar nach herrschender Ansicht nur um eine deklaratorische Regelung,[150] durch welche zum Ausdruck gebracht werden sollte, dass völkerrechtliche Vereinbarungen vorrangig zu prüfen seien, da sie nach dem Grundsatz *lex posterior derogat legi priori* **älteres** staatliches Recht verdrängten. **Nachfolgendes** staatliches Recht sollte dagegen, da es dem transformierten Staatsvertragsrecht gleichrangig ist, als *lex posterior* seinerseits das Staatsvertragsrecht abändern können. Immerhin war auch insoweit anerkannt, dass **nachfolgendes** staatliches Recht sorgfältig daraufhin zu prüfen sei, ob es – völkerrechtswidrig – die aus der vorangegangenen Vereinbarung resultierende Rechtslage abändern oder lediglich den Raum, welchen der Staatsvertrag frei lässt, ausfüllen wolle.[151] Für letzteres spreche eine Vermutung.[152] Im Regelfall blieb es damit bei der **primären Anwendung völkerrechtlicher Vereinbarungen.** Mit überzeugenden Gründen vertrat *Hausmann* demgegenüber die Auffassung, es handle sich um eine konstitutive Regelung.[153] In diesem Sinne[154] regelt nunmehr auch Art. 3 Nr. 2 EGBGB die Behandlung von Kollisionsregeln in völkerrechtlichen Vereinbarungen.

574 Die internationale **Vereinheitlichung des Lauterkeitskollisionsrechts** ist indes noch weniger weit gediehen als die des Sachrechts.[155] Selbst die PVÜ enthält keine Vorschrift zur

---

[146] *Spindler* RabelsZ 66 (2002), 633 (637). Ausdrücklich EGr. 28 der Änderungsrichtlinie 2007/65: „Zur Förderung einer starken, wettbewerbsfähigen und integrierten europäischen audiovisuellen Industrie" solle nur ein Mitgliedstaat für einen Diensteanbieter zuständig sein.

[147] BT-Drs. 16/1940.

[148] Begründung RegE, BT-Drs. 16/10145, 27. In diesem Sinne wohl auch Köhler/Bornkamm/Feddersen/*Köhler* Einl. Rn. 3.40: Herkunftslandprinzip „nicht mehr vorgesehen". Dagegen MüKoUWG/*Micklitz/Namysłowska* UGP-RL Art. 4 Rn. 8. Im Rahmen der UWG-Novelle 2015 wurde dazu nicht mehr Stellung genommen.

[149] Bereits *Glöckner/Henning-Bodewig* WRP 2005, 1311 (1326); Staudinger/*Fezer/Koos* IntWirtschR Rn. 573.

[150] MüKo/*Sonnenberger*, 6. Aufl., EGBGB Art. 3 Rn. 12 ff.; Soergel/*Kegel* EGBGB vor Art. 3 Rn. 36 ff.

[151] Soergel/*Kegel* EGBGB vor Art. 3 Rn. 36.

[152] Vgl. bereits RGZ 71, 293 (296); BGH NJW 1984, 1302 (1304).

[153] Staudinger/*Hausmann* Art. 3 EGBGB, Bearb. 2003, Rn. 16. Ausdrücklich für Verdrängung BGH NJW 1999, 2442.

[154] Staudinger/*Hausmann* EGBGB Art. 3 Rn. 27.

[155] *Dethloff* S. 48 ff. Zur internationalen Harmonisierung des materiellen Lauterkeitsrechts vgl. → Einl. Rn. 786 ff.

Frage des anwendbaren Rechts,[156] sondern beschränkt sich auf die Verpflichtung der Verbandsstaaten zum Erlass eines materiellen Minimums an Lauterkeitsrechtsschutz.[157] Die PVÜ hat insoweit nur fremdenrechtlichen Charakter. Dasselbe gilt für die meisten bilateralen Staatsverträge.[158] Soweit letztere allerdings Kollisionsnormen enthalten, wie insbesondere die **zweiseitigen Abkommen über den Schutz von Herkunftsangaben,** gehen sie den innerstaatlichen Regeln für die Anknüpfung von Wettbewerbsverstößen vor.[159] Gemäß Art. 2, 3 der jeweils gleichlautenden Verträge zwischen Deutschland einerseits und Frankreich, Italien, Griechenland und Spanien andererseits sowie Art. 4, 5 des schweizerisch-deutschen Vertrages dürfen die in der Anlage aufgeführten Bezeichnungen „nur unter denselben Voraussetzungen benutzt werden, wie sie in der Gesetzgebung der Bundesrepublik Deutschland vorgesehen sind".[160]

III. Autonomes deutsches Internationales Lauterkeitsrecht

Für **bis zum 11.1.2009** begangene schadensstiftende Wettbewerbshandlungen mit internationaler Dimension **gelten gem. Art. 31 Rom II-VO, Art. 294 Abs. 1 S. 1 AEUV die in Art. 40 ff. EGBGB enthaltenen Kollisionsregeln,** da Wettbewerbsverstöße traditionell als Ansprüche aus unerlaubter Handlung qualifiziert werden.[161] **Für danach** begangene Wettbewerbshandlungen werden die autonomen nationalen Vorschriften im hier relevanten Zusammenhang obsolet[162] bzw. behalten nur **marginale Bedeutung,**[163] **insbesondere bei Pressedelikten.**[164] Der Gesetzgeber hat die Vorschriften im Hinblick auf die von der Rom II-VO nicht erfassten Bereiche gleichwohl beibehalten.[165] 575

1. Allgemeine Anknüpfung deliktischer Ansprüche. Bis 1999 enthielt das EGBGB keine Kollisionsnorm für unerlaubte Handlungen. Insoweit waren die **maßgeblichen Rechtsgrundsätze richterrechtlichen Ursprungs** und wurden durch die Sonderregel in Art. 38 EGBGB aF *(„privilegium germanicum")* lediglich ergänzt. Ansprüche aus unerlaubter Handlung wurden üblicherweise nach der sog. Deliktsortsregel *(lex loci delicti commissi)* angeknüpft. Maßgebend war danach, wo die unerlaubte Handlung **begangen** wurde.[166] Problematisch war daran, dass die meisten unerlaubten Handlungen nicht allein eine **Tathandlung,** sondern auch den Eintritt eines bestimmten **Taterfolges** umfassten. Nach herkömmlicher Auffassung **(„Ubiquitätsregel")** waren **sämtliche Rechtsordnungen** anwendbar, wo entweder ein Teilakt der Ausführungshandlung begangen worden war (Handlungsort) oder wo der Erfolg zumindest teilweise eingetreten war (Erfolgsort). ZT wurde insoweit auch vom **„Günstigkeitsprinzip"** gesprochen, weil der Anspruch des Verletzten durch die ihm günstigsten Rechtssätze gestützt werden konnte.[167] Als **Begehungsort** konnte demgemäß eine kaum zu übersehende Vielzahl von Handlungs- und Erfolgsorten zur Anknüpfung in Frage kommen. 576

[156] Zu kollisionsrechtlichen Folgen des Grundsatzes der Inländerbehandlung gem. Art. 2 Abs. 1 PVÜ vgl. MüKoBGB/*Drexl* Art. 6 Rom II-VO Rn. 29.

[157] GK/*Schricker,* 1. Aufl., Einl. Rn. F 157; Staudinger/*Fezer/Koos* IntWirtschR Rn. 421; Staudinger/*v. Hoffmann* EGBGB Art. 40 Rn. 293; *Grandpierre* S. 15.

[158] Staudinger/*v. Hoffmann* EGBGB Art. 40 Rn. 293.

[159] Staudinger/*Fezer/Koos* IntWirtschR Rn. 422; *Grandpierre* S. 15.

[160] Die Abkommen sind abgedr. und erläutert bei *Fezer* Int. MarkenR Rn. 32 ff.

[161] Vgl. bereits RGZ 140, 25 (29) – Hohner.

[162] *Sack* WRP 2008, 845 (846).

[163] Vgl. *Wagner* IPRax 2008, 314 (316).

[164] Vgl. dazu *Heiderhoff* EuZW 2007, 428. Nicht untypisch BGH GRUR 2012, 850 – rainbow.at II, wo es um auf Online-Medien begangene Verletzungen des Persönlichkeitsrechts ging.

[165] Vgl. Gesetzentwurf der Bundesregierung für ein Gesetz zur Anpassung der Vorschriften des Internationalen Privatrechts an die Verordnung (EG) Nr. 864/2007, BT-Drs. 16/9995, 6.

[166] BGHZ 21, 266 (270) – Uhrenrohwerke.

[167] ZB *Sack* WRP 2000, 269 (271); *Bornkamm* in Neues Recht für neue Medien, S. 99, 105, spricht vom „Meistbegünstigungsgrundsatz" des Internationalen Deliktsrechts.

577 Im Jahr 1999 wurde das Kollisionsrecht der unerlaubten Handlungen novelliert. Dabei wurden aber lediglich die allgemeinen Grundsätze der Anknüpfung deliktischer Ansprüche kodifiziert und teilweise modifiziert. Eine **Sonderregelung für geschäftliche Handlungen fehlte** jedoch, anders als im IPR Österreichs oder der Schweiz (vgl. dazu → Rn. 600)[168] oder der Rom II-Verordnung. Auf sie wurde verzichtet, weil die neuen Regelungen „sowohl bei der Tatortregel selbst als auch über die Ausweichklausel des Artikels 41 EGBGB-E allgemein ein hohes Maß an Flexibilität" vorsähen.[169]

578 **2. Sonderanknüpfung bei geschäftlichen Handlungen.** Die soeben beschriebene Anknüpfung an den Begehungsort wurde frühzeitig als für Lauterkeitsverstöße unangemessen und überschießend erkannt. In der Sache ging es vor allem darum, im Ausland agierenden deutschen Unternehmen die Bürde des auf der Grundlage der **„Nussbaum'schen Regel"**[170] anzuwendenden und meist **strengeren Heimatrechts**[171] zu nehmen.[172] Der Umstand, dass die deliktsrechtliche Anknüpfung ohnehin nicht positiv-rechtlich verankert war, erleichterte der Rechtsprechung, besondere Grundsätze für Anknüpfung von Ansprüchen aus unlauterem Wettbewerb zu entwickeln.[173] In der grundlegenden *Kindersaugflaschen*-Entscheidung aus dem Jahr 1962 stellte der Bundesgerichtshof fest, dass

> *„der Begehungsort als Anknüpfung für das anzuwendende Recht […] jedoch nicht in jedem Fall schlechthin dem Handlungsort gleichgeachtet werden [kann, d. Verf.]. Ein Begehungsort kann vielmehr nur dort angenommen werden, wo in einen geschützten Rechtskreis, sei es auch nur durch einen Teilakt der unerlaubten Handlung eingegriffen wird. […] Unlauterer Wettbewerb kann hiernach in der Regel nur dort begangen werden, wo wettbewerbliche Interessen der Mitbewerber aufeinanderstoßen; denn nur an dem Ort wettbewerblicher Interessenüberschneidung wird das Anliegen der Verhinderung unlauterer Wettbewerbshandlungen berührt."*[174]

579 Ansprüche aus unlauterem Wettbewerb unterstanden nach der Rechtsprechung grundsätzlich dem Recht des Staates, auf dessen Territorium die wettbewerblichen Interessen der Mitbewerber aufeinandertrafen.[175] Dieser Ort wurde auch definiert als „[…] der Marktort, an dem durch dieses Verhalten im Wettbewerb mit anderen Unternehmen auf die Entschließung des Kunden eingewirkt werden soll."[176] Daher wurde auch vom **„Marktortprinzip"** gesprochen. Da der Gesetzgeber bei der IPR-Novelle 1999 auf den Erlass einer Sonderanknüpfung verzichtet hatte, ging die herrschende Meinung davon aus, dass sich die Rechtslage durch die Novelle für den Bereich des Lauterkeitskollisionsrechts nicht geändert habe.[177] Auch die Rechtsprechung hielt unter der Geltung des Art. 40 EGBGB an der

---

[168] MüKoBGB/*Drexl* Art. 6 Rom II-VO Rn. 2.

[169] BT-Drs. 14/343, 10.

[170] Nach *Nussbaum,* Deutsches Internationales Privatrecht, 1932, S. 339 ff., 340: „… alle im Inland niedergelassenen Gewerbetreibenden [müssen] untereinander ihren gesamten Wettbewerb auch für das Ausland nach den inländischen Vorschriften gegen den unlauteren Wettbewerb einrichten… Letzteres erscheint gewissermaßen als eine Auflage, welche an die Ausübung des inländischen Gewerbebetriebs geknüpft wird."

[171] So insbes. noch RGZ 140, 25 (30) – Hohner.

[172] Deutlich in BGH GRUR Int. 1962, 88 (90) – Kindersaugflasche; im Grundsatz ausdrücklich bestätigt in BGH GRUR 1964, 316 (318) – Stahlexport.

[173] GK/*Schricker,* 1. Aufl., Einl. Rn. F 168.

[174] BGH GRUR Int. 1962, 88 (91) – Kindersaugflasche. Bestätigt in stRspr BGH GRUR 1964, 316 (318) – Stahlexport; GRUR 1971, 153 (154) – Tampax; GRUR 1977, 672 (673) – Weltweit-Club; GRUR 1991, 463 (464) – Kauf im Ausland; GRUR 1998, 419 (420) – Gewinnspiel im Ausland.

[175] BGH GRUR Int. 1962, 88 (92) – Kindersaugflasche; GRUR 1964, 316 (318) – Stahlexport; GRUR 1971, 153 (154) – Tampax; GRUR 1977, 672 (673) – Weltweit-Club; GRUR 1991, 463 (464) – Kauf im Ausland; GRUR 1998, 419 (420) – Gewinnspiel im Ausland; WRP 1998, 854 (855) – Co-Verlagsvereinbarung; WRP 2006, 736 (739) – Arzneimittelwerbung im Internet. Vgl. *Staudinger/v. Hoffmann* EGBGB Art. 40 Rn. 303 ff.; GK/*Schricker,* 1. Aufl., Einl. Rn. F 184; *v. Bar* in Internationales Verbraucherschutzrecht, S. 75, 77; *Dethloff* S. 61 ff.; Ohly/Sosnitza/*Ohly* Einf. B Rn. 14. Umfassende Darstellung bei Staudinger/*Fezer/Koos* IntWirtschR Rn. 443 ff.

[176] BGH GRUR 1991, 462 (464 ff.) – Kauf im Ausland.

[177] *Sack* WRP 2000, 269 (273); Staudinger/*Fezer/Koos* IntWirtschR Rn. 621. Vgl. auch BT-Drs. 14/343, 10.

Anwendung des Marktortprinzips fest.[178] Zur Frage, ob die Anknüpfung an den Marktort als Begehungsort unter Art. 40 Abs. 1 oder als Ort der engeren Verbindung gem. Art. 41 EGBGB zu subsumieren ist, vgl. → Rn. 629.

3. Künftige Reste autonomen deutschen Internationalen Lauterkeitsrechts. Mit der **Geltung der Rom II-VO** wurde das **autonome deutsche Internationale Lauterkeitsrecht,** wie es vorstehend dargestellt wurde, **durch das Europäische Verordnungsrecht abgelöst.** Manche Elemente des früheren deutschen Rechts lassen sich zwar zwanglos in der Rom II-Verordnung wiedererkennen,[179] andere werden vielleicht in das neue Recht integriert werden können. Von einer schlichten Fortgeltung der überkommenen Grundsätze unter einem „neuen Rechtskleid", ähnlich etwa wie nach der IPR-Novelle 1999, wird man aber aus methodischen Gründen nicht ausgehen können – zu deutlich ist der **Anspruch der Rom II-Verordnung auf autonome Interpretation ihrer Tatbestände** (vgl. nur EGr. 11 S. 2 zum „außervertraglichen Schuldverhältnis"). 580

Ein Restbereich, in welchem es bei der Anwendung der nationalen Regelungen bleibt, resultiert aus den Beschränkungen des sachlichen Anwendungsbereichs der Rom II-VO. Im lauterkeitsrechtlichen Kontext ist insbes. der **Ausschluss von außervertraglichen Schuldverhältnissen aus der Verletzung der Privatsphäre oder der Persönlichkeitsrechte,** einschließlich der Verleumdung, gem. Art. 1 Abs. 1 lit. g Rom II-VO von Bedeutung.[180] 581

Die Begründungserwägungen machen dazu keine Ausführungen. Die **Regelung resultiert aus einem problematischen Kompromiss:** Der ursprüngliche Kommissionsvorschlag sah eine Sonderregelung vor, nach welcher als Reserveregel auf die *lex fori* abzustellen sei, wenn die allgemeine Deliktsortregel mit den wesentlichen Grundsätzen der *lex fori* in Bezug auf die Meinungs- und Informationsfreiheit unvereinbar wäre, Art. 6 Abs. 1 V-Rom II-VO. Eine solche ausdrückliche Regelung wurde ausführlich mit der bestehenden Rechtsunsicherheit begründet. Das Parlament verlangte demgegenüber einen noch weitergehenden Schutz der Herausgeber. Weil sich die in der Ersten Lesung des Parlaments verabschiedete Fassung und die des Rates nicht vertrugen, hielt es die Kommission für die beste Lösung, Pressedelikte und ähnliche Handlungen vom Anwendungsbereich des Geänderten Vorschlags auszunehmen.[181] Beschränkt wurde diese Ausnahme immerhin auf Verletzungen „durch die Medien". Wegen befürchteter Schwierigkeiten bei der Abgrenzung des Medienbegriffs wurde auch letztere Einschränkung schlussendlich aufgegeben, so dass sich nunmehr zumindest potentiell erhebliche Überschneidungen des gem. Art. 1 Abs. 1 lit. g Rom II-VO nicht geregelten Bereichs mit unlauterem Wettbewerbsverhalten ergeben. 582

Zu weit würde es sicher führen, die Betätigung im Wettbewerb insgesamt als Ausdruck eines allgemeinen Persönlichkeitsrechts zu begreifen. Das ergibt sich freilich weniger aus einer engen Auslegung des Persönlichkeitsrechts, sondern aus **historischer bzw. systematischer Auslegung der Rom II-Verordnung,** da anderenfalls die Regelungen in deren Art. 6 (vgl. → Rn. 596 ff.) leerlaufen müssten. Andererseits könnten einigermaßen zwanglos die **Anschwärzung oder Verleumdung, die, als geschäftliche Handlung begangen, Wettbewerbsverletzungen gem. § 4 Nr. 1, 2 UWG begründen, von der Ausnahme erfasst werden.** 583

Auch diesbezüglich sollte jedoch dem Grundsatz *lex specialis derogat legi generali* folgend **Art. 6 der Vorrang gegenüber Art. 1 Abs. 1 lit. g Rom II-VO** eingeräumt werden, da nicht jede Verletzung der Privatsphäre oder der Persönlichkeitsrechte mit einer Beeinträchtigung der Wettbewerbsbeziehungen oder kollektiven Verbraucherinteressen einher- 584

[178] BGH WRP 2004, 1484 – Rotpreis-Revolution; WRP 2007, 174 (175) – Schulden Hulp; GRUR 2010, 847 Rn. 10 – Ausschreibung in Bulgarien.
[179] So etwa BGH GRUR 2010, 847 Rn. 19 – Ausschreibung in Bulgarien.
[180] Vgl. etwa BGH GRUR 2012, 850 – rainbow.at II.
[181] Geänderter Vorschlag, KOM(2006) 83 endg., S. 7.

geht.[182] Dem könnte freilich entgegengehalten werden, dass **Art. 6 erst innerhalb des Anwendungsbereichs** der Verordnung zum Tragen kommt, so dass die Vorschrift systematisch nachrangig zu beachten wäre. Gegen dieses Verständnis spricht indes zunächst die **offene Formulierung des Art. 1 Abs. 1 lit. g Rom II-VO.** Eine so beherrschende Stellung der Ausnahmevorschrift wäre allein dann gerechtfertigt, wenn ihre Tatbestandsmerkmale hinreichend klar und eindeutig wären. Daran fehlt es jedoch, da bereits über den Begriff der Persönlichkeitsrechtsverletzung keine Einigkeit besteht und die Rom II-Verordnung ihn nicht definiert. Bei historischer Auslegung wird deutlich, dass die Vorschrift im Wesentlichen die Haftung der *yellow press* gegenüber den von ihr dargestellten Personen, und damit einen Bereich, in dem die meisten mitgliedstaatlichen Rechtsordnungen wohl gar keine lauterkeitsrechtliche Haftung vorsehen, im Auge hat.[183] Eine extensive Auslegung der Ausnahmevorschrift erscheint daher nicht geboten, so dass das gem. Art. 6 Abs. 1, 2 Rom II-VO zu bestimmende Statut auch dann maßgebend sein sollte, wenn mit dem unlauteren Wettbewerbsverhalten eine Verletzung der Privatsphäre oder der Persönlichkeitsrechte verbunden ist. Mit einer solchen Auslegung wird das autonome deutsche Internationale Lauterkeitsrecht allerdings gänzlich bedeutungslos.[184]

IV. Qualifikation

585 Bei der Frage, ob Ansprüche „aus unlauterem Wettbewerb" geltend gemacht werden, verbot sich bereits unter Zugrundelegung des autonomen deutschen IPR eine Beurteilung ausschließlich nach den Maßstäben des nationalen materiellen Rechts.[185] Ebenso verfehlt war eine Anwendung der Grundsätze der *lex causae.* Maßgebend musste vielmehr eine **funktionale Analyse** der in Frage stehenden Ansprüche unter Zugrundelegung des **Schutzzwecks des Lauterkeitsrechts** sein.[186] Dabei war zu berücksichtigen, dass das Lauterkeitsrecht einen Grundbestand **allgemeiner Marktverhaltensregeln** konstituiert. Von ihm sind zunächst **besondere Marktverhaltensregeln,** zu unterscheiden, wie sie etwa in verschiedenen Rechtsakten insbes. im Bereich des Verbraucherrechts niedergelegt sind. Daraus folgt, dass beispielsweise die Inhaltskontrolle Allgemeiner Geschäftsbedingungen in Art. 8 des schweizerischen UWG bei funktioneller Betrachtung nicht als Anspruch aus unlauterem Wettbewerb iSd Art. 40 EGBGB,[187] sondern vertragsrechtlich zu qualifizieren ist. Davon zu unterscheiden sind die auf den Einsatz unwirksamer Geschäftsbedingungen zurückgehenden deliktischen Ansprüche auf Unterlassung etc. Sie unterfallen den Regeln über außervertragliche Haftung[188], weil der Einsatz missbräuchlicher Klauseln in AGB die kollektiven Interessen der Verbraucher als Gruppe beeinträchtigen und damit die Wettbewerbsbedingungen auf dem Markt beeinflussen kann.[189]

586 Die damit angesprochenen Schwierigkeiten der Qualifikation setzen sich unter dem geltenden Recht fort. Im Gesetzgebungsverfahren zur **Rom II-Verordnung** wurde die Notwendigkeit einer Sonderregelung vor allem mit der Begründung angegriffen, deren **Anwendungsbereich sei nur schwer abzugrenzen.**[190] Die Kommission konnte sich demgegenüber mit ihrer Sonderregelung in Art. 6 Rom II-VO durchsetzen, was in

[182] So auch BGH GRUR 2014, 601 Rn. 36 – englischsprachige Pressemitteilung.

[183] Vgl. etwa BGH GRUR 2012, 850 – rainbow.at II.

[184] Ebenso Staudinger/*Fezer/Koos* IntWirtschR Rn. 437; GK/*Klass* Einl. D Rn. 10: nur für Altfälle. Beispielhaft BGH GRUR 2014, 601 Rn. 36 – englischsprachige Pressemitteilung.

[185] Vgl. nur *Kropholler* IPR § 16.

[186] Vgl. nur *Kropholler* IPR § 17.

[187] ZK-IPRG/*Vischer/Göksu* IPRG Art. 136 Rn. 6.

[188] EuGH Slg. 2002, I-8111 Rn. 41 ff. = EuZW 2002, 657 – Henkel; EuGH ECLI:EU:C:2016:612 Rn. 39 = GRUR 2016, 1183 – Amazon.

[189] EuGH ECLI:EU:C:2016:612 Rn. 42 = GRUR 2016, 1183 – Amazon.

[190] Bericht des Rechtsausschusses über den Vorschlag des Europäischen Parlaments und des Rates über das auf außervertragliche Schuldverhältnisse anzuwendende Recht („Rom II") v. 27.6.2005, Dossier-Nr. 2003/0168 (COD), A6–0211/2005, S. 23. Vgl. im Einzelnen MüKoUWG/*Mankowski* IntWettbR Rn. 21 ff.

Deutschland allgemein begrüßt wird.[191] Dennoch ist den Einwänden Rechnung zu tragen. *Mankowski* stellt zu Recht fest, dass selbst die GroßKommentierungen bei der Definition unlauteren Wettbewerbs wortkarg sind.[192] Dies liegt allerdings weder an der Nachlässigkeit der Autoren noch an der intuitiven Verständlichkeit des Begriffs, sondern schlicht an dem **Scheitern aller Versuche, die Unlauterkeit zu definieren.**[193] *Mankowskis* Hinweis auf das in Deutschland gewachsene Selbstverständnis, wonach unlauterer Wettbewerb nach nationalem Verständnis ist, was im UWG und seinen Nebengesetzen verboten wird,[194] trifft zu.[195]

Damit wird zugleich die **Kernproblematik** der Europäischen Regelungsinstrumente aufgezeigt: Es fällt zwar relativ leicht, mit dem **Wettbewerbsverhalten als Marktverhalten** den gegenständlichen Anwendungsbereich des Lauterkeitsrechts zu umschreiben;[196] schwierig ist aber die **Definition** des eigentlichen, durch die **Unlauterkeit** definierten, Zugriffsbereichs: Die Unlauterkeit von Wettbewerbsverhalten ergibt sich – jedenfalls in Ermangelung einer Vollharmonisierung des betreffenden Rechtsgebiets – erst aus den Wertungen nationaler Rechtsordnungen. Hinzu kommt die spezifische Abgrenzungsproblematik zu anderen Rechtsgebieten: Auch die Verwendung eines verwechslungsfähigen Kennzeichens oder die Anwendung eines Treuerabattschemas durch ein marktbeherrschendes Unternehmen werden als geschäftliche Handlungen erfolgen. Gleichwohl wird man kaum davon ausgehen können, dass es sich um unlauteren Wettbewerb handelt: Im ersten Fall wird man (je nach Standpunkt zum Verhältnis von Immaterialgüter- und Lauterkeitsrecht) die Verletzung eines subjektiven Rechts, im zweiten Fall einen Kartellrechtsverstoß annehmen, aber eben nicht ohne weiteres eine unlautere geschäftliche Handlung. 587

Der Europäischen Rechtsordnung ist hier eine **anspruchsvolle Aufgabe** gestellt: Der **Begriff des unlauteren Wettbewerbs** ist nicht auf der Grundlage deutscher, romanischer oder skandinavischer Vorstellungen, sondern **europarechtlich autonom** zu entwickeln.[197] Unproblematisch ist die Erfassung der bereits aus unionsrechtlicher Perspektive als lauterkeitsrechtlich geregelten Problembereiche, also insbes. die durch die Irreführungsrichtlinie (vgl. dazu → Einl. B Rn. 120 ff.), die UGP-Richtlinie (vgl. dazu → Einl. B Rn. 237 ff.) sowie die Geschäftsgeheimnisrichtlinie[198] (vgl. dazu → Einl. B Rn. 181) harmonisierten Rechtsgebiete. So lange das Rechtsgebiet nicht gesamthaft harmonisiert ist, wird hier der **Rechtsvergleichung besondere Bedeutung** für eine funktionelle Qualifikation zukommen. Besondere Bedeutung hat dies im Hinblick auf die durchaus unterschiedlichen Anknüpfungen für Immaterialgüterrechtsverletzungen (Art. 8 Rom II-VO), Kartellrechtsverletzungen (Art. 6 Abs. 3 Rom II-VO) und allgemeine Delikte (Art. 4 Rom II-VO) sowie – letztendlich – vertragsrechtliche Folgen (Rom I-VO).[199] 588

V. Konkurrenzen

Bei der Qualifikation geht es um die Frage, welche Kollisionsnorm auf ein materiellrechtliches Regime Anwendung finden soll. Davon ist die Konkurrenzfrage zu unterschei- 589

[191] *Mankowski* GRUR Int. 2005, 634; *Leible/Lehmann* RIW 2007, 721 (729).

[192] *Mankowski* GRUR Int. 2005, 634 (635).

[193] *Glöckner,* Europäisches Lauterkeitsrecht, S. 5 ff.

[194] *Mankowski* GRUR Int. 2005, 634 (635).

[195] Bereits *Glöckner,* Europäisches Lauterkeitsrecht, S. 12.

[196] *Glöckner,* Europäisches Lauterkeitsrecht, S. 8: Wettbewerbshandlungen im Sinne von Marktverhalten; konkretisierend *Mankowski* GRUR Int. 2005, 634 (637); MüKoUWG/*Mankowski* IntWettbR Rn. 12.

[197] *Mankowski* GRUR Int. 2005, 634 (635): Jedwede rein nationale Sichtweise ist unangemessen; MüKoUWG/*Mankowski* IntWettbR Rn. 11; GK/*Klass* Einl. D Rn. 19. Ähnlich Staudinger/*Fezer/Koos* IntWirtschR Rn. 390; *Handig* GRUR Int. 2008, 25 (26); *Sack* WRP 2008, 845 (846); *Sack,* Internationales Lauterkeitsrecht, Kap. 2 Rn. 2.

[198] Anders aber Köhler/Bornkamm/Feddersen/*Köhler* Einl. Rn. 5.33a.

[199] Verordnung (EG) Nr. 593/2008 des Europäischen Parlaments und des Rates über das auf vertragliche Schuldverhältnisse anzuwendende Recht (Rom I), ABl. 2008 L 177, S. 6.

den: Innerhalb der Rom II-Verordnung werden die Norm über Wettbewerbsbeschränkungen (Art. 6 Abs. 3) ebenso wie die Normen betreffend den unlauteren Wettbewerb (Art. 6 Abs. 1, 2) als „Präzisierung" der allgemeinen Regelung des Art. 4 Abs. 1 verstanden, vgl. EGr. 21 S. 1 Rom II-VO. Zum Verhältnis der für **Verletzungen von Immaterialgüterrechten dem Schutzlandprinzip** *(lex loci protectionis)* folgenden (vgl. EGr. 26 Rom II-VO) Regel in Art. 8 Rom II-VO gibt die Rom II-Verordnung jedoch keine Auskunft. Nach letzterer unterstehen die Ansprüche dem Recht des Staates, für den der Schutz der Immaterialgüter beansprucht wird. Auch insoweit handelt es sich um eine Sonderregel zur deliktischen Anknüpfung, wie sich bereits aus der Systematik der Rom II-Verordnung ergibt. Die Abweichung von der allgemeinen Deliktsortsanknüpfung ist als Folge des quasi weltweit geltenden materiellen Territorialitätsprinzips im Immaterialgüterrecht sinnvoll.[200] Gemäß den nationalen Rechtsordnungen bestehen Immaterialgüterrechte räumlich nur innerhalb des Staates, in dem sie verliehen worden sind.[201] Vor allem im Umfeld des Immaterialgüterrechtsschutzes (sog. ergänzender Leistungsschutz; Schutz vor Begründung der Gefahr einer Irreführung über die betriebliche Herkunft; erweiterter Schutz bekannter Zeichen) stellt sich die Frage der Anknüpfung nach dem Lauterkeits- oder Immaterialgüterrechtsstatut. Die kollisionsrechtliche Konkurrenzfrage ist vorrangig gegenüber der materiellrechtlichen Konkurrenzfrage zu klären.

590 Nicht selten konkurrieren lauterkeitsrechtliche schließlich mit **allgemeinen deliktischen Ansprüchen,** so wenn der Wettbewerbsverstoß zugleich eine Verletzung des allgemeinen oder eines besonderen Persönlichkeitsrechts (zB Namensrecht) oder eine Verletzung des Rechts am eingerichteten und ausgeübten Gewerbebetriebs bewirkt, wenn der Tatbestand der sittenwidrigen Schädigung gem. § 826 BGB erfüllt ist oder wenn ein Schutzgesetz in einer Weise verletzt wird, die zugleich lauterkeitsrechtlich den Tatbestand einer Vorsprungserlangung durch Rechtsbruch erfüllt und eine unerlaubte Handlung gem. § 823 Abs. 2 BGB begründet. In solchen Fällen würde im internationalen Verhältnis die Entscheidung der Rechtsordnung für die Maßgeblichkeit des Ortes der wettbewerblichen Interessenkollision unterlaufen, wenn allein die auf das UWG bzw. andere Wettbewerbsgesetze gestützten Ansprüche durch die Marktortregel erfasst würden, konkurrierende Ansprüche des allgemeinen Deliktsrechts aber nach wie vor der allgemeinen Deliktsortregel des Art. 4 Rom II-VO unterfielen. Die gem. Art. 11a UGP-RL 2018 eingeführten Verbraucherindividualansprüche werden bei deliktsrechtlicher Ausgestaltung überdies in Konkurrenz zu vertragsrechtlichen Ansprüchen treten, für welche die Rom I-Verordnung selbständige Anknüpfungsgrundsätze bereithält.

591 Durch eine parallele Anwendbarkeit verschiedener Kollisionsregeln (zB Art. 4 Abs. 1, Art. 6 Abs. 1 Rom II-VO) könnte der Zweck der Sonderregelungen in Art. 6 ff. Rom II-VO unterlaufen werden. Im Verhältnis zu **Art. 4 Rom II-VO** muss daher der **Spezialitätsgrundsatz gelten,** dh auch nach allgemeinen Grundsätzen unerlaubte Handlungen werden nicht nach Art. 4 Rom II-VO angeknüpft, wenn die Verletzung durch eine geschäftliche Handlung erfolgt.[202] Nicht ganz klar ist immerhin der **Grenzverlauf zum Prozessstatut bei der Verbandsklage:** Wollte man das Lauterkeitsstatut nach der Rom II-VO insgesamt auf die Klagebefugnis von Verbänden (vgl. dazu → Rn. 700) anwenden,[203] so liefe die Regelung in Art. 11 Abs. 1 UGP-RL in der Sache leer, welche den Mitgliedstaaten die Wahl der Durchsetzungsweise überlässt. Der Entscheidung *Henkel*[204]

---

[200] Vgl. *Bornkamm* in Neues Recht für neue Medien, S. 99, 113; *Sack* WRP 2000, 269 (270 ff.); Staudinger/*Fezer/Koos* IntWirtschR Rn. 1038.

[201] Staudinger/*v. Hoffmann* EGBGB Art. 40 Rn. 371.

[202] MüKoBGB/*Drexl* Rom II-VO Rn. 121; Staudinger/*Fezer/Koos* IntWirtschR Rn. 400; GK/*Klass* Einl. D Rn. 49. Erwägenswert ist allenfalls eine gesonderte Anknüpfung in denjenigen Fällen, in denen der besondere Schutzzweck der allgemein deliktsrechtlichen Norm im Fall einer Verletzung durch geschäftliche Handlungen innerhalb der lauterkeitsrechtlichen Schutzzwecktrias nicht erfasst wird, vgl. MüKoBGB/*Drexl* Rom II-VO Art. 6 Rn. 122; Staudinger/*Fezer/Koos* IntWirtschR Rn. 401 aE.

[203] So *Ofner* ZfRV 2008, 13 (18). Vgl. dazu öOFH GRUR Int. 2015, 481 (484) – Klimaneutral.

[204] EuGH Slg. 2002, I-8111 = EuZW 2002, 657 – Henkel.

kann kaum etwas anderes entnommen werden, da darin ein österreichischer Verbraucherschutzverein, der in Österreich klagebefugt war, vor österreichischen Gerichten klagte, die österreichisches Recht anwandten.

Konkurrieren Lauterkeitsverstöße zum Nachteil der Angehörigen der Marktgegenseite **592**
mit vertraglichen Ansprüchen, so sind vertragliche und lauterkeitsrechtliche Ansprüche selbständig anzuknüpfen. Soweit es sich um Geschäftspraktiken von Unternehmern gegenüber Verbrauchern iSd Art. 2 Abs. 1 lit. c UGP-RL handelt, werden freilich sowohl Art. 6 Abs. 1 Rom II-VO als auch Art. 6 Abs. 1, 2 Rom I-VO zum Recht desjenigen Staates führen, in dem der Verbraucher seinen gewöhnlichen Aufenthalt hat, wenn und weil die geschäftliche Handlung auf das Territorium dieses Staates ausgerichtet ist.

Verletzungen von **Immaterialgüterrechten** sind ebenfalls im Regelfall auf der Grund- **593**
lage von Art. 8 Rom II-VO getrennt anzuknüpfen.[205] Die Wertung des Art. 6 Abs. 1 Rom II-VO wird hierdurch gleichfalls regelmäßig nicht gestört, da alle Ansprüche das Bestehen von Immaterialgüterrechten in demjenigen Staat, in welchem um Schutz nachgesucht wird, voraussetzen, und in diesem Fall auch die Wettbewerbsbeziehungen auf diesem Markt beeinträchtigt werden, wenn die Verletzung durch eine geschäftliche Handlung begangen wird. Umgekehrt ist allerdings bei einer lauterkeitsrechtlichen Beurteilung nach Rechten anderer Jurisdiktionen, die auf der Grundlage von Art. 6 Abs. 1 Rom II-VO möglich bleiben mag, die territoriale Begrenztheit des immaterialgüterrechtlichen Schutzes zu berücksichtigen.

Nach hier vertretener Auffassung sollte ein **Auseinanderfallen der lauterkeitsrecht- 594**
lichen und der kartellrechtlichen Anknüpfung gem. Art. 6 Abs. 1, 2 einerseits und Abs. 3 Rom II-VO andererseits aufgrund der harmonischen Auslegung (dazu sogl.) von vornherein **ausgeschlossen** sein.

VI. Lauterkeitsrechtliche Sonderanknüpfung

1. Rechtsnatur der Sonderanknüpfung. *Kamen Troller* hatte die Lehre von der wett- **595**
bewerbsmäßigen Interessenkollision[206] entwickelt, welche von der deutschen Rechtsprechung aufgegriffen[207] und zu der oben (→ Rn. 578 ff.) dargestellten Sonderanknüpfung für Ansprüche aus unlauterem Wettbewerb ausgebaut wurde.[208] Nach ihr war das Recht des Ortes maßgeblich, an dem der Wettbewerber versuchte, sein Produkt mit unlauteren Mitteln an den Kunden zu bringen, an dem sonach die Interessen zweier Wettbewerber aufeinandertrafen.[209] Bei Verstößen mit Kundenkontakt war der Absatzmarkt maßgebend.[210] Die Lehre von der **wettbewerblichen Interessenkollision** war in Deutschland bis zum Inkrafttreten der Rom II-Verordnung herrschend.[211] Formal[212] wurde der Einklang mit dem allgemeinen Internationalen Deliktsrecht durch die Phrase gewahrt, beim unlauteren Wettbewerb fielen Handlungs- und Erfolgsort am Ort der wettbewerblichen Interessenkollision zusammen.[213] Dies durfte jedoch nicht darüber hinwegtäuschen, dass in

[205] So auch BGH GRUR 2018, 935 Rn. 23 – goFit.

[206] *K. Troller* S. 50 und passim.

[207] Ausdrücklich BGH GRUR 1964, 316 (319) – Stahlexport. Zul. BGH GRUR 2010, 847 Rn. 12 – Ausschreibung in Bulgarien.

[208] *Schricker* IPRax 1983, 103 (104).

[209] *K. Troller* S. 127 ff.

[210] *K. Troller* S. 132 ff.

[211] Vgl. Staudinger/*v. Hoffmann* EGBGB Art. 40 Rn. 303 ff.; GK/*Schricker*, 1. Aufl., Einl. Rn. F 184; *v. Bar* in Internationales Verbraucherschutzrecht, S. 75, 77; *Dethloff* S. 61 ff.; Ohly/Sosnitza/*Ohly* Einf. B Rn. 14. Umfassende Darstellung bei Staudinger/*Fezer*/*Koos* IntWirtschR Rn. 443 ff., 449 f.

[212] GK/*Schricker*, 1. Aufl., Einl. Rn. F 183.

[213] *Mankowski* GRUR Int. 1999, 909 (910); *Sack* WRP 2000, 269 (272). Nach stRspr kann im Hinblick auf die Besonderheiten des Wettbewerbsrechts als Begehungsort nur der Ort angesehen werden, an dem die wettbewerblichen Interessen der Mitbewerber aufeinandertreffen, BGH GRUR 1991, 463 (464) – Kauf im Ausland; GRUR 1998, 419 (420) – Gewinnspiel im Ausland.

der Sache eine **weitgehende Emanzipation des Internationalen Lauterkeitsrechts vom allgemeinen Internationalen Deliktsrecht** stattgefunden hatte.[214]

596 Mit großer Klarheit hat der Europäische Gesetzgeber deutlich gemacht, dass die Regel des Art. 6 lediglich den in Art. 4 Abs. 1 für maßgeblich erklärten **Deliktsort präzisiert** (EGr. 21 S. 1 Rom II-VO). Damit wird zugleich das Lauterkeitsrecht als (Sonder-)Deliktsrecht qualifiziert. In der Literatur wird dieser **dogmatische Zugang** als **anachronistisch** bezeichnet.[215]

597 Es stellt sich allerdings die Frage, ob mit dieser **formalen Anbindung der Anknüpfung** zugleich eine Vorentscheidung über materielle Konsequenzen verbunden ist. Sie ist wohl zu verneinen. Die Einordnung ins Deliktsrecht folgt der soweit ersichtlich in allen Mitgliedstaaten im Ausgangspunkt traditionell zugrunde gelegten Qualifikation zivilrechtlicher Ansprüche aus Lauterkeitsverstößen. Bereits im nationalen Kontext rechtfertigt sich die Einordnung als deliktische Haftung aus dem Umstand, dass die lauterkeitsrechtlichen Normen **allgemeine, von keiner Sonderverbindung abhängige Verhaltenspflichten** begründen, **Typika vertraglicher Haftung** wie insbesondere die Verschuldenszurechnung nach § 278 BGB deshalb **nicht eingreifen** und das gesamte Sanktionensystem einschließlich der so bedeutenden **quasi-negatorischen Ansprüche deliktsrechtlichen Strukturen** folgt.[216]

598 Im europarechtlichen Kontext kann auf die vom EuGH im Zusammenhang der **Abgrenzung zu Art. 7 Nr. 1 EuGVVO** entwickelte Rechtsprechung zur „unerlaubten Handlung" iSd Art. 7 Nr. 2 EuGVVO zurückgegriffen werden, vgl. EGr. 7 Rom II-VO. Danach bezieht sich der Begriff **„unerlaubte Handlung"** auf **alle Klagen, mit denen eine Schadenshaftung des Beklagten geltend gemacht wird und die nicht an einen Vertrag anknüpfen.**[217] Eben diesen Zusammenhang hebt auch die Begründung zum Geänderten Vorschlag hervor.[218] Innerhalb der außervertraglichen Haftung „denkt" die Verordnung allein in den Kategorien Delikt, ungerechtfertigte Bereicherung, auftragslose Geschäftsführung und Verschulden bei Vertragsverhandlungen, vgl. Art. 2 Abs. 1 Rom II-VO. Die neben dem Delikt genannten Kategorien sind noch weniger für die Erfassung privatrechtlicher Ansprüche aus Wettbewerbsverletzungen geeignet. Für das Marktordnungs- oder Marktkommunikationsrecht[219] finden sich keine gesonderten Kollisionsnormen, auch wenn der überindividualistische Schutzzweck und die quasi-polizeirechtliche, präventive Wirkweise des Lauterkeitsrechts[220] heute weitgehend Allgemeingut sind. Auf das **Kartellstatut** könnte zwar zurückgegriffen werden.[221] Zu einer in diesem Sinne einheitlichen Regelung konnte es aber bereits aus Gründen der Genese der Rom II-Verordnung kaum kommen, da die Sondervorschrift für unlauteren Wettbewerb bereits im ursprünglichen Kommissionsvorschlag enthalten war, während diejenige für Wettbewerbsbehinderungen (heute Art. 6 Abs. 3 Rom II-VO) erst viel später aufgenommen wurde. Überdies wäre nach dem Willen des Europäischen Gesetzgebers auch das Kartellstatut lediglich als „Präzisierung" des Schadensorts zu begreifen (vgl. EGr. 21 S. 1 Rom II-VO). Schließlich ist es zweckmäßig, die unterschiedlichen Schutzrichtungen von materiellem Kartell- und Lauterkeitsrecht auch durch – jeweils auf dem Auswirkungsprinzip beruhende – selbständi-

---

[214] GK/*Schricker,* 1. Aufl., Einl. Rn. F 183; GK/*Klass* Einl. D Rn. 44; *Kropholler* IPR § 53 VI 1; Staudinger/*Fezer/Koos* IntWirtschR Rn. 448, 480. Im Hinblick auf die damit eröffnete materielle Auseinandersetzung um das Anknüpfungsmoment ist seine formelle Lozierung (als Handlungs-, Erfolgsort oder Ort wesentlich engerer Verbindung) von untergeordneter Bedeutung.

[215] Staudinger/*Fezer/Koos* IntWirtschR Rn. 639. Für das deutsche Recht aus jüngerer Zeit MüKoBGB/*Drexl* Rom II-VO Art. 6 Rn. 12.

[216] Insoweit anerkennend auch MüKoUWG/*Micklitz,* 1. Aufl., EG D Rn. 15: deliktsrechtliche Rechtsfolgenorientierung. Ähnlich GK/*Peifer* Einl. Rn. 102 ff.

[217] Vgl. insoweit EuGH Slg. 2002, I-7357 Rn. 21 – Tacconi; EuGH ECLI:EU:C:2016:612 Rn. 37 = GRUR 2016, 1183 – Amazon.

[218] KOM(2006) 83 endg., S. 3.

[219] So MüKoBGB/*Drexl* Rom II-VO Art. 6 Rn. 8.

[220] Fezer/*Hausmann/Obergfell* IntLautPrivatR Rn. 220 ff.

[221] Fezer/*Hausmann/Obergfell* IntLautPrivatR Rn. 237 f.

ge Konkretisierungen im Kollisionsrecht zum Ausdruck zu bringen, wie es bereits der schweizerische Gesetzgeber in Art. 136, 137 chIPRG getan hat.

Dass die Ansprüche aus Lauterkeitsverstößen nicht allein den Zweck verfolgen, individuelle Interessen zu schützen, wie es für das allgemeine Privatrecht typisch ist, sondern das Lauterkeitsrecht zentral den **Schutz des Allgemeininteresses an einem unverfälschten und funktionsfähigen Wettbewerb** verfolgt,[222] ist so lange kein durchschlagendes Argument,[223] als der Gesetzgeber sich bei der Verfolgung dieses Ziels für eine **Durchsetzung im Wege der Gewährung zivilrechtlicher Ansprüche entschieden hat und diese Ansprüche deliktsrechtlich** ausgestaltet hat. Auf der Grundlage einer solchen rein **gesetzgebungstechnischen Interpretation** ist eine Einbindung von Lauterkeitsverstößen in das „Internationale Deliktsrecht" begrifflich akzeptabel, solange inhaltlich klar ist, dass der Anknüpfung von Ansprüchen aus Lauterkeitsverstößen ein funktionaler, an der Wirkung eines Marktverhaltens orientierter, Ansatz zugrundeliegt.[224] In diesem Sinne hatte bereits der ursprüngliche Kommissionsvorschlag auf einen breiten Konsens der Kollisionsregeln der Mitgliedstaaten verwiesen.[225] 599

2. Auslegung der Sonderanknüpfung. a) Von der Anknüpfung an den Ort der wettbewerblichen Interessenkollision zur Auswirkungstheorie im deutschen Recht. Die oben beschriebene Entwicklung vom allgemeinen Internationalen Deliktsrecht zur Sonderanknüpfung an den Ort der wettbewerblichen Interessenkollision wurde innerhalb des deutschen Sprachraums mit der ausdrücklichen Niederlegung des **Auswirkungsprinzips** in den Kollisionsrechten Österreichs und der Schweiz zum Abschluss gebracht.[226] Artikel 136 Abs. 1 chIPRG ordnet etwa an, dass Ansprüche aus unlauterem Wettbewerb dem Recht des Staates unterstehen, „auf dessen Markt die unlautere Handlung ihre Wirkung entfaltet". Gemäß § 48 Abs. 2 aF öIPRG waren[227] Schadenersatz- und andere Ansprüche aus unlauterem Wettbewerb „nach dem Recht des Staates zu beurteilen, auf dessen Markt sich der Wettbewerb auswirkt". 600

Aus der Natur des Wettbewerbsdelikts, welches nicht die Verletzung eines absolut geschützten Rechtsgutes bzw. eines absoluten Rechts zum missbilligten Taterfolg macht und deshalb nicht von einem Erfolgsunwert im klassisch zivilistischen Sinne getragen wird, sondern an bestimmte unerwünschte Handlungen und deren Verhaltensunwert anknüpft, wird häufig abgeleitet, dass für die lauterkeitsrechtliche Anknüpfung nicht die Auswirkungen maßgeblich sein könnten, sondern allein das zielgerichtete Einwirken des Verletzers (sog. **Einwirkungsprinzip;**[228] die Terminologie ist nicht einheitlich).[229] Maßgeblich soll danach das Recht des Staates sein, auf dessen Markt der vermeintliche Verletzer zielgerichtet eingewirkt hat. Wegen der objektiven Ubiquität von **geschäftlichen Handlungen im Internet** hat die subjektive Kriterien in den Vordergrund stellende Einwirkungslehre in der jüngeren Zeit neue Gefolgschaft erhalten. Literatur und jüngere Rechtsprechung haben auf die **Finalität des Wettbewerbshandelns** zurückgegriffen, um einen letzten **„archimedischen Punkt"**[230] für die Behandlung von Wettbewerbsverstößen im Internet zu erlangen. Im Online-Bereich soll das Recht des Landes gelten, in dem eine **E-Mail** 601

---

[222] So zutr. Staudinger/*Fezer/Koos* IntWirtschR Rn. 394, 395.

[223] Ähnliche Wertung von MüKoUWG/*Mankowski* IntWettbR Rn. 10 zu Fn. 18.

[224] Vgl. bereits *Baudenbacher* vor Art. 2 Rn. 38; Staudinger/*Fezer/Koos* IntWirtschR Rn. 639 aE.

[225] Begründung, KOM(2003) 427 endg., S. 17.

[226] *Bär* FS Moser, 1987, 143 (146).

[227] Im Zuge der Europäisierung des Internationalen Privatrechts durch die Verordnungen Rom I und Rom II änderte der österreichische Gesetzgeber am 17.11.2009 das IPRG und insbesondere auch § 48 Abs. 2 IPRG grundlegend, BGBl. I Nr. 135/2009.

[228] Vgl. *Kotthoff* S. 21 ff.; *van Meenen* S. 122 ff.; *Dethloff* S. 65 ff.

[229] Ebensolche Wahrnehmung von *Koos* WRP 2006, 499 (509): „große Bandbreite der sich unterscheidenden Interpretationen des Einwirkungsbegriffs". Umfassende Darstellung bei Staudinger/*Fezer/Koos* IntWirtschR Rn. 497 ff., und Fezer/*Hausmann/Obergfell* IntLautPrivR Rn. 207.

[230] *Hoeren* WRP 1997, 993 (997).

bestimmungsgemäß empfangen oder von dem aus eine **homepage bestimmungsgemäß abgerufen** wird.[231]

602 Die Differenzierung von Auswirkungs- bzw. Einwirkungstheorie im Zusammenhang mit der Bestimmung des Erfolgsorts ist lediglich eine weitere **Ausprägung der allgemeinen Schutzzweckdiskussion im Lauterkeitsrecht.**[232] Die „Einwirkungstheorie" beruht im Ansatz auf der originär individualrechtlichen Begründung des Lauterkeitsrechts.[233] Demgegenüber berücksichtigt die „Auswirkungstheorie" den Charakter des Lauterkeitsrechts als Schutzgesetz der Wettbewerbsordnung.[234] Insoweit **bewirken auch Wettbewerbsverletzungen einen Erfolg,** indem sie den **Wettbewerb auf einem bestimmten Markt verfälschen** – und auf genau diesen Erfolgsort kann kollisionsrechtlich abgestellt werden. Das von der Einwirkungstheorie im Ausgangspunkt herangezogene Element der Finalität[235] widerspricht demgegenüber dem das gesamte Internationale Wirtschaftsrecht beherrschenden Grundsatz, wonach eine Rechtsordnung dann anwendbar ist, wenn die geschäftliche Handlung sich auf ihrem Markt **objektiv auswirkt.**[236] Im Übrigen ist es wenig praktikabel, da die Beweggründe und Vorstellungen der Beteiligten sich als innere Tatsachen im Regelfall nur über die nach außen getretenen und insoweit objektivierten Umstände ermitteln lassen.

603 In der Lehre wurde im Übrigen hervorgehoben, dass trotz des finalen Charakters der „Einwirkung" die **verobjektivierte Zielrichtung** einer Wettbewerbshandlung maßgeblich sei.[237] Damit gelangt die Einwirkungstheorie in der Praxis ohnehin meist **zum selben Ergebnis wie die Auswirkungstheorie.**[238] Erst recht gilt dies, wenn eine **Einwirkungstheorie auf objektivierter Grundlage** vertreten wird.[239] In diesem Sinne vollzieht etwa *Drexl* zwar alle Argumente nach, die für einen Gleichlauf der kartell- und der lauterkeitsrechtlichen Anknüpfung sprechen, entzieht sich dieser Konsequenz aber unter mehrfachem Hinweis auf die unterschiedlichen Regelungsziele der Rechtsgebiete:[240] Das Wettbewerbsrecht schütze die Funktionsfähigkeit des Wettbewerbs gegen Beschränkungen, wohingegen das Lauterkeitsrecht Spielräume zulässigen Marktverhaltens abstecke. Das ist unzweifelhaft richtig, doch nicht letztlich zwingend, denn das kartellrechtliche Verbot des Missbrauchs einer marktbeherrschenden Stellung grenzt ebenfalls die Spielräume von Unternehmen ein (die Schaffung einer marktbeherrschenden Stellung wird als solche außerhalb der Zusam-

---

231 BGH WRP 2006, 736 (739) – Arzneimittelwerbung im Internet; OLG Frankfurt a. M. CR 1999, 458 – Anbieten im Internet; LG München CR 2000, 464 – Intershopping.com; *Hoeren* WRP 1997, 993 (998); *Hoeren* Werberecht im Internet am Beispiel der ICC Guidelines on Interactive Marketing Communications, in: Cyberlaw, S. 111, 113; *Dethloff* NJW 1998, 1596 (1600); *Rüssmann* K&R 1998, 422 (426); *Mankowski* GRUR Int. 1999, 909 (915 ff.).

232 *Baudenbacher* vor Art. 2 Rn. 44; *Glöckner* ZVglRWiss 99 (2000), 278 (292); *Koos* WRP 2006, 499 (504).

233 Deutlich *van Meenen* S. 141 ff., 142, der eine Gleichstellung mit dem kartellrechtlichen Auswirkungsprinzip mit der kaum noch akzeptablen Begründung ablehnt, das Lauterkeitsrecht habe „in erster Linie noch immer eine individualschützende Aufgabe". Vgl. demgegenüber zutr. *Kropholler* IPR § 53 IV: „Zum zentralen Anknüpfungspunkt entwickelt sich – dem Recht gegen Wettbewerbsbeschränkungen vergleichbar – der betroffene Markt."

234 *Schricker* IPRax 1983, 103 (105); GK/*Schricker,* 1. Aufl., Einl. Rn. F 194; *Baudenbacher* GRUR Int. 1988, 310 (317); *Baudenbacher* vor Art. 2 Rn. 44; Staudinger/*Fezer/Koos* IntWirtschR Rn. 480. Das übersieht *Dubs* S. 64.

235 Es wird nicht verkannt, dass es auch Modelle gibt, die Einwirkungstheorie von finalen Anforderungen zu lösen, vgl. *Höder* S. 234; Fezer/*Hausmann/Obergfell* IntLautPrivatR Rn. 225: Einwirkung auf der Grundlage von nach objektiven Kriterien zu bestimmender Wirkung.

236 Bereits GK/*Schricker,* 1. Aufl., Einl. Rn. F 196. Vgl. dazu allg. Staudinger/*Fezer/Koos* IntWirtschR Rn. 21, und im besonderen Rn. 479 ff. Zutr. auch *Höder* S. 55 ff. Ausdrücklich gegen eine Berücksichtigung finaler Begründungselemente im Kontext der Bestimmung des die Internationale Zuständigkeit bestimmenden Erfolgsortes GA *Cruz Villalòn* Schlussanträge Rn. 62 ff., zu EuGH Slg. 2011, I-10269 Rn. 63 = GRUR 2012, 300 – eDate Advertising.

237 *Kotthoff* S. 22 mwN; *Kotthoff* CR 1997, 676 (680); GK/*Klass* Einl. D Rn. 319.

238 *Koos* WRP 2006, 499 (508). Das bestätigen *Dethloff* S. 66; MüKoUWG/*Mankowski* IntWettbR Rn. 145; Fezer/*Hausmann/Obergfell* IntLautPrivatR Rn. 230, wenngleich aus entgegengesetzter Perspektive.

239 So insbes. *Höder* S. 234.

240 MüKoBGB/*Drexl* Rom II-VO Art. 6 Rn. 13 ff., 17. Ihm folgend GK/*Klass* Einl. D Rn. 311.

menschlusskontrolle kartellrechtlich nicht geahndet) und die geschäftsentscheidungsrelevante Irreführung beeinträchtigt ebenfalls die Funktionsfähigkeit des Wettbewerbs. Im Hinblick auf die unbestritten verschiedenen Schutzrichtungen ist die – strukturell identische – Spürbarkeitsschwelle freilich jeweils schutzzweckbezogen auszulegen.

Ein modernes, wettbewerbsbezogenes Verständnis des materiellen Lauterkeitsrechts gebietet demgegenüber für das Lauterkeitskollisionsrecht, die ganz herrschende Theorie von der wettbewerblichen Interessenkollision konsequent weiterzudenken, um einen größtmöglichen **Gleichlauf mit dem im Internationalen Kartellrecht etablierten Auswirkungsprinzip** herzustellen.[241] Dass das Kartellrecht Interessen der Allgemeinheit und die Marktordnung schützt,[242] ist ebenso richtig, aber unvollständig, wie die Aussage, dass das Lauterkeitsrecht Individualinteressen schützt und wirtschaftspolitisch neutral ist. Die auch von den Gegnern einer Anerkennung des Auswirkungsprinzips bestätigte **Konvergenz der Rechtsgebiete**[243] ist in der Praxis viel weiter gediehen als es in der kollisionsrechtlichen Diskussion wahrgenommen wird:[244] Das jahrzehntealte **Misstrauen gegenüber der Begründung privatrechtlicher Ansprüche aus Kartellrechtsverletzungen** ist mit der Diskussion um das *private enforcement*[245] **zurückgegangen;**[246] gleichzeitig ist deutlich geworden, dass die klassische **kartellrechtliche Kontrolle der Marktstruktur** – exemplarisch im Fall der Zusammenschlusskontrolle – auf einem Wettbewerbsmodell aufbaut, das darauf vertraut, über die Marktstruktur das Marktverhalten und damit die Marktergebnisse steuern zu können. **Moderne Wettbewerbsmodelle** beziehen demgegenüber – methodisch auf der **Grundlage spieltheoretischer Modelle** – viel stärker das **interaktive Verhalten der Beteiligten** ein und nähern sich dabei der Anwendung von marktverhaltensbezogenen Erfahrungssätzen, wie sie das Lauterkeitsrecht seit den 1920er-Jahren wenngleich in aller Regel eher intuitiv, denn auf empirische Forschungsergebnisse gestützt, entwickelt hat. 604

Im aktuellen Diskurs wird die unterschiedliche Anknüpfung nicht selten damit begründet, dass das Kartellrecht als Marktordnungsrecht auf den Schutz des Marktgefüges als Gesamtkomplex gerichtet sei.[247] Durch eine solche Betrachtung wird indes die Problematik verkürzt. Denn auch das Kartellrecht erfasst nicht etwa nur solche Formen von Wettbewerbsverhalten, welche den freien Wettbewerb als Institution und abstrakte Grundvoraussetzung der offenen Marktwirtschaft (vgl. Art. 119, 120 AEUV) beeinträchtigen, sondern insbesondere solche Verhaltensformen, die auf konkreten Märkten die Freiheit des Wettbewerbs, nicht zuletzt: die Freiheit bestimmter Marktteilnehmer zur wirtschaftlichen Betätigung, in konkreter Weise beschränken. In ganz entsprechender Weise schützt das Lauterkeitsrecht gegen Wettbewerbsverhalten, das auf konkreten Märkten den Wettbewerb verfälscht. Der unbestritten unterschiedlichen Schutzrichtung ist es zu verdanken, dass Lauterkeitsverstöße in aller Regel keine Marktabgrenzungen verlangen. Der Auswirkungs- 605

[241] Vgl. ausführlich Staudinger/*Fezer/Koos* IntWirtschR Rn. 502 ff., 504.

[242] MüKoUWG/*Mankowski* IntWettbR Rn. 144; ähnlich Fezer/*Hausmann/Obergfell* IntLautPrivatR Rn. 227.

[243] MüKoBGB/*Drexl* Rom II-VO Art. 6 Rn. 14 ff.

[244] Vgl. etwa Fezer/*Hausmann/Obergfell* IntLautPrivatR Rn. 228: Das Kartellrecht vernachlässigt weder Verbraucherinteressen noch die Interessen der Konkurrenten.

[245] Zum Zusammenhang der Ausgestaltung von Anspruchsberechtigung und Klagebefugnis im Hinblick auf die Verschiebung der Schutzzwecke vgl. *Glöckner,* Individualschutz und Funktionenschutz in der privaten Durchsetzung des Kartellrechts – Der Zweck heiligt die Mittel nicht – er bestimmt sie!, WRP 2007, 490. Vgl. inzwischen Richtlinie 2014/104/EU des Europäischen Parlaments und des Rates vom 26.11.2014 über bestimmte Vorschriften für Schadensersatzklagen nach nationalem Recht wegen Zuwiderhandlungen gegen wettbewerbsrechtliche Bestimmungen der Mitgliedstaaten und der Europäischen Union, ABl. 2014 L 349, S. 1, sowie die Umsetzung in §§ 33a ff. GWB.

[246] Dem entspricht, dass der Bundesgerichtshof die Anwendung von § 3a UWG auf Fälle der Kartellrechtsverletzung ausschließt. Zwar haben die kartellrechtlichen Normen unzweifelhaft wettbewerbsregelnde Funktion. Der detaillierten Regelung der Aktivlegitimation in § 33 GWB entnimmt der BGH jedoch eine abschließende Regelung, BGH GRUR 2006, 773 (774) – Probeabonnement.

[247] Fezer/*Hausmann/Obergfell* IntLautPrivatR Rn. 227. In diesem Sinne lassen sich immerhin die Ausführungen in der Begründung zur UWG-Novelle 2004, BT-Drs. 15/1487, 17, deuten.

begriff kann gleichwohl in beiden Teilrechtsgebieten des Wettbewerbsrechts interessen- und systemgerecht als Leitmotiv der Anknüpfung herangezogen werden – und dies ohne Anpassungen zu erfordern, die aufwendiger wären als die Anpassungen, der der Einwirkungsbegriff nach inzwischen überwiegender Auffassung bedarf (zB Interpretation auf objektiver Grundlage; unter Einbeziehung des Spürbarkeitskriteriums; „Auslandswerbung für Inlandsabsatz" etc).[248]

606 **b) Europäisches Lauterkeitskollisionsrecht auf dem Weg zum Auswirkungsprinzip.** Artikel 6 Abs. 1 Rom II-VO knüpft an die Beeinträchtigung der Wettbewerbsbeziehungen oder der kollektiven Verbraucherinteressen an. Weder dieser Formulierung noch den Begründungserwägungen der Rom II-Verordnung lässt sich eine dogmatische Begründung entnehmen. In der Sache lassen sich hinter der „präzisierenden" Regelung des Art. 6 Abs. 1 Rom II-VO demgegenüber unschwer die Argumente erkennen, die im nationalen Kontext zur Anwendung des Marktortprinzips als Konkretisierung des Deliktsorts oder aber zur Ablösung des allgemeinen Deliktsstatuts durch das Auswirkungsprinzip geführt haben.[249] Das Europäische Parlament hatte zwar nach der Ersten Lesung eine Aufgabe der im Vorschlag enthaltenen speziellen Anknüpfung für unlauteren Wettbewerb gefordert,[250] der Geänderte Vorschlag hielt aber an der Sonderregelung für unlauteren Wettbewerb fest und kam dem Parlament insoweit entgegen, als er feststellte, dass bereits Art. 5 des ursprünglichen Vorschlags keine vom allgemeinen Deliktsort abweichende Regelung begründen, sondern allein diesen konkretisieren sollte.[251] Auch die britische Delegation beanstandete lediglich die mögliche Rechtskumulation.[252] Im weiteren Gesetzgebungsverfahren blieb diese Konkretisierung nach dem Ort der Beeinträchtigung von Wettbewerbsbeziehungen oder kollektiven Verbraucherinteressen unumstritten.

607 Die **Diskussion um Auswirkungsprinzip und Einwirkungsprinzip, Einwirkungsprinzip auf objektiver Grundlage oder Marktortprinzip als Konkretisierung des Deliktsorts** wird durch die Europäische Regelung damit nicht unmittelbar präjudiziert.[253] Aus dieser Offenheit sollte der Europäischen Regelung kein Vorwurf erwachsen, denn es ist nicht Aufgabe der Gesetzgebung, dogmatische Auseinandersetzungen zu entscheiden.

608 Bemerkenswert ist an dieser Regelung allerdings zunächst, dass eine europäische Regelung des Kollisionsrechts aus dem Jahr 2007 den **Zweck des Lauterkeitsrechts** nicht auf Schutz der kollektiven Verbraucherinteressen reduziert – wie es bei den Gesetzgebungsarbeiten zur Richtlinie über unlautere Geschäftspraktiken zunächst versucht wurde –, sondern ein **integriertes Schutzmodell** zugrundelegt,[254] wie es der Richtlinie über irreführende und vergleichende Werbung in ihrer bis 2005 geltenden Fassung entsprach. Sehr deutlich macht das EGr. 21 S. 2, wonach die Kollisionsnorm im Bereich des unlauteren Wettbewerbs „**die Wettbewerber, die Verbraucher und die Öffentlichkeit** schützen und das **reibungslose Funktionieren der Marktwirtschaft** sicherstellen" soll. Dies schlägt sich in der alternativen Anknüpfung an die Beeinträchtigung der Wettbewerbsbeziehungen bzw. der kollektiven Verbraucherinteressen nieder.[255]

---

[248] *Koos* WRP 2006, 499 (509).

[249] Staudinger/*Fezer/Koos* IntWirtschR Rn. 644; *Handig* GRUR Int. 2008, 24 (27); *Sack,* Internationales Lauterkeitsrecht, Kap. 2 Rn. 9.

[250] Bericht des Rechtsausschusses über den Vorschlag des Europäischen Parlaments und des Rates über das auf außervertragliche Schuldverhältnisse anzuwendende Recht („Rom II") v. 27.6.2005, Dossier-Nr. 2003/0168 (COD), A6–0211/2005, S. 23 (Abänderung 29).

[251] KOM(2006) 83 endg., S. 6.

[252] Vermerk der britischen Delegation für den Ausschuss für Zivilrecht (Rom II) v. 18.1.2006, Dossier Nr. 2003/0168 (COD), Dok.-Nr. 5460/06, S. 3.

[253] Ebenso aus entgegengesetzter Perspektive Fezer/*Hausmann/Obergfell* IntLautPrivatR Rn. 233. Anders *Sack,* Internationales Lauterkeitsrecht, Kap. 2 Rn. 14.

[254] *Handig* GRUR Int. 2008, 25 (26); *Lindacher* GRUR Int. 2008, 453.

[255] So ausdrücklich die Stellungnahme der Kommission v. 15.7.2007 zu den Abänderungen des Europäischen Parlaments, Dossier Nr. 2003/0168 (COD), Dok.-Nr. 7541/07, S. 4.

Beide Anknüpfungsalternativen, sowohl die Beeinträchtigung kollektiver Verbraucherinteressen als auch die Beeinträchtigung der Wettbewerbsbeziehungen, stellen konsequente Ausprägungen der bereits in der Begründung des Vorschlags hervorgehobenen **Grundannahme der Kommission** dar, dass das **Lauterkeitsrecht auf den Marktschutz gerichtet** ist und damit ein **makro-ökonomisches Ziel** verfolgt.[256] Dem folgend wird gar postuliert, dass **Schadensersatzklagen rein akzessorisch** seien und von einem **Urteil über das allgemeine Funktionieren des Marktes** abhängen müssten.[257] Damit wird zum Ausdruck gebracht, dass die individuellen zivilrechtlichen Ansprüche gegenüber dem übergeordneten Zweck des Wettbewerbsschutzes dienende Funktion haben.[258] Einschränkende Finalitätskriterien wie die „bestimmungsgemäße Abrufbarkeit" sind mit einem solchen Verständnis jedenfalls nicht vereinbar.[259] 609

Zugleich wird die **Parallelität von lauterkeitsrechtlichem und kartellrechtlichem** – darum ist es den Regelungen in Art. 6 Abs. 3 Rom II-VO (vgl. EGr. 23) zu tun – **Wettbewerbsschutz hervorgehoben.**[260] Das mit beiden Regelungskomplexen verfolgte Allgemeininteresse am Schutz des funktionsfähigen, dh freien und unverfälschten, Wettbewerbs wird durch den einheitlichen Ausschluss der Rechtswahlmöglichkeit in Art. 6 Abs. 4 Rom II-VO bekräftigt. 610

Wenngleich die Verordnung sich also nicht unmittelbar zur dogmatischen Herleitung der Anknüpfung in Art. 6 Abs. 1 Rom II-VO äußert, so lassen sich aus deren **systematischer Einbettung doch Schlussfolgerungen** ziehen: Zunächst geht die Regelung davon aus, dass der Deliktsort, das ist der Ort des Schadenseintritts gem. Art. 4 Abs. 1 und mithin der Erfolgsort,[261] durch Art. 6 Abs. 1 Rom II-VO präzisiert wird. Das setzt zunächst voraus, dass das Lauterkeitsrecht ein Erfolgsunrecht (jenseits der Verletzung subjektiver Rechte der Wettbewerbsteilnehmer wie etwa das Recht am Unternehmen oder das Persönlichkeitsrecht) kennt – eine Annahme, die insbesondere von Vertretern der Einwirkungslehre schwer zu teilen sein wird. Begründbar ist diese Annahme nur, wenn als **Erfolg des Lauterkeitsverstoßes** die auf einen bestimmten Markt bezogene **Wettbewerbsverfälschung** als ihre **Auswirkung**[262] erkannt wird.[263] 611

Vieles spricht daher dafür, (auch) die Regelung in Art. 6 Abs. 1 Rom II-VO als **kollisionsrechtliche Ausprägung** eines allgemeinen, **das gesamte Wettbewerbsrecht überspannenden, Auswirkungsprinzips**[264] zu verstehen. In diesem Sinne sollte auch die sprachlich neutrale Entscheidung des Gemeinsamen Senates der Obersten Bundesgerichte verstanden werden, wonach bei der Bestimmung des Marktortes auf die von der geschäftlichen Handlung „ausgehenden Wirkungen"[265] abzustellen ist. In jüngerer Zeit verwenden die Gerichte die beide Ansätze sprachlich versöhnende Formulierung, wonach der Ort maßgeblich sein soll, „an dem auf die Entschließung des Kunden eingewirkt werden soll und an dem sich das entsprechende Marktverhalten auf die Mitbewerber auswirkt".[266] Bei Werbemaßnahmen ist entscheidend, auf welchen Markt die Maßnahme ausgerichtet ist.[267] 612

---

[256] Begründung, KOM (2003) 427 endg., S. 18.

[257] Begründung, KOM (2003) 427 endg., S. 18.

[258] Vgl. in diesem Sinne bereits *Glöckner,* Europäisches Lauterkeitsrecht, S. 511 ff., 513; *Glöckner* FS Schilling, 2007, 165 (190).

[259] *Sack* WRP 2008, 845 (852).

[260] *Handig* GRUR Int. 2008, 25 (28).

[261] So bereits *Huber/Bach* IPRax 2005, 73 (76), zum Kommissionsentwurf.

[262] *Handig* GRUR Int. 2008, 25 (29).

[263] So bereits *Leistner* S. 670; *Leistner/Stang,* Die Neuerung der wettbewerbsrechtlichen Verkehrspflichten, WRP 2008, 533 (535); Staudinger/*Fezer/Koos* IntWirtschR Rn. 644.

[264] So bereits *Glöckner,* Europäisches Lauterkeitsrecht, S. 621; ähnlich Staudinger/*Fezer/Koos* IntWirtschR Rn. 480 ff.; *Koos* WRP 2006, 499 (506).

[265] GmS-OGB GRUR 2013, 417 Rn. 15 – Medikamentenkauf im Versandhandel; OLG München WRP 2014, 1078 (1079) – Kooperationsmodell zwischen deutscher und niederländischer Apotheke. Ähnlich öOGH GRUR Int. 2013, 1163 (1165) – VfG Versandapotheke für Österreich.

[266] OLG Köln GRUR-RR 2014, 298 Rn. 12 – Tourismusabgabe.

[267] BGH GRUR 2016, 513 Rn. 16 – Eizellspende.

613 Der Anwendung der Auswirkungstheorie zur Anknüpfung im Lauterkeitsrecht wird regelmäßig entgegengehalten, dass sie zu einer Ausdehnung der Anknüpfung führe.[268] Tatsächlich ist es dieser Folge zu verdanken, dass etwa das schweizerische Kollisionsrecht in Art. 137 Abs. 1 chIPRG für Wettbewerbsbehinderungen, worunter Kartellrechtsverletzungen verstanden werden, eine **unmittelbare Betroffenheit** des Geschädigten verlangt.[269] In Art. 136 Abs. 1 chIPRG, wo die Auswirkungstheorie für Ansprüche aus unlauterem Wettbewerb niedergelegt ist, fehlt eine solche Formulierung zwar; die wohl hM wendet dieses Erfordernis aber auch im Rahmen des Art. 136 Abs. 1 IPRG an.[270]

614 Dem entspricht, dass sowohl der ursprüngliche als auch der **Geänderte Vorschlag** noch eine **unmittelbare Beeinträchtigung** der Wettbewerbsbeziehungen oder der kollektiven Verbraucherinteressen verlangten, weil nur die direkten Wirkungen eines unlauteren Wettbewerbsverhaltens in Betracht zu ziehen seien.[271] Diese Eingrenzung wurde indes im Gemeinsamen Standpunkt aufgegeben, nachdem das österreichische Justizministerium auf die Streichung dieser Einschränkung hingewirkt hatte, weil das Erfordernis der Unmittelbarkeit wie das der Wesentlichkeit allein das materielle Recht betreffe, kollisionsrechtlich aber auch im Fall mittelbarer Beeinträchtigungen klar sein müsse, welches Recht anzuwenden sei.[272] Dieser Einwand vermag nicht zu überzeugen. Mittelbarkeit bzw. Unwesentlichkeit reduzieren lediglich die Zahl eventuell anwendbarer Rechtsordnungen und reduzieren damit die *compliance costs*. Eine Berücksichtigung der mangelnden Unmittelbarkeit bzw. Wesentlichkeit erst auf der Ebene des Sachrechts hängt demgegenüber zum einen vom jeweiligen Sachrecht ab und erspart selbst im Fall bejahter Mittelbarkeit bzw. Unwesentlichkeit nicht das Auffinden des materiellen Sachrechts. Weil im weiteren Gesetzgebungsverfahren keine Begründung mehr für die Aufgabe des Kriteriums gegeben wurde, sollte nicht der Schluss gezogen werden, der Gesetzgeber habe die Einschätzung der österreichischen Delegation geteilt.[273] Dies gilt umso mehr, als die Begründung zum Kommissionsvorschlag ausdrücklich darauf hinweist, dass die kollisionsrechtlich relevante Wettbewerbsschädigung nicht mit dem Schaden, für den Ersatz begehrt werde, verwechselt werden dürfe.[274] Näher liegt daher die Annahme, dass der Gesetzgeber das Unmittelbarkeitserfordernis deshalb nicht für weiterführend hielt, weil es letztlich eine Wertungsfrage aus einem unbestimmten Rechtsbegriff – dem der Beeinträchtigung – in einen anderen – den der Unmittelbarkeit – verlagert hätte, ohne die erforderliche Wertung als solche weitergehend zu präjudizieren. Dem entspricht, dass der Europäische Gesetzgeber – anders als der etwa des schweizerischen IPRG – auch bei der Regelung des auf die Haftung aus Kartellrechtsverstößen anwendbaren Rechts auf die Aufnahme eines Unmittelbarkeitserfordernisses verzichtet hat.[275]

615 Für eine kollisionsrechtliche Abschichtung mittelbarer und nicht wesentlicher Beeinträchtigungen spricht der Gleichlauf mit der behördlichen Kartellrechtsdurchsetzung. Aus-

---

[268] *Höder* S. 84 ff., 110, 113 („Statutenhäufung verschärft sich in extremer Weise"); Fezer/*Hausmann*/*Obergfell* IntLautPrivR Rn. 230.

[269] Botschaft zum Bundesgesetz über das internationale Privatrecht (IPR-Gesetz) vom 10.11.1982, BBl. 1983 I S. 263, 429; BasK-IPR/*Dasser* Art. 137 Rn. 16.

[270] *Baudenbacher* vor Art. 2 Rn. 47 mwN in Fn. 140; BasK-IPR/*Dasser* Art. 136 Rn. 13.

[271] Begründung, KOM (2003) 427 endg., S. 18.

[272] Vermerk der österreichischen Delegation für den Ausschuss für Zivilrecht (Rom II) v. 3.5.2004, Dossier Nr. 2003/0168 (COD), Dok.-Nr. 9009/04, S. 2.

[273] Staudinger/*Fezer*/*Koos* IntWirtschR Rn. 643; GK/*Klass* Einl. D Rn. 10. Anders wohl *Handig* GRUR Int. 2008, 25 (28).

[274] Begründung, KOM(2003) 427 endg., S. 18.

[275] Insoweit verdient Beachtung, dass die Sonderregelung für die Anknüpfung von Ansprüchen aus Kartellrechtsverletzungen, die erst später aufgenommen wurde, zunächst ebenfalls die Voraussetzungen der Unmittelbarkeit und Wesentlichkeit aufnahm und dies in den Begründungserwägungen erläuterte, vgl. den Vermerk des Vorsitzes v. 2.5.2005, Dossier Nr. 2003/0168 (COD), Dok.-Nr. 8498/96, S. 15. Erst später verschwanden diese Einschränkungen zunächst aus dem normativen Teil, vgl. Gemeinsamer Standpunkt v. 11.8.2006, Dossier Nr. 2003/0168 (COD), Dok.-Nr. 9751/06, und erst im Vermittlungsverfahren verschwand auch die Klärung in den Begründungserwägungen – begründungslos.

drücklich hat der EuGH das ungeschriebene Spürbarkeitserfordernis im Rahmen des Art. 101 Abs. 1 AEUV auch auf die Eignung zur Beeinträchtigung des Handels zwischen Mitgliedstaaten bezogen.[276] Diesem Tatbestandselement wird im Allgemeinen kollisionsrechtliche Funktion beigemessen.[277] Es kommt damit bei der Prüfung durch die Wettbewerbsbehörden der Mitgliedstaaten sowie der EU Kommission zur Anwendung. Weder im Rahmen der privaten Kartellrechtsdurchsetzung im kollisionsrechtlichen Kontext des Art. 6 Abs. 3 Rom II-VO noch im Rahmen der in Deutschland schwerpunktmäßig privaten Durchsetzung des Lauterkeitsrechts erscheint es sinnvoll, von dieser Betrachtung abzuweichen.

3. Grenzen der lauterkeitsrechtlichen Sonderanknüpfung, Art. 6 Abs. 2 Rom II-VO. a) Anknüpfung an den Ort der Niederlassung bei nicht-marktvermittelten Behinderungen. *Kamen Troller* hatte bei bestimmten Wettbewerbsverletzungen, insbesondere der Abwerbung, der Bestechung, der Industriespionage oder der Verleitung zum Vertragsbruch, angenommen, dass die Interessenkollision am „Produktionsort" eines Wettbewerbers stattfinde, weshalb das am Ort des Betriebs geltende Recht anzuwenden sei.[278] Der Bundesgerichtshof übernahm in seiner *Stahlexport*-Entscheidung, welche die Versendung herabsetzender Schreiben über einen inländischen Wettbewerber im Ausland betraf, diese Differenzierung für das deutsche Recht, machte aus ihr aber eine Einschränkung des Marktortprinzips. In Fällen dieser Art sei es 616

> *„… unter dem Gesichtspunkt ausreichender Schutzgewährung geboten und für den Verletzer nicht unbillig, Inlandsrecht anzuwenden; denn durch die unmittelbare Richtung der Wettbewerbshandlung gegen einen Inländer ist eine besondere Inlandsbeziehung gegeben".*[279]

Wenn ein unlauteres Wettbewerbsverhalten **ausschließlich die Interessen eines bestimmten Wettbewerbers beeinträchtigt,** bleiben auch gem. **Art. 6 Abs. 2 Rom II-VO** die allgemeinen Regelungen des Art. 4 anwendbar. Die Begründung zum Kommissionsvorschlag nennt Fälle der **Industriespionage, der Preisgabe von Geschäftsgeheimnissen, der Bestechung, der unlauteren Mitarbeiterabwerbung oder der Anstiftung zum Vertragsbruch,**[280] beschränkt sich aber auf den vagen Hinweis, dass die mit dieser Regel erfassten Fälle „vor allem als „bilateral"[281] einzustufen" seien. Daher bestehe kein Grund dafür, dass der Geschädigte das Recht des Schadensortes sowie das Recht des gemeinsamen Aufenthalts nicht in Anspruch nehmen sollte. Überdies entspreche eine solche Regel der niederländischen, schweizerischen und deutschen Praxis.[282] 617

Im Hinblick auf die Zweckmäßigkeit einer solchen Regelung ist zu differenzieren. Nach der älteren und auf der Grundlage von Art. 40 EGBGB geltenden deutschen Regelung stand stets auch die Anknüpfung nach dem **Handlungsort** im Raum, die unter wettbewerblicher Perspektive eher zufällig und deshalb unangemessen erscheint (zB Betriebsspionage). Bei der Anwendung von **Art. 4 Abs. 1 Rom II-VO** kommt die Anknüpfung nach dem Handlungsort indes von vornherein **nicht in Frage.** 618

Der gem. Art. 4 Abs. 1 Rom II-VO heranzuziehende Erfolgsort wurde demgegenüber generalisierend mit dem Sitz des geschädigten Unternehmens bzw. der geschädigten Niederlassung gleichgesetzt.[283] Ausdrücklich ordnet in diesem Sinne Art. 136 Abs. 2 chIPRG die Anknüpfung an den Ort der betroffenen Niederlassung an. Eine solche Deutung 619

---

[276] EuGH Slg. 1998, I-1983 Rn. 15 = GRUR Int. 1998, 598 – Javico.

[277] Immenga/Mestmäcker/*Zimmer,* EU-Wettbewerbsrecht, Art. 101 Abs. 1 Rn. 138; Groeben/Schwarze/Hatje/*Schröter/Voet van Vormizeele* Art. 101 Rn. 190.

[278] *K. Troller* S. 140 ff. Zu Art. 136 Abs. 2 chIPRG vgl. Botschaft zum Bundesgesetz über das internationale Privatrecht (IPR-Gesetz) vom 10.11.1982, BBl. 1983 I S. 263, 429 (284.33).

[279] BGH GRUR 1964, 316 (319) – Stahlexport.

[280] Begründung, KOM(2003) 427 endg., S. 18.

[281] Damit greift die Begründung möglicherweise ältere deutsche Formulierungen auf, vgl. die Nachw. bei Fezer/*Hausmann/Obergfell* IntLautPrivatR Rn. 176 Fn. 810.

[282] Begründung, KOM(2003) 427 endg., S. 18.

[283] *Lindacher* GRUR Int. 2008, 453 (457) mwN in Fn. 35.

knüpfung an das gemeinsame Heimatrecht ausschließe.[299] Marktvermittelte Behinderungen bleiben demgemäß dem Anwendungsbereich des Art. 6 Abs. 1 Rom II-VO unterworfen, selbst wenn sie „ausschließlich" Interessen der Mitbewerber berühren.[300] Auch dem ist zuzustimmen.[301]

625 Was der Bundesgerichtshof in *Ausschreibung in Bulgarien* nur obiter zum inzwischen geltenden Recht zugrunde gelegt hatte, wurde in der Zwischenzeit in den Entscheidungen *World of Warcraft II* und *goFit* geklärt: Bei marktvermittelten Einwirkungen auf die Interessen der ausländischen Marktgegenseite bleibt die Marktortregel des Art. 6 Abs. 1 Rom II-VO anwendbar, so dass Art. 6 Abs. 2 Rom II-VO, der auf Artikel 4 Rom II-VO verweist, nicht anwendbar ist.[302] Die wesentliche Funktion der Verweisung in Art. 6 Abs. 2 Rom II-VO besteht in der Eröffnung der alternativen Anknüpfung gem. Art. 4 Abs. 2, 3 Rom II-VO,[303] wenn es an einer Möglichkeit fehlt, den Schadensort wettbewerbsbezogen zu konkretisieren (vgl. → Rn. 616 ff.). Das bestätigen die Ausführungen in der Begründung des Kommissionsvorschlags, wonach in diesen Fällen der Rückgriff auf den gemeinsamen Heimatort und das Vertragsstatut möglich bleiben soll.[304] Daran knüpft der Bundesgerichtshof an,[305] indem er bei „unmittelbar marktvermittelten Einwirkungen" die Anwendbarkeit von Art. 6 Abs. 2 Rom II-VO ausschließt. Entsprechend bleibt der Rückgriff auf Art. 6 Abs. 2 Rom II-VO in den Fällen der Produktnachahmung – auch ohne Herkunftstäuschung –, bei der (auch nicht-irreführenden) vergleichenden Werbung oder der unberechtigten Abnehmerverwarnung verwehrt.[306] Vor diesem Hintergrund erscheint zwar irritierend, dass der Bundesgerichtshof in der Entscheidung *Hotelbewertungsportal,* der ebenfalls einen Herabsetzungsfall betraf, Art. 6 Abs. 2 Rom II-VO zitiert.[307] Da die insoweit gegebene Begründung aber auf den Ort des Ansehensverlustes und damit ersichtlich auf den Regelungszusammenhang des Art. 6 Abs. 1 Rom II-VO abstellte und auch kein Auseinanderfallen von Marktort und Schadensort eintrat, muss wohl von einem Redaktionsversehen ausgegangen werden,

626 **b) Recht des gemeinsamen Aufenthaltsorts.** Nach dem autonomen deutschen Recht wurden die Überbleibsel der Nussbaumschen Regel (vgl. dazu → Rn. 578) erst im Jahr 2010 abschließend beseitigt. In der Entscheidung *Ausschreibung in Bulgarien* gab der Bundesgerichtshof ausdrücklich die Annahme auf, dass auf dem Auslandsmarkt in Wettbewerb stehende deutsche Unternehmen dem **gemeinsamen Heimatrecht** unterworfen bleiben.[308] Entscheidend gegen ein solches Vorgehen spricht, dass das **Marktortprinzip eine abschließende Sonderregelung** im Verhältnis zu Art. 40 Abs. 1 EGBGB darstellt, die durch den Rückgriff auf Art. 40 Abs. 2 EGBGB unterlaufen würde.[309] Das lässt sich

[299] BGH GRUR 2010, 847 Rn. 19 – Ausschreibung in Bulgarien.

[300] BGH GRUR 2010, 847 Rn. 19 – Ausschreibung in Bulgarien; bestätigt durch BGH GRUR 2014, 601 Rn. 37 – englischsprachige Pressemitteilung; *Sack* GRUR Int. 2012, 601 (607 f.); GK/*Klass* Einl. D Rn. 335.

[301] Ausführlich *Glöckner* WRP 2011, 137 (139 f.). Ebenso jurisPK-BGB/*Wiegandt* Rom II-VO Art. 6 Rn. 35.

[302] BGH GRUR 2017, 397 Rn. 43 – World of Warcraft II; BGH GRUR 2018, 935 Rn. 23 – goFit.

[303] Staudinger/*Fezer/Koos* IntWirtschR Rn. 653.

[304] Begründung, KOM(2003) 427 endg., S. 18.

[305] In gewisser Weise befriedigt mag *Kamen Troller* diese Entwicklung zur Kenntnis nehmen. Er formulierte bereits 1962: „III. Der Ort der wettbewerblichen Interessenkollision in Fällen von unwahren und anschwärzenden Äußerungen. 1. Auch in diesen Fällen ist der Ort der wettbewerbsmäßigen Interessenkollision nach denselben Prinzipien festzustellen wie beim Hervorrufen einer Verwechslungsgefahr. Er ist an jenem Ort gelegen, an dem der unlauter handelnde Wettbewerbsteilnehmer versucht, den *Goodwill* den ein Konkurrent, dessen Produkte oder Unternehmen an jenem Ort besitzen, durch anschwärzende oder unwahre Behauptungen zu schwächen und dadurch den (potentiellen) Angebotsadressaten des lauter Handelnden an jenem Ort dazu zu bringen, sein eigenes Angebot anstelle desjenigen des Angegriffenen zu berücksichtigen." *K. Troller* S. 136.

[306] Ohly/Sosnitza/*Ohly* Einf. B Rn. 21.

[307] BGH GRUR 2015, 1129 Rn. 15 – Hotelbewertungsportal.

[308] BGH GRUR 2010, 847 Rn. 15 – Ausschreibung in Bulgarien.

[309] Staudinger/*Fezer/Koos* IntWirtschR Rn. 666; Ohly/Sosnitza/*Ohly* Einf. B Rn. 28. Ähnlich zum schweizerischen Recht *Schwander* in UWG auf neuer Grundlage, S. 161, 180; *Bär* FS Moser, 1987, 143 (147).

weniger formal-logisch als wertungsmäßig begründen. Der Vorrang des gemeinsamen Wohnsitzrechts wird regelmäßig mit der **Zufälligkeit des ausländischen Begehungsortes im Hinblick auf eine zwischen den Parteien bestehende rechtliche Beziehung oder mit einer sozialen Einbettung des Delikts,** etwa einer unerlaubten Handlung innerhalb einer im gleichen fremden Recht domizilierten Personengruppe, begründet. Beides trifft auf geschäftliche Handlungen nicht zu. Die **Marktgesetze sind ihrer Natur nach national und territorial.** Dazu zählt auch das Lauterkeitsrecht. Wer im Ausland wirtschaftlich tätig wird, stellt sich auf den dortigen Markt ein und erwartet, nach dessen Gesetzen behandelt zu werden.[310] Die Annahme einer „geschlossenen Gesellschaft" ausländischer Wettbewerber, die zur Anwendung ihres Heimatrechts führe,[311] ist verfehlt. Ein sachlicher Grund für die Ungleichbehandlung des Inländerwettbewerbs im Ausland gegenüber dem Ausländerwettbewerb im Inland ist jedenfalls heute nicht mehr ersichtlich. Daneben ist nicht zu begründen, warum die Anwendung unterschiedlichen materiellen Rechts zu einer abweichenden Beurteilung derselben Wettbewerbsmaßnahme, etwa einer Werbung, führen können sollte, je nachdem, ob neben den inländischen Unternehmen noch ein oder mehrere ausländische Unternehmen auf dem ausländischen Markt tätig sind. Schließlich wird es häufig nur schwer zu klären sein, ob es auf einem bestimmten ausländischen Markt einheimische Wettbewerber oder solche aus Drittstaaten gibt.[312]

Auf der Grundlage der Anwendung von Art. 6 Rom II-VO ist für die Anwendung des gemeinsamen Heimatrechts jedenfalls bei marktvermittelten Verstößen kein Raum.[313] Fraglich ist jedoch, ob sich an diesem Ergebnis durch die unmittelbare Anwendung von Art. 4 Abs. 2 Rom II-VO etwas ändern kann, da die Regelung in Art. 6 Abs. 1 gem. EGr. 21 S. 1 lediglich den Schadensort nach Art. 4 Abs. 1 Rom II-VO präzisiert. Die Anordnung des **gemeinsamen Heimatrechts in Art. 4 Abs. 2 Rom II-VO** überwindet diese Regel aber gerade als Ausnahme, EGr. 18 S. 2. Ein weiteres systematisches Argument zugunsten der Anwendbarkeit des gemeinsamen Heimatrechts könnte daraus abgeleitet werden, dass die Rechtswahlmöglichkeit gem. Art. 14 in Art. 6 Abs. 4 Rom II-VO ausdrücklich ausgeschlossen wird, die Anwendbarkeit von Art. 4 Abs. 2 aber nicht. Schließlich hat der Europäische Gesetzgeber die Regelung des Geänderten Vorschlags, die in Art. 7 Abs. 1 S. 1 ausschließlich auf Art. 5 Abs. 1 GV-Rom II-VO verwies, in der Gesetz gewordenen Fassung aufgegeben. 627

Doch lässt sich letzteres Argument auch umkehren, da keine Hinweise in den Gesetzgebungsmaterialien darauf hindeuten, dass der Gesetzgeber mit dem Verzicht auf Art. 7 Abs. 1 S. 1 des Geänderten Vorschlags das Ziel verfolgte, die allgemeine Deliktsortregel einschließlich der Ausnahme für das gemeinsame Heimatrecht zum Tragen zu bringen. Maßgebend muss der **Zweck dieser Vorschrift** selbst sein. Die Ausnahmeregelung wurde mit der **Berücksichtigung der „berechtigten Erwartungen beider Parteien"**[314] begründet. Bei geschäftlichen Handlungen, die auch **kollektive Verbraucherinteressen** beeinträchtigen, können Erwartungen der Wettbewerber, nach einem gemeinsamen Heimatrecht behandelt zu werden, nicht als berechtigt anerkannt werden. Überdies werden auch die **Wettbewerbsbeziehungen** auf dem Gebiet beeinträchtigt, in dem sich die Wettbewerber an die Marktgegenseite wenden. Schließlich ist der Europäische Gesetzgeber mit der Gesetz gewordenen Regelung in Art. 6 Abs. 1 Rom II-VO beinahe wörtlich bei der 628

Völlig verfehlt noch zum alten Recht OLG München GRUR 1992, 634 – PC Professionell: (entsprechende) Anwendbarkeit der Verordnung über die Rechtsanwendung.

310 BasK-IPR/*Dasser* Art. 136 Rn. 17.

311 So insbes. RGZ 140, 25 (29) – Hohner; OLG Hamm NJW-RR 1986, 1047 (1048) – Wörishofer (zur Internationalen Zuständigkeit); offengelassen in BGHZ 35, 329 (334 ff.) – Kindersaugflasche. Vgl. *Sack* IPRax 1991, 386 (389).

312 BGH GRUR 2010, 847 Rn. 15 – Ausschreibung in Bulgarien; Fezer/*Hausmann/Obergfell* IntLautPrivatR Rn. 251; *Sack* WRP 2000, 269 (279 f.).

313 Begründung, KOM(2003) 427 endg., S. 18. Vgl. *Sack* WRP 2008, 845 (847).

314 Begründung, KOM(2003) 427 endg., S. 13.

Fassung von Art. 5 Abs. 1 des ursprünglichen Vorschlags angelangt. Diesbezüglich erklärt die Begründung ausdrücklich, dass die Vorschrift für den gemeinsamen Aufenthalt für diesen Bereich nicht passe.[315] Anders stellt sich die Rechtslage in den Fällen des Art. 6 Abs. 2 Rom II-VO dar[316] (dazu vgl. bereits o.).

629 **c) Recht des engeren Zusammenhangs.** In den Gesetzgebungsmaterialien zur IPR-Novelle von 1999 wurde die unterlassene Schaffung einer Sonderregelung für unlauteren Wettbewerb damit begründet, dass sich die im Entwurf von 1984[317] noch vorgesehene Lösung mithilfe der Ausweichklausel in Art. 41 EGBGB auch ohne eine Spezialnorm erzielen lasse.[318] Diese Ansicht vermochte nicht zu überzeugen.[319] Nach Art. 41 EGBGB ist das Recht eines anderen Staates als des nach Art. 40 EGBGB berufenen anzuwenden, wenn mit dem Recht dieses Staates eine **wesentlich engere Verbindung** als mit dem an sich berufenen besteht. Dabei kann sich eine wesentlich engere Verbindung insbesondere aus einer besonderen rechtlichen oder tatsächlichen Beziehung zwischen den Beteiligten im Zusammenhang mit dem **Schuldverhältnis** ergeben. Die Regelung in Art. 41 EGBGB sollte demgemäß auf Fälle beschränkt bleiben, in denen eine allgemeine Anknüpfungsregel wegen der **Besonderheiten des individuellen Sachverhalts** als **unpassend** erscheint.[320] Die lauterkeitsrechtliche Sonderanknüpfung beruhte demgegenüber nicht auf Besonderheiten individueller Sachverhalte. Sie war daher als Konkretisierung des Begehungsortes (wegen der Struktur der Norm müsste wohl allerdings vom „Handlungsort" gesprochen werden) im Rahmen des Art. 40 Abs. 1 EGBGB[321] oder – vorzugswürdig[322] – als eine diesbezügliche Sonderanknüpfung[323] zu interpretieren.

630 Angesichts dieser im Rahmen von Art. 40 EGBGB bereits vorzunehmenden Konkretisierung des Handlungsortes auf den Marktort war es allerdings im Allgemeinen kaum vorstellbar, dass ein engerer Zusammenhang zu einem anderen Staat bestehen sollte.[324] Die als Beispiel genannte Beziehung zwischen den Beteiligten trägt eine Abweichung von der allgemeinen Marktortregel im Internationalen Lauterkeitsrecht im Regelfall gerade nicht. Sie wird allenfalls für **„vertragsakzessorische" Wettbewerbsverletzungen** in Betracht kommen. Aus dem bloßen Wettbewerbsverhältnis kann sich demgegenüber keine engere Beziehung zu einem gemeinsamen Heimatrecht der Wettbewerber ergeben. *Sack* hatte vorgeschlagen, eine solche, engere Verbindung für die bekannten „Gran-Canaria-Fälle" (vgl. dazu noch → Rn. 641 ff., 645) anzunehmen.[325] Dabei stellte sich jedoch wohl die Frage, ob tatsächlich eine engere Beziehung zum Heimatort der Urlauber als zu dem Ort der Werbe- und der Verkaufshandlung bejaht werden konnte.

---

[315] Begründung, KOM(2003) 427 endg., S. 18. Krit. zur Anwendung des Art. 4 Abs. 2 auch Fezer/*Hausmann/Obergfell* IntLautPrivatR Rn. 252. Abl. *Ofner* ZfRV 2008, 13 (18); *Sack* WRP 2008, 845 (847). Ebenso EuGH ECLI:EU:C:2016:612 Rn. 45 = GRUR 2016, 1183 – Amazon, zum Verhältnis von Art. 6 Abs. 1 und 4 Abs. 3 Rom II-VO.

[316] In diesem Sinne die Anwendbarkeit des gemeinsamen Heimatrechts bejahend MüKoUWG/*Mankowski* IntWettbR Rn. 248; *Handig* GRUR Int. 2008, 25 (27); *Sack* WRP 2008, 845 (850 f.).

[317] Art. 40 Abs. 2 Nr. 2 EGBGB-E (BJM), abgedruckt in der Stellungnahme des Max-Planck-Instituts für ausländisches und internationales Patent-, Urheber- und Wettbewerbsrechts zum Entwurf eines Gesetzes zur Ergänzung des internationalen Privatrechts (außervertragliche Schuldverhältnisse und Sachen), GRUR Int. 1985, 104.

[318] Begründung RegE, BT-Drs. 14/343, 10.

[319] Krit. bereits *Kropholler* IPR § 53 IV 1; Staudinger/*Fezer/Koos,* IntWirtschR, 2006, Rn. 390.

[320] *Mankowski* GRUR Int. 1999, 909 (910); Fezer/*Hausmann/Obergfell* IntLautPrivatR Rn. 253; Staudinger/*Fezer/Koos,* IntWirtschR, 2006, Rn. 390.

[321] So *Sack* WRP 2000, 269 (272).

[322] Ein solches Vorgehen hätte das Argument für sich, dass die unpassende Anknüpfung an das Recht des gemeinsamen Aufenthaltsortes gem. Art. 40 Abs. 2 EGBGB vermieden würde, die anderenfalls erst aufwendig über Art. 41 Abs. 1 EGBGB begründet werden muss, vgl. Staudinger/*Fezer/Koos,* IntWirtschR, 2006, Rn. 400.

[323] Staudinger/*Fezer/Koos* Int. WirtschR Rn. 442 aE; *Koos* WRP 2006, 499 (501).

[324] Fezer/*Hausmann/Obergfell* IntLautPrivR Rn. 253.

[325] *Sack* WRP 2000, 269 (273).

Entsprechendes gilt nun bei Anwendung der Rom II-Verordnung. Im Gegenteil darf hier aus den oben genannten systematischen Erwägungen der Rückgriff auf **Art. 4 Abs. 3 lediglich in den Fällen des Art. 6 Abs. 2 Rom II-VO** gestattet werden. Richtig hat der EuGH im Anschluss an die Schlussanträge von GA *Saugmandsgaard Øe*[326] festgestellt, dass die in Art. 4 Abs. 3 Rom II-VO vorgesehene alternative Regel nicht für den Bereich des unlauteren Wettbewerbs passt, da ihr Art. 6 Abs. 1 kollektive Interessen – die über den Rahmen der Beziehungen zwischen den Parteien des Rechtsstreits hinausgehen – schützen soll, indem er eine speziell darauf zugeschnittene Regelung vorsieht.[327] Das trifft sicher zu, wenn der Einsatz unwirksamer AGB in Verträgen mit Verbrauchern zugleich die unlautere Geschäftspraktik darstellt. Allerdings wird es sich bei unlauterem Wettbewerbsverhalten im Umfeld von Vertragsschluss und -abwicklung typischerweise um „bilaterale" Lauterkeitsverstöße iSd Art. 6 Abs. 2 Rom II-VO handeln. *Sack* schlägt vor, Wettbewerbsverzerrungen auf Märkten an anderen Orten, als die bei nicht-marktvermittelten Verletzungen gem. Art. 6 Abs. 2, 4 Abs. 1 Rom II-VO zur Anknüpfung berufen wären, zur Begründung einer offensichtlich engeren Verbindung heranzuziehen.[328] Dem ist im Ergebnis zuzustimmen; hinsichtlich der Begründung erscheint eine Lösung über Art. 6 Abs. 1 Rom II-VO (vgl. → Rn. 620) einfacher. 631

d) Notanknüpfung an die *lex fori*. Gerichte neigen dazu, sich – wenn sie sich überhaupt mit der Frage des anwendbaren Rechts befassen – auf Erwägungen zur Möglichkeit der Anwendung ihrer Heimatrechtsordnung zu beschränken. Der „Drang zur *lex fori*"[329] war indes stets verfehlt. Bereits das Marktortprinzip enthielt eine **allseitige Kollisionsnorm.**[330] Das **Kollisionsrecht ist von Amts wegen** anzuwenden. Der Grundsatz *„iura novit curia"* gilt auch für die anzuwendenden **ausländischen Rechtsordnungen.** Ergab sich aus dem Sachvortrag des Klägers, dass ein bestimmtes Wettbewerbsverhalten Auswirkungen auf verschiedenen nationalen Märkten zeitigt,[331] so hat das Gericht auf der Grundlage von **§ 293 ZPO** sämtliche betroffenen Rechtsordnungen einzubeziehen (vgl. dazu näher → Rn. 689 ff.). Wird beispielsweise vom Kläger vorgetragen, dass der Beklagte ihn auf seiner Website unlauter herabgesetzt habe, und dass beide als Konkurrenten auf dem westeuropäischen und nordamerikanischen Markt aktiv seien, so genügt dieser Vortrag, um das Gericht zur Anwendung sämtlicher westeuropäischer und nordamerikanischer Lauterkeitsrechte zu verpflichten.[332] Insoweit müssen deutsche Gerichte auch das zur Anwendung berufene ausländische Recht von Amts wegen ermitteln.[333] Es ist rechtsfehlerhaft, wenn ein Gericht, das ersichtlich keine Spezialkenntnisse hat, der Anregung, sachverständigen Rat einzuholen, nicht folgt.[334] Es muss sogar ohne solche Anregung gem. § 144 ZPO von Amts wegen ein Gutachten einholen. Das Gericht darf aber ebenso die Parteien zur Mitwirkung auffordern; letztere unterliegen einer Mitwirkungspflicht, wenn sie selbst ohne besondere Schwierigkeiten Zugang zu den Erkenntnisquellen der fremden Rechtsordnung verschaffen konnten.[335] 632

Wenn der Inhalt des ausländischen Rechts dennoch nicht festgestellt werden kann, was insb. im **Verfügungsverfahren** häufig der Fall sein kann,[336] können die Beweislastregeln 633

---

[326] Schlussanträge GA *Saugmandsgaard Øe* ECLI:EU:C:2016:388 Rn. 77 – Amazon.

[327] EuGH ECLI:EU:C:2016:612 Rn. 45 = GRUR 2016, 1183 – Amazon.

[328] *Sack* GRUR Int. 2012, 601 (602 f.).

[329] *Bornkamm* in Neues Recht für neue Medien, S. 99, 112.

[330] Vgl. nur *Sack* GRUR Int. 1988, 320 (323).

[331] Demgegenüber obliegt es den Gerichten freilich nicht festzustellen, wo die Marktauswirkungen eintreten.

[332] Das Urteil des öOGH ÖBl 1998, 225 – Haftgel, steht dem nicht entgegen, da allein das in Österreich gesetzte Wettbewerbsverhalten angegriffen wurde.

[333] Zöller/*Geimer* ZPO § 293 Rn. 14.

[334] BGH IPrax 1995, 38.

[335] BGH NJW 1964, 2012.

[336] OLG Köln GRUR 1994, 646 – Georgisches Telekommunikationssystem. Vgl. demgegenüber OLG Hamburg GRUR 2004, 880 – Active Two: Anwendung niederländischen Lauterkeitsrechts im Verfügungsverfahren.

keine Anwendung finden.[337] Die Rechtsprechung weicht auf die **Anwendung deutschen Rechts** aus, wenn starke Inlandsbeziehungen bestehen[338] und die Parteien nicht widersprechen.[339] Die Literatur befürwortet demgegenüber die Anwendung des Grundsatzes größtmöglicher Annäherung an den unbekannten Rechtszustand.[340]

634 An dieser Praxis hat sich durch die Rom II-Verordnung nichts geändert. Sie enthält zwar detaillierte und im Wesentlichen gelungene Kollisionsnormen für annähernd den gesamten Bereich der außervertraglichen Haftung. Ihr fehlen aber Regelungen über die Handhabe des Kollisionsrechts durch die Gerichte. Das führt dazu, dass das IPR und die Anwendung ausländischen Rechts in Jurisdiktionen, welche die Anwendbarkeit und den Inhalt ausländischen Rechts als dem Beibringungsgrundsatz unterliegende Tatsachen behandeln, faktisch kaum eine Rolle spielen. Das Fehlen verfahrensrechtlicher Vorschriften droht, die praktische Wirksamkeit der Rom II-Verordnung in Frage zu stellen. Vgl. dazu die Überprüfungsklausel in Art. 30 Rom II-VO.

VII. Anwendung der lauterkeitsrechtlichen Sonderanknüpfung

635 **1. Beeinträchtigung am Sitz des geschädigten Unternehmens?** Ein aus der im nationalen Recht geführten Diskussion um Auswirkungs- und Einwirkungsprinzip bekannter Einwand beruht darauf, dass die **Niederlassungen aller geschädigten Unternehmen** die Anknüpfung begründen könnten,[341] wenn man sie zur geographischen **Fixierung des (geschädigten) Vermögens** von natürlichen und juristischen Personen und dieses für die Bestimmung der Auswirkungsorte heranzöge. Tatsächlich handelt es sich dabei indes lediglich um mittelbare Auswirkungen, welche die Anknüpfung bereits nach altem Recht nicht gestatteten.

636 Unter Anwendung der **Rom II-Verordnung** kann diesem Argument bereits auf der Ebene der allgemeinen Deliktsanknüpfung entgegnet werden: Sogenannte **„indirekte" Schadensfolgen,** die allein über die Vermögensbeeinträchtigung begründet werden, sollen allgemein **irrelevant** sein, EGr. 17 Rom II-VO.[342] Der Kommissionsvorschlag lehnt sich dabei ausdrücklich an die Rechtsprechung des EuGH zu Art. 5 Nr. 3 EuGVÜ[343] an.[344]

637 Dem ließe sich allerdings entgegenhalten, dass was für die in EGr. 17 S. 2 Rom II-VO ausdrücklich genannten Körper- oder Sachschäden leicht zu begründen ist, bei der Wettbewerbsverletzung schwer fällt, da insoweit der **Vermögensschaden keine indirekte Schadensfolge, sondern vielmehr unmittelbarer Schaden** ist. Die Kommission hat demgegenüber ausdrücklich darauf hingewiesen, dass der Schaden, für welchen Ersatz begehrt werde, häufig mit der wettbewerbsschädigenden Wirkung verwechselt werde, welche die Anwendung des Lauterkeitsrechts bedinge.[345] Daraus erhellt, dass der erlittene Vermögensschaden auch im Lauterkeitsrecht im Regelfall[346] nicht als **direkter Schaden** verstanden werden darf, welcher die Anknüpfung begründen könnte. Letzterer **besteht vielmehr in der Beeinträchtigung der Wettbewerbsstellung** des durch das unlautere Wettbewerbsverhalten geschädigten Marktteilnehmers. Maßgebend ist daher von vorn-

[337] Zöller/*Geimer* ZPO § 293 Rn. 27.

[338] Dieses Erfordernis wurde relativiert in BGH NJW 1982, 1215: es sei grundsätzlich deutsches Recht anzuwenden, falls dies nicht „äußerst unbefriedigend" sei. Ebenso OLG Köln GRUR 1994, 646 – Georgisches Telekommunikationssystem.

[339] BGHZ 69, 387.

[340] Nachw. bei Zöller/*Geimer* ZPO § 293 Rn. 27.

[341] Vgl. nur *Höder* S. 110: Erfassung des Niederlassungsmarktes.

[342] Vgl. dazu ausführlich *Sack* WRP 2008, 845 (847).

[343] EuGH Slg. 1995, I-2719 – EuZW 1995, 765 – Marinari, vgl. dazu → Einl. Rn. 727.

[344] Begründung, KOM(2003) 427 endg., S. 12.

[345] Begründung, KOM(2003) 427 endg., S. 18. Dieser Hinweis erfasst unmittelbar die Konstellation, mit welcher etwa *Höder* S. 84 ff. die Praktikabilität der Auswirkungstheorie in Frage stellt.

[346] Anders etwa als im Fall der Schädigung durch wettbewerbsbeschränkende Vereinbarungen, vgl. EuGH ECLI:EU:C:2015:335 = NZKart 2015, 307 Rn. 52 ff. – Cartel Damage Claims/Akzo Nobel u. a., wo der Schaden der Abnehmer infolge des Abschlusses der kartellbefangenen Verträge am Sitz jedes kartellgeschädigten Unternehmens auf den Gesamtschaden geklagt werden kann.

herein nicht, wo das geschädigte Vermögen belegen ist, sondern wo die Wettbewerbsbeziehungen primär beeinträchtigt werden.

2. Beeinträchtigung kollektiver Verbraucherinteressen. Werden durch unlauteres Wettbewerbsverhalten **kollektive Verbraucherinteressen** unmittelbar beeinträchtigt, so führte bereits die Theorie von der **wettbewerblichen Interessenkollision** bzw. das Marktortprinzip zum Ort der betroffenen Verbraucherinteressen. Denn dort „soll das Wettbewerbsrecht unlauteres Konkurrenzverhalten verhindern; auf diesen Ort beziehen sich auch das durch das Wettbewerbsrecht ebenfalls geschützte – und deshalb bei der Rechtsanknüpfung zu beachtende – Interesse der möglichen Kunden, als Marktteilnehmer vor unlauterem Verhalten bei der Werbung und dem Abschluss von Verträgen geschützt zu werden, sowie das daraus resultierende Interesse der Allgemeinheit an einem lauteren Wettbewerb“.[347] 638

In **Art. 6 Abs. 1 Rom II-VO** tritt die Beeinträchtigung der **kollektiven Verbraucherinteressen** als selbständiges Anknüpfungsmoment neben die Möglichkeit der Beeinträchtigung der Wettbewerbsbeziehungen. Mit dieser Formulierung wird auf die Richtlinie über Unterlassungsklagen,[348] auf deren Grundlage die verbraucherschützende Wirkung des materiellen Lauterkeitsrechts heute im Wesentlichen zum Tragen gebracht wird, bezuggenommen (vgl. dazu → Einl. Rn. 395). Inhaltlich erfasst werden damit die durch die UGP-Richtlinie verbotenen unlauteren Geschäftspraktiken. 639

Wegen der **unlösbaren Verbindung von Parallel- und Austauschprozessen** im Wettbewerb werden die Orte der beeinträchtigten Wettbewerbsbeziehungen und der kollektiven Verbraucherinteressen allerdings **bei marktvermittelten Lauterkeitsverstößen** zumeist (zu Ausnahmen vgl. → Einl. Rn. 283, 287 im Zusammenhang des Anwendungsbereichs der UGP-Richtlinie) koinzidieren. Insbesondere bei Irreführungen ist auf den Raum abzustellen, in welchem die Werbeadressaten erreicht werden, soweit diese von der Werbemaßnahme erreichten Adressaten nach ihrem gewöhnlichen Verhalten das irreführend werbende Angebot bei ihren geschäftlichen Entscheidungen berücksichtigen. 640

3. Differenzierung von Werbe- und Absatzmarkt? Im Anschluss an eine Veröffentlichung von *Sack*[349] hatte der Bundesgerichtshof in seiner Entscheidung zum *Kauf im Ausland* den **Marktort** weitergehend **konkretisiert:** 641

> *„Auf die Staatsangehörigkeit, den Wohnsitz oder den gewöhnlichen Aufenthalt der angesprochenen möglichen Kunden kommt es daher grundsätzlich ebenso wenig an, wie darauf, wo Vorbereitungshandlungen stattfinden oder ein etwaiger Schaden eintritt. Wenn es um die Beurteilung von Maßnahmen bei der Gewinnung von Kunden geht, ist der Marktort, an dem diese Maßnahmen auf den Kunden einwirken sollen, auch dann der für die Bestimmung des anwendbaren Rechts maßgebliche Ort der wettbewerblichen Interessenkollision, wenn der spätere Absatz auf einem anderen Markt stattfinden soll. In einem solchen Fall ist zwar auch das Absatzinteresse anderer Wettbewerber auf diesem Markt berührt, es handelt sich insoweit nur um Auswirkungen des zu beurteilenden Wettbewerbsverhaltens, die nicht zur Anwendbarkeit des Rechts des Absatzmarktes führen.“*[350]

Davon ausgehend wurde bei der Anwendung des Marktortprinzips im deutschen Recht gewöhnlich der Werbe- vom **Absatzmarkt** unterschieden[351] und es wurde von der Maß- 642

---

[347] BGH GRUR 2004, 1035 (1036) – Rotpreis-Revolution.

[348] Richtlinie 2009/22/EG des Europäischen Parlaments und des Rates vom 23.4.2009 über Unterlassungsklagen zum Schutz der Verbraucherinteressen (kodifizierte Fassung), ABl. 2009 L 110, S. 30. Trotz geänderten Inhalts, vgl. Art. 3 Abs. 3, verwendet auch die Nachfolgeregelung in Richtlinie (EU) 2020/1828 des Europäischen Parlaments und des Rates vom 25. November 2020 über Verbandsklagen zum Schutz der Kollektivinteressen der Verbraucher und zur Aufhebung der Richtlinie 2009/22/EG, ABl. 2020, L 409, S. 1, den Begriff.

[349] *Sack* GRUR Int. 1988, 320 (323).

[350] BGH GRUR 1991, 462 (465) – Kauf im Ausland.

[351] ZB Fezer/*Hausmann/Obergfell* IntLautPrivatR Rn. 277 ff.

geblichkeit des **Werbemarktes** ausgegangen. Sehr deutlich machte dies die Entscheidung *Rotpreis-Revolution:* Auf Werbeanzeigen eines luxemburgischen Sportgeschäfts in einer grenznah in Deutschland vertriebenen Tageszeitung wurde deutsches Lauterkeitsrecht angewendet, „selbst wenn der spätere Absatz auf einem anderen Markt stattfinden soll".[352]

643 Dem Bundesgerichtshof ist im Hinblick auf das für die seinerzeit umstrittenen „*Gran-Canaria*-Fälle", in denen deutsche Urlauber auf Gran Canaria gezielt mit deutschsprachigen Einladungen zu Verkaufsveranstaltungen eines deutschen Unternehmens eingeladen wurden, wobei die Lieferung ebenfalls direkt an die deutschen Heimatadressen der Urlauber erfolgen sollte, erzielte Ergebnis zuzustimmen. Die Begründung über die **Differenzierung von Werbe- und Absatzmarkt** erscheint demgegenüber jedoch **nicht** als **überzeugend.** Sie verkennt zunächst, dass es einen isolierten Werbemarkt in der Wirtschaftswirklichkeit kaum gibt.[353] Wirtschaftliche Werbung ist auf die Förderung eines Produktabsatzes gerichtet.[354] Wo es an einem Produktabsatz fehlt, können Werbehandlungen kaum lauterkeitsrechtlich relevant sein.[355] Dass der Absatzmarkt für die Bestimmung des Marktortes ganz entscheidende Bedeutung hat, hat die Praxis der Gerichte zur Marktortbestimmung bei vermeintlichen **Wettbewerbsverletzungen im Internet** deutlich gemacht. Hier werden sog. **eingehaltene *disclaimer*** (zB „Kein Vertrieb in Österreich und Deutschland") bereits auf der kollisionsrechtlichen Ebene für wirksam gehalten (vgl. dazu → Rn. 669), um die Anwendbarkeit der entsprechenden Lauterkeitsrechtsordnungen auszuschließen, obwohl die betreffenden Websites durchaus den Werbemarkt dieser Staaten erreichen.

644 Hätte man die etwas verkrampfte Distanzierung[356] vom kartellrechtlichen Auswirkungsprinzip aufgegeben und statt dessen den Marktort nach kartellrechtlichen Grundsätzen bestimmt, so wäre womöglich aufgefallen, dass es der Differenzierung gar nicht bedurft hätte: Die „Inlandswerbung für Auslandsabsatz" ist keineswegs problematisch,[357] wenn die **aus dem Kartellrecht bekannten Grundsätze zum relevanten geographischen Markt** übertragen werden.[358] Der insoweit relevante **geographische Markt** hängt von den „Gewohnheiten und wirtschaftlichen Möglichkeiten der Verkäufer und der Käufer" ab.[359] Bei einer solchen Betrachtung wird deutlich, dass in allen von *Sack* genannten Beispielen[360] ebenso wie in den Fällen *Kauf im Ausland* und *Rotpreis-Revolution* der – richtig verstandene – Absatzort durchaus dem Werbeort entsprach. In sämtlichen genannten Fällen, insbesondere in Fällen der eigentlichen grenzüberschreitenden Werbung weicht allein der **Ort der tatsächlichen Leistungserbringung** vom Werbeort ab. Im **Kartellrecht** ist anerkannt, dass der **vertragsrechtliche Erfüllungsort** für die Beurteilung des relevanten

---

[352] BGH WRP 2004, 1484 (1485) – Rotpreis-Revolution. Vgl. dazu *Sack* WRP 2008, 845 (849).

[353] Gedacht werden kann allenfalls an die Werbung eines Unternehmens in einem Staat, in dem kein Vertrieb stattfindet, zum Aufbau einer Marke im Hinblick auf einen künftigen Marktzutritt oder, um dessen Einwohner zu einem Konsum zu motivieren, falls sie in der Zukunft einmal in das Vertriebsgebiet reisen.

[354] Vgl. nur Art. 2 lit. a IrreführungsRL; Staudinger/*v. Hoffmann* EGBGB Art. 40 Rn. 329; *Mankowski* GRUR Int. 1999, 909 (911); MüKoUWG/*Mankowski* IntWettbR Rn. 161.

[355] Für das Erfordernis spürbarer Marktauswirkungen Ohly/Sosnitza/*Ohly* Einf. B Rn. 24. Wie hier *Dück* GRUR Int. 2016, 216 (219).

[356] Vgl. die oben zitierte Formulierung „… es handelt sich insoweit *nur um Auswirkungen,* die nicht zur Anwendbarkeit des Rechts des Absatzmarktes führen" (Hervorhebung d. Verf.), BGH GRUR 1991, 462 (465) – Kauf im Ausland. Ähnliche Bewertung bei *Koos* WRP 2006, 499 (508): Konservatismus der Vertreter der Einwirkungstheorien.

[357] Vgl. aber *Sack* WRP 2000, 269 (272).

[358] Staudinger/*Fezer/Koos* IntWirtschR Rn. 510.

[359] Groeben/Schwarze/Hatje/*Schröter/Bartl* Art. 102 Rn. 151 mwN.

[360] *Sack* GRUR Int. 1988, 320 (323). Das einzige Beispiel, in dem Werbe- und Absatzmarkt tatsächlich eventuell auseinanderfallen, ergibt sich aus der Entscheidung des RG GRUR 1936, 670 ff. – Primeros: In einer tschechoslowakischen Zeitung, die auch in Deutschland gelesen wurde, wurde in deutscher Sprache für Kondome geworben, die nur in der Tschechoslowakei erhältlich waren. Allerdings wies das RG selbst darauf hin, dass „bei dem starken Verkehr über die Grenze hin und her" eine Einwirkung auf den Absatz weder ausgeschlossen noch unwahrscheinlich sei, dort, S. 677. Ähnlich liegt der Fall vergleichender Werbung zwischen zwei in Deutschland im Wettbewerb stehenden Produkten am Times Square in New York, wenn man davon ausgeht, dass der Times Square von zahlreichen deutschen Touristen besucht wird, vgl. dazu *Dück* GRUR Int. 2016, 216 (218).

geographischen Marktes **nicht maßgeblich** ist.[361] Dasselbe muss im Lauterkeitskollisionsrecht gelten.[362] Wirbt also das luxemburgische Sportfachgeschäft in einer Trierer Tageszeitung,[363] so befindet sich bei richtigem Verständnis auch der Absatzort in Deutschland, wenn und weil es den Gewohnheiten der Trierer Konsumenten entspricht, Sportartikel auch jenseits der Grenze zu erwerben.

Auch in den viel diskutierten **„*Gran-Canaria*-Fällen"** wäre der deutsche Markt kein relevanter (Absatz-)Markt gewesen. Die Beurteilung des relevanten Marktes hat unter Zugrundelegung der typischen Geschäftsabwicklung und des Aktionsradius' der Lieferanten und Abnehmer zu erfolgen. Zum Zeitpunkt der in diesem Fall kritischen Entscheidungssituation, dem Zeitpunkt von Werbung, Vertragsanbahnung und Vertragsschluss auf Gran Canaria, hatten die deutschen Touristen keine Möglichkeit, mit konkurrierenden Anbietern von Merino-Wollprodukten **in Deutschland** Kontakt aufzunehmen. Der Bundesgerichtshof hebt als maßgeblichen Gesichtspunkt zutreffend hervor, dass die Beklagte sich im Wesentlichen dem Wettbewerbsdruck von Unternehmen **in Spanien** ausgesetzt sah.[364] Dieser Gesichtspunkt sollte als allein maßgeblich für die Anwendung spanischen Lauterkeitsrechts erachtet werden. 645

Auf der Grundlage von **Art. 6 Abs. 1 Rom II-VO** sollte die bereits terminologisch problematische[365] und inhaltlich fragwürdige Differenzierung zwischen Werbe- und Absatzmarkt aufgegeben werden. Es genügt festzuhalten, dass der Ort der tatsächlichen Leistungserbringung unmaßgeblich ist. Entscheidend ist das zu erwartende Verhalten der Marktgegenseite, insbesondere die vorhandene oder fehlende Bereitschaft, wirtschaftliche Bedürfnisse grenzüberschreitend zu decken.[366] 646

4. Spürbarkeitserfordernis. a) Wettbewerblicher „spillover" und Spürbarkeit. 647
Unter Zugrundelegung von Art. 6 Abs. 1 Rom II-VO werden grenzüberschreitende Werbemaßnahmen regelmäßig am **Lauterkeitsrecht des Zielstaates** gemessen. Besondere Probleme entstehen allerdings, wenn die Werbebotschaften nicht „für sich" übermittelt werden (wie zB Plakate, Postwurfsendungen), und damit im Hinblick auf den Zielstaat steuerbar sind, sondern von anderen Medien wie zB Zeitungen, Zeitschriften oder Fernsehübertragungen transportiert werden. Dabei sind verschiedene Konstellationen zu unterscheiden: Ein Fernsehsender kann von vornherein eine Vielzahl von Staaten erreichen. Die redaktionellen Beiträge ebenso wie die Werbung werden dann regelmäßig auf das gesamte Sendegebiet ausgerichtet sein. Eine Zeitung mag zwar nationalen Charakter haben, aufgrund ihrer Qualität jedoch auch im Ausland gelesen oder vertrieben werden. Schließlich gibt es reine „Irrläufer", zB regionale oder nationale Zeitungen und Zeitschriften, die über Flugzeuge und deren Ausstattung an Bordlektüre oder über Individualreisende über die Grenzen gelangen.

Bei **Druckerzeugnissen** wurde nach deutschem Recht danach abgegrenzt, ob sie innerhalb des **regelmäßigen Geschäftsbetriebs** ins Land gelangten.[367] Noch auf der Grundlage der Anknüpfung nach allgemeinen Grundsätzen des Internationalen Deliktsrechts befand das Reichsgericht, dass bei Presseerzeugnissen der Begehungsort nicht nur am Erscheinungs-, sondern auch am Vertriebsort liege.[368] Davon ausgehend konnten all diejenigen Jurisdiktionen unberücksichtigt bleiben, in denen das Presseerzeugnis nicht „vertrieben" 648

[361] Dies stellt *Sack* WRP 2008, 845 (848), zu Recht klar.

[362] Wie hier Staudinger/*Fezer/Koos* IntWirtschR Rn. 509; MüKoUWG/*Mankowski* IntWettbR Rn. 161.

[363] BGH WRP 2004, 1484 (1485) – Rotpreis-Revolution.

[364] BGH GRUR 1991, 463 (465) – Kauf im Ausland.

[365] *Sack* WRP 2008, 845 (848).

[366] Bekanntmachung der Kommission über die Definition des relevanten Marktes im Sinne des Wettbewerbsrechts der Gemeinschaft, ABl. 1997 C 373, S. 5, Rn. 48 ff.

[367] So bereits RG GRUR 1936, 670 (676) – Primeros. Vgl. auch BGH GRUR 1971, 153 (155) – Tampax; GRUR 1978, 194 (195) – profil; OLG Frankfurt a. M. ZUM 1991, 593 – Zulässigkeit von Preisvergleichen; OLG München IPRax 2009, 256 juris-Rn. 34 – Salzburger Nachrichten (zur Internationalen Zuständigkeit); MüKoUWG/*Mankowski* IntWettbR Rn. 173.

[368] RG GRUR 1936, 670 (676) – Primeros.

wurde. Von einem Verbreiten könne nicht gesprochen werden, wenn nur da und dort durch Dritte ein Stück oder eine Mehrzahl von Stücken der ausländischen Druckerzeugnisse über die Grenze gelangten.[369]

649 Damit wurde aber lediglich der unbeabsichtigte ***spillover*** der Werbung für kollisionsrechtlich unbeachtlich erklärt. So lange Druckerzeugnisse **im Rahmen des Vertriebssystems** die Grenze überquerten, wurde das Recht des Zielstaates – auch nach der *Stahlexport*-Entscheidung – von der Rechtsprechung für maßgeblich gehalten. So bejahte das Oberlandesgericht Hamburg *obiter* eine zur Anwendung des deutschen Rechts führende **Inlandsbeziehung,** obwohl nur zwei Hefte einer Zeitschrift im Abonnement nach Hamburg geliefert wurden.[370]

650 Auf der Grundlage einer im Sinne der kartellrechtlichen Auswirkungstheorie verstandenen Theorie von der wettbewerblichen Interessenkollision kann die Anwendung des Rechts des Zielstaates einfacher begründet werden. Auch der Ausschluss von Sachverhalten, in denen nur einige wenige Exemplare von Presseerzeugnissen in die Jurisdiktion gelangen, fällt leichter, weil im Regelfall **wettbewerblich relevante Auswirkungen verneint** werden können. Insoweit wird die Rigidität der Abgrenzung auf der Grundlage des geschäftsmäßigen Vertriebs vermieden.[371]

651 Vergleichbar dem **Spürbarkeitserfordernis** des europäischen Kartellrechts müssen auch im Lauterkeitsrecht diejenigen Rechtsordnungen unberücksichtigt bleiben, in denen ein eventueller Wettbewerbsverstoß die Marktverhältnisse nicht nennenswert beeinträchtigt. Die funktionale Betrachtung des Lauterkeitsrechts gebietet demgemäß die Einschränkung, dass das angegriffene Wettbewerbsverhalten am behaupteten Auswirkungsort zu **spürbaren Beeinträchtigungen** geführt hat.[372] Daran fehlt es zB in Fällen, in denen nur wenige Dutzend Exemplare eines Presseerzeugnisses über die Grenze gelangen – unabhängig davon, ob dies im Rahmen des regelmäßigen Vertriebs geschieht.[373]

652 Insoweit bleibt das **Spürbarkeitserfordernis allerdings eine de-minimis-Regel,** mit der die Anwendung von Rechtsordnungen ausgeschlossen werden kann, wenn die dort objektiv eintretenden Marktauswirkungen zu unbedeutend sind, um ein Eingreifen der Rechtsordnung zu gebieten. Die kollisionsrechtliche Spürbarkeitsschwelle stellt das Pendant zur sachrechtlichen Spürbarkeitsschwelle des § 3 Abs. 1 bzw. Abs. 2 UWG dar (vgl. dazu → Einl. B Rn. 337, 346).[374] Beim Kartellrecht besteht die Verletzung in der Beeinträchtigung des freien Wettbewerbs durch seine Vermachtung. Sie setzt den **Ausschluss von Ausweichmöglichkeiten der Marktgegenseite und mithin eine gewisse Breite** der Auswirkungen voraus. Daran knüpft die Beurteilung der **Spürbarkeit anhand bestimmter Marktanteile.**[375]

653 Dem **Lauterkeitsrecht geht es demgegenüber um die Verhinderung der Verfälschung** des Wettbewerbs. Insoweit ist weniger die Marktstellung des Verletzers als die **Natur der Verletzung wesentlich für die Anforderungen an die Spürbarkeit:** Geschäftsentscheidungsrelevante Irreführungen können jeden einzelnen Adressaten fehlleiten

---

[369] RG GRUR 1936, 670 (676) – Primeros; BGH GRUR 1978, 194 (195) – profil.

[370] OLG Hamburg GRUR Int. 1987, 105 (107) – IR/UV-Kombinationstrockner.

[371] GK/*Schricker,* 1. Aufl., Einl. Rn. F 190; MüKoUWG/*Mankowski* IntWettbR Rn. 173. In diesem Sinne OLG München WRP 1986, 357 (zur örtlichen Zuständigkeit); OLG Stuttgart GRUR 1987, 925 – expo data; OLG Frankfurt a. M. ZUM 1991, 593 (594) – Zulässigkeit von Preisvergleichen: Hinzukommen müsse, dass die Verbreitung geeignet sei, den Wettbewerb an dem fraglichen Ort zu beeinflussen.

[372] *Sack* WRP 1988, 320 (328); *Brannekämper* WRP 1994, 661 (664); MüKoBGB/*Drexl* Rom II-VO Art. 6 Rn. 193; GK/*Schricker,* 1. Aufl., Einl. Rn. F 190 mwN. Ebenso zum schweizerischen Recht *Baudenbacher* GRUR Int. 1988, 310 (318); *Baudenbacher* vor Art. 2 Rn. 63; *Schwander* in UWG auf neuer Grundlage, S. 161, 177; und zum österreichischen Recht *Schönherr* ÖBl 1999, 267 (268).

[373] In diesem Sinne auch OLG Stuttgart GRUR 1987, 925 – expo data.

[374] MüKoBGB/*Drexl* Rom II-VO Art. 6 Rn. 200. Anders die Stellungnahme der österreichischen Delegation zur Rom II-VO v. 3.5.2004, Dossier Nr. 2003/0168, Dok.-Nr. 9009/04, S. 2.

[375] Vgl. nur Bekanntmachung der Kommission über Vereinbarungen von geringer Bedeutung, die den Wettbewerb gemäß Artikel 81 Absatz 1 des Vertrags zur Gründung der Europäischen Gemeinschaft nicht spürbar beschränken (de minimis), ABl. 2001 C 368, S. 13.

und dadurch den Wettbewerb beeinträchtigen. Wie beim materiellen Irreführungstatbestand die Spürbarkeit der Beeinträchtigung der geschäftlichen Entscheidung der Verbraucher nicht mehr zu prüfen ist (vgl. → Einl. Rn. 339), bedarf es auch bei der Frage nach dem anwendbaren Recht keines **Vortrags zur Marktstruktur bei der Begründung kollisionsrechtlicher Spürbarkeit.**

b) Spürbarkeit und Artikel 6 Abs. 1 Rom II-VO. Gegen eine Interpretation von **Art. 6 Abs. 1 Rom II-VO** im Sinne einer Anknüpfung an spürbare Marktauswirkungen scheint auf den ersten Blick der Verzicht auf ein solches Erfordernis im Tatbestand der Norm zu sprechen, nachdem sowohl der ursprüngliche als auch der Geänderte Vorschlag das Erfordernis einer **wesentlichen Beeinträchtigung** noch enthielten.[376] Zusammen mit dem Erfordernis der Unmittelbarkeit wurde auch die Wesentlichkeit als geschriebenes Tatbestandsmerkmal aufgegeben (vgl. dazu → Rn. 614). Insoweit ist jedoch ebenso daran festzuhalten, dass bei einem marktorientierten Verständnis der „Wettbewerbsbeziehungen" bzw. der kollektiven Verbraucherinteressen bereits der Begriff der Beeinträchtigung selbstverständlich eine für den Wettbewerb bzw. die kollektiven Verbraucherinteressen **spürbare Beeinträchtigung** voraussetzt.[377] Das ungeschriebene Tatbestandserfordernis der Spürbarkeit hat auch im **EU-Kartellrecht eine Doppelfunktion** und wird sowohl auf die den Anwendungsbereich des EU-Kartellrechts begründende Beeinträchtigung des zwischenstaatlichen Handels als auch auf die materielle Wettbewerbsbeschränkung bezogen.[378] Es entspricht damit der Praxis des EU-Kartellrechts, dem einheitlichen Grundsatz des Spürbarkeitserfordernisses als Korrelat des Auswirkungsprinzips bereits auf der kollisionsrechtlichen Ebene Ausschlusswirkung beizumessen. Die von der österreichischen Regierung bemühte Argumentation, die Spürbarkeit sei allein eine Frage des materiellen Rechts, wird im EU-Kartellrecht damit nicht zugrundegelegt. 654

5. Multistate-Wettbewerb. a) Marktortprinzip und objektive Konkretisierung der Marktauswirkungen am Beispiel des Online Marketing. In der Literatur wird zT hervorgehoben, dass ein wesentlicher Vorteil der wettbewerbsrechtlichen Anknüpfung nach dem Auswirkungsprinzip gegenüber der deliktischen Anknüpfung darin zu erkennen sei, dass das mit letzterer verbundene Ubiquitätsprinzip (Anwendbarkeit der Normen sowohl am Ort aller Schädigungshandlungen als auch sämtlicher Rechtsgutsverletzungen) ausgeschaltet und durch einen einheitlichen Ort der Marktauswirkungen ersetzt werde.[379] Bei einfachen **Distanzdelikten**[380] führt das Marktortprinzip, wie es nunmehr in Art. 6 Abs. 1 Rom II-VO niedergelegt ist, in der Tat zu einer **Normenkonzentration auf das Recht des Marktortes.**[381] 655

Es wäre indes verfehlt, daraus zu schließen, dass unter Zugrundelegung von Art. 6 Abs. 1 Rom II-VO jeweils nur eine – möglichst die heimische – Lauterkeitsrechtsordnung zur Anwendung käme. Bei konsequenter Anwendung des Auswirkungsprinzips können durchaus **mehrere Rechtsordnungen** kumulativ **anwendbar** sein.[382] Zu einer **Normenku-** 656

[376] So *Handig* GRUR Int. 2008, 25 (28); *Sack* WRP 2008, 845 (854).

[377] *Leible/Lehmann* RIW 2007, 721 (729); Staudinger/*Fezer/Koos* IntWirtschR Rn. 643 mwN; GK/*Klass* Einl. D Rn. 321, sogar auf der Grundlage der Einwirkungslehre.

[378] Vgl. deutlich EuGH Slg. 1998, I-1983 Rn. 16, 25 ff. = GRUR Int. 1998, 598 – Javico, zur kollisionsrechtlichen Spürbarkeit; Groeben/Schwarze/Hatje/*Schröter/Voet van Vormizeele* AEUV Art. 101 Rn. 199.

[379] *Schwander* in UWG auf neuer Grundlage, S. 161, 177.

[380] Die Verwendung des dem Internationalen Deliktsrecht zuzurechnenden Begriffs mag aus eben diesem Grund beanstandet werden, vgl. Fezer/*Hausmann/Obergfell* IntLautPrivatR Rn. 287, kennzeichnet aber treffend die Möglichkeit des geographischen Auseinanderfallens des konkreten zu beanstandenden Wettbewerbsverhaltens und seiner Marktauswirkungen.

[381] Deutlich BGH GRUR 1991, 463 (465) – Kauf im Ausland; GK/*Schricker,* 1. Aufl., Einl. Rn. F 185; Staudinger/*Fezer/Koos* IntWirtschR Rn. 458: Schwerpunktbetrachtung, soweit auf den Interessenkollisionsort als Ort des Wettbewerbsschwerpunkts abgestellt wird; besonders deutlich in diesem Sinne BGH GRUR Int. 1988, 357 (358) – Ein Champagner unter den Mineralwässern.

[382] *K. Troller* S. 137; *Baudenbacher* GRUR Int. 1988, 310 (318); GK/*Schricker,* 1. Aufl., Einl. Rn. F 189; BasK-IPR/*Dasser* Art. 136 Rn. 13; *Schwander,* UWG auf neuer Grundlage, S. 161, 177; *Bornkamm* in Neues

mulation kann es insbesondere[383] durch **multinationales Marketing** kommen.[384] In diesen Fällen muss die geschäftliche Handlung nach allen anwendbaren Lauterkeitsrechtsordnungen zulässig sein; dass das Verhalten in einer Jurisdiktion zulässig ist, steht dem Unlauterkeitsurteil nach einer anderen Lauterkeitsrechtsordnung nicht entgegen.[385] Bei **unteilbaren geschäftlichen Handlungen** müssen die Wettbewerbsteilnehmer sich faktisch nach dem **strengsten Lauterkeitsrecht** richten. Besondere Ansatzpunkte für eine Begrenzung der Normenkumulation bietet Art. 6 Abs. 1 Rom II-VO nicht. Da die Norm ausdrücklich auf die objektive (drohende) Beeinträchtigung von Wettbewerbsbeziehungen bzw. kollektiven Verbraucherinteressen abstellt, sollte bei geschäftlichen Handlungen im Internet jedenfalls die – ohnehin kaum weiterführende – Beschränkung durch das auf ein subjektives Element abstellende Erfordernis der „bestimmungsgemäßen Abrufbarkeit" (dazu sogl.) aufgegeben werden.[386]

657 Die nach Art. 6 Abs. 1 Rom II-VO mögliche Rechtskumulation in Verbindung mit der Möglichkeit des *forum shopping*[387] wurde vom Europäischen Parlament zwar missbilligt.[388] Als Kompromiss wurde in Art. 6 Abs. 3 lit. b Rom II-VO eine Sonderregelung geschaffen.[389] Aus ihrem Wortlaut und der Systematik der Vorschriften erhellt jedoch,[390] dass der Anwendungsbereich dieser Norm auf die **zivilrechtliche Haftung aus Kartellrechtsverletzungen** beschränkt ist: Artikel 6 Abs. 3 lit. b selbst nimmt sprachlich auf Einschränkungen des Wettbewerbs Bezug. Die Erläuterungen in EGr. 23 machen deutlich, dass damit ausschließlich Kartellrechtsverstöße gemeint sind. Überdies ist die Vorschrift in Art. 6 Abs. 3 integriert, der bereits in lit. a an dieselben Einschränkungen des Wettbewerbs anknüpft. Insoweit muss es außerhalb der Anwendung dieser Sondervorschrift bei der Anwendung der allgemeinen Grundsätze bleiben[391] (vgl. dazu → Einl. Rn. 728 f.).[392] Man gelangt danach zu einer **„Mosaikbetrachtung"**, die bereits den Vorstellungen der Kommission in der Begründung des Vorschlags zugrundelag.[393] Die unbestreitbaren Nachteile der Rechtskumulation müssen auf andere Weise gemildert werden.

658 Die Problematik von **multistate-Sachverhalten** und der damit verbundenen Normenkumulation hat durch den Einsatz des Internet als Marketinginstrument an Brisanz gewonnen.[394] Die kollisionsrechtliche Behandlung von Wettbewerbsverstößen im Internet ist Gegenstand eingehender Diskussion geworden.[395]

Recht für neue Medien, S. 99, 114; Staudinger/*Fezer/Koos* IntWirtschR Rn. 519; *Fox* E. C. L. R. 1999, 334 (336). Auch Art. II.2 der Resolution II – The conflict-of-laws rules on unfair competition – des Institut de Droit International sieht die Rechtskumulation vor, Institut de Droit International. Annuaire Vol. 60 Tome II, 1984, S. 292 ff.

383 Normenkumulation tritt ebenfalls ein, wenn ein einheitliches Verhalten Auswirkungen auf mehreren Produktmärkten hat, wie beispielsweise in Fällen von Koppelungsangeboten iwS, zB OLG Innsbruck HWR 1986, H 4, 34 (35).

384 GK/*Schricker*, 1. Aufl., Einl. Rn. F 189.

385 BGH WRP 1987, 446 – Unternehmensberatungsgesellschaft I; WRP 2007, 1346 (1348) – Bundesdruckerei.

386 Bereits *Sack* WRP 2008, 845 (852).

387 Übersehen wurde dabei freilich, dass das *forum shopping* nicht durch die Rechtskumulation, sondern die zahlreichen besonderen Gerichtsstände gem. Art. 5 Nr. 3 EuGVVO ermöglicht wird, vgl. dazu → Einl. Rn. 721 ff.

388 Abschließendes Arbeitsdokument des Vermittlungsausschusses v. 10.5.2007, Interinstitutionelles Dossier 2003/0168 (COD), Dok.-Nr. 9457/07, S. 18.

389 Abschließendes Arbeitsdokument des Vermittlungsausschusses v. 10.5.2007, Interinstitutionelles Dossier 2003/0168 (COD), Dok.-Nr. 9457/07.

390 Der Bericht der Delegation des Europäischen Parlaments im Vermittlungsausschuss v. 28.6.2007, A6–0257/2007, S. 7, legt allerdings nahe, dass diese Trennung nicht erkannt wurde.

391 Vgl. dazu *Lindacher* GRUR Int. 2008, 453 (456).

392 *Leible/Lehmann* RIW 2007, 721 (729).

393 Begründung KOM(2003) 427 endg., S. 12.

394 Vgl. dazu *Hoeren* WRP 1997, 993 (997 ff.).

395 *Rosenthal* AJP/PJA 1997, 1340 ff.; *Bornkamm* in Neues Recht für neue Medien, S. 99 ff.; *Dethloff* NJW 1998, 1596 ff.; *Dethloff* JZ 2000, 179 ff.; *Rüssmann* K&R 1998, 422 ff.; *Mankowski* RabelsZ 63 (1999), 203 ff.;

Bei **geschäftlichen Handlungen im Internet** sind kollisionsrechtlich relevante Auswirkungen überall dort anzunehmen, wo in das Marktgeschehen eingegriffen wird. Der Ort der **Netzeinspeisung** ist demgemäß **unerheblich.**[396] **Ausgangspunkt** für die Begründung marktrelevanter Auswirkungen ist der **Abruf bestimmter Websites.**[397] Bei abnehmerorientierten Tatbeständen (zB Täuschung, unangemessene Einflussnahme) sind all jene Orte maßgebend, an denen geschäftliche Entscheidungen der Abnehmer beeinflusst werden. Die von der Rechtsprechung vorgenommene weitere Eingrenzung, wonach sich der Internet-Auftritt **bestimmungsgemäß** auch im Inland ausgewirkt haben muss,[398] wird ohne eine entsprechende objektive Konkretisierung (dazu sogl.) regelmäßig folgenlos bleiben. Bei konkurrentenorientierten Tatbeständen (Herabsetzung, Ausbeutung) ist zudem erforderlich, dass die Betroffenen am fraglichen geographischen Markt präsent sind.[399] **659**

Dennoch bleibt es bei einer für den Anbieter hinderlichen Häufung verschiedener Rechtsordnungen. Je mehr die Anbieter versuchen, dem Wesen des Internet als global verfügbarem Medium gerecht werdende, dh **international nutzbare Angebote** zu machen, desto schwerer wird die **Last der Normenkumulation.**[400] Vor diesem Hintergrund sind die Versuche zu begreifen, die Zahl der auf geschäftliche Handlungen im Internet anwendbaren Rechtsordnungen zu begrenzen.[401] Der Ort der wettbewerblichen Interessenkollision sei mit Blick auf den Wettbewerb von Internetanbietern zu konkretisieren. Der **Ort der Abrufbarkeit** könne **lediglich** als **Ausgangspunkt** dienen. Weitere, wertende Überlegungen seien für eine sachgerechte Erfassung nötig.[402] **660**

aa) Beschränkung durch Spürbarkeitserfordernis. Nach inzwischen wohl anerkannter Meinung ist zunächst die **Schranke der Spürbarkeit** (vgl. dazu bereits → Rn. 647 ff.) zu überwinden. Für Vertreter einer Auswirkungstheorie ergibt sich dieses Erfordernis zwingend aus der Anknüpfung an den Schutz des Wettbewerbs, dessen es eben nicht bedarf, so lange dieser Wettbewerb nicht spürbar beeinträchtigt wird.[403] Doch auch Vertreter der Einwirkungstheorie instrumentalisieren die Spürbarkeit.[404] **661**

Bei geschäftlichen Handlungen im Internet soll das Kriterium der **Spürbarkeit** nach in der Literatur vertretener Auffassung durch **die finale Ausrichtung indiziell ausgefüllt** werden.[405] Dem ist entgegenzutreten. Das Spürbarkeitserfordernis findet seinen Grund und seine Grenzen im Zweck des Lauterkeitsrechts, die Wettbewerbsordnung und damit den Markt als Institution zu schützen. Dass Lauterkeitsrecht Marktverhaltensrecht ist, ändert daran nichts und rechtfertigt auch nicht die besondere Berücksichtigung subjektiver Vorstellungen des Wettbewerbers.[406] **662**

Mankowski GRUR Int. 1999, 909 ff.; *Mankowski* GRUR Int. 1999, 995 ff.; *Sack* WRP 2000, 269 (277 ff.); *Schack* MMR 2000, 59 ff.

[396] KG GRUR Int. 2002, 448 (449) – Knoblauch-Kapseln; LG Hamburg GRUR Int. 2002, 163 (164) – hotel-maritime.dk; *Bornkamm* in Neues Recht für neue Medien, S. 99, 114; *Rüssmann* K&R 1998, 422 (425); *Mankowski* GRUR Int. 1999, 909 (910) mwN in Fn. 22; Fezer/*Hausmann/Obergfell* IntLautPrivatR Rn. 299.

[397] *Mankowski* GRUR Int. 1999, 909 (910) mwN in Fn. 21.

[398] BGH WRP 2006, 736 (738) – Arzneimittelwerbung im Internet; WRP 2007, 174 (175) – Schulden Hulp; zul. BGH GRUR 2014, 601 Rn. 38 – englischsprachige Pressemitteilung. Abl. jedenfalls nach Art. 6 Abs. 1 Rom II-VO *Sack* WRP 2008, 845 (852).

[399] EuGH Slg. 1995, I-415 Rn. 29 = GRUR Int. 1998, 298 – Shevill. Offenlassend für Wettbewerbsverletzungen BGH GRUR 2014, 601 Rn. 46 – englischsprachige Pressemitteilung.

[400] Bereits *Glöckner* ZVglRWiss 99 (2000), 278 (298).

[401] Vgl. auch die Nachw. bei *Sack* WRP 2000, 269 (274).

[402] *Mankowski* GRUR Int. 1999, 909 (910).

[403] Vgl. bereits → Rn. 647 ff.; ebenso *Koos* WRP 2006, 499 (507); Staudinger/*Fezer/Koos* IntWirtschR Rn. 529.

[404] *Höder* S. 60; Fezer/*Hausmann/Obergfell* IntLautPrivatR Rn. 293; MüKoUWG/*Mankowski* IntWettbR Rn. 210 ff.; MüKoBGB/*Drexl* Art. 6 Rom II-VO Rn. 192.

[405] *Mankowski* GRUR Int. 1999, 909 (916 ff.). Ähnlich *Sack* WRP 2000, 269 (278): Die Spürbarkeit sei idR auf den bestimmungsgemäßen Verbreitungsort beschränkt, enger nunmehr *Mankowski* WRP 2008, 845 (852).

[406] MüKoBGB/*Drexl* Rom II-VO Art. 6 Rn. 194.

663 Zweifelhaft ist die Leistungsfähigkeit dieses Instruments indes, soweit es über eine allgemeine Bagatellgrenze hinausgehend die Rechtskumulation verhindern soll.[407] Wiewohl das Ziel legitim erscheint – und insbesondere im europäischen Rahmen die Bestrebungen, ein Herkunftslandprinzip zu etablieren, trägt –, erscheint das Mittel fragwürdig. Zuzustimmen ist allerdings der Feststellung, dass das **Spürbarkeitskriterium nicht allein auf quantitative Aspekte im engeren Sinne bezogen** werden darf, sondern nach wertenden Gesichtspunkten auszufüllen ist.[408] Das liegt allerdings vor allem an dem **gegenüber dem Kartellrecht unterschiedlichen Bezugspunkt der Wettbewerbsverletzung** (vgl. bereits → Rn. 603).

664 Der Annahme, dass eine weitergehende kollisionsrechtliche **Verhältnismäßigkeitsprüfung aus völkerrechtlichen Gründen** geboten sei, ist zu entgegnen, dass die **völkerrechtlichen Bedenken,** die wohl insbesondere die frühere Zurückhaltung des EuGH[409] gegenüber der Anwendung eines kartellrechtlichen Auswirkungsprinzips erklären, inzwischen in der soweit ersichtlich weltweiten Praxis[410] ausgeräumt sind, wenn die **Marktauswirkungen direkt, spürbar und vernüftigerweise vorhersehbar**[411] sind. All dies ist bei typischem multinationalem Marketing im Internet der Fall. Es bedarf daher auch unter diesem Gesichtspunkt keiner weiteren „Aufladung" des Spürbarkeitserfordernisses. Vielmehr besteht die Gefahr, dass die materielle Auseinandersetzung über die Wettbewerbsbeeinträchtigung insgesamt in die kollisionsrechtliche Fragestellung verlagert wird.

665 **bb) Beschränkung durch subjektive oder finale Anforderungen.** Insbesondere die Rechtsprechung unternimmt den Versuch einer Eingrenzung durch die Einbeziehung subjektiver Erfordernisse: Der Internet-Auftritt müsse sich **bestimmungsgemäß im Inland auswirken.**[412] Die Bestimmungsgemäßheit wird allerdings **typischerweise ausschließlich aufgrund objektiver Umstände** festgestellt.[413]

666 **cc) Beschränkung durch objektiv feststellbar begrenzte Marktauswirkungen.** Richtiger erscheint es demgegenüber, bei Wettbewerbshandlungen im Internet über die allein als Bagatellgrenze zu verstehende Grenze der Spürbarkeit (vgl. dazu → Rn. 652) hinaus[414] die **Auswirkungsorte** aufgrund der **objektiven**[415] **Gestaltung der Website**

---

[407] So insbes. *Höder* S. 66 ff., 81; *Koos* WRP 2006, 499 (507); Staudinger/*Fezer/Koos* IntWirtschR Rn. 533. Dagegen wohl auch MüKoBGB/*Drexl* Rom II-VO Art. 6 Rn. 194 („jedenfalls nicht zureichend"); MüKoUWG/*Mankowski* IntWettbR Rn. 213.

[408] *Koos* WRP 2006, 499 (507).

[409] Der EuGH hatte eine ausdrückliche Stellungnahme lange vermieden und in der Vergangenheit darauf abgestellt, dass wettbewerbswidrige Absprachen innerhalb der Gemeinschaft durchgeführt wurden, so EuGH Slg. 1988, 5193 Rn. 12 ff., 16 = NJW 1988, 3086 – Zellstoff, bzw. dass die Unternehmen Niederlassungen innerhalb der Gemeinschaft betrieben, EuGH 48/69, Slg. 1972, 619 Rn. 132 ff. – – ICI. Erst in der Entscheidung EuGH ECLI:EU:C:2017:632 = GRUR Int. 2018, 69 – Intel, bekannte auch der EuGH sich zum Auswirkungsprinzip.

[410] Im EU-Kartellrecht EuG, Slg. 1999, II-753 Rn. 89 ff. = WuW/E EU-R 213 – Gencor. Eine überschießende extraterritoriale Anwendung des US-Kartellrechts nach der *effects doctrine,* vgl. insbes. *Hartford Fire Insurance Co. v. California,* 113 S. Ct. 2891 (1993), wird durch den Federal Trade Improvement Antitrust Act (FTAIA) eingeschränkt.

[411] So die Kriterien des Federal Trade Antitrust Improvement Act (FTAIA) von 1982, die in § 403 Restatement (Third) of Foreign Relations Law of the United States (1987) übernommen wurden, und bereits in der genannten *Gencor* Entscheidung des EuG, und später insbesondere im Empagran-Fall des U. S. Supreme Court begrenzend herangezogen wurden, *F. Hoffmann-La Roche Ltd. v. Empagran S. A.,* 124 S. Ct. 2359 (2004).

[412] BGH WRP 2006, 736 (738) – Arzneimittelwerbung im Internet; WRP 2006, 1516 (1517) – Pietra di Soln; BGH GRUR 2014, 601 Rn. 38 – englischsprachige Pressemitteilung.

[413] GK/*Klass* Einl. D Rn. 319 mwN.

[414] Die Kritik von *Höder* S. 66 Fn. 204, beruht wohl auf einem Missverständnis: Bereits in ZVglRWiss 99 (2000), 278 (294), sollte zum Ausdruck gebracht werden, dass mit der Spürbarkeitsschwelle bei Wettbewerbsverletzungen im Internet das Problem der Normenkumulation nicht zu lösen ist, dort S. 295. Das „darüber hinaus" bezieht sich auf das zusätzliche Instrument zur Verhinderung der Normenkumulation. Die Umstände in der Gestaltung der website dienen der Beantwortung der Frage, auf welchen Absatzmärkten überhaupt lauterkeitsrechtsrelevante Auswirkungen eintreten. Die Frage nach einer Beschränkung der Absatzmärkte

einzugrenzen und damit zu einer Vermeidung der Normenkumulation beizutragen. Die Differenzierung von Werbe- und Absatzmarkt[416] (vgl. dazu bereits → Rn. 641 ff.) hat in der Vergangenheit bisweilen den Blick darauf verstellt,[417] dass **jegliche Wirtschaftswerbung auf eine bestimmte Absatztätigkeit gerichtet** ist.[418] Wettbewerbliche Interessen sind nur berührt, wenn die Werbung im Internet nicht nur empfangen werden kann, sondern auch geeignet ist, eine Absatzhandlung auszulösen.[419] Die **Absatztätigkeit** ist gerade bei der Werbung im Internet geeignet, den Ort der Marktauswirkung zu konkretisieren. Sie bestimmt den relevanten Markt; es handelt sich nicht allein um ein Indiz zur Bemessung der Spürbarkeitsschwelle.[420]

(a) Beschränkung der Marktauswirkungen durch die Natur des Produkts. Zunächst vermag die **Natur der Produkte,** für die im Internet geworben wird, uU[421] die Marktauswirkungen zu begrenzen. Die Websites einer örtlichen Gaststätte oder eines Pizzabringdienstes mögen zwar weltweit abgerufen werden können; das beworbene Produkt wird indes lokal vermarktet. Dem **globalen Werbemarkt korrespondiert kein entsprechender Absatzmarkt.** Entsprechend **eng sind die Marktauswirkungen.**[422] 667

(b) Beschränkung der Marktauswirkungen durch die Vertriebspolitik des Anbieters. In der Literatur wird darauf verwiesen, dass der Internet-Anbieter es in der Hand habe, durch die Gestaltung seiner Angebote deutlich zu machen, an welchen Kundenkreis er sich wende. Er soll die technisch unumgängliche Universalität des Mediums für sich entschärfen können.[423] Dieser Gesichtspunkt wird zum Teil unter dem Obersatz der mangelnden Finalität,[424] zT auch unter dem der Spürbarkeit,[425] herangezogen. Sinnvollerweise muss demgegenüber angenommen werden, dass eine Internet-Werbung trotz ihrer unleugbaren Präsenz **außerhalb des Vertriebsbereichs objektiv keine Marktauswirkungen** zeitigt, wenn ein Anbieter bestimmte geographische **Märkte tatsächlich nicht bedient** und das bei seinem Internet-Auftritt deutlich macht. 668

Eine solche erkennbare Begrenzung des wirtschaftlichen Aktionsgebiets kann sich unmittelbar aus einer **Vertriebspolitik** ergeben. Weist der Internet-Anbieter darauf hin, dass er allein einen bestimmten und umgrenzten Markt bedienen will, **und setzt er diese Beschränkung praktisch um („eingehaltene *disclaimer*"),** so sind auch nur die entsprechenden Lauterkeitsrechtsordnungen heranzuziehen.[426] **Bloß interne Weisungen ge-** 669

---

durch objektive Konkretisierung des Angebots, welche relevante Auswirkungen ausschließt, ist argumentativ der Frage nach der Spürbarkeit eintretender Auswirkungen vorgelagert.

[415] So auch *Mankowski* GRUR Int. 1999, 909 (921), in seiner Zusammenfassung; Ohly/Sosnitza/*Ohly* Einf. B Rn. 25.

[416] Vgl. nur BGH GRUR 1991, 463 – Kauf im Ausland, sowie die Nachw. bei *Sack* WRP 2000, 269 (272) Fn. 34.

[417] Tatsächlich ist die hier vorgeschlagene Lösung auch unter Anknüpfung an die Theorie der wettbewerblichen Interessenkollision praktikabel, vgl. *Sack* WRP 2008, 845 (852).

[418] Staudinger/*v. Hoffmann* EGBGB Art. 40 Rn. 329; *Mankowski* GRUR Int. 1999, 909 (911).

[419] *Bornkamm* in Neues Recht für neue Medien, S. 99, 115.

[420] So etwa Fezer/*Hausmann/Obergfell* IntLautPrivatR Rn. 303.

[421] LG Frankfurt a. M. CR 1999, 450 (451) – Anbieten im Internet: keine Begrenzung, wenn angebotenes Produkt (in casu: Füllfederhalter) weltweit verwendbar.

[422] LG Hamburg GRUR Int. 2002, 163 – hotel-maritime.dk (unter dem Gesichtspunkt des fehlenden Inlandsbezugs); *Sack* WRP 2008, 845 (852). Vgl. auch zB *Bensusan Restaurant Corp. v. King and The Blue Note,* 937 F. Supp. 295, 299 (S. D. N. Y. 1996), zur Frage der örtlichen Zuständigkeit: Ein Jazz-Club in Columbia, Miss., trat im Internet mit dem Namen „Blue Note" des bekannten New Yorker Jazz-Clubs auf. Das New Yorker Gericht erklärte sich auf der Grundlage des New Yorker *long-arm statute* für unzuständig. Die bloße Zugriffsmöglichkeit der website von New York aus genüge nicht.

[423] *Rüssmann* K&R 1998, 422 (426).

[424] *Rüssmann* K&R 1998, 422 (426).

[425] *Mankowski* GRUR Int. 1999, 909 (917 ff.); *Sack* WRP 2000, 269 (278); *Höder* S. 66 ff.; Staudinger/*Fezer/Koos* IntWirtschR Rn. 530.

[426] So ausdrücklich BGH WRP 2006, 736 (739) – Arzneimittelwerbung im Internet; KG GRUR Int. 2002, 448 – Knoblauch-Kapseln. Zurückhaltender noch OLG Frankfurt a. M. CR 1999, 450 (451) – Anbieten im Internet; OGH ÖBl 2003, 31 (32) – Boss-Zigaretten IV: bloß indizielle Wirkung. Wie hier

nügen allerdings nicht.[427] Werden ***disclaimer* nicht eingehalten,** so fehlt es ebenfalls an einer Konkretisierung des Marktortes.[428] Bei der Beurteilung der Ernsthaftigkeit eines *disclaimers* (zB „aber nicht an britische Adressen") können entgegenstehende Indizien auf der Website (zB Preisangaben in Pfund) berücksichtigt werden.[429]

670 Der Grundsatz, wonach eingehaltene *disclaimer* die Marktauswirkungen geographisch beschränken, darf jedoch nicht verabsolutiert werden. Immerhin sind **Fälle denkbar,** in welchen **zwar der Absatz durch den Werbenden selbst ausgeschlossen** wird, die fragliche Werbung gleichwohl aber noch dadurch den **Absatz beeinflusst, dass sie das entsprechende Produktangebot eines Dritten begünstigt.**[430]

671 Wenn eine Einschränkung sich weder aus der Natur der vertriebenen Produkte noch aus einer ausdrücklichen Begrenzung auf ein bestimmtes Vertriebsgebiet ergibt, muss auf **Indizien** zurückgegriffen werden:[431] Dazu zählt zunächst die verwendete **Sprache.** Bei mehrsprachigen Websites ist davon auszugehen, dass der Internet-Anbieter einen den verwendeten Sprachen entsprechenden Vertriebsbereich hat. Bei der Verwendung nur einer Sprache ist zu differenzieren: Andere Sprachen als die englische indizieren einen auf den jeweiligen Sprachraum begrenzten Vertriebsbereich.[432] Übernationale Marktauswirkungen sind allenfalls innerhalb der kulturellen Sprachgrenzen denkbar. Bei einer deutschsprachigen Website ist in der Regel von der Anwendbarkeit des deutschen Lauterkeitsrechts auszugehen.[433] Darüber hinaus kann ein Vertriebsbereich angenommen werden, der Österreich und den deutschsprachigen Teil der Schweiz umfasst, bei einer französischsprachigen muss der wallonische Teil Belgiens und die romanische Schweiz einbezogen werden. Wird demgegenüber die englische Sprache von einem Anbieter verwendet, dessen Sitz sich nicht in einem englischsprachigen Staat befindet, kann dem entnommen werden, dass der Anbieter einen internationalen Vertriebsbereich hat. Selbst wenn ein Anbieter eine deutschsprachige Website betreibt, auf dieser Website aber auf englischsprachige websites verweist, ist davon auszugehen, dass auch diese Websites Auswirkungen auf dem deutschen Markt haben.[434] Ähnliches gilt für die verwendete top level domain: Die Verwendung der top level domain .de indiziert jedenfalls, dass Deutschland zum Vertriebsbereich zählt.[435]

672 **Weitere Indizien** halten die auf der Website gemachten **Hinweise zur Vertragsdurchführung** bereit.[436] Angebote, die Preisangaben in mehreren Währungen enthalten,

Bornkamm in Neues Recht für neue Medien, S. 99, 116; *Sack* WRP 2008, 845 (852). AA Staudinger/*Fezer*/*Koos* IntWirtschR Rn. 530. Die Annahme der kollisionsrechtlichen Relevanz der Beschränkung des Vertriebsgebiets steht im deutschen Recht auf den ersten Blick in gewissem Widerspruch zur bereits erwähnten *Tampax*-Entscheidung des BGH GRUR 1971, 153 (154), in welcher die Anwendbarkeit deutschen Rechts angenommen worden war, obwohl der Urheber der angegriffenen Anzeige allein in der Schweiz wirtschaftlich tätig war. Vereinbaren lassen sich die Aussagen gleichwohl, da im *Tampax*-Fall eine für ein Produkt werbende Anzeige angegriffen wurde, welches – wenngleich von einem anderen Unternehmen – auch auf dem deutschen Markt vertrieben wurden. Daraus ergaben sich trotz der Beschränkung des Vertriebsgebietes der Beklagten relevante Auswirkungen auf dem deutschen Markt.

[427] OLG Frankfurt a. M. CR 1999, 450 (451) – Anbieten im Internet.

[428] BGH WRP 2006, 736 (739) – Arzneimittelwerbung im Internet; OGH ÖBl. 2003, 31 (32) – Boss-Zigaretten IV.

[429] BGH WRP 2006, 736 (738) – Arzneimittelwerbung im Internet „ersichtlich nicht ernst gemeint".

[430] Ähnlich war der Fall BGH GRUR 1971, 153 – Tampax, gelagert.

[431] Beispielhaft OLG Frankfurt a. M. CR 1999, 450 – Anbieten im Internet. Vgl. dazu im einzelnen *Mankowski* GRUR Int. 1999, 909 (917 ff.); Ohly/Sosnitza/*Ohly* Einf. B Rn. 25.

[432] GmS-OGB GRUR 2013, 417 Rn. 15 – Medikamentenkauf im Versandhandel; OLG Köln GRUR-RR 2014, 298 Rn. 12 – Tourismusabgabe: Verwendung der deutschen Sprache indiziert Auswirkungen auf dem deutschen Markt.

[433] GmS-OGB GRUR 2013, 417 Rn. 15 – Medikamentenkauf im Versandhandel; OLG Köln GRUR-RR 2014, 298 juris-Rn. 12 – Tourismusabgabe; OLG Köln GRUR-RR 2014, 218 juris-Rn. 6 – Gerüstelement.

[434] BGH GRUR 2014, 601 Rn. 31, 38 – englischsprachige Pressemitteilung.

[435] BGH GRUR 2014, 601 Rn. 32, 38 – englischsprachige Pressemitteilung; KG WRP 2016, 392 juris-Rn. 44.

[436] Zu den Indizien vgl. EuGH Slg. 2010 I-12527 Rn. 83 = NJW 2011, 505 – Pammer u. Alpenhof, im Zusammenhang des Ausrichtens gem. Art. 17 EuGVVO.

deuten auf einen entsprechenden Vertriebsbereich. Auch die vorgesehene Zahlungsweise *(„mail your check")* oder Angaben zur Durchführung *(„shipment US $ 10 within US and CDN")* können auf einen bestimmten Markt verweisen.[437] Je internationaler die Präsentation (*„main export markets: worldwide"*,[438] *„we ship worldwide"*, *„payment by credit card"*), desto eher ist ein internationaler Vertriebsbereich anzunehmen.

b) Konsequenzen für den Lauterkeitsprozess. Das Konzept der objektiven Konkretisierung des Absatzmarktes bietet zugleich eine **Möglichkeit zur Konfliktlösung** für den Fall, dass das beanstandete Werbeverhalten ursprünglich gerade nicht konkretisiert ist. Es bedarf insoweit freilich der weiteren Zugrundelegung des im EuGH-Urteil *Shevill* (vgl. dazu → Einl. Rn. 728) zum Ausdruck gekommenen Prinzips, dass die **Anwendung einer nationalen Rechtsordnung nicht zu ihrem faktischen Export führen darf:**[439] Die Gerichte müssen bei Streitigkeiten im internationalen Verhältnis auf der Rechtsfolgenseite auch die kollisionsrechtlichen Voraussetzungen ihrer Rechtsanwendung berücksichtigen. 673

Unproblematisch lösen lassen sich dadurch Fälle, in denen **reparatorische Rechtsbehelfe** geltend gemacht werden. Der **ersatzfähige Schaden** kann jeweils nur unter Zugrundelegung des oder der Vertriebsgebiete berechnet werden, in denen das beanstandete Verhalten unzulässig ist. Auch die für das Lauterkeitsrecht als Marktordnungsrecht typischeren **negatorischen Rechtsbehelfe** (Anspruch auf Unterlassung und Beseitigung) sollen **im Grundsatz für jeden Staat separat** beurteilt werden.[440] Beseitigungs- und Unterlassungsgebote sind entsprechend zu fassen.[441] Vor allem im Internet begangene Wettbewerbsverstöße scheinen sich allerdings auf den ersten Blick einer solchen „mosaikartigen" Behandlung zu entziehen, da ihnen **unteilbare Handlungen** zugrunde liegen.[442] Der Ausschluss der Abrufbarkeit aus bestimmten Staaten ist technisch nur sehr eingeschränkt möglich.[443] Durch ein allgemeines Verbot würde der Internet-Anbieter gezwungen, die beanstandete Website insgesamt vom Netz zu nehmen. Die angegriffene geschäftliche Handlung im Internet kann nur insgesamt entweder begangen oder unterlassen werden. Im Bereich der Kennzeichenrechte käme es gar zu einer wechselseitigen Blockierung von Marken, die jeweils im nationalen Rahmen wirksam geschützt werden.[444] 674

Die **gebotene Begrenzung der Reichweite der Sanktion** lässt sich mit der oben dargestellten Möglichkeit der **objektiven Konkretisierung des Absatzmarktes** verbinden: Eine geschäftliche Handlung, die nach einem anwendbaren Lauterkeitsrecht unzulässig ist, kann auch dadurch „gerettet" werden, dass der betroffene Wettbewerber die **Marktauswirkungen** in dieser Jurisdiktion **beseitigt.** Beim Online Marketing kann er zwar nicht den Eingriff in den Werbemarkt territorial begrenzt ausschließen, wohl aber den Eingriff in den maßgebenden Absatzmarkt. Durch eine **Verurteilung zur Einstellung** 675

---

[437] LG Karlsruhe IPRspr 2011, Nr. 166, 398, juris-Rn. 46; *Höder* S. 76; bereits *Glöckner* ZVglRWiss 99 (2000), 278 (297).

[438] OLG Frankfurt a. M. CR 1999, 450 – Anbieten im Internet.

[439] GK/*Schricker,* 1. Aufl., Einl. Rn. F 185.

[440] OGH ÖBl. 1998, 225 (227) – Haftgel; *Schlosser* Art. 5 Rn. 20.

[441] OGH ÖBl 1998, 225 (227) – Haftgel; *Bär* FS Moser, 1987, 143 (159).

[442] *Sack* GRUR Int. 1988, 323 (325); *Sack* WRP 2000, 269 (274, 278); *Lindacher* WRP 1996, 645 (648).

[443] Vgl. die ältere Darstellung in *Shea on behalf of American Reporter v. Reno,* 930 F. Supp. 916, 933 ff. (S. D. N. Y. 1996). Ähnlich *Schneider,* Die Wirksamkeit der Sperrung von Internet-Zugriffen, MMR 1999, 571 (573 ff.). In der Zwischenzeit gibt es zwar *Geolocation Technologies,* die mithilfe der IP-Adresse einen Rückschluss auf den Ort des Abrufs gestatten. Eine sichere Zuordnung ist damit jedoch nicht möglich, da zum einen kein zentrales Register der IP-Adressen unter Zuordnung eines geographischen Standortes existiert, zum anderen mit jedermann zugänglichen Methoden wie dem VPN-Tunneln oder dem Gebrauch von Anonymisierungstechnologien die Erkennung des tatsächlichen Orts des Abrufs ausgeschlossen werden kann.

[444] *Bettinger,* zitiert nach *Baumann,* Tagungsbericht „Territoriales Kennzeichenrecht im Internet (Überlegungen zur internationalen Tatortzuständigkeit, zum Kollisionsrecht und materiellen Recht bei Kennzeichenkonflikten im Internet)", GRUR 1999, 971; *Glöckner/Kur* GRUR 2014, Beil. April, 29, 31 mwN. Diese Konsequenz vernachlässigt *Sack* WRP 2000, 269 (274).

des Vertriebs in der betroffenen Jurisdiktion wird den vom Lauterkeitsrecht geschützten Interessen Genüge getan.[445]

676 Freilich wäre ein Vertriebsverbot, jedenfalls außerhalb des Bereichs von Kennzeichenkonflikten, überschießend. Eine Anpassung der Online-Werbung würde den Wettbewerbsverstoß ebenso beseitigen. Insoweit muss daran gedacht werden, den Verletzer **alternativ zu verurteilen,** entweder die konkrete Verletzungshandlung einzustellen oder aber die Vermarktung innerhalb der betroffenen Jurisdiktion zu unterlassen.

677 Die dazu gebotene **Alternativverurteilung** ist nach geltendem Prozessrecht durchaus möglich. Alternativanträge sind zwar nach höchstrichterlicher Rechtsprechung grundsätzlich mangels Bestimmtheit unzulässig.[446] Der Bundesgerichtshof erkennt jedoch Ausnahmen an. So wurde zB folgendes Urteil nicht beanstandet: „Die Beklagte wird […] verurteilt, die noch in ihrem Besitz befindlichen Druckschriften mit der zu a) genannten Behauptung unleserlich zu machen oder – nach ihrer Wahl – diese Druckschriften zu vernichten".[447] Nach herrschender Meinung können **mehrere Beseitigungsmaßnahmen** angegeben werden, wobei die Art der Beseitigungsmaßnahme jeweils inhaltlich konkret zu bestimmen ist.[448] Die anerkannte Ausnahme muss nicht auf eine Mehrheit von Beseitigungsmöglichkeiten beschränkt werden. Ihr liegt der verallgemeinerungsfähige Rechtsgedanke zugrunde, dass dem Schuldner billigerweise nicht eine bestimmte Handlungsweise aufgezwungen werden darf, wo auch eine andere Form des Vorgehens zum selben Ergebnis führt.[449]

VIII. Fallgruppen

678 **1. Herabsetzung.** Im Fall der Herabsetzung durch nicht irreführende Tatsachenangaben oder durch Werturteile werden Konsumenteninteressen von vornherein nicht (unmittelbar) berührt. Daher ist festzustellen, wo die wettbewerblichen Interessen der betroffenen Unternehmen iSd Art. 6 Abs. 1 Rom II-VO aufeinandertreffen. Maßgeblich wird danach sein, auf welchem Markt die Herabsetzung begangen wird und sich im Wettbewerb auswirkt. Ein Rückgriff auf Art. 6 Abs. 2 Rom II-VO ist bei marktvermittelten Verstößen nicht geboten.[450] Im Fall einer grenzüberschreitenden Ehrverletzung wird die Beeinträchtigung der Ehre und des Ansehens einer Person durch eine ehrverletzende Veröffentlichung an den Orten, an denen die Veröffentlichung verbreitet wird, nur dann verwirklicht, wenn der Betroffene dort bekannt ist.[451] Bei der Prüfung von wegen ihrer herabsetzenden Wirkung unlauteren Handlungen besteht zwar anders als bei Persönlichkeitsverletzungen kein Wohnsitzerfordernis, allerdings bedarf es eines Ansehensverlusts an dem Ort, der für die Anknüpfung herangezogen werden soll.[452]

679 **2. Grenzüberschreitende Werbemaßnahmen.** In Fällen **marktvermittelter Wettbewerbshandlungen** durch **Irreführungen, Herabsetzungen** oder **aggressive Marketingpraktiken** war bereits nach autonomem deutschen Recht der Ort maßgebend, an dem auf die Adressaten der Werbemaßnahmen eingewirkt wurde, wenn dadurch an diesem Ort

[445] Diese Möglichkeit hat auch der österreichische OGH GRUR Int. 1999, 1062 (1065) – TV-Movie, anerkannt. Dabei ging es um die Vermarktung von Fernsehzeitschriften in Österreich, auf deren Titelblatt mit einem Gewinnspiel geworben wurde. Das war nach deutschem Recht als dem Recht des Erscheinungsortes zulässig, nach österreichischem Recht allerdings verboten. Der OGH nahm an, dass die Werbung als solche nicht verboten werden könne. Es genüge, „wenn die Bekl. klarstellt, dass österreichische Leser an ihren Gewinnspielen nicht teilnehmen können". Ebenso *Bornkamm* in Neues Recht für neue Medien, S. 99, 116, für Kennzeichenkonflikte im Internet.

[446] BGH NJW-RR 1990, 122.

[447] Vgl. zB die Vorinstanz in BGH GRUR 1954, 337 (338) – Radschutz.

[448] Vgl. dazu auch *Teplitzky* Kap. 24 Rn. 8.

[449] *Teplitzky* Kap. 24 Rn. 4.

[450] BGH GRUR 2010, 847 Rn. 19 – Ausschreibung in Bulgarien; BGH GRUR 2014, 601 Rn. 37 – englischsprachige Pressemitteilung.

[451] EuGH Slg. 1995, I-415 Rn. 29 = GRUR Int. 1998, 298 – Shevill.

[452] BGH GRUR 2015, 1129 Rn. 15 – Hotelbewertungsportal.

der Wettbewerb beeinflusst wurde.[453] Wo die Vorbereitungshandlungen stattfinden oder der wirtschaftliche Schaden eintritt, war dagegen ebenso unerheblich wie die Staatsangehörigkeit, der Wohnsitz oder der gewöhnliche Aufenthalt der angesprochenen möglichen Kunden.[454] Dasselbe gilt auf der Grundlage von Art. 6 Abs. 1 Rom II-VO.[455] Die Verordnung stellt selbst klar, dass der Ort, an welchem der wirtschaftliche (Folge-)Schaden eintritt, irrelevant ist (vgl. bereits → Rn. 636). Dasselbe gilt für den Ort von Vorbereitungshandlungen.[456]

Davon ausgehend unterfällt etwa grenzüberschreitende Werbung mit **Werbeprospekten** für einen grenznahen Supermarkt[457] dem Recht des Zielortes, weil durch die Werbung auch der Absatzmarkt über die Grenze verlagert wird. Dasselbe gilt für die gezielte Ansprache von Abnehmern im Ausland durch ***Direct mailing***[458] oder durch **Werbeanzeigen** in einer jenseits der Grenze verbreiteten Tageszeitung.[459] Wird in Medien gegen das Gebot der redaktionellen Trennung verstoßen, so ist das Verbreitungsgebiet der Medien maßgebend.[460] Demgegenüber unterliegt ein in Frankreich ansässiger Geschäftsmann, der allein dort nach französischem Recht in zulässiger Weise Pflanzenschutzmittel anbietet, und so Kunden zum Kauf dieser Mittel gewinnt, grundsätzlich nicht dem deutschen Wettbewerbsrecht. Dies gilt auch dann, wenn er an deutsche Kunden verkauft, selbst wenn er weiß, dass diese die bei ihm gekauften Produkte später unter Verstoß gegen das deutsche Kennzeichnungsrecht in Deutschland weiterverkaufen.[461] Ebenso wäre es beispielsweise einem luxemburgischen Kaufmann unbenommen, in Deutschland damit zu werben, dass Kunden an einem deutschen Feiertag, an dem der Verkauf in Deutschland gegen die Bestimmungen des Ladenschlussgesetzes verstieße, in seinem Luxemburger Geschäftslokal willkommen seien.[462] 680

Für **Werbung in Presseerzeugnissen** gelten die oben (vgl. → Rn. 648 ff.) gemachten Ausführungen. **Fernsehwerbung** unterliegt im Anwendungsbereich der Europaratskonvention über grenzüberschreitendes Fernsehen (vgl. → Einl. Rn. 136) deren Anforderungen. Innerhalb der EU enthält die Richtlinie über audiovisuelle Mediendienste Sonderregelungen. Das darin enthaltene Herkunftslandprinzip wird von der hM als Sonderregelung zum Marktortprinzip verstanden (vgl. → Rn. 528 ff.). 681

Auf **Online Marketing** ist das Recht all derjenigen Staaten anzuwenden, in denen die fragliche Website abgerufen werden kann, sofern die Werbung auf dem Markt dieser Staaten Auswirkungen hat.[463] Die Marktauswirkungen können insbes. durch die Natur des beworbenen Produkts (Verwendung der Bezeichnung „Hotel Maritime" für ein dänisches Hotel)[464] oder durch die Vertriebspolitik des Werbenden („eingehaltene *disclaimer*") begrenzt werden. Auf ausschließlich ins EU-Ausland gerichtete Wettbewerbshandlungen in Deutschland niedergelassener Anbieter ist allerdings auf der Grundlage von § 3 Abs. 1 TMG als Sonderregel zum Marktortprinzip deutsches Recht anzuwenden (im Einzelnen 682

---

453 BGHZ 35, 329 (334 ff.) – Kindersaugflasche; GRUR 1991, 463 (464) – Kauf im Ausland; GRUR 1998, 419 (420) – Gewinnspiel im Ausland.

454 BGH GRUR 1998, 419 (420) – Gewinnspiel im Ausland.

455 BGH GRUR 2016, 513 – Eizellspende: Werbung in Deutschland für reproduktionsmedizinische Eingriffe in Tschechien; BGH GRUR 2016, 946 Rn. 21 – Freunde finden: Belästigung durch unerwünschte E-Mails von Adressaten in Deutschland; OLG Frankfurt a. M. WRP 2018, 648 (650) – World's lightest: Online-Präsenz unterstützt durch Teilnahme an Messe in Deutschland sowie Lieferungen nach Deutschland.

456 *Sack* WRP 2008, 845 (847).

457 Vgl. etwa die Konstellation in EuGH Slg. 1990, I-667 = GRUR Int. 1990, 955 – GB-INNO.

458 BGH GRUR 1998, 419, 420 – Gewinnspiel im Ausland.

459 BGH WRP 2004, 1484 (1485) – Rotpreis-Revolution.

460 BGH WRP 2007, 1346 (1348) – Bundesdruckerei.

461 OLG Karlsruhe GRUR 1999, 354 – Pflanzenschutzmittelverkauf im Ausland.

462 BGH WRP 2004, 1484 (1485) – Rotpreis-Revolution.

463 Die Verbindung stellt OLG Köln GRUR-RR 2014, 298 Rn. 12 – Tourismusabgabe, auch sprachlich her: Maßgeblich sein der „Ort, an dem auf die Entschließung des Kunden *eingewirkt* werden soll[e] und an dem sich das entsprechende Marktverhalten auf die Mitbewerber auswirk[e]" (Hervorhebung d. Verf.).

464 LG Hamburg GRUR Int. 2002, 163 – hotel-maritime.dk.

vgl. → Rn. 545 ff., 561). Im Übrigen ist bei Wettbewerbshandlungen im EU-Ausland niedergelassener Anbieter, die sich in Deutschland auswirkt, auf der materiellrechtlichen Ebene das Gebot der gegenseitigen Anerkennung gem. § 3 Abs. 2 TMG zu berücksichtigen (vgl. dazu → Rn. 532 ff., 562).

683 **3. Grenzüberschreitender Vertrieb von geschützten Produkten.** Die oben entwickelten Grundsätze des Marktortprinzips gelten auch für den Vertrieb von Produkten, welche **ergänzenden lauterkeitsrechtlichen Leistungsschutz** genießen.[465] Macht ein deutscher Hersteller von Automobilreinigungsmitteln gegen einen inländischen Konkurrenten Ansprüche geltend, weil dieser amerikanische Händler mit Produkten beliefert, die dann in den USA unter Verletzung der dem deutschen Hersteller zustehenden Kennzeichenrechte vertrieben werden, so ist US-amerikanisches Recht anwendbar. Die Erzeugnisse beider Parteien stehen auf dem US-amerikanischen Markt in Konkurrenz mit einer Vielzahl gleichartiger Produkte anderer Hersteller. Überdies wären im Fall der in Frage stehenden Herkunftstäuschung in besonderem Maße die schutzwürdigen Belange der amerikanischen Verbraucher berührt.[466]

684 **4. Grenzüberschreitende Werbung unter Verstoß gegen außerlauterkeitsrechtliche Vorschriften.** Insoweit ist zu differenzieren: Bei grenzüberschreitendem Marketing ergibt sich der **Anwendungsbereich der außerlauterkeitsrechtlichen Vorschriften aus ihrem jeweiligen territorialen Geltungsanspruch.**[467] Die Frage des Rechtsbruches ist also als selbständige Vorfrage nach der Maßgabe des für die verletzten Vorschriften geltenden Kollisionsrechts anzuknüpfen Im Fall *Weltweit-Club*[468] (ein Zigarettenhersteller hatte „XYZ Passports" herausgebracht, die für mehrere Feriengebiete zur Verfügung standen und in denen in dem jeweiligen Urlaubsgebiet gelegene Hotels, Pensionen, Cafés, Restaurants, Diskotheken, Autovermietungen und Geschäfte verschiedener Art aufgeführt, beschrieben und mit der Angabe des gewährten Club-Rabatts versehen waren) fehlte es insoweit bereits am Rechtsbruch, da der Geltungsanspruch des damals geltenden deutschen Rabattverbots auf das Gebiet der Bundesrepublik beschränkt war und die Gewährung von Rabatten im Ausland nicht erfasst wurde.

685 Insbesondere beim Vertrieb von Arzneimitteln hat der Gesetzgeber durch die mit Wirkung vom 26.10.2012 in Kraft getretene Regelung des § 78 Abs. 1 S. 4 AMG klargestellt, dass die auf der Grundlage des § 78 Abs. 1 S. 1 AMG erlassene Arzneimittelpreisverordnung auch für gemäß § 73 Abs. 1 S. 1 Nr. 1a AMG in den Geltungsbereich dieses Gesetzes verbrachte Arzneimittel gilt.[469] Bereits vor diesem Zeitpunkt unterwarf das deutsche Preisrecht die im Wege des Versandhandels durch eine Versandapotheke aus dem EU-Ausland an Endverbraucher in Deutschland erfolgende Abgabe der von § 78 Abs. 2 S. 2 AMG erfassten apothekenpflichtigen Arzneimittel der im deutschen Recht vorgesehenen Preisbindung.[470]

686 Nur wenn danach überhaupt ein Gesetzesverstoß zu bejahen ist, stellt sich die Frage nach der Anwendbarkeit des deutschen Lauterkeitsrechts unter dem Gesichtspunkt des Rechtsbruchs. Der Handlungsort ist aber nicht der Ort des Rechtsbruchs: Gerade der Fall *Weltweit-Club* macht deutlich, dass entscheidend ist, **auf welchem Markt der gesetzesuntreue Wettbewerber sich einen Vorsprung verschafft.** Der Bundesgerichtshof ging zu Recht von der Anwendbarkeit deutschen Lauterkeitsrechts aus, weil die wettbewerblichen Auswirkungen der Werbeaktion auf dem deutschen Markt für Zigaretten eintraten.[471] Zutreffend begründete der öOGH die Anwendbarkeit des österreichischen Lauter-

[465] BGHZ 35, 329 (334 ff.) – Kindersaugflasche.
[466] OLG Koblenz GRUR 1993, 763 (764) – Kfz-Reinigungsmittel.
[467] *Schricker* GRUR 1977, 646 (648).
[468] BGH GRUR 1977, 672 (674) – Weltweit-Club.
[469] BGH GRUR 2014, 593 Rn. 9 – Sofort-Bonus.
[470] GmS-OGB GRUR 2013, 417 Rn. 21 ff. – Medikamentenkauf im Versandhandel.
[471] *Schricker* GRUR 1977, 646 (648); *Baudenbacher* Art. 2 Rn. 322.

keitsrechts mit den Auswirkungen auf dem österreichischen Markt, welche die Werbung eines Inkassounternehmens zeitigte, dem die in Deutschland nach dem RBerG erforderliche behördliche Genehmigung fehlte.[472]

Wenn missbräuchliche Klauseln in AGB eingesetzt werden, welche die kollektiven Interessen der Verbraucher als Gruppe beeinträchtigen und damit die Wettbewerbsbedingungen auf dem Markt beeinflussen, ist gem. Art. 6 Abs. 1 Rom II-VO das Lauterkeitsrecht desjenigen Landes anwendbar, in dem die Verbraucher, auf die das Unternehmen seine Geschäftstätigkeit ausrichtet, ihren Wohnsitz haben.[473] Etwaige Rechtswahlklauseln ändern auch auf dem Umweg über Art. 4 Abs. 3 Rom II-VO nichts.[474] 687

IX. Das internationale Verhältnis im Prozess

1. Klagantrag und Urteilstenor bei Unterlassungsklagen. Insbesondere bei **Unterlassungsklagen** findet sich selten in Antrag oder Tenor ein **Hinweis auf die territoriale Reichweite** des Verbots. Ohne weitere Einschränkungen beziehen sich **Anträge und Urteile jeweils (nur) auf das Hoheitsgebiet der Bundesrepublik Deutschland.**[475] Ein nicht weiter qualifizierter Unterlassungstitel verbietet daher im Kern vergleichbare Handlungen im Ausland nicht.[476] 688

2. Anwendung ausländischen Rechts. Gerichte wenden in verbreiteter Praxis[477] ein zur Anwendung berufenes ausländisches Lauterkeitsrecht nur an, wenn sich eine Partei darauf berufen hat. Dieses Vorgehen wird nur selten begründet. In Betracht kommen dafür zwei Argumentationsstränge: Der erste ist kollisionsrechtlicher Natur und beruht auf der **Theorie des fakultativen Kollisionsrechts.**[478] Diese besagt im Kern, dass die Anwendung des Kollisionsrechts und damit der ausländischen Rechtsordnung vom Willen der Parteien abhängt. Eine solche Einschränkung ist indes abzulehnen. Sie widerspricht dem allgemeinen Grundsatz, dass sowohl das deutsche Internationale Privatrecht als auch die danach berufene Rechtsordnung **von Amts wegen anzuwenden** sind, auch ohne dass sich zumindest eine der Parteien auf die Anwendung ausländischen Rechts beruft.[479] 689

Der zweite Argumentationsstrang knüpft an den **zweigliedrigen Streitgegenstandsbegriff** an, der im Wettbewerbsprozess nicht nur durch den Lebenssachverhalt, sondern **auch durch das vom Kläger vorgetragene anwendbare Recht bestimmt** werde.[480] Mit ähnlicher Begründung wird im Kennzeichenrecht davon ausgegangen, dass die Gerichte zB ausschließlich die geltend gemachte Verletzung einer eingetragenen Gemeinschaftsmarke zu prüfen haben, auf eine dem Sachverhalt zu entnehmende Verletzung einer parallel bestehenden nationalen (Benutzungs-)Marke aber nicht eingehen müssten.[481] Diese Be- 690

---

[472] öOGH GRUR Int. 2003, 955 (956) – Inkassounternehmen.

[473] EuGH ECLI:EU:C:2016:612 Rn. 43 = GRUR 2016, 1183 – Amazon.

[474] EuGH ECLI:EU:C:2016:612 Rn. 44 = GRUR 2016, 1183– Amazon.

[475] BGH WRP 2007, 1346 (1348) – Bundesdruckerei. Vgl. öOGH GRUR Int. 2015, 481 (484) – Klimaneutral.

[476] OLG Köln IPRspr 2010, Nr. 156, 386 juris-Rn. 6.

[477] ZB BGH GRUR 1991, 463 (465) – Kauf im Ausland; GRUR 1998, 419 (420) – Werbegewinnspiel im Ausland; WRP 2007, 1346 (1348) – Bundesdruckerei; OLG Koblenz GRUR 1993, 763 (764) – Kfz-Reinigungsmittel.

[478] Aus der Literatur vgl. *Flessner* RabelsZ 34 (1970), 547 ff.; *Müller-Graff* RabelsZ 48 (1984), 289 (315).

[479] BGH NJW 1993, 2305 (2306): „Die Kollisionsnormen des Einführungsgesetzes zum BGB sind Gesetz und beanspruchen damit allgemeine Verbindlichkeit. Es kommt deshalb nicht darauf an, ob sich zumindest eine der Parteien auf die Anwendung ausländischen Rechts beruft. Der verschiedentlich vertretenen Auffassung, die ein fakultatives Kollisionsrecht befürwortet (…), ist der Gesetzgeber bei der Reform des internationalen Privatrechts durch das Gesetz vom 25.7.1986 (BGBl I, 1142) bewusst nicht gefolgt (vgl. Begründung des Regierungsentwurfs BT-Dr 10/504 S. 25 f., …; ferner *v. Bar*, IPR, 1. Bd., § 7 Rdn. 541)."

[480] OLG Koblenz GRUR 1993, 763 (764) – Kfz-Reinigungsmittel. Differenzierend zum nationalen Recht *Götz*, Die Neuvermessung des Lebenssachverhalts – Der Streitgegenstand im Unterlassungsprozess, GRUR 2008, 401.

[481] Exemplarisch der dem Vorlagebeschluss des öOGH ÖBl 2007, 213 – Pago, zugrunde liegende Fall: In Betracht kam allein eine Verletzung durch Rufausbeutung gem. Art. 9 Abs. 1 lit. c GMV. Sie setzt allerdings

gründung setzt sich indes in Widerspruch zu der innerhalb des nationalen Rechts allgemein anerkannten Nicht-Maßgeblichkeit der zur Stützung einer Klage vom Kläger angeführten Anspruchsgrundlagen.[482] Diese Regel gilt nicht nur innerhalb des deutschen Rechts, sondern auch im Hinblick auf die vorgelagerte Frage des anzuwendenden Rechts, da der Grundsatz *„iura novit curia"* auch das anzuwendende Recht umfasst. Wenn also der vorgetragene Lebenssachverhalt sowohl eine Verletzung deutschen als auch eine Verletzung ausländischen Rechts ausfüllt, ist es an den Gerichten, die betroffenen Rechtsordnungen zur Anwendung zu bringen.[483] In diesem Sinne hat der Bundesgerichtshof inzwischen klargestellt, dass jedenfalls im Lauterkeitsrecht die Beurteilung des Streitfalls nach ausländischem Recht keinen anderen Streitgegenstand darstellt als seine Bewertung auf der Grundlage deutschen Rechts.[484] Davon abzugrenzen sind freilich Fälle, in denen bereits der Tatsachenvortrag eine Anknüpfung an ein fremdes Recht nicht trägt. Es ist nicht Aufgabe der Gerichte – und widerspräche dem Beibringungsgrundsatz –, nach Statuten zu fahnden.[485]

691 Dass die Rechtsausführungen der Parteien möglicherweise allein auf deutsches Recht gestützt sind, kann schließlich unter dem Gesichtspunkt einer denkbaren **Wahl einheimischen Rechts** nichts ändern. Zunächst bedarf es für eine solche Annahme eines entsprechenden Gestaltungswillens. Dies setzt die Kenntnis der Parteien voraus, dass auf eine lauterkeitsrechtliche Streitigkeit an sich ausländisches Recht Anwendung fände.[486] Dies selbst vorausgesetzt wird der Anwendungsbereich der Rechtswahl schmal bleiben: Solange noch autonomes deutsches IPR Anwendung findet, wird die Rechtswahlmöglichkeit auf der Grundlage von Art. 42 EGBGB von der zutreffenden Auffassung abgelehnt,[487] weil durch eine **Rechtswahl** im Bereich des Lauterkeitsrechts als Konsequenz der Ausrichtung auf den Schutz des Wettbewerbs als Institution sowie der Verbraucher regelmäßig **Drittinteressen** betroffen sind, über welche die Parteien **keine Dispositionsbefugnis** haben. Entsprechendes gilt gem. Art. 6 Abs. 4 Rom II-VO. Ausnahmen sind allenfalls anzuerkennen, wo Ansprüche aus unlauterem Wettbewerb vertragsakzessorisch angeknüpft werden. So bleibt es bei dem Grundsatz, dass allein im Fall nicht feststellbaren ausländischen Rechts das deutsche Recht als Ersatzrecht angewendet werden dürfte.

692 **3. Herkunftslandprinzip im gerichtlichen Verfahren.** Wird das Herkunftslandprinzip (vgl. dazu → Rn. 522 ff.) **kollisionsrechtlich** interpretiert, so zählt seine **Anwendung nach allgemeinen Grundsätzen zu den Aufgaben des Gerichts.** Wird das Herkunftslandprinzip demgegenüber **sachrechtlich interpretiert,** so bedarf es **ergänzender Überlegungen:** Da das Herkunftslandprinzip lediglich dem Normadressaten zugutekommen soll, begründet das Recht des Herkunftslandes allein eine Schranke der Anwendung des strengeren inländischen Rechts. Demgemäß muss der Normadressat zunächst vortragen, dass das nach deutschem Recht zu sanktionierende Verhalten im Recht seines Herkunftslandes zulässig war bzw. ist. Im Prozess handelt es sich dabei um eine **Einwendung, die**

Bekanntheit innerhalb der gesamten (den diesbezüglichen Anforderungen galt die Vorlagefrage) Gemeinschaft voraus. Ohne weiteres erfolgversprechend wäre die Stützung eines auf Österreich beschränkten Anspruchs auf die Verletzung einer in Österreich bekannten Marke gem. § 10 Abs. 2 öMSchG gewesen. Ob das Zeichen auch national eingetragen war, lässt sich dem Sachverhalt nicht entnehmen. In Deutschland wäre nach der geschilderten Praxis eine allein auf Verletzung der Gemeinschaftsmarke gestützte Klage abgewiesen worden, wenn die gemeinschaftsweite Bekanntheit abgelehnt worden wäre, so lange die Klägerin ihren Anspruch nicht auch auf die Verletzung der nationalen Marke gestützt hätte, obwohl ein auf die Verletzung einer deutschen Benutzungsmarke gestützter und auf das Bundesgebiet beschränkter Anspruch bestanden hätte, vgl. BGH GRUR 2001, 755 (757) – Telefonkarte; GRUR 2007, 1461 Rn. 55 – Kinder II.

[482] Vgl. nur Zöller/*Vollkommer* Einl. Rn. 69.

[483] Staudinger/*Fezer/Koos* IntWirtschR Rn. 838.

[484] BGH GRUR 2010, 847 Rn. 21 – Ausschreibung in Bulgarien. Ausdrücklich offen gelassen wurde die Frage, ob dies auch gelte, wenn ein Verbraucherverband klage, dort Rn. 22, vgl. dazu *Glöckner* WRP 2011, 137 (146 f.).

[485] Staudinger/*Fezer/Koos* IntWirtschR Rn. 843.

[486] Vgl. nur BGH GWR 2011, 258 Rn. 48; *Leible* RIW 2008, 257 (261).

[487] *Sack* WRP 2000, 269 (285).

nach allgemeinen Grundsätzen der Darlegungslast desjenigen unterliegt, der sich auf sie beruft. Da diese Einwendung sich indes **auf Rechtsfragen** stützt, erscheint es angemessen, im Hinblick auf die **Beibringungslast dieselben Grundsätze anzuwenden wie bei der kollisionsrechtlich gebotenen Anwendung ausländischen Rechts** (vgl. dazu bereits → Rn. 689 ff.).[488]

Im Hinblick auf die **Reichweite des Herkunftslandprinzips** ist auf dessen Zweck abzustellen: Dem Unternehmen, das ein Produkt in seinem Herkunftsland rechtmäßig vertreibt, soll die Gelegenheit verschafft werden, es auch in den übrigen Mitgliedstaaten zu vertreiben. Dass im Herkunftsland nicht rechtmäßig vertriebene Produkte auch in den übrigen Mitgliedstaaten nicht verkehrsfähig werden, hat die Kommission bereits in ihrer Mitteilung über die Auswirkungen des Urteils des Europäischen Gerichtshofes vom 20.2.1979 in der Rechtssache 120/78 („Cassis de Dijon")[489] deutlich zum Ausdruck gebracht. Unerheblich ist daher, wenn im Herkunftsland lediglich **faktisch keine Maßnahmen** gegen den Vertrieb ergriffen worden sind oder etwa **keine zivilrechtlichen Abwehransprüche** von Wettbewerbern oder Dritten gewährt werden – maßgeblich ist die materielle Rechtmäßigkeit von Erzeugung und Vertrieb. 693

Ursprünglich hatte das Herkunftslandprinzip vor allem im nicht- bzw. teilharmonisierten Bereich Bedeutung, wo es über die Grundfreiheiten zum Tragen gebracht, zugleich aber mit einem Gemeinwohlvorbehalt (*Cassis*-Doktrin) versehen wird. **In vollharmonisierten Bereichen ist das Herkunftslandprinzip an sich überflüssig.** Seine Rolle in der UGP-Richtlinie ist daher fragwürdig. Für die Kommission stellten die Regelungen über den Binnenmarkt („Kontrolle an der Quelle" + Herkunftslandprinzip) vor allem ein Auffangnetz[490] für die Unternehmen dar, mit dessen Hilfe die Marktintegration beschleunigt werden sollte. Als in der politischen Einigung das Prinzip der Kontrolle an der Quelle aufgehoben wurde, wurde festgestellt, dass das angestrebte Konzept des „Ursprungslandes" durch die umfassende Harmonisierung irrelevant geworden sei.[491] 694

So stellt sich nunmehr die Frage, wie die Gerichte mit dem **Einwand der Zulässigkeit des Wettbewerbsverhaltens im Herkunftsstaat im vollharmonisierten Bereich** umzugehen haben. Zweifellos kann sich niemand auf das Herkunftslandprinzip berufen, um zwingendes Unionsrecht zu umgehen.[492] Mit der **Zulässigkeit** eines Marktverhaltens im Herkunftsstaat, **die allein auf der unterlassenen, verfehlten oder verzögerten Umsetzung einer Richtlinie beruht,** welche eben dieses Verhalten verbietet, **kann der Marktzugang** im Binnenmarkt **nicht erzwungen** werden. 695

Insbesondere in dem von Generalklauseln und unbestimmten Rechtsbegriffen beherrschten Lauterkeitsrecht werden die Fälle aber selten so einfach liegen. Beschränkt sich das mit dem Einwand der Zulässigkeit des Wettbewerbsverhaltens im Herkunftsland konfrontierte Gericht, wie von *Ohly* vorgeschlagen, darauf, die Vereinbarkeit der anzuwendenden nationalen Rechtsnorm mit dem Unionsrecht zu prüfen und diese Norm richtlinienkonform anzuwenden[493] (ergänze: wozu es ohnehin verpflichtet ist), so besteht zumindest die Gefahr, dass die im eigenen nationalen Recht geschulten und sozialisierten Richterinnen und Richter eher von der Unionsrechtskonformität dieses Rechts als der des großzügigeren Rechts des Herkunftslandes ausgehen werden. Ganz zu Recht weist *Ohly* auf das **Vorabentscheidungsverfahren** hin, auf das gegebenenfalls zurückgegriffen werden kann: Eine eineindeutige Auslegung der im lauterkeitsrechtlichen Kontext in Rede stehenden Gemeinschaftsregelungen wird nur selten möglich sein; der **Anwendungsbereich der** 696

---

[488] Ohly/Sosnitza/*Ohly* Einf. C Rn. 85.

[489] ABl. 1980 C 256, S. 2: „jedes … rechtmäßig hergestellte und in den Verkehr gebrachte Erzeugnis".

[490] Begründung des Vorschlags für eine Richtlinie über unlautere Geschäftspraktiken, KOM(2003) 356 endg., Rn. 49: Reserveregelung.

[491] IP/04/658 v. 18.5.2004, S. 2.

[492] *Ohly* WRP 2006, 1401 (1406).

[493] *Ohly* WRP 2006, 1401 (1406). Dem folgend wohl OLG Köln GRUR-RR 2014, 298 Rn. 13 – Tourismusabgabe.

„*Acte-clair*"-Doktrin ist entsprechend eng. Faktisch wird man im Fall eines substantiiert begründeten[494] Einwandes der Zulässigkeit im Herkunftsland **regelmäßig spätestens in letzter Instanz auf das Vorabentscheidungsverfahren** zu rekurrieren haben.[495]

697 Dabei entsteht indes das Problem der **Formulierung der Vorlagefrage.** Gemäß Art. 267 lit. a AEUV entscheidet der EuGH über die **Auslegung von Unionsrechtsakten.** Bezugspunkt ist demgemäß der **Inhalt des sekundären Unionsrechts,** nicht die Vereinbarkeit des nationalen Rechts mit dem Europarecht.

698 Gleichwohl liefern die **Regelungen des nationalen Rechts den Hintergrund,** vor welchem der Inhalt der unionsrechtlichen Vorgaben zu beurteilen ist. Insoweit bedeutet es einen erheblichen Unterschied, ob auf die Regelung des Herkunftslandes oder auf die des Marktorts abgestellt wird. Mit der Entscheidung über den Bezugspunkt der Untersuchung des Europarechts verschiebt sich demgemäß die Argumentationslast. Ein anschauliches Beispiel liefert der von *Ohly* bereits herangezogene Beispielsfall,[496] in welchem RyanAir in Werbeanzeigen erheblich niedrigere eigene Flugpreise mit denen der British Airways (BA) zu ausgewählten Destinationen verglichen und diese Liste mit „Expensive BA...DS" überschrieben hatte. Nach dem von *Ohly* vorgeschlagenen Vorgehen würden deutsche Gerichte, welche die Zulässigkeit der vergleichenden Werbung zu prüfen hätten, allein deutsches Recht anwenden, da im totalharmonisierten Bereich der vergleichenden Werbung sämtliche nationalen Vorschriften denselben, durch richtlinienkonforme Auslegung zu ermittelnden Inhalt haben müssen. Auftauchende Zweifel, ob ein Verbot mit der Richtlinie über irreführende und vergleichende Werbung zu vereinbaren sei, würden zu einer Frage führen, ob Art. 4 lit. d Irreführungsrichtlinie zu entnehmen sei, dass **keine** Herabsetzung vorliege, wenn die Produkte des Mitbewerbers als teuer *(expensive)* oder überteuert[497] bezeichnet oder der Mitbewerber bzw. seine Mitarbeiter mit einem landläufigen Schimpfwort *(bastards)* belegt werden.

699 **Nimmt man demgegenüber das Herkunftslandprinzip ernst,** so müsste, wenn der Nachweis gelingt, dass britische Gerichte in dieser Bezeichnung im Wettbewerb tatsächlich keine relevante Herabsetzung erkennen, die Frage unter umgekehrten Vorzeichen gestellt werden: Steht Art. 4 lit. d Irreführungsrichtlinie dieser Beurteilung der (britischen) Gerichte entgegen und gebietet eine Bejahung einer Herabsetzung? Anderenfalls wäre die Rechtsanwendung im Herkunftsland nicht richtlinienwidrig.

700 **4. Verbandsklage.** Die prozessualen Voraussetzungen der Befugnis zur Geltendmachung von Unterlassungsklagen im Wege der Verbandsklage gehören zum Prozessrecht und unterliegen deshalb der *lex fori,* dh im Grundsatz den Zulässigkeitsvoraussetzungen des deutschen Prozessrechts.[498] Nach der § 8 Abs. 3 Nr. 2–4 UWG zugrundeliegenden Konzeption folgt allerdings die Klagebefugnis aus der materiellen Berechtigung, welche durch eben diese Vorschriften begründet wird. Die Praxis wie die überwiegend vertretene Meinung gehen von einer Doppelnatur der Vorschriften aus.[499] In jüngerer Zeit wurde mit beachtlichen Gründen gefordert, die besonderen Anforderungen an institutionelle Kläger ausschließlich materiell zu deuten.[500] Nicht zuletzt die kollisionsrechtliche Behandlung der

---

[494] Darauf stellt auch öOGH GRUR Int. 2013, 1163 (1166) – VfG Versandapotheke für Österreich, zentral ab.

[495] Vgl. bereits *Glöckner* IIF 2003, 223 (266). OLG Köln GRUR-RR 2014, 298 Rn. 13 – Tourismusabgabe, macht nicht letztlich deutlich, worauf die vorgetragene „liberalere Praxis" im Herkunftsland zurückging.

[496] Zurückgehend auf Justice *Jacob,* High Court of Justice v. 5.12.2000, *British Airways Plc. v. Ryanair Ltd.,* 2001 E. T. M. R. 235.

[497] Vgl. BGH GRUR 1999, 501 (503) – vergleichen Sie.

[498] LG Hamburg RIW 1998, 894 – Wettbewerbswidrige Anzeigenakquisition auf Auslandsmarkt. Damit ist zur materiell-rechtlichen Frage der Aktivlegitimation nichts gesagt, vgl. Ohly/Sosnitza/*Ohly* Einf. B Rn. 19.

[499] Köhler/Bornkamm/Feddersen/*Köhler* § 8 Rn. 3.9 mwN.

[500] Vgl. Darstellung bei Köhler/Bornkamm/Feddersen/*Köhler* § 8 Rn. 3.10 ff., der allerdings nicht mehr an dieser Auffassung festhält.

Verbandsklage legt demgegenüber nahe, dass die besonderen Anforderungen der § 8 Abs. 3 Nr. 2–4 durchaus eine selbständige prozessuale Bedeutung haben. Weist der Marktort ins Ausland, wird aber in Deutschland geklagt, so können materielle Aktivlegitimation und Klagebefugnis auseinanderdriften:[501] Werden etwa, wie im Fall *Werbegewinnspiel im Ausland,* allein französische Verbraucher geschädigt, so entscheidet französisches Recht nicht allein über die Frage der Unlauterkeit des Wettbewerbsverhaltens und die daran geknüpften Rechtsbehelfe, sondern auch über die Aktivlegitimation eines Verbraucherschutzverbandes. § 8 Abs. 3 Nr. 3 UWG wäre diesbezüglich von vornherein nicht auf die Frage der Aktivlegitimation anzuwenden, sondern stattdessen Art. L. 421-2 Code de la Consommation.[502] Dem deutschen Prozessrecht bliebe allein, über das prozessuale Pendant der Klagebefugnis zu befinden. So ist auch die Regelung in Art. 4 Abs. 1 S. 2 UnterlassungsklagenRL zu verstehen, wonach die Gerichte und Behörden der Mitgliedstaaten das Recht behalten zu prüfen, ob der Zweck der qualifizierten Einrichtung deren Klageerhebung in einem speziellen Fall rechtfertigt. Die Annahme der Doppelfunktionalität der Regelungen in § 8 Abs. 3 Nr. 2–4 UWG gestattet eine differenzierte Betrachtung:[503] Soweit § 8 UWG Regelungen enthält, welche die prozessual verstandene Klagebefugnis betreffen, sollten diese auch auf ausländische qualifizierte Einrichtungen angewendet werden. Bei Klagen deutscher Verbände wegen der Verletzung sind die § 8 Abs. 3 Nr. 2–4 UWG zunächst im Hinblick auf die darin gestellten prozessualen Anforderungen als Ausgestaltung der Klagebefugnis zum Tragen zu bringen, obgleich die Formulierung, wonach den Verbände allein die „Ansprüche aus Absatz 1" zustehen, der wiederum Zuwiderhandlungen gegen §§ 3, 7 UWG voraussetzt, darauf hinzuweisen scheint, dass deutsches Lauterkeitsrecht zur Anwendung kommen müsse.[504] Im Hinblick auf die materielle Anspruchsberechtigung bedarf es in zweierlei Hinsicht der Korrektur: Zum einen sollte einem uU enger formulierten Verbandszweck kein Ausschluss der Aktivlegitimation entnommen werden. Insoweit ist die vom Bundesgerichtshof in der Entscheidung *Werbegewinnspiel im Ausland* offen gelassene Frage in dem Sinne zu beantworten, dass ein deutscher Verbraucherschutzverband im Zweifel auch berechtigt sein sollte, die wirtschaftlichen Interessen im EWR-Ausland betroffener Verbraucher zu vertreten. Zum anderen ist auf vom ausländischen Recht, das ebenfalls der Vorstellung des nationalen Rechtsstreits verhaftet sein mag, aufgestellte besondere Anforderungen an die Aktivlegitimation von Verbraucherschutzverbänden zu verzichten, die vom in Deutschland klagenden deutschen Verbraucherschutzverband typischerweise nicht zu erbringen wären (zB die Anerkennung gem. Art. L. 421-1 Code de la Consommation).

[501] Vgl. dazu bereits *Glöckner* WRP 2011, 137 (146 f.); vgl. auch das von Ohly/Sosnitza/*Ohly* Einf. B Rn. 19, genannte Beispiel.

[502] Ähnlich die Annahme von GK/*Halfmeier* Einl. E Rn. 103.

[503] In diesem Sinne wohl auch öOGH GRUR Int. 2015, 481 (483 f.) – klimaneutral II. „Kumulative Anwendung", *Sack,* Internationales Lauterkeitsrecht, Kap. 20 Rn. 27.

[504] So noch LG Aachen VuR 1994, 39. Dass in diesem Fall auch den Regelungen des § 8 Abs. 3 die Zulässigkeit der Verbandsklage zu entnehmen ist, ist unstr.

D. Internationales Lauterkeitsprozessrecht

Übersicht

Schrifttum: Vgl. vor Einl B.

I. Internationale Zuständigkeit

701 **1. Grundzüge.** Bei Wettbewerbsstreitigkeiten mit Auslandsberührung stellt sich systematisch wie praktisch an erster Stelle die Frage nach dem **Gerichtsstand:** Welchen Staates Gerichte haben über den Rechtsstreit zu befinden? Die sog. **Internationale Zuständigkeit** ist damit der örtlichen Zuständigkeit vorgelagert.[1]

702 Die Regelung der Internationalen Zuständigkeit kann auf unterschiedliche Weise erfolgen: Common law-Rechtsordnungen unterscheiden zwar in der Theorie zwischen Internationaler Zuständigkeit und der Frage nach dem anwendbaren Recht, führen aber regelmäßig beide Fragen unter dem Gesichtspunkt der ***jurisdiction*** zusammen. Wo die Anwendbarkeit des eigenen Rechts bejaht wird, wird die entsprechende *personal jurisdiction* angenommen;[2] umgekehrt ist die Anwendbarkeit ausländischen Rechts ein hinreichender Grund zur Klagabweisung, weil sich das angerufene Gericht als *forum non conveniens* (dazu

[1] Zur Notwendigkeit einer gedanklichen Trennung vgl. Zöller/*Geimer* IZPR Rn. 42.
[2] Nachw. bei *Jaspers,* Forum shopping in England und Deutschland, 1990, S. 22.

sogl.) betrachtet.[3] Auch im deutschsprachigen Rechtsraum wird die Problematik auf durchaus verschiedene Weise angegangen. So enthält das schweizerische IPR-Gesetz[4] für sämtliche Kollisionsnormbereiche **Sondervorschriften** zur Regelung der Internationalen Zuständigkeit. Für Klagen aus unerlaubter Handlung gilt Art. 129 IPRG.[5] Das autonome österreichische[6] wie das deutsche IPR enthalten demgegenüber keine Sondervorschriften zur Zuständigkeit. Beide gehen vom Grundsatz der ***lex fori* des Prozessrechts** aus, dh jedes Gericht wendet im Grundsatz sein eigenes Prozessrecht an.[7] Auf dieser Grundlage sind die Vorschriften zur örtlichen Zuständigkeit **doppelfunktional:**[8] Ist ein Gericht im Geltungsbereich des UWG örtlich zuständig,[9] so begründet dies zugleich seine Internationale Zuständigkeit.

Die nach den Grundsätzen der §§ 12 ff. ZPO bzw. der Sonderregelung in § 14 UWG **703** festgestellte Internationale Zuständigkeit wird nicht etwa dadurch beseitigt, dass es im Inland an einer **Vollstreckungsmöglichkeit** mangelt, oder dass im Inland kein Feststellungsinteresse besteht.[10] Die im Common Law anerkannte Lehre vom ***forum non conveniens***[11] ist auf das deutsche Recht **nicht übertragbar.**

Aufgrund des **Vorrangs des Europarechts**[12] werden die allgemeinen Regeln über die **704** Internationale Zuständigkeit innerhalb der EU durch die Sondervorschriften der seit dem 10.1.2015 anzuwendenden **Verordnung (EG) Nr. 1215/2012 über die gerichtliche Zuständigkeit und die Anerkennung und Vollstreckung von Entscheidungen in Zivil- und Handelssachen**[13] (im Folgenden: **EuGVVO**) verdrängt. Diese Verordnung löste die Vorgängerregelung aus dem Jahr 2001[14] ab.[15]

Die EuGVVO 2001 entstand durch die „Vergemeinschaftung"[16] des **Übereinkommens 705** **von Brüssel von 1968** über die gerichtliche Zuständigkeit und die Vollstreckung gerichtlicher Entscheidungen in Zivil- und Handelssachen[17] (im Folgenden: **EuGVÜ**). Diesem Umstand verdankt sie ihre bis heute verbreitete Bezeichnung als „Brüssel (Ia)-Verordnung". Nicht-Mitgliedstaaten der EWG war freilich bereits unter der Geltung des Brüsseler Übereinkommens der Beitritt verwehrt gewesen. Im Jahr 1981 wurden deshalb Verhandlungen zwischen den damals insgesamt achtzehn Mitgliedstaaten von EG und EFTA aufgenommen, die mit dem **Übereinkommen von Lugano**[18] (im Folgenden: Lugano-Über-

[3] Nachw. bei *Berger,* Zuständigkeit und Forum Non Conveniens im amerikanischen Zivilprozess, RabelsZ 41 (1977), 39 (62).

[4] Bundesgesetz über das internationale Privatrecht (IPRG) vom 18.12.1987 (Stand am 1.1.2011), SR 291.

[5] Vgl. dazu *Baudenbacher/Glöckner* Art. 12 Rn. 29 ff.

[6] Vgl. nur *Fasching,* Zivilprozessrecht, 2. Aufl. 1990, Rn. 76.

[7] Zöller/*Geimer* IZPR Rn. 1; *Kropholler* IPR § 56 IV, S. 595.

[8] OLG Stuttgart GRUR 1987, 925 – expo data; Zöller/*Geimer* IZPR Rn. 39; *Kropholler* IPR § 58 II, S. 609 ff.; Staudinger/*Fezer/Koos* IntWirtschR Rn. 813: analoge Anwendung der Vorschriften über die örtliche Zuständigkeit mit bloßer Indizwirkung.

[9] Dazu und zur Konkretisierung des besonderen Gerichtsstandes der unerlaubten Handlung gem. § 32 ZPO („Gericht, in dessen Gericht die Handlung begangen ist"), vgl. u. → *Tolkmitt* § 14 Rn. 84.

[10] Zöller/*Geimer* IZPR Rn. 53, 54.

[11] Vgl. dazu *Schack,* Einführung in das US-amerikanische Zivilprozessrecht, 5. Aufl. 2020, Rn. 82 ff.; *Erwand,* Forum non conveniens und EuGVÜ, 1996, passim.

[12] EuGH Slg. 1964, 1253 = EuR 1966, 360 – Costa/ENEL.

[13] Verordnung (EU) Nr. 1215/2012 des Europäischen Parlaments und des Rates vom 12.12.2012 über die gerichtliche Zuständigkeit und die Anerkennung und Vollstreckung von Entscheidungen in Zivil- und Handelssachen (Neufassung), ABl. 2012 L 351, S. 1.

[14] Verordnung (EG) Nr. 44/2001 des Rates vom 22.12.2000 über die gerichtliche Zuständigkeit und die Anerkennung und Vollstreckung von Entscheidungen in Zivil- und Handelssachen, ABl. 2001 L 12, S. 1.

[15] Zu den Neuerungen vgl. *Alio* NJW 2014, 2395.

[16] Vgl. dazu den Vorschlag für eine Verordnung (EG) des Rates über die gerichtliche Zuständigkeit und die Anerkennung und Vollstreckung von Entscheidungen in Zivil- und Handelssachen, KOM(99) 348 endg., Tz. 1.2.; Kropholler/v. Hein/*v. Hein* Einl. EuGVO Rn. 22.

[17] Übereinkommen von Brüssel von 1968 über die gerichtliche Zuständigkeit und die Vollstreckung gerichtlicher Entscheidungen in Zivil- und Handelssachen, ABl. 1972 L 299, S. 32.

[18] Übereinkommen über die gerichtliche Zuständigkeit und die Vollstreckung gerichtlicher Entscheidungen in Zivil- und Handelssachen. Abgeschlossen in Lugano am 16.9.1988, BGBl. 1994 II S. 2658. Vgl. den Überblick von *Jametti Greiner* ZBJV 128 (1992), 42; *Baudenbacher/Glöckner* Art. 12 Rn. 9 ff.

einkommen; **LugÜ**) endeten. Ihm gehörten die EU-Mitgliedstaaten, die EFTA-Vertragsstaaten Schweiz, Island und Norwegen (nicht aber Liechtenstein!) sowie Polen an. Das Lugano-Übereinkommen war weitestgehend inhaltsgleich dem EuGVÜ. Es handelte sich um ein sog. **„Parallelabkommen“.** Abweichungen[19] ergaben sich allerdings aus dem Umstand, dass das EuGVÜ mit den Beitrittsübereinkommen zT geändert wurde. In den Jahren 1998–1999 wurden Bestrebungen unternommen, beide Übereinkommen zu novellieren. Die EuGVVO 2001 setzte die Ergebnisse dieser Vorarbeiten weitgehend um.[20]

706 Die Änderungen wurden anschließend in eine revidierte Fassung des Lugano-Übereinkommens übernommen. Ein materieller Konsens wurde zwar früh erzielt. In formaler Hinsicht bestand aber auf der Seite der EG-Mitgliedstaaten zunächst Unklarheit über die Zuständigkeit zum Abschluss einer solchen Änderungsvereinbarung nach der Vergemeinschaftung dieses Politikbereichs. Diesbezüglich erstattete der EuGH am 7.2.2006 ein **Gutachten** und bejahte die **ausschließliche Zuständigkeit der Gemeinschaft.**[21]

707 Auf dieser Grundlage wurde am 30.10.2007 in Lugano das **revidierte Übereinkommen von Lugano (im Folgenden: Revidiertes Lugano-Übereinkommen; RLugÜ)** über die gerichtliche Zuständigkeit und die Anerkennung und Vollstreckung von Entscheidungen in Zivil- und Handelssachen unterzeichnet.[22] Nach der Ratifizierung durch die Schweiz trat das Revidierte Lugano-Übereinkommen[23] **am 1.1.2011 in Kraft. Es entspricht im Wesentlichen, insbesondere der Artikelzählung, der EuGVVO 2001.**

708 Der allgemein anerkannte **Vorrang** der im **Revidierten Lugano-Übereinkommen** enthaltenen Gerichtsstandsregelungen[24] ergibt sich aus Art. 3 Nr. 2 EGBGB, der auch auf die im EGBGB selbst nicht geregelte Frage der Internationalen Zuständigkeit anzuwenden ist, da die Doppelfunktionalität der nationalen Gerichtsstandsregeln auf dem Grundsatz der *lex fori* des Prozessrechts und damit einer ebenfalls kollisionsrechtlichen Regel beruht. Im Folgenden werden wegen ihres Vorranges zunächst die Vorschriften von EuGVVO und Revidiertem Lugano-Übereinkommen kommentiert. Darauf folgen Ausführungen zur Internationalen Zuständigkeit nach den allgemeinen Grundsätzen.

709 **2. Internationale Zuständigkeit gem. EuGVVO/RLugÜ. a) Territorialer Geltungsbereich von EuGVVO, EuGVÜ und RLugÜ.** EU-Verordnungen gelten für alle Mitgliedstaaten. Davon macht die **EuGVVO** allerdings auf den ersten Blick eine Ausnahme, die auf das Konzept der Vergemeinschaftung der ursprünglich unter Art. 220 EGV abgeschlossenen völkerrechtlichen Verträge zurückzuführen ist. **Dänemark** beteiligte sich gemäß den Art. 1 und 2 des dem EU-Vertrag und dem EG-Vertrag beigefügten Protokolls über die Position Dänemarks[25] nicht an der Annahme dieser Verordnung. Sie ist deshalb für Dänemark unionsrechtlich nicht bindend und ihm gegenüber nicht anwendbar. Für die Beziehungen zwischen Dänemark und den durch diese Verordnung gebundenen Mitgliedstaaten galt daher zunächst allein das EuGVÜ in Verbindung mit dem Protokoll von 1971, vgl. EGr. 21 ff. EuGVVO aF. Inzwischen wird die Frage nach der Internationalen Zustän-

[19] Zum „Lugano-Konvergenzsystem“ vgl. im Einzelnen *Jayme/Kohler* IPRax 1997, 385 (397). Zu den früher bestehenden Unterschieden im Detail *Kohlegger* ÖJZ 1999, 41 ff.

[20] Kropholler/v. Hein/*v. Hein* Einl. EuGVO Rn. 21, 23. Zu den materiellen Veränderungen vgl. Kropholler/v. Hein/*v. Hein* Einl. EuGVO Rn. 24 ff.

[21] EuGH Gutachten 1/03, Slg. 2006, I-1145. Vgl. dazu *Bischoff* EuZW 2006, 295; Anm. *Lavranos* CML Rev. 2006, 1087.

[22] Beschluss 2007/712/EG des Rates vom 15.10.2007 über die Unterzeichnung – im Namen der Gemeinschaft – des Übereinkommens über die gerichtliche Zuständigkeit und die Anerkennung und Vollstreckung von Entscheidungen in Zivil- und Handelssachen, ABl. 2007 L 339, S. 1.

[23] Übereinkommen über die gerichtliche Zuständigkeit und die Anerkennung und Vollstreckung von Entscheidungen in Zivil- und Handelssachen – Protokoll 1 über bestimmte Zuständigkeits-, Verfahrens- und Vollstreckungsfragen – Protokoll 2 über die einheitliche Auslegung des Übereinkommens und den ständigen Ausschuss, ABl. 2007 L 339, S. 3.

[24] Er wird zumeist ohne Begründung bejaht, zB OLG München NJW 1982, 1951; Ohly/Sosnitza/*Ohly* Einf. B Rn. 5; *Brannekämper* WRP 1994, 661.

[25] Konsolidierte Fassungen des Vertrags über die Europäische Union und des Vertrags über die Arbeitsweise der Europäischen Union – Protokoll 22 über die Position Dänemarks, ABl. 2012 C 326, S. 299.

digkeit nunmehr allerdings **innerhalb der Europäischen Union** wieder **einheitlich** geregelt, nachdem **Dänemark** sich in dem am 1.7.2007 in Kraft getretenen **Abkommen** vom 19.10.2005 zwischen der Europäischen Gemeinschaft und dem Königreich Dänemark über die gerichtliche Zuständigkeit und die Anerkennung und Vollstreckung von Entscheidungen in Zivil und Handelssachen der Geltung der EuGVVO 2001 anschloss.[26] Dasselbe gilt für die aktuelle EuGVVO.[27]

Im Verhältnis der Mitgliedstaaten der EU zu Nicht-Mitgliedstaaten, die dem LugÜ bzw. RLugÜ beigetreten sind, das sind **Island, Liechtenstein, Norwegen und die Schweiz,** sowie schließlich für das Verhältnis der RLugÜ-Vertragsstaaten untereinander gilt das RLugÜ. Das RLugÜ ist gem. Art. 70 Abs. 1 lit. c als offenes Abkommen konzipiert, dh der Beitritt steht auch Staaten offen, die weder EU- noch EFTA-Mitgliedstaaten sind. 710

Werden beispielsweise Schweizer Gerichte mit der Frage ihrer Internationalen Zuständigkeit im Verhältnis zu einem EU-Mitgliedstaat befasst, so wenden sie selbstverständlich allein das RLugÜ an, da sie durch die EuGVVO nicht gebunden sind. Im umgekehrten Fall, etwa einer deutsch-schweizerischen Rechtsstreitigkeit vor deutschen Gerichten, wären demgegenüber *a priori* an sich beide Regimes anwendbar. Ihr Verhältnis wird durch Art. 64 Abs. 2 lit. a RLugÜ, 73 Abs. 1 EuGVVO geregelt. Danach bestimmt sich die Internationale Zuständigkeit nach dem RLugÜ, wenn der Beklagte seinen Wohnsitz im Hoheitsgebiet eines Staates hat, in welchem zwar das RLugÜ, nicht aber die EuGVVO gilt, oder wenn die Gerichte eines solchen Vertragsstaates nach den Art. 22 oder 23 zuständig sind. Für die EU-Mitgliedstaaten gilt diese Normierung gem. Art. 68 Abs. 2 EuGVVO nunmehr als Verweis auf die Verordnung. Demgegenüber bleibt es gem. Art. 64 Abs. 1 RLugÜ bei der Anwendung der EuGVVO, wenn die in der EuGVVO enthaltenen Anknüpfungsmerkmale in einem EU-Mitgliedstaat verwirklicht sind, also wenn beispielsweise ein in Frankreich wohnhafter Schweizer in Deutschland verklagt werden soll.[28] 711

b) Gleichlauf von EuGVVO und RLugÜ. Seit dem Lissabon-Vertrag sind innerhalb der EU alle Gerichte gem. Art. 267 AEUV berechtigt, dem EuGH Fragen zur Auslegung der EuGVVO zur Vorabentscheidung vorzulegen. Für die Vertragsstaaten des LugÜ kommt ein Vorlageverfahren zwar nicht in Frage. Um den mit unterschiedlichen Auslegungen der Bestimmungen verbundenen Verlust der angestrebten Harmonisierung zu vermeiden, wurde aber das **Protokoll Nr. 2 über die einheitliche Auslegung des Übereinkommens**[29] vereinbart, dessen Art. 1 nunmehr vorsieht: 712

„1. Jedes Gericht, das dieses Übereinkommen anwendet und auslegt, trägt den Grundsätzen gebührend Rechnung, die in maßgeblichen Entscheidungen von Gerichten der durch dieses Übereinkommen gebundenen Staaten sowie in Entscheidungen des Gerichtshofs der Europäischen Gemeinschaften zu den Bestimmungen dieses Übereinkommens oder zu ähnlichen Bestimmungen des Lugano-Übereinkommens von 1988 und der in Artikel 64 Absatz 1 dieses Übereinkommens genannten Rechtsinstrumente entwickelt worden sind.“

Zur Durchführung des in Protokoll Nr. 2 angelegten Verfahrens haben die Vertragsstaaten gem. Art. 3 ein System zum **Austausch von Informationen** über die in Anwendung des LugÜ ergangenen Entscheidungen letztinstanzlicher Gerichte und des Gerichtshofs der Europäischen Gemeinschaften sowie anderer besonders wichtiger, rechtskräftig gewordener Entscheidungen eingerichtet. Zur Sicherung einer einheitlichen Rechtspre- 713

---

[26] ABl. 2005 L 299, S. 62. Vgl. im Einzelnen *Nielsen* IPRax 2007, 506.

[27] Abkommen zwischen der Europäischen Gemeinschaft und dem Königreich Dänemark über die gerichtliche Zuständigkeit und die Anerkennung und Vollstreckung von Entscheidungen in Zivil- und Handelssachen, ABl. 2013 L 79, S. 4.

[28] Vgl. im Einzelnen Kropholler/v. Hein/*v. Hein* Einl. EuGVO Rn. 101.

[29] Protokoll Nr. 2 über die einheitliche Auslegung des Übereinkommens, dem Übereinkommen über die gerichtliche Zuständigkeit und die Vollstreckung gerichtlicher Entscheidungen in Zivil- und Handelssachen. Geschlossen in Lugano am 16.9.1988, ABl. 1988 L 319, S. 9 (29), beigefügt. Abgedr. auch bei Kropholler/v. Hein/*v. Hein* Textanhang III.

chung und der parallelen Auslegung von LugÜ bzw. RLugÜ und EuGVVO wurde ferner gem. Art. 4 Protokoll Nr. 2 zum Lugano-Übereinkommen ein **„Ständiger Ausschuss"** eingerichtet. Im Rahmen dieses „Ständigen Ausschusses" findet jährlich ein **Meinungsaustausch** über die Entwicklung der Rechtsprechung statt. Als zusätzliche Maßnahme hat der Ständige Ausschuss beschlossen, dass regelmäßig ein **Bericht** über diese Rechtsprechung erstellt wird, der sie analysiert und insbesondere bestehende oder sich abzeichnende Auslegungsdivergenzen aufzeigt. Die Berichte werden im Internet[30] zugänglich gemacht und in der Schweizerischen Zeitschrift für internationales und europäisches Recht (SZIER) publiziert. Online werden mitgliedstaatliche Entscheidungen zur EuGVVO auf der website von unalex bereitgehalten.[31]

714 **„Rechnung tragen"** soll nach einer Auffassung auf jeden Fall weniger bedeuten als „beachten".[32] Es gebe keine Bindung der nationalen Gerichte an die einschlägigen Entscheidungen des EuGH zum EuGVÜ und umgekehrt. Jedoch bestehe zumindest der Zwang, sich mit den tragenden Gründen von präjudiziellen EuGH-Entscheidungen auseinanderzusetzen und diese Gründe in die eigene Entscheidung der Rechtsfrage einzustellen. Dabei genüge es nicht, einfach auf das entsprechende Präjudiz des EuGH hinzuweisen und dann ein abweichendes Urteil zu fällen. Vielmehr sollen die nationalen Gerichte Gründe und Faktoren nennen, die eine Entscheidung gegen das Präjudiz tragen.[33] Dabei soll es weniger auf das konkrete Ergebnis der Auslegung durch den EuGH als vielmehr auf die „Grundsätze" seiner Entscheidung, dh die zugrundeliegenden Überlegungen, ankommen.[34] Eine abschließende Definition des „gebührend Rechnung Tragens" ist jedoch nicht möglich.[35] „Richterliche Überzeugungsbildung als psychologischer Prozess lässt sich innerhalb des Rahmens, der von den Eckdaten des positiven Rechts und der hierarchischen Ordnung der Gerichtsverfassung bestimmt wird, kaum messbar steuern."[36] Von allen Hinweisen ist daher allein die Ermahnung zur Offenlegung der tragenden Erwägungen weiterführend.

715 **c) Grundstruktur von EuGVVO und RLugÜ.** Personen, die ihren **Wohnsitz** im Hoheitsgebiet eines Mitglieds- bzw. Vertragsstaates haben,[37] können nur vor den Gerichten **dieses Staates** verklagt werden – *actor sequitur forum rei,* Art. 4 EuGVVO, Art. 2 RLugÜ **(allgemeiner Gerichtsstand).** Der Begriff des Wohnsitzes wird aber nicht autonom europarechtlich definiert, sondern ist kollisionsrechtlich nach Art. 62 Abs. 2 EuGVVO, Art. 59 RLugÜ zu bestimmen. Ein deutsches Zivilgericht hat also die §§ 7 ff. BGB anzuwenden. Bei juristischen Personen und Gesellschaften tritt gem. Art. 63 EuGVVO, Art. 60 RLugÜ der Sitz an die Stelle des Wohnsitzes. Anders als bei natürlichen Personen wird bei ihnen der Sitz durch die Verordnung selbst als satzungsmäßiger Sitz (Art. 63 Abs. 1 lit. a EuGVVO), als Hauptverwaltung (Art. 63 Abs. 1 lit. b EuGVVO)[38] oder als Hauptniederlassung (Art. 63 Abs. 1 lit. c EuGVVO)[39] definiert. Dieser Gerichtsstand darf ihnen von Europarechts wegen nicht durch den Einwand des *forum non conveniens* genom-

[30] https://www.bj.admin.ch/bj/de/home/wirtschaft/privatrecht/lugue-2007/rechtsprechung.html, site zul. besucht am 9.4.2021.

[31] http://www.unalex.eu/Default.aspx, site zul. besucht am 9.4.2021.

[32] *Heerstraßen* RIW 1993, 179 (181 ff.).

[33] *Heerstraßen* RIW 1993, 179 (182); *Tebbens* in Europäisches Kollisionsrecht, S. 49, 53, mit einem Hinweis auf die Materialien zum Lugano-Übereinkommen.

[34] Wegen der Vielzahl der im Geltungsbereich des LugÜ möglicherweise einschlägigen Präjudizien soll die Berücksichtigungspflicht weitgehend auf die Höchstgerichte der Lugano-Staaten beschränkt werden, *Tebbens* in Europäisches Kollisionsrecht, S. 49, 53 ff.

[35] Bereits *Baudenbacher/Glöckner* Art. 12 Rn. 13.

[36] *Kohler* in Internationales Zivilverfahrensrecht, S. 11, 21. Vgl. dazu auch *Baudenbacher,* Some Remarks on the Method of Civil Law, 1999 Tex. Int. L. J. 333, 358.

[37] Vgl. dazu EuGH ECLI:EU:C:2012:142 Rn. 37 ff. = GRUR Int. 2012 – de Visser.

[38] Maßgebend ist der Ort, an dem die Willensbildung und die eigentliche unternehmerische Leitung der Gesellschaft erfolgt, vgl. BGH NJW-RR 2008, 551; BAG AP ZPO § 38 Nr. 22 Rn. 16.

[39] Gemeint ist der Mittelpunkt der geschäftlichen Tätigkeit, an dem auch die personellen und sachlichen Mittel konzentriert sind, vgl. BAG RIW 2010, 232 Rn. 33 ff.

men werden.[40] Vor den Gerichten eines anderen Mitglieds- bzw. Vertragsstaates können sie nur verklagt werden, wenn einer der in der EuGVVO bzw. im RLugÜ genannten **besonderen Gerichtsstände** besteht, Art. 5 EuGVVO, Art. 3 RLugÜ. Überdies werden bestimmte Gerichtsstände des nationalen Rechts ausdrücklich ausgeschlossen. In Deutschland war dies bisher der Gerichtsstand des Vermögens gem. § 23 ZPO, in Österreich der Gerichtsstand des Vermögens gem. § 99 der Jurisdiktionsnorm[41] und in der Schweiz der Gerichtsstand des Arrestortes gem. Art. 4 chIPRG, vgl. Art. 3 Abs. 2 iVm Anh. I EuGVVO aF/RLugÜ. Eine neue Liste der gem. Art. 5 Abs. 2 EuGVVO notifizierten Zuständigkeitsregeln wurde noch nicht bekanntgemacht.

Infolge des beschränkten Anwendungsbereichs sowohl der EuGVVO als auch des RLugÜ sind die Vorschriften innerhalb der Mitglied- bzw. Vertragsstaaten nicht mehr anwendbar, seitdem das Vereinigte Königreich aus der EU ausgetreten ist. Mit Wirkung vom 31. Januar 2020 wurde der Austritt des Vereinigten Königreichs aus der EU („BREXIT") vollzogen. Der Übergangszeitraum endete gem. Art. 126 des Austrittsabkommens[42] am 31. Dezember 2020. Auf der Grundlage von Art. 67 Abs. 1 lit. a des Austrittsabkommens gelten im Vereinigten Königreich sowie in den Mitgliedstaaten die Zuständigkeitsbestimmungen der EuGVVO in Fällen, die einen Bezug zum Vereinigten Königreich aufweisen, für alle noch vor dem Ablauf der Übergangszeit eingeleiteten gerichtlichen Verfahren fort. Mit „eingeleitet" wird bei deutschen Gerichten, die im Amtsbetrieb verfahren, auf den Zeitpunkt der Anhängigmachung abzustellen sein. Maßgeblich ist also, ob die Klageschrift in entsprechender Anwendung des § 130 BGB bei Gericht eingegangen ist. **716**

Für vor deutschen Gerichten erst nach dem 31.12.2020 anhängig gemachte Klagen gegen Beklagte mit Sitz oder Wohnsitz im Vereinigten Königreich ist die EuGVVO im Regelfall nicht mehr anwendbar (Ausnahmen bestehen insb. bei Gerichtsstandsvereinbarungen). Soweit keine völkerrechtlichen Vereinbarungen wie etwa das Haager Übereinkommen vom 30. Juni 2005 über Gerichtsstandsvereinbarungen[43] geschlossen wurden (das Handels- und Kooperationsabkommen zwischen der EU und dem Vereinigten Königreich[44] enthält keine entsprechenden Regeln), müssen die autonomen deutschen Regeln, dh die Vorschriften der ZPO über die örtliche Zuständigkeit in doppelfunktionaler Ausprägung herangezogen werden. **716a**

d) Gerichtsstand des Erfüllungsortes, Art. 7 Nr. 1 EuGVVO/Art. 5 Nr. 1 RLugÜ

„Artikel 7 EuGVVO, Artikel 5 RLugÜ

Eine Person, die ihren Wohnsitz im Hoheitsgebiet eines Mitgliedstaats[45] hat, kann in einem anderen Mitgliedstaat[46] verklagt werden…

1. a) wenn ein Vertrag oder Ansprüche aus einem Vertrag den Gegenstand des Verfahrens bilden, vor dem Gericht des Ortes, an dem die Verpflichtung erfüllt worden ist oder zu erfüllen wäre;

Bei Wettbewerbsverletzungen werden nur selten Verträge zwischen den Parteien zur Begründung eines besonderen Gerichtsstandes herangezogen werden können. In Betracht zu ziehen ist dies jedoch insbesondere bei Unterwerfungserklärungen. Verletzt ein auslän- **717**

[40] EuGH Slg. 2005, I-1383 Rn. 37 ff. = EuZW 2005, 345 – Owusu/Jackson.

[41] Gesetz vom 1.8.1895 über die Ausübung der Gerichtsbarkeit und die Zuständigkeit der ordentlichen Gerichte in bürgerlichen Rechtssachen (Jurisdiktionsnorm), RGBl. Nr. 111/1895, zul. geändert BGBl. I Nr. 128/2004.

[42] Abkommen über den Austritt des Vereinigten Königreichs Großbritannien und Nordirland aus der Europäischen Union und der Europäischen Atomgemeinschaft, ABl. 2019, C 384/1.

[43] Haager Übereinkommen vom 30. Juni 2005 über Gerichtsstandsvereinbarungen, ABl. 2009, L 133/1.

[44] Handels- und Kooperationsabkommen zwischen der Europäischen Union und der Europäischen Atomgemeinschaft einerseits und dem Vereinigten Königreich Großbritannien und Nordirland andererseits, ABl. 2020, L 444/14.

[45] Das RLugÜ formuliert „durch dieses Übereinkommen gebundenen Staates".

[46] Das RLugÜ formuliert „durch dieses Übereinkommen gebundenen Staat".

discher Marktteilnehmer seine gegenüber einem deutschen Mitbewerber oder Verband abgegebene Unterwerfungserklärung, so sind die deutschen Gerichte für die Klage auf die vereinbarte Vertragsstrafe nicht zuständig. Der Erfüllungsort wird auf der Grundlage von Art. 7 Nr. 1 lit. a EuGVVO nach der *lex causae* bestimmt. Ist auf den Vertrag deutsches Sachrecht anzuwenden, so beurteilt sich die Wirksamkeit von Unterwerfungsvereinbarungen, die bis zum 17.12.2009 geschlossen wurden, auf der Grundlage von Art. 28 ff. EGBGB, für jüngere Unterwerfungsvereinbarungen auf der Grundlage von Art. 3, 4 Rom I-VO nach deutschem Recht. Die Abfassung der Unterwerfungsverpflichtung in deutscher Sprache, ihre Anknüpfung an die einschlägigen Regeln des deutschen gewerblichen Rechtsschutzes sowie ihr territorialer Bezug legen entweder bereits eine konkludente Wahl deutschen Rechts nahe oder begründen eine offensichtlich engere Beziehung zum deutschen Recht. Nach diesem ist auch der Erfüllungsort zu bestimmen. Die Zahlungspflicht teilt als Nebenpflicht das Schicksal der Hauptpflicht in Gestalt der geschuldeten Unterlassung. Obgleich die Unterlassung in Deutschland geschuldet war, kann auf dieser Grundlage kein Erfüllungs-„ort" ermittelt werden, da sich die Unterlassungsverpflichtung auf das gesamte Territorium bezieht. Zurückzugreifen ist daher auf den Sitz des Unterlassungsschuldners. Die internationale Zuständigkeit folgt auch nicht aus Art. 7 Nr. 2 EuGVVO. Der Anspruch auf Zahlung einer Vertragsstrafe ist weder ein Anspruch aus einer unerlaubten Handlung noch ein Anspruch aus einer Handlung, die einer unerlaubten Handlung gleichgestellt ist.[47] Ohne gesonderte Erfüllungsorts- oder Gerichtsstandsvereinbarung wird keine Zuständigkeit begründet.[48]

e) Gerichtsstand des Begehungsortes, Art. 7 Nr. 2 EuGVVO/Art. 5 Nr. 3 RLugÜ

„Artikel 7 EuGVVO, Artikel 5 RLugÜ

Eine Person, die ihren Wohnsitz im Hoheitsgebiet eines Mitgliedstaats[49] hat, kann in einem anderen Mitgliedstaat[50] verklagt werden …

2. [51] wenn eine unerlaubte Handlung oder eine Handlung, die einer unerlaubten Handlung gleichgestellt ist, oder wenn Ansprüche aus einer solchen Handlung den Gegenstand des Verfahrens bilden, vor dem Gericht des Ortes, an dem das schädigende Ereignis eingetreten ist oder einzutreten droht;"[52]

718 **aa) Unerlaubte Handlung.** Der Begriff der **unerlaubten Handlung** in Art. 7 Nr. 2 EuGVVO, Art. 5 Nr. 3 RLugÜ ist **autonom auszulegen.**[53] Er dient als Kriterium zur Abgrenzung des Anwendungsbereichs einer der besonderen Zuständigkeitsregeln, auf die der Kläger zurückgreifen kann. Bei seiner Auslegung im Rahmen der Anwendung der EuGVVO bzw. des RLugÜ müssen in erster Linie deren jeweilige Systematik und die verfolgten Zwecke berücksichtigt werden, damit deren volle Wirksamkeit sichergestellt wird.[54] Nach ständiger Rechtsprechung bezieht sich der Begriff „eine unerlaubte Handlung oder eine Handlung, die einer unerlaubten Handlung gleichgestellt ist" im Sinne von Art. 7 Nr. 2 EuGVVO, Art. 5 Nr. 3 EuGVÜ auf alle Klagen, mit denen eine Schadenshaftung des Beklagten geltend gemacht wird und die **nicht an einen „Vertrag"** im Sinne von

---

[47] KG IPRax 2015, 90 (92), und dazu *Thole* IPRax 2015, 65.

[48] Vgl. dazu *Mankowski* WRP 2015, 554.

[49] Das RLugÜ formuliert „durch dieses Übereinkommen gebundenen Staates".

[50] Das RLugÜ formuliert „durch dieses Übereinkommen gebundenen Staat".

[51] Im RLugÜ handelt es sich noch um die Nr. 3.

[52] Im LugÜ fehlte die Tatbestandsalternative „oder einzutreten droht"; das RLugÜ verwendet dieselbe Formulierung wie die EuGVVO.

[53] EuGH Slg. 1988, 5579 Rn. 15 ff. = NJW 1988, 3088 – Kalfelis/Schröder; EuGH Slg. 2002, I-8111 Rn. 35 = EuZW 2002, 657 – Henkel; allg. EuGH Slg. 2011, I-10269 = GRUR 2012, 300 Rn. 63 – eDate Advertising; BGH GRUR 2012, 850 Rn. 13 – rainbow.at.

[54] Ausdrücklich EuGH Slg. 1992, I-2149 Rn. 15 = EuZW 1992, 447 – Mario Reichert ua/Dresdner Bank AG.

Art. 7 Nr. 1 EuGVVO, Art. 5 Nr. 1 RLugÜ anknüpfen.[55] In der Rechtssache *Henkel* hat der EuGH ausgeführt, dass der Begriff des „schädigenden Ereignisses“ in Art. 5 Nr. 3 EuGVÜ weit zu verstehen sei und im Bereich des Verbraucherschutzes nicht nur Sachverhalte erfasse, in denen ein Einzelner einen individuellen Schaden erleide, sondern ua auch Angriffe auf die Rechtsordnung durch die Verwendung missbräuchlicher Klauseln.[56] Vor diesem Hintergrund muss davon ausgegangen werden, dass **unlauterer Wettbewerb**[57] und die **Verletzung von Immaterialgüterrechten**[58] ebenfalls unerlaubte Handlungen im Sinne der Vorschrift sind, wie die Gerichte der Mitglied- bzw. Vertragsstaaten bereits angenommen haben. Weiter gestützt wird diese Annahme durch die Regelung in Art. 6 Rom II-VO (vgl. dazu → Einl. Rn. 516 ff., 596 ff.), da sich ausweislich deren Begründung die Rechtsakte zur Harmonisierung des Internationalen Privatrechts in Zivil- und Handelssachen ergänzen sollen.[59]

Umstritten war die Einordnung **präventiver Klagen.**[60] Im Zuge der Revisionsarbeiten am Brüsseler Übereinkommen bzw. der EuGVVO 2001 wurde durch die Anfügung der Worte „… oder einzutreten droht“ indes klargestellt, dass sie ebenfalls von Art. 7 Nr. 2 EuGVVO, Art. 5 Nr. 3 RLuGÜ erfasst werden. Der Wortlaut des Art. 5 Nr. 3 EuGVÜ bzw. LugÜ („… eingetreten ist“) schien gegen eine Einbeziehung zu sprechen. Eine Abschichtung war indes bereits unter der Geltung des EuGVÜ nicht zweckmäßig.[61] Die Ergänzung des Wortlautes von Art. 5 Nr. 3 EuGVVO aF sollte daher nicht als konstitutive Änderung, sondern als bloße Klarstellung verstanden werden,[62] nicht zuletzt um den erwünschten Gleichlauf von EuGVVO und LugÜ (vgl. dazu → Rn. 712 ff.) sicherzustellen. Im Grundsatz sollte es insgesamt auch für vorbeugende Klagen bei der sachlich angemessenen Regelung des Art. 7 Nr. 2 EuGVVO, Art. 5 Nr. 3 RLugÜ bleiben.[63] In diesem Sinne hat sich der EuGH in der Rechtssache *Henkel* zur Auslegung des EuGVÜ geäußert.[64] Dementsprechend wurde die revidierte Fassung des LugÜ angepasst. Negative Feststellungsklagen werden nach der Entscheidung des EuGH in der Rechtssache *Folien Fischer* ebenfalls erfasst.[65] **719**

Die gem. Art. 7 Nr. 2 EuGVVO, Art. 5 Nr. 3 RLugÜ zuständigen Gerichte sind im Fall materiellrechtlicher Anspruchskonkurrenz **ausschließlich befugt,** über die **deliktischen Anspruchsgrundlagen** zu entscheiden.[66] Davon werden zwar zB konkurrierende Ansprüche aus §§ 823, 826 BGB, Art. 41 Abs. 2 chOR, § 1295 öABGB ebenso wie quasi- **720**

---

[55] EuGH Slg. 2002, I-8111 Rn. 36 mwN = EuZW 2002, 657 – Henkel. Zul. EuGH ECLI:EI:C:2020:950 Rn. 23 = GRUR 2021, 116 – Wikingerhof.

[56] EuGH Slg. 2002, I-8111 Rn. 42 = EuZW 2002, 657 – Henkel.

[57] BGH GRUR 1988, 483 – AGIAV; GRUR 2005, 431 (432) – Hotel Maritime; WRP 2006, 736 (738) – Arzneimittelwerbung im Internet; BGH GRUR 2014, 601 Rn. 16 – englischsprachige Pressemitteilung; Kropholler/v. Hein/*v. Hein* EuGVO Art. 5 Rn. 74 mwN.

[58] EuGH ECLI:EU:C:2012:220 Rn. 39 = GRUR 2012, 654 – Wintersteiger; BGH GRUR 2005, 431 (432) – Hotel Maritime; BGH GRUR 2018, 935 Rn. 15 – goFit: Verletzung von Markenrechten und Unternehmenskennzeichen; LJ *Dillon* in *Molnlycke AB v. Procter & Gamble Ltd.*, [1992] 4 All ER 47, 52 (C. A.).

[59] Begründung, KOM(2003) 427 endg., S. 2; EuGH ECLI:EU:C:2016:612 Rn. 36 = GRUR 2016, 1183 – Amazon.

[60] Vgl. LG Bremen RIW 1991, C-416, das Berufungsurteil des OLG Bremen RIW 1992, 231 (233), sowie den Vorlagebeschluss des Bundesgerichtshofs GRUR 1994, 530 – Beta. Die Sache war beim EuGH unter dem Aktenzeichen C-136/94 anhängig, ist aber später gestrichen worden, ABl. 1994 C 331, S. 4. Vgl. dazu *Müller-Feldhammer* EWS 1998, 162 ff.

[61] Bereits *Baudenbacher/Glöckner* Art. 12 Rn. 17.

[62] Ebenso der Vorschlag für eine Verordnung (EG) des Rates über die gerichtliche Zuständigkeit und die Anerkennung und Vollstreckung von Entscheidungen in Zivil- und Handelssachen, KOM(99) 348 endg., Erl. zu Art. 5. Anders demgegenüber HGer St.Gallen v. 16.8.2005, HG.2004.53.

[63] In diesem Sinne zu Art. 5 Nr. 3 RLugÜ BGH GRUR 2015, 1129 Rn. 12 – Hotelbewertungsportal; MüKoZPO/*Gottwald* Brüssel Ia-VO Art. 7 Rn. 51.

[64] EuGH Slg. 2002, I-8111 Rn. 49 = EuZW 2002, 657 – Henkel.

[65] EuGH ECLI:EU:C:2012:664 Rn. 55 = WRP 2013, 177 – Folien Fischer. Vgl. den Vorlagebeschluss des BGH WRP 2011, 605 Rn. 14 ff. – Trägermaterial für Kartenformulare.

[66] *Nagel/Gottwald* Rn. 3.96; MüKoZPO/*Gottwald* Brüssel Ia-VO Art. 7 Rn. 53.

negatorische Ansprüche aus dem Schutz absoluter Rechte[67] umfasst, nicht aber vertragliche oder bereicherungsrechtliche Anspruchsgrundlagen.[68] Die Begrenzung der Zuständigkeit kann also zu einer **Aufspaltung** des einheitlichen Prozessstoffs führen. Erklärt wird dieses missliche Ergebnis[69] mit dem **Ausnahmecharakter** des besonderen Gerichtsstandes gegenüber dem Regelfall des Wohnsitzgerichtsstandes.[70] Immerhin bleibt das Gericht der unerlaubten Handlung befugt, über **Vorfragen,** etwa ob eine deliktische Verletzungshandlung aufgrund einer vertraglichen Vereinbarung rechtmäßig ist, zu entscheiden.[71]

721 **bb) Ort des schädigenden Ereignisses.** Der EuGH legt auch die Wendung „Ort, an dem das schädigende Ereignis eingetreten ist" **vertragsautonom** aus und entnimmt ihr, dass sie sowohl den Ort des ursächlichen Geschehens, also den **Handlungsort,**[72] als auch den Ort der Verwirklichung des **Schadenserfolges** meine („Ubiquitätstheorie").[73] An dieser Stelle tritt daher das lauterkeitskollisionsrechtliche Grundproblem, das Verhältnis zwischen Handlungs-, Erfolgs- und Marktort (vgl. dazu → Einl. Rn. 600 ff.) in seiner prozessrechtlichen Ausprägung in Erscheinung. Offen ist bisher, ob im Rahmen des Gerichtsstandes nach Art. 7 Nr. 2 EuGVVO, 5 Nr. 3 RLugÜ **bei Wettbewerbsdelikten** ähnlich wie im Kollisionsrecht gem. Art. 6 Abs. 1 Rom II-VO eine **Konzentration** des Handlungs- bzw. Erfolgsorts **auf den Marktort** stattfindet. Die wohl überwiegende Meinung hat dies bislang abgelehnt:[74]

722 Der mit Art. 4 Rom II-VO verbundene **Ausschluss der Anknüpfung an den Handlungsort** lässt sich nicht auf die Internationale Zuständigkeit übertragen: Bereits der Wortlaut der einschlägigen Vorschriften legt eine unterschiedliche Auslegung nahe: Die EuGVVO erklärt den Ort des Eintritts des schädigenden **Ereignisses** für maßgeblich, wohingegen Art. 4 Abs. 1 Rom II-VO auf den Ort des Schadens**eintritts** abstellt und den Ort von **schadensbegründenden Ereignissen** ausdrücklich für **unbeachtlich** erklärt.[75] Auch der Gesetzgeber der Rom II-Verordnung war sich dieser Differenzierung bewusst: Für eine Erstreckung der Internationalen Zuständigkeit auf den Handlungsort gebe es die – vom EuGH in der Rechtssache *Bier* genannten – guten Gründe. Demgegenüber wurde die kollisionsrechtliche Reduktion der Anknüpfungsmomente auf den Schadensort mit dem Wunsch nach größerer Berechenbarkeit der Ergebnisse gerechtfertigt.[76] Zu einer Konzen-

[67] Kropholler/v. Hein/*v. Hein* EuGVO Art. 5 Rn. 74; MüKoZPO/*Gottwald* Brüssel Ia-VO Art. 7 Rn. 48.

[68] EuGH Slg. 1988, 5565 Rn. 17, 19 = NJW 1988, 3088 – Kalfelis/Schröder; BGH GRUR 1988, 483 (485) – AGIAV; Kropholler/v. Hein/*v. Hein* EuGVO Art. 5 Rn. 75.

[69] Abl. insbes. Kropholler/v. Hein/*v. Hein* EuGVO Art. 5 Rn. 79.

[70] EuGH Slg. 1988, 5565 Rn. 19 ff. = NJW 1988, 3088 – Kalfelis/Schröder.

[71] BGH GRUR 1988, 483 (485) – AGIAV; Kropholler/v. Hein/*v. Hein* EuGVO Art. 5 Rn. 80.

[72] Die wechselseitige Handlungsortszuständigkeit, die im deutschen Recht auf § 830 BGB gestützt werden kann, ist allerdings unter Art. 7 Nr. 2 EuGVVO ausgeschlossen. Wird die Internationale Zuständigkeit auf den Handlungsort gestützt, so muss der Beklagte selbst eine ursächliche Handlung innerhalb dieses Staates begangen haben, vgl. EuGH ECLI:EU:C:2013:305 Rn. 30 ff. = NJW 2013, 2099 – Melzer; EuGH ECLI:EU:C:2014:1318 Rn. 50 = EuZW 2014, 664 – Coty Germany. Es bedarf in solchen Fällen eines Vorgehens über den Gerichtsstand der Streitgenossenschaft.

[73] EuGH Slg. 1976, 1735 Rn. 25 = NJW 1977, 493 – Bier/Mines de Potasse d'Alsace; EuGH ECLI:EU:C:2020:534 Rn. 23 = NJW 2020, 2869 – VKI./.Volkswagen. Die nationalen Gerichte sind der EuGH-Rechtsprechung weitgehend gefolgt, vgl. Nachw. bei Kropholler/v. Hein/*v. Hein* EuGVO Art. 5 Rn. 83. Bestätigt in EuGH Slg. 2011, I-10269 Rn. 63 = GRUR 2012, 300 – eDate Advertising; EuGH ECLI:EU:C:2012:220 Rn. 19 = GRUR 2012, 654 – Wintersteiger; EuGH ECLI:EU:C:2015:37 Rn. 45 = NJW 2015, 1581 – Kolassa; EuGH ECLI:EU:C:2016:449 Rn. 28 = NJW 2016, 2167 – Universal Music; EuGH ECLI:EU:C:2018:533 Rn. 28 = ZIP 2019, 192 – flyLAL-Lithuanian Airlines; EuGH ECLI:EU:C:2019:635 Rn. 25 = EuZW 2019, 792 – Tibor-Trans Fuvarozó és Kereskedelmi Kft./DAF TRUCKS N.V. Dem folgend BGH GRUR 2018, 935 Rn. 16 – goFit.

[74] ZB LG Hamburg GRUR Int. 2002, 163 – hotel-maritime. dk. Vgl. die Darstellung des Streitstandes bei Staudinger/*Fezer/Koos* IntWirtschR Rn. 804.

[75] Den Unterschied betont auch EuGH Slg. 2009, I-6917 Rn. 28 = EuZW 2009, 608 – Zuid-Chemie; EuGH 19.4.2012 –, ECLI:EU:C:2012:220 Rn. 30 ff. = GRUR 2012, 654 – Wintersteiger; *Sack* GRUR Int. 2012, 601 (602). Der Differenzierung folgend OLG Frankfurt GRUR-RR 2020, 74 juris-Rn. 47 ff.

[76] Begründung, KOM(2003) 427 endg., S. 12.

tration ließe sich insoweit nur gelangen, wenn – wie im deutschen Recht traditionell angenommen – von einem Zusammenfallen von Handlungs- und Erfolgsort im Marktort[77] ausgegangen würde, oder aber der Begehungsort selbst als der Ort betrachtet wird, an dem die kollektiven Verbraucherinteressen oder die Interessen der Mitbewerber beeinträchtigt werden.[78]

Im Hinblick auf die Bestimmung des **Schadensortes** erscheint demgegenüber vergleichsweise eindeutig die Ansicht vorzugswürdig, die eine **Konkretisierung unter Zugrundelegung des Maßstabes in Art. 6 Rom II-VO** vornimmt.[79] Sie kann neben Praktikabilitätserwägungen (weitgehender Ausschluss der Anwendung fremden Rechts; typischerweise größere Beweisnähe) vor allem unter systematischen und historischen Gesichtspunkten für sich in Anspruch nehmen, dass der jüngere Gesetzgeber der Rom II-Verordnung sich nicht nur ausdrücklich für eine einheitliche Auslegung ausgesprochen, sondern für diese einheitliche Auslegung Raum geschaffen hat, indem er die Sonderregelung in Art. 6 Rom II-VO ebenso ausdrücklich als bloße Präzisierung des Schadensortes gem. Art. 4 Abs. 1 Rom II-VO bezeichnet hat. Nichts spricht daher dagegen, den Schadensort gem. Art. 7 Nr. 2 EuGVVO, Art. 5 Nr. 3 RLugÜ in derselben Weise zu präzisieren. Im Gegenteil betont EGr. 7 Rom II-VO den **Einklang** der darin enthaltenen Kollisionsnormen **mit den Regelungen der EuGVVO.** Vor diesem Hintergrund sollte die Internationale Zuständigkeit bei Lauterkeitsverstößen zumindest unter Zugrundelegung des Schadensortes im Gleichlauf mit dem gem. Art. 6, 8 Rom II-VO anwendbaren Recht bestimmt werden. Der **Schadensort** ist bereits nach allgemeinen Grundsätzen nicht der Ort, an dem Vermögensfolgeschäden eintreten.[80] In Bezug auf Immaterialgüterrechtsverletzungen hat der EuGH klargestellt, dass die Verwirklichung des Schadenserfolgs in einem bestimmten Mitgliedstaat voraussetzt, dass das Recht, dessen Verletzung geltend gemacht wird, in diesem Mitgliedstaat auch geschützt ist.[81] Dieses Erfordernis ist auf die Fälle übertragbar, in denen es um den Schutz eines solchen Rechts durch ein innerstaatliches Gesetz gegen den unlauteren Wettbewerb geht, also insbesondere beim lauterkeitsrechtlichen Nachahmungsschutz.[82] Beim Wettbewerbsdelikt ist demgegenüber maßgeblich, an welchem **Marktort die Wettbewerbsposition** bzw. **kollektive Verbraucherinteressen** beeinträchtigt sind.[83] Deutsche Gerichte sind international zuständig, wenn der Kläger geltend macht, das Verhalten des Beklagten verletze das Wettbewerbsrecht und verursache einen Schaden im Zuständigkeitsbereich der angerufenen deutschen Gerichte.[84] Werden deutsche Verbraucher durch geschäftliche Handlungen angesprochen, so liegt der Schadensort auch in Deutschland.[85] 723

---

[77] So etwa *Mankowski* GRUR Int. 1999, 909 (910); *Sack* WRP 2000, 269 (272); GroßKommUWG/*Klass* Einl. D Rn. 284. Ähnlich zur EuGVVO Staudinger/*Fezer/Koos* IntWirtschR Rn. 804.

[78] So etwa BGH GRUR 1991, 463 (464) – Kauf im Ausland; GRUR 1998, 419 (420) – Werbegewinnspiel im Ausland.

[79] Staudinger/*Fezer/Koos* IntWirtschR Rn. 805; GK/*Halfmeier* Einl. E Rn. 186. Ebenso nimmt der EuGH ein Zusammenfallen des Erfolgsortes mit dem Auswirkungsort gem. Art. 6 Abs. 3 Rom II-VO bei aus Kartellabsprachen resultierenden Schäden an, EuGH ECLI:EU:C:2019:635 Rn. 35 = EuZW 2019, 792 – Tibor-Trans Fuvarozó és Kereskedelmi Kft./DAF TRUCKS N. V.

[80] EuGH Slg. 1995, I-2719 Rn. 14 = EuZW 1995, 765 – Marinari. Zur Frage nach der Behandlung des Auseinanderfallens von Handlungsort und unmittelbaren Vermögensschäden EuGH ECLI:EU:C:2019:635 Rn. 30 = EuZW 2019, 792 – Tibor-Trans Fuvarozó és Kereskedelmi Kft./DAF TRUCKS N. V., sowie EuGH, ECLI:EU:C:2020:534 Rn. 26 = NJW 2020, 2869 – VKI./.Volkswagen.

[81] EuGH ECLI:EU:C:2012:220 Rn. 25 = GRUR 2012, 654, – Wintersteiger; EuGH ECLI:EU:C:2013:635 Rn. 33 = GRUR 2014, 100 – Pinckney. Ebenso BGH GRUR 2018, 935 Rn. 17 – goFit: Ort der Markenverletzung nur dort, wo die Marke geschützt ist.

[82] EuGH ECLI:EU:C:2014:1318 Rn. 55 = GRUR 2014, 806 – Coty Germany.

[83] Vgl. dazu ausführlich *Glöckner* WRP 2011, 137 (142 ff.).

[84] EuGH ECLI:EU:C:2014:1318 Rn. 57 f. = GRUR 2014, 806 – Coty Germany; BGH GRUR 2018, 935 Rn. 19 – goFit.

[85] EuGH ECLI:EU:C:2020:534 Rn. 39 (obiter) = NJW 2020, 2869 – VKI./.Volkswagen; BGH GRUR 2016, 946 Rn. 15 – Freunde finden; BGH WRP 2017, 298 Rn. 15 – Servicepauschale; KG Berlin GRUR-RR 2019, 34, juris-Rn. 6 – Incluencerin.

724 Die Rechtsprechung des EuGH in anderem Zusammenhang stützt die Annahme, dass der Ort des schädigenden Ereignisses **im Hinblick auf den Schutzzweck der verletzten Norm zu konkretisieren** ist. So wie bei einer Persönlichkeitsverletzung erforderlich ist, dass der Verletzte im Verbreitungsgebiet einer herabsetzenden Veröffentlichung bekannt ist,[86] ist bei einer geschäftlichen Handlung erforderlich, dass die Wettbewerbsbeziehungen oder die kollektiven Verbraucherinteressen an dem den Gerichtsstand vermeintlich begründenden Ort beeinträchtigt werden.[87] In verschiedenen Entscheidungen hat der EuGH die **besonders enge Beziehung** hervorgehoben, die aus Gründen einer geordneten Rechtspflege und einer sachgerechten Gestaltung des Prozesses eine Zuständigkeit der Gerichte am besonderen Gerichtsstand des Art. 7 Nr. 2 EuGVVO rechtfertigt.[88] Wird demgemäß tragend auf die Verfahrenseffizienz abgestellt, so wird bei Wettbewerbsverletzungen eine Zuständigkeit am Ort der Marktauswirkungen besonders nahe liegen.

725 In der Entscheidung *Hotel Maritime* nahm der Bundesgerichtshof ausdrücklich nur zum Erfolgsort der Kennzeichenverletzung Stellung.[89] In der späteren Entscheidung zur *Arzneimittelwerbung im Internet* wurde demgegenüber bei der Bestimmung des Gerichtsstandes gem. Art. 5 Nr. 3 EuGVÜ für einen Lauterkeitsverstoß ausdrücklich auf den Erfolgsort abgestellt, der sich aus den **bestimmungsgemäßen Auswirkungen des Internet-Auftritts** ergebe.[90] Der „Ort der Verwirklichung des Schadenserfolgs" iSd Art. 7 Nr. 2 EuGVVO liege im Falle von Wettbewerbsverletzungen im Internet im Inland, wenn sich der Internetauftritt bestimmungsgemäß auf den inländischen Markt auswirken solle. In der Sache stellte der Bundesgerichtshof damit zwar auf dieselben Umstände ab wie bei der anschließenden kollisionsrechtlichen Prüfung, nämlich die bestimmungsgemäßen Auswirkungen. Während der Bundesgerichtshof diese bestimmungsgemäßen Auswirkungen im Rahmen der kollisionsrechtlichen Prüfung allerdings zur Bestimmung des Orts der wettbewerblichen Interessenkollision heranzog, begründet er damit im Rahmen der Internationalen Zuständigkeit sprachlich konservativ das Vorliegen eines Erfolgsorts.[91] Das Ergebnis befriedigt; eine eindeutig auf die Wertung des Art. 6 Abs. 1 Rom II-VO rekurrierende Begründung wäre allerdings umso wünschenswerter, als der Bundesgerichtshof in seinem Vorlagebeschluss in der Rechtssache *Trägermaterial für Kartenformulare* für Kartelldelikte bereits von einem Gleichklang der Erfolgsortbestimmung mit Art. 6 Abs. 3 Rom II-VO ausging[92] und der EuGH diesen Zugang bestätigt hat.[93]

726 Daneben ist konsequenterweise auch im Rahmen der Frage nach der Internationalen Zuständigkeit zu klären, ob bei Wettbewerbshandlungen durch individuelle Behinderung als Ausnahme zur Marktortregel auf den Sitz des Geschädigten abzustellen ist.[94] Auf diesen kann jedenfalls nur bei mangelnder physischer Lokalisierbarkeit zurückgegriffen werden.[95]

727 Für die Sonderproblematik, welche sog. **„Distanzdelikte"** aufwerfen, bei denen Handlungs- und Erfolgsort auseinanderfallen, hatte der EuGH zunächst im Jahr 1976 in der

---

[86] EuGH Slg. 1995, I-415 Rn. 29 = GRUR Int. 1998, 298 – Shevill.

[87] BGH GRUR 2014, 601 Rn. 24 – englischsprachige Pressemitteilung, zu unlauteren Herabsetzungen. Ebenso *Nagel/Gottwald* Rn. 3.106.

[88] EuGH C-51/97, Slg. 1998, I-6511 Rn. 27 – Réunion Européenne/Spliethoff's; EuGH Slg. 2009, I-6917 Rn. 24 = EuZW 2009, 608 – Zuid-Chemie; EuGH Slg. 2011, I-10269 Rn. 63 = GRUR 2012, 300 – eDate Advertising; EuGH ECLI:EU:C:2012:220 Rn. 18 = GRUR 2012, 654 – Wintersteiger.

[89] BGH GRUR 2005, 431 (432) – Hotel Maritime.

[90] BGH WRP 2006, 736 (738) – Arzneimittelwerbung im Internet; BGH GRUR 2014, 601 Rn. 24 – englischsprachige Pressemitteilung; BGH GRUR 2015, 1129 Rn. 12 – Hotelbewertungsportal. Ähnlich OLG München IPRax 2009, 256 Rn. 35 – Salzburger Nachrichten; KG Berlin GRUR-RR 2019, 34, juris-Rn. 5 – Influencerin.

[91] Ähnlich auch *Lindacher* GRUR Int. 2008, 453 (454).

[92] BGH WRP 2011, 605 Rn. 23 – Trägermaterial für Kartenformulare. Ebenso bereits OLG Hamburg GRUR-RR 2008, 31 juris-Rn. 33.

[93] EuGH ECLI:EU:C:2019:635 Rn. 35 = EuZW 2019, 792 – Tibor-Trans Fuvarozó és Kereskedelmi Kft./DAF TRUCKS N.V.

[94] So etwa OGH 20.3.2007 – 17 Ob 2/07d, RZ 2007, 149 – palettenbörse.com II.

[95] GroßKommUWG/*Halfmeier* Einl. E Rn. 191.

Rechtssache *Mines de Potasse d'Alsace* die deliktische Zuständigkeit der Wahl des Klägers überlassen.[96] Artikel 5 Nr. 3 EuGVÜ wolle zum einen dem Verletzten einen zusätzlichen Gerichtsstand gewähren.[97] Zum anderen begründe bei einer unerlaubten Handlung je nach Sachlage sowohl der **Ort des ursächlichen Geschehens** als auch der Ort der **Verwirklichung des Schadenserfolges** eine kennzeichnende Verknüpfung für die gerichtliche Zuständigkeit.[98] Begrenzt wurde die Öffnung des Gerichtsstandes des Erfolgsorts durch die Regel, wonach der Ort des Schadenseintritts nicht auch am Wohnsitz oder Sitz eines nur mittelbar Geschädigten liege, sondern allein dort, wo das haftungsauslösende Ereignis den **unmittelbar** Betroffenen geschädigt habe.[99] Die in Art. 5 Nr. 3 EuGVÜ enthaltene Wendung „Ort, an dem das schädigende Ereignis eingetreten ist", ist dementsprechend so auszulegen, dass sie **nicht** den Ort bezeichnet, an dem der Geschädigte einen **bloßen Vermögensschaden** als Folge eines in einem anderen Vertragsstaat entstandenen und dort von ihm erlittenen Erstschadens erlitten zu haben behauptet.[100] Dieser Grundsatz stimmt mit der kollisionsrechtlichen Wertung auf der Grundlage des Marktortprinzips überein (vgl. dazu → Einl. Rn. 636 f.).

Die Behandlung sog. **„Streudelikte"**[101] (auch **„multistate-Problematik"**; zur inter- 728
national-privatrechtlichen Dimension vgl. → Einl. Rn. 655 ff.) wurde vom EuGH in den Rechtssachen *Fiona Shevill*[102] und *eDate Advertising*[103] geklärt: Der „France-Soir" war von Frau Shevill wegen eines ehrverletzenden Artikels im Vereinigten Königreich verklagt worden, wohl weil das englische Recht bei Ehrverletzungen eine Schadensvermutung vorsieht. Allerdings wurden in England und Wales nur 230 Exemplare der Zeitung (bei einer Gesamtauflage von ca. 24.000) verkauft. Der EuGH setzte seine ältere Rechtsprechung zwar fort, modifizierte sie aber zugleich deutlich: Grundsätzlich kann die Klage zunächst am **Ort des ursächlichen Geschehens** erhoben werden.[104] Kritikwürdig ist diesbezüglich allerdings die apodiktische Feststellung, das könne nur der Ort der Niederlassung des Herausgebers des Presseerzeugnisses sein.[105] Daneben hat der Verletzte eine Klagemöglichkeit an dem Ort, an dem sich der **Schadenserfolg** verwirklicht hat. Der Schadenserfolg verwirklicht sich dort, wo die **schädigenden Auswirkungen** zulasten des Verletzten eintreten. Im Fall einer grenzüberschreitenden Ehrverletzung durch Presseerzeugnisse tritt die Beeinträchtigung der Ehre und des Ansehens an all denjenigen Orten ein, an denen die Veröffentlichung verbreitet wird, wenn der Betroffene dort bekannt ist. Somit sind die Gerichte jedes Mitglied- bzw. Vertragsstaates zuständig, in dem die Veröffentlichung verbreitet wird und das Ansehen des Verletzten beeinträchtigt worden ist. Unerwünschtes *forum shopping* schließt der EuGH aus – und insoweit modifizierte er die *Potasse d'Alsace*-Rechtsprechung –, indem er die Rechtsverfolgung am Erfolgsort **gegenständlich**

---

[96] EuGH Slg. 1976, 1735 Rn. 25 = NJW 1977, 493 – Bier/Mines de Potasse d'Alsace. Die nationalen Gerichte sind der EuGH-Rechtsprechung weitgehend gefolgt, vgl. Nachw. bei Kropholler/v. Hein/*v. Hein* EuGVO Art. 5 Rn. 83. Bestätigt in EuGH Slg. 2011, I-10269 Rn. 63 = GRUR 2012, 300 – eDate Advertising; BGH GRUR 2014, 601 Rn. 17 – englischsprachige Pressemitteilung.

[97] EuGH Slg. 1976, 1735 Rn. 20/23 = NJW 1977, 493 – Bier/Mines de Potasse d'Alsace. Das halten *Kreuzer/Klötgen* IPRax 1997, 90 (93), für die *ratio conventionis.*

[98] EuGH Slg. 1976, 1735 Rn. 15/19 = NJW 1977, 493 – Bier/Mines de Potasse d'Alsace; betont („entscheidender Grund") auch von Kropholler/v. Hein/*v. Hein* EuGVO Art. 5 Rn. 82.

[99] Kropholler/v. Hein/*v. Hein* EuGVO Art. 5 Rn. 87.

[100] EuGH Slg. 1995, I-2719 Rn. 14 ff. = EuZW 1995, 765 – Marinari. Auch kann nicht davon ausgegangen werden, dass bei bloßen Vermögensschäden ein Erfolgsort stets am Wohnort des Geschädigten als Mittelpunkt seines Gesamtvermögens liege, EuGH ÖJZ 2005, 271 – Kronhofer mAnm *Wittwer* ELR 2004, 437. Vgl. dazu auch *Blobel,* Der europäische Deliktsgerichtsstand und reine Vermögensschäden, EuLF 2004, 187.

[101] Kritisch zur Verwendung des Begriffs auf Wettbewerbsverletzungen Fezer/*Hausmann/Obergfell* IntLautPrivatR Rn. 287.

[102] EuGH Slg. 1995, I-415 = GRUR Int. 1998, 298 – Shevill.

[103] EuGH Slg. 2011, I-10269 Rn. 63 = GRUR 2012, 300 – eDate Advertising.

[104] EuGH Slg. 1995, I-415 Rn. 24 = GRUR Int. 1998, 298 – Shevill.

[105] Dagegen mit beachtlichen Gründen *Kreuzer/Klötgen* IPRax 1997, 90 (93). Vgl. bereits *Baudenbacher/Glöckner* Art. 12 Rn. 20.

auf den **Umfang der in dem jeweiligen Staat eingetretenen Verletzung beschränkt**[106] (sog. **Mosaiktheorie**).[107] Wenn der Kläger seinen Gesamtschaden geltend machen wolle, müsse er die Klage entweder gem. Art. 2 EuGVÜ am Wohnsitz des Beklagten oder gem. Art. 5 Nr. 3 EuGVÜ am Verursachungsort erheben. Diese Rechtsprechung wurde in der Literatur beanstandet,[108] überzeugt aber durch ihr Ergebnis: Bei grenzüberschreitendem Marketing wird der Export der jeweils strengsten Rechtsordnung wirksam verhindert.[109] Eine Gesamtschadensliquidation unter dem schärfsten Statut ist jedenfalls nicht möglich.[110]

729 Angesichts der Vielzahl möglicher Erfolgsorte einerseits und der Schwere der Verletzung andererseits führte der EuGH in der Rechtssache *eDate Advertising* eine weitere Sonderregel für **Persönlichkeitsverletzungen im Internet** ein: Den **Gesamtschaden** kann der Verletzte bei Persönlichkeitsverletzungen durch Inhalte, die auf einer Website veröffentlicht worden sind, entweder am **(Wohn-)Sitz des Schädigers** oder bei den Gerichten des Mitgliedstaates, in dem sich der **Mittelpunkt seiner Interessen** befindet, geltend machen.[111] Letzteres Kriterium ermögliche sowohl dem Verletzten, ohne Schwierigkeiten festzustellen, welches Gericht er anrufen könne, als auch dem Beklagten vorauszusehen, vor welchem Gericht er verklagt werden könne.[112] An anderen Erfolgsorten bleibe es bei der begrenzten Kognitionsbefugnis der Gerichte. Der Erwägung der Cour d'appel de Liège, bei Schädigungen im Internet die Internationale Zuständigkeit gem. Art. 7 Nr. 2 EuGVVO, Art. 5 Nr. 3 RLugÜ auszuschließen, wenn eine Website „international" ausgerichtet ist, einen Mitgliedstaat nur wie alle anderen erreichten Zielstaaten betrifft und eine objektiv geringe Bedeutung auf diesem Markt hat,[113] ist damit[114] wohl der Boden entzogen. Dieselben Grundsätze gelten für alle Klagen von juristischen Personen, deren Persönlichkeitsrechte durch eine Veröffentlichung über sie im Internet verletzt worden sein sollen. Klagen auf Richtigstellung der Angaben und auf Ersatz des gesamten entstandenen Schadens kann nur bei den Gerichten desjenigen Mitgliedstaats erhoben werden, in dem sich der Mittelpunkt ihrer Interessen befindet.[115] Für Kennzeichenverletzungen im Internet gelten letztere Grundsätze allerdings wegen der Territorialität des Schutzes nicht.[116] Auch für unlautere geschäftliche Handlungen können sie nicht ohne weiteres übertragen werden.[117]

730 Ob der EuGH die Kognitionsbefugnis der Erfolgsortsgerichte auch bei anderen Streudelikten, namentlich bei Lauterkeitsrechtsverletzungen, entsprechend der Shevill-Doktrin einschränken will, ist zwar offen.[118] Für eine Übertragung der zu Ehrverletzungen entwickelten Grundsätze spricht immerhin, dass der vom EuGH betonte Gesichtspunkt der Vermeidung des *forum shopping* bei grenzüberschreitenden Wettbewerbshandlungen, insbes. dem Multistate Marketing, besonders zum Tragen kommt.[119] Der Bundesgerichtshof hat aber jedenfalls die Übertragung der Grundsätze über Persönlichkeitsverletzungen im Inter-

---

[106] EuGH Slg. 1995, I-415 Rn. 33 = GRUR Int. 1998, 298 – Shevill.

[107] *Kreuzer/Klötgen* IPRax 1997, 90 (96); Kropholler/von Hein/*von Hein* EuGVO Art. 5 Rn. 84.

[108] *Kreuzer/Klötgen* IPRax 1997, 90 (94ff.).

[109] Zum Online Marketing vgl. bereits *Glöckner* ZVglRWiss 99 (2000), 278 (298ff.).

[110] EuGH Slg. 1995, I-415 Rn. 33 = GRUR Int. 1998, 298 – Shevill. Ebenso *Lindacher* WRP 1996, 645 (648).

[111] EuGH Slg. 2011, I-10269 Rn. 63 = GRUR 2012, 300 – eDate Advertising; BGH GRUR 2012, 850 Rn. 16 – rainbow.at.

[112] EuGH Slg. 2011, I-10269 Rn. 63 = GRUR 2012, 300 – eDate Advertising.

[113] Vorabentscheidungsersuchen der Cour d'appel de Liège (Belgien), eingereicht am 29.12.2008, ABl. 2009 C 55, S. 18 – Real Madrid Football Club ua, geführt als Rs. C-584/08, gelöscht durch Beschluss v. 24.3.2009, ABl. 2009 C 141, S. 36.

[114] EuGH Slg. 2011, I-10269 Rn. 63 = GRUR 2012, 300 – eDate Advertising.

[115] BGH ZUM-RD 2020, 186, Rn. 14.

[116] EuGH ECLI:EU:C:2012:220 Rn. 24f. = GRUR 2012, 654, – Wintersteiger.

[117] BGH GRUR 2014, 601, Rn. 24 – englischsprachige Pressemitteilung, für Herabsetzungen.

[118] Kropholler/von Hein/*von Hein* EuGVO Art. 5 Rn. 85; GK/*Halfmeier* Einl. E Rn. 192.

[119] Kropholler/von Hein/*von Hein* EuGVO Art. 5 Rn. 85; MüKo/*Kreuzer,* 3. Aufl., IPRG Art. 38 Rn. 248; *Glöckner* ZVglRWiss 99 (2000), 278 (299). Bejahend für Kennzeichenrechtsverletzungen *Lange* WRP 2000, 940 (943).

net auf geschäftliche Handlungen abgelehnt. Weil etwa § 4 Nr. 1, 2 UWG – anders als eine Verletzung des Persönlichkeitsrechts – voraussetzen, dass die Handlung geeignet ist, die wettbewerblichen Interessen des Mitbewerbers auf dem fraglichen Markt zu beeinträchtigen, ist bei einem Verstoß gegen diese Normen durch eine Internetveröffentlichung – wie auch bei anderen Wettbewerbsverletzungen im Internet – ein Gerichtsstand im Inland nur begründet, wenn sich der Internetauftritt bestimmungsgemäß auf den inländischen Markt auswirken soll. Dagegen kommt es nicht darauf an, ob der in der Internetveröffentlichung genannte Mitbewerber seinen gewöhnlichen Aufenthalt und Lebensmittelpunkt im Inland hat.[120]

f) Gerichtsstand der Streitgenossenschaft, Art. 8 Nr. 1 EuGVVO/Art. 6 Nr. 1 RLugÜ

„Artikel 8 EuGVVO, Artikel 6 RLugÜ

Eine Person, die ihren Wohnsitz im Hoheitsgebiet eines Mitgliedstaats[121] hat, kann auch verklagt werden:

1. wenn mehrere Personen zusammen verklagt werden, vor dem Gericht des Ortes, an dem einer der Beklagten seinen Wohnsitz hat,[122] sofern zwischen den Klagen eine so enge Beziehung gegeben ist, dass eine gemeinsame Verhandlung und Entscheidung geboten erscheint, um zu vermeiden, dass in getrennten Verfahren widersprechende Entscheidungen ergehen könnten;„

Wenn mehrere Personen zusammen, dh **als Streitgenossen,** verklagt werden, kann eine Person, die ihren Wohnsitz in dem Hoheitsgebiet eines Mitglied- bzw. Vertragsstaats hat, gem. Art. 8 Nr. 1 EuGVVO, Art. 6 Nr. 1 RLugÜ vor dem Gericht verklagt werden, in dessen Bezirk einer der Beklagten seinen Wohnsitz hat. Die Vorschrift war bereits unter der Geltung des EuGVÜ eng ausgelegt worden. In der Rechtssache *Kalfelis* hatte der EuGH unter Berufung auf den Ausnahmecharakter der besonderen Gerichtsstände angenommen, dass die Vorschrift des Art. 6 Nr. 1 EuGVÜ nur eingreife, „wenn die Klagen gegen die verschiedenen Beklagten bei ihrer Erhebung **im Zusammenhang stehen,** das heißt, wenn eine gemeinsame Verhandlung und Entscheidung geboten erscheint, um zu vermeiden, dass in getrennten Verfahren **widersprechende Entscheidungen** ergehen könnten."[123] 731

Die Revision der EuGVÜ griff diese Tendenzen auf. Die EuGVVO verlangt in diesem Sinne zur Einschränkung des besonderen Gerichtsstandes der Streitgenossenschaft eine **„enge Beziehung"** zwischen den Klagen. Im LugÜ fehlte dieses Erfordernis zwar. Auch insoweit sollte jedoch im Hinblick auf den geforderten Auslegungsgleichlauf die vor der Revision bereits angelegte restriktive Auslegung der Vorschrift übernommen werden.[124] Die revidierte Fassung des LugÜ wurde entsprechend angepasst. 732

Entscheidungen „widersprechen" sich allerdings nicht bei jeder abweichenden Entscheidung des Rechtsstreits, sondern diese Abweichung muss außerdem bei derselben Sach- und Rechtslage auftreten.[125] Unterschiedliche nationale Regelungen, wie etwa im Hinblick auf die Verletzungshandlung beim Schutz Europäischer Patente, rechtfertigen daher getrennte Verfahren,[126] erzwingen diese aber nicht.[127] Die Vorschriften können einen besonderen 733

[120] BGH GRUR 2014, 601 Rn. 24 – englischsprachige Presseveröffentlichung. Dem folgend OLG Frankfurt a. M. WRP 2018, 648 (650) – World's lightest.

[121] Das RLugÜ formuliert „durch dieses Übereinkommen gebundenen Staates".

[122] Im LugÜ endet die Vorschrift an dieser Stelle; die Einschränkung im nachfolgenden sofern-Satz fehlt; die Formulierung im RLugÜ entspricht derjenigen der EuGVVO.

[123] EuGH Slg. 1988, 5579 Rn. 12 = NJW 1988, 3088 – Kalfelis/Schröder.

[124] Kropholler/von Hein/*von Hein* EuGVO Art. 6 Rn. 8. In diesem Sinne versteht auch der Vorschlag für eine Verordnung (EG) des Rates über die gerichtliche Zuständigkeit und die Anerkennung und Vollstreckung von Entscheidungen in Zivil- und Handelssachen, KOM(99) 348 endg., Erl. zu Art. 6, die Erweiterung lediglich als Klarstellung.

[125] EuGH, ECLI:EU:C:2013:228 Rn. 43 = NJW 2013, 1661 – Land Berlin.

[126] EuGH Slg. 2006, I-6535 Rn. 27 = GRUR 2007, 47 – Roche/Primus.

[127] EuGH, ECLI:EU:C:2011:798 Rn. 80 = GRUR 2012, 166 – Painer.

gegenstände des Antragsgegners betrifft, die sich im örtlichen Zuständigkeitsbereich des angerufenen Gerichts befinden oder befinden müssten".[143]

741 Die Grenze der Zuständigkeit nach Art. 35 EuGVVO, Art. 31 RLugÜ wird durch das Erfordernis gezogen, „dass zwischen dem Gegenstand der beantragten Maßnahmen und der gebietsbezogenen Zuständigkeit des Vertragsstaats des angerufenen Gerichts eine reale Verknüpfung besteht".[144] An einer solchen **„realen Verknüpfung"** fehlt es, wenn die beantragte einstweilige Verfügung das Verbot an den ausländischen Beklagten zum Gegenstand hat, rufschädigende Behauptungen auf einem Drittmarkt zu verbreiten. Für eine einstweilige Verfügung eines österreichischen Klägers gegen ein in Italien ansässiges Konkurrenzunternehmen auf Unterlassung rufschädigender Äußerungen über seine Produkte in Japan besteht daher keine internationale Zuständigkeit der österreichischen Gerichte, auch wenn dort die Hauptsache anhängig ist.[145]

742 **h) Vereinbarter Gerichtsstand, Art. 25 EuGVVO/Art. 23 RLugÜ.** Im Anwendungsbereich von EuGVVO bzw. RLugÜ sind sowohl **vorherige** als auch **nachträgliche Gerichtsstandsvereinbarungen** in Wettbewerbsstreitigkeiten grundsätzlich zulässig. Ihre Wirksamkeit ist allerdings an qualifizierte **Formerfordernisse** gebunden und setzt voraus, dass zumindest eine Partei in einem Mitglieds- bzw. Vertragsstaat ihren **Wohnsitz** hat. Ein solchermaßen vereinbarter Gerichtsstand ist zugleich ein **ausschließlicher.**

743 **i) Gerichtsstand durch rügelose Einlassung, Art. 26 EuGVVO/Art. 24 RLugÜ.** Beide Abkommen sehen auch, entsprechend § 39 ZPO, die Begründung der Internationalen Zuständigkeit durch **rügelose Einlassung** vor. Keine rügelose Einlassung stellt das hilfsweise Eingehen auf den klägerischen Vortrag dar.[146] Von einer Einlassung auf das Verfahren ist jedoch bereits dann auszugehen, wenn der Beklagte die Zuständigkeitsrüge nicht spätestens in der Stellungnahme erhebt, die nach dem innerstaatlichen Prozessrecht als das erste Verteidigungsvorbringen vor dem angerufenen Gericht anzusehen ist.[147] Vor den deutschen Zivilgerichten ist danach im Gegensatz zu § 39 ZPO keine Einlassung zur Hauptsache erforderlich; die Internationale Zuständigkeit wird bereits durch die rügelose Einlassung in der Klageerwiderung begründet.[148]

744 **3. Weitere Staatsverträge.** Regelungen in bilateralen Staatsverträgen mit EuGVVO-Mitgliedstaaten bzw. RLugÜ-Vertragsstaaten wurden gem. Art. 69 EuGVVO, Art. 65 RLugÜ ersetzt. Mit Nicht-Mitgliedstaaten bzw. RLugÜ-Vertragsstaaten bestehen soweit ersichtlich keine Staatsverträge, die Regelungen der Internationalen Zuständigkeit für die Beurteilung lauterkeitsrechtlicher Streitigkeiten enthalten.[149] Verschiedene bilaterale Abkommen wirken sich allein mittelbar im Rahmen der Frage nach der Anerkennung und Vollstreckung ausländischer Urteile aus.[150]

745 **4. Internationale Zuständigkeit nach autonomem IZPR.** Außerhalb des Anwendungsbereichs internationaler Verträge bleibt es für die Bestimmung der Internationalen Zuständigkeit bei den Grundsätzen zur Bestimmung des Gerichtsstandes gem. § 14. Diesbezüglich kann auf die Erläuterungen von *Tolkmitt* verwiesen werden. An dieser Stelle soll allein auf zwei Sonderfragen eingegangen werden.

[143] EuGH Slg. 1998, I-7091 Rn. 47 = EuZW 1999, 413 – van Uden. Bestätigt in EuGH Slg. 1999, I-2277 Rn. 42 ff. = EuZW 1999, 727 – Mietz.

[144] EuGH Slg. 1998, I-7091 Rn. 40 = EuZW 1999, 413 – van Uden.

[145] öOGH GRUR Int. 2011, 450 – Schneeketten.

[146] Bereits EuGH Slg. 1983, 2503 – Gerling, 2. Ls.; BGH NJW 2006, 1806 Rn. 9.

[147] Vgl. zu der inhaltsgleichen Vorschrift des Art. 18 EuGVÜ BGH NJW-RR 2002, 1357 (1358); EuGH Slg. 1981, 1671 Rn. 15 f. – Elefanten Schuh.

[148] BGH IHR 2011, 258.

[149] Vgl. die Darstellung bei *Schack* Rn. 58 ff.

[150] Vgl. *Schütze,* Deutsches Internationales Zivilprozessrecht, 1985, S. 42 mwN.

a) Konkretisierung des Erfolgsortes durch den Ort der wettbewerblichen Interessenkollision. *Lindacher* hat darauf hingewiesen, dass der tragende Gesichtspunkt für die im Internationalen Lauterkeitsrecht vorgenommene Konkretisierung des Deliktsorts auf den Ort der wettbewerblichen Interessenkollision (vgl. dazu → Einl. Rn. 517, 578), nämlich die **Verhinderung von Wettbewerbsverzerrungen,** für die sachgerechte Bestimmung der internationalen Zuständigkeit keine Rolle spiele.[151] Andererseits sei die alternative Anknüpfung an einen Handlungs- oder Erfolgsort sachgerecht, weil sie es dem Geschädigten ermögliche, flexibel auf eingetretene oder drohende Interessenverletzungen zu reagieren und die etwaige Sach- oder Beweisnähe zu nutzen.[152] Demgegenüber geht die ganz herrschende Meinung[153] und vor allem die Praxis[154] von einem **Gleichklang in der kompetenz- und kollisionsrechtlichen Anknüpfung** aus. Ihr ist zuzustimmen. Es ist zwar richtig, dass die gebotene Wettbewerbsneutralität auch durch Gerichte anderer Staaten zu erreichen sein mag, wenn sie das Recht des Marktortes anwenden. Für die Parallelität von Zuständigkeitsbegründung und Rechtsanwendung am Marktort spricht jedoch die für das Internationale Verfahrens- ebenso wie für das Internationale Privatrecht bedeutsame **Nähe zum Sachverhalt** sowie zum **anwendbaren Recht.**[155] Beide Gesichtspunkte sind gerade bei Wettbewerbsstreitigkeiten von eminenter Bedeutung.[156] 746

b) Gerichtsstandsvereinbarungen. Eine an sich nicht gegebene Internationale Zuständigkeit deutscher Gerichte kann nach hM durch Vereinbarung begründet werden **(Prorogation).** Die an sich gegebene Internationale Zuständigkeit deutscher Gerichte kann nach autonomem deutschen IZPR zwar im allgemeinen durch Vereinbarungen abbedungen werden **(Derogation).** Für deliktische Klagen, also insbes. für Klagen wegen Wettbewerbsverletzungen, nimmt die hM jedoch ein **Derogationsverbot vor Eintritt des Schadens** an.[157] 747

Damit gälte im autonomen deutschen IZPR eine andere Regelung als im europäischen IZPR (vgl. dazu → Rn. 742). Die Abweichung wird indes in der Sache selten relevant werden, da bei deliktischen Handlungen Vereinbarungen vor Schadenseintritt kaum denkbar sind. Wo deliktische Ansprüche mit vertraglichen Ansprüchen konkurrieren – und im Hinblick auf die damit vorhandenen Vertragsbeziehungen vorherige Abreden denkbar sind – bejaht die hM auch im autonomen deutschen Recht, dass zulässige Gerichtsstandsvereinbarungen über vertragliche Ansprüche im Zweifel auch deliktische Ansprüche mit umfassen. 748

II. Internationale Vollstreckung

1. Mitgliedstaatliche Urteile und andere Vollstreckungstitel. Die EuGVVO 2001 regelte ebenso wie bereits das EuGVÜ auch die Internationale Vollstreckbarkeit von Urteilen. Das gegenseitige Vertrauen in die Justiz im Rahmen der Gemeinschaft rechtfertigte zwar, dass die in einem Mitgliedstaat ergangenen Entscheidungen, außer im Falle der Anfechtung, von Rechts wegen, ohne ein besonderes Verfahren, anerkannt werden. Aufgrund dieses gegenseitigen Vertrauens wurde es auch für gerechtfertigt erachtet, dass das Verfahren, mit dem eine in einem anderen Mitgliedstaat ergangene Entscheidung für 749

[151] *Lindacher* FS Nakamura, 1996, 323 (325 ff.).

[152] *Lindacher* GRUR Int. 2008, 453 (454). Vgl. zB LG Hamburg 26.9.2008 – 308 O 248/07, IPRspr 2008, Nr. 147, 489, juris-Rn. 28, das bei Urheberrechtsverletzung im Internet allein auf § 32 ZPO sowie die Abrufbarkeit in Deutschland abstellt.

[153] Nachw. bei *Lindacher* FS Nakamura, 1996, 323 Fn. 9; *Baudenbacher/Glöckner* Art. 12 Rn. 35 mwN zum schweizerischen Recht.

[154] Vgl. insbes. die Darstellung von *Koch* CR 1999, 121 (124). Aus der jüngeren Praxis ausdrücklich BGH WRP 2006, 736 (738) – Arzneimittelwerbung im Internet.

[155] GroßKommUWG/*Erdmann,* 1. Aufl., § 24 Rn. 32; *Kropholler* IPR § 58 II 2, S. 611.

[156] Exemplarisch OLG Köln OLGR 1994, 110: Berücksichtigung der Verkehrsauffassung in Bahrein und den Vereinigten Arabischen Emiraten durch das deutsche Gericht.

[157] Zöller/*Geimer* IZPR Rn. 71.

vollstreckbar erklärt wird, rasch und effizient vonstatten gehe. Die **Vollstreckbarerklärung** einer Entscheidung musste daher fast automatisch nach einer einfachen formalen Prüfung der vorgelegten Schriftstücke erfolgen, ohne dass das Gericht die Möglichkeit hatte, von Amts wegen eines der in der EuGVVO 2001 vorgesehenen Vollstreckungshindernisse aufzugreifen. Jedoch wurde zur Wahrung der Verteidigungsrechte des Schuldners ein Rechtsbehelf im Wege eines Verfahrens mit beiderseitigem rechtlichen Gehör gegen die Vollstreckbarerklärung eingeräumt, wenn der Schuldner der Ansicht war, dass einer der Gründe für die Versagung der Vollstreckung vorlag, vgl. EGr. 16–18 EuGVVO 2001.

750 Dieses Rechtsmittel gegen die Vollstreckbarerklärung (sog. **Exequatur**) wurde als Hindernis im Rechtsraum der Union betrachtet. Der Europäische Gesetzgeber geht mit der geltenden EuGVVO davon aus, dass das gegenseitige Vertrauen in die Rechtspflege innerhalb der Union nunmehr den Grundsatz rechtfertige, dass eine in einem Mitgliedstaat ergangene Entscheidung in allen Mitgliedstaaten anerkannt werde, ohne dass es hierfür eines besonderen Verfahrens bedürfe. Außerdem rechtfertige die angestrebte Reduzierung des Zeit- und Kostenaufwands bei grenzüberschreitenden Rechtsstreitigkeiten die Abschaffung der Vollstreckbarerklärung, die der Vollstreckung im ersuchten Mitgliedstaat bisher vorausgehen musste. Eine von den Gerichten eines Mitgliedstaats erlassene Entscheidung soll daher so behandelt werden, als sei sie im ersuchten Mitgliedstaat ergangen, vgl. EGr. 26 EuGVVO. Für Beklagte ist es daher nunmehr unerlässlich, Rechtsschutz innerhalb desjenigen Justizsystems zu suchen, vor dem sie verklagt werden.

751 Die EuGVVO wirkt zwar unmittelbar; für die praktische Handhabung bedurfte es allerdings verschiedener Änderungen des deutschen Prozessrechts.[158]

752 **2. Europäischer Zahlungsbefehl.** Auf der Grundlage der Verordnung über ein europäisches Mahnverfahren[159] können Gläubiger von bezifferten und fälligen Geldforderungen in grenzüberschreitenden Rechtssachen in Zivil- und Handelssachen, dh wenn mindestens eine der Parteien ihren Wohnsitz oder gewöhnlichen Aufenthalt in einem anderen Mitgliedstaat als dem des befassten Gerichts hat, unter Verwendung des Formblatts A gemäß Anhang I der Verordnung einen Antrag auf Erlass eines Europäischen Zahlungsbefehls stellen, vgl. Art. 2, 3, 4, 6, 7 der Verordnung.

753 Wenn diese Voraussetzungen erfüllt sind und der Anspruch nicht offensichtlich unbegründet ist, erlässt das Gericht unter Verwendung des Formblatts E gem. Anhang V der Verordnung, Art. 12 der Verordnung so bald wie möglich und in der Regel binnen 30 Tagen nach Einreichung des Antrags einen Europäischen Zahlungsbefehl.

754 Der Antragsgegner kann unter Verwendung des Formblatts F gem. Anhang VI der Verordnung beim Ursprungsgericht Einspruch gegen den Europäischen Zahlungsbefehl einlegen. Der Einspruch muss in Papierform oder durch andere – auch elektronische – im Ursprungsmitgliedstaat zulässige Kommunikationsmittel innerhalb von 30 Tagen ab dem Tag der Zustellung des Zahlungsbefehls an den Antragsgegner versandt werden. Im Einspruch muss der Antragsgegner lediglich angeben, dass er die Forderung bestreitet, ohne dafür eine Begründung zu liefern, Art. 16 der Verordnung.

755 Der fristgerechte Einspruch bewirkt, dass das Verfahren vor den zuständigen Gerichten des Ursprungsmitgliedstaats nach den Regeln eines ordentlichen Zivilprozesses weitergeführt wird, es sei denn, der Antragsteller hat ausdrücklich beantragt, das Verfahren in einem solchen Fall zu beenden, § 17 der Verordnung. Legt der Antragsgegner nicht fristgerecht Einspruch ein, so erklärt das Gericht den Europäischen Zahlungsbefehl unter Verwendung des Formblatts G gemäß Anhang VII der Verordnung unverzüglich für vollstreckbar. Das

[158] Gesetz zur Durchführung der Verordnung (EU) Nr. 1215/2012 sowie zur Änderung sonstiger Vorschriften. Vom 8.7.2014, BGBl. 2014 I S. 890.

[159] Verordnung (EG) Nr. 1896/2006 des Europäischen Parlaments und des Rates vom 12.12.2006 zur Einführung eines Europäischen Mahnverfahrens, ABl. 2006 L 399, S. 1. Dänemark beteiligt sich an dem Verfahren nicht, Art. 2 Abs. 3.

Ursprungsgericht überprüft allein das Zustellungsdatum des Europäischen Zahlungsbefehls. Die Voraussetzungen der Zwangsvollstreckung für die Vollstreckbarkeit richten sich nach den Rechtsvorschriften des Ursprungsmitgliedstaats. Schließlich übersendet das Gericht dem Antragsteller den vollstreckbaren Europäischen Zahlungsbefehl, § 18 der Verordnung.

III. Justizielle Zusammenarbeit

Selbst wo ein einheimisches Gericht seine Zuständigkeit nach den voranstehenden **756** Grundsätzen bejaht und nach den kollisionsrechtlichen Grundsätzen das nationale Recht anwendet, kann das Prozessverhältnis Auslandsberührung haben. Insoweit gelten allerdings keinerlei Sonderregelungen für Wettbewerbsstreitigkeiten. Auf eine ausführliche Darstellung wird daher verzichtet. Es sollen aber die Grundzüge des europäischen Prozessrechts dargestellt werden.

1. EG-Verordnung über die Zustellung gerichtlicher und außergerichtlicher **757** **Schriftstücke in Zivil- oder Handelssachen in den Mitgliedstaaten.** Am 31.5.2001 trat die Verordnung (EG) Nr. 1348/2000 des Rates vom 29.5.2000 über die Zustellung gerichtlicher und außergerichtlicher Schriftstücke in Zivil- oder Handelssachen in den Mitgliedstaaten[160] in Kraft.[161] Zur Durchführung wurde in Deutschland das Zustellungsdurchführungsgesetz (ZustDG)[162] erlassen. Die VO Nr. 1348/2000 wurde zunächst durch die **Verordnung Nr. 1393/2007**[163] (im folgenden: **ZustellungsVO**) abgelöst. Im Mai 2018 legte die Kommission einen Vorschlag zu einer Änderung der Verordnung vor, mit dem zum einen die Effizienz der unmittelbaren Zustellung nach Art. 15 ZustellungsVO verbessert würde und zum anderen die alternativen Verfahren für die grenzüberschreitende Übermittlung und Zustellung von Schriftstücken um das Verfahren der elektronischen Zustellung ergänzt würde.[164] Auf ihrer Grundlage trat am 3. Dezember 2020 die neugefasste Verordnung (EU) 2020/1784 über die Zustellung gerichtlicher und außergerichtlicher Schriftstücke in Zivil- oder Handelssachen in den Mitgliedstaaten[165] in Kraft, die allerdings erst ab dem 1. Juli 2022 gelten wird. Wegen der verzögerten Geltung werden die Regelungen der Neufassung nur ergänzend beschrieben.

Der Rat hatte bereits 1997 ein Übereinkommen über die Zustellung gerichtlicher und **758** außergerichtlicher Schriftstücke in Zivil- oder Handelssachen in den Mitgliedstaaten der Europäischen Union erstellt und das Übereinkommen den Mitgliedstaaten zur Annahme gemäß ihren verfassungsrechtlichen Vorschriften empfohlen. Dieses Übereinkommen ist allerdings nicht in Kraft getreten. Nach der Vergemeinschaftung des Bereichs Justiz und Inneres wurden die bei der Aushandlung dieses Übereinkommens erzielten Ergebnisse gewahrt und sein Inhalt weitgehend in die Verordnung übernommen. Das **Vereinigte Königreich und Irland** haben sich an der Annahme und Anwendung dieser Verordnung **beteiligt.** Dänemark wirkt jedoch an der Annahme dieser Verordnung – wie ursprünglich bei der EuGVVO und bereits bei der ZustellungsVO 2001 – nicht mit. Die ZustellungsVO ist daher für Dänemark nicht verbindlich und ihm gegenüber nicht anwendbar, vgl. EGr.

---

[160] ABl. 2000 L 160, S. 37.

[161] Vgl. dazu *Nagel/Gottwald* Rn. 8.54 ff.

[162] Gesetz zur Durchführung gemeinschaftsrechtlicher Vorschriften über die Zustellung gerichtlicher und außergerichtlicher Schriftstücke in Zivil- oder Handelssachen in den Mitgliedstaaten, BGBl. 2001 I S. 1536.

[163] Verordnung (EG) Nr. 1393/2007 des Europäischen Parlaments und des Rates vom 13.11.2007 über die Zustellung gerichtlicher und außergerichtlicher Schriftstücke in Zivil- oder Handelssachen in den Mitgliedstaaten (Zustellung von Schriftstücken) und zur Aufhebung der Verordnung (EG) Nr. 1348/2000 des Rates, ABl. 2007 L 324, S. 79.

[164] Vorschlag der Kommission v. 31.5.2018 für eine Verordnung des Europäischen Parlaments und des Rates zur Änderung der Verordnung (EG) Nr. 1393/2007 des Europäischen Parlaments und des Rates über die Zustellung gerichtlicher und außergerichtlicher Schriftstücke in Zivil- oder Handelssachen in den Mitgliedstaaten („Zustellung von Schriftstücken"), COM [2018] 379 final.

[165] Verordnung (EU) 2020/1784 des Europäischen Parlaments und des Rates vom 25. November 2020 über die Zustellung gerichtlicher und außergerichtlicher Schriftstücke in Zivil- oder Handelssachen in den Mitgliedstaaten (Zustellung von Schriftstücken), ABl. 2020 Nr. L 405/40.

29, Art. 1 Abs. 3 ZustellungsVO (dasselbe gilt für die Neufassung, vgl. EGr. 48 VO 220/1784). Zwischen der EU und **Dänemark** wurde jedoch **bilateral** die Anwendung der **Zustellungsverordnung vereinbart.**[166] An der Neufassung ist Dänemark noch nicht beteiligt.

759 Das mit der ZustellungsVO angestrebte Ziel ist die Gewährleistung der Wirksamkeit und Schnelligkeit der gerichtlichen Verfahren in Zivilsachen. Dazu sollen gerichtliche und außergerichtliche Schriftstücke unmittelbar und auf schnellstmöglichem Wege zwischen den von den Mitgliedstaaten benannten örtlichen Stellen übermittelt werden. Zu diesem Zweck benennen die Mitgliedstaaten **Übermittlungsstellen** und **Empfangsstellen,** Art. 2 ZustellungsVO, Art. 3 VO 2020/1784.

760 Der Verfahrensbeteiligte, der die Zustellung wünscht, übergibt das Dokument der zuständigen Übermittlungsstelle. Die Übermittlungsstelle übermittelt das Dokument der Empfangsstelle unmittelbar und so schnell wie möglich, Art. 4 Abs. 1 ZustellungsVO, Art. 8 Abs. 1 VO 2020/1784. Dabei kann die **Übermittlung** auf jedem geeigneten Übermittlungsweg erfolgen, sofern das empfangene Dokument mit dem versandten Dokument **inhaltlich genau übereinstimmt** und alle darin enthaltenen Angaben mühelos **lesbar** sind, Art. 4 Abs. 2 ZustellungsVO. Nach der Verordnung 2020/1784 hat die Übermittlung künftig über ein sicheres und zuverlässiges dezentrales IT-System zu erfolgen, das für den Datenaustausch eingerichtet werden soll, EGr. 10, Art. 5 VO 2020/1784. Die Übermittlung auf sonstigen Wegen ist nur noch für außergewöhnliche Umstände vorgesehen, Art. 5 VO 2020/1784. Aus Sicherheitsgründen ist dem zu übermittelnden Schriftstück ein **Antrag** beizufügen, der nach dem Formblatt im Anhang I der ZustellungsVO erstellt wird. Das Formblatt ist in der **Amtssprache des Empfangsmitgliedstaats** oder, wenn es in diesem Mitgliedstaat mehrere Amtssprachen gibt, der Amtssprache oder einer der **Amtssprachen des Ortes, an dem die Zustellung erfolgen soll,** oder in einer sonstigen Sprache, die der Empfangsmitgliedstaat zugelassen hat, auszufüllen. Jeder Mitgliedstaat hat die Amtssprache oder die Amtssprachen der Europäischen Union anzugeben, die er außer seiner oder seinen eigenen für die Ausfüllung des Formblatts zulässt, Art. 4 Abs. 3 ZustellungsVO, Art. 8 Abs. 2 VO 2020/1784.

761 Nach Erhalt des Schriftstücks übersendet die Empfangsstelle der Übermittlungsstelle schnellstmöglich, auf jeden Fall innerhalb von sieben Tagen nach Erhalt des Schriftstücks, eine **Empfangsbestätigung** unter Verwendung des Formblatts in Anhang I, Art. 6 Abs. 1 ZustellungsVO bzw. des Formblatts D in Anhang I gem. Art. 8 Abs. 2 VO 2020/1784. Auf eine schnelle Übermittlung muss eine schnelle **Zustellung** des Schriftstücks in den Tagen nach seinem Eingang durch die Empfangsstelle folgen, Art. 7 ZustellungsVO, Art. 11 VO 2020/1784. Kann das Schriftstück nach Ablauf eines Monats nicht zugestellt werden, so setzt die Empfangsstelle die Übermittlungsstelle davon in Kenntnis und unternimmt weiterhin alle für die Zustellung erforderlichen Schritte, wenn die Zustellung innerhalb einer angemessenen Frist möglich scheint.

762 Die **Annahme** der solcherart zugestellten Dokumente darf allein aus Gründen ihrer **sprachlichen Verständlichkeit** verweigert werden. Um die Interessen des Empfängers zu wahren, berechtigt die Zustellungsverordnung den Empfänger, die **Annahme** von Dokumenten zu **verweigern,** wenn sie **nicht in der Amtssprache** oder einer der Amtssprachen des Orts, an dem die Zustellung vorgenommen wird, oder in einer anderen Sprache des Übermittlungsmitgliedstaats, die der Empfänger versteht, abgefasst sind, Art. 8 Abs. 1 ZustellungsVO, Art. 12 VO 2020/1784. „Zuzustellende Schriftstücke" gem. Art. 8 Abs. 1 ZustellungsVO bezeichnen, wenn es sich hierbei um verfahrenseinleitende Schriftstücke handelt, alle Schriftstücke, deren rechtzeitige Zustellung an den Beklagten diesen in die Lage versetzt, seine Rechte in einem gerichtlichen Verfahren des Übermittlungsstaats

---

[166] Abkommen zwischen der Europäischen Gemeinschaft und dem Königreich Dänemark über die Zustellung gerichtlicher und außergerichtlicher Schriftstücke in Zivil- oder Handelssachen, ABl. 2005 L 300, S. 55.

geltend zu machen. Einem solchen Schriftstück müssen sich mit Bestimmtheit zumindest Gegenstand und Grund des Antrags sowie die Aufforderung, sich vor Gericht einzulassen, oder, nach Art des laufenden Verfahrens, die Möglichkeit zur Einlegung eines gerichtlichen Rechtsbehelfs entnehmen lassen. Unterlagen, die lediglich eine Beweisfunktion haben und für das Verständnis von Gegenstand und Grund des Antrags nicht unerlässlich sind, sind demgegenüber kein integrierender Bestandteil des verfahrenseinleitenden Schriftstücks im Sinne der ZustellungsVO. Anlagen zur Klagschrift sind daher nicht zwingend zu übersetzen.[167] Wird der Empfangsstelle mitgeteilt, dass der Empfänger die Annahme des Schriftstücks gem. Abs. 1 verweigert, so setzt sie die Übermittlungsstelle unverzüglich davon in Kenntnis und sendet den Antrag sowie die Schriftstücke, um deren Übersetzung ersucht wird, zurück.

Aufgrund der verfahrensrechtlichen Unterschiede zwischen den Mitgliedstaaten be- 763
stimmt sich der **Zustellungszeitpunkt** in den einzelnen Mitgliedstaaten nach unterschiedlichen Kriterien. Unter diesen Umständen und in Anbetracht der möglicherweise daraus entstehenden Schwierigkeiten sieht Art. 9 ZustellungsVO, Art. 13 VO 2020/1784 deshalb vor, dass sich der Zustellungszeitpunkt im Grundsatz **nach dem Recht des Empfangsmitgliedstaats** bestimmt. **Zur Wahrung von Fristen** bestimmt sich der Zustellungszeitpunkt im Verhältnis zum Antragsteller jedoch nach dem **Recht des Übermittlungsmitgliedstaats.**

Das beschriebene Verfahren unter Einbeziehung von Übermittlungs- und Empfangs- 764
stellen ist nicht zwingend. Gemäß Art. 12 ZustellungsVO, Art. 16 VO 2020/1784 ist die Übermittlung auf konsularischem oder diplomatischem Weg in Ausnahmefällen zulässig. Eine unmittelbare Zustellung ist gem. Art. 15 ZustellungsVO möglich, wenn sie nach dem Recht des Empfangsmitgliedstaates zulässig ist. Nach Art. 14 ZustellungsVO, Art. 18 VO 2020/1784 steht es den Mitgliedstaaten frei, Personen, die ihren Wohnsitz in einem anderen Mitgliedstaat haben, gerichtliche Schriftstücke unmittelbar durch **Postdienste per Einschreiben mit Rückschein oder gleichwertigem Beleg** zustellen zu lassen. Künftig wird auch die unmittelbare elektronische Zustellung möglich sein, Art. 19 VO 2020/1784.

In den Beziehungen zwischen den Mitgliedstaaten, die Vertragsparteien **bilateraler oder** 765
multilateraler Übereinkünfte oder Vereinbarungen sind, hat die ZustellungsVO gem. Art. 20 Abs. 1, die Verordnung (EU) 2020/1784 gem. Art. 29 künftig in ihrem Anwendungsbereich Vorrang vor den Bestimmungen der Übereinkünfte oder Vereinbarungen mit demselben Anwendungsbereich. Es steht den Mitgliedstaaten jedoch gem. Art. 20 Abs. 2 ZustellungsVO, Art. 29 Abs. 2 VO 2020/1784 frei, Übereinkünfte oder Vereinbarungen zur weiteren Beschleunigung oder Vereinfachung der Übermittlung von Schriftstücken beizubehalten oder zu schließen, sofern diese Übereinkünfte oder Vereinbarungen mit dieser Verordnung vereinbar sind.

Die nach dieser Verordnung übermittelten **Daten** müssen angemessen **geschützt** wer- 766
den. Diese Frage wurde zunächst durch die Richtlinie 1995/46/EG bzw. ab dem 25.5.2018 die Verordnung Nr. 679/016 und die Richtlinie 2002/58/EG geregelt, die gem. Art. 22 Abs. 4 ZustellungsVO unberührt bleiben. Die Richtlinie 1995/46/EG wurde allerdings inzwischen durch Art. 94 Abs. 1 der Verordnung (EU) 2016/679 (nachfolgend: DSGVO) aufgehoben. Der Verweis in Art. 22 Abs. 4 ZustellungsVO bezieht sich seither auf die Datenschutz-Grundverordnung, vgl. Art. 94 Abs. 2 DSGVO.

2. EG-Verordnung über die Zusammenarbeit zwischen den Gerichten der Mit- 767
gliedstaaten auf dem Gebiet der Beweisaufnahme in Zivil- oder Handelssachen. Am 1.7.2001 trat die Verordnung (EG) Nr. 1206/2001 des Rates vom 28.5.2001 über die Zusammenarbeit zwischen den Gerichten der Mitgliedstaaten auf dem Gebiet der Beweisaufnahme in Zivil- oder Handelssachen[168] (im Folgenden: **BeweisaufnahmeVO**) in

[167] EuGH Slg. 2008, I-3367 Rn. 64 ff. = NJW 2008, 1721 – Ingenieurbüro Michael Weiss und Partner GbR/Industrie- und Handelskammer Berlin.
[168] ABl. 2001 L 174, S. 1.

Kraft.[169] Mit Ausnahme der Art. 19, 21 und 22, welche die gerichtliche Praxis nicht betreffen, gilt sie gem. Art. 24 Abs. 2 seit dem 1.1.2004.

Ebenfalls am 31.5.2018 hat die Kommission auch insoweit einen Vorschlag vorgelegt, der sich mit der notwendigen Modernisierung, insbesondere mit der Digitalisierung und dem Einsatz moderner Technologien bei der grenzüberschreitenden Beweisaufnahme befasst und Probleme wie Verzögerungen, Mängel beim Schutz der Verfahrensrechte sowie rechtliche Komplexität und Rechtsunsicherheit reduzieren sollte.[170] Auf dieser Grundlage ist die neugefasste Verordnung 2020/1783 über die Zusammenarbeit zwischen den Gerichten der Mitgliedstaaten auf dem Gebiet der Beweisaufnahme[171] am 22. Dezember 2020 in Kraft getreten. Sie gilt indes erst ab dem 1. Juli 2022. Im Hinblick darauf beziehen sich die Ausführungen noch auf die Verordnung Nr. 1206/2001. Änderungen durch die Neufassung werden kenntlich gemacht.

768 Das Haager Übereinkommen vom 18.3.1970 über die Beweisaufnahme im Ausland in Zivil- oder Handelssachen[172] galt nur zwischen elf Mitgliedstaaten der Europäischen Union. Es wurde deshalb für erforderlich gehalten, die Zusammenarbeit der Gerichte der Mitgliedstaaten auf dem Gebiet der Beweisaufnahme weiter zu verbessern. Dem dient die BeweisaufnahmeVO. **Dänemark beteiligt sich** gem. den Art. 1 und 2 des dem EU-Vertrag und dem EG-Vertrag beigefügten Protokolls über die Position Dänemarks **nicht** an der Annahme dieser Verordnung, die daher für Dänemark nicht bindend und Dänemark gegenüber nicht anwendbar ist. Im Verhältnis zu Dänemark gilt weiter das Haager Übereinkommen.

769 Ziel der BeweisaufnahmeVO ist die **effiziente Abwicklung** gerichtlicher Verfahren in Zivil- oder Handelssachen. Dieser Zweck führt in Verbindung mit dem Grundsatz der praktischen Wirksamkeit dazu, dass der Begriff der Beweisaufnahme autonom und keinesfalls eng, etwa auf die Zeugeneinvernahme beschränkt, auszulegen ist. Die Beweisaufnahme kann sich auf Urkunden oder andere Gegenstände erstrecken, die in Augenschein genommen oder durch Sachverständige untersucht werden können.[173] Die Verordnung verlangt, dass die **Übermittlung** der Ersuchen um Beweisaufnahme und deren Erledigung **direkt und auf schnellstmöglichem Wege** zwischen den Gerichten der Mitgliedstaaten erfolgt. Anders als bei der Zustellung von Dokumenten nach der ZustellungsVO erfolgt das Ersuchen um Beweisaufnahme daher nicht unter Einbeziehung von Übermittlungs- und Empfangsstellen, sondern direkt zwischen **ersuchendem** und **ersuchtem Gericht,** Art. 2 Abs. 1 BeweisaufnahmeVO, Art. 3 Abs. 1 VO 2020/1783. Um dem ersuchenden Gericht den Zugang zum zuständigen ersuchten Gericht zu erleichtern, sieht die BeweisaufnahmeVO vor, dass jeder Mitgliedstaat eine **Liste** der für die Durchführung von Beweisaufnahmen nach dieser Verordnung zuständigen Gerichte erstellt.[174] In dieser Liste ist auch der örtliche Zuständigkeitsbereich und gegebenenfalls die besondere fachliche Zuständigkeit dieser Gerichte anzugeben, Art. 2 Abs. 2 BeweisaufnahmeVO, Art. 3 Abs. 2 VO 2020/1783. Problematisch erscheint allerdings, ob das in der Verordnung geregelte Amtshilfeverfahren auch zur Beweissicherung eingesetzt werden kann.[175]

[169] Vgl. dazu *Nagel/Gottwald* Rn. 9.9 ff.; *Berger* IPRax 2001, 522.

[170] Vorschlag der Kommission v. 31.5.2018 für eine Verordnung des Europäischen Parlaments und des Rates zur Änderung der Verordnung (EG) Nr. 1206/2001 des Rates v. 28.5.2001 über die Zusammenarbeit zwischen den Gerichten der Mitgliedstaaten auf dem Gebiet der Beweisaufnahme in Zivil- oder Handelssachen, COM [2018] 378 final, Begründung S. 3.

[171] Verordnung (EU) 2020/1783 des Europäischen Parlaments und des Rates vom 25. November 2020 über die Zusammenarbeit zwischen den Gerichten der Mitgliedstaaten auf dem Gebiet der Beweisaufnahme in Zivil- oder Handelssachen (Beweisaufnahme), ABl. 2020 Nr. L 405/1.

[172] Vgl. dazu die Erläuterungen von *Schack* Rn. 864 ff.

[173] GA *Kokott,* Schlussanträge Rn. 43 ff., zu EuGH C-175/06, Slg. 2007, I-7929 – Tedesco/Tomasoni.

[174] Vgl. dazu die Erklärungen der Mitgliedstaaten zur BeweisaufnahmeVO, abgedr. in IPRax 2004, 160.

[175] Das zu dieser Frage anhängige Vorabentscheidungsverfahren EuGH C-175/06, – Tedesco/Tomasoni, wurde wegen Erledigung des Hauptverfahrens gestrichen, Slg. 2007, I-7929. Befürwortend GA/*Kokott* Schlussanträge Rn. 46 ff.

den Gläubigern in den einzelnen Mitgliedstaaten zur Verfügung stehen, machten eine Gemeinschaftsregelung erforderlich, die für Gläubiger und Schuldner in der gesamten Europäischen Union **gleiche Bedingungen** gewährleiste. Mit dem europäischen Verfahren für geringfügige Forderungen sollten Streitigkeiten mit geringem Streitwert in grenzüberschreitenden Fällen vereinfacht und beschleunigt und die Kosten verringert werden, indem ein **fakultatives Instrument** zusätzlich zu den Möglichkeiten geboten wird, die nach dem Recht der Mitgliedstaaten bestehen und unberührt bleiben.

Der Anwendungsbereich der BagatellVO, grenzüberschreitende Zivil- und Handelssachen, erfasst grundsätzlich auch lauterkeitsrechtliche Ansprüche, deren **Streitwert 2.000 EUR nicht überschreitet,** Art. 2 Abs. 1 BagatellVO. Das Europäische Verfahren für geringfügige Forderungen basiert auf dem in Anh. I BagatellVO enthaltenen Klageformblatt A, welches der vermeintliche Gläubiger ausfüllen und unmittelbar an das zuständige Gericht leiten kann, Art. 4 Abs. 1 BagatellVO. Das Klageformblatt ist allerdings in einer Sprache des Gerichts auszufüllen, Art. 6 Abs. 1 BagatellVO. **782**

In einer **Vorprüfung** untersucht das angerufene Gericht, ob die erhobene Klage in den Anwendungsbereich der BagatellVO fällt, ob die Angaben des Klägers ausreichend und klar genug sind, das Klageformblatt A ordnungsgemäß ausgefüllt und die Klage offensichtlich unbegründet oder offensichtlich unzulässig ist, Art. 4 Abs. 3, 4 BagatellVO. Es informiert den Kläger, wenn das Bagatellverfahren nicht anwendbar ist und gibt dem Kläger unter Fristsetzung Gelegenheit, das Klageformblatt zu vervollständigen oder zu berichtigen oder ergänzende Angaben zu machen oder Unterlagen vorzulegen oder die Klage zurückzunehmen. Dafür verwendet es wiederum ein Formblatt. Ist die Klage offensichtlich unbegründet oder offensichtlich unzulässig oder versäumt es der Kläger, das Klageformblatt fristgerecht zu vervollständigen oder zu berichtigen, so wird die Klage zurück- bzw. abgewiesen, Art. 4 Abs. 4 S. 2 BagatellVO. **783**

Anderenfalls wird das eigentliche Verfahren eingeleitet, das im Regelfall schriftlich stattfindet, Art. 5 Abs. 1 BagatellVO. Wiederum unter Einsatz eines Formblatts (C) wird dem Beklagten eine Kopie des Klageformblattes zugestellt. Innerhalb von 30 Tagen, nachdem die letzten Antworten der Parteien eingegangen sind, erlässt das Gericht ein Urteil, fordert die Parteien innerhalb einer bestimmten Frist, die 30 Tage nicht überschreiten darf, zu weiteren die Klage betreffenden Angaben auf, führt eine Beweisaufnahme durch oder lädt die Parteien zu einer mündlichen Verhandlung vor, die innerhalb von 30 Tagen nach der Vorladung stattzufinden hat. Das Gericht erlässt sein Urteil entweder innerhalb von 30 Tagen nach einer etwaigen mündlichen Verhandlung oder nach Vorliegen sämtlicher Entscheidungsgrundlagen. Das Urteil wird den Parteien gem. Art. 13 BagatellVO zugestellt, Art. 7 BagatellVO. Es kann unionsweit vollstreckt werden, Art. 20 BagatellVO. Weitere Vorschriften dienen vor allem dazu, die Verfahrenskosten niedrig zu halten. **784**

Die Bagatellverordnung wird kaum zu einer Explosion des Geschäftsanfalls gerade im Lauterkeitsrecht führen. Dafür sorgt bereits der Ausschluss der Konsumentenindividualklage. Zur Geltendmachung von Streuschäden wäre ein solches Verfahren sicher geeignet. Dennoch ist mittelfristig mit einer Zunahme der grenzüberschreitenden Prozesstätigkeit auf der Grundlage der Bagatellverordnung zu rechnen. **785**

E. Lauterkeitsrecht in internationalen Vereinbarungen

Übersicht

Schrifttum: Vgl. vor Einl. B.

I. Pariser Verbandsübereinkunft

786 Das internationale Recht des unlauteren Wettbewerbs ist im Gegensatz zum internationalen Immaterialgüterrecht nur wenig entwickelt.[1] Es beruht nach wie vor auf der **Pariser Verbandsübereinkunft vom 20.3.1883 zum Schutz des gewerblichen Eigentums (PVÜ).** Sie war zunächst vor allem auf die internationale Gewährleistung hinreichenden Patentschutzes gerichtet,[2] erlangte jedoch zunehmend Bedeutung für das Lauterkeitsrecht.[3] In der Brüsseler Fassung von 1900 wurde der Grundsatz der Inländerbehandlung in **Art. 10bis PVÜ** auf den **Schutz gegen unlauteren Wettbewerb** erstreckt.[4] Auf der Washingtoner Revisionskonferenz von 1911 wurde Art. 10bis PVÜ dahingehend umformuliert, dass den Verbandsangehörigen ein wirksamer Schutz gegen unlauteren Wettbewerb zu gewähren ist. In der Haager Fassung von 1925 wurde der „unlautere Wettbewerb" definiert. Zugleich wurden die Verbandsstaaten verpflichtet, das Hervorrufen von Verwechslungen und die Anschwärzung durch falsche Angaben zu untersagen. In der Folgezeit wurden die Niederlassung und die gewerbliche oder kaufmännische Tätigkeit als Gegenstände der Verwechslung und Anschwärzung einbezogen und der Beispielskatalog der zu untersagenden Tatbestände auf die irreführende Werbung hinsichtlich der Beschaffenheit, der Art der Herstellung, der wesentlichen Eigenschaften, der Brauchbarkeit oder der Menge der Waren erweitert. **Artikel 10ter PVÜ** begründet schließlich nach kontinentaleuropäischer Auffassung eine weitgehende **Sanktionierungspflicht** der Verbandsstaaten,[5] wobei die offene Regelung in Art. 10bis Abs. 1 PVÜ den Verbandsstaaten weiten Umsetzungsspielraum lässt, um nationalen Traditionen gerecht zu werden.[6] In den USA wird der Norm allerdings allein die Funktion beigemessen, die Reichweite der Geltung des Inländerbehandlungsgrundsatzes zu definieren.[7]

787 In Staaten mit einem entwickelten und weitreichenden Lauterkeitsrechtsschutz wie Deutschland, Österreich oder der Schweiz kommt der Verpflichtung aus Art. 10bis PVÜ

[1] *Schricker* 26 IIC 782 (1995); *Henning-Bodewig* in Neuordnung des Wettbewerbsrechts, S. 21; *Henning-Bodewig* 30 IIC 166, 167 (1999); *Reger* S. 4. Vgl. insgesamt zum internationalen Wettbewerbsrecht *Pflüger,* Der internationale Schutz gegen unlauteren Wettbewerb, passim.

[2] Vgl. *Beier* GRUR Int. 1983, 339 (342); *Henning-Bodewig* in Neuordnung des Wettbewerbsrechts, S. 21, 22; *Henning-Bodewig* 30 IIC 166, 168 (1999); *Henning-Bodewig* in Law Against Unfair Competition, S. 53 ff. Auch das schweizerische PatentG wurde in Reaktion auf die PVÜ erlassen, vgl. die Darst. bei *Troller* Bd. I S. 44 ff. *Reger* S. 12, weist zutreffend darauf hin, dass die Vernachlässigung des Lauterkeitsschutzes nicht zuletzt mit dem niedrigen Entwicklungsstand des Rechtsgebiets insgesamt zu erklären ist.

[3] Zur Entwicklung vgl. *Henning-Bodewig* in Neuordnung des Wettbewerbsrechts, S. 21, 24 ff.; *Reger* S. 16.

[4] Vgl. dazu *Reger* S. 16.

[5] Zu den materiellen Verpflichtungen vgl. die Studie des Instituts für Europäisches Wirtschafts- und Verbraucherrecht eV über die Machbarkeit eines allgemeinen gesetzlichen Rahmens für den lauteren Geschäftsverkehr, November 2000, Band 3, http://ec.europa.eu/consumers/archive/cons_int/safe_shop/fair_bus_pract/green_pap_comm/studies/sur21_vol3_en.pdf (site zul. besucht am 12.4.2021); im Folgenden: Micklitz-Studie, III), S. 467 ff.

[6] *Henning-Bodewig* in Int. Handbook § 2 Rn. 67.

[7] *Mattel, Inc. v. MCA Records, Inc.,* 296 F.3d 894, 908 (9th Cir. 2002): *„The Paris Convention provides for national treatment, and does not define the substantive law of unfair competition."* Bestätigt in *Empresa Cubana del Tabaco v. Culbro Corp.,* 399 F. 3d 462, 484 f. (2nd Cir. 2005). Ausf. *Int'l Cafe, S. A. L. v. Hard Rock Cafe Int'l (U. S. A.), Inc.,* 252 F. 3d 1274, 1277 f. (11th Cir.2001).

kaum eigenständige Bedeutung zu.[8] Demgegenüber bildet(e) die Vorschrift in anderen Rechtsordnungen den Ausgangspunkt für einen wettbewerbsorientierten Lauterkeitsrechtsschutz[9] und wurde zu Recht als *„law against unfair competition in a nutshell"* bezeichnet.[10] Mit der Etablierung nationaler Lauterkeitsrechtsordnungen ist die – seit 1967 unveränderte – Regelung zunehmend bedeutungslos geworden.[11] Die **Schwächen** von Art. 10bis PVÜ liegen darin, dass die Vorschrift ein **Wettbewerbsverhältnis** voraussetzt, und die Auslegung der Generalklausel die Verfolgung eines **traditionellen geschäftsmoralischen Ansatzes** jedenfalls gestattet.[12]

Insbesondere multinational agierende Unternehmen machen in erheblichem Umfang Gebrauch von der Möglichkeit, einheitliche Standards im Hinblick auf den Umgang mit natürlichen Ressourcen, Arbeitsrecht, den sie umgebenden Sozialstrukturen etc zu setzen und einzuhalten. Man sollte ihnen dabei zunächst ein gewisses intrinsisches Interesse an der Vereinfachung der innerbetrieblichen Abläufe zugutehalten. Im Vordergrund wird freilich vordringlich das Interesse stehen, insbesondere an Produktionsstandorten in Niedriglohnländern als ausländisches Unternehmen positiv aufgenommen zu werden, weil die gesetzlichen Mindeststandards freiwillig überschritten werden, und in den Vertriebsgebieten zugleich ein entsprechendes Marketingargument in der Hand zu haben. Die Kommunikation dieser Unternehmenspolitik schafft über die damit verbundenen Reputationsgewinne zugleich in gesellschaftsrechtlicher Hinsicht die Möglichkeit der Unternehmensleitungen, solche kurzfristig gewinnmindernden Maßnahmen zu ergreifen, als auch in lauterkeitsrechtlicher Hinsicht die Möglichkeit, sog. *green washing* zu verhindern. Wirbt ein Unternehmen etwa mit einer Mitgliedschaft bzw. Teilnahme an einem sog. ***CSR instrument,*** darunter sind von verschiedenen internationalen Organisationen und NGOs entwickelte Programme zu verstehen, nach denen Unternehmen in integrierter Form soziale Verantwortung *(corporate social responsibility; CSR)* übernehmen können, so begründet die tatsächliche Nicht-Beteiligung eine *misleading practice* iSd Art. 10bis Abs. 3 PVÜ. Dasselbe gilt, wenn ein Unternehmen die beworbenen Standards nicht einhält. Auch einzelne, nicht unmittelbar produktbezogene Werbeangaben etwa zum Umweltschutz, Arbeitsschutz können unabhängig von der Übernahme eines *CSR instruments* im Fall ihrer Nichtbeachtung irreführend sein, wenn es sich nach allgemeinen Regeln um Tatsachenangaben handelt.[13] Zu beachten ist freilich, dass auf dieser Grundlage selbst im Verletzungsfall niemals die Einhaltung der übernommenen CSR Standards verlangt werden kann, sondern stets nur die Unterlassung der irreführenden Werbung mit ihnen. 788

II. WIPO Model Provisions

Seit 1970 wird die PVÜ durch das in Genf eingerichtete Internationale Büro der *World Intellectual Property Organisation* (WIPO) verwaltet. Versuche der WIPO, das internationale Recht des unlauteren Wettbewerbs im Rahmen der PVÜ fortzuentwickeln, sind erfolglos geblieben.[14] Die Strategie wurde deshalb insgesamt aufgegeben. Stattdessen wird ein neues 789

[8] *Henning-Bodewig* 30 IIC 166, 188 (1999); *Gamerith* WRP 2003, 143 (145). Für die Schweiz *Schluep* in Droit européen de la concurrence déloyale en formation, S. 67, 73.

[9] Rechtsvergleichend u. *Henning-Bodewig* Einl. F. Vgl. auch *Henning-Bodewig* GRUR Int. 2002, 389; *Henning-Bodewig* GRUR Int. 2014, 997 (1000).

[10] *Schricker* 26 IIC 782 (1995); ebenso *Henning-Bodewig* 30 IIC 166, 187 (1999); *Reger* S. 17.

[11] *Henning-Bodewig* GRUR Int. 2010, 549 (553). Zum Bedeutungsgewinn im Hinblick auf die Zunahme der Zahl der Verbandsstaaten vgl. *Henning-Bodewig* in Int. Handbook § 2 Rn. 5.

[12] *Reger* S. 19. Vgl. *Henning-Bodewig* in Neuordnung des Wettbewerbsrechts, S. 21, 32 ff.; *Henning-Bodewig* in Int. Handbook § 2 Rn. 37 ff.; *Pflüger* in Lauterkeitsrecht und Acquis Communautaire, S. 65, 77 ff., 80; *Höpperger/Senftleben* in Law Against Unfair Competition, S. 61, 64 f. Dass die Geschäftsmoral sich von der allgemeinen Moralität entfernt hat, ist selbstverständlich, vgl. dazu *Henning-Bodewig* GRUR Int. 2014, 997 (1002).

[13] Vgl. dazu ausf. *Cottier/Wermelinger* in CSR S. 81, 87 ff.; *Henning-Bodewig* in TRIPS plus 20, S. 701, 714.

[14] *Henning-Bodewig* 30 IIC 166, 172 ff. (1999); *Henning-Bodewig* in Int. Handbook § 2 Rn. 69. Vgl. hierzu auch *Pflüger* S. 147 ff.

Konzept verfolgt: Nach einer Studie[15] hat das Internationale Büro im Jahr 1996 *Model Provisions on Protection Against Unfair Competition*[16] vorgelegt.[17] Sie sollen in ihren Art. 2–6 die Verpflichtung der Verbandsstaaten aus Art. 10bis PVÜ konkretisieren,[18] reichen jedoch in ihrer Bedeutung über eine bloße Aktualisierung weit hinaus:[19] Auffällig ist zunächst, dass die Zahl der **Sondertatbestände** erhöht und der **Anwendungsbereich** der bestehenden Sondertatbestände erweitert wurde. Weniger ins Auge springt die **konzeptionelle Verschiebung:** Zwischen den Parteien muss **kein Wettbewerbsverhältnis** bestehen[20] und der **Konsumentenschutz** wurde in den Zweck der Regelungen aufgenommen.[21] Die WIPO hoffte, dass möglichst viele der Verbandsstaaten die *Model Provisions* als Ausprägung ihrer bereits bestehenden Verpflichtung in ihre nationalen Rechtsordnungen übernähmen. Dass diese Erwartungen sich bestätigen werden, erscheint immer unwahrscheinlicher.

III. TRIPs

790 Wie bereits über 100 Jahre zuvor die PVÜ, so hat auch das **Abkommen über handelsbezogene Aspekte der Rechte des geistigen Eigentums (TRIPs)**[22] unter dem Dach der WTO sein Entstehen im Wesentlichen dem Bemühen um verbesserten weltweiten Schutz der Immaterialgüterrechte zu verdanken. Gegenüber der PVÜ wurde vor allem der Durchsetzungsmechanismus entscheidend verbessert.[23] Lauterkeitsrechtliche Regelungen enthält es nur am Rande, nämlich im Hinblick auf den Schutz von **geographischen Angaben**[24] und **Geschäftsgeheimnissen.**[25] Bedeutung hat daneben der in TRIPs niedergelegte Markenschutz im Hinblick auf die Vermeidung einer Verwechslungsgefahr.

791 Darüber hinaus ist allerdings wohl nicht einmal der in Art. 10bis PVÜ erreichte Standard des Lauterkeitsschutzes in das TRIPs übernommen worden, obwohl das Lauterkeitsrecht nach dem Verständnis der PVÜ zum gewerblichen Rechtsschutz zählt.[26] Die Verpflichtung der Mitglieder auf den Mindeststandard der PVÜ in Art. 2 Abs. 1 TRIPs[27] *(„Paris plus")* gilt ausgehend vom Wortlaut der Norm allein für die in den Teilen II, III und IV des TRIPs geregelten Materien.[28] Im *Havana-Club*-Fall ging es um den Schutz von Handels-

[15] Protection Against Unfair Competition – Analysis of the Present World Situation, WIPO publication No. 725(E).

[16] Model Provisions on Protection Against Unfair Competition. Articles and Notes, World Intellectual Property Organization (WIPO), 1996, WIPO publication No. 832(E) (im Folgenden: WIPO-MP).

[17] Vgl. dazu *Henning-Bodewig* in Neuordnung des Wettbewerbsrechts, S. 21, 37 ff.; *Henning-Bodewig* 30 IIC 166, 182 (1999); *Reger* S. 317 ff.

[18] WIPO-MP, Note 1.01. Zum materiellen Gehalt der Model Provisions vgl. Micklitz-Studie, III, S. 473 ff.

[19] *Henning-Bodewig* in Neuordnung des Wettbewerbsrechts, S. 21, 39; *Henning-Bodewig* in Int. Handbook § 2 Rn. 74.

[20] WIPO-MP, Note 1.06. Vgl. dazu *Höpperger/Senftleben* in Law Against Unfair Competition, S. 61, 69.

[21] WIPO-MP, Note 1.06, 1.10. Vgl. dazu *Henning-Bodewig* in Int. Handbook § 2 Rn. 75.

[22] Agreement on Trade Related Aspects of Intellectual Property Rights. Übereinkommen über handelsbezogene Aspekte der Rechte des geistigen Eigentums, BGBl. 1994 II S. 1730.

[23] Vgl. dazu *Cottier/Wermelinger* in CSR S. 81, 91 ff.

[24] Vgl. dazu EuG, ECLI:EU:T:2015:486 = MittPatAnw 2015, 461 (red. Ls.) – Lembergerland; TGI Paris 30.5.2013 – RG 2010/01706, IIC 2015, 868 – Darjeeling.

[25] Vgl. dazu EuG, ECLI:EU:T:2016:376 = CuR 2014, 45 – Glyphosat; GA *Kokott*, Schlussanträge Rn. 53 ff., zu EuGH C-673/138, ECLI:EU:C:2016:889 – Stichting Greenpeace; *Henning-Bodewig* 30 IIC 166, 179 (1999).

[26] *Henning-Bodewig* WRP 2001, 771.

[27] *„Article 2 TRIPs Intellectual Property Conventions.*
1. In respect of Parts II, III and IV of this Agreement, Members shall comply with Articles 1–12 and 19 of the Paris Convention (1967)."

[28] *Schricker* 26 IIC 782, 783 Fn. 7 (1995); *Henning-Bodewig* in Neuordnung des Wettbewerbsrechts, S. 21, 35; skeptisch *Henning-Bodewig* in TRIPS plus 20, S. 701, 719; *Reger* S. 293 ff., 295; Micklitz-Studie, III, S. 469, 470. AA ist wohl die WIPO, vgl. WIPO-MP, Note 1.01, sowie die Stellungnahme von *Baeumer,* wiedergegeben im Tagungsbericht von *Schmid* in Neuordnung des Wettbewerbsrechts, S. 253, 273 ff. Ähnlich *Höpperger/Senftleben* in Law Against Unfair Competition, S. 61 f.; *Cottier/Wermelinger* in CSR S. 81, 93. Vgl. *Riffel,* S. 17 ff.

namen unter TRIPs auf der Grundlage von Art. 2 Abs. 1 TRIPs iVm Art. 8 PVÜ.[29] Der *Panel Report* hatte Art. 2 Abs. 1 TRIPs unter Rückgriff auf die Entstehungsgeschichte sehr eng ausgelegt.[30] Der *Appellate Body Report* trat den Ausführungen im *Panel Report* ausdrücklich entgegen. Tatsächlich erscheint es als wenig sinnvoll, den Schutz von Handelsnamen insgesamt auszuklammern, obwohl Art. 2 Abs. 1 TRIPs pauschal auf die Art. 1–12 PVÜ verweist, ohne Art. 8 PVÜ auszunehmen.[31] An diese weitere Lesart von Art. 2 Abs. 1 TRIPs knüpft auch der EuGH in der Rechtssache *Anheuser-Busch*[32] an. Es ist jedoch zumindest zweifelhaft, ob mit einer entsprechenden Begründung auch der Schutz gegen unlauteren Wettbewerb gem. Art. 10bis PVÜ insgesamt über Art. 2 Abs. 1 in den Geltungsbereich des TRIPs einbezogen werden kann, da insoweit mit den Art. 22, 39 TRIPs zumindest an zwei Stellen lauterkeitsrechtliche Regelungen aufgenommen werden.[33] Das TRIPs konzentriert sich auf Patente, Marken und Urheberrechte und erfasst den unlauteren Wettbewerb nur in den genannten Teilaspekten wie den Schutz von geographischen Angaben und Geschäftsgeheimnissen.[34] Das hat dazu geführt, dass das TRIPs faktisch bremsende Wirkung beim weltweiten Aufbau entwickelter Lauterkeitsgesetzgebungen hatte.[35] Selbst die WIPO tut sich bei der Kommunikation ihrer Bemühungen im Bereich des Lauterkeitsrechts schwer.[36] Erst in jüngerer Zeit lässt eine Zunahme wissenschaftlicher Stellungnahmen hoffen, dass der „Dornröschenschlaf" des internationalen Rechts des unlauteren Wettbewerbs beendet wird.[37] Bedeutung könnte dies insbesondere für den verbesserten Schutz von traditionellem Wissen und folkloristischen Ausdrucksformen erlangen.[38]

---

[29] Vgl. im Einzelnen die Darstellung von *Jakob* GRUR Int. 2002, 406.

[30] Panel Rep. U. S.-Section 211 Omnibus Appropriations Act of 1998 v. 6.8.2001, WT/DS 176/R, Rn. 8.39 ff. zum Schutz von Handelsnamen.

[31] Appellate Body Rep. U. S.-Section 211 Omnibus Appropriations Act of 1998 v. 2.2.2002, AB-2001-7, WT/DS 176/AB/R, Rn. 320 ff., 338. Ähnliche Analyse von *Wadlow,* The Law of Passing-Off: Unfair Competition by Misrepresentation, 2011, Rn. 2–072 ff.; *Henning-Bodewig* in Int. Handbook § 2 Rn. 108; *Henning-Bodewig* in TRIPS plus 20, S. 701, 719.

[32] EuGH Slg. 2004, I-10989 Rn. 91 = GRUR 2005, 153 – Anheuser-Busch/Budvar.

[33] Skeptisch auch *Pflüger* in Lauterkeitsrecht und Acquis Communautaire, S. 65, 72; *Henning-Bodewig* GRUR Int. 2010, 549 (554); *Henning-Bodewig* GRUR Int. 2014, 997 (1000); *Henning-Bodewig* in Int. Handbook § 2 Rn. 108 ff.; *Henning-Bodewig* in TRIPS plus 20, S. 701, 719; MüKoBGB/*Drexl* Rom II-VO Art. 6 Rn. 35. Unter Verweis auf die Entstehungsgeschichte bejahend *Cottier/Wermelinger* in CSR S. 81, 93.

[34] Zusammenfassend *Weber* sic! 1998, 158 (159 ff.).

[35] Im Ergebnis hatten die Model Provisions bis heute kaum die beabsichtigte Wirkung.

[36] So konzentriert sich etwa die Website der WIPO auf die klassischen Immaterialgüterrechte (Urheberrecht, Patente, Marken, Designs) sowie geographische Herkunftsangaben und Geschäftsgeheimnisse. Der Schutz des lauteren Wettbewerbs wird nicht erwähnt(Stand November 2019).

[37] *Henning-Bodewig* GRUR Int. 2013, 1 (2) m. zahlr. Nachw.; *Riffel,* passim.

[38] Vgl. *Rodrigues,* (2014) 4(2) Queen Mary J. IP 139.

F. Ausländisches Recht (Recht der EU-Staaten und Großbritannien)

Übersicht

I. Belgien

792 Das belgische Wettbewerbsrecht findet sich seit 2014 im **Wirtschaftsgesetzbuch** (Code de droit économique/Wetboek van economisch recht), wo es im Buch VI/livre VI geregelt ist. Es wird **vorwiegend zivilrechtlich** (durch eine spezielle „action en cessation") durchgesetzt und zeichnet sich durch eine Fülle von Entscheidungen und Literatur aus. Insgesamt hat es zu einem **hohen Schutzniveau** für Unternehmen und Verbraucher geführt. Obgleich in den letzten Jahren der Schutz der Verbraucher regelungstechnisch (infolge der europäischen Vorgaben) im Mittelpunkt zu stehen scheint, zielt das belgische Lauterkeitsrecht nach wie vor auf eine **Gesamtregelung aller Marktpraktiken** im Interesse aller Marktbeteiligten ab.[1]

[1] Die jeweils neueste Fassung der belgischen Wirtschaftsgesetze findet sich (auf französisch) auf der Homepage des Wirtschaftsministeriums: http://mineco.fgov.be; die Urteile des höchsten Gerichts – Cour de Cassation – unter http:/www.cass.be. Die umfangreichen Entscheidungen (und die Literatur) sind teils auf französisch, teils auf flämisch, häufig mit einer Zusammenfassung in der jeweils anderen Sprache, zB in dem von *De Bauw* herausgegebenem „Jaarboek Handelspraktijken & Mededinging" zu finden. Ausführlich zu den Grundzügen des belgischen Wettbewerbsrechts *Henning-Bodewig* in der Vorauflage und *Stuyck* GRUR Int. 2015, 899; *Steenot,* Belgium, Private Laws Remedies for Breach of the Prohibiion of Unfair Commercial Practices, EuCLM 2015, 188. Den derzeit umfassendsten und besten Überblick (auf flämisch) bietet das Buch von *Stuyck,* Beginselen van Belgisch Privaatrecht, VIII: Handels- en Economisch Recht, Deel 2 A: Handelspraktijken, 5. Aufl. 2019 (zusammen mit *Keirsbilck*); vgl. auch *Straetmans/Stuyck* (eds.), Commercial practices, 2015. Vor allem unter Verbraucherschutzgesichtspunkten vgl. *Sibony/Verkempinck,* Belgium, European Commission, Study for the Fitness Check of consumer and marketing law: Final report Part 3 – Country reporting, S. 55 (https://op.europa.eu/en/publication-detail/-/publication/db28cd4d-772c-11e7-b2f2-01aa75ed71a1/language-en); dazu auch *Glöckner* → Einl. Rn. 193 (New Deal for Consumer).

Das belgische Lauterkeitsrecht hat dabei eine **bewegte Geschichte** hinter sich; es ist entstanden aus dem allgemeinen Deliktsrecht. Eine umfassende Regelung fand sich erstmalig im Handelspraktikengesetz von 1971, das 1991 durch das Gesetz über die Handelspraktiken und die Information und den Schutz des Verbrauchers abgelöst wurde. Nach nur teilweise gelungenen Reformen zur Umsetzung der RL 2005/29/EG wurde am 6.4.2010 ein neues „Marktgesetz" («Loi relative aux pratiques du marché et à la protection du consommateur») erlassen, das dann am **28.2.2013** – mit einigen Änderungen – in das neue **Wirtschaftsgesetzbuch,** den **„Code de droit économique"** eingegliedert wurde. In diesen wurde ein großer Teil der belgischen Wirtschaftsgesetze transferiert – ua auch das belgische Kartellrecht, das Urheberrecht und Patentrecht (nicht jedoch das Marken- und Designrecht). 793

Der **Code de droit économique** enthält 18 Bücher („livres"). Das in erster Linie einschlägige „Livre VI" ist in 7 Titel („titres") gegliedert, die wiederum in Kapitel – mit mehr oder weniger umfangreichen Artikeln – untergliedert sind. Titel 1 ist einigen Grundprinzipien gewidmet. Titel 2 behandelt schwerpunktmäßig die „Information du marché …", zu der in Kapitel 5 auch die vergleichende Werbung und in Kapitel 6 die „promotions en matière de prix" zählen. Titel 3 betrifft den vertragsrechtlichen Verbraucherschutz („des contracts avec les consommateurs"), der in Kapitel 5 aber auch die Kopplungsgeschäfte regelt. Der **Schwerpunkt** des bisherigen materiell-rechtlichen Lauterkeitsrechts findet sich in **Titel 4,** der die **„pratiques interdites"** enthält. Hier ist (als Folge der Umsetzung der Richtlinie 2005/29/EG) eine Trennung in B2B- und B2C-Praktiken zu verzeichnen: Kapitel 1 regelt die „pratiques commerciales déloyales à l'égard des consommateurs", Kapitel 2 die „pratiques du marché déloyales à l'égard de personnes autres que les consommateurs"; Kapitel 3 die „communications aux consommateurs" und die „communications non souhaitées" und Kapitel 4 den „vente à perte". Titel 5 befaßt sich mit den „accords collectifs de consommateurs" und Titel 6 mit „dénominations enregistrées; Titel 7 enthält Schlußbestimmungen. Gegenüber den Vorgängerregelungen ist auffallend zum einen die Einbeziehung auch des **vertragsrechtlichen Verbraucherschutzes**, zum anderen die jedenfalls teilweise Teilung in B2B- und B2C-Praktiken bei den „pratiques interdits". Letzteres ist auf die Umsetzung der Richtlinie 2009/25/EG zurückzuführen und hat auch das Ziel, bestimmte Tatbestände klar vom B2C-Bereich (und damit der Auslegung anhand der Richtlinie) abzugrenzen. 794

Welche Rolle in Anbetracht dieser umfassenden Regelung noch den **beiden Generalklauseln** zukommt, die die Handelspraktikengesetze von 1971 und 1991 beherrschten, ist unklar. Die traditionelle Generalklausel des Art. VI 104 verbietet (in enger Anlehnung an § 10bis PVÜ) jeden Verstoß eines Unternehmers gegen die „anständigen Gebräuche", durch die ein anderes Unternehmen in seinen wirtschaftlichen Interessen verletzt werden könnte. Art. VI 93 enthält eine Generalklausel zugunsten der Verbraucher, die Art. 5 der Richtlinie entspricht. Während die Generalklausel im B2B-Verhältnis wie bisher ausgelegt werden wird, ist die Auslegung der neuen Generalklausel europäisch determiniert. 795

Seit dem Reformgesetz vom 15.4.2018 ist **Normadressat** der Regelung in Buch VI des Code de droit économique nicht mehr der „Verkäufer", sondern das Unternehmen **(„entreprise"),** zu dem natürliche und juristische Personen zählen, die auf dauerhafte Weise ein wirtschaftliches Ziel verfolgen, einschließlich Organisationen. Die **freien Berufe,** für die es früher eine Sonderregelung gab, werden nunmehr weitgehend von Buch VI erfaßt. 796

Der **Schutzzweck** umfasst nach wie vor grundsätzlich sowohl die Interessen der **„Unternehmen"** als auch die der **Verbraucher;** Blöcke des Gesetzes sind jedoch – bedingt durch die Richtlinie 2005/29/EG – nunmehr stärker auf das Verhältnis Unternehmen/Verbraucher, andere auf das Verhältnis der Unternehmen untereinander bezogen. Nach wie vor trägt das Gesetz auch den Interessen der Allgemeinheit am Funktionieren des Wettbewerbs und (bei Sonderverkäufen etc) denen des **Mittelstandes** Rechnung. **Ein Wettbewerbsverhältnis** oder ein „Handeln zu Zwecken des Wettbewerbs" sind nicht 797 erforderlich. Der Anwendungsbereich wird noch weiter durch die Lehre vom Vorsprung durch **Rechtsbruch** (auf der Grundlage der Generalklausel in Art. VI 104 Code de droit économique), die jedenfalls bisher sehr großzügig interpretiert wurde.

798 Die primär dem **Konkurrentenschutz** dienenden Regelungen, die nunmehr in den Art. VI 104 ff. Code de droit économique zu finden sind, wurden bereits im zuvor geltenden Marktgesetz von 2010 durch die Fülle von wortreichen Einzelregelungen, insbesondere bei den Verbrauchertatbeständen, regelungstechnisch an den Rand gedrängt. In der Rechtspraxis dürften sie jedoch nach wie vor eine große Rolle spielen. Sie stehen in engem Zusammenhang mit den Regelungen des geistigen Eigentums. Das **Verhältnis zu den IP-Rechten** ist traditionell **kompliziert.** Mit Ausnahme des Urheberrechts, der verwandten Schutzrechte und der Datenbanken konnte der Handelsgerichtspräsident auch schon früher die Unterlassung der Verletzung von IP-Rechten anordnen – war die beantragte Unterlassungsanordnung jedoch (auch) auf die Verletzung von IP-Rechten gestützt, so galt ausschließlich das hierfür zuständige Gericht als entscheidungsbefugt.

799 Im Bereich des **Verbraucherschutzes** bestehen enge Berührungspunkte mit dem im Code civil geregelten (sonstigen) Vertragsrecht. Wichtige Teile (Fernverkäufe, AGB, allgemeine Informationspflichten, Labelling etc) sind jedoch auch im Code de droit économique selbst geregelt. Art. VI 38 ff. bestimmen zB auch die **vertragsrechtlichen Folgen** unerlaubter Marktpraktiken gegenüber dem Verbraucher.

Die ua dem Schutz vor marktstarken Mitbewerbern dienenden Vorschriften der Sonderverkäufe, Verlustverkäufe etc sind wiederum im Zusammenhang mit dem **Kartellgesetz,** geregelt in Buch IV, zu sehen.

800 Zentrale **Sanktion** des im **Code de droit économique** geregelten Wettbewerbsrechts ist, wie bereits in allen Vorgängerregelungen, die Unterlassungsklage **(„action en cessation"),** die in einem besonderen Verfahren („référé") beim Präsidenten des Handelsgerichts (Rechtbank van koophandel/Tribunal de commerce) zu erheben ist. Beim **Référé-Verfahren** handelt es sich um ein Eilverfahren, das jedoch zu einem endgültigen Urteil führt und vorläufig vollstreckbar ist. Die Unterlassungsklage setzt nicht den Nachweis besonderer Eilbedürftigkeit voraus. Der Handelsgerichtspräsident hat weitreichende Befugnisse, kann auch die Urteilsveröffentlichung anordnen. Seine Befugnisse wurden 2007 in Bezug auf IP-Rechte erweitert. **Schadensersatzklagen** sind auf der Grundlage des Art. 1382 Code Civil geltend zu machen. Neu in den Code de droit économique eingeführt wurden Entschädigungen der Verbraucher für bestimmte Verstöße sowie eine Art class action, die von Verbraucherverbänden geltend gemacht werden kann. **Aktivlegitimiert** für den Unterlassungsanspruch sind alle „Interessierten" (also theoretisch auch der individuelle Verbraucher), Unternehmen, der Wirtschaftsminister, berufliche und zwischenberufliche Vereinigungen sowie Verbraucherverbände. **Passivlegitimiert** ist grundsätzlich der Störer. Im Werbebereich besteht einschränkend eine sog. **kaskadenförmige Haftung,** dh andere Personen als der Werbungtreibende („annonceur") können nur subsidiär zur Verantwortung gezogen werden.

801 Bestimmte Vorschriften des Code de droit économique sind zudem **straf- und verwaltungsrechtlich sanktioniert.** Die **verwaltungsrechtlichen** Sanktionen sind beim **Wirtschaftsminister** konzentriert, dem zunehmend für die Rechtsdurchsetzung Bedeutung zukommt. Er ist nicht nur für die **Unterlassungsklage aktivlegitimiert** und zur Verhängung von Bußgeldern berechtigt, sondern kann auch ein **„Abmahnverfahren"** einleiten, das den in Anspruch Genommenen die Möglichkeit eines „Vergleichs" – Absehen einer Klageerhebung gegen Zahlung einer Geldbuße – eröffnet. Die **Gerichtskosten** hat in Belgien in der Regel die unterlegene Partei zu tragen; die Rechtsanwaltskosten trägt jede Partei grundsätzlich selbst.

II. Bulgarien

Das Wettbewerbsrecht in Bulgarien stützt sich im Wesentlichen auf zwei Säulen: Zum einen auf die Regelungen im **Verbraucherschutzgesetz** von 2005, zum anderen auf die dem Kartellrecht zugeordneten Vorschriften im **Wettbewerbsgesetz** von 2008. Obgleich zivilrechtliche Klagemöglichkeiten bestehen, werden beide Regelungsblöcke primär auf öffentlich-rechtlichem Wege durchgesetzt.[2] 802

Im Verbraucherschutzgesetz von 2005 **(VSchG)** wurden die meisten der europäischen Vorgaben zum Verbraucherschutz umgesetzt; seit der Reform von 2007 finden sich in Kapitel IV auch die Vorschriften der Richtlinie 2005/29/EG über unlautere Geschäftspraktiken. Durchgesetzt werden sie von der Kommission zum Schutz der Verbraucher, die neben Unterlassungsanordnungen auch Geldbußen verhängen kann, weiter von den Verbraucherverbänden, die das kollektive Verbraucherinteresse auch mittels Schadensersatzklagen geltend machen und Sammelklagen erheben können. 803

Daneben betont das bulgarische Wettbewerbsrecht in besonderem Maße jedoch auch die Verbindung zwischen Kartell- und Lauterkeitsrecht. Das Gesetz zum Schutz des Wettbewerbs **(WettG)** von 2008 enthält in seinem Kap. 7 Vorschriften zur Bekämpfung unlauteren Wettbewerbs, die in Art. 29 WettG eine weitgefasste Generalklausel – mit dem Verbot jeder gegen die guten Geschäftspraktiken verstoßenden geschäftlichen Handlung – enthalten. In Kapitel 7 wurde auch die Richtlinie 2006/114/EG über irreführende und vergleichende Werbung umgesetzt. Die Vorschriften zur Fairness des Wettbewerbs dienen neben dem Funktionieren des Wettbewerbs vor allem dem Schutz der Mitbewerber; diese können auch Schadensersatzklagen vor den Zivilgerichten erheben. Gleichwohl wird jedoch auch das WettG häufig nach Anzeige betroffener Wettbewerber auf öffentlich-rechtlichem Wege, nämlich über die Kommission zum Schutz des Wettbewerbs, durchgesetzt; diese kann ua auch Geldbußen verhängen. 804

III. Dänemark

Dänemark verfügt traditionell über einen sehr **hohen Standard** an Schutz gegen unlauteren Wettbewerb sowohl für Verbraucher als auch für Unternehmen. Dieser dürfte nicht zuletzt auf das Zusammenspiel zwischen zivilrechtlicher Rechtsdurchsetzung und den den skandinavischen Ländern eigenen administrativen Befugnissen des Verbraucherombudsmanns zurückzuführen sein. 805

Das dänische Wettbewerbsrecht hat seine gegenwärtige Grundlage in dem **Marktverhaltensgesetz** („Lov om markedsforing“) vom 17.12.2013.[3] Es handelt sich dabei um eine konsolidierte Fassung der 1974 niedergelegten Marktverhaltensregeln, die im Laufe der Zeit immer wieder reformiert (und an die europäischen Vorgaben angepasst) wurden, in ihrem Ansatz jedoch eine erstaunliche Kontinuität aufweisen. So zielt auch das Marktverhaltens-

---

[2] Zum bulgarischen Wettbewerbsrecht siehe den ausführlichen Bericht von *Bakardjieva Engelbrekt* in der Vorauflage dieses Werkes, weiter *Bakardjieva Engelbrekt* GRUR Int. 1999, 395. Speziell unter Verbraucherschutzgesichtspunkten vgl. auch *Bineva,* Bulgaria, in: European Commission, Study for the Fitness Check of consumer and marketing law: Final report Part 3 – Country reporting, S. 108 (https://op.europa.eu/en/publication-detail/-/publication/db28cd4d-772c-11e7-b2f2-01aa75ed71a1/language-en); dazu auch *Glöckner* → Einl. Rn. 193 (New Deal for Consumer).

[3] Das Gesetz von 2013 findet sich auch auf Englisch auf der Website des dänischen Verbraucherombudsmanns http://www.forbrug.dk; hier sind auch dessen Guidelines abgedruckt; vgl. dazu auch die eingehendere Darstellung von *Henning-Bodewig* in der Vorauflage. Den umfassendsten neueren Überblick (auf Englisch) geben *Heide-Jørgensen,* Advertising Law, Marketing Law and Commercial Freedom of Expressions; 2013; und *Bakardjieva Engelbrekt* in Hilty/Henning-Bodewig, (eds.), Law Against Unfair Competition, 2007, § 161; zum dänischen Werberecht vgl. *Vestergaard-Jensen/Storgaard/Schultz,* Denmark, in: Greffe (Ed.), Le droit de la communication, 12e ed. 2016, S. 441; speziell zum Verbraucherrecht *Trzaskowski/Møgelvang-Hansen,* Denmark, in: REFIT-Report 2017, European Commission, Study for the Fitness Check of consumer and marketing law: Final report Part 3 – Country reporting, S. 286 (https://op.europa.eu/en/publication-detail/-/publication/db28cd4d-772c-11e7-b2f2-01aa75ed71a1/language-en); dazu auch *Glöckner* → Einl. Rn. 193 (New Deal for Consumers).

gesetz 2013 auf eine Regelung **des gesamten Marktverhaltens** ab. Von zentraler Bedeutung ist die **Generalklausel in § 1 Nr. 1,** wonach Kaufleute „gute Marktpraktiken" gegenüber Verbrauchern und anderen Kaufleuten und im Allgemeininteresse beachten müssen. Daneben finden sich in § 3 ein generalklauselartig weites Verbot der irreführenden und unlauteren Geschäftspraktiken sowie einige **Sondertatbestände:** § 5 regelt die vergleichende Werbung, § 6 unerbetene Anrufe etc, § 7 die „informativen Hinweise", § 8 Werbung gegenüber Kindern und Jugendlichen, § 9 Sales Promotion, § 12 Garantien, § 13 Preisinformation, § 17 die Kennzeichnung und Etikettierung und § 19 Geschäftsgeheimnisse. Neben diesen speziellen Regelungen greift ergänzend und als **Auffangtatbestand** jedoch stets die **Generalklausel** ein, deren Gedanke der **sozialen Verantwortung** von Rechtsprechung und Literatur betont wird. Unter sie werden zudem so unterschiedliche (nicht spezialgesetzlich geregelt) Fallgestaltungen wie die Manipulation von Verbrauchern, die Ausbeutung fremder Leistungen oder der Vertrieb gefährlicher Produkte subsumiert.

806 Der **Anwendungsbereich** des Marktverhaltensgesetzes ist gemäß § 2 denkbar **weit.** Er bezieht vor- und nachvertragliches geschäftliches Verhalten ein und gilt für private, öffentlich-rechtliche Personen und Angehörige der freien Berufe gleichermaßen („private business activity and public activity to the extent that products or services are offered in the market"). Ein **Wettbewerbsverhältnis, ein Handeln zu Zwecken des Wettbewerbs** oder eine Gewinnerzielungsabsicht werden **nicht vorausgesetzt.** Es genügt die geschäftliche Betätigung. Ausgenommen sind nach § 2 Abs. 2 und 3 allerdings Finanzgeschäfte, sofern der Wirtschaftsminister hierzu spezielle Lauterkeitsvorschriften erlassen hat.

807 Trotz der Betonung des Verbraucherschutzes ist das Marktverhaltensgesetz, wie § 1 Nr. 1 zeigt, kein reines Verbraucherschutzgesetz. Vielmehr stehen der **Schutz der Verbraucher,** der **Unternehmen und der Allgemeinheit** gleichberechtigt nebeneinander.

808 Hieran hat auch die Umsetzung der **Richtlinie 2005/29/EG über unlautere Geschäftspraktiken** nichts geändert. Das Umsetzungsgesetz Nr. 1547 vom 20.12.2006 hat lediglich in die Generalklausel des § 1 einen Abs. 2 eingefügt, nach dem Markthandlungen, die die Interessen der Verbraucher verletzen, geeignet sein müssen, das wirtschaftliche Verhalten der Verbraucher spürbar zu beeinflussen. Weiter wurde die „kleine" Generalklausel des § 3 leicht abweichend gefasst sowie ein sich auf „Kaufaufforderungen" beziehender § 12a hinzugefügt und die Sales Promotion-Vorschriften in §§ 9–11 neu gefasst. Die sog. „schwarze Liste" der Richtlinie (auf jeden Fall unlautere Geschäftspraktiken) hat gemäß § 3 Abs. 4 der Familien- und Verbraucherminister erlassen. Struktur und Ausrichtung des Marktgesetzes wurden damit in vollem Umfang beibehalten.

809 Im zweiten Teil des Marktverhaltensgesetzes (Kapitel 5) finden sich Vorschriften zu den Sanktionen und zum Verfahren. Das Marktgesetz ist vorwiegend **zivilrechtlich sanktioniert.** Die Durchsetzung insbesondere (aber nicht ausschließlich) im Verbraucherschutzbereich obliegt jedoch auch einer Behörde, der der **Verbraucherombudsmann** vorsteht. Diesem kommt, wie in allen skandinavischen Ländern, **zentrale Bedeutung** zu. Der Verbraucherombudsmann verfügt über weitreichende und **breit gefächerte Befugnisse,** die mit der Reform von 2006 noch einmal erweitert wurden. Er kann Klage auf Unterlassung einer von ihm beanstandeten geschäftlichen Handlung erheben, individuelle Verhandlungen mit einzelnen Unternehmen führen, Kontrollmaßnahmen durchführen, selbst Verbote aussprechen und **Richtlinien für bestimmte Werbe- und Vertriebspraktiken** aufstellen. Es ist daher für die Beurteilung eines konkreten Sachverhalts idR ratsam, die (häufig auch auf englisch erhältliche) Auslegung des Verbraucherombudsmanns zu ermitteln. Dessen Richtlinien haben zwar keine unmittelbar bindende Wirkung, werden von den Gerichten jedoch zur Interpretation herangezogen. Die starke Stellung des Ombudsmannes und die allgemeine Respektierung seiner „informellen" Beanstandungen dürfte eine der Ursachen dafür sein, dass es in Dänemark trotz strikter Durchsetzung der Lauterkeitsregeln nur relativ **wenig Gerichtsurteile** gibt.

810 Das Marktverhaltensgesetz steht im Zusammenhang mit dem **Kartellgesetz** von 2005. So kann § 1 etwa bei Tatbeständen unterhalb der Eingriffsschwelle des Kartellgesetzes eingreifen. Aber auch mit den **Regelungen des geistigen Eigentums,** insbesondere dem Markengesetz, gibt es Berührungspunkte; im Bereich des Verbraucherschutzes mit anderen speziellen **Gesetzen zum Schutz der Verbraucher,** die teilweise jedoch auch in das Marktverhaltensgesetz selbst integriert wurden. Im Übrigen wird häufig auf die Verhaltensnormen der **Internationalen Handelskammer** (ICC-Kodex) verwiesen.

IV. Estland

Wie in den anderen baltischen Staaten auch, beruht das Wettbewerbsrecht in Estland auf mehreren Säulen.[4] 811

Im B2B-Vehältnis ist zunächst das **Wettbewerbsgesetz** aus dem Jahr 2001 zu nennen, das neben der Förderung des freien Wettbewerbs auch die Lauterkeit des Geschäftsverkehrs zum Ziel hat.

Das WettbewerbsG enthält eine **Generalklausel** mit dem zentralen Begriff der **„unlauteren Handelspraktiken“,** der „unlauter“ als Verstoß gegen die guten Sitten oder Gebräuche definiert. Die Generalklausel wird durch eine Reihe von nachfolgenden Tatbeständen präzisiert. Die Durchsetzung erfolgt auf zivilrechtlichem Wege durch die betroffenen Parteien, hat jedoch offenbar bislang keine größere Bedeutung erlangt.

Speziell um den **Schutz der Verbraucher** geht es im **Verbraucherschutzgesetz** vom 11.3.2016, das auch der **Umsetzung der Richtlinie über unlautere Geschäftspraktiken** dient. 812

Das Verbraucherschutzgesetz ist im Wortlaut eng an die europäischen Vorgaben, zB die Richtlinie 98/6/EG über Preisangaben, angelehnt, während die RL 93/13/EWG zu unfairen AGBs im allgemeinen Zivilrecht umgesetzt wurde. Das Verbraucherschutzgesetz wird vor allem auf administrativem Wege durch die zentralen und regionalen Verbraucherschutzbehörden, die auch Bußgelder verhängen können, durchgesetzt. 813

Für den Bereich der Werbung ist weiter das **Werbegesetz** aus dem Jahr 2008 von Bedeutung, das am 11.2.2016 geändert wurde und in dem die Richtlinie 2006/114/EG umgesetzt wurde. Grundsätzlich zielt das Werbegesetz mit seiner breit gefassten Definition der Werbung auf eine umfassende Regelung ab, wobei jedoch im B2C-Bereich das Verbraucherschutzgesetz nunmehr Vorrang haben dürfte; im Einzelnen scheint die Abgrenzung noch nicht geklärt zu sein. 814

V. Finnland

Das **finnische Wettbewerbsrecht** ist auf **zwei Gesetze aufgeteilt, wird jedoch weitgehend als Einheit verstanden.** Die Rechtsverhältnisse zwischen Gewerbetreibenden sind im **„Gesetz über ungebührliches Verhalten im Geschäftsverkehr“** („Laki sopimattomasta menettelystä elinkeinotoiminnassa“ = SopMenL) geregelt. Im Verhältnis Gewerbetreibender/Letztverbraucher gilt das 2. Kapitel des **Verbraucherschutzgesetzes** („Kuluttajansuojalaki“ = KSL). Auch die **Richtlinie 2005/29/EG** über unlautere Geschäftspraktiken wurde dort umgesetzt, soweit dies in das System des KSL passte – zB wurde an der beherrschenden Generalklausel in Kapitel 2 § 1 KSL nichts geändert und die ‚black list‘ der RL in eine VO (Nr. 601 vom 11.9.2008) verschoben.[5] 815

---

[4] Estnische Gesetze in englischer Sprache sind über die Website http://www.legaltext.ee/indexen.htm erhältlich. Ausführlich zum estnischen Wettbewerbsrecht *Bakardjieva Engelbrekt* in der Vorauflage sowie *Käerdi,* Länderbericht Estland, in *Schmidt-Kessel/Schubmehl* (Hrsg.), Lauterkeitsrecht in Europa, 2011, S. 217; speziell unter Verbraucherschutzgesichtspunkten *Sein/Kalamees,* Estonia, REFIT-Report, 2017 in: European Commission, Study for the Fitness Check of consumer and marketing law: Final report Part 3 – Country reporting, S. 313 (https://op.europa.eu/en/publication-detail/-/publication/db28cd4d-772c-11e7-b2f2-01aa75ed71a1/language-en); dazu auch *Glöckner* → Einl. Rn. 193 (New Deal for Consumers).

[5] Finnische Gesetze sind auf Englisch in der aktuellen Fassung abrufbar unter http://www.finlex.fin. Ausführlich zu den Grundzügen des finnischen Lauterkeitsrechts *Kaulamo,* Finnland, in Schricker (Hrsg.), Recht der Werbung in Europa 2002; aktuell (speziell unter Verbraucherschutzgerichtspunkten) *Lindroos/Huuhtanen,* Finland, in REFIT-Report, 2017 in: European Commission, Study for the Fitness Check of

816 Trotz der Aufteilung der Rechtsmaterie nach Schutzzwecken stimmen SopMenL und KSL in weiten Bereichen **inhaltlich überein.** So ist in beiden der **Anwendungsbereich sehr weit,** bezieht jede Marketingpraktik bei Bedarfsgütern (Kapitel 2 § 1 KSL) bzw. jede geschäftliche Praktik (§ 1 SopMenL) ein. Weiter enthalten beide Gesetze eine (fast übereinstimmende) **Generalklausel,** die von **Einzeltatbeständen** ergänzt wird: Das **KSL** regelt die falsche und irreführende Werbung, das Zusenden unbestellter Waren, spezielle Formen der Preiswerbung, Zugaben und Kopplungsgeschäfte, Gewinnspiele. Der Zweck des Gesetzes ist einerseits die Verhinderung unlauterer Werbung gegenüber Verbrauchern und andererseits die Verpflichtung, dem Verbraucher ausreichende Informationen über wichtige kommerzielle Aspekte zur Verfügung zu stellen. Das **SopMenL** befasst sich mit wahrheitswidrigen oder irreführenden Angaben, unsachlichen oder wegen der Art der Darstellung ungebührlichen Angaben, vergleichender Werbung (wobei auf die Regelung im KSL verwiesen wird), vom Zufall abhängigen Gewinnspielen, Schutz von Geschäftsgeheimnissen.

817 Von **zentraler Bedeutung** ist in beiden Gesetzen die **Generalklausel.** § 1 **SopMenL** verbietet jede geschäftliche Praktik, die gegen die **„guten Geschäftssitten"** verstößt oder „sonst als ungebührlich gegenüber anderen Gewerbetreibenden anzusehen ist". Kapitel 2 **§ 1 Abs. 1 KSL** bezieht sich auf Marketingpraktiken, die gegen die „guten Sitten verstoßen" und unfair oder ungebührlich gegenüber Verbrauchern sind; nach § 3 gilt ein Marketing zB dann stets als ungebührlich, wenn es Angaben nicht enthält, die für die **Gesundheit** oder für die **wirtschaftliche Sicherheit der Verbraucher** von Bedeutung sind. Nach § 2 KSL ist ein Marketing „unfair", wenn es allgemein akzeptierten ethischen Vorstellungen zuwiderläuft (zB Diskriminierung, Kinderschutz, Umweltschutz). Das **zentrale Kriterium der Ungebührlichkeit** wird in beiden Gesetzen **weitgehend übereinstimmend ausgelegt.** Zur Interpretation werden häufig die Verhaltensregeln für die Werbepraxis der Internationalen Handelskammer **(ICC-Kodex)** herangezogen. Vor allem ist es jedoch ratsam, zur Beurteilung eines bestimmten Sachverhalts die **Richtlinien des Konsumentenombudsmanns zu kennen.** Sie sind zwar rechtlich nicht unmittelbar bindend, werden jedoch idR von den Unternehmen beachtet und von dem letztlich zur Rechtsdurchsetzung zuständigen Marktgericht zur Auslegung herangezogen. Wie allgemein im skandinavischen Recht wird die **„soziale Verantwortung"** von Werbung und Marketing betont.

818 Die **Durchsetzung** des SopMenL erfolgt über zivilrechtliche Klagen betroffener Gewerbetreibender; die des KSL im Wesentlichen durch den Konsumentenombudsmann, der über weitreichende Ermittlungs- und Durchsetzungsbefugnisse verfügt. Er kann ua eine Unterlassung anordnen oder Klage auf Unterlassung beim Marktgericht erheben. Das **Schutzniveau ist hoch;** die bestehenden Vorschriften werden strikt durchgesetzt.

819 Die Regelung des Geschäftsverhaltens gegenüber dem Letztverbraucher im KSL hat, wie bereits ihr Standort zeigt, enge Bezüge zu den sonstigen Regelungen des vertrags- und deliktsrechtlichen Verbraucherschutzes.

VI. Frankreich

820 Das französische Recht kennt **keine zusammenhängende Regelung des Lauterkeitsrechts** im deutschen Sinne. Die Rechtsprechung hat zwar bereits im 19. Jahrhundert auf der Grundlage der allgemeinen deliktsrechtlichen Generalklausel des Art. 1382 des Code Civil (CC) den Schutz vor **„concurrence déloyale"** entwickelt und wurde so zum Vorbild für mehrere andere europäische Staaten. Daneben wurden jedoch im Laufe der Zeit **zahlreiche Gesetze, Verordnungen** etc erlassen, die überwiegend straf- und verwaltungsrechtlich

---

consumer and marketing law: Final report Part 3 – Country reporting, S. 345 (https://op.europa.eu/en/publication-detail/-/publication/db28cd4d-772c-11e7-b2f2-01aa75ed71a1/language-en); dazu auch *Glöckner* → Einl. Rn. 193 (New Deal for Consumers).

sanktioniert sind und sich heute zumeist im **Code de la Consommation** (C. Cons.) – der ua durch das Gesetz Nr. 2016-344 (Loi Hamon) reformiert wurde – finden; daneben spielt auch das **Strafrecht** eine Rolle. Insgesamt kann der Schutz gegen unlauteren Wettbewerb, wenn auch mitunter für Außenstehende schwer zugänglich, durchaus als **effizient** und streng bezeichnet werden, wobei auch in Frankreich eine durch das europäische Recht angestoßene Liberalisierung, zB bei Sales Promotion, zu verzeichnen ist.[6]

Art. 1382 CC verpflichtet denjenigen, der einem anderen einen Schaden zufügt, zum Ersatz desselben. Das auf dieser Grundlage von der Rechtsprechung geschaffene **zivilrechtliche Delikt der „concurrence déloyale"** setzt ein **Wettbewerbsverhältnis** zwischen den Parteien, ein fehlerhaftes Verhalten des Beklagten **(„faute"),** einen **Schaden** („préjudice") und die **Kausalität** zwischen „faute" und Schaden („lien de causalité,,) voraus. 821

Die **„faute"** wird als Verstoß gegen die „usages honnêtes du commerce" definiert. In einer **reichen Kasuistik** wurden hierzu ua folgende **Fallgruppen** entwickelt: 822

– die Anschwärzung („dénigrement"),
– das Hervorrufen von Verwechslungen („confusion"),
– die individuelle Behinderung („désorganisation"),
– die parasitäre Ausnutzung fremder Leistungen („le parasitisme"),
– die Irreführung („tromperie").

Daneben bestimmen im Bereich der Werbung und des Marketings mehrere zumeist straf- und verwaltungsrechtlich sanktionierte Regelungen die Beziehungen zum **Verbraucher** (teilweise aber auch der Unternehmen untereinander). Sie sind seit 1993 im **Code de la Consommation** (C. Cons.) zusammengefasst, der jedoch nicht (nur) auf den Schutz der Verbraucher beschränkt ist. Auch die **Richtlinien 2005/29/EG über unlautere Geschäftspraktiken und 2006/114/EG über irreführende und vergleichende Werbung** wurden hier – keineswegs immer wörtlich – umgesetzt. Dem 1. Kapitel des 2. Buches des C. Cons. wurde ein „chapitre préliminaire" vorgeschaltet, das in Art. L. 120-1 die Generalklausel des Art. 5 der UGP-Richtlinie enthält. Der Irreführungstatbestand in Art. L-121-1-I wurde neu gefasst; er findet nach Abs. 3 aber auch im B2B-Verhältnis Anwendung. Demgegenüber ist der in Art. L.121-1-II C. Cons. neu eingefügte Tatbestand der Irreführung durch Unterlassen auf Geschäfte mit dem Verbraucher beschränkt. Art. L. 121-6 bis Art. L.121-7 C. Cons. enthalten nunmehr eine Regelung der aggressiven Geschäftspraktiken, die auch im B2B-Verhältnis gilt. 823

Zum gegenwärtigen Zeitpunkt sind folgende dem Lauterkeitsrecht im weiteren Sinne zuzuordnende Sachverhaltskonstellationen **im C. Cons. geregelt:** 824

– irreführende Geschäftspraktiken,
– die vergleichende Werbung,
– Zugaben, Kopplungsgeschäfte,
– Gewinnspiele,
– Schneeballsysteme,
– Ursprungsbezeichnungen.
– Verkauf unter Einstandspreis

[6] Die neueste Fassung von Gesetzen (etwa des Code de la Consomation) ist erhältlich über www.legifrance.gouv.fr. Auf dieser Website finden sich auch – gut aufbereitet – die wichtigsten französischen Urteile. In der französischen Literatur findet häufig eine Trennung zwischen der deliktsrechtlichen „concurrence déloyale" und einzelnen Aspekten des im C.Cons. behandelten Verbraucherschutzes statt; ausführlich zu beiden *Henning-Bodewig* in der Vorauflage. Einen guten Gesamtüberblick bieten weiter *Maaßen,* in Gloy/Loschelder/Danckwerts (Hrsg.), Handbuch des Wettbewerbsrechts, 5. Aufl. 2019, § 13 Rn. 2 ff.; *Lucas-Schlötter,* Frankreich, in Schmid-Kessel/Schubmehl (Hrsg.), Lauterkeitsrecht in Europa, 2011, S. 237; *Nérisson,* France, in Henning-Bodewig (ed.), International Handbook on Unfair Competition Law, 2013, S. 216; *Vogel,* French Unfair Competition Law, 2008, *Greffe,* Le droit de la communication, 12e ed. 2016 sowie unter Verbraucherschutzgesichtspunkten *Pavillon,* France, in REFIT-Report, 2017 in: European Commission, Study for the Fitness Check of consumer and marketing law: Final report Part 3 – Country reporting, S. 379 (https://op.europa.eu/en/publication-detail/-/publication/db28cd4d-772c-11e7-b2f2-01aa75ed71a1/language-en); dazu auch *Glöckner* → Einl. Rn. 193 (New Deal for Consumers).

825 Der Schutz gegen „concurrence déloyale" im Code Civil und die diversen Regelungen im C. Cons. haben **unterschiedliche Ansätze.** Bei **Art. 1382 CC** geht es um den Individualschutz von einzelnen Personen (Unternehmern), der in engem Zusammenhang mit den im **„Code de la Propriété Intellectuelle"**zusammengefassten Regelungen des geistigen Eigentums steht. Die Regelungen im **Code de la Consommation** dienen demgegenüber dem Schutz der Verbraucher und/oder der Mitbewerber, der Allgemeinheit und häufig auch des mittelständischen Handels. Es besteht eine enge Verbindung mit anderen wirtschaftspolitischen Gesetzen, insbesondere mit den in Art. L. 442 ff. **Code de Commerce** und in der **Loi de Modernisation de l'Economie** (Gesetz Nr. 2008-776 vom 4.8.2008) geregelten Tatbeständen. Daneben ist die **Selbstkontrolle** durch die Union Française des Consommateurs – que choisir (UFC) zu beachten.

826 Entsprechend den unterschiedlichen Regelungsansätzen und Schutzzwecken bestehen unterschiedliche, sich teilweise überschneidende **Sanktionsmöglichkeiten**

827 Die zivilrechtliche **„action en concurrence déloyale"** auf der Grundlage von Art. 1382 CC können betroffene Unternehmen, also insbesondere Mitbewerber und gewerbliche Verbände erheben. Es bestehen Ansprüche auf **Schadensersatz, Unterlassung** und **Beseitigung.** Der Schadensersatzanspruch wird häufig in Form eines symbolischen Geldbetrages gewährt. **Einstweiliger Rechtsschutz** kann gemäß Art. 809 iVm Art. 873 Neue Zivilprozessordnung geltend gemacht werden, sofern ein unmittelbarer Schaden droht und eine offensichtliche Rechtsverletzung vorliegt.

828 Die Vorschriften im **„Code de la Consommation"** sind vorwiegend **straf- und verwaltungsrechtlich** sanktioniert, zB findet sich eine Regelung für irreführende Geschäftspraktiken in Art. L. 213 C. Cons., wonach die Geldbuße 50 % der Werbeausgaben betragen kann. Bei den (zugleich) strafrechtlich bewehrten Vorschriften kann auch im Strafverfahren die Einstellung der Werbung, ihre Berichtigung und sogar teilweise Schadensersatz angeordnet werden. Normalerweise erfolgt die Ermittlung durch eine **Behörde,** die DGCCRF („Direction générale de la concurrence, de la consommation et de la répression des fraudes"), die häufig nach Hinweisen Dritter tätig wird und bei einem begründeten Verdacht die Angelegenheit an den Staatsanwalt weitergibt. Aber auch der betroffene **Mitbewerber,** ein Verbraucher, die Verbraucherverbände können unter bestimmten Bedingungen zivilgerichtliche Ansprüche im Wege des Adhäsionsverfahrens **(„partie civile")** vor den Strafgerichten geltend machen und damit das Strafverfahren in Gang setzen.

VII. Griechenland

829 Das griechische Wettbewerbsrecht beruht auf **zwei Säulen:**Zum einen auf dem Gesetz Nr. 146 von 1914 gegen den unlauteren Wettbewerb **(UWG);** zum anderen auf dem **Verbraucherschutzgesetz** Nr. 2251/1994 in der Fassung des Gesetzes Nr. 3587 vom 10.7.2007, das vor allem die europäischen Vorgaben im Verbraucherschutz – ua die Richtlinie 2005/29/EG – umsetzt. UWG und Verbraucherschutzgesetz überschneiden sich im Regelungsbereich, was – da die einzelnen Regelungen zum Verbraucherschutz, Marketing, Zivilrecht kaum aneinander angepasst wurden – zu Anwendungsschwierigkeiten im konkreten Fall führen kann.[7]

830 Das Gesetz Nr. 146/1914 **(UWG)** entspricht in weiten Bereichen dem deutschen UWG von 1909. Es enthält in Art. 1 eine weitgefasste **Generalklausel,** an die sich einige **Einzeltatbestände** anschließen, ua Art. 3 (irreführende Angaben), Art. 7 (Ausverkauf), Art. 11

[7] Zum neueren griechischen Wettbewerbsrecht vgl. etwa *Apostolopoulos,* Die Liberalisierung des griechischen Lauterkeitsrechts im Rahmen der europäischen Rechtsangleichung, 2007; *Fasouli,* Die Richtlinie über unlautere Geschäftspraktiken und ihre Umsetzung in Griechenland, 2014; *Gouga,* Griechenland, in Schmidt-Kessel/Schubmehl (Hrsg.), Lauterkeitsrecht in Europa, 2011, S. 323; *Kaprou,* Greece, in REFIT-Report; 2017, European Commission, Study for the Fitness Check of consumer and marketing law: Final report Part 3 – Country reporting, S. 468 (https://op.europa.eu/en/publication-detail/-/publication/db28cd4d-772c-11e7-b2f2-01aa75ed71a1/language-en); dazu auch *Glöckner* → Einl. Rn. 193 (New Deal for Consumers).

(Anschwärzung), Art. 13 (Hervorrufen von Verwechslungen), Art. 16 ff. (Geheimnisschutz).

Beherrschende Vorschrift ist jedoch die **Generalklausel.** Der dort verwendete Begriff der **„guten Sitten"** verweist auf die herrschende Sozialmoral („Anstandsgefühl aller billig und gerecht Denkenden der Gewerbetreibenden"). Die Rechtsprechung greift jedoch auch auf rechtliche Maßstäbe zurück, nämlich die Grundrechte der Verfassung, das Kartellrecht, allgemeine Rechtsregeln und europäische Vorgaben, mitunter auch auf den „Code der Werbeethik". Unmittelbar unter die Generalklausel werden zB folgende **Fallgruppen** subsumiert: Kundenfang, Ausbeutung fremder Leistungen, Rechtsbruch und Marktstörung. 831

Die Anwendung setzt ein **Handeln zum Zwecke des Wettbewerbs** im geschäftlichen Verkehr und ein **Wettbewerbsverhältnis** voraus. Hieran werden strenge Anforderungen gestellt, zB wird ein Wettbewerbsverhältnis auf unterschiedlichen Handelsstufen verneint. Die freien Berufe sind nicht einbezogen. 832

Der **Schutzzweck** des UWG erfasst grundsätzlich nur **Wettbewerber.** Von namhaften Stimmen in der Literatur und zT auch in der Rechtsprechung wird zwar vertreten, dass das UWG heutiger Prägung auch die Allgemeinheit und die Verbraucher schütze. Dieser Schutz ist jedoch wohl nur reflexartig. **Aktivlegitimiert** sind jedenfalls nur Mitbewerber, ihre Verbände und die IHK. 833

Das **Verbraucherschutzgesetz** von 1994 regelt die **irreführende, vergleichende und sonstige unlautere Werbung** sowie weitere verbraucherrelevante Tatbestände. In ihm wurden die meisten europäischen Vorgaben zum Verbraucherschutz, zB auch die Richtlinie 2011/83/EU über Verbraucherrechte umgesetzt. Zweck des Verbraucherschutzgesetzes ist es, die Gesundheit und die Sicherheit der Verbraucher zu gewährleisten und ihre wirtschaftlichen Interessen zu schützen. Art. 9 enthielt ursprünglich (wie das UWG) eine auf die guten Sitten abstellende Generalklausel. Mit Gesetz vom 10.7.2007 wurde das Verbraucherschutzgesetz jedoch umfassend novelliert. Die Tatbestände der irreführenden und aggressiven Geschäftspraktiken der **Richtlinie 2005/29/EG** über unlautere Geschäftspraktiken wurden fast wortwörtlich in die Art. 9 lit. a–i übernommen; die Generalklausel des Art. 9 ist so gefasst, dass diese nunmehr nicht mehr auf die guten Sitten, sondern auf **unlautere Geschäftspraktiken** abstellt. 834

Die **Durchsetzung des Verbraucherschutzgesetzes** erfolgt gleichfalls primär auf **zivilrechtlichem** Wege, auch wenn administrative Sanktionsmöglichkeiten bestehen und 2004 die Institution eines Ombudsmannes geschaffen wurde. **Aktivlegitimiert** für die Unterlassungsklage sind gemäß Art. 10 Abs. 8, 9, 10 und 15 die Verbraucherverbände und die IHK, im Bereich des Direktmarketing auch einzelne Personen. Ob für die zentrale Vorschrift der Generalklausel des Art. 9 auch **Mitbewerber** aktivlegitimiert sind, ist fraglich; Schadensersatzansprüche sind jedenfalls nur nach dem UWG vorgesehen. Auch bei der **Passivlegitimation** bestehen Unterschiede; so sind die freien Berufe nicht in das UWG einbezogen (wohl jedoch in das Verbraucherschutzgesetz). 835

Das UWG ergänzt die Regelungen des **gewerblichen Rechtsschutzes.** Bei der Interpretation der einzelnen Tatbestände fließen zT aber auch Wertungen des Kartellrechts ein. 836

Entscheidungen zum Lauterkeitsrechts sind in Griechenland relativ **selten,** was die Beurteilung konkreter Sachverhalte erschwert. Dies gilt umso mehr, als die Neuregelung des Verbraucherschutzgesetzes von 2007 den früheren terminologischen Gleichklang zwischen UWG und Verbraucherschutzgesetz beendet hat, so dass die Interpretation der von beiden Gesetzen erfassten Tatbestände unklar ist. 837

VIII. Großbritannien

Großbritannien ist zwar am 31.1.2020 **aus der EU ausgetreten.** Da mit einer (baldigen) Änderung der Rechtslage jedoch nicht zu rechnen ist und die unter Einfluss des europäischen Rechts erlassenen Regelungen des unlauteren Wettbewerbs erwartungsgemäß auch 838 weiterhin Bedeutung für das englische Recht haben werden (wenngleich ihre Auslegung in Zukunft nicht mehr zwingend von der des EuGH abhängen wird), soll hier der Länderbericht Großbritannien zunächst beibehalten werden.

Das englische Recht kennt weder eine umfassende gesetzliche noch fallrechtliche Regelung des unlauteren Wettbewerbs. Typisch sind vielmehr verschiedene anerkannte Tatbestände des Fallrechts und gesetzliche Vorschriften, die jeweils Teilaspekte des unlauteren Wettbewerbs regulieren. Hinzu kommen – mit staatlicher Billigung, Unterstützung und Anerkennung – geschaffene Kodizes der Selbstkontrolle der Wirtschaft.[8]

839 Zu den Rechtsbehelfen des **common law:**

Die **passing off-Klage** ist der praktisch wichtigste fallrechtliche Rechtsbehelf; sie könnte wegen ihrer weiten Tatbestandsvoraussetzungen (zumindest bei extensiver Auslegung) am ehesten die Funktion einer Generalklausel gegen unlauteren Wettbewerb im B2B-Verhältnis übernehmen. Sie richtet sich ursprünglich gegen die täuschende Verwendung von Individualkennzeichen, wenn zB ein Anbieter seine eigenen Produkte als die eines anderen ausgibt.Schutzgegenstand ist jedoch nicht das Kennzeichen, sondern der darin verkörperte Goodwill. Der Begriff des Kennzeichens wird deshalb sehr weit ausgelegt und zB auf Verpackungen oder Werbeslogans ausgedehnt. Auch falsche Angaben über die Zusammensetzung eines Produkts oder das Angebot von Gebrauchtwagen als neu sind verboten worden. Die Voraussetzungen einer passing off-Klage sind: Ein geschäftlicher Ruf (goodwill) des Klägers; eine irreführende Angabe des Beklagten („misrepresentation"), die zu Verwechslungsgefahr („risk of confusion") führt, und die Wahrscheinlichkeit eines Schadens. Täuschungsvorsatz ist nicht erforderlich. Problematisch ist die **Abgrenzung zu markenrechtlichen Ansprüchen,** insbes. bei sog. **„look alikes".**

840 Die Klage wegen **„injurious falsehood"** erfasst falsche Angaben, welche den Kläger – auch ohne Beeinträchtigung seines Rufs – schädigen. Die unwahre Äusserung muss Umstände aus seinem Bereich betreffen. Es ist grobe Fahrlässigkeit erforderlich. Die Unrichtigkeit muss der Kläger beweisen. Diese Einschränkungen des Tatbestands und die beweisrechtlichen Probleme verringern die praktische Relevanz.

841 Mit der Klage wegen **defamation** kann der Kläger gegen Äußerungen vorgehen, welche die persönliche Ehre beeinträchtigen und zur Herabsetzung in der Öffentlichkeit geeignet sind. Es wird Verleumdung in schriftlicher („libel") und mündlicher Form („slander") unterschieden. Im Unterschied zu „libel" ist idR bei „slander" auch ein Schaden des Klägers Voraussetzung. Verschulden ist nicht gefordert. Die Beweislast für die Wahrheit liegt beim Beklagten. Die Bedeutung liegt insbesondere bei kritischen Äußerungen über Produkte.

---

[8] Englische Gesetzestexte sind über www.legislation.gov.uk abrufbar; die Codes der Adverting Standards Authority unter http://www.cap.org.uk. Zum Wettbewerbsrecht Großbritanniens vgl. etwa *Arnold,* English Unfair Competition Law, IIC 2013, Heft 1; *Davis,* Unfair Competition Law in the United Kingdom, in: Hilty/Henning-Bodewig (Eds.), Law Against Unfair Competition, 2007, S. 183; *Davis* in Henning-Bodewig (Ed.), International Handbook on Unfair Competition Law, 2013, S. 591; *Eckel,* Die Kohärenz der Harmonisierung von irreführender und vergleichender Werbung in Deutschland und England, 2015; *Eckel,* The Tort of Passing-off and Malicious Falsehood and the Concept of Full Harmonisation, GRUR Int. 2016, 11; *Eckel,* Markenrechtliche Zulässigkeit vergleichender Werbung in Deutschland und Großbritannien, GRUR Int. 2015, 438; *Eckel,* A Common Approach for Collective Redress in Antitrust and Unfair Competition: A Comparison between the EU, Germany and the United Kingdom. IIC 2015, Heft 9; *Guthy,* Die Umsetzung der Richtlinie 2005/29/EG in Deutschland und Großbritannien, 2011; *Haesen,* Der Schutz gegen den unlauteren Wettbewerb in Deutschland und England vor dem Hintergrund fortschreitender europäischer Harmonisierung, 2014; Maaßen, in: *Gloy/Loschelder/Danckwerts* (Hrsg.), Handbuch des Wettbewerbsrechts, 5. Aufl. 2019, § 13 Rn. 19 ff.; *Rott* in Schulte-Nölke/BMJV (Hrsg.) Neue Wege zur Durchsetzung des Verbraucherrechts, 2017, S. 31 ff.; *Wadlow,* The Law of Passing off, Unfair Competition by Mispresentation, 4. Aufl. 2011; *Waßmuß,* Wettbewerbsrecht und Verbraucherschutz in England, 2014; *Bishop,* Grand-Bretagne, in: Greffe, Le Droit de la Communication, 12[e] Edition, S. 475; primär unter Verbraucherschutzgesichtspunkten *Devenny/Kenny,* UK, in: FITNES-Report 2017, European Commission, Study for the Fitness Check of consumer and marketing law: Final report Part 3 – Country reporting, S. 1210 (https://op.europa.eu/en/publication-detail/-/publication/db28cd4d-772c-11e7-b2f2-01aa75ed71a1/language-en); dazu auch *Glöckner* → Einl. Rn. 193 (New Deal for Consumers).

Daneben gibt es eine Reihe **anderer Klagegründe:** „Inducement to breach of contract", „intimidation" bzw. „unlawful threat", „conspiracy", „breach of statutory duties", „breach of confidence". 842

Zu den **gesetzlichen Rechtsbehelfen:** 843

Von den gesetzlichen Vorschriften, die im Lauterkeitsrecht eine Rolle spielen, ist der **Trade Description Act von 1968** der älteste. Er enthält Vorschriften über falsche Beschreibungen von Waren und Dienstleistungen (Sec. 1 ff., 14); explizite oder implizite falsche oder irrführende Informationen über das Unternehmen, seine Waren und Dienstleistungen, die von den „Local Trading Standards Autorities" überwacht werden. Der Trade Description Act wurde jedoch 2008 in seinem Anwendungsbereich stark eingeschränkt. Der Consumer Protection Act 1987, der irreführende Preisangaben (auch Preisvergleiche) für Waren, Dienstleistungen, Wohnraum etc gegenüber dem Verbraucher (Sec. 20 ff.) regelt(e), wurde 2015 durch den **Consumer Rights Act 2015** ergänzt bzw. ersetzt.

Die **Business Protection from Misleading Marketing Regulations 2008** setzen die **Richtlinie 2006/114/EG** um. Sie regeln die vergleichende Werbung und die irreführende Werbung im B2B-Verhältnis. Ebenso wie schon bei den zuvor geltenden Control of Misleading Advertisements Regulations 1988 bleibt die Rolle der **Selbstkontrolle** der Unternehmen erhalten. Die Regulations werden durchgesetzt durch die **Competition and Markets Authority (CMA),** die das **Office of Fair Trading** seit Ende 2014 ersetzt. Sie greift selbst idR nur ein, wenn der Schutz durch die lokalen staatlichen Stellen und die Selbstkontrolle versagt und er im Interesse der Allgemeinheit liegt. Entsprechend müssen zunächst die dortigen Rechtsmittel ausgeschöpft werden. Nimmt sich die CMA eines Falles an, versucht sie in aller Regel vor Antrag auf Unterlassungsverfügung eine einvernehmliche Lösung mit dem Werbenden. 844

Eine gewisse Konsolidierung der verstreuten Vorschriften zum Schutz der Verbraucher ist durch die **Consumer Protection from Unfair Trading Practices Regulations 2008 (Amendment 2014)** erfolgt. Sie setzen die Richtlinie 2005/29/EG über unlautere Geschäftspraktiken um und heben große Teile des Trade Description Act 1968 und Part 3 des Consumer Protection Act 1987 (über irreführende Preisangaben) auf. Die materiell-rechtlichen Vorschriften entsprechen denen der Richtlinie. Teil 3 nützt freilich der Spielraum, den die Richtlinie bei der **Durchsetzung** gewährt. Nach reg. 8 (1) muss der Gewerbetreibende „knowingly or recklessly" handeln, was nach reg. 8 (2) allerdings weitgehend vermutet wird; in einigen Bereichen (reg. 12) besteht auch eine verschuldensunabhängige Haftung. Reg. 17 erlaubt die „due diligence defence". 845

Wie mehrfach betont, kommt der britischen Selbstkontrolle große Bedeutung zu. Der wichtigste Kodex ist der **„British Code of Advertising, Sales Promotion and Direct Marketing"** des Committee on Advertising Practice **(CAP).** Nicht erfasst wird ua die Werbung in Radio und Fernsehen. Die Durchsetzung des Code erfolgt durch die **Advertising Standards Authority (ASA).** Soweit gleichzeitig einen Verstoss gegen staatliche Vorschriften vorliegt und die ASA keinen angemessenen Schutz gewährt oder gewähren kann, steht subsidiär der Weg zur CMA offen. 846

Aufsichtsbehörde für Fernsehen und Radio ist das Office of Communications (OFCOM). In OFCOM wurden die Zuständigkeiten zur Regulierung der Kommunikations-Industrie zusammengefasst und damit auch für die Werbung und die Aufstellung von Kodizes und Richtlinien. Es bestehen verschiedene Kodizes für Werbung, Sponsoring etc, die sich im Wesentlichen im **BCAP Radio Advertising Standards Code,** den **BCAP Television Advertising Standards Code** und den **OFCOM Broadcasting Code 2005** finden. 847

Weitere Kodizes gibt es für verschiedene Branchen, zB den Direktvertrieb und die Finanzwirtschaft. 848

Entscheidungen der Selbstkontrolle ASA werden **veröffentlicht.** Sie kann Änderung oder Zurückziehen der Werbung verlangen. Bei Weigerung kann die CMA eingeschaltet werden und eine gerichtliche **Unterlassungsanordnung** beantragen. Medien ver- 849 öffentlichen beanstandete Anzeigen nicht, so dass im Ergebnis bereits hierdurch ein effizientes Enforcement gewährleistet ist.

IX. Irland

850 Auch wenn die Republik Irland seit 1921 selbstständig ist, haben bisher die gemeinsame Rechtstradition und die wirtschaftliche Verflechtung mit Großbritannien dazu geführt, dass das **Recht zur Bekämpfung unlauteren Wettbewerbs dem von Großbritannien recht ähnlich ist.** Dies zeigt sich insbesondere im Fallrecht; zwar sind britische Entscheidungen für irische Gerichte nicht bindend, haben aber durchaus argumentatives Gewicht. Auch das irische Parlament nimmt bei der Gesetzgebung häufig britische Lösungen zum Vorbild.

851 Ähnlich wie in Großbritannien hat sich auch in Irland **kein umfassendes abgrenzbares Regelungssystem** im Sinne des Deutschen Lauterkeitsrechts entwickelt. Einschlägig sind vielmehr verschiedene, meist dem Deliktsrecht zuzuordnende Fallgruppen von allgemeiner Anwendbarkeit, die im wesentlichen Gewerbetreibende schützen. Die **passing off**-Klage schützt vor Verwechslungsgefahr, die Delikte **„injurious falsehood"** und **„defamation"** erfassen weitgehend die Anschwärzung. Ein weitergehender deliktsrechtlicher Rechtsschutz, etwa gegen eine Rufausbeutung ohne Verwechslungsgefahr, besteht nicht. Was die Rechtsdurchsetzung betrifft, so steht im Vordergrund die Schadensersatzklage, die vom Verletzten – in aller Regel dem Konkurrenten – erhoben werden kann.

852 Hinzu kommen, wie in England, etliche straf- bzw. verwaltungsrechtlich geprägte **Gesetze** und Verordnungen, die **ebenfalls nur bruchstückhaft** Tatbestände des unlauteren Wettbewerbs unter Verbraucherschutzgesichtspunkten (mit-)erfassen.[9] Die **europäischen Vorgaben** haben jedoch auch in Irland dazu geführt, dass die Regeln für Werbung und Marketing nunmehr in zwei größeren Gesetzeswerken niedergelegt sind: im **Consumer Protection Act 2007** und in den **European Communities (Misleading and Comparative Communication) Regulations 2007.**

853 Während der irische Consumer Information Act 1978 noch keine zivilrechtliche Klagemöglichkeit vorsah, wird der ihn ersetzende **Consumer Protection Act 2007** zwar gleichfalls in erster Linie administrativ durchgesetzt, nämlich seit dem **Competition and Consumer Protection Act 2014** (der primär kartellrechtliche Vorschriften enthielt) einheitlich durch die **Competition and Consumer Protection Commision (CCPC).** Diese ist die zentrale Stelle zur Überwachung und Durchsetzung des Consumer Protection Act 2007 und anderer verbraucherschützender Vorschriften. Daneben gibt es in Sect. 74 (2) aber auch die Möglichkeit zur **zivilrechtlichen Unterlassungsklage durch jedermann** („any person"). Da der Consumer Protection Act 2007 in seinen Sect. 41 ff. im Wesentlichen die Richtlinie 2005/29/EG über unlautere Geschäftspraktiken umsetzt, ist dies von nicht unerheblicher (potentieller) Bedeutung für die Entwicklung des irischen Lauterkeitsrechts.

854 Ganz dem britischen Vorbild entspricht die wichtige Rolle der **Selbstkontrolle** der Wirtschaft, die teilweise fast gesetzesersetzende Wirkung hat. Ihre Kodizes, dh vor allem der von der **Advertising Standards Authority for Ireland** (ASAI) herausgegebene „Code of Standards for Advertising, Promotional and Direct Marketing in Ireland" spiegeln die gesetzlichen Regeln wieder und ergänzen sie zum Teil.

---

[9] Für eine vollständige Liste aller staatlichen Vorschriften, welche Werbung und Sales Promotion Aktivitäten in den verschiedensten Branchen regeln, s. http://www.asai.ie/codes_2002/appendix.html. Ausführlich zum irischen Wettbewerbsrecht *Bodewig* in der Vorauflage; *Reilly,* The Role of Traders in the Enforcement of the Unfair Commercial Practices Directive: A New Unfair Competition Law for Ireland?, 31 Dublin U. L. J. 100/2009; zum Recht der Werbung *Payne,* Irlande, in: Greffe, Le Droit de la Communication, 12e Edition 2016, S. 481; speziell unter Verbraucherschutzgesichtspunkten *Clark,* Ireland, in: REFIT – Report, 2017, European Commission, Study for the Fitness Check of consumer and marketing law: Final report Part 3 – Country reporting, S. 564 (https://op.europa.eu/en/publication-detail/-/publication/db28cd4d-772c-11e7-b2f2-01aa75ed71a1/language-en); dazu auch *Glöckner* → Einl. Rn. 193 (New Deal for Consumers).

X. Italien

Wenn es um die Bekämpfung unlauteren Wettbewerbs **(„concorrenza sleale")** geht, müssen in Italien regelmäßig **mehrere Regelungssets** herangezogen werden. Zusammengenommen bildet das italienische Lauterkeitsrecht bezüglich seiner materiellrechtlichen Grundlagen gleichwohl ein **kohärentes Gesamtsystem.**[10] Im Hinblick auf die Rechtsdurchsetzung weist es jedoch starke Differenzierungen auf. 855

Der traditionelle zivilrechtliche Schutz gegen unlauteren Wettbewerb findet sich vor allem in den Art. 2598–2601 **Codice Civile** (CC). Er ist nach hM auf **Mitbewerber** beschränkt. **Art. 2598 CC** enthält „unbeschadet der Bestimmungen über den Schutz der Unterscheidungszeichen und gewerblichen Schutzrechte" die Tatbestände 856

- Hervorrufen von Verwechslungen einschließlich sklavischer Nachahmung,
- Anschwärzung und Anmaßung von Vorzügen,
- Verstoß gegen die Grundsätze der „beruflichen Korrektheit", wenn dadurch das Unternehmen eines anderen geschädigt werden könnte (sog. **Generalklausel**).

Ein zweiter Regelungsset findet sich in dem Decreto legislativo Nr. 206 vom 6.9.2005, dem **Codice del consumo.** Dieses enthält nunmehr die Bestimmungen der **Richtlinie 2005/29/EG.** Art. 18–27-*quater* des Codice del Consumo regeln, wie die Richtlinie, irreführende und aggressive Geschäftspraktiken und enthalten in Art. 20 ein generelles Verbot der „inkorrekten" Geschäftspraktiken. 857

Die im Codice del Consumo enthaltenen Vorschriften über unlautere Geschäftspraktiken galten ursprünglich nur im **„B2C"-Verhältnis.** Durch Art. 7 des Decreto legge Nr. 1 vom 14.1.2012 wurde dann jedoch Art. 19 ergänzt, der nun den Anwendungsbereich einiger Vorschriften auf die „unlauteren Geschäftspraktiken zwischen Unternehmen und Mikrounternehmen" ausdehnt; der letztgenannte Artikel bestimmt aber gleichzeitig, dass „für die **Mikrounternehmen** der Schutz gegen irreführende und vergleichende Werbung ausschließlich durch das Decreto legislativo 2. August 2007, Nr. 145 gewährt wird". Als „Mikrounternehmen" im Sinne des Codice del consumo ist jede Person (Gesellschaft oder Verband) zu verstehen, die, abgesehen von ihrer Form, eine auch individuelle oder familiäre wirtschaftliche Tätigkeit ausübt, weniger als 10 Personen beschäftigt und einen Jahresumsatz bzw. eine Bilanzierungssumme von 2 Millionen Euro gemäß Art. 2 Abs. 2 des Anhangs zur Empfehlung der Kommission Nr. 2003/361/EG vom 6.5.2003 nicht überschreitet. In den direkten Anwendungsbereich des Art. 19 Codice del Consumo fallen allerdings nur die unlauteren Geschäftspraktiken, die nicht als irreführende oder vergleichende „Werbung" einzustufen sind. Auf als Werbung zu qualifizierenden Geschäftspraktiken findet vielmehr das **Decreto Legislativo Nr. 145 vom 2.8.2007** Anwendung. 858

Dieses Decreto regelt die irreführende Werbung gegenüber Gewerbetreibenden und die vergleichende Werbung gegenüber allen Marktteilnehmern. Die Regelung entspricht im Wesentlichen der konsolidierten **Richtlinie 2006/114/EG.** Zusätzlich wurden aus dem

[10] Für eine englische Sprachfassung der im Codice del consumo enthaltenen Vorschriften zu den unlauteren Geschäftspraktiken s. www.agcm.it/en/list-consumer-protection. Ausführlich zu Entstehungsgeschichte und Grundzügen des italienischen Lauterkeitsrechts auf Englisch *Auteri* in Henning-Bodewig (ed.), International Handbook on Unfair Competition Law, 2013, S. 312; auf Deutsch *Bastian,* Italien, in: Schmidt-Kessel/Schubmehl (Hrsg.), Lauterkeitsrecht in Europa 2013, S. 355 und *Henning-Bodewig* in der Vorauflage dieses Werkes. Auf der Website des Instituto dell'Auto-discipline Publicitaria (IAP) finden sich die meisten Codes und Beanstandungen der Selbstkontrolle. Aus der Literatur vgl. speziell unter Verbraucherschutzgesichtspunkten weiter *De Franceschi,* Italy, in: REFIT Report, 2017 in: European Commission, Study for the Fitness Check of consumer and marketing law: Final report Part 3 – Country reporting, S. 603 (https://op.europa.eu/en/publication-detail/-/publication/db28cd4d-772c-11e7-b2f2-01aa75ed71a1/language-en); dazu auch *Glöckner* → Einl. Rn. 193 (New Deal for Consumers); S. 785; *De Cristofaro* EuCML 2015, 251; *De Franceschi* euvr 2012, 41 (Fall Ryan Air); *Toga* GRUR Int. 2009, 132; *Toga,* GRUR Int. 2011, 132; *Omodei-Salé,* ZEuP, 2007; *Maaßen,* Italien, in: Gloy/Loschelder/Danckwerts (Hrsg.), Handbuch des Wettbewerbsrechts 5. Aufl. 2019, § 13 Rn. 3 ff.; *De Franceschi* EuCLM 2016, 56; speziell zur Werbung *Testa,* Italie, in: Greffe, Le Droit de la Communication, 12e Edition 2016, S. 491.

aufgehobenen Decreto legislativo Nr. 74/1992 jedoch einige weitere Tatbestände beibehalten, zB der Programmsatz, dass jede Werbung „offenkundig, wahr und korrekt" sein muss. Geregelt sind weiter die getarnte und die subliminale Werbung, die Verwendung bestimmter Begriffe wie „Garantie", die Werbung für gefährliche Erzeugnisse und die Werbung vor und mit Kindern.

Die im Codice del Consumo enthaltenenen Vorschriften über unlautere Geschäftspraktiken sowie die Bestimmungen des Decreto Legislativo Nr. 145 vom 2.8.2007 werden durch eine Verwaltungsbehörde, die **Autorità Garante della Concorrenza e del Mercato** durchgesetzt. Die Entscheidungspraxis der über weitreichende Befugnisse verfügenden AGCM ist überwiegend strikt.

859 Von besonderer Bedeutung ist in Italien die **Selbstkontrolle.** Ihr zugrunde liegt der mehrfach neu gefasste **„Codice di Autodisciplina della Comunicazione Commerciale" (CAP),** dessen Regeln auch zur Auslegung der Generalklausel des Art. 2598 Nr. 3 CC herangezogen werden. Die Durchsetzung obliegt dem „Instituto di Autodisciplina Pubblicitaria" mit dem Entscheidungsorgan der **„Giurì"** (→ Rn. 862).

860 Die unterschiedlichen Möglichkeiten zur Bekämpfung unlauteren Wettbewerbs überschneiden sich teilweise. Die **Schutzzwecke** sind jedoch **unterschiedlich:** Bei **Art. 2598 CC** geht es um individualrechtliche Ansprüche von Unternehmern, die in einem gewissen Bezug zu den seit 2005 im „Codice dei Diritti di Proprietà Industriale" zusammengefassten **IP-Rechten** stehen. Demgegenüber dient der **Codice del Consumo** vom 6.9.2005 primär den Interessen der Verbraucher (indirekt aber auch denen der Allgemeinheit und der Mitbewerber) sowie – seit 2012 – denen der sog. „Mikrounternehmen". und steht in einem gewissen Zusammenhang mit dem **Kartellrecht.** Das Decreto legislativo Nr. 145/2007 regelt hingegen die irreführende Werbung im „B2B"-Verhältnis sowie die vergleichende Werbung im Interesse aller Marktbeteiligten.

861 Entsprechend unterschiedlich sind auch die **Sanktionen und das Verfahren.** Der im **Codice Civile** geregelte Rechtsschutz (Art. 2598–2601 CC) ist **zivilrechtlicher** Art. Voraussetzung ist ein (zumindest potentielles) **Wettbewerbsverhältnis** zwischen Kläger und Beklagtem. **Aktivlegitimiert** sind der betroffene Unternehmer und gewerbliche Verbände (Art. 2601 CC); nach überwiegender Meinung hingegen nicht die Verbraucherverbände, zumal deren Klagebefugnis nunmehr in Art. 139 des Codice del Consumo geregelt ist. Beantragt werden kann **Unterlassung, Beseitigung, Schadensersatz** und **Urteilsveröffentlichung** (Art. 2599 CC). Die Anordnung der Unterlassung kann im einstweiligen Verfügungsverfahren entsprechend den allgemeinen Vorschriften des Art. 700 Codice di Procedura Civile erfolgen. Zuständig sind die ordentlichen Gerichte.

862 Die Vorschriften des **Decreto legislativo Nr. 145/2007** (irreführende, vergleichende und sonstige unlautere Werbung) sowie die Vorschriften im **Codice del consumo** über unlautere Geschäftspraktiken gegenüber dem Verbraucher werden von der **„Autorità Garante** della Concorrenza e del Mercato" durchgesetzt. Diese kann **Unterlassungsanordnungen** mit endgültiger oder – in Eilfällen – auch vorläufiger Wirkung treffen (Art. 8 Abs. 3) und auch die Veröffentlichung der Entscheidung oder eine berichtigende Erklärung anordnen (Art. 8 Abs. 7 S. 2). **Antragsberechtigt** sind die Mitbewerber, die Verbraucher und (subsidiär) ihre jeweiligen Verbände (Art. 8 Abs. 2). Die Verbraucherverbände können außerdem eine Unterlassungsklage zum Schutze der „interessi collettivi dei consumatori" nach den Art. 139 und 140 Codice del consumo (in Umsetzung der Richtlinie 2008/22/EG) einreichen. Dem einzelnen Verbraucher steht ferner nach Art. 140-*bis* Codice del consumo eine Art von „class action" zur Verfügung, um Ersatz für Schäden, die durch eine an mehrere Verbraucher gerichtete Geschäftspraktik entstanden sind, zu bekommen. Die Anordnungen der AGCM können von dem Tribunale amministrativo regionale (TAR Lazio-Roma, sezione I) beanstandet werden, dessen Urteile wiederum vor dem Consiglio di Stato (sezione VI) angefochten werden können, falls der Kläger ein berechtigtes Interesse nachweisen kann.

XI. Kroatien

Kroatien ist seit dem 1.7.2013 Mitglied der Europäischen Union. Der Europäische Acquis wurde – verteilt auf verschiedene Regelungswerke – offenbar vollständig und überwiegend wörtlich übernommen. Da bislang nur vereinzelt eine Rechtsangleichung an die daneben bestehenden kroatischen Gesetze erfolgte, ist der Zugang zur Rechtslage in Kroatien für Außenstehenden nicht einfach, wobei Schwierigkeiten weniger das Bestehen der materiell-rechtlichen Bestimmungen als vielmehr die wichtige Frage ihrer Durchsetzung macht.[11] 863

So wurden im **Verbraucherschutzgesetz** von 2014 in der Fassung von 2015 einige europäischen Vorgaben zum Verbraucherschutz umgesetzt. 864

Hier finden sich fast wörtlich die Vorschriften über die **irreführenden** und **aggressiven** Geschäftspraktiken gegenüber dem Verbraucher; deren Auslegung daher primär anhand der europäischen Vorgaben der RL 2005/29/EG zu erfolgen hat. Die **vergleichende Werbung** ist demgegenüber im **Werbegesetz** zu finden, ebenso wie die Regelung der irreführenden Werbung im B2B-Verhältnis. Auch hier sind beide Reglungskomplexe fast wörtlich aus der Richtlinie 2006/114/EG übernommen.

Daneben gibt es eine Anzahl **produkt- und medienspezifischer** Regelungen, die gleichfalls weitgehend den jeweiligen Vorgaben des Unionsrechts entsprechen. Zu nennen wäre etwa die VO zur elektronischen Kommunikation, die am 24.2.2015 neu gefasst wurde und die von der „Croatian Regulatory Authority for Network Industries" durchgesetzt wird. Ergänzend ist jedenfalls im Verbraucherschutzbereich auch das allgemeine **Schuldrecht** heranzuziehen.

Weniger ausgeprägt als der (europäisch weitgehend vorgegebene) Schutz der Verbraucher scheint im kroatischen Recht der **Schutz des Mitbewerbers** zu sein. Soweit hier nicht der IP-Rechtsschutz eingreift, der den europäischen Vorgaben entspricht, können unlautere Wettbewerbshandlungen im B2B-Bereich zB unter das Ende 2017 erlassene **Gesetz gegen unlautere Handelspraktiken in der Lebensmittelversorgung** fallen bzw. notfalls über **Art. 10bis PVÜ** geltend gemacht werden. 865

Obgleich zivilrechtliche Rechtsbehelfe möglich sind, steht in der Praxis die **administrative Durchsetzung** im Vordergrund. Die Durchsetzung des **Verbraucherschutzgesetzes** und des **Werbegesetzes** erfolgt jedenfalls auf öffentlich-rechtlichem Wege; beteiligt sind eine Vielzahl von staatlichen Stellen. Verbraucherorganisationen und wohl auch der individuelle Verbraucher sowie Mitbewerber können durch Beschwerden ein Verfahren zum Schutz der kollektiven Verbraucherinteressen in Gang setzen. Im Übrigen sind sie auf die aus dem allgemeinen Zivilrecht folgenden Rechtsschutzmöglichkeit angewiesen. 866

XII. Lettland

Das Wettbewerbsrecht Lettlands beruht auf mehreren Säulen, wobei das behördliche Enforcement im Mittelpunkt steht.[12] Es weist starke Bezüge zum **Kartellrecht** auf. So sind 867

---

[11] Zum kroatischen Lauterkeitsrecht vgl. etwa *Josipovic* (ed.), Introduction to the Law of Croatia, 2014; *Josipovic,* Journal of Consumer Policy and Contract Law 2017, 287 und vor allem (unter Auflistung neuer Entscheidungen) *Poretti,* Croatia, in: FITNES Report, 2017 in: European Commission, Study for the Fitness Check of consumer and marketing law: Final report Part 3 – Country reporting, S. 151 (hhttps://op.europa.eu/en/publication-detail/-/publication/db28cd4d-772c-11e7-b2f2-01aa75ed71a1/language-en); dazu auch *Glöckner*→ Einl. Rn. 193 (New Deal for Consumers).

[12] Der Gesetzestext in englischer Sprache ist auf der Website des Wettbewerbsrats unter http://www.competition.lv zu finden; eine Sammlung lettischer Gesetze in englischer Sprache auf der Website http://www.ttc.lv. Zum lettischen Wettbewerbsrecht vgl. den ausführlichen Bericht von *Henning-Bodewig/Bakardjieva Engelbrekt* in der Vorauflage; weiter *Mizaras,* Unfair Competition Law in the Baltic States, in: Hilty/Henning-Bodewig (ed.), Law Against Unfair Competition: Towards a New Paradigm in Europe, 2007, S. 249; speziell unter dem Gesichtspunkt des Verbraucherschutzes s. *Kacecska/Fillers,* Latvia, in: REFIT Report 2017, European Commission, Study for the Fitness Check of consumers and marketing law, S. 649 (https://op.europa.eu/en/publication-detail/-/publication/db28cd4d-772c-11e7-b2f2-01aa75ed71a1/language-en).

unlautere Wettbewerbshandlungen, die zu einer Verzerrung des freien Wettbewerbs führen, schwerpunktmäßig im **Wettbewerbsgesetz** aus dem Jahr 2001 geregelt, das unterschiedliche Arten von Wettbewerbsbeschränkungen und unlautere Wettbewerbshandlungen gleichermaßen erfasst. Das Wettbewerbsgesetz ermöglicht die Rechtsdurchsetzung durch den **Wettbewerbsrat,** aber auch auf privatrechtlichem Wege. Die Regelungen über unlauteren Wettbewerb sind dabei in Kapitel V zusammengefasst. Art. 18 (1) und (2) enthält eine **weit gefasste Generalklausel** zur Bekämpfung des unlauteren Wettbewerbs, die durch einen nicht abschließenden **Katalog verbotener unlauterer Wettbewerbshandlungen** ergänzt wird.

868 Neben dem WettbewerbsG besteht das **Verbraucherschutzgesetz** aus dem Jahr 1999, dessen Durchsetzung einer staatlichen Behörde, dem **Zentrum zum Schutz der Verbraucherrechte** anvertraut ist.

869 Die Richtlinie über unlauteren Geschäftspraktiken wurde jedoch nicht in diesem Verbraucherschutzgesetz, sondern im Dezember 2007 in einem gesonderten **Gesetz über unlautere Geschäftspraktiken** umgesetzt. Kontrolle und Rechtsdurchsetzung dieses Gesetzes obliegen in erster Linie gleichfalls dem Zentrum zum Schutz der Verbraucherrechte.

870 Und schließlich gilt es das **Werbegesetz** aus dem Jahr 1999 zu beachten, in dem die Richtlinie 2006/114/EG umgesetzt wurde. Die im Werbegesetz hierzu enthaltene Regelung der irreführenden und vergleichenden Werbung gilt wegen des (unionsrechtlich bedingten) Vorrangs des Gesetzes über unlautere Geschäftspraktiken von 2007 jedoch nur im Verhältnis der Unternehmen zueinander.

XIII. Litauen

871 Wie in den beiden anderen baltischen Staaten auch, ist das junge Wettbewerbsrecht Litauens auf mehrere Säulen gestützt.[13]

Auffallend ist dabei die enge Verbindung mit dem **Kartellrecht.** Entsprechend den verfassungsrechtlichen Vorgaben, wonach Art. 46 der Verfassung den freien und fairen Wettbewerb schützt, wurde zunächst 1992 ein **Wettbewerbsgesetz** erlassen. Es gilt **heute in seiner Fassung von 1999** und enthält sowohl Regelungen über die **Freiheit des Wettbewerbs** als auch über die **Lauterkeit** dieses Wettbewerbs. Die Regelungen über den unlauteren Wettbewerb sind in Kapitel III enthalten. In Art. 15 findet sich eine breitgefasste **Generalklausel** zur Bekämpfung unlauterer Wettbewerbshandlungen, die durch einen nicht abschließenden **Katalog unlauterer Wettbewerbshandlungen** konkretisiert wird. Aktivlegitimiert sind Wettbewerber, die vor den **ordentlichen Gerichten klagen können;** daneben kann auch der **Wettbewerbsrat** Sanktionen verhängen.

872 Ergänzend dazu greift Art. 1.137 Abs. 4 des litauischen **Zivilgesetzbuches** von 2000 (CK) ein Danach darf die Ausübung der bürgerlichen Rechte weder zu einer unlauteren und gesetzeswidrigen Einschränkung des Wettbewerbs noch zu einem Missbrauch einer marktbeherrschenden Stellung führen. Das CK regelt auch einzelne Tatbestände des unlauteren Wettbewerbs, zB den Schutz von Geschäftsgeheimnissen.

873 Von Bedeutung ist weiter das **Verbraucherschutzgesetz** aus dem Jahr 1994. Dessen Art. 6 enthält ein allgemeines Verbot der unlauteren Geschäftspraktiken. Der Schwerpunkt der **Rechtsdurchsetzung** liegt hier bei der **staatlichen Verbraucherschutzbehörde.**

---

[13] Eine Sammlung litauischer Gesetze in englischer Sprache findet sich auf der Website http://www.lrs.lt. Zum litauischen Wettbewerbsrecht ausführlich *Henning-Bodewig/-Bakardjieva Engelbrekt* in der Vorauflage; auf Englisch *Mizaras,* Unfair Competition Law in the Baltic States in: *Henning-Bodewig* (ed.), International Handbook on Unfair Competition, 2013, S. 376 ff.; *Mizaras,* The Relationship between IP-Rights, Protection Against Unfair Competition Practices: A Lithuanian Perspective, in: Ohly (ed.), Common Principles of European Intellectual Property Law, 2012, S. 255; *Mizaras/Rimkevicius,* Lithuania, in REFIT-Report, 2017, European Commission, Study for the Fitness Check of consumer and marketing law: Final report Part 3 – Country reporting, S. 698 (hhttps://op.europa.eu/en/publication-detail/-/publication/db28cd4d-772c-11e7-b2f2-01aa75ed71a1/language-en); dazu auch *Glöckner* → Einl. Rn. 193 (New Deal for Consumers).

Die Richtlinie über unlautere Geschäftspraktiken wurde 2007 jedoch nicht, wie erwartet, im Verbraucherschutzgesetz, sondern durch ein eigenes **Gesetz zum Verbot unlauterer Geschäftspraktiken** umgesetzt. Dieses entspricht fast wortwörtlich der Richtlinie 2005/29/EG. Aufsicht und Durchsetzung des Gesetzes obliegen vor allem der Verbraucherschutzbehörde. 874

Schließlich regelt das **Werbegesetz** aus dem Jahr 2000, das 2007 erheblich geändert wurde, die Werbung allgemein. In ihm erfolgte die Umsetzung einiger Richtlinien, insbes. die der RL 2006/114/EG. Das Gesetz sieht eine zweispurige Rechtdurchsetzung vor. Der Wettbewerbsrat ist für die Kontrolle der irreführenden und vergleichenden Werbung zuständig, während die Verbraucherschutzbehörde die Aufsicht über die übrigen Werbeverbote und Einschränkungen ausübt. 875

Das **Verhältnis dieser unterschiedlichen Vorschriften** zur Bekämpfung unlauteren Wettbewerbs zueinander ist schwer zu durchschauen, zumal einschlägige zivil- oder verwaltungsrechtliche Entscheidungen bislang selten sind. Im Verhältnis zum Verbraucher dürfte dem Gesetz zum Verbot unlauterer Geschäftspraktiken, das die RL 2009/29/EG umsetzt, jedoch Vorrang gebühren. 876

XIV. Luxemburg

Das luxemburger Lauterkeitsrecht wurde unter dem Einfluss des Europäischen Rechts mehrfach geändert.[14] Ebenso wie in Belgien handelte es sich ursprünglich um eine **vorwiegend zivilrechtlich sanktionierte Regelung,** die darauf abzielte, das gesamte Marktverhalten zu erfassen. Das Handelspraktikengesetz (HPG) von 2002, das vor allem auf die Interessen **der Gewerbetreibenden** (einschließlich freier Berufe) zugeschnitten war, wurde nach einer Beanstandung der Kommission am 23.12.2016 durch das **« Loi sur les ventes au soldes et sur trottoir et la publicité trompeuse et comparative »** ersetzt; diese Neuregelung sollte vor allem die Richtlinie 2006/114/EG (stärker) umsetzen. Art. 5, der die Definition der irreführenden Werbung enthält, ist zwar nicht ausdrücklich auf B2B beschränkt; es ist jedoch anzunehmen, dass die B2C-Regelung im Verbraucherschutz-Gesetz (s. unten) vorgeht. Das Gesetz von 2016 wird (wie in Belgien) mit der Unterlassungsklage (action en cessation) im Eilverfahren (référé-Verfahren) durchgesetzt; aktivlegitimiert ist nach Art. 8 „toute personne". 877

Das Lauterkeitsrecht im **B2C-Verhältnis** findet seine Grundlage heute vor allem im **Code de la Consommation,** der 2011 neu erlassen (und zuletzt 2016 geändert) wurde. Er dient der Umsetzung der verschiedenen europäischen Vorgaben im Verbraucherschutz. Buch 1 befasst sich mit der „Information des consommateurs et pratiques commerciales déloyales". Während die Art. L-111-1 ff. generelle Vorschriften zur Verbraucherinformation, zu Preisangaben etc enthalten, wurden in den Art. L-121-1 ff. die **Richtlinie 2005/29/EG über unlautere Geschäftspraktiken** umgesetzt. Hier finden sich weitgehend wortgleich die Generalklausel (Art. L-122-1), die Tatbestände der irreführenden (Art. L.122-2) und aggressiven (Art. L-122-5) Geschäftspraktiken und die jeweiligen „black list"-Tatbestände. Wie sich diese (nur im Verhältnis zum Verbraucher geltenden) Regelungen zu denen in anderen Gesetzen verhalten, ist noch nicht abzusehen, zumal es relativ **wenig Rechtsprechung** gibt. Größere Prozesse werden offenbar eher in Belgien oder Frankreich geführt; insbesondere die belgische und französische Rechtsprechung hat Einfluss auf die Auslegung im Luxemburger Recht. 878

[14] Luxemburger Gesetzgebung ist über http://www.legilux.lu erhältlich. Zum neueren Luxemburger Lauterkeitsrecht vgl. die ausführliche Darstellung bei *Henning-Bodewig* in der Vorauflage; weiter *Pacary* Luxemburg, in: REFIT-Report, 2017, European Commission, Study for the Fitness Check of consumer and marketing law: Final report Part 3 – Country reporting, S. 748 (https://op.europa.eu/en/publication-detail/-/publication/db28cd4d-772c-11e7-b2f2-01aa75ed71a1/language-en); dazu auch *Glöckner* → Einl. Rn. 193 (New Deal for Consumers).

XV. Malta

879 Das maltesische Recht kennt **keine zusammenhängende Regelung** des Rechts des unlauteren Wettbewerbs.[15] Vorhanden sind jedoch verstreute Vorschriften, die unlauteres Wettbewerbsverhalten (mit)erfassen. Neben dem „Competition Act" von 1994 (Chapter 379 of the Laws of Malta), der sich primär mit kartellrechtlichen Fragen befasst (Vereinbarungen zwischen Unternehmen, abgestimmte Verhaltensweisen, Missbrauch marktbeherrschender Stellung), ist einschlägig vor allem der **„Consumer Affairs Act"** von 1994 (Chapter 378 of the Laws of Malta) der 2008 durch den Act XXVI um die Vorschriften der Richtlinie 2005/29/EG erweitert wurde.

Die Interessen der **Mitbewerber** untereinander werden durch Art. 32–37 des **Commercial Code** (Chapter 13 of the Laws of Malta) gewahrt; dieser enthält neben den Vorschriften der Richtlinie 2006/114/EG zur irreführenden und vergleichenden Werbung in den Art. 32–37 Verbote des Hervorrufens von Verwechslungsgefahr, Herabsetzung etc; diese Vorschriften ähneln denen des British **common law,** insbesondere „passing off". Das **maltesische Recht** ist jedoch kein reines common law; insbesondere das **Zivilrecht** beruht auf dem **Code Napoléon.** Unternehmen, die durch unlauteren Wettbewerb in ihrem Interesse verletzt sind, können daher ihre individuellen Rechte auf der Grundlage der **deliktsrechtlichen Generalklausel** (Art. 1031–1033) geltend machen. Veröffentlichtes Rechtsprechungsmaterial hierzu gibt es, soweit ersichtlich, jedoch nicht; insgesamt scheint die Durchsetzung, auch die auf **verwaltungsrechtlichem Wege,** eher zurückhaltend zu sein.

880 Die **Durchsetzung** der verbraucherschutz- und wettbewerbsrelevanten Aspekte des **Consumer Affairs Act** obliegt grundsätzlich dem „Ministry of Finance and Economic Affairs" und hier wiederum der „Consumer and Competition Division" mit der zentralen Figur des **„Director General of the Consumer and Competition Division":** Während die „Commission for Fair Trading" kartellrechtliche Beschwerden behandelt, ermöglicht das „Information and Client Affairs Directorate" die **gütliche Einigung** eines Streits zwischen dem einzelnen geschädigten Verbraucher und dem Händler.

881 Bei einem Scheitern dieser „Güteverhandlungen" kann der Verbraucher seinen Anspruch vor dem **„Consumer Claims Tribunal"** weiter verfolgen. Eingetragene „consumer associations" können Beschwerden wegen der Verletzung des „Consumer Affairs Act" bei der zuständigen Behörde einreichen (Art. 37 Consumer Affairs Act).

882 Nach dem „Consumer Affairs Act" hat der **„Director General"** die Kompetenz – sei es auf eigene Initiative, sei es auf Antrag – eine **Anordnung** („compliance order") gegenüber einem Händler zu erlassen oder diesem eine „administrative fine" (Art. 106 A) aufzuerlegen, um weitere Verstöße zu verhindern. Der betroffene Händler kann gegen „decisions, orders or measures" des Direktors Beschwerde zum „Consumer Appeals Board" einlegen (Art. 110 A) bzw. Klage vor Gericht erheben.

XVI. Niederlande

883 Obgleich praktisch von großer Bedeutung, hat das Recht zur Bekämpfung des unlauteren Wettbewerbs **(„ongeoorloofde" bzw. „oneerlijke mededinging")** in den Niederlanden bislang keine zusammenhängende eigengesetzliche Regelung erfahren.[16] Es gründet

[15] Die einschlägigen Gesetze Maltas sowie der höchsten Gerichte finden sich unter www.http://justice services.govs.nat. Zum maltesischen Wettbewerbsrecht vgl. etwa *Pisani,* GRUR Int. 2017, 2015 und *Micallef/Farrugia,* Malta, in: REFIT-Report, 2017, European Commission, Study for the Fitness Check of consumer and marketing law: Final report Part 3 – Country reporting, (https://op.europa.eu/en/publication-detail/-/publication/db28cd4d-772c-11e7-b2f2-01aa75ed71a1/language-en), S. 783.

[16] Niederländische Gesetze sind im Internet zu finden über http://www.overheid.nl. Die wichtigste niederländische Rechtsprechung ist abrufbar unter http://www.rechtspraak.nl; die verschiedenen „Codes" der Reclame Code Commissie unter http://reclamecode.nl. Bezüglich einer ausführlichen Darstellung des niederländischen Wettbewerbsrechts vgl. *Henning-Bodewig* in der Vorauflage; *de Vrey,* Netherlands, in: Henning-

sich traditionell auf die allgemeine **deliktsrechtliche Generalklausel** in Art. 6:162 **Burgerlijk Wetboek** (BW), die 1992 im „neuen" BW durch eine europäisch vorgegebene Regelung der unlauteren Geschäftspraktiken ergänzt wurde. Auf der Grundlage der Generalklausel hat die Rechtsprechung bereits 1919 das Delikt des unlauteren Wettbewerbs (sog. Lindenbaum/Cohen-Doktrine) entwickelt; diese Rechtsprechung ist auch heute noch von Bedeutung. Kennzeichnend für das niederländische Wettbewerbsrecht ist weiter eine starke **Selbstkontrolle, die zum Teil gesetzesähnliche Züge aufweist.**

Die **Richtlinie 2005/29/EG** über unlautere Geschäftspraktiken wurde durch die **Reform von 2008 in Buch 6 des Burgerlijk Wetboek** durch einen neuen Abschnitt 3 A mit dem Titel „Oneerlijke Handelspraktijken" umgesetzt (Art. 6:193a–j BW). Nach Art. 6: 193b Abs. 1 BW handelt ein Unternehmer „unrechtmäßig gegenüber dem Verbraucher, wenn er eine Handelspraktik anwendet, die unlauter ist". Nach Art. 6:193b Abs. 2 BW ist die Handelspraktik unlauter, wenn sie (a) gegen die professionelle Sorgfalt („toewijding") verstößt und (b) geeignet ist, die Fähigkeit des Durchschnittsverbrauchers, eine informierte Entscheidung zu treffen, spürbar zu beschränken. Nach Art. 6:193b Abs. 3 BW ist eine Handelspraktik insbesondere dann unlauter, wenn sie irreführend iSd Art. 6:193c–g BW oder aggressiv iSv Art. 6:193h und i BW ist. In Art. 6:193b Abs. 4 BW findet sich die Einschränkung, dass Übertreibungen in der Werbung etc, die nicht ernst genommen werden, keine unlautere Handelspraktik darstellen. 884

Schon einige Jahre zuvor hatte der niederländische Gesetzgeber die **europäischen Vorgaben zur irreführenden und vergleichenden Werbung der RL 2006/114/EG** in dem Art. 6:194 BW umgesetzt. Art. 6:194 BW bezieht sich jedoch seit 2008 nur noch auf Irreführungen im B2B-Verhältnis, während die Regelung der vergleichenden Werbung in Art. 6:193c–g BW für alle Marktteilnehmer gilt und 2008 nur leicht angepasst wurde. In Art. 6:193i BW findet sich eine Beweislastumkehr. 885

Die allgemeine **Generalklausel in Art. 6:162 BW** dürfte auch weiterhin die **beherrschende Norm** des niederländischen Wettbewerbsrechts bleiben. Hierunter wurden bislang alle geschäftlichen Handlungen subsumiert, die Auswirkungen auf das niederländische Staatsgebiet haben. Im Wesentlichen werden alle Handlungen erfasst, die auch im deutschen Wettbewerbsrecht eine Rolle spielen. Die ungestattete **Ausnutzung fremden Rufs** („aanleunen"), auch der Popularität bekannter Personen zu Werbezwecken, sog. Portraitrecht, ist (soweit nicht von At. 19 ff. UrhG erfasst), gleichfalls auf der Grundlage der allgemeinen Generalklausel des Art. 6:162 BW zu beurteilen. Außerhalb des Markenrechts und der vergleichenden Werbung spielt dieser Tatbestand bei geographischen **Herkunftsangaben** und bei der Nachahmung eine Rolle. Unter die Generalklausel fallen weiter Tatbestände wie die Herabsetzung und die Behinderung. 886

Der Schutzzweck der Generalklausel umfasste bislang auch den Verbraucher. Ob die nunmehr speziell für den Verbraucher geltende Regelung in Art. 6:193a–i BW an dieser Auslegung etwas ändert, bleibt abzuwarten. Ein **Wettbewerbsverhältnis** wird jedenfalls **nicht vorausgesetzt.** Der **Schutzstandard ist hoch,** obgleich in der niederländischen Rechtspraxis eine Tendenz zu einer **zurückhaltenden Anwendung** gerade der General-

Bodewig (ed.), International Handbook on Unfair Competition, 2013, S. 398; *de Vrey,* Towards a European Unfair Competition Law, 2006 sowie *Maaßen,* in Gloy/Loschelder/Danckwerts (Hrsg.), Handbuch des Wettbewerbsrechts, 5. Aufl. 2019, § 13 Rn. 9. Vgl. weiter *Van Eek/Czernik,* Dutch and German Applicability of the UCP-Directive on Competing Businesses, GRUR Int. 2016, 539; *Loos,* Oneerlijke handelspraktijken, TvC 2008-1, S. 1; *Mak,* Unfair Commercial Practices and Dutch Private Law, EuCML 2015, 246; *van Straaten/Varelay,* Passing-off is gaining ground in the Netherlands, GRUR Int 2018, 423; *Mom,* Kollektiver Rechtsschutz in den Niederlanden, 2011; *Verkade,* Ongeoorloofde mededinging, 2. Aufl. 2019; *Verkade,* Oneerlijke handelspraktijken jegens consumenten, 2009; *Verkade,* Misleidende (B2B) reclame en vergelijkende reclame, 2019; *Schaap,* Pays-Bas, in Greffe, Le Droit de la Communication, 12e Edition 2016, S. 499; *Rott* in: Schulte-Nölcke/BMJV (Hrsg.), Neue Wege zur Durchsetzung des Verbraucherrechts 2017, S. 31 ff.; *Loos/van Boom/van Schagen,* Netherlands, REFIT-Report, 2017, European Commission, Study for the Fitness Check of consumer and merketing law: Final report Part 3 – Country reporting, S. 839 (https://op.europa.eu/en/publication-detail/-/publication/db28cd4d-772c-11e7-b2f2-01aa75ed71a1/language-en).

klausel festzustellen ist, was einerseits auf die starke Selbstkontrolle, andererseits auf den traditionell weitreichenden Schutz durch die **IP-Rechte,** insbesondere das **Markenrecht,** zurückzuführen ist. Insgesamt zeichnet sich das niederländische Recht durch eine Anzahl wichtiger **Entscheidungen der Rechtsprechung und eine Fülle von Literatur** aus.

887 Wie mehrfach betont, kommt der **Selbstkontrolle** eine besondere, nicht mit der deutschen Selbstkontrolle zu vergleichende Bedeutung zu. Sie regelt auf der Grundlage **eines engmaschigen Netzes verschiedener Codes** – von denen der **Nederlands Reclame Code (NRC)** der wichtigste ist – einen Großteil aller wettbewerbsrechtlichen Streitigkeiten. Obwohl die hierzu ergehenden Entscheidungen der **Reclame Code Commissie (RRC)** und der nächsten Instanz, des College van Beroep, keine rechtliche Bindung haben, finden sie allgemein Beachtung und werden gleichberechtigt wie die Gerichtsentscheidungen zitiert. Unternehmer tun daher gut dran, diese (gesetzlichen Regelungen gleichkommenden) Codes bei der Ausübung ihrer Tätigkeit in den Niederlanden zu beachten.

888 Entsprechend seinen Wurzeln im Zivilgesetzbuch ist das niederländische Wettbewerbsrecht traditionell **zivilrechtlich sanktioniert.**

889 Im Mittelpunkt der Ansprüche steht der verschuldensunabhängige **Unterlassungsanspruch.** Relativ häufig ist bei der irreführenden und vergleichenden Werbung noch die **berichtigende Werbung,** Art. 6:198 BW. Eine Klage auf **Auskunft** ist unter bestimmten Bedingungen zulässig.

890 Für die Unterlassungsklage wegen irreführender und vergleichender Werbung ist **aktivlegitimiert** jeder in seiner geschäftlichen Sphäre von dem Wettbewerbsverstoß Betroffene, Interessenverbände (sofern sie die Voraussetzungen des Gesetzes über die Verbandsklage erfüllen), bestimmte Verbraucherverbände, und theoretisch auch der einzelne Verbraucher. Kontrovers wird diskutiert, ob und wie Unternehmen gegen Verletzungen der neu eingeführten B2C-Vorschriften in Art. 6:193a–i BW vorgehen können. **Passivlegitimiert** ist grundsätzlich jeder, der den Wettbewerbsverstoß selbst begeht oder zu ihm beiträgt.

891 Zivilrechtliche Klagen werden häufig im sog. **„kort geding"-Verfahren** erhoben, das in etwa dem deutschen einstweiligen Verfügungsverfahren entspricht. In der Praxis begnügen sich die Parteien häufig damit. Die **Rechtsanwaltskosten** trägt grundsätzlich jede Partei selbst.

892 Trotz des engmaschigen und effizienten Schutzes durch das zivilrechtliche Enforcement und die Selbstkontrolle wurde durch das „Wet oneerlijke Handelspraktiken" vom 15.10.2008 festgestellt, dass unlauterer Wettbewerb auch öffentlich-rechtliche Sanktionen auslöst. Ein Verstoß gegen die in 6: Abschnitt 3.3.A BW geregelten Vorschriften kann daher neben Unterlassungsanordnungen auch Geldbußen nach sich ziehen, zu deren Anordnung die sog. **Autoriteit Consument en Markt** (ADCM) zuständig ist.

XVII. Österreich

893 Das österreichische Wettbewerbsrecht gründet sich im Wesentlichen auf das **Bundesgesetz gegen den unlauteren Wettbewerb** von 1984 (UWG), das **2007** zur Umsetzung der RL 2005/29/EG umfassend novelliert (und **2015** reformiert) wurde. Es wird in einigen Punkten durch das sog. „Nahversorgungsgesetz" und das Konsumentenschutzgesetz (KSchG) ergänzt.[17]

[17] Die jeweils aktuelle Fassung aller Bundesgesetze (sowie Entscheidungen) können kostenlos über das Rechtsinformationssystem RIS unter www.ris.bka.gv.at abgerufen werden. Für die Auslegung des österreichischen UWG sind maßgeblich, wie in Deutschland, vor allem die Entscheidungen des obersten Zivilgerichts (OGH) sowie die Literatur, Lehrbücher bzw. Kommentare. Zu nennen wären zB die Kommentare *Gamerith/Mildner,* Wettbewerbsrecht I – UWG, 8. Aufl. 2014; *Griss/Wiebe,* UWG, 2009; *Wiebe/Heidinger,* Austria, in: Henning-Bodewig (Ed.), International Handbook on Unfair Competition Law, 2013, S. 106; *Wiebe/Kodek* (Hrsg.), UWG. Gesetz gegen den unlauteren Wettbewerb, 2. Aufl. 2013 und online. Einen guten aktuellen Überblick geben auch die „Wettbewerbsfibel" von *Prunbauer-Glaser/Seidelberger; Maaßen* in Gloy/Loschelder/Danckwerts (Hrsg.), Handbuch des Wettbewerbsrechts, 5. Aufl. 2019, § 13 Rn. 31 und (über Werbung) *Mayer,*

In **Systematik und Inhalt** ist das österreichische Wettbewerbsrecht dem **deutschen nicht unähnlich,** hat jedoch infolge der Reform des deutschen UWG von 2004/2008/2015 und der Reform des österreichischen UWG von 2007/2015 eine etwas andere Richtung genommen. So wurde durch die 2007 erfolgte **Umsetzung der Richtlinie 2005/29/EG** über unlautere Geschäftspraktiken in das österreichische Recht die zuvor auf die guten Sitten abstellende **Generalklausel** in § 1 UWG verändert. Sie hat nunmehr zwei Teile: § 1 Abs. 1 Nr. 1 UWG verbietet Geschäftspraktiken „oder sonstige unlautere Handlungen", die geeignet sind, den Wettbewerb zum Nachteil von Unternehmen nicht nur unerheblich zu beeinflussen; § 1 Abs. 2 Nr. 2 UWG untersagt solche Geschäftspraktiken, die den Erfordernissen der beruflichen Sorgfalt widersprechen und das wirtschaftliche Verhalten des Durchschnittsverbrauchers (näher erläutert in § 1 Abs. 2 UWG) zu beeinflussen geeignet sind. Nach § 1 Abs. 3 UWG sind unlautere Geschäftspraktiken (gleichgültig, wem gegenüber) insbesondere solche, die aggressiv oder irreführend sind. § 1 Abs. 4 UWG enthält im Wesentlichen die Definitionen der Richtlinie, so wie auch die vorstehend genannten Regelungen fast durchwegs wörtlich der Richtlinie entnommen sind. § 1 Abs. 5 UWG regelt schließlich die **Beweislast:** Der wegen einer unlauteren Geschäftspraktik in Anspruch Genommene hat die Richtigkeit der Tatsachenbehauptungen zu beweisen, sofern dies im Einzelfall angemessen erscheint. Ein neu eingefügter § 1a UWG befasst sich mit aggressiven Geschäftspraktiken, während sich die irreführenden Geschäftspraktiken nunmehr in § 2 UWG finden. Der Gesetzeswortlaut entspricht auch hier fast wörtlich den Art. 6–9 der Richtlinie; ebenso wie bei den Tatbeständen der **„Schwarzen Liste"** (auf die § 1a Abs. 3 UWG und § 2 Abs. 2 UWG verweisen), die jedoch nicht nur bei Praktiken gegenüber dem Verbraucher, sondern **auch im B2B-Verhältnis** gelten. Die irreführende Werbung ist nunmehr in § 2, die vergleichende Werbung § 2a UWG geregelt. Es folgen **Sondertatbestände:** § 3 UWG regelt den Anspruch gegen die Presse bei Abdruck irreführender Anzeigen, § 7 UWG die Herabsetzung (Anschwärzung), § 8 geographische Angaben, § 9a Zugaben, § 9 den Missbrauch von Kennzeichen eines Unternehmens, § 9c Einkaufsausweise, § 10 Bestechung von Bediensteten oder Beauftragten, § 11 Verletzung von Geschäftsgeheimnissen, § 12 Vorlagenmissbrauch. Die §§ 27 ff. UWG enthalten verwaltungsrechtliche Bestimmungen (Schneeballsystem, Gewinnspiele, Konkursware, Anmaßung von Auszeichnungen und Vorrechten, Kennzeichnungen, Ausverkäufe, Abschnittverkäufe, Sonderverkäufe). 894

Das UWG setzte vor der Reform von 2007 eine Handlung im geschäftlichen Verkehr zu Zwecken des Wettbewerbs sowie ein Wettbewerbsverhältnis voraus. Für die meisten Tatbestände (Ausnahme: § 7) kommt es nach § 1 Abs. 1 Nr. 1 und 2 UWG jetzt nur auf das Vorliegen einer **„Geschäftspraktik"** bzw. unlauteren Handlung an. **Schutzzweck** des UWG insgesamt ist auch nach den Reformen von 2007 und 2015 aber sowohl der Schutz der Mitbewerber als auch der der Verbraucher und der Allgemeinheit. Hieran hat der OGH auch nach 2007 dezidiert festgehalten. 895

Die zum neuen UWG ergangenen Entscheidungen zeigen, dass die bisherige Rechtsprechung, die in einer **reichen Kasuistik** verschiedene Fallgruppen (Kundenfang, Behinderung, Ausbeutung, Rechtsbruch etc) entwickelt hat, weitgehend richtungsweisend bleiben wird. Dies dürfte insbes. für den nun in § 2 UWG enthaltenen Irreführungstatbestand gelten, zu dem es **umfangreiches Rechtsprechungsmaterial** gibt, das bereits seit längerem den europäischen Vorgaben folgt. Auch die (für Verbraucher und Unternehmen 896

Autriche, in Greffe, Le Droit de la Communication, 12[e] Edition 2016, S. 409 sowie *Schuhmacher* (zu den österreichen black-list Verboten), wbl 2011, 612 und *Alexander,* GRUR Int. 2010, 1025. Über die neueste Entwicklung im österreichischen Wettbewerbs- und Markenrecht informieren zudem umfassend die jährlich in WRP erscheinenden Überblicke von *Wiltschek/Majchrzak,* etwa *Wiltschek/Majchrzak,* WRP 2020, 1132, Speziell unter Verbraucherschutzgesichtspunkten s. auch *Augenhofer,* Austria, in REFIT Report 2017, S. 6, European Commission, Study for the Fitness Check of consumer and merketing law: Final report Part 3 – Country reporting (https://op.europa.eu/en/publication-detail/-/publication/db28cd4d-772c-11e7-b2f2-01aa75ed71a1/language-en); dazu auch *Glöckner* → Einl. Rn. 193 (New Deal for Consumers).

gleichermaßen geltende) „blacklist" stellt inhaltlich für das österreichische Lauterkeitsrecht **keine Neuerung** dar.

897 Eine gewisse **Interpretationsverschiebung** könnte allenfalls dadurch entstehen, dass bei der Auslegung der Generalklausel des § 1 Abs. 1 UWG im Unternehmerverhältnis stärker als bisher **gesamtwirtschaftliche Überlegungen** und damit kartellrechtliche Wertungen einfließen. Denn die Verbindung mit dem Kartellrecht wird betont durch die Neufassung von 2007, wonach die unlautere Geschäftspraktik den Wettbewerb zum Nachteil von Unternehmen nicht nur unerheblich zu beeinflussen geeignet sein muss. Weiter hat der OGH den **Rechtsbruchtatbestand** nunmehr stärker objektiv ausgelegt. Andere Tatbestände wie die der Verwechslungsgefahr, Herabsetzung etc, die die Rechte zum **Schutz des geistigen Eigentums** ergänzen, bleiben hingegen von etwaigen Interpretationsänderungen unberührt. An Bedeutung gewonnen hat hingegen die Abgrenzung zum **allgemeinen Zivilrecht.**

898 Indirekte Wirkung, zumindest bei der Auslegung der Generalklausel, haben auch der **Selbstbeschränkungscode** der österreichischen Werbewirtschaft und die Wertungen des Verbraucherschutzgesetzes.

899 Im Mittelpunkt der **Sanktionen** steht, wie in Deutschland, der verschuldensunabhängige **Unterlassungsanspruch,** für den im Wettbewerbsrecht die **Wiederholungsgefahr** vermutet wird. Er kann auch vorbeugend im einstweiligen Verfügungsverfahren (besondere Voraussetzung für Wettbewerbssachen: § 24 UWG) geltend gemacht werden. Der Anspruch auf Unterlassung umfasst den Beseitigungsanspruch. Neu eingefügt wurde durch die Reform von 2007 in § 14a UWG ein erleichterter Auskunftsanspruch gegenüber Teleanbietern.

900 **Aktivlegitimiert** sind alle durch den Wettbewerbsverstoß unmittelbar Betroffenen (§§ 14, 34 Abs. 3 UWG), Vereinigungen zur Förderung wirtschaftlicher Interessen von Unternehmen (§§ 14, 34 Abs. 3 UWG) sowie bei einigen Vorschriften auch die Bundesarbeitskammer etc und der Verein für Konsumenteninformation (§ 14). Einem **Verbraucher,** der zB im Zusammenhang mit einem Gewinnspiel einen Rechtsanwalt einschaltet, stehen eigene **Schadensersatzansprüche** auf Erstattung der Rechtsanwaltskosten zu.

XVIII. Polen

901 Bei der Bekämpfung des unlauteren Wettbewerbs sind in Polen vor allem zwei Gesetze zu beachten: Zum einen das **Gesetz zur Bekämpfung des unlauteren Wettbewerbs (ZNKU)** aus dem Jahr 1993, das 2007 durch das Gesetz zum Schutz der Verbraucher abgeändert wurde. Zum anderen das der Umsetzung der Richtlinie 2005/29/EG dienende **Gesetz gegen unlautere Geschäftspraktiken vom 23.8.2007** (sog. PNPRU). Während das WettbewerbsG vor allem dem Funktionieren des Wettbewerbs dient – aber auch den Verbraucher schützt –, handelt es sich beim Gesetz gegen unlauteren Geschäftspraktiken um eine B2C-Regelung.[18]

[18] Das WettbewerbsG von 1993 ist auf Englisch abrufbar unter www.uokik.gov.po; ein ausführlicher Bericht findet sich bei *Henning-Bodewig/Bakardjieva Engelbrekt* in der Vorauflage. Aus der neueren Literatur auf Englisch und Deutsch siehe etwa *Luzak/Namyslowska/Jagielska,* Poland, in: REFIT-Report, 2017, European Commission, Study for the Fitness Check of consumer and marketing law: Final report Part 3 – Country reporting, S. 883 (https://op.europa.eu/en/publication-detail/-/publication/db28cd4d-772c-11e7-b2f2-01aa75ed71a1/language-en); *Maaßen,* in Gloy/Loschelder/Danckwerts (Hrsg.), Handbuch des Wettbewerbsrecht, 5. Aufl. 2019, § 13 Rn. 37; *Markiewicz-Szöke,* Der wettbewerbsrechtliche Schutz vor irreführender Werbung: Deutschland und Polen im Vergleich, 2009; *Namyslowska,* To B2C or not to B2C. Some reflections on the regulation of unfair commercial practices from the Polish perspective, JCP 2913, Nr. 3; *Nestoruk,* Poland, in Henning-Bodewig (Ed.), International Handbook on Unfair Competition Law, 2013, S. 422; *Nestoruk,* Das Verbot der sog. Regalmiete im polnischen Lauterkeitsrecht – eine verfassungsrechtliche Perspektive, GRUR Int. 2015, 1015; *Nestoruk,* Zivil- und strafrechtliche Aspekte des wettbewerbsrechtlichen Nachahmungsschutzes in Polen, in: Joerden/Scheffler/Sinn/Wolf (Hrsg.) Frankfurter FS Szwarc, 2010, 745; *Nestoruk,* Polande, in Greffe, Le Droit de la Communication, 12^{e} Edition 2016, S. 511; *Nestoruk,* Poland: The Impact of the UCP-Directive on National Contract and Tort-Law, EuCLM 2015, 198; *Sikorski,* Implemen-

Von zentraler Bedeutung dürfte nach wie vor das sog. ZNKU, das **WettbewerbsG** sein. Abgrenzungsprobleme zum PNPRU bestehen insofern, als Art. 1 ZNKU „den Interessen der Allgemeinheit, der Unternehmer und „Kunden" bei der Bekämpfung unlauteren Wettbewerbs dient. Auch wenn Art. 1 den Verbraucher nicht expressis verbis nennt, wird dessen Schutz unter den Begriff **„Kunden"** subsumiert. Das Gesetz geht damit nach wie vor von der klassischen **Schutzzwecktrias** des Wettbewerbsrechts aus und überschneidet sich im Verbraucherschutz mit dem 2007 erlassenen Gesetz gegen unlautere Geschäftspraktiken. Es enthält eine auf die **guten Sitten** abstellende **Generalklausel,** die **kein Wettbewerbsverhältnis** voraussetzt, und neben Verstößen gegen die guten Sitten jeden Verstoß gegen **gesetzliche Pflichten** für unlauter erklärt. Konkretisiert wird die Generalklausel in den Art. 4–17 ZNKU durch einen (nicht abschließenden) **Katalog besonderer Tatbestände.** Sie liegen zumeist auf der Grenze zum Kartellrecht, und dienen primär dem Schutz kleiner Unternehmen, zB vor Praktiken wie dem Verkauf unter Einstandspreis, die Behinderung, Diskriminierung, das Fordern von Eintrittsgeldern oder Regalmieten. Geregelt ist weiter die irreführende Werbung gegenüber anderen Unternehmen und die vergleichende Werbung. 902

Die **Durchsetzung** des WettbewerbsG erfolgt im Wesentlichen **auf zivilrechtlichem Wege.** Wettbewerber, deren Interessen durch einen Wettbewerbsverstoß beeinträchtigt wurden, können auf Unterlassung, Schadensersatz, Herausgabe einer ungerechtfertigten Bereicherung oder Abgabe einer Widerrufserklärung klagen. Aber auch nationale und regionale Berufs- und Gewerbeorganisationen haben weitreichende Klagerechte, nicht hingegen individuelle Verbraucher und Verbraucherorganisationen. 903

Das WettbewerbsG sieht seit 2000 bei schuldhaften Rechtsverletzungen weiter eine **Art zivilrechtliche Strafe** vor. 904

Neben dem WettbewerbsG ist seit dem 23.8.2007 auch das **Gesetz gegen unlautere Geschäftspraktiken** (sog. **PNPRU**) zu beachten. In ihm wurde fast wortwörtlich die Richtlinie 2005/29/EG umgesetzt. Neben irreführenden und aggressiven Handlungen sind jedoch auch Geschäftspraktiken in Form sog. **Konsortien** verboten (dh Systeme zum Grosseinkauf, die auf die Häufung von Verbraucheraufträgen zur Finanzierung des Einkaufs bauen – Art. 12, in Verbindung mit Art. 2 Nr. 10 PNPRU). 905

Die **Durchsetzung** des Gesetzes zur Bekämpfung unlauterer Geschäftspraktiken (PNPRU) erfolgt zum einen auf **zivilrechtlichem Wege,** wobei sowohl einzelne **Verbraucher** als auch **Verbraucherorganisationen** und **Verbraucherombudsmänner** auf regionaler und zentraler Ebene aktivlegitimiert sind. Zum anderen kann jedoch auch der Präsident des Amtes für den Schutz des Wettbewerbs und der Verbraucher bei Verstössen gegen die kollektiven Interessen der Verbraucher einschreiten. 906

XIX. Portugal

Das Recht des unlauteren Wettbewerbs im klassischen Sinn des Mitbewerberschutzes (Art. 10bis PVÜ) steht in Portugal auch nach der Reform von 2003 in engem Zusammenhang mit dem **gewerblichen Rechtsschutz,** für den eine erste Kodifikation bereits sehr früh im **„Código da Propriedade Industrial" (CPI)** erfolgte. Hierin wurden auch die Regelungen zur Bekämpfung des unlauteren Wettbewerbs **(„concorrencia desleal")** aufgenommen. Seit dieser Zeit ist das Lauterkeitsrecht **Bestandteil des Gesetzbuchs über den gewerblichen Rechtsschutz.**[19] 907

tation of the UCP-Directive in Polish Law, MR-Int. 2009, 51; *Skubisz/Szwaja,* Poland: Unfair Competition Law, in: Hilty/Henning-Bodewig (Ed.), Law Against Unfair Competition: Towards a New Paradigm in Europe?, 2007, S. 231.

[19] Für eine ausführliche Darstellung des portugisischen Wettbewerbsrechts vgl. *Henning-Bodewig* in der Vorauflage. Die eingehendste Darstellung auf Deutsch – auch bezüglich der Stellung des Lauterkeitsrechts im Gesamtsystem – findet sich in dem 2005 erschienenen Buch von *de Oliveira Ascensao,* Portugal, in Ulmer (Hrsg.), Das Recht des unlauteren Wettbewerbs in den Mitgliedstaaten der EWG; eine aktuelle Darstellung

908 Durch das Gesetzesdekret Nr. 36/03 vom 5.3.**2003** wurde das **CPI neu verkündet.** Die Regelung des unlauteren Wettbewerbs findet sich nunmehr in den Art. 317, 318 und 331. Der neu gefasste Art. 317 CPI beinhaltet die **Generalklausel,** die gegenüber der zuvor geltenden Fassung zT abweichende Definitionen enthält (Kriterium der „wirtschaftlichen Betätigung" als Voraussetzung/dafür Entfall des subjektiven Merkmals der „Absicht, einem anderen zu schaden oder einem Dritten einen unrechtmäßigen Vorteil zu verschaffen"). Bei den im Anschluss an die Generalklausel aufgeführten **Sondertatbeständen** wurde die Regelung der irreführenden Werbung vom CPI in das Werbegesetz transferiert und dafür **geographische Herkunftsangaben** und die Ursprungsbezeichnungen als eigener Tatbestand (in Art. 325 CPI) geregelt. Auch dem Schutz von Geschäftsgeheimnissen etc ist nunmehr ein eigener Tatbestand gewidmet (Art. 318 CPI). Die **Sanktionen** finden sich in Art. 331 CPI; hier ist die größte Neuerung, nämlich eine Herabstufung des Delikts des unlauteren Wettbewerbs von einer Straftat zur **Ordnungswidrigkeit** zu verzeichnen.

909 Die **Umsetzung der Richtlinie 2005/29/EG** erfolgte 2008 in einer gesonderten Regelung durch das **Gesetzesdekret Nr. 57/2008 vom 26.3.2008.** Es erfasst vor allem die unlauteren Geschäftspraktiken im Verhältnis zum Verbraucher und lehnt sich in Inhalt und Formulierung stark an die Richtlinie an – wobei allerdings mit dem Gesetzesdekret 2005/215 auch einige Vorschriften auf das B2B-Verhältnis ausgedehnt wurden. Das Gesetzesdekret Nr. 57/2008 weist davon abgesehen jedoch auch einige andere Besonderheiten auf und überschneidet sich nicht unerheblich mit anderen Regelungswerken, insbesondere dem **Gesetzbuch der Werbung** („Codigo da Publicidade") – das eine umfassende Regelung des werblichen Verhaltens im B2B-Verhältnis anstrebt – und dem (allgemeinen) **Verbraucherschutzgesetz** (Gesetz Nr. 24/96). Insgesamt ein nicht leicht zu durchschauendes Regelungsgeflecht.

910 Die portugiesische Wettbewerbsordnung beruht heute also auf **mehreren gesetzlichen Säulen:**
- den Vorschriften über den unlauteren Wettbewerb in **Art. 317, 318, 331 CPI;**
- dem **Gesetzesdekret Nr. 57/2008** über unlautere Geschäftspraktiken;
- dem **Werbegesetzbuch** vom 23.10.1990 in der Fassung von 2008;
- dem **Verbraucherschutzgesetz** von 1996
- der relativ jungen **Kartellgesetzgebung;**

911 Die vorgenannten gesetzlichen Vorschriften verfolgen **unterschiedliche Zielsetzungen.** Während es in Art. 317 ff. CPI vor allem um den Schutz der Wettbewerber geht, bezieht das Werbegesetzbuch neben den (im Vordergrund stehenden) Interessen der Verbraucher auch die Interessen der Unternehmen und der Allgemeinheit ein; das Gesetzesdekret Nr. 57/2008 über unlautere Geschäftspraktiken ist demgegenüber (weitgehend) auf das B2C-Verhältnis beschränkt.

912 Die **unterschiedlichen Vorschriften** sind, ebenso wie die zahlreichen produktspezifischen Regelungen, grundsätzlich **nebeneinander anwendbar.** Im Bereich der **Werbung** gehen allerdings die Vorschriften des Werbegesetzes denen des CPI vor (Art. 2 Werbegesetz), wobei die Regelung der irreführenden und aggressiven Geschäftspraktiken gegenüber Verbrauchern in dem Gesetzesdekret Nr. 57/2008 wiederum grundsätzlich eine Spezialregelung darstellt.

913 Verstöße gegen das **Gesetzbuch über den gewerblichen Rechtsschutz** (CPI) werden als **Ordnungswidrigkeiten** geahndet; verhängt werden kann ein Bußgeld von 3.000–

auch bei *Monteiro/Serens/Maia/Herzog,* Länderbericht Portugal, in: Schmidt-Kessel/Schubmehl (Hrsg.), Lauterkeitsrecht in Europa, 2011, S. 531; *Moreira Rato,* Portugal, in; Greffe, Droit de la Communication, 12[e] Edition 2016, S. 533; zu Umsetzung der Richtlinie 2005/29/EG und zu neueren Entwicklungen vgl. auch *Maia,* EuCLH 2015, 204; vor allem zum Verbraucherrecht *Carvalho/Pinto-Ferreira,* in: Portugal, REFIT-Report, 2017, European Commission, Study for the Fitness Check of consumer and marketing law: Final report Part 3 – Country reporting, S. 935 (https://op.europa.eu/en/publication-detail/-/publication/db28cd4d-772c-11e7-b2f2-01aa75ed71a1/language-en); dazu auch *Glöckner* → Einl. Rn. 193 (New Deal for Consumers).

30.000 Euro bei juristischen und 750-7.500 Euro bei natürlichen Personen (Art. 331 CPI). Die Einzelheiten bestimmen sich nach dem Gesetzesdekret 433/82 vom 27.10.1982. **Schadensersatzansprüche** des durch unlauteren Wettbewerb Geschädigten sind auf der Grundlage von Art. 483 Codigo Civil möglich. Im Rahmen der Schadensersatzklagen können auch Unterlassungsanträge gestellt werden. Selbstständige Unterlassungsanträge scheinen in der Praxis hingegen nicht sehr verbreitet zu sein.

Die Verletzung der Vorschriften des **Werbegesetzbuchs** und des **Gesetzesdekrets** 914
Nr. 57/2008 kann **als Ordnungswidrigkeit geahndet** werden. Die Durchsetzung obliegt verschiedenen **Behörden,** ua dem Verbraucherschutzinstitut (Art. 19 Abs. 3 Gesetzesdekret Nr. 57/2008). Zusätzlich zur Unterlassung können die Einziehung, die Untersagung der Werbetätigkeit, der Entzug öffentlicher Zuschüsse und die Schließung von Geschäften angeordnet werden (Art. 35 Abs. 1 Werbegesetzbuch).

Für betroffene **Privatpersonen** besteht die Möglichkeit zur Geltendmachung von Scha- 915
densersatzansprüchen (Art. 30 Werbegesetzbuch, Art. 15 Gesetzesdekret Nr. 57/2008) und zur Erhebung einer Unterlassungsklage (Art. 16 Gesetzesdekret Nr. 57/2008). Praktisch dürften die Betroffenen jedoch ihr Ziel leichter durch einen Antrag auf Gewährung einstweiligen Rechtschutzes bei der zuständigen Behörde und ggf. eine Schadensersatzklage nach Abschluss des Verfahrens erreichen. Praktische Bedeutung scheint diese Rechtsdurchsetzung im Bereich des unlauteren Wettbewerbs allerdings bislang nicht erreicht haben.

XX. Rumänien

Das Wettbewerbsrecht Rumäniens zeigt exemplarisch die Herausforderungen, die die 916
ehemals sozialistischen EU-Staaten bei der Integration des Unionsrechts in das nationale Recht zu bewältigen hatten und noch haben. So wurden in Rumänien nach dem 2007 erfolgten Beitritt alle europäischen Vorgaben, insbesondere auch die zahlreichen Vorgaben des Verbraucherrechts, zunächst telle quelle als Sondergesetze verabschiedet. Erst das Gesetz 11/1991 zur Bekämpfung unlauteren Wettbewerbs **(WettbewerbsG),** das wiederum an ein früheres Gesetz von 1932 anknüpfte, schuf eine Art übergeordneten Rechtsrahmen für unlautere Geschäftspraktiken. Es enthielt in Art. 1 eine weitgefasste Generalklausel, auch zum Schutz der Verbraucher, und wurde durch einige Einzeltatbestände erläutert.[20]

Das WettbewerbsG wurde dann durch eine Regierungsverordnung Nr. 12/2014 und 917
schließlich durch das **Gesetz Nr. 117/2015** grundlegend überarbeitet. Letzteres betont die Verbindung des Lauterkeitsrechts mit dem Kartellrecht, indem es dem für das Kartellrecht zuständigen **Wettbewerbsrat,** unterstützt durch die sog. Wettbewerbsinspektoren, weitreichende Befugnisse auch im Lauterkeitsrecht einräumt. Die Zuständigkeit besteht nach Art. 4 allerdings nur für solche Verstöße, die nicht lediglich „geringe Auswirkungen auf dem Markt" haben. Bei einfachen Verstößen sind gemäß Art. 7 nach wie vor die Zivilgerichte zuständig; klagebefugt sind Konkurrenten, Verbände, aber auch der einzelne Verbraucher.

Obgleich mit dem Gesetz Nr. 117/2015 ein wichtiger Schritt in Richtung auf einen 918
kohärenten Rechtsrahmen für das Lauterkeitsrecht gemacht wurde, sind die relevanten Rechtsgrundlagen und vor allem ihre Durchsetzung für Außenstehende noch immer schwer einordbar. Denn neben dem Wettbewerbsgesetz von 1991 in seiner Fassung von 2015 sind im Bereich des unlauteren Wettbewerbs noch andere, sich zum Teil überschneidende Regelungen zu beachten. So wurde die Richtlinie 2006/114/EG über irreführende und vergleichende Werbung durch das **Werbegesetz Nr. 158/2008** umgesetzt, während

[20] Zum rumänischen Lauterkeitsrecht siehe die ausführliche Darstellung von *Bekardjieva Engelbrekt* in der Vorauflage. Zur Entwicklung instruktiv noch immer *Eminesu* GRUR Int. 1994, 688; zu den öffentlich-rechtlichen Befugnissen und den durch das Wettbewerbsgesetz 2015 bewirkten Änderungen eingehend *Bohne/Koss* GRUR Int. 2016, 1017; speziell zu den Verbraucherrechten *Józon,* Romania, in REFIT Report, 2017, European Commission, Study for the Fitness Check of consumer and marketing law: Final report Part 3 – Country reporting, S. 977 (https://op.europa.eu/en/publication-detail/-/publication/db28cd4d-772c-11e7-b2f2-01aa75ed71a1/language-en).

die Richtlinie 2005/29/EG sich wiederum in einem eigenen Gesetz, dem **Gesetz Nr. 366/2007 zur Bekämpfung unlauterer Geschäftspraktiken** findet.

919 Wie sich diese rechtlichen Regelungen zu der Generalklausel in Art. 1 des WettbewerbsG verhalten, die umfassend einen „fairen Wettbewerb" unter Einhaltung der Grundsätze von Treu und Glauben fordert, ist nicht immer vorhersehbar; entsprechend kompliziert ist auch die Rechtsdurchsetzung. Kennzeichnend für diese dürfte jedoch eine Tendenz zur **öffentlich-rechtlichen Durchsetzung** des Lauterkeitsrechts sein, während privatrechtliche Durchsetzungsmöglichkeiten zwar bestehen, bislang aber nur untergeordnete Bedeutung erlangt zu haben scheinen.

XXI. Schweden

920 Schweden wird mitunter als der Prototyp des „Scandinavian Approach to Unfair Competition Law" bezeichnet. In der Tat gibt es in den skandinavischen Ländern, trotz aller Unterschiede, einige Gemeinsamkeiten im Recht der Bekämpfung unlauteren Wettbewerbs, die im Schwedischen Modell besonders deutlich zum Ausdruck gelangen. Kennzeichnend ist zum einen eine weitgefasste gesetzliche Regelung in einem **Marktvertriebsgesetz,** das auf die guten Verkehrssitten gegenüber Verbrauchern wie Mitbewerbern und der Allgemeinheit abstellt und den Schutz von Kindern und Jugendlichen, Umwelt etc betont. Zum anderen ist kennzeichnend ein untrennbar mit der Durchsetzung durch die Zivilgerichte verwobenes administratives Enforcement durch eine Behörde, dem der **Konsumentenombudsmann** (KO) vorsteht. Insgesamt handelt es sich um ein äußerst effizientes Durchsetzungssystem, das zu einem **hohen Schutzniveau** für Verbraucher und Unternehmen gleichermaßen geführt hat. Erklärbar ist diese Effizienz wohl auch mit dem hohen Ansehen der Gerichte und des Konsumentenombudsmanns, der über weitgefächerte Befugnisse verfügt, ua auch „guidelines" erlässt und manches im Vorfeld von gerichtlichen Auseinandersetzungen klärt.[21]

921 Die materiellrechtlichen Vorschriften zur Bekämpfung unlauteren Wettbewerb haben in Schweden eine lange Tradition und finden sich heute im **Marktvertriebsgesetz (mfl) von 2008.** Es schützt Verbraucher wie Unternehmen gleichermaßen und gilt für alle Vertriebsmaßnahmen, wobei weder ein Wettbewerbsverhältnis noch ein Handeln zu Wettbewerbszwecken vorausgesetzt wird, sondern lediglich der kommerzielle Charakter.

Im Marktvertriebsgesetz wurden sowohl die Richtlinie 2005/29/EG über unlautere Handelspraktiken als auch die Irreführungsrichtlinie 2006/114/EG umgesetzt. Zu einer Änderung der Schutzzwecke hat dies nicht geführt. Die gegenwärtig maßgebliche Fassung des Marktvertriebsgesetzes von 2008 hat vielmehr den in der Richtlinie 2005/29/EG auf Verbraucher beschränkten Schutz bewusst auf Unternehmen erweitert. Dies gilt auch für die Tatbestände der per se-Verbote des Anhangs („Schwarze Liste"). Sie finden sich nicht im mfl selbst, sondern in einer eigenen Bekanntmachung, auf die § 4 mfg verweist.

Das **Marktvertriebsgesetz** befasst sich allgemein mit Vertriebsmaßnahmen, dh mit „Werbung und andere Maßnahmen im Rahmen der gewerblichen Tätigkeit, die zur Förderung des Absatzes und des Angebots von Produkten geeignet sind". Dies umfasst Handlungen, Unterlassungen und Verhaltensweisen von Gewerbetreibenden vor, während und nach Vertragsschluss und der Lieferung eines Produktes an Verbraucher oder Unternehmen, wobei unter den Begriff „Produkte" auch Dienstleistungen subsumiert werden.

[21] Das schwedische Marktvertriebsgesetz ist zu finden über http://www.government.se; die „guidelines" und wichtige Anordnungen des KO auf der Website des Amtes für Verbraucherschutz http//:konsumentverket.se. Ausführlich zum schwedischen Wettbewerbsrecht *Bakardjieva Engelbrekt* in der Vorauflage; vgl. weiter *Bakardjieva Engelbrekt,* Sweden, in: Henning-Bodewig (ed.), International Handbook on Unfair Competition, 2013, 503; vgl. weiter *Persson/Henrikson,* Schweden, in REFIT-Report, 2017, European Commission, Study for the Fitness Check of consumer and merketing law: Final report Part 3 – Country reporting, S. 1173 (https://op.europa.eu/en/publication-detail/-/publication/db28cd4d-772c-11e7-b2f2-01aa75ed71a1/language-en).

Von **zentraler Bedeutung** im Marktvertriebsgesetz ist nach wie vor die **Generalklausel.** Gemäß § 5 mfl muss der Marktvertrieb mit den **guten Vertriebssitten** übereinstimmen. Gemäß der Definition in § 3 Abs. 3 mfl sind hierunter zu verstehen „gute Geschäftspraktiken sowie die Beachtung aller Normen zum Schutz der Verbraucher und Gewerbetreibenden beim Marktvertrieb von Produkten". 922

Zur **Auslegung** der Generalklausel werden nicht selten die Verhaltensregeln der Internationalen Handelskammer **(ICC-Kodex),** die Vorarbeiten zum mfl sowie die **Richtlinien des Konsumentenombudsmanns** herangezogen. Im Übrigen wird bei der Auslegung der Generalklausel stark das ethische Moment betont, insbesondere die **soziale Verantwortung** der Anbieter gegenüber der Marktgegenseite. 923

Die Generalklausel wird ergänzt durch eine Anzahl von **Einzeltatbeständen:** aggressiver Marktvertrieb (§ 7 mfl), irreführender Marktvertrieb (§§ 8–12 mfl), Identifizierbarkeit der Werbung (§ 9 mfl), irreführende Verpackungsgrößen (§ 13 mfl), irreführende Nachahmung von Produkten (§ 14 mfl), Konkurswarenverkäufe, Ausverkäufe, Sonderverkäufe (§§ 15–17 mfl), vergleichende Werbung (§ 18 mfl), Werbung mit Garantien (§ 22 mfl) und unerbetene Werbung (§ 19 mfl). 924

Als **Sanktionen** sieht das Marktvertriebsgesetz primär die verschuldensunabhängigen Unterlassungsanordnungen vor, die Auferlegung von **Informationspflichten** (§§ 24 ff. mfl) und die Anordnung der **Beseitigung** irreführender Darstellungen (§§ 39–41 mfl). Aktivlegitimiert hierfür sind der Konsumentenombudsmann, der auch selbst die Unterlassung anordnen kann, Gewerbetreibende, Verbände, Verbraucherschutzorganisationen. Bei zumindest fahrlässigen Verstößen gegen die §§ 7–10, 12–22 mfl (also nicht jedoch gegen die Generalklausel) kann auch ein einzelner Verbraucher (dessen Ansprüche nach dem Gruppenklagegesetz auch in einer Gruppenklage zusammengefasst werden können) **Schadensersatz** verlangen. Schließlich kann dem Gewerbetreibenden die Zahlung einer sog. **„Marktstörungsabgabe"** auferlegt werden (§§ 29–36 mfl). 925

XXII. Slowakische Republik

Das **gegenwärtige Lauterkeitsrecht** der Slowakei beruht im Wesentlichen auf den **§§ 44 ff. HGB,** dem **Werbegesetz** von 2001 sowie dem **Verbraucherschutzgesetz** von 1992, das 2007 in Umsetzung der Richtlinie 2005/29/EG über unlautere Geschäftspraktiken neu erlassen wurde.[22] 926

Die Vorschriften im **HGB** enthalten allgemeine Bestimmungen zum Wirtschaftswettbewerb, wobei ursprünglich § 42 den Missbrauch der Beteiligung am Wirtschaftsleben sowohl durch unlautere Wettbewerbshandlungen als auch durch unzulässige Wettbewerbsbeschränkungen verbot. Die Regelung der Wettbewerbsbeschränkungen wurde dann jedoch 2001 in ein Sondergesetz (Gesetz Nr. 136/2001Z.z. über den Schutz des wirtschaftlichen Wettbewerbs) transferiert. Die Vorschriften zur Bekämpfung des unlauteren Wettbewerbs die auf die Gesetzgebung der ehemaligen CSFR von 1991 zurückgehen, finden sich demgegenüber nach wie vor in den §§ 44–55 HGB,. Die **Entwicklung verlief am Anfang also ähnlich wie in der Tschechischen Republik.** Das tschechische Recht (vgl. den Bericht Tschechien) nahm dann aber einen anderen Weg. Während in der Slowakei die maßgebliche Regelung des Lauterkeitsrechts im HGB blieb und im Laufe der Zeit lediglich (geringfügig) geändert wurde, wurde sie in der Tschechischen Republik 2013 ins BGB transferiert. Materiell-rechtlich besteht zwischen den Regelungen im slowakischen HGB und dem tschechischen BGB jedoch noch immer 927

[22] Zum slowakischen Lauterkeitsrecht vgl. vor allem *Zajacová,* Tschechisches und slowakische Lauterkeitsrecht im Lichte der europäischen Rechtsangleichung, 2015; *Henning-Bodewig* in der Vorauflage; *Skreko,* The Legal Regulation of Unfair Competition Law in the Slovak Republic, in: *Hilty/Henning-Bodewig* (ed.), Law Against Unfair Competition, 2007, S. 211; primär unter Verbraucherschutzgesichtspunkten *Jurcova/Maslak,* Slovakia, in: REFIT-Report, 2017, European Commission, Study for the Fitness Check of consumer and merketing law: Final report Part 3 – Country reporting, S. 1023 (https://op.europa.eu/en/publication-detail/-/publication/db28cd4d-772c-11e7-b2f2-01aa75ed71a1/language-en).

große Übereinstimmung, so dass die Rechtsprechung des Nachbarstaates, die wiederum auf die Regelung im Recht der ehemaligen CSFR zurückgeht, jedenfalls teilweise herangezogen werden kann.

928 In **§ 44 HGB** findet sich eine **Generalklausel** („Gute Sitten im Wettbewerb"). Hierunter sind nach einer Entscheidung des Obersten Gerichts die maßgeblichen Grundsätze des Wettbewerbs, so wie diese in den zur Regelung der Marktwirtschaft erlassenen Gesetzen zum Ausdruck gelangen, zu verstehen. Der Begriff der „guten Sitten" im Wettbewerb ist dabei objektiv determiniert. Im Anschluss an die Generalklausel finden sich einige **Sondertatbestände:** Täuschende Werbung, täuschende Kennzeichnung von Waren, Verwechslungsgefahr, Rufausbeutung, Bestechung, Herabsetzung, Schutz von Geschäftsgeheimnissen, Gefährdung der Gesundheit und Umwelt.

929 Die Regelung im HGB gilt für alle Handlungen im Wirtschaftswettbewerb. Ein **Wettbewerbsverhältnis** wird zwar **vorausgesetzt,** jedoch weit definiert; auch Personen, die ähnliche oder substituierbare Waren oder Dienstleistungen anbieten, können Wettbewerber sein. Bei einigen Tatbeständen besteht eine enge Beziehung zu den Regelungen zum Schutz des **gewerblichen Eigentums.** Insbesondere zur Interpretation der Generalklausel sind jedoch auch die Wertungen des **Kartellgesetzes** vom 27.2.2001 heranzuziehen.

930 Neben den Bestimmungen im HGB sind die Vorschriften des **Werbegesetzes** vom 5.4.2001 zu beachten. Dieses regelt im Interesse der Verbraucher, der Unternehmer und der Allgemeinheit eine **Vielzahl von Werbetatbeständen,** insbesondere auch die vergleichende Werbung. Es enthält insbesondere **umfangreiche produktspezifische Werbevorschriften.** Auch im Werbegesetz findet sich in § 3 Abs. 1 eine **Generalklausel** (Werbung muss im Einklang mit den Regeln des wirtschaftlichen Wettbewerbs und den guten Sitten stehen). Nach der Neuregelung durch die Novelle Nr. 102/2007Z.z. obliegt die **Aufsicht** über das Gesetz verschiedenen **staatlichen Stellen.** Für die Tabakwerbung und in allen nicht speziell zugewiesenen Fällen ist die Slowakische Handelsinspektion zuständig. Die **Werbeselbstkontrolle** erfolgt durch den „Rat für Werbung".

931 Die Regelungen des **Werbegesetzes** und die Lauterkeitsregeln im **HGB** sind grundsätzlich **nebeneinander anwendbar.** Auch wenn § 44 HGB von „guten Sitten im Wettbewerb" spricht, § 3 Abs. 1 Werbegesetz hingegen nur von „guten Sitten", ist davon auszugehen, dass für beide Gesetze dieselben Kriterien zur Bestimmung der Unlauterkeit gelten und dass insbesondere ein nach dem Werbegesetz verbotenes Verhalten zugleich einen Verstoß gegen die Generalklausel des § 44 HGB darstellt.

932 Als dritte Schiene der Beurteilung lauterkeitsrechtlicher Sachverhalte gilt das **Verbraucherschutzgesetz** von 1992, das am 9.5.2007 in Umsetzung der **Richtlinie 2005/29/EG** über unlautere Geschäftspraktiken neu erlassen wurde. § 2a definiert den Begriff **„Verbraucher"** als natürliche oder juristische Person, die für den eigenen oder für den Verbrauch von Mitgliedern ihres Haushalts Erzeugnisse kauft oder Dienstleistungen nutzt. Nach § 2p sind **„Geschäftspraktiken"** jede Handlung, Unterlassung, Verhaltensweise oder Erklärung, geschäftliche Kommunikation einschließlich Werbung und Marketing eines Verkäufers, die unmittelbar mit der Absatzförderung, dem Angebot, dem Verkauf oder der Lieferung eines Produktes an Verbraucher zusammenhängt. § 2q definiert „aggressive Geschäftspraktiken"; § 5 enthält ein generelles Verbot unlauterer Geschäftspraktiken (das wortwörtlich Art. 5 der Richtlinie entspricht). § 8 regelt „irreführende Handlungen und irreführende Unterlassungen". § 9 „aggressive Geschäftspraktiken", § 10 „Verhaltenskodizes". Der Anhang des Gesetzes nennt irreführende und aggressive Geschäftspraktiken, die unter allen Umständen als unlauter gelten. Sämtliche dieser Vorschriften sind fast wörtlich der Richtlinie 2005/29/EG (einschließlich ihrer „black list") entnommen.

933 Das **Verhältnis der Regelungen** im Verbraucherschutzgesetz, Werbegesetz und HGB zueinander ist noch **unklar.** Nach einer Novelle des Werbegesetzes von 2007 gilt dieses offenbar nicht, soweit es sich um durch das Verbraucherschutzgesetz speziell verbotene Geschäftspraktiken handelt.

Die Vorschriften im **HGB** sind **zivilrechtlich sanktioniert;** bezüglich der Einzelheiten wird auf die Ausführungen zum tschechischen Recht verwiesen. 934

Das Werbegesetz ist **verwaltungsrechtlich sanktioniert.** Bei einem Verstoß können die zur Durchsetzung zuständigen Stellen gemäß § 11 die weitere (oder auch die drohende) Verbreitung der Werbung untersagen, die Veröffentlichung dieser Untersagung oder eine berichtigende Kundgebung in den Massenmedien anordnen. Daneben können Geldbußen verhängt werden; bei einigen Tatbeständen auch gegen den Werbemittler. Bei der **irreführenden und der vergleichenden Werbung** besteht gemäß § 11 Abs. 2 die Pflicht, **Beweise für die Richtigkeit der tatsächlichen Behauptungen** binnen 15 Tagen nach Aufforderung vorzulegen. 935

Auch das **Verbraucherschutzgesetz** ist **verwaltungsrechtlich sanktioniert.** Die einschlägigen Organe sind das Wirtschaftsministerium, spezielle Inspektionsorgane und Gemeinden. Das Wirtschaftsministerium stellt zugleich die Verbindungsstelle zur EU dar. Generelles Aufsichtsorgan ist die **Slowakische Handelsinspektion;** die Gemeinden üben die örtliche Marktaufsicht aus. Die Aufsichtsorgane verbieten durch einstweilige Verfügung ua unlautere Geschäftspraktiken; dazu können Geldbußen bis 10.000 Kronen verhängt werden. Bei Verletzung der gesetzlichen Pflichten nach dem Verbraucherschutzgesetz kann das Aufsichtsorgan gegen Verkäufer, Hersteller oder Lieferanten Geldbußen bis zu 2.000.000 Kronen und bei einer wiederholten Verletzung bis zu 5.000.000 Kronen verhängen. 936

Verstöße gegen das Werbegesetz und das Verbraucherschutzgesetz ziehen teilweise auch **zivilrechtliche** Folgen nach sich. Nach dem Verbraucherschutzgesetz (§§ 3 ff.) hat jeder Verbraucher das Recht, über die Verbraucherorganisationen (§ 25) seine Rechte vor Gericht geltend zu machen und Unterlassung, Beseitigung sowie eine angemessene finanzielle Genugtuung zu verlangen. 937

XXIII. Slowenien

Seit dem **25.3.1993** gilt in der Republik Slowenien das **Gesetz zum Schutz des Wettbewerbs.** sog. **ZVK,** das 1998 durch ein **Verbraucherschutzgesetz** (sog. **ZVPot**) ergänzt wurde. Die **Richtlinie 2005/29/EG** wurde 2007 in einem speziellen **Gesetz zum Schutz der Verbraucher vor unlauteren Geschäftspraktiken** (sog. **ZVPNPP**) umgesetzt, mit der Folge, dass der Bereich der irreführenden Werbung gegenüber Verbrauchern aus dem ZVPot ausgeklammert wurde.[23] 938

Die dem Verbraucherschutz dienenden Gesetze ZVPot und ZVPNPP sind vor allem administrativ sanktioniert. Das der Institution Wettbewerb auf breiter Basis dienende **Wettbewerbsgesetz** (ZVK) enthielt anfangs sowohl kartell- als auch lauterkeitsrechtliche Vorschriften, beinhaltet nach der 1999 erfolgten Regelung des Kartellrechts in einem eigenen Gesetz jetzt jedoch in den Art. 13 nur noch die **Vorschriften zur Bekämpfung unlauteren Wettbewerbs,** die dem Schutz aller Marktbeteiligten (und dem Wettbewerb) dienen und primär zivilrechtlich sanktioniert sind. 939

Von besonderer Bedeutung im ZVK ist dabei die **Generalklausel** in Art. 13, die auf die **„guten Sitten“** im Geschäftsverkehr abstellt. Sie wird präzisiert in Art. 14 durch (nur durch Spiegelstriche gekennzeichnete) **Einzeltatbestände,** die die unwahre, irreführende vergleichende, anlehnende und diskriminierende Werbung regeln. Genannt sind weiter Tatbestände wie die **Bestechung, unwahre Kennzeichnung** von Waren und Dienstleistungen, Verheimlichen von Produktmängeln und sonstige Irreführung der Verbraucher, **Eingriff in Geschäftsbeziehungen,** ungerechtfertigte Nichterfüllung oder Kündigung 940

[23] Ausführlich zum slowenischen Wettbewerbsrecht *Henning-Bodewig* in der Vorauflage; vgl. weiter *Modzina/Lutman,* Slovenia, in FITNESS-Report, 2017, European Commission, Study for the Fitness Check of consumer and marketing law: Final report Part 3 – Country reporting, S. 1075 (https://op.europa.eu/en/publication-detail/-/publication/db28cd4d-772c-11e7-b2f2-01aa75ed71a1/language-en); *Grilc,* Unfair Competition Law in Slovenia, in: Hilty/Henning-Bodewig (ed.), Law Against Unfair Competition, 2007.

von Verträgen, **Scheinausverkäufe,** unberechtigte Nutzung von Kennzeichen, unbefugte Inanspruchnahme von Diensten von **Vertretern anderer Unternehmen, Prämiengeschäfte** und Verletzung von **Betriebsgeheimnissen.**

941 Die Anwendung des ZVK erstreckt sich in **persönlicher Hinsicht** auf alle natürlichen oder juristischen Personen, die eine **wirtschaftliche Tätigkeit** ausüben. Die Tätigkeit muss wenigstens überwiegend auf dem Markt abgewickelt werden, was bei den **freien Berufen** zweifelhaft sein kann. Die Anwendung setzt weiter lediglich eine **Handlung im geschäftlichen Verkehr** anlässlich des Marktauftritts eines Unternehmens voraus, erfordert also **kein Wettbewerbsverhältnis.**

XXIV. Spanien

942 Das moderne **spanische Wettbewerbsrecht** beruht im Wesentlichen auf dem **Gesetz Nr. 3/1991 gegen den unlauteren Wettbewerb (LCD),** das **zivilrechtlich** sanktioniert ist.[24] Es entsprach ursprünglich in etwa dem deutschen UWG von 1909, wurde jedoch durch das Reformgesetz 29/2009 an die Richtlinie 2005/29/EG angeglichen. Anders als diese schützt das LCD jedoch nach wie vor **alle Marktbeteiligten** vor unlauteren Wettbewerbshandlungen, nur Kapitel III ist nach der Reform von 2009 auf B2C-Geschäftspraktiken beschränkt. Wie bereits die Präambel feststellt, ist Zweck des Gesetzes das Funktionieren des Wettbewerbs. Erfasst werden **zu Zwecken des Wettbewerbs** vorgenommene Handlungen, wobei der Wettbewerbszweck bei einer objektiven Eignung zur Wettbewerbsförderung vermutet wird (Art. 2 Abs. 2 LCD). Ein **Wettbewerbsverhältnis** wird **nicht vorausgesetzt** (Art. 3 Abs. 2 LCD). Art. 5 enthält eine **Generalklausel:** Danach ist jedes Verhalten unlauter, das objektiv nicht den Anforderungen an „den guten Glauben" entspricht; für das B2C-Verhältnis findet sich ein eigener, die Gewerbeklausel in der Richtlinie 2005/29/EG wiederholender Absatz. Im Anschluss an die Generalklausel sind **mehrere Einzeltatbestände** geregelt, die jedoch den Rückgriff auf die Generalklausel nicht ausschließen: Verwechslungshandlungen (Art. 6), Täuschungshandlungen (Art. 7), Zugaben, Prämien etc (Art. 8), Anschwärzung (Art. 9), Vergleiche (Art. 10), Nachahmung (Art. 11), Rufausbeutung (Art. 12), Geheimnisverletzung (Art. 13), Verleitung zum Vertragsbruch (Art. 14), Verletzung anderer Normen (Art. 15), Diskriminierung (Art. 16) und Verlustverkauf (Art. 17). Da das LCD 2009 europarechtlich angeglichen wurde, gibt es nun auch ein (teilweise) nur im B2C-Verhältnis anwendbares Kapitel, dessen Vorschriften im Wesentlichen denen der Richtlinie entsprechen.

943 Neben dem LCD kommt auf Bundesebene noch das gleichfalls **zivilrechtlich sanktionierte Werbegesetz von 1988** zur Anwendung. Geregelt sind hier die vergleichende

[24] Das Ley de competencia desleal (LCD) vom 10.1.1991 ist auf Deutsch abgedruckt in GRUR Int. 1991, S. 551; die Fassung durch das Gesetz 27/2009 vom 30.12.2009 ist abrufbar unter http://boe.es/buscar/act.php?id=BOE-A-1991-628. Der umfassendste Überblick über das spanische Lauterkeitsrecht auf deutsch findet sich zurzeit bei *Klein,* Die Entwicklung des Rechts gegen unlauteren Wettbewerb in Spanien unter besonderer Berücksichtigung der Irreführung durch Unterlassen, 2013 und Maaßen, in: Gloy/Loschelder/Danckwerts (Hrsg.), Handbuch des Wettbewerbsrechts, 5. Aufl. 2019, § 13 Rn. 2; auf englisch bei *Garcia Pérez,* Spain, in: Henning-Bodewig (ed.), International Handbook on Unfair Competition, 2013, S. 473 (die Darstellung von *Garcia Pérez* in Schmidt-Kessel/Schubmehl (Hrsg.), Lauterkeitsrecht in Europa, 2011, S. 633; erfolgte vor der Reform von 2009); speziell unter Verbraucherschutzgesichtspunkten siehe *Gili/Fernando Gomez,* Spain, in: REFIT-Report, 2017, European Commission, Study for the Fitness Check of consumer and marketing law: Final report Part 3 – Country reporting, S. 1114 (https://op.europa.eu/en/publication-detail/-/publication/db28cd4d-772c-11e7-b2f2-01aa75ed71a1/language-en). Auf Spanisch findet sich eine aktuelle, ausführliche Kommentierung vor allem in den Werken von *Bercowitz* (Hrsg.), Comentarios a las Normas de Protección de los Consumidores, 2011, S. 486; *García Pérez,* Nuevas relaciones entre la Ley de Marcas y la Ley de Competencia Desleal, Aranzadi Civil-Mercantil, 1/2012 (www.westlaw.es); *Gómez Segade/García Vidal* (Hrsg.), El Derecho mercantil en el umbral del siglo XXI, Marcial Pons; *Lema Devesa/Gómez Montero,* Código de Publicidad, 2010; *Tato Plaza,* La reforma de la Ley General de Publicidad, RCD, 7/2010, S. 141; *Tato Plaza/Fernández Carballo-Calero/Herrera Petrus,* La reforma de la Ley de Competencia Desleal, 2010; *Zubiri de Salinas,* Prácticas agresivas por acoso, in: Bercovitz (Hrsg.), Comentarios a la Ley de Competencia Desleal, 2011, S. 785. Auf französisch zum spanischen Werberecht *Sanz-Berwell,* Espagne, in Greffe, Le Droit de la Communication, 12[e] Edition 2016, S. 457.

Werbung sowie die sonstige unlautere Werbung (diskriminierende, unterschwellige, anschwärzende Werbung etc), produktspezifische Besonderheiten sowie Werbeverträge. Die irreführende und aggressive Werbung im B2C-Verhältnis wird allerdings nach der Reform von 2009 nur noch nach dem LCD beurteilt. In Art. 6b Werbegesetz findet sich eine Art beschränkte Generalklausel: Danach ist jede Werbung unlauter, die „den Normen der Korrektheit und den **guten Handelsgepflogenheiten**" zuwiderläuft. Dazu zählen auch die Anforderungen an den „guten Glauben" nach Art. 5 LCD.

Neben LCD und Werbegesetz gelangt ergänzend auch das **Verbraucherschutzgesetz** von 1987 in seiner Neufassung durch den Real Decreto Legislative 1/2007 zur Anwendung. Es ist **verwaltungsrechtlich** sanktioniert und eröffnet die Möglichkeit von Beschwerden einzelner Verbraucher und Verbände. Auf Bundesebene einschlägig ist schließlich noch das **Gesetz zur Ordnung des Einzelhandels (LOCM),** das alle Warenverkäufe des Einzelhandels regelt, ua Schlussverkäufe, Ausverkäufe, Zugaben und alle sonstigen Verkäufe, bei denen durch niedrige Preise oder vorteilhafte Konditionen der Absatz gefördert werden soll. Der Verstoß gegen die Vorschriften des LOCM stellt eine Ordnungswidrigkeit dar, deren Durchsetzung den „Autonomen Regionen" obliegt. 944

Den **„Autonomen Regionen"** („Comunidades Autonómas" = CA), steht im Bereich des innerstaatlichen Handels und des Verbraucherschutzes die ausschließliche Kompetenz zu. Sämtliche der 17 autonomen Regionen haben von ihrer Gesetzgebungskompetenz Gebrauch gemacht mit der Folge, dass praktisch für **jede Werbe- oder Marketingpraktik,** die Verbraucherbelange berührt, zugleich **regional beschränkte Regelungen der CA** bestehen. 945

Das ohnehin komplizierte **Verhältnis zwischen diesen unterschiedlichen Regelungswerken** ist infolge der Umsetzung der Richtlinie 2005/29/EG noch **undurchschaubarer** geworden. Im Zweifelsfall ist ein bestimmtes Wettbewerbsverhalten an **sämtlichen Regelungen** (einschließlich denen der CA) zu messen. Eine gewisse Richtschnur bilden die wichtigen Entscheidungen des **Tribunal Supremo** sowie die einflussreichen Kommentierungen der spanischen **Literatur.** 946

Einige der Vorschriften im LCD (zT aber auch im Werbegesetz) weisen enge Berührungspunkte mit dem **Recht des geistigen Eigentums** auf, insbesondere dem Markenrecht. Andere Tatbestände überschneiden sich wiederum mit dem **Kartellgesetz** von 1989 (zB Verlustverkauf) bzw. mit dem **Verbraucherschutzgesetz** von 1987 (das Ordnungsgelder für Irreführungen vorsieht, aber auch die vorübergehende Betriebsschließung und Einziehung gefälschter Produkte sowie das Verhältnis zum LCD in Bezug auf Sales Promotion regelt). Zu beachten ist schließlich die freiwillige **Selbstkontrolle** der Wirtschaft durch die „Autocontrol de da Publicidad" mit dem Entscheidungsorgan „Jurado de la publicidad" **(JAP).** 947

Was die **Sanktionen** betrifft, so sieht das **LCD** die **Feststellung** der **Unlauterkeit, Unterlassung, Beseitigung, Berichtigung, Schadensersatz, Urteilsveröffentlichung** und **Herausgabe der ungerechtfertigten Bereicherung** vor (Art. 18 LCD). **Aktivlegitimiert** sind Personen, die am Markt teilnehmen und deren wirtschaftliche Interessen durch die Handlungen des unlauteren Wettbewerbs unmittelbar geschädigt oder bedroht werden sowie gewerbliche Verbände und Verbraucherverbände (Art. 20 LCD). Nach einer neueren Entscheidung des Tribunale Supremo (GRUR Int. 2015, 1047 mit Anm. von *García Pérez*) besteht keine Aktivlegitimation von Unternehmen bei einer die Verbraucher schützenden Norm wie die Diskriminierung in Art. 16 LCD, da es an einer unmittelbaren Interessenverletzung fehlt. **Passivlegitimiert** ist grundsätzlich jeder, der am unlauteren Wettbewerb mitgewirkt hat; bei Arbeitern oder Mitarbeitern in Ausübung ihrer Funktionen ist die Klage jedoch gegen den Dienstherrn zu richten. Zu diesen zivilrechtlichen Sanktionen hat die Reform von 2009 mit Art. 19 LCD eine Sanktionierung verschiedener Vorschriften über Art. 49.1 des Verbraucherschutzgesetzes durch **staatliche Verbraucherschutzbehörden** ermöglicht. Diese Möglichkeit wird offenbar von Verbrauchern, die theoretisch aktivlegitimiert sind, und von Verbänden bevorzugt genutzt. 948

949 Das (gleichfalls zivilrechtlich sanktionierte) **Werbegesetz** sieht als Sanktionen die **Einstellung und/oder Berichtigung** der Werbung vor. **Aktivlegitimiert** sind alle Personen, die ein berechtigtes Interesse haben sowie die zuständigen Verwaltungsorgane, Verbrauchervereinigungen. Passivlegitimiert ist nur der Werbende selbst. Vor Klageerhebung hat gemäß Art. 26 eine **Abmahnung** zu erfolgen. In geeigneten Fällen können die Zivilgerichte eine **Beweislastumkehr** anordnen.

XXV. Tschechische Republik

950 Das heutige Recht des **unlauteren Wettbewerbsrechts** in der Tschechischen Republik wird als „vierspurig" bezeichnet: Es beruht seit dem **1.1.2014** auf einer Regelung im **neuen BGB** von 2012 (die jedoch in vielem der früheren Regelung in den §§ 44 ff. des HGB entspricht), dem **Werbegesetz** von 1995 und dem **Verbraucherschutzgesetz** von 1992, in dem 2008 die wesentlichen Teile der Richtlinie 2005/29/EG über unlautere Geschäftspraktiken umgesetzt wurden und das am 28.12.2015 durch das Gesetz 378/2015 noch enger an Systematik und Wortlaut der Richtlinie ausgerichtet wurde. Als viertes Standbein gilt der **strafrechtliche** Schutz vor unlauterem Wettbewerb. Die verschiedenen Regelungswerke überschneiden sich teilweise in ihrem materiell-rechtlichen Gehalt. Unterschiedlich ist vor allem die **Durchsetzung,** die bei der BGB-Regelung strikt zivilrechtlich, ansonsten jedoch (zumindest auch) administrativ ist. Insgesamt ergibt dies ein nicht einfach zu durchschauendes Gesamtbild.

951 Bis zum 1.1.2014 war der maßgebliche zivilrechtliche Schutz vor unlauterem Wettbewerb in den §§ 41 ff. **HGB** zu finden, die wiederum auf eine entsprechende Regelung der damaligen CSFR von 1991 zurückgingen. Am 22.3.2012 wurde das **neue Bürgerliche Gesetzbuch** beschlossen, in dessen §§ 2972 ff. die HBG-Vorschriften zum Lauterkeitsrecht transferiert wurden. Diese Neuregelung trat zum **1.1.2014 in Kraft.**[25]

952 Mit der **Regelung des unlauteren Wettbewerbs im BGB** ist eine bemerkenswerte Richtungsänderung erfolgt. Ursprünglich war eine einheitliche Regelung mit dem Kartellgesetz geplant, dann aber wurde (wie in der Slowakei) der traditionellen Regelung im Zivilrecht der Vorzug gegeben. Diese damals im HGB zu findende Regelung war nicht nur im Rahmen von Handelsbeziehungen anwendbar, sondern erforderte lediglich eine **Handlung im Wirtschaftswettbewerb,** ohne **Wettbewerbsverhältnis.** Gleiches gilt nun für die neue Regelung im BGB. Sofern keine gegenteilige Verpflichtung aus internationalen Verträgen besteht, hängt die **Anwendung tschechischen Rechts** von einer Auswirkung auf den tschechischen Markt ab. Ausländische Unternehmen werden wie tschechische Unternehmen behandelt.

953 Der **Schutzzweck** der Regelung in den **§§ 2972 ff. BGB** erfasst den Schutz der Mitbewerber und der Verbraucher; teilweise wird auch das Interesse der Allgemeinheit am Funktionieren des wirtschaftlichen Wettbewerbs geschützt.

954 Von zentraler Bedeutung für die Regelung ist die **Generalklausel** in § 2976 Abs. 1 BGB. Danach stellt es unlauteren Wettbewerb dar, wer „im Wirtschaftsverkehr" eine gegen die „guten Sitten des Wettbewerbs" verstoßende Handlung begeht, „die geeignet ist, bei anderen Wettbewerbern oder Kunden einen Nachteil hervorzurufen". Der Begriff der **„guten Sitten"** im Wettbewerb wird dabei objektiv, dh unabhängig vom Bewusstsein der Sittenwidrigkeit oder Absicht interpretiert. Entscheidend ist, ob die Handlung objektiv

[25] Eine deutsche Übersetzung findet sich bei *Zajacova,* Tschechisches und slowakisches Lauterkeitsrecht im Lichte der europäischen Rechtsangleichung, 2015; Zum tschechischen Lauterkeitsrecht vgl. weiter *Bohata,* Tschechische Republik: Verbraucherschutzgesetz nach der großen Novelle, WiRO 2008, 176; *Hajn,* The Law Against Unfair Competition in the Czech Republic, in: Hilty/Henning-Bodewig (Hrsg.), Law against Unfair Competition, 2007, S. 205; *Hajn/Telec,* Tschechien, in: Lange (Hrsg.), Internationales Handbuch des Marken- und Kennzeichenrechts, 2009, S. 939. sowie (vor allem unter Verbraucherschutzgesichtspunkten) *Simon,* Czech Republic, in REFIT-Report 2017, European Commission, Study for the Fitness Check of consumer and marketing law: Final report Part 3 – Country reporting, S. 241 (https://op.europa.eu/en/publication-detail/-/publication/db28cd4d-772c-11e7-b2f2-01aa75ed71a1/language-en).

geeignet ist, die soziale Funktion des wirtschaftlichen Wettbewerbs zu beeinträchtigen und damit die positiven Auswirkungen des Wettbewerbs zu schmälern bzw. negativ zu beeinflussen. Die Generalklausel wird auch neben den Einzeltatbeständen selbstständig angewandt; unter sie werden (von der Rechtsprechung entwickelte) **„Fallgruppen"** subsumiert, die denen des deutschen UWG von 1909 nicht unähnlich sind.

Im Anschluss an die Generalklausel nennt § 2976 Abs. 2 BGB jedoch selbst die wichtigsten Fälle, die „insbesondere" unlauteren Wettbewerb darstellen **(Sondertatbestände).** Es handelt sich dabei um die irreführende Werbung, die täuschende Kennzeichnung von Waren oder Dienstleistungen; das Hervorrufen von Verwechslungsgefahr; die parasitäre Rufausnutzung; die Bestechung; die Herabsetzung; die unzulässig vergleichende Werbung; die Verletzung von Geschäftsgeheimnissen, die unzumutbare Belästigung und die Gefährdung der Gesundheit und der Umwelt. Sie werden in den folgenden Paragraphen im Einzelnen erörtert (§§ 2977–2987 BGB). Die §§ 2988–2990 BGB behandeln die (zivilrechtlichen) Sanktionen. **955**

Das **Werbegesetz** von 1995, das gleichfalls 2008 geändert wurde, unterwirft den **Inhalt der Werbung,** die keine unlautere Geschäftspraktik darstellt, sowie die vergleichende Werbung bestimmten Anforderungen. Grundsätzlich sind die Vorschriften im BGB und im Werbegesetz **nebeneinander anwendbar.** Auch § 2 Abs. 3 Werbegesetz enthält eine **Generalklausel,** die jede gegen die **„guten Sitten"** verstoßende Werbung verbietet. Der Begriff der guten Sitten wird dabei weiter verstanden als im HGB, eher im Sinne allgemeiner Anforderungen an ethische Verhaltensweisen. Im Werbegesetz finden sich auch Vorschriften zum Schutz von Jugendlichen sowie **umfangreiche produktspezifische Werberegelungen.** Das Werbegesetz dient auch dem Schutz öffentlicher Interessen. **956**

Im **Verbraucherschutzgesetz** von 1992, das früher ausschließlich das Verbrauchervertragsrecht enthielt, wurde mit Gesetz vom Nr. 36/2008 Sb. die **Richtlinie 2005/29/EG über unlautere Geschäftspraktiken** umgesetzt. Im Verhältnis zum Verbraucher sind nunmehr auch hier Regelungen zu irreführenden und aggressiven Geschäftspraktiken zu finden. Die Generalklausel des Art. 5 der Richtlinie wurde, ebenso wie die Regelungen der aggressiven und irreführenden Geschäftspraktiken und die sog. „black list", fast wörtlich übernommen. Im Verhältnis zum Werbegesetz, das unlautere Geschäftspraktiken ausklammert, geht im B2C-Bereich das Verbraucherschutzgesetz bezüglich der expressis verbis geregelten Tatbestände vor. Die Regelungen im BGB und im Verbraucherschutzgesetz sind grundsätzlich komplementär, wobei jedoch im B2C-Verhältnis das Verbraucherschutzgesetz vorgehen dürfte; unterschiedlich sind vor allem die Sanktionen. **957**

Im Bereich der Werbung ist schließlich auch die **Selbstkontrolle** durch den „Rat für Werbung" zu erwähnen. **958**

Die Regelungen des unlauteren Wettbewerbs im BGB stehen in einem gewissen Zusammenhang mit dem **Kartellgesetz,** dies macht § 2972 BGB deutlich. Berührungspunkte bestehen bei einigen Tatbeständen (täuschende Kennzeichnung, Verwechslungsgefahr, parasitäre Handlungen) jedoch auch mit den **Gesetzen zum Schutz des Geistigen Eigentums,** dh dem Patentgesetz Nr. 529/1990, dem Designgesetz Nr. 207/2000, dem Urhebergesetz Nr. 121/2000 und vor allem dem Markengesetz Nr. 441/2003. **959**

Entsprechend den verschiedenen Regelungsansätzen der vorgenannten Gesetze sind auch die **Sanktionen** unterschieden. Die wichtigsten Vorschriften gegen unlauteren **Wettbewerb** sind **zivilrechtlich sanktioniert.** Das gilt insbesondere für die Regelung in den §§ 2972 ff. BGB. § 2988 BGB nennt als Sanktionen die **Unterlassung,** die **Beseitigung,** den **Schadensersatz,** die Herausgabe der **ungerechtfertigten Bereicherung** und die „**angemessene Genugtuung,** die auch in Geld gewährt werden kann". Unter letzterem ist eine Art Schmerzensgeld zu verstehen. **Aktivlegitimiert** sind Wettbewerber (wobei ein konkretes Wettbewerbsverhältnis nicht vorausgesetzt wird) und bei bestimmten Verstößen auch juristische Personen, die befugt sind, die Interessen der Wettbewerber oder der Verbraucher zu vertreten. Daneben ist auch der einzelne Verbraucher für die in den §§ 2976–2981, 2987 BGB enthaltenen Verbote aktivlegitimiert. Die Mehrheit von Klägern **960** oder Beklagten und die Nebenintervention sind in §§ 90 ff. Prozessordnung geregelt. Die Anordnung von **vorläufigen Maßnahmen** ist bei einer gewissen Wahrscheinlichkeit der Begründetheit des Anspruchs gemäß §§ 74 ff., 102 Prozessordnung möglich und üblich.

961 Das **Werbegesetz** ist **administrativ** (durch Geldbußen) sanktioniert, ermöglicht jedoch auch die Anordnung der **Unterlassung** und **Beseitigung.** Durchgesetzt wird es durch die in § 7 Werbegesetz genannten Organe, zB den Rat für Rundfunk und Fernsehen, das Gesundheitsministerium, in allen nicht genannten Fällen das Kreisgewerbeamt des Bezirks, in dem das handelnde Unternehmen seine Tätigkeit entfaltet.

962 Das **Verbraucherschutzgesetz** ist gleichfalls verwaltungsrechtlich sanktioniert. Da davon auszugehen ist, dass die zu Wettbewerbszwecken erfolgende Verletzung der im Verbraucherschutzgesetz geregelten Geschäftspraktiken als Verstoß gegen die „guten Sitten" iSv § 2976 BGB angesehen wird, dürften auch Gewerbetreibende diese Vorschriften auf zivilrechtlichem Wege durchsetzen können.

XXVI. Ungarn

963 Der rechtliche Schutz vor unlauteren Wettbewerb ist in Ungarn traditionell im Zivilrecht angesiedelt. Er geht auf das (dem deutschen UWG 1909 ähnelnde) Wettbewerbsgesetz von 1923 – zuletzt in der Fassung von 1984 – zurück. Im Zuge der Einführung der freien Marktwirtschaft erfolgte dann jedoch, wie in einigen anderen ehemals sozialistischen EU-Staaten, eine Fokussierung auf die Verbindung des Lauterkeitsrechts mit dem **Kartellrecht.** Die **maßgebliche Grundlage** des ungarischen Wettbewerbsrechts (im übergreifenden Sinne) findet sich daher heute im Gesetz LVII aus dem Jahr 1996 über das Verbot von unlauteren und wettbewerbsbeschränkenden Handelspraktiken (**Wettbewerbsgesetz,** sog. VT). Daneben bestehen jedoch auch andere spezifische Werberegelungen. Auch wurde die RL 2005/29/EG über unlautere Geschäftspraktiken in einem eigenen Gesetz, dem **Gesetz XLVII von 2008** umsetzt, was wiederum zur Folge hatte, dass die dort geregelten B2C-Tatbestände nunmehr (wohl) aus dem umfassenden Wettbewerbsgesetz (VT) von 1996 ausgeklammert sind.

964 Ganz eindeutig ist diese Abgrenzung jedoch nicht, da die **Generalklausel** des Wettbewerbsgesetzes in Art. 2 VP sehr weit jedes **unlautere Verhalten** im Geschäftsverkehr verbietet, das die rechtmäßigen Interessen der Wettbewerber und Verbraucher zu gefährden oder zu verletzen geeignet ist oder den Erfordernissen der geschäftlichen Integrität widerspricht. Präzisiert wird die Generalklausel durch eine kleine Zahl von **spezifischen Tatbeständen,** von denen nur einige auf den Schutz von Unternehmen beschränkt sind.[26]

965 Die Regelungen über den unlauteren Wettbewerb in Kapitel II des WettbewerbsG werden hauptsächlich durch die Betroffenen im Wege **zivilrechtlicher** Verfahren vor den ordentlichen Gerichten durchgesetzt (Art. 86 VT). Sanktionen bestehen in der Unterlassungsanordnung, Schadensersatz und Wiedergutmachung. Dagegen werden die verbraucherbezogenen Vorschriften und die Regelungen über Wettbewerbsbeschränkungen im verwaltungsrechtlichen Verfahren, auch mittels Bußgelder, durchgesetzt, vor allem durch das **Amt für wirtschaftlichen Wettbewerb** (GHV), bei dem wiederum dem **Wettbewerbsrat** große Bedeutung zukommt.

---

[26] Ungarische Gesetzestexte sind zT in englischer Sprache über die Website des Amtes für wirtschaftlichen Wettbewerb ((http://www.gvh.hu) zu erhalten. Zum ungarischen Wettbewerbsrecht vgl. die umfassende Darstellung von *Henning-Bodewig/Bakardijieva Engelbrekt* in der Vorauflage; weiter *Bacher,* Hungary, in: Henning-Bodewig (ed.), International Handbook on Unfair Competition, 2013, S. 260; *Firniksz,* The Legal Framework of Unfair Marketing Practices in Hungary, in: Hilty/Henning-Bodewig (ed.), Law Against Unfair Competition: Towards a New Paradigm in Europe, 2007, S. 200; *Vida,* Ungarn, in: Schmidt-Kessel/Schubmehl (Hrsg.), Lauterkeitsrecht in Europa, 2011, S. 679 sowie (primär unter Verbraucherschutzgesichtspunkten) *Fejös,* Hungary, in: REFIT Report, 2017, European Commission, Study for the Fitness Check of consumer and marketing law: Final report Part 3 – Country reporting, S. 509 (https://op.europa.eu/en/publication-detail/-/publication/db28cd4d-772c-11e7-b2f2-01aa75ed71a1/language-en).

Neben dem Wettbewerbsgesetz zu beachten ist das Gesetz LVIII über geschäftliche Werbemaßnahmen (**Werbegesetz,** RT) von 1997, in dem die im Bereich der Werbung bestehenden **EG-Richtlinien** (insbes. die RL über vergleichende Werbung, über die Werbung für Tabakprodukte und im Fernsehen) umgesetzt wurden. Auch dieses Gesetz verfügt über eine **gemischte Struktur aus zivilrechtlichen und verwaltungsrechtlichen Regelungen.** 966

Weitere Vorschriften über den Verbraucherschutz sind auch in dem umfassenden Gesetz aus dem Jahr 1997 über den **Verbraucherschutz** (FTT) und in einer Reihe von Regierungsverordnungen zu spezifischen Bereichen des Verbraucherschutzes (zB zum Fernabsatz oder Haustürgeschäften) enthalten. Das FTT wird durch die Nationalen Verbraucherschutzbehörde (NFH) durchgesetzt. 967

XXVII. Zypern

Das Wettbewerbsrecht in Zypern ist **nicht einheitlich geregelt.** Mehrere **Gesetze** befassen sich **punktuell** mit spezifischen Themen des Wettbewerbs-, Werbe- und Verbraucherschutzrechts. Dabei stellt das 2007 erlassene **Gesetz Nr. 103 (I)/2007 zur Kontrolle unlauterer Geschäftspraktiken** die umfassendste Regelung dar. Da das Recht Zyperns durch die **Rechtstradition Großbritanniens** geprägt ist, bestehen jedoch für Unternehmen Klagemöglichkeiten nach **common law,** zB bei passing off. Weiter sind falsche und irreführende Darstellungen nach Sec. 10 und 11 das Trade Description Act 1987–2000 verboten.[27]

Die gemeinschaftsrechtlichen Vorgaben, insbesondere im Bereich des Verbraucherschutzes, haben jedoch auch in Zypern zu einer **zunehmenden Kodifizierung** geführt. Mit dem **Unfair Commercial Practices of Business Law** (Law 103 (I) 2007 in der Fassung des Law 81(I)2013 und des Law 135(I)2013) erfolgte eine fast wortgleiche Umsetzung der **Richtlinie 2005/29/EG über unlautere Geschäftspraktiken.** Damit enthält das zypriotische Recht erstmalig eine (wenn auch auf B2C-Verhältnisse beschränkte) **Generalklausel** gegen unlautere Geschäftspraktiken.

Nach wie vor werden die bestehenden Kodifizierungen zum Schutz vor unlauteren Geschäftspraktiken **primär verwaltungsrechtlich,** zT auch strafrechtlich, **durchgesetzt.** Die Durchsetzung erfolgt zumeist durch das „Competition and Consumer Protection Service of the Ministry of Commerce" und ihren Direktor. War das Enforcement zunächst eher zögerlich, so scheint es – wie der REFIT-Report zeigt – mittlerweile häufiger zur Anordnung von Geldbußen („fines") zu kommen, die zu Gerichtsentscheidungen führen; auch der Supreme Court hat sich mehrere Male mit der Auslegung des Gesetzes, zB bei Sales Promotion, befasst.

Im Werbebereich gilt seit 2000 **The Control of Misleading and Comparative Advertising Law** (Law 92(I)/2000). **Zweck** des Gesetzes war ursprünglich der Schutz der Verbraucher, der Gewerbetreibenden und der Allgemeinheit. Mit Gesetz Nr. 98 (I)/2007 wurde der Schutzzweck jedoch auf den B2B-Bereich – entsprechend der konsolidierten Richtlinie 2006/114/EG – beschränkt. Im B2C-Bereich gelten nunmehr die Art. 5 und 6 des oben genannten **Gesetzes Nr. 103 (I)/2007,** die wörtlich die Art. 6 und 7 der Richtlinie 2005/29/EG über unlautere Geschäftspraktiken umsetzen. Auch der **Trade Discription Act** enthält ein Verbot der falschen und irreführenden Produktangaben, das strafrechtlich sanktioniert ist. 968

[27] Die Gesetze Zyperns sind jedenfalls teilweise auf der Website der „Cyprus Consumer Association" (www.cyprusconsumers.org.cy) zu finden. Den umfassendsten Überblick über die Vorschriften zur Bekämpfung von unfair commerical practices im Zyprischen Recht (allerdings auf den Aspekt des Verbraucherschutzes beschränkt) gibt zur Zeit *Markou,* Cyprus, in: REFIT-Report, 2017, European Commission, Study for the Fitness Check of consumer and marketing law: Final report Part 3 – Country reporting, S. 195 (https://op.europa.eu/en/publication-detail/-/publication/db28cd4d-772c-11e7-b2f2-01aa75ed71a1/language-en).

969 Nach dem Gesetz zur Kontrolle der irreführenden und vergleichenden Werbung sind **aktivlegitimiert** für die Unterlassungsklage alle Organisationen, die ein berechtigtes Interesse nachweisen können. Keine Klagebefugnis haben offenbar die Verbraucherverbände, die auf Beschwerden beim „General Director" beschränkt sind. **Passivlegitimiert** ist jeder, der für die Veröffentlichung der fraglichen Werbung verantwortlich ist. Für eine Unterlassungsanordnung ist weder der Nachweis eines Schadenseintritts noch ein Verschulden (Vorsatz oder Fahrlässigkeit) des Handelnden notwendig.

G. Stellung des Wettbewerbsrechts im Gesamtsystem

Übersicht

I. Vorrang des Unionsrechts

Schrifttum: 1. Aufsätze, Monographien: *Auer,* Neues zu Umfang und Grenzen der richtlinienkonformen Auslegung, NJW 2007, 1106 ff.; *Bäcker,* Altes und Neues zum EuGH als gesetzlichem Richter, NJW 2011, 270 ff.; *Betz,* Die verfassungsrechtliche Absicherung der Vorlagepflicht, 2013; *Brechmann,* Die richtlinienkonforme Auslegung. Zugleich ein Beitrag zur Dogmatik der EG-Richtlinie, 1994; *Breuer,* Staatshaftung für judikatives Unrecht; 2011; *Brosius-Gersdorf,* Bindung der Mitgliedstaaten an die Gemeinschaftsgrundrechte, 2005; *Büscher,* Interdependenzen zwischen der Rechtsprechung der Gerichte der EG und der nationalen Gerichte, GPR 2008, 210 ff.; *Calliess,* Europäische Gesetzgebung und nationale Grundrechte, JZ 2009, 113 ff.; *Colneric,* Auslegung des Gemeinschaftsrechts und gemeinschaftsrechtskonforme Auslegung, ZEuP 2005, 225 ff.; *Dänzer-Vanotti,* Richtlinienkonforme Auslegung und Rechtsfortbildung, StVj 1991, 1 ff.; *v. Danwitz,* Rechtswirkungen von Richtlinien in der neueren Rechtsprechung des EuGH, JZ 2007, 697 ff.; *Di Fabio,* Richtlinienkonformität als ranghöchstes Normauslegungsprinzip?, NJW 1990, 947 ff.; *C. Dörr,* Neues zum unionsrechtlichen Staatshaftungsanspruch, WM 2010, 961 ff.; *ders.,* Der unionsrechtliche Staatshaftungsanspruch in Deutschland zwanzig Jahre nach Francovich, EuZW 2012, 86 ff.; *Ehricke,* Die richtlinienkonforme Auslegung nationalen Rechts vor Ende der Umsetzungsfrist einer Richtlinie, EuZW 1999, 553 ff.; *Fastenrath,* BVerfG verweigert willkürlich die Kooperation mit dem EuGH, NJW 2009, 272 ff.; *Gellermann,* Beeinflussung des bundesdeutschen Rechts durch Richtlinien der EG, 1994; *Grundmann,* Einwirkung von EG-Richtlinien des Privat- und Wirtschaftsrechts auf nationales Recht, JuS 2002, 768 ff.; *Gundel,* Neue Grenzlinien für die Direktwirkung nicht umgesetzter EG-Richtlinien unter Privaten, EuZW 2001, 143 ff.; *Hahn,* Nationale Auslegungsmethoden vergleichend betrachtet, ZfRV 2003, 163 ff.; *Hayden,* Richtlinienkonforme Interpretation und Methodenautonomie, ZfRV 2016, 244 ff.; *Heinrich,* Die Auslegung von europäischen Richtlinien und Verordnungen, ÖJZ 2011, 1068 ff.; *Chr. Herrmann,* Richtlinienumsetzung durch die Rechtsprechung, 2003; *ders.,* Die Reichweite der gemeinschaftsrechtlichen Vorlagepflicht in der neueren Rechtsprechung des EuGH, EuZW 2006, 231 ff.; *Chr. Hofmann,* Die zeitliche Dimension der richtlinienkonformen Auslegung, ZIP 2006, 2113 ff.; *Jarass,* Grundfragen der innerstaatlichen Bedeutung des EG-Rechts, 1994; *Jud,* Die Grenzen der richtlinienkonformen Interpretation, ÖJZ 2003, 521 ff.; *Kiethe/Groeschke,* Die Stärkung der Rechte des Klägers im Berufungs- und Revisionsrecht durch die Köbler-Entscheidung des EuGH, WRP 2006, 29 ff.; *Kirchhof,* in: Müller-Graff (Hrsg.), Perspektiven des Rechts in der EU, 1998, S. 163 ff.; *Klamert,* Richtlinienkonforme Auslegung und unmittelbare Wirkung von EG-Richtlinien in der Rechtsprechung der österreichischen Höchstgerichte, JBl. 2008, 158 ff.; *ders.,* Richtlinienkonforme teleologische Reduktion bis zur Gegenstandslosigkeit, JBl. 2011, 738 ff.; *Kockott/Henze/Sobotta,* Die Pflicht zur Vorlage an den Europäischen Gerichtshof und die Folgen ihrer Verletzung, JZ 2006, 633; *Köhler,* Zur richtlinienkonformen Auslegung und Neuregelung der „Bagatellklausel" in § 3 UWG, WRP 2008, 10 ff.; *Kremer,* Staatshaftung für Verstöße gegen Gemeinschaftsrecht durch letztinstanzliche Gerichte, NJW 2004, 480 ff.; *Krimphove,* Neues zur Geltung nicht umgesetzter europäischer Richtlinien, EuZW 2014, 178 ff.; *Leible/Sosnitza,* Richtlinienkonforme Auslegung vor Ablauf der Umsetzungsfrist und vergleichende Werbung, NJW 1998, 2507 ff.; *Martens,* Methodenlehre des Unionsrechts, 2013; *Michael/Payandeh,* Richtlinienkonforme Rechtsfortbildung zwischen Unionsrecht und Verfassungsrecht, NJW 2015, 2392 ff.; *Metzger,* Extra legem, intra ius: Allgemeine Rechtsgrundsätze im europäischen Privatrecht, 2009; *Möllers/Möhring,* Recht und Pflicht zur richtlinienkonformen Rechtsfortbildung bei generellem Umsetzungswillen des Gesetzgebers, JZ 2008, 919; *Müller/Christensen,* Juristische Methodik Band II Europarecht, 2003; *Polzin,* Das Rangverhältnis von Verfassungs- und Unionsrecht nach der neuesten Rechtsprechung des BVerfG, JuS 2012, 1 ff.; *Raue,* Die Verdrängung deutscher durch europäische Grundrechte im gewerblichen Rechtsschutz und

Urheberrecht, GRUR Int. 2012, 402 ff.; *Reimer,* Richtlinienkonforme Rechtsanwendung: Spielräume und Bindungen nach mitgliedstaatlichem Recht, JZ 2015, 910 ff.; *Ress,* Die richtlinienkonforme „Interpretation" innerstaatlichen Rechts, DÖV 1994, 489 ff.; *Riedel,* Die Grundrechtsprüfung durch den EuGH, 2020; *Riehm,* Die überschießende Umsetzung vollharmonisierender EG-Richtlinien im Privatrecht, JZ 2006, 1035 ff.; *Riesenhuber* (Hrsg.), Europäische Methodenlehre, 2006; *Royla/Lackhoff,* Die innerstaatliche Beachtlichkeit von EG-Richtlinien und das Gesetzmäßigkeitsprinzip, DVBl. 1998, 1116 ff.; *Ruffert,* Der EuGH als gesetzlicher Richter im Sinne des Grundgesetzes, NJW 2013, 1905 ff.; *Schilling,* Bestand und allgemeine Lehren der bürgerschützenden allgemeinen Rechtsgrundsätze des Gemeinschaftsrechts, EuGRZ 2000, 3 ff.; *Schoendorf-Haubold,* Die Haftung der Mitgliedstaaten für die Verletzung von EG-Recht durch nationale Gerichte, JuS 2006, 112 ff.; *Schroeder,* Die Auslegung des EU-Rechts, JuS 2004, 180 ff.; *Schürnbrand,* Die Grenzen richtlinienkonformer Rechtsfortbildung im Privatrecht, JZ 2007, 910 ff.; *Schwarze,* Der Schutz der Grundrechte durch den EuGH, NJW 2005, 3459 ff.; *Suhr,* Richtlinienkonforme Auslegung im Privatrecht und nationale Auslegungsmethodik, 2012; *Tietjen,* Das System des gemeinschaftsrechtlichen Staatshaftungsrechts, 2010; *Vogenauer,* Eine gemeineuropäische Methodenlehre des Rechts – Plädoyer und Programm, ZEuP 2005, 234 ff.; *Weiß,* Zur Wirkung von Richtlinien vor Ablauf der Umsetzungsfrist, DVBl. 1998, 568 ff.; *Wietfeld,* Die richtlinienkonforme Auslegung – Auslegungsmethode oder Zielvorgabe? JZ 2020, 485.

2. Kommentare, Handbücher, Lehrbücher: *Borchardt,* Die rechtlichen Grundlagen der Europäischen Union, 6. Aufl. 2015; *Buerstedde,* Juristische Methodik des Europ. Gemeinschaftsrechts, 2006; *Calliess/Ruffert,* EUV-AEUV, Kommentar, 5. Aufl. 2016; *Dauses/Ludwigs,* Handbuch des EG-Wirtschaftsrechts, Loseblattsammlung; *Fischer,* Der Vertrag von Lissabon, 2. Aufl. 2010; *Gebauer/Wiedmann,* Zivilrecht unter europ. Einfluß, 2. Aufl. 2010; *Geiger/Khan/Kotzur,* EUV AEUV, 6. Aufl. 2017; *Grabitz/Hilf/Nettesheim,* Kommentar zur Europäischen Union, Loseblattsammlung, 66. Aufl. 2019; *v. d. Groeben/Schwarze/Hatje,* Europäisches Unionsrecht, 7. Aufl. 2015; *Herdegen,* Europarecht, 20. Aufl. 2018; *Jarass,* Charta der Grundrechte der Europäischen Union, 3. Aufl. 2016; *Kilian/Wendt,* Europäisches Wirtschaftsrecht, 6. Aufl. 2017; *Lenz/Borchardt,* EU-Verträge, 6. Aufl. 2012; *J. Meyer/Hölscheldt,* Charta der Grundrechte der Europäischen Union, 5. Aufl. 2019; *Meyer-Ladewig/Nettesheim/v.Raumer,* Europäische Menschenrechtskonvention, 4. Aufl. 2017; *Pechstein/Nowak/Häde* (Hrsg.), Frankfurter Kommentar zu EUV, GRC und AEUV, 2017; *Oppermann/Classen/Nettesheim,* Europarecht, 8. Aufl. 2018; *Rengeling/Middeke/Gellermann,* Handbuch des Rechtsschutzes in der Europäischen Union, 3. Aufl. 2014; *Ruffert* (Hrsg.), Europäisches Sektorales Wirtschaftsrecht, 2. Aufl. 2020; *Schulze/Zuleeg/Kaddelbach* (Hrsg.), Europarecht, 3. Aufl. 2015; *Schwarze/Becker/Hatje/Schoo,* EU-Kommentar, 4. Aufl. 2019; *Stern/Sachs,* Europäische Grundrechte-Charta, 2016; *Streinz,* Europarecht, 10. Aufl. 2016; *ders.,* EUV/AEUV, Vertrag über die Europäische Union und Vertrag zur Gründung der Europäischen Gemeinschaft, 3. Aufl. 2018; *Vedder/Heintschel von Heinegg,* Europäisches Unionsrecht, 2. Aufl. 2018.

970 **1. Verbindlichkeit des Unionsrechts. a) Normenhierarchie.** Die EU ist eine Rechtsgemeinschaft. Sie setzt ihre Ziele mit Hilfe des Unionsrechts durch. Der EuGH erkennt allen Normen des primären und sekundären Unionsrechts in den Mitgliedstaaten unmittelbare Wirkung zu, soweit die Normen abschließend, vollständig und rechtlich perfekt sind, nämlich zu ihrer Anwendung keiner weiteren Ausführungsakte bedürfen.[1] Bei Normkonflikten mit nationalem Recht der Mitgliedstaaten hat das **Unionsrecht** auch ohne ausdrückliche Regelung im EUV oder AEUV **Vorrang.**[2] Begründet wird dies mit der Autonomie und der unmittelbaren Wirksamkeit der Unionsrechtsordnung sowie dem Grundsatz der Sicherung der Funktionsfähigkeit der Union.[3]

971 Das **BVerfG** hat das Vorrangprinzip trotz der damit verbundenen Relativierung der nationalen Grundrechte auf Grund der **Integrationsermächtigung** des Art. 23 GG (ex Art. 24 Abs. 1 GG) anerkannt.[4] Sie gestattet dem Bund die Einräumung von Hoheitsrechten an die EU, wovon der Bund mit der Ratifizierung der EU-Gründungsverträge Gebrauch gemacht hat. Der Bundestag ist auch nach der Übertragung von Hoheitsrechten auf die Union noch am Rechtssetzungsprozess beteiligt, so dass das Demokratieprinzip und die Rechte aus Art. 38 GG gewahrt sind.[5] Das Unionsrecht ist weder Bestandteil der nationalen Rechtsordnung noch Völkerrecht, sondern eine **eigenständige Rechtsordnung,** die aus einer autonomen Rechtsquelle fließt.

---

[1] EuGH, Slg. 1964, 1251 – Costa/ENEL.

[2] EuGH, Slg. 1969, 1 (14); 1970, 1125 Rn. 3; 1975, 1219 Rn. 3; 1978, 629 (644) – Simmenthal II. Aufgegriffen in Protokollerklärung Nr. 17 zum Lissabon-Vertrag, ABl. 2008 C 115, S. 344.

[3] *Wegener* in Calliess/Ruffert[6] EUV Art. 19 Rn. 28, 32 u. 34.

[4] BVerfGE 31, 145 (174); 73, 339 (387) = NJW 1987, 577 – Solange II unter Relativierung von BVerfGE 37, 271 (285) – Solange I; 123, 267 (402) = NJW 2009, 2267 Rn. 335 u. 343 – Lissabon; 126, 286 (304) = NJW 2010, 3422 Rn. 59 – Mangold; GRUR 2012, 53 Rn. 81 = NJW 2011, 3428 – Le-Corbusier-Möbel.

[5] BVerfGE 89, 155 (184 ff.) – Maastricht-Urteil. Zum Lissabon-Vertrag ähnlich BVerfGE 123, 267 (370) = NJW 2009, 2267 Rn. 273 ff.

Das BVerfG geht davon aus, dass in der EU ein dem nationalen Grundrechtsschutz gleichwertiger unionsrechtlicher Schutz (dazu unten Rn. 1014) entwickelt worden ist und eine **Überprüfung** des **Unionsrechts an** den Grundrechten des **GG ausscheidet.**[6] Der Vorrang des Unionsrechts findet seine Grenze dort, wo Organe oder Einrichtungen der EU das Unionsrecht in einer Weise handhaben, die vom deutschen Zustimmungsgesetz nicht gedeckt ist.[7] Der Grundsatz der **Europarechtsfreundlichkeit des GG** zwingt zu besonderer Zurückhaltung des BVerfG bei der Kontrolle von Rechtsakten der EU im Rahmen einer Entscheidung über den Erlass einer einstweiligen Anordnung nach § 32 BVerfGG.[8] 972

Der Vorrang des Unionsrechts ist ein **Anwendungsvorrang** und **kein Geltungsvorrang.**[9] Die nationale Rechtsnorm verliert nicht ihre Gültigkeit, ist also nicht als „inexistent" zu betrachten,[10] sondern darf nur im konkreten Fall nicht angewandt werden, soweit sie mit primärem oder sekundärem Unionsrecht kollidiert; die Unanwendbarkeit setzt nicht voraus, dass die nationale Norm vorher auf gesetzgeberischem Weg beseitigt worden ist.[11] Insofern lassen sich nur begrenzt Vergleiche zu der Normenhierarchie ziehen, wie sie durch Art. 31 GG für das Verhältnis von Bundesrecht zu Landesrecht festgelegt ist, abgesehen von den strukturellen Abweichungen des Verhältnisses der Rechtssubjekte zueinander.[12] Für **die verbindliche Auslegung** des Unionsrechts ist der EuGH (gegebenenfalls schon das EuG) zuständig. Soweit das Unionsrecht nicht auf das Recht der Mitgliedstaaten verweist, gebietet seine einheitliche Anwendung eine autonome Auslegung[13] unter Berücksichtigung des Kontextes der maßgeblichen Norm und des mit der Regelung verfolgten Ziels.[14] 973

b) Rechtsquellen des Unionsrechts. aa) Primäres Unionsrecht. Rechtsquelle des Unionsrechts ist zunächst das primäre Unionsrecht. Soweit es Bedeutung für das Zivilrecht hat, ist es im AEUV niedergelegt. Von besonderer Bedeutung für die Interpretation sind die **Grundfreiheiten,** insbesondere die **Warenverkehrsfreiheit** des Art. 34 AEUV; als Maßnahmen gleicher Wirkung wie Zölle und Importbeschränkungen können nationale Vorschriften ua des Unlauterkeitsrechts wirken. Soweit diese Maßnahmen nicht durch die in Art. 36 AEUV benannten Gründe gerechtfertigt sind, können die ausdifferenzierten Regeln der umfangreichen sog. „Cassis"-Rechtsprechung des EuGH zum Schutz der Lauterkeit des Handelsverkehrs eine Rechtfertigung bilden. 974

Zum primären Unionsrecht gehört die **Europäische Grundrechtecharta.**[15] Bei der Auslegung von Richtlinien der EU müssen Behörden und Gerichte der Mitgliedstaaten eine Kollision mit den Unionsgrundrechten und allgemeinen Grundsätzen des Unionsrechts wie dem Prinzip der Verhältnismäßigkeit vermeiden.[16] Grundfreiheiten können eine **horizontale Wirkung** zwischen **Privatrechtssubjekten** erlangen, ohne dass dieselben Maßstäbe anzulegen sind, wie sie für die Mitgliedstaaten gelten.[17] 975

bb) Sekundäres Unionsrecht. Sekundäres Unionsrecht ist vor allem das von den Unionsorganen in Form von Verordnungen und Richtlinien gesetzte Recht (Art. 288 976

---

[6] BVerfGE 73, 339 (387) – Solange II; 102, 147 (162 ff.) = NJW 2000, 3124; 118, 79 (95); BVerfG NJW 2012, 45 Rn. 46.

[7] BVerfGE 89, 155 (188); 123, 267 (400) = NJW 2009, 2267 Rn. 340 f. (Reservekompetenz des BVerfG), 409 f.

[8] BVerfG NJW 2014, 375 Rn. 9 und 12 – Außervollzugsetzung kartellrechtlicher Vollstreckung.

[9] *Wegener* in Calliess/Ruffert[5] AEUV Art. 1 Rn. 18.

[10] EuGH, Slg. 1998, I-6307 Rn. 21 – IN. CO. GE.'90; *Borchardt* Rechtliche Grundlagen[6] Rn. 145.

[11] EuGH, Slg. 1978, 629 Rn. 21 ff. – Simmenthal.

[12] Vgl. auch BVerfG NJW 2009, 2267 Rn. 335.

[13] EuGH, WRP 2015, 698 Rn. 33 – Nemzeti Fogyasztóvédelmi Hatóság/UPC.

[14] StRspr; EuGH, Slg. 1984, 107 Rn. 11 – Ekro; GRUR 2011, 50 Rn. 32 – Padawan; GRUR 2014, 972 Rn. 14 – Vandersteen (zum Begriff Parodie).

[15] ABl. 2010 C 83, S. 389.

[16] EuGH, GRUR Int. 2008, 323 = WRP 2008, 334 Rn. 68 – Promusicae.

[17] Schlussantrag Generalanwalt Maduro in der Rs. C-438/05 Rn. 49 ff. – Viking Line, dazu weniger eingehend EuGH 11.12.2007 – C-438/05, Rn. 61 f. – Viking Line (zur Begrenzung der Privatautonomie, Streik zur Erzwingung eines Tarifvertrages mit Begrenzung der Dienstleistungsfreiheit des Art. 43 EG).

AEUV). **Verordnungen** (Art. 288 Abs. 2 AEUV) gelten mit ihrem Erlass regelmäßig in allen ihren Teilen unmittelbar für die EU-Bürger, es sei denn, ihnen fehlt ausnahmsweise die inhaltliche Unbedingtheit und Bestimmtheit.[18] Verordnungen sind damit a priori Bestandteil der in den Mitgliedstaaten geltenden Rechtsordnung bei eingeschränktem Vorrang vor nationalem Recht.[19]

977 **Richtlinien** (Art. 288 Abs. 3 AEUV) sind grundsätzlich nur hinsichtlich der zu erreichenden Ziele verbindlich. Sie richten sich an die Mitgliedstaaten und bedürfen der **Transformation** in nationales Recht durch den nationalen Gesetzgeber, dem dafür Form und Mittel freistehen, der aber die innerhalb der Richtlinie bestimmte Umsetzungsfrist zu wahren hat. Für die Umsetzung hat der EuGH der Sache nach einen regelmäßig zu wahrenden **Rechtsnormvorbehalt** begründet.[20] Der Gesetzestext nationaler Vorschriften, die inhaltlich der Richtlinie widersprechen, muss geändert werden; eine Korrektur durch bloße richtlinienkonforme Auslegung (→ Rn. 996) genügt nicht den Anforderungen an die Herstellung von Rechtssicherheit.[21]

978 Während der Umsetzungsfrist darf der Mitgliedstaat keine nationalen Vorschriften erlassen, die die Erreichung eines Richtlinienzieles ernsthaft gefährden würden **(Frustrationsverbot)**, wobei es auf eine Intention der Richtlinienumsetzung nicht ankommt.[22] Wird eine Richtlinie mangelhaft oder nicht fristgerecht umgesetzt, kann sie nach Fristablauf **unmittelbare Wirkung** entfalten,[23] was sämtliche Träger öffentlicher Gewalt von Amts wegen zu beachten haben.[24] Ist eine Richtlinie zwar ordnungsgemäß umgesetzt, die nationale Umsetzungsvorschrift aber nicht richtlinienkonform angewandt worden, kann ein Marktbürger sich auf inhaltlich unbedingte Vorschriften berufen.[25]

979 Bei der Bewältigung von Umsetzungsdefiziten ist zwischen vertikalen und horizontalen Direktwirkungen zu unterscheiden. **Vertikale Richtlinienwirkungen** treten zwischen Marktbürger und seinem Mitgliedstaat ein. Vermieden wird damit ein treuwidriges Verhalten des säumigen Mitgliedstaates.[26] Unerheblich ist, ob der Staat als Hoheitsträger handelt; Einrichtungen, die unabhängig von ihrer Rechtsform kraft staatlichen Rechtsakts unter staatlicher Aufsicht eine Dienstleistung im öffentlichen Interesse erbringen und deren Rechtsbefugnisse umfangreicher als die einer Privatperson sind, werden **dem Staat zugerechnet.**[27]

980 **Begünstigt** die **Richtlinienbestimmung** den **Marktbürger,** kann er sich darauf trotz fehlender Umsetzung zur Abwehr belastenden staatlichen Verhaltens oder zur Herleitung von Leistungsansprüchen berufen.[28] Dafür müssen bestimmte **normstrukturelle Anforderungen** gegeben sein, insbesondere muss die Richtlinienbestimmung hinreichend genau, bestimmt und unbedingt sein,[29] sodass es zur Anwendung einer Konkretisierung durch eine Umsetzungsmaßnahme nicht bedarf.[30] **Belastende Wirkungen** kommen grundsätz-

---

[18] *Gärditz* in Rengeling/Middeke/Gellermann³ § 34 Rn. 31; *Schroeder* in Streinz³ AEUV Art. 288 Rn. 45.

[19] *Schroeder* in Streinz³ AEUV Art. 288 Rn. 44.

[20] *Gärditz* in Rengeling/Middeke/Gellermann³ § 34 Rn. 36; *Wegener* in Calliess/Ruffert⁵ AEUV Art. 288 Rn. 37.

[21] *Schroeder* in Streinz³ AEUV Art. 288 Rn. 80.

[22] EuGH, NJW 2005, 3695 Rn. 68 – Mangold; NJW 2006, 2465 Rn. 121 – Adeneler/ELOG m. Bespr. *Hofmann* ZIP 2006, 2113 ff. und *Auer* NJW 2007, 1106 ff.

[23] *Ruffert* in Calliess/Ruffert⁵ AEUV Art. 288 Rn. 51; *v. Danwitz* JZ 2007, 697 (699).

[24] EuGH, Slg. 1991, I-3757 Rn. 16 – Verholen; NJW 2004, 3547 Rn. 110 – Pfeiffer/DRK; *Ruffert* in Calliess/Ruffert⁵ AEUV Art. 288 Rn. 73 f.

[25] EuGH, Slg. 2002, I-6325 Rn. 27 – Marks & Spencer; *Hetmeier* in Lenz/Borchardt⁶ AEUV Art. 288 Rn. 13.

[26] *Schroeder* in Streinz³ AEUV Art. 288 Rn. 99 ff.

[27] EuGH, NJW 2007, 2029 Rn. 40 – Farrell/Whitty.

[28] EuGH, Slg. 1989, 1839 Rn. 29 ff. – Costanzo; 1996, I-5403 (5451 f.) – Kraaijeveld BV; 1997, I-6907 Rn. 47 – Kampelmann; EuGH, EuZW 2014, 189 Rn. 18 – Portgas; *Hetmeier* in Lenz/Borchardt⁶ AEUV Art. 288 Rn. 13.

[29] *Gärditz* in Rengeling/Middeke/Gellermann³ § 34 Rn. 39; *Ruffert* in Calliess/Ruffert⁵ AEUV Art. 288 Rn. 53; *Schroeder* in Streinz³ AEUV Art. 288 Rn. 93 ff.

[30] EuGH, Slg. 1990, I-496 – EGKS/Bussoni; *Hetmeier* in Lenz/Borchardt⁶ AEUV Art. 288 Rn. 13.

lich **nicht** in Betracht, weil eine Richtlinie nach ständiger Rechtsprechung des EuGH nicht selbst Verpflichtungen für private Gemeinschaftsbürger begründen kann.[31] Sie können aber reflexartig eintreten, wenn sich nationale Behörden richtlinienkonform verhalten.[32] Ein Betroffener kann sich auf die unmittelbare Wirkung einer Richtlinie in der Regel dann nicht berufen, wenn damit zwangsläufig **zugleich** ein **privater Dritter** in seinen Rechten **beeinträchtigt** würde.[33]

Horizontale Direktwirkungen im Verhältnis der Marktbürger zueinander hat der EuGH ausgeschlossen.[34] Bei unterbliebener fristgerechter Richtlinienumsetzung kann eine **Staatshaftung für legislative Versäumnisse** eingreifen;[35] bei unzulänglicher Umsetzung muss die nationale Regelung eklatant von Wortlaut und Zielen der Richtlinie abweichen, wenn sie eine Staatshaftung auslösen soll.[36] Dafür muss Ziel der Richtlinie sein, dass Rechte an Einzelne verliehen werden, der Inhalt der Rechte auf der Grundlage der Richtlinie bestimmt werden kann und ein Kausalzusammenhang zwischen Nichtumsetzung und Schaden besteht.[37] Auf eine **Grundfreiheit,** etwa die Warenverkehrsfreiheit, kann sich der Geschädigte auch dann berufen, wenn die unzulänglich umgesetzte Richtlinie selbst kein Individualrecht verleiht.[38] Zur Staatshaftung wegen fehlerhafter Rechtsanwendung → Rn. 990. Bei verspäteter Umsetzung einer Richtlinie müssen die nationalen Gerichte ab Ablauf der Umsetzungsfrist[39] das nationale Recht richtlinienkonform auslegen (zur Methode → Rn. 993 ff.). 981

Vor Ablauf der Umsetzungsfrist dürfen Gerichte ihre nationalen Vorschriften nicht in einer Weise auslegen, die die mit einer Richtlinie verfolgten Ziele nach Ablauf der Umsetzungsfrist ernsthaft gefährden würde.[40] Sie dürfen aber bereits in diesem Zeitraum das nationale Recht **richtlinienbezogen auslegen.**[41] Davon hat der BGH zB in seiner Entscheidung *Testpreis-Angebot* vom 5.2.1998 zur vergleichenden Werbung durch Auslegung der Generalklausel des § 1 UWG 1909 Gebrauch gemacht.[42] Allerdings hat die Rechtsprechung die verfassungsrechtliche Prärogative des nationalen Gesetzgebers zu beachten, wenn eine legislative Wahlfreiheit bei der Richtlinienumsetzung besteht. 982

---

[31] EuGH, Slg. 1986, 723 Rn. 48 – Marshall; 1987, 2141 Rn. 24 – Traen; 1987, 3969 Rn. 9 f. – Kolpinghuis Nijmwegen; 1990, I-4135 Rn. 6 – Marleasing; 1996, I-4705 Rn. 41 – Arcaro; EuGH 24.1.2012 – C-282/10 Rn. 37 f. – Maribel Dominguz; EuGH 19.4.2016 – C-441/14 Rn. 30 – Dansk Industri; *Schroeder* in Streinz[3] AEUV Art. 288 Rn. 100 (im Einzelnen streitig).

[32] *Gärditz* in Rengeling/Middeke/Gellermann[3] § 34 Rn. 40; *Schroeder* in Streinz[3] AEUV Art. 288 Rn. 97, 100.

[33] EuGH, Slg. 1998, I-5199 Rn. 17 – Coote (stRspr); *Hetmeier* in Lenz/Borchardt[6] AEUV Art. 288 Rn. 14; differenzierend EuGH 7.4.2004 – C-201/02, Slg. 2004, I-723 Rn. 56 ff.

[34] EuGH, Slg. 1986, 723 Rn. 48 = NJW 1986, 2178 – Marshall; 1987, 2141 Rn. 24 – Traen; 1990, I-4135 Rn. 6 – Marleasing; 1994, I-3325 Rn. 24 f. = NJW 1994, 2473 – Faccini Dori; 1996, I-1281 Rn. 15 ff. – El Corte Inglés; 1996, I-3603 Rn. 26 – Eurim-Pharm; 1997, I-6843 Rn. 26 – Daihatsu Deutschland; 1998, I-5199 Rn. 17 – Coote; 2000, I-6007 Rn. 13 – Centrosteel; EuZW 2001, 153 (156) – Unilever; NJW 2004, 3547 Rn. 108 f. – Pfeiffer/DRK; Slg. 2005, 3565 Rn. 74 – Berlusconi; ZIP 2014, 287 Rn. 36 – Association médiale sociale; GRUR 2014, 473 Rn. 43 – OSA. Dazu *Gärditz* in Rengeling/Middeke/Gellermann[3] § 34 Rn. 42; *Mankowski/Hölscher/Gerhardt* in Rengeling/Middeke/Gellermann[3] § 38 Rn. 129 f.; *Ruffert* in Calliess/Ruffert[5] AEUV Art. 288 Rn. 57.

[35] EuGH, Slg. 1996, I-1029 (1144 ff.) – Brasserie du pêcheur und Factortame; 1996, I-2553 (2614) – Hedley Lomas; 1996, I-4845 (4879 f.) – Dillenkofer; 1998, I-1531 (1599) – Norbrook Laboratories; 1998, I-5255 (5281) – Brinkmann; 2001, I-5063 (5098 f.) – Larsy; 2002, I-2631 (2660) – Leitner/TUI; NJW 2006, 2465 Rn. 112 – Adeneler/ELOG; EuGH, Slg. 2010, I–635 Rn. 29 – Trasportes Urbanos y Servicios Generales SAL; NJW 2007, 2032 Rn. 43 – Farrell/Whitty; EuZW 2007, 182 – Robbins; BGH ZIP 2006, 23 Rn. 5 f.; NJW 2009, 2534 Rn. 30; BGHZ 181, 199 = EuZW 2009, 865; BGH NJW 2011, 772 Rn. 7 – Vergütungsansprüche = GRUR 2010, 924; BGH VersR 2011, 503 Rn. 9 – Trichinenschau. Dazu *Dörr* WM 2010, 961 ff.; *Dörr* EuZW 2012, 86 ff.

[36] EuGH, Slg. 1996, I-1631 Rn. 43 – British Telecommunications; *Leible* ZHR 162 (1998), 594 (605).

[37] EuGH, NJW 2006, 2465 Rn. 112 – Adeneler/ELOG.

[38] EuGH, EuZW 2009, 334 Rn. 26 – Danske Slagterier.

[39] EuGH, NJW 2006, 2465 Rn. 115 – Adeneler/ELOG.

[40] EuGH, NJW 2006, 2465 Rn. 123 – Adeneler/ELOG.

[41] *v. Danwitz* JZ 2007, 697 (701).

[42] BGHZ 138, 55 = GRUR 1998, 824 = WRP 1998, 718.

983 **cc) Einzelfallentscheidungen, Empfehlungen, Stellungnahmen.** Das Unionsrecht kennt darüber hinaus verbindliche **Einzelfallentscheidungen** – trotz Adressierung von Einzelpersonen nunmehr Beschluss genannt[43] – als rechtliches Handlungsinstrument (Art. 288 Abs. 4 S. 2 AEUV), die sich nicht nur an Privatpersonen, sondern auch an Mitgliedstaaten richten können,[44] sowie **Empfehlungen** und **Stellungnahmen** (Art. 288 Abs. 5 AEUV), die zwar unverbindlich sind, aber gleichwohl rechtlich erheblich sein können.[45] Nationale Gerichte müssen Empfehlungen zur Auslegung solcher innerstaatlicher Rechtsvorschriften heranziehen, die zur Durchführung von Empfehlungen[46] oder zur Ergänzung verbindlicher gemeinschaftsrechtlicher Vorschriften[47] erlassen worden sind.

984 **2. Anwendung des Unionsrechts durch nationale Richter. a) Sicherung einheitlicher Auslegung durch Vorlage zum EuGH.** Art. 267 AEUV stellt eine Vorlageverpflichtung für nationale Gerichte auf, die den institutionellen Weg für eine **verbindliche Auslegung des Unionsrechts** durch den EuGH schafft. Art. 256 Abs. 3 UAbs. 1 AEUV erklärt das EuG anstelle des EuGH für Vorabentscheidungsverfahren zuständig, soweit dies für besondere Sachgebiete in der Satzung des EuGH festgelegt ist. Der EuGH ist **nicht** für die Auslegung und **Anwendung nationalen Rechts** zuständig.[48] Fehlerhafte Fragen, die sich darauf beziehen, werden gegebenenfalls in eine Auslegung des fraglichen Unionsrechts umgedeutet, die es dem nationalen Gericht ermöglicht, Folgerungen aus dem Unionsrecht für die Anwendung des nationalen Rechts zu ziehen.[49] **Vorlageberechtigt** sind nur mitgliedstaatliche Gerichte.[50] Die Auslegung ist deklaratorischer Natur und wirkt daher grundsätzlich auf den Zeitpunkt des Inkrafttretens der ausgelegten Vorschrift zurück.[51] Ob aus Vertrauensschutzgründen eine Rückwirkung ausgeschlossen sein soll, hat der EuGH zu entscheiden.[52]

985 Gegenstand der **Vorlagefrage** ist eine vom nationalen Gericht abstrakt zu formulierende Frage zur Auslegung des primären oder sekundären Unionsrechts oder zur Gültigkeit der Handlungen der Unionsorgane (zB zur Rechtsetzungszuständigkeit).[53] Das nationale Gericht hat zunächst für eine Sachverhaltsaufklärung zu sorgen, damit die **Entscheidungserheblichkeit** der Vorlagefrage (Art. 267 Abs. 3 AEUV) feststeht.[54] Es hat in seinem Vorlagebeschluss die Entscheidungserheblichkeit darzulegen. Das nationale Gericht muss die Auslegung durch den EuGH für **erforderlich** halten (Art. 267 Abs. 2 AEUV); die subjektive Einschätzung durch das nationale Gericht ist dafür maßgebend.[55] Die Vorlagepflicht trifft Gerichte, die im konkreten Fall letztinstanzlich entscheiden. Sie gilt **nicht** für Verfahren des **einstweiligen Rechtsschutzes.**[56] Gegen eine Verfahrensaussetzung aufgrund einer Vorlageentscheidung findet keine Beschwerde statt.[57]

---

[43] *Ruffert* in Calliess/Ruffert[5] AEUV Art. 288 Rn. 90.

[44] Dazu, insbesondere zur unmittelbaren Wirkung wie bei Richtlinien, *Ruffert* in Calliess/Ruffert[5] AEUV Art. 288 Rn. 92 und 94.

[45] Dazu *Ruffert* in Calliess/Ruffert[5] AEUV Art. 288 Rn. 95 ff.; *Schroeder* in Streinz[3] AEUV Art. 288 Rn. 128.

[46] *Hetmeier* in Lenz/Borchardt[6] AEUV Art. 288 Rn. 33.

[47] EuGH 13.12.1989 – C-322/88, Slg. 1989, 04407, 4421 Rn. 18 f. – Grimaldi/Fonds des Maladies Professionnelles; kritisch dazu wegen Rechtsfortbildung gegen den Vertragstext *Ruffert* in Calliess/Ruffert[5] AEUV Art. 288 Rn. 95.

[48] *Ehricke* in Streinz[3] AEUV Art. 267 Rn. 14.

[49] *Karpenstein* in Grabitz/Hilf/Nettesheim AEUV (2013) Art. 267 Rn. 33.

[50] *Ehricke* in Streinz[3] AEUV Art. 267 Rn. 28.

[51] EuGH C-2/06 Rn. 35, EuZW 2008, 148 – Kempter.

[52] BVerfG ZIP 2015, 335 Rn. 27 – Massenentlassungsrichtlinie (gegen das BAG).

[53] *Ehricke* in Streinz[3] AEUV Art. 267 Rn. 17 ff.; *Middeke* in Rengeling/Middeke/Gellermann[3] § 10 Rn. 40, zum Vorlageverfahren ebd. Rn. 79 ff.; *Wegener* in Calliess/Ruffert[5] AEUV Art. 267 Rn. 29 u. 50.

[54] EuGH, Slg. 1992, I-4871 (4933) – Meilicke; 1998, I-7835 Rn. 26 – Levez; 1998, I-4261 Rn. 4 – deAgostini.

[55] EuGH, Slg. 1981, 3045 Rn. 15 – Foglia Novello II; 1994, I-711 Rn. 17 – Eurico Italia; *Middeke* in Rengeling/Middeke/Gellermann[3] § 10 Rn. 53.

[56] EuGH, Slg. 1977, 957 Rn. 6 – Hoffmann-LaRoche/Centrafarm; 1982, 3723 Rn. 8 ff. – Morson; *Ehricke* in Streinz[3] AEUV Art. 267 Rn. 44; *Wegener* in Calliess/Ruffert[5] AEUV Art. 267 Rn. 31.

[57] OLG Stuttgart NJW-RR 2021, 61.

Von der **Vorlagepflicht ausgenommen** sind auch hinreichend geklärte unionsrechtliche Fragen[58] **(acte clair-Doktrin).** Das ist der Fall, wenn bereits gesicherte Rechtsprechung des EuGH vorliegt oder wenn die richtige Anwendung des Unionsrechts derart offenkundig ist, dass vernünftige Zweifel nicht verbleiben. Bei der Bildung dieser Überzeugung hat sich der nationale Richter der Eigenheiten des Unionsrechts sowie der besonderen Schwierigkeiten seiner Auslegung und der Gefahr voneinander abweichender Gerichtsentscheidungen bewusst zu sein.[59] Auf die Beurteilung der Gültigkeit von Unionshandlungen, etwa des Erlasses einer Verordnung, ist diese Rechtsprechung nicht zu übertragen.[60] **986**

Die Missachtung der Vorlageverpflichtung bedeutet, die Rechtssache dem gesetzlichen Richter zu entziehen. Der **EuGH ist gesetzlicher Richter** iSd **Art. 101 Abs. 1 S. 2 GG.**[61] Ein Verstoß gegen dieses Justizgrundrecht kann mit der Verfassungsbeschwerde angegriffen werden,[62] die aber auf eine bloße Willkürkontrolle beschränkt ist, damit das BVerfG nicht „oberstes Vorlagenkontrollgericht" wird.[63] Die Nichtvorlage schafft zudem einen Grund für eine **revisionsrechtliche Nichtzulassungsbeschwerde** (§ 544 ZPO), weil eine Frage von grundsätzlicher Bedeutung iSd § 543 Abs. 2 Nr. 1 ZPO betroffen ist.[64] Die Nichtzulassung eines Rechtsmittels bei eröffnetem Instanzenzug trotz Erfordernisses einer Vorlage an den EuGH verstößt gegen den Anspruch auf effektiven Rechtsschutz, unterliegt insoweit aber ebenfalls nur einer verfassungsgerichtlichen Willkürkontrolle.[65] Die Zuständigkeit des EuGH gilt auch für die Festlegung der **zeitlichen Reichweite des Unionsrechts** und damit den Ausschluss der Rückwirkung aus Vertrauensschutzgründen.[66] **987**

Der Gebrauch des Vorlagerechts kann nicht seinerseits das Prinzip des gesetzlichen Richters wegen fehlender Zuständigkeit des EuGH verletzten.[67] Der **EuGH prüft selbst,** ob die **Vorlage unzulässig** ist, weist sie allerdings nur zurück, wenn die Vorlage offensichtlich in keinem Zusammenhang mit der Realität oder dem Gegenstand des Ausgangsrechtsstreits steht, wenn das Problem hypothetischer Natur ist, oder wenn der EuGH nicht über erforderliche tatsächliche oder rechtliche Angaben zur zweckdienlichen Beantwortung der Vorlagefrage verfügt.[68] **988**

Zwischen einer **Vorlage an** den **EuGH** nach Art. 267 AEUV und einer Vorlage an das **BVerfG** nach Art. 100 Abs. 1 GG gibt es **keine** feste **Rangfolge.**[69] Allerdings muss vor einer abstrakten Normenkontrollvorlage nach Art. 100 Abs. 1 GG auch von einem Instanz- **989**

---

[58] Dazu BVerfG NJW 2012, 598 Rn. 28 – Pfanderhebungspflicht; *Kühling/Drechsler* NJW 2017, 2950 ff.

[59] EuGH, Slg. 1982, 3415 Rn. 16 f. – C. I. L. F. I. T.; Slg. 2005, 8151 Rn. 33 ff.; EuZW 2016, 111 Rn. 41 ff. – Ferreira da Silva mAnm *Wendenburg.*

[60] EuGH, Slg. 2005, I-10513 Rn. 19 ff. – Gaston Schul Douane-Expediteur m. Bespr. *Herrmann* EuZW 2006, 231 ff.

[61] BVerfGE 73, 339 (367) = NJW 1987, 577 – Solange II; GRUR 2007, 1083 (1084) – Dr. R's Vitaminprogramm; NJW 2007, 1521 – Vermittlung von Sportwetten; NJW 2010, 3422 Rn. 88 – Honeywell; NJW 2011, 288 Rn. 48 – Geräteabgabe; NJW 2012, 45 Rn. 59 – Investitionszulagengesetz; GRUR 2012, 53 Rn. 96 u. 98 = NJW 2011, 3428 – Le-Corbusier-Möbel; NJW 2012, 598 Rn. 23 – Pfanderhebungspflicht; NJW 2016, 3153 Rn. 52 – Kommunales Freibad; NJW 2016, 2401 Rn. 26 – Werbung für Versandapotheke; BGH GRUR 2009, 994 Rn. 11 – Vierlinden.

[62] BVerfGE 75, 223 (245); *Ehricke* in Streinz[3] AEUV Art. 267 Rn. 52; *Borchardt* in Lenz/Borchardt[6] AEUV Art. 267 Rn. 50.

[63] Zur Prüfungsdichte und zu unterschiedlichen Bezugspunkten der Kammern des BVerfG *Fastenrath* NJW 2009, 272 (274); *Ruffert* NJW 2013, 1905 (1909); *Bäcker* NJW 2011, 270 (271); nachfolgend zu den besprochenen Entscheidungen BVerfG GRUR 2012, 53 Rn. 98 – Le-Corbusier-Möbel; NJW 2012, 598 Rn. 23 ff. – Pfanderhebungspflicht; NJW 2016, 2401 Rn. 28; 2016, 3153 Rn. 32 u. 54 ff.; BGH MarkenR 2012, 71 Rn. 29 – Thüringer Klöße; BFH NJW 2017, 189 Rn. 29.

[64] Streitig, ablehnend *Ehricke* in Streinz[3] AEUV Art. 267 Rn. 53 mwN.

[65] BVerfG NJW 2014, 1796 Rn. 19–21 – Policenmodell.

[66] BVerfG ZIP 2015, 335 Rn. 27.

[67] *Latzel* JZ 2014, 392 (394) (zu einer missverständlichen Sentenz in BVerfG JZ 2014, 396 Rn. 177 – Filmförderung.

[68] EuGH, GRUR 2014, 674 Rn. 19 – Salame Felino.

[69] BVerfG NJW 2007, 51 Rn. 52; 2012, 45 Rn. 56.

gericht geklärt werden, ob der deutsche Gesetzgeber an Unionsrecht gebunden war, oder ob er einen Entscheidungsspielraum hatte; vermieden wird damit der Zwang zur EuGH-Vorlage durch das BVerfG.[70] Nur wenn ein **Umsetzungsspielraum** besteht, ist er grundgesetzkonform auszufüllen.[71] Fehlt ein Spielraum, muss das Fachgericht überdies prüfen, ob das anwendbare Unionsrecht mit den Unionsgrundrechten vereinbar ist, und dies gegebenenfalls durch den EuGH klären lassen.[72]

990 **b) Staatshaftung für judikatives Unrecht.** Wird Unionsrecht von einem letztinstanzlich entscheidenden Gericht unrichtig angewandt, kann der Mitgliedstaat dafür auf Schadensersatz haften.[73] Die Haftung für eine unionsrechtswidrige Entscheidung besteht wegen der Besonderheit der richterlichen Funktion sowie des Bedürfnisses nach Rechtssicherheit nur im Ausnahmefall; der **Verstoß** muss **offenkundig und erheblich** sein.[74] Die **Offenkundigkeit** wird bestimmt durch Gesichtspunkte des Einzelfalles wie das Maß an Klarheit und Präzision der verletzten Norm, die Vorsätzlichkeit des Verstoßes, die Entschuldbarkeit des Rechtsirrtums, gegebenenfalls die Stellungnahme eines Gemeinschaftsorgans sowie die Verletzung der Vorlagepflicht nach Art. 267 Abs. 3 AEUV.[75]

991 Die verletzte **Norm** muss bezwecken, **dem Einzelnen Rechte** zu verleihen, und es muss ein unmittelbarer **Kausalzusammenhang** zwischen qualifiziertem Normverstoß und Schaden bestehen.[76] Der offenkundige Verstoß kann nicht nur die **Auslegung** einer materiellen oder verfahrensrechtlichen Unionsrechtsbestimmung betreffen, sondern auch die **Sachverhalts- und Beweiswürdigung,** nämlich die besonderen Vorschriften über die Beweislast, den Wert der Beweise, die Zulässigkeit der Beweisarten oder die Anwendung von Vorschriften, die eine rechtliche Qualifizierung des Sachverhalts erfordern.[77]

992 Legt das **nationale Recht** Kriterien darüber fest, welche Natur oder welchen Grad der Verstoß des Gerichts haben muss, damit eine Staatshaftung begründet ist, etwa ein Erfordernis vorsätzlichen oder grob fehlerhaften richterlichen Verhaltens, dürfen dadurch keine strengeren Anforderungen aufgestellt werden, als sie dem Merkmal eines offenkundigen Verstoßes zu entnehmen sind.[78] Das **Spruchrichterprivileg** des § 839 Abs. 2 S. 1 BGB ist daher in Unionsrechtsfällen zu modifizieren.[79] Zumutbarer **Primärrechtsschutz** ist in Anspruch zu nehmen,[80] jedoch setzt die Staatshaftung für fehlerhafte Entscheidungen letztinstanzlicher Gerichte nicht die Beseitigung von deren Rechtskraft voraus.[81] Zum ersatzfähigen Schaden gehört auch entgangener Gewinn.[82]

---

[70] BVerfG NJW 2012, 45 Rn. 43 u. 52 f.

[71] BVerfG GRUR 2012, 53 Rn. 88 – Le-Corbusier-Möbel.

[72] BVerfG GRUR 2012, 53 Rn. 91 – Le-Corbusier-Möbel.

[73] EuGH, Slg. 2003, I-10239 = NJW 2003, 3539 Rn. 33, 50 = JZ 2004, 295 – Köbler – mAnm. *v. Danwitz*, mit Bspr. *Kremer* NJW 2004, 480 ff. und *Schöndorf-Haubold* JuS 2006, 112 ff.; NJW 2006, 3337 Rn. 30 f. = EuZW 2006, 561 – Traghetti del Mediterraneo – mAnm. *Seegers; Mankowski/Hölscher/Gerhardt* in Rengeling/Middeke/Gellermann³ § 38 Rn. 156. Zur Haftung wegen wirtschaftsbeeinträchtigender Äußerungen eines Beamten anlässlich eines Interview EuGH EuZW 2007, 480 – AGM-COS.MET.

[74] EuGH NJW 2003, 3539 Rn. 53 – Köbler; EuGH C-524/04, Slg. 2007, I-2157 Rn. 118 – Test Claimants in the Thin Cap Group Litigation. Die qualifizierten Voraussetzungen im Sportwettenfall verneinend BGH NJW 2013, 168 Rn. 16; ebenso im Fall der Rücknahme von Einweggetränkeverpackungen, BGH NJW 2009, 2534 Rn. 12 und 24.

[75] EuGH NJW 2003, 3539 Rn. 55 – Köbler; NJW 2006, 3337 Rn. 32, 43 – Traghetti del Mediterraneo; 16.7.2015 – C-681/13 Rn. 66, GRUR 2015, 1035 – Diageo Brands BV; C-160/14, EuZW 2016, 111 – Ferreira da Silva.

[76] EuGH NJW 2003, 3539 Rn. 51 – Köbler.

[77] EuGH NJW 2006, 3337 Rn. 39 – Traghetti del Mediterraneo.

[78] EuGH NJW 2006, 3337 Rn. 44 – Traghetti del Mediterraneo; s. auch EuGH EuZW 2016, 111 Rn. 50 – Ferreira da Silva (zum Effektivitätsgrundsatz).

[79] *Ehricke* in Streinz³ AEUV Art. 267 Rn. 50. Zu möglichen, jedoch nicht zwingenden Konsequenzen im Berufungs- und Revisionsrecht der ZPO bei der Erlangung des Primärrechtsschutzes *Kiethe/Groeschke* WRP 2006, 29 ff.

[80] Dazu EuGH EuZW 2009, 334 Rn. 60–64 (auf Vorlage des BGH), nachfolgend BGHZ 181, 199 Rn. 23 – Schweinefleischvermarktung; EuGH GRUR 2015, 1035 Rn. 64 f. – Diageo Brands BV.

[81] EuGH EuZW 2016, 111 Rn. 55 f. – Ferreira da Silva.

[82] EuGH EuZW 2007, 480 Rn. 95 – AGM-COS.MET.

c) Unionsrechtskonforme Auslegung des nationalen Rechts. Der EuGH hat eine allgemeine **Loyalitätspflicht** zwischen den Mitgliedstaaten und der Gemeinschaft bejaht, die früher aus Art. 10 EGV abgeleitet wurde und die nunmehr in Art. 4 Abs. 3 EUV verankert ist. Eine Wirkung dieses Grundsatzes ist die Verpflichtung der nationalen Gerichte zur **Unionstreue** und daraus folgend zur unionsrechtskonformen Auslegung ihres nationalen Rechts,[83] die unabhängig davon gilt, ob die Norm des Unionsrechts unmittelbar anwendbar ist.[84] Die unionsrechtskonforme Auslegung **vermeidet** einen **Normenkonflikt,** der wegen des Vorrangs des Unionsrechts mit der Unanwendbarkeit des nationalen Rechts zu lösen wäre. Bei unmittelbar anwendbarem Unionsrecht spielt die unionsrechtskonforme Auslegung wegen des dann geltenden Vorranges keine Rolle. 993

Die unionsrechtskonforme Auslegung setzt voraus, dass eine **direkte oder indirekte Kollision** zwischen Unionsrecht und nationalem Recht besteht.[85] Fehlt es an jeglicher Kollision, können die nationalen Stellen das nationale Recht im Licht des Unionsrechts auslegen, sind dazu aber nicht verpflichtet (**unionsrechtsorientierte Auslegung;** zur richtlinienbezogenen Auslegung → Rn. 981 und 996).[86] Weist das nationale Gesetz Lücken auf und fehlt es an einer unmittelbar anwendbaren Bestimmung des Unionsrechts, besteht für die Mitgliedstaaten **eine Pflicht zur unionsrechtskonformen Fortbildung** des nationalen Rechts.[87] 994

Noch unzureichend geklärt ist die Verpflichtung zur Beachtung **allgemeiner Rechtsgrundsätze** des Unionsrechts.[88] Dabei ging es vor Erlass der verbindlichen Grundrechtecharta vor allem um die Geltung von Grundrechtsgewährleistungen.[89] Auch nach Einführung der GRCh in die Unionsrechtsordnung mit primärrechtlichem Rang kommt allgemeinen Rechtsgrundsätzen wegen Art. 6 Abs. 3 EUV als ungeschriebenem primären Unionsrecht Bedeutung zu, und zwar – mit möglicher Drittwirkung im Verhältnis zwischen Privaten – als Maßstab für die Beurteilung der Rechtmäßigkeit und Gültigkeit von Rechtsakten der Union und als Grundlage richterlicher Rechtsfortbildung.[90] Die Ermittlung allgemeiner Rechtsgrundsätze erfolgt im Wege rechtsvergleichender Zusammenschau der nationalen Rechte. Eine gemeineuropäische **Methodenlehre** befindet sich erst in der Entwicklung.[91] Praktiziert wird auch im Unionsrecht die grammatikalische, historische, systematische und teleologische Auslegung.[92] Keine Bedeutung für das Wettbewerbsrecht hat die **rahmenbeschlusskonforme Auslegung.**[93] 995

---

[83] EuGH NJW 2004, 3547 Rn. 113 ff. – Pfeiffer/DRK; BVerfG GRUR 2012, 53 Rn. 80 – Le-Corbusier-Möbel; NJW 2012, 669 Rn. 46 – Immobilienfondsfinanzierung; ZIP 2015, 335 Rn. 31 – Massenentlassungsrichtlinie. Zur völkerrechtskonformen Auslegung des EG-Sekundärrechts *Rosenkranz* EuZW 2007, 238 ff. (zur SGAE-Entscheidung des EuGH v. 7.12.2006).

[84] EuGH Slg. 1984, 1921 Rn. 26 ff. – Harz; 1987, 3969 Rn. 12 ff. – Kolpinghuis Nijmwegen; 1989, 3533 Rn. 6 – Nijman; 1990, I-4135 Rn. 8 – Marleasing; 1994, I-3325 Rn. 26 – Dori; 1996, I-4705 Rn. 41 f. – Arcaro; 1998, I-5357 Rn. 25 – Tögel; *Gärditz* in Rengeling/Middeke/Gellermann³ § 34 Rn. 61; *Kahl* in Calliess/Ruffert⁵ EUV Art. 4 Rn. 97.

[85] *Kahl* in Calliess/Ruffert⁵ EUV Art. 4 Rn. 97.

[86] *Kahl* in Calliess/Ruffert⁵ EUV Art. 4 Rn. 97.

[87] *Kahl* in Calliess/Ruffert⁵ EUV Art. 4 Rn. 98.

[88] Vgl. dazu *v. Danwitz* JZ 2007, 697 (701, 704 f.).

[89] Ein Anwendungsfall ist EuGH NJW 2005, 3695 Rn. 75 ff. – Mangold. Zum Grundrechtsschutz durch den EuGH *Schwarze* NJW 2005, 3459 ff. Den Grundsatz der Rechtssicherheit zitierend BGH WuW/E DE-R 4679 Rn. 19 – Grenzen der Verbandsgeldbuße.

[90] Schlussantrag Generalanwältin *Trstenjak* in der Rs. C-282/10 Rn. 93–95, 126 – Maribel Dominguez.

[91] Vgl. dazu *Vogenauer* ZEuP 2005, 234 ff. (245 ff.); *Colneric* ZEuP 2005, 225 ff.; *Riesenhuber* (Hrsg.), Europäische Methodenlehre, 2006 (rezensiert von *Möllers* ZHR 171 [2007], 754); *Babusiaux,* Die richtlinienkonforme Auslegung, 2007; *Höpfner/Rüthers* AcP 209 (2009), 1 ff.; *Gebauer* in Gebauer/Wiedmann, Zivilrecht unter europäischem Einfluss, 2. Aufl. 2012, Kap. 4; *Fleischer* RabelsZ 75 (2011), 700 (710 ff.); *Wendehorst* RabelsZ 75 (2011), 730 (757 ff.). Zur Auslegung bei Existenz verschiedener Sprachfassungen ua EuGH GRUR Int. 2010, 849 Rn. 35 u. 37 – reifen.eu; zur Berücksichtigung des effet utile EuGH GRUR 2011, 1025 Rn. 136 – L'Oréal/eBay.

[92] Vgl. Schlussantrag Generalanwältin *Trstenjak* in der Rs. C-29/10 Rn. 58 – Koelzsch.

[93] Dazu EuGH NJW 2005, 2839 – Pupino m. Bespr. *Wehnert* NJW 2005, 3760 ff. und *Egger* EuZW 2005, 652 ff.

996 Ein Fall der unionsrechtskonformen Auslegung ist die **richtlinienkonforme Auslegung,** die der EuGH erstmals 1984 in der Rechtssache *von Colson und Kamann*[94] zu einer Rechtsanwendungspflicht[95] verdichtet hat. Die Auslegung nationalen Rechts, das auf Richtlinien beruht und sie umsetzt, ist am Richtlinienprogramm zu orientieren;[96] das nationale Gericht muss den **Auslegungsspielraum** des nationalen Rechts zugunsten des Unionsrechts **ausnutzen,** nämlich seine Auslegung soweit wie möglich am Wortlaut und Zweck der Richtlinie ausrichten, um das mit der Richtlinie verfolgte Ziel zu erreichen und auf diese Weise Art. 267 Abs. 3 AEUV zu beachten.[97] Dasselbe gilt für die Interpretation **sonstigen nationalen Rechts,** das dem Unionsrecht entgegensteht.[98] Auslegungsleitende Richtlinienbestimmungen sind nicht nur solche, die wegen ihrer konkreten Formulierung unmittelbare Wirkung erlangen können, sondern sind auch und gerade die übrigen Bestimmungen.[99] Ergeben sich bei der Auslegung des nationalen Rechts Zweifel, die auf Zweifeln an Inhalt und Tragweite des Unionsrechts beruhen, ist die Auslegung des Unionsrechts unter den Voraussetzungen des Art. 267 AEUV durch **Vorlage an den EuGH** verbindlich zu klären. Die richtlinienkonforme Auslegung hat auch bei **richtlinienüberschießender Umsetzung** im nationalen Recht Bedeutung, ohne dass sich diese Verpflichtung aus dem Unionsrecht ergibt.[100]

997 Die unionsrechtskonforme Auslegung hat **unter den Interpretationsregeln Vorrang,** weil dadurch die Rechtsquelle mit dem höheren Rang durchgesetzt wird.[101] Gegebenenfalls wird ein Konflikt mit den Grundfreiheiten des primären Unionsrechts, etwa der Warenverkehrsfreiheit (Art. 34 AEUV), für die Entscheidung obsolet, wenn das nationale Recht bereits dem Sekundärrecht durch Auslegung angepasst werden kann.[102] Sie findet ihre Grenze an einer ausdrücklich entgegenstehenden Regel der lex lata, berechtigt also **nicht** zur Entscheidung **contra legem.**[103] Dies gilt jedenfalls für Richtlinien, denen anderenfalls unmittelbare Wirkung zu Lasten der Bürger zugemessen würde, obwohl sie gem. Art. 288 Abs. 3 AEUV Verpflichtungen nur für die Mitgliedstaaten begründen.[104] Einem benachteiligten Bürger bleibt gleichwohl nicht nur die unionsrechtliche Staatshaftung des Mitgliedstaates. Das Verbot der Auslegung contra legem steht in einem Spannungsverhältnis zu dem Verlangen des EuGH, das nationale Recht unter voller Ausschöpfung des richterlichen Beurteilungsspielraums in einen richtlinienkonformen Zustand zu bringen,[105] was eine **Rechtsfortbildung** einschließt. Zu beachten sind dabei die methodentheoretischen Grenzen der Rechtsfortbildung.[106] Der EuGH verlangt ungeachtet des-

---

[94] EuGH Slg. 1984, 1891 Rn. 28.

[95] EuGH NJW 2006, 2465 Rn. 117 – Adeneler/ELOG.

[96] *Kotzur* in Geiger/Khan/Kotzur, EUV/AEUV[6], AEUV Art. 288 Rn. 14; *Veelken* JuS 1993, 265 (271).

[97] EuGH Slg. 1990, I-4135 Rn. 8 – Marleasing; 1993, I-6911 Rn. 20 – Wagner Miret; 2002, I-6325 Rn. 24 – Marks & Spencer; NJW 2006, 2465 Rn. 111 – Adeneler/ELOG; ZIP 2014, 287 Rn. 38 – Association médiale sociale; GRUR 2014, 473 Rn. 44 – OSA; NJW 2014, 1941 Rn. 54 – Crédit Lyonnais; *Schroeder* in Streinz[2] AEUV Art. 288 Rn. 128.

[98] EuGH NJW 2004, 3547 Rn. 15 f. – Pfeiffer/DRK. Vgl. als Beispiel BGH WRP 2002, 1267 – Bodensee-Tafelwasser.

[99] *Gärditz* in Rengeling/Middeke/Gellermann[3] § 34 Rn. 62 f.

[100] BGH NJW 2013, 220 Rn. 20 – Aus- und Einbaukosten.

[101] Vgl. *Canaris* FS Bydlinski, 2002, 47 (68, 70); aA *Jud* ÖJZ 2003, 521 (524).

[102] Vgl. dazu BGH WRP 2002, 1267 (1269) – Bodensee-Tafelwasser.

[103] EuGH NJW 2005, 2839 Rn. 44 und 47 – Pupino; NJW 2006, 2465 Rn. 110 = JZ 2007, 187 – Adeneler/ELOG mAnm *Franzen* und Bespr. *Hofmann* ZIP 2006, 2113 ff. sowie *Auer* NJW 2007, 1106 ff.; NJW 2012, 509 Rn. 25 – Maribel Dominguez; ZIP 2014, 287 Rn. 39 – Association médiale sociale; GRUR 2014, 473 Rn. 45 – OSA; 19.4.2016 – C-441/14 Rn. 32 – Dansk Industri; NJW 2018, 1869 Rn. 71; 2018, 3086 Rn. 63; BVerfG NJW 2012, 669 Rn. 47 – Immobilienfondsfinanzierung; ZIP 2015, 335 Rn. 31 – Massenentlassungsrichtlinie; BGH NJW 2014, 2646 Rn. 33 – Policenmodell; WRP 2014, 1203 Rn. 46 – PC III; BGH WuW/E DE-R 4679 Rn. 19 – Grenze der Verbandsgeldbuße; *Canaris* FS Bydlinski, 2002, 47 (91 ff.); *Borchardt* Rechtliche Grundlagen[6] Rn. 153. AA *Pfeiffer* NJW 2009, 412 unter Hinweis auf die Entscheidung BGH NJW 2009, 427 – Quelle.

[104] Schlussantrag Generalanwältin *Trstenjak* in der Rs. C-282/10 Rn. 62 – Maribel Dominguez.

[105] EuGH NJW 1984, 2021 (2022), aE – von Colson.

[106] *Michael/Pyandeh* NJW 2015, 2392 (2396).

sen, die der Richtlinienbestimmung entgegenstehende nationale Vorschrift unangewandt zu lassen,[107] wodurch die Auslegung contra legem mittelbar ermöglicht wird. Zudem umgeht der EuGH sein verbales Bekenntnis gegen eine Horizontalwirkung von Richtlinien unter Privaten, indem er den Richtlinieninhalt in Chartagrundrechte der EU (zu ihnen → Rn. 1014) hineinliest, die ihrerseits als Primärrecht unmittelbare Wirkung haben.[108]

Verwirklicht werden kann eine unionsrechtliche Vorgabe uU in **Kombination mit** den **998**
herkömmlichen Auslegungsregeln. So hat der BGH zB in der Entscheidung „Bodensee-Tafelwasser" den Vorgaben der Etikettierungsrichtlinie 2000/13/EG vom 20.3.2000, die einen über einen konkreten Irreführungsschutz hinausgehenden abstrakten Gefährdungstatbestand nicht zulässt, dadurch zum Durchbruch gegenüber § 15 Abs. 1 Nr. 2 der Mineralwasser- und TafelwasserVO[109] verholfen, dass diese Norm **teleologisch reduziert** wurde und nunmehr eine bestimmte Herkunftsangabe nur noch bei Vorliegen einer konkreten Irreführungsgefahr zu untersagen ist.[110]

Der Erlass der **Richtlinie** 2005/29/EG über **unlautere Geschäftspraktiken,** die in **999**
ihrem Anwendungsbereich das Lauterkeitsrecht vollständig harmonisiert hat und den Geschäftsverkehr zwischen Unternehmern und Verbrauchern grundsätzlich abschließend regelt,[111] hat zu einer **Neuinterpretation des UWG** geführt.[112] Auf die von der EU-Kommission am 12.12.2011 erhobenen umfangreichen Beanstandungen wegen unzureichender Umsetzung der UGP-RL in Deutschland geht die UWG-Änderung von 2015 zurück (näher dazu *Keller* → Einl. Rn. 26 ff.). Eingehender Prüfung bedürfen jeweils die Marktverhaltensnormen iSd § 3a UWG (ex § 4 Nr. 11). Ob die nationale Norm von der Vollharmonisierung der UGP-RL erfasst wird, hat der EuGH zu entscheiden.[113]

Lässt sich ein Normwiderspruch unter Berücksichtigung der innerstaatlichen Kompeten- **1000**
zen **nicht durch Auslegung** des nationalen Rechts im Lichte der richtliniengestützten Vorgaben beheben, ist es Sache des **nationalen Gesetzgebers,** sein Umsetzungsversagen so schnell wie möglich zu beheben.[114] Gegebenfalls ist der Sachverhalt Anlass für ein **Vertragsverletzungsverfahren** der Kommission gegen den Mitgliedstaat.

II. Verfassungsrecht

Schrifttum: *Achatz,* Grundrechtliche Freiheit im Wettbewerb, 2011; *Antweiler,* Öffentlich-rechtliche Unterlassungsansprüche gegen kommunale Wirtschaftstätigkeit, NVwZ 2003, 1466 ff.; *Badura,* Wirtschaftliche Betätigung der Gemeinde zur Erledigung von Angelegenheiten der örtlichen Gemeinschaft im Rahmen der Gesetze, DÖV 1998, 818 ff.; *ders.,* Wirtschaftsverfassung und Wirtschaftsverwaltung, 4. Aufl. 2011; *Behrens,* Europäisches Marktöffnungs- und Wettbewerbsrecht, 2017; *Brohm,* Wirtschaftstätigkeit der öffentlichen Hand und Wettbewerb, NJW 1994, 281 ff.; *Brüning,* „Nichts geht mehr" – Zum grundrechtlichen Schutz der Berufsfreiheit vor staatlicher Wirtschaftstätigkeit, JZ 2009, 29 ff.; *Burgi,* Verwalten durch öffentliche Unternehmen im europäischen Institutionenwettbewerb, VerwArch 93 (2002), 255 ff.; *Classen,* Die wettbewerbs- und verfassungsrechtliche Beurteilung produktunabhängiger Wirtschaftswerbung, 2006; *David,* Wettbewerbsrechtliche Ansprüche gegen Betätigung von Kommunen und deren Gesellschaften, NVwZ

[107] EuGH NJW 2018, 1869 Rn. 79 – Egenberger; NJW 2018, 3086 Rn. 70.

[108] So etwa EuGH NJW 2019, 1861 Rn. 88 f. – Bauer und Willmeroth; EuZW 2019, 242 Rn. 76 f. – Cresco Investigation/Achatzki (öst. Karfreitagsvergütung), dort mit heftiger Kritik an dieser Rechtsprechungslinie der Schlussantrag des Generalanwalts *Bobek* Rn. 122 und 131 ff.

[109] MTVO, BGBl. 1984 I S. 1036 idFv 29.10.2001, BGBl. I S. 2785.

[110] BGH WRP 2002, 1267 (1268); s. auch zum Versicherungsrecht BGH NJW 2014, 2646 Rn. 33.

[111] EuGH GRUR 2011, 76 Rn. 27 – Mediaprint; BGH GRUR 2011, 843 Rn. 14 – Vorrichtung zur Schädlingsbekämpfung.

[112] Zu § 4 Nr. 6 UWG: BGH GRUR 2011, 532 Rn. 15 u. 25 – Millionen-Chance II; OLG Köln WRP 2013, 92 Rn. 11 – Fruchtgummi-Glückswochen; zu § 4 Nr. 2 UWG aF: *Heermann* GRUR 2011, 781 ff.; zu § 4 Nr. 4 u. 5 UWG aF: *Köhler* WRP 2011, 1023 ff.; zu § 4 Abs. 1 Nr. 3 MarkenG iSd Art. 4 lit. d RL 2006/114/EG (vergleichende Werbung) BGH GRUR 2011, 1158 Rn. 21 f. – Teddybär. Eingehend zur UGP-RL ***Glöckner* → Einl. Rn. 237 ff.**

[113] Beispiel: EuGH GRUR 2013, 1245 – Good News, nachfolgend BGH WRP 2014, 1058 – Good News II.

[114] EuGH NJW 2007, 3625 Rn. 37 f. – ONP/Jonkman; *Gärditz* in Rengeling/Middeke/Gellermann³ § 34 Rn. 62.

2000, 738 ff.; *Di Fabio,* Wettbewerbsprinzip und Verfassung, in: FIW (Hrsg.), Freier Wettbewerb – Verantwortung des Staates, 2008, S. 1 ff.; *Kahl/Waldhoff/Walter* (Hrsg.), Bonner Kommentar zum Grundgesetz, Loseblattsammlung; *Ehlers,* Empfiehlt es sich, das Recht der öffentlichen Unternehmen im Spannungsfeld von öffentlichem Auftrag und Wettbewerb national und gemeinschaftsrechtlich neu zu regeln?, Gutachten zum 64. DJT 2002, Teil E; *Dreher,* Wirtschaftsverfassung und Wirtschaftsrecht, JZ 2014, 185 ff.; *Ehlers/Fehling/Pünder,* Besonderes Verwaltungsrecht, Bd. 1: Öffentliches Wirtschaftsrecht, 4. Aufl. 2019; *Ehlers* (Hrsg.), Europäische Grundrechte und Grundfreiheiten, 4. Aufl. 2015; *Erichsen,* Gemeinde und Private im wirtschaftlichen Wettbewerb, 1987; *Faßbender,* Rechtsschutz privater Konkurrenten gegen kommunale Wirtschaftsbetätigung, DÖV 2005, 89 ff.; *Frenz,* Kommunalwirtschaft außerhalb des Wettbewerbsrechts?, WRP 2002, 1367 ff.; *ders.,* Rekommunalisierung und Europarecht nach dem Vertrag von Lissabon – Daseinsvorsorge, Wettbewerbsregeln, Grundfreiheiten, WRP 2008, 73 ff.; *A. Fuchs,* Zivilrechtliche Sanktionen gegen gesetzwidrigen Wettbewerb durch die öffentliche Hand?, Festschrift Brohm (2002), S. 275 ff.; *Gersdorf,* Öffentliche Unternehmen im Spannungsfeld zwischen Demokratie- und Wirtschaftlichkeitsprinzip, 2000; *Gomille,* Mehrdeutigkeit und Meinungsfreiheit, JZ 2012, 769 ff.; *Hellermann,* Örtliche Daseinsvorsorge und gemeindliche Selbstverwaltung, 2000; *Henneke,* Das Recht der Kommunalwirtschaft in Gegenwart und Zukunft, NdsVBl. 1999, 1 ff.; *Hösch,* Die kommunale Wirtschaftstätigkeit, 2000; *J. Ipsen,* Rechtsschutz gegen kommunale Wirtschaftstätigkeit, ZHR 170 (2006) 422 ff.; *Isensee/Kirchhof* (Hrsg.), Handbuch des Staatsrechts, 2. Aufl., einzelne Teilbände in 3. Aufl.; *Jarass/Pieroth,* Grundgesetz für die Bundesrepublik Deutschland, 15. Aufl. 2018; *Jensen,* Kommunale Daseinsvorsorge im europäischen Wettbewerb der Rechtsordnungen, 2015; *Klement,* Wettbewerbsfreiheit – Bausteine einer europäischen Grundrechtstheorie, 2015, S. 383 ff., 451 ff.; *Judith/Stegemann,* Der Staat als Unternehmer – (Re-)Kommunalisierung im wettbewerbsrechtlichen Kontext, WuW 2015, 736 ff.; *Köhler,* Wettbewerbsrecht im Wandel: Die neue Rechtsprechung zum Tatbestand des Rechtsbruchs, NJW 2002, 2761 ff.; *ders.,* Wettbewerbsverstoß durch rechtswidrigen Marktzutritt?, GRUR 2001, 777 ff.; *ders.,* Wettbewerbsrechtliche Grenzen der Betätigung kommunaler Unternehmen, WRP 1999, 1205 ff.; *Könen,* Die wirtschaftliche Betätigung der öffentlichen Hand, ZHR 182 (2018), 684 ff.; *Leisner,* Wettbewerb als Verfassungsprinzip, 2012; *Löwer,* Der Staat als Wirtschaftssubjekt und Auftraggeber, VVDStRL 60 (2001), 416 ff.; *v. Mangoldt/Klein/Starck,* Das Bonner Grundgesetz, Band 1, 7. Aufl. 2018; *Th. Mann,* Öffentliche Unternehmen im Spannungsfeld von öffentlichem Auftrag und Wettbewerb, JZ 2002, 819 ff.; Maunz/Dürig, Grundgesetz, Loseblattsammlung, Stand 2019; *Th. Müller,* Wettbewerb und Unionsverfassung, 2013; *v. Münch/Kunig,* Grundgesetz, 6. Aufl. 2012; *Papier,* Grundgesetz und Wirtschaftsverfassung, WM 2009, 1869 ff.; *Peukert,* Der Wandel der europäischen Wirtschaftsverfassung im Spiegel des Sekundärrechts, ZHR 173 (2009), 536 ff.; *Poppen,* Der Wettbewerb der öffentlichen Hand, Grundlagen und Grenzen unter besonderer Berücksichtigung des § 4 Nr. 11 UWG, 2007; *Rittner/Dreher,* 60 Jahre GG und das Wirtschaftsrecht, Jahrbuch für öffentliches Recht n. F., 60 (2011), 59 ff.; *Ruffert,* Zur Leistungsfähigkeit der Wirtschaftsverfassung, AöR 134 (2009), 197 ff.; *Sachs,* Grundgesetz, 8. Aufl. 2018; *Schliesky,* Vom kommunalen Wirtschaftsrecht zum öffentlichen Wettbewerbsrecht, NdsVBl. 2005, 113 ff.; *Schoch,* Besonderes Verwaltungsrecht, 2018; *Frederik Schmidt,* Die unternehmerische Freiheit im Unionsrecht, 2010; *Schmidt-Leithoff,* Gemeinschaftswirtschaft im Wettbewerb, 2011; *Schoch,* Besonderes Verwaltungsrecht, 2018; *Schulte/Klos,* Handbuch Öffentliches Wirtschaftsrecht, 2016; *Schweitzer,* Kommunale Daseinsvorsorge zwischen Kartellrecht und öffentlich-rechtlicher Gebührenkontrolle, ZHR 181 (2017), 119 ff.; *Schweitzer,* Vertragsfreiheit, Marktregulierung, Marktverfassung: Privatrecht als dezentrale Koordinierungsordnung, AcP 220 (2020), 544; *Sodan,* Rechtsschutz gegen den gesetzwidrigen Marktzutritt kommunaler Wirtschaftsunternehmen, Festschrift Peter Raue, 2006, S. 335 ff.; *Steiner/Brinktrine* (Hrsg.), Besonderes Verwaltungsrecht, 9. Aufl. 2018; *Stober,* Neuregelung des Rechts der öffentlichen Unternehmen?, NJW 2002, 2357 ff.; *Stober/Korte,* Öffentliches Wirtschaftsrecht, Allgem. Teil, 19. Aufl. 2018; *Stober/Paschke,* Deutsches und internationales Wirtschaftsrecht, 3. Aufl. 2017; *Stober/Vogel* (Hrsg.), Wirtschaftliche Betätigung der öffentlichen Hand, 2000; *Storr,* Der Staat als Unternehmer, 2001; *Wallerath* (Hrsg.), Kommunen im Wettbewerb, 2001; *D. Weber,* Wettbewerbsrechtlicher Unterlassungsschutz gegen kommunale Wirtschaftstätigkeit, 2000; *Weiss,* Privatisierung und Staatsaufgaben, 2002; *W. Weiß,* Zu den Zulässigkeitsschranken für die Kommunalwirtschaft in Österreich, ÖJZ 2003, 281 ff.; *Wurzel/Schraml/Becker,* Rechtspraxis der kommunalen Unternehmen, 3. Aufl. 2015.

1001 **1. Wirtschaftsverfassung.** Versuche, die **Wirtschaftsordnung der Marktwirtschaft** als eine vom GG verbürgte Wirtschaftsverfassung argumentativ abzusichern, haben sich im öffentlichen Recht nicht durchsetzen können, weder zurzeit der alten Bundesrepublik Deutschland noch in der im Anschluss an die Wiedervereinigung geführten Diskussion. In der Frühzeit der Bundesrepublik ist insbesondere von *Nipperdey* die Auffassung vertreten worden, das Grundgesetz enthalte eine institutionelle Garantie der sozialen Marktwirtschaft.[115] Das BVerfG hat schon sehr bald entschieden, dass das **GG wirtschaftspolitisch neutral** sei; es habe die Frage der Wirtschaftsordnung bewusst offen gelassen, um freier

[115] *Nipperdey,* Soziale Marktwirtschaft und GG, 3. Aufl. 1965 (erstmals 1954), S. 24 ff.; ebenso *Böhm,* Wirtschaftsordnung und Staatsverfassung, 1950, S. 51. Zur Entwicklung der Vorstellungen *R. Schmidt* in Isensee/Kirchhof HdbStR Bd. IV³ (2006) § 92 Rn. 12 ff.

Auseinandersetzung, Entscheidung und Gestaltung Raum zu geben. Die soziale Marktwirtschaft beruhe auf einer wirtschafts- und sozialpolitischen Entscheidung des Gesetzgebers, die durch eine andere Entscheidung ersetzt oder modifiziert werden könne, so dass es nicht darauf ankomme, ob ein wirtschaftslenkendes Gesetz marktkonform sei.[116]

An der Offenheit des GG hat sich auch nicht dadurch etwas geändert, dass in Art. 1 **1002** Abs. 3 S. 1 des **Staatsvertrages über die Währungs-, Wirtschafts- und Sozialunion** vom 18.5.1990[117] das Bekenntnis zum Wirtschaftssystem der sozialen Marktwirtschaft niedergelegt ist[118] und die Fortgeltung der Verpflichtungen aus diesem Vertrag in Art. 40 Abs. 1 des Einigungsvertrages vom 30.8.1990[119] angeordnet wurde. Das GG wurde insoweit nicht ergänzt; die soziale Marktwirtschaft ist durch die Verträge weder ausdrücklich in Verfassungsrang erhoben worden, noch ist eine verbindliche Verpflichtung zur Auslegung in diesem Sinne geschaffen worden.[120] Die Neutralität darf allerdings nicht als wirtschaftsverfassungsrechtliche Inhalts- oder Entscheidungslosigkeit verstanden werden. Anerkannt ist, dass das Ordnungsgefüge der Marktwirtschaft, die durch das **wirtschaftliche Handeln** von (staatsfreien) Privatrechtssubjekten konstituiert wird, indirekt **durch Grundrechtsverbürgungen** zugunsten der Marktteilnehmer verfassungsrechtlich gesichert wird.[121] Die Bundesländer Thüringen und Brandenburg haben die ökologisch-soziale Marktwirtschaft als Staatsziel in ihre Verfassungen aufgenommen (Art. 38 ThürVerf; Art. 42 Abs. 2 S. 1 BbgVerf). Die Neutralitätsthese ändert nichts daran, dass den privatrechtlichen Austausch- und Kooperationsprozessen die Entscheidung für eine dezentrale Koordinationsordnung mit offenen wettbewerblichen Teilhabechancen zugrunde liegt, die verfassungsrechtlich abgesichert ist.[122]

Der **EU-Vertrag** in der Fassung von Lissabon sorgt mit den Grundsätzen, die in Art. 106 **1003** Abs. 2 AEUV iVm Protokoll Nr. 27[123] (System, das den Wettbewerb innerhalb des Binnenmarktes vor Verfälschungen schützt) und in Art. 119 Abs. 1 AEUV (Verpflichtung auf eine offene Marktwirtschaft mit freiem Wettbewerb) niedergelegt sind, für mehr Ordnungstreue, doch hat auch die EU eine relativ offene Wirtschaftsverfassung.[124] Sie schließt weder eine Wirtschaftsregulierung noch eine öffentliche Wirtschaft, sondern nur eine reine Staatswirtschaft oder ein striktes Zurückdrängen der Privatwirtschaft aus.[125] Art. 106 Abs. 2 AEUV begrenzt staatliche Interventionen unter Berufung auf öffentliche Interessen durch einen Rechtfertigungszwang. Marktfremde Eingriffe in die freiheitliche Wirtschaftsordnung bedürfen einer besonderen Rechtfertigung.[126]

2. Grundrechtsüberblick. a) Grundgesetz. Mehrere Grundrechte verbürgen freies **1004** wettbewerbliches unternehmerisches Handeln, stützen aber auch die kritische Auseinandersetzung mit diesem.[127] Die Wahrnehmung von Wettbewerbschancen fällt unter dem Stichwort der **Wettbewerbsfreiheit** (gegen den Staat gerichtet) als Teil der allgemeinen Hand-

---

[116] BVerfGE 4, 7 (18) – Investitionshilfe; später ebenso 30, 292 (317) – Erdölbevorratung; 50, 290 (338) – Mitbestimmung. Zur Mehrdeutigkeit des Neutralitätsbegriffs *Rittner/Dreher,* Wirtschaftsrecht, 3. Aufl. 2008, § 2 Rn. 56 ff.

[117] BGBl. II S. 537.

[118] *Di Fabio* in Maunz/Dürig Art. 2 (2019) Rn. 76, 87, 116; *Scholz* in Maunz/Dürig Art. 12 (2019) Rn. 85, 88, 96; *Schmidt-Preuß* DVBl 1993, 236 (247); aA *Isensee* in Isensee/Kirchhof HdbStR Bd. IX³ (2011) § 190 Rn. 180; *Huber/Unger* in Schoch, Bes. Verwaltungsrecht, 2018, 4. Kap. Rn. 29.

[119] BGBl. II S. 889.

[120] *Stober/Korte* Öffentl. Wirtschaftsrecht AT¹⁹ § 5 Rn. 118 ff.; *Gröschner* ThürVBl. 1996, 246 (247); *Bryde* in v. Münch/Kunig GG⁶ Art. 14 Rn. 2.

[121] Vgl. nur *Isensee* in Isensee/Kirchhof HdbStR Bd. IX³ (2011) § 190 Rn. 181; *Schmidt-Preuß* DVBl 1993, 236 (247); *R. Schmidt* in Isensee/Kirchhof HdbStR Bd. IV³ (2006) § 92 Rn. 26 f.

[122] Dazu näher *Schweitzer* AcP 220 (2020), 544, 547 ff., 560 ff.

[123] Zuvor stärker verankert in Art. 3 Abs. 1 lit. g EGV aF.

[124] *Stober/Korte* Öffentl. Wirtschaftsrecht AT¹⁹ § 5 Rn. 132 ff.

[125] *Ehlers* Gutachten zum 64. DJT E 33.

[126] *Dreher* JZ 2014, 185 (188).

[127] Dazu BGH GRUR 2014, 1228 = NJW 2015, 489 – Ärztebewertung II; BGH GRUR 2015, 289 Rn. 12 f. und 21 – Hochleistungsmagneten. S. auch EGMR MMR 2014, 35 – Delfi.

lungsfreiheit unter **Art. 2 Abs. 1 GG,**[128] wird aber auch – ohne Einfluss auf die Entscheidungsergebnisse – unter Art. 12 Abs. 1 GG[129] subsumiert. Die Wettbewerbsfreiheit gibt dem einzelnen Unternehmer das Recht, auf einem Wirtschaftssektor mit anderen staatsfrei zu konkurrieren.[130] Jedes Unternehmen soll sich im Rahmen freier Leistungskonkurrenz auf dem Markt gegenüber anderen Unternehmen behaupten.[131] Grundrechtlich wirksam wird der Schutz der Wettbewerbsfreiheit namentlich in Gestalt einer Gewährleistung **gleicher Wettbewerbschancen.**[132] Dies bedeutet, dass der Staat die Gleichheit der Chancen im Wettbewerb zu wahren hat. Das Grundrecht schützt vor willkürlichen Veränderungen oder Beeinflussungen des Wettbewerbs;[133] es sichert einzelne Wettbewerber vor solchen Staatseingriffen, die seine Konkurrenten ohne sachliche Rechtfertigung begünstigen bzw. die im Wettbewerb unterschiedliche Start- oder Konkurrenzbedingungen schaffen.[134]

1005 Die Wettbewerbsfreiheit genießt im Ergebnis aber wegen des **weiten Eingriffsvorbehalts,** unter dem dieses Grundrecht steht, einen geringen Schutz. Eine Verletzung kommt nur in Betracht, wenn durch hoheitliche Maßnahmen die Fähigkeit privater Unternehmer zur Teilnahme am Wettbewerb so stark beschnitten wird, dass deren Möglichkeit zur **eigenverantwortlichen Betätigung in unerträglichem Maße eingeschränkt** ist.[135] Geboten ist eine Absenkung der Eingriffsschwelle, zB auf *erhebliche* Einschränkungen.[136] Anfänglich benutzte Formeln klangen auch wesentlich moderater, etwa die Sentenz des BVerfG, es müsse ein angemessener Spielraum zur Entfaltung von Unternehmensinitiative verbleiben.[137] Die Formulierung eines hohen Schwellenwertes wird von der Sorge bestimmt, dem **Staat** werde die Möglichkeit genommen, **lenkend** in das Wirtschaftsgeschehen einzugreifen. Nach der Rechtsprechung des BVerfG ist eine Einschränkung der wirtschaftlichen Betätigungsfreiheit zulässig, wenn dies durch überwiegende Gründe des Allgemeinwohls geboten ist. Ein vertretbares und verfassungsrechtlich zulässiges wirtschaftspolitisches Ziel reicht zur Rechtfertigung aus.[138] Die Grundrechtsbindung der öffentlichen Hand gilt auch für von ihr beherrschte gemischt-wirtschaftliche Unternehmen des Privatrechts.[139] Nicht überprüfen kann das BVerfG Maßnahmen der EU, es sei denn, sie sind Grundlage Handlungen deutscher Staatsorgane oder sind durch das Integrationsprogramm auf Grundlage des Art. 23 Abs. 1 S. 2 GG nicht gedeckt.[140]

---

[128] BVerwGE 30, 191 (198) = NJW 1969, 522 (523) – Winzergenossenschaft; 60, 154 (160 f.) = NJW 1980, 2764 (2765) – Krankenhausfinanzierungsgesetz; 65, 167 (174) – Klett-Passage; VGH Mannheim NJW 1984, 251 (253); VGH München NJW 1985, 758 (759); VGH Kassel ZIP 2008, 1520 (1523); *Di Fabio* in Maunz/Dürig Art. 2 Abs. 1 (2019) Rn. 116, 119.

[129] BVerfGE 32, 311 (317) – Grabsteinwerbung; 46, 120 (137) – Datex; BVerwGE 71, 183 (189, 192) – Arzneimittel-Transparenzliste; 79, 326 (329) – Kfz-Haftpflichtversicherungstarif; OVG Münster NVwZ 1984, 522 (524) mwN zur Subsidiarität des Art. 2 Abs. 1 GG; *Di Fabio* in Maunz/Dürig Art. 2 (2019) Abs. 1 Rn. 116; *Manssen* in v. Mangoldt/Klein/Starck[7] GG Art. 12 Rn. 70.

[130] *Leisner* BB 1970, 405 (410).

[131] *Di Fabio* in Maunz/Dürig Art. 2 (2019) Abs. 1 Rn. 87 f. mit 116.

[132] *Scholz,* Entflechtung und Verfassung, S. 97.

[133] *Scholz* in Maunz/Dürig Art. 12 (2019) Rn. 144 f.

[134] *Scholz,* Konkurrenzprobleme bei behördlichen Produktkontrollen, S. 34.

[135] BVerwGE 30, 191 (198) – Winzergenossenschaft; 65, 167 (174) (mit der Formulierung: Einschränkung der Fähigkeit zur Teilnahme am Wettbewerb in einem Maße, dass die Möglichkeit der verantwortlichen Betätigung beeinträchtigt ist); BVerwG DVBl 1978, 639 – kommunale Wohnraumvermittlung; NJW 1991, 1943 („konkrete und greifbare Einschränkung") NJW 1995, 2938 (2939) – FWT; OVG Münster NVwZ 1984, 522 (525); VGH Mannheim NJW 1984, 251 (253); 1995, 274; VGH München NJW 1985, 758 (759) („Existenzgefährdung").

[136] *Ehlers,* Gutachten zum 64. DJT E 41; ähnlich *Di Fabio* in Maunz/Dürig Art. 2 (2019) Abs. 1 Rn. 122; *Papier* in Benda/Maihofer/Vogel § 18 Rn. 46.

[137] BVerfGE 12, 341 (347); 27, 375 (384 f.); 50, 290 (366) – Mitbestimmungsgesetz; 65, 167 (174); BVerfG NJW 1991, 1943 (Konkurrentenklage gegen Lizenzierung eines Hörfunkprogramms wegen Missachtung des LRundfunkG). Überhaupt keinen Schwellenwert benennen BVerwGE 30, 191 (197 f.); 60, 154 (160).

[138] BVerfGE 18, 315 (327) – Milch- und FettG; 19, 101 (114) – Zweigstellensteuer; 21, 292 (299) – RabattG.

[139] BVerfG NJW 2016, 3153 Rn. 27 – Kommunales Freibad.

[140] BVerfG NJW 2017, 149 Rn. 16 f.

Der **Eigentumsschutz** (Art. 14 Abs. 1 GG) kann zur Schutzbegründung in Betracht kommen, dürfte aber zur Erhaltung von Handlungsfreiheit am Markt nicht einschlägig sein, weil es in einer **Marktwirtschaft** keine gesicherten Marktpositionen geben kann sondern **nur Wettbewerbschancen** (auch → Rn. 1095).[141] Art. 14 Abs. 1 GG schützt nur Rechtspositionen, die einem Rechtssubjekt bereits zustehen, nicht dagegen erst in der Zukunft liegende Umsatzmöglichkeiten.[142] Geschützt sind jedoch Kennzeichen, die als Marken (§ 14 Abs. 1 MarkenG) und als geschäftliche Bezeichnungen (§ 15 Abs. 1 MarkenG) absolut geschützte Rechte darstellen; Art. 14 GG erstreckt sich auf sie und die anderen Schutzrechte des **geistigen Eigentums.**[143] Zahlreiche Entscheidungen des BVerfG haben sich mit dem Urheberrecht und den verwandten Schutzrechten,[144] aber auch mit dem Patentrecht,[145] dem Markenrecht[146] und geographischen Herkunftsangaben[147] befasst. **1006**

Das Grundrecht der **Berufsfreiheit** (Art. 12 Abs. 1 GG) schützt das Auftreten am Markt im Rahmen der Berufsausübung.[148] Das Freiheitsrecht umfasst berufsbezogenes Verhalten von natürlichen und juristischen Personen als Unternehmensträgern am Markt nach den Grundsätzen des Wettbewerbs.[149] Faktisch-mittelbar wirkende Veränderungen der Rahmenbedingungen müssen allerdings einem zielgerichteten Eingriff in das Grundrecht als funktionales Äquivalent gleichkommen.[150] Erfolgt die unternehmerische Berufstätigkeit nach den Grundsätzen des Wettbewerbs, wird die Reichweite des Freiheitsschutzes auch durch die rechtlichen Regeln mitbestimmt, die den Wettbewerb ermöglichen und begrenzen; Art. 12 Abs. 1 GG sichert in diesem Rahmen die **Teilhabe am Wettbewerb** nach Maßgabe seiner Funktionsbedingungen.[151] Einbezogen ist der Schutz von **Betriebs- und Geschäftsgeheimnissen.**[152] Eine oft zitierte Sentenz aus BVerwGE 39, 329 (336), Art. 12 Abs. 1 schütze nicht vor Konkurrenz, auch nicht vor dem Wettbewerb der öffentlichen Hand, verstellt den Blick dafür, dass keine Parität zwischen staatlichen und privaten Unternehmen besteht; der Staat kann sich nur auf Kompetenzen, nicht aber auf ein Unternehmergrundrecht stützen, während nach weithin in Rechtsprechung und Literatur vertretener Ansicht eine staatliche Wirtschaftskonkurrenz den Grundrechtsschutz des Art. 12 Abs. 1 GG zugunsten privater Unternehmen auslöst.[153] **1007**

---

[141] BVerfGE 17, 232 (248) – ApothekenG; 28, 119 (142) – SpielbankenVO; 51, 193 (221 f.) – Weinbergsrolle; 78, 205 (211) – DenkmalschutzG; GRUR 1972, 358 (360) – Grabsteinwerbung; WRP 1997, 424 (428) – Rauchen schadet der Gesundheit. Ebenso zu Art. 12 Abs. 1 GG BVerwGE 71, 183 (193) – Arzneimittel-Transparenzliste.

[142] BVerfGE 102, 197 (211); 108, 370 (384); 126, 112 Rn. 83 – privater Rettungsdienst.

[143] Eingehend dazu *Jänich,* Geistiges Eigentum, 2002, S. 138 ff.

[144] BVerfGE 31, 229 – Kirchen- und Schulgebrauch; 31, 248 – Bibliotheksgroschen; 31, 255 – Tonbandvervielfältigungen; 31, 270 – Schulfunksendungen; 31, 275 – Schallplatten; 49, 382 – Kirchenmusik; 79, 1 – private Vervielfältigungen; 79, 29 – Vollzugsanstalten; 81, 12 – Vermietungsvorbehalt; 81, 208 – Bob Dylan. BVerfG GRUR 2010, 999 – Drucker und Plotter; GRUR 2011, 227 – Kopierstationen; GRUR 2011, 225 – PC.

[145] BVerfG GRUR 1964, 554 – Künstliche Bräunung; BVerfGE 36, 281 – Erfindung; BVerfG GRUR 2012, 53 Rn. 58 und 67 – Le Corbusier; GRUR 2014, 169 Rn. 75 – Übersetzerhonorare.

[146] BVerfGE 51, 193 – Warenzeichen; 78, 58 – Ausstattung.

[147] BVerfGE 51, 193 – Weinbergsrolle.

[148] Vgl. BVerfGE 102, 197 Rn. 63 – Spielbanken; 105, 252 (265 ff.) = NJW 2002, 2621 (2622) – Glykolwein; 115, 276 (303 f.) = NJW 2006, 1261 Rn. 94 – Oddset (staatl. Wettmonopol); 126, 112 Rn. 92 – privater Rettungsdienst; BVerwGE 71, 183 (189) – Arzneimittel-Transparenzliste.; BGH GRUR 2015, 289 Rn. 13 – Hochleistungsmagneten.

[149] BVerfG NJW 2018, 2109 Rn. 26 f. – LFGB.

[150] BVerfG NJW 2018, 2109 Rn. 28 – LFGB.

[151] BVerfGE 105, 252 Rn. 43 = NJW 2002, 2621 – Glykolwein; 115, 205 Rn. 82 = MMR 2006, 375 (376) – DTAG.

[152] BVerfG MMR 2006, 375 (376) – DTAG. Näher zum Geheimnisschutz und zur Geheimnisschutz-RL (EU) 2016/943 *Harte-Bavendamm,* GeschGehG (in diesem Kommentar); Harte-Bavendamm/Ohly/Kalbfus, GeschGehG, 1. Aufl. 2020.

[153] Dazu *Kluth* in Stober/Vogel S. 23, 27 ff.; *Selmer* in Stober/Vogel S. 78 ff.; *Ehlers* Gutachten zum 64. DJT E 40; *Ipsen* ZHR 170 (2006), 422 (441 ff.); *Schliesky* Nds.VBl. 2005, 113 (120), spricht von einem „Dornröschenschlaf" des Grundrechts in der Judikatur.

1008 Bis in die 90er Jahre des 20. Jahrhunderts ist an Art. 12 Abs. 1 GG auch und nahezu ausschließlich die **Begrenzung der Werbung durch** das **UWG** gemessen worden.[154] Das BVerfG zieht in einer nicht überzeugenden und auch nicht näher begründeten Abgrenzung zum Schutzbereich der Meinungsäußerungsfreiheit trotz dessen Erstreckung auf Werbung auch die Kontrolle der Werberestriktionen in den **Berufsrechten freier Berufe**[155] sowie sonstige Werbeverbote[156] unter das Grundrecht des Art. 12 Abs. 1 GG; dieses erfasse auch die berufliche Außendarstellung der Grundrechtsberechtigten einschließlich der Werbung für die Inanspruchnahme ihrer Dienste (dazu auch → Rn. 1039).[157]

1009 Für das Wettbewerbsrecht kann der Grundrechtskonflikt bei kritischer **Bewertung unternehmerischer Leistungen** einschließlich solcher freiberuflicher Art und bei Erteilung amtlicher Informationen über konsumrelevante Rechtsverstöße[158] bedeutsam werden. Beim Einsatz des **Internet** lässt sich schwer abgrenzen, ob eine geschäftliche Handlung gem. § 2 Abs. 1 Nr. 1 UWG vorliegt oder die Kontrolle nach §§ 823 Abs. 1, 824 BGB zu erfolgen hat.[159] Intensiv wirken Bewertungen, wenn sie anonym und ohne Angabe realer Hintergründe auf **Bewertungsplattformen** im Internet erfolgen und daher über Suchmaschinen jederzeit leicht und dauerhaft auffindbar sind.[160] Plattformbetreiber und Unternehmer können sich beide auf Art. 12 Abs. 1 GG berufen.[161] Der Konflikt ist durch Abwägung des gegebenenfalls betroffenen allgemeinen Persönlichkeitsrechts und des Rechts auf informationelle Selbstbestimmung einerseits sowie der den Portalbetrieb erfassenden Meinungsäußerungsfreiheit andererseits zu lösen.[162] Auch Wirtschaftsunternehmen ist der soziale Geltungsanspruch über Art. 2 Abs. 1 GG und Art. 8 Abs. 1 EMRK sowie Art. 7 GRCh gewährleistet.[163] Die tendenzielle Bevorzugung der Meinungsäußerungsfreiheit durch deutsche Gerichte entspricht nicht der Sicht des EGMR.[164] Gegen Suchmaschinenbetreiber kann sich unter Berücksichtigung von Art. 7 und 8 GRCh ein Anspruch auf **Datenlöschung** ergeben.[165]

1010 Herausragende Bedeutung kommt den Kommunikationsgrundrechten zu, also der **Meinungsäußerungsfreiheit** (Art. 5 Abs. 1 S. 1 GG) und der **Pressefreiheit** sowie der **Rundfunkfreiheit** (Art. 5 Abs. 1 S. 2 GG). Näher dazu → Rn. 1035 ff. Von Art. 5 Abs. 1 GG ist nicht zwingend der Gesamtbereich **„kommerzieller Kommunikation"** erfasst und schon gar nicht in der terminologischen Eigenwilligkeit, mit der die EU-Kommission

---

[154] BVerfG GRUR 1972, 358 (360) – Grabsteinwerbung; GRUR 1993, 751 – Großmarkt-Werbung I; GRUR 1993, 754 – Großmarktwerbung II; GRUR 1999, 247 (248 f.) – Metro.

[155] BVerfGE 71, 162 (174) – Sieg über das Altern; 71, 183 (196) – Indikationsangaben; 85, 248 (256 f.) = NJW 1992, 2341 – Hackethal; 94, 372 (389) = NJW 1996, 3067 – Apothekenwerbung; BVerfG NJW 1997, 2510 – Briefbogenlogo; NJW 2000, 3195 – Anwaltssponsoring m. Bespr. *Ahrens* NJW 2000, 3188 f.; NJW 2002, 1331 – Knie-/Wirbelsäulenspezialist; WRP 2003, 1099 (1100) – Internetwerbung für Gefäßklinik; NJW 2003, 3470 – Zahnarztinternetwerbung; GRUR 2006, 425 – Informationen über Behandlungsmethoden; GRUR 2011, 530 Rn. 29 – Zahnarzt-Preisvergleich; NJW 2011, 2636 Rn. 41 – Zahnarzt für Implantologie; NJW 2011, 3147 Rn. 20 – Zahnärztehaus; GRUR 2015, 507 Rn. 17 – Werbetassen (zu § 43a BRAO). Dieser Rechtsprechung folgend BGHZ 147, 71 (74) – Anwaltswerbung II/Mittagsimbiss; BGH NJW 2001, 2886 (2887) – Anwaltsrundschreiben.

[156] BVerfG NJW-RR 2007, 1048 – Geistheiler. Ebenso BVerwG NJW 2005, 3510 – Eigenwerbung an Taxen.

[157] BVerfG NJW-RR 2007, 1048; NJW 2008, 358 (359).

[158] Zur Informationsverbreitung über das Internet bei hinreichend begründetem Verdacht eines Verstoßes unter zeitlicher Begrenzung BVerfG NJW 2018, 2109 Rn. 42 f., 56.

[159] Zur Haftung von Portalbetreibern nach UWG *Schaub* FS Köhler, 2014, 593 (596 ff.).

[160] S. dazu – ohne Wettbewerbsbezug – BGH GRUR 2014, 1228 = NJW 2015, 489 – Ärztebewertung II; EGMR MMR 2014, 35 Rn. 92 – Delfi. Zur Intensität der Beeinträchtigung EuGH GRUR 2014, 895 Rn. 36 ff. – Google Spain.

[161] BGH GRUR 2014, 1228 Rn. 25 mit teilw. kritischer Besprechung durch *Kühling* NJW 2015, 447 ff.

[162] BGH GRUR 2014, 1228 Rn. 26 und 28.

[163] BGH GRUR 2015, 289 Rn. 12 – Hochleistungsmagneten (ohne Erwähnung des Art. 7 GRCh).

[164] Zu anonymen Nutzerkommentaren in einem Internetforum EGMR MMR 2014, 35 Rn. 82 und 89 ff. – Delfi – mAnm *Milstein*.

[165] EuGH GRUR 2014, 895 Rn. 69, 81, 93 ff. – Google Spain (ohne Heranziehung von Art. 11 GrCh).

und das Unionsrecht diesen Begriff benutzen.[166] Die Kommission beschreibt damit ihre rechtspolitischen Aktivitäten ua im Bereich des Unlauterkeitsrechts und bezieht darin Verkaufsförderaktionen wie das Veranstalten von Gewinnspielen oder das Anbieten von Diensten im Internet (vgl. die Richtlinie zum elektronischen Geschäftsverkehr) ein. Der Begriff der Werbung wird demgegenüber in Art. 2 Nr. 1 der Irreführungsrichtlinie 84/450/EWG als „jede Äußerung" im geschäftlichen Bereich mit dem Ziel, „den Absatz von Waren… zu fördern", bezeichnet. Auch im engeren Sinne als Wirtschaftswerbung verstanden („commercial speech" in der Rechtsprechung des US-Supreme Court[167] und des EGMR zu Art. 10 EMRK)[168] wird kommerzielle Kommunikation vom BVerfG nicht uneingeschränkt dem Schutzbereich der Meinungsäußerungsfreiheit zugeordnet (dazu → Rn. 1037). Abgeleitet hat das BVerfG aus Art. 5 Abs. 1 GG das Gebot der „Staatsferne der Presse", das der BGH als Marktverhaltensnorm iSd § 3a UWG qualifiziert hat.[169]

Der **Vereinigungsfreiheit** gem. Art. 9 Abs. 1 GG stehen kartellrechtliche Beschränkungen nicht entgegen, etwa der Zwang zur Aufnahme in eine Wirtschaftsvereinigung (§ 20 Abs. 6 GWB), das Verbot wettbewerbsbeschränkender Beschlussfassungen (§ 1 GWB) oder die Untersagung von Unternehmenszusammenschlüssen nach § 36 Abs. 1 GWB bzw. der EU-FusionskontrollVO. Durch die **Koalitionsfreiheit** gem. Art. 9 Abs. 3 GG wird das autonome kollektive Aushandeln von Arbeits- und Wirtschaftsbedingungen geschützt. **1011**

Die **Wissenschaftsfreiheit** (Art. 5 Abs. 3 S. 1 GG), die unter keinem Gesetzesvorbehalt steht, für die aber insofern eine Grundrechtsschranke gilt, als eine Abwägung gegen kollidierende Grundrechte vorzunehmen ist,[170] sichert die Publikation wissenschaftlicher **1012**

[166] Vgl. etwa Art. 2f. der E-Commerce-Richtlinie 2002/31/EG; Art. 2d der UGP-Richtlinie, dazu *Köhler/Lettl* WRP 2003, 1019 (1034); *Henning-Bodewig* GRUR Int. 2004, 183. In gleicher Weise *Micklitz/Keßler* WRP 2003, 919 (921 ff., 927); *Micklitz/Keßler* GRUR Int. 2002, 885 (899 f.).

[167] *New York Times v. Sullivan,* 376 U. S. 254 (1964), betr. bezahlte Anzeige der Bürgerrechtsbewegung wegen eines Polizeieinsatzes; *Bigelow v. Virginia,* 421 U. S. 809, 822 (1975), betr. Zeitungsanzeige mit Abtreibungshinweis; *Virginia State Board of Pharmacy v. Virginia Citizens Consumer Council,* 425 U. S. 748 (1976), betr. Preiswerbung von Apotheken für rezeptpflichtige Medikamente; *Bates v. State Bar of Arizona* 433 U. S. 748 (1976), betr. Preiswerbung von Anwälten; *Ohralik v. Ohio State Bar Ass'n,* 436 U. S. 447 (1978) = 98 S. Ct. 1912; *In re Primus,* 436 U. S. 412 (1978) = 98 S. Ct. 1893; *Zauderer v. Office of Disciplinary Counsel,* 471 U. S. 626 (1985) = 105 S. Ct. 2265; *In re R. M. J.,* 455 U. S. 191 (1982) = 102 S. Ct. 929; *Shapero v. Kentucky Bar Ass'n,* 486 U. S. 466 (1988) = 108 S. Ct. 1916 = 100 L. Ed. 2d 475, betr. anwaltliche Briefwerbung; *Ibanez v. Florida Board of Accountancy,* 114 S. Ct. 2084 (1994) = 62 U. S. Law Week 4503; *Edenfield v. Fane,* 50 U. S. 761 (1963), betr. direkte telefonische Werbung neuer Mandanten durch Certified Public Accountant; *Florida Bar v. Went for it Inc.,* 515 U. S. 618 (1995) = 63 U. S. Law Week 4644, betr. Verbot anwaltlicher Briefwerbung bis 30 Tage nach einem Unfallereignis; *Greater New Orleans Broadcasting Assn. v. United States,* 527 U. S. 173, 184 (1999); *Lorillard Tobacco v. Reilly,* 533 U. S. 525, 554 f. (2001), betr. Beschränkung von Zigarettenwerbung; *Thompson v. Western States Medical Center* 535 U. S. 357 (2002) = 122 S. Ct. 1497, betr. Verbot der Werbung für individuell auf ärztliche Anordnung hergestellte Medikamente.

[168] EGMR GRUR Int. 1984, 631 = NJW 1985, 2885 Rn. 42 – Barthold, abweichend vom BVerfG; GRUR Int. 1985, 468 – Tierärztlicher Nachtdienst II; Serie A Nr. 165 Rn. 26 – markt intern, abweichend vom BVerfG, dazu *Krüger* GRUR 1989, 738 ff. und *Müller* WRP 1992, 20 ff.; NJW 1995, 857 – Jacubowski m. Bespr. *Krüger* GRUR 1996, 252 f.; GRUR Int. 1999, 156 Rn. 47–51 – Hertel mit weitgehender nachfolgender Bestätigung der schweiz. Ausgangsentscheidung BGE 120 II 76 = GRUR Int. 1995, 812 – Mikrowellen I durch BG GRUR Int. 1999, 1065 (1067) – Mikrowellen II; EGMR Slg. 1998, III-1052 – Schöpfer/Schweiz; NJW 2003, 497 – Stambuk; GRUR 2013, 859 – Ashby Donald (Veröffentlichung urheberrechtlich geschützter Modefotos); NJW-RR 2013, 1132 – Kaperzynski (verweigerte Gegendarstellung); MMR 2014, 35 – Delfi (anonyme Nutzerkommentare auf Internetforum); NJW 2014, 3501 – Brosa (Wahlflugblatt); NJW 2015, 763 – Tierbefreier (heimliche Tierversuchsaufnahmen); GRUR 2015, 709 – Axel Springer (Schlussfolgerungen über Beweggründe) = NJW 2015, 1501. Zur Anwendung auf Anwaltswerbung: EGMR 24.2.1994, Serie A Nr. 285 – Fall Casado Coca, abweichend vom spanischen VerfGH zu Art. 20 span. Verfassung im dortigen Ausgangsfall. S. ferner Europäisches Patentamt GRUR Int. 1992, 288 (289); öst. VfGH ÖBl. 1994, 151 (154); ÖJZ 1999, 908 (910) (Vergabe von Rundfunksendezeit für kommerzielle Werbung); OGH GRUR Int. 2002, 341 (343) – Medienprofessor.

[169] BGH GRUR 2019, 189 – Crailsheimer Stadtblatt II m. Bespr. *Köhler* GRUR 2019, 265 ff. = WRP 2019, 317 mAnm *Peifer* = NJW 2019, 763 mAnm *Alexander.*

[170] Vgl. BVerfGE 77, 240 (255) – Herrnburger Bericht; 67, 213 (228) = NJW 1985, 261 (262) – Anachronistischer Zug.

Veröffentlichungen, von denen Unternehmensinteressen nachteilig berührt werden. Die **Kunstfreiheit** (Art. 5 Abs. 3 GG) kann einschlägig sein, wenn Werbung künstlerisches Ausdrucksmittel ist,[171] oder wenn es um die humorvolle Benutzung eines fremden Kennzeichens geht;[172] sie ist aber abzuwägen gegen andere Grundrechte wie die Eigentumsfreiheit des Markeninhabers.[173]

1013 Für die Anwendung anderer Grundrechte sind sachverhaltseigentümliche Sonderlagen erforderlich. So hat der BGH in dem Benetton-Fall *HIV positive* zur Verbotsbegründung **Art. 1 Abs. 1 GG** herangezogen (dazu → Rn. 1036). In dem Fall des katholischen Kanzelaufrufs zum Spenden abgelegter Altkleidung, der wegen des temporären Zusammenbruchs des Rohstoffmarktes nachteilige Wirkungen für Rohstoffhändler hatte, war das Grundrecht der **Religionsfreiheit** (Art. 4 GG) einschlägig.[174]

1014 **b) EU-Grundrechtecharta.** Im **Unionsrecht** waren Grundrechte zunächst auf der Grundlage gemeinschaftsrechtlicher Verfassungsüberlieferungen und der EMRK durch Art. 6 Abs. 2 EUV aF anerkannt,[175] auch wenn die EG der EMRK nicht selbst förmlich beigetreten war.[176] An deren Stelle getreten ist mit primärrechtlichem Rang die Europäische **Grundrechtecharta** (GRCh, dazu → Rn. 1047 und 1073 ff.). Sie ist von den mitgliedstaatlichen Fachgerichten anzuwenden.[177] Unter Beachtung des Art. 51 Abs. 1 GRCh ist danach nur das Recht der Union grundrechtlich überprüfbar;[178] für die nationale Grundrechtsprüfung bleibt daneben Raum.[179] Die GRCh enthält **keine** isolierten Grundrechte, die eine Basis für die **Schaffung neuer Rechte** der Unionsbürger sein könnte, sondern beachtet über Art. 51 GRCh das Subsidiaritätsprinzip des Art. 5 Abs. 1 EUV und gem. Art. 6 Abs. 1 EUV die Zuständigkeitsfestlegungen der Union.[180]

1015 Bei **Entsprechung** der Rechte der **GRCh** und der durch die **EMRK** garantierten Rechte haben die Verbürgungen der GRCh mindestens die Bedeutung und Tragweite, die die Rechte der EMRK verleihen (Art. 52 Abs. 3, 53 GRCh).[181] Art. 1 des Zusatzprotokolls zur EMRK schützt auch das geistige Eigentum.[182] Soweit vollharmonisiertes Unionsrecht mit den Unionsgrundrechten übereinstimmt, kommt eine einschränkende verfassungskonforme Interpretation aufgrund von Verbürgungen des GG nicht in Betracht.[183] Art. 11 GRCh garantiert die Freiheit der **Meinungsäußerung** und der Berichterstattung,[184] Art. 15 Abs. 1 GRCh die **Berufsfreiheit,** Art. 16 GRCh die **unternehmerische Freiheit,**[185] Art. 17 Abs. 2 GRCh das **geistige Eigentum** und Art. 13 GRCh die Freiheit

[171] Zur Berücksichtigung im Rahmen des § 2 Abs. 1 Nr. 1 UWG OLG Köln GRUR-RR 2013, 466 (469) – Bachblüten (nicht mehr erwähnt in der Revisionsentscheidung BGH GRUR 2015, 694).

[172] S. dazu BGH GRUR 2005, 583 – Lila Postkarte; BGH WRP 2015, 1343 Rn. 46 ff. – Springender Pudel (zuvor: OLG Hamburg GRUR-RR 2010, 201); OLG Hamburg WRP 2010, 1411 – IPOD/eiPott; KG GRUR-RR 2011, 456 – nackter Mann.

[173] BGH WRP 2015, 1343 Rn. 46 (auch zu Art. 13 und 17 Abs. 2 GRCh); auch → Rn. 1076.

[174] BVerfGE 24, 236 = GRUR 1969, 137 (138) – Aktion Rumpelkammer, unter Aufhebung von LG Düsseldorf NJW 1968, 2219.

[175] Ehlers/*Walter* Grundrechte[4] § 1 Rn. 25 und 33.

[176] Zuständigkeit der EG verneint von EuGH Slg. 1996, I-1759 – Gutachten 2/94; dazu Ehlers/*Walter* Grundrechte[4] § 1 Rn. 29.

[177] BVerfG GRUR 2012, 53 Rn. 91 = NJW 2011, 3428 – Le-Corbusier-Möbel.

[178] EuGH JZ 2011, 145 Rn. 51 – McB mAnm *Thym*.

[179] Eingehend dazu BVerfG GRUR 2020, 74 Rn. 42 ff. – Recht auf Vergessen I; BVerfG GRUR 2020, 32 f., 42 ff. – Recht auf Vergessen II.

[180] Dazu *Lenaertz* AnwBl 2014, 772 (785); *Masing* AnwBl 2014, 786 f.; s. ferner *Kingreen* JZ 2013, 801 (803 ff.).

[181] EuGH JZ 2011, 145 Rn. 53 – McB; Schlussantrag Generalanwältin *Trstenjak* in der Rs. C-282/10, Rn. 85 – Maribel Dominguez.

[182] EGMR GRUR 2013, 859 Rn. 40 – Ashby Donald.

[183] So OLG Hamburg GRUR 2010, 74 (77) – Läusemittel (zu § 11 Abs. 1 HWG ua gegen BGH GRUR 2007, 809 – Krankenhauswerbung).

[184] Dazu BGHZ 187, 240 Rn. 20 = NJW 2011, 2436 – AnyDVD; BGH GRUR 2012, 74 Rn. 28 – Coaching-Newsletter.

[185] Näher dazu *Blanke* in Tettinger/Stern Kölner Gemeinschaftskommentar (mit rechtsvergleichenden Hinweisen).

der **Kunst. Drittwirkung** kommt den Unionsgrundrechten im Hinblick auf Art. 51 Abs. 1 S. 1, 52 Abs. 2 GRCh eigentlich nicht zu.[186] Jedoch steht die Rechtsprechung des EuGH dazu im Widerspruch (→ Rn. 997).

c) Rangverhältnis GG/GrCh. Ob die Grundrechte des GG oder der GrCh als wert- **1015a**
bildender Prüfungsmaßstab bei der Anwendung des Zivilrechts heranzuziehen sind, richtet sich nach dem Stand der Rechtsvereinheitlichung des Unionsrechts (s. auch oben Rn. 972). Für die jeweilige Norm des Unionsrechts muss geprüft werden, ob dem nationalen Gesetzgeber ein eigener Gestaltungsspielraum eingeräumt worden ist, oder ob eine Vollharmonisierung stattgefunden hat (s. auch Rn. 989).[187] Fachgerichte unterstehen dabei der Kontrolle durch das BVerfG.[188]

Die GrCh wird bei Anwendungsvorrang des Unionsrechts auch vom BVerfG selbst **1015b**
geprüft.[189] Insoweit besteht die Möglichkeit der Verfassungsbeschwerde,[190] für die es nicht auf eine explizite Rüge der Verletzung der GrCh ankommt, sofern nur inhaltlich substantiiert die Verletzung des einschlägigen Grundrechts vorgetragen wird.[191] Das BVerfG hat dann als letztinstanzlich entscheidendes Gericht eine Pflicht zur Vorlage an den EuGH (Art. 267 AEUV).[192] Dessen Vorlagepflicht verdrängt wegen der Außerordentlichkeit des Rechtsbehelfs der Verfassungsbeschwerde nicht die Vorlageverpflichtung letztinstanzlich entscheidender Fachgerichte.[193] Soweit die Grundrechtprüfung bei Anwendung von Unionsrecht am Maßstab des GG erfolgen darf, weil ein eigenständiger Anwendungsbereich neben der GrCh besteht, darf die nationale Grundrechtsprüfung nicht hinter dem Schutzniveau des Unionsrechts zurückbleiben.[194] Das zwingt nicht zu einer ständigen Mitprüfung der GrCh,[195] weil eine Vermutung dafür spricht, dass der Grundrechtsschutz des GG ausreichend ist, es sei denn konkrete und hinreichende Anhaltspunkte widerlegen die Vermutung im Einzelfall.[196]

3. Öffentliche Hand als Unternehmer. a) Kein allgemeines Subsidiaritätsprin- 1016
zip. Das GG schließt nach ganz hM eine allgemeine erwerbswirtschaftliche Betätigung der öffentlichen Hand nicht aus, sondern registriert sie als ein Faktum, dem keine grundsätzlichen Barrieren entgegengesetzt werden.[197] Sie bedarf keiner ausdrücklichen verfassungsrechtlichen Legitimation,[198] auch wenn postuliert wird, dass eine Verfolgung öffentlicher Aufgaben erforderlich ist.[199] Ihre **Teilnahme an** der **Erwerbswirtschaft,** die äußerlich häufig in ein Handeln von Privatrechtssubjekten (Kapitalgesellschaften) gekleidet ist, stellt als solche **keinen Eingriff in Grundrechte** privater Konkurrenten dar. Art. 12 Abs. 1 GG schützt nach überkommener Exegese weder generell vor Konkurrenz, noch vor

---

[186] Schlussantrag Generalanwältin *Trstenjak* in der Rs. C-282/10 Rn. 80, 83 u. 88 – Maribel Dominguez. Daraus aber zu weitreichende Schlüsse ziehend *Gietzelt/Grabrucker* MarkenR 2015, 333 (337 f.). Zur mittelbaren Drittwirkung nationaler Grundrechte zwischen Privaten ua bei marktbeherrschender Stellung BVerfG NJW 2019, 1935 Rn. 15 – Der III. Weg.

[187] BVerfG NJW 2020, 314 Rn. 80 – Recht auf Vergessen II.

[188] BVerfG NJW 2020, 314 Rn. 82 – Recht auf Vergessen II.

[189] BVerfG NJW 2020, 314 Rn. 50, 53, 57, 60 – Recht auf Vergessen II (dort für Art. 7, 8 und 16 GrCh in Rn. 98 ff. praktiziert).

[190] BVerfG NJW 2020, 314 Rn. 63 – Recht auf Vergessen II.

[191] BVerfG NJW 2020, 314 Rn. 84 – Recht auf Vergessen II.

[192] BVerfG NJW 2020, 314 Rn. 69 – Recht auf Vergessen II.

[193] BVerfG NJW 2020, 314 Rn. 73 – Recht auf Vergessen II.

[194] BVerfG NJW 2020, 300 Rn. 63 ff. – Recht auf Vergessen I; BGH NJW 2020, 2547 Rn. 24 – Afghanistan Papiere II.

[195] BVerfG NJW 2020, 300 Rn. 63, 71 – Recht auf Vergessen I.

[196] BVerfG NJW 2020, 300 Rn. 66, 69, 71 – Recht auf Vergessen I.

[197] Vgl. BGH GRUR 2005, 960 (961) – Friedhofsruhe; *Ronellenfitsch* in Isensee/Kirchhof HStR Band IV³ (2006) § 98 Rn. 42; *Papier* in Benda/Maihofer/Vogel § 18 Rn. 44. Vgl. auch unten § 4 Nr. 4 UWG.

[198] VerfGH Rheinland-Pfalz DVBl 2000, 992 (993). Für eine allgemeine kompetenzrechtliche Rechtfertigung *Scholz* in Maunz/Dürig Art. 12 (2019) Rn. 413 f.

[199] *Ehlers* Gutachten zum 64. DJT. E 34; *Mann* JZ 2002, 819 (820).

Konkurrenz durch die öffentliche Hand, garantiert also der Privatwirtschaft nicht die Ausschließlichkeit des wirtschaftlichen Handelns.[200]

1017 Trotz der **Wettbewerbsvorteile** der **öffentlichen Hand,** ua einer Umsatzsteuerbefreiung kommunaler Betriebe, verstößt deren erwerbswirtschaftliche Betätigung nicht gegen Art. 3 Abs. 1 GG, sofern nicht willkürliche Differenzierungen zum Vorteil eines öffentlichen Unternehmens unternommen werden.[201] **Verdrängungs- oder Auszehrungswettbewerb,** der über Art. 2 Abs. 1 GG abgewehrt werden kann (→ Rn. 1004), liegt erst vor, wenn es sich um ruinösen, die Existenz gefährdenden Wettbewerb handelt.[202] Ein „Fiskusabwehrrecht“ besteht, wenn eine behördliche Monopolstellung geschaffen wird.[203] Den Kommunen ist eine von ihrem Aufgabenbereich abgelöste Betätigung verwehrt, die ohne Verfolgung eines öffentlichen Zwecks ausschließlich auf Gewinnerzielung gerichtet ist.[204] Wettbewerbsrechtlich bedenklich sind **öffentlich-private Partnerschaften**[205] als Hybridformen kommunaler Wirtschaftstätigkeit, wenn sie dazu eingesetzt werden, öffentliche Ausschreibungen der Leistungsvergabe zu unterlaufen.

1018 Für das **Unionsrecht** ergibt sich aus **Art. 106 AEUV** die Zulässigkeit wirtschaftlicher Betätigung der öffentlichen Hand.[206] Ergänzt wird diese Norm durch den programmatischen Art. 14 AEUV (ex. Art. 16 EGV).[207] Eine Entwicklung des Sekundärrechts hin zum französischen Modell des Service Public könnte auf Grund der Konzeption erfolgen, die im Grünbuch zu den Leistungen der **Daseinsvorsorge** vom 21.5.2003[208] erkennbar ist.[209] Der Lissabon-Vertrag hat das Recht der Mitgliedstaaten zum Erlass von Regeln über die Daseinsvorsorge in Art. 14 AEUV und im Protokoll Nr. 26 (Über Dienste von allgemeinem Interesse) festgeschrieben.

1019 **b) Kommunalrechtliche Schranken.** Das konkurrierende **unternehmerische Auftreten kommunaler Gebietskörperschaften** am Markt ist durch Normen der landesrechtlichen **Gemeindeordnungen** beschränkt. Die Gemeindeordnungen enthalten eine **Subsidiaritätsklausel,** indem sie – mit Differenzierungen in Einzelheiten – bestimmen, dass die Gemeinde nur wirtschaftlich tätig werden darf, wenn der öffentliche Zweck durch andere Unternehmen nicht besser und wirtschaftlicher erfüllt werden kann.[210] Umstritten ist die Bedeutung der territorialen Begrenzung der wirtschaftlichen Tätigkeit auf das Gemeindegebiet **(„Örtlichkeitsprinzip“).** Daraus wird zum Teil abgeleitet, dass eine Kommune sich grundsätzlich nur innerhalb der Gemeindegrenzen betätigen dür-

---

[200] BVerfGE 24, 236 (251) – Lumpensammler; BVerwGE 39, 329 (336) – Bestattungswesen; 71, 183 (193); OVG Münster NVwZ 1984, 522 (524); *Di Fabio* in Maunz/Dürig Art. 2 Abs. 1 (2019) Rn. 120 f.; *Jarass/*Pieroth GG[15] Art. 12 Rn. 23.

[201] Vgl. zur Anwendung von Art. 3 Abs. 1 BVerfGE 21, 292 (304) – RabattG; OVG Münster NVwZ-RR 2005, 738 – Abfallentsorgungsabgaben.

[202] *Di Fabio* in Maunz/Dürig Art. 2 Abs. 1 (2019) Rn. 121. Ähnlich die österreichische Sicht: OGH ÖBl. 2005, 260 (261) – Billigdiesel-Tankstellen (stRspr).

[203] *Tettinger* NJW 1998, 3473 (3474).

[204] BVerfGE 61, 82 (107 f.) – AtomanlagenVO; BVerwGE 39, 329 (334) – Bestattungswesen.

[205] Zu ihnen *Burgi,* Gutachten D zum 67. DJT 2008; *Podszun,* Wirtschaftsordnung durch Zivilgerichte, 2014, S. 65 ff.

[206] *Suerbaum* in Ehlers/Fehling/Pünder[4] Band 1 § 16 Rn. 21 ff.; *Könen* ZHR 182 (2018), 684 (686) (m. Konsequenzen für die Anwendung des Kartellrechts).

[207] Dazu *Ehlers* Gutachten zum 64. DJT E 53 mwN; *Frenz* WRP 2008, 73 (76 ff.).

[208] KOM(2003) 270 endg.

[209] *Ruge* ZRP 2003, 353 ff.; demgegenüber die Zielsetzungen positiv bewertend *Knauff* EuZW 2003, 453 (455). Zum öffentlichen Personennahverkehr als Daseinsvorsorgeleistung EuGH EuZW 2003, 496 – Altmark Trans, m. Bspr. *Franzius* NJW 2003, 3093 ff.; *Michaels/Kühlschelm* EuZW 2003, 520 ff. und *Wernicke* EuZW 2003, 481. *Broß* JZ 2003, 874 (876) sieht Beschränkungen des Wettbewerbs zu Lasten der öffentlichen Hand (zB durch Ausschreibungspflichten) als die Daseinsvorsorge zerstörend und das Gemeinwesen aushöhlend an. Rechtsvergleichend zum Service Public *Bullinger* JZ 2003, 597 ff.

[210] Dazu *Ehlers* Gutachten zum 64. DJT E 79 ff., ferner E 116 (dort generell zur öffentlichen Hand); *Gaß* in Wurzel/Schraml/Becker, Rechtspraxis der kommunalen Unternehmen, 3. Aufl. 2015, Teil C Rn. 131 ff. Zum öffentlichen Zweck des Betreibens eines Bürgerwindparks OVG Schleswig 11.7.2013 – 2 LB 32/12, juris Rn. 89 ff. und des Betreibens einer Photovoltaikanlage in einem Solarpark OVG Magdeburg 7.5.2015 – 4 L 163/12, juris Rn. 46 ff.

fe,[211] was allerdings als eine allein die Kompetenzen abgrenzende Regelung gesehen wird, die nicht dem Schutz einzelner Unternehmer dient.[212] Ob durch begrenzende Vorschriften nur die Gemeinden vor den Risiken unternehmerischen Handelns bewahrt oder ob auch private Mitbewerber vor deren Wettbewerb geschützt werden sollen, ist von Bundesland zu Bundesland unterschiedlich beurteilt worden.[213]

Die **verwaltungsgerichtliche Durchsetzung** der kommunalrechtlichen Normen im Wege der allgemeinen Leistungsklage privater Unternehmer scheitert an fehlender Klagebefugnis (§ 42 Abs. 2 VwGO), weil die drittschützende Wirkung der kommunalrechtlichen Vorschriften von den Verwaltungsgerichten in der Regel verneint und die (zu hoch angesetzte) Eingriffsschwelle für die Bejahung eines Grundrechtseingriffs (→ Rn. 1004) regelmäßig nicht überschritten wird.[214] Hier bestehen unerträgliche **Rechtsschutzdefizite,** die Ausdruck eines unterentwickelten öffentlichen Wettbewerbsrechts sind und die der Passivität der Kommunalaufsicht nichts entgegenzusetzen haben.[215] Soweit hier ein Wandel eingetreten ist, scheitert die Abwehr kommunaler Konkurrenzen uU an der Befürwortung einer kommunalen Einschätzungsprärogative bei Beurteilung der Erforderlichkeit eigenwirtschaftlicher Betätigung.[216] 1020

Der **Rechtsweg zu** den **ordentlichen Gerichten** ist gegeben, weil auch die Wettbewerbsverhältnisse der öffentlichen Hand und damit die Kontrolle des Verhaltens gemeindlicher Konkurrenzunternehmer dem Privatrecht unterstellt werden.[217] In Betracht kommt **§ 3a UWG** (ex § 4 Nr. 11), der das Zuwiderhandeln gegen solche gesetzlichen Vorschriften als unlauter ansieht, die auch dazu bestimmt sind, das **Marktverhalten** im Interesse der Marktteilnehmer zu regeln.[218] Voraussetzung ist, dass eine geschäftliche Handlung gem. § 2 Abs. 1 Nr. 1 UWG gegeben ist, die bei hoheitlichem Handeln aufgrund gesetzlicher Ermächtigung ausscheidet.[219] 1021

Umstritten ist, ob Gemeinden sich für ihre privatwirtschaftliche Betätigung zur Erfüllung öffentlicher Aufgaben auf die Selbstverwaltungsgarantie des **Art. 28 Abs. 2 S. 1 GG** berufen können.[220] In der Daseinsvorsorge zählt die wirtschaftliche Betätigung der Gemeinden zum überkommenen, typusprägenden Bild der kommunalen Selbstverwaltung. 1022

---

[211] *Seeberg* LKV 1995, 353 (354) (zu Brandenburg); *Schmahl* LKV 2000, 47 (49) (zu Brandenburg); *Meyer* LKV 2000, 321 (323); *Gern* NJW 2002, 2593 ff. einschränkend für Abfallentsorgung OLG Düsseldorf NVwZ 2000, 714 (715) = NZBau 2000, 155 (156) – Awista.

[212] *Dolde* ZHR 166 (2002), 515 (521); *Ehlers* Gutachten zum 64. DJT E 104. AA wohl *Gaß* in Wurzel/Schraml/Becker, Rechtspraxis der kommunalen Unternehmen[3], Teil C Rn. 167.

[213] ZB für Bayern bejaht von OLG München NVwZ 2000, 835 f. (Vorinstanz zu BGH NJW 2002, 2645 – Elektroarbeiten); für NRW bejaht von OLG Hamm NJW 1998, 3504 (3505) – Gelsengrün; OLG Düsseldorf NJW-RR 1997, 1470 (1471) – Nachhilfeunterricht; OLG Düsseldorf (2. ZS) DVBl 2000, 284 – Altautoverwertung; OLG Düsseldorf (20. ZS) NVwZ 2002, 248; OLG Düsseldorf (VergS) ZIP 2002, 1651 (1654 f.) – DAR; OVG Münster NVwZ 2003, 1520 (1521) = NJW 2004, 314 (Ls.) – Fitness-Studio m. Bspr. *Antweiler* NVwZ 2003, 1466 ff.; für Baden-Württemberg verneint von OLG Karlsruhe NVwZ 2001, 712 (713) – Landschaftsbau. Differenzierend dazu *Gaß* in Wurzel/Schraml/Becker, Rechtspraxis der kommunalen Unternehmen[3], Teil C Rn. 134.

[214] BVerwGE 39, 329 (336) (zu Baden-Württemberg); NJW 1995, 2938 (2939); VGH Mannheim NJW 1995, 274; VGH Kassel DÖD 1998, 39 (40); aA VerfGH Rheinland-Pfalz DVBl 2000, 992 (995); OVG Münster NVwZ 2003, 1520 (1521). Kritisch dazu *Tettinger* NJW 1998, 3473 (3474); *J. Erdmann* DVBl 1998, 13 (19) (zur Betätigung von Wirtschaftskammern); *Ehlers* Gutachten zum 64. DJT E 84, 91 f., 151; *Di Fabio* in Maunz/Dürig Art. 2 Abs. 1 (2019) Rn. 122; *Suerbaum* in Ehlers/Fehling/Pünder[4] Band 1 § 16 Rn. 77 ff.

[215] Vgl. dazu *Stober* NJW 2002, 2357 (2365); *Ipsen* ZHR 170 (2006), 422 (451); *Sodan* FS Raue, 2006, 335 (346 f.).

[216] So in OVG Münster NVwZ 2008, 1031.

[217] Allgemein dazu GmS-OGB BGHZ 102, 280 (285) – Rollstühle; BGHZ 66, 229 (237); 67, 81 (89); 82, 375 (383) – Brillen-Selbstabgabestellen; 121, 126 (128) – Vermessungsingenieur.

[218] Getrennte Streitgegenstände und daher auch Rechtswege annehmend OLG Köln GRUR-RR 2018, 461 Rn. 86 – WarnWetterApp (Revision anhängig unter I ZR 126/18).

[219] Dazu BGH GRUR 2006, 428 Rn. 15 f. – Abschleppkosten-Inkasso; GRUR 2018, 196 Rn. 23, 27, 30 ff. – Eigenbetrieb Friedhöfe.

[220] Bejahend: VerfGH Rheinland-Pfalz DVBl 2000, 992 (993) mAnm *Henneke;* Ehlers Gutachten zum 64. DJT E 68; *Pünder* DVBl 1997, 1353. Ablehnend: *Löwer* in v. Münch/Kunig GG[6] Art. 28 Rn. 40; *Löwer* VVDStRL 60 (2001), 416 (435 f., 454); *Suerbaum* in Ehlers/Fehling/Pünder[4] Band 1 § 16 Rn. 33. Gegen

Die Erbringung wirtschaftlicher Leistungen zur Daseinssicherung wie zB die Wasser-, Abfall- und Energieversorgung gehört zum traditionellen Leistungsbild kommunaler Gebietskörperschaften. Art. 28 Abs. 2 GG schützt Gemeinden aber allenfalls im Verhältnis zum Staat vor einem Aufgabenentzug zugunsten Privater, **rechtfertigt** hingegen **keinen Grundrechtseingriff** gegenüber privaten Unternehmern.[221]

1023 Der **rechtswidrige Marktzutritt** von Unternehmen der Gemeinden und kommunalen Verbände kann **nicht** über **§ 3a UWG** (ex § 4 Nr. 11) abgewehrt werden.[222] Der BGH hat insoweit den begrenzenden Vorschriften der Landesgemeindeordnungen in seiner **Entscheidung *Elektroarbeiten*** vom 25.4.2002 in Abkehr von früherer Rechtsprechung[223] eine auf die Lauterkeit des Wettbewerbs bezogene Schutzfunktion abgesprochen und auch den Rückgriff auf § 823 Abs. 2 BGB verwehrt, indem er die Haftungserheblichkeit der kommunalrechtlichen Norm im Hinblick auf präventive und restituierende Rechtsfolgen verneint hat.[224] Zwar sind die nationalen sowie der europäische Gesetzgeber und nicht der BGH dazu berufen, die ordnungspolitisch bedeutsame Aufgabe zu lösen, welchen Stellenwert öffentliche Unternehmen in einer auf Privatautonomie gegründeten Wirtschaftsordnung haben sollen,[225] doch bot die notwendige Neujustierung der Fallgruppe des Wettbewerbsvorsprungs durch Gesetzesverletzung **keinen Anlass,** den gegenüber kommunalen Unternehmen erreichten **Rechtsschutz** einseitig richterrechtlich **abzubauen.** Der Referentenentwurf zum UWG 2004 wollte das Ergebnis dieser Entscheidung – rechtspolitisch begrüßenswert – verändern; der im Bundestag eingebrachte Gesetzentwurf hat diesen Schritt jedoch entgegen dem Verlangen des Bundesrates nicht vollzogen, sondern in § 4 Nr. 11 UWG aF (= § 3a UWG 2015) das Zuwiderhandeln gegen gesetzliche Vorschriften nur dann für unlauter erklärt, wenn die verletzte Gesetzesnorm zur Regelung des *Marktverhaltens* bestimmt ist.[226] Die **Trennung** von Marktzutritt und Marktverhalten ist indes **gekünstelt.**[227] Sie vernachlässigt zudem, dass es sehr verschiedenartige Marktzutrittsvorschriften gibt.[228] Kartellrechtlichen Schutz gibt es **dagegen** im **Vergabeverfahren** nach § 97 GWB, wenn ein kommunales Unternehmen sich an einer Ausschreibung gar nicht beteiligen darf.[229]

1024 Rechtspolitische **Rechtfertigung** des unbegrenzten Marktzutritts kann **nicht** sein, dass damit der **Wettbewerb** durch einen Newcomer **belebt** werde.[230] Der Wettbewerb eines Unternehmens der öffentlichen Hand ist keine „normale" Konkurrenz.[231] Das öffentliche

---

eine Heranziehung des Art. 28 Abs. 2 GG zur Begrenzung gemeindeexterner Betätigung OVG Münster NVwZ 2008, 1031 mAnm *Ennuschat* NVwZ 2008, 966.

[221] Vgl. dazu *Ehlers* Gutachten zum 64. DJT E 72 ff.; *Meyer* LKV 2000, 321 (322); *Wieland/Hellermann* DVBl 1996, 401 (408).

[222] BGHZ 150, 343 (348) = NJW 2002, 2645 (2647) = GRUR 2002, 825 (827) = WRP 2002, 943 (945) = ZIP 2002, 1645 – Elektroarbeiten mablAnm *Dreher* = JZ 2003, 315 mAnm *Ehlers.* Besprechung von *Köhler* NJW 2002, 2761 ff. (zust.); *Haslinger* WRP 2002, 1023 ff. (abl.); *Frenz* WRP 2002, 1367 ff. (abl.).

[223] BGH GRUR 1965, 373 (375) = WRP 1965, 139 – Blockeis II; GRUR 1973, 655 (657) – Möbelauszeichnung; Nichtannahmebeschl. v. 8.10.1998 gegen OLG Hamm NJW 1998, 3504 – Gelsengrün. S. aber auch BGH GRUR 1974, 733 (734) – Schilderverkauf.

[224] BGH NJW 2002, 2645 (2648); vertieft in WRP 2003, 262 (265) – Altautoverwertung.

[225] Übersicht dazu bei *Stober* NJW 2002, 2357 ff.

[226] Zum RegE BT-Drs. 15/1487, 19.

[227] *Dreher* ZIP 2002, 1645; *Frenz* WRP 2002, 1367 (1368 f.); *Doepner* WRP 2003, 1292 (1299).

[228] Näher dazu *Doepner* WRP 2003, 1292 (1297 f.). Die Subsidiaritätsklauseln einiger Bundesländer als Marktverhaltensregeln qualifizierend *Poppen,* Wettbewerb der öffentlichen Hand, S. 305.

[229] Vgl. OLG Düsseldorf ZIP 2002, 1651 (1653) = WuW/E Verg. 611 – DAR und NVwZ 2000, 714 = NZBau 2000, 155 – Awista; s. auch OLG Celle OLGR 2002, 57 = WuW/E Verg 539 betr. die Hamburger Anstalt öffentl. Rechts für Stadtentwässerung. Zum Rechtsweg bei der Vergabe von Dienstleistungskonzessionen BGH NZBau 2012, 248 (Kurzfassung in GRUR-Prax 2012, 122 mit Anm. *Schreiber*) – Rettungsdienstleistungen III (Form, nicht Ziel der Vergabe maßgeblich).

[230] So aber BGH NJW 2002, 2645 (2647) – Elektroarbeiten; BVerwGE 71, 183 (193) – Arzneimittel-Transparenzliste und BVerwG NJW 1995, 2938, 2939: „weitgehend systemimmanente Verschärfung des marktwirtschaftlichen Konkurrenzdrucks"; *Köhler* WRP 1999, 1205 (1212); *Köhler* GRUR 2001, 777 (780). Ablehnend *Doepner* WRP 2003, 1292 (1300).

[231] *Dolde* ZHR 166 (2002), 515 (519).

Unternehmen genießt subtile Vorteile vielfältiger Art, die von politischem Filz bei der Auftragserteilung bis zu existenzsichernden wirtschaftlichen Vorteilen mit beihilfeähnlichem Charakter reichen,[232] ohne dass ein privater Wettbewerber die Chance einer substantiierten Sachverhaltsdarlegung besitzt. Für die Zurückhaltung des BGH kann allenfalls sprechen, dass es primär Aufgabe der Verwaltungsgerichtsbarkeit ist, ein funktionsfähiges **öffentliches Wettbewerbsrecht** zu **entwickeln.** In der Literatur zum öffentlichen Recht wird vertreten, die Exegese der Art. 12 Abs. 1 und 14 Abs. 1 GG fortzuentwickeln, um zu einem Schutz privater Unternehmen vor solchen Konkurrenzbetätigungen der öffentlichen Hand zu gelangen, die nicht durch öffentliche Zwecke gerechtfertigt sind.[233]

c) UWG und Marktverhalten der öffentlichen Hand. Das über § 3 Abs. 1 UWG abzuwehrende unlautere **Marktverhalten** – nicht nur der Kommunen – kann betroffen sein, wenn **öffentlich-rechtliche Aufgaben** mit der erwerbswirtschaftlichen Tätigkeit **verquickt** werden (dazu näher § 4 Nr. 4 Rn. 273 ff.),[234] die **amtliche Autorität** oder das Vertrauen in die Objektivität und Neutralität der Amtsführung **missbraucht** werden[235] oder wenn der **Bestand des Wettbewerbs** auf dem betroffenen Markt **gefährdet** wird.[236] Dafür erforderliche Indizien müssen freilich schon sehr konkrete Aussagekraft haben, um vom BGH akzeptiert zu werden. Kein Unlauterkeitsgesichtspunkt per se ist die Mitfinanzierung der Wirtschaftsunternehmen durch Steuern und Abgaben;[237] allerdings soll eine Ausnahme gegeben sein, wenn diese Finanzmittel „in unlauterer Weise eingesetzt werden".[238] **1025**

Nicht unlauter ist es für sich genommen, **Überkapazitäten** zu schaffen, die nur ausgelastet werden können, wenn dadurch zugleich private Wettbewerber völlig verdrängt werden.[239] Aus dem Anbieten der Leistung zu einem **niedrigen Pauschalpreis** kann nicht auf einen unlauteren Verdrängungswettbewerb geschlossen werden, wenn der Preis nicht unangemessen ist.[240] Ebenso wenig soll es unlauter sein, die Wirtschaftsleistung örtlich so anzubieten, dass sie mit einer **zeitgleichen Erbringung einer Hoheitsleistung** räumlich verbunden wird, etwa indem zur Verschrottung bestimmte Altautos bei deren Abmeldung in der Kfz-Zulassungsstelle entgegengenommen werden;[241] dies gilt jedenfalls dann, wenn private Mitbewerber von einer gleichartigen Zusammenarbeit mit dem Straßenverkehrsamt nicht aus unsachlichen Gründen ausgeschlossen werden. **1026**

Eine **Ausnutzung amtlicher Beziehungen** zur Werbung oder zum Abschluss von Verträgen liegt nicht vor, wenn ein enger **Zusammenhang** zwischen der **hoheitlichen Tätigkeit** und der Teilnahme am **Wirtschaftsleben** besteht und die Handlung der Erfüllung amtlicher Aufgaben in der Weise dient, dass sie nur als eine Art Hilfstätigkeit der öffentlichen Verwaltung erscheint. Die öffentliche Hand hat dann allerdings das jeweils **schonendste Mittel** zu wählen, um einerseits den öffentlichen Interessen zu genügen und **1027**

---

[232] Vgl. dazu etwa *Hill* BB 1997, 425; *Henneke* NdsVBl. 1999, 1 (6).

[233] *Stober* NJW 2002, 2357 (2366) mwN.

[234] BGH GRUR 1999, 594 (597) – Holsteiner Pferd; GRUR 2003, 167 (169) = WRP 2003, 73 (75) – Kommunaler Schilderprägebetrieb; GRUR 2005, 960 (961) – Friedhofsruhe; OLG Brandenburg GRUR-RR 2018, 466 Rn. 47 – Stadtrundfahrten (Bezeichnung einer von Gemeinde beauftragten Tourismusgesellschaft als „offizieller Dienstleister"; OLG Celle GRUR-RR 2019, 22 Rn. 27 f. – Kehrbuch (kombiniertes Angebot von Schornsteinfegerdienstleistungen). Zur Unlauterkeit der Niedrigpreisabgabe von Dieseltreibstoff durch Betriebstankstellen von Straßenmeistereien in Österreich OGH ÖBl. 2005, 260 (261).

[235] BGH NJW 2002, 1718 (1719) – Elternbriefe; WRP 2003, 262 (265) – Altautoverwertung; WRP 2009, 611 Rn. 20 – Buchgeschenk vom Standesamt; NJW 2009, 3365 Rn. 18 – Auskunft der IHK; OLG Stuttgart WRP 2011, 1207 (1210) – Pflegedienst.

[236] BGHZ 82, 375 (395 ff.) – Brillen-Selbstabgabestellen; 123, 157 (161) – Abrechnungs-Software für Zahnärzte; BGH GRUR 1991, 53 (55 f.) – Kreishandwerkerschaft; BGHZ 150, 343 (349) – Elektroarbeiten.

[237] BGH WRP 2003, 262 (264) – Altautoverwertung.

[238] BGH WRP 2003, 262 (264) – Altautoverwertung; WRP 2003, 73 (75) – Kommunaler Schilderprägebetrieb.

[239] BGH WRP 2003, 262 (265) – Altautoverwertung.

[240] BGH WRP 2003, 262 (265).

[241] BGH WRP 2003, 262 (265).

andererseits die Belange des privaten Gewerbes so wenig wie möglich zu beeinträchtigen.[242] Fehlt es an dem Zusammenhang, etwa bei der bevorzugten Einmietung eines **kommunalen Schilderprägebetriebs** in dem kommunalen Gebäude, das das Straßenverkehrsamt mit der Kfz-Zulassungsstelle beherbergt, wird eine öffentlichrechtliche Monopolstellung unlauter (zugleich unbillig im Sinne der §§ 20 Abs. 1, 19 Abs. 2 Nr. 1 GWB) ausgenutzt, um eigene privatwirtschaftliche Interessen durchzusetzen, weil die durch die Verwaltungstätigkeit erzeugte Nachfrage nach Gütern unter Verdrängung privater Wettbewerber (schon auf dem vorgelagerten Markt der Gewerberaumvermietung mit attraktivem Standort) nur deshalb selbst befriedigt wird, um für sich den größten wirtschaftlichen Vorteil zu erzielen.[243] Unlauter handelt eine **Rundfunkanstalt des öffentlichen Rechts,** wenn sie sich über Normgrenzen hinwegsetzt, die aus der Rundfunkfreiheit als einem wichtigen Gemeinschaftsgut (Art. 5 Abs. 1 S. 2 GG) abgeleitet werden und die die privatwirtschaftliche Betätigung begrenzen.[244]

1028 **4. Die Einwirkung von Grundrechten auf wettbewerbsrechtliche Verhaltensnormen. a) Handlungsfreiheit am Markt, Verstärkung des Unlauterkeitsschutzes.** Nationale und unionsrechtliche Grundrechte sowie die Grundfreiheiten der Art. 34, 49 und 56 AEUV beeinflussen die konkrete Anwendung des Sonderdeliktsrechts gegen unlauteren Wettbewerb. **Begünstigt** wird davon der handelnde **Wettbewerber,** indem eine Beschränkung seiner **Handlungsfreiheit** verweigert wird: Entweder unterbleibt der Ausspruch einer direkt in die Zukunft wirkenden Abwehrrechtsfolge (Unterlassung, Beseitigung), oder es unterbleibt die Gewährung nachtatlicher Sanktionen (Schadensersatz, Auskunft, Rechnungslegung), deren drohende Zuerkennung mittelbar Präventionswirkungen erzeugen würde. Begünstigt werden kann aber auch die **Marktgegenseite,** indem Wertentscheidungen grundrechtlich geschützter Rechtspositionen zur Gewinnung oder Verstärkung des **Unlauterkeitsurteils** herangezogen werden. So ist unter Geltung des § 1 UWG 1909 zugunsten der Marktgegenseite (Verbraucher, gewerbliche Abnehmer) auf Art. 2 Abs. 1 GG Bezug genommen worden, um die Abwehr unlauterer Werbeaktivitäten (heute: § 7 Abs. 1 UWG) oder unmittelbar greifender Akquisitionshandlungen wegen deren belästigender Wirkungen zu begründen oder um das Bedürfnis der Erhaltung freier Abnehmerentscheidungen zu untermauern.

1029 Die Bildung richterrechtlicher Verbotstatbestände ist weder zur Liberalisierung noch zur Schaffung von Verboten auf die Heranziehung der Wertentscheidungen von Grundrechtsnormen angewiesen, markiert damit aber zusätzlich das rechtliche Gewicht des jeweiligen Schutzanliegens. Das Bewusstmachen einschlägiger Grundrechtspositionen **fördert** die **Reflexion** über **Schutzbedürfnisse** im positiven wie negativen Sinne. Zugleich wird der **Rechtschutz** durch die Möglichkeit der Verfassungsbeschwerde (wie auch der Beschwerde zum Europäischen Gerichtshof für Menschenrechte in Straßburg) **erweitert.** Die Vorlage an den EuGH gem. Art. 267 AEUV kann indes nur indirekt erzwungen werden (→ Rn. 987).

1030 **b) Traditioneller Ansatz zur Haftungsabschwächung unter Grundrechtseinfluss.** Das Sonderdeliktsrecht des **UWG** stellt **strengere Verhaltensnormen** auf als das allgemeine Deliktsrecht des BGB, wie sich insbesondere im Bereich der Äußerungsdelikte zeigt (zB § 4 Nr. 2 UWG, ex § 4 Nr. 8, einerseits, § 823 Abs. 1 BGB – Gewerbebetriebsschutz und § 824 BGB andererseits).[245] Die Gefahr verfälschender Darstellungen ist bei

[242] BGH WRP 2003, 262 (265) – Altautoverwertung; ferner GRUR 1974, 733 (735) – Schilderverkauf; WRP 2003, 73 (75) – Kommunaler Schilderprägebetrieb.

[243] BGH (KartS) GRUR 2003, 167 (169) = WRP 2003, 73 (75); s. auch WRP 2002, 1426 (1428) – Fernwärme für Börnsen; GRUR 1999, 256 (257) = WRP 1998, 857 – 1000 DM Umwelt-Bonus.

[244] OLG Koblenz MMR 2001, 812 (813) = ZUM 2001, 800 (802 f.) = AfP 2001, 414 (417) – ZDF-Medienpark.

[245] Vgl. nur BGH GRUR 2012, 74 Rn. 33 – Coaching-Newsletter. S. ferner *Schaub* JZ 2007, 548 (549 f., 555).

einem Handeln im Wettbewerb stärker gegeben als bei einem wettbewerbsneutralen Verhalten. Aufgrund der Motivationslage des Werbenden sind dessen Äußerungen stärker von subtilen Beschönigungen, von den Mitbewerber treffenden Herabsetzungen oder von sonstigen **Verfälschungen der** erteilten **Marktinformation** bedroht als Äußerungen, die nicht unmittelbar von wirtschaftlichen Eigeninteressen getragen sind. Auf dieser Lebenserfahrung beruht die unterschiedliche rechtliche Behandlung neutral veranstalteter Warentests und vergleichender Werbung (§ 6 UWG). Ebenso wird persönliche herabsetzende Befassung mit Mitbewerbern unabhängig vom Wahrheitsgehalt der Information im Einzelfall generalisierend zurückgedrängt. **Redaktionelle Werbung** in elektronischen und Printmedien[246] sowie in Büchern[247] und Filmen ist sowohl bei Verdeckung des Werbecharakters (dann § 5a Abs. 6 UWG, ex § 4 Nr. 3, jedoch nicht deckungsgleich) als auch wegen Gefährdung der journalistischen Unabhängigkeit zu untersagen, auch wenn dieselbe Äußerung bei rein publizistischem Anlass rechtmäßig erfolgen würde.

Die Normen des UWG wurden **früher** von den parallelen allgemeinen Deliktsrechtstatbeständen des BGB vor allem durch das Tatbestandsmerkmal **„Wettbewerbshandlung"** abgegrenzt. Unter der Geltung des UWG 1909 wurden die Handlungs- und Äußerungsfreiheit von Presseunternehmen oder die Freiheit für wissenschaftliche und kulturelle Äußerungen oder die Publikation neutral veranstalteter Warentests vor Verboten, die auf das UWG gestützt wurden, bewahrt, indem ein Handeln zu Zwecken des Wettbewerbs verneint wurde, und zwar die darin verankerte Absicht der Förderung eigenen oder fremden Wettbewerbs; mit dieser traditionellen Begründung verschaffte man ua dem Grundrecht aus Art. 5 Abs. 1 S. 1 GG Beachtung. **1031**

Dieser Begründungsweg konnte unter der Geltung des UWG 2004 in modifizierter Form weiter beschritten werden, indem eine Wettbewerbshandlung iSd § 2 Abs. 1 Nr. 1 verneint wurde.[248] Sie lag nach der Fassung von 2004 nur vor, wenn die Handlung das Ziel verfolgte, die Leistungserbringung des eigenen oder eines fremden Unternehmens zu fördern. Die Normfassung auf Grund des UWG 2008 bzw. des UWG 2015 stellt bei der Definition einer **geschäftlichen Handlung** statt dessen rein objektiv auf eine unmittelbare Absatzförderung ab, weist ihr aber dieselbe ausgrenzende Aufgabe zu.[249] **1032**

Diese Argumentation erscheint eher willkürlich. Es handelte sich schon bei der Art der Anwendung des UWG 1909 um eine **unbefriedigende Problemlösung** nach einem **Alles-oder-Nichts-Prinzip,** die wegen des diskretionären Urteils über die subjektive Absicht ein hohes Maß an Unsicherheit erzeugte. Nicht zuletzt macht dies der Umgang mit Pressepublikationen deutlich:[250] Ihr redaktioneller Teil wurde vom UWG ausgenommen, wenn die Beiträge von einer publizistischen Absicht getragen waren, fiel aber darunter, wenn es sich (typischerweise verdeckt) um redaktionelle Werbung zur Förderung Dritter und damit mittelbar verbunden zur Stabilisierung des Anzeigenvolumens handelte. Unrichtig war an diesem Vorgehen zudem, die Feststellung einer subjektiven Tatsache, nämlich einer Absicht, mit der Verwirklichung einer wertenden Zielsetzung, nämlich der Gewährung des gebotenen Freiraums für Meinungsäußerungen, zu verknüpfen.[251] **1033**

Eine **alternative Begründung** hatte sich bereits seit längerem herausgebildet, auch wenn sie nicht immer konsequent angewandt wurde. Der Anzeigenteil der Presseorgane als Raum zum Transport fremder Nachrichten zB wurde danach einer **pressespezifischen** **1034**

---

[246] Dazu *Ahrens* in Gloy/Loschelder/Danckwerts HdbWettbR⁵ § 70 Rn. 28 ff., 45, 66 ff., 70.

[247] Dazu OLG Hamm WRP 1993, 515 (518).

[248] So zB OLG Hamburg GRUR-RR 2005, 385 (386) – Ladenhüter.

[249] RegE BT-Drs. 16/10145 (Begründung B Art. 1 zu § 2 Abs. 1 Nr. 1). So auch die Argumentation in OLG Köln GRUR-RR 2013, 466 (469) – Bachblüten; anders der Ansatz der Revisionsentscheidung BGH GRUR 2015, 694 Rn. 34, der aber letztlich unklar bleibt, ebenso der Ansatz in BGH GRUR 2012, 74 Rn. 38 – Coachin-Newsletter zeigt.

[250] Dazu *Ahrens* in Gloy/Loschelder/Danckwerts HdbWettbR⁵ § 69 Rn. 53 ff., § 70 Rn. 42 ff. u. 72.

[251] Dies aber verteidigend *Hösch* WRP 2003, 936 (940) (Beschränkung der Tatbestandsmerkmale Handeln im geschäftlichen Verkehr zu Zwecken des Wettbewerbs durch Art. 5 Abs. 1 S. 1 GG). In der Tendenz wie hier wohl GroßKommUWG/*Peukert*² § 2 Rn. 139 f.

Prüfungspflicht unterworfen (Störerhaftung als „Beteiligung“ an fremden Wettbewerbshandlungen[252]); das entspricht dem nachfolgend erörterten Begründungsweg, den auch der BGH in den Entscheidungen *Coaching-Newsletter*[253] und *Bezugsquellen für Bachblüten*[254] beschritten hat.

1035 **c) Rechtswidrigkeitsbestimmung.** Im letzten Jahrzehnt des 20. Jahrhunderts kamen vereinzelt Begründungen auf, die beim **Rechtswidrigkeitsurteil** der – auf der Grundlage der Generalklausel des § 1 UWG 1909 – richterrechtlich entwickelten Verhaltensnormen ansetzten und die Rechtswidrigkeitsbeurteilung unter der Einwirkung von Grundrechten zugunsten der Handlungsfreiheit des Wettbewerbers umformten. Vorbild dieses methodischen Wegs war die Rechtsprechung zum allgemeinen Deliktsrecht. Bei offenen deliktsrechtlichen Tatbeständen, die das Rechtswidrigkeitsurteil nicht durch eine vom Gesetzgeber vertypte Wertung vorformen – so in § 1 UWG 1909 und bei den dem § 823 Abs. 1 BGB aufgepfropften Rahmenrechten (Persönlichkeitsschutz, Gewerbebetriebsschutz) –, ist das Rechtswidrigkeitsurteil durch Abwägung positiv zu gewinnen. Zu den konstituierenden Bewertungsfaktoren gehören dabei die grundrechtlich geschützten Freiheiten. Vertypte Unrechtstatbestände berücksichtigen die Grundrechtspositionen im Schichtenaufbau der Deliktsnorm entweder durch geeignete Auslegung einzelner Tatbestandsmerkmale auf der Tatbestandsebene oder bei der abschließenden Rechtswidrigkeitsbewertung durch Bejahung eines Rechtfertigungsgrundes. Zu lösen sind die Probleme der **Antinomie** des **Schutzes** der Mitbewerber, der Marktgegenseite und der Allgemeinheit **vor unlauteren Verhaltensweisen** (§ 1 UWG) auf der einen Seite und des **Schutzes der Handlungsfreiheit** des angegriffenen Wettbewerbers und seiner Helfer auf der anderen Seite spätestens in der Kategorie der Rechtswidrigkeit.[255] Die nachgeordnete Verschuldenskategorie steht dafür nicht zur Verfügung, wenn die in der Praxis bedeutsamen verschuldensunabhängigen Abwehransprüchen geltend gemacht werden.

1036 Das **BVerfG** hat in seinen Senatsentscheidungen zur **Bilderserie der Benetton-Werbung**[256] und den darauf aufbauenden Kammerentscheidungen[257] versucht, von einem angeblich in der Fachgerichtsbarkeit anerkannten Schutzgut des Leistungswettbewerbs ausgehend[258] die große Generalklausel des § 1 UWG 1909 schärfer zu konturieren und – daraus ableitend – **Gefährdungen des Leistungswettbewerbs** als Institution[259] sowie Gefährdungen der freien Entschließung der Kunden[260] im Rahmen des Art. 5 Abs. 2 GG als Rechtfertigung für Beschränkungen der Meinunsäußerungsfreiheit durch UWG-Verbote zu verwenden (näher zur Kritik: 3. Aufl. dieses Kommentars, → Einl. G Rn. 77–80). Diese Rechtsprechung ist im Anwendungsbereich der Regeltatbestände des UWG bedeutungslos geworden. Es geht nicht mehr um die Kontrolle von Rechtswidrigkeitsbeurteilungen, die im Prozess der Rechtsanwendung richterrechtlich entwickelt worden sind, sondern um zum Teil sehr detaillierte gesetzgeberische Vorgaben und deren etwaige Auslegung. Soweit es für die Auslegung auf die Anwendung eines Grundrechts ankommt, muss beachtet werden, ob das GG oder die GRCh anwendbar ist (dazu → Rn. 1014 und → Rn. 1047).

---

[252] Näher dazu *Ahrens* WRP 2007, 1281 ff.

[253] BGH GRUR 2012, 74 Rn. 15, 27 und 31.

[254] BGH GRUR 2015, 694 Rn. 22 ff. und 34.

[255] Vgl. zu dieser alternativen Begründung BVerfG GRUR 2008, 81 (82) – Pharmakartell.

[256] BVerfGE 102, 347 = NJW 2001, 591 = GRUR 2001, 170 – Benetton I; BVerfGE 107, 275 = NJW 2003, 1303 = WRP 2003, 633 = GRUR 2003, 442 – Benetton II.

[257] BVerfG GRUR 2001, 1058 – Therapeutische Äquivalenz; NJW 2002, 1187 – Tier- und Artenschutz; NJW 2003, 277 – Juve-Handbuch; NJW 2003, 2229 – Anonymer Preisvergleich; GRUR 2008, 81 – Pharmakartell.

[258] BVerfG NJW 2002, 1187 (1188) – Tier- und Artenschutz; BVerfG GRUR 2008, 81 (82, 83) – Pharmakartell.

[259] So die Prüfung im Fall Therapeutische Äquivalenz.

[260] So die Prüfung im Fall Tier- und Artenschutz.

d) Schutzbereichserweiterung des Art. 5 Abs. 1 S. 1 GG auf Wirtschaftswerbung. Das BVerfG hat mit der Benetton-Rechtsprechung „kommerzielle Meinungsäußerungen und reine Wirtschaftswerbung, die einen wertenden, meinungsbildenden Inhalt hat",[261] in den Schutzbereich des Art. 5 Abs. 1 S. 1 GG einbezogen, nimmt mit dieser Formulierung aber wohl **innerhalb** der **Wirtschaftswerbung** eine **Differenzierung** vor, indem es **nichtwertende Aussagen ausgrenzt** (dazu nachfolgend → Rn. 1038 und 1042). Eine Begründung wird dafür nicht gegeben. Die Differenzierung begründet Divergenzen des Prüfungsansatzes zur Beurteilung von „commercial speech" nach Art. 10 EMRK und in der Rechtsprechung des US-Supreme Court (dazu → Rn. 1010).[262] Die Schutzbereichserweiterung ist zu begrüßen.[263] Sie bedeutet aber nicht, dass das Marktverhalten deshalb schon als rechtmäßig zu bewerten ist, denn über das endgültige Unlauterkeitsurteil wird erst mit der Schrankenbestimmung entschieden. Schon früh hat das BVerfG geklärt, dass es sich beim UWG um ein allgemeines Gesetz iSd Art. 5 Abs. 2 GG handelt.[264] 1037

Das BVerfG schafft mit der Anforderung, Wirtschaftswerbung und kommerzielle Meinungsäußerungen müssten einen wertenden, meinungsbildenden Inhalt haben, eine Divergenz[265] zu seiner eigenen, das allgemeine Deliktsrecht betreffenden Aussage, dass **Tatsachenäußerungen, die Voraussetzung der Meinungsbildung sind,** den Schutz der Meinungsäußerungsfreiheit genießen.[266] Wirtschaftswerbung wird als Teil des Kommunikationsprozesses am Markt in der Regel der Bildung einer Meinung durch die Marktgegenseite dienen, auch wenn nur tatsächliche Informationen über die eigene gewerbliche Leistung kundgetan werden, indem entweder ein positives Bild gezeichnet wird oder über einen Konkurrenten ein negatives Bild, das reflexartig den Äußernden begünstigt. Eine Differenzierung durch **Beschränkung auf wertende Stellungnahmen** würde wegen der niedrigen Anforderungen an eine Wertung durch den Äußernden zu **willkürlichen Ergebnissen** führen.[267] 1038

Die für **Freiberufler** geltenden berufsrechtlichen Werbebeschränkungen misst das BVerfG nach wie vor am **Grundrecht** der **Berufsfreiheit (Art. 12 Abs. 1 GG).**[268] Es ist nicht erkennbar, nach welchen Kriterien jeweils das eine oder das andere Grundrecht zur Kontrolle der Regulierung von Wirtschafts- und Berufswerbung herangezogen wird (kri- 1039

---

[261] Ebenso schon BVerfGE 71, 162 (175) = NJW 1986, 1533 – ärztliche Indikationsangaben. Dies fortsetzend BVerfG GRUR 2015, 507 Rn. 20 – Werbetassen. Dem BVerfG folgend OLG München WRP 2012, 1145 Rn. 13 – verschleierte Werbung auf Wikipedia.

[262] Dazu *Ahrens* in Gloy/Loschelder/Danckwerts HdbWettbR[5] § 69 Rn. 22. Zu Art. 11 GrCh GroßKommUWG/*Heinze*[2] Einl. C Rn. 203.

[263] Ablehnend hingegen, nämlich für Art. 12 Abs. 1 GG plädierend, *Faßbender* GRUR Int. 2006, 965 (971, 978).

[264] Zu § 1 UWG aF BVerfGE 62, 230 (245) = NJW 1983, 1181 – Denkzettelaktion; 85, 248 (263) = NJW 1992, 2341 – Hackethal; ebenso BVerfG GRUR 2008, 81 (82) – Pharmakartell.

[265] Gleichartige Kritik bei *Kübler/Kübler* FS Ulmer, 2003, 907 (921); *Wassermeyer* GRUR 2002, 126 (130).

[266] BVerfGE 61, 1 (8) = NJW 1983, 1415 – NPD von Europa; 85, 23 (31) = NJW 1992, 1442 (1443) – AUF; 90, 241 (247) = NJW 1994, 1779 – Leugnung der Judenverfolgung; 94, 1 (7) = NJW 1996, 1529 – DGHS; 97, 391 (397) = NJW 1998, 2889 – sexueller Missbrauch. Wie hier GroßKommUWG/*Schünemann*[2] Einl. A Rn. 212.

[267] Zur Abgrenzung von Tatsachenbehauptung und Wertung im Lauterkeitsrecht s. auch *Lettl* FS Bornkamm, 2014, 407 (414 f.).

[268] BVerfGE 71, 162 (173 f.) = NJW 1986, 1533; 85, 248 (257) = NJW 1992, 2341 – Hackethal (ergänzend zu Art. 5 Abs. 1 S. 1 GG: 85, 248 (263); 94, 372 (389) = NJW 1996, 3067 – Apothekenwerbung; NJW 1997, 2510 – Briefbogenlogo; NJW 2000, 3195 – anwaltliches Sponsoring; NJW 2002, 1331 – Knie/Wirbelsäulenspezialist; NJW 2003, 2818 = WRP 2003, 1099 – Internetwerbung Gefäßklinik; WRP 2003, 1213 = GRUR 2003, 965 – Anwaltswerbung mit Sporterfolgen; NJW 2003, 3470 = GRUR 2003, 966 – Zahnarztinternetwerbung; NJW 2003, 3472 = GRUR 2003, 966 – Werbung für zahnärztliche Klinik; NJW 2004, 2660 = GRUR 2004, 797 (798) – Botox-Faltenbehandlung (abgrenzend dazu OLG Frankfurt a. M. GRUR-RR 2007, 118 (119) – Faltenbehandlung mit Botox); BVerfG GRUR 2011, 530 Rn. 29 – Zahnarzt-Preisvergleich; NJW 2011, 2636 Rn. 41 – Zahnarzt für Implantologie; NJW 2011, 3147 Rn. 20 – Zahnärztehaus. Ebenso die Produktwarnungen der öffentlichen Hand betreffende *Glykolwein*-Entscheidung BVerfG NJW 2002, 2621 (2622).

tisch bereits → Rn. 1008). Die Endergebnisse der Grundrechtsanwendung mögen durch die unterschiedliche Vorgehensweise unberührt bleiben,[269] jedoch dürfte die psychische Wirkung dieser Differenzierung in der Fachgerichtsbarkeit Spuren hinterlassen. Die häufigen Rügen des BVerfG gegenüber den Fachgerichten wegen Verletzung des Art. 5 Abs. 1 S. 1 GG haben wegen ihrer (tatsächlichen oder vermeintlichen) Unkalkulierbarkeit ein Rechtsprechungsklima der Vorsicht, gepaart mit Resignation, erzeugt, das nicht zwingend mit der vom BVerfG generierten objektiven Rechtslage zu tun hat, das aber gleichwohl größere Zurückhaltung auslöst als die scheinbar geringere Kontrolle am Maßstab des Art. 12 Abs. 1 GG.

1040 Die mangelnde Eignung des Kriteriums der Meinungsbildung (zuvor → Rn. 1038) zur abstrakten Selektion zeigt sich bei dessen konkreter Handhabung. Worin sich zB die Sponsoringwerbung einer Anwaltskanzlei, die eine Kammerentscheidung des BVerfG an Art. 12 Abs. 1 GG gemessen hat,[270] von der nach Art. 5 Abs. 1 S. 1 GG beurteilten Bildaussage der Benetton-Imagewerbung in der Qualität der Beeinflussung fremder Meinungsbildung unterscheiden soll, ist nicht nachzuvollziehen und belegt die **Beliebigkeit der Rechtsanwendung durch** das **BVerfG.** Der Hinweis eines Marktteilnehmers auf das eigene **Sponsoring** bekundet die ansehenssteigernde und sympathiebegründende, also imagestützende Förderung einer sportlichen, kulturellen oder sonstigen Veranstaltung und enthält eine wertende Unterstützung der betreffenden Veranstaltung, uU sogar eine Solidarisierung mit dem Veranstalter. Für andere **marktbezogene Informationen** wie die Pflichtmitteilungen nach dem WertpapierhandelsG, die von Unternehmen im Anzeigenteil einer Zeitung veröffentlicht werden, ist der Gesetzgeber davon ausgegangen, dass sie zur Meinungsbildung der Kapitalanleger über den Aktienwert bestimmt sind.[271] Ihr nüchterner Tatsachencharakter unterscheidet sich nicht in rational abgrenzbarer Weise von der Selbstanpreisung eines Einzelhändlers in Bezug auf den Vertrieb eines preiswerten Mobiltelefons.

1041 **e) Grundrechtsschranken und UWG.** Der Schwerpunkt der Anwendung von Grundrechten im UWG liegt bei den Äußerungsdelikten. Dabei muss man sich vor dem **Missverständnis** hüten, die Einbeziehung von Wirtschaftswerbung in den Schutzbereich der Meinungsäußerungsfreiheit (→ Rn. 1037) habe zwangsläufig zur Konsequenz, dass das Marktverhalten als rechtmäßig zu bewerten sei. Die juristische **Feinarbeit,** die über das Rechtswidrigkeitsurteil (Unlauterkeitsurteil) entscheidet, findet erst bei Bestimmung **der Grundrechtschranken** statt.

1042 Das BVerfG hat in der Entscheidung *Benetton I* nicht klar erkennen lassen, ob bei der Abwägung nach Art. 5 Abs. 2 GG eine **Differenzierung nach** dem **Inhalt der Meinungsäußerung** zulässig ist.[272] Auffallend ist allerdings, dass der Rechtfertigungsbedarf für ein wettbewerbsrechtliches Verbot „in besonderem Maße" für kritische Meinungsäußerungen zu gesellschaftlichen oder politischen Fragen bestehen soll.[273] Das könnte ein Ansatz für themenbezogene Unterscheidungen sein. Eine derartige **Differenzierung** wird in der US-Rechtsprechung zur **commercial speech** und der Rechtsprechung zu Art. 10 EMRK vorgenommen. Der BGH hat in seiner Entscheidung im Fall *HIV positive* dezidiert die zutreffende Ansicht vertreten, dass **im Wettbewerb verboten** sein kann, **was außerhalb**

---

[269] Vgl. dazu *Jänich,* Überhöhte Verbotsstandards im UWG?, 1993, S. 73 ff., 95 f., 100 f., 120. AA *Faßbender* GRUR Int. 2006, 965 (971).

[270] BVerfG NJW 2000, 3195 mit krit. Bspr. *Ahrens* NJW 2000, 3188.

[271] *Kübler/Kübler* FS Ulmer, 2003, 907 (922 f.), wollen Angaben in Erfüllung der vom Kapitalmarktrecht auferlegten Informationspflichten dem Art. 12 GG zuweisen, wohl ausgehend von der Vorstellung, damit eine strengere Wirtschaftsregulierung zu ermöglichen.

[272] Anders die Deutung durch *Kübler/Kübler* FS Ulmer, 2003, 907 (920) (mit Befürwortung einer Schlechterstellung der Wirtschaftswerbung durch das UWG gegenüber dem allgemeinen Deliktsrecht). Für eine Berücksichtigung der Einbettung des Kommunikationsaktes in einen Werbezusammenhang bei der Abwägung nach Art. 5 Abs. 2 GG auch *Fezer* NJW 2001, 580 (581). Zu Art. 10 EMRK ebenso *Calliess* AfP 2000, 248 (251); dazu und zu Art. 11 GrCh GroßKommUWG/*Heinze*[2] Einl. C Rn. 210 mwN, der seinerseits in Rn. 215 die Differenzierung in einer einheitlichen Verhältnismäßigkeitsprüfung aufgehen lassen will.

[273] BVerfG NJW 2001, 591 (592) – Benetton I.

des Wettbewerbs ohne weiteres **zulässig** oder hinnehmbar ist oder sogar als meinungsbildender Beitrag erwünscht sein kann.[274] Die Verletzungswirkung von Meinungsäußerungen kann unterschiedlich intensiv sein.

Unzutreffend wäre eine Geringschätzung des Umstandes, dass eine **Meinungsäußerung in** einen **Werbekontext eingebettet** ist, also individuelle ökonomische Interessen verfolgt. Äußerungen zur Förderung eigenen oder fremden wirtschaftlichen Wettbewerbs dürfen strenger (= verbotsbereiter) bewertet werden als Äußerungen, die in Verfolgung ideeller, publizistischer, wissenschaftlicher oder kultureller Zwecke getätigt werden. Meinungsäußerungen zur **Verfolgung** individueller **ökonomischer Interessen** haben in der Abwägung **ein geringeres Gewicht** als Meinungsäußerungen, die der Meinungsbildung im öffentlichen Leben oder der individuellen Persönlichkeitsentfaltung dienen.[275] 1043

Die **Differenzierung der Haftungsstrenge** von allgemeinem Deliktsrecht und Sonderdeliktsrecht des UWG ist **sachlich gerechtfertigt.** Das BVerfG hat den Marktinformationsprozess in der Kammerentscheidung *Tier- und Artenschutz* zutreffend als für privatautonom getroffene Marktentscheidungen wichtig und daher im Abnehmerinteresse durch Art. 2 Abs. 1 GG geschützt angesehen.[276] Dem **Werbekontext** einer Äußerung ist im Abwägungsvorgang der Schrankenbestimmung **Rechnung zu tragen.** Umgekehrt formuliert darf der Werbende keinen rechtlichen Bonus für seine Werbung genießen, weil er die Anpreisung seiner unternehmerischen Leistung mit Äußerungen verknüpft, die außerhalb des Werbekontextes als kritische Beteiligung an der gesellschaftlichen und politischen Auseinandersetzung erhöhten Schutz erhalten. 1044

Aufgrund der **Motivationslage des Werbenden** sind dessen Äußerungen stärker **von subtilen** Beschönigungen, von den Mitbewerber treffenden Herabsetzungen oder von sonstigen **Verfälschungen** der erteilten Marktinformation **bedroht** als Äußerungen, die nicht unmittelbar von wirtschaftlichen Eigeninteressen getragen sind. Auf dieser Lebenserfahrung beruht etwa die unterschiedliche rechtliche Behandlung neutral veranstalteter **Warentests** (Beurteilung nur nach allgemeinem Deliktsrecht), bei denen der Testveranstalter in Bezug auf die Darstellung des Untersuchungsergebnisses einen erheblichen Entscheidungsfreiraum hat,[277] und **vergleichender Werbung** (Beurteilung nach UWG). Das UWG darf die Neigung zur Informationsverzerrung oder -verfälschung durch Beachtung typischer Motivationslagen, etwa bei persönlicher herabsetzender Befassung mit den Mitbewerbern, unabhängig von dem Wahrheitsgehalt der Information im Einzelfall generalisierend zurückdrängen. 1045

5. Insbesondere: UWG-Verhaltensnormen und Meinungsäußerungsfreiheit. 1046
a) Konkurrenzen. In seiner Benetton-Rechtsprechung hat das BVerfG die **Grundrechte** der **Meinungs- und Pressefreiheit (Art. 5 Abs. 1 GG)** als Schutz gegen Werbeverbote auf der Grundlage des UWG in den Vordergrund gestellt. Die Senatsentscheidungen sowie nachfolgende Kammerentscheidungen sind in der ersten bis dritten Auflage dieses Kommentars eingehend und kritisch analysiert worden.[278] Nachdem für das UWG 2004 in § 4 und seit Ende 2015 zusätzlich in §§ 3a und 4a gesetzliche Regeltatbestände der Unlauterkeit geschaffen worden sind und im Übrigen die richterliche Liberalisierung sowie die Europäisierung des Lauterkeitsrechts vorangeschritten sind, hat die praktische Bedeutung einer verfassungsrechtlichen **Kontrolle** wettbewerbsrechtlicher Verhaltensnormen **an Maßstäben des GG** abgenommen. Zudem hat eine Zuständigkeitsverschiebung stattgefunden, weil sich der Schutz der wettbewerblichen Meinungsfreiheit auch aus **Art. 10**

---

[274] BGH NJW 2002, 1200 (1203).

[275] Vgl. dazu BVerfGE 62, 230 (244, 247) = GRUR 1984, 357 (359) – Boykottaufforderung/markt intern. Klar in diesem Sinne EuGH 25.3.2004 – C-71/02 Rn. 51 GRUR Int. 2004 – Karner/Trostwijk und EGMR GRUR 2013, 859 Rn. 39 – Ashby Donald; *Lindacher* FS Tilmann, 2003, 195 (200).

[276] BVerfG NJW 2002, 1187 (1188).

[277] OLG Karlsruhe NJW-RR 2003, 177 (178) – Ökotest über Lebensmittelbelastungen; OLG Stuttgart GRUR 2018, 1066 Rn. 71 –Verblindung von Warentests = WRP 2018, 878 Rn. 65.

[278] S. ferner *Ahrens* JZ 2004, 763 ff.

EMRK[279] und im Anwendungsbereich des Unionsrechts aus **Art. 11 GRCh** ergibt (dazu nachfolgend → Rn. 1047 ff.).

1047 **b) Eingeschränkte Bedeutung der Rechtsprechung des BVerfG. Der Anwendungsvorrang des Unionsrechts** (dazu → Rn. 972) drängt die Beachtung der nationalen Grundrechte zurück.[280] Unmittelbar geltendes sekundäres Unionsrecht, das im harmonisierten Bereich Sperrwirkung gegenüber dem nationalen Recht entfaltet, darf **nur** durch **Unionsgrundrechte** kontrolliert werden.[281] Eine Prüfung des einfachen deutschen Rechts, das auf zwingendem Richtlinienrecht beruht, darf also **nicht an deutschen Grundrechten** bzw. deren Exegese durch das BVerfG **gemessen** werden.[282] Im Übrigen sind die richtlinienkonforme Auslegung sowie die Pflicht zur Vorlage beim EuGH zu beachten (→ Rn. 984 ff. und 996).

1048 **c) Auslegung von Werbeaussagen. aa) Verbale und nonverbale Äußerungen.** Das BVerfG hat in seinen die Bilderwerbung der Firma Benetton betreffenden Entscheidungen verbale Meinungsäußerungen, an denen es in den Anzeigen fehlte, und nonverbale Meinungsäußerungen durch „sprechende" Bilder auf eine Stufe gestellt. Dies deckt sich mit der früheren Rechtsprechung, nach der **alle Ausdrucksformen** einer Meinungsäußerung **in** den **Schutz** des Art. 5 Abs. 1 S. 1 GG **einbezogen** sind.[283] Das BVerfG hat den Bildern, obwohl es sich nach der Qualifizierung des Gerichts um reine Imagewerbung handelte, einen meinungsbildenden Inhalt zugesprochen und hat es als unschädlich angesehen, dass unter Verzicht auf jeglichen Kommentar nur das Firmenlogo zu erkennen war.[284]

1049 **bb) Bestimmbarer Aussageinhalt.** Das BVerfG hat allerdings nicht klargestellt, ob nonverbale Äußerungen einen **verbal** eindeutig **formulierbaren Aussageinhalt** haben müssen.[285] Dies muss zur sachgerechten Abgrenzung der Meinungsäußerungsfreiheit gefordert werden, weil anderenfalls Formen der **kommerziellen Kommunikation** wie die **Verwendung einer Marke** nicht **auszugrenzen** sind. Voraussetzung des Schutzes nonverbaler Äußerungen nach Art. 5 Abs. 1 S. 1 GG muss sein, dass die Meinungsäußerung in eine dem Adressaten verständliche Textaussage übersetzbar ist und nicht nur dazu dient – wie das BVerfG in anderem Zusammenhang formuliert –, „sich ins Gespräch zu bringen". Eine Ausuferung des Grundrechts tritt ein, wenn man bereits „Interpretations- und Identifikationsangebote an den Verbraucher" unter Äußerungsschutz stellt.[286] Zu verlangen ist also, dass über eine meinungsbildende Wirkung als solche hinausgehend, wie sie zB mit Kunstgegenständen oder mit Musik erzeugt werden kann, eine mindestens konkludent abgegebene Äußerung existieren muss. Es kann **keine Meinungsäußerung ohne Äußerung einer Meinung** geben, sei es einer Wertung durch den Äußernden zur Beeinflussung der Adressaten im Sinne des Äußernden, sei es einer Tatsachenbehauptung, die bei den Adressaten eine Meinungsbildung im Sinne des Äußernden herbeiführen soll.[287]

---

[279] Vgl. EGMR GRUR Int. 1985, 468 – Tierärztlicher Nachtdienst II; EGMR NJW 1995, 857 – Jacubowski (zur Wettbewerbsförderungsabsicht); EGMR Medien und Recht 2004, 43 = Bericht ÖJZ 2004, 397 (zur vergleichenden Werbung).

[280] Vgl. dazu *Schwarze* NJW 2005, 3559 (3562).

[281] GroßKommUWG/*Peukert*² § 3 Rn. 310.

[282] Vgl. dazu BGHZ 187, 240 Rn. 20 = GRUR 2011, 513 – AnyDVD (betr. Urheberrecht); BGH GRUR 2012, 74 Rn. 28 – Coaching-Newsletter; *Lettl* FS Bornkamm, 2014, 407 (408). Zum Grundrechtsschutz gegenüber supranationalen Organisationen wie dem Europ. Patentamt BVerfG GRUR 2006, 569.

[283] BVerfGE 30, 336 (352) = NJW 1971, 1555 – FKK-Schriften. Zur Auslegung von Abbildungen BVerfG NJW 2000, 1026 – Wepper.

[284] Unzutreffend ist der Vorwurf von *Schuppert* AfP 2003, 113 (114), der BGH habe verkannt, dass auch unkommentierte Bilder zum Prozess der Meinungsbildung beitragen.

[285] So schon meine Kritik an den drei BGH-Entscheidungen, *Ahrens* JZ 1995, 1096 (1100).

[286] So *Schuppert* AfP 2003, 113 (115) (darin ein Charakteristikum der Imagewerbung sehend); gegen ihn *Degenhardt,* vgl. Diskussionsbericht zur Tagung des Studienkreises für Presserecht, AfP 2003, 133 (135).

[287] Das vernachlässigt die Kritik von *Busche,* Anm. zu BGH LM UWG § 1 Nr. 866, S. 11. Den fehlenden Informationsgehalt der bloß auf Aufmerksamkeitserregung angelegten, nämlich Namenspflege betreibenden Werbung hebt *Calliess* AfP 2000, 248 (252), hervor.

cc) Zurechenbarkeit der Äußerung zum Äußernden. Der Inhalt einer Meinungsäußerung kann **mehrdeutig** sein und zwingt dann zur Auslegung. Vorgelagert sein kann das Auslegungsproblem, ob überhaupt eine **subjektive Beziehung** des sich Äußernden **zum Inhalt der Aussage** besteht und insoweit eine Meinungsäußerung gegeben ist (möglicherweise deckungsgleich mit dem vorstehend unter → Rn. 1048 aufgezeigten Problem). Das BVerfG hat angenommen, alle drei Werbebilder enthielten ein (Un-)Werturteil zu gesellschaftlich und politisch relevanten Fragen. Dabei konnte sich das BVerfG auf (voreilig und ohne Tatbestandsbindung durch OLG-Urteile getroffene?) Feststellungen der angegriffenen BGH-Urteile stützen, die Anzeigen prangerten das Elend der Welt an. 1050

Dass eine eigene Botschaft der Firma Benetton von deren Anzeigen ausging, hat das BVerfG unter unterstützender Heranziehung einer publizistischen Äußerung des Werbefotografen *Toscani,* der die Anzeigen gestaltet hatte, angenommen (dazu auch → Rn. 1057). Gerade diese **nachträgliche Fremdinterpretation** hätte den nahe liegenden Verdacht verstärken müssen, dass **beliebige, intersubjektiv unverbindliche interpretatorische Inhalte** von außen an die Bilder herangetragen wurden. Indikator dafür waren auch die variantenreichen juristischen Kurztitel, die für die Benettonwerbung verwendet wurden (zB Schockwerbung, Imagewerbung). Der BGH hat in seiner Entscheidung *HIV positive II* das überzeugende Auslegungsergebnis erzielt, ein eigener Aussageinhalt sei von Benetton nicht fixiert worden; vielmehr sei der Betrachter völlig den eigenen Assoziationen, Gedanken und Empfindungen überlassen gewesen. Darauf ist das BVerfG in der aufhebenden Entscheidung *Benetton II* nicht eingegangen. 1051

dd) Mehrdeutigkeit. Die *Benetton I*-Entscheidung zeigt **keine klaren Leitlinien** für die **Auslegung wettbewerblicher Äußerungen** auf. Erkennbar ist nur, dass die rechtliche Beurteilung nicht auf eine einzige Auslegungsvariante gestützt werden soll. Es heißt abwehrend: „Eine solche Deutung ist jedoch nicht die einzig mögliche, ja nicht einmal besonders nahe liegend". An späterer Stelle, bei Behandlung des Falles *HIV positive,* äußerte sich das BVerfG erneut zur Auslegung und verlangte, dass die Bildäußerung unter Einbeziehung ihres Kontextes ausgelegt und ihr kein Sinn zugeschrieben werde, den sie objektiv nicht haben könne. Bei **mehrdeutigen Äußerungen** müssten die Gerichte sich im Bewusstsein der Mehrdeutigkeit **mit** den verschiedenen **Deutungsmöglichkeiten auseinandersetzen** und für die gefundene Lösung **nachvollziehbare Gründe**[288] angeben (Variantenlehre).[289] 1052

ee) Günstigkeitsprinzip, Wirkung auf die Werbeadressaten. Der VI. ZS des BGH hat aus der Variantenlehre für das allgemeine Deliktsrecht abgeleitet, es müsse jeweils die **der Meinungsfreiheit günstigste Auslegung** der weiteren Beurteilung zugrunde gelegt werden.[290] Bei Übertragung dieser Ansicht in das Wettbewerbsrecht dürfte insbesondere beim Irreführungsschutz nach § 5 UWG dem Werbenden nicht mehr jede Variante einer Auslegungsmehrdeutigkeit zugerechnet werden. Bis zu einer eindeutigen grundrechtlichen Klärung sollte an der bisherigen wettbewerbsrechtlichen Auslegungspraxis festgehalten werden. Sie beruht auf der Lebenserfahrung, dass Werbende sich bei mehrdeutigen Aussagen dieses Umstandes in der Regel bewusst sind und gegenteilige Prozessbehauptungen nur Schutzbehauptungen sind. Insbesondere aber gebietet der Schutzzweck, Fehlvorstellungen von Marktteilnehmern über ein Leistungsangebot zu unterdrücken, dem **Interesse** der angesprochenen Verkehrskreise **an unverfälschter Marktinformation** statt der 1053

[288] Einen stillschweigenden Wandel der Rechtsprechung des BVerfG von „überzeugenden" oder „schlüssigen" zu „nachvollziehbaren" oder „tragfähigen" Gründen im allgemeinen Deliktsrecht konstatiert *Helle* AfP 2006, 110 (111); den Wandel verkennend VerfGH Berlin NJW 2006, 1704 (1706).

[289] BVerfG NJW 2003, 1303 (1304) mit Hinweis auf BVerfGE 93, 266 (295 f.) = NJW 1995, 3303 (3305) – Soldaten sind Mörder und BVerfGE 94, 1 (10 f.) = NJW 1996, 1529 (1530) – DGHS.

[290] So für das allgemeine Deliktsrecht der VI. ZS des BGH, BGHZ 139, 95 (104) = NJW 1998, 3047 (3048) – Stolpe; JZ 2002, 663 (665) – Zuschussverlag mAnm *Kübler;* NJW 2004, 598 (599) = WRP 2004, 364 (366) – Klinik Monopoly. Abgeleitet wird dies aus BVerfGE 85, 1 (13 f.) = NJW 1992, 1439 (1440) – Kritische Bayer-Aktionäre und BVerfGE 94, 1 (9) = NJW 1996, 1529 (1530) – DGHS.

Handlungsfreiheit (Meinungsfreiheit) den **Vorrang** einzuräumen.[291] Das BVerfG hat im Fall *Stolpe* den BGH insofern korrigiert, als das Günstigkeitsprinzip nicht für den Unterlassungsanspruch gegen Persönlichkeitsrechtsverletzungen gelten soll.[292] Diese Rechtsprechung ist auf das Wettbewerbsrecht zu übertragen.[293]

1054 Irritierend ist ein weiterer Begründungsteil der *Benetton II*-Entscheidung, wonach das ***tatsächliche*** **Verständnis** einer Äußerung durch Minder- oder Mehrheiten der Rezipienten zwar ein Argument für die Ermittlung des Sinns einer Äußerung sein könne, es darauf aber **nicht entscheidend** ankomme. Die Sichtweise eines „verständigen Empfängers der für ihn wahrnehmbaren, den Sinn der Äußerung mitbestimmenden Umstände" sei Grundlage der Auslegung.[294] Das tatsächliche Verständnis einer unbestimmt großen Zahl von Rezipienten kann der Fachrichter ohne demoskopische Befragung immer nur objektivierend bestimmen; insoweit besteht der vom BVerfG aufgezeigte potentielle Gegensatz nicht. Sofern darin nicht bloß eine beiläufige Bemerkung zu sehen ist, könnte ein spezifischer normativ-verfassungsrechtlicher Auslegungssatz gemeint sein, der bereits im Auslegungsstadium eine Zurechnungskorrektur zugunsten des Äußernden eröffnen soll.

1055 Die Auslegung einer werbenden Meinungsbekundung muss allein von der **Wirkung auf** die angesprochenen **Werbeadressaten** aus der Sicht eines verständigen Betrachters erfolgen, dem verborgene Absichten des Äußernden nicht erkennbar sind und der auch kein externes Auslegungsmaterial zur Verfügung hat.[295] Nur diese Sicht dürfte bei der Anwendung von § 5 UWG, der die Irreführungsrichtlinie umsetzt, **unionsrechtlich** zulässig sein.

Die Auslegung erstreckt sich auch auf die Frage, ob eine **Werbeanzeige nonverbaler Art** aus der Sicht der Werbeadressaten überhaupt einen **formulierbaren Meinungsinhalt** besitzt (zuvor → Rn. 1049). Damit folgt die Auslegung von Werbetexten denselben bewährten Maximen wie die Auslegung rechtsgeschäftlicher Erklärungen. Hier wie dort zwingen materiell-rechtliche Schutzzwecke zu einer **Objektivierung der Auslegung** und bestimmen das Verfahren zur Feststellung des subjektiv Gemeinten. Ungeklärt ist, ob der Inhalt einer Meinung, der nur durch Auslegung zu ermitteln ist, losgelöst von den Anforderungen des Verhandlungsgrundsatzes des Zivilprozessrechts festgestellt werden darf. Das ist jedenfalls in dieser Pauschalität abzulehnen.[296] Allein die Auslegungsmaximen und das Auslegungsverfahren werden durch das Grundrecht des Art. 5 Abs. 1 S. 1 GG beeinflusst. Dafür kann überdies – wie bei der Beurteilung irreführender Werbung – das **Unionsrecht höherrangige Vorgaben** machen.

1056 **ff) Verbot spekulativer Feststellungen.** Schon lange vor den Benetton-Fällen hatte das BVerfG zu Art. 12 Abs. 1 GG zutreffend – in der Fachgerichtsbarkeit jedoch anscheinend unbeachtet – judiziert, dass ein Wettbewerbsverhalten nicht um der Abwehr eingebildeter Gefahren willen untersagt werden darf.[297] Dies gilt auch für die Auslegung von Werbeangaben; ihnen darf kein Bedeutungsinhalt beigelegt werden, der bei objektiver Betrachtung realitätsfern ist. Ihr Verbot wäre rechtswidrig, auch wenn der Werbungtreibende auf ein Alternativverhalten ausweichen kann.[298] Wird das **Aussageverständnis** aus

---

[291] Zur Bedeutung markterheblicher Informationen für die Funktionsfähigkeit der Marktwirtschaft BVerfG NJW 2002, 2621 (2622) – Glykolwein.

[292] BVerfG NJW 2006, 207 (209) (nachfolgend BGH AfP 2007, 357) m. Bespr. *Helle* AfP 2006, 110 ff.; *Hochhuth* NJW 2006, 189 ff.; *Teubel* AfP 2006, 20 ff.; *Seelmann-Eggebert* AfP 2007, 86 ff.; *Gomille* JZ 2012, 769 ff.; Bekräftigend die Kammerentscheidung BVerfG NJW 2006, 3769 (3774) – Babycaust; keine Abweichung davon die Kammerentscheidung BVerfG GRUR 2006, 425 – Informationen über Behandlungsmethoden (wegen Verhängung einer Geldbuße).

[293] Ebenso *Helle* AfP 2006, 110 (113); aA *Seelmann-Eggebert* AfP 2007, 86 (91) (mangels verfassungsrechtlicher Schutzpflicht als Kontrapunkt zur Meinungsfreiheit).

[294] BVerfG NJW 2003, 1303 (1304).

[295] Die gegenteilige Konsequenz zieht *Jänich* aus der *Benetton I*-Entscheidung des BVerfG, Anm. zu BGH EWiR § 1 UWG 5/02. Zur Wahrnehmung durch den flüchtigen Leser als Bezugspunkt zur Ermittlung eines eigenständigen Aussagegehaltes BVerfG NJW 2004, 277 (278) – Marsch in den Untergang.

[296] Anders wohl *Kübler/Kübler* FS Ulmer, 2003, 907 (910).

[297] BVerfGE 32, 311 (317) = NJW 1972, 573; dazu *Jänich* Geistiges Eigentum S. 85 f.

[298] *Jänich* Geistiges Eigentum S. 86.

der heute maßgebenden **Sicht eines verständigen Durchschnittsbetrachters** (Verbrauchers) interpretiert, ist eine Auslegungsüberdehnung in der Regel ausgeschlossen. Der Slogan „Naschen erlaubt" wird dann entgegen der Auffassung des KG[299] nicht als Aussage zur gesundheitlichen Unbedenklichkeit von Süßigkeiten qualifiziert werden können und von dem im Hintergrund einer Rundfunkwerbung für Teigwaren zu hörenden Hühnergegacker kann nicht angenommen werden, es werde damit die konkludente Behauptung aufgestellt, die Nudeln seien aus Frischei hergestellt.[300]

gg) Zulässiges Auslegungsmaterial. Verfehlt war das Vorgehen des BVerfG, zur Feststellung des Auslegungsinhalts auf **nachträgliche Buchaussagen des** für Benetton tätig gewesenen **Werbegestalters** Bezug zu nehmen, die während des Interpretationsvorgangs durch die Werbeadressaten nicht als Auslegungsmaterial zur Verfügung standen (zuvor → Rn. 1051). Diesen Standpunkt hat auch der BGH in seiner zweiten Entscheidung zum Fall *HIV positive* eingenommen.[301] Das BVerfG hat insoweit gesicherte Prinzipien der rechtsgeschäftlichen Auslegung missachtet, die immer dann gelten, wenn der Normzweck eine Interpretation aus der Sicht der Adressaten verlangt, was nicht nur auf empfangsbedürftige Willenserklärungen zutrifft, sondern auch auf wettbewerbsrechtlich zu beurteilende Werbeaussagen. Soweit das nationale UWG auf Richtlinien des Unionsrechts beruht, sind die dafür aufgestellten **Auslegungsstandards des EuGH** und der **unionsrechtliche Normenvorrang** sowie die Vorlageverpflichtung an den EuGH (Art. 267 AEUV) zu beachten. An diese Vorgaben ist auch die deutsche Grundrechtsinterpretation gebunden (zum Vorrang des Unionsrechts → Rn. 970 ff.). 1057

d) Prozessuale Erwägungen des BVerfG. aa) Prüfungspflichtverletzung als Begründung der Erstbegehungsgefahr. Als mögliche Verletzung der Pressefreiheit hat das BVerfG in der Entscheidung *Benetton I* die Herleitung einer Erstbegehungsgefahr aus dem prozessualen Verhalten des Presseunternehmens geprüft.[302] Es hat eine **Verletzung der Pressefreiheit** verneint, weil dem Presseunternehmen nur abverlangt werde, Anzeigen auf **grobe Wettbewerbsverstöße** hin zu **prüfen.** Mit dieser **Beschränkung der Prüfungspflicht** werde auf pressespezifische Bedingungen bei der Publikation von Anzeigen Rücksicht genommen. Das BVerfG hat jedoch gemeint, wenn ein Rechtsstreit geführt werde, sei eine verantwortliche Prüfung ohne weiteres zuzumuten. Dabei handelt es sich dann offenbar um eine volle rechtliche Prüfung, weil sie in Gegensatz gestellt wird zu der „zunächst geringeren Sorgfaltspflicht". 1058

Mit der Bejahung einer **Vollprüfung im laufenden Prozess** ist das BVerfG zu Lasten des Presseunternehmens den differenziert zu beurteilenden Gesichtspunkten nicht gerecht geworden, die an eine inhaltliche Ausgestaltung der **Sorgfaltspflicht (wettbewerbsrechtlichen Verkehrspflicht)** zu stellen sind.[303] Der BGH hat diese Linie in seiner Folgeentscheidung eingehalten und wegen der Außergewöhnlichkeit der Anzeige eine sorgfältige Prüfung verlangt. Dem ist zwar zustimmen, nicht aber der weiteren These, das Prüfungsergebnis sei „unschwer" zu erkennen gewesen.[304] Sie wird schon durch den äußeren Verfahrensablauf, nämlich die zweimalige Aufhebung des BGH durch das BVerfG, widerlegt. Auch wenn die Sachaussagen des BGH zur Bildung des Unlauterkeitsurteils hier gebilligt werden, war doch ein abweichender Standpunkt bei prognostischer Beurteilung ohne weiteres vertretbar. Die Streitentscheidung musste der Verlag nicht vorwegnehmen. Wollte er sich bei Zugrundelegung der Ansicht des BGH auf die rechtlich sichere Seite 1059

---

[299] KG WRP 1991, 312 (313).

[300] So BGH GRUR 1961, 544 f. mit der feinsinnigen Differenzierung zwischen Legegegacker und Konversationsgegacker.

[301] BGH NJW 2002, 1200 (1201).

[302] BVerfGE 102, 347 (361 f.) = NJW 2001, 591 Rn. 49.

[303] Vgl. dazu *Ahrens* in Gloy/Loschelder/Danckwerts HdbWettbR[5] § 69 Rn. 77.

[304] AA auch *Busche,* Anm. zu BGH LM UWG § 1 Nr. 866, S. 12; *Vogt* NJW 2003, 3306 (3310); *Ruess* WRP 2002, 1376 (1381); *Wassermeyer* GRUR 2002, 126 (131).

schlagen, bedeutete das, die Ungewissheit durch Anwendung einer „Schere im Kopf", also mittels **Nachrichtenunterdrückung und** damit mittels **Vorzensur,** zu Lasten des Anzeigenkunden auszuräumen. An dieser Stelle hätte der Fall anders – zugunsten der Meinungs- und Pressefreiheit – gelöst werden müssen.

1060 Verkannt haben beide Gerichte dieses Problem anscheinend, weil sie davon ausgingen, dass zwischen der abgeschwächten Beurteilung bei Entgegennahme der Anzeige zum Abdruck und der erneuten Rechtsprüfung im laufenden Prozess mit Berühmung eines Abdruckrechtes unterschieden werden könne. Richtig ist zwar, dass die **Prüfung im Prozess ohne Zeitdruck** erfolgt und ihr daher in diesem Zeitpunkt ein Element fehlt, das den Bedarf an Presseschutz mitbegründet. Es **entfällt** aber **nicht** das Element der **Rechtsunsicherheit.** Ohne Verteidigung des Rechts zum künftigen Abdruck der Anzeige, aus der die Erstbegehungsgefahr abgeleitet wurde, konnte keine verbindliche Klärung der vielfältigen Rechtsfragen erfolgen. Derartige Klärungen dürfen nicht in die Redaktionsstube eines Presseunternehmens oder die Kanzlei seines Rechtsberaters verlegt und **zu Lasten eines Anzeigenkunden** von dem Wagemut und der Prozessführungsbereitschaft des Verlegers abhängig gemacht werden.

1061 **bb) Verbotsreichweite.** Vermisst hat das BVerfG in der Kammerentscheidung *Juve-Handbuch*[305] tragfähige Erwägungen zur **Verhältnismäßigkeit des Unterlassungsgebots.** Die Kammer nahm an, dass ein umfassendes Unterlassungsgebot nicht erforderlich sei, wenn durch einschränkende klarstellende Zusätze (dort zB durch Hinweise auf die Quellen der Ranglisten) eine Irreführungsabwehr zu erzielen sei. Dieser besonders brisante Teil der Entscheidung, der nicht durch eine Senatsentscheidung gedeckt ist, greift – möglicherweise unbedacht[306] – tief in den Wettbewerbsprozess ein. Dort ist anerkannt, dass der Unterlassungsgläubiger sich im Erkenntnisverfahren nicht auf einen Streit darüber einlassen muss, welche neue Werbeart rechtmäßig ist. Es ist vielmehr dem Schuldner überlassen, sich darüber Gedanken zu machen, wie er die (erneute) Verletzung des hinreichend bestimmten Verbotsbereichs eines Unterlassungstenors durch alternative Gestaltungen vermeiden kann.[307]

1062 Die Entscheidung beruht auf einer **unzutreffenden Vorstellung über** den **Streitgegenstand** von Unterlassungsklagen. Sie führt überdies zu einer **Freiheitsbeschneidung zu Lasten des** angegriffenen **Werbenden,** wenn die Unterlassungskläger sich auf das Verlangen prozessual einstellen. Er wird mit Unterlassungsanträgen konfrontiert werden, die in Form einer Vielzahl gestaffelter Hilfsanträge mögliche klarstellende Zusätze aufnehmen, und muss sich dann bereits im Erkenntnisverfahren über Gestaltungsalternativen Gedanken machen, um seine künftige Handlungsfreiheit zu erhalten. Was als Freiheitssicherung gedacht ist, kann somit in Wirklichkeit strangulierende Wirkung entfalten und belastet zudem den Wettbewerbsprozess durch Ausweitung des Streitprogramms sowie durch die Nebenwirkung, dass die hauptsacheersetzende Wirkung der Unterlassungsverfügung an Bedeutung verliert und die Zahl nachfolgender ordentlicher Verfahren zunimmt.

1063 **e) Sonstige Auswirkungen der Benetton-Entscheidungen des BVerfG. aa) Erfordernis konkreter Gefährdung?** Im Schrifttum ist die Behauptung aufgestellt worden, aus den verfassungsgerichtlichen Entscheidungen ergebe sich, dass nur noch die Abwehr **konkreter Gefahren** eine Unterlassungsverurteilung rechtfertigen könne.[308] Dem steht die Kammerentscheidung *Anonymer Preisvergleich*[309] entgegen. Ein Rechtsgut oder Interesse wird konkret gefährdet, wenn man sich ihm in übermäßiger, nicht ausdrücklich vom Recht

[305] BVerfG NJW 2003, 277.
[306] Gegenteilig nämlich BVerfG NJW 1996, 2567.
[307] Näher dazu *Melullis* HdB Wettbewerbsprozess³ Rn. 339 f.; Ahrens/*Bacher,* Der Wettbewerbsprozess⁹, Kap. 21 Rn. 17; Teplitzky/*Schwippert* Wettbewerbsrechtliche Ansprüche¹² Kap. 51 Rn. 25.
[308] Anders aber *Hösch* WRP 2003, 936 (941).
[309] BVerfG NJW 2003, 2229.

oder der Verkehrsanschauung zugelassener Weise verletzungsdrohend nähert. **Abstrakte Gefährdungen** werden demgegenüber durch räumlich, zeitlich und gegenständlich umschriebene Verhaltensweisen fixiert, die voraussehbar in einer gehäuften Zahl gleichartiger Sachverhalte in eine Verletzung umschlagen können.[310] Im Sinne dieser Unterscheidung können Unlauterkeitstatbestände, gleich ob vom Gesetzgeber oder vom Wettbewerbsrichter aufgestellt, auch abstrakten Gefahren begegnen.[311] Es darf sich allerdings nicht um **eingebildete Gefahren** handeln. Zwischen der Beeinträchtigungsintensität einer sich realisierenden Verletzung eines schützenswerten Interesses sowie der rechtlichen Qualität des Interesses einerseits und der **Vorverlagerung des Schutzes durch Aufstellung abstrakter Gefahrenabwehrnormen** andererseits besteht ein rechtlicher Zusammenhang. Je geringer die drohende Eingriffsintensität oder der Rang des Schutzgutes sind, desto zurückhaltender ist bei der Untersagung abstrakt gefährlichen Verhaltens zu verfahren, wenn es im Schutzbereich der Meinungsäußerungsfreiheit liegt. Zu beachten ist aber, dass zur Vermeidung abstrakter Gefährdungen von Verbraucherinteressen wegen des abschließenden Charakters des Anhang I zur UGP-RL **keine zusätzlichen per se-Verbote** gebildet werden dürfen.[312]

bb) Werbende Tatsachenbehauptungen. Aus der Rechtsprechung des BVerfG ergibt sich nicht, dass die Wettbewerbsgerichte werbende Äußerungen nur zurückhaltend auf einen **Tatsachenkern** zurückführen dürfen.[313] Anzuwenden sind vielmehr die → Rn. 1048 beschriebenen Auslegungsregeln. Das Wahrheitsgebot wird nicht dadurch relativiert, dass Werbung mit einem Tatsachenkern ein gesellschaftskritisches oder imagebezogenes Thema anspricht.[314] Das BVerfG wird aber den **Freiraum,** der zutreffenden meinungsbildenden Tatsachenäußerungen außerhalb eines Werbekontextes gewährt wird, **bei Wettbewerbsbezug** neu bestimmen und **relativieren** müssen, um aus der Falle zu entkommen, die sich aus der notwendigen Abgrenzung von Tatsachenbehauptungen und Wertungen ergibt. 1064

cc) Autonome Festlegung wettbewerblicher Aktionsparameter. Unlauter ist es, die **privatautonome Entscheidung der Abnehmer** zu **beeinträchtigen,** sich für eine bestimmte gewerbliche Leistung zu entscheiden oder sich auch nur mit einer Leistungspräsentation zu befassen. Welche Leistungsparameter einer Marktentscheidung zugrunde gelegt werden, ist wiederum Gegenstand privatautonomer Festlegung der Abnehmer. Anders als im sportlichen Wettbewerb, der für die Anerkennung von Rekorden feste Maßstäbe (zulässiges Sportmaterial, zulässiger Rückenwind etc) benötigt, die von Dritten, nämlich Verbandsinstitutionen festgelegt werden, gibt es am Markt **keinen numerus clausus der Beurteilungskriterien.** Wegen der Offenheit der Leistungsbeurteilung gilt auch kein Gebot der Sachlichkeit im engeren Sinne,[315] wie es der diffuse Begriff „Leistungswettbewerb" (dazu → Rn. 1036) suggeriert; insbesondere muss eine Entscheidung nicht auf wirtschaftlichen Gründen beruhen.[316] Kriterien, die mit Preis, Qualität, Service, Lieferzuverlässigkeit etc einer Marktleistung nichts zu tun haben und die als irrational bespöttelt werden können, dürfen einer Auswahl gleichwohl zugrunde gelegt werden, ohne 1065

---

[310] Vgl. dazu *Deutsch/Ahrens,* Deliktsrecht[6], Rn. 282 f.

[311] Den Wettbewerbsrichter ausklammernd *Lindacher* FS Tilmann, 2003, 195 (199).

[312] GroßKommUWG/*Peukert*[2] § 3 Rn. 321.

[313] So aber wohl *Hösch* WRP 2003, 936 (939) (mit seiner Äußerung zum Sachlichkeitsgebot). Wie hier *Lettl* FS Bornkamm, 2014, 407 (415).

[314] So aber *Hösch* WRP 2003, 936 (939).

[315] Im Ergebnis ebenso *Kübler/Kübler* FS Ulmer, 2003, 907 (915). Unrichtig die Vorstellung von *Hösch* WRP 2003, 936 (943 f.), der Gesetzgeber könne im Unterschied zum Wettbewerbsrichter anordnen, dass Produktwerbung nur sachbezogene Angaben enthalten dürfe.

[316] OLG Hamm NJW 2003, 1745 (1746) = GRUR 2003, 975 (976) = WRP 2003, 396 – Regenwaldprojekt I; OLG Hamburg GRUR-RR 2003, 51 (52) = NJW-RR 2003, 407 – Bringt die Kinder durch den Winter (freie Wahl der Kaufmotive).

dass dies über das Unlauterkeitsrecht von Staats wegen zu korrigieren ist. Derartige **Bewertungskriterien** dürfen dann auch die Anbieter **in** ihrer **Werbung hervorheben.**

1066 **dd) Social Sponsoring.** Die Kammerentscheidung *Tier- und Artenschutz* des BVerfG[317] hatte das **Social Sponsoring** zum Gegenstand. Abnehmer dürfen ihre Sympathie für einen Anbieter nicht nur beanstandungslos zum alleinigen Parameter erheben; auch die werbende Erzeugung von Sympathiewerten, etwa durch das Herausstellen des eigenen sozialen Engagements, erfolgt rechtmäßig. Dies gilt für Social Sponsoring zugunsten von Kultur und Umwelt, auf das ein Unternehmer ohne Verknüpfung mit seinem Leistungsangebot hinweist,[318] ebenso wie für hochpreisige Verkaufsangebote, mit denen unter dem Stichwort „fair trading" Kleinbauern in Übersee unterstützt werden sollen, oder für Angebote, deren Erlös angeblich teilweise an eine gemeinnützige Organisation abgeführt werden soll. Zu prüfen ist bei derartigen Sachverhalten allerdings, ob die Werbung nicht **irreführend** ist,[319] etwa weil nur ein Minimalbetrag gespendet wird. Die **Intransparenz des Spendenumfangs** und die dadurch begründete Gefahr von **Fehlvorstellungen** über die **Effektivität der Förderung** eines altruistischen Anliegens hat der BGH für eine Anwendung des § 4 Nr. 1 UWG 2004 (nunmehr § 4a Abs. 1 UWG 2015) oder des § 5a UWG (ex § 5 UWG 2004) wegen fehlender genereller Informationspflicht nicht ausreichen lassen.[320] Beim Social Sponsoring ist die Gefahr des Missbrauchs besonders hoch, indem völlig unbedeutende Spenden zu einer großzügigen Unterstützung aufgebauscht werden.[321] Frei von Irreführungsgefahren sind mittelbare Unterstützungen durch **Spendenaufrufe.**

1067 **ee) Irreführende Mitleidwerbung.** Die misslungene Rückführung des UWG-Schutzes auf ein Schutzgut „Leistungswettbewerb" (zuvor → Rn. 1065) kann weitere Fehldeutungen provozieren, indem einzelne Parameter der Abnehmerentscheidungen und darauf gerichtete werbende Äußerungen als sachfremde geschäftliche Handlungen qualifiziert und verboten werden. Im engeren Sinne sachfremd ist eine Marktentscheidung, die sich auf **Mitleidsgefühle** stützt, die durch Werbung hervorgerufen oder verstärkt und auf ein konkretes Angebot gelenkt werden. Abnehmerentscheidungen, die sich davon leiten lassen, und darauf zielende Werbung sind als solche jedoch nicht zu beanstanden. Entsprechende Sachverhalte stehen allerdings nicht unberechtigt unter dem Generalverdacht, dass der mitleiderzeugende Sachverhalt völlig unzutreffend oder doch aufbauschend geschildert wird, also eine Irreführung gegeben ist. Eine Abwehr dieser abstrakten Irreführungsgefahr durch ein generelles Verbot, mit Werbung Mitleid zu erzeugen, schießt über das Ziel hinaus, weil auch unverdächtige oder gar billigenswerte Sachverhalte unterdrückt werden; die Abwehr ist **auf konkrete Irreführungen zu reduzieren.** Mit einer Umkehr der Darlegungslast für die Richtigkeit der Tatsachengrundlagen und/oder der Gewährung eines vorprozessualen Informationsanspruchs sind die Sachverhalte rechtlich angemessen zu bewält.[322] Defizite des materiell-rechtlichen Rechtsfolgensystems und/oder des Prozessrechts infolge fehlverstandener Ausforschungsschranken dürfen nicht durch richterrechtliche Ausbildung abstrakter Verbotstatbestände überwunden werden; vielmehr ist die Abhilfe dort zu suchen, wo der rechtliche Mangel seine Ursache hat. Die Lebenserfahrung kann allerdings

---

[317] BVerfG NJW 2002, 1187.

[318] Vgl. BGH GRUR 2006, 75 (76) – Artenschutz. Auf einen „sachlichen Zusammenhang" zwischen sozialem Engagement und beworbener Ware verzichtet OLG Hamburg GRUR-RR 2003, 51 (52).

[319] BGH GRUR 2007, 247 (250) = NJW 2007, 919 Rn. 29 ff. – Regenwaldprojekt I; GRUR 2007, 251 (253) – Regenwaldprojekt II.

[320] BGH GRUR 2007, 251 Rn. 23 – Regenwaldprojekt II (zur Sachverhaltsaufklärung über die Verkehrsauffassung zurückverweisend); BGH GRUR 2007, 247 Rn. 25 – Regenwaldprojekt I. AA die Eilentscheidungen über dieselben Sachverhalte: OLG Hamm GRUR 2003, 975 (977) = WRP 2003, 396 (397 f.) – Regenwaldprojekt I; LG Siegen GRUR-RR 2003, 379 – Regenwaldprojekt II; ablehnend dazu *Hartwig* GRUR 2003, 924 ff., ua wegen unzutreffend gezogener Parallelen zu Kopplungsgeschäften; ferner *Hartwig* NJW 2006, 1326 (1328); zustimmend *Lindacher* FS Tilmann, 2003, 195 (205).

[321] *Lange* WRP 1999, 893 (894), ferner 900; *Nordemann/Dustmann* FS Tilmann, 2003, 207 (217).

[322] Zur sekundären Darlegungslast eingehend Büscher/*Ahrens* UWG § 12 Anh. I Rn. 285 ff.

die Vermutung begründen, dass **wenig konkretisierte Mitleidshascherei** gewerblicher Unternehmen den **Sachverhalt verzerrt** und deshalb unlauter ist.

ff) Gefühlsbetonte Werbung. Eine Tatbestandsbildung unter dem Stichwort „gefühlsbetonte Werbung" ist **nicht geeignet,** einen **einheitlich maßgebenden** charakteristischen **Unlauterkeitsgesichtspunkt** zu bezeichnen; sie ist daher nichtssagend.[323] Dies gilt in gleicher Weise für den Begriff „Schockwerbung". Schon unter der Geltung des § 1 UWG 1909 gab es keine einheitliche Fallgruppe unter dem zitierten Begriff; betroffen waren unterschiedliche Werbemaßnahmen, bei denen ua Mitleid, Hilfsbereitschaft, soziale Verantwortung, Umweltschutzaktivitäten, Religiosität, Trauer oder Angst angesprochen oder herausgestellt wurden. Gleichwohl ist nicht der pauschale Schluss gerechtfertigt, **emotionale Werbung** sei schlechthin rechtmäßig. Es kann darin aber ein unangemessen **unsachlicher Einfluss** iSd § 4a Abs. 1 S. 2 Nr. 3 UWG zu sehen sein, der Marktteilnehmer beeinträchtigt. Die Einflussnahme muss allerdings qualitativ dem in Nr. 2 der Norm alternativ genannten Merkmal der Ausübung von Druck entsprechen. 1068

gg) Angstwerbung. Werbung, die **Angstgefühle** ausnutzt, kann auf Grund des § § 4a Abs. 1 S. 2 Nr. 3 UWG unterdrückt werden. Gegenüber dem Benettonfall *HIV positive* haben sich durch die gesetzgeberische Konkretisierung der Unlauterkeitsgeneralklausel die Beurteilungsgrundlagen verschoben. Verfassungsrechtlich zu prüfen ist bei Regeltatbeständen die richterliche Normanwendung, während gegen die Gesetzestatbestände selbst keine Einwendungen begründet sein dürften. Die Annahme der Beeinträchtigung einer freien Verbraucherentscheidung unter dem Eindruck unbestimmter Angstgefühle bedarf trotz ihres Prognosecharakters einer plausiblen tatsächlichen Grundlage. Sie ist gegeben, wenn der Werbeadressat in einer Entscheidungssituation der Ungewissheit zu einer **irrationalen Entscheidung** gedrängt wird; zu verneinen ist sie, wenn ihm die Risikofaktoren bekannt sind und er die Entscheidung mit begrenztem Wissen panikfrei treffen kann. Eine unlauter geschaffene Angstsituation darf nicht voreilig bejaht werden. Verfassungsrechtlich stünde einem Wettbewerbsverbot dann das **Verhältnismäßigkeitsprinzip** entgegen. Mit Mitteln des einfachen Gesetzesrechts lassen sich gleich lautende Ergebnisse erzielen, indem aus der Sicht eines verständigen Durchschnittsverbrauchers eine durch Furcht beeinflusste Entscheidung verneint wird. Wegen der Maßgeblichkeit der UGP-RL ist im Übrigen die Prüfung anhand des GG und durch das BVerfG obsolet geworden. 1069

hh) Vergleichende und persönliche Werbung. Vergleichende Werbung ist wegen der unionsrechtlichen Grundlage der § 5 Abs. 3 Fall 1 und § 6 UWG am Unionsrecht einschließlich des unionsrechtlichen Grundrechts der Meinungsäußerungsfreiheit statt am rangniederen Art. 5 Abs. 1 GG zu messen.[324] **Konkrete Begründungen zur Gefährdung des Leistungswettbewerbs,** insbesondere zur Rufausbeutung der Leistung eines Mitbewerbers, oder zur Gefährdung der Funktionsfähigkeit eines bestimmten Marktes, sind abweichend von der Ansicht des BVerfG im Fall *Therapeutische Äquivalenz* **nur** zu verlangen, soweit die Tatbestandsmerkmale des Unionsrechts in der Auslegung durch den EuGH dies erfordern oder gestatten. 1070

Wer Werbevergleiche anstellt, ist nicht an objektiver Marktaufklärung interessiert; deshalb haben Vergleiche die Tendenz zur Desinformation und persönlichen Herabsetzung bestimmter Mitbewerber. Der Meinungsfreiheit steht nicht entgegen, dem **Vergleichenden** eine **prozessuale Erklärungspflicht aufzuerlegen,** wenn im Vergleich unbelegte Werbebehauptungen aufgestellt werden.[325] Zu bedenken ist auch, dass nicht ein geringfügiges Aufklärungsinteresse zum Vorwand der Verletzung eines fremden Kennzeichens dienen 1071

[323] Konsequent daher die endgültige Klagabweisung in BGH GRUR 2006, 75 (76) – Artenschutz. Ähnlich wie im obigen Text *Fezer* NJW 2001, 580 (582); *Kübler/Kübler* FS Ulmer, 2003, 907 (923); *Lindacher* FS Tilmann, 2003, 195 (204).

[324] Zum Vorrang von Art. 11 GRCh vor Art. 5 Abs. 1 GG bei der Auslegung von nationalem Recht, das Unionsrecht umsetzt, BGH GRUR 2016, 710 Rn. 45 – Im Immobiliensumpf.

[325] BGH GRUR 2003, 800 (803) – Schachcomputerkatalog.

darf; auf Grundrechtsebene kollidieren dann Art. 5 Abs. 1 S. 1 GG und Art. 14 GG, sofern sie anwendbar sind, ansonsten Art. 11 und Art. 17 Abs. 2 GRCh.

1072 **f) Fachgerichtliche Rechtsprechung.** Die Fachgerichtsbarkeit hat sich auf die Beachtung der Grundrechte aus **Art. 5 Abs. 1 GG und Art. 10 EMRK oder Art. 11 GRCh** eingestellt[326] oder noch einzustellen. Bei der Festlegung zumutbarer Prüfungspflichten zur Bestimmung des Umfangs der **Störerhaftung** wirkt sich die Grundrechtsanwendung nicht nur zugunsten der Printmedien aus, sondern begrenzt auch die Anforderungen an Diensteanbieter im **Internet,** damit dieses Informationsmedium sinnvoll genutzt werden kann.[327]

1073 **6. Wirkung der Europäischen Grundrechtecharta.** Der EuGH zieht in Urteilsbegründungen zunehmend die Charta der Europäischen Grundrechte heran (auch → Rn. 997, 1014 und 1047), die noch der judikativen Konkretisierung bedürfen. Dabei kommt es zu Kollisionen verschiedener Grundrechte von Unternehmen, die am Markt aufeinander treffen. **Konfligierende Unionsgrundrechte** müssen in eine Konkordanz gebracht werden. Der EuGH spricht von der Herstellung eines **angemessenen Gleichgewichts;** der BGH hat diese Sentenz aufgegriffen.[328]

1074 Mit dem Urteil in der Rechtssache *Scarlet* hat der EuGH den Umfang der Haftung eines **Internet-Zugangsdienstes** für durchlaufende, von Nutzern begangene Urheberrechtsverletzungen ua unter Heranziehung von **Unionsgrundrechten** beschränkt:[329] Dem Eigentumsgrundrecht des Art. 17 Abs. 2 GRCh zum Schutz geistigen Eigentums stehe der Schutz der unternehmerischen Freiheit der Provider nach Art. 16 GRCh gegenüber; beide Rechte müssten in ein **„angemessenes Gleichgewicht"** gebracht werden.[330] Einbezogen wurden auch die durch Art. 8 u. 11 GRCh geschützten Rechte der Providerkunden auf Schutz personenbezogener Daten und auf freien Empfang oder freie Sendung von Informationen.[331]

1075 In gleicher Weise ist eine auf das **Bankgeheimnis** iVm Art. 8 Abs. 1 RL 2004/48 gestützte Zeugnisverweigerung unionsgrundrechtlich eingeschränkt worden; das Grundrecht auf **effektiven Rechtsschutz** (Art. 47 GRCh) zur Durchsetzung des Schutzes geistigen Eigentums (Art. 17 Abs. 2 GRCh) begründet einen Anspruch auf Mitteilung von Kontostammdaten zur Verfolgung einer Markenfälschung und lässt dafür den Schutz personenbezogener Daten (Art. 8 GRCh) zurücktreten.[332]

1076 Bei humorvollen oder **satirischen Verfremdungen** der Namen und **Kennzeichen** fremder Unternehmer[333] oder der Namen von außerhalb des Wettbewerbs stehenden Personen und bei **Parodien** oder politisch motivierten Verfremdungen **urheberrechtlich** oder designrechtlich geschützter **Schöpfungen**[334] und Leistungen treffen ebenfalls mehrere

[326] So etwa BGH WRP 2015, 1343 Rn. 49 ff. – Springender Pudel (unentschieden, ob GG oder GRCh anwendbar).

[327] Vgl. BGH GRUR 2004, 693 (695) – Schöner Wetten (zum Setzen von Hyperlinks); BGHZ 187, 240 = GRUR 2011, 513 Rn. 22 – AnyDVD, bestätigt durch BVerfG 15.12.2011 – 1 BvR 1248/11; BGH WRP 2011, 1609 Rn. 20 – Stiftparfüm; BGH (VI. ZS) NJW 2012, 148 Rn. 25 = WRP 2012, 217 – blogspot.com. Zu Bewertungsportalen *Schaub* FS Köhler, 2014, 593 ff.

[328] BGH WRP 2013, 1611 Rn. 25 – Davidoff Hot Water (markenrechtlicher Vorlagebeschluss); BGH GRUR 2016, 497 Rn. 27 – Davidoff/Hot Water II; WRP 2015, 1343 Rn. 41 – Springender Pudel; WRP 2016, 341 Rn. 31 – Störerhaftung des Access-Providers – NJW 2016, 794; GRUR 2018, 1044 Rn. 34 – Dead Island.

[329] EuGH GRUR Int. 2012, 153 – SABAM/Scarlet Extended; bestätigt in EuGH GRUR 2012, 382 Rn. 42 ff. – SABAM/Netlog; ebenso zum Download von einer Website und zum Streaming EuGH GRUR 2014, 468 Rn. 46 und 63 ff. – UPC Telekabel/Constantin Film (Fall kino.to).

[330] EuGH Rn. 46 – Scarlet; EuGH GRUR 2012, 382 = WRP 2012, 429 Rn. 44 – SABAM. S. ferner BGH NJW 2017, 1961 Rn. 24 mwN – Afterlife.

[331] EuGH Rn. 50–52 – Scarlet.

[332] EuGH GRUR 2015, 894 Rn. 30 ff. mAnm *Kamlah* und Bespr. *Ahrens* GRUR 2015, 1083 ff. sowie *Wietzorek* WRP 2015, 1202 ff.; nachfolgend BGH GRUR 2016, 497 Rn. 31 – Davidoff/Hot Water II.

[333] BGH WRP 2015, 1343 Rn. 46 ff. – Springender Pudel (dort ohne Entscheidung, ob Anwendung des GG oder der GRCh).

[334] EuGH, GRUR Int. 2014, 969 – Deckmyn/Vandersteen (Comicheft Suske en Wiske).

Unionsgrundrechte aufeinander (dazu auch → Rn. 1012 und 1014). Intervenierende Rechtsprechung des EGMR[335] kann zusätzliche Judikaturkonflikte begründen.

III. Kartellrecht

Schrifttum: *Doepner,* Unlauterer Wettbewerb durch Verletzung von Marktzugangsregelungen?, WRP 2003, 1292; *Fikentscher,* Das Verhältnis von Kartellrecht und Recht des unlauteren Wettbewerbs, GRUR Int. 1966, 161; *Omsels,* Zur Unlauterkeit der gezielten Behinderung von Mitbewerbern (§ 4 Nr. 10 UWG), WRP 2004, 136; *Pichler,* Das Verhältnis von Kartell- und Lauterkeitsrecht, 2009; *Scherer,* Wechselwirkungen zwischen Kartellrecht und UWG, WRP 1996, 174; *Tilmann,* Über das Verhältnis von GWB und UWG, GRUR 1979, 825; *Wolf,* Das Recht gegen Wettbewerbsbeschränkungen (GWB) und das Recht gegen unlauteren Wettbewerb (UWG) – ein Vergleich –, WRP 1995, 543; *Wrage,* Verfolgung von GWB-Verstößen nach § 1 UWG, WuW 1984, 548.

1. Allgemeines. Sowohl das **Kartellrecht** (GWB, Art. 101 f. AEUV) als auch das **Wettbewerbsrecht im engeren Sinne** (UWG) regeln den Wettbewerb. Sie verfolgen zwar **unterschiedliche Ziele,** dienen aber dem gemeinsamen Zweck, den wirtschaftlichen Wettbewerb zu sichern und zu ordnen. Sie sind Teil einer umfassenden **einheitlichen Wettbewerbsordnung,**[336] der es darum geht, in einer freien Marktwirtschaft den Bestand des Wettbewerbs gegen Beschränkungen zu gewährleisten und zu regeln, wie er ausgeübt werden soll. Beide Rechtsgebiete dienen trotz Verschiedenheit der Anwendungsbereiche und Wertungen **gleichberechtigt** dem **Schutz des Wettbewerbs,** wenn auch unter verschiedenen Gesichtspunkten (Freiheit des Wettbewerbs einerseits, Lauterkeit des Marktverhaltens andererseits). 1077

Das **Kartellrecht** schützt im Allgemeininteresse die **Freiheit des Wettbewerbs**[337] gegen Beschränkungen, nämlich den **Wettbewerb als Institution** und dessen Funktionsfähigkeit, dient zugleich aber dem Schutz der wettbewerblichen **Handlungsfreiheit** des einzelnen Wirtschaftsteilnehmers[338] (vgl. § 33 GWB). Die Richtlinie 2014/104/EU zum Schadenersatz im Kartellrecht hat die Bedeutung des Individualschutzes unterstrichen, der in Deutschland im Anschluss an den Erfolg des Kronzeugenprogramms zur Aufdeckung von Wettbewerbsverstößen intensiv genutzt wird. 1078

Das **UWG** schützt unter Beachtung der Vorgaben des Unionsrechts (UGP-RL) vor allem kollektiv die **Entscheidungsfreiheit** der Verbraucher und sonstigen **Abnehmer** gegen Beeinträchtigungen mit täuschenden oder aggressiven Mitteln, umfasst aber auch einen genuinen Schutz individueller und kollektiv beschriebener **Wettbewerber** gegen bestimmte Formen der Leistungsübernahme, gegen gezielte Behinderungen und gegen die Verschaffung eines Wettbewerbsvorsprungs durch Verletzung von Marktverhaltensregeln sowie den Schutz der **Allgemeinheit.** Auch das UWG ist wettbewerbsfunktional zu interpretieren.[339] Die mit dem Schutz der Allgemeinheit angesprochene Fallgruppe einer allgemeinen Marktbehinderung wird zu recht kritisch betrachtet.[340] Ihre Voraussetzungen werden heute so eng formuliert, dass eine Bejahung der Behinderung praktisch ausgeschlossen ist.[341] 1079

Institutions- und Individualschutz sind nur **verschiedene Erscheinungsformen desselben Schutzobjektes.**[342] GWB und UWG stehen nicht beziehungslos nebeneinan- 1080

---

[335] EGMR AfP 2015, 323 – Bohlen/Deutschland (Vorname Dieter in Lucky Strike-Werbung); AfP 2015, 327 – Prinz v. Hannover/Deutschland (Vorname Ernst August in Lucky Strike-Werbung).

[336] *Köhler*/Bornkamm/Feddersen[39] Einl. UWG Rn. 6.11; GroßKommUWG/*Schünemann*[2] Einl. Rn. G 36; Immenga/Mestmäcker/*Fuchs* GWB[6] § 19 Rn. 48; *Ohly*/Sosnitza UWG[7] Einf. D Rn. 71; *Wolf* WRP 1995, 543.

[337] BGH GRUR 1995, 690 (692) – Hitlisten-Platten.

[338] BGH NJW 2016, 74 Rn. 57 – Einspeiseentgelt.

[339] GroßKommUWG/*Peukert*[2] § 3 Rn. 55; *Hetmak* GRUR 2014, 437 (442 f.).

[340] *Köhler*/Bornkamm/Feddersen[39] UWG § 4 Rn. 5.3; *Ohly*/Sosnitza UWG[7] Einf. D Rn. 75; sie verteidigend GroßKommUWG/*Peukert*[2] § 3 Rn. 459 ff.

[341] Dies einräumend GroßKommUWG/*Peukert*[2] § 3 Rn. 461.

[342] GroßKommUWG/*Schünemann*[2] Einl. Rn. G 34.

der, sondern **überschneiden und ergänzen sich.**[343] Das wird etwa deutlich, wenn es um die Behinderung,[344] die Diskriminierung[345] oder den Boykott[346] von Mitbewerbern geht,[347] also bei gefährlichen Sachverhalten, die vor Schaffung des GWB wettbewerbsrechtlich überhaupt nur mittels des UWG bekämpft werden konnten. Gemeinsam ist beiden Teilrechtsordnungen, dass sie nicht dazu dienen, eine einmal erreichte Marktstellung gegen Wettbewerber und deren innovative Verkaufsmethoden abzuschirmen oder wettbewerbliche Strukturen zu konservieren.[348]

1081 Bei geschäftlichen Handlungen können sich **Ansprüche zugleich** aus dem **Kartellrecht und** aus dem **Lauterkeitsrecht** ergeben.[349] Indem § 33c GWB auch den Endabnehmern Schadensersatzansprüche gewährt, geht das Kartellrecht weiter als das Lauterkeitsrecht, das solche Individualrechte nicht kennt, und dies ua deshalb zu Recht, weil die Tatbestandsvoraussetzungen des UWG dazu nicht passen (→ Rn. 1116 und 1120). Im Zuge der 9. GWB-Novelle von 2017 hat das BKartA durch § 32e Abs. 5 GWB die Befugnis erhalten, Sektoruntersuchungen zu erheblichen Verstößen gegen verbraucherschützende Vorschriften durchzuführen, um damit die privatrechtlichen Akteure des UWG zu unterstützen.[350] Rechtspolitische Forderungen zur Ausweitung der Befugnisse auf die Rechtsdurchsetzung werden diskutiert.[351] Eine ausdrückliche Verzahnung von UWG und GWB ergibt sich ferner aus § 24 Abs. 2 GWB. Die nach dieser Norm zulässigen **privaten Wettbewerbsregeln** von Wirtschafts- und Berufsvereinigungen dürfen ua unlauteres Wettbewerbsverhalten fixieren, erlangen dadurch aber keine Rechtsnormqualität. Ihre Anerkennung durch die Kartellbehörde im Rahmen einer Präventivkontrolle bewirkt nur eine Selbstbindung der Behörde (§ 26 Abs. 1 S. 2 GWB); sie beschränkt aber nicht die richterliche Kontrolle. Für den Wettbewerbsrichter haben die Regeln wegen der latenten **Gefahr** einer **überschießenden Wettbewerbsbeschränkung** allenfalls eine indizielle Bedeutung für sein Unlauterkeitsurteil.[352] Die Verletzung einer Norm des GWB begründet nicht zugleich einen Verstoß gegen § 3a UWG (ex § 4 Nr. 11); für die Wettbewerbsbeschränkungsnormen des GWB regeln **§§ 33, 34a GWB** die zivilrechtlichen Ansprüche **abschließend.**[353]

1082 Da die **Normen beider Gesetze gleichberechtigt nebeneinander** stehen, hat das jeweils andere Gesetz die gesetzliche Wertung eines bestimmten Verhaltens nach dem GWB oder nach dem UWG hinzunehmen. **GWB** und **UWG** sind so **auszulegen,** dass **Widersprüche** in der Bewertung **vermieden** werden. Das gilt insbesondere bei der Auslegung der §§ 3 Abs. 1, § 4 UWG 2015, bei der die wirtschaftspolitische Zielsetzung des GWB zu beachten ist.[354] Umgekehrt verdient ein lauterkeitsrechtlich unzulässiges Verhalten, etwa im Rahmen des § 20 Abs. 1 GWB, keinen Schutz.[355]

---

343 *Köhler*/Bornkamm/Feddersen[39] Einl. UWG Rn. 6.13; Immenga/Mestmäcker/*Fuchs* GWB[6] § 19 Rn. 48; *Ohly*/Sosnitza UWG[7] Einf. D Rn. 72; *Köhler* WRP 2005, 645 (646).

344 Vgl. etwa BGH GRUR 1985, 883 (885) – Abwehrblatt I; GRUR 1986, 397 (399) – Abwehrblatt II.

345 Vgl. etwa OLG Hamburg WuW/E OLG 2775 (2780) – Hauptverband für Traberzucht und -rennen.

346 Vgl. etwa BGH NJW 2000, 809 (810) = GRUR 2000, 344 (346) – Beteiligungsverbot für Schilderpräger mAnm *Ahrens.*

347 Immenga/Mestmäcker/*Fuchs* GWB[6] § 19 Rn. 50 ff.

348 BGHZ 157, 55 (61 f.) = GRUR 2004, 602 (603, 604) – 20 Minuten Köln; GRUR 2018, 1251 Rn. 45 – Werbeblocker II.

349 GroßKommUWG/*Schünemann*[2] Einl. Rn. G 57; *Ohly*/Sosnitza UWG[7] Einf. D Rn. 73.

350 Dazu *Mundt* WuW 2019, 181 ff.

351 *Podszun/Busch/Henning-Bodewig* GRUR 2018, 1004 (1008 f.).

352 BGHZ 166, 154 = GRUR 2006, 773 = NJW 2006, 2627 Rn. 19 f. – Probeabonnement; GRUR 2011, 431 Rn. 13 – FSA-Kodex.

353 BGH NJW 2006, 2627 Rn. 13 f. – Probeabonnement. Anders gemäß § 104 Abs. 2 GWB bei vergaberechtlichen Verstößen: BGH GRUR 2008, 810 (811) – Kommunalversicherer.

354 BGH GRUR 2004, 602 (603 f.) – 20 Minuten Köln; *Köhler*/Bornkamm/Feddersen[39] Einl. UWG Rn. 6.13 und § 4 Rn. 4.18. Gegen den Einsatz des § 7 UWG zum Behinderungswettbewerb OLG Brandenburg WRP 2015, 362 Rn. 7 (Selektierende Briefkastenaufkleber); OLG Dresden WRP 2015, 1395 Rn. 13 ff. (vorformuliertes Kontaktverbot in Kündigungshilfe).

355 BGH GRUR 2003, 167 (168) – Kommunaler Schilderprägebetrieb; vgl. BGH GRUR 1989, 220 (222) – Lüsterbehangsteine; vgl. dazu GroßKommUWG/*Schünemann*[2] Einl. Rn. G 41 ff.

Es ist **nicht** Aufgabe des UWG, die **Schranken des GWB vorzuverlegen** und auf diese Weise die Eingriffsvoraussetzungen des GWB zu unterlaufen.[356] Fehlt es an den Voraussetzungen eines Verbotstatbestandes des GWB, etwa an der erforderlichen Marktmacht, müssen daher zur Annahme eines Verstoßes gegen das UWG andere Umstände vorliegen, die die Unlauterkeit begründen.[357] Insoweit kann von einer gewissen „Sperrwirkung" der GWB-Tatbestände gegenüber einem an sich möglichen Eingreifen des Unterlauterkeitsrechts des UWG gesprochen werden.[358] Im Rahmen der **Gesamtwürdigung** nach § 3 Abs. 1 oder § 4 UWG 2015 können die **Marktmacht** und die **Marktfolgen** allerdings **unterstützend** zur Begründung der aus anderen Umständen hergeleiteten Unlauterkeit mit herangezogen werden. Sachverhalte, die mit der Vorfeldthese zum Schutz kleiner und mittlerer Unternehmen vor großen Unternehmen über das UWG erfasst werden sollten, fallen nun zum Teil unter die Richtlinie über unlautere Handelspraktiken (UHP-RL) vom 17.4.2019.[359] Sie könnte im GWB umgesetzt werden, um die Rechtsdurchsetzung den Kartellbehörden zuzuweisen. 1083

Die **originäre Unlauterkeit eines Verhaltens** soll nach älterer Rechtsprechung in Betracht kommen, **wenn** der **Wettbewerb als Institution gefährdet** wird.[360] Das ist sehr zweifelhaft. Raum für die Anwendung des UWG verbleibt aber, wenn sich der Vorwurf der Unlauterkeit nicht allein auf die Verwirklichung eines kartellrechtlichen Verstoßes stützt.[361] 1084

2. Einzelne Bestimmungen des GWB, AEUV. a) § 1 GWB, Art. 101 AEUV (Kartellverbot). Verstoßen Unternehmen gegen das Kartellverbot und behindern sie im Rahmen einer Kartellabrede Mitbewerber in unlauterer Weise (§ 4 Nr. 4 UWG, ex § 4 Nr. 10), so entstehen Ansprüche nicht nur, soweit sich das Kartell gegen Außenseiter richtet,[362] sondern auch, soweit es um das Verhältnis der am Kartell beteiligten Unternehmen zueinander geht.[363] Verbietet der Vertrag den Vertragspartnern lediglich ein Verhalten, das gegen §§ 3 ff. UWG verstößt, greift § 1 GWB nicht ein; denn das **GWB schützt nur** rechtlich **erlaubten Wettbewerb.**[364] Jedoch kann zweifelhaft sein, ob das vertraglich geregelte Verhalten zulässigen oder rechtswidrigen Wettbewerb betrifft. Hier bestehen **Grauzonen,** die für die Parteien das Risiko der kartellrechtlichen Nichtigkeit begründen. Dies gilt auch im Falle eines **Vergleichs** über einen wettbewerbsrechtlichen Anspruch. Ein Vergleich ist kartellrechtlich zulässig, wenn ein ernsthafter, objektiv begründeter Anlass zu der Annahme besteht, der begünstigte Vertragspartner könne kraft Gesetzes Unterlassung des vertraglich untersagten Verhaltens verlangen.[365] Wird in Ausführung einer Kartellabsprache eine Vertragskündigung erklärt, erstreckt sich die Nichtigkeitsfolge (§ 134 BGB) auch auf die Kündigung.[366] 1085

b) § 1 GWB, Art. 101 AEUV (Preisbindungsverbot). Vertikale Preisbindungen werden seit der 7. GWB-Novelle nur noch durch § 1 GWB erfasst. Im Falle einer gezielten 1086

---

356 Zur sog. „Vorfeldthese" ablehnend GroßKommUWG/*Schünemann*² Einl. Rn. G 51 ff. mwN; *Köhler*/Bornkamm/Feddersen[39] Einl. UWG Rn. 6.17 und § 4 Rn. 5.2; Immenga/Mestmäcker/*Fuchs* GWB[6] § 19 Rn. 52.

357 BGH GRUR 1972, 40 (43) – Feld und Wald I; GRUR 1995, 690 (692 f.) – Hitlisten-Platten; vgl. *Köhler* WRP 2005, 645 (648 f.).

358 GroßKommUWG/*Schünemann*² Einl. Rn. G 47 f.; vgl. *Köhler* WRP 2005, 645 (647).

359 ABl. 2019 L 111, S. 59. S. dazu auch *Glöckner* WRP 2019, 824 (830 f.) sowie → Einl. Rn. 183 ff.

360 BGH GRUR 1982, 53 (55 f.) – Bäckerfachzeitschrift; GRUR 1982, 425 (430) – Brillen-Selbstabgabestellen; Fezer/*Götting*¹ UWG §§ 4–11 Rn. 77, aufgegeben in der 2. Aufl., Rn. 163; *Wolf* WRP 1995, 543 (545).

361 BGH NJW 2006, 2627 Rn. 17 – Probeabonnement.

362 BGH GRUR 1976, 153 (155 f.) – Zuschussversicherung.

363 *Köhler*/Bornkamm/Feddersen[39] Einl. UWG Rn. 6.14.

364 Immenga/Mestmäcker/*Zimmer* GWB[6] § 1 Rn. 40.

365 Zur markenrechtlichen Abgrenzungsvereinbarung so BGH GRUR 2011, 641 Rn. 19 – Jette Joop; GRUR 2016, 849 Rn. 23 ff. – Pelican/Pelikan m. Bespr. *Kirchhoff* GRUR 2017, 248 ff.; NZKart 2016, 591 Rn. 29 ff. – Peek & Cloppenburg (namensrechtliche Abgrenzung).

366 BGH NJW 2016, 74 Rn. 60 – Einspeiseentgelt.

Behinderung sind auch die Voraussetzungen der § 4 Nr. 4 UWG (ex § 4 Nr. 10) gegeben,[367] nicht aber zugleich § 3a UWG (ex § 4 Nr. 11, vgl. → Rn. 1081). Soweit die Preisbindung gem. § 30 GWB zulässig ist, kann die Vertragspflicht nicht zusätzlich zu vertragsrechtlichen Ansprüchen deliktsrechtlich über § 3 Abs. 1 UWG durchgesetzt werden.[368]

1087 **c) § 19 GWB, Art. 102 AEUV (Missbrauchsverbot).** Ein Verhalten, das gegen dieses Verbot verstößt, verletzt in der Regel nur dann – originär – zugleich §§ 3 Abs. 1, 4 Nr. 4 UWG, wenn sich der **Missbrauch** der Marktmacht **gegen Mitbewerber** richtet und die Marktmacht das unlautere Verhalten ermöglicht oder es intensiviert.[369] Seit der 8. GWB-Novelle ist das Missbrauchsverhalten durch § 19 Abs. 2 GWB tatbestandlich gegliedert beschrieben. Die Erschwerung einer Vertragsauflösung durch AGB kann einen Ausbeutungsmissbrauch darstellen.[370] Was lauterkeitsrechtlich nicht zu beanstanden ist, kann kartellrechtlich dennoch eine unbillige Behinderung darstellen.[371]

1088 **d) § 20 GWB (Diskriminierungsverbot/Behinderungsverbot).** § 20 Abs. 1 und 2 GWB verweisen für Unternehmen mit relativer oder überlegener Marktmacht auf den Missbrauchstatbestand des § 19 GWB. Das hat Bedeutung ua für das Verbot der „passiven" Diskriminierung des § 19 Abs. 2 Nr. 5 GWB, das den Lebensmittelhandel vor einem „Anzapfen" schützt, ohne darauf tatbestandlich beschränkt zu sein.[372] In der Regel ist eine kartellrechtlich ungerechtfertigte/unbillige Diskriminierung/Behinderung zugleich originär unlauter. Die **Unbilligkeit** ist nach den **autonomen Maßstäben** des **GWB** zu beantworten;[373] die **Gesichtspunkte,** die für die Interessenabwägung im Kartellrecht maßgebend sind, gelten **gleichermaßen auch im Rahmen des UWG.** Nur bei besonderen Umständen könnte sich eine unterschiedliche Beurteilung ergeben.[374] Ein an besondere Voraussetzungen gebundenes Verbot des Verkaufs unter Einstandspreis enthalten § 20 Abs. 3 und 4 GWB. Dem früher praktizierten lauterkeitsrechtlichen Verbot des **„Anzapfens",** das faktisch einen versteckten Preisnachlass untersagte, ist neben §§ 19 Abs. 2 Nr. 5, 20 Abs. 3 und 4 GWB kein Spielraum über § 3 Abs. 1 oder § 4 Nr. 4 UWG eröffnet. Der **Verkauf unter Selbstkosten** ist lauterkeitsrechtlich mangels besonderer Umstände, etwa einer Verdrängungsabsicht,[375] eine zulässige Form des Preiswettbewerbs.[376]

1089 **e) § 21 Abs. 1 GWB (Boykottverbot).** Erfolgt die Boykottaufforderung zu Zwecken des Wettbewerbs, greift in der Regel zugleich § 4 Nr. 4 UWG ein. § 4 Nr. 4 UWG erfasst auch Sperraufforderungen an private Endabnehmer.[377] Die zivilrechtlichen Ansprüche aus dem Kartellrecht und dem Lauterkeitsrecht stehen gleichberechtigt nebeneinander.[378] Die Wertmaßstäbe, die beiden Normen zur Frage der Unbilligkeit bzw. der Unlauterkeit zugrunde liegen, stimmen überein.[379]

---

[367] BGH GRUR 1978, 445 (446) – 4 zum Preis von 3; vgl. auch BGH WRP 2006, 69 (71 f.) – Zeitschrift mit Sonnenbrille.

[368] *Köhler*/Bornkamm/Feddersen[39] § 4 Rn. 4.203.

[369] Immenga/Mestmäcker/*Fuchs* GWB[6] § 19 Rn. 49; s. auch GK/*Peukert*[2] § 3 Rn. 426.

[370] BGH WRP 2017, 563 Rn. 35 – VBL-Gegenwert II.

[371] BGH NJW 2020, 64 Rn. 37 – Werbeblocker III.

[372] Dazu BGH WRP 2018, 556 Rn. 53 ff. und 91 ff. – Hochzeitsrabatte.

[373] Vgl. BGH GRUR 1990, 685 (686) – Anzeigenpreis; GRUR 1995, 690 (692) – Hitlisten-Platten; *Köhler*/Bornkamm/Feddersen[39] UWG § 4 Rn. 4.18; vgl. auch *Omsels* WRP 2004, 136 (139); *Köhler* WRP 2005, 645 (649 ff.).

[374] BGH GRUR 1986, 397 (399, 400) – Abwehrblatt II.

[375] OLG Hamburg WRP 2015, 76 Rn. 35 – Staatliches Konzertangebot.

[376] *Köhler*/Bornkamm/Feddersen[39] UWG § 4 Rn. 4.187 (Sperrwirkung des § 20 Abs. 3 GWB verneinend); GroßKommUWG/*Peukert*[2] § 3 Rn. 466 (grundsätzlich Sperrwirkung bejahend).

[377] Immenga/Mestmäcker/*Markert* GWB[6] § 21 Rn. 49; *Köhler*/Bornkamm/Feddersen[39] UWG § 4 Rn. 4.127; *Ohly*/Sosnitza UWG[7] § 4.4 Rn. 4/87.

[378] BGHZ 166, 154 = NJW 2006, 2627 Rn. 17 – Probeabonnement.

[379] BGH GRUR 1999, 278 (281) – Schilderpräger im Landratsamt; GRUR 2000, 344 (347) – Beteiligungsverbot für Schilderpräger; *Köhler*/Bornkamm/Feddersen[39] Einl. UWG Rn. 6.16; vgl. zu einem Verstoß gegen das UWG: BGH GRUR 1980, 242 (243 f.) – Denkzettel-Aktion.

IV. Bürgerliches Recht

Schrifttum: *Ahrens,* Das Verhältnis von UWG und Vertragsrecht aufgrund der EU-Richtlinie über unlautere Geschäftspraktiken, FS Loewenheim (2009) S. 407 ff.; *Chr. Alexander,* Vertrag und unlauterer Wettbewerb, 2002; *ders.,* Vertragsrecht und Lauterkeitsrecht unter dem Einfluss der Richtlinie 2005/29/EG über unlautere Geschäftspraktiken, WRP 2012, 515 ff.; *Augenhofer,* Gewährleistung und Werbung, 2002; *dies.,* Individualrechtliche Ansprüche des Verbrauchers bei unlauterem Wettbewerbsverhalten des Unternehmers, WRP 2006, 169 ff.; *Bauer/Diller,* Wettbewerbsverbote, 7. Aufl. 2015; *Busch,* Informationspflichten im Wettbewerbs- und Vertragsrecht, 2008; *De Christofaro,* Die zivilrechtlichen Folgen des Verstoßes gegen das Verbot unlauterer Geschäftspraktiken: eine vergleichnede Analyse der Lösungen der EU-Mitgliedstaaten, GRUR Int. 2010, 1017 ff.; *Dürrschmidt,* Werbung und Verbrauchergarantien, 1997; *Fezer,* Die Nichtigkeit der Folgeverträge unlauterer Telefonwerbung, WRP 2007, 855 ff.; *Fleischer,* Das gesetzliche Wettbewerbsverbot im Personengesellschaftsrecht, WM 2020, 1897; *Glöckner,* Unlautere Handelspraktiken in der Lebensmittelversorgungskette zwischen Vertragsrecht, Wettbewerbsrecht und Regulierung, WRP 2019, 824; *Harrer,* Die Aktivlegitimation des Verbrauchers im Lauterkeitsrecht, ÖBl. 2012, 100 ff.; *Homann,* Werbeaussagen und Käufererwartungen, 2004; *Janal,* Unlautere Geschäftspraktiken und unwirksame Geschäftsbedingungen – zu den Wechselwirkungen zwischen UGP-Richtlinie und Klauselrichtlinie, ZEuP 2014, 740 ff.; *Kalski,* Individualansprüche des Verbrauchers bei Lauterkeitsverstößen, 2009; *Köhler,* Vertragsrechtliche Sanktionen gegen unerwünschte Telefonwerbung?, WRP 2007, 866 ff.; *ders.,* Die Verwendung unwirksamer Vertragsklauseln: ein Fall für das UWG, GRUR 2010, 1047 ff.; *ders.,* Unzulässige geschäftliche Handlungen bei Abschluss und Durchführung eines Vertrages, WRP 2009, 898 ff.; *Krejci/Keßler/Augenhofer,* Lauterkeitsrecht im Umbruch, Wien 2005; *Lamberti/Wendel,* Verkäufe außerhalb von Vertriebsbindungssystemen, WRP 2009, 1479 ff.; *Lehmann,* Vertragsanbahnung durch Werbung, 1981; *ders.,* Die bürgerlichrechtliche Haftung für Werbeangaben – Culpa in contrahendo als Haftungsgrundlage für vertragsanbahnende Erklärungen, NJW 1987, 1233 ff.; *ders.,* Informationsverantwortung und Gewährleistung für Werbeangaben beim Verbrauchsgüterkauf, JZ 2000, 280 ff.; *Leistner,* Richtiger Vertrag und lauterer Wettbewerb, 2007; *Leupold,* Schadenersatzansprüche der Marktgegenseite nach UWG, ÖBl. 2010, 164 ff.; *Mankowski,* Die durch Marketing beeinflusste Willenserklärung – Wertungslinien zwischen Lauterkeitsrecht und Zivilrecht, FS Köhler (2014) S. 477 ff.; *Nassall,* Lauterkeitsrecht und Sittlichkeit – Zivilrechtliche Konsequenzen unlauterer Wettbewerbshandlungen, NJW 2006, 127 ff.; *Sack,* Folgeverträge unlauteren Wettbewerbs, GRUR 2004, 625 ff.; *ders.,* Das Recht am Gewerbebetrieb, 2007; *Schaub,* Sponsoringverträge und Lauterkeitsrecht, GRUR 2008, 955 ff.; *Scherer,* Verleiten zum Vertragsbruch, WRP 2009, 518 ff.; *Schmeding,* Wettbewerbsrechtliche Grenzen der Abwerbung von Arbeitskräften, 2006; *Tiller,* Gewährleistung und Irreführung, 2005.

1. Verhältnis zum Deliktsrecht des BGB. a) UWG als Sonderdeliktsrecht. aa) Deliktsrechtliche Herkunft des UWG. Das UWG verdrängt als Sonderdeliktsrecht[380] das allgemeine Deliktsrecht der §§ 823 ff. BGB, ohne dass seine Normen stets im engeren Sinne lex specialis sind.[381] Recht zur Bekämpfung unlauteren, insbesondere irreführenden Wettbewerbsverhaltens hätte sich im 19. Jahrhundert auf der Grundlage deliktsrechtlicher Generalklauseln nach französischem Vorbild auch ohne Sondergesetze entwickeln lassen. Versuche dazu gab es ab ca. 1860 in denjenigen deutschen Staaten, in denen Art. 1382 Code Civil entweder in der Originalsprache (so zB in Köln) oder in deutscher Übersetzung (so in Baden) galt. Das Reichsgericht hat sie blockiert,[382] um die nationale Rechtseinheit nicht zu gefährden, deren Herstellung im Wettbewerbsbereich mit dem ReichsmarkenschutzG von 1874 gerade erst begonnen hatte. 1090

Als das 1896 geschaffene UWG, das sich auf die Bekämpfung irreführender Werbung beschränkt hatte, 1907 um eine große Generalklausel ergänzt werden sollte, suchte der erste Gesetzentwurf des Reichsjustizamtes dies technisch zu bewirken, indem er den seit 1900 geltenden § 826 BGB dafür instrumentalisierte.[383] § 826 BGB sollte durch eine Verweisung mit zwei Ergänzungen in das UWG transponiert werden: die im BGB lediglich Schadensersatz gewährende Norm sollte mit der zusätzlichen Rechtsfolge eines Unterlassungsanspruchs ausgestattet sowie der Schadensersatzanspruch auf fahrlässiges Verhalten ausgedehnt werden. Zur Abkehr von diesem gesetzgeberischen Vorgehen und zur Schaffung 1091

---

[380] Anders qualifizierend GroßKommUWG/*Schünemann*² Einl. E 65 (daher bei einem Rückgriff auf allgemeines Deliktsrecht methodisch von Analogie ausgehend).

[381] BGH GRUR 2011, 444 Rn. 56 – Flughafen Frankfurt-Hahn.

[382] RGZ 3, 67 (69) – Apollinarisbrunnen; 18, 93 (99) – van Houten; 20, 57 (59) – de Constantinople.

[383] Dazu *Ahrens* WRP 1980, 129 (132) mit Fn. 59; zur Entstehung des UWG von 1896 und der Novelle von 1909 auch *Wadle* JuS 1996, 1064 ff.; *Beater,* Unlauterer Wettbewerb, 2011, § 3 Rn. 299.

des verselbstständigten § 1 UWG von 1909, der bis zur Reform von 2004 einen Tatbestand zur Generierung richterrechtlicher Verhaltensnormen ohne gesetzgeberische Vorstrukturierung bildete, kam es vorwiegend wegen der Befürchtung, der Unterlassungsanspruch werde in der Rechtspraxis bei Verwirklichung des ministeriellen Entwurfs verkümmern, wenn die dafür erforderliche Begehrungsgefahr im Hinblick auf das in § 826 enthaltene Tatbestandmerkmal „Schaden" zu eng an eine sich konkret abzeichnende Individualbeeinträchtigung angelehnt werde.

1092 **bb) Qualifizierungsfolgen.** Die Qualifizierung des UWG als Sonderdeliktsrecht hat praktische Konsequenzen: Ergänzend wird das allgemeine Deliktsrecht herangezogen, soweit die Sondervorschriften des UWG keinen Vorrang haben, und deliktsrechtliche Vorschriften aus Rechtsgebieten außerhalb des BGB sind anwendbar. Vorrangig geht es dabei um das Internationale Privatrecht und das Zivilprozessrecht. Die unterschiedliche Verjährung gem. § 11 UWG und §§ 195, 199 BGB muss im Einzelfall angepasst werden (nachfolgend → Rn. 1100 ff.).

1093 Welche Rechtsordnung auf unlauteres Wettbewerbsverhalten anzuwenden ist, bestimmt sich im Grundansatz nach den Regeln des **Internationalen Deliktsrechts** (Art. 6 Rom II-Verordnung).[384] Das Internationale Wettbewerbsrecht wird wegen der modifizierenden Anknüpfung an den Marktort statt an den sonst im Deliktsrecht maßgebenden Ort der unerlaubten Handlung dann aber doch einem Sonderregime unterworfen. Im Internationalen Zivilprozessrecht ist der besondere Gerichtsstand für unerlaubte Handlungen anwendbar (Art. 7 Nr. 2 EuGVVO, ex Art. 5 Abs. 3).

1094 Die Regeln über die **örtliche Zuständigkeit** halten für das Deliktsrecht in § 32 ZPO alternativ einen besonderen Gerichtsstand bereit. Er galt bis zur UWG-Novelle von 2020 in durch § 14 UWG aF modifizierter Form, ist durch sie aber weitgehend aufgehoben worden. Die Vollstreckungserweiterung gem. § 850f Abs. 2 ZPO für Forderungen aus vorsätzlicher unerlaubter Handlung ist auf Wettbewerbsdelikte anwendbar, ist aber aus tatsächlichen Gründen bedeutungslos.

1095 **b) Rechtswidrigkeitsstruktur der UWG-Tatbestände.** Das Deliktsrecht des BGB arbeitet mit Rechtswidrigkeitsstrukturen, die in den drei Grundtatbeständen der § 823 Abs. 1, § 823 Abs. 2 und § 826 sichtbar werden und das Rechtswidrigkeitsurteil unterschiedlich gewinnen. § 823 Abs. 1 geht von **absolut geschützten Rechten** und Rechtsgütern aus, deren Verletzung nach der legislativen Konzeption typischerweise rechtswidrig ist; davon abweichend setzen mittelbare Verletzungen durch fahrlässiges Verhalten eine Verkehrspflichtverletzung voraus. Den absoluten Rechten darf man sich nicht einmal in gefährdender Weise annähern, ohne Abwehrrechtsbehelfe auszulösen. Zu den Abwehrmaßnahmen gehört das Entfalten privater Gewalt, etwa gedeckt durch Notwehr (§ 227 BGB) oder Notstand (§ 228 BGB), ebenso wie die gerichtliche Durchsetzung von verschuldensunabhängigen Unterlassungs- und Beseitigungsansprüchen, die rechtsfortbildend anerkannt und den Deliktstatbeständen zusätzlich zur Schadensersatzrechtsfolge aufgepfropft worden sind. Dieses Rechtswidrigkeitsmodell ist in einer Wettbewerbsordnung zur Beschreibung von Unlauterkeitsverhalten grundsätzlich ungeeignet, weil eine Marktwirtschaft keine eigentumsgleichen Marktpositionen kennt, die zur ausschließlich eigenen Auswertung zugewiesen sind (→ Rn. 1006 und 1080). Vielmehr darf jede errungene Marktstellung durch Wettbewerber rechtmäßig angegriffen werden. Dies zu betonen hat die höchstrichterliche Rechtsprechung immer wieder Anlass gehabt.[385]

1096 § 823 Abs. 2 und § 826 sind demgegenüber Tatbestände, die das **rechtswidrige Verhalten** jeweils **unmittelbar und als solches beschreiben.** Während § 823 Abs. 2 sich dabei gesetzgeberischer Vorgaben in Form fester Tatbestände bedient, die im Rechts-

[384] VO (EG) Nr. 864/2007 v. 11.7.2007 über das auf außervertragliche Schuldverhältnisse anzuwendende Recht, ABl. 2007 L 199, S. 40 ff.; vgl. im Einzelnen → Einl. Rn. 500, 508 ff.

[385] Vgl. nur BGH GRUR 1990, 522 (527) – HBV-Rechtsschutz; auch → Rn. 1004.

anwendungsprozess als Schutzgesetz und damit als haftungserheblich deklariert werden, verzichtet § 826 völlig auf gesetzgeberische Vorgaben und überlässt die **Verhaltensnormbildung** dem **Richterrecht.** Dem Modell des § 826 BGB folgte § 1 UWG von 1909. Ebenso fixierten die anderen UWG-Tatbestände einzelne rechtswidrige Verhaltensweisen. Das gilt in gleicher Weise für die §§ 4 ff. UWG 2004 bzw. die §§ 3a ff. UWG 2015. Demgegenüber legt das **Kennzeichenrecht** im MarkenG ausschließliche absolute Rechte fest, freilich mit Relativierungen durch Schutzschranken und durch Beschreibung relevanter Verletzungstatbestände in Form der Bezugnahme auf Verwechslungsgefahr und Rufschutz (§ 14 Abs. 2 und 3, § 15 Abs. 3 MarkenG).

Die Konkretisierung des § 1 UWG 1909 hatte immer wieder mit dem Grundproblem zu **1097** kämpfen, die Verhaltensnormen auf das **Referenzsystem** einer wettbewerblichen **Marktwirtschaft** und die Wertungen der zweiten wettbewerbsrechtlichen Teilrechtsordnung, also des nationalen und europäischen Kartellrechts (GWB und Art. 101 AEUV), auszurichten sowie für Berechenbarkeit der Entscheidungen zu sorgen. Richterrechtliche Normbildungen sind von der Wissenschaft ähnlich wie case law des anglo-amerikanischen Fallrechts unter Herausarbeitung des maßgeblichen Unrechtskriteriums zu konsolidierten, tatbestandsähnlichen Fallgruppen entwickelt worden, die die Rechtsanwendung erleichtern sollten. Diesen Rechtsbildungsprozess hat erstmals das UWG von 2004 aufgegriffen und Regelbeispiele benannt, die an Richterrecht anknüpfen, das unter dem alten UWG entstanden ist. Mit den **Regelbeispielen des § 4 UWG 2004 (§§ 3a ff. UWG 2015)** sind für den Normbereich des früheren § 1 UWG von 1909 **Bewertungsvorgaben des Gesetzgebers** gemacht worden: Sie beschreiben das Verhaltensunrecht jedoch nicht abschließend in vertypter Weise, wie dies bei den Schutzgesetzen des § 823 Abs. 2 der Fall ist. Mit der UGP-Richtlinie sind unionsrechtliche Vorgaben entstanden, die für den Geschäftsverkehr mit Verbrauchern eine abschließende Regelung treffen.

c) Probleme der Anspruchskonkurrenz. aa) Notwendige Einzelbetrachtung. Inwieweit Anspruchsgrundlagen des allgemeinen Deliktsrechts mit seinen Schadensersatzrechtsfolgen und den richterrechtlich im Wege der Rechtsanalogie (unrichtig: Einzelanalogie zu § 1004 BGB) hinzugefügten Abwehrrechtsfolgen **neben** den Normen des UWG **anwendbar** sind, ist **für jede Norm** selbstständig **durch Auslegung** zu ermitteln. Sie hat die Rechtsprechung vorwiegend beschäftigt bei den Versuchen zur Überwindung der Verjährungsregelung des § 21 UWG 1909 sowie zur Erlangung eines Gerichtsstandes aus § 32 ZPO. **1098**

bb) Örtlicher Gerichtsstand. Der Deliktsgerichtsstand des § 32 ZPO, der bei **bundesweit verbreiteter Werbung** als sog. „fliegender Gerichtsstand" an jedem Landgericht bestehen kann, war in der Vergangenheit zeitweilig attraktiv, weil sich der klagende Wettbewerber durch den regelmäßig für ihn tätig werdenden Rechtsanwalt an dessen Landgerichtssitz **ohne** Einschaltung eines **Verkehrsanwaltes** vertreten lassen konnte. Das Problem der Anspruchskonkurrenz im Hinblick auf die Erlangung des örtlichen Gerichtsstandes nach § 32 ZPO wurde im Jahre 2002 obsolet, weil die **Postulationsbeschränkung** aus dem Zusammenwirken von § 78 ZPO aF (bis 31.12.1999) und §§ 18, 23 BRAO aF (bis 2007) **aufgehoben** wurde. Die Neufassung des § 78 Abs. 1 S. 1 ZPO gestattet seither die Prozessvertretung vor allen Landgerichten. Daher kann der „Hausanwalt" eines Unternehmens die auswärtige Prozessvertretung allein übernehmen, ohne dass er auf einen örtlichen Gerichtsstand am Landgericht seines Zulassungsstandortes angewiesen ist. Es bleibt nur noch ein geringfügiger Unterschied der Rechtsverfolgung in Bezug auf die Erstattungsfähigkeit der Reisekosten zum auswärtigen Verhandlungsort. Bedeutsam erscheint aber die durch Wahl des Deliktsgerichtsstandes ermöglichte Konzentration auf infolge hohen Fallaufkommens fachlich qualifizierte Gerichte. Gleichwohl hat die UWG-Novelle 2020 eine weitgehende Beseitigung dieser Zuständigkeitsregelung vorgenommen.[386] **1099**

[386] RegE BT-Drs. 19/12084; § 14 Abs. 2 und Einl. A Rn. 61.

1100 **cc) Verjährung.** § 852 BGB aF, wie er bis zur Schuldrechtsreform von 2001 gegolten hat, enthielt für Deliktsansprüche nach dem BGB eine großzügiger bemessene Länge der Verjährungsfrist als § 21 UWG 1909. Die geltenden Verjährungsregelungen gem. **§§ 195, 199 BGB** (in der Regel drei Jahre ab Kenntnis der anspruchsbegründenden Umstände) **und** gem. **§ 11 Abs. 1 u. 3 UWG** für wettbewerbsrechtliche Abwehransprüche und Schadensersatzansprüche (in der Regel sechs Monate ab Kenntnis oder grob fahrlässiger Unkenntnis von dem Wettbewerbsverstoß) **differieren** auch weiterhin. Der Rückgriff auf Anspruchsgrundlagen des allgemeinen Deliktsrechts kann daher von Interesse sein. Er zeigt aber keine praktischen Wirkungen und ist zur Erlangung einer günstigeren Verjährungsbeurteilung bedeutungslos, **soweit** die Sonderverjährung nach **§ 11 UWG Vorrang** hat und deshalb auf konkurrierende Anspruchsgrundlagen zu erstrecken ist (dazu → § 11 Rn. 1 ff., 40 ff., 58 ff.).

1101 Ob die Verjährungsregelung des § 21 UWG 1909 Vorrang vor Anspruchsgrundlagen des allgemeinen Deliktsrechts haben sollte, ist differenziert beurteilt worden. Soweit **§ 823 Abs. 1 BGB** in dessen richterrechtlicher Erweiterung um ein **Recht am Unternehmen** (Recht am eingerichteten und ausgeübten Gewerbebetrieb) betroffen ist, was wegen der Subsidiarität dieser Norm und des in der Regel zu verneinenden Erfordernisses der Betriebsbezogenheit des Eingriffs nur selten in Betracht kommt,[387] oder soweit **§ 823 Abs. 2 BGB** in Verbindung mit einer Norm des UWG, die als Schutzgesetz anzusehen ist, die Grundlage konkurrierender Ansprüche bildet, ist der **UWG-Verjährung** der **Vorrang** gegeben worden.[388] Demgegenüber sollte die Haftung nach **§ 826 BGB unbeeinflusst** sein.[389] Maßgebend war die schon in der Beratung der Gesetzgebungskommission zu § 21 UWG 1909 vertretene Auffassung, der Verletzer dürfe haftungsrechtlich nicht dadurch privilegiert werden, dass sein sittenwidriges Verhalten zusätzlich wettbewerbswidrig ist.[390] Im Bereich der Äußerungsdelikte sollte **§ 824 BGB** ebenfalls nicht der kürzeren UWG-Haftung unterworfen werden.[391]

1102 Das **UWG von 2004** wollte an dieser Rechtspraxis **nichts ändern.** § 11 UWG sollte nach dem Willen der Bundesregierung nicht auf §§ 824 und 826 BGB erstreckt werden, wie sich aus deren Gegenäußerung zur Stellungnahme des Bundesrates vom 20.6.2003 ergab;[392] der Bundesrat hatte demgegenüber alle sonstigen mit den UWG-Ansprüchen in unmittelbarem Zusammenhang stehenden Ansprüchen dem Regime der kurzen Verjährungsfrist des § 11 unterwerfen wollen.[393] Dabei ist es im **UWG von 2008 und 2015** geblieben.[394]

1103 **d) Konkurrierende Normen des allgemeinen Deliktsrechts. aa) § 826 BGB.** Der Anwendungsbereich des § 826 BGB ist trotz der historischen Herkunft des § 1 UWG 1909 und des darauf aufbauenden § 3 UWG enger. Die Differenz der beiden Tatbestände des § 826 BGB und § 1 UWG 1909 zeigte sich nicht nur im zusätzlichen Tatbestandsmerkmal des „Handelns zu Zwecken des Wettbewerbs“; schon das **Merkmal sittenwidrigen Handelns** war trotz gleichen Wortlauts **nicht identisch** auszulegen. Maßgebend für die Konkretisierung des Sittenwidrigkeitsmerkmals in § 1 UWG 1909 war dessen Bezug auf das Ordnungssystem und die Funktionsbedingungen der wettbewerblichen Marktwirtschaft. Der BGH hat betont, der Begriff der Sittenwidrigkeit in § 1 UWG 1909 müsse wegen der Zielsetzung der Norm, die Lauterkeit des Wettbewerbs im Interesse der Markt-

---

387 Schlechthin ein Bedürfnis für diese Figur verneinend und auf § 3 UWG sowie § 826 BGB ausweichend *Sack,* Das Recht am Gewerbebetrieb, S. 197, 225 ff., 314 ff. (kritisch dazu *Medicus* JZ 2007, 457).

388 BGHZ 36, 252 (256) = GRUR 1962, 310 – Gründerbildnis; BGH GRUR 1974, 99 (100) = WRP 1974, 30 – Brünova; BGHZ 130, 288 (290) – Kurze Verjährungsfrist; OLG Köln GRUR-RR 2001, 110.

389 BGHZ 36, 252 (256); BGH GRUR 1977, 539 (543) – Prozessrechner (betr. Geheimnisverrat); OLG Köln GRUR-RR 2001, 110.

390 BGHZ 36, 256.

391 BGHZ 36, 252 (256).

392 BT-Drs. 15/1487, 44.

393 BT-Drs. 15/1487, 35.

394 Zu § 3a UWG/§ 823 Abs. 2 BGB BGH GRUR 2011, 444 Rn. 56 – Flughafen Frankfurt-Hahn.

beteiligten und der Allgemeinheit zu schützen, **wettbewerbsbezogen ausgelegt** werden.[395] Darin liegt nicht nur ein Unterschied zu § 826 BGB sondern auch zu der rechtsgeschäftsbezogenen Norm des § 138 Abs. 1 BGB.[396] Im geltenden Recht wird dies durch § 1 und § 2 Abs. 1 Nr. 1 UWG verstärkt zum Ausdruck gebracht.[397]

Ein wesentlicher Unterschied des § 826 BGB – wie auch aller übrigen Tatbestände des allgemeinen Deliktsrechts – zu den UWG-Tatbeständen liegt im **Individualbezug** der Ansprüche; wer konkret in einem rechtlich geschützten Interesse verletzt worden ist oder wer insoweit bedroht wird, ist Inhaber der restituierenden, kompensierenden oder abwehrenden Ansprüche. Demgegenüber kommt es für § 3 UWG nicht auf die Identifizierung einzelner Mitbewerber, Verbraucher oder Marktteilnehmer an, zu deren Nachteil die unlautere Wettbewerbshandlung sich auszuwirken geeignet ist. Allerdings wird Individualschutz auch im UWG gewährt, soweit ein Wettbewerber *unmittelbar* durch eine Wettbewerbsstörung betroffen ist.[398] **1104**

Das Sittenwidrigkeitsurteil des § 826 BGB ist auf Sachverhalte unternehmerischen Verhaltens anwendbar. **Überschneidungen mit UWG-Tatbeständen** kommen insbesondere bei betrügerischem Verhalten, bei gezielter Behinderung von Mitbewerbern (§ 4 Nr. 4 UWG, ex § 4 Nr. 10) und bei schmarotzerischer Ausbeutung fremder Leistungen (§ 4 Nr. 3 UWG, ex § 4 Nr. 9) in Betracht.[399] Die Funktion des § 826 BGB, neuartiges Verhalten richterrechtlich zu brandmarken, bis der Gesetzgeber es in einen Tatbestand der „einfachen" Rechtswidrigkeit umformt, wird bei wettbewerbsbezogenem Handeln nicht zum Tragen kommen, wenn § 3 Abs. 1 UWG in angemessener Weise gehandhabt wird. **1105**

Denkbar ist eine **eigenständige Anwendung des § 826 BGB,** wenn eine gewerbliche Leistung fremdes Betrugsverhalten fördert, ohne zugleich die Schutzzwecke des § 1 UWG zu tangieren. Paradigma ist der vom OLG München entschiedene Fall,[400] in dem der Unternehmer zur Erleichterung der Prüfungstäuschung durch juristische Examenskandidaten Einlegeblätter für Loseblattgesetzessammlungen mit kommentierenden Hinweisen vertrieb, die durch ihre technische Ausstattung der Kontrolle durch die aufsichtführende Person entzogen werden sollte. Hier sind nur öffentliche Interessen berührt, deren Schutz seit der UWG-Reform von 2004 in § 1 UWG mediatisiert worden ist. Das Verhalten ist sittenwidrig iSd § 826 BGB, kann allerdings mangels unmittelbar betroffener Individualperson und fehlender Verbandsklagebefugnis nicht auf dieser Grundlage verfolgt werden. **1106**

bb) § 823 Abs. 2 BGB. § 823 Abs. 2 BGB in Verbindung mit **verbraucherschützenden UWG-Tatbeständen** ist keine Grundlage für Schadensersatzansprüche zugunsten einzelner Verbraucher.[401] Diese Herleitung hat bereits die **„Prüfzeichen"-Entscheidung** des BGH im Ergebnis zutreffend verneint.[402] Die ablehnende Begründung hätte sich freilich vertiefend darauf erstrecken müssen, dass die Gewährung individueller Ersatzansprüche wegen irreführender Werbung oder sonstiger unlauterer Einflussnahme auf die Verbraucherentscheidung das Sachmängelrecht und die Vertragsauflösung mit Instrumenten der Rechtsgeschäftslehre unterliefen, und dass die UWG-Tatbestände nach ihrer Merkmalsstruktur gar nicht darauf ausgerichtet sind, die Werbewirkung auf individuelle, konkret identifizierbare Personen festzustellen.[403] Der Gesetzgeber hat daraufhin vereinzelte **1107**

---

395 BGHZ 150, 343 (347) = NJW 2002, 2645 (2646) = GRUR 2002, 825 (826) – Elektroarbeiten; 149, 247 (257) – HIV Positive II; 147, 296 (303) – Gewinnzertifikat; 144, 255 (265) = NJW 2000, 3351 (3353) = WRP 2000, 1116 (1119) – Abgasemissionen.

396 BGH GRUR 1998, 945 (946) = WRP 1998, 854 (855) – Co-Verlagsvereinbarung.

397 Vgl. dazu BGH GRUR 2007, 800 = NJW 2007, 2999 Rn. 21 – Außendienstmitarbeiter.

398 Vgl. nur BGHZ 150, 343 (347) – Elektroarbeiten.

399 Anwendbarkeit des § 826 BGB verneint von OLG Köln GRUR-RR 2001, 110 für irreführende Werbung.

400 OLG München NJWE-WettbR 1999, 148 – Schemata.

401 AA *Augenhofer* WRP 2006, 169 (176 f.). Wie hier *M. Schmidt* JZ 2007, 78 (82 f.); *Leistner* Richtiger Vertrag S. 218 Fn. 213, 253 Fn. 334, 1001 f.

402 BGH (VI. ZS) NJW 1974, 1503.

403 Dazu *Ahrens* WRP 1978, 677 ff.

Kritik im Fachschrifttum an der Entscheidung aufgreifen und das Entscheidungsergebnis mit einer UWG-Novelle umkehren wollen.[404] Die Reformbemühungen liefen ab Ende der 70er Jahre des 20. Jahrhunderts über mehrere Legislaturperioden hinweg.[405] Spärlicher Rest des **populistischen Aktivismus** dieser **Verbraucherschutzgesetzgebung** war 1986 die Verankerung eines Rücktrittsrechts in § 13a UWG 1909, das 2003 wieder abgeschafft wurde.[406] § 9 UWG gewährt bis zum Inkrafttreten des am 17.8.2021 verkündeten Gesetzes zur Stärkung des Verbraucherschutzes im Wettbewerbs- und Gewerberecht am 28.5.2022 nur den Mitbewerbern Schadensersatzansprüche;[407] die Begründung des RegE zu § 9 UWG 2004 stellte ausdrücklich klar, dass die **Vorschriften des UWG keine Schutzgesetze** iSd § 823 Abs. 2 BGB sind.[408] Individuelle Klagerechte sieht die UGP-RL nicht vor (→ Rn. 1124).[409] Das hat die UGPÄnd-RL jedoch geändert (→ Rn. 1120). § 9 Abs. 2 RegE und das Gesetz zur Stärkung des Verbraucherschutzes ist dem gefolgt (→ BGBl. I, 3504; ausführlich *Goldmann* unten S. 3110).

1108 **cc) § 823 Abs. 1 BGB, § 824 BGB.** Im Bereich der **Äußerungsdelikte** (etwa durch gewerbekritische oder unrichtige Publikationen[410] oder durch vergleichende Warentests)[411] können das **Recht am Unternehmen** (§ 823 Abs. 1 BGB) und **§ 824 BGB** in Konkurrenz zu § 4 Nr. 1 und 2 UWG 2015 (ex § 4 Nr. 7 und 8) treten. Praktische Relevanz erlangt das nur, wenn man entgegen der hier vertretenen Ansicht die Handlungsfreiheiten (Äußerungsfreiheiten) bei geschäftlichen Handlungen in gleich großzügiger Weise einräumt wie außerhalb des Wettbewerbsrechts. Das ist durch die grundsätzlich zutreffende Einbeziehung wettbewerblicher Äußerungen in den Grundrechtsschutz des Art. 5 Abs. 1 S. 1 GG jedoch nicht vorgezeichnet, weil die **Festlegung der Schutzschranken differenziert** ausfallen kann (vgl. → Rn. 1044 f.), und ist abzulehnen.

1109 Das **Recht am Unternehmen** (Gewerbebetrieb),[412] das nur Schutzlücken zu füllen hat und deshalb subsidiär ist, soll auch in anderen Bereichen einsetzbar sein, etwa gegenüber unberechtigten Schutzrechtsverwarnungen, insbesondere soweit sie sich an Abnehmer richten,[413] Boykottaufrufen[414] und Betriebsblockaden, Absatzbehinderungen[415] sowie gegenüber Behinderungen des räumlichen Zugangs, der Energieversorgung und der Kommunikation. Soweit für die Beeinträchtigung ein Wettbewerber verantwortlich ist, hat die Beurteilung nach dem spezielleren **UWG** (und eventuell dem GWB) **Vorrang.**[416] Die Erweiterung des § 823 Abs. 1 BGB um das unabgegrenzte Schutzgut „Unternehmen" ist

---

[404] RegE 1978, BT-Drs. 8/2145.

[405] RegE 1982, BT-Drs. 9/1707.

[406] RegE BT-Drs. 15/1487, 14.

[407] Vgl. dazu BGH NJW 2015, 2192 Rn. 15 – Hohlkammerprofilplatten (im konkreten Fall verneint).

[408] BT-Drs. 15/1487, 22 (ohne Differenzierung zwischen Mitbewerbern und Endabnehmern); der BR verlangte eine Klarstellung im Gesetz selbst, BT-Drs. 15/1487 S. 34; die Gegenäußerung der BReg. sah dafür keinen Anlass, BT-Dr. 15/1487 S. 43. Die Begründung als irrelevant ansehend *Augenhofer* WRP 2006, 169 (176).

[409] GroßKommUWG/*Heinze*² Einl. C Rn. 296.

[410] Vgl. BGHZ 90, 113 (123) (Kritik einer Bürgerinitiative an Planungsvorhaben der Bahn); 138, 311 (315) (Filmbericht über Ferienappartementanlage).

[411] BGHZ 65, 325 (328, 339 f.).

[412] Näher dazu *Förster* in Bamberger/Roth/Hau/Poseck, BGB, 4. Aufl. 2019, § 823 Rn. 177 ff.; MüKoBGB/*Wagner,* 8. Aufl. (2020), § 823 Rn. 361 ff.; Staudinger/*Hager* (2017) § 823 Teil D; *Sack,* Das Recht am Gewerbebetrieb, 2007.

[413] BGHZ (GSZ) 164, 1 = NJW 2005, 1408 = GRUR 2005, 882 – unberechtigte Schutzrechtsverwarnung; BGH (I. ZS) GRUR 2006, 432 = WRP 2006, 468 – Verwarnung aus Kennzeichenrecht II; BGH (I. ZS) NJW 2006, 1432 – unbegründete Abnehmerverwarnung; BGHZ (X. ZS) 165, 311 = GRUR 2006, 219 Rn. 14 – Detektionseinrichtung II; BGHZ (X. ZS) 171, 13 = GRUR 2007, 313 Rn. 11 – Funkuhr II.

[414] BVerfG NJW 1989, 381 (382) zu BGH NJW 1985, 1620 – Mietboykott; *Sack* Recht am Gewerbebetrieb S. 237 ff.

[415] BGH GRUR 2004, 877 (880) – Werbeblocker I.

[416] *Beater,* Unlauterer Wettbewerb¹, § 28 Rn. 34, führt die richterrechtliche Entwicklung und die Fortexistenz des Gewerbebetriebsschutzes auf der Grundlage des § 823 Abs. 1 BGB überhaupt auf die historische Zufälligkeit der Entstehensabfolge von BGB (1900) und § 1 UWG 1909 zurück (von ihm nicht in die 2. Aufl. 2011 übernommen).

strukturell verfehlt; in der Sache wird primärer Vermögensschutz gewährt. Eine Haftungskorrektur wird bewirkt, indem in schwer prognostizierbarer Weise die **Betriebsbezogenheit des Eingriffs** oder die positiv festzustellende Rechtswidrigkeit (insbesondere unter dem Einfluss von Grundrechten) verneint werden.

dd) Vertragsstabilisierende Deliktsansprüche. Vertragsbeziehungen begründen wegen der Relativität von Schuldverhältnissen grundsätzlich nur Ansprüche unter den Vertragspartnern. Wer als **Dritter in** eine **Vertragsbeziehung eindringt,** etwa indem er auf deren Beendigung durch Kündigung hinwirkt und damit Kunden oder Arbeitnehmer eines Wettbewerbers abwirbt, ist selbst keinen Ansprüchen ausgesetzt, die mangels Vertragsbeziehung allein deliktsrechtlicher Art sein könnten.[417] Dies gilt selbst dann, wenn sich der Vertragspartner eines Verletzungsverhaltens schuldig macht, das von Nutzen für den Dritten ist und der Dritte mit der für die Verletzung verantwortlichen Vertragspartei zusammenwirkt. Bedeutung kann das **Deliktsrecht** in Ergänzung des Vertragsrechts **allerdings ausnahmsweise** erlangen, wenn besondere Umstände vorliegen, die das Verhalten eines Dritten rechtswidrig machen.[418] Das ist unangefochten akzeptiert für sittenwidrige Einwirkungen iSd § 826 BGB;[419] dadurch wird die „Verteidigungslinie des Rechts" vorgeschoben.[420] 1110

Charakteristisch ist für solche Sachverhalte, dass **vertragliche Rechtsbehelfe** zum Schutze einer Vertragspartei wegen Sachverhaltsbesonderheiten **ineffektiv** bleiben und eine Rechtsverfolgung nur erfolgreich **gegen** den in die Vertragsbeziehung einbrechenden **Dritten** betrieben werden kann.[421] Die mangelnde Effizienz des Vertragsrechtschutzes kann auf unterschiedlichen Umständen beruhen. Denkbar ist, dass der Sachverhalt in gerichtsfester Form nur in Bezug auf das Verhalten des außenstehenden Dritten aufgeklärt werden kann. Möglich ist aber auch, dass der Vertragsgläubiger speziell an der Primärleistung interessiert ist, deren Erbringung durch das Verhalten des Dritten bei Labilität des Vertragsschuldners vereitelt wird; damit der Schutz des Gläubigers nicht auf bloße Sekundärrechtsbehelfe reduziert wird, bekämpft der deliktische Außenschutz bereits das Gefährdungsverhalten des Dritten. 1111

Paradigmatisch zu nennen sind das **Verleiten zum Vertragsbruch,** das jedes aktive – sei es auch nur verstärkende – gezielte und bewusste Einwirken[422] auf den später Vertragsbrüchigen umfasst, der **Schleichbezug** (unter Täuschung des vertraglich Gebundenen)[423] sowie das **Ausnutzen** fremden Vertragsbruchs (dazu auch → § 3a Rn. 141 ff.). Die ersten beiden Varianten fallen problemlos unter § 826 BGB sowie unter § 4 Nr. 4 UWG (ex § 4 Nr. 10). Alle drei Varianten hatten bis in die 90er Jahre des 20. Jahrhunderts insbesondere Bedeutung für den Schutz selektiver Vertriebsbindungssysteme gegen Außenseiter, die Ware auf Grund von Querlieferungen vertragsbrüchiger gebundener Händler beziehen, obwohl diese nach ihren Vertragspflichten als Großhändler nur an ebenfalls gebundene Einzelhändler oder als Einzelhändler nur an Endabnehmer liefern dürfen. Relevante vertragliche **Geschäftsbeziehungen** eines beeinträchtigten Wettbewerbers sind aber auch solche **zu Kunden** und Lieferanten sowie zu **Arbeitnehmern** und **Vertriebsmittlern.** Der dort zu leistende Schadensersatz kann wegen der Naturalrestitution von Interesse sein; in Betracht kommen auch negatorische Beseitigungsmaßnahmen. 1112

---

[417] BGH GRUR 2007, 800 (801) = WRP 2007, 951 Rn. 15 – Außendienstmitarbeiter.
[418] BGH GRUR 1990, 522 (527) – HBV-Rechtsschutz mwN.
[419] *Gernhuber,* Das Schuldverhältnis, 1989, § 3 II 9a.
[420] Vgl. *Gernhuber* Das Schuldverhältnis § 3 II 4.
[421] So im Fall des weisungswidrigen Abfangens von Zollabfertigungsaufträgen für CMR-Frachtgut auf dem Münchener Großmarkt, BGH GRUR 1987, 532 (533) – Zollabfertigung mAnm *Ahrens* EWiR § 1 UWG 11/87, S. 1017.
[422] BGH NJW 2009, 1504 Rn. 31 – bundesligakarten.de. Zum bereits zum Vertragsbruch Entschlossenen *Gruber* JBl. 2002, 416 (433). Für Beachtung der UGP-RL *Scherer* WRP 2009, 518 (521).
[423] Vgl. dazu BGH GRUR 1992, 171 – Vorgetäuschter Vermittlungsauftrag; NJW 2009, 1504 Rn. 22, 25 u. 27 – bundesligakarten.de.

1113 Das deliktsrechtliche Vorgehen gegen **Außenseiter selektiver Vertriebsbindungssysteme** hat sich Ende der 90er Jahre verändert. Die Rechtsprechung[424] stellt unter Aufgabe des Erfordernisses praktischer Lückenlosigkeit nicht mehr auf die Ausnutzung fremden Vertragsbruchs ab, die unter den drei Varianten in der Regel allein beweisbar war. Statt dessen wird der Schutz der vertraglichen Lieferbeziehung zwischen Hersteller und in das Vertriebssystem eingebundenen Händlern faktisch durchsetzbar gestaltet, indem das **Entfernen technischer Kontrollmerkmale** an der Ware, die zur Aufdeckung vertragsbrüchiger Belieferung von Außenseitern führen können, als rechtswidrig qualifiziert wird. Daraus ergeben sich nunmehr deliktsrechtliche Ansprüche gegen denjenigen, der die Kontrollmerkmale an kartellrechtlich in zulässiger Weise vertriebsgebundener Ware entfernt oder entsprechend behandelte Ware vertreibt[425] oder der sie zum Zwecke des Weiterverkaufs besitzt oder auf dem grauen Markt erwirbt. Grundlage ist dafür allerdings nicht das allgemeine Deliktsrecht, sondern das UWG unter dem Gesichtspunkt des **Behinderungswettbewerbs** und eventuell das MarkenG.[426] Über §§ 2 Abs. 1 Nr. 5, 5 Abs. 1 Nr. 6, Anh. Nr. 1 und 3 UWG (Schutz von Verhaltenskodizes) ist eine Rückkehr zur alten Rechtsprechungspraxis nicht zulässig.[427] Das wird gegen die Anordnung eines befristeten Beschäftigungsverbotes sprechen.[428]

1114 Verhält sich der Vertragspartner bei der von ihm erklärten **Vertragsbeendigung rechtmäßig,** kann ein Wettbewerbsverstoß des darauf hinwirkenden Dritten nur gegeben sein, wenn **auf** die **freie Entscheidung** des vertraglich Gebundenen in **unlauterer** Weise **eingewirkt** wird (zB durch irreführende Angaben, Bestechung, Verstoß gegen eigene vertragliche Loyalitätspflichten im Rahmen einer due diligence, Begünstigung von Versicherungsbetrug),[429] oder wenn der Mitbewerber des Dritten in seiner **Leistungserbringung behindert** wird, etwa indem ihm schlagartig wichtige Schlüsselkräfte[430] abgeworben werden. Das Ausspannen von Kunden oder Lieferanten ist also ungeachtet der damit bewirkten Störung von Geschäftsbeziehungen grundsätzlich wettbewerbsrechtskonform. Die Verleitung zur ordnungsgemäßen Vertragsauflösung ist regelmäßig rechtmäßig, so im Falle der **Kündigungshilfe** für ein Zeitschriftenabonnement, bei der dem Bestellformular ein Kündigungsformular beigefügt wird.[431] Zur Abwerbungshilfe müssen zusätzliche Momente hinzutreten, etwa die Vereitelung einer unabhängigen Entscheidung.[432] Unlauter ist unter dem Gesichtspunkt des Verleitens erst das gezielte und bewusste **Hinwirken auf** einen fremden **Vertragsbruch.**[433] Das bestärkende Element darf nicht schon einer Bereitschaft zur Beschäftigung des Vertragsbrüchigen entnommen werden.[434] Werden **Beschäftigte im Außendienst** schlagartig abgeworben, kann die Behinderungswirkung darauf

---

[424] BGHZ 142, 192 (203 f.) = GRUR 1999, 1109 (1112 f.) = NJW 1999, 3043 – Entfernung der Herstellungsnummer I; GRUR 1999, 1113 (1115 f.) – Außenseiteranspruch I (Anfrage an Kartellsenat); BGHZ 143, 232 (236 ff., 243 f.) = GRUR 2000, 724 (725 f.) – Außenseiteranspruch II; GRUR 2001, 448 (449 f.) – Kontrollnummernbeseitigung II.
Zu Einschränkungen des an sich weitergehenden deliktsrechtlichen Schutzes in Frankreich Cour de Cassation (Chambre commercial) Dalloz 2001 Jur. 1946, s. auch RIW 2002, 870 f.

[425] BGH WRP 2002, 947 (949) – Entfernung der Herstellungsnummer III; LG Bamberg GRUR-RR 2015, 119 – Fahrradträger; *Lubberger* in Gloy/Loschelder/Danckwerts, HdBWettbR[5] Kap. 71 Rn. 14, 19 ff.

[426] BGH WRP 2002, 947 (949) – Entfernung der Herstellungsnummer III.

[427] AA möglicherweise *Lamberti/Wendel* WRP 2009, 1479 (1482 ff.).

[428] OLG Frankfurt a. M. GRUR-RR 2018, 477 Rn. 12 – Schlüsselkräfte; s. auch BGH GRUR 2018, 535 Rn. 40 f. – Knochenzement I.

[429] Vgl. OLG Schleswig GRUR-RR 2007, 242 (243) – Beteiligung an Selbstbeteiligung.

[430] Kritisch dazu *Schmeding* S. 248 ff.; ablehnend OLG Brandenburg WRP 2007, 1368 (1370).

[431] So für Österreich OGH MR 2002, 402 = WBl. 2003, 142, auch zitiert in *Wiltschek/Reitböck* WRP 2003, 785 (789); dazu *Gruber* JBl. 2002, 416 (420, 426). Zur Kündigungshilfe durch einen Versicherungsmakler OLG Schleswig VersR 2000, 1430; s. ferner *Sasse/Thiemann* GRUR 2003, 921 ff.

[432] BGH GRUR 2005, 603 (604) – Kündigungshilfe; OLG Oldenburg WRP 2019, 1225 Rn. 29 ff. – Kündigungshilfe; *Schmeding* S. 266.

[433] BGH GRUR 2007, 800 = NJW 2007, 2999 – Außendienstmitarbeiter; NJW 2009, 1504 Rn. 31 – bundesliagkarten.de; OLG Brandenburg WRP 2007, 1368 (1370).

[434] BGH GRUR 2007, 800 Rn. 24; *Schmeding* S. 119, 137, 159 ff.

beruhen, dass ohne angemessene Reaktionsmöglichkeit der Kontakt zur Kundschaft unterbrochen wird. Beim Abwerben von Arbeitnehmern[435] ist der Schutz von deren Mobilität (Art. 12 Abs. 1 GG) ein in die Bewertung einzubeziehendes Kriterium.[436] Das wird gegen die Anordnung eines befristeten Beschäftigungsverbotes sprechen.[437]

Irrelevant ist für sich genommen, dass eine Abwerbung *planmäßig* geschieht[438] oder dass 1115 in *Schädigungsabsicht* gehandelt wird, die sich nicht in negativ zu bewertenden äußeren Umständen manifestiert.[439] Der **subjektive Kenntnisstand** ist für die Bewertung als unlauter **irrelevant,** wenn die objektiv bewirkten Auswirkungen des Wettbewerbsgeschehens hinzunehmen sind.[440] In der Regel ist auch das **Ausnutzen fremden Vertragsbruchs** ohne Hinzutreten besonderer Umstände nicht unlauter.[441]

2. Vertragsrecht und UWG (einschließlich Folgeverträgen). a) Vertragswirksamkeit, Vertragsauflösung. aa) Unlauteres Hinwirken auf den Vertragsschluss. 1116 Der Abschluss eines Vertrages unter **unlauterer Einwirkung auf die Entscheidungsfreiheit** eines Verbrauchers oder sonstigen Marktbeteiligten (§ 4a Abs. 1 UWG) oder unter dem Einfluss irreführender Werbung (§ 5 UWG) kann gleichzeitig rechtsgestaltende Vertragsauflösungsrechte begründen, nämlich die Anfechtung wegen Irrtums (§ 119 BGB) oder arglistiger Täuschung[442] (§ 123 BGB); außerdem kann der Vertrag gem. § 138 Abs. 1 BGB wegen Sittenwidrigkeit sowie gem. § 138 Abs. 2 BGB wegen Wuchers unwirksam sein. Die Sachverhalte überschneiden sich aber nur in Teilelementen; die **tatbestandlichen Voraussetzungen** der UWG-Normen und der BGB-Normen **decken sich** im Einzelnen **nicht.**[443] Die UGP-Richtlinie hat dazu keine Vorgaben gemacht; die Lösungen der einzelnen EU-Staaten sind unterschiedlich.[444]

Im Schrifttum wird allerdings eine **materielle Kohärenz** von **Vertragsrecht** und 1117 **Lauterkeitsrecht** befürwortet (näher dazu → Rn. 1133).[445] Potential für einen Wertungstransfer vom Vertragsrecht in das Lauterkeitsrecht wird insbesondere den **Informationspflichten** für Zwecke der Irreführungsabwehr attestiert.[446] Einer Gleichschaltung von UWG und Vertragsrecht stehen jedoch häufig tatbestandliche Hindernisse entgegen (zuvor → Rn. 1116 und → Rn. 1119 ff., 1126).

---

[435] Zur putschartigen Übernahme der Mitarbeiter eines Wettbewerbers OLG Frankfurt a. M. GRUR-RR 2019, 28 Rn. 13 – handstreichartiges Abwerben.

[436] BGHZ 158, 174 (182) = NJW 2004, 2080 (2081) = GRUR 2004, 696 (697) – Direktansprache am Arbeitsplatz I; BGH GRUR 2007, 800 (801) – Außendienstmitarbeiter. Zum Abwerben durch Arbeitskollegen BAG NZA 2019, 571 Rn. 56 mwN.

[437] OLG Frankfurt a. M. GRUR-RR 2018, 477 Rn. 12 – Schlüsselkräfte; s. auch BGH GRUR 2018, 535 Rn. 40 f. – Knochenzement I.

[438] *Gruber* JBl. 2002, 416 (424).

[439] Vgl. *Gruber* JBl. 2002, 416 (425).

[440] BGH GRUR 2007, 800 Rn. 21 – Außendienstmitarbeiter; s. ferner BGH GRUR 2006, 879 Rn. 12 = NJW-RR 2006, 1378 = WRP 2006, 1027 (1028 f.) – Flüssiggastank; *Schmeding* S. 252 f.

[441] BGHZ 143, 232 (240) = GRUR 2000, 724 (726) = WRP 2000, 734 (737) = NJW 2000, 2504 (2506) – Außenseiteranspruch II; BGH GRUR 2007, 800 f. – Außendienstmitarbeiter; OLG Köln MMR 2002, 122 (123) – Erotikdienst; öst. OGH ÖBl. 1998, 22 (25) – Elektronik Aktuell. Besondere Umstände wurden von OLG Hamburg NJW-WettbR 1999, 54 – Exklusivinformation Vera Brühne nicht aufgezeigt; sie lagen aber in der Person des nicht beklagten Strafverteidigers vor. Kritisch zur Unterscheidung von Verleiten und Ausnutzen bei zu geringen Anforderungen an das Verleiten GroßKommUWG/*Brandner/Bergmann*[1] § 1 Rn. A 231 („weitgehend wertlos"), ähnlich GroßKommUWG/*Peifer*[2] § 4 Nr. 10 Rn. 316 ff.; s. auch *Gruber* JBl. 2002, 416 (435); OLG Düsseldorf GRUR 2003, 89 = NJW-RR 2003, 104 lässt die „einfache Lieferanfrage" nicht als Verleiten ausreichen; ablehnend dazu *Tiemann* WRP 2004, 289 ff.

[442] So zB in OLG Düsseldorf NJW 2002, 612 (613) – Schlossauflösung (Abgabe der Vertragserklärung unter dem Einfluss einer vorsätzlich irreführenden Zeitungswerbung); AG Leonberg NJW-RR 2002, 855 – Polizeiinfo (anders AG Bruchsal NJW-RR 2001, 274). Verneint in BGH (III. ZS) NJW 2008, 982 Rn. 11 – Bea.

[443] Die Unterschiede ebenfalls betonend *Mankowski* FS Köhler, 2014, 477 (481).

[444] Rechtsvergleichend dazu *De Christofaro* GRUR Int. 2010, 1017 (1020 ff.).

[445] Vgl. nur GroßKommUWG/*Heinze*[2] Einl. C Rn. 297.

[446] GroßKommUWG/*Heinze*[2] Einl. C. Rn. 298 f. kritisch *ders.* in Rn. 300 f. zum Transfer in ungekehrter Richtung.

1118 **bb) Vertragsnichtigkeit.** Die ohne rechtsgestaltende Erklärung eintretende Vertragsunwirksamkeit gem. **§ 138 Abs. 1 BGB** wegen Sittenwidrigkeit des Rechtsgeschäfts ist weder zwangsläufig mit der Verwirklichung eines UWG-Tatbestandes verbunden, noch überdecken sich die Wertungen auch nur faktisch in einer größeren Zahl von Fällen. Schon unter der Geltung des wortlautgleichen § 1 UWG 1909 wurde die Sittenwidrigkeit im Sinne des Wettbewerbsrechts nicht mit der Sittenwidrigkeit nach § 138 Abs. 1 BGB gleichgesetzt.[447] Für die Beurteilung als sittenwidrig iSd § 138 Abs. 1 BGB ist entscheidend, ob das Rechtsgeschäft **seinem Inhalt nach** mit den grundlegenden Werten der Rechts- und Sittenordnung unvereinbar ist und alle Beteiligten in Kenntnis der Tatsachen handelten, die diese negative Bewertung begründen, oder sich der Kenntnis zumindest grob fahrlässig verschlossen haben. Abweichend davon ist die Begründung der Unlauterkeit eines Wettbewerbsverhaltens auf das Ordnungssystem der wettbewerblichen Marktwirtschaft bezogen (vgl. → Rn. 1002); ein Verstoß gegen Fundamentalwerte im Sinne des ordre public interne wird nicht vorausgesetzt. Daher sind Verträge, die auf Grund eines Wettbewerbsverstoßes zustande gekommen sind, **nicht** nach § 138 Abs. 1 BGB **per se** als **unwirksam** angesehen worden.[448] Dies gilt erst recht unter dem UWG von 2004 und 2008, auch wenn die konsolidierten Fallgruppen übernommen worden sind, die sich in der Rechtsprechung zu § 1 UWG 1909 herausgebildet hatten.[449] **Ebensowenig** sind die Normen des UWG für lauteres Marktverhalten **Verbotsgesetze** iSd § 134 BGB, da sie nicht den Inhalt von Verträgen bestimmen.[450] Etwas anderes folgt auch nicht aus der UGP-Richtlinie. Deren Art. 3 Abs. 2 spricht davon, dass die Richtlinienbestimmungen die Wirksamkeit eines Vertrages unberührt lassen. Dementsprechend ist der **EuGH** in der Rechtssache *Pereničová* zu dem Ergebnis gelangt, dass der unlautere Charakter einer Geschäftspraxis keine unmittelbaren Auswirkungen auf die Wirksamkeit eines unter ihrem Einfluss geschlossenen Vertrages hat.[451] Ein Vertrag ist allerdings **nach § 134 BGB nichtig,** wenn er gestattet oder gar dazu verpflichtet, sich unlauter zu verhalten.[452]

1119 **cc) Rechtsgestaltende Vertragsauflösung.** Nicht jede wettbewerbswidrige Vertragsanbahnung begründet ein Recht des Abnehmers auf Vertragsauflösung (bereits → Rn. 1116).[453] **Unbegründet** ist aus Anlass der UWG-Reform von 2004, aber auch schon zuvor, mit zT pauschalen Behauptungen über Regelungslücken und Durchsetzungsdefizite die Schaffung eines **lauterkeitsrechtlichen Vertragslösungsrechts** der Verbrau-

[447] BGH NJW 1998, 2531 (2532) = GRUR 1998, 945 (946) = WRP 1998, 854 – Co-Verlagsvereinbarung; BGHZ 117, 280 (286) – Verschweigen der Wiederverkaufsabsicht; BGHZ 110, 156 (174) = GRUR 1990, 522 (528) – HBV-Familien- und Wohnungsrechtsschutz.

[448] BGHZ 110, 156 (175) = GRUR 1990, 522 (528) – HBV-Rechtsschutz; GRUR 1998, 945 (946) – Co-Verlagsvereinbarung; BGH (III. ZS) NJW 2008, 982 Rn. 11 – Bea. Im Grundsatz zustimmend *Fezer* WRP 2007, 855 (860), jedoch de lege ferenda für die Nichtigkeit von Folgeverträgen, die aufgrund unlauterer Telefonwerbung geschlossen wurden (mit Gesetzgebungsvorschlag für einen § 7 Abs. 4 UWG, WRP 2007, 855 (862); ablehnend zur Nichtigkeit derartiger Folgeverträge *Köhler* WRP 2007, 866 (869 ff.).

[449] Dazu *Leistner* Richtiger Vertrag S. 892 ff. (mit Unterscheidung von Basisverträgen und Folgeverträgen), 923.

[450] BGHZ 110, 156 (175) = GRUR 1990, 527 (528) – HBV-Rechtsschutz; GRUR 1998, 945 (947) – Co-Verlagsvereinbarung; OLG Hamburg GRUR 1994, 65 – Fruchtziehung; *Beater,* Unlauterer Wettbewerb, 2011, § 1 Rn. 87; *Leistner* Richtiger Vertrag S. 533 (mit Ausnahme bei Perpetuierung des Lauterkeitsverstoßes); *Alexander* WRP 2012, 515 (521); aA *Reichelsdorfer* WRP 1998, 142 (144).

[451] EuGH C-452/10, GRUR 2012, 639 Rn. 46 – Pereničová/Perenič.

[452] BGH GRUR 1998, 945 (947) – Co-Verlagsvereinbarung; BGH GRUR 2002, 703 (704) = NJW 2002, 2093 (2094) – Vossius (Gestattung der Benutzung eines fremden Namens bei Täuschung der Allgemeinheit); BGH GRUR 2009, 606 = NJW-RR 2009, 691 Rn. 13 – Buchgeschenk vom Standesamt; BGH GRUR 2012, 1050 Rn. 20 – Dentallaborleistungen; OLG München GRUR 2006, 603 – Getarnte Werbung; OLG Düsseldorf K&R 2008, 46 = OLGR 2007, 258 (unterlassene Anzeigenkennzeichnung); OLG Stuttgart NJW 2008, 3071 (3072) – Call Center (Pflicht zur telefonischen Akquisition von Kunden ohne deren Einwilligung); LG Hannover GRUR 2006, 790 – Lichtbilderabdruck; *Leistner* Richtiger Vertrag S. 535; *Schaub* GRUR 2008, 955. Auf Einschränkungen hinweisend *Köhler* JZ 2010, 767.

[453] *Sack* WRP 2002, 396 (398); *Sack* WRP 1974, 445 (446), ferner 451, 460; *v. Ungern-Sternberg* WRP 2000, 1057 (1059).

cher gefordert worden.[454] Diese rechtspolitische Forderung verkennt ua die notwendigen unterschiedlichen tatbestandlichen Voraussetzungen der Nachprüfung individueller Vertragsabschlüsse und der Unterdrückung unlauteren Marktverhaltens; ihre Umsetzung würde die für Rechtsgeschäfte geltenden Anforderungen des BGB aushöhlen und Rechtsunsicherheit über die Gültigkeit von Verträgen erzeugen.

Die Tatbestandsmerkmale der **rechtsgeschäftlichen Rechtsbehelfe** (§§ 119, 123 BGB) **1120** müssen in der Person des benachteiligten Abnehmers verwirklicht sein. Im Wettbewerbsrecht kommt es demgegenüber nicht auf tatsächlich festgestellte Einwirkungen an, sondern nur auf Beeinflussungs*eignungen* der unlauteren Wettbewerbshandlungen. Ebensowenig sind für die Subsumtion von Wettbewerbshandlungen unter UWG-Tatbestände Einzelpersonen relevant; statt dessen kommt es auf global beschriebene Kollektive wie Verbraucher oder sonstige Marktteilnehmer in einem je nach Schutzzweck der Norm quantitativ zu bestimmenden Umfang an, etwa auf einen „nicht völlig unerheblichen Teil der angesprochenen Verkehrskreise". In Verkennung dieses Umstandes war die Gewährung eines Rücktrittsrechts durch § 13a UWG 1909 an einzelne Verbraucher in Abhängigkeit zur Verwirklichung von Tatbeständen gem. §§ 1 und 3 UWG 1909 eine völlige Fehlkonstruktion. Mit der Richtlinie (EU) 2019/2161, die ua die UGP-RL ändert, ist ein solcher Rechtsbehelf dennoch unionsrechtlich eingeführt worden.[455] Er steht wohl in funktionalem Zusammenhang mit der Verbandsklage-RL.[456]

Die rechtsgeschäftlichen **Anfechtungsrechte des BGB** sind an das Erreichen be- **1121** stimmter qualitativer Schwellenwerte einer sachwidrigen Entscheidungsbeeinflussung gebunden. Durch sie wird zum Ausgleich der konträren Interessen der Vertragspartner dafür Sorge getragen, dass der private oder gewerbliche Abnehmer einer Leistung eigenverantwortlich handelnd das Vertragsangebot prüft und dass ihm **nicht** gestattet wird, durch ex post aufgestellte, schwer überprüfbare Behauptungen zur Wirkung fremder Entscheidungsbeeinflussung ein **nachträgliches Reurecht** auszuüben. Für situativ unüberlegt handelnde, wankelmütige und leichtgläubige Verbraucher hat der Gesetzgeber bei besonderen Vertriebsformen zeitlich befristet auszuübende **Widerrufs- und Rückgaberechte** geschaffen (§ 355 BGB), so bei Haustürgeschäften (§ 312 BGB) und bei Fernabsatzverträgen (§ 312d BGB). Sie sichern die Entscheidungsfreiheit individueller Verbraucher, ohne dass Art und Ausmaß der Beeinflussung ihrer Willensbildung zur Tatbestandsvoraussetzung der Vertragsauflösung gemacht werden. Faktisch wird damit eine Schnittmenge mit Unlauterkeitssachverhalten hergestellt, ohne dass die Tatbestände des UWG unter Verbiegung ihrer Normzwecke für das Vertragsrecht instrumentalisiert werden müssen. Dies darf auch **nicht** durch eine extensive Anwendung der **cic-Haftung** (§§ 311 Abs. 2, 241 Abs. 2, 280 Abs. 1 BGB) überspielt werden.[457] Die Verletzung **gesetzlicher Informationspflichten** in der Phase der Vertragsanbahnung kann nach § 3a UWG oder wegen Irreführung durch Unterlassen (§ 5a Abs. 2 UWG) wettbewerbsrechtlich erheblich sein (auch → Rn. 1134).[458]

Die im Vergleich mit rechtsgeschäftlichen Anfechtungstatbeständen niedrigeren Schwel- **1122** lenwerte der UWG-Tatbestände für rechtswidrige Einwirkungen auf die Willensbildung der Abnehmer hängen auch mit der unterschiedlichen Reichweite der geschützten Personenkreise zusammen. Das **UWG** ist seiner Entstehung nach zuvörderst ein **Wettbewerbsgesetz;** es schützt Mitbewerber des Wettbewerbsstörers weit im Vorfeld eines Vertragsabschlusses ua davor, dass ihre Geschäftskontakte durch unlautere Beeinflussung der

---

[454] *Fezer* WRP 2003, 127 ff.; ferner *Dürrschmidt,* Werbung und Verbrauchergarantien, 1997, S. 225 ff.; *Lehmann/Dürrschmidt* GRUR 1997, 549 (558 f.); s. auch *Micklitz/Keßler* GRUR Int. 2002, 885 (890) (gegen Trennung von Werbung und Vertrag); *Micklitz/Keßler* WRP 2003, 919 (931). Ablehnend *Weiler* WRP 2003, 423 ff.; *Sosnitza* GRUR 2003, 739 (745); *Beater,* Unlauterer Wettbewerb, 2011, § 32 Rn. 2621 ff.

[455] Art. 11a UGP-Änd.-RL vom 27.11.2019, ABl. 2019 L 328, S. 7 (dort: S. 20). Näher dazu → Einl. Rn. 193 ff. *(Glöckner);* Einl. A Rn. 70 ff. *(Keller).*

[456] *Ummenberger/Zierler/Wilfing/Stenitzer* ÖBl. 2019, 260 (264).

[457] So aber im Ergebnis *Leistner* Richtiger Vertrag S. 928 ff., 999 ff.

[458] BGH GRUR 2018, 950 Rn. 12 – Namensangabe; Büscher/*Tolkmitt* UWG Einl. Rn. 387.

sie nicht kannte oder im individuellen Verkaufsgespräch eine anderslautende Aufklärung erteilt worden war; dafür ist der Verkäufer beweispflichtig.[478] Die in der Werbung behauptete Eigenschaft beeinflusst die Kaufentscheidung ferner dann nicht, wenn ein **verständiger Käufer** darauf keine Kaufentscheidung stützen würde. Das Tatbestandsmerkmal der fehlenden Beeinflussung überschneidet sich mit dem Merkmal der Eignung im Sinne der §§ 4a Abs. 1 S. 1, 5 Abs. 2 S. 2 UWG, das ebenfalls potentielle Kausalität ausreichen lässt, ist damit aber nicht identisch.[479] Nicht einzustehen hat der Verkäufer ferner, wenn die **Werbeäußerung** aus Käufersicht neutralisiert, nämlich im weitesten Sinne **in gleichwertiger Weise berichtigt** worden war. Gleichwertige Berichtigungswerbung zerstört die Eigenschaftsfestlegung auch dann, wenn sie der individuelle Käufer persönlich nicht wahrgenommen hat.[480] Abzustellen ist dafür auf die Wahrnehmungsgewohnheiten nach Medium, Zeitpunkt und Adressatenkreis der Ursprungswerbung.

1129 Der Verkäufer wird durch die Regelung des § 434 Abs. 1 S. 3 BGB **nicht** auch **lauterkeitsrechtlich** für die Werbung seines Lieferanten **verantwortlich.** Insoweit verbleibt es bei der eigenständigen Regelung des § 8 Abs. 2 UWG über die Haftung für Beauftragte. Dies gilt selbst dann, wenn der Verkäufer dem Lieferanten durch einen Vertriebsvertrag verbunden ist.[481] Umgekehrt ist der Hersteller nicht für wettbewerbswidrige Verhaltensweisen eines Großhändlers oder sonstigen gewerblichen Abnehmers verantwortlich,[482] sofern die Beziehung nicht so verdichtet ist wie zwischen Franchise-Zentrale und Franchise-Nehmer.[483]

1130 **bb) Prospektangaben.** Außerhalb des Kaufrechts sind in der Werbung eingesetzte Prospektangaben im **Reisevertragsrecht** verbindlich (§ 651a Abs. 3 BGB iVm § 4 Abs. 1 S. 2 BGB-InfoV). Abweichungen der erbrachten Reiseleistung von den Angaben stellen einen Reisemangel dar (§ 651c Abs. 1 BGB). Bindende Wirkung von Prospektangaben sieht ferner § 482 Abs. 3 BGB iVm § 2 BGB-InfoV für Teilzeit-Wohnrechte-Verträge vor (auch → Rn. 1116).

1131 **cc) Verhältnis zu § 145 BGB, Werbung als Material der Vertragsauslegung.** Ohne ausdrückliche gesetzliche Anordnung erzeugt **Werbung keine** rechtsgeschäftlich **verbindliche Wirkung.** Insbesondere ist Werbung in der Regel nicht identisch mit einem Vertragsangebot iSd § 145 BGB.[484] Sie kann aber Auslegungsmaterial für den Vertragsinhalt darstellen.[485] Auf dieser Wertung beruht § 434 Abs. 1 S. 3 BGB. Irreführungen, etwa infolge Nichterfüllung unionsrechtlicher Informationspflichten, können beim Geschäftspartner eine Vorstellung über den Vertragsinhalt erzeugen, die eine anderslautende AGB-Klausel unwirksam werden lassen.[486]

1132 **dd) CIC-Haftung für Werbung (§ 311 Abs. 2 Nr. 3 BGB). Werbung erzeugt** für sich genommen **kein rechtsgeschäftsähnliches Schuldverhältnis** iSd § 311 Abs. 2 Nr. 3 BGB.[487] „Ähnliche geschäftliche Kontakte" wie die Vertragsanbahnung nach § 311 Abs. 2 Nr. 2 BGB sollen nach der vagen Gesetzesbegründung Kontakte sein, „bei denen z. B. noch kein Vertrag angebahnt, ein solcher aber vorbereitet werden soll".[488] Nr. 3 ist wegen des Merkmals „ähnlich" mit dem Grundtatbestand der Nr. 2 und der Intensität der

---

478 Jauernig/*Berger* BGB[17] § 434 Rn. 17.
479 So aber *Bernreuther* MDR 2003, 63 (67) (unter Bezugnahme auf § 3 UWG aF).
480 *Bernreuther* WRP 2002, 368 (374); *Bernreuther* MDR 2003, 63 (67); *Augenhofer* JBl. 2001, 82 (87).
481 Zum öst. UWG so OGH ÖBl. 1995, 78 – Perlweiß II.
482 OGH ÖJZ 2002, 647.
483 Vgl. dazu BGH GRUR 1995, 605 (607).
484 Dazu *Bernreuther* WRP 2003, 846 (849).
485 So praktiziert von LG Ulm ZIP 2015, 463 (464 f.) (Auslegung eines Ratensparvertrages nach Inhalt eines Werbeflyers).
486 *Janal* ZEuP 2014, 740 (757 ff.).
487 AA oder missverständlich formuliert *Lehmann* DB 2002, 1090 (1091) (sub II); anders auch *Leistner* Richtiger Vertrag S. 928 ff.
488 BT-Drs. 14/6040, 163.

dafür erforderlichen Bindung zu vergleichen. Notwendig sind geschäftliche, wenn auch nichtvertragliche Kontakte; bloß „soziale" Kontakte reichen nicht aus.[489] In Betracht kommen Gefälligkeitsverhältnisse mit rechtsgeschäftlichem Charakter ohne Leistungspflicht, insbesondere Auskunftsfälle,[490] und sonstige vertragsähnliche Vertrauensverhältnisse.[491] Ebenso gehört dazu das Rechtsverhältnis zwischen Wettbewerbsstörer und Unterlassungsgläubiger, das nach gefestigter Rechtsprechung[492] als **Sonderbeziehung durch** eine **rechtmäßige Abmahnung** begründet wird und Aufklärungspflichten des Abgemahnten erzeugt; seine Einbeziehung wird durch die Regelung in § 12 Abs. 1 S. 2 UWG nahegelegt.

Ist irreführende Werbung im Einzelfall für den Abschluss eines Vertrages bestimmend, **1133** kommt eine **Vertragsauflösung** nicht nur infolge Anfechtung wegen arglistiger Täuschung gem. § 123 BGB in Betracht, sondern auch als Inhalt eines auf das negative Interesse gerichteten Schadensersatzanspruchs aus culpa in contrahendo bei fahrlässigem Verhalten. Dies gilt jedenfalls, soweit in der Rechtsgeschäftslehre die Konkurrenz von § 123 BGB mit cic akzeptiert wird.[493]

c) Annäherung von Lauterkeitsrecht und Verbraucherprivatrecht. In der Literatur **1134** wird konstatiert, dass sich auf dem Umweg über verbraucherschützende Richtlinien des Gemeinschaftsprivatrechts und darin verankerte **Sicherungen der Entscheidungsfreiheit** der Verbraucher der vertragsrechtliche Individualschutz und die wettbewerbsrechtliche Marktverhaltenskontrolle einander annähern.[494] Dies gilt sowohl für das Pflichtenprogramm der Anbieter, denen detaillierte **Informationspflichten** im Rahmen kommerzieller Kommunikation auferlegt werden (auch → Rn. 1116 und 1121),[495] als auch für die Rechtsfolgenseite, etwa durch Schaffung von Vertragslösungsrechten nach Vertragsschluss in einer Situation typischer Entscheidungsschwäche des Verbrauchers. **Zunächst** liegt darin nur eine **rechtstatsächliche Beobachtung** der Rechtspolitik. Über sie hinausgehend wird aber auch versucht, daraus Erkenntnisse für die **Gesetzesauslegung** zu ziehen.[496] Für wesentliche Informationen ist seit 2008 § 5a Abs. 2 UWG maßgebend.

Die **Richtlinie** 2005/29/EG **über unlautere Geschäftspraktiken**[497] (UGP-RL, zu **1135** ihr → Einl. Rn. 17 ff. und → Einl. Rn. 237 ff.) lässt nach Art. 3 Abs. 2 das Vertragsrecht, insbesondere die Bestimmungen über die Wirksamkeit, das Zustandekommen und die Wirkungen eines Vertrages unberührt. Erwägungsgrund 13 besagt aber gleichwohl, dass das generelle Verbot unlauterer Geschäftspraktiken „auch nach Abschluss eines Vertrages und während dessen Ausführung" gilt (ähnlich Art. 3 Abs. 1 UGP-RL). Somit werden nicht nur die außervertragliche Anbahnung von Geschäftsbeziehungen, sondern auch Durchführung und **Abwicklung eines Vertrages** erfasst.[498] Darunter fällt die Erfüllung von Vertikalverträgen entsprechend dem geschuldeten Leistungsprogramm ebenso wie der Umgang mit Vertragslösungsrechten und Leistungsstörungen sowie die Durchsetzung des etwaigen Gegenleistungsanspruchs, soweit die geschäftliche Handlung des Unternehmers objektiv darauf gerichtet ist, geschäftliche Entscheidungen des Verbrauchers zu beein-

---

489 MüKoBGB/*Emmerich,* Bd. 2, 8. Aufl. 2019, § 311 Rn. 42.

490 *Canaris* JZ 2001, 499 (520).

491 Dazu MüKoBGB/*Emmerich*⁸ § 311 Rn. 49.

492 Zu den Aufklärungs- und Antwortpflichten BGH GRUR 1987, 54 (55) – Aufklärungspflicht des Abgemahnten; GRUR 1987, 640 (641) – Wiederholte Unterwerfung II; GRUR 1988, 716 (717) – Aufklärungspflicht gegenüber Verbänden; GRUR 1990, 381 (382) = NJW 1990, 1905 – Antwortpflicht des Abgemahnten; GRUR 1990, 542 (543) = NJW 1990, 1906 – Aufklärungspflicht des Unterwerfungsschuldners; Ahrens/*Achilles* Der Wettbewerbsprozess⁹, Kap. 5 Rn. 3 ff.

493 Eingehende Analyse bei *Leistner* Richtiger Vertrag S. 863 ff.

494 So etwa *M. Schmidt* JZ 2007, 78 (79).

495 Für eine Zusammenschau der Informationsregime im Wettbewerbs- und Vertragsrecht *Busch* Informationspflichten S. 161 ff., 197; GroßKommUWG/*Heinze*² Einl. C Rn. 298 f.

496 So von *Leistner* Richtiger Vertrag S. 265 ff., 615 ff., 653 ff.

497 ABl. 2005 L 149, S. 22.

498 Dazu *Köhler/Lettl* WRP 2003, 1019 (1035); *Tiller* S. 134; *Köhler* WRP 2009, 898 ff.

flussen (vgl. Art. 2 lit. k UGP-RL).[499] Anders als die UGP-RL schützt das UWG auch sonstige Marktteilnehmer. Verträge auf vorgelagerten Wirtschaftsstufen sind also einbezogen. Die Schutzbedürftigkeit dieser Marktteilnehmer generell zu verneinen,[500] würde die gleichmäßige Tatbestandsanwendung stören und würde der Realität des Lebens nicht gerecht.

1136 **d) Deliktsrechtliche Durchbrechung der Relativität von Schuldverhältnissen.** Schuldverträge erzeugen als relative Rechtsverhältnisse grundsätzlich **nur Wirkung zwischen den Vertragspartnern.** Die wechselseitige Durchsetzung der Rechte ist den Vertragspartnern überlassen. Eine wohlmeinende Einmischung Dritter ist dem Zivilrecht und dem Zivilprozessrecht grundsätzlich fremd. Das Rechtsschutzsystem verlangt deshalb für ein Vorgehen im eigenen Namen die Behauptung der Durchsetzung eines eigenen Rechts; gewillkürte Prozessstandschaften sind nur eingeschränkt zulässig. Die Vertragsparteien sind zur Wahrung ihrer Rechte auf Vertragsrechtsbehelfe angewiesen, die nur begrenzt mit Deliktsansprüchen zum Schutz absoluter Rechte und Rechtsgüter konkurrieren.

1137 Das Wettbewerbsrecht durchbricht dieses Ordnungssystem, indem es gegen die Missachtung von Pflichten in der Phase von der Vertragseingehung bis zur Vertragsabwicklung **flankierend mit sonderdeliktsrechtlichen Normen** vorgeht. Darauf kommt es zur **Effektuierung** der Rechtsbehelfe **des Vertragsschutzes** an, wenn die wiederkehrend und gleichartig praktizierte Vertragsverletzung ein volkswirtschaftlich unerwünschtes Phänomen ist, das wegen der im Einzelfall geringfügigen Belastung von den Vertragspartnern (in der Regel: Verbrauchern) nicht angegriffen wird, oder wenn ein Außenstehender auf eine fremde Vertragsbeziehung einwirkt, ohne dass sein beeinträchtigter Wettbewerber als Vertragsgläubiger die Vertragsverletzung aus tatsächlichen Gründen effektiv ahnden kann (zu selektiven Vertragsbindungen → Rn. 1113 f.). Denkbar ist der Einsatz des Unlauterkeitsrechts ausnahmsweise auch, wenn außenstehende dritte Personen als Wettbewerber infolge der Vertragsverletzung Nachteile erleiden.[501]

1138 Das **Hineindrängen** in eine angebahnte Beziehung des Unternehmers zu einem Kunden, der dem Unternehmen schon „zuzurechnen" ist, kann als **Behinderungswettbewerb** nach § 4 Nr. 4 UWG (ex § 4 Nr. 10) bewertet werden.[502] Das trifft auf die Einlösung fremder Rabattgutscheine, die ohne Geschäftsbeziehung ausgehändigt wurden, nicht zu.[503]

1139 Geltend gemacht werden die wettbewerbsrechtlichen Unterlassungsansprüche von betroffenen Mitbewerbern oder von **Verbänden,** ausnahmsweise auch vom Vertragsgläubiger gegen einen Vertragsaußenseiter. In der Regel stehen **spezifisch wettbewerbsrechtliche Gesichtspunkte** hinter der Gewährung von Rechtsschutz nach dem UWG; er setzt nur äußerlich beim Vertragsverletzungsverhalten an. Selbst beim ergänzenden deliktsrechtlichen Vermögensschutz, der wegen Mitbewerberbehinderung nach UWG gewährt wird – so beim Schutz selektiver Vertriebsbindungssysteme –, ist dies der Fall, sofern nicht das allgemeine Deliktsrecht einschlägig ist.

1140 **e) Gezielte (bewusste) Verletzung vertragsrechtlicher Normen.** Kennzeichnend für zahlreiche der einschlägigen Lebenssachverhalte ist ein **gezieltes** unternehmerisches **Vorgehen,** das die Unlauterkeit **in Bezug auf** die **Vertragsbeziehung** (unmittelbar bei der Vertragseingehung oder bei der Vertragsdurchführung) zum **Mittel des Wettbewerbs** macht.[504] So verhält es sich bei einem Gesamtkonzept, das auf **Täuschung** beim Vertrags-

[499] Vgl. *Köhler* WRP 2009, 898 (901).

[500] So anscheinend *Köhler* WRP 2009, 898 (900 u. 905).

[501] Vgl. dazu BGH NJW 2015, 2192 Rn. 15 – Hohlkammerprofilplatten (Verlust einer Ausschreibung bei Zuschlagerteilung an Hersteller, der 2003 vertragswidrig nicht zugelassenes Produkt geliefert haben sollte; Wettbewerbshandeln verneint); öOGH ÖBl. 2010, 263 (Verletzung vertraglicher Geheimhaltungspflicht gegenüber Marktforschungsinstitut zu Lasten eines in die Erhebung einbezogenen Wettbewerbers).

[502] BGH GRUR 2016, 919 Rn. 22 – Tarifwechsel; GRUR 2017, 92 Rn. 16 – Fremdcoupon-Einlösung.

[503] BGH GRUR 2017, 92 Rn. 17 – Fremdcoupon-Einlösung.

[504] BGH NJW 2015, 2192 Rn. 15 (zum UWG 1909).

schluss angelegt ist,[505] etwa bei der Verwendung rechnungsähnlich aufgemachter[506] oder mit einem Korrekturabzug verwechselbarer Bestellformulare. Gleichgestellt ist die systematische **Ausnutzung der Rechtsunkenntnis** von Verbrauchern, die durch die Gestaltung eines Formulars um die Ausübung eines Widerrufsrechts gebracht werden sollen,[507] oder denen gegenüber gesetzliche Informationspflichten missachtet werden, zB durch Verwendung von Bestellformularen ohne ausreichend gestaltete Widerrufsbelehrung,[508] oder von denen ein Reiseveranstalter entgegen § 651k Abs. 4 oder 5 BGB den Reisepreis ohne Sicherungsleistung fordert bzw. annimmt.[509]

Die **Berufung auf** eine eigene falsche **Rechtsauffassung** macht eine den Abnehmern **1141** gegenüber aufgestellte Rechtsbehauptung nicht wettbewerbsrechtlich indifferent (auch → Rn. 1147). Sie ist zwar Meinungsäußerung, lässt sich aber aufgrund der 2015 erfolgten Änderung des § 5 Abs. 1 S. 1 UWG als geschäftliche Handlung erfassen,[510] die zu einer geschäftlichen Entscheidung veranlasst. § 5 Abs. 1 S. 2 UWG darf im Hinblick auf das Merkmal „Angabe" (im Sinne einer Tatsachenbehauptung) nicht als Einschränkung des Satzes 1 interpretiert werden.[511] Erfasst wird jede Information, auch eine Aussage über die Rechtsfolge, die der Adressat nach den Einzelfallumständen als Feststellung und nicht nur als zur Rechtsverfolgung oder Rechtsverteidigung geäußerte Ansicht versteht.[512] Der EuGH legt Art. 6 Abs. 1 UGP-RL von dessen Wortlaut leicht abweichend so aus, dass Irreführungen durch Angaben *oder* in irgendeiner Weise, also ohne Erfordernis einer Angabe erfolgen können.[513] Im Einzelfall kann auch § 4a Abs. 2 Nr. 4 UWG verwirklicht sein.

Wettbewerbswidrig ist ein Konzept, das Kunden systematisch **bewuchert** und dadurch **1142** übervorteilt (§ 138 Abs. 2 BGB), etwa wenn ein Schlüsseldienst als Notdienst die Zwangslage Ausgesperrter ausnutzt, um Türöffnungen zu deutlich überhöhten Preisen auszuführen.[514] Dasselbe gilt, wenn gezielt eine **quantitative Mindererfüllung** betrieben wird, etwa durch das Ausschenken von Getränken in nicht einsehbare Gefäße oder das Abfüllen sonstiger Flüssigkeiten oder Waren in verschlossene Behältnisse unter der geschuldeten Füllmenge,[515] wenn eine Bank an Geldautomaten Informationen über Kontosalden erteilt, die den Eindruck bereits erfolgter Wertstellung hervorrufen, so dass gutgläubig vorgenommene Verfügungen Kreditleistungen infolge Kontoüberziehungen veranlassen,[516] wenn Aufträge zur Änderung der **Voreinstellung** auf einen **Telefonanbieter** bewusst **verzögert** werden, um den Kunden als Vertragspartner zu halten,[517] oder wenn in vergleichbarer Weise die Kündigung von Dauerschuldverhältnissen ignoriert wird, etwa durch periodisches Zusenden erneuerter entgeltpflichtiger Kundenkarten. Bezieht man das Marktverhalten auf Handelsstufen mit ein, ist auch an die systematische **Überschreitung von Zahlungsfristen** durch mächtige Nachfrager (Großunternehmen, öffentliche Hand)

---

[505] BGH GRUR 1987, 180 (181) = WRP 1987, 379 (380) – Ausschank unter Eichstrich II; GRUR 2002, 1093 (1094) – Kontostandsauskunft.

[506] BGHZ 123, 330 (333, 335) = WRP 1994, 28 (29) – Folgeverträge I; GRUR 1998, 415 (416) – Wirtschaftsregister; LG Düsseldorf WRP 2013, 542.

[507] BGH GRUR 1986, 816 (819) = WRP 1986, 660 (662) – Widerrufsbelehrung bei Teilzahlungsverkauf; GRUR 2003, 252 = NJW-RR 2003, 1481 – Widerrufsbelehrung IV.

[508] Vgl. BGH GRUR 2003, 252 – Widerrufsbelehrung IV.

[509] BGH GRUR 2000, 731 (733) – Sicherungsschein.

[510] Beschränkung auf beabsichtigte Übervorteilung des Kunden voraussetzend BGH WRP 2013, 1183 Rn. 35 ff. – Standardisierte Mandatsbearbeitung. Reaktion auf Vertragskündigung als geschäftliche Handlung: BGH GRUR 2019, 754 Rn. 21 – Prämiensparverträge.

[511] Für eine bessere Wortlautfassung *Stillner* WRP 2015, 438 Rn. 39.

[512] BGH GRUR 2019, 754 Rn. 28 ff. – Prämiensparverträge; *Koch* WRP 2019, 1259 (1260 f.).

[513] EuGH WRP 2015, 698 Rn. 39 – Nemzeti Fogyasztóvédelmi Hatóság/UPC.

[514] So in OLG Frankfurt a. M. GRUR-RR 2002, 166 (167), das allerdings nur von einem wucherähnlichen Verhalten und der Anwendung des § 138 Abs. 1 BGB ausgegangen ist.

[515] BGH GRUR 1987, 180 (181) = WRP 1987, 379 (380) – Ausschank unter Eichstrich II; dazu *Tiller* S. 128.

[516] BGH GRUR 2002, 1093 (1094) – Kontostandsauskunft.

[517] BGH GRUR 2009, 876 Rn. 22 – Änderung der Voreinstellung II.

zu denken, selbst wenn dadurch nicht zwingend das Entscheidungsverhalten des Anbieters beeinflusst wird.

1143 Das Erfordernis des gezielten Vorgehens ist aufgestellt worden, um einzelfallbezogene **versehentliche Vertragsverletzungen** aus der UWG-Anwendung auszugrenzen; eine mangelhafte oder sonst nicht vertragsgemäße Leistung soll grundsätzlich nach Vertragsrecht behandelt werden.[518] Dem steht die UGP-RL nicht entgegen;[519] es fehlt dann an einer Geschäftspraktik.[520] Zur Bewältigung dieser Aufgabe reicht allerdings schon die Feststellung eines **bewussten** unternehmerischen Vorgehens.[521]

1144 Der Schluss auf ein Gesamtkonzept der gezielten und planmäßigen Kundentäuschung kann bereits aus einem einzelnen Vorkommnis gezogen werden, etwa wenn ein Formblatt zur Täuschung verwendet wird.[522] „Geschäftspraxis" ist auch ein unternehmerisches Verhalten, das nur einmal vorkam und nur einen einzigen Verbraucher betraf.[523] Hingegen löst die vertragswidrige Nicht- oder **Schlechterfüllung** als solche mangels geschäftlicher Handlung, nämlich fehlender Außenwirkung im Markt, **keine** wettbewerbsrechtlichen Ansprüche aus.[524] Unlauteres Verhalten bei der Durchsetzung von Vertragsansprüchen ist auch nicht allein deshalb der unlauteren Vertragsanbahnung gleichzustellen, weil und soweit dadurch Vertragspflichten des Abnehmers erweitert werden.[525] Etwas anderes gilt jedoch, wenn die Kunden gezielt unter Ausnutzung von deren Rechtsunkenntnis zur Leistung **unberechtigter** (gegen § 651a Abs. 4 BGB verstoßender) nachträglicher **Preiszuschläge** veranlasst werden.[526] Zur unlauteren Vertragsdurchführung auch → Rn. 1148.

1145 **f) AGB-Kontrolle.** Der BGH hat die Kontrolle Allgemeiner Geschäftsbedingungen über das UWG in Konkurrenz zur Anwendung des UKlaG bejaht. Schon seine Entscheidungen *Gewährleistungsausschluss im Internet*[527] und *Werbung mit Garantie,*[528] die zu § 2 UKlaG ergangen sind, wurden im Schrifttum als Vorentscheidung für eine AGB-Kontrolle gedeutet, obwohl sich daraus nichts für das Konkurrenzverhältnis des § 1 UKlaG zu § 4 Nr. 11 UWG 2008 (= § 3a UWG 2015) ergab.[529] Die Entscheidung *Missbräuchliche Vertragsstrafe* ist dann einen entscheidenden Schritt weiter gegangen und hat Verbote der §§ 307–309 BGB als Marktverhaltensregelungen iSd § 4 Nr. 11 UWG 2008 qualifiziert.[530] Ein anderer Ansatz ist die Qualifizierung als Verstoß gegen die berufliche bzw. unternehmerische Sorgfalt (Art. 5 Abs. 2 lit. a, 2 lit. h UGP-RL, §§ 3 Abs. 2, 2 Abs. 1 Nr. 7 UWG).[531]

1146 Die Kontrolle von AGB sollte besser nicht über das UWG erfolgen. **§ 1 UKlaG** ist als **abschließende Regelung zur abstrakten AGB-Kontrolle** zu verstehen.[532] Unakzeptabel ist die mit der BGH-Rechtsprechung erfolgte Anerkennung eines Unterlassungs-

---

518 *Koch* WRP 2019, 1259 Rn. 6.

519 AA *Köhler* WRP 2009, 898 (902 f.) aufgrund eines nicht zwingenden Rückschlusses aus Nr. 26 und Nr. 27 des Anhangs zu § 3 Abs. 3 UWG.

520 BGH WRP 2013, 1183 Rn. 26 u. 31 – Standardisierte Mandatsbearbeitung; *Isele* GRUR 2009, 727 (729); GroßKommUWG/*Heinze*² Einl. C Rn. 257.

521 So BGH GRUR 2009, 876 Rn. 22 u. 27 – Änderung der Voreinstellung II.

522 BGH GRUR 1995, 358 (360) – Folgeverträge II.

523 EuGH WRP 2015, 698 Rn. 41 – Nemzeti Fogyasztóvédelmi Hatóság/UPC.

524 BGH GRUR 1987, 180 (181) – Ausschank unter Eichstrich; GRUR 2002, 1093 (1094) – Kontostandsauskunft; WRP 2013, 1183 Rn. 26 u. 36 – Standardisierte Mandatsbearbeitung; OLG Frankfurt a. M. GRUR 2002, 727 (728) – Kerosinzuschlag.

525 OLG Frankfurt a. M. GRUR 2002, 727 (728).

526 OLG Frankfurt a. M. GRUR 2002, 727 (729).

527 BGH NJW 2011, 76.

528 BGH NJW 2011, 2653 Rn. 23.

529 Näher *Ahrens* ZGE 2012, 242 ff.; aA *Köhler* GRUR 2010, 1047 (1051); *Dembowski* FS Bornkamm, 2014, 325 (332 ff.).

530 BGH WRP 2012, 1086 Rn. 45.

531 *Janal* ZEuP 2014, 740 (747 f.) (mit Einschränkung auf *evident* missbräuchliche Klauseln).

532 Kritisch – wie hier – *Ohly*/Sosnitza UWG⁷ § 3a Rn. 78a.

anspruchs für Mitbewerber. Ignoriert werden damit die §§ 8–11 UKlaG, die der Gesetzgeber für eine abstrakte AGB-Klage geschaffen hat;[533] die Missachtung des abgeschlossenen Rechtsschutzsystems des UKlaG verletzt Art. 20 Abs. 2 GG (Gewaltentrennungsprinzip). Zutreffend hat daher das OLG Stuttgart einen Folgebeseitigungsanspruch aus § 8 UWG verneint, weil ein solcher Anspruch im UKlaG nicht vorgesehen ist.[534]

g) Erfüllungszwang. Als **Drohung** mit rechtlich unzulässigen Handlungen gem. Art. 9 **1147** lit. e UGP-RL ist es anzusehen, gegenüber Rechtsunkundigen systematisch vermeintliche vertragliche Ansprüche unter Ignorierung der Sach- und Rechtslage (dazu → Rn. 1141) zu verfolgen, wie es in der Praxis von **Inkassounternehmen** zu beobachten ist. Das trifft zB auf die Versendung von Mahnschreiben zu, in denen entgegen § 28a Abs. 1 Nr. 4 lit. d BDSG für den Fall der Nichterfüllung der Forderung die kurzfristige **Übermittlung** der Daten **an** die **Schufa** in Aussicht gestellt wird, obwohl die Forderung vom Adressaten bestritten worden ist.[535] Die Rechtsprechung hat es ferner als strafbare Nötigung[536] bzw. als sittenwidrige Schädigung iSd § 826 BGB[537] angesehen, mit einem gerichtlichen Verfahren zu drohen, obwohl ersichtlich keine Forderung besteht; dafür wurde jeweils die (Mit-) Verantwortlichkeit des Anwalts bejaht. Eine **Rechtsgrundlage** für die Bekämpfung derartigen Marktverhaltens muss seit der UWG-Reform von 2015 nicht mehr krampfhaft gesucht werden. Einschlägig ist seither **§ 4a Abs. 1 S. 2 Nr. 3 iVm Abs. 2 Nr. 5 UWG.**[538] Einschlägig ist auch das Versenden von Rechnungen, Mahnungen, Inkasso- oder Anwaltsschreiben unter Androhung anderer erheblicher Nachteile, um die Erfüllung von anfechtbaren Verträgen durchzusetzen, die auf der Unterzeichnung irreführend aufgemachter rechnungsähnlicher Formulare beruhen.[539] Die Aufforderung zur Bezahlung nicht bestellter Leistungen, der der Adressat die Behauptung entnimmt, er habe die Leistung bestellt, ist irreführend; dies gilt selbst dann, wenn der Unternehmer nicht vorwerfbar irrtümlich von einer tatsächlich vorliegenden Bestellung ausgeht.[540]

3. Wettbewerbsrechtliche Durchführungsverbote trotz Vertragsbindung. a) Unlauterkeit der Vertragsabwicklung. Unlauterkeitstatbestände können im Einzelfall die **1148** **Ausführung** bereits abgeschlossener Verträge **rechtswidrig** machen.[541] Das trifft allerdings auf reine Werbeverbote nicht zu, wenn es an der Ursächlichkeit der Werbeangaben für den Vertragsabschluss fehlt.[542] Die Vertragsabwicklung selbst oder deren Teilnahme daran muss wettbewerbswidrig sein.[543] Der unlauter Handelnde soll dann nicht die Früchte seines wettbewerbswidrigen Verhaltens ziehen.[544] Wer Kunden systematisch **in** eine **„Vertragsfalle" lockt,** setzt die Wettbewerbswidrigkeit fort, wenn er Ansprüche aus einem derartigen (uU nur behaupteten, nämlich mangels Erklärungsbewusstseins gar nicht zustande

[533] *Ahrens* ZGE 4 (2012), 242 (244); aA *Köhler* WRP 2012, 1475 (1477).

[534] OLG Stuttgart ZIP 2016, 927 (928) m. Bespr. *Bunte* ZIP 2016, 956 ff.

[535] BGH GRUR 2015, 1134 Rn. 17 und 25 = NJW 2015, 3508 – Schufa-Hinweis; abgrenzend dazu BGH GRUR 2018, 1063 Rn. 14 = NJW-RR 2018, 1442 – Zahlungsaufforderung.

[536] BGH (StrS) NJW 2014, 401 Rn. 51 ff., 69 mAnm *Tsambikakis.*

[537] OLG Frankfurt a. M. NZM 2015, 783.

[538] Zur Anwendung der UGP-RL auf die Beitreibung zedierter Forderungen durch ein Inkassobüro EuGH C- 357/16, RIW 2017, 593 Rn. 25 ff. – Gelvora. Die Aggressivität des Zahlungsdrucks unter den vom Berufungsgericht festgestellten Umständen verneinend BGH GRUR 2018, 1063 Rn. 13 f. u. 17 ff. – Zahlungsaufforderung.

[539] LG Düsseldorf WRP 2013, 542 (543).

[540] BGH GRUR 2019, 1202 Rn. 26 – Identitätsdiebstahl.

[541] Vgl. etwa BGH GRUR 1992, 171 (174) = WRP 1992, 165 (168 f.) – Vorgetäuschter Vermittlungsauftrag; BGHZ 123, 330 (335) = GRUR 1994, 126 (127) = WRP 1994, 28 (30) = NJW 1993, 3329 (3330) – Folgeverträge; GRUR 1999, 261 (264) = WRP 1999, 94 (97) – Handy-Endpreis. Allgemein dazu *Beater,* Unlauterer Wettbewerb, 2011, § 12 Rn. 904 ff.; *Bernreuther* WRP 2003, 846 (859); *Tiller* S. 134 ff.; *Leistner* Richtiger Vertrag S. 1036 ff.

[542] BGHZ 147, 297 (303) – Gewinn-Zertifikat.

[543] BGHZ 147, 297 (302 f.) – Gewinn-Zertifikat.

[544] BGHZ 147, 297 (304) – Gewinn-Zertifikat; GRUR 1998, 415 (416) – Wirtschaftsregister; GRUR 1995, 358 (360) – Folgeverträge II.

gekommenen)[545] Vertrag herleitet.[546] Unerheblich ist dafür die Feststellung, dass ein vollendeter Betrug gegeben ist; bereits ein **versuchtes** systematisches **Betrugsverhalten,** bei dem der Wettbewerber im Stadium der Vertragsdurchsetzung unaufgeklärt lässt, ob der betreffende Kunde ein Betrugsopfer geworden ist oder ob er den Vertrag trotz Irrtums bei Vertragsschluss nachträglich bewusst bestehen lässt, ist unlauter.[547] In dem Erfüllungsverlangen liegt die Aufrechterhaltung der anfänglichen Täuschung durch konkludentes Verhalten.[548] Es ist dann sogar neben dem Unterlassungsanspruch ein **Anspruch auf Beseitigung** des Störungszustandes gegeben, wenn eine Aufklärung der Kunden erforderlich ist.[549] In Irreführungsfällen muss die Irreführung **unmittelbar auf den Vertragsabschluss gerichtet** sein;[550] im Allgemeinen zielt sie nur auf ein Anlocken ab (dazu → Rn. 1119).[551] Eine Fortsetzung des unlauteren Wettbewerbshandelns im Stadium der Durchsetzung des Vertrages ist verneint worden für das Versenden von Ware, die auf Grund wettbewerbswidriger Gewinnspielwerbung bestellt worden war.[552]

1149 Nicht nur die Vorteilsziehung aus unlauter erlangten Verträgen kann wettbewerbswidrig sein, sondern auch sonstige Fortsetzungen eines wettbewerbswidrigen Verhaltens. So ist der **Verkauf von Waren,** die **durch Schleichbezug** aus einem rechtmäßig praktizierten Vertriebsbindungssystem **erlangt** sind, als Behinderung des Vertriebsbinders unlauter. Das Unterlassungsurteil darf dann ein Verbot der Veräußerung der Ware aussprechen.[553] Hingegen kann einem Rundfunkveranstalter, der ein unlauteres Gewinnspiel in seinem Programm durchführt, die Gewährung der ausgelobten Preise wettbewerbsrechtlich nicht untersagt werden.[554]

1150 Die Gewinnabschöpfungsregelung des **§ 10 UWG** enthält über dessen unmittelbare, an vorsätzliches Handeln gebundene Rechtsfolge hinausgehend die **Wertung,** den **Vertragserfolg des Wettbewerbsstörers,** nämlich seinen erzielten Gewinn, als **rechtswidrig** anzusehen. Dies schließt eine negative Qualifizierung der Vertragsdurchführung ein und legte schon vor Umsetzung der UGP-RL nahe, den Unterlassungsanspruch bei unlauter angebahnten Verträgen weitergehend als unter der Geltung des UWG von 1909 auf die Vertragsdurchführung zu erstrecken.

1151 **b) Pflichtenkollision: Unterlassungstitel contra Vertragserfüllung.** Wird ein gerichtlicher Unterlassungstitel tenoriert, der auch die Durchführung von Verträgen erfasst, treten das **Unterlassungsgebot** und die **Pflicht zur Vertragserfüllung** durch den Titelschuldner **in Konflikt.** Der Vertrag ist **nicht nach § 134 BGB** iVm dem UWG-Tatbestand ex lege **nichtig.** Zwar trifft das Verbot in diesen Fällen den Regelungsgehalt des Rechtsgeschäfts und nicht nur die äußeren Umstände des rechtsgeschäftlichen Handelns, doch richtet sich das Verbot nur an eine der Parteien; der Gegenpartei dürfen die Sekundärleistungsansprüche nicht durch eine Nichtigkeitssanktion genommen werden, wenn dies der Normzweck nicht verlangt.[555] Eine Identität von wettbewerbsrechtlicher Unlauterkeit und § 138 Abs. 1 BGB wird nur selten gegeben sein (→ Rn. 1118). Bei Täuschungsver-

[545] Vgl. BGH GRUR 1998, 415 (416) – Wirtschaftsregister.
[546] BGHZ 147, 297 (304) – Gewinn-Zertifikat; *v. Ungern-Sternberg* WRP 2000, 1057 (1060 f.). Eine Irrtumsfortwirkung verneinend OLG Düsseldorf GRUR-RR 2015, 66 Rn. 47 ff. – Folgeschreiben nach Adressbucheintrag.
[547] BGHZ 147, 297 (305) – Gewinn-Zertifikat; GRUR 1998, 415 (416) – Wirtschaftsregister.
[548] BGH GRUR 1995, 358 (360) – Folgeverträge II; BGHZ 123, 330 (335) – Folgeverträge I.
[549] BGH GRUR 1998, 415 (416) – Wirtschaftsregister. Darauf setzt auch *Sack* WRP 2002, 396 (398), allerdings unzutreffend als Alternative zu einer Untersagung der Abwicklung von unlauter zustande gebrachten Verträgen.
[550] BGH GRUR 1999, 261 (264) – Handy-Endpreis.
[551] BGH GRUR 1999, 261 (264) – Handy-Endpreis.
[552] BGHZ 147, 297 (304) = WRP 2001, 1073 (1075) – Gewinn-Zertifikat.
[553] BGH GRUR 1992, 171 (174) – Vorgetäuschter Vermittlungsauftrag.
[554] OLG München GRUR-RR 2003, 222 – Internetradio (dort zudem Verneinung der Unlauterkeit).
[555] Vgl. nur BGHZ 147, 39 (44) – Rechtsanwalt als Makler; im Ergebnis wohl ähnlich *Bernreuther* WRP 2003, 846 (866); aA *Lehmann,* Vertragsanbahnung durch Werbung, 1981, S. 148 (ohne die Differenzierung im obigen Text).

halten kommt hinzu, dass die Entscheidung über die Vertragsgeltung in die Hand des Getäuschten gelegt wird, der nach § 123 BGB anfechtungsberechtigt ist, sich aber auch gegen eine Anfechtung entscheiden kann.

Nur eine **scheinbare Pflichtenkollision** ist gegeben, wenn der vermeintliche Titelverstoß darauf beruht, dass der Titelschuldner Vertragserfüllung verlangt, weil der Kunde seinerseits den Vertrag trotz des Unlauterkeitsverhaltens bei der Vertragseingehung bewusst bestehen lassen will. Diese Sachverhalte werden vom **BGH** bei der Tenorierung außer Acht gelassen, indem ein **uneingeschränktes Verbot** ausgesprochen wird; der Wettbewerbsstörer soll dadurch im Vollstreckungsstadium beweisen müssen, dass das Unlauterkeitsverhalten im konkreten Fall nicht mehr fortgewirkt hat.[556] Erzielen lässt sich dieses sachgerechte Ergebnis nur durch eine im Wege der Titelauslegung zu ermittelnde Verbotsausnahme. Was keinen Titelverstoß darstellen soll, kann und sollte indes bereits in den Tenor aufgenommen werden, ohne dass man es auf eine Auslegung ankommen lässt. Für den Unterlassungsgläubiger werden dadurch keine unnötigen Schwierigkeiten hervorgerufen. Eine **abstrakte Einschränkung des Unterlassungstenors** kann Verträge ausnehmen, gegen deren Primärerfüllung der Kunde – noch über Anfechtungs- und Widerrufsmöglichkeiten hinausgehend – keine Rechte ausübt. Die Ausübung der Vertragsrechte wird damit der Entscheidung des Kunden belassen. **Alternativ** käme eine Berücksichtigung im Vollstreckungsstadium in Betracht, wenn man dem kursorischen und wohl eher tastenden Hinweis der Entscheidung BGHZ 123, 330 (336) – Folgeverträge I folgend eine Zuwiderhandlung verneint; das ist allerdings kaum mit dem Verhältnis von Erkenntnisverfahren und Vollstreckungsverfahren zu vereinbaren. 1152

Bei Beachtung der auch vom BGH gewollten Titeleinschränkung erledigt sich weitgehend das von *Sack* aufgestellte Petitum, die Erstreckung des Unterlassungsanspruchs auf die Vertragsdurchführung dürfe nicht dazu führen, dass der Wettbewerbsrichter in die privatautonome Entscheidung der Parteien eingreife.[557] Berechtigt ist ein **Durchführungsverbot** im Übrigen **nur,** wenn die Unlauterkeit **allein** die **Vertragsbeteiligten** betrifft. Geht das Unlauterkeitsverhalten zu Lasten eines Dritten wie zB im Falle des unlauteren Verkaufs von Ware, die durch Schleichbezug erlangt ist, hat ein Verkaufsverbot dieselbe Wirkung wie Verbote nach öffentlich-rechtlichen Wirtschaftsgesetzen, etwa ein behördlich verfügtes Außenhandelsverbot. 1153

Gebührt der Titelbeachtung der Vorrang, entsteht daraus ein **rechtliches Leistungshindernis** für den Titelschuldner in seiner Rolle als Vertragsschuldner. Die Primärleistung wird ihm iSd **§ 275 Abs. 1 BGB** unmöglich; er wird von ihrer Erbringung befreit, ist aber gem. § 275 Abs. 4 BGB **Sekundärrechtsbehelfen** seines Gläubigers ausgesetzt. Die Anwendung des § 275 Abs. 4 BGB kann dem Vertragspartner des Wettbewerbsstörers günstig sein, wenn er den Vertrag nicht schon durch ein Anfechtungs- oder Widerrufsrecht zerstören kann. Er wird durch Ausübung seines gesetzlichen Rücktrittsrechts aus der Vertragsbindung befreit, gewinnt also seine rechtsgeschäftliche Handlungsfreiheit zurück. Damit wird zugleich der wettbewerbswidrige Zustand beseitigt, der die Mitbewerber des Wettbewerbsstörers belastet; ihnen wird die Chance zur Gewinnung des Abnehmers eröffnet. 1154

Denkbar ist aber auch, dass die **Vollstreckung „zurücktritt".** Das ist nicht davon abhängig, ob die Vertragsverpflichtung vor oder nach Wirksamwerden des Unterlassungstitels begründet worden ist.[558] Auszuklammern ist der Fall, dass dem Wettbewerbsstörer aus Gründen der Verhältnismäßigkeit eine **Umstellungsfrist** eingeräumt worden ist. Ohne Gewährung einer Umstellungsfrist kann die Verhängung einer Ordnungssanktion nach § 890 ZPO daran scheitern, dass wegen des Konflikts das von § 890 ZPO vorausgesetzte Verschulden verneint wird. Ob die Primärerfüllung des Vertrages dem Unterlassungstitel 1155

[556] BGH GRUR 1995, 358 (360) – Folgeverträge II.
[557] *Sack* WRP 2002, 396 (398).
[558] So aber wohl *Bernreuther* WRP 2003, 846 (875 f.).

weicht, weil der Titel ein Leistungshindernis für den Vertrag bedeutet, ist unter **Auslegung des Unterlassungstitels** und des Zwecks der verletzten UWG-Norm (gegebenenfalls der von ihr auf Grund § 3a UWG in Bezug genommenen außerwettbewerbsrechtlichen Norm) zu beurteilen.

1156 **4. Vertragliche Wettbewerbsverbote.** Verträge können zur Beschränkung des Wettbewerbs eingesetzt werden, indem sie einer Vertragspartei untersagen, zu Lasten der anderen Vertragspartei oder eines Dritten Wettbewerb zu betreiben oder zu gestatten. Derartige Verbote können auch Nebenbestimmung eines Vertrages mit beliebigem anderem Hauptgegenstand (Unternehmenskaufvertrag, Gesellschaftsvertrag, gewerblicher Mietvertrag, Arbeitsvertrag) sein **(Konkurrenzschutzklausel);** sie können zeitlich während der Laufzeit dieses Vertrages oder auch nach dessen Beendigung[559] gelten. Das Wettbewerbsverbot kann ein gesetzlich fundiertes Verbot konkretisieren und mit einem eigenen Sanktionsmechanismus, etwa einer Vertragsstrafenvereinbarung, versehen (Unterwerfungsvertrag nach UWG-Verstoß zur Vermeidung eines gerichtlich auszusprechenden Unterlassungsgebots; § 60 HGB[560]; § 112 HGB[561]; Ableitung aus § 242 BGB), kann aber auch eigenständig fixiert sein.

1157 Vertragliche Wettbewerbsverbote unterliegen wegen der Wettbewerbsbeschränkung einer **kartellrechtlichen Kontrolle** insbesondere nach § 1 GWB und Art. 101 AEUV, im Hinblick auf die Einschränkung der wirtschaftlichen Betätigungs- und Berufsfreiheit aber auch einer Überprüfung nach **§ 138 Abs. 1 BGB,** eventuell unter Heranziehung der Wertung des Art. 12 Abs. 1 GG. Eine Unwirksamkeit kann sich ferner aus einer AGB-Kontrolle ergeben.[562] Für nachvertragliche Wettbewerbsverbote in Dienstverhältnissen gelten die Grenzen der §§ 74 ff. HGB.[563] Zulässig ist ein Verbot zur Sicherung der **Loyalität der Vertragsparteien,** soweit es nach zeitlicher Dauer sowie gegenständlicher und räumlicher Ausdehnung im Hinblick auf die Erreichung legitimer Vertragszwecke erforderlich ist.[564] Der Verstoß gegen ein wirksames vertragliches Wettbewerbsverbot stellt **nicht** ohne weiteres ein **unlauteres Verhalten** dar; ein Vertragsbruch ist, selbst wenn darin eine Wettbewerbshandlung liegt, nicht ohne weiteres ein Wettbewerbsverstoß.[565] Soweit das ausnahmsweise bejaht wird, steht der UWG-Anspruch nur dem verletzten Vertragspartner zu.

V. Geistiges Eigentum

1158 **1. Wesensunterschiede und Sinnzusammenhänge. a) Geistiges Eigentum/Unlauterkeitsrecht.** Theoretisch lassen sich geistiges Eigentum und der Schutz gegen unlauteren Wettbewerb klar voneinander scheiden. Letzterer beruht auf **Verhaltensregeln,** deren Verletzung von Fall zu Fall Ansprüche von Konkurrenten und/oder Verbänden auslöst. Diese sind schuldrechtlicher (deliktischer) Natur.

1159 Geistiges Eigentum hingegen weist dem jeweils Berechtigten **absolute Nutzungs-, Verfügungs- und Abwehrrechte gegenüber jedermann** zu. Sie sind ihrem Wesen nach dinglicher Natur.

---

559 Vgl. zB BAG NJW 2015, 3389 Rn. 20, 23 ff.

560 BAG NZA 2018, 1425 Rn. 37 f.

561 OLG Stuttgart ZIP 2017, 868 (871) mwN (dort: Anwendung auf GmbH).

562 BGH NJW 2016, 401 m. Bespr. *Dück* NJW 2016, 368 ff.

563 Dazu BAG NJW 2017, 2363 Rn. 17 ff.; ZIP 2018, 798 Rn. 13 ff.; NJW 2019, 1394 Rn. 28, 31 ff.; BAG 27.2.2019 – 10 AZR 340/18 NZA 2019, 837 Rn. 24 ff.

564 BGH NJW 2015, 1012 Rn. 8 und 11 mwN; OLG Düsseldorf WuW 2019, 400 (403 ff.).

565 BGH GRUR 1987, 832 (833) – Konkurrenzschutzklausel; s. ferner GRUR 2007, 800 (801) – Außendienstmitarbeiter; öst. OGH ÖBl. 1998, 22 (25) – Elektronik Aktuell (auch nicht unter dem Gesichtspunkt der Förderung des Wettbewerbs eines neuen Arbeitgebers). Anders nach öst. Recht für den Bruch eines Lizenzvertrages über eine Brotrezeptur OGH ÖBl. 2002, 15 (16) – St. Barbara-Brot.

Trotz dieser theoretisch klaren Trennung lassen sich sowohl im Gesetzes- als auch im Richterrecht zahlreiche Berührungspunkte, Bezugnahmen, Misch- und historisch gesehen auch Übergangsformen zwischen beiden Rechtsmaterien aufzeigen (dazu unten 4.). 1160

b) Geistiges Eigentum in der Wettbewerbsordnung. Geistiges Eigentum beinhaltet infolge der ausschließlichen Zuweisung bestimmter Immaterialgüter an einzelne Rechtsträger punktuelle Wettbewerbsbeschränkungen. Prima facie ergeben sich zur Wettbewerbsfreiheit dadurch ebenso Friktionen wie durch die Unlauterkeitsregeln. Auch diese legen dem freien Wettbewerb Zügel an. Sie wurden aber mit dem Wettbewerbsbeschränkungsrecht durch ein Konzept einheitlichen Wettbewerbsrechts (Beschränkungs- und Unlauterkeitsrecht) akkommodiert, dessen Schutzgegenstand der „lautere und freie Wettbewerb" ist. Diese Aufhebung des Widerspruchs zwischen Freiheit und Beschränkung wurde durch die Abkehr des Wettbewerbsleitbilds vom atomistischen zum funktionsfähigen Wettbewerb ermöglicht, der punktuelle Wettbewerbsbeschränkungen als Mittel zur Intensivierung des Wettbewerbs im Sinne der dadurch angestrebten wirtschaftlichen Ergebnisse zulässt.[566] Nicht anders verhält es sich aus wettbewerbstheoretischer Sicht mit dem geistigen Eigentum. Auch die Gewährung dieser gegenständlich und meist auch zeitlich begrenzten Monopole **intensiviert** idealerweise **den Wettbewerb auf der Innovationsebene** mehr als sie ihn auf der Produktions- und Verteilungsebene beschränkt.[567] 1161

2. Begriff des Geistigen Eigentums. a) Terminologie. „Geistiges Eigentum"[568] umfasst die Immaterialgüterrechte, die durch die Sondergesetze des Gewerblichen Rechtsschutzes und des Urheberrechts geschaffen wurden. Das **gewerbliche** Schaffen und die dabei hervorgebrachten Leistungen wurden traditionell den **künstlerisch-literarischen** gegenübergestellt. Für deutsche Juristen wird diese Zweiteilung in dem Zeitschriftentitel „Gewerblicher Rechtsschutz und Urheberrecht (GRUR)" am greifbarsten – wenn auch meist kaum noch bewusst – dokumentiert. Ihren Niederschlag findet diese Trennung auch in den überkommenen internationalen Schutzsystemen (PVÜ einerseits, RBÜ/WUA andererseits). International hat sich mittlerweile aber die Zusammenfassung beider Materien unter dem Oberbegriff „Intellectual Property" durchgesetzt. Sie fließen auch in internationalen Abkommen wie dem **TRIPS** zusammen („IP" steht im Namen dieses Abkommens wie auch sonst für „Intellectual Property"). Dieses erfasst überdies auch den **Schutz vertraulicher Informationen** (Geschäfts- und Betriebsgeheimnisse), der in der EU durch die Geschäftsgeheimnis-RL 2016/943/EU v. 8.6.2016 harmonisiert wurde sowie den Schutz geografischer Herkunftsangaben, der teils markenähnliche, teils wettbewerbsrechtliche Aspekte aufweist.[569] Insofern lässt sich aus TRIPS als dem heute wichtigsten internationalen Übereinkommen zum (Mindest-)Schutz des geistigen Eigentums illustrativ ableiten, dass sich der Begriff des „Intellectual Property" einer starren Eingrenzung entzieht. 1162

„Geistig" steht nicht für den Charakter der geschützten Leistung in dem Sinne, dass ihre Hervorbringungen gegenüber der Herstellung von Sachen besonders individuell oder kreativ sei. Geschützt werden vielmehr auch bloße materielle Investitionen, etwa das Verankern von Marken und Werbesprüchen in Verbraucherhirnen mittels massiver Werbeanstrengungen oder reine Fleißarbeiten wie Datenbanken (§§ 87a ff. UrhG). Der Gegensatz von „geistig" ist vielmehr „gegenständlich". Treffender, weil weniger missverständlich ist daher der Terminus „Immaterialgüterrechte". 1163

b) Geistiges und Sacheigentum. Während das Eigentum an beweglichen und unbeweglichen Sachen schon in ältesten Zivilisationen gewährleistet und sanktioniert wurde, gibt es geistiges Eigentum in nennenswertem Umfang erst seit einigen hundert Jahren. 1164

566 Zum Verhältnis von Unlauterkeits- und Wettbewerbsbeschränkungsrecht vgl. *Ahrens* → Rn. 1077 ff.

567 Vgl. *Lehmann* GRUR Int. 1983, 356.

568 Zur Einheitlichkeit als Rechtsgebiet und zur Legitimation als Rechtsbegriff ausführlich *Ohly* JZ 2003, 545; *Götting* GRUR 2006, 353.

569 Hierzu unten → Rn. 1199 und → Rn. 1201 sowie → § 5 Rn. 47; → § 5 Rn. 616 ff., → § 5 Rn. 840.

Seine Konzeption setzt eine **erhebliche kulturelle Abstraktionsleistung** voraus, nämlich die Fähigkeit, die in einem körperlichen Gegenstand (Vase, Gerätschaft, Bild) oder einer nicht verkörperten Darbietung (Rede, Gesang, Tanz) ggf. enthaltene schöpferische Leistung von der konkreten Aus- oder Aufführung abzulösen und diesen ideellen Gegenstand dem Schöpfer ausschließlich zuweisen zu wollen – nicht anders als die in seinem Garten geernteten Früchte oder die von ihm gebackenen Brote. Wer ein Buch erwirbt, bekommt „nur" Sacheigentum, aber nicht das Recht, es nachzudrucken. Einmal verbreitet, sind immaterielle Leistungen aber nicht mehr zurückzuholen. Eine Melodie ist flüchtig wie ein Vogel. Geistiges Eigentum hat die Ausbildung von Instituten und Instrumentarien zum Gegenstand, die für immaterielle Leistungen Äquivalente zum Einzäunen, Anketten oder Wegschließen materieller Güter zu schaffen bestrebt sind. Ganz kann und wird das nie gelingen, weil immaterielle Leistungen heute leichter denn je zu vervielfältigen sind. Eine Sache gibt es immer nur einmal, ein Kunstwerk ist unendlich reproduzierbar.

1165 Wie diese Entwicklungen sich historisch vollzogen haben, vom fürstlichen Erfindungsprivileg zum Europapatent und von der „Unrechtmäßigkeit des Büchernachdrucks" zum Urheberrecht in der Informationsgesellschaft, ist ausführlich beschrieben worden.[570] Die Grundlegung des geistigen Eigentums erfolgte im Zuge der Aufklärung auf naturrechtlicher Basis. Es erschien (und erscheint den meisten heute noch) evident, dass **Arbeitsergebnisse** gerechterweise demjenigen zustehen, der sie geschaffen hat, seien sie nun materieller oder geistiger Natur.[571] Seither wurde und wird die rechtliche Entwicklung sowohl von einer **zunehmenden wirtschaftlichen Bedeutung des geistigen Eigentums** (nicht nur für den jeweiligen Inhaber, sondern auch für die Allgemeinheit) als auch von ständig neuen Vervielfältigungsmöglichkeiten angetrieben.

1166 **c) Naturrechtliche Grundierung brüchig.** Bis vor kurzem erschien es evident und bedurfte daher keiner weiteren Begründung, dass der geistig Schaffende von seiner Arbeit ebenso soll leben können wie ein Schreiner oder ein Krankenpfleger von der seinigen. Dass Mozart in einem Armengrab verscharrt wurde, weil er mangels Geistigen Eigentums für die Wiedergabe seiner Werke noch keine Tantiemen erhielt, erscheint unfassbar. Trotzdem ist seit einigen Jahren ein Rückschlag unübersehbar: Der technische Fortschritt, der – seinerseits gefördert durch Geistiges Eigentum – die **digitale Revolution** hervorbrachte, hat nicht nur Kopiertechniken perfektioniert und jedermann zugänglich gemacht, sondern gerade infolge dieser Leichtigkeit den Rechtsinhabern die Kontrolle über ihr Eigentum erschwert. Zugleich schwindet bei vielen das Bewusstsein der Rechtswidrigkeit – oder es kehrt sich gar aggressiv gegen die Rechtsinhaber um, die es wagen, ihr Eigentum zu verteidigen. Dass sich die massenhafte illegale Vervielfältigung und Verbreitung fremder Inhalte als „Kultur des Teilens" gebärdet, ist der reine Hohn: „Geteilt" hat der Heilige Martin seinen Mantel, indem er dessen Hälfte einem Bedürftigen schenkte. Die digitalen Freibeuter hingegen geben Güter weg, die ihnen gar nicht gehören. Hier hat sich ein neues Natur"recht" Bahn gebrochen: Was in Bits und Bytes umgesetzt wurde, gehört (vermeintlich) allen.

1167 **d) Wesensmerkmale geistigen Eigentums.** Ungeachtet vielfältiger Anpassungen, Erweiterungen und Umorientierungen ist die rechtliche Konstruktion des geistigen Eigentums in Deutschland seit den Anfängen seiner Kodifizierung in der zweiten Hälfte des 19. Jh. durch folgende Merkmale gekennzeichnet:

1168 **aa) Privatrecht:** Mit der Zuweisung geistigen Eigentums an Individuen wird die Nutzung, Verfügbarkeit und Durchsetzung vornehmlich privatrechtlich geregelt, dh grundsätzlich dem Willen des Rechtsinhabers und nicht dem des Staates unterworfen.

[570] Vgl. *Kurz,* Weltgeschichte des Erfindungsschutzes, passim; *Dölemeyer/Klippel* FS GRUR Bd. I, 1991, 185 ff.; *Wadle* FS GRUR Bd. I, 1991, 93 ff., alle mit zahlreichen Nachweisen.

[571] Zur Verklammerung von Arbeit, Arbeitsergebnissen und rechtlicher Verfügungsmacht vgl. *Dölemeyer/Klippel* FS GRUR Bd. I, 1991 S. 208.

bb) Subjektive Rechte: Es handelt sich nicht nur um die Reflexwirkung von objektiven Verbotsnormen, sondern um selbstständig in der Person des Inhabers konstituierte Rechte. **1169**

cc) Immaterialgüterrechte: Dh der Gegenstand des Rechts ist an sich ein unkörperlicher. Der Schutz erstreckt sich jedoch auf körperliche Gegenstände (Werkexemplare). **1170**

dd) Dingliche Rechte: Das Recht ist in Anlehnung an die Gewährung von Sacheigentum verselbstständigt und damit möglicher Gegenstand des Rechtsverkehrs durch (vollständige oder beschränkte) Verfügungen.

ee) Absolute Rechte: Sie wirken gegenüber jedermann, nicht nur im Rahmen (vertraglicher) Sonderbeziehungen. Obligatorische Ansprüche (auf Unterlassung, Schadenersatz usw) entstehen gegen einen individuellen Schuldner erst bei ihrer Verletzung. **1171**

Darüber hinaus beinhalten die Sondergesetze des geistigen Eigentums zT **persönlichkeitsrechtliche** Komponenten. Am stärksten ausgeprägt sind diese im Urheberrecht (vgl. §§ 12–14 UrhG), was auch zur Folge hat, dass das Urheberrecht in toto nicht übertragen werden kann (vgl. § 29 S. 2 UrhG). Im Patentrecht findet das Erfinderpersönlichkeitsrecht seinen Ausdruck vor allem in den Ansprüchen des Erfinders auf das Patent (§ 6 PatG) und auf Benennung als Erfinder in der Patentanmeldung (§ 37 PatG). **1172**

Nicht zum Wesen des geistigen Eigentums gehört seine Durchsetzbarkeit ohne Rücksicht darauf, ob der in Anspruch Genommene den Inhalt des Rechts gekannt und ihn nachgeahmt hat oder nicht. Patent-, Gebrauchsmuster- und Markenrecht entfalten eine solche **„Sperrwirkung"**, hingegen nicht das Urheberrecht, das Designrecht während der Aufschiebung der Bekanntmachung (vgl. § 38 Abs. 3 DesignG) und das nicht eingetragene Gemeinschaftsgeschmacksmuster. **1173**

Charakteristisch wiederum nur für die einzelnen Schutzrechtstypen, nicht aber für das geistige Eigentum als solches sind die **Entstehungstatbestände,** insbesondere ob und ggf. welche Formalitäten zu erfüllen sind. Markenschutz kann zB durch Eintragung oder die Erlangung von Verkehrsgeltung erworben werden (vgl. § 4 Nr. 1 und 2 MarkenG), das Urheberrecht durch den bloßen Schöpfungsakt, das nicht eingetragene Gemeinschaftsgeschmacksmuster durch Zugänglichmachung gegenüber der Öffentlichkeit; das Patentrecht setzt hingegen ein umfängliches Offenlegungs- und Prüfungsverfahren voraus. Eine große Bandbreite findet sich bei der **Schutzdauer:** Sie reicht von 30 Monaten bei aufgeschobener Bekanntmachung eines Gemeinschaftsgeschmacksmusters (ohne anschließende Erstreckung auf die volle anfängliche Schutzdauer von fünf Jahren) bis zur potenziell unbegrenzten Schutzdauer der Kennzeichenrechte. Manche Rechte bedürfen der Aufrechterhaltung (zB durch amtliche Verlängerung oder Erhaltung der Verkehrsgeltung), andere nicht (zB haben die „verwandten Schutzrechte" im UrhG nur feste Laufzeiten). **1174**

3. Abgrenzung zum Unlauterkeitsrecht. Von den fünf Wesensmerkmalen geistigen Eigentums (Privatrecht, subjektive Rechte, Immaterialgüterrechte, dingliche Rechte und absolute Rechte) ist dem Unlauterkeitsrecht nur das Erste gemeinsam. **1175**

Zwar wird auch das Unlauterkeitsrecht zum Gewerblichen Rechtsschutz gezählt,[572] sein Schutz ist aber grundsätzlich kein eigentumsähnlicher, sondern beruht auf **Verhaltensnormen.** Deren Verletzung betrifft meist alle Mitbewerber auf demselben Markt, nicht einen individuellen Rechtsinhaber. Mit der Zuweisung ausschließlicher Herrschaftspositionen geriete das Unlauterkeitsrecht in einen nicht mehr lösbaren Widerspruch zur Wettbewerbsfreiheit. Allerdings sind der Schutz von Geschäftsgeheimnissen und der wettbewerbsrechtliche Leistungsschutz dem des Geistigen Eigentums in vielfacher Hinsicht angenähert, wodurch diese Grundsätze praktisch oft in Frage gestellt werden.[573] **1176**

---

[572] Vgl. Art. 1 Abs. 2 PVÜ.

[573] Vgl. sogleich → Rn. 1178 ff. sowie → § 4 Rn. 109 ff. Zum Geheimnisschutz nach §§ 17–19 UWG s. Vorauflage, zur Neuordnung des Geheimnisschutzes s. GeschGehG/*Harte-Bavendamm.* Zum Einfluss der UGP-RL s. *Henning-Bodewig* GRUR Int. 2007, 986.

1177 Das Unlauterkeitsrecht schützt gleichgewichtig nicht nur die Mitbewerber, sondern auch die sonstigen Marktbeteiligten (insbesondere Verbraucher) und die Allgemeinheit. Auch in dieser **„Schutzzwecktrias"** liegt ein wesentlicher Unterschied zum geistigen Eigentum: Zwar liegen auch dessen Ausgestaltung Gemeinwohlerwägungen zugrunde; diese haben jedoch weder in die Schutzvoraussetzungen der einzelnen Sonderrechtstatbestände noch in die Ausgestaltung ihres Rechtsschutzes Eingang gefunden.

1178 **4. Berührungspunkte und Überschneidungen.** Geistiges Eigentum und das Recht des unlauteren Wettbewerbs weisen zahlreiche Berührungspunkte, Überschneidungen, Bezugnahmen und Übergänge auf.

1179 **a) Gemeinsamkeit: Kein Schutz abstrakter Ideen usw.** Weder das geistige Eigentum noch das UWG schützen abstrakte Ideen, Prinzipien, Motive oder Stile, sondern nur konkrete Gestaltungen.[574]

1180 **b) Wettbewerbsrechtlicher Leistungsschutz.** Inwieweit mit dem UWG ein in seinen Wirkungen dem geistigen Eigentum ähnlicher Schutz schöpferischer oder wirtschaftlicher Leistungen gewährt werden darf, ist angesichts der dogmatisch klaren Trennung beider Rechtsgebiete und vor dem Hintergrund des freien Wettbewerbs problematisch.

1181 **aa) Grundsätzliche Nachahmungsfreiheit außerhalb der Sonderschutzrechte.** Möglichkeiten und Grenzen eines wettbewerbsrechtlichen Leistungsschutzes sind traditionell vor dem Hintergrund zunächst der Gewerbefreiheit und später dem der Wettbewerbsordnung auszuloten versucht worden. Grundsätzlich und grundgesetzlich (Art. 2 Abs. 1 GG) ist der Wettbewerb frei. Nicht seine Gewährleistung, sondern seine Einschränkung bedarf eines Gesetzes.[575] Folglich ist Kopieren als solches lauterkeitsrechtlich unbedenklich. Andernfalls würde die grundsätzliche Nachahmungsfreiheit in ihr Gegenteil verkehrt. Sie ist aber unverzichtbar,[576] da niemand bei Null anfängt, sondern von den vielfältigen Leistungen in Vergangenheit wie Gegenwart profitiert und auch profitieren soll, damit nicht jede Generation sich einen schon vorhandenen Bestand an Technik und Gestaltung neu erarbeiten muss. Die Begründung eines Nachahmungsverbots darf sich nicht in Widerspruch zur Gesamtrechtsordnung setzen. Die Sonderschutzrechte sind wohl dosierte Wettbewerbsbeschränkungen auf der Produktionsebene, die in Kauf genommen werden, weil sie den Wettbewerb auf der wichtigeren Innovationsebene anstacheln. Sie sind demnach Teil eines funktionsfähigen Wettbewerbs, dem nicht mehr das Leitbild der vollständigen Konkurrenz aller sondern ein an ökonomischen Ergebnissen orientiertes Modell zugrunde liegt, das Unvollkommenheiten zT bewusst fördert.

1182 Traditionell wurden die Sonderschutzrechte als zumindest grundsätzlich, wenn nicht überhaupt **abschließende Regelungen** begriffen, die einen Schutz der Leistung als solcher mit dem UWG ausschlössen. Die Schaffung von „Ersatz-Ausschließlichkeitsrechten" mit dem UWG ohne Erfüllung der sondergesetzlichen Schutzvoraussetzungen (dh ohne die von Fall zu Fall erforderliche Schöpfungshöhe, Anmeldung, Offenbarung, Gebührenzahlung usw) widerspräche danach dem als prinzipiell abschließend gedachten Sonderrechtsschutz. Diese Denkweise stammt aus der Zeit, als das Unlauterkeitsrecht noch von der Generalklausel des damaligen § 1 UWG (Verbot sittenwidrigen Wettbewerbs) beherrscht wurde. Diese stellte eine ständige Versuchung dar, Nachahmungen als solche eher unreflektiert zu verbieten.

1183 Durch die **gesetzliche Regelung in § 4 Nr. 3** besteht diese Gefahr heute weniger. Zudem wurde durch sie deutlicher, dass der wettbewerbsrechtliche Schutz gegen Nachahmungen sowohl innerhalb des UWG, als auch gegenüber den Immaterialgüterrechten an unterschiedliche Tatbestände und Schutzzwecke anknüpft. Schließlich decken sich auch die

---

574 BGH GRUR 2005, 166 (168) – Puppenausstattungen.

575 Zur Einwirkung von Grundrechten auf wettbewerbsrechtliche Verhaltensnormen vgl. oben *Ahrens → Rn. 1010 ff.* und zu Art. 2 Abs. 1 GG → Rn. 993.

576 BGH GRUR 2005, 600, 602 – Handtuchklemmen.

Rechtsfolgen (trotz weitgehender Angleichung) nicht mit denen der Sonderschutzrechte. Es kann daher keine abschließende Regelung von Nachahmungssachverhalten durch die Sonderschutzgesetze angenommen werden. Vielmehr führen die jeweiligen Ansprüche ein Eigenleben hinsichtlich Voraussetzungen, Inhalt und Durchsetzung. Soweit dieselbe Rechtsfolge (zB Unterlassung) beim selben Sachverhalt aus Normen der Sonderschutzrechte und des UWG herleitbar ist, besteht Anspruchskonkurrenz.

Der BGH hat sich mit dem möglichen Ausschluss von UWG-Schutz durch das Vor- **1184** handensein von Sonderrechtsschutz exemplarisch anhand der Frage beschäftigt, ob die damalige wettbewerbsrechtliche Generalklausel der „guten Sitten“ gegen eine vermeintliche Ausbeutung des Rufs einer bekannten Marke schützt. Er hat dies unter Hinweis auf die „umfassende spezialgesetzliche Regelung“ des Schutzes bekannter Kennzeichnungen in §§ 9 Abs. 1 Nr. 3, 14 Abs. 2 Nr. 3 und 15 Abs. 3 MarkenG verneint. Diese Vorschriften hätten auch eine **„Begrenzungsfunktion“.** Der Rückgriff auf außermarkenrechtliche Normen, den § 2 MarkenG ausdrücklich zulässt, sei nur erlaubt, wenn „der Schutz nach dem Markengesetz versagt“.[577] Unter „Versagen“ wird hier nicht der Fall verstanden, dass die Tatbestandsvoraussetzungen eines markenrechtlichen Anspruchs nicht erfüllt sind und seine Rechtsfolge daher nicht eintritt, sondern wohl das Fehlen einer marken-, oder allgemein sondergesetzlichen Regelung eines bestimmten Interessenkonflikts überhaupt. Was es heißt, dass in einem solchen Fall ein wettbewerbsrechtlicher Schutz herangezogen werden „kann“, bleibt offen. Denn der fehlende Ausschluss dieses Schutzes mangels „Begrenzungsfunktion“ einer spezialgesetzlichen Regelung besagt nichts darüber, ob das beanstandete Verhalten tatsächlich unlauter ist. Der ergänzende Schutz „kann“ also zum Tragen kommen, „muss“ aber nicht.

Ungeklärt war zB lange Zeit, ob es unterhalb des Rufausbeutungstatbestandes des **1185** § 14 Abs. 2 Nr. 3 unlautere „Annäherungen“ an fremde Kennzeichen geben soll, die keine Bekanntheit der älteren Kennzeichnung und/oder Ähnlichkeit der sich gegenüber stehenden Bezeichnungen voraussetzen. „Versagt“ das Markengesetz hier oder wird die Erweckung solch eher sublimer Assoziationen auch durch die „Begrenzungsfunktion“ des § 14 Abs. 2 Nr. 2 und Nr. 3 freigestellt?[578]

bb) Unlauterkeitskriterien. Wenn der Leistungsschutz als solcher dem Lauterkeitsrecht **1186** fremd ist, darf der UWG-Nachahmungsschutz nur unter dem unlauterkeitstypischen Gesichtspunkt des **Handlungsunrechts** eingreifen: er schützt nicht das „Was“, sondern gegen das „Wie“ der Nachahmung.[579] Erforderlich sind **„besondere Begleitumstände“,** aus denen sich ausnahmsweise die Unlauterkeit der Nachahmungshandlung ergeben kann. Drei typische Sachverhalte solcher Unlauterkeit sind in § 4 Nr. 3 als Fallbeispiele geregelt, darunter mit der vermeidbaren Herkunftstäuschung der praktisch mit Abstand wichtigste. Bei einer strikten Abgrenzung von Sonderschutzrechten und wettbewerbsrechtlichem Nachahmungsschutz kann letzterer einen **Schutz der Leistung als solcher nur reflexartig** bewirken. Verbindet etwa der Verkehr mit der Gestaltung eines bestimmten Produkts Herkunftsvorstellungen, so kann der Vertrieb von Nachahmungen wegen vermeidbarer Herkunftstäuschung untersagt werden, wenn der Nachahmer ohne Not ein weniger ähnliches Erzeugnis anbieten könnte. Die Unlauterkeit liegt darin, dass der Nachahmer in vermeidbarer Weise Herkunftsvorstellungen des Publikums zugleich (fälschlich) hervorruft, ausnutzt und enttäuscht. Die Indirektheit des Leistungsschutzes zeigt sich in diesem Fall daran, dass der Nachahmer nicht unbedingt das Produkt selbst abändern muss, sondern dass die Herkunftstäuschung uU auch durch geeignete Kennzeichnungen ausgeräumt werden kann.[580]

[577] BGH GRUR 1999, 161 (162) – MAC Dog. Ausführlich zur These vom „Vorrang des Markenrechts“ → § 4 Rn. 94 ff., → § 5 Rn. 1278 ff. und zu einer Neubestimmung des Verhältnisses von Geistigem Eigentum und Wettbewerbsrecht vor diesem Hintergrund *Köhler* GRUR 2007, 548.

[578] Vgl. → § 4 Rn. 228.

[579] Vgl. statt aller und besonders dezidiert *Walch*, Ergänzender Leistungsschutz, 1992, S. 69.

[580] Vgl. → § 4 Rn. 212.

1187 **cc) Einfluss von Leistungsgesichtspunkten.** Die Praxis hält die Konzeption des UWG als eines reinen Handlungsunrechts und die „dogmatische Negierung des Leistungsgedankens“[581] im Bereich des ergänzenden wettbewerbsrechtlichen Leistungsschutzes nicht durch.

1188 Dass die theoretische Trennung von sondergesetzlichem und unlauterkeitsrechtlichem Leistungsschutz durchlässig ist, zeigt sich zunächst daran, dass für fast alle Fallgruppen unlauterer Nachahmung **neben den „besonderen Umständen“** der Nachahmungshandlung auch eine **„wettbewerbliche Eigenart“** des Nachahmungsgegenstands selbst verlangt wird. Damit fließen Gesichtspunkte der (gestalterischen, also schöpferischen) Qualität des Nachahmungsgegenstandes und/oder seiner Verkehrsbekanntheit (also ein Ergebnis der Werbeanstrengungen) doch in die Unlauterkeitsabwägung ein. Durch das Abstellen auf die „besonderen Umstände“ der Nachahmungshandlung, die hier noch unentbehrlich sind, bleibt die Konzeption des Handlungsunrechts aber intakt.

1189 Daneben gibt es eine Reihe von Fällen, in denen ein unmittelbarer Leistungsschutz im Vordergrund steht.[582]

1190 **dd) Abgrenzung und Zuordnung zum Sonderrechtsschutz.** Da die Praxis sich auch an der Gewährung direkten ergänzenden Leistungsschutzes nicht gehindert sieht, stellt sich die Frage nach dessen Stimmigkeit mit dem Sonderrechtsschutz in unverminderter Schärfe. Die Einordnung des ergänzenden Leistungsschutzes in das traditionelle Abgrenzungsschema von geistigem Eigentum und (allgemeinem) Unlauterkeitsrecht ist gescheitert bzw. ließe sich nur durch einen Verzicht auf alle Formen direkten Leistungsschutzes wiederherstellen. Dazu wird es kaum kommen, zumal das UWG jetzt den direkten Leistungsschutz zwar nicht als Fallbeispiel in § 4 anerkennt, aber auch nicht zum Ausdruck bringt, dass es den vorhandenen Bestand an Richterrecht beschneiden wolle. Die Haltung des BGH zu dieser Frage ist derzeit noch ungefestigt.[583]

1191 Im Übrigen muss auch der direkte wettbewerbsrechtliche Leistungsschutz dem geistigen Eigentum möglichst stimmig zugeordnet werden. Letzteres kennt in allen Bereichen verschiedene Leistungshöhen und -qualitäten, denen entsprechende Schutzumfänge entsprechen. Je „stärker“ ein Schutzrecht ist (zB eine bekannte Marke), desto größer ist sein Schutzbereich; je schwächer (zB die kleine Münze des Urheberrechts), desto weniger Abstand muss ein Nachahmer einhalten. Außerdem steht bei geringerer Leistungshöhe oft eine kürzere gesetzliche Schutzdauer zur Verfügung, etwa im Verhältnis Patentrecht/Gebrauchsmusterrecht. Diese Systematik kann der ergänzende Leistungsschutz fortsetzen, indem er unterhalb der Aufgreifschwellen der Sonderschutzrechte **geringeren Schutz für geringere Leistung** ermöglicht. Der **Schutzumfang** des niedrigschwelligen, direkten UWG-Leistungsschutzes ist auf (Fast-)Identität zu beschränken und auch die **Schutzdauer** kann hier (ohne erschwerende Umstände seitens des Nachahmers) nicht gleich lang wie die der Sondergesetze sein, die dafür höhere Anforderungen stellen.[584]

1192 Der nachahmungsfeindliche Impetus, der vor einigen Instanzgerichten immer wieder spürbar wird, hat seine Wurzeln letztlich dort, wo das geistige Eigentum sie auch hat, nämlich in der naturrechtlichen Vorstellung, dass **Arbeitsergebnisse aller Art dem jeweiligen Leistungserbringer** und nicht seinen Epigonen **zustehen sollen.** Wenn dadurch allerdings die grundsätzliche Nachahmungsfreiheit in ein grundsätzliches und womöglich zeitlich unbegrenztes Nachahmungsverbot umzuschlagen droht, wird die Wettbewerbsfreiheit über Gebühr beschränkt. Denn die **Nachahmungsfreiheit** dient nicht nur den Interessen der Wettbewerber, sondern auch denen der Käufer, für die sich der Nachahmungswettbewerb in einer größeren Auswahl und oft auch niedrigeren Preisen auswirkt. Infolge der Schutzzwecktrias (Mitbewerber, weitere Marktteilnehmer, Allgemeinheit) darf

---

[581] *Beater,* Nachahmen im Wettbewerb, S. 115.
[582] Vgl. ausführlich → § 4 Rn. 141 ff. und *Schröer,* Der unmittelbare Leistungsschutz, 2010.
[583] Vgl. BGH GRUR 2011, 436 Rn. 19 – hartplatzhelden.de und dazu → § 4 Rn. 143.
[584] Vgl. *Weihrauch,* Der unmittelbare Leistungsschutz im UWG, 2001, S. 282.

sich die Interessenabwägung nicht auf die unmittelbar Beteiligten (Erbringer der Leistung und Nachahmer) beschränken. Während etwa das Verbot der vermeidbaren Herkunftstäuschung auch durch Abnehmerinteressen begründet werden kann, ist dies beim direkten Leistungsschutz viel schwerer. Dieser dient Verbraucherinteressen nur soweit, als er sich gesamtwirtschaftlich (etwa durch Innovationsförderung) positiv auswirkt.[585]

c) Übergänge zwischen Unlauterkeitsrecht und geistigem Eigentum. Dass die Zuordnung bestimmter Materien des Gewerblichen Rechtsschutzes und Urheberrechts sich zwischen geistigem Eigentum und Lauterkeitsrecht hin- und herbewegen kann, zeigen verschiedene Übergänge solcher Materien. **1193**

aa) Markenrecht. Historisch dürfte die **Entstehung des Markenrechts aus dem Lauterkeitsrecht** (nämlich dem Verbot des „passing-off", also der Herkunftstäuschung)[586] der bedeutsamste Übergang zwischen beiden Rechtsgebieten sein. **1194**

bb) Softwareschutz. Der Schutz von **Software** erfolgte zunächst infolge der Einordnung als „Sprachwerke", durch § 2 Abs. 1 UrhG auf Grund einer Novelle von 1985. Da durch die hohen Anforderungen des § 2 Abs. 2 UrhG („persönliche geistige Schöpfung") Computerprogramme oft nicht als urheberrechtsschutzfähig angesehen wurden,[587] bot sich die Generalklausel des § 1 UWG aF vorübergehend als Auffangtatbestand an, bis durch die 1993 eingefügten §§ 69a ff. UrhG die Schutzanforderungen deutlich abgesenkt wurden, so dass seither für einen ergänzenden Leistungsschutz von Computerprogrammen praktisch kein Raum mehr ist. **1195**

cc) Patentrecht. Als einen erzwungenen „Übergang" zwischen geistigem Eigentum und Unlauterkeitsrecht (und zurück) lässt sich auch der Rückgriff auf die wettbewerbsrechtliche Generalklausel in der **patentamtlosen Zeit** nach dem Zweiten Weltkrieg ansehen.[588] Mit der Wiederherstellung des Patentsystems wurde dieser Notbehelf wieder entbehrlich. **1196**

dd) Bekannte Marken. Der Schutz der **bekannten Marke** gegen Verwendung für **nicht** ähnliche Waren oder Dienstleistungen wurde vom BGH mit der damaligen Generalklausel des UWG unter der Fallgruppe „Rufausbeutung" zehn Jahre vor dem Inkrafttreten der heutigen markengesetzlichen Regelung in § 14 Abs. 2 Nr. 3 MarkenG eingeführt.[589] Die jetzige sondergesetzliche Regelung wiederum ist an das Unlauterkeitsrecht zurückgekoppelt, insoweit die Ausnutzung oder Beeinträchtigung der Unterscheidungskraft oder Wertschätzung einer bekannten Marke gem. §§ 9 Abs. 1 Nr. 3, 14 Abs. 2 Nr. 3, 15 Abs. 3 MarkenG nur verboten ist, wenn sie „in unlauterer Weise" erfolgt. **1197**

ee) Leistungsschutzrechte. Die **„Schrittmacherfunktion"** des UWG hatte schließlich lange vor dem sondergesetzlichen Schutz der Leistungen ausübender Künstler und von Sendeunternehmen (jetzt §§ 73 ff., 87 UrhG) zu einem vergleichbaren lauterkeitsrechtlichen Schutz geführt (vgl. → Rn. 1177). **1198**

ff) Geschäftsgeheimnisse. Das GeschGehG vom 18.4.2019[590] enthält sowohl Elemente, die für die Marktverhaltensregeln des UWG typisch sind (zB die erforderliche Geheimhaltung durch den Inhaber des Geheimnisses und die Irrelevanz eines besonderen Wertes der Information für die Schutzerlangung) als auch immaterialgüterrechtsähnliche wie die Zuordenbarkeit zu einem Rechtsträger und die Handelbarkeit aufgrund eines wirtschaftli- **1199**

---

585 Diesen Nachweis versucht *Weihrauch,* Der unmittelbare Leistungsschutz im UWG, 2001, S. 194 ff. zu erbringen.

586 Vgl. *Beater,* Nachahmen im Wettbewerb, S. 202 ff.

587 BGH GRUR 1985, 1041 – Inkassoprogramm; 1991, 449 – Betriebssystem.

588 BGH GRUR 1952, 562 – Schuhsohle; OLG Hamburg GRUR 1950, 82 – Spulenwickelgerät.

589 BGH GRUR 1985, 550 – DIMPLE.

590 Hierzu *Harte-Bavendamm,* GeschGehG (in diesem Kommentar); Harte-Bavendamm/Ohly/Kalbfus GeschGehG.

chen Wertes. Auch ist kein Wettbewerbsverhältnis erforderlich, wohingegen § 4 Nr. 3c) für Wettbewerbsverhältnisse eine rein unlauterkeitsrechtliche Variante enthält.

1200 **gg) Einfluss der EU-Harmonisierung des Unlauterkeitsrechts.** Die Harmonisierung des Unlauterkeitsrechts durch verschiedene Richtlinien führt uU zu nationalen Normen, die auch markenrechtliche Sachverhalte berühren.

Beispielsweise führte Art. 6 Abs. 2 Buchst. a der Richtlinie über unlautere Geschäftspraktiken vom 11.5.2005 zum Verbot der Hervorrufung einer „Verwechslungsgefahr mit einer anderen Ware oder Dienstleistung oder mit der Marke oder einem anderen Kennzeichen eines Mitbewerbers" in § 5 Abs. 2 UWG. Wie der markenrechtlich geprägte und ausdefinierte Begriff der „Verwechslungsgefahr" hier im Hinblick auf „Marke oder Kennzeichen" zu verstehen ist, insbesondere, ob er das gleiche wie im Markenrecht bedeutet, ist strittig.[591] Vollends unklar ist, was „Verwechslungsgefahr mit einer anderen Ware oder Dienstleistung" über kennzeichenrechtliche Sachverhalte (insbesondere Verwechslungsgefahr iwS) hinaus bedeuten soll.[592]

Ein anderes Beispiel ist das in Art. 6 Abs. 2 UGP-RL 2019 unter dem Gesichtspunkt der Irreführung vorgesehene Verbot, wesentlich unterschiedliche Waren als identisch darzustellen. Letzteres wird im Allgemeinen durch die Verwendung identischer Marken suggeriert. Das Markenrecht gewährt dem Inhaber aber ohne weiteres die Option, seine Produkte nationalen Geschmäckern anzupassen und trotzdem in der EU eine identische Marke zu verwenden.[593]

1201 **d) Weitere Berührungspunkte. aa)** Die **Ausübung der Sonderschutzrechte** untersteht dem Vorbehalt der Lauterkeit. Beispielsweise kann die Benutzung einer geschützten Marke für bestimmte Produkte irreführend wirken und damit gegen § 3 iVm § 5 Abs. 1 S. 1, 2 Nr. 1 UWG („wesentliche Merkmale der Ware oder Dienstleistung") verstoßen.

1202 **bb)** Eine **Mischform** von Sonderschutz und Lauterkeitsrecht stellt der Schutz der **geographischen Herkunftsangabe** dar (§§ 126 ff. MarkenG). Hier ist der Kreis der Benutzungsberechtigten nicht abschließend festgelegt, was für ein Sonderschutzrecht untypisch ist. Stattdessen ist der Schutz einem wettbewerbsrechtlich ausgestalteten Irreführungstatbestand angenähert.[594]

591 Vgl. *Dreyer* → § 5 Rn. 1312.
592 Vgl. *Sambuc* FS Köhler, 2014, 577 ff.
593 Krit. auch *Glöckner* → Einl. B Rn. 194 Stichwort „dual quality".
594 *Ingerl/Rohnke* MarkenG Einl. Rn. 11.

Kapitel 1. Allgemeine Bestimmungen

§ 1 Zweck des Gesetzes

[1] Dieses Gesetz dient dem Schutz der Mitbewerber, der Verbraucherinnen und Verbraucher sowie der sonstigen Marktteilnehmer vor unlauteren geschäftlichen Handlungen. [2] Es schützt zugleich das Interesse der Allgemeinheit an einem unverfälschten Wettbewerb.

Übersicht

Schrifttum: *H.-J. Ahrens,* „Kostenloser" Vertrieb meinungsbildender Tagespresse – Zum Prognosedilemma des Wettbewerbsrichters, WRP 1999, 123; *S. Ahrens,* Verbraucherleitbild im Wandel, IPRB 2012, 136; *Alexander,* Die geschäftliche Entscheidung des Verbrauchers, in: FS Ahrens, 2016, S. 17; *ders.,* Vertragsrecht und Lauterkeitsrecht unter dem Einfluss der Richtlinie 2005/29/EG über unlautere Geschäftspraktiken, WRP 2012, 515; *Augenhofer,* Individualrechtliche Ansprüche des Verbrauchers bei unlauterem Wettbewerbsverhalten des Unternehmers, WRP 2006, 169; *Beater,* Schutzzweckdenken im Recht gegen den unlauteren Wettbewerb, JZ 1997, 916; *ders.,* Unlauterer Wettbewerb, 2011; *ders.,* Verbraucherschutz und Schutzzweckdenken im Wettbewerbsrecht, 2000; *ders.,* Europäisches Recht gegen unlauteren Wettbewerb – Ansatzpunkte, Grundlagen, Entwicklung, Erforderlichkeit, ZEuP 2003, 11; *ders.,* Verbraucherverhalten und Wettbewerbsrecht, in: FS Tilmann, 2003, S. 87; *ders.,* Allgemeinheitsinteressen und UWG, WRP 2012, 6; *Ben-Shahar/Schneider,* More Than You Ever Wanted To Know: The Failure of Mandated Disclosure, 2014; *Beutel,* Wahrnehmungsbezogene richterliche Erfahrungssätze im Marken- und Lauterkeitsrecht, 2011; *Brandt* Zur

Abstimmung der Regelungsinstrumente in Vertrags- und Lauterkeitsrecht, 2018; *Bülow,* Lauterkeitsrecht oder Unlauterkeitsrecht?, GRUR 2012, 889; *Busch,* Algorithmic Accountability, 2018; *Drexl,* Die wirtschaftliche Selbstbestimmung des Verbrauchers, 1998; *Emmerich,* Wettbewerbsbeschränkungen durch die Rechtsprechung, in: FS Gernhuber, 1993, S. 857; *Eppe,* Verbraucherschutz im UWG und BGB, WRP 2005, 808; *Fezer,* Verantwortete Marktwirtschaft, JZ 1990, 657; *ders.,* Modernisierung des deutschen Rechts gegen den unlauteren Wettbewerb auf der Grundlage einer Europäisierung des Wettbewerbsrechts, WRP 2001, 989; *ders.,* Plädoyer für eine offensive Umsetzung der Richtlinie über unlautere Geschäftspraktiken in das deutsche UWG, WRP 2006, 781; *Fikentscher,* Wirtschaftsrecht (Bd. I und II), 1983; *ders.,* Finanzkrise, Wettbewerb und Regulierung, GRUR Int 2009, 635; *ders./Hacker/Podszun,* FairEconomy – Culture, Crises, Competition and the Role of Law, 2013; *Fritzsche,* Zur Relevanz des Alters eines Adressaten im UWG, FS Fezer 2016, S. 885; *Gamerith,* Neue Herausforderungen für ein europäisches Lauterkeitsrecht, WRP 2003, 143; *Glöckner/Henning-Bodewig,* EG-Richtlinie über unlautere Geschäftspraktiken: Was wird aus dem „neuen" UWG?, WRP 2005, 1311; *Gomille,* „Sex sells" und der lautere Wettbewerb, ZRP 2016, 134; *Gotthold,* Neuere Entwicklungen der Wettbewerbstheorie, ZHR 145 (1981), 286; *ders.,* Nochmals: Kritische Bemerkungen zur neoliberalen Theorie der Wettbewerbspolitik, ZHR 146 (1982), 55; *Gyarmati-Buchmüller,* Neuromarketing und lauterkeitsrechtlicher Verbraucherschutz, 2019; *Haberkamm,* Die Auslegung der Richtlinie über unlautere Geschäftspraktiken im Lichte der europäischen Grundrechte, 2013; *v. Hayek,* Die Anmaßung von Wissen, Ordo 26 (1975), 12; *ders.,* Der Wettbewerb als Entdeckungsverfahren, in: Freiburger Studien, 1969, S. 249 ff.; *Helm,* Hohes Verbraucherschutzniveau, WRP 2013, 710; *Henning-Bodewig,* Neue Aufgaben für die Generalklausel des UWG?, GRUR 1997, 180; *dies.,* Lauterkeit im B2B-Verhältnis – „anständige Marktgepflogenheiten", nicht „fachliche Sorgfalt", GRUR Int 2015, 529; *dies.,* Der Schutzzweck des UWG und die Richtlinie über unlautere Geschäftspraktiken, GRUR 2013, 238; *dies.,* Erneute UWG-Reform? Einige Anmerkungen zum Referentenentwurf 2014, WRP 2014, 1407; *Herdzina,* Wettbewerbspolitik, 5. Aufl. 1999; *Hetmank,* „Wettbewerbsfunktionales Verständnis" im Lauterkeitsrecht, GRUR 2014, 437; *Hoppmann,* Prinzipien freiheitlicher Wirtschaftspolitik, 1993; *ders.,* Wirtschaftsordnung und Wettbewerb, 1988; *Jacobi,* Preisverhalten und Wettbewerbsrecht, 2017; *Keßler,* Recht haben und Recht bekommen – UWG reloaded, VuR 2018, 241; *ders.,* UWG und Verbraucherschutz – Wege und Umwege zum Recht der Marktkommunikation, WRP 2005, 264; *ders.,* Lauterkeitsschutz und Wettbewerbsordnung – zur Umsetzung der Richtlinie 2005/29/EG über unlautere Geschäftspraktiken in Deutschland und Österreich, WRP 2007, 714; *Keßler/Micklitz,* Die Harmonisierung des Lauterkeitsrechts in den Mitgliedsstaaten der Europäischen Gemeinschaft und die Reform des UWG, 2003; *Klagge,* Normative Kohärenz des deutschen Lauterkeitsrechts, 2017; *Köhler,* Das neue UWG, NJW 2004, 2121; *ders.,* Der Schutz von Kollektivinteressen und Individualinteressen im UWG, in: FS Büscher, 2018, S. 333; *ders.,* Die Umsetzung der Richtlinie über unlautere Geschäftspraktiken in Deutschland – eine kritische Analyse, GRUR 2012, 1073; *ders.,* Der Schadensersatzanspruch der Verbraucher im künftigen UWG, WRP 2021, 129; *Köhler/Bornkamm/Henning-Bodewig,* Stellungnahme zum Entwurf für eine europäische Richtlinie und ein deutsches Gesetz gegen unlauteren Wettbewerb, GRUR 2003, 127; *dies.,* Vorschlag für eine Richtlinie zum Lauterkeitsrecht und eine UWG-Reform, WRP 2002, 1317; *Knöpfle,* Der Rechtsbegriff „Wettbewerb" und die Realität des Wirtschaftslebens, 1966; *Koppensteiner,* Grundfragen des UWG im Lichte der Richtlinie über unlautere Geschäftspraktiken, wbl 2006, 553; *Koslowski,* Theorie der Marktwirtschaft und der gesellschaftlichen Koordination, 1991; *Lederer,* Das Verbraucherleitbild im Internet, NJOZ 2011, 1833; *Leistner,* Richtiger Vertrag und lauterer Wettbewerb, 2007; *Lettl,* Das neue UWG, 2004; *ders.,* Gemeinschaftsrecht und neues UWG, WRP 2004, 1079; *Lux,* Der Tatbestand der allgemeinen Marktbehinderung, 2006; *Mestmäcker,* Der verwaltete Wettbewerb, 1984; *ders.,* Macht – Recht – Wirtschaftsverfassung, ZHR 137 (1973), 9; *H. M. Meyer,* Vorrang der privaten Wirtschafts- und Sozialgestaltung als Rechtsprinzip, 2006; *Micklitz,* Europäisches Lauterkeitsrecht –mehr als eine Fußnote? – Notizen zum Verhältnis von UWG und EU-Recht; in: FS Fezer, 2016 S. 835; *Micklitz/Keßler,* Funktionswandel des UWG, WRP 2003, 919; *dies.,* Europäisches Lauterkeitsrecht – Dogmatische und ökonomische Aspekte einer Harmonisierung des Wettbewerbsverhaltensrechts im europäischen Binnenmarkt, GRUR Int. 2002, 885; *Micklitz/Reich,* Verbraucherschutz im Vertrag über die Europäische Union, EuZW 1992, 593; *Möschel,* Neuere Entwicklungen in der Wettbewerbstheorie, ZHR 145 (1981), 590; *Möstl,* Wandel des Verbraucherleitbilds?, WRP 2014, 906; *Münker,* Stellungnahme der Wettbewerbszentrale zum Referentenentwurf UWG 2014, WRP 2014, 1434; *Ohly,* Richterrecht und Generalklausel im Recht des unlauteren Wettbewerbs, 1997; *ders.,* Das neue UWG – Mehr Freiheit für den Wettbewerb?, GRUR 2004, 889; *Ohly/Sattler,* 120 Jahre UWG im Spiegel von 125 Jahren GRUR, GRUR 2016, 1229; *Oppermann/S. Müller,* Wie verbraucherfreundlich muss das neue UWG sein? – Eine Synopse lauterkeitsrechtlicher Instrumente, GRUR 2005, 280; *Peukert,* Aufbau und innere Logik des UWG – Bestandsaufnahme und Alternativvorschlag, WRP 2019, 546; *ders.,* Faktenchecks auf Facebook aus lauterkeitsrechtlicher Sicht, WRP 2020, 391; *Podszun,* Der „more economic approach" im Lauterkeitsrecht, WRP 2009, 509; *ders.,* Wirtschaftsordnung durch Zivilgerichte, 2014; *ders.,* Lauterkeitsrechtliche Rechtsdurchsetzung – ein Erfolgsmodell?, in: Schmidt-Kessel/Strünck/Kramme, Im Namen der Verbraucher?, 2015, S. 207; *Podszun/Busch/Henning-Bodewig,* Behördliche Durchsetzung des Verbraucherrechts?, Studie im Auftrags des Bundesministeriums für Wirtschaft und Energie, 2018; *Raeschke-Kessler,* Schafft es die ökonomische Analyse des Rechts als Methode bis in die Rechtsprechung des Bundesgerichtshofs?, in: FS Büscher, 2018, S. 659; *Raue,* Die Verdrängung deutscher durch europäische Grundrechte im gewerblichen Rechtsschutz und Urheberrecht, GRUR Int 2012, 402; *Rittner,* Drei Grundfragen des Wettbewerbs, in: FS Kraft, 1998, 519; *Scherer,* Der EUGH und der mündige Verbraucher – eine Beziehungskrise?, WRP 2013, 705; *dies.,* Die Leerformel vom „hohen Verbraucherschutzniveau", WRP 2013, 977; *Schill,* Der Einfluß

der Wettbewerbsideologie des Nationalsozialismus auf den Schutzzweck des UWG, 2004; *Schlüter,* Ökonomische Funktion als Basis wettbewerbsrechtlicher Zulässigkeit, 1992; *Schmidtchen,* Wettbewerbspolitik als Aufgabe. Methodologische und systemtheoretische Grundlagen für eine Neuorientierung, 1978; *Schricker,* Gesetzesverletzung und Sittenverstoß, 1970; *Schricker/Henning-Bodewig* (Hrsg.), Neuordnung des Wettbewerbsrechts, 1999; *Schünemann,* Wirtschaftspolitische Neutralität des Grundgesetzes?, in: FS Stober, hrsg. v. Kluth, M. Müller, Peilert, 2008, 147; *ders.,* „Unlauterkeit" in den Generalklauseln und Interessenabwägung nach neuem UWG, WRP 2004, 925; *ders.,* Wettbewerb, in: Wörlen et al. (Hrsg.), Lexikon des Rechts (Stand April 2001), 13/680 (Wettbewerb); *ders.,* Wettbewerbsrecht im Wandel?, WRP 2002, 1345; *Sosnitza,* Wettbewerbsbeschränkungen durch die Rechtsprechung, 1995; *ders.,* Die Richtlinie über unlautere Geschäftspraktiken – Voll- oder Teilharmonisierung?, WRP 2006, 1; *ders.,* Der Gesetzentwurf zur Umsetzung der Richtlinie über unlautere Geschäftspraktiken, WRP 2008, 1014; *Steingass/Teworte,* Stellung und Reichweite des Transparenzgebots im neuen UWG, WRP 2005, 676; *Stuyck,* The Court of Justice and the Unfair Commercial Practices Directive, CMLR 2015, 721; *Wiebe,* Das Leid des Verbrauchers mit dem Verbraucherleitbild, FS Köhler, 2014, 799; *Ullmann,* Das Koordinatensystem des Rechts des unlauteren Wettbewerbs im Spannungsfeld von Europa und Deutschland, GRUR 2003, 817; *Ulmer,* Sinnzusammenhänge im modernen Wettbewerbsrecht, 1932; *Yankova/Hören,* Besondere Schutzbedürftigkeit von Senioren nach dem UWG?, WRP 2011, 1236.

A. Grundlagen

I. Grundgedanke der Regelung

1 § 1 UWG ist Ausgangspunkt des gesamten deutschen Lauterkeitsrechts, da die Norm den Gesetzeszweck definiert und damit **zentrale Maßgabe des Gesetzgebers** für Verständnis und Auslegung der folgenden Normen sein muss. Durch die Definition der Schutzzwecke wird § 1 zur „Auslegungsdirektive"[1] für alle auslegungsfähigen Tatbestände und Klauseln des Gesetzes. § 1 entfaltet nicht nur bei weiten Generalklauseln Wirkung, sondern muss sich auch bei der Anwendung spezieller Normen durchsetzen.[2] Für die verbraucherschützenden Tatbestände, die über die UGP-Richtlinie in das UWG gekommen sind, entfaltet die Norm jedoch nur bei richtlinienkonformer Auslegung Wirkungsmacht. Der Gesetzgeber bekennt sich allerdings immer noch zu dem Ziel, „ein möglichst einheitliches Lauterkeitsrecht" beizubehalten.[3]

2 **Grundgedanke** der Regelung ist die Festlegung der durch das UWG geschützten Personenkreise in Satz 1. Als **Schutzsubjekte** genannt werden **Mitbewerber, Verbraucher und sonstige Marktteilnehmer.** Die personale Anknüpfung signalisiert, dass der Gesetzgeber das UWG als ein Recht ansieht, das als Interventionsrecht die Interessen bestimmter Gruppen sichern soll. Dies bedeutet, dass die betroffenen Interessen der geschützten Personenkreise mit denen des Handelnden abgewogen werden müssen, § 1 gibt damit die **Methode der Interessenabwägung** für das Lauterkeitsrecht vor. In jeder einzelnen Norm, erst recht aber bei offenen Fällen müssen daher die Interessen der Personenkreise ermittelt und im Verhältnis zueinander bewertet werden. Dabei ist zu beachten, dass die Personenkreise nicht zwingend in den Prozess eingebunden sind, sodass die Interessenermittlung und -geltendmachung den Prozessbeteiligten und dem Gericht zufällt. Das kann zu gewissen Anomalien führen, etwa wenn Mitbewerber sich aufschwingen, Verbraucherinteressen durchzusetzen.

3 Der Gesetzgeber belässt es nicht bei einer personalen Anknüpfung und damit einer bloßen Interessenabwägung verschiedener Parteien, sondern bringt einen weiteren Aspekt durch Satz 2 ein: Als **Schutzobjekt des UWG** wird das **Allgemeininteresse am unverfälschten Wettbewerb** definiert, das in die Abwägung einzustellen ist. (In der Gesetzesbegründung zum Gesetz zur Stärkung des fairen Wettbewerbs wird als zentrales Schutzgut der „faire Wettbewerb" benannt.)[4] Damit ist ein Schutzgut genannt, das traditionell „keine

[1] *Fezer*/Büscher/Obergfell § 1 Rn. 19.
[2] Ebenso HK-*Klippel/Brämer* § 1 Rn. 5.
[3] Gesetzesbegründung UWG-Novelle 2015, BT-Drs. 18/6571, 1. Provokant, aber zutreffend zum Begriff „Lauterkeitsrecht" *Bülow* GRUR 2012, 889.
[4] *BT-Drs. 19/12084, 1.*

Lobby" hat und daher nicht zwingend berücksichtigt wird, wenn nur die prozessbeteiligten Personen ihre Partikularinteressen vortragen. Hier formuliert der Gesetzgeber einen übergeordneten **Gemeinwohlgedanken:** die Gerichte haben auch das „große Ganze" in den Blick zu nehmen und dürfen nicht bloß einen Ausgleich zwischen den Parteien anstreben. Bemerkenswert ist, dass ein Vertreter des öffentlichen Interesses im UWG-Prozess nicht vorgesehen ist, sodass das Gericht selbst das Allgemeininteresse zu berücksichtigen hat. Je unmittelbarer im Prozess Parteiinteressen vorgebracht werden, umso wesentlicher wird der **Wettbewerbs-Test** durch das Gericht. Die Notwendigkeit einer ausdrücklichen Regelung wie in Satz 2 ergibt sich daraus, dass im UWG die Durchsetzung eines Allgemeininteresses in die Hände privater Marktteilnehmer gelegt wird. Insbesondere die Kombination von § 3a mit einem effizienten, privat gesteuerten Durchsetzungsmechanismus macht das UWG geradezu zum **Erfolgsmodell des „private enforcement"**, das in der wirtschaftsrechtlichen Praxis immer wichtiger wird.[5] Privaten Marktteilnehmern wird ein Anreiz gegeben, zugleich öffentliche Interessen zu verwirklichen. Die private Rechtsdurchsetzung wird **mit Gemeinwohlerwägungen aufgeladen.** Dass die Parteien diese Interessen im Prozess unparteiisch vortragen, ist freilich unrealistisch. Es kann daher zu **Friktionen** zwischen der privatrechtlichen Ausgestaltung des UWG und seiner Zweckbestimmung kommen, weshalb die Gerichte besonders gefordert sind. Bei einer behördlichen Durchsetzung des UWG, die in Deutschland bislang nur rudimentär verankert ist, wäre die Orientierung am Allgemeininteresse für die Behörde selbstverständlich.

4 In Satz 2 bekennt sich der Gesetzgeber dezidiert dazu, dass **ausschließlich** das Interesse am „unverfälschten Wettbewerb" als Allgemeininteresse anerkannt wird. Damit enthält Satz 2 eine eindeutige Begrenzung: sonstige Interessen der Allgemeinheit, etwa Wohlstandsförderung, Umweltschutz, Volksgesundheit, Gender-Gerechtigkeit[6] oder Arbeitsplatzsicherung, sind keine Schutzgüter des UWG, soweit sie nicht reflexartig vom Wettbewerbsschutz erreicht werden.[7]

II. Praktische Bedeutung

5 Betrachtet man den Anspruch der Norm, könnte § 1 leicht als Zentralnorm des Lauterkeitsrechts angesehen werden. Die **praktische Bedeutung** der Norm ist jedoch durch drei Aspekte **gemindert:**[8] Erstens ist – auch für die Auslegung des UWG – das **europäische Recht vorrangig** maßgeblich, soweit es europäische Vorgaben gibt, wie insbesondere bei allen verbraucherrechtlichen Vorschriften. Für Lauterkeitsverstöße im B2C-Bereich gilt nur ein mit Blick auf die UGP-Richtlinie reduzierter Schutzzweck. Zweitens grenzt die Norm zwar mögliche Auslegungen ein, es bleiben aber viele unterschiedliche Auslegungsergebnisse denkbar. Der Wert der Schutzzweckbestimmung liegt damit in der Festschreibung der **Methodik,** nicht so sehr in der substantiellen Aussage. Drittens hat der regulierungseifrige europäische Richtliniengeber zahllose Einzelprobleme **detailgenau** aufgelöst, sodass auf allgemeine Bestimmungen seltener zurückgegriffen werden muss.

6 Dem entspricht die derzeitige Praxis der Rechtsprechung, die sich nur selten unmittelbar auf § 1 stützt. Tut sie dies, wird meist formelhaft – und damit überflüssigerweise – auf die Norm verwiesen. Gelegentlich wird § 1 UWG herangezogen, um **Rechtswegfragen** zu klären:[9] Klagen, die eine Verletzung der in § 1 UWG genannten Interessen rügen, sind im Zivilrechtsweg zu verhandeln und hier vor den Landgerichten (vgl. im Einzelnen die

[5] *Podszun* in Schmidt-Kessel/Strünck/Kramme, Im Namen der Verbraucher?, S. 207, 235.

[6] Dezidiert dafür *Völzmann,* Geschlechtsdiskriminierende Werbung, 2015. Kritisch *Gomille* ZRP 2016, 134; *Henning-Bodewig* WRP 2016, Heft 7 (Editorial); *Köhler*/Bornkamm/Feddersen § 1 Rn. 41.

[7] Vgl. *Beater* WRP 2012, 6 ff.

[8] Erheblich deutlicher noch *Schünemann* in der 2. Auflage dieses Werks, § 1 Rn. 2.

[9] Vgl. OVG Hamburg BeckRS 2019, 140007 Rn. 35; OVG Münster BeckRS 2016, 54571 Rn. 91; OVG Koblenz DÖV 2013, 742; LSG Berlin-Brandenburg NSZ 2015, 305 Rn. 6; VG München BeckRS 2015, 46950; VG Berlin BeckRS 2014, 45448.

Kommentierung zu § 13 in diesem Band). Richtigerweise wäre allerdings eher auf §§ 8 und 13 abzustellen.

Die Norm verpflichtet die Gerichte zu einer **umfassenden Interessenwürdigung** unter Einschluss des Interesses an einem unverfälschten Wettbewerb und unter Ausschluss sonstiger öffentlicher Interessen und gibt somit eine klare Methodik vor. Die Praxis vernachlässigt gelegentlich die unabhängige, also richterliche Würdigung von Interessen der nicht-vertretenen Personenkreise und des Wettbewerbsschutzes. Sie ist aus § 1 in die übrigen Normen hereinzulesen, wo diese auslegungsbedürftige oder generalklauselartige Tatbestandsmerkmale enthalten. 7

Als **Auslegungsmaßstab** kann § 1 zwar keine Alleinstellung beanspruchen, er gibt aber Argumentationsmaterial für die Gerichte vor, was diesen ermöglicht, ihre Wertungen an einer konkreten Gesetzesnorm anzuknüpfen. Damit wird die Transparenz der gerichtlichen Entscheidungsfindung erhöht.[10] Die Zweckbestimmung ist somit in der täglichen Gerichtspraxis nicht der Kompass. Bei der systematischen Befassung mit dem UWG, seiner Auslegung, Veränderung oder in den Entscheidungen, in denen Neuland betreten wird, ist sie aber ein gesetzlicher Ankerpunkt. 8

Wird, zB im Zuge der Anpassung des institutionellen Designs des deutschen Lauterkeitsrechts an die CPC-Verordnung oder durch den New Deal for Consumers, die **behördliche Durchsetzung des Verbraucherrechts** gestärkt, erhält die Schutzzweckbestimmung eine weitergehende Bedeutung. Sie ist dann Maßstab für die Ermessensausübung seitens der Behörde.[11] 8a

III. Entstehungsgeschichte

Eine ausdrückliche Schutzzweckbestimmung wurde erst mit der **UWG-Reform 2004** in das Gesetz aufgenommen. Die Gesetzesentstehung[12] ist dokumentiert in den Begründungen zu den UWG-Reformen 2004[13] und 2008,[14] sie wird ergänzt durch die vorbereitenden Gutachten von *Fezer,*[15] *Schricker/Henning-Bodewig*[16] sowie *Köhler/Bornkamm/Henning-Bodewig.*[17] Aus historischer Perspektive lässt sich feststellen, dass der Gesetzgeber am **traditionellen Schutzkonzept** des UWG festhalten will.[18] Verbraucher werden als Schutzsubjekte ausdrücklich einbezogen, aber nicht gegenüber sonstigen Marktteilnehmern privilegiert. Das einzige vom UWG-Gesetzgeber anerkannte Allgemeininteresse ist der Wettbewerbsschutz. 9

1. Frühere Rechtslage. Bis zur Novelle 2004 hatte die **legendäre Generalklausel** das UWG programmatisch eröffnet: „Wer im geschäftlichen Verkehr zu Zwecken des Wettbewerbes Handlungen vornimmt, die gegen die guten Sitten verstoßen, kann auf Unterlassung und Schadenersatz in Anspruch genommen werden." Eine Schutzzweckbestimmung kannte das UWG nicht. 10

Ihre inhaltlichen Wurzeln hat die Norm in den von der Rechtsprechung bis 2004 entwickelten Formeln zu den Schutzzwecken des Gesetzes.[19] Hatte zunächst die Rechtsprechung zum UWG den Individual- und auch den Kollektivschutz der Mitbewerber betont, war im Laufe des 20. Jahrhunderts immer deutlicher die Durchsetzung von All- 11

[10] Vgl. *Beater* Rn. 812 ff.; *Köhler*/Bornkamm/Feddersen § 1 Rn. 6; HK-*Klippel/Brämer* § 1 Rn. 3.
[11] Vgl. *Podszun/Busch/Henning-Bodewig,* Behördliche Durchsetzung des Verbraucherrechts?, 2018, S. 242; *Podszun/Busch/Henning-Bodewig* GRUR 2018, 1004.
[12] Ausführlich *Keller* → Einl. Rn. 11 ff.
[13] BT-Drs. 15/1487.
[14] BT-Drs. 16/10145.
[15] *Fezer* WRP 2001, 989 ff.
[16] *Schricker/Henning-Bodewig* WRP 2001, 1367 ff.
[17] *Köhler/Bornkamm/Henning-Bodewig* WRP 2002, 1317, siehe dort insbes. § 1 und Erläuterungen 3 und 4.
[18] Vgl. die Darstellung bei *Fezer*/Büscher/Obergfell § 1 Rn. 33 ff.
[19] Zur historischen Entwicklung vgl. *Köhler*/Bornkamm/Feddersen § 1 Rn. 1 ff.; HK-Klippel/*Bräumer* § 1 Rn. 2; MüKoUWG/*Sosnitza* § 1 Rn. 7 ff.; *Ohly/Sattler* GRUR 2016, 1229.

gemeininteressen oder jedenfalls weiteren Interessen über die Mechanismen des UWG anerkannt worden. Im Laufe der Zeit war auch der Abnehmer als eigenständiges Schutzsubjekt ins Blickfeld des Lauterkeitsrechts gerückt. Entwickelt hatte sich eine „**Schutzzwecktrias** von Anbieterschutz, Schutz der Abnehmer, insbesondere der privaten Letztverbraucher, und Schutz der Allgemeinheit im Sinne des Schutzes öffentlicher Interessen."[20] Das Bundesverfassungsgericht hatte zuletzt die Formel verwendet, Schutzgut des UWG sei „insbesondere der **Leistungswettbewerb.** Missbilligt werden durch die Norm im Interesse des Schutzes der Wettbewerber und der sonstigen Marktbeteiligten, allen voran der Verbraucher, Verhaltensweisen, welche die Funktionsfähigkeit des an der Leistung orientierten Wettbewerbs im wettbewerblichen Handeln einzelner Unternehmen oder als Institution stören."[21] In dieser Bestimmung tauchen die wesentlichen Elemente von § 1 auf.

12 **2. Reform 2004.** Die Verschiebung der großen Generalklausel in § 3 Abs. 1 und die Ersetzung durch eine Schutzzweckbestimmung deutet schon auf den ersten Blick die großen Wandlungen durch die UWG-Reform 2004 an: die **verringerte Bedeutung der Generalklausel** durch detaillierte Einzelregelungen und die **Anlehnung an die europäische Gesetzgebungstechnik.** Die Schutzzweckbestimmung ist EU-Regelungen nachempfunden, zum Beispiel der Irreführungsrichtlinie,[22] die häufig mit Präambeln und Zweckbestimmungen eingeleitet werden. Auch im Schweizer Recht (Art. 1 schweizerisches UWG) fand sich ein Vorbild.[23] Im österreichischen UWG gibt es keine derartige Schutzzweckbestimmung. Der reformvorbereitende Vorschlag von *Köhler/Bornkamm/Henning-Bodewig* enthält ebenfalls eine Schutzzweckbestimmung, an die sich der Gesetzgeber angelehnt hat.[24] In der Gesetzesbegründung 2004 erläutert der Gesetzgeber nicht, warum eine Schutzzweckbestimmung überhaupt aufgenommen wurde. Spekulieren lässt sich jedoch, dass angesichts der damals bevorstehenden Harmonisierung im europäischen Recht der Gesetzgeber ein Zeichen für die Fortgeltung des einheitlichen Regelungskonzepts von Mitbewerber-, Verbraucher- und Wettbewerbsschutz setzen wollte, das für das UWG seit dessen Entstehung von Praxis und Wissenschaft entwickelt worden war. Die Hoffnung, über die Schutzzweckbestimmung das UWG zu bewahren, erweist sich rückblickend als trügerisch.

13 Bei Betrachtung der früheren Rechtsprechung zu den **Schutzzwecken des UWG** könnte der Eindruck entstehen, dass der Gesetzgeber im Wesentlichen **Richterrecht** normiert hat. Diesen Eindruck erweckt auch die Gesetzesbegründung. In den Details gehen aber Norm und historisches Material durchaus über das hinaus, was in der Rechtsprechung verankert war: Der Gesetzgeber betont, dass die verschiedenen Schutzsubjekte **„gleichermaßen und gleichrangig"** geschützt würden und „zugleich" das Allgemeininteresse am unverfälschten Wettbewerb Regelungszweck sei.[25] Und weiter heißt es: „Das Recht geht insoweit von einem **integrierten Modell** eines gleichberechtigten Schutzes der Mitbewerber, der Verbraucher und der Allgemeinheit aus."[26] Nach historischer Auslegung ist damit klar von einer Gleichrangigkeit der Gesetzeszwecke auszugehen. Im Vergleich zu früheren Schutzzweckbestimmungen durch die Rechtsprechung fällt die gestärkte Rolle der **Ver-**

[20] *Schricker/Henning-Bodewig,* Gutachten 2001, S. 5.

[21] BVerfG GRUR 2002, 455 – Tier- und Artenschutz. Ähnlich BVerfG GRUR 2001, 1058 (1060) – Therapeutische Äquivalenz.

[22] RL 84/450/EWG, Art. 1: „Zweck dieser Richtlinie ist der Schutz der Verbraucher, der Personen, die einen Handel oder ein Gewerbe betreiben oder ein Handwerk oder einen freien Beruf ausüben, sowie der Interessen der Allgemeinheit gegen irreführende Werbung und deren unlautere Auswirkungen."

[23] Art. 1 UWG Schweiz: „Dieses Gesetz bezweckt, den lauteren und unverfälschten Wettbewerb im Interesse aller Beteiligten zu gewährleisten."

[24] *Köhler/Bornkamm/Henning-Bodewig* WRP 2002, 1317 (1318), § 1: „Dieses Gesetz bezweckt den Schutz der Verbraucher, der Mitbewerber und der sonstigen Marktteilnehmer vor unlauterem Wettbewerb. Es schützt damit auch das Interesse der Allgemeinheit an einem unverfälschten Wettbewerb."

[25] BT-Drs. 15/1487, 15.

[26] BT-Drs. 15/1487, 16.

braucher auf, die der Gesetzgeber dezidiert durch die neue Regelung hervorheben wollte.[27] Insbesondere kommt die Schutzzweckklausel dem Petitum nach, einen einheitlichen Schutzzweck für das UWG zu definieren.[28] Die bis dahin in der Praxis geübte Schwerpunktsetzung der Gerichte, einen Fall mal mit stärkerer Berücksichtigung von Mitbewerberinteressen, mal mit Schwerpunkt auf den Verbraucherschutz zu entscheiden, lässt sich mit der Vereinheitlichung nicht fortsetzen.

Die Formulierung von **Satz 2** enthält zudem eine Festlegung, die in dieser Eindeutigkeit 14
von der Rechtsprechung bis dahin nicht ausformuliert worden war. Der Gesetzgeber begrenzt nämlich die Durchsetzung öffentlicher Interessen mit Hilfe des UWG auf die Durchsetzung des Allgemeininteresses am Wettbewerb. Ausdrücklich heißt es in der Begründung 2004: „Der **Schutz sonstiger Allgemeininteressen** ist weiterhin **nicht Aufgabe des Wettbewerbsrechts.**"[29] Zwar lässt sich bezweifeln, dass das „weiterhin" in dieser Formulierung überhaupt berechtigt ist. Der unmissverständliche Wortlaut der Norm und die klare Positionierung in der Begründung machen es heute aber unmöglich, weitergehende Interessenverwirklichungen mit dem UWG in Einklang zu bringen.

3. Reform 2008. Mit der **Gesetzesnovelle 2008** wurde das UWG an die **UGP-Richt-** 15
linie angepasst.[30] Für § 1 bedeutete dies zunächst eine terminologische Korrektur, indem der Begriff **„geschäftliche Handlungen"** eingefügt wurde (zuvor: „Wettbewerbshandlungen"). Damit stellte der Gesetzgeber klar, dass auch Handlungen ohne direkten Wettbewerbsbezug, etwa während oder nach Vertragsschluss, vom Anwendungsbereich des UWG erfasst sein können.[31] Er entschied sich für den Begriff „Handlungen" statt „Praxis" oder „Praktiken", da letztgenannten Begriffen in der deutschen Sprache eine abwertende Bedeutung zukomme.[32] Mit der Änderung sicherte der Gesetzgeber den Griff des UWG in den gesamten Bereich der Geschäftsabwicklung ab, blieb aber zugleich dabei, das UWG als rein wirtschaftsrechtliches Gesetz auszugestalten.

Für den UWG-Gesetzgeber war mit der Novelle 2008 angesichts der vom europäi- 16
schen Recht angestrebten **Vollharmonisierung** insbesondere die Kongruenz zur Schutzzweckbestimmung der UGP-Richtlinie herzustellen. Reformbedarf sah der Gesetzgeber nicht, insbesondere hielt er eine Ausrichtung des UWG auf Verbraucherschutz für nicht erforderlich, da der Schutzbereich des UWG weiter sei als der der Richtlinie.[33] Die UWG-Reformen 2004 und 2008 verschoben die Axiomatik des UWG zugunsten der Verbraucher, was aber 2008 klarer vom Gesetzgeber hätte gefasst werden können. Ein einheitlicher Schutzzweck für das UWG kann heute nicht mehr angenommen werden, da andernfalls den Vorgaben der UGP-Richtlinie nicht Rechnung getragen würde (→ Rn. 20 ff.).

4. Reform 2015. Im Rahmen der **Gesetzesnovelle 2015** wurde die Schutzzweck- 17
bestimmung nicht geändert. Auch im Referenten- und im Regierungsentwurf, die sich zum Teil noch deutlich von der Endfassung unterschieden, war § 1 UWG nie zur Disposition gestellt.[34] Der deutsche Gesetzgeber hält damit explizit an einem einheitlich geregelten Lauterkeitsrecht fest.[35] Die Einheitlichkeit der Regelung erschöpft sich aber auf den ersten Blick darin, dass mitbewerberschützende und verbraucherschützende Normen im selben Gesetz zusammengefasst sind. Eine einheitliche Dogmatik kann sich, das ist nach der Klarstellungsnovelle deutlicher denn je, mit der hergebrachten Meinung nicht mehr

---

[27] BT-Drs. 15/1487, 13.
[28] Dafür *Schricker/Henning-Bodewig,* Gutachten 2001, S. 104.
[29] BT-Drs. 15/1487, 16.
[30] Dazu *Keller* → Einl. Rn. 17.
[31] BT-Drs. 16/10145, 20.
[32] BT-Drs. 16/10145, 20. Vgl. *Sosnitza* WRP 2008, 1014 (1016).
[33] BT-Drs. 16/10145, 11.
[34] Auch *Köhler* GRUR 2012, 1073 ff. hatte keine Änderung von § 1 UWG angemahnt; siehe aber seine Kritik in *Köhler,* WRP 2013, 403 (405).
[35] Gesetzesbegründung UWG-Novelle 2015, BT-Drs. 18/6571, 1.

darstellen lassen. Das Gesetz kommt nicht mehr aus einem Guss, sondern ist eine Mischung aus verbraucherschützenden Normen, die von der UGP-Richtlinie vorgegeben werden, sowie weiteren Normen zur Beurteilung der Fairness geschäftlicher Handlungen.[36]

17a Durch das Gesetz zur Stärkung des Verbraucherschutzes im Wettbewerbs- und Gewerberecht soll ein Absatz 2 eingefügt werden, der Art. 3 Abs. 4 RL 2005/29/EG umsetzt.[37] Klargestellt werden soll, dass besondere lauterkeitsrechtliche Vorschriften in anderen Gesetzen (zB Medienstaatsvertrag) vorrangig sind. § 3a soll jedoch dadurch nicht in Frage gestellt werden.

IV. Rechtliche Einordnung

18 **Allgemeine Programmsätze, Präambeln** oder **Schutzzweckbestimmungen** sind in der deutschen Kodifikationstradition unüblich. Die Bedeutung der Norm wird gelegentlich unterschätzt, was aus der Unüblichkeit des Umgangs mit solchen Vorgaben für den deutschen Rechtsanwender resultieren mag. Während historische Materialien, teleologische Auslegungen durch Gerichte oder Erwägungen in nicht-bindenden Dokumenten der Kommission keine verbindliche Geltung erlangen, ist diese Norm integrativer Teil des Gesetzestextes. Bei Unklarheiten und in Grenzfällen muss der Rechtsanwender sowohl die systematische als auch die teleologische Argumentation an diese Schutzzweckbestimmung anknüpfen;[38] auch der Gesetzgeber muss bei Reformen des Gesetzes dieser Leitlinie folgen, wenn er den systematischen Anspruch seiner Kodifikation nicht entwerten will. Insoweit liegt in der Schutzzweckbestimmung zugleich Hilfestellung für die Auslegung sowie Einschränkung für die Rechtschöpfung.

19 Bei **systematischer Betrachtung** ist ihr sogar ein Vorrang gegenüber anderen Paragraphen des UWG einzuräumen, der sich aus ihrer Stellung und ihrem Anspruch der Allgemeinregelung ergibt. Insofern ist es irreführend, den Schutzzweck des UWG auch aus anderen Normen dieses Gesetzes schöpfen zu wollen, wie gelegentlich vorgeschlagen wird. Denn diesbezüglich hat der deutsche Gesetzgeber eine eindeutige Regelung in § 1 UWG getroffen, die – als Gesetz – verbindlich zu achten ist.[39] Die früher übliche Formel, es sei Sache der Fachgerichte, den Schutzzweck eines Gesetzes zu ermitteln,[40] gilt nicht mehr.

V. Kernfragen

20 Bei der Analyse der Norm haben sich in Praxis und Literatur fünf Kernfragen kristallisiert:

- Wie ist das Verhältnis der deutschen Schutzzweckbestimmung zur Vollharmonisierung durch das europäische Recht (dazu B.)? Der Gesetzgeber hat darauf verzichtet, hier bei der Reform 2015 eine Anpassung vorzunehmen.
- Wie ist das **Schutzniveau für die geschützten Personenkreise** anzusetzen (dazu D.)? Während die Definition der geschützten Personenkreise geringeren Schwierigkeiten begegnen sollte, ist die Schutzhöhe oder -intensität in jedem Einzelfall zu thematisieren. Dazu zählt die Frage, welche Interessen der betroffenen Kreise überhaupt geschützt werden.[41]

---

[36] Vgl. *Henning-Bodewig* WRP 2014, 1407 f.; GroßKommUWG-*Peukert* § 1 Rn. 12; *Peukert*, WRP 2019, 546 ff. Die Wettbewerbszentrale hatte sich daher im Reformprozess für eine Differenzierung im Gesetz ausgesprochen, s. *Münker* WRP 2014, 1434 (1436).

[37] Gesetzesentwurf der Bundesregierung, s. dazu *Keller* → Einl. A Rn. 71 ff.; *Glöckner* → Einl. B Rn. 157k ff.

[38] Vgl. *Köhler*/Bornkamm/Feddersen § 1 Rn. 6.

[39] *Engels/Salomon* WRP 2004, 32 (33 f.); *Lettl* GRUR 2004, 449 (450).

[40] So zB BVerfG NJW 2003, 277 (278) – Juve-Handbuch.

[41] Vgl. *Lettl* GRUR 2004, 449 (450).

– Welche **Allgemeininteressen** sind durch das UWG zu schützen (dazu E.)? Nach der gesetzgeberischen Entscheidung für den „unverfälschten Wettbewerb" ist dieser Begriff zu konkretisieren.
– Wie ist die **Abwägung** durch die Gerichte zu gestalten, wenn mehrere geschützte Interessen betroffen sind (dazu F.)?
– Wie werden die Schutzzweckfragen konkret in den **Entscheidungsprozess** des Gerichts eingebracht (dazu F.)? Zu berücksichtigen ist, dass gemäß dem materiellen Recht Interessen zu berücksichtigen sind, die in der prozessualen Situation nicht vertreten sind.

B. Europäisches Recht

21 Da das UWG auch der Umsetzung europäischen Rechts dient, muss es mit diesem in Einklang stehen und **richtlinienkonform** ausgelegt[42] werden. Dies betrifft auch die Schutzzwecke des Gesetzes. Mit der UWG-Reform 2015 hat der deutsche Gesetzgeber die wesentlichen Bedenken hinsichtlich der Vereinbarkeit mit dem europäischen Recht ausgeräumt. Es besteht, bei pragmatischer Einschätzung, vorerst keine Notwendigkeit mehr, an der Vereinbarkeit des UWG mit der UGP-Richtlinie zu zweifeln.

I. Vorgaben des europäischen Rechts

22 Die **UGP-Richtlinie 2005/29/EG**[43] enthält in Art. 1 eine Regelung zum Zweck der Richtlinie:

> *„Zweck dieser Richtlinie ist es, durch Angleichung der Rechts- und Verwaltungsvorschriften der Mitgliedstaaten über unlautere Geschäftspraktiken, die die wirtschaftlichen Interessen der Verbraucher beeinträchtigen, zu einem reibungslosen Funktionieren des Binnenmarkts und zum Erreichen eines hohen Verbraucherschutzniveaus beizutragen."*

23 Damit wird zunächst klargestellt, dass die Richtlinie nur verbraucherbezogene Verhaltensweisen sanktioniert, also nur für das B2C-Verhältnis gilt. Insoweit zielt sie auf eine **Vollharmonisierung.** Eindeutiges Ziel ist das Erreichen eines hohen Verbraucherschutzniveaus, so wie es in Art. 114 Abs. 3 AEUV, der Neufassung der ursprünglich für die UGP-RL genutzten Kompetenznorm (Art. 95 EG), angelegt ist.[44]

24 Zugleich wird als Zweck der Harmonisierung das reibungslose **Funktionieren des Binnenmarktes** genannt. Auch dies ergibt sich aus der Kompetenznorm des Art. 114 AEUV: Die UGP-RL ist erlassen worden, um einen Binnenmarkt zu errichten und funktionsfähig zu gestalten.[45]

25 Nach Erwägungsgründen 6 und 8 der Richtlinie werden **Mitbewerber** nur mittelbar geschützt. Der EuGH hat mehrfach bestätigt, dass nationale rechtliche Regelungen, die lediglich dem Mitbewerberschutz dienen (und nicht auch dem Verbraucherschutz) sowie Regelungen, die sich rein auf Geschäfte zwischen Unternehmen beziehen, von der Richtlinie nicht erfasst werden.[46] Die Anforderungen des EuGH sind jedoch eher streng.[47] Demnach hat ein Gericht festzustellen, ob ein Sachverhalt sich im B2B-Bereich abspielt (und somit keine Richtlinien-Relevanz vorliegt), oder ob es sich um eine verbraucherbezogene geschäftliche Handlung handelt (B2C). Dies richtet sich danach, wer durch die geschäftliche Handlung angesprochen wird. Nationale Regeln, die nur dem Mitbewerber-

---

[42] Zur richtlinienkonformen Auslegung eingehend *Glöckner* → Einl. Rn. 270 ff.
[43] Zur UGP-RL übergreifend *Glöckner* → Einl. Rn. 237 ff.
[44] Vgl. umfassend *Klagge,* Normative Kohärenz des deutschen Lauterkeitsrechts, 2017, S. 22 ff.
[45] Ob das Binnenmarktziel der Hauptzweck der UGP-Richtlinie ist, ist strittig, vgl. *Jungheim/Haberkamm* VuR 2009, 250 (252); kritisch *Klagge,* Normative Kohärenz des deutschen Lauterkeitsrechts, 2017, S. 46.
[46] EuGH C-13/15, GRUR Int. 2015, 1140 Rn. 26 – Cdiscount; EuGH C-540/08, GRUR 2011, 76 Rn. 21 – Mediaprint.
[47] *Alexander* WRP 2013, 17 (18 f.).

schutz dienen, sind weiterhin möglich,[48] wohl aber selten:[49] Sobald die Norm auch dem Verbraucherschutz dient, ist das verbindliche Regelungsniveau der Richtlinie zu beachten. So entsteht der Eindruck, dass im europäischen Recht verbindlich vorgegeben wird, dass zwischen Verbraucher- und Mitbewerberinteressen scharf zu differenzieren ist und die Schutzzweckbestimmung des deutschen Rechts mit ihrer Trias der Gleichberechtigung nicht ohne weiteres aufrecht zu erhalten ist.[50]

Die wesentliche internationale Regelung zum Lauterkeitsrecht in **Art. 10bis** der Pariser Verbandsübereinkunft rückt – dem Geist ihrer Entstehungszeit entsprechend – den Mitbewerberschutz in den Mittelpunkt.[51]

II. Konfliktthema Verbraucherschutz

26 Schon bei der Umsetzung in deutsches Recht war vorgeschlagen worden, **verbraucherschützende Aspekte** aus dem UWG herauszunehmen und anderweitig, etwa im BGB, zu normieren.[52] Später wurde der Vorwurf erhoben, Deutschland habe sich nur sehr selektiv am EU-Recht bedient, statt sich auf ein europäisches Lauterkeitsrecht einzulassen.[53] Die Reichweite der Vollharmonisierung hatte der EuGH beispielsweise in einer Entscheidung gegen das österreichische Zugabeverbot deutlich gemacht, indem auch die Erreichung eines höheren Verbraucherschutzniveaus als in der Richtlinie vorgesehen nicht als anerkennenswerter Schutzzweck akzeptiert wurde.[54]

27 Der deutsche Gesetzgeber verneint einen Konflikt zwischen UWG-Schutzzweck und UGP-RL und stützt seine Auffassung auf zwei Pfeiler: Zunächst geht der Gesetzgeber ausweislich der Gesetzesbegründung von einer richtlinienkonformen Umsetzung aus, da der **Verbraucherschutz als Normzweck** genannt sei.[55] Dieses Argument verkennt jedoch, dass es einen Unterschied macht, ob ein Schutzzweck einer unter mehreren ist, die gleichrangig nebeneinander stehen (so im UWG), oder ob es einen Schutzzweck gibt, der von überragender Bedeutung ist (so in der Richtlinie). Die zweite Argumentation geht dahin, von einem weitergehenden Regelungsbereich des UWG auszugehen.[56] Für den Bereich des **Mitbewerberschutzes** und des **Schutzes der Allgemeinheit** vor unlauteren Geschäftspraktiken enthalte die Richtlinie keine Vorgaben, sodass der nationale Gesetzgeber frei sei, Regelungen zu treffen. Auch der europäische Richtliniengeber geht davon aus, dass es geschäftliche Handlungen gibt, die Verbraucher nicht betreffen und dennoch einer Regelung nach Gesichtspunkten der Fairness unterfallen können.[57]

28 Konsequent weiter gedacht bedeutet diese Auffassung eine Scheidung des UWG in **zwei unterschiedliche Regelungsregime:**[58] Im geschäftlichen Verkehr sind Regelungen, die Verbraucher betreffen und vom Anwendungsbereich der UGP-RL erfasst werden, vorrangig am Verbraucherschutzzweck auszurichten. Dies ist für den Rechtsanwender freilich nicht aus dem Gesetz erkennbar, sondern erschließt sich nur bei dogmatischer Einordnung des UWG in den Richtlinienkontext. Für sonstige geschäftliche Handlungen gilt die Schutzzweckbestimmung des § 1.

29 Eine solche Deutung einer dem Wortlaut nach recht klaren Norm scheint schon rechtstechnisch diffizil, dürfte aber vor allem in der Praxis dazu führen, dass die Gerichte zu einem schlichten „weiter so" neigen und ihr Denken an der tradierten Schutzzwecktrias

[48] Vgl. EuGH C-13/15, GRUR Int. 2015, 1140 Rn. 29 – Cdiscount.
[49] Vgl. *Alexander* WRP 2013, 17 (19); *Stuyck* CMLR 2015, 721 (729).
[50] Kritisch *Henning-Bodewig* WRP 2014, 1407 f.
[51] Vgl. *Henning-Bodewig* GRUR Int. 2015, 529.
[52] Vgl. *Oppermann/Müller* GRUR 2005, 280 (289); *Köhler/Lettl* WRP 2003, 1019 (1051, 1058); *Lettl* WRP 2004, 1079 (1089 f.).
[53] *Micklitz* FS Fezer, 2016, 843.
[54] EuGH C-540/08, GRUR 2011, 76 Rn. 30 – Mediaprint.
[55] BT-Drs. 16/10145, 11.
[56] BT-Drs. 16/10145, 10, 11.
[57] Erwägungsgrund 8 der UGP-RL.
[58] Vgl. *Fezer*/Büscher/Obergfell § 1 Rn. 21 ff., 63; *Glöckner/Henning-Bodewig* WRP 2005, 1311 (1325).

des deutschen Rechts ausrichten. Auch der Gesetzgeber hält 2019 in einer Gesetzesbegründung an einem einheitlichen Schutzzweck („fairer Wettbewerb") fest.[59] Dabei stößt das klassische „integrierte Regelungsmodell" deutlich an seine Grenzen.[60]

III. Relativierung und Auflösung

30 Die Fälle, in denen die Schutzzwecke konfligieren, dürften in ihrer Zahl überschaubar sein.[61] Dabei spielt auch eine Rolle, dass die Ermittlung und Bewertung von Verbraucher- und Mitbewerberinteressen normativ erfolgen kann, sodass sich in vielen Fällen Übereinstimmung erzielen lassen wird. So wird beispielsweise darauf hingewiesen, dass beim Verkauf unter Einstandspreis der Verbraucher nur kurzfristig von Preissenkungen profitiert, langfristig aber durch die (beabsichtigte) Verdrängung von Wettbewerbern dem zunächst preisaggressiv auftretenden Unternehmen hilflos ausgesetzt sein kann.[62] Dennoch sind Kollisionen zwischen einer Abwägung, die den Verbraucherschutz vorrangig behandelt, und einer solchen, die den Verbraucherschutz gleichrangig zum Mitbewerberschutz behandelt, denkbar.[63] Jedenfalls angreifbar sind Urteile, die zur Begründung fälschlich auf Mitbewerberschutz abstellen, obwohl eine Norm aufgerufen wird, die zur Umsetzung der Richtlinie dient.

31 Es bleibt eine unbefriedigende Lösung, in der Startnorm des Umsetzungsgesetzes einen einheitlichen Schutzzweck zu präsentieren, wenn tatsächlich zwei verschiedene Regelungsregime unterschiedlichen Leitideen folgen. Der Gesetzgeber hat in der EU-Klarstellungsnovelle 2015 jedoch auf eine Änderung verzichtet. Dies leistet denjenigen Vorschub, die gern weiterhin die **deutsche Schutzzweckregelung** für überlegen halten und damit die Abwägung verschiedener Interessen für erstrebenswert halten – statt eines einseitigen Verbraucherschutzes.[64] So sympathisch dieses Anliegen ist, so klar ist festzuhalten, dass im europäischen Recht eine **Bevorzugung des Verbraucherschutzes** – und zwar gem. der Kompetenzgrundlage in Art. 114 Abs. 3 AEUV auf hohem Niveau – festgeschrieben ist.

32 Dass der europäische Gesetzgeber **keine umfassende Regelung für die Fairness geschäftlicher Handlungen** getroffen hat, ist möglicherweise eher internen Kompetenzkonflikten zwischen verschiedenen Generaldirektionen als der Sache geschuldet.[65] Die Thematik sollte aber auch nicht überspitzt werden: Schon vor Erlass der Richtlinie gab es Vorschriften für den B2C-Bereich und solche für den B2B-Bereich, die teilweise unterschiedlichen Ansätzen folgten. Zudem dürften die Ergebnisse in der Praxis weitgehend ohne größere Konflikte bleiben.

33 Eine dogmatische Auflösung bietet sich durch eine Ableitung von **Konsumenten- und Konkurrentenschutz** aus dem **Wettbewerbsprinzip** an:[66] Der beste Verbraucherschutz besteht darin, den freien Wettbewerb funktionsfähig zu halten (wie in § 1 S. 2 verlangt). Die durch den Wettbewerb hervorgebrachte Effizienz der Unternehmen und ihre Innovationskraft schlagen sich dann in günstigen Preisen, erhöhter Angebotsvielfalt und -qualität nieder. Zugleich profitieren Mitbewerber von der Bestreitbarkeit der Märkte und ihrer Chance, sich in einem fairen Leistungswettbewerb durchzusetzen.[67] Bei richtiger Betrachtung spricht § 1 UWG letztlich für ein stark wettbewerbsfunktionales Verständnis des

[59] BT-Drs. 19/12084, 1.

[60] *Henning-Bodewig* GRUR 2013, 238. *Klagge,* Normative Kohärenz des deutschen Lauterkeitsrechts, 2017, S. 217 sieht eine Reformbedürftigkeit der Schutzzweckklausel und bietet dazu auch einen Lösungsvorschlag (S. 270 ff.).

[61] So auch *Glöckner/Henning-Bodewig* WRP 2005, 1311 (1325).

[62] *Glöckner/Henning-Bodewig* WRP 2005, 1311 (1326).

[63] Vgl. *Beater* GRUR Int. 2000, 963 (967).

[64] So auch *Glöckner/Henning-Bodewig* WRP 2005, 1311 (1325); *Seichter* WRP 2005, 1087 (1089); *Henning-Bodewig* GRUR Int. 2004, 183 (189). Andere Ansicht *Lettl* WRP 2004, 1079 (1089).

[65] Vgl. *Podszun* in Hilty/Henning-Bodewig, Lauterkeitsrecht und Acquis Communautaire, S. 172 f.; *Henning-Bodewig* GRUR 2013, 238 (240); *Ohly* GRUR 2004, 889 (890).

[66] Vgl. *Glöckner/Henning-Bodewig* WRP 2005, 1311 (1325).

[67] Vgl. dazu BGH GRUR 2002, 825 (826) – Elektroarbeiten.

Lauterkeitsrechts, bei dem das geschäftliche Handeln auf seine Wirkungen für den Wettbewerb hin geprüft wird.[68]

34 Ein gewichtiges Argument für diesen Weg ist der häufig vernachlässigte zweite Zweck, der in Art. 1 UGP-Richtlinie genannt wird, das **reibungslose Funktionieren des Binnenmarktes.** Der deutsche Gesetzgeber geht davon aus, dieser Teil der Schutzzweckbestimmung der Richtlinie bedürfe „seiner Natur nach nicht der Übernahme in das innerstaatliche Recht".[69] Damit tut der Gesetzgeber nachgerade so, als sei es nicht Aufgabe der Nationalstaaten, das reibungslose Funktionieren des Binnenmarktes zu befördern. Möglicherweise verwechselt der Gesetzgeber diesen Schutzzweck mit der Definition des Anwendungsbereichs, etwa im Sinne einer Zwischenstaatlichkeitsklausel. Die Richtlinie geht aber erkennbar davon aus, dass die nationalen Gesetzgeber durch Ausgestaltung ihres Rechts gerade auch das Funktionieren des Binnenmarktes sichern sollen (vgl. Erwägungsgründe 2–4). Dazu gehört eine **marktwirtschaftlich-liberale, dem Wettbewerbsprinzip verpflichtete Normsetzung.** Der Binnenmarkt funktioniert nur dann reibungslos, wenn Anbieter und Nachfrager aus verschiedenen Staaten die Möglichkeit haben, zu freien, gleichen und fairen Bedingungen Angebot und Nachfrage zu koordinieren. Kernelement des Binnenmarktes sind dessen im **AEUV** niedergelegten Grundsätze, die Grundfreiheiten und das Wettbewerbsprinzip. In einer verbraucherschützend akzentuierten Wettbewerbssicherung liegt damit ein einheitlicher Schutzzweck für das UWG, der mit europäischem Recht vereinbar ist, ohne dass eine künstliche Aufsplittung von geschäftlichen Handlungen in verschiedene Schutzregimes vorzunehmen wäre. Für die Praxis bedeutet dies, dass Gerichte auch im Blick behalten müssen, ob die Unlauterkeit einer geschäftlichen Handlung den Marktzutritt für ausländische Mitbewerber erschwert.

35 Will man beiden Zwecken der Richtlinie gerecht werden **(Binnenmarkt und Verbraucherschutz),** muss man daher den wettbewerblichen „impact" einer geschäftlichen Handlung prüfen: Inwieweit wird durch die Maßnahme die Entfaltungs- und Entscheidungsfreiheit der Verbraucher am Markt beschränkt? Und inwiefern kommt es dadurch auf volkswirtschaftlicher Ebene zu einer Einschränkung der Möglichkeiten im Binnenmarkt? Im Einzelfall ist damit zu erwägen, wie der Fall wettbewerbsökonomisch beurteilt würde.[70] Im zweiten Schritt wäre zu prüfen, ob die wettbewerbliche Durchdringung dem Verbraucherschutz zum Durchbruch verhilft. Dies wird häufig zumindest bei langfristiger Betrachtung der Auswirkungen der Fall sein.

36 Weitere Vorgaben des europäischen Rechts, etwa zum Verbraucherleitbild, werden im Folgenden behandelt.

C. Unlautere geschäftliche Handlungen

37 Mit der Bezugnahme auf unlautere geschäftliche Handlungen wird der gegenständliche Anwendungsbereich des Gesetzes definiert. Das Gesetz bezieht sich nur auf geschäftliche Handlungen und dabei wiederum nur auf solche, die aufgrund einer behaupteten Unlauterkeit am Maßstab des UWG geprüft werden. Der Begriff der **„geschäftlichen Handlung"** wird in § 2 Abs. 1 Nr. 1 legaldefiniert (siehe Kommentierung dort). Der Begriff der **„Unlauterkeit"** wird in § 3 Abs. 1 (siehe Kommentierung dort) und durch die Einzeltatbestände des Gesetzes konkretisiert. Für § 1 haben diese Begrifflichkeiten somit kaum eigenständige Bedeutung. Der Rechtsuchende, der sich auf UWG beruft und damit dessen Zugriff auslöst, wird gehalten, nur geschäftliche Handlungen als „unlauter" anzugreifen. Bedeutsam ist allerdings die Fokussierung des Gesetzes auf das **Verhalten,** nicht auf das Ergebnis des Verhaltens. Eine Auswirkungsanalyse von geschäftlichen Handlungen ist

[68] Ausführlich GroßKommUWG-*Peukert* § 1 Rn. 76. Vgl. *Hetmank* GRUR 2014, 437.
[69] BT-Drs. 16/10145, 11.
[70] Vgl. *Podszun* WRP 2009, 509 ff.

jedenfalls nachgeordnet und kann nur zur Bewertung des Handlungsunrechts dienen. Das UWG ist damit dogmatisch dem Deliktsrecht zuzuordnen.

Die Verhaltensorientierung (statt der Erfolgsbewertung) zeigt sich auch an der **Sanktionsebene:** Der BGH weist darauf hin, dass der Vertragsabschluss und die Fruchtziehung aus dem Vertrag unbeeinflusst von der Unlauterkeit der Handlung sein können und daher nicht notwendig vom Verbot erfasst sind.[71] Untersagt wird konsequenterweise im typischen Fall das Verhalten für die Zukunft. 38

D. Geschützte Personenkreise

§ 1 verpflichtet den Rechtsanwender, drei Personenkreise als **Schutzsubjekte** zu erkennen: **Mitbewerber, Verbraucher** und **sonstige Marktteilnehmer.** Während die Definition der jeweiligen Kreise in § 2 erfolgt, ist im Kontext von § 1 das Schutzniveau zu thematisieren. 39

I. Handelnder

Vor dem Schutz derjenigen Personenkreise, die von einer geschäftlichen Handlung betroffen sein können, sind zunächst die Interessen des Handelnden zu würdigen. Das Lauterkeitsrecht ist ein **Interventionsrecht,** das bestimmte Handlungen abstellen will. Der Eingriffscharakter verlangt aber, dass zunächst die Interessen desjenigen berücksichtigt werden, in dessen Handlungsfreiheit eingegriffen werden soll. Das Verbot, das hoheitlich ausgesprochen wird, bedarf immer einer Rechtfertigung, was wiederum bedeutet, dass zunächst der Freiheitsraum des Unternehmens anerkannt wird. Vor einer Darstellung der beeinträchtigten Interessen setzt § 1 daher selbstverständlich voraus, zunächst den autonom ausgefüllten Freiheitsraum zu würdigen. Das unternehmerische Handeln, das als Vorstoß im Wettbewerb wahrgenommen wird und die Grenzen des Unlauteren berühren mag, ist zunächst vom Schutzbereich der Handlungsfreiheit umfasst. **Art. 2 Abs. 1, 12 und 14 GG** sowie **Art. 16, 17 und 15 Grundrechte-Charta** schützen das Unternehmen, das wettbewerbliche Aktivitäten entfaltet. Auch aus dem Schutzzweck in § 1 S. 2 und der Systematik der marktwirtschaftlich gedachten Rechtsordnung lässt sich ableiten, dass es zunächst ein Vorrecht des Handelnden gibt, seine Freiheitsspielräume auszuloten. Denn die Marktwirtschaft ist durch Wettbewerb gekennzeichnet, und Wettbewerb wiederum ist ein dynamischer Prozess, ein „offenes Entdeckungsverfahren" *(von Hayek),* das von Vorstößen, Neuerungen und Offensiven lebt. Ohne unternehmerische Initiative und ohne Verletzung des Üblichen, Hergebrachten und Traditionellen käme eine Wettbewerbswirtschaft zum Stillstand. Ein zu rigides Lauterkeitsrecht würde freiheits- und wohlfahrtsmindernd wirken. 40

Im konkreten Fall ist das Gericht daher gehalten, die Interessen des Handelnden darzustellen. Geschützt wird grundsätzlich die **freie Betätigung im Wettbewerb.** Dies schließt als anzuerkennendes Interesse das Gewinnstreben ein, das selbstverständlicher Teil der Marktwirtschaft ist und nicht besser oder schlechter anzusehen ist als andere Handlungsmotivationen. Wenn § 1 den Schutz bestimmter Interessen im Wettbewerb benennt, so bedeutet dies, dass nur ausnahmsweise der unternehmerischen Handlungsfreiheit Grenzen gesetzt werden. Eine lauterkeitsrechtliche Entscheidung muss daher zunächst die sachliche und ohne moralische Überheblichkeit auskommende Würdigung der Interessen des Handelnden beinhalten. Dabei ist die konkrete Handlung, zB die Werbung, als wettbewerbliches Ausdrucksmittel zu würdigen: Welche Bedeutung, so hat das Gericht zu prüfen, hat diese geschäftliche Handlung für die Positionierung des Handelnden im Markt? Der Handelnde hat dabei hinsichtlich seiner geschäftlichen Aktivitäten einen weiten Spielraum, all die strategischen und konkreten Entscheidungen zu fällen, die er für den Geschäftsbetrieb als sinnvoll erachtet. 41

---

[71] BGH GRUR 2001, 1178 (1180) – Gewinn-Zertifikat; WRP 1994, 28 (30) – Folgeverträge. Vgl. MüKoUWG/*Sosnitza* § 1 Rn. 14.

42 Auch die **öffentliche Hand** kann Handelnder oder Mitbewerber im Sinne des UWG sein oder als sonstiger Marktteilnehmer in die Fälle involviert sein.[72] Die öffentliche Hand (zB Gemeinden, Unternehmen der öffentlichen Hand, öffentlich-rechtliche Körperschaften) genießt keine Privilegierung im Wettbewerb, sondern kann sich im Gegenteil nur beschränkt auf eigene Handlungsfreiheiten berufen.[73] Ihr Eingreifen im freien Wettbewerb ist aufgrund der grundsätzlichen Staatsfreiheit der marktwirtschaftlichen Ordnung und der besonderen Übermacht des Staates stets kritisch zu würdigen. In diesem Bereich wird sich regelmäßig der Weg vor die Landgerichte als richtiger Rechtsweg erweisen, wenn wettbewerbliche Aktivitäten von öffentlich-rechtlichen Institutionen ausgehen.[74]

II. Mitbewerber

43 Mitbewerber sind nach § 2 Abs. 1 Nr. 3 **Unternehmen,** die mit einem anderen bei Angebot und Nachfrage in einem **konkreten Wettbewerbsverhältnis** stehen (siehe die Kommentierung zu § 2 Abs. 1 Nr. 3). Aus dem Schutzzweck in § 1 UWG ergibt sich, dass der Kreis der Mitbewerber nicht zu eng definiert werden darf. Würde im Rahmen der Aktivlegitimation der Begriff der Mitbewerber so eng gezogen, dass kaum mehr jemand klagen kann, würde darunter der – auch durch Mitbewerberklagen – angestrebte Verbraucherschutz leiden.[75] Die **Marktabgrenzung** darf also nicht zu eng ausfallen. Insbesondere sind auch Mitbewerber zu berücksichtigen, die auf anderen Vertriebswegen dieselben Produkte vertreiben (zB Plattformverkauf vs. Stationärer Handel).

44 Der Schutz von Mitbewerbern spielt bei den verbraucherschützenden Tatbeständen in Einklang mit den Vorgaben der UGP-Richtlinie keine Rolle, sondern wird nur mittelbar erreicht. Für die übrigen Tatbestände (insbesondere §§ 3a und 4) sind Mitbewerber-Interessen zu achten. Gerichtet ist der Mitbewerberschutz in erster Linie auf den Schutz der wettbewerblichen Entfaltungsfreiheit.[76] Der Schutz von Mitbewerbern kann nur soweit gehen, wie er aus dem **Wettbewerbsprinzip** fließt. Dies bedeutet insbesondere, dass es **nicht Aufgabe des Lauterkeitsrechts** ist, überkommene Marktstrukturen oder Geschäftsmodelle zu schützen oder individuelle Mitbewerber davor zu bewahren, von Neuerungen in ihrem Marktumfeld überholt zu werden.[77] Schützenswert ist aber die eigene unternehmerische Handlungsfreiheit des Mitbewerbers. Hier können umfassend Interessen geltend gemacht werden, insbesondere bezieht sich der Schutz auf das eigene Handeln, den Einsatz der Wettbewerbsparameter auf allen Marktstufen (Nachfrage, Herstellung, Vertrieb), aber auch auf Vermögens- und Eigentumsschutz.[78] Die Anknüpfung erfolgt in **objektiver** Hinsicht, es geht also nicht primär darum, die individuelle Beeinträchtigung abzustellen (auch wenn dies bei Vorliegen eines konkreten Wettbewerbsverhältnisses möglich ist), sondern darum, den fairen Wettbewerb auf dem Markt zu sichern.

45 Eine Kategorisierung des Mitbewerbers findet nicht statt. So muss sich der Mitbewerber nicht selbst in besonders lauterer Weise verhalten, um durch das UWG geschützt zu werden. Ein **Mitbewerberleitbild,** entsprechend dem Verbraucherleitbild, hat die Rechtsprechung nicht entwickelt.[79] Das ist konsequent, da die **Mitbewerberinteressen** durch geschäftliche Interessen gekennzeichnet und dadurch typisiert zu ermitteln sind. Auf die Empfindung kommt es bei Unternehmen ebenso wenig an wie auf ihre individuellen

[72] Vgl. etwa BGH GRUR 2013, 301 – Solarinitiative; GRUR 2009, 606 Rn. 20 – Buchgeschenk vom Standesamt; ZUM 2008, 594 Rn. 21 – Sportwetten; GRUR 2002, 550 (553) – Elternbriefe. Eingehend *Ahrens* → Einl. Rn. 1016 ff.

[73] Das gilt auch, wenn Private an öffentlichen Unternehmen beteiligt sind, vgl. BVerfG NJW 2009, 3644.

[74] Anders OVG Koblenz DÖV 2013, 742.

[75] BGH GRUR 2021, 497, 501 – Zweitmarkt für Lebensversicherungen; OLG Frankfurt a. M. BeckRS 2019, 10942 Rn. 16.

[76] *Köhler*/Bornkamm/Feddersen § 1 Rn. 10; GroßKommUWG-*Peukert* § 1 Rn. 190.

[77] Vgl. BGH GRUR 2002, 825 (827).

[78] Vgl. *Köhler*/Bornkamm/Feddersen § 1 Rn. 10.

[79] Vgl. aber EuGH C-112/99, GRUR 2002, 354 (356) – Toshiba/Katun: „durchschnittlich informierte, aufmerksame und verständige Person".

Gegebenheiten, wie sie etwa bei besonders schutzbedürftigen Verbrauchern berücksichtigt werden können. Zudem werden in den meisten Fällen, in denen der Mitbewerberschutz relevant ist, die jeweiligen Interessen von einer betroffenen Partei vorgetragen, sodass eine gesonderte Ermittlung nicht erforderlich ist.

Allerdings kann der **Mitbewerberschutz** an den Besonderheiten des jeweiligen Marktumfelds anknüpfen, dh **branchenspezifisch** ausgestaltet werden. In einem Branchenumfeld, das von einem ehemaligen staatlichen Monopolisten dominiert ist (zB im Post- oder Telekommunikationswesen), können Mitbewerberinteressen stärker geschützt werden als in einem seit Jahrzehnten wettbewerblich strukturierten Markt. Auch bei hohen Marktzutrittsschranken oder in hochkonzentrierten Branchen können Mitbewerberinteressen schneller schutzwürdig sein als in anderen Umfeldern. Hier zeigt sich allerdings die Nähe zum Schutzzweck des Wettbewerbs: Mitbewerberschutz muss immer wettbewerbskonform ausgestaltet sein und muss also die **Anreize** für den Handelnden und den Mitbewerber bewahren, sich im Ringen um Geschäftsabschlüsse zu messen. Hier ist der Schutzumfang aber ebenso weit: Der Mitbewerber darf nicht durch unlauteres Verhalten eines Konkurrenten in seiner wettbewerblichen Entfaltungsfreiheit, und das heißt: seiner autonomen, geschäftlichen Entscheidungsgewalt, eingeschränkt werden. 46

Die **Definition der Schutzrichtung oder Schutzhöhe** muss notwendig am Lauterkeitskriterium angeknüpft werden und lässt sich nicht abstrakt formulieren. Drei **Konstellationen des Mitbewerberschutzes** können differenziert werden: 47

Erstens darf es dem Mitbewerber nicht unmöglich gemacht werden, selbst im Wettbewerb tätig zu werden. Der Handelnde darf also den **Zugang zum Wettbewerb** nicht durch sein unlauteres Verhalten versperren. Diese Offenhaltung der Märkte garantiert zwar nach klassischer Einteilung das Kartellrecht, doch gibt es auch lauterkeitsrechtliche Ansprüche, wenn ein besonderes Unlauterkeitsmoment hinzutritt. 48

Zweitens darf es dem Mitbewerber nicht unmöglich gemacht werden, sich in lauterer Weise **im Wettbewerb zu bewähren.** Geht also vom Handelnden ein **Sog** aus, der aggressiv-unlauteres Verhalten zur Branchenpraxis erhebt, ist der Mitbewerber davor in Schutz zu nehmen: Der Rechtsverstoß des einen macht seinen Wettbewerbsvorsprung aus, sodass – wer im Rennen bleiben will – ebenfalls gegen Recht verstoßen muss. Das aber wird durch Konkurrenten schützendes UWG unterbunden, sodass eine Nachahmung des unlauteren Verhaltens nicht zur Norm wird.[80] 49

Drittens darf der Handelnde nicht durch unlauteres Verhalten **auf Kosten des Mitbewerbers** seine geschäftlichen Interessen durchsetzen. Zwar impliziert die **Rivalität im Wettbewerb,** dass die Durchsetzung von Interessen des einen stets auf Kosten des anderen geht. Tritt aber ein Unlauterkeitsmoment so hinzu, dass der Mitbewerber gezielt in seiner Entfaltung gehindert wird oder in seinen Leistungen ausgebeutet wird, ist die Untersagung des Verhaltens Ausfluss des Mitbewerberschutzes. 50

Nicht schutzwürdig ist das Interesse des Mitbewerbers, Preisunterbietungen, sachlicher Kritik, zutreffenden Vergleichen oder neuen Anbietern nicht ausgesetzt zu werden.[81] Die Position des Mitbewerbers muss stets im Wettbewerb angreifbar bleiben – dieses Risiko kennzeichnet gerade die unternehmerische Tätigkeit, die vom UWG angespornt, nicht verhindert werden soll. 51

III. Verbraucher

Das UWG ist heute, der Vorgabe des europäischen Rechts folgend, **in weiten Teilen auch Verbraucherrecht.** Es ist damit ein Instrument unter anderen, um den Verbraucher als Marktteilnehmer in seiner wirtschaftlichen Entfaltungsfreiheit zu schützen. Es steht in dieser Dimension neben Regeln wie der AGB-Kontrolle oder anderen verbraucherschützenden Regelungen. Es unterscheidet sich aber durch seine besondere Durchsetzung ohne 52

---

[80] Beispielhaft KG GRUR-RR 2019, 119 Rn. 30.
[81] Vgl. MüKoUWG/*Sosnitza* § 1 Rn. 24.

individuelle Verbraucheransprüche und durch seinen Rückbezug auf den Wettbewerb als besten Sicherungsmechanismus des Verbraucherschutzes.

52a Der **Verbraucherbegriff** des UWG wird gemäß § 2 Abs. 2 an **§ 13 BGB** angelehnt (siehe die Kommentierung zu § 2 Abs. 2). Bei den verbraucherschützenden Tatbeständen (§§ 4a, 5, 5a, 6, 7 Abs. 2 und 3) sind die Normen so auszulegen, dass dem Verbraucherschutz effektiv zum Durchbruch verholfen wird. Dies ist eine Konsequenz der UGP-RL. Der Anspruch des europäischen Rechts geht über einen nur mittelbaren oder abgewogenen Schutz von Verbraucherinteressen hinaus; angestrebt wird ein hohes Verbraucherschutzniveau. Allerdings lässt sich Verbraucherschutz auch aus dem **Wettbewerbsprinzip** ableiten, da die Wettbewerbstheorie es vermocht hat, den Verbraucher als mündigen Marktteilnehmer in das marktwirtschaftliche Konzept zu integrieren[82] und die Konsumentenwohlfahrt zu einem wesentlichen Ziel der Wettbewerbspolitik zu machen. Die Definition eines in die Marktwirtschaft eingebundenen Verbraucherschutzes gelingt über die Wettbewerbsidee jedenfalls besser als über das – gelegentlich ideologisch aufgeladene – Postulieren von Verbraucherinteressen jeglicher Art. Art. 169 Abs. 1 AEUV gibt Hinweise darauf, was allgemein als Verbraucherschutz anzusehen ist. Genannt werden in dieser Norm Gesundheit, Sicherheit, wirtschaftliche Interessen, Information, Erziehung und kollektive Interessenwahrnehmung. Von diesen Zielen ist über die UGP-RL nach hier vertretener Auffassung aber **nur das wirtschaftliche Interesse der Verbraucher** zu berücksichtigen.[83] Die UGP-Richtlinie und folglich das UWG sind nämlich auf die wirtschaftliche Entfaltung der Verbraucher im geschäftlichen Verkehr ausgerichtet, nicht auf einen allgemeinen Verbraucherschutz. Der Verbraucher wird als Akteur in der Marktwirtschaft adressiert, der sich mit Hilfe autonomer Entscheidungen als Nachfrager am Markt betätigt und so seine Bedürfnisse befriedigt. Der **Kern dieses Schutzkonzepts** ist also die freie, informierte Entscheidung des Verbrauchers am Markt. Geschützt wird die Konsumentensouveränität, die sich in Auswahl und Abschluss manifestiert.

53 Der **Verbraucher** wird, wie der Befugniskatalog in § 8 zeigt, aktuell **nur kollektiv geschützt, nicht mit individuellen Klagerechten.**[84] Individuelle Ansprüche sind über Vertrags- und Deliktsrecht durchzusetzen.[85] Inwieweit Normen des UWG als Schutzgesetz im Sinne von § 823 Abs. 2 BGB anzusehen sind, ist strittig. Für strafrechtliche UWG-Normen kann der Schutzgesetzcharakter bejaht werden, da diese die zivilrechtlichen Folgen nicht abschließend regeln. Für die übrigen Tatbestände des UWG will der Gesetzgeber – nach langer Diskussion – wohl keinen individualschützenden Charakter annehmen.[86] Dies ist auch dogmatisch zutreffend:[87] Ansprüche sind abschließend in § 8 geregelt, ein Unterlaufen würde das fein austarierte Schutzsystem des UWG ins Wanken bringen. Zudem sind die Formulierungen im UWG, wie § 1 zeigt, nicht auf den Individualschutz, sondern auf einen typisierten Gruppenschutz und eine Sicherung des Allgemeininteresses ausgerichtet. Die Gegenmeinung argumentiert mit dem Schutzzweck des UWG sowie mit Blick auf die europäische Rechtsprechung zum *effet utile* im Kartellrecht, wo der EuGH individuelle Klagerechte von Kartellgeschädigten gestärkt hat.[88] Hier könnten sich aus dem New Deal for Consumers allerdings weiter reichende Rechte ergeben.[89]

---

[82] Vgl. *Drexl,* Die wirtschaftliche Selbstbestimmung des Verbrauchers, 1998.

[83] *Stuyck* CMLR 2015, 721 (724).

[84] Vgl. zur Begründung BT-Drs. 15/1487, 22. Vgl. *Köhler* FS Büscher, 2018, 333; *Lehmler* § 1 Rn. 3f.

[85] *Engels/Salomon* WRP 2004, 3332, 3334. Vgl. *Brandt* Zur Abstimmung der Regelungsinstrumente in Vertrags- und Lauterkeitsrecht, 2018.

[86] BT-Drs. 15/1487, 22; vgl. *Oppermann/Müller* GRUR 2005, 280 (285). Vgl. zum Schutzzweck von § 7 UWG BGH GRUR 2016, 831.

[87] Wie hier *Ahrens* (in diesem Band), → Einl. Rn. 1107 mwN. AA mit Hinweis auf § 1 UWG LG Bonn GRUR-RS 2015, 06600 Rn. 46.

[88] *Augenhofer* WRP 2006, 169; *Keßler* VuR 2018, 241 unter Verweis auf EuGH C-453/99, EuZW 2001, 715 – Courage; EuGH C-295/04, EuZW 2006, 529 – Manfredi.

[89] Europäische Kommission, Richtlinien-Vorschlag vom 11.4.2018, COM(2018) 185 final, S. 2. Vgl. *Keßler* VuR 2018, 241.

1. Verbraucherleitbild. Die Auffassung, dass Wettbewerbsförderung der beste Verbraucherschutz ist, wird vom **Verbraucherleitbild** gestützt (siehe dazu *Glöckner* → Einl. Rn. 104, 276, 350, 434). In formaler Hinsicht ist das Verbraucherleitbild inzwischen konsolidiert. Demnach gilt das aus dem europäischen Recht[90] zunächst von der Rechtsprechung übernommene,[91] später auch vom Gesetzgeber anerkannte moderne Verbraucherleitbild.[92] Gemäß Erwägungsgrund 18 der UGP-RL sind geschäftliche Handlungen zu prüfen in ihrer Wirkung auf den „**Durchschnittsverbraucher,** der angemessen gut unterrichtet und angemessen aufmerksam und kritisch ist, unter Berücksichtigung sozialer, kultureller und sprachlicher Faktoren."[93] Andere Formulierungen sprechen vom „normal informierten und angemessen aufmerksamen und verständigen Durchschnittsverbraucher".[94] Die anzunehmende **Aufmerksamkeit** richtet sich nach den Umständen.[95] Für das Gericht besteht hier die Herausforderung, sich in die Position eines typisierten Verbrauchers zu versetzen und in der konkreten Situation den Grad der zu erwartenden Aufmerksamkeit zu ermessen. 54

In materieller Hinsicht ist allerdings längst nicht mehr sicher, ob der Verbraucher noch als mündiger, informierter Bürger gedacht werden kann. In den vergangenen Jahren ist die **Diskussion um das Verbraucherleitbild** wieder aufgebrochen.[96] Erkennbar wird eine Tendenz, wieder stärker auf den flüchtigen, schutzbedürftigen Verbraucher abzustellen, den Schutzgrad also zu erhöhen. Angesichts der Undurchschaubarkeit digitaler Produkte und Leistungen oder der Wirkungsweise von Algorithmen ist gerade bei derartigen Sachverhalten die Entscheidungskompetenz des Verbrauchers in Frage gestellt.[97] Der EuGH hat die Diskussion um die Schutzbedürftigkeit des Verbrauchers durch Urteile befeuert, in denen (scheinbar) Verbraucher wieder stärker geschützt werden.[98] Sich an letztlich wenig aussagekräftigen Begrifflichkeiten festzuhalten[99] und einzelne Entscheidungen des EuGH zu deuten, führt nicht weiter. Der entscheidende Sprung wäre die stärkere Betonung empirischer Befunde in UWG-Prozessen.[100] Dadurch würde ein realistischeres Bild des Verbrauchers ermöglicht. Für eine Stärkung der empirischen Prüfung im UWG gibt es jedoch in der derzeitigen Gerichtspraxis keine Anhaltspunkte. 55

Normativ ist daher grundsätzlich von einem modernen und verständigen Verbraucher auszugehen, der im geschäftlichen Verkehr Unternehmensvertretern auf Augenhöhe begegnet. So wird der faire Wettbewerb auf den mündigen Verbraucher als Marktteilnehmer ausgerichtet, der aufgrund der Wechselwirkungen mit dem Recht auch immer weiter zu einem solchen erzogen wird. Hintergrund dieses Bildes von einem Verbraucher, der im 56

[90] Vgl. EuGH C-210/96, WRP 1998, 848 (851) – Gut Springenheide; EuGH C-315/92, NJW 1994, 1207 (1208) – Clinique. Siehe auch *Köhler*/Bornkamm/Feddersen § 1 Rn. 22 ff.

[91] Ua BGH GRUR 2000, 619 (621) – Orient-Teppichmuster; BGH GRUR 2002, 182 (183) – Das Beste jeden Morgen.

[92] BT-Drs. 15/1487, 19. Siehe auch *S. Ahrens* IPRB 2012, 136; zum Verbraucherleitbild im Internet *Lederer* NJOZ 2011, 1833; zur Entwicklung des Verbraucherleitbilds auch *Glöckner* → Einl. Rn. 434.

[93] Ähnlich BT-Drs. 15/1487, 19 in Bezug auf § 5: „Leitbild eines durchschnittlich informierten und verständigen Verbrauchers (…), der das Werbeverhalten mit einer der Situation angemessenen Aufmerksamkeit verfolgt."

[94] EuGH C-329/02 P, GRUR Int. 2005, 44 Rn. 24 – SAT.2.

[95] Vgl. *Köhler*/Bornkamm/Feddersen § 1 Rn. 27, 35.

[96] Vgl. *Jahn/Palzer* K & R 2015, 444; *Möstl* WRP 2014, 906; *Scherer* WRP 2013, 705; *Helm* WRP 2013, 710; *Engel* ZRP 2015, 33.

[97] Vgl. *Gyarmati-Buchmüller,* Neuromarketing und lauterkeitsrechtlicher Verbraucherschutz, 2019; *Busch,* Algorithmic Accountability, 2018.

[98] Insbesondere EuGH C-428/11, GRUR 2012, 1269 – Purely Creative; EuGH C-195/14, WRP 2015, 847 – Himbeer-Vanille-Abenteuer. Der zweitgenannte Fall betraf eine lebensmittelrechtliche Frage, weshalb die Thematik im Lebensmittelrecht parallel stark diskutiert wird, vgl. etwa *Meisterernst/Muffler* ZLR 2013, 25; *Steinbeck* ZLR 2014, 302; *Böhler* ZLR 2014, 27; *Sosnitza* ZLR 2014, 137.

[99] Die zudem möglicherweise fehlerhaft übersetzt sind, vgl. *Henning-Bodewig* WRP 2013, Heft 11, Editorial.

[100] Vgl. Wissenschaftlicher Beirat des BMELV, „Ist der „mündige Verbraucher" ein Mythos? Auf dem Weg zu einer realistischen Verbraucherpolitik", 2012; eindrücklich *Jacobi* Preisverhalten und Wettbewerbsrecht, 2017; *Reisch/Sunstein* FS Fezer, 2016, 69; *Beutel,* Wahrnehmungsbezogene richterliche Erfahrungssätze, 2011; bei der Irreführung ist streitig, inwieweit auf Empirie abgestellt werden sollte.

Vergleich zur früheren Rechtslage in Deutschland als verständiger eingeschätzt wird, ist ein wirtschaftspolitisches **Liberalisierungsprogramm,** das den Binnenmarkt fördert.

56a In Frage gestellt wird dieses Bild vom mündigen Verbraucher aber zunehmend bei **Internet-Fällen.** Verbraucher stehen zunehmend Vertragspartnern gegenüber, die dank der Auswertung von Daten in einer derart strukturell überlegenen Lage sind, dass eine freie und mündige Verbraucherentscheidung gar nicht mehr gewährleistet ist: Wenn Verbraucher von Unternehmen schon in ihrer Wahrnehmung und Bedürfnisbildung manipuliert und gesteuert werden können, meist ohne dies zu merken, muss der lauterkeitsrechtliche Schutz die strukturelle digitale Inkompetenz auffangen. In zwei Fällen besteht daher **Anpassungsbedarf** für das Verbraucherleitbild für geschäftliche Handlungen **auf digitalen Plattformen und in Netzwerken:** Erstens wenn es zu einer systematischen Informationssteuerung kommt (wie etwa bei Suchmaschinen oder auf Plattformen), ohne dass der Verbraucher überhaupt die Chance hat, die Informationen und ihre Grundlagen (etwa den steuernden Algorithmus) zu hinterfragen. Zweitens wenn die Kosten einer eigenständigen, vom Unternehmen nicht gewünschten Verbraucherentscheidung so hoch sind, dass von einer autonomen Entscheidung des Verbrauchers nicht mehr gesprochen werden kann. Das ist insbesondere der Fall, wenn Entscheidungsmöglichkeiten systematisch beschränkt werden, zB durch lock-in-Effekte. Weitere Konstellationen können, vor allem im Zusammenhang mit dem fortschreitenden Einsatz von **Big Data, Algorithmen und künstlicher Intelligenz,** entstehen. Hier muss die Rechtsprechung Verbraucher in die Lage versetzen, noch autonom im geschäftlichen Verkehr zu entscheiden, etwa angesichts von personalisierten Preisen.[101]

57 Ein spezielles Verbraucherleitbild wird angesetzt, wenn eine Geschäftspraxis sich an **spezielle Verbrauchergruppen** richtet (zB Kinder, Migranten mit geringen Sprachkenntnissen, Patienten), „deren Eigenschaften sie für unlautere Geschäftspraktiken besonders anfällig machen" (Erwägungsgrund 18).[102] Dann ist auf ein **Durchschnittsmitglied dieser Gruppe** abzustellen, sodass der Schutz besonders schutzbedürftiger Gruppen erhalten bleibt.

58 Das Verbraucherleitbild kann konsequenterweise auch in der Gegenrichtung eine Veränderung erfahren, wenn sich ein Angebot an eine besonders wache und geschäftlich erfahrene Gruppe von Verbrauchern richtet (zB juristische Fachleute).[103]

59 **2. Ermittlung der Verbraucherinteressen.** Die Ermittlung der Verbrauchersicht begegnet in der gerichtlichen Praxis großen Schwierigkeiten. Die UGP-Richtlinie stellt klar, dass sie von den nationalen Gerichten **keine statistischen Erhebungen** verlangt: „Die nationalen Gerichte und Verwaltungsbehörden müssen sich bei der Beurteilung der Frage, wie der Durchschnittsverbraucher in einem gegebenen Fall typischerweise reagieren würde, auf ihre eigene Urteilsfähigkeit unter Berücksichtigung der Rechtsprechung des Gerichtshofs verlassen."[104] Dies ist bei den einzelnen Tatbeständen zu konkretisieren. Mit dieser Erwägung öffnet der Richtliniengeber der richterlichen Würdigung im Einzelfall Tür und Tor. Die „bounded rationality" von Richtern, also ihre – wie bei jedem Menschen – eingeschränkte Rationalität, ihre Vorprägung und Beeinflussbarkeit wird nicht problematisiert. Auch die Rechtsprechung selbst beruft sich regelmäßig ohne weitere Problematisierung auf eigene Sachkunde oder Einschätzung dessen, was der Durchschnittsverbraucher empfindet. **Neuere Erkenntnisse der Verhaltens- und Entscheidungsforschung** bleiben damit ausgeblendet. Das ist nur hinzunehmen, wenn man den **Verbraucherbegriff rein normativ** versteht und von tatsächlichen Gegebenheiten abkoppelt.[105] Der Durchschnittsverbraucher ist demnach ein Verbrauchertypus, den sich der Gesetzgeber als Markt-

[101] Dazu *Hofmann* WRP 2016, 1074 ff. Siehe auch *Busch,* Algorithmic Accountability, 2018.
[102] Zu Senioren siehe *Yankova/Hören* WRP 2011, 1236.
[103] BVerfG NJW 2003, 719 (720) – JUVE-Handbuch.
[104] Erwägungsgrund 18 der UGP-Richtlinie.
[105] Vgl. umfassend *Beutel,* Wahrnehmungsbezogene richterliche Erfahrungssätze, 2011; *Beutel,* euvr 2012, 172; *Jacobi,* Preisverhalten und Wettbewerbsrecht, 2017.

teilnehmer wünscht. Das schließt zwar nicht aus, dass Richter ihr Bild vom idealtypischen Verbraucher um eigenes Erfahrungswissen anreichern und dieses wiederum mit entsprechenden Erhebungen absichern. Zu weitgehend wäre es sicher, geradezu einen Ausschluss der Möglichkeit von Sachverständigengutachten zu folgern. Eine Verpflichtung, solche einzuholen, besteht aber ebenfalls nicht.[106] Die UGP-Richtlinie verlangt letztlich vom nationalen Richter lediglich eine Berücksichtigung der europäischen Rechtsprechung.[107]

Die materielle Betonung des Verbraucherschutzes trifft auf eine weitere Relativierung durch das Verfahrensrecht, indem Verbraucherinteressen typisiert und kollektiviert wahrgenommen oder in den Prozess eingebracht werden. Einzelne Verbraucher können sich im Prozess kein Gehör verschaffen. Hier zeigt sich, dass das UWG **„generalpräventiv"**[108] dem Schutz typisierter Verbraucherinteressen dient, nicht aber der konkreten Abhilfe individuell identifizierbarer Verbraucher.[109] 60

3. Anerkannte Verbraucherinteressen. Es können nur solche Verbraucherinteressen geschützt werden, die ein typisierter mündiger Verbraucher im Wirtschaftsverkehr verfolgt.[110] Das bedeutet, dass der Verbraucher dezidiert **als Marktteilnehmer** gesehen wird, es geht also um die marktbezogenen, wirtschaftlichen Interessen des Verbrauchers. Aus der UGP-Richtlinie geht in erster Linie hervor, dass der Verbraucher in der Lage sein muss, eine **informierte Entscheidung** zu treffen, geschützt werden also Richtigkeit der Informationsgrundlage, Prozess der Willensbildung und freie Entscheidung.[111] Darin liegt eine wichtige Weichenstellung: Der **selbstbestimmt handelnde** Verbraucher, der typisiert von der Rechtsprechung angenommen wird, entscheidet auf Basis richtiger und umfassender Information selbst, welches Angebot er zu welchem Preis annimmt (Konsumentensouveränität).[112] Das ist ein erheblicher Unterschied zu einem Verbraucherschutz, der bestimmte substantielle Standards verlangt. Der Schutzzweck ist also gerichtet darauf, dem Verbraucher seine freie Entscheidung zu ermöglichen. Es geht beim Lauterkeitsrecht nicht darum, besonders günstige Verbraucherpreise, eine hohe Angebotsvielfalt, den Gesundheitsschutz oder die Produktsicherheit zu gewährleisten. Damit ist der Schutzstandard in § 1 konform mit einem offenen Wettbewerbsverständnis, das davon ausgeht, dass der Markt (unter Einschluss der Verbraucher) die besten wirtschaftlichen Entwicklungen hervorbringt und es einer staatlichen Planung oder Bevormundung nicht bedarf. Der Verbraucher nimmt an der dezentralen Koordination der Einzelpläne mit seinen Präferenzen teil und wird so zu einem selbständigen Akteur im Markt. Anerkennenswert sind damit solche Interessen, die den Verbraucher zu einer informierten Entscheidung in diesem Prozess befähigen. Damit wird die Entscheidung wettbewerbsfunktional. 61

Hier ist zunächst an den Schutz der *informierten* Entscheidung zu denken.[113] Die **Informationen,** die der Verbraucher erhält, dürfen ihn nicht irreführen, indem sie falsch oder unvollständig sind. Aus dieser Sicht resultiert die Forderung nach Informationspflichten, die in einem „Informationsmodell" kulminiert.[114] Ein „information overload" ist allerdings kontraproduktiv.[115] 62

---

[106] Vgl. zur Nutzung empirischer Erkenntnisse im Rahmen der Irreführung einerseits *Dreyer* → § 5 Rn. 375 (dagegen), andererseits *Frank* → § 5a Rn. 281 f. (dafür).

[107] Vgl. *Glöckner* → Einl. Rn. 419 ff. mwN.

[108] *Köhler*/Bornkamm/Feddersen § 1 Rn. 17.

[109] *Glöckner/Henning-Bodewig* WRP 2005, 1311, 1318.

[110] Vgl. *Beater,* Verbraucherschutz und Schutzzweckdenken im Wettbewerbsrecht, 2000, S. 121 ff.

[111] Vgl. *Köhler*/Bornkamm/Feddersen § 1 Rn. 16 ff.; *Podszun/Busch/Henning-Bodewig,* Behördliche Durchsetzung des Verbraucherrechts?, 2018, S. 11 ff.

[112] Vgl. *Klagge,* Normative Kohärenz des deutschen Lauterkeitsrechts, 2017, S. 24.

[113] Vgl. *Köhler*/Bornkamm/Feddersen § 1 Rn. 18.

[114] Vgl. *Schön* FS Canaris, Band 1, 2007, 1191; *Ohly* GRUR 2004, 889 (894).

[115] *Ben-Shahar/Schneider,* More than You Wanted to Know: The Failure of Mandated Disclosure, 2014; *Bar-Gill/Ben-Shahar,* 50 Common Market Law Review 109 (2013); *de Streel/Sibony,* Towards Smarter Consumer Protection Rules for the Digital Society, CERRE Project Report, 2017, S. 28 ff., 46 f.; *Busch* in Twigg-Flesner, Research Handbook on EU Consumer and Contract Law, 2016, S. 221 ff.

63 Auf Basis der Information findet die **Willensbildung** statt. Diese muss frei und unbeeinflusst sein, damit der Verbraucher tatsächlich seine Interessen erforschen und verfolgen kann.[116] Die Willensbildung darf nicht von aufgenötigten Fremdinteressen überlagert werden, deren Erfüllung der Verbraucher an die Stelle seiner eigenen Interessen setzt. Diese Willensbildung ist insbesondere bei der zunehmenden Steuerung des Verbrauchers durch digitale Intermediäre mit Eigeninteressen bedroht.

64 Hinzu tritt der Schutz der **Auswahl- und Abschlussfreiheit,** die Teil einer mündigen Entscheidung sind. Dementsprechend darf eine „Nötigung" des Verbrauchers zu einem bestimmten Geschäft nicht stattfinden. Diese Freiheit beginnt bereits im Vorfeld eines Geschäfts, sodass Werbung oder Kundenansprache nicht dazu führen dürfen, dass sich der Verbraucher mit einem möglichen Geschäft befassen muss. Grundsätzlich soll der Verbraucher auch nicht durch eine Entscheidung in seiner Auswahl- und Abschlussfreiheit für alle möglichen anderen Entscheidungen gebunden werden (lock-in-Effekt). Ist es für den Verbraucher nicht absehbar, wie weitgehend er sich mit einer einzelnen „Systementscheidung" bindet, so ist ggf. seine Abschlussfreiheit bedroht.

65 Bestandteil einer Entscheidung ist auch die **offene Kommunikation,** die dem Verbraucher möglich sein muss. Da Entscheidungen von der Kommunikation mit anderen abhängig sind, sei es durch Information oder Austausch bei der Willensbildung sowie bei der Kommunikation des Entscheidungsergebnisses an die Marktgegenseite, wohnt dem Lauterkeitsrecht auch ein kommunikationsschützendes Element inne.

65a Die Europäische Kommission hat in ihren neueren Plänen **(New Deal for Consumers)**[117] die zu schützenden Interessen der Verbraucher eindeutig in den Kontext der **Wohlfahrtssteigerung** gestellt und ökonomische Zielsetzungen angegeben. Demnach geht es um besseren (Online-)Zugang zu Gütern und Dienstleistungen, Aufbau von Vertrauen und Schaffung von Sicherheit für Verbraucher sowie die Reduzierung von Transaktionskosten und Verwaltungsaufwand.[118] Diese Zielbestimmung des europäischen Gesetzgebers verstärkt die ökonomische Lesart des Verbraucherrechts. Sie schlägt sich ansatzweise auch in der Richtlinie 2019/2161, mit der das Verbraucherrecht in der EU modernisiert wird, nieder und wird hier insbesondere für Online-Tatbestände ausformuliert.[119]

66 Bei den Verbrauchergruppen, für die eine **gesonderte Schutzhöhe** angenommen wird, ist auf ihre ggf. eingeschränkte Fähigkeit abzustellen, eine Entscheidung zu treffen und deren Tragweite zu überblicken.[120] Ein Zusammenhang mit den finanziellen Konsequenzen wird nicht zu leugnen sein, selbst wenn der zu überblickende Funktionsmechanismus, etwa bei der Bindung durch ein Abonnement, leicht nachvollziehbar ist.

67 Zum Teil wird die Auffassung vertreten, dass **weitere Rechtsgüter** des Verbrauchers geschützt würden, zB seine Gesundheit, Eigentum und Besitz oder das allgemeine Persönlichkeitsrecht.[121] Dies löst sich aber vom Verständnis der Richtlinie, die auf den Schutz der wirtschaftlichen Interessen des Verbrauchers im geschäftlichen Verkehr ausgerichtet ist, und des § 1, der ebenfalls markt- und wettbewerbsbezogen gedacht ist. Zudem wird bei einem weitergehenden Verbraucherschutz die Begrenzung des Schutzes sonstiger Interessen aus § 1 S. 2 verwischt. Besonders groß ist die Gefahr der Ausweitung des Verbraucherschutzes als Topos bei der Anwendung von § 3a. So zählt der BGH etwa auch den Jugend-

---

[116] Vgl. *Köhler*/Bornkamm/Feddersen § 1 Rn. 19.

[117] Ausführl. *Keller* → Einl. Rn. 71 ff.; *Glöckner* → Einl. Rn. 193 ff.

[118] Europäische Kommission, Mitteilung „Ein umfassendes Konzept zur Förderung des grenzüberschreitenden elektronischen Handels für die Bürger und Unternehmen Europas", COM(2016) 320 final, S. 5.

[119] Richtlinie 2019/2161 vom 27.11.2019 zur Änderung der Richtlinie 93/13/EWG des Rates und der Richtlinien 98/6/EG, 2005/29/EG und 2011/83/EU des Europäischen Parlaments und des Rates zur besseren Durchsetzung und Modernisierung der Verbraucherschutzvorschriften der Union, ABl. 2019 L 328, S. 7.

[120] Vgl. für Kinder einerseits die BGH-Entscheidung *Klingeltöne* (GRUR 2006, 776 Rn. 24) und andererseits *Lion-Sammelaktion* (BGH GRUR 2009, 71 Rn. 20). Siehe auch *Fritzsche* FS Fezer, 2016, 885.

[121] Wohl beschränkend auf § 7 *Köhler*/Bornkamm/Feddersen § Rn. 20; MüKoUWG/*Sosnitza* § 1 Rn. 27.

schutz als Verbraucherschutz.[122] Ein solches Verbraucherschutzverständnis entgrenzt allerdings den Begriff des Verbraucherschutzes. Dann kann quasi jede Schutznorm als Verbraucherschutz definiert werden. Im UWG ist aber Verbraucherschutz im engeren Sinne gemeint, also Verbraucherrecht als Außenrecht der Unternehmen in ihrem Marktauftreten. Diese Differenzierung ist gerade für § 3a wichtig, wenn der Wettbewerbsverstoß die Legitimation ist, das Verfahren des UWG zu nutzen – nicht der Gesetzesverstoß. Soweit die ansonsten angesprochenen Rechtsgüter einen **wettbewerblichen Bezug** aufweisen, lässt sich ihr Schutz – wie er etwa in § 7 vorgesehen ist – aber als vereinbar mit der UGP-Richtlinie ansehen.

IV. Sonstige Marktteilnehmer

In § 1 S. 1 werden auch die **sonstigen Marktteilnehmer** erwähnt. Als Marktteilnehmer sind gemäß § 2 Abs. 1 Nr. 2 alle Personen anzusehen, die als Anbieter oder Nachfrager am Markt auftreten (siehe Kommentierung dort). Als sonstige Marktteilnehmer kommen in erster Linie demnach solche Unternehmen in Betracht, die nicht in einem Wettbewerbsverhältnis zum Handelnden stehen, etwa Vermittler (Intermediäre), Lieferanten, Abnehmer oder im Umfeld tätige Unternehmen. Zu denken ist etwa an den Bereich der **B2B-Werbung** oder Geschäftspraktiken gegenüber Unternehmen, zu denen Lieferbeziehungen bestehen. **Plattformbetreiber** sind ggf. sonstige Marktteilnehmer, sie sind in vielen Fällen aber auch Mitbewerber der Unternehmen, die über die Plattform anbieten oder nachfragen. 68

Auch die **öffentliche Hand** kann als sonstiger Marktteilnehmer eingeordnet werden, wenn sie Güter oder Dienstleistungen anbietet oder nachfragt. Hier ist zu berücksichtigen, dass die europäische Rechtsprechung in den vergangenen Jahren insbesondere im Gesundheitssektor manche hoheitlichen Tätigkeiten nicht mehr als wirtschaftliche Aktivitäten angesehen hat.[123] 69

Nur selten werden die Interessen sonstiger Marktteilnehmer entscheidungserheblich werden. Sie sind stets wettbewerbskonform auszurichten. Auch hier ist an die **Sicherung der Entscheidungsfreiheit,** also an freie und informierte Möglichkeiten des Geschäftsabschlusses, zu denken. Die Interessen sonstiger Marktteilnehmer sind ggf. nachgeordnet zu berücksichtigen.[124] 70

E. Schutz von Allgemeininteressen

Mit der UWG-Reform wurde in § 1 S. 2 klargestellt, dass nur das **Allgemeininteresse am unverfälschten Wettbewerb** schutzfähig ist. Das UWG dient nicht dazu, sonstige öffentliche Interessen (von Arbeitsplatzsicherung über Volksgesundheit und Gender-Gerechtigkeit bis Umweltschutz) durchzusetzen.[125] Damit rückt der Gesetzgeber, ohne dies ausdrücklich anzuerkennen, von der Rechtsprechung ab, in deren Entscheidungen immer wieder auch sonstige Interessen genannt worden waren. 2003 hatte das **BVerfG** etwa „gewichtige Interessen der Allgemeinheit" als schutzfähig angesehen, ohne allerdings zu konkretisieren, welche Interessen hier gemeint sein könnten.[126] Insbesondere in Fällen des Verstoßes gegen andere Gesetze (§ 3a, zuvor § 4 Nr. 11) wird nicht, wie erforderlich, in der Argumentation strikt zwischen dem Gesetzesverstoß als solchem, den dadurch verletzten sonstigen öffentlichen Interessen und der Unlauterkeit aufgrund der zugleich ver- 71

[122] BGH GRUR 2007, 890 Rn. 34 – Jugendgefährdende Medien bei ebay. Vgl. GroßKommUWG-*Fritzsche* § 1 Rn. 24.

[123] EuGH C-205/03 P, EuZW 2006, 600 – Fenin.

[124] Ohly/*Sosnitza* § 1 Rn. 28.

[125] *Henning-Bodewig* WRP 2010, 1094 (1105); *Beater* WRP 2012, 6; *Wuttke* WRP 2007, 119 ff.; *Glöckner/Henning-Bodewig* WRP 2005, 1311 (1318); *Köhler*/Bornkamm/Feddersen § 1 Rn. 41.

[126] BVerfG NJW 2003, 277 (278) – Juve-Handbuch.

wirklichten Wettbewerbsverfälschung unterschieden.[127] Ein weitergehender Schutz von Allgemeininteressen, etwa aufgeladen mit einem „sozialrechtlichen Aspekt“[128] (wenn darunter mehr zu verstehen sein soll als das soziale Element der Marktwirtschaft), ist vom Wortlaut nicht gedeckt.[129] Sonstige Allgemeininteressen über Bezugnahmen auf den schillernden Begriff des Wettbewerbs durch die Hintertür ins UWG zu schmuggeln, ist weder mit dem Bedürfnis nach Rechtssicherheit noch mit dem europäischen Wettbewerbs- und Binnenmarktkonzept in Einklang zu bringen.[130] Anzuerkennen ist allerdings, dass etwa Belästigung, Rechtsbruch und aggressive Handlungen durchaus gesetzgeberische Ziele verfolgen, die nicht ausschließlich im Schutz des Allgemeininteresses am unverfälschten Wettbewerb liegen.[131]

72 Eine gewisse Neigung zur Überfrachtung des UWG besteht aufgrund der anerkannten, raschen und effektiven Abhilfe, die durch das etablierte Verfahren des UWG erreicht wird. Das UWG ist das am längsten etablierte System, um öffentlichen Interessen im Wege der **privaten Rechtsdurchsetzung** zum Durchbruch zu verhelfen. Auch in der privaten Interessendurchsetzung gilt das UWG mit seinem weitreichenden Vertrauen in den einstweiligen Rechtsschutz als vorbildlich.

73 Die aus dem **Kartellrecht** übernommene[132] Begrifflichkeit („unverfälschter Wettbewerb“) deutet an, dass sich der Rechtsanwender zu einem wettbewerblichen Konzept (einem „richtigen“, das „verfälscht“ werden kann) bekennen muss. Hier erweist sich das UWG als Ausfluss eines wirtschaftspolitischen Programms, das der Marktwirtschaft verpflichtet ist, aber bestimmte Sicherungen vorsehen muss, um die entfesselten Marktkräfte davor zu bewahren, die Grundlagen der marktwirtschaftlichen Ordnung zu zerstören (sog. „Freiheitsparadoxon“).[133] Da Wettbewerb der zentrale Funktionsmechanismus der Marktwirtschaft ist, ist das UWG **Marktordnungsrecht,** bei dem die Ordnung des Marktes mit dem Schutz individueller und kollektiver Interessen verbunden wird. UWG ist damit ausdrücklich **Wettbewerbsrecht,**[134] es schützt auch den Wettbewerb als Institution.[135] § 1 S. 2 liefert die normative Absicherung, das UWG-Recht als Schwester des Kartellrechts anzusehen.[136] Der Dreiklang von **Individualschutz, Kollektivschutz und Institutionenschutz** macht das UWG zu einem Musterbeispiel modernen Wirtschaftsrechts – freilich in der europäischen Ausformung: Modernes Wirtschaftsrecht strebt ein hohes Verbraucherschutzniveau und einen Binnenmarkt an.

74 Der Wettbewerbsschutz ist nicht etwa den personal ausformulierten Schutzzwecken nachgeordnet, sondern ausweislich des Wortlauts („zugleich“) **gleichberechtigt.** Zum Teil wird, wie auch hier (→ Rn. 45), ohnehin die Auffassung vertreten, dass das Wettbewerbsprinzip für die Auslegung der Schutzzwecke des UWG zentral ist. Die Diskussion, ob es eine eigenständige Bedeutung des Wettbewerbsschutzes unabhängig von den übrigen Schutzzwecken gibt, dürfte akademisch sein.[137]

75 Das reibungslose **Funktionieren des Binnenmarktes,** das in der UGP-RL als Zweck bestimmt ist, beinhaltet den Schutz des Wettbewerbs, da der Binnenmarkt nur dann funktioniert, wenn staatliche wie auch private Wettbewerbsbeschränkungen und -verfälschun-

---

[127] Vgl. BGH GRUR 2000, 237 – Giftnotruf-Box.

[128] *Fezer*/Büscher/Obergfell § 1 Rn. 71 ff.

[129] Vgl. *Köhler* NJW 2004, 2121 (2122); *Ohly* GRUR 2004, 889 (895).

[130] So scheidet zB nach Auffassung des VG München ein Vorgehen gegen den zwangsweise erhobenen Rundfunkbeitrag nach UWG aus, vgl. VG München BeckRS 2015, 46950, da es insoweit nicht um Wettbewerbsschutz gehe.

[131] Vgl. BGH GRUR 2016, 831 Rn. 16; GroßKommUWG-*Peukert* § 1 Rn. 138 ff., 175, 322 ff.

[132] Siehe Art. 101 Abs. 1 AEUV sowie Protokoll Nr. 27 über den Binnenmarkt und den Wettbewerb vom 13.12.2007, 2007/C 306/156, das den weggefallenen Art. 3 Abs. 1 lit. g EG ersetzt.

[133] Vgl. *Fikentscher* GRUR Int. 2009, 635 f. mwN.

[134] Andere Akzentuierung wegen der verbraucherschützenden Normen aus der UGP-Richtlinie bei *Köhler*/Bornkamm/Feddersen § 1 Rn. 5.

[135] Vgl. *Köhler*/Bornkamm/Feddersen § 1 Rn. 42.

[136] Vgl. *Glöckner* GRUR 2008, 960.

[137] Vgl. HK-*Klippel*/*Brämer* § 1 Rn. 26 mwN.

gen beseitigt werden. Hier besteht also Kongruenz zwischen europäischer Vorgabe und nationaler Umsetzung.

I. Wettbewerbsleitbild

Eine Definition des Begriffs **„Wettbewerb"** ist schwierig und in der Ökonomie umstritten.[138] **76**

Häufig wird auf das berühmte Diktum von ***Friedrich von Hayek*** verwiesen. Dem Nobelpreisträger zufolge ist der Wettbewerb „ein **Verfahren zur Entdeckung von Tatsachen** […], die ohne sein Bestehen entweder unbekannt bleiben oder doch zumindest nicht genutzt werden würden".[139] Diese Definition betont das Offene der unternehmerischen Aktivität, die sich daraus ergebenden Chancen und warnt vor der Anmaßung, planend oder steuernd in das Geschehen einzugreifen. *Hayeks* Definition ist damit Ausfluss eines sehr **liberalen** Marktkonzepts. Weniger ideologisch und für die Praxis hilfreicher ist die Definition von Wettbewerb als „das **selbständige Streben sich gegenseitig im Wirtschaftserfolg beeinflussender Anbieter** oder Nachfrager (Mitbewerber) nach Geschäftsverbindungen mit Dritten (Kunden) durch Inaussichtstellen möglichst günstiger Geschäftsbedingungen".[140] **77**

Aus der allgemeinen Definition folgt noch nicht, was der Gesetzgeber mit Wettbewerbsschutz meint. Allerdings hilft die Gesetzesbegründung weiter, in der der Begriff vom **„unverfälschten" Wettbewerb** ausgeführt wird als „unverfälschter und damit funktionsfähiger Wettbewerb".[141] Diese Schutzrichtung entspricht der Vorgabe der UGP-RL vom reibungslosen Funktionieren des Binnenmarkts. Der Begriff der Wettbewerbsverfälschung wird in Bezug gesetzt zum Funktionieren der marktwirtschaftlichen Grundmechanismen. Lauterkeit ist demnach Funktionsbedingung, nicht bloßes Zusatzmoment des Wettbewerbs. Die Nähe zum Kartellrecht ist unverkennbar. Wettbewerbsschutz im Sinne von § 1 S. 2 meint damit das Garantieren der Bedingungen, unter denen sich ein lebhafter Wettbewerb entfaltet. Für diese Frage sind die unterschiedlichen Wettbewerbskonzeptionen relevant. **78**

Zur Mitte des 20. Jahrhunderts etablierte in Deutschland (aber auch nur hier) die sog. **Freiburger Schule** ihr **ordoliberales Wettbewerbsleitbild.** Diesem liegt die Vorstellung zugrunde, dass die privatautonome Koordination der Marktteilnehmer die Wirtschaft ausmacht, der Staat aber eine wesentliche Rolle als Ordnungsgarant hat. Ein interventionsrechtlich gedachtes UWG, das sich an Sittlichkeitsvorstellungen im geschäftlichen Verkehr anlehnt, ist dieser Konzeption verbunden. Heute wird mit dem ordoliberalen Denken vor allem der weitgehende Verzicht auf staatliche Einzelfallregulierung und die gleichzeitige Setzung eines staatlichen Ordnungsrahmens verbunden. In den USA dominierten stärker rein ökonomisch geprägte Theorien. In Abkehr von der Suche nach perfektem Wettbewerb etablierte die **Harvard School** ihre Vorstellungen von **„workable competition".** Sie versuchte, Marktverfälschungen auszugleichen und setzte dabei weniger am Marktverhalten an, wie es im UWG im Fokus steht, sondern an der Marktstruktur. Die später in den USA besonders einflussreiche **Chicago-School** propagierte einerseits ein stark **ergebnisorientiertes Effizienzdenken,** sodass die Auswirkungen von Handlungen, die Marktresultate, darunter Wohlfahrtssteigerung und niedrige Verbraucherpreise, stärker zum Maßstab gemacht wurden. Zugleich misstraute die Chicago-School staatlichen Interventionen und setzte auf die Selbstheilungskräfte der Märkte. In dieser Skepsis gegenüber staatlicher Steuerung traf sich die Chicago-School mit der Hayekschen Wettbewerbskonzeption. *Hayek* allerdings rückte – wie die Freibur- **79**

[138] Hierzu auch *Glöckner* → Einl. Rn. 327 ff.

[139] *von Hayek,* Der Wettbewerb als Entdeckungsverfahren, in: Freiburger Studien, S. 249–265.

[140] *Borchardt/Fikentscher,* Wettbewerb, Wettbewerbsbeschränkung, Marktbeherrschung, Stuttgart 1957, S. 15.

[141] BT-Drs. 14/1487, 15.

ger Schule – die **Handlungsfreiheit des Einzelnen** unabhängig vom Marktergebnis in den Mittelpunkt seines Leitbilds.

80 Die sog. **Post-Chicago-School** integriert die Möglichkeiten moderner Modellrechnungen in die Wettbewerbsökonomik und befürwortet eine **detaillierte Einzelfallanalyse,**[142] die zu differenzierten Ratschlägen führt, welche Feinsteuerung Gesetzgeber oder Rechtsprechung vornehmen sollten. Im Kartellrecht – und auch im Lauterkeitsrecht[143] – wird diese Art der Analyse als **„more economic approach"** bezeichnet. Gekoppelt wird die Analyse meist mit einer Ausrichtung des Wettbewerbsrechts auf Wohlfahrtssteigerungen im Sinne eines Effizienzkriteriums.

81 Bei aller berechtigten Kritik am Steuerungsglauben der Post-Chicago-School ist ihr das Verdienst zuzusprechen, dass durch die stark ökonomische Vorgehensweise Marktgeschehnisse besser verständlich werden und manch überkommene Vorstellung revidiert werden muss. Insoweit ist die Analyse für das UWG fruchtbar zu machen. In jüngster Zeit werden aber immer stärker die **Defizite der Post-Chicago-School** erkannt: Manche Aspekte des Wirtschaftslebens lassen sich schwer in ökonomische Berechnungen packen, zB kostenlose Leistungen, Innovationen, Rechtssicherheit oder – für das UWG besonders wichtig – Vertrauen als marktstabilisierender Faktor. Die Modellrechnungen verlangen zahlreiche Daten, die häufig nicht vorliegen, und werden nur möglich, wenn Annahmen getroffen werden, die die Realität dann aber nur unzureichend abbilden. Grundlegend ist die Kritik an der einseitigen Ausrichtung des Marktordnungsrechts auf Effizienz hin. Es zeichnet sich als neuer Konsens ab, dass letztlich das Recht, also die normative Würdigung im Einzelfall, die Oberhand behält. Eine Auslagerung wettbewerbsrechtlicher Entscheidungen auf Wettbewerbsökonomen kann nicht stattfinden.

82 Gerade für das Lauterkeitsrecht sind aber weitere Impulse der **Wirtschaftswissenschaften** von Relevanz. Hervorzuheben sind die Folgenden:

83 Studien aus der ökonomischen **Verhaltensforschung** haben die Abkehr vom homo oeconomicus eingeleitet, also dem rational handelnden Marktteilnehmer, nachdem sich herausgestellt hat, dass die Marktteilnehmer nicht stets rational handeln. Diese Entwicklung ist für das Verbraucherleitbild von Relevanz, wenn der Begriff des Verbrauchers nicht ein normativ gesetzter Idealbegriff bleiben soll. Die Forschungen lassen sich auch ins UWG einbeziehen.[144]

84 Die **evolutionsökonomische Theorie** betrachtet Entwicklungen in ihrem Verlauf und arbeitet dabei heraus, welche Bedingungen veränderlich sind und an welchen Parametern sich Erfolg oder Misserfolg entscheiden. Eine solche Betrachtung lässt sich gerade für das stets dynamische Lauterkeitsrecht fruchtbar machen.[145]

85 Die **Neue Institutionenökonomik** analysiert Recht als Institution und ermöglicht dadurch eine Analyse der Wechselwirkungen zwischen Normierung und Verhalten.

86 Die **Innovationsökonomik** schließlich weitet den Blick für wettbewerbliche Ziele, hier: die Innovationskraft, die von der effizienz-getriebenen neoklassischen Wirtschaftstheorie vernachlässigt werden.

87 Ein modernes Lauterkeitsrecht muss sich an solchen Konzepten bei der Bestimmung der geschützten wettbewerblichen Interessen ausrichten und mit ihrer Hilfe wettbewerbliche Fehlentwicklungen erkennen. Eine **Wettbewerbsanalyse,** die an solche Konzeptionen anknüpft, kann dem lauterkeitsrechtlich agierenden Rechtsanwender zumindest im Hauptsacheverfahren nicht erspart bleiben. Das Wettbewerbsleitbild, auf das abzustellen ist, ist ein solches des UWG, das allgemein gilt. Branchenspezifische Besonderheiten können Berücksichtigung finden. Es ginge jedoch zu weit, wenn bei einem Verstoß gegen § 3a iVm Regulierungsrecht auf die spezifischen Wettbewerbsverständnisse des Regulierungsrechts

[142] Vgl. MüKoEUWettbR/*Kerber/Schwalbe* Einl. Rn. 1038 ff.; wichtiger Vertreter in Europa ist auch *Massimo Motta* (Competition Policy, 2004).

[143] *Podszun* WRP 2009, 509.

[144] Überzeugend *Jacobi,* Preisverhalten und Wettbewerbsrecht, 2017.

[145] Vgl. *Podszun,* Wirtschaftsordnung durch Zivilgerichte, S. 298 ff. mit dem Beispiel der Belästigung.

abzustellen wäre.[146] Das UWG sanktioniert den wettbewerblichen, nicht den regulatorischen Verstoß.

II. Allgemeininteressen im Prozess

Im UWG-Verfahren stößt die **Ermittlung des wettbewerblichen Allgemeininteresses** auf erhebliche Schwierigkeiten: Erstens ist ein Vertreter des öffentlichen Interesses (etwa der Vertreter einer Wettbewerbsbehörde) nicht zugegen. Zweitens werden die Prozessparteien nur diejenigen öffentlichen Interessen darstellen und vortragen, die ihrer Auffassung günstig sind. Drittens würde es sowohl die Richterschaft als auch das zumeist schnelle und effektive Verfahren überfrachten, würde man – wie im Kartellrecht – mit ökonomischen Expertengutachten wettbewerbliche Einzelfallanalyse betreiben. Dies kann nur ausnahmsweise etwa in wichtigen Hauptsacheverfahren anzuraten sein. Die Lösung dieser Herausforderung findet derzeit vor Gericht nicht in geordneter Form statt. Ob das Wettbewerbsinteresse berücksichtigt wird oder nicht, scheint eher zufällig. 88

Der BGH geht offenbar davon aus, dass sich das praktische Defizit des Einbringens von allgemein-wettbewerblichen Überlegungen durch den engen Zusammenhang mit Verbraucher- und Mitbewerberinteressen auflöst: „Die (…) Interessen der anderen Marktbeteiligten und der Allgemeinheit sind vielmehr auch Interessen der Gewerbetreibenden selbst, weil es sich dabei um die Bekämpfung von Auswüchsen des Wettbewerbs handelt, die dazu beitragen können, den Wettbewerb zu vergiften, und einen an der Leistung orientierten Wettbewerb zu gefährden."[147] Damit ist aber die Frage noch nicht beantwortet, wie das Allgemeininteresse in dem am **deliktsrechtlichen Individualschutz** ausgerichteten Prozess eingebracht wird, wenn die Parteien es nicht tun. 89

Verantwortungsträger hierfür sind die **Richterinnen und Richter.** § 1 S. 2 weist ihnen die Sicherung des Allgemeininteresses zu. Das entspricht ihrer hoheitlichen Rolle. Die Parteien sollten hierzu etwas vortragen; ihre Darlegungen sind aber vom Gericht zu prüfen. In der Praxis wird § 1 häufig in genau dieser Richtung zitiert: Die Norm wird verwendet, um eine Berücksichtigung des Allgemeininteresses Wettbewerb im Prozess einzuleiten, das zu einer Modifikation der Interessen der Parteien führt.[148] Besondere Relevanz muss das Kriterium in Fällen des § 3a entfalten. Im Übrigen ist es **Aufgabe des Gesetzgebers,** bei seiner neueren lauterkeitsrechtlichen Technik der detaillierten Einzelfallregelung schon im Gesetzgebungsverfahren die wettbewerblichen Wirkungen der Regelungen zu antizipieren. 90

III. Anerkannte Interessen

Der Gesetzgeber hat nicht offengelegt, welche Ausprägung die Sicherung des reibungslosen Funktionierens des Wettbewerbs in der Entscheidung nach UWG erhalten soll. Mit dem Stand der aktuellen wirtschaftswissenschaftlichen Theorie gilt es, Funktionsbedingungen für Märkte zu identifizieren. Das Bundesverfassungsgericht hat den **Leistungswettbewerb** als Schutzgut normiert, also das Ringen um Geschäftsabschlüsse aufgrund der Kriterien von Preis und Leistung bzw. die Herstellung eines fairen Marktplatzes für die Akteure, die auf Augenhöhe und ohne Unsachlichkeiten miteinander verhandeln.[149] Das Gericht muss sich im konkreten Fall also fragen, ob das Verhalten die Möglichkeit, sich durch Leistungswettbewerb zu messen, einschränkt. Eine Systematisierung und Strukturierung dieser Prüfungspflicht ist in der Praxis bislang unterblieben. Mit Recht wird kritisiert, dass der vor allem in der deutschen Tradition überkommene Begriff des Leistungswett- 91

[146] So aber für das TKG *Kiparski/Thoenes* Anm. zu OLG Düsseldorf MMR 2015, 279 (283).

[147] BGH GRUR 2002, 360 (362) – H. I. V. POSITIVE II.

[148] Vgl. etwa OLG Naumburg 10 U 61/09 (Hs.), BeckRS 2010, 20441.

[149] Vgl. BVerfG NJW 2003, 277 (278) – Juve-Handbuch; GRUR 2002, 455 – Tier- und Artenschutz; GRUR 2008, 81 (82) – Pharmakartell. Zum Begriff und zur Kritik siehe auch *Henning-Bodewig* GRUR 1997, 180 (189); umfassend zu den Auswirkungen des Verfassungsrechts auf das Wettbewerbsrecht → Einl. Rn. 1001 ff. *(Ahrens).*

bewerbs bereits normative Wertungen enthält und bestimmte Wettbewerbsformen nicht ohne weiteres erfasst.[150] Zudem fehlt dem Begriff je nach Auslegung auch die Trennschärfe.[151] Ein offener Wettbewerbsbegriff wie der *von Hayeks* ist vorzuziehen.

92 Die entscheidende Frage aber ist: Welche **Funktionsbedingungen** setzt eine wettbewerbliche Marktorganisation voraus? In der **Volkswirtschaftslehre** wird diese Frage mit dem Ersten Wohlfahrtstheorem beantwortet, demzufolge es mehrerer infrastruktureller Maßnahmen bedarf: die Rechtsordnung muss Eigentumsrechte schaffen (einschließlich Immaterialgüterrechten), Externalitäten müssen vermieden werden, Transaktionskosten sind zu senken, insbesondere, indem ein „Marktplatz" geschaffen wird, auf dem sich geschäftliche Aktivitäten entfalten können, der Informationsfluss muss frei sein und Marktmacht ist zu bekämpfen. Ein Eingreifen des Staates ist geboten, wenn Marktversagen droht, also diese Funktionsbedingungen nicht mehr gegeben sind oder Anpassungsprozesse verlangsamt werden. Nach *Ronald Coase* ist es Aufgabe des Rechts, möglichst kostenneutrale Transaktionen zu ermöglichen. Dazu muss die Rechtsordnung Handlungsrechte zuweisen, diese übertragbar machen und die Transaktionskosten, etwa für Information und Koordination, minimieren.[152]

93 Diese **wirtschaftswissenschaftlichen** Überlegungen lassen sich weitgehend zurückführen auf die Grundwerte der informierten und freien Entscheidung der Marktteilnehmer und die Chancengleichheit aller Marktteilnehmer, ergänzt um markt-infrastrukturelle Maßnahmen.

94 Die Aufgabe des Lauterkeitsrechts ist es, solche Handlungen anzugreifen, die zu einem Marktversagen führen oder zu einer Vorstufe davon, der Wettbewerbsverfälschung. Da Marktversagen und Wettbewerbsverfälschungen immer einen konkreten Markt- und Wettbewerbsbezug voraussetzen, sind die Gerichte auch gehalten, marktmäßige und **branchenspezifische Aspekte** zu berücksichtigen. Die Bedingungen von Branche zu Branche sowie von Region zu Region unterscheiden sich, sodass bei einem derart auf Einzelfall-Recht angelegten Gesetz wie dem UWG die Berücksichtigung entsprechender Faktoren erstrebenswert und geboten ist.

95 Um einerseits die Gerichte gerade in einstweiligen erstinstanzlichen Verfahren nicht mit der Prüfung komplexer Wettbewerbsbedingungen zu überfordern, andererseits aber dem Auftrag des Gesetzgebers aus § 1 S. 2 gerecht zu werden, wäre nach einem Minimum **wettbewerblicher Auswirkungsprüfung** zu suchen.[153] Empfehlenswert scheint die Aufstellung von Leitfragen, die in wettbewerblicher Hinsicht angeprüft werden könnten. Durch Erklärungen der Parteien könnten wettbewerbliche Zusammenhänge glaubhaft gemacht werden. Ein Vorbild könnten etwa Fragebögen zum „competitive impact assessment" sein.[154]

96 Die Ausgangsfrage müsste sein, wie sich die beantragte oder beabsichtigte Entscheidung des Gerichts auf die Wettbewerbssituation auswirken würde. Würde ein wettbewerbsfördernder Vorstoß erstickt, oder ist die Entscheidung gerade erforderlich, um den Wettbewerb zu sichern?

97 Dazu wäre zunächst das **wettbewerbliche Umfeld** zu betrachten: Welche Märkte sind betroffen? Wodurch ist das Branchenumfeld gekennzeichnet? Gibt es auf dem Markt Marktmacht, Konzentration, Marktzutrittsschranken oder Anzeichen für wettbewerbliche Defizite? Der BGH hat zur Berücksichtigung des konkreten Branchenumfelds entschieden, dass zwar die Üblichkeit in der Branche keine Rechtfertigung für Unlauterkeit sein

[150] Vgl. BGH GRUR 2002, 360 (367) – H. I. V. Positive II; siehe *Köhler*/Bornkamm/Feddersen § 1 Rn. 44.

[151] *Henning-Bodewig* GRUR 1997, 180 (189).

[152] *Coase* Journal of Law & Economics 2 (1960), 1 ff. Dazu *Eidenmüller,* Effizienz als Rechtsprinzip, 2005, S. 59 ff.; *Schäfer/Ott,* Lehrbuch der ökonomischen Analyse des Zivilrechts, 2005, S. 100 ff.; *Lieth,* Die ökonomische Analyse des Rechts, 2007, S. 68 f.

[153] Vgl. mit konstruktiven Hinweisen *Hetmank* GRUR 2014, 437.

[154] *Podszun* WRP 2009, 509 (518) mit Hinweis auf Leitfäden des Office of Fair Trading; *Schmidtchen* WuW 2006, 6 (14). Für irreführende Werbung siehe *Pajarskas* ECLR 2015, 317 ff.

kann.[155] Gleichzeitig hat er einer branchenbezogenen Betrachtung aber insoweit die Tür geöffnet, als für die Verkehrsauffassung durchaus die Usancen der Branche berücksichtigt werden können.[156]

Sodann wären die **Auswirkungen** zu thematisieren, indem die geschäftliche Handlung und die gerichtliche Entscheidung in Bezug zu den Grundbedingungen von Wettbewerb gesetzt werden: Was bedeuten die geschäftliche Handlung und ggf. ihre Sanktionierung für dieses wettbewerbliche Umfeld und die dort tätigen Marktteilnehmer? 98

Im Einklang mit dem **Wohlfahrtstheorem** ist zu prüfen, 99

– wie sich die geschäftliche Handlung oder die gerichtliche Entscheidung auf Eigentums- und Immaterialgüterrechte auswirken,
– ob damit Externalitäten zugelassen werden, die zu vermeiden wären,
– ob das Forum für geschäftliche Aktivitäten, der Marktplatz, in seiner Funktionalität beeinträchtigt wird,
– ob die reibungslose Information und Kommunikation gefährdet wird.

Die wesentliche Frage aber ist, und hier steht das Wettbewerbsprinzip ganz in Einklang mit den anerkennenswerten Interessen der Marktteilnehmer und dem Verbraucherleitbild, ob **freie und informierte Entscheidungen** der Beteiligten möglich bleiben. Die Freiheit ist aber nur einer der beiden Kernimpulse des Wettbewerbs. Der andere ist – nicht anders als im allgemeinen Zivilrecht – die **Gleichordnung der Rechtssubjekte.** Im Lauterkeitsrecht erhält dieses wettbewerbliche Allgemeininteresse Ausdruck im **Schutz vor Diskriminierung.**[157] Anders als bei der personalen Schutzrichtung geht es aber bei der Auslegung anhand des Schutzzweckes in § 1 S. 2 um die strukturellen Voraussetzungen für solche Entscheidungen.

Die hier skizzierte Prüfung kann nur eine Minimalprüfung sein, die den Zwängen des einstweiligen Verfahrens gerecht wird. In Leitentscheidungen des BGH ist eine genauere Auseinandersetzung mit den Schutzzwecken zu erwarten unter Hinzuziehung weitergehender Impulse aus den Wirtschaftswissenschaften. Hinzuweisen ist darauf, dass die Theorien zum funktionierenden Wettbewerb und Marktversagen sich stetig weiterentwickeln. Die Justiz kann im Bereich des Wirtschaftsrechts aber immerhin den Anspruch verfolgen, wenigstens ansatzweise mit dem Mainstream der ökonomischen Theorie Schritt zu halten.[158] 100

F. Vorgehensweise der Gerichte

Eine Kernaussage des § 1 bezieht sich auf die Vorgehensweise der Gerichte. Deren **Methodik bei der Ermittlung und Bewertung von schützenswerten Interessen** wird durch § 1 determiniert. 101

I. Interessenabwägung

Durch die Anerkennung einer **Schutzzweckvielfalt** (Verbraucher – Mitbewerber – sonstige Marktteilnehmer – Allgemeinheit: Wettbewerb) wird verlangt, dass bei der Auslegung von Normen des Gesetzes die Interessen dieser Gruppen beachtet werden. Diesen Schutzzwecken steht immer das grundsätzliche Freiheitsrecht des Handelnden gegenüber. Für die **offenen Tatbestände** und **Generalklauseln** des Gesetzes bedeutet dies letztlich, dass im Konfliktfall eine **Interessenabwägung** zwischen allen betroffenen Interessen vorzunehmen ist. Das setzt die Ermittlung, Bewertung und Verhältnisprüfung der Interessen 102

[155] BGH GRUR 2004, 696 (697) – Direktansprache am Arbeitsplatz.
[156] BGH GRUR 2001, 1181 (1183) – Telefonwerbung für Blindenwaren.
[157] Vgl. BGH GRUR 2002, 550 (551) – Elternbriefe.
[158] Weiterführend *Fikentscher/Hacker/Podszun,* FairEconomy, 2013, S. 72 ff. mit dem Beispiel von Fairness als Voraussetzung für funktionierende Finanzmärkte.

voraus. Eine Besonderheit des UWG ist, dass sich die Interessen noch einmal differenzieren in **individuelle, kollektive und institutionelle Interessen.** Gerade beim Verbraucherschutz stehen neben individuellen Abwehransprüchen auch kollektive Interessen, die als solche auch geltend gemacht werden. Bei den Kollektivinteressen tritt die individuelle Belastung hinter einer typisierten Beeinträchtigung zurück. Ähnliche Überschneidungen ergeben sich beim individuellen Mitbewerberschutz und dem institutionellen Wettbewerbsschutz.

103 In den auf die **UGP-Richtlinie** zurückgehenden vorgegebenen **Tatbeständen** hat der Verbraucherbezug eine besondere Bedeutung. In den übrigen Tatbeständen genügt es, wenn nach einem der Schutzzwecke eine Unlauterkeit vorliegt, allerdings ist immer noch stets die Abwägung mit den Interessen des Handelnden unter Berücksichtigung des Wettbewerbsprinzips vorzunehmen. Dass eine Abwägung nicht nur bei Schutzzweck-Konflikten, sondern immer mit den Interessen des Handelnden vorzunehmen ist, wird häufig vernachlässigt.[159] Eine Überordnung der Mitbewerberinteressen in den sonstigen Tatbeständen lässt der Wortlaut nicht zu.

104 Die **Abwägung** war schon immer Bestandteil des Lauterkeitsrechts, selbst im detailliert geregelten UWG dieser Tage findet sie in vielen Normen noch ihren Platz. Typisch für die gerichtliche Praxis ist eine Formel wie diese: „Insoweit ist eine Gesamtwürdigung der Umstände des jeweiligen Einzelfalls geboten, bei der die sich gegenüberstehenden Interessen der Mitbewerber, der sonstigen Marktteilnehmer sowie der Allgemeinheit gegeneinander abzuwägen sind."[160] Diese Formel wäre heute für die Verbrauchertatbestände freilich nicht aufrecht zu halten. Für die übrigen Tatbestände wären Verbraucherinteressen und das Wettbewerbsprinzip in die Formel zielgerichteter zu integrieren. § 1 gibt keine konkreten Abwägungsergebnisse vor.[161] Hierfür sind die konkreten Verletzungsnormen auf Hinweise abzuklopfen. § 1 setzt aber, soweit zur Streitentscheidung nötig, den Rahmen für die Auslegung der Tatbestandsmerkmale und legt fest, dass die Abwägung der Interessen die im UWG zu wählende Methodik ist.

Die Interessen sind in **objektiver Form** zu betrachten. Auf Kenntnis oder Motivation des Handelnden ist nicht abzustellen.[162]

II. Rolle der Parteien und des Gerichts

105 Eine Anomalie des Lauterkeitsrechts liegt darin, dass im Verfahren nicht alle der in § 1 genannten Interessen auch personell repräsentiert werden: Geht ein Unternehmen gegen einen Mitbewerber vor, werden Verbraucherinteressen nicht im Prozess von Verbrauchern geltend gemacht, sondern von deren Marktgegenseite. Ebenso wenig finden die Interessen von Mitbewerbern institutionell Berücksichtigung, wenn ein Verbraucherverband gegen ein Unternehmen klagt. Erst recht fehlt eine Repräsentanz des Allgemeininteresses am Wettbewerb: einen Vertreter des öffentlichen Interesses gibt es nur in den seltenen Fällen, in denen das **Bundeskartellamt gem. § 90 Abs. 6 GWB** eine amicus-curiae-Funktion im UWG-Verfahren einnimmt. Dies wirft die Frage auf, wie im Prozess den individuellen, kollektiven und institutionellen Interessen praktisch Rechnung zu tragen ist. Es droht sonst die Gefahr, dass Interessen einseitig verzerrt dargestellt werden oder § 1 schlicht leer läuft. Der BGH hat die Diskrepanz zwischen Verfolgung von Kollektiv- und Allgemeininteressen sowie deliktsrechtlich ausgestaltetem Individualschutz erkannt und daraus gefolgert, dass das **UWG wettbewerbsbezogen auszulegen** ist und eine **umfassende Gesamtwürdigung der konkreten Umstände** vorzunehmen ist, welche die Auswirkungen analysiert.[163]

[159] Vgl. *Köhler*/Bornkamm/Feddersen § 1 Rn. 47, siehe aber dort Rn. 51.
[160] BGH GRUR 2004, 877 (879) mwN – Werbeblocker.
[161] Vgl. OLG Düsseldorf MMR 2015, 279 (281).
[162] Vgl. BGH GRUR 2005, 778 (779) – Atemtest; WRP 2007, 951 (954) – Außendienstmitarbeiter. Vgl. *Sosnitza* WRP 2008, 1014 (1016).
[163] Vgl. BGH GRUR 2001, 354 (356) – Verbandsklage gegen Vielfachabnehmer.

Eine entscheidende Position kommt dem Gericht zu als der hoheitlichen Instanz. Der Richter kann die Abwägung (die nötig ist, sobald die reine Subsumtion nicht mehr genügt) nur auf Basis aller in § 1 genannten Interessen vornehmen. Hält er es für ausreichend, die Interessen der Parteien abzuwägen, leidet seine Abwägung unter einem Rechtsfehler. Offensichtlich stößt diese Aussage jedoch an Grenzen, soweit Tatsachen nicht vorgetragen sind. Einen Amtsermittlungsgrundsatz, etwa für die Interessen der Allgemeinheit, gibt es im UWG nicht. **Basis für die Interessenabwägung** muss daher der **Parteivortrag** sein. Hier hat der Richter jedoch ggf. durch Hinweise **auf Vollständigkeit hinzuwirken.** Hinzutreten muss die **eigene Sachkunde** des Gerichts über wirtschaftliche und wettbewerbliche Zusammenhänge, was zumindest bei spezialisierten Kammern mit wiederkehrenden Fallkonstellationen über manches Defizit helfen wird. Der BGH hat zu Irreführungstatbeständen klargestellt, dass die eigene Sachkunde des Gerichts sowohl bei Bejahung als auch Verneinung des Anspruchs unproblematisch eingesetzt werden kann.[164] 106

Sind die Interessen institutionell im Verfahren repräsentiert, ist der Richter vorrangig an den Vortrag der Parteien gebunden: Ein Mitbewerber hat also seine Mitbewerberinteressen selbst darzustellen. Trägt eine Partei Dritt-Interessen vor, um damit ihre Position zu sichern, trifft den Richter eine erhöhte Überprüfungspflicht. Wird beispielsweise das Argument des Verbraucherschutzes von einem Mitbewerber betont, muss das Gericht die Verbraucherinteressen mit erhöhter Sorgfalt gegenüber den Ausführungen des Mitbewerbers prüfen. Eine unreflektierte Übernahme der Darstellung darf nicht erfolgen. Hier ist zumindest eine **Plausibilitätsprüfung** anzumahnen. Bezüglich des Allgemeininteresses am Wettbewerb ist das Gericht schließlich selbst gefordert, dieses Interesse in den Abwägungsvorgang einzubringen, solange es dazu auf Basis der vorgetragenen oder gerichtsbekannten Fakten in der Lage ist. Möglicherweise gibt es Übereinstimmungen zwischen privaten und öffentlichen Interessen. Die privaten Verfahrensparteien werden aber immer nur ihren privaten Vorteil suchen (was nicht vorwerfbar ist), sodass die öffentlichen Interessen von der hoheitlich agierenden Instanz, dem Gericht, mit besonderer Sorgfalt zu beachten sind. 107

Gelingt es nicht, den Sachverhalt entsprechend aufzuklären, ist nach **allgemeinen Beweisgrundsätzen** zu entscheiden. 108

Dieses Vorgehen bedeutet eine erhöhte Arbeitslast für die Gerichte, aber genau das ist der Preis für die private Rechtsdurchsetzung, die auf Behörden zur Durchsetzung öffentlicher Interessen (noch) verzichtet. 109

III. Grundrechte in der Abwägung

Anhand der *Benetton*-Werbung und anderer Fälle[165] entzündete sich der Konflikt, inwieweit **Grundrechte** bei der Abwägung im Wettbewerbsrecht zu beachten sind.[166] So hat das BVerfG entschieden, dass die **Menschenwürde** außerhalb des Abwägungsvorgangs steht und geschäftlichen Handlungen eine absolute Grenze setzen kann, unabhängig vom wettbewerblichen Kontext.[167] Die Gesetzesbegründung zum UWG 2015 hat ausdrücklich klargestellt, dass menschenverachtende geschäftliche Handlungen heute in § 3 aufgefangen werden, sodass das Bemühen einer grundrechtlichen Überlagerung des UWG nicht erforderlich ist.[168] Das BVerfG machte 2002 deutlich, dass **sonstige Grundrechte** in die Abwägung einzustellen seien, etwa wenn die Ausübung des Grundrechts der Meinungsfreiheit zu einer objektiven Gefährdung des freien Wettbewerbs führt.[169] Die Grundrechte 110

[164] BGH GRUR 2002, 550 (552) – Elternbriefe.

[165] Vgl. BGH GRUR 1995, 595 – Kinderarbeit; GRUR 1995, 598 – Tier- und Artenschutz; GRUR 2002, 360 – H. I. V. POSITIVE II; BVerfG GRUR 2002, 455 – Tier- und Artenschutz; NJW 2003, 277 – JUVE-Handbuch; GRUR 2003, 442 – Benetton II.

[166] Hierzu eingehend *Ahrens* → Einl. Rn. 1010; vgl. auch *Ohly*/Sosnitza Einl. D Rn. 1 ff.; *Ohly*, GRUR 2004, 889 (892 f.).

[167] BVerfG GRUR 2003, 442 (443) – Benetton II.

[168] BT-Drs. 18/6571, 15.

[169] BVerfG GRUR 2002, 455 (456) – Tier- und Artenschutz.

des Grundgesetzes sollen demnach gemäß den Grundsätzen über die **mittelbare Drittwirkung** einzubeziehen sein.[170] Sie wirken als Abwehrrechte für den Handelnden, der seine Freiheit entfaltet. Zugleich entfalten die Grundrechte eine Schutzfunktion, etwa indem der Staat Kinder schützen muss. Hinzu treten **Verhältnismäigkeitsprinzip, Rechtsstaatsprinzip** und **Gleichheitssatz** als wesentliche Parameter hoheitlichen Entscheidens. Allerdings haben sich einige der früheren Abwägungsentscheidungen durch die detaillierteren Einzelregelungen seitens des Gesetzgebers erledigt. Dieser hat die Wertungen bereits antizipiert und damit die Notwendigkeit für eine intensive Grundrechtsprüfung eingeschränkt.[171] Für offene Tatbestände mögen die Grundrechte aber gelegentlich abwägungsrelevant bleiben oder jedenfalls als argumentative Unterfütterung in besonders grundrechtsrelevanten Konstellationen dienen. Der BGH hat 2018 beispielsweise – noch zum alten Recht – eine umfassende Abwägung der Meinungsfreiheit mit dem Wettbewerbsschutz bei einer Herabsetzung vorgenommen.[172] Der BGH hat das Gebot der Staatsferne der Presse in Art. 5 GG in einem Fall als Marktverhaltensregelung gewertet.[173]

111 Die Einbeziehung grundrechtlicher Wertungen hat sich mit der **UGP-Richtlinie** allerdings verschoben: Der Vorrang des europäischen Rechts gilt auch für die Prüfung des UWG nach grundrechtlichen Maßstäben. Die **richtlinienkonforme Auslegung** ist der national-verfassungskonformen Auslegung vorzuziehen, sodass die Normen, mit denen Richtlinien umgesetzt werden, am Maßstab des europäischen Rechts zu prüfen sind.[174] Im Bereich des Mitbewerberschutzes bleibt es bei der Anwendung des Grundgesetzes.[175]

112 Der EuGH hat inzwischen deutlich gemacht, dass die **EU-Grundrechte-Charta** auch in wirtschaftsrechtlichen Fällen wesentlicher Bezugspunkt ist. Das ist konsequent, da gem. Art. 51 die Charta bei der Durchführung des Unionsrechts gilt und also auch von nationalen Gerichten in B2C-Fällen heranzuziehen ist. Eine Einordnung von Fällen anhand der EU-Grundrechte-Charta steht also nun in jedem Fall mit Bezug zur UGP-Richtlinie im Raum.[176] Dogmatisch richtig ist es, die Richtlinien EU-grundrechtskonform auszulegen und dementsprechend das Umsetzungsgesetz richtlinienkonform auszulegen.[177] So entfalten die EU-Grundrechte eine Horizontalwirkung, vergleichbar einer deutschen mittelbaren Drittwirkung, die im Abwägungsvorgang des UWG zu beachten ist. Da sich europäische und deutsche Grundrechte und Grundrechtsauslegung unterscheiden, ist für den Rechtsanwender hier gelegentlich mit Neuerungen zu rechnen.

G. UWG 2022

113 § 1 wurde mit Geltung ab 28.5.2022 neugefasst durch das UWG 2022, siehe dazu die Kommentierung im Anhang ab Seite 3069.

§ 2 Definitionen

(1) **Im Sinne dieses Gesetzes bedeutet**

1. „geschäftliche Handlung" jedes Verhalten einer Person zugunsten des eigenen oder eines fremden Unternehmens vor, bei oder nach einem Geschäftsabschluss, das mit der Förderung des Absatzes oder des Bezugs von Waren oder Dienstleistungen oder

170 Vgl. *Beater* WRP 2012, 6; *Peukert* WRP 2020, 391 (394).
171 Siehe bspw. LG Düsseldorf MD 2019, 899.
172 BGH GRUR 2018, 622 Rn. 34 ff. – Verkürzter Versorgungsweg II.
173 BGH GRUR 2019, 189 – Crailsheimer Stadtblatt II.
174 Umfassend *Haberkamm,* Die Auslegung der Richtlinie über unlautere Geschäftspraktiken im Lichte der europäischen Grundrechte, 2013.
175 BGH GRUR 2018, 622 Rn. 19. – Verkürzter Versorgungsweg II.
176 Vgl. *Raue* GRUR Int. 2012, 402; *Huber* NJW 2011, 2385 ff.; *Ohly* GRUR 2004, 889 (893 f.).
177 Vgl. EuGH C-400/10, JZ 2011, 145 mAnm *Thym* (dort S. 151).

mit dem Abschluss oder der Durchführung eines Vertrags über Waren oder Dienstleistungen objektiv zusammenhängt; als Waren gelten auch Grundstücke, als Dienstleistungen auch Rechte und Verpflichtungen;

2. „Marktteilnehmer" neben Mitbewerbern und Verbrauchern alle Personen, die als Anbieter oder Nachfrager von Waren oder Dienstleistungen tätig sind;

3. „Mitbewerber" jeder Unternehmer, der mit einem oder mehreren Unternehmern als Anbieter oder Nachfrager von Waren oder Dienstleistungen in einem konkreten Wettbewerbsverhältnis steht;

4. „Nachricht" jede Information, die zwischen einer endlichen Zahl von Beteiligten über einen öffentlich zugänglichen elektronischen Kommunikationsdienst ausgetauscht oder weitergeleitet wird; dies schließt nicht Informationen ein, die als Teil eines Rundfunkdienstes über ein elektronisches Kommunikationsnetz an die Öffentlichkeit weitergeleitet werden, soweit die Informationen nicht mit dem identifizierbaren Teilnehmer oder Nutzer, der sie erhält, in Verbindung gebracht werden können;

5. „Verhaltenskodex" Vereinbarungen oder Vorschriften über das Verhalten von Unternehmern, zu welchem diese sich in Bezug auf Wirtschaftszweige oder einzelne geschäftliche Handlungen verpflichtet haben, ohne dass sich solche Verpflichtungen aus Gesetzes- oder Verwaltungsvorschriften ergeben;

6. „Unternehmer" jede natürliche oder juristische Person, die geschäftliche Handlungen im Rahmen ihrer gewerblichen, handwerklichen oder beruflichen Tätigkeit vornimmt, und jede Person, die im Namen oder Auftrag einer solchen Person handelt;

7. „unternehmerische Sorgfalt" der Standard an Fachkenntnissen und Sorgfalt, von dem billigerweise angenommen werden kann, dass ein Unternehmer ihn in seinem Tätigkeitsbereich gegenüber Verbrauchern nach Treu und Glauben unter Berücksichtigung der anständigen Marktgepflogenheiten einhält;

8. „wesentliche Beeinflussung des wirtschaftlichen Verhaltens des Verbrauchers" die Vornahme einer geschäftlichen Handlung, um die Fähigkeit des Verbrauchers, eine informierte Entscheidung zu treffen, spürbar zu beeinträchtigen und damit den Verbraucher zu einer geschäftlichen Entscheidung zu veranlassen, die er andernfalls nicht getroffen hätte;

9. „geschäftliche Entscheidung" jede Entscheidung eines Verbrauchers oder sonstigen Marktteilnehmers darüber, ob, wie und unter welchen Bedingungen er ein Geschäft abschließen, eine Zahlung leisten, eine Ware oder Dienstleistung behalten oder ein vertragliches Recht im Zusammenhang mit einer Ware oder Dienstleistung ausüben will, unabhängig davon, ob der Verbraucher oder sonstige Marktteilnehmer sich entschließt, tätig zu werden.

(2) **Für den Verbraucherbegriff gilt § 13 des Bürgerlichen Gesetzbuchs entsprechend.**

Übersicht

Schrifttum: Literatur ab 2018, insbesondere zum Gesetz zur Stärkung des fairen Wettbewerbs sowie zum RefE eines „Gesetzes zur Stärkung des Verbraucherschutzes im Wettbewerbs- und Gewerberecht": *Ahrens,* Influencer-Marketing, Regulierungsrahmen und Konsequenzen seiner Anwendung, GRUR 2018, 1211 ff.; *Alexander,* Überblick und Anmerkungen zum Referentenentwurf eines Gesetzes zur Stärkung des Verbraucherschutzes im Wettbewerbs- und Gewerberecht, WRP 2021, 136 ff.; *Alexander,* Ergänzungen der UGP-RL durch den „New Deal for Consumers" WRP 2019, 1236 ff.; *Aßhoff,* Mysterium Abmahnwelle – Der Referentenentwurf zum Schutz vor rechtsmissbräuchlicher Abmahnung und seine Wirksamkeit in der Praxis, CR 2018, 720 ff.; *Büscher,* Aus der Rechtsprechung des EuGH und des BGH zum Lauterkeitsrecht seit Ende 2017, GRUR 2019, 217 ff.; *Eickemeier/Brodersen,* Der Entwurf eines Gesetzes zur Stärkung des fairen Wettbewerbs, BB 2019, 1859; *Franz,* Zum Bewertungsportal Yelp, WRP 2020, 696 ff.; *Franz,* Preisvergleichsportale aus wettbewerbsrechtlicher Sicht, WRP 2018, 20 ff.; *Fritzsche,* Endlich: Das Gesetz zur Stärkung des fairen Wettbewerbs, WRP 2020, 1367 ff.; *Fritzsche,* Anmerkungen zum Referentenentwurf für ein Gesetz zur Stärkung des fairen Wettbewerbs, WRP 2018, 1277; Stellungnahme der *GRUR* zum Referentenentwurf eines Gesetzes zur Stärkung des fairen Wettbewerbs, GRUR 2019, 59 ff.; *Guilliard,* Die Tätigkeiten der öffentlichen Hand als geschäftliche Handlung im UWG, GRUR 2018, 791; *Heermann,* Zur Frage der Beteiligung von Teilnehmern an Sportwettkämpfen an den Vermarktungserlösen der Sportverbände, WRP 2020, 1 ff.; *Koch,* Kann die Äußerung unrichtiger Rechtsansichten wettbewerbsrechtlich verboten werden?, WRP 2019, 1259 ff.; *Köhler,* Der Schadensersatzanspruch der Verbraucher im künftigen UWG, WRP 2021, 129; *Köhler,* Behördliche Rechtsdurchsetzung – Auch im Lauterkeitsrecht?, WRP 2020,

803; *Lettl,* Verhaltenskodizes als Chance für erfolgreiche Selbstregulierung und ihre Vereinbarkeit mit dem Kartellverbot, WRP 2021, 145 ff.; *Lettl,* Die geschäftliche Relevanz nach §§ 3 Abs. 2, 3a, 4a Abs. 1, 5 Abs. 1 S. 1 und 5a Abs. 1, Abs. 2 S. 1 Nr. 2 UWG, WRP 2019, 1265 ff.; *Lettl,* Der Entwurf des Gesetzes zur Stärkung des fairen Wettbewerbs, WM 2019, 289; *Lettmann,* Schleichwerbung durch Influencer-Marketing – Das Erscheinungsbild der Influencer, GRUR 2018, 1206 ff.; *Mach,* Influencer-Marketing: „Raus aus der Grauzone – hinein in die rechtliche Problemzone, WRP 2018, 1166 ff.; *Meier,* Private Enforcement der Rechnungslegung durch das Lauterkeitsrecht, GRUR 2019, 581 ff.; *Peifer,* Influencer-Marketing – Rechtlicher Rahmen und Regulierungsbedürfnis, GRUR 2018, 1218 ff.; *Peukert,* Aufbau und innere Logik des UWG – Bestandsaufnahme und Alternativvorschlag, WRP 2019, 546 ff.; *Pokrant,* Druckausübung auf Schuldner durch Drohen mit einer Datenübermittlung an die SCHUFA, FS für Büscher 2018, S. 347 ff.; *Radtke/Camen,* Des Wortlauts letzter Schluss? Für mehr Rechtssicherheit bei der Kennzeichnung kommerzieller Influencer-Beiträge, WRP 2020, 24 ff.; *Rätze,* Gesetz zur Stärkung des (un)fairen Wettbewerbs, WRP 2020, 1519 ff.; *Ruess/Bredies,* Millionäre dank Millionen Follower: Rechtliche Bewertung der Entscheidungspraxis zum Influencer-Marketing, WRP 2020, 18 ff.; *Scherer,* Grundsatz der privilegierten Äußerungen – Geltung auch gegenüber Verbrauchern?, GRUR 2020, 1136 ff.; *Schonhofen/Detmering,* Die rechtlichen Voraussetzungen des Influencer-Marketings und ihre Umsetzung in der Praxis, WRP 2018, 1171 ff.; *Wick,* Die Außenhaftung des Geschäftsführers im Spannungsfeld zwischen Wettbewerbsrecht und Immaterialgüterrecht in Theorie und Praxis, GRUR 2020, 23 ff.

Literatur ab 2012: *Alexander,* Wege und Irrwege, Europäisierung im Kartell- und Lauterkeitsrecht, GRUR-Int. 2013, 636 ff.; *Alexander,* Die geschäftliche Entscheidung des Verbrauchers, FS Ahrens 2016, 17 ff.; *Beater,* Die Anwendbarkeit des UWG auf Medien und Journalisten, WRP 2016, 787 (Teil 1) und WRP 2016, 929 ff.; *Becker/Becker,* Zur rechtlichen Zulässigkeit von AdBlockern, GRUR-Prax 2015, 245 ff.; *Becker/Schweitzer,* Schutz der Versicherten vor unlauterem Kassenwettbewerb, NJW 2014, 269 ff.; *Büscher,* Aus der Rechtsprechung des EuGH und des BGH zum Lauterkeitsrecht seit Ende 2014, GRUR 2016, 113 ff.; *Demuth,* „GOOD NEWS?" – Der EuGH äußert sich zum presserechtlichen Trennungsgebot, WRP 2014, 35 ff.; *Engels,* AdBlocker auf dem Prüfstand, GRUR-Prax 2015, 338 ff.; *Ebert-Weidenfeller/Gromotke,* Krankenkassen als Normadressaten des Lauterkeits- und Kartellrechts, EuZW 2013, 937 ff.; *Fritzsche,* Die Unterlauterkeit im Sinne der UGP-Richtlinie nach der Rechtsprechung des EuGH, FS *Köhler* 2014, 145 ff.; *Glöckner/Kur,* Geschäftliche Handlungen im Internet, GRUR-Beil. 1/2014, 29 ff.; *Henning-Bodewig,* Influencer-Marketing – Der „wilde Westen des Werbens"?, WRP 2017, 1415 ff.; *Henning-Bodewig,* Haften Privatpersonen nach dem UWG?, GRUR 2013, 26 ff.; *Henning-Bodewig,* Der Schutzzweck des UWG und die Richtlinie über unlautere Geschäftspraktiken, GRUR 2013, 238 ff.; *Henning-Bodewig,* Europäisches (und deutsches) Lauterkeitsrecht in Zeiten der Globalisierung, FS Köhler 2014, 277 ff.; *Henning-Bodewig,* Regelung unlauterer „B2B"-Geschäftspraktiken auf europäischer Ebene?, FS Bornkamm 2014, 353 ff.; *Hetmank,* Im Korsett der UGP-Richtlinie, GRUR 2015, 323 ff.; *Koch,* GOOD NEWS aus Luxembourg? Förderung fremden Wettbewerbs ist keine Geschäftspraktik, FS Köhler 2014, 359 ff.; *Köhler,* Internet-Werbeblocker als Geschäftsmodell, WRP 2014, 1017 ff.; *Peifer,* Good News und die Medien – die lauterkeitsrechtliche Kontrolle publizistischer Belange am Scheideweg?, FS Köhler 2014, 519 ff.; *Schaub,* Haftung der Betreiber von Bewertungsportalen für unternehmensbezogene Äußerungen, FS Köhler 2014, 593 ff.; *Scherer,* Ungeschriebenes Tatbestandsmerkmal für die „Geschäftspraxis" nach Art. 2d UGP-RL, WRP 2014, 517 ff.; *Schlingloff,* Werbung und Geldspenden gegenüber Verbrauchern als geschäftliche Handlung – Änderungsbedarf im europäischen Kontext?, FS Köhler 2014, 617 ff.; *Steckenborn,* Verstoß gegen AGB als Wettbewerbsverletzungen, BB 2012, 2324 ff.

Literatur ab 2009: *Ahrens,* Das Verhältnis von UWG und Vertragsrecht aufgrund der EU-Richtlinie über unlautere Geschäftspraktiken, FS Loewenheim, 2009, 407 ff.; *Alexander,* Vertragsrecht und Lauterkeitsrecht unter dem Einfluss der Richtlinie 2005/29/EG über unlautere Geschäftspraktiken, WRP 2012, 515 ff.; *Beater,* Allgemeinheitsinteressen und UWG, WRP 2012, 6 ff.; *Ernst,* Corporate Social Responsibility (CSR) und das Wettbewerbsrecht, WRP 2010 1304 ff.; *Fezer,* Der Dualismus der Lauterkeitsrechtsordnung des b2c-Geschäftsverkehrs und des b2b-Geschäftsverkehrs im UWG, WRP 2009, 1163 ff.; *ders.,* Eine Replik: Die Auslegung der UGP-RL vom UWG aus?, WRP 2010, 677 ff.; *Glöckner,* Der gegenständliche Anwendungsbereich des Lauterkeitsrechts nach der UWG-Novelle 2008 – Ein Paradigmenwechsel mit Folgen, WRP 2009, 1175 ff.; *Gomille,* Äußerungsfreiheit und geschäftliche Handlung, WRP 2009, 525 ff.; *Hoeren,* Das neue UWG und dessen Auswirkungen auf den B2B-Bereich, WRP 2009, 789 ff.; *Isele,* Von der „Wettbewerbshandlung" zur „geschäftlichen Handlung": Hat die „Änderung der Voreinstellung" ausgedient?, GRUR 2009, 727 ff.; *Isele,* Update: Bearbeitungsfehler im Massengeschäft – „Änderung der Voreinstellung II", GRUR 2010, 309; *Köhler,* Die Durchsetzung des Vertragsrechts mit den Mitteln des Lauterkeitsrechts, FS Medicus, 2009, 225 ff.; *ders.,* „Fachliche Sorgfalt" – Der weiße Fleck auf der Landkarte des UWG, WRP 2012, 22 ff.; *ders.,* Die UWG-Novelle 2008, WRP 2009, 109 ff.; *ders.,* Unzulässige geschäftliche Handlungen bei Abschluss und Durchführung eines Vertrags, WRP 2009, 898 ff.; *ders.,* Richtlinienkonforme Gesetzgebung statt richtlinienkonformer Auslegung: Plädoyer für eine weitere UWG-Novelle, WRP 2012, 251 ff.; *Lettl,* Das neue UWG, GRUR 2009, 41 ff.; *Sack,* Individualschutz gegen unlauteren Wettbewerb, WRP 2009, 1330 ff.; *Scherer,* Lauterkeitsrecht und Leistungsstörungsrecht – Veränderung des Verhältnisses durch § 2 I Nr. 1 UWG? WRP 2009, 761 ff.; *dies.,* Die „Verbrauchergeneralklausel" des § 3 II 1 UWG – Eine überflüssige Norm, WRP 2010, 586 ff.; *Schöttle,* Aus eins macht zwei – die neuen Generalklauseln im Lauterkeitsrecht, GRUR 2009, 546 ff.

A. § 2 Abs. 1 Nr. 1 (Geschäftliche Handlung)

Im Sinne dieses Gesetzes bedeutet

1. „geschäftliche Handlung" jedes Verhalten einer Person zugunsten des eigenen oder eines fremden Unternehmens vor, bei oder nach einem Geschäftsabschluss, das mit der Förderung des Absatzes oder des Bezugs von Waren oder Dienstleistungen oder mit dem Abschluss oder der Durchführung eines Vertrags über Waren oder Dienstleistungen objektiv zusammenhängt; als Waren gelten auch Grundstücke, als Dienstleistungen auch Rechte und Verpflichtungen;

I. Allgemeines

1 **1. Von der „Wettbewerbshandlung" zur „geschäftlichen Handlung".** Das deutsche verbraucherbezogene Lauterkeitsrecht wird durch die Richtlinie über unlautere Geschäftspraktiken (UGP-RL) beherrscht, die ihren Anwendungsbereich durch den Begriff der **„Geschäftspraktiken"** vom allgemeinen Zivilrecht abgrenzt und anders als das frühere deutsche Recht den Begriff der **„Wettbewerbshandlung"** nicht verwendet. Weil der Begriff der „Geschäftspraktiken" über den Begriff der „Wettbewerbshandlung" hinausreicht, insbesondere ein geschäftliches Verhalten nach Vertragsschluss erfasst und auch nicht mehr auf eine subjektiv-finale Zweckrichtung abstellt, hat der Gesetzgeber im Zuge der UWG-Reform 2008 den früher verwandten Begriff der „Wettbewerbshandlung" durch den Begriff der **„geschäftlichen Handlung"** ersetzt.[10] Damit wurde der Anwendungsbereich sowohl des verbraucherbezogenen als auch des mitbewerberbezogenen Lauterkeitsrechts ausgeweitet. Mit diesem Gleichklang ist sichergestellt, dass eine sich sowohl auf Verbraucher als auch auf Mitbewerber (oder sonstige Marktteilnehmer) auswirkende geschäftliche Handlung einheitlich unter dem Blickwinkel des Lauterkeitsrechts beurteilt werden kann.

2 **2. Bedeutung.** Die in § 2 Abs. 1 Nr. 1 UWG definierte „geschäftliche Handlung" ist – wie die Begründung zum UWG 2008[11] zu Recht betont – ein **zentraler Begriff des UWG.**[12] Der Begriff der geschäftlichen Handlung dient dazu, den Anwendungsbereich des Lauterkeitsrechts gegenüber dem allgemeinen Deliktsrecht abzugrenzen.[13] Erst wenn eine „geschäftliche Handlung" vorliegt, ist der Anwendungsbereich des UWG eröffnet. Allein „geschäftliche Handlungen" iSd § 2 Abs. 1 Nr. 1 UWG unterliegen den Maßstäben des Wettbewerbsrechts und allein „unlautere geschäftliche Handlungen" sind nach der Generalklausel des § 3 UWG unzulässig. Diese stellt in allen ihren vier Absätzen auf „geschäftliche Handlungen" ab und auch die weiteren Unlauterkeitstatbestände in §§ 4, 4a sowie §§ 5–7 UWG verlangen zumeist explizit eine „geschäftliche Handlung" iSd § 2 Abs. 1 Nr. 1 UWG. Der Feststellung einer „Unlauterkeit" ist deshalb die Frage logisch vorgeordnet, ob überhaupt eine geschäftliche Handlung gegeben ist. Nur wenn eine „geschäftliche Handlung" vorliegt, ist ein wettbewerblicher Tatbestand gegeben, der die darauf folgende Beurteilung erlaubt, ob ein Verhalten lauter oder unlauter ist.

3 **3. UWG als Sonderdeliktsrecht.** Das UWG verbietet allen Marktakteuren unlauteres Verhalten und insbesondere eine unlautere Marktkommunikation. Die nach dem UWG verbotenen unlauteren geschäftlichen Handlungen sind unerlaubte Handlungen im Sinne

[10] Hierzu GroßKommUWG/*Peukert*, 3. Aufl., § 2 Rn. 24.

[11] Amtliche Begründung des Gesetzentwurfs zum UWG 2008, BT-Drs. 16/10145, 39, vgl. Fn. 5.

[12] Ebenso etwa die Begründung zum UWG 2004 zum Begriff der „Wettbewerbshandlung", vgl. BT-Drs. 15/1487, 16.

[13] BGH GRUR 2016, 946 Rn. 67 – Freunde finden; BGH GRUR 2013, 945 Rn. 17 – Standardisierte Mandatsbearbeitung; *Büscher* GRUR 2019, 217.

der Deliktsvorschriften des BGB.[14] Das auf die Beurteilung von geschäftlichen Handlungen beschränkte Lauterkeitsrecht stellt damit ein **Sonderdeliktsrecht zum allgemeinen zivilrechtlichen Haftungsrecht** dar.[15] Unterschiede bestehen insbesondere hinsichtlich der materiell-rechtlichen Maßstäbe etwa im Hinblick auf § 826 BGB, der Schädigungsvorsatz verlangt, der gerichtlichen Zuständigkeiten, der Verjährung[16] und der materiellen Anspruchsberechtigung wie etwa in Fällen der persönlichkeitsrechtsverletzenden Telefon- oder Briefkastenwerbung, die der betroffene Verbraucher nach § 823 BGB, nicht aber auf der Grundlage des UWG unterbinden kann.[17] Zum **Verhältnis des UWG zum bürgerlichen Recht** vgl. *Ahrens* → Einl. Rn. 1090 ff. sowie zum Verhältnis des UWG zum **Kartellrecht** → Einl. Rn. 1077 ff.

4. Rechtsentwicklung. a) Rechtslage bis zur UWG-Reform 2004. Der Anwendungsbereich des **bis zur Reform 2004 geltenden UWG** war grundsätzlich – was hier mit Blick auf die ältere Rechtsprechung festzuhalten ist – auf **„Handlungen im geschäftlichen Verkehr zu Zwecken des Wettbewerbs"** beschränkt. Dieser weit verstandene Begriff umfasste alle Handlungen zur Förderung eines beliebigen Geschäftszwecks, nicht jedoch vertragsbezogenes Handeln. Den beiden Anwendungsschranken des „geschäftlichen Verkehrs" und des „Handelns zu Zwecken des Wettbewerbs" kam eine **Doppelfunktion** zu: Zum einen grenzten beide Tatbestandsmerkmale das UWG als Sonderdeliktsrecht vom allgemeinen Zivilrecht ab. Zum anderen diente das aus dem Merkmal des „Handelns zu Zwecken des Wettbewerbs" abgeleitete Erfordernis eines Wettbewerbsverhältnisses der Bestimmung der Anspruchsberechtigung des „unmittelbar verletzten Mitbewerbers", die sich direkt aus der verletzten Norm ergab.[18] Die Anspruchsberechtigung ist seit der UWG-Reform 2004 vom Begriff der „Wettbewerbshandlung" abgekoppelt und jetzt abschließend in § 8 UWG geregelt. 4

b) Rechtslage nach der UWG-Reform 2004. Im UWG 2004 war erstmals der Begriff der „Wettbewerbshandlung" in § 2 Abs. 1 Nr. 1 UWG legaldefiniert. Danach war unter einer „Wettbewerbshandlung" jede Handlung einer Person mit dem Ziel zu verstehen, zugunsten des eigenen oder eines fremden Unternehmens den Absatz oder den Bezug von Waren oder die Erbringung oder den Bezug von Dienstleistungen einschließlich unbeweglicher Sachen, Rechte und Verpflichtungen zu fördern. Entscheidend war danach das **Vorliegen einer Markthandlung zu Absatzförderungszwecken** im Gegensatz zu rein privaten und amtlich-hoheitlichen Tätigkeiten sowie rein betriebsinternen, mitgliederbezogenen, sozialpolitischen usw Aktivitäten. Die Absatzförderungsmaßnahme musste darüber hinaus auch subjektiv von einem entsprechenden Absatzförderungszweck getragen sein. 5

c) Rechtslage nach den UWG-Reformen 2008/2015. Mit der **UWG-Reform 2008** hat der Gesetzgeber – einer Empfehlung von *Köhler*[19] folgend – den früher verwandten 6

[14] BGH GRUR 2002, 618 (619) – Meißner-Dekor; BGH GRUR 1999, 751 (754) – Güllepumpen; BGH GRUR 1995, 678 (681) – Kurze Verjährungsfrist; BGH GRUR 1982, 495 (497) – Domgarten-Brand; zur deliktsrechtlichen Verankerung des UWG vgl. Teplitzky/*Kessen*, Wettbewerbsrechtliche Ansprüche und Verfahren, 12. Aufl., Kap. 4 Rn. 11. Ausführlich zum Verhältnis des UWG zum Deliktsrecht des BGB *Ahrens* → Einl. Rn. 1090 ff.

[15] *Ohly*/Sosnitza, UWG, 7. Aufl., Einf. D Rn. 56 f.; zur „Filterfunktion" des Handelns zu Zwecken des Wettbewerbs nach altem Recht: GroßKommUWG/*Schünemann*, 1. Aufl., Einl. UWG Rn. D 165.

[16] Vgl. zur Verjährung bei konkurrierenden lauterkeits- und deliktsrechtlichen Ansprüchen BGH GRUR 2011, 444 Rn. 55 f. – Flughafen Frankfurt-Hahn.

[17] Zu den bürgerlich-rechtlichen Abwehransprüchen bei unerbetener E-Mail-Werbung BGH GRUR 2018, 1178 Rn. 12 ff. – Kundenzufriedenheitsbefragung; BGH GRUR 2017, 748 Rn. 14 – Robinson Liste. Vgl. auch BGH GRUR 1989, 225 (226) – Handzettel-Wurfsendung – zur Briefkastenwerbung.

[18] BGH GRUR 2001, 258 – Immobilienpreisangaben; BGH GRUR 2001, 78 – Falsche Herstellerpreisempfehlung; BGH GRUR 1998, 1039 (1040) – Fotovergrößerungen; *Baumbach/Hefermehl*, Wettbewerbsrecht, 22. Aufl., Einl. Rn. 219 und Rn. 225; *Bornkamm* GRUR 1996, 527 ff.; *Köhler/Piper*, UWG, 3. Aufl., Einf. Rn. 205 und Rn. 236.

[19] *Köhler* WRP 2007, 1393 ff.

Begriff der „Wettbewerbshandlung" durch den Begriff der **„geschäftlichen Handlung"** ersetzt. Damit wurde der Wortlaut des deutschen Rechts näher an die UGP-RL und den dort verwandten Begriff der „Geschäftspraktiken" (vgl. dort Art. 2 lit. d) herangeführt und der Anwendungsbereich auch auf das vertragsbezogene Verhalten erweitert. Die auf eine noch nähere Angleichung des deutschen Lauterkeitsrechts an die UGP-RL zielende **UWG-Reform 2015** hat an dem Begriff der „geschäftlichen Handlung" nichts geändert.

7 **5. Erweiterter Anwendungsbereich einer „geschäftlichen Handlung".** Der **Begriff der geschäftlichen Handlung** iSd § 2 Abs. 1 Nr. 1 UWG ist nach der Rechtsprechung des BGH „jedenfalls nicht enger als der der Wettbewerbshandlung nach § 2 Abs. 1 Nr. 1 UWG 2004",[20] so dass auf die Rechtsprechung zum Begriff der Wettbewerbshandlung iSd § 2 Abs. 1 Nr. 1 UWG 2004 noch zurückgegriffen werden kann. Erfasst ist über das frühere Recht hinaus auch ein **geschäftliches Verhalten nach Vertragsschluss.**[21] Für den Gesamttatbestand einer „geschäftlichen Handlung" kommt es zudem auf eine Wettbewerbsförderungsabsicht nicht mehr an. Ausreichend ist vielmehr, dass das Verhalten mit einer Absatz- oder Bezugsförderung objektiv zusammenhängt.[22] Der Begriff der „geschäftlichen Handlung" bleibt aber insoweit hinter dem früheren Begriff der Wettbewerbshandlung zurück, als nunmehr ein **„vorrangiger Absatzförderungszusammenhang"** erforderlich[23] und es nicht mehr ausreichend ist, dass der Absatzförderungszweck nicht hinter anderen Beweggründen völlig zurücktritt.[24] Eine lediglich terminologische Änderung ist es, wenn nunmehr auf jedes „Verhalten" einer Person abgestellt wird, weil auch schon bisher der Begriff der Wettbewerbshandlung sowohl aktives Tun als auch ein Unterlassen erfasste. Der Begriff der geschäftlichen Handlung schließt ebenso wie die „Wettbewerbshandlung" auch nicht direkt der Absatzförderung dienende, ihr aber objektiv zugute kommende und die eigene Wettbewerbsstellung stärkende Handlungen mit ein (→ Rn. 56 ff.).

8 **6. „Geschäftliche Handlung" und UGP-Richtlinie. a) Allgemeine Vorgaben der UGP-Richtlinie.** Der in § 2 Abs. 1 Nr. 1 UWG definierte Begriff der „geschäftlichen Handlung" beruht auf der Definition der „Geschäftspraktiken" in Art. 2 lit. d UGP-RL[25]. Dort heißt es:

„Im Sinne dieser Richtlinie bezeichnet der Ausdruck …"

d) „Geschäftspraktiken im Geschäftsverkehr zwischen Unternehmen und Verbrauchern" (nachstehend auch „Geschäftspraktiken" genannt) jede Handlung, Unterlassung, Verhaltensweise oder Erklärung, kommerzielle Mitteilung einschließlich Werbung und Marketing eines Gewerbetreibenden, die unmittelbar mit der Absatzförderung, dem Verkauf oder der Lieferung eines Produkts an Verbraucher zusammenhängt;"

---

[20] BGH GRUR 2018, 1251 Rn. 20 – Werbeblocker II; BGH GRUR 2018, 196 Rn. 22 – Eigenbetrieb Friedhöfe; BGH GRUR 2013, 301 Rn. 22 – Solarinitiative; BGH GRUR 2011, 638 Rn. 17 – Werbung mit Garantie; BGH GRUR 2010, 1142 Rn. 11 – Holzhocker; BGH GRUR 2011, 166 Rn. 12 – Rote Briefkästen; BGH GRUR 2010, 1126 Rn. 17 – Femur-Teil.

[21] Vgl. zu einer irreführenden Auskunft eines Unternehmens über das Kündigungsrecht eines vertragsverbundenen Verbrauchers EuGH GRUR 2015, 600 Rn. 34 – Ungarische Verbraucherschutzbehörde/UPC vgl. ferner BGH GRUR 2018, 950 Rn. 45 – Namensangabe.

[22] Zu den Unterschieden zwischen einer „Wettbewerbshandlung" nach früherem Recht und der nunmehr maßgebenden „geschäftlichen Handlung" vgl. *Köhler* WRP 2009, 898 ff.; *Lettl* GRUR-RR 2009, 41 ff.; *Sosnitza* WRP 2008, 1014 (1016); *Glöckner/Henning-Bodewig* WRP 2005, 1311 (1325); vgl. auch den Bericht über die Sitzung des GRUR-Fachausschusses für Marken- und Wettbewerbsrecht zu diesem Thema in GRUR 2005, 1017 (1018).

[23] Vgl. → Rn. 61 ff.

[24] Vgl. insoweit zum alten Recht: BGH GRUR 2003, 800 (801) – Schachcomputerkatalog; BGH GRUR 2002, 1093 (1094) – Kontostandauskunft; BGH GRUR 2002, 987 (993) – Wir Schuldenmacher.

[25] Die „Geschäftspraktiken" definiert der EuGH wiederum ganz weit, vgl. EuGH GRUR 2018, 1154 Rn. 41 – KfV/Kamenova.

Ergänzend zu der Bestimmung in Art. 2 lit. d heißt es in Art. 3 Abs. 1, dass die Richtlinie für unlautere Geschäftspraktiken *„vor, während und nach Abschluss eines auf ein Produkt bezogenen Handelsgeschäfts"* gilt. Damit sind auch etwa geschäftliche Praktiken gegenüber nur einem vertragsverbundenen Verbraucher, wie etwa eine irreführende Auskunft über dessen Kündigungsrechte, erfasst.[26] In Erwägungsgrund 7 ist weiter hervorgehoben, dass die Richtlinie sich auf Geschäftspraktiken bezieht, die im unmittelbaren Zusammenhang mit der **Beeinflussung der geschäftlichen Entscheidung des Verbrauchers** in Bezug auf Produkte stehen, und nicht auf Geschäftspraktiken, die vorrangig anderen Zielen dienen. Ausgenommen vom Anwendungsbereich der UGP-Richtlinie sind entsprechend Erwägungsgrund 6 nur solche Geschäftspraktiken, die „lediglich" die wirtschaftlichen Interessen von Mitbewerbern schädigen oder sich auf ein unternehmensbezogenes Rechtsgeschäft beziehen.[27] 8a

b) Verbraucherschutz- und Binnenmarktziel der Richtlinie. Die auf eine vollständige Harmonisierung[28] abzielende Richtlinie bezweckt nach Art. 1, unlautere Geschäftspraktiken abzuwehren, die die wirtschaftlichen Interessen der Verbraucher beeinträchtigen, und so zu einem reibungslosen Funktionieren des Binnenmarkts[29] und zum Erreichen eines hohen Verbraucherschutzniveaus beizutragen.[30] Die Richtlinie ist deshalb aus Verbrauchersicht[31] und im Lichte ihres Zwecks auszulegen, dem Verbraucher eine informationsgeleitete und freie, mithin rationale Entscheidung zu ermöglichen[32] und ihn vor belästigenden, nötigenden und sonst unzulässigen Praktiken zu schützen, die seine Wahlfreiheit beeinträchtigen.[33] Soweit eine Vorschrift des nationalen Rechts nicht den Schutz der Verbraucher, sondern nur den Schutz der Mitbewerber und der sonstigen Marktteilnehmer bezweckt, ist der Anwendungsbereich der Richtlinie nicht berührt.[34] 9

c) Sachlicher Anwendungsbereich. Das weite Verständnis der „Geschäftspraktiken" verschafft der UGP-RL auch einen besonders **weiten materiellen Anwendungsbereich.** Erfasst sind alle Geschäftspraktiken, die unmittelbar mit der Absatzförderung, dem Verkauf oder der Lieferung eines Produkts an Verbraucher zusammenhängen.[35] Die Vorschrift erfasst sonach ohne weiteres eine Werbekampagne, bei der die kostenlose Teilnahme des Verbrauchers an einer Lotterie bzw. einem Preisausschreiben mit dem Kauf von Waren oder der Inanspruchnahme von Dienstleistungen verknüpft wird,[36] oder mit Verlust verbundene Verkaufsmaßnahmen[37] oder Preisermäßigungen auf einer Online-Vertriebswebsite.[38] Die **Förderung des Wettbewerbs eines fremden Unternehmens,** die nicht in dessen Namen und Auftrag erfolgt, ist allerdings keine von der Richtlinie erfasste Geschäftspraktik.[39] 10

---

[26] EuGH GRUR 2015, 600 Rn. 34 ff. – Ungarische Verbraucherschutzbehörde/UPC.

[27] EuGH GRUR 2010, 244 Rn. 39 – Plus.

[28] EuGH GRUR 2018, 303 Rn. 39 – Europamur; EuGH GRUR-Int 2015, 1140 Rn. 34 – Cdiscount; EuGH GRUR-Int 2013, 942 Rn. 20 – Citroen Belux; EuGH GRUR-Int 2010, 221 Rn. 41 – Plus.

[29] EuGH GRUR 2018, 940 Rn. 28 – Dyson/BSH. Das Ziel der Binnenmarktangleichung ist in der juristischen Diskussion häufig vernachlässigt, vgl. dazu Harte/Henning/*Podszun* → § 1 Rn. 29.

[30] EuGH GRUR 2019, 1064 Rn. 36 – Orange Polska; EuGH GRUR 2013, 297 Rn. 29 – Köck.

[31] EuGH GRUR 2013, 1159 Rn. 36 – BKK Mobil Oil.

[32] BGH GRUR 2014, 686 Rn. 23 – Goldbärenbarren; kritisch zur Wortwahl: *Lettl* WRP 2019, 1265 ff.

[33] Erwägungsgrund 16 UGP-RL.

[34] EuGH GRUR-Int 2015, 1140 Rn. 29 – Cdiscount; EuGH GRUR 2013, 297 Rn. 30 – Köck; EuGH GRUR-Int 2013, 936 Rn. 31 – Euronics Belgium.

[35] EuGH GRUR 2018, 1154 Rn. 41 – KfV/Kamenova; EuGH GRUR 2018, 940 Rn. 30 – Dyson/BSH; EuGH GRUR-Int 2015, 1140 Rn. 31 – Cdiscount; EuGH GRUR 2015, 600 Rn. 34 – Ungarische Verbraucherschutzbehörde/UPC; EuGH GRUR 2013, 1159 Rn. 40 – BKK Mobil Oil; EuGH GRUR 2013, 1245 Rn. 37 – RlvS/Stuttgarter Wohnblatt.

[36] EuGH GRUR 2010, 244 Rn. 37 – Plus sowie EuGH GRUR 2011, 76 Rn. 18 – Mediaprint.

[37] EuGH GRUR-Int 2013, 936 Rn. 22 – Euronics Belgium.

[38] EuGH GRUR-Int 2015, 1140 Rn. 32 – Cdiscount.

[39] EuGH GRUR 2013, 1245 ff. – RLvS/Stuttgarter Wochenblatt; kritisch *Koch* FS Köhler, 2014, 359 ff. und *Glöckner* FS Köhler, 2014, 159 ff.; vgl. auch *Peifer* FS Köhler, 2014, 519 ff. und *Demuth* WRP 2014, 35 ff.

11 **d) Persönlicher Anwendungsbereich.** Der **persönliche Anwendungsbereich** der Richtlinie erfasst jede Art von Unternehmen (vgl. Art. 3 Abs. 1) unabhängig davon, wie deren Einordnung und Rechtsstellung nach nationalem Recht ausgestaltet ist.[40] Der in der Richtlinie ebenfalls verwendete Begriff „Gewerbetreibender" (Art. 2 lit. b) stimmt in seiner Bedeutung und rechtlichen Tragweite mit dem Begriff „Unternehmen" überein.[41] Beide Begriffe umfassen daher jede natürliche oder juristische Person, die unternehmerisch tätig ist. Einrichtungen, die eine im allgemeinen Interesse liegende Aufgabe erfüllen, werden davon ebenso wenig ausgenommen wie öffentlich-rechtliche Einrichtungen.[42]

12 **e) Umsetzung der Richtlinie.** Der deutsche Gesetzgeber ist mit der Definition der „geschäftlichen Handlung" in § 2 Abs. 1 Nr. 1 UWG der Richtliniendefinition nicht wörtlich gefolgt, sondern hat **von seiner Umsetzungsfreiheit Gebrauch gemacht.**[43] Mit der Gesetz gewordenen Formulierung sollen zum einen die **Vorgaben der UGP-Richtlinie erfüllt,** zum anderen aber auch das geschäftliche Verhalten im **Verhältnis zwischen Unternehmen** erfasst sein[44] (B2B-Bereich). Der BGH betont insoweit, dass der **Begriff der „geschäftlichen Handlung" gemäß § 2 Abs. 1 Nr. 1 UWG „weiter reicht" als der unionsrechtliche Begriff der „Geschäftspraktiken"** in Art. 2 lit. d der UGP-RL, der nur Verhaltensweisen von Gewerbetreibenden umfasse, die unmittelbar mit der Absatzförderung, dem Verkauf oder der Lieferung eines Produkts an Verbraucher zusammenhängen.[45] Das ist richtig, weil der Begriff der „geschäftlichen Handlung" auch Maßnahmen gegenüber Unternehmern und sonstigen Marktteilnehmern sowie Verhaltensweisen erfasst, die sich gegen Mitbewerber richten. Ebenso werden Bezugshandlungen sowie Maßnahmen Dritter zur Förderung des Absatzes oder Bezugs eines fremden Unternehmens erfasst, die nicht im Namen oder im Auftrag des Unternehmens handeln.[46] Schließlich umfasst der Begriff der geschäftlichen Handlung auch verbraucherbezogenes Verhalten, das von der UGP-RL gemäß Art. 3 Abs. 2–10 nicht abgedeckt wird.[47] Die UGP-RL steht der weiterreichenden Definition der „geschäftlichen Handlung" nicht entgegen, da sie nur einen Teilaspekt auf dem Gebiet des unlauteren Wettbewerbs regelt.[48] Auch der abschließende Charakter der Richtlinie verbietet es nicht, das **verbraucher- und unternehmensbezogene Lauterkeitsrecht in einem Rechtsakt** zu regeln.[49] Dass durch § 2 Abs. 1 Nr. 1 UWG auch verbraucherbezogene „Bezugshandlungen" erfasst werden,[50] ist jedenfalls deshalb bedenkenfrei, weil diese Bezugshandlungen mittelbar auch Absatz-

---

[40] BGH GRUR 2014, 1120 Rn. 19 ff. – Betriebskrankenkasse II.

[41] EuGH GRUR 2018, 1154 Rn. 29 – KfV/Kamenova.

[42] EuGH GRUR 2018, 1154 Rn. 30 f. – KfV/Kamenova; EuGH GRUR 2013, 1159 Rn. 26, 28 – BKK/Mobil Oil; BGH GRUR 2014, 1120 Rn. 19 ff. – Betriebskrankenkasse II; BGH GRUR 2014, 682 Rn. 17 – Nordjob-Messe.

[43] Zur Umsetzungsfreiheit *Hetmank* GRUR 2015, 323 ff.

[44] Vgl. Amtliche Begründung des Gesetzentwurfs zum UWG 2008, BT-Drs. 16/10145, 40; *Köhler* WRP 2007, 1393 (1396) und *Köhler* WRP 2009, 109 ff.

[45] BGH GRUR 2020, 997 Rn. 12 – GRAZIA StyleNights; BGH GRUR 2014, 879 Rn. 13 – Good News II; *Büscher* GRUR 2020, 217 (218); *Koch* FS Köhler, 2014, 359 ff.

[46] BGH GRUR 2020, 997 Rn. 12 – GRAZIA StyleNights; BGH GRUR 2014, 879 Rn. 13 – Good News II; *Koch* FS Köhler, 2014, 359 ff., *Glöckner* FS Köhler, 2014, 159 ff.

[47] Vgl. dazu bspw. BGH GRUR 2017, 286 Rn. 15 – Hörgeräteausstellung, wo allerdings die für möglich erachteten lauterkeitsrechtlichen Ansprüche verneint wurden. Zum von der UGP-RL ausgenommenen Preisangaberecht vgl. EuGH GRUR 2016, 945 – Citroen Commerce/ZLW.

[48] BGH GRUR 2020, 997 Rn. 12 – GRAZIA StyleNights; BGH GRUR 2014, 879 Rn. 13 – Good News II.

[49] Vgl. Art. 6 S. 3 UGP-RL. In der Begründung des Gesetzentwurfs zum UWG 2008 wird S. 17 zu Recht darauf hingewiesen, dass der integrierte Ansatz dem Umstand Rechnung trägt, dass das Verhalten von Unternehmen am Markt im Prinzip unteilbar ist und durch ein unlauteres Verhalten Verbraucher und Mitbewerber regelmäßig gleichermaßen geschädigt werden. Auch die Kommission hat nicht gerügt, dass das deutsche UWG in ein und demselben Gesetz auch das unternehmensbezogene Lauterkeitsrecht regelt, vgl. dazu *Henning-Bodewig* GRUR 2013, 238 ff.; *Glöckner* GRUR 2013, 224 (227).

[50] Vgl. das Beispiel von *Köhler* WRP 2007, 1393 (1396): Ankaufswerbung eines Antiquitätenhändlers gegenüber Privatpersonen.

interessen dienen.[51] Für das verbraucherbezogene Lauterkeitsrecht ist allerdings das deutsche Erfordernis des „objektiven Zusammenhangs“ als „unmittelbarer Zusammenhang“ im Sinne der Richtlinie auszulegen, während bei mitbewerberbezogenen Handlungen von vornherein ein mittelbarer Absatzförderungszusammenhang ausreichen kann. Besser wäre es wohl gewesen, es bei den Formulierungen des europäischen Rechts zu belassen.[52]

f) Maßgeblichkeit der Richtlinie seit Ablauf der Umsetzungsfrist. Der frühere 13
Begriff der „Wettbewerbshandlung“ war für verbraucherbezogenes Handeln schon vor der UWG-Reform 2008 im Lichte der UGP-RL, deren Frist zur Umsetzung am 12.6.2007 abgelaufen ist, auszulegen.[53] Die UGP-RL hat in ihrem Anwendungsbereich das verbraucherbezogene Lauterkeitsrecht vollständig harmonisiert, so dass die Mitgliedstaaten – auch nicht um ein höheres Verbraucherschutzniveau zu erreichen – keine strengeren oder milderen als die in der Richtlinie vorgesehenen Regelungen vorsehen dürfen.[54] Der EuGH bejaht sogar seine Zuständigkeit zur Auslegung von nicht dem Anwendungsbereich der Richtlinie unterfallendem Lauterkeitsrecht, sofern die nationalen Regelungen dem Unionsrecht entnommen sind, um eine unionsweite einheitliche Auslegung zu gewährleisten.[55]

7. „Geschäftliche Handlung“ und richtlinienkonforme Auslegung. Das deutsche 14
verbraucherbezogene UWG ist ganz im Lichte der Richtlinie auszulegen.[56] Das gilt auch und gerade für den Begriff der geschäftlichen Handlung, soweit er für das verbraucherschutzbezogene Lauterkeitsrecht den Begriff der „Geschäftspraktiken“ iSd Art. 2 lit. d und Art. 3 Abs. 1 der UGP-RL umsetzt. Die Auslegung von Vorschriften des Unionsrechts, hat in der gesamten Union autonom und einheitlich unter Berücksichtigung des Regelungszusammenhangs und des mit der Regelung verfolgten Zwecks zu erfolgen.[57] Der Begriff der „geschäftlichen Handlung“ ist sonach im Lichte des Wortlauts und des Zwecks der UGP-RL auszulegen,[58] wobei die Erwägungsgründe der UGP-RL und die Bestimmungen der Richtlinie selbst mit heranzuziehen sind.[59] Im Falle von Auslegungszweifeln kann eine verbindliche Auslegung nur durch den EuGH im Vorabentscheidungsverfahren erfolgen.[60]

---

[51] Der BGH hält die Einbeziehung des Nachfragewettbewerbs deshalb für unproblematisch, weil der europäische Gesetzgeber insoweit keine Harmonisierung vorgesehen habe, vgl. BGH GRUR 2009, 1189 Rn. 12 – Blutspendedienst.

[52] Im Zusammenhang mit der umfangreich diskutierten UWG-Reform 2015 fand dieser Aspekt keine besondere Aufmerksamkeit. Das bei Redaktionsschluss kurz vor der Verabschiedung stehende „Gesetz zur Stärkung des Verbraucherschutzes im Wettbewerbs- und Gewerberecht“, BT-Drs. 19/27873 nimmt in die Definition das Wort „unmittelbar“ auf.

[53] EuGH GRUR 2010, 244 Rn. 29 ff. – Plus; BGH GRUR 2012, 184 Rn. 16 – Branchenbuch Berg; BGH GRUR 2011, 532 Rn. 19 – Millionen-Chance II; BGH GRUR 2008, 807 Rn. 9 – Millionen-Chance; vgl. ferner *Köhler* WRP 2009, 109 ff.; GRUR 2008, 841 ff.; vgl. zur Vor-Wirkung noch nicht umgesetzter Richtlinien auch BGH GRUR 1998, 824 – Testpreis-Angebot und BGH GRUR 2007, 708 Rn. 38 – Internet-Versteigerung II zur Durchsetzungsrichtlinie.

[54] Zuletzt: EuGH GRUR 2018, 303 Rn. 39 – Europamur; EuGH GRUR 2010, 244 – Plus.

[55] EuGH GRUR 2018, 303 Rn. 26 ff. – Europamur. Der BGH legt das nicht in den Anwendungsbereich der Richtlinie fallende nationale Recht oft eigenständig aus, vgl. BGH GRUR 2016, 705 Rn. 46 ff.– ConText und BGH GRUR 2014, 879 Rn. 13 – Good News II; für eine einheitliche Auslegung BGH GRUR 2018, 1251 Rn. 54 – Werbeblocker II und *Lettl* WRP 2019, 1265 (1266).

[56] BGH GRUR 2014, 682 Rn. 15 – Nordjob-Messe; BGH GRUR 2011, 532 Rn. 13 – Millionen-Chance II; *Köhler* WRP 2012, 251 ff.; zur richtlinienkonformen Auslegung und deren Grenzen vgl. auch BVerfG NJW 2012, 669 ff. sowie *Glöckner* GRUR 2013, 224 (228 ff.).

[57] EuGH GRUR 2015, 600 Rn. 33 – Ungarische Verbraucherschutzbehörde/UPC; EuGH GRUR 2013, 1159 Rn. 25 – BKK Mobil Oil.

[58] BGH GRUR 2014, 682 Rn. 15 – Nordjob-Messe; BGH GRUR 2014, 1120 Rn. 15 – Betriebskrankenkasse II.

[59] *Köhler* WRP 2012, 251 ff.; 2007, 1393 (1394 f.). Die Richtlinie stellt etwa in Erwägungsgrund 9 klar, dass sie nicht die gemeinschaftlichen und nationalen Vorschriften in den Bereichen des Vertragsrechts sowie des Schutzes des geistigen Eigentums berührt.

[60] Art. 267 AEUV (ex-Art. 234 EGV), vgl. die Vorlage-Entscheidungen des BGH zur UGP-RL BGH GRUR 2012, 1056 ff. – GOOD NEWS sowie BGH GRUR 2008, 807 – Millionen-Chance.

15 **8. Objektive und ganzheitliche Beurteilung der „geschäftlichen Handlung".** Es ist **allein nach den objektiven äußeren Umständen** zu beurteilen, ob eine geschäftliche Handlung und ein Absatzförderungszusammenhang vorliegen, auf eine „Wettbewerbsförderungsabsicht" kommt es abweichend vom früheren Recht nicht an.[61] Für die Beurteilung, ob die Voraussetzung des § 2 Abs. 1 Nr. 1 vorliegen, kommt es sonach auf irgendwelche subjektiven Erfordernisse nicht an.[62] Der BGH misst dem subjektiven Kenntnisstand des Handelnden „keine Bedeutung" zu.[63] Auch die früher erforderliche **„Wettbewerbsabsicht" wurde jedoch aus objektiven Umständen** abgeleitet. Regelmäßig wird ein **objektiver Absatzförderungszusammenhang in all den Fällen zu bejahen sein, in denen nach altem Recht eine Wettbewerbsabsicht zu bejahen war.** Ein für jedermann ersichtliches, objektives Absatzzweckmoment (wie es etwa in der Werbung „Heute muss alles raus!" deutlich wird) stellt den „objektiven Absatzförderungszusammenhang" regelmäßig her. Die mit der früheren „Wettbewerbsabsicht" vorgenommene Feinsteuerung zur Ausgrenzung von keinen geschäftlichen Zwecken dienenden Presseäußerungen oder sonstigen Maßnahmen mit ggf. erheblicher wirtschaftlicher Bedeutung ist auch auf der Grundlage des Merkmals des objektiven Absatzförderungszusammenhangs möglich.[64] Die nach außen hervortretende objektive Zweckrichtung eines Handelns bleibt sonach sowohl für die Beurteilung des Geschäftszwecks (dazu → Rn. 22) als auch für den Absatz- oder Bezugsförderungszusammenhang (dazu → Rn. 56 ff.) von Bedeutung. Vorzunehmen ist im übrigen auch eine objektive **ganzheitliche Beurteilung,** was sich etwa bei dem kostenlosen Vertrieb einer werbeblockierenden Software zeigt, deren Anbieter es dritten Unternehmen entgeltlich ermöglicht, ihre Werbung von der Blockade auszunehmen: Die in Rede stehende geschäftliche Handlung ist nicht in einen nicht-kommerziellen Software-Vertrieb und ein kommerzielles Angebot zur Blockadeaufhebung aufzuspalten.[65]

16 **9. „Geschäftliche Handlung" und „kommerzielle Mitteilung".** Schon aus der Legaldefinition in Art. 2 lit. d der UGP-RL, wonach eine Geschäftspraktik jedes unmittelbar mit der Absatzförderung zusammenhängende Verhalten eines Gewerbetreibenden ist, ergibt sich, dass der Begriff der **geschäftlichen Handlung den Oberbegriff** bildet und jede **„kommerzielle Mitteilung einschließlich Werbung und Marketing"** als unmittelbar der Absatz- oder Bezugsförderung dienende Maßnahmen mit umfasst. Der Begriff der **„kommerziellen Mitteilung"** entspricht demjenigen der „kommerziellen Kommunikation" gemäß Art. 2 lit. f der E-Commerce-Richtlinie (2000/31/EG) und umfasst *„alle Formen der Kommunikation, die der unmittelbaren oder mittelbaren Förderung des Absatzes von Waren und Dienstleistungen oder des Erscheinungsbilds eines Unternehmens, einer Organisation oder einer natürlichen Person dienen, die eine Tätigkeit in Handel, Gewerbe oder Handwerk oder einen reglementierten Beruf ausübt"*.

17 **10. „Geschäftliche Handlung" und „Werbung".** Eine **geschäftliche Handlung** erfasst als **Oberbegriff jede Art von Werbung.** Der in § 5 Abs. 2, 6 und 7 sowie im Anhang zu § 3 Abs. 3 UWG gebrauchte Begriff der **Werbung** ist in Art. 2 lit. a der Richtlinie 2006/114/EG über irreführende und vergleichende Werbung definiert. Danach ist Werbung *„jede Äußerung bei der Ausübung eines Handels, Gewerbes, Handwerks oder freien Berufs mit dem Ziel, den Absatz von Waren oder die Erbringung von Dienstleistungen, einschließlich unbeweglicher Sachen, Rechte und Verpflichtungen zu fördern"*. Eine Werbung liegt danach in

[61] Amtliche Begründung des Gesetzentwurfs zum UWG 2008, BT-Drs. 16/10145, 40 (zu § 2).

[62] BGH GRUR 2007, 800 Rn. 21 – Außendienstmitarbeiter.

[63] BGH GRUR 2007, 800 Rn. 21 – Außendienstmitarbeiter; BGH GRUR 2009, 1080 Rn. 21 – Auskunft der IHK.

[64] So auch jurisPK-UWG/*Ernst*, 4. Aufl., § 2 Rn. 20.

[65] BGH GRUR 2018, 1251 Rn. 21 – Werbeblocker II und *Büscher* GRUR 2019, 217 (218) sowie *Köhler* GRUR 2019, 123 (126); anders bei vollständig unentgeltlichem Angebot eines Werbeblockers OLG Hamburg WRP 2018, 604 Rn. 83 – Angebot von AdBlock Plus.

jeder ganz weit zu verstehenden Äußerung mit dem Ziel der Absatzförderung.[66] Soweit die Definition noch auf eine subjektive Komponente abstellt, ist dies im Sinne einer objektiven Zweckrichtung zu verstehen. Der weit zu verstehende **Begriff der Werbung** ist nicht auf klassische Werbeformen beschränkt[67] und **erfasst jede Art von Werbung.** Umfasst ist insbesondere auch die nur **mittelbare Absatzförderung**[68] wie die **Imagewerbung,** oder **Kundenzufriedenheitsbefragungen**[69], das **Sponsoring**[70] sowie **Nachfragehandlungen,** soweit sie **mittelbar auf eine Absatzförderung gerichtet** sind.[71] Im Zusammenhang mit § 7 Abs. 2 UWG hat der BGH etwa eine Faxanfrage im Autohandel oder eine E-Mail-Anfrage zur Einrichtung einer Bannerwerbung als „Werbung" angesehen.[72] Eine Werbung liegt auch vor, wenn ein Unternehmen den Nutzern seiner Website ermöglicht, eine sogenannte Empfehlungs-E-Mail zu schicken, die auf den Internetauftritt des Unternehmers hinweist und von diesem automatisch an den Empfohlenen versandt wird.[73] Der Begriff der „geschäftlichen Handlung" ist – ebenso wie der in der UGP-RL enthaltene Begriff der Geschäftspraktiken – insofern weiter als der Begriff der Werbung, als er auch Verhaltensweisen im Zusammenhang mit dem Abschluss oder der Durchführung von Verträgen oder dem Verkauf oder der Lieferung eines Produkts – und zudem auch ein Verhalten ohne Äußerungsqualität, wie zB das Unterschieben von Waren[74] – abdeckt.[75] Der in Art. 2 lit. d UGP-RL verwandte, aber undeutliche Begriff des **„Marketing"** ist juristisch nicht definiert und erfasst **alle absatzbezogenen unternehmerischen Tätigkeiten.**

11. „Geschäftliche Handlung" und Passivlegitimation. Mit der Beurteilung, ob eine geschäftliche Handlung vorliegt, werden sowohl die **Normadressateneigenschaft** als auch (im Falle der Zuwiderhandlung) die **wettbewerbsrechtliche Passivlegitimation** bestimmt. Der Begriff der „geschäftlichen Handlung" ist damit **Anknüpfungspunkt für den Normbefehl und für die Schuldnerstellung** hinsichtlich der Ansprüche auf Unterlassung, Beseitigung, Schadensersatz, Gewinnabschöpfung und gegebenenfalls Auskunft. Passivlegitimiert ist, wer die geschäftliche Handlung selbst oder durch Dritte begeht oder sich als Anstifter oder Gehilfe an einer Wettbewerbshandlung beteiligt.[76] Darüber hinaus 18

[66] Zum weiten Verständnis des EuGH vgl. EuGH GRUR 2013, 1049 Rn. 35 – BEST/Visys; zum Begriff der „Werbung" allgemein vgl. BGH GRUR 2016, 946 Rn. 27 – Freunde finden; BGH GRUR 2009, 980 Rn. 13 – E-Mail-Werbung II und im Zusammenhang mit dem Irreführungsverbot vgl. BGH GRUR 2007, 805 Rn. 23 – Irreführender Kontoauszug. Vgl. zudem *Gramespacher* WRP 2016, 495 (497); *Mankowski* EWiR 2016, 157 (158). Zur Werbung im Zusammenhang mit der PAngV vgl. BGH GRUR 2017, 286 Rn. 12 – Hörgeräteausstellung.

[67] BGH GRUR 2016, 946 Rn. 28 – Freunde finden; EuGH GRUR 2013, 1049 Rn. 35 – BEST/Visys, wo der EuGH die Nutzung (nicht die Eintragung) eines Domainnamens sowie die Nutzung von Metatags als „Werbung" angesehen hat. Klassische Verkaufsförderungs-Maßnahmenwie etwa die Ankündigung und Durchführung von Ausverkäufen zielen unmittelbar auf die Förderung des Absatzes und Verkaufs von Waren ab und stellen sonach „klassische Geschäftspraktiken" im Sinne von Art. 2 lit. b UGP-RL dar, vgl. EuGH GRUR 2013, 297 ff. – Köck.

[68] Zur „indirekten Werbewirkung" für Tabakerzeugnisse durch den Internetauftritt eines Tabakherstellers: BGH GRUR 2017, 1273 Rn. 17 ff. – Tabakwerbung im Internet.

[69] Kundenzufriedenheitsbefragungen sind als Werbung anzusehen, weil sie zumindest auch dazu dienen, die befragten Kunden an sich zu binden und künftige Geschäftsabschlüsse zu fördern, vgl. BGH (VI. ZS) GRUR 2018, 1178 Rn. 18 – Kundenzufriedenheitsbefragung, ebenso „Service-Calls" von Versicherungsmaklern, die auch der Überprüfung der Wechselwilligkeit von Kunden dienen, OLG Düsseldorf WRP 2019, 1584 Rn. 9 ff. – Service Calls.

[70] BGH GRUR 2016, 946 Rn. 27 – Freunde finden.

[71] BGH WRP 2008, 1328 Rn. 9 ff. – Faxanfrage im Autohandel und BGH WRP 2008, 1330 Rn. 12 ff. – FC Troschenreuth.

[72] BGH WRP 2008, 1328 Rn. 12 – Faxanfrage im Autohandel und BGH WRP 2008, 1330 Rn. 15 – FC Troschenreuth.

[73] BGH GRUR 2013, 1259 Rn. 16 ff. – Empfehlungs-E-Mail.

[74] Vgl. *Steinbeck* WRP 2006, 632 (633).

[75] BGH GRUR 2013, 1259 Rn. 18 – Empfehlungs-E-Mail.

[76] Vgl. etwa BGH GRUR 2018, 1271 Rn. 76 – Applikationsarzneimittel; BGH GRUR 2016, 961 Rn. 32 – Herstellerpreisempfehlung bei Amazon; BGH GRUR 2011, 340 Rn. 27 – Irische Butter; zur Passivlegitimation umfassend: *Teplitzky/Büch,* Wettbewerbsrechtliche Ansprüche und Verfahren, 12. Aufl., Kap. 14 Rn. 1 ff.

kommt eine Haftung wegen Verletzung einer lauterkeitsrechtlichen Verkehrspflicht[77] in Betracht, die lauterkeitsrechtliche „Störerhaftung" hat der BGH aufgegeben.[78] Für die Bestimmung der **Aktivlegitimation** kommt dem Begriff der geschäftlichen Handlung keine Bedeutung mehr zu.[79]

II. Markt- und unternehmensbezogenes geschäftliches Verhalten

19 **1. Handlungsformen.** Eine geschäftliche Handlung kann gleichermaßen ein **positives Tun** wie auch ein **Unterlassen** sein. Das ist mit der auf ein „Verhalten" abstellenden Gesetzesformulierung ausdrücklich klargestellt,[80] die zudem sowohl **vorsätzliches als auch bloß fahrlässiges, insbesondere auch bloß versehentliches Handeln** erfasst.[81] Dem positiven oder konkludenten Tun ist ein Unterlassen gleichgestellt, soweit eine Rechtspflicht zum Handeln besteht.[82] Eine **Erfolgsabwendungspflicht** (Garantenpflicht) kann sich aus Gesetz, aus vorangegangenem – auch schuldlosem – Tun, aus einer Berufs- oder Amtspflicht gegenüber Dritten oder aus Vertrag ergeben.[83] Wer etwa an der Ankündigung einer Telefonaktion durch eine Zeitung mitwirkt, den trifft aus vorangegangenem gefährdenden Verhalten eine Pflicht, ein durch seine Beteiligung gefördertes unlauteres Werbeverhalten zu verhindern.[84] Eine Erfolgsabwendungspflicht kann sich zur Vermeidung einer Irreführung durch Unterlassen in einer **Informationspflicht** konkretisieren, weil etwa die Entscheidungsfähigkeit von Verbrauchern nicht dadurch beeinflusst werden darf, dass eine Information vorenthalten wird, die im konkreten Fall nach den Umständen wesentlich ist (vgl. § 5a Abs. 2 UWG iVm § 3 Abs. 2 UWG). Eine Erfolgsabwendungspflicht kann im Übrigen auch aus einer **wettbewerbsrechtlichen Verkehrspflicht** resultieren, eine lauterkeitsrechtliche Gefahr im Rahmen des Möglichen und Zumutbaren zu begrenzen.[85]

20 **2. Erfasste Personen.** Der Begriff der geschäftlichen Handlung erfasst **jedes Handeln von natürlichen oder juristischen Personen,** denen sowohl das Handeln ihrer Organe als auch das Handeln ihrer Mitarbeiter und Beauftragten zugerechnet wird (§ 31 BGB und

[77] Zu wettbewerbsrechtlichen Verkehrspflichten vgl. BGH GRUR 2014, 883 Rn. 21 – Geschäftsführerhaftung; BGH GRUR 2007, 890 – Jugendgefährdende Medien bei eBay und BGH GRUR 2009, 597 ff. – Halzband; ferner *Spindler* GRUR 2011, 101 ff.; *Leistner* GRUR-Beil. 2010, 1 ff.; *Köhler* GRUR 2008, 1 ff.; *Leistner/Stang* WRP 2008, 533 ff.; *Keller* GRUR 2008, 53 (54); *Ahrens* WRP 2007, 1281 ff.; *Döring* WRP 2007, 1131 ff.

[78] In BGH GRUR 2011, 152 Rn. 48 – „Kinderhochstühle im Internet" ist ausgesprochen, dass in den dem Verhaltensunrecht zuzuordnenden Fällen eine Störerhaftung nicht mehr in Betracht komme. Damit hat sich das Institut der Störerhaftung für das gesamte Lauterkeitsrecht erledigt, vgl. BGH GRUR 2014, 883 Rn. 11 – Geschäftsführerhaftung. Bei der Verletzung von Immaterialgüterrechten sind allerdings die Grundsätze der Störerhaftung nach wie vor uneingeschränkt anwendbar, vgl. BGH GRUR 2019, 947 Rn. 15 – Bring mich nach Hause; BGH GRUR 2019, 813 Rn. 105 ff. – Cordoba II; BGH GRUR 2018, 178 Rn. 74 – Vorschaubilder III; BGH GRUR 2017, 617 Rn. 11 – WLAN-Schlüssel.

[79] MüKoUWG/*Bähr,* 3. Aufl., § 2 Rn. 27.

[80] Amtliche Begründung des Gesetzentwurfs zum UWG 2008, BT-Drs. 16/10145, 40.

[81] Erfasst ist jedes menschliche Tun, das der Bewusstseinskontrolle und Willenslenkung unterliegt und somit beherrschbar ist, vgl. BGHZ 98, 135 (137). Zur Behandlung von „Versehen" insbes. im Massengeschäft vgl. zutreffend *Berneke* FS Doepner, 2008, 3 ff. und *Köhler* WRP 2009, 898 (903). Demgegenüber will *Isele* GRUR 2009, 727 ff. und GRUR 2010, 309 ff. unrichtigerweise „bloße Versehen" lauterkeitsrechtlich nicht erfassen, damit vergleichbar will Großkomm-UWG/*Peukert,* 3. Aufl., § 2 Rn. 169, 171 zwar Versehen erfassen, sie aber nicht als unlauter ansehen.

[82] Ohly/*Sosnitza,* UWG, 7. Aufl., § 2 Rn. 21; *Fezer*/Büscher/Obergfell, UWG, 3. Aufl., § 2 Nr. 1 Rn. 62; GroßKommUWG/*Peukert,* 3. Aufl., § 2 Rn. 64 f.; zur Beihilfe durch Unterlassen vgl. BGH GRUR 2011, 152 Rn. 34 – Kinderhochstühle im Internet.

[83] BGH GRUR 2020, 543 Rn. 34 – Kundenbewertungen auf Amazon; BGH GRUR 2014, 883 Rn. 16 – Geschäftsführerhaftung; BGH GRUR 2001, 82 (83) – Neu in Bielefeld I; *Fezer*/Büscher/Obergfell, UWG, 3. Aufl., § 2 Nr. 1 Rn. 62.

[84] BGH GRUR 2008, 186 Rn. 21 – Telefonaktion.

[85] BGH GRUR 2016, 209 Rn. 22 ff. – Haftung für Hyperlink; BGH GRUR 2013, 1030 Rn. 30 – File-Hosting-Dienst; BGH GRUR 2007, 890 ff. – Jugendgefährdende Medien bei eBay; *Spindler* GRUR 2011, 101 ff.; *Leistner* GRUR Beilage 2010, 1 ff.

§ 8 Abs. 2 UWG). Entscheidend ist grundsätzlich nicht die Qualifikation des Handelnden, sondern die Art seiner Betätigung. Der Anwendungsbereich des UWG ist nicht auf **Gewerbetreibende** beschränkt, sondern erstreckt sich auf Privatleute, Kaufleute, Unternehmen, Behörden und sonstige Organisationen unabhängig von der konkreten Art ihrer Organisation,[86] soweit sie marktbezogen geschäftlich tätig sind. Einbezogen sind auch die **freiberuflichen marktbezogenen Tätigkeiten**[87] von Ärzten,[88] Rechtsanwälten, Notaren, Steuerberatern, Wirtschaftsprüfern, Architekten, Ingenieuren usw sowie handwerkliche oder landwirtschaftliche Tätigkeiten. Auf das Vorhandensein eines Geschäftsbetriebs kommt es nicht an. Erfasst sind nicht nur die Unternehmer selbst, sondern nach § 2 Abs. 1 Nr. 6 UWG auch jede Person, die im Namen oder im Auftrag eines Unternehmers handelt. Damit unterliegen der lauterkeitsrechtlichen Beurteilung auch das Handeln der gesetzlichen Vertreter, der Mitarbeiter und Beauftragten eines Unternehmens. Erfasst sind ferner auch alle natürlichen und juristischen Personen, die fremden Wettbewerb fördern. Die UGP-RL erfasst allerdings die Förderung fremden Wettbewerbs nur insoweit, als der Handelnde im Namen oder im Auftrag des Geförderten tätig ist.[89]

3. „Geschäftliches" Verhalten. Eine „geschäftliche Handlung" verlangt eine Tätigkeit im Rahmen eines „geschäftlichen Verkehrs", wie es das frühere Recht allgemein ausdrücklich vorsah und worauf auch § 16 UWG noch ausdrücklich abstellt. Der Begriff des „Geschäftsverkehrs" ist auch im Zusammenhang mit der Definition des „Gewerbetreibenden" in Art. 2 lit. b UGP-RL gebraucht. 21

a) Geschäftszweckbestimmte Tätigkeit. Der weit auszulegende Begriff eines „geschäftlichen" Verhaltens umfasst jedes Handeln, in dem eine **Förderung eigener oder fremder erwerbswirtschaftlicher oder sonstiger beruflicher Interessen** zu sehen ist.[90] Ein geschäftliches Handeln steht somit im **Gegensatz zur rein privaten oder rein hoheitlichen oder sonst nicht erwerbswirtschaftlich bestimmten Tätigkeit.**[91] Für die objektiv vorzunehmende Beurteilung ist auch die nach außen hervortretende Zielrichtung des Handelnden von Bedeutung.[92] Die Tätigkeit von juristischen Personen wird dabei stets im geschäftlichen Verkehr erfolgen,[93] lauterkeitsrechtlich relevant sind aber nur marktbezogene Handlungen (dazu → Rn. 28 ff.). 22

b) Kein selbständiges Handeln erforderlich. Entgegen den zum früheren Recht gebräuchlichen Formulierungen zum „geschäftlichen Verkehr"[94] ist ein „selbständiges" Handeln nicht erforderlich. Auch die aus abhängiger Stellung heraus erfolgenden marktbezogenen geschäftlichen Handlungen von Mitarbeitern und Beauftragten sind erfasst (vgl. 23

[86] BGH GRUR 2014, 1120 Rn. 18 ff. – Betriebskrankenkasse II.

[87] BGH WRP 2004, 221 ff. – Arztwerbung im Internet; BGH GRUR 2001, 181 ff. – Dentalästhetika; BGH GRUR 1999, 1009 – Notfalldienst für Privatpatienten; BGH GRUR 1996, 365 f. – Tätigkeitsschwerpunkte; BGH GRUR 1993, 675 (676) – Kooperationspartner; BGH GRUR 1993, 834 (835) – Haftungsbeschränkung bei Anwälten; BGH GRUR 1989, 758 (759) – Gruppenprofil; BGH GRUR 1987, 241 – Arztinterview.

[88] Zur lauterkeitsrechtlichen Kontrolle unrichtiger Arztrechnungen: *Köhler* FS Doepner, 2008, 31 ff.

[89] EuGH GRUR 2013, 1245 Rn. 38. – RLvS/Stuttgarter Wochenblatt; kritisch *Koch* FS Köhler, 2014, 359 (364 f.), *Glöckner* FS Köhler, 2014, 159 ff. sowie *Scherer* WRP 2014, 517 ff. und *Alexander* WRP 2013, 1578 f.; vgl. auch *Peifer* FS Köhler, 2014, 519 ff. und *Demuth* WRP 2014, 35 ff.

[90] BGH GRUR 2002, 622 (624) – shell.de; BGH GRUR 2000, 1076 (1077) – Abgasemissionen; BGH GRUR 1993, 761 (762) – Makler-Privatangebot. Auch eine Verwertung von Pfandgütern, nämlich das Versteigern von Gegenständen durch ein Pfandleihunternehmen, ist eine marktbezogene geschäftliche Tätigkeit: OLG Düsseldorf GRUR-RR 2006, 99 – Pfandleihunternehmen. Zu der Tätigkeit sog. „Influencer" vgl. nachfolgend → Rn. 32a f.

[91] Näher dazu → Rn. 38 ff. Im Markenrecht ist ein „geschäftlicher Verkehr" zu bejahen, wenn die Nutzung einer Marke „im Zusammenhang mit einer auf einen wirtschaftlichen Vorteil gerichteten kommerziellen Tätigkeit und nicht im privaten Bereich" erfolgt; vgl. EuGH GRUR 2003, 55 – Arsenal und BGH GRUR 2009, 871 Rn. 23 – Ohrclips.

[92] BGH GRUR 2002, 622 (624) – Shell.de.

[93] BGH GRUR 2008, 912 Rn. 37 – Metrosex; BGH WRP 2007, 1193 Rn. 13 – Euro-Telekom.

[94] Vgl. etwa BGH GRUR 1993, 761 (762) – Makler-Privatangebot.

→ Rn. 31). Für die Annahme einer „geschäftlichen Handlung" ist auch nicht erforderlich, dass der Handelnde über einen eigenen Entscheidungsspielraum verfügt, weil auch ein streng vorgegebenes Handeln nach § 8 Abs. 2 UWG dem Unternehmen zuzurechnen ist.[95] Demgemäß schließt Art. 2 lit. b der UGP-RL in den Begriff des „Gewerbetreibenden" auch jede Person ein, die **im Namen oder Auftrag des Gewerbetreibenden** handelt. Das geschäftliche Handeln muss aber zugunsten eines eigenen oder fremden, selbständig betriebenen Unternehmens erfolgen.

24 **c) Waren und Dienstleistungen jedweder Art.** Die marktbezogene geschäftliche Tätigkeit kann in **jedem denkbaren Wirtschaftszweig** für jedwede Ware oder Dienstleistung erfolgen.[96] Unter **Waren sind alle – auch elektronischen – Erzeugnisse zu verstehen, die Gegenstand des Handels sein können.** Das Gesetz stellt entsprechend der – durch die „Omnibus"-RL" 2019/2161 erweiterten **Definition des „Produkts"** in Art. 2 lit. c der UGP-RL ausdrücklich klar, dass als Waren auch Grundstücke und als Dienstleistungen auch digitale Dienstleistungen und digitale Inhalte (sowie Rechte und Verpflichtungen) gelten. Die Eigenschaft einer Ware als Kunstwerk iSd Art. 5 Abs. 3 GG (etwa eines Films) steht ihrer Eignung zur Vermarktung und damit als Gegenstand von Wettbewerbshandlungen nicht entgegen.[97] Auch ob eine Ware (oder Dienstleistung) unter rechtlichem Blickwinkel **vertriebsfähig** ist, ist für die Beurteilung, ob eine „geschäftliche Handlung" vorliegt, unerheblich.[98] Der weit zu verstehende Begriff der **Dienstleistung** erfasst **jede geldwerte unkörperliche Leistung,** ohne dass es auf die rechtliche Qualifikation des zugrunde liegenden Vertrages ankäme[99] und bezieht auch Dienstleistungen in elektronischer Form ein. Auch das Angebot einer **Software** kann ohne weiteres Gegenstand einer geschäftlichen Handlung sein. Als Dienstleistungen sind auch Finanzangebote und Kapitalanlagen[100] ebenso wie etwa die Verwertung urheberrechtlicher Benutzungsrechte[101] anzusehen.

25 **d) Handlungen vor, bei und nach Geschäftsabschluss.** Der lauterkeitsrechtlichen Beurteilung unterliegen grundsätzlich alle geschäftlichen Handlungen **vor, bei und nach Vertragsschluss** (= Geschäftsabschluss). Für das verbraucherbezogene Lauterkeitsrecht war diese Erweiterung des früheren Rechts zwingend, weil der Anwendungsbereich der UGP-RL nach Art. 3 Abs. 1 ausdrücklich unlautere Geschäftspraktiken vor, während und nach Abschluss eines auf ein Produkt bezogenen Handelsgeschäfts abdeckt. Auch die Definition der „Geschäftspraktiken" in der UGP-RL stellt auf ein Verhalten ab, das unmittelbar mit der Absatzförderung, dem Verkauf oder auch der Lieferung eines Produkts an Verbraucher zusammenhängt. Der nachvertragliche Bereich ist deshalb in die lauterkeitsrechtliche Betrachtung mit einzubeziehen.[102] Eine lauterkeitsrechtliche Kontrolle greift

---

[95] Die Frage eines eigenen Entscheidungsspielraums spielt erst für die Frage eine Rolle, ob Handeln in gänzlich untergeordneter Stellung eine eigene Haftung begründet, dazu BGH GRUR 2011, 340 Rn. 27 – Irische Butter. Zur geschäftlichen Handlung und zur Passivlegitimation von an einer kommerziellen Werbung beteiligten Prominenten vgl. *Henning-Bodewig,* Jubiläumsschrift 100 Jahre Wettbewerbszentrale, 2013, S. 107 ff.; *Henning-Bodewig* GRUR 2013, 26.

[96] Vgl. Ohly/*Sosnitza,* § 2 Rn. 47; *Köhler*/Bornkamm/Feddersen, § 2 Rn. 39.

[97] BGH GRUR 1995, 744 (747) – Feuer, Eis & Dynamit I.

[98] Abweichend GroßKommUWG/*Peukert,* 3. Aufl., § 2 Rn. 119.

[99] BGH GRUR 2007, 981 Rn. 27 – 150% Zinsbonus. Ein Angebot medizinischer Beratung auf einer Internetseite erfolgt im geschäftlichen Verkehr und ist absatzfördernd, wenn hiervon gleichzeitig das eigene medizinische Angebot profitiert, OLG München MMR 2012, 824.

[100] BGH GRUR 2007, 981 Rn. 27 – 150% Zinsbonus; *Köhler*/Bornkamm/Feddersen, § 2 Rn. 39; Ohly/*Sosnitza,* § 2 Rn. 48.

[101] BGHZ 26, 52 (58) = GRUR 1958, 354 (356) – Sherlock Holmes; zur Vergabe von Lizenzen an gewerblichen Schutzrechten vgl. BGH GRUR 1962, 34 (36) – Torsana und BGH GRUR 2014, 1114 – nickelfrei.

[102] Der BGH erwägt in den Entscheidungen *„Rillenkoffer"* (BGH WRP 2008, 1196 Rn. 33) und *„Femur-Teil"* (GRUR 2010, 1125 Rn. 34 ff.), ob die bisherige Rechtsprechung zum lauterkeitsrechtlichen Nachahmungsschutz, wonach eine Herkunftstäuschung spätestens im Zeitpunkt des Kaufs gegeben sein muss und erst nachfolgend auftretende Herkunftstäuschungen keine Ansprüche aus ergänzendem wettbewerbsrecht-

nicht mehr erst dann ein, wenn etwa Vertragsverstöße zum Mittel des Wettbewerbs gemacht werden (im Einzelnen vgl. → Rn. 92 ff.).

e) Erlaubte/Verbotene Tätigkeit. Für die Einordnung als „geschäftliche Handlung" ist unerheblich, ob eine Tätigkeit rechtlich erlaubt ist, eine etwa erforderliche Genehmigung vorliegt oder sie gar einem gesetzlichen Verbot unterfällt.[103] Auch für die Eigenschaft als Mitbewerber und die damit verbundene Anspruchsberechtigung ist unerheblich, ob die eigene, das Wettbewerbsverhältnis begründende Tätigkeit gesetzwidrig oder unlauter ist (dazu → Rn. 126).[104] 26

4. Unternehmens- und marktbezogene, auf eine „geschäftliche Entscheidung" bezogene Tätigkeit. a) Unternehmensbezug. Die geschäftliche Handlung muss unternehmensbezogen sein und kann sich auf das eigene oder auf ein fremdes Unternehmen beziehen. Als **unternehmensbezogen ist jede auf Dauer angelegte, selbständige wirtschaftliche Betätigung** anzusehen, die darauf gerichtet ist, Waren oder Dienstleistungen gegen Entgelt zu vertreiben.[105] Auf einen Erwerbszweck oder eine **Gewinnerzielungsabsicht** kommt es ebenso wenig an wie auf den Umstand, ob ein Gewinn erzielt wird[106], auch die gewählte Rechtsform ist unerheblich. Damit sind auch wohltätige Aktionen von gewerblichen Unternehmen regelmäßig marktbezogene geschäftliche Handlungen, auch wenn etwaige Erlöse ganz oder teilweise an karitative Organisationen ausgekehrt werden,[107] weil auch derartige Aktionen letztlich die eigenen wirtschaftlichen Interessen fördern. Auch Wohlfahrtsorganisationen, die keine Gewinnerzielungsabsicht verfolgen und die im Bereich ihrer sozialunternehmerischen Tätigkeiten handeln, die auch von anderen Verbänden und privaten Unternehmen angeboten werden, handeln geschäftlich gegenüber Verbrauchern.[108] Für eine geschäftliche Handlung kann eine nur im weiteren Sinn unmittelbare **mittelbare Absatzförderung** ausreichend sein. Auch das Verschenken von Ware[109] oder eine bloße **Imagewerbung,**[110] die lediglich der Steigerung der Verkehrsbekanntheit dient und sich nicht auf die Absatzförderung konkret benannter Waren und Dienstleistungen bezieht, erfolgen im geschäftlichen Verkehr. Auch wer – wie dies oft bei **„Influencern"** der Fall ist – die **kommerzielle Vermarktung seines** 27

---

lichen Leistungsschutz nach § 4 Nr. 3 lit. a UWG begründen können, aufgegeben werden muss, dazu *Köhler*/Bornkamm/Feddersen, § 4 Nr. 3 Rn. 3.44b.

[103] *Köhler*/Bornkamm/Feddersen, § 2 Rn. 27.

[104] BGH GRUR 2005, 519 (520) – Vitamin-Zell-Komplex.

[105] BGH GRUR 2014, 1120 Rn. 15 ff. – Betriebskrankenkasse II; BGH GRUR 2009, 871 Rn. 33 – Ohrclips; BGH GRUR 1995, 697 (699) – Funny Paper; BAG GRUR 2006, 244 (245); vgl. auch die Kommentierung zum Begriff des Unternehmers gemäß § 2 Abs. 1 Nr. 6 UWG.

[106] BGH NJW 2006, 2250; GRUR 1993, 917 (918 ff.) – Abrechnungs-Software für Zahnärzte; BGH GRUR 1982, 425 (430) – Brillen-Selbstabgabestellen; BGH GRUR 1962, 254 (255) – Fußballprogrammheft; *Lehment* GRUR 2005, 210 (213). Der Verzicht auf eine Gewinnerzielungsabsicht ist bedeutsam sowohl für die Beurteilung einzelner Maßnahmen (wie Untereinstandspreisverkäufe, wohltätige Aktionen usw) als auch für die Einbeziehung wettbewerblichen Verhaltens nicht gewinnorientierter Organisationen (insbesondere der öffentlichen Hand), die sich aus sonstigen Gründen am Wettbewerb beteiligen und sich dafür aus dritten Quellen finanzieren.

[107] Vgl. etwa BGH GRUR 1987, 534 f. – McHappy-Tag, wo der Erlös aus jedem verkauften „Big Mac" an das Deutsche Kinderhilfswerk eV gespendet wurde; bei den verschiedenen Erscheinungsformen der „Sponsoring-Werbung" wird regelmäßig und zu Recht nicht weiter problematisiert, ob eine „Wettbewerbshandlung" vorliegt: vgl. OLG Hamm GRUR 2003, 975 – Regenwaldprojekt („Mit jedem verkauften Kasten Krombacher schützen Sie 1 m^2 Regenwald") und OLG Hamburg GRUR-RR 2003, 51 zur Werbung mit einer nicht bezifferten Spende eines Unternehmens für die UNICEF-Aktion „Bringt die Kinder durch den Winter".

[108] OLG Köln GRUR-RR 2013, 219 ff. – Hausnotruf. Auch ein das Management und die Vermarktung von Künstlern betreibender Musikverlag, der als Veranstalter eines Wohltätigkeitsmusikfestivals dritte Unternehmen um Unterstützung für die Veranstaltung bittet, handelt im geschäftlichen Verkehr; vgl. LG Berlin WRP 2012, 237 ff.

[109] BGH GRUR 1975, 320 (321) – Werbegeschenke.

[110] BGH GRUR 1995, 595 (596) – Kinderarbeit; BGH GRUR 1995, 598 (599) – Ölverschmutzte Ente; BGH GRUR 1997, 761 (763) – Politikerschelte.

eigenen Images zum Geschäftsmodell macht, handelt geschäftlich und unternehmensbezogen.[111] Gleiches gilt etwa für **Stellenanzeigen,**[112] die schon als Maßnahme im Nachfragewettbewerb um die benötigten Arbeitskräfte ein marktbezogenes geschäftliches Handeln unabhängig davon darstellen, ob sie auch als allgemeines Werbemittel gegenüber sonstigen Dritten absatzfördernde Wirkung entfalten.[113] Eine Stellenanzeige eines Lohnsteuerhilfevereins mit einer werbenden Herausstellung eines Testergebnisses wirbt zugleich für die Güte der erbrachten Dienstleistung und erfolgt sonach im geschäftlichen Verkehr.[114] Auch soweit Unternehmen mit „Corporate Social Responsibility"-Grundsätzen oder öffentlichen Angaben über die Einhaltung eines „Corporate Responsibility Codes"[115] – etwa auf ihrer Webseite – werben, handelt es sich hierbei um mittelbar absatzfördernde Maßnahmen, die lauterkeitsrechtlicher Kontrolle unterliegen.[116] Auch das **unentgeltliche Angebot einer Software** kann eine geschäftliche Handlung sein, wenn es der Förderung eigener geschäftlicher Interessen an anderer Stelle (im Sinne eines „einheitlichen Geschäftsmodells") dient,[117] anders allerdings, wenn die Software nur der Vorbereitung unentgeltlicher weiterer Maßnahmen, etwa eines unentgeltlichen „Whitelistings" dient.[118]

28 **b) Marktbezug.** Ein lauterkeitsrechtlich relevantes geschäftliches Verhalten muss über den unternehmerischen Binnenbereich hinausgehen. Das ist der Fall, wenn sich die **geschäftliche Tätigkeit irgendwie am Markt und damit auf Marktteilnehmer** und insbesondere Mitbewerber **auswirken kann.**[119] Der Marktbezug ist sowohl einer „geschäftlichen Handlung" iSd § 2 Nr. 1 als auch einer „Geschäftspraktik" iSd Art. 2 lit. d UGP-RL immanent,[120] weil die geschäftliche Handlung geeignet sein muss, die geschäftlichen Entscheidungen von Verbrauchern oder sonstigen Marktteilnehmern zu beeinflussen (vgl. → Rn. 29). Bei Handlungen zu Absatzförderungszwecken liegt der Marktbezug regelmäßig offen zutage. Erfasst ist insbesondere die gesamte Werbung (vgl. → Rn. 17) eines Unternehmens. An die Öffentlichkeit gerichtete **Presseerklärungen** über die Güte eigener Produkte oder die Mängel fremder Produkte sind klassische geschäftliche Handlungen.[121] Die Angaben eines Unternehmens auf seiner **Homepage** sind einschließlich der dort zu findenden **Impressumsangaben**[122] regelmäßig marktbezogene geschäftliche Handlungen. Sowohl für absatzfördernde Handlungen als auch für spezifisch vertragsbezogene Handlungen im Zusammenhang mit dem „Abschluss" oder der „Durchführung" eines Vertrags, bei der ein Unternehmer im „Markt" seiner vertraglich verbundenen Kunden handelt, kann aber eine Handlung gegenüber nur *einem* Adressaten, etwa die

[111] OLG Braunschweig GRUR-RS 2020, 12111; KG GRUR 2019, 543 Rn. 23 – Produkt-Tagging; LG Karlsruhe GRUR-RR 2019, 328 Rn. 33 – Foto-Tagging, tendenziell eher verneinend OLG München GRUR 2020, 1096 Rn. 21 ff. – Blauer Plüschelefant. Zu „Influencern" im einzelnen → Rn. 32a f.

[112] BGH GRUR 2005, 877 (879) – Werbung mit Testergebnis; BGH WRP 2003, 745 (748) – Stellenanzeige; BGH GRUR 1973, 78 (80) – Verbraucherverband für eine Personalanzeige mit dem Werbeslogan „RANK XEROX bietet bessere Produkte".

[113] Zutreffend *Schloßer* WRP 2004, 145 ff.; OLG Nürnberg WRP 1991, 521.

[114] BGH GRUR 2005, 877 (879) – Werbung mit Testergebnis.

[115] Vgl. dazu: *Henning-Bodewig/Liebenau* GRUR-Int 2013, 753 ff.; *Augsburger* MMR 2014, 427 sowie *Ernst* WRP 2010, 1304 ff.

[116] *Henning-Bodewig* WRP 2011, 1014 (1020), die bloße „Zielvorstellungen" noch nicht erfassen will, was allerdings eher unter dem Blickwinkel geprüft werden sollte, ob schon hinreichend konkrete, etwa der Irreführungsprüfung zugängliche Angaben vorliegen.

[117] BGH GRUR 2018, 1251 Rn. 21 – Werbeblocker II; vgl. auch OLG München GRUR 2017, 1147 Rn. 64 – Whitelisting I; zur Diskussion der Frage vgl. *Köhler* GRUR 2019, 123 (126); *Alexander* NJW 2018, 3620 f.; *Alexander* GRUR 2017, 1156 f.; *Engels* GRUR-Prax 2015, 338 ff.; *Becker/Becker* GRUR-Prax 2015, 245 ff.; *Köhler* WRP 2014, 1117 ff.

[118] OLG München GRUR 2017, 1147 Rn. 67 f. – Whitelisting I; vgl. zudem OLG Hamburg WRP 2018, 604 Rn. 83 – Angebot von Adblock Plus.

[119] BGH GRUR 1993, 761 (762) – Makler-Privatangebot; *Beater,* Unlauterer Wettbewerb, 2011, Rn. 883.

[120] Vgl. BGH GRUR 2014, 1120 Rn. 18 – Betriebskrankenkasse II.

[121] OLG Hamburg GRUR-RR 2008, 97 – Spielzeugautorennbahn (Leitsätze, vollständig abgedruckt in NJOZ 2007, 5184).

[122] OLG Bremen WRP 2013, 933 Rn. 13.

Erteilung einer falschen Auskunft, bereits ausreichend sein,[123] eine „Breitenwirkung" ist nicht erforderlich.[124] Ein **Marktbezug fehlt insbesondere bei privaten oder betriebsinternen Handlungen.**[125] Zwischen einer Handlung „im geschäftlichen Verkehr" und deren Marktbezug ist zu unterscheiden, weil es Handlungen gibt, die zwar – wie betriebsinterne Handlungen – im geschäftlichen Verkehr erfolgen, jedoch keinen Marktbezug aufweisen und demgemäß noch nicht dem UWG unterfallen.

c) Funktionaler Zusammenhang mit einer „geschäftlichen Entscheidung". Eine geschäftliche Handlung verlangt nach § 2 Abs. 1 Nr. 1 einen „objektiven Zusammenhang" mit der Absatz- oder Bezugsförderung sowie dem Abschluss oder der Durchführung eines Vertrags. Dieser erforderliche „objektive Zusammenhang" ist nicht nur im Hinblick auf den erforderlichen Absatzförderungszweck oder die Vertragsdurchführung, sondern schon bei der **objektiven Beurteilung der geschäftlichen Handlung** bedeutsam und verlangt, dass die Handlung bei objektiver Betrachtung darauf gerichtet ist, durch Beeinflussung der geschäftlichen Entscheidung der Verbraucher oder sonstigen Marktteilnehmer den Absatz oder Bezug von Waren oder Dienstleistungen des eigenen oder des fremden Unternehmens zu fördern.[126] Für das von der UGP-RL erfasste verbraucherbezogene Verhalten ergibt sich dies aus Art. 2 lit. b, wonach „Geschäftspraktiken" solche Verhaltensweisen bezeichnen, die „unmittelbar mit der Absatzförderung, dem Verkauf oder der Lieferung eines Produkts an Verbraucher" zusammenhängen und Erwägungsgrund 7, wonach sich die Richtlinie auf Geschäftspraktiken bezieht, die in unmittelbarem Zusammenhang mit der Beeinflussung der geschäftlichen Entscheidungen des Verbrauchers in Bezug auf Produkte stehen; im Hinblick auf Mitbewerber oder sonstige Marktteilnehmer ergibt sich das Erfordernis des funktionalen Bezugs aus dem Gebot der einheitlichen Auslegung des Lauterkeitsrechts.[127] Dieser Rechtsprechung des BGH, die schon für den objektiven Tatbestand einer „geschäftlichen Handlung" deren Eignung verlangt, die geschäftlichen Entscheidungen von Verbrauchern oder sonstigen Marktbeteiligten zu beeinflussen, ist zuzustimmen: Die das Lauterkeitsrecht vom Deliktsrecht abgrenzenden **marktbezogenen geschäftlichen Handlungen sind gerade durch ihre Eignung gekennzeichnet, die geschäftlichen Entscheidungen von Verbrauchern und sonstigen Marktteilnehmern unmittelbar oder mittelbar** im Hinblick auf den vom Unternehmer letztendlich erstrebten Geschäftsabschluss **zu beeinflussen.** Selbst mitbewerberbezogene Behinderungsmaßnahmen sind letztlich auf den eigenen Absatzerfolg des behindernden Unternehmers gerichtet. Die geschäftlichen Handlungen der Marktakteure einerseits und die geschäftlichen Entscheidungen der Adressaten andererseits stehen sonach in einem komplementären Verhältnis.[128] Der EuGH interpretiert den Begriff „geschäftliche Entscheidung" in einem denkbar weiten Sinne und versteht darunter nicht nur die Entscheidung über den Geschäftsabschluss selbst, sondern auch damit unmittelbar zusammenhängende Entscheidungen im Vorfeld des Geschäftsabschlusses, wie insbesondere etwa auch das Betreten des Geschäfts.[129] 29

[123] EuGH GRUR 2015, 600 Rn. 34 ff. – Ungarische Verbraucherschutzbehörde/UPC; *Büscher* GRUR 2016, 113 ff.

[124] Abweichend *Glöckner* WRP 2009, 1175 (1182); zur lauterkeitsrechtlichen „Prüfungstiefe" bei nachvertraglichem Verhalten vgl. → Rn. 95 ff.

[125] Vgl. *Köhler*/Bornkamm/Feddersen, § 2 Rn. 36; GroßKommUWG/*Peukert,* 3. Aufl., § 2 Rn. 48.

[126] BGH GRUR 2019, 1202 Rn. 13 – Identitätsdiebstahl; BGH GRUR 2019, 754 Rn. 20 – Prämiensparverträge; BGH GRUR 2016, 946 Rn. 67 – Freunde finden; BGH GRUR 2016, 710 Rn. 12 – Im Immobiliensumpf; BGH GRUR 2013, 945 Rn. 17 – Standardisierte Mandatsbearbeitung; OLG Hamburg GRUR-RR 2020, 317 Rn. 28 – CHD-Vorsorgevertrag.

[127] BGH GRUR 2016, 710 Rn. 13 – Im Immobiliensumpf; BGH GRUR 2013, 945 Rn. 19 – Standardisierte Mandatsbearbeitung; zur einheitlichen Auslegung vgl. auch → Rn. 55.

[128] Vgl. insoweit auch die Kommentierung zur „geschäftlichen Entscheidung" gemäß § 2 Abs. 1 Nr. 9 UWG, insbesondere → Rn. 219 und 222 ff.

[129] EuGH GRUR 2014, 196 Rn. 36 – Trento Sviluppo, vgl. dazu → Rn. 225.

32 **dd) Idealvereine.** Die Tätigkeit eines an sich **ideellen Zwecken dienenden Verbandes** unterfällt ohne weiteres dem Begriff des geschäftlichen Verkehrs, sofern der Verband über seine ideelle Zwecksetzung hinaus **eigene oder fremde erwerbswirtschaftliche, also geschäftliche Ziele verfolgt.**[152] Der Abschluss eines Gruppenversicherungsvertrages durch eine Gewerkschaft, durch den diese ihren Mitgliedern als Versicherten einen Versicherungsschutz mit Beitragsmitteln verschafft, erfolgt im geschäftlichen Verkehr.[153] Eine geschäftliche Tätigkeit eines Idealvereins liegt vor, soweit er eine ausgegliederte, von ihm beherrschte Handelsgesellschaft unterstützt.[154] Ein Idealverein, der satzungsgemäß die Interessen von Wertpapierbesitzern wahrnimmt, handelt im marktbezogenen geschäftlichen Verkehr, wenn er über die reine Mitgliederwerbung hinausgehend seine Beratungsangebote in Konkurrenz zu Dienstleistern mit ähnlichen Angeboten macht.[155] **Lohnsteuerhilfevereine,** die im Wettbewerb mit Steuerberatern und Wirtschaftsprüfern stehen, handeln mit ihrem Angebot im marktbezogenen geschäftlichen Verkehr, auch wenn sie außer den Mitgliedsbeiträgen kein besonderes Entgelt für ihre Tätigkeit verlangen.[156] Der entgeltliche Vertrieb von Waren durch gemeinnützige, auch karitative Organisationen erfolgt regelmäßig in Konkurrenz zu anderen gewerblichen Anbietern und damit im geschäftlichen Verkehr zu Absatzförderungszwecken.[157] Auch die **Spendenwerbung,** etwa die professionelle vorweihnachtliche Brief- und Kartenwerbung von untereinander durchaus in Konkurrenz stehenden karitativen Organisationen mit dem Zweck, in- oder ausländischen Hilfsbedürftigen die Spenden, den Gelderlös aus Sachspenden oder einen Gewinn zukommen zu lassen, ist marktbezogenes und geschäftliches Handeln.[158] Eine planmäßige und nicht nur gelegentliche, auch die Tätigkeit von Mitarbeitern aus dem Spendenaufkommen finanzierende Spendenwerbung sieht *Köhler* als geschäftliche Handlung an, die der Förderung des Absatzes einer Dienstleistung dient, weil die Dienstleistung in der Verwendung der Spende zum angekündigten Zweck bestehe.[159] Dem ist zuzustimmen. Die **karitative Zweckrichtung** ist jedoch im Rahmen der lauterkeitsrechtlichen Gesamtbeurteilung zu berücksichtigen. Ein entgeltliches, zu Erwerbszwecken erfolgendes Dienstleistungsangebot an Vereinsmitglieder erfolgt im geschäftlichen Verkehr.[160] Zur Mitgliederwerbung von Verbänden vgl. → Rn. 41.

32a **ee) Influencer.** Viele Unternehmen setzen in ihrer Werbung vermehrt auf **Influencer.** Dabei handelt es sich um Personen, die in den **sozialen Medien** (wie Instagram, Facebook etc) über eine große Reichweite verfügen[161] und dort für Produkte und Dienstleistungen

OLG Hamburg WRP 2018, 1510 – Allergenbestellbögen; OLG Naumburg GRUR-RR 2020, 79 Rn. 45 ff. – Apothekenvertrieb über Marketplace; vgl. zudem die Stellungnahme der GRUR in GRUR 2019, 56 (65).

[152] BGH GRUR 1953, 446 (447) – Verein der Steuerberater; BGH NJW 1970, 378 (380) – Sportkommission; zB auch die Krankentransport-Leistungen des Roten Kreuzes, des Malteser-Hilfsdienstes, der Johanniter-Unfall-Hilfe usw, vgl. BGH GRUR 1989, 430 f. – Krankentransportbestellung; Ohly/*Sosnitza,* UWG, 7. Aufl., § 2 Rn. 19; *Fezer/Büscher/Obergfell,* UWG, 3. Aufl., § 2 Nr. 1 Rn. 73.

[153] BGH GRUR 1990, 522 (524 f.) – HBV-Familien- und Wohnungsrechtsschutz.

[154] BGH GRUR 1983, 120 (123 ff.) – ADAC-Verkehrsrechtsschutz.

[155] BGH GRUR 1984, 283 (284) – Erbenberatung.

[156] BGH GRUR 1976, 370 – Lohnsteuerhilfevereine I; BGH GRUR 1978, 180 – Lohnsteuerhilfevereine II; BGH GRUR 2005, 877 (879) – Werbung mit Testergebnis.

[157] Offen gelassen in BGH GRUR 1976, 308 (310) – UNICEF-Grußkarten; vgl. auch BGH GRUR 1976, 699 (700) – Die zehn Gebote heute; BGH WRP 2001, 1068 ff. – Telefonwerbung für Blindenwaren; BGH GRUR 1959, 143 ff. – Blindenseife.

[158] *Voigt* GRUR 2006, 466 ff.; *Hoffrichter-Daunicht* FS von Gamm, 1990, 39 (41 ff.) mwN; *Ullmann* FS Traub, 1994, 411 (413 f.), vgl. auch *Schlingloff* FS Köhler, 2014, 617 ff. Zur Anwendbarkeit der Preisangaben-VO im Spendenmarkt vgl. *Voigt* WRP 2007, 44 ff. Das LG Köln verneint eine Wettbewerbshandlung bei einem reinen Einwerben von Spendengeldern, LG Köln GRUR-RR 2008, 198.

[159] *Köhler* GRUR 2008, 281 ff.

[160] OLG Stuttgart NJWE-WettbR 1996, 197 (198) zur wettbewerbswidrigen Namensführung eines Idealvereins.

[161] Das LG München I hat entschieden, dass jedenfalls bei 485.000 Followern eine geschäftliche Influencertätigkeit vorliegt, vgl. LG München I GRUR-RR 2019, 332 Rn. 46 – Cathy Hummels. Bei solchen Größenordnungen ist auch eine Vermutung für ein geschäftliches (und unternehmerisches, vgl. § 2 Abs. 1

werben. Der Erfolg von Influencern ist vor allem darin begründet, dass sie ihren Followern das Gefühl vermitteln, sie wären mit ihnen befreundet und gewährten Einblicke in ihr privates Leben.[162] Sie fungieren als Bindeglied zwischen Marke und Zielgruppe, auch wenn sie regelmäßig darauf achten, ihre Unabhängigkeit zu betonen und autark zu arbeiten.[163] Ihre Popularität haben sie sich meist selbst in den sozialen Medien aufgebaut.[164] Mittlerweile sind aber auch **Micro-Influencer** aktiv, deren Followeranzahl recht überschaubar ist, denen aber eine besondere Authentizität und Glaubwürdigkeit zugeschrieben wird.[165]

Für die lauterkeitsrechtliche Beurteilung entscheidend ist, ob und wann die werbende Tätigkeit von Influencern ein geschäftliches, objektiv absatzförderndes Handeln darstellt, das etwa an § 5a Abs. 6 UWG zu messen ist. Dies erfordert eine Würdigung sämtlicher Umstände des Einzelfalls.[166] **Indizien für eine geschäftliche Handlung** sind **Verlinkungen der präsentierten Produkte** oder Unternehmen[167], die **Nutzung eines Businessprofils, die Entgeltlichkeit der Tätigkeit** oder die **Inanspruchnahme sonstiger Vorteile** wie Rabatte, Reisekostenübernahmen oder Zugaben.[168] Maßgeblich für die lauterkeitsrechtliche Betrachtung ist die Qualität der Handlung und ihr äußeres Erscheinungsbild[169], und nicht die Eigenschaft der handelnden Person.[170] Eine nicht lauterkeitsrechtlich zu beurteilende private Handlung liegt vor, wenn der jeweilige Beitrag vorrangig zur Information und Meinungsbildung in Bezug auf weltanschauliche, wissenschaftliche, redaktionelle oder verbraucherpolitische Aspekte dient und nicht in funktionalem Zusammenhang mit der Absatz- oder Bezugsförderung steht.[171] **Influencer** sind regelmäßig zur **Förderung fremder Unternehmen** (vgl. → Rn. 70) tätig. Daneben können Influencer aber ihre **eigene unternehmerische Tätigkeit fördern,** nämlich wenn sie die kommerzielle Vermarktung ihres eigenen Images zum Geschäftsmodell machen oder selbst in das Unternehmen, um dessen Produkte es geht, involviert und bereits aus diesem Grund an dessen Absatz interessiert sind[172] oder in eigenem kommerziellen Interesse handeln, um in Unternehmenskreisen Aufmerksamkeit für ihren Account zu erzeugen.[173] In diesem Fall können auch **unentgeltliche Beiträge** geschäftliche Handlungen darstellen, wenn sie in einem unauflösbaren Kontext mit den bezahlten Werbebeiträgen stehen.[174] 32b

Nr. 6) Handeln gerechtfertigt; tendenziell ablehnend: OLG München GRUR 2020, 1096 Rn. 21 ff. – Blauer Plüschelefant.

[162] *Radtke/Camen* WRP 2020, 24 ff.; *Lettmann* GRUR 2018, 1206 ff.; *Mallick/Weller* WRP 2018, 155 ff.; *Lehmann* WRP 2017, 772 ff.

[163] *Lettmann* GRUR 2018, 1206 (1209).

[164] vgl. *Peifer* GRUR 2018, 1218.

[165] LG Karlsruhe GRUR-RR 2019, 328 Rn. 30 – Foto-Tagging: hier wird Authentizität als prägendes Wesensmerkmal von Influencern hervorgehoben; vgl. auch *Ahrens* GRUR 2018, 1211 (1212).

[166] BGH GRUR 2015, 694 Rn. 22 – Bezugsquellen für Bachblüten; OLG Braunschweig MMR 2019, 467 Rn. 11; *Radtke/Camen* WRP 2020, 24 ff.; vgl. auch *Henning-Bodewig* GRUR 2013, 26 (30).

[167] OLG Braunschweig GRUR-RS 2020, 12111 – Fitnessinfluencerin.

[168] OLG Frankfurt a. M. WRP 2019, 1213 – Getarnte Werbung durch Influencer; OLG Braunschweig MMR 2019, 467; OLG Celle GRUR 2017, 1158 Rn. 7 – Hashtag #ad; *Schonhofen/Detmering* WRP 2018, 1171 Rn. 31; *Suwelack* MMR 2017, 661 (663).

[169] OLG Karlsruhe WRP 2020, 1467 Rn. 104 – Tap-Tags.

[170] *Mallick/Weller* WRP 2018, 155 (157); vgl. auch *Mach* WRP 2018, 1166 (1168); *Henning-Bodewig* GRUR 2013, 26 (27).

[171] BGH GRUR 2016, 710 Rn. 12 – Im Immobiliensumpf; KG GRUR 2019, 543 Rn. 24 f. – Produkt-Tagging; KG GRUR-RR 2019, 34 Rn. 21 – Influencerin.

[172] OLG Karlsruhe WRP 2020, 1467 Rn. 46 ff. – Tap-Tags; KG GRUR 2019, 543 Rn. 23 – Produkt-Tagging; LG Heilbronn GRUR-RS 2018, 18453; *Radtke/Camen* WRP 2020, 24 ff.; vgl. auch *Henning-Bodewig* WRP 2017, 1415 (1417).

[173] *Ruess/Bredies WRP 2020, 18 (23)*; OLG Frankfurt a. M. WRP 2020, 97 (98) – Getarnte Werbung durch „Influencer"; KG GRUR 2019, 543 Rn. 22 – Produkt-Tagging: Posts sollen Image stärken und Nutzerinteraktionen erhöhen, was den Werbewert der Influencer erhöht; vgl. auch LG Karlsruhe GRUR RR 2019, 328 Rn. 32 – Foto-Tagging; LG München I GRUR-RR 2019, 332 Rn. 39 – Cathy Hummels: Influencer wollen sich als passende Werbeträger inszenieren.

[174] So zutreffend: OLG Karlsruhe WRP 2020, 1467 Rn. 46 ff. – Tap-Tags; LG Karlsruhe GRUR-RR 2019, 328 Rn. 40 – Foto-Tagging: um derartige Konflikte zu vermeiden, steht es Influencern frei, einen

32c Im **Regierungsentwurf eines „Gesetzes zur Stärkung des Verbraucherschutzes im Wettbewerbs- und Gewerberecht"** vom Januar 2021 ist nunmehr in **§ 5a Abs. 4 S. 2** auch eine die Werbung von Influencern abdeckende Regelung vorgesehen. Die Vorschrift des § 5a Abs. 4 RegE lautet wie folgt:

„Unlauter handelt auch, wer den kommerziellen Zweck einer geschäftlichen Handlung nicht kenntlich macht, sofern sich dieser nicht unmittelbar aus den Umständen ergibt, und das Nichtkenntlichmachen geeignet ist, den Verbraucher oder sonstigen Marktteilnehmer zu einer geschäftlichen Entscheidung zu veranlassen, die er andernfalls nicht getroffen hätte. Ein kommerzieller Zweck liegt bei einer Handlung zugunsten eines fremden Unternehmens nicht vor, wenn der Handelnde kein Entgelt oder keine ähnliche Gegenleistung für die Handlung von dem fremden Unternehmen erhält oder sich versprechen lässt. Der Erhalt oder das Versprechen einer Gegenleistung wird vermutet, es sei denn der Handelnde macht glaubhaft, dass er eine solche nicht erhalten hat."

Die Begründung des RefE[175] von November 2020 und des RegE vom Januar 2021[176] heben insoweit zunächst zutreffend hervor, dass Handlungen, die ausschließlich zur Förderung von Fremdunternehmen führen, nach der Rechtsprechung des EuGH[177] von der UGP-RL nicht erfasst werden und sonach Spielraum für Regelungen im deutschen Recht besteht. Die neue Regelung des § 5 Abs. 4 S. 2 soll insoweit einen „sicheren Rechtsrahmen für Handlungen von Influencerinnen und Influencern bieten, wenn diese Waren und Dienstleistungen anderer Unternehmen empfehlen, ohne davon selbst unmittelbar finanziell zu profitieren". Hervorgehoben ist auch, dass die Gegenleistung nicht in unmittelbarem zeitlichen Zusammenhang erfolgen muss und auch über Dritte gewährt werden kann, eine bloße Hoffnung auf eine Gegenleistung allerdings nicht ausreiche. Die im RegE vorgesehene Regelung erscheint allerdings zu weitgehend und wird dem oftmals festzustellenden erheblichen Umfang geschäftlich motivierter Einflussnahme auf das Marktgeschehen nicht gerecht. Es sollte dabei bleiben, dass derjenige, der ersichtlich zur Förderung fremder geschäftlicher Interessen auftritt und damit zumeist auch eine Förderung eigener geschäftlicher Interessen bezweckt, als „geschäftlich Handelnder" angesehen wird[178], was noch nicht abschließend über die erforderlichen Kennzeichnungspflichten entscheidet. Es erscheint jedenfalls sachgerecht, zum gegenwärtigen Zeitpunkt von einer gesetzlichen Regelung abzusehen und noch abzuwarten, bis die Rechtsprechung des BGH Leitlinien zur Beurteilung von Influencern herausgearbeitet hat. Insgesamt bleibt abzuwarten, ob die im Regierungsentwurf vorgesehene Regelung auch tatsächlich umgesetzt wird.[179]

33 **ff) Kapitalmarktinformationen/Rechnungslegung.** Kapitalmarktinformationen, beispielsweise **ad hoc-Mitteilungen** gemäß § 15 WpHG, stellen regelmäßig, auch soweit es sich um „Negativinformationen" handelt, markt- und unternehmensbezogene geschäftliche Äußerungen dar.[180] Kritisch zu prüfen ist allerdings, ob auch ein Absatzförderungs-

---

weiteren, rein privaten Account zu eröffnen; aA OLG München GRUR 2020, 1096 Rn. 28 – Blauer Plüschelefant; *Ruess/Bredies* WRP 2020, 18 (21); *Zurth/Pless* GRUR 2019, 335 (336): weil das Streben nach Steigerung der Attraktivität des eigenen Accounts sozialen Medien immanent sei, könne ein eigener Account nie Gegenstand von Werbung sein. Das ist ersichtlich unrichtig.

[175] Begr. RefE S. 29; Begr. RegE S. 35.

[176] BT-Drs. 19/2783 S. 34 f. mit redaktioneller Überarbeitung entsprechend dem Änderungsantrag der Fraktionen der CDU/CSU und SPD, Ausschuss für Recht und Verbraucherschutz, Ausschussdrucksache 19 (6) 259 vom 4. Juni 2021.

[177] EuGH GRUR 2013, 1245 Rn. 37 – RLvS Verlagsgesellschaft.

[178] In diese Richtung zutreffend auch: OLG Karlsruhe WRP 2020, 1467 Rn. 46 ff. – Tap-Tags.

[179] Vgl. auch die Stellungnahme der GRUR zu dem im Februar/März 2020 vorgelegten Regelungsvorschlag des BMJV zur Abgrenzung von nicht kommerzieller Kommunikation zur Information und Meinungsbildung von geschäftlichen Handlungen in GRUR 2020, 592 ff., dazu *Timmermann/Berndt* WRP 2020, 996 ff.

[180] OLG Hamburg ZIP 2006, 1921; umfassend und kritisch: *Klöhn* ZHR 2008, 388 ff. sowie *Lettl* ZGR 2003, 853 ff.; nur kursorisch: *Köndgen* FS Druey, 2002, 791, zu den Verbraucherleitbildern bei der Bewerbung von Kapitalanlagen vgl. *Koppensteiner* FS Köhler, 2014, 372.

zusammenhang gegeben ist. Die UGP-RL[181] betont im 7. Erwägungsgrund, sich auf Geschäftspraktiken zu beziehen, die im unmittelbaren Zusammenhang mit der Beeinflussung der geschäftlichen Entscheidungen von Verbrauchern stehen, und nicht auf solche, die vorrangig anderen Zielen dienen, wie etwa bei kommerziellen, für Investoren gedachten Mitteilungen wie Jahresberichten und Unternehmensprospekten. **An professionelle Marktteilnehmer gerichtete Kapitalmarktinformationen** können deshalb nicht unter dem lauterkeitsrechtlichen Blickwinkel des Verbraucherschutzes beurteilt werden, unterliegen ggf. aber als Maßnahme im „B2B"-Bereich den mitbewerberbezogenen lauterkeitsrechtlichen Anforderungen. Für die handelsrechtlich vorgesehene Rechnungslegung (insbes. Jahresabschluss und Lagebericht gemäß §§ 242 und 289 HGB) bejaht *Meier* eine im Absatzförderungszusammenhang stehende Handlung und sieht deshalb die Möglichkeit zu einem auf Rechtsbruch bzw. Irreführung gestützten „Private Enforcement der Rechnungslegung" durch das Lauterkeitsrecht.[182]

gg) Krankenkassen. Die Mitgliederwerbung und sonstige Werbung von **privaten Krankenkassen** stellen ohne weiteres „geschäftliche Handlungen" dar. Aber auch zwischen gesetzlichen Krankenkassen besteht ein – wenn auch eingeschränkter – Preis- und Qualitätswettbewerb. Machen die **gesetzlichen Krankenkassen** von diesen Handlungsmöglichkeiten Gebrauch und treten sie mit anderen Krankenkassen in einen **Wettbewerb um Mitglieder,** handeln sie „geschäftlich" zur Verbesserung ihrer Einnahmesituation.[183] Die angesprochenen Verbraucher treffen bei der Auswahl unter konkurrierenden Krankenkassen eine geschäftliche Entscheidung.[184] Für den Verbraucher stellt es keinen Unterschied dar, ob sich der Marktbezug der beanstandeten Handlung aus einem Wettbewerb zwischen öffentlich-rechtlich organisierten Trägern sozialer Sicherungssysteme oder zwischen privaten Anbietern ergibt.[185] Es ist nicht unterschiedlich zu bewerten, ob ein Anspruch von einem klagebefugten Verband oder Mitbewerber geltend gemacht wird.[186] Sofern gesetzliche Krankenkassen ihren Versicherten Krankenzusatzversicherungen mit privaten Versicherungsunternehmen vermitteln, fördern sie damit den Absatz der Dienstleistungen der mit ihnen kooperierenden privaten Krankenkassen und handeln damit geschäftlich, wobei eine Anwendung der lauterkeitsrechtlichen Vorschriften auch nicht wegen § 69 SGB V ausscheidet, weil dieses Handeln eine Nebentätigkeit im Rahmen privatwirtschaftlicher Tätigkeiten darstellt.[187] Ebenso handelt eine kassenärztliche Vereinigung, die ihren Mitgliedern Router eines bestimmten Herstellers kostenlos zur Verfügung stellt, nicht hoheitlich, sondern geschäftlich.[188] Soweit die gesetzlichen Krankenkassen und die von ihnen eingeschalteten Leistungsbringer allerdings in Erfüllung ihres öffentlich-rechtlichen Versorgungsauftrages gegenüber dem Versicherten handeln, schließt die Vorschrift des § 69 SGB V eine lauterkeitsrechtliche Beurteilung aus.[189] Da die Krankenkassen grundsätzlich ihre medizinischen und sonstigen Leistungen nicht selbst erbringen, erfasst § 69 Abs. 1 SGB V auch die Beziehungen von Leistungserbringern untereinander, soweit es um Handlungen in 34

---

[181] Die UGP-RL enthält in Art. 3 Abs. 9 eine Ausnahme für „Finanzdienstleistungen" im Sinne der Richtlinie 2002/65/EG und Immobilien.

[182] Vgl. *Meier* GRUR 2019, 581 ff.

[183] BGH GRUR 2014, 1120 Rn. 27 – Betriebskrankenkasse II; vgl. dazu auch *Becker/Schweitzer* NJW 2014, 269 ff.

[184] Zu diesem funktionalen Bezug vgl. → Rn. 53.

[185] BGH GRUR 2014, 1120 Rn. 27 – Betriebskrankenkasse II; BGH GRUR 2012, 288 Rn. 15 f. – Betriebskrankenkasse I; vgl. auch OLG Celle GRUR-RR 2010, 86 – Sonderkündigungsrecht; OLG Celle WRP 2010, 1548 (1549) – Mitgliederwerbung einer gesetzlichen Krankenkasse; OLG Celle GRUR-RR 2011, 111 ff. – Kassenwechsel.

[186] Vgl. insoweit *Becker/Schweitzer* NJW 2014, 269 (271) und die dortigen Nachweise zur älteren Rechtsprechung.

[187] BGH GRUR 2013, 1250 Rn. 9 – Krankenzusatzversicherungen; *Ebert-Weidenfeller/Gromotke* EuZW 2013, 937 (938).

[188] OLG Hamm MMR 2012, 32 ff. – Kostenlose Router-Weitergabe an Zahnärzte.

[189] BGH GRUR 2017, 641 Rn. 11 – Zuzahlungsverzicht bei Hilfsmitteln; BGH GRUR 2006, 517 ff. – Blutdruckmessungen.

Erfüllung des öffentlich-rechtlichen Versorgungsauftrags der Krankenkassen geht. Solche Handlungen von Krankenkassen und der von ihnen eingeschalteten Leistungserbringer, die der Erfüllung des öffentlich-rechtlichen Versorgungsauftrags gegenüber den Versicherten dienen, sind sonach nicht lauterkeitsrechtlich zu beurteilen,[190] allerdings schließt das nicht aus, die Absatzwerbung von Leistungserbringern gegenüber den gesetzlich Versicherten lauterkeitsrechtlich zu erfassen.[191]

34a **hh) Online-Vergleichsportale.** Die immer wichtiger werdenden **Online-Vergleichsportale** sind regelmäßig – soweit sie nicht ausnahmsweise nur rein private, altruistische oder redaktionelle Zwecke verfolgen – im geschäftlichen Verkehr zur Absatzförderung tätig.[192] Die Vergleichsportale finanzieren sich regelmäßig über eine Beteiligung an dem Absatzerfolg der Nutzer (Provisionsmodell), über entgeltpflichtige Werbung oder über Abonnementzahlungen der Nutzer.[193] Die Portalbetreiber fördern regelmäßig ihre eigene unternehmerische Tätigkeit und damit ihren Absatzerfolg und diejenigen Anbieter, die mit ihren Waren oder Dienstleistungen auf dem Portal vertreten sind und bei einer Vergleichsanfrage aufgelistet werden. Es liegt alsdann eine Handlung zu Gunsten des eigenen und zu Gunsten dritter Unternehmen vor.[194] Auf ein „Medienprivileg" sowie die „Warentest-Rechtsprechung" können sich die Vergleichsportale, die zur Förderung eigener erwerbswirtschaftlicher Interessen handeln, nicht berufen.[195] Der BGH (VI Zs.) hat dies allerdings in seinem www.yelp.de-Urteil[196] anders gesehen und das dort beurteilte Bewertungsportal nicht für verpflichtet angesehen, die Nutzerbeträge neutral, sachkundig und repräsentativ darzustellen und der Online-Plattform den Schutz der Meinungsfreiheit zugebilligt. Das erscheint unrichtig.[197] Die Frage einer „geschäftlichen Handlung" und einer lauterkeitsrechtlichen Kontrolle stand in dem Urteil nicht zur Debatte.[198]

35 **ii) Profisport.** In dem unübersehbar großen Bereich des **kommerziellen Sports** ist markt- und unternehmensbezogenes geschäftliches Handeln auf nahezu allen Ebenen – etwa im Bereich der Ausrüsterbranche, der Medien sowie der sportlichen Akteure selbst – anzutreffen, ohne dass sich insoweit Besonderheiten ergäben. Profisportler können aber auch bei ihrer **sportlichen Betätigung** markt- und unternehmensbezogen im geschäftlichen Verkehr handeln.[199] Insoweit kommt es jedoch sehr auf die Umstände des einzelnen Falles an, allein der Wettbewerb um ein Preisgeld stellt noch keinen geschäftlichen Verkehr dar. Zweifelhaft erscheint ferner, ob Einzel- wie Mannschaftssportler im Wettkampf im Absatzförderungszusammenhang handeln und Doping oder sonstige grobe Regelverstöße, die ggf. als „Marktverhaltensregelungen" angesehen werden könnten, lauterkeitsrechtlich verfolgt werden können. In jüngerer Zeit entwickelt sich aber eine sowohl kartellrechtliche als auch lauterkeitsrechtliche Aspekte umfassende Diskussion.[200]

---

[190] BGH GRUR 2017, 641 Rn. 11 – Zuzahlungsverzicht bei Hilfsmitteln; BGH GRUR 2006, 517 Rn. 23 – Blutdruckmessungen.

[191] BGH GRUR 2017, 641 Rn. 12 – Zuzahlungsverzicht bei Hilfsmitteln.

[192] Vgl. etwa die Sachverhaltsgestaltung bei BGH GRUR, 2017, 1265 – Preisportal; BGH GRUR 2015, 1129 Rn. 16 f. – Hotelbewertungsportal. Zu Vergleichsportalen siehe auch *Henning-Bodewig* WRP 2019, 537 ff.; *Franz* WRP 2018, 20 ff.

[193] Zu den „Geschäftsmodellen" von Online-Vergleichsportalen vgl. *Alexander* WRP 2018, 765 (767).

[194] *Alexander* WRP 2018, 765 Rn. 22.

[195] Vgl. insoweit *Alexander* WRP 2018, 765 Rn. 23 ff.

[196] BGH GRUR 2020, 435 – www.yelp.de.

[197] Mit Recht kritisch: *Franz* WRP 2020, 696 ff. und *Schaub* GRUR 2020, 494. Zur Haftung für Kundenbewertungen s. auch BGH GRUR 2020, 543 ff. – Kundenbewertungen auf Amazon.

[198] Vgl. dazu *Schaub* GRUR 2020, 494 ff.

[199] Allgemein zur Unternehmereigenschaft von Profisportlern: *Heermann* WRP 2020, 1 ff.; vgl. außerdem *Pfister* GRUR 2017, 1091 f. und *Frisinger/Summerer* GRUR 2007, 554 ff.; ebenso *Fischer* EuZW 2002, 297 ff.; abweichend *Cherkeh/Momsen* NJW 2001, 1745 (1750) und GroßKommUWG/*Peukert,* 3. Aufl., § 2 Rn. 250 ff.; vgl. auch EuGH EuZW 2000, 371 Rn. 41 – Deliège; vgl. ferner EuGH NJW 1996, 505 (508 ff.) – Bosman.

[200] Vgl. *Heermann* WRP 2016, 147 zum Missbrauch einer marktbeherrschenden Stellung im Verhältnis eines Sportverbandes gegenüber Nichtmitgliedern sowie *Nordmann/Förster* WRP 2016, 312 zum Fall Pechstein und den Grenzen des kartellrechtlichen Missbrauchsverbots.

lung ist aber auch dann nicht ohne weiteres zu vermuten, sondern anhand einer umfassenden Würdigung der relevanten Umstände des Einzelfalls besonders festzustellen.[264] Zeitigt das hoheitliche Handeln wettbewerbsrechtliche Auswirkungen, muss zwischen der öffentlich-rechtlichen Tätigkeit des Hoheitsträgers und dem bürgerlich-rechtlichen Wettbewerbsverhältnis unterschieden werden, in dem der Hoheitsträger zu einem anderen steht und in dessen Rahmen er durch Verletzungshandlungen das privatrechtliche Interesse und Erwerbsstreben des Mitbewerbers berührt.[265] Entscheidend sind die im Rahmen des konkreten Einzelfalls zu beurteilenden Auswirkungen des Handelns der öffentlichen Hand im Wettbewerb[266] sowie die Frage, ob das Tätigwerden zur Erfüllung der öffentlichen Aufgabe nach Art und Umfang sachlich notwendig ist und die Auswirkungen auf den Wettbewerb nur notwendige Begleiterscheinung der Erfüllung öffentlicher Aufgaben sind.[267] Stellt eine öffentlich-rechtliche Körperschaft in amtlichen Nachrichten und Schreiben eine Zusammenarbeit mit einem einzelnen Unternehmen prominent heraus, liegt eine geschäftliche Handlung der öffentlich-rechtlichen Körperschaft vor.[268] Dass eine lauterkeitsrechtliche Kontrolle auch die öffentlich-rechtlichen Aufgaben berühren und gegebenenfalls beeinträchtigen kann, schließt einen lauterkeitsrechtlichen Rechtsschutz nicht aus. Durch eine Verknüpfung von öffentlich-rechtlichen Aufgaben mit der Wahrnehmung erwerbswirtschaftlicher Interessen kann sich die öffentliche Hand ihrer wettbewerbsrechtlichen Verantwortlichkeit nicht entziehen.[269] Eine gesetzliche Krankenkasse, die auf ihrer Internetseite irreführend wirbt, um ihre Mitglieder von einem Wechsel zu einer anderen Krankenkasse abzuhalten, handelt geschäftlich und unternehmerisch im Sinne von § 2 Abs. 1 Nr. 1 und 6 UWG.[270] Ein Streit zwischen einer Apotheke und einer in den Niederlanden ansässigen Versandapotheke über die wettbewerbsrechtliche Zulässigkeit von Sonderzahlungen eines Apothekers an privat und gesetzlich Krankenversicherte bei Einlösung von Rezepten ist lauterkeitsrechtlich zu beurteilen und betrifft ebenfalls keine Angelegenheit der gesetzlichen Krankenversicherung.[271] Eine geschäftliche Handlung ist aber zu verneinen, wenn eine Gemeinde mit den behördlich zu veranlassenden Bestattungen ausschließlich ihren Eigenbetrieb Friedhöfe betraut.[272]

d) Erwerbswirtschaftliche Zwecke. Die Verfolgung **erwerbswirtschaftlicher Zwecke** durch die öffentliche Hand mit den Mitteln des Privatrechts erfolgt stets geschäftlich und marktbezogen, unabhängig davon, ob damit auch öffentliche Zwecke mitverfolgt werden.[273] Die Durchführung von Krankentransporten iSv § 2 Abs. 2 RettG NRW durch 46

[264] BGH GRUR 2020, 755 Rn. 49 – WarnWetterApp; BGH GRUR 2019, 189 Rn. 55 – Crailsheimer Stadtblatt II; BGH GRUR 2018, 196 Rn. 23 – Eigenbetrieb Friedhöfe; BGH GRUR 2013, 301 Rn. 20 f. – Solarinitiative; BGH GRUR 1969, 418 (420) – Standesbeamte.

[265] BGHZ 121, 126 (130) – Rechtswegprüfung II; BGHZ 102, 280 (283) – Rollstühle; BGHZ 97, 312 (313) – Orthopädische Hilfsmittel; vgl. auch BGH GRUR 1989, 142 (144) – Sonderungsverfahren; BGH GRUR 1985, 1063 – Landesinnungsmeister; *Piper* GRUR 1986, 574 (577).

[266] BGH GRUR 2018, 196 Rn. 23 – Eigenbetrieb Friedhöfe.

[267] BGH GRUR 2018, 196 Rn. 23 – Eigenbetrieb Friedhöfe; Büscher/*Franzke,* UWG, 1. Aufl., § 2 Abs. 1 Nr. 1 Rn. 69.

[268] BGH GRUR 2013, 301 Rn. 20, 23 – Solarinitiative.

[269] BGH GRUR 1990, 611 (613) – Werbung im Programm; BGH GRUR 1982, 425 (427) – Brillenselbstabgabestellen; BGH GRUR 1977, 51 (52) – Auto-Analyzer; BGH GRUR 1976, 658 (659) – Studentenversicherung.

[270] BGH GRUR 2014, 1120 – Betriebskrankenkasse II, vgl. → Rn. 34.

[271] BGH GRUR 2008, 447 f. – Treuebonus.

[272] BGH GRUR 2018, 196 Rn. 20 ff. – Eigenbetrieb Friedhöfe.

[273] BGH GRUR 2020, 755 Rn. 49 ff. – WarnWetterApp; BGH GRUR 2019, 189 Rn. 55 – Crailsheimer Stadtblatt II; BGH GRUR 2018, 196 Rn. 49 – Eigenbetrieb Friedhöfe; BGH GRUR 2006, 428 Rn. 12 – Abschleppkosten-Inkasso; BGH GRUR 2005, 960 (961) – Friedhofsruhe; BGH GRUR 1974, 733 f. – Schilderverkauf; BGH GRUR 1965, 373 – Blockeis II; BGH GRUR 1962, 159 – Blockeis I; vgl. auch BGH WRP 1998, 857 ff. – 1.000,– DM Umwelt-Bonus von als Eigenbetrieb geführten Stadtwerken mit örtlichem Monopol für die Erdgasversorgung; vgl. ferner BGH GRUR 1987, 116 ff. – Kommunaler Bestattungswirtschaftsbetrieb I; zur unternehmerischen Tätigkeit des Freistaats Bayern bezüglich des Betriebs von Spielbanken: OLG München MMR 2011, 243 ff.; Einl. Rn. 1025 ff. *(Ahrens).*

einen privaten Unternehmer stellt unabhängig von den dort geregelten Genehmigungsvorbehalten eine geschäftliche Handlung dar.[274] Auch eine **nachfragende Tätigkeit der öffentlichen Hand** erfolgt im geschäftlichen Verkehr unabhängig davon, ob sich die Nachfrage auf Gegenstände richtet, die in unmittelbarem Zusammenhang mit der hoheitlichen Tätigkeit stehen (zB Polizeiwaffen) und ob die öffentliche Hand im Hinblick auf den nachgefragten Gegenstand Endverbraucher ist oder nicht.[275]

47 **7. Keine subjektiven Erfordernisse.** Ein **marktbezogenes geschäftliches Handeln** muss **nicht auch von einer entsprechenden subjektiven Zweckrichtung** getragen sein. Maßgeblich ist vielmehr die objektive Beurteilung des Verhaltens aus der Sicht der angesprochenen Verkehrskreise.[276] Ein nach außen hin sichtbar gemachter, auf Dauer angelegter **Erwerbszweck** kann jedoch **im Rahmen der Gesamtwürdigung** den Schluss auf eine marktbezogene geschäftliche Handlung rechtfertigen. Insoweit ist die aus den äußeren Umständen zu erschließende Zielrichtung des Handelnden[277] nach wie vor von Bedeutung, zumal auch Erwägungsgrund 7 der UGP-RL auf das „Ziel" einer Geschäftspraktik abstellt.

48 **8. Regel-Annahme eines marktbezogenen geschäftlichen Verhaltens.** Nach der Lebenserfahrung ist in der Regel die Annahme gerechtfertigt, dass ein Kaufmann marktbezogen geschäftlich handelt, wenn er eine Tätigkeit entfaltet, die sich – äußerlich betrachtet – nicht von seinen sonstigen kaufmännisch-beruflichen Tätigkeiten unterscheidet.[278] Gleiches gilt für Verbände, die satzungsgemäß die wirtschaftlichen Interessen ihrer Mitglieder fördern.[279] Die **Regel-Annahme ist widerlegbar.** Ob sie als widerlegt anzusehen ist, muss auf der Grundlage einer Gesamtwürdigung der Umstände, des Zwecks der beanstandeten Handlung und weiterer die Einzelfallgestaltung kennzeichnender Umstände ermittelt werden.[280] Auch sofern ein marktbezogenes geschäftliches Handeln vorliegt, ist noch zu prüfen, ob auch ein objektiver Absatz- oder Bezugsförderungszusammenhang iSd § 2 Abs. 1 Nr. 1 UWG vorliegt.

III. Absatz- oder Bezugsförderungszusammenhang

49 **1. Allgemeines.** Das Lauterkeitsrecht setzt dem **wettbewerblichem Marktauftritt** sowie dem vertragsabschlussbezogenen und dem **nachvertraglichen Verhalten** spezifische **Schranken.** Allerdings ist nicht jedes geschäftliche und marktbezogene Verhalten, das die wettbewerblichen Verhältnisse beeinflusst, auch lauterkeitsrechtlich erfasst. Außerhalb lauterkeitsrechtlicher Wertung bleiben Handlungen, die zwar ggf. erhebliche wirtschaftliche Auswirkungen haben, jedoch **nicht eigenen oder fremden Absatz- oder Bezugsförderinteressen** dienen und auch außerhalb des vertraglich erfassten Bereichs

[274] BGH GRUR 2009, 881 Rn. 11 – Überregionaler Krankentransport, ein Lauterkeitsverstoß wurde allerdings wegen fehlender Spürbarkeit abgelehnt.

[275] BGH WRP 2003, 765 (767 und 770) – Ausrüstungsgegenstände für Feuerlöschzüge; BGHZ 107, 40 (43 ff.) – Krankentransportbestellung. Abweichend der EuGH zum europäischen Kartellrecht: EuGH Slg. 2006, I-6295 – Fenin; dazu *Könen* ZHR 2018, 684 (694 ff.); *Bornkamm* FS Hirsch, 2008, 231 ff. und *Köhler* FS Hopt, 2010, 2825 ff. Soweit die öffentliche Hand sich privatrechtlicher Mittel bedient, ist auch ihr Nachfrageverhalten lauterkeitsrechtlich zu erfassen.

[276] BGH GRUR 2007, 800 Rn. 21 – Außendienstmitarbeiter misst dem subjektiven Kenntnisstand des Handelnden keine Bedeutung zu, vgl. auch BGH GRUR 2009, 1080 Rn. 21 – Auskunft der IHK.

[277] Vgl. dazu nach früherem Recht BGH GRUR 2002, 622 (624) – shell.de.

[278] Vgl. insoweit zum früheren Recht: BGH GRUR 1993, 761 (762) – Makler-Privatangebot; BGH GRUR 1962, 34 (36) – Torsana; BGH GRUR 1962, 45 (47) – Betonzusatzmittel.

[279] BGH GRUR 2009, 878 Rn. 11 – Fräsautomat; BGH GRUR 1962, 45 (47) – Betonzusatzmittel; BGH GRUR 1955, 342 – Rheinpfalz; BGH LM UWG § 1 Nr. 15 – Innungsboykott; vgl. aber bei Äußerungen von Verbänden zu Themen, die zwar das Fachgebiet des Berufs, nicht aber die von den Verbandsmitgliedern erbrachten Dienstleistungen betreffen: OLG Düsseldorf GRUR-RR 2019, 368 – Kariesschutz gering.

[280] Vgl. zu der nach altem Recht maßgebenden tatsächlichen Vermutung für ein geschäftliches Handeln von Unternehmen: BGH GRUR 1993, 761 (762) – Makler-Privatangebot; OLG Düsseldorf WRP 1998, 421 (425) – FDP-Zahlen.

jj) Registereintragungen. Die Eintragung in ein **Gewerberegister,** das auch werbende Wirkung entfalten kann, ist als geschäftliche Handlung anzusehen.[201] Zumindest wird eine Erstbegehungsgefahr etwa für die bevorstehende Verwendung dort gebrauchter Bezeichnungen begründet. Die bloße **Registrierung eines Domainnamens** stellt noch keine Benutzung dieser Bezeichnung im geschäftlichen Verkehr und damit auch keine Verletzung eines mit dieser Bezeichnung identischen oder ähnlichen Kennzeichenrechts dar.[202] Die Registrierung kann aber eine „geschäftliche Handlung" darstellen.[203] 36

kk) Verbände, insbes. Wirtschaftsverbände. Vereinigungen von Gewerbetreibenden, die satzungsgemäß die gewerblichen Interessen ihrer Mitglieder fördern, handeln unabhängig von ihrer privat- oder öffentlich-rechtlichen Organisationsform und inneren Struktur (Spitzen- oder Mitgliederverband) im geschäftlichen Verkehr, soweit sie die wirtschaftlichen Interessen ihrer Mitglieder verfolgen.[204] Erfasst sind damit insbesondere die nach § 8 Abs. 3 Nr. 2 und Nr. 4 UWG klagebefugten Verbände zur Förderung gewerblicher oder selbständiger beruflicher Interessen, die Industrie- und Handelskammern sowie die Handwerkskammern. Die Verfolgung von Wettbewerbsverstößen durch solche Verbände stellt ein marktbezogenes Handeln im geschäftlichen Verkehr dar.[205] Angaben zur Anzahl von Mitgliedern und deren Marktanteilen auf der Homepage eines Fachverbandes, die der Selbstdarstellung des Verbandes dienen, sind nicht als geschäftliche Handlungen anzusehen, ebenso wenig die Online-Veröffentlichung von Mitteilungen zu ergangenen Gerichtsentscheidungen, um einzelne Verbandsmitglieder und Verbraucher zu informieren[206], anders allerdings bei kritischen Äußerungen eines solchen Verbandes zu einem Testbericht und einem dort beurteilten Produkt, die geeignet sind, den Absatz der Mitglieder des Verbandes zu fördern.[207] Sofern allerdings eine Berufsorganisation sich zu Themen äußert, die zwar das Fachgebiet des Berufs, nicht aber unmittelbar die von den Berufsangehörigen erbrachten Dienstleistungen betreffen, ist eine geschäftliche Handlung nicht zu vermuten.[208] 37

5. Nicht erfasstes Verhalten. a) Privates Verhalten. Das **rein private, auch wirtschaftliche und somit marktbeeinflussende Verhalten von Verbrauchern oder Kaufleuten** unterliegt nicht wettbewerbsrechtlichen Maßstäben.[209] Privat ist, was sich im Bereich des einzelnen außerhalb von Erwerbs- und Berufsausübung abspielt.[210] Auch wenn der private Konsum oder etwa der privat erfolgende Verkauf eines Kfz auf den Wettbewerb einwirken kann und damit marktbezogen ist, liegt keine geschäftliche Betätigung vor.[211] Eine Immobilienanzeige eines Immobilienhändlers über die Veräußerung eines Grundstücks, das weder zum Weiterverkauf erworben noch später dem geschäftli- 38

[201] OLG Brandenburg GRUR-RR 2006, 167 (168) – Buchführungsbüro; abweichend MüKoUWG/*Bähr,* 3. Aufl., § 2 Rn. 42. Ebenso ist die Eintragung einer Domain durch ein Unternehmen als geschäftliche Handlung anzusehen, sowohl die Registereintragung als auch die Domaineintragung stellen aber noch keine „Werbung" dar, vgl. EuGH GRUR 2013, 1049 Rn. 35 – BEST/Visys.

[202] BGH GRUR 2008, 912 Rn. 16 – Metrosex; BGH GRUR 2005, 687 (689) – Weltonline.de.

[203] Vgl. für den Falle der Registrierung einer „Tippfehler-Domain" BGH GRUR 2014, 393 Rn. 31 – wetteronline.de.

[204] BGH GRUR 2012, 79 Rn. 13 – Rechtsberatung durch Einzelhandelsverband; BGH GRUR 2009, 878 Rn. 11 – Fräsautomat; LG Berlin WRP 2011, 130 ff. – Hotelklassifizierung für Schiffe.

[205] BGH WRP 1996, 1099 (1100) – Testfotos II.

[206] LG Hildesheim WRP 2020, 121 (122).

[207] OLG Köln WRP 2019, 1509 Rn. 19 ff. – Fachverband Matratzen – Industrie.

[208] OLG Düsseldorf GRUR-RR 2019, 368 – Kariesschutz gering.

[209] Vgl. GroßKommUWG/*Peukert,* 3. Aufl., § 2 Rn. 75.

[210] BGH GRUR 2002, 622 (624) – shell.de; BGHSt 2, 403; RGSt 66, 380 (384); *Fezer*/Büscher/Obergfell, UWG, 3. Aufl., § 2 Nr. 1 Rn. 75. Auch die nicht kommerziellen Interessen dienende, aber irreführende Empfehlung eines Restaurants unterliegt nicht lauterkeitsrechtlicher Kontrolle, anders aber, wenn der Empfehlende namens und im Auftrag des Restaurants handelt oder für die irreführenden Empfehlungen ein Entgelt erhält und die Tätigkeit sich somit in ein geschäftliches Verhalten wandelt, vgl. auch *Köhler*/Bornkamm/Feddersen, § 2 Rn. 62, sowie *Henning-Bodewig* GRUR 2013, 26 ff.

[211] Vgl. *Henning-Bodewig* GRUR 2013, 26 (28).

chen Bereich zugeschlagen wurde, betrifft ein privates Geschäft außerhalb des geschäftlichen Verkehrs.[212] Von einem Handeln im geschäftlichen Verkehr ist auch nicht schon dann auszugehen, wenn eine Ware einer Vielzahl von Personen zum Kauf angeboten wird, mag dies auch mit dem Ziel geschehen, einen möglichst hohen Verkaufspreis zu erzielen.[213] Ansonsten würde jede einfache **Zeitungs- oder Internetwerbung eines Privaten,** die regelmäßig eine unbestimmte Anzahl von Personen erreicht, als geschäftliche Handlung anzusehen sein, was zu einer nicht sachgerechten Ausdehnung des Begriffs des Handelns im geschäftlichen Verkehr führen würde.[214] Allerdings deutet das **häufige Auftreten mancher Anbieter im Internet** als Versteigerer auf eine geschäftliche Tätigkeit hin.[215] Auch derjenige, der nur Gegenstände in einer Internetauktion erwirbt, um sie mit Gewinn weiterzuveräußern, handelt im geschäftlichen Verkehr.[216] Ein geschäftliches Handeln liegt nahe, wenn Anbieter, insbesondere als **„Power-Seller",** wiederholt mit gleichartigen, insbesondere auch neuen Gegenständen handeln oder zum Kauf angebotene Produkte erst kurz zuvor erworben haben,[217] wenn der Internet-Anbieter ansonsten gewerblich tätig ist[218] oder wenn häufige Bewertungen („Feedbacks") und Verkaufsaktivitäten für Dritte erfolgt sind.[219] Auch im privaten Bereich vorgenommene Veränderungen von Markenwaren und ihr privater Gebrauch liegen außerhalb des geschäftlichen Verkehrs und vermögen keine wettbewerbs- oder markenrechtlichen Ansprüche auszulösen.[220] Ein privates Gespräch kann aber eine geschäftliche Wendung nehmen und, sofern alsdann geschäftliche Interessen gefördert werden, wettbewerbsrechtlichen Maßstäben unterliegen.[221] Eine Äußerung im Rahmen eines Rundfunk- oder Fernsehinterview soll nach einer älteren Entscheidung keinen privaten Charakter haben,[222] das erscheint heute zweifelhaft. Soweit allerdings „Prominente" gegen Entgelt für ein fremdes Unternehmen oder dessen Produkte werben, liegt eine geschäftliche Handlung vor.[223] Außerhalb von Erwerb und Berufsausübung stehen auch eine **private Internet-Homepage**[224] und ein Domain-Name für private Lotto-Spielgemeinschaften.[225] Ein noch nicht hinreichendes Indiz für eine marktbezogene Tätigkeit im geschäftlichen Verkehr ist die Verwendung der für „Commercial" stehenden Top-Level-Domain „.com", da auch diese Domain umfang-

---

[212] BGH GRUR 1993, 761 (762) – Makler-Privatangebot.

[213] BGH GRUR 2008, 702 (705) – Internet-Versteigerung III; BGH GRUR 2007, 708 Rn. 23 – Internet-Versteigerung II.

[214] Vgl. BGH GRUR 2008, 702 Rn. 41 – Internet-Versteigerung III.

[215] BGH GRUR 2004, 860 (863) – Internet-Versteigerung I; vgl. auch *Glöckner/Kur* GRUR-Beilage 1/2014, 29 (38); *Fischer,* Zur Abgrenzung von privatem und unternehmerischem Handeln auf Auktionsplattformen, WRP 2008, 193 ff.; vgl. dazu auch OLG Frankfurt a. M. GRUR 2004, 1042 – Cartierschmuck; OLG Frankfurt a. M. GRUR 2004, 1043 – Cartier-Stil; zur Umsatzsteuerpflicht solcher Verkäufe BFH MMR 2012, 523 – Bestimmung der Eigenschaft als Unternehmer bei massiven Verkäufen im Internet.

[216] BGH GRUR 2004, 860 (863) – Internet-Versteigerung I.

[217] BGH GRUR 2009, 871 (872 f.) – Ohrclips; BGH GRUR 2008, 702 Rn. 43 – Internet-Versteigerung III; BGH GRUR 2004, 860 – Internet-Versteigerung I; vgl. ferner OLG Hamm BeckRS 2013, 00045; OLG Frankfurt a. M. GRUR-RR 2005, 319 – Standarderklärung; zur Indizwirkung der Bezeichnung „Power-Seller" vgl. auch OLG Koblenz BB 2006, 125 (126) sowie OLG Karlsruhe WRP 2006, 1038 (1040) – Anbieterkennzeichnung auf eBay.

[218] BGH GRUR 2009, 871 (872 f.) – Ohrclips; BGH GRUR 2008, 702 Rn. 43 – Internet-Versteigerung III; BGH GRUR 2007, 708 Rn. 23 – Internet-Versteigerung II; *Glöckner/Kur* GRUR-Beilage 2014, 29 (38).

[219] BGH GRUR 2009, 871 Rn. 25 – Ohrclips; hierzu auch GroßKommUWG/*Peukert,* 3. Aufl., § 2 Rn. 107.

[220] BGH GRUR 1998, 696 f. – Rolex-Uhr mit Diamanten.

[221] BGH GRUR 1960, 384 (386) – Mampe Halb und Halb I; zu beachten ist aber, dass nunmehr ein vorrangiger Absatzförderungszweck erforderlich ist.

[222] BGH GRUR 1964, 208 (209) – Fernsehinterview.

[223] Vgl. *Henning-Bodewig* FS 100 Jahre Wettbewerbszentrale, 2012, 125 (129 f.) und GRUR 2013, 26 ff. Zu „Influencern" vgl. → Rn. 32a f.

[224] BGH GRUR 2002, 622 (624) – shell.de; BGH GRUR 2001, 1038 (1041) – ambiente.de; OLG Schleswig CR 2001, 465 – Swabedoo.

[225] OLG Köln WRP 2002, 244 (247) – Lotto-Privat.de.

reich von Privatpersonen benutzt wird.[226] Nicht dem geschäftlichen Bereich zuzurechnen sind **Boykottaufrufe** von Verbrauchern[227] oder Verbraucherschutz- bzw. Umweltschutzorganisationen.[228]

b) Betriebsinterne Vorgänge. Sie dienen regelmäßig der eigenen oder einer fremden erwerbswirtschaftlichen oder sonstigen beruflichen Tätigkeit und erfolgen insoweit im geschäftlichen Verkehr. Sie sind jedoch regelmäßig (noch) **nicht marktbezogen** und stellen deswegen keine „geschäftlichen Handlungen" dar.[229] Die bisherige Rechtsprechung rechnete betriebsinterne Handlungen bereits nicht zum geschäftlichen Verkehr.[230] Tatsächlich fehlt betriebsinternen Maßnahmen der für geschäftliche Handlungen erforderliche Marktbezug. Das Betreiben eines Werkes zur Herstellung von Waren für den späteren Vertrieb sah der BGH als einen rein betriebsinternen Vorgang an.[231] Richtiger erscheint die Annahme, dass einer noch innerbetrieblich bleibenden Verwirklichung eines unternehmerischen Geschäftszwecks der für die Annahme einer geschäftlichen Handlung erforderliche Außenbezug zum Absatz- oder Beschaffungsmarkt fehlt. Rein betriebsinterne, noch nicht marktbezogene Maßnahmen zur **Herstellung** von erst später am Markt abzusetzenden Produkten stellen deshalb noch keine geschäftlichen Handlungen dar.[232] Auch Anweisungen eines Unternehmers an seine eigenen, in die Vertriebsorganisation eingebundenen Handelsvertreter sind betriebsintern und unterliegen (noch) nicht wettbewerbsrechtlicher Beurteilung.[233] Auch **Mitteilungen einer berufsständischen Kammer** wie etwa einer Steuerberaterkammer **an ihre Mitglieder** stellen interne, noch nicht marktbezogene Maßnahmen dar.[234] Auch das **datenschutzbezogene Verhalten** wie etwa das Erfassen, die Organisation, das Ordnen, die Speicherung, die Anpassung oder Veränderung von Daten sowie der Abgleich oder die Verknüpfung von Daten, ihre Einschränkung, Löschung oder Vernichtung betreffen regelmäßig nur die innerbetriebliche Sphäre und stellen noch keine geschäftliche Handlung dar,[235] was allerdings bei der werbenden Verwendung von Daten und ihrer Übermittlung und Verbreitung anders zu sehen ist.[236] Betriebsinterne Maßnahmen, die eine ernst zu nehmende Gefahr begründen, als unlautere Wettbewerbshandlungen am Markt umgesetzt zu werden, können jedoch eine **Erstbegehungsgefahr** 39

[226] *Ingerl/Rohnke,* Markengesetz, 3. Aufl., § 14 Rn. 85.

[227] Vgl. OLG Köln BB 1966, 178 – Privater Boykottaufruf gegen Anzeigenaufgabe; OLG Frankfurt a. M. DB 1969, 697 – Seehundmäntel; vgl. zur Erfassung verbraucherkoordinierten Verhaltens: *Beater,* Unlauterer Wettbewerb, 2011, § 12 Rn. 919, zu Boykottaufrufen Rn. 941 ff.; GroßKommUWG/*Schünemann/Peifer,* 3. Aufl., Einl. A Rn. 220.

[228] OLG Stuttgart GRUR-RR 2006, 20 (21) – Absperrband-Aktion zum Boykottaufruf einer Umweltschutzorganisation gegen Milcherzeuger.

[229] *Beater,* Unlauterer Wettbewerb, 2011, 883 ff.; *Köhler*/Bornkamm/*Feddersen,* § 2 Rn. 36.

[230] BGH GRUR 2000, 1076 (1077) – Abgasemissionen; BGH GRUR 1974, 666 (667 f.) – Reparaturversicherung; BGH GRUR 1971, 119 (120) – Branchenverzeichnis; so auch GroßKommUWG/*Peukert,* 3. Aufl., § 2 Rn. 186 ff.

[231] BGH GRUR 2000, 1076 – Abgasemissionen.

[232] BGH GRUR 2000, 1076 ff. – Abgasemissionen, wo ein Verstoß gegen produktionsrelevante Immissionsschutzvorschriften geltend gemacht wurde; zum Problem der Verletzung tarifvertraglicher Bindungen vgl. *Mees* FS Traub, 1994, 275 (278 f.); *Sack* WRP 1998, 683 (686 f.); eine andere Frage ist es, ob die außerhalb des marktbezogenen geschäftlichen Verkehrs erfolgenden Verletzungen von vertraglichen, tarifvertraglichen oder gesetzlichen Bindungen im Rahmen der Würdigung des späteren marktbezogenen Verhaltens insbesondere unter dem Blickwinkel des Rechtsbruchs berücksichtigt werden können, was *Piper* FS Erdmann, 2002, 679 ff. und WRP 2002, 1197 ff., befürwortet.

[233] BGH GRUR 1971, 119 (120) – Branchenverzeichnis; anders allerdings, wenn der Unternehmer im „Markt seiner Arbeitnehmer" handelt und im Nachfragewettbewerb den Abwerbeversuchen der Konkurrenz entgegentritt: OLG Stuttgart WRP 1983, 446 f. für ein Rundschreiben an Außendienstmitarbeiter in Reaktion auf Abwerbungsversuche der Konkurrenz.

[234] OLG Brandenburg GRUR 2008, 356 ff. – Fehlender Marktbezug von Mitteilungen einer Berufskammer; OLG Brandenburg GRUR-RR 2006, 199 f. – Anonymisierung.

[235] *Schaub* WRP 2019, 1391 (1392); *von Walther* FS Köhler, 2014, 771 (775 f.).

[236] Zur umfangreichen Diskussion: *Schaub* WRP 2019, 1391 (1392); *Ohly* GRUR 2019, 686 ff.; *Schmitt* WRP 2019, 27 ff.; *Laoutoumai/Hoppe* K&R 2019, 533 ff.; *von Walther* FS Köhler, 2014, 771 (775 f.); aus der Rechtsprechung vgl. OLG Hamburg WRP 2019, 1510 ff. – Allergenbestellbögen.

und damit einen Abwehranspruch begründen, ein den betriebsinternen Maßnahmen entsprechendes Marktverhalten zu unterbinden.[237] Für die Privilegierung betriebsinterner Maßnahmen ist entscheidend, dass diese innerhalb der betrieblichen Organisation verbleiben und noch keine Außenwirkung entfalten.[238] Die dargelegten Grundsätze können deshalb grundsätzlich auch auf **konzerninterne Maßnahmen** übertragen werden, sofern sie konzernintern bleiben.[239] Je weiter und unbestimmter der Adressatenkreis ist, umso mehr wird aber von einer „Außenwirkung" und damit auch von einer Wettbewerbshandlung auszugehen sein. Die Unternehmer- und damit Mitbewerbereigenschaft eines gewerblich tätigen Herstellers steht jedoch nicht deshalb in Frage, weil er die von ihm hergestellten, letztlich im Einzelhandel vertriebenen Produkte zunächst nur an konzernangehörige Unternehmen liefert.[240]

40 **c) Tätigkeiten zu politischen, weltanschaulichen, sozialen, kirchlichen, verbraucheraufklärenden oder wissenschaftlichen Zwecken.** Solche Tätigkeiten, insbesondere durch Vereine und Verbände, aber auch von Unternehmen[241], stellen kein marktbezogenes geschäftliches Verhalten dar. Sie dienen vorrangig anderen Zielen als der Beeinflussung von geschäftlichen Entscheidungen, wirken sich allenfalls reflexartig auf die Absatz- oder Bezugsförderung aus und stellen sonach keine geschäftlichen Handlungen dar.[242]Alle Maßnahmen zur Verwirklichung von solchen **außergeschäftlichen Zwecken** unterliegen demnach, gleichgültig ob sie Außenwirkung entfalten oder nur organisationsintern wirken, nicht lauterkeitsrechtlichen Maßstäben. Damit stehen insbesondere die sozialpolitischen Tätigkeiten von **Arbeitgeberverbänden** und **Gewerkschaften** zur Wahrung und Förderung der Arbeits- und Wirtschaftsbedingungen ihrer Mitglieder einschließlich der Mitgliederwerbung und Mitgliederbetreuung ungeachtet der Erhebung von Mitgliedsbeiträgen außerhalb des geschäftlichen Verkehrs.[243] Ebenfalls außerhalb des geschäftlichen Verkehrs stehen die Verwendung des Slogans „Pack den Tiger in die Bürgerschaft" durch eine politische Partei[244] sowie die Namensführung und der Gebrauch einer Internet-Domain durch einen Idealverband.[245] Die **verbraucheraufklärende Tätigkeit von Verbraucherverbänden** sowie **wissenschaftliche oder künstlerische**[246] **Tätigkeiten** erfolgen ebenfalls zumeist außerhalb des marktbezogenen geschäftlichen Verkehrs (vgl. → Rn. 88 f.).

41 **d) Mitgliederwerbung von Idealvereinen und Fachverbänden.** Die reine Mitgliederwerbung von Idealvereinen und Fachverbänden ist keine geschäftliche Handlung und

[237] BGH GRUR 1971, 119 (120) – Branchenverzeichnis; OLG Koblenz WRP 1988, 557 f. für Rundschreiben gegenüber Handelsvertretern.

[238] Deshalb ist eine Werbeaktion, die an Mitarbeiter *und außenstehende Dritte* gerichtet ist, nicht mehr rein betriebsintern: BGH GRUR 1974, 666 (667 f.) – Reparaturversicherung.

[239] Vgl. BGH GRUR 1969, 479 (480) – Colle de Cologne; zum konzerninternen Warenvertrieb: BGH GRUR 1979, 551 (552) – Iamod.

[240] Vgl. BGH GRUR 2016, 828 Rn. 18 – Kundenbewertung im Internet.

[241] Vgl. BGH GRUR 2016, 710 Rn. 12 – Im Immobiliensumpf.

[242] BGH GRUR 2016, 710 Rn. 12 – Im Immobiliensumpf; BGH GRUR 2015, 694 Rn. 22 – Bezugsquellen für Bachblüten; OLG Frankfurt a. M. GRUR-RR 2018, 105 – Fehlender Wettbewerbsbezug bei Fachpublikation.

[243] BAG GRUR 2006, 244 (245 f.) – Mitgliederwerbung von Gewerkschaften (betreffend eine Mitgliederwerbung einer Polizeigewerkschaft); BGH GRUR 1980, 309 – Straßen- und Autolobby (betreffend Gewerkschaft der Eisenbahner Deutschlands); BGH GRUR 1971, 591 (592) – Sabotage; BGHZ 42, 210 (218) = NJW 1965, 29 – Gewerkschaft ÖTV.

[244] OLG Hamburg NJW-RR 1998, 552, das den Werbeslogan „Pack den Tiger in den Tank" als berühmte Marke ansah und einen Eingriff in den eingerichteten und ausgeübten Gewerbebetrieb gem. § 823 BGB bejahte.

[245] BGH GRUR 1976, 379 (380) – KSB; KG CR 2002, 760 – oil-of-elf.de; OLG Hamburg MMR 2004, 415 – „awd-aussteiger.de"; LG Essen GRUR 2002, 920 – Castor; LG Hamburg BeckRS 9998, 52429 – „stoppesso.de"; LG Bremen ZUM-RD 2003, 360 – „bsagmeckerseite.de"; zur Namensführung durch einen Mieterschutzverein als Idealverband vgl. auch OLG Nürnberg NJWE-WettbR 1998, 178 (179) (zweifelhaft), siehe ferner OLG Stuttgart NJWE-WettbR 1996, 197 ff.

[246] Vgl. GroßKommUWG/*Peukert,* 3. Aufl., § 2 Rn. 228.

unterliegt regelmäßig nicht den lauterkeitsrechtlichen Vorschriften.[247] Das soll auch gelten, soweit es sich um Verbände zur Förderung der gewerblichen Interessen ihrer Mitglieder handelt. Die Konkurrenz um Mitglieder wird nicht als geschäftlicher Wettbewerb begriffen,[248] was jedenfalls für Verbände, die gewerbliche Interessen ihrer Mitglieder verfolgen, auch mit Blick auf den Aufnahmeanspruch nach § 20 Abs. 6 GWB, der mittelbar den wirtschaftlichen Charakter der Werbung von Mitgliedern für Wirtschafts- und Berufsvereinigungen belegt, zweifelhaft erscheint. Anderes gilt jedoch dann, wenn eine öffentlichkeitswirksame Tätigkeit ihrer Art nach geeignet ist, den Wettbewerb der Mitglieder gegenüber ihren Mitbewerbern zu fördern.[249] Die Werbung von Lohnsteuerhilfevereinen um Mitglieder in Zeitungsanzeigen und im Internet hat der BGH als Handeln im geschäftlichen Verkehr zu Wettbewerbszwecken iSv § 1 UWG aF angesehen, weil die Werbung gleichzeitig dem Zweck diente, die Erbringung der Dienstleistung an die Mitglieder, zB die Erstellung von Einkommensteuererklärungen, zu fördern.[250]

6. Tätigkeit der öffentlichen Hand. Die öffentliche Hand, worunter nicht nur **Bund, Länder und Gemeinden** als Gebietskörperschaften, sondern entsprechend § 130 GWB auch alle **sonstigen öffentlich-rechtlich organisierten Körperschaften, Anstalten, Sondervermögen** usw zu verstehen sind, nimmt in vielfältiger Weise am Wirtschaftsleben und am Wettbewerb teil. Sie tritt in öffentlich-rechtlichen Organisationsformen mit eigener Rechtspersönlichkeit (Körperschaften und Anstalten wie zB Krankenkassen, Rundfunksender, Rentenversicherungsträger, Sparkassen etc) oder ohne eigene Rechtspersönlichkeit (Regiebetriebe als unselbständige Untergliederungen der Verwaltung, Eigenbetriebe als Sondervermögen) auf. Darüber hinaus nimmt sie auch in privatrechtlichen Organisationsformen (Handelsgesellschaften wie GmbH oder AG) in alleiniger Trägerschaft (Eigengesellschaften) oder unter Beteiligung Dritter (gemischtwirtschaftliche Unternehmen, „public private partnerships") am Wettbewerb teil. Liegt ein **marktbezogenes geschäftliches Handeln der öffentlichen Hand** (mit Absatzförderungszusammenhang oder im vertraglichen Bereich) vor, unterliegt sie dem Lauterkeitsrecht und kann auch dessen Schutz in Anspruch nehmen.[251] Ob ein solches Handeln der öffentlichen Hand vorliegt, ist nicht nach der Organisationsform, sondern nach der Art der Teilnahme am wirtschaftlichen Wettbewerb zu beurteilen.[252] 42

a) Außenwirkung. Eine lauterkeitsrechtliche Kontrolle kommt erst dann in Betracht, wenn die Maßnahmen bereits **Außenwirkung** entfalten und damit marktbezogen sind.[253] Innerbehördliche Maßnahmen können allerdings eine Erstbegehungsgefahr begründen.[254] 43

---

[247] BGH GRUR 1997, 907 (908) – Emil-Grünbär-Klub; BGH GRUR 1972, 427 (428) – Mitgliederwerbung; BGH GRUR 1968, 205 (207) – Teppichreinigung; BGHZ 42, 210 (218) – Gewerkschaft ÖTV; BGH NJW 1970, 378 (380) – Sportkommission; *Erdmann/Pommerening* in Gloy/Loschelder/Danckwerts, HdbWettbR, 5. Aufl., § 31 Rn. 28.

[248] BGH GRUR 1972, 427 (428) – Mitgliederwerbung; BGH GRUR 1968, 205 (206) – Teppichreinigung; vgl. aber auch BGH GRUR 1984, 283 (284) – Erbenberatung.

[249] BGH GRUR 1972, 427 (428) – Mitgliederwerbung; BGH GRUR 1968, 205 (207) – Teppichreinigung.

[250] BGH GRUR 2005, 877 (879) – Werbung mit Testergebnis; siehe auch *Köhler*/Bornkamm/Feddersen, § 2 Rn. 40.

[251] BGH GRUR 2012, 193 Rn. 18 – Sportwetten im Internet II; BGH GRUR 2012, 201 Rn. 21 – Poker im Internet. Das gilt auch dann, wenn im Sinne der Rechtsprechung des EuGH (EuGH EuZW 2000, 151 = WRP 1999, 1272 – Zenatti und EuGH NJW 2004, 139 = EuZW 2004, 115 – Gambelli) die Erzielung von Einnahmen lediglich eine erfreuliche Nebenfolge und nicht eigentlicher Grund der Tätigkeit ist; ausführlich zur privatwirtschaftlichen Betätigung der öffentlichen Hand → Einl. Rn. 1016 ff. *(Ahrens)*.

[252] BGH GRUR 2019, 741 Rn. 14 – Durchleitungssystem; BGH GRUR 2014, 1120 Rn. 15 ff. – Betriebskrankenkasse II; EuGH GRUR 2013, 959 Rn. 26, 28 – BKK Mobil Oil.

[253] Zur wettbewerbsrechtlichen Irrelevanz rein innerbehördlicher Maßnahmen: BGH GRUR 1987, 829 (830) – Krankentransporte; vgl. ferner OLG Hamburg WRP 2015, 76 Rn. 62 – Behinderung privater Konzertveranstalter durch staatliches Konzertangebot.

[254] OLG Koblenz WRP 1983, 225 (226) – Gemeinderatsbeschluss als Vorgang interner Willensbildung.

44 **b) Hoheitliches Handeln auf gesetzlicher Grundlage.** Ein **hoheitliches Handeln aufgrund ausdrücklicher gesetzlicher Ermächtigung oder Verpflichtung** erfolgt **außerhalb des geschäftlichen Verkehrs** und ist somit einer Überprüfung durch das Wettbewerbsrecht entzogen.[255] Bewegt sich das Handeln der öffentlichen Hand innerhalb der Ermächtigungsgrundlage, die insoweit den Handlungsspielraum vorgibt, scheidet eine geschäftliche Handlung aus.[256] Für die Einordnung einer Tätigkeit als gesetzesvollziehendes hoheitliches Handeln ist nur erforderlich, dass sich die Handlung auf eine ausdrückliche gesetzliche Ermächtigung stützt, nicht aber, dass diese die Einzelheiten des Vollzugs vorgibt, der Behörde oder Körperschaft des öffentlichen Rechts kann hinsichtlich der Wahl der Mittel für den Gesetzesvollzug ein Auswahlermessen eingeräumt werden.[257] Es führt auch nicht zur Annahme einer geschäftlichen Handlung, wenn sich die Behörde oder Körperschaft des öffentlichen Rechts für ihr gesetzesvollziehendes Handeln privatrechtlicher Mittel bedient, weil es der öffentlichen Hand grundsätzlich freisteht, sich zur Erfüllung öffentlicher Aufgaben privatrechtlicher Handlungsformen zu bedienen oder dafür Privatunternehmen zu beauftragen.[258] Auch Private, die als „verlängerter Arm der Behörde" handeln, wie etwa ein Abschleppunternehmer, der auf Weisung der Polizeibehörde Kostenansprüche wegen des Abschleppens eines verbotswidrig abgestellten Kraftfahrzeugs geltend macht, handeln nicht im geschäftlichen Verkehr.[259] Für die Frage, ob die öffentliche Hand aufgrund gesetzlicher Ermächtigung hoheitlich handelt und ihre Betätigung damit einer Überprüfung anhand des Wettbewerbsrechts entzogen ist oder zur Erfüllung einer öffentlichen Aufgabe, aber ohne ausdrückliche gesetzliche Ermächtigung tätig wird und damit die Feststellung einer geschäftlichen Handlung im Rahmen einer umfassenden Würdigung der relevanten Umstände des Einzelfalls möglich ist, kommt es maßgeblich auf die Bestimmung an, die der streitigen Handlung zugrunde liegen.[260]

45 **c) Anbieten oder Nachfragen in privatem Markt.** Soweit die **öffentliche Hand als Anbieterin oder Nachfragerin**[261] von Waren oder Leistungen **in einem durch privatrechtliche Rechtsbeziehungen geprägten Markt** tätig ist, nimmt sie als Unternehmen am Wirtschaftsleben teil und handelt marktbezogen und geschäftlich, auch soweit sie damit in Erfüllung ihrer öffentlich-rechtlichen Aufgabe tätig wird und die Leistungsbeziehungen zu ihren Abnehmern, Mitgliedern oder Benutzern öffentlich-rechtlich ausgestaltet sind.[262] Wenn die öffentliche Hand in Konkurrenz zu einem erwerbswirtschaftlichen Handeln privater Anbieter tritt, kommt es auf den öffentlich-rechtlichen Charakter der Aufgabenstellung der öffentlichen Hand nicht an. Die **allgemeine öffentliche Aufgabenerfüllung ohne ausdrückliche gesetzliche Ermächtigung** stellt die öffentliche Hand von den lauterkeitsrechtlichen Anforderungen noch nicht frei.[263] Eine geschäftliche Hand-

---

[255] BGH GRUR 2018, 196 Rn. 23 – Eigenbetrieb _Friedhöfe; BGH GRUR 2006, 428 Rn. 12 – Abschleppkosten-Inkasso; BGH GRUR 1960, 384 (386) – Mampe Halb und Halb; OLG Hamburg MMR 2014, 318 ff.; OLG Düsseldorf 16.10.2007 in Sachen I-20 U 55/07 (Werbung für eine Software für elektronische Steuererklärungen ist keine geschäftliche Handlung); OLG München GRUR 2004, 169 (171) (Steuererhebung und Anwendung von Steuerrecht ist hoheitliche Tätigkeit und kein geschäftlicher Verkehr).

[256] BGH GRUR 2020, 755 Rn. 49 ff. – WarnWetterApp; BGH GRUR 2019, 189 Rn. 55 – Crailsheimer Stadtblatt II; BGH GRUR 2018, 196 Rn. 23 – Eigenbetrieb Friedhöfe.

[257] BGH GRUR 2019, 741 Rn. 17 – Durchleitungssystem; BGH GRUR 2018, 196 Rn. 31 – Eigenbetrieb Friedhöfe.

[258] BGH GRUR 2019, 741 Rn. 18 – Durchleitungssystem; BGH GRUR 2018, 196 Rn. 35 – Eigenbetrieb Friedhöfe; BGH GRUR 2006, 428 Rn. 14 f. – Abschleppkosten-Inkasso.

[259] BGH GRUR 2006, 428 (429) – Abschleppkosten-Inkasso; dazu auch BGH GRUR 2009, 881 Rn. 10 – Überregionaler Krankentransport.

[260] BGH GRUR 2018, 196 Rn. 27 – Eigenbetrieb Friedhöfe.

[261] Zum Nachfrageverhalten der öffentlichen Hand vgl. BGH WRP 2003, 765 ff. – Ausrüstungsgegenstände für Feuerlöschzüge und nachfolgend → Rn. 46 am Ende; → Einl. Rn. 1016 ff. *(Ahrens)*.

[262] BGH GRUR 2019, 189 Rn. 55 – Crailsheimer Stadtblatt II; BGH GRUR 2000, 340 (342) – Kartenlesegerät; BGH GRUR 1990, 611 (613) – Werbung im Programm; BGH GRUR 1982, 425 (427) – Brillenselbstabgabestellen; BGH GRUR 1976, 658 (660) – Studentenversicherung.

[263] BGH GRUR 2018, 196 Rn. 23 – Eigenbetrieb Friedhöfe; BGH GRUR 2006, 428 Rn. 12 – Abschleppkosten-Inkasso; BGH GRUR 2002, 550 (554) – Elternbriefe.

stehen. Ein Kennzeichen für eine geschäftliche Handlung ist deshalb über ihren geschäftlichen und marktbezogenen Charakter hinaus ihre **objektive Eignung zur Absatz- oder Bezugsförderung** bzw. ihr **Vertragsdurchführungszusammenhang.**[281]

2. Aufgabe der Wettbewerbsabsicht. Im Zuge der UWG-Reform 2008 hat der Gesetzgeber auf die bis dahin für eine Wettbewerbshandlung erforderliche **„Wettbewerbsabsicht“** verzichtet. Voraussetzung für das Vorliegen einer geschäftlichen Handlung ist seitdem nach § 2 Abs. 1 Nr. 1 UWG, dass das Verhalten einer Person **mit der Förderung des Absatzes oder dem Bezug von Waren oder Dienstleistungen** oder dem diesbezüglichen **Abschluss oder der Durchführung eines Vertrages** in einem **objektiven Zusammenhang** steht.[282] Ein für jedermann ersichtlicher Absatzzweck (etwa bei einer Werbung wie „Alles muss heute raus!“) kann aber alleine schon einen Absatzförderungszusammenhang herstellen. 50

3. Vorgaben der UGP-Richtlinie. Die für das **verbraucherschutzbezogene Lauterkeitsrecht weithin maßgebende UGP-Richtlinie** definiert die den geschäftlichen Handlungen des deutschen UWG entsprechenden „Geschäftspraktiken“ als 51

> *„jede Handlung, Unterlassung, Verhaltensweise oder Erklärung, kommerzielle Mitteilung einschließlich Werbung und Marketing eines Gewerbetreibenden, die unmittelbar mit der Absatzförderung, dem Verkauf oder der Lieferung eines Produkts an Verbraucher zusammenhängt.“*

Das Merkmal des unmittelbaren Zusammenhangs ist in der Richtlinie nicht näher erläutert und in hohem Maße unbestimmt.[283] Erwägungsgrund 7 ist jedoch zu entnehmen, dass ein **unmittelbarer Zusammenhang nicht bei Geschäftspraktiken** gegeben ist, die **vorrangig anderen Zielen als dem der Absatzförderung** dienen. Dass auch nach der UGP-RL subjektive Momente durchaus eine Rolle spielen können, zeigt sich auch in der Erwähnung der **„Werbung“,** bei der es sich gemäß Art. 2 lit. a der Richtlinie 2006/114/EG über irreführende und vergleichende Werbung **um jede Äußerung mit dem Ziel handelt, den Absatz von Waren oder die Erbringung von Dienstleistungen zu fördern.**[284] Eine „Geschäftspraktik“ nach der UGP-RL verlangt danach eine objektiv zur Absatzförderung geeignete und auch diesem Ziel dienende Handlung. Der in der UGP-RL verwendete Begriff eines unmittelbaren Absatzförderungszusammenhangs ist weit zu verstehen und schließt auch Absatzförderungsformen wie eine Imagewerbung oder ein Sponsoring mit ein, die noch nicht unmittelbar auf eine Kaufentscheidung von Verbrauchern einwirken.[285] Die UGP-RL erwähnt den Nachfragewettbewerb, also die Bezugsförderung, nicht ausdrücklich. Das ist für den nicht harmonisierten Bereich, also soweit es um mitbewerberbezogenes Lauterkeitsrecht geht, von vornherein unschädlich,[286] ist aber auch für das von der UGP-RL erfasste verbraucherbezogene Lauterkeitsrecht unbedenklich, weil die Richtlinie insoweit keine Regelung trifft.[287] 51a

4. Umsetzung im UWG. a) Vom „unmittelbaren“ zum „objektiven“ Zusammenhang. Der Begriff der „geschäftlichen Handlung“ erfasst – über die UGP-RL hinaus – nicht nur verbraucherbezogenes, sondern **auch vorrangig mitbewerberbezogenes Handeln.** Mit dem Begriff des „objektiven Zusammenhangs“ sind zum einen alle verbraucherbezogenen geschäftlichen Handlungen nach der UGP-RL, zum anderen aber auch alle das B2B-Verhältnis betreffenden Handlungen erfasst, insbesondere etwa die Fälle 52

[281] BGH GRUR 2013, 945 Rn. 17 – Standardisierte Mandatsbearbeitung.
[282] Zu den Objektivierungstendenzen im Lauterkeitsrecht vgl. BGH GRUR 2007, 800 Rn. 21 – Außendienstmitarbeiter; BGH GRUR 2005, 778 – Atemtest; *Steinbeck* WRP 2005, 1351 (1354).
[283] *Köhler* WRP 2009, 109 (110); *Köhler* WRP 2007, 1393 (1394); *Glöckner/Henning-Bodewig* WRP 2005, 1311 (1326); *Henning-Bodewig* GRUR-Int 2004, 183 (189); *Köhler/Lettl* WRP 2003, 1019 (1034 f.).
[284] *Köhler* WRP 2007, 1393 (1394 f.).
[285] EuGH GRUR 2014, 196 Rn. 38 – Trento Sviluppo.
[286] BGH GRUR 2009, 1189 Rn. 12 – Blutspendedienst.
[287] BGH GRUR 2009, 1189 Rn. 12 – Blutspendedienst.

horizontaler Behinderung nach § 4 Nr. 10 UWG aF = § 4 Nr. 4 UWG nF. Insoweit besteht ein objektiver Zusammenhang, weil regelmäßig die Absatzlage zugunsten des unlauter handelnden Unternehmens zumindest mit einer gewissen zeitlichen Verzögerung beeinflusst wird.[288] Für das verbraucherbezogene Lauterkeitsrecht ist der „objektive" Zusammenhang als **„unmittelbarer" Zusammenhang im Sinne der UGP-RL** zu verstehen. Im hier maßgebenden Zusammenhang besteht kein Unterschied zwischen den beiden Begriffen.[289]

53 **b) Funktionales Verständnis.** Das Merkmal des „objektiven Zusammenhangs" ist funktional zu verstehen und setzt voraus, dass die Handlung bei objektiver Betrachtung darauf gerichtet ist, durch **Beeinflussung der geschäftlichen Entscheidung der Verbraucher oder sonstigen Marktteilnehmer den Absatz oder Bezug von Waren- oder Dienstleistungen des eigenen oder eines fremden Unternehmens zu fördern.**[290] Im Hinblick auf verbraucherbezogene, von der UGP-RL erfasste Handlungen ergibt sich dieser funktionale, auf die Beeinflussung von geschäftlichen Entscheidungen gerichtete Bezug aus einer Zusammenschau von Art. 2 lit. d sowie Erwägungsgrund 7 der UGP-RL. Nach der erstgenannten Vorschrift sind „Geschäftspraktiken" von Unternehmen gegenüber Verbrauchern Verhaltensweisen, die unmittelbar mit der Absatzförderung, dem Verkauf oder der Lieferung eines Produktes an Verbraucher zusammenhängen. Nach Erwägungsgrund 7 wiederum bezieht sich die UGP-RL auf Geschäftspraktiken, die im unmittelbaren Zusammenhang mit der Beeinflussung der geschäftlichen Entscheidungen der Verbraucher in Bezug auf Produkte stehen, womit zum Ausdruck kommt, dass eine **geschäftliche Handlung vorrangig dem Ziel dienen muss, geschäftliche Entscheidungen im unmittelbaren Zusammenhang mit der Absatzförderung, dem Verkauf oder der Lieferung zu beeinflussen.**[291] Die objektive Eignung zur Beeinflussung der Entscheidungsfreiheit des Verbrauchers bzw. sonstiger Marktteilnehmer ist sonach auch bereits für die Annahme einer geschäftlichen Handlung relevant.[292]

54 **c) Nicht erfasste Verhaltensweisen.** Ein Absatzförderungszusammenhang fehlt bei allen Verhaltensweisen, die in erster Linie weltanschaulichen, wissenschaftlichen, redaktionellen oder verbraucherpolitischen Zwecken dienen.[293] Die UGP-RL stellt insoweit im Erwägungsgrund 7 klar, dass solche Verhaltensweisen, die nicht auf die Beeinflussung von geschäftlichen Entscheidungen gerichtet sind, sondern vorrangig anderen Zielen dienen, nicht der Richtlinie unterfallen.

55 **d) Auslegung.** Soweit von der UGP-RL erfasstes **verbraucherbezogenes Handeln** in Rede steht, ist die Beurteilung, ob ein objektiver Absatzförderungszusammenhang vorliegt, **unter dem Blickwinkel der UGP-Richtlinie** vorzunehmen.[294] Auch wenn der Begriff der geschäftlichen Handlung und damit auch das Merkmal des objektiven Absatzförderungszusammenhangs für das mitbewerberbezogene Lauterkeitsrecht unabhängig von der UGP-RL ausgelegt werden könnte, ist **im Interesse der Rechtseinheit eine einheitli-**

[288] Amtliche Begründung des Gesetzentwurfs zum UWG 2008, BT-Drs. 16/10145, 40/41.

[289] Das bei Redaktionsschluss kurz vor seiner Verabschiedung stehende „Gesetz zur Stärkung des Verbraucherschutzes im Wettbewerbs- und Gewerberecht" sieht vor, das Wort „unmittelbar" in die Definition einzufügen und betont, dass es sich nicht nur um einen objektiven, sondern auch einem „unmittelbaren" Zusammenhang mit einer Absatzförderung handeln muß, vgl. BT-Drs. 19/27873 S. 32.

[290] BGH GRUR 2016, 946 Rn. 67 – Freunde finden; BGH GRUR 2016, 710 Rn. 12 – Im Immobiliensumpf; BGH GRUR 2015, 294 Rn. 21 – Bezugsquellen für Bachblüten; BGH GRUR 2013, 945 Rn. 17 – Standardisierte Mandatsbearbeitung; BGH GRUR 2010, 1117 Rn. 18 – Gewährleistungsausschluss im Internet; *Koch* FS Köhler, 2014, 359 (364); vgl. auch Büscher/*Franzke,* UWG, 1. Aufl., § 2 Abs. 1 Nr. 1 Rn. 24.

[291] BGH GRUR 2013, 945 Rn. 18 – Standardisierte Mandatsbearbeitung.

[292] BGH GRUR 2013, 945 Rn. 20 – Standardisierte Mandatsbearbeitung, vgl. → Rn. 29.

[293] Vgl. insoweit auch noch die Amtliche Begründung des Gesetzentwurfs zum UWG 2008, BT-Drs. 16/10145, 40/41.

[294] Dazu *Köhler* WRP 2009, 109 (110 f.).

che, richtlinienkonforme Auslegung vorzuziehen.[295] Im Ergebnis beeinflusst deshalb die UGP-RL auch das mitbewerberbezogene Lauterkeitsrecht.

5. Objektive Eignung zur Absatz- bzw. Bezugsförderung. a) Grundsatz. Ein **Verhalten ist objektiv zur Absatzförderung geeignet, wenn es zugunsten des eigenen oder eines fremden Unternehmens den Absatz oder den Bezug von Waren oder die Erbringung oder den Bezug von Dienstleistungen fördern kann.** Weil der **Absatz- oder Bezugsförderung anders als nach früherem Recht**[296] **kein Nachteil eines Dritten** mehr entsprechen muss, kommt es für das Vorliegen einer geschäftlichen Handlung auf ein „Wettbewerbsverhältnis" nicht mehr an, das „Wettbewerbsverhältnis" wird erst für die Mitbewerberstellung relevant.[297] Auch die **Absatzförderungsmaßnahmen von Monopolunternehmen** sind damit erfasst. 56

b) Erhaltung oder Verbesserung von Absatz- oder Bezugschancen. Eine Handlung ist zur Absatz- oder Bezugsförderung objektiv geeignet, wenn sie sich **irgendwie positiv auf den Marktauftritt oder die Marktposition eines Unternehmens auswirken und dessen Absatz- oder Bezugschancen erhalten oder verbessern kann.**[298] Eine derartige Eignung ist bei **sämtlichen Formen der Werbung** und damit nicht nur bei unmittelbar auf einen Produktabsatz gerichteten Werbemaßnahmen, sondern auch für die Fälle der **Erinnerungs- oder Imagewerbung** zu bejahen.[299] Zugleich sind nicht nur Maßnahmen zur Gewinnung neuer Kundenkreise, sondern auch solche zur **Erhaltung des bisherigen Kundenstammes** erfasst.[300] So stellt schon eine werbende Mitteilung eines Unternehmens, künftig auf mit normaler Post versandte Rechnungen zu verzichten und Rechnungen nur noch online zu übermitteln, eine Absatzförderungshandlung dar, die die wettbewerbliche Position des Unternehmens verbessert.[301] Auch die Einrichtung und die Mitgliederwerbung für einen „Autokids-Club", der zur Aufmerksamkeitswerbung bzw. Imagewerbung gegenüber Kindern dient und auch Gelegenheit zur Produktwerbung bietet, ist eine Absatzförderungsmaßnahme.[302] Ebenso sind Maßnahmen zur **Vorbereitung eines künftigen Wettbewerbs,** sofern sie bereits auf den Wettbewerb einwirken und damit marktbezogen sind, Absatzförderungsmaßnahmen[303] oder begründen dafür jedenfalls eine Begehungsgefahr. Die Durchführung einer Meinungsumfrage durch 57

[295] So BGH GRUR 2018, 1251 Rn. 54 – Werbeblocker II; BGH GRUR 2016, 710 Rn. 13 – Im Immobiliensumpf; BGH GRUR 2013, 945 Rn. 19 – Standardisierte Mandatsbearbeitung; *Lettl* WRP 2019, 1265 (1266); *Koch* FS Köhler, 2014, 359 (368 ff.). Zur Auslegung von nicht dem Anwendungsbereich der UPG-RL unterfallenden, aber dem Unionsrecht entnommenen nationalen Regelungen EuGH GRUR 2018, 303 Rn. 26 ff. – Europamur.

[296] BGH GRUR 2007, 805 Rn. 16 – Irreführender Kontoauszug. Zum früheren Recht vgl. BGH GRUR 2002, 987 (992) – Wir Schuldenmacher; BGH GRUR 1997, 914 (915) – Die Besten II und BGH GRUR 1997, 473 (474) – Versierter Ansprechpartner.

[297] *Köhler/Lettl* WRP 2003, 1019 (1023); *Erdmann/Pommerening* in Gloy/Loschelder/Danckwerts, HdbWettbR, 5. Aufl., § 31 Rn. 52.

[298] Ganz ähnlich *Erdmann/Pommerening* in Gloy/Loschelder/Danckwerts, HdbWettbR, 5. Aufl., § 31 Rn. 59; OLG Hamm GRUR-RR 2017, 234 Rn. 40 – Kritik am verkürzten Versorgungsweg.

[299] Amtliche Begründung des Gesetzentwurfs zum UWG 2008, BT-Drs. 16/10145, 41.

[300] Vgl. dazu BGH GRUR 1992, 450 (452) – Beitragsrechnung; BGH GRUR 1970, 465 (467) – Prämixe; BGH GRUR 1959, 488 (489) – Konsumgenossenschaften; OLG Hamm GRUR-RR 2017, 234 Rn. 40 – Kritik am verkürzten Versorgungsweg; sehr zweifelhaft: BGH (VI. ZS) WRP 2003, 76 f. – Ersetzung unwirksamer Versicherungsbedingungen.

[301] OLG Hamm MMR 2005, 469 – 300 Freiminuten.

[302] OLG Frankfurt a. M. GRUR 2005, 785 (786) – Skoda-Autokids-Club.

[303] Sehr weitgehend zum alten Recht: BGH GRUR 1955, 342 (344) – Holländische Obstbäume; BGH WRP 1993, 396 (397) – Maschinenbeseitigung, wo eine Wettbewerbshandlung bejaht wurde, wenn ein Angestellter Maschinen seines Arbeitgebers in der Absicht entwendet, sich damit selbstständig zu machen. Zweifelhaft ist, ob die erst künftige Aufnahme einer gewerblichen Tätigkeit bereits ausreicht, um Ansprüche nach dem UWG geltend zu machen, so BGH GRUR 1984, 823 (824) – Charterfluggesellschaften. Abweichend davon verlangt BGH GRUR 1995, 697 (699) – Funny Paper für die Klageberechtigung zu Recht einen aktuell ausgeübten Gewerbebetrieb, der aber schon bei konkreten Vorbereitungshandlungen vorliegen kann, so auch *Köhler*/Bornkamm/Feddersen, § 2 Rn. 104.

ein Unternehmen zur Intensivierung seiner Werbung ist ebenfalls eine Absatzförderungsmaßnahme.[304] Auch **Anzeigen gegenüber Aufsichtsbehörden** mit dem Ziel, gegen einen Mitbewerber ein behördliches Verfahren einzuleiten, können sich als geschäftliche Handlung darstellen, was umso mehr gilt, wenn die streitgegenständlichen Behauptungen unwahr sind.[305] Auch Maßnahmen zur Überprüfung des Wettbewerbsverhaltens der Konkurrenz wie **Testkäufe** oder die testweise Inanspruchnahme von Dienstleistungen erfolgen zum Zwecke der Förderung eigener (oder fremder) wirtschaftlicher Interessen und sind Absatzförderungshandlungen,[306] was auch für ein zur Verhinderung eines Testkaufs ausgesprochenes **Hausverbot** gilt.[307] Eine objektive Absatzförderungshandlung hat der BGH in einem Fall verneint,[308] in dem ein Unternehmensinhaber, der zugleich Präsident eines Sportvereins war, seine Lieferanten um Spenden für diesen Verein gebeten hatte, weil das Unternehmen keinen finanziellen Vorteil gezogen, sein geschäftliches Ansehen gegenüber den Abnehmern nicht gestärkt und nicht in den Wettbewerb der Lieferanten untereinander eingegriffen hatte.

58 **c) Fehlender Absatzförderungserfolg.** Für die rechtliche Beurteilung ist irrelevant, ob die Absatzförderungshandlung auch tatsächlich zu einem geschäftlichen Erfolg führt. Deswegen sind auch Absatzförderungsmaßnahmen gegenüber Testkäufern lauterkeitsrechtlich erfasst.[309]

59 **d) Gegenstand und Form der Absatzförderung, insbesondere Links.** Die Absatzförderungshandlung kann sich **gegenständlich** auf den Absatz oder den Bezug von Waren oder die Erbringung oder den Bezug von Dienstleistungen einschließlich unbeweglicher Sachen, Rechte und Verpflichtungen erstrecken. Die weit zu verstehende Auflistung umfasst vor allem **alle marktfähigen Güter des Handels, Handwerks, der dienstleistenden Anbieter und der Industrie** (vgl. → Rn. 24). Über welches **Medium** die Absatzförderung erreicht werden soll, ist unerheblich, so dass sämtliche Formen der Printwerbung von der Wurfzettelwerbung bis hin zur Zeitschriftenwerbung und zu Angaben in der Fachinformation für ein Arzneimittel[310] sowie jedwede Art der Werbung über elektronische Medien (insbesondere Funk und Fernsehen, Internet, Telefon, SMS, MMS usw) erfasst werden. Der im Rahmen eines geschäftlichen Internetauftritts gesetzte **Link zu einer fremden Internetseite,** die den eigenen werblichen Auftritt stärkt, stellt eine geschäftliche Handlung dar[311], was auch für das **Verlinken von Websites durch Influencer** gilt.[312]An einer geschäftlichen Handlung fehlt es allerdings, wenn Online-Medien zur Erläuterung redaktioneller Beiträge elektronische Verweise setzen, die allein der Information und Meinungsbildung ihrer Nutzer dienen.[313] Die als geschäftliche Handlung zu qualifizierende Linksetzung als solche begründet allerdings noch keine Haftung für die verlinkten Inhalte, wenn sich der Verweisende die verlinkten Inhalte nicht in einer Weise zu eigen gemacht

---

[304] BGH GRUR 1973, 268 (269) – Verbraucher-Briefumfrage.

[305] OLG München GRUR-RS 2017, 135287.

[306] BGH WRP 1996, 1199/1100 – Testfotos II; BGH GRUR 1991, 843 (844) – Testfotos I; BGH GRUR 1981, 827 (828) – Vertragswidriger Testkauf.

[307] BGH GRUR 1979, 859 (860) – Hausverbot II; BGH GRUR 1966, 564 (565) – Hausverbot I; vgl. zum Anspruch eines Hausverbots auch OLG Köln WRP 2019, 495 Rn. 41 f. – Hausverbot gegenüber Geschäftsführer des Mitbewerbers.

[308] BGH GRUR 1983, 375 f. – Spendenbitte mit kritischer Anmerkung *Tilmann;* vgl. zu ähnlichen Sachverhaltsgestaltungen OLG Düsseldorf GRUR 1974, 161 (162) – Bettelbriefe und OLG Hamm BB 1977, 668 (669).

[309] OLG Hamm GRUR 2014, 208 – Gutschein für Folgeauftrag.

[310] BGH GRUR 2015, 1244 Rn. 17 – Äquipotenzangabe in Fachinformation.

[311] BGH GRUR 2016, 209 Rn. 9 ff. – Haftung für Hyperlink; vgl. auch BGH GRUR 2015, 694 Rn. 30 – Bezugsquellen für Bachblüten.

[312] Zur Verlinkung auf einen Social-Media-Account durch Influencer KG GRUR 2019, 543 Rn. 39 -Produkt-Tagging; OLG Frankfurt a. M. WRP 2019, 1213.

[313] BGH GRUR 2012, 74 Rn. 15 und 38 – Coaching-Newsletter.

hat, dass der Verkehr sie ihm zurechnet.[314] Insoweit kommt es auf die Umstände des einzelnen Falles an.[315]

e) Marktstufen. Auf welcher **Marktstufe** sich das absatzfördernde Handeln auswirkt, ist für die Annahme eines Absatzförderungszusammenhangs **ohne Belang.** Erfasst sind auch Handlungen im Verhältnis zweier Unternehmen auf verschiedenen Wirtschaftsstufen.[316] Zum Wettbewerbsverhältnis im Stufenwettbewerb vgl. → Rn. 144. 60

6. Vorrangiger Absatzförderungszusammenhang. a) Grundsatz. Die Bestimmung des § 2 Abs. 1 Nr. 1 UWG ist, soweit von der UGP-RL erfasstes verbraucherbezogenes Handeln in Rede steht, im Lichte des Wortlauts und des Zwecks von Art. 2 lit. d der UGP-RL auszulegen.[317] Die Richtlinie bezieht sich nach Erwägungsgrund 7 allerdings nicht auf Geschäftspraktiken, die vorrangig anderen Zielen als der Beeinflussung der geschäftlichen Entscheidung von Verbrauchern in Bezug auf Produkte dienen und sich lediglich reflexartig auf die Absatz- oder Bezugsförderung auswirken.[318] Deswegen kann von einer geschäftlichen Handlung iSd § 2 Abs. 1 Nr. 1 UWG nur ausgegangen werden, wenn die Handlung bei der gebotenen objektiven Betrachtung **vorrangig dem Ziel der Förderung des Absatzes oder Bezugs von Waren** dient.[319] Die frühere großzügigere Auffassung, wonach es für eine geschäftliche Handlung bereits ausreichend war, wenn der Zweck der Förderung eigenen oder fremden Wettbewerbs nicht vollständig hinter anderen Beweggründen zurücktrat, ist unter dem Blickwinkel der UGP-RL nicht mehr aufrecht zu erhalten.[320] Der erforderliche objektive Absatzförderungszusammenhang muss aber nach wie vor **nicht das allein prägende Moment einer geschäftlichen Handlung** sein. Dass neben dem Absatzförderungsziel auch noch andere Motive eine Rolle spielen, schließt die Annahme einer geschäftlichen Handlung nicht aus. Das ist vielmehr erst dann der Fall, wenn vorrangig aus anderen als erwerbswirtschaftlichen Gründen gehandelt wird und ein objektiver Absatzförderungszusammenhang lediglich notwendige Folge eines anders motivierten Handelns ist.[321] 61

b) „Vorrangige" Absatzförderung und Ausgrenzung von nicht absatz- oder bezugsförderndem Verhalten. Die Frage, ob eine Handlung „vorrangig" der Förderung des eigenen oder fremden Absatzes oder Bezugs von Waren oder Dienstleistungen oder aber anderen Zielen dient, ist aufgrund einer **Würdigung der gesamten Umstände des Einzelfalls** zu beurteilen. Hierbei kommt es nicht nur auf die eigentlich in Rede stehende Handlung an, sondern auch auf die Begleitumstände. Der Umstand, dass der Handelnde ein eigenes **wirtschaftliches Interesse an der Beeinflussung der geschäftlichen Entscheidungen** von Verbrauchern oder anderen Marktteilnehmern hat, stellt dabei nur ein – 62

[314] BGH GRUR 2020, 543 Rn. 15 ff. – Kundenbewertungen auf Amazon; BGH GRUR 2016, 209 Rn. 17 – Haftung für Hyperlink.

[315] Zu den möglichen Konstellationen vgl. BGH GRUR 2016, 209 Rn. 11 ff. – Haftung für Hyperlink; BGH GRUR 2015, 694 – Bezugsquellen für Bachblüten; *Bornkamm/Seichter* CR 2005, 747 ff.

[316] Vgl. insoweit die Gesetzesbegründung zur UWG-Reform 2004, BT-Drs. 15/1487, 17 und 19 zu den Tatbeständen der unangemessenen Druckausübung und der Behinderung. AM allerdings *Beater,* Unlauterer Wettbewerb, 2011, Rn. 1702, der übersieht, dass auch marktstufenverschiedene Unternehmen – etwa hinsichtlich verschiedener Markenprodukte – durchaus miteinander konkurrieren können.

[317] BGH GRUR 2015, 694 Rn. 22 – Bezugsquellen für Bachblüten; BGH GRUR 2014, 682 Rn. 16 – Nordjob-Messe; BGH GRUR 2014, 1120 Rn. 15 – Betriebskrankenkasse II.

[318] BGH GRUR 2016, 710 Rn. 16 – Im Immobiliensumpf; BGH GRUR 2015, 694 Rn. 22 – Bezugsquellen für Bachblüten; BGH GRUR 2013, 945 Rn. 29 – Standardisierte Mandatsbearbeitung; OLG Karlsruhe GRUR-RR 2010, 47 (48).

[319] BGH GRUR 2013, 945 Rn. 13 – Standardisierte Mandatsbearbeitung; *Koch* FS Köhler, 2014, 359 (364); OLG Hamm GRUR-RR 2017, 234 Rn. 41 – Kritik am verkürzten Versorgungsweg; OLG Düsseldorf GRUR-RR 2019, 368 – Kariesschutz gering.

[320] Zur entsprechenden Fragestellung unter dem Blickwinkel der früheren Wettbewerbsabsicht: BGH GRUR 2003, 800 (801) – Schachcomputerkatalog; BGH GRUR 2002, 1093 (1094) – Kontostandsauskunft; BGH GRUR 2002, 987 (993) – Wir Schuldenmacher; BGH GRUR 1997, 907 (908) – Emil-Grünbär-Klub; BGH GRUR 1986, 812 (813) – Gastrokritiker; BGH GRUR 1983, 379 (380) – Geldmafiosi.

[321] *Fezer*/Büscher/Obergfell, UWG, 3. Aufl., § 2 Nr. 1 Rn. 168.

wenngleich maßgebliches – **Indiz** für das Vorliegen einer geschäftlichen Handlung dar.[322] Eine ersichtlich durch Absatz- oder Bezugsinteressen geprägte Handlung dient diesen Interessen auch dann „vorrangig", wenn daneben auch weitere Motive (wie etwa die Verbraucheraufklärung, Umweltschutzbelange oÄ) eine Rolle spielen. Die Beurteilung, ob ein vorrangiger Absatzförderungszusammenhang vorliegt, dient dazu, **Verhaltensweisen auszugrenzen, die zwar wettbewerbliche Auswirkungen haben, bei denen es aber nicht gerechtfertigt wäre, sie den strengen lauterkeitsrechtlichen Maßstäben zu unterwerfen.** Es ist sachgerecht, denjenigen nach milderen allgemeinen Maßstäben zu beurteilen, der nicht vorrangig Absatz- oder Bezugsförderungsinteressen verfolgt und sich damit gerade nicht als **wettbewerblicher Akteur** verhält.[323] Sofern allerdings absatzfördernde Ziele ersichtlich sind, wird man diese Ziele oftmals als vorrangig handlungsmotivierend ansehen müssen, insoweit ist ein **großzügiger Maßstab** geboten. Zu beachten bleibt, dass die Bejahung eines objektiven Absatzförderungszusammenhangs erst die lauterkeitsrechtliche Bewertung eröffnet, ohne dass damit bereits über die materielle Unlauterkeit entschieden wäre.

63 **c) Objektiv erkennbarer Absatzförderungszweck.** Ein vorrangiger, objektiver Absatzförderungszusammenhang verlangt zwar gerade **keine Wettbewerbsabsicht.** Das bedeutet jedoch nicht, dass **subjektive Momente** bedeutungslos wären. Aus Erwägungsgrund 7 der UGP-RL ist für das verbraucherbezogene Lauterkeitsrecht zu folgern, dass ein unmittelbarer Absatzförderungszusammenhang bei Handlungen zu bejahen ist, die auch dem Ziel der Beeinflussung der geschäftlichen Entscheidungen des Verbrauchers beim Produktabsatz dienen. Ein objektiver Absatzförderungszusammenhang kann sich damit gerade auch durch die nach **außen hervortretende Zweckrichtung** des Handelns ergeben[324], eine nach außen nicht hervortretende subjektive Motivationslage des Handelnden ist allerdings irrelevant.[325] Dass die subjektive Motivation nicht zu vernachlässigen ist, wird auch durch die Erwähnung der „Werbung" in Art. 2 lit. d UGP-RL bestätigt, die nach der Definition der Werbung in Art. 2 lit. a der Irreführungsrichtlinie als eine **Äußerung mit dem Ziel der Absatzförderung** zu verstehen ist. Das nach Erwägungsgrund 7 der UGP-RL erforderliche Absatzförderungsziel ist allerdings als ein **objektives Zweckmoment** zu verstehen[326], eine Beweisaufnahme über die subjektive Motivation kommt nicht in Betracht.

64 **d) Typischer Absatzförderungszusammenhang.** Bei einer objektiv wettbewerbsbezogenen Handlung von Unternehmen sprach nach früherem Recht nach der Lebenserfahrung eine tatsächliche Vermutung für eine entsprechende Absicht zur Förderung des Wettbewerbs.[327] Für Verbände, die satzungsgemäß die wirtschaftlichen Interessen ihrer Mitglieder fördern, galt die Vermutung, dass sie auch die wettbewerblichen Interessen ihrer Mitglieder im Auge haben.[328] Nunmehr fehlt es an einer Grundlage, einen objektiven Absatzförderungszusammenhang für bestimmte Regelkonstellationen schlichtweg zu vermuten, auch wenn etwa die Frage der Beweislast nach der UGP-RL gemäß Erwägungsgrund 21 eine Frage des nationalen Rechts ist. An die Feststellung eines objektiven Absatz-

[322] BGH GRUR 2015, 694 Rn. 28 – Bezugsquellen für Bachblüten; OLG Karlsruhe GRUR RR 2010, 47 (48).
[323] Ebenso: *Beater,* Unlauterer Wettbewerb, 2011, Rn. 931.
[324] Vgl. zum früheren Recht: BGH GRUR 2002, 622 (624) – shell.de.
[325] OLG Hamm GRUR-RR 2017, 234 Rn. 41 – Kritik am verkürzten Versorgungsweg.
[326] Amtliche Begründung zur UWG-Reform 2004, BT-Drs. 15/1487, 40; vgl. insoweit auch *Fezer* WRP 2006, 781 (786); *Henning-Bodewig* GRUR-Int 2005, 629 (630); *Köhler* GRUR 2005, 793 (795).
[327] Vgl. zum früheren Recht: BGH GRUR 2003, 800 (801) – Schachcomputerkatalog; BGH GRUR 2002, 193 (194) – Kontostandsauskunft; BGH GRUR 1997, 916 (918) – Kaffeebohne; BGH GRUR 1993, 761 (762) – Makler-Privatangebot; BGH GRUR 1992, 707 (708) – Erdgassteuer; OLG München GRUR-RR 2006, 268 (271) – Trivial-Patente.
[328] Vgl. dazu etwa: BGH GRUR 1996, 1199/1100 – Testfotos II; BGH GRUR 1992, 707 (708) – Erdgassteuer; BGH GRUR 1973, 371 (372) – Gesamtverband; BGH GRUR 1962, 45 (47) – Betonzusatzmittel; vgl. nunmehr BGH GRUR 2009, 878 Rn. 11 – Fräsautomat.

förderungszusammenhangs sind jedoch bei typischerweise absatzfördernden Tätigkeiten nur geringe Anforderungen zu stellen, so dass insoweit von einer **„Regel-Annahme"** gesprochen werden kann.

aa) Typische absatzfördernde Tätigkeit von Unternehmen. Bei typisch absatzfördernden, eigenen wirtschaftlichen Interessen dienenden Maßnahmen von Unternehmen wird ein **vorrangiger Absatzförderungszusammenhang** zumeist offen zutage liegen, so dass sich dessen gesonderte Feststellung erübrigt. Dies trifft zB für die typisch absatzfördernde Werbung von Unternehmen in Zeitungen und Zeitschriften, Radio und Fernsehen sowie im Internet ohne weiteres zu. Aber auch mit einer Anzeigenwerbung, in der eine „Politikerschelte" geübt und politische Missstände angeprangert werden, kann ein maßgebender Absatzförderungszusammenhang hergestellt werden, wenn das Unternehmen in der Werbung genannt und mit der Kritik zudem eine Beziehung zum Erscheinungsbild des eigenen Unternehmens hergestellt wird.[329] Der BGH hat hierin „nicht zu vernachlässigende Wettbewerbszwecke" gesehen. Die Annahme eines vorrangigen Absatzförderungszusammenhangs scheidet jedoch in Konstellationen aus, in denen lediglich noch ein fernliegender Zusammenhang mit der Förderung eigener wirtschaftlicher Interessen besteht.[330] 65

bb) Absatzförderungsmaßnahmen von Medien. Das auf die Förderung der eigenen wirtschaftlichen Stellung gerichtete **Verhalten der Medien** (Presse, Funk, Film und Fernsehen), das außerhalb ihres verfassungsrechtlich besonders geschützten Bereichs der Meinungsbildung, Information und Unterhaltung liegt, ist absatzförderndes Handeln. Deshalb gilt auch für die **den eigenen Absatz fördernden Maßnahmen** der Medien (Werbung von Abonnementkunden etc) die Regel-Annahme, dass damit wettbewerbliche Eigeninteressen verfolgt werden.[331] Gleiches gilt für die absatzfördernde **Geld- und Prämienwerbung,**[332] für Maßnahmen im Zusammenhang mit dem **Vertrieb**[333] und für die Werbung der Medien hinsichtlich ihrer **eigenen Marktstellung** und Werbekraft.[334] Der Presse kommt insoweit keine Sonderstellung zu. Eine entgeltliche Tätigkeit als „Faktenprüfer" auf Facebook, bei denen die sich hieraus ergebenden Hinweise zugleich auch auf eigene, allgemein publizistische Beiträge verlinkt werden, stellt trotz der von der Meinungs- und Produktfreiheit geschützten publizistischen Tätigkeit insgesamt ein absatzförderndes Verhalten dar.[335] Zweifelhaft erscheint es, ob auch bei dem **typischen Anzeigengeschäft** von Medien angenommen werden kann, dass der Herausgeber des Mediums absatzfördernd zugunsten des Werbenden handelt. Die Rechtsprechung sieht seit je her und nach wie vor im Anzeigengeschäft eine typisch wettbewerbsfördernde Maßnahme.[336] Nach früherem 66

---

[329] Vgl. BGH GRUR 1997, 761 (764) – Politikerschelte.

[330] Vgl. zu einer solchen Konstellation OLG Naumburg GRUR 2003, 375 ff. – Brückenbau für negative Äußerungen eines Ingenieurs gegenüber einem Konkurrenten im Rahmen einer Gemeinderatssitzung und gegenüber staatlichen Verwaltungen, gegenüber denen Ersterer als sachkundiger Bürger zur Verwirklichung bürgerschaftlichen Engagements mit auch eigener privater Interessenberührung handelte. An einer geschäftlichen Handlung kann es auch fehlen, wenn sich ein Apotheker in einem Leserbrief einer Apotheker-Zeitung abwertend über ein Pharma-Unternehmen äußert, um die Gefahr einer unzureichenden Lieferfähigkeit aufzuzeigen und die Äußerung beiläufig zu Regressgefahren der Apotheker erfolgt, vgl. KG WRP 2009, 1296.

[331] OLG München GRUR-RR 2012, 435 (436) – Unsere Experten sind für Sie da; MüKoUWG/*Bähr,* 3. Aufl., § 2 Rn. 90.

[332] BGH GRUR 1989, 366 – Wirtschaftsmagazin.

[333] Vgl. BGH GRUR 1996, 778 ff. – Stumme Verkäufer.

[334] Zur Werbung eines Nachrichtenmagazins mit dem Begriff der „Marktführerschaft" vgl. BGH WRP 2004, 339 ff.; zur Werbung mit einer Spitzenstellung: BGH WRP 1971, 519; zur Werbung mit der Auflagenhöhe: BGH GRUR 1968, 433 (435 f.) – Westfalen-Blatt II; zur Werbung mit Leserschaftsdaten vgl. OLG Hamburg WRP 1990, 350; zur Werbung der Medien mit Leseanalysen, Lesestrukturanalysen und Tausenderpreisen vgl. *Ricker/Weberling,* Handbuch des Presserechts, 6. Aufl., Kap. 75 Rn. 30 ff. und *Ahrens* in Gloy/Loschelder/Danckwerts, HdbWettbR, 5. Aufl., § 70 Rn. 136.

[335] OLG Karlsruhe GRUR-RS 2020, 11459 – Fact-Check, vgl. zur Problematik: *Peukert* WRP 2020, 391 ff.

[336] BGH GRUR 2015, 906 Rn. 14 ff. – TIP der Woche; bejahend auch Ohly/*Sosnitza,* § 2 Rn. 33.

Recht vermutete die Rechtsprechung auf der Grundlage der Wettbewerbshandlung, dass der Herausgeber des Werbemediums auch in der Absicht handelte, die wettbewerbliche Stellung des werbenden Unternehmens zu fördern.[337] Es war jedoch schon unter dem früheren Blickwinkel der Wettbewerbsabsicht fraglich, ob im Anzeigengeschäft das Bewusstsein, die Interessen des Werbenden zu fördern, mehr als eine notwendige Begleiterscheinung darstellt.[338] Sachgerecht erscheint es, einen Absatzförderungszusammenhang im fremdnützigen Anzeigengeschäft nicht zu vermuten, sondern einen solchen Zusammenhang gesondert festzustellen.[339] Ein **Presseunternehmen** haftet allerdings für die Veröffentlichung gesetzwidriger Werbeanzeigen Dritter nur, wenn es seine auf **grobe und unschwer erkennbare Rechtsverstöße beschränkte Prüfungspflicht** verletzt hat, ob die Veröffentlichung der Anzeigen gegen gesetzliche Vorschriften verstößt.[340] Das OLG Köln hat die Ankündigung zuvor schon im Pay-TV gesendeter Filme als „TV-Premiere" in einer Programmzeitschrift, die sich ganz überwiegend mit dem Free-TV-Angebot befasst, als Wettbewerbshandlung (zum UWG 2004) angesehen, weil mit solchen Ankündigungen der eigene Wettbewerb im Absatzgeschäft der einschlägigen Programmzeitschriften gefördert und zudem der Wettbewerb der Free-TV-Sender gefördert werde.[341]

67 **cc) Absatzförderungszusammenhang bei vertragsabschlussbezogenem und nachvertraglichem Handeln.** Ein Absatzförderungszusammenhang ist **bei vertragsabschlussbezogenem und nachvertraglichem Verhalten nicht zwingend erforderlich.**[342] Im Einklang mit der UGP-RL reicht ein Handeln aus, das „mit dem Abschluss oder der Durchführung eines Vertrags über Waren oder Dienstleistungen objektiv zusammenhängt".[343] Ein Absatzförderungszusammenhang liegt auch bei nachvertraglichem Handeln in vielen Fällen vor, weil hierfür ausreichend ist, dass sich die rechtliche oder wirtschaftliche Position des Unternehmens durch die in Rede stehende Maßnahme verbessert.[344]

68 **dd) Absatzförderungszusammenhang bei Tätigkeiten der öffentlichen Hand.** Die Annahme eines objektiven Absatzförderungszusammenhangs ist auch bei der **erwerbswirtschaftlichen Tätigkeit der öffentlichen Hand** regelmäßig gerechtfertigt.[345] Eine erwerbswirtschaftliche Tätigkeit ist – unabhängig von der Rechtsform, derer sich die

[337] Vgl. insoweit BGH GRUR 1997, 909 (910) – Branchenbuch-Nomenklatur; BGH GRUR 1995, 595 (597) – Kinderarbeit; BGH GRUR 1994, 841 (842 f.) – Suchwort; BGH GRUR 1993, 53 (54) – Ausländischer Inserent; BGH GRUR 1990, 1012 – Pressehaftung I.

[338] Verneint für die Übernahme von Grundeinträgen aus amtlichen Telefonbüchern in die „Gelben Seiten": BGH GRUR 1997, 909 (910) – Branchenbuch-Nomenklatur, anderes soll allerdings für die Übernahme von „Zusatzeinträgen" gelten. Differenzierte Beurteilung des Problems bei *Ahrens* in Gloy/Loschelder/Danckwerts, HdbWettbR, 5. Aufl., § 69 Rn. 50 ff., sowie *Henning-Bodewig* GRUR 1985, 258 (263) und *Henning-Bodewig* GRUR 1981, 867 (874).

[339] Im Fall „TIP der Woche" (BGH GRUR 2015, 906 ff.) lag der Absatzförderungszweck auf der Hand, weil das Werbemedium von einer Schwestergesellschaft der Inserenten herausgegeben wurde. Im Fall der für die Registrierung von Domain-Namen zuständigen DENIC hat der BGH einen fremdnützigen Wettbewerbsförderungszweck verneint, vgl. BGH GRUR 2001, 1038 (1039) – ambiente.de. Zur eingeschränkten Prüfungspflicht der Presse auf grobe, unschwer zu erkennende Verstöße im Rahmen der früheren Störerhaftung: BGH GRUR 1997, 909 (911) – Branchenbuch-Nomenklatur; zum schadensersatzrechtlichen Presseprivileg für periodische Druckschriften vgl. § 9 S. 2 UWG.

[340] BGH GRUR 2015, 906 Rn. 31 – TIP der Woche; BGH GRUR 2006, 957 Rn. 14 – Stadt Geldern; BGH GRUR 2001, 529 (531) – Herz-Kreislauf-Studie.

[341] OLG Köln GRUR-RR 2008, 404 ff. – TV-Premiere.

[342] Vgl. *Köhler*/Bornkamm/Feddersen, § 2 Rn. 74 und *Köhler* NJW 2008, 3032 (3035).

[343] Beispielsweise die Verwendung von AGB, vgl. BGH GRUR 2012, 945 Rn. 45 ff. – Missbräuchliche Vertragsstrafe; BGH GRUR 2014, 88 Rn. 26 – Vermittlung von Netto-Policen.

[344] Vgl. insoweit BGH GRUR 2007, 805 (806) – Irreführender Kontoauszug, wo es der BGH für die Absatzförderung von Bankdienstleistungen für ausreichend ansah, dass die Bank durch die irreführenden Kontoauszüge Vorteile in Form von Überziehungszinsen erzielen konnte.

[345] Vgl. dazu: BGH GRUR 2018, 196 Rn. 23 – Eigenbetrieb Friedhöfe; BGH GRUR 2002, 550 (554) – Elternbriefe; BGH GRUR 1990, 463 (464) – Firmenrufnummer; BGH GRUR 1974, 733 (734) – Schilderverkauf.

öffentliche Hand bedient – dann gegeben, wenn sie absatzfördernd in Konkurrenz zu privaten Anbietern tätig wird, ohne hierzu gesetzlich verpflichtet oder ermächtigt zu sein.[346] Zur abweichenden Situation bei außererwerbswirtschaftlichen Tätigkeiten der öffentlichen Hand vgl. → Rn. 87.

7. Unmittelbare und mittelbare Absatzförderung. Ein „objektiver Absatzförderungszusammenhang" ist nicht nur dann gegeben, wenn der Handelnde **zeitlich unmittelbar** auf die Entscheidung der Adressaten **einwirkt.** Erfasst sind vielmehr auch Verhaltensweisen, die ggf. mit einer gewissen zeitlichen Verzögerung den Verbraucher oder sonstige Marktbeteiligte beeinflussen. **Eine zeitlich mittelbare Absatz- oder Bezugsförderung ist sonach ausreichend,** sodass etwa auch eine **Image-Werbung** oder auch ein **Sponsoring** lauterkeitsrechtlich erfasst sind. Eine Absatzförderung liegt auch in einer **Kundenzufriedenheitsbefragung,** die es dem Unternehmen ermöglicht, seine Serviceleistungen gegenüber Kunden zu verbessern.[347] Die UGP-RL verlangt zwar im Zusammenhang mit der Definition der „Geschäftspraktiken" in Art. 2 lit. d, dass die fragliche Handlung „unmittelbar" mit der Absatzförderung im Zusammenhang steht. Dass hiermit kein zeitlich unmittelbarer Zusammenhang verlangt ist, wird auch aus der Regelung des Art. 6 Abs. 1 lit. c deutlich, die eine Irreführung bei direktem oder indirektem Sponsoring und damit einer geschäftlichen Handlung betrifft, mit der regelmäßig noch keine sofortige entscheidungsrelevante Einflussnahme auf Verbraucher verbunden ist. Zu verweisen ist ferner auf die Erwähnung der „kommerziellen Mitteilung" in Art. 2 lit. d UGP-RL, die nach der Regelung in Art. 2 lit. f der E-Commerce-Richtlinie alle Formen der Kommunikation, die der unmittelbaren oder mittelbaren Förderung des Absatzes von Waren oder Dienstleistungen oder des Erscheinungsbildes eines Unternehmens dienen, erfasst.[348] Nach der UGP-RL soll lediglich die bloß mittelbare Beeinträchtigung von Verbrauchern nicht erfasst sein (vgl. Erwägungsgrund 6). Erforderlich, aber auch ausreichend ist, dass die mittelbare Absatzförderung bei Verbrauchern zu einer „geschäftlichen Entscheidung" führt, die allerdings noch keinen rechtsgeschäftlichen Geschäftsabschluss verlangt, sondern etwa auch in der Hinwendung zu einer Werbemaßnahme, dem Betreten eines Geschäfts oder in ähnlichen Zwischenschritten zu einem Geschäftsabschluss bestehen kann.[349] 69

8. Förderung fremder Unternehmen/fremden Wettbewerbs. Eine geschäftliche Handlung kann sich – wie sich aus dem Wortlaut „zugunsten des eigenen oder eines fremden Unternehmens …" von § 2 Abs. 1 Nr. 1 UWG eindeutig ergibt – auch auf die Förderung des Absatzes oder des Bezugs von Waren oder Dienstleistungen **eines fremden Unternehmens** beziehen.[350] Dann ist der Handelnde **„Wettbewerber im fremden Interesse".**[351] Die Förderung des Absatzes eines fremden Unternehmens stellt eine eigene geschäftliche Handlung und nicht lediglich eine Beteiligung an einem fremden geschäftlichen Handeln dar. Die Förderung des Absatzes eines anderen Unternehmens, die nicht entsprechend Art. 2 lit. b in dessen „Namen oder Auftrag" erfolgt, fällt allerdings nicht in den Anwendungsbereich der UGP-RL.[352] Die UGP-RL steht der Erstreckung des An- 70

---

[346] Vgl. BGH GRUR 1989, 142 (144) – Sonderungsverfahren; BGH GRUR 1962, 159 (160 ff.) – Blockeis I – und BGH GRUR 1965, 373 (374 f.) – Blockeis II; vgl. ferner → Rn. 45.

[347] BGH GRUR 2018, 1178 Rn. 18 – Kundenzufriedenheitsbefragung; OLG Köln WRP 2012, 725 ff. – telefonische Kundenzufriedenheitsabfrage.

[348] Vgl. *Köhler*/Bornkamm/Feddersen, § 2 Rn. 47.

[349] Vgl. die Kommentierung zur „geschäftlichen Entscheidung" → Rn. 222 ff.

[350] BGH GRUR 2000, 344 (347) – Beteiligungsverbot für Schilderpräger; BGH GRUR 1974, 666 – Reparaturversicherung; BGH GRUR 1964, 392 (394) – Weizenkeimöl; BGHZ 3, 270 (277) – Constanze I.

[351] Vgl. BGH GRUR 1997, 912 – Die Besten I; BGH GRUR 1997, 914 – Die Besten II.

[352] EuGH GRUR 2013, 1245 Rn. 40 – RLvS/Stuttgarter Wochenblatt; BGH GRUR 2015, 694 Rn. 26 – Bezugsquellen für Bachblüten; BGH GRUR 2014, 879 Rn. 13 – Good News II; Kritisch zu Recht: *Koch* FS Köhler, 2014, 359 (367 f.); *Glöckner* FS Köhler, 2014, 159 ff.; *Scherer* WRP 2014, 517 ff.; *Alexander* WRP 2013, 1578 f.; *Peifer* FS Köhler, 2014, 519 ff. und *Demuth* WRP 2014, 35 ff.

wendungsbereichs des UWG auf Handlungen zur Förderung des Wettbewerbs zugunsten fremder Unternehmen aber auch nicht entgegen.[353] Es reicht hingegen **nicht** aus, dass sich eine Handlung, die ein Unternehmen zur Förderung seines eigenen Absatzes vornimmt, sich bloß **reflexhaft zugunsten eines weiteren Unternehmens** auswirkt.[354] Die Förderung fremden Wettbewerbs kann sich insbesondere aus den Begleitumständen eines wettbewerblichen Verhaltens ergeben. Ein ausreichender objektiver Zusammenhang zur Förderung des Absatzes eines bestimmten Unternehmens wird etwa hergestellt, wenn im Rahmen eines Internetauftritts ein Hinweis auf Bezugsmöglichkeiten von Waren über einen Link zu einer Produktseite nur eines Anbieters dieser Waren führt.[355] Entscheidend ist, ob ein **Verhalten objektiv betrachtet maßgeblich darauf gerichtet ist, durch die Beeinflussung der geschäftlichen Entscheidungen der Adressaten den Absatz von Waren eines bestimmten Anbieters zu fördern.**[356] Ein Indiz für eine geschäftliche Handlung zugunsten eines fremden Unternehmens kann darin liegen, dass zu diesem eine geschäftliche Beziehung besteht.[357] Eine Förderung der wettbewerblichen Interessen eines Drittunternehmens liegt etwa auf der Hand, wenn ein öffentlich-rechtlicher Fernsehsender den Titel und die hierfür bestehenden Marken einer Fernsehsendung an einen Verlag lizensiert und das Angebot der unter diesem Titel erscheinenden Zeitschrift fördert.[358] Ebenso fördert der Anbieter der Smartphone App „Uber Black" fremden Mietwagen-Wettbewerb, wenn die Nutzer über die App Mietwagen mit Fahrer buchen können.[359] Die Förderung fremden Wettbewerbs braucht nicht lediglich ein einzelnes Unternehmen zu begünstigen, sondern kann **zugunsten einer ganzen Gruppe von Unternehmen** erfolgen,[360] was etwa auch bei einer Verbandsarbeit der Fall ist, mit der die gewerblichen Interessen der Mitglieder gefördert werden.[361] Eine „geschäftliche Handlung" einer Berufsorganisation ist aber dann nicht zu vermuten, wenn sie sich zu Themen äußert, die zwar das Fachgebiet des Berufs, nicht aber unmittelbar die von den Berufsangehörigen erbrachten Dienstleistungen betreffen.[362] Anderes gilt wiederum, wenn sich ein Fachverband kritisch zu einem Testergebnis betreffend ein Wettbewerbsprodukt äußert und damit den Absatz der Mitglieder des Verbandes fördert.[363] Influencer fördern regelmäßig fremden Wettbewerb, wenn Verbraucher auf ihren Profilen durch sog. „Tags" umgehend auf die Seiten der entsprechenden Hersteller geleitet werden (zu Influencern vgl. → Rn. 31a f.).[364]

71 **9. Bezugsförderungszusammenhang.** Erfasst sind auch Handlungen im Bezugs- oder Nachfragewettbewerb.[365] Das ist mit der Gesetzesformulierung des § 2 Abs. 1 Nr. 1 UWG – über den Wortlaut der UGP-RL hinaus – nunmehr klargestellt. Erfasst sind sonach

---

[353] BGH GRUR 2015, 694 Rn. 26 – Bezugsquellen für Bachblüten; BGH GRUR 2009, 878 Rn. 11 – Fräsautomat; *Koch* FS Köhler, 2014, 359 ff.; *Glöckner* FS Köhler, 2014, 159 (171), *Scherer* WRP 2014, 517 (521) und *Alexander* WRP 2013, 1578 f.

[354] BGH GRUR 2021, 497 Rn. 27 – Zweitmarkt für Lebensversicherungen.

[355] Vgl. BGH GRUR 2015, 694 Rn. 30 – Bezugsquellen für Bachblüten.

[356] BGH GRUR 2015, 694 Rn. 32 – Bezugsquellen für Bachblüten; BGH WRP 1990, 282 – Anwaltswahl durch Mieterverein.

[357] BGH GRUR 2021, 497 Rn. 25 – Zweitmarkt für Lebensversicherungen.

[358] BGH GRUR 2017, 422 Rn. 23 ff. – ARD-Bufett.

[359] BGH GRUR 2019, 298 Rn. 30 – Uber Black II.

[360] Vgl. etwa zu den Äußerungen einer Handwerksinnung als Vertreterin der berufsständischen und wirtschaftlichen Interessen ihrer Mitglieder: BGH GRUR 2018, 622 Rn. 12 – Verkürzter Versorgungsweg II; vgl. zudem BGH GRUR 1962, 45 (47) – Betonzusatzmittel; OLG Frankfurt a. M. WRP 2015, 1119 – Schmuddelkind.

[361] BGH GRUR 2009, 878 Rn. 11 – Fräsmaschine; BGH WRP 1996, 1199/1100 – Testfotos II.

[362] OLG Düsseldorf GRUR-RR 2019, 368 – Kariesschutz gering.

[363] OLG Köln GRUR 2019, 1509 Rn. 25 f. – Fachverband Matratzen – Industrie.

[364] OLG Frankfurt a. M. GRUR 2020, 208 Rn. 10 ff. – Die Influencerin; OLG Braunschweig GRUR-RS 2020, 12111 Rn. 38 ff. – Fitnessinfluencer.

[365] BGH GRUR 2009, 1189 Rn. 12 – Blutspendedienst; vgl. BGH GRUR 1967, 138 (141) – Streckenwerbung (Wettbewerb von Nachfragern um Werbeflächen); *Köhler*/Bornkamm/Feddersen, § 2 Rn. 38.

insbesondere auch die Fälle des **„Anzapfens“.**[366] Auch Stellenanzeigen für Arbeitskräfte sind Maßnahmen im **Nachfragewettbewerb um Arbeitskräfte,** wenn sich dort das Unternehmen auch werbend darstellt.[367] Auch soweit Unternehmen um Dienstleistungen verschiedener Anbieter oder um Mitarbeiter konkurrieren, liegt ein Wettbewerbsverhältnis im Nachfragewettbewerb vor.[368]

10. Substantiierungslast sowie beweisrechtliche Bedeutung der Regel-Annahme. Sofern die Regel-Annahme über einen objektiven „Absatzförderungszusammenhang“ bei **typisch unternehmerischen Tätigkeiten** (→ Rn. 65) greift, bedarf es zur Darlegung eben dieses Umstands im Prozess keiner eingehenden Substantiierung. Allerdings ist diese auf äußere Umstände gestützte Regel-Annahme durch das Aufzeigen von Umständen erschütterbar, die belegen, dass ein objektiver, vorrangiger Absatzförderungszusammenhang doch nicht besteht, insbesondere etwa aus anderen als wettbewerblichen Motiven gehandelt wurde. Auch nach der UGP-RL ist eine derartige Verteilung von Substantiierungslasten zulässig, weil nach Erwägungsgrund 21 die **Beweislast vom nationalen Recht** bestimmt wird. Weil auch eine **Entkräftung der Regel-Annahme** möglich bleibt, ist sie nicht als echte Beweislastumkehr anzusehen.[369] Sofern man eine Regel-Annahme bei typischen Absatzförderungshandlungen bejaht, läuft dies auf eine erhöhte Beibringungs- und Darlegungslast für die einem Absatzförderungszusammenhang entgegenstehenden Umstände hinaus. Die für oder gegen einen Absatzförderungszusammenhang sprechenden tatsächlichen Umstände sind dem Beweis zugänglich. Die Beurteilung, ob insgesamt ein objektiver und vorrangiger Absatzförderungszusammenhang vorliegt, stellt eine dem Beweis entzogene Rechtsfrage dar.[370] 72

11. Kasuistik zum „Absatzförderungszusammenhang“ bzw. zur früheren „Wettbewerbsförderungsabsicht“. Maßgebend seit dem UWG 2008 ist, ob eine Handlung im Rahmen eines zumindest mitbestimmenden Absatzförderungszusammenhangs vorliegt. Weil aber die nach früherem Recht maßgebende „Wettbewerbsabsicht“ aus objektiven Umständen erschlossen wurde, kann die nachfolgende Kasuistik – ohne dass hierdurch das unter dem Blickwinkel der UGP-RL auszulegende Lauterkeitsrecht nach altem Recht ausgelegt würde – für die nunmehr erforderliche Abgrenzung weiter von Hilfe sein. 73

a) Absatzförderungszusammenhang bzw. Wettbewerbsabsicht bejaht:

bei einem öffentlich zugänglichen **Blogeintrag** eines Mitarbeiters zugunsten des eigenen Unternehmens, mit dem auch das Interesse verfolgt wird, in das Wettbewerbsgeschehen einzugreifen;[371] wenn ein Mitgliedsunternehmen eines Wirtschaftsverbandes an diesen ein Schreiben richtet, in dem angeblich unlautere Einflussnahmen eines anderen Verbandsmitglieds auf Ausschreibungen behauptet werden und angeregt wird, die weitere Mitgliedschaft des Konkurrenzunternehmens zu prüfen;[372] wenn ein Unternehmer bekanntermaßen irreführende Veröffentlichungen in Fachzeitschriften nicht unterbindet, weil dies nahelegt, den Absatz seiner Erzeugnisse fördern zu wollen, selbst wenn die Veröffentlichungen nicht an die eigentlichen Verwender der Produkte, sondern lediglich an die für eine Auswahlentscheidung maßgebenden Wiederverkäufer gerichtet werden;[373] wenn eine Fernsehanstalt in einer redaktionellen Sendung über ein bestimmtes Ereignis im Vor- und Abspann den 74

[366] Vgl. BGH WRP 2002, 1436 ff. – Konditionenanpassung; BGH GRUR 1982, 677 ff. – Unentgeltliche Übernahme der Preisauszeichnung; BGH GRUR 1982, 737 f. – Eröffnungsrabatt; BGH GRUR 1977, 619 ff. – Eintrittsgeld.

[367] BGH GRUR 2003, 540 (541) – Stellenanzeige; BGH GRUR 2005, 877 (879) – Werbung mit Testergebnis; *Schlosser* WRP 2004, 145 ff.; OLG Nürnberg WRP 1991, 521.

[368] LG Heidelberg GRUR-Prax 2012, 389.

[369] Vgl. insoweit zum früheren Recht für die damalige Vermutung der Wettbewerbsabsicht und deren beweismäßige Behandlung: GroßKommUWG/*Schünemann,* 1. Aufl., Einl. D Rn. 217; nach *Gruber* WRP 1991, 369 (375) lief die Handhabung der Vermutungsregel de facto auf eine Beweislastumkehr hinaus.

[370] Ohly/*Sosnitza,* § 2 Rn. 44.

[371] OLG Hamm MMR 2008, 757 – private Äußerung in Blogs als Wettbewerbshandlung, hierzu *Glöckner/Kur* GRUR-Beilage 1 2014, 29 (38).

[372] BGH GRUR 1992, 860 (861) – Bauausschreibungen.

[373] BGH GRUR 1996, 798 (799 f.) – Lohnentwesungen.

Sponsor des Ereignisses nennt, weil dann naheliegt, dass die Sendeanstalt damit jedenfalls auch in der Absicht gehandelt hat, ihre Stellung im Wettbewerb zu fördern;[374] wenn Unternehmen **Presseinformationen** zu eigenen geschäftlichen Verhältnissen mit dem Ziel ihrer Veröffentlichung verbreiten,[375] wenn ein Arzt in seiner Praxis Verschreibungen einsammelt, um sie einem bestimmten Apotheker zwecks Lieferung der Arzneimittel an die Patienten zu übergeben, weil er damit den Wettbewerb der begünstigsten Apotheke fördert;[376] wenn ein Unternehmen auf seiner Internetseite im Zusammenhang mit Angaben zu einer bestimmten Therapie auf die „Original Produkte" zu dieser Therapie hinweist und es für den Verbraucher einen **elektronischen Verweis (Link)** im Rahmen des Internetauftritts bereithält, der zum Angebot „Original Produkte" eines bestimmten Herstellers führt;[377] bei einem Angebot eines Hotelbewertungsportals, das dazu dient, ein gleichzeitig betriebenes Online-Reisebüro bekannt zu machen und dessen Attraktivität zu steigern;[378] für die in **Fachinformationen für Arzneimittel** enthaltenen Angaben, weil diese darauf gerichtet sind, die Therapieentscheidung eines Arztes zu beeinflussen und nicht lediglich allein für das Zulassungsverfahren bestimmt sind und auch nicht lediglich behördenintern genutzt werden;[379] bei der **Verwendung einer unternehmerischen Bezeichnung** wie „Steuerbüro" im Telefonbucheintrag, auf Kanzleibriefbögen und im Internet, weil das ein typisches berufliches und damit geschäftliches Handeln darstellt;[380] bei der fortgesetzten unrichtigen Rubrizierung von Heilpraktikern in den Telefoneinträgen eines Branchenverzeichnisses, weil dies eine die einzelnen Anschlussinhaber fördernde geschäftliche Handlung darstellt;[381] wer auf seiner eigenen werbenden Internetseite durch einen Link auf eine fremde Internetseite verweist und diese für seinen eigenen werblichen Auftritt nutzt, handelt geschäftlich und im Absatzförderungszusammenhang, ohne allein damit bereits eine Haftung für die Inhalte der über den Link erreichbaren Internetseite zu begründen.[382] Wer sich die über einen Hyperlink zugänglichen fremden Informationen zu eigen macht, haftet dafür wie für eigene Informationen, darüber hinaus im Fall der Verletzung absoluter Rechte als Störer und im Fall der Verletzung sonstiger wettbewerbsrechtlich geschützter Interessen aufgrund der Verletzung einer wettbewerbsrechtlichen Verkehrspflicht, wenn er zumutbare Prüfungspflichten verletzt hat.[383] Die Aktivierung eines zweiten WLAN-Signals auf einem von einem Telekommunikationsunternehmen ihren Kunden zur Verfügung gestellten WLAN-Router stellt eine geschäftliche Handlung im Absatzförderungszusammenhang dar.[384]

b) Absatzförderungszusammenhang bzw. Wettbewerbsabsicht verneint:

75 wenn ein Altenheim die Leichen von verstorbenen Heimbewohnern stets umgehend von einem bestimmten Bestattungsunternehmen abholen lässt, um seinen „Heimbetrieb möglichst reibungslos" zu gestalten, weil dann das Verhalten nicht dadurch motiviert ist, die geschäftlichen Interessen des beauftragten Bestattungsunternehmens zu fördern;[385] bei der Aufforderung der Mitarbeitervertretung einer Einrichtung der Diakonie im Bereich der evangelischen Landeskirche zu einer vormals unzulässigen Rabattgewährung in der Absicht, den Betriebsmitarbeitern materielle Vergünstigungen zu verschaffen, weil dann auszuschließen ist, dass die Absicht der Förderung fremden Wettbewerbs eine irgendwie maßgebliche Rolle gespielt haben könnte;[386] wenn ein Landkreis seine ihm obliegende Pflicht zur Versorgung von Asylbewerbern durch die Ausgabe von Wertgutscheinen erfüllt und er zur Verminderung des eigenen Verwaltungsaufwands eine Servicegesellschaft mit der Abwicklung beauftragt;[387] wenn sich ein Arzt in einem Schreiben an einen Dritten nachteilig über einen anderen Arzt (Mitbewerber) äußert, so kann es an einem objektiven Absatz- oder Bezugsförderungszusammenhang fehlen, wenn das Schreiben nur in einem Vertragsverhältnis zu einem IT-Dienstleister verwandt, nicht an Patienten gerichtet und auch nicht zur Weiterleitung an potentielle

---

[374] BGH GRUR 1992, 518 (520) – Ereignis-Sponsorwerbung.
[375] BGH GRUR 1968, 645 (646) – Pelzversand; OLG Hamburg WRP 1979, 312; KG WRP 1979, 651.
[376] BGH GRUR 1981, 280 (281) – Apothekenbegünstigung.
[377] BGH GRUR 2015, 694 ff. – Bezugsquellen für Bachblüten.
[378] BGH GRUR 2015, 1129 Rn. 17 – Hotelbewertungsportal; vgl. dazu auch *Schaub* FS Köhler, 2014, 593 (596 f.).
[379] BGH GRUR 2015, 1244 Rn. 17 – Äquipotenzangabe in Fachinformationen.
[380] BGH GRUR 2013, 8409 Rn. 26 – Steuerbüro.
[381] OLG Frankfurt a. M. WRP 2015, 1530 ff.
[382] BGH GRUR 2016, 209 Rn. 15 – Haftung für Hyperlink; vgl. auch OLG Hamm GRUR-RR 2012, 279 f. – Doppelmoral; OLG Karlsruhe GRUR-RS 2020, 11459 – Fact-Check.
[383] BGH GRUR 2016, 209 Rn. 13 ff. – Haftung für Hyperlink.
[384] BGH GRUR 2019, 750 Rn. 13 f. – WifiSpot.
[385] BGH GRUR 1988, 38 (39) – Leichenaufbewahrung.
[386] BGH GRUR 1989, 773 (774) – Mitarbeitervertretung.
[387] BGH GRUR 2003, 257 (258) – Wertgutscheine für Asylbewerber.

Patienten gedacht war;[388] bei der Übermittlung eines anwaltlichen Schriftsatz an die Anwaltskammer zur Prüfung eines möglichen standeswidrigen Verhaltens, weil derartige Verhaltensweisen in rechtlich geordneten Verfahren regelmäßig vorrangig anderen Zielen als der Förderung des Absatzes oder Bezugs dienen[389],

12. Regelmäßig fehlender Absatzförderungszusammenhang. Die auf der Lebenserfahrung beruhende Regel-Annahme für einen objektiven Absatzförderungszusammenhang ist umso weniger gerechtfertigt, je **weiter** sich die in Rede stehende Handlung **von der typischen Verfolgung eigenwirtschaftlicher Ziele entfernt.** In den nachfolgend genannten Fällen, insbesondere bei redaktionellen Äußerungen von Medien, kann eine Regel-Annahme für einen objektiven Absatzförderungszusammenhang nicht durchgreifen. In all den nachfolgend aufgeführten Fällen ist deshalb ein **objektiver Absatzförderungszusammenhang eingehend zu substantiieren.** Dabei kann bei Presseäußerungen ein Absatzförderungszusammenhang ggf. aus der Äußerung selbst (wegen ihrer absatzfördernden Zweckrichtung) erschlossen werden. 76

a) Förderung fremder Unternehmen. Bei einer Förderung **fremden Wettbewerbs** ist ein Absatzförderungszusammenhang **nicht als Regelfall** anzusehen.[390] Der bei der Verfolgung eigener wirtschaftlicher Interessen gegebene Anschein für einen Absatzförderungszusammenhang ist bei einer Förderung fremder wettbewerblicher Interessen als einem zwar lauterkeitsrechtlich erfassten, aber untypischen Tatbestand nicht mehr gegeben.[391] Bei der Förderung fremden Wettbewerbs ist der Absatzförderungszusammenhang daher eigens festzustellen.[392] 77

b) Privilegierte Äußerungen (Äußerungen in rechtlich geordneten Verfahren). Für Äußerungen in **rechtlich geordneten Verfahren** ist regelmäßig nicht anzunehmen, dass ein Absatzförderungszusammenhang besteht. Selbst ein solcher Zusammenhang wäre allerdings ohne Belang. Äußerungen in einem solchen Verfahren, auch soweit sie wettbewerbliche Interessen fördern, sind grundsätzlich privilegiert und nicht beanstandungsfähig, weil auf den Ablauf eines rechtlich geordneten Verfahrens nicht dadurch Einfluss genommen oder seinem Ergebnis nicht dadurch vorgegriffen werden darf, dass Verfahrensbeteiligte durch Unterlassungs- oder Widerrufsansprüche in ihrer Äußerungsfreiheit eingeengt werden. Deswegen können gegen Äußerungen, die der Rechtsverfolgung oder Verteidigung in einem **gerichtlichen Verfahren** dienen, grundsätzlich keine Abwehransprüche (auf Grundlage etwa der §§ 3, 4 Nr. 1 und 2 UWG oder der §§ 823, 824 BGB) erhoben werden.[393] Gleiches gilt für Äußerungen in und im Vorfeld von **behördlichen Verfahren,** in denen eine entsprechende Interessenlage besteht.[394] Klagen auf Abwehr 78

388 OLG Karlsruhe GRUR-RR 2010, 47 ff. – Vergleich.

389 OLG Frankfurt a. M. GRUR-RR 2020, 370 Rn. 19 f. – Anwaltsschriftsätze an die Anwaltskammer.

390 BGH GRUR 2015, 694 Rn. 28 – Bezugsquellen für Bachblüten; OLG Karlsruhe WRP 2020, 1467 Rn. 70 – Tap-Tags; zur Nichtanwendbarkeit der Vermutungsregelung nach früherem Recht: BGH GRUR 2004, 693 (694) – Schöner Wetten; BGH GRUR 1997, 912 (913) – Die Besten I; OLG Düsseldorf WRP 1995, 639 (642) zur Begünstigung eines Autovermieters durch ein Versicherungsunternehmen.

391 *Köhler*/Bornkamm/Feddersen, § 2 Rn. 54 ff.

392 OLG Karlsruhe WRP 2020, 1467 Rn. 70 – Tap-Tags; bei einem Fachverband, der zugunsten seiner Mitglieder ein wettbewerbsbeeinflussendes Schreiben an Abnehmer eines Konkurrenten versandte, lag ein Absatzförderungszusammenhang offen zu Tage, vgl. BGH GRUR 2009, 878 ff. – Fräsautomat.

393 BGH GRUR 2018, 757 Rn. 16 – Kindeswohlgefährdung; BGH NJW 2008, 996 ff.; GRUR 1998, 587 (589) – Bilanzanalyse Pro7; BGH GRUR 1987, 568 f. – Gegenangriff; BGH GRUR 1969, 236 (237) – Ostflüchtlinge; umfassend zu privilegierten Äußerungen: *Klein* NJW 2018, 3143 ff. sowie *Teplitzky/Bacher,* Wettbewerbsrechtliche Ansprüche und Verfahren, 12. Aufl., Kap. 19 Rn. 16–18. Zur Geltung des Privilegs bei Äußerungen gegenüber Verbrauchern: *Scherer* GRUR 2020, 1136 ff. Zur verfassungsrechtlichen Unbedenklichkeit der Privilegierung BVerfG NJW-RR 2007, 840 f.

394 BGH GRUR 1998, 587 (589) – Bilanzanalyse Pro7; BGH GRUR 1995, 66 (67) – Konkursverwalter und OLG München GRUR-RS 2017, 135287 Rn. 11. Eine vergleichbare Interessenlage besteht etwa auch in Ermittlungs- und Strafverfahren sowie Petitionsverfahren vgl. *Klein* NJW 2018, 3143 f. sowie bei einem Verfahren wegen möglichem sittenwidrigen Verhaltens vor der Rechtsanwaltskammer, OLG Frankfurt a. M. GRUR-RR 2020, 370 Rn. 12 ff. – Anwaltsschriftsatz. Zur Anwendbarkeit des Äußerungsprivilegs bei Licht-

derartiger Äußerungen sind mangels eines Rechtsschutzinteresses als unzulässig abzuweisen.[395] Für die Verneinung eines Rechtsschutzbedürfnisses reicht es allerdings nicht aus, dass eine außergerichtliche Auseinandersetzung zu einem gerichtlichen Rechtsstreit führen kann. Das Rechtsschutzbedürfnis fehlt in diesen Fällen vielmehr nur dann, wenn die wettbewerbsrechtliche Unterlassungsklage auf eine Beschränkung der Rechtsverfolgung- oder Verteidigung des Gegners gerichtet ist, die im Fall des Obsiegens in dem nachfolgenden gerichtlichen oder behördlichen Verfahren fortwirkte.[396] Ausnahmen sind zudem für solche Fälle anzuerkennen, in denen ein Bezug der den Dritten betreffenden Äußerungen zum Ausgangsrechtsstreit nicht erkennbar ist oder die ehrverletzenden Äußerungen auf der Hand liegend falsch sind oder sich als eine unzulässige Schmähung darstellen.[397] Eine Ehrenschutzklage ist in der Regel auch dann unzulässig, wenn der Vortrag Dritte betrifft, die an dem Zivilprozess zwar formal nicht beteiligt sind, deren Verhalten aber aus der Sicht des Äußernden für die Darstellung und Bewertung des Streitstoffs von Bedeutung sein kann. Das **Interesse der Parteien, in einem rechtlich geordneten Verfahren alles vortragen zu dürfen, was sie zur Wahrung ihrer Rechte für erforderlich** halten, auch wenn hierdurch die Ehre eines anderen berührt wird, wird regelmäßig das Interesse des beeinträchtigten Dritten überwiegen.[398] Die auf vertraglicher Grundlage erfolgende Anspruchsverfolgung von Unternehmen gegenüber Verbrauchern stellt, weil das Verfahren nicht auf eine eigenverantwortliche Entscheidung des Verbrauchers[399], sondern auf eine gerichtliche Entscheidung abzielt, keine geschäftliche Handlung dar und wäre jedenfalls privilegiert[400], soweit der dabei erfolgende Sachvortrag verfahrensbezogen erfolgt und nicht auf der Hand liegend falsch oder ehrverletzend ist.

78a Auch für eine auf einen Wettbewerbsverstoß oder eine unerlaubte Handlung nach §§ 823 ff. BGB gestützte Klage auf Unterlassung oder Beseitigung von als herabsetzend beanstandeten Äußerungen in der Beschreibung eines **Patents** besteht in Anbetracht der Regelungen über das Verfahren der Patenterteilung und der Rechtsbehelfe, die Dritte gegen ein erteiltes Patent ergreifen können, regelmäßig kein Rechtsschutzbedürfnis.[401] Die Privilegierung muss auch **über den Abschluss des Verfahrens hinaus** andauern, weil ihr Zweck vereitelt würde, wenn die Beteiligten befürchten müssten, jedenfalls nach dem Abschluss des Verfahrens in Anspruch genommen zu werden.[402] Eine Privilegierung greift aber dann nicht ein, wenn ehrverletzende Äußerungen in einem Rundschreiben oder Artikel außerhalb der prozessualen Rechtsverfolgung aufgestellt werden, also der Äußernde mit einer außergerichtlichen Kampagne an die Öffentlichkeit geht.[403] **Abmahnungen** und **Schutzrechtsverwarnungen** können von der Privilegierung unabhängig davon **nicht**

---

bildvorlagen, die der Rechtsverfolgung oder –verteidigung dienen vgl. BGH NJW 2018, 2489 mit Anm. *Cornelius.*

[395] BGH GRUR 2018, 757 Rn. 16 – Kindeswohlgefährdung; BGH NJW 2012, 1659 ff.; 2008, 996 Rn. 13 – Äußerungsrechtliche Ansprüche eines Dritten gegenüber Prozessbeteiligten; BGH GRUR 1987, 568 f. – Gegenangriff; *Koch* WRP 2019, 1259 Rn. 27 ff.

[396] BGH GRUR 2020, 886 Rn. 22 – Preisänderungsregelung; vgl. auch *Koch* WRP 2019, 1259 (1264).

[397] BVerfG GRUR 2013, 1266 Rn. 20 – Winkeladvokatur; BGH NJW 2008, 996 Rn. 17 – Äußerungsrechtliche Ansprüche eines Dritten gegenüber Prozessbeteiligten; eine Schmähung bejaht OLG Frankfurt a. M. WRP 2014, 1098 ff. – Meisterbetrüger; vgl. auch *Klein* NJW 2018, 3143 f. und OLG München GRUR-RS 2017, 135287 hinsichtlich bewusst wahrheitswidriger Anzeigeerstattung zu Lasten eines Mitbewerbers.

[398] BVerfG GRUR 2013, 1266 Rn. 20 – Winkeladvokatur; BGH GRUR 2013, 305 Rn. 15 – Honorarkürzung; BGH NJW 2008, 996 Rn. 16 f. – Äußerungsrechtliche Ansprüche eines Dritten gegenüber Prozessbeteiligten.

[399] Vgl. zu diesem Aspekt BGH GRUR 2019, 1202 Rn. 13 – Identitätsdiebstahl und BGH GRUR 2019, 754 Rn. 20 – Prämiensparverträge.

[400] *Scherer* GRUR 2020, 1136 ff.

[401] BGH GRUR 2010, 253 Rn. 14 ff. – Fischdosendeckel mit kritischer Anmerkung von *Götting.*

[402] BGH NJW 2012, 1659; *Klein* NJW 2019, 3143 (3145).

[403] So zu Recht für Klagen auf Zahlung einer Geldentschädigung wegen angeblicher ehrkränkender Äußerung in einem anderen Gerichtsverfahren: BGH NJW 2012, 1659 ff.; 2005, 279 ff. – Äußerungen eines Rechtsanwalts außerhalb eines Gerichtsverfahrens und Ehrenschutz.

erfasst sein, dass sie einem gerichtlichen Verfahren vorausgehen: Das mit ihnen begründete Rechtsverhältnis steht einem rechtlich geordneten, unter richterlicher oder behördlicher Kontrolle stehenden Verfahren, in dem die Parteien in weiten Grenzen alles vortragen können müssen, was sie zur Wahrung ihrer Rechte für erforderlich halten, nicht gleich.[404] Auch **Schadensersatzansprüche** sind in dem durch den Zweck der Privilegierung abgesteckten Rahmen zu versagen.[405]

c) Äußerungen im Mandanteninteresse. Einem **Rechtsanwalt** als berufenem Bera- 79
ter und Vertreter seines Mandanten muss mit Blick auf Art. 12 GG – auch außerhalb von rechtlich geordneten Verfahren – in allen Rechtsangelegenheiten die unerlässliche **Äußerungsfreiheit** zukommen, die seine Stellung als unabhängiges Organ der Rechtspflege erfordert.[406] Äußerungen und Maßnahmen eines Rechtsanwalts im Namen eines Mandanten dienen regelmäßig zur Durchsetzung eben dieser Mandantenposition und sind ihm schon **nicht als eigene zuzurechnen**[407]**.** Abweichend hiervon soll nach einer Entscheidung des BGH (X. ZS) eine fahrlässig falsche Schutzrechtsverwarnung sogar deliktische Schadenersatzpflichten des Abmahnungsgegners wegen Falschberatung des Abmahnenden begründen können (!).[408] Soweit anwaltliche Äußerungen dem Ziel dienen, die gegen den eigenen Mandanten gerichteten Ansprüche abzuwehren, liegt auch keine „geschäftliche Handlung" vor.[409] Das Bewusstsein, die wettbewerblichen Interessen seines Mandanten zu fördern, genügt für die Annahme eines Absatzförderungszusammenhangs nicht.[410] Ein Unternehmen hat allerdings die außerhalb eines rechtlich geordneten Verfahrens getätigten Äußerungen seines Anwalts als eigene zu vertreten. Diese Grundsätze sind auch auf die in vergleichbarer Weise in mandantenbezogenem Interesse tätigen Patentanwälte, Steuerberater und Wirtschaftsprüfer zu übertragen.

d) Äußerungen von Medien. Die informierende, meinungsbildende und unterhaltende 80
Tätigkeit der Medien (Presse, Funk und Fernsehen) bringt es oftmals mit sich, dass hierdurch wettbewerbliche Interessen Dritter gefördert oder negativ betroffen werden. Die publizistische Tätigkeit im weitesten Sinne untersteht jedoch dem besonderen Schutz aus Art. 5 Abs. 1 GG[411] (und Art. 10 EMRK). Bei **Presseäußerungen** ist deshalb im Hinblick auf die besondere Aufgabe der Presse, die Öffentlichkeit über Vorgänge von allgemeiner

---

[404] BGH GRUR 2006, 433 ff. – Unbegründete Abnehmerverwarnung; BGH [GSZ] GRUR 2005, 882 ff. – Unberechtigte Schutzrechtsverwarnung; BGH GRUR 2004, 958 – Verwarnung aus Kennzeichenrecht. Zur umfassenden Debatte in der Literatur vgl. nur: *Meier-Beck* GRUR 2005, 535 ff.; *Teplitzky* WRP 2005, 1433; *Meier-Beck* WRP 2006, 790 ff.; *Deutsch* GRUR 2006, 374 ff.; *Keller* WRP 2005, 68 (72 f.); vgl. auch *Ullmann* GRUR 2001, 1027 ff., der in einer Verwarnung eine zulässige Meinungsäußerung sieht. Die Grundsätze zur unberechtigten Schutzrechtsverwarnung sind aber auch nicht auf die Abmahnung übertragbar, BGH GRUR 2011, 152 Rn. 63 – Kinderhochstühle im Internet.

[405] So auch *Helle* GRUR 1982, 207 (215 f.); aA BGH GRUR 1998, 587 (590) – Bilanzanalyse Pro7.

[406] BGH NJW 2019, 781 Rn. 28 – Presserechtliches Warnschreiben; BVerfG NJW 2003, 3263 (3264) – Verantwortung für Äußerungen eines Rechtsanwalts; *Gomille* WRP 2009, 525 (526).

[407] BGH NJW 2005, 279 (281) – Äußerungen eines Rechtsanwalts außerhalb eines Gerichtsverfahrens und Ehrenschutz; BVerfG NJW 2003, 3263 (3264) – Verantwortung für Äußerungen eines Rechtsanwalts; vgl. auch BVerfG NJW 1996, 3267 f.; KG NJW 1997, 2390 – Unterlassungsanspruch bei anwaltlicher Presseerklärung; vgl. zu ehrverletzenden Äußerungen eines Prozessvertreters auch LG Hildesheim NJW-RR 2004, 1418.

[408] BGH GRUR 2016, 630 – unberechtigte Schutzrechtsverwarnung II – mit abl. Anm. *Keller,* wonach den Anwalt gegenüber dem später Verwarnten eine schadensersatzbewehrte Garantenpflicht treffen soll, den Schutzrechtsinhaber nicht unzutreffend oder unvollständig über die Berechtigung einer Schutzrechtsverwarnung zu beraten; diese Rechtsprechung bestätigt in BGH GRUR 2020, 1116 Rn. 18 – Unberechtigte Schutzrechtsverwarnung III. Das OLG Frankfurt a. M. NJW-RR 2013, 507 lehnte eine Anwaltshaftung bei unberechtigter Schutzrechtsverwarnung ab. Mit Recht kritisch zur Rechtsprechung des BGH: *Ullmann* FS Büscher, 2018, 595 ff.

[409] BGH GRUR 2013, 945 Rn. 29 – Standardisierte Mandatsbearbeitung; OLG Frankfurt a. M. NJW-RR 2013, 507 f.

[410] Vgl. insoweit zur früheren Wettbewerbsabsicht: BGH GRUR 1967, 428 f. – Anwaltsberatung.

[411] BVerfG GRUR 2003, 442 – Benetton II; BVerfG GRUR 2001, 170 (172) – Benetton I. Zu den verfassungsrechtlichen Einflüssen auf das Lauterkeitsrecht *Ahrens* → Einl. Rn. 1001 ff.

Bedeutung zu unterrichten und zur öffentlichen Meinungsbildung oder auch nur zur Unterhaltung beizutragen, ein **Absatzförderungszusammenhang ebensowenig anzunehmen** wie nach früherem Recht eine Wettbewerbsabsicht vermutet wurde.[412] Das gilt insbesondere für **redaktionelle Beiträge,** wenn sie allein der Information und Meinungsbildung der Adressaten dienen.[413] Nach früherem Recht wurde die Abgrenzung zwischen absatzfördernder und redaktioneller Berichterstattung über das Merkmal der „Wettbewerbsabsicht" vorgenommen, die es eigens festzustellen galt. Entscheidend war insoweit, ob eine Berichterstattung mit überschießend werbender Tendenz und damit eine „kommerzielle Kommunikation" vorlag.[414] Es mussten konkrete Umstände vorliegen, die erkennen ließen, dass neben der Wahrnehmung der publizistischen Aufgabe die Absicht des Presseorgans, fremden Wettbewerb zu fördern, eine größere als notwendigerweise begleitende Rolle gespielt hat.[415] Die „Wettbewerbsabsicht" wurde dabei aus objektiven Umständen, regelmäßig der Presseberichterstattung selbst, entnommen, ohne dass es auf eine davon abweichende Motivation des Berichterstattenden ankam. Heute kommt es darauf an, ob mit der Äußerung ein **vorrangiger Absatzförderungszusammenhang** (vgl. → Rn. 83) hergestellt wird oder ob die **Absatzförderungswirkung nur eine begleitende Folge der publizistischen Berichterstattung** ist. Die nunmehr unter dem Blickwinkel des „objektiven Absatzförderungszusammenhangs" vorzunehmende Abgrenzung zwischen einer dem Lauterkeitsrecht unterfallenden „kommerziellen Kommunikation" und einer „redaktionellen Berichterstattung", die sich lediglich dem allgemeinen Äußerungsrecht zu stellen hat, entspricht daher der Sache nach der früheren Beurteilung unter dem Blickwinkel der Wettbewerbsabsicht.[416] Die frühere, auf eine „Wettbewerbsabsicht" abstellende Rechtsprechung ist deshalb auch für das heutige UWG noch verwertbar:

81 **aa) Reichweite der Pressefreiheit.** Der Schutz des Art. 5 Abs. 1 S. 2 GG gebührt nicht nur **Presseerzeugnissen im herkömmlichen Sinne** (Tageszeitungen, Zeitschriften, Funk und Fernsehen).[417] Die grundrechtliche Garantie der Pressefreiheit gilt vielmehr auch für **Kundenzeitschriften** und für **Anzeigenblätter,** die hauptsächlich Werbeanzeigen und zu einem geringen Anteil redaktionelle Beiträge enthalten.[418] Auch Zeitschriften, die nicht alleine Werbung, sondern daneben auch noch unterhaltende Beiträge wie Horoskope, Rätsel oder Prominentenportraits enthalten, sind presserechtlich geschützt.[419] Der Schutzumfang der Pressefreiheit ist aber umso geringer, je weniger ein Presseerzeugnis der Befriedigung

---

[412] BGH GRUR 2015, 694 Rn. 34 – Bezugsquellen für Bachblüten; BGH GRUR 2012, 74 Rn. 15 – Coaching-Newsletter; zur mangelnden Vermutung einer Wettbewerbsabsicht nach früherem Recht: BGH GRUR 2006, 875 Rn. 23 – Rechtsanwalts-Ranglisten; BGH GRUR 2000, 703 (706) – Mattscheibe; BGH GRUR 1998, 947 (948) – AZUBI '94; BGH GRUR 1998, 167 (168) – Restaurantführer; BGH GRUR 1997, 912 (913) – Die Besten I; BGH GRUR 1997, 914 (915) – Die Besten II; BGH GRUR 1995, 270 (272) – Dubioses Geschäftsgebaren; BGH GRUR 1982, 234 (235) – Großbanken-Rechtsquoten; eingehend *Ahrens* in Gloy/Loschelder/Danckwerts, HdbWettbR, 5. Aufl., § 69 Rn. 50 ff.

[413] BGH GRUR 2015, 694 Rn. 34 – Bezugsquellen für Bachblüten; BGH GRUR 2012, 74 Rn. 15 – Coaching Newsletter.

[414] BGH GRUR 1998, 947 (948) – AZUBI '94; BGH GRUR 1998, 471 – Modenschau im Salvator-Keller; BGH GRUR 1997, 912 (913) – Die Besten I; BGH GRUR 1997, 914 (915) – Die Besten II; BGH GRUR 1994, 441 (443) – Kosmetikstudio; BGH GRUR 1992, 463 (465) – Anzeigenplazierung.

[415] BGH GRUR 2006, 875 Rn. 23 – Rechtsanwalts-Ranglisten; BGH GRUR 2004, 693 (694) – Schöner Wetten; BGH GRUR 2002, 987 (993) – Wir Schuldenmacher; BGH GRUR 1998, 947 (948) – AZUBI' 94; BGH GRUR 1998, 481 – Auto '94; BGH GRUR 1997, 473 – Versierter Ansprechpartner; BGH GRUR 1995, 270 (272) – Dubioses Geschäftsgebaren. Für die Verneinung der Wettbewerbsabsicht reichte *nicht* aus, dass *auch* zu journalistischen Zwecken gehandelt wurde, OLG Frankfurt a. M. GRUR-RR 2003, 67 – Gelbe Seiten im Internet – zum Handeln im geschäftlichen Verkehr.

[416] So auch *Erdmann/Pommerening* in Gloy/Loschelder/Danckwerts, HdbWettbR, 5. Aufl., § 31 Rn. 68 f.; auch *Gomille* WRP 2009, 525 ff. stellt auf den objektiv erkennbaren Zweck einer Äußerung ab; OLG Frankfurt a. M. WRP 2014, 1483 – Schmuddelkind.

[417] BGH GRUR 2015, 906 Rn. 34 – TIP der Woche; BGH GRUR 1969, 287 – Stuttgarter Wochenblatt I.

[418] BGH GRUR 2015, 906 Rn. 34 – TIP der Woche; BVerwG NJW 1988, 2686; BGH GRUR 2006, 429 (431) – Schlank-Kapseln.

[419] BGH GRUR 2015, 906 Rn. 35 – TIP der Woche.

eines Informationsbedürfnisses von öffentlichem Interesse oder der Einwirkung auf die öffentliche Meinung dient und je mehr es eigennützige Geschäftsinteressen wirtschaftlicher Art verfolgt.[420] Die geschäftlich tätigen **„Online-Vergleichsportale"**, die regelmäßig zu Gunsten des eigenen Unternehmens und zu Gunsten der von ihnen in den Vergleichsanfragen genannten dritten Unternehmen tätig sind, können sich nicht auf das Presseprivileg berufen[421], eine abweichende Meinung vertritt insoweit allerdings der VI. Zs. des BGH[422] im Hinblick auf den auch Online-Portalen zukommenden Schutz der Meinungsfreiheit.

bb) Weiter Spielraum für Presseäußerungen. Im Interesse der Meinungsäußerungs- und Pressefreiheit ist der Presse ein **weiter Spielraum bei Form und Inhalt ihrer Beiträge** einzuräumen. Auch bei polemisch überspitzten, subjektiv einseitig oder gar gewollt herabsetzend gehaltenen Beiträgen kann durchaus die Absicht einer öffentlichen Information und Meinungsbildung bestehen und/oder eine anderweitige Motivation im Spiele sein, die ihrerseits keinerlei Wettbewerbsbezug aufweist,[423] was gegen die Annahme eines Absatzförderungszusammenhangs spricht. Anzeigenfinanzierte Medien sind regelmäßig darauf angewiesen, die werbenden Verkehrskreise zur Schaltung von Anzeigen zu veranlassen.[424] Ein Absatzförderungszusammenhang kann deshalb ohne besondere Umstände nicht daraus abgeleitet werden, dass über werbetreibende Unternehmen berichtet wird, um deren Bereitschaft zu erhöhen, Anzeigen zu schalten, was jedenfalls dann gilt, wenn die **Berichterstattung** (im konkreten Fall: die Aufnahme von zahlungskräftigen Rechtsanwaltskanzleien in Ranglisten) **nicht in irgendeiner Weise mit dem Anzeigengeschäft verknüpft** wird.[425] 82

cc) Absatzfördernde Berichterstattung. Ein Absatzförderungszusammenhang ist in der Regel dann mehr als eine mit der journalistischen Berichterstattung einhergehende Begleiterscheinung und fällt wettbewerbsrechtlich ins Gewicht, wenn in redaktionellen Beiträgen **Produkte oder Dienstleistungen von Inserenten namentlich genannt und angepriesen** werden, also eine **Berichterstattung mit vorrangiger werbender Tendenz** und damit eine „kommerzielle Kommunikation" vorliegt.[426] Eine „kommerzielle Kommunikation" liegt dabei nicht nur im Falle des Tatbestandes der **Nr. 11 der „Black List"** vor, der einen Fall redaktionell getarnter und **bezahlter Schleichwerbung** betrifft. Auch unbezahlte Schleichwerbung ist unlauter. Eine Berichterstattung mit überschießend werbender Tendenz liegt nicht nur bei einer übermäßig werbenden Herausstellung von Produkten, sondern auch dann vor, wenn eine redaktionelle Berichterstattung über Produkte bewusst falsche Angaben enthält, was den Schluss zulässt, dass entweder der Wettbewerb der begünstigten Unternehmen oder der eigene Wettbewerb im Interesse der Erlangung von Anzeigenaufträgen oder der Steigerung der Auflagenhöhe gefördert werden sollte.[427] Weil zu der Aufgabe der Presse und Sendeunternehmen auch die **Medienkritik** 83

---

[420] BGH GRUR 2015, 906 Rn. 37 – TIP der Woche.

[421] Vgl. → Rn. 34 und *Alexander* WRP 2018, 765 ff. Anders für einen als Verlag mit Redaktion organisierten Online-Dienst: OLG Hamburg GRUR-RR 2005, 385 – Ladenhüter.

[422] BGH GRUR 2020, 435 Rn. 48 ff. – www.yelp.de.

[423] BGH GRUR 1995, 270 (272 f.) – Dubioses Geschäftsgebaren; BGH GRUR 1986, 898 (899) – Frank der Tat, zur kritisierenden Berichterstattung über einen Anwalt aus persönlicher Abneigung gegen den Betroffenen.

[424] BGH GRUR 2006, 875 Rn. 28 – Rechtsanwalts-Ranglisten; BVerfG NJW 2003, 277 = WRP 2003, 69 (71) – JUVE-Handbuch.

[425] BGH GRUR 2006, 875 Rn. 28 – Rechtsanwalts-Ranglisten; vgl. auch OLG München GRUR-RR 2003, 253 – Rangfolgetabelle.

[426] Vgl. etwa BGH GRUR 2016, 710 Rn. 16 – Im Immobiliensumpf; OLG Karlsruhe WRP 2020, 1467 Rn. 73 – Tap-Tags; ebenso unter dem Blickwinkel der Wettbewerbsabsicht: BGH GRUR 1998, 947 (948) – AZUBI '94; BGH GRUR 1998, 471 – Modenschau im Salvator-Keller; BGH GRUR 1997, 912 (913) – Die Besten I; BGH GRUR 1997, 914 (915) – Die Besten II; BGH GRUR 1994, 441 (443) – Kosmetikstudio.

[427] BGH WRP 1994, 862 (864) – Bio-Tabletten; zur Irreführung des Lesers OLG Frankfurt a. M. GRUR-RR 2007, 16 (17).

rechnet, steht bei der Ausstrahlung einer Satire über die Fernsehshow eines anderen Senders die Absicht, auf die öffentliche Meinungsbildung einzuwirken, ganz im Vordergrund, wenn nicht zu erkennen ist, dass der Beitrag auch dazu diente, den konkurrierenden Sender zu treffen.[428] Eine **Pressefehde** zwischen zwei Presseorganen erfolgt regelmäßig nicht zur Absatzförderung, sondern als Maßnahme zur Beeinflussung der öffentlichen Meinungsbildung.[429] Eine Wettbewerbsabsicht fehlte auch bei einer politisch motivierten Aufforderung eines Verlags, den Vertrieb bestimmter Presseerzeugnisse einzustellen.[430] Auch bei einem Beitrag zu einer politisch-gesellschaftlichen Auseinandersetzung mit abwertenden Äußerungen über einen Verleger und Herausgeber war keine Wettbewerbsförderungsabsicht anzunehmen,[431] ebenso wenn in einem Kulturbeitrag des Hörfunks ein Film kritisch besprochen wurde.[432]

84 **e) Kasuistik zum Absatzförderungszusammenhang (und zur früheren Wettbewerbsförderungsabsicht) bei Presseäußerungen:** Die für die Anwendbarkeit des Lauterkeitsrechts auf Presseäußerungen nunmehr maßgebende Beurteilung unter dem Blickwinkel des „objektiven Absatzförderungszusammenhangs“ entspricht sachlich der Abgrenzung unter dem Blickwinkel der „Wettbewerbsabsicht“ nach früherem Recht. Die nachfolgend wiedergegebenen Entscheidungen sind deshalb auch nach dem UWG 2008/2015 noch bedeutsam:

aa) Absatzförderungszusammenhang/Wettbewerbsabsicht bejaht:

85 Die Bezeichnung namentlich genannter Ärzte als „die besten Ärzte Deutschlands“ in einer redaktionellen Berichterstattung eines Nachrichtenmagazins, der keine aussagekräftigen Beurteilungskriterien zugrunde liegen, rechtfertigt die Feststellung, dass die Absicht des Presseorgans, fremden Wettbewerb zu fördern, eine größere als nur notwendigerweise begleitende Rolle gespielt hat; gleiches gilt für die entsprechende Bezeichnung namentlich genannter Rechtsanwälte.[433] Eine Pressekritik, durch die ein Konkurrenzblatt pauschal und ohne erkennbaren sachlichen Bezug auf die für die Kritik maßgebenden Gründe als ein „nicht gerade für Seriosität bekanntes Wertpapierjournal“ abgewertet wird, legt nahe, dass sie von der Absicht getragen ist, dem Leser den Eindruck zu vermitteln, dass die eigenen geschäftlichen Leistungen, nämlich die eigenen Börseninformationen und Anlageempfehlungen, gegenüber der Konkurrenz den Vorzug verdienen und die Aussage nicht in der Absicht zur Teilnahme an einer geistigen oder wirtschaftspolitischen Auseinandersetzung erfolgt ist.[434] Die in einem Brancheninformationsdienst enthaltene Aufforderung an den Facheinzelhandel, der Konkurrenz von Kaffee-Filialisten in bestimmter Art und Weise zu begegnen, erfolgt als unmittelbarer Eingriff in den Konkurrenzkampf zu Wettbewerbszwecken.[435] In der Ankündigung einer Fernsehanstalt, Zuschauern außerhalb der Fernsehsendung am Telefon Rechtsrat zu erteilen, liegt ein von Wettbewerbsabsicht getragenes Angebot zur (unerlaubten) Rechtsberatung, weil der Sender mit dem telefonischen Rechtsberatungsservice außerhalb der Sendung die unabdingbare Beschränkung auf die journalistische Berichterstattung und Informationserteilung an die Zuschauer über allgemein interessierende Rechtsfragen nicht mehr einhält.[436] Die Veröffentlichung eines „Coaching-Newsletters“ durch einen Anbieter von Coaching-Dienstleistungen fördert das Image des Anbieters, wenn die entsprechende Internetseite auch genutzt wird, um auf sonstige Angebote desselben Anbieters hinzuweisen, und stellt deshalb keinen bloßen redaktionellen Beitrag, sondern eine „geschäftliche Handlung“ dar.[437] Der Herausgeber einer Zeitschrift, die neben umfangreicher Werbung auch unterhaltene Beiträge wie Horoskope, Rätsel oder Prominentenportraits enthält, fördert den Wettbewerb der anzeigenschaltenden Händler/

---

[428] BGH GRUR 2000, 703 (706) – Mattscheibe.

[429] BGH GRUR 1966, 693 (694 f.) – Höllenfeuer; vgl. auch OLG München BB 1963, 746; eingehend *Ahrens* in Gloy/Loschelder/Danckwerts, HdbWettbR, 5. Aufl., § 69 Rn. 60 ff.; MüKoUWG/*Bähr*, 3. Aufl., § 2 Rn. 88.

[430] BGH GRUR 1964, 77 (79) – Blinkfüer.

[431] BGH GRUR 1965, 551 – Glanzlose Existenz.

[432] BGH GRUR 1968, 314 – Fix und Clever.

[433] BGH GRUR 1997, 912 (913) – Die Besten I; BGH GRUR 1997, 914 (915) – Die Besten II.

[434] BGH GRUR 1982, 234 (235 f.) – Großbanken-Rechtsquoten.

[435] BGH GRUR 1984, 461 (462) – Kundenboykott.

[436] BGH GRUR 2002, 987 (993) – Wir Schuldenmacher; zur Aufarbeitung rechtlicher Themen in den Medien auch BVerfG NJW 2004, 672 f. – Fall Mahnman.

[437] BGH WRP 2012, 77 Rn. 15 und 16 – Coaching-Newsletter.

Hersteller der beworbenen Waren und kann sich nicht auf die eingeschränkte Pressehaftung berufen, wenn die Zeitschrift keinen nennenswerten meinungsbildenden Bezug hat, sondern nahezu ausschließlich Werbung enthält.[438] Ein Medienunternehmen, das im Internet ein Testmagazin herausgibt, handelt im Absatzförderungszusammenhang, wenn es in seinen Berichten auf die Angebote eines Unternehmens verweist und allein zu den Angebotsseiten dieses Unternehmens einen Link setzt.[439] Ein sich als „publizistisches Sprachrohr" einer bestimmten Bankengruppe bezeichnendes Presseorgan, das Werbepartnern einer anderen, als „Schmuddelkind" bezeichneten Bank empfiehlt, die Zusammenarbeit mit eben dieser Bank zu beenden, fördert den Absatz der von ihm unterstützen Bankengruppe.[440] Die in einem Newsletter (sowie in Schriftsätzen) enthaltene Bezeichnung eines gegnerischen Rechtsanwalts als „Meisterbetrüger" oÄ ist als geschäftliche Handlung einzuordnen, wenn sie der Förderung der eigenen Wettbewerbsposition dienen.[441] Ein Absatzförderungszusammenhang ist auch dann zu bejahen, wenn ein Presseartikel einen Geschäftsführer eines Unternehmens wörtlich zitiert und dabei die Bedeutung der Spende und Spendenbereitschaft des Unternehmens in ein positives Licht rückt.[442]

bb) Absatzförderungszusammenhang/Wettbewerbsabsicht verneint:

Veröffentlicht ein Verlag in einer Publikation Ranglisten – nach Region und Fachbereich –, in denen Rechtsanwälte nach Recherchen des Verlags in einer Reihenfolge aufgrund einer subjektiven Einschätzung ihrer Reputation aufgeführt werden, kann eine Absicht des Verlags nicht angenommen werden, den Wettbewerb der in den Ranglisten angeführten Rechtsanwälte zu fördern.[443] Ein Presseunternehmen, das neben einem im Rahmen seines Internetauftritts veröffentlichten redaktionellen Artikel die als Hyperlink ausgestaltete Internetadresse eines Glücksspielunternehmens angibt, handelt ohne weitere besondere Umstände nicht in Wettbewerbsförderungsabsicht.[444] Veröffentlicht ein auch gelegentlich als Seminarveranstalter auftretender Architekt einen Presseartikel über ein drittes Seminarunternehmen und bezichtigt es darin des „Dummenfangs" bzw. „dubioser Geschäftspraktiken", handelt er nicht in Wettbewerbsabsicht, wenn dabei Tatsachen benannt werden, die als solche zutreffend sind und einen entsprechenden Verdacht ernsthaft begründen.[445] Auch eine Häufung von negativen Tatsachenbehauptungen und Wertungen über ein getestetes Restaurant in einem Restaurantführer lässt als solche nicht auf eine Wettbewerbsabsicht schließen (allerdings kommt eine Haftung gem. §§ 823, 824 BGB in Betracht).[446] Eine unter der Überschrift „Ein totaler Reinfall" veröffentlichte Restaurantkritik rechtfertigt selbst dann noch nicht den Schluss auf eine Wettbewerbsabsicht, wenn der Verfasser als Weinhändler tätig ist, anders jedoch, wenn der Kritik die Grundlagen fehlen oder dadurch der Absatz der eigenen Weine gefördert werden sollte.[447] Ein Journalist, der in einem Beitrag über die Übergabe einer neuen Anwaltskanzlei einen Anwalt als „Frank der Tat" lobt und zugleich einen namensgleichen Anwalt herabwürdigt, handelt nicht in Wettbewerbsabsicht, selbst wenn der von Antipathie getragene Artikel in Schädigungsabsicht veröffentlicht wurde (allerdings Prüfung einer Haftung gem. §§ 823, 826, 1004 BGB aufgegeben).[448] Der in einem Pressebericht über eine als steuerlich vorteilhaft dargestellte Kapitalanlage enthaltene Hinweis der Redaktion, für die Rechts- oder Steuerberatung bei der Ausarbeitung des Vertrages einen „versierten Ansprechpartner" benennen zu können, rechtfertigt nicht die Annahme, dass bei der Veröffentlichung über die Unterrichtung einer steuerrechtlich günstigen Geldanlagemöglichkeit hinaus auch die Absicht leitend gewesen sei, in den Wettbewerb unter Rechtsanwälten und Steuerberatern einzugreifen.[449] Die Veröffentlichung eines Zeitschriftenberichts, in dem ein bestimmter Arzt in einer seinen Wettbewerb objektiv fördernden Weise namentlich genannt und abgebildet ist, lässt nicht darauf schließen, dass neben der Absicht, über ein das Publikum interessierendes medizinisches Behandlungsverfahren zu berichten, auch die Absicht zur Förderung des Wettbewerbs des Arztes eine irgendwie beachtliche 86

[438] BGH GRUR 2015, 906 ff. – TIP der Woche.
[439] OLG Hamm MMR 2008, 750 ff. – Veröffentlichung eines ungeschwärzten Urteils durch Wettbewerber.
[440] OLG Frankfurt a. M. WRP 2015, 1119 f. – Schmuddelkind.
[441] OLG Frankfurt a. M. WRP 2014, 1098 ff. – Meisterbetrüger.
[442] OLG Frankfurt a. M. WRP 2020, 96 (97).
[443] BGH GRUR 2006, 875 ff. – Rechtsanwalts-Ranglisten.
[444] BGH GRUR 2004, 693 ff. – Schöner Wetten.
[445] BGH GRUR 1995, 270 ff. – Dubioses Geschäftsgebaren.
[446] BGH GRUR 1998, 167 ff. – Restaurantführer.
[447] BGH GRUR 1986, 812 ff. – Gastrokritiker.
[448] BGH GRUR 1986, 898 (899 f.) – Frank der Tat.
[449] BGH GRUR 1997, 473 (475) – Versierter Ansprechpartner.

Rolle gespielt haben könnte.[450] Eine Telefonaktion eines Verbraucherverbandes zur Aufklärung von Verbrauchern über „Kredithaie" dient der Unterrichtung der Öffentlichkeit über verbraucherrelevante Fragen und erfolgt nicht in der Absicht, auf den Wettbewerb im Bereich des Kreditgewerbes Einfluss zu nehmen.[451] Vergleichende Warentests, die von der Presse und insbesondere auch von der „Stiftung Warentest" vorgenommen und veröffentlicht werden, dienen der Unterrichtung des Publikums und Aufklärung der Verbraucher und erfolgen regelmäßig nicht in der Absicht, den Wettbewerb der betroffenen Unternehmen zu fördern.[452] Die – auch lobende – namentliche Benennung von Unternehmen in einer redaktionellen Berichterstattung in einem Anzeigenblatt, die sich auf die Ausbildungsmöglichkeiten bei den inserierenden Unternehmen der Region bezieht und die keine werbende Darstellung der Produkte oder der Dienstleistungen der inserierenden Ausbildungsunternehmen enthält, dient dem sachgerechten Zweck, über die Ausbildungskapazität der Wirtschaft der Region zu informieren und damit zu einer Minderung der Arbeitslosigkeit beizutragen, so dass eine Wettbewerbsabsicht zugunsten der redaktionell besprochenen und zugleich inserierenden Unternehmen eine bloß notwendige Nebenfolge der Presseberichterstattung darstellt.[453] Ein Absatzförderungszusammenhang fehlte auch bei einer kritischen Berichterstattung über einen Anbieter von Beteiligungen an geschlossenen Immobilienfonds, die von einem Informationsportal über Kapitalanlagen herrührte, das mit einem Anbieter von Kapitalanlagen verflochten ist (wobei die dargestellte Interessenverflechtung berücksichtigt, bei einer Abwägung der Gesamtumstände jedoch eine Drittabsatzförderung noch nicht angenommen wurde).[454]

87 **f) Außererwerbswirtschaftliche Tätigkeit der öffentlichen Hand.** Sofern die **öffentliche Hand** außerhalb erwerbswirtschaftlicher Tätigkeit **schlicht verwaltend oder hoheitlich** handelt, besteht, anders als bei Gewerbetreibenden und Wirtschaftsverbänden, **keine** Grundlage für die Vermutung eines Absatzförderungszusammenhangs.[455] Es ist vielmehr im Einzelfall festzustellen, ob ein Absatzförderungszusammenhang vorliegt.[456] Er kann vorliegen, wenn die öffentliche Hand an dem wirtschaftlichen Erfolg eines Gewerbetreibenden, dessen Wettbewerb zu fördern ihr Handeln geeignet ist, ein Interesse hat, weil sie davon aufgrund vertraglicher oder sonstiger Beziehungen profitiert.[457] Eine Gemeinde, die willentlich den Absatz von Solaranlagen auf mit ihr zusammenarbeitende Unternehmen lenkt, handelt geschäftlich und wettbewerbsfördernd, auch wenn es ihr auch mit auf den Klimaschutz ankommt;[458] fraglich ist allerdings, ob dies auch dann hätte gelten können, wenn es der Gemeinde ganz vorrangig um die Förderung des Klimaschutzes gegangen wäre. Die Wahrnehmung öffentlich-rechtlicher Aufgaben, welche die Erfüllung einer privatwirtschaftlichen Dienstleistung sachnotwendigerweise einschließt, ließ den Absatzförderungszweck in den Hintergrund treten.[459] Die Ausgabe von Brillen durch einen Träger der gesetzlichen Krankenversicherung an seine Mitglieder in Konkurrenz zu den freiberuflich tätigen Augenoptikern erfolgt ohne weiteres auch zu Absatzförderungszwecken.[460] Die den Wettbewerb von Augenoptikern berührenden Äußerungen eines Landesinnungsmeisters als Organ einer öffentlich-rechtlichen Körperschaft un-

[450] BGH GRUR 1990, 373 (374) – Schönheits-Chirurgie.

[451] BGH GRUR 1983, 379 (381) – Geldmafiosi.

[452] BGH GRUR 1976, 268 f. – Warentest II.

[453] BGH GRUR 1998, 947 (948 f.) – Azubi '94.

[454] OLG Frankfurt a. M. GRUR-RR 2015, 298 ff. – Kritischer Bericht eines Informationsportals über Mitbewerber des Partnerunternehmens.

[455] BGH GRUR 2013, 301 Rn. 20, 23 – Solarinitiative; ausführlich zur Zulässigkeit und den Grenzen der unternehmerischen Tätigkeit der öffentlichen Hand *Ahrens* → Einl. Rn. 1016 ff., 1025.

[456] BGH GRUR 2020, 755 Rn. 49 – WarnWetterApp; BGH GRUR 2019, 189 Rn. 55 – Crailsheimer Stadtblatt II; BGH GRUR 2018, 196 Rn. 23 – Eigenbetrieb Friedhöfe; BGH GRUR 2013, 301 Rn. 20, 23 – Solarinitiative.

[457] Vgl. BGH WRP 2008, 1182 Rn. 33 – Kommunalversicherer; BGH GRUR 2002, 550 (554) – Elternbriefe; BGH GRUR 1990, 463 (464) – Firmenrufnummer; BGH GRUR 1981, 823 (825) – Ecclesia-Versicherungsdienst; BGH GRUR 1962, 34 (36) – Torsana; *Alexander* WRP 2004, 700 (704 f.).

[458] BGH GRUR 2013, 301 Rn. 22 und 21 – Solarinitiative.

[459] BGH GRUR 1993, 125 (126) – EWG-Baumusterprüfung; BGH GRUR 1988, 38 (39) – Leichenaufbewahrung.; ebenso OLG Hamburg MMR 2014, 318 (320) für die Herausgabe eines medizinischen Operationen- und Prozedurenschlüssels durch die öffentliche Hand.

[460] BGH GRUR 1982, 425 (430) – Brillen-Selbstabgabestellen.

terlagen wettbewerbsrechtlichen Maßstäben, sofern auch in der Absicht gehandelt wurde, den Wettbewerb der Innungsmitglieder und nicht allein standespolitische Interessen zu fördern.[461] Eine **Handwerksinnung** muss als Körperschaft des öffentlichen Rechts bei kritischen Äußerungen das Gebot der Sachlichkeit und Neutralität sowohl in inhaltlicher Hinsicht als auch bei den gewählten Formulierungen wahren. Sofern sie sich zugunsten der berufsständischen und wirtschaftlichen Interessen Ihrer Mitglieder äußert, handelt sie absatzfördernd, wobei damit allerdings eine Lockerung des Sachlichkeitsgebots einhergeht.[462]

g) Außergeschäftliche Tätigkeit. Bei **politischen, weltanschaulichen, sozialen, kirchlichen, verbraucheraufklärenden und ähnlichen, nicht auf einen Geschäftszweck gerichteten Tätigkeiten** ist ein **Absatzförderungszusammenhang grundsätzlich nicht anzunehmen.** Das gilt unabhängig davon, dass auch solche nicht wettbewerblich motivierten Maßnahmen gegebenenfalls erhebliche wettbewerbliche Auswirkungen haben können. Ein Rechtsschutz gegenüber solchen Maßnahmen ist deshalb nur auf allgemeiner Grundlage, insbesondere nach §§ 823, 824, 826 iVm § 1004 BGB, gegeben.[463] Bei **Verbraucherverbänden** ist oft schon ein marktbezogenes geschäftliches Handeln zu verneinen. Sofern sie im Rahmen ihres Satzungszwecks die Öffentlichkeit über Verbraucherbelange durch Warentests, Preisvergleiche und sonstige Informationen unterrichten, ist aber auch ein Absatzförderungszusammenhang regelmäßig zu verneinen.[464] Anderes könnte nur gelten, wenn ein Verbraucherverband versucht, mit unsachlichen Mitteln oder Methoden Einfluss auf den Wettbewerb und insbesondere die Preisgestaltung von Anbietern zu nehmen.[465] Bei einem Handwerkskammern und sonstige institutionelle Mitgliedern organisierenden Verein, der zu einem in der Politik diskutierten Thema Stellung nimmt, ist ein Absatzförderungszusammenhang fraglich, auch wenn die Aussage fremden Wettbewerb, nämlich den der in den Handwerkskammern organisierten Handwerker, zu Lasten von „Solo-Selbständigen" fördern kann[466]. Ein Boykottaufruf und **Boykottmaßnahmen einer Umweltschutzorganisation,** die darauf abzielen, ein Unternehmen dazu zu bewegen, Milch von Kühen zu verwenden, die ohne gentechnisch veränderte Futtermittel gefüttert worden sind, stellt **keine marktbezogene geschäftliche Handlung** dar, auch wenn hierdurch der Absatz nicht boykottierter Unternehmen möglicherweise steigt.[467] Wenn allerdings ein kirchlich getragenes Unternehmen (GmbH für das Versicherungswesen im kirchlich-diakonisch-karitativen Bereich) bei Wahrnehmung der ihm übertragenen Aufgaben in einen vom Grundsatz der Gleichordnung geprägten Wettbewerb mit privaten Unternehmen tritt, kann unbeschadet der Tatsache, dass hiermit keine eigenwirtschaftlichen Zwecke verfolgt werden, eine marktbezogene und absatzfördernde Handlung zu bejahen sein.[468] 88

h) Wissenschaftliche Tätigkeit. Vorträge, Veröffentlichungen, Gutachten usw, soweit sie etwa rein innerbetrieblich oder an Forschungseinrichtungen wie Universitäten erfolgen, stehen regelmäßig nur im akademischen, nicht im wirtschaftlichen Wettbewerb. Das gilt insbesondere, wenn es sich um eine **rein wissenschaftliche Arbeit** handelt und der Verfasser den wettbewerblichen Auseinandersetzungen der auf seinem Fachgebiet Tätigen 89

---

461 BGH GRUR 1985, 1063 (1064) – Landesinnungsmeister.

462 BGH GRUR 2018, 622 ff. – Verkürzter Versorgungsweg II.

463 Ebenso GroßKommUWG/*Peukert,* 3. Aufl., § 2 Rn. 55.

464 Noch zur früheren Wettbewerbsabsicht: BGH GRUR 1976, 268 f. – Warentest II; BGH GRUR 1981, 658 (659 f.) – Preisvergleich; BGH GRUR 1983, 379 (380 f.) – Geldmafiosi; vgl. zum fehlenden Absatzförderungszusammenhang bei der gerichtlichen Vertretung hilfsbedürftiger Personen durch einen Idealverein: OLG Frankfurt a. M. GRUR 2015, 474 Rn. 32.

465 BGH GRUR 1981, 658 (660) – Preisvergleich.

466 Vgl. LG Köln GRUR-RS 2020, 9130 Rn. 26 ff. – Soloselbstständige zu einer Stellungahme zur im Bundestag diskutierten Wiedereinführung der Meisterpflicht.

467 OLG Stuttgart GRUR-RR 2006, 20 (21) – Absperrband-Aktion.

468 Zur Wettbewerbsabsicht: BGH GRUR 1981, 823 (825) – Ecclesia-Versicherungsdienst.

ohne eigene geschäftliche Interessen gegenübersteht.[469] Dass eine wissenschaftliche Arbeit geeignet ist, die wirtschaftlichen Interessen Dritter zu begünstigen oder zu beeinträchtigen, reicht für die Annahme eines Absatzförderungszusammenhangs nicht aus.[470] Auch bei einer Inanspruchnahme von Förderungsmitteln von durch eine Studie betroffenen Unternehmen ist noch nicht anzunehmen, dass eine wissenschaftliche Zielsetzung nur vorgeschoben ist.[471] Allein die sozial abhängige Stellung eines Wissenschaftlers genügt nicht, um die Vermutung zu rechtfertigen, er handele bei Abfassung wissenschaftlicher Abhandlungen im wettbewerblichen Interesse.[472] Zu verhindern ist jedoch die Tarnung der Verfolgung von handfesten wirtschaftlichen Interessen durch ein „wissenschaftliches Mäntelchen".[473] Ein erwerbswirtschaftliches, absatzförderndes Handeln ist anzunehmen, wenn die Arbeit auf Herabsetzung von Konkurrenzprodukten gerichtet ist, persönliche Angriffe enthält oder der Verfasser eigene wirtschaftliche Interessen damit verfolgt.[474] Ein Absatzförderungszusammenhang und eine geschäftliche Handlung liegen deshalb vor, wenn ein Bauunternehmer sich auf seiner Internetseite kritisch mit der Doktorarbeit eines Mitbewerbers befasst, weil die Äußerungen darauf abzielen, die eigene Reputation zum Nachteil des Mitbewerbers zu verbessern und nicht ein meinungsbildender Zweck im Vordergrund steht.[475] Die **Verwendung wissenschaftlicher Stellungnahmen,** Gutachten usw **in der Werbung** hat der Werbende sich als eigene Äußerungen zurechnen zu lassen,[476] ohne sich auf die Privilegierung wissenschaftlicher Arbeiten berufen zu können. Wenn sich deshalb ein pharmazeutisches Unternehmen in seiner Werbung auf einen wissenschaftlichen Beitrag beruft, kommt es für die Frage der Unlauterkeit in erster Linie darauf an, ob der fragliche Beitrag wissenschaftlichen Anforderungen genügt. Werden Umstände unberücksichtigt gelassen, die nach wissenschaftlichem Maßstab in die Untersuchung hätten einfließen müssen, kann die Verwendung einer solchen – wissenschaftlich unzulänglichen – Arbeit unlauter sein[477], das kommt umso mehr in Betracht, wenn die Aussagen objektiv derart falsch oder schlechterdings so unvertretbar sind, dass dem Autor ein wissenschaftliches Anliegen nicht mehr abgenommen werden kann.[478]

90 **i) Erhöhte Substantiierungslast.** Außerhalb des Bereichs der Regel-Annahmen (vgl. dazu → Rn. 64, 72) ist anhand konkreter Umstände positiv festzustellen, ob ein objektiver Absatzförderungszusammenhang gegeben ist und der kommerzielle Charakter eine vorrangige Rolle gespielt hat.[479] Obwohl die Motivation des Handelnden auch unter dem UWG 2015 durchaus eine Rolle spielen kann (vgl. dazu → Rn. 63), sind auch hier sub-

---

469 RG GRUR 1932, 85 f. – Vitophos; BGH GRUR 1964, 389 (391) – Fußbekleidung; OLG Düsseldorf WRP 1998, 421 (425); OLG Frankfurt a. M. GRUR-RR 2018, 105 Rn. 14 ff. – Fehlender Wettbewerbsbezug bei Fachpublikation.

470 BGH GRUR 1957, 360 (361) – Phylax-Apparate; KG WRP 1996, 1162 ff. – Nachkriegsproduktion – zur Verbreitung einer in wissenschaftlicher Absicht vertriebenen Broschüre von Hobby-Philatelisten; vgl. auch OLG Hamburg GRUR-RR 2007, 206 (208), zu Äußerungen eines Seminarleiters über die Prospekt-Werbung eines Schiffsfonds.

471 OLG Frankfurt a. M. GRUR-RR 2018, 105 Rn. 18. – Fehlender Wettbewerbsbezug bei Fachpublikation.

472 BGH GRUR 1962, 45 (48) – Betonzusatzmittel.

473 *Baumbach/Hefermehl,* Wettbewerbsrecht, 22. Aufl., Einl. Rn. 238.

474 BGH GRUR 1964, 389 (391) – Fußbekleidung; OLG Hamburg GRUR-RR 2007, 206 (208) – Emissionsprospekt; KG GRUR-RR 2005, 162 (163) – Arzneimitteleigenschaften kraft Präsentation; OLG Frankfurt a. M. GRUR-RR 2018, 105 Rn. 14 ff. – Fehlender Wettbewerbsbezug bei Fachpublikation.

475 BGH GRUR-RR 2016, 410 Rn. 12 – Dr. Estrich.

476 BGH GRUR 2002, 633 (634) – Hormonersatztherapie; BGH GRUR 1991, 848 (849) – Rheumalind II; BGH GRUR 1971, 153 (155) – Tampax; OLG Hamburg GRUR-RR 2004, 259 zur absatzfördernden Wirkung einer Studie einer Marktforschungsagentur.

477 BGH GRUR 2002, 633 (635) – Hormonersatztherapie.

478 OLG Frankfurt a. M. GRUR-RR 2018, 105 Rn. 19 – Fehlender Wettbewerbsbezug bei Fachpublikation.

479 Vgl. insoweit zum früheren Recht: BGH GRUR 2002, 987 (993) – Wir Schuldenmacher; BGH GRUR 1998, 947 (948) – Azubi '94; BGH GRUR 1998, 481 – Auto '94; BGH GRUR 1997, 912 (913) – Die Besten I; BGH GRUR 1997, 473 – Versierter Ansprechpartner.

jektive Motive des Handelnden nicht zu ermitteln.[480] Vorzunehmen ist eine **Gesamtschau der Umstände,** des Zwecks der beanstandeten Handlung und der Besonderheiten der jeweiligen Einzelfallgestaltung. Selbst außerhalb typischer Absatzförderungshandlungen kann dabei der Absatzförderungszusammenhang so offensichtlich und beherrschend sein, dass sich eine ausführliche Erörterung und Begründung erübrigt. Indiziell für einen vorrangigen Absatzförderungszusammenhang kann sein, wenn durch die in Rede stehenden Maßnahmen eigene finanzielle Interessen verfolgt werden[481] oder wenn etwa sachlich nicht begründbare Herabsetzungen[482] oder lobende Anpreisungen[483] in Rede stehen.

13. Verfassungskonforme Beurteilung. Der Schutz der Meinungsäußerungsfreiheit und das Interesse der Öffentlichkeit, in die Debatte wichtiger öffentlicher und wirtschaftlicher Fragen eingebunden zu sein, lassen es nicht zu, hinter jeder im Meinungskampf getroffenen Äußerung mit wettbewerblichem Bezug ein Handeln im Absatzförderungszusammenhang zu sehen.[484] Sozialkritische, politische, wirtschaftliche oder gesellschaftsbezogene **Meinungsäußerungen von Gewerbetreibenden** stehen nicht deshalb von vornherein außerhalb des Schutzbereichs der Meinungsäußerungsfreiheit (Art. 5 Abs. 1 S. 1 GG), weil sie (auch) absatzfördernden Zwecken dienen.[485] Das UWG, insbesondere die Generalklausel des § 3 UWG, ist zwar ein „allgemeines Gesetz" iSd Art. 5 Abs. 2 GG, durch das die Meinungsäußerungsfreiheit eingeschränkt wird. Die einfach-rechtlichen Vorschriften auch des Lauterkeitsrechts sind jedoch im Lichte der Bedeutung des Grundrechts auszulegen und so in ihrer das Grundrecht beschränkenden Wirkung selbst wieder einzuschränken.[486] Auch die EU-Grundrechtecharta ist im Hinblick auf EU-Recht (wie die UGP-RL, die Richtlinie zur irreführenden und vergleichenden Werbung) zu beachten.[487] 91

Der **Schutz der Meinungsäußerungsfreiheit** erstreckt sich auch auf **kommerzielle Meinungsäußerungen** sowie eine **Wirtschaftswerbung,** die einen wertenden, meinungsbildenden Inhalt hat.[488] Die Teilhabe an Auseinandersetzungen über gesellschaftspolitische Fragen darf nicht deshalb erschwert werden, weil der Äußernde sich in dem betreffenden Bereich selbst beruflich und wettbewerblich betätigt und dies nicht verschweigt.[489] Auch die 91a

[480] Zur rein objektiven lauterkeitsrechtlichen Beurteilung vgl. BGH GRUR 2007, 800 Rn. 22 – Außendienstmitarbeiter.

[481] So wenn eine Gemeinde an dem wirtschaftlichen Erfolg eines von ihr unterstützten Gewerbetreibenden partizipiert: BGH GRUR 2002, 550 (554) – Elternbriefe und BGH GRUR 1990, 463 (464) – Firmenrufnummer; zu mittelbaren eigenen wirtschaftlichen Vorteilen durch die Einblendung des Namens eines Sponsors in eine Fernsehsendung: BGH GRUR 1992, 518 (520) – Ereignis-Sponsorwerbung.

[482] BGH GRUR 1982, 234 (235) – Großbanken-Restquoten.

[483] BGH GRUR 1998, 489 (492 f.) – Unbestimmter Unterlassungsantrag III; BGH GRUR 1997, 912 (913) – Die Besten I; BGH GRUR 1997, 914 (915) – Die Besten II; BGH GRUR 1994, 441 (442) – Kosmetikstudio; allgemein *Piper* FS Vieregge, 1995, 715 (723 ff.); *Piper* GRUR 1996, 147 (152).

[484] BGH GRUR 1992, 707 (708) – Erdgassteuer.

[485] Vgl. BGH GRUR 2018, 622 Rn. 27 ff. – Verkürzter Versorgungsweg II; BGH GRUR 2016, 710 Rn. 43 ff. – Im Immobiliensumpf. Es ist aber auch umgekehrt nicht zu beanstanden, wenn die lauterkeitsrechtliche Kontrolle auch für Äußerungen gilt, die nicht ausschließlich wirtschaftlichen Zwecken dienen, BVerfG GRUR 2008, 81 (82) – Pharmakartell.

[486] BGH GRUR 2018, 622 Rn. 31 – Verkürzter Versorgungsweg II; BGH GRUR 2016, 710 Rn. 46 – Im Immobiliensumpf; BGH GRUR 2012, 74 Rn. 31 – Coaching-Newsletter; BVerfG GRUR 2008, 81 (82) – Pharmakartell; BVerfG GRUR 2001, 1058 (1059) – Therapeutische Äquivalenz; BVerfG GRUR 2001, 170 (173) – Benetton I; BVerfG NJW 1992, 1153 (1154).

[487] BGH GRUR 2019, 97 Rn. 30 – Apothekenmuster; zur EU-Grundrechtecharta vgl. *B. Raue* GRUR-Int 2012, 402 ff.

[488] BGH GRUR 2018, 622 Rn. 28 f. – Verkürzter Versorgungsweg II; BGH GRUR 2015, 694 Rn. 34 – Bezugsquellen für Bachblüten; BGH WRP 2012, 77 Rn. 27 ff. – Coaching-Newsletter; BGH GRUR 2008, 1124 Rn. 16 – Zerknitterte Zigarettenschachtel; BGH WRP 2008, 1527 Rn. 17 – Dieter Bohlen; BVerfG GRUR 2001, 170 (172) – Benetton I; BVerfG GRUR 2002, 455 – Tier- und Artenschutz vgl. auch *Lindacher* FS Tilmann, 2003, 195 ff. Zum Schutz der Meinungsfreiheit nach Art. 11 EU-Grundrechtecharta vgl. BGH GRUR 2011, 631 Rn. 18 ff. – Unser wichtigstes Cigarettenpapier, dazu näher *B. Raue* GRUR-Int. 2012, 402 ff.

[489] BVerfG GRUR 2013, 1266 Rn. 19 ff. – Winkeladvokatur; BVerfG GRUR 2008, 81 ff. – Pharmakartell; vgl. auch zur Veröffentlichung fremder Meinungsäußerungen auf eigenen Internetseiten, die neben der damit zunächst bezweckten Informationen auch die eigene unternehmerische Tätigkeit fördert und bei der

ungenehmigte Verwendung des Bildnisses einer prominenten Persönlichkeit aus dem Bereich der Zeitgeschichte in einer Werbeanzeige, die sich satirisch mit einem aktuellen Tagesereignis auseinandersetzt, muss nach dem BGH vom Betroffenen hingenommen werden.[490] Es widerspricht zwar nicht dem Grundrechtsschutz aus Art. 5 Abs. 1 GG, dass getarnte Werbung grundsätzlich unlauter ist; mit dem Gebot, redaktionelle Beiträge und Werbung in Zeitungen zu trennen, darf aber keine übermäßige Beschränkung der Meinungs- und Pressefreiheit einhergehen.[491] Der Presse muss möglich sein, in ihrem redaktionellen Teil über bestimmte Unternehmen sowie über ihre Produkte und Erzeugnisse auch positiv zu berichten.[492] Bei einer Einschränkung der Meinungsäußerungsfreiheit auf der Grundlage des Wettbewerbsrechts und insbesondere des § 3 UWG ist die Verletzung hinreichend wichtiger, durch diese Norm geschützter Belange darzutun.[493] Als solche Belange, welche „die Funktionsfähigkeit des Leistungswettbewerbs im wettbewerblichen Handeln einzelner Unternehmen oder als Institution stören", hat das BVerfG etwa **unlautere Einflussnahmen auf die freie Entschließung des Kunden, Behinderungen der Mitbewerber mit nicht leistungsgerechten Mitteln, Nachahmung und Ausbeutung, Schaffung eines Wettbewerbsvorsprungs durch Missachtung gesetzlicher Schranken und Einsatz vornehmlich machtbedingter Vorteile** angesehen.[494]

91b Eine Beeinträchtigung oder Gefährdung der lauterkeitsrechtlichen Schutzgüter ist jeweils konkret darzulegen. Bringen die Äußerungen eine hinreichende Gefährdung der wettbewerbsrechtlichen Schutzgüter mit sich, ist im Rahmen einer Abwägung der Bedeutung des Eingriffs mit dem Freiheitsrecht zu überprüfen, ob ein **Verbot** auch **verhältnismäßig** ist.[495] Ein beeinträchtigendes Werturteil kann umso eher zulässig sein, je nützlicher die Information für den Adressatenkreis ist oder je mehr aus anderen Gründen ein berechtigtes Informationsinteresse oder hinreichender Anlass für die Kritik besteht und je sachlicher die Kritik präsentiert wird. Je mehr das Interesse der sich Äußernden auf politische, wirtschaftliche, soziale oder kulturelle Belange der Allgemeinheit gerichtet ist, desto eher ist ihre Äußerung in Abwägung mit anderen Belangen gerechtfertigt.[496] Meinungsäußerungen, die zugleich wettbewerblichen Zwecken dienen, sind dabei strenger zu bewerten als Äußerungen, die nicht den lauterkeitsrechtlichen Verhaltensanforderungen, sondern lediglich dem allgemeinen Deliktsrecht unterliegen.[497] Das Interesse an sachlicher Information rechtfertigt jedoch auch unter dem Blickwinkel des Art. 5 GG keine unwahren Aussagen.[498] Nicht von Art. 5 GG gedeckt und damit stets unzulässig ist auch die Veröffentlichung einer kritischen Äußerung über einen Mitbewerber, die eine reine Schmähkritik

---

sich der Internetbetreiber von der fremden Äußerung nicht ernsthaft distanziert: OLG Hamm GRUR 2012, 279 ff. – Doppelmoral.

[490] BGH WRP 2007, 83 ff. – Rücktritt des Finanzministers, dazu *Zagouras,* Satirische Politikerwerbung, zum Verhältnis von Meinungsfreiheit und Persönlichkeitsschutz, WRP 2007, 115 ff.

[491] BVerfG NJW 2005, 3201 f. – Trennung von redaktionellen Beiträgen und Werbung.

[492] BVerfG NJW 2005, 3201 f. – Trennung von redaktionellen Beiträgen und Werbung; vgl. auch GroßKommUWG/*Peukert,* 3. Aufl., § 2 Rn. 194 f.

[493] BGH GRUR 2018, 622 Rn. 31 – Verkürzter Versorgungsweg II; BVerfG GRUR 2008, 81 (83) – Pharmakartell; BVerfG GRUR 2003, 442 – Benetton II; BVerfG GRUR 2002, 455 f. – Tier- und Artenschutz; BVerfG GRUR 2001, 1058 (1059 ff.) – Therapeutische Äquivalenz; BVerfG GRUR 2001, 170 (173) – Benetton I.

[494] BVerfG GRUR 2001, 1058 (1060) – Therapeutische Äquivalenz.

[495] BVerfG GRUR 2001, 1058 (1060) – Therapeutische Äquivalenz; BVerfG GRUR 2002, 455 (456) – Tier- und Artenschutz; EGMR NJW 2003, 497 ff. – Stambuk.

[496] BGH GRUR 2018, 622 Rn. 35 – Verkürzter Versorgungsweg II; BVerfG GRUR 2008, 81 (83) – Pharmakartell.

[497] BGH GRUR 2018, 622 Rn. 35 – Verkürzter Versorgungsweg II; BGH GRUR 2012, 74 Rn. 33 – Coaching-Newsletter.

[498] BGH WRP 2012, 77 Rn. 27 – Coaching-Newsletter; BGH GRUR 2003, 800 (802 f.) – Schachcomputerkatalog; zum mangelnden Schutz von irreführenden Angaben in Form von Tatsachenbehauptungen durch Art. 5 GG auch OLG Hamburg GRUR-RR 2005, 131 (136) sowie OLG Hamburg GRUR-RR 2005, 129 (131).

darstellt.[499] Eine Abwägung ist auch nach Bejahung einer geschäftlichen Handlung, deren Feststellung für sich allein noch nicht aus dem Schutzbereich des Art. 5 GG herausführt,[500] im Rahmen der Prüfung des materiellen Verbotstatbestandes vorzunehmen.[501] Die grundrechtlichen Wertungen sind gerade auch bei der Beurteilung der Unlauterkeit der in Rede stehenden Handlungen und nicht schon durch Verneinung einer geschäftlichen Handlung zu beachten.[502] Auch auf materiell-rechtlicher Ebene ist deshalb der Eingriff in das wettbewerbsrechtliche Schutzgut mit der Meinungsäußerungsfreiheit abzuwägen.[503] Eine Einschränkung des Grundrechts der Meinungsfreiheit durch lauterkeitsrechtliche Bestimmungen setzt deshalb die Feststellung einer Gefährdung des an der Leistung orientierten Wettbewerbs voraus.[504] Bei werblichen Äußerungen über Themen von erhöhter gesellschaftlicher politscher oder sozialer Bedeutung, die zum geistigen Meinungskampf in der Öffentlichkeit anregen sollen, unterliegt der Nachweis einer solchen Gefährdung besonderen Anforderungen.[505] Im Rahmen einer verfassungskonformen Beurteilung insbesondere von Werbemaßnahmen ist auch die durch **Art. 12 GG geschützte Berufsfreiheit** zu beachten,[506] die auch das Recht auf eine angemessene berufliche Außendarstellung einschließlich der Werbung umfasst und sich etwa auch auf das Medium **Internet** erstreckt.[507] Auch der Verstoß gegen eine Regelung, die wegen eines unverhältnismäßigen Eingriffs in die durch Art. 12 Abs. 1 GG geschützte Berufsfreiheit verfassungswidrig ist, kann nicht als unlautere Wettbewerbshandlung iSv §§ 3, 4 Nr. 11 UWG aF (jetzt: §§ 3, 4 Nr. 4) angesehen werden.[508]

IV. Maßnahmen bei und nach Vertragsschluss

1. Grundsatz. Die frühere Rechtsprechung ist davon ausgegangen, dass Maßnahmen im Rahmen von bereits begründeten Vertragsverhältnissen, die lediglich der Erfüllung und Durchsetzung individueller vertraglicher Pflichten dienen, nicht marktbezogen sind und demgemäß keine Wettbewerbshandlungen darstellen.[509] Dem lag der Gedanke zugrunde, dass der Wettbewerb um den Kunden nach Vertragsabschluss beendet war. Schon die jüngere Rechtsprechung hat aber in erheblichem Umfange auch **vertragsbezogene Handlungen** erfasst, insbesondere wenn eine breite Gruppe von Verbrauchern betroffen war.[510] Nunmehr sieht § 2 Abs. 1 Nr. 1 UWG entsprechend den für das verbraucherbezogene Lauterkeitsrecht verbindlichen Vorgaben der UGP-RL (Art. 3 Abs. 1) vor, dass der **lauterkeitsrechtlichen Beurteilung Handlungen vor, bei oder nach einem Geschäftsabschluss unterliegen.** Aufgrund der allgemeinen, nicht nur das verbraucherbezo- 92

[499] BGH GRUR 2018, 622 Rn. 31 – Verkürzter Versorgungsweg II; BVerfG GRUR 2008, 81 (83) – Pharmakartell.

[500] BVerfG NJW 1992, 1153.

[501] Vgl. BGH GRUR 2015, 924 Rn. 34 – Bezugsquellen für Bachblüten; BGH WRP 2012, 77 Rn. 31 ff. – Coaching-Newsletter; vgl. auch BGH GRUR 1997, 917 (919) – Kaffeebohne – für eine wettbewerbsfördernde Presseerklärung des Geschäftsführers eines Tonträgerherstellers und Musikverbandes unter der Überschrift „Der Kampf gegen die Kaffeebohne: Das Problem der Schutzlücke!" mit kritischen Äußerungen hinsichtlich der als urheberrechtsfrei angesehenen „Beatles"-Angebote eines bestimmten Kaffeerösters.

[502] BGH GRUR 2015, 694 Rn. 34 – Bezugsquellen für Bachblüten; BGH GRUR 2012, 74 Rn. 14 f. und 31 – Coaching-Newsletter.

[503] BGH GRUR 2018, 622 Rn. 34 ff. – Verkürzter Versorgungsweg II; BVerfG GRUR 2002, 455 (456) – Tier- und Artenschutz; BGH GRUR 2000, 703 (706) – Mattscheibe.

[504] BGH GRUR 2018, 622 Rn. 31 – Verkürzter Versorgungsweg II; BVerfG GRUR 2002, 455 (456) – Tier- und Artenschutz.

[505] BGH GRUR 2018, 622 Rn. 31 – Verkürzter Versorgungsweg II.

[506] Vgl. BGH GRUR 2019, 298 Rn. 35 ff. – Uber Black II; BGH GRUR 2019, 97 Rn. 30 – Apothekenmuster; BGH GRUR 2018, 622 Rn. 39 – Verkürzter Versorgungsweg II.

[507] BVerfG GRUR 2008, 152 – Gegnerliste.

[508] BGH GRUR 2008, 438 (439) – ODDSET.

[509] BGH GRUR 2015, 692 Rn. 15 – Hohlkammerprofilplatten; BGH GRUR 2007, 805 Rn. 13 f. – Irreführender Kontoauszug; BGH GRUR 2002, 1093 (1094) – Kontostandsauskunft.

[510] Vgl. BGH GRUR 2015, 692 Rn. 15 – Hohlkammerprofilplatten; BGH GRUR 2007, 805 (807) – Irreführender Kontoauszug; *Ahrens* FS Loewenheim, 2009, 407 (416 ff.).

gene Lauterkeitsrecht betreffenden Umsetzung in § 2 Abs. 1 Nr. 1 UWG gilt dies nun sowohl für verbraucher- als auch für unternehmensbezogenes Handeln. Die nachfolgenden Grundsätze sind daher für beide Arten vertraglichen Handelns maßgebend. Die vertraglichen Rechte und Rechtsbehelfe insbesondere von Verbrauchern sowie die lauterkeitsrechtliche Kontrolle bilden zwei sich überschneidende Kreise und ergänzen sich.[511]

93 **2. Vorgaben der UGP-Richtlinie.** Die für das verbraucherbezogene Lauterkeitsrecht verbindliche UGP-RL definiert in Art. 3 Abs. 1 ihren Anwendungsbereich wie folgt:

„Diese Richtlinie gilt für unlautere Geschäftspraktiken im Sinne des Art. 5 zwischen Unternehmen und Verbrauchern vor, während und nach Abschluss eines auf ein Produkt bezogenen Handelsgeschäfts."

Weiter heißt es in Art. 3 Abs. 2:

„Diese Richtlinie lässt das Vertragsrecht und insbesondere die Bestimmungen über die Wirksamkeit, das Zustandekommen oder die Wirkung eines Vertrags unberührt."

Auch wenn das Lauterkeitsrecht somit die Regelungen über das Zustandekommen, den Bestand des Vertrages und den Umfang der beiderseitigen vertraglichen Rechte unberührt lässt, bildet der Vertragsabschlusszeitpunkt keine Zäsur für die lauterkeitsrechtliche Kontrolle und das Vertragsverhältnis als solches keinen Schutz vor lauterkeitsrechtlicher Beurteilung. Im Auge zu behalten ist insoweit, dass die **UGP-Richtlinie unlauter erwirkte „geschäftliche Entscheidungen von Verbrauchern" abwehren** möchte und darunter gemäß **Art. 2 lit. k UGP-Richtlinie** zu verstehen ist:

„jede Entscheidung eines Verbrauchers darüber, ob, wie und unter welchen Bedingungen er einen Kauf tätigen, eine Zahlung insgesamt oder teilweise leisten, ein Produkt behalten oder abgeben oder ein vertragliches Recht im Zusammenhang mit dem Produkt ausüben will, unabhängig davon, ob der Verbraucher beschließt, tätig zu werden oder ein Tätigwerden zu unterlassen."

Daraus ist zu entnehmen, dass etwa **Zahlungsaufforderungen an Verbraucher**[512] oder die **Einwirkung auf Verbraucher,** ihre vertraglichen Rechte auszuüben oder nicht auszuüben, lauterkeitsrechtlich grds. überprüfbar sind.[513]

94 **3. Lauterkeitsrecht und Vertragsrecht.** Es bleibt bei dem schon nach bisherigem Recht geltenden Grundsatz, dass **unlauter zustande gekommene Verträge nicht per se unwirksam** sind.[514] Die Feststellung des unlauteren Charakters einer Geschäftspraxis hat keine Bindungswirkung für die Feststellung etwa der Missbräuchlichkeit einer Vertragsklausel.[515] Die Unlauterkeit einer geschäftlichen Handlung kann allerdings einen wichtigen Anhaltspunkt dafür geben, ob eine Vertragsklausel missbräuchlich ist und andererseits kann die Verwendung einer missbräuchlichen Klausel zugleich unlauter sein.[516] Darüber hinaus können Verträge, die zur Begehung unlauteren Wettbewerbs

[511] Eine Annäherung von Lauterkeitsrecht und Vertragsrecht konstatieren *Alexander* WRP 2012, 515 ff. und *Keßler/Micklitz* VuR 2009, 88 (93 f.), ebenso, wenn auch mit kritischer Zurückhaltung: *Ahrens* FS Loewenheim, 2009, 407 (416 ff.), *Köhler* spricht in WRP 2009, 898 (912) von einer erforderlichen „Neubestimmung". *Scherer* hält in WRP 2009, 761 (767) daran fest, dass es sich um „strikt getrennte Bereiche" handelt. Der von der EU vorangetriebene „New Deal for Consumers" sieht wiederum bei unlauterem Verhalten die Möglichkeit zu vertraglichen Rechtsbehelfen für Verbraucher vor.

[512] Vgl. BGH GRUR 2018, 1063 – Zahlungsaufforderung; OLG Frankfurt a. M. GRUR-RR 2018, 23 Rn. 13 – Servicewelt; *Scherer* NJW 2018, 3609 f. und *Köhler* GRUR 2008, 841 (843).

[513] Zu irreführenden Aufforderungen zur Zahlung nicht bestellter Dienstleistungen siehe BGH GRUR 2019, 1202 Rn. 12 ff. – Identitätsdiebstahl; vgl. dazu auch die Kommentierung zu § 2 Abs. 1 Nr. 9 UWG, → Rn. 216 ff.

[514] Dazu *Alexander* WRP 2012, 515 (521) mwN, abzulehnen ist entgegen *Micklitz/Reich* EuZW 2012, 126 (127), ein „Durchgriff" des Lauterkeitsrechts auf das Vertragsrecht.

[515] EuGH GRUR 2012, 639 Rn. 46 – Pereničová und Perenic/SOS; zu weiteren Anwendungsfällen für ein Zusammenwirken von Vertragsrecht und Lauterkeitsrecht vgl. *Alexander* WRP 2012, 515 (522).

[516] *Alexander* WRP 2012, 515 (519).

verpflichten, gemäß § 134 BGB nichtig sein, wenn der rechtsgeschäftlichen Verpflichtung selbst das wettbewerbswidrige Verhalten innewohnt.[517] Zudem kann die spätere Abwicklung und Durchsetzung unlauter zustande gekommener Verträge lauterkeitsrechtlich untersagt werden.[518]

4. Keine marktbezogene Außenwirkung und keine „Breitenwirkung". Für die Annahme einer lauterkeitsrechtlich erfassten geschäftlichen Handlung bei nachvertraglichem Verhalten ist weder eine marktbezogene Außenwirkung noch eine gewisse „Breitenwirkung" der Handlung erforderlich.[519] Der EuGH hat – abweichend von den Schlussanträgen des *Generalanwalts Wahl,* der eine „Geschäftspraktik" bei einem gegen einen **einzelnen Verbraucher** gerichteten Verhalten verneinte – entschieden, dass auch eine Handlung gegenüber einem einzelnen Verbraucher in den Anwendungsbereich der Richtlinie fällt. Es ist nach dem EuGH zudem kein Nachweis darüber erforderlich, dass weitere Verbraucher geschädigt worden sind und auch unerheblich, ob es sich um einen einmaligen Bearbeitungsfehler handelt, dem Unternehmen ein Schuldvorwurf zu machen war, ob der eingetretene Schaden geringfügig ist oder ob sich der Verbraucher die Information anderweit hätte beschaffen können.[520] Ausreichend ist vielmehr ein Verhalten, das geeignet ist, einen nachteiligen Einfluss auf eine geschäftliche Entscheidung des Verbrauchers auszuüben.[521] Der Anwendungsbereich des von der Richtlinie erfassten nachvertraglichen Verhaltens ist sonach äußerst weit.[522] Ein etwa erforderliches Regulativ sieht der EuGH nicht bei der Definition der Geschäftspraxis, sondern bei der Wahl der Sanktionen, die dem Gebot der Verhältnismäßigkeit genügen müssen.[523] Im Lichte der EuGH-Rechtsprechung sind Maßnahmen mit **marktbezogener Außenwirkung** umso mehr erfasst, wenn sie etwa eine Vielzahl von Kundenbeziehungen betreffen und sie geeignet sind, neue Vertragspflichten zu begründen bzw. bestehende zu erweitern.[524] Gleiches gilt, wenn die Maßnahmen geeignet sind und dazu dienen, den **bisherigen Kundenstamm zu erhalten.**[525] Mit Blick auf eine **einheitliche Auslegung** müssen diese Grundsätze auch für das nachvertragliche **Verhalten im B2B-Bereich** gelten. 95

5. Erforderlicher Absatzförderungszusammenhang? Es entsprach bislang wohl überwiegender Auffassung, dass die Anwendbarkeit des UWG auf vertragsabschlussbezogene oder nachvertragliche Handlungen keinen Absatzförderungszusammenhang verlangt.[526] Der BGH hat aber mittlerweile entschieden, dass das Merkmal des „objektiven Zusammenhangs" im Sinne von § 2 Abs. 1 Nr. 1 UWG funktional zu verstehen ist und voraussetzt, 96

---

[517] BGH GRUR 2012, 1050 Rn. 20 – Dentallaborleistungen.

[518] BGH WRP 2001, 1073 ff. – Gewinn-Zertifikat; BGH GRUR 1995, 358 ff. – Folgeverträge II; BGH GRUR 1994, 126 f. – Folgeverträge I; *Sack* WRP 2002, 396 ff.; *von Ungern-Sternberg* WRP 2000, 1057 ff.

[519] EuGH GRUR 2015, 600 Rn. 41 ff. – Ungarische Verbraucherschutzbehörde/UPC; abweichend *Generalanwalt Wahl* in seinen Schlussanträgen in der Sache UPC (Rechtssache C-388/13); vgl. auch *Glöckner* WRP 2009, 1175 (1182); *Beater,* Unlauterer Wettbewerb, 2011, Rn. 906, setzt die Anforderungen zu hoch, wenn er verlangt, dass die Maßnahme „Teil einer Geschäftsstrategie" sein soll; *Erdmann/Pommerening* in Gloy/Loschelder/Danckwerts, HdbWettbR, 5. Aufl., § 31 Rn. 85 plädiert seit jeher für eine weite Auslegung.

[520] EuGH GRUR 2015, 600 Rn. 41 ff. – Ungarische Verbraucherschutzbehörde/UPC; *Büscher* GRUR 2016, 113 ff.

[521] EuGH GRUR 2015, 600 Rn. 41 ff. – Ungarische Verbraucherschutzbehörde/UPC.

[522] Meine in der 3. Aufl. vertretene Auffassung, wonach ein nachvertragliches Verhalten „zumindest potentiell auch eine marktbezogene Außenwirkung entfalten" können muss, halte ich nicht mehr aufrecht.

[523] Vgl. *Büscher* GRUR 2016, 113; zu Verhältnismäßigkeitserwägungen im Zusammenhang mit einem Verbotsausspruch vgl. BGH GRUR 2015, 286 Rn. 19 ff. – Spezialist für Familienrecht; *Köhler* spricht in WRP 2009, 898 (903) von einem berechtigten Anliegen, nicht „aus jeder Mücke einer Vertragsverletzung einen Elefanten eines Lauterkeitsverstoßes" zu machen und will bei bloß singulärem Fehlverhalten eine Wiederholungsgefahr verneinen, so auch *Köhler*/Bornkamm/Feddersen, § 2 Rn. 86.

[524] BGH GRUR 2009, 876 Rn. 14 – Änderung der Voreinstellung II; BGH GRUR 2007, 805 (806) – Irreführender Kontoauszug; OLG Karlsruhe GRUR-RR 2008, 83 f. – Kundenreklamation.

[525] Vgl. insoweit zum alten Recht: BGH GRUR 1992, 450 (452) – Beitragsrechnung; BGH GRUR 1970, 465 (467) – Prämixe; aA: BGH (VI. ZS) WRP 2003, 76 f. – Ersetzung unwirksamer Versicherungsbedingungen, mit kritischer Anmerkung *Schünemann* WRP 2003, 16 f.

[526] Vgl. *Köhler*/Bornkamm/Feddersen, § 2 Rn. 74 und *Köhler* NJW 2008, 3032 (3035).

dass die Handlung bei objektiver Betrachtung darauf gerichtet ist, durch Beeinflussung der geschäftlichen Entscheidung der Verbraucher oder sonstigen Marktteilnehmern den Absatz oder den Bezug von Waren oder Dienstleistungen des eigenen oder eines fremden Unternehmens zu fördern.[527] Aus dem Urteil *„Standardisierte Mandatsbearbeitung"* ist zunächst zu entnehmen, dass eine geschäftliche Handlung nur vorliegt, wenn sie auf eine **Beeinflussung der geschäftlichen Entscheidung der Verbraucher oder sonstigen Marktteilnehmern gerichtet** ist.[528] Liegt eine solche Beeinflussungsqualität vor, ist **regelmäßig auch ein Absatzförderungszusammenhang anzunehmen.**[529] Im nachvertraglichen Bereich ist jedoch ein **Absatzförderungszusammenhang nicht zwingend erforderlich.**[530] Entsprechend dem Wortlaut von § 2 Abs. 1 Nr. 1 UWG reicht es vielmehr aus, wenn das Verhalten (1) **mit der „Förderung des Absatzes"** oder des Bezugs **oder (2) mit dem „Abschluss" oder (3) der „Durchführung eines Vertrags"** objektiv zusammenhängt (in den Worten der Richtlinie: „... jede Handlung ... die unmittelbar mit der Absatzförderung, dem Verkauf oder der Lieferung eines Produkts an Verbraucher zusammenhängt"). So mag es zweifelhaft sein, ob etwa Maßnahmen zur Schuldeneintreibung, die nach den „Leitlinien der Kommission" in den Anwendungsbereich der Richtlinie fallen sollen, weil sie direkt an den Verkauf oder die Lieferung von Produkten geknüpft sind,[531] noch als „Absatzförderungsmaßnahmen" anzusehen sind, auch wenn sie zweifellos die wirtschaftliche Stellung eines Unternehmens verbessern. Es erscheint deshalb sachgerechter, den Absatzförderungszusammenhang nicht zu überdehnen und stattdessen an den Abschluss oder die Durchführung eines Vertrags anzuknüpfen. Für vertragsabschlussbezogene und nachvertragliche Maßnahmen erforderlich, aber auch ausreichend ist sonach, dass sie auf eine Entscheidung des Verbrauchers oder der übrigen Marktbeteiligten gerichtet sind und mit einem (oft vorliegenden) Absatzförderungszusammenhang oder mit dem Abschluss oder der Durchführung eines Vertrags (nach der Richtlinie: oder dem Verkauf oder der Lieferung eines Produkts) im Zusammenhang stehen. Damit steht die **Rechtsprechung des EuGH**[532] im Einklang, weil der EuGH auf alle drei in Art. 2 lit. d genannten Kriterien („Absatzförderung", „Verkauf" oder „Lieferung" einer Ware oder Dienstleistung) abstellt und das Erfordernis eines Absatzförderungszusammenhangs im nachvertraglichen Bereich nicht weiter diskutiert.[533] Sofern bei einem Verhalten im nachvertraglichen Bereich auch ein Absatzförderungszusammenhang vorliegt, ein Unternehmen etwa seine mit ihm vertraglich verbundenen Kunden werbend auf eine Erweiterung des Vertrags oder auf den Bezug weiterer Produkte anspricht oder von einem Vertragswechsel abrät, liegt ein lauterkeitsrechtlicher „Standardfall" vor, der nicht entscheidend durch die

---

[527] BGH GRUR 2015, 694 Rn. 21 – Bezugsquellen für Bachblüten; grundlegend: BGH GRUR 2013, 945 Rn. 17 ff. – Standardisierte Mandatsbearbeitung; ebenso schon BGH GRUR 2010, 1117 Rn. 18 – Gewährleistungsausschluss im Internet.

[528] BGH GRUR 2013, 945 Rn. 17 und 26 – Standardisierte Mandatsbearbeitung.

[529] So erspart die Vereinbarung eines Gewährleistungsausschlusses dem Unternehmer Kosten, weil sie den Verbraucher davon abhält, Gewährleistungsansprüche geltend zu machen, BGH GRUR 2010, 117 Rn. 18 – Gewährleistungsausschluss im Internet, ebenso wenn ein Unternehmen seinen Kunden durch sein Verhalten im Rahmen der Vertragsdurchführung daran hindert, künftig Dienstleistungen eines Mitbewerbers in Anspruch zu nehmen, BGH GRUR 2009, 876 Rn. 25 – Änderung der Voreinstellung II.

[530] Abweichend offenbar: BGH GRUR 2015, 694 Rn. 21 – Bezugsquellen für Bachblüten; BGH GRUR 2013, 945 Rn. 17 ff. – Standardisierte Mandatsbearbeitung; ein Absatzförderungszusammenhang ist nicht erwähnt in BGH GRUR 2020, 886 Rn. 31 ff. – Preisänderungsregelung und BGH GRUR 2019, 1202 Rn. 12 ff. – Identitätsdiebstahl.

[531] Leitlinien zur Anwendung/Umsetzung der Richtlinie 2005/29/EG über unlautere Geschäftspraktiken (SEK(2009) 1666), Arbeitspapier der Kommissiondienststellen), 3.12.2009. Im Urteil BGH GRUR 2018, 1063 – Zahlungsaufforderung ist nicht einmal diskutiert, ob eine Zahlungsaufforderung eines Inkassounternehmens eine „geschäftliche Handlung" darstellt, auch *Scherer* NJW 2018, 3609 (3610) sieht diese Frage zu Recht als „nicht zweifelhaft" an; ebenso *Scherer* GRUR 2020, 1136 (1137).

[532] EuGH GRUR 2015, 600 Rn. 34 ff. – Ungarische Verbraucherschutzbehörde/UPC.

[533] In EuGH GRUR 2015, 600 ff. – Ungarische Verbraucherschutzbehörde/UPC war ein dort nicht besonders thematisierter Absatzförderungszusammenhang ohne weiteres zu bejahen, weil das Unternehmen seine Leistungen länger als bei richtiger Auskunft erbringen und abrechnen konnte.

vertragliche Verbundenheit der Beteiligten geprägt ist. Dass ein Unternehmen im „Markt seiner Vertragspartner“ werbend agiert, ist gewöhnliches geschäftliches Verhalten, zumal anerkannt ist, dass auch ein Verhalten gegenüber einem geschlossenen Personenkreis oder gegenüber Einzelpersonen lauterkeitsrechtlich relevant ist.[534]

6. Objektiver Abschluss- oder Durchführungszusammenhang mit einem Vertrag und Beeinflussung einer „geschäftlichen Entscheidung“. Eine lauterkeitsrechtlich erfasste vertragsbezogene Handlung liegt nicht nur bei einem Absatzförderungszusammenhang, sondern auch dann vor, wenn sie mit dem **Abschluss** oder der **Durchführung eines Vertrags „objektiv zusammenhängt“.** Das setzt zunächst voraus, dass die Handlung bei objektiver Betrachtung geeignet ist, die **geschäftlichen Entscheidungen von Verbrauchern oder sonstigen Marktteilnehmern** zu beeinflussen[535] (vgl. Erwäggr. 7 und Art. 3 Abs. 1 UGP-RL). Das Verhalten muss also einen Verbraucher oder sonstigen Marktteilnehmer darüber beeinflussen, „ob, wie und unter welchen Bedingungen er einen Kauf tätigen, eine Zahlung insgesamt oder teilweise leisten, ein Produkt behalten oder abgeben oder ein vertragliches Recht im Zusammenhang mit dem Produkt ausüben will, unabhängig davon, ob der Verbraucher oder sonstige Marktteilnehmer sich entschließt, tätig zu werden oder ein Tätigwerden zu unterlassen“ (vgl. § 2 Abs. 1 Nr. 9 UWG). Erfasst ist jedes Verhalten eines Unternehmers vor, bei und nach Geschäftsabschluss, auch wenn es sich erst auf einer späteren Stufe auswirkt. Auch ein Verhalten vor oder bei Geschäftsabschluss, das sich erst bei Durchführung des Vertrags auswirkt, ist danach erfasst.[536] Ferner ist auch ein unternehmerisches Verhalten, das darauf abzielt, den Vertragspartner zu veranlassen, von seinen Rechten keinen Gebrauch zu machen, erfasst.[537] Weil die **bloße Schlecht- oder Nichtleistung** eines Unternehmens zwar Rechte des Betroffenen begründen kann, aber nicht auf eine geschäftliche Entscheidung zielt, ist die **bloße Schlecht- oder Nichtleistung lauterkeitsrechtlich nicht erfasst.**[538] Das Erfordernis des funktionalen Bezugs auf die Beeinflussung der geschäftlichen Entscheidung gilt auch im Hinblick auf das **Verhalten gegenüber Mitbewerbern oder sonstigen Marktteilnehmern,** das von der UGP-RL allenfalls mittelbar betroffen ist (vgl. Erwägungsgrund 8 der Richtlinie), der Begriff des „objektiven Zusammenhangs“ ist insoweit im Interesse der Rechtseinheit **einheitlich auszulegen.**[539] 97

7. Verträge über Waren oder Dienstleistungen. Der lauterkeitsrechtlichen Kontrolle unterliegen grundsätzlich **alle Arten von Verträgen über Waren oder Dienstleistungen.** Dazu rechnen etwa Kaufverträge, Mietverträge, Leihverträge, Schenkungen, Garantieverträge und Darlehensverträge.[540] Unerheblich ist, ob der Unternehmer als Vertragspartner Anbieter oder Nachfrager von Waren oder Dienstleistungen ist.[541] Der Lauterkeitskontrolle unterliegen sowohl Verträge im B2C- als auch Verträge im B2B-Bereich hinsichtlich aller nur denkbaren Waren und Dienstleistungen. Erfasst sind Verträge jedweder Art, die Lieferungen von Waren oder die Erbringung von Dienstleistungen betreffen, wobei es auf eine Entgeltlichkeit nicht ankommt, so dass etwa auch ein Verhalten im 98

[534] Vgl. Köhler/*Bornkamm/Feddersen,* § 5 Rn. 1.36 und EuGH GRUR 2015, 600 Rn. 34 ff. – Ungarische Verbraucherschutzbehörde/UPC.

[535] BGH GRUR 2020, 886 Rn. 31 ff. – Preisänderungsregelung; BGH GRUR 2019, 1202 Rn. 13 – Identitätsdiebstahl; BGH GRUR 2019, 754 Rn. 20 – Prämiensparverträge; BGH GRUR 2013, 945 Rn. 31 – Standardisierte Mandatsbearbeitung.

[536] BGH GRUR 2018, 950 Rn. 45 – Namensangabe; BGH GRUR 2010, 1117 Rn. 18 – Gewährleistungsausschluss im Internet.

[537] Vgl. die Kommentierung zu → § 2 Rn. 216 ff.

[538] BGH GRUR 2013, 945 Rn. 26 – Standardisierte Mandatsbearbeitung; *Büscher* GRUR 2016, 113 (114); *Ahrens* FS Loewenheim, 2009, 407 (418); ebenso *Scherer* WRP 2009, 761 (767); aA wenn von vorneherein kein Wille zur (rechtzeitigen) Leistung bestand: OLG Köln GRUR-RS 2020, 17155 Rn. 9 ff. – Sofortbonus.

[539] BGH GRUR 2013, 945 Rn. 19 – Standardisierte Mandatsbearbeitung.

[540] Zu den Arten der erfassten Vertragsverhältnisse vgl. *Köhler* WRP 2009, 898 (900).

[541] *Köhler* WRP 2009, 898 (900).

Zusammenhang mit Auslobungen oder Werbegeschenken erfasst ist.[542] Erfasst sind nicht nur **Dauerschuldverhältnisse,** sondern auch **auf einen einmaligen Leistungsaustausch gerichtete Verträge.**

99 **8. Beispiele für lauterkeitsrechtlich erfasstes vertragsbezogenes Handeln.** Schon vor der UGP-RL hat die Rechtsprechung mehr und mehr auch vertragsbezogenes Handeln, insbesondere im Massenverkehr, lauterkeitsrechtlich erfasst. Auch unter dem Blickwinkel der UGP-RL wird die ältere Rechtsprechung in weitem Umfang Bestand haben und beispielsweise weiter gültig sein, dass die **Schlecht- oder Nichterfüllung individueller Vertragsansprüche nicht zum Mittel des Wettbewerbs gemacht werden darf.**[543] Die bisherige Rechtsprechung kann deshalb mit der gebotenen Vorsicht auch unter dem maßgebenden Blickwinkel der UGP-RL noch zur Orientierung herangezogen werden, so dass darauf nachfolgend noch beispielhaft verwiesen werden kann. Die lauterkeitsrechtliche Prüfung von vertragsbezogenem Verhalten reicht tendenziell allerdings weiter als nach altem Recht.[544] Sofern ein Lauterkeitsverstoß wegen der Verletzung kundenbezogener vertraglicher Rechte geltend gemacht wird, müssen diese Rechte aber auch tatsächlich bestehen. Der handelnde Unternehmer trägt insoweit das Risiko der richtigen Beurteilung.[545]

100 **a) Verstoß gegen verbraucherbezogenes Vertragsrecht.** Eine zwar unmittelbar nur die Leistungsbeziehungen zwischen Vertragspartnern regelnde Vorschrift, die als zwingende Norm den Schutz der Verbraucher in allen einschlägigen Fällen regelt, gibt zugleich eine Verhaltensdirektive für marktbezogenes lauteres Verhalten, normwidriges Verhalten unterliegt damit wettbewerbsrechtlicher Beurteilung.[546] Die durch einen Unternehmer erfolgte **Ankündigung der Vereinbarung eines Gewährleistungsausschlusses** ist eine geschäftliche Handlung.[547] Die Verwendung von **gesetzwidrigen Widerrufsbelehrungen** durch ein Unternehmen erfolgt im marktbezogenen geschäftlichen Verkehr.[548] Eine marktbezogene geschäftliche Handlung ist auch dann gegeben, wenn ein Unternehmen seine Kunden durch **irreführende Angaben** von der Geltendmachung eines Kündigungs- oder Widerrufsrechts abhält[549] oder gegenüber einem Kunden irreführende Angaben zu dessen Kündigungsrecht[550] oder über einen Verjährungseintritt[551] macht. Auch die Verwendung von **Allgemeinen Geschäftsbedingungen** stellt eine marktbezogene geschäftliche Handlung dar.[552] Ob die Verwendung von Allgemeinen Geschäftsbedingungen stets in einem objektiven Absatzförderungszusammenhang steht, ist letztlich nicht entscheidend, weil die Verwendung von AGB's naturgemäß objektiv mit dem Abschluss eines Vertrages im

[542] *Köhler* WRP 2009, 898 (900).

[543] Vgl. dazu BGH GRUR 2015, 692 Rn. 15 – Hohlkammerprofilplatten.

[544] Vgl. auch *Alexander* WRP 2012, 515 ff., ebenso, wenn auch kritisch: *Ahrens* FS Loewenheim, 2009, 407 (416 ff.); *Köhler* WRP 2009, 898 (912).

[545] *Köhler* FS Medicus, 2009, 225 (231).

[546] Zum Reisevertragsrecht siehe BGH GRUR 2000, 731 (733); OLG Frankfurt a. M. GRUR 2002, 727 (729) – Kerosinzuschlag. Zur Widerrufsbelehrung nach § 1 HWiG aF (= § 312 Abs. 2 BGB nF): BGH GRUR 1990, 46 – Heizgeräte-Vertrieb; BGHZ 121, 52 (57 f.) – Widerrufsbelehrung. Zum Verstoß gegen Informationspflichten beim Fernabsatzgeschäft: OLG Karlsruhe GRUR 2002, 730 f. – Lottotipps.

[547] BGH GRUR 2013, 945 Rn. 26 – Standardisierte Mandatsbearbeitung; BGH GRUR 2010, 1117 Rn. 18 – Gewährleistungsausschluß im Internet; BGH GRUR 2010, 1120 Rn. 21 – Vollmachtsnachweis.

[548] BGH GRUR 1986, 816 (818) – Widerrufsbelehrung bei Teilzahlungskauf; vgl. ferner: BGH GRUR 2002, 1085 (1087 f.) – Belehrungszusatz; BGH GRUR 2002, 720 f. – Postfachanschrift; BGH WRP 2003, 891 ff. – Abonnementvertrag; OLG Frankfurt a. M. GRUR-RR 2007, 56 (57) – Sprechender Link.

[549] BGH GRUR 1986, 816 (818) – Widerrufsbelehrung bei Teilzahlungskauf; vgl. ferner *Mees,* Zur wettbewerbsrechtlichen Beurteilung des Verhaltens nach Vertragsschluss, FS Brandner, 1996, 473 ff.

[550] EuGH GRUR 2015, 600 Rn. 33 ff. – Ungarische Verbraucherschutzbehörde/UPC.

[551] BGH GRUR 2017, 1144 – Reisewerte.

[552] Als selbstverständlich angesehen in BGH GRUR 2018, 423 Rn. 41 ff. – Klauselersetzung; vgl. ferner BGH GRUR 2012, 949 Rn. 45 ff. – Missbräuchliche Vertragsstrafe; BGH GRUR 2014, 88 Rn. 26 – Vermittlung von Netto-Policen; BGH GRUR 2010, 1117 Rn. 26 ff. – Gewährleistungsausschluß im Internet.

Zusammenhang steht.[553] Der Zweck der §§ 307 ff. BGB ist nicht nur der Schutz der Vertragspartner vor Benachteiligung durch einseitige Ausnutzung der Vertragsgestaltungsfreiheit, sondern auch die Abwendung von Nachteilen, die dem Wirtschaftsverkehr durch den nicht funktionierenden Konditionenwettbewerb drohen. Klauselverbote und AGB-Vorschriften sind als marktverhaltenssteuernde Regelungen iSd § 3a/§ 4 Nr. 11 aF UWG anzusehen, so dass Mitbewerber und Verbände **unwirksame AGB** beanstanden können.[554] Eine geschäftliche Handlung ist auch anzunehmen, wenn Maßnahmen – wie etwa eine Reaktion auf Kundenreklamationen – eine überschießende werbende Wirkung entfalten.[555]

b) Vertragsverletzungen. Die bloße **Schlecht- oder Nichterfüllung vertraglicher Pflichten** liegt außerhalb des vom UWG erfassten geschäftlichen Verkehrs,[556] weil insoweit regelmäßig der erforderliche **funktionale Zusammenhang** (vgl. → Rn. 97) fehlt, den Verbraucher (oder sonstigen Marktbeteiligten) zu einer **geschäftlichen Entscheidung** veranlassen zu wollen.[557] Bei einfachen, insbesondere fahrlässigen **Vertragsverletzungen** ging die ältere Rechtsprechung nur dann von einer Wettbewerbshandlung aus, wenn diese nach Umfang und Ausmaß ein besonderes Gewicht hatten,[558] und für geringfügige **nachvertragliche Fehlleistungen eines Unternehmens im Massenverkehr** hat der BGH angenommen, dass diese lauterkeitsrechtlich noch bedeutungslos sein sollen.[559] Diese ältere Rechtsprechung ist überholt.[560] Auch bei bloß singulären Verstößen im Massengeschäft ist ein (kein Verschulden verlangendes) Unterlassungsgebot auszusprechen. Ein Absehen von einem Verbot kommt nur in besonderen Ausnahmefällen ggf. dann in Betracht, wenn trotz größtmöglicher Sicherheitsmaßnahmen unter Beachtung der unternehmerischen Sorgfalt einzelne Fehlleistungen unvermeidlich sind und ein Verbot deswegen ganz unverhältnismäßig wäre.[561] Auch individuelle Fehlleistungen in einem Vertragsverhältnis, die geeignet sind, den Betroffenen zu einer geschäftlichen Entscheidung zu veranlassen, die er ansonsten nicht getroffen hätte, sind lauterkeitsrechtlich erfasst, ohne dass es auf die Schwere des Verstoßes, seine Häufigkeit sowie die Schwere der Schuld ankommt.[562] Es wäre lediglich im Rahmen eines Ordnungsmittelverfahrens zu prüfen, ob ein „unbewusster Fehler" oder ein gewichtigeres Verschulden vorliegt.[563] 101

---

[553] OLG Hamm NJOZ 2013, 545.

[554] BGH GRUR 2018, 423 Rn. 41 ff. – Klauselersetzung; BGH GRUR 2014, 88 Rn. 26 – Vermittlung von Netto-Policen; BGH GRUR 2012, 949 Rn. 45 ff. – Missbräuchliche Vertragsstrafe; BGH GRUR 2010, 1117 Rn. 27 f. – Gewährleistungsausschluß im Internet; vgl. ferner OLG Hamburg MMR 2013, 505 f. – Unklare AGB-Klausel eines Online-Shops; OLG München BeckRS 2015, 00630 – Preisanpassungsklausel; aM noch OLG Hamburg GRUR-RR 2007, 287 – Horse Equipe sowie OLG Köln GRUR-RR 2007, 285 – Schriftformklausel; zur Diskussion siehe auch *Metzger* GRUR-Int 2015, 687 ff.; *Köhler* WRP 2012, 1475 ff.; *Steckenborn* BB 2012, 2324 ff.

[555] OLG Jena GRUR-RR 2008, 83 (84); OLG Karlsruhe GRUR-RR 2008, 83 f. – Kundenreklamation.

[556] BGH GRUR 2013, 945 Rn. 26 – Standardisierte Mandatsbearbeitung; zum alten Recht, vgl. BGH GRUR 2015, 692 Rn. 15 – Hohlkammerprofilplatten; siehe auch *Köhler*/Bornkamm/Feddersen, § 2 Rn. 81; kritisch Ohly/*Sosnitza,* § 2 Rn. 23.

[557] Hierzu *Koch* WRP 2019, 1259 Rn. 6.

[558] BGH GRUR 2007, 805 Rn. 13 – Irreführender Kontoauszug; BGH GRUR 2002, 1093 (1094) – Kontostandsauskunft.

[559] Vgl. dazu BGH GRUR 2007, 987 Rn. 24 – Änderung der Voreinstellung; dazu zutreffend kritisch *Berneke,* Absicht und Versehen bei Massengeschäften, FS Doepner, 2008, 3 ff.

[560] So auch Verfasser in der 3. Aufl. dieses Kommentars, s. dort → § 2 Rn. 41; so nun auch OLG Köln GRUR-RS 2020, 17155 Rn. 9 ff. – Sofortbonus; GroßKommUWG/*Peukert,* 3. Aufl., § 2 Rn. 278 hat meine bisherige Position missverstanden.

[561] *Büscher* GRUR 2016, 115 (116), vgl. etwa zum Ausschluss der Irreführung aufgrund von Umständen, die erst nach Erscheinen einer Werbung auftreten und die unter Berücksichtigung der fachlichen Sorgfalt für den Unternehmer zum Zeitpunkt der Werbung nicht voraussehbar waren: BGH GRUR 2012, 213 – Frühlings-Special, sowie *Keller* FS Bornkamm, 2014, 381 (386 f.).

[562] EuGH GRUR 2015, 600 Rn. 45 ff. – Ungarische Verbraucherschutzbehörde/UPC.

[563] Zutreffend *Berneke* FS Doepner, 2008, 1 ff.; abweichend: *Isele* GRUR 2009, 727 ff.; 2010, 309 f.

102 **c) Bewusste Verletzung einer vertraglichen Pflicht und Neubegründung oder Erweiterung von Vertragspflichten.** Die **bewusste Verletzung einer vertraglichen Pflicht** durch einen Wettbewerber, die darauf gerichtet ist, diesem Wettbewerber Kunden zuzuführen oder zu erhalten, ist als eine geschäftliche Handlung anzusehen.[564] Dasselbe gilt, wenn das vertragswidrige Verhalten auf eine Neubegründung oder Erweiterung von Vertragspflichten des Kunden gerichtet ist.[565] Ebenso liegt eine geschäftliche Handlung vor, wenn ein Unternehmen seine Kunden durch sein Verhalten im Rahmen der Vertragsdurchführung daran hindert, zukünftig Dienstleistungen eines Wettbewerbers in Anspruch zu nehmen.[566]

103 **d) Kundentäuschung.** Sofern die Schlecht- oder Nichterfüllung individueller Vertragsansprüche und eine darin liegende **Kundentäuschung zum Mittel des Wettbewerbs** gemacht werden, liegt ein geschäftliches und unlauteres Verhalten vor.[567] Die Durchsetzung von Forderungen aus Verträgen, die durch systematische und zielgerichtete Täuschungshandlungen der Adressaten zustande gekommen sind und deren Fortbestand auch darauf zurückzuführen ist, dass die verursachte Täuschung bei der Durchführung des Vertrags durch konkludentes Verhalten aufrecht erhalten wird, ist eine unlautere geschäftliche Handlung.[568] Eine Kundentäuschung ist allerdings zu verneinen, wenn für den Kunden offensichtlich ist, vertragswidrig behandelt zu werden,[569] es mag aber eine unlautere aggressive Geschäftspraktik bei der Vertragsdurchführung vorliegen. Bei verbraucherbezogenen Handlungen muss ferner hinzukommen, dass die täuschungsgeeignete Handlung den Verbraucher tatsächlich oder voraussichtlich zu einer geschäftlichen Entscheidung veranlasst, die er ansonsten nicht getroffen hätte.

104 **e) Irreführendes Verhalten bei der Vertragsdurchführung.** Unlauter ist ein irreführendes Verhalten bei der Vertragsdurchführung. Einen besonderen Beispielsfall enthält insoweit die Regelung des Art. 6 Abs. 1 lit. g UGP-RL. Danach ist es unzulässig, über „die Rechte des Verbrauchers einschließlich des Rechts auf Ersatzlieferung oder Erstattung gemäß der Richtlinie über den Verbrauchsgüterkauf"[570] irrezuführen und ihn insoweit zu einer geschäftlichen Entscheidung zu veranlassen, die er ansonsten nicht getroffen hätte. Das betrifft **Irreführungen über die tatsächlichen Umstände** sowie über die **Rechtslage**[571], etwa im Zusammenhang mit **Gewährleistungsrechten**[572]**, Kündigungsrechten**[573] **oder Verjährungsfristen**[574] so etwa, wenn der Unternehmer die Verbrauchern zustehenden Rechte unrichtigerweise bestreitet, oder falsche Kündigungsdaten bzw. Verjährungsfristen nennt. Gegenüber Unternehmern mag insoweit ein milderer Maßstab

[564] BGH GRUR 2009, 876 Rn. 10 – Änderung der Voreinstellung II; BGH GRUR 2007, 987 Rn. 32 – Änderung der Voreinstellung.

[565] BGH GRUR 2015, 692 Rn. 15 – Hohlkammerprofilplatten; BGH GRUR 2009, 876 Rn. 14 – Änderung der Voreinstellung II.

[566] BGH GRUR 2013, 945 Rn. 26 – Standardisierte Mandatsbearbeitung; BGH GRUR 2009, 876 Rn. 25 – Änderung der Voreinstellung II; *Koch* WRP 2019, 1259 Rn. 6.

[567] BGH GRUR 2015, 692 Rn. 15 – Hohlkammerprofilplatten; BGH GRUR 2007, 987 Rn. 36 – Änderung der Voreinstellung; BGH GRUR 2002, 1093 (1094) – Kontostandsauskunft; vgl. ferner: BGH GRUR 2001, 1178 – Gewinnzertifikate; BGH GRUR 1987, 180 f. – Ausschank unter Eichstrich II; BGH GRUR 1986, 816 (818 f.) – Widerrufsbelehrung bei Teilzahlungskauf; BGH GRUR 1983, 587 (588) – Letzte Auftragsbestätigung.

[568] BGH GRUR 1995, 358 (360) – Folgeverträge II; BGH GRUR 1994, 126 (127) – Folgeverträge I.

[569] *Köhler* FS Medicus, 2009, 225 (231) sowie eingehend in WRP 2009, 898 (906 ff.).

[570] Die RL wird zum 1.1.2022 von der vollharmonisierenden RL 2019/771 vom 20.5.2019 abgelöst.

[571] Der BGH sieht allerdings Rechtsansichten als Meinungsäußerungen an, die nur eingeschränkter Irreführungskontrolle unterliegen: BGH GRUR 2020, 886 – Preisänderungsregelung; BGH GRUR 2019, 754 Rn. 25 ff. – Prämiensparverträge; eingehend dazu: *Koch* WRP 2019, 1259 ff.; *Büscher* GRUR 2020, 217 (226).

[572] Vgl. *Köhler* FS Medicus, 2009, 225 (231); vgl. zum systematischen Ignorieren von Kundenrechten jurisPK-UWG/*Ernst,* 4. Aufl., § 2 Rn. 24.

[573] EuGH GRUR 2015, 600 Rn. 33 ff. – Ungarische Verbraucherschutzbehörde/UPC.

[574] BGH GRUR 2017, 1144 Rn. 13 ff. – Reisewerte.

gelten. Es bleibt zu erinnern, dass es gemäß § 5 Abs. 1 S. 2 Nr. 7 UWG unzulässig ist, über die Rechte des Verbrauchers, insbesondere solche aufgrund von Garantieversprechen oder Gewährleistungsrechte bei Leistungsstörungen, irrezuführen. Außerdem dürfen Verbrauchern auch gemäß § 5a Abs. 2 UWG keine wesentlichen Informationen vorenthalten werden. Darüber hinaus ist es auch irreführend, im Rahmen der Vertragsdurchführung die **Verpflichtungen aus Verhaltenskodizes** nicht einzuhalten und den Durchschnittsverbraucher hierdurch etwa von der Durchsetzung seiner Rechte abzuhalten (§ 5 Abs. 1 S. 2 Nr. 6 UWG). Es ist ferner nach der „Blacklist" (Anhang zu § 3 Abs. 3 UWG) unzulässig, Kundendienstleistungen in einer von der Geschäftsabschlusssprache abweichenden Sprache zu erbringen (Nr. 8 des Anhangs).

f) Verbotene aggressive Geschäftspraktiken bei der Vertragsdurchführung. Im 105
Rahmen der Durchführung eines Vertrages ist es im Lichte der UGP-RL auch untersagt, **bedrohende oder beleidigende Formulierungen oder Verhaltensweisen** insbesondere bei **Zahlungsaufforderungen**[575] zu benutzen[576] (Art. 9 lit. b UGP-RL). Auch die Ankündigung des Besuchs durch ein „Inkasso-Team" kann aufgrund ihrer Mehrdeutigkeit unlauter sein.[577] Ferner ist untersagt, belastende oder unverhältnismäßige Hindernisse nicht vertraglicher Art zu verwenden, um den Verbraucher an der Ausübung seiner vertraglichen Rechte zu hindern, wozu auch das Recht gehört, den Vertrag zu kündigen oder zu einem anderen Produkt oder einem anderen Gewerbetreibenden zu wechseln (Art. 9 lit. d UGP-RL). Lauterkeitsrechtlich erfasst und unzulässig ist auch ein Hinweis in der Mahnung eines Unternehmens auf eine bevorstehende Übermittlung von Daten des Schuldners an die **Schufa,** sofern verschleiert wird, dass ein Bestreiten der Forderung durch den Schuldner ausreicht, um eine Übermittlung der Schuldnerdaten zu verhindern.[578] Ferner kann etwa die Errichtung unangemessener **Zugangshürden für die Ausübung vertraglicher Rechte,** etwa für die Geltendmachung von Gewährleistungsansprüchen oder Reklamationen (zB durch die Verwendung bestimmter Formulare oder durch Verweise an Hersteller), einen Lauterkeitsverstoß darstellen.[579] Schließlich ist untersagt, mit rechtlich unzulässigen Handlungen zu drohen (Art. 9 lit. e UGP-RL).

g) Unzureichendes „Vertragsmanagement". Ein Unternehmen muss **hinreichende Strukturen schaffen,** um die seinen Kunden, insbesondere Verbrauchern, eingeräumten vertraglichen Rechte auch zügig umsetzen zu können. Wenn etwa ein Telekom-Anbieter Pre-Selection-Aufträge an Konkurrenten weiterleitet und hierdurch erworbene Kunden seinem eigenen Betrieb zuführt, ohne die nach Fernabsatzrecht vorgesehenen Widerrufsfristen abzuwarten, handelt er unlauter.[580] Lauterkeitsrechtlich unzulässig wäre es, **auf Kundenbeschwerden stets nicht zu reagieren,** schon ein einmaliges Untätigbleiben kann lauterkeitsrechtlich relevant sein.[581] Zu verweisen ist auch auf **Nr. 27 des Anhangs zu § 3 Abs. 3.** Danach sind Maßnahmen unzulässig, „durch die der Verbraucher von der Durchsetzung seiner vertraglichen Rechte aus einem Versicherungsverhältnis dadurch abgehalten werden soll, dass von ihm bei der Geltendmachung seines Anspruchs die Vorlage von Unterlagen verlangt wird, die zum Nachweis dieses Anspruchs nicht erforderlich 106

[575] Zu irreführenden Aufforderungen zur Zahlung nicht bestellter Dienstleistungen vgl. BGH GRUR 2019, 1202 Rn. 12 ff. – Identitätsdiebstahl.

[576] Vgl. hierzu nunmehr BGH GRUR 2018, 1063 – Zahlungsaufforderung sowie *Scherer* NJW 2018, 3609 ff.

[577] OLG München WRP 2010, 295 (297); GroßKommUWG/*Peukert,* 3. Aufl., § 2 Rn. 319; *Koch* WRP 2019, 1259.

[578] *Pokrant* FS Büscher, 2018, 347 ff.; BGH GRUR 2015, 1134 Rn. 12 ff. – Schufa-Hinweis.

[579] Vgl. die Beispiele von *Köhler* GRUR 2008, 841 (844) und WRP 2009, 898 (905), der etwa auf „teure Mehrwertdienstenummern" sowie unzulässige „Bearbeitungsgebühren" bei Mängelrügen verweist.

[580] OLG Düsseldorf MMR 2009, 565 f. – Änderung der Voreinstellung; OLG Frankfurt a. M. MMR 2009, 566 – Wettbewerbswidrige Änderung der Voreinstellung.

[581] Vgl. EuGH GRUR 2015, 600 – Ungarische Verbraucherschutzbehörde/UPC; *Köhler* FS Medicus, 2009, 225 (233).

sind, oder dass Schreiben zur Geltendmachung eines solchen Anspruchs systematisch nicht beantwortet werden." Diese Regelung ist auch außerhalb der Versicherungsverhältnisse, ggf. analog, unter dem Blickwinkel eines Verstoßes gegen die Erfordernisse der unternehmerischen Sorgfalt, anwendbar, wobei dann allerdings sämtliche Umstände des Einzelfalls zu berücksichtigen sind.

107 **h) Werbende Vertragsunterlagen.** Ein geschäftliches marktbezogenes Verhalten liegt selbstverständlich vor, sofern gegenüber noch nicht vertragsgebundenen Adressaten **werbende vertragliche Angebotsunterlagen,** Bestellkarten, Auftragsformulare usw verwandt werden, auf deren Grundlage ein Vertragsverhältnis erst begründet werden soll.[582]

107a **i) Rechtsverfolgung.** Die auf vertraglicher Grundlage erfolgende **Rechtsverfolgung** von Ansprüchen gegenüber Verbrauchern stellt, weil sie auf eine gerichtliche Entscheidung und nicht auf eine von dem Verbraucher in eigener Verantwortung zu treffende Entscheidung abzielt, von vornherein keine geschäftliche Handlung dar.[583] Der von einem Unternehmen zur Rechtsverfolgung einer Klage gegenüber einem Verbraucher gehaltene Sachvortrag ist deshalb nicht – etwa durch eine Verbandsklage – lauterkeitsrechtlich beanstandungsfähig. Jedenfalls wären Äußerungen in einem solchen Verfahren – sofern sie sachbezogen, nicht auf der Handliegend falsch oder ehrverletzend sind – nach den allgemeinen Grundsätzen privilegiert[584] (vgl. → Rn. 78 f.).

B. § 2 Abs. 1 Nr. 2 (Marktteilnehmer)

Im Sinne dieses Gesetzes bedeutet

2. „Marktteilnehmer" neben Mitbewerbern und Verbrauchern alle Personen, die als Anbieter oder Nachfrager von Waren oder Dienstleistungen tätig sind.

Schrifttum: Siehe die Schrifttumsangaben zu § 2 Abs. 1 Nr. 1 UWG. Für ausgewählte Literatur zum Verbraucherschutz und zum Verbraucherleitbild im Wettbewerbsrecht siehe die Schrifttumsangaben bei § 2 Abs. 2 UWG.

I. Allgemeines

108 **1. Überblick.** Das UWG hat sich von einem reinen Sonderrecht der Gewerbetreibenden zu einem die **Lauterkeit des Wettbewerbs umfassend schützenden Marktrecht** entwickelt, das den Schutz der Mitbewerber, der Verbraucher und der Belange der Allgemeinheit gewährleistet. Mit der Definition der „Marktteilnehmer" in § 2 Abs. 1 Nr. 2 UWG benennt das Gesetz nunmehr alle auf dem Markt tätigen Akteure. Der Begriff des Marktteilnehmers erfasst als Oberbegriff einerseits mit den Verbrauchern alle nicht unternehmerisch tätigen Personen und andererseits alle unternehmerisch tätigen Marktakteure, nämlich die Mitbewerber, sowie alle sonstigen, nicht in einem „konkreten Wettbewerbsverhältnis" zu anderen Unternehmern stehenden, aber unternehmerisch als Anbieter oder Nachfrager von Leistungen im Markt auftretenden Personen.

109 **2. Berücksichtigungsfähigkeit von „Allgemeininteressen".** Das UWG schützt neben den „Marktteilnehmern" auch „zugleich" das Interesse der Allgemeinheit an der Erhaltung eines unverfälschten und damit funktionsfähigen Wettbewerbs[585] (vgl. § 1 S. 2 UWG). Umstritten ist jedoch, ob der Schutz vor unlauterem Wettbewerb mit dem Schutz

---

[582] BGH WRP 2003, 266 ff. – Widerrufsbelehrung IV; BGH GRUR 1990, 609 ff. – Monatlicher Ratenzuschlag.

[583] So auch *Scherer* GRUR 2020, 1136 (1137 f.); zu dem Erfordernis eines funktionalem Zusammenhangs mit einer „geschäftlichen Entscheidung" vgl. die Kommentierung → Rn. 29 sowie BGH GRUR 2019, 1202 Rn. 13 – Identitätsdiebstahl und BGH GRUR 2019, 754 Rn. 20 – Prämiensparverträge.

[584] Vgl. insoweit auch *Scherer* GRUR 2020, 1136 ff.

[585] So die Begründung zur UWG-Reform 2004, BT-Drs. 15/1487, 15; zur „Schutzzwecktrias" vgl. nur BGH GRUR 1999, 751 (753) – Güllepumpen. Zum Schutz von Allgemeininteressen vgl. BGH GRUR

der am Wettbewerb beteiligten Personen, also aller Marktteilnehmer, deckungsgleich ist[586] oder ob das Lauterkeitsrecht auch eine **„überindividuelle Wertung"** erlaubt, die etwa den Schutz des Wettbewerbs als solchen,[587] den Schutz der Presse als Institution[588] oder die Wertordnung des Grundgesetzes mit in den Blick nehmen kann.[589] Das ist grundsätzlich zu bejahen, weil das **Allgemeininteresse an einem unverfälschten Wettbewerb** nicht notwendigerweise mit den Interessen der Marktteilnehmer übereinzustimmen braucht.[590] Die Konkretisierung der Generalklausel des § 3 UWG und die Konkretisierung des unbestimmten Rechtsbegriffs der „Unlauterkeit" haben auch mit Blick auf die Gesamtrechtsordnung[591] zu erfolgen. Die **Einwirkungen außerwettbewerblichen Rechts** auf die lauterkeitsrechtliche Wertung zeigen sich dabei häufig in **Maßstabsverschiebungen:** So können etwa unter dem Blickwinkel der Art. 34, 36 AEUV (ex-Art. 28, 30 EGV) sowie des Art. 5 GG lauterkeitsrechtliche Verbote als unverhältnismäßig erscheinen.[592] Umgekehrt kann der Einfluss überindividueller Gemeinschaftsgüter zu einer Verschärfung wettbewerblicher Maßstäbe, etwa in den Fällen der Gesundheitswerbung,[593] des Jugendschutzes[594] oder in Fällen pietätloser Werbung[595] führen. In Ausnahmefällen kann die Verletzung von Allgemeininteressen als so schwerwiegend anzusehen sein, dass ein dadurch geprägtes Wettbewerbshandeln – wie in dem Lehrbuch-Fall der Veräußerung gestohlener Waren[596] – als schlechthin unlauter anzusehen ist. Selbstverständlich ist allerdings, dass das Lauterkeitsrecht und insbesondere die Generalklausel des **§ 3 UWG keine „Transportnorm"** bilden, um etwa jedweden Normverstoß außerhalb des UWG als unlauter zu qualifizieren. Erforderlich ist deshalb stets noch eine Prüfung, ob und inwieweit außerwettbewerbliche Werte und Rechtsgüter bei der wettbewerbsrechtlichen Beurteilung überhaupt herangezogen werden können.[597] Es ist nicht Aufgabe des Lauterkeitsrechts, alle nur denkbaren

2000, 237 (238) – Giftnotruf-Box und BGH GRUR 1999, 1128 (1129) – Hormonpräparate; s. auch: *Kaplan,* Das Interesse der Allgemeinheit bei der Konkretisierung der Generalklausel des § 3 UWG, 2008.

[586] So *Ullmann* GRUR 2003, 817 (821), zum Schutz des Allgemeininteresses am unverfälschten Wettbewerb vgl. *Podszun,* → § 1 Rn. 3, 61 ff.

[587] Vgl. BGH GRUR 2001, 80 (81 f.) – ad-hoc-Meldung.

[588] Vgl. dazu nur beispielhaft: BGH GRUR 2019, 189 Rn. 17 ff. – Crailsheimer Stadtblatt II mit dem dort auch behandelten Gebot der Staatsferne der Presse; vgl. weiter BGH GRUR 1996, 778 ff. – Stumme Verkäufer; BGH GRUR 1991, 616 – Motorboot-Fachzeitschrift; BGH GRUR 1985, 881 – Bliestal-Spiegel; BGH GRUR 1971, 477 ff. – Stuttgarter Wochenblatt.

[589] So Stellungnahme der GRUR in GRUR 2003, 127 (128) zum Reformvorschlag von *Köhler/Bornkamm/Henning-Bodewig.*

[590] So auch *Schricker* GRUR-Int 1996, 473 (476). Zum Schutz von „Allgemeininteressen" im UWG vgl.: BGH GRUR 2002, 360 (362) – HIV-Positiv II; vgl. auch *Henning-Bodewig* WRP 2011, 1014 ff.; kritisch *Beater* WRP 2012, 6 ff.; vgl. ferner *Ohly* WRP 2008, 177 (182) und *Kaplan,* Das Interesse der Allgemeinheit bei der Konkretisierung der Generalklausel des § 3 UWG, 2008.

[591] Differenzierend *Beater* WRP 2012, 6 ff., der zwischen Verfassungs- und Gesetzesrecht einerseits und Richterrecht andererseits unterscheidet. *Henning-Bodewig* WRP 2011, 1014 spricht zutreffend davon, dass auch im Lauterkeitsrecht eine Vielzahl von ethisch fundierten Normen der Grundrechtsordnung zu beachten sind, ohne einer Geschmackszensur oder einer bloß moralisierenden Auslegung das Wort zu reden.

[592] Vgl. EuGH GRUR-Int 1995, 804 (805) – Mars; EuGH GRUR-Int 1991, 215 (216) – Pall/Dahlhausen; zum Verhältnismäßigkeitsgrundsatz bei grundrechtlich geschützten Meinungsäußerungen: BVerfG GRUR 2001, 170 ff. – Benetton I, BVerfG GRUR 2003, 442 – Benetton II; zur erforderlichen höheren Irreführungsquote bei Irreführungen mit objektiv richtigen Angaben: BGH GRUR 1996, 985 (986) – PVC-frei.

[593] BGH GRUR 2006, 953 f. – Warnhinweis II; BGH GRUR 2006, 949 (951) – Kunden werben Kunden; BGH GRUR 1992, 874 (876) – Hyanit.

[594] BGH GRUR 2007, 890 ff. – Jugendgefährdende Medien bei eBay; BGH GRUR 2006, 776 ff. – Werbung für Klingeltöne; BGH GRUR 2006, 161 ff. – Zeitschrift mit Sonnenbrille.

[595] BGH GRUR 2010, 1113 ff. – Grabmalwerbung; BGH GRUR 1971, 317 ff. – Grabsteinaufträge II; BGH GRUR 1955, 541 (542) – Bestattungswerbung sowie BVerfGE 32, 311 – Grabsteinaufträge III; OLG München GRUR-RR 2008, 355 – Friedhofswerbung.

[596] *Baumbach/Hefermehl,* Wettbewerbsrecht, 22. Aufl., Einl. UWG Rn. 91 und UWG § 1 Rn. 613; *Keller* Mitt. 2004, 142 f.

[597] So stellen etwa die Normen des Embryonenschutzgesetzes keine Marktverhaltensregelung im Sinne von § 4 Nr. 11 aF und § 3a UWG nF dar, vgl. BGH GRUR 2016, 513 Rn. 20 ff. – Eizellspende. Mangels wettbewerblichem Bezugs kann über das UWG auch nicht die Einhaltung von Immissionsvorschriften oder

Gesetzesverstöße im Zusammenhang mit geschäftlichen Handlungen (auch) lauterkeitsrechtlich zu sanktionieren, sofern sie sich auf das Marktverhalten der Marktteilnehmer auswirken. Aus diesem Grund können Verstöße gegen außerwettbewerbsrechtliche Normen, die keine Marktverhaltensregelungen im Sinne von § 3a UWG sind, nicht allein wegen ihrer Gesetzeswidrigkeit als unlauter angesehen werden.[598]

II. „Marktteilnehmer"

110 **1. Verbraucher.** Verbraucher im Sinne des UWG ist nach § 2 Abs. 2 UWG iVm § 13 BGB **jede natürliche Person,** die ein **Rechtsgeschäft** zu Zwecken abschließt, die überwiegend weder ihrer gewerblichen noch ihrer selbständigen beruflichen Tätigkeit zugerechnet werden können. Dem entspricht die Definition des Verbrauchers in Art. 2 lit. a UGP-RL (zu Einzelheiten vgl. die Kommentierung zu → § 2 Rn. 232 ff.).

111 **2. Mitbewerber.** Mitbewerber sind nach der Legaldefinition des § 2 Abs. 1 Nr. 3 UWG alle **Unternehmer,** die mit einem oder mehreren Unternehmen als Anbieter oder Nachfrager von Waren oder Dienstleistungen in einem **konkreten Wettbewerbsverhältnis** stehen. Allein Mitbewerber sind – neben den klagebefugten Verbänden – nach § 8 Abs. 3 Nr. 1 UWG berechtigt, die wettbewerblichen Abwehr- und Schadensersatzansprüche geltend zu machen (zu Einzelheiten vgl. die Kommentierung zu § 2 Abs. 1 Nr. 3 UWG).

112 **3. Sonstige Anbieter oder Nachfrager von Waren oder Dienstleistungen.** Als Marktteilnehmer bezeichnet das Gesetz in § 2 Abs. 1 Nr. 2 UWG neben Mitbewerbern (vgl. § 2 Abs. 1 Nr. 3 UWG) und Verbrauchern (zur Definition des Verbraucherbegriffs § 2 Abs. 2 UWG) alle sonstigen Personen, die als **Anbieter oder Nachfrager von Waren oder Dienstleistungen** tätig sind. Der Begriff des Marktteilnehmers erfasst sonach als Oberbegriff sowohl die Mitbewerber als auch die Verbraucher und findet sich etwa in § 1, § 3a, § 4a, § 5 Abs. 1 Satz 1, § 7 Abs. 2 Nr. 2 UWG. Daneben sollen aber auch die **„sonstigen Marktteilnehmer"** erfasst werden. Unter diesen Begriff fallen diejenigen Marktteilnehmer, die **weder Mitbewerber noch Verbraucher** sind.[599] Dabei kann es sich sowohl um natürliche als auch um juristische Personen handeln. Das UWG dient auch dem Schutz dieser „sonstigen Marktteilnehmer" (vgl. §§ 1 und 3 UWG), wie dies etwa die Regelungen in § 4a und § 7 Abs. 2 Nr. 2 UWG belegen. Das Gesetz erfasst mit den sonstigen „Anbietern oder Nachfragern von Waren oder Dienstleistungen" insbesondere die **unternehmerische Marktgegenseite,** etwa gewerbliche Nachfrager[600] (wie sie etwa der Großhandel gegenüber Herstellern oder sonstigen Vorlieferanten bildet). Zudem ist mit den „sonstigen Marktteilnehmern" das Wettbewerbsgeschehen innerhalb der Marktstufen erfasst.[601] Dass Unternehmen auf verschiedenen Marktstufen tätig sind, schließt jedoch ein konkretes Wettbewerbsverhältnis zwischen ihnen und damit die Einstufung dieser Unternehmen als „Mitbewerber" iSd § 2 Abs. 1 Nr. 3 UWG nicht aus. Für den Behinderungstatbestand (§ 4 Nr. 4 UWG) sowie den früheren Tatbestand des § 4 Nr. 1 UWG aF hebt die Begründung zum UWG 2004 ausdrücklich hervor, dass „auch Handlungen im Verhältnis zweier Unternehmer auf verschiedenen Wirtschaftsstufen" erfasst sein sollen.[602] Die

---

von Tierschutzvorschriften kontrolliert werden, vgl. BGH GRUR 2000, 1076 ff. – Abgasemissionen und BGH GRUR 1995, 817 ff. – Legehennenhaltung.

[598] BGH GRUR 2016, 513 Rn. 35 – Eizellspende; BGH GRUR 2011, 431 Rn. 11 – FSA-Kodex; BGH GRUR 2010, 654 Rn. 25 – Zweckbetrieb.

[599] Vgl. BT-Drs. 15/1487, 16; Büscher/*Maatsch,* UWG § 2 Abs. 1 Nr. 2 Rn. 3.

[600] Als „sonstige Marktteilnehmer" sind etwa gewerbliche Nachfrager bei Absatzförderungsmaßnahmen in den Vertriebsstufen geschützt, vgl. dazu nur beispielhaft zur Problematik: *Matern* WRP 2008, 575 ff.

[601] Vgl. Ohly/*Sosnitza,* § 2 Rn. 51. Zum Wettbewerbsgeschehen innerhalb der Marktstufen umfassend: GroßKommUWG/*Peukert,* 3. Aufl., § 1 Rn. 188 ff.

[602] BT-Drs. 15/1487, 17 und 19. Zu den „sonstigen Marktteilnehmern" vgl. auch *Beater,* Unlauterer Wettbewerb, 2011, Kap. 25.

„sonstigen Marktbeteiligten" sind aber **nicht selbst klagebefugt.** Ihr Schutz wird vielmehr **kollektivrechtlich** insbesondere über die Klageberechtigung der nach § 8 Abs. 3 Nr. 2 und Nr. 4 UWG klagebefugten Verbände sowie durch die Anspruchsberechtigung der konkret betroffenen Mitbewerber gewährleistet.

C. § 2 Abs. 1 Nr. 3 (Mitbewerber)

Im Sinne dieses Gesetzes bedeutet

3. „Mitbewerber" jeder Unternehmer, der mit einem oder mehreren Unternehmern als Anbieter oder Nachfrager von Waren oder Dienstleistungen in einem konkreten Wettbewerbsverhältnis steht

Schrifttum: Literatur ab 2012: *Alexander,* Werbeblocker und Medienfinanzierung, NJW 2018, 3620 ff.; *Glöckner,* GOOD NEWS from Luxembourg? Die Anwendung des Lauterkeitsrecht auf Verhalten zur Förderung eines fremden Unternehmens nach EuGH RLVS Verlagsgesellschaft mbH, FS Köhler 2014, 159 ff.; *Koch,* GOOD NEWS aus Luxembourg? Förderung fremden Wettbewerbs ist keine Geschäftspraktik, FS Köhler 2014, 359 ff.; *Köhler,* Einheitlicher, gespaltener oder funktionaler Mitbewerberbegriff im UWG?, GRUR 2021, 426 ff.; *Köhler,* Funktion und Anwendungsbereich des Mitbewerberbegriffs im UWG – zugleich Besprechung der Entscheidung „Werbeblocker II" des BGH, GRUR 2019, 123 ff; *Lettl,* Der Begriff des Mitbewerbers im Lauterkeitsrechts und Kartellrecht, FS Köhler 2014, 429 ff.; *Sack,* Die Klagebefugnis des „unmittelbar Verletzten" im UWG, WRP 2020, 675 ff.

Literatur von 2004 bis 2012: *Beater,* Mitbewerber und sonstige unternehmerische Marktteilnehmer, WRP 2009, 768 ff.; *Blankenburg,* Gespaltenes Verständnis des Mitbewerberbegriffs im UWG?, WRP 2008, 186 ff.; *Dreyer,* Konvergenz oder Divergenz – Der deutsche und der europäische Mitbewerberbegriff im Wettbewerbsrecht, GRUR 2008, 123 ff.; *Köhler,* Der „Mitbewerber", WRP 2009, 499 ff.; *Sack,* Neuere Entwicklungen der Individualklagebefugnis im Wettbewerbsrecht, GRUR 2011, 953 ff.; *Sack,* Individualschutz gegen unlauteren Wettbewerb, WRP 2009, 1330 ff.; *Sack,* Der Mitbewerberbegriff des § 6 UWG, WRP 2008, 1141 ff.

Ausgewählte ältere Literatur: *Bornkamm,* Das Wettbewerbsverhältnis und die Sachbefugnis des Mitbewerbers, GRUR 1996, 527 ff.; *Federer,* Das Wettbewerbsverhältnis im Gesetz gegen den unlauteren Wettbewerb, 1989; *Fezer,* Modernisierung des deutschen Rechts gegen den unlauteren Wettbewerb auf der Grundlage einer Europäisierung des Wettbewerbsrechts, WRP 2001, 989 ff.; *Hefermehl,* Das Prokrustesbett „Wettbewerbsverhältnis", FS Kummer 1980, S. 345 ff.; *ders.,* Entwicklungen im Recht gegen den unlauteren Wettbewerb, FS Fischer, 1979, S. 197 ff.; *Hirtz,* Die Bedeutung des Wettbewerbsverhältnisses für die Anwendung des UWG, GRUR 1988, 173 ff.; *Nägele,* Das konkrete Wettbewerbsverhältnis – Entwicklungen und Ausblick, WRP 1996, 997 ff.; *Sack,* Der Schutzzweck des UWG und die Klagebefugnis des „unmittelbar Verletzten", FS v. Gamm, 1990, S. 161 ff.; *Sack,* Regierungsentwurf einer UWG-Novelle – Ausgewählte Probleme, BB 2003, 1073 ff.; *Schricker/Henning-Bodewig,* Elemente einer Harmonisierung des Rechts des unlauteren Wettbewerbs in der Europäischen Union, WRP 2001, 1367 ff.

I. Allgemeines

1. Überblick. Der in § 2 Abs. 1 Nr. 3 UWG definierte Begriff des „Mitbewerbers" **113**
stellt einen der **Zentralbegriffe des UWG** dar. Das Gesetz knüpft in vielfältiger Weise an den Begriff des „Mitbewerbers" an. So bestimmt bereits die Normzweckklausel des § 1 UWG, dass dieses Gesetz „dem **Schutz der Mitbewerber**" neben den Verbrauchern und sonstigen Marktteilnehmern dient, und die „große Generalklausel" des § 3 Abs. 1 verbietet unlautere geschäftliche Handlungen, die – was dort allerdings nicht erwähnt ist – Mitbewerber oder sonstige Marktteilnehmer betreffen. Die Stellung eines „Mitbewerbers" kann nur einem „Unternehmer" (vgl. dazu → Rn. 125, 246 ff.) bzw. einem „Unternehmen" zukommen. Die Stellung als „Mitbewerber" vermittelt nicht nur einen besonderen lauterkeitsrechtlichen Schutz, sondern ist auch für die **lauterkeitsrechtliche Anspruchsberechtigung** entscheidend. **Allein Mitbewerber** iSd § 2 Abs. 1 Nr. 3 UWG und nicht sonstige Marktteilnehmer sind gemäß § 8 Abs. 3 Nr. 1 UWG[603] (neben den in § 8 Abs. 3

[603] Die Regelung des § 8 Abs. 3 Nr. 1 UWG ist allerdings durch das am 1.12.2020 in Kraft getretene „Gesetz zur Stärkung des fairen Wettbewerbs" modifiziert worden. Die Anspruchsberechtigung gemäß § 8 Abs. 3 Nr. 1 steht ab dem 1. Dezember 2021 (Art. 9 Abs. 2 Nr. 1) nur noch jedem „Mitbewerber" zu, der „Waren- oder Dienstleistungen in nicht unerheblichen Maße und nicht nur gelegentlich vertreibt oder

Nr. 2–4 weiter genannten Verbänden) und § 9 UWG **berechtigt, die wettbewerbsrechtlichen Ansprüche auf Unterlassung, Beseitigung und Schadensersatz geltend zu machen**[604] (während der Anspruch auf Gewinnabschöpfung den Verbänden vorbehalten ist). Die Definitionsnorm des § 2 Abs. 1 Nr. 3 UWG erzwingt ein grundsätzlich **einheitliches Verständnis des Mitbewerberbegriffs** in den materiell-rechtlichen und rechtsfolgenbezogenen Vorschriften des Gesetzes. Die grundsätzlich einheitliche Auslegung ist jedoch ggf. normzweckbezogen, etwa in dem durch europäisches Recht vollharmonisierten Bereich der vergleichenden Werbung, zu modifizieren.[605] Die Stellung als „Mitbewerber" und die Anspruchsberechtigung gemäß § 8 Abs. 3 Nr. 1 laufen nunmehr nicht mehr ganz parallel, weil durch die ab dem 1. Dezember 2021 geltende Modifizierung des § 8 Abs. 3 Nr. 1 nur noch ein Mitbewerber anspruchsberechtigt ist, der (sinngemäß ist hier zu ergänzen: „gleichartige oder konkurrierende") „Waren- oder Dienstleistungen in nicht unerheblichem Maße und nicht nur gelegentlich vertreibt oder nachfragt"[606]. Allerdings hätte man schon nach bisherigem Recht annehmen können, dass eine Mitbewerberstellung schon nicht gegeben ist, wenn der Unternehmer die in Rede stehenden Waren- oder Dienstleistungen nur in unerheblichem Maße und nur gelegentlich vertreibt oder nachfragt.

114 **2. Früheres Recht.** Der Begriff des Mitbewerbers war vor der UWG-Reform 2004 nicht definiert. Das alte UWG, das hier zum Verständnis älterer Entscheidungen kurz zu erläutern ist, ging von **zwei Arten von Mitbewerbern** aus, die unterschiedlich intensiv durch eine unlautere Wettbewerbshandlung betroffen waren. Zum einen wurden Personen als Mitbewerber angesehen, die in einem konkreten Wettbewerbsverhältnis zueinander standen und vom jeweils anderen beeinträchtigt wurden. Zum anderen räumte das Gesetz in § 13 Abs. 2 Nr. 1 UWG aF auch den nur „abstrakt" betroffenen Mitbewerbern eine eigene Anspruchsberechtigung ein.

115 **a) Unmittelbar betroffene Mitbewerber.** Der von einer unlauteren Handlung **unmittelbar betroffene Wettbewerber** konnte als „unmittelbar Verletzter" die wettbewerbsrechtlichen Abwehr- und Schadensersatzansprüche geltend machen. Seine materielle Anspruchsberechtigung folgte – abweichend von der heutigen Rechtslage – unmittelbar aus der verletzten Norm.[607] Als unmittelbar betroffener Mitbewerber wurde grundsätzlich derjenige angesehen, der zu dem Verletzer (oder dem von diesem Geförderten) in einem **konkreten Wettbewerbsverhältnis** stand. Das Erfordernis eines „Wettbewerbsverhältnisses" hatte die Rechtsprechung aus dem ua in § 1 UWG aF vorausgesetzten Tatbestandsmerkmal des „Handelns zu Zwecken des Wettbewerbs" abgeleitet.[608] Das „Wettbewerbsverhältnis", das grundsätzlich zu bejahen war, wenn beide Parteien mit gleichartigen Waren innerhalb desselben Abnehmerkreises konkurrierten,[609] wurde weit verstanden und auch über unterschiedliche Marktstufen hinweg sowie bei ungleichartigen Waren oder Leistungen bejaht, sofern diese ad hoc in einen Substitutions-

nachfragt". Diese zusätzlichen Kriterien, die gerade auf diejenigen Waren und Dienstleistungen zu beziehen sind, aus denen der Anspruchsteller den Wettbewerbsbezug ableitet, sollen einen Missbrauch der Mitbewerberstellung ausschließen.

[604] Abweichend von dieser herrschenden Meinung allerdings *Sack* GRUR 2011, 953 ff. und *Beater* WRP 2009, 768 ff.

[605] Vgl. dazu → Rn. 121, 128.

[606] „Gesetz zur Stärkung des fairen Wettbewerbs" vom 26.11.2020, BGBl. 2020 I S. 2568 ff.

[607] Die Anspruchsberechtigung ist jetzt abschließend in § 8 UWG geregelt, dazu umfassend: Teplitzky/*Büch,* Wettbewerbsrechtliche Ansprüche und Verfahren, 12. Aufl., Kap. 13 Rn. 1 ff. Zur materiellen Anspruchsberechtigung und Klagebefugnis des „unmittelbar Verletzten" nach früherem Recht: BGH GRUR 2002, 985 (986) – WISO; BGH GRUR 2000, 907 (909) – Filialleiterfehler.

[608] Vgl. BGH GRUR 2001, 78 – Falsche Herstellerpreisempfehlung; BGH GRUR 1999, 1007 –Vitalkost; BGH GRUR 1999, 69 (70) – Preisvergleichsliste II; BGH GRUR 1998, 1039 (1040) – Fotovergrößerungen. Zur Kritik daran vgl. *Baumbach/Hefermehl,* Wettbewerbsrecht, 22. Aufl., Einl. UWG Rn. 247.

[609] BGH GRUR 2002, 985 (986) – WISO; BGH GRUR 2001, 258 – Immobilienpreisangaben; BGH GRUR 2001, 260 – Vielfachabmahner.

wettbewerb[610] gestellt wurden oder wenn eine Ausbeutung oder Beeinträchtigung des guten Rufs einer Ware oder eines Wettbewerbers in Rede stand.[611]

b) Abstrakt betroffene „Mitbewerber". Zur Wahrung des Allgemeininteresses an einem unverfälschten Wettbewerb waren auch solche Gewerbetreibende zur Verfolgung der wettbewerbsrechtlichen **Abwehransprüche** klageberechtigt,[612] die zu dem Handelnden aufgrund des Vertriebs von Waren oder Leistungen gleicher oder verwandter Art in einem **abstrakten Wettbewerbsverhältnis** standen. Die Gleichartigkeit lag vor, wenn die vertriebenen Waren oder gewerblichen Leistungen sich derart nahe standen, dass der Vertrieb der einen durch den Vertrieb der anderen zumindest potentiell (abstrakt) beeinträchtigt werden konnte. Für ein abstraktes Wettbewerbsverhältnis genügte es, dass **eine nicht gänzlich unbedeutende (potentielle) Beeinträchtigung mit einer gewissen – sei es auch nur geringen – Wahrscheinlichkeit in Betracht gezogen werden konnte.**[613] **Eine irgendwie konkrete Beeinträchtigung** des abstrakt betroffenen Mitbewerbers musste danach **nicht** festgestellt werden, das „abstrakte Wettbewerbsverhältnis" war mithin ein statusbezogener Begriff. 116

3. Rechtslage seit dem UWG 2004. Das geltende UWG stellt auf einen grundsätzlich **einheitlichen, in § 2 Abs. 1 Nr. 3 UWG definierten Begriff des Mitbewerbers** ab.[614] Anspruchsberechtigt und klagebefugt sind solche Mitbewerber, die von einer unlauteren geschäftlichen Handlung im Rahmen eines „konkreten Wettbewerbsverhältnisses" betroffen sind, wobei abweichend vom früheren Recht nicht die verletzte Norm selbst, sondern allein § 8 Abs. 3 Nr. 1 UWG die Grundlage der Anspruchsberechtigung bildet.[615] Die Mitbewerbereigenschaft stellt **keine Voraussetzung der Zulässigkeit, sondern der Begründetheit der Klage** dar.[616] 117

a) Mitbewerber im konkreten Wettbewerbsverhältnis. Eine Stellung als Mitbewerber iSv § 2 Abs. 1 Nr. 3 UWG liegt regelmäßig vor, wenn die beteiligten Unternehmen sich auf **demselben sachlich, räumlich und zeitlich relevanten Markt** mit der Folge betätigen, dass das beanstandete Wettbewerbsverhalten den anderen beein- 118

610 Paradigmatisch: BGH GRUR 1972, 553 – Statt Blumen ONKO-Kaffee; BGH GRUR 1987, 373 – Rentenberechnungsaktion; BGH GRUR 1990, 375 (376) – Steuersparmodell.

611 BGHZ 86, 90 (96) – Rolls Royce; BGHZ 93, 96 (97 f.) – Dimple; BGHZ 113, 82 (87) – Salomon; BGH GRUR 1994, 808 – Markenverunglimpfung I; BGH GRUR 1988, 453 (454) – Ein Champagner unter den Mineralwässern.

612 Zur Terminologie vgl. etwa BGH GRUR 2005, 520 (521) – Optimale Interessenvertretung sowie BGH GRUR 2004, 877 (878) – Werbeblocker. § 8 UWG verleiht entsprechend dem früheren § 13 Abs. 2 UWG nicht nur eine Klagebefugnis (= Prozessführungsbefugnis), sondern weist vor allen Dingen den materiellen Anspruch und damit die Aktivlegitimation (= Sachbefugnis) zu, vgl. auch dazu *Bornkamm* GRUR 1996, 527 sowie BGH GRUR 1991, 684 – Verbandsausstattung.

613 BGH GRUR 2000, 438 (440) – Gesetzeswiederholende Unterlassungsanträge; BGH GRUR 1998, 489 (491) – Unbestimmter Unterlassungsantrag III; BGH GRUR 1997, 479 (480) – Münzangebot; BGH GRUR 1990, 611 (612) – Werbung im Programm.

614 BGH GRUR 2021, 497 Rn. 32 – Zweitmarkt für Lebensversicherungen; differenzierend GroßKomm-UWG/*Peukert,* 3. Aufl., § 2 Rn. 371 ff. sowie *Köhler* GRUR 2019, 123 ff. Der Vorschlag von *Köhler* in WRP 2009, 499 ff., für die Beurteilung der Mitbewerber-Eigenschaft zwischen den Verhaltensnormen und den Sanktionsnormen des UWG zu unterscheiden und etwa für nationale Verhaltensnormen nicht mehr darauf abzustellen, ob der betroffene Unternehmer auf demselben sachlich, räumlich und zeitlich relevanten Markt wie der Handelnde tätig ist, löst sich zu weit von dem deskriptiven Begriff des Mitbewerbers. Daran ändert nichts, dass in Zweifelsfällen selbstverständlich auch auf den Zweck der jeweiligen Verhaltens- oder Sanktionsnormen abzustellen ist.

615 BGH GRUR 2005, 520 (521) – Optimale Interessenvertretung; vgl. ferner BT-Drs. 15/1487, 14 und 22. *Beater* schlägt in WRP 2009, 768 ff. vor, den Mitbewerberbegriff enger als bislang zu verstehen und etwaige sich dann ergebende Schutzlücken durch die Zuerkennung eines Klagerechts für sonstige unternehmerische Marktteilnehmer, soweit diese durch eine unlautere Handlung unmittelbar betroffen sind, zu schließen. Für eine neben §§ 8, 9 UWG fortbestehende Klagebefugnis des „unmittelbar Verletzten" auch *Sack* GRUR 2012, 953 (959) und WRP 2009, 1330 ff. Einen differenzierten Ansatz unter dem Blickwinkel eines weit zu verstehenden Grades an Austauschbarkeit von Produkten verfolgt *Lettl* FS Köhler, 2014, 429 ff.

616 BGH GRUR 2021, 497 Rn. 11 – Zweitmarkt für Lebensversicherungen.

trächtigen kann[617] (vgl. → Rn. 132). Insoweit kann **auch zwischen Unternehmen verschiedener Wirtschaftsstufen ein konkretes Wettbewerbsverhältnis** bestehen, so dass auch ein **„mittelbares Wettbewerbsverhältnis"** zwischen Unternehmen verschiedener Wirtschaftsstufen ausreichend sein kann, beispielsweise zwischen einem nicht auf der Endverbraucherstufe tätigen Hersteller und einem Einzelhändler.[618] Die Begründung zur UWG-Reform 2004 verweist außerdem darauf, dass auch **Unternehmen verschiedener Branchen** durch eine Wettbewerbshandlung in eine wettbewerbliche Beziehung zueinander treten können und das Wettbewerbsverhältnis in diesem Falle durch die konkrete Handlung begründet wird.[619] Das gilt auch nach den **UWG-Reformen 2008 und 2015** unverändert.

119 **b) Abstrakt betroffene Unternehmen.** Gewerbetreibende, die von einer Wettbewerbshandlung **nur „abstrakt" betroffen** sind, sind **nicht als Mitbewerber** iSd § 2 Abs. 1 Nr. 3 UWG **anzusehen** und damit nicht mehr legitimiert, wettbewerbsrechtliche Ansprüche geltend zu machen. Eine konkrete Wettbewerbsbeziehung kann demnach nicht **allein** daraus abgeleitet werden, dass Unternehmen Waren oder gewerbliche Leistungen gleicher oder verwandter Art vertreiben, auch wenn dies nach wie vor die typische Grundlage für die Annahme eines konkreten Wettbewerbsverhältnisses ist. Für eine Stellung als Mitbewerber ist **nicht ausreichend,** dass ein Unternehmen durch eine Wettbewerbshandlung **nur potentiell mit einer nur geringen Wahrscheinlichkeit beeinträchtigt** wird,[620] es also an einer **irgendwie konkret fassbaren Beeinträchtigung eigener wettbewerblicher Interessen** fehlt.

120 **4. Bedeutung.** Das UWG geht von einem **„integrierten Modell eines gleichberechtigten Schutzes der Mitbewerber, der Verbraucher und der Allgemeinheit"** aus.[621] Auch die **UWG-Reform 2015** hält daran fest, ein „möglichst einheitliches Lauterkeitsrecht hinsichtlich Mitbewerbern, Verbraucherinnen und Verbrauchern sowie sonstigen Marktteilnehmern beizubehalten".[622] Die an der Spitze des Gesetzes stehende „Programmnorm" des § 1 UWG verdeutlicht, dass das Lauterkeitsrecht dem Schutz der Mitbewerber, der Verbraucher sowie der sonstigen Marktteilnehmer vor unlauterem Wettbewerb dient und zugleich das Interesse der Allgemeinheit an einem unverfälschten Wettbewerb schützt.[623] Der Mitbewerbern – neben den Verbrauchern und sonstigen Marktteilnehmern – zu gewährende materielle Schutz wird durch deren eigenständige Anspruchs- und Klageberechtigung effektuiert. Das UWG bildet damit zwar die **Grundlage für einen deliktsrechtlichen Individualschutz,** damit der Mitbewerber selbst gegen unlautere Mittel und Methoden des Wettbewerbs vorgehen kann und damit zugleich in die Lage versetzt wird, sich gegen Schädigungen zur Wehr zu setzen, die er durch Wettbewerbsverzerrungen in Folge unlauteren Wettbewerbs erleidet oder befürchten muss.[624] Die **Durchsetzung wettbewerbsrechtlicher Ansprüche dient aber zugleich den Interessen der anderen Mitbewerber und sonstigen Marktbeteiligten,** insbesondere der

[617] BGH GRUR 2017, 918 Rn. 16 – Wettbewerbsbezug; BGH GRUR 2017, 422 Rn. 64 – ARD-Buffet; BGH GRUR 2007, 1079 (1080) – Bundesdruckerei; BGH GRUR 2005, 520 (521) – Optimale Interessenvertretung.

[618] BGH GRUR 2016, 828 Rn. 20 – Kundenbewertung im Internet; BGH GRUR 2014, 1114 Rn. 27 – nickelfrei; OLG Frankfurt a. M. GRUR-RR 2020, 167 Rn. 11 f. – Haarstylinggeräte. Siehe auch Begründung des UWG-Reformgesetzes 2004, BT-Drs. 15/1487, 1.

[619] BT-Drs. 15/1487, 16 unter Verweis auf BGH GRUR 1972, 553 – Statt Blumen ONKO-Kaffee.

[620] Vgl. zu den Erfordernissen eines abstrakten Wettbewerbsverhältnisses → Rn. 116.

[621] Vgl. Amtliche Begründung des Gesetzentwurfs zum UWG 2008, BT-Drs. 16/10145, 16; ebenso schon die Begründung zum UWG 2004, BT-Drs. 15/1487, 16.

[622] Begründung zum UWG 2015, BT-Drs. 18/4535, 8.

[623] Zum Wandel des normativen Schutzzweckes insbesondere unter Berücksichtigung der UGP-RL vgl. *Köhler*/Bornkamm/Feddersen, § 1 Rn. 6 ff.; *Fezer* WRP 2006, 781 ff.; *Glöckner/Henning-Bodewig* WRP 2005, 1311 ff.

[624] BGH GRUR 2000, 1076 (1078) – Abgasemissionen; *von Ungern-Sternberg* FS Erdmann, 2002, 741 (746 ff.). Abweichend in seinem konzeptionellen Ansatz, aber unrichtig *Köhler,* GRUR 2021, 426 ff.

selbst nicht anspruchsberechtigten **Verbraucher**[625] sowie **dem Allgemeininteresse an einem unverfälschten Wettbewerb.**[626] Der materielle Schutz der Mitbewerber und deren Klageberechtigung auch bei vorrangig die Interessen des allgemeinen Publikums betreffenden Wettbewerbshandlungen gewährleisten die umfassend zu verstehende „Lauterkeit" des Wettbewerbs durch ein die eigenen wettbewerblichen Interessen mobilisierendes, zivilrechtlich ausgestaltetes System, wie es allein durch eine Klageberechtigung der die Interessen der Marktteilnehmer nur mittelbar aufnehmenden Verbände nicht zu erreichen wäre – und noch weniger durch ein behördliches System zur Verhinderung unlauteren Wettbewerbs.[627] Daraus ergibt sich die Folgerung und Forderung, den Begriff des „Mitbewerbers" weit zu verstehen.

II. Mitbewerber

1. Europarecht. a) Richtlinie über irreführende und vergleichende Werbung. 121
Die Richtlinie über irreführende und vergleichende Werbung[628] verwendet den Begriff des „Mitbewerbers" in den Erwägungsgründen 9, 14 und 15 sowie in Art. 2 lit. b und c und Art. 4 lit. d, f und h, ohne ihn eigens zu definieren. Nach den Erwägungsgründen der Vorgängerrichtlinien[629] waren als „Mitbewerber" alle diejenigen anzusehen, die im gemeinsamen Markt bei der Ausübung eines Handels, Gewerbes, Handwerks oder freien Berufs miteinander in Wettbewerb stehen. Der **EuGH** hat im **Urteil „De Landtsheer"** erkannt, dass die Einstufung von Unternehmen als Mitbewerber „definitionsgemäß" auf der Substituierbarkeit der Waren oder Dienstleistungen, die sie auf dem Markt anbieten, beruhe.[630] Ein ausreichender **„gewisser Grad" an Substituierbarkeit** ist gegeben, wenn die Waren (oder Dienstleistungen) gleichen Bedürfnissen dienen können.[631] Bei einer derartigen Substitutionsmöglichkeit bejaht der EuGH für den Bereich der vergleichenden Werbung auch ein Wettbewerbsverhältnis und betont, dass dieses nicht unabhängig von den Waren oder Dienstleistungen der beteiligten Unternehmen festgestellt werden könne. Für die Feststellung, ob ein Wettbewerbsverhältnis iS vergleichender Werbung besteht, ist nach dem EuGH auf die Umstände des Einzelfalls abzustellen, insbesondere auf den Zustand des Marktes und die Verbrauchsgewohnheiten und deren Entwicklungsmöglichkeiten.[632] Für den Bereich der vergleichenden Werbung wird der Inhalt und die Reichweite des Mitbewerberbegriffs abschließend durch den EuGH bestimmt. Der nationale „Mitbewerberbegriff" kann allerdings weiter reichen, weil dieser nicht zwingend die Substituierbarkeit der beiderseits angebotenen Waren voraussetzt (vgl. dazu → Rn. 145).

---

[625] Der verbraucherschützende Charakter des UWG wird über die UGP-RL hinaus durch den „New Deal for Consumers" der Kommission und die in diesem Zusammenhang verabschiedete RL 2019/2161 zur besseren Durchsetzung und Modernisierung der Verbraucherschutzvorschriften der Union vom 27.11.2019, zu deren Umsetzung im November 2020 schon ein RefE und im Januar 2021 schon ein RegE eines „Gesetzes zur Stärkung des Verbraucherschutzes im Wettbewerb- und Gewerberecht" vorgelegt worden ist, noch weiter verstärkt.

[626] BGH GRUR 2000, 1076 (1078) – Abgasemissionen; *Köhler*/Bornkamm/Feddersen, § 1 Rn. 45 ff.; Ohly/*Sosnitza,* § 1 Rn. 9 ff.

[627] Zu den sich verstärkenden Tendenzen einer behördlichen Durchsetzung des UWG: *Münker* WRP 2019, 1275 Rn. 9 ff.; *Köhler* WRP 2020, 803 ff.; *Köhler* WRP 2018, 519 ff.; *Tonner,* FS Wiedemann 2020, 993 ff. Abweichend im konzeptionellen Ansatz, aber unrichtig *Köhler* GRUR 2021, 426 ff.

[628] Richtlinie 2006/114/EG des Europäischen Parlaments und des Rates vom 12.12.2006 über irreführende und vergleichende Werbung (kodifizierte Fassung, ABl. L 376, S. 21).

[629] Richtlinie des Rates 84/450/EWG über irreführende Werbung (ABl. 1984 L 250, S. 17), geändert durch die Richtlinie 97/55/EG des Europäischen Parlaments und des Rates (ABl. 1997 L 290, S. 18).

[630] EuGH GRUR 2007, 511 ff. Rn. 28 – De Landtsheer.

[631] EuGH GRUR 2007, 511 ff. Rn. 30 und 47 – De Landtsheer, vgl. dazu auch *Lettl* FS Köhler, 2014, 429 ff.

[632] EuGH GRUR 2007, 511 ff. Rn. 36 ff. – De Landtsheer. Die Rechtsprechung des BGH bei der Beurteilung der Anspruchsberechtigung von Verbänden nach § 8 Abs. 3 Nr. 2, die von der Mitgliedschaft einen erheblichen Anteil von Mitbewerbern abhängt, steht mit der Rechtsprechung des EuGH in Einklang, vgl. BGH GRUR 2015, 1140 Rn. 18 – Bohnengewächsextrakt.

122 **b) UGP-Richtlinie.** Die UGP-RL[633] ist in ihrem Anwendungsbereich auf unlautere Geschäftspraktiken von Unternehmen gegenüber Verbrauchern beschränkt und definiert den Begriff des Mitbewerbers nicht. Sie erwähnt aber den Begriff des Mitbewerbers in den **ErwGr 6 und 8** sowie **Art. 6 Abs. 2 lit. a,** auf dem § 5 Abs. 2 UWG beruht, sowie in **Art. 11 Abs. 1 S. 2,** wonach die Mitgliedstaaten Rechtsvorschriften vorsehen müssen, die es auch Mitbewerbern erlauben, gegen unlautere Geschäftspraktiken vorzugehen. In ErwGr 6 hebt die UGP-RL hervor, dass sie nicht die nationalen Rechtsvorschriften in Bezug auf unlautere Geschäftspraktiken erfasst und berührt, die lediglich die wirtschaftlichen Interessen von Mitbewerbern schädigen oder sich auf ein Rechtsgeschäft zwischen Gewerbetreibenden beziehen. In ErwGr 8 betont die UGP-RL, unmittelbar die wirtschaftlichen Interessen der Verbraucher vor unlauteren Geschäftspraktiken von Unternehmen gegenüber Verbrauchern zu schützen und somit auch „mittelbar rechtmäßig handelnde Unternehmer vor Mitbewerbern" zu schützen, die sich nicht an die Regeln der Richtlinie halten. In ErwGr. 8 Satz 3 ist betont, dass es auch andere Geschäftspraktiken gebe, die zwar nicht den Verbraucher schädigen, sich jedoch nachteilig für die Mitbewerber und gewerblichen Kunden auswirken können.

123 **c) Richtlinienkonforme Auslegung des Mitbewerberbegriffs und insbesondere der auch auf „Mitbewerber" abstellenden Vorschriften der §§ 5 Abs. 2 sowie 6 Abs. 1 und Abs. 2 Nr. 3 bis 5 UWG.** Der **Begriff des Mitbewerbers** ist grundsätzlich im gesamten UWG einheitlich auszulegen, so dass an die Mitbewerbereigenschaft i. S. d. mitbewerberschützenden Normen grundsätzlich keine anderen Anforderungen zu stellen sind als an die iSd. verbraucherschützenden Normen.[634] Eine **Ausnahme vom Grundsatz der einheitlichen Auslegung des Mitbewerberbegriffs** kann allenfalls für die auf „Mitbewerber" abstellenden und **auf europäischen Recht beruhenden Vorschriften der § 5 Abs. 2 sowie § 6 Abs. 1 und § 6 Abs. 2 Nr. 3 bis 5** gelten, die richtlinienkonform auszulegen sind.[635] Neben dem Bereich der vergleichenden Werbung ist auch für den von der UGP-RL erfassten Bereich des verbraucherbezogenen Lauterkeitsrecht eine richtlinienkonforme Auslegung des Mitbewerberbegriffs geboten. Mittelbar ist diese Auslegung allerdings dann auch – weil eine einheitliche Auslegung ersichtlich zu bevorzugen ist – für das mitbewerberbezogene Lauterkeitsrecht von Bedeutung. Es ist allerdings auch nicht zu sehen, dass die Rechtsprechung des EuGH mit der bisherigen Bestimmung des Mitbewerberbegriffs nicht vereinbar wäre. Der EuGH hat mit seiner Rechtsprechung nur die typischerweise gegebene Mitbewerberstellung umschrieben, ohne damit auszuschließen, dass ein auf eine konkrete Wettbewerbssituation abstellendes, weiteres Verständnis nicht auch seine Zustimmung finden würde.

123a Abweichend von der jüngsten Rechtsprechung des BGH im Urteil „Zweitmarkt für Lebensversicherungen"[636] hatte *Köhler* gefordert, den Begriff des Mitbewerbers unterschiedlich danach zu interpretieren, ob eine Verletzung verbraucherschützender oder rein mitbewerberschützender Vorschriften in Rede steht.[637] Der BGH ist der Auffassung von *Köhler* allerdings zu Recht nicht gefolgt. Dass eine **einheitliche Auslegung des Mitbewerberbegriffs** geboten ist, ist schon deshalb **zwingend, weil sich Verbraucherschutz und Mitbewerberschutz im UWG nicht eindeutig trennen lassen** und auch die verbraucherschützenden Vorschriften mittelbar dem Schutz der rechtmäßig handelnden Mitbewerber dienen (so auch ErwG 8 UGP-RL). Es gibt zahlreiche geschäftliche

[633] Richtlinie 2005/29/EG des Europäischen Parlaments und des Rates vom 11.5.2005 über unlautere Geschäftspraktiken von Unternehmen gegenüber Verbrauchern im Binnenmarkt, ABl. L 149, S. 22, zuletzt geändert durch Art. 3 RL (EU) 2019/2161 vom 27.11.2019 ABl. L 328, S. 7.

[634] BGH GRUR 2021, 497 Rn. 32 – Zweitmarkt für Lebensversicherungen; vgl. auch *Köhler* GRUR 2019, 123 ff. und *Köhler* WRP 2009, 499/500.

[635] BGH GRUR 2021, 497 Rn. 40 – Zweitmarkt für Lebensversicherungen.

[636] BGH GRUR 2021, 497 ff. – Zweitmarkt für Lebensversicherungen.

[637] *Köhler* GRUR 2019, 123 ff. sowie in Kritik an BGH „Zweitmarkt für Lebensversicherungen" *Köhler* GRUR 2021, 426 ff.

Handlungen, die sich zwar in erster Linie an Verbraucher richten, aber sowohl die Interessen von Verbrauchern als auch diejenigen von konkurrierenden Mitbewerbern betreffen und daher eine Doppelkontrolle sowohl am Maßstab von verbraucherschützenden als auch mitbewerberschützenden Normen bedürfen.[638] Die einheitliche und großzügige Auslegung des Mitbewerberbegriffs dient auch dem anerkannten rechtspolitischen Ziel, die Mitbewerber in eine umfassende Kontrolle des wettbewerblichen Geschehens einzubinden und ihnen nicht die Beanstandungsmöglichkeiten bei vorrangig verbraucherschutzbezogenen, aber mittelbar auch sie betreffenden Verstößen zu nehmen.[639] Zudem unterscheiden die Mitbewerberdefinition in § 2 Abs. 1 Nr. 3 sowie die Vorschrift des § 8 Abs. 3 Nr. 1 nicht danach, ob der vom Wettbewerber begangene Wettbewerbsverstoß allein die Interessen der Mitbewerber, deren Interessen und zugleich auch die Interessen der Verbraucher oder alleine die Interessen der Verbraucher beeinträchtigt.[640] Dem „Zweitmarkt für Lebensversicherungen"-Urteil des BGH ist sonach uneingeschränkt zuzustimmen.

2. Mitbewerber im „Kaufkraftwettbewerb". Die „Mitbewerber" sind eine besondere Gruppe aus dem weiter reichenden Kreis der „Marktteilnehmer", bei denen es sich 124
neben Verbrauchern um alle diejenigen handelt, die als Anbieter oder Nachfrager von Waren oder Dienstleistungen tätig sind (vgl. § 2 Abs. 1 Nr. 2 UWG). Über die allgemeine Marktteilnahme hinaus ist für Mitbewerber kennzeichnend, dass diese untereinander in einem weit zu verstehenden Horizontalverhältnis, ggf. über Marktstufen hinweg, **in Wettbewerb**[641] stehen. Angesichts der Vielgestaltigkeit der heutigen Lebensverhältnisse geht der Wettbewerb jedenfalls auf der Endverbraucherstufe über das Angebot gleichartiger Waren und Dienstleistungen hinaus. So konkurrieren heute auf der Endverbraucherstufe etwa Reiseangebote mit sonstigen Konsummöglichkeiten. Für das **Modell des „Kaufkraftwettbewerbs",** das für die Anwendbarkeit des UWG einen Wettbewerb um die Kaufkraft der Abnehmer verlangt und ausreichend sein lässt,[642] mag deshalb in tatsächlicher Hinsicht einiges sprechen. Als nur allgemeinen „Kaufkraftmitbewerbern" gewährt das Gesetz jedoch den Unternehmen **keine Popularklage.** Deshalb bedarf es unter lauterkeitsrechtlichem Blickwinkel einer darüber hinausgehenden, ein „Konkurrenzmoment" aufweisenden „Verdichtung" einer Wettbewerbsbeziehung, um von einer Mitbewerberstellung und der mit ihr einhergehenden Klageberechtigung ausgehen zu können.[643]

3. Mitbewerber iSd § 2 Abs. 1 Nr. 3 UWG. a) Allgemeine Anforderungen. Mitbewerber kann nur ein **Unternehmer** sein. Das ist jede natürliche oder juristische Person, 125
die geschäftliche Handlungen im Rahmen ihrer gewerblichen, handwerklichen oder beruflichen Tätigkeit vornimmt, und jede Person, die im Namen oder Auftrag einer solchen

---

[638] Zutreffend BGH GRUR 2021, 497 Rn. 35 – Zweitmarkt für Lebensversicherungen.

[639] Zutreffend BGH GRUR 2021, 497 Rn. 37 – Zweitmarkt für Lebensversicherungen.

[640] So richtig BGH GRUR 2021, 497 Rn. 32 – Zweitmarkt für Lebensversicherungen und BGH GRUR 2010, 754 Rn. 25 – GollyTelly.

[641] Vgl. BGH GRUR 2014, 573 Rn. 20 – Werbung für Fremdprodukte. Dem UWG liegt kein bestimmtes „Wettbewerbsmodell" und kein bestimmter Wettbewerbsbegriff zugrunde. Eine definitorische Erfassung des „Wesens des Wettbewerbs" ist lauterkeitsrechtlich nicht erforderlich, der Wettbewerb ist für das Lauterkeitsrecht eine tatsächliche, keine rechtliche Kategorie. Zum kartellrechtlichen Verständnis des zu schützenden „Wettbewerbs" vgl. Immenga/Mestmäcker/*Zimmer,* GWB, 6. Aufl., § 1 Rn. 37 ff. *Fikentscher* bezeichnet wirtschaftlichen Wettbewerb in WuW 1961, 788 (790) als das „selbständige Streben sich gegenseitig im Wirtschaftserfolg beeinflussender Anbieter oder Nachfrager (Mitbewerber) nach Geschäftsverbindung mit Dritten (Kunden oder Lieferanten) durch Inaussichtstellen günstiger erscheinender Geschäftsbedingungen." *Ingo Schmidt* (Wettbewerbspolitik und Kartellrecht, S. 1) kennzeichnet Wettbewerb als das Streben mehrerer nach einem Ziel in der Weise, dass der Grad der Zielerreichung durch einen Beteiligten eine Beeinträchtigung der Zielerreichung durch andere Beteiligte bedingt.

[642] Vgl. GroßKommUWG/*Schünemann/Peifer,* 3. Aufl., Einl. A Rn. 100; vgl. zu den wettbewerbstheoretischen Konzeptionen auch *Köhler*/Bornkamm/Feddersen, UWG, Einl. Rn. 1.11 ff.

[643] Kritisch hierzu: GroßKommUWG/*Peukert,* 3. Aufl., § 2 Rn. 416 f.

Person handelt.[644] Kein Mitbewerber ist der Geschäftsführer eines Unternehmens, da er nicht Unternehmer, sondern nur Vertreter des Unternehmens ist.[645] Auch im Inland tätige **ausländische Unternehmen** können Mitbewerber sein.[646] Erfasst ist jede marktbezogene geschäftliche, sei es anbietende oder nachfragende Tätigkeit in jedem denkbaren Wirtschaftszweig für jedwede marktfähigen Güter.[647] Die Unternehmereigenschaft muss sich gerade nicht auf die konkret beanstandeten geschäftlichen Handlungen beziehen, sondern ist abstrakt zu bestimmen.[648] Erforderlich ist die aktuelle Ausübung unternehmerischer Tätigkeit, was schon bei konkreten Vorbereitungshandlungen zu bejahen sein kann,[649] eine nur potenzielle Stellung als Mitbewerber ist allerdings nicht ausreichend.[650] Eine bloß finanzielle Beteiligung an einem aktiv tätigen Unternehmen – wie etwa die Beteiligung als Komplementär bzw. Gesellschafter an einem Unternehmen – reicht zur Begründung der Mitbewerbereigenschaft nicht aus.[651]

126 **b) Tatsächliche Mitbewerberstellung.** Für die Eigenschaft als Mitbewerber iSd § 2 Abs. 1 Nr. 3 UWG kommt es allein auf das **tatsächliche Bestehen eines Wettbewerbsverhältnisses** an.[652] Es ist grundsätzlich unerheblich, ob die eigene Tätigkeit des Anspruchstellers, die das Wettbewerbsverhältnis begründet, **gesetzwidrig** oder **unlauter** ist.[653] Anderes gilt nur dann, wenn aus der Art des Gesetzesverstoßes oder der wettbewerbsrechtlichen Unlauterkeit folgt, dass auch die Geltendmachung der auf die Stellung als Wettbewerber gestützten Ansprüche sittenwidrig oder rechtsmissbräuchlich ist.[654] Auch ein Mitbewerber, der sich gesetzwidrig oder unlauter verhält, verliert hiermit nicht seine Mitbewerberstellung und den Schutz gegen unlauteren Wettbewerb.[655]

127 **c) Typische Mitbewerberstellung.** Eine Mitbewerberstellung ist **typischerweise** gegeben, sofern Unternehmen als Anbieter oder Nachfrager mit aus der Sicht der angesprochenen Verkehrskreise austauschbaren Waren- oder Dienstleistungsangeboten untereinander konkurrieren und mithin der Absatz des einen Unternehmens auf Kosten des anderen gehen kann.[656] Der damit umschriebene, auf die Absatz-(oder Bezugs-)Förderung gleicher oder ähnlicher Waren und Dienstleistungen abstellende Regelfall schöpft jedoch die Reichweite der lauterkeitsrechtlichen Mitbewerberstellung nicht aus. Mit Blick auf einen wirk-

[644] Vgl. § 2 Nr. 6 UWG und die Kommentierung dazu.

[645] OLG Köln WRP 2019, 495 Rn. 29 – Hausverbot gegenüber Geschäftsführer eines Mitbewerbers; zur Haftung des Geschäftsführers vgl. → Rn. 31.

[646] OLG Karlsruhe WRP 2012, 579 f. – Faltenunterspritzung.

[647] Vgl. oben die Kommentierung zur geschäftlichen Handlung iSd § 2 Abs. 1 Nr. 1 UWG → Rn. 24. Zum kartellrechtlichen Unternehmensbegriff vgl. Immenga/Mestmäcker/*Zimmer,* GWB, 6. Aufl., § 1 Rn. 18 ff.

[648] Büscher/*Wille,* UWG, 1. Aufl., § 2 Abs. 1 Nr. 3 Rn. 3; BGH GRUR 2016, 828 Rn. 18 – Kundenbewertung im Internet.

[649] BGH GRUR 1984, 823 (824) – Charterfluggesellschaften; OLG Köln GRUR-RR 2011, 370 – Gesellschafter-Unternehmer; BGH GRUR 1995, 697 (699) – Funny Paper – verlangt für die Klageberechtigung einen aktuell ausgeübten Gewerbetrieb.

[650] BGH GRUR 2020, 303 Rn. 42 – Pflichten des Batterieherstellers, mit dem Hinweis, dass die Anerkennung eines nur potentiellen Wettbewerbsverhältnisses die Gefahr einer uferlosen Ausweitung der Anspruchsberechtigung des Mitbewerbers begründe; vgl. auch BGH GRUR 2016, 1187 Rn. 17 – Stirnlampen; vgl. zudem → Rn. 151.

[651] OLG Hamburg GRUR-RR 2005, 167 – Mitbewerbereigenschaft.

[652] MüKoUWG/*Bähr,* 3. Aufl., § 2 Rn. 225.

[653] BGH GRUR 2005, 419 (420) – Vitamin-Zell-Komplex; noch offen gelassen in BGH GRUR 2005, 176 – Nur bei Lotto; OLG München WRP 2012, 1145 (1146); vgl. ferner RGZ 117, 318 (321) – Kruschensalz; *Melullis,* Handbuch des Wettbewerbsprozesses, 3. Aufl., Rn. 364; MüKoUWG/*Bähr,* 3. Aufl., § 2 Rn. 225.

[654] *Melullis,* Handbuch des Wettbewerbsprozesses, 3. Aufl., Rn. 364.

[655] BGH GRUR 2005, 519 (520) – Vitamin-Zell-Komplex.

[656] Vgl. BGH GRUR 2017, 918 Rn. 16 – Wettbewerbsbezug; BGH GRUR 2007, 1079 (1080) – Bundesdruckerei; BGH GRUR 2002, 828 (829) – Lottoschein zum Mitbewerberbegriff im Rahmen vergleichender Werbung, dazu auch EuGH GRUR 2007, 511 ff. – De Landtsheer; von GroßKommUWG/*Peukert,* 3. Aufl., § 2 Rn. 411 als „Per-se-Mitbewerber" bezeichnet.

samen Individualschutz und den damit zugleich bewirkten Schutz der Allgemeinheit ist eine **Mitbewerberstellung** vielmehr bereits zu bejahen, wenn **durch eine geschäftliche Handlung eines Unternehmens lauterkeitsrechtlich schützenswerte Interessen eines anderen Unternehmens negativ betroffen werden können und der zwischen beiden Unternehmen bestehende Wettbewerb dadurch „zum Nachteil" des letzteren verfälscht bzw. beeinträchtigt werden kann.**[657] Entscheidend ist, ob zwischen Unternehmen im Rahmen ihrer anbietenden oder nachfragenden Tätigkeit durch eine Wettbewerbshandlung eine irgendwie „verdichtete" Wettbewerbsbeziehung[658] in einem weit zu verstehenden, ein „Konkurenzmoment" aufweisenden Horizontalverhältnis geschaffen wird, die geeignet ist, sich nachteilig zu Lasten eines der daran Beteiligten auszuwirken.[659] Es ist sachangemessen, derartige Wettbewerbsverhältnisse den Regelungen des UWG zu unterstellen und dem jeweils nachteilig betroffenen Unternehmen mit der Mitbewerberstellung auch die Befugnis einzuräumen, das von ihm beanstandete Wettbewerbsverhalten einer lauterkeitsrechtlichen Kontrolle zu unterziehen.[660] Die wettbewerbsrechtliche Chiffre, die anzeigt, ob eine derartige „Verdichtung" einer Wettbewerbsbeziehung gegeben ist, ist der Begriff des „Wettbewerbsverhältnisses" (nachfolgend → Rn. 129 ff.).

d) „Mitbewerber" iS vergleichender Werbung. Es entspricht zwar gerade dem Sinn einer dem Gesetz vorangestellten Definitionsnorm, den Inhalt eines im Gesetz mehrfach verwendeten Begriffs einheitlich zu bestimmen. Die Definition des Mitbewerberbegriffs in § 2 Abs. 1 Nr. 3 UWG erfolgte jedoch unter dem Blickwinkel der damit verbundenen Klageberechtigung.[661] Ein etwas anderer Blickwinkel ergibt sich bei der Frage, ob eine vergleichende, einen „Mitbewerber" erkennbar machende Werbung vorliegt. Dort wird ein Mitbewerberverhältnis von EuGH und BGH nur dann angenommen, wenn die beiderseits auf dem Markt angebotenen Waren oder Dienstleistungen zumindest zu einem gewissen Grade substituierbar sind,[662] wobei der BGH noch gefordert hatte, dass eine Substitution ernsthaft in Betracht kommen müsse.[663] Eine lauterkeitsrechtliche Mitbewerberstellung reicht jedoch über das beiderseitige Angebot substituierbarer, gleichen Bedürfnissen dienender Waren hinaus.[664] Ein Wettbewerbsverhältnis und eine damit verbundene Mitbewerberstellung iSd § 2 Abs. 1 Nr. 3 UWG kann deshalb auch dann zu bejahen sein, 128

---

[657] Zustimmend *Sack* GRUR 2011, 953 (958). Ähnlich *Dreyer* GRUR 2008, 123 (126), die eine „gesteigerte Nähebeziehung" verlangt. Dass eine Beeinträchtigung außerhalb eines „klassischen Wettbewerbsverhältnisses" ausreichend sein kann, hat der BGH auch in den *„Werbeblocker"*-Entscheidungen (BGH GRUR 2018, 1251 Rn. 17 – Werbeblocker II; BGH GRUR 2004, 877 ff. – Werbeblocker) zutreffend bejaht.

[658] Kritisch: *Köhler* WRP 2009, 499 (505 f.), der stattdessen auf die „objektive Eignung und Zielrichtung der geschäftlichen Handlung" abstellen will.

[659] Die bloße Beeinträchtigung eines Unternehmens durch ein anderes Unternehmen, wie etwa im Falle unlauterer E-Mail-Werbung, reicht allerdings zur Begründung einer Mitbewerberstellung und eines Wettbewerbsverhältnisses noch nicht aus, vgl. BGH GRUR 2009, 980 Rn. 9 – E-Mail-Werbung II und BGH GRUR 2018, 1178 Rn. 12 – Kundenzufriedenheitsbefragung. Insoweit fehlt es an dem horizontalen „Konkurrenzmoment" im Angebots- und Nachfragewettbewerb, vgl. BGH GRUR 2014, 573 Rn. 21 – Werbung für Fremdprodukte und OLG Nürnberg GRUR 2020, 198 Rn. 14 – Aufkauf von Lebensversicherungsverträgen.

[660] Zu Recht hat deshalb der BGH in der Entscheidung *„Lottoschein"* (GRUR 2002, 828 ff.) die beanstandete Werbung (Abbildung eines Lottoscheins in einer Wirtschaftszeitung mit dem Hinweis „Um Geld zu vermehren, empfehlen wir ein anderes Papier") materiell-rechtlich auf der Grundlage des § 1 UWG aF geprüft, obwohl die Verneinung der Mitbewerbereigenschaft iS vergleichender Werbung es fraglich machte, ob ein konkretes Wettbewerbsverhältnis zwischen den Parteien bestand.

[661] Vgl. zu diesem Aspekt BGH GRUR 2021, 497 Rn. 32 und 37 – Zweitmarkt für Lebensversicherungen sowie die diesbezügliche Diskussion im Rahmen der UWG-Novelle 2004, BT-Drs. 15/1487, 16, mit Stellungnahme des Bundesrates, S. 29 und Gegenäußerung der Bundesregierung, S. 40.

[662] EuGH GRUR 2007, 511 ff. Rn. 28 und 30 – De Landtsheer und BGH GRUR 2002, 828 (829) – Lottoschein.

[663] BGH GRUR 2002, 828 (829) – Lottoschein; diese strenge Auslegung des BGH ist mit dem großzügigeren Maßstab von EuGH GRUR 2007, 511 ff. – De Landtsheer, wonach bereits ein „gewisser Grad der Substitution" ausreichen kann, wohl überholt.

[664] BGH GRUR 2021, 497 Rn. 41 f. – Zweitmarkt für Lebensversicherungen. *Köhler* zieht daraus in WRP 2009, 499 ff. und GRUR 2021, 426 ff. den zu weitgehenden Schluss, die Mitbewerberstellung unter

wenn materiell-rechtlich im Sinne vergleichender Werbung eine Stellung als Mitbewerber (noch) nicht vorliegen sollte. Es ist deshalb möglich, den insbesondere die Klageberechtigung vermittelnden **nationalen Mitbewerberbegriff weiter als im europarechtlich determinierten Bereich der vergleichenden Werbung** zu verstehen.[665] Die „De Landtsheer"-Rechtsprechung des EuGH lässt es allerdings auch zu, **auch branchenungleiche Waren als „substituierbar"** anzusehen,[666] wodurch sich das Problem erheblich entschärft.

128a **e) „Mitbewerber" iSd § 2 Abs. 1 Nr. 3 UWG und Anspruchsberechtigung gemäß § 8 Abs. 3 Nr. 1 UWG.** Die Stellung als Mitbewerber iSd § 2 Abs. 1 Nr. 3 UWG vermittelt nicht mehr per se auch eine Klageberechtigung § 8 Abs. 3 Nr. 1. Das am 2.12.2020 in Kraft getretene „Gesetz zur Stärkung des fairen Wettbewerbs"[667] hat vielmehr die für die Frage der Anspruchsberechtigung maßgebende Vorschrift des § 8 Abs. 3 Nr. 1 modifiziert und die Anspruchsberechtigung von Mitbewerbern etwas eingeschränkt. **Anspruchsberechtigt** ist ab dem **1. Dezember 2021** nur noch jeder Mitbewerber, der „Waren- oder Dienstleistungen in nicht unerheblichem Maße und nicht nur gelegentlich vertreibt oder nachfragt". Schon nach bisherigem Recht hätte man allerdings darauf abstellen können, dass etwa ein Vertrieb von Waren- und Dienstleistungen in nur unerheblichen Maße nicht zugleich auch eine Mitbewerberstellung vermittelt.[668] So hätte man etwa nur gelegentliche Angebote von einzelnen Waren in einem Onlineshop nicht ausreichen lassen können, um hierauf eine Mitbewerberstellung zu stützen.[669] Soweit allerdings bei einer großzügigeren Betrachtung „an sich" eine Mitbewerberstellung zu bejahen war, weil sich etwa die beiderseits angebotenen Waren- oder Dienstleistungen jedenfalls teilweise überschnitten, ist nunmehr eine strengere Prüfung angezeigt, ob das jeweilige Unternehmen die für eine Mitbewerberstellung maßgebenden Waren- oder Dienstleistungen tatsächlich in nicht unerheblichem Maße und nicht nur gelegentlich vertreibt. Insgesamt sollte es allerdings im Interesse einer effektiven Bekämpfung unlauteren Wettbewerbs bei einer großzügigen Beurteilung verbleiben, auszunehmen sind lediglich Fälle, in den eine Mitbewerberstellung rechtsmissbräuchlich in Anspruch genommen wird.[670] Eine Mitbewerberstellung ist zu verneinen, wenn die wirtschaftlichen Aktivitäten auf dem in Rede stehenden Gebiet ganz oder auch nur vorwiegend dazu erfolgen, um sich damit eine lauterkeitsrechtliche Anspruchsberechtigung zu verschaffen.

III. Wettbewerbsverhältnis

129 **1. Allgemeines. a) Weites Verständnis.** Eine Stellung als „Mitbewerber" setzt nach § 2 Abs. 1 Nr. 3 UWG voraus, dass ein Unternehmen mit einem oder mehreren anderen Unternehmen als Anbieter oder Nachfrager in einem „konkreten Wettbewerbsverhältnis" steht. Der Gesetzgeber hat damit zur Definition der Mitbewerbereigenschaft an dem im

---

Verzicht auf eine einheitliche Definition nur noch nach den Schutzzwecken der Verhaltens- und Sanktionsnormen des UWG zu bestimmen. Dem ist der BGH zu Recht nicht gefolgt.

[665] Ebenso *Dreyer* GRUR 2008, 123 ff. und *Sack* WRP 2008, 1141 ff.; übereinstimmend auch – aber im Detail kritikwürdig – *Blankenburg* WRP 2008, 186 ff. Im *„Lottoschein"*-Urteil (GRUR 2002, 828 ff.) hätte deshalb ein konkretes Wettbewerbsverhältnis trotz der vom BGH verneinten Mitbewerbereigenschaft im Sinne vergleichender Werbung bejaht werden können. Zur möglichen Ausnahme vom Grundsatz der einheitlichen Auslegung des Mitbewerberbegriffs siehe BGH GRUR 2021, 497 Rn. 40 f. – Zweitmarkt für Lebensversicherungen.

[666] Der EuGH lässt bereits einen „gewissen Grad" an Substitutionsmöglichkeiten genügen und will auch auf „Entwicklungsmöglichkeiten und neue Anreize für die Substitution von Erzeugnissen" abstellen, vgl. EuGH GRUR 2007, 511 Rn. 36 – De Landtsheer. Für geringe Anforderungen an die Substituierbarkeit auch *Dreyer* GRUR 2008, 123 (128).

[667] Gesetz zur Stärkung des fairen Wettbewerbs vom 26.11.2020, BGBl. I S. 2568.

[668] Vgl. zur Feststellung der Unternehmereigenschaft: EuGH GRUR 2018, 1154 Rn. 35 ff. – Kamenova.

[669] Vgl. zu solchen Beispielen die Gesetzesbegründung BT-Drs. 19/12084, 26.

[670] So auch nunmehr BGH GRUR 2021, 497 – Zweitmarkt für Lebensversicherungen und zuvor schon *Köhler*/Bornkamm/*Feddersen,* § 8 Rn. 3.29a ff.; vgl. ferner Stellungnahme der GRUR in GRUR 2019, 59 (63); *Lettl* WM 2019, 289; *Fritzsche* WRP 2018, 1277 (1278); *Eickemeier*/*Brodersen* BB 2019, 1859.

früheren Recht aus dem Merkmal „Handeln zu Zwecken des Wettbewerbs" etwa iSd §§ 1, 3 UWG aF abgeleiteten „Wettbewerbsverhältnis" festgehalten.[671] Eine **besonders intensive Wettbewerbssituation** ist damit **nicht verlangt.**[672] Der BGH betont vielmehr zu Recht, dass im Interesse eines wirksamen lauterkeitsrechtlichen Individualschutzes grundsätzlich keine **hohen Anforderungen** an das Vorliegen eines konkreten Wettbewerbsverhältnisses zu stellen sind.[673]

b) Tatsächliche, handlungsbezogene Wettbewerbsbeziehung. Der lauterkeitsrechtliche Begriff des Wettbewerbsverhältnisses umschreibt eine **tatsächliche,** über den allgemeinen Kaufkraftwettbewerb hinausgehende und durch eine geschäftliche Handlung geschaffene **Wettbewerbsbeziehung,** die eine konkrete Beeinträchtigung wettbewerblicher Interessen dritter Unternehmen mit sich bringen kann, ohne dass damit etwa bereits ein gesetzliches Schuldverhältnis[674] begründet würde. Der Begriff des Wettbewerbsverhältnisses ist damit nicht statusbezogen, sondern **handlungsbezogen** zu verstehen[675] und nach den **konkreten Umständen des Einzelfalls** zu beurteilen.[676] Daran ändert nichts, dass es – wie etwa beim Angebot gleichartiger Waren in einem engen räumlichen oder sachlichen Markt – wettbewerbliche Verhältnisse geben kann, in denen **typischerweise** durch jede absatzfördernde Wettbewerbshandlung eines Unternehmens zugleich die Interessen der konkurrierenden Anbieter betroffen werden. Ob ein Wettbewerbsverhältnis vorliegt, das lediglich eine konkrete Beeinträchtigungs**möglichkeit** (vgl. → Rn. 133) verlangt, ist im Übrigen von der Frage zu unterscheiden, ob die ein Wettbewerbsverhältnis begründende geschäftliche Handlung **unlauter** ist. 130

c) Sachverhaltliche Feststellung eines konkreten Wettbewerbsverhältnisses und rechtliche Beurteilung. Es stellt eine der Beweiserhebung zugängliche tatsächliche Frage dar, ob die geschäftlichen Aktivitäten zweier Parteien sich tatsächlich überschneiden und zur Annahme eines konkreten Wettbewerbsverhältnisses ausreichend sind.[677] Für die Annahme eines konkreten Wettbewerbsverhältnisses kann allerdings auch bereits der bloße Anschein ausreichend sein.[678] Es stellt jedoch insgesamt eine **Rechtsfrage** dar, ob durch eine tatsächlich „verdichtete", mit „Konkurrenzmoment" versehene Wettbewerbsbeziehung auch ein konkretes Wettbewerbsverhältnis geschaffen wurde, in dessen Rahmen die lauterkeitsrechtlich schützenswerten Interessen eines anderen Unternehmens negativ betroffen werden können. 131

2. Konkretes Wettbewerbsverhältnis. a) Wechselbeziehung. Ein **konkretes Wettbewerbsverhältnis** liegt vor, wenn zwischen den Vorteilen, die jemand durch eine Maßnahme für sein Unternehmen oder das eines Dritten zu erreichen sucht, und den Nach- 132

---

[671] Vgl. dazu *Sack* GRUR 2011, 953 (956).

[672] BGH GRUR 2018, 1251 Rn. 17 – Werbeblocker II; BGH GRUR 2017, 918 Rn. 16 – Wettbewerbsbezug, kritisch *Köhler* GRUR 2019, 123 ff.; vgl. zudem jurisPK-UWG/*Ernst*, 4. Aufl., § 2 Rn. 28, zur Entwicklung vgl. auch *Sack* WRP 2014, 1418 (1422).

[673] BGH GRUR 2021, 497 Rn. 15 – Zweitmarkt für Lebensversicherungen; BGH GRUR 2015, 1129 Rn. 19 – Hotelbewertungsportal; BGH GRUR 2014, 1114 Rn. 32 – nickelfrei, einen weiten Ansatz verfolgt auch *Lettl* FS Köhler, 2014, 429 ff.; kritisch allerdings *Köhler* GRUR 2019, 123 ff.

[674] Das durch eine Wettbewerbshandlung geschaffene Wettbewerbsverhältnis begründet noch keine deliktsrechtliche Sonderverbindung und steht damit auch nicht einem erst durch einen Wettbewerbs*verstoß* konkretisierten gesetzlichen Schuldverhältnis gleich, auf dessen Grundlage im Rahmen eines „Abmahnverhältnisses" sich wechselseitige Treuepflichten ergeben können, vgl. hierzu BGH GRUR 1987, 54 (55) – Aufklärungspflicht des Abgemahnten, BGH GRUR 1990, 381 – Antwortpflicht des Abgemahnten – sowie mwN Teplitzky/*Bacher,* Wettbewerbsrechtliche Ansprüche und Verfahren, 12. Aufl., Kap. 41 Rn. 51 ff.

[675] Vgl. auch BGH GRUR 2009, 845 Rn. 40 – Internet-Videorecorder; KG GRUR-RR 2010, 22 (26) – JACKPOT!; OLG München MMR 2011, 99 – Mitbewerbereigenschaft bei unterschiedlichen Internetdienstleistungen; zustimmend *Lettl* FS Köhler, 2014, 429 (436).

[676] BGH GRUR 2017, 918 Rn. 16 – Wettbewerbsbezug; BGH GRUR 2014, 573 Rn. 22 – Werbung für Fremdprodukte; BGH GRUR 2005, 519 ff. – Vitamin-Zell-Komplex.

[677] BGH GRUR 2008, 915 Rn. 7 und 12 – 40 Jahre Garantie.

[678] BGH GRUR 1981, 529 f. – Rechtsberatungsanschein.

teilen, die ein anderer dadurch erleidet, eine **Wechselbeziehung** in dem Sinne besteht, dass der eigene Wettbewerb gefördert und der fremde Wettbewerb beeinträchtigt werden kann.[679] Diese nicht kleinlich zu interpretierenden Anforderungen setzen voraus, dass sich die beteiligten Unternehmen auf demselben sachlich, räumlich und zeitlich relevanten Markt betätigen,[680] wobei **ausreichend** ist, wenn sich der **Kundenkreis und das Angebot der Waren oder Dienstleistungen nur teilweise decken.**[681] Die weite „Wechselbeziehung"-Formel erfasst nicht nur Handlungen im Rahmen typischer „Konkurrenzverhältnisse" zwischen Unternehmen, die sich mit einem gleichartigen Angebot an gleichartige Abnehmerkreise wenden (vgl. → Rn. 136 ff.), sondern erfasst auch vergleichsweise untypische wettbewerbliche Konflikt-Situationen zwischen branchenfremden Unternehmen oder solchen auf verschiedenen Marktstufen (vgl. → Rn. 144 f.). Ausreichend ist, wenn sich ein Unternehmen durch eine Verletzungshandlung im konkreten Fall in irgendeiner Weise in Wettbewerb zu dem Betroffenen stellt.[682]

133 **b) Möglichkeit konkreter Beeinträchtigung.** Ein Wettbewerbsverhältnis ist **konkret,** wenn durch die zu beurteilende geschäftliche Handlung eines Unternehmens die **lauterkeitsrechtlich schützenswerten Interessen eines konkurrierenden Unternehmens irgendwie fassbar (eben nicht nur „abstrakt") negativ betroffen** werden können, wofür allerdings nicht bereits jede nur geringe Wahrscheinlichkeit genügt.[683] Erforderlich, aber auch ausreichend ist, dass die geschäftliche Handlung eines Unternehmens die **Angebots- oder Nachfragestellung eines konkurrierenden Unternehmens negativ beeinflussen kann.**[684] Das ist bereits der Fall, wenn durch eine geschäftliche Handlung sonstige Marktbeteiligte, insbesondere Verbraucher, zu Lasten eigener Marktchancen angelockt oder beeinträchtigt werden können, ohne dass die damit einhergehende Wettbewerbsverfälschung noch bis zum Geschäftsabschluss fortdauern müsste. Wenn eine derartige **Beeinträchtigungsmöglichkeit** gegeben ist, spricht die Lebenserfahrung dafür, dass diese geschäftliche Handlung zugleich auch die Interessen des handelnden Unternehmens zu fördern geeignet ist und damit die erforderliche Wechselbeziehung vorliegt. Ausreichend ist es allerdings nicht, wenn die Maßnahme einen Dritten nur **irgendwie in seinem Marktstreben** betrifft.[685] Eine bloße Beeinträchtigung reicht zur Begründung eines Wettbewerbsverhältnisses nicht aus, wenn es an jeglichem „Konkurrenzmoment" im Angebots- oder Nachfragewettbewerb fehlt.[686] Eine das Wettbewerbsverhältnis begründende Wechselwirkung der von der beanstandeten Handlung ausgelösten Vor- und Nachteile besteht nur

---

679 Zur Wechselbeziehung: BGH GRUR 2021, 497 Rn. 15 – Zweitmarkt für Lebensversicherungen; BGH GRUR 2017, 918 Rn. 16 – Wettbewerbsbezug; BGH GRUR 2017, 422 Rn. 64 – ARD-Buffet; BGH GRUR 2016, 1193 Rn. 15 – Ansprechpartner; BGH GRUR 2015, 1129 Rn. 19 – Hotelbewertungsportal; BGH GRUR 2014, 1114 Rn. 32 – nickelfrei; BGH GRUR 2007, 1079 (1080) – Bundesdruckerei; BGH GRUR 1997, 907 (908) – Emil-Grünbär-Klub; MüKoUWG/*Bähr,* 3. Aufl., § 2 Rn. 234.

680 BGH GRUR 2007, 1079 (1080) – Bundesdruckerei.

681 BGH GRUR 2007, 1079 (1080) – Bundesdruckerei; BGH GRUR 1990, 375 (377) – Steuersparmodell.

682 BGH GRUR 2018, 1251 Rn. 17 – Werbeblocker II; BGH GRUR 2017, 918 Rn. 16 – Wettbewerbsbezug; BGH GRUR 2016, 1193 Rn. 15 – Ansprechpartner; BGH GRUR 2015, 1129 Rn. 19 – Hotelbewertungsportal; BGH GRUR 2014, 1114 Rn. 32 – nickelfrei. Zum Wettbewerbsverhältnis zwischen dem Anbieter eines Fluggastrechtsportals und einer Fluggesellschaft vgl. LG Düsseldorf GRUR-RS 2019, 8498.

683 Mit der vorstehenden Umschreibung ist noch nicht über die Unlauterkeit entschieden. Dass die Interessen eines Konkurrenten „irgendwie fassbar *negativ* betroffen" sein müssen, ergibt sich aus dem Wesen des Lauterkeitsrechts als deliktsrechtsgleichen Abwehrrechts gegen negative Beeinträchtigungen und soll nicht bereits die lauterkeitsrechtliche Wertung als solche vorweg nehmen. Kritisch zur historisch bedingten Bezugnahme auf ein „konkretes" Wettbewerbsverhältnis *Köhler* WRP 2013, 403 (405).

684 Vgl. insoweit etwa BGH GRUR 2002, 985 (986) – WISO; anderer Meinung *Lettl* FS Köhler, 2014, 429 (436).

685 BGH GRUR 2014, 1114 Rn. 32 – nickelfrei; BGH GRUR 2014, 573 Rn. 21 – Werbung für Fremdprodukte; OLG Nürnberg GRUR 2020, 198 Rn. 20 – Aufkauf von Lebensversicherungsverträgen; OLG München GRUR 2020, 770 Rn. 35 – Positive Bewertungen und OLG München GRUR-RR 2018, 21 Rn. 27 – Pannenhilfe.; Büscher/*Wille,* UWG, 1. Aufl., § 2 Abs. 1 Nr. 3 Rn. 6.

686 BGH GRUR 2017, 1251 Rn. 17 – Werbeblocker II; BGH GRUR 2017, 918 Rn. 16 – Wettbewerbsbezug; BGH GRUR 2014, 573 Rn. 21 – Werbung für Fremdprodukte; vgl. auch OLG Frankfurt a. M. WRP 2016, 108 Rn. 18; *Büscher* GRUR 2016, 313 (314).

dann, wenn die von den Parteien angebotenen Waren oder Dienstleistungen einen wettbewerblichen Bezug zueinander aufweisen.[687] Der Wettbewerbsbezug wird aber nicht dadurch in Frage gestellt, dass die jeweiligen Leistungserbringer – etwa bei der Beratung von Versicherten – unterschiedliche Interessen haben.[688]

c) Konkretes Wettbewerbsverhältnis bei mitbewerberbezogenen Handlungen. 134
Bei **mitbewerberbezogenen Wettbewerbshandlungen,** bspw. der Verunglimpfung von Mitbewerbern (§ 4 Nr. 1 UWG), der mitbewerberbezogenen Anschwärzung (§ 4 Nr. 2 UWG), einer gezielten Mitbewerberbehinderung (§ 4 Nr. 4 UWG) sowie etwa bei einer unsachlich kritisierenden vergleichenden Werbung (§ 6 UWG) wird eine **konkrete Möglichkeit der Beeinträchtigung der betroffenen Unternehmen zumeist auf der Hand liegen.** Auch bei einer pauschalen Herabsetzung von ungenannt bleibenden Mitbewerbern[689] ist ein konkretes Wettbewerbsverhältnis zu räumlich betroffenen, mit gleichartigen Waren konkurrierenden Anbietern zu bejahen.

d) Konkretes Wettbewerbsverhältnis bei verbraucherbezogenen geschäftlichen Handlungen. 135
Auch bei in erster Linie **das allgemeine Publikum betreffenden Wettbewerbshandlungen,** etwa in den Fällen des Rechtsbruchs (§ 3a), der aggressiven geschäftlichen Handlungen (§ 4a), der irreführenden Werbung (§ 5 UWG) sowie etwa der verbraucherbelästigenden Werbung (§ 7 UWG) ist ein **konkretes Wettbewerbsverhältnis** zu mit gleichen oder gleichartigen Waren konkurrierenden Mitbewerbern **regelmäßig gegeben.**[690] Zwar werden insoweit in erster Linie schützenswerte Interessen der übrigen Marktteilnehmer, insbesondere der Verbraucher, beeinträchtigt. Zugleich werden jedoch der Wettbewerb zum Nachteil der um diese Kundengruppen konkurrierenden Mitbewerber verfälscht und deren Marktchancen geschmälert.[691] Das gilt auch für unlautere geschäftliche Handlungen gegenüber Verbrauchern bei oder nach Vertragsabschluss (dazu → Rn. 92 ff.). Der Forderung von *Köhler*[692] nach einer engen Interpretation des konkreten Wettbewerbsverhältnisses bei verbraucherbezogenen Handlungen ist nicht zu folgen. Ausreichend ist, dass die sonstigen Marktbeteiligten zu Lasten der Konkurrenten angelockt oder beeinträchtigt werden **können,** ohne dass es darauf ankommt, ob die Mitbewerber tatsächlich nachweisbare vermögenswerte Einbußen erleiden.[693]

3. Fallkonstellationen. a) Gleichartiges Angebot gegenüber gleichen Kundenkreisen im gleichen räumlichen Gebiet. 136
Unternehmen stehen insbesondere in einem **konkreten Wettbewerbsverhältnis,** wenn sie untereinander als **Anbieter oder Nachfrager von gleichartigen Waren oder Dienstleistungen** um die gleichen Kunden- oder Lieferantenkreise mit der Folge **konkurrieren,** dass **das konkret beanstandete Wettbewerbsverhalten den anderen beeinträchtigen,** dh im Absatz behindern oder stören kann.[694] Ausreichend ist schon, wenn sich der Kundenkreis und das Angebot der Waren

[687] BGH GRUR 2019, 970 Rn. 23 – Erfolgshonorar für Versicherungsberater; BGH GRUR 2019, 189 Rn. 58 – Crailsheimer Stadtblatt II; BGH GRUR 2017, 918 Rn. 19 – Wettbewerbsbezug.

[688] BGH GRUR 2021, 497 Rn. 21 – Zweitmarkt für Lebensversicherungen.

[689] Vgl. BGH GRUR 2014, 601 Rn. 42 – englischsprachige Pressemitteilung; BGH GRUR 2012, 74 Rn. 37 – Coaching-Newsletter; BGH GRUR 2002, 982 – Die „Steinzeit" ist vorbei; BGH GRUR 2002, 75 – „SOO … BILLIG".

[690] Vgl. etwa zur Befugnis von Mitbewerbern, unerbetene Telefonwerbung lauterkeitsrechtlich zu beanstanden: BGH GRUR 2013, 1170 – Telefonwerbung für DSL-Produkte; OLG München GRUR 2019, 654 Rn. 56 ff. – Stromanbieterwerbeanruf I. Kritisch zum kollektivrechtlichen Ansatz der Rechtsprechung: *Köhler* FS Büscher, 2018, 333 (342).

[691] BGH GRUR 2021, 497 Rn. 35 – Zweitmarkt für Lebensversicherungen.

[692] *Köhler* GRUR 2021, 426/433 und *Köhler* GRUR 2019, 123/125 ff.

[693] Vgl. BGH GRUR 2002, 985 (986) – WISO; BGH GRUR 2002, 75 (76) – „SOOO … BILLIG".

[694] BGH GRUR 2021, 497 Rn. 46 – Zweitmarkt für Lebensversicherungen; BGH GRUR 2017, 397 Rn. 45 – World of Warcraft II; BGH GRUR 2016, 1073 Rn. 18 – Geo-Targeting; BGH GRUR 2016, 710 Rn. 19 – Im Immobiliensumpf; BGH GRUR 2014, 1114 Rn. 24 – nickelfrei; BGH GRUR 2014, 573 Rn. 15 – Werbung für Fremdprodukte; BGH GRUR 2012, 201 Rn. 19 – Poker im Internet; BGH GRUR 2009, 980 Rn. 9 – E-Mail-Werbung II; einige Entscheidungen stellen vielfach verkürzend auf einen Waren-

oder Dienstleistungen teilweise decken.[695] Das Angebot gleichartiger Leistungen gegenüber einem sich zumindest überschneidenden Kunden- oder Lieferantenkreis im gleichen räumlichen Gebiet bildet die **tatsächliche Grundlage** für die darauf basierende Regel-Annahme, dass Wettbewerbshandlungen des einen Unternehmens regelmäßig auch die Wettbewerbsstellung des konkurrierenden Anbieters negativ beeinflussen können. Auf einem Markt mit nur wenigen Anbietern (wie etwa dem deutschen Mobilfunkmarkt) ist jede Absatzförderungshandlung eines Unternehmens regelmäßig geeignet, die Absatzinteressen der Mitbewerber zu beeinträchtigen.

137 **aa) Gleichartige Waren oder Dienstleistungen.** Die Gleichartigkeit liegt vor, wenn die angebotenen **Waren oder Dienstleistungen austauschbar (substituierbar)** sind.[696] Eine solche Austauschbarkeit ist anzunehmen, wenn Waren oder Dienstleistungen den gleichen Bedürfnissen dienen können.[697] Ob Waren oder Dienstleistungen untereinander als austauschbar anzusehen sind, ist aus der Sicht des angesprochenen Verkehrs im Hinblick auf die Eigenschaften und Zweckbestimmung der Waren und Dienstleistungen nach einem großzügigen Maßstab zu beurteilen,[698] auf erhebliche Preisunterschiede kommt es regelmäßig nicht an.[699] Ausreichend kann es bereits sein, wenn eine Ware zur anderen kompatibel ist und der Einsatz der ergänzenden Ware den Absatz der anderen Ware stören kann.[700] Die Austauschbarkeit kann insbesondere durch die konkrete Wettbewerbsmaßnahme aufgezeigt werden.[701] Die Gleichartigkeit von Waren oder Dienstleistungen kann grundsätzlich nicht deswegen verneint werden, weil **unterschiedliche Vertriebswege** genutzt werden. Deswegen ist regelmäßig ein Wettbewerbsverhältnis zwischen einem stationären Anbieter von Waren und einem Anbieter eben dieser Waren im Internet zu bejahen. Zweifelhaft ist allerdings, ob ein konkretes Wettbewerbsverhältnis zwischen Anbietern von Waren und dem Betreiber eines **Online-Marktplatzes** für derartige Waren besteht.[702] Umgekehrt begründet die Nutzung einer **vergleichbaren Vertriebsform** für nicht austauschbare Waren oder Dienstleistungen noch kein Wettbewerbsverhältnis.[703] Die Dienstleistung eines Lizenzgebers und das Warenangebot eines Händlers sind allerdings nicht gleichartig.[704] Ein Wettbewerbsverhältnis ist zu bejahen zwischen einem Anbieter einer „Spam" erkennbar machenden Filtersoftware und dem Anbieter von als „Spam" gekennzeichneten Leistungen.[705] Ein konkretes Wettbewerbsverhältnis besteht auch zwi-

absatz innerhalb *derselben Endverbraucherkreise* ab, ein Wettbewerbsverhältnis ist aber auch dann zu bejahen, wenn Unternehmen um Abnehmer auf vorgelagerten Absatzstufen konkurrieren und/oder die Abnehmerkreise sich jedenfalls überschneiden. Zur Verdeutlichung hat der BGH in GRUR 2014, 1114 Rn. 27 – nickelfrei formuliert, dass auch die auf verschiedenen Vertriebsstufen tätigen Parteien im Regelfall versuchen, gleichartige Waren oder Dienstleistungen „letztlich" innerhalb desselben Endverbraucherkreises abzusetzen.

[695] BGH GRUR 2007, 1079 Rn. 22 – Bundesdruckerei; BGH GRUR 1990, 375 (377) – Steuersparmodell; OLG Köln WRP 2020, 1222 Rn. 10 – unsere Fachanwälte.

[696] BGH GRUR 2002, 828 (829) – Lottoschein.

[697] EuGH GRUR 2007, 511 (513) – De Landtsheer.

[698] Der EuGH lässt bereits genügen, dass die angebotenen Waren untereinander „in allgemeiner Weise einen gewissen Grad" an Substituierbarkeit aufweisen, vgl. EuGH GRUR 2007, 511 Rn. 47. Einen großzügigen Maßstab bejaht auch *Dreyer* GRUR 2008, 123 (128).

[699] OLG Frankfurt a. M. GRUR 2019, 203 = WRP 2019, 233 – Luxusuhr; LG Köln GRUR-RS 2016, 120413.

[700] Vgl. BGH GRUR 2017, 397 Rn. 46 – World of Warcraft II: konkretes Wettbewerbsverhältnis zwischen dem Anbieter einer Spielesoftware und dem Anbieter einer ergänzenden Software.

[701] BGH GRUR 2009, 845 Rn. 40 – Internet-Videorecorder; BGH GRUR 2007, 978 Rn. 17 – Rechtsberatung durch Haftpflichtversicherer; OLG Köln GRUR-RR 2006, 5 (6); OLG Nürnberg WRP 2007, 202 (203) – Wettbewerbsverhältnis zwischen Kfz-Sachverständigen und Kfz-Haftpflichtversicherung.

[702] Mit guten Gründen verneinend: OLG Koblenz GRUR-RR 2006, 380 (381) – Markenparfüms; aA *Weber* GRUR-RR 2007, 65.

[703] Vgl. BGH GRUR 1997, 478 – Haustürgeschäft II.

[704] BGH GRUR 2014, 1114 Rn. 26 – nickelfrei vgl. dort aber Rn. 31 ff. zur Bejahung eines Wettbewerbsverhältnisses wegen der Beeinträchtigung der Lizenzvergabe (nachfolgend → Rn. 149) sowie OLG Düsseldorf GRUR-RS 2018, 34557.

[705] OLG Hamm GRUR-RR 2007, 282 (283) – Google-Spamfilter.

schen den Betreibern von inhaltlich unterschiedlich ausgerichteten Internetseiten (wetterbezogene Informationen und Dienstleistungen einerseits und Krankenversicherungsangebote andererseits), wenn diese Internetseiten jeweils Dritten für Werbezwecke entgeltlich zur Verfügung stehen, weil alsdann beide Anbieter versuchen, gleichartige Dienstleistungen innerhalb derselben Abnehmerkreise abzusetzen.[706] Auch zwischen privaten Fernsehsendeunternehmen und einem Anbieter von Internetleistungen, der das zeitversetzte Ansehen von identischen Sendungen für jedermann ermöglicht, besteht ein konkretes Wettbewerbsverhältnis.[707] Zu bejahen ist ein Wettbewerbsverhältnis zwischen einem Versicherer und einem Versicherungsmakler, weil beide die Dienstleistung der Beratung über Versicherungsangelegenheiten anbieten. Bezogen auf einen konkreten, bereits bestehenden Versicherungsvertrag stehen Versicherungsmakler und Versicherer im Wettbewerb um die Erbringung von Beratungsleistungen, etwa zu der Frage, ob der Vertrag im Interesse des Versicherungsnehmers beendet, gekündigt oder durch einen anderen Vertrag ersetzt werden sollte.[708]

bb) Räumliches Gebiet. Eine konkrete Beeinträchtigungsmöglichkeit ist nur gegeben, **138**
wenn die Beteiligten auf **demselben räumlichen Markt** tätig sind. Maßgebend ist eine wirtschaftliche Betrachtungsweise.[709] Ein nur lokal tätiger Bäcker oder Gastwirt in Düsseldorf kann deshalb schwerlich wettbewerbliche Interessen eines in München tätigen Bäckers oder Gastwirts verletzen; abweichend davon stehen etwa Versandhändler in den Grenzen ihres Absatzgebietes mit allen gleiche oder gleichartige Waren vertreibenden Händlern im Wettbewerb.[710] Der maßgebende **räumliche Markt** wird durch die **Geschäftstätigkeit des werbenden Unternehmens bestimmt.**[711] Bei **überregionalen oder bundesweiten Marketingmaßnahmen** ist grundsätzlich zu vermuten, dass das werbende Unternehmen seinen unternehmerischen Erfolg auch räumlich in dem durch die Marketingmaßnahme abgedeckten Gebiet sucht und damit die wettbewerblichen Interessen aller konkurrierenden, räumlich betroffenen Unternehmen tangiert werden.[712] Mitbewerber kann auch ein Unternehmen sein, dessen Waren oder Dienstleistungen die angesprochenen Verbraucher in dem Gebiet, in dem die beanstandete Werbung erscheint, nicht erwerben können, sofern dadurch ein konkurrierendes Angebot weniger attraktiv erscheinen kann.[713] Der räumliche Markt ist bei Handelswaren tendenziell umso weiter zu ziehen, je teurer die Produkte sind: So stehen Anbieter von PKW's im Internet auch dann miteinander in Wettbewerb, wenn ihre Geschäftssitze mehrere hundert Kilometer entfernt liegen, weil Kunden bei teureren PKW's auch größere Entfernungen zum Händler in Kauf nehmen.[714] Für ein bundesweites Angebot von Immobilien für Kapitalanleger hat der BGH allerdings

[706] BGH GRUR 2014, 393 Rn. 26 – wetteronline.de; BGH GRUR 2006, 1042 Rn. 14 – Kontaktanzeigen.

[707] BGH GRUR 2009, 845 Rn. 39 f. – Internet-Videorecorder, die abweichende Auffassung des OLG Köln GRUR-RR 2006, 5 (6) – Zeitversetzter Empfang eines Fernsehprogramms im Internet, ist damit überholt.

[708] Vgl. dazu auch BGH GRUR 2021, 497 Rn. 21 – Zweitmarkt für Lebensversicherungen sowie BGH GRUR 2019, 970 Rn. 25 – Erfolgshonorar für Versicherungsberater und BGH GRUR 2016, 1193 Rn. 16, 18 – Ansprechpartner.

[709] Vgl. BGH GRUR 2001, 78 – Falsche Herstellerpreisempfehlung mit den dortigen Ausführungen zur sachlichen und räumlichen Konkurrenzsituation; vgl. aber auch BGH GRUR 2008, 438 Rn. 28 – ODDSET zur fehlenden Wettbewerbseigenschaft eines nur in einem Bundesland tätigen Anbieters zu den über dieses Bundesland hinausgehenden Aktivitäten eines bundesweit tätigen Anbieters; vgl. ferner OLG Frankfurt a. M. GRUR-RR 2003, 248 f. – Hausanwälte.

[710] Beispiele von *Baumbach/Hefermehl,* Wettbewerbsrecht, 22. Aufl., Einl. UWG Rn. 223.

[711] BGH GRUR 2009, 692 Rn. 8 – Sammelmitgliedschaft VI; BGH GRUR 2001, 260 (261) – Vielfachabmahner; BGH GRUR 2000, 619 (620) – Orient-Teppichmuster; BGH GRUR 1998, 170 – Händlervereinigung.

[712] MüKoUWG/*Bähr,* 3. Aufl., § 2 Rn. 243.

[713] BGH GRUR 2016, 1073 Rn. 19 – Geo-Targeting; vgl. aber auch BGH GRUR 2008, 438 Rn. 28 – ODDSET.

[714] BGH GRUR 2011, 82 Rn. 19 f. – Preiswerbung ohne Umsatzsteuer; OLG München WRP 2012, 87 Rn. 9 – Jahreswagen.

angenommen, dass hierdurch unmittelbar kein bestimmter anderer Anbieter beeinträchtigt werden könne, weil es angesichts der Größe des Immobilienmarkts sowohl nach der Zahl der Anbieter als auch nach der Zahl der angebotenen Objekte unwahrscheinlich sei, dass sich die konkrete Art und Weise der Werbung für ein Angebot kaufentscheidungsrelevant zugunsten eines anderen Angebots auswirken könnte.[715] Dem ist nicht zu folgen. Auch bundesweite Immobilienangebote für Kapitalanleger erfolgen nicht im „mitbewerberfreien" Raum. Eine Mitbewerberbeeinträchtigung kann auch nicht allein wegen der **Größe eines Marktes** sowie der **Vielzahl der Anbieter** verneint werden. Vor allem ist es aber für eine konkrete, irgendwie fassbare Beeinträchtigungsmöglichkeit bereits ausreichend, dass die beiderseits angesprochenen Kunden durch eine unlautere Werbung zu Lasten des Mitbewerbers angelockt werden, ohne dass die Unlauterkeit sich auf den Kaufentschluss auswirken müsste.[716]

cc) Kasuistik

139 **Bejaht wurde ein konkretes Wettbewerbsverhältnis zwischen:** einem Versicherer und einem Versicherungsmakler/Versicherungsberater, weil beide die Dienstleistung der Beratung über Versicherungsangelegenheiten anbieten (BGH GRUR 2019, 970 – Erfolgshonorar für Versicherungsberater); einem Anbieter von Computerspielen und einem Anbieter von Ergänzungssoftware zu dem Computerspiel, weil beide Spielesoftware vertreiben und die ergänzende Software den Absatz des Computerspiels beeinträchtigen kann (BGH GRUR 2017, 397 Rn. 46 – World of Warcraft II); einem auf dem Gebiet des An- und Verkaufs von Schmuck, Juwelierwaren und gebrauchten Uhren, insbesondere Rolex-Uhren tätigen Unternehmens und dem Hersteller der Original Rolex-Uhren (BGH GRUR 2015, 607 Rn. 13 – Uhrenankauf im Internet); einem Anbieter einer werbefinanzierten Internetseite, die über das Wetter informiert und Dienstleistungen zu den Themen Wetter und Klima erbringt sowie dem Betreiber einer ebenfalls werbefinanzierten Internetseite, auf der private Krankenversicherer ihre Leistungen anbieten (BGH GRUR 2014, 393 Rn. 26 – wetteronline.de); einem in Gießen und einem in Köln ansässigen Rechtsanwalt (BGH GRUR 2013, 950 Rn. 14 – auch zugelassen am OLG Frankfurt a. M.); einem Betreiber eines Hotels und dem Anbieter eines Online-Reisebüros, das mit einem Hotelbewertungsportal verknüpft ist (BGH GRUR 2015, 1129 – Hotelbewertungsportal); einem Anbieter von Videospiel-Karten für eigene Videospiel-Konsolen und einem Anbieter von Adapterkarten, mit deren Hilfe Kopien von Videospielen auf den Videospiel-Konsolen des anderen Anbieters verwendet werden können (BGH GRUR 2015, 672 Rn. 101 – Videospiel-Konsolen II); Hörgeräteakustikern in 26 km voneinander entfernten Städten, weil bei Waren, die nicht zum täglichen Bedarf gehören, der Einzugsbereich regelmäßig deutlich über die jeweiligen Stadtgrenzen hinausgeht (OLG München BeckRS 2012, 03268); Gebrauchtwagenhändlern, die zumindest zum Teil im gleichen Preissegment anbieten (OLG Hamm GRUR-RR 2010, 356 – Abmahnungen nach Gutsherrnart); einem Fernsehsendeunternehmen und dem Anbieter einer internetbasierten Vorrichtung zur Aufnahme und zeitversetzten Wiedergabe von Fernsehsendungen (BGH GRUR 2009, 845 Rn. 39 f. – Internet-Videorecorder); dem Betreiber eines Internetportals und einem auf dem Gebiet der elektronischen Datenverarbeitung tätigen Unternehmen hinsichtlich der Registrierung eines der Kurzbezeichnung des Unternehmens entsprechenden Domainnamens (BGH GRUR 2009, 685 Rn. 40 – ahd.de); einem Hersteller von Plaketten und zwei früher zum Bundesvermögen gehörenden Unternehmen, weil sich die Kundenkreise hinsichtlich des einen Unternehmens außerhalb seiner gesetzlich abgesicherten Monopolstellung jedenfalls überschnitten und das andere, ausschließlich im Ausland tätige Unternehmen jedenfalls auch im Internet um deutsche Kunden warb und so auch mit in Deutschland ansässigen Unternehmen in Wettbewerb trat, um Kunden für das Auslandsgeschäft zu akquirieren (BGH GRUR 2007, 1079 ff. – Bundesdruckerei); den Betreibern eines Bordells und mit Anzeigen werbenden Prostituierten (BGH GRUR 2006, 1042 ff. – Kontaktanzeigen); Rechtsanwälten in räumlich benachbarten Städten (BGH GRUR 2005, 520 (521) – Optimale Interessenvertretung); einem privaten Fernsehsendeunternehmen und einem Unternehmen, das Geräte produziert und vertreibt, mit denen Werbung aus dem laufenden Programm automatisch ausgeblendet werden kann (BGH GRUR 2004, 877 ff. – Werbeblocker); zwischen einem Anbieter von Webseiten und einem Anbieter von Werbeblocker-Software, die sich durch die entgeltliche Aufnahme in eine Liste mit

[715] BGH GRUR 2001, 258 f. – Immobilienpreisangaben; so auch *Erdmann/Pommerening* in Gloy/Loschelder/Danckwerts, HdbWettbR, 5. Aufl., § 33 Rn. 41.

[716] Im Ergebnis ist die Entscheidung BGH GRUR 2001, 258 ff. – Immobilienpreisangaben allerdings zu billigen, weil schon für § 1 UWG aF eine mehr als nur ganz marginale Wettbewerbsbeeinträchtigung hätte verlangt werden können.

Ausnahmefiltern („Whitelist") finanziert (BGH GRUR 2018, 1251 – Werbeblocker II; OLG München WRP 2017, 1347 ff. – Whitelisting I); einem Rechtsanwalt und einem Fernsehsender wegen angeblich unerlaubter Rechtsberatung in Sendungen (BGH GRUR 2002, 985 (986) – WISO); einem Fachgeschäft und einem Großmarkt für Unterhaltungselektronik (BGH GRUR 2002, 75 (76) – „SOOOO … BILLIG"); auf demselben räumlichen und sachlichen Markt tätigen Betreibern von Einzelhandelsmärkten für Elektroartikel (BGH GRUR 2001, 78 f. – Falsche Herstellerpreisempfehlung); Verbrauchermarktbetreibern (BGH GRUR 2000, 907 (909) – Filialleiterfehler); einem Autohersteller und einem Auto-Importeur und -händler (BGH GRUR 1999, 1122 (1123) – EG-Neuwagen I); Vertreibern von Schlankheitsmitteln und diätetischen Lebensmitteln (BGH GRUR 1999, 1007 (1008) – Vitalkost); einem Hersteller von Montage- und Befestigungstechnik für Tischlereibetriebe und einem Provisionsvermittler gleichartiger Artikel (BGH GRUR 1999, 69 ff. – Preisvergleichsliste II); einem Foto-Fachgeschäft und einem Elektro-Discount-Markt (BGH GRUR 1998, 1039 f. – Fotovergrößerungen); einem Steuerberater und einem Vertreiber von Immobilien einschließlich dazugehöriger Finanzierungen (BGH GRUR 1990, 375 ff. – Steuersparmodell); Anbietern von Champagner einerseits und Mineralwasser andererseits hinsichtlich des Slogans „Ein Champagner unter den Mineralwässern" (BGH GRUR 1988, 453 (455)); einem Hersteller von Kraftfahrzeugen und einem zum Schein als „Endabnehmer" auftretenden Zwischenhändler (BGH GRUR 1988, 916 – Pkw-Schleichbezug); einem Rentenberater und einer individuelle Rentenberechnungen anbietenden Zeitschrift (BGH GRUR 1987, 373 – Rentenberechnungsaktion); einem Brancheninformationsdienst und einem darin verrufenen Kaffee-Filialisten (BGH GRUR 1984, 461 – Kundenboykott); einer allgemeinen Ortskrankenkasse, die Selbstabgabestellen für Brillen unterhält, und Augenoptikern (BGH GRUR 1982, 425 ff. – Brillen-Selbstabgabestellen); Taxi- und Mietwagenunternehmen (BGH GRUR 1965, 361 f. – Taxi-Bestellung); Anzeigenblättern und Tageszeitungen (BGH GRUR 1969, 287 ff. – Stuttgarter Wochenblatt); einem Kundenzeitschriften-Verlag und einem Arzneimittelhersteller hinsichtlich einer an Drogerien und Apotheken vertriebenen Kundenzeitschrift (BGH GRUR 1963, 536 ff. – Iris); einem Anbieter einer „Spam" erkennbar machenden Filtersoftware und dem Anbieter von den alsdann als „Spam" gekennzeichneten Leistungen (OLG Hamm GRUR-RR 2007, 282 (283) – Google-Spamfilter); einem Dienstleister, der Studienplätze für Medizin an ausländische Universitäten vermittelt und einer Rechtsanwaltsgesellschaft, die Studienplatzklagen für medizinische Studiengänge führt (OLG Köln WRP 2020, 777 Rn. 26 – Studienplatzvermittlung); einem Berater für Fluggastrechte und einer Airline, die diese Beratung nur für ihre Fluggäste anbietet (OLG Brandenburg GRUR-RR 2020, 315 Rn. 11 f. – Lügen Airline); einem Dienstleister der sog. „Fact-Checks" auf Facebook durchführt und dem Herausgeber eines geprüften Artikels, weil beide um die möglichst weite Verbreitung ihrer Publikationen konkurrieren (OLG Karlsruhe GRUR-RS 2020, 11459 Rn. 71 – Fact-Check).

Verneint wurde ein konkretes Wettbewerbsverhältnis zwischen: einem Versicherer, der Kosten für Pannenhilfeleistungen ersetzt, und einem Abschleppunternehmen, das sich im Pannenfall von Mitgliedern Ansprüche gegen den Versicherer abtreten lässt (OLG Köln WRP 2017, 1007 ff. und OLG München GRUR-RR 2018, 21 – Pannenhilfe); mit Gold handelnden Unternehmen in Baden-Württemberg und in Niedersachsen, auch wenn ein Unternehmen einen Goldankauf per Postversand anbietet (OLG Celle WRP 2012, 477 ff.; 2012, 743 f.); einem Anbieter von Domainregistrierungen und einem hauptsächlich auf dem Gebiet der Suchmaschinenoptimierung und des „Guerilla-Marketing" tätigen Unternehmen, das allenfalls vereinzelt Domainregistrierungen für Privatkunden vornimmt (OLG München MMR 2011, 99 (100)); einem Händler für Herrenunterwäsche und Herrenbademode und einem Händler für Damenoberbekleidung, Schuhe, Accessoires und Kinderbekleidung (OLG Braunschweig MMR 2010, 252 (253)); einer Rechtsanwaltskanzlei und einer Gesellschaft, die E-Mail-Newsletter mit Informationen für Kapitalanleger versendet (BGH GRUR 2009, 980 Rn. 9 – E-Mail-Werbung II); dem Freistaat Bayern als Betreiber von Glücksspielen und einem österreichischen Unternehmen, das Sportwetten auch in Deutschland anbietet, hinsichtlich des Sportwettenangebots in anderen Bundesländern als Bayern (BGH GRUR 2008, 438 Rn. 28 – ODDSET); einem Call by Call-Tarife anbietenden Telekommunikationsunternehmen und einem Unternehmer, der über einen Mehrwertdienstanschluss Gewinnspiele anbietet (OLG Düsseldorf GRUR 2005, 523 f. – Gewinnspielaufforderung durch Hinterlassen einer „0137"-Anruferkennung); Rechtsanwälten, die im gleichen Rechtsgebiet (Gebührenstreitigkeiten zwischen Zahnärzten und Patienten) spezialisiert sind, aber in weit entfernten Städten praktizieren, weil Privatleute in aller Regel ortsnahe Rechtsanwälte mandatieren (vgl. OLG Frankfurt a. M. GRUR-RR 2003, 248 f. – Hausanwälte); bundesweit tätigen Anbietern von Immobilien für Kapitalanleger, weil angesichts der Größe des Immobilienmarktes kein bestimmter anderer Anbieter unmittelbar beeinträchtigt werde (BGH GRUR 2001, 258 f. – Immobilienpreisangaben, zweifelhaft); zwischen einem urheberrechtliche Abmahnungen aussprechenden Unternehmen und einem hierüber in einem Internetartikel berichtenden, den Vorwurf der „Abzocke" erhebenden Rechtsanwalt (OLG Frankfurt a. M. WRP 2015, 461 ff.); einem KFZ-Sachverständigenbüro und 140 einem KFZ-Schadensregulierer und Haftpflichtversicherer, selbst wenn die Versicherung eigene, für sie tätige Hausgutachter beschäftigt (OLG Frankfurt a. M. GRUR-RR 2013, 331 – Überprüfungsverbot); zwischen einem Anlageunternehmen für Immobilienfonds und einer auf das Kapitalanlagerecht spezialisierten Rechtsanwaltskanzlei, weil es an jeglichem Konkurrenzmoment zwischen den angebotenen anwaltlichen Leistungen einerseits und dem Wertpapier- und Beteiligungsangebot andererseits fehlt (BGH GRUR 2017, 918 Rn. 19 – Wettbewerbsbezug sowie OLG Frankfurt a. M. WRP 2017, 338 Rn. 18; 2016, 108); zwischen Vertriebsunternehmen für Computerspiele und Rechtsanwälten, die wegen Urheberechtsverletzungen abgemahnte Personen vertreten (BGH GRUR 2017, 918 Rn. 21 – Wettbewerbsbezug); zwischen einer Universität, deren Nachteil in dem Verlust von Studenten aufgrund einer kritischen Äußerung liegt und einem (Rechts-)Berater, der aus der Äußerung auf seiner Internetseite ein Vorteil für seine Beratungsleistungen ziehen kann, weil zwischen dem Vorteil und Nachteil der wettbewerbliche Bezug fehlt (OLG Frankfurt a. M. WRP 2020, 627 Rn. 6 – Force for Good); einem Zahnarzt und einem Bewertungs-/Buchungsportal für Arzttermine (OLG München GRUR 2020, 770 Rn. 35 – positive Bewertungen).

141 **b) Förderung fremder Unternehmensinteressen.** Bei der Förderung fremden Wettbewerbs ist zu unterscheiden, auf welcher Seite – Gläubiger- oder Schuldnerseite – der den Wettbewerb eines anderen Unternehmens Fördernde seinerseits im Wettbewerbsprozess steht:

142 **aa) Konkretes Wettbewerbsverhältnis und Passivlegitimation durch Förderung eines Dritten.** Steht die **Förderung eines Unternehmens durch einen in Anspruch zu nehmenden Dritten** zur Debatte, muss ein konkretes Wettbewerbsverhältnis zwischen dem geförderten Unternehmen und dem klagenden Mitbewerber bestehen,[717] worauf es oft bei Eingriffen der öffentlichen Hand in den Wettbewerb oder bei wettbewerbsfördernden Presseveröffentlichungen oder Internetauftritten ankommt.[718] Der BGH spricht hier in jüngerer Zeit regelmäßig von einem **„mittelbaren Wettbewerbsverhältnis“.**[719] Ein Indiz für eine geschäftliche Handlung zugunsten eines Fremdunternehmens kann darin liegen, dass zu diesem eine geschäftliche Beziehung besteht.[720] Dass allerdings dritte Unternehmen einen **reflexartigen Vorteil** von den in Rede stehenden geschäftlichen Handlungen haben, reicht für die Bejahung einer geschäftlichen Handlung zugunsten eines Fremdunternehmens jedoch nicht aus.[721] Entscheidend ist, dass der Mitbewerber durch die Förderung des dritten Unternehmens gerade in seinen eigenen wettbewerbsrechtlich geschützten Interessen berührt ist.[722] Das ist bei Taxifahrern im Verhältnis zu den über eine App („Uber Black“) buchbaren Mietwagenunternehmen zu bejahen, weil die Nutzung der App und die hierüber erteilten Beförderungsaufträge an Mietwagenunternehmen den Absatz von Taxi-Dienstleistungen mindern kann.[723] Absatzförderungsmaßnahmen zugunsten

[717] BGH GRUR 2015, 694 Rn. 35 – Bezugsquellen für Bachblüten; BGH GRUR 2014, 573 Rn. 19 – Werbung für Fremdprodukte; BGH GRUR 2009, 878 Rn. 15 – Fräsautomat; BGH GRUR 1990, 611 (612) – Werbung im Programm; OLG Frankfurt a. M. WRP 2019, 643 Rn. 16 – Veröffentlichung „gekaufter“ Kundenbewertungen; OLG Hamm GRUR-RR 2017, 234 Rn. 44 – Kritik am verkürzten Versorgungsweg; OLG Düsseldorf GRUR-RR 2006, 782 (783) – Lottofonds. Zur Absatzförderung zugunsten Dritter vgl. → Rn. 70 sowie *Tilmann* Anm. zu BGH GRUR 1986, 900 f. – Frank der Tat; MüKoUWG/*Bähr,* 3. Aufl., § 2 Rn. 235; Büscher/*Wille,* UWG, 1. Aufl., § 2 Abs. 1 Nr. 3 Rn. 11.

[718] BGH GRUR 2019, 741 Rn. 21 – Durchleitungssystem; vgl. BGH GRUR 2015, 694 Rn. 30 – Bezugsquellen für Bachblüten; BGH GRUR 2006, 875 Rn. 24 – Rechtsanwalts-Ranglisten; BGH GRUR 2000, 344 (347) – Beteiligungsverbot für Schilderpräger; BGH GRUR 1997, 914 (915) – Die Besten II; OLG München WRP 2013, 1221 f.

[719] BGH GRUR 2021, 497 Rn. 24 – Zweitmarkt für Lebensversicherungen; BGH GRUR 2017, 537 Rn. 64 – ARD-Buffet; BGH GRUR 2014, 573 Rn. 19 – Werbung für Fremdprodukte.

[720] BGH GRUR 2021, 497 Rn. 25 – Zweitmarkt für Lebensversicherungen.

[721] BGH GRUR 2021, 497 Rn. 27 – Zweitmarkt für Lebensversicherungen.

[722] BGH GRUR 2021, 497 Rn. 16 – Zweitmarkt für Lebensversicherungen; BGH GRUR 2017, 537 Rn. 64 – ARD-Buffet; BGH GRUR 2014, 573 Rn. 19 – Werbung für Fremdprodukte; BGH GRUR 2006, 875 Rn. 24 – Rechtsanwalts-Ranglisten; BGH GRUR 1998, 167 (168) – Restaurantführer; BGH GRUR 1997, 907 (908) – Emil-Grünbär-Klub; OLG Köln WRP 2017, 1007 Rn. 20 und OLG München GRUR-RR 2018, 21 Rn. 28 – Pannenhilfe; vgl. auch *Köhler*/Bornkamm/Feddersen, § 2 Rn. 105.

[723] BGH GRUR 2019, 298 Rn. 30 – Uber Black II; BGH GRUR 2017, 743 Rn. 17 – Uber Black I sowie BGH GRUR 2016, 828 Rn. 20 – Kundenbewertung im Internet.

ten von Dritten können aber nicht beanstandet werden, sofern dadurch nicht der eigene Interessenkreis berührt wird. Die Begründung der Anspruchsberechtigung findet ihren inneren Grund darin, dass stets das zu beurteilende Wettbewerbsverhalten den Anknüpfungspunkt für die Beurteilung der Mitbewerbereigenschaft eines Unternehmens bildet.[724] Ein Berufsverband oder eine Verbundgruppe von Unternehmen, die die beruflichen Interessen ihrer Mitglieder fördern, bemühen sich indirekt um dieselben Abnehmerkreise wie die Mitbewerber ihrer Mitglieder. Deshalb besteht auch zwischen Verbänden (und Verbundgruppen) und den Konkurrenten ihrer Mitglieder ein konkretes Wettbewerbsverhältnis.[725]

bb) Kein konkretes Mitbewerberverhältnis und keine Aktivlegitimation durch Förderung eines Dritten. Die Förderung des Konkurrenten eines dritten Unternehmens begründet kein konkretes Wettbewerbsverhältnis des Förderers zu dem dritten Unternehmen. In einem solchen Fall agiert der Förderer als bloßer Werbepartner des geförderten Unternehmens, was ihn nicht zugleich in ein irgendwie geartetes Wettbewerbsverhältnis zu einem Konkurrenten des geförderten Unternehmens stellt.[726] 143

c) Unternehmen verschiedener Wirtschaftsstufen. Ein konkretes Wettbewerbsverhältnis kann auch zwischen Unternehmen **verschiedener Wirtschaftsstufen** (Hersteller, Großhändler/sonstige Absatzmittler, Einzelhändler) bestehen.[727] Das ist unproblematisch, soweit etwa ein Hersteller seine Waren (bspw. über „factory-outlets") unmittelbar an letzte Verbraucher veräußert und hierdurch in unmittelbare Konkurrenz zu Einzelhändlern tritt. Ein ausreichendes, auch hier als **„mittelbar"** zu bezeichnendes **Wettbewerbsverhältnis** liegt aber auch vor, sofern der beiderseitige Absatz sich auf unterschiedliche Vertriebsstufen bezieht: Auch ein Hersteller, der lediglich den Großhandel beliefert, kann gegen einen Einzelhändler vorgehen, der sich bei dem Vertrieb gleichartiger Waren (oder Waren des Herstellers selbst[728]) unlauter verhält. Entscheidend ist, dass die Unternehmen jedenfalls mittelbar gleichartige Waren „letztlich"[729] innerhalb derselben Abnehmer-/Endverbraucherkreise abzusetzen versuchen, auch wenn sie dies auf verschiedenen Stufen des Vertriebsablaufs tun.[730] Dass nicht nur zwischen auf gleicher Vertriebsstufe tätigen Unternehmen, sondern auch zwischen Unternehmen verschiedener Absatzstufen ein Wettbewerbsverhältnis bestehen kann, ist gerechtfertigt, weil auch durch Handlungen auf vor- oder nachgelagerten Wirtschaftsstufen die wettbewerblichen Interessen eines dort unmittelbar nicht tätigen Unternehmens erheblich betroffen sein können.[731] Die Kunden des Händlers 144

---

[724] BGH GRUR 2014, 573 Rn. 19 – Werbung für Fremdprodukte; OLG Düsseldorf GRUR-RR 2011, 474; OLG Frankfurt a. M. WRP 2019, 643 Rn. 16 – Veröffentlichung „gekaufter" Kundenbewertungen.

[725] BGH GRUR 2012, 74 Rn. 20 – Coaching-Newsletter; BGH GRUR 2012, 1053 Rn. 12 – Marktführer Sport.

[726] BGH GRUR 2014, 573 Rn. 20 f. – Werbung für Fremdprodukte.

[727] BGH GRUR 2016, 828 Rn. 20 – Kundenbewertung im Internet; BGH GRUR 2014, 1114 Rn. 27 – nickelfrei. Die Begründung zum UWG 2004, BT-Drs. 15/1487, hebt dies allgemein zu § 2 Abs. 1 Nr. 3 UWG und eigens nochmals für die früheren Tatbestände der §§ 4 Nr. 1 und 10 UWG hervor (dort, S. 16, 17 und S. 19). Abweichend *Beater* WRP 2009, 768 (777 f.) sowie *Beater,* Unlauterer Wettbewerb, 2011, Rn. 1702, der unrichtigerweise davon ausgeht, dass Unternehmen verschiedener Wirtschaftsstufen grundsätzlich keine Mitbewerber, sondern sonstige Marktteilnehmer iSd § 2 Abs. 1 Nr. 2 UWG sind.

[728] Abweichend insoweit *Sack* FS von Gamm, 1990, 161 (165).

[729] BGH GRUR 2016, 828 Rn. 20 – Kundenbewertung im Internet; BGH GRUR 2014, 1114 Rn. 28 – nickelfrei.

[730] BGH GRUR 2016, 828 Rn. 19 ff. – Kundenbewertung im Internet, vgl. ferner ÖOGH GRUR-Int 2007, 167 (170) – Werbefotos und BGH GRUR 2001, 448 – Kontrollnummernbeseitigung II; BGH GRUR 1999, 1122 (1123) – EG-Neuwagen I; BGH GRUR 1999, 69 (70) – Preisvergleichsliste II; BGH GRUR 1957, 342 (347) – Underberg; BGH GRUR 1955, 598 (600) – Werbeidee (Matern); OLG Frankfurt a. M. WRP 2019, 648 Rn. 27 – „World's Lightest"; OLG Frankfurt a. M. GRUR-RS 2020, 16298 Rn. 17 – My Taxi-App hinsichtlich eines Wettbewerbsverhältnisses zwischen Taxiunternehmen und dem Betreiber einer Taxidienstleistungen vermittelnden App.

[731] Zu hohe Anforderungen stellt insoweit das OLG Frankfurt a. M. mit seiner Verneinung eines Wettbewerbsverhältnisses zwischen einem Stromerzeuger und einem Stromhändler, vgl. OLG Frankfurt a. M. GRUR 2017, 936 Rn. 15 ff. – Windpark.

sind mittelbar auch Kunden des Herstellers, dessen wettbewerbliche Interessen auch durch Absatzmaßnahmen von Händlern berührt werden können.[732] Die vereinzelt gebliebene „Golfrasenmäher"-Entscheidung,[733] die mangels Wettbewerbsverhältnisses einem Hersteller keinen Anspruch aus § 1 UWG aF (sondern nur aus § 823 BGB) gegen einen Händler zubilligte, der Typen- und Nummernschilder zur Verhinderung einer Vertriebskontrolle beseitigt hatte, hat der BGH zu Recht ausdrücklich aufgegeben.[734]

145 **d) Branchenungleiche Unternehmen.** Ein Wettbewerbsverhältnis kann auch zwischen **branchenungleichen** Unternehmen bestehen.[735] Da es für die lauterkeitsrechtliche Beurteilung nur um die konkret beanstandete Wettbewerbshandlung geht, genügt es, dass die Parteien durch eine Handlung miteinander in Wettbewerb getreten sind, auch wenn ihre Unternehmen ansonsten unterschiedlichen Branchen angehören.[736] Auch soweit die Parteien unterschiedlichen Branchen angehören, soll aber Voraussetzung für die Annahme eines konkreten Wettbewerbsverhältnisses sein, dass sie mit der konkret beanstandeten Wettbewerbshandlung versuchen, gleichartige Waren oder Dienstleistungen innerhalb desselben Endverbraucherkreises abzusetzen.[737] Besser wäre hier von „substituierbaren" bzw. „in ein Konkurrenzverhältnis gebrachten Waren oder Dienstleistungen" zu sprechen. Ein über Branchengrenzen hinweg **„ad hoc" begründetes Wettbewerbsverhältnis** hat die Rechtsprechung beispielsweise bei einer gezielt beworbenen **Substitutionsmöglichkeit** angenommen, mit der an sich branchenverschiedene Unternehmen in Wettbewerb um dieselben Kundenkreise eingetreten sind.[738] Für die Annahme eines konkreten Wettbewerbsverhältnisses genügt schon, dass sich ein Unternehmen durch eine Verletzungshandlung im konkreten Fall **in irgendeiner Weise in Wettbewerb zu dem Betroffenen** stellt.[739] Ein Wettbewerbsverhältnis besteht auch zwischen den Anbietern von „TV-Blockern" und Fernsehanstalten;[740] oder zwischen einem Fernseh-Senderunternehmen und dem Anbieter eines internetbasierten Videorekorders zur Aufzeichnung von Fernsehsendungen.[741] Umstritten war, ob zwischen den Betreibern von **werbeunterstützten Internet-Seiten** und den Anbietern von **Werbeblockern** („Add-Blocker") ein konkretes Wettbewerbsverhältnis besteht.[742] Beide Anbieter werben letztendlich um dieselben Kunden, so dass die für ein konkretes Wettbewerbsverhältnis erforderliche Wechselbeziehung (vgl.

[732] MüKoUWG/*Bähr,* 3. Aufl., § 2 Rn. 259.

[733] BGH GRUR 1978, 364 (367) – Golfrasenmäher.

[734] Vgl. insoweit BGH GRUR 1988, 826 (827) (re. Sp.) – Entfernung von Kontrollnummern II.

[735] BGH GRUR 2015, 1129 Rn. 20 – Hotelbewertungsportal; BGH GRUR 2014, 1114 Rn. 30 – nickelfrei; BGH GRUR 2007, 978 (979) – Rechtsberatung durch Haftpflichtversicherer; BGH GRUR 2004, 877 (878) – Werbeblocker; BGH GRUR 1967, 138 (141) – Streckenwerbung (Getränkevertreiber/Werbeunternehmen als Nachfrager von Werbeflächen bei geeigneten Gebäuden); OLG Hamm GRUR-RR 2007, 282 (283) – Google-Spamfilter; *Erdmann/Pommerening* in Gloy/Loschelder/Danckwerts, HdbWettbR, 5. Aufl., § 33 Rn. 34 f.; *Dreyer* GRUR 2008, 123 (125).

[736] BGH GRUR 2021, 497 Rn. 46 – Zweitmarkt für Lebensversicherungen; BGH GRUR 2009, 845 Rn. 40 – Internet-Videorecorder und BGH GRUR 2004, 877 (878) – Werbeblocker. Der BGH hat etwa zu Recht ein konkretes Wettbewerbsverhältnis zwischen Rechtsanwälten einerseits und einem Rechtsrat erteilenden Haftpflichtversicherer bejaht, BGH GRUR 2007, 978 (979). Zum Wettbewerbsverhältnis zwischen einem auch Inkassotätigkeiten ausführenden Abschleppunternehmen zu Rechtsanwälten vgl. OLG Naumburg GRUR-RR 2006, 169 – Abschleppinkasso. Siehe auch BGH GRUR 1990, 375 (376) – Steuersparmodell; zum Wettbewerbsverhältnis zwischen Haftpflichtversicherer und einem von der Versicherung negativ beurteilten Sachverständigen vgl. OLG Nürnberg WRP 2007, 202 (203).

[737] BGH GRUR 2014, 1114 Rn. 30 – nickelfrei, vgl. weiter BGH GRUR 2007, 978 Rn. 17 – Rechtsberatung durch Haftpflichtversicherer und BGH GRUR 2006, 1042 – Kontaktanzeigen.

[738] BGH GRUR 1972, 553 – Statt Blumen ONKO-Kaffee; vgl. ferner BGH GRUR 2014, 1114 Rn. 33 – nickelfrei; BGH GRUR 2009, 1001 – Internet-Videorecorder I.

[739] Vgl. BGH GRUR 2015, 1129 Rn. 19 – Hotelbewertungsportal; BGH GRUR 2014, 1114 Rn. 31 – nickelfrei; ÖOGH GRUR-Int 2007, 165 (167) – Friendfinder.

[740] BGH GRUR 2004, 877 (878) – Werbeblocker; OLG Frankfurt a. M. GRUR 2000, 152 ff. – TV-Werbeblocker; vgl. auch OLG Hamm GRUR-RR 2007, 282 – Google-Spamfilter.

[741] Vgl. BGH GRUR 2009, 845 Rn. 40 – Internetvideorecorder.

[742] Bejaht von BGH GRUR 2018, 1251 Rn. 18 – Werbeblocker II und OLG München WRP 2017, 1347 Rn. 61 – Whitelisting I; kritisch *Köhler* GRUR 2019, 123 ff.; zur umfassenden Diskussion vgl. *Alexander*

→ Rn. 132) vorliegt, ohne dass damit bereits über die lauterkeitsrechtliche Zulässigkeit der auch in verschiedener Ausgestaltung angebotenen Werbeblocker entschieden wäre. Ein konkretes Wettbewerbsverhältnis besteht auch zwischen dem Betreiber eines Hotels und dem Anbieter eines Online-Reisebüros, das mit einem Hotelbewertungsportal verknüpft ist, auch wenn beide Parteien keine gleichartigen Dienstleistungen anbieten, ausreichend ist, dass durch die Bewertungen auf dem Hotelbewertungsportal die Attraktivität des Online-Reisebüros erhöhen und dies wiederum den Absatz der Beherbungsdienstleistungen des betroffenen Hotels beeinträchtigt.[743] Auf lauterkeitsrechtlicher Grundlage kann sich aber etwa ein Unternehmen als Empfänger belästigender E-Mail-Werbung nur dann wehren, wenn es zugleich auch Mitbewerber des E-Mail-Versenders ist.[744]

e) Absatzmittler. Für Absatzmittler wie **Handelsvertreter** oder **Kommissionäre** ist 146
kennzeichnend, dass sie für einen Dritten in den Vertrieb einer Ware oder Dienstleistung eingeschaltet sind und sonach im Lager ihres Vertragspartners und Geschäftsherrn stehen, ohne dass es auf eine organisatorische Eingliederung ankäme. Sofern eine aktive Betriebstätigkeit erfolgt, die den Absatz der vermittelten Produkte regelmäßig überhaupt erst ermöglicht, stehen solche Absatzmittler in einem Wettbewerbsverhältnis zu konkurrierenden Anbietern der vermittelten Produkte oder Dienstleistungen.[745] So kann etwa auch die provisionsabhängige Vermittlungstätigkeit eines Immobilienmaklers ein Wettbewerbsverhältnis zu anderen Immobilienanbietern begründen.[746]

f) Kasuistik zu → Rn. 141–146

Bejaht wurde ein konkretes Wettbewerbsverhältnis zwischen: Einem Taxifahrer und dem 147
Anbieter einer App (Uber Black), weil die für Taxidienstleistungen in Betracht kommenden Beförderungsaufträge durch Mietwagenunternehmer ausgeführt werden, die mit dem App-Anbieter kooperieren (BGH GRUR 2019, 298 Rn. 30 – Uber Black II); zwischen einem Taxiunternehmen und dem Betreiber einer App, der für den Verbraucher unentgeltlich Beförderungsaufträge vermittelt (OLG Frankfurt a. M. GRUR-RS 2020, 16298 Rn. 20 – MyTaxi-App); einem Hotel und einem Online-Reisebüro, das mit einem Hotelbewertungsportal verknüpft ist (BGH GRUR 2015, 1129 Rn. 17– Hotelbewertungsportal.); einem im Direktmarketing tätigen Handelsunternehmen und einem ebenfalls im Direktmarketing tätigen Handelsvertreter, soweit sie Vertriebspartner für ihren jeweiligen Direktvertrieb suchen (OLG Karlsruhe GRUR-RR 2010, 51 (52) – Direktmarketing); einer staatlichen Lotteriebetreiberin und einem Unternehmen, das Anteile an Gesellschaften anbietet, die an der Lotterie und anderen Gewinnspielen teilnehmen und Gewinne an die Anteilseigner ausschütten (KG GRUR-RR 2010, 22 (26) – JACKPOT!); einer Herstellerin von Pumpensprühköpfen für Parfümzerstäuber und der Herstellerin von Flacons mit diesen Sprühköpfen (OLG Köln Magazindienst 2008, 1167 Rn. 15); einem Kfz-Sachverständigen und einer Kfz-Haftpflichtversicherung, soweit es um Äußerungen über die Übernahme von Sachverständigenkosten geht (OLG Nürnberg WRP 2007, 202 (203) – Wettbewerbsverhältnis zwischen Kfz-Sachverständigen und Kfz-Haftpflichtversicherung); einem Hersteller/Alleinvertriebsberechtigten und einem Drogerie-Selbstbedienungsmärkte betreibenden Einzelhändler (BGH GRUR 2001, 448 – Kontrollnummernbeseitigung II); einem Produzenten von Fernsehshows des privaten Fernsehens und einem Fernsehsender (Pay-TV-Unternehmen), weil das Pay-TV-Unternehmen mit Fernsehsendern als Abnehmer der Produktionsfirma im Wettbewerb um Zuschauer steht (BGH GRUR 2000, 703 (706) – Mattscheibe); einem Hersteller und einem Zwi-

NJW 2018, 3620 ff.; *Alexander* GRUR 2017, 1156 f.; *Engels* GRUR-Prax 2015, 338 ff.; *Becker/Becker* GRUR-Prax 2015, 245 ff.; *Köhler* WRP 2014, 1017 ff.

[743] BGH GRUR 2015, 1129 Rn. 20 – Hotelbewertungsportal, vgl. dazu auch *Büscher* GRUR 2016, 113 (115), der auf den engen Bezug zwischen den Dienstleistungen eines Hotelbetriebs und der online-Vermittlung von Hotelbuchungen und Hotelbewertungen verweist, sowie *Schaub* FS Köhler, 2014, 593 (596 f.).

[744] BGH GRUR 2017, 748 Rn. 13 – Robinson Liste; vgl. ferner BGH GRUR 2016, 530 Rn. 10 ff. – Unverlangte Werbung in automatisierter Mail-Eingangsbestätigung; BGH GRUR 2013, 1259 Rn. 18 – Empfehlungs-E-Mail; BGH GRUR 2009, 980 Rn. 9 ff. – E-Mail-Werbung II; BGH GRUR 2004, 517 ff. – E-Mail-Werbung. Als bloße Werbeadressaten können Unternehmen (und Verbraucher) gegen werbende E-Mails nur auf bürgerlich-rechtlicher Grundlage vorgehen.

[745] Vgl. BGH GRUR 2014, 573 Rn. 24 – Werbung für Fremdprodukte.

[746] BGH GRUR 2014, 573 Rn. 24 – Werbung für Fremdprodukte; BGH GRUR 2001, 260 – Vielfachabmahner; BGH GRUR 1997, 934 – 50% Sonder-AfA.

schenhändler/Provisionsvermittler (BGH GRUR 1999, 69 ff. – Preisvergleichsliste II); einem Autohersteller und einem Fahrzeughändler (BGH GRUR 1999, 1122 – EG-Neuwagen I); einem Optik-Hersteller/Großhändler und Optik-Einzelhändlern (BGH GRUR 1993, 563 – Neu nach Umbau); einem Hersteller von Zahnpasta und einem Vertreiber (BGH GRUR 1989, 673 – Zahnpasta); einem Alleinvertreiber für HiFi-Geräte und einem Einzelhändler (BGH GRUR 1988, 826 – Entfernung von Kontrollnummern II); einem Hersteller von Elektrogeräten und Selbstbedienungswarenhäusern/Verbrauchermärkten (BGH GRUR 1984, 204 – Verkauf unter Einstandspreis II); einem Lebensversicherer und einem Dienstleister, der solche Versicherungsverträge aufkauft, allerdings nur insoweit, als ein „Behinderungswettbewerb" vorliegt, der nur zu der Geltendmachung mitbewerberschützender Tatbestände legitimiert (OLG Nürnberg GRUR 2020, 198 Rn. 19 ff. u. 43 – Aufkauf von Lebensversicherungsverträgen).

148 **Verneint wurde ein konkretes Wettbewerbsverhältnis zwischen:** einem Stromhändler und einem Stromerzeuger, weil es sich hierbei um unterschiedliche Produkte handle, die nicht für den selben Abnehmerkreis bestimmt seien (OLG Frankfurt a. M. GRUR 2016, 936 Rn. 17 ff., sehr zweifelhaft, weil beide Parteien letztendlich Strom im Markt anbieten); einem Versicherer, der Pannenhilfeleistungen ersetzt, und einem Abschleppunternehmen, das sich im Pannenfall Ansprüche gegen den Versicherer abtreten lässt (OLG Köln WRP 2017, 1007 und OLG München GRUR-RR 2018, 21 – Pannenhilfe); dem Organisator eines „Unternehmernetzwerkes" und einem Unternehmer, der an andere Unternehmen ein „Gütesiegel" vergibt (OLG Hamm WRP 2015, 1532 ff.); einem Versicherungsunternehmen, das Kfz-Versicherungen anbietet, und einem Autoscheibenreparaturunternehmen (OLG Brandenburg GRUR-RR 2009, 140 (141) – Steinschlagreparatur); Herstellern und Anbietern von Luxuskosmetika und dem Betreiber eines Online-Marktplatzes, auf dem Dritte ua Kosmetika anbieten (OLG Koblenz GRUR-RR 2006, 380 (381) – Markenparfüms); einer Rundfunkanstalt, die für ein populäres Hörfunkprogramm den Titel „POINT" benutzt und einer privaten, ebenfalls unter der Bezeichnung „POINT" auftretenden Diskothek, weil durch die gleiche Bezeichnung keinerlei Absatzinteressen der Rundfunkanstalt beeinträchtigt werden könnten (BGH GRUR 1982, 431 (433) – POINT); einem Gebrauchsgrafiker und einem Filmverleihunternehmen, das eine Hauszeitschrift herausgibt, hinsichtlich der von dem Gebrauchsgrafiker als unzulässig beanstandeten Übernahme eines von ihm geschaffenen Titels (BGH GRUR 1957, 291 (294 f.) – Europapost, zweifelhaft); dem Herausgeber eines Hotel- und Gaststättenführers und einem dort beschriebenen Hotel (OLG Frankfurt a. M. WRP 1974, 212 ff., zweifelhaft). Fördert die Klägerin auf der eigenen Internetseite durch Werbung für ein anderes Unternehmen dessen Wettbewerb, begründet dies für sich allein kein konkretes Wettbewerbsverhältnis zu einem Mitbewerber des anderen unterstützten Unternehmens. Das gilt auch dann, wenn die Klägerin von dem unterstützten Unternehmen für Verträge, die aufgrund der Werbung geschlossen werden, eine Werbekostenerstattung erhält (BGH GRUR 2014, 573 ff. – Werbung für Fremdprodukte); eine mit Zahnarzt und eine den Zahnarzt bewertenden Ärztebewertungsplattform, weil es an jeglichem Konkurrenzmoment zwischen den Parteien im Angebots- und Nachfragewettbewerb fehlt, wobei sich auch nicht unter dem Gesichtspunkt der Förderung fremden Wettbewerbsb etwas anderes ergbit, da eine mittelbare Begünstigung konkurrierender Ärzte sich allenfalls als Reflex des Betriebs der Plattform darstellt (OLG München WRP 2020, 653 Rn. 35 ff. – Positive Bewertungen).

149 **g) Schutzrechts- und Lizenzverwertung.** Für die Annahme eines Wettbewerbsverhältnisses ist nicht notwendigerweise eine Behinderung des Absatzes einer bestimmten Ware durch eine andere erforderlich.[747] Auch zwischen dem **Inhaber eines Schutzrechts oder einer ausschließenden Lizenz** an einem Schutzrecht, der die Herstellung oder den Vertrieb eines von diesen Rechten erfassten Produkts lizensiert und dem **Anbieter gleichartiger Produkte** besteht ein konkretes Wettbewerbsverhältnis, weil in einem solchen Fall der Drittanbieter sich in Wettbewerb zu dem Schutzrechtsinhaber stellt und sein Wettbewerbsverhalten den Schutzrechtsinhaber im Absatz behindern oder stören kann, weil der Absatzerfolg des Lizenzgebers letztlich vom Absatzerfolg des lizensierten Produkts abhängt.[748] Deswegen besteht auch ein Wettbewerbsverhältnis zwischen dem Inhaber eines an Schokoladenanbieter lizensierten Urheberrechts an der Reh-Figur „Bambi" einerseits und

[747] BGH GRUR 2014, 1114 Rn. 32 – nickelfrei; BGH GRUR 1985, 550 (552) – Dimple; BGH GRUR 1983, 247 (248 f.) – Rolls Royce; BGH GRUR 1960, 144 (146) – Bambi.

[748] BGH GRUR 2014, 1114 Rn. 33 – nickelfrei, insoweit verweist *Büscher* GRUR 2016, 113 (115), auf den engen Bezug zwischen dem nickelfreien Edelstahl betreffenden Patent einerseits und den in Rede stehenden nickelfreien Edelstahlketten andererseits; vgl. zudem OLG Düsseldorf GRUR-RS 2018, 34557.

einem Anbieter von unter der Bezeichnung „Bambi" vertriebener Schokolade.[749] Der BGH hat darüber hinaus ein Wettbewerbsverhältnis zwischen der Lizenzen an urheberrechtlich geschützter Musik vergebenden GEMA und einer „GEMA-freie" Musik vertreibenden Person bejaht.[750] Ein Wettbewerbsverhältnis besteht auch zwischen einem ein Patent für Schuhe selbst auswertenden Unternehmen sowie einem in diesem Bereich tätigen Lizenzgeber.[751] Im Zusammenhang mit der **Ausnutzung des guten Rufs und Ansehens** von dritten Unternehmen/Marken hat es der BGH als ausreichend angesehen, wenn sich der Verletzer **in irgendeiner Weise in Wettbewerb zu dem Betroffenen stellt.** Ein Wettbewerbsverhältnis ist deshalb auch dann zu bejahen, wenn sich ein Dritter durch eine ausdrückliche oder bildliche **Gleichstellungsbehauptung an Ruf und Ansehen von fremden Waren oder Marken anhängt** und für den Absatz seiner ungleichartigen und nicht konkurrierenden Waren auszunutzen sucht.[752] Erforderlich war ein überragender Ruf, der eine wirtschaftlich sinnvolle Verwertung im Wege der Lizenzvergabe erlaubte,[753] wobei die objektive Eignung der Kennzeichen zur Lizenzierung genügte, ohne dass eine diesbezügliche subjektive Bereitschaft erforderlich war.[754] Die Rechtsprechung zum wettbewerbsrechtlichen Sonderschutz für bekannte Kennzeichen wird jedoch nunmehr regelmäßig von dem sowohl **innerhalb als auch außerhalb des Ähnlichkeitsbereichs**[755] **bestehenden Schutz nach § 14 Abs. 2 Nr. 3 MarkenG und § 15 Abs. 3 MarkenG** verdrängt, der in seinem Anwendungsbereich für eine gleichzeitige Anwendung des § 3 UWG oder des § 823 BGB grundsätzlich keinen Raum mehr lässt.[756] Ein konkretes Wettbewerbsverhältnis ist auch zwischen dem Inhaber eines in Zeitungen veröffentlichten Nachschlagewerks und einem anderen Zeitungsverlag zu bejahen, der in seiner Zeitung ein anderes Nachschlagewerk in entsprechender Ausgestaltung abdruckt.[757]

h) Nachfragewettbewerb. Auch im Nachfragewettbewerb kann ein konkretes Wett- 150
bewerbsverhältnis bestehen, etwa zwischen einem Getränkevertreiber und einem Werbeunternehmen, wenn beide als Nachfrager von Werbeflächen bei geeigneten Gebäuden in Erscheinung treten.[758] Ein konkretes Wettbewerbsverhältnis kann auch zwischen um gleichartige Leistungen nachfragenden Unternehmen in den Fällen des „Anzapfens" bestehen[759] und sich auch im Nachfragewettbewerb um Arbeitskräfte ergeben.[760] Auch beim Anwerben von Vertriebspartnern für eine untere Ebene im Strukturvertrieb besteht ein konkretes Wettbewerbsverhältnis.[761] Ebenso wurde ein Nachfragewettbewerb zwischen

[749] BGH GRUR 1960, 144 (146) – Bambi; vgl. auch BGH GRUR 1983, 247 (248 f.) – Rolls Royce.

[750] BGH GRUR 1965, 309 – GEMA-frei.

[751] BGH GRUR 1962, 34 (36) – Torsana. Eine geschäftliche Aktivität, eine Marke selbst zum Handelsobjekt durch Veräußerung oder Lizenzvergabe zu machen, begründet allerdings eine Mitbewerberstellung nur in diesem beschränkten geschäftlichen Bereich, vgl. BGH GRUR 2014, 1114 Rn. 29 – nickelfrei und BGH GRUR 1995, 697 (699) – Funny Paper.

[752] BGH GRUR 1983, 247 (249) – Rolls Royce; BGH GRUR 1985, 550 (552) – Dimple; BGH GRUR 1988, 453 (454) – Ein Champagner unter den Mineralwässern; BGH GRUR 1991, 465 (466) – Salomon; BGH GRUR 1994, 732 (734) – McLaren; BGH GRUR 1994, 808 (810) – Markenverunglimpfung I.

[753] BGH GRUR 1985, 550 (552) – Dimple.

[754] BGH GRUR 1994, 808 (811) – Markenverunglimpfung I.

[755] BGH GRUR 2004, 235 ff. – Davidoff II.

[756] Dazu BGH GRUR 2009, 1162 Rn. 40 – DAX; BGH GRUR 2007, 339 Rn. 23 – Stufenleitern; BGH GRUR 2006, 329 Rn. 36 – Gewinnfahrzeug mit Fremdemblem; BGH GRUR 2005, 423 (427) – Staubsaugerfiltertüten; BGH GRUR 2004, 235 (238) – Davidoff II; BGH GRUR 2002, 340 (342) – Fabergé; BGH GRUR 1999, 161 (162) – MAC Dog. Zu rückläufigen Tendenzen vgl. *Köhler* GRUR 2009, 445 (446 f.).

[757] BGH GRUR 1955, 598 – Werbeidee.

[758] BGH GRUR 1967, 138 (141) – Streckenwerbung.

[759] Die zu den Praktiken des „Anzapfens" veröffentlichten Entscheidungen sind allerdings durch die Verbandsklage dominiert: vgl. BGH GRUR 1982, 677 ff. – Unentgeltliche Übernahme der Preisauszeichnung; BGH GRUR 1982, 737 f. – Eröffnungsrabatt; BGH GRUR 1977, 619 ff. – Eintrittsgeld; OLG Zweibrücken GRUR-RR 2003, 17 f.; OLG Hamm WRP 2002, 747 ff.; dazu auch *Köhler* WRP 2006, 139 (147).

[760] BGH GRUR 2003, 540 (541) – Stellenanzeige; *Schlosser* WRP 2004, 145 ff.; OLG Nürnberg WRP 1991, 521.

[761] OLG Karlsruhe GRUR-RR 2010, 51 (52) – Direktmarketing.

Blutspendediensten[762] und bei Reservierung von Domainnamen zur geschäftlichen Verwertung[763] bejaht.

151 **i) Potentieller Wettbewerb.** Da ein stets handlungsbezogen festzustellendes konkretes Wettbewerbsverhältnis eine aktuelle, irgendwie fassbare Beeinträchtigung verlangt, ist es nicht ausreichend, wenn sich eine **wettbewerbliche Beeinträchtigungslage künftig erst noch ergeben kann,** wie dies bei einer nach den Umständen zu erwartenden Ausdehnung des Unternehmens, einer Erweiterung der Produktion oder einer Änderung der Nachfrage möglicherweise der Fall sein mag.[764] Eine Wettbewerbshandlung, die nicht geeignet ist, den gegenwärtigen Marktauftritt eines anderen Unternehmens zu beeinträchtigen, kann deshalb nicht unter dem Blickwinkel des **potentiellen Wettbewerbs** doch noch als ausreichend angesehen werden, um zu tatsächlich nicht betroffenen Mitbewerbern ein Wettbewerbsverhältnis zu begründen.[765] Eine **Klageberechtigung eines nur „potentiellen" Mitbewerbers** ist **nicht anzuerkennen.**

152 **4. Zeitliche Verhältnisse.** Für die materiell-rechtliche Beurteilung entscheidend ist, dass ein konkretes Wettbewerbsverhältnis zwischen den Parteien zum Zeitpunkt der beanstandeten Verletzungshandlung bestand.[766] Der betroffene Mitbewerber kann die sich hieraus ergebenden lauterkeitsrechtlichen Ansprüche aber nur geltend machen, wenn seine Mitbewerberstellung auch noch zum **Zeitpunkt der letzten mündlichen Verhandlung** besteht.[767] Sofern ein konkretes Wettbewerbsverhältnis erst nach einer Verletzungshandlung begründet wurde, kann sich der neu hinzutretende Mitbewerber allenfalls auf eine Erstbegehungsgefahr, nicht aber auf den seine Interessen noch nicht berührenden alten Lauterkeitsverstoß berufen.[768] Mit der Aufgabe der Geschäftstätigkeit erlischt das Wettbewerbsverhältnis und damit auch die wettbewerbsrechtliche Klagebefugnis.[769] Eine Aufgabe der Geschäftstätigkeit liegt jedoch erst vor, wenn die geschäftlichen Aktivitäten endgültig eingestellt sind, was bei fortgeführten Aktivitäten im Rahmen einer Liquidation noch nicht der Fall ist.[770]

153 **5. Fehlende Klageberechtigung trotz gegebenen Wettbewerbsverhältnisses.** Trotz einer „an sich" gegebenen Mitbewerberstellung in einem konkreten Wettbewerbsverhältnis kann **aus systematischen Gründen ausnahmsweise eine Klageberechtigung zu verneinen** sein. Dies betrifft insbesondere Fälle, in denen das Lauterkeitsrecht – wie etwa beim Leistungsschutz iSd § 4 Nr. 3 UWG – einen **immaterialgüterrechtsähnlichen Schutz** gewährt, der lediglich von den hierzu Berechtigten geltend gemacht

[762] BGH GRUR 2009, 1189 Rn. 12 – Blutspendedienst.

[763] BGH GRUR 2009, 685 Rn. 40 – ahd.de.

[764] Weitergehend BGH GRUR 1964, 389 (391) – Fußbekleidung, obwohl dort der Annahme eines aktuellen konkreten Wettbewerbsverhältnisses nicht entgegengestanden hätte, dass die beiderseits vertriebenen Hilfsmittel gegen Fußschwäche und insbesondere Schuheinlagen funktionell unterschiedlich waren. Vgl. auch KG GRUR 2007, 254 – Getarnte-Link-Werbung für einen unmittelbar bevorstehenden Markteintritt und OLG München MMR 2011, 99, das für eine Mitbewerbereigenschaft zu recht nicht als ausreichend ansieht, wenn ein Unternehmer auf dem in Rede stehenden Gebiet der Domainregistrierung nur ganz vereinzelt tätig wird und darüber hinaus nicht auf demselben Geschäftsfeld tätig ist; aA Büscher/*Wille,* UWG, 1. Aufl., § 2 Abs. 1 Nr. 3 Rn. 12.

[765] So nunmehr auch BGH GRUR 2020, 303 Rn. 42 – Pflichten des Batterieherstellers mit dem Hinweis, dass die Anerkennung eines nur potenziellen Wettbewerbsverhältnisses die Gefahr einer „uferlosen Ausweitung" der Anspruchsberechtigung von Mitbewerbern begründete, vgl. auch BGH GRUR 2016, 1187 Rn. 17 – Stirnlampen. Ein „potentielles" Wettbewerbsverhältnis soll nach BGH GRUR 2002, 828 (829) – Lottoschein jedenfalls für die Mitbewerberstellung im Rahmen vergleichender Werbung ausreichen. Auch der EuGH berücksichtigt in der Entscheidung GRUR 2007, 511 (514) – De Landtsheer „künftige Entwicklungsmöglichkeiten" und scheint deshalb auch einen potentiellen Wettbewerb für ausreichend zu erachten.

[766] BGH GRUR 2016, 1187 Rn. 16 – Stirnlampen.

[767] BGH GRUR 2020, 303 Rn. 42 – Pflichten des Batterieherstellers; BGH GRUR 2016, 1187 Rn. 16 – Stirnlampen; BGH GRUR 1995, 697 (699) rechte Spalte – FUNNY PAPER; OLG Düsseldorf GRUR-RS 2019, 15512 Rn. 26; OLG Celle WRP 2012, 477 (478).

[768] OLG Frankfurt a. M. GRUR 2014, 1011 ff. – Stirnlampen.

[769] BGH GRUR 1995, 697 (699) – FUNNY PAPER; OLG Düsseldorf GRUR-RS 2019, 15512 Rn. 26.

[770] OLG Köln WRP 2020, 777 Rn. 33 ff. – Studienplatzvermittlung; OLG Düsseldorf GRUR-RS 2019, 15512 Rn. 27.

werden kann, ohne dass sich nicht berechtigte Mitbewerber in diese Individualrechtsposition einsetzen können.[771] Aus den gleichen Erwägungen können Mitbewerber regelmäßig nicht die Verletzung von Urheberrechten Dritter unter dem Blickwinkel des Rechtsbruchs beanstanden.[772] Eine entsprechende Einschränkung der Klageberechtigung von Mitbewerbern ist etwa auch in den Fällen der gezielten individuellen Behinderung,[773] beim gezielten kritisierenden Vergleich, bei der Imitationswerbung[774] und bei der gezielten anlehnenden Bezugnahme und damit in Fällen zu erwägen, in denen ausschließlich **individuelle lauterkeitsrechtliche Interessen** berührt werden[775], über deren Verteidigung allein die jeweils Betroffenen entscheiden sollen.

6. Fehlendes Wettbewerbsverhältnis. Sofern durch die Wettbewerbshandlung eines Unternehmens die Angebots- und Nachfragestellung eines anderen Unternehmens nicht irgendwie konkret fassbar negativ beeinflusst werden kann (vgl. → Rn. 133), sei es, dass es an der erforderlichen **sachlichen Beeinträchtigungsmöglichkeit fehlt** und die beiden Unternehmen lediglich als allgemeine „Kaufkraftwettbewerber" erscheinen, sei es, dass eine **konkrete räumliche Beeinträchtigungsmöglichkeit** nicht gegeben ist, scheidet die Annahme eines konkreten Wettbewerbsverhältnisses und damit die Annahme einer Mitbewerberstellung aus. Mit der Mitbewerberstellung entfällt zugleich auch die Berechtigung iSd § 8 Abs. 3 Nr. 1 UWG, wettbewerbsrechtliche Ansprüche gegen das beanstandete Verhalten geltend zu machen. 154

D. § 2 Abs. 1 Nr. 4 (Nachricht)

Im Sinne dieses Gesetzes bedeutet

4. „Nachricht" jede Information, die zwischen einer endlichen Zahl von Beteiligten über einen öffentlich zugänglichen elektronischen Kommunikationsdienst ausgetauscht oder weitergeleitet wird; dies schließt nicht Informationen ein, die als Teil eines Rundfunkdienstes über ein elektronisches Kommunikationsnetz an die Öffentlichkeit weitergeleitet werden, soweit die Informationen nicht mit dem identifizierbaren Teilnehmer oder Nutzer, der sie erhält, in Verbindung gebracht werden können.

Schrifttum: *Köhler,* Die Regelung der „unerbetenen Kommunikation" in der ePrivacy-Verordnung und ihre Folgen für das UWG, WRP 2017, 1291 ff.; *Ludwigs/Huller:* OTT-Kommunikation, (Noch) Keine TK-Regulierung für Gmail & Co. NVwZ 2019, 1099 ff.; *Wollschläger,* Grenzen der Kundenbindung und -rückgewinnung durch Direktmarketing, IR 2019, 218 ff. Vgl. auch die Schrifttumsangaben zu § 7 UWG.

I. Allgemeines

1. Überblick. Mit der Definition der „Nachricht" wurde Art. 2 S. 2 lit. d der **Datenschutzrichtlinie für elektronische Kommunikation**[776] (Richtlinie 2002/58/EG) vom 155

[771] Ansprüche aus wettbewerbsrechtlichem Leistungsschutz können deshalb nur von Herstellern oder ausschließlich Vertriebsberechtigten geltend gemacht werden, vgl. BGH GRUR 2016, 730 Rn. 21 – Herrnhuter Stern; BGH GRUR 2009, 416 Rn. 23 – Küchentiefstpreis-Garantie; BGH GRUR 1995, 630 (634) – Cartier-Armreif; BGH GRUR 1991, 223 (224) – Finnischer Schmuck; BGH GRUR 1988, 620 (621) – Vespa-Roller; *Köhler* FS Büscher, 2018, 333 (335); *Keller* FS Erdmann, 2002, 595 (607). Gewichtige Stimmen wollen auch sonstige Mitbewerber und Verbände als anspruchsberechtigt ansehen, vgl. *Spätgens* FS Erdmann, 2002, 727; *Münker* FS Ullmann, 2006, 781 (790 f.); *Bärenfänger* WRP 2011, 160 (171).

[772] BGH GRUR 1999, 325 (326) – Elektronische Pressearchive.

[773] BGH GRUR 2017, 92 Rn. 31 – Fremdcoupon-Einlösung; BGH GRUR 2011, 543 Rn. 8 – Änderung der Voreinstellung III; BGH GRUR 2009, 416 Rn. 22 – Küchentiefstpreis-Garantie.

[774] BGH WRP 2008, 930 Rn. 12 – Imitationswerbung.

[775] *Bornkamm* GRUR 1996, 527 (529).

[776] ABl. 2002 L 201, S. 37; zu dem „Richtlinienpaket", dessen Bestandteil die DatenschutzRiLi bildet: *Husch/Kemmler/Ohlenburg,* Die Umsetzung des EU-Rechtsrahmens für elektronische Kommunikation: Ein erster Überblick, MMR 2003, 139 ff.

12.7.2002 **wortgetreu umgesetzt.** Die Definition erlangt Bedeutung im Rahmen des Art. 13 der DatenschutzRiLi, welcher die Versendung von „unerbetenen Nachrichten" im Rahmen elektronischer Kommunikation betrifft. Umgesetzt wurde Art. 13 DatenschutzRiLi seinerseits in § 7 Abs. 2 und Abs. 3 UWG.[777]

156 **2. Bedeutung.** Der Begriff der „Nachricht" ist insbesondere für die in § 7 Abs. 2 und Abs. 3 UWG geregelten Formen der **belästigenden Werbung** bedeutsam. Sämtliche der in § 7 Abs. 2 Nr. 2–3 und Abs. 3 UWG geregelten Werbeformen (Werbung mit Telefonanrufen, unter Verwendung von automatischen Anrufmaschinen, Faxgeräten oder elektronischer Post sowie unter Verwendung einer elektronischen Adresse) betreffen Fälle der „Nachricht" iSd § 2 Abs. 1 Nr. 4 UWG. Auf den Begriff der „Nachricht" selbst stellt § 7 Abs. 2 Nr. 4 UWG ab.

II. Nachricht iSd § 2 Abs. 1 Nr. 4

157 **1. Begriff der „Nachricht".** Der **Begriff der „Nachricht"** ist **technologieneutral** und erfasst zunächst **jede über einen elektronischen Kommunikationsdienst** ausgetauschte oder weitergeleitete Information. Nicht erfasst sind hingegen Printmedien als traditionelle Werbeform.[778]

158 **a) Elektronische Post.** Eine Nachricht iSd § 2 Abs. 1 Nr. 4 umfasst jede Form „elektronischer Post",[779] auf die § 7 Abs. 2 Nr. 3 und § 7 Abs. 3 UWG abstellen, ohne hierauf beschränkt zu sein. Nach Art. 2 S. 2 lit. h der DatenschutzRiLi ist „elektronische Post" jede **über ein öffentliches Kommunikationsnetz verschickte Text-, Sprach-, Ton- oder Bildnachricht,** die **im Netz oder im Endgerät des Empfängers gespeichert** werden kann, bis sie von diesem abgerufen wird. Erfasst sind sonach alle Text-, Sprach-, Ton- oder Bildnachrichten wie E-Mails, SMS (Short Message Service)[780] sowie MMS (Multimedia Messaging Service).[781] Darüber hinaus erfüllen auch private Nachrichten in sozialen Online-Netzwerken sowie der sogenannte „Nachrichtensofortversand" (engl.: „Instant Messaging"), der dem Nutzer über softwaregestützte Dienste (wie beispielsweise AIM, ICQ, Skype, Windows Live Messenger, Yahoo Messenger) Nachrichten direkt an seinen Computer weiterleitet, die Voraussetzungen der Definition.[782] Gleiches gilt für Internet-Chats oder Diskussionsforen.[783] Ob eine nach dem Zufallsprinzip erscheinende „Inbox-Werbung" unter dem Begriff der elektronischen Post fällt, ist Gegenstand einer Vorlage des BGH an den EuGH. Fraglich ist, ob eine solche zufällig bei Öffnung des E-Mail-Kontos erscheinende Werbung als „verschickt" iSv Art. 2 S. 2 lit. h der RL 2002/58/EG angesehen werden kann[784].

159 **b) Faxe und Telefonanrufe.** Der Begriff der Nachricht umfasst auch Faxe und Telefonanrufe,[785] die Art. 2 S. 2 lit. e DatenschutzRiLi als **über einen öffentlich zugänglichen Telefondienst aufgebaute Verbindungen** definiert, die eine zweiseitige Echtzeitkommunikation ermöglichen. Auch wenn Faxe und telefonische Nachrichten ggf. im Endgerät des Empfängers bis zu einem späteren Abruf gespeichert werden können, stellen diese dennoch **keine elektronische Post** dar. Dies ergibt sich aus Erwägungsgrund 27 der

---

[777] Weiterführend Harte/Henning/*Schöler* → § 7 Rn. 2 ff. sowie → Rn. 37.
[778] Ohly/*Sosnitza*, § 2 Rn. 80.
[779] *Nippe* WRP 2007, 19 (31).
[780] *Schulze zur Wiesche* CR 2004, 742 (743).
[781] *Eckhardt* MMR 2003, 557.
[782] *Micklitz/Schirmbacher* WRP 2006, 148 (165) beziehen in den Begriff der „elektronischen Post" auch Mitteilungen über die Net-Send-Funktion ein, die Nachrichten direkt an eine IP-Adresse richtet.
[783] *Fezer*/Büscher/Obergfell, UWG, 3. Aufl., § 2 Nr. 4 Rn. 6.
[784] BGH GRUR 2020, 420 Rn. 25 ff. – Inbox-Werbung.
[785] Begründung zum UWG 2004, BT-Drs. 15/1487, 16; *Nippe* WRP 2007, 19 (31). Im Urteil BGH WRP 2008, 1376 (1380) – Post-Wettannahmestelle ist in Rn. 46 ausgesprochen, dass Mobiltelefone und Telefaxgeräte Nachrichten als identifizierbare elektromagnetische Signale senden und empfangen.

DatenschutzRiLi, der Sprach-Telefonanrufe der elektronischen Post gegenüberstellt, sowie aus § 7 Abs. 2 Nr. 3 UWG, der ebenfalls auf Anrufsysteme, Faxgeräte und elektronische Post abstellt.[786] Die Ausnahme vom Einwilligungserfordernis in § 7 Abs. 3 UWG, die sich lediglich auf „elektronische Post" bezieht, gilt deshalb nicht für Telefon- und Telefaxwerbung.[787]

c) Sonstige Nachrichten. Außerdem werden Informationen beim **Senden und Empfangen eines Datenstreams** ausgetauscht.[788] Weitere Fälle der über einen elektronischen Kommunikationsdienst ausgetauschten oder weitergeleiteten Informationen können der Regelung unterfallen, so dass diese auch für zukünftige technische Entwicklungen offen ist. 160

2. Austausch zwischen endlicher Zahl von Beteiligten. Der Austausch oder die Weiterleitung der Informationen muss zwischen einer **endlichen Zahl von Beteiligten** erfolgen. Das ist bei einem individuellen Kontakt zwischen Versender und Empfänger gegeben, aber auch dann der Fall, wenn sowohl auf Versender- als auch auf Empfängerseite eine Vielzahl von Personen beteiligt sind oder ein Versender – wie typischerweise bei der Versendung von Werbe-E-Mails – Nachrichten an einen weiten, aber **bestimmbaren Adressatenkreis** richtet, was auch bei einer Kommunikation über einen Chat-Room der Fall sein soll.[789] Eine endliche Zahl von Beteiligten liegt nicht mehr vor, wenn wie bei einer Nachrichtenübermittlung über Fernsehen oder **Rundfunk** entsprechend dem zweiten Halbsatz von § 2 Abs. 1 Nr. 4 UWG ein potentiell unbegrenzter Personenkreis angesprochen ist.[790] Kann jedoch ein **einzelner Teilnehmer** oder Nutzer, der eine derartige Information erhält, beispielsweise durch einen Videoabruf-Dienst **identifiziert** werden, so ist die weitergeleitete Information als Nachricht im Sinne der Vorschrift zu verstehen (vgl. § 2 Abs. 1 Nr. 4 Hs. 2 aE UWG und Erwägungsgrund 16 der DatenschutzRiLi).[791] Gleiches gilt bei Internetseiten, die IP-Adressen ihrer Nutzer speichern und sie darüber identifizieren können, was freilich nur unter bestimmten Voraussetzungen geschehen darf.[792] 161

3. Elektronischer Kommunikationsdienst. Die Informationen müssen über einen **elektronischen Kommunikationsdienst** ausgetauscht oder weitergeleitet werden. Was unter einem „elektronischen Kommunikationsdienst" zu verstehen ist, definiert Art. 2 lit. c der Richtlinie über einen gemeinsamen Rechtsrahmen für elektronische Kommunikationsnetze und -dienste (RahmenRiLi).[793] Damit handelt es sich bei elektronischen Kommunikationsdiensten grundsätzlich um **Dienste der Übermittlung** über **Telefonnetze** wie **Festnetz** oder **Mobilfunknetze** oder das **Internet.** Möglich ist auch eine Kombination von Internet und Telefonnetz in Form von Software mit **VoIP** („Voice over Internet Protocol"), wenn der Dienst entgeltlich erfolgt und der Herausgeber der Software Vereinbarungen mit den ordnungsgemäß zugelassenen Telekommunikationsdienstleistern abgeschlossen hat.[794] Auf die Art des Übertragungssignals (analog oder digital) kommt es dabei nicht an. **Kein Kommunikationsdienst** liegt vor, wenn vom Anbieter **eigene Inhalte** 162

[786] Zu Art. 13 DatenschutzRiLi: *Köhler/Lettl* WRP 2003, 1019 (1026).

[787] Vgl. eingehend Harte/Henning/*Schöler* → § 7 Rn. 351.

[788] MüKoUWG/*Bähr,* 3. Aufl., § 2 Rn. 275.

[789] *Fezer*/Büscher/Obergfell, UWG, 3. Aufl., § 2 Nr. 4 Rn. 7; MüKoUWG/*Bähr,* 3. Aufl., § 2 Rn. 277.

[790] Bei Live-Streamings von Internet-Radiodiensten und Nachrichtenfilmen liegt auch kein Austausch zwischen einer endlichen Zahl von Beteiligten vor, weil Fernsehen oder Rundfunk entsprechend dem 2. Hs. von § 2 Abs. 1 Nr. 4 UWG nicht erfasst werden sollen, vgl. *Fezer*/Büscher/Obergfell, § 2 Nr. 4 Rn. 8; aA GroßKommUWG/*Peukert,* 3. Aufl., § 2 Rn. 522.

[791] So auch *Erdmann/Pommerening* in Gloy/Loschelder/Danckwerts, HdbWettbR, 5. Aufl., § 36 Rn. 8; vgl. zur rechtlichen Bewertung der sog. „Pop-Up-Fenster": LG Berlin MMR 2004, 699, und *Micklitz/Schirmbacher* WRP 2006, 148 (165 f.).

[792] Vgl. EuGH EuZW 2016, 909 und BGH MMR 2017, 605; – Dynamische IP-Adressen als personenbezogenes Datum; vgl. dazu Büscher/*Maatsch,* UWG, 1. Aufl., § 2 Abs. 1 Nr. 4 Rn. 6.

[793] RL 2002/21/EG des Europäischen Parlaments und des Rates vom 7.3.2002, ABl. 2002 L 108, S. 33 (39).

[794] Vgl. EuGH GRUR-Int. 2019, 839.

übertragen oder übertragene Inhalte **redaktionell** kontrolliert werden.[795] Entscheidend ist also, dass es sich lediglich um eine Transportdienstleistung handelt, die nicht den Inhalt der transportierten Daten umfasst. Für weitere Einzelheiten wird auf das telekommunikationsrechtliche Schrifttum verwiesen.[796] Die herkömmliche Handzettel- und Briefwerbung sowie das Ansprechen in der Öffentlichkeit oder die Haustürwerbung unterfallen dem Nachrichtenbegriff nicht, weil ihre Verbreitung nicht über einen elektronischen Kommunikationsdienst erfolgt.[797]

163 **4. Öffentliche Zugänglichkeit.** Die Kommunikationsdienste sind „öffentlich zugänglich", wenn grundsätzlich **jedermann** den elektronischen Kommunikationsdienst **in Anspruch nehmen** kann, ohne dass es darauf ankommt, ob für die Nutzung ein Entgelt (nutzungsabhängige Gebühren, flat-rate, pre-paid-Karten oÄ) zu zahlen ist. Erforderlich für eine **öffentliche Zugänglichkeit** ist, dass der Kommunikationsdienst **Dritten zur Verfügung gestellt** wird und sich somit nicht an eine geschlossene Benutzergruppe richtet[798] (vgl. Art. 2 lit. c. UniversaldienstRiLi[799] sowie § 3 Nr. 17a TKG[800]). Nicht Dritten bereitgestellt sind firmen- oder konzernintern genutzte Netze, beispielsweise ein firmeninternes Intranet.[801]

E. § 2 Abs. 1 Nr. 5 (Verhaltenskodex)

Seit dem UWG 2008 ist in § 2 Abs. 1 Nr. 5 UWG der Begriff „Verhaltenskodex" definiert. Es heißt dort:

Im Sinne dieses Gesetzes bedeutet

5. „Verhaltenskodex" Vereinbarungen oder Vorschriften über das Verhalten von Unternehmern, zu welchem diese sich in Bezug auf Wirtschaftszweige oder einzelne geschäftliche Handlungen verpflichtet haben, ohne dass sich solche Verpflichtungen aus Gesetzes- oder Verwaltungsvorschriften ergeben;

Schrifttum: *Alexander,* Verhaltenskodizes im europäischen und deutschen Lauterkeitsrecht, GRUR-Int. 2012, 965 ff.; *Augsburger,* Lauterkeitsrechtliche Beurteilung von Corporate Responsibility Codes – Verbindliche Standards im Wettbewerb, MMR 2014, 427 ff.; *Birk,* Corporate Responsibility, Unternehmerische Selbstverpflichtungen und unlauterer Wettbewerb, GRUR 2011, 196 ff.; *Bornkamm,* Verhaltenskodizes und Kartellverbot – Gibt es eine Renaissance der Wettbewersregeln?, FS Canenbley, 2012, 67 ff.; *Dreyer,* Verhaltenskodizes im Referentenentwurf eines ersten Gesetzes zur Änderung des Gesetzes gegen unlauteren Wettbewerb, WRP 2007, 1294 ff.; *Halfmeier/Herbold,* Zur lauterkeitsrechtlichen Beurteilung von Nachhaltigkeitswerbung bei Kooperationen mit einem nicht nachhaltig handelnden Unternehmen, WRP 2017, 1430 ff.; *Hoeren,* Das neue UWG und dessen Auswirkungen auf den B2B-Bereich, WRP 2009, 789 ff.; *Kocher,* Unternehmerische Selbstverpflichtungen im Wettbewerb, GRUR 2005, 647 ff.; *Kopp,* Selbstkontrolle durch Verhaltenskodizes im europäischen und deutschen Lauterkeitsrecht, 2016; *Lamberti/Wendel,* Verkäufe außerhalb vom Vertriebsbindungssystem, WRP 2009, 1479 ff.; *Jan Bernd Nordemann,* Verhaltenskodizes und Wettbewerbsregeln – Die kartellrechtliche Zulässigkeit selbstregulierender Abreden nach Art. 101 AEUV und §§ 1, 2 GWB, FS Ahrens, 121 ff.; *Pfister,* Sportverbandsregeln als Verhaltenskodizes im Sinne des Wettbewerbsrechts, GRUR 2017, 1091; *Schmidhuber,* Verhaltenskodizes im neuen UWG, WRP 2010, 593 ff.; *Spindler,* Codes of Conduct im UWG – de lege lata und de lege ferenda, FS Fezer 2016, 849 ff.

---

[795] So ist zum Beispiel „Gmail" kein elektronischer Kommunikationsdienst iSv RL 2002/21/EG Art. 2 Buchstabe c, zu Einzelheiten siehe EuGH GRUR-Int. 2019, 940 (in englischer Sprache) und EuGH MMR 2019, 514 (in deutscher Sprache), vgl. ferner *Fezer*/Büscher/Obergfell, UWG, 3. Aufl., § 2 Nr. 4 Rn. 14; MüKoUWG/*Bähr,* 3. Aufl., § 2 Rn. 281.

[796] Vgl. Arndt/Fetzer/Scherer/Graulich, TKG, 3. Aufl. 2020; Beck'scher TKG-Kommentar, 4. Aufl. 2013; Berliner Kommentar zum TKG, 3. Aufl. 2013.

[797] *Köhler/Lettl* WRP 2003, 1019 (1028).

[798] OVG Münster WuW 2001, DE-R 731 ff.

[799] RL 2002/22/EG vom 7.3.2002, ABl. 2002 L 108, S. 51, S. 9, geändert durch RL 2009/136/EG vom 25.11.2009, ABl. 2009 L 337, S. 11., zuletzt geändert durch Art. 125 Abs. 1 ÄndRL (EU) 2018/1972 vom 11.12.2018 ABl. L 321, S. 36.

[800] Arndt/Fetzer/Scherer/Graulich, TKG, 3. Aufl. 2020 § 3 Rn. 91a f.

[801] MüKoUWG/*Bähr,* 3. Aufl., § 2 Rn. 283.

I. Allgemeines

1. Überblick. Das UWG sieht eine geschäftliche Handlung nach **§ 5 Abs. 1 Nr. 6 UWG** als irreführend an, wenn sie unwahre Angaben oder sonstige zur Täuschung geeignete **Angaben über die Einhaltung eines Verhaltenskodexes** enthält, auf den sich der Unternehmer verbindlich verpflichtet hat, und er auf diese Bindung hinweist. Außerdem verweisen zwei „Black List"-Tatbestände auf einen „Verhaltenskodex": So ist nach **Nr. 1 des Anhangs zu § 3 Abs. 3 UWG** die unwahre Angabe eines Unternehmers unzulässig, zu den Unterzeichnern eines Verhaltenskodexes zu gehören. Ferner ist nach **Nr. 3 des Anhangs zu § 3 Abs. 3 UWG** die unwahre Angabe unzulässig, ein Verhaltenskodex sei von einer öffentlichen oder anderen Stelle gebilligt. Demgemäß hat sich der Gesetzgeber zu einer Definition des Begriffs des Verhaltenskodexes entschlossen. 164

2. Vorgaben der UGP-Richtlinie. Die UGP-RL definiert den Begriff „Verhaltenskodex" in Art. 2 lit f. Danach ist ein 165

f) „Verhaltenskodex" eine Vereinbarung oder ein Vorschriftenkatalog, die bzw. der nicht durch die Rechts- und Verwaltungsvorschriften eines Mitgliedstaates vorgeschrieben ist und das Verhalten der Gewerbetreibenden definiert, die sich in Bezug auf eine oder mehrere spezielle Geschäftspraktiken oder Wirtschaftszweige auf diesen Kodex verpflichten;

Die UGP-RL verweist auf den Begriff „Verhaltenskodex" in Art. 6 Abs. 2 lit. b (umgesetzt in § 5 Abs. 1 Nr. 6 UWG) sowie im Anhang 1 („Black List") Nr. 1 und Nr. 3. In **Erwägungsgrund 20** ist hervorgehoben: 165a

„Es ist zweckmäßig, die Möglichkeit von Verhaltenskodizes vorzusehen, die es Gewerbetreibenden ermöglichen, die Grundsätze dieser Richtlinie in spezifischen Wirtschaftsbranchen wirksam anzuwenden. In Branchen, in denen es spezifische zwingende Vorschriften gibt, die das Verhalten von Gewerbetreibenden regeln, ist es zweckmäßig, dass aus diesen auch die Anforderungen an die berufliche Sorgfalt in dieser Branche ersichtlich sind. Die von den Urhebern der Kodizes auf nationaler oder auf Gemeinschaftsebene ausgeübte Kontrolle hinsichtlich der Beseitigung unlauterer Geschäftspraktiken könnte die Inanspruchnahme der Verwaltungsbehörden oder Gerichte unnötig machen und sollte daher gefördert werden. Mit dem Ziel, ein hohes Verbraucherschutzniveau zu erreichen, könnten Verbraucherbände informiert und an der Ausarbeitung von Verhaltenskodizes beteiligt werden."

Die positive Einstellung der UGP-RL zu Verhaltenskodizes steht in einer Linie mit der schon im Grünbuch zum Verbraucherschutz[802] entwickelten Idee der Ko-Regulierung, die sich allerdings nicht durchsetzen konnte. Die UGP-RL geht davon aus, dass Verhaltenskodizes die in einer bestimmten Branche geltenden Anforderungen an die berufliche Sorgfalt widerspiegeln. Ein lediglich gesetzeswiederholender und insoweit **nur „deklaratorischer" Verhaltenskodex** ist **kein „Verhaltenskodex" iSd § 2 Abs. 1 Nr. 5 UWG,** weil danach gerade erforderlich ist, dass sich die aus dem Kodex ergebenden Verpflichtungen **nicht aus „Gesetzes- und Verwaltungsvorschriften" ergeben.**[803] Ein Verhaltenskodex darf sich nicht auf eine bloße Absichts- oder Bemühenserklärung beschränken, sondern muss bereits verbindlich sein.[804] Die Richtlinie lässt im übrigen nach Art. 3 Abs. 8 alle Niederlassungs- oder Genehmigungsbedingungen, **berufsständische Verhaltenskodizes** oder andere spezifische Regeln für reglementierte Berufe unberührt. 165b

3. Umsetzung im UWG 2008/2015. Der Gesetzgeber versteht ausweislich der Begründung des Gesetzentwurfs zum UWG 2008 Verhaltenskodizes als **Regelungen „zur** 166

[802] Grünbuch zum Verbraucherschutz KOM(2001) 531 endg. vom 2.10.2001.

[803] MüKoUWG/*Bähr,* 3. Aufl., § 2 Rn. 301. Der nur scheinbar abweichenden Auffassung von *Dreyer* in WRP 2007, 1294 (1297) lag noch die Formulierung des Referentenentwurfs zum UWG 2008 zugrunde.

[804] Zur bloßen Absichtserklärung vgl. *Dreyer* WRP 2007, 1294 (1296).

freiwilligen Selbstkontrolle der Wirtschaft".[805] Weil sich der Begriff bislang nicht im deutschen Recht findet, wurde ein Umsetzungsbedarf gesehen. Verwundern muss, dass die kartellrechtliche Problematik von Verhaltenskodizes sowohl in der UGP-RL als auch in der Begründung zum UWG 2008 ganz unerwähnt geblieben ist.[806]

II. Bedeutung und Anwendungsbereich

167 **1. Bedeutung.** Verhaltenskodizes iSd § 2 Abs. 1 Nr. 5 UWG haben im deutschen und europäischen Recht nur eine **untergeordnete Bedeutung.**[807] Im geltenden Recht sind sie nur als Anknüpfungspunkt von Irreführungen gemäß § 5 Abs. 1 Nr. 6 und der Tatbestände des Anhangs zu § 3 Abs. 3 („Black List") Nr. 1 und Nr. 3 relevant. Abgesehen davon entfalten Verhaltenskodizes keine unmittelbare lauterkeitsrechtliche Relevanz und bilden keine unmittelbar verbindlichen Regelungen.[808] Verhaltenskodizes können allerdings einen Anhalt bieten für die „anständigen Marktgepflogenheiten" iSd § 2 Abs. 1 Nr. 7 UWG und Art. 2 lit. h UGP-RL,[809] und ihnen kann uU entnommen werden, ob innerhalb der in Rede stehenden Verkehrskreise eine bestimmte **tatsächliche Übung** herrscht. Aus dem Bestehen einer tatsächlichen Übung folgt aber noch nicht, dass ein von dieser Übung abweichendes Verhalten ohne weiteres als unlauter anzusehen wäre.[810] Zutreffend betont der BGH, dass der Wettbewerb in bedenklicher Weise beschränkt würde, wenn das Übliche zur Norm erhoben würde.[811] Auch wenn Kodizes besonders von Wettbewerbsverbänden eine indizielle Bedeutung für die Frage der Unlauterkeit zukommen kann, können sie eine abschließende Beurteilung anhand der sich aus den Bestimmungen des UWG ergebenden Wertungen nicht ersetzen.[812] Das Fehlen einer „Selbstbindung" von Marktteilnehmern durch Verhaltenskodizes lässt natürlich keinen Rückschluss auf die Lauterkeit ihres Verhaltens zu, mit anderen Worten befreit eine fehlende Selbstregulierung nicht von der Einhaltung zwingenden Rechts.

168 **2. Verhaltenskodex als Konkretisierung des Lauterkeitsgebots und der „unternehmerischen Sorgfalt".** Die **Funktion von Verhaltenskodizes** ist **Erwägungsgrund 20 der UGP-Richtlinie** zu entnehmen (vgl. → Rn. 165). Weil es darum geht, über die Verhaltenskodizes die Grundsätze der UGP-RL in spezifischen Wirtschaftsbranchen wirksam anzuwenden, erscheint es zwingend, dass die Verhaltenskodizes iSd Art. 2 lit. f UGP-RL iSd § 2 Abs. 1 Nr. 5 UWG **auf das lauterkeitsrelevante geschäftliche Handeln bezogen** sein müssen und sie insoweit das Lauterkeitsgebot und die zu wahrende „unternehmerische Sorgfalt" konkretisieren.[813] Der lauterkeitsrechtliche Zusammenhang ist allerdings weit zu verstehen und schließt auch dem Vertrieb vorgelagerte Umstände wie etwa eine umweltverträgliche oder ethisch unbedenkliche Herstellung ein.[814] Sonstige „Kodizes" oder Gruppenvereinbarungen wie Vereinbarungen über Art und Umfang der Geschäftstätigkeit von Unternehmen, selektive Vertriebssysteme oder F&E-Verträge fallen nicht

[805] Amtliche Begründung des Gesetzentwurfs zum UWG 2008, BT-Drs. 16/10145, 34 f.

[806] Hierzu *Bornkamm* FS Canenbley, 2012, 67 ff. und *Nordemann* FS Ahrens, 2016, 121 ff.

[807] Das Lauterkeitsrecht in den Niederlanden, Skandinavien und in Großbritannien ist offenbar stark durch Verhaltenskodizes einzelner Wirtschaftsverbände geprägt, vgl. *Alexander* GRUR-Int. 2012, 965 ff.; *Hoeren* WRP 2009, 789 (793); *Schmidhuber* WRP 2010, 593 (594 f.).

[808] BGH GRUR 2006, 953 (954) – Warnhinweis II; BGH GRUR 2006, 772 Rn. 10 – Probeabonnement.

[809] BGH GRUR 2011, 431 Rn. 13 – FSA-Kodex; BGH GRUR 2006, 953 (954) – Warnhinweis II; BGH GRUR 1991, 462 (463) – Wettbewerbsrichtlinien der Privatwirtschaft.

[810] BGH GRUR 2011, 431 Rn. 13 – FSA-Kodex mit Anm. *Nemeczek*.

[811] BGH GRUR 2011, 431 Rn. 13 – FSA-Kodex; OLG München GRUR-RR 2012, 260 ff. – Arzt Seminare 2007.

[812] BGH GRUR 2011, 431 Rn. 13 und 15 – FSA-Kodex; OLG München GRUR-RR 2012, 260 ff. – Arzt Seminare 2007; kritisch zur Indizwirkung *Spindler* FS Fezer, 2016, 849 (862 f.) sowie *Alexander* GRUR-Int. 2012, 967 (971).

[813] *Augsburger* MMR 2014, 427 (429); *Alexander* GRUR-Int. 2012, 967 (972); *Kopp*, Selbstkontrolle durch Verhaltenskodizes, 2016, S. 191.

[814] *Halfmeier/Herbold* WRP 2017, 1430 Rn. 16 ff.

unter den Begriff des Verhaltenskodexes.[815] Kein Verhaltenskodex iSd § 2 Abs. 1 Nr. 5 UWG ist auch der deutsche oder europäische Corporate Governance Kodex, weil es sich um ein Regelwerk einer Kommission und nicht um eine Vereinbarung von Unternehmen handelt.[816] Auch die Nutzungsbedingungen der Stiftung Warentest für die Werbung mit Warentests, die als einseitig vorgegebene Lizenzbestimmungen anzusehen sind, stellen keinen Verhaltenskodex dar.[817] Auch staatlich verfasste Kodizes sind nicht als „Verhaltenskodex" anzusehen.[818] Ein „Verhaltenskodex" liegt auch nicht vor, solange etwa unternehmensübergreifende Selbstverpflichtungen als bloße rechtsunverbindliche Absichtserklärungen anzusehen sind.[819] Auch bloße innerbetriebliche Selbstverpflichtungen eines Unternehmens wie Compliance-Vorschriften, Unternehmensleitsätze oder Ethik-Kodizes stellen keinen Verhaltenskodex dar, weil dieser eine Vereinbarung zwischen mehreren Unternehmen verlangt.[820] Ebenso wenig stellen DIN-Normen einen Verhaltenskodex dar.[821] Die einer Sportart eigenen „Spielregeln" stellen keinen Verhaltenskodex dar, anders kann es allerdings bei den „Verbandsstatuten" der Sportverbände liegen[822], soweit sie das Verhalten von Unternehmen regeln, zu denen neben Vereinen auch Profisportler rechnen können, was im einzelnen näher zu prüfen bleibt.

3. Rechtsnatur/Verpflichtender Charakter. Die Rechtsnatur eines Verhaltenskodexes ist nicht vorgegeben, so dass er als mehrseitiger Vertrag oder als vereinsrechtliche Satzung vorliegen kann[823], es ist auch unerheblich, ob die Bezeichnung „Verhaltenskodex" oder „Kodex" geführt wird. Ein Verhaltenskodex iSv § 2 Abs. 1 Nr. 5 UWG liegt nur dann vor, wenn sich mehrere Unternehmen im Rahmen von Vereinbarungen oder Vorschriften über ihr Verhalten **„verpflichtet"** haben. Es besteht insoweit kein Unterschied zu der in Art. 2 lit. f UGP-RL vorgesehenen Definition, aber auch kein Unterschied zu dem in § 5 Abs. 1 Nr. 6 UWG vorgesehenen Verhaltenskodex, auf den sich ein Unternehmen „verbindlich" verpflichtet hat. Dass sich die Unternehmen zur Einhaltung der Vereinbarungen oder Vorschriften über das Verhalten „verpflichtet" haben müssen, bedeutet zugleich auch, dass diese Verpflichtungen verbindlichen Charakter haben müssen. Es ist deshalb nicht zwischen einfachen und verbindlichen Verhaltenskodizes zu unterscheiden, weil sämtliche Verhaltenskodizes iSd § 2 Abs. 1 Nr. 5 UWG von verpflichtendem und damit verbindlichem Charakter sein müssen.[824] Eine Verbindlichkeit des Kodexes ist aber nur zu bejahen, wenn kodexwidriges Verhalten irgendwie sanktionierbar ist, also zB regelgemäßes Verhalten durchgesetzt werden kann oder regelwidriges Verhalten zumindest zum Ausschluss aus dem Kodex führen kann.[825] 169

4. Verhaltenskodizes und kartellrechtliche Wettbewerbsregeln. Verhaltenskodizes entsprechen regelmäßig den **Wettbewerbsregeln gemäß § 24 Abs. 2 GWB,** die dort definiert sind als „Bestimmungen, die das Verhalten von Unternehmen im Wettbewerb 170

[815] *Köhler*/Bornkamm/Feddersen, § 2 Rn. 113d; *Schmidhuber* WRP 2010, 593 (597 f.); *Birk* GRUR 2011, 196 (199); aM *Hoeren* WRP 2009, 789 (793) und *Lamberti/Wendel* WRP 2009, 1479 (1481).

[816] *Birk* GRUR 2011, 196 (199); Köhler/*Bornkamm/Feddersen,* § 5 Rn. 7.1.

[817] *Koppe-Zagouras* WRP 2008, 1035 (1045).

[818] *Augsburger* MMR 2014, 427 (429).

[819] Tendenziell weiter *Augsburger* MMR 2014, 427 ff.; *Kopp,* Selbstkontrolle durch Verhaltenskodizes, 2016, S. 93 ff.

[820] Zu außerbetrieblichen Selbstverpflichtungen Ohly/*Sosnitza,* § 2 Rn. 84 und 85; *Halfmeier/Herbold* WRP 2017, 1430 Rn. 12 ff.; *Alexander* GRUR-Int 2012, 965 (967).

[821] Ohly/*Sosnitza,* § 2 Rn. 84.

[822] *Pfister* GRUR 2017, 1091 (1092 f.).

[823] *Alexander* GRUR-Int 2012, 965 (967).

[824] Abweichend *Birk* GRUR 2011, 196 (198), der aus dem fehlenden Wort „verbindlich" in § 2 Abs. 1 Nr. 5 UWG folgert, dass dort etwa im Gegensatz zu § 5 Abs. 2 Nr. 6 UWG auch einfache, nicht verbindliche Verhaltenskodizes erfasst seien. *Dreyer* WRP 2007, 1294 ff. unterscheidet zutreffend zwischen bloßen „Absichtserklärungen" und verbindlichen Verhaltenskodizes.

[825] Abweichend *Halfmeier/Herbold* WRP 2017, 1430 Rn. 25 ff., die lediglich eine Überprüfbarkeit der Normeinhaltung verlangen.

regeln zu dem Zweck, einem den Grundsätzen des lauteren oder der Wirksamkeit eines leistungsgerechten Wettbewerbs zuwider laufenden Verhalten im Wettbewerb entgegenzuwirken und ein diesen Grundsätzen entsprechendes Verhalten im Wettbewerb anzuregen". Weil Verhaltenskodizes nicht selbst verbindliches Recht setzen können, erscheinen sie, soweit sie die Branche hinreichend repräsentieren, als ein „Spiegelbild" einer Branche, was für die dort maßgebende „unternehmerische Sorgfalt" iSd § 2 Abs. 1 Nr. 7 UWG und für die lauterkeitsrechtliche Wertung insbesondere iSd § 3 Abs. 2 UWG bedeutsam sein kann.[826]

171 **5. Keine Marktverhaltensregeln iSd § 3a UWG.** Verhaltenskodizes iSd § 2 Abs. 1 Nr. 5 UWG bilden keine Marktverhaltensregelungen iSd § 3a UWG nF/§ 4 Nr. 11 UWG aF, weil es sich bei ihnen gerade nicht um **gesetzliche** Vorschriften handelt.[827] Ein Verstoß gegen einen Verhaltenskodex ist sonach nicht als Rechtsbruch iSd § 3a UWG zu werten.[828]

172 **6. Schranken.** Ein Verhaltenskodex darf nicht im Widerspruch zum zwingenden europäischen oder nationalen Lauterkeitsrecht stehen.[829] Auf der Grundlage eines Verhaltenskodexes können insbesondere **keine etwa über die UGP-Richtlinie oder das nationale Recht hinausgehenden lauterkeitsrechtlichen Verbote geschaffen werden.** Verhaltenskodizes, die nach europäischem oder nationalem Recht lauteres Verhalten für unzulässig erklären, werden regelmäßig als **kartellrechtswidrig** anzusehen sein.[830] Sie sind deshalb ein „ambivalentes Instrument" zur Gewährleistung der Lauterkeit des Geschäftsverkehrs.[831] Die Mitgliedstaaten sind im übrigen nach Art. 11 Abs. 1 UGP-RL berechtigt, Rechtsbehelfe gegen den Urheber eines Verhaltenskodex zuzulassen, *„wenn der betreffende Kodex der Nichteinhaltung rechtlicher Vorschriften Vorschub leisten."*

172a **7. Folgen des Verstoßes gegen Verhaltenskodizes.** Ein Verstoß gegen einen Verhaltenskodex ist nicht „per se" als unlauterer Wettbewerb im Sinne des UWG anzusehen.[832] Die Regelungen eine Verhaltenskodex können allerdings die „anständigen Marktgepflogenheiten" widerspiegeln und somit auch indiziell für die Annahme einer Unlauterkeit iSd § 3 UWG sein[833], es hat allerdings stets eine abschließende Beurteilung anhand der sich aus den Bestimmungen des UWG ergebenen Wertungen zu erfolgen, die durch die indizielle Bedeutung des Verhaltenskodexes nicht „überspielt" werden kann.[834] Die aus dem Kodexverstoß abgeleitete Regelwidrigkeit muss auch gerade eine wettbewerbsbezogene, dh von den Schutzzwecken des UWG erfasste Unzulässigkeit darstellen, weil es nicht Aufgabe des Lauterkeitsrechts ist, alle nur denkbaren Regelverstöße lauterkeitsrechtlich zu sanktionieren.[835]

---

[826] Zutreffend *Schmidhuber* WRP 2010, 593 (596); vgl. auch *Erdmann/Pommerening* in Gloy/Loschelder/Danckwerts, HdbWettbR, 5. Aufl., § 37 Rn. 8, zur Bindungswirkung gegenüber „Außenseitern" GroßKommUWG/*Fritzsche*, 3. Aufl., § 2 Rn. 694.

[827] BGH GRUR 2011, 431 Rn. 11 – FSA-Kodex I; *Schmidhuber* WRP 2010, 593 (595).

[828] Zustimmend *Alexander* GRUR-Int 2012, 967 (971). Auch *Kocher* verlangt in GRUR 2005, 647 ff., dass das „Softlaw" privater Standards erst über entsprechende „Transformationsnormen" im nationalen Recht Geltung beanspruchen kann, sieht jedoch zu Unrecht in der lauterkeitsrechtlichen Generalklausel eine geeignete Transformationsnorm.

[829] Zu den bürgerlich-rechtlichen Schranken nach § 134 BGB sowie den kartellrechtlichen Schranken *Kopp*, Selbstkontrolle durch Verhaltenskodizes, 2016, S. 205 ff.

[830] *Köhler*/Bornkamm/Feddersen, § 2 Rn. 115; ebenso *Erdmann/Pommerening* in Gloy/Loschelder/Danckwerts, HdbWettbR, 5. Aufl., § 37 Rn. 10; zu den kartellrechtlichen Schranken einer über den Schutzbereich einer Marke hinausgehenden Abgrenzungsvereinbarung: BGH GRUR 2011, 641 ff. – Jette Joop.

[831] GroßKommUWG/*Peukert*, 3. Aufl., § 2 Rn. 530.

[832] BGH GRUR 2011, 431 Rn. 11 ff. – FSA Kodex.

[833] *Köhler*/Bornkamm/Feddersen, § 2 Rn. 115a; kritisch *Spindler* FS Fezer, 2016, 849 (862 f.); zur starken Indizwirkung eines Verstoßes gegen Verbandsstatuten im geschäftlichen Sportbereich: *Pfister* GRUR 2017, 1091 (1093).

[834] BGH GRUR 2011, 431 Rn. 13 – FSA-Kodex unter Verweis auf die ansonsten auch gegebene verfassungsrechtliche Problematik.

[835] BGH GRUR 2011, 431 Rn. 14 – FSA-Kodex; BGH GRUR 2010, 654 Rn. 25 – Zweckbetrieb. Auch die UGP-RL sieht nur bestimmte Fälle kodexwidrigen Verhaltens als unlauter an (vgl. Art. 2 lit. f und Art. 5 Abs. 2, Art. 6 Abs. 2 lit. b UGP-RL).

8. Beispiele für Verhaltenskodizes. a) Freiwillige Selbstkontrolle durch den Deutschen Werberat. Als Beispiel für einen Verhaltenskodex nennt die Begründung im Gesetzentwurf der Bundesregierung im Bereich der Werbung die freiwillige Selbstkontrolle durch den Deutschen Werberat.[836] Der Verhaltenskodex ist einsehbar unter www.werberat.de. 173

b) Werberichtlinien des Verbands der Zigarettenindustrie. Die Werberichtlinie des Verbands der Zigarettenindustrie aus dem Jahr 1980, welche den Zigarettenherstellern Verpflichtungen auch für die Anzeigenwerbung auferlegte, bildete einen Verhaltenskodex.[837] Mittlerweile hat sich der Verband allerdings aufgelöst. Die Mitglieder haben sich teilweise im neuen „deutschen Zigarettenverband" zusammengeschlossen, der über einen eigenen, über „www.zigarettenverband.de" abrufbaren Werbekodex verfügt. 174

c) Wettbewerbsrichtlinien der Versicherungswirtschaft vom 1.9.2006. Auch die Wettbewerbsrichtlinien der Versicherungswirtschaft vom 1.9.2006 bilden einen „Verhaltenskodex". 175

d) Der FSA-Kodex für die Arzneimittelindustrie. Die Freiwillige Selbstkontrolle für die Arzneimittelindustrie eV hat 2004 einen FSA-Kodex zur Zusammenarbeit mit Fachkreisen erlassen. Dieser wurde im Bundesanzeiger bekannt gemacht und in der aktuellen Fassung am 4.8.2008 vom Bundeskartellamt als Wettbewerbsregeln anerkannt. Er kann unter www.fs-arzneimittelindustrie.de/Verhaltenskodex.html eingesehen werden.[838] 176

e) Der Kodex für den Fahrzeughandel im Internet. Dieser Kodex wurde von ADAC, Wettbewerbszentrale, Zentralverband des deutschen Kraftfahrzeuggewerbes und den Internet-Anzeigenbörsen AutoScout 24 und mobile.de initiiert und im September 2008 vorgestellt.[839] Er stellt ebenfalls einen Verhaltenskodex dar. 177

f) Der ICC-Marketing- und Werbekodex. Die internationale Handelskammer Deutschlands veröffentlichte erstmals im Jahr 1937 einen Verhaltenskodex, der inzwischen in der neunten Fassung vorliegt.[840] Dieser Verhaltenskodex umfasst sowohl Werbung als auch Marketingaktivitäten und reicht von Werbung im Internet, Telefon- oder SMS-Marketing bis hin zu Verhaltensrichtlinien für Werbung, die sich speziell an Kinder richtet. 178

g) Weitere Verhaltenskodizes. Auch die **Regelungen der Freiwilligen Selbstkontrolle Film (FSK), der Multimedia-Dienstleister (FSM) und Fernsehen (FSF), der „Kodex Deutschland für Telekommunikation und Medien" des DVTM (Deutscher Verband für Telekommunikation und Medien)** sowie der **„Code of Conduct" der „Organisation Werbetreibende im Markenverband"** (www.owm.de) stellen Verhaltenskodizes dar. 179

F. § 2 Abs. 1 Nr. 6 (Unternehmerbegriff)

Die Kommentierung des § 2 Abs. 1 Nr. 6 erfolgt → Rn. 232 ff. im Zusammenhang mit dem komplementären Verbraucherbegriff. 179a

G. § 2 Abs. 1 Nr. 7 (Unternehmerische Sorgfalt)

Mit der **UWG-Reform 2015** hat der Gesetzgeber die Definition des § 2 Abs. 1 Nr. 7 sprachlich etwas überarbeitet, den Begriff der „fachlichen Sorgfalt" durch den Begriff der

[836] Gesetzentwurf der Bundesregierung, S. 34/35.
[837] Vgl. dazu BGH GRUR 1993, 756 – Mild-Abkommen.
[838] Vgl. dazu BGH GRUR 2011, 431 – FSA-Kodex.
[839] Der Kodex ist abrufbar unter www.wettbewerbszentrale.de.
[840] Der Kodex ist abrufbar unter www.iccgermany.de.

„unternehmerischen Sorgfalt“ ersetzt und außerdem durch eine Anpassung des Gesetzestextes klargestellt, dass maßgebend lediglich die „anständigen“ Marktgepflogenheiten sind. Die Vorschrift lautet nunmehr:

Im Sinne dieses Gesetzes bedeutet

7. „unternehmerische Sorgfalt“ der Standard an Fachkenntnissen und Sorgfalt, von dem billigerweise angenommen werden kann, dass ein Unternehmer ihn in seinem Tätigkeitsbereich gegenüber Verbrauchern nach Treu und Glauben unter Berücksichtigung der anständigen Marktgepflogenheiten einhält.

Schrifttum: *Augenhofer,* Kopplungsangebote im Spannungsverhältnis zwischen Lauterkeits-, Kartell- und Vertragsrecht – zugleich Besprechung von EuGH „Deroo-Blanquart/Sony. GRUR 2016, 1243 ff; *Henning-Bodewig,* „Unlautere“ Geschäftspraktiken und der Bezug zu Art. 10bis PVÜ – Warum „unseriöse“ Geschäftspraktiken keinen Sinn ergeben, GRUR Int. 2014, 997 ff.; *Henning-Bodewig,* Der „ehrbare Kaufmann“, Corporate Social responsibility und das Lauterkeitsrecht, WRP 2011, 1014 ff.; *Henning-Bodewig,* Lauterkeit im B2B-Verhältnis – „anständige Marktgepflogenheiten“, nicht „fachliche Sorgfalt“!, GRUR Int. 2015, 529 ff.; *Fezer,* Eine Replik: Die Auslegung der UGP-RL vom UWG aus?, WRP 2010, 677 ff.; *Keller,* Die „fachliche Sorgfalt“ – ein sich entwickelnder Zentralbegriff des Lauterkeitsrechts, FS Bornkamm, 2014, 381 ff.; *Keller,* UWG-Reform 2015 – Die „fachliche Sorgfalt“ wird einheitlicher Lauterkeitsmaßstab, WRP 2015, Editorial zu Heft 3; *Köhler,* „Fachliche Sorgfalt“ – Der weiße Fleck auf der Landkarte des UWG, WRP 2012, 22 ff.

I. Allgemeines

180 **1. Überblick.** Mit der **UWG-Reform 2008** hatte zunächst der Begriff der „fachlichen Sorgfalt“ in Anlehnung an Art. 2 lit. h der UGP-RL seinen Eingang in das deutsche Lauterkeitsrecht gefunden. Abweichend von dem in der UGP-RL gebrauchten Begriff der „beruflichen Sorgfalt“ hatte der deutsche Gesetzgeber zunächst den Begriff der „fachlichen Sorgfalt“ gewählt, um zu verdeutlichen, dass auch die selbst nicht „beruflich“ tätigen juristischen Personen den Sorgfaltspflichten zu genügen haben.[841] Im Zuge der **UWG-Reform 2015** hat der Gesetzgeber den Begriff der „fachlichen Sorgfalt“ durch den Begriff der „unternehmerischen Sorgfalt“ ersetzt[842]. Außerdem ist nunmehr durch eine dem Wortlaut der UGP-RL folgende Textergänzung klargestellt, dass es allein auf die „anständigen Marktgepflogenheiten“ ankommt. Sachliche Änderungen haben sich durch diese sprachlichen Anpassungen nicht ergeben. Sowohl in der alten als auch in der neuen Fassung ist die Definitionsbestimmung ganz im Sinne des Artikels 2 lit. h der UGP-RL zu interpretieren. Die Begriffe der beruflichen bzw. unternehmerischen Sorgfalt dienen sowohl nach der UGP-RL als auch nach dem deutschen Recht dazu, den **entscheidenden Begriff der „Unlauterkeit“** im **B2C-Bereich materiell auszufüllen.** Die unternehmerische Sorgfalt hat dabei an sich nur Bedeutung für das verbraucherschutzbezogene Lauterkeitsrecht (vgl. § 3 Abs. 2 UWG). Der Begriff wird jedoch – trotz der insbesondere für den B2B-Bereich vorgetragenen Kritik[843] – auch das Verständnis der Lauterkeit im B2B-Bereich künftig mitbestimmen. Es handelt sich sonach um einen zentralen Begriff des UWG[844], der von Rechtsprechung und Literatur mit Leben zu füllen ist.

181 **2. Vorgaben der UGP-Richtlinie.** Die UGP-RL sieht gemäß Art. 5 Abs. 2 lit. a eine Geschäftspraxis als unlauter an, wenn sie den „Erfordernissen der beruflichen Sorgfaltspflicht widerspricht“ (Unlauterkeitskriterium, Art. 5 Abs. 2 lit. a iVm Art. 2 lit. h der UGP-RL) und zugleich das wirtschaftliche Verhalten des Durchschnittsverbrauchers wesentlich beeinträchtigt (Relevanzkriterium, Art. 5 Abs. 2 lit. b iVm Art. 2 lit. e der UGP-RL).[845] Der nach der UGP-RL entscheidende Begriff der „Unlauterkeit“ erfährt sonach

[841] Amtliche Begründung des Gesetzesentwurfs zum UWG 2008, BT-Drs. 16/10145, 42.
[842] Vgl. den Vorschlag von *Köhler* WRP 2012, 22 (23) und WRP 2015, 1311 (1312); vgl. auch *Henning-Bodewig* GRUR-Int 2015, 529 ff.
[843] Vgl. → Rn. 189.
[844] Vgl. dazu *Keller* FS Bornkamm, 2014, 381 ff.
[845] Zu dem Unlauterkeits- und Relevanzkriterium der UGP-Richtlinie: BGH GRUR 2011, 532 Rn. 23 – Millionen-Chance II, dazu auch *Köhler* GRUR 2011, 478 ff.; *Keller* FS Bornkamm, 2014, 381 ff.

seine inhaltliche Ausfüllung durch die „Erfordernisse der beruflichen Sorgfaltspflicht", die es einzuhalten gilt, um eine Unlauterkeit zu vermeiden. Die „berufliche Sorgfalt" ist wiederum in Art. 2 lit. h wie folgt definiert:

> *h) „berufliche Sorgfalt" der Standard an Fachkenntnissen und Sorgfalt, bei denen billigerweise davon ausgegangen werden kann, dass der Gewerbetreibende sie gegenüber dem Verbraucher gemäß den anständigen Marktgepflogenheiten und/oder dem allgemeinen Grundsatz von Treu und Glauben in seinem Tätigkeitsbereich anwendet."*

Auch bei der „beruflichen Sorgfalt" nach der UGP-RL handelt es sich sonach um einen 181a unbestimmten, ausfüllungsbedürftigen Rechtsbegriff. Der Begriff der beruflichen Sorgfalt verweist ähnlich wie die Begriffsbestimmung des unlauteren Wettbewerbs in Art. 10bis PVÜ auf die **anständigen Gepflogenheiten in Gewerbe oder Handel.**[846] Auch wenn der **Konkretisierungsgewinn zunächst gering** erscheint, stellt die Bezugnahme auf eine „berufliche Sorgfalt" doch immerhin klar, dass es um die **Einhaltung professioneller, auf Umsicht und Vorsorge abzielender Standards** geht, deren Einhaltung billigerweise – bei objektiver Betrachtung – erwartet werden darf.

3. Umsetzung im UWG. Abweichend von dem in der UGP-RL gebrauchten Begriff 182 der „beruflichen Sorgfalt" und dem früher gebrauchten Begriff der „fachlichen Sorgfalt" hat der Gesetzgeber im Zuge der UWG-Reform 2015 den Begriff der **„unternehmerischen Sorgfalt"** gewählt, weil der Unternehmer Adressat dieser Sorgfaltspflicht sei.[847] *Köhler* hatte schon früher dafür plädiert, den unionsrechtlichen Begriff der „beruflichen Sorgfalt" im Sinne einer „unternehmerischen Sorgfalt" (vergleichbar der „Sorgfalt eines ordentlichen Kaufmanns" gemäß § 347 HGB) zu verstehen.[848] Vorzugswürdig wäre es allerdings gewesen, bei einer Änderung des Gesetzestextes einen Gleichklang mit der Richtlinie in ihrer amtlichen deutschen Sprachfassung herbeizuführen, einen dritten Begriff zu vermeiden und auch im UWG auf eine **„berufliche Sorgfalt"** abzustellen. Sowohl der Begriff der „beruflichen Sorgfalt" als auch die in der englischen und französischen Fassung verwandten Begriffe der „professional diligence" bzw. der „diligence professionelle" verweisen auf eine professionellen Maßstäben genügende Sorgfalt und somit auf ein bestimmtes Sorgfaltsmaß, das ein auf dem Gebiet tätiger Unternehmer – unabhängig etwa auch von der Größe des Unternehmens – zu erfüllen hat. In diesem Sinne ist nunmehr auch die „unternehmerische Sorgfalt" zu interpretieren. Zu begrüßen ist, dass der Gesetzgeber nunmehr im Einklang mit der Richtlinie auf die **„anständigen" Marktgepflogenheiten** abstellt.[849]

II. Bedeutung und Konkretisierung

1. Keine grundsätzliche Neuorientierung. Schon mit der Einführung des Begriffs 183 der „fachlichen Sorgfalt" sollte nach der Einschätzung und dem Willen des Gesetzgebers keine wesentliche Änderung der Rechtslage verbunden sein.[850] Hinsichtlich beruflicher Sorgfaltspflichten war zum UWG 2004 in der Begründung klargestellt worden, dass alle Handlungen unlauter sind, „die den anständigen Gepflogenheiten in Handel, Gewerbe, Handwerk oder selbständiger beruflicher Tätigkeit zuwiderlaufen".[851] Mit der Änderung der Formulierung im **UWG 2015** ist **keine inhaltliche neue Ausrichtung** verbunden,

---

[846] Vgl. dazu insbesondere *Henning-Bodewig* GRUR-Int 2015, 529 ff.

[847] Vgl. BT-Drs. 18/6571, 13. und *Köhler* WRP 2015, 1311 (1312).

[848] *Köhler* WRP 2012, 22 (23) sowie in WRP 2015, 1037 (1038).

[849] Vgl. *Henning-Bodewig* GRUR-Int 2015, 529 ff.; *Henning-Bodewig* hat schon in WRP 2011, 1014 ff., zu Recht darauf verwiesen, dass zahlreiche auch im Lauterkeitsrecht zu beachtende rechtliche Normen ethisch fundiert sind.

[850] Amtliche Begründung des Gesetzentwurfs zum UWG 2008, BT-Drs. 16/10145, 27.

[851] Amtliche Begründung BT-Drs. 16/10145, 27; vgl. auch BGH GRUR 2006, 1042 (1044) – Kontaktanzeigen mwN, wonach eine Wettbewerbshandlung unlauter sein kann, wenn sie „mit entsprechendem Unwertgehalt den anständigen Gepflogenheiten in Gewerbe und Handel zuwiderläuft".

sondern allein ein verbesserter sprachlicher Gleichlauf mit der UGP-RL erstrebt.[852] Wie schon bislang wird der Begriff der „unternehmerischen Sorgfalt" nicht allgemein zur Umschreibung der Unlauterkeit verwendet. Für den von § 3 Abs. 2 UWG nicht erfassten B2B-Bereich verbleibt es bei der „offenen", die Unlauterkeit nicht näher umschreibenden Generalklausel des § 3 Abs. 1 UWG.

184 **2. „Unternehmerische Sorgfalt" und Unlauterkeit.** Der Begriff der Unlauterkeit geht nach der UGP-RL über den Begriff der unternehmerischen Sorgfalt (dort „berufliche Sorgfalt") hinaus, beide Begriffe sind deshalb **nicht deckungsgleich,** auch wenn der Begriff der beruflichen Sorgfalt den Begriff der Unlauterkeit materiell ausfüllt. Eine Geschäftspraxis ist nach der UGP-RL nicht schon unlauter, wenn sie den Erfordernissen der beruflichen Sorgfalt widerspricht. Der Sorgfaltsverstoß muss zudem gemäß Art. 5 Abs. 2 lit. b geeignet sein, die geschäftlichen Entscheidungen der Verbraucher zu beeinflussen.[853] Das deutsche Recht unterscheidet in § 3 Abs. 1 UWG zwar nicht mehr ausdrücklich zwischen der Unlauterkeit und einem davon zu trennenden Relevanzkriterium (wie nach § 3 Abs. 1 aF). Die Begründung[854] hebt jedoch ausdrücklich hervor, dass es „wie nach bisheriger Rechtslage" der Rechtsprechung überlassen bleiben soll, in Konkretisierung des Tatbestandmerkmals der Unlauterkeit angemessene Spürbarkeitserfordernisse aufzustellen. Nach § 3 Abs. 2 sind geschäftliche Handlungen gegenüber Verbrauchern aber nur dann unlauter, wenn sie nicht der unternehmerischen Sorgfalt entsprechen *und* dazu geeignet sind, das wirtschaftliche Verhalten des Verbrauchers wesentlich zu beeinflussen. Der Verstoß gegen die unternehmerische Sorgfalt ist sonach für die Annahme einer Unlauterkeit sowohl im Sinne der Generalklauseln des § 3 Abs. 1 und Abs. 2 als auch nach der UGP-RL noch nicht ausreichend. Der Sorgfaltsverstoß muss vielmehr jeweils noch „relevant" sein, um einen Lauterkeitsverstoß zu begründen. Sofern allerdings eine solche Relevanz vorliegt, kann alleine schon der **Sorgfaltsverstoß einen Lauterkeitsverstoß begründen,** weil die in Art. 6–9 enthaltenen Tatbestände der irreführenden und aggressiven Handlungen, wie sich aus Art. 5 Abs. 4 UGP-RL und dem dortigen „insbesondere"-Verweis ergibt, nur besonders wichtige Beispielsfälle unlauterer Geschäftspraktiken sind.[855]

185 **3. „Unternehmerische Sorgfalt" im UWG.** Ein Verstoß gegen die unternehmerische Sorgfalt ist eine Voraussetzung für die Unzulässigkeit einer geschäftlichen Handlung gegenüber einem Verbraucher nach **§ 3 Abs. 2 UWG.** Auch im deutschen Recht ist somit die verbraucherbezogene Unlauterkeit durch einen „Sorgfaltsverstoß" gekennzeichnet. Daneben wird der Begriff in **§ 5a Abs. 3 Nr. 4 UWG** benutzt. Bei Angeboten, die ein durchschnittlicher Verbraucher annehmen kann, sind Zahlungs-, Liefer- und Leistungsbedingungen sowie Verfahren zum Umgang mit Beschwerden wesentliche Informationen im Sinne von § 5a Abs. 2, soweit sie von den Erfordernissen der unternehmerischen Sorgfalt abweichen. Der Begriff der „unternehmerischen Sorgfalt" ist in erster Linie als ein Gebot „marktregelkonformen Verhaltens" zu interpretieren. Mit dieser Bedeutung kann der für den B2C-Bereich durch die UGP-RL zwingend vorgegebene Begriff auch eine **„integrative Klammerwirkung"** für die Einheitlichkeit des Lauterkeitsrechts entfalten, weil ein einheitliches marktbezogenes Verhalten, das regelmäßig zugleich die Interessen von Mitbewerbern, sonstigen Marktbeteiligten und Verbrauchern berührt, auch einheitlich zu beurteilen ist. Als entscheidendes materielles Kriterium stellt der Begriff der unternehmerischen Sorgfalt sonach auch in erster Linie eine **sachliche Grundlage zur Ausfüllung des Unlauterkeitsurteils** und weniger eine Zurechnungsnorm dar.[856]

[852] Vgl. BT-Drs. 18/6571.
[853] Vgl. *Fezer* WRP 2010, 677 (681) und *Köhler* WRP 2012, 22 (25).
[854] Vgl. BT-Drs. 18/6571, 14.
[855] *Alexander* WRP 2014, 501 (509); *Sosnitza* FS Köhler, 2014, 685 ff.
[856] So aber tendenziell *Köhler* WRP 2012, 22 ff.

4. Inhaltliche Ausfüllung des Begriffs der „unternehmerischen Sorgfalt". Der unbestimmte Begriff der „unternehmerischen Sorgfalt" ist in erster Linie unter dem Blickwinkel **des Zwecks und der positiven Regelungen der UGP-Richtlinie** sowie der einzelnen **Regelungen des deutschen UWG sowie des GWB** inhaltlich auszufüllen. Er erhält danach sein „normatives Korsett" weniger aus den unbestimmten Rechtsbegriffen der „Billigkeit", von „Treu und Glauben" oder aus den tatsächlich geübten „Marktgepflogenheiten", sondern aus den Regelungen der Richtlinie sowie des deutschen Lauterkeitsrechts. Im Rahmen der Würdigung der Gesamtumstände muss ein nicht ausdrücklich erfasstes Verhalten, das als Verstoß gegen die „unternehmerische Sorgfalt" angesehen werden soll, in seinem Gewicht den positiv geregelten Unlauterkeitstatbeständen der Black List oder der Spezialtatbestände entsprechen.[857] Für verbraucherbezogenes Verhalten ist die Prüfung an der **Zielsetzung der Richtlinie** auszurichten, **dem Verbraucher eine informationsgeleitete und freie, mithin rationale Entscheidung zu ermöglichen,**[858] und ihn vor belästigenden, nötigenden und sonst unzulässigen Praktiken zu schützen, die seine Wahlfreiheit beeinträchtigen.[859] Der Unternehmer hat bei seiner Tätigkeit die Interessen und die Schutzbedürftigkeit der von ihm angesprochenen Verbraucherkreise einzubeziehen und auch zu berücksichtigen, ob der Verbraucher aufgrund der unternehmerischen Geschäftspraxis eine geschäftliche Entscheidung trifft, die für diesen wirtschaftlich nachteilige Folgen haben kann.[860] Sorgfältiges unternehmerisches Handeln schließt deshalb das Interesse des Verbrauchers ein, gegenüber Dritten vertragstreu zu bleiben, weil jeder Vertragsbruch die Gefahr einer wirtschaftlichen Schädigung des Verbrauchers birgt.[861] Der unternehmerischen Sorgfalt entspricht es zudem, die **gesetzlichen Vorgaben** einzuhalten.[862] Ob ein **überobligationsmäßiges Verhalten** bereits als „unternehmerische Sorgfalt" anzuerkennen ist, wenn es regelmäßig geübt ist, erscheint zweifelhaft. Dies kann wohl nur dann angenommen werden, wenn ein solches Verhalten sich zu einer Marktgepflogenheit verfestigt hat. Der Begriff der „unternehmerischen Sorgfalt" ist im Sinne einer „Marktregelkonformität" zu verstehen, deren Anforderungen nach den gebietsspezifisch geltenden, sich ggf. auch erheblich unterscheidenden rechtlichen Regelungen (beispielsweise den Regelungen bei Haustürverkäufen, im Internetvertrieb, bei der Heilmittelwerbung etc) maßgebend sind. An die unternehmerische (berufliche) Sorgfalt sind bei geschäftlichen Handlungen, an die der Verkehr noch nicht gewöhnt ist, keine generell strengeren Anforderungen zu stellen.[863] 186

5. Anständige Marktgepflogenheiten. Seit der **UWG-Reform 2015** ist ausdrücklich klargestellt, dass es zur Bestimmung der einzuhaltenden „unternehmerischen Sorgfalt" insbesondere auf die **„anständigen Marktgepflogenheiten"** ankommt und nicht etwa tatsächliche, aber lauterkeitsrechtlich nicht zu billigende Marktgepflogenheiten maßgebend sind.[864] Die Klarstellung im Text führt allerdings zu keiner sachlichen Änderung, weil schon die vorherige Definition im Lichte des Art. 2 lit. h der UGP-RL zu interpretieren war, die ausdrücklich auf die „anständigen Marktgepflogenheiten" abstellt. Die UGP-RL 187

[857] Vgl. etwa zur vergleichbaren Ableitung von Ansprüchen aus der Generalklausel, die voraussetzt, dass die betreffende Verhaltensweise von ihrem Unlauterkeitsgehalt her den lauterkeitsrechtlichen Spezialtatbeständen entspricht: BGH GRUR 2013, 301 Rn. 26 – Solarinitiative.

[858] BGH GRUR 2020, 550 Rn. 27 – Sofort-Bonus II; BGH GRUR 2014, 686 Rn. 23 – Goldbärenbarren; sachlich übereinstimmend EuGH GRUR 2016, 1180 Rn. 32 ff. – Deroo-Blanquart/Sony; vgl. auch *Augenhofer* GRUR 2016, 1243 (1244) und *Kopp,* Selbstkontrolle durch Verhaltenskodizes, 2016, S. 192 f. Kritisch zu den termini im „Goldbärenbarren"-Urteil *Lettl* WRP 2019, 1265 ff.

[859] Erwägungsgrund 16 UGP-RL, dazu *Alexander* WRP 2014, 1010 ff.

[860] BGH GRUR 2020, 550 Rn. 28 – Sofort-Bonus II.

[861] BGH GRUR 2020, 550 Rn. 29 – Sofort-Bonus II.

[862] Vgl. dazu im Zusammenhang mit den umstrittenen Verpflichtungen aus § 1 Abs. 4 PAngV: *Schröder* WRP 2019, 984 Rn. 19 ff.

[863] BGH GRUR 2014, 686 Rn. 23 – Goldbärenbarren; *Alexander* WRP 2014, 1010 (1015).

[864] Zwischen bloßen tatsächlich geübten „Marktgepflogenheiten" und „anständigen Marktgepflogenheiten" ist auch nach der Rechtsprechung des BGH zu unterscheiden, vgl. BGH GRUR 2006, 773 Rn. 19/20 – Probeabonnement; hierzu *Köhler*/Bornkamm/Feddersen, § 2 Rn. 136 ff.

und das deutsche Recht knüpfen dabei an die Regelungen des **Art. 10bis Abs. 2 und 3 PVÜ**[865] an, die lauten:

(2) „Unlauterer Wettbewerb ist jede Wettbewerbshandlung, die den anständigen Gepflogenheiten im Gewerbe oder Handel zuwiderläuft."

(3) Insbesondere sind zu untersagen:

1. alle Handlunge, die geeignet sind, auf irgendeine Weise eine Verwechslung mit der Niederlassung, den Erzeugnissen oder der gewerblichen oder kaufmännischen Tätigkeit eines Wettbewerbers hervorzurufen;

2. falsche Behauptungen im geschäftlichen Verkehr, die geeignet sind, den Ruf der Niederlassung, der Erzeugnisse oder der gewerblichen oder kaufmännischen Tätigkeit eines Wettbewerbers herabzusetzen;

3. Angaben oder Behauptungen, deren Verwendung im geschäftlichen Verkehr geeignet ist, das Publikum über die Beschaffenheit, die Art der Herstellung, die wesentlichen Eigenschaften, die Brauchbarkeit oder die Menge der Waren irrezuführen.

187a Bei den zu berücksichtigenden, tatsächlichen, im Wege des Beweises ermittelbaren **Marktgepflogenheiten** handelt es sich um **Marktverhaltensregeln für einen Beruf oder eine Branche,** welche **anerkannt** sind und **grundsätzlich eingehalten** werden.[866] Sie können sich aus Übungen, Sitten, Handelsbräuchen, aber auch aus Wettbewerbsregeln und Verbandsrichtlinien ergeben.[867] Nicht alle tatsächlich geübten Marktgepflogenheiten sind Teil der unternehmerischen Sorgfalt, sondern nur die anständigen. Dies ermöglicht, auch bestehende, aber lauterkeitsrechtlich nicht zu billigende Gepflogenheiten als unlauter zu klassifizieren; die tatsächliche Übung einer Branche kann für die lauterkeitsrechtliche Wertung nicht ausschlaggebend sein.[868] Der BGH betont zutreffend, dass der Wettbewerb in bedrohlicher Weise beschränkt würde, wenn das Übliche zur Norm erhoben würde.[869] Das Bestehen einer Marktgepflogenheit kann allerdings Indiz für ihre Anständigkeit sein. Ob eine Marktgepflogenheit auch als **„anständig"** zu beurteilen ist, ist nicht nach allgemeinen ethischen Vorstellungen zu beurteilen.[870] Maßgebend sind insoweit vielmehr die gesetzlichen Wertungen, insbesondere des UWG und GWB sowie des europäischen Rechts, insbesondere der UGP-RL, die man zusammenfassend als „business ethics"[871] bezeichnen könnte. Im Konfliktfall ist eine **Interessenabwägung** zwischen den sich gegenüberstehenden rechtlichen Positionen vorzunehmen.[872] Der Begriff der „anständigen Marktgepflogenheiten" gibt jedenfalls keine Grundlage für eine bloße moralisierende, von den rechtlichen Grundlagen losgelöste Betrachtung.

188 **6. Weitere Konkretisierung am Maßstab von Treu und Glauben und der Billigkeit.** Die fachliche Sorgfalt kann nicht einfach deduktiv auf der Grundlage der unbestimmten Rechtsbegriffe von Treu und Glauben sowie der „billigerweise" gerechtfertigten Erwartungen konkretisiert werden.[873] Zwar bieten die tatsächlich ermittelbaren anständigen Marktgepflogenheiten einen Anhaltspunkt, dagegen bleiben aber **Treu und Glauben** und das, was **billigerweise erwartet** werden kann, auslegungsbedürftige, unbestimmte Merkmale. Aufgrund des Maßstabs von „Treu und Glauben" ist von einem Unternehmer allerdings zu verlangen, in zumutbarer Weise auf die schutzwürdigen Interessen der Ver-

---

[865] Vgl. dazu *Henning-Bodewig* GRUR-Int 2014, 997 ff.

[866] *Köhler*/Bornkamm/Feddersen, § 2 Rn. 137.

[867] *Köhler*/Bornkamm/Feddersen, § 2 Rn. 137.

[868] Zutreffend *Henning-Bodewig* WRP 2011, 1014 (1019). Beispiel für ein ggf. branchenübliches, aber nicht anerkennenswertes Marktverhalten bei OLG Hamm GRUR 2014, 208 (209) – Gutschein für Folgeaufträge.

[869] BGH GRUR 2011, 431 Rn. 13 – FSA-Kodex; *Erdmann/Pommerening* in Gloy/Loschelder/Danckwerts, HdbWettbR, 5. Aufl., § 38 Rn. 12.

[870] Vgl. *Henning-Bodewig* GRUR-Int 2015, 529 (533) und GRUR-Int 2014, 997 ff.

[871] Vgl. *Henning-Bodewig* GRUR-Int 2015, 529 (533) und GRUR-Int 2014, 997 ff.

[872] *Keller* FS Bornkamm, 2014, 381 (383 f.).

[873] So auch *Köhler* GRUR 2005, 793 (796); *Erdmann/Pommerening* in Gloy/Loschelder/Danckwerts, HdbWettbR, 5. Aufl., § 38 Rn. 14 messen dem Begriff keine Bedeutung zu.

braucher Rücksicht zu nehmen[874] und den Verbraucher etwa nicht zu einem vertragsbrüchigen Verhalten zu verleiten.[875] Maßgebend sind insoweit die „berechtigten Erwartungen eines Durchschnittsverbrauchers".[876] Für verbraucherbezogenes Handeln ist die „unternehmerische Sorgfalt" insbesondere im Lichte des Zwecks der UGP-RL zu bestimmen, dem Verbraucher eine informierte, effektive und druckfreie Entscheidung zu ermöglichen,[877] während sonstige Marktteilnehmer und Mitbewerber jedenfalls marktregelkonformes Verhalten erwarten dürfen. Aus der englischen und französischen Sprachfassung der UGP-RL („reasonable, raisonnablement") ergibt sich im übrigen, dass **„billigerweise"** im Sinne von **„vernünftigerweise"** zu verstehen ist[878] und zur Bestimmung der unternehmerischen Sorgfalt sonach keine von der UGP-RL und dem Lauterkeitsrecht losgelösten Billigkeitserwägungen maßgebend sein sollen.

7. „Unternehmerische Sorgfalt" und unternehmensbezogenes Verhalten. Der Begriff der „unternehmerischen Sorgfalt" ist nach der Definition in § 2 Abs. 1 Nr. 7 UWG auf den „Tätigkeitsbereich gegenüber Verbrauchern" bezogen. Die aus diesem Begriff abzuleitenden **Verhaltensmaßstäbe gegenüber Verbrauchern strahlen jedoch auch auf das unternehmensbezogene Handeln aus,** auch wenn von Unternehmern grundsätzlich ein höherer Grad an Aufmerksamkeit und Kenntnissen als bei Verbrauchern erwartet werden kann.[879] Im Rahmen der UWG-Reform 2015 hatten sowohl der Referentenentwurf[880] als auch der Regierungsentwurf[881] noch vorgesehen, auch für den B2B-Bereich auf die „fachliche Sorgfalt" als entscheidendes lauterkeitsrechtliches Beurteilungskriterium abzustellen. Das ist teilweise[882] gutgeheißen, überwiegend aber abgelehnt worden.[883] Die Kritik führte insbesondere an, dass der Unternehmer den Mitbewerbern gegenüber nicht die Einhaltung „fachlicher Sorgfalt" oder von Fachkenntnissen schulde.[884] Der Interessengegensatz zwischen Unternehmer und seinen (potentiellen) Kunden (bzw. Lieferanten) sei ein grundsätzlich anderer als der zwischen dem Unternehmer und seinen Mitbewerbern, deren wettbewerbliche Entfaltungsmöglichkeiten nicht unangemessen beeinträchtigt werden dürfen.[885] Diese Kritik interpretiert die „fachliche" bzw. „unternehmerische Sorgfalt" zu eng. Der **Unternehmer** hat bei seinen wettbewerblichen Aktivitäten **auch gegenüber Mitbewerbern eine „unternehmerische Sorgfalt" zu wahren**[886] und sich insbesondere „marktregelkonform" zu verhalten.[887] Die zu wahrende unternehmerische Sorgfalt ist nicht auf ein bloßes „Rücksichtsnahmegebot" gegenüber Verbrauchern reduziert, zumal der Begriff der „fachlichen" bzw. „unternehmerischen Sorgfalt" 189

[874] *Köhler* GRUR 2011, 478 (482); GroßKommUWG/*Fritzsche,* 3. Aufl., § 2 Rn. 709 f.; *Augenhofer* GRUR 2016, 1243 (1244).
[875] BGH GRUR 2020, 550 Rn. 29 – Sofort-Bonus II.
[876] EuGH GRUR 2016, 1180 Rn. 34 – Deroo-Blanquart/Sony; kritisch *Böhler* GRUR 2018, 886 (890 ff.), der dem EuGH vorhält, damit die Entscheidung über die Wahrung der Sorgfaltspflicht in die Hände der Verbraucher zu legen. Das übersieht, dass maßgebend allein die „berechtigten" Erwartungen der Verbraucher sind.
[877] BGH GRUR 2020, 550 Rn. 27 – Sofort-Bonus II; BGH GRUR 2014, 686 Rn. 23 – Goldbärenbarren.
[878] *Köhler*/Bornkamm/Feddersen, § 2 Rn. 140.
[879] Anderer Meinung allerdings *Köhler* WRP 2012, 22 (31).
[880] GRUR 2014, 1180 ff. = WRP 2014, 1373 ff.
[881] GRUR 2015, 341 ff. = WRP 2015, 263 ff.
[882] *Glöckner* WRP 2014, 1399 (1404) „schräg, aber nicht schrecklich"; *Sosnitza* GRUR 2015, 318; *Keller* Editorial WRP 2015 Heft 3.
[883] *Henning-Bodewig* GRUR-Int 2015, 529 ff.; *Alexander* WRP 2014, 1384 ff.; *Kirchhoff* WRP 2015, 659 ff.; *Köhler* WRP 2015, 275; *Köhler* WRP 2014, 1410 ff.
[884] *Köhler* WRP 2014, 1410 ff.; *Kirchhoff* WRP 2015, 659 ff.; *Henning-Bodewig* GRUR-Int 2015, 529 ff.
[885] *Köhler* WRP 2014, 1410 (1414).
[886] *Keller* FS Bornkamm, 2014, 381 (391 f.).
[887] *Keller* FS Bornkamm, 2014, 381 (391 f.). Die österreichische Rechtsprechung legt das für das verbraucherbezogene Lauterkeitsrecht maßgebende Kriterium der „beruflichen Sorgfalt" zur Vermeidung von Wertungswidersprüchen auch dem Unlauterkeitsbegriff im mitbewerberschützenden Lauterkeitsrecht zugrunde, vgl. OGH GRUR-Int 2009, 342 (346) – Stadtrundfahrten.

auch an die gerade den B2B-Bereich betreffenden „anständigen Marktgepflogenheiten" iSd Art. 10bis Abs. 2 PVÜ rückgekoppelt ist. Ebenso wie der frühere Begriff der „guten Sitten" ist der Begriff der „beruflichen" bzw. „unternehmerischen Sorgfalt" sonach als eine einheitliche Wertung erlaubende, **„integrative Klammer" des B2C und des B2B-Bereichs** geeignet. Das gilt umso mehr, als wettbewerbliche Handlungen zumeist beide Bereiche betreffen und sonach „doppelrelevant" sind. Der Begriff ist auch nicht deshalb ungeeignet, weil die „unternehmerische Sorgfalt" im B2C-Bereich ggf. strenger als im B2B-Bereich zu bestimmen ist. Dass ein rechtlicher Maßstab je nach Adressatenkreis unterschiedlich ausgefüllt werden kann, ist sowohl im Zivilrecht als auch speziell im Lauterkeitsrecht (vgl. etwa § 3 Abs. 4) nicht ungewöhnlich. Dass die „fachliche" bzw. „unternehmerische Sorgfalt" über den reinen B2C-Bereich hinaus ein handhabbarer Maßstab sein kann, ist auch durch die nachfolgend aufgeführte Kasuistik belegt (vgl. nachfolgend → Rn. 196 ff.). Die „unternehmerische Sorgfalt" kann deshalb auch im B2B-Bereich ihre Ausstrahlungswirkung entfalten und sollte auch dort „mitgedacht" werden.

190 **8. Lauterkeitsrechtliche Spezialtatbestände als Beispielsfälle fehlender fachlicher bzw. unternehmerischer Sorgfalt.** Die im UWG im einzelnen geregelten Spezialtatbestände sind als Beispielsfälle für eine regelmäßig fehlende „unternehmerische Sorgfalt" anzusehen. Es handelt sich bei all diesen Fällen um **Ausprägungen von regelmäßig fehlender „unternehmerischer Sorgfalt".**[888] Aber auch die auf sonstige Marktteilnehmer sowie auf Mitbewerber bezogenen Spezialtatbestände des UWG, etwa die mitbewerberbezogenen Verbote des § 4 sind in einem weitergehenden, den vorherigen Erläuterungen entsprechenden Sinn als Ausprägung fehlender „unternehmerischer Sorgfalt" im Markt anzusehen. Die mitbewerberbezogenen Verbote sind Bestandteil des vom Unternehmer geforderten marktregelkonformen Verhaltens.

191 **a)** Den Erfordernissen der unternehmerischen Sorgfaltspflicht im Sinne der UGP-RL und der „unternehmerischen Sorgfalt" iSd § 3 Abs. 2 iVm § 2 Abs. 1 Nr. 7 UWG widersprechen **alle im Anhang zu § 3 Abs. 3 UWG aufgeführten geschäftlichen Handlungen („Black List").** Diese 30 Tatbestände unzulässiger geschäftlicher Handlungen sind als per se-Verbote Beispielsfälle, in denen in jedem Fall ein Verstoß gegen die für den Unternehmer geltende unternehmerische Sorgfalt vorliegt.

192 **b)** Der **Rechtsbruch-Tatbestand des § 3a UWG** ist als Ausprägung einer nicht der unternehmerischen Sorgfalt genügenden Handlung zu verstehen. Es ist ein evidentes Gebot unternehmerischer Sorgfalt, die gesetzlichen Vorschriften einzuhalten, die auch dazu bestimmt sind, im Interesse der Marktteilnehmer das Marktverhalten zu regeln,[889] was umso mehr gilt, wenn ein Verstoß geeignet ist, die Interessen von Verbrauchern oder sonstigen Marktteilnehmern oder auch von Mitbewerbern spürbar zu beeinträchtigen.

193 **c)** Auch die dem Mitbewerberschutz dienenden **Tatbestände des § 4 Nr. 1–4 UWG** rechnen zu dem vom Unternehmer geforderten marktregelkonformen Verhalten und sind im weiteren Sinne als Ausprägungen der einzuhaltenden unternehmerischen Sorgfalt anzusehen. Es entspricht zudem der unternehmerischen Sorgfalt, keine aggressiven geschäftlichen Handlungen iSd § 4a gegenüber Verbrauchern und gegenüber sonstigen Marktteilnehmern vorzunehmen.

194 **d)** Die **Irreführungsregelungen der §§ 5 und 5a UWG** stellen ebenso wie das Verbot der Verschleierung des kommerziellen Zwecks einer geschäftlichen Handlung iSd § 5a Abs. 6 sorgfaltsrelevante Regelungen dar. Ferner sind auch die **Regelungen zur vergleichenden Werbung in § 6 UWG** sowie das **Belästigungsverbot des § 7** als Ausprägungen der „unternehmerischen Sorgfalt" anzusehen. Es widerspricht der unternehmerischen Sorgfalt, einen Marktteilnehmer in unzumutbarer Weise zu belästigen. Ein dem

[888] Vgl. dazu auch *Fezer* WRP 2010, 677 (683); *Köhler* WRP 2012, 22 (29); *Scherer* WRP 2010, 586 (591).
[889] Vgl. etwa dazu BGH GRUR 2012, 949 Rn. 46 – Missbräuchliche Vertragsstrafe; OLG Düsseldorf GRUR-RS 2019, 15512 Rn. 46 f.

Marktpartner nicht mehr zumutbares Verhalten kann auch nicht mehr als der unternehmerischen Sorgfalt entsprechend angesehen werden.

9. Methodik. Eine **gesonderte Prüfung,** ob eine Verletzung der „unternehmerischen Sorgfalt“ vorliegt, **erübrigt sich, wenn bereits einer der lauterkeitsrechtlichen Spezialtatbestände,** etwa einer aggressiven geschäftlichen Handlung (§ 4a) oder der Irreführung (§§ 5, 5a) **vorliegt.**[890] Sowohl bei den per se-Verboten der „Black List“ als auch bei den irreführenden oder aggressiven Geschäftspraktiken steht bereits mit der Verwirklichung dieser Tatbestände fest, dass das entsprechende Verhalten auch gegen die „unternehmerische Sorgfalt“ verstößt. Die „unternehmerische Sorgfalt“ kann aber schon im Rahmen der **Ermittlung der Verkehrserwartung** bei der Feststellung etwa einer Irreführung zu berücksichtigen sein.[891] Das darf aber nicht dazu führen, etwa das verschuldensunabhängige Irreführungsverbot über den Einwand einer mangelnden Sorgfaltspflichtverletzung zu einem Verschuldensdelikt umzugestalten.[892] 195

10. Beispiele und Kasuistik zum Begriff der „fachlichen“ bzw. „unternehmerischen Sorgfalt“. a) Es ist ein Gebot der „fachlichen Sorgfalt“, mit **Testergebnissen** nur zu werben, wenn dem Verbraucher dabei die Fundstelle eindeutig und leicht zugänglich angegeben und ihm so eine einfache Möglichkeit eröffnet wird, den Test selbst zur Kenntnis zu nehmen. Fehlt es daran, beeinträchtigt dies die Möglichkeit des Verbrauchers, die testbezogene Werbung zu prüfen, insbesondere in den Gesamtzusammenhang des Tests einzuordnen. Dadurch wird die Fähigkeit des Verbrauchers, eine informierte geschäftliche Entscheidung iSd Art. 7 Abs. 1 der UGP-RL zu treffen, spürbar beeinträchtigt. Danach ist es erforderlich, dass bei einer Werbung für ein Produkt mit einem Testergebnis im Internet die Fundstelle entweder bereits deutlich auf der ersten Bildschirmseite dieser Werbung angegeben wird oder jedenfalls ein deutlicher Sternchenhinweis den Verbraucher ohne weiteres zu der Fundstellenangabe führt.[893] 196

b) Eine **Gewinnspielkopplung** kann im Einzelfall gegen die berufliche Sorgfalt verstoßen, wenn die Fähigkeit des Verbrauchers, eine informationsgeleitete und freie, mithin rationale Entscheidung zu treffen, spürbar beeinträchtigt wird.[894] Dabei sind die Art des beworbenen Produkts, seine wirtschaftliche Bedeutung und die durch die Teilnahme an dem Gewinnspiel entstehende finanzielle Gesamtbelastung zu berücksichtigen. Weiter kann von Bedeutung sein, welche Gewinne ausgelost werden und ob die Gewinnchancen transparent dargestellt werden.[895] Sofern die finanzielle Gesamtbelastung durch die Teilnahme am Gewinnspiel deutlich wird und keine irreführenden Vorstellungen über die Gewinnchancen hervorgerufen werden, ist die Durchführung eines Gewinnspiels mit der unternehmerischen Sorgfalt vereinbar.[896] Ein Sorgfaltsverstoß liegt auch nicht darin, dass sich in dem an die Belehrung über die Teilnahme- und Gewinnmöglichkeiten anschließenden Teil des Werbespots die dort zu sehenden Familien über einen bestehenden Bedarf hinaus einkaufen, weil es sich hierbei um eine werbetypische Übertreibung handelt.[897] 197

c) Die **Verwendung unwirksamer Allgemeiner Geschäftsbedingungen** widerspricht regelmäßig den Erfordernissen fachlicher Sorgfalt.[898] Ebenso widerspricht eine 198

[890] EuGH GRUR 2015, 600 Rn. 61 ff. – Ungarische Verbraucherschutzbehörde/UPC; EuGH GRUR 2013, 1157 Rn. 45 und 48 – CHS/Team4Travel; *Keller* FS Bornkamm, 2014, 381 (385 f.).

[891] BGH WRP 2012, 316 – Frühlings-Special.

[892] Vgl. OLG Köln GRUR-RR 2013, 116 – Versandhandelsausreißer sowie *Keller* FS Bornkamm, 2014, 381 (387).

[893] BGH GRUR 2010, 248 Rn. 31 f. – Kamerakauf im Internet; LG Kaiserslautern WRP 2017, 241; zu Kriterien für die Vergabe von Prüfzeichen vgl. BGH GRUR 2016, 1076 Rn. 53 – LGA tested.

[894] BGH GRUR 2014, 686 Rn. 23 – Goldbärenbarren; *Köhler* WRP 2012, 22 (28).

[895] BGH GRUR 2014, 686 Rn. 23 – Goldbärenbarren; *Köhler* GRUR 2010, 767 (774).

[896] BGH GRUR 2014, 686 Rn. 23 f. – Goldbärenbarren.

[897] BGH GRUR 2014, 686 Rn. 24/25 – Goldbärenbarren.

[898] BGH GRUR 2014, 88 Rn. 26 – Vermittlung von Netto-Policen; BGH GRUR 2012, 949 Rn. 46 – Missbräuchliche Vertragsstrafe; BGH GRUR 2010, 1117 Rn. 17 – Gewährleistungsausschuss im Internet; LG Osnabrück GRUR-RS 2020, 8778 Rn. 14 – Unlautere Zahlungsaufforderung.

Geschäftspraxis, die der in Umsetzung des Unionsrechts erlassenen Vorschrift des **§ 477 Abs. 1 S. 2 BGB** entgegensteht, regelmäßig den Erfordernissen der beruflichen Sorgfalt.[899] Die **Verwendung von missbräuchlichen Vertragsklauseln** soll stets zugleich einen Verstoß gegen die fachliche Sorgfalt darstellen.[900]

199 **d)** Sofern bei einer Rabattaktion die Fortdauer der günstigen Einkaufspreise über den beworbenen Endzeitpunkt hinaus zum Zeitpunkt der **Werbung mit einer befristeten Rabattaktion** absehbar war, gebietet es die fachliche Sorgfalt, nicht ohne entsprechenden aufklärenden Hinweis mit einem befristeten Rabatt zu werben.[901] Die Werbung einer Internetapotheke für einen Bonus, der bei Einreichung eines Rezepts auf den Kaufpreis eines später erworbenen nicht verschreibungspflichtigen Medikaments gewährt wird, stellt keinen Verstoß gegen die unternehmerische Sorgfalt dar.[902] Ein Verstoß gegen die unternehmerische Sorgfalt liegt aber vor, wenn eine Apotheke Quittungen zur Vorlage bei der gesetzlichen Krankenkasse über eine Zahlung ausstellt, obwohl die Kunden diese Zahlung nur zur Hälfte geleistet haben.[903]

200 **e)** Wenn eine **Rabattaktion** aufgrund von Umständen **verkürzt oder verlängert** wird, die nach dem Erscheinen der Werbung eingetreten sind, ist danach zu unterscheiden, ob diese Umstände für den Unternehmer unter Berücksichtigung fachlicher Sorgfalt voraussehbar waren und deshalb bei der Planung der befristeten Aktion der Gestaltung der ankündigenden Werbung hätten berücksichtigt werden können.[904] Indizien für die Einhaltung der fachlichen Sorgfalt können solche Erfahrungen sein, die der Unternehmer aus seiner früheren vergleichbaren Verkaufsförderungsmaßnahmen gewonnen hat.[905] Mit einer Verkürzung oder Verlängerung aus Gründen, die bei Schaltung der Anzeige bereits absehbar waren, rechnet der Verkehr nicht, sodass es Sache des Werbenden ist, die Umstände darzulegen, die für die Unvorhersehbarkeit der Kürzungs- oder Verlängerungsgründe und für die Einhaltung der fachlichen Sorgfalt sprechen.[906]

201 **f)** Für den Verbraucher ist bei der Bestimmung des **Umfangs der gemäß § 5a Abs. 3 UWG mitzuteilenden Informationen** allein die Identität derjenigen Vertragspartner entscheidungserheblich, die für den werbenden Unternehmer unter Berücksichtigung fachlicher Sorgfalt voraussehbar während des Einlösungszeitraums eines Gutscheins zur Verfügung stehen werden. Es ist nicht sorgfaltswidrig, solche Informationen nicht zur Verfügung zu stellen, die aufgrund der besonderen Umstände eines durch zeitliche und personelle Flexibilität gekennzeichneten Dienstleistungsangebots nicht geleistet werden können.[907]

202 **g)** Verstößt das **Organ einer juristischen Person,** das in seiner beruflichen Tätigkeit nach der Legaldefinition des § 2 Abs. 1 Nr. 6 UWG als Unternehmer im Sinne des Lauterkeitsrechts behandelt wird, gegen eine wettbewerbliche Verkehrspflicht, so entspricht sein Handeln nicht den Erfordernissen fachlicher Sorgfalt. Im Verhältnis zu anderen Marktteilnehmern handelt das Organmitglied unlauter gemäß § 3 Abs. 1 UWG.[908]

---

[899] BGH GRUR 2011, 638 Rn. 20 – Werbung mit Garantie.

[900] *Alexander* WRP 2012, 515 (521 f.); BGH NJW-RR 2017, 1206 Rn. 9, vgl. auch BGH NJW 2014, 2269 Rn. 20.

[901] BGH WRP 2012, 316 (318) – Frühlings-Special; vgl. auch BGH GRUR 2012, 208 ff. – 10 % Geburtstagsrabatt.

[902] BGH GRUR 2020, 550 Rn. 23 ff. – Sofort-Bonus II.

[903] OLG Stuttgart GRUR-RR 2017, 246 – Zuzahlungsquittung.

[904] LG Dortmund BeckRS 2017, 131894.

[905] BGH GRUR 2014, 91 – Treuepunkte-Aktion; LG Düsseldorf BeckRS 2018, 19599.

[906] BGH GRUR 2014, 91 – Treuepunkte-Aktion.

[907] BGH GRUR 2014, 580 – Alpenpanorama im Heißluftballon; zu notwendigen Angaben über den Vertragspartner vgl. auch OLG München WRP 2015, 1522 Rn. 53 ff. – Ticketschutz.

[908] OLG Frankfurt a. M. WRP 2019, 643 Rn. 45; BGH GRUR 2017, 1265 Rn. 29 – Preisportal; BGH GRUR 2017, 397 Rn. 110 – World of Warcraft II; BGH GRUR 2016, 803 Rn. 61 – Armbanduhr; BGH GRUR 2014, 883 Rn. 22 – Geschäftsführerhaftung.

11. Befugnis zur Konkretisierung der „unternehmerischen Sorgfalt". Der Begriff der „unternehmerischen Sorgfalt" ist auch im Lichte seiner Definition **in hohem Maße unbestimmt.** In echten Zweifelsfällen ist eine Vorlage an den EuGH erforderlich. Es ist aber Aufgabe der nationalen Gerichte, den Begriff der „unternehmerischen Sorgfalt" (bzw. der „beruflichen Sorgfalt") im Einzelfall zu konkretisieren.[909] Der BGH hat demgemäß auch angenommen, dass sich eine Vorlage erübrigt, wenn sich etwaige Zweifel am Aussagegehalt der Richtlinie durch „eine sorgfältige, am Sinn und Zweck der Regelung orientierte Auslegung vollständig ausräumen lassen".[910] Eine Vorlage dürfte sich insbesondere erübrigen, wenn der angenommene Verstoß gegen die unternehmerische Sorgfalt seiner Schwere nach den positiv geregelten Fällen der Unlauterkeit nach der Richtlinie entspricht. 203

12. Unternehmerische Sorgfalt als Grundlage wettbewerbsrechtlicher Verkehrspflichten. Die „unternehmerische Sorgfalt" füllt zwar in erster Linie materiell den Unlauterkeitsbegriff aus und stellt nicht primär ein verfahrensrechtliches Instrument zur Ermittlung der wettbewerbsrechtlichen Haftung dar. Die „unternehmerische Sorgfalt" kann man aber gleichwohl auch als Grundlage der von der Rechtsprechung entwickelten lauterkeitsrechtlichen **Verkehrspflichten** ansehen.[911] 204

H. § 2 Abs. 1 Nr. 8 (wesentliche Beeinflussung des wirtschaftlichen Verhaltens des Verbrauchers)

Im Zuge der **UWG Reform 2015** hat der Gesetzgeber in § 2 Abs. 1 Nr. 8 den aus der UGP-RL stammenden Begriff „wesentliche Beeinflussung des wirtschaftlichen Verhaltens des Verbrauchers" definiert. Es heißt nunmehr in § 2 Abs. 1 Nr. 8:

Im Sinne dieses Gesetzes bedeutet

8. „wesentliche Beeinflussung des wirtschaftlichen Verhaltens des Verbrauchers" die Vornahme einer geschäftlichen Handlung, um die Fähigkeit des Verbrauchers, eine informierte Entscheidung zu treffen, spürbar zu beeinträchtigen und damit den Verbraucher zu einer geschäftlichen Entscheidung zu veranlassen, die er andernfalls nicht getroffen hätte;

I. Allgemeines

1. Überblick. Mit der Vorschrift des § 2 Abs. 1 Nr. 8 hat der Gesetzgeber den Katalog des § 2 Abs. 1 um eine Definition des Begriffs „wesentliche Beeinflussung des wirtschaftlichen Verhaltens des Verbrauchers" ergänzt. Die richtlinienkonform auszulegende Definition folgt Art. 2 lit. e der UGP-RL, verwendet jedoch – um die einheitliche Terminologie des UWG zu wahren – den Begriff „geschäftliche Handlung" anstelle des Begriffs „Geschäftspraxis".[912] Eine inhaltliche Abweichung von Art. 2 lit. e der UGP-RL ist damit nicht verbunden.[913] Auf eine „wesentliche Beeinflussung des wirtschaftlichen Verhaltens des Verbrauchers" stellen § 3 Abs. 2 und Abs. 4 S. 2 UWG ab. 205

---

909 *Hetmank* GRUR 2015, 323 (325).

910 BGH WRP 2011, 866 Rn. 31 – Werbung mit Garantie; ebenso *Köhler* WRP 2012, 21 (25); vgl. zur Formel des Fehlens „vernünftiger Zweifel" auch BGH GRUR 2016, 418 Rn. 28 – Feuchtigkeitsspendendes Gel-Reservoir.

911 Dazu näher *Köhler* WRP 2012, 22 (26 ff.) und *Keller* FS Bornkamm, 2014, 381 (391 f.). Zu lauterkeitsrechtlichen Verkehrspflichten vgl. BGH GRUR 2016, 209 Rn. 22 ff. – Haftung für Hyperlink; BGH GRUR 2013, 1030 Rn. 30 – File-Hosting-Dienst; BGH GRUR 2007, 890 – Jugendgefährdende Medien bei eBay; BGH GRUR 2009, 597 – Halzband; OLG Frankfurt a. M. GRUR-RS 2019, 15325.

912 Vgl. Gesetzesentwurf der Bundesregierung, BT-Drs. 18/4535, 10.

913 Vgl. Gesetzesentwurf der Bundesregierung, BT-Drs. 18/4535, 10.

206 **2. Vorgaben der UGP-Richtlinie.** Die UGP-RL definiert den Begriff „wesentliche Beeinflussung des wirtschaftlichen Verhaltens des Verbrauchers" in Art. 2 lit. e. Dort heißt es:

> *„Im Sinne dieser Richtlinie bezeichnet der Ausdruck „wesentliche Beeinflussung des wirtschaftlichen Verhaltens des Verbrauchers" die Anwendung einer Geschäftspraxis, um die Fähigkeit des Verbrauchers, eine informierte Entscheidung zu treffen, spürbar zu beeinträchtigen und damit den Verbraucher zu einer geschäftlichen Entscheidung zu veranlassen, die er andernfalls nicht getroffen hätte."*

206a Die „wesentliche Beeinflussung des wirtschaftlichen Verhaltens des Verbrauchers" ist nach der die Generalklausel des Art. 5 Abs. 1 der UGP-RL konkretisierenden Vorschrift des Art. 5 Abs. 2 neben dem Sorgfaltsverstoß („materielles Unlauterkeitskriterium", Art. 5 Abs. 2 lit. a) das für die Annahme einer Unlauterkeit entscheidende Kriterium („Relevanzkriterium", Art. 5 Abs. 2 lit. b).[914] Die UGP-RL verweist auch in Art. 5 Abs. 3 auf eine „wesentliche Beeinflussung des wirtschaftlichen Verhaltens des Verbrauchers". Das Kriterium der „wesentlichen Beeinflussung des wirtschaftlichen Verhaltens des Verbrauchers" stellt ein **spezielles, gerade für die Generalklausel geltendes Relevanzkriterium** dar, das nur eingreift, wenn keine irreführenden oder aggressiven **Geschäftspraktiken** im Sinne der Art. 8–9 in Rede stehen, die eigenständige Relevanzschwellen aufweisen.[915] Die in Art. 6–9 verankerten Verbote irreführender und aggressiver Praktiken dürfen von keinem anderem als den in diesen Artikeln genannten Kriterien abhängig gemacht werden.[916] Stets kommt es darauf an, dass die Beeinflussung geeignet ist, den Verbraucher zu einer Entscheidung zu veranlassen, die er andernfalls nicht getroffen hätte. Die Definition ist nur eingeschränkt gelungen, weil eine „wesentliche Beeinflussung des wirtschaftlichen Verhaltens des Verbrauchers" lauterkeitsrechtlich neutral ist und gerade noch kein unlauteres Verhalten indiziert.[917] Auch lautere und für den Verbraucher günstige Maßnahmen können zu einer „wesentlichen Beeinflussung des wirtschaftlichen Verhaltens des Verbrauchers" führen. Gemeint ist ersichtlich, dass der für die Annahme einer Unlauterkeit erforderliche Verstoß gegen die berufliche Sorgfalt auch geschäftlich relevant sowie zudem „spürbar" im Sinne von „geschäftsabschlussrelevant" sein muss und wirtschaftlich gänzlich unbedeutende Beeinflussungen für die Annahme einer Unlauterkeit nicht ausreichend sind.

II. Bedeutung und Konkretisierung

207 Die für verbraucherbezogene geschäftliche Handlungen maßgebende Generalklausel des § 3 Abs. 2 UWG stellt auch nach der im Zuge der **UWG-Reform 2015** erfolgten redaktionellen Änderung („unternehmerische Sorgfalt" statt „fachliche Sorgfalt") zur Beurteilung der Lauterkeit darauf ab, ob die in Rede stehenden geschäftlichen Handlungen neben dem erforderlichen Sorgfaltsverstoß dazu „geeignet sind, das wirtschaftliche Verhalten des Verbrauchers wesentlich zu beeinflussen". Insoweit ist es weiterhin erforderlich, das beanstandete Verhalten auf seine „geschäftliche Relevanz"[918] zu überprüfen.

208 **1. Geschäftliche Handlung.** Eine „wesentliche Beeinflussung des wirtschaftlichen Verhaltens des Verbrauchers" ist nur beurteilungserheblich, sofern sie im Zusammenhang mit einer „geschäftlichen Handlung" erfolgt. Sonstige Beeinflussungen des Verbrauchers, etwa im privaten oder im schlicht hoheitlichen Bereich, sind lauterkeitsrechtlich nicht erfasst. Eine „wesentliche Beeinflussung" setzt sonach ein marktbezogenes, auf die geschäftlichen Entscheidungen von Verbrauchern bezogenes Verhalten voraus, das in einem Absatzför-

[914] Vgl. *Keller* FS Bornkamm, 2014, 381 (382).
[915] Vgl. *Alexander* WRP 2014, 1384 (1386); *Sack* WRP 2015, 663 (664); *Fritzsche* WRP 2014, 1392 Rn. 24.
[916] EuGH GRUR 2013, 1157 Rn. 41 – CHS/Team4 Travel.
[917] Zutreffend *Glöckner*, → Einl. Rn. 315 ff.
[918] Hierzu *Köhler* WRP 2014, 259 (260).

derungs- oder in einem lauterkeitsrechtlich relevanten Vertragsabschluss- oder Vertragsdurchführungszusammenhang steht. Auf die vorstehenden Erläuterungen zur „geschäftlichen Handlung" iSd § 2 Abs. 1 Nr. 1 UWG ist zu verweisen.

2. Beeinträchtigung der „Fähigkeit zu einer informierten Entscheidung". Eine wesentliche Beeinflussung des Verbraucherverhaltens liegt nur dann vor, wenn die Fähigkeit des Verbrauchers, eine **„informierte Entscheidung"** zu treffen, beeinträchtigt ist („Einwirkungskriterium").[919] Eine Beeinträchtigung der „Fähigkeit" des Verbrauchers, eine informierte Entscheidung zu treffen, ist bereits gegeben, wenn die in Rede stehende Handlung dazu **geeignet** ist, eine informierte Entscheidung zu beeinträchtigen.[920] Zutreffender, wenn auch sprachlich sperriger ist es, von einer „informationsgeleiteten Entscheidung"[921] zu sprechen, weil nicht die Entscheidung, sondern allenfalls der Entscheider informiert ist. Die Formulierung „informierte Entscheidung" ist sprachlich verkürzt, meint aber das gleiche. Eine **„informierte" Entscheidung** liegt vor, wenn der Verbraucher anhand der ihm gegebenen Informationen die Vor- und Nachteile eines Angebotes abwägen kann.[922] Dies ist objektiv und bezogen auf den durchschnittlichen Adressaten der Handlung zu beurteilen.[923] Sinn dieses Kriteriums ist es, dem Verbraucher eine ihm nützliche Entscheidung, also „eine informierte und effektive Wahl" (vgl. Erwägungsgrund 14) zu ermöglichen.[924] Im Zusammenhang mit einer als unlauter angesehenen unrichtigen Auskunft gegenüber einem Verbraucher hat der EuGH betont, dass der Fehler den Verbraucher gehindert hat, eine **Entscheidung „in voller Kenntnis der Sachlage"** zu treffen und dies dem Verbraucher im übrigen zusätzliche Kosten verursacht hat.[925] Die Fähigkeit, eine „informierte Entscheidung" zu treffen, ist nicht gleichzusetzen mit der Fähigkeit, sich „auf Grund von Informationen" (so noch § 3 Abs. 2 UWG aF) zu entscheiden.[926] 209

3. Wesentliche Beeinflussung und „spürbare" Beeinträchtigung. Eine wesentliche Beeinflussung des wirtschaftlichen Verhaltens des Verbrauchers liegt nur vor, wenn die geschäftliche Handlung geeignet ist, die Fähigkeit des Verbrauchers zu einer informierten Entscheidung **„spürbar zu beeinträchtigen".** Mit diesem Kriterium ist bezweckt, nur solche Verhaltensweisen lauterkeitsrechtlich zu beurteilen, die **eine relevante Auswirkung auf den Markt** haben.[927] Die wettbewerblichen Handlungen dürfen also von einem nicht nur als belanglos einzustufenden Gewicht für das Wettbewerbsgeschehen und die Interessen der beteiligten Verkehrskreise sein.[928] Das steht im Einklang mit Erwägungsgrund 6 Satz 2 der UGP-RL, wo es heißt: „Im Einklang mit dem Verhältnismäßigkeitsprinzip schützt diese Richtlinie die Verbraucher vor den Auswirkungen solcher unlauteren Geschäftspraktiken, soweit sie als wesentlich anzusehen sind, berücksichtigt jedoch, dass die Auswirkungen für den Verbraucher in den meisten Fällen unerheblich sein können." Eine **spürbare Beeinträchtigung** ist regelmäßig anzunehmen, wenn die geschäftliche Handlung den **Durchschnittsverbraucher davon abhalten kann, die Vor- und Nachteile einer geschäftlichen Entscheidung abzuwägen** und auf dieser Grundlage eine für ihn nützliche Entscheidung zu treffen.[929] Im Falle des **Vorenthaltens von Informationen,** die das Unionsrecht als wesentlich ansieht, war nach Ansicht der Rechtsprechung das 210

[919] Vgl. *Köhler* WRP 2014, 259 (260).
[920] *Köhler*/Bornkamm/Feddersen, § 2 Rn. 144.
[921] Vgl. BGH GRUR 2014, 686 Rn. 23 – Goldbärenbarren; kritisch allerdings gerade hierzu *Lettl* WRP 2019, 1265 ff.
[922] Zu „wesentlichen Informationen" iSd § 5a Abs. 2 UWG bei Preisvergleichsportalen vgl. BGH GRUR 2017, 1265 Rn. 17 ff. – Preisportal; zu den Informationspflichten bei einer Preiswerbung BGH GRUR 2018, 199 Rn. 26 ff. – 19 % MwSt. GESCHENKT, vgl. dazu *Büscher* GRUR 2018, 113 (124 f.).
[923] GroßKommUWG/*Fritzsche,* 3. Aufl., § 2 Rn. 728.
[924] *Köhler* WRP 2014, 259 (261).
[925] EuGH GRUR 2015, 600 Rn. 40 – Ungarische Verbraucherschutzbehörde/UPC.
[926] *Helm* WRP 2013, 710 (714).
[927] Ohly/*Sosnitza,* § 3 Rn. 81.
[928] Büscher/*Schilling,* UWG § 2 Abs. 1 Nr. 8 Rn. 9.
[929] *Köhler* WRP 2014, 259 Rn. 17 ff.; *Köhler*/Bornkamm/Feddersen, § 2 Rn. 146.

Kriterium der Spürbarkeit ohne weiteres erfüllt. Daran hat der BGH nach der Änderung des § 5a Abs. 2 UWG im Zuge der UWG-Reform 2015 nicht mehr festgehalten.[930] Allerdings trifft den Unternehmer, der geltend macht, dass – abweichend vom Regelfall – der Verbraucher eine ihm vorenthaltene wesentliche Information für eine Kaufentscheidung nicht benötigt und das Vorenthalten dieser Information den Verbraucher nicht zu einer anderen Kaufentscheidung veranlassen kann, insoweit eine sekundäre Darlegungslast.[931] Die Frage, ob der Verbraucher die ihm vorenthaltene wesentliche Information „je nach den Umständen benötigt, um eine informierte Entscheidung zu treffen" und „deren Vorenthalten geeignet ist, den Verbraucher zu einer geschäftlichen Entscheidung zu veranlassen, die er andernfalls nicht getroffen hätte, stellen unterschiedliche, selbstständig zu prüfende Tatbestandsmerkmale dar.[932] In gleicher Weise ist nunmehr auch die „Spürbarkeit" selbstständig zu prüfen.[933] Je näher das Verhalten dabei an den Tatbeständen der §§ 4a ff. UWG liegt, desto eher ist von einer Spürbarkeit auszugehen.[934] Zu weiteren Einzelfragen der „Spürbarkeit" ist auf die Kommentierung zu § 3 Abs. 2 UWG zu verweisen.[935]

211 **4. Veranlassung zu einer „andernfalls nicht getroffenen geschäftlichen Entscheidung".** Die geschäftliche Handlung muss zudem vorgenommen werden, um den Verbraucher zu einer **geschäftlichen Entscheidung** zu veranlassen, die er andernfalls nicht getroffen hätte. Der Begriff der **„geschäftlichen Entscheidung"** ist **seit der UWG-Novelle 2015 in § 2 Abs. 1 Nr. 9 definiert.**[936] Darauf ist insoweit zu verweisen. Die bloße Feststellung einer geschäftlichen Entscheidung reicht für die Annahme einer „wesentlichen Beeinflussung" nicht aus. Es muss zudem geprüft werden, ob der Verbraucher seine Entscheidung ohne die Beeinflussung „andernfalls nicht getroffen" hätte, was als **Abnehmerrelevanz**[937] bezeichnet wird. Eine gleichlautende Formulierung findet sich in den §§ 4a Abs. 1 S. 1, 5 Abs. 1 S. 1 und 5a Abs. 2 Nr. 2 UWG. Maßgebend ist, wie sich der Verbraucher im konkreten Fall typischerweise verhalten hätte.[938] Weicht das beeinflusste Verhalten vom typischen Verhalten ab, so war die Beeinflussung abnehmerrelevant. Es ist nicht erforderlich nachzuweisen, wie der Verbraucher tatsächlich reagiert hat, geschützt ist schon die Entscheidung als solche.[939] Ein Beweis einer konkreten Kausalität ist somit nicht notwendig, sondern eine normative Beurteilung anhand der Umstände des jeweiligen Falles geboten.[940] Wie die Verbraucher „typischerweise reagieren",[941] hat das Gericht ohne Beweisaufnahme festzustellen.

212 **5. Keine Beeinträchtigungsabsicht.** Die Formulierung in § 2 Abs. 1 Nr. 8 und die entsprechende Formulierung in der UGP-RL, wonach die Beeinflussung erfolgen muss, **„um** die Fähigkeit des Verbrauchers … spürbar zu beeinträchtigen", könnte den Schluss nahe legen, eine wesentliche Beeinflussung nur dann zu bejahen, wenn der Unternehmer auch in entsprechender Absicht gehandelt hatte.[942] Eine solche **Absicht ist aber tatsäch-**

---

[930] BGH GRUR 2019, 82 Rn. 32 – Jogginghosen; BGH GRUR 2017, 922 Rn. 32 f. – Komplettküchen; Büscher/*Schilling,* UWG § 2 Abs. 1 Nr. 8 Rn. 8.

[931] BGH GRUR 2019, 82 Rn. 32 – Jogginghosen; BGH GRUR 2017, 922 Rn. 32 f. – Komplettküchen; EuGH GRUR 2016, 1307 Rn. 58 – Canal Digital.

[932] BGH GRUR 2019, 82 Rn. 30 – Jogginghosen; BGH GRUR 2018, 324 Rn. 24 – Kraftfahrzeugwerbung; BGH GRUR 2017, 922 Rn. 31 – Komplettküchen.

[933] BGH GRUR 2019, 82 Rn. 30 – Jogginghosen.

[934] GroßKommUWG/*Fritsche,* 3. Aufl., § 3 Rn. 465 ff.

[935] *Köhler*/Bornkamm/Feddersen, § 2 Rn. 146; MüKoUWG/*Sosnitza,* 3. Aufl., § 3 Rn. 128 ff.

[936] Siehe hierzu die Kommentierung zur geschäftlichen Entscheidung in → Rn. 216 ff.

[937] *Ohly* GRUR 2016, 3 (4); *Köhler* WRP 2014, 259 (261).

[938] EuGH GRUR 2012, 1269 Rn. 53 – Purely Creative.

[939] GroßKommUWG/*Fritzsche,* 3. Aufl., § 2 Rn. 728.

[940] *Lettl* WRP 2019, 1265 (1268).

[941] EuGH GRUR 2012, 1269 Rn. 53 – Purely Creative; vgl. auch EuGH GRUR 2016, 1180 Rn. 42 – Deroo-Blanquart/Sony; *Lettl* WRP 2019, 1265 (1268).

[942] *Köhler* WRP 2015, 1311 (1312).

lich nicht erforderlich und auch weder der Gesetzesbegründung zu § 2 Abs. 1 Nr. 8[943] noch der UGP-RL und ihren Erwägungsgründen zu entnehmen. Ausreichend ist vielmehr auch hier eine **objektive Zweckbestimmung.**[944] Es entspricht der Rechtsprechung des EuGH, wonach weder Vorsatz noch Fahrlässigkeit für die Annahme eines Wettbewerbsverstoßes erforderlich sind.[945] Auch die Beurteilung, ob eine „wesentliche Beeinflussung" iSd § 2 Abs. 1 Nr. 8 vorliegt, ist sonach allein nach objektiven Kriterien vorzunehmen.

6. Beurteilungsmaßstab. Der Beurteilungsmaßstab für das Relevanzkriterium ist die **Sicht der angesprochenen Verbraucher.** Grundsätzlich kommt es auf den durchschnittlichen Verbraucher oder, sofern eine gewisse Verbrauchergruppe angesprochen wird, ein durchschnittliches Mitglied dieser Gruppe an (§ 3 Abs. 4).[946] 213

7. Beweisfragen. Es obliegt grundsätzlich dem Kläger, die tatsächlichen Grundlagen für das Relevanzkriterium des § 2 Abs. 1 Nr. 8 UWG und insbesondere die tatsächlichen Grundlagen für die Annahme der Spürbarkeit vorzutragen und zu beweisen.[947] Es stellt jedoch insgesamt – auf der Grundlage einer vorzutragenden und ggf. zu beweisenden Sachlage – eine **Rechtsfrage** dar, ob eine als unlauter beanstandete geschäftliche Handlung iSd § 2 Abs. 1 Nr. 8 spürbar verbraucherrelevant ist.[948] Wie die Verbraucher „typischerweise reagieren" würden, stellt ebenfalls eine von den nationalen Gerichten zu entscheidende Rechtsfrage dar.[949] Im Zusammenhang mit einem Vorenthalten von wesentlichen Informationen trifft den Unternehmer, der geltend macht, dass der Verbraucher – abweichend vom Regelfall – eine ihm vorenthaltene wesentliche Information für eine Kaufentscheidung nicht benötigt und dass das Vorenthalten dieser Information den Verbraucher nicht zu einer anderen Kaufentscheidung veranlassen kann, insoweit allerdings eine sekundäre Darlegungslast.[950] 214

8. Kasuistik zur Beeinflussung des Verbraucherverhaltens. Bejaht hat die Rechtsprechung eine Beeinflussung der Entscheidung des Verbrauchers: bei einem Vorenthalten einer wesentlichen Information iSd § 5a Abs. 2 UWG, die der Verbraucher nach den Umständen benötigt, um eine informierte Entscheidung zu treffen, weil grundsätzlich davon auszugehen ist, dass eine solche Information geeignet ist, den Verbrauchern zu einer geschäftlichen Entscheidung zu veranlassen, die er bei der gebotenen Information nicht getroffen hätte (BGH GRUR 2018, 324 Rn. 26 – Kraftfahrzeugwerbung); bei einem Vorenthalten von Marken- und Typenbezeichnungen von Elektrogeräten im Rahmen eines „All-Inclusive"-Angebots für eine Einbauküche (BGH GRUR 2017, 922 Rn. 33 ff. – Komplettküchen); bei einem systematischen, ohne individuelle Vereinbarung erfolgenden Verlangen von Pauschalbeträgen für Rücklastschriften, indem ein scheinbar am Einzelfall orientierter „unrunder" Betrag in der Rechnung ausgewiesen wird (OLG Schleswig GRUR-RR 2019, 432 – Rücklastschriftpauschalen); bei einer irreführenden Werbung über die kommunale Trägerschaft eines Unternehmens, weil das Publikum einem Unternehmen, welches sich mehrheitlich in Besitz der öffentlichen Hand befindet, größeres Vertrauen entgegenbringe und bei ihm von einer besonderen Verlässlichkeit und Seriosität ausgehe, wobei noch die Erwartung einer ausreichenden Bonität und Insolvenzfestigkeit hinzukomme (BGH GRUR 2012, 1273 Rn. 25 – Stadtwerke Wolfsburg); bei einer Fehl- 215

---

943 Gesetzesbegründung zur UWG-Reform 2015, BT-Drs. 18/4535; ebenso *Lettl* WRP 2019, 1265 (1268).

944 Vgl. zur parallelen Problematik bei der geschäftlichen Handlung die obige Kommentierung → Rn. 15.

945 EuGH GRUR 2015, 600 Rn. 47 f. – Ungarische Verbraucherschutzbehörde/UPC.

946 Vgl. dazu die Kommentierung zu spezifischen Verbraucherkreisen bei § 2 Abs. 2 UWG (→ Rn. 245 f.).

947 *Ohly*/Sosnitza, § 3 Rn. 91.

948 Vgl. insoweit jurisPK-UWG/*Ullmann,* 4. Aufl., § 3 Rn. 73; *Köhler* nimmt in WRP 2014, 259 (262) eine widerlegbare tatsächliche Vermutung für die geschäftliche Relevanz an.

949 EuGH GRUR 2012, 1269 Rn. 53 – Purely Creative; EuGH GRUR 2016, 1180 Rn. 42 – Deroo-Blanquart/Sony.

950 BGH GRUR 2019, 82 Rn. 32 – Jogginghosen; BGH GRUR 2019, 641 Rn. 32 f. – Kaffeekapseln.

vorstellung der Verbraucher über die zeitlichen Grenzen eines Rabatts wegen der zentralen Bedeutung des Preises (BGH GRUR 2012, 208 Rn. 31 – 10 % Geburtstags-Rabatt); bei der irreführenden Verwendung eines ®-Zeichens, weil ein Unternehmen, das einen falschen Eindruck über die Rechte an einem bestimmten Zeichen erwecke, sich davon Vorteile gegenüber den Abnehmern verspreche (BGH GRUR 2009, 1080 Rn. 18 und 21 – Thermoroll); bei einer Irreführung über tatsächlich nicht mitverkauftes Zubehör, da „dies ein positives Leistungsmerkmal" darstelle (OLG Hamm GRUR RS 2015, 20832 Rn. 80); bei einem Vorenthalten von Informationen, die das Unionsrecht als wesentlich ansieht, ist die Fähigkeit des Verbrauchers, sich aufgrund von Informationen zu entscheiden, regelmäßig spürbar beeinträchtigt (BGH GRUR 2016, 403 Rn. 25 – Fressnapf [951]); bei der Ausstellung von Quittungen durch eine Online-Apotheke über eine Zuzahlung zur Vorlage bei Krankenkassen, die die Kunden tatsächlich nur zur Hälfte geleistet haben (OLG Stuttgart GRUR-RR 2017, 246 – Zuzahlungsquittung); auch bei einer falschen Adressenangabe in einem Prospekt, weil die diesbezügliche Verpflichtung europarechtlich fundiert ist und sich daraus ergibt, dass es sich um eine „wesentliche Information" handelt (OLG Hamm GRUR-RR 2013, 121); bei der irreführenden, wiederholten Verwendung der Angabe „unsere Fachanwälte" auf der Kanzleihomepage einer auf Hochschulrecht spezialisierten Kanzlei, wenn tatsächlich nur ein Fachanwalt für Verwaltungsrecht in der Kanzlei ansässig ist (OLG Köln WRP 2020, 1222 Rn. 19 – „unsere Fachanwälte").

215a **Verneint hat die Rechtsprechung eine Beeinflussung der Entscheidung des Verbrauchers:** bei einer Bezeichnung der textilen Zusammensetzung von Bekleidung mit „Cotton" anstatt „Baumwolle", weil „Cotton" sich in der Umgangssprache eingebürgert hat (BGH GRUR 2019, 82 Rn. 33 – Jogginghosen); bei einer Blickfangwerbung, die den Verbraucher noch nicht direkt zum Erwerb bewegt, wenn die falschen Angaben im weiteren Text korrigiert werden (BGH GRUR 2015, 698 Rn. 20 – Schlafzimmer komplett); bei einer fehlenden Impressumsangabe in einer Printwerbung, wenn der Verbraucher selbst ohne größere Schwierigkeiten beim ausschließlich möglichen Onlinekauf das Impressum aufrufen kann (OLG Köln GRUR RS 2015, 01205 Rn. 28); bei Online-Produktbewertungen, die nicht von unabhängigen Dritten, sondern von Mitarbeitern oder Freunden der werbenden Firma stammen, ohne darauf hinzuweisen, dass es sich nicht um Bewertungen von unabhängigen Dritten handelt, weil der Verbraucher diese Information nicht benötigen würde, um eine informierte Entscheidung zu treffen (LG München WRP 2018, 750, zweifelhaft).

I. § 2 Abs. 1 Nr. 9 (geschäftliche Entscheidung)

Der Gesetzgeber hat im Zuge der **UWG-Reform 2015** den aus der UGP-RL stammenden Begriff der „geschäftlichen Entscheidung" in § 2 Abs. 1 Nr. 9 UWG definiert. Es heißt dort:

Im Sinne dieses Gesetzes bedeutet

9. „geschäftliche Entscheidung" jede Entscheidung eines Verbrauchers oder sonstigen Marktteilnehmers darüber, ob, wie und unter welchen Bedingungen er ein Geschäft abschließen, eine Zahlung leisten, eine Ware oder Dienstleistung behalten oder abgeben oder ein vertragliches Recht im Zusammenhang mit einer Ware oder Dienstleistung ausüben will, unabhängig davon, ob der Verbraucher oder sonstige Marktteilnehmer sich entschließt, tätig zu werden;

Schrifttum: *Köhler,* Zur „geschäftlichen Relevanz unlauterer geschäftlicher Handlungen" gegenüber Verbrauchern, WRP 2014, 259 ff.; *Köhler,* UWG-Reform 2015: Im Regierungsentwurf nicht angesprochene Defizite bei der Umsetzung der UGP-Richtlinie, WRP 2015, 1037 ff.; *Köhler,* Alternativentwurf (UWG-AE) zum Regierungsentwurf (UWG-E) eines 2. Gesetzes zur Änderung des Gesetzes gegen den unlauteren

[951] Vgl. nunmehr aber auch: BGH GRUR 2019, 641 Rn. 32 f. – Kaffeekapseln und BGH GRUR 2019, 82 Rn. 32 – Jogginghosen.

Wettbewerb, WRP 2015, 1311 ff.; *Lettl*, Die geschäftliche Relevanz nach §§ 3 Abs. 2, 3a, 4a Abs. 1, 5 Abs. 1 S. 1 und 5a Abs. 1, Abs. 2 S. 1 Nr. 2 UWG, WRP 2019, 1265 ff.; *Omsels*, Die geschäftliche Entscheidung, WRP 2016, 553 ff.

I. Allgemeines

1. Überblick. Der Begriff der „geschäftlichen Entscheidung" fand sich erstmals in § 3 Abs. 2 S. 1 UWG aF, allerdings hatte der Begriff im UWG 2008 noch keinen Eingang in den Definitionenkatalog des § 2 gefunden. Der Gesetzgeber hielt damals die Übernahme der Definition nicht für erforderlich, da er den Begriff der „geschäftlichen Entscheidung" aus sich heraus für verständlich ansah.[952] Die nunmehrige Einfügung der Definitionsvorschrift dient der Umsetzung von Art. 2 lit. k der UGP-RL.[953] Der Begriff der geschäftlichen Entscheidung ist von zentraler Bedeutung für das Vorliegen unlauterer Geschäftspraktiken nach Art. 5 Abs. 1–4 und 6–9 UGP-RL und der diese Regelungen umsetzenden Vorschriften des UWG.[954] Auf eine „geschäftliche Entscheidung" verweisen § 4a UWG, § 5 Abs. 1 und § 5a UWG, Nr. 7 des Anhangs zu § 3 Abs. 3 UWG sowie die Vorschrift des § 2 Abs. 1 Nr. 8 UWG. 216

2. Vorgaben der UGP-Richtlinie. Die UGP-RL definiert den Begriff der „geschäftlichen Entscheidung" in Art. 2 lit. k. Es heißt dort: 217

„Im Sinne dieser Richtlinie bezeichnet der Ausdruck „geschäftliche Entscheidung" jede Entscheidung eines Verbrauchers darüber, ob, wie und unter welchen Bedingungen er einen Kauf tätigen, eine Zahlung insgesamt oder teilweise leisten, ein Produkt behalten oder abgeben oder ein vertragliches Recht im Zusammenhang mit dem Produkt ausüben will, unabhängig davon, ob der Verbraucher beschließt, tätig zu werden oder ein Tätigwerden zu unterlassen."

Die RL verweist in Art. 6 Abs. 1 und 2, Art. 7 Abs. 2 und Art. 8 zu den irreführenden und agressiven Geschäftspraktiken sowie in der Definition des Art. 2 lit. e („wesentliche Beeinflussung des wirtschaftlichen Verhaltens des Verbrauchers") auf den Begriff der „geschäftlichen Entscheidung". In Erwägungsgrund 7 zur UGP-RL heißt es: 217a

„Diese Richtlinie bezieht sich auf Geschäftspraktiken, die in unmittelbarem Zusammenhang mit der Beeinflussung der geschäftlichen Entscheidungen des Verbrauchers in Bezug auf Produkte stehen. Sie bezieht sich nicht auf Geschäftspraktiken, die vorrangig anderen Zielen dienen…"

Das entspricht dem Regelungsziel der RL, unlauter erwirkte geschäftliche Entscheidungen von Verbrauchern abzuwehren und dem Verbraucher zu ermöglichen, eine informierte und damit effektive Wahl („in voller Kenntnis der Sachlage"[955]) zu treffen (vgl. auch Erwägungsgrund 14). 217b

3. Umsetzung im UWG. Der Gesetzgeber hat die Definition der „geschäftlichen Entscheidung" in Art. 2 lit. k der UGP-RL nicht wörtlich, sondern mit geringfügigen Änderungen in das UWG übernommen. Anstelle des Begriffs „Produkt" verwendet § 2 Abs. 1 Nr. 9 den Begriff „Waren oder Dienstleistungen", was Art. 2 lit. c der UGP-RL entspricht. Darüber hinaus verwendet die Definitionsnorm anstelle des sachlich zu engen Begriffs „Kauf tätigen" den Begriff „Geschäft abschließen", weil die Richtlinie – wie sich an der Definition des Begriffs „Produkt" in Art. 2 lit. c zeigt – eben nicht nur einen „Kauf", sondern jeden entgeltlichen Vertrag betrifft.[956] Dies entspricht auch der Ver- 218

[952] Gesetzesentwurf der Bundesregierung, BT-Drs. 16/10145, 13.

[953] Beschlussempfehlung des Ausschusses für Recht und Verbraucherschutz, BT-Drs. 18/6571, 13.

[954] *Büscher* GRUR 2019, 217 (218). Zu den Forderungen der Literatur, die Definitionsnorm in das UWG aufzunehmen vgl. GroßKommUWG/*Peukert*, 3. Aufl., § 2 Rn. 150; *Köhler* WRP 2015, 1037 (1038); *Alexander* WRP 2014, 1384 (1386); *Fritzsche* WRP 2014, 1392 (1395).

[955] EuGH GRUR 2015, 600 Rn. 40 – Ungarische Verbraucherschutzbehörde/UPC.

[956] Vgl. Beschlussempfehlung des Ausschusses für Recht und Verbraucherschutz, BT-Drs. 18/6571, 13; *Lettl* WRP 2019, 1265 (1268) verweist zutreffend darauf, dass auch Angebotsentscheidungen von Verbrauchern erfasst sind; vgl. ferner *Köhler* WRP 2014, 259 (260); vgl. auch *Omsels* WRP 2016, 553 Rn. 6.

wendung des Begriffs „Geschäft abschließen" in § 5a Abs. 3 UWG.[957] Auch die vorherige Fassung des § 3 Abs. 2 UWG hatte einen solch weiten Anwendungsbereich.[958] Über die „Verbraucher" hinaus wurde die Vorschrift auf die „sonstigen Marktteilnehmer" erstreckt, was unter dem Blickwinkel der lediglich den B2C-Bereich betreffenden UGP-RL ohne weiteres möglich ist.[959] Erfasst sind schließlich auch alle geschäftlichen Entscheidungen als Reaktion auf geschäftliche Handlungen, die – wie etwa die Förderung des Wettbewerbs von dritten Unternehmen– vom Anwendungsbereich der UGP-RL nicht mehr, wohl aber vom Anwendungsbereich des deutschen Lauterkeitsrechts abgedeckt sind.

II. Bedeutung und Konkretisierung

219 **1. Allgemeines.** Die legal definierte **„geschäftliche Entscheidung" bildet das lauterkeitsrechtliche Pendant zur „geschäftlichen Handlung".**[960] Auf der Grundlage des Begriffs der „geschäftlichen Handlung", die geeignet sein muss, eine geschäftliche Entscheidung zu beeinflussen, ist zu bemessen, welche Handlungen der wettbewerblichen Akteure der lauterkeitsrechtlichen Kontrolle unterliegen. Die adressatenbezogen zu verstehende „geschäftliche Entscheidung" gibt an, welche Verhaltensweisen auf der Adressatenseite im Rahmen des lauterkeitsrechtlichen Gesamttatbestandes in die Beurteilung einzubeziehen sind. Das durch den Begriff der „geschäftlichen Entscheidung" erfasste, weit zu verstehende[961] Verhalten erfasst sämtliche im Vorfeld eines Geschäftsabschlusses erfolgende und auf ihn gerichtete Entscheidungen („ob, wie und unter welchen Bedingungen er ein Geschäft abschließen"), den Geschäftsabschluss selbst sowie Maßnahmen im Zusammenhang mit der Vertragsdurchführung („eine Zahlung leisten, eine Ware oder Dienstleistung behalten oder abgeben") sowie die nachvertragliche Ausübung von Rechten im Zusammenhang mit dem Geschäftsabschluss („oder ein vertraglichen Recht im Zusammenhang mit einer Ware oder Dienstleistung ausüben will"), ohne dass es in all diesen Fällen darauf ankommt, ob der Verbraucher oder sonstige Marktteilnehmer sich tatsächlich dazu entschließt, tätig zu werden.

220 **2. Einheitliche richtlinienkonforme Auslegung.** Der in § 2 Abs. 1 Nr. 9 UWG legal definierte Begriff der „geschäftlichen Entscheidung" ist richtlinienkonform unter dem Blickwinkel des Art. 2 lit. k der UGP-RL sowie des verbrauchschutzbezogenen Regelungszwecks der UGP-RL auszulegen.[962] Maßgebend für die Auslegung ist dabei das von der Richtlinie verfolgte Ziel, „die wirtschaftlichen Interessen der Verbraucher für unlautere Geschäftspraktiken von Unternehmen gegenüber Verbrauchern" zu schützen,[963] wobei durch die Abwehr irreführender Praktiken eine informierte und deshalb effektive Wahl ermöglicht[964] und durch die Abwehr von aggressiven Handelspraktiken die Wahlfreiheit des Verbrauches geschützt werden sollen.[965] Der Schutz anderer als wirtschaftlicher, ggf. auch

[957] Beschlussempfehlung des Ausschusses für Recht und Verbraucherschutz, BT-Drs. 18/6571, 13; *Köhler* WRP 2015, 1311 (1312).

[958] *Köhler* WRP 2014, 259 (260).

[959] Vgl. etwa den Bericht der Kommission an das Europäische Parlament, den Rat und den Europäischen Wirtschafts- und Sozialausschuss über die Anwendung der UGP-RL vom 14.3.2013 (COM(2013) 139 final, S. 10: „Den Mitgliedstaaten steht es frei, den Anwendungsbereich der UGP-RL auszuweiten …").

[960] *Omsels* WRP 2016, 553 Rn. 23; GroßKommUWG/*Peukert,* 3. Aufl., § 2 Rn. 148; zum funktionalen Bezug zwischen der „geschäftlichen Handlung" und der „geschäftlichen Entscheidung" vgl. BGH GRUR 2020, 886 Rn. 32 – Preisänderungsregelung; BGH GRUR 2019, 1202 Rn. 13 – Identitätsdiebstahl; BGH GRUR 2019, 754 Rn. 20 – Prämiensparverträge; BGH GRUR 2016, 946 Rn. 67 – Freunde finden; BGH GRUR 2013, 945 Rn. 17 ff. – Standardisierte Mandatsbearbeitung.

[961] BGH GRUR 2018, 1258 Rn. 49 – YouTube Werbekanal II; EuGH GRUR 2014, 196 Rn. 36 – Trento Sviluppo.

[962] *Omsels* WRP 2016, 553 Rn. 20 f.; *Köhler* WRP 2014, 259 (260).

[963] Erwägungsgrund 8 Satz 1 UGP-RL.

[964] Vgl. Erwägungsgrund 14 Satz 1 UGP-RL.

[965] Vgl. Erwägungsgrund 16 Satz 1 UGP-RL.

wichtiger Interessen ist von der Richtlinie nicht erfasst.[966] Eine **einheitliche, richtlinienkonforme Auslegung** ist im Interesse der Einheit des Lauterkeitsrechts auch insoweit geboten, als es um die geschäftliche Entscheidung von „sonstigen Marktteilnehmern" geht, auch wenn insoweit der Anwendungsbereich der Richtlinie nicht berührt ist.[967]

3. Verbraucher oder sonstige Marktteilnehmer. Die Vorschrift erfasst die geschäftlichen Entscheidungen von Verbrauchern oder sonstigen Marktteilnehmern als Entscheidungsträgern. **Verbraucher** sind nach § 2 Abs. 2 UWG in Verbindung mit § 13 BGB alle Personen, die ein Rechtsgeschäft zu Zwecken abschließen, die überwiegend weder ihrer gewerblichen noch ihrer selbstständigen beruflichen Tätigkeit zugerechnet werden können.[968] Zu den **„sonstigen Marktteilnehmer"** rechnen alle Marktteilnehmer, die weder Mitbewerber noch Verbraucher sind.[969] 221

4. Geschäftliche Entscheidung. a) Einbezogen in die lauterkeitsrechtliche Beurteilung sind lediglich **„geschäftliche"** Entscheidungen. Eine „geschäftliche" Entscheidung steht im Zusammenhang mit einer „geschäftlichen Handlung" eines Anbieters (oder Nachfragers) und damit in einem **erwerbswirtschaftlichen Zusammenhang** zumindest eines der Beteiligten.[970] Die Verbraucher treffen „geschäftliche" Entscheidungen regelmäßig im Zusammenhang mit ihrer privaten Bedarfsdeckung. Aus der bloßen Entgeltlichkeit eines Geschäfts lässt sich jedoch allein noch nicht auf den geschäftlichen Charakter schließen, weil etwa beiderseits private An- und Verkäufe noch nicht in einem erwerbswirtschaftlichen Zusammenhang stehen und es an einer „geschäftlichen Handlung" eines der Beteiligten fehlt. Umgekehrt steht die **Unentgeltlichkeit einer Maßnahme,** wie etwa die Teilnahme an einer gesponserten Veranstaltung oder die Einwilligung zu einer E-Mail-Werbung oÄ dem geschäftlichen Charakter einer Entscheidung nicht entgegen. 222

b) Eine „Entscheidung" liegt in **jeder tatsächlichen oder rechtlichen Maßnahme eines Verbrauchers oder Marktbeteiligten in Richtung auf den vom Unternehmer letztlich angestrebten Geschäftsabschluss.** Erforderlich ist, dass das auf die Erwirkung der Entscheidung gerichtete Unternehmerverhalten eine so erhebliche Wirkung hat, dass es das Verhalten des Verbrauchers ändert oder zu ändern geeignet ist und ihn dadurch veranlasst, eine geschäftliche Entscheidung zu treffen, die er sonst nicht getroffen hätte. Die Entscheidung erfasst rechtsgeschäftliche Willenserklärungen, muss aber noch **keine rechtsgeschäftliche Qualität** erreicht haben.[971] Erfasst ist vielmehr schon **jede tatsächliche Handlung** im Hinblick auf den erstrebten Geschäftsabschluss oder die Geschäftsdurchführung sowie die Ausübung eines vertraglichen Rechts.[972] Unerheblich für die Annahme einer geschäftlichen Entscheidung ist, ob diese rational begründet ist.[973] 223

5. Gegenstand der Entscheidung. Die Entscheidung kann auf **jede Art von Ware oder Dienstleistung,**[974] einschließlich Immobilien, Rechte und Verpflichtungen (vgl. Art. 2 lit. c UGP-RL), gerichtet sein, was Art. 3 Abs. 1 der UGP-RL entspricht, der alle Geschäftspraktiken von Unternehmen gegenüber Verbrauchern vor, während und nach Abschluss eines „auf ein Produkt bezogenen Handelsgeschäfts" erfasst. Der in § 2 Abs. 1 224

[966] *Alexander* FS Ahrens, 2016, 17 (19).

[967] *Lettl* WRP 2019, 1265 (1266). Zur einheitlichen Auslegung von nicht dem Anwendungsbereich der UGP-RL unterfallendem, aber der UGP-RL entnommenen Begriffen des nationalen Rechts vgl. EuGH GRUR 2018, 303 Rn. 26 ff. – Europamur.

[968] Zum Begriff des Verbrauchers vgl. die Kommentierung → Rn. 232 ff.

[969] Vgl. BT-Drs. 15/1487, 16 sowie die Kommentierung → Rn. 112.

[970] *Omsels* WRP 2016, 553 Rn. 42 ff., vgl. ferner oben die Kommentierung zur geschäftszweckbestimmten Tätigkeit → § 2 Rn. 22.

[971] EuGH GRUR 2014, 196 Rn. 36 und 38 – Trento Sviluppo; *Alexander* FS Köhler, 2015, 17 (24); Leitlinie zur Umsetzung/Anwendung der Richtlinie 2005/29/EG über unlautere Geschäftspraktiken vom 3.12.2009, SEK(2009) 1666, S. 26 f.

[972] Ähnlich *Köhler* WRP 2014, 259 (260).

[973] EuGH GRUR 2012, 1269 Rn. 37 f. und 49 – Purely Creative.

[974] Zu dem Begriff „Waren und Dienstleistungen" vgl. → Rn. 24.

Nr. 9 UWG verwendete Begriff „Geschäft“ umfasst demnach alle Arten von Verträgen über jegliche Art von Waren und Dienstleistungen.

6. Geschäftliche Entscheidung über einen Geschäftsabschluss, die Vertragsdurchführung oder die Rechtsausübung. Im Hinblick auf den Bezugspunkt der geschäftlichen Entscheidungen sind mehrere Phasen zu unterscheiden:

225 **a)** Die **Entscheidung eines Verbrauchers** oder sonstigen Marktteilnehmers darüber, **„ob, wie und unter welchen Bedingungen er ein Geschäft abschließen“ möchte,** erfasst den **gesamten vorvertraglichen Bereich** einschließlich vorbereitender, auf den Geschäftsabschluss bezogener Handlungen, so dass der gesamte Geschäftsanbahnungs- und der im Vorfeld zum Geschäftsabschluss gelegene Kommunikationsprozess lauterkeitsrechtlich erfasst ist. Der EuGH hat hervorgehoben, dass der **weit definierte Begriff nicht nur die Entscheidung über den Erwerb oder Nichterwerb eines Produkts, sondern auch damit unmittelbar zusammenhängende Entscheidungen erfasst,**[975] **die im Vorfeld des eigentlichen Geschäftsabschlusses liegen.** Eine „geschäftliche Entscheidung“ ist somit „jede tatsächliche Reaktion des Verbrauchers, die einen *Zwischenschritt* in Richtung auf die vom Unternehmer angestrebte endgültige Entscheidung darstellt“.[976]

226 **aa)** Erfasst sind sonach beispielsweise das **Aufsuchen des Geschäfts,**[977] die **Beschäftigung mit einer Werbung**[978] oder einer **Website,** deren Öffnen dem Betreten eines stationären Geschäfts gleichsteht,[979] die **Verlinkung** auf eine Website oder einen **Social-Media-Account,**[980] das Anfordern von Informations- und Prospektmaterial oder von Warenproben, die Beteiligung an werbenden Maßnahmen von Unternehmen oder die Entscheidung, einen Vertrag mit einem Mitbewerber zu kündigen[981] oder die Kontaktaufnahme zu einem Makler zu dem Zweck, eine Immobilie zu mieten oder zu erwerben.[982] Auch die Entscheidung, einer in einem Informationstext im Internet angegebenen Verlinkung auf die Produktseite eines Online-Shops zu folgen, ist eine geschäftliche Entscheidung.[983] Unerheblich ist dabei, ob es tatsächlich zu dem angestrebten Geschäftsabschluss, zu der Vertragsdurchführungsmaßnahme oder der Rechtsausübung kommt. Eine „geschäftliche Entscheidung“ muss auch noch nicht auf ein konkretes Geschäft gerichtet sein, sondern kann sich auf ein ganzes **Angebotsprogramm** eines oder **auch mehrerer Unternehmen** beziehen.

---

[975] EuGH GRUR 2014, 196 Rn. 36 und 38 – Trento Sviluppo; siehe auch BGH GRUR 2017, 922 Rn. 28 – Komplettküchen.

[976] *Köhler* WRP 2014, 249 (260); vgl. auch *Omsels* WRP 2016, 553 Rn. 41 ff.

[977] BGH GRUR 2019, 746 Rn. 29 – Energieeffizienzklasse III; BGH GRUR 2018, 320 Rn. 28 – Festzins Plus; BGH GRUR 2017, 1269 Rn. 17 – MeinPaket.de II; BGH GRUR 2016, 1076 Rn. 29 – LGA tested; EuGH GRUR 2014, 196 Rn. 36 und 38 – Trento Sviluppo; OLG Düsseldorf GRUR-RS 2019, 14445 – Neueröffnung und Teilumbau; OLG Düsseldorf MMR 2015, 33 – „Top-TagesGeld“; OLG Hamm GRUR-RR 2017, 409 Rn. 53 – Möbelauszeichnung.

[978] AM BGH WRP 2015, 851 Rn. 20 – Schlafzimmer komplett und BGH GRUR 2017, 922 Rn. 23 – Komplettküchen. Der BGH hat dort jeweils eine „geschäftliche Entscheidung“ mangels eines unmittelbaren Zusammenhangs mit einem Erwerbsvorgang bzw. bei einer irreführenden Blickfangwerbung verneint, wenn die irreführenden Angaben im weiteren Text korrigiert sind, ähnlich OLG Frankfurt a. M. WRP 2016, 257 Rn. 8 ff. – Relevanz einer unzutreffenden Blickfangangabe sowie *Alexander* WRP 2016, 139 (142). Die Entscheidung, sich mit einer Werbung näher zu befassen, ist aber eine typische „Vorfeldentscheidung“ zum Geschäftsabschluss, die „Print-Rechtsprechung“ lässt sich mit den Entscheidungen zur Website-Werbung nicht vereinbaren. Im Zweifel hat der EuGH über die Frage zu entscheiden.

[979] BGH GRUR 2020, 1226 Rn. 33 – LTE-Geschwindigkeit; BGH GRUR 2019, 746 Rn. 29 – Energieeffizienzklasse III; BGH GRUR 2018, 1258 Rn. 49 – YouTube Werbekanal II; BGH GRUR 2017, 1269 Rn. 19 – MeinPaket.de II; BGH GRUR 2016, 1073 Rn. 34 – Geo-Targeting; BGH GRUR 2016, 399 Rn. 16 – MeinPaket.de; OLG Frankfurt a. M. WRP 2019, 1213 – Getarnte Werbung durch Influencer.

[980] OLG Frankfurt a. M. GRUR 2020, 208 Rn. 17 – Die Influencerin; OLG Frankfurt a. M. WRP 2019, 1213 – Getarnte Werbung durch Influencer; KG GRUR 2019, 543 Rn. 39 – Produkt-Tagging; KG GRUR-RR 2019, 34 – Influencerin.

[981] Vgl. die Beispiele bei *Köhler* WRP 2014, 259 (260).

[982] BGH GRUR 2018, 438 Rn. 34 – Energieausweis.

[983] BGH GRUR 2015, 694 Rn. 30 – Bezugsquellen für Bachblüten.

bb) Eine geschäftliche Entscheidung liegt auch vor, wenn der Verbraucher sich dazu entschließt, sich in den Einflussbereich des anbietenden Unternehmers zu begeben, etwa unter Angabe von persönlichen Daten Kontakt mit dem Unternehmer aufzunehmen,[984] oder wenn der Verbraucher entscheidet, seine persönlichen Daten für Werbezwecke zur Verfügung zu stellen.[985] Erfasst ist auch die **Teilnahme an einem Gewinnspiel** auf einer Messe für Ausbildung und Studienmöglichkeiten, weil die dabei von minderjährigen Verbrauchern erhobenen Daten alsdann zu einer späteren werblichen Ansprache genutzt werden konnten.[986] Ausreichend sind auch mittelbare geschäftliche Entscheidungen, zB wenn Kinder sich im Rahmen eines Online-Spieles näher mit der dort platzierten Werbung befassen und zu irgendeinem späteren Zeitpunkt die Werbebotschaft zu ihren Eltern transportieren und letztere dann ggf. das beworbene Produkt kaufen, das sie sonst möglicherweise nicht gekauft hätten.[987] Die Unlauterkeit einer solchen geschäftlichen Handlung ist gesondert zu beurteilen.[988] Eine geschäftliche Entscheidung liegt auch vor, wenn der Verbraucher durch die Mitteilung des Gewinns eines Preises veranlasst wird, zB eine Mehrwertnummer anzurufen, um die Art des Preises zu erfahren oder eine aufwendige Fahrt zu unternehmen, um den Preis abzuholen.[989] Auch die Entscheidung des Verbrauchers, einen Bestellprozess (im Internet) einzuleiten, ist als eine unmittelbar mit der Erwerbsentscheidung zusammenhängende Entscheidung zu qualifizieren.[990] 227

b) Erfasst ist ferner der **rechtsgeschäftliche Vertragsschluss** (Geschäftsabschluss) selbst, der nicht zwingend entgeltlich sein muss (vgl. → Rn. 222) sowie alle hierauf bezogenen rechtsgeschäftlichen Erklärungen wie die **Abgabe** oder **Ablehnung** eines **Angebots** sowie etwa die **Abänderung, Verlängerung** oder **Aufhebung eines Vertrags,**[991] ohne dass es auf deren Wirksamkeit ankommt.[992] Eine geschäftliche Entscheidung von Verbrauchern kann sich ohne weiteres auch im Rahmen eines **bereits bestehenden Vertragsverhältnisses** auswirken.[993] Auch die geschäftlichen Entscheidungen über das „wie" eines Geschäftsabschlusses, also insbesondere die Entscheidung über den **Ort,** die **Zeit** und die **Form des Vertrages** sowie über dessen gesamten Inhalt sind klassische geschäftliche Entscheidungen.[994] 228

c) In der **Phase der Vertragsdurchführung** erfasst sind sämtliche Entscheidungen des Verbrauchers oder Marktteilnehmers darüber, **„ob, wie und unter welchen Bedingungen er eine Zahlung leisten oder eine Ware oder Dienstleistung behalten will".** In zeitlicher Hinsicht erstreckt sich diese Phase vom Vertragsabschluss und der Aufnahme von Erfüllungshandlungen bis zur Beendigung aller Leistungs- und Schutzpflichten.[995] Mit „Leistung einer Zahlung" ist nicht nur die gänzliche oder teilweise **Zahlung des Kaufpreises** gemeint. Auch in der Bitte um **Stundung des Kaufpreises**[996] oder **Vereinbarung einer Ratenzahlung** liegt eine geschäftliche Entscheidung darüber, wie und unter welchen Bedingungen eine Zahlung zu leisten ist. Auch die irreführende Berechnung einer tatsächlich nicht bestehenden Zahlungspflicht zielt auf eine geschäftliche Entscheidung des Verbrauchers und ist somit erfasst.[997] Mit umfasst sind auch Vereinbarungen über oder 229

[984] LG München 31.3.2015 – 33 O 15881/14.
[985] *Köhler*/Bornkamm/Feddersen, § 2 Rn. 157.
[986] Vgl. insoweit BGH GRUR 2014, 682 – Nordjob-Messe, wo allerdings das Kriterium der „geschäftlichen Entscheidung" nicht thematisiert ist, und *Alexander* FS Ahrens, 2016, 19 (26 f.).
[987] KG WRP 2013, 638 – Klick und wirf zurück.
[988] Vgl. hierzu bspw. BGH GRUR 2008, 183 ff. – Tony Taler; *Omsels* WRP 2016, 553 Rn. 28.
[989] EuGH WRP 2012, 1509 (1512) – Purely Creative.
[990] OLG Hamm MMR 2015, 811 (812).
[991] *Köhler*/Bornkamm/Feddersen, § 2 Rn. 152.
[992] *Alexander* FS Ahrens, 2016, 17 (25).
[993] BGH GRUR 2020, 886 Rn. 32 – Preisänderungsregelung.
[994] *Köhler*/Bornkamm/Feddersen, § 2 Rn. 152.
[995] Vgl. GroßKommUWG/*Peukert,* 3. Aufl., § 2 Rn. 300.
[996] *Köhler* WRP 2014, 259 (260).
[997] OLG Frankfurt a. M. GRUR-RR 2018, 23 Rn. 13 – Servicewelt; zum vergleichbaren Fall einer Irreführung über den Verjährungseintritt siehe BGH GRUR 2017, 1144 – Reisewerte.

Anforderungen von **Gebühren oder Kosten,** die bei der Durchführung des Vertrags entstehen können, zum Beispiel Versand- und Abholkosten in Bezug auf die Ware oder Telefonkosten.[998] Nimmt ein Bankkunde Abhebungen von seinem Konto vor und überzieht er dabei das Konto und nimmt dadurch Kreditleistungen der Bank in Anspruch, stellt dies eine geschäftliche Entscheidung im Rahmen der Durchführung des Vertrags mit der Bank dar.[999] Die geschäftliche **Entscheidung, eine Ware oder Dienstleistung „behalten oder abgeben" zu wollen,** kann im Zusammenhang mit der Ausübung von vertraglichen Rechten, aber auch etwa auf eine Kulanzentscheidung des Unternehmers gerichtet sein, mag aber auch die Fälle der Lieferung unbestellter Waren oder Dienstleistungen erfassen.[1000] Erfasst ist auch eine geschäftliche Entscheidung zum Abschluss eines unentgeltlichen Darlehnsvertrages und allgemein das Eingehen verbindlicher Verpflichtungen und Rechte im Geschäftsleben.[1001]

230 **d)** Die **Entscheidung** eines Verbrauchers oder sonstigen Marktteilnehmers darüber, **„ob, wie und unter welchen Bedingungen er ein vertragliches Recht im Zusammenhang mit einer Ware oder Dienstleistung ausüben will",** erfasst schließlich den gesamten Bereich der **nachvertraglichen Rechtsausübung,** die in einem unmittelbaren Zusammenhang mit dem abgeschlossenen Geschäft steht. Dies betrifft insbesondere Entscheidungen über die Geltendmachung von **Gewährleistungsrechten,** falls der Vertragsgegenstand mängelbehaftet ist, beispielsweise Nacherfüllung gem. § 439 BGB oder Schadensersatz nach §§ 280, 281 BGB zu verlangen. Auch Maßnahmen im Zuge eines Streits um die Rückabwicklung eines Vertragsverhältnisses sind erfasst.[1002] Die Erklärung des **Rücktritts** stellt ebenso wie die **Kündigung eines Vertrags,** die Ausübung eines gesetzlichen **Widerrufsrechts** oder die Entscheidung über die Ausübung eines gesetzlichen **Anfechtungsrechts** eine geschäftliche Entscheidung dar. Die Entscheidung kann auch auf die **Erhebung von Einreden** gerichtet sein, beispielsweise die Geltendmachung einer Einrede wegen des Bestehens eines Zurückbehaltungsrechts gem. § 273 BGB oder die Einrede des nicht erfüllten Vertrags nach § 320 BGB. Auch eine **Aufrechnungserklärung** ist als geschäftliche Erklärung anzusehen. Weil es nicht darauf ankommt, ob der Verbraucher sich tatsächlich entschließt, tätig zu werden, liegt eine geschäftliche Entscheidung auch dann vor, wenn er entscheidet, ein bestimmtes vertragliches Recht nicht geltend zu machen.

231 **7. Nicht erfasste Entscheidungen.** Nicht erfasst sind solche Handlungen, die mit Geschäftsabschluss, der Vertragsdurchführung oder der Rechteausübung nicht mehr „unmittelbar zusammenhängen".[1003] Insoweit mag es um solche Entscheidungen gehen, die mit einem Geschäftsabschluss oder einer Vertragsdurchführung oder Rechteausübung nur noch in einem weiteren Zusammenhang stehen, wie etwa der einer geschäftlichen Entscheidung vorgelagerte Entschluss, bei verschiedenen Anbietern im Internet zu surfen. Nicht mehr erfasst sind ferner nicht mehr im erwerbswirtschaftlichen Zusammenhang stehende Entscheidungen in politischen, religiösen, weltanschaulichen oder wissenschaftlichen Fragen.

---

[998] EuGH WRP 2012, 1509 (1512) – Purely Creative.
[999] Vgl. BGH GRUR 2007, 805 Rn. 12 ff. – Irreführender Kontoauszug.
[1000] So *Köhler*/Bornkamm/Feddersen, § 2 Rn. 154.
[1001] Vgl. insoweit OLG Düsseldorf GRUR-RR 2015, 347 Rn. 25, 29.
[1002] Vgl. GroßKommUWG/*Peukert*, 3. Aufl., § 2 Rn. 300.
[1003] Vgl. EuGH GRUR 2014, 196 Rn. 38 – Trento Sviluppo.

J. § 2 Abs. 1 Nr. 6 und § 2 Abs. 2 (Unternehmer- und Verbraucherbegriff)

Seit dem UWG 2008 ist der Unternehmerbegriff in § 2 Abs. 1 Nr. 6 UWG definiert. Es heißt dort:

Im Sinne dieses Gesetzes bedeutet

6. „Unternehmer" jede natürliche oder juristische Person, die geschäftliche Handlungen im Rahmen ihrer gewerblichen, handwerklichen oder beruflichen Tätigkeit vornimmt und jede Person, die im Namen oder Auftrag einer solchen Person handelt;

Die Kommentierung der vorstehend wiedergegebenen Definition des Unternehmers erfolgt nachfolgend → Rn. 246 ff.

Für den **Verbraucherbegriff** verweist das UWG nach wie vor auf **§ 13 BGB.** Es heißt dort:

Verbraucher ist jede natürliche Person, die ein Rechtsgeschäft zu Zwecken abschließt, die überwiegend weder ihrer gewerblichen noch ihrer selbständigen beruflichen Tätigkeit zugerechnet werden können.

Die Kommentierung des Verbraucherbegriffs erfolgt nachfolgend in → Rn. 232 ff.

Schrifttum: Literatur ab 2012: *Alexander,* Die Umsetzung der Verbraucherrechte-Richtlinie und die Auswirkungen auf das Lauterkeitsrecht, WRP 2014, 501 ff.; *Helm,* Hohes Verbraucherschutzniveau – Zur Umsetzung der UGP-Richtlinie 2005/29/EG, WRP 2013, 710 ff.; *Keßler,* Der Unternehmensbegriff im deutschen und europäischen Wettbewerbs- und Lauterkeitsrecht – Irrungen und Wirrungen, WRP 2014, 765 ff.; *Köhler,* Richtlinienumsetzung im UWG – eine unvollendete Aufgabe, WRP 2013, 403 ff.; *Köhler,* UWG-Reform 2015: Im Regierungsentwurf nicht angesprochene Defizite bei der Umsetzung der UGP-Richtlinie, WRP 2015, 1037 ff.; *Meier/Schmitz,* Verbraucher und Unternehmer – Ein Dualismus?, NJW 2019, 2345 ff.; *Scherer,* Der EuGH und der mündige Verbraucher – eine Beziehungskrise?, WRP 2013, 705 ff.; *Scherer,* Die Leerformel vom „hohen Verbraucherschutzniveau", WRP 2013, 977 ff.; *Streinz,* Die Bedeutung eines „Verbraucherleitbilds" im Lebensmittelrecht, FS Köhler 2014, 745 ff.; *Wiebe,* Das Leid des Verbrauchers mit dem Verbraucherleitbild, FS Köhler 2014, 799 ff.

Literatur ab 2009: *Ahrens,* Das Verhältnis von UWG und Vertragsrecht aufgrund der EU-Richtlinie über unlautere Geschäftspraktiken, FS Loewenheim, 2009, 407 ff.; *Alexander,* Vertragsrecht und Lauterkeitsrecht unter dem Einfluss der Richtlinie 2005/29 über unlautere Geschäftspraktiken, WRP 2012, 515 ff.; *Beater,* Allgemeinheitsinteressen und UWG, WRP 2012, 6 ff.; *Fezer,* Eine Replik: Die Auslegung der UGP-RL vom UWG aus?, WRP 2010, 677 ff.; *ders.* Der Dualismus der Lauterkeitsrechtsordnung des b2c-Geschäftsverkehrs und des b2b-Geschäftsverkehrs im UWG; *Glöckner,* Der gegenständliche Anwendungsbereich des Lauterkeitsrechts nach der UWG-Novelle 2008 – Ein Paradigmenwechsel mit Folgen, WRP 2009, 1175 ff.; *Hoeren,* Das neue UWG und dessen Auswirkungen auf den B2B-Bereich, WRP 2009, 789 ff.; *Keßler/Micklitz,* Das neue UWG – Auf halbem Wege nach Europa, VuR 2009, 88 ff.; *Köhler,* Der „Unternehmer" im Lauterkeitsrecht, FS Hopt, 2010, 2825 ff.; *ders.,* Die Durchsetzung des Vertragsrechts mit den Mitteln des Lauterkeitsrechts, FS Medicus, 2009, 225 ff.; *ders.,* Die UWG-Novelle 2008, WRP 2009, 109 ff.; *ders.* Unzulässige geschäftliche Handlungen bei Abschluss und Durchführung eines Vertrags, WRP 2009, 898 ff.; *ders.,* Richtlinienkonforme Gesetzgebung statt richtlinienkonformer Auslegung: Plädoyer für eine weitere UWG-Novelle, WRP 2012, 251 ff.; *Lettl,* Das neue UWG, GRUR-RR 2009, 41 ff.; *Sack,* Individualschutz gegen unlauteren Wettbewerb, WRP 2009, 1330 ff.; *Scherer,* Lauterkeitsrecht und Leistungsstörungsrecht – Veränderung des Verhältnisses durch § 2 I Nr. 1 UWG? WRP 2009, 761 ff.; *Scherer,* Die „Verbrauchergeneralklausel" des § 3 II 1 UWG – Eine überflüssige Norm, WRP 2010, 586 ff.; *Schöttle,* Aus eins macht zwei – die neuen Generalklauseln im Lauterkeitsrecht, GRUR 2009, 546 ff.

Literatur von 2004 bis 2008: *Brömmelmeyer,* Der Binnenmarkt als Leitstern der Richtlinie über unlautere Geschäftspraktiken, GRUR 2007, 295 ff.; *Fezer,* Plädoyer für eine offensive Umsetzung der Richtlinie über unlautere Geschäftspraktiken in das deutsche UWG, WRP 2006, 781 ff.; *ders.,* Das Informationsgebot der Lauterkeitsrichtlinie als subjektives Verbraucherrecht, WRP 2007, 1021 ff.; *Glöckner,* Richtlinienvorschlag über unlautere Geschäftspraktiken, deutsches UWG oder die schwierige Umsetzung von europarechtlichen Generalklauseln, WRP 2004, 936 ff.; *Glöckner/Henning-Bodewig,* EG-Richtlinie über unlautere Geschäftspraktiken: Was wird aus dem neuen UWG?, WRP 2005, 1311 ff.; *Henning-Bodewig,* Richtlinienvorschlag über unlautere Geschäftspraktiken und UWG-Reform, GRUR Int. 2004, 183 ff.; *dies.,* Die Richtlinie 2005/29/EG über unlautere Geschäftspraktiken, GRUR Int. 2005, 629 ff.; *Keßler,* Lauterkeitsschutz und Wettbewerbsordnung – Zur Umsetzung der Richtlinie 2005/29/EG über unlautere Geschäftspraktiken in Deutschland und Österreich, WRP 2007, 714 ff.; *Köhler,* Zur Umsetzung der Richtlinie über unlautere Geschäftspraktiken, GRUR 2005, 793 ff.; *Kulka,* Der Entwurf eines „Ersten Gesetzes zur Änderung des

Gesetzes gegen unlauteren Wettbewerb", DB 2008, 1548 ff.; *Lettl,* Der Schutz der Verbraucher nach der UWG-Reform, GRUR 2004, 449 ff.; *Lutz,* Veränderung des Wettbewerbsrechts im Zuge der Richtlinie über unlautere Geschäftspraktiken, GRUR 2006, 908 ff.; *Oppermann/Müller,* Wie verbraucherfreundlich muss das neue UWG sein?, GRUR 2005, 280 ff.; *Sack,* Die relevante Irreführung im Wettbewerbsrecht, WRP 2004, 521 ff.; *Seichter,* Der Umsetzungsbedarf der Richtlinie über unlautere Geschäftspraktiken, WRP 2005, 1087 ff.; *Sosnitza,* Der Gesetzentwurf zur Umsetzung der Richtlinie über unlautere Geschäftspraktiken, WRP 2008, 1014 ff.; *Steinbeck,* Richtlinie über unlautere Geschäftspraktiken: Irreführende Geschäftspraktiken – Umsetzung in das deutsche Recht, WRP 2006, 632 ff.; *Veelken,* Kundenfang gegenüber dem Verbraucher, WRP 2004, 1 ff.

Ausgewählte ältere Literatur: *Beater,* Verbraucherschutz und Schutzzweckdenken im Wettbewerbsrecht, 2000; *ders.,* Verbraucherverhalten und Wettbewerbsrecht, FS Tilmann, 2003, S. 87 ff.; *Fezer,* Modernisierung des deutschen Rechts gegen den unlauteren Wettbewerb auf der Grundlage einer Europäisierung des Wettbewerbsrechts, WRP 2001, 989 ff.; *ders.,* Das wettbewerbsrechtliche Vertragsauflösungsrecht in der UWG-Reform, WRP 2003, 127 ff.; *Helm,* Das Verbraucherleitbild des Europäischen Gerichtshofs und des Bundesgerichtshofs im Vergleich, FS Tilmann, 2003, S. 135 ff.; *Henning-Bodewig/Schricker,* Stellungnahme des Max-Planck-Instituts für ausländisches und internationales Patent-, Urheber- und Wettbewerbsrecht zum Grünbuch zum Verbraucherschutz in der EU KOM (2002) 531 endg., GRUR Int. 2002, 319 ff.; *Keßler/Micklitz,* Der Richtlinienvorschlag über unlautere Praktiken im binnenmarktinternen Geschäftsverkehr, BB 2003, 2073; *Köhler,* UWG-Reform und Verbraucherschutz, GRUR 2003, 265 ff.; *Köhler/Lettl,* Das geltende europäische Lauterkeitsrecht, der Vorschlag für eine EG-Richtlinie über unlautere Geschäftspraktiken und die UWG-Reform, WRP 2003, 1019; *Lehmann,* Informationsverantwortung und Gewährleistung für Werbeangaben beim Verbrauchsgüterkauf, JZ 2000, 280 ff.; *Micklitz/Keßler,* Funktionswandel des UWG, WRP 2003, 919 ff.; *Schricker/Henning-Bodewig,* Elemente einer Harmonisierung des Rechts des unlauteren Wettbewerbs in der Europäischen Union, WRP 2001, 1367 ff.; *Sosnitza,* Das Koordinatensystem des Rechts des unlauteren Wettbewerbs im Spannungsfeld zwischen Europa und Deutschland, GRUR 2003, 739 ff.; *Tilmann,* Der „verständige Verbraucher", FS Piper, 1996, S. 481 ff.; *Ullmann,* Das Koordinatensystem des Rechts des unlauteren Wettbewerbs im Spannungsfeld von Europa und Deutschland, GRUR 2003, 817 ff.

I. Allgemeines

232 **1. Überblick.** Seit der UWG-Novelle 2004 benennt das UWG ausdrücklich auch den Verbraucher als Schutzsubjekt des Gesetzes (vgl. §§ 1 und 3 UWG) und stellt anstatt des veralteten Begriffs des „Gewerbetreibenden" auf den „Unternehmer" ab. § 2 Abs. 1 Nr. 6 UWG enthält nun eine eigenständige Definition des Unternehmerbegriffs. Der Gesetzgeber sah sich hierzu durch die Definitionen des Verbrauchers in Art. 2 lit. a und des Gewerbetreibenden in Art. 2 lit. b der UGP-RL veranlasst. Der Auffassung des Gesetzgebers lag jedoch das Missverständnis zugrunde, wonach die UGP-RL unter einer „beruflichen Tätigkeit" eine unselbständige berufliche Tätigkeit verstehen würde.[1004] Tatsächlich ist mit der „beruflichen Tätigkeit" im Sinne von Art. 2a und 2b der UGP-RL nur eine selbständige berufliche Tätigkeit gemeint.[1005] Der europäische Verbraucher- und Unternehmerbegriff sowie der deutsche Verbraucher- und Unternehmerbegriff stimmen somit überein. **§ 2 Abs. 1 Nr. 6 UWG** ist deshalb dahingehend **einschränkend auszulegen,** dass der **Unternehmerbegriff eine unselbständige berufliche Tätigkeit nicht erfasst.**[1006] Anderenfalls ergäbe sich ein Widerspruch zwischen Unternehmer- und Verbraucherbegriff, da § 13 BGB unselbständig beruflich Tätige den Verbrauchern zurechnet, der Unternehmerbegriff des § 2 Abs. 1 Nr. 6 UWG scheinbar seinem Wortlaut nach aber auch unselbständige berufliche Tätigkeiten erfasst. Der BGH hat die von der UGP-RL abweichende Definition in § 13 BGB als eine Verstärkung des Verbraucherschutzes durch den Gesetzgeber angesehen[1007]. Mittlerweile ist anerkannt, dass bei einem Auseinanderfallen des Verbraucherbegriffs gemäß § 13 BGB und nach Art. 2 lit. a UGP-RL die Richtlinie vorrangig ist.[1008] Erwägenswert ist eine richtlinienkonforme Auslegung auch unter Einbeziehung der Verbraucherrechte-Richtlinie (nachfolgend → Rn. 240). Die nach § 2 Abs. 2 UWG lediglich „entsprechende" Anwendbarkeit der Definition des Verbrauchers in

---

[1004] Amtliche Begründung des Gesetzentwurfs zum UWG 2008, BT-Drs. 16/10145, 18.
[1005] MüKoBGB/*Micklitz,* 8. Aufl., § 14 Rn. 32; *Köhler*/Bornkamm/Feddersen, § 2 Rn. 120.
[1006] Zustimmend: *Köhler* FS Hopt, 2010, 2825 (2827).
[1007] BGH GRUR 2011, 941 (942) – Schneeballseminare.
[1008] *Büscher* GRUR 2018, 113 (114); BGH GRUR 2017, 537 Rn. 25 und 26 – Konsumgetreide stellt für die Bestimmung des Anwendungsbereichs der UGP-RL auf deren Art. 2 lit. a ab.

§ 13 BGB berücksichtigt, dass die lauterkeitsrechtliche Beurteilung gerade im Vorfeld von vertraglichen Beziehungen eingreift, so dass es nicht darauf ankommt, ob Verbraucher jeweils gerade zu Vertragsabschlusszwecken handeln.

2. Lauterkeitsrechtlicher Verbraucherschutz durch die UGP-Richtlinie. Mit der UGP-RL[1009] ist der verbraucherbezogene Lauterkeitsschutz europarechtlich verbindlich etabliert. Die **UGP-Richtlinie** stellt somit tatsächlich einen **Meilenstein im verbraucherschutzbezogenen Lauterkeitsrecht** dar. Auch wenn es zu begrüßen ist, dass die Richtlinie das unternehmerische Marktverhalten mit Blick auf die wirtschaftlichen Interessen der Verbraucher regelt, ist zu bedauern, dass sie die Interessen rechtmäßig handelnder Mitbewerber nur mittelbar schützt (vgl. Erwägungsgrund 6) und somit ein **einheitliches Marktverhalten nicht auch einheitlich erfasst.**[1010] Einen **verbesserten Verbraucherschutz** bringen die Richtlinie und das von ihr harmonisierte nationale Recht insoweit, als auch das vertragsabschlussbezogene und das **nachvertragliche Verhalten der lauterkeitsrechtlichen Kontrolle unterfällt** und sie die Fähigkeit des Verbrauchers zu einer informierten Entscheidung durch eine **Informationspflicht der Unternehmen** zu sichern sucht. Mit der **UWG-Reform 2015** hat der Gesetzgeber das deutsche UWG noch weiter an die UGP-RL angepasst. Der verbraucherschützende Charakter des Lauterkeitsrechts wird durch die RL (EU) 2019/2161 vom 27.11.2019 zur besseren Durchsetzung und Modernisierung der Verbraucherschutzvorschriften der Union[1011] noch weiter verstärkt. Der deutsche Gesetzgeber hat insoweit bereits im November 2020 einen „Referentenentwurf eines Gesetzes zur Stärkung des Verbraucherschutzes im Wettbewerbs- und Gewerberecht“ vorgelegt, der etwa eine Schadenersatzberechtigung von Verbrauchern bei unlauterem Wettbewerb vorsieht. Die nächste Reform des UWG ist sonach schon absehbar. 233

3. Verbraucherschutz im und durch das UWG. a) Einheitlicher Ansatz. Das UWG schützt Verbraucher und Mitbewerber als Marktteilnehmer gleichermaßen und gleichrangig.[1012] Auch wenn das verbraucherbezogene Lauterkeitsrecht nunmehr durch die UGP-RL vollständig europarechtlich determiniert ist, hält das deutsche Recht richtigerweise an seinem einheitlichen Ansatz fest und erfasst ein Marktverhalten unabhängig davon, ob es in erster Linie die wirtschaftlichen Interessen von Verbrauchern oder Unternehmen berührt. 234

b) Lauterkeitsrechtlicher Verbraucherschutz. Das UWG enthält als Konkretisierung des ihm innewohnenden Verbraucherschutzzwecks zahlreiche Vorschriften, die ausschließlich oder vorrangig dem Verbraucherschutz dienen (vgl. § 3 Abs. 2, § 4a, § 5a Abs. 2 und § 7 Abs. 2 Nr. 1 und Nr. 2 UWG). Der Verbraucher ist damit als **Schutzsubjekt des Lauterkeitsrechts** anerkannt. Das Lauterkeitsrecht gewährleistet unter dem Blickwinkel der UGP-RL nunmehr insbesondere die **Möglichkeit des Verbrauchers, eine informierte Entscheidung zu treffen** (vgl. insbesondere Art. 7 Abs. 1 UGP-RL und § 3 Abs. 2 sowie § 5a Abs. 2 UWG). Insbesondere die sich aus § 5a Abs. 2 UWG ergebende **Informationsverschaffungspflicht geht über die Abwehr von Irreführungen** hinaus und soll den Verbrauchern eine gesicherte Informationsbasis für geschäftliche Entscheidungen ermöglichen.[1013] § 5a Abs. 2 UWG zielt auf die Gewährleistung verbraucherschützender Markttransparenz.[1014] Das Verbot der belästigenden Werbung in § 7 UWG geht über 235

[1009] Richtlinie 2005/29/EG über unlautere Geschäftspraktiken.

[1010] Vgl. *Henning-Bodewig* GRUR 2013, 238 ff.

[1011] RL (EU) 2019/2161 vom 27.11.2019 zur Änderung der RL ABl. 2019 L 328, S. 7.

[1012] Zu den schutzwürdigen Verbraucherinteressen im UWG vgl. *Lettl* WRP 2019, 1265 ff. und *Lettl* GRUR 2004, 449 ff.

[1013] Vgl. etwa die Forderung von *Fezer* und dessen Kritik am Referentenentwurf für die UWG-Reform 2008 in WRP 2007, 1021 ff., in die gleiche Richtung gehend: *Keßler* WRP 2007, 714 (717).

[1014] *Keßler* spricht in WRP 2007, 714 (717) davon, dass die Vorgaben der Richtlinie in ihrem Kern auf die „Bedingungen der Möglichkeit“ marktbezogener Konsumentensouveränität zielten; vgl. zu den Schutzzielen der UGP-RL auch *Lettl* WRP 2019, 1265 ff.

einen Schutz der wirtschaftlichen Interessen von Verbrauchern hinaus und sichert auch deren Recht, insbesondere in der Privatsphäre „in Ruhe gelassen zu werden". Aber auch in erster Linie mitbewerberschützende Vorschriften wie etwa die Verbote des § 4 Nr. 1–4 UWG haben einen verbraucherschützenden Aspekt, weil durch mitbewerberbezogene unlautere Wettbewerbshandlungen zugleich der Wettbewerb zu Lasten von Verbrauchern verfälscht wird.

236 **c) Kein Klagerecht individueller Verbraucher.** Das UWG gewährleistet den Verbraucherschutz vor unlauteren Wettbewerbshandlungen im vor- und nachvertraglichen Bereich.[1015] Das UWG greift jedoch nicht in das Vertragsrecht ein, sondern gewährleistet einen **kollektiven Verbraucherschutz,** indem es die an einzelne oder an eine unbestimmte Vielzahl von Verbrauchern gerichteten Absatz- und Werbemaßnahmen einer lauterkeitsrechtlichen, insbesondere auf Abwehr gerichteten Kontrolle unterwirft. Nach wie vor stehen jedoch **einzelnen Verbrauchern keine individuellen Klagerechte** aus dem UWG zu.[1016] Lauterkeitsrechtliche Ansprüche können deshalb wie seit jeher nur von Mitbewerbern, Wettbewerbs- und Verbraucherverbänden sowie von Industrie- und Handelskammern und Handwerkskammern geltend gemacht werden. Auch unter dem Blickwinkel der UGP-RL sind die verbraucherschützenden Bestimmungen des UWG nicht als Schutzgesetze iSd § 823 Abs. 2 BGB anzusehen.[1017] Ein unrechtmäßiger Gewinn kann ggf. von Verbänden gemäß § 10 UWG abgeschöpft werden. Es bleibt abzuwarten, inwieweit Verbrauchern individueller Schadenersatzanspruch im Zuge der Umsetzung der RL (EU) 2019/2161 entsprechend dem neu gefassten Art. 11a der UGP-RL eingeräumt werden.[1018]

237 **d) Vertragsauflösungsrechte bei unlauterem Wettbewerb, „New Deal for Consumers" und Gesetz zur Stärkung des Verbraucherschutzes im Wettbewerbs- und Gewerberecht.** Den Verbrauchern (oder den sonstigen Marktbeteiligten) steht auf lauterkeitsrechtlicher Grundlage kein Recht zur Vertragsauflösung eines unlauter zustande gekommenen Vertrages zu. Das gilt auch unter dem Blickwinkel der UGP-RL, die nach Art. 3 Abs. 2 das Vertragsrecht und insbesondere die Bestimmungen über die Wirksamkeit, das Zustandekommen oder die Wirkungen eines Vertrages unberührt lässt. In Erwägungsgrund 9 der UGP-RL ist auch besonders hervorgehoben, dass die Richtlinie nicht individuelle Klagen von Personen, die durch eine unlautere Geschäftspraxis geschädigt wurden, berührt. Der Lauterkeitsverstoß führt auch **nicht zur Nichtigkeit** des in seinem Gefolge zustande gekommenen **Vertrages** nach §§ 134, 138 BGB.[1019] Der im Zuge des Gesetzgebungsverfahrens zur UWG-Reform 2004 erhobenen Forderung, **lauterkeitsrechtliche Möglichkeiten zur Vertragsauflösung**[1020] vorzusehen und auszubauen,[1021] ist der Ge-

---

[1015] Seit dem UWG 2008 sind grds. – folgend der UGP-RL – alle geschäftlichen Handlungen vor, während und nach Vertragsschluss lauterkeitsrechtlich erfasst, vgl. dazu → Rn. 8 ff.

[1016] BGH GRUR 2017, 748 Rn. 13 – Anforderungen an die Einwilligung in Werbe-Emails; Der Gesetzgeber des UWG 2008 verwies darauf, dass die UGP-RL nach ihrem Erwägungsgrund 9 keine Regelungen zu individuellen Klagerechten von Personen enthält, die durch unlautere geschäftliche Handlungen geschädigt worden sind, und deshalb im UWG keine besonderen individuellen Klagerechte für Verbraucher geschaffen werden mussten, vgl. die Amtl. Begr. zum UWG 2008, BT-Drs. 16/10145, 35; abweichend *Sack* GRUR 2012, 953 (963 f.).

[1017] Zum fehlenden Schutzgesetzcharakter des UWG vgl. noch die Begründung zum UWG 2004, BT-Drs. 15/1487, 22 und BGH GRUR 1975, 150 – Prüfzeichen; kritisch *Möllers* ZHR 2004, 225 (229).

[1018] Der im Januar 2021 vorgelegte Regierungsentwurf eines „Gesetzes zur Stärkung des Verbraucherschutzes im Wettbewerbs- und Gewerberecht" enthält in § 9 einen Schadenersatzanspruch des Verbrauchers bei vorsätzlich oder fahrlässigen Verstößen gegen § 3 UWG.

[1019] BGH GRUR 1998, 945 ff. – Co-Verlagsvereinbarung; BGH GRUR 1990, 522 (528) – HBV-Familien- und Wohnrechtsschutz.

[1020] Die schon im UWG 2004 erfolgte Aufgabe eines gesetzlichen Rücktrittsrechts bei strafbarer irreführender Werbung gemäß § 13a UWG aF kann nicht als Einschränkung des Verbraucherschutzes verstanden werden, weil die Vorschrift keinerlei Bedeutung erlangt hatte.

[1021] Befürwortend: *Fezer* WRP 2003, 127 ff.; nunmehr auch *Sack* GRUR 2012, 953 (963 f.); ablehnend: *Köhler* GRUR 2003, 265 ff.; *Sosnitza* GRUR 2003, 739 (743 ff.); *Lettl* GRUR 2004, 449 (460).

setzgeber **nicht** nachgekommen, weil Verbraucher erfahrungsgemäß nicht gegen ihr schutzwürdiges Interesse an der Erfüllung eines unlauter zustande gekommenen Vertrages festgehalten werden. Ein allgemeines lauterkeitsrechtliches Vertragsauflösungsrecht wäre auch mit den an besondere Voraussetzungen und Fristen gebundenen allgemeinen zivilrechtlichen Anfechtungs-, Gewährleistungs- und Vertragslösungsrechten nur schwer zu vereinbaren. Der Gesetzgeber hat hierbei auch berücksichtigt, dass die spätere Abwicklung und Durchsetzung unlauter zustande gekommener Verträge wettbewerbsrechtlich untersagt werden kann.[1022] Diese Rechtslage ändert sich nun durch den **„New Deal for Consumers“**[1023], ein Maßnahmenpaket zur Stärkung der Stellung von Verbrauchern in der EU, in dessen Gefolge die RL (EU) 2019/2161[1024] vom 27.11.2019 zur besseren Durchsetzung und Modernisierung der Verbrauchervorschriften der Union erlassen wurde. Diese RL hat die UGP-RL durch einen neuen Art. 11a geändert, wonach den durch unlautere Geschäftspraktiken geschädigten Verbraucher Zugang zu angemessenen und wirksamen Rechtsbehelfen, einschließlich Ersatz des dem Verbraucher entstandenen Schadens sowie gegebenenfalls Preisminderung oder Beendigung des Vertrags einzuräumen ist. Der im Januar 2021 vorgelegte **„Regierungsentwurf eines Gesetzes zur Stärkung des Verbraucherschutzes im Wettbewerbs- und Gewerberecht“ sieht in § 9 nunmehr einen Schadenersatzanspruch des Verbrauchers im Falle eines vorsätzlichen oder fahrlässigen Verstoßes gegen § 3 UWG vor, der allerdings nach der Begründung des RegE im Wege der Naturalrestitution ggf. auch auf eine Vertragsaufhebung gerichtet sein kann.**[1025] Es bleibt abzuwarten, ob die Regelung in der im RegE vorgesehenen Fassung umgesetzt wird. Die RL (EU) 2019/2161 ist vom deutschen Gesetzgeber bis zum 28.11.2021 in nationales Recht umzusetzen.

II. Verbraucher iSd UWG

1. Verweis auf § 13 BGB. Zur Definition des Verbraucherbegriffs verweist § 2 Abs. 2 UWG auf § 13 BGB. Der Verbraucherbegriff ist dort wie folgt definiert: 238

§ 13 BGB – Verbraucher

Verbraucher ist jede natürliche Person, die ein Rechtsgeschäft zu Zwecken abschließt, die überwiegend weder ihrer gewerblichen noch ihrer selbständigen beruflichen Tätigkeit zugerechnet werden können.

Die Verbraucher (einschließlich der in § 1 UWG erwähnten „Verbraucherinnen“) sind damit von den „Unternehmern“, nämlich den „Mitbewerbern“, die gemäß § 2 Abs. 1 Nr. 3 UWG nur Unternehmer sein können, sowie den weiteren, ebenfalls unternehmerisch auftretenden „Marktteilnehmern“ iSd § 2, Abs. 1 Nr. 2 UWG zu unterscheiden. Der EuGH sieht in dem Begriff des Verbrauchers „einen zum Unternehmer korrelativen, aber antinomischen Begriff, der jeden nicht gewerblich oder beruflich Tätigen bezeichnet“.[1026] Der Rechtsprechung des EuGH liegt zu Grunde, dass sich ein Verbraucher im Vergleich zu einem Unternehmer in einer unterlegenen Position befindet, da er als wirtschaftlich

[1022] BGH WRP 2001, 1073 ff. – Gewinn-Zertifikat; vgl. BGH GRUR 1994, 126 f. – Folgeverträge I; BGH GRUR 1995, 358 ff. – Folgeverträge II; *von Ungern-Sternberg* WRP 2000, 1057 ff.; *Sack* WRP 2002, 396 ff.

[1023] Vgl. dazu oben Einl. Rn. 62 *(Keller)* sowie Rn. 117k ff., 393c ff. *(Glöckner); Droege* WRP 2019, 160 ff.; *Alexander* WRP 2019, 1235 ff.; *Augenhofer* EuZW 2019, 5 ff.

[1024] RL (EU) 2019/2161 des europäischen Parlaments und des Rates vom 27.11.2019 zur Änderung 93/13/EWG des Rates und der Richtlinien 98/6/EG, 2005/29/EG und 2011/83/EU des Europäischen Parlaments und des Rates zur besseren Durchsetzung und Modernisierung der Verbraucherschutzvorschriften der Union ABl. 2019 L 328, S. 7.

[1025] BT-Drs. 19/27873 vom 24.3.2021 Seite 39 ff.

[1026] EuGH GRUR 2018, 1154 Rn. 33 – KfV/Kamenova; EuGH GRUR 2013, 1159 Rn. 33 – BKK Mobil Oil.

schwächer und rechtlich weniger erfahren angesehen werden muss.[1027] Folgende Merkmale zeichnen den „Verbraucher" aus:

239 **a) Natürliche Personen.** Nur **natürliche Personen** können Verbraucher sein. Der Verbraucherbegriff umfasst danach keine juristischen Personen gleich welcher Art.[1028] Zu den Verbrauchern rechnen insbesondere Kinder und Jugendliche sowie geschäftlich unerfahrene Personen. Eine gesellschaftsrechtlich verbundene, nicht gewerblich oder selbständig beruflich tätige Gruppe von natürlichen Personen ist nicht als juristische, sondern als „natürliche" Person anzusehen.[1029] Auch **ansonsten unternehmerisch tätige Personen** wie Einzelkaufleute, Geschäftsführer oder Vorstände sowie Freiberufler sind **Verbraucher,** soweit sie außerhalb ihrer gewerblichen oder selbständigen beruflichen Tätigkeit etwa als private Konsumenten handeln.[1030]

240 **b) Überwiegend keine gewerbliche oder selbständige berufliche Tätigkeit.** Verbraucher sind nur solche Personen, die zu Vertragsabschlusszwecken überwiegend **nicht gewerblich oder in selbständiger beruflicher Tätigkeit** handeln. Im Rahmen der Umsetzung der Verbraucherrechte-Richtlinie (RL 2011/83/EU) wurde der bisherige Wortlaut des § 13 BGB mit Wirkung zum 13.6.2014 im Hinblick auf die **„Dual-use"-Problematik** durch das Wort „überwiegend" ergänzt. Diese Änderung stellt eine Klarstellung im Hinblick auf den Erwägungsgrund 17 der Verbraucherrechte-Richtlinie dar.[1031] Es heißt insoweit in BT-Drs. 17/13951, 61:

> *Im Hinblick auf den Erwägungsgrund 17 der Verbraucherrechterichtlinie wird ausdrücklich klargestellt, dass es bei Verträgen, die sowohl zu gewerblichen als auch zu nicht gewerblichen Zwecken geschlossen werden (sogenannte Dual-use-Verträge), auf den überwiegenden Zweck ankommt. Schließt eine natürliche Person einen Vertrag nicht überwiegend zu gewerblichen oder selbstständigen beruflichen Zwecken, handelt sie mithin als Verbraucher.*

240a Umgekehrt handelt sonach eine Person erst dann als Unternehmer, wenn sie zu mehr als 50 % gewerblich handelt. **Verbraucher ist** demnach nicht nur, wer ein Rechtsgeschäft zu ausschließlich privaten Zwecken abschließt, sondern auch derjenige, der **nicht überwiegend gewerblich tätig** ist.[1032] (zB Kauf eines privat und beruflich genutzten Notebooks durch einen Rechtsanwalt). Damit regelt die Vorschrift die sog. **„dual-use"-Problematik** nun ausdrücklich im Sinne der von der Rechtsprechung vertretenen Auffassung.[1033] Eine gewerbliche Tätigkeit ist eine planmäßige und auf Dauer angelegte wirtschaftlich selbständige Tätigkeit unter Teilnahme am Wettbewerb.[1034] Die nicht „gewerbliche" Tätigkeit von Freiberuflern ist durch das Merkmal der selbständigen beruflichen Tätigkeit erfasst. Mit der negativen Bestimmung des Verbraucherbegriffs (Verbraucher als Nichtunternehmer) durch die sich auch überschneidenden Begriffe der gewerblichen oder selbständigen beruf-

[1027] EuGH GRUR 2019, 1064 Rn. 36 – Orange Polska; EuGH GRUR 2018, 1154 Rn. 34 – KfV/Kamenova; EuGH GRUR 2018, 1156 Rn. 54 – AGCM/Wind und Vodafone.

[1028] BGH NJW-RR 2010, 1712 Rn. 8; EuGH NJW 2002, 205 zum Verbraucherbegriff in Art. 2 lit. b der Richtlinie 93/13/EWG des Rates vom 5.4.1993 über missbräuchliche Klauseln in Verbraucherverträgen; *Köhler*/Bornkamm/Feddersen, § 2 Rn. 164; *Lettl* GRUR 2004, 449 (451). Auch Verbraucherschutzorganisationen sind keine Verbraucher, BGH MMR 2010, 425 Rn. 8.

[1029] BGH NJW 2015, 3228; 2002, 368. Auch eine Wohnungseigentümergemeinschaft ist einem Verbraucher gleichzustellen, wenn ihr wenigstens ein Verbraucher angehört und sie ein Rechtsgeschäfts zu einem Zweck abschließt, der weder einer gewerblichen noch einer selbstständigen beruflichen Tätigkeit dient, vgl. BGH NJW 2015, 3228 ff., nicht aber BGB-Gesellschaften mit einer juristischen Person als Gesellschafter, BGH NJW 2017, 2752 ff.

[1030] Zu der Möglichkeit, dass ein- und dieselbe Person im Rahmen bestimmter Geschäfte als Verbraucher und bei anderen als Unternehmer angesehen werden kann: EuGH NJW 2018, 1003 Rn. 29 – Schrems/Facebook.

[1031] BT-Drs. 17/13951, 61; BGH GRUR 2017, 1140 Rn. 19 – Testkauf im Internet kritisch zur Umsetzung: *Köhler* WRP 2015, 1037 (1038); *Ohly* WRP 2015, 1443 (1445); *Meier* JuS 2014, 777 ff.

[1032] Vgl. dazu auch *Alexander* WRP 2014, 501 (502).

[1033] Palandt/*Ellenberger,* BGB, 80. Aufl. 2021, § 13 Rn. 1.

[1034] BGH NJW 2002, 368 (369) – Selbständige berufliche Tätigkeit.

lichen Tätigkeit grenzt das Gesetz die **wirtschaftliche Marktteilnahme von der lediglich privaten Tätigkeit ab, zu der insbesondere der private Konsum rechnet.**[1035] Entscheidend für die Zuordnung ist nicht der innere Wille der Handelnden, sondern die **objektiv zu bestimmende Zweckrichtung** des Rechtsgeschäfts,[1036] welche gegebenenfalls durch Auslegung zu ermitteln ist, in die auch die Begleitumstände einzubeziehen sind.[1037] Hat eine natürliche Person ein Geschäft seinem objektiven Zweck nach als Verbraucher abgeschlossen, so kann die Vorstellung des Vertragspartners nur zu einer Zuordnung des Geschäfts zur gewerblichen oder selbständigen beruflichen Tätigkeit führen, wenn die dem Vertragspartner erkennbaren Umstände zweifelsfrei darauf hinweisen,[1038] **im Zweifel ist von der Verbrauchereigenschaft** des Adressaten **auszugehen.**[1039] Eine bewusste Täuschung über den Geschäftszweck, bei der eine gewerblich handelnde Person sich später als Verbraucher zu gerieren trachtet, ist unbeachtlich.[1040] Keine Verbrauchergeschäfte sind Geschäfte im Zuge der **Existenzgründung,** also der Aufnahme einer gewerblichen oder selbständigen beruflichen Tätigkeit, wie etwa das Mieten von Geschäftsräumen, der Abschluss eines Franchisevertrages etc.[1041] Etwas anderes gilt, wenn das Geschäft dazu dient, die Entscheidung über die Existenzgründung erst vorzubereiten, etwa durch Informationsbeschaffung.[1042] Hier liegt Verbraucherhandeln vor.[1043] Nach der Rechtsprechung des BAG[1044] ist der **Arbeitnehmer** auch in Bezug auf den Arbeitsvertrag Verbraucher iSd § 13 BGB.[1045]

c) Möglicher Vertragspartner. Nach § 13 BGB ist als Verbraucher jede natürliche Person anzusehen, die ein **Rechtsgeschäft** überwiegend zu nicht gewerblichen oder selbständigen beruflichen Zwecken **abschließt.** Schon nach bürgerlichem Recht wird allerdings die Beschränkung des § 13 BGB auf **abgeschlossene Rechtsgeschäfte** als **verfehlt** angesehen.[1046] Die Verbraucherdefinition des § 13 BGB gilt nach § 2 Abs. 2 UWG jedoch nur **entsprechend.** Damit unterfallen auch die Tätigkeit und die Ansprache von Verbrauchern im **Vorfeld von Vertragsabschlüssen** bereits dem § 2 Abs. 2 UWG und eröffnen den durch das UWG gerade in der vorvertraglichen Phase zu gewährleistenden Schutz der Verbraucher vor unlauteren Wettbewerbshandlungen.[1047] 241

d) Maßgeblicher Zeitpunkt. Maßgeblicher Zeitpunkt der Beurteilung der Verbrauchereigenschaft ist nicht der Zeitpunkt des Vertragsschlusses. Abzustellen ist vielmehr auf den Zeitpunkt, in welchem der Angesprochene durch die geschäftliche Tätigkeit des Unternehmers so angesprochen wird, dass diese Ansprache unmittelbar in den Produktabsatz münden soll.[1048] 242

[1035] Zu der Definition des Verbraucherbegriffs in Abgrenzung zum Unternehmerbegriff, die auch von den Kenntnissen und Informationen der betreffenden Person unabhängig ist, vgl. EuGH NJW 2018, 1003 Rn. 39 – Schrems/Facebook. Zu dem außerhalb marktbezogener geschäftlicher Tätigkeit stehenden privaten Verhalten von Verbrauchern oder Kaufleuten → Rn. 38 sowie *Lettl* GRUR 2004, 449 (451).

[1036] BGH NJW 2005, 1273 (1274); BAG NJW 2014, 2138.

[1037] BGH GRUR 2011, 941 Rn. 24 – Schneeballseminare; BGH NJW 2008, 435.

[1038] Offen hinsichtlich der Zuordnung BGH GRUR 2017, 1140 Rn. 20 – Testkauf im Internet; BGH NJW 2009, 3780 Rn. 11 = WRP 2010, 103; restriktiver allerdings EuGH NJW 2018, 1003 Rn. 32 – Schrems/Facebook.

[1039] BGH GRUR 2017, 1140 Rn. 20 – Testkauf im Internet; BGH NJW 2009, 3780 Rn. 10.

[1040] BGH GRUR 2017, 1140 Rn. 20 – Testkauf im Internet; BGH NJW 2005, 1045.

[1041] BGH GRUR 2011, 941 Rn. 24 – Schneeballseminare; BGH NJW 2005, 1273 (1274).

[1042] MüKoUWG/*Bähr,* 3. Aufl., § 2 Rn. 407.

[1043] BGH GRUR 2011, 941 Rn. 24 – Schneeballseminare; BGH NJW 2008, 435 f.

[1044] BAG NJW 2005, 3305.

[1045] BAG NJW 2014, 2138; differenzierend: *Köhler*/Bornkamm/Feddersen, § 2 Rn. 172; vgl. auch OLG Frankfurt a. M. GRUR 2015, 401 Rn. 32 – Messepersonal.

[1046] Palandt/*Ellenberger,* BGB, 80. Aufl. 2021, § 13 Rn. 6; kritisch auch *Köhler* WRP 2015, 1037 (1038).

[1047] BGH GRUR 2011, 941 Rn. 26 – Schneeballseminare; MüKoUWG/*Bähr,* 3. Aufl., § 2 Rn. 389.

[1048] BGH GRUR 2011, 941 Rn. 25 – Schneeballseminare.

243 **2. Kollektive Verbraucheransprache.** Die Verweisungsnorm des § 2 Abs. 2 UWG nimmt den individuellen Verbraucher in den Blick. Soweit die Verbraucher – wie zumeist – als Kollektiv, insbesondere als potenzielle Abnehmer, angesprochen werden, ist etwa hinsichtlich der materiellen Schutzgewährleistungen des UWG (beispielsweise in den Fällen des § 3 Abs. 2, § 4a sowie § 5a Abs. 2, § 7 Abs. 2 Nr. 2 UWG sowie der Verbotstatbestände der „Black List") danach zu fragen, ob eine **Werbemaßnahme zumindest auch an Verbraucher iSd § 2 Abs. 2 UWG gerichtet** ist und deshalb verbraucherspezifischen Schutzstandards zu genügen hat.[1049] Soweit spezifische Verbrauchergruppen angesprochen sind, ist nach § 3 Abs. 4 UWG auf die Sicht eines durchschnittlichen Mitglieds dieser spezifischen Gruppe abzustellen.[1050] Möglich ist allerdings, ein Angebot ausschließlich an Unternehmer zu richten und damit die Verbraucherschutzbestimmungen zu überspielen, entsprechende Angebote sind allerdings unmissverständlich und eindeutig – im Online-Bereich insbesondere im unmittelbaren Zusammenhang mit Bestellbuttons – zu kennzeichnen.[1051] Maßgebend ist insgesamt, wie das angesprochene Publikum die Ankündigung verstehen darf.[1052]

244 **3. Verbraucherleitbild.** Der Verweis in § 2 Abs. 2 UWG auf § 13 BGB trifft keine Aussage zu dem für das UWG maßgebenden „Verbraucherleitbild", das den Maßstab für die Beurteilung verbraucherbezogener wettbewerblicher Handlungen bildet. Die **UGP-Richtlinie,** der ersichtlich die ständige Rechtsprechung des EuGH zugrundeliegt, betont in **Erwägungsgrund 18,** dass ihr der Maßstab eines **Durchschnittsverbrauchers** zugrunde liege, **der angemessen gut unterrichtet und angemessen aufmerksam und kritisch ist.**[1053] Auf der Grundlage der Rechtsprechung des EuGH stellt auch der BGH auf **das Leitbild eines durchschnittlich informierten, aufmerksamen und verständigen Verbrauchers** ab, der das fragliche Werbeverhalten mit einer der Situation angemessenen Aufmerksamkeit verfolgt.[1054]

245 **4. Spezifische Verbraucherkreise.** Die UGP-RL stellt nach Erwägungsgrund 18 auf einen Durchschnittsverbraucher ab, der angemessen gut unterrichtet und angemessen aufmerksam und kritisch ist. Soweit sich eine Geschäftspraxis speziell an eine **besondere Verbrauchergruppe,** wie zum Beispiel Kinder,[1055] richtet, ist die **Sicht eines Durchschnittsmitglieds dieser Gruppe** maßgebend[1056] (vgl. Erwägungsgrund 18). Dementsprechend bestimmt § 3 Abs. 4 UWG, dass auf ein durchschnittliches Mitglied der angesprochenen Gruppe abzustellen ist. Auch ist auf die Sicht eines durchschnittlichen Mit-

[1049] Ein tatsächlich auch an Verbraucher gerichtetes Angebot muss auch dann die Verbraucherschutzvorschriften beachten, wenn das Angebot eine Erklärung enthält, nur an Gewerbetreibende verkaufen zu wollen, wenn der Gewerbetreibende nicht durch geeignete Kontrollmaßnahmen einen Verkauf an Verbraucher unterbindet, BGH GRUR 2011, 82 – Preiswerbung ohne Umsatzsteuer; BGH GRUR 2010, 1117 – Gewährleistungsausschluss im Internet; vgl. OLG Hamm MMR 2012, 596; LG Kiel WRP 2014, 495 Rn. 16.

[1050] Der Beklagte hat dazulegen und zu beweisen, dass lediglich eine spezifische Verbrauchergruppe – etwa mit besonderen Kenntnissen oder etwa in regionaler Hinsicht – angesprochen ist und sich das Verständnis dieser Gruppe vom allgemeinen „jedermann"-Verständnis unterstreicht, vgl. BGH GRUR 2018, 1266 Rn. 43 ff. – Bekömmliches Bier.

[1051] BGH GRUR 2017, 1140 Rn. 25 – Testkauf im Internet; LG Kiel WRP 2014, 495 Rn. 17.

[1052] BGH GRUR 2010, 1117 Rn. 21 – Gewährleistungsausschluss im Internet.

[1053] Zum Verbraucherleitbild aus jüngerer Zeit: EuGH GRUR 2018, 940 Rn. 56 – Dyson/BSH; EuGH GRUR 2015, 701 Rn. 36 – Himbeer-Vanille-Abenteuer; vgl. zudem *Scherer* WRP 2013, 9 ff.; für ein sich an einem „hohen Verbraucherschutzniveau" orientierendes Verbraucherleitbild plädiert *Helm* WRP 2013, 710 ff.

[1054] BGH GRUR 2018, 431 Rn. 27 – Tiegelgröße; BGH GRUR 2015, 906 Rn. 22 – TIP der Woche; BGH GRUR 2015, 504 Rn. 17 – Kostenlose Zweitbrille; BGH GRUR 2012, 184 Rn. 19 – Branchenbuch Berg; BGH GRUR 2009, 1064 Rn. 37 – Geld-zurück-Garantie II; vgl. zum Verbraucherleitbild auch *Glöckner* → Einl. Rn. 104 ff. und *Dreyer* → § 5 Rn. 159 ff. sowie Ohly/*Sosnitza*, § 2 Rn. 117.

[1055] BGH GRUR 2014, 682 Rn. 22 – Nordjob-Messe; BGH GRUR 2009, 71 Rn. 17 – Sammelaktion für Schoko-Riegel; BGH GRUR 2006, 776 Rn. 19 – Werbung für Klingeltöne.

[1056] BGH GRUR 2014, 682 Rn. 22 – Nordjob-Messe; BGH GRUR 2014, 1211 Rn. 24 – Runes of Magic II; BGH GRUR 2014, 1117 Rn. 29 – Zeugnisaktion; vgl. dazu *Scherer* WRP 2008, 563 ff.

glieds einer aufgrund von geistigen oder körperlichen Gebrechen, Alter oder Leichtgläubigkeit besonders schutzbedürftigen und eindeutig identifizierbaren Gruppe von Verbrauchern abzustellen, wenn für den Unternehmer vorhersehbar ist, dass seine geschäftliche Handlung nur diese Gruppe betrifft (vgl. § 3 Abs. 4 S. 2 UWG). Die Vorschriften stellen eine Abweichung vom Leitbild des erwachsenen Durchschnittsverbrauchers dar, das der Gesetzgeber bei der UWG-Reform 2004 in Übereinstimmung mit neueren Rechtsprechung zugrunde gelegt hat.[1057] Damit verschiebt sich der an die Bewertung einer geschäftlichen Handlung anzulegende Maßstab zu Lasten des Unternehmers.[1058]

III. Unternehmer iSd § 2 Abs. 1 Nr. 6 UWG

1. Änderung durch das UWG 2008. Das UWG 2004 definierte in § 2 Abs. 2 aF den Begriff des Unternehmers – ebenso wie den Begriff des Verbrauchers – durch einen Verweis auf das BGB. Aufgrund der UGP-RL und der dort in Art. 2 lit. b enthaltenen Definition des „Gewerbetreibenden" nahm der Gesetzgeber in § 2 Abs. 2 Nr. 6 UWG eine **gegenüber § 14 BGB weitere Definition des Unternehmerbegriffs** auf. 246

Der Wortlaut der Definition in § 2 Abs. 2 Nr. 6 UWG steht **mit dem Verbraucherbegriff nach § 2 Abs. 2 UWG iVm § 13 BGB nicht in Einklang.** Denn die unselbständig beruflich Tätigen, welche scheinbar vom Wortlaut des § 2 Abs. 2 Nr. 6 UWG erfasst sind, fallen gleichzeitig auch unter den weiter unverändert geltenden Verbraucherbegriff gemäß § 2 Abs. 2 UWG iVm § 13 BGB. Ein und dieselbe Person kann aber bei demselben Geschäft nicht Verbraucher und Unternehmer zugleich sein.[1059] Gewollt war, wie die Beispiele in der Begründung zum Gesetzentwurf zum UWG 2008, S. 18, zeigen, dass auch diejenigen in den Genuss verbraucherschützender lauterkeitsrechtlicher Vorschriften kommen sollen, die geschäftlich in Bezug auf ihren unselbständigen Beruf handeln.[1060] Ein **unselbständig beruflich Tätiger** ist demgemäß nach wie vor **als Verbraucher** einzuordnen und der **Unternehmerbegriff insofern einschränkend zu interpretieren.** Es ergeben sich sonach nach dieser Auffassung keine Abweichungen zum bisherigen Recht.[1061] Der einschränkend zu interpretierende lauterkeitsrechtliche Unternehmerbegriff stimmt auch mit dem bürgerlich-rechtlichen Verständnis des Unternehmers gemäß § 14 BGB überein. Es bleibt dabei, dass kein Verbraucher sein kann, wer als Unternehmer handelt und umgekehrt.[1062] 246a

2. Vorgaben der UGP-Richtlinie. Die UGP-RL definiert in Art. 2 lit. b den Begriff des „Gewerbetreibenden" und versteht darunter jede natürliche oder juristische Person, die **im Geschäftsverkehr im Rahmen ihrer gewerblichen, handwerklichen oder beruflichen Tätigkeit** handelt, und jede Person, die **im Namen oder Auftrag des Gewerbetreibenden handelt.** Der in der Richtlinie ebenfalls verwendete Begriff „Unternehmen" stimmt in seiner Bedeutung und rechtlichen Tragweite mit dem Begriff „Gewerbetreibender" überein.[1063] Einrichtungen, die einem allgemeinen Interesse liegende Aufgabe erfüllen, werden davon ebenso wenig ausgenommen wie öffentlich-rechtliche Einrichtungen.[1064] Für die Eröffnung des persönlichen Anwendungsbereichs der UGP-RL 247

[1057] Vgl. die Begründung des Regierungsentwurfs, BT-Drs. 14/1487, 19.

[1058] BGH GRUR 2014, 682 Rn. 22 – Nordjob-Messe.

[1059] Staudinger/*Habermann,* BGB, Neubearbeitung 2013, § 14 Rn. 3.

[1060] Amtliche Begründung des Gesetzentwurfs zum UWG 2008, BT-Drs. 16/10145, 11, mit dem Beispiel, dass auch ein Lehrer, der für berufliche Zwecke einen Computer erwirbt, lauterkeitsrechtlich geschützt sein soll.

[1061] Vgl. insoweit auch → Rn. 232.

[1062] Für eine „dritte Kategorie" bei bestimmten juristischen Personen des öffentlichen und privaten Rechts *Meier/Schmitz* NJW 2019, 2345 ff.

[1063] EuGH GRUR 2018, 1154 Rn. 29 – KfV/Kamenova.

[1064] EuGH GRUR 2018, 1154 Rn. 30 – KfV/Kamenova; EuGH GRUR 2013, 959 Rn. 26, 28 – BKK Mobil Oil; BGH GRUR 2014, 1120 Rn. 18 ff. – Betriebskrankenkasse II; BGH GRUR 2014, 682 Rn. 17 – Nordjob-Messe.

ist unerheblich, wie die Einordnung und die Rechtstellung des Unternehmens nach nationalem Recht ausgestaltet ist.[1065] Der in der UGP-RL in Art. 2 lit. a und lit. b verwandte Begriff der „beruflichen Tätigkeit" umfasst nur selbständige und nicht auch unselbstständige berufliche Tätigkeiten.

248 **3. Unternehmer im Sinne des UWG.** Das UWG erfasst Unternehmer als „Mitbewerber" (§ 2 Abs. 1 Nr. 3 UWG) oder als sonstige „Marktteilnehmer" (§ 2 Abs. 1 Nr. 2 UWG). Der Begriff des Unternehmers erfasst den Begriff des „Kaufmanns" und ersetzt den früher im UWG üblichen, in der UGP-RL aber noch verwandten Begriff des „Gewerbetreibenden". Folgende Merkmale zeichnen den „Unternehmer" aus:

249 **a) Natürliche und juristische Personen sowie rechtsfähige Personengesellschaften.** Unternehmer können natürliche oder juristische Personen sowie Gesellschaften iSd § 14 Abs. 2 BGB sein,[1066] als Unternehmer ist aber nur die Gesellschaft selbst, nicht deren Gesellschafter anzusehen.[1067]

249a Für das UWG ist aber auch **nicht die Organisationsform, sondern die Art der Tätigkeit entscheidend.** Der BGH sieht entsprechend der Rechtsprechung des EuGH als Unternehmer jede natürliche oder jede juristische Person an, die eine entgeltliche Tätigkeit ausübt und nimmt davon weder öffentlich-rechtliche Einrichtungen noch solche Einrichtungen aus, die im allgemeinen Interesse liegende Aufgabe erfüllen.[1068] Allgemein ist ein Unternehmer jede natürliche oder juristische Person, die am Markt planmäßig und dauerhaft Leistungen gegen ein Entgelt anbietet,[1069] unabhängig von ihrer Rechtsform und der Art ihrer Finanzierung.[1070] Unter dem Blickwinkel des UWG ist für einen Unternehmer kennzeichnend, dass er über noch dem privaten Bereich zuzurechnende gelegentliche Verkaufs- oder Erwerbsgeschäfte hinaus als **Anbieter oder Nachfrager von Leistungen im Markt** auftritt.[1071] Dementsprechend ist „Unternehmer" ein **funktionaler Begriff,** der die Beurteilung impliziert, ob die in Rede stehenden Handlungen innerhalb der Tätigkeiten liegen, die eine Person im Rahmen ihrer gewerblichen oder beruflichen Tätigkeit vornimmt.[1072] Einbezogen in den Unternehmerbegriff sind damit alle Handlungen in Ausübung eines Handels, eines Gewerbes, eines Handwerks oder eines freien Berufs. Der EuGH fordert allerdings eine „Vorgehensweise von Fall zu Fall" und betont, dass etwa der bloße Umstand, dass mit einem Verkauf ein Erwerbszweck verfolgt wird oder dass eine Person gleichzeitig eine Reihe von Anzeigen auf einer Online-Plattform veröffentlicht, in der neue und gebrauchte Waren zum Verkauf angeboten wurden, für sich genommen noch nicht zur Einstufung als „Unternehmer" ausreicht.[1073] Auch die kommerzielle Vermarktung des eigenen Images (als insbesondere bei **Influencern** anzutreffendes Geschäftsmodell) ist eine unternehmerische Tätigkeit.[1074] Eine unternehmerische Tätigkeit iSd § 2 Abs. 1 Nr. 6 UWG liegt auch dann vor, wenn ein herstellendes Unternehmen seine Erzeugnisse allein an konzernangehörige Unternehmen vertreibt, die alsdann im Einzelhandel vertrie-

[1065] EuGH GRUR 2013, 959 Rn. 26, 28 – BKK Mobil Oil; BGH GRUR 2014, 1120 Rn. 18 ff. – Betriebskrankenkasse II; BGH GRUR 2014, 682 Rn. 17 – Nordjob-Messe.

[1066] Einbezogen sind auch Gesellschaften ausländischen Rechts, vgl. EuGH NJW 2002, 3614; BGH NJW 2002, 3539 und BGH NJW 2003, 1461.

[1067] OLG Köln GRUR-RR 2011, 370 f.; OLG Hamburg GRUR-RR 2005, 167 – Mitbewerbereigenschaft; *Köhler* FS Hopt, 2010, 2825 (2838); Teplitzky/*Büch,* Wettbewerbsrechtliche Ansprüche und Verfahren, 12. Aufl., Kap. 13 Rn. 4a.

[1068] BGH GRUR 2014, 1120 Rn. 15 ff. – Betriebskrankenkasse II.

[1069] BGH NJW 2006, 2250 zum Verbrauchsgüterkauf; zum Unternehmensbegriff vgl. auch *Köhler*/Bornkamm/Feddersen, § 2 Rn. 20 ff.

[1070] Vgl. BGH GRUR 2012, 288 ff. – Betriebskrankenkasse I.

[1071] Vgl. BGH GRUR 2012, 288 Rn. 11 – Betriebskrankenkasse I.

[1072] EuGH GRUR 2018, 1154 Rn. 35 – KfV/Kamenova.

[1073] EuGH GRUR 2018, 1154 Rn. 41 – KfV/Kamenova.

[1074] KG GRUR 2019, 543 – Produkt-Tagging; LG Karlsruhe GRUR-RR 2019, 328 Rn. 33 – Foto-Tagging; LG Hamburg GRUR-RS 2019, 10580 Rn. 31 – Mode-Influencerin;. weiter *Mallick/Weller* WRP 2018, 155 Rn. 15 und *Henning-Bodewig* WRP 2017, 1415.

ben werden. Die Unternehmereigenschaft ist insoweit **abstrakt** zu bestimmen, ohne dass es darauf ankäme ob ein unternehmerisch tätiger Anspruchsteller selbst konkret geschäftliche Handlungen derart vornimmt wie derjenige, dessen Handeln er lauterkeitsrechtlich beanstandet.[1075] Auch eine Tätigkeit als Handelsvertreter,[1076] Landwirt oder Kleingewerbetreibender ist einbezogen, ebenso Geschäfte im Zuge einer Existenzgründung[1077] (vgl. → Rn. 240) oder die Selbstvermarktung als Profisportler durch Sponsoring[1078]. Auf eine Gewinnerzielungsabsicht kommt es nicht an.[1079] Erfasst ist damit etwa auch die marktbezogene geschäftliche **Tätigkeit der öffentlichen Hand.**[1080]

b) Gewerbliche oder selbständige berufliche Tätigkeit. Eine gewerbliche Tätigkeit ist eine planmäßige und auf Dauer angelegte, wirtschaftliche, selbständige Tätigkeit unter Teilnahme am Wettbewerb. Es ist nicht erforderlich, dass ein in kaufmännischer Weise eingerichteter Gewerbebetrieb geführt wird.[1081] Die nicht gewerbliche Tätigkeit von Freiberuflern ist durch das Merkmal der selbständigen beruflichen Tätigkeit erfasst. Das Merkmal grenzt die wirtschaftliche Marktteilnahme von der lediglich privaten Tätigkeit ab, zu der insbesondere der private Konsum rechnet (vgl. → Rn. 38, 240). Eine nicht selbständige berufliche Tätigkeit wird von dem Begriff des Unternehmers nach wie vor nicht erfasst (vgl. → Rn. 232). 250

c) Tätigkeit im Auftrag von Unternehmern. Als „Unternehmer" gilt auch jede Person, die im Namen oder Auftrag einer solchen Person handelt.[1082] Besser wäre insoweit gewesen, davon zu sprechen, dass jede Tätigkeit einer Person, die im Namen oder Auftrag eines Unternehmens handelt, diesem auch zugerechnet wird. Diese Zurechnung ist nach deutschem Recht schon lange selbstverständlich und kommt insbesondere in § 8 Abs. 2 UWG (§ 13 Abs. 6 UWG aF) zum Ausdruck. Danach sind der Unterlassungsanspruch und der Beseitigungsanspruch auch gegen den Inhaber des Unternehmens begründet, wenn eine Zuwiderhandlung in einem Unternehmen von einem Mitarbeiter oder Beauftragten begangen wird.[1083] 251

4. Unternehmerleitbild. Ein dem „Verbraucherleitbild" entsprechendes **„Unternehmerleitbild"** wurde bislang im deutschen UWG-Recht **nicht entwickelt.**[1084] *Purnhagen*[1085] sieht vor dem Hintergrund des europäischen Rechts ein stärker wettbewerbsorientiertes Leitbild eines „dynamischen eigenverantwortlichen Unternehmers", der „sich den Binnenmarkt zunutze macht, der multilingual auftritt und auf kulturell unterschiedliche Bedürfnisstrukturen flexibel reagiert". Dieses insbesondere auf die gemeinschaftsrechtlichen Grundfreiheiten (Freizügigkeit, Niederlassungsfreiheit, Dienstleistungsfreiheit und Freiheit des Kapital- und Zahlungsverkehrs) bezogene Unternehmerleitbild kann für das UWG präzisiert werden. Dort kann auf einen **aufmerksamen, sachkompetenten und informierten Unternehmer** abgestellt werden, der die ihm obliegende Sorgfalt einhält, indem er sich marktregelkonform verhält, den Verbrauchern mit der ihm zumutbaren Rücksicht gegenübertritt, aber auch unsachlichen und unklaren Maßnahmen und Informationen mit 252

[1075] BGH GRUR 2016, 828 Rn. 18.
[1076] OLG Karlsruhe GRUR-RR 2010, 51 (52) – Direktmarketing.
[1077] OLG Köln GRUR-RR 2011, 370 – Gesellschafter-Unternehmer.
[1078] Allgemein dazu *Heermann* WRP 2020, 1 ff.
[1079] MüKoBGB/*Micklitz,* 8. Aufl., § 14 Rn. 23 ff.
[1080] MüKoBGB/*Micklitz,* 8. Aufl., § 14 Rn. 7, 17. Zur Einbeziehung von gesetzlichen Krankenkassen in den Unternehmensbegriff vgl. BGH GRUR 2014, 1120 ff. – Betriebskrankenkasse II. Zur Unternehmereigenschaft des Freistaats Bayern bezüglich des Betriebs von Spielbanken vgl. OLG München MMR 2011, 243 ff. = WRP 2011, 374 (Leitsatz). Zur Einbeziehung der öffentlichen Hand im Kartellrecht vgl. § 102 GWB, für das AGB-Recht vgl. § 310 BGB.
[1081] OLG Frankfurt a. M. GRUR-RR 2005, 319 (320) – Standarderklärung zur unternehmerischen Tätigkeit eines „Power Sellers" bei ebay.
[1082] EuGH GRUR 2018, 1154 Rn. 36 – KfV/Kamenova; kritisch hierzu Ohly/*Sosnitza,* § 2 Rn. 91.
[1083] Vgl. GroßKommUWG/*Peukert,* 3. Aufl., § 2 Rn. 651; *Köhler*/Bornkamm/*Feddersen,* § 2 Rn. 121a.
[1084] Zum bislang nicht entwickelten „Mitbewerberleitbild" vgl. *Podszun* → § 1 Rn. 45.
[1085] Vgl. hierzu MüKoBGB/*Micklitz/Purnhagen,* 7. Aufl., vor §§ 13, 14 Rn. 77, 111 ff.

nüchterner Rationalität begegnet, was sich etwa an den milderen Maßstäben für die Telefonwerbung gegenüber Gewerbetreibenden[1086] oder den etwas milderen Maßstäben in den Fällen irreführender Werbung gegenüber Fachkreisen[1087] zeigt. Im Falle einer geschäftlichen Handlung gegenüber sonstigen Marktteilnehmern ist der BGH von einer **durchschnittlichen geschäftlichen Erfahrenheit** der beteiligten Unternehmen ausgegangen, die im Rahmen der wirtschaftlichen Entscheidungsfindung die zur Verfügung stehenden Optionen kaufmännisch betrachten und abwägen, ohne sich zu irrationalen Handlungen verleiten zu lassen.[1088]

K. UWG 2022

253 § 2 wurde mit Geltung ab 28.5.2022 neugefasst durch das UWG 2022, siehe dazu die Kommentierung im Anhang ab Seite 3069.

§ 3 Verbot unlauterer geschäftlicher Handlungen

(1) **Unlautere geschäftliche Handlungen sind unzulässig.**

(2) **Geschäftliche Handlungen, die sich an Verbraucher richten oder diese erreichen, sind unlauter, wenn sie nicht der unternehmerischen Sorgfalt entsprechen und dazu geeignet sind, das wirtschaftliche Verhalten des Verbrauchers wesentlich zu beeinflussen.**

(3) **Die im Anhang dieses Gesetzes aufgeführten geschäftlichen Handlungen gegenüber Verbrauchern sind stets unzulässig.**

(4) **¹Bei der Beurteilung von geschäftlichen Handlungen gegenüber Verbrauchern ist auf den durchschnittlichen Verbraucher oder, wenn sich die geschäftliche Handlung an eine bestimmte Gruppe von Verbrauchern wendet, auf ein durchschnittliches Mitglied dieser Gruppe abzustellen. ²Geschäftliche Handlungen, die für den Unternehmer vorhersehbar das wirtschaftliche Verhalten nur einer eindeutig identifizierbaren Gruppe von Verbrauchern wesentlich beeinflussen, die auf Grund von geistigen oder körperlichen Beeinträchtigungen, Alter oder Leichtgläubigkeit im Hinblick auf diese geschäftlichen Handlungen oder die diesen zugrunde liegenden Waren oder Dienstleistungen besonders schutzbedürftig sind, sind aus der Sicht eines durchschnittlichen Mitglieds dieser Gruppe zu beurteilen.**

Übersicht

[1086] Vgl. die unterschiedliche Behandlung von werbenden Telefonanrufen gegenüber Verbrauchern und gegenüber Unternehmern in § 7 Abs. 2 Nr. 2 UWG.
[1087] Köhler/*Bornkamm*/Feddersen, § 5 Rn. 1.69; sowie Ohly/*Sosnitza*, § 5 Rn. 120.
[1088] BGH GRUR 2018, 1251 Rn. 71 – Werbeblocker II; kritisch *Büscher* GRUR 2019, 217 (228).

Schrifttum: *H.-J. Ahrens,* Das Verhältnis von UWG und Vertragsrecht aufgrund der EU-Richtlinie über unlautere Geschäftspraktiken, in: FS Loewenheim, 2009, S. 407; *ders.,* 21 Thesen zur Störerhaftung im UWG und im Recht des Geistigen Eigentums, WRP 2007, 1281; *ders.,* Die Benetton-Rechtsprechung des BVerfG und die UWG-Fachgerichtsbarkeit, JZ 2004, 763; *S. Ahrens,* Verbraucherleitbild im Wandel – Wachsen die Anforderungen an den Verbraucher?, IPRB 2012, 136; *Alexander,* Die geschäftliche Entscheidung des Verbrauchers, in: FS Ahrens, 2016, S. 17; *ders.,* Anwendungsbereich, Regelungstechnik und einzelne Transparenzvorgaben der P2B-Verordnung, WRP 2020, 945; *ders.,* Verhaltenskodizes im europäischen und deutschen Lauterkeitsrecht, GRUR Int 2012, 965; *ders.,* Neue Transparenzanforderungen im Internet – Ergänzungen der UGP-RL durch den „New Deal for Consumers", WRP 2019, 1235; *ders.,* Anmerkungen zum Referentenentwurf eines Zweiten Gesetzes zur Änderung des UWG, WRP 2014, 1384; *ders.,* Grundfragen des neuen § 3 UWG, WRP 2016, 411; *ders.,* Die Rechtsprechung des EuGH zur Richtlinie 2005/29/EG bis zum Jahr 2012, WRP 2013, 17; *ders.,* Die Rechtsprechung des EuGH zur Richtlinie 2005/29/EG in den Jahren 2013 und 2014, WRP 2015, 286; *ders.,* Synopse: UWG – Referentenentwurf – UGP-RL, WRP 2014, 1380; *ders.,* Vertragsrecht und Lauterkeitsrecht unter dem Einfluss der Richtlinie 2005/29/EG über unlautere Geschäftspraktiken, WRP 2012, 515; *Ametsbichler,* Rechtliche Fragestellungen beim Einsatz von „Smart Home"-Technologie, InTeR 2019, 169; *Anders,* Subjektive Elemente des Sittenwidrigkeitsbegriffs des § 1 UWG, 2000; *Apostolopoulos,* Einige Gedanken zur Auslegung der nationalen Generalklausel im Hinblick auf eine Vollharmonisierung des europäischen Lauterkeitsrechts, WRP 2005, 152; *Augenhofer,* Kopplungsangebote im Spannungsverhältnis zwischen Lauterkeits-, Kartell- und Vertragsrecht, GRUR 2016, 1243; *Beater,* Europäisches Recht gegen unlauteren Wettbewerb – Ansatzpunkte, Grundlagen, Entwicklung, Erforderlichkeit, ZEuP 2003, 11; *ders.,* Verbraucherschutz und Schutzzweckdenken im Wettbewerbsrecht, 2000; *ders.,* Verbraucherverhalten und Wettbewerbsrecht, in: FS Tilmann, 2003, S. 87; *ders.,* Mitbewerber und sonstige unternehmerische Marktteilnehmer – Wandel, Bedeutung und Abgrenzung der unternehmensbezogenen Schutzzwecke des UWG, WRP 2009, 768; *ders.,* Allgemeinheitsinteressen und UWG, WRP 2012, 6; *Becker,* Lauterkeitsrechtlicher Leistungsschutz für Daten, GRUR 2017, 346; *Berlit,* Die Zukunft des Preisausschreibens im Lichte der Entscheidung „Millionen-Chance II", WRP 2011, 1225; *ders.,* Die Rechtsprechung der Instanzgerichte zum Recht des unlauteren Wettbewerbs XII, GRUR-RR 2012, 49; *Beutel,* Wahrnehmungsbezogene richterliche Erfahrungssätze im Marken- und Lauterkeitsrecht, 2011; *Birk,* Corporate Responsibility, unternehmerische Selbstverpflichtungen und unlauterer Wettbewerb, GRUR 2011, 196; *Brömmelmeyer,* Der Binnenmarkt als Leitstern der Richtlinie über unlautere Geschäftspraktiken, GRUR 2007, 295; *Brönneke,* Verbraucherschutz durch Zivilrecht – eine Verkürzung?, VuR 2012, 334; *Buchner,* Datenschutz und Kartellrecht, WRP 2019, 1243; Bundeskartellamt, Sektoruntersuchung Vergleichsportale, Bericht, April 2019; *Busch,* Does the Amazon Dash Button Violate EU Consumer Law?, EuCML 2018, 78; *ders.,* Mehr Fairness und Transparenz in der Plattform Ökonomie?, GRUR 2019, 788; Datenethikkommission der Bundesregierung, Gutachten, Oktober 2019; *De Cristofaro,* Die zivilrechtlichen Folgen des Verstoßes gegen das Verbot unlauterer Geschäftspraktiken: eine vergleichende Analyse der Lösungen der EU-Mitgliedstaaten, GRUR Int 2010, 1017; *Deichsel,* Verbraucherschutz im Lauterkeitsrecht in Skandinavien und Deutschland, 2006; *Dienstbühl,* Zur Haftung von Händlern für irreführende Produktbewertungen auf Online-Marktplätzen, WRP 2020, 821; DIHK, Stellungnahme zum Referentenentwurf eines Zweiten Gesetzes zur Änderung des Gesetzes gegen den unlauteren Wettbewerb, WRP 2014, 1426; *Drews,* Die Erheblichkeitsschwelle des § 3 UWG, 2010; *Drexl,* Die wirtschaftliche Selbstbestimmung des Verbrauchers, 1998; *Dröge,* Lauterkeitsrechtliche Generalklauseln im Vergleich – Art. 5 der Richtlinie gegen unlautere Geschäftsbedingungen im Vergleich zu § 3 UWG und der Umsetzungsbedarf für den deutschen Gesetzgeber, 2007; *Emmerich,* Wettbewerbsbeschränkungen durch die Rechtsprechung, in: FS Gernhuber, 1993, S. 857; *Engels,* AdBlocker auf dem Prüfstand, GRUR-Prax 2015, 338; *Engels/Salomon,* Vom Lauterkeitsrecht zum Verbraucherschutz: UWG-Reform 2003, WRP 2004, 32; *Engelsing/Jakobs,* Nachhaltigkeit und Wettbewerb, WuW 2019, 16; *Eppe,* Verbraucherschutz im UWG und BGB, WRP 2005, 808; *Ernst/Seichter,* Bestimmung des Kaufpreises durch Spiel – Glücksspielelemente im Werberecht, WRP 2013, 1437; *Fezer,* Die Generalklausel – eine Sternstunde des Lauterkeitsrechts in der Europäischen Union, in: FS Büscher, 2018, S. 297; *ders.,* Objektive Theorie der Lauterkeit im Wettbewerbsrecht, in: FS Schricker, 2005, 671; *ders.,* Plädoyer für eine offensive Umsetzung der Richtlinie über unlautere Geschäftspraktiken in das deutsche UWG, WRP 2006, 781; *ders.,* Der Dualismus der Lauterkeitsrechtsordnungen des b2c-Geschäftsverkehrs und des b2b-Geschäftsverkehrs im UWG, WRP 2009, 1163; *ders.,* Eine Replik: Die Auslegung der UGP-RL vom UWG aus?, WRP 2010, 677; *Fikentscher,* Wirtschaftsrecht (Bd. I und II), 1983; *Fikentscher/Hacker/Podszun,* FairEconomy, 2013; *Fritzsche,* Überlegungen zum Referentenentwurf eines Zweiten Gesetzes zur Änderung des UWG, WRP 2014, 1392; *ders.,* Die Unlauterkeit im Sinne der

UGP-Richtlinie nach der Rechtsprechung des EuGH, in: FS Köhler, 2014, 145; *ders.*, Aggressive Geschäftspraktiken nach dem neuen § 4a UWG, WRP 2016, 1; ders., Zur Relevanz des Alters eines Adressaten im UWG, in: FS Fezer, 2016, S. 885; *Gärtner/Heil,* Kodifizierter Rechtsbruchtatbestand und Generalklausel, WRP 2005, 20; *Gamerith,* Studie zum Richtlinienvorschlag über unlautere Geschäftspraktiken – Möglichkeiten einer harmonischen Umsetzung in die nationale Rechtsordnung, WRP 2005, 395; *Glimski,* Das Veranstalterleistungsschutzrecht, 2010; *Glöckner,* Europäisches Lauterkeitsrecht, 2006; *ders.*, Die Rolle des Staates als enforcer im Wirtschaftsrecht, WuW 2019, 546; *ders.*, Unlautere Handelspraktiken in der Lebensmittelversorgungskette zwischen Vertragsrecht, Wettbewerbsrecht und Regulierung, WRP 2019, 824; *ders.*, Richtlinienvorschläge über unlautere Geschäftspraktiken, deutsches UWG oder die schwierige Umsetzung von europäischen Generalklauseln, WRP 2004, 936; *ders.*, UWG-Novelle mit Konzept und Konsequenz, WRP 2014, 1399; *ders.*, Der gegenständliche Anwendungsbereich des Lauterkeitsrechts nach der UWG-Novelle 2008 – ein Paradigmenwechsel mit Folgen, WRP 2009, 1175; *Glöckner/Henning-Bodewig,* EG-Richtlinie über unlautere Geschäftspraktiken: Was wird aus dem „neuen" UWG?, WRP 2005, 1311; *Göckler,* Die Bedeutung der Purely Creative Entscheidung für die UGP-Richtlinie, WRP 2014, 1167; *Gräbig,* Aktuelle Entwicklungen bei Haftung für mittelbare Rechtsverletzungen, MMR 2011, 504; *Haberkamm,* Wirklich nichts Neues? Das EuGH-Urteil Mediaprint und seine Implikationen für die UGP-Richtlinie, WRP 2011, 296; HDE, Stellungnahme zu dem Referentenentwurf eines Zweiten Gesetzes gegen den unlauteren Wettbewerb, WRP 2014, 1430; *Heermann,* Leistungsschutzrecht für Sportveranstalter de lege ferenda? GRUR 2012, 791; *ders.*, Manipulierte Produktbewertungen im Lichte des Lauterkeitsrechts, WRP 2014, 509; *Helm,* Hohes Verbraucherschutzniveau, WRP 2013, 710; *Henning-Bodewig,* Neuorientierung von § 4 Nr. 1 und 2 UWG?, WRP 2006, 621; *dies.*, Lauterkeit im B2B-Verhältnis „anständige Marktgepflogenheiten", nicht „fachliche Sorgfalt"!, GRUR Int. 2015, 529; *dies.*, Richtlinienvorschlag über unlautere Geschäftspraktiken, GRUR Int. 2004, 183; *dies.*, Die Bekämpfung unlauteren Wettbewerbs in den EU-Mitgliedsstaaten: eine Bestandsaufnahme, GRUR Int 2010, 273; *dies.*, Nationale Eigenständigkeit und europäische Vorgaben im Lauterkeitsrecht, GRUR Int 2010, 549; *dies.*, UWG und Geschäftsethik, WRP 2010, 1094; *dies.*, Der „ehrbare Kaufmann", Corporate Social Responsibility und das Lauterkeitsrecht, WRP 2011, 1014; *dies.*, Erneute UWG-Reform? Einige Anmerkungen zum Referentenentwurf 2014, WRP 2014, 1407; *dies.*, Ethics, Taste and Decency in Advertising, in Bernitz/Heide-Jørgensen, Marketing and Advertising Law in a Process of Harmonisation, 2019; *dies.*, Vergleichsportale, UWG und Befugnisse des Bundeskartellamts, WRP 2019, 537; *Henning-Bodewig/Schricker,* Elemente einer Harmonisierung des Rechts gegen den unlauteren Wettbewerb in der Europäischen Union, WRP 2001, 1367; *Herold,* Algorithmisierung von Ermessensentscheidungen durch Machine Learning, InTeR 2019, 7; *Hetmank,* Im Korsett der UGP-Richtlinie, GRUR 2015, 323; *Hilty/Henning-Bodewig,* Leistungsschutzrechte zugunsten von Sportveranstaltern?, 2007; *Hoeren,* Das neue UWG – der Regierungsentwurf im Überblick, BB 2008, 1182; *Hofmann,* Der maßgeschneiderte Preis, WRP 2016, 1074; *Hoppmann,* Moral und Marktsystem, Ordo 41 (1990), 3; *Jahn/Palzer,* Der mündige Verbraucher ist tot, es lebe der mündige Verbraucher, K&R 2014, 444; *Jansen,* Anwendungskonflikte im europäischen Lauterkeits- und Immaterialgüterrecht, 2013; *Junker,* Die besonders schutzbedürftigen Verbraucher nach der UWG-Novelle 2015, 2019; *Kaplan,* Das Interesse der Allgemeinheit bei der Konkretisierung der Generalklausel des § 3 UWG. Außerwettbewerbliche Allgemeininteressen im Wettbewerbsrecht, 2008; *Keßler,* UWG und Verbraucherschutz – Wege und Umwege zum Recht der Marktkommunikation, WRP 2005, 264; *ders.*, Lauterkeitsschutz und Wettbewerbsordnung – zur Umsetzung der Richtlinie 2005/29/EG über unlautere Geschäftspraktiken in Deutschland und Österreich, WRP 2007, 714; *Keßler/Micklitz,* Die Richtlinie 2005/29/EG über unlautere Geschäftspraktiken im binnenmarktinternen Geschäftsverkehr zwischen Unternehmen und Verbrauchern, BB-Special 13 (H. 49), 2005, 1; *Kirchhoff,* Die UWG-Novelle 2015 – nur Kodifizierung der Rechtsprechung oder substantiell Neues?, WRP 2015, 659; *Köhler,* Der Regierungsentwurf zur UWG-Novelle 2015: Nur Klarstellungen oder doch tiefgreifende Veränderungen?, WRP 2015, 275; *ders.*, Die Umsetzung der Richtlinie über unlautere Geschäftspraktiken in Deutschland – eine kritische Analyse, GRUR 2012, 1073; *ders.*, Zum „Bagatellverstoß" im Lauterkeitsrecht, WRP 2020, 1378; *ders.*, Richtlinienumsetzung im UWG – eine unvollendete Aufgabe, WRP 2013, 403; *ders.*, Stellungnahme zum Referentenentwurf eines Zweiten Gesetzes zur Änderung des UWG, WRP 2014, 1410; *ders.*, UWG-Reform 2015: Im Regierungsentwurf nicht angesprochene Defizite bei der Umsetzung der UGP-Richtlinie, WRP 2015, 1037; *ders.*, Zur „geschäftlichen Relevanz" unlauterer geschäftlicher Handlungen gegenüber Verbrauchern, WRP 2014, 259; *ders.*, Zur Konkurrenz lauterkeitsrechtlicher und kartellrechtlicher Normen, WRP 2005, 645; *ders.*, Zur Umsetzung der Richtlinie über unlautere Geschäftspraktiken, GRUR 2005, 793; *ders.*, Zur richtlinienkonformen Auslegung und Neuregelung der „Bagatellklausel" in § 3 UWG, WRP 2008, 10; *ders.*, „Täter" und „Störer" im Wettbewerbs- und Markenrecht, GRUR 2008, 1; *ders.*, Die UWG-Novelle 2008, WRP 2009, 109; *ders.*, Kopplungsangebote neu bewertet, GRUR 2010, 177; *ders.*, Grenzstreitigkeiten im UWG, WRP 2010, 1293; *ders.*, Richtlinienkonforme Gesetzgebung statt richtlinienkonforme Auslegung: Plädoyer für eine weitere UWG-Novelle, WRP 2012, 251; *ders.*, „Fachliche Sorgfalt" – Der weiße Fleck auf der Landkarte des UWG, WRP 2012, 22; *ders.*, Behördliche Durchsetzung des Lauterkeitsrechts – eine Aufgabe für das Bundeskartellamt?, WRP 2018, 519; *Köhler/Bornkamm/Henning-Bodewig,* Stellungnahme zum Entwurf für eine europäische Richtlinie und ein deutsches Gesetz gegen unlauteren Wettbewerb, GRUR 2003, 127; *dies.*, Vorschlag für eine Richtlinie zum Lauterkeitsrecht und eine UWG-Reform, WRP 2002, 1317; *Klagge,* Normative Kohärenz des deutschen Lauterkeitsrechts, 2017; *Klar,* Künstliche Intelligenz und Big Data – algorithmenbasierte Systeme und Datenschutz im Geschäft mit Kunden, BB 2019, 2243; *Koppensteiner,* Grundfragen des UWG im Lichte der

Richtlinie über unlautere Geschäftspraktiken, wbl 2006, 553; *ders.*, Marktbezogene Unlauterkeit und Missbrauch von Marktmacht, WRP 2007, 475; *ders.*, Verbraucherleitbilder bei der Bewerbung von Kapitalanlagen, in: FS Köhler, 2014, 371; *Künstner/Franz*, Preisalgorithmen und Dynamic Pricing: Eine neue Kategorie kartellrechtswidriger Abstimmungen?, K&R 2017, 688; *Lederer*, Das Verbraucherleitbild im Internet, NJOZ 2011, 1833; *Lehmann*, Wirtschaftspolitische Kriterien in § 1 UWG, in: Mitarbeiterfestschrift für P. Ulmer, 1973, S. 321; *Leistner*, Richtiger Vertrag und lauterer Wettbewerb, 2007; *ders.*, Störerhaftung und mittelbare Schutzrechtsverletzung, GRUR-Beil. 2010, 1; *Lettl*, Das neue UWG, 2004; *ders.*, Die geschäftliche Relevanz nach §§ 3 Abs. 2, 3a, 4a Abs. 1, 5 Abs. 1 S. 1 und 5a Abs. 1, Abs. 2 S. 1 Nr. 2 UWG, WRP 2019, 1265; *ders.*, Der Schutz der Verbraucher nach der UWG-Reform, GRUR 2004, 449; *ders.*, BB-Rechtsprechungsreport zum Wettbewerbsrecht, BB 2013, 2563, BB 2014, 2243, BB 2015, 2371, BB 2016, 2243, BB 2017, 2435, BB 2018, 2434, BB 2019, 2499; *Lichtnecker*, Ausgewählte Werbeformen im Internet unter Berücksichtigung der neueren Rechtsprechung, GRUR 2014, 523; *Linzbauer*, Der Wandel des Verbraucherleitbilds im UWG. Eine Analyse der Veränderung des Verbraucherleitbilds im unlauteren Wettbewerbsgesetz und ökonomische Bewertung, 2009; *Locher*, Verschiedene Preise für gleiche Produkte? Personalisierte Preise und Scoring aus ökonomischer Sicht, ZWeR 2018, 292; *Lux*, Der Tatbestand der allgemeinen Marktbehinderung, 2006; *Mankowski*, Ist die Bagatellklausel des § 3 bei belästigender Werbung (§ 7 UWG) zu beachten?, WRP 2008, 15; *Mérö*, Die Logik der Unvernunft – Spieltheorie und die Psychologie des Handelns, 2003; *Mestmäcker*, Der verwaltete Wettbewerb, 1984; *Micklitz*, Das Konzept der Lauterkeit in der Richtlinie 2005/29/EG, in: FS Bernd Stauder (Droit de la consommation, Konsumentenrecht, Consumer Law), 2006, S. 297; *Micklitz/Keßler*, Europäisches Lauterkeitsrecht – Dogmatische und ökonomische Aspekte einer Harmonisierung des Wettbewerbsverhaltensrechts im europäischen Binnenmarkt, GRUR Int. 2002, 885; *Micklitz/Reisch/Joost/Zander-Hayat*, Verbraucherrecht 2.0 – Verbraucher in der digitalen Welt, 2017; *Middelhoff*, Das Spürbarkeitsmerkmal des UWG 2015, 2019; *Müller*, Kleine und mittlere Unternehmen im Privatrecht, 2020; *Münker*, Stellungnahme der Wettbewerbszentrale zum Referentenentwurf eines Zweiten Gesetzes zur Änderung des Gesetzes gegen den unlauteren Wettbewerb, WRP 2014, 1434; *Nassall*, Lauterkeit und Sittlichkeit – Zivilrechtliche Konsequenzen unlauterer Wettbewerbshandlungen?, NJW 2006, 127; *Niebel*, Die UWG-Reform 2015 – ein Überblick über die Auswirkungen in der Praxis, BB 2016, 259; *Nordemann*, Die wettbewerbliche Erheblichkeit – relevant oder irrelevant?, in: FS Köhler, 2014, 489; *Obergfell*, Personalisierte Preise im Lebensmittelhandel – Vertragsfreiheit oder Kundenbetrug?, ZLR 2017, 290; *Ohly*, Richterrecht und Generalklausel im Recht des unlauteren Wettbewerbs, 1997; *ders.*, Ein Leistungsschutzrecht für Presseverleger?, WRP 2012, 41; *ders.*, Nach der Reform ist vor der Reform, GRUR 2014, 1137; *ders.*, Die Haftung von Internet-Dienstleistern für die Verletzung lauterkeitsrechtlicher Verkehrspflichten, GRUR 2017, 441; *ders.*, Der unionsrechtliche Rahmen der Haftung für die Verletzung lauterkeitsrechtlicher Verkehrspflichten, in: FS Ahrens, 2016, S. 135; *Ohly/Sattler*, 120 Jahre UWG im Spiegel von 125 Jahren GRUR, GRUR 2016, 1229; *Oppermann/Müller*, Wie verbraucherfreundlich muss das neue UWG sein? Eine Synopse lauterkeitsrechtlicher Instrumente, GRUR 2005, 280; *Pajarskas*, Impact assessment in misleading advertising cases, ECLR 2015, 317; *Palzer*, Alles bleibt so, wie es wird! – Oder: Von Schmetterlingen und Ameisen, WRP 2015, 793; *Peifer*, Die Zukunft subjektiver Kriterien im UWG – „Atemtest" und objektives Marktverhaltensrecht, Mitteilungen d. deutschen Patentanwälte 5/2007, S. 200; *Peukert*, hartplatzhelden.de – Eine Nagelprobe für den wettbewerbsrechtlichen Leistungsschutz, WRP 2010, 316; *ders.*, Faktenchecks auf Facebook aus lauterkeitsrechtlicher Sicht, WRP 2020, 391; *Podszun*, Der „more economic approach" im Lauterkeitsrecht, WRP 2009, 509; *ders.*, Spezielle Wettbewerbsförderung durch Europäisches Lauterkeitsrecht, in: Lauterkeitsrecht und Acquis Communautaire, hrsg. von Hilty/Henning-Bodewig, 2009, 151; *Podszun/Busch/Henning-Bodewig*, Behördliche Durchsetzung des Verbraucherrechts?, Studie im Auftrag des Bundesministeriums für Wirtschaft und Energie, 2018; *dies.*, Die Durchsetzung des Verbraucherrechts: Das BKartA als UWG-Behörde?, GRUR 2018, 1004; *Pukas*, Die lauterkeitsrechtliche Zulässigkeit des Erwerbs positiver Kundenbewertungen durch das Bieten finanzieller Anreize oder die Gewährung sonstiger Entgelte, WRP 2019, 1421; *Rittner*, Drei Grundfragen des Wettbewerbs, in FS Kraft, 1998, S. 519; *Röhl*, Schutzrechte im Sport, 2012; *Ruess/Slopek*, Zum unmittelbaren wettbewerbsrechtlichen Leistungsschutz nach hartplatzhelden.de, WRP 2011, 834; *Rüthers*, Die unbegrenzte Auslegung, 2012; *Sack*, Unbegründete Schutzrechtsverwarnungen – lückenloser Unternehmensschutz durch das UWG seit 2004, NJW 2009, 1642; *ders.*, Anmerkungen zur geplanten Änderung des UWG, WRP 2014, 1418; *ders.*, Die lückenfüllende Funktion der Generalklausel des § 3 UWG, WRP 2005, 531; *ders.*, Leistungsschutz nach § 3 UWG, GRUR 2016, 782; *ders.*, Ausnutzung des internationalen Rechtsgefälles und § 3 UWG, WRP 2016, 1314; *Säcker*, Das UWG zwischen den Mühlsteinen europäischer Harmonisierung und grundrechtsgebotener Liberalisierung, WRP 2004, 1199; *Sambuc*, Folgenerwägungen im Richterrecht: Die Berücksichtigung von Entscheidungsfolgen bei der Rechtsgewinnung, erörtert am Beispiel des § 1 UWG, 1977; *Schaffert*, Der Schutz älterer Menschen und die Anwendung der Beweislastregel des § 22 AGG im Lauterkeitsrecht, in: FS Büscher, 2018, S. 373; *Schaub*, Verantwortlichkeit für Algorithmen im Internet, InTeR 2019, 2; *Scherer*, Die „wesentliche Beeinflussung" nach der Richtlinie über unlautere Geschäftspraktiken, WRP 2008, 708; *dies.*, Die „Verbrauchergeneralklausel" des § 3 II 1 UWG – eine überflüssige Norm, WRP 2010, 586; *dies.*, „Case law" in Gesetzesform – Die „Schwarze Liste" als neuer UWG-Anhang, NJW 2009, 324; *dies.*, Die Leerformel vom „hohen Verbraucherschutzniveau", WRP 2013, 977; *dies.*, Die weißen Flecken in der Schwarzen Liste, WRP 2014, 771; *Schill*, Der Einfluß der Wettbewerbsideologie des Nationalsozialismus auf den Schutzzweck des UWG, 2004; *Schlemmer*, Die Europäisierung des UWG, 2005; *Schlieper*, Der Anwendungsbereich der lauterkeitsrechtlichen Generalklausel in § 3 I UWG, 2011; *Schöttle*,

Aus eins mach zwei – die neuen Generalklauseln im Lauterkeitsrecht, GRUR 2009, 546; *Schricker/Henning-Bodewig* (Hrsg.), Neuordnung des Wettbewerbsrechts, 1999; *Schröder,* Die unberechtigte Abmahnung aus lauterkeitsrechtlichem Nachahmungsschutz (§§ 3 Abs. 1, 4 Nr. 3 UWG), WRP 2019, 1110; *Schröer,* Der unmittelbare Leistungsschutz, 2010; *Schünemann,* Wirtschaftspolitische Neutralität des Grundgesetzes?, in: FS Stober, hrsg. v. Kluth, Müller, Peilert, 2008, S. 147; *ders.,* Generalklausel und Regelbeispiele, JZ 2005, 271; *ders.,* Dogmatik und Hermeneutik der Regelbeispiele, in: FS Georgiades, hrsg. v. Stathopoulos et al., 2006, S. 1087; *ders.,* „Unlauterkeit" in den Generalklauseln und Interessenabwägung nach neuem UWG, WRP 2004, 925; *Schulte*-Nölke, Plädoyer für eine bessere Durchsetzung des wirtschaftlichen Verbraucherschutzes in Deutschland in zwölf Thesen, in: Schulte-Nölke/BMJV, Neue Wege zur Durchsetzung des Verbraucherrechts, 2017, S. 197; *Schweitzer/Peitz,* Datenmärkte in der digitalisierten Wirtschaft: Funktionsdefizite und Regelungsbedarf?, ZEW Discussion Paper No. 17–043, 2017; *Simitis,* Gute Sitten und ordre public, 1960; *Sein,* Concluding Consumer Contracts via Smart Assistants, EuCML 2018, 179; *Sosnitza,* Wettbewerbsbeschränkungen durch die Rechtsprechung, 1995; Der Gesetzentwurf zur Umsetzung der Richtlinie über unlautere Geschäftspraktiken, WRP 2008, 1014; *ders.,* Der Regierungsentwurf zur Änderung des Gesetzes gegen den unlauteren Wettbewerb, GRUR 2015, 318; *ders.,* Die Generalklausel des Art. 5 Abs. 2 UGP-RL – Totes Recht oder „undiscovered country"?, in: FS Köhler, 2014, S. 685; *Sosnitza/Kostuch,* Telefonische Mitarbeiterwerbung am Arbeitsplatz, WRP 2008, 166; *Spengler,* Die Verbrauchergeneralklausel des UWG, 2016; *Spindler,* Kausalität im Zivil- und Wirtschaftsrecht, AcP 208 (2008), 283; *Stuyck,* The Court of Justice and the unfair commercial practices directive, CMLR 2015, 721; *Svigac,* Die Schlechtleistung als Lauterkeitsverstoß, NJOZ 2013, 721; *Teubner,* Standards und Direktiven in Generalklauseln, 1971; *Telle,* Konditionenmissbrauch durch Ausplünderung von Plattform-Nutzerdaten, WRP 2016, 814; *Tieben,* Die Einflussnahme der öffentlichen Hand auf den Wettbewerb, WRP 2011, 1101; *Ullmann,* Das Koordinatensystem des Rechts des unlauteren Wettbewerbs im Spannungsfeld von Europa und Deutschland, GRUR 2003, 817; *van Look,* Die zivilrechtlichen Generalklauseln in der Rechtsprechung des Reichsgerichts 1933–1945, JR 2000, 89; *von Hayek,* Die Anmaßung von Wissen, Ordo 26 (1975), 12; *ders.,* Der Wettbewerb als Entdeckungsverfahren, in: Freiburger Studien, 1969, S. 294; vzbv, Stellungnahme zum Referentenentwurf eines Zweiten Gesetzes zur Änderung des Gesetzes gegen den unlauteren Wettbewerb, WRP 2015, 177; *Wenglorz,* Dynamische Preise: Ein Fall für die Preisangabenverordnung?, in: FS Fezer, 2016, S. 957; *Wiebe,* Schutz von Maschinendaten durch das sui-generis-Schutzrecht für Datenbanken, GRUR 2017, 338; *Wieddekind,* Praktische Hinweise zur Werbung mit Testergebnissen, GRUR-Prax 2013, 440; *Wiltschek/Majchrzak,* Wettbewerbs- und Markenrecht in Österreich, WRP 2008, 987; *Witt/Freudenberg,* UGP-Richtlinie II ad portas?, WRP 2013, 990; *Wolf,* Behördliche Durchsetzung des Lauterkeitsrechts zur Optimierung des Wettbewerbsschutzes, WRP 2019, 283; *Wuttke,* Die Bedeutung der Schutzzwecke für ein liberales Wettbewerbsrecht (UWG), WRP 2007, 119; *Yankova/Hören,* Besondere Schutzbedürftigkeit von Senioren nach dem UWG?, WRP 2011, 1236; *Zabel,* Das Regelungskonzept des § 3 UWG und die lauterkeitsrechtliche Beurteilung von Gewährleistungsausschlüssen in Verbrauchsgüterkaufverträgen, VuR 2011, 403, 449; ZAW, Anmerkungen zum Entwurf eines Zweiten Gesetzes zur Änderung des Gesetzes gegen den unlauteren Wettbewerb, WRP 2015, 180.

A. Grundlagen

I. Grundgedanken der Regelung

§ 3 UWG eröffnet die **zentrale Idee** des gesamten Gesetzes und ist für das Verständnis 1
des UWG von überragender Bedeutung:[1] Dieses Gesetz erklärt unlautere geschäftliche Handlungen für unzulässig. § 3 UWG ist damit systematischer **Ausgangspunkt** für die meisten materiellen Tatbestände des Gesetzes und für die Prüfung durch Gerichte. In der Generalklausel manifestiert sich die Legitimation des Rechts des unlauteren Wettbewerbs. Diese Legitimation kann – je nach Anschauung – aus ethischen Überzeugungen, ökonomisch-funktionalen Erwägungen, vertrags- und vertrauensbasierten Überlegungen oder aus einem anderen rechtsphilosophischen Verständnis gespeist werden.

In **Absatz 1** ist die **große Generalklausel** normiert, die den Rechtfertigungsgrund 2
staatlichen Eingreifens durch das UWG vorgibt. Sie nennt die grundlegenden Voraussetzungen, die in den übrigen Normen des Gesetzes konkretisiert werden: es muss eine geschäftliche Handlung vorliegen und diese muss unlauter sein. Zentral ist der Begriff der **Unlauterkeit,** dessen **Definition Schwierigkeiten** bereitet. Trotz des hohen Abstraktionsgrads sind aber in § 3 Abs. 1 wesentliche Anknüpfungspunkte für die UWG-Prüfung gegeben. Was unlauter ist, ist zudem durch die Schutzzweckbestimmung in § 1, die Bei-

[1] *Alexander* WRP 2016, 411.

spielsfälle in §§ 3a–6 und 7 sowie durch die Systematik des Gesetzes festgelegt – ein „Prinzip enumerativer Haftung".[2] Internationales, europäisches und Verfassungsrecht geben weitere Anhaltspunkte zur Ausfüllung des Begriffs. Die Lakonik des Gesetzgebers, der mit fünf Wörtern das gesamte Gesetz umreißt, ist genial: Anders als mit einer solch knappen Formulierung ist den vielfältigen Erscheinungsformen des wirtschaftlichen Wettbewerbs kaum beizukommen. Von Vorteil ist, dass der Begriff „unlauter" im allgemeinen Sprachgebrauch nicht üblich ist. So ist auf den ersten Blick erkennbar, dass es sich um eine auslegungsbedürftige Norm handelt, deren Inhalt immer wieder aufs Neue im juristisch-wirtschaftspolitischen Diskurs bestimmt werden muss.[3]

3 In Absatz 1 wird auch klargestellt, was die Folge solcher Handlungen ist: die **Unzulässigkeit.** Dieser Begriff ist unglücklich gewählt, da der Eindruck erweckt wird, als bedürfe geschäftliches Handeln grundsätzlich einer Zulassung durch den Staat. Dem ist nicht so. Geschäftlich zu handeln ist **Ausübung eines elementaren Freiheitsrechts,** explizit geschützt etwa in Art. 16 Grundrechte-Charta. Gerichte, die dieses Freiheitsrecht einschränken wollen, müssen den Unlauterkeitsnachweis führen. Daran sind interventionsfreudige Kläger und Gerichte immer wieder zu erinnern. Dies ergibt sich auch daraus, dass das Gesetz nur eine Definition „unlauteren" Verhaltens verlangt – nicht aber die Definition „lauteren" Verhaltens. Streng genommen handelt es sich bei der Materie daher nicht um Lauterkeitsrecht, sondern um Unlauterkeitsunrecht (oder schlicht: das Recht des unlauteren Wettbewerbs).[4] Was als begriffliche Haarspalterei angesehen werden mag, hat doch einen wichtigen Kern: Unternehmen sind erst einmal frei, so zu handeln, wie sie es für richtig halten. Der Staat kann bestenfalls Exzesse untersagen, nicht aber positiv normierte Vorgaben machen. Selbst wo der Staat positiv Anforderungen setzt, etwa im ausufernden Feld der Informationspflichten, ist die Normierung eigentlich nur Abwendung eines sonst automatischen Rechtsverstoßes. Im Gesetz ist der Terminus „unlauter" eine Brücke zu dem Begriff „unzulässig", der wiederum die Brücke zu den Ansprüchen nach §§ 8 ff. UWG bildet. Einen originären Anwendungsbereich hat Absatz 1 für den **B2B-Bereich,** also für solche geschäftlichen Handlungen, die von Unternehmen zu Unternehmen stattfinden (dies wird – auch mit einer genaueren Erörterung des Begriffs der Unlauterkeit – unten unter F. kommentiert).

4 Eine Konkretisierung der Unlauterkeit enthält die **„Verbrauchergeneralklausel"[5] in Absatz 2** für den **B2C-Bereich,** also wenn sich geschäftliche Handlungen an Verbraucher richten oder diese erreichen (siehe dazu D.): Lauterkeitsrechtliche Verbote werden im Verbraucherbereich damit gerechtfertigt, dass sie zum einen die unternehmerische Sorgfalt vermissen lassen und zum anderen geeignet sind, das wirtschaftliche Verhalten des Verbrauchers wesentlich zu beeinflussen. Geschützt wird die **freie und informierte Entscheidung des Verbrauchers als Marktteilnehmer,** der seine finanziellen Mittel einsetzt, um seine Bedürfnisse zu befriedigen. Der Verbraucher soll in seiner Entfaltung nicht durch solche Maßnahmen gestört werden, die nicht der unternehmerischen Sorgfalt entsprechen. § 3 Abs. 2 enthält damit ein wesentliches Bekenntnis zur Ausfüllung des Lauterkeitsbegriffs (durch Hinweis auf die unternehmerische Sorgfalt) und zur verbraucherrechtlichen Schutzrichtung des Gesetzes (durch Hinweis auf die wettbewerbsbezogene Markt-Entscheidung des Verbrauchers).

5 Dieser Schutzrichtung liegt das **Verbraucherleitbild** zugrunde, das **in Absatz 4 ausdrücklich normiert** wird (siehe unten E.):[6] Das UWG schützt den „durchschnittlichen" Verbraucher, nicht den besonders sorglosen oder naiven, verlangt aber auch nicht den äußerst wachen Konsumenten, der stets auf der Hut ist. Im Einzelfall gilt es für den Richter herauszufinden, wie ein **Durchschnittskunde** auf die jeweilige geschäftliche Handlung

---

[2] GK-*Peukert* § 3 Rn. 50.
[3] Vgl. *Köhler*/Bornkamm/Feddersen § 3 Rn. 2.9; *Fezer* FS Büscher, 2018, 297 (307 f.).
[4] Vgl. *Bülow* GRUR 2012, 889.
[5] *Sosnitza* WRP 2008, 1014 (1016); *Köhler*/Bornkamm/Feddersen § 3 Rn. 2.9.
[6] Vgl. dazu auch die Kommentierung bei *Glöckner* → Einl. Rn. 350, 434, und bei *Dreyer* → § 5 Rn. 144 ff.

wohl reagiert hätte – eine Mittelmaßanalyse ist verlangt, die zwar normativ sein muss, sich aber am tatsächlichen Verbraucherverhalten orientiert. Erweitert wird das Verbraucherleitbild um die **gruppenspezifische Analyse,** die sich von selbst verstehen müsste, aber vom Gesetzgeber ausdrücklich normiert wurde. Bei der Bestimmung des durchschnittlichen Verbraucherverhaltens ist nämlich nicht von einer generellen Verbraucherattitüde auszugehen, sondern von **unterschiedlichen Verbrauchergruppen,** die sich in der jeweiligen Situation unterschiedlich verhalten. Bezugsrahmen des „Durchschnitts" ist also nur die jeweils hauptsächlich angesprochene Verbrauchergruppe. Ergänzt wird dieser Aspekt in Absatz 4 Satz 2 durch die besondere Rücksichtnahme auf **Verbrauchergruppen, die schutzbedürftig sind,** da sie sich gegen unlautere Beeinflussung besonders schlecht zur Wehr setzen können, etwa Kinder oder Menschen mit körperlichen oder geistigen Beeinträchtigungen. Abgestellt wird hier auf die Vorhersehbarkeit durch den Unternehmer, dass seine geschäftliche Handlung nur Personen trifft, die solchen Kreisen angehören. Durch die Dreiheit von Durchschnittsverbraucher, Durchschnittsmitglied der angesprochenen Verbrauchergruppe und Durchschnittsmitglied einer besonders schutzwürdigen Verbrauchergruppe wird die **Perspektive** festgelegt, mit der auf die geschäftliche Handlung zu blicken ist.

Absatz 3 öffnet schließlich das Tor zu einem weitgehenden Eingriff in das geschäftliche 6
Handeln, indem einige Erscheinungsformen moderner wirtschaftlicher Aktivität **per se als unzulässig deklariert** werden (siehe C.). Diese sind im **Anhang** aufgeführt und benennen Fälle, in denen der Gesetzgeber die in § 1 und § 3 Abs. 1 vorgegebene Interessenabwägung bereits für sich entschieden hat, ohne dass es auf das Gericht noch ankäme. Die Konstellationen, die im Anhang des Gesetzes aufgeführt sind, haben eine Sonderstellung: Sie gelten stets, dh ohne Prüfung der Unlauterkeit der geschäftlichen Handlung oder ihrer Eignung zu wesentlicher Beeinflussung des Verbraucherverhaltens, als unzulässig. Hier wird also mit einer scharfen Regelungstechnik bestimmten, eng definierten Praktiken ein Riegel vorgeschoben.

§ 3 normiert eine **Kaskade der ansteigenden Unzulässigkeit:** In Absatz 3 sind die 7
stets unzulässigen Verhaltensweisen angesprochen, in Absatz 2 verbraucherschädigende Verhaltensweisen, die jedenfalls unter zwei generellen Bedingungen unzulässig sind, in Absatz 1 wird ein relativ offener Verbotstatbestand normiert, der für geschäftliche Handlungen gilt, die sich nicht an Verbraucher wenden. Entsprechend ergeben sich für den Rechtsanwender Prüfungspflichten und Begründungsaufwand für eine Untersagung aufgrund von Unlauterkeit: Eine Bejahung von Abs. 1 verlangt größeren Aufwand als eine Subsumtion unter § 3 Abs. 3.

II. Praktische Bedeutung

§ 3 Abs. 3 hat in der Praxis, **in Verbindung mit dem Anhang, große Bedeutung.** 8
Zwar wird nicht sehr häufig ein Verstoß gegen eine Norm des Anhangs bejaht. Die Vorgaben wirken aber zum einen präventiv, zum anderen dienen sie als Abgrenzungsmaterial. Während manche Regeln im Anhang eindeutig formuliert sind und insofern das Handeln der Geschäftsleute prägen können, sind andere Begrifflichkeiten unpräzise und interpretationsbedürftig.[7] Der Einstieg in die Prüfung der **„Schwarzen Liste"** über § 3 Abs. 3 begegnet jedoch keinen praktischen Schwierigkeiten. Entscheidend ist hier nur die Aussage, dass es sich um Handlungen gegenüber Verbrauchern handeln muss, was in den Normen im Anhang aber auch angelegt ist.

Der Regelungscharakter von **§ 3 Abs. 2** ist unklar. Früher wurde überwiegend ver- 9
treten, dass die Norm keine eigenständige Bedeutung hat, da sie nicht als **eigene Anspruchsgrundlage** gedacht sei, sondern lediglich als Konkretisierung der verbraucherschützenden Normen. Mit der stärkeren Abkopplung von § 3 Abs. 1 durch die UWG-Reform 2015 und die Bekräftigung der Verbrauchergeneralklausel durch den Gesetzgeber

[7] Vgl. *Henning-Bodewig* zur praktischen Bedeutung → Vorb. Anh. § 3 Abs. 3 Rn. 5.

besteht allerdings kein Anlass mehr, die Norm kleinzureden. Soweit es europarechtlich zulässig ist, stellt § 3 Abs. 2 eine Regelung zur Verfügung, um nicht erfasste geschäftliche Handlungen im **B2C-Bereich** ggf. eigenständig zu erfassen. Das mag in der Praxis bislang eine untergeordnete Rolle spielen, weil die wesentlichen Fälle über die Spezialnormen in §§ 4a–6 (sowie der Schwarzen Liste) abgedeckt sind. Diese Überzeugung wird aber nur so lange halten, bis sich eine geschäftliche Praxis ergibt, die von diesen Normen bislang nicht erfasst ist, sich an Verbraucher richtet und nicht als lauter angesehen werden kann. Zu denken ist etwa an den Umgang mit Verbrauchern in der digitalen Ökonomie, wo neue Geschäftsmodelle und Verbraucheransprachen Platz greifen. Will man hier einen Verstoß gegen § 3 Abs. 2 bejahen, sind die Hürden aber angesichts der Festlegung zahlreicher Spezialfälle durch den Gesetzgeber sehr hoch. Immerhin gilt das Postulat der Harmonisierung in der EU. Eine **Vorlage an den EuGH** dürfte in einer entsprechenden Konstellation – neuartiger Verstoß, Versuch, diesen unter § 3 Abs. 2 zu fassen – daher geboten sein. Rechtstechnisch ist wegen der erwünschten Sanktion der Unzulässigkeit das Heranziehen der Rechtsfolge über § 3 Abs. 1 erforderlich. Wegen der geänderten Abgrenzungsformulierung – § 3 Abs. 2 erfasst nun alle geschäftlichen Handlungen, die sich an Verbraucher richten oder diese erreichen – werden auch Fälle unter die Verbrauchergeneralklausel zu subsumieren sein, die bislang als Fälle des § 3 Abs. 1 wahrgenommen wurden.

10 Trotz der enormen Symbolkraft der großen Generalklausel ist auch die praktische Bedeutung von **§ 3 Abs. 1** als originärer Anspruchsgrundlage beschränkt. Es haben sich seit der Neufassung des UWG 2008 erst wenige Konstellationen herauskristallisiert, die überhaupt noch unter § 3 Abs. 1 gefasst werden. Immerhin ist mit der Novelle von 2015 der Charakter der Norm noch einmal deutlich herausgestellt worden: § 3 Abs. 1 ist **für verbraucherbezogene Verstöße** ein reiner **Verweis auf die Rechtsfolge** der Unzulässigkeit. Für geschäftliche Handlungen **im B2B-Bereich** ist hingegen ein **eigenständiger Anwendungsbereich** eröffnet, der auch immer wieder von der Rechtsprechung genutzt wird.

11 War die alte große Generalklausel in § 1 UWG aF noch Dreh- und Angelpunkt des gesamten Lauterkeitsrechts, so dürfen die Gerichte heute nur in solchen Fällen noch auf § 3 Abs. 1 zurückgreifen, die nicht vom Anwendungsbereich der Richtlinien erfasst sind.[8] Dies ist angesichts der Schwierigkeit, verbraucherbezogene und mitbewerberbezogene Handlungen zu differenzieren, immer seltener der Fall. Im Verhältnis zu den mitbewerberschützenden Regeln in §§ 3a und 4 ist die große Generalklausel **subsidiär.**[9] Die Tatbestandsmerkmale der spezielleren Einzeltatbestände sind zwingend zu prüfen, Aufweichungen und allgemeine Lauterkeitsprüfungen sind nach dem modernen Verständnis des UWG nicht mehr möglich. Die **Beispielskataloge und Einzelverbotstatbestände** sind im Verständnis der deutschen Dogmatik **kein unverbindliches Beiwerk,** nicht lediglich „Induktionsmaterial für die Auffindung ergänzender Entscheidungsnormen im Rahmen der Generalklausel",[10] sondern sind unmittelbar der rechtsanwendenden Subsumtion zugängliche Normen des geltenden Rechts. Richtig ist allerdings auch, dass § 3 Abs. 1 die Spezial- und Beispielsfälle letztlich umfasst. Die Generalklausel bleibt insofern der normative Fluchtpunkt der Prüfung von Einzeltatbeständen.

12 In der Folge dieser **grundsätzlich veränderten Normsituation** liegt der anwendungspraktische Funktionsverlust der „großen" Generalklausel als eines eigenständigen Verbotstatbestands.[11] Entgegen § 1 UWG aF, dessen Bedeutung als selbständiger Verbotstatbestand mangels (dem UWG 2004 vergleichbarer) Beispielskataloge und (sonstiger) spezieller Verbotstatbestände naturgemäß viel größer sein musste, zielt die Generalklausel des § 3 Abs. 1

---

[8] *Köhler*/Bornkamm/Feddersen § 3 Rn. 2.26.
[9] Vgl. *Köhler*/Bornkamm/Feddersen § 3 Rn. 2.5.
[10] So aber für das schweizerische Lauterkeitsrecht *Baudenbacher,* Lauterkeitsrecht, Art. 2 Rn. 7.
[11] Vgl. dazu *Kraft* Interessenabwägung S. 100, 119, 134 ff.; GroßKommUWG/*Schünemann* Einl. Rn. D 6.

nunmehr auf echte Lückenschließung. Sie mutiert von der „Königsnorm" zum **Auffangtatbestand.**[12]

Die praktische Bedeutung der Auffangtatbestände (das gilt für § 3 Abs. 1 ebenso wie für Abs. 2, wenn man diese Norm als verbraucherschützenden Auffangtatbestand ansehen will) steht in einem Spannungsfeld: Einerseits gibt es ein sog. **Ausschöpfungsgebot,** demzufolge eine Norm auch anzuwenden und auszuschöpfen ist. Ohne Zugriff auf die Norm würde diese bedeutungslos, was der Gesetzgeber nicht gewollt haben kann – es werden (in systematischer Hinsicht!) keine sinnlosen Paragraphen geschaffen. Es muss also Bedarf für eine Anwendung von § 3 Abs. 1 und 2 geben. Andererseits ist der Vorrang der Spezialregelungen eindeutig und zugleich Ausdruck des gesetzgeberischen Bemühens, die wichtigen und wesentlichen Fälle zu erfassen.[13] Hat der Gesetzgeber einzelne Fallgestaltungen in den Spezialtatbeständen nicht normiert, obwohl sie nah an anderen Regelungsgegenständen liegen, streitet eine Vermutung dafür, dass er solche Fälle nicht als eingriffsbedürftig ansah, es sei denn, er hat sie bewusst der Regelung durch die Rechtsprechung überantwortet, wie etwa für menschenverachtende geschäftliche Handlungen außerhalb des Geltungsbereichs der UGP-RL. Dieser systematische Zusammenhang erhöht die **Hürden** für eine Anwendung von § 3 Abs. 1 und 2 erheblich. Ein leichtfertiges Bejahen ist nicht denkbar, es ist ggf. der Rechtsweg zu höheren Gerichten zu eröffnen bzw. im Anwendungsbereich der Richtlinie **dem EuGH vorzulegen.** Jedenfalls muss in einem Urteil, das sich auf eine der beiden Generalklauseln stützen will, eine ausführliche Würdigung der Notwendigkeit finden, die Unlauterkeit zu bejahen. 13

Die Zurückhaltung bei der Anwendung der Generalklauseln ist ein vorläufiger und **aktueller Befund.** Die Diskrepanz zwischen dynamischem Wirtschaftsleben und technischer Entwicklung einerseits sowie träger Rechtssetzung andererseits bringt es mit sich, dass neue Phänomene in der Geschäftswelt auftauchen, die durch die im Detail fixierten Tatbestände nicht erfasst sind, aber dennoch „Unbehagen" auslösen. Dies dürfte heute namentlich für Marketingmaßnahmen und Geschäftsmodelle der digitalen Ökonomie gelten.[14] Nur beispielhaft seien der Umgang von Betreibern digitaler Plattformen mit Unternehmern genannt, die über die Plattform ihre Waren oder Dienstleistungen anbieten, der Umgang mit Kundendaten oder die Beratungspraxis in Finanz- und Vorsorgefragen. Die Finanzkrise mit ihren Erschütterungen des Grundvertrauens in die Fairness des Marktes kann Anhaltspunkte zu Fallgestaltungen geben, in denen die gesetzlich fixierten Möglichkeiten nicht genügen.[15] Die **Digitalisierung** der Wirtschaft bringt ebenfalls Verhaltensweisen mit sich, die vom Gesetzgeber noch nicht antizipiert wurden.[16] Hier liegen möglicherweise unlautere Handlungen vor, die untersagungsreif sind. Für solche Entwicklungen, mit denen der Gesetzgeber nicht durch Aktualisierung des Gesetzes oder der Schwarzen Liste Schritt hält, stehen § 3 Abs. 1 und 2 zur Verfügung. Die Rechtsprechung ist damit aufgerufen und ermächtigt, **Aktualisierungen des Unlauterkeitsbegriffs** vorzunehmen. Die systematische Vermutung gegen ein Eingreifen dürfte im Laufe der Zeit an Relevanz verlieren und die Berufung auf die Generalklauseln dürfte wieder an Bedeutung zunehmen. 14

III. Entstehungsgeschichte

Die Generalklausel hat eine lange Tradition im deutschen Lauterkeitsrecht,[17] ist aber zugleich wesentlicher Diskussionspunkt in der UWG-Reform 2015 gewesen. **§ 3 Abs. 1** 15

---

[12] *Ohly* GRUR 2004, 889 (897); *Köhler*/Bornkamm/Feddersen § 3 Rn. 2.4.

[13] Vgl. *Köhler*/Bornkamm/Feddersen § 3 Rn. 2.21.

[14] Andere Einschätzung jurisPK/*Ullmann* § 3 Rn. 31. Siehe für Erscheinungsformen von Werbeformen im Internet etwa *Lichtnecker* GRUR 2014, 523.

[15] Vgl. *Fikentscher/Hacker/Podszun,* FairEconomy, S. 89 ff. schlagen beispielsweise für Finanztransaktionen die Erfassung unlauterer Komplexität sowie unlauterer Risiko-Transfer-Strategien vor.

[16] Vgl. *Micklitz/Reisch/Joost/Zander-Hayat,* Verbraucherrecht 2.0, passim; *Podszun/Busch/Henning-Bodewig,* Behördliche Durchsetzung des Verbraucherrechts?, 2018, S. 160.

[17] Siehe dazu umfassend *Keller* → Einl. Rn. 1 ff.; *Ohly/Sattler* GRUR 2016, 1229 (1233 f.).

geht auf die **Generalklausel** zurück, die in § 1 UWG 1909 bis 2004 normiert war. Die Verschiebung in § 3 einschließlich einer ersten Umformulierung erfolgte mit der Reform 2004. Durch die UWG-Reform 2008 erhielt § 3 eine neue Fassung, wurde insbesondere um zwei verbraucherspezifische Absätze erweitert und in Absatz 1 umformuliert. Mit der UWG-Reform 2015 wurden Klarstellungen vorgenommen und Teile des bisherigen Abs. 2 in den neuen Abs. 4 verschoben.

16 **§ 3 Abs. 3** ist als systematische Einstiegsnorm für die Prüfung der Schwarzen Liste 2008 in das Gesetz gekommen und hat im deutschen Recht keine Vorläufernorm. Die Norm setzt vielmehr Art. 5 Abs. 5 der UGP-Richtlinie um. Die Einführung einer Generalklausel im europäischen Recht war angesichts unterschiedlicher Rechtstraditionen ein Anknüpfen an das deutsche UWG-Verständnis.[18]

17 **§ 3 Abs. 2** stellt gegenüber der alten Generalklausel aus § 1 UWG 1909 eine Neuerung dar, die dem europäischen Recht geschuldet ist. Der deutsche Gesetzgeber greift damit die Vorgaben in Art. 5 Abs. 2 UGP-RL auf. Im Rahmen der UWG-Novelle 2015 hat sich der Gesetzgeber in diesem Bereich um Klarstellungen bemüht.

17a **§ 3 Abs. 4** ist mit der UWG-Reform 2015 neu ins Gesetz gekommen. Die entsprechenden Passagen waren jedoch zuvor in ganz ähnlicher Form in § 3 Abs. 2 enthalten. Eine Vorlage für Satz 2 findet sich in Art. 5 Abs. 3 UGP-RL. Mit Satz 1 wird teilweise an Art. 5 Abs. 2 lit. b angeknüpft, teilweise auch an die Erwägungsgründe 18 und 19 der Richtlinie, die das moderne Verbraucherleitbild und den Schutz besonders anfälliger Gruppen festschreiben.

18 **§ 3 Abs. 1** schließlich ist als Umsetzung von Art. 5 Abs. 1 sowie als eigenständige Norm, unabhängig von der UGP-RL, gedacht.[19] Diese Norm steht der ursprünglichen Generalklausel des UWG am nächsten.

19 **1. Generalklausel im Gesetz von 1909. Rechtstechnisch-funktional** entspricht § 3 in Abs. 1 dem früheren § 1 UWG 1909, der alle „Handlungen im geschäftlichen Verkehr zu Zwecken des Wettbewerbs" untersagte, welche „gegen die guten Sitten verstoßen". An die Stelle der „Sittenwidrigkeit" ist seit 2004 die Unlauterkeit getreten, die keinen sittlichen Makel mehr ausdrücken soll. Aufgrund der starken europäischen Einwirkung und der eigenständigen Modernisierung des Kern-Merkmals (von der Sittenwidrigkeit zur Unlauterkeit) können **Rechtsprechung und Literatur aus der Zeit vor 2004** heute nur noch sehr bedingt herangezogen werden – auf Widersprüche zum geltenden Recht muss dringend geachtet werden. Dabei spielt auch eine Rolle, dass das Lauterkeitsrecht im Bereich der Generalklausel von großer Dynamik geprägt sein muss. Der Wettbewerb darf nicht durch überlanges Festhalten an überkommenen Wertungen belastet werden. Die rechtliche Beurteilung geschäftlicher Handlungen wandelt sich eben fortlaufend. Dass der Gesetzgeber angesichts der Vielzahl der Anpassungen in § 3 auch bei der Reform 2008 und in ähnlicher Form 2015 noch davon sprach, es seien keine wesentlichen Änderungen der Rechtslage zu erwarten, grenzt an Wunschdenken. Der dem Lauterkeitsrecht inhärenten Dynamik ist freilich die **Rechtssicherheit** als Wert gegenüberzustellen. Unternehmen erwarten Planungssicherheit für Produkteinführungen und Marketingaktionen. Ihre Erwartungen speisen sich aus dem geschriebenen Recht und aus Präzedenzfällen. Insofern werden die bisherigen Bewertungen durch die Gerichte legitim fortwirken, zumal der Gesetzgeber mit seinem „Wunschdenken" die Erwartung geschürt hat, dass kaum Änderungen zu erwarten sind.

20 § 1 UWG in der Fassung bis 2004 galt zutreffend als „die **grundlegende wettbewerbsrechtliche Ordnungsvorschrift**",[20] die das ganze UWG aF „beherrschen" sollte.[21] Nicht unerwähnt bleiben soll, dass die „Flexibilität" dieser Vorschrift dazu führte, dass die Ge-

[18] Vgl. *Fezer* FS Büscher, 2018, 297 (299).
[19] BT-Drs. 16/10145, 15.
[20] *Köhler/Piper,* UWG, 3. Aufl. 2002, § 1 Rn. 1.
[21] So die allgM im Anschluss an RGZ 79, 321 (327); vgl. Baumbach/*Hefermehl,* 22. Aufl. 2001, § 1 Rn. 1.

neralklausel in der Nazi-Zeit für eine Ausfüllung mit nationalsozialistischen Einflüssen offen war.[22] Auch in der DDR blieb das UWG in Kraft.[23] In der Bundesrepublik wurde die Konkretisierung des Begriffs der „guten Sitten" durch das Leitbild vom Leistungswettbewerb geprägt, faktisch aber vor allem durch eine Kasuistik gelöst, die von *Baumbach/Hefermehl* geprägt wurde.[24]

Die fünf anerkannten **Fallgruppen** waren: **„Kundenfang"** (unsachliche Beeinflussung von Abnehmern oder Lieferanten mit wettbewerbsfremden Mitteln), **„Behinderung"** (leistungsfremde Bekämpfung des Mitbewerbers), **„Ausbeutung"** (ungerechtfertigte Ausnutzung fremder Leistung, fremden Rufs und fremder Werbung), **„Vorsprung durch Rechtsbruch"** (Verletzung gesetzlicher und vertraglicher Bindungen zur Erlangung eines sachlich ungerechtfertigten Wettbewerbsvorsprungs) und **„Marktstörung"** (allgemeine Marktbehinderung durch Einsatz wettbewerbsfremder Mittel, die den Bestand des Wettbewerbs auf einem bestimmten Markt gefährden). Ob der (unlautere) „Wettbewerb innerhalb der Marktstufen", der sog. Stufenwettbewerb, als weitere Fallgruppe oder aber (nur) als Querschnittsfunktion zu den fünf bereits genannten Fallgruppen verstanden wurde, blieb unklar.[25] Unterhalb dieser Großgruppen hatte sich sodann eine kaum noch überschaubare **Fülle von Unter-Fallgruppen** etabliert. Die Fallgruppen sollten einerseits Rechtssicherheit bieten, was angesichts der Vielzahl von Differenzierungen im Einzelfall allerdings manchmal schwierig werden konnte. Andererseits verstellte die starre Fallgruppen-Einteilung gelegentlich den Blick auf den übergeordneten Regelungszweck, auch wenn zum Ende des 20. Jahrhunderts hin mehr und mehr die Interessenabwägung zur Bestimmung der Unlauterkeit herangezogen wurde. Die dem konkreten historischen Fallmaterial geschuldete Kasuistik wurde zur „Zwangsjacke", die einer sachgerechten Entwicklung des Lauterkeitsrechts vielfach im Wege stand.[26] 21

Seriöserweise können Entscheidungen aus der Zeit vor 2008 nur noch nach genauer Prüfung als **Präzedenzfälle** für das UWG herangezogen werden. Dafür sprechen die gewandelten wirtschaftlichen Verhältnisse, das gewandelte Verbraucherleitbild und die Überlagerung des deutschen UWG durch europäisches Recht. Jedenfalls bedarf mit zunehmendem zeitlichen Abstand eine Argumentation einer kompletten Überprüfung, denn die Entscheidungen sind nicht nur zu anderen Zeiten, sondern sogar auf Basis anderer Begrifflichkeiten ergangen. Dies zeigt sich bereits am Normtext des § 3 gegenüber Vorgängerfassungen der Generalklausel, die – dem europäischen Einfluss sei Dank – deutlich verschieden sind. Zu einigen neuen Begriffen („unternehmerische Sorgfalt", „Verbraucher", „wesentliche Beeinflussung") finden sich **Legaldefinitionen** in § 2. Dort ebenfalls mit einer Legaldefinition hinterlegt ist der Begriff der „geschäftlichen Handlung", der mit Blick auf den europarechtlichen Hintergrund der RL 2005/29/EG den Begriff der „Wettbewerbshandlung" des UWG 2004 abgelöst hat. Schließlich ist der Begriff „unlauter" ein anderer als der Begriff der „Sittenwidrigkeit". Mit dem veränderten Begriff geht auch ein veränderter Inhalt einher. 22

2. Reformen 2004/2008. Durch die Reform des UWG **2004** sollte das deutsche Recht als Blaupause einer europaweiten Regelung des unlauteren Wettbewerbs etabliert werden. Hier stellte sich die Schwierigkeit, dass im europäischen Recht der Verbraucherschutz zentral ist, während im deutschen Recht auch (und über Jahrzehnte hinweg sogar überwiegend) der Mitbewerberschutz dominierte. Im deutschen Recht sprach man daher von einem „integrierten Modell", das sowohl Verbraucher- als auch Mitbewerberschutz umfasst. Das Gesetz wurde 2004 – nach eingehender wissenschaftlicher Diskussion – als Kom- 23

[22] *Rüthers,* Die unbegrenzte Auslegung, S. 216 ff.; *van Look* JR 2000, 89 (92 ff.).

[23] Vgl. *Beater,* Unlauterer Wettbewerb, § 3 Rn. 326 ff.

[24] Baumbach/*Hefermehl,* 22. Aufl. 2001, Einl. Rn. 160 ff. Vgl. *Ohly/Sattler* GRUR 2016, 1229 (1234).

[25] In der Gliederung der Kommentierung zu § 1 UWG aF bei Baumbach/*Hefermehl* erschien dieser Titel jedenfalls auf gleicher Gliederungshöhe (Kapitel) wie „Kundenfang", „Behinderung" etc.

[26] Zutreffend *Beater,* Unlauterer Wettbewerb, § 3 Rn. 337. Gerade umgekehrte Einschätzung bei *Engels/Salomon* WRP 2004, 32 (34 f.).

promiss zwischen dem integrierten deutschen Modell und dem verbraucherschützenden Impetus des europäischen Rechts konzipiert. **2008** wurde, nachdem die UGP-RL in Kraft getreten war, das UWG dem europäischen Recht angepasst. Mit den ausdifferenzierten Verbotstatbeständen und § 3 legte das Gesetz für die Rechtspraxis eine eigene Systematik vor und bändigte eine Rechtsprechung, die mit der Generalklausel in § 1 UWG 1909 nach Belieben hantieren konnte. Dass dabei nach der Gesetzesbegründung 2004 „durch die Rechtsprechung seit langem gefestigte Fallgruppen" aufgenommen werden sollten,[27] belegt, dass es zwar in der Systematik zu einem erheblichen Wandel kam, substantiell aber an die Ergebnisse jahrzehntelanger Rechtsprechungspraxis angeknüpft wurde. Der entscheidende **Paradigmenwechsel** war aber die Festschreibung eines status quo im Gesetz, sodass die Weiterentwicklung erschwert wurde. Nun ist das Gesetz (nicht ein Kommentar) die entscheidende Richtschnur.

24 Einige Fallgruppen lebten zunächst weiter, doch mit zunehmendem Abstand haben sich die **bisherige typologische Begrifflichkeit** und deren Anwendung überlebt. Zu erkennen ist dann in der Gesetzesfassung von 2008 eine Neukonzeption des UWG, die zum Teil **Ausfluss eines wirtschaftspolitischen Deregulierungsprogramms** ist.[28] Gegen eine Übernahme der Begrifflichkeiten und Wertungen der früheren Lauterkeitsrechtsprechung spricht die angestrebte Vollharmonisierung für den B2C-Bereich: Hier verbleibt der Rechtspraxis für die Anknüpfung an nationale Traditionen wenig Raum.

25 **3. Reform 2015.** Im Verfahren zur UWG-Reform **2015** stand § 3 UWG lange im Fokus der Aufmerksamkeit, letztendlich halten sich die Änderungen aber in Grenzen. Gesetzgeberische Intention der Novelle 2015 war eine **„gesetzessystematische Klarstellung"**.[29] Im Laufe des Verfahrens kam es so vor allem zu sprachlichen und systematischen Anpassungen, damit „die materielle Rechtsanwendung im Lauterkeitsrecht grundsätzlich nicht verändert werde."[30] Dahinter stand das allgemeine Ziel dieser Novellierung, das UWG **richtlinienkonform zu formulieren.** Die Beanstandungen am deutschen UWG, die zuvor durch die Europäische Kommission geltend gemacht worden waren,[31] sollten durch diese Novelle aus der Welt geschafft werden. Der Gesetzgeber hielt dabei in der Begründung fest, dass die deutsche Rechtsprechung richtlinienkonform sei, dies im Gesetz aber noch deutlicher zum Ausdruck gebracht werden müsse.[32]

26 Im Referenten- sowie im Regierungsentwurf[33] hatte es insbesondere noch eine eigene Klarstellung zum **Mitbewerberschutz** sowie eine entsprechende Generalklausel gegeben. Dem Entwurf zufolge sollten geschäftliche Handlungen, die sich weder an Verbraucher richten noch diese erreichen, oder solche, die sich zwar an Verbraucher richten oder diese erreichen, aber ausschließlich Interessen von Mitbewerbern schädigen, unlauter sein, wenn sie nicht der fachlichen Sorgfalt entsprechen.[34] Dieses Vorhaben konnte sich in den weiteren Beratungen nicht durchsetzen.[35] Damit wäre zwar die Differenzierung zwischen verbraucher- und mitbewerberbezogenen Handlungen deutlicher geworden und somit auch das geteilte Regime des UWG (gegen das integrierte Modell, das nun über die Brückennorm des § 3 Abs. 1 wenigstens noch formal aufrechterhalten wird.) Es wäre aber auch zu einer Festschreibung von Mitbewerberschutz gekommen, die mit einem modernen Wettbewerbsverständnis kaum vereinbar scheint. In der offiziellen Begründung erläutert die CDU-/CSU-Fraktion, von dieser eigenen Mitbewerber-Generalklausel sei letztlich abge-

---

[27] Vgl. BT-Drs. 15/1487, 13. Vgl. GroßKommUWG-*Peukert* § 3 Rn. 5.
[28] BT-Drs. 15/1487, 12 zum UWG 2004.
[29] BT-Drs. 18/6571, 1. So schon Referentenentwurf des BMJV, S. 10. Zum Verfahren s. *Spengler,* Die Verbrauchergeneralklausel des UWG, S. 74 ff.
[30] BT-Drs. 18/6571, 13.
[31] Siehe dazu 3. Aufl. dieses Werks → Rn. 38.
[32] BT-Drs. 18/6571, 1.
[33] BT-Drs. 18/4535.
[34] § 3 Abs. 3 Reg.Entw., BT-Drs. 18/4535; § 3 Abs. 4 Ref.Entw.; *Glöckner* → Einl. Rn. 282 ff.
[35] Vgl. zur Diskussion *Palzer* WRP 2015, 793 f.

sehen worden, „um Schutzlücken durch einen zu engen Anwendungsbereich zu verhindern."[36]

Mit der Novelle 2015 wurden insbesondere folgende Aspekte geändert:

In **Absatz 1** gibt es nur noch eine schlichte Formulierung von Tatbestand („unlautere geschäftliche Handlung") und Rechtsfolge („unzulässig"). Weggefallen ist insbesondere das Spürbarkeitserfordernis.[37] Im UWG finden sich jetzt, und das macht die Gesetzesbegründung deutlich, zwei verschiedene Regelungsregime, die über § 3 Abs. 1 formal zusammengehalten werden. Für den Bereich der Richtlinien-Umsetzung enthält § 3 Abs. 1 eine reine **Rechtsfolgenregelung,** dh die Norm bietet eine Brücke von den materiellen Tatbeständen zu den Ansprüchen in §§ 8 ff., ohne eigenen Regelungsgehalt beizusteuern.[38] Dies wird auch deutlich durch andere Bezugnahmen in der Gesetzesbegründung, nachdem man sich entschieden hatte, die in Entwürfen vorgesehene Banalität „unlauter im Sinne von § 3 Abs. 1" wieder zu streichen: Betont wird, dass ohnehin deutlich sei, dass sich §§ 3a–6 mit dem Begriff „unlauter" auf § 3 Abs. 1 bezögen.[39] 27

Außerhalb der Richtlinien-Anwendung (wobei hier die UGP-Richtlinie 2005/29/EG und die Werbe-Richtlinie 2006/114/EG gemeint sind), also soweit sich die geschäftliche Handlung nicht an Verbraucher richtet oder diese erreicht, ist § 3 Abs. 1 weiterhin „**Auffangtatbestand** für solche geschäftlichen Handlungen […], die von den nachfolgenden Bestimmungen nicht erfasst werden, aber einen vergleichbaren Unlauterkeitsgehalt aufweisen."[40] Der BGH hat sich dieser Sicht angeschlossen.[41] Ein **Beispiel** dafür liefert der Gesetzgeber selbst in der Begründung: Die Streichung von § 4 Nr. 1 UWG und seine Überführung in den neuen § 4a, der sehr eng an der Richtlinie entlang formuliert ist, führt dazu, dass eine der bisherigen Konstellationen entfällt. In § 4a ist der Schutz vor menschenverachtenden geschäftlichen Handlungen nicht mehr explizit enthalten. In der Gesetzesbegründung heißt es, dass „der Schutz vor menschenverachtenden geschäftlichen Handlungen außerhalb des Anwendungsbereichs der Richtlinie, wie nach bisheriger Rechtslage" gewährleistet sei, nämlich „durch § 3 Absatz 1 in seiner Funktion als Auffangtatbestand."[42] 28

Hier ist allerdings unklar, ob der Gesetzgeber auch die **Abgrenzung von Verbrauchergeneralklausel in Abs. 2 und originärem Anwendungsbereich von Abs. 1** hinreichend gewürdigt hat. Die Unterscheidung der beiden Tatbestände läuft nicht mehr gemäß der primären Interessenbeeinträchtigung, sondern anhand der Adressierung von Maßnahmen: Solche, die sich an Verbraucher richten oder diese erreichen, unterfallen Abs. 2, die Übrigen können nach Abs. 1 aufgegriffen werden. 29

Im Rahmen des Auffangtatbestands ist es Sache der Rechtsprechung, „angemessene **Spürbarkeitserfordernisse** aufzustellen, um insbesondere Abmahnungen wegen Bagatellverstößen zu verhindern."[43] Nach Auffassung des Gesetzgebers ging mit der Streichung des Spürbarkeitserfordernisses also nicht zwingend einher, dass dieses nicht mehr zu prüfen ist (dazu unten G.). 30

In **Absatz 2** wurde eine Verbrauchergeneralklausel ausformuliert. Damit wird deutlich gemacht, dass die verbraucherbezogenen Tatbestände in den Spezialnormen §§ 4a–6 sowie in § 3 Abs. 2–4 geregelt werden.[44] Abs. 2 verweist mit dem Begriff „unlauter" auf Abs. 1, aber lediglich für die Rechtsfolge.[45] Dass in der Norm auf **„unternehmerische" Sorgfalt** abgestellt wird, nicht mehr – wie früher – auf die fachliche Sorgfalt, ist eine Folgeänderung 31

[36] Fraktion der CDU/CSU, BT-Drs. 18/6571, 13. Vgl. BT-Drs. 18/6571, 15.
[37] Vgl. *Alexander* WRP 2016, 411 (412); *Middelhoff,* Das Spürbarkeitsmerkmal des UWG 2015.
[38] BT-Drs. 18/6571, 14.
[39] Vgl. BT-Drs. 18/6571, 16.
[40] BT-Drs. 18/6571, 14 f.; ebenso Fraktion der CDU/CSU, BT-Drs. 18/6571, 13 f.
[41] BGH GRUR 2018, 541 Rn. 12 – Knochenzement II.
[42] BT-Drs. 18/6571, 15.
[43] BT-Drs. 18/6571, 15; ebenso Fraktion der CDU/CSU, BT-Drs. 18/6571, 14; *Köhler*/Bornkamm/Feddersen § 3 Rn. 2.20.
[44] BT-Drs. 18/6571, 15.
[45] BT-Drs. 18/6571, 15.

zu § 2 Abs. 1 Nr. 7. Dort waren die Begrifflichkeiten ebenfalls verändert worden, „da der Unternehmer Adressat der Sorgfaltspflicht ist".[46]

32 Hinsichtlich der **Relevanz** der geschäftlichen Handlung wird darauf abgestellt, dass diese das Verhalten des Verbrauchers wesentlich zu beeinflussen geeignet ist. Diese Begrifflichkeit ist mit Hinweis auf die Eignung, eine geschäftliche Entscheidung spürbar zu beeinträchtigen, in § 2 Abs. 1 Nr. 8 legaldefiniert.[47] Die Spürbarkeitserfordernisse sind zudem in den Spezialtatbeständen aufgenommen (§§ 4a, 5, 5a, 6). Spürbarkeitserfordernisse spielten in der Praxis auch früher eine untergeordnete Rolle.[48]

33 **Absatz 3** als Brückennorm zum Anhang wurde nicht geändert.

34 **Absatz 4** ist neu positioniert. Eine entsprechende Regelung enthielt zuvor § 3 Abs. 2. Nun ist in § 3 Abs. 4 das Verbraucherleitbild zusammengefasst worden. Dabei sind kleinere sprachliche Änderungen vorgenommen worden, deren Ziel eine sprachliche Annäherung an die Richtlinie war (dort Art. 5 Abs. 3 S. 1 UGP-RL). Der Begriff „Gebrechen" wird in „Beeinträchtigungen" modernisiert, statt „Produkte" wird richtigerweise von „Waren oder Dienstleistungen" gesprochen (vgl. Art. 2 lit. c RL).[49]

35 Insgesamt wurde mit diesen Änderungen das **Ziel erreicht,** die Abgrenzung der beiden Regelungsregime im UWG deutlich zu machen und sich der Richtlinie im Wortlaut weiter anzunähern. Mit Blick auf das Fairer-Wettbewerb-Gesetz und den New Deal for Consumers sind zum Zeitpunkt der Bearbeitung dieses Beitrags keine Änderungen für § 3 zu erwarten.

IV. Rechtliche Einordnung

36 In § 3 statuiert der Gesetzgeber in Absätzen 1 und 2 zwei Generalklauseln, die die gesamte wettbewerbliche Unlauterkeit umgreifen. Hinzu tritt in Absatz 3 eine Brückennorm für besonders gravierende Verstöße und in Absatz 4 eine Definitionsnorm, die auch in § 2 ihren Platz gefunden hätte. Nicht mehr normiert ist ein allgemeines Spürbarkeitserfordernis.

37 **1. Differenzierte Verbotstatbestände.** Eine **Prüfung von geschäftlichen Verhaltensweisen** muss systematisch **zuerst an der „schwarzen Liste"** nach Abs. 3 iVm dem Anhang, **sekundär an den Beispielskatalogen bzw. Einzelverbotstatbeständen** und erst **im letzten Schritt an den Generalklauseln in § 3 Abs. 2 und § 3 Abs. 1** ansetzen. Bei der Auslegung von § 3 Abs. 1 ist auf die in § 1 genannten Schutzzwecke des UWG und die damit vorgegebene Methodik der Interessenabwägung (siehe dazu Kommentierung zu § 1) abzustellen. Es schadet nicht, hier eine Anlehnung an die Wertungen der UGP-Richtlinie zu suchen, erforderlich ist dies jedoch nicht. Für die Auslegung von § 3 Abs. 2 und 3 hingegen ist zwingend Richtlinienkonformität zu erzielen (Art. 5 UGP-Richtlinie). Für die Prüfung verbraucherbezogener Unlauterkeitsstatbestände ist auf § 3 Abs. 1 nur noch als Rechtsfolgenverweis abzustellen. Es gibt damit ein höchst differenziertes Verbotsregime in § 3 UWG. Mit dieser seit der UWG-Reform 2015 erheblich stärker ausgeprägten Differenzierung[50] wird die Abkehr vom integrierten, monistischen deutschen System des Lauterkeitsrechts eingeleitet. *Glöckner* spricht von einem „Zwei-Säulen-Modell" mit „Dachklausel".[51] Die einzelnen Unterschiede, insbesondere die im Detail abweichenden Unlauterkeitsmaßstäbe und die unterschiedlichen Bagatellschwellen führen zu einer veränderten gesetzlichen Ausgangslage. Mit *Kirchhoff* ist zu folgern, dass es sich als schwierig erweisen könnte, „nach Inkrafttreten der Novelle im B2B-Bereich schlicht „business as

[46] BT-Drs. 18/6571, 14 f.
[47] Zum Begriff der geschäftlichen Entscheidung siehe *Alexander* FS Ahrens, 2016, 17.
[48] Vgl. *Nordemann* FS Köhler, 2014, 489 (491 ff.).
[49] BT-Drs. 18/6571, 15.
[50] So auch *Alexander* WRP 2014, 1384 (1385) (noch zum Ref.Entw.).
[51] *Glöckner* WRP 2014, 1399 (1400) (noch zum Ref.Entw.).

usual" zu betreiben und von einer bloßen Kodifizierung der bestehenden Rechtsprechung auszugehen."[52]

Der Verbotstatbestand in § 3 Abs. 1 ist auf ein elementares Merkmal gestützt: Die Unzulässigkeit resultiert aus der **Unlauterkeit,** so eine geschäftliche Handlung vorliegt, also der Anwendungsbereich des UWG eröffnet ist. Eine spürbare Interessenbeeinträchtigung (im Sinne einer Bagatellschwelle) ist nicht mehr gesetzlich verlangt, mag aber, wie die Gesetzesbegründung 2015 meint,[53] im Einzelfall von den Gerichten in die Prüfung eingezogen werden; darüber hinaus gehende Anforderungen sind in einzelnen Tatbeständen ausdrücklich normiert. Wo das UWG (wie zB in § 7 Abs. 1 S. 1 und in § 3 Abs. 3 iVm dem UWG-Anhang) von „unzulässigen" geschäftlichen Handlungen spricht, sind folglich Handlungen von vorn herein als unlauter gekennzeichnet. Eine gesonderte Prüfung der Unlauterkeit (oder ggf. der Spürbarkeit) ist bei der Anwendung dieser Normen nicht vorzunehmen. Was das **Spürbarkeitserfordernis** angeht, so ist dieses als im Begriff der Unlauterkeit bereits integriert anzusehen.[54] Eine Handlung, die eine gewisse **Erheblichkeitsschwelle** nicht überschreitet, mag ärgerlich sein, sie kann aber nicht im Gesetzessinne unlauter sein. Ob es sich bei § 3 Abs. 1 nun um ein Verbot ohne Wertungsvorbehalt handelt (wie in § 3 Abs. 3 iVm Anhang) oder um ein solches mit Wertungsvorbehalt (wie nach der Rechtslage bis 2015) kann hier dahinstehen. Die Prüfung der Unlauterkeit verlangt bei der Generalklausel immer eine **richterliche Bewertung,** da das Tatbestandsmerkmal der Unlauterkeit höchst auslegungsbedürftig ist. Eine unwiderlegliche Vermutung der Unlauterkeit gibt es insofern jedenfalls nicht. 38

§ 3 Abs. 1 entspricht damit Art. 5 Abs. 1 UGP-RL. Im Anwendungsbereich der Richtlinie hat die Norm allerdings keine eigenständige Bedeutung. § 3 Abs. 1 leitet lediglich die nach § 3 Abs. 2 und Spezialtatbeständen für unlauter erkannten Sachverhalte zu den Rechtsfolgen weiter. Als **originäre Generalklausel** gilt § 3 Abs. 1 **nur für Verhaltensweisen im B2B-Bereich.** Die **Abgrenzung** erfolgt danach, ob eine Maßnahme an Verbraucher oder an Unternehmen gerichtet ist oder diese erreicht (siehe unten D.II). Eine allgemeine Werbung, zB auf einer Newsseite im Internet, richtet sich an Verbraucher (B2C). Eine Anzeige in einem Branchen-Fachblatt richtet sich ggf. nur an andere Unternehmen (B2B). 39

Die **Umsetzungserfordernisse** der UGP-Richtlinie werden primär in § 3 Abs. 2–4 erfüllt. 40

Umstritten ist, ob **§ 3 Abs. 2** auch **für aggressive oder irreführende Geschäftspraktiken** im Sinne der UGP-RL zu berücksichtigen ist.[55] Dazu besteht nach der UWG-Reform 2015 noch weniger Anlass als zuvor: Der Gesetzgeber hat sich für ein differenziertes Verbotskonzept ausgesprochen. Auf § 3 Abs. 2 muss nicht mehr zurückgegriffen werden, da die relevanten Tatbestandsmerkmale in den Spezialtatbeständen aufgeführt sind. In den Spezialtatbeständen ist mithin eine differenzierte Einzelwertung möglich.[56] Eine Position, die im selben Sachverhalt zwischen verbrauchergerichteten Mindeststandards und weitergehendem Mitbewerberschutz differenzieren will, kann nicht mehr aufrechterhalten werden.[57] Dem standen schon bisher die Vollharmonisierung (inkl. Maximalschutz) der UGP-RL und das Liberalisierungspostulat des europäischen Rechts entgegen. Hinzu kommt, dass der deutsche Gesetzgeber eindeutig zwischen verbraucherbezogenen und mitbewerberbezogenen Tatbeständen trennt. 41

---

[52] *Kirchhoff* WRP 2015, 659 (661) (noch zum Reg.Entw.). Vgl. aber beispielhaft zu § 3a UWG 2015 BGH GRUR 2016, 516, 3. Leitsatz – Wir helfen im Trauerfall.

[53] BT-Drs. 18/6571, 14.

[54] Ebenso *Köhler*/Bornkamm/Feddersen § 3 Rn. 2.20.

[55] Vgl. EuGH GRUR 2011, 76 (78) – Mediaprint; *Köhler*/Bornkamm/Feddersen § 3 Rn. 3.4; OLG Frankfurt a. M. ZLR 2010, 458 (462) – Whiskey-Cola; *Köhler* WRP 2010, 1293 (1296 ff.); *Köhler* WRP 2012, 22 (26); *Haberkamm* WRP 2011, 296 (300); aA *Fezer* WRP 2009, 1163 (1171), *Fezer* WRP 2010, 677 (681).

[56] Vgl. *Köhler*/Bornkamm/Feddersen § 3 Rn. 3.5.; *Köhler* WRP 2010, 1293 (1298 f.); *Schöttle* GRUR 2009, 546 (550 f.); siehe auch BGH GRUR 2010, 852 Rn. 20 – Gallardo Spyder; LG Hamburg MMR 2010, 97.

[57] Vgl. OLG München GRUR-RR 2010, 53 (56).

42 **2. Regelungstechnik Generalklausel.** Die Generalklausel ist als Regelungsinstrument eine Besonderheit; für das UWG war sie über Jahrzehnte ein Markenzeichen. Mit dem Vertrauen in eine weit gefasste Generalklausel zieht der Gesetzgeber die **Konsequenzen aus Erfahrungen,** die bis in das ausgehende 19. Jahrhundert zurückreichen:[58] Schon dort hatte sich vor dem Hintergrund der errungenen Gewerbefreiheit gezeigt, dass ein abgeschlossener Enumerativkatalog unlauterer geschäftlicher Handlungen der Dynamik des neuzeitlichen Wirtschaftslebens und den sich darin dauernd wandelnden Erscheinungsformen des wirtschaftlichen Handelns nicht gerecht werden kann.[59] Dies gilt erst recht in der wettbewerbsgesteuerten Marktwirtschaft, die auf die Impulse durch einzelne Marktteilnehmer und nicht auf eine zentrale, hoheitliche Steuerung setzt.

43 Auch die **UGP-Richtlinie** bedient sich mit Art. 5 Abs. 1 einer Generalklausel.[60] Bedenken, eine lauterkeitsrechtliche Generalklausel stehe in einem wesensmäßigen Widerspruch zu der rechtlich (auch unionsrechtlich) verbürgten Marktfreiheit,[61] vermögen nicht zu überzeugen. Die Generalklausel ist etabliertes Instrument des Wirtschaftsrechts. Sie ermöglicht erst die Absicherung der Marktwirtschaft, da sie genügend Flexibilität bietet, um auf Herausforderungen zu reagieren. Sie ist aber trotz dieser **Flexibilität** auch keine latente Bedrohung unternehmerischer Handlungsfreiheit, solange sie **rückgebunden** ist an Schutzzwecke und Spezialtatbestände und solange verfahrensmäßige Sicherungsmechanismen (zB die begrenzte Aktivlegitimation oder die Missbrauchsklausel) gegeben sind.

44 Auch **verfassungsrechtlich** bestehen gegen die generalklauselmäßige Regelungstechnik des Lauterkeitsrechts **keine durchgreifenden Bedenken.** Dies wurde vom BVerfG für §§ 1 und 3 UWG aF wiederholt judiziert.[62] Voraussetzung ist jedoch, dass der Gesetzgeber selber den Regelungszweck vorgibt und zumindest grobe Anhaltspunkte für die vorzunehmende Konkretisierung der Generalklausel liefert. So wird die Generalklausel dogmatisch eingehegt und fungiert nicht mehr als heikle Ermächtigungsnorm an die Justiz, sondern wird zu einer Delegationsnorm, die zur dezentralen Einzelfallentscheidung im Wirtschaftsrecht Maßstäbe vorgibt.[63]

45 Das UWG erfüllt die vorstehend genannten **verfassungsrechtlichen Anforderungen** in geradezu vorbildlicher Weise: Als *ratio legis* nennt der Gesetzgeber in § 1 klar den Schutz des unverfälschten (wirtschaftlichen)[64] Wettbewerbs nicht nur im Allgemeininteresse, sondern auch im Individualinteresse der Mitbewerber, der Verbraucher und der sonstigen Marktteilnehmer. Ob – etwa bei zukünftiger behördlicher Rechtsdurchsetzung – aber ein **Bußgeld** auf eine lauterkeitsrechtliche Generalklausel gestützt werden könnte, ist weniger klar.[65]

46 Der sog. großen Generalklausel kommt – trotz ihrer geringer gewordenen praktischen Bedeutung – weiterhin eine zentrale Funktion für das Lauterkeitsrecht zu. Diese ergibt sich sowohl aus dogmatischen wie auch aus systematischen Erwägungen.[66]

[58] Siehe auch *Fezer* FS Büscher, 2018, 297 ff.

[59] Für diese allgM vgl. hier nur HK/*Plaß* § 3 Rn. 9. Ausführlich zur Entwicklungsgeschichte der wettbewerbsrechtlichen Generalklausel GroßKommUWG/*Schünemann* Einl. Rn. B 7 ff. Siehe auch *Klagge,* Normative Kohärenz des deutschen Lauterkeitsrechts, S. 94 ff.

[60] Ohnehin haben fast alle Mitgliedsstaaten eine Generalklausel, vgl. *Henning-Bodewig* Einl. F.

[61] Vgl. *Beater,* Unlauterer Wettbewerb, § 13 Rn. 959; GroßKommUWG/*Schünemann* Einl. Rn. B 17.

[62] Vgl. BVerfG GRUR 2001, 1058 (1059) – Generikum-Präparat; 2001, 170 (173) – Schockwerbung/Benetton; 1993, 751 – Großmarktwerbung I; 1972, 358 (360) – Grabsteinwerbung III. Nennenswerten Einwänden ist diese Rspr. nicht ausgesetzt, vgl. *Wiebe* WRP 2002, 283 (284); nachdenklicher *Beater,* Unlauterer Wettbewerb, § 9 Rn. 9 ff. und § 12 Rn. 3 ff. Siehe die Kommentierung von *Ahrens* → Einl. Rn. 1028 ff.

[63] Gegen eine echte „Ermächtigung" an die Justiz sprechen Bedenken der Gewaltenteilung. Sehr kritisch aus verfassungsrechtlicher Sicht *Emmerich,* Unlauterer Wettbewerb, § 5 II.3. Vgl. zur Problematik *Beater,* Unlauterer Wettbewerb, § 11 Rn. 806, § 13 Rn. 963; *Teubner* S. 51, 59 ff.; *Fezer*/Büscher/Obergfell § 3 Rn. 153; *Ohly* S. 232 ff.

[64] Dies wird bereits durch den dort angesprochenen Marktbezug der Schutzsubjekte unmissverständlich deutlich und im Übrigen durch den Wirtschaftsbezug des Definitionenkatalogs in § 2 unterstrichen.

[65] *Podszun/Busch/Henning-Bodewig,* Behördliche Durchsetzung des Verbraucherrechts?, 2018, S. 229.

[66] Vgl. *Schünemann* WRP 2004, 925 (926 ff.).

Sie fungiert zunächst als **Inbegriff der Verbotstatbestände** unlauteren und deshalb wettbewerbsrechtlich unzulässigen Wettbewerbsverhaltens. Umgekehrt lassen sich alle weiteren Verbotstatbestände als Konkretisierungen der Generalklausel begreifen. § 3 Abs. 1 liefert somit, wie dies auch für die verbreiteten sonstigen gesetzlichen Arrangements von Generalklausel und Regelbeispielen zutrifft, eine Art gedanklicher Klammer, die den Wesensgehalt der nachfolgenden Spezialtatbestände verkörpert. § 3 Abs. 1 steht dabei in engem **Bezug zu § 1.** Eine direkte Bezugnahme auf die große Generalklausel durch die nachfolgenden Normen als „insbesondere"-Beispiele ist allerdings mit der Reform 2008 entfallen. Die besondere Bedeutung speist sich daraus, dass in § 3 Abs. 1 die wirtschaftsrechtliche Grundregel „unlauter = unzulässig" zentral normiert ist. Teilweise wird durch die Verwendung der Begrifflichkeiten des § 3 Abs. 1 (unlauter, unzulässig) auf diese Norm verwiesen. Die einzelnen Verbotstatbestände sind damit leges speciales zu § 3 Abs. 1. 47

Als eine solche Grundnorm der Unlauterkeit sind die Einzelfälle nach den Verbotsnormen stets mit einem Seitenblick auf die Generalklausel zu entscheiden. Das kann letztlich nur bedeuten, dass sich der Rechtsanwender nicht in den Details einer Spezialnorm verlieren darf. Als **Plausibilitätsfrage** müsste sich der Rechtsanwender die Frage stellen, ob – Fehlen der Spezialnorm unterstellt – der Fall auch unter die Generalklausel hätte subsumiert werden können. Dies würde zurückführen auf die Schutzzwecke des § 1 UWG und auf die Abwägung der betroffenen Interessen. Die Generalklausel in ihrer Klammerfunktion ist damit eine stete Mahnung, sich in diesem dynamischen Rechtsgebiet immer zu fragen, ob es einer Intervention wirklich bedarf – sie steht für die **Legitimation** des UWG als Rechtsgebiet insgesamt. Mit diesem Verständnis ist § 3 Abs. 1 auch immer kumulativ zu den spezielleren Tatbeständen anzuwenden.[67] Rechtstechnisch erforderlich ist die Anwendung, um die Verbindung zu den Ansprüchen nach §§ 8–10 zu erreichen (sog. Umschaltfunktion). 48

Zum originären Anwendungsbereich des § 3 Abs. 1 siehe unten (Abschnitt F.). 49

3. Verbrauchergeneralklausel. Die Verbrauchergeneralklausel in Abs. 2 stellt **einen eigenen Verbotstatbestand** dar. Ob es sich um einen eigenen Verbotstatbestand handelt, war bis zur UWG-Reform 2015 umstritten. Auch hier wurde zunächst die Auffassung vertreten, § 3 Abs. 2 stelle eine **Auslegungsregel** für verbraucherschützende Tatbestände dar, die allerdings quasi keine Bedeutung in der Praxis entfalte. Diese systematische Einordnung von § 3 Abs. 2 wurde an den dadurch umgesetzten Normen der UGP-RL (Art. 5 Abs. 2 lit. a und b), die eine Ausfüllung von Art. 5 Abs. 1 darstellen, festgemacht. Auch der deutsche Gesetzgeber hatte in der Gesetzesbegründung diesen systematischen Zusammenhang zwischen Generalklausel und ihrer Konkretisierung in Bezug auf Verbraucher hergestellt.[68] Konsequent wurden in der Formulierung die Begrifflichkeiten der UGP-RL teilweise aufgenommen. Rolle und Reichweite von § 3 Abs. 2 waren jedoch umstritten. Diskutiert wurde (und wird), in welchem **Verhältnis § 3 Abs. 2 zu Abs. 1** steht und welche Relevanz die Norm – sei es als Auffangtatbestand oder als Auslegungsmaxime – überhaupt entfaltet. Eine Extremposition markierte beispielsweise *Scherer,* welche die Norm für gänzlich überflüssig hielt.[69] *Köhler* betrachtete den Anwendungsbereich als äußerst reduziert. Die Klausel sei subsidiär gegenüber Abs. 1 und könne nur solche Fälle erfassen, die nicht in §§ 4 ff. UWG 2008 geregelt seien.[70] Andere Autoren wendeten die beiden Maßstäbe gemeinsam an.[71] Teilweise wurde auch vertreten, dass für den B2C-Bereich § 3 Abs. 2 den Abs. 1 verdrängt.[72] 50

---

[67] S. auch *Nordemann* Rn. 42.
[68] BT-Drs. 16/10145, 15, 22.
[69] *Scherer* WRP 2010, 586.
[70] *Köhler*/Bornkamm/Feddersen § 3 Rn. 3.3.
[71] *Schöttle* GRUR 2009, 546 (550 f.); *Emmerich,* Unlauterer Wettbewerb, § 5 Rn. 47 ff.
[72] Ohly/*Sosnitza* § 3 Rn. 69 ff., welcher eine kumulative Anwendung bejaht, keinen reinen Vorrang; jurisPK-UWG/*Ullmann* § 3 Rn. 7 ff.

51 Diese Diskussion ist im Lichte der **UWG-Reform 2015** zu sehen. Die Differenzierung zwischen § 3 Abs. 1 und § 3 Abs. 2 ist seither deutlicher geworden. Der Gesetzgeber hat hier zwei Regelungsregimes etabliert, die nebeneinanderstehen und Verschränkungen nur noch im Rahmen des Rechtstechnischen erlauben. Das bedeutet: § 3 Abs. 2 kann einen eigenen Anwendungsbereich als **originäre Verbrauchergeneralklausel** haben, für das Erreichen der Rechtsfolge wird allerdings die Brücke in § 3 Abs. 1 benötigt.[73] Absatz 2 auf eine reine Auslegungsregel zu reduzieren, hieße, das Umsetzungsgebot der UGP-Richtlinie zu missachten, denn diese kennt in Art. 5 ja gerade eine Generalklausel. Als solche Umsetzung taugt § 3 Abs. 1 nicht mehr.

52 Der europäische Gesetzgeber hat zwar zahlreiche Konstellationen in eigenen Tatbeständen geregelt, hat aber nicht ausgeschlossen, dass es darüber hinaus auch im B2C-Segment geschäftliche Praktiken gibt, die nicht speziell reguliert, aber dennoch unlauter sind und verboten werden müssen. Gerichte können also in richtlinienkonformer Auslegung auch über diese Generalklausel zur Untersagung von Praktiken kommen, die nicht spezifisch in der UGP-RL normiert sind. Das steht zwar in einem gewissen **Spannungsverhältnis** zur Vollharmonisierung, da dadurch differierende nationale Entscheidungen denkbar sind. Abweichungen sind aber auch bei spezieller ausgestalteten Normen möglich. Mit der Entscheidung für eine Generalklausel nehmen die europäischen Richtliniengeber eine solche nationale Ausdifferenzierung bewusst in Kauf. Die Einheit der Rechtsordnung wird – ganz klassisch – durch den EuGH gewährleistet.

53 Die **praktische Relevanz** des Tatbestands dürfte allerdings eher gering sein. Die Mehrzahl der verbraucherbezogenen Fälle wird von den Spezialtatbeständen vorrangig erfasst und abschließend gelöst, wie aus der Entscheidung des EuGH *Plus Warenhandelsgesellschaft* zu lesen ist.[74] Der EuGH hat die Chance nicht genutzt, sich detaillierter zu äußern, in welchen Fällen überhaupt § 3 Abs. 2 eigenständige praktische Relevanz erlangen könnte. *Köhler* hatte die nicht von Spezialnormen erfasste Kopplung von Gewinnspiel und Absatzgeschäft als originären Fall des § 3 Abs. 2 benannt.[75]

54 Über diese Tatbestandsfunktion hinaus lässt sich § 3 Abs. 2 als ein **Mindeststandard** lesen, wann in verbraucherbezogenen Tatbeständen eine Unzulässigkeit „jedenfalls" zu bejahen ist. Dieser Standard darf nicht unterschritten werden, auch wenn dazu nicht auf § 3 Abs. 2 unmittelbar zurückgegriffen werden muss. Hier hat § 3 Abs. 2 eine ähnliche Signalfunktion wie sie oben für § 3 Abs. 1 dargestellt wurde – mit dem Unterschied, dass hier die Richtlinie jede Auslegung und Anwendung der Norm überlagert.

55 **4. Normiertes Verbraucherleitbild.** In Absatz 4 hat der deutsche Gesetzgeber in Einklang mit Vorgaben der Richtlinie eine allgemeine Konkretisierung eines Tatbestandsmerkmals integriert. Diese Norm gibt darüber Auskunft, auf welche Verbraucher abzustellen ist, wenn es auf den Horizont des Adressaten der geschäftlichen Handlung ankommt. Als Norm, die Begriffe konkretisiert, hätte § 3 Abs. 4 auch in § 2 integriert werden können. Die Anknüpfung in § 3 ist allerdings ebenso gerechtfertigt, da es sich streng genommen nicht um eine Legaldefinition des Verbraucherbegriffs handelt, sondern um dessen **normative Konkretisierung:** Abzustellen ist auf den durchschnittlichen Verbraucher, den durchschnittlichen Verbraucher der jeweils angesprochenen Gruppe oder auf einen besonders schutzbedürftigen Verbraucher im Fall, dass entsprechende Gruppen besonders angesprochen werden. Gerichten wird damit die Chance genommen, das Verbraucherleitbild anders zu setzen. Die Norm ist für alle Fälle heranzuziehen, in denen das Verbraucherleitbild zur Diskussion steht. Sie gilt also nicht nur im Zusammenhang mit § 3 Abs. 2.[76]

---

[73] *Köhler*/Bornkamm/Feddersen § 3 Rn. 3.3.
[74] EuGH WRP 2010, 232 – Plus.
[75] Vgl. *Köhler* GRUR 2010, 177 (180 f.) in Anknüpfung an die (noch nach altem Recht) ergangene Entscheidung BGH GRUR 2008, 807 – Millionen Chance und EuGH WRP 2010, 232 – Plus.
[76] Vgl. *Köhler*/Bornkamm/Feddersen § 3 Rn. 5.6.

5. Dynamischer Verweis in Absatz 3. § 3 Abs. 3 ist die **Brücke zum Anhang,** der dem Gesetz angefügt ist. Systematisch enthält Abs. 3 die Klarstellung, dass eine Wertungsmöglichkeit nicht verbleibt, die Regelungen des Anhangs werden also mit besonderer Strenge umgesetzt. Die Positionierung als Anhang signalisiert bereits die Veränderlichkeit dieses Teils. Augenscheinlich rechnet der Gesetzgeber damit, dass die Regelungen im Anhang häufiger verändert werden als das Grundkonzept des UWG, das durch Detailänderungen nicht belastet werden soll. Die **Herausnahme der Verbotstatbestände** des Anhangs ist insofern sinnvoll, als diese erstens besonders strikt sind, sich zweitens von der typischen Methodik lösen, einen Ausgleich im geschäftlichen Verkehr durch Interessenabwägung zu finden, und drittens nur für das Verhältnis zu Verbrauchern gelten. Der Gesetzgeber wollte explizit vermeiden, „den kaufmännischen Verkehr mit derart starren [*sic!*] Regeln zu belasten".[77] Rechtstechnisch liegt hier eine dynamische Verweisung vor, die jeder Fassung des Anhangs die Brücke ins UWG bietet. 56

V. Europäisches Recht

1. Vorgaben der UGP-Richtlinie. Die UWG-Novelle 2008[78] diente der Umsetzung der **Richtlinie 2005/29/EG über unlautere Geschäftspraktiken** im binnenmarktinternen Geschäftsverkehr zwischen Unternehmen und Verbrauchern (UGP-RL),[79] die ausschließlich auf das verbraucherbezogene Geschäft anzuwenden ist. § 3 wurde im Zuge dieser Novellierung neu gefasst, auch wenn er seit der die europäischen Rechtsänderungen teilweise antizipierenden UWG-Novelle 2004 die Stellung für die große Generalklausel innehatte. Der Gesetzgeber hat sich dabei sowohl systematisch als auch terminologisch eng an die Richtlinie angelehnt,[80] ist aber in Details auch von dieser abgewichen. Mit der Klarstellungsnovelle 2015 hat der Gesetzgeber letzte Zweifel ausgeräumt und terminologisch an die UGP-RL noch stärker angeknüpft. Für den Anwendungsbereich der Richtlinie ist eine richtlinienkonforme Auslegung unabdingbar. Nur dann ist das Ziel der Vollharmonisierung erreichbar. Im Übrigen enthält § 3 in Abs. 1 ein Residuum für außerhalb des europäischen Rechts liegende Unlauterkeitspraktiken, nämlich solche, die im B2B-Bereich angesiedelt sind. 57

2. Probleme der Umsetzung. Die Europäische Kommission **beanstandete** in einem Schreiben vom Dezember 2011 eine mangelhafte Umsetzung der UGP-RL in deutsches Recht, da der deutsche Gesetzgeber es versäumt habe, Art. 5 der Richtlinie umfassend umzusetzen.[81] Problematisch schien der Kommission das Fehlen des Merkmals „Beeinflussung einer geschäftlichen Entscheidung" in § 3 Abs. 1 aF. Dieses Problem wurde mit der **UWG-Novelle 2015** durch die Lösung des Abs. 1 von Abs. 2 beseitigt. In § 3 Abs. 2 wurden Änderungen eingefügt (insbesondere die Adressatenstellung: „den sie erreicht oder an den sie sich richtet"). Auch in § 3 Abs. 4 kam es zu sprachlichen Anpassungen an die Richtlinie. 58

Mit der UWG-Novelle 2015 beugten sich Bundesregierung und Bundestag den Wünschen der Kommission weitgehend, auch wenn es sich lediglich um Klarstellungen handelte und die Kommission zuvor keine echten Fehlentscheidungen vorweisen konnte, in denen 58a

77 BT-Drs. 16/10145, 22.

78 Erstes Gesetz zur Änderung des Gesetzes gegen den unlauteren Wettbewerb; zur Reform insgesamt *Keller* → Einl. Rn. 17 ff., 24 ff., *Glöckner* → Einl. Rn. 237 ff.

79 ABl. 2005 L 149, S. 22–39. Vgl. dazu eingehend *Glöckner* → Einl. Rn. 274 ff. mwN; s. auch *Keßler/Micklitz* BB 2003, 2073 ff.; *Köhler/Lettl* WRP 2003, 1019 (1031 ff.); *Henning-Bodewig* GRUR Int. 2004, 183 (184). Vgl. ferner *Ohly* GRUR 2004, 889 (890 ff.).

80 Kritisch: *Schünemann* in der 2. Auflage.

81 Schreiben der KOM vom 12.12.2011, EU-Pilot – Sache 2508/2011/JUST – Umsetzung der Richtlinie 2005/29/EG über unlautere Geschäftspraktiken durch Deutschland. Siehe auch Referentenentwurf des BMJV 2014, S. 6 ff. Siehe dazu *Keller* → Einl. Rn. 25; zur Richtlinienkonformität des UWG Glöckner → Einl. Rn. 359 ff. Vgl. zur unscharfen Umsetzung schon *Hoeren* BB 2008, 1182 (1184) sowie *Köhler* WRP 2012, 251 ff.

es an Richtlinienkonformität gemangelt hätte. Kritisch anzumerken ist, dass der **Begriff der „Richtlinie"** aus Art. 288 AEUV überspannt wird, wenn die Kommission nichts gelten lässt außer einer wortgetreuen nationalen Abbildung der europäischen Vorgabe – zumal in anderen Mitgliedstaaten keineswegs eine wortgetreue Umsetzung erfolgt ist.[82] Rein praktisch dürfte davon auszugehen sein, dass das Thema gesetzlicher Richtlinienkonformität mit der Novelle 2015 abgeschlossen ist.

59 Zweifel ergeben sich allerdings mit Blick auf die **weiterhin fehlende Umsetzung von Art. 5 Abs. 3 S. 2 UGP-RL:** „Die übliche und rechtmäßige Werbepraxis, übertriebene Behauptungen oder nicht wörtlich zu nehmende Behauptungen aufzustellen, bleibt davon unberührt." In diesem Satz liegt eine inhaltliche Begrenzung der Generalklausel. Ob der Verzicht auf eine nationale Entsprechung mittelfristig so hingenommen werden kann, ist derzeit nicht absehbar. Bei einer richtlinienkonformen Auslegung ist dieser Satz jedenfalls zu berücksichtigen. Der BGH hat sich bereits auf die nicht-umgesetzte Norm gestützt.[83] Nicht umgesetzt wurde auch Art. 5 Abs. 4 UGP-RL. Dies dürfte angesichts dessen klarstellender Funktion verschmerzbar sein.

B. Geschäftliche Handlung

60 § 3 knüpft an einer **Verhaltensweise,** der geschäftlichen Handlung, nicht einem Handlungsergebnis oder den Auswirkungen eines bestimmten Handelns an. Der spezifische Unlauterkeitswert liegt im Tun oder Unterlassen, nicht in der Schädigung. Hier zeigt sich der Marktordnungsanspruch des Wettbewerbsrechts, der keine unmittelbare Planung der Marktergebnisse vorsieht, sondern auf einer vorgelagerten Stufe ansetzt und bestimmte Verhaltensweisen ausschließt (und im Gegenzug alle sonstigen Handlungsoptionen belässt).

61 Will man das Lauterkeitsrecht in ein marktorientiertes Interventionsschema, etwa das von der Harvard School entwickelte **Struktur-Verhaltens-Ergebnis-Paradigma,**[84] einordnen, so fällt auf, dass es am Marktverhalten ansetzt, um bestimmte Marktergebnisse zu erreichen. Hier verläuft eine Abgrenzungslinie zum Kartellrecht: Das Kartellrecht setzt an der Marktstruktur an, um das Marktverhalten und dann die Marktergebnisse zu beeinflussen. (Die Marktstruktur wird vom Kartellrecht häufig durch den Bezug auf Marktmacht analysiert, die für das UWG wiederum keine Rolle spielt.) Die **Marktergebnisse** werden von den beiden liberal ausgerichteten Wettbewerbsgesetzen anders als etwa vom Regulierungsrecht nicht angetastet. Die Marktergebnisse sollen gerade durch die Koordination der Marktteilnehmer entstehen. Voraussetzung für brauchbare Marktergebnisse sind – der gebräuchlichen Abgrenzung zwischen „ob" und „wie" zufolge – die Offenheit des Wettbewerbs (Kartellrecht – strukturbezogene Faktoren) und die Fairness der Marktteilnehmer (Recht des unlauteren Wettbewerbs – Verhaltensunrecht).

62 Die geschäftliche Handlung als Anknüpfungspunkt für ein lauterkeitsrechtliches Intervenieren ist in § 2 Abs. 1 Nr. 1 legaldefiniert, siehe die Kommentierung dort.[85] Der Begriff ist in vielen Fällen unproblematisch, erlangt aber **praktische Relevanz,** sobald eine Handlung sich im Wettbewerb auswirkt, aber nicht primär durch die Gewinnerzielungsabsicht motiviert ist oder jedenfalls andere Zwecke neben die Erreichung eines wettbewerblichen Vorteils treten. Das Kriterium der geschäftlichen Handlung dient zur Eingrenzung dessen, was im UWG verhandelt wird und damit nicht in den Bereich des allgemeinen Deliktsrechts (§ 823 BGB) oder des Vertragsrechts[86] fällt.[87]

---

[82] Vgl. *Henning-Bodewig* GRUR Int. 2015, 529 (530 f.).
[83] BGH GRUR 2014, 686 Rn. 25 – Goldbärenbarren.
[84] Wegweisend *Bain,* Industrial Organization, 1968, 372 ff.
[85] Vgl. auch *Glöckner* WRP 2009, 1175 (1179).
[86] Dazu differenzierend BGH WRP 2013, 1183 Rn. 17 – Standardisierte Mandatsbearbeitung.
[87] Siehe dazu auch unten, Abschnitt F. III.2.

Der BGH geht davon aus, dass der **Begriff der geschäftlichen Handlung** in § 3 Abs. 1 **weiter** gehen kann **als der Begriff der Geschäftspraktiken** aus der UGP-RL, der dann aber für § 3 Abs. 2 maßgeblich sein muss, um Vollharmonisierung zu erreichen.[88] Insbesondere werden natürlich durch den Begriff der „geschäftlichen Handlung" im Sinne des deutschen UWG auch solche Handlungen erfasst, die sich an andere Marktteilnehmer als Verbraucher richten. Der Begriff der geschäftlichen Handlung hat also einen europarechtlichen, nämlich richtlinienkonformen Kern, und einen nationalen Bedeutungsgehalt für Fälle außerhalb des Anwendungsbereichs der Richtlinie. Umfasst sind auch geschäftliche Handlungen bei nicht-erwerbswirtschaftlicher Tätigkeit, etwa Aktionen von Nicht-Regierungsorganisationen, die zugunsten eines Unternehmens in den Wettbewerb eingreifen.[89] 63

Beispiele für Fälle, in denen der geschäftliche Charakter der Handlung problematisiert werden muss, sind Aufrufe zu einem politisch motivierten Boykott von Unternehmen, die Tätigkeiten von Idealvereinen und Verbänden, Presseveröffentlichungen oder der Produkttest etwa durch Verbraucherratgeber oder Öko-Organisationen. Auch in den Fällen der § 4 Nr. 1 und 2 wird gelegentlich vorgebracht, es liege keine geschäftliche Handlung vor. Der **BGH** hat sich in den letzten Jahren in der Bejahung einer geschäftlichen Handlung eher großzügig gezeigt (dazu ausführlich *Keller* → § 2 Rn. 19 ff.). Eine solche wurde etwa angenommen, wenn ein Link in einem aufklärenden Text auf einer Unternehmenswebsite auf eine Bezugsquelle eines Drittanbieters führt.[90] Auch Angaben einer gesetzlichen Krankenkasse auf einer Website wurden als geschäftliche Handlung gewertet,[91] ebenso wie das Erheben von Daten im Rahmen eines Gewinnspiels durch eine Krankenkasse.[92] Weitere Fälle betrafen das Vorhalten eines Hotelbewertungsportals im Internet durch ein Online-Reisebüro[93] oder die Erteilung von Lizenzen an Rechten.[94] 64

C. § 3 Abs. 3

Die in der „schwarzen Liste" aufgelisteten Tatbestände sind im Zusammenhang im **Anhang zu § 3** kommentiert – hierauf wird verwiesen. 65

D. Verbrauchergeneralklausel (§ 3 Abs. 2)

I. Überblick

§ 3 Abs. 2 enthält eine Generalklausel, die unlautere geschäftliche Handlungen im Verhältnis zu Verbrauchern regelt. Die Norm stellt spätestens seit der Reform 2015 einen **eigenständigen Tatbestand** dar, der über die Brückennorm in § 3 Abs. 1 zu Ansprüchen nach §§ 8 ff. führt. Die Norm ist nicht zusätzlich neben den speziell geregelten Tatbeständen zu prüfen.[95] Sie nennt folgende tatbestandliche **Voraussetzungen:** Die Norm ist anwendbar, wenn eine geschäftliche Handlung vorliegt (siehe dazu Abschnitt B.); diese muss sich an Verbraucher richten oder diese erreichen. Der Tatbestand der Unlauterkeit (mit der Rechtsfolge der Unzulässigkeit, vgl. § 3 Abs. 1) ist zweigliedrig; er ist erfüllt, wenn erstens die Handlung nicht der unternehmerischen Sorgfalt entspricht (Definition in § 2 Abs. 1 Nr. 7) und zweitens diese Handlung geeignet ist, das wirtschaftliche Verhalten des Verbrauchers wesentlich zu beeinflussen (Definition in § 2 Abs. 1 Nr. 8). Diese beiden 66

[88] BGH GRUR 2014, 879 Rn. 13 – GOOD NEWS II.
[89] Vgl. *Köhler* WRP 2015, 275 (276).
[90] BGH GRUR 2015, 694 Rn. 25 ff. – Bezugsquellen für Bachblüten.
[91] BGH GRUR 2014, 1120 Rn. 25 – Betriebskrankenkasse II.
[92] BGH GRUR 2014, 682 Rn. 16 – Nordjob-Messe.
[93] BGH GRUR 2015, 1129 Rn. 16 – Hotelbewertungsportal.
[94] BGH GRUR 2014, 1114 Rn. 22 – nickelfrei.
[95] Vgl. EuGH WRP 2014, 38 – CHS Tour Services.

materiellen Voraussetzungen werden auch als „Unwertkriterium“ und „Relevanzkriterium“ bezeichnet.[96]

67 Die **praktische Bedeutung** von § 3 Abs. 2 war für das deutsche Recht relativ gering, da die Norm nach überwiegender Meinung nicht als eigene Anspruchsgrundlage anzusehen war. Dies hat sich mit der Novellierung 2015 und der dadurch ausgelösten Differenzierung zwischen Abs. 1 und Abs. 2 verschoben. Die Bedeutung könnte zunehmen. Zwar werden die allermeisten Fälle durch spezialgesetzliche Regeln in der „schwarzen Liste“ oder in §§ 4a–6 erfasst sein. Die Spezialtatbestände sind auch vorrangig zu prüfen.[97] Neue Erscheinungsformen und solche Fälle, die früher dem originären Tatbestand des § 3 Abs. 1 zugeordnet waren, sich aber an Verbraucher richten oder diese erreichen, sind jedoch über § 3 Abs. 2 zu lösen. Mit zunehmendem Veralten der Spezialregelungen werden sich neue geschäftliche Handlungen etablieren, die von manchen Gerichten mit einem Unwerturteil versehen werden.

68 Als Auslegungsmaxime für die verbraucherbezogenen Spezialtatbestände hat § 3 Abs. 2 nach den 2015 erfolgten Klarstellungen in diesen Normen allerdings ausgedient.[98] Die Norm hat insofern eher eine **allgemeine Klammer- und Vergewisserungsfunktion:** Sie macht noch einmal deutlich, was im Verbraucherbereich an problematischen Verhaltensweisen denkbar ist.[99]

69 Angesichts der europäisch verordneten Vollharmonisierung sind an das Bejahen eines Falls unter einer solchen Generalklausel **hohe Anforderungen** zu stellen. Andernfalls besteht die Gefahr, dass je nach nationalen Geschmäckern wieder zahlreiche Konstellationen in einzelnen Fallgruppen erfasst werden. Auch ein höheres Schutzniveau, als es von der UGP-Richtlinie vorgeben ist, ist nicht richtlinienkonform. Trotz dieses Spannungsverhältnisses zur Vollharmonisierung entspricht die Norm dem europäischen Recht, das ja in Art. 5 Abs. 2 eine sehr ähnliche Regelung getroffen hat. Gegebenenfalls ist der **EuGH** anzurufen, der die Einheit der europäischen Rechtsanwendung sichert.

II. An Verbraucher gerichtet oder diese erreichend

70 Damit § 3 Abs. 2 einschlägig ist, muss sich die geschäftliche Handlung an Verbraucher richten oder diese erreichen. Diese Formulierung ist der Richtlinie entlehnt (vgl. Art. 5 Abs. 2 lit. b) und stellt somit den **Anwendungsbereich der B2C-bezogenen Normen im UWG** klar. Im Umkehrschluss ergibt sich aus dieser Adressatenbezogenheit der Anwendungsbereich von § 3 Abs. 1. Die Abgrenzung nach Adressaten ist im Einzelfall sehr schwierig und löst sich von der bisherigen Abgrenzung nach der Interessenbeeinträchtigung.[100] Man mag dies als „zentralen Konstruktionsfehler“[101] ansehen. Hier ist für den Anwendungsbereich jedoch ein Umdenken im deutschen Recht erforderlich, so schwer es auch fallen mag. Der Wortlaut ist nämlich – in Einklang mit Art. 5 Abs. 4 der UGP-RL, aber unter Missachtung von Art. 1, 2 und Erw.Gr. 6[102] – eindeutig. Der EuGH hat allerdings teilweise Einschränkungen vorgenommen und auf die Schädigung der Interessen zumindest implizit abgestellt.[103] Dementsprechend fordert *Alexander* für die Anwendung von § 3 Abs. 2 einen doppelten Verbraucherbezug: die Handlung müsse sich an Ver-

[96] Vgl. etwa *Scherer* WRP 2014, 771 (773).
[97] Dies betonend, auch für § 3a, *Spengler,* Die Verbrauchergeneralklausel des UWG, S. 128 und passim.
[98] Vgl. EuGH WRP 2014, 38 – CHS Tour Services.
[99] Dazu auch *Köhler*/Bornkamm/Feddersen § 3 Rn. 3.1, der zusätzlich den mittelbaren Schutz rechtmäßig handelnder Mitbewerber nennt.
[100] Vgl. die Kritik von *Fritzsche* WRP 2014, 1392 (1394) (zum Ref.Entw.); bei *Palzer* WRP 2015, 793 (794).
[101] *Glöckner* WRP 2014, 1399 (1401).
[102] Vgl. *Henning-Bodewig* WRP 2014, 1407 (1408).
[103] EuGH WRP 2010, 232 Rn. 39 – Plus; EuGH WRP 2011, 45 Rn. 23 – Mediaprint; EuGH WRP 2013, 460 Rn. 30 – Köck; EuGH WRP 2013, 1575 – RLvS Verlagsgesellschaft; dazu *Glöckner* FS Köhler, 2014, 159 (164 ff.).

braucher richten oder diese erreichen und Verbraucherinteressen berühren. Seien nur die Interessen von Mitbewerbern berührt, sei § 3 Abs. 1 einschlägig.[104]

Der Begriff des **Verbrauchers** ist gem. § 2 Abs. 2 aus § 13 BGB zu entnehmen. Demnach ist Verbraucher „jede natürliche Person, die ein Rechtsgeschäft zu Zwecken abschließt, die überwiegend weder ihrer gewerblichen noch ihrer selbständigen beruflichen Tätigkeit zugerechnet werden können." Mit der Umsetzung der Verbraucherrechte-Richtlinie gilt seit 2014 hier ein erweiterter Verbraucherbegriff, da es für die Verbrauchereigenschaft genügt, wenn das Rechtsgeschäft „überwiegend" der nicht-gewerblichen und nicht-beruflichen Sphäre zugeordnet werden kann. Zweifelsfälle des „dual use" unterfallen damit öfter dem verbraucherrechtlichen Regime und damit auch § 3 Abs. 2. Auf die Kommentierung zu § 2 Abs. 2 wird verwiesen. 71

An Verbraucher gerichtet ist eine geschäftliche Handlung, wenn sie **bestimmungsgemäß überwiegend die private Sphäre des Adressaten ansprechen** soll.[105] Hier ist im Zweifel nicht auf die subjektive Adressatenvorstellung des Handelnden abzustellen.[106] Vielmehr ist nach **objektivierten Kriterien** zu entscheiden, ob sich die Handlung an Verbraucher richtet. Dafür kann es etwa auf die Ware oder Dienstleistung, den Inhalt der geschäftlichen Handlung, die Aufmachung, das Medium oder die sprachliche Gestaltung ankommen. So dürfte bei einer **Werbung für ein technisches Vorprodukt** schon von der Art des Produkts her ein Verbraucherbezug auszuschließen sein. Entsprechend ist die Verwendung von nicht geläufiger **Fachterminologie** ein Indiz dafür, dass Gewerbetreibende angesprochen werden. Dies kann sich auch aus dem Inhalt (zB Rabattierungsangebot für Zwischenhändler) oder dem **Medium** (zB Fernsehwerbespot einerseits, Werbung auf B2B-Plattform im Internet andererseits) ergeben. An Verbraucher sind typischerweise solche Handlungen nicht gerichtet, die auf **Fachmessen** oder Konferenzen für das Fachpublikum vorgenommen werden, die sich in Werbeschreiben an Geschäftsleute, in Investorenprospekten, Fachzeitschriften oder geschützten Online-Foren (zB **B2B-Marktplätzen**) finden. Werbung oder sonstige geschäftliche Handlungen unter Einsatz von Medien, deren **Adressatenkreis nicht klar abgegrenzt** ist, sind hingegen in der Regel dem Verbraucherkreis zuzuordnen. Dies gilt für Fernseh- und Hörfunkwerbung, Werbung in allgemeinen Zeitungen und Zeitschriften, öffentlich ausliegende Flyer, selbst wenn diese sich an Geschäftsleute wenden (beispielsweise Werbeprospekte in Bankfilialen) oder Angebote, die sich an jedermann richten. Da im Internet die Grenzen zwischen Verbrauchern und Gewerbetreibenden stark verschwimmen, ist hier oft von einer Verbraucherrichtung auszugehen, selbst wenn die konkrete Website sich primär an Gewerbetreibende richtet. Hier muss der Unternehmer ggf. ganz deutlich machen, dass sich die Angebote nicht an Verbraucher richten.[107] Angebote, die ersichtlich auf Geschäftsleute zugeschnitten sind und als solche auch rasch erkennbar sind, unterfallen nicht § 3 Abs. 2. Richtet sich Werbung an Fachkreise, ist aber **zur Weitergabe an Verbraucher bestimmt** (beispielsweise in einer Information an Händler), ist zu differenzieren: Ist zu erwarten, dass die Äußerungen schlicht weitergeleitet werden, handelt der zwischengeschaltete Unternehmer also wie ein Bote, ist die Handlung an Verbraucher gerichtet. Ist hingegen zu erwarten, dass der zwischengeschaltete Unternehmer etwa Informationen mit eigener Wertung versieht, liegt in der ersten Weitergabe noch keine Verbraucherorientierung. Für gesundheitsbezogene Angaben nach der Health-Claims-Verordnung (VO 1924/2006) hat der EuGH die Unterscheidung in **Informationen für medizinische Fachkreise** und Endverbraucher allerdings nivelliert.[108] Entscheidend sei, dass die Information für die Fachkreise dazu gedacht 72

[104] *Alexander* WRP 2016, 411 (415 ff.).
[105] Vgl. *Köhler*/Bornkamm/Feddersen § 3 Rn. 3.15.
[106] Vgl. OLG Karlsruhe NJW-RR 2012, 289, das auf die objektive Empfängerperspektive verweist; GroßKommUWG-*Peukert* § 3 Rn. 173.
[107] Vgl. LG Leipzig VuR 2013, 472 (473): „Willkommen liebe Geschäfts- und Gewerbekunden".
[108] EuGH GRUR 2016, 1090 Rn. 54 – Innova Vital; in der Folge auch BGH BeckRS 2016, 112021 Rn. 11; OLG Hamburg BeckRS 2019, 15802 Rn. 44.

sei, eine Empfehlung an Endverbraucher auszusprechen, es auf das Produkt ankomme, das letztlich vom Verbraucher gekauft werde und auch Fachkreise nicht stets in der Lage seien, vor der Empfehlung an Endverbraucher die Informationen zu prüfen.

73 Auch wenn eine geschäftliche Handlung nicht an Verbraucher gerichtet ist, kann diese doch **Verbraucher erreichen.** Auch dann unterfällt sie § 3 Abs. 2. Dieses Tatbestandsmerkmal stellt einen Auffangtatbestand dar, wenn das im Einzelfall schwer nachweisbare Merkmal der Zielrichtung einer geschäftlichen Handlung jedenfalls in der Realität überholt wird. Zu denken ist etwa an einen Werbespot für ein Unternehmen, der von diesem zunächst auf einer primär Geschäftsleute ansprechenden Website zugänglich gemacht wurde. Verbreitet sich dieser Werbespot nun viral, zB auf einer Video-Plattform, erreicht dieser Werbespot auch Verbraucher, wenn die wirtschaftlichen Interessen von Verbrauchern berührt sind und sie in ihren geschäftlichen Entscheidungen beeinflusst werden, liegt ein Erreichen vor.[109]

74 Das Merkmal des **„Erreichens"** darf aber **nicht überstrapaziert** werden: Die strengen Anforderungen für Lauterkeit im B2C-Bereich sollen nicht schon dann durchgesetzt werden, wenn auch nur **ein einzelner Verbraucher** mit einer geschäftlichen Handlung in Kontakt kommt. Vielmehr ist hier eine gewisse Erheblichkeit zu fordern. Schon die Mehrzahl („diese erreichen") weist darauf hin, dass es nicht ausreicht, hier für **Einzelfälle** nachzuweisen, dass ein Verbraucher erreicht wurde. Gerät etwa Werbung **zufällig** in die Hände von Verbrauchern, kann dies nicht genügen.[110] Es kommt hier nicht auf eine empirische Erhebung an, sondern auf eine objektivierte Bestandsaufnahme, ob sich die geschäftliche Handlung so im Markt entfaltet hat, dass Verbraucher davon angesprochen wurden. Dies ist etwa dann zu bejahen, wenn Werbung in anderen Medien aufgegriffen und verbreitet wird, sich ein Zielpublikum in der Zusammensetzung im Lauf der Zeit ändert oder ursprünglich für den unternehmerischen Geschäftsverkehr entworfene Formulare auch gegenüber Verbrauchern angewendet werden. Der **EuGH** hat allerdings bei einem einzelnen Werbeanruf festgestellt, dass dieser einzelne Anruf für die Annahme einer verbraucherbezogenen Irreführung genügt.[111] Der Gerichtshof argumentiert mit dem hohen Verbraucherschutzniveau, dem Wortlaut der RL, die nicht auf Häufigkeit abstelle, und den Nachweisschwierigkeiten für Verbraucher. Die Entscheidung, die zu Art. 6 Abs. 1 UGP-RL erging, lässt sich im Kontext von § 3 Abs. 2 jedoch möglicherweise auch anders lesen.

75 Schwierig zu erkennen ist die Zielrichtung eines Verhaltens beim **Unterlassen,** etwa von Informationspflichten oder wettbewerblichen Verkehrspflichten. Hier ist zu fragen, an wen sich die Handlung bei Vornahme derselben gerichtet bzw. wen diese erreicht hätte. So wäre etwa im Fall einer unterlassenen **Produktinformation** zu fragen, ob diese bei Veröffentlichung (zB Angabe auf der Verpackung) eher den Händler erreichen sollte oder den Verbraucher. Noch heikler wird es beim Unterlassen wettbewerblicher Verkehrspflichten. Hat etwa der Betreiber einer Internetplattform seine wettbewerbliche Verkehrspflicht verletzt, die angebotenen Produkte auf ihre jugendschutzrechtliche Unbedenklichkeit hin zu prüfen, stellt sich die Frage, wer bei Einhaltung dieser Pflicht erreicht worden wäre. Hier hilft eine fiktive Wendung ins Tun nicht weiter. Es ist eher zu fragen – und damit wieder in Annäherung an das Kriterium der Interessenbeeinträchtigung – ob diese Pflicht Verbrauchern geschuldet war oder eine allgemeine Wettbewerbspflicht darstellte, die allen Marktteilnehmern geschuldet ist. Kennzeichen der **wettbewerblichen Verkehrspflichten** dürfte allerdings sein, dass diese nicht eine spezielle Schutzrichtung zugunsten von Verbrauchern haben und die Erfüllung diese auch nicht spezifisch adressiert, sondern in erster Linie das Allgemeininteresse am Wettbewerb schützen und damit in der Tendenz eher nicht § 3 Abs. 2 unterfallen.

---

[109] *Alexander* WRP 2016, 411 (415).
[110] Ähnlich DIHK WRP 2014, 1426 (1428).
[111] EuGH GRUR Int. 2015, 572 (576) – UPC Magyarország.

Maßgeblicher **Zeitpunkt** für die Feststellung der Verbraucheradressierung ist der Zeitpunkt der Ansprache (nicht etwa des Vertragsschlusses).[112] 76

III. Unternehmerische Sorgfalt

Der Verstoß gegen die unternehmerische Sorgfalt wird zu einem Schlüsselbegriff des UWG.[113] Allerdings bleibt die Bedeutung begrenzt. Zentral sind die Vorgaben des europäischen Rechts.[114] 77

1. Definition. Mit der **Novellierung 2015** hat der Gesetzgeber den Begriff „fachliche" Sorgfalt durch den der **„unternehmerischen"** ersetzt (dazu *Keller* → § 2 Rn. 180 ff.). Auch wenn damit keine materiellen Änderungen verbunden sein sollen, ist dies doch ein Fortschritt: Immerhin wird dadurch deutlicher auf den eigentlichen Kern der marktwirtschaftlich-wettbewerblichen Aktivität Bezug genommen: das Unternehmertum. **Unternehmerisches Handeln** impliziert das Eingehen von Risiken, das Überschreiten von Grenzen, das Ausloten von Spielräumen. Die Wortbedeutung rückt also den wettbewerblichen Vorstoß, auch den an der Grenze des Hergebrachten oder Lauteren in den Fokus der Betrachtung. Damit wird eine wettbewerblich-ökonomische Auslegung gestärkt. Die Wortbedeutung des vormals verwendeten Begriffs „fachliche Sorgfalt" tendiert in eine andere Richtung und war, wie in der Kritik am Referentenentwurf etwa festgestellt wurde, stark auf das **Vertikalverhältnis zum Kunden,** wenig aber auf das Horizontalverhältnis zum Mitbewerber oder auf das Vertikalverhältnis zu einem Geschäftspartner ausgerichtet.[115] Die „fachliche Sorgfalt" ist begrifflich den Standards, Richtlinien von Berufsverbänden oder Kammern anzulehnen; **das Riskante,** im Wettbewerb vorstoßende Element des Unternehmertums schwingt darin nicht mit. Der Begriff des „unternehmerischen" ist insofern auch treffender als der Begriff der „beruflichen" Sorgfalt, der in der deutschen Fassung der UGP-RL verwendet wird (englisch: professional diligence, französisch: diligence professionelle). 78

Der EuGH hat in einem Kopplungsfall (Laptop inkl. Betriebssystem) für die Definition der Sorgfalt auf die berechtigten **Erwartungen eines durchschnittlichen Verbrauchers** abgestellt.[116] Damit wird der Telos des UWG in den Mittelpunkt gerückt: Erreicht werden soll, dass sich Verbraucher frei, informiert und rational entscheiden können.[117] Allerdings wird dieses Kriterium in vielen Fällen nicht brauchbar sein. Zu gefährlich ist es auch, auf Verbrauchererwartungen abzustellen, da diese stark durch das „Übliche" geprägt sind.

Für **Handlungen von Nicht-Unternehmen,** die erfasst werden (zB NGOs, Kirchen, Gewerkschaften, Parteien) ist der Maßstab zwar auf den ersten Blick problematisch, da sich diese wie Unternehmen behandeln lassen müssen, ohne Unternehmen zu sein.[118] Andererseits muss sich nach dem System der Wirtschaft messen lassen, wer in dieses System eingreift. 79

In einem Spannungsverhältnis zum Unternehmerischen steht der **Begriff der Sorgfalt.** Eine glückliche Wahl ist dieser Begriff, der im Zivilrecht als Verschuldensmaßstab taugen mag, nicht.[119] „Sorgfalt" mag die Haftung für Pflicht- oder Rechtsgutsverletzungen ausschließen. Nicht-sorgfältiges Verhalten vermag aber nicht das Unwerturteil zu einer geschäftlichen Handlung auslösen. Würde jedes nicht-sorgfältiges Verhalten eines Unterneh- 80

[112] BGH GRUR 2011, 941 Rn. 25 – Schneeballseminare.

[113] Vgl. *Köhler*/Bornkamm/Feddersen § 2 Rn. 126; *Köhler* WRP 2012, 22 (31).

[114] Art. 5 Abs. 2 Buchst. a RL 2005/29/EG und Erw.Gr. 8 S. 1; vgl. BGH WRP 2020, 581, 583 – Sofort-Bonus II.

[115] Vgl. *Köhler* WRP 2014, 1410 (1414); *Fritzsche* WRP 2014, 1392 (1394). Die zum Teil erhebliche Kritik fasst zusammen *Keller* WRP Heft 3/2015, Editorial.

[116] EuGH GRUR 2016, 1180 Rn. 34 – Deroo-Blanquart/Sony.

[117] Vgl. *Augenhofer* GRUR 2016, 1243 (1244).

[118] Wegen solcher Handlungen kritisch zur Definition der Unlauterkeit *Kirchhoff* WRP 2015, 659; ähnlich *Köhler* WRP 2015, 275 (276); *Sosnitza* GRUR 2015, 318 (319).

[119] Kritisch auch *Sosnitza* WRP 2008, 1014 (1018). Siehe aber *Keller* FS Bornkamm, 2014, 382 (390 f.).

mers gegenüber Verbrauchern tatsächlich unlauter sein, könnten Gerichte viel zu tun bekommen. Als Maßstab für die Praxis gibt der Begriff daher wenig her.

81 Die Hoffnung auf eine ökonomischere Auslegung des Unlauterkeitsbegriffs auf Basis der neuen Formulierung wird von **§ 2 Abs. 1 Nr. 7** in gewisser Weise wieder enttäuscht. Dort wird unternehmerische Sorgfalt legaldefiniert als „der Standard an Fachkenntnissen und Sorgfalt, von dem billigerweise angenommen werden kann, dass ein Unternehmer ihn in seinem Tätigkeitsbereich gegenüber Verbrauchern nach Treu und Glauben unter Berücksichtigung der anständigen Marktgepflogenheiten einhält". Diese Definition lehnt sich zu eng an **hergebrachte Konventionen** („Treu und Glauben", „Standard", „Fachkenntnissen", „gängige Marktpraxis") an.[120] Volkswirtschaftlich bedeutsam und letztlich damit auch für Verbraucher wichtig sind aber auch **innovative Geschäftsmodelle** und Aktivitäten, die überkommene Anschauungen überwinden, Standards unterlaufen und in geschickter Weise Chancen nutzen – sei es auch ohne hart erarbeitete Leistung. Vorzugswürdig wäre zumindest ein Abstellen auf die (in § 2 Abs. 1 Nr. 7 auch genannten) „anständigen Marktgepflogenheiten", einen Begriff aus **Art. 10bis PVÜ,** der einerseits international und europarechtlich kohärent ist und andererseits auf Fairness („anständig"), Wettbewerb („Markt") und praktische Erfordernisse („Gepflogenheiten") verweist.[121] Die frühere Verweisung auf § 3 Abs. 2 in § 5a Abs. 2 ist entfallen.

82 **2. Unwertkriterium der Generalklausel.** Der Begriff der „unternehmerischen Sorgfalt" als zentrales Unwertkriterium erhält seine **Bedeutung** im Kontext der Verbrauchergeneralklausel dadurch, dass diese jetzt einen eigenen Anwendungsbereich hat. Über § 3 Abs. 2 sind alle Sachverhalte aufzufangen, die sich an Verbraucher richten oder diese erreichen, aber nicht von den Spezialtatbeständen erfasst werden. Bislang wurden diese Fälle teilweise über § 3 Abs. 1 in Kombination mit § 3 Abs. 2 gelöst.

83 Die Nutzung von § 3 Abs. 2 als **Generalklausel mit eigenem Anwendungsbereich** ist trotz der zum Teil ausgreifenden Regeln in der schwarzen Liste und in §§ 4a–6 kein theoretisches Phänomen: Mit zunehmendem Zeitablauf seit 2008 ist immer wahrscheinlicher, dass Praktiken auftreten, die von den hergebrachten Normen nicht ausreichend erfasst werden und dann als „Verstoß gegen die unternehmerische Sorgfalt" anzusehen sind. Ein UWG, das primär auf die informierte Entscheidung des Verbrauchers setzt, sollte allerdings die meisten derartigen Fälle über die Irreführungstatbestände lösen. Wegen des Ziels der Vollharmonisierung sind **hohe argumentative Anforderungen** an Gerichte zu stellen, die die Unlauterkeit nach § 3 Abs. 2 bejahen wollen. Hinzu treten Fälle, die bislang im originären Anwendungsbereich von § 3 Abs. 1 gelöst wurden, die sich aber vor allem an Verbraucher richten oder diese erreichen. Der Verstoß gegen die **unternehmerische Sorgfalt** ist dafür der entscheidende Punkt.[122]

84 **3. Konstellationen.** Festzuhalten ist, dass es Konstellationen geben kann, die unter § 3 Abs. 2 zu fassen sind. Allerdings scheuen die Gerichte davor offenbar zum Teil zurück, da der EuGH klargestellt hat, dass ein im Verhältnis zur UGP-RL erhöhtes Schutzniveau nicht mit der Vollharmonisierung in Einklang zu bringen ist.[123] Auch das Drängen der Kommission auf eine millimetergenaue Anpassung des UWG an die UGP-RL vor der Reform 2015 deutet darauf hin, dass **nur ausnahmsweise** Konstellationen von einem nationalen Gericht unter die Generalklausel subsumiert werden können. Aus der bisherigen Rechtsprechung (zum alten Recht) und aus der Literatur[124] gibt es Hinweise für die folgenden Konstellationen (zu weiteren Konstellationen siehe unten F.IV):

[120] So auch Kommission, Leitlinien zur Umsetzung/Anwendung der Richtlinie 2005/29/EG über unlautere Geschäftspraktiken, COM(2016) 320 final, Ziff. 3.2.

[121] Vgl. *Henning-Bodewig* GRUR Int. 2015, 529 (533); zu Art. 10bis PVÜ *Glöckner* → Einl. Rn. 574.

[122] Vgl. *Köhler*/Bornkamm/Feddersen § 3 Rn. 3.17.

[123] EuGH GRUR 2010, 244 (246 f.) – Plus Warenhandelsgesellschaft; GRUR Int. 2011, 46 (49 f.) – Mediaprint; GRUR Int. 2014, 964 (968).

[124] Siehe auch *Alexander* WRP 2016, 411 (417 f.).

a) Aufforderung zur Schädigung Dritter. Als Fall der Generalklausel wurde die Gestaltung eingestuft, dass eine Reparaturwerkstatt teilweise den **Selbstbehalt** des Autofahrers gegenüber der Versicherung übernimmt, „weil der Kunde im Rahmen einer planmäßigen Vorgehensweise dazu bestimmt wird, sich gegenüber seiner Versicherung vertragswidrig zu verhalten, indem er ihr für die Regulierung des Schadensfalls wesentliche Tatsachen verschweigt."[125] Diese Maßnahme, die Interessen Dritter schädigt, wendet sich an Verbraucher und wäre mithin nach § 3 Abs. 2 zu prüfen. In der Aufforderung zur Schädigung Dritter liegt ein Verstoß gegen die unternehmerische Sorgfalt. Zwar kann jeder Verbraucher versuchen, Verträge, die er geschlossen hat, für ihn günstig auszunutzen, auch unter bewusster Nutzung vertraglicher Lücken. Die Aufforderung dazu ist nicht als solche problematisch. In dieser Konstellation ist das Verhalten aber ersichtlich auf eine Umgehung angelegt und führt zu einer gezielten Schädigung des Versicherungsunternehmens und damit des Versicherungssystems insgesamt.[126] Das Funktionieren der Marktmechanismen ist durch die Aufforderung gestört. Damit ist aus wettbewerbsfunktionaler Perspektive ein Verstoß gegen die unternehmerische Sorgfalt zu bejahen. Dies gilt erst recht, „wenn der angesprochene Verkehr bei Entscheidungen, die er zu treffen hat, auch die **Interessen dritter Personen zu wahren** hat".[127] Mit dieser Formulierung untersagte das OLG Stuttgart die missverständliche Ausstellung von Zuzahlungsbons in einer **Versandapotheke,** da es bei Sozialbehörden und Finanzämtern zu Missverständnissen kommen könne. Die unklare Quittierung entspreche nicht der fachlichen Sorgfalt. Das gilt auch, wenn Rabatte nicht auf der Quittung ausgewiesen sind.[128] Verspricht der Inhaber eines Dentallabors einem Zahnarzt eine Provision, wenn dieser ihn an Kunden empfiehlt, liegt darin ein Verstoß gegen § 3 Abs. 2, wenn der Laborinhaber weiß, dass der Zahnarzt dafür seine vertraglichen oder gesetzlichen Pflichten gegenüber dem Kunden verletzt.[129] 85

b) Werbung mit Testergebnissen. Die Rechtsprechung hat die **Werbung mit Testergebnissen** ohne exakten Hinweis auf die Fundstelle als Fall der Generalklausel eingeordnet.[130] Diese Konstellation ist sachgerechter aber als Fall des § 5a zu bewerten (dazu *Dreyer* → § 5a Rn. 91). 86

c) Verharmlosung von Gesundheitsgefahren. Diskutiert wird, ob die Verharmlosung von Gesundheitsgefahren über die Generalklausel zu erfassen ist.[131] Hier dürften jedoch §§ 4a und 5a sowie die Health-Claims-VO in der Regel vorrangig sein. 87

d) Beratung bei Finanzprodukten. Denkbar wäre im Rahmen der Produktberatung, etwa bei **Finanzprodukten,** ein Werben für das Produkt, obwohl wegen hoher Komplexität die Wirkungsweise vom Berater oder Kunden nicht verstanden wird und eine Risiko-Transfer-Strategie zu Lasten des Kunden oder Dritter enthalten ist.[132] Verschiebt der Verkäufer systematisch unkalkulierbare vertragliche Risiken bei einem Vertrauensprodukt auf den Nachfrager oder einen Dritten, entspricht das nicht den anständigen Marktgepflogenheiten. Auch in einem solchen Vorgehen manifestiert sich eine wettbewerbs- 88

---

[125] OLG Frankfurt a. M. GRUR-RR 2006, 414 (415) – Selbstbehalt; ebenso OLG Hamm GRUR-RR 2014, 208, – Gutschein für Folgeauftrag; s. auch *Möller* EWiR 2005, 871; *Möller* GRUR 2006, 292 (299). Vgl. aber BGH GRUR 2008, 530 – Nachlass bei Selbstbeteiligung. Im letztgenannten Urteil wird eine ähnliche Verhaltensweise als Fall für § 4 Nr. 1 und Nr. 11 UWG aF eingestuft.

[126] Ebenso für Autoversicherungen und die Zugabe eines Marken-Scheibenwischers OLG Koblenz 17.1.2018 – 9 U 902/17, abrufbar unter landesrecht.rlp.de (juris).

[127] OLG Stuttgart GRUR-RR 2017, 246 (247). S. auch BGH WRP 2020, 581, 583 f. – Sofort-Bonus II.

[128] LG Stendal 14.3.2019 – 31 O 43/18, abrufbar unter landesrecht.sachsen-anhalt.de (juris).

[129] Vgl. BGH GRUR 2012, 1050 Rn. 27 ff. – Dentallabor; *Köhler* NJW 2016, 593 (595).

[130] OLG Hamburg GRUR-RR 2014, 333 – Testsieger im Geschmack; BGH GRUR 2010, 248 Rn. 29 – Kamerakauf im Internet; OLG Hamburg WRP 2007, 557 – Testhinweise ohne Fundstelle. Vgl. *Wieddekind* GRUR-Prax 2013, 440; *Schlieper,* Der Anwendungsbereich der lauterkeitsrechtlichen Generalklausel in § 3 Abs. 1, 2011, S. 159.

[131] Vgl. Ohly/*Sosnitza* § 3 Rn. 95; BGH GRUR 2006, 953 Rn. 18 ff. – Warnhinweis II.

[132] Vgl. *Fikentscher/Hacker/Podszun,* FairEconomy, S. 89 ff.

schädigende Verhaltensweise, die – wie in den Fällen der Aufforderung zur Schädigung Dritter – die Funktionsfähigkeit des marktwirtschaftlichen Systems bedroht.

89 **e) Einsatz von Gewinn- und Glücksspielen.** Das Verbinden von Produkten oder Dienstleistungen mit Gewinn- und Glücksspielen war lange Zeit ein Dauerbrenner der lauterkeitsrechtlichen Diskussionen. Hier werden, so die klassische Lesart, für den Verbraucher Anreize in Form von **aleatorischen Reizen** gesetzt, die ihn von einer informierten, freien Entscheidung ablenken können (erhebliche **Anlockwirkung**). Die frühere Regelung in § 4 Nr. 6 UWG wurde vom EuGH beanstandet, soweit damit per se ein Unwerturteil für derartige Koppelungen ausgesprochen wurde.[133] Gegenstand der EuGH-Rechtsprechung war die **Bonusaktion** eines Supermarkts, bei dem mit jedem Einkauf Punkte gesammelt werden konnten, die sodann ab einer bestimmten Punktzahl zur Teilnahme an einer Lotto-Ziehung berechtigten. Das KG hatte zur selben Zeit über den Vertrieb von Süßigkeiten im selben Verkaufsraum wie Gewinnspiele zu urteilen.[134]

89a Im Gefolge der EuGH-Rechtsprechung ist der Umgang mit Gewinnspielen seitens der Rechtsprechung liberalisiert worden. Es ist jetzt auf den **Einzelfall** abzustellen. Unter bestimmten Umständen liegt eine unzulässige Beeinflussung vor (dazu *Picht* § 4a), möglicherweise auch eine Irreführung. Wird die Schwelle dieser Tatbestände nicht überschritten, könnte eine übertriebene Anlockwirkung auch durch die Generalklausel erfasst werden. Allerdings darf dadurch selbstredend nicht die Liberalisierungstendenz konterkariert werden. Der BGH hatte in der Folgeentscheidung zum EuGH offengelassen, ob darauf abzustellen ist, dass wegen der starken Anlockwirkung die Rationalität der Nachfrageentscheidung völlig in den Hintergrund gedrängt wird.[135] In der Entscheidung ***Goldbärenbarren,*** in der der BGH eine unzulässige Koppelung bei einem Glücksspiel verneinte, wurde als Kriterium genannt, dass die Fähigkeit des Verbrauchers, eine geschäftliche Entscheidung zu treffen, spürbar beeinträchtigt werde.[136] Dafür seien die Art des beworbenen Produkts, seine wirtschaftliche Bedeutung, die Art der ausgelobten Gewinne, die durch die Teilnahme an dem Gewinnspiel entstehende finanzielle Gesamtbelastung und die Transparenz der Darstellung der Gewinnchancen zu berücksichtigen. Ein Freibrief für Gewinnspiele ist in dieser Rechtsprechung – bei aller Öffnung – nicht zu erkennen. Auch andere spielerische Elemente können evtl. mit UWG geprüft werden.[137] Für die Unlauterkeit ist darauf abzustellen, ob das Gewinnspielelement so erheblich ist, dass das Funktionieren des Markts letztlich dadurch gestört wird.

90 **f) Sonstige Verkaufsfördermaßnahmen.** Sonstige Verkaufsförderungsmaßnahmen können unlauter sein, wenn sie das Funktionieren des marktwirtschaftlichen Systems in Frage stellen, etwa aufgrund ihrer „Unanständigkeit". Erfasst werden kann nur die Einflussnahme, die nicht irreführend oder aggressiv ist, im Übrigen gilt die UGP-Richtlinie.[138] Zu denken ist hierbei an **Preisnachlässe, Rabatte, Geschenke, Koppelungen** und andere Formen der besonderen Anlockung von Kunden. Solche Maßnahmen hatten früher ihre Heimat im UWG in § 4 Nr. 1–5. Sie sind mit der Reform 2015 teilweise in **§ 4a** aufgegangen (vgl. *Picht* → § 4a Rn. 31 ff.). Bestimmte Konstellationen können auch unter Irreführungsgesichtspunkten unlauter sein (vgl. *Dreyer* → § 5a Rn. 170). Mit der teilweisen Abschaffung der Normen ist ein **Liberalisierungspostulat** verbunden – Verkaufsfördermaßnahmen (engl. *sales promotions*) haben nur in absoluten Ausnahmefällen einen solchen Unwertgehalt, dass eine Untersagung erforderlich ist.[139] Die „Insolvenzmasse des § 4 Nr. 1

[133] EuGH GRUR 2010, 244 (246) – Plus Warenhandelsgesellschaft; BGH GRUR 2011, 532 Rn. 17 – Millionenchance II.
[134] KG GRUR 2010, 22 (29).
[135] Vgl. BGH GRUR 2011, 532 Rn. 26 – Millionenchance II. Dagegen *Köhler* GRUR 2010, 767 (775).
[136] BGH GRUR 2014, 686 Rn. 23 – Goldbärenbarren mwN.
[137] Vgl. *Ernst/Seichter* WRP 2013, 1437.
[138] *Alexander* WRP 2016, 417. Insgesamt kritisch *Spengler,* Die Verbrauchergeneralklausel des UWG, S. 180 ff.
[139] Vorsichtig auch *Köhler*/Bornkamm/Feddersen § 3 Rn. 8.1.

und 2 UWG 2008"[140] kann also nicht schlicht in § 3 verschoben werden. Entsprechende Maßnahmen richten sich typischerweise an Verbraucher, sodass ggf. die Generalklausel nach § 3 Abs. 2 einschlägig ist. Insbesondere ist die Anlockwirkung, die von Rabatten, Zugaben und günstigen Angeboten ausgeht, gerade nicht wettbewerbswidrig, sondern positive Folge des Ringens um die Kunden.

Einzelfälle (siehe auch die Kommentierung zu § 4a): Von der kostenlosen Reinigung und Inspektion eines bisherigen Geräts geht kein **„psychischer Kaufzwang"** aus, ein hochpreisiges Hörgerät beim entsprechenden Verkäufer zu erwerben – eine solche geringwertige Zuwendung löst heute kein „Gefühl der Dankbarkeit oder Peinlichkeit" mehr aus, das das wirtschaftliche Verhalten beeinflusst.[141] Im Einzelfall kann eine **Zugabe unlauter** sein, wenn dadurch die Entscheidung des Verbrauchers zu Lasten eines Dritten, dessen Interessen er zu wahren hat, beeinflusst wird. Bejaht wurde dies in einem Fall, in dem eine Autoreparaturwerkstatt kaskoversicherte Kunden mit der Zugabe von Marken-Scheibenwischern lockte.[142] Dadurch wählte der Kunde zu seinem Vorteil, aber zum Nachteil seiner Versicherung die tendenziell teurere Werkstatt, statt den Schaden für die Versicherung so gering wie möglich zu halten. Ein Betrug muss dazu nicht vorliegen. Der Fall ist insofern anschaulich, als in der Tat weder eine Irreführung, noch eine aggressive Geschäftspraktik vorliegen, sodass ein Überschneidungsbereich mit der UGP-Richtlinie nicht gegeben ist. Es verstößt nicht gegen § 3 Abs. 2, wenn eine Versandapotheke einem Kunden einen hohen Bonus gewährt, der als unmittelbarer **Rabatt nach der Arzneimittelpreisbindung** unzulässig wäre (hier: bis zu 30 EUR schon bei Bestellung eines Medikaments), wenn dieser erst bei einer nachfolgenden, gesonderten Bestellung eingelöst werden kann.[143] Die **Ausnutzung der Unerfahrenheit Jugendlicher** bei der Datenerfassung wie im Fall *Nordjob-Messe* genügt nach *Fritzsche* weder für einen Verstoß gegen § 4a, noch einen solchen gegen § 3 Abs. 2.[144] Die automatische Auslieferung eines Laptops mit einem **vorinstallierten Betriebssystem,** für das kein eigener Preis ausgewiesen wird, entspricht der Erwartung vieler Verbraucher und ist daher kein Verstoß gegen die unternehmerische Sorgfalt.[145] 90a

Solche Maßnahmen können auch Unternehmen ansprechen, dann wäre auf § 3 Abs. 1 abzustellen. Es ist allerdings schwer vorstellbar, dass es im B2B-Verkehr zu Verkaufsförderungsmaßnahmen kommt, die als unlauter zu brandmarken sind. Immerhin stehen sich hier in noch stärkerem Maße Unternehmen gegenüber, die von einem Profitinteresse getrieben sind und deren Vertreter emotionalen Lockungen eher widerstehen können sollten. Für die Einschätzung der Unlauterkeit solcher Maßnahmen gilt das zu Gewinnspielen Gesagte. 90b

g) Unwirksame Vertragsklauseln; Verweigerung von Ansprüchen von Verbrauchern. Teilweise wird vertreten, dass die Verwendung unwirksamer Vertragsklauseln einen Verstoß gegen § 3 Abs. 2 begründet und vorrangig anzuwenden ist.[146] In der Rechtsprechung wird demgegenüber eher auf einen Verstoß gegen § 3a abgestellt.[147] Das ist konsequent, da die UGP-RL sonstige Vorschriften des europäischen Vertragsrechts gem. Art. 3 Abs. 2 und 4 vorrangig sein lässt. Vorgeschlagen wird auch, die Verweigerung 91

[140] *Fritzsche* WRP 2016, 1 (7).

[141] OLG Frankfurt a. M. GRUR-RR 2018, 197 (198) – Hörzentrum.

[142] OLG Koblenz 17.1.2018 – 9 U 902/17, abrufbar unter landesrecht.rlp.de (juris).

[143] OLG Stuttgart GRUR-RR 2019, 224 (226). Der Bonus muss auch der Krankenkasse nicht angezeigt werden, da für das geltend gemachte Präparat der volle Preis entrichtet wurde.

[144] Vgl. BGH NJW 2014, 2282 Rn. 21 ff. – Nordjob-Messe; *Fritzsche* WRP 2016, 1 (7).

[145] Vgl. EuGH GRUR 2016, 1180 (1181 f.) – Deroo-Blanquart/Sony. Siehe zur Kopplung auch schon BGH GRUR 2002, 976 (976 und 979) – Koppelungsangebot I und II.

[146] *Alexander* WRP 2012, 515.

[147] Vgl. BGH GRUR 2010, 1117 – Gewährleistungsausschluss im Internet; NJW 2012, 3577 – Missbräuchliche Vertragsstrafe; ÖOGH ecolex 2010, 471 – zero intern. Ebenso *Köhler*/Bornkamm/Feddersen § 3 Rn. 3.37; *Köhler* WRP 2012, 1475 (1477); vgl. *Tüngler/Ruess* WRP 2009, 1336 (1341).

berechtigter Ansprüche von Verbrauchern ohne Begründung als Fall des § 3 Abs. 2 zu fassen.[148]

91a **h) Verletzung von lauterkeitsrechtlichen Verhaltenspflichten.** Vorgeschlagen wird, die Verletzung lauterkeitsrechtlicher Verhaltenspflichten als Fall des § 3 Abs. 2 einzuordnen, wenn die Pflicht gerade gegenüber dem Verbraucher bestand.[149] Damit würde die vom BGH in *Jugendgefährdende Medien bei eBay*[150] konstruierte täterschaftliche Handlung als verbraucherbezogener Verstoß eingeordnet. Der BGH hat sich in seiner späteren Entscheidung *Haftung für Hyperlink* in dieser Frage nicht positioniert.[151] Verhaltenspflichten haben häufig multidimensionale Schutzrichtungen. Das macht ihre Subsumtion unter die Verbrauchergeneralklausel schwierig. Zudem bestehen mit Blick auf die richtlinienkonforme Auslegung Bedenken.[152]

91b **i) Neuartige geschäftliche Handlungen im Onlinehandel.** Bei zahlreichen Werbemaßnahmen und Verkaufsförderungen im digitalen Bereich experimentieren die Gerichte derzeit noch. Dabei sind sie in erster Linie bemüht, die beanstandeten Maßnahmen in bekannte Muster einzuordnen. Das ist auch in vielen Fällen sinnvoll möglich. Allerdings besteht die Gefahr, dass es unlautere Verhaltensweisen gibt, die bislang nicht einmal erkannt, geschweige denn systematisch unterbunden werden – **blinde Flecken der Rechtsdurchsetzung.**[153] Dies wäre seitens der Aktivlegitimierten die nachvollziehbare Folge von Pfadabhängigkeiten im Erkennen von unlauterem Verhalten und Risikoscheu beim Vorgehen gegen problematische neue Werbeformen. Auch in der Wissenschaft sind die Muster und Strategien digitaler Unternehmen bei der Kundenansprache bislang längst nicht durchdrungen.

91c Es gibt jedoch eine große Zahl von Vorkommnissen, die ein Unbehagen auslösen, das der Startpunkt für eine Untersuchung der lauterkeitsrechtlichen Zulässigkeit sein müsste. Der Unwertgehalt müsste dann so hoch sein wie bei entsprechenden Offline-Verstößen. Beispiele für den Online-Bereich sind etwa im Bereich **Nutzerbewertungen** zu finden,[154] wenn diese gekauft, gefaked oder in problematischer Weise gewichtet werden;[155] bei **Vergleichsplattformen;**[156]bei **Rankings,** wenn die Anordnung willkürlich oder irreführend scheint.[157] Diese Themen werden teilweise durch die Änderung der UGP-Richtlinie durch Richtlinie 2019/2161 v. 27.11.2019 aufgegriffen. Weitere Vorgaben enthält die P2B-Verordnung für das Verhältnis von Online-Intermediären zu gewerblichen Nutzern, die v. a. Transparenz herstellen sollen.[158]

Zu überlegen ist auch, ob gezielte Werbung **(„targeted advertising")** auf Basis von Datenauswertung die Grenzen überschreitet; hierbei geht es um die immer passgenauer

[148] *Spengler,* Die Verbrauchergeneralklausel des UWG, S. 212 ff.

[149] *Alexander* WRP 2016, 417; *Spengler,* Die Verbrauchergeneralklausel des UWG, S. 201.

[150] BGH GRUR 2007, 890 ff. Dazu → Rn. 168 ff.

[151] BGH GRUR 2016, 209– Haftung für Hyperlink.

[152] So auch *Alexander* WRP 2016, 417.

[153] Siehe umfassend *Podszun/Busch/Henning-Bodewig,* Behördliche Durchsetzung des Verbraucherrechts?, 2018; *Podszun/Busch/Henning-Bodewig* GRUR 2018, 1004.

[154] Vgl. Bundeskartellamt, Sektoruntersuchung Nutzerbewertungen, 2020; *Dienstbühl* WRP 2020, 821. Siehe schon *Heermann* WRP 2014, 509; *Pukas* WRP 2019, 1421; Kommission, Leitlinien zur Umsetzung/Anwendung der Richtlinie 2005/29/EG über unlautere Geschäftspraktiken, COM(2016) 320 final, Ziff. 5.2.8.

[155] Die bisherige Rechtsprechung zu Bewertungsportalen verneint weitgehend Ansprüche gegen die Portalbetreiber, vgl. unter unterschiedlichen rechtlichen Gesichtspunkten etwa BGH GRUR 2015, 1129 Rn. 29 ff. – Hotelbewertungsportal; GRUR 2016, 855 – jameda.de II; BGH 14.1.2020 – VI ZR 495/18, ◆◆ – Internetbewertungsportal.

[156] Vgl. Bundeskartellamt, Sektoruntersuchung Vergleichsportale; Kommission, Leitlinien zur Umsetzung/Anwendung der Richtlinie 2005/29/EG über unlautere Geschäftspraktiken, COM(2016) 320 final, Ziff. 5.2.7; *Henning-Bodewig* WRP 2019, 537 mwN.

[157] Vgl. Bundeskartellamt, Sektoruntersuchung Vergleichsportale, S. 79 ff.

[158] Verordnung (EU) 2019/1150 v. 20.6.2019 zur Förderung von Fairness und Transparenz für gewerbliche Nutzer von Online-Vermittlungsdiensten; dazu *Alexander* WRP 2020, 945; *Busch* GRUR 2019, 788.

abgestimmte, personalisierte Werbung, die zum Teil durch die Zusammenführung von Daten aus verschiedenen Apps betrieben werden kann und so den Verbraucher in wesentlich subtilerer und gezielterer Form ansprechen kann als bei einer auf viele Menschen ausgelegten Werbung.

In den Grenzbereich zur Druckausübung fällt die bewusste Verhaltensmanipulation durch sog. **„dark patterns“.** Hiermit sind Internetdesigns gemeint, die gezielt darauf angelegt sind, Verbraucher unter Druck zu setzen, sie abhängig zu machen („addictive design“), in ihren Verhaltensweisen zu manipulieren und Kaufentscheidungen herbeizuführen. Beispiele sind etwa komplizierte Klickanweisungen, die dazu führen, dass sich Verbraucher vertippen und zusätzliche Leistungen abnehmen, oder Verknappungsanzeigen („nur noch zwei Zimmer verfügbar“), oder elektronisch generierte Werbung durch vermeintliche Freunde.[159]

Die **Datensammlung** ohne adäquate Gegenleistung kann möglicherweise wegen eines groben Missverhältnisses und mangelnder Transparenz gegenüber dem Verbraucher unlauter sein.[160]

Die **unmerkliche Einschränkung von Auswahlmöglichkeiten,** etwa durch Ausnutzung von Lock-in-Effekten, kann möglicherweise unlauter sein. Die Gefahr ist bei Nutzung von Smartphone oder Voice Commerce besonders groß, wenn Verbraucher gar nicht merken, wie sehr sie in ihrem Bestellverhalten gesteuert werden (etwa wenn über einen Heim-Assistenten wie „Alexa“ etwas bestellt wird), wobei die für den Verbraucher getroffene Entscheidung in der Regel an den Interessen der Plattform ausgerichtet wird.[161]

Der **Einsatz von Algorithmen und künstlicher Intelligenz** bedarf der genaueren lauterkeitsrechtlichen Analyse. Schon beim Training der Algorithmen und der KI kann eine Diskriminierung enthalten sein, die sich später quasi unmerklich fortsetzt. Hier stellt sich besonders das Problem der Intransparenz („black box“).[162]

Die **personalisierte oder dynamische Preissetzung,** die der traditionellen Vorstellung von Preisklarheit zuwiderläuft und Lockwirkungen haben kann, ist durch die Richtlinie 2019/2161 in der Verbraucherrechte-Richtlinie 2011/83/EU sowie in der Richtlinie 98/6/EG über Preisangaben verortet worden.[163]

Die hier genannten Themen sind nur Ansatzpunkte. Weitere und neue sind denkbar, **91d** etwa im Zusammenhang mit **Internet-of-Things-Anwendungen** wie dem vernetzten Fahren oder dem „smart home“.[164] Ob im Einzelfall ein lauterkeitsrechtlicher Verstoß vorliegt, müsste aber geprüft werden. Verbreitet ist die Auffassung, dass nicht das materielle Recht insoweit reformbedürftig ist (zumal mit der Generalklausel ein Auffangtatbestand vorhanden ist), sondern die **Rechtsdurchsetzung in Deutschland** der moderaten Ergänzung durch behördliche Befugnisse, insbesondere zur Ermittlung von Rechtsverstößen, bedürfte.[165]

---

[159] Vgl. Büro für Technikfolgenabschätzung beim Deutschen Bundestag, Dark Patterns, Themenkurzprofil Nr. 30, November 2019; Datenethikkommission der Bundesregierung, Gutachten, S. 97, 102.

[160] Diese Thematik wird kartellrechtlich anhand des Facebook-Verfahrens des Bundeskartellamts diskutiert, BKartA WuW 2019, 277 – Facebook; vgl. statt aller *Telle* WRP 2016, 814; *Buchner* WRP 2019, 1243.

[161] Vgl. OLG München MMR 2019, 532 (535) – Dash Button; *Busch* EuCML 2018, 78; *Sein* EuCML 2018, 179.

[162] Vgl. *Alexander* WRP 2019, 1235; *Klar* BB 2019, 2243; *Schaub* InTeR 2019, 2; *Herold* InTeR 2019, 7.

[163] *Hofmann* WRP 2016, 107; *Künstner/Franz* K&R 2017, 688; *Wenglorz* FS Fezer, 2016, 957; *Locher* ZWeR 2018, 292; *Obergfell* ZLR 2017, 290. Siehe auch Kommission, Leitlinien zur Umsetzung/Anwendung der Richtlinie 2005/29/EG über unlautere Geschäftspraktiken, COM(2016) 320 final, Ziff. 5.2.11 und 5.2.13.

[164] Vgl. *Ametsbichler* InTeR 2019, 169.

[165] Vgl. *Podszun/Busch/Henning-Bodewig,* Behördliche Durchsetzung des Verbraucherrechts?, 2018; *Podszun/Busch/Henning-Bodewig* GRUR 2018, 1004; *Brönneke* VuR 2012, 334; *Schulte-Nölke* in Schulte-Nölke/BMJV, Neue Wege zur Durchsetzung des Verbraucherrechts, S. 197 ff.; *Köhler* WRP 2018, 519; *Wolf* WRP 2019, 283; *Glöckner* WuW 2019, 546.

IV. Eignung zur wesentlichen Beeinflussung der Entscheidung

92 Der 2. Halbsatz enthält das sog. **Relevanzkriterium.**[166] Die geschäftliche Handlung muss geeignet sein, das wirtschaftliche Verhalten des Verbrauchers wesentlich zu beeinflussen. Eine Legaldefinition dieses Merkmals findet sich in **§ 2 Abs. 1 Nr. 8,** auf dessen Kommentierung hier verwiesen werden kann.

93 Das Relevanzkriterium bündelt **fünf Aussagen:** Die Norm stellt zunächst klar, dass es auf die Beeinflussung des Verbrauchers ankommt. Die übrigen Schutzrichtungen des UWG spielen – in Einklang mit der UGP-RL – für § 3 Abs. 2 keine Rolle. Zweitens wird deutlich gemacht, dass es auf die Rolle des Verbrauchers als Marktteilnehmer ankommt (das „wirtschaftliche Verhalten"). Es geht also um die autonomen Nachfrageentscheidungen eines grundsätzlich mündigen Marktteilnehmers. Drittens geht es um die Beeinflussung dieses Verhaltens. Auch darin liegt die Bezugnahme auf das Entscheidungsverhalten des Verbrauchers, denn eine Beeinflussung setzt eine Willensäußerung voraus, auf die Einfluss genommen werden kann im Sinne einer zielgerichteten Einwirkung zur Änderung dieses Willens. Viertens wird klargestellt, dass es nicht auf die tatsächliche Beeinflussung ankommt. Die Eignung zur Beeinflussung genügt bereits. Diese Absenkung der Eingriffsschwelle wird – fünftens – durch das Wesentlichkeitserfordernis wieder relativiert.

94 In der **UGP-Richtlinie** ist das **Kriterium leicht abweichend formuliert.** Die Passage lautet: „und sie in Bezug auf das jeweilige Produkt das wirtschaftliche Verhalten des Durchschnittsverbrauchers, den sie erreicht oder an den sie sich richtet oder des durchschnittlichen Mitglieds einer Gruppe von Verbrauchern, wenn sich eine Geschäftspraxis an eine bestimmte Gruppe von Verbrauchern wendet, wesentlich beeinflusst oder dazu geeignet ist, es wesentlich zu beeinflussen." Die Eignung umfasst auch die tatsächliche Beeinflussung, sodass diese Vereinfachung im deutschen Recht unproblematisch ist. Die Klarstellung, auf welche Verbraucher abzustellen ist, ist im deutschen Recht in Abs. 4 ausgelagert. Es fehlt allerdings in der deutschen Umsetzung der Hinweis, dass sich die Beeinflussung des Verhaltens **„in Bezug auf das jeweilige Produkt"** ergeben muss. Das ist jedoch als unschädlich anzusehen: erstens ist die Formulierung in der Richtlinie ohnehin nicht geglückt, da sie wenig elegant ist und nicht deutlich macht, dass es auch um Dienstleistungen gehen kann. Zweitens ist bei verständiger Würdigung immer klar, dass die Beeinflussung des Verbrauchers dessen konkrete Entscheidung in Bezug auf ein Angebot zum Ziel hat, nicht seine allgemeine Einstellung. Die Nicht-Berücksichtigung dieses Details der Richtlinie dürfte unschädlich sein. Dies gilt umso mehr, als in § 2 Abs. 1 Nr. 8, der das Element „wesentliche Beeinflussung des wirtschaftlichen Verhaltens der Verbraucher" legaldefiniert, eindeutig auf die konkrete geschäftliche Entscheidung abgestellt wird.

95 Der **Sinn des Tatbestandsmerkmals** liegt darin, über die Verbrauchergeneralklausel nur solche geschäftlichen Handlungen zu erfassen, die eine **gewisse Relevanz für die geschäftliche Entscheidung** haben. Den Gerichten wird also eine weitere Möglichkeit geboten, den Tatbestand in Bagatellfällen sowie in nicht-wirtschaftlichen Konstellationen einzuschränken (siehe auch unten, Abschnitt H). Werbung versucht immer, auf Verbraucher Einfluss zu nehmen. In vertraglichen Anbahnungs-, Verhandlungs- oder Durchführungssituationen ist auch immer davon auszugehen, dass die sich gegenüber stehenden Parteien sich wechselseitig zu beeinflussen versuchen.[167] Dass eine geschäftliche Handlung eine solche Eignung aufweist, ist also eine Selbstverständlichkeit.[168]

96 Die erste wichtige Aussage der Norm liegt darin, die Anwendung der Generalklausel auf die Konstellation **konkreter Marktentscheidungen** (das „wirtschaftliche Verhalten") zu beschränken. Wenn der Verbraucher angesprochen wird, um seine politische Meinung zu

[166] *Lettl* WRP 2019, 1265.
[167] Vgl. *Glöckner/Henning-Bodewig* WRP 2005, 1311 (1328) zur RL 2005/29/EG; ähnlich MüKoUWG/*Micklitz* EG E Rn. 152. Zustimmend *Scherer* WRP 2008, 708 (710). Offen gelassen bei *Henning-Bodewig* WRP 2010, 1094 (1097); *Henning-Bodewig* WRP 2011, 1014 (1019 f.).
[168] Vgl. *Lettl* WRP 2019, 1265.

beeinflussen (etwa durch Parteien oder NGOs im Rahmen von Unterschriftenaktionen), ist genau zu prüfen, ob damit tatsächlich sein konkretes wirtschaftliches Verhalten angesprochen wird, oder ob es nicht um andere Aspekte seines Verhaltens geht.

Die zweite wichtige Aussage ist, dass die Anwendung der Verbrauchergeneralklausel nur 97 bei wesentlichen Beeinflussungen greifen soll. Damit wird eine **Erheblichkeitsschwelle** eingeführt. Beeinflussungen, die im Rahmen des Atmosphärischen liegen, oder solche, die Kleinigkeiten betreffen, sollen nicht mit der Generalklausel erfasst werden. Eine Feststellung der Wesentlichkeit ist auch in einer prozentualen Darstellung denkbar. Wenn es etwa um ein Werbegeschenk geht, das preislich im Verhältnis zum Kaufpreis des konkret benannten Produkts nicht ins Gewicht fällt (zB bei einem Wert von unter 3 %), ließe sich eine Wesentlichkeit verneinen. Letztlich ist aber die Wesentlichkeit eine **Einzelfallfrage,** die nicht nur an monetären Aspekten hängt, sondern auch andere Beeinflussungsaspekte (zB emotionale Ansprache) berücksichtigen kann. Mit dem Argument der Sogwirkung oder des Summeneffekts lässt sich auch eine einzelne, für sich genommen unwesentliche Beeinflussung unter § 3 Abs. 2 ziehen. Eine **Sogwirkung** liegt vor, wenn das Verhalten Mitbewerber dazu veranlassen kann, sich genau so zu verhalten – und sei es nur, um mithalten zu können. Der **Summeneffekt** bezeichnet die Auswirkungen „in der Summe", also bei zahlreichen kleinen Einzelverstößen. Ob es zu einer Sogwirkung in der Branche kommt oder der Summeneffekt erheblich ist, ist Sache der Gerichte im konkreten Fall. Allerdings ist bei Anwendung der Generalklausel zu verlangen, dass Gerichte zu diesem Tatbestandsmerkmal eindeutig Stellung nehmen. Eine Vermutung der Wesentlichkeit gibt es nicht. Die Gerichte erhalten eine weitere Wertungsmöglichkeit,[169] die sie auch ausschöpfen müssen.

Ausgangspunkt für die Gerichte ist das Bemühen sowohl der europäischen als auch der 98 deutschen Normsetzung, die **„informierte" Marktentscheidung** des Durchschnittsverbrauchers (in einem normativen Sinne) lauterkeitsrechtlich zu gewährleisten.[170] Auswahl, Information, Willensbildung und Entscheidung des Verbrauchers sind also vor wesentlicher heteronomer Einflussnahme zu schützen. § 3 Abs. 2 ist damit der Privatautonomie verpflichtet. Entscheidet sich der Verbraucher nicht mehr frei und selbstständig, ist eine wesentliche Beeinflussung zu bejahen. Das setzt für die Beeinflussung ein „Kausalitätspotenzial" voraus: Fehlt jegliche Wahrscheinlichkeit, dass die konkrete geschäftliche Handlung die Entscheidung des Verbrauchers dreht, scheidet eine Anwendung der Generalklausel aus.

Geschäftliche Handlung und Verbraucherentscheidung müssen also in einem Zusam- 99 menhang stehen, der als **„Rechtswidrigkeitszusammenhang"** bezeichnet werden kann. In der getroffenen Marktentscheidung des Verbrauchers muss sich die Unlauterkeit der geschäftlichen Handlung niederschlagen.

Dabei kann durchaus die **„Kontrollfrage"** hilfreich sein, ob (aus wertender Sicht) die 100 Verbraucher ausreichend Gegenkräfte entwickeln könnten, um alternative Entscheidungsoptionen zu nutzen und so ihr essentielles Interesse an Handlungs- und Entscheidungsfreiheit trotz werblicher Einflussnahme zu wahren.[171] Hilflos ausgeliefert ist der Verbraucher dem Unternehmer nämlich nur in Monopolsituationen. Wird den Kunden sogar ausdrücklich ein Widerspruchsrecht eingeräumt, kommt eine spürbare Beeinträchtigung nicht in Betracht.[172] Einen gesunden Menschenverstand hat auch der Verbraucher.

E. Verbraucherleitbild (§ 3 Abs. 4)

§ 3 Abs. 4 enthält normative Maßgaben zur Feststellung, auf welchen Verbraucher bei 101 der Würdigung einer geschäftlichen Handlung abzustellen ist. Hier wird also der **Maßstab**

[169] *Spindler* AcP 208 (2008), 283 (293 ff.).
[170] *Henning-Bodewig* WRP 2006, 621 (624 f.); *Glöckner/Henning-Bodewig* WRP 2005, 1311 (1328).
[171] *Scherer* WRP 2008, 708 (712 f.) (insbes. „Ergebnis"), ebenfalls zum europäischen Recht.
[172] BGH GRUR 2019, 750 – WifiSpot.

festgelegt, welcher Adressat geschützt wird, das Verbraucherleitbild.[173] Das Gesetz differenziert: Grundsätzlich ist auf den „durchschnittlichen Verbraucher“ abzustellen (S. 1 Var. 1). Wendet sich die geschäftliche Handlung nur an eine bestimmte Gruppe von Verbrauchern, ist auf ein durchschnittliches Mitglied dieser Gruppe abzustellen (S. 1 Var. 2). Richtet sich die geschäftliche Handlung nur an Mitglieder einer besonders schutzbedürftigen Gruppe von Verbrauchern, ist auf ein durchschnittliches Mitglied dieser Gruppe abzustellen (S. 2).[174] Hier werden explizit Verbraucher mit geistigen oder körperlichen Beeinträchtigungen, besonders junge oder besonders alte Verbraucher[175] und besonders leichtgläubige Verbraucher genannt.

101a Satz 1 Variante 1 schreibt mit der Bezugnahme auf den **„durchschnittlichen“** Verbraucher ein Verbraucherleitbild für das UWG fest, das von früher vertretenen Auffassungen abweicht: Verbrauchern wird mehr zugemutet, sie werden jetzt als verständiger angenommen. Es geht nicht mehr darum, auch noch den unverständigsten Verbraucher zu schützen.

102 Die übrigen Aussagen der Norm sind hingegen trivial: Es versteht sich von selbst, dass auf den jeweiligen Durchschnittsverbraucher der angesprochenen **Gruppe** abzustellen ist. Dass diese Gruppe auch besonders schutzbedürftig sein kann, mag sein. Es ist also in allen Fällen auf die jeweils spezifisch adressierte Verbrauchergruppe abzustellen. Diese Gruppe kann sich auch nach Art des Mediums oder nach der Art des beworbenen Produkts zusammensetzen.[176]

103 Die Feststellungen zur Wirkung einer geschäftlichen Handlung auf den Verbraucher kommen **ohne empirische Untersuchungen** aus. Der Gesetzgeber hat ein normatives Verbraucherleitbild aufgestellt, das durch die wertende Entscheidung des Richters festzulegen ist. Dabei können jedoch empirische Befunde eine Rolle spielen. Je differenzierter und realitätsnäher die Würdigung ausfällt, desto besser.[177] Im europäischen Recht ist in Erwägungsgrund 18 der UGP-RL von einem „fiktiven typischen Verbraucher“ die Rede.

104 Wesentliche Änderungen hat es in der **Novellierung 2015** nicht gegeben, der Text ist in Details der Richtlinie stärker angeglichen worden. Hinzuweisen ist aber auf die Diskussion, die darüber entbrannt ist, ob der EuGH eine **Abkehr vom Verbraucherleitbild** vollzogen hat. Ausgangspunkt ist dafür die Entscheidung *Purely Creative,* in der es so wirkt, als würde der Verbraucher vom EuGH nunmehr wieder stärker geschützt als bislang. Der EuGH hatte in Bezug auf eine Gewinnmitteilung angenommen, dass die Rationalität des Verbrauchers bei der Inanspruchnahme des Gewinns ausgeschaltet werde und einen Verstoß gegen Nr. 31 zum Anhang der UGP-Richtlinie bejaht.[178] In einer lebensmittelrechtlichen Entscheidung hatte der EuGH ebenfalls eher zugunsten des weniger aufmerksamen Verbrauchers entschieden.[179] Dass sich aus diesen beiden Entscheidungen schon eine Tendenz zugunsten einer Absenkung des Referenzstandards herauslesen lässt, ist eher nicht überzeugend. Hintergrund ist eine allgemein-gesellschaftliche Diskussion darüber, inwieweit die bisher angewendeten Instrumente des Verbraucherschutzes ihre Zwecke tatsächlich erreichen.[180] Denkbar wäre eine **stärkere Evidenzbasierung der Verbraucherwahrnehmung,** zB durch die Einbeziehung von empirischen Studien oder verhaltenswissen-

[173] Vgl. *Glöckner* → Einl. Rn. 429 ff.; *Dreyer* → § 5 Rn. 145 ff. Der Begriff des Verbrauchers wird weitergehend kommentiert in → § 1 Rn. 54 ff.

[174] Hierzu *Junker,* Die besonders schutzbedürftigen Verbraucher.

[175] Siehe *Fritzsche* FS Fezer, 2016, 885; *Schaffert* FS Büscher, 2018, 373.

[176] Vgl. für das Verbraucherleitbild bei der Vermittlung von Kapitalanlagen *Koppensteiner* FS Köhler, 2014, 371 ff.; zum Verbraucherleitbild im Internet etwa *Lederer* NJW 2011, 3274.

[177] Vgl. *Glöckner* → Einl. Rn. 494 ff.

[178] EuGH GRUR 2012, 1269 (1272) – Purely Creative. Dazu kritisch *Leible/Günther* LMK 2013, 342067; *Scherer* WRP 2013, 143. Vgl. *Köhler* GRUR 2012, 1211. Eher zustimmend *Klamert* EuZW 2013, 70; im deutschen Recht entspricht Nr. 17 des Anhangs der Nr. 31 der Blacklist der UGP-RL, vgl. *Bruhn* Anhang zu § 3 Abs. 3 Nr. 17.

[179] EuGH WRP 2015, 847 – Himbeer-Vanille-Abenteuer.

[180] Dazu auch *Podszun/Busch/Henning-Bodewig,* Behördliche Durchsetzung des Verbraucherrechts?, 2018; *Podszun/Busch/Henning-Bodewig* GRUR 2018, 1004.

schaftlicher Forschung. Die Diskussion, die hier nicht nachgezeichnet werden muss,[181] harrt letztlich wohl weiterer Anwendungsfälle aus der Praxis. Die Diskussion nach *Purely Creative* scheint sich beruhigt zu haben.

Durch die **Phänomene der digitalen Welt** stellt sich die Frage aufs Neue, ob Verbraucher noch in gleicher Weise mündig sind wie im Offlinehandel. Berechtigte Zweifel entstehen dadurch, dass Geschäftsmodelle, Werbemaßnahmen und Manipulationen für die Verbraucher ungewohnter und schwerer zu durchschauen sind. Bei einem Verkäufer im Ladengeschäft, der einen Kunden „übers Ohr hauen" will, ist die Verbraucherskepsis weitgehend aktiviert. So werden zB Verkaufsstrategien von Supermärkten schon im Schulunterricht besprochen. Bei Klicks auf einem Smartphone oder beim Voice Commerce ist das viel weniger der Fall, zumal sich die Verkaufsfördermaßnahmen dauernd ändern. Erscheinungen wie die Anordnung von Suchergebnissen auf Vergleichsplattformen oder „dark patterns" werden bislang von Verbrauchern kaum durchschaut (siehe oben D. III.3.i). Hier müsste angesichts der fehlenden „Mündigkeit" der Schutzstandard für solche geschäftlichen Handlungen angepasst werden, mit denen der Verbraucher wenig Erfahrungen hat. Das **Verbraucherleitbild im Onlinehandel** muss daher vom sonstigen Verbraucherleitbild abweichen. 104a

Für den Unternehmer muss es nach § 3 Abs. 4 S. 2 **vorhersehbar** gewesen sein, dass seine geschäftliche Handlung Mitglieder einer spezifischen Gruppe beeinflusst, deren Mitglieder aufgrund bestimmter Eigenschaften besonders schutzbedürftig und eindeutig identifizierbar sind. Es wäre verfehlt, wegen des Kriteriums der Vorhersehbarkeit auf subjektive Motive oder gar Vorwerfbarkeit abzustellen. Vielmehr ist eine **objektive Sicht** anzusetzen (im europäischen Recht: „voraussichtlich … in einer vernünftigerweise vorhersehbaren Art und Weise", Art. 5 Abs. 3 UGP-Richtlinie).[182] Dies entspricht der Systematik des Lauterkeitsrechts, in dem es nicht primär um individuelle Schädigungen, sondern um das Interesse der Rechtsordnung am lauteren Wettbewerb geht. Der Gesetzgeber hat den Anwendungsbereich eingegrenzt, indem nunmehr nur solche Handlungen nach § 3 Abs. 4 S. 2 geprüft werden, die **allein** (im Sinne von ausschließlich) eine schutzbedürftige Gruppe beeinflussen. Anschauungsmaterial bietet dafür die (freilich noch zur alten Rechtslage ergangene) BGH-Entscheidung in *Goldbärenbarren*:[183] Eine Haribo-Fernsehwerbung für ein Gewinnspiel, in der ein Elternpaar und eine Mutter mit jeweils zwei Kindern auftreten, spreche die ganze Familie an und unterfalle daher nicht dem strengen Prüfungsmaßstab für schutzbedürftige Gruppen (hier Kinder). Das ist mit der Formulierung in der Richtlinie und auch dem Gesetz so zutreffend.[184] Ob es für ein Heranziehen des Maßstabs noch genügen würde, wenn „in erster Linie" Minderjährige angesprochen werden (so der BGH in *Runes of Magic*),[185] muss bezweifelt werden: Der Maßstab des § 3 Abs. 4 S. 2 greift demnach nur dann ein, wenn geschäftliche Handlungen *nur* das Verhalten besonders schutzbedürftiger Verbrauchergruppen beeinflussen. Einer gespaltenen Auslegung anhand der Verkehrsauffassung hat der BGH auch im Fall *Original Bach-Blüten* eine Absage erteilt.[186] Hier hatte die Vorinstanz danach differenzieren wollen, ob Nachfrager mit dem Produkt vertraut sind oder nicht. 105

Die Verschiebung der Regel in einen eigenen Absatz macht deutlich, dass sie **für alle Tatbestände** des Gesetzes gilt, nicht nur für die Verbrauchergeneralklausel. Dass es hier im Detail noch Abweichungen zur Formulierung der Richtlinie gibt,[187] ist für die Praxis irrelevant. Für gemischte Sachverhalte, in denen Unternehmen und Verbraucher betroffen 106

[181] Vgl. etwa *Scherer* WRP 2013, 705; *Scherer* WRP 2013, 977; *Jahn/Palzer* K&R 2015, 444; *Göckler* WRP 2014, 1167; *Helm* WRP 2013, 710; *Henning-Bodewig* Heft 11 WRP 2013, Editorial; *Heintschel von Heinegg* Heft 4 WRP 2015, Editorial. Siehe auch *Wiebe* FS Köhler, 2014, 799.

[182] Ebenso *Köhler*/Bornkamm/Feddersen § 3 Rn. 5.29.

[183] BGH WRP 2014, 831 – Goldbärenbarren.

[184] Anders noch die Vorauflage dieses Werks → Rn. 72.

[185] BGH GRUR 2014, 298 Rn. 19 – Runes of Magic. Vgl. allgemein *Gerecke* NJW 2015, 3185.

[186] BGH GRUR 2014, 1013 Rn. 33 – Original Bach-Blüten.

[187] Kritisch zu einer noch weiter abweichenden Fassung im Reg.Entw. *Köhler* WRP 2015, 1037 (1039).

sind, ist das Verbraucherleitbild entsprechend heranzuziehen.[188] Ob das Verbraucherleitbild analog für Geschäftspraktiken gilt, die an Unternehmen gerichtet sind, ist zweifelhaft. Mehr als eine Orientierung kann es nicht bieten.

F. Auffangtatbestand in § 3 Abs. 1

I. Auffangtatbestand

107 Für die **„große" Generalklausel in § 3 Abs. 1** verbleibt ein originärer Anwendungsbereich als **Auffangtatbestand** für geschäftliche Handlungen, die sich an Marktteilnehmer richten oder diese erreichen, die nicht Verbraucher sind. An dieser Funktion des § 3 Abs. 1 hat sich durch die Reform 2015 nichts geändert; allerdings ist der Anwendungsbereich eingeschränkt, da für Verbraucher nun eine eigene Generalklausel in § 3 Abs. 2 vorgesehen ist. Der Gesetzgeber hat in der Gesetzesbegründung deutlich gemacht, dass es bei der Generalklausel in § 3 Abs. 1 als Auffangtatbestand bleiben soll.[189] Entsprechende Sachverhalte können also direkt unter § 3 Abs. 1 subsumiert werden. Es liegt ein eigenständiger, vollständiger Tatbestand vor, bei dem nicht ersichtlich ist, dass dieser aus systematischen oder anderen Gründen nicht in eigenständiger Weise angewendet werden sollte. Der Anwendungsbereich ist durch die UGP-Richtlinie und den Vorrang von Abs. 2 jedoch deutlich begrenzt.[190] Der Wert des UWG als eines flexiblen Beispiels für ein Regelungsmodell von Generalklausel und Beispielstatbeständen bleibt damit bestehen.[191] Es besteht ein **Ausschöpfungsgebot:** Die vorhandenen Spezialregelungen sind zu nutzen, die Generalklausel darf als Auffangtatbestand aber gleichfalls ausgeschöpft werden.

108 Ausgenommen von der Lückenschlussfunktion der „großen" Generalklausel sind – *nulla poena sine lege* – von vornherein die **Straftatbestände** des Gesetzes, die die Strafbarkeit unzulässigen Wettbewerbsverhaltens abschließend regeln. Das strafrechtliche **Analogieverbot** des Art. 103 Abs. 2 GG (s. auch § 1 StGB), das erst recht einem Rückgriff auf eine Generalklausel entgegensteht, betrifft die Straftatbestände allerdings nur als solche, dh soweit sie als Rechtsfolge Strafbarkeit vorsehen.

109 Da die wettbewerbsrechtlichen Straftatbestände aber zugleich als besonders gravierende Unlauterkeitstatbestände, letztlich also als Beispielfälle der „großen" Generalklausel zu begreifen sind, können sie analogiefähig sein. Diese Maßgaben betreffen selbstverständlich erst recht Sachverhalte, für die wegen ihrer Tatbestandsferne zu den § 16 nicht einmal eine Analogie in Frage kommt: Trotz Fehlens jedweder Grundlage für eine Strafbarkeit kommt prinzipiell eine Subsumtion solcher Fallgestaltungen unter § 3 Abs. 1 in Betracht. Diesbezüglich entfalten die **Straftatbestände keine Sperrwirkung.**

110 Die lückenschließende Funktion der Generalklausel sollte freilich nicht überschätzt werden.[192] Grundsätzlich hat der Gesetzgeber mit den Beispielstatbeständen die wesentlichen Fälle erfasst und darin seinen Wertungen Ausdruck verliehen, welche geschäftlichen Handlungen er als regelungsbedürftig ansieht. Es bedarf also für jeden gesetzlichen Verbotstatbestand einer Klärung, ob und inwieweit er für ein bestimmtes wettbewerbliches Handlungsfeld abschließenden Charakter trägt, bevor eine analoge Anwendung in Betracht kommt. Erst **in letzter Linie,** als *ultima ratio* des Lauterkeitsrechts, kann ein **Rückgriff auf die „große" Generalklausel** des § 3 Abs. 1 in Betracht kommen. Insbesondere darf die Generalklausel nicht verwendet werden, um die Aktionsparameter der Marktteilnehmer

[188] Vgl. EuGH GRUR 2011, 76 – Mediaprint; *Köhler* WRP 2015, 275 (289); *Ohly* GRUR 2014, 1140.

[189] BT-Drs. 18/6751, 15. Eindringlich zuvor zum Reg.Entw., in dem das nicht klargestellt war, *Köhler* WRP 2015, 275 (276).

[190] BT-Drs. 18/6751, 13 f.; *Alexander* WRP 2016, 411 (413).

[191] Eingehend zu diesem verbreiteten normativen Modell: *Schünemann* JZ 2005, 271 (276 ff.); *Schünemann* FS Georgiades, 2006, 1087 ff.

[192] jurisPK-UWG/*Ullmann* Einl. Rn. 5 f. jurisPK-UWG/*Ullmann* § 3 Rn. 15 f.

geradezu „lückenschließend", also umfassend zu kontrollieren.[193] Zudem darf die Generalklausel nicht verwendet werden, um die früher populären Fallgruppen aus der Praxis zu § 1 UWG aF wieder ins Lauterkeitsrecht zu holen.[194] Dies würde den Modernisierungsschub aus den UWG-Reformen umkehren.[195]

Die **Auffangfunktion** entfaltet sich vornehmlich mit Blick auf atypische oder neuartige Gestaltungen des Einzelfalls, die von der Typizität des katalogisierten Beispiels und der speziellen Verbotsnorm auch bei teleologisch-extensiver Interpretation tatbestandlich nicht erfasst werden und sich auch analoger Anwendung des exemplarischen Einzeltatbestandes widersetzen.[196] Dies dürfte zunehmend im Digital-Bereich der Fall sein. **111**

Rechtsschutz auf der Basis der Generalklausel des § 3 Abs. 1 sollte daher nur dann gewährt werden, wenn es sich um gravierende Fälle handelt, in denen ökonomisch einseitig nachteilige Wirkungen für die Geschäftspartner oder die Mitbewerber des Handelnden erkennbar sind und eine Wettbewerbsbeeinträchtigung vorliegt. Solche Entscheidungen werden in Tendenz und „Unrechtsgehalt" den *expressis verbis* geregelten Tatbeständen des Mitbewerberschutzes (§§ 3a, 4) vergleichbar sein **(Extrem- und Evidenzfälle).**[197] **112**

Die **deutsche Rspr.** zeigte zumindest in der ersten Phase nach Einführung des neuen UWG 2004 noch Tendenzen, an die Judikatur zu § 1 UWG aF anzuknüpfen, ohne sich dezidiert mit dem Liberalisierungsgebot der Neufassung auseinanderzusetzen.[198] Eine allzu enge Anlehnung an die früheren Fallgruppen – so sehr das dem Rechtssicherheitsbedürfnis der Unternehmen entgegen kommt – ist aber aus der Systematik des UWG und mit Blick aufs europäische Recht nicht mehr hinnehmbar.[199] Die Interpretation von § 3 Abs. 1 hat unter Berücksichtigung der **Schutzzweckbestimmung** des § 1 zu erfolgen. Sie hat weiter der **geänderten Systematik** des UWG, insbesondere der Aufnahme von Beispielsfällen, Rechnung zu tragen. Nach dem hier vertretenen Verständnis ist die Generalklausel **wettbewerbsfunktional** auszulegen, also mit Blick auf die ökonomischen Wirkungen des beanstandeten Verhaltens. **113**

Auf die **bisherige Judikatur** zu § 3 Abs. 1 (und erst recht auf die Rechtsprechung zur Generalklausel vor 2008) kann **nur noch mit Vorsicht zurückgegriffen** werden.[200] Bislang nämlich ging das deutsche Recht von einem erheblich stärker integrierten Modell der Unlauterkeitsbewertung aus. Mit der Reform 2015 wurde aber endgültig eine Trennung von Regeln vorgenommen, die Verbraucher adressieren, und solchen, die Unterneh- **114**

---

[193] *Emmerich* FS Gernhuber, 1993, 857 ff.

[194] Ebenso MüKoUWG/*Sosnitza* § 3 Rn. 125; *Sosnitza/Kostuch* WRP 2008, 166 (168 f.); wie hier auch *Henning-Bodewig* GRUR Int. 2004, 183 (185).

[195] Vgl. *Ohly* GRUR 2004, 889 (897).

[196] So allgemein *Weber* AcP 192 (1992), 516 (534 f., 559); zustimmend *Apostolopoulos* WRP 2005, 152 (156). S. auch *Schünemann* JZ 2005, 271 (275); MüKoUWG/*Sosnitza* § 3 Rn. 125; *Ullmann* MMR 2004, V, VI. wohl noch restriktiver (Auffangfunktion des § 3 nur bei neu auftretenden Konstellationen) *Gärtner/Heil* WRP 2005, 20 (23, 24).

[197] Kritisch aber *Fezer*/Büscher/Obergfell § 3 Rn. 63, mit Plädoyer für ein (weites) Anwendungsverständnis.

[198] Vgl. zB BGH GRUR 2007, 890 Rn. 21 – Jugendgefährdende Medien bei eBay (denkbar wäre in diesem Fall auch gewesen, § 4 Nr. 11 UWG aF analog zu prüfen). Vgl. ferner BGH GRUR 2006, 426 Rn. 16 – Direktansprache am Arbeitsplatz II und 2008, 262 Rn. 9 – Direktansprache am Arbeitsplatz III (denkbar: Anwendung von § 4 Nr. 10 UWG aF); OLG Karlsruhe GRUR-RR 2010, 51 (52) – Direktmarketing; OLG Hamburg WRP 2007, 557 – Testhinweis ohne Fundstelle; NJW 2005, 3003 – Fußball-Eintrittskarten (dazu *Bestmann* WRP 2005, 279; *Weller* NJW 2005, 934); LG Hamburg MMR 2005, 719 f. – Chipkarten-Lesegeräte; LG Frankfurt a. M. NJW-RR 2005, 405 (407) – Hibo-Taler (Verstoß gegen § 7 Abs. 1 HWG wird nicht anhand § 4 Nr. 11 UWG aF lauterkeitsrechtlich bewertet); LG Essen WRP 2005, 523 f. – Windschutzscheiben-Austausch; LG Saarbrücken WRP 2005, 1185 – Küchen-Tiefpreis-Garantie; LG München I MMR 2006, 484 – Domain-Zwischennutzung.

[199] Zustimmend *Sosnitza/Kostuch* WRP 2008, 165 (168 f.) in kritischer Auseinandersetzung mit BGH GRUR 2006, 426 – Direktansprache am Arbeitsplatz II.

[200] Das hat aber beispielsweise den BGH nicht davon abgehalten, sich in den Entscheidungen Knochenzement I und *II* auf Rechtsprechung aus den Jahren vor 2004 zu stützen, zum Teil zurückgehend bis 1958, vgl. BGH GRUR 2018, 541 Rn. 16 – Knochenzement II – mit Verweis auf BGH GRUR 1958, 297 – Petromax.

men ansprechen. Diesen Bruch muss die Rechtsprechung nachvollziehen. Das bedeutet für § 3 Abs. 1 noch stärkere Zurückhaltung. Die Norm schützt nun nämlich primär Mitbewerber und andere unternehmerische Marktteilnehmer (zB Zulieferer oder Händler auf der nächsten Marktstufe). Diese sind aber in der Regel weniger schutzbedürftig als Verbraucher. Etwas anderes mag nur bei großen Machtgefällen gelten.

115 Den Ausnahmecharakter des Auffangtatbestands hat der BGH[201] im Zusammenhang mit § 4 Nr. 9 aF unterstrichen: Ein Leistungsschutz außerhalb dieser aufgeführten Tatbestände über die Generalklausel des § 3 UWG 2004 komme **„nur in Ausnahmefällen"** in Betracht. Der BGH hat in der Entscheidung *hartplatzhelden.de* zugleich den Weg gewiesen, dass solche Ausnahmefälle **wettbewerbsfunktional** begründet werden müssen.[202]

II. Nicht an Verbraucher gerichtet oder diese erreichend

116 § 3 Abs. 1 gilt nur für solche geschäftlichen Handlungen, die nicht in den Bereich der UGP-Richtlinie fallen.[203] Für solche Fälle ist § 3 Abs. 2 einschlägig. Auch wenn schon bisher über die Generalklausel die Vollharmonisierung der UGP-Richtlinie nicht unterlaufen werden durfte, ist doch erst mit der UWG-Reform 2015 diese **Abgrenzung** in aller Deutlichkeit hervorgetreten. Folglich werden über § 3 Abs. 1 nur solche geschäftlichen Handlungen erfasst, die nicht an Verbraucher gerichtet sind oder diese erreichen. Positiv gewendet: § 3 Abs. 1 ist die Generalklausel für geschäftliche Handlungen, die Geschäftskunden (also Unternehmen, die nachfragen), sonstige Geschäftspartner auf vor- oder nachgelagerter Marktstufe (zB Zulieferer) oder Mitbewerber erreichen oder sich an diese richten. Zu denken ist auch an die Beziehungen von Betreibern digitaler **Plattformen** zu gewerblich handelnden Unternehmen, etwa solchen, die über die Plattform Geschäfte abwickeln.

117 Hinzuweisen ist darauf, dass es nicht darum geht, wem solche Handlungen schaden, sondern an wen sie sich richten. Die gesetzliche Formulierung ist in dieser Hinsicht eindeutig. Daher wäre es verfehlt, in § 3 Abs. 1 eine Generalklausel zum Mitbewerberschutz zu sehen. **Nicht die Schutzrichtung** der Norm, sondern **die Zielrichtung der Handlung** ist für die Einsortierung in Abs. 1 oder Abs. 2 entscheidend. Dementsprechend können über § 3 Abs. 1 auch Verbraucherinteressen geschützt werden, über § 3 Abs. 2 reflexartig auch die Interessen übriger Marktteilnehmer.

118 Die Abgrenzung erfolgt **spiegelbildlich** zum oben dargestellten Merkmal in § 3 Abs. 2 (siehe D.II). Auf eine subjektive Zielrichtung kommt es nicht an, erforderlich ist, dass die geschäftliche Handlung bestimmungsgemäß Unternehmen, nicht Verbraucher erreichen soll. Über § 3 Abs. 1 können aber alle geschäftlichen Handlungen erfasst werden, die nicht § 3 Abs. 2 unterfallen.

119 Typische **Beispiele** sind Werbeschreiben an gewerbliche Abnehmer, Marketingaktionen im unternehmerischen Verkehr, das Anbieten bestimmter Leistungen an Unternehmen, die Nutzung von anderweitig erhobenen Daten oder der Eingriff in Vertriebssysteme oder Geschäftspolitiken anderer Unternehmen. Zu denken ist auch an technische Manipulationen oder Vorgaben, etwa wenn Einstellungen für einen digitalen Werbe- oder Vertriebskanal in unfairer Weise ausgestaltet werden.

120 Für das **Unterlassen** gilt – wie im Rahmen von § 3 Abs. 2 –, dass danach zu entscheiden ist, wem die unterlassene Pflicht geschuldet war. Handelt es sich um eine Pflicht, die der Unternehmer Verbrauchern gegenüber hat, liegt im Unterlassen ein Fall des § 3 Abs. 2. Ist die Pflicht hingegen anderen Unternehmen geschuldet oder eine solche, die allgemein dem Wettbewerbsschutz dient, ist auf § 3 Abs. 1 zu rekurrieren.

---

[201] BGH GRUR 2007, 795 Rn. 51 – Handtaschen.
[202] BGH GRUR 2011, 436 (440) – hartplatzhelden.de – mit Anm. *Ohly*.
[203] Vgl. auch BT-Drs. 18/6571, 14.

III. Begriff der Unlauterkeit

1. Ausgangspunkte. Was ist unlauter? Diese Gretchenfrage des UWG ist bis heute nicht befriedigend beantwortet.[204] Neu hinzugetreten ist – nach der UWG-Reform 2015 mit Vehemenz – die Frage, ob es vielleicht sogar zwei differierende Unlauterkeitsbegriffe im UWG gibt, einen für den verbraucherbezogenen, einen für den die sonstigen Marktteilnehmer betreffenden Teil des Gesetzes. Der Begriff der „Unlauterkeit" ist zentral für das gesamte Rechtsgebiet: er bezeichnet Maßstab und tragenden Grund für die Einordnung als unzulässiges Handeln. Für die Praxis wird eine Konkretisierung des Begriffs häufig entbehrlich sein, für das Verständnis und die Durchdringung des UWG und die Argumentation in Grenzfällen jedoch nicht. 121

Immer stärker kristallisiert sich heraus, dass sich eine wirkliche Definition vermutlich verbietet – der Begriff bleibt dem **ständigen Suchprozess** der Rechtsprechung überantwortet. Die Entscheidungen der Gerichte spiegeln dabei das wirtschaftspolitische Ringen in der Gesellschaft um die Grenzen dessen, was im Wettbewerb erlaubt ist. Ein solch evolutiver, immer wieder neue Impulse erhaltender Weg entspricht der Dynamik des Geschäftslebens. In diesem Zusammenhang können lediglich einzelne Aspekte und Kriterien sowie methodische Hinweise für einen längeren Zeitraum gegeben werden. An der **Einzelfallentscheidung,** die eine wirtschaftliche Analyse und eine normative Würdigung verlangt, führt kein Weg vorbei.[205] Solche Entscheidungen werden immer angreifbar bleiben. Das ist jedoch kein Nachteil: Die Grundregeln des modernen Wirtschaftsrechts, zu dem das UWG zählt, müssen immer wieder im demokratischen Diskurs neu verhandelt werden. Dabei haben die Gerichte die Aufgabe, diesen Dialog durch praktische Anwendung jeweils zeitgemäß und in einer Momentaufnahme zu entscheiden. Wenn sie dabei einmal falsch liegen, ist das mit Blick auf die „Regulierungsbegrenzung durch dezentrale Einzelfallentscheidung" verschmerzbar und unvermeidlich.[206] 122

a) Frühere Anknüpfungspunkte. Nach altem Recht spielten die „guten Sitten" und der Verstoß gegen sie, also die „Sittenwidrigkeit", die zentrale Rolle. Mit dem Begriff „Unlauterkeit" (bzw. im Englischen: unfairness) wurde der Sittenbegriff 2004 ad acta gelegt und das Rechtsgebiet **modernisiert.** Mit dem Übergang von den „guten Sitten" und ihrer Verletzung einerseits, zur „Unlauterkeit" als zentralem wettbewerbsrechtlichen Maßstab andererseits, bedürfen die oft auf die Gebote der Sittlichkeit abstellenden Positionen der früheren Rspr. und Literatur zu § 1 UWG aF der prinzipiellen Überprüfung. Sie befürworteten nicht zuletzt wegen der sprachlichen Anknüpfungsmöglichkeit bei der begrifflichen Konkretisierung dieser „guten Sitten" eine **„sittlich-rechtliche Beurteilung"** (oder „Wertung") und sahen die Generalklausel des § 1 UWG aF „in ihrem Kern sittlichrechtlich fundiert".[207] Dies bedeutete aber in der Praxis zumindest in den letzten Jahren der Geltung nichts anderes als eine funktionale Interessenabwägung. Die moralischen Bezugnahmen im Lauterkeitsrecht waren bereits entsorgt worden; absolute sittliche Kriterien verschwanden. Der Gesetzgeber hat mit der Terminologie „unlauter" die Auseinandersetzung von dem „sittlichen Makel" befreien wollen, der nach laienhafter Lesart im Begriff der „guten Sitten" mitschwang.[208] Sittlichkeitserwägungen oder moralphilosophische Erwägungen sind auch diesem Bereich des Wirtschaftsrechts fremd. 123

Ebenso wenig ist es die früher gelegentlich herangezogene **Üblichkeit,** die über die Zulässigkeit eines Verhaltens entscheiden kann. Tatsächliche Sitten und Gebräuche spielen aus normativer Sicht eine untergeordnete Rolle, auch wenn darauf in der Konkretisierung des Unlauterkeitsbegriffs in § 2 Abs. 1 Nr. 7 fälschlich hingedeutet wird. Eine Orientie- 124

[204] Vgl. als modern-systematischen Einstieg *Henning-Bodewig* GRUR Int. 2010, 549 ff.
[205] Vgl. *Podszun* WRP 2009, 509 (516).
[206] Vgl. *Podszun,* Wirtschaftsordnung durch Zivilgerichte, 2014, S. 222.
[207] So zB BGH GRUR 1999, 1128 (1129) – Hormonpräparat; Baumbach/*Hefermehl* 22. Aufl. 2001, Einl. Rn. 68; *v. Gamm* WM 1981, 730 (732); *Sack* NJW 1985, 761 (767 f.); *Wiebe* WRP 2002, 283 (284).
[208] BT-Drs. 15/1487, 16.

rung am Faktischen, am Mainstream der Branche ist nicht akzeptabel.[209] Eine geschäftliche Handlung kann sich zwar im Einklang mit bestehenden Handelsbräuchen befinden, aber trotzdem wettbewerbsrechtlich zu beanstanden sein, nämlich dann, wenn diese Handelsbräuche ihrerseits „unlauter" sind. Handelsbräuche und Standessitten sind – entgegen der zu § 1 UWG aF hM[210] – auch dann wettbewerbsrechtlich unbeachtlich, wenn sich in ihnen **Konventionalnormen** spiegeln, da diese zur begrifflichen Konkretisierung der „Unlauterkeit" ihrerseits ebenfalls nicht herangezogen werden können. Auf die übliche Praxis abzustellen, wäre gefährlich, weil dadurch gerade belebende neue wettbewerbliche Vorstöße unterbunden werden könnten.

125 **b) Rechtliche Vorgaben.** Im übergeordneten Recht ergeben sich Vorgaben zur Auslegung des Begriffs der Unlauterkeit. In der wegweisenden internationalen Regelung zum unlauteren Wettbewerb, **Art. 10bis** (2) der Pariser Verbandsübereinkunft **(PVÜ)** zum Schutz des gewerblichen Eigentums, heißt es seit 1883: „Unlauterer Wettbewerb ist jede Wettbewerbshandlung, die den anständigen Gepflogenheiten in Gewerbe oder Handel zuwiderläuft."[211] Einer Formel zufolge **wird der Verstoß gegen (anständige) Marktgepflogenheiten** so konkretisiert, dass alle Handlungen, die den anständigen Gepflogenheiten in Handel, Gewerbe, Handwerk oder selbständiger beruflicher Tätigkeit zuwiderlaufen, unlauter sind.[212] Die internationale Regelung liefert also eine begriffliche Blaupause,[213] auf die der Gesetzgeber Bezug genommen hat (vgl. § 2 Abs. 1 Nr. 7). Auch in neueren unionsrechtlichen Rechtsakten außerhalb der RL 2005/29/EG taucht diese Formel auf.[214] Damit wird auf Konventionalnormen Bezug genommen, so wie es in der deutschen Rechtsprechung zum früheren UWG üblich war, auch wenn der BGH das wettbewerbliche Allgemeininteresse integrierte. Die Korrektur erfolgt über das Merkmal der Anständigkeit (Fairness). So öffnet sich das Tor für die normative Betrachtung des Marktgeschehens, die unabdingbar ist. Gleichwohl leidet die Definition der PVÜ an einer zu starken Orientierung am Bestehenden und am Schutz der Mitbewerber.[215] Verbraucherschutz war den Autoren der 1883 begründeten Übereinkunft fremd.

126 Im **europäischen Recht** wird Unlauterkeit in Art. 5 Abs. 2 iVm Art. 2 lit. h der UGP-RL als **Verstoß gegen berufliche Sorgfalt und die Eignung zur Entscheidungsbeeinflussung** definiert. Diese Definition gilt für verbrauchergerichtete Verhaltensweisen. Gemäß Art. 2 lit. h der UGP-RL wird „berufliche Sorgfalt" definiert als „der Standard an Fachkenntnissen und Sorgfalt, bei denen billigerweise davon ausgegangen werden kann, dass der Gewerbetreibende sie gegenüber dem Verbraucher gemäß den anständigen Marktgepflogenheiten und/oder dem allgemeinen Grundsatz von Treu und Glauben in seinem Tätigkeitsbereich anwendet." Der deutsche Gesetzgeber hat statt von beruflicher zunächst von fachlicher Sorgfalt, seit 2015 von „unternehmerischer Sorgfalt" gesprochen und in § 2 Abs. 1 Nr. 7 ähnlich definiert. Hier ist im Zweifel der EuGH zu hören, auch wenn der nationale Gesetzgeber den Begriff inhaltlich konkretisieren kann. Die Definition in der UGP-RL leidet an ihrer einseitigen Ausrichtung auf den Verbraucher.[216] Zudem setzt sie zu sehr auf branchenübliche Standards, was innovative geschäftliche Praktiken verhindern

[209] Vgl. RGZ 145, 400 – Bestattungsunternehmen; BGH GRUR 1969, 474 (476) – Bierbezug I; *Koppensteiner,* Wettbewerbsrecht, § 23 Rn. 1.

[210] BGH GRUR 1969, 474 (475) – Bierbezug I; GRUR 1982, 311 (312) – Berufsordnung für Heilpraktiker; OLG Frankfurt a. M. GRUR 1983, 387 (389) – Heilpraktikerwerbung; OLG Düsseldorf WRP 1983, 499 (500); OLG Koblenz GRUR 1987, 729 – Optikerhausbesuche; OLG München WRP 1980, 284.

[211] Vgl. den internationalen Überblick zum Lauterkeitsrecht bei *Henning-Bodewig* GRUR Int. 2010, 273 ff. sowie *Henning-Bodewig* oben Einl. F.

[212] Hierzu und zum Folgenden s. schon BT-Drs. 15/1487, 16 (zu § 1 UWG 2004). *Henning-Bodewig* GRUR Int. 2015, 529, empfiehlt den Begriff der „anständigen Marktgepflogenheiten".

[213] Ausführlich dazu *Glöckner* → Einl. Rn. 77 ff.

[214] Vgl. zB Art. 6 Abs. 1 RL 2008/95/EG (Markenrichtlinie); Art. 5 Abs. 1 VO (EG) Nr. 178/2002 (ABl. 2002 L 31, S. 1) (Lebensbasis-VO).

[215] Vgl. *Henning-Bodewig* WRP 2010, 1094 (1096, 1099).

[216] Vgl. *Henning-Bodewig* WRP 2010, 1094 (1098 f.).

könnte. Eine Zusammenführung der Lauterkeitsdefinitionen aus PVÜ und UGP-Richtlinie zu einem einheitlichen Lauterkeitsbegriff steht aus. Auch der EuGH hat sich dazu noch nicht geäußert. Gem. Erw.Gr. 7 der UGP-Richtlinie sollen Fragen der guten Sitten und des Anstands („taste and decency") gerade nicht Bestandteil der europäischen Vorgabe sein.[217]

c) Unlauterkeit als Rechtsfrage. Die Gerichte haben die Konkretisierung der „großen" Generalklausel (des § 1 UWG aF) von Anfang an zumindest implizit als (revisible) **Rechtsfrage, nicht Tatfrage** betrachtet.[218] Nichts deutet darauf hin, dass sich daran etwas ändern würde. Sehr vereinzelt wurden die „guten Sitten" gleichwohl auch empirisch, namentlich durch **Einholung von Auskünften** der Industrie- und Handelskammern, Spitzenverbände der Wirtschaft oder durch Gutachten zu bestimmen versucht.[219] **Empirische Ermittlungen** können aber immer nur Ausgangspunkt für normative Bewertungen sein. Ihre Verabsolutierung wäre fehlerhaft. Gegen eine solche Anerkennung der normativen Kraft des Faktischen spricht, dass die Rechtsordnung ihren Ordnungsanspruch aufgeben würde, sich den Regeln der Marktteilnehmer selbst unterwerfen würde[220] und ein statisches Wettbewerbsleitbild fördern würde. Würde das Übliche zur Norm erhoben, würde der Wettbewerb in bedenklicher Weise beschränkt.[221] Nur begrenzte Aussagekraft haben auch moderne **ökonomische Gutachten.** Diese können Zusammenhänge aufzeigen und Wahrnehmungsirrtümer korrigieren, sie können auch Aussagen treffen über die Effizienzen oder Wohlfahrtswirkungen bestimmter Verhaltensweisen. Deren rechtliche Bewertung bleibt aber Sache der Gerichte, die nicht an ökonomische Bewertungen gebunden sind, sondern diese in ihrer Bewertung – zB beim Telos der Norm – berücksichtigen sollten. 127

Im Regelfall haben sich die Mitglieder der Spruchkörper selber als Teil der beteiligten Verkehrskreise gesehen und so aufgrund beanspruchter **eigener Sachkunde und Lebenserfahrung**[222] die Regeln des geschäftlichen Anstands ermittelt.[223] Ausgeblendet bleiben bei der selbstbewussten Streitentscheidung über den Begriff Aspekte der **„bounded rationality"**, also der eingeschränkten Rationalität und der vorgeprägten Weltsicht der Richterschaft. Hier ist wünschenswert, dass sich die Gerichte stärker als bislang mit den Erkenntnisbedingungen ihrer eigenen Sachkunde auseinandersetzen. Sonst besteht die Gefahr, dass das normative Verständnis einer Elite mit beamtenartiger Stellung und Hochschulabschluss absolut gesetzt wird. 128

d) Unlauterkeit als Verstoß gegen wettbewerbliche Regelwerke und „business ethics"? Ein Teilausschnitt der Konkretisierungsproblematik wird durch die Frage bezeichnet, ob ein **Verstoß gegen wettbewerbsbezogene Regelwerke** eine „Unlauter- 129

---

[217] Vgl. *Henning-Bodewig* in Bernitz/Heide-Jørgensen, Market and Advertising Law in a Process of Harmonisation, 2019.

[218] Ausdrücklich bereits 1901 RGZ 48, 114 (128) – Brisbane; s. ferner zB RGZ 81, 86 (91); BGHZ 10, 228 (323) – Sicherungsverträge; 17, 327 (332) – objektiv wahre Anzeige; BGH NJW 1976, 1883 (1884) – Dirnenlohn. Das Schrifttum hielt verbreitet freilich ebenso früh mit der Auffassung dagegen, es handele sich um die Klärung einer Tatfrage; ausführliche Nachw. bei *Schricker* Gesetzesverletzung S. 199 f.

[219] Vgl. zB BGH GRUR 1960, 558 (560 f.) – Eintritt in Kundenbestellung. Rechtstatsächlich für die Häufigkeit einer empirischen Methodik der Justiz aufschlussreich *Kur,* Beweislast und Beweisführung im Wettbewerbsprozeß, 1981.

[220] Dies hat, worauf *Micklitz/Keßler* WRP 2002, 885 (894) zutreffend aufmerksam machen, schon vor Jahrzehnten *E. Ulmer* betont. Ebenso *Beater,* Unlauterer Wettbewerb, § 13 Rn. 1045; *Henning-Bodewig* in Schricker/Henning-Bodewig S. 21, 31.

[221] BGH GRUR 2011, 431 Rn. 13 – FSA-Kodex mit Anm. *Nemeczek,* GRUR 2011, 432 aE.

[222] So hat der BGH etwa die eigene Sachkunde des Senats des KG bejaht zur Beurteilung eines Kaufangebots an Kinder, BGH MMR 2015, 328 Rn. 20 – Runes of Magic II; im Detail abweichend GRUR 2014, 682 Rn. 28 – Nordjob-Messe; aus jüngerer Zeit auch BGH GRUR 2013, 201 Rn. 32 – Biomineralwasser; MMR 2015, 721 Rn. 24 ff. – Kopfhörer-Kennzeichnung; NJW 2015, 704 Rn. 15 ff. – Spezialist für Familienrecht; GRUR 2013, 1254 Rn. 17 ff. – Matratzen-Factory-Outlet; grundlegend GRUR 2004, 244 (245) – Marktführerschaft.

[223] Siehe *Beutel,* Wahrnehmungsbezogene richterliche Erfahrungssätze im Marken- und Lauterkeitsrecht.

keit" darstellt.[224] Zu denken ist an Wettbewerbsregeln von Wirtschafts- und Berufsvereinigungen im Sinne von § 24 GWB, an sich entwickelnde Standards, moderne Selbstverpflichtungen, **Corporate Governance** Kodizes, Maßnahmen der **Corporate Social Responsibility** oder das in der „Unternehmensphilosophie" häufig angesiedelte Feld der **Geschäftsethik.** In gewisser Weise stehen solche Entwicklungen in Konkurrenz zum UWG. Sie entspringen nämlich zum Teil auch dem staatlichen Steuerungsverlust: was früher über Lauterkeitsrecht geregelt worden wäre, wird in einer globalisierten und beschleunigten Geschäftswelt anders durchgesetzt (wenn überhaupt). Der Einfluss von Nicht-Regierungsorganisationen, das gestärkte Verbraucherbewusstsein und die Tendenz zu einem härteren Durchgreifen in anderen Bereichen (etwa durch die scharfe Börsengesetzgebung in den USA) sind als Motoren dieser Entwicklung nicht zu unterschätzen. Beispiele sind etwa die „Initiative Tierwohl" im Lebensmittelhandel oder Selbstverpflichtungen für Umwelt- und Sozialstandards in der Lieferkette.[225]

130 Zu differenzieren sind zwei Aspekte von **Selbstverpflichtungsmaßnahmen.**[226] Zum einen kann die Werbung damit (so eine Außenwirkung und also eine geschäftliche Handlung überhaupt vorliegen und nicht bloß geschäftsinterne Prinzipien formuliert werden[227]) nach **Irreführungsmaßstäben** geprüft werden.[228] Zum anderen ist es auch denkbar, dass mit dem Anwachsen solcher Selbstverpflichtungen auch die Begriffe der Lauterkeit oder der fachlichen Sorgfalt von geschäftsethischen Überlegungen durchdrungen werden. Auch wenn derzeit die **„good governance"** noch nicht eine solche Bedeutung hat, dass es zu einer Gleichsetzung von guter Unternehmensführung in diesem Sinne und lauterem Verhalten im Wettbewerb gekommen ist, so handelt es sich doch um ein „Steinchen im Fundament"[229] des UWG. Perspektivisch lässt sich aus umfassenden Governance-Regeln, die wettbewerbliche Aspekte regeln und allgemeine Durchsetzung erfahren, auch eine Indizwirkung für den Lauterkeitsbegriff ableiten.[230]

131 Auch auf der **Ebene des europäischen Rechts** werden Wettbewerbsregeln mit einer solchen Indizfunktion hinsichtlich der Lauterkeit in Verbindung gebracht. So befasst sich die UGP-RL in Art. 10 auch mit **„Verhaltenskodizes"** iSv Wettbewerbsregeln.[231] Ihre Erstellung und Verbreitung soll nach Erwägungsgrund 20 gefördert werden. Im Anwendungsbereich der UGP-RL begründen Verstöße gegen Verhaltenskodizes iSd Art. 2 lit. f UGP-RL jedoch nicht ohne weiteres die Unlauterkeit, sondern nur unter bestimmten Voraussetzungen (vgl. Art. 5 Abs. 2, 6 Abs. 2 lit. b; Anh. I Nr. 1 und 3 UGP-RL). In § 2 Abs. 1 Nr. 5 UWG werden Verhaltenskodizes definiert, sie werden sodann aber nur im Zusammenhang mit Irreführungstatbeständen im Gesetz erwähnt.

132 In ***FSA-Kodex*** hat der BGH eindeutig festgestellt: Der Verstoß gegen einen Verhaltenskodex führt nicht automatisch zur Unlauterkeit, laut BGH gibt es „allenfalls eine indizielle Bedeutung".[232] Verhaltenskodizes bezeichnen bestenfalls einen Branchenbrauch, aber nicht jede Abweichung von einem solchen ist unlauter. Es fehlt zudem an einer wettbewerbsbezogenen Würdigung, außerdem bestehen verfassungsrechtliche Bedenken. Ebenso wenig ist anzunehmen, dass ein Verhalten, das kompatibel mit derartigen Wettbewerbsregeln ist, automatisch lauterkeitsrechtlich unbedenklich ist (sog. Indizwirkung).[233] So sind nicht

---

[224] Vgl. *Alexander* GRUR Int. 2012, 965; *Kopp/Klostermann* CCZ 2009, 155; *Schmidhuber* WRP 2010, 593; *Henning-Bodewig* WRP 2011, 1014.

[225] Vgl. *Engelsing/Jakobs* WuW 2019, 16.

[226] Dazu grundlegend die Beiträge in Hilty/Henning-Bodewig, Corporate Social Responsibility – Verbindliche Standards des Wettbewerbsrechts?, 2014.

[227] Vgl. *Henning-Bodewig* WRP 2011, 1014 (1020).

[228] Dazu *Henning-Bodewig* WRP 2011, 1014 ff.; *Birk* GRUR 2011, 196 ff.

[229] *Henning-Bodewig* WRP 2011, 1014 (1015). Vgl. *Henning-Bodewig* WRP 2010, 1094 ff.

[230] Siehe dazu *Glöckner* Einl. C.

[231] Vgl. *Alexander* GRUR Int. 2012, 965.

[232] BGH GRUR 2011, 431, 432 f. – FSA-Kodex mit Anm. *Nemeczek*.

[233] Prinzipiell wie hier auch *Beater,* Unlauterer Wettbewerb, § 30 Rn. 2496; *Sosnitza* Wettbewerbsbeschränkungen S. 212 ff., insbes. S. 228 ff.

einmal **Standesrichtlinien** für die lauterkeitsrechtliche Beurteilung maßgeblich, wenn die Wettbewerbsfreiheit bedroht ist.[234] Es besteht auch kein Zusammenhang zwischen kartellrechtlicher Würdigung durch die Kartellbehörde und Lauterkeit des Verhaltens: Die Wettbewerbsregeln werden von der Kartellbehörde, wenn überhaupt, lediglich auf die Vereinbarung mit Kartellrecht geprüft. Eine lauterkeitsrechtliche Bewertung erfolgt (derzeit) nicht, sodass keine Aussage über die lauterkeitsrechtliche Zulässigkeit getroffen wird, wie der BGH in ***Probeabonnement*** klargestellt hat.[235]

Solche Regelwerke werden einerseits immer beliebter, auch aus Marketinggründen, stoßen aber andererseits auch stärker auf Kritik als früher. Erkannt wurde, dass **Standardisierungen** und **Verbandsregeln** häufig wettbewerbsdämpfende Wirkung entfalten. Für Outsider, Newcomer oder Unternehmen mit Wettbewerbsvorstößen wird es schwieriger gemacht, Dynamik in die Märkte zu bringen.[236] Vor diesem Hintergrund ist Wettbewerbsregeln keine besondere Funktion für die Feststellung der Lauterkeit zuzusprechen, da die Gefahr besteht, gerade wettbewerbsdämpfende Maßstäbe anzulegen. 133

Die **Beispiele aus früherer Rechtsprechung** bestärken die hier vertretene Auffassung gerade durch ihre **Kritikwürdigkeit:** So ist der Einsatz von Kindern in der Fernsehwerbung nicht allein deshalb unlauter, weil er gegen Verhaltensregeln des deutschen Werberates verstößt.[237] Dasselbe ist zur Verteilung einer Zeitung zu sagen, die entgegen den Vertriebsrichtlinien des Bundesverbandes deutscher Zeitungsverleger gehandelt hatte.[238] Wettbewerbsrechtlich irrelevant ist es nach richtiger Ansicht auch, wenn eine Zigarette als „mild“ bezeichnet wird, obwohl sie über den dafür vorgesehenen – dem Publikum gar nicht bekannten – Grenzwerten liegt, die die Zigarettenindustrie intern verabredet hat.[239] 134

DIN-Normen und andere technische Standards und Normen haben regelmäßig – außer bei Irreführung – keine lauterkeitsrechtliche Bedeutung.[240] Ihre Entstehung und Durchsetzung kann jedoch Elemente aufweisen, die unlauter sind. 135

2. Unlauterkeit als Verstoß gegen „unternehmerische Sorgfalt“? Die Vorgabe der UGP-RL ist es, im Verhältnis B2C Unlauterkeit mit Bezug auf die beruflichen Sorgfaltspflichten zu definieren. In Art. 5 heißt es, unlauter sei eine Geschäftspraxis, die den Erfordernissen der beruflichen Sorgfaltspflicht widerspreche. Was berufliche Sorgfalt ist, wird in Art. 2 lit. h der Richtlinie ausgeführt. Demnach ist darunter der „Standard an Fachkenntnissen und Sorgfalt“ zu verstehen, „bei denen billigerweise davon ausgegangen werden kann, dass der Gewerbetreibende sie gegenüber dem Verbraucher gemäß den anständigen Marktgepflogenheiten und/oder dem allgemeinen Grundsatz von Treu und Glauben in seinem Tätigkeitsbereich anwendet“. Für die **verbraucherschützenden Tatbestände** des UWG, die aus der UGP-RL übernommen sind, ist diese Definition der Unlauterkeit maßgeblich (siehe schon oben D.II). Für die übrigen Fälle kann sie herangezogen werden. Da sie sich ausschließlich auf die Marktgegenseite bezieht und wenig operationable Begriffe wie „billigerweise“, „anständig“, „Marktgepflogenheiten“ und „Treu und Glauben“ enthält, ist die Aussagekraft dieser Definition für den Bereich des Mitbewerberschutzes jedoch gering. 136

In Betracht könnte auch zu ziehen sein, dass die Billigkeit **aus der Sicht der „Gewerbetreibenden“**[241] und ihrer Vorstellungen von „anständigen Marktgepflogenheiten“ bzw. dem „allgemeinen Grundsatz von Treu und Glauben“ zu bestimmen ist. **Gegen diese** 137

---

[234] So schon BGH GRUR 1999, 748 (749) – Steuerberaterwerbung auf Fachmessen.
[235] BGH GRUR 2006, 773 Rn. 13 ff. – Probeabonnement.
[236] Vgl. *Engelsing/Jakobs* WuW 2019, 16.
[237] So aber KG GRUR 1992, 632.
[238] Anders aber OLG München NJW-RR 1996, 809 (810).
[239] Anders aber BGH NJW-RR 1993, 617. Vgl. ferner das Material bei *Emmerich*, Unlauterer Wettbewerb, § 20 VI.1, dessen negative Beurteilung dieser Rspr. Zustimmung verdient.
[240] Vgl. aber BGH GRUR 2015, 1021 Rn. 15 ff. – Kopfhörer-Kennzeichnung.
[241] Für das deutsche Recht ist der Begriff „Unternehmer“ iSd Legaldefinition des § 2 Abs. 1 Nr. 6 anzusetzen.

Auslegungsvariante aber spricht, dass die Normadressaten schlechterdings nicht über die für sie geltenden wettbewerblichen Verhaltensnormen selber befinden können. Es besteht ein Unterschied, ob ein Verhalten nach den bestehenden „Marktgepflogenheiten" oder nach den „anständigen Marktgepflogenheiten" beurteilt wird.[242] Würde „das Übliche zur Norm erhoben",[243] würde dies gerade die volkswirtschaftlich oft besonders wichtigen neuen und ungewöhnlichen Impulse im Wettbewerb unterbinden. In diesem Zusammenhang kann sich ein Unternehmen (etwa ein großer Online-Händler) auch nicht darauf berufen, dass vereinzelt vorkommende Fehler, Ausreißer, „im Massengeschäft immer wieder vorkommende Versehen und Nachlässigkeiten" angesichts ihrer Unvermeidbarkeit kein Verstoß gegen die unternehmerische Sorgfalt seien: Das UWG etabliert **objektive Anforderungen.**[244]

138 Einen Anhaltspunkt zur Konkretisierung der unternehmerischen Sorgfaltspflichten findet man in der Formulierung, es gehe um **das ordnungsgemäße Geschäftsgebaren,** das man in den Rechtssystemen der meisten Mitgliedsstaaten finden kann.[245] Die Aussagekraft auch dieser Begriffe mag beschränkt sein, immerhin wird damit aber auf das Binnenmarktziel (Art. 1 der UGP-Richtlinie) und das Ziel des erhöhten Verbraucherschutzniveaus hingewiesen. Da der Begriff der Unlauterkeit normativ anzusetzen ist, wird jedenfalls keine rechtsvergleichende Studie zum Geschäftsgebaren durchzuführen sein. Letztlich bleibt der Beitrag der Richtlinie zur Konkretisierung des Schlüsselbegriffs des Lauterkeitsrechts gering.[246]

139 Bei der Würdigung der Unlauterkeit ist zu berücksichtigen, dass diese einerseits eine Art Vorfeldschutz für das allgemeine **Deliktsrecht** gewährt, andererseits die **Vertragsanbahnung, -durchführung und -abwicklung** sichert. Denkt man von dieser im deutschen Recht typischen dogmatischen Weichenstellung aus, lässt sich der Sorgfaltsbegriff des UWG abgrenzen und kontextualisieren: Es stellt sich dann die Frage, wie das UWG zu vertraglich geschuldeten Sorgfaltspflichten steht, aber auch, inwiefern es allgemein geschuldete Verkehrssicherungspflichten und Sorgfaltspflichten im Deliktsrecht ergänzt. Der BGH hat dies in der Entscheidung *Standardisierte Mandatsbearbeitung* am Beispiel der geschäftlichen Handlung thematisiert,[247] die Frage ist aber auch im Rahmen der Beeinflussung der Entscheidung und Unlauterkeit relevant. Der BGH hat beispielsweise die „normale" Schlechtleistung nicht als geschäftliche Handlung angesehen, aber eine Anwendung des UWG bejaht, wenn die Täuschung über den Willen zur vertragsgemäßen Leistungserbringung von vorn herein besteht und nur als Mittel im Wettbewerbskampf dient.[248] Vergleichbar ist die vom EuGH entschiedene Konstellation der Abgrenzung von AGB-Kontrolle und UWG.[249] An dieser sehr fein ziselierten Rechtsprechung wird zweierlei deutlich: Erstens ist das europäische Recht, das dieses Feld eröffnet hat, unabhängig von deutschen dogmatischen Einordnungen, sodass es eine dogmatische Konkretisierung wenig hilft. Zweitens ist die Sorgfaltspflicht des Unternehmers auf den Wettbewerb bezogen. Der BGH vertritt also eine wettbewerbsfunktionale Auslegung des UWG.

---

[242] Anders *Kulka* DB 2008, 1548 (1553).

[243] BGH GRUR 2006, 773 Rn. 19 – Probeabonnement.

[244] Vgl. OLG Köln GRUR-RR 2013, 116 (117) – Versandhandelsausreißer.

[245] Nr. 53 Satz 1 der Vorschlagsbegründung zur RL 2005/29/EG in KOM(2003) 356 endg. Zur Rechtsvergleichung des Lauterkeitskriteriums siehe *Henning-Bodewig* GRUR Int. 2010, 273 ff.

[246] Ebenso *Brömmelmeyer* GRUR 2007, 295 (298); *Gamerith* WRP 2005, 391 (417 f.); *Glöckner/Henning-Bodewig* WRP 2005, 1311 (1327 f.); *Seichter* WRP 2005, 1087 (1090); vgl. MüKoUWG/*Sosnitza* § 3 Rn. 39 ff.

[247] Vgl. BGH NJW 2013, 2756 Rn. 17 ff. – Standardisierte Mandatsbearbeitung.

[248] BGH NJW 2013, 2756 Rn. 37 – Standardisierte Mandatsbearbeitung. Vgl. schon BGH GRUR 2009, 876 Rn. 14 – Änderung der Voreinstellung II. Vgl. *Svigac* NJOZ 2013, 721.

[249] EuGH WRP 2012, 547 – Perenič ová; dazu *Alexander* WRP 2012, 515; *Janal* ZEuP 2014, 740; *Micklitz/Reich* EWS 2012, 257. Zu Gewährleistungsausschlüssen auch *Zabel* VuR 2011, 403 (449). Zum Verhältnis von Vertrags- und Lauterkeitsrecht grundlegend *Leistner,* Richtiger Vertrag und lauterer Wettbewerb, 2007.

3. Wettbewerbsfunktionales Verständnis von Unlauterkeit. In den vergangenen Jahren hat sich, nicht zuletzt durch den Liberalisierungsschub nach den UWG-Reformen, ein stärker **wettbewerbsfunktionales Verständnis** der Unlauterkeit Bahn gebrochen. Das entspricht der Normierung des Schutzzwecks in § 1 UWG, in dem das Allgemeininteresse des unverfälschten Wettbewerbs anerkannt ist. Ein wettbewerbsfunktionaler Ansatz ist die beste Gewähr auch für den Interessenschutz aller Marktteilnehmer.[250] Als unlauter sind demnach Handlungen zu betrachten, die den Wettbewerb verfälschen und dadurch die Interessen der Abnehmer und Mitbewerber beeinträchtigen. Dies ist freilich nicht zu verwechseln mit einer reinen Ausrichtung der UWG-Auslegung auf ein schematisches Effizienz-Denken, das zudem ökonomisch-empirisch nachgewiesen werden müsste. Als wettbewerbsverfälschende Handlungen sind solche anzusehen, die die **Grundbedingungen des funktionierenden Wettbewerbs** auf Märkten stören. Dazu zählen etwa die Störung der freien Entscheidung im Markt, das Auseinanderreißen des Zusammenhangs von Leistung, Risiko und Erfolg oder die Hinderung am Marktzugang. Ganz ähnlich war zum Regierungsentwurf der UWG-Novelle 2015 formuliert worden, Unternehmen schuldeten sich gegenseitig die Sorgfalt, einander **nicht unangemessen in den wettbewerblichen Entfaltungsmöglichkeiten zu behindern.**[251] Schließlich ist auch das **Sichern eines Fairness-Mindeststandards** zur Stärkung des Vertrauens in Transaktionen fundamental für das Funktionieren der Marktwirtschaft.[252] 140

Welche **Wertungskriterien** konkret für die Bestimmung der Unlauterkeit aus der Wettbewerbstheorie herangezogen werden können, ist noch nicht geklärt.[253] Lange Zeit erfreute sich der Topos des **Leistungswettbewerbs** sowohl im europäischen[254] als auch im deutschen Recht[255] großer Beliebtheit. Das Bundesverfassungsgericht schrieb etwa, geschützt würden durch das UWG die „Grundlagen der Funktionsfähigkeit des Leistungswettbewerbs. Missbilligt werden (…) im Interesse des Schutzes der Wettbewerber und der sonstigen Marktbeteiligten, allen voran der Verbraucher, Verhaltensweisen, welche die Funktionsfähigkeit des an der Leistung orientierten Wettbewerbs im wettbewerblichen Handeln einzelner Unternehmen oder als Institution stören, so zum Beispiel unlautere Einflussnahmen auf die freie Entschließung der Kunden."[256] Es geht beim Leistungswettbewerb also nicht nur um den Wettbewerb um Preis und Leistung, bei dem sich der beste Anbieter durchsetzen können muss, sondern zudem um ein „level playing field" zwischen den verschiedenen Marktbeteiligten, sodass informierte Entscheidungen durch marktwirtschaftliche Koordination zu den individuell erstrebten Marktergebnissen führen. Hier hat sich in den letzten Jahren allerdings eine Skepsis durchgesetzt, ob der Begriff noch dem modernen Wettbewerbsverständnis entspricht.[257] In der Rechtsprechung wird jedenfalls seltener der Begriff bemüht. Leistungswettbewerb enthält durch die (zumindest begriffliche) Bezugnahme auf meritokratischen Wettbewerb bereits ein einengendes Moment, das den 141

[250] Vgl. Kommentierung zu § 1 sowie *Podszun* WRP 2009, 509 ff.; *Podszun* in Hilty/Henning-Bodewig, Lauterkeitsrecht und Acquis Communautaire, S. 151 ff.; vehement *Schünemann,* Kommentierung zu § 3 in der 2. Aufl. dieses Werks. Skeptischer *Hetmank* GRUR 2014, 437.

[251] BT-Drs. 18/4535, 9. Die Formulierung verwendet schon BGH GRUR 2011, 1018 Rn. 65 – Automobil-Onlinebörse.

[252] *Fikentscher/Hacker/Podszun,* FairEconomy, S. 72.

[253] S. Kommentierung zu § 1.

[254] Für den Marktmachtmissbrauch nach Art. 102 AEUV s. EuGH BeckRS 2012, 80746 Rn. 42 – Tomra; EuGH BeckRS 2009, 70381 Rn. 106 – France Télécom.

[255] S. zB BGH GRUR 2015, 909 Rn. 33 – Exzenterzähne; BGH GRUR 2013, 951 Rn. 36 – Regalsystem; BGH GRUR 2010, 1022 Rn. 15 – Ohne 19 % Mehrwertsteuer; OLG Köln NJW 2014, 795 (797) – Satirische Autowerbung; LG München I GRUR-RS 2015, 09563 – AdBlocker Plus.

[256] BVerfG GRUR 2008, 81 (82 f.) – Pharmakartell. Ähnlich BVerfG NJW 2003, 277 (278) – Juve-Handbuch.

[257] *Köhler*/Bornkamm/Feddersen § 1 Rn. 44; *Beater,* Unlauterer Wettbewerb, § 11 Rn. 840 ff.; *Drexl,* Wirtschaftliche Selbstbestimmung des Verbrauchers, S. 550, 570 f.; *Emmerich,* Unlauterer Wettbewerb, § 5 II.3c; GroßKommUWG/*Schünemann* Einl. Rn. D 81 ff., insbes. Rn. D 98 f.; *Rittner* FS Kraft, 1998, 519 (530) (Leistungswettbewerb eine begriffliche „Chimäre"); *Sosnitza* Wettbewerbsbeschränkungen S. 79, 84; *Teubner* S. 39 ff. Positive Aspekte arbeitet heraus *Hetmank* GRUR 2014, 437.

freien, funktionsfähigen Wettbewerb und die Offenheit des „Entdeckungsverfahrens Wettbewerb“ *(von Hayek)* behindern kann.

142 So ist richtigerweise Bezug auf den auch kartellrechtlich verankerten **Schutz der Wettbewerbsfreiheit** zu nehmen: der Wettbewerbsprozess an sich, der sich aus der Vielzahl individueller Entscheidungen der Marktteilnehmer zusammensetzt und von einer gewissen wettbewerblichen Infrastruktur lebt, darf nicht durch Handlungen Einzelner beschädigt werden. Die **Koordination von Angebot und Nachfrage** darf auch nicht durch zu hohe **Transaktionskosten** belastet werden. Im B2B-Verhältnis bedeutet dies, dass eine unangemessene Beeinträchtigung der wettbewerblichen Entfaltungsmöglichkeiten von anderen Unternehmen nicht vorgenommen werden darf[258] – hier ließe sich, wollte man das UWG einmal mit subjektiven Rechtspositionen durchdenken, an die Abgrenzung von unternehmerischen Freiheitsrechten denken.

142a Dass die **Entfaltungsmöglichkeiten** der verschiedenen Akteure am Markt – einschließlich der Verbraucher – nicht unangemessen beeinträchtigt werden dürfen, ergibt sich aus traditioneller deutscher Sicht schon aus der Stellung des UWG als eines Wettbewerbsgesetzes, das elementarer Bestandteil der **Wirtschaftsordnung** ist. Solche wirtschaftsrechtlichen Gesetze sind in ihrer Wirkung für das Wirtschaftsmodell (oder Wettbewerbsleitbild) auszulegen. Das deutsche (und auch europäische) Modell der Marktwirtschaft ist – insoweit sogar noch immer in der Tradition der Ordoliberalen – geprägt durch eine konstitutionalisierte Rahmenordnung, die das Eingreifen des Staates darauf beschränkt, einen Handlungsrahmen zu setzen und rasche, effiziente Durchsetzungsmöglichkeiten zur Verfügung zu stellen. Innerhalb dieses Rahmens – insoweit über die Ordoliberalen hinausgehend – ist eine ökonomische Analyse anzustellen, welche Handlungen in welcher Form das Funktionieren der Marktwirtschaft beeinträchtigen würden (Stichwort: more economic approach).[259] **Markt- und wettbewerbsfunktional** ist also eine Auslegung des Begriffs der Unlauterkeit, die das Verhalten des Einzelnen mit Blick auf das Funktionieren des Koordinationsprozesses Markt insgesamt würdigt. Für den Verbraucher muss Auswahl zwischen verschiedenen Angeboten möglich sein, der Preis- und Leistungswettbewerb soll funktionieren. Das ist zum Beispiel nicht der Fall, wenn eine Verfügung nach UWG zu einer monopolartigen Situation im Markt führen würde.[260]

142b Eine wesentliche Erkenntnis der UWG-Gesetzgeber war, dass **Fairness für das Funktionieren von Märkten** essentiell ist.[261] Andernfalls würde nämlich das für Transaktionen notwendige Vertrauen ins Gegenüber schwinden, die Transaktionskosten würden erheblich steigen. In der Folge käme es zu weniger Austausch am Markt, der Wettbewerb würde leiden. Eine Volkswirtschaft funktioniert daher nur, wenn das Vertrauen der Marktteilnehmer in gewisse Fairness-Standards und deren effektive Durchsetzung gewahrt bleibt. Die Integration des Merkmals der „anständigen“ Gepflogenheiten oder der „fairen“ Geschäftspraktiken in die UWG-Prüfung lässt sich also auch wettbewerbsfunktional bewerkstelligen.

142c Der BGH hat angedeutet, dass es im UWG darum geht, die **Mittel im Wettbewerbskampf** zu kontrollieren.[262] Konkret ist angesichts der objektiven Marktordnung, die das UWG im Sinn hat, eher an die Erkenntnisse der wirtschaftswissenschaftlichen Theorie anzuknüpfen, auch wenn deren Ergebnisse stets normativ zu hinterfragen sind. Aktuell legen die führenden Vertreter der Wettbewerbstheorie den Fokus auf die Erzielung von Effizienzen und die detailgenaue Analyse von Einzelfällen **(„more economic approach“).**[263] Eine – je nach Verfahrensart und Instanz unterschiedlich intensive – **Auswirkungsanalyse** ist nach hier vertretenem Verständnis auch für die Bestimmung der

---

[258] BGH GRUR 2011, 1018 Rn. 65 – Automobil-Onlinebörse.
[259] Vgl. *Podszun* WRP 2009, 509.
[260] Vgl. BGH GRUR 2018, 535 Rn. 33 – Knochenzement I.
[261] *Fikentscher/Hacker/Podszun,* FairEconomy, passim.
[262] BGH WRP 2013, 1183 Rn. 37 – Standardisierte Mandatsbearbeitung.
[263] Vgl. *Podszun* WRP 2009, 509.

Unlauterkeit hilfreich. Das ist nicht nur geboten wegen des in § 1 normierten Bezugs des UWG zum unverfälschten Wettbewerb. Auch wer den Wettbewerb nicht zum Fokalpunkt der Schutzrichtung erhebt, kann normative Aussagen über geschäftliche Handlungen nur treffen, wenn er diese in ihren Wirkungen analysiert hat. Zumindest für die BGH-Rechtsprechung ist daher zu verlangen, dass zur Ausfüllung des Unlauterkeitsbegriffs **Folgenerwägungen** angestellt werden und wettbewerbliche Auswirkungen der geschäftlichen Handlung sowie einer intervenierenden Entscheidung (im Sinne eines *counterfactuals*) dargestellt werden. Dabei ist stets zu bedenken, dass eine „Anmaßung von Wissen" (*von Hayek*) darin liegt, Prognosen anzustellen.[264] Dies gilt freilich in beide Richtungen – für das geschäftliche Verhalten einerseits, für die gerichtliche Intervention andererseits. Ohne eine Würdigung der wettbewerblichen Wirkungen erstarrt der Lauterkeitsbegriff in formalen Zuschreibungen, die häufig von den vorgeprägten Sichtweisen der Richterbank abhängig sind. Die detaillierte Wettbewerbsanalyse schützt damit auch vor den Verhängnissen der eingeschränkten Rationalität. Die Analyse muss dabei auch berücksichtigen, wie sich die Zulassung eines – im konkreten Einzelfall unschädlichen – Verhaltens bei seiner **Skalierung** auswirken würde (**Sogeffekt** für andere Marktteilnehmer, **Summenwirkung** bei Gesamtschau aller entsprechender Maßnahmen). Ein geschäftliches Verhalten kann den Wettbewerb untergraben, wenn bei konsequentem Weiterdenken dieses Verhalten das Vertrauen in Märkte erschüttert oder die Grundlagen der wettbewerblichen Koordination von Angebot und Nachfrage außer Kraft setzt. Die wettbewerbstheoretischen Erkenntnisse, auf die entsprechend Bezug zu nehmen ist, werden in der Kommentierung zu § 1 dargestellt.[265] Welcher ethische Gehalt einem Lauterkeitsrecht zukommt, das wettbewerbskonform ausgestaltet wird und sich für die Schaffung unverfälschten Wettbewerbs und offener Märkte einsetzt, kann dahinstehen.[266] Nur am Rande sei bemerkt, dass Wettbewerb die einzige Wirtschaftsform ist, die der Freiheit des Individuums ebenso wie seiner rechtlichen Gleichordnung umfassend zum Durchbruch verhilft.

Für die verbraucherbezogenen Tatbestände, also § 3 Abs. 2, lässt sich dieser Gedanke 143
ebenfalls fruchtbar machen. Nach **moderner Lesart des Verbraucherrechts** ist nämlich nicht ein protektionistisch-paternalistischer Schutzbegriff anzulegen, der vom Schutz der Schwächeren ausgeht. Vielmehr ist die „wirtschaftliche Selbstbestimmung des Verbrauchers" *(Drexl)*[267] der Ausgangspunkt modernen Verbraucherschutzes. Es geht also genau um die soeben beschriebene Beteiligung auch dieser Akteure am Marktgeschehen. Autonomie und Gleichordnung sind dafür relevant, und diese Rahmenbedingungen für private Nachfrageentscheidungen sichert das UWG in Umsetzung der UGP-RL. Indem Verbraucherschutz so verstanden wird – Ermöglichung einer gleichberechtigten und autonomen Teilnahme der Verbraucher am Wirtschaftsverkehr – wird sowohl dem Verbraucherschutzpostulat der Richtlinie Rechnung getragen als auch dem Ziel, den Binnenmarkt in der Union zu stärken. Dies ist, zur Erinnerung, erklärtes Ziel der UGP-RL, die eben nicht einseitig protektiv ausgerichtet ist. Sie ist, wie das gesamte europäische Wirtschaftsrecht, von einer Wettbewerbs- und Marktorientierung getragen. Unlautere Verhaltensweisen gegenüber Verbrauchern sind also nicht deshalb unzulässig, weil sie einen (vermeintlich) Schwächeren absolut benachteiligen, sondern weil sie einen gleichgeordneten und freien Marktakteur in seiner Entfaltung am Markt behindern.

4. Unlauterkeit und Interessenabwägung. a) Interessenabwägung als methodisches Prinzip. Während die materielle Ausfüllung des Unlauterkeitsbegriffs umstritten 144
bleiben wird und sich nur ansatzweise Kriterien aus den internationalrechtlichen Vorgaben, aus § 1 UWG und den übrigen Normen des Gesetzes sowie aus der teilweise überkom-

[264] Darauf weist zu Recht MüKoUWG/*Sosnitza* § 3 Rn. 66 hin, der es aber zugleich für rechtswissenschaftliches Allgemeingut hält, dass Folgenerwägungen anzustellen sind.

[265] Vgl. für die Irreführung bereits zu komplex für ein UWG-Verfahren *Pajarskas* ECLR 2015, 317.

[266] Vgl. *Schünemann* in der 2. Auflage dieses Werks, → Rn. 267.

[267] *Drexl,* Wirtschaftliche Selbstbestimmung des Verbrauchers.

menen Rechtsprechung destillieren lassen, ist die Methodik der Begriffsausfüllung relativ klar. Bei der Konkretisierung der Generalklausel (nicht anders als bei der Auslegung des ganzen UWG) geht es um die **Abwägung schützenswerter, marktorientierter Partikularinteressen,** die mit dem Allgemeininteresse am **Schutz des unverfälschten Wettbewerbs** in Einklang zu bringen sind.[268] § 1 gibt dies vor. In der Tradition der Interessen- und Wertungsjurisprudenz hat die Interessenfeststellung und Interessenabwägung auch im Lauterkeitsrecht ihren festen Platz in Rechtsprechung[269] und Literatur[270] gefunden. Ihre Notwendigkeit steht erst recht außer Zweifel, nachdem § 1 die Schutzsubjekte des Lauterkeitsrechts – Mitbewerber, Verbraucher, sonstige Marktteilnehmer, die Allgemeinheit – und damit deren Interessen[271] ausdrücklich beim Namen nennt. Der BGH verlangt bei Prüfung der Generalklausel eine **„Gesamtabwägung",** in der die Interessen der Beteiligten und der Allgemeinheit am Wettbewerb abgewogen werden.[272] In dieser Abwägung muss sich herausstellen, dass der **Unlauterkeitsgehalt der beanstandeten Maßnahme** dem der im Gesetz angeführten Beispielsfälle entspricht.[273] Ein Rückgriff auf die Generalklausel ist also vorgesehen, wenn die speziellen Tatbestände in §§ 3a–7 eine umfassende Bewertung der Interessen nicht ermöglichen.

145 Wie auch außerhalb des Wettbewerbsrechts ist dabei eine bestimmte **Schrittfolge** einzuhalten: Der **Feststellung** der involvierten Interessen schließt sich deren Bewertung als schutzwürdig bzw. schutzunwürdig an; mehrere kollidierende schutzwürdige Interessen sind sodann gegeneinander abzuwägen.[274] Eine **Abwägung** ist stets unausweichlich, da auch das **Freiheitsinteresse des Unternehmers** zu berücksichtigen ist. Die Interessenabwägung ist das Verfahren, das die Feststellung der Unlauterkeit legitimiert. Da der Begriff der Unlauterkeit anders nur in umstrittener Weise zu definieren ist, kommt diesem prozeduralen Weg die praktisch entscheidende Rolle zu. Das Fehlen eines glasklaren materiellen Maßstabs ist zwar unbefriedigend, in einem komplexen, dezentralen und demokratischen System aber nicht unüblich. Will man den Lauterkeitsbegriff praktisch besser konturieren, muss man die Rolle der **Richterschaft** in diesem Definitionsprozess anerkennen und deren Beschränkungen und Vorprägungen reflektieren. Der Ausweg aus dem Labyrinth der Unlauterkeitsdefinitionen führt also über ein bestimmtes Verfahren, die Abwägung.

146 **b) Einfließende schutzwürdige Interessen.** Der **Abwägungsvorgang** hat in drei Schritten zu erfolgen.[275] Erstens sind die schutzwürdigen Interessen zu ermitteln, diese sind zu bewerten und schließlich miteinander abzuwägen. Welche Interessen schutzwürdig sind, gibt § 1 in allgemeiner Form vor (siehe dortige Kommentierung). Nicht zu vergessen sind die Interessen des **Handelnden,** der das Primat der freien Entfaltung im wirtschaftlichen

[268] Vgl. nur MüKoUWG/*Sosnitza* § 3 Rn. 67; *Glöckner/Henning-Bodewig* WRP 2005, 1311 (1327); *Emmerich,* Unlauterer Wettbewerb, § 5 II.4.

[269] Vgl. zB BGH GRUR 2007, 890 Rn. 22 ff. – Jugendgefährdende Medien bei eBay; zu § 1 UWG aF vgl. hier nur BGH GRUR 2001, 1181 (1082) – Blindenwaren; BGH 2001, 1061 (1062) – Mitwohnzentrale; BGH 1982, 118 – Kippdeckeldose.

[270] Grundlegend *Kraft,* Interessenabwägung, passim, zB S. 101 ff., 119 ff.; s. im Übrigen zB *Beater,* Unlauterer Wettbewerb, § 13 Rn. 976 ff.; vgl. *Fezer/Büscher/Obergfell* § 3 Rn. 79 ff.; MüKoUWG/*Sosnitza* § 3 Rn. 67 ff.; *Schünemann* WRP 2004, 925 (931 ff.); *Teubner* S. 45.

[271] Zum Interesse der Allgemeinheit ausführlich, allerdings vor 2008 *Kaplan,* Das Interesse der Allgemeinheit bei der Konkretisierung der Generalklausel des § 3 UWG, 2008. Wenn § 1 nur in Bezug auf das Schutzsubjekt Allgemeinheit auf dessen „Interesse" zu sprechen kommt, dann hat dies formulierungstechnische Gründe. Der Sache nach schützt das Gesetz die Interessen der Marktteilnehmer an lauterem Wettbewerb. Weitergehend kann das Interesse der Allgemeinheit an einem unverfälschten Wettbewerb als mitgeschützt verstanden werden. Die Berücksichtigung von Allgemeininteressen bleibt gleichwohl ausgeschlossen (so auch OLG Hamm MMR 2010, 548).

[272] BGH GRUR 2018, 535 Rn. 26 – Knochenzement I.

[273] BGH GRUR 2018, 541 Rn. 24 – Knochenzement II; BGH GRUR 2018, 535 Rn. 27 – Knochenzement I; BGH GRUR 2011, 431 Rn. 11 – FSA-Kodex; BGH GRUR 2013, 301 Rn. 26 – Solarinitiative.

[274] S. *Kraft* Interessenabwägung S. 65, 76, 89 im Allgemeinen und S. 209, 213, 217, 251 in speziellem Bezug auf das Lauterkeitsrecht.

[275] Siehe hierzu schon die Kommentierung zu § 1.

Verkehr für sich beanspruchen kann. In der Abwägung ist zu beachten, dass der Gesetzgeber für die Interessen des **Verbrauchers** das modernisierte Verbraucherleitbild zugrunde legt. Die Interessen der **Mitbewerber** und sonstigen Marktteilnehmer werden nicht derartig konkretisiert, sie sind in aller Regel pekuniär zu messen. Das Interesse der **Allgemeinheit** am unverfälschten Wettbewerb ist – auch im einstweiligen Verfahren! – zumindest kursorisch vom Gericht anhand der dargestellten Kriterien zu prüfen und durch Hinweise oder eigene Sachkunde prozessual zu integrieren. Im Fall *Knochenzement I* hat der BGH in die Abwägung beispielsweise das Interesse des Unternehmens eingestellt, mit seinem rechtlich nicht zu beanstandenden Produkt am Wettbewerb teilzunehmen (Art. 12 GG), das Interesse des klagenden Mitbewerbers auf wettbewerbliche Chancengleichheit, das Interesse der Endkunden an der Auswahl zwischen verschiedenen Produkten und das Interesse der Allgemeinheit an einem funktionierenden Preiswettbewerb in der Branche.[276] Ausschlaggebend war das Interesse der Allgemeinheit am Wettbewerb. Das Gericht führte aus, die beantragte Verfügung würde den Marktanteil des klagenden Unternehmens so in die Höhe schnellen lassen, dass „wegen des Wegfalls der Konkurrenz durch die Beklagte nicht marktgerechte und damit überhöhte Preise" die Folge wären.[277] Damit bekennt sich auch der BGH eindeutig zu einem wettbewerbsfunktionalen Verständnis der Generalklausel.

Eine **richtlinienkonforme Auslegung** erfordert für die verbraucherschützenden Tat- 147
bestände, die aus der UGP-Richtlinie stammen, eine Betonung des Verbraucherschutzes. Dabei kann durchaus von der Wettbewerbsanalyse gestartet werden. Bei einer Auswirkungsanalyse wären die Ziele der Konsumentenwohlfahrt besonders zu würdigen. Konsumentenwohlfahrt äußert sich bei einer wettbewerbsgeprägten Auslegung des Begriffs vor allem in der Prüfung der folgenden Fragen: Wird die Auswahl für Verbraucher verringert? Wird durch die geschäftliche Maßnahme der Preis erhöht oder der Output verringert, also eine potenzielle Nachfrage nicht befriedigt? Ist dem Verbraucher eine freie und informierte Entscheidung anhand seiner Konsum-Präferenzen möglich?

Es kann – je nach Fall – geboten sein, diese Interessen anhand eines mittelfristigen 148
Summeneffekts zu bewerten. Verbraucherschutz meint im UWG nämlich nicht kurzfristigen Individualschutz, sondern **langfristigen Verbraucherschutz im Allgemeininteresse.** Die Anerkennung der Rolle des mündigen Verbrauchers seit *John F. Kennedys* bahnbrechender Ansprache 1962[278] wird nicht umsonst als wesentlicher Baustein des Erfolgs moderner westlicher Volkswirtschaften angesehen.[279]

Sonstige Allgemeininteressen sind seit 2004 eindeutig nicht mehr Gegenstand der 149
lauterkeitsrechtlichen Normen (dazu *Podszun* → § 1 Rn. 71 ff. und unten, F. III.5).

Bei der lauterkeitsrechtlichen Prüfung steht immer wieder in Frage, ob **einzelne Ele-** 150
mente des Verhaltens berücksichtigt werden müssen. Hier gilt grundsätzlich: Abzustellen ist auf die geschäftliche Handlung als solche, denn nur diese ist Gegenstand des Unterlassungsbegehrens. Ihr muss der Unlauterkeitswert bereits innewohnen.

Die **Vorgeschichte** einer geschäftlichen Handlung wird daher grundsätzlich nicht 151
berücksichtigt.[280]

Ebenso wenig sind die konkret eintretenden **Handlungsfolgen** berücksichtigungsfähig. 152
Nicht der Erfolg einer Handlung, sondern ihre Eignung dazu ist Gegenstand der Prüfung. Dies ergibt sich schon daraus, dass das Verhalten auch ex ante untersagungsfähig sein muss. Allerdings wird sich der Unwert der geschäftlichen Handlung in der Regel aus den typischerweise zu erwartenden Folgen ergeben. In diesem Sinne ist die ökonomisch geforderte Auswirkungsanalyse zu verstehen. Hier ist der wahrscheinliche Kausalverlauf zu

---

[276] BGH GRUR 2018, 535 Rn. 30 ff. – Knochenzement I.
[277] BGH GRUR 2018, 535 Rn. 33 – Knochenzement I.
[278] *Kennedy,* Special Message to the Congress on Protecting the Consumer Interest, 15.3.1962, abrufbar unter http://www.presidency.ucsb.edu/ws/?pid=9108.
[279] Pointiert *Ferguson,* Civilization, 2012.
[280] Vgl. BGH GRUR 2000, 1076 – Abgasemissionen.

prognostizieren, was naturgemäß mit Unsicherheiten verbunden ist. Antragsteller und Rechtsprechung müssen sich dabei der „Prognosefeindlichkeit" des offenen Entdeckungsverfahrens einer Marktwirtschaft bewusst sein.[281] Eine gewisse Zurückhaltung[282] oder Relativierung[283] sollte vor zu kühnen Aussagen schützen und die Anfälligkeit für einen lauterkeitsrechtlichen Interventionismus vor Augen führen.

153 Diskutiert wird auch, wie mit **subjektiven Unlauterkeitsmerkmalen** (Motive und Absichten, Kenntnis der Tatumstände oder Bewusstsein der Tatumstände) umzugehen ist.

154 Früher wurde bei einzelnen Tatbeständen auf **subjektive Elemente** abgestellt. So wurde beim Verkauf unter Einstandspreis[284] Verdrängungsabsicht verlangt, bei der sklavischen Nachahmung Ausnutzungsabsicht,[285] beim Abwerben eine Schädigungsabsicht der Konkurrenz[286] und bei der Übertretung außerwettbewerblicher Normen ein planvolles Vorgehen.[287] In späteren Urteilen löste man sich aber immer stärker von solchen subjektiven Elementen. Gegen eine Berücksichtigung spricht, dass das UWG auf die objektive Interessenlage abstellt. Für den unverfälschten Wettbewerb ist die subjektive Motivation der Marktakteure irrelevant. Auch eine moralische Aufladung des Gesetzes soll nicht mehr stattfinden. Zumindest im Rahmen des § 3 sind deshalb **keine subjektiven Unlauterkeitselemente** anzuerkennen.[288]

155 Ob **spezielle Tatbestände** wie zB § 4 Nr. 4 („gezielte" Behinderung) subjektive Unlauterkeitsmerkmale erfordern, ist hier nicht zu entscheiden. Insoweit wird auf die einschlägigen Kommentierungen verwiesen.

156 Auch eine **Kenntnis** der die Unlauterkeit begründenden Tatumstände, die früher vielfach verlangt wurde,[289] ist wegen des Abstellens auf die objektive Wettbewerbsbeeinträchtigung entbehrlich. Auch individuelle Vorwerfbarkeit ist nicht mehr mit dem Unlauterkeitsvorwurf verknüpft. Auf solche Kenntnis ist daher zu verzichten.[290] Praktisch erlangt der Handelnde durch die Abmahnung Kenntnis von dem (vermeintlichen) Unlauterkeitsverdikt. Unberührt ist davon die Frage, ob auf Sanktionsebene weitere Vorwerfbarkeit gefordert ist.

157 Insgesamt ist festzuhalten, dass **subjektive Merkmale für das Unlauterkeitsurteil keine Rolle spielen.** Dogmatisch können die Unkenntnis der Tatumstände und fehlendes Bewusstsein der Unlauterkeit zwar im Rahmen des Vorsatzverschuldens bedeutsam sein, doch kommt dem im praktischen Ergebnis ebenfalls kein Gewicht zu. Denn für die Feststellung der Unlauterkeit und damit für Unterlassungsansprüche bedarf es überhaupt keines Verschuldens (vgl. § 8, der lediglich an die Unzulässigkeit einer geschäftlichen Handlung anknüpft) und für Schadensersatzansprüche ist Vorsatzverschulden nicht notwendig. Vielmehr reicht gemäß § 9 Fahrlässigkeit aus. Eine Ausnahme von diesem objektiven Verständnis ist nur dann anzuerkennen, wenn einzelne Unlauterkeitstatbestände – wie etwa einige Tatbestände der schwarzen Liste – subjektive Tatbestandsmerkmale aufweisen.

---

[281] *von Hayek,* Entdeckungsverfahren Wettbewerb, passim; *von Hayek* Ordo 26 (1975), 12 (14 ff.); darauf aufbauend *Hoppmann,* (zB) Marktmacht und Wettbewerb, 1977, S. 7 ff.

[282] Vgl. BGH GRUR 1993, 774 – Hotelgutschein.

[283] Etwa im Sinne eines wettbewerblichen Verhältnismäßigkeitsprinzips *Beater,* Unlauterer Wettbewerb, § 13 Rn. 984. – Vgl. *Beater,* Nachahmen im Wettbewerb, 1995, S. 358 ff., 360 ff.; *Drexl* S. 449 ff.; *Köhler* GRUR 1996, 82 ff.; *Ohly/Spence* GRUR Int. 1999, 681 (689).

[284] BGH GRUR 1990, 371 ff. – Schallplatten-Preiskampf; BGH GRUR 1990, 685 (685 ff. und 687 ff.) – Anzeigenpreis I und II; GRUR 1991, 616 ff. – Motorbootfachzeitschrift.

[285] BGHZ 35, 341 (348) – Buntstreifensatin.

[286] OLG Köln WRP 1984, 571 (573).

[287] BGH WRP 1991, 785 (788) – Kachelofenbauer II; OLG Köln GRUR 1991, 151 (153) – Dachdeckerarbeiten.

[288] Ebenso MüKoUWG/*Sosnitza* § 3 Rn. 76. Vgl. *Fezer/Büscher/Obergfell* § 3 Rn. 358 ff.; *Sack* NJW 2009, 1642; *Peifer* Mitt. d. dt. Patentanw. 2007, 200 (203 f.).

[289] Vgl. für die stRspr nur BGH GRUR 1995, 693 (695) – Indizienkette.

[290] S. auch BGH GRUR 2019, 1202 Rn. 26 – Identitätsdiebstahl; BGH GRUR 2005, 778 f. – Atemtest; 2006, 82 – Betonstahl; 2006, 513 Rn. 27 – Arzneimittelwerbung im Internet.

c) Würdigung der Umstände des Einzelfalls. Abschließend zur Interessenabwägung ist nicht noch einmal eine **Gesamtwürdigung** aller Umstände vorzunehmen. Die Rechtsprechung verwendet jedoch häufig die Formel, dass die Umstände des Einzelfalls berücksichtigt werden müssen.[291] Wird die hier beschriebene Methodik gewahrt (Ermittlung der betroffenen Interessen der Betroffenen sowie des Wettbewerbs einschließlich einer Auswirkungsanalyse, sodann Bewertung anhand der Maßstäbe des UWG und übergeordneter Normen), stellt sich nicht mehr die Frage nach einer abschließenden Gesamtwürdigung. Die Abwägung erfolgt nämlich nicht typisiert, sondern **konkret** für den Einzelfall, da ein bestimmtes Verhalten in einer bestimmten Situation Gegenstand des Unterlassungsantrags ist. Eine Einschränkung erfährt dieses Prinzip auch bei der Durchsetzung kollektiver Interessen nur in sehr begrenztem Rahmen. In einem solchen Fall werden zwar die Interessen teilweise typisiert vorgetragen. Weiterhin bleibt die Entscheidung aber auf ein konkretes geschäftliches Verhalten bezogen. Gerade in einem Rechtsgebiet, das von wertungsoffenen Begrifflichkeiten durchsetzt ist, wie das Lauterkeitsrecht, ist auf eine strikte Einhaltung der formalen Prüfungsschritte zu achten. Andernfalls geht die Rechtssicherheit verloren. 158

Von der abstrakten Bestimmung der Unlauterkeit ausgehend wird die **konkrete Grenzziehung** methodisch aber der **Interessenabwägung** überantwortet. Die Gerichte müssen also im Dialog mit den Verfahrensbeteiligten sowie mit Blick für **die im Prozess nicht repräsentierten Interessen** im Einzelfall diskutieren, welche Interessen überwiegen. Diese Interessen sind nur wettbewerbliche Interessen, andere sind von UGP-Richtlinie und UWG nicht für diesen Abwägungsvorgang anerkannt (dazu sogleich). Die Interessenabwägung ist die rechtlich verfasste Entsprechung zum wirtschaftspolitischen Diskurs in der Gesellschaft, welcher Fairness-Standard für ein Funktionieren der Marktwirtschaft für erforderlich gehalten wird. Dies ist ein in der Gesellschaft und bei Gericht nie endender Diskurs. Mit jeder Entscheidung, insbesondere von BGH und EuGH, stellt sich wieder die Frage, ob sich die Wertung nicht inzwischen evolutiv verschoben haben könnte. 159

In diesem diskursgetriebenen Abwägungsvorgang kommt es aber zu einer **Spaltung** zwischen solchen Fällen, die nach § 3 Abs. 2 zu entscheiden sind, und denen, die nach § 3 Abs. 1 zu entscheiden sind. Gemäß den Vorgaben der UGP-Richtlinie sind in der Interessenabwägung nach § 3 Abs. 2 die Verbraucherinteressen tendenziell höher zu gewichten. Die Verletzung von Verbraucherinteressen kann nur schwerlich durch andere Interessen aufgewogen werden, was aber nicht heißt, dass es regelmäßig zu einem Konflikt käme – im Gegenteil. Im Rahmen von § 3 Abs. 1 hingegen stehen die Interessen gleichberechtigt nebeneinander.[292] Da Verbraucher insbesondere bei langfristiger Perspektive, das Interesse haben müssen, Marktwirtschaft und Wettbewerb zu sichern, um bestmöglich zu profitieren, werden sich die Ergebnisse der Abwägung oft nicht voneinander unterscheiden. 160

5. Grundrechte und außerwettbewerbliche Interessen. Zuweilen wird versucht, das UWG mit übergeordneten Wertungen, die nicht primär dem Wirtschaftsrecht entspringen, aufzuladen. Eine Gesamtabwägung, in der alle denkbaren Interessen berücksichtigt werden, ist aber gerade nicht vorgesehen. Außerwettbewerbliche Interessen können nicht berücksichtigt werden, es sei denn, dass grundrechtliche Wertungen ausnahmsweise die Abwägung beeinflussen. 161

a) Grundrechtliche Wertungskriterien. Verfassungsrechtliche **Vorgaben des deutschen und des europäischen Verfassungsrechts** sind auch bei der Auslegung des UWG zu berücksichtigen.[293] Die europäischen Grundrechte sind gem. **Art. 51 Abs. 1 S. 1** 162

[291] Etwa BGH GRUR 2014, 785 Rn. 23 – Flugvermittlung im Internet; BGH GRUR 2014, 393 Rn. 28 – Tippfehlerdomain. S. für das Schrifttum zB HK/*Plaß* § 3 Rn. 45; *Kraft* Interessenabwägung S. 142; *Tyllack* S. 227.

[292] Offener *Alexander* WRP 2016, 414.

[293] Ausführlich *Ahrens* → Einl. Rn. 993, 1028 ff.; vgl. die Kommentierung von *Podszun* zu § 1 sowie *Köhler*/Bornkamm/Feddersen § 3 Rn. 1.13 ff. S. a. *Peukert* WRP 2020, 391.

GRCh bei der Anwendung des Unionsrechts zu berücksichtigen.[294] Hier ist anzuerkennen, dass eine geschliffene europäische Grundrechtsdogmatik noch im Werden ist. Es ist insofern nicht immer erkennbar, ob der EuGH eine echte Horizontalwirkung europäischer Grundrechte anstrebt oder die Grundrechte nur als gelegentliche Argumentationsfundgrube heranzieht oder eine Lösung dazwischen im Sinn hat. Für die Bestimmungen, die in Umsetzung der UGP-RL stehen, ist jedenfalls **vorrangig auf die europäischen Grundrechte abzustellen,**[295] falls im Rahmen der Verbrauchergeneralklausel (§ 3 Abs. 2) ein Grundrechtsbezug erkennbar ist. Die GRCh kennt – anders als das GG – auch einen ausdrücklichen Schutz der unternehmerischen Handlungsfreiheit, auf den sich der Handelnde berufen kann (Art. 16 GRCh). Im Übrigen sind Grundrechte wie das Recht auf den Schutz personenbezogener Daten (Art. 8 GRCh), der Schutz der Meinungsfreiheit (Art. 11 GRCh), die Berufs- (Art. 15, 16 GRCh), Eigentumsfreiheit (Art. 17 GRCh), Rechte des Kindes (Art. 24), Verbraucherschutz (Art. 38) und rechtsstaatliche Rechte (Art. 47) zu berücksichtigen.[296]

163 Für die sonstigen Bestimmungen des UWG, also solche außerhalb des Umsetzungsbereichs der UGP-RL, bleiben die deutschen **Grundrechte des GG** maßgeblich. Sie entfalten als objektive Wertordnung mittelbare Drittwirkung für lauterkeitsrechtliche Fälle[297] und gelten folglich insbesondere im Bereich des Mitbewerberschutzes.[298] Gerichte müssen diese Wirkungen bei ihren Eingriffen berücksichtigen. Es kann allerdings nicht Aufgabe des Lauterkeitsrechts sein, umfassend Möglichkeiten zur Durchsetzung bedrohter Rechtsgüter zur Verfügung zu stellen. Die Verlockung besteht angesichts der effektiven Verfahren des UWG. Als einschlägige Grundrechte sind insbesondere die allgemeine Handlungsfreiheit (Art. 2 GG), die Religionsfreiheit (Art. 4 GG), die Meinungs- und Pressefreiheit (Art. 5 Abs. 1, 2 GG), die Kunst- und Wissenschaftsfreiheit (Art. 5 Abs. 3 GG), die Berufsfreiheit (Art. 12 GG) und die Eigentumsfreiheit (Art. 14 GG) zu beachten. Praktisch besonders bedeutsam sind das Grundrecht auf unternehmerische Entfaltung (geschützt durch Art. 2 GG bzw. Art. 2, 12, 14 GG) sowie die Presse- und Meinungsfreiheit (Art. 5 Abs. 1, 2 GG). Beides sind Grundpfeiler, auf die sich diejenigen berufen können, deren kommerzielle Äußerungen untersagt werden sollen.[299]

164 **b) Sonstige Verfassungswerte.** Verfassungsrang haben auch die Grundsätze der **Gleichbehandlung,** des **rechtsstaatlichen Verfahrens** (fair trial), der **Nichtdiskriminierung** und der **Verhältnismäßigkeit,** die bei staatlichen Eingriffen wie einer gerichtlichen Untersagung eines Verhaltens zu berücksichtigen sind. Das Gericht hat also zu prüfen, ob seine Entscheidung nicht willkürlich ist und im Abwägungsprozess eine gleichartige Gewichtung der Interessen vorgenommen wird, auch im Verhältnis zu anderen Fällen und mit Blick auf die Wettbewerbsmöglichkeiten von Unternehmen aus verschiedenen Staaten der EU. Zudem darf ein Einschreiten nicht unverhältnismäßig sein. Dazu ist die staatliche Intervention auf das erforderliche Maß zu beschränken. Das gilt insbesondere für die Tenorierung.

165 **c) Unlauterkeit und sonstige Allgemeininteressen.** § 1 legt unmissverständlich fest, dass das durch das UWG geschützte Allgemeininteresse das am unverfälschten Wettbewerb ist. Darin liegt zugleich die Festlegung, dass nicht-wettbewerbliche Allgemeininteressen nicht durch UWG durchgesetzt werden können, sondern bestenfalls reflexartig mit-

[294] Vgl. BGH GRUR 2011, 513 Rn. 20 – AnyDVD; BGH WRP 2011, 870 Rn. 19 ff. – Unser wichtigstes Cigarettenpapier; ferner Erwägungsgrund 25 UGP-Richtlinie.

[295] OLG Hamburg GRUR-RR 2010, 74 (77).

[296] Siehe auch Kommission, Leitlinien zur Umsetzung/Anwendung der Richtlinie 2005/29/EG über unlautere Geschäftspraktiken, COM(2016) 320 final, Ziff. 1.4.12.

[297] Mit der ständigen Rspr. des BVerfG (beginnend mit BVerfGE 7, 198 (206 ff.) – Lüth; s. GRUR 2008, 81 (82) ff. – Pharmakartell; GRUR-RR 2011, 217 (218) – WM-Marken) allgM. – Zur wettbewerbsrechtlichen Umsetzung vgl. nur *Ahrens* → Einl. Rn. 993, 1028 ff.; *Beater* WRP 2012, 6 ff.

[298] Dazu BGH WRP 2010, 764 Rn. 60 – WM-Marken.

[299] Siehe *Ahrens* Einl. G; *Köhler*/Bornkamm/Feddersen § 3 Rn. 1.13 ff.

geschützt werden (siehe schon Kommentierung zu § 1).[300] Bei Verstößen gegen **sonstige außerwettbewerbsrechtliche Normen** verbietet sich daher der Rückgriff auf § 3 Abs. 1, soweit die Normen keine Marktverhaltensregeln iSd § 3a darstellen.[301] Allgemeininteressen, „public policy"-Erwägungen sind nicht geschützt.[302]

Steht eine geschäftliche Handlung in der Diskussion, etwa weil sie dem Klimaschutz oder der Gleichberechtigung der Geschlechter zuwiderläuft, kann sie über UWG nur untersagt werden, wenn das Verhalten zugleich das Funktionieren des Marktes einschränkt. Das kann sich auch aus einem Sogeffekt, der Summenwirkung oder dem Verlust von Verbrauchervertrauen ergeben. Ansonsten sind andere Rechtsgebiete aufgerufen, das Verhalten zu sanktionieren. Das UWG kann, wie es *Henning-Bodewig* plastisch formuliert, „weder etwas gegen Diskriminierung oder menschenunwürdige Arbeitsbedingungen noch gegen die Zerstörung der Umwelt oder das traurige Schicksal von Hühnern ausrichten."[303] Erst recht hat dies bei der Verletzung lediglich vertraglicher Marktverhaltensregeln zu gelten.[304] 166

IV. Sachverhaltskonstellationen für eine originäre Anwendung von § 3 Abs. 1

Die von der Rechtsprechung bislang anerkannten Sachverhaltskonstellationen, die unter § 3 Abs. 1 UWG entschieden wurden, sind aufzuteilen in solche, die eher dem Verbraucherschutz und damit der Generalklausel des § 3 Abs. 2 zuzuordnen sind sowie solche, bei denen sich die geschäftliche Handlung an sonstige Marktteilnehmer wendet. Die Abgrenzung ist, wie oben unter D.II beschrieben, häufig schwierig. Die unter D. III.3 genannten Konstellationen können daher auch einmal im B2B-Bereich vorkommen und vice versa. Es empfiehlt sich – anstelle der an § 1 UWG erinnernden Terminologie der Fallgruppen – von **Sachverhaltskonstellationen** zu sprechen, die unter § 3 Abs. 1 subsumiert werden können. Es lassen sich Fälle „clustern", die in der Praxis hier einzuordnen sind. Zu warnen ist nur davor, in der Praxis an überkommenen Fallgruppen festzuhalten. Das würde dem modernisierten und liberalisierten UWG ebenso wenig gerecht wie der Systematik des § 3 Abs. 1, der eben nur ein Auffangtatbestand für Einzelfälle sein soll. 167

1. Wettbewerbliche Verkehrspflichten. Die Rechtsprechung hat eine täterschaftliche Haftung bestimmter Plattformbetreiber und Intermediäre für Rechtsverletzungen im Internet begründet, die von Dritten auf ihren Plattformen begangen werden. Der Vermittler haftet demnach selbst und ist nicht bloß als Störer verantwortlich. Der BGH hat in ***Jugendgefährdende Medien bei eBay***[305] diese Haftung wegen unlauterer geschäftlicher Handlung der Auktionsplattform mit dem Verstoß gegen **„wettbewerbliche Verkehrspflichten"** begründet.[306] Diese Rechtsprechung findet ihre Fortsetzung in der Entscheidung zur unzureichenden Sicherung eines eBay-Mitgliedskontos.[307] In der Entscheidung *Haftung für Hyperlink* hat der BGH allerdings wiederum § 4 Nr. 11 aF geprüft.[308] 168

Der BGH hatte in dem wegweisenden eBay-Urteil die Verletzung der fachlichen Sorgfaltspflicht angenommen und eBay eine **Prüfpflicht** auferlegt. Das Unternehmen war 169

[300] Vgl. zur hergebrachten, zum Teil zu weitgehenden Praxis *Kaplan,* Das Interesse der Allgemeinheit bei der Konkretisierung der Generalklausel des § 3, passim.

[301] Vgl. BGH GRUR 2010, 654 Rn. 25 – Zweckbetrieb.

[302] Vgl. *Beater* WRP 2012, 6 ff.

[303] *Henning-Bodewig* WRP 2011, 1014 (1022).

[304] Vgl. OLG Hamm GRUR-RR 2011, 218 (219); BGH NJW 2015, 2192 Rn. 15 ff. – Hohlkammerprofilplatten.

[305] BGH GRUR 2007, 890 ff. – Jugendgefährdende Medien bei eBay.

[306] Vgl. *Goldmann* → § 8 Rn. 71 ff. Siehe im Überblick auch *Ohly* GRUR 2017, 441; *Ohly* FS Ahrens, 2016, 135; einführend *Hofmann* JuS 2017, 713.

[307] Vgl. BGH GRUR 2009, 597 Rn. 16 ff. – Halzband. Eine ähnliche wettbewerbsrechtliche Verkehrspflicht kann für ein Unternehmen angenommen werden, das im Rahmen eines Affiliate-Programms werben will, soweit dauerhafte und in erheblichem Ausmaß jugendgefährdende Inhalte der für seine Werbung vorgesehenen Internetseiten für das Unternehmen klar erkennbar sind; vgl. OLG München WRP 2008, 1471 (1473 f.).

[308] BGH GRUR 2016, 209 Rn. 8 ff. – Haftung für Hyperlink.

verpflichtet worden, auf Hinweis hin sofort zu prüfen, ob ein rechtsverletzendes Angebot auf seiner Plattform gegeben ist (etwa wegen der Verletzung des Jugendschutzgesetzes) und dieses Angebot ggf. unverzüglich zu löschen. Zudem war eBay auferlegt worden, zumutbare Vorsorgemaßnahmen zu treffen, um entsprechende Verstöße auf seiner Verkaufsplattform auszuschließen. Bei Verletzung dieser „wettbewerblichen Verkehrspflichten" soll der Plattformbetreiber als Täter einer unlauteren Handlung anzusehen sein.

170 Die Konstellation wird ausgedehnt auf andere **Plattformbetreiber,** die **als Täter unlauterer Handlungen** anzusehen (und nicht als „Störer"), soweit sie durch ihre Plattform die ernsthafte Gefahr schaffen, dass Dritte die Interessen der Marktteilnehmer und der Allgemeinheit am unverfälschten Wettbewerb verletzen. Damit wird die Einhaltung der Wettbewerbsregeln durch Verhaltenspflichten denjenigen Unternehmen zugewiesen, die entsprechend im Wettbewerb profitieren: eine profitable Teilnahme am Marktgeschehen durch Unternehmen legitimiert, dass diese auch in die Pflicht genommen werden können. Ein pflichtenfreies und also risikoloses Eröffnen eines Marktes ist in einer Wirtschaftsordnung nicht vorgesehen. Allerdings kann schon das **Setzen eines Hyperlinks** eine Gefahr begründen, die zu einer weitergehenden Verpflichtung führt.[309] Eine wettbewerbliche Verkehrspflicht wird umso eher angenommen, je stärker die Rolle des Intermediärs ist (aktiv oder passiv), welches Gewicht das beeinträchtigte Interesse hat und wie gefährlich und wie profitabel die Tätigkeit des Vermittlers.[310]

171 Es handelt sich beim Unterlassen der Pflichterfüllung um eine geschäftliche **„Handlung" gegenüber anderen Marktteilnehmern.** Die Zuordnung zu § 3 Abs. 1 (statt § 3 Abs. 2) soll sich aus zwei Aspekten ergeben: Zum einen ist der Regelungsort für präventive Maßnahmen in den Geschäftsbedingungen des Plattformbetreibers zu sehen, zB in den eBay-AGB. Heute sind – selbst bei eBay – typischerweise die Anbieter auf der Plattform überwiegend gewerblich handelnde Akteure, sodass es sich um eine Pflicht handelt, die im **Verhältnis B2B** durchgesetzt wird. Zum anderen hat der BGH in der Entscheidung deutlich gemacht, dass es sich um eine wettbewerbliche Verkehrspflicht handelt, also eine solche, die gerade der Allgemeinheit wegen ihres Interesses am Wettbewerb an sich geschuldet ist – nicht einzelnen Akteuren. Diese Pflicht trifft die Unternehmen nicht in ihrem Außenkontakt zu Verbrauchern, sondern als Element der unternehmerischen Sorgfalt im ureigenen Wirkungskreis.

172 Die wettbewerblichen Verkehrspflichten, die an die deliktsrechtlichen Verkehrssicherungspflichten angelehnt sind, erweitern den Schutz des unverfälschten Wettbewerbs über § 3 Abs. 1. Ihre Einführung in der Rechtsprechung verdanken sie der unbefriedigenden Situation der **Störerhaftung,** die insbesondere in **Internet-Fällen** zu problematischen Ergebnissen führte, wenn Rechtsverletzungen auf Internetplattformen durch Nutzer dieser digitalen Plattformen begangen wurden. Einerseits ist der Störer (also der Plattformbetreiber) nicht selbst „Täter" und daher nicht schadensersatzpflichtig. Andererseits kann bei bloßer Annahme einer Verantwortung aufgrund von Störung die Haftung rasch ausufern. Hier behalf sich die Rechtsprechung mit der Einführung von Prüfungspflichten für die Plattformbetreiber: diese haben in gewissem Rahmen durch proaktives Verhalten (zB Nutzung von Filtersystemen in den Grenzen von §§ 7 ff. TMG) sicherzustellen, dass keine Rechtsverletzungen auf ihren Plattformen begangen werden. Mit dem Urteil *Jugendgefährdende Medien bei eBay* erhob der BGH die Verletzung solcher Pflichten in den Rang einer **täterschaftlichen Handlung:** Aus dem Störer, dessen Haftung durch Beachtung von Pflichten eingegrenzt werden konnte, wurde dogmatisch der Täter, dessen Haftung durch Nichtbeachtung von Pflichten begründet wird. Hintergrund dieser Verschiebung sind auf Rechtsfolgenseite die angestrebten **Sanktionsmöglichkeiten,** dogmatisch lässt sich die Täterschaft durch eine Verschiebung des Schwerpunkts der Vorwerfbarkeit begründen: nicht der Betrieb der Plattform ist das Problem, sondern deren ungenügende Über-

---

[309] BGH GRUR 2016, 209 Rn. 26 – Haftung für Hyperlink.

[310] Vgl. *Ohly* GRUR 2017, 441 (448).

wachung. Abstrakt lässt sich die wettbewerbliche Verkehrspflicht begründen aus einer Ingerenz. Wer im geschäftlichen Verkehr die **ernsthafte Gefahr** eröffnet, dass lauterkeitsrechtlich geschützte Interessen der Marktteilnehmer verletzt werden, hat im Rahmen des Zumutbaren dafür Sorge zu tragen, Vorkehrungen gegen solche Rechtsverletzungen zu treffen.

Eine Haftung resultiert beim Unterlassen solcher Pflichten neben dem gefahrbegründenden vorangegangenen Tun aus Gesetz, aus Vertrag oder aus der Inanspruchnahme von Vertrauen.[311] Die Unterlassung konkretisiert sich umgekehrt in einer Handlungspflicht, nämlich typischerweise in Prüfpflichten, Überwachungspflichten, Informationspflichten oder Eingriffspflichten (siehe im Einzelnen die Kommentierung der Passivlegitimation).[312] **173**

Etabliert hat der BGH den Verstoß gegen solche **Verkehrspflichten als Fall des § 3 Abs. 1** vorerst nur für die Haftung im Internet für Rechtsverletzungen Dritter. Bemerkenswert ist, dass sich der BGH der in der Literatur erhobenen Forderung[313] nach Ausdehnung dieses Schutzkonzepts auf den Bereich der Immaterialgüterrechte nicht angeschlossen hat.[314] Dies könnte als Zeichen gesehen werden, dass der BGH den Ausnahmecharakter der Verkehrspflichten unterstreichen will. **Zurückhaltung** ist geboten, da Verkehrspflichten rasch begründet werden können und eine Marktregulierung droht. Schließlich eröffnet bei großzügiger Auslegung jede Eröffnung eines Verkehrs bestimmte Gefahren für die Marktteilnehmer. *Ohly* geht daher davon aus, dass das Unlauterkeitsurteil nicht auf § 3 Abs. 1 „pur" gestützt wird, sondern auf die Verletzung einer anderen Norm des UWG iVm § 3 Abs. 1 – Anknüpfungspunkt sei nämlich nicht eine abstrakte Sorgfaltspflichtverletzung, sondern die Verwirklichung eines konkreten Unlauterkeitstatbestands.[315] Ein Korrektiv besteht in der Schwelle der **Zumutbarkeit:** vom Täter sind nur solche Handlungen zu verlangen, die zumutbar sind. Verneint wurde beispielsweise die Zumutbarkeit der manuellen Kontrolle jedes einzelnen Angebots, das auf Internetplattformen hochgeladen wird. So hat der BGH die Abgabe falscher oder ehrenrühriger Nutzerbewertungen auf einem **Hotelbewertungsportal** nicht als täterschaftliche Handlung des Portalbetreibers angesehen.[316] Es fehle an einem zumutbaren Kontrollmechanismus, mit dem solche Rechtsverletzungen erfasst werden könnten. Gerade bei Äußerungen (also nicht Warenangeboten) ist derzeit noch immer ein wertender Blick eines geschulten Mitarbeiters erforderlich. Eine technologische Filterlösung scheint dafür noch nicht gefunden, zumal ein solcher Filter mit Blick auf die Meinungsfreiheit eine sehr genaue Abwägung treffen müsste.[317] So ist für Betreiber digitaler Plattformen wohl nur zumutbar, wenn sie technisch investieren können, nicht aber, wenn sie hohen Personalaufwand treiben müssten. Dass darin eine Privilegierung der Internetökonomie zu sehen ist, für die Reputationsmechanismen wie Bewertungsportale wichtig sind, liegt auf der Hand. **174**

Der BGH weist darauf hin, dass die Kontrollmechanismen jedenfalls nicht zu einer **Gefährdung eines an sich zulässigen Geschäftsmodells** führen dürften. Ist das Geschäftsmodell hingegen von vorn herein auf Rechtsverletzungen hin ausgelegt, ist eine Haftung zu bejahen.[318] Immer zumutbar ist die Prüfung auf Hinweis hin, selbst wenn eine **175**

---

311 BGH GRUR 2014, 883 Rn. 18 – Geschäftsführerhaftung.

312 Vgl. BGH GRUR 2014, 883 Rn. 18 – Geschäftsführerhaftung; *Köhler*/Bornkamm/Feddersen § 8 Rn. 2.10.

313 Vgl. *Leistner* GRUR-Beil. 2010, 1 ff.; *Gräbig* MMR 2011, 504 ff.; *Köhler* GRUR 2008, 1 ff.

314 BGH GRUR 2013, 370 – Alone in the dark; MMR 2011, 172 – Kinderhochstühle im Internet; GRUR 2010, 633 – Sommer unseres Lebens. Die markenrechtliche Entscheidung *Halzband* (BGH GRUR 2009, 597) nimmt eher eine Haftung aus Rechtsscheingesichtspunkten an, auch wenn sie ähnlich gelagert ist. Die Übertragbarkeit von *Halzband* sollte nicht überschätzt werden.

315 *Ohly* GRUR 2017, 441 (446).

316 BGH GRUR 2015, 1129 Rn. 24 ff. – Hotelbewertungsportal. Der BGH stellt insbesondere auf § 4 Nr. 8 (jetzt: § 4 Nr. 2) ab.

317 Vgl. für den verwandten Bereich der Persönlichkeitsrechte BGH GRUR 2013, 751 Rn. 30 – Autocomplete, bei dem allerdings eine Störerhaftung angenommen wurde.

318 Vgl. BGH GRUR 2014, 883 Rn. 26 ff. – Geschäftsführerhaftung.

präventive Kontrolle aller Inhalte nicht geschuldet sein muss und auch wenn die Rechtsverletzung nicht evident ist.[319]

176 Der BGH stellt klar, dass die Verkehrssicherungspflichten **Verhaltensunrecht** sanktionieren und daher eine Störerhaftung ausscheidet. Letztere ist nur bei der Verletzung absoluter Rechte anwendbar. Die Passivlegitimation im UWG-Verfahren richtet sich also immer nach den deliktsrechtlichen Kategorien von Täterschaft und Teilnahme.[320] Lehnt man sich an die Verkehrssicherungspflichten des **§ 823 Abs. 1 BGB** an, so wird deutlich, welche Möglichkeiten das Konzept der Verkehrspflichten eröffnet: Die Verkehrssicherungspflichten sind auf die individualisierten, absoluten Rechte des § 823 Abs. 1 BGB zugeschnitten. Dass der BGH sie auch im Lauterkeitsrecht konstruiert, heißt nicht zwingend, dass er dem unverfälschten Wettbewerb gleichermaßen absoluten Schutz zukommen lassen will. **Verkehrspflichten** zeigen vielmehr gerade die Fokussierung auf ein Handlungsunrecht im UWG. Ihre Begründung liegt darin, dass eine Haftung für Unterlassen und mittelbare Rechtsverletzungen ermöglicht werden soll, die aber zugleich eingeschränkt werden muss.[321] Auch für den Bereich des BGB ist umstritten, in welchen Fällen eine Gefahreröffnung die Annahme einer Verkehrssicherungspflicht rechtfertigt.[322] Die lauterkeitsrechtliche Entwicklung steht hier noch am Anfang. **Kriterien** können die Intensität der Gefahr, die Bedeutung des Schutzguts, die Schutzbedürftigkeit des vorhersehbaren Opfers, die Zumutbarkeit der Pflichterfüllung und die Verkehrserwartung sein.

177 **2. Unmittelbarer Leistungsschutz.** Umstritten ist, ob die Generalklausel dem unmittelbaren Leistungsschutz in den Fällen dienen kann, in denen es **keinen ausdrücklichen Leistungsschutz durch ein Spezialgesetz** (etwa das Urheberrechtsgesetz, das Markengesetz ua) gibt und § 4 Nr. 3 nicht unmittelbar eingreift. Hintergrund ist die Erbringung von Leistungen samt der dazugehörigen Investitionen, die dann im Wettbewerb nicht oder nicht angemessen von demjenigen genutzt und ausgebeutet werden können, der die Leistung erbracht hat. Ein spezielles Schutzrecht würde dem Leistungserbringer typischerweise ein Verbietungsrecht mit Lizenzierungsmöglichkeit geben. Wo dies fehlt, ist es denkbar, in der **Verwertung der Leistung eines anderen** ein unlauteres geschäftliches Handeln zu erblicken. Das Problem ist allerdings, dass so „durch die Hintertür des UWG" ein Quasi-Schutzrecht geschaffen würde, das unternehmerische Entfaltungsmöglichkeiten wiederum begrenzt. Der Leistungsschutz hat als Kehrseite der Anreizsetzung nämlich immer eine **Abschottungswirkung.**

177a Der BGH hat auch nach Neufassung der Generalklausel unmittelbaren Leistungsschutz teilweise auf § 3 Abs. 1 gestützt.[323] Hier handelt es sich um geschäftliche Handlungen, die nicht verbraucherbezogen sind, sondern die sich **im Mitbewerberverhältnis** abspielen.[324] Eine zu großzügige Position vertritt *Sack,* der mit Blick auf die „Schrittmacherfunktion" des UWG einen unmittelbaren Leistungsschutz nach § 3 gewähren will, um „einen gerechten Ausgleich der Interessen der Schöpfer von Leistungen, der Nachahmer oder sonstigen Übernehmer fremder Leistungen und der Allgemeinheit" ermöglichen will.[325] Er zieht dazu die „weite Wechselwirkungstheorie" heran, nach der in einer Interessenabwägung mit „je desto"-Kriterien zu entscheiden ist, ob Leistungsschutz gewährt werde. Kriterien seien zB der Aufwand des Schöpfers und die Überdurchschnittlichkeit des

---

[319] BGH GRUR 2016, 209 Rn. 27. – Haftung für Hyperlink.

[320] BGH GRUR 2014, 883 Rn. 13 – Geschäftsführerhaftung; OLG Frankfurt am Main WRP 2020, 1334 (1336) – mytaxi.

[321] Vgl. BGH GRUR 2018, 203 (206) – Betriebspsychologe. *Hager* in Staudinger, BGB, 2009, § 823 Rn. E 3.

[322] Vgl. *Hager* in Staudinger, BGB, 2009, § 823 Rn. E 10 ff.

[323] BGH GRUR 2007, 984 Rn. 14 – Gartenliege. Zur Durchsetzungsproblematik und möglicherweise unberechtigten Schutzrechtsverwarnungen wegen der Verletzung lauterkeitsrechtlicher Verbote siehe *Schröder* WRP 2019, 1110.

[324] Siehe *Sambuc* → § 4 Rn. 138.

[325] *Sack* GRUR 2016, 782 (784).

Originals.[326] Fälle, die er nach dieser Theorie benennt, sind der **Vertrieb von Kopien gemeinfreier Werke,** die **Nachahmung von Modeneuheiten, planmäßige und systematische Leistungsübernahmen** oder das **Einschieben in eine fremde Serie.** Dieses Vorgehen greift jedoch zu weit aus und entfernt sich vom wettbewerbsfunktionalen Ansatz des UWG. Ohne echtes Kriterium (zB drohendes Marktversagen) kann ein Verbot wirtschaftlicher Aktivitäten schon verfassungsrechtlich nicht mehr bestehen. Der BGH hat ausdrücklich seine Rechtsprechung zum „Einschieben in eine fremde Serie" aufgegeben und signalisiert, dass ein Schutz nach der Generalklausel nur in Ausnahmefällen greifen kann.[327]

Hinzuweisen ist an dieser Stelle auch auf die Diskussion **neuer Leistungsschutzrechte,** etwa für **Sportveranstalter.**[328] Auch wenn diese in ausdrücklicher Form fehlen, lässt sich zumindest argumentieren, dass eine Subsumtion unter § 3 Abs. 1 vertretbar erscheint, wenn die Ergebnisse wettbewerblicher Leistungen Eigenart aufweisen und besondere Umstände hinzutreten, die einen lauterkeitsrechtlichen Schutz angemessen erscheinen lassen. *Schlieper* verortet in § 3 Abs. 1 zudem den Schutz von **Werbeslogans.**[329] Diskutiert wird auch, den **Schutz einer Geschäftsraumgestaltung** unter § 3 Abs. 1 zu fassen.[330] In diesem Zusammenhang ist auch auf die Überlegungen hinzuweisen, ein **Schutzrecht für Daten** zu schaffen.[331] Solange „data ownership" ungeklärt und nicht durch Spezialgesetze erfasst ist, ist es zumindest denkbar, auch das UWG für solche Verstöße heranzuziehen, in denen die persönlichen Daten anderer für eigene geschäftliche Zwecke verwendet werden. Der BGH hat in der Entscheidung *Pippi-Langstrumpf-Kostüm II* dem Schutz von fiktiven Figuren durch UWG eine Absage erteilt.[332] Das sog. **„character merchandising"** sei mit Markenrecht, Urheberrecht und Designschutz weitgehend gesichert. Schutz nach § 3 Abs. 1 komme nur in Betracht, wenn das Interesse an einer ausschließlichen Zuweisung der Verwertungsbefugnis an eine Partei das Allgemeininteresse der Wettbewerbsfreiheit und die Interessen anderer Betroffener (zB Wettbewerber) überwiege. Der BGH formuliert eine **Mindestanforderung** für die richterrechtliche **Schaffung eines Leistungsschutzrechts:** Es müsse ein Leistungsergebnis vorliegen, für dieses müssen erhebliche Investitionen getätigt worden sein und die Erbringung und der Bestand des Leistungsergebnisses müssten ohne Schutz ernstlich in Gefahr geraten.[333] Wenn andere Schutzrechte und für konkrete Produkte auch § 4 Nr. 3 zur Verfügung stünden, liege keine Schutzlücke vor. Auch ein Marktversagen sei nicht zu befürchten. 178

Solche Forderungen sind am wettbewerbsfunktionalen Verständnis des UWG zu messen, und das bedeutet im Fall der Kreation neuer Schutzrechte durch das Nadelöhr des UWG: es ist erforderlich, dass **andernfalls die wettbewerbliche Entfaltung unmöglich** gemacht würde. In ***hartplatzhelden.de*** hat der BGH[334] zwar ein auf § 3 gestütztes Leistungsschutzrecht eines Sportverbandes diskutiert. Dieser wollte gegen Filmausschnitte vorgehen, die Spielszenen aus Amateurfußballspielen im Internet zeigten. Der BGH lehnte einen derartigen Anspruch aber ab. Nicht jeder, der eine Leistung erbringe, müsse auch an allen 179

[326] *Sack* GRUR 2016, 782 (785).

[327] BGH GRUR 2017, 79 (92) – Segmentstruktur.

[328] Dazu *Hilty/Henning-Bodewig,* Leistungsschutzrechte zugunsten von Sportveranstaltern?, S. 76 ff. mwN; aus der neueren Literatur *Schröer,* Der unmittelbare Leistungsschutz; *Glimski,* Das Veranstalterleistungsschutzrecht; *Röhl,* Schutzrechte im Sport; *Heermann* GRUR 2012, 791.

[329] *Schlieper* S. 174.

[330] Vgl. *Sander* GRUR Int. 2014, 215 (221 f.).

[331] Vgl. *Becker* GRUR 2017, 346; *Wiebe* GRUR 2017, 338; Max-Planck-Institut für Innovation und Wettbewerb, Ausschließlichkeits- und Zugangsrechte an Daten, Positionspapier 2016 = GRUR Int. 2016, 914; *Schweitzer/Peitz,* Datenmärkte in der digitalisierten Wirtschaft.

[332] BGH GRUR 2016, 725 Rn. 23 ff. – Pippi-Langstrumpf-Kostüm II mit Anm. *Nemeczek* GRUR 2016, 728.

[333] BGH GRUR 2016, 725 Rn. 26, – Pippi-Langstrumpf-Kostüm II mit Anm. *Nemeczek* GRUR 2016, 728.

[334] BGH GRUR 2011, 436 Rn. 19 ff. – Hartplatzhelden.de, mit Anm. *Ohly* GRUR 2011, 439; s. auch *Peukert* WRP 2010, 316; *Ruess/Slopek* WRP 2011, 834.

Verwertungsarten beteiligt werden. Soweit es möglich sei, über das Hausrecht eine Verwertung ggf. zu unterbinden, sei es nicht erforderlich, über das UWG ein neues Schutzrecht zu kreieren. Der BGH hat hier auch auf die Amortisation von Investitionen hingewiesen. *Ohly* sieht darin zu Recht ein Bekenntnis des BGH zum **Gedanken des Marktversagens.**[335] Das UWG greife dann ein, wenn ohne Schutz ein Marktversagen drohe und die Leistung, nach der eine Nachfrage besteht, nicht mehr profitabel erbracht werden könne. Diese Lesart des Urteils passt zu der Würdigung des UWG als einem Marktordnungsgesetz.

180 In ***Perlentaucher***[336] hat der BGH ein **Leistungsschutzrecht von Verlagen** an Rezensionen, die in ihren Zeitungen erschienen sind, für denkbar gehalten, wenn wettbewerbliche Eigenart vorliege und besondere Umstände hinzuträten. Im konkreten Fall kam es aber wiederum nicht zum Schutz des Verlags, da die **wettbewerbliche Eigenart** verneint wurde. Die Fälle zeigen, dass der BGH es nicht grundsätzlich ausschließt, Leistungsschutzrechte ausnahmsweise über § 3 Abs. 1 zu konstruieren, auch wenn die Hürden dafür hoch sind. Die Erfahrungen mit dem 2013 in § 87 f. UrhG geschaffenen Leistungsschutzrecht für Presseverleger sind weder vom Verfahren her noch im Ergebnis oder in den Marktwirkungen dazu angetan, die Etablierung weiterer Leistungsschutzrechte (sei es im Immaterialgüterrecht oder über das UWG) zu fördern.

181 **3. Allgemeine Marktstörung.** Als klassische Sachverhaltskonstellation, die keinen Eingang in die Spezialtatbestände des UWG gefunden hat,[337] ist die allgemeine Marktstörung zu nennen. Das OLG Hamburg hat eine solche etwa beim **kostenlosen Abdruck privater Gelegenheitsanzeigen** in Fachzeitschriften angenommen.[338] Zum Teil wird vertreten, bei **Werbeblockern** im Internet könne angesichts der Verluste der betroffenen Websites eine Marktstörung vorliegen.[339] Der BGH hat dies jedoch verneint und darauf hingewiesen, dass über den Umweg des UWG kein Schutz bestehender Geschäftsmodelle gewährt werden könne: „Es ist nicht Aufgabe des Behinderungstatbestands oder des Lauterkeitsrechts allgemein, bestehende wettbewerbliche Strukturen zu bewahren und wirtschaftlichen Entwicklungen entgegenzusteuern, in denen die bisherigen Marktteilnehmer eine Bedrohung ihres Kundenstamms erblicken."[340] Der BGH war auch im Übrigen mit der Bejahung einer Marktbehinderung in jüngeren Urteilen äußerst vorsichtig.[341] Laut BGH liegt eine solche allgemeine Marktbehinderung vor, „wenn eine **Preisunterbietung** sachlich nicht gerechtfertigt ist und dazu führen kann, dass Mitbewerber vom Markt verdrängt werden und der Wettbewerb dadurch auf diesem Markt völlig oder nahezu aufgehoben wird."[342] In einer anderen Formulierung hat der BGH darauf abgestellt, dass „ein für sich genommen zwar nicht unlauteres, aber immerhin bedenkliches Wettbewerbsverhalten allein oder in Verbindung mit gleichartigen Maßnahmen von Mitbewerbern die ernstliche Gefahr begründet, dass der auf der unternehmerischen Leistung beruhende Wettbewerb in erheblichem Maß eingeschränkt wird".[343] Es müssen also Anzeichen für eine **Gefahr des Zusammenbrechens des Marktes** vorliegen. Werden die Leistungen, die nachgefragt werden, weiterhin erbracht – wenn auch auf andere Weise als bisher – und ist dies auch mittelfristig so zu erwarten, liegt keine Marktstörung vor. Auch kurzfristige Gewinnmitnahmen in einem Markt sind zulässig. Geschäftsmodelle, die aber darauf angelegt sind, nur parasitär andere zu schädigen oder ohne jede Nachhaltigkeit einen funktionierenden Markt

[335] *Ohly* GRUR 2010, 487 (493). Ähnlich GroßKommUWG-*Peukert* § 3 Rn. 482.
[336] BGH MMR 2011, 182 Rn. 16 – Perlentaucher mit Anm. *Rössel* MMR 2011, 186.
[337] BT-Drs. 15/1487, 19. Vgl. GroßKommUWG-*Peukert* § 3 Rn. 455 ff.
[338] OLG Hamburg WRP 2007, 210 – Fliegerzeitschrift.
[339] *Engels* GRUR-Prax 2015, 338 (339). Der Kartellsenat des BGH hat die kartellrechtliche Komponente betont und lauterkeitsrechtliche Ansprüche verneint, BGH GRUR 2019, 1305 Rn. 22 ff. – Adblocker III.
[340] BGH GRUR 2018, 1251 Rn. 45 – Adblocker II mwN.
[341] BGH GRUR 2004, 602 (603 f.) – 20 Minuten Köln; GRUR 2009, 416 Rn. 24 f. – Küchentiefstpreis-Garantie. Für eine Abschaffung der nur noch theoretisch aufrecht erhaltenen Fallgruppe *Schlieper* S. 65.
[342] BGH GRUR 2009, 416 Rn. 25 – Küchentiefstpreis-Garantie – mit weiteren Voraussetzungen.
[343] BGH GRUR 2018, 1251 Rn. 43 – Adblocker II mwN.

zu stören, können untersagt werden. Die Konstellation ist demnach besonders dem Schutz des unverfälschten Wettbewerbs verpflichtet, nicht dem Schutz einer individualisierbaren Gruppe und damit ein Fall des § 3 Abs. 1.[344]

4. Unberechtigte Schutzrechtsverwarnung. Auch für die unberechtigte Schutzrechtsverwarnung wird diskutiert, ob diese als Konstellation unter § 3 Abs. 1 zu gruppieren ist. Diese Frage entsteht dadurch, dass die im Übrigen diskutierten Normen (§ 4 Nr. 4, § 4 Nr. 1, § 4 Nr. 2, § 823 Abs. 1 wegen Verletzung des Rechts am eingerichteten und ausgeübten Gewerbebetriebs) jeweils bestimmte Anforderungen haben, über die nicht alle Fälle erfasst werden. Nach der Entscheidung des Großen Senats[345] für eine Anwendung von **§ 823 Abs. 1 BGB** besteht für eine Anwendung des lauterkeitsrechtlichen Auffangtatbestands vorerst keine Notwendigkeit.[346] 182

5. Rufausbeutung. Denkbar ist es, Fälle der Rufausbeutung, die nicht unter **§ 4 Nr. 3** subsumiert werden können, in § 3 Abs. 1 aufzufangen. Dies wird selten erforderlich sein, da auch im **MarkenG** entsprechende Schutznormen vorhanden sind. Ob hier überhaupt noch ein Anwendungsbereich für § 3 Abs. 1 besteht, mag bezweifelt werden.[347] Derzeit scheint es, als seien die vom Gesetzgeber als problematisch erkannten Fälle abschließend geregelt.[348] 183

6. Störung von Vertriebsbindungssystemen. Umstritten ist, ob in einzelnen Konstellationen die Störung von anerkannten Vertriebsbindungssystemen lauterkeitsrechtliche Konsequenzen auslösen kann. Diskutiert werden etwa Fälle der **Beseitigung von Kontrollnummern,** des **Schleichbezugs** von Waren oder des **Verleitens** von gebundenen Vertriebspartnern zum Vertragsbruch.[349] Ob hier heute noch – nach Rezeption moderner wettbewerbstheoretischer Überlegungen – ein Bedarf besteht, gegen solche „Behinderungen" abseits von § 4 Nr. 4 und kartellrechtlichen Normen vorzugehen, mag bezweifelt werden.[350] Die wettbewerblich nicht immer unproblematischen Vertriebssysteme würden so zusätzlich abgesichert.[351] 184

7. Ausnutzung einer amtlichen Stellung. Immer wieder geraten **Eingriffe der öffentlichen Hand** in den Wettbewerb ins Visier des Lauterkeitsrechts. Soweit die öffentliche Hand unternehmerisch tätig wird, treffen sie die Verpflichtungen des UWG in selbstverständlicher Weise, da dann geschäftliche Handlungen vorliegen. Eine **geschäftliche Handlung** soll allerdings nicht vorliegen, wenn die Behörde aufgrund gesetzlicher Ermächtigung zur Erfüllung öffentlicher Aufgaben tätig wird. Ist dies der Fall, soll das Vorgehen dem Zugriff des UWG entzogen sein.[352] 185

Die **besondere Gefahr** des Eingriffs der öffentlichen Hand in den Markt liegt in der Machtposition der öffentlichen Hand: Sie verfügt über besondere Handlungsinstrumente, Finanzmittel und Verflechtungen. Bei Nachfragern genießt sie aufgrund der ihr zugeschriebenen Neutralität besonderes Ansehen. Dadurch kann ein Wettbewerbsverzerrungspotenzial begründet werden, das im Unrechtsgehalt an die Spezialtatbestände der §§ 4 ff. heranreicht. Für das Phänomen der **Ausnutzung einer amtlichen Stellung** fehlen aber ggf. 185a

---

[344] Weiter kommentiert wird diese Konstellation von *Omsels* bei → § 4 Rn. 560.
[345] BGH GRUR 2005, 882 – Unberechtigte Schutzrechtsverwarnung.
[346] Kommentiert wird die Problematik von *Omsels* bei → § 4 Rn. 495 ff. Ausführlich *Schlieper* S. 91.
[347] Vgl. aber Ohly/*Sosnitza* § 3 Rn. 55.
[348] Kommentiert wird die Thematik von *Sambuc* → § 4 Rn. 227 ff.
[349] Vgl. Ohly/*Sosnitza* § 3 Rn. 56 ff.
[350] Dafür *Schlieper* S. 148.
[351] Kommentiert wird die Thematik von *Omsels* unter → § 4 Rn. 432 ff.
[352] BGH GRUR 2018, 196 Rn. 23 – Eigenbetrieb Friedhöfe; OLG Köln MMR 2019, 394 Rn. 367 mwN – Warn-Wetter-App, nachfolgend und einschränkend BGH 12.3.2020 – I ZR 126/18; geschäftliche Handlung bei einem Stadtblatt bejaht, das nicht ausschließlich amtlich vorgeschriebene Veröffentlichungen druckte durch BGH GRUR-RR 2016, 453; wegen Unentgeltlichkeit beim öffentlich-rechtlichen Rundfunk die geschäftliche Handlung verneinend OLG München GRUR-RR 2018, 133. Siehe auch *Keller* → § 2 Rn. 45 ff.

spezialisierte Tatbestände in den übrigen Normen. Es handelt sich regelmäßig um Fälle der Behinderung von Unternehmen, sodass § 3 Abs. 1 der richtige Anknüpfungspunkt für die meisten Konstellationen sein dürfte.[353] Es ist aber auch denkbar, dass sich geschäftliche Handlungen an Verbraucher richten und damit § 3 Abs. 2 unterfallen.

186 Dass ein **Tätigwerden der öffentlichen Hand im Wettbewerb** überhaupt erlaubt ist, läuft einer zunehmend kritischeren Sicht auf dieses Thema im öffentlichen Recht zuwider, ist aber weit verbreitete Auffassung im UWG.[354] Bestenfalls sei dies eine Frage des Verwaltungsrechts.[355] Bei der Bereitstellung einer Wetter-App im Wettbewerb mit privaten Anbietern wurde schon das Vorliegen einer geschäftlichen Handlung verneint, eine Ansicht, die der BGH allerdings zuletzt gerade gerückt hat: Die geschäftliche Handlung wurde bejaht.[356, 357] Hier kann die öffentliche Hand angesichts ihrer Datenschätze beim Eingreifen mit diesen in den Wettbewerb in den kommenden Jahren erhebliche Wettbewerbsvorsprünge erzielen oder Märkte für Daten möglicherweise empfindlich stören. In einem Fall, in dem es um Bestattungsdienstleistungen ging, segnete der BGH auch die Umstellung von privat auf öffentlich-rechtlich ab und verneinte einen Verstoß gegen das UWG.[358] Für die Kennzeichnung als unlauter sind demnach weitere Umstände erforderlich.[359]

187 Die erste Gruppe von Fällen betrifft die **Ausnutzung des Ansehens** oder der der öffentlichen Hand zugeschriebenen Neutralität.[360] So wurde in *Solarinitiative* etwa der gemeinsame Auftritt im Gemeindeblatt samt Unterschrift des Bürgermeisters für eine Partnerschaft mit einem privaten Unternehmen untersagt.[361] Andererseits wurde einer Handwerksinnung nicht ausschließlich sachlich-neutrale Äußerungen mit Blick auf die Meinungsfreiheit und die Doppelrolle als Teil der öffentlichen Verwaltung und als berufsständische Vertretung der Mitglieder gestattet.[362]

187a Eine zweite Gruppe von Fällen betrifft die **Vermischung von öffentlich-rechtlichen Aufgaben mit privater erwerbswirtschaftlicher Tätigkeit.**[363] Das OLG Brandenburg hat klargestellt, dass eine Verquickung der öffentlich-rechtlichen, hoheitlichen Tätigkeit mit einer privaten, erwerbswirtschaftlichen Tätigkeit nicht vorkommen darf. Im konkreten Fall hatte eine Stadt ihre hoheitlichen Aufgaben als Tourismus- und Wirtschaftsförderer dadurch mit privaten Unternehmensinteressen verquickt, weil ein privater Anbieter von Stadtrundfahrten nicht räumlich und organisatorisch sowie in der Werbung sauber vom Tourismusamt der Stadt getrennt war.[364] Dabei spielte auch eine Marke der Stadt eine Rolle, die der privilegierte private Anbieter nutzen konnte. In anderen Fällen waren Gerichte, anknüpfend an die großzügige frühere BGH-Rechtsprechung[365] eher auf Seiten der öffentlich-rechtlichen Körperschaften: Die Vermischung hoheitlicher Aufgaben und der damit verbundenen Ausstrahlungswirkung mit gewerblichen Interessen wurde etwa hingenommen bei der Preisgestaltung für Musikschulen,[366] bei der Unterbringung des

[353] Vgl. *Köhler* WRP 2015, 275 (276), der diese Fälle als Paradebeispiel für den Auffangtatbestand des § 3 Abs. 1 nennt.

[354] BGH GRUR 2018, 196 Rn. 23 – Eigenbetrieb Friedhöfe; BGH GRUR 2002, 825 – Elektroarbeiten; BGH GRUR 2005, 960 – Friedhofsruhe; OLG Frankfurt a. M. openJur 2012, 29318 – Städtische Pietät. Kritisch: *Podszun/Palzer* NJW 2015, 1496.

[355] OLG Hamm GRUR-RR 2014, 359 (360 f.) – Kostenlose Passbilder.

[356] BGH GRUR 2020, 755 (760).

[357] OLG Köln MMR 2019, 394 Rn. 367 mwN – Warn-Wetter-App; nunmehr BGH GRUR 2020, 755.

[358] BGH GRUR 2018, 196 Rn. 35 – Eigenbetrieb Friedhöfe.

[359] Vgl. *Schlieper,* Der Anwendungsbereich der lauterkeitsrechtlichen Generalklausel in § 3 Abs. 1, 2011, S. 181 f.

[360] Insbesondere BGH GRUR 2009, 1080 Rn. 19 – Auskunft der IHK; GRUR 2013, 301 Rn. 24 ff. – Solarinitiative. Vgl. GroßKommUWG-*Peukert* § 3 Rn. 488 ff.

[361] BGH GRUR 2013, 301 – Solarinitiative.

[362] BGH GRUR 2018, 622 – Verkürzter Versorgungsweg II.

[363] Vgl. OLG Brandenburg GRUR-RR 2018, 466 (469 f.); *Tieben* WRP 2011, 1101.

[364] OLG Brandenburg GRUR-RR 2018, 466 (469 f.).

[365] BGH GRUR 2005, 960 – Friedhofsruhe; BGH GRUR 2002, 825 – Elektroarbeiten.

[366] OLG Nürnberg GRUR-RR 2010, 99 – Städtische Musikschule.

profitorientierten städtischen Bestattungsinstituts im Friedhofsgebäude[367] oder der Vermischung der Darstellung von hoheitlichen Aktivitäten und erwerbswirtschaftlichen Angeboten auf der städtischen Website.[368] Im Fall Crailsheimer Stadtblatt II hat der BGH sich auf das Gebot der Staatsferne der Presse aus Art. 5 GG i. V. m. § 3a UWG gestützt, um ein kommunales Tätigwerden im gewerblichen Bereich zu unterbinden.[369]

8. Menschenverachtende geschäftliche Handlungen. Eine **gegen die Menschenwürde** gerichtete geschäftliche Handlung, die auf die Entscheidungsfreiheit der Angesprochenen einwirkt, wird in der Regel über § 4a erfasst werden können. Ist dies nicht der Fall, steht § 3 als Auffangtatbestand zur Verfügung, sei es in Form von Abs. 2 oder Abs. 1.[370] Typischerweise werden in dieser Konstellation Werbungen genannt, die **schockieren, diskriminieren oder entwürdigen.** Die Leitlinien zur Umsetzung der UGP-RL überantworten entsprechende Geschäftspraktiken dem nationalen Recht.[371] Dies gilt sogar dann, wenn Verbraucher angesprochen werden. Entsprechende Verhaltensweisen können unmittelbar über die Generalklauseln erfasst werden. Wenn eine derartige Geschäftspraxis auf die Entscheidungsfreiheit einwirkt, scheint schlecht vorstellbar, dass eine solche Handlung nicht als unlauter im Sinne der Verbrauchergeneralklausel der UGP-RL zu qualifizieren wäre. Solche Fälle sind allerdings sehr selten; es ist auch Vorsicht geboten – der Vorwurf, sich in menschenverachtender Weise zu verhalten, wiegt schwer. Es müsste gezeigt werden, dass eine geschäftliche Handlung, die sich an Verbraucher richtet, die **Menschenverachtung als Mittel** einsetzt, um geschäftliche Ziele zu erreichen. In den Fällen ist eine Verletzung der unternehmerischen Sorgfalt im Sinne einer wettbewerbsfunktionalen Auslegung weiterhin erforderlich,[372] da auch Art. 1 GG nicht unmittelbar zur Anwendung kommt, sondern in den Tatbestandsmerkmalen konkretisiert werden muss. Dies muss dann aber der Fall sein, unabhängig davon, ob der Verstoß unter § 3 Abs. 1 oder Abs. 2 subsumiert werden soll. 188

Maßstab der Menschenverachtung ist die **Kernaussage von Art. 1 GG,** dass der Mensch nie als Mittel benutzt werden darf, sondern immer in seinem Eigenwert als handelndes Subjekt zu sehen ist.[373] Bei der Beurteilung dieser Fälle ist zu berücksichtigen, dass § 1 UWG lediglich das Interesse am unverfälschten Wettbewerb schützt. Über den Hebel der Menschenverachtung kann so **nicht jedes beliebige gesellschaftspolitische Interesse** Einzug in die UWG-Prüfung erhalten. Zutreffend ist aber, dass eine Marktwirtschaft, die die elementarsten Voraussetzungen des gegenseitigen Respekts nicht achtet (und also nicht mit Art. 1 GG in Einklang steht) unternehmerische Sorgfalt missen lässt und letztlich implodieren muss. Zu berücksichtigen ist, dass die europäische Grundrechtecharta Prüfungsmaßstab bei der Anwendung von Normen ist, die auf europäischem Recht beruhen (Art. 51 GRCh).[374] 189

Beispiele für eklatante Verletzungen sind äußerst selten. Mit den Entscheidungen zur **Schockwerbung** (*Benetton*-Rechtsprechung) hat das BVerfG deutlich gemacht, dass nicht leichthin Verstöße gegen die Menschenwürde zu bejahen sind.[375] Schockwerbung kann, 189a

[367] OLG Frankfurt a. M. openJur 2012, 29318 – Städtische Pietät; vgl. aber auch die Schilderpräger-Rechtsprechung, zB BGH NJW 2003, 752 – Kommunaler Schilderprägebetrieb.

[368] LG Freiburg openJur 2014, 22013 – Kommunales Bestattungsinstitut.

[369] BGH GRUR 2019, 189 – Crailsheimer Stadtblatt II.

[370] *Alexander* WRP 2016, 411 (417). Da ein Relevanzkriterium beim Menschenwürdeschutz nicht passt, ist § 3 Abs. 1 passender, so *Spengler,* Die Verbrauchergeneralklausel des UWG, S. 197. Eher ließe sich nach der Schutzrichtung differenzieren und § 3 Abs. 2 dann reduzieren.

[371] Kommission, Leitlinien zur Umsetzung/Anwendung der Richtlinie 2005/29/EG über unlautere Geschäftspraktiken, COM(2016) 320 final, Ziff. 1.2.1. Vgl. *Köhler*/Bornkamm/Feddersen § 3 Rn. 2.33.

[372] Vgl. *Schlieper* S. 126.

[373] Vgl. *Scherer* WRP 2007, 594.

[374] Vgl. *Raue* GRUR Int. 2012, 402.

[375] BVerfG NJW 2001, 591 (594) – Schockwerbung; BVerfG GRUR 2003, 442 (443 f.) – Benetton-Werbung II. Aus der reichlichen Literatur siehe nur *Hösch* WRP 2003, 936; *Kießling/Kling* WRP 2002, 615; *Wassermeyer* GRUR 2002, 126 sowie die Kommentierung bei *Ahrens* → Einl. Rn. 1036, 1042 ff.

wie der Fall der Werbetasse eines Anwalts belegt, ggf. nach Standesrecht zu beurteilen sein.[376] Die Judikatur hat aufgezeigt, dass in diesen Fällen eine **Abwägung** erforderlich sein kann, insbesondere mit der Meinungsfreiheit. Dabei sind verschiedene mögliche Deutungen der entsprechenden Aussagen zu berücksichtigen.

190 Will man – in aller Vorsicht – **mögliche Anwendungsfälle** identifizieren, hilft die Orientierung am Bestand dessen, was zu Art. 1 GG akzeptiert ist.[377] Zu denken ist an das Brechen des Willens, die Kontrolle des Unbewussten oder Eingriffe in die sexuelle Selbstbestimmung (etwa von Homo- oder Transsexuellen). Besonderen Würdeschutz genießen Entstehungs- und Endphase des menschlichen Lebens (Schwangerschaft, Geburt, Tod). Teil der Menschenwürde ist der Schutz der Persönlichkeit vor Eingriffen in die räumlich-gegenständliche **Privatsphäre** oder die **Ausforschung** von Persönlichkeitsmerkmalen. In dieser Hinsicht könnte der Umgang mit Daten heute in die Nähe einer menschenverachtenden Verhaltensweise rücken, etwa wenn es zu massiven **Eingriffen in die informationelle Selbstbestimmung** zwecks Beeinflussung geschäftlicher Entscheidungen kommt. Unangetastet bleiben müssen auch bei geschäftlichen Handlungen die körperliche und geistige Integrität. In der Sphäre der sozialen Achtung der Menschenwürde sind etwa das Absprechen der Achtung als Mensch (etwa durch rassistische Werbeslogans) oder die Verhöhnung menschlichen Leids (etwa durch lächerlich machende Werbung mit Kranken) zu nennen. Die öffentliche **Erniedrigung** oder Demütigung von Menschen durch deren Zurschaustellung oder Kommerzialisierung kann hierunter fallen. Die Werbung für Bordelle ist nicht per se als unlauter anzusehen. Es kann jedoch auch hier sein, dass die Prostituierten in menschenverachtender Weise dargestellt werden und so auf die Entscheidungsfreiheit der Verbraucher eingewirkt wird.[378] Ebenfalls Bestandteil der menschlichen Würde ist das Recht auf **Resozialisierung** nach verbüßter Strafe, sodass etwa die identifizierende Werbung mit Kriminellen problematisch sein könnte. Geschäftliche Handlungen, die das Existenzminimum von Personen unterminieren, können deren Menschenwürde beeinträchtigen.

191 Gegenstand von Diskussionen ist gelegentlich, ob **Diskriminierungen,** also rechtliche Ungleichbehandlungen ohne sachlichen Grund, durch die Generalklausel erfasst werden können. Dies ist nur in solchen Fällen zu bejahen, in denen die Diskriminierung Ausdruck einer Verletzung der Menschenwürde ist – die Ungleichheit also in einer Nicht-Achtung der betroffenen Person als Mensch wurzelt. Typische Diskriminierungen, die unter Art. 3 GG fallen, sind davon nicht erfasst. Die (verurteilenswerte aber nicht zwingend unlautere) Alltagsdiskriminierung genügt nicht, um die Funktionsfähigkeit einer menschenwürdigen Marktwirtschaft grundsätzlich in Frage zu stellen (siehe F. III.5). Abhilfe dagegen ist durch andere Maßnahmen zu suchen.

192 **9. Unlautere Handelspraktiken im Lebensmittelsektor.** Die Europäische Kommission hat in Art. 3 der 2019 verabschiedeten **Richtlinie über unlautere Handelspraktiken in der Agrar- und Lebensmittelversorgungskette**[379] bestimmte Verhaltensweisen in der B2B-Lieferkette im Food-Sektor für unlauter erklärt. Vorangegangen war 2013 die Veröffentlichung eines Grünbuchs.[380] Die Verbote als unlauter umfassen folgende **Themenbereiche:** Bezahlung, Stornierung von Bestellungen, einseitige Änderung von Liefer-

[376] BVerfG GRUR 2015, 507 Rn. 24 ff. – Werbetassen; vorgehend BGH NJW 2015, 72 Rn. 10 ff. – Anwaltliche Schockwerbung auf Kaffeetassen.

[377] Siehe zum Folgenden beispielhaft Maunz/Dürig/*Herdegen,* GG, GG Art. 1 Rn. 83 ff.

[378] Vgl. OLG Hamm BeckRS 2015, 05103.

[379] Richtlinie (EU) 2019/633 über unlautere Handelspraktiken in den Geschäftsbeziehungen zwischen Unternehmen in der Agrar- und Lebensmittelversorgungskette, ABl. 2019 L 111, S. 59. Siehe dazu *Glöckner* Einl. B.

[380] Europäische Kommission, Grünbuch über unlautere Handelspraktiken in der B2B-Lieferkette für Lebensmittel und Nicht-Lebensmittel in Europa, 31.1.2013, COM/2013/037 final. Kritisch *Hilty/Henning-Bodewig/Podszun,* Stellungnahme zum Grünbuch, 29.4.2013, abrufbar unter http://www.ip.mpg.de/fileadmin/templates/pdf/MPI_Stellungnahme_Gruenbuch_B2B_2013-04-30_01.pdf. Vgl. *Witt/Freudenberg* WRP 2013, 990 ff.

bedingungen, Zahlungen ohne Gegenleistung oder für nicht verantwortete Qualitätsminderungen, fehlende schriftliche Bestätigung, rechtswidriger Umgang mit Geschäftsgeheimnissen, Androhung von Vergeltungsmaßnahmen bei Rechtewahrnehmung, Entschädigung für die Bearbeitung von Kundenbeschwerden, Rücksendungen ohne Bezahlung, Zahlung für Lagerung, Überwälzung von Rabattkosten, Werbekostenzuschüsse und Zahlungen für Fremdpersonal.

Einige der Praktiken könnten über § 3 Abs. 1 im deutschen Recht aufgegriffen werden, ohne dass es einer „UGP-Richtlinie II" bedurft hätte. Die Regeln fallen detailliert aus und betreffen zu einem großen Teil eher das vertragliche **Ungleichgewicht,** weniger die Lauterkeit im Wettbewerb.[381] Diese Richtlinie bekennt sich aber ausdrücklich zur Privilegierung „des Lebensstandards der landwirtschaftlichen Bevölkerung" (Erw.Grund 1 der Richtlinie). Es wird also nicht der Anschein erweckt, die Richtlinie adressiere universal alle Marktteilnehmer in gleicher Weise. Damit differenziert die Europäische Kommission im Rahmen des Mitbewerberschutzes bestimmte schutzbedürftige und weniger schutzbedürftige Unternehmen. Die Diskussion zum **Schutz des Mittelstands** durch UWG kommt damit wieder durch die europäische Hintertür ins deutsche Recht zurück.[382] Es ist nicht ausgeschlossen, dass die in der Richtlinie vorgenommenen Wertungen auch **auf andere Sektoren übertragbar** sind und hiermit eine Indizwirkung für die Unlauterkeit solcher Praktiken beim Vorliegen eines Ungleichgewichts gegeben ist. 192a

10. Fruchtziehung aus einem Gesetzesverstoß. In Abgrenzung zu § 3a hat der BGH klargestellt, dass ein **bloßer Gesetzesverstoß** nicht allein genügt, um die Unlauterkeit nach § 3 zu begründen.[383] Dies würde sonst die Wertung von § 3a unterlaufen. Allerdings ist im Grundsatz anerkannt, dass **Auswirkungen vorangegangener wettbewerbswidriger Verhaltensweisen** unterbunden werden können, von denen unmittelbar Störungen des lauteren Wettbewerbs ausgehen.[384] Die Generalklausel dient dann als Auffangtatbestand, um den fortdauernden Rechtsverstoß aus der Welt zu schaffen. Ein Verstoß gegen § 3 Abs. 1 kommt allerdings nur in Betracht, wenn die Ausnutzung der Auswirkungen „unmittelbar mit dem vorangegangenen Wettbewerbsverstoß zusammenhängt und ihrerseits die Voraussetzungen einer unlauteren geschäftlichen Handlung im Sinne von § 3 Abs. 1 UWG erfüllt."[385] Die **Fruchtziehung** muss also eine eigene Wettbewerbswidrigkeit darstellen, sie darf nicht bloßer Annex zu einem früheren wettbewerbswidrigen Verhalten sein. Im konkreten Fall hatte die Klägerin eine Verfügung gegen einen Mitbewerber verlangt, der in der Vergangenheit Kunden mit Knochenzement beliefert hatte, wobei Geschäftsgeheimnisse rechtswidrig verwendet worden waren.[386] Die Verfügung sollte nun für eine künftige Karenzzeit von zwei Jahren gelten. Hier fehlte die Unmittelbarkeit, die Klägerin hatte das unlautere Verhalten bloß aus einer in der Vergangenheit unlauter erworbenen, jetzt fortwirkenden Marktposition abgeleitet. – Eine schillernde Konstellation ist die **Ausnutzung des internationalen Rechtsgefälles im Inland,** etwa wenn im Inland für eine im Ausland zulässige, im Inland aber verbotene Maßnahme geworben wird.[387] 193

11. Einzelfälle. Die Rechtsprechung hat in einzelnen Fällen Ansprüche auf § 3 Abs. 1 gestützt, ohne dass hier bereits eine eigene Sachverhaltskonstellation erkennbar wäre. Unmittelbar auf die „große" Generalklausel stützte sich der BGH, § 4 Nr. 4 und § 7 Abs. 2 194

[381] Vgl. *Glöckner* WRP 2019, 824.

[382] Vgl. *Müller,* Kleine und mittlere Unternehmen im Privatrecht.

[383] BGH GRUR 2016, 513 Rn. 34 f. – Eizellspende; BGH GRUR 2011, 431 Rn. 11 – FSA-Kodex.

[384] BGH GRUR 2018, 535 Rn. 23 – Knochenzement I – unter Verweis auf BGH GRUR 1988, 829 (830) – Verkaufsfahrten II – und BGH GRUR 1999, 177 – Umgelenkte Auktionskunden.

[385] BGH GRUR 2018, 535 Rn. 23 – Knochenzement I; ähnlich GRUR 2018, 541 Rn. 16. – Knochenzement II.

[386] BGH GRUR 2018, 535 Rn. 23 ff. – Knochenzement I; auch hinsichtlich einer Werbemaßnahme in diesem Zusammenhang wurde die Unmittelbarkeit verneint, BGH GRUR 2018, 541 Rn. 22 – Knochenzement II.

[387] Dazu *Sack* WRP 2016, 1314.

Nr. 2 nur streifend, bei der ***Direktansprache am Arbeitsplatz.***[388] In diesen Fällen hat der BGH die Grenzen für telefonisches Headhunting gezogen und nur eine erste Kontaktaufnahme am Arbeitsplatz erlaubt, soweit die private Telefonnummer des Arbeitnehmers nicht zu ermitteln ist.[389] Das erlaubte Erstgespräch umfasst die Kontaktaufnahme, eine Mitteilung des Interesses, eine knappe Stellenbeschreibung und ggf. die Vereinbarung weiterer Kontaktaufnahmen. Eine persönliche Kontaktaufnahme durch Betreten des Betriebs ist jedenfalls unlauter.[390]

195 In der instanzgerichtlichen Rechtsprechung werden zuweilen Fälle auf § 3 gestützt, die besser anderen Normen zuzuordnen sind. So wurde etwa vom OLG Hamburg der nichtautorisierte **Verkauf von Bundesliga-Karten** als Fall der Generalklausel gewertet, während der BGH hier § 4 Nr. 4 für einschlägig hält.[391] Das LG München I hat einen Fall des **Domain-Grabbing** auf § 3 Abs. 1 gestützt statt auf § 4 Nr. 4 (wie es das OLG dann tat).[392] Ebenso ist für Fälle der pauschalen Herabsetzung und der **Schmähkritik** ein Rückgriff auf § 3 Abs. 1 nicht erforderlich.[393] Verstöße gegen **Datenschutzrecht** und andere **Phänomene der digitalen Ökonomie** (etwa im Zusammenhang mit digitalen Plattformen) könnten künftig verstärkt über die Generalklausel erfasst werden (siehe dazu D. III.3.i).

G. Bagatellschwellen

196 Traditionell sollten Bagatellfälle, die **keine spürbaren Auswirkungen auf das Marktgeschehen** haben, mit Hilfe des UWG nicht verboten werden.[394] Im Ausschluss von Bagatellfällen manifestiert sich die alte Formel, dass über Kleinigkeiten Gerichte nicht entscheiden sollen („de minimis non curat praetor"). Gerade im UWG besteht die **Gefahr,** dass mit Hilfe von Kleinstangriffen Mitbewerber lahmgelegt werden oder Verbände übermäßig streng abmahnen. Solche Verhaltensweisen werden durch verschiedene Mittel, ua verfahrensrechtlicher Art, verhindert, aber auch über Spürbarkeitserfordernisse abgewehrt. Ein Kriterium der „Relevanz" ist erforderlich, da das UWG nicht dem Individualschutz dient, sondern in erster Linie ein objektives Interesse, nämlich den Schutz der Lauterkeit im Wettbewerb verfolgt. Um hierfür wesentliche Fälle von unwesentlichen zu scheiden, ist das Relevanzkriterium aufgenommen worden.

I. Unwiderlegbare Spürbarkeitsvermutung in § 3 Abs. 3

197 In **§ 3 Abs. 3** iVm Anhang fehlt ein Spürbarkeitserfordernis. Die dort genannten Verhaltensweisen sind so gravierend, dass der Gesetzgeber die Spürbarkeitswertung vorweggenommen hat und die Handlungen als **stets spürbar** eingestuft hat.[395] Die Vermutung der Spürbarkeit galt bisher tendenziell als unwiderlegbar.[396] Zweifel an dieser Unwiderleglichkeit sind durch die EuGH-Entscheidung *Purely Creative* aufgekommen.[397] In dieser

---

[388] BGH GRUR 2006, 426 Rn. 16 – Direktansprache am Arbeitsplatz II; fortgesetzt in BGH GRUR 2008, 262 Rn. 9 – Direktansprache am Arbeitsplatz III. Kritisch zur Rechtsanwendungsmethode des Gerichts *Sosnitza/Kostuch* WRP 2008, 166 (168 ff.); OLG Frankfurt a. M. GRUR-RR 2018, 477 Rn. 6 stützt sich in dieser neueren Entscheidung für einen Fall der Direktansprache auf § 4 Nr. 4.

[389] *Schlieper,* Der Anwendungsbereich der lauterkeitsrechtlichen Generalklausel in § 3 Abs. 1, 2011, S. 111 f.

[390] BGH openJur 2011, 6938.

[391] OLG Hamburg NJW 2005, 3003 (3005) – Fußball-Eintrittskarten einerseits; BGH MMR 2009, 108 (110) – bundesligakarten.de andererseits.

[392] LG München I MMR 2006, 484 (485 f.) – Domain-Zwischennutzung einerseits; OLG München MMR 2007, 115 – Domaingrabbing andererseits.

[393] Vgl. *Schlieper* S. 133.

[394] Vgl. *Köhler* WRP 2020, 1378.

[395] *Scherer* WRP 2014, 771 geht differenzierend von den einzelnen Tatbeständen in der Schwarzen Liste aus.

[396] Vgl. *Köhler* WRP 2014, 259 (266).

[397] EuGH GRUR 2012, 1269 – Purely Creative.

Entscheidung hat der EuGH gefordert, auch Tatbestände der Schwarzen Liste anhand der Verbrauchergeneralklausel und also mit einem Relevanzkriterium zu prüfen.[398] Es wird versucht, diese „Überraschung“[399] durch Auslegungs- und Beweisregeln zu relativieren.[400]

II. Wesentlichkeitsschwelle in § 3 Abs. 2

Die UGP-Richtlinie verlangt in Art. 5 Nr. 2, dass eine geschäftliche Handlung „das wirtschaftliche Verhalten des Durchschnittsverbrauchers... wesentlich beeinflusst oder dazu geeignet ist, es wesentlich zu beeinflussen.“ Eine **wesentliche Beeinflussung** des wirtschaftlichen Verhaltens des Verbrauchers liegt nach Art. 2 lit. e vor bei der Anwendung einer „Geschäftspraxis, um die Fähigkeit des Verbrauchers, eine informierte Entscheidung zu treffen, spürbar zu beeinträchtigen und damit den Verbraucher zu einer geschäftlichen Entscheidung zu veranlassen, die er andernfalls nicht getroffen hätte“. 198

In **§ 3 Abs. 2** UWG 2008 hieß es, geschäftliche Handlungen gegenüber Verbrauchern seien unzulässig, wenn sie geeignet seien, „die Fähigkeit des Verbrauchers, sich auf Grund von Informationen zu entscheiden, spürbar zu beeinträchtigen“.[401] Diese Spürbarkeitsschwelle ist 2015 durch das Kriterium der „wesentlichen Beeinflussung“ abgelöst worden.[402] In § 2 Abs. 1 Nr. 8, in dem die wesentliche Beeinflussung definiert wird, wird aber noch auf die Spürbarkeit für die geschäftliche Entscheidung abgestellt. Auf die bisherige Rechtsprechung kann daher weiterhin zurückgegriffen werden. Auf die Kommentierung zu § 2 Abs. 1 Nr. 8 kann hier verwiesen werden.[403] 198a

Das Kriterium der geschäftlichen Relevanz rückt die **„wirtschaftliche Selbstbestimmung des Verbrauchers“**[404] in den Fokus des verbraucherschützenden Lauterkeitsrechts. 198b

III. Spürbarkeitserfordernis in § 3 Abs. 1

Die **UWG-Reform 2015** hat die Änderung gebracht, dass in § 3 Abs. 1 nicht mehr explizit verlangt wird, dass die Unlauterkeit spürbar ist.[405] Dies entspricht der Regelung in Art. 5 Abs. 1 UGP-RL. In der 2008-Fassung hieß es, unlautere geschäftliche Handlungen seien unzulässig, „wenn sie geeignet sind, die Interessen von Mitbewerbern, Verbrauchern oder sonstigen Marktteilnehmern spürbar zu beeinträchtigen.“ Diese Klausel ist in Abs. 1 ersatzlos weggefallen. 199

Während für § 3 Abs. 3 also die Frage entfällt und für § 3 Abs. 2 über § 2 Abs. 1 Nr. 8 die Spürbarkeit relevant bleibt, ist **für § 3 Abs. 1 offen,** ob eine Bagatellschwelle existiert. Der eindeutige Wortlaut spricht dagegen, gerade auch im Vergleich zu § 3 Abs. 2 und zur früheren Fassung. Der **Gesetzgeber** jedoch hat das Problem der Rechtsprechung überantwortet. In der Gesetzesbegründung heißt es: „Es sollte dabei, ebenfalls wie nach bisheriger Rechtslage, der Rechtsprechung überlassen bleiben, in Konkretisierung des Tatbestandsmerkmals der Unlauterkeit für die vom Auffangtatbestand erfassten Fälle gegebenenfalls angemessene Spürbarkeitserfordernisse aufzustellen, um insbesondere Abmahnungen von Bagatellverstößen zu verhindern.“[406] 200

Diese Aussage ist äußerst unbefriedigend: Erstens war es bislang nicht der Rechtsprechung überlassen, ob es überhaupt der Spürbarkeit bedurfte – dies war vielmehr im Gesetz eindeutig geregelt. Zweitens war die Spürbarkeit ein von der Unlauterkeit zu scheidendes Tatbestandsmerkmal. Drittens ist die Eindämmung eines missbräuchlichen Abmahnwesens vom Gesetzgeber im Verfahrensrecht, insbesondere § 8 Abs. 4 und mit Hilfe der Beschrän- 201

---

[398] EuGH GRUR 2012, 1269 Rn. 65.
[399] *Köhler* WRP 2014, 259 (266).
[400] Im Einzelnen wird dies kommentiert von *Henning-Bodewig* Vorbemerkung zum Anhang zu § 3 Abs. 3.
[401] Vgl. zur Kompatibilität mit der Richtlinie und deren Auslegung *Köhler* WRP 2014, 259 ff.
[402] Vgl. *Middelhoff,* Das Spürbarkeitsmerkmal des UWG 2015.
[403] Siehe auch *Lettl* WRP 2019, 1268.
[404] *Drexl,* Wirtschaftliche Selbstbestimmung des Verbrauchers, 1998.
[405] Vgl. *Middelhoff,* Das Spürbarkeitsmerkmal des UWG 2015.
[406] BT-Drs. 18/6571, 15.

kungen der Aktivlegitimation (§ 8 Abs. 3), geregelt worden. Dort ist es auch passender. Der Gesetzgeber spielte aber wohl offenbar auf die Entscheidung *Thermoroll* des BGH an, in der dieser in den Irreführungstatbestand ein Spürbarkeitskriterium als Element der Unlauterkeit hineingelesen hatte.[407]

202 Die **Rechtsprechung** hat es also in der Hand, im Rahmen von § 3 Abs. 1 ein **Spürbarkeitserfordernis auszugestalten.** Angesichts des Wegfallens der Spürbarkeit im Wortlaut von § 3 Abs. 1 ist nur noch mit Vorsicht auf frühere Rechtsprechung zu rekurrieren. Würde hier umstandslos die bisherige Rechtsprechung fortgesetzt, käme dies einer Ignoranz des Gesetzestexts gleich. Die Rechtsprechung ist also, bei aller Parallelität in den Wertungen, gefordert, die Spürbarkeit als Thema für § 3 Abs. 1 im originären Anwendungsbereich der Norm neu zu formulieren. Soweit **§ 3 Abs. 1 als Rechtsfolgenverweis** die Brücke für andere Tatbestände zu § 8 bildet, ist keine Spürbarkeitsprüfung mehr vorzunehmen. Diese ist in den Spezialtatbeständen bereits als Kriterium „eingearbeitet", sodass die Prüfung integriert dort erfolgt.[408]

203 Zu erwarten ist aber, dass **für den originären Anwendungsbereich** von § 3 Abs. 1 in Anlehnung an § 3 Abs. 2 und die bisherige Rechtsprechung sowie im Einklang mit dem gesetzgeberischen Vorschlag Spürbarkeit verlangt wird. Das ist normativ auch richtig: Gerade die Generalklausel soll nicht dazu dienen, Bagatellfälle zu sanktionieren. Vielmehr soll der Auffangtatbestand gerade gravierende Fälle, die andernfalls sanktionslos blieben, zu erfassen. Mit den europäisch veranlassten Reformen der letzten Jahre war auch das Ziel verbunden, das Handeln im geschäftlichen Verkehr zu liberalisieren. Dem liefe es zuwider, wenn jedes noch so geringfügige Handeln, das unter den etwas konturlosen Begriff der Unlauterkeit subsumiert werden kann, zu einem Unterlassungsanspruch führt. Dies gilt umso mehr, als im B2C-Bereich über das Kriterium der Wesentlichkeit eine entsprechende Grenze existiert, obwohl Verbraucher tendenziell schutzbedürftiger sind als andere Marktteilnehmer. Insofern ist eine Einschränkung des gerichtlichen Zugriffs in den Bereich des Wettbewerbs über das Spürbarkeitskriterium als ungeschriebenes Element von § 3 Abs. 1 zu begrüßen.

Die Spürbarkeit ist ein materielles Kriterium; fehlt es, so ist die Klage als **unbegründet** abzuweisen. Die Spürbarkeit begründet nämlich jetzt das Unlauterkeitsurteil mit.[409]

204 Unlautere geschäftliche Handlungen sind demnach nur insoweit unzulässig, als sie geeignet sind, die Interessen von Mitbewerbern, Verbrauchern oder sonstigen Marktteilnehmern spürbar zu beeinträchtigen. Die Unzulässigkeit wird damit wieder zweigliedrig (Unlauterkeit plus Spürbarkeit) definiert. Die Bagatellklausel läuft hier mit der Prüfung der **Interessenbeeinträchtigung** parallel. Würdigt man, wie hier vorgeschlagen, die Unlauterkeit bereits dahingehend, dass eine Interessenabwägung mit Blick auf das wettbewerbsbeschränkende Potenzial der Handlung vorgenommen wird, werden sich Doppelungen kaum vermeiden lassen. Dies wird verständlich, wenn man sich vor Augen führt, dass mit der Spürbarkeit keine verfahrensrechtliche Voraussetzung verbunden ist, sondern eine materielle: es geht nicht um den Rechtsschutz oder die Sanktion, sondern um die Rechtsverletzung selbst.[410] Deren **Eingriffsintensität** in die Interessen der Betroffenen hängt von Art und Inhalt der Verletzung ab.

IV. Beweislast

205 Die abstrakte Definition des Spürbarkeitsbegriffs und die Festlegung der Kriterien von Spürbarkeit ist sowohl in § 3 Abs. 1 als auch in § 3 Abs. 2 **Rechtsfrage.** Ausnahmsweise können aber Tatfragen auftauchen, wenn in Ausfüllung des in der Bagatellklausel funktional liegenden Wertungsvorbehalts empirisch fehlende Marktwirkungen reklamiert werden, zB

[407] BGH GRUR 2009, 888 Rn. 17 ff. – Thermoroll.
[408] Vgl. *Alexander* WRP 2016, 414.
[409] *Alexander* WRP 2016, 412.
[410] Zutreffend *Glöckner/Henning-Bodewig* WRP 2005, 1311 (1318).

bei einem völlig singulären **„Ausreißer"** innerhalb eines großen, homogenen Komplexes klar lauterer geschäftlicher Handlungen. Die konkrete Ausfüllung der Spürbarkeit ist **Tatfrage,** vorzutragen und zu beweisen sind demnach die Tatsachen, die eine mangelnde Spürbarkeit erweisen.

Die **Darlegungs- und Beweislast** trägt nach hergebrachter, am früheren Wortlaut orientierter[411] Auffassung beim Spürbarkeitserfordernis derjenige, dessen Handlung als unzulässig dargestellt wird, da er die Einwendung fehlender Spürbarkeit zu erheben hat.[412] Die Unlauterkeit indiziert demnach die Spürbarkeit.[413] Der Anspruchsteller ist also entgegen üblichen Beweisregeln wohl weiterhin der Notwendigkeit enthoben, Tatsachen für die „Spürbarkeit" der (unlauteren) geschäftlichen Handlung vorzutragen. Diese Verteilung der Darlegungslast relativiert das Problem, dass sich Unternehmen unter Hinweis auf einen bloß einmaligen Ausreißer rasch aus der lauterkeitsrechtlichen Haftung befreien könnten.[414] Müsste der Antragsteller aufwändig recherchieren und mehrere Belege für die geschäftliche Handlung auffinden, würden zahlreiche Verfahren anders laufen. 206

V. Kriterien zur Bestimmung der Spürbarkeit

1. Niedrige Relevanzschwelle. Es genügt die **Eignung** des Verhaltens **zur spürbaren Beeinträchtigung.** Eine tatsächliche Beeinträchtigung braucht nicht eingetreten zu sein. Dies ergibt sich schon aus der typischen UWG-Konstellation des Unterlassungsanspruchs. Die Spürbarkeit kann sich sowohl aus der besonders gravierenden Unlauterkeit im Sinne eines besonderen Handlungsunrechts ergeben als auch aus der Eignung, besonders viele oder finanziell wichtige Interessen zu beeinträchtigen. Der Spürbarkeitsbegriff kann mithin qualitativ und quantitativ ausgestaltet sein. 207

Der Gesetzgeber hat im Gesetzgebungsverfahren 2008 zum Ausdruck gebracht, dass er für die Spürbarkeit eine **niedrige Relevanzschwelle** ansetzt.[415] Es ging bei den Reformen 2004 und 2008 mit Verstärkung des Spürbarkeitselements nicht um die Legalisierung bislang lauterkeitsrechtlich problematischen Verhaltens. Genauso wenig ging es bei der Reform 2015 um eine Absenkung des Standards. Handlungen einzelner Marktteilnehmer ohne besondere Marktmacht repräsentieren aber immer nur einen winzigen Ausschnitt aus der Gesamtheit von Handlungen, die die Wirtschaft konstituieren. Das Lauterkeitsrecht zahlt insofern mit „kleiner Münze".[416] Gleichwohl bleibt es ein Balanceakt, einerseits viele Fälle zu erfassen, da schon der kleine Fall eine Sogwirkung auslösen kann, und andererseits das UWG mit seinem Fokus auf den funktionierenden Wettbewerb nicht überzustrapazieren. Die Relevanzschwelle ist aber nur eine von vielen Stellschrauben in dieser Hinsicht. Vor der UWG-Reform 2004 fanden sich Spürbarkeitskriterien bei der Frage der Klagebefugnis (§ 13 UWG aF). 208

In der Praxis spielt die Spürbarkeitsprüfung eine geringe Rolle.[417] Nur vereinzelt ist der eventuelle Bagatellcharakter der inkriminierten Handlung in der Judikatur überhaupt Gegenstand spezifischer und ernsthafter Prüfung gewesen.[418] Keineswegs immer wird der sog. 209

---

[411] Die doppelte Verneinung („... nicht nur unerheblich ...") in der Fassung des § 3 UWG 2004 war insofern deutlicher.

[412] Zustimmend *Scherer* WRP 2008, 708 (709) (Fn. 7); aA *Heermann* GRUR 2004, 94.

[413] *Köhler* WRP 2014, 259 (265).

[414] Vgl. *Mankowski* WRP 2008, 15 (19).

[415] So ausdrücklich BT-Drs. 15/1487, 17; s. auch *Köhler* WRP 2005, 1 (4); MüKoUWG/*Sosnitza* § 3 Rn. 124 ff.

[416] Vgl. *Podszun* in Hilty/Henning-Bodewig, Lauterkeitsrecht und Acquis Communautaire, S. 151 ff.

[417] Vgl. BGH GRUR 2008, 186 Rn. 26 – Telefonaktion; 2005, 443 – Ansprechen in der Öffentlichkeit II; OLG Frankfurt a. M. GRUR 2007, 607 Rn. 23 – Telefonwerbung für „Individualverträge"; *Köhler* WRP 2008, 10 unter Hinweis auf Einzelnachweise in seinen Rechtsprechungsberichten in GRUR-RR 2006, 1 ff. (33 ff., 73 ff., 113 ff., 209 ff., 305 ff.); 2007, 129 ff. (337). Kritisch in seiner Stellungnahme zum Referentenentwurf DIHK WRP 2014, 1426 (1427); ebenso HDE WRP 2014, 1430 (1431).

[418] Vgl. OLG Brandenburg GRUR-RR 2008, 136 – Fehlende Namensangaben auf Geschäftsbriefen; OLG Hamm MMR 2008, 176 (177); OLG Hamburg WRP 2007, 570 und 675 f.; KG WRP 2007, (465 und 553); GRUR-RR 2007, 326 (327); MMR 2007, 532; OLG Köln WRP 2007, (678 und 680).

Bagatellklausel, selbst in der höchstrichterlichen Rspr., überhaupt Beachtung geschenkt.[419] Wenn doch, wird der fehlende Bagatellcharakter einer unlauteren geschäftlichen Handlung mehr oder weniger **unterstellt.**[420] Eine nur formelhafte Begründung reicht aber nicht. Es ist nicht ausgeschlossen, dass die Gerichte, beflügelt vom gesetzgeberischen Auftrag, die Bagatellklausel künftig ernster nehmen. So könnten insbesondere **„querulatorische"** Inanspruchnahmen des UWG rasch ausgesiebt werden. Die Justiz hat es hier in der Hand, unvertretbar aufwändige Prozesse um Petitessen abzuschneiden. Denkbar ist auch, bei völlig vereinzelten geschäftlichen Handlungen, sog. **„Ausreißern"**, die Spürbarkeit zu verneinen.[421]

210 Die **Rechtsprechung** hat von dieser Option schon Gebrauch gemacht, etwa im Zusammenhang mit Bagatellverstößen gegen die Grundsätze der Preisklarheit und -wahrheit,[422] bei einer um einen Tag falschen Angabe des Fristbeginns für das Widerrufsrecht,[423] bei Nicht-Angabe der Versandkosten nach Deutschland bei einem ausländischen Versandhändler[424] oder bei Nicht-Angabe der beinhaltenden Umsatzsteuer bei einer Preisangabe.[425]

211 **2. Spürbarkeit als Element der Interessenbeeinträchtigung.** Die Bagatellprüfung lässt sich aber in dogmatisch schlüssiger Weise auch in die **Interessenabwägung** bei Prüfung des Kriteriums der Unlauterkeit einbringen. Dann wird regelmäßig anzunehmen sein, dass die Unlauterkeit einer geschäftlichen Handlung zugleich bedeutet, dass diese spürbar ist. Eine solche **Übereinstimmung von Eignung zur Beeinträchtigung und Spürbarkeit** ist auch im europäischen Recht angelegt.[426] Denn in Art. 5 Abs. 2 der RL 2005/29/EG geht das dortige Erfordernis (zumindest potenziell) „wesentlicher Beeinflussung" als „spürbare Beeinträchtigung" der Verbraucherinteressen im Begriff der Unlauterkeit selbst auf. Im Ergebnis wird man den unterschiedlichen Sprachfassungen keine sachliche Differenzierung entnehmen können.

212 Das Spürbarkeitserfordernis ist allerdings für unterschiedliche Tatbestände unterschiedlich zu interpretieren.[427] Für § 3 Abs. 1 in seinem Anwendungsbereich ist beispielsweise dessen Charakter zu beachten: es handelt sich um einen subsidiären **Auffangtatbestand,** bei dem grundsätzlich Zurückhaltung vor der Annahme einer spürbaren Beeinträchtigung zu üben ist.

213 Bei **Verbraucherbezug** sind für die Beurteilung der „Wesentlichkeit" einer Beeinflussung außerhalb der „schwarzen Liste" des UWG-Anhangs zu § 3 Abs. 3 die Maßgaben des Abs. 2 zu beachten. Soweit die **„schwarze Liste"** einschlägig ist, ist die Prüfung der Spürbarkeitsschwelle im „B2C"-Geschäft weder nötig noch überhaupt statthaft.

214 **3. Definition und Kriterien.** Nach der Begründung zum UWG 2004 setzt die „Feststellung, ob ein Wettbewerbsverstoß geeignet ist, den Wettbewerb nicht unerheblich zu verfälschen,... eine nach objektiven und subjektiven Momenten unter Berücksichtigung aller Umstände des Einzelfalls zu treffende Wertung voraus. In diese Wertung sind neben der Art und Schwere des Verstoßes die zu erwartenden Auswirkungen auf den Wettbewerb sowie der Schutzzweck des Wettbewerbsrechts einzubeziehen".[428] Damit greifen die Motive eine **bekannte Formel** zum Postulat einer „Gesamtwürdigung" auf.

---

[419] Paradigmatisch BGH GRUR 2008, 262 – Abwerbeanruf durch Personalberater.

[420] Vgl. BGH GRUR 2008, 534 Rn. 51 – Altersverifikationssystem; BGH GRUR 2008, 186 Rn. 26 – Telefonaktion; BGH GRUR 2007, 607 Rn. 23 – Telefonwerbung für „Individualverträge"; OLG Hamm openJur 2011, 59794.

[421] So für „Ausreißer" im Prinzip auch *Mankowski* WRP 2008, 15 f. (19), der aber eine Fernwirkung der Bagatellklausel für § 7 Abs. 1 verneint. – Unklar hier die Motive, vgl. BR-Drs. 345/08, 44 f. im Zusammenhang mit Irreführung: Verstöße müssten ein gewisses Gewicht im Wettbewerbsgeschehen haben, um relevant zu sein; dies ergebe sich auch aus dem Gesichtspunkt der Kausalität.

[422] BGH GRUR 2008, 442 Rn. 15 mwN – Fehlerhafte Preisauszeichnung.

[423] OLG Hamm MMR 2008, 176 (177) (dies kann freilich auch anders gesehen werden).

[424] KG MMR 2007, 532.

[425] KG GRUR-RR 2007, 326 (327) – Link „mich".

[426] S. auch *Glöckner* → Einl. Rn. 348.

[427] *Köhler* WRP 2020, 1378.

[428] Vgl. BT-Drs. 15/1487, 17.

215 Wendet man bei der Bagatellprüfung eine solche Gesamtwürdigung an, kann es zu einer Doppelung oder Vermischung mit der Würdigung des Unlauterkeitskriteriums kommen.[429] Diese wird vermieden, wenn die Spürbarkeits-Thematik in die Prüfung der Unlauterkeit über das Eignungs-Kriterium einbezogen wird. Für § 3 Abs. 2 ist die Definition in § 2 Abs. 1 Nr. 8 der Einstiegspunkt in die Prüfung.

216 Lehnt man eine Gesamtwürdigung im Rahmen der Spürbarkeitsprüfung ab, sind im Rahmen von § 3 Abs. 1 in seinem originären Anwendungsbereich Kriterien zu identifizieren, die eine geschäftliche Handlung spürbar machen.[430] Diese Kriterien müssen zunächst ebenso wie bei der Erfassung der Unlauterkeit einer geschäftlichen Handlung spezifisch die (potenziellen) **Auswirkungen auf das Marktgeschehen** iSd Wettbewerbsprozesses (nicht iSv Marktergebnissen oder Marktstrukturen) betreffen. Sie müssen im Übrigen einen **quantifizierbaren Charakter** tragen,[431] wenn die Bagatellklausel als solche gegenüber der wettbewerbsfunktional ausgerichteten Unlauterkeitsprüfung wenigstens eine gewisse tatbestandliche Eigenständigkeit aufweisen soll.

217 Beispiele für solche **quantifizierbaren Kriterien** aus der bisherigen Rechtsprechung sind: die nur marginale Größe des erzielten Wettbewerbsvorteils,[432] die tatsächliche oder plausibel begründbar zu erwartende nur ganz geringe Dauer der Marktwirksamkeit einer geschäftlichen Handlung und die nur sehr geringe Anzahl der in ihren schutzwürdigen Interessen dadurch (potenziell) nachteilig berührten Marktteilnehmer,[433] die (völlig) **fehlende Marktbedeutung** eines Unternehmens.[434]

218 Diese Kriterien sind ggf. **empirisch** zu beziffern. Aspekte können auch die Planmäßigkeit des Verhaltens und die Nachahmungsgefahr durch Mitbewerber sein. Die **Nachahmungsgefahr** kann aber nicht auf simple Weise immer hergenommen werden, um die Spürbarkeit zu beweisen (etwa in dem ein marginales Verhalten „hochgerechnet" wird). Besteht eine hohe Wahrscheinlichkeit, dass ein Verhalten eine Sogwirkung für Mitbewerber auslöst und es in der Summe zu spürbaren Verzerrungen kommt, lässt sich eine Spürbarkeit bejahen.

219 Ein nur sehr **geringfügiger Wettbewerbsvorteil** (zB bei einer weitgehend unbeachtet gebliebenen Werbung) überschreitet die Bagatellschwelle nicht. Allerdings ist hier zu bedenken, dass der Vorteil des einen Markteilnehmers nicht schlechthin mit den Interessenbeeinträchtigungen anderer identifiziert werden kann, auf die die Spürbarkeitsklausel indes abhebt. Auch eine schon erfolgte oder wahrscheinlich erfolgende behördliche Verfolgung des Wettbewerbsverstoßes unter einem anderen rechtlichen Gesichtspunkt kann zu seiner Absenkung unter die Bagatellschwelle führen.[435]

220 In diesem Zusammenhang wohl **fehlplatziert** sind Überlegungen zum wie auch immer eingeschätzten Grad der Nachahmungsgefahr[436] und – bei **Irreführungen** – die gegriffene

[429] Besonders deutlich in BGH GRUR 1999, 1128 f. – Hormonpräparat. Die Prüfung von Unlauterkeit und Bagatellcharakter vermischend auch OLG Hamburg OLGR 2007, 368 Rn. 26 – Internetversandhandel. Vgl. zur Gesamtwürdigung *Köhler* GRUR 2005, 1 (4). Aus der Rspr. s. BGH GRUR 2008, 186 Rn. 25 f. – Ankündigung von Telefonaktion zur Steuererklärung durch Lohnsteuerhilfeverein; KG WRP 2007, 553 (554) – Tragstuhlwagentransport.

[430] Umfassend *Drews,* Die Erheblichkeitsschwelle in § 3 UWG, 2010.

[431] Zustimmend sowohl in diesem Ausgangspunkt als auch weitgehend bezüglich der Kriterien im Einzelnen: MüKoUWG/*Sosnitza* § 3 Rn. 128 ff. S. aber auch *Köhler* WRP 2005, 1 (3).

[432] Vgl. (allerdings gerade zur Stützung des Unlauterkeitsverdikts) BGH GRUR 2001, 285 f. – Immobilienpreisangaben; 2001, 1166 (1169) – Fernflugpreise.

[433] Vgl. (wiederum zur Stützung des Unlauterkeitsverdikts) BGH GRUR 1996, 213 (215) – Sterbegeldversicherung (Potenzial von 4 Millionen angesprochenen Adressaten); OLG Hamburg WRP 1996, 314 (318). S. auch BGH GRUR 1996, 786 (788) – Blumenverkauf an Tankstellen.

[434] Vgl. *Baudenbacher,* Lauterkeitsrecht, Art. 2 Rn. 3; unklar *Köhler* WRP 2005, 1 (5).

[435] Noch weitergehend (bloße Möglichkeit der behördlichen Verfolgung ausreichend) BGH WRP 2001, 1301 (1304).

[436] BGH GRUR 1997, 767 (769) – Brillenpreise II. S. auch OLG Köln GRUR 1999, 1023 f. – Mindesthaltbarkeitsdatum bei Fassbier. Hier soll wohl die qualitative Frage der Wettbewerbswidrigkeit mit quantitativen Argumenten bejaht werden.

Irreführungsquote.[437] Derartige Erwägungen sind, wenn überhaupt, schon im spezifischen Zusammenhang mit der Unlauterkeitsprüfung anzustellen.

221 Im Zusammenhang mit Werbung ist ferner das **Unterschreiten der Bagatellschwelle** nicht davon abhängig, ob die Angaben objektiv falsch oder aber richtig sind, oder ob die Irreführung bewusst oder unbewusst erfolgt.[438] Im Kontext der sog. Bagatellklausel irrelevant ist ferner, ob auf Verbraucherseite Entscheidungen von nur geringer wirtschaftlicher Tragweite auf dem Spiel stehen.[439]

222 **Bedeutungslos** sind Umstände in der **Person des Verletzers** wie zB die hinter einer geschäftlichen Handlung stehenden Motive und Absichten oder der bei einer geschäftlichen Handlung involvierte Verschuldensgrad.[440] Ihnen fehlt als inneren Tatsachen von vornherein jede Eignung, die Interessen der Marktteilnehmer zu beeinträchtigen, sodass sich die Frage ihrer fehlenden „Spürbarkeit" iS ihrer qualitativen wie auch quantitativen Relevanz nicht stellt.

223 Auch ist eine unlautere Handlung nicht schon deshalb nicht spürbar, weil sie nur einmal oder nur für kurze Zeit vorgenommen worden ist, denn dies fällt in den Bereich der Wiederholungsgefahr, auf die es bei der Prüfung, ob das Verhalten unzulässig ist, noch nicht ankommt.[441]

224 Dasselbe gilt für den **„objektiven Unrechtsgehalt"** einer unlauteren geschäftlichen Handlung, dem im Zusammenhang mit der sog. Bagatellklausel gerade keine „maßgebliche Bedeutung" zukommt. Im Übrigen könnten vom Unrechtsgehalt her gesehen eher nicht ins Gewicht fallende geschäftliche Handlungen selbst bei erwiesener breiter **Streuwirkung** am Markt und bei dadurch erzieltem deutlichen Wettbewerbsvorsprung oder empirisch plausibilisierter Nachahmungsgefahr eine wegen fehlender wettbewerblicher Relevanz nicht vorhandene Unlauterkeit nicht kompensieren.[442] Der BGH geht davon aus, dass Verstöße gegen Normen, die dem Schutz der Gesundheit dienen, zu einer spürbaren Interessenbeeinträchtigung der Verbraucher geeignet sind.[443] Hier ist darauf zu achten, nicht die Grenze des § 1 S. 2 zu überschreiten, demzufolge nicht alle öffentlichen Interessen schutzfähig sind.

VI. Spürbarkeit in anderen Tatbeständen

225 Im Rahmen der Klarstellungsnovelle 2015 hat der Gesetzgeber in die übrigen Tatbestände ein Spürbarkeitskriterium explizit integriert. § 3 Abs. 1 wurde im Zusammenhang mit den Spezialtatbeständen zu einem **reinen Rechtsfolgenverweis.** Daher ist kein Spürbarkeitskriterium aus § 3 Abs. 1 mehr in andere Tatbestände hineinzulesen. Dies galt mit dem BGH ohnehin bereits, da dieser in einigen Tatbeständen auch ein immanentes Tatbestandsmerkmal der Spürbarkeit eingeführt hatte.[444] Auf die zu § 3 entwickelten Kriterien kann für andere Tatbestände ggf. zurückgegriffen werden, allerdings haben die Spezialtatbestände auch eigene Wertungskriterien für die Spürbarkeit (siehe die Kommentierungen jeweils dort).[445] Für die **Straftatbestände in § 16** in ihrer Funktion als privatrechtliche Verbotsnormen, die über § 3 Abs. 1 durchgesetzt werden, ist davon auszugehen, dass sie aus sich heraus unzulässig sind. Eine in § 3 Abs. 1 zu verankernde Spürbarkeitsprüfung ist nicht vorzunehmen.

---

[437] BGH GRUR 1997, 382 f. – Altunterwerfung I.

[438] Darauf nehmen zB BGH GRUR 1995, 358 (360) – Folgeverträge II und WRP 1995, 591 (594) – Gewinnspiel II Bezug.

[439] Vgl. aber BGH GRUR 1998, 487 f. – Professorenbezeichnung in der Arztwerbung III; 1997, 758 (760) – Selbsternannter Sachverständiger.

[440] Zustimmend *Köhler* WRP 2005, 1 (5). AA *Heermann* GRUR 2004, 94 (96).

[441] BGH GRUR 2011, 842 Rn. 21 – Zulassung importierter Pflanzenschutzmittel-Zusatzstoffe.

[442] Anders BGH WRP 2001, 1301 (1303 f.) – Fernflugpreise.

[443] BGH GRUR 2009, 984 Rn. 34 – Festbetragsfestsetzung; BGH GRUR 2011, 633 Rn. 36 – BIO TABAK.

[444] BGH GRUR 2009, 888 Rn. 17 ff. – Thermoroll.

[445] Vgl. *Sack* WRP 2015, 663 ff.; s. auch *Köhler* WRP 2014, 259 (263 ff.); *Alexander* WRP 2016, 412.

Anhang zu § 3 Abs. 3 UWG („Schwarze Liste")

I. Vorbemerkung

Übersicht

Schrifttum: *Alexander,* Die „Schwarze Liste" der UGP-Richtlinie und ihre Umsetzung in Deutschland und Österreich, GRUR Int. 2010, 1025; *ders.* Verhaltenskodizes im europäischen und deutschen Lauterkeitsrecht, GRUR Int. 2012, 965; *ders.,* Neue Transparenzanforderungen im Internet – Ergänzungen des UGP-RL durch den „New Deal for Consumers"; WRP 2019, 1235; *Büllesbach,* Auslegung der irreführenden Geschäftspraktiken des Anhangs I der Richtlinie 2005/29/EG über unlauter Geschäftspraktiken, 2008; *Duivenvoorde,* The Upcoming Changes in the Unfair Commercial Practices Direcive: A Better Deal for Consumers?, EuCML 2019, 219; *Glöckner/Henning-Bodewig,* EG-Richtlinie über unlautere Geschäftspraktiken. Was wird aus dem „neuen UWG"?, WRP 2005, 1311; *Köhler,* Zu den „unter allen Umständen unlauteren" irreführenden und aggressiven Geschäftspraktiken, FS Bornkamm, 2014, S. 393; *Köhler,* Übersetzer als Gesetzgeber? – Zur deutschen Fassung der Richtlinie über unlautere Geschäftspraktiken, FS Fezer 2016, 969; *Leible,* Auswirkungen der UWG-Reform 2008 auf die Durchsetzung wettbewerbsrechtlicher Ansprüche im Gesundheitsbereich: Die Bedeutung der „black list", GRUR 2010, 133; *Lindacher,* Geltungsprobleme bei Black-List-Irreführungsverboten, WRP 2012, 40; *Namyslowska,* Trifft die „Schwarze Liste" der unlauteren Geschäftspraktiken ins Schwarze? Bewertung im Lichte der EuGH-Rechtsprechung, GRUR Int. 2010, 1033; *Oechsler,* Die schwarze Liste im Wettbewerb als negativer safe habour, GRUR 2019,136; *Scherer,* „Case law" in Gesetzesform – die „Schwarze Liste" als neuer UWG-Anhang, NJW 2009, 324.; *Scherer,* Was bringt die „Schwarze Liste" tatsächlich? – Bestandsaufnahme und Konsequenzen, WRP 2011, 393; *Scherer,* Die weißen Flecken in der Schwarzen Liste, WRP 2014, 771; *Schöttle,* Die Schwarze Liste – Übersicht über die neuen Spezialtatbestände des Anhangs zu § 3 Abs. 3 UWG, WRP 2009, 673; *Wiebe/Kodek* (Hrsg.) UWG, 2. Aufl. Wien 2021, 71. Lfg. (Vgl. weiter die Literaturhinweise zu Anhang Nr. 1.)

1. Stellung des Anhangs im UWG. Der Anhang zum UWG bildet einen (ausgeglie- 1
derten) **Teil der Generalklausel,** der lediglich aus regelungstechnischen Gründen im Anschluss an § 3 Abs. 3 UWG erörtert wird. Gemäß **§ 3 Abs. 3 UWG** sind die im Anhang genannten geschäftlichen Handlungen, sofern gegenüber dem **Verbraucher** vorgenommen, **stets unzulässig.** Es handelt sich dabei vorwiegend um solche Handlungen, die entweder **irreführend** oder aber (übermäßig) **aggressiv** sind. Ihre Besonderheit besteht darin, dass sie als **per se-Verbote** ausgestaltet sind, die eine Prüfung zusätzlicher (dh nicht im Wortlaut begründeter) Umstände nicht nur nicht erfordern, sondern sogar verbieten. Handelt es sich also um eine geschäftliche Handlung gegenüber dem Verbraucher, die eine der Tatbestände des Anhangs erfüllt, so kommt es nicht mehr darauf an, ob diese Auswirkungen auf das Entscheidungsverhalten iSv § 3 Abs. 2 UWG hat oder auch nur haben könnte.

Der Anhang wurde erst durch das **UWG von 2008** in das UWG eingeführt, die UWG- 2
Reform 2015 (vgl. *Keller* → Einl. A Rn. 16 ff.) hat insofern keine signifikanten Änderungen bewirkt. Erforderlich wurde er durch die Umsetzung der **Richtlinie 2005/29/EG.**[1] Wie Erwägungsgrund 17 der Richtlinie und S. 61 des RegE 2008 erläutern, verfolgt der

[1] Ausführlich *Keller* → Einl. Rn. 45; *Glöckner* → Einl. Rn. 237 ff.; vgl. auch den Reg.E v. 23.5.2008, BR-Drs. 345/08, 43. In einigen Ländern, zB Schweden, ist die „black list" der UGP-RL in eine Sonderregelung verschoben werden.

Anhang das Ziel, bestimmte die Verbraucherinteressen massiv und typischerweise verletzende geschäftliche Handlungen eindeutig zu identifizieren, um auf diese Weise die Transparenz und **Rechtssicherheit** zu erhöhen. Dass dies gelungen ist, lässt sich, wie die Auslegungsbemühungen des EuGH in der *Purely Creative* Entscheidung[2] von 2012 plastisch zeigen, in Anbetracht der zT wenig klaren Formulierungen (→ Rn. 5, 7) bezweifeln. Zudem geht es in den Tatbeständen um **Sachverhalte von sehr unterschiedlicher Bedeutung,** wobei manche von ihnen – eigentlich ein Rückschritt für das moderne Lauterkeitsrecht – subjektive Kriterien (**Absicht** etc) aufstellen; überspitzt wird von einem **„Konglomerat von Selbst- und Umständlichkeiten“** gesprochen.[3]

3 **In der Sache** bedeuten die im Anhang genannten Verbotstatbestände für das deutsche Lauterkeitsrecht **nichts Neues.** Es handelt sich fast durchwegs um geschäftliche Handlungen, die auch bisher schon von der Rechtsprechung als unlautere Wettbewerbshandlungen verboten werden konnten und wurden. Zu beachten sind jedoch folgende **Änderungen:**

4 Zum einen werden auch solche unlauteren Verhaltensweisen gegenüber dem Verbraucher verboten, die **unterhalb der Erheblichkeitsschwelle** von § 3 Abs. 2 bzw. § 4a Abs. 1, § 5 Abs. 1, § 5a Abs. 1 UWG liegen. Allerdings soll nach dem RegE 2008 auch hier der allgemeine **Grundsatz der Verhältnismäßigkeit** gelten (dazu noch unter → Rn. 21).

5 Zum anderen sind die im Anhang genannten Tatbestände strikt **gemeinschaftsrechtlich auszulegen.**[4] Diese Konsequenz ist in ihrer praktischen Auswirkung deshalb bedeutsam, weil die fraglichen Sachverhalte keineswegs so klar formuliert sind, als dass sich Auslegungsprobleme vermeiden ließen.[5] Die fehlende Trennschärfe der in der „Schwarzen Liste“ der Richtlinie verwendeten Begriffe – die der deutsche Gesetzgeber (von kleineren **sprachlichen Korrekturen** abgesehen) übernehmen musste – eröffnet einen zT erheblichen **Interpretationsspielraum,** der das Ziel der besonderen Rechtssicherheit zu unterminieren droht und die Folge hat, dass nunmehr verstärkt um die Auslegung der einzelnen Tatbestandsmerkmale gestritten wird.[6] Ist jedoch eine Auslegung unvermeidbar, so hat diese **gemeinschaftsrechtlich,** europäisch zu erfolgen. Im Zweifelsfall sind auch die **unterschiedlichen Sprachfassungen** heranzuziehen. Der nachfolgenden Kommentierung der Einzeltatbestände ist daher nicht nur der Richtlinientext, sondern mitunter auch die Übersetzung in andere Sprachfassungen vorangestellt.

6 Schließlich hat sich die **Prüfungsreihenfolge** bei der konkreten Rechtsanwendung – dh der „Aufbau des UWG“ – **geändert.** Handelt es sich um eine geschäftliche Handlung gegenüber dem **Verbraucher,** so ist als erstes zu untersuchen, ob ein im Anhang genannter Tatbestand vorliegt – ist dies der Fall, so besteht eine Unterlauterkeit iSv § 3 UWG ohne Hinzutreten irgendwelcher zusätzlicher Umstände. Lässt sich der fragliche Sachverhalt nicht unter den Anhang subsumieren oder handelt es sich um keine geschäftliche Handlung gegenüber dem Verbraucher, so sind die in den §§ 4–7 UWG geregelten Tatbestände

---

[2] EuGH GRUR 2012, 1409 = GRUR Int. 2012, 1269; dazu noch unter → Rn. 5.

[3] *Wiltschek/Majchrzak* ÖBl. 2008, 4. Auch *Scherer* NJW 2009, 324 (325) spricht zu Recht von „seltsamer und unvollständiger Lückenhaftigkeit einzelner Tatbestände“; vgl. auch *Glöckner* → Einl. Rn. 358; *Glöckner/Henning-Bodewig* WRP 2005, 1311.

[4] Vgl. etwa EuGH GRUR 2010, 244 – Plus Warenhandelsgesellschaft; EuGH GRUR 2011, 76 – Mediaprint; EuGH GRUR 2012, 1269 – Purely Creative; aus der Literatur statt aller *Köhler*/Bornkamm/Feddersen, UWG, 39. Aufl. 2021, UWG Anhang zu § 3 III Rn. 0.3.

[5] Vgl. nur die Interpretationsmöglichkeiten, die *Leible* GRUR 2010, 183 bezüglich des Begriffs „Verkehrsfähigkeit“ (Nr. 9) aufzeigt. Auch der Anhangstatbestand Nr. 11 (kommentiert von *Frank*) zeigt die ganze Spannbreite, die die zT unglücklich gewählten Begriffe für die Interpretation eröffnen.

[6] EuGH GRUR 2012, 1269; kritisch dazu *Köhler* FS Bornkamm, 2014, 393 und *Köhler*/Bornkamm/Feddersen UWG Anh. zu § 3 III Rn. 0.7. Es ging ua um die Auslegung des Begriffs „ohne Kosten“ im Rahmen von Nr. 31 der Black list der UGP-Richtlinie (im deutschen UWG Nr. 17 des Anhangs). Zu den Folgen dieser (alles andere als überzeugend begründeten) Entscheidung – die ua die Diskussion um ein verändertes Verbraucherleitbild ausgelöst hat. – Diese Frage wird im Rahmen der Irreführungstatbestände § 5 und § 5a UWG ausführlich diskutiert.

unlauteren Wettbewerbs – einschließlich Wertungsmöglichkeit und sich aus § 3 Abs. 2 bzw. § 5 ergebender Relevanz – zu prüfen. Erst wenn auch sie nicht eingreifen, kommt eine originäre Anwendung der Generalklausel in Betracht (vgl. auch → *Podszun,* § 1, Rn. 7 ff.).

Bei den im Anhang aufgelisteten Tatbeständen handelt es sich vorwiegend um **irreführende** oder **aggressive** Geschäftspraktiken gemäß Art. 6–9 der UGP-Richtlinie. Im deutschen Recht sind sie damit Teil des Bereichs der **§§ 5, 5a UWG** bzw. seit der Reform von 2015 des **§ 4a UWG.** Bei per se-Verboten sollte eigentlich ein Rückgriff auf diese Vorschriften ausgeschlossen sein. Andererseits ist bei der Auslegung häufig eine scharfe Trennung zwischen den Tatbeständen des Anhangs und den vorgenannten „Grundtatbeständen" nicht möglich; der EuGH hat in der *Purely Creative*-Entscheidung selbst mit den Art. 6, 7 der UGP-Richtlinie argumentiert. Die **Kommentierung des Anhangs** wird daher häufig auf die grundlegenden Vorschriften verweisen, die ihrerseits wiederum nicht ohne Hinweise auf die Tatbestände des Anhangs auskommen; dabei ist jedoch stets zu bedenken, dass es um die gemeinschaftsrechtliche Auslegung (→ Rn. 5) geht, nicht um die nach deutschen Verständnis. 7

Zu beachten ist, dass (bis zum 28.5.2022 → Rn. 30) die **Nummerierung der „black list" der Richtlinie** von der des deutschen **UWG-Anhangs abweicht,** da der deutsche Gesetzgeber Nr. 26 der Schwarzen Liste (hartnäckiges und unerwünschtes Ansprechen über Telefon etc) bereits in das Verbot des § 7 Abs. 2 UWG integriert hat und den Tatbestand der Nr. 31 der Richtlinie in Nr. 17 des Anhangs verschoben hat. Die Umsetzung der RL (EU) 2019/2161 wird jedoch wiederum die Reihenfolge ändern, die dann der UGP-RL entspricht; vgl. hierzu → Rn. 30 und durch das Gesetz zur Stärkung des Verbraucherschutzes im Wettbewerbs- und Gewerberecht *Keller* → Einl. Rn. 71 ff. 8

In der Rechtsprechung werden die black list-Tatbestände zwar durchaus herangezogen und tragen zur weiteren Rechtsentwicklung bei – etwa Nr. 11 (getarnte Werbung) und Nr. 28 (Kaufappelle an Kinder). Gegenüber den Grundtatbeständen haben sie jedoch nur geringere Bedeutung. Dies mag zum einen daran liegen, dass dieses „Konglomerat von Selbst- und Umständlichkeiten"[7] in der Praxis schwieriger anzuwenden ist, als es bei einem per se-Verbot der Fall sein sollte. Zum anderen sind einige Tatbestände, insbes. (aber nicht nur) diejenigen, die eine Absicht erfordern, so eng gefasst, dass ein Eingehen auf diese sehr speziellen Voraussetzungen aus prozessökonomischer Sicht nicht naheliegt, wenn der fragliche Sachverhalt ohne weiteres unter die §§ 4a, 5, 5a UWG subsumierbar ist. Die „in der Praxis enorme Bedeutung"[8] beschränkt sich daher auf eine mögliche Verbesserung der Transparenz des verbotenen Verhaltens insbesondere in den Staaten, die erst seit relativ kurzer Zeit mit dem Wettbewerbsrecht zu tun haben.[9] In Staaten mit einem etablierten Rechtssystem und erprobter Durchsetzung ist die Bedeutung der Schwarzen Liste für das hohe Niveau des Verbraucherschutzes eher bedeutungslos. 9

2. Die Auslegung anhand der Richtlinie 2005/29/EG über unlautere Geschäftspraktiken. Die Aufnahme des UWG-Anhangs wurde, wie ausgeführt, durch die **Richtlinie 2005/29/EG** über unlautere Geschäftspraktiken erforderlich. Die sog. UGP-Richtlinie ist ausführlich bei *Glöckner* → Einl. Rn. 246 ff. kommentiert; hierauf wird verwiesen. An dieser Stelle sei lediglich noch einmal zusammengefasst, dass die Richtlinie sich ausschließlich auf Geschäftspraktiken im Verhältnis zum Verbraucher **(B2C)** bezieht, unlautere Geschäftspraktiken mittels einer Generalklausel (Art. 5 Abs. 1) verbietet und irreführende und aggressive Geschäftspraktiken näher regelt (Art. 6–9). Ausgangspunkt ist der 10

---

[7] *Wiltschek/Majchrzak* ÖBl. 2008, 4.

[8] *Wiebe/Kodek* S. 11; *Podszun* → UWG § 3 Rn. 8. Eine möglicherweise größere Transparenz für Verbraucher und Gerichte sieht auch *Duivenvoorde;* EuCL 2019, 2019, 224 als eines der möglichen Vorteile der neuen black list-Tatbestände („may provide more clarity for consumers") an.

[9] Vgl. die Länderberichte in Einl. F. Aber auch in den ehemals sozialistischen EU-Staaten sind Entscheidungen zur black list die Ausnahme. Zum Verhältnis der Anhangstatbestände zu den Grundtatbeständen und zu anderen (zB presserechtlichen) Tatbeständen vgl. auch die Entscheidung des EuGH GRUR 2012, 1056 – *Frank* → Anh. zu § 3 Nr. 11 und *Frank* → § 5a UWG Rn. 254 ff.

Grundsatz der Einzelfallbetrachtung mit Wertungsmöglichkeit, zB muss unter Berücksichtigung aller Umstände des Einzelfalles geprüft werden, ob wirklich eine Irreführungseignung vorliegt, ob das Verhalten des Durchschnittsverbrauchers beeinflusst werden kann, etc. Von diesem Grundsatz macht die Richtlinie lediglich bei den in der **„black list"** erfassten Praktiken eine **Ausnahme.** Bei ihnen darf keine Einzelfallwertung mehr erfolgen, vielmehr sollen sie **„unter allen Umständen"** unlauter sein (Art. 5 Abs. 5). Zu bedenken ist freilich, dass dies nur im Anwendungsbereich der UGP-Richtlinie gilt. Dieser vorgehende Regelungen, zB in der Richtlinie Audiovisuelle Medien, sind von der UGP-Richtlinie nicht erfasst (dazu *Glöckner* → Einl. Rn. 241 ff.).

11 So ist bei der in vielen Fällen unvermeidbaren Auslegung des Wortlauts der einzelnen Tatbestände zu berücksichtigen, dass die im Anhang der Richtlinie genannten Fallkonstellationen **Ausschnitte** aus dem Bereich der **irreführenden und aggressiven Geschäftspraktiken** darstellen, die in den Art. 6–9 der Richtlinie eingehend geregelt sind – ein Umstand, den der EuGH mehrfach betont hat.[10] Fest steht jedenfalls, dass dann, wenn es um die Auffassung des Verbrauchers geht, das Leitbild des „verständigen **Durchschnittsverbrauchers**" gilt.[11] Im Übrigen ist es aber gerade das erklärte Ziel der „black list", zusätzliche Wertungen überflüssig zu machen. Die Kriterien der irreführenden und aggressiven Geschäftspraktiken in den Art. 6–9 der Richtlinie, ebenso wie die Überschrift, unter der sie sich befinden, sind daher zwar nicht als Voraussetzungen der in der „black list" genannten Verbotstatbestände zu prüfen, können jedoch indirekt die **Auslegung der einzelnen Tatbestandmerkmale beeinflussen.**

11a Der **EuGH** hat sich bislang selten mit der Interpretation der Tatbestände der „black list" befasst.[12] Im Mittelpunkt der den Anhang berührenden Entscheidungen stand vielmehr bisher die Frage, ob es den Mitgliedstaaten erlaubt ist, über die in der „black list" aufgeführten Tatbestände hinaus im nationalen Lauterkeitsrecht Verbote aufrechtzuerhalten oder einzuführende, die den per-se-Verboten der black-list gleichkommen (dazu ausführlich *Glöckner* → Einl. Rn. 237 ff.). Zu einer gewissen „Öffnungsklausel" hat erst die RL (EU) 2019/2161 geführt, die der deutsche Gesetzgeber zur Einführung eines neuen (ab dem 28.5.2022 geltenden) Verbots in Nr. 32 des Anhangs nutzte (→ Rn. 29).

12 **3. Generelle Voraussetzung: Geschäftliche Handlung gegenüber dem Verbraucher.** Die per se-Verbote des UWG-Anhangs beziehen sich ausschließlich auf **„geschäftliche Handlungen"** iSv § 2 Abs. 1 Nr. 1 UWG (ausführlich *Keller* → § 2 UWG Rn. 8 ff.). Dies ergibt sich sowohl aus der Überschrift des UWG-Anhangs als auch aus § 3 Abs. 3 UWG; es folgt weiter aus der UGP-Richtlinie, deren „black list" mit „Geschäftspraktiken, die unter allen Umständen als unlauter gelten" überschrieben ist. Wenn im UWG-Anhang unter Nr. 1 also von der „Angabe" eines Unternehmers, einen Verhaltenskodex unterzeichnet zu haben, die Rede ist, so muss diese Angabe (in der Terminologie der Richtlinie „Behauptung") die Voraussetzung einer „geschäftlichen Handlung" – so wie diese in § 2 Abs. 1 Nr. 1 UWG definiert ist – erfüllen.

13 Weiter muss die geschäftliche Handlung gegenüber einem **Verbraucher** – definiert in § 2 Abs. 2 UWG – begangen worden sein. Beide Begriffe sind nunmehr ihrerseits **europäisch determiniert.** Es ist jedoch davon auszugehen, dass sowohl der Begriff der geschäftlichen Handlung als auch der des Verbrauchers in § 2 des deutschen UWG mit den Vorgaben der Richtlinie vereinbar ist (dazu *Keller* → § 2 UWG Rn. 238 ff.).

14 Der Anhang zum deutschen UWG erfasst (insofern wohl anders als die Richtlinie) auch Nachfragehandlungen von Unternehmen gegenüber Verbrauchern (sog. **C2B-Verhältnis**).[13]

---

[10] In einem gewissen Widerspruch dazu scheint der mit der RL (EU) 2019/2161 in Nr. 23a hinzugefügte „Event-Karten"-Tatbestand zu stehen; vgl. dazu noch → Rn. 28.

[11] Dazu *Glöckner* → Einl. B. Rn. 237 ff.

[12] Vgl. jedoch etwa die *Purely-Creative*-Entscheidung EuGH GRUR 2012, 1269, und die *GOOD NEWS*-Entscheidung EuGH GRUR 2012, 1056.

[13] Dazu *Glöckner* → Einl. Rn. 293; *Alexander* GRUR Int. 2010, 1025.

4. Keine analoge Anwendung. Als **Ausnahme** von dem allgemeinen Grundsatz, wonach die Feststellung der Unlauterkeit mit einem Wertungsvorbehalt verbunden ist und insbesondere nur dann vorliegt, wenn die fragliche geschäftliche Handlung Auswirkungen auf das Entscheidungsverhalten der Verbraucher haben kann (§ 3 Abs. 2 UWG), sind die Tatbestände des UWG-Anhangs grundsätzlich **nicht verallgemeinerungsfähig.**[14] Eine analoge Anwendung auf lediglich vergleichbare Sachverhalte scheidet daher nach allgemeiner Auffassung aus. Dies gilt schon deshalb, weil gerade **keine Gesetzeslücke** vorliegt. In den Fällen, in denen ein Tatbestand des Anhangs nicht eingreift, ist eine Prüfung anhand der allgemeinen UWG-Vorschriften nicht nur möglich, sondern sogar geboten (→ Rn. 4). **15**

5. Restriktive Interpretation? Eine andere Frage ist, welche **Interpretationsgrundsätze** in den Fällen, in denen einzelne Tatbestandsmerkmale des Anhanges auslegungsbedürftig sind, zur Anwendung gelangen. Wenn zB Nr. 2 des Anhangs von „Gütezeichen, Qualitätskennzeichen *oder ähnlichem*" spricht, ist eine Bestimmung des Begriffs „Ähnliches" unumgänglich. Mitunter ist auch der Regelungsgehalt so unklar, „dass nur durch die enge Auslegung vertretbare Ergebnisse erzielt werden können."[15] Wie oben (→ Rn. 7, 8) ausgeführt, hat eine derartige Auslegung **europarechtlich** zu erfolgen. Der EuGH verweist zwar regelmäßig auf die nationalen Auslegungsmethoden, hat jedoch insofern eine europäische Methode entwickelt, als er zB die den Zielsetzungen der fraglichen Richtlinie am ehesten entsprechende Interpretation als maßgeblich ansieht.[16] Auch im deutschen Recht sind Ausnahmen nicht stets und unter allen Umständen eng auszulegen.[17] Sind freilich mit Sinn und Zweck des einzelnen Tatbestands und der UGP-Richtlinie nach **europäischem Recht** insgesamt **gleichwertige Auslegungen** einzelner Tatbestandsmerkmale möglich, so ist im Zweifelsfall diejenige Interpretation zu wählen, die eine Wertungsmöglichkeit zulässt. Insofern (und nur insofern) ist der Anhang **restriktiv** auszulegen.[18] Dies ergibt sich unmittelbar aus der des Gemeinschaftsrechts, das vom Grundsatz der Verhältnismäßigkeit ausgeht und in aller Regel per-se-Verbote vermeidet. **16**

6. Auswirkungen auf das B2B-Verhältnis? Sowohl der Anhang zum deutschen UWG als auch die zugrunde liegende Regelung in der UGP-Richtlinie beziehen sich ausschließlich auf Handlungen gegenüber dem Verbraucher (im Sinne von § 2 Abs. 2 UWG). Im Verhältnis der **Unternehmer untereinander** finden sie jedenfalls **keine direkte Anwendung.** Bei entsprechenden Handlungen zwischen Unternehmern ist vielmehr auf die Grundtatbestände der §§ 3, 4–7 UWG zurückzugreifen. Es handelt sich dann **nicht** um **per-se-Verbote,** sondern um „normale" Verbote, die an zusätzliche Voraussetzungen gebunden sind. **17**

Die Auflistung der per se-Verbote gegenüber dem Verbraucher im UWG-Anhang darf daher nicht zu dem Umkehrschluss verleiten, dass die entsprechenden Praktiken – sofern nur gegenüber Nicht-Verbrauchern vorgenommen – stets zulässig wären. Der UWG- **18**

---

[14] Dies entspricht ganz hM, vgl. etwa *Köhler*/Bornkamm/Feddersen, UWG, Anhang zu § 3 III Rn. 0.8; MüKoUWG/*Alexander* Anhang zu § 3 III Rn. 62; *Öchsler,* GRUR 2019, 136 (138); vgl. auch OLG Köln GRUR-RR 2011, 275; OLG Jena GRUR-RR 2017, 314.

[15] So *Seichter* jurisPK, 5. Aufl. 2021, Anhang zu § 3 Abs. 3 (Nr. 19) UWG.

[16] Vgl. *Zürich,* Europäisierung der Methodik richtlinienkonformer Rechtsfindung, EuR 2015, 440.

[17] *Bleckmann,* Zu den Methoden der Gesetzesauslegung in der Rechtsprechung des BVerfG JuS 2002, 942.

[18] Ebenso *Bruhn* in Gloy/Loschelder/Danckwerts (Hrsg.) § 46 Rn. 14 unter Hinweis auf die GA in *Trestenjak* in den Schlussanträgen zu den verbundenen Rechtssachen Rs. C-261/07 und C-299/07. *Wirtz* in Götting/Nordemann (Hrsg.) § 3 Rn. 111. Dies schließt im Einzelfall eine weite teleologische Auslegung (vgl. *Köhler*/Bornkamm/Feddersen Anh. § 3 III Rn. 08) nicht aus, wenn nicht auch andere – europarechtlich genauso korrekte – Interpretationen in Betracht kommen; was je nach dem Tatbestand unterschiedlich sein kann → Ohly/*Sosnitza* UWG Anh. zu § 3 III Rn. 4. Es geht also nicht darum, dass die UGP-black list-Tatbestände generell restriktiv auszulegen seien (wie offenbar *Köhler*/Bornkamm/Feddersen, Anh. zu § 3 Rn. 08 die hier vertretene Auffassung zu interpretieren scheint), sondern dass bei zwei *europarechtlich gleichwertigen* Auslegungen die restriktivere zu bevorzugen ist.

Anhang entfaltet **keine Indizwirkung für die Zulässigkeit im B2B-Verhältnis.** Eher ließe sich schon vertreten, dass die im UWG-Anhang genannten Praktiken einen **Hinweis** geben **für die Unzulässigkeit** auch im B2B-Verhältnis.[19] Denn überwiegend handelt es sich um geschäftliche Verhaltensweisen, die auch unter Geschäftsleuten Bedenken auslösen werden; aus diesem Grunde haben einige Mitgliedstaaten (zB Österreich, Schweden) den Anwendungsbereich der „black list" für ihr Recht auf alle Marktteilnehmer erweitert. Eine generelle Linie wird sich hieraus jedoch nicht ableiten lassen. Entscheidend ist vielmehr der spezifische Unrechtsgehalt des jeweiligen Tatbestands und die Frage, ob es ansonsten zu ungerechtfertigten **Wertungswidersprüchen** kommen könnte.[20] In einigen Fällen, etwa bei Zahlungsaufforderungen, die den unzutreffenden Eindruck einer bereits erfolgten Bestellung erwecken (Nr. 27), wird daher ein Indiz für die Unzulässigkeit auch im „B2B"-Verhältnis bestehen, während in anderen – spezifisch auf den Schutz der Verbraucher zugeschnittenen – Sachverhalten die Wertung offen ist.[21]

19 **7. Argumentation e contrario?** Eine andere Frage ist, ob immer dann, wenn die **Voraussetzungen** eines der im UWG-Anhang genannten Tatbestände **nicht erfüllt** sind, von der **Zulässigkeit** der fraglichen geschäftlichen Handlung auszugehen ist. Das ist eindeutig zu verneinen.[22] Eine **e contrario-Argumentation** würde Sinn und Zweck des UWG-Anhangs und zugleich der Richtlinie 2005/29/EG zuwiderlaufen. Beide Regelungswerke gehen davon aus, dass die im jeweiligen Anhang genannten Tatbestände deshalb unzulässig sind, weil sie besonders krasses Fehlverhalten gegenüber dem Verbraucher darstellen („Spitze des Eisbergs"). Demgegenüber treffen sie keine Aussage über die Lauterkeit von geschäftlichen Handlungen, die diese speziellen Voraussetzungen nicht erfüllen. Aus dem Gesamtkontext folgt, dass derartige Sachverhaltskonstellationen ohne irgendeine Einschränkung an den allgemeinen Vorschriften des UWG – im Irreführungsbereich also etwa den §§ 5 und 5a UWG – zu messen sind. Allerdings müssen dann auch alle Voraussetzungen dieser Vorschriften erfüllt sein, dh die Irreführungsgefahr muss nachgewiesen werden und die Unlauterkeit steht erst nach einer Einzelfallwertung und einem Überschreiten der Relevanzschwelle fest.

20 Bezüglich eines nicht die Voraussetzungen des UWG-Anhangs erfüllenden geschäftlichen Verhaltens gegenüber dem Verbraucher besteht daher **keinerlei Vermutung** einer (tendenziellen) **Zulässigkeit.** Entsprechendes gilt erst recht für das B2B-Verhältnis.

21 **8. Nichtanwendung der Tatbestände des UWG-Anhangs wegen „Unverhältnismäßigkeit"?** Nach der **RegE 2008**[23] soll es auch künftig Fallgestaltungen geben, „bei denen ein nach § 3 Abs. 3 UWG-E oder § 7 UWG-E unlauteres Verhalten gleichwohl keine wettbewerblichen Sanktionen auslöst". Zurückzuführen sei dies auf den „allgemeinen **Grundsatz der Verhältnismäßigkeit**".

22 Diese Formulierung darf nicht zu dem **Missverständnis** verleiten, dass bei geschäftlichen Handlungen, die den Tatbestand des UWG-Anhangs erfüllen, stets noch die ungeschriebene Voraussetzung der Verhältnismäßigkeit zu prüfen wäre; es also – sozusagen statt Wertungsvorbehalt – eine zusätzliche Hürde zu nehmen gelte. Ein derartiges Verständnis wäre mit der gemeinschaftsrechtlichen Forderung einer per-se-Unlauterkeit unvereinbar. Ob sich infolge der *Purely Creative* Entscheidung,[24] in der der EuGH den Anhang im Lichte der Art. 5 Abs. 2 lit. b, Abs. 3 der Richtlinie ausgelegt hat, vertreten lässt, dass generell nicht zur Verbraucherbeeinflussung geeignete Geschäftspraktiken dem Anhang nicht unterfal-

---

[19] *Köhler*/Bornkamm/Feddersen, Anhang zu § 3 Rn. 0:12 BGH WRP 2012, 194 – Branchenbuch Berg; BGH WRP 2019, 1471 – Identitätsdiebstahl.

[20] *Köhler*/Bornkamm/Feddersen, Anhang zu § 3 Rn. 08; vgl. auch BGH WRP 2012, 194 – Branchenbuch Berg; EuGH WRP 2014, 816 – 4 finance; BGH WRP 2019, 1471 – Identitätsdiebstahl.

[21] Ebenso *Büllesbach* S. 35.

[22] Die von *Steiner* NJW 2009, 324 befürchtete „faktische Begründung einer Lauterkeitsvermutung" besteht weder rechtstheoretisch noch nach der bisherigen Rechtspraxis.

[23] Dazu Keller → Einl. Rn. 17 ff.

[24] EuGH GRUR 2012, 1408.

len,[25] bedürfte weiterer Diskussion.[26] Zum einen ist die *Purely Creative* Entscheidung in ihre Begründung offenbar stark von den Besonderheiten des Vorlagesachverhalts geprägt. Zum anderen ist davon auszugehen, dass der europäische Gesetzgeber eine derartige Abwägung bereits bei der Fassung der in der „schwarzen Liste" enthaltenen Tatbestände vorgenommen hat. Vor diesem Hintergrund sind Konstellationen, in denen sich im deutschen Recht ein unter den UWG-Anhang subsumierbares geschäftliches Verhalten über den Grundsatz der Verhältnismäßigkeit auf der **Tatbestandsebene** als nicht unlauter einstufen ließe, **schwer vorstellbar.**[27]

Der Grundsatz der Verhältnismäßigkeit kann jedoch bei der **teleologischen Interpretation** der einzelnen Verbotstatbestände eine Rolle spielen – und spricht für die in → Rn. 16 vorgeschlagene restriktive Interpretation in den Fällen, in denen unterschiedliche, europarechtlich gleichwertige Interpretationen von Tatbestandsmerkmale möglich sind. Weiter kann er in besonders gelagerten Einzelfällen die **Durchsetzung des Verbots** betreffen, insbesondere beim Beseitigungsanspruch zu einer Modifizierung führen. Demgegenüber, dürfte es nicht möglich sein, bei einem unter den UWG-Anhang fallenden Verhalten über den Grundsatz der Verhältnismäßigkeit **jede Art von Sanktionierung,** insbesondere durch Unterlassungsansprüche, ausschließen. Die UGP-Richtlinie eröffnet den Mitgliedstaaten zwar, wie insbesondere Art. 13 zeigt, bei der Sanktionierung einen großen Spielraum (vgl. dazu *Glöckner* → Einl. Rn. 158). Dieser Spielraum betrifft jedoch die Art und Weise der Sanktionierung, nicht hingegen die Frage, ob überhaupt Sanktionen verhängt werden (müssen). 23

9. Neue Anhangs-Tatbestände ab dem 28.5.2022. Wie ausgeführt sind die Tatbestände des Anhangs abschließend und nicht einer analogen Auslegung zugänglich. Vor dem Hintergrund der angestrebten Vollharmonisierung und insbes.Art. 5 Abs. 5 S. 2 der UGP-RL ist es dem nationalen Gesetzgeber grundsätzlich verwehrt, auf ein per se-Verbot hinauslaufende Verbotstatbestände zu schaffen oder aufrechtzuerhalten.[28] Die Kompetenz hierzu liegt beim Europäischen Gesetzgeber (vgl. jedoch → Rn. 29). 24

Durch die **Richtlinie (EU) 2019/2161** vom 27.11.2019[29] hat der Europäische Gesetzgeber diese ihm zustehende Befugnis ausgeübt. Aufgenommen wurden **vier neue Tatbestände,** die in der UGP-RL 2005/29/EG nunmehr die Nummern 11a, 23a, b, c bilden und die von den Mitgliedstaaten bis zum 28.11.2021 in ihr nationales Recht umgesetzt werden mussten. In Deutschland ist dies geschehen durch das **Gesetz zur Stärkung des Verbraucherschutzes** im Wertbewerbs- und Gewerberecht.[30] 25

Die Ausweitung der „black list"-Tatbestände erfolgte dabei im Rahmen des sog. **„New Deal for Consumers",** der einen besseren Schutz der Verbraucher zum Ziel hat (ausführlich *Keller* → Einl. Rn. 70 ff.; *Glöckner* → Einl. Rn. 193–197, 399, 387). Die sog. „Omnibus"-RL 2019/2161 (oder auch „Modernisation Directive") bewirkte dabei eine nicht unerhebliche Änderung der RL 93/13/EG, 98/6/EG, 2011/83/EU, vor allem aber der RL 26

[25] In diesem Sinne *Köhler*/Bornkamm/Feddersen UWG, Anh. zu § 3 III Rn. 0.4; *Köhler* WRP 2014. 259; *Scherer* WRP 2014, 771. Nach *Köhler*/Bornkamm/Feddersen ist eine wesentliche Beeinflussung idR zu vermuten.

[26] Dies gilt auch für die Frage, welche möglichen Konsequenzen der Entscheidung des EuGH, GRUR 2015, 600 – Ungarische Verbraucherschutzbehörde, die eine Korrektur auf der Rechtsfolgenseite anzudeuten scheint, zu entnehmen wäre.

[27] Ebenso *Gamerith* WRP 2005, 391; verneinend auch *Alexander* GRUR Int. 2010, 1025 (1030); anders wohl *Ohly*/Sosnitza UWG Einf. C Rn. 53. Es besteht eine andere Situation als sie etwa der Entscheidung des BGH GRUR 1999, 504 – Implantatbehandlung zugrunde lag. Allgemein zum Grundsatz der Verhältnismäßigkeit im Lauterkeitsrecht *Köhler* GRUR 1996, 82; zur Rechtslage in Österreich *Alexander,* GRUR Int 2010, 1025.

[28] → Rn. 11.

[29] Richtlinie (EU) 2019/2161 des Europäischen Parlaments und des Rates vom 27.11.2019 zur Änderung der Richtlinie 93/13/EWG des Rates und der Richtlinien 98/6/EG, 2005/29/EG und 2011/83/EU des Europäisches Parlaments und des Rates zur besseren Durchsetzung und Modernisierung der Verbraucherschutzvorschriften der Union, ABl. 2019 L 328, S. 7.

[30] Gesetz vom 10.8.2021, BGBl. I, S. 3504.

2005/29/EG, der sog. UGP-Richtlinie. Ob gerade bei dieser das Ziel eines besseren Verbraucherschutzes erreicht wurde, darf bezweifelt werden.[31] Denn der Europäische Gesetzgeber hat nicht (wie vielfach angeregt) für mehr Kohärenz und Systematik gesorgt, sondern im Gegenteil die bisherige Linie eigentlich überflüssiger, wortreicher Einzelregelungen fortgesetzt. Die Neuregelungen bringen daher gewiss einige (Transparenz-)Vorteile für Verbraucher mit sich,[32] dafür sind jedoch die Nachteile durch wiederum unangepasste und der Interpretation zugängliche Verbote beträchtlich. Wenig hilfreich ist dabei auch, dass sie „sprachlich ungelenk, sperrig"[33] sind und damit mühsam errungene Auslegungskompromisse über den Haufen zu werfen drohen.

27 Die neu eingefügten **„black list"-Tatbestände** der UGP-RL betreffen vor allem Geschäftspraktiken im **Online-Sektor,** insbes. im Irreführungsrecht bei Online-Plattformen, Kundenbewertungen etc. Die meisten davon sind sowohl in der RL 2005/29/EG als auch im deutschen UWG zufriedenstellend gelöst worden, da sie ohne weiteres unter die Grundtatbestände (Art. 6, 7 der Richtlinie §§ 5, 5a UWG) subsumierbar sind. Für Länder mit weniger effizienter Rechtsdurchsetzung als in Deutschland wird dies möglicherweise ein Fortschritt sein, für das deutsche UWG sind hingegen durch diese neuen „sperrigen" Tatbestände eher Auslegungsfragen zu befürchten.

28 Nach der RL 2019/2161/EU erhält Anhang I der RL 2005/29/EG folgende Neuerungen (dh es ist stets unzulässig):

„11a. Die Anzeige von Suchergebnissen aufgrund der Online-Suchanfrage eines Verbrauchers, ohne dass etwaige bezahlte Werbung oder spezielle Zahlungen, die dazu dienen, ein höheres Rankin der jeweiligen Produkte im Rahmen der ‚Suchergebnisse zu erreichen, eindeutig offengelegt werden."

23a. Der Wiederverkauf von Eintrittskarten für Veranstaltungen an Verbraucher, wenn der Gewerbetreibende diese Eintrittskarten unter Verwendung automatisierter Verfahren erworben hat, die dazu dienen, Beschränkungen in Bezug auf die Zahl der von einer Person zu erwerbenden Eintrittskarten oder andere für den Verkauf der Eintrittskarten geltende Regeln zu umgehen.

23b. Die Behauptung, dass Bewertungen eines Produkts von Verbrauchern stammen, die das Produkt tatsächlich verwendet oder erworben haben, ohne dass angemessene und verhältnismäßige Schritte unternommen wurden, um zu prüfen, ob die Bewertungen wirklich von solchen Verbrauchern stammen.

23c. Die Abgabe gefälschter Bewertungen oder Empfehlungen von Verbrauchern bzw. die Erteilung des Auftrags an andere juristische oder natürliche Personen, gefälschte Bewertungen oder Empfehlungen von Verbrauchern abzugeben, sowie die falsche Darstellung von Verbrauchertewertungen oder Empfehlungen in sozialen Medien zu Zwecken der Verkaufsförderung."

29 Der Anhang enthält weiter ein Verbot, das nicht unionsrechtlich vorgegeben, sondern originär deutschen Ursprungs ist. Ursprünglich war es dem nationalen Gesetzgeber verwehrt, selbst per se Verbote oder auf diese hinauslaufende Regelungen zu schaffen (→ Rn. 11). Die RL (EU) 2019/2161 enthält jedoch erstmalig in Erwägungsgrund 55 eine sog. **Öffnungsklausel,** nach der im Zusammenhang mit Hausbesuchen oder Ausflügen etc. auch strengere nationale Schutzvorschriften zulässig sind. Der deutsche Gesetzgeber hat diese Öffnungsklausel genutzt, um in **Nr. 32 des Anhangs** eine offenbar häufig auftretende Überrumpelungsstrategie in den Griff zu bekommen. Nach Nr. 32 ist stets unzulässig die

Aufforderung zur Zahlung bei unerbetenen Besuchen in der Wohnung eines Verbrauchers am Tag des Vertragsabschlusses

„bei einem im Rahmen eines unerbetenen Besuchs in der Wohnung eines Verbrauchers geschlossenen Vertrag die an den Verbraucher gerichtete Aufforderung zur Bezahlung der Ware oder

---

[31] Ausführlich dazu *Glöckner* → Einl. Rn. 193; *Alexander* WRP 2019, 1235; *Duivenvoorde* EuCLM 2019, 219.

[32] Eine relativ geringe Verbesserung des Verbraucherschutzes in Anbetracht des Regelungsaufwandes stellt etwa *Duivenvoorde* EuCML 2019, 219 fest.

[33] *Alexander* WRP 2019, 1235 (1240).

Dienstleistung vor Ablauf des Tages des Vertragsabschlusses; dies gilt nicht, wenn der Verbraucher einen Betrag unter 50 Euro schuldet.“

Im Zuge dieser Neuregelungen wurde weiter in **§ 56a Gewerbeordnung** die Geschäftspraktik des **Wanderlagers** neu geregelt, da diese offenbar immer wieder – etwa bei **Kaffeefahrten** – zu Beschwerden von Verbrauchern führt; in § 56a Abs. 6 GewerbeO ist es nun zB verboten, anlässlich eines Wanderlagers Finanzanlagen, Medizinprodukte oder Nahrungsergänzungsmittel zu vertreiben oder zu vermitteln.

Mit dem Gesetz zur Stärkung des Verbraucherschutzes im Wettbewerbs- und Gewerberecht erfolgten weiter **strukturelle Änderungen,** die im Wesentlichen der stärkeren Anpassung an den (geänderten) Text der UGP-RL und dem besseren Verständnis dienen. Zum einen wurden, wie in der RL, Zwischenüberschriften eingezogen, die klarstellen sollen, welche Tatbestände zum Komplex der irreführenden, welche zum Komplex der aggressiveren Geschäftspraktiken gehören; auch sind die einzelnen Tatbestände jetzt mit aussagekräftigen Stichworten überschrieben. Weiter wurde die **Nummerierung der Tatbestände** – ab der Nr. 17 – an die der RL angepasst. So findet sich das ursprünglich in § 7 UWG verschobene Verbot der unerlaubten Telefonanrufe nunmehr, wie in der RL, Nr. 26 des Anhangs (vgl. dazu *Tolkmitt* § 7a UWG). Inhaltliche Änderungen sind hiermit nicht verbunden. 30

Die fünf neuen Anhangstatbestände treten **am 28.5.2022 in Kraft.** Sie sind in diesem Kommentar im Zusammenhang mit den sonstigen durch das Gesetz zur Stärkung des Verbraucherschutzes im Wettbewerbs- und Gewerberecht bewirkten Änderungen des UWG **(UWG 2022)** besprochen. Hierauf wird verwiesen. 31

II. Die einzelnen Tatbestände des Anhangs

Anhang zu § 3 Abs. 3 Nr. 1

Unzulässige geschäftliche Handlungen im Sinne des § 3 Abs. 3 sind

1. die unwahre Angabe eines Unternehmers, zu den Unterzeichnern eines Verhaltenskodexes zu gehören;

Übersicht

Schrifttum: *Alexander,* Die „Schwarze Liste“ der UGP-Richtlinie und ihre Umsetzung in Deutschland und Österreich, GRUR Int. 2010, 1025; *ders.,* Verhaltenskodizes im europäischen und deutschen Lauterkeitsrecht, GRUR Int. 2012, 965; *Balitzki,* Werbung mit ökologischen Selbstverpflichtungen, GRUR 2013, 670; *Beater,* Unlauterer Wettbewerb, 2011; *R. Bechtold,* Probeabonnement – Anmerkung zum Urteil des BGH v. 7. Februar 2006, KZR 33/04, WRP 2008, 1162; *Birk,* Corporate Responsibility, unternehmerische Selbstverpflichtungen und unlauterer Wettbewerb, GRUR 2011, 196; *Büllesbach,* Auslegung der irreführenden Geschäftspraktiken des Anhangs I der Richtlinie 2005/29/EG über unlautere Geschäftspraktiken, 2008; *Dreyer,* Verhaltenskodizes im Referentenentwurf eines Ersten Gesetzes zur Änderung des Gesetzes gegen unlauteren Wettbewerb – Wird das Wettbewerbsrecht zum Motor für die Durchsetzung vertraglicher Verpflichtungen?, WRP 2007, 1294; *Hoeren,* Das neue UWG – der Regierungsentwurf im Überblick, BB 2008, 1182; *ders.,* Das neue UWG und dessen Auswirkungen auf den B2B-Bereich, WRP 2009, 789; *Jergolla,* Die britische Werbeselbstkontrolle anhand des Advertising Code – eine Gegenüberstellung mit der Rechtslage in Deutschland, WRP 2003, 431; *Kocher,* Unternehmerische Selbstverpflichtungen im Wettbewerb, GRUR 2005, 647; *Köhler,* Die „Wettbewerbsrichtlinien der Versicherungswirtschaft“ – heute noch zeitgemäß?, FS für Egon Lorenz, 2014, S. 831; *Körber/Mann,* Werbefreiheit und Sponsoring, GRUR 2008, 737; *Lamberti/Wendel,* Verkäufe außerhalb von Vertriebsbindungssystemen, WRP 2009, 1479; *Leister/Fröhlich,* Kein Verstoß gegen UGP-Richtlinie durch Einschränkung des gerichtlichen Prüfungsmaßstabs in Hypothekenvollstreckung, GRUR-Prax 2018, 533; *A. Lehmann,* Werbeselbstkontrolle in Italien und Deutschland – Vor- und Nachteile der Systeme freiwilliger Selbstregulierung im Vergleich, GRUR Int. 2006, 123; *Lindacher,* Geltungsweiteprobleme bei Black List-Irreführungsverboten, WRP 2012, 40; *Mees,* Normwidrigkeit und § 1 UWG, WRP 1985, 373; *Meessen,* Internationalen Verhaltenskodizes und Sittenwidrigkeitsklauseln, NJW 1981, 1131; *Oechsler,* Die Schwarze Liste im Wettbewerbsrecht als negativer Safe Harbor, GRUR 2019, 136; *Peifer,* Die Zukunft der irreführenden Geschäftspraktiken, WRP 2008, 556; *Pfister,* Sportverbandsregeln als Verhaltenskodizes im Sinne des Wettbewerbsrechts, GRUR 2017, 1091; *Piper,* Zur Wettbewerbswidrigkeit des Einbrechens in fremde Vertragsbeziehungen durch Abwerben von Kunden mit Mitarbeitern, GRUR 1990, 643; *Scherer,* „Case-law" in Gesetzesform – die „Schwarze Liste" als neuer UWG-Anhang, NJW 2009, 324; *dies.,* Die weißen Flecken in der Schwarzen Liste, WRP 2014, 771; *dies.,* Was bringt die „Schwarze Liste" tatsächlich? – Bestandsaufnahme und Konsequenzen, WRP 2011, 393; *Schmidhuber,* Verhaltenskodizes im neuen UWG, WRP 2010, 593; *Schöttle,* Die Schwarze Liste – Übersicht über die neuen Spezialtatbestände des Anhangs zu § 3 Abs. 2 UWG, WRP 2009, 673; *Skaupy,* Zu den Begriffen „Franchise", „Franchisevereinbarungen" und „Franchising", NJW 1992, 1784; *Sosnitza,* An Kinder gerichtete Online-Werbung für Lebensmittel, WRP 2018, 905; *ders.,* Wettbewerbsregeln nach §§ 24 ff. GWB im Lichte der 7. GWB-Novelle und des neuen Lauterkeitsrechts, in: FS Bechtold, 2006, S. 515; *Vander,* Verhaltenskodizes im elektronischen Geschäftsverkehr, K&R 2003, 339; *Zetzsche/Preiner,* Zur Einordnung der Best Principles for Shareholder Voting Research & Analysis, AG 2014, 685.

32 **1. Einfluss des europäischen Rechts.** Nr. 1 des UWG-Anhangs setzt die Nr. 1 des Anhangs I der **UGP-Richtlinie** in das deutsche Recht um. Diese lautet:

> *„Die Behauptung eines Gewerbetreibenden, zu den Unterzeichnern eines Verhaltenskodex zu gehören, obgleich dies nicht der Fall ist."*

33 Mit **Nr. 1** des UWG-Anhangs hat der deutsche Gesetzgeber **2008 Neuland** betreten. Eine ausdrückliche Regelung der Irreführung im Zusammenhang mit Verhaltenskodizes kannte das deutsche Wettbewerbsrecht bislang nicht, schon gar nicht im Wege eines per se-Verbots. Sie wurde erst durch die **Umsetzung der UGP-Richtlinie** erforderlich. Der **Wortlaut** der Richtlinie wurde dabei leicht **abgewandelt.** Verbietet die Richtlinie „die Behauptung eines Gewerbetreibenden, zu den Unterzeichnern eines Verhaltenskodex zu gehören, obgleich dies nicht der Fall ist", so bezieht Nr. 1 des UWG-Anhangs das Verbot knapper auf „die unwahre Angabe eines Unternehmers ...".

34 Eine inhaltliche Änderung ist damit nicht verbunden; im Zweifelsfall ist allerdings zu bedenken, dass die Auslegung der deutschen Begriffe **richtlinienkonform** zu erfolgen hat (→ Anh. § 3 Rn. 5, 10).

35 **2. Zweck der Vorschrift und Abgrenzung.** Die durch die UGP-Richtlinie den Verhaltenskodizes eingeräumte **Rolle** besteht darin, es den Gewerbetreibenden zu ermöglichen, die Grundsätze dieser Richtlinie in spezifischen Wirtschaftsbranchen selbst wirksam anzuwenden, die Anforderungen an die berufliche Sorgfalt einzuhalten und die Inanspruchnahme der Verwaltungsbehörden und Gericht zu vermeiden.[34] Nr. 1 des UWG-Anhangs regelt – ebenso wie Nr. 3 und § 5 Abs. 1 S. 2 Nr. 6 UWG – die wettbewerblichen Folgen irreführender Geschäftshandlungen im Zusammenhang mit Verhaltenskodizes. Diese Bestimmungen sind das **Relikt einer ursprünglich geplanten umfassenderen Regelung.** Im Grünbuch der Europäischen Kommission zum Verbraucherschutz in der Europäischen Union war noch vorgeschlagen worden, im Interesse einer EU-weiten Selbstregulierung jede Nichterfüllung freiwilliger Selbstverpflichtungen als unlautere Handlung anzusehen.[35] Nach Anhörung der beteiligten Kreise ist die Kommission von diesen Vorstellungen abgerückt. Schon in der Mitteilung zu Folgemaßnahmen zum Grünbuch hatte man sich auf die Forderung beschränkt, sicherzustellen, dass in Verhaltenskodizes eingegangene Verpflichtungen eingehalten werden.[36] Nr. 1 des Anhangs zu § 3 Abs. 3 dient in diesem Sinne dem Schutz des Verbrauchers vor unwahren Angaben über die

[34] 20. Erwägungsgrund; EuGH C-109/17, EU:C:2018:735 Rn. 57 – Bankia/Juan Carlos Marí Merino.

[35] Vgl. Grünbuch zum Verbraucherschutz in der Europäischen Union, KOM/2001/0531 endg., unter Ziff. 4.4.

[36] Ziff. III.28 der Mitteilung der Kommission zu den Folgemaßnahmen zum Grünbuch über den Verbraucherschutz in der EU, KOM/2002/0289 endg.

Bindung des Unternehmens an Verhaltenskodizes. Nach den deutschen Gesetzesmaterialien (RegE) besteht eine ähnliche Situation wie bei der **Werbung mit bestimmen Normen.**[37]

Nr. 1 des UWG-Anhangs enthält **keine abschließende Regelung der Irreführung über Verhaltenskodizes.** Insbesondere der Umkehrschluss, dass andere Angaben als die in Nr. 1 genannten im Zusammenhang mit Verhaltenskodizes unbedenklich seien, ist nicht gerechtfertigt. **Nr. 3 des Anhangs zu § 3 Abs. 3** und zu **§ 5 Abs. 2 Nr. 6** können sowohl neben als auch unabhängig von Nr. 1 des Anhangs eingreifen.[38] Angaben über den Inhalt von Verhaltenskodizes können überdies, wenn sie sich unter einen der Bezugspunkte des § 5 Abs. 1 S. 2 subsumieren lassen, gemäß § 5 irreführend sein, s. näher oben unter I sowie § 5 Abschn. H. Strengere Identitätsstandards für **reglementierte Berufe** bleiben nach Art. 3 Abs. 8 UGP-Richtlinie unberührt. 36

3. An einen Verbraucher gerichtete geschäftliche Handlung. Nr. 1 des UWG-Anhangs setzt eine an einen **Verbraucher** gerichtete **geschäftliche Handlung** voraus. Bezüglich der Legaldefinition der Begriffe „geschäftliche Handlung" und „Verbraucher" wird auf § 2 Abs. 1 Nr. 1 und § 2 Abs. 2 UWG und die Kommentierung von *Keller* hierzu verwiesen. Handelt es sich um falsche Angaben unter **Unternehmern,** so kann das allgemeine Irreführungsverbot eingreifen, sofern die Voraussetzungen erfüllt sind. Eine **Indizwirkung** für die Unzulänglichkeit auch im B2B-Bereich entfaltet Nr. 1 des UWG-Anhangs nicht. 37

4. Begriff des „Verhaltenskodex". Die Vorschrift setzt die Angabe des Unternehmers voraus, einen **„Verhaltenskodex"** unterzeichnet zu haben. Der Begriff ist definiert in **§ 2 Nr. 5 UWG** (s. dazu die Kommentierung von *Keller*). Eine genauere Legaldefinition des „Verhaltenskodex" (engl.: Code of Conduct), die im Zweifelsfall im Wege **richtlinienkonformer Auslegung** heranzuziehen ist, enthält **Art. 2 lit. f UGP-Richtlinie.** Danach ist unter einem Verhaltenskodex eine Vereinbarung oder ein Vorschriftenkatalog zu verstehen, die bzw. der nicht durch die Rechts- oder Verwaltungsvorschriften eines Mitgliedstaats vorgeschrieben ist und das Verhalten der Gewerbetreibenden definiert, die sich in Bezug auf eine oder mehrere spezielle Geschäftspraktiken oder Wirtschaftszweige auf diesen Kodex verpflichtet haben. **Ungeschriebene Voraussetzung** ist, dass es um die Definition des **lauteren** Verhaltens der Unternehmen im Wettbewerb geht.[39] Dies ergibt sich aus dem **20. Erwägungsgrund der UGP-Richtlinie,** nach dem Verhaltenskodizes den Gewerbetreibenden ermöglichen sollen, die Grundsätze der Richtlinie in spezifischen Wirtschaftsbranchen wirksam anzuwenden, die Anforderungen an die berufliche Sorgfalt einzuhalten und die Inanspruchnahme der Verwaltungsbehörden oder Gerichte zu vermeiden.[40] 38

Anders als bei § 5 Abs. 1 S. 2 Nr. 6 UWG werden auch **Absichtserklärungen** erfasst, die nur dazu verpflichten, sich um bestimmte gemeinsame Wertvorstellungen zu bemühen.[41] Dies kommt in Art. 6 Abs. 2 lit. b UGP-Richtlinie zum Ausdruck, der Absichtserklärungen aus dem Anwendungsbereich des Irreführungsverbots herausnimmt, während eine vergleichbare Einschränkung bei Nr. 1 der Anlage 1 der Richtlinie fehlt. Anders als bei Art. 6 Abs. 2 lit. b der Richtlinie liegt das die Unzulässigkeit begründende zentrale Element der Nr. 1 des Anhangs zu § 3 Abs. 3 UWG auch nicht in der Nichteinhaltung der Selbstverpflichtung, sondern darin, dass der Unternehmer auf eine tatsächlich nicht bestehende Verpflichtung verweist. Da der Verbraucher dies im Allgemeinen als Bereitschaft des Unternehmens zur Einhaltung des Verhaltenskodex interpretieren wird, spielt es für den 39

[37] Vgl. Amtl. Begr. zum Gesetzentwurf, BT-Drs. 16/10145, 31.
[38] Vgl. BGH GRUR 2019, 1202 Rn. 28 f. – Identitätsdiebstahl.
[39] Ebenso *Beater,* Unlauterer Wettbewerb, Rn. 1273; *Büllesbach* S. 44 f.
[40] Vgl. EuGH 19.9.2018 – C-109/17, EU:C:2018:735 Rn. 57 – Bankia SA/Merino ua mAnm *Leister/Fröhlich* GRUR-Prax. 2018, 533.
[41] Ebenso *Birk* GRUR 2011, 196 (198).

Unlauterkeitsvorwurf bei Nr. 1 des Anhangs zu § 3 Abs. 3 UWG keine entscheidende Rolle, ob die angebliche Selbstverpflichtung nur ein redliches Bemühen zum Gegenstand hat oder sanktioniert ist.

40 **5. Unwahre Angabe über die Selbstverpflichtung.** Nur die unwahre Angabe, einen Verhaltenskodex unterzeichnet zu haben, fällt unter Nr. 1 des UWG-Anhangs. Der Begriff der **Angabe** ist richtlinienkonform iSd in der Richtlinie verwendeten Begriffs der **Behauptung** auszulegen. Aus dem Vergleich mit Nr. 9 der „Schwarzen Liste" der Richtlinie ergibt sich, dass das **„anderweitige Herbeiführen des Eindrucks"**, der Unternehmer habe sich auf einen Verhaltenskodex verpflichtet, keine „Behauptung" in diesem Sinne ist.[42] Erfasst werden also nur ausdrückliche Werbeaussagen, nicht aber nur indirekte Äußerungen oder konkludente Verhaltensweisen, die auf eine Bindung an den Verhaltenskodex schließen lassen.[43] Nicht ausreichend ist zB, wenn durch das Herausstreichen eines besonderen Lauterkeitsstrebens des Unternehmers beim Verbraucher unterschwellig der Eindruck entsteht, der Unternehmer müsse wohl an den Verhaltenskodex gebunden sein. Andererseits impliziert der Begriff „Behauptung" aber auch nicht, dass die Angabe besonders herausgestellt oder **betont** wird, wie dies etwa für ein „Präsentieren als Besonderheit" im Sinne von Nr. 10 der „Schwarzen Liste" erforderlich ist. Angaben im Fließtext einer Unternehmensbeschreibung können daher ausreichen.

41 Entscheidend ist die Behauptung, an den Kodex gebunden zu sein. Unrichtige Angaben über den **Kodexinhalt** können nur unter den Voraussetzungen des § 5 UWG irreführend sein.[44]

42 Nur die **objektiv unrichtige Information,** einen Verhaltenskodex unterzeichnet zu haben, ist nach Nr. 1 des UWG-Anhangs unzulässig, s. zur „unwahren Angabe" näher schon → § 5 Rn. 309 ff. Wahre Angaben über Verhaltenskodizes, die den Verbraucher zu täuschen geeignet sind, können nur unter den Voraussetzungen des § 5 UWG untersagt werden. Ein (zusätzliches) Täuschungserfordernis besteht nicht; unwahre Behauptungen über die Bindung an den Kodex sind daher unter den weiteren Voraussetzungen von § 3 Abs. 3 iVm Nr. 1 des Anhangs selbst dann unlauter, wenn der Verbraucher die Unrichtigkeit erkennt. Auf welcher Grundlage die Information erteilt wurde, ob zu Werbezwecken oder in Erfüllung einer vermeintlichen gesetzlichen oder vertraglichen Verpflichtung, ist ohne Belang.

43 Entscheidend ist trotz des missverständlichen Wortlauts nicht, ob der Unternehmer den Kodex unterzeichnet hat, sondern ob behauptet wird, dass eine **Verpflichtung des Unternehmers zur Einhaltung des Verhaltenskodex** besteht. Denn der Hinweis auf die Verpflichtung des Unternehmers auf den Kodex wird vom Verkehr im Sinne einer Bindung an den Kodex verstanden und dient als Gütezeichen. Wer gegenüber dem Verbraucher in der in Nr. 1 des Anhangs zu § 3 Abs. 3 UWG bezeichneten Art wirbt, handelt daher auch unzulässig, wenn die behauptete **Verpflichtung unwirksam** ist oder der Kodex (noch) nicht zustande gekommen oder seinerseits unwirksam ist.[45] Ein weites lauterkeitsrechtliches Verständnis ist angebracht: Wer nach den geltenden Gepflogenheiten einem Verband beigetreten ist, der seinerseits an einen Verhaltenskodex gebunden ist und diese Bindung verbandsintern an seine Mitglieder weitergibt, darf auf die Bindung an den Verhaltenskodex hinweisen. Andererseits spielt es keine Rolle, ob der an den Kodex

---

[42] Ebenso *Köhler*/Bornkamm/Feddersen Anh. zu § 3 Abs. 3 Rn. 1.5; Fezer/*Peifer* Anh. UWG Nr. 17 Rn. 34; *Körber/Mann* GRUR 2008, 737 (739). – **AA** *Lindacher* WRP 2012, 40 f.; Ohly/*Sosnitza* Anh. zu § 3 Abs. 3 Rn. 6.

[43] *Birk* GRUR 2011, 196 (198); *Köhler*/Bornkamm/Feddersen Anh. zu § 3 Abs. 3 Nr. 1 Rn. 1.5; *Koch* in Büscher/Dittmer/Schiwy (Hrsg.), Gewerblicher Rechtsschutz, 2. Auflage 2011, Anh. § 3 Abs. 3 Rn. 7. – AA *Lindacher* WRP 2012, 40; Ohly/*Sosnitza* Anh. zu § 3 Abs. 3 Rn. 6.

[44] EuGH 19.9.2018 – C-109/17, EU:C:2018:735 Rn. 58 – Bankia SA/Merino ua. Näher die Kommentierung zu § 5 Abs. 1 S. 2 Nr. 6, → § 5 Rn. 1246.

[45] *Dreyer* WRP 2007, 1294 (1298 f.); vgl. *Hoeren* BB 2008, 1182 (1187); aA *Oechsler* GRUR 2019, 136 (139).

gebundene Unternehmer dessen Bedingungen dann tatsächlich einhält oder nicht;[46] dieser Fall kann allerdings eine unlautere Geschäftspraxis iSd § 5 Abs. 1 S. 2 Nr. 6 UWG/Art. 6 Abs. 2 lit. b UGP-RL darstellen.[47]

6. Kein subjektives Element. Abweichend von dem in erster Lesung beschlossenen Standpunkt des Europäischen Parlaments, der die Bösgläubigkeit des Unternehmens forderte, enthält Nr. 1 der Anlage 1 zur UGP-Richtlinie und in dessen Umsetzung Nr. 1 des Anhangs zu § 3 Abs. 3 UWG **kein subjektives Element.** 44

Anhang zu § 3 Abs. 3 Nr. 2

Unzulässige geschäftliche Handlungen im Sinne des § 3 Abs. 3 sind:

2. die Verwendung von Gütezeichen, Qualitätskennzeichen oder Ähnlichem ohne die erforderliche Genehmigung

Übersicht

Schrifttum: *Büllesbach,* Auslegung der irreführenden Geschäftspraktiken des Anhangs I der Richtlinie 2005/29/EG über unlautere Geschäftspraktiken, 2008, S. 35; *Franz,* Zur Neutralität und Sachkunde eines Gütesiegelverleihers, WRP 2020, 548; *Leible,* Auswirkungen der UWG-Reform 2008 auf die Durchsetzung wettbewerbsrechtlicher Ansprüche im Gesundheitsbereich, GRUR 2010, 183; *Schirmbacher,* UWG 2008 – Auswirkungen auf den E-Commerce, K&R 2009, 433.

1. Einfluss des europäischen Rechts. Die Vorschrift entspricht wörtlich der Regelung im Anhang I Nr. 2 zur **UGP-Richtlinie.** Diese lautet: 45

„Die Verwendung von Gütezeichen, Qualitätskennzeichen oder Ähnlichem ohne die erforderliche Genehmigung."

2. Zweck der Vorschrift und Abgrenzung. Verboten wird die **Verwendung** bestimmter **qualitätsrelevanter Zeichen** (nachfolgend als Oberbegriff für „Gütezeichen", „Qualitätskennzeichen" oder „Ähnliches" verwendet) **ohne** die **erforderliche Genehmigung.** Aus diesem Tatbestand lässt sich hingegen kein generelles Verbot von Geschäftspraktiken ableiten, die nicht von der zuständigen Verwaltungsbehörde genehmigt wurden.[48] Es wird vielmehr davon ausgegangen, dass es qualitätsrelevante Zeichen gibt, die bestimmte Kriterien voraussetzen und die nur nach vorheriger Prüfung und Genehmigung durch einen Dritten verwendet werden dürfen. **Nicht erfasst** sind somit geschäftliche Handlungen, bei denen der Unternehmer mit Genehmigung des Ausstellers ein bestimmtes Zeichen verwendet, das jedoch objektiv kein qualitätsrelevantes Zeichen ist, sondern **nur** einen entsprechenden **Anschein** erweckt.[49] Das kann insbesondere der Fall sein bei Zeichen, die **gegen Gebühr** und **ohne Qualitätskontrolle** erworben werden können. In solchen Fällen kann jedoch Nr. 4 des UWG-Anhangs oder § 5 Abs. 1 S. 2 Nr. 1 UWG 46

[46] Ebenso *Balitzki* GRUR 2013, 670 (672).

[47] EuGH 19.9.2018 – C-109/17, EU:C:2018:735 Rn. 58 – Bankia SA/Merino ua. Näher die Kommentierung zu § 5 Abs. 1 S. 2 Nr. 6, → § 5 Rn. 1244–1246; s. auch *Köhler*/Bornkamm/Feddersen Anh. zu § 3 Abs. 3 Rn. 1.2.

[48] EuGH Urt. v. 17.1.2013 – C-206/11, GRUR Int. 2013, 267 Rn. 38 – Köck.

[49] OLG Celle WRP 2014, 1216.

verletzt sein, wobei Nr. 4 des UWG-Anhangs allerdings auf eine unwahre *Angabe* abstellt und Nr. 2 nur auf die *Verwendung*. Die Tatbestände der **Nr. 2 und** der **Nr. 4 ergänzen sich** somit; allerdings kann es auch zu Überschneidungen kommen. Ausschließlich § 5 Abs. 1 S. 2 Nr. 1 UWG kommt in Betracht in Fällen, bei denen eine etwaige Genehmigung (von Anfang an) zu Unrecht erteilt wurde.

47 Zu einer **Überschneidung** mit dem Verbot in **Nr. 9** kann es im Einzelfall kommen, wenn mit dem Qualitätskennzeichen zugleich eine Aussage über die Verkehrsfähigkeit der Ware getroffen wird.

48 Gehen der Verleihung von Gütezeichen, Qualitätskennzeichen oder ähnlichen Zeichen bestimmte **Tests** voraus, so wird mit der Verwendung des Gütezeichens inzident zugleich auch eine Aussage über das positive Bestehen des Tests gemacht. Angaben über Prüfzeichen, Gütesiegel und Gütezeichen sind daher auch spezielle Fälle der Werbung mit Tests. Insoweit hat die Regelung in Nr. 2 des UWG Anhangs **Vorrang vor § 5 Abs. 1 S. 2 Nr. 1 UWG.** Das gilt allerdings nur, soweit es um das Bestehen des Tests als solches als Voraussetzung für das Zeichen geht. **Irreführende Aussagen über Einzelheiten eines Tests,** dh bestimmte einzelne Testergebnisse, die für die Verwendung eines qualitativen Zeichens nicht erforderlich sind, müssen weiterhin nach **§ 5 Abs. 1 S. 2 Nr. 1 UWG** beurteilt werden, unterliegen somit auch der Relevanzprüfung. Auch ist das (wertende) **Testergebnis** (Testsiegel) eines Testinstituts wie zB der **Stiftung Warentest** oder **Ökotest** kein „Gütezeichen" im Sinne der Nr. 2 des UWG-Anhangs, so dass die Testergebniswerbung insoweit nicht der Nr. 2 des UWG-Anhangs unterfällt.[50] Ebenso ist nach § 5 Abs. 1 S. 2 UWG die rechtswidrige Verwendung von Kennzeichen zu beurteilen, die nicht von Dritten vergeben werden sowie von allgemeinen Qualitätsaussagen, die ohne Verwendung von Qualitätskennzeichen erfolgen. Verbraucher stützen sich bei Ihren Kaufentscheidungen zunehmend darauf. Für Bewertungen und Empfehlungen von Verbrauchern, auf die Verbraucher ebenfalls zunehmend ihre Kaufentscheidungen stützen, gelten die 2019 neu eingefügten Nr. 23b) und Nr. 23c) der Schwarzen Liste im Anhang I zur UGP-RL (*Henning-Bodewig* → Rn. 28). Verboten sind danach die Behauptung, dass Produktbewertungen von echten Verbraucher-Nutzern bzw. -Käufern stammen, ohne dies angemessen zu prüfen, sowie die Abgabe bzw. Beauftragung gefälschter Verbraucher-Bewertungen sowie deren falsche Darstellung in sozialen Medien zu Zwecken der Verkaufsförderung.

49 **3. Einzelheiten. a) An einen Verbraucher gerichtete geschäftliche Handlung.** Wie alle anderen Tatbestände des UWG-Anhangs setzt auch dieser eine an einen Verbraucher gerichtete geschäftliche Handlung voraus. Bezüglich der **Legaldefinition** der Begriffe **„geschäftliche Handlung"** und **„Verbraucher"** wird auf die Kommentierung von *Keller* zu § 2 Abs. 1 Nr. 1 und § 2 Abs. 2 UWG verwiesen. Handelt es sich um falsche Angaben unter **Unternehmern,** so kann der allgemeine Verbotstatbestand des § 5 UWG eingreifen, sofern die Voraussetzungen vorliegen (vgl. → Anh. § 3 Vorb. Rn. 17).

50 **b) Gütezeichen, Qualitätskennzeichen oder Ähnliches.** In der Wirtschaft und in der Rechtsprechung deutscher Gerichte zu § 5 UWG wurde häufig unterschieden zwischen Gütezeichen, Gütesiegeln und Prüfzeichen, allerdings ohne dass es eine einheitliche und kohärente Terminologie gab. Als **Prüfzeichen** wurden zB angesehen: „TÜV-Prüfzeichen",[51] „VDE-Zeichen" (Verband der Elektrotechnik Elektronik Informationstechnik eV), „DLG-SignumTest", „QS – Qualität und Sicherheit". **Gütesiegel** sind zB: „AGR-Gütesiegel" – Aktion Gesunder Rücken, „Trusted Shops" – Beachtung von Verbraucherschutz-Richtlinien und Datenschutz durch kommerzielle Internet-Angebote, „DEKRA-Siegel" Bioland. Teilweise wurde zur Bezeichnung von Prüfzeichen/Gütesiegeln auch der Begriff „Gütezeichen" verwendet. **Gütezeichen** sind zB der „Blaue Engel", das „Gütezei-

[50] Ebenso *Koppe/Zagouras* WRP 2008, 1035 (1045); *Franz* WRP 2020, 548 Rn. 3; OLG Köln GRUR-RR 2011, 275 (276).

[51] Vgl. BGH GRUR 1991, 553 – TÜV-Prüfzeichen.

chen Buskomfort", „Geprüfte Qualität – Bayern" oder das CMA-Gütezeichen „Markenqualität aus deutschen Landen".[52] Sie werden von öffentlichen Stellen unter Einschluss beliehener Unternehmer oder von privaten Organisationen, sog. Gütezeichengemeinschaften vergeben, welche auf gesetzlicher Grundlage oder unter Beachtung der „RAL Grundsätze für Gütezeichen"[53] tätig werden.

Für die Zwecke der Nr. 2 ist die **genaue Qualifizierung** als „Gütezeichen", „Gütesiegel" oder „Qualitätskennzeichen" **entbehrlich.** Auf eine genaue Abgrenzung kommt es nicht an, denn der Tatbestand erfasst gleichermaßen Gütezeichen, Qualitätskennzeichen und „Ähnliches". Ebenso ist es irrelevant, ob sich das Zeichen auf das beworbene Produkt oder auf das Unternehmen bezieht. Unglücklich ist allerdings, dass der Gesetzgeber den Begriff voraussetzt, ohne ihn zu definieren. Was konkret unter den Begriffen zu verstehen ist, lässt sich weder dem Anhang noch den Materialien entnehmen und muss daher nunmehr letzten Endes durch den EuGH und im Gesamtkontext der UGP-Richtlinie entschieden werden. 51

Maßgeblich sind dabei allein **objektive Kriterien.** Ein Gütezeichen/Gütesiegel oder Ähnliches zeichnet aus, dass vor der Verleihung des Zeichens bzw. der Genehmigung zur Verwendung des Zeichens das Prüfobjekt **von einem neutralen Dritten mit entsprechender Kompetenz nach objektiven Prüfkriterien geprüft wurde.**[54] **Nicht erfasst** – sondern allein nach § 5 Abs. 1 UWG zu beurteilen – ist daher das **„CE"-Zeichen,** mit dem der Hersteller die Konformität des gekennzeichneten Produkts mit EU-Vorschriften bzw. entsprechenden nationalen Gesetzen zur Umsetzung der gemeinschaftsrechtlichen Vorgaben bestätigt,[55] zB nach § 9 MPG, § 7 ProdSG, oder das **„Ü"-Zeichen** nach § 24 Abs. 1 BauO NRW 2018, mit dem der Hersteller die Übereinstimmung mit den technischen Regeln des Deutschen Instituts für Bautechnik und den allgemeinen bauaufsichtlichen Zulassungen und Prüfzeugnissen bescheinigt. Von Nr. 2 **nicht erfasst** werden auch Hinweise auf Zeichen, die nur den **Eindruck** eines qualitätsbezogenen Zeichens erwecken.[56] Wird ein nicht (real) qualitätsrelevantes Zeichen verwendet, verbleibt es bei der Anwendung von § 5 Abs. 1 UWG; für Einzelheiten siehe dort (→ § 5 Rn. 698 ff.). Das Gleiche gilt für vermeintliche Gütezeichen, die für einen **Einzelauftrag** erstellt werden. Zur **„Testsieger"** Werbung → Rn. 48. 52

Die Prüfung muss sich dabei nicht allein auf Aspekte der Qualität und Güte beschränken. Erfasst werden von der Nr. 2 daher **auch** Prüfzeichen, mit denen zB die **Sicherheit** eines Produkts geprüft wird, wie zB das **„GS"-Zeichen** für geprüfte Sicherheit.[57] Denn mit einer solchen Prüfung werden zugleich inzident Aussagen über die Qualität eines Produkts gemacht. Nr. 2 erfasst daher auch die Verwendung von (Sicherheits-)Prüfzeichen ohne die erforderliche Genehmigung. Trifft das Prüfzeichen zugleich eine Aussage über die Ver- 53

---

[52] Nach Auffassung des EuGH verstieß die Bundesrepublik Deutschland allerdings durch die Vergabe des CMA-Gütezeichens an in Deutschland hergestellte Fertigerzeugnisse gegen Art. 28 EG (heute Art. 34 AEUV), EuGH Urt. v. 5.11.2002 – C-325/00 EuZW 2003, 23 (24). Hierzu sowie zum Gütezeichen des Freistaats Bayern „Geprüfte Qualität – Bayern" siehe *Ohler* ZLR 2002, 713 (717 ff.) und *Korte/Oschmann* NJW 2003, 1766 ff.

[53] RAL Deutsches Institut für Gütesicherung und Kennzeichnung eV. Das RAL führt auch eine Liste der Gütezeichen, die unter www.ral.de abrufbar ist.

[54] BGH WRP 2016, 1221 Rn. 39 – LGA tested. OLG Düsseldorf WRP 1984, 302; BB 1985, 2191; OLG Hamburg BB 1985, 2193; OLG Celle GRUR 1985, 547 (548) – Gütezeichen Buskomfort; OLG Frankfurt a. M. GRUR 1994, 523 – Touristik-Gütesiegel; OLG Hamm MD 2003, 71 (73) – Bundesverband für Partnersuchende; LG Freiburg MMR 2016, 687 Rn. 14; *Wiebe* WRP 1993, 74 (79 ff.).

[55] Die allgemeinen Grundsätze zur CE-Kennzeichnung sind in Art. 30 der Verordnung (EG) Nr. 765/2008 des Europäischen Parlaments und des Rates vom 9.7.2008 über die Vorschriften für die Akkreditierung und Marktüberwachung im Zusammenhang mit der Vermarktung von Produkten und zur Aufhebung der Verordnung (EWG) Nr. 339/93 des Rates (ABl. 2008 L 218, S. 30) geregelt.

[56] KG WRP 2012, 993 Rn. 142 – Deutsches Hygienezertifikat; OLG Celle WRP 2014, 1216, zur Bewerbung eines Hotels mit sechs Sternen auf der Außenfassade; ähnlich OLG Celle MMR 2019, 173 für „***".

[57] Ebenso *Büllesbach* S. 48.

kehrsfähigkeit des Produkts, findet auch Nr. 9 des UWG-Anhangs Anwendung. Entsprechendes gilt für **„Zertifikate".**

54 Der Hinweis auf eine *„garantierte Markenqualität"*,[58] die Werbung für eine *„Brille des Monats"*[59] sowie Werbung mit Tätigkeitsschwerpunkten eines Rechtsanwalts[60] stellen hingegen **keine Verwendung von qualitätsbezogenen Zeichen** dar. Der Hinweis auf eine *„Premium-Leistungsgarantie"* ist ebenfalls nicht die Verwendung eines qualitätsbezogenen Zeichens. Allerdings wird der Verkehr glauben, dass das Produkt von besonderer Qualität sei, so dass evtl. eine Irreführung über die Qualität der Ware nach § 5 Abs. 1 S. 2 Nr. 1 UWG gegeben ist.

55 **c) Verwendung „als" Gütezeichen, Qualitätskennzeichen oder Ähnliches. Verwendung** bedeutet, dass das beworbene Produkt oder Unternehmen mit dem genannten Zeichen **in Verbindung gebracht** wird. Die eindeutigste Form der Verbindung ist das Anbringen auf dem Produkt. Aber auch die Erwähnung in der Werbung kann genügen, wenn der Verbraucher dadurch den Eindruck gewinnt, für das jeweilige Produkt/Unternehmen darf mit dem qualitätsrelevanten Zeichen geworben werden.

56 Das qualitätsrelevante Zeichen muss – im Sinne eines ungeschriebenen Tatbestandsmerkmals – **als Qualitätshinweis**[61] verwendet werden. Man kann insoweit eine Parallele ziehen zum „kennzeichenmäßigen Gebrauch" und der Anwendbarkeit der §§ 14, 15 MarkenG. Eine Verwendung als Qualitätshinweis liegt bei einer **bloß beschreibenden Verwendung,** wie zB bei einem Hinweis auf eine **„Farbtonübersichtskarte nach RAL" nicht** vor.[62]

57 **d) Fehlende erforderliche Genehmigung.** Verboten ist die Verwendung eines – objektiv bestehenden – Zeichens ohne die erforderliche Genehmigung desjenigen Dritten, der das Zeichen vergibt. Dabei ist mit „Genehmigung" nach herkömmlicher BGB-Terminologie eigentlich **„Einwilligung" iSv § 183 S. 1 BGB** gemeint, denn maßgeblich ist, ob zum Zeitpunkt der Verwendung dem bereits durch den berechtigten Dritten zugestimmt wurde. Eine nachträgliche Zustimmung (= „Genehmigung" iSv § 184 Abs. 1 BGB) genügt nicht. Daher ist es für das Verbot auch **irrelevant, ob** die erforderliche **„Genehmigung" hätte erteilt werden müssen,** ob ein Rechtsanspruch auf die Erteilung besteht und ob die jeweilige Ware oder Dienstleistung die mit dem Zeichen verbürgte Qualität aufweist.[63]

58 Des Weiteren muss die Genehmigung **erforderlich** sein. Die Nutzung des Zeichens muss also von der positiven Zustimmung eines Dritten abhängig sein. Nicht erfasst werden daher reine Phantasiezeichen, deren Verwendung keine Genehmigung voraussetzt[64] sowie Zeichen, deren Verwendung zwar die Einhaltung bestimmter Kriterien voraussetzt, für deren Verwendung es aber nicht einer ausdrücklichen Zustimmung durch einen Dritten bedarf, wie zB beim „CE"-Zeichen oder dem „Ü"-Zeichen. Ob es sich bei dem Dritten um eine **öffentlich-rechtliche** Einrichtung oder um eine natürliche oder juristische Person des **Privatrechts** handelt, ist **irrelevant.** Ebenso wenig kommt es darauf an, ob die Genehmigung zivilrechtlich oder öffentlich-rechtlich ausgestaltet ist.

59 Die erforderliche „Genehmigung" fehlt, wenn sie **nie erteilt** wurde, wenn eine **Befristung abgelaufen** ist oder wenn die früher einmal erteilte Genehmigung **widerrufen**

[58] BGH GRUR 1989, 754 (756) – Markenqualität.
[59] OLG Hamburg GRUR 1985, 226.
[60] BGH GRUR 1994, 825 (826) – Strafverteidigungen; GRUR 1996, 365 (366) – Tätigkeitsschwerpunkte.
[61] Bzw. bei einem Sicherheitsprüfzeichen als Sicherheitshinweis.
[62] OLG Düsseldorf NJWE-WettbR 2000, 154 (155).
[63] OLG Celle WRP 2014, 1216 Rn. 4; MMR 2019, 173 Rn. 26. Vgl. auch die Amtl. Begründung des Gesetzentwurfs der Bundesregierung vom 23.5.2008, BR-Drs. 345/08, 62. *Schirmbacher* K&R 2008, 433 (434).
[64] *Scherer* NJW 2009, 324 (326); *Schirmbacher* K&R 2008, 433 (434); *Hoeren* BB 2008, 1182 (1187); LG Darmstadt MMR 2009, 277 (278).

oder zurückgenommen wurde. Warum dies geschah, ist unerheblich. Wurde die Genehmigung nur für ein Vorgängermodell erteilt, darf ein neueres Modell trotz vermeintlicher Produktverbesserung ebenfalls nicht unter Verwendung des qualitätsrelevanten Zeichens beworben werden.[65]

60 Fraglich ist, was gilt, wenn eine „Genehmigung" **zwar noch besteht,** der Unternehmer ihr **aber nicht mehr entspricht.**[66] Zwar erwartet der Verkehr bei qualitätsrelevanten Zeichen, dass dem Unternehmer die Genehmigung zum Führen des Zeichens nicht nur irgendwann einmal erteilt wurde, sondern die Voraussetzungen dafür auch noch aktuell gegeben sind. Auf der anderen Seite stellt Nr. 2 nur auf das Fehlen einer Genehmigung ab. Hinzu kommt, dass Nr. 4 ausdrücklich den Fall erwähnt, dass der Unternehmer der Genehmigung nicht mehr entspricht. Das spricht dafür, im Rahmen von Nr. 2 allein auf die **formale Existenz** einer Genehmigung abzustellen und alle anderen Fälle nach § 5 Abs. 1 S. 2 Nr. 1 UWG und Nr. 4 des UWG-Anhangs zu lösen. Dafür spricht auch die Funktion der „Schwarzen Liste", eine Aufzählung der Umstände zu geben, die in jedem Fall verboten sein sollen, ohne dass damit eine Wertung über andere Umstände verbunden sein soll. Nr. 2 greift daher auch **nicht bei etwaigen Mängeln der beworbenen Produkte,** die zum Widerruf der Erteilung eines qualitätsrelevanten Zeichens führen müssten, solange dieser Widerruf noch nicht erfolgt ist.[67] Etwas anderes gilt allerdings, dh der Tatbestand der Nr. 2 ist verwirklicht, wenn die Genehmigung zur Verwendung des qualitätsrelevanten Zeichens formal an das Fortbestehen der Voraussetzungen geknüpft wurde, so dass mit dem Wegfall der Voraussetzungen auch die Genehmigung erlischt.

61 Problematisch sind auch Fälle, in denen eine **Genehmigung zu Unrecht erteilt wurde,** zB weil die Prüfung in wesentlichen Punkten unvollständig war oder die geprüfte Ware wesentliche Mängel aufweist, welche die Erteilung des Prüfzeichens hätten ausschließen müssen. Nach altem Recht wurden diese Fälle vom Verbot des § 5 UWG erfasst,[68] und zwar selbst dann, wenn die Verleihung durch Verwaltungsakt erfolgte.[69] Ein Verstoß gegen Nr. 2 liegt hingegen nicht vor.[70] Denn Nr. 2 stellt allein darauf ab, ob eine erforderliche Genehmigung objektiv vorliegt oder nicht. Der Tatbestand der Nr. 2 wäre also erst erfüllt, wenn eine bestehende Genehmigung entweder nichtig oder widerrufen worden wäre. Das bedeutet jedoch nicht, dass die og Fälle nunmehr nicht mehr verboten sind. Sie sind vielmehr weiterhin nach § 5 Abs. 1 UWG zu behandeln bzw. unterfallen Nr. 4 des UWG-Anhangs.

Anhang zu § 3 Abs. 3 Nr. 3

Unzulässige geschäftliche Handlungen im Sinne des § 3 Abs. 3 sind

3. die unwahre Angabe, ein Verhaltenskodex sei von einer öffentlichen oder anderen Stelle gebilligt;

Übersicht

[65] OLG Koblenz WRP 2013, 922 Rn. 6.
[66] Vgl. zum alten Recht BGH GRUR 1975, 442 (443) – Vaasbüttel.
[67] Vgl. zum alten Recht BGH GRUR 1998, 1043 (1044) – GS-Zeichen.
[68] OLG Oldenburg GRUR-RR 2003, 159 f. – Torpfosten; *Kollmann* GRUR 2004, 6 (9).
[69] BGH GRUR 1998, 1043 (1044) – GS-Zeichen; GRUR 1975, 442 (443) – Vaasbüttel.
[70] Ebenso *Leible* GRUR 2010, 183 (189).

Schrifttum: *Alexander,* Die „Schwarze Liste" der UGP-Richtlinie und ihre Umsetzung in Deutschland und Österreich, GRURInt. 2010, 1025; *Beater,* Unlauterer Wettbewerb, 2011; *Birk,* Corporate Responsibility, unternehmerische Selbstverpflichtungen und unlauterer Wettbewerb, GRUR 2011, 196; *Büllesbach,* Auslegung der irreführenden Geschäftspraktiken des Anhangs I der Richtlinie 2005/29/EG über unlautere Geschäftspraktiken, 2008; *Dreyer,* Verhaltenskodizes im Referentenentwurf eines Ersten Gesetzes zur Änderung des Gesetzes gegen unlauteren Wettbewerb – Wird das Wettbewerbsrecht zum Motor für die Durchsetzung vertraglicher Verpflichtungen?, WRP 2007, 1294; *Fezer,* Plädoyer für eine offensive Umsetzung der Richtlinie über unlautere Geschäftspraktiken in das deutsche UWG, WRP 2006, 781; *Hoeren,* Das neue UWG – der Regierungsentwurf im Überblick, BB 2008, 1182; *ders.,* Das neue UWG und dessen Auswirkungen auf den B2B-Bereich, WRP 2009, 789; *Jergolla,* Die britische Werbeselbstkontrolle anhand des Advertising Code – eine Gegenüberstellung mit der Rechtslage in Deutschland, WRP 2003, 431; *Kocher,* Unternehmerische Selbstverpflichtungen im Wettbewerb, GRUR 2005, 647; *A. Lehmann,* Werbeselbstkontrolle in Italien und Deutschland – Vor- und Nachteile der Systeme freiwilliger Selbstregulierung im Vergleich, GRUR Int. 2006, 123; *Köhler,* Der Rechtsbruchtatbestand im neuen UWG, GRUR 2004, 381; *Lamberti/Wendel,* Verkäufe außerhalb von Vertriebsbindungssystemen, WRP 2009, 1479; *Lindacher,* Geltungsweiteprobleme bei Black-List-Irreführungsverboten, WRP 2012, 40; *Mees,* Normwidrigkeit und § 1 UWG, WRP 1985, 373; *Meessen,* Internationale Verhaltenskodizes und Sittenwidrigkeitsklauseln, NJW 1981, 1131; *Oechsler* Die Schwarze Liste im Wettbewerbsrecht als negativer Safe Harbor, GRUR 2019, 136; *Peifer,* Die Zukunft der irreführenden Geschäftspraktiken, WRP 2008, 556; *Pfister,* Sportverbandsregeln als Verhaltenskodizes im Sinne des Wettbewerbsrechts, GRUR 2017, 1091; *Piper,* Zur Wettbewerbswidrigkeit des Einbrechens in fremde Vertragsbeziehungen durch Abwerben von Kunden und Mitarbeitern, GRUR 1990, 643; *Scherer,* „Case-law" in Gesetzesform – die „Schwarze Liste" als neuer UWG-Anhang, NJW 2009, 324; *dies.,* Die weißen Flecken in der Schwarzen Liste, WRP 2014, 771; *dies.,* Was bringt die „Schwarze Liste" tatsächlich? – Bestandsaufnahme und Konsequenzen, WRP 2011, 393; *Schmidhuber,* Verhaltenskodizes im neuen UWG, WRP 2010, 593; *Schöttle,* Die Schwarze Liste – Übersicht über die neuen Spezialtatbestände des Anhangs zu § 3 Abs. 2 UWG, WRP 2009, 673; *Skaupy,* Zu den Begriffen „Franchise", „Franchisevereinbarungen" und „Franchising", NJW 1992, 1785; *Sosnitza,* An Kinder gerichtete Online-Werbung für Lebensmittel, WRP 2018, 905; *ders.,* Wettbewerbsregeln nach §§ 24 ff. GWB im Lichte der 7. GWB-Novelle und des neuen Lauterkeitsrechts, FS Bechtold, 2006, S. 515; *Vander,* Verhaltenskodizes im elektronischen Geschäftsverkehr, K&R 2003, 339; *Zetzsche/Preiner,* Zur Einordnung der Best Principles for Shareholder Voting Research & Analysis, AG 2014, 685.

62 **1. Einfluss des europäischen Rechts.** Nr. 3 des UWG-Anhangs setzt **Nr. 3 des Anhangs I** der **UGP-Richtlinie** in deutsches Recht um. Nr. 3 der „Schwarzen Liste" der Richtlinie lautet:

„Die Behauptung, ein Verhaltenskodex sei von einer öffentlichen oder anderen Stelle gebilligt, obgleich dies nicht der Fall ist."

63 Die Abweichungen der beiden Texte voneinander sind **rein sprachlicher Natur.**

64 **2. Zweck der Vorschrift und Abgrenzung.** Die durch die UGP-Richtlinie den Verhaltenskodizes eingeräumte **Rolle** besteht darin, es den Gewerbetreibenden zu ermöglichen, die Grundsätze dieser Richtlinie in spezifischen Wirtschaftsbranchen selbst wirksam anzuwenden, die Anforderungen an die berufliche Sorgfalt einzuhalten und die Inanspruchnahme der Verwaltungsbehörden und Gericht zu vermeiden.[71] Eine ausdrückliche Regelung zur Irreführung im Zusammenhang mit Verhaltenskodizes kannte das deutsche Wettbewerbsrecht bislang nicht. Nr. 3 des UWG-Anhangs regelt – ebenso wie Nr. 1 und § 5 Abs. 1 S. 2 Nr. 6 UWG – die wettbewerblichen Folgen irreführender Geschäftshandlungen im Zusammenhang mit Verhaltenskodizes. Diese Bestimmungen sind das **Relikt einer ursprünglich geplanten umfassenderen Regelung.** Sie dient dem Schutz der Verbraucher vor Irreführung über bestimmte Eigenschaften der Selbstverpflichtung.

65 **Nr. 3** UWG-Anhang enthält **keine abschließende Regelung der Irreführung über Verhaltenskodizes.** Neben bzw. unabhängig von Nr. 3 UWG-Anhang können auch dessen **Nr. 1** und **§ 5 Abs. 1 S. 2 Nr. 6 UWG** eingreifen.[72] Überdies können Angaben über Verhaltenskodizes gemäß §§ 5, 5a UWG irreführend sein, s. näher oben unter I sowie § 5 Abschnitt H. Strengere Identitätsstandards für **reglementierte Berufe** bleiben nach Art. 3 Abs. 8 UGP-Richtlinie unberührt.

[71] 20. Erw.grd.; EuGH 19.9.2018 – C-109/17, EU:C:2018:735 Rn. 57 – Bankia/Juan Carlos Marí Merino.

[72] Vgl. BGH GRUR 2019, 1202 Rn. 28 f. – Identitätsdiebstahl.

3. An einen Verbraucher gerichtete geschäftliche Handlung. Nr. 3 UWG-Anhang setzt eine an einen **Verbraucher** gerichtete **geschäftliche Handlung** voraus. Bezüglich der Legaldefinition beider Begriffe wird auf die Kommentierung von *Keller* zu § 2 Abs. 1 Nr. 1 und § 2 Abs. 2 UWG verwiesen. Angaben gegenüber **Unternehmern** können nur unter den Voraussetzungen des § 5 irreführend sein. Eine **Indizwirkung** für den B2B-Bereich entfaltet Nr. 3 des UWG-Anhangs nicht. 66

4. Begriff des „Verhaltenskodex". Die Vorschrift setzt die Angabe eines Unternehmers voraus, einen **„Verhaltenskodex"** unterzeichnet zu haben. Der Begriff ist definiert in § 2 Abs. 1 Nr. 5 UWG (s. dazu die Kommentierung von *Keller*). Eine genauere Legaldefinition des „Verhaltenskodex" (engl.: Code of Conduct), die im Zweifelsfall im Wege richtlinienkonformer Auslegung heranzuziehen ist, enthält **Art. 2 lit. f UGP-Richtlinie.** Danach ist unter einem Verhaltenskodex eine Vereinbarung oder ein Vorschriftenkatalog zu verstehen, die bzw. der nicht durch die Rechts- oder Verwaltungsvorschriften eines Mitgliedstaats vorgeschrieben ist und das Verhalten der Gewerbetreibenden definiert, die sich in Bezug auf eine oder mehrere spezielle Geschäftspraktiken oder Wirtschaftszweige auf diese Kodizes verpflichtet haben. **Ungeschriebene Voraussetzung** ist, dass es um die Definition des **lauteren** Verhaltens der Unternehmen im Wettbewerb geht.[73] Dies ergibt sich aus dem 20. Erwägungsgrund der UGP-Richtlinie, nach dem Verhaltenskodizes den Gewerbetreibenden ermöglichen sollen, die Grundsätze der Richtlinie in spezifischen Wirtschaftsbranchen wirksam anzuwenden. 67

Anders als bei § 5 Abs. 1 S. 2 Nr. 6 werden auch **Absichtserklärungen** erfasst, die nur dazu verpflichten, sich um bestimmte gemeinsame Wertvorstellungen zu bemühen.[74] Das ergibt im Wege der richtlinienkonformen Auslegung der Umkehrschluss aus Art. 6 Abs. 2 lit. b UGP-Richtlinie, der Absichtserklärungen aus dem Anwendungsbereich des Irreführungsverbots herausnimmt, während eine vergleichbare Einschränkung bei Nr. 3 der Anlage 1 der Richtlinie fehlt. Anders als bei Art. 6 Abs. 2 lit. b der Richtlinie liegt das die Unzulässigkeit begründende zentrale Element der Nr. 3 des UWG-Anhangs auch nicht in der Nichteinhaltung der Selbstverpflichtung, sondern darin, dass der Unternehmer unrichtige Angaben über bestimmte Eigenschaften des Codex macht. In diesem Fall macht es für den Verbraucher aber keinen Unterschied, ob die angebliche Selbstverpflichtung nur ein redliches Bemühen zum Gegenstand hat oder sanktioniert ist. 68

5. Unwahre Behauptung über die Billigung der Selbstverpflichtung. Der Begriff der **Angabe** ist richtlinienkonform iSd in der Richtlinie verwendeten Begriffs der **Behauptung** auszulegen. Der Unternehmer muss die unwahre **„Behauptung"** aufstellen, dass eine öffentliche oder andere Stelle einen bestimmten Verhaltenskodex gebilligt hat. Aus dem Vergleich mit Nr. 9 der „Schwarzen Liste" der Richtlinie ergibt sich, dass das **„anderweitige Herbeiführen des Eindrucks"**, der Unternehmer habe sich auf einen Verhaltenskodex verpflichtet, keine „Behauptung" in diesem Sinne ist.[75] Andererseits impliziert der Begriff „Behauptung" aber auch nicht, dass die Angabe besonders herausgestellt oder betont wird, wie dies etwa für ein „Präsentieren als Besonderheit" im Sinne von Nr. 10 der „Schwarzen Liste" erforderlich ist (näher schon → Anh. § 3 Abs. 3 Nr. 1 Rn. 40). 69

Nur die **objektiv unrichtige Information** über die Billigung des Verhaltenskodex ist nach Nr. 3 des UWG-Anhangs unzulässig,[76] s. zur „unwahren Angabe" näher schon → § 5 Rn. 309 ff. Wahre Angaben über die Billigung von Verhaltenskodizes, die den Verbraucher zu täuschen geeignet sind, können nur unter den Voraussetzungen des § 5 untersagt werden. **Ein (zusätzliches) Täuschungserfordernis besteht nicht;** unwahre Behauptungen über die Billigung des Kodex sind daher unter den weiteren Voraussetzungen von 70

[73] Ebenso *Beater,* Unlauterer Wettbewerb, Rn. 1273; *Büllesbach* S. 44 f.
[74] Ebenso *Birk* GRUR 2011, 196 (198).
[75] Ebenso *Köhler*/Bornkamm/Feddersen Anh. zu § 3 Abs. 3 Rn. 3.2; Fezer/*Peifer* Anh. UWG Nr. 17 Rn. 34. – AA Ohly/*Sosnitza* Anh. zu § 3 Abs. 3 Rn. 6; *Lindacher* WRP 2012, 40 f.
[76] Ebenso *Birk* GRUR 2011, 196 (198).

§ 3 Abs. 3 iVm Nr. 3 des Anhangs selbst dann unlauter, wenn der Verbraucher die Unrichtigkeit erkennt.

71 Die Behauptung muss den Inhalt haben, dass eine **öffentliche oder andere Stelle** einen bestimmten Verhaltenskodex **gebilligt** habe, obwohl dies nicht der Fall ist. Zum **Begriff der öffentlichen oder anderen Stelle** s. näher die Kommentierung bei *Weidert,* → Anh. § 3 Abs. 3 Nr. 4 Rn. 87. Nicht vorausgesetzt wird, dass diese Stelle einen vergleichbaren **Glaubwürdigkeitsstatus** besitzt.[77] Nr. 3 setzt auch nicht voraus, dass ein entsprechendes **Billigungsverfahren existiert** oder die von dem Unternehmer angegebene private oder öffentliche Stelle für die Billigung des Verhaltenskodex **zuständig** ist. Beides wird durch die Behauptung, eine Billigung sei durch die betreffende Stelle erfolgt, bereits suggeriert.[78] Verhindert werden soll, dass Unternehmer durch wahrheitswidrige Angaben, andere Personen als die Kodexurheber bzw. -mitglieder selbst hätten den Kodex gebilligt, den **Anschein besonderer Qualität oder Ausgewogenheit des Kodex** erwecken. Eine unwahre Angabe über die Billigung des Kodex liegt daher auch vor, wenn die Anerkennung **vorher widerrufen oder zurückgenommen** worden bzw. eine **befristete** Anerkennung abgelaufen ist, nicht jedoch, wenn eine tatsächlich vorliegende Anerkennung „nur" **zu Unrecht erteilt** wurde oder der Unternehmer damit verbunden **Auflagen nicht nachkommt** (arg. e Nr. 4).

Ein derartiges Billigungsverfahren iSv Nr. 3 sehen zB **§§ 24 ff. GWB** vor.[79] Danach kann die **Kartellbehörde** gemäß § 26 Abs. 1 GWB auf entsprechenden Antrag Wettbewerbsregeln anerkennen, die Wirtschafts- und Berufsvereinigungen gemäß § 24 Abs. 1 GWB für ihren Bereich aufgestellt haben. Nr. 3 des UWG-Anhangs ist jedoch weiter.

72 **6. Kein subjektives Element.** Wie Nr. 1 enthält auch Nr. 3 des UWG-Anhangs kein subjektives Element. Es ist daher **bedeutungslos,** ob der Unternehmer die Unwahrheit seiner Angabe **gekannt** hat.

Anhang zu § 3 Abs. 3 Nr. 4

Unzulässige geschäftliche Handlungen im Sinne des § 3 Abs. 3 sind

4. die unwahre Angabe, ein Unternehmer, eine von ihm vorgenommene geschäftliche Handlung oder eine Ware oder Dienstleistung sei von einer öffentlichen oder privaten Stelle bestätigt, gebilligt oder genehmigt worden, oder die unwahre Angabe, den Bedingungen für die Bestätigung, Billigung oder Genehmigung werde entsprochen;

Übersicht

Schrifttum: s. Angaben zu Nr. 1 und 3.

---

[77] *Köhler*/Bornkamm/Feddersen Anh. § 3 Abs. 3 Rn. 3.4; MüKoUWG/*Alexander* Anh. Nr. 3 zu § 3 Abs. 3 Rn. 22; aA Ohly/*Sosnitza* Anh. § 3 Abs. 3 Rn. 11.

[78] *Dreyer* WRP 2007, 1294 (1300); ebenso *Büllesbach* S. 52.

[79] Vgl. *Sosnitza* FS Bechtold, 2006, 515; Ohly/Sosnitza/*Sosnitza* Anh. zu § 3 Abs. 3 Rn. 10.

1. Einfluss des europäischen Rechts. Die Vorschrift entspricht im Wesentlichen der Regelung in Anhang I Nr. 4 zur **UGP-Richtlinie.** Danach ist verboten: 73

„Die Behauptung, dass ein Gewerbetreibender (einschließlich seiner Geschäftspraktiken) oder ein Produkt von einer öffentlichen oder privaten Stelle bestätigt, gebilligt oder genehmigt worden sei, obwohl dies nicht der Fall ist, oder die Aufstellung einer solchen Behauptung, ohne dass den Bedingungen für die Bestätigung, Billigung oder Genehmigung entsprochen wird."

Nr. 4 der Schwarzen Liste wurde demnach **sprachlich modifiziert.** In der Sache ergibt das aber keinen wesentlichen Unterschied. Denn der deutsche Begriff des **„Unternehmers"** wird in § 2 Nr. 6 UWG so definiert, dass er dem Begriff des „Gewerbetreibenden" laut Art. 2 lit. b der Richtlinie entspricht. Und unter **„Produkt"** ist nach der Definition in Art. 2 lit. c der Richtlinie sowohl eine Ware als auch eine Dienstleistung zu verstehen. Zur Definition der „geschäftlichen Handlung" im deutschen Text im Vergleich zu dem der „Geschäftspraktiken" in der Richtlinie siehe *Keller* § 2. Auch die Unterscheidung zwischen **„unwahrer Angabe"** einerseits und **„Behauptung"** andererseits bewirkt im Ergebnis keinen Unterschied. 74

2. Zweck der Vorschrift und Abgrenzung. Die Vorschrift enthält kein generelles Verbot von Geschäftspraktiken, die nicht von einer zuständigen Stelle genehmigt wurden, sondern betrifft nur Fälle, in denen die anwendbare Regelung bestimmte Anforderungen, insbesondere an die Qualität des Gewerbetreibenden oder seiner Waren stellt.[80] Der Tatbestand enthält **zwei Varianten:** Geregelt wird die Behauptung einer Bestätigung, Billigung oder Genehmigung, die entweder **überhaupt nicht vorliegt** oder der **nicht (mehr) entsprochen wird.** Ein Hinweis auf eine entsprechende Bestätigung, Billigung oder Genehmigung kann dabei auch darin liegen, dass Gütezeichen, Qualitätskennzeichen oder Ähnliches (nur) verwendet werden. Dieser Fall ist jedoch bereits durch **Nr. 2** im Anhang geregelt. Zu **Überschneidungen** kann es auch mit der **Nr. 9** kommen, wenn der Verkehrsfähigkeit einer Ware deren Prüfung oder Billigung vorauszugehen hat. Sind die Anforderungen für die Verkehrsfähigkeit in einer gesetzlichen Vorschrift festgelegt, kommt daneben auch ein Verstoß gegen **§ 3a UWG** in Betracht. Eng verknüpft mit der Werbung mit einer Bestätigung oder Genehmigung ist auch die Angabe von beruflichen Befähigungen (hierzu → § 5 Rn. 911 ff.). Denn außerhalb der Fälle des Selbststudiums wird den meisten beruflichen Befähigungen eine entsprechende Prüfung und damit eine Bestätigung durch einen Dritten (zB Hochschule oder andere Bildungsstätten) vorausgehen. Es ist allerdings fraglich, ob und in welchem Umfang dies überhaupt dem Verbot der Nr. 4 unterfällt. Für die Abgabe bzw. Beauftragung gefälschter Verbraucher-Bewertungen und deren Manipulation sowie die Behauptung, dass veröffentlichte Produktbewertungen von Verbraucher-Nutzern oder -Käufern stammen, gelten die 2019 neu eingefügten Verbote in Nr. 23b) und Nr. 23c) der Schwarzen Liste im Anhang I zur UGP-RL (*Henning-Bodewig* → Rn. 28). 75

Hinsichtlich der **Zulassung** des Unternehmers oder seiner Waren und Dienstleistungen finden sich außerdem Regelungen in **§ 5 Abs. 1 Nr. 3** (nur Unternehmer) **und Nr. 4 UWG** (Unternehmer und Produkte), deren Bedeutung angesichts der Regelung in Nr. 4 aber schwinden dürfte, da eine Zulassung in den meisten Fällen gleichbedeutend ist mit einer Genehmigung durch Dritte. Ein Anwendungsbereich verbleibt für diese Regelungen somit vor allem außerhalb des Verbots der Nr. 4, zB außerhalb des Verkehrs mit Verbrauchern, bei der Täuschung durch andere als unwahre Angaben sowie in Fällen, bei denen nicht das Ob oder der Umfang einer Erlaubnis in Frage stehen. 76

Zu beachten ist außerdem, dass nach **Art. 3 Abs. 8 UGP-Richtlinie** alle Niederlassungs- oder Genehmigungsbedingungen, berufsständische Verhaltenskodizes oder andere **spezifische Regeln für reglementierte Berufe unberührt bleiben** sollen, damit die strengen Integritätsstandards, die die Mitgliedstaaten den in dem Beruf tätigen Personen nach Maßgabe des Gemeinschaftsrechts auferlegen können, gewährleistet bleiben. Ebenso 77

---

[80] EuGH Urt. v. 17.1.2013 – C-206/11, GRUR Int. 2013, 267 Rn. 39 – Köck.

wenig soll die Richtlinie und damit Nr. 4 gelten für die **Zertifizierung und Angabe des Feingehalts von Artikeln aus Edelmetall,** Art. 3 Abs. 10 UGP-Richtlinie.

78 **3. Einzelheiten. a) An einen Verbraucher gerichtete geschäftliche Handlung.** Wie alle anderen Tatbestände der „Schwarzen Liste" setzt auch dieser eine an einen **Verbraucher** gerichtete geschäftliche Handlung voraus. Angaben gegenüber **Unternehmern** können **nur nach § 5 UWG** irreführend sein. Bezüglich der Legaldefinition der Begriffe „geschäftliche Handlung" und „Verbraucher" wird auf die Kommentierung von *Keller* zu § 2 Abs. 1 Nr. 1 und § 2 Abs. 2 UWG verwiesen.

79 **b) Unwahre Angabe, Behauptung.** Nr. 4 im Anhang zu § 3 Abs. 3 UWG verbietet eine **„unwahre Angabe".** „Unwahre Angabe" ist nur die **objektiv** unwahre Angabe, nicht aber die nur subjektiv vom Verbraucher falsch verstandene Angabe. Umgekehrt **kommt es nicht darauf an,** ob die objektiv unwahre Angabe **zur Täuschung** des Verbrauchers **geeignet** ist oder gar eine tatsächliche **Täuschung bewirkt.**[81] Dies ergibt sich aus der Unterscheidung zwischen der Formulierung „Geschäftspraxis, die falsche Angaben enthält und somit unwahr ist" einerseits und „Geschäftspraxis, die täuscht oder zu täuschen geeignet ist" andererseits in Art. 6 Abs. 1 der UGP-Richtlinie. Der Text in § 5 Abs. 1 UWG ist demgegenüber ungenau („unwahre oder sonstige zur Täuschung geeignete Angaben") und muss entsprechend **richtlinienkonform ausgelegt** werden (dazu → Anh. § 3 Vorb. Rn. 5, 10).

80 Fraglich ist zudem, ob nur **ausdrückliche** oder auch **konkludente Angaben** erfasst werden. Berücksichtigt man nur den Text des UWG-Anhangs, so spricht viel dafür, auch konkludente Angaben zu erfassen. Auch erfordert der Wortlaut von Nr. 30 explizit eine „ausdrückliche Angabe".[82] Folgt man dieser Auslegung, so müssen angesichts der fehlenden Wertungsmöglichkeiten für die Verbote im UWG-Anhang an konkludente Angaben allerdings hohe Anforderungen gestellt werden.

81 Berücksichtigt man demgegenüber den Wortlaut der **Richtlinie,** so spricht mehr dafür, konkludente Aussagen nicht zu erfassen. Zwar wird auch im Anhang I zur Richtlinie in Nr. 30 unterschieden zwischen „Behauptung" und „ausdrücklichem Hinweis". Darüber hinaus wird in der Richtlinie aber auch zwischen „Behauptung" einerseits (zB Nr. 1, 3, 4, 7, 9, 12, 15, 16, 17, 22) und „Erwecken eines Eindrucks" andererseits (zB Nr. 9, 22, 23, 24, 31) unterschieden. In Nr. 22 werden sogar sowohl Behauptung als auch Erweckung des Eindrucks nebeneinander erwähnt. Dies spricht dafür, dass eine **konkludente Behauptung** durch Erwecken eines bestimmten Eindrucks **nicht ausreichend ist in den Tatbeständen, die allein eine „Behauptung" verbieten.** Aufgrund der gebotenen richtlinienkonformen Auslegung würde dies auch für die Tatbestände im Anhang zu § 3 Abs. 3 UWG gelten, insbesondere für den Tatbestand der Nr. 4, in dem von einer „unwahren Angabe" (Behauptung) die Rede ist (während nach Nr. 2 bereits die bloße „Verwendung" genügen soll). Die Anforderungen an das Verbot nach Nr. 4 sind insoweit strenger als nach Nr. 2. Dies bedeutet, dass die rechtswidrige Angabe von Berufsbezeichnungen für sich allein nicht dem Verbot unterfällt, es sei denn, mit der Bezeichnung wird ausdrücklich eine Anerkennung durch eine staatliche oder private Stelle behauptet.

82 Dementsprechend unterfällt die unwahre Bezeichnung als **„staatlich geprüft"** oder **„öffentlich bestellt und vereidigt"** dem Verbot der Nr. 4, die unwahre Verwendung allgemeiner Berufsbezeichnungen wie zB **„Arzt"** oder **„Rechtsanwalt"** hingegen nicht,[83] denn mit der Berufsbezeichnung wird bestenfalls mittelbar eine Genehmigung (Zulassung) behauptet.[84] Ebenso wenig genügt die Verwendung von **Rundstempeln,** selbst wenn diese

---

[81] *Glöckner/Henning-Bodewig* WRP 2005, 1311 (1330).

[82] In Nr. 30 im Anhang I zur Richtlinie ist von „ausdrücklicher Hinweis" die Rede.

[83] AA *Büllesbach* S. 55.

[84] Hinzu kommt, dass nach Art. 3 Abs. 8 UGP-Richtlinie alle Niederlassungs- oder Genehmigungsbedingungen, berufsständische Verhaltenskodizes oder andere spezifische Regeln für reglementierte Berufe ohnehin unberührt bleiben sollen.

mit den üblichen Rundstempeln öffentlich bestellter und vereidigter Sachverständiger verwechselt werden können; dies unterfällt vielmehr weiterhin dem Tatbestand des § 5 Abs. 1 Nr. 3 UWG.[85] Würde man dies anders sehen, so wäre das Verbot der Nr. 4 uferlos und quasi die Supernorm des UWG, denn fast jede unternehmerische Tätigkeit (und die Befähigung dazu) bedarf heutzutage irgendwie einer Genehmigung oder Bestätigung durch Dritte; das gilt nicht nur für die Zulassung als Arzt oder Rechtsanwalt, sondern auch bspw. für die Eintragung in die Handwerksrolle oder die Genehmigung eines Gewerbes durch staatliche Stellen. Da die Tatbestände der Schwarzen Liste grundsätzlich **restriktiv auszulegen** (s. oben, I) sind, genügt dies nicht. Erforderlich ist vielmehr eine **ausdrückliche Behauptung** einer Bestätigung, Billigung oder Genehmigung.

c) Bestätigung, Billigung oder Genehmigung des Unternehmers, einer von ihm vorgenommenen geschäftlichen Handlung oder seiner Produkte. Erfasst werden Angaben über eine Bestätigung, Billigung oder Genehmigung eines Unternehmers, einer von ihm vorgenommenen geschäftlichen Handlung oder seiner Produkte oder Dienstleistungen. Ob die Bestätigung, Billigung oder Genehmigung **konstitutiv** ist für die **Verkehrsfähigkeit** des beworbenen Produkts, ist **unerheblich.** Erfasst wird daher auch die Irreführung über eine Prüfung durch einen Dritten, der sich der werbende Unternehmer **freiwillig** unterzogen hat. Nicht erfasst ist hingegen, wer durch Verwendung bestimmter Symbole den Eindruck einer vermeintlichen Genehmigung erweckt, die es objektiv nicht gibt. **83**

Die **Abgrenzung** zwischen „Bestätigung", „Billigung" und „Genehmigung" kann im Einzelnen schwierig sein, ist im Ergebnis angesichts der Gleichwertigkeit aller Tatbestandsmerkmale aber **nicht entscheidend.** Letzten Endes geht es um Formen der **bewussten Anerkennung durch Dritte.** Erfasst wird grundsätzliche jede ausdrückliche, unwahre Behauptung einer Bestätigung, Billigung oder Genehmigung, und zwar nicht nur bezogen auf den Unternehmer oder seine Produkte, sondern auch bezogen auf die von ihm vorgenommenen geschäftlichen Handlungen, wie zB der Verkauf in Läden außerhalb der regulären Ladenöffnungszeiten oder die nach § 8 Abs. 3 UWG aF erforderliche Anzeige eines Räumungsverkaufs. Vom Wortlaut der Regelung erfasst werden aber auch sämtliche anderen Billigungen und Genehmigungen von geschäftlichen Handlungen, wie zB die Verwendung **fremder Marken** in der Werbung, und zwar unabhängig von einer Verwechslungsgefahr. Ob dies vom Gesetzgeber beabsichtigt war, muss allerdings bezweifelt werden. Zwar gilt auch hier, dass allein die **bloße Verwendung einer Marke nicht genügt,** um hierin eine (ausdrückliche) unwahre Angabe/Behauptung zu sehen, dass diese Nutzung vom Rechteinhaber gebilligt werde. Ebenso bei der Erwähnung bestimmter Veranstaltungen oder Ereignisse.[86] Etwas anderes gilt allerdings, wenn **ausdrücklich mit einer solchen Billigung oder Genehmigung geworben wird.** Der darin liegende Unrechtsgehalt wäre vom Markenrecht auch nicht erfasst, so dass der grundsätzliche Vorrang des Markenrechts in seinem Anwendungsbereich vor dem UWG nicht greifen würde. **84**

Die Werbung mit einer *„Premium Leistungsgarantie"*,[87] einer *„garantierten Markenqualität"*,[88] einer *„Brille des Monats"*[89] sowie mit Tätigkeitsschwerpunkten eines Rechtsanwaltes[90] werden vom Verkehr bereits nicht als Hinweis auf eine besondere Prüfung durch Dritte und damit erst recht nicht als Bestätigung, Billigung oder Genehmigung verstanden. **85**

---

[85] Vgl. OLG München WRP 1981, 483; OLG Bamberg WRP 1982, 158; OLG Düsseldorf WRP 1988, 278 (279); OLG Köln MD 1999, 66 (68); OLG Naumburg GewA 1998, 421; vgl. auch OLG Frankfurt a. M. NJW-RR 1988, 103 – irreführend, sofern der unzutreffende Eindruck eines Gütesiegels hervorgerufen wird. Zur Werbung mit Gütesiegeln → Anh. § 3 Nr. 2 Rn. 5 ff.

[86] OLG Frankfurt a. M. WRP 2014, 215 (216).

[87] OLG Nürnberg WRP 2005, 917 (918) – Leistungsgarantie zu § 5 UWG.

[88] BGH GRUR 1989, 754 (756) – Markenqualität zu § 5 UWG.

[89] OLG Hamburg GRUR 1985, 226 zu § 5 UWG.

[90] BGH GRUR 1994, 825 (826) – Strafverteidigungen; GRUR 1996, 365 (366) – Tätigkeitsschwerpunkte.

86 Niederlassungs- oder Genehmigungsbedingungen, berufsständische Verhaltenskodizes oder andere spezifische Regeln für **reglementierte Berufe** sollen nach Art. 3 Abs. 8 UGP-Richtlinie **unberührt** bleiben. Das deutsche Recht enthält dazu keine ausdrückliche Regelung. Es ist jedoch offensichtlich, dass man den Katalog der Schwarzen Liste nur insoweit umsetzen wollte, als dies erforderlich war. Die vorstehend genannten Genehmigungen werden daher vom Verbot der **Nr. 4 nicht erfasst.** Ebenso wenig soll die Richtlinie und damit Nr. 4 gelten für die Zertifizierung und Angabe des Feingehalts von Artikeln aus Edelmetall, Art. 3 Abs. 10 UGP-Richtlinie.

87 **d) Öffentliche oder private (dritte) Stelle.** Ob es sich bei dem Dritten, dessen Bestätigung oder Genehmigung behauptet wird, um eine **öffentliche oder eine private Stelle** handelt, ist **unerheblich.** Dass beide im Wortlaut der Regelung erwähnt werden, dient insoweit nur der Klarstellung. Hieraus lassen sich keine Rückschlüsse auf andere Regelungen ziehen, in denen keine Stelle genannt wird (zB Nr. 2 der Schwarzen Liste). Erfasst werden damit behördliche Genehmigungen ebenso wie private Zustimmungen, wie zB Zertifizierungen durch den **TÜV,** die **Dekra** oder ähnliche Organisationen.

88 **Unerheblich** ist, **ob** die private oder öffentliche **Stelle als solche genannt** wird. Verboten ist somit auch die Werbung mit der Aussage, dass eine Genehmigung irgendeiner dritten Stelle vorliegt, während dies tatsächlich nicht der Fall ist.

89 Es kommt für das Verbot der Nr. 4 auch **nicht darauf an,** ob die Stelle besonders **fachkundig** ist oder – irreführenderweise – als solche dargestellt wird. In jedem Fall muss es aber ein **Dritter** sein, der mit dem Unternehmer nicht identisch ist und der ihm auch nicht zuzurechnen ist. Wer also offen mit Äußerungen anderer Abteilungen seines Unternehmens wirbt, ist nicht am Tatbestand der Nr. 4 zu messen. Ebenso unterfällt es **nicht** der Nr. 4, wenn das **„CE"-Zeichen** zu Unrecht verwendet wird, weil auch dieses Zeichen nicht von Dritten vergeben wird. Auch verletzt nicht den Tatbestand, wer behauptet, eine Genehmigung stamme von einem neutralen Dritten, während sie tatsächlich vom Unternehmer selbst stammt; denn die Werbung mit einem (vermeintlichen) Klassifizierungszeichen, dass es objektiv nicht gibt, unterliegt allein § 5 UWG,[91] nicht Nr. 4 und auch nicht Nr. 2.[92]

90 **e) Erlaubnis liegt objektiv nicht vor oder Unternehmer entspricht nicht (mehr) ihren Bedingungen.** Das Verbot in Nr. 4 nennt **zwei Varianten,** nämlich erstens die Angabe einer Bestätigung, Billigung oder Genehmigung (nachfolgend zusammengefasst „Erlaubnis" genannt), die objektiv nicht vorliegt und zweitens die Angabe einer Erlaubnis, die zwar vorliegt, deren objektiven Bedingungen aber nicht entsprochen wird.

91 **aa) Erlaubnis liegt nicht vor.** Verboten ist damit insbesondere die Werbung mit einer Erlaubnis, die **tatsächlich nicht erteilt** wurde, die **nichtig** ist oder die bereits **widerrufen** oder **zurückgenommen** wurde,[93] und zwar auch dann, wenn der Unternehmer die Anforderungen an die Erlaubnis eigentlich erfüllt. Erfasst werden aber auch unwahre Angaben über den **Umfang** oder die **Art** einer Erlaubnis, wenn also mit einer weitergehenden oder anderen Erlaubnis geworben wird, als sie tatsächlich erteilt wurde. Unwahre Angaben über die **Stelle,** von der die Erlaubnis stammt, werden hingegen **nicht erfasst.**

92 **bb) Den Bedingungen der Erlaubnis wird nicht (mehr) entsprochen.** Die zweite Variante des Verbots erfasst die Werbung mit einer erteilten Erlaubnis, deren Bedingungen der Unternehmer nicht mehr entspricht. Dieses Verbot ist verwirklicht, wenn in der Erlaubnis selbst „Bedingungen", also insbesondere Auflagen, aufgestellt werden, denen der Unternehmer entgegen seiner anderslautenden Behauptung nicht entspricht, wobei es nicht darauf ankommt, seit wann und aus welchen Gründen dies der Fall ist. Erfasst ist daher auch

[91] Vgl. OLG Düsseldorf WRP 2007, 357 (358) – Auszeichnung zum „1 a Augenoptiker" zu § 5 UWG.
[92] OLG Celle MMR 2019, 173 Rn. 19.
[93] GRUR 1991, 552 (554) – TÜV-Prüfzeichen.

der Hinweis auf einen **amtlichen Zulassungsbescheid,** wenn dieser wesentlich **geändert** oder **eingeschränkt** wurde.[94]

Fraglich ist allerdings, ob mit „Bedingungen" auch die **sachlichen Anforderungen** gemeint sind, nach denen sich bestimmt, ob eine Bestätigung oder Genehmigung zu erteilen ist. Bedeutung hat dies in Fällen, in denen ein Unternehmer bzw. sein Produkt zwar **die in einer Erlaubnis genannten Auflagen erfüllt, die Erlaubnis als solche aber zu Unrecht erteilt wurde,** zB weil die objektiven Anforderungen für die Erlaubnis übersehen oder falsch ausgelegt wurden. Ein Vergleich mit dem Verbot der Nr. 2 zeigt, dass das Vorliegen einer Erlaubnis allein nicht ausreicht, um dem Verbot der Nr. 4 zu entgehen. Denn Nr. 4 erwähnt ausdrücklich auch die Bedingungen, die nicht erfüllt werden. Im ersten Referentenentwurf für das deutsche Gesetz war noch von „Voraussetzungen" die Rede. In der englischen Fassung der Richtlinie hingegen wird nicht von den „requirements" für die Erlaubnis gesprochen, sondern von den „terms of the approval", was nur so verstanden werden kann, dass damit die in der Erlaubnis selbst genannten Anforderungen gemeint sind. Der Hinweis auf eine Erlaubnis, die von Anfang an fehlerhaft erteilt wurde, deren Anforderungen bzw. Auflagen der Unternehmer aber noch entspricht, würde dann nicht unter das Verbot der Nr. 4 fallen. Ob der Fehler auf einer falschen Auslegung oder Anwendung der materiell-rechtlichen Anforderungen beruht, auf einem Verfahrensfehler oder auf der fehlenden Zuständigkeit der handelnden Stelle, wäre dabei irrelevant, solange dieser Fehler nicht zur Nichtigkeit, sondern „nur" zur Fehlerhaftigkeit der Erlaubnis führen würde. Wohl aber blieben in solchen Fällen § 5 Abs. 1 Nr. 1 bzw. Nr. 3 und Nr. 4 UWG anwendbar.[95] **Erst recht nicht** von Nr. 4 erfasst, sondern nach § 5 Abs. 1 Nr. 1 bzw. Nr. 3 und Nr. 4 UWG zu beurteilen, wäre die Werbung mit einer Erlaubnis, die zwar ursprünglich zu Unrecht erteilt wurde, weil der Unternehmer die Voraussetzungen eigentlich nicht erfüllte, deren Voraussetzungen aktuell aber erfüllt werden. Letzten Endes müssen diese Fragen durch den EuGH entschieden werden. 93

f) Kenntnis des Unternehmers irrelevant. Ob der die geschäftliche Handlung vornehmende Unternehmer davon **Kenntnis** hat, dass eine Erlaubnis nicht erteilt wurde oder dass Bedingungen für die Erlaubnis nicht mehr vorliegen, ist für den Unterlassungsanspruch **irrelevant.** Bedeutung hat ein solches Wissen hingegen für einen etwaigen Schadensersatzanspruch. 94

Anhang zu § 3 Abs. 3 Nr. 5

Unzulässige geschäftliche Handlungen im Sinne des § 3 Abs. 3 sind

5. Waren- oder Dienstleistungsangebote im Sinne des § 5a Abs. 3 zu einem bestimmten Preis, wenn der Unternehmer nicht darüber aufklärt, dass er hinreichende Gründe für die Annahme hat, er werde nicht in der Lage sein, diese oder gleichartige Waren oder Dienstleistungen für einen angemessenen Zeitraum in angemessener Menge zum genannten Preis bereitzustellen oder bereitstellen zu lassen (Lockangebote). Ist die Bevorratung kürzer als zwei Tage, obliegt es dem Unternehmer, die Angemessenheit nachzuweisen;

Übersicht

[94] Vgl. BGH GRUR 1975, 442 (443) – Vaasbüttel.

[95] Vgl. zur Erlaubnis, die zu Unrecht erteilt wurde, nach § 3 UWG aF: BGH GRUR 1998, 1043 (1044) – GS-Zeichen; OLG Oldenburg GRUR-RR 2003, 159 f. – Torpfosten; *Kollmann* GRUR 2004, 6 (9).

Schrifttum: *Apostolopoulos,* Das europäische Irreführungsverbot: Liberalisierung des Marktgeschehens oder Einschränkung für die Anbieterseite?, GRUR Int 2005, 292; *Gamerith,* Der Richtlinienvorschlag über unlautere Geschäftspraktiken, WRP 2005, 391; *v. Gierke,* Zur Irreführung durch Angaben über den Warenvorrat, GRUR 1996, 579; *Lettl,* Irreführung durch Lock(vogel)angebote im derzeitigen und künftigen UWG, WRP 2008, 155; *Schirmbacher,* UWG 2008 – Auswirkungen auf den E-Commerce, K&R 2009, 433. (Vgl. weiter die Angaben zu Nr. 1.).

95 **1. Hintergrund der Regelung, Einfluss des europäischen Rechts.** Die Vorschrift beruht in ihrer aktuellen Fassung auf der Regelung in Anhang I Nr. 5 zur **UGP-Richtlinie.** Verboten ist danach die

> *„Aufforderung zum Kauf von Produkten zu einem bestimmten Preis, ohne dass darüber aufgeklärt wird, dass der Gewerbetreibende hinreichende Gründe für die Annahme hat, dass er nicht in der Lage sein wird, dieses oder ein gleichwertiges Produkt zu dem genannten Preis für einen Zeitraum und in einer Menge zur Lieferung bereitzustellen oder durch einen anderen Gewerbetreibenden bereitstellen zu lassen, wie es in Bezug auf das Produkt, den Umfang der für das Produkt eingesetzten Werbung und den Angebotspreis angemessen wäre (Lockangebote).“*

96 **Ziel** der Regelung ist es zu verhindern, dass der Verbraucher durch konkrete Angebote angelockt wird und sich dann mangels Verfügbarkeit für ein anderes Produkt entscheidet.

97 Im **deutschen Recht** gab es auch schon vor der Richtlinie eine Sonderregelung über die Verfügbarkeit von Waren und Dienstleistungen; **§ 5 Abs. 5 UWG aF** lautete wie folgt:

> *„Es ist irreführend, für eine Ware zu werben, die unter Berücksichtigung der Art der Ware sowie der Gestaltung und Verbreitung der Werbung nicht in angemessener Menge zur Befriedigung der zu erwartenden Nachfrage vorgehalten ist. Angemessen ist im Regelfall ein Vorrat für zwei Tage, es sei denn, der Unternehmer weist Gründe nach, die eine geringere Bevorratung rechtfertigen. Satz 1 gilt entsprechend für die Werbung für eine Dienstleistung.“*

98 Diese Regelung wurde jedoch mit der Änderung des UWG zur Umsetzung der UGP-Richtlinie und dort insbesondere der Regelung in Nr. 5 im Anhang I **aufgehoben,** da man Missverständnisse und eine fehlerhafte Umsetzung der Richtlinienvorgaben befürchtete.

Die **Richtlinie** verbietet somit nicht die unzulängliche Bevorratung der Ware als solche, sondern die **unzureichende Aufklärung** über die unzulängliche Bevorratung.[96] Nach Ansicht des BGH entspricht das der Rechtslage vor der Einführung der Nr. 5.[97] Im Gesetzgebungsverfahren ging man allerdings zeitweilig noch von einem anderen Verständnis aus, sah daher auch für die alte Regelung in § 5 Abs. 5 UWG noch einen eigenständigen Regelungsbereich[98] und hat diese Bestimmung dann allein im Hinblick auf die bezweckte Vollharmonisierung durch die UGP-Richtlinie gestrichen[99] und lediglich die Zwei-Tages-Frist des UWG-Anhangs als Beweislastregelung für die Angemessenheit eines Warenvorrats in Nr. 5 S. 2 übernommen. **99**

Es war daher zu erwarten und hat sich in der Rechtsprechung des BGH bereits verwirklicht, dass die Gerichte bei der Anwendung des Tatbestands der Nr. 5 vor allem **auf die Rechtsprechung zu § 5 Abs. 5 UWG aF zurückgreifen** werden, soweit die entsprechenden Tatbestandsmerkmale übereinstimmen. Zu beachten ist allerdings auch, dass die einzelnen Tatbestandsmerkmale, insbesondere soweit sie unbestimmte Rechtsbegriffe enthalten, wegen der Vorgabe im Gemeinschaftsrecht letzten Endes **gemeinschaftskonform,** dh durch den EuGH ausgelegt werden müssen (dazu → Anh. § 3 Rn. 9). Lediglich die Beweislastregelung zur **Zwei-Tages-Frist in Satz 2** ist primär **nach nationalem Recht zu beurteilen.** Das Irreführungsverbot in § 5 Abs. 1 S. 2 Nr. 1 UWG hat demgegenüber vor allem für den Rechtsverkehr zwischen Unternehmern Bedeutung. **100**

2. Einzelheiten. Systematisch lässt sich der Tatbestand von Nr. 5 in folgende **Elemente** unterteilen: Die Aufforderung zum Kauf von Produkten zu einem bestimmten Preis, das Vorliegen hinreichender Gründe für die Annahme, nicht in der Lage zu sein das Produkt angemessen selbst oder durch Dritte zu liefern, sowie die fehlende Aufklärung hierüber. Wo die Werbung und die Verkäufe stattfinden, ist hingegen grds. irrelevant. Auch wenn die Norm ursprünglich für den stationären Handel konzipiert wurde, so gilt sie heute auch für Verkäufe und Werbung im Internet.[100] **101**

a) An einen Verbraucher gerichtete geschäftliche Handlung. Wie alle anderen Tatbestände der „Schwarzen Liste" setzt auch Nr. 5 eine an einen **Verbraucher** gerichtete geschäftliche Handlung voraus. Angaben gegenüber **Unternehmern** können nur nach § 5 UWG irreführend sein. Bezüglich der Legaldefinition der Begriffe „geschäftliche Handlung" und „Verbraucher" wird auf die Kommentierung von *Keller* zu § 2 Abs. 1 Nr. 1 und § 2 Abs. 2 UWG verwiesen. **102**

b) Waren- oder Dienstleistungsangebote iSd § 5a Abs. 3 UWG/Aufforderung zum Kauf von Produkten; zu einem bestimmten Preis. Der **deutsche Text** spricht von **„Waren- oder Dienstleistungsangeboten** im Sinne des § 5a Abs. 3" UWG, die **Richtlinie** hingegen von einer **„Aufforderung zum Kauf von Produkten".** Dieser letztgenannte Ausdruck wird in **Art. 2 lit. i der UGP-Richtlinie** definiert als jede kommerzielle Kommunikation, die die Merkmale des Produkts und den Preis in einer Weise angibt, die den Mitteln der verwendeten kommerziellen Kommunikation angemessen ist und den Verbraucher dadurch in die Lage versetzt, einen Kauf zu tätigen. In Betracht kommt dafür **jedes Mittel der kommerziellen Kommunikation** mit dem Ziel der Absatzförderung, wie zB Brief, SMS, E-Mail, Internet, Fernsehen, Radio, das die Merkmale des Produkts und den Preis angibt.[101] **103**

---

[96] BGH GRUR 2016, 395 Rn. 20 – Smartphone-Werbung.

[97] BGH GRUR 2011, 340 (341) – Irische Butter; GRUR 2016, 395 Rn. 20 – Smartphone-Werbung.

[98] Begründung des Referentenentwurfs vom 27.7.2007, S. 54 zu Fällen, in denen der Adressat der Werbung das Lockangebot trotz – oder gerade wegen – des Hinweises wahrnehmen möchte, dass die Ware voraussichtlich nicht für alle Interessenten ausreiche.

[99] Stellungnahme des Bundesministeriums für Wirtschaft und Technologie vom 30.8.2007; Amtl. Begründung des Gesetzentwurfes der Bundesregierung vom 23.5.2008, BR-Drs. 345/08, 47 f.

[100] OLG Hamm MMR 2016, 320 Rn. 4o – Elektrofahrräder.

[101] *Lettl* WRP 2008, 155 (158). Zum Merkmal der „Aufforderung zum Kauf" siehe auch EuGH Urt. v. 12.5.2011 – C-122/10, GRUR 2011, 930 – Ving Sverige.

104 Der deutsche Gesetzgeber hat diese Definition als solche nicht übernommen, in **§ 5a Abs. 3 UWG** aber eine ähnliche Formulierung gewählt, indem dort davon die Rede ist, dass Waren oder Dienstleistungen unter Hinweis auf deren Merkmale und Preis in einer dem verwendeten Kommunikationsmittel angemessenen Weise so angeboten werden, dass ein durchschnittlicher Verbraucher das Geschäft abschließen kann. Die Regelung gilt somit im Grundsatz für den stationären Handel ebenso wie für Angebote im Internet.[102]

105 **aa) Angebot.** Das Verbot der Nr. 5 erfasst somit nicht jegliche Werbung, sondern nur **konkrete Angebote,** bei denen für die Waren oder Dienstleistungen Merkmale und Preise angegeben werden. Dies muss in einer Weise geschehen, die dem Mittel der kommerziellen Kommunikation angemessen ist, kann also zB bei Radiowerbung weniger umfangreich sein als bei Prospektwerbung.

106 Der Begriff des Angebots ist damit **nicht gleichzusetzen mit einem verbindlichen Vertragsangebot,** das der Verbraucher nur noch anzunehmen braucht. Der Begriff ist nicht im streng zivilrechtlichen, sondern im wettbewerbsrechtlichen Sinn zu verstehen. Es kann sich bei dem Angebot also **auch** um eine bloße **invitatio ad offerendum** an den Verbraucher handeln, dh um die konkrete Aufforderung, seinerseits ein konkretes Angebot für das beworbene Produkt vorzulegen.[103] Die Angabe sämtlicher **essentialia negotii** ist **nicht erforderlich.**[104] Maßgeblich ist vielmehr, dass der Verbraucher aufgrund der mitgeteilten Angaben hinreichend über das beworbene Produkt und dessen Preis informiert ist, um eine „geschäftliche Entscheidung"[105] treffen zu können. Bloße **Aufmerksamkeits- oder Imagewerbung** ist hingegen **nicht umfasst.**

107 **bb) Zum Kauf.** Die Richtlinie spricht außerdem von einer Aufforderung zum **„Kauf".** Da es sich um einen Ausdruck des Gemeinschaftsrechts handelt, ist dieser Begriff **nicht gleichzusetzen mit** einem **Kaufvertrag iSv § 433 BGB,** sondern kann auch **andere entgeltliche Geschäfte** erfassen, bei denen dem Abnehmer Produkte zu einem bestimmten Preis überlassen werden sollen. „Produkte" können auch Dienstleistungen sein, wie sich aus der Definition in Art. 2 lit. c der UGP-Richtlinie ergibt. Einer Beschränkung auf Waren steht bereits die Verwendung des Begriffs „Produkt" in der Definition der Aufforderung zum Kauf in Art. 2 lit. i UGP-Richtlinie entgegen. Zu beachten ist außerdem, dass in Nr. 5 im Anhang I zur UGP-Richtlinie von **„Produkten"** die Rede ist. Die Werbung für ein **Einzelstück,** das bei Erscheinen der Werbung nicht mehr vorhanden ist, unterfällt daher ebenfalls nicht Nr. 5 des UWG-Anhangs, wohl jedoch § 5 Abs. 1 S. 2 Nr. 1 UWG.[106]

108 **cc) Zu einem bestimmten Preis.** Der Definition von „Aufforderung zum Kauf" bzw. dem Angebot nach § 5a Abs. 3 UWG ist bereits immanent, dass Bezug genommen wird auf Preise und Merkmale. Das Verbot in Nr. 5 erfordert darüber hinaus die Bezugnahme auf einen **„bestimmten" Preis.** Das bedeutet einerseits, dass die Werbung mit lediglich preisrelevanten Angaben wie zB *„reduziert"* oder *„jetzt billiger"* nicht erfasst wird. Es bedeutet andererseits aber auch, dass die Angabe der Merkmale des Angebots nicht in der gleichen Weise bestimmt sein muss. Denn von „bestimmten Merkmalen" ist im Verbot der Nr. 5 keine Rede. Im Übrigen ist „Preis" nicht gleichzusetzen mit einem **Geldbetrag,** sondern kann **auch eine andere Gegenleistung** sein.[107]

---

102 OLG Hamm NJW-RR 2016, 298 Rn. 27 ff. – Elektrofahrräder. Allerdings geht es beim Internethandel selbstverständlich nicht um die sofortige Mitnahmemöglichkeit, sondern um den Versand der Ware, vgl. BGH GRUR 2005, 690 (692) – Internet-Versandhandel zu § 5 Abs. 5 UWG aF.

103 OLG Hamm NJW-RR 2016, 298 Rn. 26 – Elektrofahrräder; *Apostolopoulos* GRUR Int. 2005, 292 (298).

104 OLG Düsseldorf WRP 2015, 898 Rn. 24 mwN – 0%-Finanzierung.

105 Zu diesem Merkmal EuGH Urt. v. 19.12.2013 – C-281/12, GRUR 2014, 196 – Trento Sviluppo.

106 OLG Oldenburg GRUR-RR 2006, 202 (203) – Lockvogelwerbung; OLG Hamburg MD 2007, 454 (456).

107 *Lettl* WRP 2008, 155 (158).

c) Unternehmer hat hinreichende Gründe für die Annahme. Das Verbot stellt **nicht** auf die **objektive Lieferunfähigkeit** aufgrund unzureichender Bevorratung ab, sondern auf die **fehlende Aufklärung des Unternehmers** darüber, dass er vermutlich nicht angemessen liefern kann.[108] Die Regelung in Nr. 5 verpflichtet den Unternehmer somit nicht zu ausreichender Bevorratung, sondern „nur" zu ausreichender Aufklärung; allerdings kann dem Verbot auch durch hinreichende Lagerhaltung entgegengewirkt werden. Andererseits greift das Verbot nicht erst, wenn der Unternehmer tatsächlich nicht mehr liefern kann oder dies mit Gewissheit feststeht. Es greift vielmehr **bereits** dann, wenn **zum Zeitpunkt des Angebots** für den Unternehmer **hinreichend wahrscheinlich** ist, dass er nicht angemessen lieferfähig sein wird. Dabei ist der Tatbestand nicht leicht zu verstehen, denn es sind **objektive und subjektive Merkmale,** verobjektivierte Maßstäbe sowie verschiedene Zeitebenen zu berücksichtigen. Maßgeblich für das Vorliegen hinreichender Gründe für die Annahme nicht angemessener Lieferfähigkeit ist eine **Prognoseentscheidung** aus der Sicht des **durchschnittlich informierten und verständigen Unternehmers** und auf der Basis der zum Zeitpunkt der Werbung aktuell (also **ex ante**) bei dem werbenden Unternehmer vorhandenen Erkenntnisse. 109

aa) Objektivierter Maßstab. Der Wortlaut des deutschen Textes verlangt, dass der Unternehmer hinreichende Gründe **hat,** geht also insoweit zunächst von einem rein **objektiven Maßstab** aus. Maßgeblich ist, welche Umstände **dem Unternehmer tatsächlich bekannt** sind, aus denen sich entspr. Gründe objektiv ableiten lassen. Ob ihm auch weitere Umstände hätten bekannt sein müssen, spielt keine Rolle; ob dem Unternehmer etwaige Gründe aufgrund grober Fahrlässigkeit unbekannt geblieben sind, ist unerheblich. Ebenso wenig sind Umstände zu beachten, die nicht dem Unternehmer, sondern nur einem Dritten außerhalb der Sphäre des Unternehmers bekannt sind, wobei er sich allerdings die **Kenntnis seines Personals zurechnen** lassen muss.[109] Davon zu unterscheiden ist der Fall, dass ein Dritter für den Unternehmer wirbt und dabei Einfluss auf den Inhalt der Werbung hat. Dann trifft den Dritten die Pflicht zur Aufklärung.[110] Wenn dem Unternehmer keine Umstände bekannt sind, dann hat er auch keinen hinreichenden Grund, den Verbraucher aufzuklären. Umgekehrt ist das Verbot **nicht** erfüllt, wenn der Unternehmer **nur irrig** meint, nicht liefern zu können, er sich also einer angemessenen Lieferfähigkeit entgegenstehende Gründe nur einbildet. 110

Für dieses Verständnis spricht sowohl der Wortlaut der Nr. 5 des Anhangs I zur UGP-Richtlinie als auch die deutsche Übersetzung in Nr. 5 des UWG-Anhangs, die beide den Indikativ verwenden. Zu beachten ist allerdings, dass sowohl die **englische** als auch die **französische Übersetzung** ein **weitergehendes Verständnis** nahelegen, das nicht allein auf die tatsächliche Kenntnis abstellt. Denn dort ist die Rede von „reasonable grounds the trader **may** have" und „les raisons plausibles que **pourrait** avoir le professionnel". Letzten Endes muss dies der EuGH entscheiden. Für die Kommentierung wird von dem deutschen Text ausgegangen. 111

In der **Praxis** hat diese Unterscheidung vermutlich ohnehin eine geringere Bedeutung als es zunächst erscheint. Denn die relevanten Tatsachen und Umstände und damit die „Gründe" sind ohnehin zumeist bekannt. Wesentlich ist in den meisten Fällen, welche Schlussfolgerungen („Annahmen") hieraus gezogen werden können. Insoweit gilt auch nach der hier vertretenen Auffassung ein **objektivierter** Maßstab, da die Gründe „hinreichend" für eine bestimmte Annahme sein müssen. Das Verbot stellt nicht darauf ab, welche subjektiven Schlussfolgerungen der Unternehmer aus den ihm bekannten Umständen tatsächlich gezogen hat. Wäre das Gesetz so formuliert, würde es in der Praxis weitgehend 112

---

[108] BGH GRUR 2016, 395 Rn. 20 – Smartphone-Werbung; OLG Hamm NJW-RR 2016, 298 Rn. 26 – Elektrofahrräder; OLG Koblenz GRUR-RR 2016, 201 Rn. 5 – Bodenstaubsauger.

[109] Vgl. BGH GRUR 1984, 593 (594) – adidas-Sportartikel; GRUR 2000, 907 (909) – Filialleiterfehler; OLG Hamburg GRUR 1984, 287 (288) zur Zurechnung von Verschulden im Rahmen des § 3 bzw. § 5 Abs. 5 UWG aF.

[110] BGH GRUR 2016, 395 Rn. 27, 30 – Smartphone-Werbung.

leerlaufen, denn es könnte praktisch nie bewiesen werden, welche subjektiven Schlussfolgerungen der Unternehmer gezogen hat. Stattdessen stellt das Gesetz darauf ab, ob **„hinreichende"** Gründe für bestimmte **„Annahmen"** vorliegen. Dies bewirkt einen **objektivierten Maßstab,** dh maßgeblich ist, ob **die dem Unternehmer bekannten Gründe bei einem durchschnittlich verständigen und informierten Unternehmer zu der Annahme** führen würden, dass er nicht angemessen liefern können wird. Entscheidend sind insoweit jeweils die Umstände des Einzelfalls.

113 Darüber hinaus verdeutlicht das „hinreichend", dass bloße **vage Vermutungen oder Befürchtungen nicht** genügen. Die Gründe, die gegen eine Lieferfähigkeit sprechen, müssen vielmehr hinreichend **konkret und genau** sein; es reicht nicht aus, dass der mangelnde Vorrat „nicht völlig fernliegend und unwahrscheinlich erscheint".[111] Denn es geht auch nicht nur darum, dass der Unternehmer eventuell nicht liefern *könnte,* sondern um die Annahme, dass er nicht liefern *wird.* Im deutschen Text wird zwar der Konjunktiv („werde") verwendet, in der Richtlinie hingegen der Indikativ („wird").

114 **bb) Maßgeblicher Zeitpunkt.** Die hinreichenden Gründe müssen zu dem **Zeitpunkt** vorliegen, zu dem das **Angebot veröffentlicht** wird.[112] Erlangt der Unternehmer erst später von solchen Umständen Kenntnis, so wird das frühere Angebot dadurch jedenfalls dann nicht irreführend, wenn das frühere Angebot nicht mehr geändert werden kann. Den Unternehmer trifft – jedenfalls nach Nr. 5 – auch **keine Verpflichtung zu einer späteren Aufklärung** über die nunmehr eingetretene Lieferunfähigkeit. Selbstverständlich darf er andererseits aber auch nicht Angebote wiederholen, wenn er nunmehr Kenntnis von einer nicht angemessenen Lieferfähigkeit hat. Dies bedeutet für Warenangebote im Internet, dass deren Bewerbung im Rahmen des Möglichen angepasst werden muss, sobald sich der Warenvorrat dem Ende zuneigt, wobei die Grenzen im Einzelfall fließend sind. Auf jeden Fall ist es nach Nr. 5 unzulässig im Internet damit zu werben, dass *„nur noch wenige Einzelexemplare"* vorrätig seien, wenn in Wahrheit kein Exemplar mehr lieferbar ist.[113]

115 **cc) Einzelfälle, Entlastung des Unternehmers.** Aus dem Vorstehenden ergibt sich, dass der Tatbestand der Nr. 5 nicht erfüllt ist, wenn dem Unternehmer die Gründe, die zu einer nicht angemessenen Lieferfähigkeit führen, zum relevanten Zeitpunkt nicht bekannt sind oder diese damals noch nicht hinreichend waren. Damit kann an die frühere Rechtsprechung deutscher Gerichte zur Verfügbarkeit angeknüpft werden.

116 Auch zu § 5 Abs. 5 UWG aF bzw. in der Rechtsprechung zur Warenverfügbarkeit unter § 3 UWG aF war anerkannt, dass es Gründe geben konnte, die den Unternehmer bei der Nichtverfügbarkeit der Ware **entlasteten** und dass der Verkehr bei seiner Erwartung über die Verfügbarkeit der Ware auch berücksichtigte, dass auf Grund besonderer Umstände die Ware nicht verfügbar sein konnte, zB wegen **unvorhersehbarer Lieferschwierigkeiten, höherer Gewalt** oder **Aufkäufen durch Mitbewerber.** Solche Umstände sollten den Unternehmer allerdings nur entlasten, wenn ihn hieran **kein Verschulden** traf, sie für ihn **nicht vorhersehbar** waren und er sich zuvor mit angemessener **kaufmännischer Sorgfalt** um seine Belieferung bemüht hatte. Verschulden seines Personals musste der Unternehmer sich dabei zurechnen lassen.[114] Erforderlich war vor allem, dass der Unternehmer **den benötigten Warenvorrat sorgfältig kalkulierte,** insbes. auch unter Berücksichtigung der Verkaufszahlen aus vorangegangenen gleichgelagerten Verkaufsaktionen,[115] hinreichend gesicherte Bestellungen aufgab, die laufende **Nachfrage beobachtete** und hierauf reagierte. Dabei konnte es auch darauf ankommen, ob zum jeweiligen Vorlieferanten bereits **zuverlässige Lieferbeziehungen** bestanden (evtl. sogar im Rahmen eines selekti-

---

[111] So aber OLG Koblenz GRUR-RR 2016, 201 Rn. 16 – Bodenstaubsauger.
[112] OLG Koblenz GRUR-RR 2016, 201 Rn. 16 – Bodenstaubsauger.
[113] OLG Hamm NJW-RR 2016, 298 Rn. 30 f. – Elektrofahrräder.
[114] BGH GRUR 1984, 593 (594) – adidas-Sportartikel; GRUR 2000, 907 (909) – Filialleiterfehler; OLG Hamburg GRUR 1984, 287 (288).
[115] OLG Koblenz GRUR-RR 2016, 201 Rn. 16 – Bodenstaubsauger.

ven Vertriebssystems) oder ob es sich um eine Erstbestellung (evtl. sogar eines Außenseiters) handelte, bei der man sich nicht ohne weiteres auf die Lieferzusage des Vertragspartners verlassen konnte.[116] Bei der Kalkulation war von einem normalen Käuferverhalten auszugehen. Mit (umfangreichen) Einkäufen von Wettbewerbern auf der gleichen Handelsstufe musste deshalb im Regelfall nicht gerechnet werden;[117] etwas anderes konnte aber gelten, wenn der Abgabepreis des Unternehmers noch unter dem Einstandspreis der Wettbewerber lag.

Diese Grundsätze lassen sich auch auf das Verbot der Nr. 5 übertragen mit der Modifika- **117**
tion, dass es im Rahmen dieser Norm **nicht (mehr) darauf ankommt,** ob der Unternehmer die Gründe **zu vertreten** hat oder nicht. Denn das Verbot der Nr. 5 knüpft nicht an eine schuldhaft unzureichende Bevorratung an, sondern an eine unzureichende Aufklärung. Für die Praxis bedeutet das aber keinen wesentlichen Unterschied, weil das Verschulden zumeist einherging mit der Vorhersehbarkeit. Im Rahmen der Nr. 5 fällt die Nichtverfügbarkeit der Ware/Leistung aufgrund solcher nachträglichen Umstände bereits von vornherein nicht unter das Verbot. Denn dieses verbietet nur bestimmte Angebote, obwohl der Unternehmer bereits zum Zeitpunkt des Angebots annehmen kann, dass er nicht angemessen liefern kann. Dazu gehört umgekehrt aber auch, dass der Unternehmer mit Aufkäufen durch die Konkurrenz rechnen muss, wenn er weiß, dass sein Abgabepreis unter dem Einkaufspreis der Wettbewerber liegt.

d) Diese oder gleichartige (bzw. gleichwertige) Waren oder Dienstleistungen **118**
zum genannten Preis. aa) Gleichartig bzw. gleichwertig. Nach dem Wortlaut der Regelung ließe sich das Verbot dadurch vermeiden, dass eine **gleichartige** Ware (oder Dienstleistung) geliefert wird. Das Verbot wäre sogar bereits dann nicht erfüllt, wenn der Unternehmer annehmen durfte, dass er statt der beworbenen Ware oder Dienstleistung eine gleichartige Ware oder Dienstleistung liefern oder erbringen kann. Das entspricht nicht der bisherigen Auffassung im deutschen Recht zu § 5 Abs. 5 UWG aF, die darauf abstellte, dass gerade die angebotene Ware nicht geliefert werden konnte; wobei etwas anderes gelten konnte, wenn bei der angebotenen Ware kein konkretes Modell, sondern nur bestimmte Funktionen angegeben wurden.[118] Auch macht es wenig Sinn, einerseits konkrete Angebote zu einem bestimmten Preis als Tatbestandsmerkmal zu fordern, dann aber auch die Lieferung einer gleichartigen Ware zuzulassen. Denn gleichartig sind beispielsweise alle LCD-Flachbildfernseher. Dem Verbraucher wird es häufig aber gerade auf den Fernseher einer bestimmten Marke ankommen, der in der Werbung angeboten wird. Hinzu kommt, dass ***„gleichartig"* nicht gleichzusetzen ist mit *„gleichwertig"*.** Denn zwei Produkte können der Art nach gleich sein, ohne den gleichen Wert zu haben. In Nr. 5 zum Anhang I der UGP-Richtlinie ist daher auch (zu Recht) von **„gleichwertig"** die Rede. Nr. 5 UWG-Anhang ist somit richtlinienkonform dahingehend auszulegen, dass Gründe für die Annahme bestehen, weder die angebotenen noch gleich*wertige* Waren zu liefern oder Leistungen erbringen zu können. Zudem ist das Merkmal nach Sinn und Zweck des Verbots **eng auszulegen.**[119] „Gleichwertig" ist daher so zu verstehen, dass die Ware oder Dienstleistung **nach Preis, Qualität, Zweckbestimmung** und etwaigem **Markenimage** für den Verbraucher **austauschbar** sein muss.[120] Es kommt also auf die **Substituierbarkeit** für den Durchschnittsverbraucher an.

---

[116] BGH GRUR 2002, 187 (189) – Lieferstörung.

[117] BGH GRUR 1987, 835 (837) – Lieferbereitschaft; GRUR 1989, 609 (611) – Fotoapparate; *Nacken* WRP 1987, 598 (603); *Traub* WRP 1987, 709 (712).

[118] BGH GRUR 1998, 949 (951) – D-Netz Handtelefon.

[119] So auch die amtl. Begründung des Gesetzentwurfes der Bundesregierung vom 23.5.2008, BR-Drs. 345/08, 62.

[120] BGH GRUR 2011, 340 (342) – Irische Butter. Vgl. auch EuGH Urt. v. 19.4.2007 – C-381/05, GRUR 2007, 511 (514) – De Landtsheer.

119 **bb) Ware oder Dienstleistung.** Wie auch schon nach § 5 Abs. 5 S. 3 UWG aF gilt das Verbot sowohl für das Angebot von Waren als auch von Dienstleistungen. Bei **Dienstleistungen** ist die „Bevorratung" bzw. Bereitstellung gleichbedeutend mit **ausreichender Kapazität,** um die angebotene Dienstleistung erbringen zu können. Das können Arbeitskräfte sein, aber auch Arbeitsmittel. Wirbt zB eine Fluggesellschaft für *„Billigflüge"*, so müssen auch ausreichend Plätze der billigsten Kategorie zur Verfügung stehen. Nach Ansicht des LG Hannover soll dafür ein Anteil von 10% gemessen an der Gesamtkapazität genügen.[121] Erst recht ist es irreführend, mit einer Dienstleistung zu werben, die innerhalb der nächsten Tage und Wochen überhaupt nicht erbracht werden soll.[122]

120 **cc) Zu dem genannten Preis.** Die genannten oder gleichwertigen Waren/Dienstleistungen müssen **zu dem genannten Preis** geliefert werden. Das Angebot einer gleichwertigen oder möglicherweise sogar höherwertigen Ware oder Dienstleistung zu einem teureren Preis entlastet den Unternehmer daher nicht.

121 **dd) Nr. 6 UWG-Anhang bleibt unberührt.** Sollte der Unternehmer – immerhin oder auch nur – gleichwertige Waren liefern können, so bedeutet das allerdings nicht, dass das Angebot damit rechtmäßig war. Vielmehr ist zum einen zu prüfen, ob nicht der **Tatbestand der Nr. 6** eingreift (sog. „bait-and-switch Technik"). Zudem kommt auch die Anwendung von § 5 Abs. 1 S. 2 Nr. 1 UWG in Betracht, wobei dann allerdings jeweils auch die wettbewerbliche Relevanz der Lieferunfähigkeit zu prüfen wäre.

122 **e) Für einen angemessenen Zeitraum und in angemessener Menge. aa) Normative Bestimmung der Angemessenheit.** Der Unternehmer muss die angebotene Ware oder Dienstleistung für einen angemessenen Zeitraum und in angemessener Menge liefern können bzw. er darf keine hinreichenden Gründe für die Annahme haben, dass er nicht in angemessener Menge für einen angemessenen Zeitraum liefern kann. Welche Menge und welcher Zeitraum „angemessen" sind, wird im deutschen Text nicht gesagt. Die Angemessenheit ist jeweils im **Einzelfall** und **normativ** unter Berücksichtigung der Erwartungshaltung des Verkehrs zu bestimmen. Im Wortlaut der Richtlinie kommt das – besser als im deutschen Recht – durch die Verwendung des Konjunktivs zum Ausdruck *(„angemessen wäre")*. Letzten Endes geht es bei der Angemessenheit um eine **Abwägung der Interessen** des Anbieters und der Verbraucher.

123 **bb) Relevante Kriterien.** Die UGP-Richtlinie macht auch Vorgaben, **aufgrund** welcher **objektiven Umstände** die Angemessenheit zu bestimmen ist, nämlich in Bezug auf das **Produkt,** den **Umfang der für das Produkt eingesetzten Werbung** und den **Preis.** Insoweit weicht Nr. 5 im Anhang zu § 3 Abs. 3 UWG von der Richtlinie ab. Denn in Nr. 5 werden diese Kriterien nicht genannt, was umso erstaunlicher ist, als in § 5 Abs. 5 UWG aF ausdrücklich auch die Art der Ware sowie die Gestaltung und Verbreitung der Werbung als zu berücksichtigende Kriterien erwähnt wurden. Im Wege **richtlinienkonformer Auslegung** sind diese Kriterien (Produkt, Umfang der Werbung, Preis) daher auch bei der Beurteilung der Angemessenheit im Rahmen von Nr. 5 im Anhang zu § 3 Abs. 3 UWG zu berücksichtigen. **Weitere Kriterien** werden allerdings auch in der Richtlinie nicht genannt. Der Text der Richtlinie ist auch nicht so gefasst, dass andere Kriterien berücksichtigt werden können (zB durch Verwendung von Worten wie „insbesondere", „wie" oÄ). Das war aber auch schon bei § 5 Abs. 5 UWG aF der Fall. Zu dieser Regelung hatte der BGH allerdings entschieden, dass sie **nicht abschließend** zu verstehen war.[123] Das ist auch sachgerecht. Für die Regelung in Nr. 5 kann diese Entscheidung allerdings nur der EuGH treffen. Angesichts der Praxisrelevanz dieser Frage ist damit zu rechnen, dass es schon bald zu einer entsprechenden Vorlage kommen wird. Darüber hinaus lässt bereits

---

[121] LG Hannover BeckRS 2003, 17328.

[122] KG KG Report 1998, 283 (284) (Einbau von Autoradios).

[123] So BGH WRP 2007, 1351 (1353) – Weltreiterspiele zu § 5 Abs. 5 UWG aF.

heute der Begriff des „Produkts" eine erweiterte Auslegung zu, indem hierunter zB die Art des Produkts und die Anzahl der angebotenen Produkte subsumiert werden können, die nach bisherigem Recht ebenfalls eine Rolle spielten.

(1) Bei der **Art des Produkts** ist – entsprechend der bisherigen Regelung – vor allem zu berücksichtigen, ob es sich um ein langlebiges oder ein kurzlebiges Wirtschaftsgut handelt, ob es ein Produkt des täglichen Gebrauchs oder des Sonderbedarfs ist, ob es einfach gelagert werden kann oder viel Platz in Anspruch nimmt etc. Für Lebensmittel gelten zB andere Erwartungen als für hochwertige Computergeräte oder für große Möbelstücke.[124] Die Art des Produkts ist auch in Relation zu setzen zu der **üblichen Produktpalette** des Unternehmers. So erwartet der Verbraucher bei einer Ware, die nicht der üblichen Produktpalette entspricht und die schwieriger zu lagern ist, im Regelfall eine geringere Bevorratung, dies gilt insbesondere auch für hochpreisige und exklusive Luxusprodukte;[125] zu beachten ist allerdings auch, dass der Verbraucher zunehmend daran gewöhnt ist, bei Lebensmitteldiscountern sortimentsfremde Waren zu kaufen, so dass er mangels anderslautender Aussagen erwartet, einen beworbenen Computer oder ein Smartphone zumindest am Erstverkaufstag noch erwerben zu können.[126] **124**

(2) Auch die **Anzahl** der angebotenen Produkte kann Bedeutung haben. Werden nur wenige Waren angeboten, so erwartet der Verbraucher im Allgemeinen eine unbedingte Liefermöglichkeit ab Geschäftseröffnung.[127] Bei Angeboten einer Vielzahl von Produkten hingegen rechnet der Verkehr auch mit vereinzelten Fehldispositionen, sofern das Produkt nicht gerade besonders in der Werbung hervorgehoben wird.[128] **125**

(3) **„Umfang der eingesetzten Werbung"** umfasst die **Verbreitung der Werbung** im Sinne von Dauer, Verteilgebiet und Intensität (zB Auflagenhöhe). Bei einer Werbung, die erkennbar in großer Intensität betrieben wird, erwartet der Verbraucher auch einen größeren Warenvorrat. **Inhalte** der Werbung werden hingegen **nicht erfasst,** ebenso wenig die **Art** der Werbung. Diese hätten auf die Beurteilung der Angemessenheit somit keinen Einfluss, wenn man die Regelung als abschließend verstehen würde. Selbst dann könnten sie allerdings bei der Beurteilung der Aufklärung eine Rolle spielen (hierzu nachfolgend → Rn. 137 ff.). **126**

Ebenso fehlt – wie auch schon beim Wortlaut der Regelung in § 5 Abs. 5 UWG aF – eine ausdrückliche Erwähnung der **Größe und Bedeutung des werbenden Unternehmens** sowie der **Art des Handels** (zB Versandhandel, Verkaufslokal).[129] Auch **frühere Verkaufszahlen** konnten von Bedeutung sein;[130] allerdings waren diese nicht allein maßgebend. Auf frühere Verkaufszahlen durfte man sich daher nicht berufen, wenn das aktuelle Angebot deutlich attraktiver war.[131] Auch entlastete der Umstand, dass bislang immer richtig kalkuliert wurde, nicht.[132] **127**

cc) Beginn der Liefer-/Leistungsfähigkeit. Die Ware/Dienstleistung muss **ab dem Tag des Verkaufsbeginns/Leistungsbeginns** bereitgestellt werden. Verkaufsbeginn/Leistungsbeginn ist dabei der Zeitpunkt, der in dem Angebot als solcher angegeben wird, andernfalls der Zeitpunkt, der den Umständen nach zu erwarten ist. Im Regelfall wird das der Tag des Erscheinens des Angebots sein. Bei einer Werbung in einer Tageszeitung wird der Verbraucher somit davon ausgehen, dass die Ware am Erscheinungstag der Werbung verfügbar ist, sofern nicht ein anderes Datum ausdrücklich angegeben wird. Erscheint eine **128**

---

[124] OLG Oldenburg GRUR-RR 2006, 202 (203) – Lockvogelwerbung.
[125] BGH GRUR 1987, 903 (905) – Le-Corbusier-Möbel; WRP 2007, 1351 (1353) – Weltreiterspiele.
[126] OLG Stuttgart WRP 2005, 1424 (1425); BGH GRUR 2016, 395 Rn. 21 – Smartphone-Werbung.
[127] BGH GRUR 2002, 187 (189) – Lieferstörung.
[128] BGH GRUR 1987, 52 (54) – Tomatenmark; 1987, 371 (372) – Kabinettwein; 1988, 311 (312) – Beilagen-Werbung; 1989, 609 (610) – Fotoapparate; 1992, 858 (859) – Clementinen.
[129] Vgl. OLG Hamburg MD 2001, 1261 (1263).
[130] BGH GRUR 1987, 371 (372) – Kabinettwein; GRUR 1989, 609 (610) – Fotoapparate.
[131] OLG Hamburg ZUM RD 2003, 194 (195).
[132] OLG Hamburg ZUM-RD 2003, 194 (195).

Werbung **mehrfach hintereinander,** kommt es für die Verfügbarkeit nicht auf den Zeitraum ab erstmaligem Erscheinen an, sondern auf das jeweils **letzte Erscheinen.** Auch wenn eine Werbung bereits mehrfach geschaltet wurde, muss beim Erscheinen der letzten Werbung noch ausreichender Vorrat vorhanden sein, zumal der Verbraucher häufig nicht weiß, ob oder wann zuvor bereits geworben wurde.

129 **dd) Dauer der Liefer-/Leistungsfähigkeit; 2-Tages-Frist.** Nr. 5 Satz 2 des UWG-Anhangs enthält eine spezielle **Beweislastregelung** zur Angemessenheit der Bevorratung. Danach soll der Nachweis der Angemessenheit dem Unternehmen obliegen, wenn die Bevorratung kürzer als **2 Tage** ist.[133] Diese Regelung ist durch die UGP-Richtlinie nicht vorgegeben. Sie wurde vielmehr aus § 5 Abs. 5 UWG aF übernommen. Allerdings geschah dies nicht eins zu eins, sondern mit geringfügigen Abweichungen.

130 Der deutsche Gesetzgeber sah sich zur Einführung einer solchen Beweislastregelung trotz der Streichung von § 5 Abs. 5 UWG aF im Übrigen und der bezweckten Vollharmonisierung in der Lage, da Beweislastregelungen auch nach der UGP-Richtlinie (vgl. Erwägungsgrund 21) vom nationalen Recht bestimmt werden.[134]

131 Da es sich um eine **reine Beweislastregelung** handelt, ist damit noch keine Aussage darüber getroffen, welche **Bevorratung jeweils angemessen** ist. Dies richtet sich vielmehr auch weiterhin nach den Umständen **des Einzelfalls.** Wird eine **bestimmte Zeitdauer** angegeben, so muss die Ware nach der Verkehrserwartung für die angegebene Dauer vorrätig sein, es sei denn, das Angebot enthält anderslautende Hinweise. Im Übrigen entscheidet der Einzelfall. Dabei kann auch eine Bevorratung, die länger als 2 Tage ausreicht, nicht angemessen sein, während umgekehrt nicht jedes Angebot, das nach weniger als 2 Tagen ausverkauft ist, zwingend gegen Nr. 5 verstößt. Die Beweislastregelung ist daher nicht so zu verstehen, dass eine Bevorratung von 2 oder mehr Tagen mindestens erforderlich oder stets ausreichend und angemessen ist. Nur trägt der Anspruchsteller die Beweislast dafür, dass sie nicht angemessen war. Insoweit unterscheidet sich die Formulierung in Nr. 5 auch von der früheren Formulierung in § 5 Abs. 5 UWG aF, nach der ein Vorrat für 2 Tage im Regelfall angemessen sein sollte und lediglich dem Unternehmer die Möglichkeit eingeräumt wurde, eine kürzere Bevorratung zu rechtfertigen.[135] Nunmehr ist auch sprachlich klargestellt, **dass selbst längere Bevorratungen nicht angemessen sein können,** allerdings liegt die Beweislast dafür ab dem 2. Tag beim Anspruchsteller, während der Unternehmer zu beweisen hat, dass eine Bevorratung von weniger als 2 Tagen angemessen war. Es gilt daher auch weiterhin: Soll sich das Angebot erkennbar auf einen längeren Zeitraum erstrecken (wie zB *„Unsere Sommerangebote"*), dürfen die Waren/Dienstleistungen nicht nur kurz nach Erscheinen des Angebots vorrätig sein. Man denke nur an Katalogwerbung (wie zB den millionenfach verteilten Ikea-Katalog, andere Möbelkataloge oder Reiseprospekte),[136] bei welchen der Verbraucher erwartet, dass die angebotenen Produkte nicht nur bis zu zwei Tage nach Erscheinen des Katalogs vorrätig sind, sondern auch einen längeren Zeitraum danach.[137] Es gehört auch weiterhin zu den Sorgfaltspflichten eines ordentlichen Unternehmers, dass er bei längeren Angeboten die **Nachfrage beobachtet** und **bei Bedarf Ware nachbestellt**[138] oder in der Werbung (soweit möglich, zB bei Internet-Werbung) über den mittlerweile beschränkten Vorrat aufklärt. Je länger der

---

[133] Gemeint ist, dass der Vorrat an Waren nicht zur Befriedigung der Nachfrage für 2 Tage oder länger reicht.

[134] Amtl. Begründung des Gesetzentwurfes der Bundesregierung vom 23.5.2008, BR-Drs. 345/08, 62.

[135] Kritisch zu § 5 Abs. 5 UWG aF OLG Stuttgart WRP 2005, 1424 (1425): *„Diese Regel ist aber nicht viel wert, weil die erwartete Verfügbarkeit doch ganz von den Umständen des Einzelfalls abhängt."* Aus BGH GRUR 2005, 690 (692) – Internet-Versandhandel ergab sich inzident, dass die 2-Tages-Frist als in beide Richtungen widerlegbare Vermutung zu verstehen war.

[136] Vgl. OLG Düsseldorf WRP 1986, 33 (34); OLG Karlsruhe WRP 1987, 401 (402); OLG Hamburg MD 1999, 682, alle zu § 5 Abs. 5 UWG aF bzw. § 3 UWG aF.

[137] Ebenso *Lettl* WRP 2008, 835 (837).

[138] BGH GRUR 1985, 980 (981) – Tennisschuhe; OLG Köln GRUR 1984, 827 (828) – Schmuckartikel; OLG München WRP 1991, 744 (745), alle zu § 5 Abs. 5 UWG aF bzw. 3 UWG aF.

Zeitraum ist, desto seltener wird der durchschnittlich informierte Verbraucher allerdings von einer jederzeit uneingeschränkten sofortigen Mitnahmemöglichkeit ausgehen, sondern auch das Erfordernis von Nachbestellungen in Kauf nehmen.[139]

Die Werbung eines großen Lebensmitteldiscounters für Butter ist irreführend, wenn diese bereits am Mittag des ersten Verkaufstages nicht mehr verfügbar ist.[140] Bei einer Werbung für Computer in einer **Beilage zu Tageszeitungen** hielt der BGH unter § 5 UWG aF bzw. § 3 UWG aF einen Vorrat für eine Woche für erforderlich.[141] Beim **Internet**-Versandhandel erwartet der Durchschnittsverbraucher in der Regel, dass die Ware unverzüglich versandt werden kann, entweder durch den Unternehmer oder einen Dritten.[142] Das OLG Düsseldorf entschied, dass bei (sortimentsfremder) **Aktionsware** (Dampfbügeleisen, Computermonitor) eines der größten Lebensmittelfilialisten in Deutschland der Verkehr (ohne weitere Aufklärung) eine Bevorratung für mindestens drei Tage erwartet.[143] Das OLG Koblenz hielt eine Verkaufsaktion für Bodenstaubsauger aufgrund der Verkaufszahlen aus der Vergangenheit für rechtmäßig, obwohl die Geräte in den Filialen bereits nach 1 bis 2 Stunden und im Internet bereits 4 Minuten nach Beginn der Verkaufsaktion nicht mehr verfügbar waren.[144] 132

ee) Antragstellung in Gerichtsverfahren. Zur Berücksichtigung der relevanten Kriterien bei der Antragstellung nachfolgend → Rn. 146. 133

f) Bereitstellen oder bereitstellen zu lassen. Auch durch diese Bestimmung wird die Verbotsnorm weiter aufgelockert. Denn es soll bereits genügen, wenn die Ware durch den Unternehmer oder einen anderen Unternehmer bereitgestellt bzw. die Dienstleistung entsprechend erbracht wird, wobei der andere Unternehmer allerdings im Auftrag des werbenden Unternehmers handeln muss *(„bereitstellen zu lassen“)*. Es genügt somit **nicht irgendein Dritter,** sondern es muss eine **rechtliche/vertragliche Verbindung** zwischen dem Dritten und dem Anbieter bestehen im Hinblick auf die jeweils relevante Ware oder Dienstleistung, die es rechtfertigt, den Vorrat/die Leistungserbringung des Dritten dem werbenden Unternehmer zuzurechnen. 134

Bei einem Angebot im **Internet** oder sonstigem **Versandhandel** ist diese Regelung unproblematisch, weil der Verbraucher hier nicht mit einer sofortigen Mitnahmemöglichkeit rechnet und es zudem gewohnt ist, dass auf **elektronischen Marktplätzen** (wie zB bei Amazon) häufig auch Waren von Dritten angeboten werden. Bereits zu § 5 Abs. 5 UWG aF war in der Rechtsprechung anerkannt, dass es bei einem **Versandhändler** nicht erforderlich ist, die gesamte Ware selbst auf Lager vorzuhalten, solange nur sichergestellt ist, dass er auf Bestellungen unverzüglich reagieren und die Absendung der Ware veranlassen kann; allerdings muss dann auch sichergestellt sein, dass bei Bedarf kurzfristig auf andere Bezugsquellen ausgewichen werden kann.[145] 135

Etwas anderes kann jedoch für den **Filialhandel** gelten. Denn dem Verbraucher nutzt es nichts, wenn er in einem Laden, der mit bestimmter Ware geworben hat, darauf verwiesen wird, dass die Ware möglicherweise in einer anderen Filiale noch vorrätig ist.[146] Genau diese Situation soll durch das Lockvogelverbot ja vermieden werden. Die Möglichkeit der Bereitstellung durch Dritte ist also **nicht** so zu verstehen, dass damit **die Dauer** der angemessenen Lieferfrist **verlängert wird.**[147] Soweit das Bereitstellenlassen durch Dritte 136

---

[139] BGH GRUR 1999, 1011 (1012) – Werbebeilage, zu § 3 UWG aF.

[140] BGH GRUR 2011, 340 (342) – Irische Butter.

[141] BGH GRUR 1999, 1011 (1012) – Werbebeilage, zu § 3 UWG aF vgl. auch BGH GRUR 2016, 399 – Smartphone-Werbung.

[142] BGH GRUR 2005, 690 (692) – Internet-Versandhandel, zu § 5 Abs. 5 UWG aF.

[143] OLG Düsseldorf WRP 2002, 1467 (1470) – Lockvogel-Angebote.

[144] OLG Koblenz GRUR-RR 2016, 201 – Bodenstaubsauger.

[145] OLG Hamburg MD 2001, 1261 (1266); 2003, 759 (761).

[146] OLG Düsseldorf WRP 2011, 1088 (1090) – Lockvogelangebot.

[147] AA anscheinend *Büllesbach* S. 62, der in solchen Fällen auf § 5 Abs. 1 S. 2 Nr. 1 UWG bzw. Art. 6 Abs. 1b) UGP-Richtlinie („Verfügbarkeit“) zurückgreifen will.

somit zu Beschränkungen der „normalen" Verfügbarkeit führen würde, die der durchschnittliche Verbraucher aufgrund der Werbung erwarten durfte, so ist auch hierüber aufzuklären.[148] Zudem ist auch insoweit das Erfordernis der „angemessenen Zeit" zu beachten, so dass die Verweisung an einen anderen Unternehmer nicht in Betracht kommt, wenn ein Warten auf dessen Zulieferung nicht mehr angemessen wäre.

137 **g) Unterlassene Aufklärung.** Eindeutiger Ansatzpunkt des Verbots der Nr. 5 ist nicht die unzureichende Bevorratung per se, sondern die fehlende Aufklärung hierüber. Diese Aufklärung muss klar formuliert, leicht lesbar und gut erkennbar sein.[149] Die Norm verlangt allerdings nur eine Aufklärung darüber, dass es Gründe gibt, die für eine Liefer-/Leistungsunfähigkeit sprechen. Es ist somit **nicht erforderlich,** dass die jeweils **konkreten Gründe genannt werden.** Dementsprechend schadet es auch nicht, wenn der Unternehmer bestimmte Gründe konkret mitteilt, aus denen sich eine nicht angemessene Liefer-/Leistungsfähigkeit ergibt, er dann aber aus anderen Gründen nicht angemessen liefern/leisten kann; etwas anderes gilt allerdings, wenn die anderen Gründe in stärkerem Maß die Liefer- oder Leistungsfähigkeit beeinträchtigen als die ursprünglich genannten Gründe.

138 Auch im **alten Recht** (§ 3, § 5 Abs. 5 UWG aF) war anerkannt, dass die für die Verfügbarkeit der Ware relevante Erwartung des Verkehrs, durch die Gestaltung der Werbung beeinflusst werden konnte. Der Unternehmer konnte somit **Einfluss nehmen** auf die Erwartung an die Bevorratung und somit auch auf die Frage, welche Bevorratung angemessen war.[150] So konnte der Unternehmer darlegen, dass nur **Restposten** oder **Einzelstücke** verfügbar waren oder Angebote nur für **bestimmte Filialen** gelten sollten. Nach dem Verbot in Nr. 5 hingegen ist der Inhalt des Angebots – jedenfalls nach dem Wortlaut der Norm – für die Frage der Angemessenheit nicht zu berücksichtigen.[151] Das besagt aber nicht, dass diesen Angaben in der Zukunft keine Bedeutung mehr zukommt. Sollte der EuGH zu dem Ergebnis kommen, dass die Aufzählung der Kriterien zur Beurteilung der Angemessenheit abschließend ist, so können diese Punkte doch im Rahmen der Aufklärung berücksichtigt werden. „Aufklärung" ist somit nicht nur so zu verstehen, dass eine vorher weitergehende Aussage ausdrücklich wieder beschränkt wird. Die Aufklärung kann vielmehr auch dadurch erfolgen, dass von vornherein der Lieferumfang klargestellt wird. Jedenfalls kann derjenige, der von vornherein den Verkauf von „Restposten" bewirbt, nicht schlechter gestellt sein als derjenige, der die Ware als solche bewirbt und dann in einem Zusatz darauf hinweist, dass es sich um Restposten handelt, die evtl. nicht in angemessener Menge vorhanden sind.

139 Dementsprechend kann auch der **bisherigen Rechtsprechung** zum **Inhalt der Werbung** nach § 5 Abs. 5 UWG aF **weiterhin Bedeutung** zukommen. Danach weist die Aussage ***„Solange der Vorrat reicht"*** nur auf eine begrenzte Laufzeit des Angebots hin, lässt den Verbraucher aber nicht vermuten, dass die Ware nicht in ausreichender Menge zur sofortigen Mitnahme verfügbar ist.[152] Die Aussage genügt daher auch nicht als Aufklärung im Sinne von Nr. 5 UWG-Anhang. Erst recht gilt das für die Aussagen *„Fremdbelieferung"*, *„Lieferung auf Nachfrage"*[153] oder *„nachbestellt"*[154] weil sich hieraus keine Informationen zur unzureichenden Menge ergeben. Auch der allgemeine Hinweis eines großen Filialunternehmens, *„dass bestimmte Artikel trotz sorgfältig geplanter Angebotsmengen all zu schnell ausverkauft sein können"* rechtfertigt nicht, dass die beworbene Ware schon am ersten Verkaufs-

---

[148] Ebenso *Lettl* WRP 2008, 155 (159).

[149] BGH GRUR 2011, 340 (342) – Irische Butter; GRUR 2016, 395 Rn. 20 – Smartphone-Werbung.

[150] Zur Aufklärung durch Sternchenhinweise im Rahmen einer Blickfangwerbung → § 5 Rn. 829.

[151] Vorstehend → Anh. § 3 Nr. 5 Rn. 29. Etwas anderes gilt, wenn der EuGH zu dem Ergebnis kommt, diese Auflistung sei nicht abschließend.

[152] Vgl. BGH GRUR 2004, 343 (344) – Playstation; OLG Stuttgart WRP 1984, 439; BGH GRUR 2016, 395 Rn. 21 – Smartphone-Werbung.

[153] OLG Hamm K&R 2009, 500 (501 f.).

[154] LG Osnabrück ITRB 2006, 134; *Schirmbacher* K&R 2009, 433 (435).

tag nicht mehr vorrätig ist.[155] Denn ein „all zu schneller" Ausverkauf ist nicht gleichzusetzen mit einer nicht angemessenen Bevorratung und der Hinweis auf die sorgfältig geplanten Angebotsmengen lässt gerade nicht vermuten, dass es hinreichende Gründe für eine nicht angemessene Lieferfähigkeit gibt. Auch die Aussage *„Dieser Artikel kann aufgrund begrenzter Vorratsmenge bereits am ersten Angebotstag ausverkauft sein"* reicht nicht immer aus. Der BGH beanstandete die Aussage als solche zwar zunächst nicht, sondern sah den Hinweis bereits wegen des undeutlichen Sternchens, das zu dem Hinweis führte, als unzureichend an.[156] In einer späteren Entscheidung stellte der BGH dann aber klar, dass auch dieser Hinweis als reiner Formalhinweis unzureichend sei, wenn das beworbene Produkt bereits am Vormittag des 1. Verkaufstages ausverkauft sei.[157]

Die Aufklärung muss sich stets auf die **konkret beworbene Ware** beziehen. Nicht ausreichend ist daher auch weiterhin, wenn das Angebot zwar einschränkende Hinweise enthält, jedoch nicht klar ist, auf welche Ware sich die Einschränkung konkret bezieht.[158] Werden in einem Prospekt etwa bestimmte Artikel besonders herausgestellt, wird der Verkehr bei diesen gerade keinen knappen Warenvorrat vermuten. 140

Fehlt zum Zeitpunkt des Angebots **jeglicher Warenvorrat,** dh kann die beworbene oder eine gleichwertige Ware weder vom Unternehmer selbst noch von einem Dritten bereitgestellt werden, so wird dieses Angebot – wie nach § 5 Abs. 5 UWG aF auch schon –[159] regelmäßig unzulässig sein. Etwas anderes gilt, wenn der Unternehmer darüber aufklärt, dass die angebotene Ware überhaupt nicht vorhanden ist, wobei sich dann allerdings die Frage stellt, ob es nicht allgemein unlauter ist, Ware anzubieten, die nicht vorhanden ist (vgl. → § 5 Rn. 416 ff.).[160] 141

Art und Umfang der Aufklärung sind in Relation zu setzen zu dem Angebot. Insoweit kann auf die bisherige Rechtsprechung zu § 5 Abs. 5 UWG aF zurückgegriffen werden, insbesondere auch zur Gestaltung von Sternchenhinweisen. 142

h) Beweislast und Antragstellung. Es gelten grundsätzlich die **allgemeinen Regelungen zur Darlegungs- und Beweislast,** mit **Ausnahme der Sonderregelung in Satz 2.** Der Anspruchsteller muss also zunächst darlegen, dass ein Angebot im Sinne von § 5a Abs. 3 UWG unter Angabe eines bestimmten Preises vorlag, die Ware/Dienstleistung nicht in angemessener Menge und für eine angemessene Zeit vorhanden war und hierüber in dem Angebot nicht aufgeklärt wurde, obwohl der Unternehmer hinreichende Gründe für eine entsprechende Annahme hatte. Dies erfordert die Vorlage der konkreten Werbung oder zumindest die Darlegung ihres Inhalts; dass Bestellungen erfolglos blieben, genügt nicht.[161] Konnte allerdings bereits nach weniger als 2 Tagen nicht mehr das angebotene Produkt geliefert/geleistet werden, so trifft die Beweislast für die dennoch bestehende Angemessenheit den Unternehmer (Satz 2). 143

Hinsichtlich der **„Annahme" einer unzureichenden Lieferfähigkeit** greifen zu Gunsten des Anspruchstellers gewisse **Beweiserleichterungen.** Zwar obliegt es dem Unternehmer nicht, vollständig zu beweisen, dass er keine Anhaltspunkte für den unzureichenden Vorrat hatte. Einen solchen negativen Beweis kann er auch kaum führen und zu einer Selbstbelastung durch Vorlage konkreter Anhaltspunkte ist er auch nicht verpflichtet. Auf der anderen Seite kann der Anspruchsteller aber auch nicht verpflichtet sein, die subjektive Annahme des Unternehmers zu beweisen. Es genügt vielmehr, wenn der Anspruchsteller das **Vorliegen objektiver Gründe** vorträgt und beweist, aus denen sich typischerweise (verobjektiviert) eine entsprechende Annahme unangemessener Lieferfähig- 144

[155] OLG Düsseldorf WRP 2002, 1467 (1470) – Lockvogel-Angebote. Ähnlich OLG Stuttgart WRP 2005, 1424 (1425).
[156] BGH GRUR 2011, 340 (342) – Irische Butter.
[157] BGH GRUR 2016, 395 Rn. 21 – Smartphone-Werbung.
[158] Vgl. OLG Hamm WRP 1979, 325; WRP 1981, 329 (330); OLG Hamburg MD 2000, 289 (294).
[159] OLG Oldenburg GRUR-RR 2006, 202 (203).
[160] Vgl. BGH WRP 2007, 1351 (1353) – Weltreiterspiele zu § 5 Abs. 5 UWG aF.
[161] BGH GRUR-RR 2012, 475 Rn. 22 – Matratzen.

keit ergeben kann. Es obliegt dann dem Unternehmer darzulegen, warum er dennoch nicht von einer fehlenden Lieferfähigkeit ausgehen durfte bzw. warum diese Gründe im vorliegenden Fall dennoch nicht hinreichend für eine entsprechende Annahme waren, sondern durch andere Umstände widerlegt wurden, zB weil trotz angemessener Disposition der Vorrat wegen unerwartet hoher Nachfrage nicht ausreichend war.

145 Aus der Weigerung eines Unternehmers, Ware an erkannte **Testkäufer** zu verkaufen, kann nicht auf eine unzureichende Bevorratung bzw. Aufklärung geschlossen werden.[162] Etwas anderes kann allerdings gelten, wenn die Ware den (erkannten) Testkäufern noch nicht einmal gezeigt wurde.[163]

146 Den Faktoren, nach denen sich die Angemessenheit der Bevorratung bestimmt, ist bei einem gerichtlichen Vorgehen bereits bei der **Antragstellung** Rechnung zu tragen; andernfalls kann ein Unterlassungsantrag zu weitgehend und damit unbegründet sein.[164] Das war nach der Rechtsprechung bereits bei § 5 Abs. 5 UWG aF der Fall und gilt entsprechend auch für Nr. 5 der „Schwarzen Liste", soweit die Angemessenheit länger als 2 Tage beträgt und nicht die Beweislastregelung des Satz 2 greift. Zu beachten ist allerdings auch, dass bei einem Abstellen auf die konkrete Verletzungsform weniger strenge Voraussetzungen gelten. So muss ein solcher Antrag nicht unter die Bedingung gestellt werden, dass kein ausreichender Hinweis auf die eingeschränkte Verfügbarkeit gegeben wird und selbst den Hinweis auf die Dauer der Verfügbarkeit sah der BGH bei einem solchen Antrag nur als unschädliche Überbestimmung der konkreten Verletzungsform an.[165] Dennoch sollte eine solche Angabe vorsorglich gemacht werden, um Streit über die konkrete Verletzungsform und die hinreichende Bestimmtheit zu vermeiden.[166]

Anhang zu § 3 Abs. 3 Nr. 6

Unzulässige geschäftliche Handlungen im Sinne des § 3 Abs. 3 sind

6. Waren- oder Dienstleistungsangebote im Sinne des § 5a Abs. 3 zu einem bestimmten Preis, wenn der Unternehmer sodann in der Absicht, stattdessen eine andere Ware oder Dienstleistung abzusetzen, eine fehlerhafte Ausführung der Ware oder Dienstleistung vorführt oder sich weigert zu zeigen, was er beworben hat, oder sich weigert, Bestellungen dafür anzunehmen oder die beworbene Leistung innerhalb einer vertretbaren Zeit zu erbringen;

Übersicht

162 BGH GRUR 1987, 835 (837) – Lieferbereitschaft zu § 5 Abs. 5 UWG aF.

163 Vgl. BGH GRUR 1989, 609 (611) – Fotoapparate.

164 Vgl. BGH GRUR 1999, 509 (511) – Vorratslücken; OLG Düsseldorf WRP 2002, 1467 (1469) – Lockvogel-Angebote zu § 5 Abs. 5 UWG aF.

165 BGH GRUR 2011, 340 (342) – Irische Butter.

166 Vgl. BGH GRUR 2004, 70 (71) – Preisbrecher; OLG Frankfurt a. M. MD 2005, 1062 (1064) zu § 5 Abs. 5 UWG aF.

1. Einfluss des europäischen Rechts. Die Vorschrift beruht auf der Regelung im Anhang I Nr. 6 zur **UGP-Richtlinie.** Verboten ist danach die 147

„Aufforderung zum Kauf von Produkten zu einem bestimmten Preis und dann
a) Weigerung, dem Verbraucher den beworbenen Artikel zu zeigen, oder
b) Weigerung, Bestellungen dafür anzunehmen oder innerhalb einer vertretbaren Zeit zu liefern, oder
c) Vorführung eines fehlerhaften Exemplars
in der Absicht, stattdessen ein anderes Produkt abzusetzen („bait-and-switch"-Technik)."

Im **sprachlich leicht modifizierten deutschen Text** wurde einerseits die Reihenfolge der einzelnen Tatbestandsalternativen geändert, was für sich genommen unschädlich ist. Darüber hinaus wurde die Formulierung so geändert, dass bereits aus dem Wortlaut der einzelnen Varianten deren Geltung für Waren sowie Dienstleistungen deutlicher hervorgeht. 148

2. Zweck der Vorschrift und Abgrenzung. Das Gesetz verknüpft eine **Ausgangssituation** (Werbung mit bestimmtem Preis) mit **drei Handlungsalternativen** (keine Vorführung, keine Bestellannahme/Lieferung, Vorführung von etwas Fehlerhaftem) und einer **subjektiven Intention** (Absicht, etwas anderes abzusetzen). In der Sache geht es somit darum, den Kunden mit einem konkreten Angebot in das Geschäft zu locken, um dann etwas anderes zu verkaufen. In der UGP-Richtlinie wird dies prägnant als **„bait-and-switch-Technik"** bezeichnet. Im Grunde genommen handelt es sich hierbei um einen **Sonderfall der Lockvogelwerbung.** Denn ob der Unternehmer mit einem Artikel wirbt, den er nicht mehr vorrätig hat oder ob er versucht, ein anderes Produkt zu vertreiben, läuft zumindest aus Sicht des Verbrauchers oftmals auf dasselbe hinaus. Der wesentliche Unterschied zur Lockvogelwerbung in Nr. 5 liegt allerdings darin, dass bei Nr. 6 die unzureichende Bevorratung und die Verfügbarkeit der Ware keine Rolle spielen. Während beim Tatbestand der Nr. 5 die beworbene Ware nicht vorhanden ist, ist beim Verbot der Nr. 6 die beworbene Ware zwar möglicherweise vorhanden, wird aber nicht oder nur in fehlerhafter Ausführung gezeigt. 149

Wegen der erforderlichen Absicht des Verkäufers wird der Regelung aber vermutlich nur eine **geringe praktische Bedeutung** zukommen. Sie bleibt zudem hinter der früheren Rechtslage in Deutschland zurück, nach der es für das Verbot des § 5 Abs. 5 UWG aF gleichgültig war, aus welchen Gründen vorhandene Ware vor Ort auf Nachfrage nicht angeboten wurde und es vielmehr Sache des Unternehmers war, Umstände vorzubringen, die die mangelnde Lieferbereitschaft als unverschuldet erscheinen ließen.[167] 150

Ist der Tatbestand der Nr. 6 nicht erfüllt, so sind vor allem die Fallgruppen der Irreführung über die Beweggründe des Unternehmers, § 5 Abs. 1 S. 2 Nr. 3 UWG, und des Anlasses des Verkaufs, § 5 Abs. 1 S. 2 Nr. 2 UWG, zu prüfen. 151

3. Einzelheiten. a) An einen Verbraucher gerichtete geschäftliche Handlung. Wie alle Tatbestände des UWG-Anhangs setzt auch Nr. 6 eine an einen Verbraucher gerichtete geschäftliche Handlung voraus. Angaben gegenüber **Unternehmern** können nur nach § 5 UWG irreführend sein. Bezüglich der Legaldefinition der Begriffe **„ge-** 152

[167] Vgl. BGH GRUR 1983, 650 (651) – Kamera. Anders hingegen die Rechtslage bei falschen telefonischen Auskünften, die den Kunden eher vom Besuch des Geschäftslokals abhalten, BGH GRUR 2002, 1095 – Telefonische Vorratsanfrage.

schäftliche Handlung“ und **„Verbraucher“** wird auf die Kommentierung von *Keller* zu § 2 Abs. 1 Nr. 1 und § 2 Abs. 2 UWG verwiesen.

153 **b) Waren- oder Dienstleistungsangebote iSv § 5a Abs. 3 UWG zu einem bestimmten Preis.** Zu den **sprachlichen Unterschieden** in Nr. 6 der „Black List" zu § 3 Abs. 3 UWG („Waren- und Dienstleistungsangebote im Sinne des § 5a Abs. 3 zu einem bestimmten Preis") einerseits und in Nr. 6 im Anhang I sowie Art. 2 lit. i der UGP-Richtlinie („Aufforderung zum Kauf von Produkten") andererseits, siehe die Kommentierung zu Nr. 5 (→ Rn. 154 ff.). Wie Nr. 5 erfasst das Verbot in Nr. 6 nicht jegliche Werbung, sondern nur **konkrete Angebote,** bei denen Waren oder Dienstleistungen **zu bestimmten Preisen** angeboten werden. Bei einem solchen Angebot erwartet der Verbraucher nämlich, dass ihm die angebotene Ware/Dienstleistung auch tatsächlich verkauft wird. Das schließt nicht aus, dass der Verbraucher auch aufgrund einer Werbung ohne Angabe eines bestimmten Preises von einer Lieferbereitschaft des Unternehmers ausgeht. Diese Fälle sind dann allerdings nach § 5 Abs. 1 S. 2 Nr. 1 UWG zu prüfen. Ob es sich bei der angebotenen Ware oder Dienstleistung um ein Sonderangebot handelt, ist unerheblich.

154 **c) Handlungsalternativen.** Das Gesetz verbietet **drei Handlungsalternativen,** von denen (nur) eine gegeben sein muss, um die Unlauterkeit zu begründen. Diese Aufzählung ist **abschließend.** Andere Verhaltensweisen sind vom Verbot nicht erfasst, sondern nach § 5 Abs. 1 S. 2 Nr. 1 UWG zu beurteilen. Hinzu kommt, dass die Tatbestände im Anhang zu § 3 Abs. 3 UWG grundsätzlich **eng auszulegen** sind (→ Anh. § 3 Vorb. Rn. 13). Versucht etwa der Unternehmer, das Interesse des Verbrauchers dadurch auf ein bestimmtes Produkt zu lenken, dass er das angebotene Produkt schlechtredet,[168] so mag das beim Verbraucher zwar Verwunderung erzeugen, ist jedoch vom Tatbestand der Nr. 6 nicht erfasst.[169]

155 **aa) Weigerung, zu zeigen, was der Unternehmer beworben hat.** Der **Wortlaut** der Regelungen ist hier leider **ungenau.** Denn während es bei dem Verbot der Nr. 6 im UWG-Anhang allgemein um das Beworbene geht, wird bei der ersten Handlungsalternative in Anhang I Nr. 6 der UGP-Richtlinie nur das Zeigen des **„beworbenen Artikels“** geregelt. Das ist bereits insoweit ungenau, als es um konkrete Angebote geht und nicht nur um Werbung. Noch bemerkenswerter ist, dass in der Richtlinie nur von einem „Artikel" gesprochen wird, nicht aber von einer Dienstleistung. Würde man dies wörtlich verstehen, so wäre die Weigerung, die angebotene Dienstleistung vorzuführen, nicht vom Verbot erfasst. Dafür gibt es aber keinerlei Anlass und auch aus der Entstehungsgeschichte der Norm ergibt sich kein Hinweis dafür, dass bei den einzelnen Handlungsalternativen bewusst zwischen Ware und Dienstleistung unterschieden werden sollte. Hinzu kommt, dass sowohl im Einleitungssatz der Richtlinie als auch im letzten Halbsatz ausdrücklich von „Produkten" gesprochen wird. Der deutsche Gesetzgeber sah dies offenbar ebenso und hat daher offener formuliert, indem er allgemein darauf abstellt, dass der Unternehmer sich weigert zu zeigen, was er beworben hat. Das ist zwar hinsichtlich des Wortes „beworben" ebenfalls ungenau, lässt aber eine **Anwendung sowohl auf Waren als auch Dienstleistungen** zu. Ob diese Erstreckung richtlinienkonform ist oder ob die Regelung entsprechend ihrem Wortlaut auf Waren zu beschränken ist, muss letzten Endes der EuGH entscheiden.

156 **„Weigerung“** bedeutet, dass der Unternehmer das Produkt **trotz ausdrücklicher Aufforderung** durch den Kunden nicht zeigt. Das fehlende (eigeninitiative) Angebot, die Ware/Dienstleistung zu zeigen, genügt nicht. Ebenso wenig genügt es, dass niemand im Ladenlokal verfügbar ist, der das beworbene Produkt zeigen könnte. Auch genügt es nicht, dass Verkäufer die beworbenen Produkte nicht zeigen, weil sie nicht wissen, wo diese

---

168 Im ursprünglichen Kommissionsvorschlag, KOM(2003) 356 endg., S. 37 war dies noch eine Handlungsalternative.

169 Ebenso *Büllesbach* S. 65 f.

stehen oder wie man den entsprechenden Artikel bedient bzw. die angebotene Leistung erbringt, oder weil die Produkte überhaupt nicht verfügbar sind. Andernfalls hätte auch die zweite Handlungsalternative keinen Anwendungsbereich mehr, weil eine Bestellung von vornherein nur in Betracht kommt, wenn die Ware nicht bereits vorhanden ist. Auch der Fall, dass ein Verkäufer irrtümlich glaubt, eine tatsächlich vorhandene Ware sei nicht (mehr) vorhanden, unterfällt nicht dem Verbot der Nr. 6, kann aber als sog. **subjektiver Vorratsmangel** nach § 5 Abs. 1 S. 2 Nr. 1 UWG verboten sein.[170] Wird die Vorführung verweigert ohne dass die og Gründe vorliegen, so reicht das zur Verwirklichung des Tatbestands aus. Ob der Anbieter zugleich bereit ist, Bestellungen anzunehmen und kurzfristig auszuführen, ist dann unerheblich.

bb) Weigerung, Bestellungen anzunehmen oder die beworbene Leistung innerhalb vertretbarer Zeit zu erbringen. (a) Verweigerte Annahme von Bestellungen. 157
Ist Ware nicht verfügbar, wird ein Kaufmann normalerweise entsprechende Bestellungen annehmen. Geschieht dies nicht, ist dies aber nicht allein deshalb unlauter. Vielmehr muss die Handlung mit der **Absicht** verknüpft sein, ein anderes Produkt abzusetzen. Dh die Weigerung der Bestellannahme zB aufgrund **fehlender Bezugsmöglichkeit vom Großhändler oder Hersteller, wegen fehlender Bestellmöglichkeit aufgrund höherer Gewalt, wegen unzureichender Bonität** des Abnehmers oder weil entsprechende Ware vom Unternehmer **aus dem Sortiment genommen** wurde, **genügen** zur Verwirklichung des Tatbestands in Nr. 6 **nicht.** Allerdings ist dann genau zu prüfen, ob nicht möglicherweise der Tatbestand der Nr. 5 (Lockangebote, unzureichende Verfügbarkeit) erfüllt ist.

Das Verbot bezieht sich seinem Wortlaut in Nr. 6 des Anhangs I zur UGP-Richtlinie nach wieder nur auf den „beworbenen Artikel". Insoweit gelten die Ausführungen in → Rn. 155 entsprechend. 158

(b) Weigerung die beworbene Leistung innerhalb vertretbarer Zeit zu erbringen. Auch insoweit sind die Formulierungen in der Richtlinie und im deutschen Text nicht deckungsgleich und jeweils ungenau. Der deutsche Text in Nr. 6 UWG-Anhang spricht von der Weigerung, „die beworbene Leistung" innerhalb einer vertretbaren Zeit zu erbringen. Die Richtlinie spricht von der Weigerung, „innerhalb einer vertretbaren Zeit zu liefern". Die Richtlinie scheint sich somit bei dieser Handlungsalternative wieder allein auf den „beworbenen Artikel" zu beschränken, was angesichts der Bezugnahme auf „Produkte" nicht nachvollziehbar und nur als redaktionelle Ungenauigkeit zu erklären ist (wobei diese Entscheidung letzten Endes der EuGH zu treffen hat). Insoweit ist der **deutsche Text genauer,** indem er auch auf die Erbringung der beworbenen Dienstleistung abstellt. Allerdings übernimmt der deutsche Text damit nicht die Handlungsalternative, dass Ware trotz Bestellung nicht innerhalb angemessener Zeit geliefert wird mit dem Ziel, stattdessen eine andere Ware abzusetzen. Im Wege der **Auslegung** ist diese Handlungsalternative daher so zu lesen, dass sie **sowohl** die Weigerung, die beworbene **Leistung** innerhalb einer vertretbaren Zeit zu erbringen, erfasst **als auch** die Weigerung, die bestellte **Ware** innerhalb einer vertretbaren Zeit zu liefern, jeweils in der **Absicht,** stattdessen eine andere Ware/Leistung abzusetzen. Wobei diese Weigerung bereits **von Anfang an** gegeben sein kann, dh bereits bei der Bestellung werden unvertretbar lange Lieferzeiträume genannt, oder **erst später** erfolgen kann. 159

Zeigt sich die Weigerung zur rechtzeitigen Lieferung **erst nach Aufgabe der Bestellung,** dürfte dies in der Praxis fast immer auch mit Schadensersatz wegen Verzugs verbunden sein, denn mit dem Beweis der nach Nr. 6 erforderlichen Absicht dürfte zumeist auch der Beweis des relevanten Verschuldens gegeben sein. Eine objektive Lieferverzögerung aus anderen Gründen, wie zB Streik beim Transport, fehlende Lieferfähigkeit des Vorlieferanten etc ist vom Verbot hingegen nicht erfasst. 160

---

[170] Vgl. OLG Frankfurt a. M. NJOZ 2005, 2182 zu § 5 Abs. 5 UWG aF.

161 Welcher Zeitraum **„vertretbar"** ist, richtet sich nach den Umständen des **Einzelfalls.** Maßgeblich ist, um welches Produkt es sich handelt, wie das Angebot beschaffen war und mit welcher Lieferfrist der Verbraucher daher unter normalen Umständen rechnen konnte.

162 **cc) Vorführung einer fehlerhaften Ausführung der Ware oder Dienstleistung.** Während der Text der Richtlinie nur die Vorführung eines „fehlerhaften Exemplars" erwähnt, spricht der deutsche Text präziser von einer **fehlerhaften Ausführung der Ware oder Dienstleistung.** Auch dies ist nicht per se unlauter, sondern nur bei Vorliegen der Absicht, ein anderes Produkt abzusetzen. „Fehlerhaft" ist das vorgeführte Produkt dabei dann, wenn es sich nicht für die Zwecke eignet, für die Verbraucher Produkte der gleichen Art gewöhnlich gebrauchen oder wenn es nicht Qualität und Leistungen aufweist, die bei Produkten der gleichen Art üblich sind.[171]

163 **d) Absicht, stattdessen eine andere Ware oder Dienstleistung abzusetzen.** Die Vornahme bestimmter objektiver Handlungen allein genügt nicht, um den Tatbestand der Nr. 6 zu verwirklichen. Auch **reichen irrtümliche Fehlvorstellungen,** zB über das (Nicht-)Vorhandensein bestimmter Waren oder die Erbringung bestimmter Dienstleistungen, **nicht.** Welche Vorstellung sich der Unternehmer von der Verfügbarkeit der beworbenen Produkte gemacht hat, ist unerheblich. Vielmehr ist die **Absicht** erforderlich, statt der angebotenen Ware oder Dienstleistung eine andere abzusetzen, dh dem Unternehmer muss es gerade darauf ankommen, dem Verbraucher etwas anderes zu verkaufen. Will er dem Verbraucher aus anderen Gründen nichts verkaufen, zB weil er Bedenken hinsichtlich der Bonität hat und es um eine hochwertige Ware geht oder er bei Dienstleistungen erhebliche Vorleistungen erbringen müsste oder weil er in dem Verbraucher einen Testkäufer erkannt hat, so ist das Verbot nicht einschlägig.

164 Die **Absicht** muss **bei demjenigen** gegeben sein, **der zum Kauf aufgefordert** und dann eine der Handlungsalternativen erfüllt hat. Sind der Anbietende und der Handelnde verschiedene Personen – wobei hier auch die Zurechnungen nach § 8 Abs. 2 UWG zu berücksichtigen sind – so kommt eine Anwendung der Nr. 6 nur in Betracht, wenn beide **Personen bewusst und gewollt zusammenwirken.**

165 Das Vorliegen der Absicht hat derjenige zu beweisen, der sich auf den Tatbestand der Nr. 6 beruft. Ein solcher **Beweis** wird **nur schwer möglich** sein. Aus dem Vorliegen der objektiven Tatbestandsmerkmale kann nicht ohne Weiteres auf eine entsprechende Absicht geschlossen werden. Dies ist nur in Ausnahmefällen möglich, etwa wenn die beworbene Ware überhaupt nicht existiert. Zudem kann sich die **Beweislast umkehren,** wenn der Unternehmer keinen vernünftigen Grund dafür angeben kann, warum er die beworbenen Waren nicht zeigen will oder nicht innerhalb vertretbarer Zeit liefern kann. Je stärker der Unternehmer auf den Absatz eines anderen Produktes drängt, desto leichter lässt sich auf das Vorliegen der erforderlichen Absicht schließen. Dennoch ist ein solch ausdrückliches Angebot nicht zwingend erforderlich. Auch der Unternehmer, der auf die Nachfrage seines Kunden nach Alternativen wartet, handelt unlauter, wobei hier der Nachweis der Absicht im Regelfall aber deutlich schwieriger sein wird.

166 Wegen dieser Beweisprobleme ist zu befürchten, dass dem Verbot der Nr. 6 in der Praxis auch weiterhin nur eine **geringe Bedeutung** zukommen wird.

Anhang zu § 3 Abs. 3 Nr. 7

Unzulässige geschäftliche Handlungen im Sinne des § 3 Abs. 3 sind

7. die unwahre Angabe, bestimmte Waren oder Dienstleistungen seien allgemein oder zu bestimmten Bedingungen nur für einen sehr begrenzten Zeitraum verfügbar, um den Verbraucher zu einer sofortigen geschäftlichen Entschei-

[171] *Lettl* WRP 2008, 155 (160) unter Verweis auf Art. 2 Abs. 2 lit. c und d der Richtlinie 1999/44/EG; vgl. auch den objektiven Fehlerbegriff gem. § 434 Abs. 1 Nr. 2 BGB.

dung zu veranlassen, ohne dass dieser Zeit und Gelegenheit hat, sich auf Grund von Informationen zu entscheiden;

Übersicht

1. Einfluss des europäischen Rechts. Die Vorschrift beruht auf der Regelung Anhang I Nr. 7 zur **UGP-Richtlinie.** Diese lautet: 167

„Falsche Behauptung, dass das Produkt nur eine sehr begrenzte Zeit oder nur eine sehr begrenzte Zeit zu bestimmten Bedingungen verfügbar sein werde, um so den Verbraucher zu einer sofortigen Entscheidung zu verleiten, so dass er weder Zeit noch Gelegenheit hat, eine informierte Entscheidung zu treffen."

Die Regelung der Richtlinie wurde im deutschen UWG-Anhang somit **nicht wörtlich** übernommen. Bei den Änderungen handelt es sich allerdings **nur** um **sprachliche Feinheiten,** die sich auf den Inhalt nicht auswirken. 168

2. Zweck der Vorschrift und Abgrenzung. Das Verbot ist Ausdruck des **europäischen Verbraucherleitbilds** des informierten Verbrauchers. Der Verbraucher soll nicht vorschnell eine uninformierte geschäftliche Entscheidung treffen, nur weil er irrtümlich glaubt, die Ware sei später nicht mehr oder nicht mehr zu diesen Bedingungen verfügbar. Das Verbot verbindet somit Elemente der Irreführung mit Elementen des **psychologischen Kaufzwangs,**[172] es enthält objektive Elemente („unwahre Angabe") und subjektive Elemente („um zu veranlassen"). 169

Nr. 7 ist somit quasi das **Gegenstück zu** den Regelungen der **Lockvogelangebote** in Nr. 5 und 6 der „Schwarzen Liste": Dort geht es darum, dass eine Ware objektiv nur kürzere Zeit verfügbar ist, als es der Verbraucher (subjektiv) erwartet; bei Nr. 7 hingegen geht es darum, dass die Ware (objektiv) tatsächlich längere Zeit verfügbar ist als es der Verbraucher (subjektiv) erwartet. Es soll **kein Zeitdruck vorgegaukelt** werden, der objektiv nicht besteht, der aber den Verbraucher zu einer vorschnellen geschäftlichen Entscheidung veranlassen könnte.

Im Übrigen sind zur Irreführung geeignete Angaben über die Verfügbarkeit einer Ware am Tatbestand des **§ 5 Abs. 1 S. 2 Nr. 1 UWG** zu messen. Das gilt beispielsweise für Fälle, bei denen über die Verfügbarkeit der Ware nicht mittels Zeitangaben getäuscht wird, sondern etwa die **Warenmenge als geringer dargestellt** wird, als tatsächlich vorhanden, zB durch Aussagen wie *„staatlich limitiert"* oÄ oder durch Zeitangaben, die über einen „sehr begrenzten" Zeitraum hinausgehen. 170

3. Einzelheiten. a) An einen Verbraucher gerichtete geschäftliche Handlung. Wie alle Tatbestände des UWG-Anhangs setzt auch Nr. 7 eine an einen Verbraucher gerichtete geschäftliche Handlung voraus; Angaben gegenüber **Unternehmern** können 171

[172] In der amtl. Begründung des Gesetzentwurfs der Bundesregierung vom 23.5.2008, BR-Drs. 345/08, 64 ist von „Ausübung psychologischen Kaufzwangs durch übertriebenes Anlocken" die Rede; dagegen kritisch *Sosnitza* WRP 2008, 1014 (1022).

nur nach § 5 UWG irreführend sein. Bezüglich der Legaldefinition der Begriffe **„geschäftliche Handlung“** und **„Verbraucher“** wird auf die Kommentierung von *Keller* zu § 2 Abs. 1 Nr. 1 und § 2 Abs. 2 UWG verwiesen.

172 **b) Unwahre Angabe.** Die Angabe muss unwahr sein. „Unwahre Angabe“ ist nur die ausdrückliche, **objektiv unwahre** Angabe, nicht aber die nur subjektiv vom Verbraucher falsch verstandene Angabe. Umgekehrt **kommt es nicht darauf an,** ob die objektiv unwahre Angabe **zur Täuschung** des Verbrauchers geeignet ist oder gar eine **tatsächliche Täuschung bewirkt.**[173] Dies ergibt sich aus der Unterscheidung zwischen der Formulierung „Geschäftspraxis, die falsche Angaben enthält und somit unwahr ist“ einerseits und „Geschäftspraxis, die täuscht oder zu täuschen geeignet ist“ andererseits in Art. 6 Abs. 1 der UGP-Richtlinie sowie aus der Unterscheidung in den Tatbeständen im Anhang I zur Richtlinie zwischen „Behauptung“ einerseits (zB Nr. 1, 3, 4, 7, 9, 12, 15, 16, 17, 22) und „Erwecken eines (fälschlichen) Eindrucks“ (zB Nr. 9, 22, 23, 24, 31) andererseits. In Nr. 7 ist nur von „falscher Behauptung“ bzw. „unwahrer Angabe“ die Rede. Das Verbot der Nr. 7 erfordert somit, dass ausdrücklich eine zeitliche Begrenzung vorgespiegelt wird, die so tatsächlich nicht gegeben ist, weil das beworbene Produkt tatsächlich länger zu den beworbenen Konditionen angeboten wird. **Nr. 7 verhindert somit nicht, Angebote nur mit kurzer Laufzeit auszugestalten.**[174] Verboten ist allerdings, die Laufzeit kürzer darzustellen, als sie tatsächlich ist.

173 Die **Beweislast** dafür, dass eine Angabe unwahr ist, trifft denjenigen, der sich auf eine Verletzung von Nr. 7 beruft.

174 **c) Bestimmte Waren oder Dienstleistungen.** Die umstrittene Angabe muss sich auf eine bestimmte Ware oder Dienstleistung beziehen. Die Richtlinie stellt auf „das“ Produkt ab. Gemeint ist das **konkret beworbene Produkt. Allgemeine Angaben** darüber, dass Ware in einem Geschäft schnell ausverkauft sein kann, werden damit **nicht verboten.** Erfolgt allerdings eine allgemeine Angabe im Zusammenhang mit einem bestimmten Produkt und bezieht der Verbraucher daher die allgemeine Aussage auch auf das bestimmte Produkt, so wird die entsprechende Werbung vom Verbot der Nr. 7 erfasst. ZB: Werbung für einen bestimmten PC mit der Aussage *„Unsere Computer sind immer nur wenige Stunden verfügbar.“*

175 **d) Allgemein oder zu bestimmten Bedingungen verfügbar.** Verboten ist die Aussage, dass der Verbraucher die Ware/Dienstleistung, so wie sie ihm jetzt angeboten wird, nur kurze Zeit erwerben kann, so dass nach Ablauf kurzer Zeit entweder das Produkt als solches schon nicht mehr verfügbar ist oder jedenfalls nur noch zu anderen Bedingungen. **Verboten** sind somit **zwei Varianten einer Aussage,** nämlich a) die Aussage, eine **Ware/Dienstleistung sei als solche** nur sehr kurze Zeit verfügbar oder alternativ b) die Aussage, eine Ware/Dienstleistung sei jedenfalls **zu bestimmten Bedingungen** nur sehr kurze Zeit verfügbar.

176 **aa) Allgemein nur für sehr begrenzten Zeitraum verfügbar.** Die Behauptung, dass ein **Produkt als solches nur für einen sehr begrenzten Zeitraum verfügbar** ist, kann vor allem durch entsprechende (unwahre) Zeitangaben, wie zB *„nur heute“* oder *„nur am verkaufsoffenen Sonntag von 13:00–18:00 Uhr“* erfolgen. Die zeitliche Beschränkung muss sich dabei unmittelbar aus der Behauptung ergeben. Eine nur **mittelbare Beschränkung genügt** angesichts des Gebots der restriktiven Auslegung der Tatbestände der Schwarzen Liste (→ Anh. § 3 Vorb. Rn. 16) im Regelfall **nicht.** Die Angabe eines zu knappen Warenvorrats allein[175] unterfällt somit im Regelfall nicht dem Verbot der Nr. 7.[176] Denn aus einem (zu) knapp angegebenen Warenvorrat ergibt sich nicht zwingend, dass eine Ware nur

[173] *Glöckner/Henning-Bodewig* WRP 2005, 1311 (1330).
[174] *Schirmbacher* K&R 2009, 433 (435).
[175] Anders, wenn die Aussage über den knappen Vorrat mit einer Zeitangabe verknüpft wird.
[176] AA *Büllesbach* S. 68.

für einen sehr begrenzten Zeitraum verfügbar ist. Teure oder sonst wie exquisite Waren dürften etwa auch in geringer Stückzahl länger verfügbar sein, weil sie einfach nicht so häufig verkauft werden. Etwas anderes könnte gelten, wenn der Vorrat an Waren des täglichen Bedarfs so knapp angegeben wird, dass dies bei dem angesprochenen Verbraucher zwingend zur Schlussfolgerung führt, dass diese Ware nur für einen sehr begrenzten Zeitraum verfügbar sein wird. Das wird aber nur in Ausnahmefällen gegeben sein.

bb) Zu bestimmten Bedingungen nur für sehr begrenzten Zeitraum verfügbar. 177 Selbst wenn das Produkt an sich längere Zeit verfügbar ist, darf nicht unwahr behauptet werden, dass es zu bestimmten Bedingungen nur sehr kurze Zeit erhältlich sei. Mit **„bestimmten Bedingungen"** werden dabei alle Modalitäten des Erwerbs erfasst, die in der konkreten Werbung genannt werden. Dies kann vor allem den **Preis** betreffen, aber auch alle sonstigen Bedingungen wie zB **Rabatte, Finanzierungskosten, Lieferfristen, Lieferkosten, Ort,** an dem die Ware erworben werden kann, **Nebenkosten,** Dauer einer **Garantie, Zugaben** etc.

Ein **Hinweis auf allgemeine,** unbestimmte **Bedingungen genügt nicht,** solange der 178 Verbraucher diese Bedingungen nicht wieder (auch) auf das konkret beworbene Produkt bezieht und glaubt, diese Bedingungen seien später für das konkrete Produkt nicht mehr gegeben.

e) Sehr begrenzter Zeitraum. Mit „sehr begrenztem Zeitraum" ist nicht gemeint, dass 179 eine bestimmte Zeitangabe gemacht werden muss. „Begrenzt" ist vielmehr im Sinne von **„knapp"** oder **„kurz"** zu verstehen. Das ergibt sich zum einen aus dem Wortlaut, denn „sehr begrenzt" kann nur im Sinne von sehr knapp oder sehr kurz verstanden werden und nicht im Sinne von sehr bestimmt. In dem ersten Vorschlag der Kommission für die Richtlinie war auch noch von „sehr kurzer Zeit" die Rede,[177] jedoch wurde die Formulierung dann auf Antrag des Europäischen Parlaments in „sehr begrenzte Zeit" geändert, mit dem (jedenfalls für die deutsche Fassung nicht nachvollziehbaren Argument), dass dies klarer sei. Dieses Auslegungsergebnis ergibt sich zudem auch aus dem weiteren Tatbestandsmerkmal, den Verbraucher zu einer „sofortigen" geschäftlichen Entscheidung zu bewegen. Demnach können **auch unbestimmte Zeitangaben** unter das Verbot fallen. Es müssen nicht konkrete Daten genannt werden.

Wann konkret ein Zeitraum „begrenzt" bzw. „sehr begrenzt" ist, hängt von den Um- 180 ständen des **Einzelfalls,** der **Attraktivität des Angebots** und den **konkreten Vergleichsmöglichkeiten** des Verbrauchers ab. Nicht erforderlich ist, dass die Zeit kürzer ist als sonst bei Sonderangeboten üblich. Maßgeblich ist vielmehr allein, ob die Zeit so bemessen ist, dass der Verbraucher dadurch zu einer sofortigen, **nicht informierten geschäftlichen Entscheidung** veranlasst wird.

Wird der relevante **Zeitraum** zwar **falsch angegeben,** ist er aber **dennoch länger als** 181 **„sehr begrenzt",** so ist die entsprechende Behauptung nach § 5 Abs. 1 S. 2 Nr. 1 UWG zu beurteilen. Entsprechendes gilt für Angaben, bei denen nicht das Zeitelement im Vordergrund steht, sondern anders über die knappe Verfügbarkeit von Waren getäuscht wird, zB durch falsche Aussagen über die Vorratsmenge oder Herstellungsmenge (zB „staatlich limitiert" oÄ) und sich aus diesen Aussagen nicht zwingend eine sehr begrenzte zeitliche Verfügbarkeit ergibt.

f) Absicht, den Verbraucher zu einer sofortigen Entscheidung zu veranlassen. 182 Die begrenzte Zeitangabe muss mit dem Ziel erfolgen, den Verbraucher zu einer sofortigen geschäftlichen Entscheidung zu veranlassen. In der Richtlinie ist von „verleiten" die Rede, was eine aktivere Einflussnahme des Unternehmers suggerieren könnte, so aber vom deutschen Gesetzgeber offensichtlich nicht verstanden wird. Ob eine solche Absicht auf Seiten des Unternehmers gegeben ist, kann im Regelfall nur **aus den Umständen** geschlossen werden. Maßgeblich ist, ob für die (unwahre) Begrenzung **sachliche Gründe**

[177] Vorschlag vom 18.6.2003, KOM(2003) 356 endg., S. 37.

erkennbar sind oder nicht. Dies bedeutet, dass eine nur ***versehentlich* falsche Angabe** zur Begrenzung im Einzelfall **nicht** vom Verbot **erfasst** sein kann. Das betrifft etwa den Fall, dass der Unternehmer fälschlicherweise davon ausgeht, das angebotene Produkt werde nur kurz verfügbar sein und er im guten Glauben den Verbraucher deshalb darauf hinweist (was sich im Hinblick auf das Verbot der Nr. 5 auch durchaus empfehlen kann), sich die Ware dann aber wider Erwarten doch nicht so gut verkauft.[178] Aber auch der Fall, dass nach Ablauf der ursprünglichen Begrenzung das **Angebot** aus sachlichen Gründen **verlängert wird,** die so vorher nicht eingeplant waren, wird von dem Verbot der Nr. 7 nicht erfasst.[179] Liegen allerdings die objektiven Voraussetzungen des Tatbestands vor und ist die Aussage objektiv geeignet, den Verbraucher zu einer sofortigen geschäftlichen Entscheidung zu veranlassen, so kann eine entsprechende Absicht **vermutet** werden und es obliegt dem Unternehmer, diese Vermutung zu widerlegen.

183 **„Sofortige" Entscheidung ist nicht unbedingt wörtlich zu verstehen.** Gemeint ist, dass dem Verbraucher **weder Zeit noch Gelegenheit** gegeben wird, eine **informierte geschäftliche Entscheidung zu treffen,** indem er sich zB über Vergleichsangebote erkundigt. Sowohl in der Richtlinie als auch in Nr. 7 UWG-Anhang werden nunmehr[180] die fehlende Zeit und Gelegenheit für eine informierte Entscheidung ausdrücklich erwähnt. Der Begriff der „sofortigen Entscheidung" muss daher entsprechend ausgelegt werden. „Sofort" kann daher auch einen absolut gesehen etwas längeren Zeitraum erfassen, solange dieser Zeitraum immer noch so kurz ist, dass der Verbraucher objektiv keine Gelegenheit hat, sich zu erkundigen und eine informierte Entscheidung zu treffen. Umgekehrt kann aber auch selbst ein sehr kurzer Zeitraum für eine **informierte geschäftliche Entscheidung** genügen, wenn zB dem Verbraucher die für eine informierte Entscheidung wesentlichen Informationen (zB übliche Marktpreise bei Waren des täglichen Bedarfs) bekannt sind, mit dem Angebot bekannt gemacht werden oder er sie sich innerhalb des kurzen Entscheidungszeitraums besorgen kann (zB bei Internetangeboten über Suchmaschinen). Ist eine solche Entscheidung möglich, so ist der Verbotstatbestand nicht erfüllt.[181]

184 Das Verbot ist somit vor allem auf **Aussagen in Verkaufsräumen** oder **bei direktem Kontakt** mit dem Unternehmer oder seinem Personal gerichtet. Es erfasst aber auch Aussagen in der **Fernseh- oder Radiowerbung,** wenn die relevanten Zeiträume jeweils so kurz bemessen sind, dass der angesprochene Verbraucher keine Möglichkeit mehr hat, sich weitergehend zu informieren, sondern meint, sofort bestellen zu müssen.

185 **Unklar** ist, wie Fälle zu behandeln sind, bei denen das konkrete **Angebot in der Tat nur kurz verfügbar ist,** es nach einer kurzen **Unterbrechung** dann aber zu einer **Nachlieferung** und dann einem erneuten Angebot der gleichen oder ähnlichen Waren kommt. Beruhen die Angebote auf einem einheitlichen Tatentschluss (zB einmalige Bestellung, aber Lieferung in Teilmengen), so spricht dies zunächst für eine tatbestandsmäßige Absicht und es obliegt dem Unternehmer, diesen Eindruck zu widerlegen.

Anhang zu § 3 Abs. 3 Nr. 8

Unzulässige geschäftliche Handlungen im Sinne des § 3 Abs. 3 sind

8. Kundendienstleistungen in einer anderen Sprache als derjenigen, in der die Verhandlungen vor dem Abschluss des Geschäfts geführt worden sind, wenn die ursprünglich verwendete Sprache nicht Amtssprache des Mitgliedstaats ist, in dem der Unternehmer niedergelassen ist; dies gilt nicht, soweit Verbraucher vor dem Abschluss des Geschäfts darüber aufgeklärt werden, dass diese Leis-

[178] So noch die Bedenken in der Stellungnahme der Deutschen Vereinigung für gewerblichen Rechtsschutz und Urheberrecht eV GRUR 2004, 215 (217).

[179] Ebenso *Sosnitza* WRP 2008, 1014 (1022).

[180] Im Referentenentwurf der Schwarzen Liste sah dies noch anders aus.

[181] *Hoeren* BB 2008, 1182 (1188); *Schirmbacher* K&R 2009, 433 (435); *Schöttle* WRP 2009, 673 (676).

tungen in einer anderen als der ursprünglich verwendeten Sprache erbracht werden;

Übersicht

Schrifttum: *Alexander,* Die „Schwarze Liste" der UGP-Richtlinie und ihre Umsetzung in Deutschland und Österreich, GRURInt. 2010, 1025; *Büllesbach,* Auslegung der irreführenden Geschäftspraktiken des Anhangs I der Richtlinie 2005/29/EG über unlautere Geschäftspraktiken, 2008; *Gamerith,* Der Richtlinienvorschlag über unlautere Geschäftspraktiken – Möglichkeiten einer harmonischen Umsetzung, WRP 2005, 391; *Henning-Bodewig,* Die Richtlinie 2005/29/EG über unlautere Geschäftspraktiken, GRUR Int. 2005, 629; *Hoeren,* Das neue UWG – der Regierungsentwurf im Überblick, BB 2008, 1182; *Scherer,* „Case-law" in Gesetzesform – die „Schwarze Liste" als neuer UWG-Anhang, NJW 2009, 324; *dies.,* Die weißen Flecken in der Schwarzen Liste, WRP 2014, 771; *dies.,* Was bringt die „Schwarze Liste" tatsächlich? – Bestandsaufnahme und Konsequenzen, WRP 2011, 393; *Schöttle,* Die Schwarze Liste – Übersicht über die neuen Spezialtatbestände des Anhangs zu § 3 Abs. 2 UWG, WRP 2009, 673.

1. Einfluss des Europäischen Rechts. Nr. 8 UWG-Anhang setzt die Nr. 8 des Anhangs der **UGP-Richtlinie** in deutsches Recht um. Letztere lautet: 186

„Verbrauchern, mit denen der Gewerbetreibende vor Abschluss des Geschäfts in einer Sprache kommuniziert hat, bei der es sich nicht um eine Amtssprache des Mitgliedstaats handelt, in dem der Gewerbetreibende niedergelassen ist, wird eine nach Abschluss des Geschäfts zu erbringende Leistung zugesichert, diese Leistung wird anschließend aber nur in einer anderen Sprache erbracht, ohne dass der Verbraucher eindeutig hierüber aufgeklärt wird, bevor er das Geschäft tätigt."

Mit **Nr. 8 des UWG-Anhangs** hat der deutsche Gesetzgeber **2008 Neuland** betreten. 187
Eine ausdrückliche Regelung der Irreführung über das **„sprachliche Entgegenkommen"** des Gewerbetreibenden[182] kannte das deutsche Wettbewerbsrecht bislang nicht, schon gar nicht im Rahmen eines per se-Verbots. Nr. 8 des UWG-Anhangs ist **richtlinienkonform** auszulegen (→ Anh. § 3 Rn. 5, 10). Wenngleich zweifelhaft ist, ob es angesichts der Häufigkeit, mit der derartige Sachverhalte auftreten, und der Bedeutung, die sie haben, überhaupt einer expliziten Regelung in der „Black list" bedurft hätte,[183] ist doch nicht zu übersehen, dass die Vorschrift als **Wegbereiter** zu vermehrten Geschäftsabschlüssen im europäischen Ausland dienen soll.[184]

2. Zweck der Vorschrift und Abgrenzung. Die Vorschrift betrifft einen Fall der Irreführung durch ein von dem mutmaßlich erwarteten Verhalten abweichendes Verhalten. Sie dient dem Schutz des Verbrauchers davor, dass seine Erwartung enttäuscht wird, auch die Kundendienstleistungen würden in der von der Landessprache abweichenden, vor Vertragsschluss verwandten Sprache erbracht.[185] So wird verhindert, dass der Verbraucher den Kundendienst des Unternehmers infolge von Sprachunkenntnis nicht nutzen kann. 188

Nr. 8 des UWG-Anhangs enthält **keine abschließende Regelung der Irreführung über das „sprachliche Entgegenkommen"** des Unternehmers. Daneben und unabhängig von Nr. 3 des UWG-Anhangs bleiben §§ 5, 5a UWG anwendbar. 189

[182] Vgl. *Büllesbach* S. 71.
[183] Vgl. *Gamerith* WRP 2005, 391 (425); *Henning-Bodewig* GRUR Int. 2005, 629 (632); MüKoUWG/*Micklitz* EG F Rn. 244.
[184] Vgl. *Büllesbach* S. 71.
[185] Amtl. Begr., BT-Drs. 16/10145, 31 f.

190 **3. An einen Verbraucher gerichtete geschäftliche Handlung.** Nr. 8 des UWG-Anhangs setzt eine an einen **Verbraucher** gerichtete **geschäftliche Handlung** voraus. Bezüglich der Legaldefinition dieser Begriffe wird auf die Kommentierung von *Keller* zu § 2 Abs. 1 Nr. 1 und § 2 Abs. 2 UWG verwiesen. Handelt es sich um falsche Angaben unter **Unternehmern,** so können die allgemeinen Verbotstatbestände, also insbesondere § 5 UWG eingreifen, sofern die jeweiligen Voraussetzungen vorliegen.[186] Eine **Indizwirkung** für den B2B-Bereich entfaltet Nr. 8 des UWG-Anhangs nicht.

191 **4. Kundendienstleistungen.** Nr. 8 des UWG-Anhangs bezieht sich nur auf **Kundendienstleistungen,** die in einer anderen Sprache erbracht werden als derjenigen, in der die Vertragsverhandlungen geführt wurden. Es geht also nur um Serviceleistungen, die **nach Vertragsschluss** erbracht werden.[187] Auf andere Leistungen ist die Vorschrift weder unmittelbar noch im Wege der Analogie anwendbar, hierzu sogleich näher → Anh. § 3 Rn. 194. Dies ergibt sich bei der gebotenen richtlinienkonformen Auslegung aus der englischen und französischen Fassung der UGP-Richtlinie, die ebenso wie in Nr. 23 des Anhangs I der UGP-Richtlinie ausdrücklich von **„after-sales service"** bzw. „service après-vente" spricht.[188] Die durch die Verwendung einer Fremdsprache in der Werbung bewirkte Gefahr der Täuschung des Verbrauchers über die Sprache als mögliche Produkteigenschaft kann allenfalls nach § 5 irreführend sein.[189]

192 **5. Vorvertragliche Kommunikation in einer anderen Sprache als der Amtssprache des Niederlassungsstaats des Gewerbetreibenden.** Der Erbringung der Leistung müssen **Vertragsverhandlungen** in einer von der Sprache des Niederlassungsstaats des Unternehmers abweichenden Sprache vorausgegangen sein, die zu dem **Vertragsschluss** geführt haben. Nr. 8 der „Schwarzen Liste" zur UGP-Richtlinie spricht insoweit von einer Kommunikation vor Geschäftsabschluss, in deren Rahmen der Unternehmer eine nach Vertragsschluss zu erbringende Leistung zugesichert hat. Der Begriff der Vertragsverhandlungen ist richtlinienkonform dahingehend auszulegen, dass jede auf den Abschluss eines Vertrags gerichtete und in ihm endende Kommunikation in der betr. Sprache zwischen den späteren Vertragsparteien ausreicht; ein **„Aushandeln"** der Vertragsbedingungen ist nicht erforderlich. Bloße **Aufmerksamkeitswerbung** fällt hingegen nicht unter Nr. 8 des UWG-Anhangs.

193 Nr. 8 des UWG-Anhangs erfasst nicht den Fall, dass die **Vertragsverhandlungen in einer Amtssprache des Niederlassungsstaats des Unternehmers geführt wurden.**[190] Kommuniziert ein Unternehmer, der seinen Sitz in Deutschland hat, mit einem deutschen Verbraucher vorvertraglich auf Deutsch, erbringt die Kundendienstleistungen dann jedoch in englischer Sprache, ist Nr. 8 nicht einschlägig; hier können nur §§ 5, 5a UWG helfen. Dahinter steht der Gedanke, dass es bei Vertragsverhandlungen in der Amtssprache des Unternehmers einer Unterscheidung danach bedarf, ob die Leistung in einer dem Verbraucher geläufigen oder in einer dritten Sprache erbracht wird, weshalb für ein Verbot ohne Wertungsvorbehalt kein Raum ist.[191]

194 Zentrales Moment bei Nr. 8 des Anhangs zu § 3 Abs. 3 ist, dass die Kundendienstleistungen in einer von der Sprache der vorvertraglichen Kommunikation **abweichenden Sprache** erbracht werden. Ausreichend ist schon, dass **Teile der Kundendienstleistung** in einer anderen Sprache als die der Vertragsverhandlungen geleistet werden. Kommuniziert der Unternehmer mit dem Verbraucher vorvertraglich in einer von seiner Amts-

[186] Vgl. GRUR 2019, 1202 Rn. 28 f. – Identitätsdiebstahl.
[187] *Köhler*/Bornkamm/Feddersen Anh. zu § 3 Abs. 3 Rn. 8.2.
[188] Amtl. Begr., BT-Drs. 16/10145, 32; s. schon Hefermehl/Köhler/*Bornkamm* UGP-RL Anh. I Rn. 8.2.
[189] Vgl. OLG Köln MMR 2005, 110: Irreführung durch falsche Übersetzung einer in Englisch gehaltenen und weltweit abrufbaren Internet-Werbung unter einer com-Domain möglich, aber im konkreten Fall verneint.
[190] Vgl. BT-Drs. 16/10145, 32; Ohly/*Sosnitza* Anh. zu § 3 Abs. 3 Rn. 26.
[191] Amtl. Begr., BT-Drs. 16/10145, 32.

sprache abweichenden Sprache, muss er **alle vertraglich geschuldeten Bestandteile des Kundendienstes** (Reparatur, Wartung, Garantiefälle usw) in dieser Sprache erbringen. Bestandteil der Kundendienstleistung sind zB **Terminsabsprachen** in Reparaturfällen, **Bedienungsanleitungen** für ein benötigte Ersatz- oder Zubehörteil, schriftliche oder mündliche **Informationen** in einem Garantiefall. Auch die **Telefon-Hotline,** die der Kunde anrufen kann, wenn bei der Bedienung des gekauften Geräts Schwierigkeiten auftreten, gehört dazu.[192] Hingegen liegt kein Fall der Nr. 8 des Anhangs zu § 3 Abs. 3 vor, wenn die **Hauptleistung** in einer anderen Sprache erbracht wird.[193] Nicht einschlägig ist Nr. 3 daher, wenn die vom Bauunternehmer zur Bauausführung eingesetzten Mitarbeiter kein Deutsch können, oder wenn die zum Computer mitgelieferte Bedienungsanleitung auf Englisch abgefasst ist, obwohl die zu Grunde liegenden Vertragsverhandlungen auf Deutsch geführt wurden, weil es sich um **Leistungsbestandteile** und nicht um Kundendienstleistungen handelt.

6. Ausschluss durch Hinweis an den Verbraucher. Nr. 8 des UWG-Anhangs basiert auf der Erwägung, dass Vertragsverhandlungen in einer bestimmten Sprache beim Verbraucher im Allgemeinen die **Erwartung** erwecken, dass der Vertrag insgesamt, also einschließlich des Kundendienstes, ebenfalls in dieser Sprache abgewickelt wird. Wird dieser Erwartung nicht entsprochen, besteht das Risiko, dass der Kundendienst für den Verbraucher nicht bzw. nur mit zusätzlichem Aufwand (zB Übersetzung) **nutzbar** ist. Das Risiko, dass Erwartungen des Verbrauchers enttäuscht werden, lässt sich durch einen **rechtzeitig vor Vertragsschluss erfolgten unmissverständlichen Hinweis** ausschließen. Daher ist **Nr. 8 nicht einschlägig, wenn der Unternehmer den Verbraucher eindeutig über die Sprachabweichung aufklärt,** bevor er das Geschäft tätigt.[194] Der Hinweis muss **eindeutig** sein. Er muss zudem erfolgen, **bevor der Verbraucher das Geschäft tätigt,** also die auf den Vertragsschluss gerichtete Willenserklärung abgibt. **Widerrufs- oder Rücktrittsrechte** des Verbrauchers ersetzen den rechtzeitigen Hinweis nicht. Ein Relevanzerfordernis besteht im Rahmen des Anhangs zu § 3 Abs. 3 nicht.[195] 195

Bei der rechtzeitigen Aufklärung über die Sprachabweichung handelt es sich um einen **Ausschlussgrund,** den der **Unternehmer beweisen** muss. Gelingt ihm dies nicht, muss er sich nach Nr. 8 des Anhangs zu § 3 Abs. 3 an der im Rahmen der Vertragsverhandlungen gewählten Sprache festhalten lassen, selbst wenn der Vertrag vorsieht, dass die Kundendienstleistungen in einer anderen Sprache erbracht werden dürfen. 196

Anhang zu § 3 Abs. 3 Nr. 9

Unzulässige geschäftliche Handlungen im Sinne des § 3 Abs. 3 sind

9. die unwahre Angabe oder das Erwecken des unzutreffenden Eindrucks, eine Ware oder Dienstleistung sei verkehrsfähig;

Übersicht

[192] *Büllesbach* S. 72.
[193] Köhler/Bornkamm/Feddersen/*Köhler* Anh. zu § 3 Abs. 3 Rn. 8.3; Ohly/*Sosnitza* Anh. zu § 3 Abs. 3 Rn. 27.
[194] Vgl. Köhler/Bornkamm/Feddersen/*Köhler* Anh. zu § 3 Abs. 3 Rn. 8.1.
[195] EuGH C-304/08, EU:C:2010:12 Rn. 45 – Plus Warenhandelsgesellschaft; C-540/08, EU:C:2010:660 Rn. 34 – Mediaprint; C-288/10, EU:C:2011:443 Rn. 37 – Wamo; *Henning-Bodewig* → Vorb. Anh. § 3 Rn. 1.

Schrifttum: *Leible,* Auswirkungen der UWG-Reform 2008 auf die Durchsetzung wettbewerbsrechtlicher Ansprüche im Gesundheitsbereich, GRUR 2010, 183; *v. Jagow,* Auswirkungen der UWG-Reform 2008 auf die Durchsetzung wettbewerbsrechtlicher Ansprüche im Gesundheitsbereich, GRUR 2010, 190.

197 **1. Einfluss des europäischen Rechts.** Die Vorschrift beruht auf der Regelung Anhang I Nr. 9 zur **UGP-Richtlinie.** Danach ist verboten die

„Behauptung oder anderweitige Herbeiführung des Eindrucks, ein Produkt könne rechtmäßig verkauft werden, obgleich dies nicht der Fall ist."

198 Der Ausdruck **„Produkt"** erfasst dabei nach der Definition in Art. 2 lit. c der Richtlinie nicht nur Waren, sondern auch Dienstleistungen.

199 Ein **Unterschied** zwischen dem **deutschen Text und der Richtlinie** besteht darin, dass nach der Richtlinie die Behauptung als ein Unterfall des Herbeiführens eines (falschen) Eindrucks dargestellt wird. Dieser Unterschied ist aber **rein sprachlicher Natur.** In der Sache führt er nicht zu unterschiedlichen Ergebnissen. Frühere Entwürfe des deutschen Gesetzestextes[196] hatten sogar nur auf die unwahre Angabe abgestellt und das Herbeiführen eines Eindrucks überhaupt nicht erwähnt. Ein weiterer Unterschied besteht in den Umschreibungen „könne rechtmäßig verkauft werden" in der Richtlinie und „sei verkehrsfähig" im deutschen Gesetzestext.

200 **2. Zweck der Vorschrift und Abgrenzung.** Das Verbot ist Ausdruck der besonderen Bedeutung, welche die **Verkehrsfähigkeit** bzw. die Verkehrsfreiheit **von Waren** innerhalb der Europäischen Union hat. Die Verkehrsfähigkeit einer Ware in einem Mitgliedstaat ist zentrale Voraussetzung für den Vertrieb in anderen Staaten und ist daher auch zentrale Komponente der Rechtsprechung des EuGH zur Warenverkehrsfreiheit in Europa.[197] Bedeutung hat die Verkehrsfähigkeit vor allem bei der Werbung für Lebensmittel (vgl. → § 5 Rn. 498 ff.; *v. Jagow* → § 3a Rn. 89 ff.) und Arzneimittel (→ § 5 Rn. 532; *v. Jagow* → § 3a Rn. 42 ff.).

201 **Überschneidungen** kann es geben zum Tatbestand des **§ 5 Abs. 1 S. 2 Nr. 3 UWG,** der irreführende Angaben über die Zulassung von Waren oder Dienstleistungen verbietet. Denn wenn die Verkehrsfähigkeit einer Ware deren vorherige Zulassung voraussetzt, so können bei einem Verkauf der Ware ohne Zulassung beide Tatbestände erfüllt sein. Wegen der fehlenden Wertungsmöglichkeit wäre dabei der Tatbestand der Nr. 9 in der Anlage vorrangig, wenngleich auch nicht abschließend.

202 Wird in der Werbung Bezug genommen auf **amtliche Genehmigungen oder Prüfsiegel,** so kann dies konkludent auch die Aussage enthalten, das beworbene Produkt sei verkehrsfähig. In diesem Fall wären auch die Verbote nach **Nr. 2 bzw. 4** des UWG-Anhangs einschlägig, ohne dass dies im Ergebnis einen Unterschied machen würde.

203 **3. Einzelheiten. a) An einen Verbraucher gerichtete geschäftliche Handlung.** Wie alle Tatbestände des UWG-Anhangs setzt auch Nr. 9 eine an einen Verbraucher gerichtete geschäftliche Handlung voraus; vergleichbare Angaben gegenüber Unternehmern können nur nach § 5 UWG irreführend sein. Bezüglich der **Legaldefinition** der Begriffe **„geschäftliche Handlung"** und **„Verbraucher"** wird auf die Kommentierung von *Keller* zu § 2 Abs. 1 Nr. 1 und § 2 Abs. 2 UWG verwiesen.

204 **b) Unwahre Angabe oder Erwecken eines unzutreffenden Eindrucks.** Wie sich aus der Unterscheidung zwischen „Geschäftspraxis, die falsche Angaben enthält und somit unwahr ist" einerseits und „Geschäftspraxis, die täuscht oder zu täuschen geeignet ist" andererseits in Art. 6 Abs. 1 der Richtlinie ergibt, erfasst der Ausdruck „unwahre Angabe" nur die **ausdrückliche, objektiv unwahre Angabe,** bei der es nicht darauf ankommt, ob sie zur **Täuschung geeignet** ist oder gar eine Täuschung bewirkt (→ Anh. § 3 Abs. 3 Nr. 4 Rn. 7). Ein bestimmtes Verständnis des Erklärungsempfängers wäre somit nicht

[196] Siehe RefE vom 27.7.2007.
[197] Vgl. dazu allgemein *Glöckner* Einl. B.

entscheidend. Daneben ist nach Nr. 9 aber auch das Erwecken eines **unzutreffenden Eindrucks** verboten. Insoweit kann auch das subjektive Verständnis des Empfängers relevant sein. Verboten ist damit nicht nur die ausdrückliche Aussage, sondern auch eine anderslautende Äußerung oder Handlung, die der Verbraucher so versteht, dass die betroffene Ware verkehrsfähig sei.

In jedem Fall ist allerdings ein **aktives Handeln** erforderlich. Aus dem deutschen **205**
Gesetzestext (Aussage oder Erwecken eines Eindrucks) wird das zwar nicht ohne Weiteres deutlich, ergibt sich jedoch klar aus dem Text der Richtlinie. Denn ein **„Herbeiführen"** eines Eindrucks erfordert ein bestimmtes aktives Handeln. Der bloße Vertrieb einer Ware, ohne weitere Angaben, genügt daher noch nicht zur Verwirklichung des Verbotstatbestands.[198] **Nicht erfasst** wird auch das **Verschweigen** von Tatsachen oder Umständen, welche die Verkehrsfähigkeit gefährden könnten; insoweit ist vielmehr § 5a UWG anwendbar. Im Übrigen ist zu prüfen, ob sich die mangelnde Verkehrsfähigkeit aus einer fehlenden **Zulassung** ergibt, so dass irreführende Angaben hierüber (auch) nach **§ 5 Abs. 1 S. 2 Nr. 3 UWG** verboten sein können.

c) Verkehrsfähig. Das **deutsche Verbot** spricht nur von der Angabe, eine Ware oder **206**
Dienstleistung sei *„verkehrsfähig"*. Die **Richtlinie** hingegen verbietet den falschen Eindruck, ein Produkt *„könne rechtmäßig verkauft werden"*. Beide Ausdrucksformen sind **nicht deckungsgleich.**

Der Begriff der „Verkehrsfähigkeit" ist im deutschen Recht **nicht eindeutig.** Übli- **207**
cherweise wird hierunter die Fähigkeit verstanden, Objekt privatrechtlicher Verpflichtungs- und Verfügungsgeschäfte zu sein.[199] Das Verbot greift daher jedenfalls dann ein, wenn das Produkt, auf das sich die geschäftliche Handlung bezieht, einem **Verkaufsverbot** unterliegt. Zu denken ist etwa an den Verkauf von Drogen, bestimmten Waffen, artgeschützten Tieren oder Pflanzen oder kinderpornographischem Material. Der rechtmäßige Verkauf (auf den die Richtlinie abstellt) erfordert nicht nur, dass die ***Ware* als solche** verkehrsfähig ist, sondern auch, dass der ***Veräußerer* zum Verkauf** berechtigt ist (Fehlen von Rechtsmängeln). Zudem können bestimmte Modalitäten eines Verkaufs rechtswidrig sein. Außerdem stellt sich die Frage, ob sich die Verkehrsfähigkeit auf das Recht zur Veräußerung einer Ware beschränkt oder auch deren rechtmäßige(n) Erwerb/Entgegennahme, Besitz und bestimmungsgemäße Benutzung erfasst. Nach der Begründung des Gesetzentwurfes der Bundesregierung[200] scheint der **deutsche Gesetzgeber** auf die zweite Variante abzustellen. Denn dort wird ausgeführt, dass das Verbot vor allem Waren und Dienstleistungen betrifft, deren Besitz, bestimmungsgemäße Benutzung oder Entgegennahme gegen ein gesetzliches Verbot verstößt, wie dies zB beim Fehlen der Betriebserlaubnis für ein technisches Gerät der Fall sein kann. Fraglich ist somit, wie der Tatbestand der Nr. 9 im Anhang I zur **Richtlinie auszulegen** ist und ob dementsprechend die Umsetzung im deutschen Recht ausreichend erfolgte. Dies ist letzten Endes vom EuGH zu entscheiden.

Für eine **enge Auslegung** sprechen **Sinn und Zweck** der Einzeltatbestände im Anhang **208**
und die fehlende Wertungsmöglichkeit. Die enge Auslegung würde allein darauf abstellen, ob ein Produkt (als solches) rechtmäßig verkauft werden kann und nicht, ob ein bestimmtes Produkt durch den konkreten Verkäufer rechtmäßig veräußert werden kann. Bei einer engen Auslegung käme es auf ein Recht zur bestimmungsgemäßen Benutzung nicht unbedingt an. Denn die spätere Nutzung hat mit dem Verkauf als solches nichts zu tun. Virulent werden könnte diese Frage zB bei sog. **Radarwarnern,** die unter bestimmten Umständen als solche in Deutschland rechtmäßig verkauft werden dürfen, die aber hier nach § 23 Abs. 1c StVO nicht bestimmungsgemäß betrieben oder betriebsbereit mitgeführt werden

---

198 Vgl. auch *v. Jagow* GRUR 2010, 190 (191): Fehlende Verkehrsfähigkeit muss auf einer potenziellen Irreführung der Verbraucher oder vergleichbaren Gründen beruhen. AA *Leible* GRUR 2010, 183 (185, 187).

199 Vgl. Münchener Kommentar/*Stresemann* BGB § 90 Rn. 35.

200 Amtl. Begründung des Gesetzentwurfes der Bundesregierung vom 23.5.2008, BR-Drs. 345/08, 63 f.

dürfen[201] oder bei **„Oldtimern"**, die als solche verkauft, aber möglicherweise mangels Zulassung nicht mehr im Straßenverkehr betrieben werden dürfen.[202] Bei Tatbeständen, bei denen der Gesetzgeber nur eine konkrete Benutzung verbietet, nicht aber auch schon die Veräußerung oder den Besitz der Ware, greift der Verbotstatbestand also nicht ein. Solche Aussagen sind allein am Maßstab des § 5 UWG zu messen. Verkehrsfähigkeit in diesem Sinne ist somit die Möglichkeit, ein Produkt – so wie es ist –, rechtmäßig in den Verkehr zu bringen, unabhängig davon, wer das Produkt im Einzelfall veräußert, auf welche Art und Weise oder unter welcher Marke dies geschieht und wie es später benutzt werden kann.

209 Bei dem Verbot der Nr. 9 geht es somit um **direkt produktbezogene Aussagen,** ob ein Produkt rechtmäßig veräußert werden kann, **nicht aber um Modalitäten des Vertriebs** oder der **späteren Benutzung** wie zB die Frage **durch wen, an wen, wann, auf welche Art und Weise oder unter welcher Marke.**[203] Fehlt einem Produkt die erforderliche **amtliche Zulassung,** zB als Fertigarzneimittel nach § 21 AMG, oder erfüllt es nicht die maßgeblichen Sicherheitsbestimmungen, so ist es nicht verkehrsfähig.[204] Darf hingegen der Vertrieb bestimmter Produkte (die als solche für den Verkauf zugelassen sind) nur durch bestimmte Personen erfolgen, wie zB die Abgabe apothekenpflichtiger Arzneimittel durch **Apotheker,** so betrifft dies nicht die Verkehrsfähigkeit des Produkts. Die unwahre Angabe gegenüber einem Verbraucher, auch er könne apothekenpflichtige Arzneimittel veräußern, unterfällt daher nicht dem Verbot der Nr. 9,[205] wohl aber dem Tatbestand des § 5 Abs. 1 UWG.

210 Entsprechendes gilt für die Angabe, ein bestimmtes Produkt könne gerade auch an den Umworbenen veräußert werden, wie zB der Verkauf einer Waffe an einen Verbraucher ohne Waffenschein. Auch hier hängt die Rechtmäßigkeit nicht von dem Produkt als solchem bzw. von dessen Verkehrsfähigkeit ab und wäre daher nach der engen Auslegung nicht erfasst, wohl aber vom Wortlaut der Regelung in der UGP-Richtlinie, so dass wohl erst ein Urteil des EuGH Klarheit bringen wird.[206]

211 Ebenfalls **nicht vom Verbot** der Nr. 9 erfasst, sondern nach § 5 UWG zu beurteilen sind **falsche Angaben zum Zeitpunkt** der Veräußerung **oder zur Art und Weise,** auf die ein Produkt veräußert werden kann, zB Abgabe verschreibungspflichtiger Arzneimittel ohne Rezept.

212 Wird mit unwahren Aussagen über **einzelne Bestandteile eines Produkts** geworben, nach denen sich die Verkehrsfähigkeit bemisst, so kommt es auf den Einzelfall an, ob damit zugleich auch Aussagen über die Verkehrsfähigkeit des Produkts insgesamt gemacht werden. Entsprechendes gilt bei der gattungsmäßigen Bezeichnung eines Produkts. Bestimmte Lebensmittel sind unter einer bestimmten Bezeichnung nur verkehrsfähig, wenn bestimmte Voraussetzungen erfüllt sind (vgl. → § 5 Rn. 498 ff.). So muss „natürliches **Mineralwasser**" zB die Anforderungen des § 2 MTVO erfüllen. Das bloße Anbieten eines Produkts unter dieser Bezeichnung (dh als „natürliches Mineralwasser") erfüllt noch nicht den Tatbestand der Nr. 9. Wohl aber die ausdrückliche Angabe, das Produkt erfülle die Voraussetzungen, die an diese Produkte ihrer Art nach gestellt würden, wie zB die Angabe es handele sich um Mineralwasser im Sinne der MTVO.[207] Maßgebliches Recht muss dabei nicht unbedingt das nationale deutsche Recht sein, sondern kann auch das Recht anderer

---

[201] Der Kaufvertrag ist (nur) dann sittenwidrig, wenn der Kauf nach dem für beide Parteien erkennbaren Vertragszweck auf eine Verwendung des Radarwarngerätes im Geltungsbereich der deutschen StVO gerichtet ist, BGH NJW 2005, 1490 f.; K&R 2010, 113 (114).

[202] Wobei hier auch § 5 Abs. 1 S. 2 Nr. 4 UWG eingreifen kann.

[203] AA LG Hamburg GRUR-RR 2015, 72 – Helene Fischer Konzertkarten. Nach Ansicht des LG Hamburg soll es bei Konzertkarten, deren Weiterverkauf durch AGB beschränkt ist, an der Verkehrsfähigkeit fehlen.

[204] Vgl. BGH GRUR 2003, 162 – Progona.

[205] *Leible* GRUR 2010, 183 (188); *v. Jagow* GRUR 2010, 190 (193).

[206] Für einen Verstoß gegen Nr. 9 *Leible* GRUR 2010, 183 (186).

[207] AA *Leible* GRUR 2010, 183 (188).

Mitgliedstaaten in der EU sein, wenn die Verkehrsfähigkeit eines Produkts in anderen Mitgliedstaaten auch zur Verkehrsfähigkeit in Deutschland führt. Paradebeispiel wäre der Vertrieb von „Bier" aus einem anderen Mitgliedstaat, das nicht die Anforderungen des deutschen Reinheitsgebots erfüllt, aber nach den Vorschriften des jeweiligen Heimatlandes verkehrsfähig ist.

Anhang zu § 3 Abs. 3 Nr. 10

Unzulässige geschäftliche Handlungen im Sinne des § 3 Abs. 3 sind

10. die unwahre Angabe oder das Erwecken des unzutreffenden Eindrucks, gesetzlich bestehende Rechte stellten eine Besonderheit des Angebots dar;

Übersicht

Schrifttum: *Alexander,* Die „Schwarze Liste" der UGP-Richtlinie und ihre Umsetzung in Deutschland und Österreich, GRURInt. 2010, 1025; *Büllesbach,* Auslegung der irreführenden Geschäftspraktiken des Anhangs I der Richtlinie 2005/29/EG über unlautere Geschäftspraktiken, 2008; *Gamerith,* Der Richtlinienvorschlag über unlautere Geschäftspraktiken – Möglichkeiten einer harmonischen Umsetzung, WRP 2005, 391; *Hoeren,* Das neue UWG – der Regierungsentwurf im Überblick, BB 2008, 1182; *ders.,* Das neue UWG und dessen Auswirkungen auf den B2B-Bereich, WRP 2009, 789; *Lindacher,* Geltungsweiteprobleme bei Black List-Irreführungsverboten, WRP 2012, 40; *Scherer,* „Case-law" in Gesetzesform – die „Schwarze Liste" als neuer UWG-Anhang, NJW 2009, 324; *dies.,* Was bringt die „Schwarze Liste" tatsächlich? – Bestandsaufnahme und Konsequenzen, WRP 2011, 393; *Schöttle,* Die Schwarze Liste – Übersicht über die neuen Spezialtatbestände des Anhangs zu § 3 Abs. 2 UWG, WRP 2009, 673; *Sosnitza,* Bespr. v. BGH, Urt. v. 19.3.2014, I ZR 185/12, jurisPR-WettbR 09/2014 Anm. 2.

1. Einfluss des europäischen Rechts. Nr. 10 UWG-Anhang setzt die Nr. 10 des Anhangs I der **UGP-Richtlinie** in deutsches Recht um. Sie lautet: **213**

„Den Verbrauchern gesetzlich zugestandene Rechte werden als Besonderheit des Angebots des Gewerbetreibenden präsentiert."

Es besteht eine Verpflichtung zur **richtlinienkonformen Auslegung.** **214**

2. Zweck der Vorschrift und Abgrenzung. Nr. 10 des UWG-Anhangs dient dem Schutz der Verbraucher und mittelbar auch der Mitbewerber vor **irreführender Werbung mit Selbstverständlichkeiten (näher dazu → § 5 Rn. 223 ff.).** Sie steht im Zusammenhang mit § 5 Abs. 1 S. 2 Nr. 7, nach dem eine geschäftliche Handlung unlauter ist, wenn sie unwahre oder sonstige zur Täuschung geeignete Angaben über Rechte des Verbrauchers enthält. Die Bestimmungen haben aber unterschiedliche Anwendungsbereiche. Während **§ 5 Abs. 1 S. 2 Nr. 7** jegliche Irreführung über Verbraucherrechte untersagt, geht es bei Nr. 10 des Anhangs zu § 3 Abs. 3 nur darum, eine bestimmte Art der Werbung mit Selbstverständlichkeiten zu verhindern. Anders als bei § 5 besteht bei Nr. 10 des Anhangs **kein Relevanzerfordernis.**[208] **215**

[208] EuGH C-304/08, EU:C:2010:12 Rn. 45 – Plus Warenhandelsgesellschaft; C-540/08, EU:C:2010:660 Rn. 34 – Mediaprint; C-288/10, EU:C:2011:443 Rn. 37 – Wamo; *Henning-Bodewig* → Vorb. Anh. § 3 Rn. 1.

216 **3. Geschäftliche Handlung gegenüber Verbraucher.** Nr. 10 des UWG-Anhangs setzt eine an einen **Verbraucher** gerichtete **geschäftliche Handlung** voraus;[209] Angaben gegenüber Unternehmern können nur nach § 5 UWG irreführend sein. Bezüglich der Legaldefinition der Begriffe **„geschäftliche Handlung"** und **„Verbraucher"** wird auf die Kommentierung von *Keller* zu § 2 Abs. 1 Nr. 1 und § 2 Abs. 2 UWG verwiesen. Handelt es sich um falsche Angaben unter **Unternehmern,** so können nur die allgemeinen Verbotstatbestände der §§ 5, 5a UWG eingreifen, sofern die jeweiligen Voraussetzungen vorliegen. Eine **Indizwirkung** für den B2B-Bereich entfaltet Nr. 10 des UWG-Anhangs **nicht.**

217 **4. Unwahre Angabe oder das Erwecken eines unzutreffenden Eindrucks.** Nicht nur **unwahre** Angaben, sondern auch das Erwecken eines unzutreffenden Eindrucks, also **täuschende Angaben,** können nach Nr. 10 des Anhangs zu § 3 Abs. 3 unzulässig sein. Unwahre Angaben werden auch erfasst, wenn der Verkehr nicht irregeführt wird; ein Relevanzerfordernis besteht in beiden Fällen nicht **(→ Anh. § 3 Rn. 215).** Allerdings reicht nicht jede Unrichtigkeit oder Täuschungseignung aus, sondern die Rechte müssen überdies auch als Besonderheit „präsentiert" werden, näher → Anh. § 3 Rn. 219.

218 **5. Gesetzliches Recht des Verbrauchers.** Durch seine unwahre oder täuschende Angabe muss der Unternehmer die **dem Verbraucher kraft Gesetzes zustehenden Rechte** als Besonderheit präsentieren. Rechte, die dem Verbraucher kraft Gesetzes zustehen, sind in erster Linie **spezielle Verbraucherrechte wie Kündigungs-, Anfechtungs- oder Widerrufsrechte,** etwa das Widerrufsrecht in § 355 BGB.[210] Aber auch unwahre Angaben über gesetzliche Rechte, die Verbrauchern wie Unternehmern gleichermaßen zustehen, zB über **Gewährleistungsrechte,** fallen darunter.

219 Stellt der Unternehmer **vertragliche Rechte** als Besonderheit heraus, ist Nr. 10 des UWG-Anhangs nicht einschlägig; eine analoge Anwendung kommt nicht in Betracht. Es kann jedoch § 5 Abs. 1 S. 2 Nr. 7 eingreifen **(näher § 5 Abschn. I).** Angaben über andere Umstände als dem Verbraucher zustehende Rechte werden nicht von Nr. 10 erfasst. Werbebehauptungen, die etwas **Selbstverständliches in einer Weise betonen,** dass der Adressat der Werbung hierin **irrtümlich einen besonderen Vorzug** der beworbenen Ware oder Leistung erblickt, können jedoch gemäß § 5 UWG unlauter sein (näher → § 5 Rn. 223 ff.).

220 **6. Präsentieren als Besonderheit.** Nr. 10 der „Schwarzen Liste" erfordert, dass die den Verbrauchern gesetzlich zugestandenen Rechte als Besonderheit des Angebots des Gewerbetreibenden **„präsentiert"** werden. Der Tatbestand der Nr. 10 Anh. zu § 3 setzt nach der Rspr. des BGH **keine hervorgehobene Darstellung** der vermeintlichen Besonderheit des Angebots, sondern lediglich voraus, dass beim Verbraucher **der unrichtige Eindruck erweckt wird, der Unternehmer hebe sich bei seinem Angebot dadurch von den Mitbewerbern ab, dass er dem Verbraucher freiwillig ein Recht einräume.**[211] Nimmt der durchschnittlich aufmerksame, verständige und informierte Durchschnittsverbraucher, an den sich die Werbung wendet, an, dass ihm das Recht bereits kraft Gesetzes zusteht, ist Nr. 10 nicht einschlägig. Für ein „Präsentieren als Besonderheit" ist zudem erforderlich, aber auch ausreichend, dass der Verbraucher den Eindruck gewinnt, der Unternehmer hebe sich durch das „präsentierte" Recht von seinen Mitbewerbern ab. Entscheidend ist der Eindruck des Verbrauchers; wie Mitbewerber werben und welche Rechte sie Verbrauchern tatsächlich einräumen, ist daher unerheblich.[212] Legt man dieses Verständnis zugrunde, entsprechen die Voraussetzungen an ein „Präsentieren als Besonder-

---

[209] HM, anstelle vieler: Ohly/Sosnitza/*Sosnitza,* Anh. zu § 3 Abs. 3 Rn. 30.
[210] *Büllesbach* S. 77 f.
[211] BGH GRUR 2014, 1007 Rn. 11 – Geld-Zurück-Garantie III mwN, auch zur Gegenmeinung. S. dazu auch die krit. Bespr. bei *Sosnitza* jurisPR-WettbR 09/2014 Anm. 2.
[212] Vgl. BGH GRUR 2014, 1007 Rn. 11 ff. – Geld-Zurück-Garantie III.

heit“ denen des „Betonens“ des Vorzugs bei der irreführenden Werbung mit Selbstverständlichkeiten iSd § 5 (dazu → § 5 Rn. 223 ff.).

Auch durch **Allgemeine Geschäftsbedingungen** kann iSd Vorschrift „präsentiert“ werden.[213]

An einem „Präsentieren“ fehlt es, wenn die bestehenden Ansprüche nicht als etwas **Ungewöhnliches** herausgestellt, sondern als selbstverständlich bezeichnet werden.[214] 221

Ein **Hinweis** auf bestehende Verbraucherrechte, zu dem der Unternehmer **gesetzlich verpflichtet** ist, kann für sich genommen noch kein „Präsentieren“ dieser Rechte als Besonderheit sein. Nr. 10 ist nicht erfüllt, wenn der Unternehmer klarstellt, dass er dem Verbraucher keine Rechte einräumt, die dem Verbraucher nicht schon kraft Gesetzes zustehen.[215] 222

7. Bezug zum Angebot. Der Unternehmer muss die Rechte als Besonderheit seines **Angebots** präsentieren. Wie die von Art. 2 lit. i UGP-Richtlinie abweichende Terminologie in Nr. 10 der „Schwarzen Liste“ („Angebot“ statt „Aufforderung zum Kauf“) zeigt, setzt ein „Angebot“ nicht voraus, dass schon alle Informationen vorliegen, damit der Verbraucher den Kauf tätigen kann. Von einem „Angebot“ kann aber nur die Rede sein, wenn die unwahren Angaben im Zusammenhang mit konkreten Absatzbemühungen stehen. Unwahre Angaben in der allgemeinen **Aufmerksamkeitswerbung** werden nicht erfasst. 223

8. Kasuistik. Verstoß gegen Nr. 10 verneint: Werbung auf der Internetseite eines Anbieters von Druckerzubehör: „Für alle Produkte gilt selbstverständlich ebenfalls die gesetzliche Gewährleistungsfrist von 2 Jahren“;[216] Hinweis in einer Internetwerbung, dass eine Rechnung mit ausgewiesener MwSt. versandt werde.[217] 224

Verstoß gegen Nr. 10 bejaht: Werbung auf der Internetseite eines Händlers mit einer „14-tägigen Geld-Zurück-Garantie“ für Druckerzubehör, denn diese geht nicht über §§ 312c, 355 BGB hinaus;[218] Werbung des besagten Händlers gegenüber Verbrauchern mit dem Versand der Ware auf Risiko des Unternehmers, denn dies entspricht der gesetzlichen Risikoverteilung beim Verbrauchsgüterkauf.[219] 225

Anhang zu § 3 Abs. 3 Nr. 11

Unzulässige geschäftliche Handlungen iSd § 3 Abs. 3 sind

11. „...der vom Unternehmen finanzierte Einsatz redaktioneller Inhalte zu Zwecken der Verkaufsförderung, ohne dass sich dieser Zusammenhang aus dem Inhalt oder aus der Art der optischen oder akustischen Darstellung eindeutig ergibt (als Information getarnte Werbung)“

Übersicht

[213] *Hoeren* WRP 2009, 789 (793); vgl. zum Verhältnis zum Vertragsrecht → § 5 Rn. 83 ff.
[214] Vgl. BGH GRUR 2014, 1007 Rn. 15 – Geld-Zurück-Garantie III (insoweit zu § 5 Abs. 2 S. 2 Nr. 7 UWG).
[215] BGH GRUR 2014, 1007 Rn. 14 – Geld-Zurück-Garantie III.
[216] BGH GRUR 2014, 1007 Rn. 15 – Geld-Zurück-Garantie III.
[217] LG Bremen 27.8.2009 – 12 O 59/09, DE:LGHB:2009:0827.12059.09.0A, Rn. 23.
[218] BGH GRUR 2014, 1007 Rn. 13 – Geld-Zurück-Garantie III.
[219] BGH GRUR 2014, 1007 Rn. 13 – Geld-Zurück-Garantie III.

Schrifttum: *Ahrens/Richter,* Fingierte Belobigungen im Internet; WRP 2011, 814; *Büllesbach,* Auslegung der irreführenden Geschäftspraktiken des Anhangs I der Richtlinie 2005/29/EG über unlautere Geschäftspraktiken, 2008; *Hamacher,* GOOD NEWS II: Hat der EuGH die Vollharmonisierung des Lauterkeitsrechtes in Teilbereichen abgeschafft?, GRUR-Prax 2014, 365; *Koch,* GOOD NEWS aus Luxemburg? Förderung fremden Wettbewerbs ist keine Geschäftspraktik, FS Köhler 2014, 359; *Köhler,* Die Unlauterkeitstatbestände des § 4 UWG und ihre Auslegung im Lichte der Richtlinie über unlautere Geschäftspraktiken, GRUR 2008, 841; *Obermair,* Der Schutz des Verbrauchers vor unlauterer Werbung in Deutschland und Großbritannien, 2004; *Siegert/Brecheis,* Werbung in der Medien und Informationsgesellschaft, 2005; *Ruhl Bohner,* Vorsicht Anzeige! Als Information getarnte Werbung nach der UWG Reform 2008, WRP 2011, 375; *Zürth/Pless,* Die Kennzeichnung nutzergenerierter Werbung in sozialen Netzwerken unter der neuen AVMD-Richtlinie, ZUM 2019, 414.

226 **1. Einfluss des europäischen Rechts.** Nr. 11 des UWG-Anhangs[220] setzt Ziffer 11 des Anhangs I der UGP-Richtlinie über unlautere Geschäftspraktiken um. Die sprachliche Fassung im UWG-Anhang unterscheidet sich vom Wortlaut der Richtlinie. Nr. 11 der deutschen Fassung der Richtlinie lautet wie folgt:

„Es werden redaktionelle Inhalte in Medien zu Zwecken der Verkaufsförderung eingesetzt und der Gewerbetreibende hat diese Verkaufsförderung bezahlt, ohne dass dies aus dem Inhalt oder aus für den Verbraucher klar erkennbaren Bildern und Tönen eindeutig hervorgehen würde (als Information getarnte Werbung). Die Richtlinie 89/552/EWG bleibt davon unberührt."

227 Satz 1 der deutschen Fassung stimmt damit bereits nicht mit der englischen und französischen Fassung des Richtlinientextes überein:

„Using editorial content in the media to promote a product where a trader has paid for the promotion without making that clear in the content or by images or sounds clearly identifiable by the consumer (advertorial)."

„Utiliser un contenu rédactionnel dans les médias pour faire la promotion d'un produit, alors que le professionnel a financé celle-ci lui-même, sans l'indiquer clairement dans le contenu ou à l'aide d'images ou de sons clairement identifiables par le consommateur (publi-reportage)."

Negative Voraussetzung für das Vorliegen eines Verstoßes gegen Nr. 11 ist nach dem zweiten Halbsatz der deutschen Fassung der Richtlinie, dass der bezahlte Einsatz zum Zweck der Verkaufsförderung nicht *„aus dem Inhalt oder aus für den Verbraucher klar erkennbaren Bildern und Tönen eindeutig hervorgeht"*. Die Klarstellung gegenüber dem Verbraucher muss somit kumulativ in Bild und Ton erfolgen. Demgegenüber reicht in der englischen und französischen Fassung eine entsprechende Klarstellung in Bild oder Ton aus. Da auch die italienische Fassung *(„da immagini o suoni")*, die niederländische („... *beelden of geluiden*") und die spanische Fassung *(„... imágenes y sonidos")* eine **alternative Klarstellung in Bild oder Ton** ausreichen lassen, liegt ein offensichtliches Redaktionsversehen in der deutschen Fassung des Richtlinientextes vor.[221]

228 Zu Nr. 11 UWG-Anhang ergeben sich damit folgende Abweichungen: Das vorstehend erwähnte Redaktionsversehen der deutschen Fassung des Richtlinientextes wurde korrigiert, eine Klarstellung in Bild oder Ton reicht. Weggefallen ist in der Umsetzung zudem, dass die **redaktionellen Inhalte in Medien** eingesetzt werden müssen. Nachdem es sich jedoch um einen *redaktionellen* Inhalt handeln muss, ist der medienspezifische Bezug implizit beinhaltet; umfasst sind damit klassische Printmedien, Online Medien, Hörfunk und Fernsehen.

229 Die Regelungen in der Fernsehrichtlinie gehen dieser Regelung vor. Nachdem es den Mitgliedstaaten durch die AVMD-Richtlinie ausdrücklich ermöglicht wird, **Produktplatzierungen** unter den dort genannten Voraussetzungen zuzulassen,[222] läuft Ziffer 11 der UGP-Richtlinie, im Ergebnis in denjenigen Ländern insoweit leer, die von der Liberalisie-

---

[220] Entwurf der Bundesregierung vom 20.8.2008, BT-Drs. 16/10145.

[221] Vgl. *Büllesbach* S. 87.

[222] Richtlinie 2007/65/EG vom 11.12.2007; vgl. vorstehend *Glöckner* → Einl. B Rn. 237 ff.; *Frank* → § 5a Rn. 245.

rungsmöglichkeit Gebrauch gemacht haben. In Deutschland erfolgte die Umsetzung durch den 13. Änderungsvertrag zum Rundfunkstaatsvertrag, der am 1.4.2010 in Kraft getreten ist.[223]

2. Zweck der Vorschriften und Abgrenzung. Der Zweck jeder Schwarzen Liste besteht darin, konkrete Verhaltensweisen exemplarisch per Gesetz für unzulässig zu erklären. Regelungstechnisch wird der Bereich der gesetzgeberischen Abstraktion bewusst verlassen, um bestimmte Fallgruppen einer abweichenden oder aufweichenden Auslegung durch die Gerichte erst gar nicht zugänglich zu machen. Dies schafft **Rechtssicherheit** für den konkreten Fall und kann als „Meßlatte" für abweichende, etwa im Rahmen von § 5a Abs. 6 zu beurteilende Konstellationen herangezogen werden. 230

Bei Nr. 11 geht es vom Kern her um einen besonders perfiden Fall von Schleichwerbung: Die Werbung gegenüber einem Verbraucher tarnt sich „nicht nur" als redaktioneller Inhalt im Allgemeinen, sondern erscheint betont im Gewand einer Information im Sinne eines sachlichen Berichts über Tatsachen im Gegensatz etwa zu rein unterhaltenden redaktionellen Beiträgen.

a) Unklarheiten aus dem Wortlaut. Die Formulierung von Nr. 11 der Richtlinie – und damit auch von Nr. 11 UWG-Anhang – ist aus zumindest zwei Gründen als unglücklich zu bezeichnen. Der erste Satz enthält am Ende einen Klammerzusatz, der in einem Spannungsverhältnis zu dem im vorangehenden Wortlaut beschriebenen Inhalt steht: In der englischen Fassung wird der Begriff **„Advertorial"** verwandt – hierunter wird im Englischen überwiegend eine Werbeanzeige in redaktionellem Gewand verstanden.[224] Bekannt geworden sind diese insbesondere in Printmedien, sind in den vergangenen Jahren insbesondere in Online Medien anzutreffen:[225] Ein vom werbenden Unternehmen verantworteter Werbetext wird hierbei um dazugehörige Sachinformationen so „angereichert", dass er einem redaktionellen Betrag ähnlich wird.[226] Dieser Eindruck wird durch die Übernahme der äußeren Gestaltungselemente der redaktionellen Beiträge der entsprechenden Publikation weiter bewusst verstärkt. Dieses Verständnis wird auch im Deutschen in den entsprechenden Fachkreisen zugrunde gelegt. 231

Wird über den werblichen Charakter einer derartigen Anzeige nicht hinreichend deutlich aufgeklärt (was bei Advertorials häufig über den im Übrigen fast selten gewordenen ausdrücklichen Zusatz des Wortes „Anzeige" etwa in der Kopf- oder Schlusszeile der Anzeige geschieht), liegt eine Verschleierung des kommerziellen Zwecks iSv § 5a Abs. 6 vor. Im allgemeinen Sprachgebrauch handelt es sich damit eine besondere Erscheinungsform der Werbung. Diese ist nicht per se unlauter, sondern nur dann, wenn der entsprechende Hinweis auf den werblichen Charakter der Anzeige fehlt. Der Begriff „Advertorial" wird in der englischen Fassung der Richtlinie damit entgegen dem allgemeinen Sprachgebrauch verwendet, da der Begriff des Advertorial entsprechend der vorangehenden Erläuterung bereits voraussetzt, dass der aufklärende Hinweis fehlt[227]. Der Advertorial Begriff der Richtlinie impliziert damit bereits das Verschleierungselement, welches nach dem allgemeinen Sprachgebrauch vorhanden sein kann, aber eben nicht vorhanden sein muss, und welches bei der juristischen Bewertung den Ausschlag dafür gibt, die Anzeige als unlauter einzustufen.

---

[223] Vgl. hierzu ua *Frank* → § 5a Rn. 315, 343 ff.

[224] Vgl. etwa die Definition in Merriam-Webster Online Dictionary, wo der seit 1946 bekannte Begriff als *„an advertisement that imitates editorial format"* definiert wird, vgl. http://www.merriam-webster.com/dictionary/advertorial, abrufbar am 4.5.2020.

[225] Beispiele lassen sich insbesondere im Internet über eine Bildersuche unter Verwendung des Schlagwortes „Advertorial" leicht finden. Im Bereich des Fernsehens entspricht das sog. „Infomercial" am ehesten dem Advertorial. Dabei handelt es sich um Teleshopping/Dauerwerbesendungen, oft in Form einer Unterhaltungssendung mit einem Element zur unmittelbaren Bestellung der vorgestellten Produkte (idR per Internet oder Telefon), die insbesondere aus den USA bekannt sind.

[226] Vgl. hierzu auch *Frank* → § 5a Rn. 290 ff.

[227] „*... without making that clear in the content or by images or sounds clearly identifiable by the consumer*".

232 Ein ähnlich gelagertes Problem tritt in der deutschen Fassung zutage: Die deutsche Fassung verwendet im Klammerzusatz den Begriff der **„als Information getarnte Werbung".** Auch wenn es sich hierbei nicht um einen im allgemeinen Sprachgebrauch bereits mit einem bestimmten Verständnis belegten Begriff handelt, deutet die Bezugnahme auf den Begriff der „Information" abermals auf ein eher enges Verständnis hin, nämlich auf eine besondere Spielart verschleierter Werbung, die der **redaktionell aufgemachten Anzeigen** (dazu Frank → § 5a Rn. 310–313).

233 **b) Argumente für eine weite Auslegung.** Eine derartige Auslegung steht aber in einem Spannungsverhältnis zu dem weiteren Verständnis, welches aus der Definition erkennbar wird, welche dem Begriff vorangeht: Dort wird begrifflich anders und weitergehend auf den *„Einsatz redaktioneller Inhalte zu Zwecken der Verkaufsförderung"* abgestellt wird. (allgemein zur Auslegung der per se-Verbote *Henning-Bodewig* → Vorb. Anh. § 3 Rn. 16 ff.)

234 Für ein weites Verständnis des Anwendungsbereichs von Nr. 11 spricht zunächst der Wortlaut der Definition der als unlauter bezeichneten Handlungen in Satz 1 vor der Klammer. Hierfür spricht auch, dass der in Satz 2 enthaltene Hinweis auf die „Unberührtheit der Regelungen der Richtlinie audiovisuelle Medien" vor allem so Sinn macht: Dort wird neben dem grundsätzlichen Verbot von Produktplatzierungen den Mitgliedstaaten ja die Möglichkeit eröffnet, Produktplatzierungen unter den dort genannten Voraussetzungen ausnahmsweise zuzulassen. Dieser Verweis würde wenig Sinn machen, wenn sich der Anwendungsbereich von Nr. 11 S. 1 nur auf redaktionell aufgemachte Anzeigen oder Editorials im engeren Sinne beziehen würde. Hiervon geht auch die Bundesregierung aus, die Gesetzesbegründung darauf verweist, dass die Regelung den von der Rechtsprechung zu getarnter Werbung und Produktplatzierung entwickelten Grundsätzen entspreche.[228]

235 **c) Argumente für eine enge Auslegung.** Folgt man diesem weiten Verständnis des Anwendungsbereichs hat dies allerdings zur Folge, dass zumindest im Bereich des Sponsoring und des Produktplatzierungen nahezu jede Erscheinungsform, welcher eine entsprechende Kennzeichnung nicht auf die Stirn geschrieben steht *(„klar erkennbar" … „eindeutig hervorgeht")* bereits unter Ziffer 11 fällt: Eine Abwägung der Umstände des Einzelfalles und eine Anwendung der Bagatellklausel des § 3 kommt dann nicht in Betracht. Dies widerspricht dem oben erläuterten Grundsatz, Tatbestände des UWG-Anhangs eher restriktiv auszulegen. Für eine **enge Auslegung** sprechen **systematische Überlegungen.** Nach Art. 7 Abs. 2 der UGP-Richtlinie gilt es als irreführende Unterlassung, wenn ein Gewerbebetreibender den kommerziellen Zweck der Geschäftspraxis nicht kenntlich macht, sofern er sich nicht unmittelbar aus den Umständen ergibt, und dies jeweils einen Durchschnittsverbraucher zu einer geschäftlichen Entscheidung veranlasst oder zu veranlassen geeignet ist, die es sonst nicht getroffen hätte. Diese Bestimmung ist zwar nicht wortwörtlich, aber in einer sprachlich verallgemeinerten Fassung in § 5a Abs. 2 UWG umgesetzt: *„Unlauter handelt, wer die Entscheidungsfähigkeit von Verbrauchern im Sinne des § 3 Abs. 2 dadurch beeinflusst, dass er eine Information vorenthält, die im konkreten Fall unter Berücksichtigung aller Umstände einschließlich der Beschränkung des Kommunikationsmittels wesentlich ist."* Sowohl Art. 7 Abs. 2 der UGP-Richtlinie als auch § 5a Abs. 2 UWG gelten ausschließlich im Verhältnis gegenüber Verbrauchern. Auch diesen gegenüber kommt es auf eine Beurteilung aller Umstände des jeweiligen Einzelfalles an. Nachdem der Gesetzgeber keine systematische, widersinnige Doppelregelung treffen wollte, und in Nr. 11 eine Berücksichtigung der Umstände des Einzelfalles gerade nicht stattfinden soll, kann Nr. 11 UWG-Anhang nur diejenigen Fälle betreffen, die derart offensichtlich sind, dass eine genauere Untersuchung der Einzelfallumstände unnötig ist. Damit sprechen bereits systematische Gründe dafür, Nr. 11 eng auszulegen.

[228] BT-Drs. 16/10145, 64 und 65.

Eine weite Auslegung stünde zudem im Widerspruch mit dem in den Erwägungsgründen 236
dargelegten Ausführungen zum anzuwendenden Maßstab und zum **Verbraucherleitbild,** wo der Europäische Gesetzgeber das **Verhältnismäßigkeitsprinzip** in den Vordergrund stellt und auf den Einzelfall abstellende Maßstäbe rekurriert:

(18) ... Dem Verhältnismäßigkeitsprinzip entsprechend und um die wirksame Anwendung der vorgesehenen Schutzmaßnahmen zu ermöglichen, nimmt diese Richtlinie den Durchschnittsverbraucher, der angemessen gut unterrichtet und angemessen aufmerksam und kritisch ist, unter Berücksichtigung sozialer, kultureller und sprachlicher Faktoren in der Auslegung des Gerichtshofs als Maßstab, enthält aber auch Bestimmungen zur Vermeidung der Ausnutzung von Verbrauchern, deren Eigenschaften sie für unlautere Geschäftspraktiken besonders anfällig machen. Richtet sich eine Geschäftspraxis speziell an eine besondere Verbrauchergruppe wie z. B. Kinder, so sollte die Auswirkung der Geschäftspraxis aus der Sicht eines Durchschnittsmitglieds dieser Gruppe beurteilt werden. Es ist deshalb angezeigt, in die Liste der Geschäftspraktiken, die unter allen Umständen unlauter sind, eine Bestimmung aufzunehmen, mit der an Kinder gerichtete Werbung zwar nicht völlig untersagt wird, mit der Kinder aber vor unmittelbaren Kaufaufforderungen geschützt werden......
(19) Sind Verbraucher aufgrund bestimmter Eigenschaften wie Alter, geistige oder körperliche Gebrechen oder Leichtgläubigkeit besonders für eine Geschäftspraxis oder das ihr zugrunde liegende Produkt anfällig und wird durch diese Praxis voraussichtlich das wirtschaftliche Verhalten nur dieser Verbraucher in einer für den Gewerbetreibenden vernünftigerweise vorhersehbaren Art und Weise wesentlich beeinflusst, muss sichergestellt werden, dass diese entsprechend geschützt werden, indem die Praxis aus der Sicht eines Durchschnittsmitglieds dieser Gruppe beurteilt wird.

Ziffer 11 steht in der Liste der irreführenden Geschäftspraktiken. Nachdem ein Rekurrieren auf Ziffer 11 eine weitere Abwägung („unter allen Umständen als unlauter") und die Anwendung der Bagatellklausel ausschließen, sollte sich der Anwendungsbereich der Ziffer auf diejenigen Fälle beschränken, in denen eine Irreführung besteht – und nicht nur eine potentielle Irreführungsgefahr nicht ausgeschlossen werden kann.

Eine Beschränkung des Anwendungsbereichs von Nr. 11 auf **redaktionell aufgemachte Anzeigen/Advertorials** iSd allgemeinen Sprachgebrauchs lässt sich angesichts des im 237
Wortlaut zutage tretenden weitergehenden Regelungswillen jedoch wohl nicht vertreten: Begriffe in Normen können auch im Abweichung vom allgemeinen Sprachgebrauch definiert werden. Der Regelungswille des europäischen Gesetzgebers wird im Wortlaut des Satzes 1 vor der Klammer und in S. 2 deutlich, er erfasst jedoch in allen Sprachfassungen damit mehr als die am Ende des ersten Satzes in der Klammer der englischen und deutschen Fassung verwendeten Begriffe.

3. Enger Anwendungsbereich der Norm. In der Rechtssache GOOD NEWS hatte 238
der EuGH indirekt über den Anwendungsbereich von Nr. 11 zu entscheiden: Der BGH hatte dem EuGH die Frage vorgelegt, ob die Kennzeichnungspflichten aus § 10 Landespressegesetz Baden-Württemberg iVm § 4 Nr. 11 UWG aF gegen die UGP Richtlinie verstoße.[229] Nr. 11 verlange, dass die entsprechende Veröffentlichung zum Zweck der Verkaufsförderung erfolgt sei. Das Kennzeichnungsgebot aus dem LPG sei zweckunabhängig und damit strenger; diene allerdings auch dem Schutz der Unabhängigkeit der Presse. Durch die in den Erwägungsgründe der UGP-Richtlinie erwähnten Ziele des Gemeinschaftsrechts, Unsicherheiten durch unterschiedliche nationale Regelungen sowie hieraus resultierende Hemmnisse im innergemeinschaftlichen Handel zu beseitigen, ergab sich die Frage, ob Nr. 11 eine „Obergrenze" für staatliche Verbote in diesem Bereich darstelle. Die Begründung des BGH im Vorlagebeschluss ist insofern brillant, da sie den Verstoß gegen das presserechtlichen Kennzeichnungsgebot auf ein anderes Abstraktionsniveau zurückverlagert, das vom Anwendungsbereich der UGP-Richtlinie noch nicht erfasst ist/sein soll:

[229] BGH GRUR 2012, 1056 – GOOD NEWS.

Neben der Verhinderung der Irreführung der Verbraucher dienen die Bestimmungen des LPG der Erhaltung der Objektivität und Neutralität der Presse; und letzteren Aspekt regelt die UGP-Richtlinie eben nicht.[230]

239 Der EuGH hat eine Kollision verneint.[231] Selbst wenn § 10 LPG auch dem Verbraucherschutz diene, liege keine Geschäftspraktik iSd UGP Richtlinie vor: Es sei unstreitig, dass die betreffenden Veröffentlichungen nicht geeignet sind, das kostenlose Anzeigenblatt des verklagten Presseverlegers zu bewerben, sondern die Produkte und Dienstleistungen der in den Beträgen erwähnten Unternehmen.[232] Beiträge, mit denen Produkte und Dienstleistungen Dritter – eventuell mittelbar – beworben werden können, seien aber nicht geeignet, das wirtschaftliche Verhalten des Verbrauchers bei seiner Entscheidung, das – im Übrigen gratis verteilte – Blatt zu erwerben oder zur Hand zu nehmen, wesentlich zu beeinflussen. Folglich liege keine Geschäftspraktik dieses Verlegers iSv Art. 2 lit. d UGP-Richtlinie vor.[233] Im Ergebnis ist der Anwendungsbereich von Nr. 11 insoweit eng auszulegen. In der Folgeentscheidung hat der BGH den Artikel als Verstoß gegen § 10 LPressG BW iVm § 4 Nr. 11 UWG 2004 gewertet, die Frage einer Verletzung von § 4 Nr. 3 UWG 2004 bzw. Nr. 11 des Anhangs zu § 3 Abs. 3 UWG damit offengelassen.[234] In der Praxis wird Nr. 11 damit häufig leerlaufen.

240 **4. Tatbestandliche Voraussetzungen.** Nr. 11 findet nur Anwendung, wenn folgende drei Voraussetzungen vorliegen:

- Redaktionelle Inhalte wurden zu Zwecken der Verkaufsförderung eingesetzt,
- dieser Einsatz wurde von einem Unternehmen finanziert,
- ohne dass sich dieser Zusammenhang aus dem Inhalt oder aus der Art der optischen oder akustischen Darstellung eindeutig ergibt.

241 Ein **redaktioneller Inhalt** setzt das Vorhandensein einer entsprechenden Redaktion voraus, die Informationen in eine zur Veröffentlichung geeignete Form aufbereitet, um mit dem eigenen Bericht zur Unterrichtung und/oder Meinungsbildung beizutragen. Dies betrifft in erster Linie Presse, Rundfunk, Film und Telemedien. Dies ist anzunehmen, wenn Aus Sicht des durchschnittlich informierten, situationsadäquat aufmerksamen und verständigen Verbrauchers der Beitrag seiner Gestaltung nach als objektive neutrale Berichterstattung durch das Medienunternehmen selbst erscheint.[235] Irrelevant ist hingegen, ob er tatsächlich vom Redakteur des Presseunternehmens oder vom werbenden Unternehmen verfasst worden ist.[236] Sie kann bei Internet Portalen oder Foren, die allein Raum für die Veröffentlichung von Beiträgen privater Nutzer zur Verfügung stellen, ggf. nicht gegeben sein.[237]

---

[230] GRUR 2012, 1056 Rn. 10 – GOOD NEWS; vgl. hierzu auch *Seichter* in Ullmann jurisPK-UWG, 3. Aufl. 2013, § 4 Nr. 3 Rn. 26.1–26.3.

[231] GRUR 2013, 1245 – GOOD NEWS.

[232] AaO, Rn. 39.

[233] AaO, Rn. 41.

[234] GRUR 2014, 879 – GOOD NEWS II. Die Kongruenz der Urteilsbegründungen ist hingegen schwer erkennbar: Der EuGH führt in Rn. 39 seines Urteils aus, es sei *„unstreitig, dass die betreffenden Veröffentlichungen – zwei Beiträge mit informativem und darstellendem redaktionellem Inhalt – nicht geeignet sind, das Produkt des Presseverlegers, im vorliegenden Fall ein kostenloses Anzeigenblatt, zu bewerben, sondern die Produkte und Dienstleistungen von Unternehmen, die nicht am Ausgangsverfahren beteiligt sind*"; GRUR 2013, 1245 (1246) – GOOD NEWS. Der BGH selber begründet das Vorliegen einer geschäftlichen Handlung allerdings damit, dass *„derjenige, der das Sponsoring in Anspruch nehme,* [gleichzeitig] *in der Absicht* [handle], *den eigenen Wettbewerb zu fördern, da das Sponsoring nicht oder allenfalls in nur geringem Maße der Information des Lesers diene. Das Sponsoring geschehe vorrangig im eigenen Interesse des Veröffentlichenden, da er sich den Sponsor gewogen mache und dadurch die eigene Wettbewerbslage verbessere*"; GRUR 2014, 879 Rn. 14 aE – GOOD NEWS II. Die Aussagen des EuGH beruhen damit auf einer Tatsachenprämisse, die den Schluss „keine parallele Anwendbarkeit von Art. 7 Abs. 2 UGP-Richtlinie" trägt. Dem scheinen die Feststellungen des BGH zu widersprechen.

[235] GRUR 2014, 879 Rn. 24 – GOOD NEWS II; OLG Hamburg WRP 2012, 1287.

[236] GRUR 2014, 879 Rn. 24 – GOOD NEWS II.

[237] *Heermann* WRP 2014, 509 (511).

Der **Einsatz zum Zweck der Verkaufsförderung** setzt hierbei voraus, dass das geförderte zu verkaufende Produkt als solches erkennbar ist.[238] Die ergibt sich aus einem Vergleich der anderen Sprachfassungen, welche insoweit eindeutiger formuliert sind: Die englische Fassung spricht in der entsprechenden Passage von *„to promote a product"*, die französische von *„pour faire la promotion d'un produit"*, die spanische von *„para promocionar un producto"*. Der Einsatz zum Zweck der Verkaufsförderung ist objektiv aus Sicht des entsprechenden Unternehmens zu bestimmen. Aus diesseitiger Sicht ist der Begriff der Verkaufsförderung hier **nicht weit auszulegen.**[239] Grenzfälle bedürfen der Einzelfallbetrachtung und Wertung, die im Rahmen von Nr. 11 gerade nicht möglich ist.[240] Folglich ist die Ankündigung eines Gewinnspiels als redaktionelle Werbung ohne jeden Produktbezug anhand von § 5a Abs. 6 zu messen, stellt aber keinen Fall von Nr. 11 dar.[241] Der BGH hat in der *Flappe*-Entscheidung bei isolierter Wahrnehmung der Vorderseite des dortigen Vorschaltblattes einen Einsatz zu Zwecken der Verkaufsförderung abgelehnt.[242] Auch die Entscheidung des EuGH in GOOD NEWS spricht im Ergebnis für eine enge Auslegung; denn der mittelbaren Förderung der eigenen Produkte hat der Gerichtshof ja gerade die Eignung abgesprochen, das wirtschaftliche Verhalten des Verbrauchers bei seiner Entscheidung wesentlich zu beeinflussen, die Publikation zu erwerben oder zur Hand zu nehmen.[243] 242

Die **Finanzierung durch das werbende Unternehmen** muss sich auf den konkreten Einsatz beziehen. Ob hierbei ein Geldbetrag oder eine sonstige Gegenleistung versprochen wird, ist unerheblich; es muss aber ein konkreter Sachzusammenhang vorhanden sein. Das Versprechen eines Anzeigenauftrags **als Gegenleistung** für die redaktionell getarnte Werbung reicht aus, eine unabhängig hiervon geschaltete Anzeige in derselben Ausgabe hingegen nicht.[244] Liegt nur eine sonstige Unterstützung oder Finanzierung in anderem Zusammenhang vor, ist Ziffer 11 nicht anwendbar, der entsprechende Vorgang ist dann auf der Grundlage von § 5a Abs. 6 zu bewerten. Lässt sich die Finanzierung zu diesem Zweck nicht nachweisen, scheidet eine Anwendung von Nr. 11 aus.[245] Der Vorgang ist dann anhand von § 5a Abs. 6 zu prüfen. 243

Eine Täuschung über den Zusammenhang des Erscheinens ist ua ausgeschlossen, wenn der Beitrag im Printbereich etwa durch Hinweise wie „Anzeige", „Dies ist ein Angebot von …"[246] „Werbung" oder im Hörfunk durch den Einsatz von Werbejingles und im Fernsehen etwas durch den Begriff „Dauerwerbesendung **entsprechend gekennzeichnet** 244

---

[238] Offengelassen in BGH GRUR 2011, 163 Rn. 20 – Flappe.

[239] AA *Köhler*/Bornkamm/Feddersen, 39. Aufl. 2021, Anh. zu § 3 III Rn. 11.3 und BGH GRUR 2011, 163 Rn. 18 – Flappe, dort wiederum unter Berufung auf *Köhler* und Begr. z. RegE BT-Drs. 16/10145, 32: Dort befindet sich aber nur die Aussage, das Produktplatzierungen erfasst werden.

[240] Für eine weite Auslegung dagegen *Köhler*/Bornkamm/Feddersen, 39. Aufl. 2021, Anh. zu § 3 III Nr. 11 Rn. 11.4, ggf. auch OLG Düsseldorf WRP 2011, 1085 (1087 f.), das sich hierbei zunächst auf *Köhler* beruft, jedoch sodann anmerkt, welche Konstellationen beispielsweise nicht erfasst werden.

[241] AA OLG Hamburg WRP 2010, 1183 (1184), das annimmt, dass zumindest „mittelbar auch" dem Zweck der Verkaufsförderung diene. Zur Begründung stellt es dort wörtlich auf die Bedeutung der „besonderen Umstände des Einzelfalles" ab (S. 1184, linke Spalte, lit.b, S. 2), um später nach der Feststellung des Verstoßes gegen Nr. 11 anzumerken, dass die Umstände des Einzelfalles bei der Prüfung der Tatbestandsmäßigkeit *nicht* zu berücksichtigen seien (S. 1185, linke Spalte, lit. e, S. 2).

[242] BGH GRUR 2011, 163 Rn. 18 – Flappe; ausführlich hierzu *Frank* → § 5a Rn. 313.

[243] GRUR 2013, 1245 Rn. 41 – GOOD NEWS; *Hamacher* zufolge ist eine mittelbare Absatzförderung nicht mehr von Nr. 11 erfasst, GRUR-Prax 2014, 365 (367).

[244] OLG Hamburg WRP 2010, 1183 (1184).

[245] Teilweise abweichend *Köhler*/Bornkamm/Feddersen, 39. Aufl. 2021, Anh. zu § 3 III Nr. 11 Rn. 11.4, demzufolge die Problematik der Bestimmung nur im Nachweis der Finanzierung bestehe. Er beruft sich in diesem Zusammenhang auf EuGH WRP 2011, 1052 – Alter Channel; die Entscheidung ist jedoch zur Auslegung des Begriffs der Schleichwerbung gem. Art. 1 lit. d der Richtlinie 89/552/EWG ergangen. Sehr weitgehend auch OLG Hamburg WRP 2010, 1183 (1184), das es – allerdings in einem EV Verfahren – genügen ließ, dass mit *„ausreichender überwiegender Wahrscheinlichkeit lebensnah davon auszugehen sei"*, dass die Preise des Gewinnspiels mitfinanziert worden seien.

[246] Das LG München hat diese Kennzeichnung in WRP 2009, 2028 nicht ausreichen lassen, es handelt sich allerdings um einen Fall nach § 5a Abs. 6, bei dem weitere Aspekte relevant waren.

ist. Die Verwendung des Begriffs „Promotion" ist unzureichend;[247] das OLG Schleswig hat trotz gegenläufiger Indizien die Kennzeichnung der gesamten Anzeige als „Anzeigenforum" für hinreichend klar erachtet.[248] Die Kennzeichnung muss hinreichend erkennbar sein, was insbesondere Schriftgröße, Platzierung und den Kontrast zu dem entsprechend verwendeten Hintergrund betrifft.[249] Richtet sich etwa eine Zeitschrift an Kinder, sind entsprechende Maßstäbe anzulegen, um eine klare Erkennbarkeit als Werbung beim konkreten Adressatenkreis sicherzustellen.[250]

245 Auch bei Fehlen entsprechender Kennzeichnung kann sich der **werbliche Charakter aus dem Inhalt** selber ergeben, muss dann **allerdings eindeutig** sein.[251] Dies wird insbesondere bei einer **Anlehnung an redaktionelles Layout** (Redaktionelle Überschriften, Schriftbild, mehrspaltige Texte) und **sachlich gehaltene textlastige Einleitungen** gerade nicht gegeben sein.[252] In derartigen Konstellationen reichen insbesondere Trennstriche nicht aus, vor allem wenn sie in der konkreten Zeitschrift auch sonst zur Abgrenzung redaktioneller Beiträge verwendet werden. **Nachstehende Produktabbildungen** sind typische Elemente einer Werbeanzeige, allerdings muss der Sachzusammenhang mit dem vorstehenden Text eindeutig erkennbar sein, wenn hiermit auch der werbliche Charakter des voranstehenden Fließtexts erfasst werden soll.[253] Werden am Ende der Werbung **Autoreninitialien** verwendet, wie Redakteure typischerweise ihre Beiträge kennzeichnen, wird der werbliche Charakter einer Anzeige gerade wieder verschleiert.[254] Wird die Autorenschaft des werbenden Unternehmens ausdrücklich offengelegt, wird eine Erkennbarkeit in der Regel gegeben sein. Bei Webseiten, die aufgebaut sind wie eine Vorschauseite mit einer Vielzahl von „Anreißern"/„Teasern", welche ihrerseits vor allem **Markennamen in Verbindung mit dem Zeichen ®** oder **Preisabgaben** enthalten, kann ggf. selbst ein flüchtiger Leser keinen Zweifel daran haben, mit Werbung konfrontiert zu sein.[255] Die Rechtsprechung ist sehr einzelfallbezogen, so hat das OLG Hamburg aus der Einbettung ins textliche Umfeld und einer Trennung durch einen Balken und der konkreten farblichen Gestaltung einen Verstoß gegen Nr. 11 abgelehnt, während das OLG München eine sehr ähnlich gestaltete Anzeige für dasselbe Produkt unter Berufung auf § 5a Abs. 6 UWG beanstandet hat.[256]

246 Ein ausdrücklicher Hinweis darauf, dass der Beitrag von einem Unternehmen stammende Beitrag auch von diesem finanziert worden ist, ist dagegen nicht notwendig, da dies für den angemessen gut unterrichteten, angemessen aufmerksamen und kritischen Durchschnittsverbraucher dann offensichtlich ist.[257]

---

[247] OLG Düsseldorf WRP 2011, 127.

[248] GRUR Prax 2012, 96.

[249] OLG Hamburg WRP 2012, 476 (478): sehr kleiner Schriftgröße (6- oder 7-Punkt) und sehr helles Grau auf weißem Grund reicht nicht für eindeutige Erkennbarkeit; ähnlich OLG Düsseldorf WRP 2009, 1155.

[250] Vgl. etwa LG Frankfurt a. M. WRP 2010, 157 (159), das aufgrund der Gestaltung des Umfeldes die relativ unauffällige Kennzeichnung mit „Anzeige" gerade nicht hat ausreichen lassen. In der Begründung wird allerdings vornehmlich auf § 5a Abs. 6 abgestellt.

[251] Vgl. hierzu auch *Frank* → § 5a Rn. 310 ff.

[252] OLG Hamburg WRP 2010, 1183 (1184); OLG Düsseldorf WRP 2011, 127 – Promotion. Letzteres bestätigt das erstinstanzliche Gericht auch in der Feststellung, dass die „Textdominanz" des Advertorials den Eindruck eines redaktionellen Betrages unterstreiche. Vgl. auch OLG Düsseldorf WRP 2009, 1155, Hier befand sich rechts neben einem redaktionellen Beitrag eine Werbung mit redaktioneller Anmutung (Rubriküberschrift, Layout), so dass weder der vertikale Trennstrich noch die Produktabbildung den Kommerziellen Zweck aus dem Inhalt heraus deutlich werden ließen. Eine vergleichbare Konstellation lag den Entscheidungen OLG Düsseldorf WRP 2009, 1311, und WRP 2010, 1067 zugrunde. Vgl. auch OLG Hamburg WRP 2012, 476 (478): Schlagzeile, 3-spaltig, Gliederung durch Absätze, Verwendung eines Autorenkürzels.

[253] OLG Düsseldorf WRP 2010, 1067 (1070); 2011, 127 – Promotion.

[254] OLG Hamburg WRP 2012, 476 (478); dies hat hingegen das OLG Schleswig GRUR Prax 2012, 96 und bei Juris Rn. 18 nicht für irreführend bezeichnet.

[255] OLG München BeckRS 2014, 16644 mit überzeugender Begründung.

[256] OLG Hamburg WRP 2011, 268 (269 ff.); OLG München WRP 2010, 431.

[257] So auch *Köhler*/Bornkamm/Feddersen, 39. Aufl. 2021, Anh. zu § 3 III Nr. 11 Rn. 11.5.

Bei Vorliegen der vorstehenden Merkmale des objektiven Tatbestandes wird die **Verkaufsförderungsabsicht** des dahinterstehenden Unternehmens unwiderleglich vermutet und bedarf daher keiner gesonderten Feststellung. Ein subjektives Element des entsprechenden Redakteurs im Sinne einer Verkaufsförderungsabsicht ist nicht erforderlich. 247

5. De lege ferenda: Einführung von Nr. 11a durch die RL (EU) 2019/2161. 248
Durch die RL 2019/2161 wurde in die UGP-RL ein neuer Tatbestand 11a eingeführt. Er wurde 2021 durch das Gesetz zur Stärkung des Verbraucherschutzes im Wettbewerbs- und Gewerberecht in das deutsche Recht umgesetzt (s. *Henning-Bodewig* → Vorb. Anh. § 3 Rn. 9 ff.; Frank → § 5a Rn. 137) und tritt am 28.5.2022 in Kraft (s. dazu die Kommentierung unter UWG 2022).

Nach der neu eingefügten Nr. 11a ist per se zu verbieten die 249

„11a. Anzeige von Suchergebnissen aufgrund der Online-Suchanfrage eines Verbrauchers ohne dass etwaige bezahlte Werbung oder spezielle Zahlungen, die dazu dienen, ein höheres Ranking der jeweiligen Produkte im Rahmen der Suchergebnisse zu erreichen, eindeutig offengelegt werden."

Begründet wird dieser neuen black-list-Tatbestand in den Erwägungsgründen der RL 2019/2161/EU wie folgt: 250

(18) Ein besseres Ranking oder eine hervorgehobene Platzierung von kommerziellen Angeboten in den Ergebnissen einer Online-Suchanfrage durch die Anbieter von Online-Suchfunktionen hat erhebliche Auswirkungen auf die Verbraucher.

(19) Der Begriff „Ranking" bezieht sich auf die relative Hervorhebung der Angebote von Unternehmern oder die Relevanz, die Suchergebnissen zugemessen wird, je nachdem, wie sie von den Anbietern von Online-Suchfunktionen, einschließlich in Folge der Verwendung von algorithmischer Sequenzierung, Beurteilungs- oder Bewertungsmechanismen oder von visueller Hervorhebung oder anderen Hervorhebungsinstrumenten oder einer Kombination davon, dargestellt, organisiert oder kommuniziert werden.

(20) Diesbezüglich sollte Anhang I der Richtlinie 2005/29/EG geändert werden, um deutlich zu machen, dass Geschäftspraktiken von Gewerbetreibenden verboten sein sollten, durch die Verbrauchern Informationen in Form von Suchergebnissen aufgrund einer Online-Suchanfrage des Verbrauchers bereitgestellt werden, ohne dass etwaige bezahlte Werbung oder Zahlungen, die speziell dazu dienen, ein höheres Ranking der jeweiligen Produkte im Rahmen der Suchergebnisse zu erreichen, eindeutig offengelegt werden. Wenn ein Gewerbetreibender den Anbieter einer Online-Suchfunktion unmittelbar oder mittelbar dafür bezahlt hat, dass ein Produkt im Rahmen der Suchergebnisse ein höheres Ranking erhält, sollte der Anbieter der Online-Suchfunktion die Verbraucher über diese Tatsache in kurzer, einfach zugänglicher und verständlicher Weise informieren. Eine mittelbare Bezahlung könnte darin bestehen, dass ein Gewerbetreibender zusätzliche Verpflichtungen jeglicher Art gegenüber dem Anbieter der Online-Suchfunktion eingeht, die im konkreten Fall zu einem höheren Ranking führen. Die mittelbare Bezahlung könnte aus einer erhöhten Provision pro Transaktion sowie aus unterschiedlichen Vergütungsregelungen bestehen, die gezielt zu einem höheren Ranking führen. Zahlungen für allgemeine Dienstleistungen wie Leistungsgebühren oder Mitgliedsbeiträge, die eine breite Palette an Funktionen abdecken, die der Anbieter der Online-Suchmaschine für den Gewerbetreibenden erbringt, sollten nicht als spezielle Zahlungen für ein höheres Ranking eines Produkts betrachtet werden, sofern diese Zahlungen nicht dazu bestimmt sind, ein höheres Ranking zu bewirken. Online-Suchfunktionen können von unterschiedlichen Arten von Online-Anbietern bereitgestellt werden, darunter Vermittler wie Online-Marktplätze, Suchmaschinen und Vergleichswebsites.

(21) Die Transparenzanforderungen in Bezug auf die Hauptparameter des Rankings sind auch in der Verordnung (EU) 2019/1150 des Europäischen Parlaments und des Rates (9) geregelt.[…] Um eine angemessene Transparenz gegenüber den Verbrauchern zu gewährleisten, sollten deshalb gleichartige Transparenzanforderungen in die Richtlinie 2005/29/EG aufgenommen werden; von diesen Anforderungen auszunehmen sind die Anbieter von Online-

Suchmaschinen, die bereits nach der genannten Verordnung verpflichtet sind, die Hauptparameter, die einzeln oder gemeinsam für die Festlegung des Rankings am wichtigsten sind, und die relative Gewichtung dieser Hauptparameter darzustellen, indem sie in ihren Online-Suchmaschinen klar und verständlich formulierte Erläuterungen bereitstellen, die leicht und öffentlich verfügbar sind.

(22) Unternehmer, die Verbrauchern die Möglichkeit bieten, nach Waren oder Dienstleistungen zu suchen, etwa Reisen, Unterkünften oder Freizeitaktivitäten, die von anderen Unternehmern oder von Verbrauchern angeboten werden, sollten die Verbraucher über die voreingestellten Hauptparameter für Rankings von Angeboten, die dem Verbraucher als Ergebnis einer Suchanfrage präsentiert werden, sowie über ihre relative Gewichtung im Verhältnis zu anderen Parametern informieren. Diese Informationen sollten knapp gehalten und leicht, an gut sichtbarer Stelle und unmittelbar verfügbar sein. Parameter für das Ranking sind alle allgemeinen Kriterien, Prozesse und spezifischen Signale, die in Algorithmen eingebunden sind, oder sonstige Anpassungs- oder Rückstufungsmechanismen, die im Zusammenhang mit dem Ranking eingesetzt werden.

(23) Die Pflicht zur Information über die Hauptparameter zur Festlegung des Rankings gilt unbeschadet der Richtlinie (EU) 2016/943 des Europäischen Parlaments und des Rates [(10)]. Die Unternehmer sollten nicht verpflichtet sein, die Funktionsweise ihrer Ranking-Systeme, einschließlich der Algorithmen, im Detail offenzulegen. Die Unternehmer sollten eine allgemeine Beschreibung der Hauptparameter für das Ranking bereitstellen, in der die vom Unternehmer voreingestellten Hauptparameter für das Ranking sowie ihre relative Gewichtung im Verhältnis zu anderen Parametern erläutert werden, jedoch muss diese Beschreibung nicht in einer jeweils auf die einzelne Suchanfrage zugeschnittenen Form bereitgestellt werden. […]

(26) Daher sollten in den Richtlinien 2005/29/EG und 2011/83/EU besondere Informationsanforderungen für Online-Marktplätze vorgesehen werden, um Verbraucher, die Online-Marktplätze nutzen, darüber zu informieren, welches die Hauptparameter für das Ranking der Angebote sind und ob sie einen Vertrag mit einem Unternehmer oder einem Nichtunternehmer, beispielsweise einem anderen Verbraucher, abschließen.

Anhang zu § 3 Abs. 3 Nr. 12

Unzulässige geschäftliche Handlungen im Sinne des § 3 Abs. 3 sind

12. unwahre Angaben über Art und Ausmaß einer Gefahr für die persönliche Sicherheit des Verbrauchers oder seiner Familie für den Fall, dass er die angebotene Ware nicht erwirbt oder die angebotene Dienstleistung nicht in Anspruch nimmt;

Übersicht

251 **1. Einfluss des Europäischen Rechts.** Nr. 12 des UWG-Anhangs setzt die Nr. 12 des Anhangs I der **UGP-Richtlinie** in das deutsche Recht um. Nr. 12 der „Schwarzen Liste" der Richtlinie lautet:

„Aufstellen einer sachlich falschen Behauptung über die Art und das Ausmaß der Gefahr für die persönliche Sicherheit des Verbrauchers oder seiner Familie für den Fall, dass er das Produkt nicht kauft."

Allerdings führt Nr. 12 UWG-Anhang nicht zu einer Änderung der zuvor in Deutschland bestehenden Rechtslage. Hinweise auf die Gefahr für die persönliche Sicherheit des Verbrauchers oder seiner Familie sind typischerweise geeignet, rationale Erwägungen des Verbrauchers zu verdrängen; auf Seiten des Handelnden wird das hervorgerufene Gefühl der Angst ausgenutzt. Eine Unlauterkeit wurde dabei erst recht dann angenommen, wenn eine Irreführung hinzukam. Im Ergebnis ist der Begründung des RegE zuzustimmen, wonach ein Verhalten im Sinne von Nr. 12 **schon nach bisherigem Recht unlauter** war.[258] Große praktische Bedeutung hat die Vorschrift bisher nicht erlangt.[259] 252

Nr. 12 des UWG-Anhangs stimmt mit Nr. 12 des Anhangs I der UGP-Richtlinie **weitgehend wörtlich** überein. Im UWG-Anhang wurde allerdings klargestellt, dass die Nichtinanspruchnahme einer Dienstleistung dem Nichterwerb eines Produkts gleichsteht. 253

2. Systematik. Der Listentatbestand hat, soweit er Anwendung findet, Vorrang gegenüber § 5, insbesondere § 5 Abs. 1 S. 2 Nr. 1,[260] sowie gegenüber § 4a.[261] 254

Die Vorschrift weist insofern **Parallelen zu Nr. 30** UWG-Anhang auf, als es bei Nr. 12 um die Ausübung von Druck durch Inaussichtstellen eines Übels geht, bei Nr. 30 um die Ausübung moralischen Drucks durch einen Appell an die Solidarität. Nr. 12 kann in Kombination mit anderen Tatbeständen der „Schwarzen Liste" anzuwenden sein, etwa mit Nr. 18, der sich gegen Täuschungen über die Heilwirkung von Produkten richtet.[262] 255

3. Tatbestandsvoraussetzungen. a) Unwahre Angabe gegenüber einem Verbraucher. Nr. 12 adressiert einen bestimmten Typus geschäftlicher Handlungen **gegenüber Verbrauchern.** In dieselbe Richtung wie bei Nr. 12 zielende falsche Angaben im **B2B-Bereich** können vor allem von dem allgemeinen Irreführungsverbot des § 5 UWG erfasst werden, müssen dann allerdings auch den dort aufgestellten Voraussetzungen genügen.[263] 256

Eine **„unwahre Angabe"** liegt im ersten Schritt dann vor, wenn objektiv unrichtige Information aktiv (wenn auch nicht zwangsläufig durch Sprache) übermittelt wird.[264] Das Erzeugen einer missverständlichen, zu Fehlschlüssen verleitenden Informationslage genügt hierfür nicht,[265] In einem zweiten Schritt muss sich die unrichtige **Information** aber auch **auf einen bestimmten Gegenstandskomplex beziehen,** nämlich auf den Konnex zwischen Nichtabnahme der angebotenen Ware/Dienstleistung und der hieraus resultierenden Gefährdung der Adressaten oder seiner Familie.[266] 257

Nr. 12 sanktioniert damit eine **qualifizierte, namentlich eine besonders wirkungsvolle**[267] **Irreführung,** indem er eine objektiv falsche Aussage verlangt. Nichtsdestotrotz bildet die Eignung dieser Irreführung zur Herbeiführung der vom Irreführenden gewünschten geschäftlichen Entscheidung kein Tatbestandsmerkmal.[268] 258

b) Gefährdungsszenario. Die zu Unrecht behauptete Gefahr muss gerade eine solche für die **persönliche Sicherheit** sein. Dies umfasst sicher Gefahren für das Leben und die Freiheit.[269] Die im Schrifttum diskutierte Frage, inwiefern die Gesundheit einen Bestandteil 259

---

[258] RegE.
[259] JurisPK-UWG/*Seichter* Anh. zu § 3 III Rn. 1.
[260] *Köhler*/Bornkamm/Feddersen Anh. zu § 3 III Rn. 12.2.
[261] Siehe *Picht* → § 4a Rn. 93 und → § 4a Rn. 100.
[262] MüKoUWG/*Alexander* Anh. zu § 3 III Rn. 9.
[263] MüKoUWG/*Alexander* Anh. zu § 3 III Rn. 12, auch (ablehnend) zur Frage einer Analogiefähigkeit für den B2B-Bereich.
[264] Enger wohl *Köhler*/Bornkamm/Feddersen Anh. zu § 3 III Rn. 12.3, der eine „ausdrückliche Behauptung" fordert. Wie hier („nach außen gerichtete Kundgabehandlung") MüKoUWG/*Alexander* Anh. zu § 3 III Rn. 15.
[265] MüKoUWG/*Alexander* Anh. zu § 3 III Rn. 5.
[266] *Köhler*/Bornkamm/Feddersen Anh. zu § 3 III Rn. 12.3.
[267] *Köhler*/Bornkamm/Feddersen Anh. zu § 3 III Rn. 12.1.
[268] *Köhler*/Bornkamm/Feddersen Anh. zu § 3 III Rn. 12.1.
[269] *Köhler*/Bornkamm/Feddersen Anh. zu § 3 III Rn. 12.4.

der persönlichen Sicherheit bildet,[270] dürfte sich schon deswegen nicht pauschal beantworten lassen, weil es auf die Art der Gesundheitsbeeinträchtigung ankommt. Angeblich drohende schwere Verletzungen durch Unfälle etwa stellen eine Beeinträchtigung sowohl der Gesundheit als auch der persönlichen Sicherheit dar. Dies gilt aber nicht schon pauschal für zB Infekte oder Altersbeschwerden, zu deren Abwehr das angebotene Produkt angeblich dient. Auch vorgebliche Bedrohungen von Vermögen und Eigentum stellen sich kontextabhängig[271] als Gefahr für die persönliche Sicherheit dar, obgleich sich diese Rechtsgüter weniger nahe stehen als Gesundheit und persönliche Sicherheit. Schusssicheres Glas oder eine besonders sichere Fahrzeug-Bereifung (etwa so genannte „Runflat-Reifen") wären Beispiele von Produkten, die gleichzeitig Eigentum und persönliche Sicherheit schützen sollen.

260 Während mit dem **„Ausmaß"** der Gefahr Fälle angesprochen sind, in denen der Nichtabschluss des vom Unternehmer angestrebten Geschäfts die Gefahr angeblich vergrößert, umfassen die **„Art"** der Gefahr bei sinnvoller Lesart nicht nur unrichtige Angaben über die nähere Beschaffenheit einer tatsächlichen Gefahr (etwa: Lebensgefahr statt bloße Gesundheitsbeeinträchtigung), sondern auch das Vorspiegeln einer in Wirklichkeit überhaupt nicht bestehenden Gefahr.[272] Wenn als gefährdete Personen neben dem angesprochenen Verbraucher selbst auch dessen **„Familie"** in Betracht kommen, sollte dieser Personenkreis auf die engere Familie des Adressaten eingegrenzt bleiben. Mangels einer eigenständigen Definition des Begriffs der Familie im UWG oder der UGP-RL kann diese Lesart aus einer sinnvollen Begrenzung des Tatbestandes im Hinblick auf das heutige Verbraucherleitbild legitimiert werden. Neben dem ausdrücklichen Ansprechen von Gefahren für den Partner/die Partnerin, für Nachfahren, Eltern, Geschwister und deren Partner*innen[273] genügt es auch, wenn der Unternehmer Gefahren für „ihre Familie" beschwört, weil der Verbraucher hierunter in aller Regel (auch) den soeben beschriebenen Personenkreis versteht. Gefährdungen für die Bewohner einer vom Verbraucher vermieteten Wohnung genügen aber nicht schon dann, wenn es sich hierbei um dessen entfernte Verwandte handelt.

261 **c) Infolge Nichtabnahme.** Das vorgeblich unheilschwangere Verbraucherverhalten muss im **Nichterwerb** einer Ware oder der **Nichtinanspruchnahme** einer Dienstleistung liegen. Bei der Person, durch welche die Ware/Dienstleistung **„angeboten"** wird, handelt es sich in der Regel, nach dem Wortlaut aber nicht zwingend um denjenigen Unternehmer, welcher die unwahre Angabe trifft. Grundsätzlich sollte Nr. 12 alarmistische Werbelügen auch dann erfassen können, wenn sie zu Gunsten eines **Drittanbieters** erfolgen, jedenfalls wenn zwischen dem falsch informierenden und dem anbietenden Unternehmer eine enge Verbindung besteht. Allzu einfach wäre es sonst, durch geschickte (gesellschaftsrechtliche) Strukturierung der eigenen Geschäftstätigkeit dem Verbotstatbestand zu entgehen.

262 Einen hinreichenden **Konnex** zwischen **geschäftlicher Entscheidung** des Verbrauchers und **Gefahr** stellt der Unternehmer jedenfalls her, wenn er die erwünschte Abnahme als kausale conditio sine qua non dafür bezeichnet, dass die jeweilige Gefahr nicht bzw. nicht in demselben Ausmaß eintritt. Aber auch Aussagen zu einer erheblichen Wahrscheinlichkeit[274] der Gefahrenverhinderung bzw. -verminderung genügen.

263 Ob der unwahre Konnex in **positiver oder negativer Formulierung** daherkommt, darf nicht den Ausschlag geben,[275] weil sich sonst Schlupflöcher öffnen. Die Formulierungen „dieses Produkt schützt sie als einziges wirksam vor nächtlichen Angreifern" und „wenn Sie dieses Selbstverteidigungsprodukt nicht ihren Kindern mitgeben, werden Sie es

[270] Dagegen *Köhler*/Bornkamm/Feddersen Anh. zu § 3 III Rn. 12.4; jurisPK-UWG/*Seichter* Rn. 3; dafür MüKoUWG/*Alexander* Rn. 20.

[271] Umfassender hingegen *Köhler*/Bornkamm/Feddersen Anh. zu § 3 III Rn. 12.4.

[272] MüKoUWG/*Alexander* Anh. zu § 3 III Rn. 19.

[273] MüKoUWG/*Alexander* Anh. zu § 3 III Rn. 22.

[274] Ähnlich MüKoUWG/*Alexander* Anh. zu § 3 III Rn. 17.

[275] Anders wohl *Köhler*/Bornkamm/Feddersen Anh. zu § 3 III Rn. 12.5.

– bei Ihrer Wohnlage – eines Tages bereuen" können also gleichermaßen unter den Tatbestand der Nr. 12 fallen.

Anhang zu § 3 Abs. 3 Nr. 13

Unzulässige geschäftliche Handlungen im Sinne des § 3 Abs. 3 sind

13. Werbung für eine Ware oder Dienstleistung, die der Ware oder Dienstleistung eines bestimmten Herstellers ähnlich ist, wenn dies in der Absicht geschieht, über die betriebliche Herkunft der beworbenen Ware oder Dienstleistung zu täuschen;

Übersicht

Schrifttum: *Alexander,* Die „Schwarze Liste" der UGP-Richtlinie und ihre Umsetzung in Deutschland und Österreich, GRURInt. 2010, 1025; *Bornkamm,* Die Schnittstellen zwischen gewerblichem Rechtsschutz und UWG – Grenzen des lauterkeitsrechtlichen Verwechslungsschutzes, GRUR 2011, 1; *ders.,* Kennzeichenrecht und Irreführungsverbot – Zur wettbewerbsrechtlichen Beurteilung der irreführenden Kennzeichenbenutzung, in: FS Mühlendahl, 2005, S. 9; *ders.,* Markenrecht und wettbewerbsrechtlicher Kennzeichenschutz – Zur Vorrangthese der Rechtsprechung, GRUR 2005, 97; *Büllesbach,* Auslegung der irreführenden Geschäftspraktiken des Anhangs I der Richtlinie 2005/29/EG über unlautere Geschäftspraktiken, 2008; *Fezer,* Imitationsmarketing als irreführende Produktvermarktung, GRUR 2009, 451; *Glöckner,* Der Schutz vor Verwechslungsgefahr im Spannungsfeld von Kennzeichenrecht und verbraucherschützendem Lauterkeitsrecht, in: Geistiges Eigentum und Gemeinfreiheit, Ansgar Ohly, Diethelm Klippel (Hrsg.), 2007, S. 145; *Harte-Bavendamm,* Wettbewerbsrechtlicher Verbraucherschutz in der Welt der „look-alikes", in: FS Loschelder, 2010, S. 111; *Hoeren,* Das neue UWG – der Regierungsentwurf im Überblick, BB 2008, 1182; *Ingerl,* Der wettbewerbsrechtliche Kennzeichenschutz und sein Verhältnis zum MarkenG in der neueren Rechtsprechung des BGH und in der UWG-Reform, WRP 2004, 809; *Köhler,* Das Verhältnis des Wettbewerbsrechts zum Recht des geistigen Eigentums, GRUR 2007, 548; *ders.,* Der Schutz vor Produktnachahmungen im Markenrecht, Geschmacksmusterrecht und neuen Lauterkeitsrecht, GRUR 2009, 445; *Köhler/Lettl,* Das geltende europäische Lauterkeitsrecht, der Vorschlag für eine EG-Richtlinie über unlautere Geschäftspraktiken und die UWG-Reform, WRP 2003, 1019; *Köhler,* Der Schutz von Produktnachahmungen im Markenrecht, Geschmacksmusterrecht und neuen Lauterkeitsrecht, GRUR 2009, 445; *ders.,* UWG-Reform 2015: Im Regierungsentwurf nicht angesprochene Defizite bei der Umsetzung der UGP-Richtlinie, WRP 2015, 1037; *ders.,* Zu den „unter allen Umständen unlauteren" irreführenden und aggressiven Geschäftspraktiken, FS Bornkamm, 2014, 393; *Kur,* Verwechslungsgefahr und Irreführung – zum Verhältnis von Markenrecht und § 3 UWG, GRUR 1989, 240; *Loschelder/Dörre,* Das Verhältnis des wettbewerbsrechtlichen zum kennzeichenrechtlichen Schutz vor Verwechslungen, KSzW 2010, 242; *Peifer,* Die Zukunft der irreführenden Geschäftspraktiken, WRP 2008, 556; *Scherer,* „Case-law" in Gesetzesform – die „Schwarze Liste" als neuer UWG-Anhang, NJW 2009, 324; *dies.,* Das Verhältnis des lauterkeitsrechtlichen Nachahmungsschutzes nach § 4 Nr. 9 UWG zur europarechtlichen Vollharmonisierung der irreführenden oder vergleichenden Werbung, WRP 2009, 1446; *dies.,* Was bringt die „Schwarze Liste" tatsächlich? – Bestandsaufnahme und Konsequenzen, WRP 2011, 393; *dies.,* Die weißen Flecken in der Schwarzen Liste, WRP 2014, 771; *Schmidt, M,* Verschiebung markenrechtlicher Grenzen lauterkeitsrechtlicher Ansprüche nach Umsetzung der UGP-Richtlinie, GRUR-Prax 2011, 159; *Schork,* Imitationsmarketing, 2011; *Schöttle,* Die Schwarze Liste – Übersicht über die neuen Spezialtatbestände des Anhangs zu § 3 Abs. 2 UWG, WRP 2009, 673; *Steinbeck,* Richtlinie über unlautere Geschäftspraktiken: Irreführende Geschäftspraktiken – Umsetzung in das deutsche Recht, WRP 2006, 632; *Stieper,* Das Verhältnis von Immaterialgüterrechtsschutz und Nachahmungsschutz nach neuem UWG, WRP 2006, 291. S. ferner die Literaturhinweise zu § 5 Abs. 2.

264 **1. Einfluss des europäischen Rechts.** Nr. 13 UWG-Anhang setzt die Nr. 13 des Anhangs I zur **UGP-Richtlinie** in deutsches Recht um. Sie lautet:

> *„Werbung für ein Produkt, das einem Produkt eines bestimmten Herstellers ähnlich ist, in einer Weise, die den Verbraucher absichtlich dazu verleitet zu glauben, das Produkt sei von jenem Hersteller hergestellt worden, obwohl dies nicht der Fall ist."*

265 In Nr. 13 des Anh. zu § 3 Abs. 3 **UWG 2008** war zunächst der Begriff „Hersteller" durch „Mitbewerber" ersetzt worden, ohne zu berücksichtigen, dass der Hersteller des Produkts nicht notwendig ein Mitbewerber sein muss. Dies wurde im Zuge der UWG-Novelle **2015 korrigiert.** Eine materiell-rechtliche Änderung ergibt sich daraus nicht, weil die Vorschrift unionskonform auszulegen war und ist (→ Anh. § 3 Rn. 5, 10 sowie → Anh. § 3 Rn. 271). Zum „Dual quality"-Vertrieb → Keller Einl. A. Rn. 74.

266 **2. Zweck der Vorschrift und Abgrenzung.** Die Vorschrift dient dem Schutz der Verbraucher vor absichtlicher Irreführung über die **kommerzielle** Herkunft eines Produkts. Diese ist für die geschäftliche Entscheidung des Verbrauchers von Bedeutung, weil sie häufig mit Qualitätsvorstellungen verbunden ist.

267 Nr. 13 des Anhangs erfasst nur geschäftliche Handlungen gegenüber **Verbrauchern.** Auf sonstige Marktteilnehmer ist die Vorschrift nicht anwendbar, auch nicht analog.[276] Mittelbar werden über Nr. 13 des UWG-Anhangs jedoch auch die Hersteller des Originalprodukts und damit Mitbewerber geschützt.[277]

268 Nr. 13 UWG-Anhang soll die **Rechte des Verbrauchers stärken.** Die Vorschrift entfaltet daher weder im Verhältnis zu **§ 5 Abs. 1 S. 2 Nr. 1, Abs. 2** noch im Verhältnis zu **§ 4 Nr. 3a** Ausschlusswirkung.[278] Auch durch das Namens- oder Kennzeichenrecht wird § 3 Abs. 3 iVm Nr. 13 des Anhangs nicht eingeschränkt.[279] Die von der Rspr. bislang zu § 5 vertretene **Vorrangthese hat der BGH inzwischen zu Recht aufgegeben, ausführlich → § 5 Rn. 1278.** Anders als bei § 5 besteht bei Nr. 13 des Anhangs **kein Relevanzerfordernis.**[280]

269 **3. An einen Verbraucher gerichtete geschäftliche Handlung.** Nr. 13 des UWG-Anhangs erfasst nur **geschäftliche Handlungen,** die an **Verbraucher** gerichtet sind. Bezüglich der **Legaldefinition** der Begriffe **„geschäftliche Handlung"** und **„Verbraucher"** wird auf die Kommentierung von *Keller* zu § 2 Abs. 1 Nr. 1 und § 2 Abs. 2 UWG verwiesen. Eine an Unternehmer gerichtete Werbung für Produkte, die denen eines anderen Herstellers nachgeahmt sind, kann jedoch unter dem Gesichtspunkt einer betrieblichen Herkunftsverwechslung oder Identitätstäuschung irreführend iSd § 5 Abs. 1 S. 2 Nr. 1 oder § 5 Abs. 2 sein. Eine **Indizwirkung** für den B2B-Bereich entfaltet Nr. 13 des UWG-Anhangs nicht.

270 **4. Werbung für eine Ware oder Dienstleistung.** Bei der geschäftlichen Handlung muss es sich um eine **Werbung** für Waren oder Dienstleistungen handeln. Es gilt die Legaldefinition des **Art. 2 lit. a WerbeRL 2006/114/EG.**[281] Danach bedeutet „Werbung" jede Äußerung bei der Ausübung eines Handels, Gewerbes, Handwerks oder freien Berufs mit dem Ziel, den Absatz von Waren oder die Erbringung von Dienstleistungen, einschließlich unbeweglicher Sachen, Rechte und Verpflichtungen zu fördern. **Nachver-**

[276] Vgl. *Henning-Bodewig* → Vorb. Anh. § 3 Rn. 15; *Köhler*/Bornkamm/Feddersen Anh. § 3 Abs. 3 Rn. 13.1.

[277] Ganz hM, s. nur *Köhler*/Bornkamm/Feddersen Anh. § 3 Abs. 3 Rn. 13.1.

[278] Vgl. BGH GRUR 2019, 1202 Rn. 28 f. – Identitätsdiebstahl.

[279] *Harte-Bavendamm* FS Lohschelder, 2010, 119; *Köhler* GRUR 2009, 445 (451); *Köhler*/Bornkamm/Feddersen Anh. zu § 3 Abs. 3 Rn. 13.8.

[280] EuGH C-304/08, EU:C:2010:12 Rn. 45 – Plus Warenhandelsgesellschaft; C-540/08, EU:C:2010:660 Rn. 34 – Mediaprint; C-288/10, EU:C:2011:443 Rn. 37 – Wamo; näher *Henning-Bodewig* → Vorb. Anh. § 3 Rn. 1.

[281] *Köhler*/Bornkamm/Feddersen Anh. zu § 3 Abs. 3 Rn. 13.4.

tragliche geschäftliche Handlungen wie das Zusenden einer Rechnung für unter Verstoß gegen Nr. 13 vertriebene Produkte werden nicht erfasst. Auch die **Nachahmung** selbst, also die Herstellung der Ware oder die Erbringung der Dienstleistung, ist keine „Werbung". Wird das nachgeahmte Produkt potentiellen Kunden angeboten, stellt der Unternehmer die Ware im Schaufenster aus oder wird sie mit dem Ziel der Absatzförderung in Werbekatalogen, Werbespots oder im Fernsehen abgebildet, liegt „Werbung" vor.

Der Begriff der **„Waren oder Dienstleistungen"** ist weit auszulegen. Erfasst werden alle Produkte iSv Art. 2 lit. c UGP-Richtlinie, also jede Ware oder Dienstleistung einschließlich Immobilien, Rechten und Verpflichtungen. Nr. 13 UWG-Anh. erfordert **keine wettbewerbliche Eigenart** des Produkts.[282] **271**

Das Produkt muss bereits **existent** sein,[283] mit dem Vertrieb in Deutschland muss aber noch nicht begonnen worden sein.[284] Auch ein im **Ausland** hergestelltes Produkt, das in Deutschland noch nicht auf dem Markt ist, erfüllt diese Voraussetzung.[285] Nr. 13 UWG-Anh. bezweckt den Schutz des Verbrauchers, der fälschlich annimmt, das Originalprodukt zu erwerben.[286] Daher ist nicht erforderlich, dass das Produkt schon oder noch vertrieben wird, sondern reicht aus, dass es zB lediglich in einer Werbeveranstaltung gezeigt worden ist.[287]

Der Werbende muss nicht der Hersteller des Nachahmungsprodukts sein, auch ein **Händler** oder sonstiger Absatzmittler kann den Tatbestand verwirklichen.[288] **272**

5. Eignung zur betrieblichen Herkunftstäuschung. a) Hinreichender Bezug zu dem Produkt eines bestimmten Herstellers. Die Täuschung iSd Nr. 13 UWG-Anh. muss sich auf das Produkt eines bestimmten (anderen) **Herstellers** beziehen.[289] Dieses Erfordernis setzt Nr. 13 UWG-Anh. (2015) nunmehr auch sprachlich korrekt um,[290] für noch nach altem Recht zu beurteilende Sachverhalte ergibt dies die unionskonforme Auslegung.[291] **273**

Die Werbung muss so gestaltet sein, dass der Verbraucher verleitet wird zu glauben, das beworbene Produkt stamme von dem **bestimmten Hersteller.**[292] Eine wettbewerbliche Eigenart seines Produkts ist nicht erforderlich (→ Anh. § 3 Rn. 270). Eine Täuschungsabsicht ist zu verneinen, wenn nach den Umständen des Streitfalls in der Verwendung der Bezeichnung, auf deren Verbot der Antrag abzielt, keine Bezugnahme auf einen Mitbewerber, sondern allein auf die Produktzusammensetzung zu sehen ist.[293] **274**

Entscheidend ist, ob in der **konkreten Situation** der geschäftlichen Handlung die **Gefahr** besteht, dass der Verkehr einem Irrtum über die betriebliche Herkunft der Waren oder Dienstleistungen unterliegt. Die Eignung genügt, nicht erforderlich ist, dass es zu einem Irrtum des Verbrauchers auch tatsächlich kommt.[294] Eine lediglich abstrakte Verwechslungsgefahr reicht aber nicht aus. Auch setzt Nr. 13 des Anhangs keine Zeichen- **275**

---

[282] *Köhler* GRUR 2009, 445 (450); *Köhler*/Bornkamm/Feddersen Anh. § 3 Abs. 3 Rn. 13.2.
[283] *Köhler*/Bornkamm/Feddersen Anh. zu § 3 Abs. 3 Rn. 13.2.
[284] BGH GRUR 2013, 1161 Rn. 70 – Hard Rock Café; *Köhler*/Bornkamm/Feddersen Anh. zu § 3 Abs. 3 Rn. 13.2.
[285] BGH GRUR 2013, 1161 Rn. 70 – Hard Rock Café.
[286] *Köhler*/Bornkamm/Feddersen Anh. zu § 3 Abs. 3 Rn. 13.1.
[287] *Köhler*/Bornkamm/Feddersen Anh. zu § 3 Abs. 3 Rn. 13.2.
[288] *Köhler*/Bornkamm/Feddersen Anh. zu § 3 Abs. 3 Rn. 13.4.
[289] BGH GRUR 2013, 631 Rn. 78 – Amarula/Marulablu; *Köhler*/Bornkamm/Feddersen Anh. zu § 3 Abs. 3 Rn. 13.2.
[290] Zur Kritik an der Umsetzung im UWG (2008) vgl. näher Harte/Henning/*Dreyer*, 3. Aufl. → Nr. 13 UWG-Anh. Rn. 8; *Köhler* WRP 2015, 1037 (1039).
[291] Näher Harte/Henning/*Dreyer*, 3. Aufl. → Nr. 13 UWG-Anh. Rn. 8. Diesen Begriff legte auch der BGH zugrunde, vgl. BGH GRUR 2013, 631 Rn. 78 – Amarula/Marulablu.
[292] BGH GRUR 2013, 631 Rn. 78 – Amarula/Marulablu.
[293] BGH GRUR 2013, 631 Rn. 76 – Amarula/Marulablu.
[294] *Köhler*/Bornkamm/Feddersen Anh. § 3 Abs. 3 Rn. 13.5.

ähnlichkeit voraus;[295] sie kann nur bei der Frage der Herkunftstäuschung eine Rolle spielen.

276 **b) Produktähnlichkeit.** Eine betriebliche Herkunftsverwechslung im Sinne der Vorschrift setzt stets die **Ähnlichkeit der Produkte** voraus. Die Irreführung lediglich durch Verwendung verwechselbarer **Kennzeichen** wird von Nr. 13 nicht erfasst.[296] Eine Irreführung durch Verwendung verwechslungsfähiger Kennzeichen in der Werbung für Waren oder Dienstleistungen, die sich **nicht ähnlich** sind, fällt auch dann nicht unter Nr. 13, wenn der Verbraucher aufgrund der Werbung annimmt, bei dem Werbenden handele es sich um den Hersteller des anderen Produkts, etwa weil in der Werbung dessen Marke verwandt wird.[297] Bei der Ähnlichkeit des Produkts und dem Verleiten des Verbrauchers zum Irrtum über den Hersteller handelt es sich um unterschiedliche Anspruchsvoraussetzungen, die beide erfüllt sein müssen. Die Ähnlichkeit der Produkte setzt daher nicht voraus, dass die Produkte für sich genommen auch **verwechslungsfähig** sind,[298] → Anh. § 3 Rn. 275. **Identische** Produkte sind nach Sinn und Zweck der Vorschrift als „ähnlich" anzusehen.

277 Weder in der UGP-Richtlinie noch in den Gesetzesmaterialien zu § 3 Abs. 3 iVm dem Anhang finden sich Anhaltspunkte dafür, nach welchen Kriterien die Ähnlichkeit der Produkte zu beurteilen ist. Auf die konkrete Darstellung des Produkts in der Werbung kann es aber nicht ankommen, weil das Erfordernis der Ähnlichkeit der Produkte dann keine eigenständige Bedeutung hätte. Vielmehr ist die Ähnlichkeit der Produkte durch **Vergleich der Produktmerkmale** festzustellen, also insbes. Art und Verwendungszweck sowie Nutzung und Eigenart als miteinander konkurrierende oder einander ergänzende Produkte.[299] Stimmen diese **in wesentlichen Zügen** überein, ist Ähnlichkeit gegeben. In der Regel wird es sich um Produktnachahmungen im Sinne von § 4 Nr. 3 handeln, jedoch ist das für die Anwendung des Nr. 13 nicht zwingend erforderlich.[300]

278 Entscheidend ist nicht nur die **äußere Erscheinung** des Produkts, sondern auch dessen Art und Funktionsweise. Ein Freihaltebedürfnis hinsichtlich der **technisch notwendigen Merkmale** ist für Nr. 13 des Anhangs zu § 3 Abs. 3 nicht anzuerkennen, da die Vorschrift keinen wettbewerblichen Leistungsschutz schafft, sondern auf ihrer Grundlage nur einer den Verbraucher im konkreten Einzelfall absichtlich täuschenden Werbung entgegen getreten werden kann, und ein entspr. Irrtum daher ohne weiteres durch **aufklärende Hinweise** vermieden werden könnte. Zu erwägen ist, in dem Erfordernis der Ähnlichkeit auch ein Korrektiv für das dem Wortlaut der europäischen Vorschrift nach fehlende Mitbewerberverhältnis in dem Sinne zu sehen, dass von vornherein **nur Produkte einander ähnlich sein können, die substituierbar sind.**[301] Dies ist jedoch abzulehnen.[302] Der von *Büllesbach*[303] hierfür herangezogene französische Wortlaut der Kurzbegründung des 14. Änderungsantrags der Ausschussempfehlung für die Zweite Lesung[304] scheint mir keine hinreichende Stütze für diese Annahme zu geben, denn von „sub-

---

[295] *Hoeren* BB 2008, 1182 (1189).
[296] BGH GRUR 2013, 631 Rn. 77 – Amarula/Marulablu.
[297] Amtl. Begr. BT-Drs. 16/10145, 32; *Harte-Bavendamm* FS Loschelder, 2010, 116.
[298] *Harte-Bavendamm* FS Loschelder, 2010, 116; *Köhler*/Bornkamm/Feddersen Anh. zu § 3 Abs. 3 Rn. 13.3; Fezer/*Peifer* Anh. UWG Nr. 13 Rn. 113. – AA jurisPK/*Ullmann* Anh. zu § 3 Abs. 3 Nr. 13 Rn. 11.
[299] *Köhler* GRUR 2009, 445 (448); *Köhler*/Bornkamm/Feddersen Anh. zu § 3 Abs. 3 Rn. 13.3; *Schork* S. 264.
[300] *Köhler* GRUR 2009, 445 (448); jurisPK/*Ullmann* Anh. zu § 3 Abs. 3 Nr. 13 Rn. 5.
[301] So *Büllesbach* S. 94.
[302] Ebenso *Köhler*/Bornkamm/Feddersen Anh. zu § 3 Abs. 3 Rn. 13.3.
[303] *Büllesbach* S. 94.
[304] Dokument A6–0027/2005. Dort heißt es: „La Commission reconnaît, à l'article 6, paragraphe 2, que le consommateur risque la confusion entre plusieurs produits. Il est nécessaire de clarifier davantage cet aspect dans l'annexe. Si les entreprises ont le droit de fabriquer des produits se substituant, pour un moindre prix, à un quelconque produit, il importe aussi que les consommateurs jouissent de la protection la plus solide possible contre les tentatives de faire passer une copie pour l'original."

stituierbaren" Produkten ist nur in der französischen Fassung die Rede, während zB in der spanischen, deutschen und englischen Fassung von „Alternativen" gesprochen wird. Die Beschränkung der Nr. 13 des Anhangs zu § 3 Abs. 3 auf substituierbare Produkte hätte zwar den Vorteil, dass eine zu weite Ausdehnung des Anwendungsbereichs der Vorschrift (zB auf die Werbung für die **Nachbildung eines echten Pkw als Spielzeugfahrzeug**) vermieden würde. Sie würde aber dem – auch in dem zitierten Änderungsantrag zum Ausdruck kommenden – klaren Sinn und Zweck der Vorschrift zuwiderlaufen, den Verbrauchern einen wirksamen Schutz vor Irreführungen durch **Imitate** zu bieten. Bei einer entsprechenden Beschränkung bestünde nämlich die Gefahr, dass für den Verbraucher besonders gefährliche Fälle betrieblicher Herkunftstäuschung aus dem Anwendungsbereich der Nr. 13 fallen, in denen erhebliche Qualitätsabweichungen die Substituierbarkeit verhindern (zB: **Billignachahmung von Rolex-Uhr**). Die Substituierbarkeit der Produkte kann daher nur eines von mehreren Kriterien sein, die im Rahmen einer Gesamtabwägung zu berücksichtigen sind.

c) Verleitung des Verbrauchers zum Irrtum über den Hersteller. Die Darstellung der Produkte in der Werbung muss den Verbraucher verleiten zu glauben, das Produkt sei von dem Hersteller eines anderen, ähnlichen Produkts hergestellt worden, muss also **geeignet sein, den Verbraucher über die betriebliche Herkunft zu täuschen.** Die Eignung reicht aus, nicht erforderlich ist, dass es zu einem Irrtum des Verbrauchers auch tatsächlich kommt.[305] Dem steht der Fall gleich, dass dem Verbraucher vorgetäuscht wird, das Produkt sei mit Erlaubnis **(Lizenz)** des Originalherstellers hergestellt worden,[306] bzw. die Unternehmen stünden in Bezug auf die Herstellung des Produkts zueinander in anderen rechtlichen, geschäftlichen oder organisatorischen Beziehungen.[307] Auch hier wird der Verbraucher über den Ursprung der Ware getäuscht, da die Werbung mit der (nicht existenten) Lizenz eine Herstellung des Produkts unter der engen Verantwortlichkeit dieses Originalherstellers impliziert. Es könnte aus Sicht des Verbrauchers ebenso gut vom Originalhersteller stammen.[308] 279

Entscheidend ist die **Sicht des Durchschnittsverbrauchers,** also eines durchschnittlich (angemessen) aufmerksamen, verständigen und informierten Mitglieds des Verkehrskreises, an den sich die Werbung wendet. Hinsichtlich der allgemeinen Voraussetzungen der betrieblichen Herkunftstäuschung gelten die Ausführungen zu § 5 Abs. 1 S. 2 Nr. 1 entsprechend, näher → § 5 Rn. 627 ff. 280

Maßgeblich ist die **konkrete** Darstellung des Produkts in der angegriffenen Werbung. Ähnliche Produkte, die der Verbraucher in anderer Form nicht verwechseln würde, können daher Gegenstand eines auf Nr. 13 gestützten Verbots sein, wenn der Verbraucher in der Form ihrer Darstellung in der Werbung über ihre betriebliche Herkunft getäuscht wird. 281

6. Absicht. Der Unternehmer muss die betriebliche Herkunftstäuschung **absichtlich** herbeigeführt haben. Hierbei handelt es sich um eine eigenständige Anspruchsvoraussetzung, die zusätzlich erfüllt sein muss. Die Täuschung über den Ursprung der Ware muss **nicht alleiniges Motiv** der Werbung sein.[309] Es genügt, wenn der Werbende mit **bedingtem Vorsatz** handelt, also eine Täuschung von Verbrauchern lediglich für möglich hält und billigend in Kauf nimmt.[310] Dafür kann ausreichen, dass sich der Unternehmer bewusst jedenfalls auch den Umstand zunutze macht, dass zahlreiche Kunden das Produkt bei ihm 282

---

[305] *Köhler*/Bornkamm/Feddersen Anh. § 3 Abs. 3 Rn. 13.5.

[306] Fezer/*Peifer* Anh. UWG Nr. 13 Rn. 13; *Harte-Bavendamm* FS Loschelder, 2010, 116.

[307] Fezer/*Peifer* Anh. UWG Nr. 13 Rn. 13; *Harte-Bavendamm* FS Loschelder, 2010, 116; ähnlich auch *Büllesbach* S. 97. – AA inzwischen *Köhler*/Bornkamm/Feddersen Anh. zu § 3 Abs. 3 Rn. 13.6; danach soll nur ausreichen, wenn dem Verbraucher vorgetäuscht wird, das Produkt sei von einem mit dem Originalhersteller konzernmäßig verbundenen Unternehmen hergestellt worden.

[308] Vgl. Götting/Nordemann/*Wirtz* § 3 Rn. 129.

[309] BGH GRUR 2013, 1161 Rn. 70 – Hard Rock Cafe.

[310] BGH GRUR 2013, 1161 Rn. 70 – Hard Rock Cafe.

in der Meinung erwerben, es handele sich um ein Erzeugnis des Herstellers.[311] Wer bloß **fahrlässig** nicht weiß, dass es sich um ein Nachahmungsprodukt handelt, erfüllt den Tatbestand des Nr. 13 hingegen nicht.[312]

283 Auch wenn **ursprünglich die Täuschungsabsicht gefehlt** haben mag, kann sich dies im Laufe der Zeit ändern. Für den in die Zukunft gerichteten Unterlassungsanspruch ist daher die anhand objektiver Indizien zu ermittelnde Motivation beim fortgesetzten Vertrieb der maßgeblichen Produkte maßgeblich.[313]

284 Die **Täuschungsabsicht muss sich auf das Produkt eines bestimmten Herstellers beziehen**[314] (vgl. dazu bereits → Anh. § 3 Rn. 273). Es fehlt deshalb auch an dem erforderlichen **voluntativen** Element, wenn nach den Umständen des Streitfalls in der Verwendung der Bezeichnung, auf deren Verbot der Antrag abzielt, keine Bezugnahme auf einen Mitbewerber, sondern allein auf die Produktzusammensetzung zu sehen ist.[315]

285 Auf die als **subjektives** Element der Herkunftstäuschung erforderliche Absicht kann idR nur aus den äußeren Gegebenheiten rückgeschlossen werden.[316] Die **Motivation des Unternehmers ist anhand objektiver Indizien zu ermitteln.**[317] Dabei sind insbesondere der Grad der Ähnlichkeit der Waren, die Bekanntheit des Originalprodukts, die Art und der Inhalt der Werbung sowie die Verpackung zu berücksichtigen.[318] So hat es der BGH in der „Hard Rock Cafe"-Entscheidung aufgrund des Umstandes, dass die Klägergruppe 140 offizielle Filialen in über 50 Ländern betrieb, davon drei in Deutschland, und die Gaststätte der Beklagten zu 1 in der von vielen ausländischen Touristen frequentierten Heidelberger Hauptstraße lag, als naheliegend angesehen, dass sich die Beklagten beim Vertrieb ihrer Merchandising-Produkte schon seit Längerem bewusst jedenfalls auch den Umstand zunutze machten, dass zahlreiche ausländische Besucher bei ihnen derartige Produkte in der Meinung erwerben, es handele sich um Erzeugnisse der ihnen bekannten Gastronomiekette der Klägerin.

286 Die **Darlegungs- und Beweislast** trägt der Anspruchsteller.[319]

287 **7. Kein weitergehender wettbewerblicher Leistungsschutz.** Nr. 13 ist unabhängig davon anwendbar, ob der Sachverhalt gleichzeitig den Tatbestand von § 5 Abs. 1 S. 2 Nr. 1, Abs. 2 UWG oder § 4 Nr. 3 erfüllt und ob der individualrechtliche Schutz aus dem Markenrecht besteht.[320] Das auf eine Verletzung von Nr. 13 des Anhangs zu § 3 Abs. 3 gestützte wettbewerbliche Verbot bleibt auf die sie hervorrufende Verletzungshandlung, also die konkret angegriffene Werbung, beschränkt. Einen wettbewerblichen Leistungsschutz gewährt Nr. 13 nicht. **Ein (isoliertes) Verbot der Benutzung einer bestimmten Bezeichnung lässt sich durch Nr. 13 UWG-Anh. nicht erreichen.**[321]

Anhang zu § 3 Abs. 3 Nr. 14

Unzulässige geschäftliche Handlungen im Sinne des § 3 Abs. 3 sind

14. die Einführung, der Betrieb oder die Förderung eines Systems zur Verkaufsförderung, bei dem vom Verbraucher ein finanzieller Beitrag für die Möglich-

---

[311] BGH GRUR 2013, 1161 Rn. 71 – Hard Rock Cafe.
[312] *Köhler*/Bornkamm/Feddersen Anh. zu § 3 Abs. 3 Rn. 13.7; jurisPK/*Ullmann* Anh. zu § 3 Abs. 3 Nr. 13 Rn. 14; Ohly/*Sosnitza* Anh. zu § 3 Abs. 3 Rn. 41. – AA *Fezer* GRUR 2009, 451 (458).
[313] BGH GRUR 2013, 1161 Rn. 71 – Hard Rock Cafe.
[314] BGH GRUR 2013, 631 Rn. 78 – Amarula/Marulablu.
[315] BGH GRUR 2013, 631 Rn. 76 – Amarula/Marulablu.
[316] *Harte-Bavendamm* FS Loschelder, 2010, 116.
[317] BGH GRUR 2013, 1161 Rn. 71 – Hard Rock Cafe.
[318] *Köhler* GRUR 2009, 445; *Köhler*/Bornkamm/Feddersen Anh. zu § 3 Abs. 3 Rn. 13.7.
[319] *Büllesbach* S. 97; *Köhler/Lettl* WRP 2003, 1010 (1046); Ohly/*Sosnitza* Anh. zu § 3 Abs. 3 Rn. 41; vgl. LG München I DE:LGMUEN1:2017:1222.33O22319.16.0A Rn. 55.
[320] Vgl. BGH GRUR 2013, 1161 Rn. 60, 64 – Hard Rock Café; *Harte-Bavendamm* FS Loschelder, 2010, 111 (119); Köhler/*Bornkamm*/Feddersen Anh. zu § 3 Abs. 3 Rn. 13.8; Ohly/*Sosnitza* Anh. zu § 3 Abs. 3 Rn. 41.
[321] BGH GRUR 2013, 631 Rn. 77 – Amarula/Marulaba.

keit verlangt wird, allein oder hauptsächlich durch die Einführung weiterer Teilnehmer in das System eine Vergütung zu erlangen (Schneeball- oder Pyramidensystem);

Übersicht

Schrifttum: *Achenbach,* Das zweite Gesetz zur Bekämpfung der Wirtschaftskriminalität, NJW 1986, 1835; *ders.,* Aus der veröffentlichten Rechtsprechung zum Wirtschaftsstrafrecht, NStZ 1991, 409 und 1993, 477; *Alexander,* Die „Schwarze Liste" der UGP-Richtlinie und ihre Umsetzung in Deutschland und Österreich, GRUR Int. 2010, 1025; *ders.,* Die strafbare Werbung in der UWG-Reform, WRP 2004, 407; *Beckemper,* Die Strafbarkeit des Veranstaltens eines Pyramidenspiels nach § 6c UWG, wistra 1999, 169; *Brammsen,* Zur Frage der strafbaren Werbung durch unzutreffende Gewinnversprechen – Anm. zu BGH Urt. v. 30.5.2008, Az. 1 StR 166/07, NStZ 2009, 279; *Brammsen/Apel,* Anm. zum Beschluss des BGH vom 24.2.2011, Az. 5 StR 514/09 – Zum Verbraucherbegriff bei der progressiven Kundenwerbung, EWiR 2011, 439; *dies.,* Madoff, Phoenix, Ponzi und Co. – Bedarf das „Schneeballverbot" der progressiven Kundenwerbung in § 16 II UWG der Erweiterung? WPR 2011, 400; *dies,* Strafbare Werbung für „Abo-Fallen", WRP 2011, 1254; *Brammsen/Leible,* Multi-Level-Marketing im System des deutschen Lauterkeitsrechts, BB 1997 Beilage 10 zu Heft 32, S. 1; *Büllesbach,* Auslegung der irreführenden Geschäftspraktiken des Anhangs I der Richtlinie 2005/29/EG über unlautere Geschäftspraktiken, 2008; *Dannecker,* Die Dynamik des materiellen Strafrechts unter dem Einfluss europäischer und internationaler Entwicklungen, ZStW 177 (2005), 697; *Ebbing,* Strukturvertrieb oder Schneeballsystem? – Zur Zulässigkeit des Multilevel Marketing im US-amerikanischen Recht, GRUR Int. 1998, 15; *Erbs/Kohlhaas,* Strafrechtliche Nebengesetze, Std. 186. Ergl. Sept. 2011; *Finger,* Strafbarkeitslücken bei so genannten Kettenbrief-, Schneeball- und Pyramidensystemen, ZRP 2006, 159; *Granderath,* Strafbarkeit von Kettenbriefaktionen!, wistra 1988, 173; *Grebing,* Die Strafbarkeit der progressiven Kundenwerbung und der Wirtschaftsspionage im Entwurf zur Änderung des UWG, wistra 1984, 169; *Hartlage,* Progressive Kundenwerbung – immer wettbewerbswidrig? – zugleich Anmerkung zu OLG München, WRP 1996, 42 – Vertriebssystem –, WRP 1997, 1; *Hoeren,* Das neue UWG – der Regierungsentwurf im Überblick, BB 2008, 1182; *Joecks,* Anleger- und Verbraucherschutz durch das 2. WiKG, wistra 1986, 142; *Keller,* Progressive Systeme zur Verkaufsförderung im Recht des unlauteren Wettbewerbs, WRP 2017, 262; *Kisseler,* Ein Meilenstein für den Verbraucherschutz, WRP 1997, 625; *Krack,* Legitimationsdefizite des § 16 Abs. 2 UWG, in: FS für Harro Otto, 2007, S. 609; *Lampe,* Strafrechtliche Probleme der „progressiven Kundenwerbung", Goltdammer's Archiv 1977, 33, 42; *Lange,* Steht das Powershopping in Deutschland vor dem Aus?, WRP 2001, 888; *Leible,* Multi-Level-Marketing ist nicht wettbewerbswidrig! – Einige (zustimmende) Anmerkungen zu LG Offenburg, WRP 1998, 85; *Mäsch/Hesse,* Multi-Level-Marketing im straffreien Raum, GRUR 2010, 10; *Meyer/Möhrenschlager,* Möglichkeiten des Straf- und Ordnungswidrigkeitenrechts zur Bekämpfung unlauteren Wettbewerbs, WiVerw. 1982, 21; *Möhrenschlager,* Anmerkung zu LG Fulda, wistra 1984, 188 ff., wistra 1984, 191; *Olesch,* § 16 II UWG – Ein Schiff ohne Wasser, WRP 2007, 908; *Otto,* Die strafrechtliche Bekämpfung unseriöser Geschäftstätigkeit, 1990; *ders.,* „Geldgewinnspiele" und verbotene Schneeballsysteme nach § 6c UWG, wistra 1997, 81; *ders.,* Wirtschaftliche Gestaltung am Strafrecht vorbei – Dargestellt am Beispiel des § 6c UWG, Jura 1999, 97; *Peifer,* Die Zukunft der irreführenden Geschäftspraktiken, WRP 2008, 556; *Richter,* Kettenbriefe doch straflos?, wistra 1990, 216; *Scherer,* „Case-law" in Gesetzesform – die „Schwarze Liste" als neuer UWG-Anhang, NJW 2009, 324; *dies.,* Die weißen Flecken in der Schwarzen Liste, WRP 2014, 771; *dies.,* Was bringt die „Schwarze Liste" tatsächlich? – Bestandsaufnahme und Konsequenzen, WRP 2011, 393; *Schöttle,* Die Schwarze Liste – Übersicht über die neuen Spezialtatbestände des Anhangs zu § 3 Abs. 2 UWG, WRP 2009, 673; *Schricker,* Die Rolle des Zivil-, Straf- und Verwaltungsrechts bei der Bekämpfung unlauteren Wettbewerbs, GRUR Int. 1973, 694; *Sosnitza,* Der Regierungsentwurf zur Änderung des Gesetzes gegen unlauteren Wettbewerb, GRUR 2015, 318; *Többens,* Die Straftaten nach dem Gesetz gegen den unlauteren Wettbewerb (§§ 16–19 UWG), WRP 2005, 552; *Thume,* Multi-Level-Marketing, ein stets sittenwidriges Vertriebssystem?, WRP 1999, 280; *Wegner,* Reform der Progressiven Kundenwerbung (§ 6c), wistra 2001, 171; *Willingmann,* Sittenwidrigkeit von Schneeball-Gewinnspielen und Kondiktionsausschluss, NJW 1997, 2932; *Wünsche,* Abgrenzung zulässiger Multi-Level-Marketing-Systeme von unzulässiger progressiver Kundenwerbung, BB 2012, 273.

1. Einfluss des Europäischen Rechts. Nr. 14 des UWG-Anhangs setzt Nr. 14 der „Schwarzen Liste" der **UGP-Richtlinie** in deutsches Recht um. Diese lautet: **288**

„Einführung, Betrieb oder Förderung eines Schneeballsystems zur Verkaufsförderung, bei dem der Verbraucher die Möglichkeit vor Augen hat, eine Vergütung zu erzielen, die hauptsächlich durch die Einführung neuer Verbraucher in ein solches System und weniger durch den Verkauf oder Verbrauch von Produkten zu erzielen ist."

289 Dem war eine von der Europäischen Kommission in Auftrag gegebene Fallstudie vorangegangen, die **erhebliche nationale Unterschiede** bei der rechtlichen Erfassung von Multilevel-Direktverkäufen ergeben hatte.[322] Sie sollen durch Nr. 14 der „Schwarzen Liste" der UGP-Richtlinie ausgeräumt werden.

290 Schon vor der Umsetzung der unionsrechtlichen Vorgaben durch Nr. 14 UWG-Anh. **2008** waren **Schneeballsysteme** unter den Voraussetzungen des § 16 Abs. 2 UWG strafbar gewesen. Zivilrechtlich konnte gegen sie auf der Grundlage von § 4 Nr. 11 UWG vorgegangen werden, da § 16 Abs. 2 UWG als gesetzliche Vorschrift zur Regelung des Marktverhaltens im Interesse der Marktteilnehmer iSd § 4 Nr. 11 UWG anerkannt war.[323]

291 Im Zuge der am **10.12.2015** in Kraft getretene **UWG-Novelle** wurde der Wortlaut des Nr. 14 des Anh. zu § 3 Abs. 3 an die „4finance"-Entscheidung des **EuGH** vom 3.4.2014[324] angeglichen, die schon bislang aufgrund des Erfordernisses der **unionskonformen Auslegung** von Nr. 14 des Anh. zu § 3 Nr. 3 zu berücksichtigen war.

292 **2. Zweck der Vorschrift und Abgrenzung.** Nr. 14 UWG-Anhang zielt wie § 16 Abs. 2 UWG unmittelbar auf den Schutz der **Verbraucher vor Täuschung, glücksspielartiger Willensbeeinflussung** und Vermögensgefährdung ab, dient mittelbar aber auch dem Interesse der **Mitbewerber** und der Allgemeinheit, da die genannten Praktiken den lauteren Wettbewerb beeinträchtigen.

293 § 16 Abs. 2 UWG erfasst alle Formen von Schneeball- und Pyramidensystemen, bei denen Verbraucher durch In-Aussichtstellen „besonderer Vorteile" dazu veranlasst werden, in stets gleicher Weise weitere Teilnehmer für das System zu werben. Überdies ist die Vorschrift trotz des vermeintlich engen Wortlauts von Nr. 14 der „Schwarzen Liste" auch auf andere „Selbstläufer" anwendbar, also auf Systeme, bei denen außer der Mitgliedschaft am System selbst keine Waren oder Dienstleistungen vertrieben werden, hierzu näher sogleich. **Multi-Level-Marketing-Systeme,** bei denen Kunden als Vertriebsvermittler eingesetzt werden, fallen demgegenüber nur ausnahmsweise in ihren Anwendungsbereich, näher → § 16 Rn. 72 ff.

294 Trotz ihres unterschiedlichen Wortlauts decken sich die Regelungsbereiche von Nr. 14 des Anhangs zu § 3 Abs. 3 UWG und § 16 Abs. 2 UWG:[325] Der Begriff **„Schneeballsystem"** in Nummer 14 des Anhangs I der UGP-Richtlinie ist nicht im Sinne der bisherigen deutschen Terminologie auf Systeme beschränkt, bei denen der Veranstalter mit allen geworbenen Kunden kontrahiert, sondern erfasst auch **Pyramidensysteme,** bei denen die geworbenen Kunden ihrerseits mit weiteren Kunden Verträge schließen.[326] Dass eine Differenzierung zwischen Schneeball- und Pyramidensystem im europäischen Recht nicht beabsichtigt war, ergibt sich aus der engl. und der frz. Fassung der Richtlinie, in denen von „pyramid promotional scheme" bzw. „système de promotion pyramidale" die Rede ist. Es folgt auch aus dem Zweck der Vorschrift, europaweit einheitliche Rechtsvorschriften für Multi-Level-Marketing-Systemen zu schaffen, denn diese Systeme treten sowohl in Pyramiden- als auch in Schneeballform auf (→ § 16 Rn. 66). Der deutsche Gesetzgeber hat dies, wie sich aus dem Klammerzusatz zu Nr. 14 des Anhangs zu § 3 Abs. 3 ergibt, ebenso gesehen.

295 Die Begriffe **„besondere Vorteile"** und **„Vergütung, die hauptsächlich durch die Einführung neuer Verbraucher** in ein solches System und weniger durch den Verkauf oder Verbrauch von Produkten **zu erzielen ist"** decken sich trotz unterschiedlicher Formulierung inhaltlich. Entscheidend dafür, wo der Schwerpunkt der Vergütung liegt, ist nach Nummer 14 der „Schwarzen Liste" nicht das objektive Werteverhältnis zwischen dem

---

[322] S. Grünbuch zum Verbraucherschutz in der Europäischen Union, KOM/2001/0531 endg., unter 2.3.
[323] Amtl. Begr. (zu § 16) zum Gesetzentwurf der Bundesregierung, BT-Drs. 15/1487, 26.
[324] EuGH C-515/12, EU:2014:211 – 4finance.
[325] OLG Frankfurt a. M. WRP 2016, 631 Rn. 4; s. auch MüKoUWG/*Alexander* Nr. 14 Rn. 4: weitgehende Deckung; aA *Hoeren* BB 2008, 1182 (1189): Nr. 14 weiter als der Straftatbestand; *Keller* WRP 2017, 262 ff.: Abweichungen in mehreren Punkten.
[326] Wie hier *Köhler*/Bornkamm/Feddersen, Anh. zu § 3 Abs. 3 Rn. 14.8 f.

für die Kundengewinnung gebotenen Vorteil und dem Warenwert, sondern die Sicht eines Durchschnittsverbrauchers. Das ergibt sich aus der Formulierung „... bei dem der Verbraucher die Möglichkeit vor Augen hat ...“. Liegt der Vorteil des Systembeitritts für einen solchen Verbraucher hauptsächlich in der Vergütung für die Kundengewinnung, ist das System unzulässig. Diese Abgrenzung liegt aber trotz der unterschiedlichen Wortwahl auch § 16 Abs. 2 zu Grunde. „Besondere Vorteile“ sind nämlich nur Vorteile außerhalb der Ware bzw. Leistung selbst, die nach ihrer Beeinflussungswirkung geeignet sind, die typische Dynamik eines Systems der progressiven Kundenwerbung in Gang zu setzen (→ § 16 Rn. 64 ff.). Ist der gebotene Anreiz nicht oder nur in Verbindung mit Vorteilen des Produkts geeignet, den Verbraucher zum Systembeitritt zu bewegen, liegt kein „besonderer Vorteil“ vor. Damit muss aber auch bei § 16 Abs. 2 der hauptsächliche Anreiz zum Systembeitritt die Vergütung für die Kundengewinnung sein. Die Voraussetzungen von Nummer 14 des Anhangs zu § 3 Abs. 3 decken sich daher mit denen des § 16 Abs. 2. Von identischen Voraussetzungen scheint auch der Gesetzgeber auszugehen.[327]

Maßgeblicher Zeitpunkt für die Verbrauchereigenschaft ist wie bei § 16 Abs. 2 der Zeitpunkt der Kontaktaufnahme, spätestens der Zeitpunkt, zu dem die Teilnehmer zu den Präsentationsveranstaltungen gefahren werden.[328] Damit unterfallen auch Vertriebssysteme § 16 Abs. 2, die auf den Aufbau eines selbständigen, gewinnorientierten Gewerbes als „Verkaufsberater“ bzw. „Vertriebsrepräsentanten“ gerichtet sind, solange die Interessenten erst durch die Veranstalter (zB auf der Verkaufsveranstaltung) für die selbständige unternehmerische Tätigkeit gewonnen werden.[329] **296**

Das als problematisch angesehene **Verhältnis zu § 16 Abs. 2** wird von der inzwischen wohl hL dahin gelöst, dass Nr. 14 UWG-Anh. vorrangig zu prüfen sei.[330] Gegen einen Vorrang von Nr. 14 spricht jedoch, dass die tatbestandlichen Voraussetzungen bis auf die bei § 16 Abs. 2 zusätzlich zu prüfende Frage von Vorsatz, Rechtswidrigkeit und Schuld identisch sind, insbesondere auch § 16 Abs. 2 im Sinne von Nr. 14 UGP-Anh. unionskonform auszulegen ist.[331] Bedeutung gewinnt die Frage für Ersatzansprüchen von Geschädigten: Nach hM ist § 16 Abs. 2 (anders als § 3[332]) **Schutzgesetz** iSd § 823 Abs. 2 BGB,[333] die Individualansprüche (zur Verfolgungsverjährung s. §§ 78, 78a StGB) der Geschädigten unterliegen der längeren dreijährigen **Verjährungsfrist** des § 195 BGB und nach deren Ablauf noch der längeren Verjährungsfrist für den **Restschadenersatzanspruch** nach § 852 BGB. Da es nach Art. 13 UGP-RL den Mitgliedstaaten vorbehalten bleibt, die anzuwendenden Sanktionen festzulegen, besteht jedenfalls keine Notwendigkeit, bislang gewährte **Ersatzansprüche der geschädigten Verbraucher** einzuschränken. Für die Ersatzpflicht zu Gunsten der Mitbewerber wurde schon bislang von einer abschließenden Regelung im UWG ausgegangen.[334] **297**

3. Einzelheiten. Wegen der Voraussetzungen eines unlauteren Schneeballsystems im Einzelnen kann folglich auf die Kommentierung zu § 16 Abs. 2 (→ § 16 Rn. 46 ff.) verwiesen werden. Ein **Relevanzerfordernis** besteht jedoch nicht, denn bei **298**

[327] Vgl. Amtl. Begr. zum RegE, BT-Drs. 16/10145, 33 (Anhang II.).
[328] BGH GRUR 2011, 941 (942) (zu § 16 Abs. 2); *Brammsen/Apel* WRP 2011, 400 (403 f.); *Wünsche* BB 2012, 273 (275). – **AA** *Mäsch/Hesse* GRUR 2010, 10 (14 f.); *Olesch* WRP 2007, 908 (911).
[329] BGH GRUR 2011, 941 (942); *Brammsen/Apel* WRP 2011, 400 (403 f.); Köhler/*Bornkamm/Feddersen,* § 16 Rn. 36; *Wünsche* BB 2012, 273 (275). – AA OLG Naumburg 18.11.2009 – 1 Ws 673/09, juris; *Mäsch/Hesse* GRUR 2010, 10.
[330] S. *Hoeren* BB 2008, 1182 (1189); Köhler/*Bornkamm,* 34. Aufl. 2016, Anh. zu § 3 Abs. 3 Rn. 14.5: im Zweifel kein Raum für eine eigenständige Anwendung des § 16 Abs. 2 im Rahmen der zivilrechtlichen Durchsetzung; Götting/Nordemann/*Wirtz* § 3 Rn. 130. – AA OLG Frankfurt a. M. BeckRS 2011, 16036; *Wünsche* BB 2012, 273 (276): Die Anwendungsbereiche beider Vorschriften decken sich.
[331] OLG Frankfurt a. M. BeckRS 2011, 16 036; *Wünsche* BB 2012, 273 (276).
[332] Vgl. Amtl. Begr. zu § 8, BT-Drs. 15/1487, 22; MüKoUWG/*Fritzsche* § 9 Rn. 48 f.; *Köhler*/Bornkamm/Feddersen, § 9 Rn. 1.10; Harte/Henning/*Goldmann* § 9 Rn. 17. – AA Fezer/*Koos* § 9 Rn. 3; *Sack* FS Ullmann, 2006, 825 (841 ff.).
[333] *Alexander* WRP 2004, 407 (420); *Köhler*/Bornkamm/Feddersen, § 9 Rn. 1.10.
[334] *Alexander* WRP 2004, 407 (420).

den in der Anlage zu § 3 Abs. 3 genannten Verboten handelt es sich um solche ohne Wertungsvorbehalt.[335] Anders als bei § 16 Abs. 2 kommt es bei Nr. 14 UWG-Anh. nicht auf **Vorsatz, Rechtswidrigkeit** oder **Schuld** des Täters an.

Anhang zu § 3 Abs. 3 Nr. 15

Unzulässige geschäftliche Handlungen im Sinne des § 3 Abs. 3 sind

15. die unwahre Angabe, der Unternehmer werde demnächst sein Geschäft aufgeben oder seine Geschäftsräume verlegen;

Übersicht

299 **1. Einfluss des europäischen Rechts.** Die Vorschrift beruht auf der Regelung Anhang I Nr. 15 zur **UGP-Richtlinie.** Verboten ist danach die

„Behauptung, der Gewerbetreibende werde demnächst sein Geschäft aufgeben oder seine Geschäftsräume verlegen, obwohl er dies keineswegs beabsichtigt.“

300 Die **Richtlinie** stellt somit vor allem auf die **Absicht** des Gewerbetreibenden ab und nicht auf objektive Umstände. Das wird aus dem **Wortlaut der deutschen Regelung nicht ohne weiteres ersichtlich,** weil hier der letzte Halbsatz fehlt. Die Absicht ist aber bei der **richtlinienkonformen Auslegung** zu berücksichtigen (→ Anh. § 3 Vorb. Rn. 6).

301 **2. Zweck der Vorschrift und Abgrenzung.** Das Verbot regelt einen **Sonderfall der Werbung über einen bestimmten Anlass des Verkaufs,** nämlich Geschäftsaufgabe und Geschäftsverlegung, und geht insoweit der Regelung in § 5 Abs. 1 S. 2 Nr. 2 UWG vor. Erfasst wird dabei vor allem – aber nicht nur – der **(Schein-)Räumungsverkauf.** Dieser Räumungsverkauf wurde früher in § 8 UWG aF geregelt, wobei es dort allerdings um die Durchführung des Verkaufs als solchen ging und nicht um die rechtswidrige Ankündigung. Daneben gab es im alten Recht das Verbot der falschen Ankündigung von Insolvenzwarenverkäufen in § 6 UWG aF, dh die Ankündigung des Verkaufs von Waren aus einer angeblichen Insolvenzmasse, obwohl die Waren zum Zeitpunkt der Ankündigung nicht mehr zum Bestand der Insolvenzmasse gehörten.

302 Verboten wird die **irreführende Ankündigung,** weil der Verbraucher von einer solchen Ankündigung erwartet, Ware werde anlässlich der Geschäftsaufgabe zu besonders günstigen Konditionen abgegeben. Ob tatsächlich besondere Preisvorteile gewährt werden oder ob überhaupt mit besonders günstigen Angeboten geworben wurde, ist dabei unerheblich.[336] Das Verbot stellt allein auf die **abstrakte Gefährdung** ab, die sich aus der unwahren Angabe über die Geschäftsräume und den Betrieb des Geschäfts ergeben kann. Verknüpft wird die Irreführung allerdings zusätzlich mit einem Zeitelement („demnächst“), so dass der Verbraucher sich auch unter zeitlichem Druck wähnt, denn je mehr Zeit er verstreichen lässt, desto mehr muss er befürchten, dass die Ware bereits ausverkauft ist.

[335] Amtl. Begr. zum RegE, BT-Drs. 16/10145, 30; *Peifer* WRP 2008, 556 (560); vgl. EuGH C-304/08, EU:C:2010:12 Rn. 45 – Plus Warenhandelsgesellschaft; C-540/08, EU:C:2010:660 Rn. 34 – Mediaprint; C-288/10, EU:C:2011:443 Rn. 37 – Wamo.

[336] So auch die amtl. Begründung des Gesetzentwurfes der Bundesregierung vom 23.5.2008, BR-Drs. 345/08, 66.

Nicht erfasst von Nr. 15 und daher weiterhin nach § 5 UWG zu beurteilen sind **irreführende Angaben über Verkäufe aus anderem Anlass** als der Geschäftsaufgabe oder -verlegung, wie etwa Saison-Schlussverkäufe (→ § 5 Rn. 725 f.) oder andere Sonderverkäufe (Jubiläumsverkäufe etc, → § 5 Rn. 730), über Eröffnungs- oder Einführungsangebote (→ § 5 Rn. 727) sowie allgemein Angaben über den Anlass des Verkaufs und die Beweggründe des Unternehmers (→ § 5 Rn. 1159 ff.). Ebenfalls nach § 5 UWG zu beurteilen ist die irreführende Werbung über konkrete Eigenschaften der Ware, wie zB „Restposten" oder Auslaufmodell (→ § 5 Rn. 474) oder über die Menge, falls zB Ware nachgeschoben wird. 303

3. Einzelheiten. a) An einen Verbraucher gerichtete geschäftliche Handlung. 304
Wie alle Tatbestände des UWG-Anhangs setzt auch Nr. 15 eine an einen Verbraucher gerichtete geschäftliche Handlung voraus. Bezüglich der Legaldefinition der Begriffe **„geschäftliche Handlung"** und **„Verbraucher"** wird auf die Kommentierung von *Keller* zu § 2 Abs. 1 Nr. 1 und § 2 Abs. 2 UWG verwiesen. Handelt es sich um falsche Angaben unter **Unternehmern,** so kann das allgemeine Irreführungsverbot des § 5 UWG eingreifen, sofern die dortigen Voraussetzungen erfüllt sind.

b) Unwahre Angabe, fehlende Absicht der Aufgabe/Verlegung. Wie bei den meisten anderen Tatbeständen im UWG-Anhang werden auch in Nr. 15 unwahre Angaben verboten. Unwahre Angabe ist dabei nur die **ausdrückliche, objektiv unwahre Angabe,**[337] nicht aber die nur vom Verbraucher falsch verstandene Angabe. Umgekehrt kommt es **nicht darauf an,** ob die objektiv unwahre Angabe zur **Täuschung** des Verbrauchers geeignet ist oder gar eine tatsächliche Täuschung bewirkt (→ Anh. § 3 Abs. 3 Nr. 4 Rn. 7). Dies ergibt sich aus der Unterscheidung zwischen der Formulierung „Geschäftspraxis, die falsche Angaben enthält und somit unwahr ist" einerseits und „Geschäftspraxis, die täuscht oder zu täuschen geeignet ist" andererseits in Art. 6 Abs. 1 der UGP-Richtlinie sowie aus der Unterscheidung in den Tatbeständen im Anhang I zur UGP-Richtlinie zwischen „Behauptung" einerseits (zB Nr. 1, 3, 4, 7, 9, 12, 15, 16, 17, 22) und „Erwecken eines (fälschlichen) Eindrucks" (zB Nr. 9, 22, 23, 24, 31) andererseits. In Nr. 15 ist nur von „falscher Behauptung" bzw. „unwahrer Angabe" die Rede, so dass nur ausdrückliche, objektiv unwahre Angaben erfasst sind. Das Erwecken eines falschen Eindrucks muss insoweit nach § 5 UWG geprüft werden. 305

Die Unwahrheit muss sich aus der **Divergenz zwischen der Ankündigung und den Absichten des Unternehmers/Gewerbetreibenden** ergeben. Dies ergibt sich aus dem Wortlaut der Nr. 15 im Anhang I zur UGP-Richtlinie. Danach sind Aussagen über die Geschäftsaufgabe/Geschäftsverlegung verboten, *obwohl der Gewerbetreibende dies keineswegs beabsichtigt.* Beabsichtigt daher der Unternehmer/Gewerbetreibende zum Zeitpunkt der Ankündigung die Geschäftsaufgabe, findet diese dann aber objektiv nicht statt, so ist das Verbot der Schwarzen Liste nicht erfüllt. 306

Die **Beweislast** dafür, dass eine solche Geschäftsaufgabe von vornherein nicht beabsichtigt war, obliegt nach den allgemeinen Grundsätzen demjenigen, der die Äußerung beanstandet. Damit wäre das Verbot in der Praxis praktisch wertlos, denn der Unternehmer könnte immer behaupten, dass zunächst die Geschäftsaufgabe geplant war, er dann aber seine Meinung kurzfristig geändert habe. Eine andere Absicht des Unternehmers wird sich kaum je beweisen lassen. In der **Rechtsprechung** ist allerdings auch anerkannt, dass es **Darlegungs- und Beweiserleichterungen** geben kann, wenn es um die Aufklärung von Tatsachen geht, die in den Verantwortungsbereich der jeweiligen Gegenseite fallen, die deshalb nach dem Gebot redlicher Prozessführung (§ 242 BGB) eine prozessuale (sog. sekundäre) Erklärungspflicht treffen kann.[338] Insoweit ist zu überlegen, ob der Nachweis, 307

[337] Vgl. → Anh. § 3 Abs. 3 Nr. 4 Rn. 7 ff.

[338] Vgl. BGH GRUR 1997, 229 (230) – Beratungskompetenz; 2000, 820 (822) – Space Fidelity Peep Show; 2004, 246 (247) – Mondpreise. Der Vorschlag von *Köhler/Bornkamm/Henning-Bodewig* WRP 2002, 1317 (1321) enthielt ebenfalls eine entsprechende Regelung zur Beweislastumkehr.

dass **objektiv keine Geschäftsaufgabe oder -verlegung stattfand,** bereits zum Nachweis einer entsprechenden Absicht genügt, so dass es dann dem Unternehmer obliegt, dies zu widerlegen durch den Nachweis, dass tatsächlich eine solche Geschäftsaufgabe oder Verlegung beabsichtigt war,[339] wobei dieser durch entsprechende objektive Tatsachen, wie zB Kündigung der Geschäftsräume, Anmietung neuer Räume etc geführt werden kann. Aber selbst dann ist zu berücksichtigen, dass das Verbot jedenfalls **für die erste Äußerung** zumeist **zu spät** kommt, weil erst nach Abschluss der angekündigten Veranstaltung festgestellt werden kann, ob es tatsächlich zur Geschäftsaufgabe kommt oder nicht. Das Verbot kann in diesem Fall nur noch für zukünftige Werbung wirken. Ein Verbot zur Fortsetzung des Geschäftsbetriebs, wie es in § 8 Abs. 6 Nr. 2 und 3 UWG aF geregelt war, kennt das aktuelle UWG ohnehin nicht mehr. Dem per se-Verbot der Nr. 15 kommt daher nur eine **geringe praktische Bedeutung** zu.

308 **c) Geschäftsaufgabe, Verlegung der Geschäftsräume.** Nr. 15 regelt nur Angaben über die **Aufgabe** des Geschäfts oder die **Verlegung** der Geschäftsräume **(„Ob").** In allen **anderen Fällen der Irreführung über den Anlass des Verkaufs** bleibt es daher bei der Anwendung von **§ 5 Abs. 1 S. 2 Nr. 2** UWG. **Nicht** vom Verbot der Nr. 15 **erfasst** sind daher insbesondere irreführende Angaben über die konkrete **Dauer** des jeweiligen Verkaufs (außer dies widerspricht der Ankündigung einer „demnächst" erfolgenden Geschäftsaufgabe) über die **Art** und die **Menge** der betroffenen **Waren** oder über **weitere Umstände** des angekündigten Räumungsverkaufs. Ebenso von Nr. 15 nicht erfasst, sondern nach § 5 UWG zu beurteilen, ist die irreführende Werbung über die **Art und Weise des Verkaufs.** Auch das früher nach § 8 Abs. 5 Nr. 2 UWG aF verbotene **Nachschieben** von Waren wird nicht erfasst. Insoweit findet § 5 UWG Anwendung, zB Irreführung über den Anlass des Verkaufs (§ 5 Abs. 1 S. 2 Nr. 2 UWG) oder über die Menge (§ 5 Abs. 1 S. 2 Nr. 1 UWG).

309 Aus welchem **Grund** die Aufgabe oder Verlegung des Geschäfts erfolgen soll, spielt keine Rolle. Es geht bei dem Verbot **nicht bloß** um einen **Räumungsverkauf,** da ein solcher nicht zwangsläufig eine Geschäftsaufgabe umfasst. So ist in Deutschland der Begriff „Räumungsverkauf" auch gebräuchlich, wenn außergewöhnliche Schadensereignisse wie Feuer, Wasser, Sturm oder ein genehmigter Umbau den Handel zwingen, jedenfalls für die Phase des Baus oder der Sanierung die vorhandene Ware abzuverkaufen.[340] Deshalb wurde der Wortlaut des ersten Richtlinienvorschlags der Kommission, in dem noch von Räumungsverkauf die Rede war,[341] geändert. Nach dem ursprünglichen Wortlaut der Richtlinienvorschrift wären die vorstehend genannten Fälle per se verboten gewesen, weil der Unternehmer gerade keine Geschäftsaufgabe intendiert hätte. Auch kommt es für das Verbot der Nr. 15 **nicht darauf an,** ob ein etwaiger Räumungsverkauf **als solcher rechtmäßig** ist oder nicht.[342] Das Verbot erfasst vielmehr **jegliche Werbung mit einer tatsächlich nicht geplanten Geschäftsaufgabe/Geschäftsverlegung.** Anders als nach dem früheren Recht kommt es heute somit auch nicht mehr darauf an, ob es bestimmte außergewöhnliche Schadensereignisse oder einen behördlich genehmigten Umbau gibt. Maßgeblich ist allein, ob eine Geschäftsaufgabe oder -verlegung geplant ist. Andererseits spielt es im Rahmen der Nr. 15 allerdings auch **keine Rolle** mehr (anders als bei § 8 Abs. 6 Nr. 1 UWG aF), ob der Anlass für die Geschäftsaufgabe vom Unternehmer absichtlich oder gar missbräuchlich **herbeigeführt wurde** oder nicht.

310 **aa)** ***„Geschäftsaufgabe"*** bedeutet, dass die geschäftliche Tätigkeit als solche **nicht nur vorübergehend** aufgegeben werden soll. Es muss sich folglich um eine **endgültige** Maß-

[339] Das OLG Köln GRUR 2010, 250 verurteilte stattdessen nach § 5 Abs. 1 S. 2 Nr. 2 UWG.

[340] Stellungnahme der Deutschen Vereinigung für gewerblichen Rechtsschutz und Urheberrecht eV GRUR 2004, 215 (217).

[341] KOM(2003) 356 endg., S. 38: „Der Begriff „Räumungsverkauf" oder ähnliche Bezeichnungen werden verwendet, der Gewerbetreibende beabsichtigt aber tatsächlich keine Geschäftsaufgabe."

[342] Was aber nichts daran ändert, dass irreführende Angaben über den Grund der Geschäftsaufgabe weiterhin nach § 5 UWG rechtswidrig sein können.

nahme handeln, eine nur vorübergehende Schließung genügt nicht. Auf der anderen Seite kennen die Schwarzen Listen zur UGP-Richtlinie und zu § 3 Abs. 3 UWG **keine Sperrfrist** für die Wiederaufnahme des Geschäftsbetriebs, wie sie noch in § 8 Abs. 2 UWG aF vorgesehen war. Der Unternehmer ist somit nicht daran gehindert, seine frühere Geschäftstätigkeit wieder aufzunehmen. Ob die vorherige Schließung dann immer noch als „Geschäftsaufgabe" zu betrachten ist, muss im Einzelfall unter Berücksichtigung aller Umstände wie zB Sortiment, räumliche Nähe, Unternehmensträger, Dauer bis zur Wiederaufnahme der Tätigkeit entschieden werden. Je länger das Zwischenstadium dauert, desto schwieriger wird der Nachweis, dass von Anfang an keine endgültige Aufgabe geplant war. Zudem ist der **Betrieb als solcher** einzustellen. Ein Wechsel der Rechtsform oder der Firma genügt nicht, wohl aber der Wechsel des Geschäftsinhabers, sofern dieser nicht nur zum Schein erfolgt oder der bisherige Inhaber das neue Geschäft mittelbar fortsetzt.

Bei allen Abgrenzungen ist dabei zu beachten, dass sie in zwei Richtungen wirken **311**
können: Wird nur mit einer ***vorübergehenden* Schließung** geworben, so ist das Verbot der **Nr. 15 von vornherein nicht anwendbar,** und zwar unabhängig davon, ob die Schließung tatsächlich geplant war oder nicht. Maßgeblich ist dann allein § 5 Abs. 1 S. 2 Nr. 2 UWG. Wird hingegen mit einer vollständigen Schließung geworben, die dann aber – wie von Anfang an geplant – nur vorübergehender Natur ist, so ist das Verbot der Nr. 15 erfüllt.

Unklar ist, ob **„Geschäft"** im Sinne des gesamten Unternehmens zu verstehen ist oder **312**
nur im Sinne eines bestimmten **Geschäftslokals** oder eines **Teilbetriebs** oder gar nur einer **Abteilung.** Die Unterscheidung im Wortlaut der Regelungen zwischen „Geschäft" einerseits und „Geschäftsraum" andererseits, könnte nahelegen, dass mit Geschäft nicht nur das einzelne Ladenlokal (Geschäftsraum) gemeint ist. Das hätte allerdings die merkwürdige Konsequenz, dass die irreführende Angabe über die (tatsächlich nicht geplante) örtliche Verlegung einer Niederlassung oder eines bestimmten Geschäftsraums erfasst wäre, die irreführende Angabe über die Schließung eines Lokals hingegen nicht. Ob diese Unterscheidung vom europäischen Gesetzgeber gewollt war, ist zweifelhaft. Bestätigt werden diese Zweifel durch die englischen und französischen Übersetzungen der Richtlinie. Denn dort wird nicht so strikt zwischen Geschäft und Geschäftsraum unterschieden. So heißt es in der frz. Fassung: *„de cesser ses activités or de les établir ailleurs…"*. Das spricht dafür, dass von dem Verbot sowohl die Schließung oder Verlegung eines einzelnen Geschäftslokals als auch des gesamten Geschäfts erfasst sind. Nach Sinn und Zweck des Verbots wäre es auch sinnvoll, die unwahre Ankündigung der Aufgabe einer bloßen Verkaufsabteilung dem Verbot zu unterstellen. Diese Lesart ist auch mit dem deutschen Wortlaut der Norm vereinbar, da „Geschäft" als Oberbegriff für das Unternehmen insgesamt sowie für einzelne Geschäftsräume angesehen werden kann.

bb) *„Verlegung der Geschäftsräume"* bedeutet, dass das bisherige Geschäftslokal oder die **313**
gesamte Geschäftsaktivität an diesem Ort aufgegeben und an anderer Stelle neu eröffnet wird. Auch hier ist ein nur **vorübergehender Wechsel nicht ausreichend.** Auf die räumliche Entfernung kommt es hingegen nicht an. Es darf sich nur nicht um dieselben Geschäftsräume handeln.

d) „Demnächst". „Demnächst" bedeutet laut Duden *„in nächster Zeit, bald, in absehbarer* **314**
Zeit". Eine feste Zeitgröße gibt es nicht. Maßgeblich sind jeweils die **Umstände des Einzelfalls.** Sinn und Zweck des Verbots ist es, dass der Verbraucher nicht zu einem **übereilten Kaufentschluss** bewogen werden soll und sich nicht im Hinblick auf den kurzfristig bevorstehenden Wechsel besondere Preisvorteile versprechen soll, weil er glaubt, der Unternehmer werde seine Ware wegen der Geschäftsaufgabe bzw. der Verlegung der Geschäftsräume besonders günstig abgeben. Je größer daher das Geschäft und je länger es erfahrungsgemäß dauert, die beworbenen Waren abzusetzen, desto länger kann der Zeitraum von „demnächst" sein. **Grundsätzlich** sollte man allerdings von einem **eher kurzen Zeitraum** ausgehen. Das ergibt sich auch aus der französischen *(„que le professionnel est sur le point de cesser ses activités")* und der englischen *(„that the trader is about to cease trading")*

Übersetzung des Verbots, die suggerieren, dass die Aufgabe oder Verlegung unmittelbar bevorstehen muss.

315 Auch muss der Ausdruck „demnächst" **nicht wörtlich verwendet** werden. Erfasst werden **auch andere Worte,** mit denen ebenfalls eine kurzfristig erfolgende Geschäftsaufgabe oder -verlegung behauptet wird. Dies kann auch die Angabe eines konkreten Datums sein, soweit dieses Datum „demnächst" ist. Eine nur konkludente Behauptung genügt angesichts der Abgrenzung des Begriffs „Behauptung" (→ Anh. § 3 Abs. 3 Nr. 4 Rn. 8) allerdings nicht. Erst recht genügt es für die Anwendung des Verbots nicht, nur eine Geschäftsaufgabe ohne weitere Zeitangabe anzukündigen. Denn zum einen entnimmt der Verkehr dem nicht zwangsläufig die Ankündigung, die Aufgabe werde demnächst erfolgen, zum anderen wäre dieses Tatbestandsmerkmal dann sinnlos und überflüssig.

Wirbt der Unternehmer mit einer Geschäftsaufgabe, die nicht bereits demnächst stattfinden soll, so ist die Werbung am allgemeinen Verbot des § 5 Abs. 1 S. 2 Nr. 2 UWG zu messen.

316 Auch hinsichtlich des Zeitelements gilt, dass die **Angabe unwahr** sein muss, wobei sich die Unwahrheit aus einem Vergleich der Ankündigung und der Absicht des Unternehmers ergeben muss. Auch insoweit gilt, dass die gegenteilige Absicht bereits zum Zeitpunkt der Behauptung bestanden haben muss, was sich kaum beweisen lassen wird.

Anhang zu § 3 Abs. 3 Nr. 16

Unzulässige geschäftliche Handlungen im Sinne des § 3 Abs. 3 sind

16. die Angabe, durch eine bestimmte Ware oder Dienstleistung ließen sich die Gewinnchancen bei einem Glücksspiel erhöhen;

Übersicht

317 **1. Einfluss des europäischen Rechts.** Die Vorschrift beruht auf der Regelung Anhang I Nr. 16 zur **UGP-Richtlinie.** Danach ist verboten die

„Behauptung, Produkte könnten die Gewinnchancen bei Glückspielen erhöhen."

318 Die **Abweichungen** zwischen dem deutschen Text und der Richtlinie sind – anders als in früheren Referentenentwürfen – nur **minimal.** So stellt der deutsche Text auf die **Verknüpfung** einer bestimmten *Ware/Dienstleistung* Gewinnchancen bei einem Glücksspiel ab („durch"), während die Richtlinie allgemeiner formuliert ist. Das ist im Wege der Auslegung zu berücksichtigen. Nach beiden Normen kommt es allerdings nicht darauf an, dass die Angabe unwahr ist.

319 **2. Zweck der Vorschrift und Abgrenzung.** Zweck des per se-Verbots ist, den Verbraucher davor zu bewahren, nur oder jedenfalls auch deshalb ein Produkt zu kaufen oder zu verwenden, weil dessen *Gebrauch* seine Gewinnchancen bei Glücksspielen (möglicherweise) erhöht.[343] Die Regelung steht in einem inneren Zusammenhang zu den Verboten in

[343] Nach *Köhler*/Bornkamm/Feddersen Nr. 16 Anh. zu § 3 III Rn. 16.1 liegt der Zweck der Regelung darin, insbesondere leichtgläubige Menschen zu schützen, die auf solche Angaben hereinfallen könnten.

Nr. 17 und Nr. 20, die sich mit weiteren unlauteren Praktiken bei Gewinnspielen beschäftigen.

Der deutsche Gesetzgeber hatte mit der mit dem UWG 2015 aufgehobenen Vorschrift des **§ 4 Nr. 6 UWG** zu verbieten beabsichtigt, die Teilnahme an einem Gewinnspiel oder Preisausschreiben von dem Erwerb einer Ware abhängig zu machen. Er wollte damit verhindern, dass der Kauf einer Ware Voraussetzung ist, um überhaupt an einem Gewinnspiel teilzunehmen (sog. **Kopplungsverbot**). **Nr. 16** dagegen hat Verbraucher im Blick, die auch ohne Kauf von Waren an einem Glücksspiel teilnehmen. Diese sollen nicht dazu verleitet werden, zu glauben, dass sie durch die Nutzung eines Produkts (das nicht notwendig auch erworben werden muss) höhere Gewinnchancen haben. Die Koppelung als solche fällt dagegen nicht in den Anwendungsbereich von Nr. 16. Nach der EuGH-Entscheidung „Plus" ist es grundsätzlich erlaubt, Warenerwerb und Gewinnspielteilnahme zu koppeln.[344] Auch der Wortlaut von Anh. I Nr. 16 der UGP-Richtlinie zeigt, dass die Kopplung von Wareneinsatz und Glücksspielteilnahme als solche nicht unter Nr. 16 fällt, obwohl die Möglichkeit der Gewinnspielteilnahme natürlich auch die Gewinnchance erhöht (die andernfalls gleich Null ist), insbesondere wenn mehrere Lose einer Lotterie gekauft werden. 320

Der mit dem UWG 2015 ebenfalls aufgehobene **§ 4 Nr. 5 UWG** gebot, bei Preisausschreiben oder Gewinnspielen mit Werbecharakter die **Teilnahmebedingungen klar und eindeutig** anzugeben (sog. **Transparenzgebot;** dies lässt sich nunmehr allgemein aus § 5a Abs. 2 S. 2 UWG herleiten, da dort als „Vorenthalten" von wesentlichen Informationen auch deren Bereitstellung „in unklarer, unverständlicher oder zweideutiger Weise" gilt). Der Tatbestand befasst sich daher vor allem mit den Rahmenbedingungen der Preisausschreiben und Gewinnspiele, nicht aber mit dem Produkt als solchem. 321

Der Wortlaut von Anh. I Nr. 16 Richtlinie zeigt sodann, dass diese Vorschrift die Werbung für und das Angebot von Produkten, wie etwa Büchern, Computerprogrammen oder sonstigen Handlungsanweisungen verbietet, deren Einsatz bei Glücksspielen die Gewinnchancen des Verwenders erhöhen sollen.[345] Mit dem Transparenzgebot hat dies mithin ebenfalls nichts zu tun. 322

Mit der erfolgten Korrektur der Formulierung der Nr. 16, die sich deutlich enger an den Wortlaut der Nr. 16 des Anhang I der UGP-Richtlinie anlehnt, ist diese Unklarheit beseitigt worden.

Weitere Regelungen und Verbote zur Werbung für öffentliches Glücksspiel finden sich in **§ 5 GlüStV.**[346] 323

3. Einzelheiten. a) An einen Verbraucher gerichtete geschäftliche Handlung. Wie alle Tatbestände des UWG-Anhangs setzt auch Nr. 16 eine an einen **Verbraucher** gerichtete **geschäftliche Handlung** voraus. Angaben gegenüber **Unternehmern** können nur unter den allgemeinen Voraussetzungen nach § 5 UWG irreführend sein. Bezüglich der Legaldefinition der Begriffe „geschäftliche Handlung" und „Verbraucher" wird auf die Kommentierung von *Keller* zu § 2 Abs. 1 Nr. 1 und § 2 Abs. 2 UWG verwiesen. 324

b) Angabe. Nachdem im ersten Diskussionsentwurf noch von einer „unwahren" Angabe die Rede war, verbietet Nr. 16 nunmehr **jegliche Angabe.** Das deutsche Recht stimmt insoweit mit der Richtlinie überein. Es genügt, dass eine Beeinflussung als möglich *(„könnten")* dargestellt wird; eine Irreführung muss damit nicht verbunden sein. Nach dem Wortlaut verboten wäre daher **auch die objektiv zutreffende Aussage,** dass durch ein 325

[344] Vgl. EuGH GRUR 2010, 244 – Plus Warenhandelsgesellschaft.

[345] *Sosnitza* WRP 2008, 1014 (1024); *Köhler*/Bornkamm/Feddersen Nr. 16 Anh. zu § 3 III Rn. 16.4 der unter Hinweis auf die englische und französische Sprachfassung *(games of chance/jeux d'hazard)* darauf hinweist, dass in der deutschen Fassung auch nicht etwa nur versehentlich statt des Begriffs des Gewinnspiels der des „Glücksspiels" gebraucht worden sei. Vgl. aber die in eine deutlich andere Richtung gehende, offenbar durch die missverständliche Formulierung des Referentenentwurfs beeinflusste Interpretation des Wortlautes des Gesetzentwurfs von *Hoeren* BB 2008, 1182 (1189).

[346] Staatsvertrag zum Glücksspielwesen in Deutschland, geändert durch GlüÄndStV nebst entsprechender Gesetze zur Ratifizierung in den Bundesländern. Vgl. dazu auch *v. Jagow* → UWG § 3a Rn. 94.

Produkt die Gewinnchancen tatsächlich erhöht werden könnten. In einem solchen Fall dürfte sich der Werbetreibende auf diese Wirkung in der Werbung nicht berufen. Dieses Ergebnis ist aber zumindest fraglich. Denn in einem solchen Fall sind Verbraucher ersichtlich nicht schutzwürdig, so dass eine teleologische Reduktion von Nr. 16 anzudenken ist.[347] Eine ganz andere Frage ist aber, ob ein solcher Beweis geführt werden kann. Denn ein „Glücksspiel" ist per definitionem **zufallsabhängig** und entzieht sich damit einer exakten Berechnung bzw. Vorhersagbarkeit. Dementsprechend ist der europäische Gesetzgeber offensichtlich auch davon ausgegangen, dass ein solcher Beweis überhaupt **nicht geführt** werden könne und eine solche Behauptung im Zusammenhang mit Glückspielen deshalb **stets als unzulässig anzusehen** sei.

326 **c) Bestimmte Ware oder Dienstleistung.** Der in der Richtlinie verwendete Begriff des „Produkts" umfasst nach der Definition in Art. 2 lit. c der Richtlinie die im deutschen Text verwendeten **Waren und Dienstleistungen.** Der Umstand, dass im deutschen Gesetzestext von ***„bestimmten"* Waren** oder Dienstleistungen die Rede ist, bewirkt in der Sache ebenfalls keinen wesentlichen Unterschied, denn selbstverständlich muss es auch in der Richtlinie um Absatzförderung, Verkauf oder Lieferung eines (bestimmten) Produkts gehen.[348]

327 In **früheren Entwürfen** des deutschen Gesetzes wurde noch auf den **„Erwerb"** von Waren abgestellt, was zu Auslegungsproblemen geführt und den Vorgaben der Richtlinie nicht entsprochen hätte. Denn diese stellt auf die Ware bzw. Dienstleistung als solche ab und nicht auf ihren Erwerb. Die für den Kauf von Losen für eine Lotterie banale Erkenntnis, dass mit der Anzahl der gekauften Lose die Wahrscheinlichkeit eines Gewinns steigt, lässt den Verkauf von Losen oder – ganz allgemein – die Koppelung von Ware und Gewinnspielteilnahme dennoch nicht dem Verbot unterfallen. Erforderlich ist vielmehr ein **Zusammenhang zwischen (vermeintlichen) Eigenschaften des Produkts** und den **Gewinnchancen** bei einem Glücksspiel.

328 **d) Glücksspiel.** Entsprechend den Vorgaben der Richtlinie ist nunmehr auch im deutschen Text nur noch von den Erwerbschancen bei einem **„Glücksspiel"** die Rede. In früheren Entwürfen wurden hingegen noch die Worte **„Gewinnspiel"** und **„Preisausschreiben"** verwendet, obwohl diese nicht deckungsgleich sind mit dem Begriff „Glücksspiel".[349]

329 Der Begriff „Glücksspiel" im Sinne der Richtlinie 2005/29/EG ist **gemeinschaftsrechtlicher Begriff,** der im Zweifelsfall vom EuGH ausgelegt werden muss. Zu berücksichtigen ist auch die Formulierungen in anderen Übersetzungen der Richtlinie (zB „jeux d'hazard" oder „games of chance"). Somit ist für ein „Glücksspiel" kennzeichnend, dass die Entscheidung über Gewinn und Verlust nicht wesentlich von den Fähigkeiten, den Kenntnissen und der Aufmerksamkeit der Spieler, sondern allein oder jedenfalls hauptsächlich **vom Zufall** abhängt.

330 Fraglich ist, ob „Glücksspiele" in diesem Sinn auch stets einen **geldwerten Einsatz** voraussetzen, so wie das im deutschen Recht der Fall ist.[350] Dagegen scheinen Art. 1 Abs. 5 lit. d letzter Spiegelstrich und Erwägungsgrund 16 der E-Commerce Richtlinie 2000/31/EG zu sprechen, die ausdrücklich von „Glücksspielen mit einem geldwerten Einsatz" als einem Unterfall von Gewinnspielen sprechen.[351] Wenn man dem Gesetzgeber nicht eine

[347] Vgl. insbesondere → Rn. 336 f. und *Köhler*/Bornkamm/Feddersen Nr. 16 Anh. zu § 3 III Rn. 16.6.

[348] Dies kommt deutlich in der Definition des Begriffs „Geschäftspraktiken" in Art. 2 lit. d der Richtlinie 2005/29/EG zum Ausdruck.

[349] Zur Abgrenzung der Begriffe ausführlich *Dietlein/Hecker/Ruttig* Glückspielrecht, 2. Aufl. 2012, § 3, 4, 5 Rn. 61 ff.

[350] Vgl. BGHSt 2, 274 (276); 11, 209; NJW 1987, 851 und *v. Jagow* → UWG § 3a Rn. 94.

[351] ErwGr. 16: *„Die Ausklammerung von Gewinnspielen aus dem Anwendungsbereich dieser Richtlinie betrifft nur Glücksspiele, Lotterien und Wetten mit einem einen Geldwert darstellenden Einsatz. Preisausschreiben und Gewinnspiele, mit denen der Verkauf von Waren oder Dienstleistungen gefördert werden soll und bei denen etwaige Zahlungen nur dem Erwerb der angebotenen Waren oder Dienstleistungen dienen, werden hiervon nicht erfasst."*

Tautologie unterstellen will, könnte das so verstanden werden, dass es auch Glücksspiele ohne geldwerten Einsatz geben kann. Diese werden gemeinhin aber mit dem Oberbegriff „Gewinnspiele" bezeichnet. Demgegenüber geht der EuGH in seiner Rechtsprechung davon aus, dass Glücksspiele einen geldwerten Einsatz erfordern.[352]

Somit wird man den Begriff „Glücksspiel" wie in **§ 3 Abs. 1 GlüStV** auslegen können, **331** **wonach ein Glücksspiel vorliegt,** „wenn im Rahmen eines Spiels für den Erwerb einer Gewinnchance ein Entgelt verlangt wird und die Entscheidung über den Gewinn ganz oder überwiegend vom Zufall abhängt". Öffentliche Glücksspiele bedürfen der behördlichen Erlaubnis (§§ 4 Abs. 1 GlüStV, 284 StGB) und kommen daher als Verkaufsförderungsmaßnahmen im engeren Sinne praktisch nicht in Betracht.

Ebenfalls ist in diesem Zusammenhang zu beachten, dass ErwGr. 9 der Richtlinie **332** ausdrücklich klarstellt, dass diese Richtlinie nicht die nationalen Vorschriften berührt, die sich „im Einklang mit dem Gemeinschaftsrecht auf Glücksspiele beziehen". Da der EuGH in der „Gambelli"-Entscheidung ausgeführt hat, dass die Mitgliedstaaten durchaus die Veranstaltung und Bewerbung von Glücksspielen verbieten bzw. sehr streng reglementieren können, ist Nr. 16 mithin **nicht** etwa im Umkehrschluss als europarechtlicher Freibrief zur Veranstaltung von zufallsabhängigen Gewinnspielen mit geldwertem Einsatz im Bereich der Verkaufsförderung zu verstehen – und zwar auch dann nicht, wenn im Einklang mit Nr. 16 keine Erhöhung der Gewinnchancen beim Erwerb einer Ware/Inanspruchnahme der Dienstleistung behauptet wird.

e) Erhöhung der Gewinnchancen. Die Erhöhung der Gewinnchancen muss als **mög- 333** **lich hingestellt** werden. Dass ein Produkt als solches die Gewinnchancen bei Glücksspielen tatsächlich erhöht, ist eher unwahrscheinlich, weil es sich dann kaum mehr um ein Glücksspiel handeln würde. Es ist aber auch nicht ausgeschlossen. Zu denken wäre beispielsweise an ein Programm, das den Programmcode bei einem Geldspielautomaten wiedergibt.[353] Dennoch soll die Werbung hierfür verboten sein (vgl. aber → Rn. 326, 337).

Außerdem muss es um die **Erhöhung** von Gewinnchancen gehen, die **unabhängig 334** **vom Kauf des Produkts** bereits als solche bestehen. Dh der Erwerb des Produkts darf nicht die Voraussetzung dafür sein, dass überhaupt eine Teilnahme an dem Glücksspiel erfolgt. Denn andernfalls wäre auch die Werbung für Lotto verboten, weil der Erwerb eines Lottoscheins Voraussetzung dafür ist, dass man überhaupt an dem Glücksspiel teilnehmen kann und zudem mit jeder neuen Zahlenkombination statistisch gesehen die Wahrscheinlichkeit eines Gewinns steigt.[354]

Auf welche **Art und Weise** das erworbene Produkt die Gewinnchancen erhöhen soll, ist **335** für das Verbot **unerheblich.**

f) Beispiele. Unter Nr. 16 fällt zB das **Angebot eines Programms,** das angeblich mit **336** Hilfe wissenschaftlicher Erkenntnisse bestimmte Tage mit einer angeblich erhöhten persönlichen Glücks- und Erfolgsdisposition und die zugehörigen **Lotto-Glückszahlen** errechnet[355] oder eine Werbeaussage mit der suggeriert wird, der Erwerb und das **Tragen eines Talismans** führe eine Erhöhung der Gewinnchancen herbei.[356]

---

[352] EuGH 11.9.2003 – C-6/01, Rn. 47 – Associação Nacional de Operadores de Máquinas Recreativas (Anomar) ua: *„alle Glücksspiele sind als wirtschaftliche Tätigkeiten im Sinne von Artikel 2 EG zu qualifizieren, denn sie erfüllen die beiden vom Gerichtshof in seiner früheren Rechtsprechung zugrunde gelegten Kriterien, nämlich die Erbringung einer bestimmten Dienstleistung gegen Entgelt und die Erwartung eines Gewinns in Geld."*; 21.9.1999 – C-124/97, – Läärä; C-275/92, Slg. 1994, I-1039 – Schindler.

[353] Vgl. dazu etwa BGH NStZ 1995, 136 (137).

[354] Verboten nach Nr. 16 wäre etwa die Werbeaussage *„Lotto-Zufall besiegt"* für ein Lottosystem, vgl. KG WRP 1987, 467 (468).

[355] KG GRUR 1988, 223 – Bio-Lottogramm zu § 3 UWG aF. Vgl. auch LG Oldenburg NJW-RR 1991, 940 (Werbung eines Wahrsagers mit *„Trefferquote 99,998 %"*); OLG Stuttgart NJW-RR 1988, 934 f. – Werbung gegenüber Lottospielern.

[356] KG WRP 1987, 108 (110) – Werbung für Talisman; KG WRP 1976, 372 (374) – Irreführende Werbung für Glücksbringer; OLG Frankfurt a. M. WRP 1981, 467 (486) – Abergläubische Werbung.

337 Dem Wortlaut nach würden auch die schier unübersehbare **Ratgeberliteratur** für Strategien bei Poker, Blackjack, Roulette, sowie uU auch Lotto-**„Systemscheine“** erfasst werden, soweit diese mit der Behauptung angeboten werden, auf diese Weise könne man seinem Glück „nachhelfen“.[357] Ob dies vom Gesetzgeber gewollt war, erscheint allerdings zweifelhaft.

338 Ebenso ist **zweifelhaft,** ob unter Nr. 16 das Angebot von Produkten fällt, die es dem Verbraucher ermöglichen, ein Glücksspiel so zu **manipulieren,** dass es nicht mehr zufallsabhängig ist und auf diese Weise unrechtmäßig die Gewinnchancen zu erhöhen. Ein Verbraucher, der solche Waren erwirbt, ist nicht schutzwürdig, da er versucht, unter Umgehung der Regeln eines Glücksspiels sich einen unzulässigen Vorteil zu verschaffen. Dies gilt auch dann, wenn die verkauften Produkte wirkungslos sind, da der Verbraucher insoweit ein „betrogener Betrüger“ ist.[358] Der Verkauf von **gezinkten Spielkarten** für das Pokerspiel, **gewichteten Würfel** oder der Verkauf von **Magneten** bzw. **Software zur Manipulation** von Geldspielautomaten etc würde durch diese Vorschrift mithin **nicht** erfasst werden.[359] Zu prüfen wäre allerdings in solchen Fällen, ob das Verbot der Nr. 9 der Schwarzen Liste erfüllt ist.

339 Ebenfalls nicht vom Verbot erfasst ist das Angebot eines **Sparzinses,** dessen Höhe vom Ausgang eines ungewissen Ereignisses (zB dem Abschneiden der Fußball-Nationalmannschaft bei einer EM oder WM) abhängt.[360] Denn bei einem solchen Angebot beeinflusst nicht das Produkt (Sparzins) das Glücksspiel (Fußballereignis), sondern das Ereignis den Zins.

Anhang zu § 3 Abs. 3 Nr. 17

Unzulässige geschäftliche Handlungen im Sinne des § 3 Abs. 3 sind

17. die unwahre Angabe oder das Erwecken des unzutreffenden Eindrucks, der Verbraucher habe bereits einen Preis gewonnen oder werde ihn gewinnen oder werde durch eine bestimmte Handlung einen Preis gewinnen oder einen sonstigen Vorteil erlangen, wenn es einen solchen Preis oder Vorteil tatsächlich nicht gibt, oder wenn jedenfalls die Möglichkeit, einen Preis oder sonstigen Vorteil zu erlangen, von der Zahlung eines Geldbetrags oder der Übernahme von Kosten abhängig gemacht wird;

Übersicht

[357] So wäre etwa verboten die Werbeaussage *„Lotto-Zufall besiegt“* für ein Lottosystem, vgl. etwa KG WRP 1987, 467 (468).

[358] *Köhler*/Bornkamm/Feddersen Nr. 16 Anh. zu § 3 III Rn. 16.6.

[359] AA aber ohne Begründung für gezinkte Karten *Sosnitza* WRP 2008, 1024.

[360] Vgl. noch zu § 4 Nr. 6 UWG aF BGH GRUR 2007, 981 (983 f) – 150 % Zinsbonus.

1. Einfluss des europäischen Rechts. Die Vorschrift beruht auf der Regelung Anhang I Nr. 31 der **UGP-Richtlinie,** die dort unter der Zwischenüberschrift „aggressive Geschäftspraktiken" geführt wird. Die Richtlinie verbietet das 340

„Erwecken des fälschlichen Eindrucks, der Verbraucher habe bereits einen Preis gewonnen, werde einen Preis gewinnen oder werde durch eine bestimmte Handlung einen Preis oder einen sonstigen Vorteil gewinnen, obwohl:
– es in Wirklichkeit keinen Preis oder sonstigen Vorteil gibt,
oder
– die Möglichkeit des Verbrauchers, Handlungen in Bezug auf die Inanspruchnahme des Preises oder eines sonstigen Vorteils vorzunehmen, in Wirklichkeit von der Zahlung eines Beitrags oder der Übernahme von Kosten durch den Verbraucher abhängig gemacht wird."

Der EuGH hat in der Entscheidung *Purely Creative*[361] diese Norm aufgrund ihres Standortes ausdrücklich als **aggressive** Geschäftspraktik eingeordnet und irreführende Elemente als irrelevant angesehen. Aber auch wenn der Unionsgesetzgeber frei ist, im Anh. I der UGP-Richtlinie eine Geschäftspraktik zu einer aggressiven zu erklären, überzeugt die Argumentation des EuGH gleichwohl nicht: Nach Auffassung des Gerichtshofes soll diese Norm verhindern, dass Unternehmer die *psychologische Wirkung* der Erwähnung eines *„Preises"* ausnutzen, weil die Bezeichnung als „Preis" die Verbraucher zu einer *„nicht immer rationalen" geschäftlichen Entscheidung veranlassen könne.*[362] 341

Das ist jedoch schon mit Blick auf das Verbraucherleitbild der UGP-RL nicht überzeugend.[363] Tatsächlich geht es durchaus um Elemente der **Irreführung,** auch wenn dem Merkmal der „unwahren Angabe oder des Erweckens des unzutreffenden Eindrucks" nach Auffassung des EuGH keine eigenständige Bedeutung zukommen soll.[364] Erklären lässt sich der angeblich die Qualität dieser Regelung bestimmende Standort dieser Norm bei den aggressiven Geschäftspraktiken vor allem mit der Entwicklung des Verbots: Die Bestimmung wurde erst durch den Gemeinsamen Standpunkt vom Europäischen Parlament und dem Rat vom 15.11.2004[365] in den Richtlinientext eingefügt, wobei es zunächst nur um die Aussage ging, der Verbraucher habe bereits einen Preis gewonnen, ohne dafür einen Kauf tätigen zu müssen, während in Wirklichkeit die Gewinnmöglichkeit vom Erwerb eines Produkts abhängig war. Der Tatbestand wurde dann durch das Europäische Parlament noch erweitert, indem die Variante ergänzt wurde, mit einem Gewinn zu locken, obwohl es keinen Gewinn gibt. Das Verbot **vermischt** somit Elemente der **Irreführung** mit Elementen **aggressiver Geschäftspraktiken**[366] und ist deswegen und auch wegen der komplizierten sprachlichen Fassung nur schwer zu verstehen. 342

Mit dieser Norm wird jedenfalls aber ausgedrückt, dass in den beiden in der Vorschrift genannten Fällen ein Eindruck vermittelt wird, der nicht der Wirklichkeit entspricht.[367]

2. Zweck der Vorschrift und Abgrenzung. Der **Tatbestand** lässt sich grob in **zwei Bereiche** unterteilen, nämlich erstens die irreführende Werbung mit Preisen oder Vorteilen, die es tatsächlich nicht gibt (→ Rn. 357), und zweitens die Kopplung eines Gewinns an eine Gegenleistung (→ Rn. 358). 343

Nach der Begründung des **Regierungsentwurfs** sollten durch die nach Nr. 17 und 20 der Schwarzen Liste verbotenen Handlungen zugleich das Transparenzgebot des durch das UWG 2015 aufgehobenen § 4 Nr. 5 UWG und das Kopplungsverbot des mit dem UWG 344

[361] GRUR 2012, 1269, insbes. Rn. 37 u. 46.
[362] EuGH GRUR 2012, 1269, Rn. 38, 49.
[363] Vgl. dazu *Scherer* WRP 2013, 143 Rn. 17 ff.; zur Diskussion eines sich durch diese Entscheidung angeblich abzeichnenden neuen Verbraucherleitbildes vgl. *Henning-Bodewig* Editorial zu WRP 11/2013; ausführlich auch § 5 und Einl. B.
[364] *Scheuer,* WRP 2013, 143 Rn. 28–30.
[365] ABl. 2005 C 38 E, S. 1.
[366] *Köhler* GRUR 2012, 1211.
[367] *Köhler*/Bornkamm/Feddersen Nr. 17 Anh. zu § 3 III Rn. 17.1.

2015 ebenfalls aufgehobenen § 4 Nr. 6 UWG erfüllt werden. Tatsächlich aber hat der Anwendungsbereich von Nr. 17 mit dem Transparenzgebot nur geringe und mit dem ehemaligen Kopplungsverbot überhaupt keine inhaltlichen Überschneidungen.

345 Eine unwahre Gewinnmitteilung ist nämlich keine „unklare", sondern schlichtweg eine eindeutig falsche, irreführende Angabe. Ferner betrifft diese Mitteilung auch nicht etwa die „Teilnahmebedingungen" eines Gewinnspiels, sondern den angeblichen **Lohn für eine solche** (bereits erfolgte) **Teilnahme.** Lediglich die zweite Variante, wonach es ebenfalls unzulässig ist, eine Gewinnmitteilung zu machen und den angeblichen Gewinner gleichzeitig oder spätestens bei dem Versuch, den Gewinn zu erhalten, aufzufordern, zuvor noch Zahlungen zu leisten, oder wenn ein „Organisationskostenbeitrag" erhoben wird, von dem vorher keine Rede war, kann gleichzeitig auch als Verstoß gegen das Gebot angesehen werden, schon in den Teilnahmebedingungen alle Kosten anzugeben, die mit der Inanspruchnahme des Preises verbunden sind.[368]

346 Und das Kopplungsverbot hatte auch nichts mit dem Transparenzgebot zu tun, sondern sollte unabhängig von der Frage der Transparenz und sonstiger Aspekte der Irreführung oder Beeinflussung allein die **Verknüpfung** des Warenerwerbs als **Voraussetzung** für die **Teilnahme an einem Gewinnspiel** verbieten. Dies ist seit der durch das UWG 2015 erfolgten Aufhebung des § 4 Nr. 6 UWG aF kein Thema mehr.

347 Die **erste Variante der Nr. 17** (Verbraucher habe bereits einen Preis gewonnen) betrifft **keinen Fall der Kopplung,** zweitens ist bei Nr. 17 der Gewinn nicht an den Erwerb der beworbenen Ware/Dienstleistung geknüpft, sondern kann auch in der Zahlung eines Geldbetrages oder der Übernahme von Kosten liegen und drittens liegt in solchen Fällen die Kopplung von vornherein fest, so dass es hier auch auf eine Irreführung nicht ankommt, während bei Nr. 17 über eine eventuell bestehende Kopplung gerade getäuscht wird.[369]

348 Der Unterschied zum Verbot in Nr. 20 besteht schließlich darin, dass beim Verbot der Nr. 17 so getan wird, als habe der Verbraucher einen bestimmten Preis bereits sicher gewonnen oder werde ihn sicher gewinnen, während ihm bei **Nr. 20** nur eine bestimmte (zukünftige) **Gewinnchance** vorgetäuscht wird.

349 Im Zusammenhang mit der Ankündigung von Gewinnen ist außerdem die Regelung in **§ 661a BGB** zu berücksichtigen. Danach hat ein Unternehmer, der Gewinnzusagen an Verbraucher sendet und durch die Gestaltung dieser Zusendungen den Eindruck erweckt, dass der Verbraucher einen Preis gewonnen hat, dem Verbraucher diesen Preis zu leisten. Diese Regelungen ergänzen sich (dazu → Rn. 360).

350 **3. Einzelheiten. a) An einen Verbraucher gerichtete geschäftliche Handlung.** Wie alle Tatbestände des UWG-Anhangs setzt auch Nr. 17 eine an einen **Verbraucher** gerichtete **geschäftliche Handlung** voraus. Angaben gegenüber **Unternehmern** können nur nach § 5 UWG irreführend sein. Bezüglich der Legaldefinition der Begriffe „geschäftliche Handlung" und „Verbraucher" wird auf die Kommentierung von *Keller* zu → § 2 Rn. 8 ff. und → UWG § 2 Rn. 238 ff. verwiesen.

351 **b) Unwahre Angabe oder Erwecken eines unzutreffenden Eindrucks. „Unwahre Angabe"** im Sinne des UWG-Anhangs sind nur die ausdrücklichen, objektiv unwahren Angaben, nicht aber mehrdeutige, also von einem (Durchschnitts)Verbraucher falsch verstehbare Angaben. Umgekehrt kommt es nicht darauf an, ob die objektiv unwahre Angabe zur **Täuschung** des Verbrauchers geeignet ist oder gar eine tatsächliche Täuschung bewirkt (→ Anh. § 3 Abs. 3 Nr. 4 Rn. 7).[370] Dies ergibt sich aus der Unterscheidung zwischen der Formulierung „Geschäftspraxis, die falsche Angaben enthält und somit unwahr ist" einerseits und „Geschäftspraxis die täuscht oder zu täuschen geeignet ist" andererseits in Art. 6

---

[368] Vgl. hierzu bereits BGH GRUR 2005, 1061 – Telefonische Gewinnauskunft.

[369] Kritisch zur Regierungsbegründung auch *Sosnitza* WRP 2008, 1014 (1024).

[370] *Glöckner/Henning-Bodewig* WRP 2005, 1311 (1330). LG Bremen Urt. v. 6.5.20 Rn. 17 zit n. Juris (keine LHB-Fundstelle vorhanden).

Abs. 1 der Richtlinie. Daneben ist in Nr. 17 aber auch das **„Erwecken eines unzutreffenden Eindrucks“** verboten. Dabei kommt es auf den Eindruck beim Verbraucher und mithin auf den für dessen Verständnis geltenden Maßstab an. Dem Verbot in Nr. 17 unterfallen daher nicht nur ausdrückliche, objektiv unwahre Angaben, sondern auch die vom Verbraucher so verstandenen Aussagen, durch die ein fälschlicher Eindruck bei ihm entsteht. Darüber hinaus sind nicht nur Angaben erfasst, sondern auch Handlungen, durch die ein entsprechender Eindruck erweckt werden kann.

c) Bei einem Verbraucher. Die Verbote des UWG-Anhangs gelten ohnehin nur bei geschäftlichen Handlungen im Geschäftsverkehr mit Verbrauchern. Das Verbot der Nr. 17 regelt darüber hinaus aber explizit den Fall, dass „der Verbraucher“ den Eindruck gewinnt, er habe bereits einen Preis gewonnen. Das bedeutet nicht, dass das Verbot nur in Fällen gilt, in denen die geschäftliche Handlung nur an einen Verbraucher gerichtet ist. Wohl aber ist erforderlich, dass sich gerade **einzelne Verbraucher angesprochen** fühlen und bei ihnen jeweils der Eindruck erweckt wird, gerade sie hätten gewonnen. 352

d) (Bereits erfolgter oder zukünftiger) Gewinn eines Preises oder Erlangung eines sonstigen Vorteils, den es tatsächlich nicht gibt. aa) Preis. Es darf nicht der fälschliche Eindruck erweckt werden, der Verbraucher habe bereits einen Preis gewonnen oder werde einen Preis gewinnen, obwohl es tatsächlich einen solchen Preis nicht gibt. Es geht also **nicht nur** um **Gewinnchancen** (dies unterfällt dem Verbot in **Nr. 20**), sondern um einen **konkreten Gewinn.** Bei strenger Auslegung des Wortlauts soll es dabei (anders als in früheren Entwurfsfassungen) nicht darauf ankommen, was „ausgelobt“ und auch ausgekehrt werden soll, sondern **welche Preise es tatsächlich gibt.** Das kann aber nicht gemeint sein. Denn man wird von Unternehmen – auch bei Versenden von Gewinnmitteilungen – noch nicht erwarten können, dass sie diese Preise bereits beschafft haben oder ob ihnen bereits früher beschaffte Preise abhanden gekommen sind. Denn solange ein Unternehmer bereit ist, den Gewinn zu erwerben und dem Verbraucher zukommen zu lassen, ist der Schutzzweck der Norm nicht tangiert. 353

Das Verbot setzt **nicht voraus,** dass ein **bestimmter Preis konkret benannt** wird. Es genügt vielmehr bereits die Aussage, dass der Verbraucher (irgend)einen Preis gewonnen hat, obwohl der Unternehmer nicht die Absicht hat, den angegebenen oder jedenfalls einen gleichwertigen Preis an den Verbraucher auszuschütten. Wird beim Verbraucher der Eindruck erweckt, er habe einen *bestimmten* Preis gewonnen, während er tatsächlich einen anderen – gleichwertigen – Preis oder Vorteil gewonnen hat, so ist der Verbotstatbestand ebenfalls nicht erfüllt. In solchen Fällen könnte aber das Verbot des § 5 UWG einschlägig sein, wobei allerdings die Relevanz der Fehlvorstellung dabei genau zu prüfen ist. 354

bb) Sonstiger Vorteil. Verboten ist nach dem Wortlaut der Norm außerdem die unwahre Aussage, der Verbraucher werde durch eine bestimmte Handlung einen ***sonstigen Vorteil*** gewinnen. Hier ist der **deutsche Text ungenau.** Denn sowohl der deutsche Text der Richtlinie als auch der deutsche Gesetzestext beziehen den Vorteil allein auf den zukünftigen Gewinn *(„oder werde durch eine bestimmten Handlung einen Preis gewinnen oder einen sonstigen Vorteil erlangen“).* Die Aussage, dass bereits ein Vorteil erlangt wurde, wäre damit nicht erfasst. Eine solche Unterscheidung zwischen gegenwärtigem und zukünftigem Preis/Vorteil ergibt jedoch keinen Sinn. Vermutlich handelt es sich hier um eine ungenaue Übersetzung. In der englischen, französischen und italienischen Fassung der Richtlinie wird der Vorteil jedenfalls als **Alternative zum Preis** für alle drei Varianten genannt.[371] Hinzu kommt, dass in der englischen Fassung von „other equivalent benefit“ die Rede ist. Danach 355

[371] Englisch: „Creating the false impression that the consumer has already won, will win or will on doing a particular act win, a prize or other equivalent benefit.“ Französisch: „Donner la fausse impression que le consommateur a déjà gagné, gagnera ou gagnera en accomplissant tel acte un prix ou un autre avantage èquivalent.“ Italienisch: „Dare la falsa impressione che il consumatore abbia già vinto, vincerà o vincerà compiendo una determinata azione un premio o una vincita equivalente.“

würde nicht irgendein sonstiger Vorteil genügen, sondern es müsste schon ein sonstiger *gleichwertiger* Vorteil sein. Entsprechendes gilt für die französische und italienische Fassung. Allein dadurch wird auch vermieden, dass der Ausdruck „sonstiger Vorteil" konturenlos wird.

356 In jedem Fall ist erforderlich, dass der Gewinn **als sicher herausgestellt** wird. Die Aussage, der Verbraucher **könne** einen Preis gewinnen oder einen sonstigen (gleichwertigen) Vorteil erlangen, fällt allein in den Anwendungsbereich von Nr. 20. Das gilt insbesondere auch für **etwaige Gewinnspiele** im Fernsehen, bei denen für jeden Anruf zur Teilnahme an dem Gewinnspiel erhöhte Telefongebühren anfallen, solange bei der Ankündigung des Spiels nicht der Eindruck erweckt wird, ein Gewinn sei sicher.

357 **cc) Tatsächlich nicht gegeben.** Wie oben bereits ausgeführt, kann es nicht auf die physische Existenz des Gewinns beim Unternehmen ankommen, sondern allein auf die Bereitschaft, den Gewinn ggf. zu besorgen und auszukehren. Gemeint ist daher, dass der versprochene (und möglicherweise sogar vorhandene) **Preis jedenfalls für den jeweils angesprochenen Verbraucher nicht vorgesehen** ist. Umgekehrt muss der versprochene Preis nicht bereits zu dem Zeitpunkt der Vornahme der geschäftlichen Handlung real existieren. Versprochen werden darf auch ein Preis, der **erst noch hergestellt bzw. bestellt** werden muss. Nicht vom Sinn und Zweck des Verbots erfasst ist auch der Fall, dass ein einzigartiger Preis oder Vorteil (etwa der frühere Golf des Papstes) nach der Vornahme der Ankündigung bzw. dem Erwecken eines entsprechenden Eindrucks untergegangen ist und nicht ersetzt werden kann.[372]

358 **e) Kopplung des Preises oder Vorteils mit der Zahlung eines Geldbetrags oder der Übernahme von Kosten.** Ebenfalls verboten sein soll die unwahre Angabe bzw. das Erwecken des unzutreffenden Eindrucks, der Verbraucher habe einen Preis gewonnen oder werde einen Preis oder sonstigen Vorteil gewinnen, wenn die Erlangung des Gewinns von der **Zahlung eines Geldbetrags oder der Übernahme von Kosten** abhängig gemacht wird. „Erlangung" des Preises umfasst dabei den gesamten Vorgang von der Teilnahme bis hin zur Abholung des Preises und damit der tatsächlichen Besitzverschaffung. Übernahme von Kosten meint dabei nicht nur die **Erstattung von Kosten,** die ein anderer bereits aufgewandt hat, sondern erfasst auch den Fall, dass der **Verbraucher selbst Kosten** aufwendet. Das wird bestätigt durch die Formulierung in anderen Übersetzungen der Richtlinie. Nach der *„Purely Creative"*-Entscheidung des EuGH ist es dabei unerheblich, wie hoch diese Kosten sind. Diese Vorschrift soll auch dann greifen, wenn nur Telefonkosten zu den Basistarifen, die Kosten für eine Briefmarke[373] oder Fahrtkosten für die Abholung in einer nahegelegenen Filiale anfallen.

359 Bei diesem Tatbestandsmerkmal zeigt sich die **hybride Figur** des Verbots, das **zwischen irreführenden und aggressiver Geschäftspraktiken** steht bzw. beide Gruppen betrifft. Denn die objektiv wahre Aussage, ein Verbraucher habe bereits einen Preis gewonnen, wird eigentlich nicht dadurch unwahr, dass der Verbraucher für die Inanspruchnahme dieses Preises Kosten übernehmen muss. Etwas anderes gilt selbstverständlich, wenn gegenüber dem Verbraucher konkret mit der Aussage geworben wird, er habe bereits einen Preis gewonnen, ohne dafür noch weitere Kosten ausgeben zu müssen. So lautete auch die erste Fassung des Verbots im Gemeinsamen Standpunkt des Europäischen Parlaments und des Rates. Davon ist in der Endfassung aber nichts mehr übrig geblieben. Dies und die Einstufung als Unterfall „aggressiver Geschäftspraktiken" legen daher den Schluss nahe, dass es dem Gesetzgeber hier darum ging, jede Verknüpfung des Erlangens eines bestimmten Preises oder Vorteils mit der Zahlung eines Geldbetrages zu verbieten. Diese Auslegung hätte allerdings zur Folge, dass der Hinweis auf den Gewinn selbst dann zu unterlassen wäre,

---

[372] So auch *Köhler*/Bornkamm/Feddersen Nr. 17 Anh. zu § 3 III Rn. 17.5.

[373] EuGH GRUR 2012, 1269 Rn. 42, 47, 48, 57.

wenn der Werbende den Verbraucher ausdrücklich auf die zusätzlichen Kosten für die Inanspruchnahme hinweist. Dagegen spricht, dass in den Text der Richtlinie auf Wunsch des Europäischen Parlaments ausdrücklich das Wort „fälschlichen" vor Eindruck eingefügt wurde.[374] Und auch wenn dies aus dem deutschen Text im Anhang zu § 3 Abs. 3 UWG nicht so deutlich wird, so ergibt sich aus dem Aufbau der Richtlinie doch eindeutig, dass der **fälschliche** Eindruck auch für die zweite Tatbestandsvariante gilt. Beim Verbot der 2. Variante geht es somit vor allem um eine **Irreführung durch Unterlassung.** Dies bedeutet, dass solche Fälle nicht verboten sind, bei denen der Verbraucher auf die Übernahme von Kosten oder die Zahlung eines Beitrags hingewiesen wird oder dies für ihn aufgrund der Umstände (zB weite Anreise zur Abholung des Preises) evident ist. Hier kann der Verbraucher aufgrund dieser Information selbst entscheiden, ob ihm der Preis für den „Gewinn" angemessen erscheint und ihn wahrnehmen möchte. In solchen Fällen ist jedenfalls das per-se Verbot in Nr. 17 unangebracht.

Wohl aber wäre der Fall erfasst, dass Kosten anfallen, mit denen der durchschnittliche Verbraucher nicht rechnet und die für ihn nicht evident sind. Das betrifft zB den Fall, dass dem Verbraucher der Gewinn eines Hotelaufenthalts angekündigt wird, ohne darauf hinzuweisen, dass er die Anreise mit einem bestimmten Anbieter antreten und dafür gesondert bezahlen muss oder dass er die Kosten für die obligatorische Halbpension selbst übernehmen muss. 360

Für das Verbot kommt es nicht darauf an, ob die Kopplung zwischen Gewinn des Preises und Zahlung eines Geldbetrags/Übernahme von Kosten eine **rechtliche Bedingung** oder **rein faktisch** ausgestaltet ist.[375] Beides ist verboten. In jedem Fall muss die Erlangung des Preises/Vorteils nach der Vorstellung des Verbrauchers aber von der Zahlung/Kostenübernahme **„abhängig"** sein. Dh eine Entkopplung der Erlangung des Preises durch das Angebot von gleichwertigen Alternativen, bei denen keine Zahlungen oder Kostenübernahmen anfallen, würde dazu führen, dass der Tatbestand der Nr. 17 nicht erfüllt ist. 361

f) Verhältnis zu § 661a BGB. § 661a BGB verpflichtet den Unternehmer, der eine Gewinnzusage an Verbraucher gesendet hat oder durch die Gestaltung dieser Zusendungen den Eindruck erweckt, dass der Verbraucher einen Preis gewonnen hat, dem Verbraucher diesen Preis zu leisten[376]. Der Tatbestand **deckt sich teilweise mit der Regelung in Nr. 17,** wenngleich sich **Zielrichtungen ergänzen.** Nr. 17 will irreführende Gewinnmitteilungen im Vorfeld verbieten, § 661a BGB sanktioniert sie nachträglich, indem Unternehmen entgegen ihrer Intention verpflichtet werden, eine bestimmte Leistung zu erbringen. Daher bleibt die Werbung mit Gewinnen, die nicht ausgekehrt werden *sollen,* durch Nr. 17 verboten, auch wenn der Unternehmer über § 661a BGB gezwungen werden kann, an die adressierten Verbraucher den angekündigten Preis auskehren zu müssen. Weiter ist zu berücksichtigen, dass § 661a BGB nur Fälle erfasst, in denen Gewinnzusagen versendet werden, während das Verbot der Nr. 17 sich auf jede geschäftliche Handlung erstreckt. 362

Anhang zu § 3 Abs. 3 Nr. 18

Unzulässige geschäftliche Handlungen im Sinne des § 3 Abs. 3 sind

18. die unwahre Angabe, eine Ware oder Dienstleistung könne Krankheiten, Funktionsstörungen oder Missbildungen heilen;

---

[374] Dokument 11630/2/2004 – C6 – 0190/2004 – 2003/0134 (COD) S. 14 zu Änderungsantrag 19 „Erwecken des fälschlichen Eindrucks ..."

[375] BGH GRUR 2008, 807 (810) – Millionen-Chance; 2005, 599 (600) – Traumcabrio; GRUR 1989, 434 (436) – Gewinnspiel I.

[376] So auch BGH NJW 2004, 1652 Rn. 31 ff. – Gewinnzusage.

Übersicht

Schrifttum: *Leible,* Auswirkungen der UWG-Reform 2008 auf die Durchsetzung wettbewerbsrechtlicher Ansprüche im Gesundheitsbereich, GRUR 2010, 183; *v. Jagow,* Auswirkungen der UWG-Reform 2008 auf die Durchsetzung wettbewerbsrechtlicher Ansprüche im Gesundheitsbereich, GRUR 2010, 190; *Schöttle,* Die Schwarze Liste – Übersicht über die neuen Spezialtatbestände des Anhangs zu § 3 Abs. 3 UWG, WRP 2009, 673.

363 **1. Einfluss des europäischen Rechts.** Das Verbot entspricht **fast wörtlich** der Regelung im Anhang I Nr. 17 zur **UGP-Richtlinie.** Verboten ist danach die

„falsche Behauptung, ein Produkt könne Krankheiten, Funktionsstörungen oder Missbildungen heilen."

364 Dass im deutschen Text von Ware oder Dienstleistung gesprochen wird, in der Richtlinie hingegen von „Produkt", bedeutet keinen inhaltlichen Unterschied. Denn der Begriff des Produkts umfasst nach der Definition in Art. 2 lit. c UGP-Richtlinie sowohl Waren als auch Dienstleistungen.

365 **2. Zweck der Vorschrift und Abgrenzung.** Auch wenn die Regelung im UWG-Bereich vorrangig zu prüfen ist, brachte sie praktisch **keine wesentlichen Änderungen,** da es im deutschen Recht bzw. im Unionsrecht bereits **zahlreiche Sonderregelungen** gab, die über das Verbot der Nr. 18 hinausgingen, indem sie nicht nur unwahre Angaben verbaten, sondern grundsätzlich jegliche krankheitsbezogene Werbung und sich zudem auch nicht nur auf Aussagen über das „Heilen" beschränkten (hierzu auch → § 5 Rn. 542 sowie *v. Jagow* → § 3a Rn. 90). Ein solches **abstraktes Werbeverbot** findet sich insbesondere in Art. 7 Abs. 3, 4 LMIV,[377] wonach Informationen über Lebensmittel, einschließlich deren Aufmachung und der Werbung für Lebensmittel, dem Lebensmittel keine Eigenschaften der **Vorbeugung, Behandlung oder Heilung** einer menschlichen Krankheit zuschreiben oder den Eindruck dieser Eigenschaften entstehen lassen dürfen, und zwar unabhängig vom Wahrheitsgehalt der jeweiligen Aussage und auch unabhängig von einer etwaigen Irreführungsgefahr.[378] Zuvor war dies in § 12 Abs. 1 LFGB aF bzw. davor in § 18 LMBG geregelt, was den Vorgaben von **Art. 2 Abs. 1 lit. a der Richtlinie 2000/13/EG** entsprach.[379] Ähnliche Werbeverbote enthalten **Art. 9 Abs. 5 der Verordnung (EU) 609/2013,**[380] **Art. 9 Abs. 2 der Richt-**

[377] Verordnung (EU) Nr. 1169/2011 des Europäischen Parlaments und des Rates vom 25.10.2011 betreffend die Information der Verbraucher über Lebensmittel und zur Änderung der Verordnungen (EG) Nr. 1924/2006 und (EG) Nr. 1925/2006 des Europäischen Parlaments und des Rates und zur Aufhebung der Richtlinie 87/250/EWG der Kommission, der Richtlinie 90/496/EWG des Rates, der Richtlinie 1999/10/EG der Kommission, der Richtlinie 2000/13/EG des Europäischen Parlaments und des Rates, der Richtlinien 2002/67/EG und 2008/5/EG der Kommission und der Verordnung (EG) Nr. 608/2004 der Kommission, ABl. 2011 L 304, S. 18.

[378] → § 5 Rn. 550 und die Darstellung der produktspezifischen Besonderheiten bei *v. Jagow* → § 3a Rn. 89 f. Zu beachten ist allerdings, dass nach Art. 14 der VO 1924/2006 (Health Claims VO) bestimmte Angaben über die *Verringerung* eines Krankheitsrisikos zugelassen werden können.

[379] Richtlinie 2000/13/EG des Europäischen Parlaments und des Rates vom 20.3.2000 zur Angleichung der Rechtsvorschriften der Mitgliedstaaten über die Etikettierung und Aufmachung von Lebensmitteln sowie die Werbung hierfür, ABl. 2000 L 109, S. 29). Ab dem 13.12.2014 gilt stattdessen Art. 7 Abs. 1 LMIV (siehe Fn. 817).

[380] Verordnung (EU) Nr. 609/2013 des Europäischen Parlaments und des Rates vom 12.6.2013 über Lebensmittel für Säuglinge und Kleinkinder, Lebensmittel für besondere medizinische Zwecke und Tagesrationen für gewichtskontrollierende Ernährung und zur Aufhebung der Richtlinie 92/52/EWG des Rates,

linie 2009/54/EG für **natürliche Mineralwässer**[381] und **Art. 6 Abs. 2 der Richtlinie 2002/46/EG für Nahrungsergänzungsmittel** (Verhütung, Behandlung oder Heilung einer Humankrankheit).[382] Hinzu kommen die Regelungen der **Health Claims Verordnung.**[383] Der Krankheitsbegriff wird dabei von der Rechtsprechung sehr weit verstanden und erfasst auch Mangelerscheinungen außerhalb der normalen Schwankungsbreite und Funktionsanomalien. Ausnahmen für die Werbung gegenüber Angehörigen der Heilberufe, des Heilgewerbes oder der Heilhilfsberufe, die es früher im deutschen Recht (§ 12 Abs. 2 S. 1 LFGB) gab, spielen für die Nr. 18 UWG-Anhang keine Rolle, da es insoweit von vornherein nicht um Werbung gegenüber Verbrauchern geht und damit das Verbot bereits nicht anwendbar ist. **§ 20 LFGB** enthält ein entsprechendes Verbot – keine krankheitsbezogenen Aussagen, unabhängig vom Wahrheitsgehalt, und keine irreführende Werbung – für **Futtermittel.**

§ 11 LFGB iVm **Art. 7 LMIV** verbietet *irreführende* Werbung für **Lebensmittel,** also nicht nur hinsichtlich eines Krankheitsbezugs. Ähnliche Regelungen enthalten **§ 19 LFGB** für **Futtermittel, § 27 LFGB** sowie **Art. 20 Abs. 1 KosmetikVO**[384] für **kosmetische Mittel** und **§ 33 LFGB** für **sonstige Bedarfsgegenstände** iSd LFGB. **366**

Für **Humanarzneimittel** untersagt **Art. 88 Abs. 1 der Richtlinie 2001/83/EG**[385] Heilanzeigen für Krankheiten, während im nationalen Recht **§ 12 HWG** außerhalb der Fachkreise die Werbung für **Arzneimittel, Medizinprodukte oder andere Heilmittel** im Sinne des HWG verbietet, die sich auf die Erkennung, Beseitigung, (Verhütung)[386] oder Linderung von bestimmten Krankheiten bezieht. Auch dieses Verbot gilt unabhängig vom Wahrheitsgehalt der Aussage. Hinzu kommen **§ 8 Abs. 1 Nr. 2 lit. a AMG** und **§ 3 S. 2 Nr. 1 HWG,** die es verbieten, Arzneimitteln bzw. Medizinprodukten und anderen Mitteln iSd HWG eine therapeutische Wirksamkeit oder Wirkungen beizulegen, die sie nicht haben. **367**

Praktische Bedeutung hat das Verbot der Nr. 18 somit vor allem für solche Mittel und Produkte, die nicht bereits dem Anwendungsbereich des LFGB, des AMG oder des HWG unterfallen. Da das HWG jedoch auch auf kosmetische Mittel sowie andere Verfahren, Behandlungen und Gegenstände Anwendung findet, soweit diese mit krankheitsbezogenen Aussagen beworben werden (§ 1 Abs. 1 Nr. 2 HWG), verbleibt de facto nur ein kleiner praktischer Anwendungsbereich. Hinzu kommt, dass sich Nr. 18 allein auf das *Heilen* bezieht, während Art. 7 Abs. 3 LMIV beispielsweise Aussagen über die Vorbeugung, Behandlung oder Heilung von Krankheiten erfasst. **368**

3. Einzelheiten. a) An einen Verbraucher gerichtete geschäftliche Handlung. **369**
Wie alle Tatbestände des UWG-Anhangs setzt auch Nr. 18 eine an einen Verbraucher gerichtete geschäftliche Handlung voraus. Angaben gegenüber **Unternehmern** können nur nach § 5 UWG irreführend sein. Bezüglich der **Legaldefinition** der Begriffe „geschäftliche Handlung" und „Verbraucher" wird auf die Kommentierung von *Keller* zu § 2 Abs. 1 Nr. 1 und § 2 Abs. 2 UWG verwiesen.

---

der Richtlinien 96/8/EG, 1999/21/EG, 2006/125/EG und 2006/141/EG der Kommission, der Richtlinie 2009/39/EG des Europäischen Parlaments und des Rates sowie der Verordnungen (EG) Nr. 41/2009 und (EG) Nr. 953/2009 des Rates und der Kommission, ABl. 2013 L 181, S. 35.

[381] Richtlinie 2009/54/EG des Europäischen Parlaments und des Rates vom 18.6.2009 über die Gewinnung von und den Handel mit natürlichen Mineralwässern, ABl. 2009 L 164, S. 45.

[382] Richtlinie 2002/46/EG des Europäischen Parlaments und des Rates vom 10.6.2002 zur Angleichung der Rechtsvorschriften der Mitgliedstaaten über Nahrungsergänzungsmittel, ABl. 2002 L 183, S. 51.

[383] → § 5 Rn. 551 ff. sowie *v. Jagow* → § 3a Rn. 90.

[384] Verordnung (EG) Nr. 1223/2009 des Europäischen Parlaments und des Rates vom 30.11.2009 über kosmetische Mittel, ABl. 2009 L 342, S. 59.

[385] Richtlinie 2001/83/EG des Europäischen Parlaments und des Rates vom 6.11.2001 zur Schaffung eines Gemeinschaftskodexes für Humanarzneimittel, ABl. 2001 L 311, S. 67.

[386] „Verhütung" wird nach § 12 Abs. 2 HWG bei anderen Mitteln, Verfahren, Behandlungen und Gegenständen als Arzneimitteln und Medizinprodukten nicht erfasst.

370 **b) Unwahre Angabe.** Anders als die Spezialregelungen im deutschen bzw. im Unions-Recht (insbesondere Art. 7 LMIV, § 12 HWG), verbietet Nr. 18 nur eine unwahre Angabe. Unwahre Angabe im Sinne des UWG-Anhangs ist nur die **ausdrückliche, objektiv unwahre Angabe,** nicht aber die nur vom Verbraucher falsch verstandene Angabe. Umgekehrt kommt es nicht darauf an, ob die objektiv unwahre Angabe zur Täuschung des Verbrauchers geeignet ist oder gar eine tatsächliche Täuschung bewirkt (→ Anh. § 3 Abs. 3 Nr. 4 Rn. 7).[387] Dies ergibt sich aus der Unterscheidung zwischen der Formulierung „Geschäftspraxis, die falsche Angaben enthält und somit unwahr ist" einerseits und „Geschäftspraxis, die täuscht oder zu täuschen geeignet ist" andererseits in Art. 6 Abs. 1 der Richtlinie sowie aus der Unterscheidung in den Tatbeständen im Anhang I zur Richtlinie zwischen „Behauptung" einerseits (zB Nr. 1, 3, 4, 7, 9, 12, 15, 16, 17, 22) und „Erwecken eines (fälschlichen) Eindrucks" (zB Nr. 9, 22, 23, 24, 31) andererseits. In Nr. 18 ist nur von „falscher Behauptung" bzw. „unwahrer Angabe" die Rede. Das Verbot der Nr. 18 erfordert somit ausdrückliche, objektiv unwahre Angaben.[388] Falsche Eindrücke müssen nach § 5 UWG beurteilt werden. Auch kommt es bei den Tatbeständen der Schwarzen Liste nicht auf die Relevanz der Aussage/Geschäftspraktik im Einzelfall an,[389] wohl aber muss der allgemeine **Grundsatz der Verhältnismäßigkeit** weiterhin beachtet werden.[390]

371 Dies bedeutet für die Praxis, dass grundsätzlich derjenige, der die Aussage beanstandet, ihre Unwahrheit **beweisen** muss, während nach den og Spezialvorschriften, soweit diese abstrakte Verbote statuieren, dieser Nachweis von vornherein entbehrlich ist, weil die krankheitsbezogenen Aussagen unabhängig von ihrem Wahrheitsgehalt verboten sind.

372 **c) Krankheiten, Funktionsstörungen oder Missbildungen.** Der Begriff der **„Krankheiten"** ist im deutschen Recht im Zusammenhang mit krankheitsbezogener Werbung für Lebensmittel umstritten. Er wird grundsätzlich weit verstanden (→ § 5 Rn. 542 ff.) und erfasst auch **Funktionsstörungen.**[391] Da nach dem Anhang beide Bereiche unterschiedslos betroffen sind, ist eine genaue Abgrenzung entbehrlich.

373 **„Missbildungen"** können auch Verformungen und Anomalien eines Organs oder Körperteils sein, die das Erscheinungsbild beeinträchtigen, ohne dass eine krankhafte Störung vorliegen muss. Auch hier ist eine genaue Abgrenzung entbehrlich.

374 Nicht geregelt ist, auf welches **Bezugsobjekt** sich die Krankheiten, Funktionsstörungen oder Missbildungen beziehen. Das LFGB bzw. die LMIV und das HWG unterscheiden insoweit zwischen **Mensch** und **Tier.** Beim UWG-Anhang könnte man zunächst vermuten, dass es nur um die Heilung beim Menschen geht. Zwingend ist das aber nicht und sowohl Wortlaut als auch Entwicklung der Norm geben für eine solche Beschränkung nichts her. Da auch im Übrigen bei den Irreführungsbestimmungen nicht unterschieden wird, sind auch hier beide Bezugsobjekte erfasst, dh die unwahre Aussage zur Heilung von Krankheiten bei Menschen genauso wie bei Tieren.

375 **d) Heilen.** Erfasst werden nur Aussagen über die „Heilung" von Krankheiten. Im englischen Text ist von „cure" die Rede. „Heilen" bedeutet die **nicht nur vorübergehende Beseitigung** einer Krankheit, Funktionsstörung oder Missbildung. **Nicht erfasst** sind daher Aussagen, die sich auf die **Erkennung, Verhütung** oder **Linderung** von Krankheiten beziehen. Auch insoweit zeigt sich, dass der UWG-Anhang hinter den

---

[387] *Glöckner/Henning-Bodewig* WRP 2005, 1311 (1330).

[388] *V. Jagow* GRUR 2010, 190; Köhler/Bornkamm/Feddersen/*Köhler* UWG Anhang zu § 3 Abs. 3 Rn. 18.4; *Leible* GRUR 2010, 183 (189); *Schöttle* WRP 2009, 673 (679). AA *Lindacher* WRP 2012, 40.

[389] Vgl. Erwägungsgrund 17 der UGP-Richtlinie.

[390] Ausführlich → Anh. § 3 Vorb. Rn. 15 ff.

[391] § 1 Abs. 2 Nr. 1 DiätV in der bis Juni 1993 gültigen Fassung unterschied ebenfalls zwischen Krankheit, Mangelerscheinung, Funktionsanomalie und Überempfindlichkeit, ohne dass dem von der hM eine besondere Bedeutung beigemessen wurde, vgl. BayObLG LRE 17, 14 (18); *Doepner* Pharma Recht 1989, 13 (15 f.); *Fezer* GRUR 1982, 532 (536); *Zipfel* ZLR 1984, 93 (96).

Spezialregelungen zurückbleibt und daher nur einen geringen Anwendungsbereich im deutschen Recht haben wird.

Anhang zu § 3 Abs. 3 Nr. 19

Unzulässige geschäftliche Handlungen im Sinne des § 3 Abs. 3 sind

19. eine unwahre Angabe über die Marktbedingungen oder Bezugsquellen, um den Verbraucher dazu zu bewegen, eine Ware oder Dienstleistung zu weniger günstigen Bedingungen als den allgemeinen Marktbedingungen abzunehmen oder in Anspruch zu nehmen;

Übersicht

Schrifttum: *Büllesbach,* Auslegung der irreführenden Geschäftspraktiken des Anhang I der Richtlinie 2005/28/EG über unlautere Geschäftspraktiken, 2008.

1. Einfluss des europäischen Rechts. Nr. 19 des UWG-Anhangs setzt die Nr. 18 des Anhangs I der **UGP-Richtlinie** in das deutsche Recht um. Der Text der Richtlinie lautet wie folgt: 376

„Erteilung sachlich falscher Informationen über die Marktbedingungen oder die Möglichkeit, das Produkt zu finden, mit dem Ziel, den Verbraucher dazu zu bewegen, das Produkt zu weniger günstigen Bedingungen als den normalen Marktbedingungen zu kaufen."

Die **Abweichungen** der Fassung von Nr. 19 UWG-Anhang (sachlich falsche Informationen, Bezugsquellen) sind im Wesentlichen **sprachlicher Natur.** Es handelt sich um Präzisierungen der eher umständlichen Formulierung der Richtlinie, die keine inhaltliche Änderung darstellen. Soweit sich jedoch Interpretationsprobleme bezüglich einzelner Begriffe ergeben sollten, ist zu beachten, dass im Zweifelsfall stets der Wortlaut der Richtlinie maßgeblich ist. 377

2. Zweck der Vorschrift und Abgrenzung. Nr. 19 des UWG-Anhangs regelt einen **klassischen Irreführungsfall.** Durch unwahre Angaben wird der Verbraucher davon abgehalten, sich seiner Rolle als Marktteilnehmer gemäß zu verhalten, dh nicht das nächstbeste ihm unterbreitete Angebot anzunehmen, sondern Alternativen zu suchen, um dann gegebenenfalls das günstigste Angebot zu wählen (oder sich zumindest nicht für ein ungünstiges Angebot auf der Grundlage falscher Informationen zu entscheiden).Eine „vernünftige" Konsumentscheidung ist demgegenüber nicht Ziel der Vorschrift. Für Staaten mit langjähriger Wettbewerbstradition wie Deutschland sind Verhaltensweisen iSd Nr. 19 problemlos vom allgemeinen Irreführungsverbot erfassbar. Für neue Mitgliedstaaten mit noch wenig ausgeprägter Rechtsprechung erscheint eine Qualifizierung als **per se-Verbot** im Rahmen der „Schwarzen Liste" hingegen nützlich, da Fehlinformationen über Marktbedingungen und Bezugsquellen gerade bei wenig erfahrenen Verbrauchern große anlockende Wirkung haben. Andererseits ist gerade diese Vorschrift so unklar gefasst,[392] dass sie in der Praxis keine Bedeutung erlangen kann. 378

[392] Entscheidungen hierzu gibt es jedenfalls offenbar nicht; vgl. *Seichter,* JurisPK UWG, 5. Aufl. 2021 Anhang zu § 3 Abs. 3 (19).

379 Nr. 19 des UWG-Anhangs befasst sich nicht mit den Eigenschaften einer Sache, sondern mit der Marktsitution und der daraus folgenden Einordnung des Angebots des Unternehmers; insofern stellt es einen vorgeordneten Tatbestand zur vergleichenden Werbung dar. Es enthält weiter **keine abschließende Regelung der Irreführung über Marktbedingungen** oder Bezugsquellen, sondern greift nur einen Ausschnitt heraus, der vor allem in dem (an sich dem modernen Wettbewerbsrecht fremden) **subjektiven** Element liegt. Der Grundtatbestand des § 5 UWG bleibt jedenfalls für die nicht Nr. 19 unterfallenden Sachverhalte stets anwendbar. Anders als §§ 5, 5a UWG stellt das per se-Verbot in Nr. 19 jedoch **nicht** auf die **Irreführung** ab, sondern lediglich auf die Unwahrheit der Angaben, selbst wenn diese dem Unternehmer selbst unbekannt sei sollte*n;* auch kommt es nicht auf die Auswirkungen auf das Entscheidungsverhalten der Verbraucher an. Dieser auf den ersten Blick überschießende Schutz wird jedoch durch das zur Erfüllung des subjektiven Tatbestands erforderliche Merkmal der **Absicht** abgemildert.

380 **3. An einen Verbraucher gerichtete geschäftliche Handlung.** Nr. 19 UWG-Anhang setzt eine an einen Verbraucher gerichtete geschäftliche Handlung voraus. Bezüglich der Legaldefinition der Begriffe **„geschäftliche Handlung"** und **„Verbraucher"** wird auf § 2 Abs. 1 Nr. 1 und § 2 Abs. 2 UWG sowie die Kommentierung von *Keller* hierzu verwiesen. So ist anhand der allgemeinen Kriterien zu entscheiden, ob zB Informationen in den **Medien,** von **Testorganisationen** diese Voraussetzungen erfüllen. Sollten im Einzelfall auch Informationen durch Medien und Verbraucherorganisationen erfasst sein, wird der für die Verwirklichung des per se-Verbots von Nr. 19 erforderlichen „Absicht" besondere Bedeutung zukommen.

381 Nr. 19 UWG-Anhang gilt nicht für geschäftliche Handlungen von Unternehmern untereinander. Falsche Auskünfte im **„B2B"-Verhältnis** sind daher auf der Grundlage von **§ 5 UWG** zu beurteilen, setzen also eine Irreführungsgefahr und Relevanz voraus (s. dazu ausführliche Kommentierung von *Dreyer/Weidert* zu §§ 5, 5a UWG). So ist insbesondere zu bedenken, dass der „verständige" gewerbliche Durchschnittsabnehmer auch objektiv falsche Angaben über Marktverhältnisse möglicherweise richtig einzuordnen weiß, so dass es letztlich an einer Irreführung fehlt. Ein **Indiz** für eine Unlauterkeit von lediglich falschen Angaben iSd Nr. 19 besteht daher im „B2B"-Verhältnis nicht (dazu → Vorb. Rn. 18); hieran vermag selbst die eventuell vorliegende Absicht auf Seiten des Handelnden nichts zu ändern.

382 **4. Einzelfragen. a) Falsche Angaben.** Auf welche **Art und Weise** die Angabe erfolgt, ob schriftlich, mündlich, bildlich oder konkludent, ist **ohne Bedeutung,** sofern es sich nur um eine „geschäftliche Handlung" im Sinne von § 2 Abs. 2 UWG handelt. Der im Richtlinientext verwendete Ausdruck „Informationen" bedeutet insofern keine Eingrenzung gegenüber dem im deutschen UWG-Anhang verwendeten Begriff der „Angabe".

383 Die Angabe (Information) muss falsch, also **objektiv unwahr** sein. Das Hervorrufen einer **Irreführungsgefahr** wird **nicht vorausgesetzt.** Selbst wenn der Verbraucher also erkennt, dass die Information unzutreffend sein könnte, wäre der Tatbestand der Nr. 19 erfüllt.

384 **b) Marktbedingungen.** Die Angabe muss sich auf **Marktbedingungen** beziehen. Dieser Begriff, der sowohl im Richtlinientext (englisch: market conditions) als auch im UWG-Anhang verwendet wird, ist wenig trennscharf. Gewiss handelt es sich um „zentrale Parameter der Preisbildung".[393] Das sagt jedoch noch wenig aus. Denn Marktbedingungen sind grundsätzlich alle Umstände, die für alle Anbieter dieses Produktes (oder dieser Dienstleistung) auf dem fraglichen Markt gelten und die in **irgendeiner Weise Auswirkungen auf das Preisniveau, die Qualität oder die Leistungserbringung** haben.[394] Hierzu

[393] So *Scherer* NJW 2009, 324 (329).

[394] Ebenso *Büllesbach* S. 126. Vgl. auch den österreichischen OGH WRP 2020, 488, der hier zu den Marktbedingungen auch die Modalitäten eines Rücktrittrechts zählt.

zählen nicht nur die Kosten und die Qualität der Ausgangsstoffe sowie rechtliche Rahmenbedingungen (wie etwa das Bestehen einer Preisbindung für das fragliche Produkt oder die Möglichkeiten der Einfuhr und Zollbestimmungen), sondern auch die politischen und wirtschaftlichen Rahmenbedingungen eines Marktes, möglicherweise auch soziologische und kulturelle Gegebenheiten, wenn es sich um ein Produkt handelt, das von seiner Wertschätzung (Image) lebt. Nach Sinn und Zweck dieses Anhangstatbesstands sollten jedoch zumindest letztere Faktoren keine Rolle spielen. Marktbedingungen sind daher insbesondere Aussagen über das **generelle Preisniveau,** zB dass andere Anbieter höhere Preise fordern oder ungünstigere Leistungsbedingungen haben, dass die Qualität der Ausstattung schlechter ist oÄ.

Problematisch sind **prognostizierende Angaben,** also Angaben zur **künftigen Entwicklung der Marktbedingungen.** Für die Einbeziehung auch derartige Prognosen spricht zwar, dass es sich, sofern die Aussage als sicher dargestellt wird, um regelmäßig stark kaufanreizende Umstände handelt, insbesondere wenn eine **Verknappung von Waren** oder ein **Ansteigen der Preise** behauptet wird (die sich später nicht realisieren). 385

Zum Teil wird vertreten, dass derartige Aussagen wegen der Ungewissheit ihres Eintritts grundsätzlich nur dem allgemeinen Irreführungsverbot unterliegen, da der Kern der Unlauterkeit im Verschweigen des Prognose-Charakters liege.[395] Im Ergebnis ist dem zuzustimmen. Abzustellen ist dabei mE jedoch auf den im Richtlinientext verwendete Begriff der „Information", der mehr noch als der deutsche Begriff der „Angabe" eine **zum Zeitpunkt der Information verifizierbare oder falsifizierbare Aussage** impliziert. Hierzu zählen allgemeine Marktprognosen („der Dollarkurs wird wieder steigen") nicht. Anders ist es freilich mit konkreten, zum Zeitpunkt der Prognose zweifelsohne nachprüfbaren Aussagen, mit der der Unternehmer die besondere Günstigkeit seines Angebots zum gegenwärtigen Zeitpunkt belegt. In dieser offenbar relativ häufigen Konstellation unterfällt jedenfalls der Teil der Aussage über die konkreten gegenwärtigen Marktbedingungen dem Anwendungsbereich des Nr. 19.

c) Bezugsquellen. Unter Bezugsquellen (in der Richtlinie umschrieben als „Möglichkeit, das Produkt zu finden") ist die **Erhältlichkeit des Produktes** oder die Inanspruchnahme der Dienstleistung zu verstehen. Eine scharfe Trennlinie zu den „Marktbedingungen" besteht nicht. 386

Unwahre Aussagen über Bezugsquelle sind auf **zwei Wegen** möglich: Zum einen kann fälschlicherweise behauptet werden, dass es das fragliche Produkt in einem bestimmten Gebiet gar **nicht** gibt, in Zukunft nicht mehr oder nur sehr eingeschränkt geben wird (zB dass die Produktion eingestellt wird). Zum anderen kann vorgetäuscht werden, dass andere Anbieter das Produkt nicht (oder nicht mehr) anbieten, insbesondere der Anbietende dieses **exklusiv** vertreibt. Auch hier sind Zweifelsfragen vorprogrammiert. So wird zB die (zutreffende) Behauptung der exklusiven Vertragshändlerschaft beim Durchschnittsverbraucher die (objektiv unrichtigen) Vorstellung hervorrufen, es gebe das Produkt nirgendwo sonst. Da explizit **falsche** Angaben verhindert werden sollen, hat die **Auslegung** eng am Wortlaut von Nr. 19 zu erfolgen – resultieren aus einer an sich korrekten Feststellung Fehlvorstellungen des Verbrauchers, so gelangt lediglich der allgemeinen Täuschungstatbestand der §§ 5 und § 5a UWG zur Anwendung, nicht jedoch das per se-Verbot der Nr. 19. 387

d) Weniger günstige Bedingungen. Das mittels falscher Angaben über die allgemeinen Marktbedingungen angebotene Produkt oder die Dienstleistung muss **objektiv ungünstiger als Konkurrenzprodukte** sein.[396] Diese sich aus dem Kontext von Richtlinie und UWG-Anhang ergebende Voraussetzung ist ebenfalls **wenig präzise.** Muss das 388

[395] *Büllesbach* S. 126. Die Beurteilung von Prognosen ist in der Literatur nicht einheitlich; vgl. vor allem die Ausführungen bei MüKoUWG/*Alexander* Anhang zu § 3 Abs. 3 Nr. 19 Rn. 21, 22; Fezer/Büscher/*Obergfell* Anhang UWG Nr. 19 Rn. 13.

[396] Ebenso Köhler/*Bornkamm*/Feddersen Anh. zu § 3 III Rn. 19.5.

angebotene Produkt ungünstiger (zB teurer) als alle anderen auf dem Markt erhältlichen ähnlichen Produkte sein oder muss es nur von einem Durchschnittswert negativ abweichen und wie ist dieser zu ermitteln? Auch hier wird die gebotene **Interpretation** dazu führen, dass es jedenfalls erheblich günstigere (vergleichbare) Angebote in ausreichender Zahl auf demselben Markt geben muss.

389 **e) Subjektiver Tatbestand: Absicht.** Das per se-Verbot der Nr. 19 greift nur ein, wenn der Unternehmer die unwahre Angabe über die Marktbedingungen oder Bezugsquellen macht, „um den Verbraucher dazu zu bewegen, eine Ware oder Dienstleistung zu weniger günstigen Bedingungen als den allgemeinen Marktbedingungen abzunehmen oder in Anspruch zu nehmen". Hierunter ist direkter Vorsatz, also **Absicht** zu verstehen.[397] Dem Unternehmer muss also nicht nur positiv bekannt sein, dass es günstigere Angebote gibt, sondern er muss den Verbraucher gerade zu dem Zweck falsch informieren, um ihn zur Abnahme des eigenen ungünstigeren Angebots zu verleiten. Die **Beweislast** für das Vorliegen dieser Absicht liegt beim Kläger.[398]

Anhang zu § 3 Abs. 3 Nr. 20

Unzulässige geschäftliche Handlungen im Sinne des § 3 Abs. 3 sind

20. das Angebot eines Wettbewerbs oder Preisausschreibens, wenn weder die in Aussicht gestellten Preise noch ein angemessenes Äquivalent vergeben werden;

Übersicht

390 **1. Einfluss des europäischen Rechts.** Die Vorschrift beruht auf der Regelung im Anhang I Nr. 19 zur **UGP-Richtlinie.** Der Richtlinientext lautet wie folgt:

„Es werden Wettbewerbe und Preisausschreibungen angeboten, ohne dass die beschriebenen Preise oder ein angemessenes Äquivalent vergeben werden."

391 Danach ist es verboten, Wettbewerbe und Preisausschreiben anzubieten, ohne die beschriebenen Preise oder ein angemessenes Äquivalent zu vergeben. Die **deutsche Fassung** stimmt somit weitgehend (abgesehen von dem **rein sprachlichen Unterschied** zwischen „beschriebenen" Preisen und „in Aussicht gestellten" Preisen) mit dem Richtlinientext überein.

392 **2. Zweck der Vorschrift und Abgrenzung.** Es geht bei diesem Verbot darum, dass der Verbraucher nicht zur Teilnahme an Preisausschreiben oder Wettbewerben veranlasst wird, bei denen es die angeblichen Preise oder angemessenen Äquivalente gar nicht zu gewinnen gibt. Es soll also **nicht über Gewinnchancen getäuscht** werden. Die Regelung der Nr. 20 steht damit in einem Zusammenhang zu den Verboten in **Nr. 16** (Irreführung über Erhöhung der Gewinnchancen bei Glücksspielen) und **Nr. 17** (Irreführung

[397] Der Unternehmen muss also, wie es die Richtlinie deutlicher ausdrückt, „mit dem Ziel handeln, den Verbraucher dazu zu bewegen, ...". Das ist bei Anbietern weniger günstiger Bedingungen zu vermuten; vgl. Köhler/*Bornkamm*/Feddersen Rn. 19.5; der Inanspruchgenommene könne diese Vermutung jedoch durch den Nachweis, er habe sich auf falsche Angaben Dritter verlassen (können), widerlegen.

[398] *Köhler/Lettl* WRP 2003, 1019 (1046).

darüber bereits einen Preis gewonnen zu haben). Der wesentliche Unterschied zu dem Verbot in Nr. 17 besteht darin, dass dem Verbraucher dort der Eindruck vermittelt wird, ihm sei ein Gewinn bereits sicher (obwohl es diesen Gewinn überhaupt nicht gibt oder der Verbraucher dafür weitere Leistungen erbringen muss), während bei Nr. 20 über die **Chancen** auf einen Gewinn getäuscht wird.[399] Zudem beschränkt sich Nr. 20 der Schwarzen Liste nicht allein darauf, dass einzelne irreführende Angaben zu unterlassen sind. **Nr. 20 verbietet vielmehr das Angebot eines Wettbewerbs oder Preisausschreibens insgesamt,** wenn die in Aussicht gestellten Preise oder ein angemessenes Äquivalent nicht vergeben werden. Das geht über das Unterlassen einer Irreführung im Einzelfall hinaus.

Gemildert wird diese Konsequenz allerdings dadurch, dass statt der in Aussicht gestellten Preise auch ein **gleichwertiger Ersatz** vergeben werden kann. In diesem Fall mag die Werbung mit dem konkreten Preis zwar immer noch nach § 5 oder 5a UWG verboten sein, aber der Tatbestand der Nr. 20 wäre nicht erfüllt. Die Verbote in den Nr. 16, 17 und 20 des UWG-Anhangs sind somit jeweils **eigenständig** zu prüfen. Soweit dann einer der Tatbestände des UWG-Anhangs erfüllt ist, ist dieser wegen der fehlenden Wertungsmöglichkeiten und der abschließenden Harmonisierung vorrangig zu prüfen und zu beachten. 393

Im Zusammenhang mit der Ankündigung von Gewinnen ist außerdem die Regelung in **§ 661a BGB** zu berücksichtigen (→ Anh. § 3 Abs. 3 Nr. 17 Rn. 22). 394

3. Einzelheiten. a) An einen Verbraucher gerichtete geschäftliche Handlung. Wie alle Tatbestände des UWG-Anhangs setzt auch Nr. 20 eine an einen Verbraucher gerichtete geschäftliche Handlung voraus. Angaben gegenüber **Unternehmern** können nur nach § 5 UWG irreführend sein. Bezüglich der **Legaldefinition** der Begriffe **„geschäftliche Handlung"** und **„Verbraucher"** wird auf die Kommentierung von *Keller* zu § 2 Abs. 1 Nr. 1 und § 2 Abs. 2 UWG verwiesen. 395

b) Angebot eines Wettbewerbs oder Preisausschreibens. Das Verbot in Nr. 20 des UWG-Anhangs bezieht sich auf das Angebot eines „Wettbewerbs" oder eines „Preisausschreibens". 396

Das in Nr. 20 enthaltene Begriffspaar **„Wettbewerb und Preisausschreiben"** ist wie der **„Glücksspiel"**-Begriff in Nr. 17 **europarechtlich zu interpretieren** und weicht von der bislang üblichen deutschen Terminologie ab. Die Begriffe werden in der UGP-Richtlinie und der E-Commerce-RL nicht einheitlich verwendet.[400] Die Abgrenzung zwischen den einzelnen Varianten dürfte im Ergebnis aber auch nicht entscheidend sein, sondern allein, dass Preise für Handlungen von Verbrauchern ausgelobt, dann aber nicht vergeben werden. Es könnte allenfalls zweifelhaft sein, ob unter den Wortlaut der Vorschrift auch Gewinnspiele fallen, also zufallsabhängige Preisvergaben ohne nennenswerten Einsatz von Geld und Einsatz der Teilnehmer. Dafür spricht neben dem Zweck der Norm auch die französische Sprachfassung, die allein davon spricht, dass „ein Preis gewonnen werden könne (qu'un prix peut être gagné)". 397

In jedem Fall muss es sich bei dem Preisausschreiben oder Wettbewerb um eine **geschäftliche Handlung** iSv § 2 Nr. 1 UWG handeln, dh das Preisausschreiben darf nicht nur allgemeinen, wettbewerbsneutralen Charakter haben.[401] 398

c) In Aussicht gestellte (konkrete) Preise oder angemessenes Äquivalent werden nicht vergeben. Erforderlich für das Verbot ist, dass **konkrete Preise** in Aussicht gestellt und dann nicht vergeben werden. Ein **unbestimmter Hinweis** auf irgendwelche Preise 399

---

[399] Begründung des Regierungsentwurfs, S. 67.

[400] Nr. 20 der Black List: *„Wettbewerb"*, „competition", „concours", „concorsi", „concurso"; Art. 6d RL 2000/31/EG: „Preisausschreiben", „promotional competition", „concours", „concorsi", „concursos". Nr. 20 der Black List: *„Preisausschreiben"*, „prize promotion", „prix peut être gagné", „promozioni a premi", „premios de promoción"; Art. 6d RL 2000/31/EG: „Gewinnspiel", „game", „jeux promotionnels", „giochi promozionale", „juegos promocionales".

[401] Vgl. zu § 4 Nr. 5 UWG aF LG Berlin MD 2005, 1413 (1417) – Ein Umschlag voller Geld.

(zB „Sie können schöne/tolle Preise gewinnen") **genügt nicht.** Dieser Fall wird allerdings von § 5 UWG erfasst.

400 Unklar ist, ob es für Nr. 20 bereits genügen soll, wenn nur ein einzelner Preis nicht wie ausgelobt vergeben wird. Einerseits ist – anders als bei Nr. 17 – nicht nur von „Preis" die Rede, sondern ausdrücklich von „Preisen". Andererseits bezieht sich „der Preis" in Nr. 17 auch nur auf „den Verbraucher"; zudem wird in Nr. 20 auch nur **„ein angemessenes Äquivalent"** erwähnt. Das spricht dafür, dass bereits das Fehlen eines konkret ausgelobten Preises genügen kann. Umgekehrt bedeutet die Regelung allerdings auch nicht, dass *sämtliche* Preise ausfallen müssen, so dass das Verbot bereits dann nicht erfüllt wäre, wenn nur irgendein kleinerer Preis wie angekündigt vergeben wird. Ausreichend aber auch erforderlich ist vielmehr, dass die wesentlichen Preise wie angekündigt oder zumindest ein **gleichwertiger Ersatz** vergeben werden. Aus welchem Grund angekündigte Preise nicht vergeben werden, ob der Werbende dies zu vertreten hat und ob er dies (von Anfang an oder später) geplant hatte, ist hingegen egal.

401 Was unter einem **„angemessenen Äquivalent"**[402] zu verstehen ist, ergibt sich aus der Richtlinie nicht direkt. Das gilt auch für die **Abgrenzung zum „sonstigen Vorteil"** in Nr. 17. Im englischen Richtlinientext wird diese Problematik noch deutlicher, denn hier ist von „reasonable equivalent" (Nr. 19 im Anhang I) einerseits und „equivalent benefit" (Nr. 31 im Anhang I) andererseits die Rede. Beides setzt in jedem Fall eine **Gleichwertigkeit** voraus. Die Formulierung in Nr. 19 im Anhang I der Richtlinie (= Nr. 20 im UWG-Anhang) lässt allerdings einen größeren Beurteilungsspielraum zu. Es geht nicht um absolute, materielle Gleichwertigkeit, sondern um ein nach den Umständen des Einzelfalls angemessenes Äquivalent. Dennoch wird im Rahmen des Nr. 20 ein weitgehend objektiver Maßstab anzulegen sein. Wenn ein Unternehmern in einem Apple Magazin ein iPad auslobt, dann aber nur ein von der Ausstattung und Preis vergleichbares Samsung Galaxy Tab vergibt, wird zwar nach objektiven Kriterien, nicht aber nach Ansicht der Zielgruppe ein gleichwertigen Gewinn vergeben. Dies sollte aber unter den etwas flexibleren § 5 UWG und nicht unter Nr. 20 fallen.

Anhang zu § 3 Abs. 3 Nr. 21

Unzulässige geschäftliche Handlungen im Sinne des § 3 Abs. 3 sind

21. das Angebot einer Ware oder Dienstleistung als „gratis", „umsonst", „kostenfrei" oder dergleichen, wenn hierfür gleichwohl Kosten zu tragen sind; dies gilt nicht für Kosten, die in Zusammenhang mit dem Eingehen auf das Waren- oder Dienstleistungsangebot oder für die Abholung oder Lieferung der Ware oder die Inanspruchnahme der Dienstleistung unvermeidbar sind;

Übersicht

[402] In der englischen Fassung der Richtlinie ist von „reasonable equivalent" die Rede, in der französischen von „équivalent raisonnable".

1. Einfluss des Europäischen Rechts. Nr. 21 des UWG-Anhangs setzt Nr. 20 des Anhangs I der **UGP-Richtlinie** um. Der Text der Richtlinie lautet: 402

„Ein Produkt wird als „gratis", „umsonst", „kostenfrei" oder Ähnliches beschrieben, obwohl der Verbraucher weitere Kosten als die Kosten zu tragen hat, die im Rahmen des Eingehens auf die Geschäftspraktik und für die Abholung oder Lieferung der Ware unvermeidbar sind."

Der Wortlaut in Nr. 21 des UWG-Anhangs ist also leicht abweichend, wobei es sich im Wesentlichen um **sprachliche Straffungen** handelt. Bestehen Zweifel bei der Auslegung einzelner Begriffe ist jedoch der Richtlinientext maßgeblich, da der UWG-Anhang gemeinschaftsrechtskonform zu interpretieren ist (→ Anh. § 3 Vorb. Rn. 5). 403

2. An einen Verbraucher gerichtete geschäftliche Handlung. Das per se-Verbot der Nr. 21 des UWG-Anhangs gilt nur für **geschäftliche Handlungen** gegenüber dem **Verbraucher.** Bezüglich der Legaldefinition beider Begriffe vgl. § 2 Abs. 1 Nr. 1 und Abs. 2 UWG sowie die Kommentierung von *Keller* hierzu. An **Unternehmer** und andere Marktteilnehmer als Verbraucher iSv § 2 Abs. 2 UWG gerichtete „Gratiswerbung" etc ist nur am allgemeinen Irreführungsverbot des § 5 UWG zu messen; dieses greift ein, wenn alle dortigen Voraussetzungen (Wertungsvorbehalt, Relevanz) erfüllt sind. Eine **Vermutung der Unzulässigkeit** auch im **„B2B"-Verhältnis** besteht **nicht** (vgl. → Anh. § 3 Vorb. Rn. 17 f.). 404

3. Der Tatbestand im Einzelnen. Wegen der besonders hohen Anlockwirkung der Werbung mit „Gratis"-Angeboten legt der Gesetzgeber in Nr. 21 einen strengen Maßstab an. Mit „Gratis"-Angeboten oÄ soll nur geworben werden, wenn für den Kunden bestenfalls bestimmte unvermeidbare Kosten anfallen. Im Umkehrschluss gilt, dass tatsächlich kostenlose Angebote – vorbehaltlich der Verbote in anderen Gesetzen, wie zB § 7 HWG[403] – auch als kostenlos beworben werden dürfen.[404] Es geht bei dem Verbot darum, dass der Verbraucher bei vermeintlich kostenlosen Angeboten nicht doch Kosten tragen muss, sofern diese nicht unvermeidbar sind. Anders als bei § 5 UWG ist bei Nr. 21 dabei **nicht** das **Vorliegen** oder gar der Nachweis einer **Irreführung erforderlich.**[405] Der Gesetzgeber unterstellt vielmehr, dass eine solche Irreführung beim Vorliegen der gesetzlichen Tatbestandsvoraussetzungen gegeben ist bzw. er fingiert eine Irreführung, auch wenn diese im Einzelfall möglicherweise nicht gegeben ist. Auslegungs- und Anwendungsprobleme können allerdings entstehen, wenn es um die Beurteilung geht, ob ein Angebot als „gratis" bezeichnet bzw. als „gratis" verstanden wird, welche Kosten bei der Beurteilung zu berücksichtigen sind und ob zB auch mittelbare Kosten und Folgekosten berücksichtigt werden müssen (hierzu → Rn. 408). Problematisch ist die Anwendung der Vorschrift auch auf Zugaben und Kopplungsangebote (hierzu → Rn. 409). 405

a) Bezeichnung als „gratis" oÄ. Wird ein Angebot als **„gratis"**, **„kostenfrei"** oder **„umsonst"**, bezeichnet, so erwartet das Publikum, dass ihm durch die Inanspruchnahme des Angebots **keine anderen Kosten** als bestenfalls unvermeidbare Nebenkosten entstehen. Dabei ist das Verbot nicht auf die Verwendung dieser Worte beschränkt. Wie der Ausdruck „oder dergleichen" zeigt, kann auch die Verwendung von Ausdrücken wie **„kostenlos"**,[406] **„unentgeltlich"**, **„Geschenk"**, **„Präsent"**, **„zum Nulltarif"**, **„free"** usw verboten sein, wenn dadurch der Eindruck der Unentgeltlichkeit erweckt wird. Bei der Beurteilung, ob dies der Fall ist, kann man auch auf die Rechtsprechung zum Verständnis von Aussagen nach § 5 UWG zurückgreifen. Ob der Unternehmer über die zusätzlichen Kosten aufgeklärt hat, ist eigentlich unerheblich, denn auf eine tatsächliche Irreführung kommt es nicht an. Allerdings können solche Aufklärungen bei der Auslegung 406

[403] Dazu BGH NJW 2015, 1960 Rn. 17 – Kostenlose Zweitbrille.
[404] *Rose* K&R 2012, 725 (729).
[405] OLG München GRUR-RS 2016, 12761 Rn. 39 – 1 Glas geschenkt.
[406] OLG Köln GRUR 2009, 608 – Winter-Check-Wochen.

berücksichtigt werden, ob ein Angebot wirklich als „gratis" verstanden wird. Relevant ist das beim Kombinationsangeboten oder Zugaben (→ Rn. 408 und 409). Insoweit kann es bei der Nr. 21 trotz des Charakters als per se Verbot auch auf Elemente der Irreführung bzw. der Aufklärung ankommen.[407] Nicht relevant ist die Aufklärung hingegen mit Bezug auf die Hauptware. Wird diese als „gratis" bezeichnet, kann dies nicht durch Aufklärung in ihr Gegenteil verkehrt werden. Ebenfalls nicht anwendbar ist Nr. 21 auf Fälle, in denen lediglich ein besonders geringer Preis für die Hauptleistung bei zugleich überhöhten Versandkosten gefordert wird.[408]

407 **b) Verpflichtung des Verbrauchers zur Tragung von Kosten.** Das beworbene Angebot darf beim Verbraucher nicht zu Kosten führen, es sei denn, diese sind „unvermeidbar" (hierzu unter c). Dabei sind nur solche Kosten zu berücksichtigten, die als **unmittelbare** Gegenleistung für den Erwerb oder als unmittelbare Voraussetzung für die Inanspruchnahme der jeweils beworbenen Ware oder Dienstleistung **von dem angesprochenen Verbraucher** zu leisten sind, wie zB ein Kaufpreis, Bearbeitungsgebühren oder Kosten für Mehrwertdienste. Sind solche Kosten zu entrichten und handelt es sich dabei nicht um die unvermeidbaren Kosten, so ist die Werbung mit „gratis" stets unlauter. Das gilt selbst dann, wenn der Anbieter über diese Kosten aufgeklärt hat. Verboten wäre danach zB die Werbung einer Partnervermittlung mit *„ohne finanzielle Interessen!"*, wenn Interessenten tatsächlich eine vierteljährliche Gebühr zahlen müssen.[409] Die Angabe *„zum Nulltarif"* für Brillengestelle hingegen wäre nicht nach Nr. 21 zu beanstanden, wenn der versicherte Verbraucher selbst keine Kosten zu tragen hat, sondern diese vollständig von der Krankenversicherung übernommen werden.[410] Ein Verbot käme allerdings in Betracht, wenn nicht alle von der Werbung angesprochenen Versicherungen tatsächlich die Kosten voll übernehmen würden.[411] Die Bewerbung einer Club-Mitgliedschaft als „kostenlos" ist nicht zu beanstanden, wenn dem Mitglied regelmäßig eine reservierte „CD des Monats" zum Kauf übersandt wird, sofern hieraus keine rechtlichen Verpflichtungen entstehen.[412]

408 Das Verbot der Nr. 21 ist nicht anwendbar, wenn der Erwerb der jeweiligen Ware oder Dienstleistung zwar kostenlos erfolgt, damit aber mittelbar zwingende weitere Kosten oder Folgekosten verbunden sind, sofern der angesprochene Kunde dies erkennt. Nicht in Betracht kommt daher die Anwendung des Verbots auf Zugaben und als solche offensichtliche Kopplungsangebote, wie zB der Kauf einer Brille, bestehend aus Gläsern und Fassung, bei der für die Gläser bzw. die Brille insgesamt zu zahlen ist, man aber die „Fassung geschenkt" erhält.[413] **Weitere mittelbare Kosten** sind Kosten, die nicht als Gegenleistung für den Erwerb des Produkts selbst zu entrichten sind, die aber mit dem Erwerb **zwingend verbunden** sind und ohne die ein Erwerb des Produkts nicht möglich wäre, wie zB der Abschluss eines Mobilfunkvertrags mit monatlichen Grundgebühren als Voraussetzung für den Erwerb eines subventionierten Handys, der Beitritt zu einem Buchclub mit der gleichzeitigen Verpflichtung, für einen bestimmten Zeitraum Bücher zu kaufen, der kostenpflichtige Bezug eines Nahrungsergänzungsmittels über eine Probezeit hinaus als Voraussetzung für die kostenlose Lieferung eines Fitnessbands,[414] der Bezug einer Debitkarte zu 9,50 Euro Jahresgebühr als Voraussetzung dafür, im Rahmen eines so beworbenen „kos-

---

[407] OLG München GRUR-RS 2016, 12761 Rn. 40 – 1 Glas geschenkt unter Verweis auf BGH GRUR 2014, 576 Rn. 32 f. – 2-Flaschen GRATIS. Strenger OLG Koblenz K&R 2011, 349 (350); *Rose* K&R 2012, 725 (729); *Blasek* GRUR 2010, 396 (399).

[408] *Rose* K&R 2012, 725 (730).

[409] Vgl. LG Berlin MD 1994, 703, zu § 3 UWG aF.

[410] KG WRP 1994, 184 f.; OLG Nürnberg WRP 1995, 752 – Brillen „umsonst"; OLG Frankfurt a. M. WRP 1999, 951 (954), alle zu § 5 bzw. § 3 UWG aF.

[411] Vgl. OLG Nürnberg WRP 1995, 752 – Brillen „umsonst".

[412] KG GRUR-RR 2011, 15 (16 f.), zu § 5 Abs. 1 S. 2 Nr. 2 UWG.

[413] OLG Nürnberg BeckRS 2018, 32175; OLG Hamm, GRUR-RR 2016, 28 – 1 Glas geschenkt.

[414] LG Aachen MMR 2017, 496.

tenfreien Girokontos" mit „kostenfreier Bargeldabhebung" an Geldautomaten Bargeld abheben zu können.[415]

Folgekosten sind Kosten, die nicht zwingend anfallen, damit die jeweilige Ware überhaupt erworben werden kann, die aber **bei dessen Nutzung anfallen,** also zB die Gesprächskosten bei Nutzung eines Handys. Solche Angebote unterfallen nicht dem Verbot der Nr. 21, müssen aber weiterhin – und immerhin – den Anforderungen der § 5 und 5a UWG sowie der PAngV genügen; insoweit kommt es darauf an, ob der Verbraucher hinreichend über die mittelbaren oder die Folgekosten aufgeklärt wird.[416] Allerdings muss auch gesehen werden, dass insoweit ein anderes Ergebnis insbesondere angesichts der weiten Formulierung in der Richtlinie, die davon spricht, dass der Verbraucher „weitere Kosten zu tragen hat", nicht völlig ausgeschlossen ist.[417] Nur hätte dies erhebliche Konsequenzen, würde den Anwendungsbereich der Nr. 21 enorm ausdehnen und zu nicht sachgerechten Ergebnissen führen, weil es bei dem Verbot der Nr. 21 ja weder auf eine Irreführung noch auf eine Aufklärung ankommt. Letzten Endes muss dies aber der EuGH entscheiden.

Auch bei **Zugaben** handelt es sich um Waren, die als unentgeltlich bezeichnet sind, die der Kunde letzten Endes aber nicht unentgeltlich bekommt, wenn er für die Hauptware oder für die Inanspruchnahme der Zugabe zahlen muss. Nr. 21 will Zugaben weder grundsätzlich verbieten noch sind sie grundsätzlich vom Verbot freigestellt. Ist für den Verbraucher erkennbar, dass er die unentgeltliche Zugabe nur in Verbindung mit einer entgeltpflichtigen Hauptware/-leistung bekommt,[418] so unterfällt das nicht dem Verbot der Nr. 21, es sei denn der Verbraucher muss über die Bezahlung der Hauptware hinaus für die Inanspruchnahme der Zugabe noch eine weitere Zahlung leisten.[419] Das Verbot der Nr. 21 ist in diesen Fällen auch dann nicht erfüllt, wenn die Kosten der Nebenware/-leistung in den Preis der Hauptware/-leistung einkalkuliert sind. Gewährt daher zB ein Anbieter von Telefondienstleistungen seinen Kunden einhundert Gesprächsminuten ohne gesonderte Berechnung, ist der Hinweis „100 Gesprächsminuten gratis" nicht nach Nr. 21 unlauter, nur weil alle Neukunden hiervon bei Vertragsschluss profitieren oder weil die Kosten dieses „Einstiegsgeschenks" kalkulatorisch bei der Festsetzung der Telefontarife berücksichtigt wurden.[420] Nicht nach Nr. 21 verboten (und bei entsprechender Aufklärung auch nicht irreführend iSv § 5 UWG) ist es auch, wenn bei einer **größeren Warenmenge** oder einer **Sachgesamtheit** damit geworben wird, der Verbraucher erhalte hiervon einen Teil „gratis", wenn der Verbraucher diesen Teil tatsächlich (im Vergleich zum üblichen Preis für den restlichen Teil des Gesamtangebots) ohne Aufpreis erhält.[421] **409**

c) Unvermeidbare Kosten bei Vertragsanbahnung. Nach dem ersten Teil des zweiten Halbsatzes soll es einer Gratiswerbung nicht entgegenstehen, wenn (lediglich) Kosten für den Empfänger entstehen, die zum einen „im Zusammenhang mit dem Eingehen auf das Waren- oder Dienstleistungsangebot" entstehen und zum anderen „unvermeidbar" sind. Die Vorschrift scheint insoweit wenig glücklich formuliert: Es wird nicht deutlich, auf welche Art von Kosten die Bestimmung abzielt. Gemeint sind wohl Kosten, die bei **410**

[415] LG Düsseldorf WRP 2019, 393 Rn. 32; allerdings wurde die Irreführung nach § 5 UWG bejaht. Ähnlich LG Stuttgart GRUR-RR 2018, 434 Rn. 32.

[416] OLG Düsseldorf MMR 2011, 664 (665) – 20 Songs gratis.

[417] So wohl auch *Scherer* WRP 2011, 393 (397). Nicht erörtert von OLG Hamburg WRP 2009, 1305.

[418] Wovon der durchschnittlich informierte Verbraucher nach einem obiter dictum des BGH erfahrungsgemäß ausgeht, vgl. BGH NJW 2015, 1960 Rn. 17 – Kostenlose Zweitbrille.

[419] BGH GRUR 2014, 576 Rn. 33 – 2 Flaschen GRATIS; OLG München GRUR-RS 2016, 12761 Rn. 40 – 1 Glas geschenkt; OLG Köln GRUR 2009, 608.

[420] Anders *Rose* K&R 2012, 725 (729): Gezielte Verteuerung der Hauptleistung möglicherweise als Umgehung von Nr. 21 unzulässig.

[421] BGH GRUR 2014, 576 Rn. 29, 33 – 2 Flaschen GRATIS; vgl. OLG Frankfurt a. M. GRUR-RR 2003, 59, zu Getränkedosen-Gebinden mit dem Aufdruck *„Vier Dosen gratis beim Kauf von zwanzig Dosen"*. Strenger hingegen noch LG Dortmund WRP 2014, 1360 Rn. 25, zu Werbung für Brillen mit dem Hinweis *„1 Glas geschenkt"*, wenn es sich faktisch lediglich um einen Rabatt von 50 % auf den Gesamtpreis handelt.

Anbahnung entsprechender Verträge stets zwingend anfallen und in ihrer Entstehung dem Einfluss der Geschäftsparteien entzogen sind, also zB staatliche Gebühren oder andere Zahlungspflichten gegenüber Dritten, auf welche die Parteien keinen Einfluss haben. Das betrifft beispielsweise Telefongebühren oder Portokosten, um Angebote anzunehmen. Freigestellt sind solche Kosten allerdings nur, soweit sie „unvermeidbar" sind. Das bedeutet beispielsweise bei Telefongebühren, dass nur die Basisgebühren umfasst werden, nicht aber etwaige erhöhte Gebühren für Mehrwertdienste.

411 **d) Unvermeidbare Abhol- oder Lieferkosten.** Nach dem zweiten Halbsatz der Vorschrift soll es einer zulässigen Gratiswerbung auch nicht entgegenstehen, wenn für den Empfänger bei Abholung oder Lieferung Kosten entstehen, soweit diese „unvermeidlich" sind. Das betrifft **Distanzgeschäfte,** bei denen auf jeden Fall durch den Versand oder die Abholung Kosten entstehen. Das Tatbestandsmerkmal „unvermeidlich" kann dabei sinnvollerweise nicht so verstanden werden, dass derartige Kosten bereits dann stets „vermeidlich" wären, wenn der Anbieter der Gratisleistung sie übernähme; da eine solche Kostenübernahme nämlich so gut wie immer faktisch möglich wäre, bliebe dann für die Vorschrift praktisch kein Anwendungsbereich. Zu den unvermeidbaren Kosten können neben den Versandkosten[422] auch Kosten für Verpackungen sowie Packer gehören, nicht hingegen für sonstiges Personal etwa für IT oder Finanzen sowie eingesetzte Geräte.[423] **Pauschalen** für Verpackung und Versand[424] sollen ebenfalls unzulässig sein; ebenso Einrichtungspauschalen.[425]

412 **e) Unvermeidbare Kosten der Inanspruchnahme der Dienstleistung.** Einer Gratiswerbung für Dienstleistungen stehen für den Empfänger entstehende Kosten nicht entgegen, soweit sie „für die Inanspruchnahme der Dienstleistung unvermeidbar" sind. In Betracht kommen zB die Kosten für die **Anfahrt oder Anreise** des Empfängers zum Leistungserbringer. Soweit derartige zwingende Kosten von vornherein der Höhe nach feststehen, kann sich nach Lage des Falls aus § 5a eine Hinweispflicht des Werbenden ergeben. Ist es allerdings nach der Gestaltung der Werbung für das Publikum offensichtlich, dass sich der Leistungsempfänger zum Anbieter begeben muss, erübrigt sich in der Regel ein entsprechender Hinweis auf die hierdurch entstehenden Kosten.

413 **f) Beurteilung nach § 5 und § 5a sowie nach § 3a UWG** (vormals § 4 Nr. 11 UWG aF). Ausschließlich nach § 5 UWG zu beurteilen ist der Fall, dass über den Gegenstand bzw. **Inhalt** oder den **Wert der Gratisleistung** Fehlvorstellungen hervorgerufen werden.[426] Allerdings ist gerade bei Gratisangeboten durchaus denkbar, dass sich das Publikum über Art und Umfang der Leistungen im Einzelfall keine vertieften Gedanken macht oder bei Feststellung der Irreführung dadurch eher davon abgehalten wird, sich mit anderen Angeboten des Werbenden zu befassen,[427] was die Relevanz einer eventuellen Irreführung ausschließen kann.

414 Außerdem kann eine besonders hervorgehobene Anpreisung eines Angebots als „umsonst" in besonderen Fällen selbst dann nach § 5 UWG unlauter sein, wenn tatsächlich keine weiteren Kosten entstehen, es sich dabei aber um eine handelsübliche **Selbstverständlichkeit** handelt.

415 Nach § 5a UWG zu beurteilen sind Fälle der vermeintlichen Irreführung über mittelbare Entgelte oder Folgekosten.

---

[422] OLG Dresden MMR 2016, 826 Rn. 22.

[423] LG Dresden 30.11.2010 – 3 O 949/10, bestätigt durch OLG Dresden BeckRS 2012, 4363.

[424] KG GRUR-RR 2011, 15 (16) (zu § 5 UWG); Köhler/Bornkamm/Feddersen/*Bornkamm/Feddersen* UWG § 5 Rn. 3.163 mwN.

[425] Vgl. Dresden MMR 2016, 826 Rn. 23 (dort allerdings nicht verboten, weil die Werbung nur Online-Käufe betraf und dabei keine Pauschale anfiel).

[426] LG Frankfurt a. M. WRP 1993, 295 (Ls.); *Helm/Sonntag/Burger* in Gloy/Loschelder/Danckwerts HdbWettbR § 59 Rn. 331.

[427] Vgl. BGH GRUR 1987, 916 (918) – Gratis-Sehtest.

Die Verbote in Nr. 21 haben Vorrang vor § 3a UWG.[428] Gleichwohl werden Fälle, in denen zwar Hinweise auf die Kostenpflicht vorhanden sind, diese aber unauffällig gestaltet sind, nicht über Nr. 21 sondern eher über § 3a UWG iVm § 312j Abs. 3 BGB (sog. Button-Lösung) zu sanktionieren sein.[429] **416**

Anhang zu § 3 Abs. 3 Nr. 22

Unzulässige geschäftliche Handlungen im Sinne des § 3 Abs. 3 sind

22. die Übermittlung von Werbematerial unter Beifügung einer Zahlungsaufforderung, wenn damit der unrichtige Eindruck vermittelt wird, die beworbene Ware oder Dienstleistung sei bereits bestellt;

Übersicht

Schrifttum: *H.-J. Ahrens,* Auftragssammlung für Branchenverzeichniseinträge durch als Rechnung getarnte Vertragsangebote, EWiR 1995, 915; *ders.,* Durchsetzung unter Irreführung zustandegekommener Verträge („Folgeverträge"), EWiR 1994, 185; *Alexander,* Die „Schwarze Liste" der UGP-Richtlinie und ihre Umsetzung in Deutschland und Österreich, GRURInt. 2010, 1025; *Alexander/Pützhoven,* Vertragsschluss bei rechnungsähnlich gestalteten „Eintragungsofferten", DB 2001, 1133; *Bernreuther,* Das Vertragsangebot in der Werbung, WRP 2003, 846; *Büllesbach,* Auslegung der irreführenden Geschäftspraktiken des Anhangs I der Richtlinie 2005/29/EG über unlautere Geschäftspraktiken, 2008; *Garbe,* Rechnungsähnliche Vertragsofferten als strafbarer Betrug, NJW 1999, 2868; *Geisler,* Anmerkung zu BGH Urt. v. 26.4.2001 – 4 StR 439/00, NStZ 2002, 86; *Köhler,* Unbestellte Waren und Dienstleistungen – neue Normen, neue Fragen, GRUR 2012, 217; *Krack,* Zur Versendung rechnungsähnlicher Vertragsofferten, JZ 2002, 613; *Pawlik,* Betrügerische Täuschung durch die Versendung rechnungsähnlicher Angebotsschreiben, StV 2003, 297; *Sack,* Folgeverträge unlauteren Wettbewerbs, GRUR 2004, 625; *Scherer,* Die weißen Flecken in der Schwarzen Liste, WRP 2014, 771; *Schockenhoff,* Wettbewerbswidrige Folgeverträge, NJW 1995, 500; *Scherer,* „Case-law" in Gesetzesform – die „Schwarze Liste" als neuer UWG-Anhang, NJW 2009, 324; *dies.,* Was bringt die „Schwarze Liste" tatsächlich? – Bestandsaufnahme und Konsequenzen, WRP 2011, 393; *Schöttle,* Die Schwarze Liste – Übersicht über die neuen Spezialtatbestände des Anhangs zu § 3 Abs. 2 UWG, WRP 2009, 673; *Solf,* Adreßbuchschwindel – Neue Entwicklungen zu einer alten Masche, WRP 2000, 325; *Traub,* Durchführungsverbot und Folgeverträge, GRUR 1980, 673; *v. Ungern-Sternberg,* Kundenfang durch rechnungsähnlich aufgemachte Angebotsschreiben, WRP 2000, 1057.

1. Einfluss des Europäischen Rechts. Nr. 22 des UWG-Anhangs setzt Nr. 21 der „Schwarzen Liste" der **UGP-Richtlinie** in deutsches Recht um: **417**

> *„Werbematerialien wird eine Rechnung oder ein ähnliches Dokument mit einer Zahlungsaufforderung beigefügt, die dem Verbraucher den Eindruck vermitteln, dass er das beworbene Produkt bereits bestellt hat, obwohl dies nicht der Fall ist."*

2. Gesetzeszweck und Abgrenzung. Nr. 22 zielt auf den Schutz des Verbrauchers vor Täuschung über das Bestehen einer vertraglichen Bindung ab.[430] Die Vorschrift will den Verbraucher davor schützen, aufgrund einer Täuschung eine in Wahrheit nicht geschuldete Leistung zu erbringen. **Scheinrechnungen** hatten die Rspr. in der Vergangen- **418**

[428] *Rose* K&R 2012, 725 (729).

[429] *Alexander* NJW 2012, 1985 (1989); *Rose* K&R 2012, 725 (729).

[430] BGH GRUR 2012, 184 Rn. 29 – Branchenbuch Berg.

heit va in der Form sog. **rechnungsähnlich aufgemachter Offerten** beschäftigt.[431] Die Rspr. sah diese allerdings nur als unlauter an, wenn es sich bei der Übersendung der Rechnung oder des rechnungsähnlich aufgemachten Angebots um ein von Anfang an auf Täuschung angelegtes Gesamtkonzept handelte, um von Folgeverträgen zu profitieren.[432] Nr. 22 des Anhangs zu § 3 Abs. 3 ist nach den Gesetzesmaterialien insofern weiter, als es auf ein solches **Gesamtkonzept** hier nicht ankommt;[433] es muss sich aber zumindest um eine geschäftliche Handlung handeln. Der Anwendungsbereich der Vorschrift ist zudem beschränkt auf das Verhältnis zwischen Unternehmern und Verbrauchern.

419 Nr. 22 dient unmittelbar dem **Schutz der Verbraucher vor Irreführung** über tatsächlich **nicht erfolgte Bestellungen.** Mittelbar werden auch Mitbewerber und die Allgemeinheit geschützt, da die in der Vorschrift geregelten geschäftlichen Handlungen den lauteren Wettbewerb gefährden.

420 Erfasst werden nicht nur Täuschungen durch **rechnungsähnlich aufgemachte Angebotsschreiben,** bei denen der Vertrag durch die Zahlung zustande kommen soll, sondern auch Irreführungen durch **andere Scheinrechnungen,**[434] bei denen der Unternehmer dem Verbraucher glauben machen will, er habe **die in der beiliegenden Werbung** abgebildeten und noch nicht gelieferten Produkte bestellt.

Die Aufforderung zur **Bezahlung unbestellter, aber schon gelieferter Produkte** ist in **Nr. 29 UWG-Anhang** geregelt. Er stellt gegenüber **Nr. 22** eine Sonderregelung dar, soweit es „nur" um die Aufforderung zur Bezahlung unbestellter und schon gelieferter Ware geht, weil sonst die dort gemachten Einschränkungen unterlaufen würden.[435] **§ 4a** ist bei **Zahlungsaufforderungen von Inkassounternehmen,** die nicht verschleiern, dass der Schuldner sich gerichtlich zur Wehr setzen kann, in aller Regel nicht einschlägig.[436]

421 Nr. 22 des Anhangs zu § 3 Abs. 3 kann – sofern die dort aufgestellten Voraussetzungen erfüllt sind – mit **§ 4a, § 5** oder **§ 7** zusammentreffen. Aus Nr. 22 des Anhangs kann nicht geschlossen werden, dass die Versendung formularmäßiger Angebotsschreiben nur unter den dort genannten Voraussetzungen unlauter ist. Vielmehr greift dann die Prüfung nach den allgemeinen Vorschriften ein. Dies darf lediglich nicht zu Wertungswidersprüchen führen.[437] Vor diesem Hintergrund ist der BGH davon ausgegangen, dass formularmäßige Angebotsschreiben, denen keine Zahlungsaufforderung beigefügt ist, dann gegen § 5 Abs. 1 und § 4 Nr. 3 aF (§ 5a, insbes. Abs. 6 nF) verstoßen, wenn sie nach ihrer Gestaltung und ihrem Inhalt darauf angelegt sind, beim flüchtigen Leser den Eindruck hervorzurufen, mit der Unterzeichnung und Rücksendung des Schreibens werde lediglich eine Aktualisierung von Eintragungsdaten im Rahmen eines bereits bestehenden Vertragsverhältnisses vorgenommen.[438]

422 Die Zusendung rechnungsähnlicher Angebotsschreiben kann als Betrug **(§ 263 StGB)** strafbar sein.[439]

423 **3. Geschäftliche Handlung gegenüber Verbraucher.** Nr. 22 des UWG-Anhangs setzt eine an einen **Verbraucher** gerichtete **geschäftliche Handlung** voraus. Bezüglich der **Legaldefinition** der Begriffe „geschäftliche Handlung" und „Verbraucher" wird auf § 2 Abs. 1 Nr. 1 und § 2 Abs. 2 UWG verwiesen. Der schon bislang besonders konflikt-

---

431 Vgl. BGH GRUR 1994, 126 – Folgeverträge I; GRUR 1995, 358 – Folgeverträge II; GRUR 1998, 415 – Wirtschaftsregister; GRUR 2001, 1178 – Gewinn-Zertifikat.

432 BGH GRUR 1994, 126 – Folgeverträge I; GRUR 1995, 358 – Folgeverträge II; GRUR 2001, 1178 – Gewinn-Zertifikat. S. zu dieser Rspr. näher *Sack* GRUR 2004, 625 ff.

433 Amtl. Begr. zum RegE, BT-Drs. 16/10145, 34 (Anhang II.).

434 Amtl. Begr. zum RegE, BT-Drs. 16/10145, 34 (Anhang II.).

435 In diesem Sinne auch *Köhler* GRUR 2012, 217 (222): Nr. 22 auf Fälle beschränkt, in denen die Ware noch nicht geliefert bzw. die Dienstleistung noch nicht erbracht ist.

436 Vgl. BGH DE:BGH:2018:220318UIZR25.17.0 – Zahlungsaufforderung.

437 BGH GRUR 2012, 184 Rn. 29 – Branchenbuch Berg; GRUR 2019, 1202 Rn. 28 f. – Identitätsdiebstahl.

438 BGH GRUR 2012, 184 Rn. 29/30 – Branchenbuch Berg.

439 BGH NStZ 2001, 430; NStZ-RR 2004, 110; OLG Frankfurt a. M. NJW 2003, 3215.

trächtige Bereich von an **Unternehmer** gerichteten rechnungsähnlich aufgemachten Angebotsschreiben[440] bleibt danach von Nr. 22 des Anhangs zu § 3 Abs. 3 ausgeklammert. Die Versendung derartiger Angebotsschreiben an Unternehmer kann aber nach § 5 unlauter sein; insbes. → § 5 Rn. 878, 1168. Eine **Indizwirkung** für den B2B-Bereich entfaltet Nr. 22 des UWG-Anhangs wohl **nicht,** weil die Situation dort nicht vollständig vergleichbar ist (vgl. *Glöckner* → Einl. Rn. 354).

4. Werbematerial. Dem Verbraucher muss Werbematerial (frz.: „matériel promotionel"; engl.: „marketing material") übermittelt werden. Der Begriff Werbung deckt sich mit dem des Art. 2 lit. a Irreführungsrichtlinie (Richtlinie 2006/114/EG). Das Erfordernis, dass es sich um „Material" handeln muss, beschränkt den Kreis der Werbung aber auf irgendwie (analog oder digital) **körperlich fixierte** Werbung; die mündliche Zahlungsaufforderung unter Hinweis auf eine angebliche frühere Bestellung reicht daher für Nr. 22 nicht. **424**

Die **(Schein-)Rechnung** als solche ist kein Werbematerial im Sinne der Vorschrift, weil sie nicht dem Absatz von Produkten dient. Der Einzug einer tatsächlich nicht bestehenden Forderung fällt daher nur unter Nr. 22, wenn die Rechnung – wie bei rechnungsähnlich aufgemachten Offerten – über ihren eigentlichen Zweck hinaus als Mittel eingesetzt wird, einen Vertragsschluss zu erwirken, oder wenn sie mit Werbematerial versehen wird, das den unrichtigen Eindruck einer der Forderung zu Grunde liegenden Bestellung erweckt. **425**

„Werbematerial" sind zB **Angebotsschreiben, Werbeanschreiben, Werbeprospekte, Werbe-E-Mails uÄ;** auch **elektronisch übermittelte Werbeaussagen**[441] und **Probeware** gehören dazu, nicht aber die Lieferung der Ware oder Erbringung der Dienstleistung selbst oder eine unrichtige **Auftragsbestätigung.**[442] Bei dieser handelt es sich nicht um Werbematerial, sondern um die Bestätigung einer (angeblichen) Bestellung, auch wird hier der Eindruck einer bereits erfolgten Bestellung durch die Auftragsbestätigung und nicht eine beigefügte Rechnung bewirkt.[443] Zwar verfolgt der Unternehmer mit der **Lieferung unbestellter Waren** bzw. Erbringung nicht bestellter Dienstleistungen ebenfalls Absatzzwecke. Soweit es „nur" um die Aufforderung zur Bezahlung unbestellter Ware geht, bestimmt sich die Unlauterkeit nach anderen Regeln; vgl. → Anh. § 3 Rn. 420. **426**

5. Beigefügte Zahlungsaufforderung. Dem Werbematerial muss eine Zahlungsaufforderung beigefügt sein. **„Zahlungsaufforderung"** ist jede Aufforderung zu einer Zahlung des für das beworbene Produkt angeblich **geschuldeten** Betrags. Entscheidend ist der Eindruck, den die geschäftliche Handlung in der konkreten Situation bei einem durchschnittlich (angemessen) aufmerksamen, verständigen und informierten Mitglied des von der geschäftlichen Handlung angesprochenen Verbraucherkreises erweckt. „Zahlungsaufforderung" können deshalb nicht nur **Rechnungen, Mahnungen, Zahlungserinnerungen,** vorausgefüllte **Zahlkarten, Einzugsermächtigungen** oder **Überweisungsträger** sein, mit denen der Absender zur Zahlung eines bestimmten Betrags für das beworbene Produkt auffordert, sondern auch **Angebotsschreiben** (Bestellscheine, Bestellformulare uÄ), die, etwa wegen fehlender Anrede und Grußformel, durch Fettdruck hervorgehobener Auflistung der „Kosten" unter Aufschlüsselung in Brutto- und Nettobetrag, Angabe der Bankverbindung des Werbenden, Beifügung eines Überweisungsträgers sowie Aufführung der Angebotsbedingungen lediglich im Kleingedruckten oder auf der Rückseite des Schreibens, **nur den Anschein einer Rechnung erwecken.**[444] **Spendenaufforderungen** oder **427**

---

[440] S. BGH GRUR 1994, 126 – Folgeverträge I; GRUR 1995, 358 – Folgeverträge II; GRUR 1998, 415 – Wirtschaftsregister; OLG Düsseldorf OLGR Düsseldorf 2004, 416; LG Frankfurt a. M. WRP 2000, 336.

[441] *Köhler* GRUR 2012, 217 (221).

[442] *Köhler* GRUR 2012, 217 (221).

[443] *Köhler* GRUR 2012, 217 (221).

[444] S. zum früheren Recht schon BGH GRUR 1994, 126 – Folgeverträge I; GRUR 1995, 358 – Folgeverträge II; GRUR 1998, 415 – Wirtschaftsregister; OLG Düsseldorf OLGR Düsseldorf 2004, 416; LG Frankfurt a. M. WRP 2000, 336.

bloße **Bitten** um Überweisung eines Geldbetrags, der aus Verbrauchersicht nicht geschuldet wird, sind keine „Zahlungsaufforderung".[445]

428 Die Zahlungsaufforderung muss dem Werbematerial **„beigefügt"** sein. Dafür reicht im Interesse eines wirksamen Verbraucherschutzes aus, dass die Zahlungsaufforderung in so engem **zeitlichem, räumlichem und sachlichen Zusammenhang** mit der Werbung übermittelt wird, dass beim Durchschnittsverbraucher der Eindruck entsteht, es werde das beworbene Produkt in Rechnung gestellt. Eine formelle Aufspaltung in zwei Schreiben ist nicht erforderlich.[446] Die Voraussetzungen der Nr. 22 erfüllen in erster Linie **rechnungsähnlich aufgemachte Schreiben.**[447] Sie vereinen in sich die Kriterien der „Zahlungsaufforderung" und der „Werbung", weil sie darauf gerichtet sind, dass durch Überweisung der „Rechnung" ein Absatzgeschäft zustande kommt. Übersendet zB ein Unternehmer den Angehörigen eines kürzlich Verstorbenen wenige Tage nach dem Erscheinen seiner Todesanzeige in der Tageszeitung ein Angebot über die Veröffentlichung einer weiteren Anzeige im Internet, das infolge seiner Aufmachung den Eindruck erweckt, die Rechnung für die bereits geschaltete Anzeige zu sein,[448] ist der für Nr. 22 erforderliche Zusammenhang zwischen der in Offerte liegenden Werbung und der Zahlungsanforderung gegeben.

429 Ausreichend ist aber auch, wenn die Zahlungsaufforderung dem **Werbematerial angeheftet** ist oder sie sich im selben **Briefumschlag** (zB ausgefüllter Überweisungsschein) [449] bzw. im **Anhang der Werbe-E-Mail** befindet. Der erforderliche Zusammenhang kann sogar bestehen, wenn Briefwerbung und Zahlungsaufforderung in **unterschiedlichen Umschlägen,** aber unter demselben Datum übersandt werden. Unter Umständen kann auch ausreichen, dass der Verbraucher bei Entgegennahme der Werbesendung **per Nachnahme** zur Zahlung aufgefordert oder in unmittelbarem zeitlichen Zusammenhang mit der Werbung vom Call-Center des Unternehmers **angerufen** und die Zahlung angemahnt wird. In all diesen Fällen wird aufgrund des Zusammenhangs von Werbung und Rechnung der falsche Eindruck erweckt, die Ware sei bereits bestellt und zu bezahlen. Selbst eine im Begleittext des Schreibens angekündigte Übersendung einer Rechnung ist nach Sinn und Zweck der Vorschrift ausreichend.[450]

430 **6. Dadurch vermittelter unrichtiger Eindruck einer schon erfolgten Bestellung des beworbenen Produkts. a) Situationsbedingt handelnder Durchschnittsverbraucher.** Das Verhalten des Unternehmers muss beim Verbraucher den unrichtigen Eindruck vermitteln, er habe das beworbene Produkt schon bestellt. Ob ein unrichtiger Eindruck vermittelt wird, ist nicht objektiv, sondern aus der Sicht des **Durchschnittsverbrauchers** zu beurteilen. Dies zeigt die Differenzierung zwischen dem „Erwecken des Eindrucks" (beim Verbraucher) und der (objektiv) „unwahren Angabe", die verschiedenen Nummern der „Schwarzen Liste" zu Grunde liegt. Abzustellen ist auf einen durchschnittlich (angemessen) aufmerksamen, informierten und verständigen Verbraucher in der konkreten Situation der Werbung. Richtet sich die geschäftliche Handlung in für den Unternehmer vorhersehbarer Weise auch an genau abgegrenzte und insbesondere infolge von geistigen oder körperlichen Gebrechen, Alter oder Leichtgläubigkeit **besonders schutzwürdige Personenkreise,** kommt es auch dann auf deren Verständnis an, wenn noch andere Personen angesprochen werden.

431 **b) Fehlvorstellung über die Bestellung des konkret beworbenen Produkts.** Die Zusendung des Dokuments muss bei einem solchen Verbraucher den **Eindruck er-**

---

[445] Wie hier Köhler/*Bornkamm*/Feddersen Anh. zu § 3 Abs. 3 Rn. 22.3.

[446] Ebenso *Büllesbach* S. 136.

[447] S. zum früheren Recht schon BGH GRUR 1994, 126 – Folgeverträge I; GRUR 1995, 358 – Folgeverträge II; GRUR 1998, 415 – Wirtschaftsregister; OLG Düsseldorf OLGR Düsseldorf 2004, 416; LG Frankfurt a. M. WRP 2000, 336.

[448] S. den Sachverhalt bei BGH NStZ 2002, 86 ff.

[449] Vgl. zum früheren Recht schon BGH GRUR 1998, 415 – Wirtschaftsregister.

[450] *Köhler* GRUR 2012, 217 (221). – AA Ohly/*Sosnitza* Anh. zu § 3 Abs. 3 Rn. 63.

wecken, der Verbraucher habe das Produkt schon bestellt. Der Empfänger eines Schreibens, das die im Geschäftsverkehr übliche Form einer Rechnung hat, darf zwar im Regelfall darauf vertrauen, dass es sich auch tatsächlich um eine Rechnung handelt;[451] mit verkappten Angeboten in Rechnungsform muss er, wenn keine besonderen Umstände zur Vorsicht warnen, nicht rechnen. Die Zusendung von rechnungsähnlichen Auftragsschreiben erfüllt den Tatbestand von Nr. 22 aber erst dann, wenn auch ein angemessen aufmerksamer, verständiger und informierter Verbraucher in der konkreten Situation annimmt, das angebotene Produkt schon bestellt zu haben.

Eine detaillierte Vorstellung vom Bestellvorgang und korrekte rechtliche Würdigung 432 dieses Vorgangs ist nicht zu fordern; ausreichend ist die Vorstellung des Verbrauchers, die entgeltliche Ware oder Dienstleistung, auf die sich die Werbematerialien beziehen, bereits **verbindlich angefordert** zu haben. Gleichgültig ist nach Sinn und Zweck der Vorschrift auch, worin der Verbraucher den vermeintlichen Bestellvorgang erblickt, ob dieser im Zusammenhang mit einem Verhalten des Unternehmers selbst (zB: vorangegangener Vertreterbesuch) oder einer anderen Person (zB: Scheinrechnung über von Dritten geliefertes Produkt) steht und ob der Verbraucher an diesen überhaupt eine Erinnerung hat (zB: es werden gezielt Bewohner eines Seniorenwohnheims angeschrieben, um deren Glauben an die vermeintliche eigene Vergesslichkeit hinsichtlich des Bestellvorgangs auszunutzen). Etwaige den Verbrauchern im Falle einer wirksamen Bestellung zustehende Widerrufs- oder Rücktrittsrechte beeinträchtigen den Schutz selbst dann nicht, wenn der Unternehmer auf sie eigens hinweist.[452]

Entscheidend ist die Fehlvorstellung, das **konkret in der beiliegenden Werbung** 433 **beworbene Produkt** bestellt zu haben. Diese Voraussetzungen sind nicht nur erfüllt, wenn der Unternehmer Produkte abrechnet, die überhaupt nicht bestellt und geliefert wurden, sondern auch, wenn der Unternehmer die vom Verbraucher bei einem Dritten geschaltete Anzeige zum Anlass nimmt, mit einer rechnungsähnlich gestalteten Offerte an den Verbraucher heranzutreten, die infolge ihrer Aufmachung den Eindruck einer Rechnung für die bereits geschaltete Anzeige erweckt.[453] Nach einer Auffassung soll aber in jedem Fall ein Hinweis auf das Zahlungserfordernis **im Dokument selbst** erforderlich sein.[454] Diese Auffassung erweist sich jedoch im Hinblick auf den Schutzzweck der Vorschrift als zu eng, denn auch durch geeignete andere Taktiken, zB einen besonders engen zeitlichen und räumlichen Zusammenhang von Werbung und Zahlungsaufforderung, kann gezielt die Fehlvorstellung einer bereits erfolgten Bestellung des beworbenen Produkts bewirkt werden. Ein wirksamer Schutz gegen rechnungsähnliche Zahlungsaufforderungen lässt sich nur herstellen, wenn allein auf den beim Durchschnittsverbraucher entstehenden Eindruck abgestellt wird.

Der Verbraucher muss einer **Fehlvorstellung** unterliegen; seine Vorstellung, das Pro- 434 dukt bestellt zu haben, muss mit anderen Worten **unrichtig** sein. Hat er vor Zusendung von Werbematerial und Rechnung bereits eine **wirksame Bestellung über das beworbene Produkt beim Werbenden** getätigt, ist die Vorschrift nicht anwendbar. Etwaige dem Verbraucher im Zusammenhang mit dem Bestellvorgang zustehende Widerrufs- oder Rücktrittsrechte beeinträchtigen die Wirksamkeit der Bestellung nur, wenn der Verbraucher von ihnen auch Gebrauch gemacht hat. Sendet der Unternehmer dem Verbraucher, der im Rahmen eines Haustürgeschäfts Ware bestellt hat, zusammen mit dieser Werbung und eine Rechnung zu, ist die Vorschrift deshalb nicht einschlägig; anders hingegen, wenn der Verbraucher seine auf Abschluss eines Kaufvertrags gerichtete Erklärung zuvor wirksam widerrufen hat. Durch die Zusendung unbestellter Waren wird zwar nach **§ 241a BGB** ein Zahlungsanspruch nicht begründet; für sie enthält Nr. 29 der Anlage zu § 3 Abs. 3 aber eine Sonderregelung.

---

451 OLG Frankfurt a. M. NJW 2003, 3215 (3216); *Garbe* NJW 1999, 2868 (2869).
452 Vgl. für das Zusenden unbestellter Waren schon OLG Köln GRUR-RR 2002, 236 (237).
453 S. den Sachverhalt bei BGH NStZ 2002, 86 ff.
454 Köhler/*Bornkamm*/Feddersen Anh. zu § 3 Abs. 3 Rn. 22.4 f.

435 Hängt sich der Unternehmer nicht mit rechnungsähnlichen Auftragsschreiben an die bei einem Dritten erfolgte Bestellung an, sondern zieht er die dem Dritten aus dieser Bestellung tatsächlich zustehende Kaufpreis- oder Werklohnforderung ein, ohne hierzu berechtigt zu sein, ist Nummer 22 ebenfalls nicht erfüllt, weil es an dem Eindruck fehlt, das in der beigefügten Werbung dargestellte Produkt des Unternehmers selbst werde abgerechnet.

436 **c) Einzelheiten.** Mit welchem **Maß an Aufmerksamkeit, Verständigkeit und Informiertheit** der Durchschnittsverbraucher der geschäftlichen Handlung entgegentritt und ob er dabei erkennt, dass das beworbene Produkt nicht bestellt wurde, hängt sowohl von dem angesprochenen Verbraucherkreis als auch der konkreten Situation der Werbung ab.

437 **Ältere Personen** werden zB oft leichtgläubiger und **Sozialhilfeempfänger** schlechter informiert sein als der Bevölkerungsdurchschnitt, und deshalb Scheinrechnungen eher bezahlen als andere Personen. **Ausländern** kann es an der für die zutreffende Einordnung der Informationen erforderlichen Sprachkenntnis fehlen.

438 Im Allgemeinen kann bei einem angemessen aufmerksamen, verständigen und informierten Verbraucher die Kenntnis dessen vorausgesetzt werden, dass übersandte Rechnungen nicht notwendig auch zutreffen und dass es deshalb notwendig ist, die inhaltliche **Berechtigung der Forderung zu überprüfen.** Nur in Ausnahmefällen, etwa wenn dem umworbenen Personenkreis eine solche Überprüfung mangels hinreichender Sprachkenntnisse nicht möglich ist, wird selbst eine **rudimentäre Überprüfung** auf die Person des Rechnungsstellers, betroffenes Produkt und ungefähre Größenordnung des Preises hin unterbleiben.

439 **Soweit** vom Durchschnittsverbraucher eine zumindest rudimentäre Überprüfung der Rechnung erwartet werden kann, wird eine nach Nummer 22 beachtliche Fehlvorstellung im Allgemeinen nur in Betracht kommen, wenn die Zahlungsaufforderung **im Zusammenhang mit einer tatsächlich erfolgten anderen Bestellung steht** (zB: es werden gezielt Rechnungen an Verbraucher geschickt, die bei diesem oder einem anderen Unternehmen noch nicht bezahlte vergleichbare Produkte bestellt haben), oder wenn **im Vorfeld der Rechnung Aktivitäten stattgefunden** haben, die beim Verbraucher den Eindruck erwecken können, er habe eine Bestellung getätigt (zB: Scheinrechnung wird im Anschluss an Vertreterbesuch übersandt).

440 Eine **Gestaltung des Werbeschreibens,** die diesem ein offizielles Gepräge nach Art eines **Behördenschreibens** ergibt, kann beim Verbraucher besonderes Vertrauen in die Richtigkeit der vermeintlichen Rechnungsstellung erwecken und dadurch eine nähere Überprüfung verhindern.[455]

Anhang zu § 3 Abs. 3 Nr. 23

Unzulässige geschäftliche Handlungen im Sinne von § 3 Abs. 3 sind

Nr. 23: „… die unwahren Angaben oder das Erwecken des unzutreffenden Eindrucks, der Unternehmer sei Verbraucher oder nicht für die Zwecke seines Geschäfts, Handels, Gewerbes oder Berufs tätig;

Übersicht

[455] Vgl. OLG Frankfurt a. M. NJW 2003, 3215 (3216).

Schrifttum: *Alexander,* Die „Schwarze Liste" der UGP-Richtlinie und ihre Umsetzung in Deutschland und Österreich, GRUR Int 2010, 1025; *ders.,* WRP 2019, 1265; *Büllesbach,* Auslegung der irreführenden Geschäftspraktiken des Anhangs I der Richtlinie 2005/29/EG über unlautere Geschäftspraktiken, 2008; *Köhler,* Die Unlauterkeitstatbestände des § 4 UWG und ihre Auslegung im Lichte der Richtlinie über unlautere Geschäftspraktiken, GRUR 2008, 841; Was bringt die „Schwarze Liste" tatsächlich? – Bestandsaufnahme und Konsequenzen, WRP 2011, 393; Schöttle, Die Schwarze Liste – Übersicht über die neuen Spezialtatbestände des Anhangs zu § 3 Abs. 3 UWG, WRP 2009, 673; *Ruhl/Bohner,* Vorsicht Anzeige! Als Information getarnte Werbung nach der UWG Reform 2008, WRP 2011, 375

1. Einfluss des europäische Rechts. a) Einheitlicher Tatbestand. Nr. 23 des UWG-Anhangs[456] setzt Ziffer 22 des Anhangs I der **Richtlinie über unlautere Geschäftspraktiken** um. Die sprachliche Fassung im UWG-Anhang unterscheidet sich nur **geringfügig vom Wortlaut** der Richtlinie. Nr. 22 der deutschen Fassung der Richtlinie lautet wie folgt: 441

„Fälschliche Behauptung oder Erweckung des Eindrucks, dass der Händler nicht für die Zwecke seines Handels, Geschäfts, Gewerbes oder Berufs handelt, oder fälschliches Auftreten als Verbraucher."

Der Wortlaut des Richtlinientextes legt nahe, dass es sich um einen **einheitlichen Tatbestand** handelt, es also nicht zwei voneinander abzugrenzende Tatbestandsalternativen (fälschliches Auftreten als Verbraucher einerseits gegenüber fälschlicher Behauptung oder Erweckung des Eindrucks, nicht zu den beschriebenen Zwecken zu handeln andererseits): Ein **Verbraucher** wird in Art. 2a der Richtlinie definiert als *„jede natürliche Person, die im Geschäftsverkehr im Sinne dieser Richtlinie zu Zwecken handelt, die nicht ihrer gewerblichen, handwerklichen oder beruflichen Tätigkeit zugerechnet werden können"*. Ersetzt man in Nr. 22 der Richtlinie den Verbraucherbegriff durch diese Definition, lauten die Varianten wie folgt:

- „Fälschliche Behauptung oder Erweckung des Eindrucks, dass der Händler nicht für die Zwecke seines Handels, Geschäfts, Gewerbes oder Berufs handelt, oder
- fälschliches Auftreten als natürliche Person, die im Geschäftsverkehr … zu Zwecken handelt, die nicht ihrer gewerblichen, handwerklichen oder beruflichen Tätigkeit zugerechnet werden können."

Hinsichtlich der Art des Verhaltens ist ein maßgeblicher Unterschied zwischen beiden Varianten nicht festzustellen.[457] Einen solchen könnte man allenfalls daran festmachen, dass Täter der ersten Variante nur ein Händler sein kann, während in der zweiten Variante eine entsprechende subjektive Einschränkung nicht gegeben ist. Da in beiden Fällen aber eine **geschäftliche Handlung** vorausgesetzt wird, ist eine derartige Differenzierung im Ergebnis folgenlos.

b) Abweichungen im UWG. Das UWG weicht hiervon im Ergebnis geringfügig ab: Der **Verbraucherbegriff** ergibt sich durch die in § 2 Abs. 2 enthaltene Verweisung auf § 13 BGB. Der dortige Verbraucherbegriff ist weiter als der des Art. 2a der Richtlinie: Die BGB Definition schließt vom Verbraucherbegriff ein der beruflichen Tätigkeit zuzurechnendes Verhalten nur dann aus, wenn es um eine **selbständige Tätigkeit** geht. Ein Arbeitnehmer handelt damit auch dann als Verbraucher iSv § 13 BGB, wenn er Waren oder Dienstleistungen im Zusammenhang mit seiner beruflichen Tätigkeit erwirbt. Dies ist nach der Richtlinie anders, ein Arbeitnehmer ist in einem derartigen Fall nicht als Ver- 442

[456] Entwurf der Bundesregierung vom 20.8.2008, BT-Drs. 16/10145.
[457] So im Ergebnis auch *Büllesbach* S. 138.

braucher zu qualifizieren.[458] Der **Gesetzgeber weicht aber bewusst vom Verbraucherbegriff der Richtlinie ab,** die entsprechende Privilegierung gegenüber gewerblichen Handelnden ist mit Gemeinschaftsrecht vereinbar.[459]

443 Hieraus ergibt sich jedoch ferner eine aus diesseitiger Sicht **ungewollte Abweichung** der beiden Varianten in Nr. 23: Im deutschen Recht ist die erste Variante *(„sei Verbraucher")* nämlich nun enger als die zweite Variante *(„nicht für die Zwecke seines Geschäfts, Handels, Gewerbes oder Berufs tätig"):* Die erste Variante erfasst nämlich nur die implizite Behauptung, weder gewerblich und noch zu *selbständigen* beruflichen Zwecken tätig zu sein. Nicht erfasst ist damit die implizite Behauptung, Waren oder Dienstleistungen im Zusammenhang mit einer unselbständigen Tätigkeit zu erwerben: vor dem Hintergrund des Verbraucherbegriffs des § 13 BGB ist diese Behauptung nämlich nicht falsch. Wird diese Behauptung dagegen am Maßstab der Richtlinie gemessen, läge ein fälschliches Auftreten als Verbraucher vor.

444 Eine vergleichbare Differenzierung wird in der zweiten Variante im UWG dagegen nicht getroffen. Im Ergebnis bleibt dies folgenlos: Die Verhaltensweisen, die nicht von der Verbrauchervariante des Nr. 23 erfasst werden, fallen jedenfalls in den Anwendungsbereich der zweiten Variante: Wer den (im Ergebnis falschen) Eindruck erweckt, ein Auto für seine unselbständige Tätigkeit erwerben zu wollen, stellt zwar nicht die falsche Behauptung auf, Verbraucher zu sein, da diese ja richtig ist. Wer dies allerdings als Unternehmer tut, wird kaum aus dem Anwendungsbereich der zweiten Variante fallen („fälschliche Behauptung, nicht für die Zwecke *seines* Berufes tätig zu sein"). Damit bleibt auch diese Differenzierung im Ergebnis folgenlos.

445 **c) Verhältnis zu §§ 5, 5a.** Die im Anhang geregelten Fälle sind **grundsätzlich eng auszulegen,** da eine Abwägung der Umstände des Einzelfalles nicht in Betracht kommt (zur Auslegung der per se-Verboten allgemein vgl. *Henning-Bodewig* → Vorb. Anh. § 3 Rn. 7).[460]

Zweifelsfälle, die somit nicht unter Nr. 23 erfasst werden können, fallen in den Anwendungsbereich von §§ 5 und 5a UWG. Die Täuschung über den gewerblichen Charakter eines Angebotes stellt einen Verstoß gegen diese Bestimmungen dar.[461]

446 **2. Zweck der Vorschrift und Abgrenzung.** Bei Nr. 23 geht es vom Kern her um einen Fall der **Täuschung über die Eigenschaft der geschäftlich handelnden Person:** Der Adressat – ein Verbraucher – soll glauben, es mit einem anderen Verbraucher zu tun zu haben. Die Relevanz dieses Eindrucks ergibt sich aus präsenten und nicht präsenten Vorstellungen, welche im allgemeinen mit einem nicht privaten Handeln verbunden werden, wie beispielsweise Vorstellungen über die geschäftliche Erfahrung der anderen Seite, über **beinhaltete Preisaufschläge, Handelsmargen, das Fehlen von Eigennutz** im Fall der Vorspiegelung eines gemeinnützigen oder wohltätigen Zwecks oder der Eindruck, **Mehrwertsteuer zu sparen.**[462] Dem liegt auch die Vorstellung zugrunde, dass ein Verbraucher, der weiß, dass er mit einem Unternehmer verhandelt, dessen Aussagen kritischer hinterfragt und angesichts der kommerziellen Interessen seines Gegenübers eine entsprechende Aufmerksamkeit bzw. ein „gesundes Misstrauen" an den Tag legt. Dieser Selbstschutz des Verbrauchers kann durch die Verschleierung des unternehmerischen Charakters unterlaufen werden. In der Gesetzesbegründung wird auf die Verschleierung unternehmerischen Handelns abgestellt und beispielhaft die wahrheitswidrige Behauptung er-

[458] Vgl. Palandt/Heinrichs/*Ellenberger* § 13 Rn. 3, der als Beispiel ua auf den Kauf von Arbeitskleidung oder den Erwerber eines PKW für die Fahrt zur Arbeit erwähnt.

[459] Hierzu ausdrücklich die Gesetzesbegründung in BT-Drs. 16/10145, 17.

[460] Vgl. hierzu vorstehend *Frank* → Anh. § 3 Rn. 235.

[461] Vgl. zur inhaltlichen Begründung auch die nachfolgenden Ausführungen; die entsprechenden Wertungen sind im Rahmen einer Beurteilung nach §§ 5 und 5a weitgehend übertragbar.

[462] OLG München WRP 1977, 278; LG Stuttgart NJW 1969, 1257; OLG Frankfurt a. M. WRP 1979, 468; *Köhler*/Bornkamm/Feddersen, 39. Aufl. 2021, Anh. zu § 3 III Nr. 23 Rn. 23.3; vgl. auch *Büllesbach* S. 139.

wähnt, der Vertrieb eine Ware oder einer angebotenen Dienstleistung diene sozialen oder humanitären Zwecken.[463] Die Aufnahme in den Katalog dient der Schaffung von Rechtssicherheit für den konkreten Fall und als Vergleichsmaßstab für abweichende, nach § 5 UWG zu beurteilende Konstellationen[464]

3. Tatbestandliche Voraussetzungen. Nr. 23 ist anzuwenden, wenn folgende zwei Voraussetzungen vorliegen: 447

- Falsche Behauptung oder Erweckung des falschen Eindrucks
- Verbraucher oder nicht für die Zwecke seines Geschäfts, Handels, Gewerbes oder Berufs tätig zu sein.

Aus § 3 Abs. 3 folgt zudem, dass das entsprechende Verhalten eine **geschäftliche Handlung** iSv § 2a) aa) Nr. 1 sein muss, deren Adressat ein **Verbraucher** ist.[465] Hieraus folgt, das Testkäufe eines Unternehmens bei einem Wettbewerber nicht unter Nr. 23 fallen.[466]

a) Falsche Behauptung oder Erweckung des falschen Eindrucks…. Eine falsche Behauptung oder Erweckung des falschen Eindrucks ist eine **Irreführung** durch eine explizite unwahre Behauptung oder entsprechendes konkludentes Verhalten voraus. In der Black List im Anhang der Richtlinie wird der Systematik der Richtlinie folgend unterschieden zwischen „irreführenden Geschäftspraktiken" einerseits und „aggressiven Geschäftspraktiken" andererseits: Nr. 23 der Richtlinie gehört zu den irreführenden Geschäftspraktiken. Vor diesem Hintergrund ist der **Irreführungsbegriff aus Art. 6 und 7 der Richtlinie** maßgeblich, im UWG damit **§§ 5 und 5a.** Es ist damit irrelevant, ob die Irreführung damit durch ein aktives Handeln oder ein entsprechendes Unterlassen bewirkt wird. 448

Dies bedeutet zugleich, dass das entsprechende Verhalten beim Adressaten eine Irreführung bewirkt. Abzustellen ist hierbei auf den **durchschnittlich informierten, aufmerksamen und verständigen Verbraucher.**[467] 449

Eine **rein wörtliche Auslegung** dergestalt, dass eine entsprechende falsche Behauptung ausreichend ist, die Anwendung von Nr. 23 auszulösen, selbst wenn der **Verbraucher die Unrichtigkeit der Behauptung erkannt hat,** ist **abzulehnen:** Dies ergibt sich zunächst aus dem Grundsatz der engen Auslegung der Tatbestände des Anhangs.[468] Vergleichbare Fragen werden etwa bei einer Beurteilung im Rahmen von §§ 5, 5a im Rahmen der Bewertung der **wettbewerblichen Relevanz,** also der Eignung zur Beeinflussung des Kaufentschlusses bzw. der nachfolgenden **Interessenabwägung** beurteilt.[469] Dies verdeutlicht die **Notwendigkeit der Einzelfallabwägung,** die im Rahmen der Tatbestände der Anlage ja gerade nicht möglich ist. Ferner ließe sich eine vergleichbare Auffassung bei der zweiten Variante der Irreführung, der Erweckung eines falschen Eindrucks so nicht vertreten, da das Erkennen der Unrichtigkeit des entsprechenden konkludenten Verhaltens das Entstehen eines derartigen Eindrucks ausschließt. Nachdem bei der Beurteilung einer Irreführung aktives Tun einerseits und Unterlassen andererseits gleich zu bewerten sind, würde die wörtliche Auslegung von Nr. 23 zu einem **Wertungswiderspruch** führen. 450

b) … Verbraucher zu sein. In der ersten Variante bezieht sich die Irreführung darauf, **Verbraucher** zu sein. Zum Verbraucherbegriff und den hiermit verbundenen Fragen vgl. vorstehend → Rn. 442. Hierunter fällt etwa, wenn ein Anbieter, der Auktionen gewerbsmäßig betreibt, auf einer Internethandelsplattform nicht auf die Gewerblichkeit seiner 451

[463] BT-Drs. 16/10145, 68.
[464] Hierauf wird in der Gesetzesbegründung ausdrücklich verweisen, vgl. BT-Drs. 16/10145, 61, vgl. im Übrigen bereits vorstehend *Frank* → Anh. Nr. 11 Rn. 230.
[465] Vgl. hierzu oben → Rn. 441.
[466] Vgl. *Alexander,* Münchener Kommentar zum Lauterkeitsrecht, 3. Aufl. 2020, Rn. 18.
[467] Vgl. EuGH WRP 1998, 848 (850) – Gut Springenheide; EuGH WRP 1999, 307 – Sektkellerei Kessler.
[468] Vorstehend → Fn. 445.
[469] Vorstehend *Weidert* → § 5 Rn. 354 ff. und 372 ff.

Verkaufsaktion hinweist.[470] Produktbewertungen, die angeblich von einem Verbraucher stammen, können unter Nr. 23 fallen, wenn sich die Täuschung tatsächlich auf die Verbrauchereigenschaft bezieht, ohne zugleich über die Identität des Verfassers zu täuschen.[471]

452 **c) … nicht für die Zwecke seine Geschäfts, Handels, Gewerbes oder Berufs tätig zu sein.** Die zweite Variante erfasst – weitergehend – eine Irreführung darüber, der Unternehmer sei nicht für die **Zwecke seines Geschäfts, Handels, Gewerbes oder Berufs** tätig. Paradebeispiel ist die **Vorspiegelung einer Tätigkeit für einen gemeinnützigen Zweck** oder die Behauptung, im konkreten Fall zu rein privaten Zwecken tätig zu sein. Wer als „private Partnervermittlung" annonciert, verschleiert den gewerblichen Charakter des Angebots; die hieraus resultierende Irreführungsgefahr wird durch die Angabe von als „Beiträge" und „Geb." (für Gebühren) ausgewiesenen Preisen nicht ausgeräumt.[472] Weist eine Annonce nur Chiffre- oder Telefonnummern auf, wird der **Eindruck eines Privatangebotes** erzeugt. Verbirgt sich dahinter jedoch ein gewerbliches Angebot eines Maklers oder Händlers, liegt eine Irreführung vor, die nunmehr auch unter Nr. 23 fällt.[473] Verbirgt sich hinter Immobiliensuchanzeigen wie *„Metzgermeister sucht dringend …"* und *„Lehrerin sucht …"* tatsächlich ein Makler, liegt eine Irreführung vor, die nunmehr auch über Nr. 23 zu erfassen ist.[474] Gleiches gilt für die Verschleierung einer Verkaufsveranstaltung in den bekannten Konstellationen um „Kaffeefahrten."[475]

453 Eine Irreführung kann ausgeschlossen sein, wenn etwa im Rahmen einer Anzeige durch entsprechende **Hinweise der gewerbliche Charakter des Angebotes** offenbart wird. Da es für die Frage, ob der durchschnittlich informierte, aufmerksame und verständige Verbraucher Hinweise wie „Fa." für Firma oder „gew." für gewerblich auf eine **Bewertung der Umstände des Einzelfalles** ankommt, ist die Anwendbarkeit von Nr. 23 abzulehnen und eine Beurteilung im Rahmen von §§ 5, 5a vorzunehmen.[476]

454 Nicht erfasst ist dagegen eine Irreführung darüber, für das **Geschäft, den Handel und das Gewerbe eines Dritten** und außerhalb des eigenen Berufs tätig zu sein. Derartige, wohl äußerst seltene Konstellationen, sind dann anhand von § 5 zu bewerten.

455 **4. De lege ferenda: Einführung neuer Tatbestände (23a, b, c) durch die RL (EU) 2019/2161.** Durch die RL 2019/2161/EU wurden vier neue Tatbestände in die UGP-RL aufgenommen, die 2021 durch das Gesetz zur Stärkung des Verbraucherschutzes im Wettbewerbs- und Gewerberecht umgesetzt wurden (s. *Henning-Bodewig* → § 479 Rn. 9 ff.; Frank → § 5a Rn. 373, 380 f.).

456 Im Anschluss an Nr. 23 wird zunächst folgende **Nr. 23a** aufgenommen:

„23a. Der Wiederverkauf von Eintrittskarten für Veranstaltungen an Verbraucher, wenn der Gewerbetreibende diese Eintrittskarten unter Verwendung automatisierter Verfahren erworben hat, die dazu dienen, Beschränkungen in Bezug auf die Zahl der von einer Person zu

---

[470] LG Düsseldorf BeckRS 2013, 18657.

[471] Vgl. *Alexander,* Münchener Kommentar zum Lauterkeitsrecht, 3. Aufl. 2020, Rn. 32.

[472] OLG Hamm WRP 1989, 532.

[473] BGH GRUR 87, 748 (749) – Getarnte Werbung II; OLG Hamm WRP 1981, 540; GRUR 1984, 538; OLG Köln WRP 1985, 580; GK/Lindacher § 3 Rn. 956; *Köhler*/Bornkamm/Feddersen § 5 Rn. 6.39af; Ohly/*Sosnitza* § 5 Rn. 485.

[474] OLG Karlsruhe GRUR 1984, 602. Nicht unter Nr. 23 und auch nicht unter §§ 5 und 5a UWG fällt dagegen, wenn ein Immobilienmakler für eine in seinem Eigentum stehende, Immobilie provisionsfrei anbietet, ohne gleichzeitig auf seine Tätigkeit als Immobilienmakler hinzuweisen, vgl. BGH GRUR 1993, 761 – Makler-Privatangebot; BGH GRUR 1993, 760 – Provisionsfreies Maklerangebot.

[475] Vgl. hierzu vorstehend *Frank* → § 5a Rn. 394 mwN; *Büllesbach* S. 140.

[476] Vgl. hierzu etwa Köhler/*Bornkamm/Feddersen,* 39. Aufl. 2021, § 5 Rn. 4.190, 4.192. Ist in einer Kleinanzeige für Gebrauchtwagen nach den Telefonnummern das Firmenschlagwort des gewerblichen Inserenten in Großbuchstaben abgedruckt, so wird das Publikum keine Privatanzeige erwarten, so dass auch ein Verstoß gegen §§ 5, 5a ausscheidet, vgl. OLG Hamburg NJWE-WettbR 1996, 104.

erwerbenden Eintrittskarten oder andere für den Verkauf der Eintrittskarten geltende Regeln zu umgehen.

Dazu heißt es in den ***Erwägungsgründen:***[477] 457

„(50) Gewerbetreibende sollte untersagt sein, Eintrittskarten für Kultur- und Sportveranstaltungen an Verbraucher wiederzuverkaufen, die sie unter Verwendung von Software wie Bots erworben haben und durch die sie über die vom Erstverkäufer auferlegten technischen Beschränkungen hinaus Eintrittskarten kaufen oder andere technische Mittel umgehen, die der Erstverkäufer eingerichtet hat, um den Zugang zu Eintrittskarten für alle Personen zu gewährleisten. Dieses Verbot lässt jede andere Maßnahme unberührt, die die Mitgliedstaaten ergreifen können, um die berechtigten Interessen der Verbraucher zu schützen und die Kulturpolitik sowie einen breiten Zugang aller zu Kultur- und Sportveranstaltungen sicherzustellen, etwa die Regulierung der Wiederverkaufspreise für Eintrittskarten"

Nach **Nr. 23b und c** ist unzulässig:

23b. Die Behauptung, dass Bewertungen eines Produkts von Verbrauchern stammen, die das Produkt tatsächlich verwendet oder erworben haben, ohne dass angemessene und verhältnismäßige Schritte unternommen wurden, um zu prüfen, ob die Bewertungen wirklich von solchen Verbrauchern stammen. 458
23c. Die Abgabe gefälschter Bewertungen oder Empfehlungen von Verbrauchern bzw. die Erteilung des Auftrags an andere juristische oder natürliche Personen, gefälschte Bewertungen oder Empfehlungen von Verbrauchern abzugeben, sowie die falsche Darstellung von Verbraucherbewertungen oder Empfehlungen in sozialen Medien zu Zwecken der Verkaufsförderung."

Dazu heißt es in den **Erwägungsgründen:** 459

(47) Verbraucher stützen sich bei ihren Kaufentscheidungen zunehmend auf Bewertungen und Empfehlungen von Verbrauchern. Wenn Gewerbetreibende Verbraucherbewertungen von Produkten zugänglich machen, sollten sie deshalb Verbraucher darüber informieren, ob Prozesse oder Verfahren angewandt werden, um sicherzustellen, dass die veröffentlichten Bewertungen tatsächlich von Verbrauchern verfasst wurden, die die Produkte tatsächlich verwendet oder erworben haben. Wenn solche Prozesse oder Verfahren angewandt werden, sollten Gewerbetreibende Informationen darüber bereitstellen, wie die entsprechenden Prüfungen ablaufen, und den Verbrauchern eindeutige Informationen darüber zur Verfügung stellen, wie mit Bewertungen umgegangen wird, etwa ob alle Bewertungen – positive wie negative – veröffentlicht werden oder ob diese Bewertungen im Wege eines Vertragsverhältnisses mit einem Gewerbetreibenden gesponsert oder beeinflusst wurden. Zudem sollte es deshalb als unlautere Geschäftspraktik zur Irreführung der Verbraucher angesehen werden, wenn behauptet wird, dass Bewertungen eines Produkts von Verbrauchern stammen, die das Produkt tatsächlich verwendet oder erworben haben, ohne dass zumutbare und angemessene Schritte unternommen wurden, um sicherzustellen, dass die Bewertungen wirklich von solchen Verbrauchern stammen. Solche Schritte wären etwa technische Mittel zur Überprüfung der Glaubwürdigkeit einer Person, die eine Bewertung veröffentlicht, beispielsweise indem die Informationen zur Überprüfung, ob ein Verbraucher das Produkt tatsächlich verwendet oder erworben hat, angefordert wird.
(48) Die Bestimmungen dieser Richtlinie über Bewertungen und Empfehlungen von Verbrauchern berühren nicht die übliche und rechtmäßige Werbepraxis, übertriebene oder nicht wörtlich zu nehmende Behauptungen aufzustellen.
(49) Gewerbetreibenden sollte auch untersagt sein, gefälschte Bewertungen und Empfehlungen von Verbrauchern, etwa „likes" in sozialen Medien, abzugeben oder in ihrem Auftrag durch andere abgeben zu lassen, um Werbung für ihre Produkte zu machen, sowie Bewertungen und Empfehlungen von Verbrauchern zu manipulieren, indem etwa nur positive Bewertungen veröffentlicht, negative hingegen gelöscht werden. Eine derartige Praktik könnte auch durch

---

[477] Kritisch hierzu *Glöckner* → Einl. Rn. 193; vgl. auch *Alexander* WRP 2019, 1235.

Extrapolation von Empfehlungen erfolgen, wenn die positive Interaktion eines Nutzers mit einem bestimmten Online-Inhalt mit einem anderen, jedoch im Zusammenhang damit stehenden Inhalt verknüpft oder auf diesen übertragen wird, was den Anschein erweckt, der Nutzer befürworte auch den im Zusammenhang damit stehenden Inhalt.

Anhang zu § 3 Abs. 3 Nr. 24

Unzulässige geschäftliche Handlungen im Sinne des § 3 Abs. 3 sind

24. die unwahre Angabe oder das Erwecken des unzutreffenden Eindrucks, es sei im Zusammenhang mit Waren oder Dienstleistungen in einem anderen Mitgliedstaat der Europäischen Union als dem des Warenverkaufs oder der Dienstleistung ein Kundendienst verfügbar;

Übersicht

460 **1. Einfluss des europäischen Rechts.** Die Vorschrift beruht auf der Regelung im Anhang I Nr. 23 zur **UGP-Richtlinie,** die erst sehr spät auf Wunsch des Europäischen Parlaments eingefügt wurde. Verboten ist danach das

„Erwecken des fälschlichen Eindrucks, dass der Kundendienst im Zusammenhang mit einem Produkt in einem anderen Mitgliedstaat verfügbar sei als demjenigen, in dem das Produkt verkauft wird."

461 Der **deutsche Text** entspricht somit weitgehend dem Richtlinientext. Der im UWG-Anhang verwendete Begriff des „unzutreffenden Eindrucks" entspricht dem Begriff des „fälschlichen Eindrucks" in der Richtlinie. Dass der deutsche Text zusätzlich noch ausdrücklich die „unwahre Angabe" erwähnt, ist unschädlich, da sie nur einen Unterfall des Erweckens eines falschen Eindrucks darstellt und damit auch vom Richtlinientext erfasst wird.

462 **2. Zweck der Regelung und Abgrenzung.** Die Regelung trägt im besonderen Maße der Bedeutung des innergemeinschaftlichen Warenverkehrs Rechnung, will sie doch sicherstellen, dass Kunden auch in anderen Mitgliedstaaten einen Kundendienst erwarten können, wenn ihnen dies zugesagt oder zumindest ein entsprechender Eindruck erweckt wurde. Dadurch soll das **Vertrauen in den grenzüberschreitenden Europäischen Verkehr** bzw. in das Vorhandensein eines angekündigten grenzüberschreitenden Kundendienstes gestärkt werden. Eine besondere praktische Bedeutung wird dieser Regelung, zumindest in Deutschland, aber dennoch wohl kaum zukommen, denn sie verbietet nichts, was nicht bereits vorher schon verboten war.

463 Das Verbot der Nr. 24 betrifft nur Aussagen über **den Ort,** an dem ein Kundendienst verfügbar sein soll. Alle anderen Irreführungen über den Kundendienst sind nach **§ 5 Abs. 1 S. 2 Nr. 1 UWG** zu beurteilen. Dort wird Kundendienst jetzt auch ausdrücklich erwähnt. Aus der Regelung in Nr. 24 (ebenso wie nach § 5 Abs. 1 S. 2 Nr. 1 UWG) ergibt sich **kein Gebot** für den Unternehmer, einen bestimmten **Kundendienst** in bestimmten Ländern **anzubieten.** Macht er jedoch Angaben zum verfügbaren Kundendienst in anderen Ländern, dann müssen diese Angaben stimmen.

3. Einzelheiten. a) An einen Verbraucher gerichtete geschäftliche Handlung. Wie alle Tatbestände des UWG-Anhangs setzt auch Nr. 24 eine an einen **Verbraucher** gerichtete **geschäftliche Handlung** voraus. Angaben gegenüber **Unternehmern** können nur auf der Grundlage des allgemeinen Irreführungsverbots erfasst sein. Bezüglich der **Legaldefinition** der Begriffe „geschäftliche Handlung" und „Verbraucher" wird auf die Kommentierung von *Keller* zu § 2 Abs. 1 Nr. 1 und § 2 Abs. 2 UWG verwiesen. 464

b) Erwecken des unzutreffenden Eindrucks und unwahre Angabe. Wie sich aus der Unterscheidung zwischen „Geschäftspraxis, die falsche Angaben enthält und somit unwahr ist" einerseits und „Geschäftspraxis, die täuscht oder zu täuschen geeignet ist" andererseits in Art. 6 Abs. 1 der Richtlinie ergibt, erfasst der Ausdruck „unwahre Angabe" nur die **ausdrückliche, objektiv unwahre Angabe,** bei der es unerheblich ist, ob sie zur Täuschung geeignet ist oder gar eine Täuschung bewirkt (→ Anh. § 3 Abs. 3 Nr. 4 Rn. 7). Auf ein bestimmtes Verständnis des Erklärungsempfängers kommt es somit nicht an. Daneben ist in Nr. 24 aber auch das „Erwecken des unzutreffenden Eindrucks" untersagt. Damit ist nicht nur die objektiv unwahre Angabe verboten, sondern es sind auch sonstige Aussagen oder Handlungen zu unterlassen, durch die beim Verbraucher subjektiv ein unzutreffender Eindruck entsteht. Die unwahre Angabe ist dabei die stärkste (Unter-)Form, mit der ein solcher Eindruck erweckt werden kann, weshalb die Richtlinie die unwahre Aussage erst gar nicht gesondert erwähnt. 465

c) Kundendienst. Der Begriff des „Kundendienstes" ist **weit zu verstehen.** Gemeint sind **alle Leistungen** des Verkäufers oder des Herstellers des Produkts, die **nach dem Verkauf im Interesse des Kunden für das verkaufte Produkt** angeboten werden. In der englischen Fassung der Richtlinie kommt dies durch den Ausdruck **„after sales service"** kurz und prägnant zum Ausdruck. Kundendienst erfasst somit insbesondere **Reparaturleistungen,** aber auch **sonstige Dienstleistungen** für den Kunden nach Erwerb einer Ware und zwar unabhängig davon, ob der Kunde hierauf einen rechtlichen Anspruch hat oder nicht. Nicht erfasst sind somit beim Verkauf erbrachte **Neben- oder Zusatzleistungen.** 466

d) Verfügbarkeit in anderem Mitgliedstaat als dem des Produktverkaufs. Es geht in Nr. 24 allein um den **Ort** des Kundendienstes, **nicht** um **andere Bestandteile,** wie zB *Zeiten, Art und Weise, Kosten* etc; insoweit greift jedoch das allgemeine Verbot in § 5 Abs. 1 S. 2 Nr. 1 UWG, in dem der Kundendienst jetzt ausdrücklich aufgeführt wird. Der Tatbestand der Nr. 24 lässt dabei zwei Auslegungsmöglichkeiten zu: Erstens, dass dem Verbraucher *nach* dem Kauf der Ware gesagt wird, ein Kundendienst sei (nur) in einem anderen Mitgliedstaat verfügbar, so dass der Kunde sich dorthin wenden müsse. Oder zweitens die Aussage *vor* dem Kauf, dass ein Kundendienst (auch) in einem anderen Mitgliedstaat verfügbar sei. Gemeint ist die zweite Variante, denn nur diese Aussage ist geeignet, den Kunden positiv zu einer Kaufentscheidung zu bewegen. Im Regelfall wird es darum gehen, dass der Verbraucher eine Ware im Ausland kauft und darauf vertraut, dass ein Kundendienst auch in seinem Heimatstaat verfügbar ist. 467

Das Verbot greift also nur, wenn das Vorhandensein in einem **„anderen" Mitgliedstaat** falsch behauptet wird. Die unwahre Aussage, ein Kundendienst sei in **demselben Mitgliedstaat** verfügbar, in dem die Ware verkauft wird, unterfällt daher allein § 5 Abs. 1 Nr. 1 UWG. Der *andere* Mitgliedstaat ist dabei abzugrenzen gegenüber dem Mitgliedstaat, in dem das jeweilige Produkt (Ware oder Dienstleistung) *verkauft* wird. Es soll nicht der unzutreffende Eindruck erweckt werden, dass trotz Kauf im Ausland ein Kundendienst im Mitgliedstaat des Verbrauchers verfügbar ist. Demnach ist der Ort, in dem die Ware verkauft wird, **nicht der Ort, an dem** der relevante **Kaufvertrag geschlossen wird.** Beim grenzüberschreitenden Vertrieb über das Internet wäre das nämlich in der Regel der Sitz des Verbrauchers, an welchem dem Verbraucher die Annahmeerklärung des Unternehmers zugeht. Denn im Regelfall gibt der Verbraucher mit seiner Bestellung nur das 468

Angebot ab. Behauptet der Unternehmer nunmehr fälschlicherweise, ein Kundendienst sei nicht nur in „seinem“ Mitgliedstaat, sondern auch am Sitz des Verbrauchers verfügbar, so würden der Verkaufsort und der „andere“ Ort gerade nicht auseinanderfallen und das Verbot wäre nicht verwirklicht. Aus diesem Grund kann der „Verkaufsort“ auch **nicht der Ort** sein, an den die **Ware geliefert** wird. Denn das wird im Regelfall beim grenzüberschreitenden Verkehr ebenfalls der Sitz des Verbrauchers sein. Entsprechendes gilt für den **Ort des *Angebots,*** [478] da die Ware ja gerade oft am Sitz des Verbrauchers angeboten wird. Maßgeblich muss vielmehr der **Sitz bzw. die Niederlassung** des **Unternehmers** sein, von der aus er mit dem Verbraucher in Kontakt tritt.[479] Sagt er dem Verbraucher zu, dass ein Kundendienst auch in einem anderen Mitgliedstaat verfügbar sei – sei es der Wohnsitz des Verbrauchers oder ein anderer Mitgliedstaat – und ist das nicht der Fall, so verletzt dies das Verbot der Nr. 24 der Schwarzen Liste.

469 Auch wenn der Wortlaut nur von *einem* Mitgliedstaat spricht, ist das Verbot selbstverständlich auch dann erfüllt, wenn ein Kundendienst in **mehreren anderen Mitgliedstaaten** versprochen wird, dort aber nicht geleistet wird.

Anhang zu § 3 Abs. 3 Nr. 25

Unzulässige geschäftliche Handlungen im Sinne des § 3 Abs. 3 sind

25. das Erwecken des Eindrucks, der Verbraucher könne bestimmte Räumlichkeiten nicht ohne vorherigen Vertragsabschluss verlassen;

Übersicht

470 **1. Einfluss des europäischen Rechts.** Mit Nr. 25 des UWG-Anhangs hat der Gesetzgeber das **per se-Verbot** der Nr. 24 des Anhangs I zur **UGP-Richtlinie**[480] umgesetzt. Es handelt sich um eine **nahezu wortlautgetreue Umsetzung** der gemeinschaftsrechtlichen Vorgaben. Auch in Nr. 24 des Anhangs heißt es zum Begriff der aggressiven Geschäftspraxis:

> *„Erwecken des Eindrucks, der Verbraucher könne die Räumlichkeiten ohne Vertragsabschluss nicht verlassen.“*

471 **2. Zweck der Regelung und Abgrenzung.** Nach Nr. 25 ist es stets unzulässig, dem Verbraucher den falschen oder auch tatsächlich zutreffenden Eindruck zu vermitteln, er könne die **Räumlichkeiten,** in denen er sich befindet, **nicht ohne den vorherigen Geschäftsabschluss verlassen.** Nicht erforderlich ist, dass der Werbende oder eine Person, deren Verhalten ihm zuzurechnen ist, dem Verbraucher physisch den Ausgang versperrt.

472 Nr. 25 geht als per se-Verbot den **§§ 4–7** UWG vor. Dies gilt insbesondere im Hinblick auf die bereits genannten §§ 4a und 7 Abs. 1, die sich ihrerseits wiederum überschneiden.

[478] So noch die Formulierung in einem früheren Referentenentwurf, die zu Recht aber nicht Gesetzestext wurde.

[479] *Büllesbach* S. 144; MüKo/*Alexander* UWG Anh. zu § 3 Nr. 24 Rn. 22.

[480] Richtlinie 2005/29/EG des Europäischen Parlaments und des Rates vom 11.5.2005, ABl. 2005 L 149, S. 22; dazu *Glöckner* → Einl. B. Rn. 320 ff.

Ist Nr. 25 im konkreten Fall nicht einschlägig, weil gerade keine hinreichend intensive Einflussnahme auf die Entscheidungsfreiheit des Verbrauchers gegeben ist, so scheidet auch eine Anwendbarkeit von § 4a aus. In diesen Fällen bleibt nur der Rückgriff auf § 7 Abs. 1. Eine unzumutbare Belästigung kann auch dann gegeben sein kann, wenn es an einer tatsächlichen Beeinträchtigung der Entscheidungs- oder Verhaltensfreiheit fehlt, der Grad der Belästigung aber die Schwelle der Zumutbarkeit gleichwohl überschritten hat.[481]

Wird ein Verbraucher am Verlassen bestimmter Räumlichkeiten gehindert, kann in erster Linie der Straftatbestand der Nötigung iSd **§ 240 StGB** erfüllt sein. Daneben kann auch eine Freiheitsberaubung nach § 239 StGB vorliegen. 473

3. Rechtliche Beurteilung. a) Wettbewerbsrechtliche Beurteilung nach §§ 4a und 7 UWG – Unterschiede. Das deutsche Lauterkeitsrecht schützt den Verbraucher – aber auch sonstige Marktteilnehmer – sowohl vor der unangemessenen Beeinflussung seiner Nachfrageentscheidung (§ 4a) als auch vor unzumutbaren Belästigungen desselben (§ 7). Dabei genügt im ersteren Fall bereits, dass die Einflussnahme dazu geeignet ist, die **Entscheidungsfreiheit zu beeinträchtigen.**[482] Dazu muss sie zumindest von gewisser **Intensität** sein. Nicht jede Beeinflussung, die subjektiv als Druck empfunden wird, überschreitet diese Schwelle.[483] Die Belästigung zeichnet sich dagegen dadurch aus, dass es nicht der Entscheidung des Marktteilnehmers obliegt, ob er sich mit dem Angebot auseinandersetzt, sondern dass er dieses **ohne oder gegen seinen Willen** entgegennehmen muss.[484] Mit dem Verbot der unzumutbaren Belästigung soll daher verhindert werden, dass der Umworbene die Entscheidung zum Vertragsschluss womöglich nicht nach gründlicher Überlegung fasst, sondern sich nur deshalb zum Vertragsschluss bereiterklärt, weil er die Belästigung beenden möchte.[485] 474

Mit **Nr. 25** hat der Gesetzgeber in Umsetzung des Nr. 24 des Anhangs I zur UGP-Richtlinie einen **Fall der unzumutbaren Belästigung als per se-Verbot** („stets") normiert. Meint der Verbraucher aufgrund eines dem Werbenden zurechenbaren Verhaltens, die Räumlichkeit, in der er sich befindet, erst nach Vertragsabschluss verlassen zu können, so ist er in seiner Nachfrageentscheidung nicht frei, sondern durch sachfremde, von der Rechtsordnung missbilligte Erwägungen geleitet.[486] 475

Die allgemeine **Bagatellschwelle des § 3 Abs. 2** ist auf das per se-Verbot Nr. 25 **nicht anwendbar.**[487] Fallkonstellationen, die tatbestandlich unter Nr. 25 fallen, sind daher nicht eigens auf ihre Spürbarkeit hin zu überprüfen. Auch eine Heranziehung der speziellen Zumutbarkeitsschranke des § 7 Abs. 1[488] scheidet aus. Aufgrund des allgemeinen Verhältnismäßigkeitsgrundsatzes[489] wird man allerdings zumindest konkrete Anhaltspunkte dafür fordern müssen, dass der Werbende den Eindruck vermittelt hat, das Verlassen der Räumlichkeit sei an einen vorherigen Vertragsabschluss geknüpft. Solche Anhaltspunkte können ebenso in verbalen Andeutungen wie der Körpersprache des Werbenden liegen. Nr. 25 sieht hier keine Limitierung auf bestimmte Mittel der Druckausübung vor. 476

b) Erwecken des Eindrucks. Von Nr. 25 wird neben dem offenen physischen Druck auch der **rein psychische Druck** erfasst. Maßgeblich ist dabei die **Wahrnehmung des Verbrauchers.** Meint dieser, er müsse zunächst eine Ware kaufen oder eine Dienstleistung in Anspruch nehmen, bevor er die Räumlichkeit verlassen kann, ist das per se-Verbot der 477

---

481 Vgl. *Köhler* GRUR 2005, 793 (800); *Köhler*/Bornkamm/Feddersen § 7 Rn. 3; *Ohly*/Sosnitza § 7 Rn. 15.
482 Ausführlich *Picht* Kommentierung zu § 4a; vgl. auch OLG Frankfurt a. M. GRUR 2005, 1064 (1065).
483 *Ohly*/Sosnitza § 4 Rn. 1/15; MüKoUWG/*Leible* Anh. zu § 3 III Nr. 25 Rn. 13.
484 Vgl. dazu ausführlich unter → § 7 Rn. 46.
485 Dazu unter → § 7 Rn. 46.
486 MüKoUWG/*Alexander* Anh. zu § 3 III Nr. 25 Rn. 4.
487 Ausführlich *Henning-Bodewig,* Vorb. zum Anhang. RegE-UWG 2008, S. 61.
488 Vgl. dazu unter → § 7 Rn. 43 ff.
489 RegE-UWG 2008, S. 61.

Nr. 25 verwirklicht.[490] Maßgeblich ist dabei das generell im Lauterkeitsrecht geltende Leitbild des verständigen Durchschnittsverbrauchers.[491]

478 **c) Räumlichkeiten.** Der Hinweis in Nr. 25 auf **„bestimmte" Räumlichkeiten** ist nicht dahingehend zu verstehen, dass dieses per se-Verbot in seinem Anwendungsbereich auf das Ladenlokal des Werbenden beschränkt wäre. Hier kommt jede beliebige Räumlichkeit in Betracht, solange sie abgegrenzt ist.[492] Denkbar ist insbesondere, dass Teilnehmern sog. „Kaffeefahrten" das Verlassen des Veranstaltungsorts und die Heimfahrt erst nach Abschluss eines Kaufgeschäftes ermöglicht werde. Entscheidend ist, ob der Verbraucher den Eindruck gewinnt, sich nicht ungehindert entfernen zu können. Nicht erfasst sind aber freu zugängliche Flächen wie Straßen oder Parkplätze.[493]

479 **d) Vertragsabschluss.** Dem Verbraucher muss der Eindruck vermittelt werden, er könne die Räumlichkeiten nur nach Abschluss eines Vertrages – mit dem Unternehmer oder einem Dritten – verlassen, wobei die Begriffe des Vertrages und des Vertragsabschlusses weit auszulegen sind.

Anhang zu § 3 Abs. 3 Nr. 26

Unzulässige geschäftliche Handlungen im Sinne des § 3 Abs. 3

26. sind bei persönlichem Aufsuchen in der Wohnung die Nichtbeachtung einer Aufforderung des Besuchten, diese zu verlassen oder nicht zu ihr zurückzukehren, es sei denn, der Besuch ist zur rechtmäßigen Durchsetzung einer vertraglichen Verpflichtung gerechtfertigt;

Übersicht

Schrifttum: S. die Angaben zur Vorbemerkung und zu § 4 Nr. 1 UWG.

480 **1. Einfluss des europäischen Rechts.** Nr. 26 des UWG-Anhangs setzt die Nr. 25 des Anhangs I der **UGP-Richtlinie** in das deutsche Recht um. Der entsprechende „black list"-Tatbestand der Richtlinie lautet:

„Nichtbeachtung der Aufforderung des Verbrauchers bei persönlichen Besuchen in dessen Wohnung, diese zu verlassen bzw. nicht zurückzukehren, außer in Fällen und in den Grenzen, in denen dies nach dem nationalen Recht gerechtfertigt ist, um eine vertragliche Verpflichtung durchzusetzen."

481 Die **Abweichungen** im UWG-Anhang gegenüber dem Richtlinientext sind rein **sprachlicher Natur.** Sollten sich bezüglich einzelner Begriffe Auslegungsprobleme ergeben, so ist Nr. 26 jedoch richtlinienkonform auszulegen, dh die Formulierungen der Richtlinie sind maßgeblich (→ Vorb. Rn. 6 ff.).

[490] Vgl. Regierungsentwurf eines ersten Gesetzes zur Änderung des Gesetzes gegen den unlauteren Wettbewerb, BT-Drs. 16/10145 (RegE-UWG 2008), 69.

[491] MüKoUWG/*Alexander* Anh. zu § 3 III Nr. 25 Rn. 13.

[492] *Köhler*/Bornkamm/Feddersen Anh. zu § 3 III Rn. 25.3.

[493] *Köhler*/Bornkamm/Feddersen Anh. zu § 3 III Rn. 25.3.

2. Geschäftliche Handlung gegenüber dem Verbraucher. Wie alle Tatbestände des UWG-Anhangs setzt auch Nr. 26 eine **geschäftliche Handlung** gegenüber dem **Verbraucher** voraus. Bezüglich der **Legaldefinition** beider Begriffe wird auf § 2 Abs. 1 Nr. 1 bzw. § 2 Abs. 2 UWG und die Kommentierung von *Keller* dazu verwiesen. Handelt es sich um keine geschäftliche Handlung (sondern etwa um einen lästigen Privatbesuch, bei dem möglicherweise finanzielle Dinge angesprochen werden), so ist Nr. 26 UWG-Anhang – ebenso wie das gesamte UWG – nicht anwendbar. In derartigen Fällen können nur die normalen zivil- und strafrechtlichen Tatbestände (zB Hausfriedensbruch, Nötigung) eingreifen. **482**

Wie alle Tatbestände des UWG-Anhangs ist auch Nr. 26 auf das B2C-Verhältnis beschränkt. Eine eventuelle Unlauterkeit bestimmt sich im **B2B-Verhältnis** ausschließlich anhand der allgemeinen Vorschriften (dazu noch unter 3.). Da Nr. 26 ganz auf die Situation des Endverbrauchers (Privatsphäre) zugeschnitten ist, besteht auch **keine Vermutung für die per se-Unlauterkeit** eines vergleichbaren Sachverhalts **im B2B-Verhältnis.** Das bedeutet jedoch nicht, dass derartige Sachverhalte nicht auf der Grundlage von § 4a UWG verboten werden können, sofern die Voraussetzungen hierfür vorliegen (→ Vorb. Rn. 17). **483**

3. Zweck der Vorschrift und Abgrenzung. Nr. 26 UWG-Anhang erfasst einen Ausschnitt aus Sachverhalten, die in Art. 8 der UGP-Richtlinie und im deutschen Lauterkeitsrecht in **§ 4a Abs. 1 Nr. 2 (Nötigung), 7 UWG** geregelt sind. Gegenstand des per se-Verbots – und Ratio der Qualifizierung als solches – ist nicht etwa die Zulässigkeit des Besuchs in der Wohnung des Verbrauchers, sondern die Nichtbeachtung der Aufforderung, diese zu verlassen oder nicht mehr in sie zurückzukehren. Es handelt sich also um einen **besonders krassen Fall des Unter-Druck-Setzens** zu kommerziellen Zwecken, wobei das Verbot der speziellen Schutzbedürftigkeit des Verbrauchers im Hinblick auf seine Privatsphäre Rechnung trägt. Ob die strafrechtlichen Voraussetzungen der Tatbestände, die daneben in Betracht kommen, insbesondere die **Straftatbestände** des Hausfriedensbruchs, § 123 StGB, und der Nötigung, § 240 StGB, erfüllt sind, spielt für die Anwendung von Nr. 26 keine Rolle. Sie sind auch keine Interpretationshilfe, da die Begriffe des Anhangs gemeinschaftsrechtlich auszulegen sind. **484**

4. Einzelheiten. a) Persönliches Aufsuchen in der Wohnung. Ob das Aufsuchen des Verbrauchers in dessen Wohnung als solches zulässig ist, richtet sich nach § 7 UWG; für den Tatbestand der Nr. 26 ist diese Frage irrelevant. Weiter spielt es keine Rolle, ob der Verbraucher seinerseits **Eigentümer oder Mieter** der Wohnung ist, ob sie von Familienangehörigen gemietet wurde, etc. Es kommt lediglich darauf an, dass es **auch** die Wohnung des besuchten Verbrauchers ist[494] und es sich um die zum Wohnen bestimmte Örtlichkeit des Verbrauchers handelt. Da dies im Gegensatz zu öffentlich zugänglichen Orten oder Geschäften zu sehen ist, kann „Wohnung" im Einzelfall auch ein Wohnwagen, ein Schiff oder ein Hotelzimmer sein. **485**

Entscheidend für die Anwendung von Nr. 26 ist, dass der Unternehmer – oder häufiger noch seine **Angestellten, Beauftragten** etc – sich **persönlich** im Wohnraum des Verbrauchers befinden. Der Einwurf von Werbematerial etc, auch wenn er auf aufdringlicher Weise erfolgt, genügt ebenso wenig wie das Klingeln an der Haustür, um den Verbraucher zu „überreden" oder ihm Material aufzudrängen. Der Gesetzestext schweigt darüber, ob Verbraucher und Unternehmer **gleichzeitig anwesend** sein müssen, oder ob es genügt, dass der Unternehmer sich irgendwie Zutritt zu der Wohnung des Verbrauchers verschafft, um dort auf diesen zu warten. Sinn und Zweck sprechen dafür, auch bei einem „Auflauern" des Verbrauches in dessen Wohnung das per se-Verbot der Nr. 26 eingreifen zu lassen.Zu einem Vertraggsschluß oder überhaupt zu kommerziellen Handlungen braucht es nicht gekommen zu sein, es genügt de kommerzielle Zweck des Besuchs. **486**

[494] *Köhler*/Bornkamm/Feddersen Anhang zu § 3 III Rn. 26.1 (nicht der zufällig anwesende Gast).

487 **b) Aufforderung des Besuchten.** Die an den Unternehmer gerichtete Aufforderung, die Wohnung zu verlassen oder nicht zu ihr zurückzukehren, muss **eindeutig** und für den Unternehmer **unmissverständlich** sein. Auf welche Weise sie erfolgt, ist irrelevant, kann also bei einem „Auflauern" auch über einen Telefonanruf erfolgen. Sie muss jedoch von dem besuchten Verbraucher selbst – also nicht von Mitbewohnern, Familienangehörigen, Freunden – ausgehen. Die Unlauterkeit auf Seiten des Unternehmers besteht darin, dass er der Aufforderung, die Wohnung zu verlassen, nicht nachkommt, oder zunächst zwar geht, dann jedoch zurückkehrt. Für ein Zurückkommen genügt auch ein Klingeln an der Haustür. Dabei muss es sich jedoch um die Person handeln, die zum Verlassen aufgefordert wurde.[495] **Irrelevant** ist es dabei, welche **Willensrichtung der Unternehmer** hat. Auch bei einem Irrtum über die Ernsthaftigkeit der Aufforderung ist Nr. 26 UWG-Anhang erfüllt, sofern die Aufforderung selbst nur aus der Sicht eines „Durchschnittsbesuchers" objektiv klar und eindeutig genug war – andernfalls würde man besonders unsensible Unternehmer privilegieren.[496]

488 **c) Rechtmäßige Durchsetzung einer vertraglichen Verpflichtung.** Eine Ausnahme vom per se-Verbot besteht dann, wenn der Unternehmer nach allgemeinen Grundsätzen des deutschen Rechts dazu berechtigt ist, den Wohnraum auch gegen den ausdrücklichen Willen des Wohnungsinhabers zu betreten, zB im Falle der Selbsthilfe nach §§ 229 ff. BGB oder wenn den Verbraucher vertragliche Mitwirkungspflichten treffen, die ein Aufsuchen des Wohnraums erfordern.[497]

Anhang zu § 3 Abs. 3 Nr. 27

489 **Unzulässige geschäftliche Handlungen im Sinne des § 3 Abs. 3 sind**

27. Maßnahmen, durch die der Verbraucher von der Durchsetzung seiner vertraglichen Rechte aus einem Versicherungsverhältnis dadurch abgehalten werden soll, dass von ihm bei der Geltendmachung seines Anspruchs die Vorlage von Unterlagen verlangt wird, die zum Nachweis dieses Anspruchs nicht erforderlich sind, oder dass Schreiben zur Geltendmachung eines solchen Anspruchs systematisch nicht beantwortet werden;

Übersicht

Schrifttum: *Köhler,* Unzulässige geschäftliche Handlungen bei Abschluss und Durchführung eines Vertrages, WRP 2009, 898; *Mees,* Zur wettbewerbsrechtlichen Beurteilung des Verhaltens nach Vertragsschluss, Festschrift für Brandner 1996, S. 743; *Windorfer,* Die systematische Nichtbeantwortung von Anspruchsschreiben – Ein faktisch nicht sanktionierter UWG-Verstoß?, WRP 2015, 158

---

[495] *Köhler*/Bornkamm/Feddersen Anhang zu § 3 III Rn. 26.1.

[496] Ausführlich dazu MüKoUWG/*Alexander* Anhang § 3 Abs. 3 Rn. 26; Fezer/Büscher/Obergfell/*Mankowski* Anhang Nr. 26 Rn. 10, 27; eher einschränkend. wohl *Köhler*/Bornkamm/Feddersen Anhang zu § 3 III Rn. 26.1 („Es muss lediglich für den Unternehmer erkennbar sein, dass sein Verbleiben oder ein erneuter Besuch nicht dem Willen des Besuchten entspricht.").

[497] Nach der Begründung zum RegE 2008, BT-Drucks. 16/10145 würde dies zB auch ein Besichtigungsrecht des Vermieters, etwa zum Zählerablesen, erfassen. *Köhler*/Bornkamm/Feddersen Anhang zu § 3 II Rn. 26.21 weisen zu Recht darauf hin, dass auch in derartigen Fällen der Vermieter die Wohnung (ohne entsprechenden gerichtlichen Titel) zu verlassen habe.

1. Einfluss des europäischen Rechts. Nr. 27 des UWG-Anhangs setzt die Nr. 27 des Anhangs I der **UGP-Richtlinie** in das deutsche Recht um. Das per se-Verbot in Nr. 27 der „Schwarzen Liste" der Richtlinie lautet: 490

„Aufforderung eines Verbrauchers, der eine Versicherungspolice in Anspruch nehmen möchte, Dokumente vorzulegen, die vernünftigerweise nicht als relevant für die Gültigkeit des Anspruchs anzusehen sind, oder systematische Nichtbeantwortung einschlägiger Schreiben, um so den Verbraucher von der Ausübung seiner vertraglichen Rechte abzuhalten."

Der Wortlaut der Fassung des UWG-Anhangs weicht leicht von dem Richtlinientext ab. Im Wesentlichen sind diese **Abweichungen sprachlicher Natur,** sie machen jedoch teils eine richtlinienkonforme Auslegung erforderlich (s. nachstehend). 491

2. Zweck der Vorschrift und Systematik. Dass auch **nachvertragliches Verhalten** grundsätzlich den Begriff einer unlauteren Geschäftspraktik unterliegen kann, folgt – was den UWG-Anhang betrifft – schon unmittelbar aus der UGP-Richtlinie und ist nunmehr auch in § 2 Abs. 1 Nr. 1 UWG durch die Definition der geschäftlichen Handlung klargestellt („bei oder nach einem Geschäftsabschluss"; vgl. dazu die Kommentierung von *Keller* → § 2 Rn. 25). Im Übrigen ist zu bedenken, dass Nr. 27 der UGP-Richtlinie im Kontext von Art. 8 der UGP-Richtlinie zu sehen ist, wonach eine Geschäftspraxis als aggressiv gilt, wenn sie die Entscheidungs- oder Verhaltensfreiheit des Durchschnittsverbrauchers in Bezug auf das Produkt durch Belästigung, Nötigung oder durch unzulässige Beeinflussung tatsächlich oder voraussichtlich erheblich beeinträchtigt und dieser dadurch tatsächlich oder voraussichtlich dazu veranlasst wird, eine geschäftliche Entscheidung zu treffen, die er andernfalls nicht getroffen hätte. 492

Bei der Frage, ob eine Belästigung, Nötigung oder unzulässige Beeinflussung vorliegt, ist nach Art. 9 der Richtlinie ua abzustellen auf:

„…

d) belastende oder unverhältnismäßige Hindernisse nichtvertraglicher Art, mit denen der Gewerbetreibende den Verbraucher an der Ausübung seiner vertraglichen Rechte zu verhindern versucht, wozu auch das Recht gehört, den Vertrag zu kündigen oder zu einem anderen Produkt oder einem anderen Gewerbetreibenden zu wechseln;„

Diese Voraussetzungen brauchen bei Nr. 27 gerade **nicht** vorzuliegen, da es sich um ein per se-Verbot handelt. Sie zeigen jedoch deutlich, vor welchem Hintergrund die Vorschrift zu interpretieren ist.

3. Geschäftliche Handlung gegenüber dem Verbraucher. Nr. 27 des UWG-Anhangs gilt nur bei geschäftlichen Handlungen gegenüber dem Verbraucher. Im **„B2B"-Verhältnis,** in dem die Fallkonstellation der Aufforderung nicht relevanter Unterlagen für die Inanspruchnahme von Versicherungsleistungen gleichfalls nicht ohne Bedeutung ist, scheidet eine direkte Anwendung jedenfalls aus. In Betracht kommt jedoch eine Unlauterkeit nach § 4a UWG.[498] 493

4. Schreiben zur Durchsetzung von vertraglichen Rechten aus einem Versicherungsverhältnis. Zunächst muss für dieses Tatbestandsmerkmal ein **Versicherungsverhältnis** überhaupt **bestehen** und die Rechte müssen sich aus dem bereits existierenden Vertragsbestand ergeben. Anfragen gerichtet auf den Abschluss oder die Erweiterung einer Police werden damit ebenso wenig erfasst wie die Geltendmachung von Ansprüchen aus einer bloß vermeintlich bestehenden Police. Im Grenzbereich liegen Fälle, in denen zwar der **Abschlusstatbestand** für die Police **gesetzt** wurde, auf die sich der Verbraucher nunmehr beruft, zugleich aber (möglicher Weise) der Versicherungsvertrag **unwirksam** ist bzw. wurde, beispielsweise wegen Nichtzahlung von Beiträgen. Grundregel sollte hier die 494

[498] *Köhler*/Bornkamm/Feddersen Anh. zu § 3 III Rn. 27.5.

Reaktionspflicht des Versicherers sein (s. auch sogleich), wobei ein verständlicher Hinweis auf die die Unwirksamkeit und ihre Gründe genügt.

495 Ebenso wie im Anwendungsbereich von § 4a darf der Begriff der **„vertraglichen Rechte"** nicht auf solche Ansprüche bzw. Gestaltungsrechte verengt werden, denen die Zivilrechtsdogmatik eine vertragliche Rechtsnatur im engeren Sinne beimisst. Vielmehr umfasst er etwa auch vertragsähnliche, bereicherungsrechtliche und deliktische Ansprüche.[499] Auch **„Durchsetzung"** ist in einem weiten Sinne zu interpretieren, so dass neben direkten Zahlungsaufforderungen oder gar der Drohung mit dem Ergreifen von Rechtsmitteln schon Anfragen genügen, ob die Police für einen entstandenen Schaden Versicherungsschutz gewährt.

496 Der Wortlaut des Gesetzes, und auch der Richtlinie, fordert ausdrücklich, dass die Geltendmachung durch ein **„Schreiben"** des Verbrauchers erfolgen muss. Hierunter wird man zwar jede Form der textlichen Kommunikation (also auch etwa Email, Eintrag in ein Internet-Kontaktformular, SMS) fassen können. Bei sonstiger, insbesondere (fern-)mündlicher Kontaktaufnahme bleibt hingegen nur der Rückgriff auf § 4a,[500] worin eine klare Schwäche der Gesetzesausgestaltung liegt.

497 Einigkeit dürfte dahingehend herrschen, dass die Tatbestandlichkeit des Unternehmerverhaltens nicht davon abhängt, ob ein geltend gemachter **Versicherungsanspruch letztlich besteht.**[501] Unterschiedliche Maßstäbe werden hingegen für die Schwelle befürwortet, ab der das Rechtsansinnen des Verbrauchers so eindeutig irregeleitet ist, dass in einer ausbleibenden oder abwehrenden Reaktion des Versicherers kein „Abhalten" im Sinne des Tatbestandes mehr liegt.[502] Da nur zwei, besonders ausgeprägte Abwehrreaktionen (Dokumentenverlangen, systematisches Nichtbeantworten) für die Tatbestandserfüllung genügen, bei einem solchen Verhalten wenig Raum für Rechtsstreitigkeiten darüber bleiben sollte, ob es vielleicht doch gerechtfertigt war, und der Versicherungsunternehmer ohnehin eine geeignete Infrastruktur zur Beantwortung von Kundenanfragen vorhalten muss, sollte diese Schwelle hoch angesetzt werden. Nur bei querulatorischen – etwa: Deckungsanfragen im Wochenrhythmus trotz nicht bestehender Police – Begehren oder Ansinnen, deren fehlende Berechtigung von gleichartiger Evidenz ist, darf der Unternehmer daher eine Beantwortung gänzlich unterlassen.[503] Selbst in solchen Fällen ist nicht ersichtlich, weshalb er irrelevante Dokumente anfordern dürfte.

498 **5. Abwehrverhalten des Versicherers.** Bei der Tatbestandsalternative **Vorlage von nicht erforderlichen Unterlagen** besteht eine Wortlautabweichung gegenüber der Richtlinie. Denn Nr. 27 des UWG-Anhangs spricht von „Unterlagen, die zum Nachweis dieses Anspruchs nicht erforderlich sind", der Richtlinientext hingegen von „vernünftigerweise nicht als relevant anzusehenden" Dokumenten. In richtlinienkonformer Auslegung reicht es daher nicht aus, dass die Unterlagen zum Nachweis eines Anspruchs tatsächlich nicht erforderlich sind. Vielmehr werden nur solche Vorlageanforderungen erfasst, die mit einer gewissen Evidenz[504] von den marktüblichen Standards[505] abweicht. Keine entlastende Wirkung hat es, wenn der Unternehmer im Vertrag oder seinen allgemeinen Versicherungsbedingungen ein Recht festschreibt, Unterlagen jeder Art oder bestimmter Kategorien einzufordern.[506]

---

499 MüKoUWG/*Alexander* Anh. zu § 3 III Nr. 27 Rn. 21 ff.

500 *Köhler*/Bornkamm/Feddersen Anh. zu § 3 III Rn. 27.3.

501 Statt aller *Köhler*/Bornkamm/Feddersen Anh. zu § 3 III Rn. 27.1, unter Verweis auf den Wortlaut der UGP-RL („in Anspruch nehmen möchte").

502 S. etwa *Köhler*/Bornkamm/Feddersen Anh. zu § 3 III Rn. 27.1: offensichtlich unbegründet und dahingehende Kenntnis/Kennenmüssen des Verbrauchers; MüKoUWG/*Alexander* Anh. zu § 3 III Nr. 27 Rn. 24: evidente Missbräuchlichkeit.

503 MüKoUWG/*Alexander* Anh. zu § 3 III Nr. 27 Rn. 24.

504 AA MüKoUWG/*Alexander* Anh. zu § 3 III Nr. 27 Rn. 27.

505 *Köhler*/Bornkamm/Feddersen Anh. zu § 3 III Rn. 27.2.

506 MüKoUWG/*Alexander* Anh. zu § 3 III Nr. 27 Rn. 28.

Nicht beantwortet ist die Anfrage eines Verbrauchers, wenn der Unternehmer innert üblicher und auch nach den Gesamtumständen (Verlängerung etwa bei Arbeitskampf oder Pandemie denkbar) ausreichender Frist entweder gar nicht oder nur abwiegelnd (etwa: bloße Eingangsbestätigung) reagiert hat.[507] 499

Eine **systematische Nichtbeantwortung** setzt entweder eine gewisse Häufigkeit bzw. Regelmäßigkeit des Unternehmerverhaltens voraus oder – dann ist auch bereits die erste Nichtbeantwortung tatbestandsmäßig[508] – einen Verhaltensplan, der die Nichtbeantwortung vorsieht,[509] wobei sich die erste Tatbestandsvariante leichter nachweisen lassen dürfte.[510] Für sie ist es nicht zwingend erforderlich, dass mehr als eine Kontaktaufnahme desselben Verbrauchers unbeantwortet bleiben, es genügt, wenn sich das Verhalten über eine Vielzahl verschiedener Verbraucher erstreckt.[511] Das versehentliche oder einer vorübergehenden Störung im Geschäftsablauf – etwa Krankheitswelle, nicht hingegen strukturelle Unterpersonalisierung – geschuldete Ausbleiben einer Reaktion genügt dem Tatbestand selbst dann nicht, wenn es die Schreiben von mehreren Verbrauchern betrifft.[512] 500

Legt der Unternehmer eine der Varianten des tatbestandlichen Verhaltens an den Tag, bedarf es – trotz des Wortlauts „um so den Verbraucher […] abzuhalten" in der UGP-Richtlinie – **nicht des Nachweises weiterer subjektiver Elemente,** etwa Vorsatz des Unternehmers.[513] Dem Unternehmer steht aber ein Entlastungsbeweis offen, weshalb sein Verhalten nicht als ein zielgerichtetes Unterlaufen der Rechtsdurchsetzung anzusehen sei.[514] 501

Anhang zu § 3 Abs. 3 Nr. 28

Unzulässige geschäftliche Handlungen im Sinne des § 3 Abs. 3 sind

28. die in eine Werbung einbezogene unmittelbare Aufforderung an Kinder, selbst die beworbene Ware zu erwerben oder die beworbene Dienstleistung in Anspruch zu nehmen oder ihre Eltern oder andere Erwachsene dazu zu veranlassen;

Übersicht

Schrifttum: *Alexander,* Praxisanforderungen für Werbung gegenüber Kindern und Jugendlichen, GRUR-Prax 2014, 489; *ders.,* Die „Aufforderung zum Kauf" im Lauterkeitsrecht, WRP 2012, 125; *Baukelmann,* Jugendschutz und Lauterkeitsrecht – neue europäische Gesichtspunkte?, Festschrift für Ullmann, 2006, S. 587; *Bisges,* Schlumpfbeeren für 3000 Euro – Rechtliche Aspekte von In-App-Verkäufen an Kinder, NJW 2014, 183; *Böhler,* Wettbewerbsrechtliche Schranken für Werbemaßnahmen gegenüber Minderjährigen, WRP 2011, 827 und 1028; *Dembowski,* Kinder und Jugendliche als Werbeadressaten, Festschrift für Ullmann, 2006, S. 599; *Fechner/Schipansky,* Werbung für Handyklingeltöne – Rechtsfragen im Jugendschutz-, Telekommunikations- und Wettbewerbsrecht, ZUM 2006, 898; *Fuchs,* Wettbewerbsrechtliche Schranken bei der Werbung gegenüber Minderjährigen, WRP 2009, 255; *Gerecke,* Werbung gegenüber Kindern und Jugend-

[507] MüKoUWG/*Alexander* Anh. zu § 3 III Nr. 27 Rn. 32.

[508] AA GK-UWG/*Pahlow* § 3 (E) Nr. 27 Rn. 8; Fezer/Büscher/Obergfell/*Steinbeck* Anhang UWG Nr. 27 Rn. 16: mindestens zwei Schreiben; *Köhler*/Bornkamm/Feddersen UWG Anh. § 3 III Rn. 27.3: mindestens drei Schreiben; Ohly/*Sosnitza* Anh. § 3 Abs. 3 Rn. 69: mehrfaches Ignorieren.

[509] MüKoUWG/*Alexander* Anh. zu § 3 III Nr. 27 Rn. 34.

[510] *Köhler*/Bornkamm/Feddersen Anh. zu § 3 III Rn. 27.3.

[511] *Köhler*/Bornkamm/Feddersen Anh. zu § 3 III Rn. 27.3, der allerdings keine Vielzahl fordert.

[512] MüKoUWG/*Alexander* Anh. zu § 3 III Nr. 27 Rn. 33.

[513] *Köhler*/Bornkamm/Feddersen Anh. zu § 3 III Rn. 27.4; MüKoUWG/*Alexander* Anh. zu § 3 III Nr. 27 Rn. 35; aA jurisPK-UWG/*Diekmann* Rn. 5; Fezer/Büscher/Obergfell/*Steinbeck* Anhang UWG Nr. 27 Rn. 18.

[514] *Köhler*/Bornkamm/Feddersen Anh. zu § 3 III Rn. 27.4.

lichen, NJW 2015, 3185; *Heidemann-Peuser,* Werbung gegenüber Kindern und Jugendlichen, in: Alexander/ Augenhofer (Hrsg.), 10 Jahre UGP-Richtlinie: Erfahrungen und Perspektiven, 2016, S. 85; *Jahn/Palzer,* Werbung gegenüber Kindern – „Dus" and don'ts. Zugleich Besprechung von BGH, Urt. v. 17.7.2013 – I ZR 34/12 – Runes of Magic, GRUR 2014, 332; *Köhler,* Werbung gegenüber Kindern: Welche Grenzen zieht die Richtlinie über unlautere Geschäftspraktiken?, WRP 2008, 700; *ders.*, Minderjährigenschutz im Lauterkeitsrecht, Festschrift für Ullmann, 2006, S. 685; *Mankowski,* „Hol es dir und zeig es deinen Freunden", in: Bork/ Repgen (Hrsg.) Das Kind im Recht, 2009, S. 51; *ders.*, Was ist eine „direkte Aufforderung zum Kauf" an Kinder?, WRP 2008, 421; *ders.*, Wer ist ein „Kind"?, WRP 2007, 1398; *Scherer,* Rezeption kommerzieller Kommunikation in sozialen Netzwerken durch minderjährige Nutzer, WRP 2019, 277; *dies.*, Kinder als Konsumenten und Kaufmotivatoren, WRP 2008, 430; *dies.*, „Kinderwerbung" – Marketing für die Zielgruppe minderjähriger Verbraucher, in: Pahlow/Eisfeld (Hrsg.) Grundlagen und Grundfragen geistigen Eigentums, 2008, S. 157; *Schippel,* Der Handel mit virtuellen Gütern unter Berücksichtigung des Jugendschutz- und Lauterkeitsrechts, WRP 2017, 1444; *Spengler,* Die lauterkeitsrechtlichen Schranken von In-App-Angeboten, WRP 2015, 1187.

502 **1. Einfluss des europäischen Rechts.** Nr. 28 des UWG-Anhangs setzt die Nr. 28 des Anhangs I der UGP-Richtlinie in das deutsche Recht um[515]. Das per se-Verbot in Nr. 28 der „Schwarzen Liste" der Richtlinie lautet:

> *„Einbeziehung einer direkten Aufforderung an Kinder in einer Werbung, die beworbenen Produkte zu kaufen, oder ihre Eltern oder andere Erwachsene zu überreden, die beworbenen Produkte für sie zu kaufen. Diese Bestimmung gilt unbeschadet des Art. 16 der Richtlinie 89/ 552/EWG über die Ausübung der Fernsehtätigkeit."*

503 Der deutsche Gesetzgeber hat bei der Umsetzung von Nr. 28 des Anhangs I der UGP-Richtlinie also gewisse **sprachliche Änderungen** vorgenommen. Dabei handelt es sich im Wesentlichen um zwei Abweichungen. Zum einen wurde klargestellt, dass die Inanspruchnahme einer beworbenen Dienstleistung dem Erwerb einer Ware gleichsteht. Zum anderen wurde der Hinweis darauf, dass Nr. 27 des Anhangs I der UGP-Richtlinie keine Auswirkung auf Art. 16 der Fernsehrichtlinie (heute: Art. 9 Abs. 1 lit. g AVMD-RL 2010/13/ EU, geändert durch RL 2018/1808/EU) hat, als unnötig angesehen.[516]

504 **2. Zweck der Vorschrift und Abgrenzung.** Der Vorschrift liegt folgender **Normzweck** zugrunde: Kinder stehen Werbung oftmals unkritisch gegenüber, sind besonders empfänglich für jede Art von Druck und unterliegen leichter einem Gruppenzwang. Ein direkter Kaufappell (1. Tatbestandsalternative) und eine direkte Aufforderung, Erwachsene zum Kauf zu überreden (2. Tatbestandsalternative) lösen einen besonders ausgeprägten „Possessionswillen" aus. Es besteht die konkrete oder zumindest abstrakte Gefahr, dass Kinder allein auf Grund eines derartigen direkten Kauf- bzw. Überredungsappells ein Produkt unbedingt haben wollen, gegen die Anschaffung sprechende Gesichtspunkte wie fehlende pädagogische Eignung oder einen überhöhten Kaufpreis völlig zurückdrängen oder sich von ihren Eltern ungerecht und lieblos behandelt fühlen, wenn ihr Wunsch nicht erfüllt wird. Gleichzeitig ist der Kaufappell des Kindes wegen der persönlichen Nähebeziehung geeignet, besonders effektiv Druck auf die Eltern aufzubauen, deren geschäftliche Entscheidungsfreiheit die Nr. 28 daher ebenfalls schützt.[517]

505 Eine Nr. 28 ergänzende europäische Vorschrift enthält Art. 90e) der Richtlinie 2001/ 1983 des Europäischen Parlaments und des Rates vom 6.11.2001 zur Schaffung eines **Gemeinschaftskodexes für Arzneimittel.** Diese Vorschrift bestimmt, dass Öffentlichkeitswerbung für ein Arzneimittel keine Elemente enthalten darf, die ausschließlich oder hauptsächlich für Kinder gelten.[518]

506 Nr. 28 fand eine weitgehende Entsprechung in Art. 16 der **Fernsehrichtlinie,** die allerdings ausdrücklich nicht nur Kinder, sondern generell Minderjährige schützte, wenn die Unerfahrenheit und Leichtgläubigkeit ausgenutzt wird.[519] Heute ist an diese Stelle

[515] *Scherer* WRP 2019, 277 (281).
[516] Begr. RegE zu Nr. 28, BT-Drs. 16/10145, 34.
[517] *Köhler*/Bornkamm/Feddersen Rn. 28.2; aA MüKoUWG/*Alexander* Anh. zu § 3 III Nr. 28 Rn. 13.
[518] Dazu *Glöckner* → Einl. Rn. 146.
[519] Vgl. dazu *Glöckner* → Einl. B Rn. 140 und 143 ff.

Art. 9 Abs. 1 lit. g AVMD-RL 2010/13/EU getreten, für Deutschland umgesetzt in **§ 6 Jugendmedienschutz-Staatsvertrag.** Diese Norm enthält jugendschützende Werbebeschränkungen, die sich – besonders in Gestalt von § 6 Abs. 2 Nr. 1, Nr. 2, Abs. 5 – mit Nr. 28 überschneiden. Auch diese Vorschrift hat, ersichtlich aus Art. 3 Abs. 4, Nr. 28 Anh. I UGP-RL, Vorrang gegenüber Nr. 28[520] und beschränkt dessen Anwendungsbereich damit deutlich. Dies gilt insbesondere für die mittelbare Einwirkung auf Eltern/Erwachsene, da § 6 Abs. 2 Nr. 2 JMStV besagt, dass Werbung nicht „Kinder oder Jugendliche unmittelbar auffordern [darf], ihre Eltern oder Dritte zum Kauf der beworbenen Waren oder Dienstleistungen zu bewegen". § 6 Abs. 2 Nr. 1 JMStV verbietet zwar „direkte Aufrufe zum Kaufen oder Mieten von Waren oder Dienstleistungen an Kinder oder Jugendliche enthalten, die deren Unerfahrenheit und Leichtgläubigkeit ausnutzen", lässt damit aber noch Raum für Nr. 28, der ein derartiges „Ausnutzen" nicht verlangt. „Werbung für alkoholische Getränke darf sich" – gem. § 6 Abs. 5 JMStV – „weder an Kinder oder Jugendliche richten noch durch die Art der Darstellung Kinder und Jugendliche besonders ansprechen oder diese beim Alkoholgenuss darstellen". Dieses Verbot ist vor allem in seiner zweiten („besonders ansprechen") und dritten („darstellen") Alternative strenger als die Nr. 28, aber eben auf die Produktgruppe der alkoholischen Getränke beschränkt. Gerade die durch diese Bestimmungen eintretende Verdrängung von Nr. 28 rechtfertigt die kombinierte Anwendung von **§ 6 JMStV und § 3a,**[521] weil so das UWG-Sanktionsregime verfügbar bleibt.

Nr. 28 stellt zwar eine verschärfende Fortführung des Regelungsanliegens von **§ 4a** dar, ist aber insofern eigenständig, als zusätzliche Tatbestandsvoraussetzungen von § 4a – wie insbesondere eine Eignung zur Beeinflussung der geschäftlichen Entscheidung – für eine Verletzung der Nr. 28 nicht erfüllt sein müssen.[522] **507**

Ein Verstoß gegen Nr. 28 führt nicht automatisch zur Unwirksamkeit des Vertragsschlusses nach **§§ 106 ff. BGB** oder zu dessen Anfechtbarkeit nach **§ 123 BGB.**[523] **508**

Selbstredend betrifft die Nr. 28 nur geschäftliche Handlungen **gegenüber Verbrauchern** und **nicht in andere als B2C-Konstellationen** übertragen werden.[524] **509**

3. Kinder. Unter **Kindern** sind jedenfalls Minderjährige zu verstehen, die das **14. Lebensjahr** noch nicht vollendet haben.[525] Hierfür spricht insbesondere die Bezugnahme auf Art. 16 der Fernsehrichtlinie in Nr. 28 des Richtlinienanhangs, die ausdrücklich zwischen Kindern und Minderjährigen unterscheidet. Auch nach dem RegE zum UWG 2008 schützt Nr. 28 nur Jugendliche, die allenfalls 14 Jahre alt sind. Zur Begründung beruft sich der RegE auf die Begriffsbestimmung des § 1 Abs. 1 Nr. 1 Jugendschutzgesetz. Ob der Begriff Kinder auch Minderjährige nach Vollendung des 14. Lebensjahr umfasst, hat der BGH in der Entscheidung *Runes of Magic* offengelassen.[526] Je nach Produkt/Dienstleistung und Kontext ist eine unlautere Beeinflussung durchaus auch bei Jugendlichen über 14 Jahren denkbar. Eine hiernach differenzierende Anwendung der Nr. 28 hätte jedoch, zumal mangels dahingehender Kasuistik, einige Rechtsunsicherheiten für die Unternehmen zur Folge. So **510**

---

520 *Köhler*/Bornkamm/Feddersen Anh. zu § 3 III Rn. 28.3a; aA MüKoUWG/*Alexander* Anh. zu § 3 III Nr. 28 Rn. 8.

521 MüKoUWG/*Alexander* Anh. zu § 3 III Nr. 28 Rn. 16.

522 *Köhler*/Bornkamm/Feddersen Anh. zu § 3 III Rn. 28.3.

523 *Köhler*/Bornkamm/Feddersen Anh. zu § 3 III Rn. 28.4.

524 MüKoUWG/*Alexander* Anh. zu § 3 III Nr. 28 Rn. 17.

525 So auch MüKoUWG/*Alexander* Anh. zu § 3 III Nr. 28 Rn. 25; *Scherer* WRP 2008, 430 (432); *Köhler* FS Ullmann, 2006, 685 ff.; tendenziell auch *Baukelmann* FS Ullmann, 2006, 588 (590); LG Berlin WRP 2015, 1155 Rn. 12; aA *Mankowski* WRP 2007, 1398. Mit beachtlichen Gründen führt *Mankowski* aus, dass im Rahmen der Ziff. 28 der Schwarzen Liste von einer europäischen Begriffsbildung auszugehen ist, nach der ein „Kind" ist, wer das 18. Lebensjahr noch nicht vollendet hat. Vorbehaltlich einer möglichen späteren entgegenstehenden Auslegung des EuGH spricht aber gerade Ziff. 28 der schwarzen Liste gegen eine derartige Auslegung, da ein per se-Verbot direkter Kaufappelle gegenüber Jugendliche, die das 14. Lebensjahr vollendet haben, überzogen wäre.

526 BGH GRUR 2014, 298 Rn. 18 – Runes of Magic.

lange das Europarecht bzw. die Rechtsprechung des EuGH keine klärenden Vorgaben macht, spricht daher mehr dafür, jenseits einer Altersgrenze von 14 Jahren nicht mehr die Nr. 28, sondern § 4a anzuwenden,[527] der höhere Anforderungen stellt, Jugendliche aber keineswegs schutzlos der Einflussnahme durch Werbung aussetzt. In der Praxis wird es auf die Frage vielfach nicht ankommen, wenn und weil sich Werbung zwar auch an Jugendliche über 14 Jahren richtet, zugleich aber einen jüngeren Personenkreis mit einbezieht.[528]

511 **4. In Werbung einbezogener unmittelbarer Erwerbsappell an Kinder.** Für die Interpretation des Begriffs der **„Werbung"** sollte man sich an Art. 2 lit. a RL 2006/114/EG über irreführende und vergleichende Werbung orientieren.[529] Werbung ist demnach „jede Äußerung bei der Ausübung eines Handels, Gewerbes, Handwerks oder freien Berufs mit dem Ziel, den Absatz von Waren oder die Erbringung von Dienstleistungen, einschließlich unbeweglicher Sachen, Rechte und Verpflichtungen, zu fördern". Art. 2 lit. j) der UGP-Richtlinie enthält eine Legaldefinition zu dem Begriff einer „Aufforderung zum Kauf". Danach meint eine „Aufforderung zum Kauf" „jede kommerzielle Kommunikation, die die Merkmale des Produktes und den Preis in einer Weise angibt, die den Mitteln der verwendeten kommerziellen Kommunikation angemessen ist und den Verbraucher dadurch in die Lage versetzt, einen Kauf zu tätigen." Dennoch wird man erstens Nr. 28 mit Blick auf ihren Schutzzweck auch dann zur Anwendung bringen können, wenn in dem fraglichen Kommunikationsakt **Preis und Eigenschaften des Produkts noch nicht detailliert beschrieben** sind.[530] Erforderlich ist aber die Benennung eines oder mehrerer konkreter Produkte,[531] so dass beispielsweise allgemeine Reputationswerbung für einen bestimmten Hersteller den Tatbestand nicht verwirklicht. Zweitens darf der Begriff des „Kaufs" nicht auf Kaufverträge im Sinne des Zivilrechts verengt werden, vielmehr genügt jeder **entgeltliche Erwerb** von dem **Werbenden oder einem Dritten.**[532] Kein Entgelt in diesem Sinne sind erforderliche **Transaktionskosten,** jedenfalls sofern sie nicht dem Werbenden zufließen.[533] „Bezahlen" die Adressaten hingegen mit ihren Daten, weil die beworbenen Produkte/Dienstleistungen Daten ihrer Nutzer sammeln, liegt grundsätzlich Entgeltlichkeit vor, insbesondere wenn die gesammelten Daten einer kommerziellen Verwendung zugeführt werden.[534]

512 Eine **direkte Aufforderung** liegt nur in einem **unmittelbaren Kaufappell an Kinder.** Der **Appell** kann durch unmittelbares Ansprechen, aber auch durch Massenwerbung erfolgen.[535] Ein unmittelbarer Kaufappell liegt auch in einer Werbung, die Kinder bei einem unmittelbaren Kaufappell zeigt, da dadurch mittelbar zur Nachahmung aufgefordert wird.[536] Dem steht etwa die Aufforderung zum Betreten eines Geschäftslokals nicht gleich, weil es am Bezug zu einem oder mehreren konkreten Produkten fehlt.[537] Insofern fehlt es schon an einer Aufforderung zum Kauf. Auch ein mittelbarer Kaufappell wie etwa durch Ausstellen sogenannter „Quengelware" im Kassenbereich oder suggestive Beeinflussung ist von einem unmittelbaren Kaufappell zu unterscheiden.[538] Ein solcher Appell

---

[527] AA *Köhler*/Bornkamm/Feddersen Anh. zu § 3 III Rn. 28.5: Zwischen 14 und 16 Jahren Einzelfallbeurteilung.

[528] *Köhler*/Bornkamm/Feddersen Anh. zu § 3 III Rn. 28.5.

[529] MüKoUWG/*Alexander* Anh. zu § 3 III Nr. 28 Rn. 26.

[530] MüKoUWG/*Alexander* Nr. 28 Rn. 27; jurisPK-UWG/*Seichter* Rn. 15; aA *Fuchs* WRP 2009, 255 (262).

[531] BGH WRP 2014, 1301 Rn. 19 – Zeugnisaktion.

[532] *Köhler*/Bornkamm/Feddersen Anh. zu § 3 III Rn. 28.12.

[533] Ähnlich MüKoUWG/*Alexander* Anh. zu § 3 III Nr. 28 Rn. 47, der aber wohl fordert, dass die Leistungen für Transaktionskosten dem Werbenden überhaupt nicht zufließen dürfen.

[534] Noch etwas strenger MüKoUWG/*Alexander* Anh. zu § 3 III Nr. 28 Rn. 48.

[535] LG Berlin VUR 2010, 106 für Kaufappell: *„Nicht verpassen … ab … am Kiosk"*.

[536] *Köhler* FS Ullmann, 2006, 699. AA *Köhler*/Bornkamm/Feddersen Rn. 28.10; MüKoUWG/*Alexander* Anh. zu § 3 III Nr. 28 Rn. 42.

[537] MüKoUWG/*Alexander* Anh. zu § 3 III Nr. 28 Rn. 38.

[538] OLG Koblenz GRUR-RR 2010, 20 (22); MüKoUWG/*Alexander* Anh. zu § 3 III Nr. 28 Rn. 43; aA *Mankowski* WRP 2008, 421 (425).

kann jedoch in versteckter Form durch eine Gewinnspielkopplung erfolgen, wenn die Teilnahme den Kauf eines bestimmten Produktes voraussetzt.[539] Auch kann eine unmittelbare Kaufaufforderung bestehen, wenn die Werbeanzeige im Internet mit einem direkten Link zu einer Seite mit Informationen über das beworbene Produkt verbunden ist.[540] Teilweise wird sogar – unter Berufung auf die englische und französische Übersetzung der Richtlinie – ein „Befehlston" gefordert („Kauf Dir das!").[541] Das geht zu weit, Imperativformen (etwa auch „schnapp Dir" oder „pimp deinen Charakter")[542] sind zwar nicht untypisch, aber auch nicht unerlässlich, die Art der Formulierung darf nicht entscheidend sein und auch keinen leichten Umgehungsausweg bieten.[543] Eine hinreichende mittelbare Aufforderung läge auch in der Formulierung „Wäre es nicht schön, so etwas zu haben?".[544]

Jedenfalls muss der Kaufappell **gezielt an Kinder** (zur Rückwirkung auf die Eltern s. **512a** sogleich) gerichtet sein.[545] Neben der Ansprache von Kindern als Bevölkerungsgruppe genügt hierfür auch die Ansprache einer begrenzten Mehrzahl von Kindern, ja sogar die Ansprache eines einzelnen Kindes.[546] Einer Ausrichtung auf Kinder steht es nicht entgegen, dass dieselbe Werbung daneben oder sogar überwiegend auch Erwachsene adressiert.[547] Im konkreten Fall kann die Einordnung Schwierigkeiten bereiten, ob eine Werbung so vorrangig auf Erwachsene oder unspezifische Bevölkerungskreise (was für Nr. 28 nicht genügt) zielt, dass mit ihr verbundene Reflexeinwirkungen auf Kinder den Tatbestand der Nr. 28 nicht mehr erfüllen. Hierfür ist eine wertende Gesamtbetrachtung unter Einbezug mehrerer Faktoren erforderlich.[548] Die Verwendung der „Du"-Form genügt für sich allein genommen nicht, denn sie ist mittlerweile auch zur Ansprache von Erwachsenen in der Werbung gängig[549] Hingegen weist eine durchgängige Werbeansprache in der zweiten Person Singular gepaart mit kindertypischen Begrifflichkeiten sowie gebräuchlichen Anglizismen auf eine gezielte Ansprache an Kinder hin,[550] ebenso die Platzierung der Werbung (auch) in Medien, die sich vorrangig an Kinder richten (Kinderfernsehen, Jugendzeitschriften).[551] Werden die beworbenen Produkte/Dienstleistungen vorwiegend von Erwachsenen erworben, schließt dies das Vorliegen einer gezielten Ansprache von Kindern nicht aus, hat aber doch eine gewisse Indizwirkung.[552] Sofern sich Influencer-Marketing in den Themenbereichen Fashion, Essen und Lifestyle vorwiegend an Erwachsene und Jugendliche wendet und keine kindertypischen Begrifflichkeiten enthält, kommt eine Anwendung von Nr. 28 daher meist nicht in Betracht, auch Kind-bezogenes Influencer-Marketing ist in diesen Bereichen aber nicht ausgeschlossen.[553]

---

[539] BGH GRUR 2014, 686 Rn. 30 – Goldbärenbarren.

[540] BGH GRUR 2014, 298 Rn. 31 – Runes of Magic; aA ÖOGH GRUR Int. 2014, 181 (182). Die Vorschrift ist auf Influencer-Marketing mit Videos, Bilder und Posts in allen sozialen Netzwerks anwendbar, siehe hierzu *Scherer* WRP 2019, 277 (281).

[541] *Baukelmann* FS Ullmann, 2006, 599.

[542] Vgl. BGH GRUR 2014, 298 Rn. 19 – Runes of Magic.

[543] BGH GRU 2014, 686 Rn. 28 – Goldbärenbarren; MüKoUWG/*Alexander* Anh. zu § 3 III Nr. 28 Rn. 35.

[544] *Scherer* WRP 2008, 430 (433).

[545] BGH GRUR 2014, 686 Rn. 30 – Goldbärenbarren; *Scherer* WRP 2019, 277 (281).

[546] *Köhler*/Bornkamm/Feddersen Anh. zu § 3 III Rn. 28.7.

[547] BGH GRUR 2014, 1211 Rn. 24 – Runes of Magic II; MüKoUWG/*Alexander* Anh. zu § 3 III Nr. 28 Rn. 20.

[548] *Köhler*/Bornkamm/Feddersen Anh. zu § 3 III Rn. 28.7.

[549] BGH GRUR 2014, 298 Rn. 19 – Runes of Magic.

[550] BGH GRUR 2014, 298 Rn. 19 – Runes of Magic; insbes. krit. zum Kriterium der Verwendung von Anglizismen als besonders kindertypisch *Jahn/Palzer* GRUR 2014, 332 (335); *Krüger/Apel* K&R 2014, 200; *Lober* WRP 2014, 294; LG Berlin WRP 2015, 1155 Rn. 15.

[551] *Köhler*/Bornkamm/Feddersen Anh. zu § 3 III Rn. 28.7.

[552] Ähnlich *Köhler*/Bornkamm/Feddersen Anh. zu § 3 III Rn. 28.7.

[553] Etwas pauschal gegen eine Anwendung von Nr. 28 daher *Scherer* WRP 2019, 277 (281). S. zum Phänomen der „Kidfluencer" etwa SWR3 aktuell, Kinder und Babys als Influencer bei Instagram und YouTube, 5.3.2019.

513 Schon nach dem Wortlaut der Norm ist eine **konkrete Eignung** des Kaufappells, das gewünschte Geschäftsverhalten herbeizuführen bzw. die geschäftliche Beeinflussbarkeit von Kindern zu nutzen, nicht erforderlich.[554]

514 **5. Veranlassung von Eltern/Erwachsenen.** Hinsichtlich der **„unmittelbaren Aufforderung"** gilt das bereits zu der ersten Tatbestandsalternative Gesagte. Der Begriff des „Veranlassens" ist nicht erst dann erfüllt, wenn die Kinder zur Ausübung qualifizierten Drucks aufgefordert werden,[555] er setzt aber doch eine Zielgerichtetheit der Einwirkung voraus – erforderlich ist, dass das Kind den Erwerb von Ware oder Dienstleistung durchsetzen, nicht etwa nur über diese informieren soll.

515 Eine **konkrete Eignung,** die erwünschte geschäftliche Entscheidung der beeinflussten Eltern/Erwachsenen herbeizuführen, ist wiederum nicht erforderlich.

Anhang zu § 3 Abs. 3 Nr. 29

Unzulässige geschäftliche Handlungen im Sinne des § 3 Abs. 3 sind

29. die Aufforderung zur Bezahlung nicht bestellter, aber gelieferter Waren oder erbrachter Dienstleistungen oder eine Aufforderung zur Rücksendung oder Aufbewahrung nicht bestellter Sachen.

Übersicht

516 **1. Einfluss des europäischen Rechts.** Nr. 29 UWG-Anhang geht auf das per se-Verbot[556] der **Nr. 29 des Anhangs I zur UGP-Richtlinie**[557] zurück. Die Vorschrift wurde durch das Gesetz zur Umsetzung der Verbraucherrechterichtlinie und zur Änderung des Gesetzes zur Regelung der Wohnungsvermittlung vom 20.9.2013[558] im Zuge der Umsetzung der Verbraucherrechterichtlinie (VRRL)[559] geändert und durch das 2. Gesetz zur Änderung des Gesetzes gegen den unlauteren Wettbewerb vom 9.12.2015 (UWG 2015) weiter an den Wortlaut der Nr. 29 des Anhangs I zur UGP-Richtlinie angepasst. Das unionsrechtliche Verbot lautet wie folgt:

> *„Aufforderung des Verbrauchers zur sofortigen oder späteren Bezahlung oder zur Rücksendung oder Verwahrung von Produkten, die der Gewebetreibende geliefert, der Verbraucher aber nicht bestellt hat (unbestellte Waren oder Dienstleistungen); ausgenommen hiervon sind Produkte, bei denen es sich um Ersatzlieferungen gemäß Artikel 7 Absatz 3 der Richtlinie 97/7/EG handelt."*

---

[554] EuGH BeckRS 2010, 90043 Rn. 45 – Plus Warenhandelsgesellschaft; *Köhler*/Bornkamm/Feddersen Anh. zu § 3 III Rn. 28.2.

[555] Ebenso *Köhler*/Bornkamm/Feddersen Rn. 28.15. Restriktiver etwa *Scherer* NJW 2009, 324 (330).

[556] Ausführlich dazu *Glöckner* → Einl. Rn. 194 f., 352 ff., 358 und 362 f.

[557] Richtlinie 2005/29/EG abgedruckt im Anhang.

[558] BGBl. I S. 3642.

[559] Richtlinie 2011/83/EU des Europäischen Parlaments und des Rates vom 25.10.2011 über die Rechte der Verbraucher, zur Abänderung der Richtlinie 93/13/EWG des Rates und der Richtlinie 199/44/EG des Europäischen Parlaments und des Rates sowie zur Aufhebung der Richtlinie 85/577/EWG des Rates und der Richtlinie 97/7/EG des Europäischen Parlaments und des Rates, ABl. 2011 L 304, S. 64. Vgl. auch Einl. B.

2. Zweck der Vorschrift. Nach Nr. 29 ist es stets unzulässig, den Verbraucher mit Blick auf unbestellte Waren und Dienstleistungen zur Bezahlung aufzufordern. Gleiches gilt für die Aufforderung zur Rücksendung oder Aufbewahrung von Sachen, die unbestellt zugesandt wurden. Der Verbraucher ist **von jeglicher Pflicht,** mit dem unverlangt zugesandten Produkt in besonderer Weise umzugehen, **befreit.**[560] **517**

In der Praxis hat die Zusendung unbestellter Waren zumindest in Deutschland keine nachhaltige Bedeutung erlangt. Dies mag auch daran liegen, dass es sich bei dieser Werbeform – gerade bei Waren, die zumindest einen gewissen Wert haben – um eine eher kostspielige Art der Absatzförderung handelt.[561] **518**

3. Rechtliche Beurteilung. a) Wettbewerbsrechtliche Beurteilung. Das unverlangte **Zusenden von Produkten** stellt eine **aggressive geschäftliche** Handlung dar, die der Gemeinschaftsgesetzgeber mit Nr. 29 des Anhangs I zur UGP-Richtlinie als Bestandteil der „Black List" und damit als generell unzulässige Handlung normiert hat. In der Begründung zum RegE vom Mai 2008 wird darauf abgestellt, dass dem Verbraucher gegenüber nicht der Eindruck vermittelt werden dürfe, es bestünde bereits eine vertragliche Beziehung, welche die übersandte Ware bzw. zur Verfügung gestellte Dienstleistung zum Gegenstand habe.[562] Hinzu kommt, dass der Verbraucher sich durch die Übersendung des nicht bestellten Produkts in der Regel belästigt fühlt und nicht weiß, wie er sich nunmehr verhalten soll.[563] Wird der Verbraucher zur **Bezahlung einer nicht bestellten, aber bereits übersandten Ware oder bereits erbrachten Dienstleistung** aufgefordert, befindet er sich in einer ähnlichen Drucksituation. **519**

Mit der unverlangten Zusendung sind stets **Unannehmlichkeiten** für den Verbraucher verbunden. Er sieht der postalischen Sendung schon nicht ohne weiteres an, ob sie bestellt ist oder nicht. Hierzu muss er sie entgegennehmen, öffnen und sich mit dem Anliegen des Versenders auseinandersetzen. Will er die Ware zurücksenden, muss er sie wieder verpacken und bei der Post aufgeben. Die (irrige) Annahme liegt nahe, er sei zur Rücksendung oder zumindest zur Aufbewahrung der Ware verpflichtet, wenn er sie schon nicht erwerben möchte. Behält er die Ware, sieht er sich womöglich aus rechtlichen oder moralischen Gründen zur Zahlung verpflichtet.[564] Auch kann der Empfänger – gerade bei geringwertigen Waren – dazu geneigt sein, diese zu behalten und zu bezahlen, um sich die Mühen der Rücksendung zu ersparen. Der Empfänger kann also durch die unbestellte Zusendung in seiner freien Willensbildung dergestalt beeinflusst werden, dass er Waren nicht wegen ihrer Güte, sondern zumindest auch aufgrund der Belästigung erwirbt, der er sich entziehen möchte. **520**

Voraussetzung des Verbots der Nr. 29 ist, dass die Ware oder Dienstleistung tatsächlich **unbestellt** ist, der Verbraucher diese also nicht angefordert hat. Dies ist dann der Fall, wenn der Verbraucher die Lieferung der Ware oder die Erbringung der Dienstleistung nicht zurechenbar veranlasst hat.[565] Nicht der Fall ist dies, wenn der Unternehmer **irrtümlich** eine andere Ware oder Dienstleistung liefert bzw. erbringt als vereinbart.[566] **521**

Die Neufassung der Nr. 29 sieht nunmehr – im Einklang mit dem Wortlaut der Nr. 29 des Anhangs I zur UGP-Richtlinie, voraus, dass die nicht bestellte Ware oder Dienstleistung tatsächlich bereits geliefert bzw. erbracht wurde. Die bloße Ankündigung der Lieferung

---

560 Vgl. Regierungsentwurf eines ersten Gesetzes zur Änderung des Gesetzes gegen den unlauteren Wettbewerb, BT-Drs. 16/10145 (RegE-UWG 2008), 71 (Anhang II.).

561 *Köhler*/Bornkamm/Feddersen § 7 Rn. 78.

562 RegE-UWG 2008, S. 71.

563 So auch RegE-UWG 2008, S. 71.

564 So auch MüKoUWG/*Alexander* Anh. zu § 3 III Nr. 29 Rn. 12.

565 MüKoUWG/*Alexander* Anh. zu § 3 III Nr. 29 Rn. 24.

566 BGH GRUR 2012, 82 Rn. 18 – Auftragsbestätigung; *Köhler*/Bornkamm/Feddersen Anh. zu § 3 III Rn. 29.8 unter Verweis auf Art. 9 lit. c UGP; anders MüKoUWG/*Alexander* Anh. zu § 3 III Nr. 29 Rn. 26, welcher in diesem Fall darauf abstellen möchte, ob sich bei der irrigen oder fehlerhaften Lieferung ein Risiko aus dem Verantwortungsbereich des Unternehmers realisiert hat.

oder Erbringung einer unbestellten Ware oder Dienstleistung genügt daher nach dem nunmehr insoweit eindeutigen Wortlaut nicht.

522 Die **Aufforderung zur Bezahlung** der unverlangt zugesandten Ware kann **ausdrücklich** oder **konkludent,** etwa durch Beifügung eines Überweisungsträgers, erfolgen. Auch die Ankündigung, dass eine Rechnung mit der nächsten Lieferung erfolge, kann genügen.[567] Weist der Versender den Empfänger ausdrücklich darauf hin, dass er weder zur Abnahme und Zahlung noch zur Rücksendung oder Aufbewahrung der Ware verpflichtet ist, liegt kein Fall des per se-Verbots nach Nr. 29 vor. Es fehlt bereits am Erwecken des Eindrucks, dass schon ein Vertrag geschlossen wurde. Darüber hinaus liegt in einem solchen Fall in der Regel auch keine Gefahr der Beeinträchtigung der Entscheidungsfreiheit des Verbrauchers vor.[568]

523 Auch nach bisheriger Rechtsprechung wurde die Übersendung unbestellter Produkte, zumindest in Fallkonstellationen, die den nun in Nr. 29 normierten Fällen vergleichbar sind, als unlauter erachtet.[569] Das per se-Verbot der Nr. 29 bestätigt somit die bisherige Rechtsprechung.

524 **b) Verhältnis zu anderen Tatbeständen.** Ist der Tatbestand der Nr. 29 erfüllt, kommt auch der Tatbestand einer aggressiven geschäftlichen Handlung nach § 4a UWG in Betracht. Daneben können auch die Irreführungstatbestände der §§ 5 Abs. 1 sowie 5a Abs. 4 erfüllt sein. Schließlich kann der Tatbestand der unzumutbaren Belästigung nach § 7 Abs. 1 erfüllt sein; die spezielle Regelung in Nr. 29 des Anh. zu § 3 Abs. 3 verdrängt § 7 Abs. 1 nicht, sondern ergänzt das Verbot der unzumutbaren Belästigung.[570] Nr. 29 erfasst nur die Zusendung unbestellter Produkte an **Verbraucher.** Wird einem **Unternehmer** Ware zugesandt oder eine Dienstleistung zur Verfügung gestellt, die dieser nicht bestellt hat, so bewertet sich die wettbewerbsrechtliche Zulässigkeit einer solchen geschäftlichen Handlung nach § 7 Abs. 1.[571]

525 **c) Sonstige Regelungen.** Nach § 241a Abs. 1 BGB werden durch die Lieferung unbestellter Sachen oder durch die Erbringung unbestellter sonstiger Leistungen durch einen Unternehmer an einen **Verbraucher** keine Ansprüche begründet.[572] Seit der Neufassung der § 241 Abs. 1 und 3 durch das VerbRRl-UG[573] mit Wirkung zum 13.6.2014 wird auch die unbestellte Ersatzlieferung oder -leistung von § 241 Abs. 1 erfasst.[574] Der Ausschluss auch der gesetzlichen Rechte des Unternehmers, insbesondere der Ansprüche aus §§ 985 und 812 BGB, geht allerdings über die Vorgaben des Art. 27 VRRL hinaus.[575]

Anhang zu § 3 Abs. 3 Nr. 30

Unzulässige geschäftliche Handlungen im Sinne des § 3 Abs. 3 sind

30. die ausdrückliche Angabe, dass der Arbeitsplatz oder Lebensunterhalt des Unternehmers gefährdet sei, wenn der Verbraucher die Ware oder Dienstleistung nicht abnehme.

---

567 BGH GRUR 2012, 82 – Auftragsbestätigung; *Köhler* GRUR 2012, 217 (219); MüKoUWG/*Alexander* Anh. zu § 3 III Nr. 29 Rn. 31.

568 Ohly/*Sosnitza* Anh. zu § 3 Abs. 3 Rn. 77.

569 Vgl. etwa BGH GRUR 1966, 47 (48 ff.) – Indicator; BGH GRUR 1977, 157 f. – Filmzusendung; BGH GRUR 1992, 855 (856) – Gutscheinübersendung; *Ohly*/Sosnitza § 7 Rn. 86.

570 BGH GRUR 2012, 82 Rn. 12 – Auftragsbestätigung.

571 Vgl. dazu unter → § 7 Rn. 104 ff.

572 Vgl. nähere Einzelheiten unter → § 7 Rn. 111.

573 BGBl. I S. 3642.

574 Hierzu unter → § 7 Rn. 107.

575 Hierzu *Köhler* FS Gottwald, 2014, 383, der sich angesichts der Bestimmung in Art. 4 VRRL für eine restriktive Auslegung ausspricht.

Übersicht

1. Einfluss des Europäischen Rechts. Nr. 30 des UWG-Anhangs setzt die Nr. 30 des Anhangs I der **UGP-Richtlinie** in das deutsche Recht um. Das per se-Verbot in Nr. 30 der „Schwarzen Liste" der Richtlinie lautet: 526

„Ausdrücklicher Hinweis gegenüber dem Verbraucher, dass Arbeitsplatz oder Lebensunterhalt des Gewerbetreibenden gefährdet sind, falls der Verbraucher das Produkt oder die Dienstleistung nicht erwirbt."

Bei Nr. 30 des UWG-Anhangs handelt es sich also um eine beinahe wörtliche Umsetzung.

2. Zweck der Vorschrift und Abgrenzung. Der **RegE** zum UWG 2008 führt aus, dass es schon zuvor unlauter gewesen sei, ausdrücklich zu behaupten, Arbeitsplatz oder Lebensunterhalt des Unternehmers seien ohne Geschäftsabschluss gefährdet, sofern eine unzulässige Ausübung moralischen Drucks vorliege. Bei Nr. 30 kommt es dagegen nicht darauf an, ob sich der Verbraucher mit dem moralischen Vorwurf mangelnder Hilfsbereitschaft oder fehlender Solidarität konfrontiert sieht. Auch ist der Wahrheitsgehalt einschlägiger Behauptungen irrelevant. 527

Das Unlauterkeitsmoment von geschäftlichen Handlungen gemäß Nr. 30 liegt darin, dass der Verbraucher einem **erhöhten Druck** durch einen **Appell an das Mitleid und die gesellschaftliche Verantwortung** ausgesetzt wird[576] **(moralischer Druck).** Im Einzelfall können appellhafte Hinweise auf die Konsequenzen der Kaufentscheidung für Dritte eine ähnliche Wirkung beim Verbraucher erzeugen, so dass man der Wertung der Nr. 30 dann Indizwirkung iRv § 4a UWG zubilligen sollte. 528

3. Geschäftliche Handlung gegenüber dem Verbraucher. Nr. 30 UWG-Anhang ist auf **geschäftliche Handlungen** gegenüber dem Verbraucher beschränkt. Im **„B2B"**-Verhältnis können die in Nr. 30 beschriebenen Verhaltensweisen daher allenfalls auf der Grundlage von § 4a UWG unlauter sein, sofern im Einzelfall die Voraussetzungen dieser Vorschrift erfüllt sein sollten. 529

4. Ausrücklicher Hinweis in direktem Kontakt. An das Erfordernis der **Ausdrücklichkeit** des Hinweises sind keine überzogenen Anforderungen im Hinblick an die Eindeutigkeit zu stellen. Auch etwa der Hinweis darauf, dass der Erwerb von Produkten hilft, zur Sicherung des Arbeitsplatzes oder des Lebensunterhalts des Gewerbetreibenden beizutragen, ist als ausdrücklicher Hinweis anzusehen. Ebenso genügt das gezielte Hervorrufen der Vorstellung, ohne Abnahme entstehe für den Unternehmer die tatbestandsmäßige Gefährdungslage.[577] 530

Ein entsprechender erhöhter Druck, der ein per se-Verbot rechtfertigt, kann allerdings nur angenommen werden, wenn der Hinweis in Form eines **gezielten, direkten Kontakts** erfolgt. Massenwerbung, Internethinweise uä unterfallen daher nicht der Nr. 30, sie erfüllen aber unter Umständen §§ 3 Abs. 1, 4a.[578] 531

Wie schon aus § 8 Abs. 2 UWG folgt, ist es für ein Eingreifen der Nr. 30 ausreichend, wenn die ausdrückliche Angabe durch Personen erfolgt, die bei einem Unternehmer **unselbständig beschäftigt** sind.[579] 532

---

576 Vgl. *Glöckner/Henning-Bodewig* WRP 2006, 621 (626).
577 AA MüKoUWG/*Alexander* UWG nach § 3 Abs. 3 Nr. 30 Rn. 12.
578 Vgl. *Henning-Bodewig* WRP 2006, 621 (626). Ebenso MüKoUWG/*Alexander* UWG nach § 3 Abs. 3 Nr. 30 Rn. 13.
579 Ebenso *Köhler*/Bornkamm/Feddersen Rn. 30.1.

533 Erfolgt die Ansprache von Verbrauchern in einer objektiv **bedrängten geschäftlichen Situation** des Unternehmers und wird diese Situation dem Verbraucher aus den Umständen ersichtlich, liegt allein deswegen noch kein Verstoß gegen Nr. 30 vor, solange der Unternehmer diese Umstände nicht appellhaft herausstellt und gleichsam „auf die Tränendrüse drückt". Diese Grenzlinie hat nicht zuletzt Bedeutung, weil sie das berechtigte Interesse von Unternehmern an aktiver Geschäftstätigkeit gerade in Krisenzeiten schützt und grundsätzlich wünschenswerte Aktivitäten wie Ausverkäufe (zB bei Geschäftsräumung oder Insolvenz) oder den Vertrieb von Obdachlosenzeitungen absichert.[580]

§ 3a (Rechtsbruch)

Unlauter handelt, wer einer gesetzlichen Vorschrift zuwiderhandelt, die auch dazu bestimmt ist, im Interesse der Marktteilnehmer das Marktverhalten zu regeln, und der Verstoß geeignet ist, die Interessen von Verbrauchern, sonstigen Marktteilnehmern oder Mitbewerbern spürbar zu beeinträchtigen.

Übersicht

[580] Ebenso MüKoUWG/*Alexander* UWG nach § 3 Abs. 3 Nr. 30 Rn. 14; Ohly/*Sosnitza* Anh. § 3 Abs. 3 Rn. 81; aA etwa *Hoeren* BB 2008, 1182 (1191).

A. Verstoß gegen gesetzliche Vorschriften

Schrifttum: *Almenröder,* Gesetzesverletzung als unlauterer Wettbewerb, Diss. 1958; *Beater,* Verbraucherschutz und Schutzzweckdenken im Wettbewerbsrecht, Tübingen 2000; *Berlit,* Das neue Gesetz gegen den unlauteren Wettbewerb: Von den guten Sitten zum unlauteren Verfälschen, WRP 2003, 563; *Brandner/Michael,* Wettbewerbsrechtliche Verfolgung von Umweltrechtsverstößen, NJW 1992, 278; *Büttner,* Sittenwidrige Wettbewerbshandlung durch Gesetzesverstoß in der neuen Rechtsprechung des BGH, in: FS Erdmann, 2002, S. 545; *Doepner,* Unlauterer Wettbewerb durch Verletzung von der Verbraucherinformation dienenden Gesetzesvorschriften, WRP 1980, 473; *ders.,* Unlauterer Wettbewerb durch Rechtsbruch – Quo vadis?, in: FS Helm, 2002, S. 47 und GRUR 2003, 825; *ders.,* Unlauterer Wettbewerb durch Verletzung von Marktzutrittsregelungen?, WRP 2003, 1202; *ders.,* Unlauterer Wettbewerb durch Rechtsbruch im Nebenstrafrecht – gelten, des Gesetzlichkeitsprinzips? in: FS Köhler, S. 77; *Elskamp,* Gesetzesverstoß und Wettbewerbsrecht, Diss. Mannheim 2007; *Ernst,* Die wettbewerbsrechtliche Relevanz der Online-Informationspflichten des § 6 TDG, GRUR 2003, 759; *ders.,* Abmahnungen aufgrund von Normen außerhalb des UWG, WRP 2004, 1133; *ders.,* Die Pflichtangaben nach § 1 II PAngV im Fernabsatz, GRUR 2006, 636; *Fechner/Kocher,* Mindestlohngesetz und Lauterkeitsrecht, NZA 2017, 755; *Frenzel,* Neukonzeption des Rechtsbruchtatbestandes abgeschlossen, WRP 2004, 1137; *Gärtner/Heil,* Kodifizierter Rechtsbruchtatbestand und Generalklausel, WRP 2005, 20; *Glöckner,* Rechtsbruchtatbestand oder … The Saga continues, GRUR 2013, 568; *Goldmann,* Abgaswerte und Kraftstoffverbrauch als Gegenstand des Wettbewerbsrechts, WRP 2007, 38; *Götting,* Der Rechtsbruchtatbestand, FS Schricker, 2005, 689; *Groening,* Von Paulus zum Saulus?, WRP 1994, 435; *ders.,* Wettbewerbsrechtliche Grenzen der wirtschaftlichen Beteiligung der Gemeinden und Drittschutz auf dem ordentlichen Rechtsweg, WRP 2002, 17; *Hamacher,* „Good News II" – Hat der EuGH die Vollharmonisierung des Lauterkeitsrechts in Teilbereichen abgeschafft?, GRUR-Prax 2014, 365; *Harder,* Der Einfluss der par condicio concurrentium auf die Bewertung im Wettbewerbsrecht, Diss. Hamburg 1986; *Hartmannsberger/Herzig,* Wettbewerbsrechtliche Folgen von Verstößen gegen formale Produktanforderungen, GRUR-RR 2016, 433; *Haslinger,* Schutzlos gegen rechtswidrigen Marktzutritt der öffentlichen Hand? – „Erwünschte Belebung des Wettbewerbs?", WRP 2002, 1023; *Hecker/Ruttig,* Zur Unlauterkeit der Veranstaltung von

Sportwetten ohne Erlaubnis einer deutschen Behörde, WRP 2006, 207; *v. Jagow,* Sind Verstöße gegen lebensmittelrechtliche Vorschriften lauterkeitsrechtlich immer relevant?, FS Doepner, 2008, S. 21; *Jennert,* Schutz bei rechtswidrig unterlassener Ausschreibung, WRP 2002, 507; *Kniffka,* Wettbewerbsverstoß des Architekten durch Unterschreitung des Mindestsatzes, in: FS Ullmann, 2006, S. 669; *Köhler,* Wettbewerbsrechtliche Grenzen der Betätigung kommunaler Unternehmen, WRP 1999, 1205; *ders.,* Wettbewerbsverstoß durch rechtswidrigen Marktzutritt?, GRUR 2001, 777; *ders.,* Wettbewerbsrecht im Wandel: Die neue Rechtsprechung zum Tatbestand des Rechtsbruchs, NJW 2002, 2761; *ders.,* Zur wettbewerbsrechtlichen Sanktionierung öffentlich-rechtlicher Normen, Recht im Pluralismus, FS Glaeser, 2003, S. 499; *ders.,* Der Rechtsbruchtatbestand im neuen UWG, GRUR 2004, 381; *ders.,* Das Gebot der „Staatsferne der Presse" als Schranke kommunaler Öffentlichkeitsarbeit, GRUR 2019, 265; *Linsenbarth/Schiller,* Datenschutz und Lauterkeitsrecht – Ergänzender Schutz bei Verstößen gegen das Datenschutzrecht durch das UWG?, WRP 2013, 576; *Mees,* Einheitliche Beurteilung der Sittenwidrigkeit im Sinne des § 1 UWG bei Verstößen gegen wertbezogene und wertneutrale Normen, GRUR 1996, 644; *ders.,* Wettbewerbsverletzungen durch vorangegangenen Normenverstoß, in: FS Traub, 1994, S. 275; *ders.,* Zum Erfordernis der Spürbarkeit bei Wettbewerbsverletzungen durch Normenverstöße, in: FS Vieregge, 1995, S. 617; *Ohly,* UWG-Rechtsschutz bei Verstößen gegen die Datenschutz-Grundverordnung?, GRUR 2019, 686; *Ott,* Systemwandel im Wettbewerbsrecht, in: FS Raiser, 1974, 403; *Piper,* Warenproduktion und Lauterkeitsrecht, WRP 2002, 1197; *ders.,* Zur Wettbewerbswidrigkeit des Einbrechens in fremde Vertragsbeziehungen durch Abwerben von Kunden und Mitarbeitern, GRUR 1990, 643; *Poppen,* Der Wettbewerb der öffentlichen Hand, Diss. Hamburg 2007; *Quack,* Vom Beitrag des unlauteren Wettbewerbs zur Einhaltung des Wirtschaftsverwaltungsrechts, in: FS Trinkner, 1995, S. 265; *Sack,* Die lückenfüllende Funktion der Sittenwidrigkeitsklauseln, WRP 1985, 1; *ders.,* Wer erschoß Boro?, WRP 1990, 791; *ders.,* Die wettbewerbsrechtliche Durchsetzung arbeitsrechtlicher Normen, WRP 1998, 683; *ders.,* Gesetzwidrige Wettbewerbshandlungen nach der UWG-Novelle, WRP 2004, 1307; *Schaffert,* Der durch § 4 Nr. 11 bewirkte Schutz der Mitbewerber, in: FS Ullmann, 2006, S. 845; *ders.,* Ist die Einhaltung datenschutzrechtlicher Bestimmungen mit wettbewerbsrechtlichen Mitteln durchsetzbar?, in: FS Bornkamm, 2014, S. 463; *Schall-Riaucour,* Wettbewerbsverstöße durch Verletzung außerwettbewerbsrechtlicher Normen, Diss. München 1968; *Scherer,* Marktverhaltensregelungen im Interesse der Marktbeteiligten, WRP 2006, 401; *Schulte/Schulte,* Informationspflichten im elektronischen Geschäftsverkehr – wettbewerbsrechtlich betrachtet, NJW 2003, 2140; *Stolterfoht,* Der Wettbewerbsrichter als Verwaltungsjurist, Erwägungen zum Vorsprung durch Rechtsbruch, in: FS Rittner, 1991, S. 695; *Ullmann,* Das Koordinatensystem des Rechts des unlauteren Wettbewerbs im Spannungsfeld von Europa und Deutschland, GRUR 2003, 817; *v. Walter,* Rechtsbruch als unlauteres Marktverhalten, Diss. München 2007; *Weber,* Unlauterer Wettbewerb durch Rechtsbruch und Vertrauensschutz – causa fimilia?, FS Doepner, 2008, S. 69; *Weidert,* Vorsprung durch Technik oder Vorsprung durch Rechtsbruch? – Zur Fallgruppe des Rechtsbruchs im E-commerce, in: FS Helm, 2002, S. 124; *Weber,* Der Rechtsbruchtatbestand des § 3a UWG in Anwendung auf öffentlich-rechtliche Primärnormen, GRUR 2019, 905; *Wüstenberg,* Das Fehlen von in § 6 TDG aufgeführten Informationen auf Homepages und seine Bewertung nach § 1 UWG, WRP 2003, 782; *ders.,* Zur Zweckbestimmung der Marktverhaltensregeln, WRP 2017, 396; *Zech,* Durchsetzung von Datenschutz mittels Wettbewerbsrecht?, WRP 2013, 1434; *Zeppernick,* Die Beurteilung von Wettbewerbshandlungen ohne Vor- und Rückschau?, WRP 2000, 1069; *ders.,* Vorsprung durch Rechtsbruch im Spannungsverhältnis zwischen Konkurrentenschutz und Popularklage, Diss. Freiburg 2002; *Ziegler,* Der Vorsprung durch Rechtsbruch von Umweltschutzvorschriften, Diss. Heidelberg 1998.

I. Einfluss des europäischen Rechts

1 § 3a enthält einen eigenen Unlauterkeitstatbestand. Die Vorschrift beruht weder auf der UGP-Richtlinie noch auf sonstigen europäischen Vorgaben. Da die UGP-Richtlinie in ihrem Anwendungsbereich eine abschließende Regelung darstellt, ist die Frage aufgeworfen worden, inwieweit die Zuwiderhandlung gegen gesetzliche Vorschriften, die auch dazu bestimmt sind, im Interesse der Marktteilnehmer das Marktverhalten zu regeln, einen eigenen Unlauterkeitstatbestand darstellen kann.[1] Soweit gesetzliche Regelungen zum Schutze des Verbrauchers dem gleichen Maßstab folgen wie die Verpflichtungen der UGP-Richtlinie, zB die Informationspflichten nach Art. 7 Abs. 4, oder auf Rechtsakten der Union beruhen, wie sie nicht abschließend in Anhang II der UGP-Richtlinie aufgeführt sind, bleibt § 3a anwendbar.[2] Im Übrigen ist der Anwendungsbereich der Richtlinie be-

[1] Vgl. dazu *Glöckner/Henning-Bodewig* WRP 2005, 1311 (1332); *Seichter* WRP 2005, 1087 (1093); *Köhler* GRUR 2005, 793 (799); *Köhler* GRUR 2008, 841 (847 f.); *Glöckner* GRUR 2013, 568 (570 f.); *Link* in Ullmann jurisPK-UWG § 4 Nr. 11 Rn. 24.

[2] Vgl. BGH GRUR 2010, 852 (853) – Gallardo Spyder; GRUR 2010, 1142 (1143) – Holzhocker GRUR 2011, 843 (844) – Vorrichtung zur Schädlingsbekämpfung; GRUR 2011, 638 (639) – Werbung mit Garantie GRUR 2015, 1240 (1242) – Der Zauberer des Nordens; Köhler/Bornkamm/Feddersen/*Köhler* § 3a Rn. 1.18; *Köhler* WRP 2012, 251 (257); nach der Begründung zum RegE zum „Entwurf eines Gesetzes zur

schränkt. So bleiben nach Art. 3 Abs. 3 die Rechtsvorschriften der Mitgliedsstaaten in Bezug auf Gesundheits- und Sicherheitsaspekte von Produkten und nach Art. 3 Abs. 8 spezifische Regelungen für reglementierte Berufe unberührt. Schließlich liegen auch Marktverhaltensregelungen, die lediglich das Verhältnis zwischen Unternehmern untereinander regeln, außerhalb des Anwendungsbereichs der UGP-Richtlinie. Danach sind durchaus lauterkeitsrechtliche Sanktionen von Verstößen gegen Marktverhaltensregelungen denkbar, die nicht auf Gemeinschaftsrecht beruhen. Damit bestanden schon bei der letzten UWG-Novelle 2008, mit der insbesondere die UGP-Richtlinie umgesetzt werden sollte, keine Bedenken gegen die **unveränderte Beibehaltung des seinerzeitigen § 4 Nr. 11,**[3] und die Rechtsprechung hat dem nach der Umsetzung der Richtlinie durch eine richtlinienkonforme Anwendung der Vorschrift Rechnung getragen.[4] Die UWG-Novelle 2015 wurde in erster Linie damit begründet, die vollständige Rechtsangleichung unter Berücksichtigung der EuGH-Rechtsprechung[5] auch im Wortlaut des UWG abzubilden.[6] Dies führte im Wesentlichen zu einer Änderung des § 3 und zu einer Streichung der nicht den Mitbewerberschutz bezweckenden Unlauterkeitstatbestände des § 4. Da der frühere § 4 Nr. 11 Verstöße gegen Marktverhaltensregelungen erfasste, unabhängig davon, ob sie ausschließlich dem Schutz der Verbraucher oder der sonstigen Marktteilnehmer oder aber dem Schutz aller Marktteilnehmer dienen, wurde der Rechtsbruchtatbestand in einer eigenen Vorschrift abgebildet, im Übrigen aber inhaltlich nicht verändert.[7] Dies muss als ausreichend angesehen werden, um keine weitere Kritik der Europäischen Kommission[8] zu veranlassen.

II. Allgemeines

Das in § 3a angeführte Beispiel für die Unlauterkeit betrifft die frühere Fallgruppe **Rechtsbruch** bzw. **Vorsprung durch Rechtsbruch.**[9] Diese hatte durch die neuere Rechtsprechung zum früheren § 1 UWG eine Wendung erfahren, die mit dem UWG 2004 festgeschrieben wurde.[10] Der unmittelbare Anwendungsbereich dieses Beispiels ist jedoch enger. Unter dieses Regelbeispiel fällt nicht die wettbewerbsrechtliche Beurteilung von Verstößen gegen vertragliche Normen; diese lassen sich nicht unter „gesetzliche Vorschriften" subsumieren.[11] 2

III. Entwicklung der Kategorie „Rechtsbruch"

Der Gedanke, dass ein Verstoß gegen Normen (Gesetze im materiellen Sinn) zugleich auch ein Wettbewerbsverstoß iSd früheren § 1 UWG sein konnte, kam schon bald nach 3

Stärkung des Verbraucherschutzes im Wettbewerbs- und Gewerberecht" mit der die sog. Omnibus-RL (EU) 2019/2161 in deutsches Recht umgesetzt werden soll, würde der vorgesehene neue § 1 Abs. 2 UWG, wonach Vorschriften zur Regelung besonderer Aspekte unlauterer geschäftlicher Handlungen bei der Beurteilung, ob eine unlautere geschäftliche Handlung vorliegt, den Regelungen des UWG vorgehen, keine Auswirkungen auf die Anwendung des Rechtsbruchstatbestandes in § 3a haben; dies war nach dem vorangegangenen Referentenentwurf unklar, vgl. GRUR-Stellungnahme GRUR 2021, 456; *Alexander* WRP 2021, 136 (137).

[3] *Köhler* GRUR 2008, 841 (848); *Link* in Ullmann juris PK-UWG, § 4 Nr. 11 Rn. 24; vgl. aber *Glöckner* GRUR 2013, 568 (572): Die sich aus den nationalen Umsetzungsmerkmalen ergebende Rechtslage geht nicht hinreichend bestimmt und klar aus der Vorschrift hervor.

[4] S.→ Fn. 2.

[5] ZB C-261/07 und C-299/07, GRUR 2009, 599 Rn. 52 – VTB/Total Belgium u. Galatea/Sanoma.

[6] Vgl. Amtliche Begründung BR-Drs. 26/15, 1.

[7] So ausdrücklich BGH GRUR 2016, 516 (517) – Wir helfen im Trauerfall; GRUR 2018, 438 – Energieausweis.

[8] Vgl. → Fn. 3 aE.

[9] So ausdrücklich Begründung zum Gesetzentwurf der Bundesregierung zum UWG 2004, S. 38.

[10] Die Regierungsbegründung erwähnt ausdrücklich die BGH-Entscheidung *Elektroarbeiten* (GRUR 2002, 825); zur Entwicklung der Fallgruppe „Rechtsbruch" im früheren Recht und zur Vorgeschichte der Norm vgl. die Ausführungen in der → Vorauflage § 3a → Rn. 2 ff.

[11] Vgl. → Rn. 34 ff.; zur wettbewerbsrechtlichen Beurteilung von Verstößen gegen vertragliche Vereinbarungen sowie die Beteiligung an derartigen Verstößen → Rn. 140 ff.

der Einführung des UWG auf.[12] Es wurde aber gerade in den Anfängen von der Rechtsprechung nur in Ausnahmefällen eine Sittenwidrigkeit iSd früheren § 1 UWG angenommen.[13] Ein aus jeder Gesetzesverletzung folgender Sittenverstoß wurde schon anfangs und noch in der Folgezeit mit unterschiedlicher Begründung verneint.[14]

4 **1. Differenzierung nach Kategorien von Normen.** Die Rechtsprechung hat im Laufe der Zeit versucht, Kategorien für Rechtsnormen zu entwickeln, und, je nachdem zu welcher Gruppe die verletzte Vorschrift gehört, unterschiedliche zusätzliche Anforderungen für die Annahme eines mit dem Normverstoß verbundenen Wettbewerbsverstoßes entwickelt. Dies waren zum einen die **wertbezogenen Normen,**[15] bisweilen noch unterteilt in „sittlich fundierte" und „unmittelbar wettbewerbsbezogene" Normen, bei denen ein Verstoß die Wettbewerbswidrigkeit indizierte,[16] zum anderen die **wertneutralen Normen,**[17] bei denen nicht der Verstoß allein, sondern erst ein planmäßiges Sich-Hinwegsetzen über die Norm, um sich einen Vorsprung vor seinen gesetzestreuen Mitbewerbern zu verschaffen, die Wettbewerbswidrigkeit begründete.[18] Dies ist als wenig überzeugend kritisiert worden,[19] weil es zu willkürlichen Ergebnissen führe.[20]

5–6 **2. Neuere Tendenzen in der Judikatur.** Nachdem Ende der 90er Jahre des 20. Jahrhunderts eine Tendenz der höchstrichterlichen Rechtsprechung sichtbar wurde, sich von der althergebrachten Dogmatik – automatischer Wettbewerbsverstoß bei Verletzung werthaltiger Normen und zusätzliche Voraussetzungen bei Verletzung wertneutraler Normen – zu lösen und sowohl den **Einzelfall** als auch die **Marktbezogenheit der verletzten Norm** stärker zu berücksichtigen,[21] stellte der BGH in der Entscheidung ***„Abgasemissionen"*** erstmals darauf ab

7 ob die verletzte Norm eine zumindest **sekundäre wettbewerbsbezogene Schutzfunktion** hat, und dies bei der in Rede stehenden Norm des BImSchG, die durch ein dem eigentlichen Wettbewerbsverhalten vorgelagertes Handeln verletzt wird, verneint.[22] Das UWG sollte danach nicht als Grundlage für Klagen dienen, mit denen Verstöße gegen gesetzliche Bestimmungen im Vorfeld des eigentlichen Wettbewerbshandelns verfolgt werden, auch wenn es sich bei diesen Normen um so genannte werthaltige handelt.[23]

8 Eine Weiterentwicklung dieser Rechtsprechung[24] stellte das Urteil ***„Elektroarbeiten"***[25] dar. In der Entscheidung ging es um einen Verstoß gegen eine Vorschrift, die die Grenzen der erwerbswirtschaftlichen Betätigung bayerischer Gemeinden festlegt. § 1 UWG aF könne nur dann angewendet werden, wenn der Gesetzesverstoß die Handlung in der Weise präge, dass sie gerade auch als Wettbewerbsverhalten sittenwidrig iSd § 1

[12] Vgl. zur historischen Entwicklung ausführlich GroßKommUWG/*Teplitzky* (1. Aufl.) § 1 Abschn. G Rn. 1 ff.; *v. Gamm* Kap. 18 Rn. 2 ff.; *Zeppernick* § 3 S. 15 ff., jeweils mwN.

[13] Vgl. zB RGZ 77, 217 betr. Verstoß gegen Apothekenbindung.

[14] Vgl. RGZ 77, 217 (220); *Sack* WRP 1985, 1.

[15] So schon BGH NJW 1956, 749 (750) – Beratung in LA-Sachen zum RBerG.

[16] Dazu ausführlich Harte/Henning/*v. Jagow*, 4. Aufl. 2016, → § 3a Rn. 4 ff.

[17] Vgl. zB BGH GRUR 1995, 427 – Zollangaben.

[18] ZB BGH GRUR 1993, 980 – Tariflohnunterschreitung; GRUR 1982, 615 – Flughafen-Verkaufsstellen; GRUR 1974, 281 – Clipper; GRUR 1965, 373 – Blockeis II; GRUR 1957, 558 – Bayern-Express.

[19] ZB *Beater* § 27 Rn. 20 ff.; *Doepner* FS Helm, 2002, 47 (52 ff.).

[20] *Beater,* Unlauterer Wettbewerb, § 27 Rn. 13; *Doepner* WRP 1980, 473 (475); *Doepner* FS Helm, 2002, 47 (53); *Emmerich,* Unlauterer Wettbewerb, 312; *Sack* WRP 1985, 1 (10); *Schall-Riaucour* S. 64 ff.; *Schricker,* Gesetzesverletzung und Verstoß, 1970, 250.

[21] BGH GRUR 1998, 407 – Tiapridal; GRUR 1999, 1128 – Hormonpräparate; GRUR 2000, 237 – Giftnotrufbox.

[22] GRUR 2000, 1076 – Abgasemissionen.

[23] BGH GRUR 2000, 1078 f.

[24] Vgl. → Fn. 19 und BGH GRUR 2001, 354 – Verbandsklage gegen Vielfachabnehmer; GRUR 2002, 269 – Sportwetten-Genehmigung; GRUR 2002, 636 – Sportwetten.

[25] GRUR 2002, 825; vgl. zu der Frage des wettbewerblichen Vorgehens bei Verstößen gegen kommunalrechtliche Betätigungsverbote *Köhler* WRP 1999, 1205 und GRUR 2001, 777; *Gröning* WRP 2002, 17; *Haslinger* WRP 2002, 1023.

UWG sei.[26] Eine solche Schutzfunktion sprach der BGH Art. 87 BayGO ab. Dabei verkannte er nicht, dass bei Überschreitung der durch diese Vorschrift gesetzten Grenzen den Gemeinden ein unerlaubter Marktzutritt verschafft wird. Selbst wenn diese Vorschrift auch das Ziel verfolge, die Privatwirtschaft vor einem Wettbewerb durch Gemeinden zu schützen, gehe es doch nicht um die Lauterkeit des Wettbewerbs, sondern allenfalls um die Erhaltung einer Marktstruktur, die von Privatunternehmen geprägt sei. Es sei jedoch **nicht iSd § 1 UWG** aF, Wettbewerbern kommunaler Unternehmen Ansprüche zur Verwirklichung dieses Schutzzwecks des Art. 87 BayGO zu gewähren, die nach öffentlichem Recht etwa gegebene Ansprüche ergänzen könnten, oder **nach öffentlichem Recht bestehende Schutzlücken auszufüllen.** Da der Gesetzesverstoß die wettbewerbsrechtliche Lauterkeit der erwerbswirtschaftlichen Tätigkeit der Gemeinde als solche nicht berühre – weil er ihr nämlich vorausgehe –, könne es für die wettbewerbsrechtliche Beurteilung auch nicht darauf ankommen, ob der Verstoß bewusst bzw. hartnäckig begangen werde.[27]

3. Der Rechtsbruchtatbestand des UWG 2004 (§ 4 Nr. 11). Trotz der Kritik gegen die Urteile, mit denen Verstöße gegen den Marktzutritt von Gemeinden regelnde Vorschriften aus dem Anwendungsbereich des früheren § 1 UWG herausgenommen wurden[28] und die eine Aufgabe der zwischenzeitlich[29] gefestigt erscheinenden Rechtsprechung des BGH[30] bedeuteten[31], hat die Bundesregierung im Gesetzentwurf zum UWG 2004 ausdrücklich auf die Entscheidung *„Elektroarbeiten"* zur Begründung dafür hingewiesen, warum in dem neu geschaffenen § 4 Nr. 11 nur von den das Marktverhalten und nicht auch von den den Marktzutritt regelnden Vorschriften die Rede ist.[32] Im Übrigen entsprach der Wortlaut des § 4 Nr. 11 dem des § 3a mit dem Unterschied, dass er keine eigene Einschränkung auf spürbare Fälle enthielt; diese war in § 3 Abs. 1 UWG 2004 enthalten. 9

4. Entwicklung der Kategorie „Rechtsbruch" nach der UWG-Novelle 2004. Der Rechtsbruchtatbestand stand als solcher trotz der UGP-Richtlinie[33] nie wirklich zur Debatte. Die Rechtsprechung hat vielmehr das in § 3 Abs. 1 und 2 UWG aF enthaltene Spürbarkeitskriterium richtlinienkonform dahin ausgelegt, dass bei Verstößen gegen verbraucherschützende Vorschriften ohne nähere Prüfung der Auswirkung im Einzelfall die für eine Unzulässigkeit der unlauteren Handlung erforderlichen Voraussetzungen quasi automatisch angenommen werden.[34] Gleichwohl sind auch nach dem jetzigen § 3a Verstöße gegen Marktverhaltensvorschriften nicht per se unlauter, sondern nur dann, wenn der Verstoß geeignet ist, die Interessen von Verbrauchern, sonstigen Marktteilnehmern oder Mitbewerbern spürbar zu beeinträchtigen. Im Unterschied zur bisherigen Regelung gehört diese Spürbarkeit jetzt bereits zum Unlauterkeitstatbestand.[35] 10

---

[26] BGH GRUR 2002, 825 (826).

[27] BGH GRUR 2002, 825 (827).

[28] Vgl. außer der Entscheidung BGH GRUR 2002, 825. – *Elektroarbeiten* BGH GRUR 2003, 164 – Altautoverwertung; s. auch BGH GRUR 2004, 247 – Krankenkassenzulassung.

[29] Ursprünglich hatte der BGH nur unter verschärften Voraussetzungen einen Wettbewerbsverstoß bei Zuwiderhandlungen gegen öffentlich-rechtliche Marktzugangsvorschriften der Gemeindeordnung angenommen, vgl. GRUR 1965, 373 – Blockeis II; GRUR 1974, 733 – Schilderverkauf.

[30] Wegen Verstoßes gegen wertbezogene Vorschriften, vgl. BGH GRUR 1982, 425 – Brillen-Selbstabgabestellen; GRUR 1996, 213 – Sterbegeldversicherung; OLG Hamm NJW 1998, 3504; OLG Düsseldorf WRP 1997, 42.

[31] Vgl. zB *Haslinger* WRP 2002, 1023; *Doepner* FS Helm, 2002, 47 (64 ff.).

[32] BT-Drs. 15/1487, 19; in einem allerersten Vorentwurf war demgegenüber auch im Text noch von *„Marktzutritt"* die Rede gewesen; der Vorstoß des Bundesrates, doch noch die Worte „oder den Marktzutritt" zu ergänzen, BT-Drs. 15/1487, S. 31, war nicht erfolgreich.

[33] Vgl. → Rn. 1.

[34] Vgl. zB BGH GRUR 2013, 739 Rn. 34 – Barilla; GRUR 2014, 94 – Pflichtangaben im Internet.

[35] Vgl. näher → Rn. 37.

IV. Inhalt der Vorschrift

11 **1. Allgemeines.** Der Beispielstatbestand des § 3a betrifft nur einen Teil der früheren Fallgruppe **Rechtsbruch,** nämlich die Verstöße gegen **gesetzliche Vorschriften.**[36] Dies bedeutet nicht, dass Vertragsverstöße und die Beteiligung daran, die nach dem früheren § 1 UWG unter bestimmten Umständen als wettbewerbswidrig angesehen wurden, automatisch vom Unlauterkeitsverdikt freigestellt wären. Vielmehr können sie gleichwohl gegen § 3 verstoßen.[37]

12 **2. Gesetzliche Vorschrift.** Der Gesetzgeber des UWG 2004 hat erkennen lassen, dass er an dem Verstoß gegen Normen jedenfalls hinsichtlich ihrer Normqualität nicht von anderen Voraussetzungen ausgehen wollte als sie von der Rechtsprechung zum früheren § 1 UWG erarbeitet worden waren. Anders kann die Gesetzesbegründung, die sich ausdrücklich auf die durch die jüngere Rechtsprechung zum früheren § 1 UWG vorgenommene Beschränkung auf Normen mit einer zumindest sekundären Schutzfunktion zugunsten des Wettbewerbs[38] bezieht,[39] nicht interpretiert werden. Diesem Verständnis folgt auch die Rechtsprechung zu § 4 Nr. 11 aF, der dem jetzigen § 3a entsprach. Danach ist unter einer gesetzlichen Vorschrift im Sinne dieser Norm jede Rechtsnorm zu verstehen, die in der Bundesrepublik Deutschland Geltung beansprucht (Art. 2 EGBGB).[40]

13 **a) Gesetze und Verordnungen.** Damit fallen unter diesen Unlauterkeitstatbestand nicht nur **Gesetze im formellen Sinne,** also von der Legislative erlassene Vorschriften einschließlich des Grundgesetzes.[41] Vielmehr werden darunter auch **Gesetze im materiellen Sinne verstanden,** also **Rechtsverordnungen,**[42] **Rechtsvorschriften der EU,** soweit sie in den Mitgliedstaaten unmittelbar verbindlich sind,[43] **völkerrechtliche Bestimmungen,** sofern sie innerstaatliches Recht geworden sind,[44] aber auch für **allgemein verbindlich erklärte Tarifverträgen.**[45] Gesetze müssen noch gültig sein und dürfen insbesondere nicht höherrangigem Verfassungsrecht widersprechen.[46]

14 **b) Satzungen, Berufsordnungen. Satzungen körperschaftsrechtlich organisierter Rechtsträger** sind ebenfalls Vorschriften im Sinne der Norm,[47] insbesondere **Berufsordnungen.**[48] Für den Tatbestand des § 3a, der ausdrücklich von gesetzlichen Vorschriften spricht, wird man darunter jedenfalls zumindest auf gesetzlicher bzw. satzungsrechtlicher Grundlage gesetztes und schriftlich niedergelegtes Recht von Organen, die weder der Legislative noch der staatlichen Exekutive zuzurechnen sind, also von „Selbstregulierungsorganen“[49] verlangen müssen.

---

[36] Dazu → Rn. 25 ff.

[37] Dazu → Rn. 142 ff.

[38] Dazu näher → Rn. 40.

[39] BT-Drs. 15/1487, 19.

[40] BGH GRUR 2005, 960 (961) – Friedhofsruhe; Köhler/Bornkamm/Feddersen/*Köhler* § 3a Rn. 1.52.

[41] Vgl. BGH GRUR 2012, 728 Rn. 11 – Einkauf aktuell; GRUR 2019, 189 Rn. 15 – Crailsheimer Stadtblatt II, zu dem aus Art. 5 Abs. 1 S. 2 GG folgenden Gebot für den Staat, sich nur in engen Grenzen auf dem Gebiet der Presse zu betätigen.

[42] BGH GRUR 2007, 162 Rn. 12 – Mengenausgleich in Selbstentsorgergemeinschaft; zum früheren Recht BGH GRUR 1985, 447 (448) – Provisionsweitergabe durch Lebensversicherungsmakler; *Köhler*/Bornkamm § 4 Rn. 11.24.

[43] *Köhler*/Bornkamm/Feddersen § 3a Rn. 1.52.

[44] BGH GRUR 1987, 532 (534) – Zollabfertigung (zur CMR).

[45] BGH GRUR 1993, 980 (982) – Tariflohnunterschreitung.

[46] Vgl. BGHZ 175, 238 = GRUR 2008, 438 Rn. 15 ff. – ODDSET; GRUR 2009, 509 Rn. 13 ff. – Schoenenberger Artischockensaft; GRUR 2011, 169 Rn. 26 ff. – Lotterien und Kasinospiele; GRUR 2014, 791 Rn. 17 – Teil-Berufsausübungsgemeinschaft.

[47] BGH GRUR 2005, 960 (961) – Friedhofsruhe.

[48] BGH GRUR 2005, 520 (521) – Optimale Interessenvertretung; OLG Hamm GRUR 2013, 746 (749).

[49] Vgl. *Beater,* Unlauterer Wettbewerb, § 27 Rn. 31.

c) Gewohnheitsrecht. Schon im Rahmen des früheren § 1 UWG wurde anerkanntes **Gewohnheitsrecht** als Norm aufgeführt, bei der ein Verstoß jedenfalls unter dem Gesichtspunkt des Vorsprungs durch Rechtsbruch wettbewerbswidrig sein konnte.[50] Die hM zu § 4 Nr. 11 hat sich für eine Übernahme dieses Grundsatzes und damit für eine ausreichende Rechtsnormqualität ausgesprochen.[51] Der BGH nimmt hinsichtlich der Rechtsnormqualität ausdrücklich auf Art. 2 EGBGB Bezug.[52] Diese Vorschrift zählt auch Gewohnheitsrecht zu den Rechtsnormen.[53] Trotz des Wortlauts von § 3a gehört daher auch ungeschriebenes Gewohnheitsrecht zu den Gesetzen und Verordnungen im Sinne von § 3a.[54] 15

3. Keine gesetzlichen Vorschriften. Von den gesetzlichen Vorschriften iSv § 3a sind folgende Kategorien von Regeln und Entscheidungen abzugrenzen: 16

a) Verwaltungsanordnungen sind nicht allgemein, sondern nur gegenüber den Adressaten verbindlich. Sie beziehen sich zwar regelmäßig auf einen Gesetzesverstoß, jedoch kann das Vorliegen einer Verwaltungsanordnung die Prüfung, ob ein Gesetzesverstoß im Sinne von § 3a vorliegt, nicht ersetzen.[55] **Behördliche Erlasse** sind nur im innerdienstlichen Bereich verbindlich.[56] Ebenso wenig kann ein Verstoß gegen **ausländisches Recht** von § 3a erfasst sein.[57] 17

b) Wettbewerbsregeln bzw. **Wettbewerbsrichtlinien** binden allenfalls eine abgegrenzte Gruppe, zB die Mitglieder eines Wirtschaftsverbandes, und sind damit keine allgemeinverbindlichen Rechtsnormen. Sie scheiden daher als gesetzliche Vorschriften aus, und zwar unabhängig davon, ob sie durch die Kartellbehörde anerkannt sind (§ 26 Abs. 1 GWB) und in das Register für Wettbewerbsregeln eingetragen wurden.[58] Unabhängig von der an dieser Stelle relevanten Normqualität führt eine kartellrechtliche Freistellung nicht automatisch dazu, dass sie lauterkeitsrechtlich relevant sind.[59] Sie sind jedoch zur Beurteilung der Sittenwidrigkeit eines Wettbewerbsverhaltens iSd früheren. § 1 UWG herangezogen worden, weil sie die Auffassung der beteiligten Branchen bzw. Berufe konkretisieren.[60] 18

c) DIN-Normen und vergleichbare **technische Regeln** sind keine verbindlichen Rechtsnormen.[61] Sie enthalten lediglich Empfehlungen, die zwar einen Handelsbrauch begründen können, was aber für den Tatbestand des § 3a nicht ausreicht.[62] Soweit in gesetzlichen Vorschriften auf DIN-Normen verwiesen wird, zB in § 1 Tabakerzeugnisverordnung, werden sie zwar indirekt verbindlich. Im Rahmen des § 3a sind als gesetzliche 19

---

[50] So ohne nähere Begründung *Köhler/Piper,* UWG, 3. Aufl. 2002, UWG § 1 Rn. 733 unter Verweis auf BGH GRUR 1969, 474 (476) – Bierbezug, wobei in jenem Urteil ein Verstoß gegen Handelsbrauch nicht unter dem Gesichtspunkt des Verstoßes gegen eine Norm, sondern als möglicherweise die Unlauterkeit eines Verhaltens unterstreichender Umstand erörtert wurde.

[51] *Köhler*/Bornkamm/Feddersen § 3a Rn. 1.52; *Link* in jurisPK-UWG § 4 Nr. 11 Rn. 54.

[52] GRUR 2005, 960 (961) – Friedhofsruhe.

[53] HM, vgl. Palandt/*Heinrichs* BGB Einl. Rn. 22; Staudinger/*Merten* (2005) EGBG Art. 2 Rn. 92 ff. mwN.

[54] Anders noch die → 1. Aufl., dort → § 4 Nr. 11 Rn. 38.

[55] Vgl. OLG Stuttgart GRUR-RR 2008, 17 (18).

[56] BGH GRUR 1984, 665 (667) – Werbung in Schulen; GRUR 2009, 606 Rn. 23 – Buchgeschenk vom Standesamt; *Köhler* GRUR 2004, 381 (383).

[57] *Köhler*/Bornkamm/Feddersen § 3a Rn. 1.53; Fezer/Büscher/Obergfell/*Götting/Hetmank* § 3a Rn. 51; zu der Relevanz dieses Prinzips für das Herkunftslandprinzip des früheren § 4 TDG vgl. *Weidert* FS Helm, 2002, 123 (131) mwN.

[58] BGH GRUR 2006, 773 (774 f.) – Probeabonnement; GRUR 2009, 970 (971) – Versicherungsberater; GRUR 2011, 431 (432) – FSA-Kodex; ebenso → § 3 Rn. 132 *(Podszun); Köhler* GRUR 2004, 381 (383) sowie zu § 1 UWG BGH GRUR 1991, 462 (463) – Wettbewerbsrichtlinien der Privatwirtschaft; GRUR 1999, 748 (749) – Steuerberaterwerbung auf Fachmessen.

[59] Ebenso → § 3 Rn. 132 *(Podszun).*

[60] Vgl. BGH GRUR 1977, 257 (259) – Schaufensteraktion; GRUR 1977, 619 (621) – Eintrittsgeld; GRUR 1993, 756 – Mild-Abkommen; KG GRUR 1992, 632; dagegen → § 3 Rn. 100 *(Podszun).*

[61] BGH GRUR 1985, 555 (556) – Abschleppseile; GRUR 1991, 921 (923) – Sahnesiphon; GRUR 1994, 640 (641) – Ziegelvorhangfassade; OLG Brandenburg BeckRS 2008, 11035; → § 3 Rn. 111; *Köhler*/Bornkamm/Feddersen § 3a Rn. 1.59.

[62] Vgl. → Rn. 29; ebenso Fezer/Büscher/Obergfell/*Götting/Hetmank* § 3a Rn. 581.

Vorschriften jedoch dann diejenigen relevant, die auf die DIN-Norm Bezug nehmen, also nicht die DIN-Normen und technischen Regeln selbst.[63]

20 **d) Gerichtsentscheidungen** stellen keine gesetzlichen Vorschriften dar. Sie gelten nur zwischen den Parteien. Ihre bisweilen im Rahmen der Kategorie Vorsprung durch Rechtsbruch beim früheren § 1 UWG bejahte Relevanz[64] kann angesichts der zusätzlichen inhaltlichen Anforderungen an eine gesetzliche Vorschrift[65] keine Rolle spielen.[66] Abgesehen davon besteht im Verhältnis zu der verurteilten Partei kein Bedürfnis für eine zusätzliche lauterkeitsrechtliche Sanktion.

21 **e)** Das Gleiche gilt für **Handelsbräuche.**[67]

22 **4. Anforderungen an die verletzte Norm (Norminhalt).** Die verletzte Norm, der zuwidergehandelt wird, muss **auch** dazu **bestimmt** sein, im **Interesse der Marktteilnehmer** das **Marktverhalten** zu regeln. Hinter dieser Formulierung steckt das gesetzgeberische Konzept für eine Einschränkung des Norminhalts: Nicht jeder Gesetzesverstoß kann unlauter iSv § 3a sein.[68] Der verletzten Norm muss also zumindest eine sekundäre Schutzfunktion zugunsten des Wettbewerbs zukommen.[69] Nicht eine Sittenwidrigkeit,[70] die nicht marktbezogen ist und nur über eine von den Schutzzwecken des UWG unabhängige Entscheidung zum Maßstab der Lauterkeit im Wettbewerb gemacht wird, sondern nur ein Verstoß gegen Normen, die zumindest sekundär das Marktverhalten regeln sollen, kann unter den weiteren Voraussetzungen des § 3a als unlauter angesehen werden. Nach der Rechtsprechung des BGH regelt eine Norm das Marktverhalten im Interesse der Mitbewerber, Verbraucher oder sonstiger Marktteilnehmer, wenn sie einen Wettbewerbsbezug in der Form aufweist, dass sie die wettbewerblichen Belange der als Anbieter und Nachfrager von Waren und Dienstleistungen in Betracht kommenden Personen schützt.[71]

23 **a) Interesse der Marktteilnehmer.** Mit der Erwähnung des in § 2 Nr. 2 definierten Begriffs des **Marktteilnehmers** verdeutlicht das Gesetz, dass auch **verbraucherschützende Normen** in den Schutzbereich der Vorschrift einbezogen sind, ebenso solche Vorschriften, die dem Schutz der – unmittelbaren – **Mitbewerber** sowie der sonstigen natürlichen oder juristischen Personen dienen, die nicht unter den Verbraucherbegriff des § 13 BGB fallen, aber gleichwohl (zB im Rahmen ihrer gewerblichen oder selbstständigen beruflichen Tätigkeit) Waren erwerben oder Dienstleistungen in Anspruch nehmen **(sonstige Marktteilnehmer).**[72] Umgekehrt reicht allerdings der Umstand, dass eine Norm ausdrücklich oder erkennbar beispielsweise den Verbraucher schützt, für eine Relevanz iSv § 3a nicht unbedingt aus. Vielmehr kommt es auf den Schutz des Verbrauchers als einer am Markt agierenden Person an.[73]

24 Die **Allgemeinheit,** deren Interesse an einem unverfälschten Wettbewerb in § 1 S. 2 ausdrücklich aufgeführt wird, ist in § 3a dagegen nicht erwähnt. Daraus folgt, dass Verstöße gegen lediglich die Allgemeinheit schützende Vorschriften (wie etwa diejenigen des GWB)

---

[63] Ebenso GroßKommUWG/*Teplitzky* (1. Aufl.) UWG § 1 Rn. G 26.
[64] Vgl. OLG München NJWE-WettbR 1996, 229 (230).
[65] Dazu → Rn. 22 ff.
[66] Ebenso *Köhler*/Bornkamm/Feddersen § 3a Rn. 1.54; MüKoUWG/*Schaffert* § 4 Nr. 11 Rn. 52.
[67] Vgl. → § 3 Rn. 124; Köhler/Bornkamm/Feddersen/*Köhler* § 3a Rn. 1.57; GroßKommUWG/*Schünemann* (1. Aufl.) Einl. UWG Rn. D 74, der Handelsbräuche nicht nur im Bereich des Rechtsbruchs für wettbewerbsrechtlich irrelevant hält.
[68] Amtliche Begründung zur Vorgängernorm § 4 Nr. 11 BT-Drs. 15/1487, 19: – *Es ist allerdings mit Blick auf den Schutzzweck nicht Aufgabe des Wettbewerbsrechts, Gesetzesverstöße generell zu sanktionieren. Daher ist die Vorschrift so gefasst, dass nicht jede Wettbewerbshandlung, die auf dem Verstoß gegen eine gesetzliche Vorschrift beruht, wettbewerbswidrig ist.*
[69] Amtl. Begründung BT-Drs. 15/1487, 19.
[70] Also ein Verstoß gegen eine „wertbezogene" Norm, vgl. → Rn. 4 f.
[71] BGH GRUR 2016, 513 Rn. 21 – Eizellspende; GRUR 2017, 537 Rn. 20 – Konsumgetreide; GRUR 2017, 819 Rn. 20 – Aufzeichnungspflicht; GRUR 2007, 890 Rn. 35 – Jugendgefährdende Medien bei eBay.
[72] Vgl. → § 2 Rn. 108 ff.
[73] Vgl. *Scherer* WRP 2006, 401 (404); *Ohly*/Sosnitza § 3a Rn. 25.

nicht von § 3a erfasst werden.[74] Dabei allein auf den Wortlaut der Vorschrift abzustellen, würde jedoch nicht berücksichtigen, dass der Schutz der Allgemeinheit iSv § 1 S. 2 eine Konsequenz des Schutzzwecks des § 1 S. 1 und damit auch des Schutzes der Marktteilnehmer gemäß § 2 Nr. 2 ist; diese werden in § 3a ausdrücklich erwähnt.[75] Damit ließe sich durchaus vertreten, dass Vorschriften, die den Wettbewerb als Institution schützen, sich zugleich auch als Gesetze zum Schutz der Marktteilnehmer darstellen lassen.[76] Praktisch stellt sich die Frage jedoch nicht, da die Sanktionsnormen des Kartellrechts als abschließend anzusehen sind, so dass jedenfalls aus Konkurrenzgründen eine Verfolgung von Kartellrechtsverstößen als Verstoß gegen das UWG nicht mehr in Betracht kommt.[77]

b) Regelung des Marktverhaltens. Der Begriff des Marktverhaltens ist im UWG nicht definiert. Er taucht auch an keiner anderen Stelle auf. Seine Bedeutung erschließt sich aber außer aus seinem Wortlaut auch aus der Entstehungsgeschichte des UWG 2004. Er hat insoweit eine **Doppelfunktion** der Abgrenzung: 25

Zunächst muss sich die Regelung auf eine Tätigkeit am Markt, also im Bereich des **Waren- oder Dienstleistungsaustausches,** beziehen. Nicht erfasst werden also Normen, die sonstiges Verhalten regeln, auch wenn sie sich auf Marktteilnehmer, aber eben nicht in dieser Eigenschaft, beziehen.[78] Damit gehören zu den ausgegrenzten Normen beispielsweise Straftatbestände, die weder dem Vermögens- noch dem Verbraucherschutz dienen, Organisationsnormen und letztlich alle Normen, die früher als wertneutral angesehen wurden und bei denen sich auch nicht indirekt, also sekundär,[79] Bezüge zum Wettbewerb herstellen lassen.[80] Ebenso wenig reicht aber eine Wettbewerbsbezogenheit der Norm aus. Vielmehr liegt eine Marktbezogenheit nur vor, wenn die Vorschrift, gegen die etwa ein Wettbewerber verstößt, eine auf die Lauterkeit des Wettbewerbs bezogene Schutzfunktion aufweist.[81] 26

Dann grenzt aber der Begriff Marktverhalten vor allem solche Regelungen aus, die den **Marktzutritt** bzw. das dem eigentlichen **Marktverhalten vorgelagerte Verhalten** betreffen. Dies ergibt sich sowohl aus der Entstehungsgeschichte als auch aus der Amtlichen Begründung. So enthielt der ursprüngliche Referentenentwurf zum UWG 2004 neben dem Wort „Marktverhalten" noch die zusätzlichen Worte „oder den Marktzutritt". Dieser ist dann in dem von der Bundesregierung vorgelegten Entwurf gestrichen worden. Trotz des Gegenvorschlages des Bundesrates[82] und den gegen diese Streichung in der Literatur geäußerten Bedenken[83] hat sich die Bundesregierung dieser Auffassung nicht angeschlossen. Sie hat zwar darauf hingewiesen, dass die von kommunaler Seite geltend gemachten Bedenken nicht von der Hand zu weisen seien, jedoch vorgeschlagen, die gemeindewirtschaftlichen Subsidiaritätsklauseln mit einer drittschützenden Wirkung zu versehen, um Mitbewerbern die Möglichkeit zu geben, gegen entsprechende Verstöße vor den Verwaltungsgerichten zu klagen.[84] 27

---

[74] MüKoUWG/*Schaffert* § 3a Rn. 68; ausdrücklich aA MüKoUWG/*Schaffert* 1. Aufl. 2004, § 4 Nr. 11 → Rn. 43.

[75] Amtl. Begründung zu § 4 Nr. 11 aF BT-Drs. 17/1487, 15 f.

[76] Dies wurde im Zusammenhang mit der Frage, ob auch Vorschriften, die den Marktzutritt regeln, einen Rechtsbruch iSv § 1 UWG aF begründen können (dazu näher → Rn. 40) zB vertreten von *Doepner* FS Helm, 2002, 47 (67).

[77] BGH GRUR 2006, 773 – Probeabonnement; Köhler/Bornkamm/Feddersen/*Köhler* § 3a Rn. 1.37; Fezer/Büscher/Obergfell/*Götting/Hetmank* UWG § 3a Rn. 163; *Ohly*/Sosnitza § 3a Rn. 10; *Ullmann* GRUR 2003, 817 (822); dies gilt nicht für alle Normen des GWB, vgl. → Rn. 128.

[78] Vgl. ähnlich *Ohly*/Sosnitza § 3a Rn. 25 mwN.

[79] → Rn. 29.

[80] Dazu näher → Rn. 31 ff.

[81] BGH GRUR 2010, 654 Rn. 23 – Zweckbetrieb; GRUR 2009, 883 Rn. 11 – MacDent; GRUR 2007, 162 Rn. 11 – Mengenausgleich in Selbstentsorgergemeinschaft; GRUR 2002, 825 – Elektroarbeiten.

[82] BT-Drs. 15/1487, 31.

[83] ZB *Doepner* WRP 2003, 1292 (1294 ff.).

[84] BT-Drs. 15/1487, 41.

28 Damit scheiden allerdings nicht sämtliche Vorschriften aus, die den Marktzutritt von Unternehmern regeln. Schon die Amtliche Begründung zur UWG-Novelle 2004 selbst wies darauf hin, dass auch **Verstöße gegen Marktzutrittsregelungen** vom Tatbestand **erfasst sein können.** Gemeint seien die Marktzutrittsregelungen, die eine **auf die Lauterkeit des Wettbewerbs bezogene Schutzfunktion** haben und somit wie Vorschriften, die als Voraussetzung für die Ausübung bestimmter Tätigkeiten den Nachweis besonderer fachlicher Fähigkeiten forderten,[85] auch zugleich das Marktverhalten regeln. Es handelt sich also um Vorschriften mit **Doppelfunktion,** die neben dem Marktzutritt auch das Marktverhalten betreffen, wenn nämlich die Norm, die die Betätigung auf dem Markt einer öffentlich-rechtlichen Erlaubnis unterstellt, gleichzeitig im Interesse der Marktpartner, insbesondere der Verbraucher, eine bestimmte Qualität, Sicherheit und Unbedenklichkeit der angebotenen Waren oder Dienstleistungen sicherstellen will[86] oder zum Schutz der Mitbewerber das Verhalten auf dem Markt regelt, ohne den Zugang vollständig zu verschließen.[87] Es muss daher in jedem Einzelfall geprüft werden, ob eine Markt*zutritts*regelung nicht letztlich auch das Markt*verhalten* regelt.[88]

29 **c) Sekundäre wettbewerbsbezogene Schutzfunktion.** Mit dem Tatbestandsmerkmal, dass die Vorschrift auch dazu bestimmt sein müsse, im Interesse der Marktteilnehmer das Marktverhalten zu regeln, wird nicht etwa verlangt, dass die Vorschrift final, eventuell neben anderen Zwecken, auf die Regelung des Marktes gerichtet sein muss. Eines Rückgriffs auf die Entstehungsgeschichte der jeweiligen Gesetze bedarf es nicht unbedingt, zumal sich ein derartiger Zweck aus der Gesetzesbegründung selten entnehmen lassen dürfte.[89] Vielmehr ist mit dieser Formulierung die von der jüngeren BGH-Rechtsprechung zum früheren § 1 UWG geforderte **sekundäre wettbewerbsbezogene Schutzfunktion** der Vorschrift[90] gemeint. Es reicht also eine **Auswirkung** auf das nach dem Schutzzweck des UWG gebotene Verhalten der Mitbewerber am Markt aus.[91] Die verletzte Norm muss zumindest *auch* die Funktion haben, das Marktverhalten zu regeln und auf diese Weise gleiche Voraussetzungen für die auf diesem Markt tätigen Wettbewerber zu schaffen.[92] Neben den unmittelbaren faktischen Auswirkungen, die ein Verstoß gegen die betreffende Norm auf das Marktgeschehen hat, können als Indizien dafür, ob die Norm auch Gegebenheiten eines Markts zumindest mitregeln will, der Umstand herangezogen werden, dass die Vorschrift sich auf einen ganz bestimmten Markt bezieht[93] oder dass sich der Gesetzgeber ausdrücklich mit den Auswirkungen einer Norm auf die Marktteilnehmer befasst und auf diese Weise die Lauterkeit des Wettbewerbsverhaltens mit geregelt hat.[94] Dies bedeutet, dass jedenfalls grundsätzlich nicht bestimmte gesetzliche Vorschriften als ganze wettbewerbsbezogen sein müssen. Ebenso wenig muss dies der alleinige oder hauptsächliche Zweck der

---

[85] BT-Drs. 15/1487, 19; kritisch dazu *Sack* BB 2003, 1073 (1076); Köhler/Bornkamm/Feddersen/*Köhler* § 3a Rn. 1.82: „Durch die jeweilige Regelung wird gerade konstitutiv festgelegt, ob ein bestimmtes Marktverhalten unlauter ist oder nicht."

[86] Köhler/Bornkamm/Feddersen/*Köhler* § 3a Rn. 1.83; vgl. BGH GRUR 2009, 881 Rn. 13 f. – Überregionaler Krankentransport.

[87] BGH GRUR 2015, 1228 – Tagesschau-App.

[88] ZB → Rn. 53, 59; vgl. zB BGH GRUR 2005, 875 (876 f.) – Diabetesteststreifen; zu den Kriterien für eine Differenzierung näher *Poppen* S. 290 ff.

[89] Vgl. *Zeppernick,* Vorsprung durch Rechtsbruch, S. 124.

[90] Kritisch zur aus der Rechtsprechung übernommenen Terminologie *Piper*/Ohly UWG (3. Aufl.) § 4.11 Rn. 18.

[91] Vgl. *Ullmann* GRUR 2003, 817 (821).

[92] BGH GRUR 2007, 162 Rn. 12 – Mengenausgleich in Selbstentsorgergemeinschaft; GRUR 2016, 513 Rn. 21 – Eizellspende.

[93] Dies wurde vom BGH (GRUR 2000, 1076 – Abgasemissionen) für die Vorschriften des BImSchG verneint; *Zeppernick,* Vorsprung durch Rechtsbruch, S. 125 ff., führt als Gegenbeispiel für eine zwar nicht das unmittelbare Marktverhalten regelnde, jedoch Auswirkungen auf einen bestimmten Markt bewusst regelnde Vorschrift die des früheren Bäckereiarbeitszeitgesetzes an.

[94] ZB die Vorschriften des Ladenschlussgesetzes, OLG Stuttgart WRP 2008, 977 (982); *Scherer* WRP 2006, 401 (406); *Zeppernick,* Vorsprung durch Rechtsbruch, S. 125 ff.

verletzten Norm sein. Es bedarf also einer Prüfung in jedem Einzelfall, ob der verletzten Norm ein derartiger (zusätzlicher) Zweck beigemessen werden kann.

5. Keine Marktverhaltensregelungen. a) Allgemeines. Neben Vorschriften, die allein den **Marktzutritt** regeln,[95] scheiden damit alle diejenigen Normen als Anknüpfungstatbestände für eine Unlauterkeit iSv § 3a aus, die keinen Marktbezug aufweisen. 30

b) Abgabenrechtliche Vorschriften. Steuerrechtliche Vorschriften haben in der Regel nicht den Zweck, das Marktverhalten zu regeln. Sie dienen der **Beschaffung von Einnahmen für den Staatshaushalt.** Sie bezwecken daher auch nicht den Schutz anderer Marktteilnehmer, so dass ein Unternehmer, der sich durch das Hinterziehen von Steuern einen Wettbewerbsvorsprung vor seinen Mitbewerbern verschafft, nicht auch unlauter handelt.[96] Eine andere Frage ist es, ob dies auch für so genannte Lenkungssteuern gilt, mit denen der Gesetzgeber auf das Verhalten der Normadressaten am Markt einwirken will. Hier ist zu unterscheiden: Wirken sich die Steuern zwar auf den Preis aus, der damit künstlich verteuert werden soll, ohne dass jedoch damit direkt ein Mindestpreis festgelegt ist, so fehlt es an dem notwendigen Marktbezug, da die Steuern nicht unmittelbar das Verhalten des Abgabenschuldners am Markt regeln.[97] Anders ist dies für Steuervorschriften zu beurteilen, die Preisvorschriften enthalten.[98] 31

c) Arbeitnehmerschutzvorschriften. Vorschriften, die allein den Schutz der Arbeitnehmer bezwecken, weisen nicht den erforderlichen Marktbezug auf. Arbeitnehmer sind keine Teilnehmer am Markt derjenigen Produkte oder Dienstleistungen, an deren Herstellung bzw. Erbringung sie mitwirken. Damit haben auch allgemein verbindlich erklärte **Tariflohnvereinbarungen** (§ 5 TVG) oder die Vorschriften des **Mindestlohngesetzes** (MiLoG) keinen Marktbezug im Sinne von § 3a. Ein Verstoß gegen derartige Vereinbarungen durch Zahlung niedrigerer Löhne ist daher auch nicht unlauter.[99] Ebenfalls keinen Marktbezug weisen Gesundheitsschutz- oder Arbeitszeitschutzvorschriften auf.[100] 32

d) Datenschutzbestimmungen. Bis zum Geltungsbeginn der Datenschutz-Grundverordnung (DS-GVO)[101] entsprach es der ganz überwiegenden Auffassung, dass die meisten Regelungen des Datenschutzrechts, weil sie den **Schutz der informationellen Selbstbestimmung** des Einzelnen vor Zugriffen Dritter bezwecken,[102] nicht als Markverhaltensregelungen anzusehen waren.[103] Lediglich § 28 BDSG Abs. 3 aF, der die Nutzung und Übermittlung von Daten zu **Werbezwecken** regelte, stellte eine Marktverhaltensregelung im Interesse der Verbraucher dar. Nachdem die **DS-GVO** Geltung beansprucht, wird zT die Anwendbarkeit der Vorschriften des UWG und damit auch des § 3a bei Verstößen schon deshalb verneint, weil die in der DS-GVO enthaltenen Regelungen zur Rechts- 33

[95] Dazu → Rn. 28.

[96] BGH GRUR 2010, 654 Rn. 19 – Zweckbetrieb; GRUR 2017, 641 Rn. 26 – Zuzahlungsverzicht bei Hilfsmitteln; OLG Frankfurt a. M. GRUR 2019, 1044; zu § 1 UWG aF vgl. BGH GRUR 2000, 1076 (1079) – Abgasemissionen; OLG München GRUR 2004, 169 (170).

[97] OLG Oldenburg WRP 2007, 685; Köhler/Bornkamm/Feddersen/*Köhler* § 3a Rn. 1.71; Ohly/Sosnitza/*Ohly* § 3a Rn. 17; aA *Wehlau/von Walter* ZLR 2004, 645 (663).

[98] Vgl. → Rn. 106 zum TabaksteuerG.

[99] BGH GRUR 2017, 95 Rn. 23 ff. – Arbeitnehmerüberlassung (zum AÜG); KG WRP 2017, 460 (zum MiLoG)*Ullmann* GRUR 2003, 817 (822); Köhler/Bornkamm/Feddersen/*Köhler* § 3a Rn. 1.70; aA Ohly/Sosnitza/*Ohly* § 3a Rn. 17; *Fechner/Kocher* NZA 2017, 755; *zu* § 1 UWG aF BGH GRUR 1993, 980 (982) – Tariflohnunterschreitung.

[100] *Köhler* GRUR 2004, 381 (384); vgl. aber → Rn. 87 (zum LadenschlussG) und OLG Frankfurt a. M. GRUR 2015, 401 (402).

[101] Verordnung (EU) 2016/679 v. 27.4.2016, ABl. 2016 L 119, S. 1.

[102] BVerfG NJW 1994, 419 (421) – Volkszählung.

[103] OLG Frankfurt a. M. GRUR 2005, 785 (786) zu § 4 BDSG aF; OLG München GRUR-RR 2012, 395 zu §§ 4, 28 Abs. 1, 3, 35 Abs. 2, 3 BDSG aF; OLG Hamburg GRUR 2019, 86 zu § 28 Abs. 7 BDSG aF; *Gärtner/Heil* WRP 2005, 20 (22 f.); *Zech* WRP 2013, 1434; aA *Ernst* WRP 2004, 1133 (1137); *Linsenbarth/Schiller* WRP 2013, 576.

durchsetzung, auch die zivilrechtlichen Rechtsbehelfe in Art. 79 und 80 Abs. 2 iVm § 2 Abs. 2 Nr. 11 UKlaG[104], als abschließend angesehen werden.[105] Dafür spricht gerade der Umstand, dass die DS-GVO ausdrücklich auch zivilrechtliche Rechtsbehelfe vorsieht. Auf diese Frage kommt es aber nur dann an, soweit die Regelungen des Datenschutzrechtes Marktverhaltensregelungen darstellen. Ob die in der DS-GVO aufgegangenen früheren Regelungen des BDSG auch weiterhin nicht als Marktverhaltensregelungen anzusehen sind, so dass bei Verstößen keine Unlauterkeit im Sinne von § 3a geltend gemacht werden kann,[106] müsste aber ggf. näher geprüft werden.[107]

34 **e) Produktionsvorschriften.** Die Modalitäten der Produktion von Waren beziehen sich auf ein Verhalten, das dem Marktverhalten vorgelagert ist. Vorschriften, die diese Modalitäten regeln, weisen daher nicht den für § 3a erforderlichen Marktbezug auf. Zu nennen sind hier Vorschriften betreffend den **Umweltschutz**[108] und den **Tierschutz.**[109] In diesem Zusammenhang ist auch § 10 Abs. 2 PostG zu nennen. Er schreibt vor, dass Unternehmen, die auf einem Markt für Postdienstleistungen marktbeherrschend sind, die Nachvollziehbarkeit der finanziellen Beziehungen zwischen Postdienstleistungen innerhalb des lizenzierten Bereichs durch Schaffung eines eigenen Rechnungslegungskreises zu gewährleisten haben. Die Verletzung dieser Bestimmung liegt im Vorfeld von Wettbewerbshandlungen und ist daher nicht unlauter im Sinne von § 3a.[110]

35 **f) Straßenrecht/Verkehrsvorschriften.** Straßen- und verkehrsrechtliche Regelungen sind grundsätzlich keine Marktverhaltensregelungen. Dies gilt auch für die in den Straßengesetzen der Länder enthaltenen Regelungen, wonach die **Sondernutzung öffentlicher Straßen zu Werbezwecken** von einer Erlaubnis abhängt (zB § 16 Abs. 1 S. 1 HessStraßenG). Diese Vorschriften dienen allein dazu, Gefahren für die Sicherheit und Leichtigkeit des Verkehrs möglichst auszuschließen, und damit dem Schutz der im Rahmen des Gemeingebrauchs liegenden Nutzungsmöglichkeit an öffentlichen Straßen.[111] Da die vergleichbaren Vorschriften der Straßenverkehrsordnung, zB das in § 33 Abs. 2 S. 2 StVO enthaltene Verbot des Anbringens von Werbeschildern auf Lichtzeichenanlagen und Verkehrszeichen, die gleiche Zielsetzung haben, handelt es sich bei ihnen ebenfalls nicht um Marktverhaltensvorschriften.[112]

36 **6. Zuwiderhandlung. a) Keine subjektiven Voraussetzungen.** Seit dem Wegfall der überkommenen Aufteilung in werthaltige und wertneutrale Vorschriften hängt die

---

[104] Ob die Regelung im UKlaG ausreichend ist, um die Öffnungsklausel des Art. 80 Abs. 2 DS-GVO auszufüllen, ist allerdings umstritten, vgl. dazu *Spittka* GRUR-Prax 2019, 272 (274) mwN; zur Frage der – zivilrechtlichen – Verbandsklagebefugnis gemäß Art. 80 Abs. 2 DS-GVO s. auch EuGH C-40/17, GRUR 2019, 977 Rn. 62 – Fashion ID.

[105] So Köhler/Bornkamm/Feddersen/*Köhler* § 3a Rn. 1.40a –i, 1.74b; *Barth* WRP 2018, 790 (791); *Ohly* GRUR 2019, 686; *Spittka* GRUR-Prax 2019, 4; *Tribess* GWR 2019, 167; aA OLG Hamburg GRUR 2019, 86 unter Verweis auf *Wolff* ZD 2018, 252; *Schreiber* GRUR-Prax 2018, 371; *Laoutoumai/Hoppe* K&R 2018, 533; differenzierend *Uebele* GRUR 2019, 694 (698 f.).

[106] So ausdrücklich Köhler/Bornkamm/Feddersen/*Köhler* § 3a Rn. 1.74b, der in ihnen auch keine Verbraucherschutzgesetze iSv § 2 Abs. 1 UKlaG sieht.

[107] So geht das BKartA in seinem Beschluss vom 6.2.2019 (WuW 2019, 277) in Sachen Facebook davon aus, dass es auch hinsichtlich der Datenverarbeitung eine kartellrechtliche Überprüfung des Verhaltens marktbeherrschender Unternehmen durchführen könne, da es sich bei Internetgeschäftsmodellen um wettbewerblich hoch relevantes Verhalten handele und es an einer ausdrücklichen Regelung in der DS-GVO fehle, die die Aufsicht über deren Einhaltung ausschließlich den Datenschutzbehörden zuweise, und es auch bisher zivilrechtliche Durchsetzungsmöglichkeiten über das UWG gegeben habe; zu den datenschutzbezogenen Regelungen des TMG, die als Marktverhaltensgelungen iSd § 3a angesehen werden vgl. → Rn. 122 ff.

[108] Vgl. BGH GRUR 2001, 1076 – Abgasemissionen.

[109] Vgl. BGHZ 130, 182 (186 f.) = GRUR 1995, 817 (818) – Legehennenhaltung.

[110] OLG Frankfurt a. M. GRUR 2005, 611 (612).

[111] BGH GRUR 2006, 872 (873) – Kraftfahrzeuganhänger mit Werbeschildern; LG Berlin MD 2006, 1399 (1401).

[112] LG Kiel GRUR 2005, 446 (447).

Unlauterkeit im Sinne von § 3a nicht mehr von **subjektiven Voraussetzungen** ab.[113] Die Prüfung, ob ein Verstoß gegen gesetzliche Vorschriften als Wettbewerbsverstoß über §§ 3, 3a verfolgt werden kann, setzt also nicht mehr eine vorrangige Klassifizierung der verletzten Norm anhand von Kriterien voraus, die dem UWG selbst nicht immanent sind (zB Schutz der Volksgesundheit). Maßgeblich ist vielmehr eine unmittelbar am wettbewerbsbezogenen, gegebenenfalls sekundären Schutzzweck der Norm orientierte Prüfung. Jedenfalls im Rahmen der Prüfung einer Unlauterkeit iSv § 3a sind also die früher bei einem Verstoß gegen sogenannte wertneutrale Vorschriften angestellten Überlegungen über das bewusste und planmäßige Sich-Hinwegsetzen nicht mehr angebracht:[114] Das Unlauterkeitsverdikt folgt demnach aus rein objektiven Erwägungen, so dass ein **objektiver Verstoß** gegen die relevante Norm in der Regel ausreicht, nämlich in allen Fällen, in denen der Normverstoß nicht, wie etwa bei Strafnormen, zusätzlich an subjektive Merkmale geknüpft ist. Ein Kennen oder Kennenmüssen des Gesetzesverstoßes ist also nicht erforderlich.[115] Liegt eine **behördliche Genehmigung** vor, die wegen des entgegenstehenden Gesetzes nicht hätte erteilt werden dürfen und daher rechtswidrig ist, fehlt es dennoch an einer Zuwiderhandlung iSd § 3a, solange die Genehmigung nicht nichtig ist.[116] Davon zu unterscheiden ist der Fall, dass Behörden Gesetzesverstöße **dulden.** Dies ändert nichts an einer Unlauterkeit des Verhaltens,[117] sofern die weiteren Voraussetzungen des § 3a gegeben sind. Aus einer Zuwiderhandlung gegen eine Vorschrift iSd § 3a folgt also nicht automatisch die Unlauterkeit einer Handlung[118] und damit eine Unzulässigkeit iSv § 3 Abs. 1, sondern nur dann, wenn dieser Verstoß zu einer spürbaren Beeinträchtigung der geschützten Marktteilnehmer führen kann.[119]

b) Spürbare Beeinträchtigung. An die Prüfung, ob die in Rede stehende gesetzliche Vorschrift auch dazu bestimmt ist, im Interesse der Marktteilnehmer das Marktverhalten zu regeln, hat sich eine Prüfung anzuschließen, ob der Verstoß gegen die Marktverhaltensnorm geeignet ist, die Interessen von **Verbrauchern, Mitbewerbern** oder **sonstigen Marktteilnehmern spürbar zu beeinträchtigen.** Gegenüber der bis zum 2. UWG-Änderungsgesetz (2015) geltenden Fassung des § 4 Nr. 11 bedeutet dies eine systematische Änderung, weil das Spürbarkeitserfordernis nunmehr Voraussetzung für die Unlauterkeit des Rechtsbruchs als geschäftliche Handlung ist und nicht erst der aus der Unlauterkeit folgenden Unzulässigkeit. Die einheitliche Formulierung der Anforderungen hinsichtlich der Spürbarkeit des Verstoßes erscheint zunächst nicht vereinbar zu sein mit dem durch das 2. UWG-Änderungsgesetz verfolgten Ziel, durch Annäherung an den Wortlaut der UGP-Richtlinie eine vollständige Rechtsangleichung zu erreichen. Denn Art. 5 Abs. 2 lit. b der UGP-Richtlinie und demgemäß auch § 3 Abs. 2 sprechen von der Eignung einer Geschäftspraxis, den Verbraucher wesentlich zu beeinflussen. In der Sache bedeutet die Änderung des Wortlauts von § 3 Abs. 1 und § 3a im Verhältnis zu §§ 3, 4 Nr. 11 aF aber 37

[113] BGH GRUR 2005, 778 (779) – Atemtest; OLG Stuttgart WRP 2005, 919 (920); vgl. auch → § 3 Rn. 153 ff. (Podszun); MüKoUWG/*Schaffert* § 4 Nr. 11 Rn. 81; *Ullmann* GRUR 2003, 817 (822); *Köhler* NJW 2002, 2761 (2763); GRUR 2004, 381 (386); vgl. aber → Rn. 37.

[114] Ebenso BGH GRUR 2005, 778 (779) – Atemtest; OLG Stuttgart WRP 2005, 919 (920); Köhler/Bornkamm/Feddersen/*Köhler* § 3a Rn. 1.89; MüKoUWG/*Schaffert* § 3a Rn. 101; Ohly/Sosnitza/*Ohly* § 3a Rn. 28; *Weber* FS Doepner, 2008, 69 (77).

[115] Köhler/Bornkamm/Feddersen/*Köhler* § 3a Rn. 1.89.

[116] BGH GRUR 2005, 778 (779) – Atemtest; GRUR 2010, 1026 Rn. 19 – Photodynamische Therapie; ebenso schon BGH GRUR 2002, 269 – Sportwetten-Genehmigung.

[117] Im Sinne des bisherigen Wortlautes des § 4, ebenso MüKoUWG/*Schaffert* § 3a Rn. 45; vgl. auch BGH GRUR 2006, 82 (84) – Betonstahl.

[118] Diese war nach dem bis zum 9.12.2015 geltenden Wortlaut des § 4 allerdings gegeben, vgl. *Frenzel* WRP 2004, 1137 (1140), nur dass die Unlauterkeit wegen § 3 Abs. 1 aF nicht automatisch zur Unzulässigkeit führte.

[119] Vgl. → Rn. 37 ff.

keine inhaltliche Änderung.[120] Vielmehr soll der in § 3a enthaltene Rechtsbruchtatbestand im Einzelfall richtlinienkonform ausgelegt werden.[121]

38 **aa) Eignung zur spürbaren Interessenbeeinträchtigung.** Zweck dieses zusätzlichen Tatbestandsmerkmals ist es, Verstöße gegen Marktverhaltensnormen auszunehmen, deren mögliche Auswirkungen auf Marktteilnehmer gering sind,[122] so dass eine aufgrund der Unlauterkeit mögliche wettbewerbsrechtliche Ahndung entbehrlich ist. Die Interessen der in der Norm angesprochenen Marktteilnehmer sind dabei unterschiedlich und daher auch gesondert zu bestimmen. (1) **Verbraucher:** Bei Verbrauchern geht es vor allem um deren Fähigkeit, informierte und freie geschäftliche Entscheidungen zu treffen.[123] Die Rechtsprechung nimmt bei Verstößen gegen Marktverhaltensregelungen, die den Schutz der Gesundheit bzw. Sicherheit der Verbraucher bezwecken, im Sinne einer Vermutung an, dass sie geeignet sind, die Interessen der Verbraucher spürbar zu beeinträchtigen.[124] Auch im Übrigen wird in der Regel weder die mögliche Interessenbeeinträchtigung noch deren Spürbarkeit von den Gerichten thematisiert, sondern vielmehr angenommen, dass der Verstoß gegen eine Norm, aufgrund derer dem Verbraucher Informationen vermittelt werden sollen, die das Unionsrecht als wesentlich einstuft, die Verbraucherinteressen immer spürbar beeinträchtigt sind.[125] Diese Vermutung gilt nach der Änderung des § 5a Abs. 2 aber nicht mehr für die Verletzung von Informationsvorschriften, die Marktverhaltensregelungen iSd § 3a sind. Es muss also im Einzelfall geprüft werden, ob die Vorenthaltung der Information geeignet ist, den Verbraucher zu einer geschäftlichen Entscheidung zu veranlassen, die er andernfalls nicht getroffen hätte.[126] Auch ansonsten sollte die Vermutung nicht dazu führen dass Umstände des Einzelfalles überhaupt keine Berücksichtigung finden können.[127] (2) **Mitbewerber:** Eine mögliche Interessenbeeinträchtigung liegt in der Minderung der Marktchancen, die die Verletzung einer Marktverhaltensvorschrift mit sich bringt. Ähnliches gilt für **sonstige Marktteilnehmer** (§ 2 Nr. 2).

38a **bb) Anhaltspunkte für eine Spürbarkeit. (a) Vorsprung im Wettbewerb?** Die Ausklammerung von Bagatellfällen, also die Hinnahme von Zuwiderhandlungen gegen Marktverhaltensnormen, die nicht geeignet sind, die Interessen von Verbrauchern, Mitbewerbern oder sonstigen Marktteilnehmern spürbar zu beeinträchtigen, bedeutet, dass auch Fälle von Rechtsbruch, unabhängig davon, welche Art von gesetzlichen Vorschriften iSv § 3a sie betreffen, (weiterhin) ungeahndet bleiben, wenn der Verletzer seine Wettbewerbslage zu Lasten der Marktteilnehmer durch den Verstoß nicht verbessern kann. Damit entfallen nicht nur echte **Bagatellfälle,**[128] wie sie in der Regel die früher von Wettbewerbsverbänden verfolgten Verstöße gegen das Gesetz über Einheiten im Messwesen darstellten. Das Spürbarkeitserfordernis des § 3a übernimmt hier die Rolle der Wesentlichkeitsschwelle im früheren § 13 Abs. 2 Nr. 2 UWG.[129] Es werden auf diesem Weg auch solche Rechtsverstöße wettbewerbsrechtlich nicht verfolgt werden können, bei denen die **Behörden das unzulässige Handeln geduldet** haben.[130] Dies gilt jedenfalls dann, wenn die Behörden

[120] Vgl. → § 3 Rn. 199 ff.
[121] Vgl. die Beschlussempfehlung des Ausschusses für Recht und Verbraucherschutz, BR-Drs. 18/6571, 15.
[122] *Köhler*/Bornkamm/Feddersen § 3a Rn. 1.96.
[123] *Köhler*/Bornkamm/Feddersen § 3a Rn. 1.98.
[124] ZB BGH GRUR 2009, 984 Rn. 34 – Festbetragsfestsetzung; GRUR 2011, 633 Rn. 36 – BIO-TABAK; GRUR 2015, 916 Rn. 17 – Abgabe ohne Rezept; GRUR 2015, 813 Rn. 25 – Fahrdienst zur Augenklinik; OLG Frankfurt a. M. GRUR-RR 2018, 199; GRUR-RR 2020, 495.
[125] Vgl. zB BGH GRUR 2015, 1240 (1243) – Der Zauber des Nordens; kritisch dazu Ohly/Sosnitza/*Ohly* § 3a Rn. 30d.
[126] BGH GRUR 2018, 1258 Rn. 44 – YouTube-Werbekanal II (zu § 5 Pkw-EnVkV); GRUR 2019, 82 Rn. 31 – Jogginghosen (zu Art. 5 Abs. 1 Verordnung (EU) Nr. 1007/2011 (TextilkennzeichnungsVO)).
[127] Dazu näher → Rn. 38a ff.
[128] Vgl. zB OLG Stuttgart GRUR 2005, 608 f.; KG GRUR-RR 2008, 352.
[129] Vgl. Amtl. Begründung BT-Drs. 15/1487, 17; → § 3 Rn. 252.
[130] Vgl. zum früheren Recht BGH GRUR 1998, 407 – Tiapridal; GRUR 1988, 382 (383) – Schelmenmarkt.

sich nicht nur gegenüber dem Verletzer, sondern auch gegenüber Wettbewerbern in ähnlicher Weise verhalten haben, so dass es an einem erkennbaren Vorsprung und damit auch an einer Beeinträchtigung des Wettbewerbs jedenfalls zum Nachteil der Mitbewerber fehlt. Betrachtet man dagegen Fälle, bei denen nur der Verletzer von dem Untätigbleiben bzw. einer falschen Beurteilung durch eine Behörde begünstigt ist, so muss das „gute Gewissen" nicht nur für die Qualifizierung als unlauter iSd § 3a, der subjektive Voraussetzungen nicht mehr kennt, unberücksichtigt bleiben. Auch im Rahmen des § 3 wäre die Einbeziehung dieses subjektiven Momentes fehl am Platz, obwohl die Amtliche Begründung zum UWG 2004[131] die Berücksichtigung aller Umstände des Einzelfalls und damit auch subjektiver Momente verlangt: Ein Verletzer, der – nach Abmahnung – bewusst eine für ihn günstige falsche Behördeneinschätzung zu Lasten eines Teils oder aller Marktteilnehmer ausnutzt, verdient keinen Schutz, wenn sich sein Verhalten auf den Wettbewerb auswirken kann.

(b) Planmäßigkeit erforderlich? Einmalige oder allenfalls gelegentliche Verstöße[132] gegen marktbezogene Vorschriften erscheinen nicht geeignet, die Interessen von Mitbewerbern und sonstigen Marktteilnehmern spürbar zu beeinträchtigen.[133] Dies müsste konsequenterweise auch bei Verstößen gegen solche Vorschriften gelten, die früher als wertbezogen angesehen wurden und bei denen auch nach der späteren Rechtsprechung zum früheren § 1 UWG im Rahmen einer Gesamtbeurteilung die Auswirkungen des Rechtsverstoßes unter Berücksichtigung des Schutzzwecks des UWG zu würdigen waren.[134] Die neuere Rechtsprechung des BGH tendiert aber eher dahin, eine Spürbarkeit bei Verstößen gegen Normen, die früher als werthaltig angesehen wurden, grundsätzlich anzunehmen[135] und lediglich bei Normen, die sich erst nach näherer Prüfung als Marktverhaltensregelung erweisen, eine Eignung zur spürbaren Beeinträchtigung der in § 3a genannten Marktteilnehmern zu prüfen.[136] 39

cc) Berücksichtigung zukünftiger Auswirkungen auf den Markt? Die Amtliche Begründung zum UWG 2004[137] hat ausdrücklich darauf hingewiesen, dass eine nicht unerhebliche Verfälschung des Wettbewerbs auch bei Verstößen mit nur geringen Auswirkungen auf die Marktteilnehmer im Einzelfall vorliegen könne, wenn durch das Verhalten eine **Vielzahl von Marktteilnehmern** betroffen sei oder eine nicht unerhebliche **Nachahmungsgefahr** bestehe. Gegen die Berücksichtigung derartiger **Folgeerwägungen,** die zumeist spekulativ sind, bestehen zwar Bedenken.[138] Letztlich wird man aber auch solche Überlegungen nicht völlig ausklammern können. 40

V. Die einzelnen Vorschriften

1. Allgemeines. Angesichts dessen, dass die herkömmliche Aufteilung in **werthaltige** und **wertneutrale** Normen mit der Neufassung des UWG 2004 hinfällig wurde,[139] ist es wenig hilfreich, die in Betracht kommenden gesetzlichen Vorschriften erneut und nach anderen Kriterien zu kategorisieren. Zwar werden solche Kategorisierungen in der Kommentarliteratur zu § 3a bzw. § 4 Nr. 11 aF durchgängig vorgenommen.[140] Die Recht- 41

[131] BT-Drs. 15/1487, S. 17.

[132] Etwa entsprechend dem Fall BGH GRUR 1994, 638 (639) – Fehlende Planmäßigkeit; vgl. auch *Köhler* GRUR 2004, 381 (386).

[133] AA *v. Walter* S. 129; vgl. aber die Praxis bei einem Verstoß gegen Marktverhaltensregelungen, die den Schutz der Gesundheit der Verbraucher bezwecken, → Rn. 38.

[134] Vgl. zB BGH GRUR 1998, 407 – Tiapridal; GRUR 1999, 1128 – Hormonpräparate.

[135] Vgl. zB GRUR 2005, 778 – Atemtest; GRUR 2011, 539 – Rechtsberatung durch Lebensmittelchemiker.

[136] Vgl. zB BGH GRUR 2009, 881 Rn. 14 – Überregionaler Krankentransport.

[137] BT-Drs. 15/1487, S. 17.

[138] Vgl. dazu näher → § 3 Rn. 142c *(Podszun);* aA MüKoUWG/*Schaffert* § 3a Rn. 109.

[139] Vgl. → Rn. 33.

[140] ZB berufsbezogene, produktbezogene oder geschäftsbezogene Vorschriften, vgl. *Köhler*/Bornkamm/Feddersen § 3a Rn. 1.113 ff.; MüKoUWG/*Schaffert* § 4 Nr. 11 Rn. 91 ff.; Fezer/Büscher/Obergfell/*Götting/Hetmank* § 3a Rn. 95 ff.; *Ohly*/Sosnitza § 3a Rn. 31 ff.

sprechung ist dem bislang aber nicht gefolgt. Eine Kategorisierung dieser Art käme zwar in Betracht, wenn je nach Schutzsubjekt unterschiedliche zusätzliche Voraussetzungen an eine Unlauterkeit iSv § 3a zu stellen wären.[141] Dies wäre im Hinblick auf verbraucherschützende Vorschriften denkbar. Nachfolgend werden aber die einzelnen gesetzlichen Vorschriften in **alphabetischer Reihenfolge** abgehandelt.

42 **2. Beispiele für gesetzliche Vorschriften. a) Apothekengesetz, Apothekenbetriebsordnung.** Die – teilweise unter dem Gesichtspunkt der Berufsfreiheit nicht unumstrittenen[142] – Vorschriften, die die Zulassung und die Berufsausübung von Apothekern regeln, spielten auch in der Rechtsprechung zu § 3a und seinen Vorgängervorschriften eine erhebliche Rolle.

43 **aa) Apothekengesetz.** Der Verstoß gegen **§ 1 Abs. 2 (Erlaubnispflicht für Apotheker)** stellt zwar, für sich betrachtet, eine Zuwiderhandlung gegen eine den Marktzutritt regelnde Norm dar. Diese Regelung hat allerdings eine auf die Lauterkeit des Wettbewerbs bezogene Schutzfunktion. Anders ausgedrückt, das Betreiben einer Apotheke ohne eine auf die Betriebsräume bezogene Erlaubnis fällt mit dem Wettbewerbshandeln des Apothekers zusammen und stellt damit auch eine Regelung des **Marktverhaltens** dar.[143] Insofern dient § 1 Abs. 2 ApothekenG zumindest sekundär auch dem Schutz der Mitbewerber. Das Betreiben einer Apotheke ohne Erlaubnis ist damit unlauter iSv § 3a.[144] Auch bei der in § 1 Abs. 3 ApothekenG statuierten **Erlaubnispflicht für Apotheken** handelt es sich nicht nur um eine Marktzutrittsnorm, sondern vor allem um eine Marktverhaltensnorm im Sinne von § 3a, weil durch sie im Interesse des Verbrauchers sichergestellt wird, dass Arzneimittel nur von fachkundigen und zuverlässigen Personen abgegeben werden.[145]

44 Gleiches dürfte für den Verstoß gegen das **Mehrapothekenverbot (§ 8)** sowie das **Verpachtungsverbot (§ 9)** gelten. Die Verbote der **§§ 10 und 11,** also das Verbot, sich zu verpflichten, die Auswahl der von dem Apotheker abzugebenden Arzneimittel zu beschränken bzw. mit Ärzten Absprachen bestimmten Inhalts zu treffen, betreffen unmittelbar das Verhalten der Apotheker am Markt. Ein Verstoß gegen diese Normen impliziert damit auch ein unlauteres Handeln iSv § 3a.[146]

45 **bb) Apothekenbetriebsordnung.** Das **Gebot der Kennzeichnung** der in der Apotheke hergestellten Arzneimittel stellt eine verbraucherschützende Vorschrift dar, ebenso wie andere Kennzeichnungsnormen. Da Arzneimittel in Apotheken – und erst recht solche, die vom Apotheker eigens hergestellt sind – nicht in Selbstbedienung abgegeben werden, könnte sich die Frage stellen, ob die Kennzeichnungspflicht den Verbraucher als Marktteilnehmer schützt, hier also der Schutzzweck der §§ 3, 3a berührt ist. Andererseits ist es schwer nachvollziehbar, den Verstoß gegen Kennzeichnungsvorschriften, die dem Schutz der Gesundheit der Verbraucher dienen, unterschiedlich je nach dem zu beurteilen, ob der Verbraucher die Kennzeichnung vor dem Kauf zur Kenntnis nehmen kann oder nicht. In beiden Fällen ist der Schutz des Verbrauchers als Käufer berührt. Mithin begründet ein Verstoß gegen die Kennzeichnungspflichten des § 14 ApothekenbetriebsO eine Unlauterkeit iSv § 3a.

---

[141] Vgl. MüKoUWG/*Schaffert* § 4 Nr. 11 Rn. 90, der die von ihm vorgesehenen Kategorien als sachlich begründet und daher vorgegeben ansieht.

[142] Vgl. zB BVerfG GRUR 1999, 1014 – Verkaufsschütten vor Apotheken.

[143] Vgl. → Rn. 28.

[144] OLG Saarbrücken GRUR 2007, 344.

[145] OLG Saarbrücken GRUR 2007, 344 (345).

[146] BGH GRUR 2015, 1025 Rn. 15 – TV-Wartezimmer; GRUR 2016, 213 Rn. 20 – Zuweisung von Verschreibungen; OLG Frankfurt a. M. GRUR-RR 2014, 270 (271); OLG Karlsruhe GRUR-RR 2013, 470 (471) (zu § 11 ApoG); OLG Köln GRUR-RR 2017, 341; vgl. aber BGH GRUR 2018, 1271 Rn. 64 – Applikationsarzneimttel: Verbot des § 11 Abs. 1 S. 1. ApoG gilt nicht für Apotheken außerhalb Deutschlands; OLG Köln PharmR 2019, 123: eine Krankenversicherung gehört nicht zum Kreis der in § 11 ApoG angesprochenen Personen.

Das **Verbot,** Arzneimittel ohne eine Versanderlaubnis nach § 11a ApothekenG außerhalb der Apothekenbetriebsräume in den Verkehr zu bringen (§ 17 Abs. 1a ApothekenbetriebsO), sowie die Vorschriften über die **Versendung von Arzneimitteln außerhalb von Apotheken** (§ 17 Abs. 2 und 2a ApothekenbetriebsO) dienen in erster Linie der Verbesserung der Arzneimittelsicherheit und damit der Gesundheit.[147] Eine sekundäre wettbewerbsbezogene Schutzfunktion der Norm lässt sich nur damit begründen, dass das Verbot ebenso wie über die **Pflicht zur Beratung und Information der Apothekenkunden** (§ 20 ApothekenbetriebsO) zugleich dem Schutz der Verbraucher vor unsachgemäßer Beratung beim Erwerb von Arzneimitteln dient und damit zumindest im Interesse dieser Marktteilnehmer das Marktverhalten des Apothekers regelt.[148] § 8 ApothekenbetriebsO, der bestimmte Prüfpflichten des Apothekers vor der **Herstellung** eines Arzneimittels in der Apotheke betrifft, ist dagegen keine Marktverhaltensvorschrift, da die Herstellung dem wettbewerbsrelevanten Verhalten vorausgeht.[149] Das in § 24 ApothekenbetriebsO verankerte Verbot des **Betreibens von Rezeptsammelstellen ohne Erlaubnis** hat dagegen Marktregelungscharakter, weil es Neugründungen von Apotheken nicht auf Dauer erschweren soll und jeglichen Anschein einer Verquickung von Apothekenbetreibern und Angehörigen der Heilberufe vermeiden will.[150] 46

Das Gebot des **§ 2 Abs. 4** ApothekenbetriebsO, die in § 1a Abs. 10 genannten **Waren des Randsortiments** nur in einem Umfang anzubieten oder feilzuhalten, der den ordnungsgemäßen Betrieb der Apotheke und den Vorrang des Arzneimittelversorgungsauftrages nicht beeinträchtigt, dazu zu verhindern, dass der Apotheker durch eine zu weitgehende Befassung mit seinem Randsortiment in der Erfüllung seiner Hauptaufgabe beeinträchtigt wird, dient dazu, die Arzneimittelversorgung der Bevölkerung sicherzustellen.[151] Wenn also der Schutz der Verbraucher vor Nachteilen bei der effektiven Arzneimittelversorgung wesentliches Regelungsziel ist, handelt es sich bei diesen Vorschriften um Marktverhaltensregelungen zugunsten von Verbrauchern.[152] 47

b) Arzneimittelgesetz. Im Grundsatz stellt sich auch bei diesem Gesetz die Frage, ob der gesundheitsbezogene Schutzzweck, den die meisten Ge- und Verbote dieses Gesetzes haben, die Annahme rechtfertigt, die Norm regele im Interesse der Marktteilnehmer das Marktverhalten. Der Schutz der Verbraucher liegt in den meisten Fällen auf der Hand, ebenso der Bezug zum Wettbewerbsgeschehen. Auch steht die UGP-Richtlinie nicht entgegen, da gemäß ihrem Art. 3 Abs. 3 sowie ihrem Erwägungsgrund 9 die Rechtsvorschriften der Mitgliedstaaten in Bezug auf die Gesundheits- und Sicherheitsaspekte von Produkten unberührt bleiben.[153] Daher ist ein **Verkauf von Arzneimitteln ohne Zulassung (§ 21 AMG)** unlauter iSv § 3a.[154] Es liegt ein Fall vor, bei dem die Regelung des Marktzutritts mit dem des Marktverhaltens zusammenfällt, dh das Inverkehrbringen von – nicht zugelassenen – Arzneimitteln kann nicht ohne Beeinträchtigung der Interessen sowohl der Verbraucher als auch der Mitbewerber durchgeführt werden. Eine Spürbarkeit im Sinne von § 3a UWG ist in der Regel zu bejahen, da die Gesundheit der Verbraucher auf dem 48

---

[147] Vgl. KG GRUR-RR 2019, 183 (zur Pflicht, dass Versandapotheken den Besteller darauf hinweisen müssen, eine Telefonnummer anzugeben, § 17 Abs. 2a Nr. 7); OLG Naumburg GRUR 2017, 1055 (zur Pflicht, einem erkennbaren Arzneimittelmissbrauch entgegenzuwirken, § 17 Abs. 8); zum früheren Recht BGH GRUR 2001, 178 (179 f.) – Impfstoffversand an Ärzte.

[148] BGH GRUR 2013, 421 – Pharmazeutische Beratung über Callcenter; OLG Düsseldorf PharmR 2014, 62.

[149] OLG München GRUR-RR 2006, 343 (344).

[150] Vgl. OLG Saarbrücken GRUR-RR 2014, 91 (92).

[151] Vgl. BGH GRUR 2001, 352 (353) – Kompressionsstrümpfe (zu § 25 ApothekenbetriebsO a. F.).

[152] OLG Oldenburg GRUR-RR 2008, 20; aA *Köhler/Piper* UWG § 1 aF Rn. 765.

[153] Vgl. zB BGH GRUR 2015, 916 Rn. 15 – Abgabe ohne Rezept.

[154] Vgl. BGH GRUR 2005, 778 (779) – Atemtest; GRUR 2006, 513 (517) – Arzneimittelwerbung im Internet; GRUR 2008, 830 Rn. 13 – L-Carnitin II; GRUR 2008, 834 Rn. 11 – HMB-Kapseln; GRUR 2010, 942 Rn. 26 – Ginkgo-Extrakt; zum früheren Recht BGH GRUR 1995, 419 (421 f.) – Knoblauchkapseln; GRUR 2001, 450 (453) – Franzbranntwein-Gel.

Spiel steht.[155] Einen unmittelbaren Wettbewerbsbezug hat auch das Verbot des **Verkaufs von apothekenpflichtigen Arzneimitteln außerhalb von Apotheken (§ 43 AMG),**[156] zB in Drogerien.[157] Der **Verkauf rezeptpflichtiger Arzneimittel ohne Rezept (§ 48 AMG)** wirkt sich nicht nur auf den Wettbewerb zwischen Apotheken aus, sondern berührt auch Verbraucherbelange; denn es dient dem Schutz der Patienten vor gefährlichen Fehlmedikationen.[158] Verstöße gegen das **Irreführungsverbot (§§ 8, 10 AMG)** weisen ohne weiteres einen Wettbewerbsbezug auf, da eine Empfehlung des Arzneimittels für eine nicht von der Zulassung gedeckte Anwendungsart dem Fall gleichsteht, dass ein nicht zugelassenes Arzneimittel in den Verkehr gebracht wird.[159]

49 Zu differenzieren ist bei einem Verstoß gegen das Verbot der **Herstellung von Arzneimitteln ohne Herstellungserlaubnis (§ 13 AMG).** Der rein formale Verstoß, also unabhängig von der Frage, ob die materiellen Voraussetzungen für eine Erteilung der Erlaubnis gemäß §§ 14 ff. AMG vorliegen, dürfte keinen unmittelbaren Marktbezug aufweisen, sich also auch nicht auf das Verhalten des Herstellers am Markt auswirken. Sofern der Hersteller bei der Vermarktung der Arzneimittel alle Vorschriften einhält, ist der Marktzutritt ohne Herstellungserlaubnis als solcher nicht unlauter. Fehlt dem Hersteller dagegen die Qualifikation, die zur Erteilung der Herstellungserlaubnis erforderlich ist, so verlässt er bei der Herstellung und Vermarktung der ohne Erlaubnis hergestellten Arzneimittel den zulässigen Rahmen; in Bezug auf die **Qualifikationsvoraussetzungen** haben die Vorschriften über die Herstellungserlaubnis also wettbewerbsregelnden Charakter.[160] Der Makel der durch einen möglicherweise unqualifizierten Hersteller produzierten Arzneimittel haftet ihrer Vermarktung und damit einem Wettbewerbshandeln ohne weiteres an. Insoweit regeln die Vorschriften im Interesse sowohl der Verbraucher als auch der Mitbewerber das Marktverhalten.

50 Die Vorschriften betreffend das **Versandverbot (§ 43 AMG)** bzw. das **Verbringungsverbot (§ 73 AMG)** sind unmittelbar wettbewerbsbezogen, da sie das Marktverhalten im Interesse der Verbraucher und Mitbewerber regeln. Verstöße dagegen sind also unlauter.[161] **§ 47 Abs. 3 AMG** zählt die Personen, an die Muster von Fertigarzneimitteln abgegeben werden dürfen, abschließend auf. Apotheken sind in dieser Vorschrift nicht genannt, so dass pharmazeutischen Unternehmern die **Abgabe von Mustern eines Fertigarzneimittels an Apotheken** verboten ist. Auch diese Vorschrift ist eine Marktverhaltensvorschrift iSd § 3a.[162] Die auf Grund von **§ 78 AMG** erlassene **Arzneimittelpreisverordnung** enthält ebenfalls Vorschriften, die im Interesse der Marktbeteiligten unmittelbar das Marktverhalten regeln. Ein Verstoß hiergegen begründet in der Regel eine Unlauterkeit iSv § 3a.[163]

---

[155] BGH GRUR 2005, 778 (779) – Atemtest.

[156] Vgl. KG GRUR-RR 2005, 170 (171); LG Baden-Baden WRP 2013, 550; LG Göttingen WRP 2006, 386 (388).

[157] Vgl. BGH GRUR 1957, 131 (136) – Apothekenpflichtige Arzneimittel/Arzneifertigwaren; GRUR 1957, 355 – Spalttabletten; BGH NJW 1966, 393 (394) – Novo-Petrin.

[158] BGH GRUR 2015, 916 Rn. 14 – Abgabe ohne Rezept; im Ergebnis ebenso OLG Düsseldorf GRUR 1987, 295 (296).

[159] OLG Köln NJWE-WettbR 1998, 6 (8).

[160] Vgl. *Köhler* GRUR 2001, 777 (781); *Ullmann* GRUR 2003, 817 (824).

[161] BGH GRUR 2014, 591 Rn. 17 – Holland-Preise; GRUR-RS 2014, 07401 – Bonussystem einer Versandapotheke; KG GRUR-RR 2005, 170 (171); insoweit nicht in Zweifel gezogen durch BGH GRUR 2008, 275 Rn. 20 – Versandhandel mit Arzneimitteln; so auch nach § 1 UWG aF zum Versendungsverbot BGH GRUR 2001, 178 – Arzneimittelversand durch Apotheken.

[162] BGH PharmR 2019, 16 – Apothekenmuster (Vorlagebeschluss).

[163] Vgl. OLG Frankfurt a. M. GRUR-RR 2006, 233; OLG Köln WRP 2007, 471 ff.; OLG Hamburg A&R 2009, 87; OLG Naumburg GRUR-RR 2006, 336 (337); 2007, 159; OLG Oldenburg WRP 2006, 913 (916); OLG Stuttgart PharmR 2010, 123; vgl. aber BGH GRUR 2018, 1271 Rn. 45, 54 – Applikationsarzneimittel: Ärzte, die Applikationsarzneimittel beschaffen, verstoßen nicht gegen das in § 43 Abs. 1 AMG geregelte Verbot, apothekenpflichtige Arzneimittel für den Endverbrauch außerhalb von Apotheken in den Verkehr zu bringen.

c) Arbeitszeitgesetze. Die sekundäre wettbewerbliche Schutzfunktion von Vorschriften, die die Arbeitszeit von Arbeitsnehmern regeln, liegt jedenfalls nicht auf der Hand, soweit es um die reine Produktion von Waren geht.[164] Auch in neuerer Zeit wurde derartigen Vorschriften noch eine Marktbezogenheit zugesprochen,[165] jedenfalls wenn eine innere sachliche Verknüpfung mit dem Außenhandeln bestand.[166] Gesetzeswidrige Handlungen, die sich **im Vorfeld eines Markthandelns** abspielen, weisen jedoch keinen Marktbezug auf. Daher kann der Verstoß gegen Arbeitszeitvorschriften im Rahmen der Produktion nicht über § 3a verfolgt werden, selbst wenn er zu einer Verbilligung der Warenproduktion führen sollte. Insofern besteht kein Unterschied zur Situation bei dem Verstoß gegen Umweltschutzvorschriften bei der Produktion.[167] Anders ist ein Verstoß zu beurteilen, wenn er die Arbeitszeit für Tätigkeiten mit unmittelbarem Marktbezug betrifft, beispielsweise in der Gastronomie. Auch wenn die Vorschriften gleichermaßen in erster Linie dem Schutz der Arbeitnehmer bzw. der Sonntags- und Feiertagsruhe dienen, regeln sie doch zumindest sekundär das Marktverhalten auch im Interesse der Mitbewerber.[168] 51

d) Berufsrechtliche Vorschriften. aa) Allgemeines. Zum früheren § 1 UWG liegt eine umfangreiche Rechtsprechung im Zusammenhang mit behaupteten Verstößen gegen berufsrechtliche Vorschriften vor. Hierunter sind in erster Linie die die Ausübung der freien Berufe betreffenden Gesetze, Satzungen und Berufsordnungen zu verstehen. Berufsrechtliche Regelungen, insbesondere solche, die sich mit dem Auftreten der Mitglieder freier Berufe im Wettbewerb befassten, wurden herkömmlich überwiegend unter dem Gesichtspunkt des Verstoßes gegen werthaltige Normen geprüft, nämlich solchen, die beispielsweise dem Schutz einer geordneten Rechtspflege[169] dienen oder den Wettbewerb innerhalb des Berufsstandes regeln. Bestimmte Standesnormen wurden allerdings als wertneutral angesehen.[170] Nunmehr ist auch bei Verstößen gegen berufsrechtliche Normen allein entscheidend, ob diese im **Interesse der Marktbeteiligten** – dies sind in erster Linie die Mitbewerber, also Mitglieder des gleichen Berufsstandes – auch dazu bestimmt sind, das Marktverhalten zu regeln. Dies ist bei den meisten Vorschriften, die die Außendarstellung (Werbung) betreffen, ohne weiteres zu bejahen. Im Rahmen der Prüfung, ob etwa ein Verstoß gegen eine berufsrechtliche Werbebeschränkung vorliegt, wird man jedoch nicht nur verfassungsrechtliche Erwägungen (Art. 12 GG) anstellen müssen. Vielmehr muss man im Rahmen einer Gesamtbetrachtung auch den Schutzzweck des UWG mit einbeziehen.[171] Eine Einschränkung dieser Grundsätze durch die UGP-Richtlinie kommt nicht in Betracht, weil nach deren Artikel 3 Abs. 8 alle spezifischen Regeln für reglementierte Berufe unberührt bleiben.[172] 52

bb) Heilberufe. Berufsrechtliche Vorschriften, insbesondere Berufsordnungen für Angehörige der Heilberufe, in erster Linie **Ärzte, Zahnärzte, Tierärzte und Heilpraktiker,** enthalten vielfältige **Werbebeschränkungen,** daneben aber auch Kooperationsver- 53

---

[164] Anders noch BGH GRUR 1989, 116 – Nachtbackverbot, wo hinsichtlich der Wettbewerbswidrigkeit nicht zwischen dem Backen innerhalb der verbotenen Zeit und dem Ausfahren unterschieden wurde.

[165] BGH GRUR 2000, 1076 (1079) – Abgasemissionen.

[166] *Köhler/Piper* UWG § 1 aF Rn. 740; im Ergebnis ebenso wohl auch GroßKommUWG/*Teplitzky* (1. Aufl.) UWG § 1 Rn. G 244, der den BGH dahin interpretiert, er habe in seiner Entscheidung – Abgasemissionen (GRUR 2000, 1076 (1077)) dem Bäckereiarbeitszeitgesetz einen Wettbewerbsbezug sekundärer Art zugesprochen.

[167] *Ohly*/Sosnitza § 3a Rn. 74; anders wohl BGH GRUR 2000, 1078 – Abgasemissionen, unter Verweis auf den Vorsprungsgedanken.

[168] AA MüKoUWG/*Schaffert* § 3a Rn. 71 f.

[169] Vgl. zB BGH GRUR 1991, 917 (919) – Anwaltswerbung I.

[170] Vgl. zB BGH GRUR 1955, 541 (542) – Bestattungswerbung, betreffend einen Verstoß gegen die Auffassung (Handelsbrauch) des Gewerbezweiges Bestattungsgewerbe.

[171] Vgl. zum früheren Recht schon GroßKommUWG/*Teplitzky* (1. Aufl.) UWG § 1 Rn. G 92.

[172] Vgl. BGH GRUR 2009, 1077 Rn. 21 – Finanz-Sanierung; GRUR 2011, 539 Rn. 23 – Rechtsberatung durch Lebensmittelchemiker; auch → Rn. 1.

bote und ähnliche Einschränkungen der Betätigung auf dem Markt. Grundsätzlich handelt es sich um Normen iSd § 3a, denn sie regeln das Marktverhalten.

54 **(a) Ärzte.** Die an der **(Muster-)Berufsordnung des Deutschen Ärztetages** orientierten Berufsordnungen der Landesärztekammern beruhen auf den Heilberufs- bzw. Kammergesetzen der Länder.[173] Sie konkretisieren die ärztliche Berufspflicht, den Beruf gewissenhaft auszuüben und dem den Ärzten im Zusammenhang mit dem Beruf entgegengebrachten Vertrauen zu entsprechen. Es handelt sich damit um materielle Gesetze, also um gesetzliche Vorschriften iSv § 3a. Die § 27 der Musterberufsordnung entsprechenden Vorschriften der Landesberufsordnungen erlauben den Ärzten **sachliche Information, aber keine berufswidrige,** insbes. anpreisende, irreführende oder vergleichende **Werbung.**

55 **(α) Erlaubte Information.** Zulässig ist es, dass Ärzte nach der Weiterbildungsordnung erworbene **Bezeichnungen oder nach sonstigen öffentlich-rechtlichen Vorschriften erworbene Qualifikationen, Tätigkeitsschwerpunkte**[174] **und organisatorische Hinweise** ankündigen (§ 27 Abs. 4 Muster-Berufsordnung). Ähnlich wie bei Rechtsanwälten dürfen andere als die nach dem geregelten Weiterbildungsrecht erworbenen Qualifikationen und Tätigkeitsschwerpunkte nur dann angekündigt werden, wenn sie nicht mit den speziell geregelten Qualifikationen verwechselt werden können.

55a Hinsichtlich der Medien, in denen Ärzte werben dürfen, bestehen grundsätzlich keine Beschränkungen. Zulässig sind daher auch **Zeitungsanzeigen** in Publikumszeitschriften, sofern sie nicht nach Form, Inhalt oder Häufigkeit übertrieben wirken, sowie die Verteilung von **Werbeprospekten**[175] oder das Beilegen von **Faltblättern** in Werbebroschüren Dritter.[176] Auch die Werbung im **Internet** ist unter den gleichen Bedingungen zulässig.[177] Die früher verbotene oder doch stark eingeschränkte **Werbung durch Dritte** ist mittlerweile ebenfalls erlaubt. So dürfen nach § 27 Abs. 3 S. 3 (Muster-)Berufsordnung Ärzte nur noch die berufswidrige Werbung durch andere nicht veranlassen oder dulden. An sachlichen **Informationen in Presseartikeln,** die Informationen über Behandlungs- und Operationsmethoden geben, besteht ein anerkennenswertes Allgemeininteresse.[178]

55b Die Vorschriften der Berufsordnung auf der Basis von § 27 Ziff. 3 Musterberufsordnung, die die **Veranlassung oder Duldung verbotener Werbung durch andere** betreffen, sind unmittelbar marktbezogen iSv § 3a.[179] Die in dieser Vorschrift nicht genannten Sanatorien, Kliniken und Institutionen, die der Berufsordnung selbst nicht unmittelbar unterliegen, haften als **Störer** für einen Verstoß des Arztes.[180] Bei der ärztlichen **Mitwirkung an aufklärenden Veröffentlichungen in den Medien** muss diese auf sachliche Informationen begrenzt sein. Bei der Mitwirkung des Arztes an Veröffentlichungen lässt sich sein Handeln nicht immer aus dem Resultat, der Veröffentlichung, ablesen. Grundsätzlich tragen die Medien, die Berichte über Ärzte veröffentlichen, die Verantwortung dafür, was aus den vom Arzt zur Verfügung gestellten Informationen gemacht wird.[181] Der Arzt kann also im Grundsatz nicht dafür verantwortlich gemacht werden, wie die Medien seine Informationen verwerten. Nur ausnahmsweise wird ihm die Verpflichtung auferlegt, sich den Artikel vorher zur Kontrolle vorlegen zu lassen. Dies gilt dann, wenn offensichtlich

---

[173] ZB das Bayerische Gesetz über die Berufsvertretungen und Berufsgerichtsbarkeit der Ärzte, Zahnärzte, Tierärzte, Apotheker sowie der psychologischen Psychotherapeuten und der Kinder- und Jugendlichen Psychotherapeuten (Heilberufe-Kammergesetz) idF vom 6.2.2002 (GVBl. S. 42).

[174] Vgl. BGH GRUR 2004, 164 (166) – Arztwerbung im Internet.

[175] OLG Stuttgart WRP 2003, 119.

[176] BVerfG NJW 2002, 1331 (1332).

[177] BVerfG GRUR 2003, 966; BGH GRUR 2004, 164 (165) – Arztwerbung im Internet.

[178] BVerfG GRUR 2006, 425 – Informationen über Behandlungsmethoden.

[179] BGH GRUR 1996, 905 (907) – GmbH-Werbung für ambulante ärztliche Leistungen; GRUR 2000, 613 (616) – Klinik Sanssouci; GRUR 2001, 181 (184) – Dentalästhetiker.

[180] ZB BGH GRUR 2000, 613 (616) – Klinik Sanssouci; aA *Köhler*/Bornkamm/Feddersen § 3a Rn. 1.188.

[181] Vgl. BGH GRUR 1987, 241 (243) – Arztinterview.

damit zu rechnen ist, dass das Medium die Informationen in reißerischer oder in einer sonstigen von der Informationserteilung abweichenden Form verwertet und damit zu berufswidriger Werbung verfremdet.[182]

(β) **Verbotene Werbemaßnahmen.** Verboten ist die unmittelbare **Ansprache von potenziellen Patienten** durch **Versendung von Informationsmaterial** über die vom Arzt entwickelte Krebstherapie.[183] Unabhängig von der Frage der damit verbundenen Irreführung ist die **Führung von Titeln** oder **akademischen Graden** untersagt, die den entsprechenden deutschen Bezeichnungen nicht gleichwertig sind, also insbesondere das Führen **ausländischer Professorentitel.**[184] Als verbotene Werbung eines **Laborfacharztes** wurde es auch angesehen, den mit ihm einer Laborgemeinschaft verbundenen Mitgesellschaftern in Aussicht zu stellen, von Nebenkosten aus der Inanspruchnahme des Gemeinschaftslabors befreit zu sein, falls zugleich eine Analyse seines Speziallabors eingeholt werde.[185] 56

Wie schon vor dem UWG 2004[186] muss bei der Prüfung, ob die Kommunikationsgrundsätze gemäß **§§ 27 ff. Musterberufsordnung** im jeweiligen Fall eingehalten sind, nicht nur geprüft werden, ob ein Verbot mit Art. 5 und 12 GG vereinbar wäre. Vielmehr ist auch zu berücksichtigen, dass es gerade der Lauterkeit im geschäftlichen Verkehr entspricht, wenn interessengerechte und sachangemessene Informationen erteilt werden, die keinen Irrtum hervorrufen.[187] Wird danach ein Verstoß gegen das ärztliche Werbeverbot bejaht, so bedarf es keiner zusätzlichen wettbewerbsrechtlichen Prüfung. Offen bleiben kann insoweit auch, ob die die ärztliche Werbung regelnden berufsrechtlichen Vorschriften nur im Interesse der anderen Ärzte oder im Interesse der Verbraucher das ärztliche Marktverhalten regeln. 56a

§ 3 Abs. 2 Musterberufsordnung enthält ein Verbot der **Abgabe von Waren** etc durch Ärzte Diese Vorschrift ist eine Marktverhaltensregelung.[188] Die §§ 30 ff. der Musterberufsordnung enthalten verschiedene Regeln zur Wahrung der ärztlichen Unabhängigkeit bei der **Zusammenarbeit mit Dritten.** Nach § 31 Abs. 2 der Muster-Berufsordnung ist es Ärzten verboten, **Patienten ohne hinreichenden Grund** an bestimmte **Apotheken, Geschäfte** oder Anbieter von gesundheitsbezogenen Leistungen **zu verweisen.** Dieses Verbot soll der Gefahr vorbeugen, dass sich der Arzt im eigenen Interesse oder zum Nachteil des Patienten für die kommerziellen Interessen gewerblicher Unternehmen verwendet und das ihm vom Patienten entgegengebrachte Vertrauen missbraucht.[189] Allein der Wunsch des Patienten, sämtliche Leistungen aus einer Hand zu erhalten, reicht nicht aus, um eine Verweisung an einen bestimmten Optiker sowie eine Abgabe und Anpassung der Brille durch den Augenarzt zu rechtfertigen.[190] Ein Verstoß gegen das Empfehlungsverbot liegt allerdings nicht vor, wenn ein **HNO-Arzt** im Einzelfall entsprechend der Entscheidung des Patienten ärztliche Leistungen gegen eine von der Krankenkasse zu 57

---

[182] BGH GRUR 1987, 241 (243) – Artzinterview; einschränkend BVerfG GRUR 1992, 866 (869) – Hackethal, wo es auf Grund der speziellen Umstände dem interviewten Arzt nicht zumutbar war, das Interview nur deshalb zu verweigern, weil die Redaktion eine externe Kontrolle ihres Beitrags nicht akzeptieren wollte; zu weiteren Fällen unzulässiger Mitwirkung bei Veröffentlichungen Dritter → Rn. 57.

[183] BGH GRUR 1999, 179 (180) – Patientenwerbung.

[184] BGH GRUR 1987, 839 (840) – Professorenbezeichnung in der Arzneimittelwerbung; GRUR 1989, 445 (446) – Professorenbezeichnung in der Arztwerbung I; GRUR 1992, 525 (526) – Professorenbezeichnung in der Arztwerbung II; GRUR 1998, 487 (488 f.) – Professorenbezeichnung in der Arztwerbung III.

[185] BGH GRUR 1989, 758 (760) – Gruppenprofil.

[186] Vgl. zB BGH GRUR 1999, 1102 (1104) – Privatärztlicher Bereitschaftsdienst; GRUR 1999, 1104 (1105) – Ärztlicher Hotelservice.

[187] Vgl. Ohly/Sosnitza/*Ohly* § 3a Rn. 54.

[188] BGH GRUR 2008, 816 Rn. 19 – Ernährungsberatung; GRUR 2005, 875 (876) – Diabetesteststreifen; OLG Frankfurt a. M. GRUR-RR 2005, 230 (231); vgl. auch BGH GRUR 2009, 977 Rn. 12 Brillenversorgung.

[189] BGH GRUR 2005, 875 (876) – Diabetesteststreifen.

[190] BGH GRUR 2009, 977 Rn. 33 f. – Brillenversorgung I; vgl. auch BGH GRUR 2010, 850 Rn. 24 – Brillenversorgung II; OLG Düsseldorf GRUR-RR 2009, 179.

zahlende angemessene Vergütung erbringt, die es ermöglicht, den Patienten im sogenannten **verkürzten Versorgungsweg** mit einem **Hörgerät** zu versorgen.[191] Dies gilt auch dann, wenn der Arzt für die ärztlichen Leistungen, die er im Rahmen seiner Mitwirkung an der Versorgung im verkürzten Versorgungsweg erbringt, eine gesonderte Vergütung erhält.[192] Grundsätzlich ist es aber gemäß § 31 Abs. 1 MBO Ärzten nicht gestattet, für die Zuweisung von Patienten ein **Entgelt oder andere Vorteile** zu fordern oder sich gewähren zu lassen.[193] Den erforderlichen Marktbezug iSv § 3a weisen außerdem **§§ 32, 33 (unerlaubte Zuwendungen)**[194] und **§ 34** auf, insbesondere **Nr. 1–3 und 5,** die das Verbot der Annahme von Vergütungen für die Verordnung von Arzneimitteln etc, die Abgabe von Ärztemustern gegen Entgelt und die Kooperation mit Apotheken etc ohne hinreichenden Grund betreffen.[195]

58 **(b) Zahnärzte.** Die Ausübungsregelungen, insbesondere Werbebeschränkungen für **Zahnärzte** ergeben sich auf vergleichbarer Grundlage wie bei den Ärzten. Die maßgeblichen Berufsordnungen[196] beruhen auf den Heilberufe-Kammergesetzen der Bundesländer und sind daher materielle gesetzliche Vorschriften iSv § 3a. Soweit deren Vorschriften die Außendarstellung der Zahnärzte betreffen, sind sie auch wettbewerbsbezogen.[197] Ein Verstoß gegen das Verbot **berufswidriger Werbung** zieht wettbewerbsrechtliche Unterlassungsansprüche nach sich.[198] **Wahrheitsgemäße Hinweise auf das Betätigungsfeld** sind zulässig, weil sie den Patienten darüber informieren, in welchem Bereich der Zahnarzt im Besonderen tätig ist.[199] Allerdings darf nicht eine Nähe und **Vergleichbarkeit mit einer Fachzahnarztbezeichnung** suggeriert werden, etwa durch die Verwendung des Begriffs „Zahnarzt für Implantologie".[200] Für die Beurteilung der zahnärztlichen Werbung kommt es nicht auf die Art des Mediums an. So rechtfertigt es die Wahl des Mediums **Internet** nicht, die Grenzen für die erlaubte Außendarstellung von Zahnärzten enger zu ziehen.[201] Wenn aber interessengerechte, sachliche Informationserteilung auch im Internet gestattet ist, sind auch keine Gemeinwohlbelange ersichtlich, die es rechtfertigen, einem Zahnarzt zu verbieten, einen **Zahnarzt-Suchservice** einzurichten[202] oder eine **Kostenschätzung**

---

[191] BGH GRUR 2000, 1080 (1082) – Verkürzter Versorgungsweg. In derartigen Fällen liegt ein hinreichender sachlicher Grund vor, nämlich Vorteile für den Patienten, zB die Qualität der Versorgung, die Vermeidung von Wegen bei gehbehinderten Patienten oder schlechte Erfahrungen mit den ortsansässigen Hörgeräteakustikern; vgl. aber BGH GRUR 2011, 345 Rn. 43 – Hörgeräteversorgung II: In langjähriger vertrauensvoller Zusammenarbeit gewonnene Erfahrungen oder die allgemein hohe fachliche Kompetenz eines Anbieters reichen für einen hinreichenden Grund zur Verweisung an einen bestimmten Hilfsmittelanbieter aus Sicht des behandelnden Arztes nicht aus.

[192] BGH GRUR 2002, 271 (272 f.) – Hörgeräteversorgung.

[193] Vgl. dazu BGH GRUR 2011, 345 Rn. 67 ff. – Hörgeräteversorgung II; GRUR 2014, 791 Rn. 16 – Teil-Berufsausübungsgemeinschaft.

[194] Vgl. dazu BGH GRUR 2011, 1163 Rn. 25 – Arzneimitteldatenbank.

[195] Vgl. zu letztgenanntem Verbot OLG Celle GRUR-RR 2007, 109; OLG Köln GRUR 2006, 600 (602 f.); zu § 1 UWG aF BGH GRUR 2000, 1080 (1082) – Verkürzter Versorgungsweg; GRUR 2001, 255 (256) – Augenarztanschreiben; vgl. auch OLG Schleswig GRUR 2004, 171 (173) zu der § 34 Nr. 5 Musterberufsordnung entsprechenden Vorschrift des § 32 der Berufsordnung der Ärztekammer Schleswig-Holstein vom 5.3.2003, der auch eine sekundäre wettbewerbsbezogene Funktion beigemessen wurde.

[196] ZB § 18 der Berufsordnung der Landesärztekammer Baden-Württemberg, vgl. zu § 20 dieser Berufsordnung BVerfG WRP 2003, 1209 – Werbung von Zahnärzten im Internet.

[197] ZB § 20 Abs. 2 BerufsO Zahnärzte Nordrhein, vgl. OLG Hamm GRUR-RR 2005, 396.

[198] Vgl. zum alten Recht BGH GRUR 1999, 504 (506) – Implantatbehandlungen; GRUR 2001, 181, (183) – dentalästhetika; vgl. auch OLG Hamburg NJW-RR 2020, 1497: auch Anstiftung zu einem Verstoß gegen eine berufsrechtliche Vorschrift – hier § 21 Musterberufsordnung Zahnärzte – durch Dritte, die nicht Normadressaten sind, ist unlauter.

[199] BVerfG NJW 2001, 2788 (2790); GRUR 2003, 966 (968) – Internetwerbung von Zahnärzten; BGH GRUR 2010, 1024 Rn. 20 – Master of Science Kieferorthopädie; OLG Schleswig GRUR-RR 2001, 185.

[200] Vgl. BVerfG GRUR 2011, 838 (841); ob an dieser Beurteilung noch festgehalten werden kann, erscheint angesichts BGH GRUR 2015, 286 – Spezialist für Familienrecht – fraglich.

[201] BVerfG MMR 2002, 159 – Zahnarzt-Suchservice; NJW 2003, 2818; GRUR 2003, 966 (967) – Internetwerbung von Zahnärzten.

[202] BVerfG MMR 2002, 159 (160) – Zahnarzt-Suchservice.

im Internet abzugeben.[203] Die Bestimmung des § 1 Abs. 5 BO Zahnärzte Nordrhein, nach der der Zahnarzt keine Verpflichtung eingehen soll, die seine **Unabhängigkeit bei der Berufsausübung** beeinträchtigen kann, stellt eine Marktverhaltensregelung im Sinne von § 3a dar.[204]

(c) Tierärzte. Auch Tierärzten ist gemäß den **Berufsordnungen der Tierärzteschaften** nur die **berufswidrige Werbung** verboten, also Werbung, die keine interessengerechte und sachangemessene Information darstellt.[205] Ein Verstoß gegen diese Regelungen stellt damit ein unlauteres Verhalten iSv § 3a dar. 59

(d) Heilpraktiker. Die Vorschriften des **HeilprG,** die die Ausübung der Heilkunde von einer Erlaubnis abhängig machen, dürften zwar Marktverhaltensregelungen im Sinne von § 3a sein.[206] Die in der Tonometrie und der Perimetrie liegende Ausübung der Heilkunde iSv § 1 Abs. 2 HeilprG ohne die dazu nach § 1 Abs. 1 HeilprG erforderliche Erlaubnis sowie die Werbung hierfür sind aber dann keine nach den §§ 3, 3a UWG unlauteren geschäftlichen Handlungen, wenn einer mittelbaren Gefährdung der Gesundheit der Kunden durch einen aufklärenden Hinweis, dass ein krankhafter Befund zuverlässig nur durch einen Augenarzt ausgeschlossen werden kann, hinreichend begegnet wird.[207] 60

(e) Apotheker. Apotheker unterliegen berufsspezifischen Werbebeschränkungen nach den **Berufsordnungen der Landesapothekerkammern.** Im Grundsatz dürfen sich Apotheker für solche Produkte, die auch außerhalb von Apotheken vertrieben werden dürfen, nämlich **nicht verschreibungspflichtige Arzneimittel** sowie das so genannte **Randsortiment,** derselben Werbemethoden bedienen, die auch von anderen Gewerbetreibenden beim Vertrieb der gleichen Produkte verwendet werden.[208] Allerdings sehen das BVerfG und der BGH eine **Anzeigenwerbung** für das Nebensortiment dann als unzulässig an, wenn diese nach Form, Inhalt, Erscheinungsweise und -häufigkeit den Eindruck hervorruft, dass sich der Apotheker einträglicheren Geschäften zuwendet, statt die Arzneimittelversorgung sicherzustellen.[209] Weil ein vollständiges Verbot mit der Berufsausübungsfreiheit und dem Gleichheitsgrundsatz (Art. 3, 12 Abs. 1 GG) unvereinbar wäre, ist die **Versendung von Werbebriefen**[210] oder die **Abgabe von Warenproben apothekenüblicher Waren** erlaubt.[211] Im Übrigen unterliegt der Apotheker selbstverständlich den gleichen Werberegelungen wie jeder Kaufmann.[212] Er darf dabei Ärzte nicht planmäßig zu Verstößen gegen die für sie geltende Berufsordnung auffordern.[213] 61

Obwohl diese Bestimmungen in erster Linie das Ziel verfolgen, einem Arzneimittelfehlgebrauch entgegenzuwirken und das Vertrauen der Bevölkerung in die berufliche Integrität der Apotheker zu fördern,[214] haben sie auch einen sekundären wettbewerbsbezogenen 61a

---

[203] BVerfG GRUR 2011, 530 – Zahnarztpreisvergleich; vgl. auch BGH GRUR 2011, 343 – Zweite Zahnarztmeinung zur Abgabe eines Gegenangebots zu dem Heil- und Kostenplan eines Kollegen auf einer Internetplattform.

[204] BGH GRUR 2015, 1237 Rn. 18 – Erfolgsprämie für die Kundengewinnung; vgl. auch *Fritzsche* WRP 2019, 555 (559 f.).

[205] Vgl. BVerfG WRP 2002, 521 – Tierarztwerbung.

[206] OLG Celle GRUR-RR 2008, 427 (428); OLG Frankfurt a. M. WRP 2011, 273 (274); OLG Düsseldorf GRUR-RS 2017, 135507.

[207] BGH GRUR 2005, 607 – Optometrische Leistungen III.

[208] BVerfG GRUR 1996, 899 (903) – Werbeverbot für Apotheker.

[209] Vgl. BVerfG 1996, 899 (903); BGH GRUR 1983, 249 (251) – Apothekenwerbung; GRUR 1994, 639 (640) – Pinguin-Apotheke; GRUR 1994, 656 (658) – Stofftragetasche.

[210] Köhler/Bornkamm/Feddersen/*Köhler* § 3a Rn. 1.192.

[211] BGH GRUR 1991, 622 (624) – Warenproben in Apotheken.

[212] Bei der Wertreklame ist also das *Transparenzgebot* zu beachten, vgl. OLG Naumburg GRUR-RR 2007, 159, oder ein *unangemessen unsachlicher Einfluss* zu vermeiden, vgl. OLG München GRUR-RR 2007, 297; zur Zulässigkeit bestimmter Namen von Apotheken vgl. BVerwG NJW 2008, 1686 und OLG Düsseldorf WRP 2008, 1270.

[213] Vgl. OLG Saarbrücken GRUR-RR 2008, 84 (85).

[214] Vgl. BVerfG GRUR 1996, 899 – Werbeverbot für Apotheker.

Schutzzweck, sofern sie das Marktverhalten der Apotheker im Interesse der Verbraucher und Konkurrenten regeln.[215]

62 **cc) Rechtsberatende Berufe.** Ähnlich den Heilberufen unterliegt die Berufsausübung der Angehörigen der rechtsberatenden Berufe vielfältigen Beschränkungen auf Grund von **Berufsordnungen,** die auf gesetzlicher Grundlage erlassen und somit grundsätzlich als gesetzliche Vorschriften iSv § 3a zu betrachten sind. Soweit sie die **Werbung** beschränken, sind sie marktregelnd im Sinne dieser Vorschrift. Bei sonstigen Beschränkungen ist dies im Einzelfall zu prüfen.

63 **(a) Rechtsanwälte.** Die Berufsausübung der Rechtsanwälte ist in der Bundesrechtsanwaltsordnung **(BRAO)** geregelt. Sie schützt die Allgemeinheit vor unzuverlässiger und unsachgemäßer Rechtspflege[216] und stellt zunächst klar, dass der Rechtsanwalt ein unabhängiges Organ der Rechtspflege ist (§ 1 BRAO) und einen freien Beruf, **kein Gewerbe** ausübt (§ 2 Abs. 1 und 2 BRAO). Der Anwalt dient also in erster Linie dem Recht und soll sich nicht vom Streben nach Gewinn, sondern von der Absicht der Rechtsdurchsetzung für seine Mandanten leiten lassen.[217] Diese besondere Stellung erfordert ein anderes Verhalten im Umfang mit der Öffentlichkeit, insbesondere bei der Kontaktaufnahme zu Rechtsuchenden. Dies folgt aus § 43 BRAO. Nach dieser Norm hat der Rechtsanwalt seinen Beruf gewissenhaft auszuüben und sich innerhalb und außerhalb des Berufes der Achtung und des Vertrauens würdig zu erweisen, welche die Stellung des Rechtsanwalts erfordert. § 43b enthält eine Regelung, wonach dem Rechtsanwalt Werbung nur erlaubt ist, soweit sie über die berufliche Tätigkeit **in Form und Inhalt sachlich** unterrichtet und **nicht auf die Erteilung eines Auftrags im Einzelfall gerichtet** ist.[218] Dieses Verbot ist allerdings unter Berücksichtigung der Berufsfreiheit (Art. 12 GG) und der in Art. 10 EMRK garantierten Freiheit der Meinungsäußerung dahin einschränkend auszulegen, dass der Anwalt **Werbung um einzelne Mandanten** betreiben darf. Er darf auch einen potentiellen Mandanten in Kenntnis eines konkreten Beratungsbedarfs persönlich anschreiben und seine Dienste anbieten, sofern der Adressat einerseits durch das Schreiben weder belästigt, genötigt oder überrumpelt wird und er sich andererseits in einer Lage befindet, in der er auf Rechtsrat angewiesen ist und ihm eine an seinem Bedarf ausgerichtete sachliche Werbung hilfreich sein kann.[219]. Ein Verstoß gegen § 43b BRAO ist regelmäßig unlauter iSv § 3a.[220]

63a Aufgrund von § 59b Abs. 2 Nr. 3 BRAO wurde die **Berufsordnung für Rechtsanwälte (BORA)** erlassen. Diese konkretisiert in den §§ 6–10 die Berufspflichten der Rechtsanwälte im Zusammenhang mit der Werbung. Die Normqualität der BORA iSv § 3a steht außer Frage. Auch inhaltlich dürften die genannten Vorschriften die erforderliche Normqualität im Sinne dieser Vorschrift aufweisen, da sie im Interesse der rechtssuchenden **Verbraucher** das Marktverhalten der Rechtsanwälte regeln.[221] **§ 6 BORA** konkretisiert das Sachlichkeitsgebot des § 43b BRAO. Der Rechtsanwalt darf also über seine Dienstleistung und seine Person informieren, soweit die Angaben **sachlich unterrichtend** und **berufsbezogen**[222] sind. Eine der Form nach unsachliche Werbung wird

[215] AA offenbar OLG Rostock GRUR-RR 2005, 391 (392): alle Vorschriften der Berufsordnung dienen lediglich der Sicherstellung der ordnungsgemäßen Arzneimittelversorgung.

[216] BVerfG NJW 1981, 33 (34).

[217] Vgl. BVerfGE 61, 291 (312).

[218] BVerfG GRUR 2008, 618 Rn. 11 – Versteigerung anwaltlicher Dienstleistungen; BGH GRUR 2002, 902 (904) – Vanity- Nummer.

[219] BGH GRUR 2014, 86 Rn. 14 ff. – Kommanditistenbrief; vgl. BGH GRUR-RR 2015, 108 Rn. 11 – Anwaltsschreiben an Fondsanleger; NJW-RR 2018, 1086.

[220] BGH GRUR 2015, 286 Rn. 8 – Spezialist für Familienrecht; GRUR 2005, 520 f. – Optimale Interessenvertretung; OLG Hamburg; NJW 2005, 2783 (2785); OLG Köln GRUR-RR 2018, 356 (359); OLG München GRUR-RR 2006, 201 f.

[221] BGH GRUR 2005, 520 f. – Optimale Interessenvertretung (zu § 6 BORA); *OLG Stuttgart* NJW 2005, 3429.

[222] Vgl. BVerfG GRUR 2003, 965 (966) – Interessenschwerpunkt „Sportrecht"; BGH NJW-RR 2018, 1086; GRUR 2002, 902 (904) – Vanity-Nummer.

angenommen, wenn ihr Erscheinungsbild derart im Vordergrund steht, dass ihr Inhalt weit dahinter zurückbleibt,[223] zB weil sie darauf abzielt, durch ihre reißerische oder sexualisierende Ausgestaltung die Aufmerksamkeit des Betrachters zu erregen,[224] oder wenn in einer Weise, die potentielle Mandanten verunsichert, scheinbare Vorzüge des werbenden Anwalts dargestellt werden.[225] § 6 Abs. 2 BORA verbietet die Angabe von **Erfolgs- und Umsatzzahlen,** soweit sie irreführend ist, sowie **Hinweise auf Mandate und Mandanten,** soweit der Mandant nicht ausdrücklich eingewilligt hat. Die Benennung von **Teilbereichen der Berufstätigkeit** ist nach Maßgabe des **§ 7 BORA** zulässig. Der Rechtsanwalt darf unabhängig von Fachanwaltsbezeichnungen Teilbereiche der Berufstätigkeit nur benennen, wenn er seinen Angaben entsprechende **Kenntnisse** nachweisen kann, die in der Ausbildung, durch Berufstätigkeit, Veröffentlichungen oder in sonstiger Weise erworben wurden. Wer **qualifizierende Zusätze** verwendet, muss außerdem über entsprechende theoretische Kenntnisse verfügen und auf dem genannten Gebiet in erheblichem Umfang tätig gewesen sein.[226] Nach § 7 Abs. 2 BORA sind Benennungen unzulässig, soweit sie die **Gefahr einer Verwechselung mit Fachanwaltschaften** begründen oder sonst irreführend sind. Eine derartige Verwechselung mit Fachanwaltschaften liegt nicht schon dann vor, wenn der Anwalt Spezialkenntnisse in einem Gebiet vorgibt, für das es einen Fachanwalt gibt. Sofern er beweisen kann, dass seine Fähigkeiten den an einen Fachanwalt zu stellenden Anforderungen entsprechen, werden die Interessen der Rechtsuchenden durch die Bezeichnung „Spezialist für …“ auch dann nicht beeinträchtigt, wenn diese Bezeichnung mit der eines Fachanwalts verwechselt werden kann.[227] Weitere die Werbung der Rechtsanwälte regelnde Vorschriften betreffen die **Kundgabe beruflicher Zusammenarbeit (§ 8 BORA),** sowie der Verwendung von **Kurzbezeichnungen (§ 9 BORA)** und der Gestaltung von **Briefbögen (§ 10 BORA).**

Auch die berufsrechtlichen Bestimmungen über **Mindestpreise** nach der BRAO, BRAGO und dem RVG sind Vorschriften, denen eine auf die Lauterkeit des Wettbewerbs bezogene Schutzfunktion zukommt.[228] Das Gleiche gilt für eine gem. **§ 49b Abs. 2 BRAO verbotene Vereinbarung eines Erfolgshonorars.**[229] Andere berufsrechtliche Regelungen der BRAO oder der BORA, beispielsweise das **Verbot, in einer Sache als Anwalt tätig zu werden, in der er vorher schon geschäftlich tätig war (§ 45 Abs. 1 Nr. 4 BRAO),**[230] das **Verbot der Forderungsabtretung (§ 49b Abs. 4 S. 2 BRAO),**[231] oder das **Verbot, widerstreitende Interessen zu vertreten (§ 43a Abs. 4 BRAO),** das **Verbot der unmittelbaren Kontaktaufnahme mit der Gegenpartei (§ 12 BORA)**[232] oder Beschränkungen der Art des gesellschaftsrechtlichen Zusammen- 64

[223] BGH GRUR 2002, 83 – Anwaltswerbung II; GRUR 2002, 902 (905) – Vanity-Nummer; NJW 2017, 407 Rn. 13 ff.: Aufbringung von Werbung auf Anwaltsrobe verletzt Sachlichkeitsgebot.

[224] BGH NJW 2015, 72 Rn. 14 – Anwaltliche Schockwerbung auf Kaffeetassen; das auf § 43b BRAO gestützte Verbot ist mit den Grundrechten der Meinungs- und Kunstfreiheit (Art. 5 GG) und der Freiheit der Berufsausübung (Art. 12 GG) vereinbar, BVerfG NJW 2015, 1438 – Werbetassen.

[225] OLG Frankfurt a. M. NJW 2005, 1283 f.

[226] Vgl. BGH GRUR 2012, 215 Rn. 16 – Zertifizierter Testamentsvollstrecker.

[227] BGH GRUR 2015, 286 Rn. 25 – Spezialist für Familienrecht; zu den Voraussetzungen, wenn sich ein Fachanwalt für Erbrecht zusätzlich „Spezialist für Erbrecht“ nennen möchte, BGH NJW 2017, 669; vgl. auch BGH GRUR 2019, 854 – Patentanwälte in O., wonach die Schaltung einer Anzeige unter der Rubrik „Patentanwälte in O.“ in einem Internetbranchenverzeichnis dann irreführend ist, wenn in der Kanzlei kein Patentanwalt tätig ist, sondern lediglich Fachanwälte für gewerblichen Rechtsschutz.

[228] BGH GRUR 2006, 955 Rn. 11 – Gebührenvereinbarung II.; OLG Köln GRUR-RR 2018, 356 (359).

[229] BGH GRUR 2019, 470 Rn. 29 ff. – Erfolgshonorar für Versicherungsberater; aA MüKoUWG/*Schaffert* § 3a Rn. 120.

[230] Vgl. BGH GRUR 2001, 354 – Verbandsklage gegen Vielfachabmahner.

[231] OLG Köln GRUR-RR 2006, 166 f.; Vgl. auch BGH GRUR 2003, 349 (353) – Anwaltshotline (Verstoß offengelassen); aA Köhler/Bornkamm/Feddersen/*Köhler* § 3a Rn. 1.114; MüKoUWG/*Schaffert* § 3a Rn. 120; *Bieber* WRP 2008, 725 (729).

[232] OLG Nürnberg NJW 2005, 156 (159); Köhler/Bornkamm/Feddersen/*Köhler* § 3a Rn. 1.114.

schlusses von Anwälten (§§ 59c ff. BRAO)[233] haben keinen Wettbewerbsbezug, da sie nicht das Marktverhalten regeln. Dagegen ist § 59k BRAO, der Vorschriften über die **Firma der Rechtsanwaltsgesellschaft** enthält, ausdrücklich eine auf die Lauterkeit des Wettbewerbs bezogene Schutzfunktion beigemessen worden.[234]

65 **(b) Notare.** § 29 Abs. 1 BnotO enthält ein **Verbot jeglicher berufswidriger Werbung** für Notare. Da der Notar ein **öffentliches Amt** bekleidet, wird an seine Werbung ein strengerer Maßstab angelegt als bei Rechtsanwälten. So dürfte die gezielte Werbung um Praxis nach wie vor unzulässig sein,[235] während die mit einer erlaubten sonstigen Tätigkeit des Notars verbundene Werbewirkung nicht zu beanstanden ist.[236] Die Vorschrift des § 29 Abs. 1 BNotO[237] ist ohne weiteres marktbezogen. Seine Verletzung begründet eine unlautere geschäftliche Handlung. Auch die Gebührenordnung der Notare (GNotKG) dürfte zu den marktbezogenen Preisvorschriften gehören, so dass Preisunterbietungen oder Nichterhebungen durch den Notar wettbewerbswidrig sind.[238]

66 **(c) Steuerberater.** Steuerberater üben einen freien Beruf aus und sind unabhängige Organe der Steuerrechtspflege.[239] Die Berufsausübungsregeln sind daher ähnlich wie diejenigen für Rechtsanwälte. Sie sind enthalten im **Steuerberatungsgesetz** (StBerG) sowie in der **Berufsordnung der Bundessteuerberaterkammer** (BOStB). Steuerberater unterliegen, ähnlich wie Rechtsanwälte, einem **Verbot berufswidriger Werbung.** Dieses ist niedergelegt in den §§ 43 Abs. 2, 57 Abs. 1, 72 Abs. 1 StBerG und wird konkretisiert in § 57a StBerG, der § 43b BRAO im Wesentlichen nachgebildet ist. Danach ist eine Werbung zulässig, die über die berufliche Tätigkeit sachlich unterrichtet und nicht auf die Erlangung von Mandaten im Einzelfall gerichtet ist.[240] Näheres folgt aus § 9 BOStB. Steuerberater dürfen daher auch in **Zeitungsanzeigen** sachlich über ihre Werbung informieren, ohne dass es hierfür auf die Größe der Anzeige[241] oder die Häufigkeit ihres Erscheinens ankommt.[242] Berufswidrig ist es aber, wenn in der Werbung eines Steuerberaters die Preiswürdigkeit und die fachliche Qualität der Leistung von Wettbewerbern in unlauterer Weise **pauschal herabgesetzt** werden.[243] Auch die **Teilnahme an Fachmessen** anderer Berufe mittels eines Messestandes stellt sich nicht als verbotene Erlangung von Mandaten im Einzelfall dar und ist daher im Grundsatz zulässig.[244] Nach § 9 Abs. 4 BOStB können auch Bezeichnungen als **Hinweis auf besondere Qualifikationen** verwendet werden, wenn der Steuerberater im benannten Gebiet entsprechende theoretische Kenntnisse und praktische Erfahrungen nachweisen kann. Andere als die im Gesetz geregelten Berufsbezeichnungen bleiben verboten (§§ 43, 53 StBerG).[245]

67 § 6 Nr. 1–4 StBerG enthält eng begrenzte Ausnahmen von dem in § 5 StBerG statuierten Verbot, dass andere als die in §§ 3 und 4 StBerG genannten Personen zur **Hilfeleistung in Steuersachen** nicht befugt sind. Danach dürfen Personen mit bestandener kaufmännischer Gehilfenprüfung sowie geprüfte Bilanzbuchhalter[246] geschäftsmäßig das **Kontieren**

---

233 Vgl. *Ullmann* GRUR 2003, 817 (822).
234 BGH GRUR 2004, 346 – Rechtsanwaltsgesellschaft.
235 BVerfG GRUR 1998, 71 (72 f.) – Notarwerbung.
236 Zweifelnd aber für die Domain www.notar-in-x-stadt.de BGH NJW-RR 2009, 1419.
237 Vgl. zu dieser Vorschrift etwa BGH NJW-RR 2007, 408 – Notariat und Anwaltskanzlei.
238 Vgl. LG Duisburg NJW-RR 2019, 568.
239 Vgl. BVerfG NJW 1981, 33 (34); BGH GRUR 1987, 172 (176) – Unternehmensberatungsgesellschaft I; GRUR 2001, 248 (249) – Beratungsstelle im Nahbereich.
240 Das – eingeschränkte – Werbeverbot ist verfassungsrechtlich unbedenklich, BVerfG NJW 1982, 2487 (2488); WRP 1991, 190 (191).
241 BGH GRUR 2000, 822 (823) – Steuerberateranzeige.
242 OLG Frankfurt a. M. WRP 2002, 1088.
243 BGH GRUR 2010, 349 Rn. 37 – PKW-Steuerberater.
244 BGH GRUR 1999, 748 – Steuerberaterwerbung auf Fachmessen.
245 Vgl. OLG Karlsruhe DStRE 2009, 1472; die Vorschrift des § 43 Abs. 2 S. 1 StBerG ist verfassungsrechtlich nicht zu beanstanden, BVerfG NJW 2010, 3705.
246 BGH GRUR 1987, 444 (445) – Laufende Buchführung.

von **Buchungsbelegen** und die Erledigung der **laufenden Lohnbuchhaltung** übernehmen und hierfür auch werben. Sonstige buchhalterische Aufgaben, insbesondere die Einrichtung der Buchführung, Erstellung des betrieblichen Kontenplanes und die Aufstellung des Jahresabschlusses einschließlich der vorbereitenden Abschlussbuchungen sind ihnen jedoch untersagt.[247] Nach § 8 Abs. 4 StBerG ist es zwar jetzt dem nach § 6 Nr. 4 StBerG befugten Personen erlaubt, sich als **Buchhalter** zu bezeichnen oder den Begriff **Buchhaltung** zu verwenden. Die ihnen im Rahmen der Buchhaltung erlaubten Tätigkeiten müssen jedoch in der Werbung aufgezählt werden.[248] Erlaubt sind danach lediglich die Angaben „Buchung laufender Geschäftsvorfälle", „Fertigen der Lohnsteueranmeldungen" und „laufende Lohnabrechnung", nicht jedoch „Finanzbuchführung", „Finanzbuchhaltung", „Lohnabrechnung",[249] „mobiler Buchhaltungsservice i. S. § 6 StBerG"[250] oder „Einrichtung der Buchführung". Ein Verstoß gegen die Werberegelungen für Steuerberater sowie gegen das **Verbot der unbefugten Hilfeleistung** in **Steuersachen** ist unlauter im Sinne von § 3a.[251]

e) Bürgerliches Gesetzbuch (BGB). Nur wenige Gruppen von Vorschriften des BGB werden als Marktverhaltensnormen iSv § 3a angesehen. Dies sind vor allem die Regelungen, die **Informationspflichten** betreffen. Dagegen weisen beispielsweise die Vorschriften zum Schutz des **Eigentums** (§§ 823, 1004 BGB) keinen Marktbezug auf.[252] 68

Mit der Umsetzung der EU-Verbraucherrechts-Richtlinie[253] wurden auch die §§ 312 ff. BGB neu gefasst.[254] Sie enthalten ua **erweiterte Informationspflichten** für alle **Verbraucherverträge** (§ 312a Abs. 2 BGB iVm Art. 246 EGBGB) für **außerhalb von Geschäftsräumen geschlossene Verträge** (vormals Haustürgeschäfte) und **Fernabsatzverträge** (§ 312d BGB iVm Art. 246a und b EGBGB) sowie Vorschriften ua über die **Art der Angabe** des Anbieters, auch bei Garantien, der Vertragsbestimmungen, insbes. von Kosten, Zinsen, Raten, sowie des **Widerrufsrechts (§ 312g BGB).** Sie sind somit verbraucherschützend. Sie regeln damit auch die **Gegebenheiten des Marktes** und wirken sich dort auch aus. Die Rechtsprechung sieht sie daher als Marktverhaltensregeln an.[255] Die UGP-Richtlinie steht der Anwendung des § 3a nicht entgegen, da diese Bestimmungen Informationspflichten regeln, die ihre Grundlage in der im Anhang II der UGP-Richtlinie aufgeführten Richtlinie 97/7/EG über den Verbraucherschutz bei Vertragsabschlüssen im Fernabsatz haben.[256] Sowohl der in der Rechtsprechung vor dem UWG 2004 angeführte Gesichtspunkt der Ausnutzung der Rechtsunkenntnis der Verbraucher (bei fehlender oder unzureichender Widerrufsbelehrung)[257] als auch der Aspekt, dass Wettbewerber, die die verbraucherschützenden Regelungen nicht beachten, Vorteile gegenüber ihren Mitbewerbern erlangen können,[258] stützen die Annahme, dass eine Verletzung dieser Normen unlauter ist. 69

---

[247] Vgl. BVerfG NJW 1981, 33; 1982, 1687.

[248] BGH GRUR 2015, 1019 Rn. 25 f. – Mobiler Buchhaltungsservice; GRUR 2008, 815 Rn. 17 – Buchführungsbüro.

[249] BGH GRUR 2002, 77 (79 f.) – Rechenzentrum.

[250] BGH GRUR 2015, 1019 – Mobiler Buchhaltungsservice.

[251] BGH GRUR GRUR 2015, 1019 – Mobiler Buchführungsservice; GRUR 2008, 815 Rn. 12 – Buchführungsbüro; OLG Hamm GRUR-RS 2020, 161.

[252] BGH GRUR 2006, 879 Rn. 13 – Flüssiggastank.

[253] Richtlinie 2011/83/EU v. 25.10.2011, ABl. 2011 L 380, S. 64.

[254] Gesetz zur Umsetzung der Verbraucherrichtlinie und zur Änderung des Gesetzes zur Regelung der Wohnungsvermittlung v. 20.9.2013, BGBl. I S. 3642 ff.

[255] BGH GRUR 2021, 84 Rn. 22 – Verfügbare Telefonnummer; BGH GRUR 2007, 159 Rn. 30 – Anbieterkennzeichnung im Internet; BGH GRUR 2019, 961 Rn. 14 – Werbeprospekt mit Bestellpostkarte II; KG GRUR-RR 2008, 129; GRUR-RR 2008, 131; OLG Düsseldorf WRP 2016, 739 (741); OLG Frankfurt a. M. GRUR 2014, 1011 (zu § 312c BGB); GRUR-RR 2020, 167 (zu § 479 BGB); OLG Hamburg GRUR-RR 2007, 289 f. (zu § 312d BGB); GRUR-RR 2020, 33192 (zu § 312a BGB); OLG Hamm GRUR-RR 2005, 285 f.; MMR 2013, 441; 2014, 534; GRUR-RR 2017, 277.

[256] BGH GRUR 2010, 1142 Rn. 12 – Holzhocker; jetzt Richtlinie 2011/83/EU.

[257] Vgl. zB BGH GRUR 1986, 816 (818) – Widerrufsbelehrung bei Teilzahlungskauf.

[258] Vgl. dazu zB BGH GRUR 2002, 1085 (1088) – Belehrungszusatz.

70 Ob Vorschriften betreffend die Inhaltskontrolle von **AGB (§§ 307 ff. BGB)** Marktverhaltensvorschriften iSv § 3a sind, war früher streitig.[259] Der BGH hat zunächst **§ 475 BGB,** wonach sich der Unternehmer auf eine von der gesetzlichen Gewährleistungsregelung abweichende Vereinbarung vor Mitteilung des Mangels nicht berufen kann, als Marktverhaltensregelung angesehen.[260] Die Vorschrift dient wie die ihr zugrunde liegende Verbrauchsgüterkaufrichtlinie 1999/44/EG ua der Errichtung eines hohen Verbraucherschutzniveaus und hat somit eine auf die Lauterkeit des Wettbewerbs bezogene Schutzfunktion. Da sie ihre Grundlage im Unionsrecht hat, kann sie einen Verstoß gegen Unionsrecht begründen. Nichts anderes kann für die Klauselverbote der §§ 307 ff. BGB gelten.[261] Ein Verstoß gegen sie stellt nicht nur eine geschäftliche Handlung dar. Sie ist auch regelmäßig relevant im Sinne von § 3a.[262]

71 Ebenfalls eine von § 3a erfasste Norm ist **§ 651r BGB.** Die in § 651r Abs. 4 statuierten Sicherungspflichten des Reiseveranstalters, ohne deren Erfüllung der Reiseveranstalter den Reisepreis weder fordern noch annehmen darf, dienen dem **Verbraucherschutz** und tragen **mittelbar zu gleichen Wettbewerbsbedingungen unter den Reiseveranstaltern** bei.[263] Das Gleiche gilt für die durch **Art. 250 § 3 EGBGB** aufgestellten **Informationspflichten des Reiseveranstalters** in Prospekten.[264]

72 **f) Gesetz über Einheiten im Messwesen.** Das **Gesetz über Einheiten im Messwesen** schreibt die Angabe von Größen in gesetzlichen Einheiten vor, soweit solche Einheiten in der Ausführungsverordnung zum Gesetz über Einheiten im Messwesen festgesetzt sind (§ 1 Abs. 1 S. 2). Die zusätzliche Verwendung nicht gesetzlicher Einheiten ist nach § 3 EinheitenV gestattet, wenn die Angabe der gesetzlichen Einheit hervorgehoben ist.

73 Dass dieses Gesetz keine primär wettbewerbsregelnde Funktion, sondern in erster Linie die Durchsetzung international standardisierter Maßeinheiten zum Ziel hat,[265] bedeutet nicht, dass seine Vorschriften nicht zumindest einen **sekundären Marktbezug** aufweisen können. Sie gelten ohnehin nur für Angaben im geschäftlichen Verkehr und regeln zumindest auch im Interesse der Verbraucher an einheitlichen Maßangaben das Marktverhalten der Anbieter von Waren und Leistungen. Schon nach dem alten UWG hatte daher der BGH den Fall, bei dem neben der vorgeschriebenen KW-Angabe zusätzlich die PS-Angabe verwendet wurde, die erstgenannte Angabe jedoch nicht, wie vorgeschrieben, hervorgehoben wurde, zwar als Verstoß gegen das Gesetz über Einheiten im Messwesen, nicht jedoch als Wettbewerbsverstoß angesehen, weil für diejenigen, die die KW-Angabe korrekterweise hervorhöben, kein relevanter Wettbewerbsnachteil erkennbar sei.[266]

74 **g) GmbH-Gesetz.** Die in den einschlägigen Gesetzen betreffend die Gesellschaften mit beschränkter Haftung (§ 35a GmbHG), die Aktiengesellschaften (§ 80 AktG), die offenen

---

[259] Verneinend zB OLG Hamburg GRUR-RR 2007, 287; Ohly/Sosnitza/*Ohly* § 3a Rn. 78a; bejahend KG GRUR-RR 2008, 308.

[260] GRUR 2010, 1117 Rn. 24 ff. – Gewährleistungsausschluss im Internet.

[261] So ausdrücklich BGH GRUR 2012, 949 Rn. 43 – Missbräuchliche Vertragsstrafe; OLG Düsseldorf GRUR-RR 2015, 225 (227); Köhler/Bornkamm/Feddersen/*Köhler* § 3a Rn. 1.286 ff.; Fezer/Büscher/Obergfell/*Götting/Hetmank* § 3a Rn. 159; *Woitkewitsch* GRUR-RR 2007, 257 (258 f.); zum Verhältnis der Richtlinie 93/313/EWG (Klausel-RL) und der UGP-RL vgl. Köhler/Bornkamm/Feddersen/*Köhler* § 3a Rn. 1.286 ff. einerseits und *Hennigs,* Unlauterer Wettbewerb durch Verwendung unwirksamer Vertragsklauseln, S. 206 ff., andererseits.

[262] BGH GRUR 2010, 1117 Rn. 30 – Gewährleistungsausschluss im Internet; GRUR 2018, 422 Rn. 41 – Klauselersetzung.

[263] LG München I WRP 2007, 692; LG Freiburg WRP 2011, 786 (788) zu § 651k aF; zu § 1 UWG aF schon BGH GRUR 2000, 731 (733) – Sicherungsschein: „Die Nichtbeachtung der Vorschrift des § 651k BGB hat auch insoweit einen Bezug zur Lauterkeit des Wettbewerbs, als es den guten kaufmännischen Sitten widerspricht, durch Verstoß gegen Vorschriften, die zum Schutz der typischerweise schwächeren Vertragspartei erlassen worden sind, Vorteile im Wettbewerb anzustreben."

[264] LG München I WRP 2006, 911 (913) (zu § 4 BGB-InfoV a. F., der Art. 250 § 3 EGBGB entspricht).

[265] Vgl. *Jung* GRUR 1994, 178 (180).

[266] BGH GRUR 1994, 220 (222) – PS-Werbung II.

Handelsgesellschaften (§ 125a HGB) und Kaufleute (§ 37a HGB) enthaltenen **Informationspflichten** stellen Marktverhaltensregelungen im Interesse der Marktteilnehmer dar.[267] Ein Verstoß gegen sie kann zwar unlauter sein. Häufig wird eine Unlauterkeit jedoch daran scheitern, dass eine Eignung zur spürbaren Beeinträchtigung der Interessen von Marktteilnehmern zu verneinen ist (Bagatellklausel).[268]

h) Geräte- und Produktsicherheit (ProdSG). Das Gesetz über die Bereitstellung von Produkten auf dem Markt (Produktsicherheitsgesetz – ProdSG)[269] enthält eine Vielzahl von Anforderungen an das Inverkehrbringen und Ausstellen von Produkten, insbesondere Verbraucherprodukten (vgl. § 2 Nr. 26 ProdSG). **75**

Nach §§ 3, 4 ProdSG dürfen Produkte nur in Verkehr gebracht werden, wenn sie den in den Rechtsverordnungen nach diesem Gesetz enthaltenen sicherheitstechnischen Anforderungen und sonstigen Voraussetzungen für ihr Inverkehrbringen entsprechen und Sicherheit und Gesundheit oder sonstige in den Rechtsverordnungen aufgeführte Rechtsgüter der Benutzer oder Dritter bei bestimmungsgemäßer oder vorhersehbarer Verwendung nicht gefährdet werden. Soweit in den nach dem ProdSG erlassenen Rechtsverordnungen keine Anforderungen enthalten sind, müssen die **allgemein anerkannten Regeln der Technik** sowie die **Arbeitsschutz- und Unfallverhütungsvorschriften** beachtet werden, so dass die genannten Gefahren ebenfalls nicht eintreten. Zu diesen anerkannten Regeln der Technik gehören auch **DIN-Normen.**[270] Produkte, die nicht den Voraussetzungen des §§ 3, 4 Abs. 1 und 2 entsprechen, dürfen gemäß § 3 Abs. 5 ProdSG nur ausgestellt werden, wenn ein sichtbares Schild deutlich darauf hinweist, dass das betreffende Produkt diese Voraussetzungen nicht erfüllt und erst erworben werden kann, wenn die entsprechende Übereinstimmung hergestellt ist. **76**

Die genannten Vorschriften des ProdSG regeln im Interesse der Marktteilnehmer, jedenfalls der Abnehmer von technischen Arbeitsmitteln und Verbraucherprodukten, das Marktverhalten ihrer Anbieter.[271] Sie haben daher zumindest eine sekundäre **marktbezogene Schutzfunktion.** Das Inverkehrbringen von technischen Produkten, die nicht die gebotene Sicherheit aufweisen, ist vergleichbar mit der Vermarktung gesundheitsschädlicher Lebensmittel, Kosmetika oder Arzneimittel.[272] Ein Verstoß gegen diese Vorschriften ist unlauter iSv § 3a.[273] Zwar wirkt sich das Anbieten nicht sicherer Produkte im Sinne von § 3 ProdSG erst ab einer späteren Ebene des Gebrauchs aus. Die Entscheidungsfreiheit des Verbrauchers wird aber bereits beim Kauf von unsicheren Verbraucherprodukten beeinträchtigt, da Gefahren, die nach der Konzeption des ProdSG durch Eigenprüfung des Herstellers abgewendet werden müssen, in den Risikobereich des Verbrauchers verlagert werden.[274] Daher sind Marktverhaltensvorschriften im Sinne von § 3a auch die Informationspflichten nach § 6 ProdSG.[275] Denn diese dienen dem Schutz der Verbraucher, die davor bewahrt werden sollen, mit unsicheren Produkten in Berührung zu kommen. Ebenfalls Marktverhaltensvorschriften sind die Kennzeichnungsvorschriften nach § 9 **ElektroG,** wobei die in § 9 Abs. 1 (früher § 7 S. 1) ElektroG geregelte Verpflichtung, Elektro- und Elektronikgeräte dauerhaft so zu kennzeichnen, dass der Hersteller eindeutig zu **77**

[267] Köhler/Bornkamm/Feddersen/*Köhler* § 3a Rn. 1.304.

[268] Köhler/Bornkamm/Feddersen/*Köhler* § 3a Rn. 1.304; bei einem Verstoß gegen die vergleichbare Vorschrift des § 15a GewO hat das Brandenburgische OLG entschieden (GRUR-RR 2008, 136), dass die Bagatellschwelle nicht überschritten sei.

[269] Vom 8.11.2011, BGBl. I S. 2179.

[270] Vgl. → Rn. 30.

[271] Vom 8.11.2011, BGBl. I S. 2179.
Vgl. → Rn. 30.
Vgl. BGH GRUR 2010, 1122 Rn. 12 – Gas-Heizkessel; OLG Hamburg BeckRS 2010, 03988.

[272] Vgl. dazu → Rn. 90, 84 und 49.

[273] OLG Düsseldorf BeckRS 2016, 06557; OLG Frankfurt a. M. WRP 2015, 996 (997); MüKoUWG/*Schaffert* § 4 Nr. 11 Rn. 204; Ohly/Sosnitza/*Ohly* § 3a Rn. 62; *Günes* WRP 2008, 731 (738 f.).

[274] *Günes* WRP 2008, 731 (739).

[275] OLG Köln WRP 2015, 616; OLG Frankfurt a. M. GRUR-RS 2020, 16134 Rn. 11.

identifizieren ist und festgestellt werden kann, dass das Gerät nach dem 13.8.2005 erstmals in Verkehr gebracht worden ist, die **Mitbewerber** vor einer Belastung mit höheren Entsorgungskosten infolge nicht gekennzeichneter Elektrogeräte schützt.[276] Das in § 4 Abs. 1 **BattG** enthaltene Verbot des Vertriebs von Batterien ohne vorausgegangene Anzeige gegenüber dem Umweltbundesamt soll verhindern, dass sich einzelne Hersteller von Batterien die mit deren Rücknahme und Verwertung verbundenen Kosten zu Lasten anderer Hersteller sparen. Es handelt sich damit ebenfalls um eine Marktverhaltensregelung zugunsten der Mitbewerber.[277] Auch das Verbot in § 6 Abs. 2 ElektroG, Elektrogeräte ohne Registrierung in Verkehr zu bringen, ist eine Marktverhaltensnorm nach § 3a.[278] Sie dient auch dem Verbraucherschutz, ebenso wie die Verpflichtung in § 17 Abs. 1 Nr. 2 ElektroG zur Rücknahme von Altgeräten im Handel[279] und ähnlich wie die Stoffverbote etwa in § 4 Abs. 1 iVm § 3 Abs. 1 Nr. 1 **ElektroStoffVO.**[280] Ähnliches gilt für § 10 des Gesetzes über die Bereitstellung von Funkanlagen auf dem Markt (**Funkanlagengesetz, (FuAG).**[281] Die unter dieses Gesetz fallenden Geräte dürfen nur dann in den Verkehr gebracht werden, wenn sie die gesetzlichen Grundanforderungen erfüllen, ein Konformitätsbewertungsverfahren durchgeführt wurde und die Geräte mit dem CE-Kennzeichen versehen sind.[282]

78 **i) Gewerbeordnung (GewO).** Die GewO enthält eine Vielzahl unterschiedlicher Rechtspflichten und Verbote. Dazu gehören **formelle Anzeigepflichten,**[283] **materielle Erlaubnispflichten**[284] und allgemeine **Verbote.**[285] Bei den formalen Anzeigepflichten ist angesichts ihres Zwecks eine gewerbepolizeiliche Überwachung zu ermöglichen[286] ein marktbezogener Schutzzweck nicht erkennbar. Eine Unlauterkeit iSv § 3a scheidet daher in der Regel aus.[287] Dagegen können Vorschriften, die Erlaubnispflichten statuieren und für die Erlaubniserteilung bestimmte Voraussetzungen in der Person des Gewerbetreibenden vorsehen oder bestimmte Formen der Ausübung des erlaubnispflichtigen Gewerbes verbieten, eine wettbewerbliche Schutzfunktion aufweisen.[288]

79 **j) Handwerksordnung.** Die Handwerksordnung erfuhr mit der kleinen[289] und großen **Handwerksnovelle**[290] zum 1.1.2004 grundlegende Änderungen. Der Meisterzwang wur-

[276] BGH GRUR 2015, 1021 Rn. 15 – Kopfhörerkennzeichnung; GRUR 2017, 409 Rn. 24 – Motivkontaktlinsen; GRUR-RR 2017, 500 Rn. 17 – Herstellerangaben auf Kopfhörer; OLG Celle GRUR-RR 2014, 152, jeweils zu § 7 ElektroG a.F: aA OLG Köln WRP 2015, 616: § 7 ElektroG aF keine Marktverhaltensregelung.

[277] BGH GRUR 2020, 303 Rn. 27 ff. – Pflichten des Batterieherstellers.

[278] OLG Hamm NJOZ 2015, 933.

[279] LG Ingolstadt GRUR-RS 2020, 12849 Rn. 33 f.; vgl. auch OLG Düsseldorf 3.9.2020/15 U-78/19 zu § 17 Abs. 2 ElektroG (Vertrieb von Elektrogeräten im Fernabsatz).

[280] BGH GRUR 2017, 203 Rn. 12 – Quecksilberhaltige Leuchtstofflampen.

[281] Vom 27.6.2017 BGBl. I S. 1947; es ersetzt das bisherige FTEG.

[282] Vgl. zu dem früheren Fernmeldeanlagengesetz BGH GRUR 1990, 1018 – Fernmeldeanlagen; KG GRUR 1991, 690; OLG Hamm GRUR 1991, 688; zu § 11 Abs. 3 FTEG(alt) LG Essen BeckRS 2016, 11602.

[283] ZB § 14 GewO, vgl. BGH GRUR 1963, 578 – Sammelbesteller.

[284] Vgl. zB § 34c Abs. 1 Nr. 2b GewO, BGH GRUR 1976, 635 – Sonderberater in Bausachen.

[285] ZB § 147a oder der aufgehobene § 105b GewO, dazu BGH GRUR 1988, 310 – Sonntagsvertrieb.

[286] Vgl. BGH GRUR 1963, 578 (583) – Sammelbesteller.

[287] Köhler/Bornkamm/Feddersen/*Köhler* § 3a Rn. 1.147; in dem BGH-Fall *Sammelbesteller* (GRUR 1963, 578 (583)) ging es nicht um die Wettbewerbswidrigkeit des Verstoßes gegen § 14 GewO als solchen.

[288] BGH GRUR 2014, 794 Rn. 16 – Gebundener Versicherungsvermittler; GRUR 2014, 88 Rn. 14 – Vermittlung von Netto-Policen; GRUR 2013, 1250 Rn. 9 – Krankenzusatzversicherungen (zu § 34d GewO); GRUR 2009, 886 Rn. 17 – Die clevere Alternative (zu § 34 Abs. 4 GewO); OLG Düsseldorf WRP 2006, 1155 (zur Aufstellung von Spielgeräten ohne die nach § 33c GewO erforderliche Erlaubnis); zu § 1 UWG aF BGH GRUR 1976, 635 – Sonderberater in Bausachen.

[289] Gesetz zur Änderung der Handwerksordnung und zur Förderung von Kleinunternehmen vom 24.12.2003, BGBl. I S. 2933.

[290] Drittes Gesetz zur Änderung der Handwerksordnung und anderer handwerksrechtlicher Vorschriften vom 24.12.2003, BGBl. I S. 2934.

de für 53 Handwerke abgeschafft. 41 Gewerbe unterliegen als zulassungspflichtige Handwerke weiterhin dem Meisterzwang (Anlage A zur Handwerksordnung). Es handelt sich dabei um Handwerke, die besonders gefahrengeneigt sind (wie etwa diejenigen der Maurer, Gerüstbauer oder Büchsenmacher). Mit der Änderung der Handwerksordnung einher ging eine Änderung des Regelungszwecks. Dieser richtete sich ursprünglich auf das Interesse an der Erhaltung und Förderung eines gesunden, leistungsfähigen Handwerksstandes.[291] Nunmehr liegt der **Zweck des Meisterzwangs** darin, **Gefahren für die Gesundheit oder das Leben Dritter abzuwehren.**[292]

Ob der Meisterzwang den die Lauterkeit des Marktverhaltens nicht berührenden Marktzutritt regelt,[293] muss nicht mehr bedacht werden, wenn der Marktzutritt aus Gründen des Gesundheitsschutzes beschränkt wird. Ähnlich wie bei Verstößen gegen andere Vorschriften, die die Berufsausübung von einer nach entsprechendem Qualifikationsnachweis zu erteilenden Zulassung abhängig machen, wie zB die Rechtsberatung,[294] fällt dann das **Betreiben eines zulassungspflichtigen Handwerks ohne die erforderliche Qualifikation** und damit ohne die Eintragung in der Handwerksrolle **mit dem Marktverhalten zusammen.** Derartige Verstöße sind unlauter iSv § 3a.[295] Die UGP-RL steht dem Anwendungsbereich dieser Vorschrift auf die genannten Verbote nicht entgegen, da es sich bei Bestimmungen, die einen Sicherheits- und bei Gesundheitshandwerken iSd § 1 Abs. 2 HwO einen Gesundheitsbezug aufweisen, um ausgenommene Vorschriften gemäß Art. 3 Abs. 3 und 8 der Richtlinie handelt.[296] 80

k) Heilmittelwerbegesetz (HWG). Das Heilmittelwerbegesetz (HWG) regelt die Werbung für Arzneimittel und Medizinprodukte. Es existiert bereits seit 1965[297] und wurde im Laufe der Jahre nach und nach der europäischen Richtlinie 92/28/EWG über die Werbung für Arzneimittel und den sie ersetzenden **Gemeinschaftskodex**[298] angepasst. Das HWG enthält sowohl **Werbeverbote** als auch **Werbebeschränkungen** (§§ 3a, 4a, 5, 6, 7, 9–12), darüber hinaus ein spezifisches **Irreführungsverbot** (§ 3) sowie eine eigenständige Regelung über **Pflichtangaben** bei der Werbung für Arzneimittel (§ 4). Außer für Arzneimittel und Medizinprodukte gilt das HWG auch für andere Mittel, nämlich **kosmetische Mittel** iSv § 2 Abs. 5 LFGB, **Verfahren, Behandlungen** und **Gegenstände,** soweit sich die **Werbeaussage** auf die Erkennung, Beseitigung oder Linderung von Krankheiten, Leiden, Körperschäden oder krankhafte Beschwerden beim Mensch oder Tier bezieht sowie auf **operative plastisch-chirurgische** Eingriffe, soweit sich die Werbeaussage auf die Veränderung des menschlichen Körpers ohne medizinische Notwendigkeit bezieht. **Nicht in den Anwendungsbereich** des HWG fällt die sogenannte **Unternehmens- und Imagewerbung** von pharmazeutischen Unternehmen, solange diese sich nicht auch als Werbung für einzelne, erkennbare Arzneimittel darstellt.[299] Dagegen werden nach überwiegender Auffassung **Pflichtangaben nach dem AMG,** also diejenigen An- 81

---

[291] Vgl. BVerfGE 17, 97 (103).

[292] Vgl. BT-Drs. 15/1206, 22 (Begründung zum Gesetzentwurf der Koalitionsfraktionen); die Forderung des Bundesrates, weitere Regelungsziele für den Meisterzwang festzuschreiben (BT-Drs. 15/1481, 8), hat die Bundesregierung in ihrer Stellungnahme dazu zurückgewiesen (BT-Drs. 15/15481, 14 f.).

[293] Vgl. *Ullmann* GRUR 2003, 817 (824).

[294] Vgl. → Rn. 107 ff.

[295] BGH GRUR 2013, 1056 Rn. 15 – Meisterpräsenz; GRUR 2017, 194 Rn. 19 – Orthopädietechniker; OLG Frankfurt a. M. GRUR 2005, 695; OLG Karlsruhe BeckRS 2014, 14572.

[296] BGH GRUR 2017, 194 Rn. 19 – Orthopädietechniker.

[297] Zur Entstehungsgeschichte vgl. im Einzelnen *Doepner/Reese,* HWG, 3. Auflage 2018, Einl. Rn. 1 ff.

[298] Richtlinie 2001/83/EG zur Schaffung eines Gemeinschaftskodex für Humanarzneimittel, ABl. 2001 L 311, S. 67.

[299] Vgl. BGH GRUR 2009, 1082 Rn. 15 – Degu Smiles & more; GRUR 2017, 635 Rn. 30 – Freunde werben Freunde; GRUR 2019, 203 Rn. 16 – Versandapotheke; GRUR 1992, 873 – Pharma-Werbespot; GRUR 1995, 223 – Pharma-Hörfunkwerbung; eine erkennbare Bezugnahme auf ein bestimmtes Arzneimittel kann allerdings auch dann vorliegen, wenn in einer Imagewerbung das mit dem Namen des Unternehmens identische Arzneimittel genannt wird, BGH GRUR 1997, 761 (765) – Politikerschelte.

gaben, die auf Behältnissen, äußeren Umhüllungen und den Packungsbeilagen nach §§ 10 ff. AMG anzubringen sind, als vom HWG erfasst angesehen.[300]

81a Die Vorschriften des HWG verfolgen den Zweck, die **Gesundheit** des einzelnen **Verbrauchers** und die **Gesundheitsinteressen der Allgemeinheit** zu schützen. Außerdem dient das HWG dem **Schutz vor wirtschaftlicher Übervorteilung** der Abnehmer von Heilmitteln, also nicht nur der Verbraucher, sondern auch der gewerblichen Abnehmer bzw. Wiederverkäufer.[301] Das HWG regelt das Marktverhalten, nämlich insbesondere in Bezug auf die Werbung, auf dem Markt für Arznei- und andere Heilmittel im Interesse der Verbraucher und ihrer Gesundheit.[302] Die Rechtsprechung bejaht daher ebenfalls eine Marktbezogenheit der die Werbung für Arzneimittel regelnden Vorschriften.[303] Auch die UGP-Richtlinie steht einer Sanktionierung über § 3a nicht entgegen; denn nach Artikel 3 Abs. 3 und Erwägungsgrund 9 lässt diese Richtlinie die Rechtsvorschriften der Union und der Mitgliedstaaten in Bezug auf Gesundheits- und Sicherheitsaspekte von Produkten unberührt.[304] Da die Judikatur noch weitaus größer als zum AMG ist, sollen nachfolgend nur die wichtigsten Themengebiete erwähnt werden; im Übrigen wird auf die Kommentierungen zum HWG[305] verwiesen.

81b Bejaht wird ein Wettbewerbsverstoß bei einem **Verstoß gegen das Verbot der irreführenden Arzneimittelwerbung (§ 3 HWG).**[306] Eine Irreführung iSv § 3 HWG liegt insbesondere dann vor, wenn Arzneimitteln, Verfahren, Behandlungen, Gegenständen oder anderen Mitteln eine therapeutische Wirksamkeit oder Wirkungen beigelegt werden, die sie nicht haben (Nr. 1). Ein Verstoß gegen diese Vorschrift liegt auch vor, wenn die Wirkungen wissenschaftlich nicht hinreichend gesichert sind.[307] Die Irreführung kann sich auf den **Umfang der Indikationen,**[308] oder die **Wirkungsweise** beziehen.[309] § 3 S. 2 Nr. 2a HWG verbietet irreführende **Erfolgsversprechen,** nämlich dass der Eindruck erweckt wird, dass ein Erfolg mit Sicherheit erwartet werden kann. Erfasst werden sowohl **ausdrückliche Garantieversprechen**[310] als auch **indirekte Garantieversprechen,** vor allem in Form einer **Geld-zurück-Garantie.**[311] Weiterhin ist es irreführend, wenn der Eindruck erweckt wird, dass bei bestimmungsgemäßem oder längerem Gebrauch **keine schädlichen Wirkungen** eintreten (§ 3 S. 2 Nr. 2b HWG). Nach § 3a HWG ist die

---

[300] *Doepner*/Reese HWG § 1 Rn. 99; Bülow/Ring/Artz/*Brixius,* HWG, 4. Auflage 2012, § 1 Rn. 4; aA Gröning/Mand/Reinhart/*Gröning* HWG § 4 Rn. 21 ff.; vgl. auch BGH GRUR 1998, 959 – nurotrat forte, der Packungsbeilagen mit ausschließlich vorgeschriebenen Pflichtangaben nicht als den heilmittelrechtlichen Werbeverboten angesehen hat, und nunmehr BGH GRUR 2015, 1244 Rn. 13 – Äquipotenzangabe – in Fachinformation, wonach irreführende Angaben in einer Fachinformation dem heilmittelwerberechtlichen Irreführungsverbot unterfallen.

[301] Vgl. Doepner/*Reese* Einl. Rn. 146 f. mwN; aA *Gröning* § 3 Rn. 8: nur die Gesundheit ist Schutzobjekt des HWG.

[302] Vgl. Doepner/*Reese* Einl. Rn. 153 ff.

[303] ZB BGH GRUR 2009, 1082 Rn. 21 – Degu Smiles & more; GRUR 2017, 635 Rn. 27 – Freunde werben Freunde.

[304] Vgl. zB BGH GRUR 2014, 94 Rn. 10 – Pflichtangaben im Internet.

[305] *Doepner/Reese* HWG; *Gröning* HWG; *Bülow/Ring/Artz/Brixius* HWG; *Kleist/Hess/Hoffmann* HWG.

[306] BGH GRUR 2021, 513 Rn. 7 – Sinupret; GRUR 2015, 1244 Rn. 13 – Äquipotenzangabe in Fachinformation; GRUR 2013, 649 Rn. 15 – Basisinsulin mit Gewichtsvorteil; OLG Frankfurt a. M. GRUR-RR 2020, 459 Rn. 18; MD 2006, 1179; OLG Hamburg GRUR-RR 2014, 95; OLG Hamm GRUR-RR 2014, 412; OLG Karlsruhe GRUR-RR 2006, 241; OLG Koblenz GRUR-RR 2006, 141; OLG Köln GRUR-RR 2009, 189; OLG Oldenburg GRUR-RR 2006, 243 f.; zu § 1 UWG aF zB BGH GRUR 1983, 333 (334) – Grippewerbung II; GRUR 1987, 839 (840) – Professorentitel in der Arzneimittelwerbung.

[307] BGH GRUR 2015, 1244 Rn. 13 – Äquipotenzangabe in Fachinformation; GRUR 2013, 649 Rn. 16 – Basisinsulin mit Gewichtsvorteil; OLG Köln MD 1998, 829 (830); OLG Hamburg PharmR 2007, 204.

[308] Beispiele bei *Doepner/Reese* HWG § 3 Rn. 283 ff., OLG Koblenz GRUR-RR 2015, 264.

[309] ZB KG MD 1991, 309; OLG Düsseldorf MD 2003, 914 (918); OLG Frankfurt a. M. MD 2005, 1054; 2006, 1179; OLG Hamburg PharmR 1994, 401 (403); OLG Karlsruhe MD 2005, 222 (226); OLG Köln GRUR 2000, 154; MD 2006, 905; OLG Oldenburg MD 2005, 1401.

[310] Beispiele bei *Doepner/Reese* HWG § 3 Rn. 314.

[311] ZB BGH GRUR 1972, 663 (664) – Vibrationsmassagekissen; OLG Hamburg WRP 1966, 37; GRUR-RR 2014, 95.

Werbung für ein zulassungspflichtiges, jedoch **nicht zugelassenes** oder als zugelassen geltendes **Arzneimittel unzulässig.** Die Norm wird herangezogen, wenn gegen die Werbung für Produkte vorgegangen wird, die zwar als Lebensmittel oder Kosmetika beworben werden, jedoch tatsächlich Arzneimittel sind.[312] Weiterhin verboten ist nach § 3a Abs. 2 S. 2 HWG eine Werbung für – zugelassene – Arzneimittel, sofern sich die Werbung auf nicht zugelassene Anwendungsgebiete bezieht.[313]

Fehlende oder nicht ausreichenden Pflichtangaben nach § 4 HWG begründen ebenfalls Unlauterkeit nach § 3a.[314] ebenso Verstöße gegen bestimmte, im HWG verbotene oder eingeschränkte Werbeformen. Dazu gehört etwa **Werbung in der Packungsbeilage (§ 4a HWG).** Nach dieser Vorschrift ist nicht nur die Werbung für andere als das in der Packungsbeilage beschriebene Arzneimittel, sondern jegliche Angaben für Arzneimittel verboten, die über die nach § 11 AMG vorgeschriebenen bzw. dort zugelassenen erläuternden Angaben hinausgehen.[315] Die Vorschrift verbietet nicht die Werbung für – andere – Arzneimittel auf anderen Werbeträgern als der Packungsbeilage, auch wenn sie sich in der Packung befindet.[316] 81c

Zu den Marktverhaltensvorschriften gehört weiter **§ 6 HWG,** der die **Werbung mit Gutachten und Fachveröffentlichungen)** beschränkt.[317] Gegenstand vieler Entscheidungen zum Rechtsbruch ist das Verbot der **Gewährung von Zuwendungen entgegen § 7 HWG.**[318] Die Regelung soll der abstrakten Gefahr begegnen, dass Verbraucher bei der Entscheidung, ob und welche Heilmittel sie in Anspruch nehmen, durch die Aussicht auf Werbegaben unsachlich beeinflusst werden.[319] Danach sind Zuwendungen und sonstige Werbegaben grundsätzlich unzulässig, sofern sie kostenlos sind.[320] Es dürfen nur **Gegenstände von geringem Wert,** die durch eine dauerhafte und deutlich sichtbare Bezeichnung des Werbenden oder des beworbenen Produktes oder beider gekennzeichnet sind, oder **geringwertige Kleinigkeiten** abgegeben werden.[321] Dieses Verbot gilt sowohl für 81d

[312] Vgl. zB BGH GRUR 2000, 528 – L-Carnitin; GRUR 2002, 910 – Muskelaufbaupräparate; GRUR 2003, 631 – L-Glutamin; GRUR 2006, 513 – Arzneimittelwerbung im Internet; GRUR 2015, 811 – Mundspülung II; KG GRUR 2005, 170 (171).

[313] Vgl. BGH GRUR 2008, 1014 Rn. 34 – Amlodipin; GRUR 2006, 513 (517) – Arzneimittelwerbung im Internet; OLG Hamburg MD 2005, 810; OLG Köln PharmR 1996, 212; OLG Koblenz GRUR-RR 2015, 264; OLG Köln MD 1998, 1282 (1288 f.); OLG Schleswig MD 2012, 332; GRUR-RR 2014, 347; OLG Stuttgart PharmR 1998, 290 (292 f.).

[314] BGH GRUR 2014, 94 Rn. 9 – Pflichtangaben im Internet; OLG Köln GRUR-RR 2006, 116 f.; 2008, 446; OLG Naumburg GRUR-RR 2007, 113; zu § 1 UWG aF BGH GRUR 1997, 761 – Politikerschelte; zur früheren Fassung von § 4 BGH GRUR 1991, 859 (860) – Leserichtung für Pflichtangaben; GRUR 1987, 301 (302) – 6-Punkte-Schrift; GRUR 1988, 68 (69 f.) – Lesbarkeit I; GRUR 1988, 70 (71) – Lesbarkeit II; GRUR 1988, 71 (72 f.) – Lesbarkeit III; WRP 1989, 482 – Lesbarkeit IV, jeweils zur Ausgestaltung der Pflichtangaben; GRUR 2001, 176 – Myalgien.

[315] *Bülow/Ring/Artz/Brixius* HWG § 4a Rn. 7; *Gröning/Mand/Reinhart* HWG § 1 Rn. 54 und HWG § 4a Rn. 1; aA *Doepner*/Reese HWG § 4a Rn. 21.

[316] OLG Hamburg MD 2000, 876 (877); *Doepner*/Reese HWG Rn. 19 f.; aA OLG Schleswig PharmR 2000, 324 (326).

[317] Vgl. BGH GRUR 2010, 1125 Rn. 58 – Femur-Teil.

[318] ZB BGH GRUR 2015, 504 – Kostenlose Zweitbrille; GRUR 2014, 689 – Testen Sie Ihr Fachwissen; GRUR 2009, 1082 (1085) – DeGu Smiles & more; GRUR 2010, 1136 Rn. 24 f. – UNSER DANKESCHÖN FÜR SIE; GRUR 2010, 1133 Rn. 21 ff. – Bonuspunkte; OLG Celle GRUR-RR 2014, 263; OLG Düsseldorf GRUR-RR 2007, 117 f.; OLG Frankfurt a. M. GRUR-RR 2005, 393 f.; OLG Hamburg GRUR-RR 2013, 482 (Leitsatz); KG WRP 2012, 1567; OLG Köln MD 2007, 290; OLG Naumburg GRUR-RR 2006, 336 (337); OLG Stuttgart GRUR-RR 2005, 64 und GRUR-RR 2005, 235; zu § 1 UWG aF BGH GRUR 1990, 1041 (1042) – Fortbildungs-Kassetten; vgl. auch BGH GRUR 2003, 624 – Kleidersack).

[319] Vgl. BGH GRUR 2019, 203 Rn. 16 – Versandapotheke; GRUR 2019, 1071 Rn. 12 – Brötchen-Gutschein; GRUR 2017, 635 Rn. 27 – Freunde werben Freunde; GRUR 2017, 641 Rn. 34 – Zuzahlungsverzicht bei Hilfsmitteln.

[320] Vgl. BGH GRUR 2015, 504 – Kostenlose Zweitbrille; GRUR 2015, 813 – Fahrdienst zur Augenklinik; GRUR 1990, 1041 (1042) – Fortbildungs-Kassetten; GRUR 2003, 624 (625) – Kleidersack (Verstoß gegen § 7 HWG verneint).

[321] Zur Weitergeltung des § 7 nach Aufhebung der Zugabeverordnung zB OLG Frankfurt a. M. MD 2005, 923.

Laien als auch für Fachkreise, wobei § 7 Abs. 1 S. 2 HWG Werbegaben für Angehörige der Heilberufe darüber hinaus nur dann als zulässig ansieht, wenn sie zur Verwendung in der ärztlichen, tierärztlichen oder pharmazeutischen Praxis bestimmt sind. Ein 300g schwerer Hammer ist regelmäßig nicht dazu bestimmt, bei der ärztlichen Behandlung von Patienten eingesetzt zu werden.[322] Zuwendungen und Werbegaben bleiben aber unzulässig, soweit sie entgegen den **Arzneimittel-Preisvorschriften** gewährt werden.[323] Außerdem sind Zuwendungen oder Werbegaben in Form von **handelsüblichem Zubehör** oder **handelsüblichen Nebenleistungen** zulässig. Als handelsüblich gilt insbesondere eine im Hinblick auf den Wert der Ware oder Leistung angemessene teilweise oder vollständige Erstattung oder Übernahme von Fahrtkosten für Verkehrsmittel des öffentlichen Personennahverkehrs, die im Zusammenhang mit dem Besuch des Geschäftslokals oder des Orts der Erbringung der Leistung aufgewendet werden (§ 7 Abs. 1 Nr. 3 HWG). Der Fahrdienst einer Klinik, der die Abholung eines Patienten an einem Sammelpunkt in einer 37 km entfernten Stadt und den Rücktransport des Patienten nach Hause über eine ggf. noch längere Wegstrecke umfasst, stellt keine handelsübliche Nebenleistung dar.[324] Schließlich sind auch **Auskünfte, Ratschläge** (§ 7 Abs. 1 S. 1 Nr. 4 HWG) oder **Kundenzeitschriften** (§ 7 Abs. 1 S. 1 Nr. 5 HWG) zulässig.

81e Marktverhaltensvorschrift iSv § 3a ist auch das Verbot der **Werbung für Fernbehandlung (§ 9 HWG)**[325] sowie für **verschreibungspflichtige Arzneimittel** bzw. Arzneimittel gegen **Schlaflosigkeit** oder **psychische Störungen gegenüber dem Laienpublikum (§ 10 HWG).**[326] Arzneimittel, die die Stimmungslage beeinflussen sollen, müssen ebenfalls Psychopharmaka im pharmakologischen Sinne sein oder durch die Werbung dazu bestimmt sein, wenn das Werbeverbot des § 10 Abs. 2 Alt. 3 HWG eingreifen soll.[327] Ebenfalls auf die Werbung außerhalb der Fachkreise beschränkt sind die Verbote der Werbung mit **fachlichen Empfehlungen und Prüfungen** (§ 11 Abs. 1 Nr. 2 HWG),[328] die **Werbung mit Krankengeschichten,** wenn diese in missbräuchlicher, abstoßender oder irreführender Weise erfolgt oder durch eine ausführliche Beschreibung oder Darstellung zu einer falschen Selbstdiagnose verleiten kann (§ 11 Abs. 1 Nr. 3 HWG),[329] die **Werbung mit** der **bildlichen Darstellung von körperlichen Veränderungen** oder mit der **bildlichen Darstellung des Wirkungsvorganges,** sofern dies in missbräuchlicher, abstoßender oder irreführender Weise erfolgt (§ 11 Abs. 1 Nr. 5 HWG),[330] mit Werbeaussagen, die nahelegen, dass die Gesundheit durch die Nichtverwendung des Arzneimittels beeinträchtigt oder durch die Verwendung verbessert werden könnte (**Angstwerbung,** § 11 Abs. 1 Nr. 7 HWG),[331] durch **Werbevorträge,** mit denen

[322] OLG Hamburg GRUR-RR 2015, 28.
[323] BGH GRUR 2019, 203 Rn. 28 – Versandapotheke; GRUR 2019, 1071 Rn. 9 ff. – Brötchen-Gutschein.
zur Begründung dieser 2013 eingeführten Verschärfung OLG Düsseldorf GRUR-RR 2015, 31.
[324] BGH GRUR 2015, 813 Rn. 21 – Fahrdienst zur Augenklinik.
[325] OLG Hamburg GRUR-RR 2020, 37127 Rn. 34; OLG München GRUR-RR 2020, 461 Rn. 50.
[326] BGH GRUR 2009, 984 – Festbetragsfestsetzung; OLG Frankfurt a. M. GRUR-RR 2013, 76 f.; zu § 1 UWG aF BGH GRUR 1983, 393 (394) – Novodigal/Temagin; GRUR 1979, 646 (647) – Klosterfrau Melissengeist.
[327] BGH WRP 2000, 502 (504 ff.) – Johanniskraut-Präparat; aA OLG Hamburg MD 1997, 990.
[328] Vgl. BGH GRUR 1991, 701 (702 f.) – Fachliche Empfehlung I; GRUR 1991, 929 (930) – Fachliche Empfehlung II; GRUR 1998, 498 (499) – Fachliche Empfehlung III; GRUR 2012, 1058 – Euminz; da die Richtlinie 2001/83/EG nur die Empfehlung von Arzneimitteln durch bestimmte Personengruppen verbietet, wurde § 11 Abs. 1 Nr. 2 HWG dahingehend angepasst, dass nur noch Angaben oder Darstellungen verboten sind, die sich auf eine Empfehlung von Wissenschaftlern, von den im Gesundheitswesen tätigen Personen oder anderen Personen, die aufgrund ihrer Bekanntheit zum Arzneimittelverbrauch anregen können, beziehen,; OLG Frankfurt a. M. GRUR-RR 2014, 410; OLG Karlsruhe WRP 2015, 893; das Verbot gilt nicht bei der Werbung für Medizinprodukte, BGH GRUR 2018, 627 (628) – Gefäßgerüst.
[329] ZB BGH GRUR 1981, 435 – 56 Pfund abgenommen.
[330] Vgl. zB OLG Düsseldorf GRUR 1989, 137.
[331] Vgl. zB BGH GRUR 1986, 902 – Angstwerbung; OLG Hamburg MD 1998, 1246 (1247).

ein Feilbieten oder eine Entgegennahme von Anschriften verbunden ist (§ 11 Abs. 1 Nr. 8 HWG),[332] mit **Veröffentlichungen,** deren **Werbezweck missverständlich** oder **nicht deutlich erkennbar** ist (§ 11 Abs. 1 Nr. 9 HWG). Mit **Äußerungen Dritter,** insbesondere **Dank-, Anerkennungs- oder Empfehlungsschreiben** oder mit Hinweisen auf solche Äußerungen, wenn diese in missbräuchlicher, abstoßender oder irreführender Weise erfolgen, darf außerhalb der Fachkreise ebenfalls nicht geworben werden (§ 11 Abs. 1 Nr. 11 HWG). Dieses Verbot hat neben § 11 Nr. 1 und 2 HWG, die als Spezialvorschriften vorgehen,[333] eine eigenständige Bedeutung im Hinblick auf Äußerungen Dritter, die nicht den Fachkreisen angehören. Die Vorschrift setzt nicht voraus, dass die Äußerungen von einer tatsächlich lebenden, namentlich oder sonst individualisierten Person herrühren. Ausreichend ist, dass die Äußerung, mit der geworben wird, dem angesprochenen Verkehr den Eindruck vermittelt, ein Dritter habe sich entsprechend geäußert.[334] Werbemaßnahmen, die sich ausschließlich oder überwiegend an **Kinder unter 14 Jahren** richten, sind nach § 11 Abs. 1 Nr. 12 HWG verboten. Kinder sind in besonderem Maße einer Gefahr unsachlicher Beeinflussung durch an sie gerichtete Werbemaßnahmen ausgesetzt, der dieses Verbot begegnen soll.[335] Mit **Preisausschreiben, Verlosungen** oder anderen Verfahren, deren Ergebnis vom **Zufall** abhängig ist, darf außerhalb der Fachkreise ebenfalls nicht geworben werden, sofern diese Maßnahmen oder Verfahren einer unzweckmäßigen oder übermäßigen Verwendung von Arzneimitteln Vorschub leisten (§ 11 Abs. 1 Nr. 13 HWG).[336] § 11 Abs. 2 HWG verbietet außerhalb der Fachkreise eine bestimmte Form der **vergleichenden Werbung,** nämlich Angaben, die nahelegen, dass die Wirkung des Arzneimittels einem anderem Arzneimittel oder einer anderen Behandlung entspricht oder überlegen ist. Dieses Verbot stellt eine Einschränkung der nach § 6 UWG grundsätzlich erlaubten vergleichenden Werbung dar, was nach Art. 8 Abs. 2 der Richtlinie 2006/114/EG über irreführende und vergleichende Werbung zulässig ist, da danach Rechtsvorschriften der Gemeinschaft, die auf die Werbung für bestimmte Waren anwendbar sind, unberührt bleiben. Art. 90 lit. b der Richtlinie 2001/83/EG zur Schaffung eines Gemeinschaftskodexes für Humanarzneimittel enthält eine Regelung, die durch § 11 Abs. 2 HWG umgesetzt wurde.[337] Die Vorschrift verbietet keine Werbung mit Preisvergleichen und gilt nur für Humanarzneimittel.[338]

Die **Publikumswerbung** für Arzneimittel, andere Mittel, Verfahren, Behandlungen oder Gegenstände ist gemäß **§ 12 HWG** untersagt, soweit es um die Erkennung, Beseitigung oder Linderung von Krankheiten geht, die in der Anlage zum HWG aufgeführt sind. Es handelt sich jetzt nur noch um eine Reihe von **besonders schweren Krankheiten,** wie Krebs und Suchterkrankungen. Dagegen bezieht sich das Werbeverbot für Verfahren oder Behandlungen nicht auf solche, die in Heilbädern, Kurorten und Kuranstalten erbracht werden (§ 12 Abs. 2 S. 2 HWG). In Entscheidungen zur früheren Fassung des § 12 HWG, die sich auf einen größeren Katalog von Krankheiten bezog, wurde angenommen, dass eine werbende Angabe iSv § 12 iVm der Anlage zum HWG auch in einer **81f**

---

332 Zur Richtlinienkonformität Gröning/Mand/*Reinhart* HWG § 11 Nr. 8 Rn. 3.

333 Vgl. *Doepner*/Reese HWG § 11 Nr. 11 Rn. 11; *Bülow/Ring/Artz/Brixius* HWG § 11 Abs. 1 Nr. 11 Rn. 8.

334 BGH GRUR 1992, 874 (875) – Hyanit; weitere Beispiele für eine verbotene Werbung mit Äußerungen Dritter bzw. mit Hinweisen auf Äußerungen Dritter bei *Doepner*/Reese HWG § 11 Nr. 38 ff.; OLG Karlsruhe GRUR-RR 2015, 487; Verstoß verneint bei bloßer Nichtlöschung positiver Rezensionen von Kunden auf Website, BGH GRUR 2020, 543 – Kundenberwertungen auf Amazon; zur Vereinbarkeit der früheren Fassung der Vorschrift mit den Richtlinien 2001/82/EG und 92/28/EWG vgl. BGH GRUR 2005, 1067 – Konsumentenbefragung und GRUR 2009, 179 Rn. 12 ff. – Konsumentenbefragung II.

335 Vgl. *Doepner*/Reese HWG § 11 Nr. 12 Rn. 4.

336 Vgl. BGH GRUR 2014, 689 Rn. 10 – Testen Sie Ihr Fachwissen; zur Vereinbarkeit der früheren Fassung der Vorschrift mit den Richtlinien 2001/82/EG und 92/28/EWG vgl. BGH GRUR 2005, 1067 – Konsumentenbefragung und EuGH C-374/05, GRUR 2008, 267 – Gintec.

337 *Doepner*/Reese HWG § 11 II Rn. 4; *Bülow/Ring/Artz/Brixius* HWG § 11 Abs. 2 Rn. 1 ff.

338 Vgl. *Bülow/Ring/Artz/Brixius,* HWG § 11 Abs. 2 Rn. 6.

Arzneimittelbezeichnung selbst enthalten sein kann.[339] Daher greift das Verbot auch dann ein, wenn eine **Erinnerungswerbung** iSv § 4 Abs. 6 HWG vorliegt.[340]

82 **l) Jugendschutzvorschriften.** Das **Jugendschutzgesetz** enthält einige Normen, die dazu bestimmt sind, im Interesse der Marktteilnehmer das Marktverhalten zu regeln. Dazu gehören die in § 12 Abs. 3 JuSchG enthaltenen Verbote, Bildträger, die nicht oder mit „keine Jugendfreigabe" nach § 14 Abs. 2 von der obersten Landesbehörde oder einer Organisation der freiwilligen Selbstkontrolle gekennzeichnet sind, Jugendlichen anzubieten oder zu überlassen und im Einzelhandel außerhalb von Geschäftsräumen, in Kiosken oder anderen Verkaufsstellen, die Kunden nicht zu betreten pflegen, oder im Versandhandel anzubieten oder zu überlassen.[341] Auch § 15 Abs. 1 Nr. 4 und 6 JuSchG, wonach **jugendgefährdende Trägermedien** nicht im Wege gewerblicher Vermietung oder vergleichbarer gewerblicher Gewährung des Gebrauchs einer anderen Person angeboten oder überlassen werden dürfen (Nr. 4)[342] bzw. weder öffentlich an einem Ort, der Kindern oder Jugendlichen zugänglich ist oder von ihnen eingesehen werden kann, noch durch Verbreiten von Träger- und Telemedien außerhalb des Geschäftsverkehrs mit dem einschlägigen Handel angeboten, angekündigt oder angepriesen werden dürfen (Nr. 6),[343] stellen Marktverhaltensvorschriften iSd § 3a dar.[344] Das gleiche gilt für die Verbote des Jugendmedienschutzstaatsvertrages (JMStV).[345] Der Betreiber einer **Internetplattform,** auf dem indizierte Medien von Versteigerern angeboten werden, haftet allerdings nicht als Teilnehmer des vorgenannten Wettbewerbsverstoßes. Er handelt nicht unlauter iSv § 3a, sondern verstößt wegen Verletzung seiner wettbewerbsrechtlichen Verkehrspflicht gegen § 3 UWG.[346]

83 **m) Kosmetikverordnung.** Die EU-**Kosmetikverordnung**[347] enthält sowohl **Vorschriften über die verbotenen Inhaltsstoffe (Art. 14 ff.)** und über die gute **Herstellungspraxis von Kosmetika (Art. 8) und deren Marktüberwachung (Art. 22 ff.)** als auch detaillierte Vorschriften über die **Kennzeichnung** von Kosmetika **(Art. 19),** insbesondere die **Angabe der Charge** sowie **Warnhinweise (Anhang I).** Diese Vorschriften dienen dem Gesundheitsschutz, so dass Verstöße gegen die früheren Vorschriften der deutschen Vorgängerregelung der Kosmetikverordnung ohne Hinzutreten weiterer Umstände als wettbewerbswidrig iSd früheren § 1 UWG angesehen wurden.[348] Zu den gesundheitsbezogenen Schutzvorschriften im weitesten Sinne gehört auch die **Verpflichtung zur Angabe des verantwortlichen Unternehmens** (Art. 19 Abs. 1 lit. a EU-KosmetikVO, früher § 5 Abs. 1 Nr. 1 KosmetikV).[349]

[339] Vgl. BGH GRUR 1983, 595 (596 f.) – Grippewerbung III; GRUR 1996, 806 (807) – Herz ASS.

[340] BGH GRUR 1996, 806 (807) – Herz ASS.

[341] OLG Brandenburg GRUR-RR 2007, 18 (19); OLG Frankfurt a. M. WRP 2014, 1480; OLG Koblenz GRUR 2005, 266 (267); OLG München GRUR 2004, 963; OLG Celle GRUR-RR 2003, 221.

[342] BGH GRUR 2007, 890 (893) – Jugendgefährdende Medien bei eBay.

[343] LG Halle GRUR-RR 2007, 26 (27).

[344] HM, vgl. BGH GRUR 2007, 890 Rn. 35 – Jugendgefährdende Medien bei ebay; OLG Hamm LMRR 2006, 70; OLG Brandenburg WRP 2013; OLG Frankfurt a. M. WRP 2014, 1480; *Köhler*/Bornkamm/Feddersen § 3a Rn. 1.335; MüKoUWG/*Schaffert* § 4 Nr. 11 Rn. 200; aA Ohly/Sosnitza/*Ohly* § 3a Rn. 81; *Scherer* WRP 2006, 401 (405 f.); *Steinbeck* GRUR 2008, 848 (852).

[345] BGH GRUR 2008, 534 Rn. 50 – ueber 18.de; GRUR 2009, 845 (849) – Internet-Videorecorder.

[346] BGH GRUR 2007, 890 Rn. 36 ff. – Jugendgefährdende Medien bei eBay; dazu näher → § 8 Rn. 453 ff.

[347] Verordnung (EG) Nr. 1223/2009 über kosmetische Mittel vom 30.11.2009, ABl. 2009 L 342, S. 59.

[348] BGH GRUR 1989, 673 (674) – Zahnpasta; GRUR 1994, 456 (457) – Prescriptives; GRUR 1994, 642 (643 f.) – Chargennummer; GRUR 1999, 1109 (1111) – Entfernung der Herstellungsnummer I; GRUR 1999, 600 (601) – Haarfärbemittel; GRUR 2002, 709 – Entfernung der Herstellungsnummer III; vgl. auch EuGH C-169/99, ZLR 2001, 829 ff. – Warnhinweis, wonach die Vorschriften der Richtlinie 76/768/EWG des Rates zur Angleichung der Rechtsvorschriften der Mitgliedstaaten über kosmetische Mittel, auf denen auch die Vorschriften der Kosmetikverordnung beruhen, auch spürbare Beeinträchtigungen des innergemeinschaftlichen Verkehrs rechtfertigen, weil dem Schutz der Volksgesundheit dienend.

[349] BGH GRUR 1994, 456 (457) – Prescriptives.

Als verbraucherschützende Vorschriften regeln die Bestimmungen der Kosmetikverordnung über die Zusammensetzung und Kennzeichnung von Kosmetika das Verhalten der Anbieter auf dem Markt für Kosmetika und erfüllen daher die Voraussetzungen des § 3a. Ohne weiteres Marktverhaltensregelung ist das für Kosmetika in **§ 27 LFGB und in Art. 20 Abs. 1 EU-KosmetikV** geregelte **Irreführungsverbot,** also insbesondere das Verbot, einem kosmetischen Mittel Wirkungen beizulegen, die ihm nach den Erkenntnissen der Wissenschaft nicht zukommen oder die nicht hinreichend gesichert sind.[350] 84

n) Kreditwesengesetz. Ob ein Verstoß gegen **§ 32 KWG,** wonach das gewerbsmäßige Betreiben von Bankgeschäften bzw. die Erbringung von Finanzdienstleistungen einer Erlaubnis der Bundesanstalt für Kreditwesen bedarf, eine Marktverhaltensvorschrift im Sinne von § 3a ist, ist vom BGH ausdrücklich offengelassen worden.[351] 85

o) Ladenschlussgesetz/Feiertagsgesetze. Das wie kaum ein anderes Gesetz wettbewerbspolitisch kritisierte[352] **Ladenschlussgesetz** dient zwar vorgeblich in erster Linie dem Schutz der im Einzelhandel Beschäftigten.[353] Es wurde daher von der früheren Rechtsprechung als **wertneutral** angesehen.[354] Unabhängig davon, ob das Gesetz daneben auch dem Schutz des Einzelhandels dient oder nicht,[355] hat dieses Gesetz aber auch einen Wettbewerbsbezug in dem Sinne, dass es in zeitlicher Hinsicht die Wettbewerbsbedingungen für alle ihm unterworfenen Marktbeteiligten regelt. Ein Verstoß hiergegen unterfällt daher § 3a.[356] 86

Dies schließt nicht aus, dass eine eher restriktive Auslegung des Gesetzes selbst weniger Unlauterkeitstatbestände schafft, die dann noch unter dem Gesichtspunkt der Bagatellklausel in § 3a zu prüfen wären. Von einer restriktiven Auslegung des Gesetzes durch die Gerichte konnte allerdings in der Vergangenheit kaum die Rede sein.[357] 87

Auch die **Feiertagsgesetze** der Länder haben trotz ihres primär sozialpolitischen Zweckes der Arbeitsruhe bzw. des religiösen Zwecks der Feiertagsheiligung[358] eine sekundäre wettbewerbsbezogene Schutzfunktion. Sie schaffen eine par condicio, über die sich ein einzelner Gewerbetreibender nicht hinwegsetzen darf, weil er zumindest in der Regel zum Nachteil der – gesetzestreuen – Wettbewerber handelt.[359] 88

p) Lebensmittelrecht. Das Lebensmittelrecht und das Wettbewerbsrecht haben sich weitgehend parallel entwickelt.[360] Der Schutzzweck des UWG und der meisten Vorschriften des Lebensmittelrechts, insbesondere des Lebensmittel- und Futtermittelgesetzbuches (LFGB)[361] sowie der Verordnung Nr. 178/2002/EG zur Festlegung der allgemeinen 89

---

350 BGH GRUR 2016, 418 Rn. 11 – Feuchtigkeitsspendendes Gel-Reservoir; OLG Hamburg WRP 2006, 909; OLG Hamm MD 2007, 376 ff.

351 BGH GRUR 2006, 511 Rn. 19 – Umsatzsteuererstattungsmodell (weil im entschiedenen Fall kein erlaubnispflichtiges Kreditgeschäft vorlag).

352 Vgl. zB GroßKomm/*Teplitzky* (1. Aufl.) UWG § 1 Rn. G 238 mwN.

353 Vgl. BGH GRUR 1981, 424 (425) – Tag der offenen Tür II; *Sack* WRP 1998, 683 (685).

354 Vgl. BGH GRUR 1966, 323 – Ratio; GRUR 1982, 609 – Feierabend-Vergnügen; GRUR 1973, 144 – Mischbetrieb; GRUR 1974, 31 – Perserteppiche; GRUR 1976, 438 – Tag der offenen Tür I; GRUR 1981, 424 – Tag der offenen Tür II; GRUR 1982, 615 – Flughafen-Verkaufsstellen; GRUR 1984, 361 – Hausfrauen-Info-Abend; GRUR 1988, 382 – Schelmenmarkt; GRUR 1995, 601 – Bahnhofs-Verkaufsstellen; GRUR 1996, 768 – Blumenverkauf an Tankstellen.

355 Vgl. dazu GroßKomm/*Teplitzky* (1. Aufl.) UWG § 1 Rn. G 238 mwN.

356 Ebenso *Ullmann* GRUR 2003, 817 (822); Köhler/Bornkamm/Feddersen/*Köhler* § 3a Rn. 1.263; Ohly/Sosnitza/*Ohly* § 3a Rn. 74; MüKoUWG/*Schaffert* § 3a Rn. 552; OLG Stuttgart WRP 2008, 977 (982); OLG München GRUR-RR 2019, 227 (Verstoß gegen LadSchlG im konkreten Fall verneint); aA *Sack* WRP 2004, 1307 (1310).

357 Vgl. zB OLG Köln WRP 1982, 168; 1985, 717 (718).

358 Vgl. OLG Karlsruhe GRUR 1991, 777.

359 Vgl. OLG Dresden WRP 2006, 1539 (1540): Vorschrift betrifft als Verbot der Ausübung eines Gewerbes zu bestimmten Zeiten die Tätigkeit gleichartiger Unternehmen in gleicher Weise beim Absatz der Waren und dient somit auch dem Schutz der Mitbewerber.

360 Vgl. dazu im Einzelnen *Klamroth* ZLR 1978, 467 ff.

361 IdF der Bekanntmachung vom 3.6.2013, BGBl. I S. 1426, zuletzt geändert durch Art. 1 des Gesetzes vom 24.4.2019, BGBl. I S. 498.

Grundsätze und Anforderungen des Lebensmittelrechts, zur Errichtung der Europäischen Behörde für Lebensmittelsicherheit und zur Festlegung von Verfahren zur Lebensmittelsicherheit (BasisVO)[362] sind ähnlich. Die in weitverzweigten Gesetzen und Verordnungen enthaltenen Vorschriften des Lebensmittelrechts dienen in erster Linie dem Schutz der **Gesundheit der Verbraucher** sowie deren Schutz vor **Täuschung.** Ungeachtet ihres öffentlich-rechtlichen Charakters regeln lebensmittelrechtliche Vorschriften, insbesondere über die **Kennzeichnung** sowie das **Verbot der Irreführung,** das lautere Verhalten der am Verkehr mit Lebensmitteln Beteiligten, nämlich Hersteller und Vertreiber, unmittelbar. Sie regeln also auch die Gegebenheiten des Marktes für Lebensmittel.[363]

89a Das in Deutschland geltende Lebensmittelrecht basiert in den meisten Fällen auf europäischem Sekundärrecht oder ist selbst **europäisches Sekundärrecht.** So enthält bereits die Verordnung (EG) Nr. 178/2002 Grundvorschriften zur Gewährleistung der Sicherheit von Lebensmitteln (Art. 14) und zum Schutz der Verbraucher vor Täuschung (Art. 16). Die Verordnung (EU) Nr. 1169/2011 betreffend die Informationen der Verbraucher über Lebensmittel (LMIV)[364] enthält in Art. 7 ein besonderes lebensmittelrechtliches Irreführungsverbot[365]. Unmittelbar geltendes Recht ist die Verordnung (EG) Nr. 1924/2006 über nährwert- und gesundheitsbezogene Angaben über Lebensmittel **(„Health-Claims-VO“).**[366]

89b **aa) Vorschriften zum Schutz der Gesundheit.** Im Rahmen der Hauptzwecke des Lebensmittelrechts gibt es verschiedenartige Abstufungen. Zu den Vorschriften zum Schutz der Gesundheit zählen in erster Linie das **Verbot der Vermarktung gesundheitsschädlicher Lebensmittel** bzw. der **Verwendung gesundheitsschädlicher Stoffe** (§ 5 LFGB bzw. Art. 14 der Verordnung 178/2002/EG zur Festlegung der allgemeinen Grundsätze), aber auch die europäischen und deutschen **Verordnungen betreffend den Höchstgehalt bestimmter unerwünschter Stoffe** in Lebensmitteln.[367] Dem vorbeugenden Gesundheitsschutz dienen darüber hinaus das **Verbot der Verwendung nicht zugelassener Zusatzstoffe** (§ 6 LFGB),[368] der **Vermarktung nicht zugelassener neuartiger Lebensmittel**[369] iSd Verordnung (EU) 2015/2283 sowie die Lebensmittelbestrahlungsverordnung. Auch die Vorschriften über die **Hygiene** beim Herstellen und Behandeln von Lebensmitteln wie die des sog. EU-Hygienepakets, insbes. die Verordnungen (EG) 852/2004 und 853/2004 und die zu ihrer Durchführung erlassenen Lebensmittelhygieneverordnung und Tierische Lebensmittel-Hygieneverordnung[370] zählen hierzu. Weiter zu nennen sind gesetzliche Bestimmungen, die eine bestimmte **Warnung** vorschreiben, zB gemäß § 22a Abs. 2 Nr. 2b DiätV vor den gesundheitsschädlichen Auswirkungen einer unangemessenen Zubereitung von Säuglingsanfangsnahrung, sowie **gesundheitsrelevante Kennzeichnungsvorschriften** wie zB über den Alkoholgehalt (Art. 9 Abs. 1 lit. k EU-LebensmittelinformationsV – LMIV) oder das Verbrauchsdatum (Art. 9 Abs. 1 lit. f LMIV).

90 **bb) Vorschriften zum Schutz vor Täuschung. (a) Allgemeines.** Zu den lebensmittelrechtlichen Vorschriften, die den Verbraucher vor **Täuschung** schützen sollen, zählt

[362] ABl. 2002 L 31, S. 1.

[363] Vgl. schon *Klamroth,* ZLR 1978, 467 (471); BGH GRUR 2008, 625 Rn. 11 – Fruchtextrakt.

[364] ABl. 2011 L 304, S. 18.

[365] Dazu → Rn. 90.

[366] ABl. 2006 L 12, S. 3; vgl. näher → Rn. 90e ff.

[367] ZB die Verordnung 1881/2006/EG zur Festsetzung der zulässigen Höchstgehalte für bestimmte Kontaminanten in Lebensmitteln, die Verordnung 396/2005/EG über Höchstgehalte an Pestizidrückständen, die Schadstoff-Höchstmengenverordnung, die Mykotoxin-Höchstmengenverordnung, die Rückstands-Höchstmengenverordnung, die Lösungsmittel-Höchstmengenverordnung.

[368] Vgl. BGH GRUR 2011, 355 Rn. 15 – Gelenknahrung II.

[369] BGH GRUR 2008, 625 Rn. 11 – Fruchtextrakt; GRUR 2015, 1140 Rn. 19 – Bohnengewächsextrakt.

[370] Verordnung zur Durchführung des gemeinschaftlichen Lebensmittelhygienerechts v. 8.8.2007, BGBl. I S. 1816.

in erster Linie das **Irreführungsverbot** des Art. 7 LMIV und des § 11 LFGB.[371] Art. 7 LMIV konkretisiert das Täuschungsverbot in Art. 16 Verordnung (EG) Nr. 178/2002.[372] Er verbietet grundsätzlich irreführende **Informationen über Lebensmittel.** Er beruht auch auf dem in Art. 8 der Verordnung (EG) Nr. 178/2002 näher beschriebenen Ziel, dass der Verbraucher die Möglichkeit haben soll, in Bezug auf Lebensmittel, die er verzehrt, eine **sachkundige Wahl** zu treffen. Das lebensmittelrechtliche Irreführungsverbot dient damit dem gleichen Zweck wie die Richtlinie 2005/29/EG über unlautere Geschäftspraktiken von Unternehmen gegenüber Verbrauchern (UGP-RL).[373] Informationen über Lebensmittel dürfen nicht irreführend sein, insbesondere in Bezug auf die Eigenschaften des Lebensmittels, vor allem in Bezug auf Art, Identität, Eigenschaften, Zusammensetzung, Menge, Haltbarkeit, Ursprungsland oder Herkunftsort und Methode der Herstellung oder Erzeugung (Art. 7 Abs. 1 lit. a LMIV). Weiterhin dürfen einem Lebensmittel nicht Wirkungen oder Eigenschaften zugeschrieben werden, die es nicht besitzt (Art. 7 Abs. 1 lit. b). Irreführend ist es darüber hinaus, wenn zu verstehen gegeben wird, dass ein Lebensmittel besondere Eigenschaften hat, obwohl alle vergleichbaren Lebensmittel dieselben Eigenschaften haben, insbesondere durch besondere Hervorhebung des Vorhandenseins oder Nicht-Vorhandenseins bestimmter Zutaten und/oder Nährstoffe (**Werbung mit Selbstverständlichkeiten,** Art. 7 Abs. 1 lit. c). Schließlich ist es irreführend, wenn durch das Aussehen, die Bezeichnung und der wirklichen Darstellung das Vorhandensein eines bestimmten Lebensmittels oder einer Zutat suggeriert wird, obwohl tatsächlich in dem Lebensmittel ein von Natur aus vorhandener Bestandteil oder eine normalerweise in diesem Lebensmittel verwendete Zutat durch einen anderen Bestandteil oder eine andere Zutat ersetzt wurde (**Imitatverbot,** Art. 7 Abs. 1 lit. d). Dieser Aspekt führt dazu, dass das Irreführungsverbot des Art. 7 LMIV strenger ist als das früher in Art. 2 Richtlinie 2000/13/EG und durch § 11 Abs. 2 S. 1 und 2 Nr. 1 LFGB in deutsches Recht umgesetzte Irreführungsverbot für Lebensmittel.[374] Art. 7 Abs. 4 LMIV stellt klar, dass das Irreführungsverbot nicht nur für die Kennzeichnung der Lebensmittel gilt, sondern auch für die **Werbung** sowie für die **Aufmachung** von Lebensmitteln, insbesondere für ihre Form, ihr Aussehen oder ihre Verpackung.

(b) Spezielle Irreführungsverbote. (α) Das **Weinrecht** enthält speziellere Irreführungsverbote wie zB über die geographische Herkunft, den Abfüller, die Rebsorte, den Jahrgang etc. Im europäischen Weinrecht ist dies nur noch die Vorschrift des Art. 103 der Verordnung (EG) Nr. 1308/2013 über eine gemeinsame Marktorganisation für landwirtschaftliche Erzeugnisse (Verordnung über die einheitliche GMO), der zum Schutz von Ursprungsbezeichnungen und geschützten geografischen Angaben unter anderem alle falschen oder irreführenden Angaben verbietet, die sich auf Herkunft, Ursprung, Natur oder wesentliche Eigenschaften der Erzeugnisse beziehen (Art. 103 Abs. 2c), sowie alle sonstigen Praktiken, die geeignet sind, den Verbraucher in Bezug auf den tatsächlichen Ursprung des Erzeugnisses irrezuführen (Art. 103 Abs. 2 lit. d).[375] Im deutschen Weinrecht ist vor allem § 25 WeinG zu nennen, der ua Angaben als irreführend verbietet, die geeignet sind, fälschlich den Eindruck besonderer Qualität zu erwecken (§ 25 Abs. 2 Nr. 2 WeinG). Außerdem verbietet § 26 WeinG die Verwendung von weintypischen Bezeichnungen, nämlich neben den Worten „Wein", auch „Kabinett", „Spätlese", „Auslese", „Beerenauslese", „Trockenbeerenauslese" und „Eiswein" für andere Getränke, die nicht Wein sind, wenn nicht andere Vorschriften dies ausdrücklich erlauben. 90a

---

[371] Vgl. BGH GRUR 2016, 738 Rn. 21 – Himbeer-Vanilleabenteuer II; GRUR 2008, 1118 Rn. 15 – MobilPlus Kapseln; GRUR 2009, 75 – Priorin; GRUR 2009, 413 – Erfokol-Kapseln; BGH GRUR 1984, 376 – Johannisbeerkonzentrat; KG GRUR 1994, 67 (70) – Naturkäse.

[372] Vgl. *Voit/Grube* LMIV Art. 7 Rn. 3.

[373] Vgl. EGR. 5 zur LMIV: Die Allgemeinen Grundsätze in Bezug auf unlautere Geschäftspraktiken sollen durch spezielle Regelungen für die Information der Verbraucher über Lebensmittel ergänzt werden.

[374] Vgl. BGH GRUR 2016, 738 Rn. 21 – Himbeer-Vanille-Abenteuer II.

[375] Vgl. zu dieser Vorschrift zB BGH GRUR 2019, 185 – Champagner Sorbet II.

90b (β) Ein spezielles Irreführungsverbot enthält § 9 Mineral- und TafelwasserV für **Mineralwässer.** Danach darf ein natürliches Mineralwasser, das aus ein und derselben Quellnutzung stammt, nicht unter mehreren Quellnamen oder anderen gewerblichen Kennzeichen in den Verkehr gebracht werden, die den Eindruck erwecken können, das Mineralwasser stamme aus verschiedenen Quellen (§ 9 Abs. 1).[376] Das **Verbot der Mehrfachbezeichnung** greift nur ein, wenn eine konkrete Irreführungsgefahr gegeben ist.[377] **Quellwasser** und **Tafelwasser** dürfen nach § 15 Abs. 1 Nr. 1 Mineral- und TafelwasserV nicht unter Bezeichnungen, Angaben etc in den Verkehr gebracht werden, die zu einer **Verwechslung mit natürlichem Mineralwasser** führen. Insbesondere dürfen nicht die dort näher aufgeführten Bezeichnungen Mineralwasser, Sprudel, Säuerling etc verwendete werden. Auch verbietet § 15 Abs. 1 Nr. 2 Mineral- und TafelwasserV die Verwendung von Angaben, die auf eine **bestimmte geographische Herkunft** eines Tafelwassers hinweisen oder die geeignet sind, eine solche geographische Herkunft vorzutäuschen. Diese Bestimmung ist jedoch im Hinblick auf die – als abschließend zu verstehende – Bestimmung des Art. 2 Abs. 1a der Lebensmittel-Etikettierungs-Richtlinie 2000/13/EG im Wege teleologischer Reduktion in der Weise einzuschränken, dass die konkrete Gefahr einer Verwechslung eines derart bezeichneten Tafelwassers mit einem natürlichen Mineralwasser bestehen muss.[378] Dies kann nach Wegfall der Lebensmittel-Etikettierungs-Richtlinie und vor dem Hintergrund von Art. 7 Abs. 1 LMIV nicht anders beurteilt werden. Abstrakte Irreführungsverbote, die eine Sanktion an die Verwendung bestimmter Begriffe ohne die Gefahr einer konkreten Irreführung knüpfen, sind demnach im Lebensmittelrecht aus Gründen des Vorrangs des Gemeinschaftsrechts praktisch nicht mehr zulässig, müssen also einschränkend ausgelegt werden.[379]

90c (c) **Irreführende Packungsgestaltung.** Eine weitere spezifische Ausprägung des Irreführungsverbots bei der Gestaltung von **Fertigpackungen** (für Lebensmittel und andere Erzeugnisse) enthält § 38 Abs. 2 MessEG.[380] Danach ist es verboten, Fertigpackungen herzustellen bzw. in Verkehr zu bringen, wenn sie ihrer Gestaltung und Befüllung nach eine größere Füllmenge vortäuschen, als in ihnen enthalten ist. Dieses **Verbot der Mogelpackungen** knüpft zwar einerseits an die Gestaltung und Befüllung der Packung an und nicht an ihre Kennzeichnung, so dass eine korrekte Kennzeichnung eine Mogelpackung in der Regel nicht ausschließt.[381] Andererseits sind auch hier alle Umstände des Einzelfalls einzubeziehen, so dass eine Irreführung ausscheidet, wenn der Verbraucher, zB bei typischerweise aufwändig verpackten Lebensmitteln wie Pralinen oder bei ausdrücklichen Hinweisen auf eine nicht vollständige Befüllung der in der Packung enthaltenen Hohlräume keine vollständig gefüllte Verpackung erwartet.[382]

90d cc) **Krankheitsbezogene Werbung.** Dem Schutz der Gesundheit der Verbraucher durch Vermeidung von Selbstmedikation dient das **Verbot der krankheitsbezogenen Werbung** in **Art. 7 Abs. 3 LMIV** (früher § 12 LFGB). Danach dürfen Informationen über ein Lebensmittel diesem keine Eigenschaften der **Vorbeugung, Behandlung oder Heilung einer menschlichen Krankheit** zuschreiben oder den Eindruck dieser Eigenschaften entstehen lassen. Ausgenommen von dem Verbot krankheitsbezogener Informationen sind die in Art. 7 Abs. 3 ausdrücklich angesprochenen Hinweise für Lebensmittel, die für eine besondere Ernährung bestimmt sind, nämlich insbesondere die diätetische

[376] Vgl. Dazu EuGH C-207/14, BeckRS 2015, 80819 = LMuR 2015, 153.
[377] Vgl. BGH GRUR 1994, 905 (908) – Schwarzwald-Sprudel.
[378] BGH GRUR 2002, 1091 – Bodensee-Tafelwasser.
[379] Vgl. BGH GRUR 2002, 1094 (1092).
[380] Gesetz über das Inverkehrbringen und die Bereitstellung von Messgeräten auf dem Markt, ihre Verwendung und Eichung sowie über Fertigpackungen (Mess- und Eichgesetz – MessEG) vom 25.7.2013, BGBL I S. 2722.
[381] Vgl. *Zipfel/Rathke,* Lebensmittelrecht, C 115 MessEG § 15 Rn. 51 mwN.
[382] Zur Täuschung über die Füllmenge des Produkts durch die Gestaltung der Größe der Umverpackung für ein Kosmetikprodunkt vgl. BGH GRUR 2018, 431 – Tiegelgröße.

Indikation für sogenannte bilanzierte Diäten gemäß Art. 9 Abs. 6 Verordnung (EU) 2016/1285. Soweit allerdings auch Angaben über die Reduzierung eines Krankheitsrisikos als krankheitsbezogene Angaben anzusehen wären, besteht nach der Verordnung (EG) Nr. 1924/2006 über nährwert- und gesundheitsbezogene Angaben über Lebensmittel[383] die Möglichkeit einer Zulassung, so dass das Verbot von Angaben, die sich auf die Verhütung von Krankheiten beziehen, nicht einschränkungslos gelten kann, auch wenn dieser Vorbehalt in Art. 7 Abs. 3 nicht ausdrücklich angesprochen ist.[384] Bei dem Verbot handelt es sich um eine Marktverhaltensvorschrift iSv § 3a.[385] Die Rechtsprechung hat das Verbot der krankheitsbezogenen Werbung in der Regel extensiv ausgelegt und einen Krankheitsbezug auch ohne Nennung einer konkreten Krankheit angenommen, zB wenn bestimmte **Krankheitssymptome** genannt oder Begriffe verwendet werden, die mit bestimmten Krankheiten assoziiert werden.[386]

dd) Health-Claims-Verordnung. Die Verordnung über nährwert- und gesundheitsbezogene Angaben über Lebensmittel[387] begründet mit einer **Beschränkung der Zulässigkeit nährwert- und gesundheitsbezogener Angaben** auf die in einer **Liste** enthaltenen Angaben, die nur unter im einzelnen festgelegten bzw. festzulegenden Bedingungen benutzt werden können, ein **Verbot mit Erlaubnisvorbehalt.**[388] Gegenstand und Anwendungsbereich der Verordnung sind nährwert- und gesundheitsbezogene **Angaben in der Etikettierung** und in der **Werbung für Lebensmittel.** Unter einer **nährwertbezogenen Angabe** ist jede Angabe zu verstehen, mit der erklärt, suggeriert oder auch nur mittelbar zum Ausdruck gebracht wird, dass ein Lebensmittel besondere positive Nährwerteigenschaften besitzt, und zwar aufgrund seines Energiegehaltes oder der in ihm enthaltenen bzw. nicht enthaltenen Nährstoffe oder anderen Substanzen (Art. 2 Nr. 4). Zu den nährwertbezogenen Angaben des abschließenden Katalogs des Anhangs zur Verordnung gehören Angaben über einen geringen, reduzierten oder fehlenden **Energiegehalt,** entsprechende Angaben zu **Fett,** bzw. gesättigten Fettsäuren, **Zucker** und **Natrium** sowie Angaben, ein Lebensmittel sei eine **Ballaststoff, Protein-, Vitamin-, Mineralstoff- oder sonstige Nährstoffquelle** bzw. enthalte eine andere Substanz bzw. enthalte diese Nährstoffe in erhöhtem oder hohen Maße bzw. sei leicht. Wer **vergleichende nährwertbezogene Angaben** macht, muss spezifische Kennzeichnungsvorschriften beachten (Art. 9).[389] Unter einer **gesundheitsbezogenen Angabe** ist jede Angabe zu verstehen, mit der erklärt, suggeriert oder auch nur mittelbar zum Ausdruck gebracht wird, dass ein Zusammenhang zwischen einer Lebensmittelkategorie, einem Lebensmittel oder einem seiner Bestandteile einerseits und der Gesundheit andererseits besteht (Art. 2 Nr. 5). Der Begriff „gesundheitsbezogene Angabe" wird von der Rechtsprechung extensiv ausgelegt. Er erfasst danach jeden Zusammenhang, der impliziert, dass sich der Gesundheitszustand dank des Verzehrs des Lebensmittels verbessert oder dass für die Gesundheit negative oder schädliche Auswirkungen, die in anderen Fällen mit einem solchen Verzehr einhergehen oder sich ihm anschließen, fehlen oder geringer ausfallen.[390] Die Verordnung (EU) Nr. 432/2012 vom 16.5.2012 enthält eine 90e

[383] Vgl. sogleich → Rn. 90e ff.

[384] Vgl. Voit/*Grube* LMIV Art. 7 Rn. 299; *Zipfel/Rathke,* Lebensmittelrecht, C 113, LMIV Art. 7 Rn. 416; *Sosnitza* ZLR 2007, 423 (426 ff.).

[385] Vgl. BGH GRUR 2008, 1118 Rn. 25 – MobilPlus Kapseln.

[386] Vgl. zB KG MD 2015, 975; ZLR 2000, 88 zu dem Begriff „Oxidationsschutz für die Zelle"; BeckRS 2018, 18440; OLG Hamburg ZLR 2001, 737 und ZLR 2002, 673.

[387] Verordnung (EG) Nr. 1924/2006 vom 20.12.2006, ABl. 2007 L 12, S. 3.

[388] Zum Verbotsprinzip im Lebensmittelrecht vgl. zB *Schroeter* ZLR 2005, 191; *v. Jagow* ZLR 2007, 479.

[389] Vgl. dazu BGH GRUR 2017, 1278 Rn. 18 ff. – Märchensuppe.

[390] EuGH C-544/10, GRUR 2012, 1161 Rn. 35 – Deutsches Weintor; GRUR 2013, 1061 Rn. 22 – Green-Swan Pharmaceuticals; BGH GRUR 2013, 189 Rn. 9 – Monsterbacke; GRUR 2014, 500 Rn. 16 – Praebiotik; GRUR 2014, 1013 Rn. 23 – Original Bach-Blüten; GRUR 2015, 498 Rn. 33 – Combiotik; GRUR 2015, 403 Rn. 33 – Monsterbacke II; GRUR 2016, 412 Rn. 17 – Lernstark; GRUR 2016, 1200 Rn. 19 – Repair-Kapseln; GRUR-RS 2017, 112328 Rn. 9 – Detox; GRUR 2018, 1266 Rn. 33 ff. – Bekömmliches Bier; OLG Köln BeckRS 2019, 13939 – zu „Kinderwunsch-Tee".

– nahezu – abschließende Liste mit gesundheitsbezogenen Angaben, die die **Bedeutung eines Nährstoffs oder einer anderen Substanz für Wachstum, Entwicklung und Körperfunktionen** beschreiben oder darauf verweisen.[391] Eine besondere Form der gesundheitsbezogenen Angabe ist die **Angabe über die Reduzierung eines Krankheitsrisikos,** nämlich jede Angabe, mit der erklärt, suggeriert oder auch nur mittelbar zum Ausdruck gebracht wird, dass der Verzehr einer Lebensmittelkategorie, eines Lebensmittels oder eines Lebensmittelbestandteils einen Risikofaktor für die Entwicklung einer Krankheit beim Menschen deutlich senkt (Art. 2 Nr. 6). Die Angabe muss nicht unbedingt das Wort *„deutlich"* oder einen gleichbedeutenden Ausdruck enthalten, um als Angabe im Sinne von Art. 2 Abs. 2 Nr. 6 qualifiziert zu werden.[392] Beispiel für eine Angabe über die Verringerung eines Krankheitsrisikos ist etwa „Zuckerfreier Kaugummi hilft, die Zahndemineralisation zu verringern. Dies ist ein Risikofaktor bei der Entstehung von Zahnkaries".[393]

90f **ee) Bezeichnungsschutzvorschriften.** (a) Anhang VII. Teil III. der Verordnung (EU) Nr. 1308/2013 über eine gemeinsame Marktorganisation für landwirtschaftliche Erzeugnisse (Verordnung über die einheitliche GMO)[394] enthält Regelungen über den **Schutz der Bezeichnungen der Milch und Milcherzeugnisse** bei deren Vermarktung. Diese Regelung verfolgt nicht nur das Ziel, die Verbraucher zu schützen, sondern auch hinsichtlich der Bezeichnung, der Etikettierung und der Werbung unverfälschte Wettbewerbsbedingungen zwischen Milcherzeugnissen und konkurrierenden Erzeugnissen zu schaffen. Zu diesem Zweck werden die Bezeichnungen „Milch" sowie die in der Gemeinschaft für Milcherzeugnisse verwendeten Bezeichnungen, die im Anhang zu dieser Verordnung aufgelistet sind, wie zB Butter, Joghurt oder Käse, sowie die tatsächlich für Milcherzeugnisse verwendeten Bezeichnungen ausschließlich diesen Erzeugnissen vorbehalten. Der Schutzzweck der Norm macht sie zu einer Marktverhaltensvorschrift iSv § 3a,[395] die von der Rechtsprechung streng ausgelegt wird.[396]

90g (b) Strenge Voraussetzungen für die Verwendung von Hinweisen auf den **ökologischen Landbau** in der Kennzeichnung oder Werbung für Lebensmittel enthielt bisherArt. 23 der Verordnung (EG) Nr. 834/2007[397] und ab dem 1.1.2022 Art. 30 der Verordnung (EU) 2018/848 über die ökologische/biologische Produktion und die Kennzeichnung von ökologischen/biologischen Erzeugnissen.[398] Danach dürfen die Bezeichnungen ökologisch/biologisch nur für Erzeugnisse verwendet werden, die die Vorschriften der Verordnung (EG) Nr. 834/2007 bzw. Verordnung (EU) 2018/848 und der zu ihrer Durchführung erlassenen Vorschriften[399] erfüllen, außer wenn sie nicht für landwirtschaftliche Erzeugnisse in Lebensmitteln verwendet werden oder eindeutig keinen Bezug zur ökologischen/biologischen Produktion haben.[400] Auch diese Vorschriften dienen nicht nur dem Schutz der Verbraucher, sondern auch den Erzeugern von Produkten des ökologischen Landbaus, der gemeinschaftsweit gefördert werden soll. Verstöße gegen sie sind daher unlauter iSv § 3a.[401] Ergänzende Bestimmungen enthält die nationale Verordnung zur Gestaltung und Verwendung des **Öko-Kennzeichens.**[402]

---

[391] ABl. 2012 L 136, S. 1.
[392] EuGH C-299/12, GRUR 2013, 1061 Rn. 25 f. – Green-Swan Pharmaceuticals.
[393] Verordnung (EU) Nr. 665/2011, ABl. 2011 L 182, S. 5.
[394] ABl. 2013 L 347, S. 671.
[395] Vgl. LG Hamburg BeckRS 2018, 23256.
[396] Vgl. EuGH C-101/98, EuZW 2000, 608 = ZLR 2000, 30 – Diät-Käse; C-37/11 GRUR Int 2012, 1109; C-422/16 GRUR 2017, 828 –Tofu-Town.
[397] ABl. 2007 L 189, S. 1.
[398] ABl. 2018 L 150, S. 1.
[399] Insbesondere Verordnung (EG) Nr. 889/2008 mit Durchführungsvorschriften zur Verordnung (EG) Nr. 834/2007, ABl. 2008 L 250, S. 1.
[400] Vgl. dazu BGH GRUR 2013, 401 Rn. 33 ff. – Biomineralwasser.
[401] Vgl. zB BGH GRUR 2018, 745 Rn. 12 – Bio-Gewürze II; OLG Celle LMuR 2019, 18.
[402] In der Fassung der Bekanntmachung vom 20.1.2009, BGBl. I S. 78; vgl. dazu BGH GRUR 2013, 401 Rn. 59 ff. – Biomineralwasser.

(c) Auch das **Lebensmittelkennzeichnungsrecht** enthält Bezeichnungsschutzvorschriften insoweit, als bestimmte Verkehrsbezeichnungen ausschließlich den Lebensmitteln vorbehalten sind, die die jeweils gesetzlich festgelegten Anforderungen erfüllen. Zu nennen sind hier **§ 3 Abs. 1 KakaoV, § 3 Abs. 2 FruchtsaftV, § 3 Abs. 2 KonfitürenV, § 3 Abs. 2 HonigV, § 2 Abs. 2 ZuckerartenV** und **§ 1 Abs. 1 BierV.** Kennzeichnungsvorschriften dienen der Information und Aufklärung der Verbraucher über ernährungs- und gesundheitsbezogene Aspekte der Lebensmittel. Sie sind Marktverhaltensregelungen iSv § 3a.[403] 90h

ff) Lebensmittelinformationsverordnung (LMIV). Lebensmittel, die in **Fertigpackungen** angeboten werden, sind nach der LebensmittelinformationsV[404] zu kennzeichnen. Bezüglich **nicht vorverpackter Lebensmitteln** schreibt die LMIV in Art. 44 Abs. 1 vor, dass Angaben über **allergene Zutaten** eines Lebensmittels gemacht werden müssen.[405] Die LMIV gilt nach Art. 1 Abs. 4 unbeschadet der in speziellen Rechtsvorschriften der Union für bestimmte Lebensmittel enthaltenen Kennzeichnungsvorschriften, zB Aromen.[406] Soweit für bestimmte Lebensmittel eigene Kennzeichnungsvorschriften gelten,[407] enthalten sie für die jeweilige Produktkategorie spezifische Kennzeichnungsbestimmungen, nehmen aber gleichwohl auf die allgemeinen Kennzeichnungsvorschriften für Lebensmittel Bezug. Anzugeben ist zunächst die **Bezeichnung** (Art. 9 Abs. 1 lit. a LMIV). Weitere vorgeschriebene Kennzeichnungselemente, deren Fehlen unter Umständen auch zu einer Irreführung der Verbraucher führen kann, sind das **Zutatenverzeichnis** nach Maßgabe der Art. 18 ff. LMIV, sowie die Angabe der Menge bestimmter Zutaten oder Gattungen von Zutaten (quantitative Zutatenkennzeichnung – QUID) nach Maßgabe des Art. 22 LMIV,[408] die Kennzeichnung **allergener Zutaten** nach Maßgabe von Art. 21 LMIV, die **Nettofüllmenge** nach Maßgabe des Art. 23 LMIV, das **Mindesthaltbarkeitsdatum**[409] bzw. das **Verbrauchsdatum** nach Maßgabe des Art. 24 LMIV, ggf. besondere Anweisungen für **Aufbewahrung** und/oder für die **Verwendung.** Weiterhin ist der Name und die Anschrift des **Lebensmittelunternehmers,** das **Ursprungsland** oder der **Herkunftsort,** sofern dies nach Art. 26 LMIV vorgesehen ist, ggf. eine **Gebrauchsanleitung** sowie der **Alkoholgehalt** bei Getränken mit einem Alkoholgehalt von mehr als 1,2 % vol. nach Maßgabe des Art. 28 LMIV anzugeben. Verbindlich ist auch eine **Nährwertkennzeichnung.** Die Regelungen in Art. 29 ff. LMIV sehen eine obligatorische Angabe des Brennwerts sowie des Gehalts an Fett, gesättigten Fettsäuren, Kohlenhydraten, Zucker, Eiweiß und Salz vor. Bei einem Zusatz von Vitaminen und Mineralstoffen ist deren Gehalt anzugeben, zusätzlich zur Menge auch als Prozentsatz der in Anlage XIII Teil A Nr. 1 festgelegten Referenzmengen. Die Vorschriften der LMIV sind Marktverhaltensvorschriften iSd § 3a.[410] 90i

gg) Diätetische Lebensmittel. Für bestimmte **Lebensmittel, die für eine besondere Ernährung bestimmt sind,** nämlich **Lebensmittel für Säuglinge und Kleinkinder,** für **besondere medizinische Zwecke** und **Tagesrationen für gewichtskontrollierende Ernährung**[411] gelten neben den Kennzeichnungsvorschriften für normale Lebensmittel 90j

---

[403] BGH GRUR 2013, 739 Rn. 19 – Barilla.

[404] Verordnung (EU) Nr. 1169/2011 betreffend die Information der Verbraucher über Lebensmittel, ABl. 2011 L 304, S. 18.

[405] Vgl. hierzu die nationalen Durchführungsbestimmungen in § 4 LMIDV (Verordnung zur Durchführung unionsrechtlicher Vorschriften betreffend die Information der Verbraucher über Lebensmittel v. 5.7.2017 (Lebensmittelinformations-Durchführungsverordnung) BGBl. 2017 I S. 2272.

[406] Deren Kennzeichnung ist in Art. 14 ff. der Verordnung (EG) Nr. 1334/2008 über Aromen geregelt.

[407] So nach der Butterverordnung, der Käseverordnung, der Verordnung über Milcherzeugnisse sowie der Konsummilch-Kennzeichnungsverordnung.

[408] OLG Köln GRUR-RR 2014, 45 (zu § 8 LMKV).

[409] Vgl. OLG Köln GRUR 1999, 1023 (zu §§ 3, 7 LMKV).

[410] KG LMuR 20120, 74 (zu Art. 34 LMIV); KG MMR 2018694; OLG Düsseldorf GRUR-RR 2021, 138 (jeweils zu Art. 14 LMIV).

[411] Vgl. Verordnung (EU) Nr. 609/2013, ABl. 2013 L 181, S. 35.

noch weitere Informationspflichten. Einzelheiten sind in den Delegierten Verordnungen (EU) 2016/127[412] (für Säuglingsanfangsnahrung und Folgenahrung) und 2016/128[413] (für bilanzierte Diäten) geregelt.

91 Diese Vorschriften des Lebensmittelrechts dienen im Interesse der Verbraucher auch dazu, das Verhalten der Hersteller und Vertreiber von Lebensmitteln auf dem Markt für Lebensmittel zu regeln. Die **sekundäre Marktbezogenheit** dieser Vorschriften iSv § 3a ist daher von der Rechtsprechung zu § 4 Nr. 11 UWG aF im Grundsatz bejaht worden, und zwar sowohl für die Normen, die aus Gründen des vorbeugenden Gesundheitsschutzes etwa die Verwendung nicht zugelassener **Zusatzstoffe**[414] oder **neuartiger Lebensmittel**[415], verbieten als auch für die lebensmittelrechtlichen **Irreführungsverbote.**[416] Auch die Weinbezeichnungsvorschriften des europäischen Weinrechts sind Marktverhaltensnormen im Sinne von § 3a.[417] Auf die unterschiedlichen Schutzzwecke im Einzelnen, also insbesondere ob die verletzte Vorschrift mehr dem Schutz der Gesundheit oder mehr dem Schutz vor Täuschung dient, kommt es insoweit nicht an.

92 Die neuere Rechtsprechung hat jeden Verstoß gegen lebensmittelrechtliche Vorschriften als unlauter iSd §§ 3, 3a angesehen, weil diese Vorschriften grundsätzlich dem Schutz der Gesundheit der Verbraucher dienen.[418] Das Korrektiv der Relevanz[419] wurde auch vor der Einführung des § 3a durch das 2. UWG-Änderungsgesetz nicht mehr angewendet. Damit ist faktisch wieder die gleiche Situation erreicht wie gegen Ende des vergangenen Jahrhunderts, als jeder Verstoß gegen im weitesten Sinne gesundheitsschützende Vorschriften grundsätzlich als Wettbewerbsverstoß angesehen wurde.[420]

93 **q) Lotteriestaatsvertrag/Glücksspielstaatsvertrag.** Der **Glücksspielstaatsvertrag (GlüStV)** hat den Zweck, das Entstehen von Glücksspielsucht und Wettsucht zu verhindern, das Glücksspielangebot zu begrenzen und den natürlichen Spieltrieb der Bevölkerung in geordnete und überwachte Bahnen zu lenken (vgl. § 1 GlüStV). Bei den zu diesem Zweck erlassenen Regelungen handelt es sich um **Marktverhaltensregelungen** im Interesse der Spielteilnehmer.[421] Die UGP-Richtlinie steht dabei einer Anwendung des § 3a nicht entgegen, da sie nationale Vorschriften, die sich auf Glückspiele beziehen, unberührt lässt.[422] Relevante Verstöße im Sinne von § 3a sind insbesondere das Verbot der **Veranstaltung oder des Vermittelns von öffentlichen Glückspielen ohne behördliche Erlaubnis** (§ 4 Abs. 1 GlüStV) und das Verbot des Veranstaltens und Vermittelns **öffentlicher Gewinnspiele im Internet** (§ 4 Abs. 4 GlüStV).[423] Das Gleiche gilt für die

---

[412] Abl. Nr. L 25 S. 1.

[413] Abl. Nr. L 25 S. 30.

[414] ZB BGH GRUR 2011, 355 Rn. 15 – Gelenknahrung II; OLG Hamburg ZLR 2007, 413 (418); OLG Köln ZLR 2007, 231 (232); 2008, 717 (720 f.).

[415] BGH GRUR 2008, 625 Rn. 11 – Fruchtextrakt; GRUR 2009, 413 Rn. 28 – Erfokol-Kapseln.

[416] BGH GRUR 2015, 403 – Monsterbacke II; OLG Köln ZLR 2008, 351; GRUR-RR 2013, 466; OLG Frankfurt a. M. MD 2007, 436 f.; OLG Hamburg WRP 2007, 465; OLG Hamm MD 2007, 383 ff.; OLG Karlsruhe GRUR 2015, 253; OLG München GRUR-RR 2006, 139; OLG Nürnberg LMRR 2013, 112; vgl. bereits *Klamroth* ZLR 1978, 467 (473): „Der gesundheitspolitische Hauptzweck vieler lebensmittelrechtlicher Vorschriften zieht auch die Regelung des Wettbewerbes nach sich."

[417] BGH GRUR 2009, 972 Rn. 14 – Lorch Premium II.

[418] Vgl. die → Rn. 89–91 zitierten Entscheidungen.

[419] Vgl. OLG Hamburg NJOZ 2003, 2127 (2132); im Einzelnen zu dieser Thematik *v. Jagow* FS Doepner, 2008, 21.

[420] Vgl. dazu → Rn. 4.

[421] Vgl. BGH NJW-RR 2008, 1491 Rn. 50 – Post-Wettannahmestelle; aA OLG Frankfurt a. M. BeckRS 2019, 15443 für das Gebot der Trennung von Geldspielgeräten und Wettautomaten in § 21 Abs. 2 GlüStV; dagegen dienen die Vorschriften des § 5 Abs. 2 und des § 6 Abs. 2 HessSpielhallenG, die den Zugang zu Spielhallen regeln, der Bekämpfung der Glücksspielsucht bzw. dem Jugendschutz und damit dem Interesse von Marktteilnehmern, OLG Frankfurt a. M. BeckRS 2020, 18240.

[422] Vgl. BGH GRUR 2011, 169 Rn. 19 – Lotterien und Casinospiele; GRUR 2012, 193 Rn. 16 – Sportwetten im Internet II; GRUR 2013, 527 Rn. 11 – Digibet.

[423] BGH GRUR 2012, 193 Rn. 20 ff. – Sportwetten im Internet II; GRUR 2012, 201 Rn. 21 ff. – Poker im Internet; OLG Köln GRUR-RR 2013, 111 (112).

Werbebeschränkungen des § 5 GlüStV, zB das Verbot einer Werbung, die gezielt zur Teilnahme am Glückspiel auffordert,[424] und für das **Verbot, für öffentliches Glückspiel im Fernsehen, Internet sowie über Telekommunikationsanlagen zu werben** (§ 5 Abs. 3 GlüStV).[425]

r) Medizinproduktegesetz. Das in § 6 Abs. 1 MPG enthaltene Verbot, **Medizinprodukte** in Verkehr zu bringen, wenn sie nicht mit einer **deutschsprachigen Gebrauchsanweisung** bzw. mit einer **CE-Kennzeichnung** versehen sind, stellt eine Marktverhaltensregelung im Sinne von § 3a dar, weil diese Kennzeichnungsvorschriften den Schutz der Gesundheit der Verbraucher bezwecken.[426] Gleiches gilt für das in § 4 Abs. 2 S. 1 MPG enthaltene Verbot, Medizinprodukte in irreführender Aufmachung in den Verkehr zu bringen.[427] 94

s) Pflanzenschutzgesetz. Die Zulassungsbestimmungen des **Pflanzenschutzgesetzes** sind zum Schutze der Verbraucher erlassen worden und damit auch dazu bestimmt, im Interesse der Marktteilnehmer das Marktverhalten zu regeln. Verstöße gegen Art. 28 Abs. 1 Verordnung (EG) Nr. 1107/2009 (bislang § 11 PflanzenschutzG) durch Vertrieb eines **Pflanzenschutzmittels** ohne pflanzenrechtliche Zulassung des Produktes[428] bzw. mit einem nicht als zugelassen geltenden Zusatzstoff[429] fallen unter § 3a. 95

t) Personenbeförderungsgesetz. Das **Personenbeförderungsgesetz**[430] regelt die entgeltliche oder geschäftsmäßige Beförderung von Personen mit Straßenbahnen, mit O-Bussen und mit Kraftfahrzeugen (§ 1 Abs. 1 PBefG). Diese Beförderungsarten unterliegen nach § 2 Abs. 1 PBefG einer **Genehmigungspflicht.** Die Erteilungsgründe sind in § 14 PBefG im Einzelnen aufgeführt. Die Genehmigungspflicht für Taxi- und Mietwagenunternehmer ist eine Marktverhaltensregelung iSv § 3a. Sie regelt zwar den **Marktzutritt.** Dies wird in der neueren Judikatur aber nicht mehr problematisiert. Denn sie regelt auch das Marktverhalten, weil sie nicht nur dem Interesse des Taxengewerbes an einem unverfälschten Wettbewerb, sondern auch dem Verbraucherschutz dient, indem sie gewährleistet, dass der Betrieb des Unternehmens, seine Ausrüstung und die Beschaffenheit der Fahrzeuge sowie die Verkehrskenntnisse der Fahrer das Vertrauen in eine sichere und ordnungsgemäße Beförderung rechtfertigen können.[431] 96

Die wettbewerbsrechtliche Judikatur hat häufig das Verbot des § 49 Abs. 4 S. 2 und 3 PBefG beschäftigt, wonach mit Mietwagen (im Unterschied zu Taxen) nur Beförderungsaufträge ausgeführt werden dürfen, die am Betriebssitz oder in der Wohnung des Unternehmers eingegangen sind, und wonach der Mietwagen nach Ausführung des Beförderungsauftrages in der Regel unverzüglich zum Betriebssitz zurückzukehren hat.[432] 97

---

[424] Vgl. BGH GRUR 2011, 440 Rn. 11 ff. – Spiel mit; KG GRUR-RR 2010, 22 (27) und GRUR-RR 2010, 2930; OLG Koblenz GRUR-RR 2010, 16 (19); OLG Köln GRUR-RR 2013, 111; OLG München WRP 2008, 972 (975); 2009, 1014 (1015).

[425] BGH GRUR 2012, 193 – Sportwetten im Internet II.

[426] BGH GRUR 2008, 922 Rn. 6 – In-vitro-Diagnostika; GRUR 2010, 169 Rn. 13 – CE-Kennzeichen; GRUR 2010, 754 Rn. 18 ff. – Golly Telly; GRUR 2010, 756 Rn. 9 – One Touch Ultra.

[427] Vgl. BGH GRUR 2010, 1125 Rn. 29 – Femur-Teil; OLG Schleswig GRUR-RR 2015, 212.

[428] BGH GRUR 2010, 160 – Quizalofop; GRUR 2012, 456 Rn. 31 – Delan; GRUR 2012, 945 Rn. 31 – Tribenuronmethyl; GRUR 2013, 414 Rn. 9 – Elonicamid; GRUR 2016, 88 Rn. 22 – Deltamethrin; OLG Köln GRUR 2005, 962 (964); GRUR-RR 2011, 113; OLG Celle GRUR-RS 2017, 113254.

[429] Vgl. BGH GRUR 2011, 842 Rn. 20 – RC-Netzmittel; GRUR 2011, 843 Rn. 16 – Vorrichtung zur Schädlingsbekämpfung.

[430] Neugefasst durch Bekanntmachung vom 8.8.1990, BGBl. I S. 690, zuletzt geändert durch Art. 10 G v. 3.12.2020; BGBl. 2020 I, S. 2694.

[431] OLG Frankfurt a. M. GRUR-RR 2017, 17 (20) – Uber Pop; siehe auch BGH GRUR 2009, 881 Rn. 12 f. – Überregionaler Krankentransport.

[432] BGH GRUR 1988, 831 – Rückkehrpflicht; GRUR 1990, 49 – Rückkehrpflicht II; GRUR 1989, 835 – Rückkehrpflicht III; NJW-RR 1990, 173 – Beförderungsauftrag; GRUR 1990, 1366 – Rückkehrpflicht IV; GRUR 2015, 1235 – Rückkehrpflicht V; GRUR 2019, 298 – Uber Black II; OLG Schleswig WRP 1995, 753; OLG Koblenz WRP 1995, 860; die Vorschrift bleibt auch nach umfassender Änderung des PBefG im Jahre 2021 bestehen, vgl. BT-Drs. 19/26175 und 19/27288.

98 § 49 Abs. 2–4 PBefG regeln im Interesse der sonstigen Marktteilnehmer, nämlich der anderen Mietwagenbetreiber, aber auch der Taxibetreiber, das Verhalten im Wettbewerb, so dass ein Verstoß gegen diese Vorschriften unlauter iSv § 3a ist.[433] Auch § 47 Abs. 2 PBefG, wonach Taxen nur in der Gemeinde bereitgehalten werden dürfen, in der der Unternehmer seinen Betriebssitz hat, stellt eine Marktverhaltensregelung dar.[434] Das gleiche gilt für die in § 39 Abs. 3 PBefG enthaltene Regelung, wonach die behördlich festgestellten Beförderungsentgelte nicht über- oder unterschritten werden dürfen.[435] Dagegen ist die Regelung in § 13 Abs. 4 PBefG, nach der beim Verkehr mit Taxen die Genehmigung zu versagen ist, wenn die öffentlichen Verkehrsinteressen dadurch beeinträchtigt werden, keine Marktverhaltensregelung, sondern eine reine Marktzutrittsnorm.[436]

99 Die vergleichbare Vorschrift in § 18 **RettG NRW,** welche die begrenzte Zulassung privater Unternehmen zur Notfallrettung und Krankentransporte regelt, betrifft nicht nur den Marktzutritt, sondern zugleich auch das Marktverhalten zum Schutz der transportbedürftigen Kranken.[437]

100 **u) Pkw-Energieverbrauchskennzeichnungsverordnung.** Nach **§ 1 Pkw-EnVKV** müssen Hersteller und Händler, die neue Personenkraftwagen ausstellen, zum Kauf oder Leasing anbieten oder für diese werben, Angaben über den **Kraftstoffverbrauch** und die **CO_2-Emissionen** nach Maßgabe der §§ 3–5 sowie der Anlagen 1–4 machen. Bei dieser Vorschrift handelt es sich um eine Marktverhaltensregelung.[438] Dabei sind neue Pkw iSd § 2 Nr. 1 dieser Verordnung auch solche mit Tageszulassung bzw. Vorführwagen.[439] Bei Internetdiensten wie YouTube abrufbare Werbevideos stellen keine audiovisuellen Mediendienste nach Artikel 1 Buchstabe a der Richtlinie 2010/13/EU (Richtlinie über audiovisuelle Mediendienste) dar, so dass sich derjenige, der mittels derartiger Videos Werbung für Pkw-betreibt, nicht auf die Ausnahme vom Kennzeichnungsgebot in § 5 Abs. 2 S. 1 Hs. 2 Pkw-EnVKV berufen kann.[440] Vergleichbare Regelungen, die Händler zur Angabe des Energieverbrauchs verpflichten, gibt es auch für andere energieverbrauchende Geräte sowie für Immobilien, nämlich in Art. 4 lit. a der Delegierten Verordnungen (EU) 2019/2017 (Haushaltsgeschirrspüler), 2019/2016 (Haushaltskühlgeräte), 2019/2014 (Haushaltswaschmaschinen), 2019/2013 (elektronische Displays, zB in Fernsehgeräten) und 626/2011 (Luftkonditionierer) sowie 65/2014 (Haushaltsbacköfen und -dunstabzugshauben), außerdem § 4 EnVKV und § 4 EnEV. Auch bei diesen Vorschriften handelt es sich um Marktverhaltensregelungen iSd § 3a.[441]

---

[433] Vgl. BGH GRUR 2015, 1235 Rn. 12 – Rückkehrpflicht V; GRUR 2012, 645 Rn. 12 – Mietwagenwerbung zu § 49 Abs. 4 S. 5; nicht dagegen bei Verstoß gegen § 49 Abs. 4c (Verpflichtung buchmäßiger Erfassung des Eingangs des Beförderungsauftrages am Betriebssitz); vgl. MünchKomUWG/*Schaffert* § 3a Rn. 200 ff.; Köhler/Bornkamm/Feddersen/*Köhler* § 3a Rn. 1.83.

[434] BGH GRUR 2013, 412 Rn. 15 – Taxibestellung; GRUR 2017, 926 Rn. 11 – Anwaltsabmahnung II.

[435] BGH GRUR 2018, 946 Rn. 21 f. – Bonusaktion für Taxi App.

[436] Vgl. *Ullmann* GRUR 2003, 817 (824).

[437] BGH GRUR 2009, 881 Rn. – Überregionaler Krankentransport (Wettbewerbsverstoß im konkreten Fall wegen fehlender Spürbarkeit verneint); weitergehend OLG Hamm BeckRS 2006, 00958, das in § 18 RettG NRW auch eine Vorschrift zum Schutz der Mitbewerber sieht.

[438] BGH GRUR 2010, 852 Rn. 16 – Gallardo Spyder; GRUR 2012, 842 Rn. 15 – Neue Personenkraftwagen; GRUR 2015, 393 – Der neue SLK (dort aber Verstoß gegen § 5a Pkw-EnVKVers verneint); GRUR 2015, 1017 Rn. 13 – Neuer Personenkraftwagen II; GRUR 2018, 1258 Rn. 21 – YouTube Werbekanal II; GRUR 2019, 966 – Umwelthilfe; OLG Frankfurt a. M. GRUR-RR 2014, 156; OLG Oldenburg GRUR-RR 2007, 83 f.; vgl. dazu auch *Goldmann* WRP 2007, 38 (41).

[439] OLG Köln WRP 2007, 680 (682); OLG Stuttgart GRUR-RR 2009, 347 (348).

[440] GRUR 2018, 1258 Rn. 27 ff. – You Tube Werbekanal II.

[441] BGH GRUR 2016, 954 Rn. 13 – Energieeffizienzklasse; GRUR 2017, 288 Rn. 26 – Energieverbrauchskennzeichnung; GRUR 2017, 292 Rn. 24 – Energieverbrauchskennzeichnung im Internet; GRUR 2017, 928 Rn. 17 – Energieeffizienzklasse II; GRUR 2018, 438 Rn. 12 – Energieausweis; GRUR 2019, 746 Rn. 26 – Energieeffizienzklasse III.

v) Preisangabenrecht. Verstöße gegen die **Preisangabenverordnung**[442] als wichtigstes materielles Gesetz über die Art und Weise von Preisangaben beschäftigen die Wettbewerbsgerichte in besonders umfangreichem Maße. 101

Der Primärzweck der PAngV, die Preiswahrheit und Preisklarheit durch eine sachlich zutreffende und vollständige Information der Verbraucher über die Endpreise zu gewährleisten, bezieht sich erkennbar[443] auf den Schutz von Marktteilnehmern, in erster Linie der Verbraucher. Zumindest sekundär hat die PAngV damit eine wettbewerbliche Schutzfunktion.[444] Sie soll das Marktverhalten in Bezug auf die Preisangaben regeln und damit auch beeinflussen. 102

Die Vorschriften der Preisangabenverordnung haben ihre **Grundlage im Unionsrecht.**[445] Auch vor dem Hintergrund der abschließenden Regelung der UGP-Richtlinie können jedenfalls die Informationspflichten der PAngV, die unionsrechtlich vorgegeben sind, eine Unlauterkeit im Sinne von § 3a begründen.[446] Vor diesem Hintergrund stellen Verstöße gegen die Preisangabenverordnung, beispielsweise gegen das Gebot, **Gesamtpreise** anzugeben, also einschließlich der **Umsatzsteuer** gemäß § 1 Abs. 1 PreisangabenV,[447] sowie **sonstiger Preisbestandteile,** zB **Versandkosten,**[448] die **Flughafen- und Startgebühren** bei den Preisen von Flugreisen,[449] das **Service-Entgelt** bei einer **Kreuzfahrt,**[450] der **Bearbeitungskosten** einer Reisebuchung beim **Reisepreis**[451] oder von **Überführungskosten** für einen Pkw[452] oder bei Beerdigungen[453] sowie die **Kosten für Umrüstung** eines **Pkw** und die TÜV-Abnahme zwecks Zulassung auf dem deutschen Markt Verstöße gegen Marktverhaltensregelungen im Sinne von § 3a dar.[454] Auch die nicht vollständige Angabe aller Preisbestandteile bei **Mobilfunktarifen**[455] und bei Nutzungskosten für das **Internet**[456] und der damit verbundene Verstoß gegen die PAngV sind in der Regel unlauter im Sinne von § 3a. Gerade bei der Endpreisangabe wird aber nicht jeder Fall geeignet sein, die Interessen von Marktteilnehmern spürbar zu beeinträchtigen (Bagatellschwelle), etwa weil das in jeder unvollständigen oder schlecht erkennbaren Endpreisangabe liegende Irreführungspotential so gering ist, dass sie das wirtschaftliche Verhalten des Verbrauchers nicht wesentlich beeinflussen.[457] 103

Die gleichen Erwägungen gelten auch für die Vorschriften des § 2 PAngV betreffend die Angabe des **Grundpreises.** Wie schon die Erwägungsgründe der Richtlinie 98/6/EG über 104

---

[442] Vgl. dazu ausführlich unten die Kommentierung zur Preisangabenverordnung.

[443] Vgl. → Rn. 29.

[444] Ebenso *Ullmann* GRUR 2003, 817 (823).

[445] Richtlinie 98/6/EG über den Schutz der Verbraucher bei der Angabe der Preise der ihnen angebotenen Erzeugnisse; Richtlinie 2006/123/EG über Dienstleistungen im Binnenmarkt.

[446] Vgl. BGH GRUR 2009, 1180 Rn. 24 – 0,00 Grundgebühr; GRUR 2010, 653 Rn. 11 f. – Costa del Sol; GRUR 2011, 82 Rn. 17 – Preiswerbung ohne Umsatzsteuer.

[447] BGH GRUR 2008, 532 Rn. 21 – Umsatzsteuerhinweis; GRUR 2011, 82 Rn. 17 ff. – Preiswerbung ohne Umsatzsteuer; OLG Hamburg GRUR-RR 2005, 27 (29); vgl. zum früheren Recht BGH GRUR 1974, 281 – Clipper; GRUR 1979, 553 f. – Luxus-Ferienhäuser.

[448] BGH GRUR 2008, 84 Rn. 26 ff. – Versandkosten; GRUR 2010, 248 Rn. 11 ff. – Kamerakauf im Internet; GRUR 2010, 251 Rn. 12 – Versandkosten bei Froogle; OLG Köln GRUR-RR 2005, 89 (90); OLG Hamburg GRUR-RR 2007, 167; 2005, 27 (29).

[449] BGH GRUR 2010, 652 – Costa del Sol; BGH GRUR 1981, 140 (141) – Flughafengebühren; OLG Düsseldorf NJWE-WettbR 1998, 104; OLG Köln NJWE-WettbR 2000, 211.

[450] BGH GRUR 2015, 1240 Rn. 18 ff. – Der Zauber des Nordens.

[451] OLG Frankfurt a. M. GRUR 1988, 49 (50).

[452] OLG Schleswig MD 2007, 505 f.

[453] BGH GRUR 2016, 516 Rn. 34 ff. – Wir helfen im Trauerfall.

[454] BGH GRUR 1983, 443 (445) – Kfz-Endpreis.

[455] BGH GRUR 2009, 1180 Rn. 27 – 0,00 Grundgebühr; OLG Frankfurt a. M. GRUR-RR 2005, 355 f.

[456] BGH GRUR 2010, 744 Rn. 28 ff. – Sondernewsletter; OLG Hamburg MD 2007, 129 ff.; 2007, 246 (249); 2007, 254; 2006, 1361 (1368).

[457] Vgl. zu § 3 aF OLG Hamburg MD 2007, 444 (446 f.); OLG Jena GRUR-RR 2006, 283 (284 f.); OLG Stuttgart GRUR-RR 2005, 608 f.; vgl. auch BGH GRUR 2008, 442 – Fehlerhafte Preisauszeichnung; zu § 13 Abs. 2 Nr. 2 UWG aF BGH GRUR 2001, 1168 (1169) – Fernflugpreise; kritisch dazu *Doepner* GRUR 2003, 825 (832).

den Schutz der Verbraucher bei der Angabe der Preise der ihnen angebotenen Erzeugnisse zeigen, deren Umsetzung gerade die Vorschriften über die Angabe des Grundpreises dienen, trägt die Verpflichtung, den Verkaufspreis und den Preis je Maßeinheit anzugeben, zur Verbesserung der Verbraucherinformation bei, da sie eine bessere Möglichkeit bietet, Preisvergleiche anzustellen.[458] Ferner fördern ein transparenter Markt und korrekte Informationen nicht nur den Verbraucherschutz, sondern auch einen gesunden Wettbewerb zwischen Unternehmen und zwischen Erzeugnissen.[459] Verstöße gegen das Gebot zur Grundpreisangabe sind daher unlauter iSv § 3a.[460]

105 Nach allem stellen auch Verstöße gegen die sonstigen Vorschriften der PAngV, insbesondere die Gebote, die in der PAngV vorgesehenen Angaben eindeutig zuzuordnen, **leicht erkennbar** und **deutlich lesbar** zu gestalten (§ 1 Abs. 4 S. 2 PAngV),[461] **sichtbar ausgestellte Waren** durch Preisschilder oder Beschriftung der Waren **auszuzeichnen** (§ 4),[462] sowie die Verpflichtung zur spezifizierten Preisangabe bei **Verbraucherdarlehen** (§§ 6, 6a),[463] auch ein unlauteres Verhalten im Sinne von § 3a dar. Das Gleiche gilt für die Vorschriften über die Art der Preisangabe im **FahrlG.**[464] Schließlich stellen auch die gegenüber gewerblichen Dienstleistungsempfängern zu beachtenden Preisangabepflichten nach § 4 Abs. 1 **DL-InfoV** eine Marktverhaltensregelung dar, deren Verletzung unlauter im Sinne von § 3a ist.[465] Auch die Vorschrift des Art. 23 Abs. 1 S. 2 der **Verordnung (EG) Nr. 1008/2008** über gemeinsame Vorschriften für die Durchführung von Luftverkehrsdiensten, wonach bei der Angabe von Flugpreisen der zu zahlende Einzelpreis einschließlich Steuern, Gebühren, Zuschlägen und Entgelte stets auszuweisen ist, stellt eine Markverhaltensregelung dar.[466]

106 **w) Preisvorschriften/Gebührenregelungen.** Bestimmungen der **ArzneimittelpreisVO,** mit der gemäß § 78 Abs. 2 AMG die Apothekenabgabepreise festgelegt werden, sind das Marktverhalten, nämlich den (Preis-)Wettbewerb unter den Pharmagroßhändlern regelnde Vorschriften iSd § 3a.[467] Zwar stellen auch die Preisbindung gemäß § 3 **BuchpreisbindG** eine Marktverhaltensvorschrift dar. Allerdings wird die Vorschrift des § 9 BuchpreisbindG, die Unterlassungs- und Schadensersatzansprüche bei Verletzung der Buchpreisbindung gewährt, überwiegend als abschließende Regelung angesehen, die zusätzliche Sanktionen nach § 3a ausschließt.[468] Gebührenregelungen, die das Unterschreiten bestimmter Gebühren für Dienstleistungen verbieten, dienen zwar in erster Linie dem Interesse der durch sie gebundenen Dienstleister vor einem ruinösen Preiswettbewerb, so

[458] ABl. 1998 L 80, S. 27, Erwägungsgrund Nr. 6.

[459] ABl. 1998 L 80, S. 27, Erwägungsgrund Nr. 1.

[460] BGH GRUR 2014, 576 Rn. 16 – 2 Flaschen GRATIS (im entschiedenen Fall ein Verstoß gegen § 2 Abs. 1 PAngV allerdings verneint); GRUR 2019, 641 Rn. 13 – Kaffeekapseln; OLG Jena GRUR-RR 2006, 246 f.; OLG Koblenz GRUR 2005, 23 f.; zum früheren Recht vgl. BGH GRUR 1995, 760 – Frischkäsezubereitung.

[461] Vgl. BGH GRUR 2013, 850 Rn. 13 – Grundpreisangabe im Supermarkt.

[462] Vgl. zum früheren Recht zB BGH GRUR 1973, 655 (657) – Möbelauszeichnung.

[463] Vgl. zum früheren Recht zB BGH GRUR 1994, 311 (312) – Finanzkaufpreis ohne Mehrkosten.

[464] OLG Celle GRUR-RR 2013, 224 (225); OLG Hamm GRUR-RR 2008, 405; WRP 2015, 396.

[465] Vgl. OLG Düsseldorf WRP 2013, 363; Köhler/Bornkamm/Feddersen/*Köhler* § 3a Rn. 1.262 und Vorb. DL-InfoV Rn. 8.

[466] BGH GRUR 2016, 392 Rn. 15 – Buchungssysteme II; GRUR 2017, 283 Rn. 19 – Servicepauschale; GRUR 2017, 742 – Flugpreisangabe; vgl. dazu auch EuGH C-573/13, GRUR 2015, 281 – Air Berlin/Bundesverband; NJW 2019, 985 – Germanwings/Verbraucherzentrale Baden Württemberg: Flugpreisangabe muss in einer mit dem angebotenen Dienst objektiv in Verbindung stehende Landeswährung erfolgen.

[467] BGH GRUR 2010, 1133 Rn. 19 – Bonuspunkte; GRUR 2010, 1136 Rn. 16 ff. – Unser Dankeschön für Sie; GRUR 2013, 1264 Rn. 18 ff. – Rezeptbonus; NIOZ 2014, 1524 Rn. 12 – Bonussystem einer Apotheke; GRUR 2014, 591 Rn. 17 – Holland-Preise; GRUR 2017, 1281 – Großhandelszuschläge (im konkreten Fall kein Verstoß gegen § 2 AMPreisV); aA OLG Rostock GRUR-RR 2005, 391 (393).

[468] Vgl. *Köhler*/Bornkamm/Feddersen § 3a Rn. 1.259; *Ohly*/Sosnitza § 3a Rn. 10, jeweils unter Berufung auf BGH GRUR 2003, 807 – Buchpreisbindung; Fezer/Büscher/Obergfell/*Götting*/*Hetmank* § 3a Rn. 147; vgl. auch BGH GRUR 2016, 298 – Gutscheinaktion beim Buchankauf.

früher die entsprechenden Vorschriften der **HOAI**[469] oder des **§ 49b BRAO**[470] bzw. des **§ 64 StBerG.** Den Verboten kommt damit aber zumindest sekundär die Funktion zu, den Preiswettbewerb auf dem betroffenen Markt zu regeln.[471] Indem sie die gleichen rechtlichen Voraussetzungen für die auf dem fraglichen Markt tätigen Wettbewerber schaffen, haben sie zumindest auch eine wettbewerbsbezogene Schutzfunktion und sind deshalb als Marktverhaltensregelungen iSd § 3a zu betrachten.[472] Das Gleiche gilt für das Verbot der Abgabe von Tabakwaren unter dem auf dem Steuerzeichen angegebenen Packungspreis gemäß **§ 26 TabStG**[473] und für die in **§ 39 Abs. 3 PBefG** enthaltene Regelung, wonach die behördlich festgestellten Beförderungsentgelte nicht über- oder unterschritten werden dürfen.[474]

x) Rechtsdienstleistungsgesetz. Das **Rechtsdienstleistungsgesetz**[475] verbietet die selbständige Erbringung von außergerichtlichen Rechtsdienstleistungen, soweit diese nicht durch dieses Gesetz oder aufgrund anderer Gesetze erlaubt werden (§ 3). Es unterstellt nur noch solche Dienstleistungen dem Verbotsbereich des Gesetzes, die eine **substanzielle Rechtsprüfung** erfordern und sich nicht auf die bloße Anwendung des Rechts beschränken (§ 2 RDG). Im Zusammenhang mit einer anderen beruflichen Tätigkeit dürfen diese Rechtsdienstleistungen außergerichtlich auch durch Nichtanwälte erbracht werden, soweit es sich nach Inhalt und Umfang um **Nebenleistungen** handelt, die zu der Haupttätigkeit gehören (§ 5 RDG). Außergerichtliche **Rechtsdienstleistungen, die nicht im Zusammenhang mit einer entgeltlichen Tätigkeit stehen,** dürfen nunmehr von jedermann erbracht werden. Personen oder Einrichtungen, die Rechtsdienstleistungen außerhalb des Familien- oder Bekanntenkreises erbringen, sind jedoch zum Schutz der Rechtsuchenden verpflichtet, eine juristisch qualifizierte Person zu beteiligen (§ 6 RDG). Gleiches gilt für **Rechtsdienstleistungen durch Vereine, Verbraucher- und Wohlfahrtsverbände** (§§ 7 und 8 RDG). Inkassodienstleistungen, Rentenberatung und Rechtsdienstleistungen in einem ausländischen Recht dürfen nur Personen erbringen, die ihre Sachkunde nachgewiesen haben und in dem neu zu schaffenden Rechtsdienstleistungsregister registriert sind (§ 10 RDG). Das bisherige Erlaubnis- und Aufsichtsverfahren wird zu einem **Registrierungsverfahren** umgestaltet (§§ 12 ff. RDG). 107

Die Regelungen des Rechtsdienstleistungsgesetzes dienen ebenso wie der Erlaubniszwang des Rechtsberatungsgesetzes dem Verbraucherschutz; sie betreffen den Marktzutritt zur Besorgung fremder Rechtsangelegenheiten. Wie alle Normen, die den Zugang zu einer beruflichen Tätigkeit von einer bestimmten Qualifikation abhängig machen, haben sie damit zumindest sekundär wettbewerbsregelnden Charakter,[476] beziehen sich also auch auf das **Marktverhalten** iSv § 3a.[477] Dies gilt auch für **§ 79 Abs. 2 ZPO,** der abschließend 108

[469] Vgl. BGH GRUR 2003, 969 (970) – Ausschreibung von Vermessungsleistungen; GRUR 2005, 171 (172) –Ausschreibung von Ingenieurleistungen; diese Vorschriften sind aber nach EuGH C-377/17, NJW 2019, 2529 mit Unionsrecht nicht vereinbar und dementsprechend nunmehr aufgehoben worden.

[470] OLG Nürnberg BeckRS 2015, 06395; *Ullmann* GRUR 2003, 817 (822) unter Verweis auf BGH GRUR 2001, 256 – Gebührenvereinbarung und GRUR 2003, 349 – Anwaltshotline.

[471] *Büttner* FS Erdmann, 2002, 545 (555).

[472] BGH GRUR 2006, 955 Rn. 11 – Gebührenvereinbarung II; GRUR 2005, 433 (435) – Telekanzlei; GRUR 2019, 970 –Erfolgshonorar für Versicherungsberater, jeweils zu § 49b BRAO; BGH GRUR 2005, 436 f. – Steuerberater-Hotline zu § 64 StBerG; BGH GRUR 2003, 969 (970) zu § 4 Abs. 2 HOAI; OLG Hamburg WRP 2011, 275 (276) und OLG Düsseldorf GRUR-RR 2018, 203zu § 7 HOAI; vgl. zu § 1 UWG aF bereits BGH GRUR 1991, 769 (771) – Honoraranfrage.

[473] Vgl. OLG Frankfurt a. M. GRUR-RR 2004, 255.

[474] BGH GRUR 2018, 946 Rn. 21 f. – Bonusaktion für Taxi App.

[475] Art. 1 des Gesetzes zur Neuregelung des Rechtsberatungsrechts vom 12.12.2007, BGBl. I S. 2840.

[476] Vgl. *Ullmann* GRUR 2003, 817 (824).

[477] BGH GRUR 2009, 1077 Rn. 20 – Finanz-Sanierung; GRUR 2011, 539 Rn. 25 – Rechtsberatung durch Lebensmittelchemiker; GRUR 2012, 79 Rn. 12 – Rechtsberatung durch Einzelhandelsverband; GRUR 2016, 820 Rn. 12 – Schadensregulierung durch Versicherungsmakler; GRUR 2016, 1189 Rn. 18 – Rechtsberatung durch Entwicklungsingenieur; GRUR 2007, 978 Rn. 19 – Rechtsberatung durch Haftpflichtversicherer; GRUR 2005, 604 (605) – Fördermittelberatung; GRUR 2005, 353 (354) – Testaments-

diejenigen Personen aufzählt, die anstelle eines Rechtsanwalts die Parteien als Bevollmächtigte vertreten können, und der eine sachgerechte Vertretung der Partei in gerichtlichen Verfahren sicherstellen soll.[478] Einer weitergehenden Begründung im Sinne eines primären Wettbewerbsbezuges, wie ihn der BGH in einer frühen Entscheidung noch bejaht hat,[479] bedarf es nicht.

109 Zahllose Fallgestaltungen von möglichen Verstößen gegen das frühere Rechtsberatungsgesetz haben die Wettbewerbsgerichte in den letzten fünfzig Jahren beschäftigt. Dabei zeigt die Rechtsprechung vor dem Hintergrund einiger Entscheidungen des Bundesverfassungsgerichts[480] eine deutlich erkennbare Tendenz zu einer liberaleren Auslegung der Vorschriften des Rechtsberatungsgesetzes, die dann in dessen Ablösung durch das Rechtsdienstleistungsgesetz mündete.[481] Schon zuvor bestand Einigkeit darüber, dass die Schranken, die das Rechtsberatungsgesetz der Berufsfreiheit des Art. 12 Abs. 1 GG auferlegte, durch ausreichende Gründe des Gemeinwohls gerechtfertigt sein mussten.[482] Nach wie vor müssen die öffentlichen Belange, die den Erlaubnisvorbehalt des Rechtsberatungsgesetzes rechtfertigten und die auch dem Rechtsdienstleistungsgesetz zugrunde liegen, gegen die **Berufsfreiheit** desjenigen abgewogen werden, dem wegen des Fehlens einer entsprechenden Erlaubnis die Vornahme bestimmter Handlungen untersagt werden soll.[483]

110 Unter Berücksichtigung dieser Vorgaben ist das Angebot einer **Schuldenregulierung** weiterhin grundsätzlich eine Dienstleistung, die nur durch Rechtsanwälte oder durch geeignete Stellen iSd § 305 der Insolvenzordnung erbracht werden darf.[484] Dies gilt jedenfalls dann, wenn eine umfassende, auch rechtliche Bewertung und Bewältigung der Überschuldungssituation in Aussicht gestellt wird, die entweder eine inhaltliche Prüfung der gegen den Schuldner gerichteten Forderungen oder die Vorbereitung eines Verbraucherinsolvenzverfahrens zum Gegenstand hat.[485] Auch die Tätigkeit des **Erbenermittlers** stellt dann eine weiterhin unerlaubte Rechtsdienstleistung dar, wenn der rechtliche Teil der Tätigkeit überwiegt.[486] Dies dürfte bezüglich der **Erbschaftsabwicklung** weiterhin der Fall sein.[487] Ausfluss der Rechtsprechung des BGH[488] ist, dass jetzt rechtsbezogene Nebenleistungen des **Testamentsvollstreckers** ebenso ausdrücklich zulässig sind wie Rechtsdienstleistungen als Nebenleistung im Zusammenhang mit der **Haus- und Wohnungsverwaltung** sowie der **Fördermittelberatung** (§ 5 Abs. 2 RDG). Dagegen ist das **Entwerfen eines Testaments** durch eine Bank auch nach dem RDG ebenso wenig erlaubt wie es nach dem RBerG war, auch wenn die Bank den Entwurf noch einem externen Anwalt zur Prüfung vorlegt.[489]

---

vollstreckung durch Banken; OLG Düsseldorf GRUR-RR 2014, 399; OLG Frankfurt a. M. GRUR-RR 2005, 121 (125); OLG Naumburg GRUR-RR 2006, 169.

[478] BGH GRUR 2011, 352 Rn. 17 – Makler als Vertreter in Zwangsversteigerungsverfahren.

[479] BGH NJW 1956, 749 (750) – Beratung in LA-Sachen: „Das Rechtsberatungsgesetz …. soll insbesondere auch dazu dienen, die Rechtsanwaltschaft und die zugelassenen Rechtsberater durch den Erlaubniszwang vor dem Wettbewerb unberufener Personen zu schützen."

[480] Vgl. BVerfG NJW 2000, 1251; 1998, 3481; 2002, 1190.

[481] Vgl. die Begründung zum Gesetzentwurf, BT-Drs. 16/3655, 1.

[482] Vgl. BVerfG GRUR 1998, 556 (559 ff.) – Patentgebührenüberwachung.

[483] Vgl. zum früheren Recht BVerfG NJW 2002, 1190 (1191); BGH GRUR 2003, 886 (887) – Erbenermittler.

[484] Vgl. BGH GRUR 2009, 1077 Rn. 22 f. – Finanz-Sanierung.

[485] Vgl. die Gesetzesbegründung BT-Drs. 16/3655, 42; BGH GRUR 2007, 245 Rn. 16 ff. – Schulden Hulp; Erlaubnispflicht verneint für Anfrage einer Bank an Gläubiger wegen eventuellen Forderungsverzichts durch OLG Karlsruhe NJW 2008, 3229; zum früheren Recht BGH GRUR 1987, 714 (715) – Schuldenregulierung.

[486] Solange die Rechtsdienstleistung bei der Erbenermittlung nur eine untergeordnete Rolle spielt, war sie auch nach dem RBerG zulässig, vgl. BGH GRUR 2003, 886 (888) – Erbenermittler.

[487] Vgl. zum RBerG BGH GRUR 1989, 437 (438) – Erbensucher.

[488] BGH GRUR 2005, 353 – Testamentsvollstreckung durch Banken; BGH GRUR 2005, 604 – Fördermittelberatung.

[489] *OLG* Karlsruhe GRUR-RR 2007, 51.

Inkassounternehmen können bei entsprechender Sachkunde für die Einziehung von Forderungen, also für die **Inkassodienstleistung** (§ 2 Abs. 2 RDG) registriert werden (§§ 10 ff. RDG). Sie erbringen dann erlaubte Rechtsdienstleistungen. Ob ein Verstoß gegen das RDG/RBerG vorliegt, wenn ein **Abschleppunternehmer auf Weisung der Polizeibehörde Kostenansprüche** wegen des Abschleppens eines verbotswidrig abgestellten Kraftfahrzeugs geltend macht, kann offen bleiben, da er nicht im geschäftlichen Verkehr handelt, sondern als verlängerter Arm der Behörde.[490] Dagegen besorgt ein Abschleppunternehmen, das bei Abholung abgeschleppter Fahrzeuge **ohne behördliche Weisung** darauf hinwirkt, dass der Fahrzeughalter oder -fahrer das Entgelt für das im Auftrag eines Dritten durchgeführte Abschleppen bezahlt, fremde Rechtsangelegenheiten und verstößt mangels entsprechender Registrierung gegen das RDG; es tritt mit dieser Inkassotätigkeit in ein konkretes Wettbewerbsverhältnis mit den am selben Ort tätigen Rechtsanwälten.[491] Auch die **Schadensregulierung durch Versicherungsmakler** stellt eine unerlaubte Rechtsdienstleistung dar.[492] Die lebensmittelrechtliche Beratung durch **Lebensmittelchemiker** ist dann als unzulässige Rechtsdienstleistung anzusehen, wenn sie unabhängig von der Hauptleistung, zB der Beurteilung der Verkehrsfähigkeit eines Lebensmittels, erbracht wird.[493] Im Rahmen der Überwachung gewerblicher Schutzrechte **(Schutzrechtsüberwachung)** ist zu unterscheiden: Soweit hierbei rechtliche Überlegungen angestellt werden müssen, bleibt diese Tätigkeit den Rechts- und Patentanwälten vorbehalten. Wird jedoch zur Berechnung der Fristen und der Höhe der Gebühren nur ein bereits bestehendes Programm angewendet, so dass zur **Patentgebührenüberwachung** keine rechtlichen Überlegungen mehr angestellt werden müssen, handelte es sich schon bisher um eine erlaubnisfreie Tätigkeit.[494] Nicht erlaubnispflichtig ist auch die **Schaltung von Titelschutzanzeigen.**[495] Auch die **Reservierung eines Unfallersatzfahrzeuges,** das **Einholen des Unfallschaden-Gutachtens** eines Kfz-Sachverständigen, die **Weiterleitung dieses Gutachtens an den Haftpflichtversicherer**[496] des Unfallgegners durch eine Kfz-Werkstatt sowie **Rechtshinweise eines Kfz-Haftpflichtversicherers** an den Geschädigten[497] oder die Erteilung von einfachen **Rechtsauskünften durch einen Makler** beim Ausfüllen eines Mietvertragsformulars[498] stellen keine unerlaubte Rechtsdienstleistung dar. 111

Gegenstand einer Vielzahl von Urteilen war die **Rechtsberatung in den Medien.** Während eine konkrete Rechtsberatung im Einzelfall, die über die mit der Berichterstattung über ein typisches Rechtsproblem verbundene Aufklärung hinausgeht und insbesondere außerhalb einer laufenden Sendung erfolgt, nach dem Rechtsberatungsgesetz unzulässig war,[499] stellte die Ankündigung, in einer laufenden Fernsehsendung Rechtsberatung auf individuelle Fragen von Anrufern zu erteilen, kein Angebot dar, fremde Rechtsangelegenheiten zu besorgen.[500] Das RDG hat nunmehr in § 2 Abs. 3 Nr. 5 klargestellt, dass die an die Allgemeinheit gerichtete Darstellung und Erörterung von Rechtsfragen und Rechtsfällen in den Medien **keine Rechtsdienstleistung** ist. 112

y) Rundfunkrecht/Presserecht. Der **Medienstaatsvertrag,**[501] der mit Wirkung vom 7.11.2020 den früheren Rundfunk-Staatsvertrag abgelöst hat, stellt eine **gesetzliche** Vor- 113

490 BGH GRUR 2006, 428 Rn. 14 – Abschleppkosteninkasso.
491 OLG Naumburg GRUR-RR 2006, 169.
492 BGH GRUR 2016, 820 Rn. 12 ff. – Schadensregulierung durch Versicherungsmakler.
493 BGH GRUR 2011, 539 Rn. 27 ff. – Rechtsberatung durch Lebensmittelchemiker.
494 BVerfG GRUR 1998, 556 (559 f.) – Patentgebührenüberwachung; vgl. dazu *Bürglen* WRP 2000, 846 f.
495 BGH GRUR 1998, 956 – Titelschutzanzeigen für Dritte.
496 BGH GRUR 2000, 729 (731) – Sachverständigenbeauftragung.
497 OLG Brandenburg NJW 2005, 2091 (2092).
498 OLG Karlsruhe WRP 2010, 1553 (1554).
499 Vgl. zB BGH GRUR 1987, 373 – Rentenberechnungsaktion; GRUR 2002, 987 (993) – Wir Schuldenmacher; OLG Düsseldorf WRP 1991, 588.
500 BGH GRUR 2002, 985 (986 f.) – WISO; GRUR 2002, 987 (992 f.) – Wir Schuldenmacher; GRUR 2002, 996 (999) – Bürgeranwalt.
501 MStV vom 14.–28.4.2020.

schrift iSv § 3a dar. Dies folgt daraus, dass durch den Rundfunkstaatsvertrag die EU-Fernseh-Richtlinie 89/552/EWG umgesetzt wurde und die Bundesländer, die ihn unterzeichnet haben, ihm in Form eines Gesetzes zugestimmt haben.[502] Er enthält allgemeine und detaillierte Vorschriften über Werbung im Rundfunk, so zB über die Inhalte von Werbung und Teleshopping, und dass **Werbung und Teleshopping als solche klar erkennbar** sein müssen (§ 7) sowie über das **Sponsoring** (§ 8). Diese Vorschriften, insbes. das in § 7 Abs. 3 Rundfunk-Staatsvertrag und in § 22 Abs. 1 S. 1 MStV enthaltene **Gebot der Trennung von Werbung und Programm** wurde schon unter Geltung des alten UWG als unmittelbar wettbewerbsregelnd[503] und werden jetzt als Marktverhaltensregelungen im Sinne von § 3a angesehen.[504]

114 Die genannten Verbote sind zumindest auch dazu bestimmt, im Interesse sowohl der Verbraucher als auch der anderen Rundfunkanstalten bzw. Rundfunk betreibenden Unternehmen deren Marktverhalten zu regeln. Daher gehören auch die Regelungen über die Häufigkeit und Dauer von **Unterbrecherwerbung** sowie die möglichen **Werbezeiten,** die für den öffentlich-rechtlichen Rundfunk anders geregelt sind als für die privaten Sendeanstalten, zu den marktbezogenen Vorschriften, deren Verletzung unlauter iSv § 3a ist.[505] Auch § 11d Abs. 2 Satz 1 Nr. 3 Teils. 3 RStV, der öffentlich-rechtlichen Rundfunkanstalten nichtsendungsbezogene **presseähnliche Angebote in Telemedien** untersagte[506] und § 11a Abs. 1 S. 2 RStV, wonach der öffentlich-rechtliche Rundfunk programmbegleitend **Druckwerke mit programmbezogenem Inhalt** anbieten kann,[507] sind Vorschriften im Sinne von § 3a. Sie bestimmen das Verhalten auf dem Markt der Telemedien, ohne den Zugang zu diesem Markt zu verschließen, sind also keine Marktzutrittsnormen. Aus § 11a Abs. 1 S. 2 RStV ergibt sich das an den öffentlich-rechtlichen Rundfunk gerichtete Verbot, Druckwerke (selbst) anzubieten oder durch Dritte anbieten zu lassen, wenn es sich dabei nicht um programmbegleitende Druckwerke mit programmbezogenem Inhalt handelt.[508] Schließlich ist die Bestimmung des § 16 Abs. 1 S. 3 RStV, wonach die in der ARD zusammengeschlossenen Landesrundfunkanstalten, das ZDF und das Deutschlandradio zwar berechtigt sind, **kommerzielle Tätigkeiten** auszuüben, diese aber **nur unter Marktbedingungen** erbracht werden dürfen, eine Marktverhaltensvorschrift iSd § 3a.[509]

115 Die **Landespressegesetze** enthalten in § 10 eine Verpflichtung zur **Kennzeichnung entgeltlicher Veröffentlichungen.** Danach hat der Verleger eines periodischen Druckwerks, wenn er für eine Veröffentlichung ein Entgelt erhalten hat, diese Veröffentlichung, soweit sie nicht schon durch Anordnung und Gestaltung allgemein als Anzeige zu erkennen ist, deutlich mit dem Wort „Anzeige“ zu bezeichnen. Eine vergleichbare Verpflichtung enthält **§ 6 Telemediengesetz (TMG)** für den Diensteanbieter bei kommerziellen Kommunikationen.[510] Auch diese Sondervorschriften sind Ausprägung des nunmehr ausdrücklich als Beispiel für eine Unlauterkeit, nämlich eine Irreführung durch Unterlassung (§ 5a Abs. 6) im UWG aufgeführten Verbotes, den kommerziellen Zweck von geschäftlichen Handlungen nicht kenntlich zu machen. Sie dienen der Sicherung der Unabhängigkeit der

---

[502] ZB Brandenburgisches Gesetz zum Staatsvertrag zur Modernisierung der Medienordnung in Deutschland vom 25.6.2020, GVBl. I-2020 Nr. 19; vgl. ausdrücklich BGH GRUR 2017, 422 (424) – ARD-Buffet.

[503] Vgl. *Sack* WRP 1990, 791 (800 f.).

[504] KG GRUR-RR 2005, 320; 2007, 254 (255).

[505] Vgl. *Sack* WRP 1990, 791 (801); ob auch das in § 11d Abs. 2 S. 1 Nr. 3, letzter Satzteil RStV enthaltene Verbot nichtsendebezogener presseähnlicher Angebote durch die öffentlich-rechtlichen Sendeanstalten eine Marktverhaltensregelung und nicht eine reine Marktzutrittsregelung darstellt, ist umstritten, vgl. OLG Köln GRUR-RR 2014, 342 (343) mwN.

[506] BGH GRUR 2015, 1228 Rn. 57 – Tagesschau-App; OLG Köln GRUR 2017, 311 – Tagesschau-App II.

[507] BGH GRUR 2017, 422 Rn. 27 ff. – ARD-Buffet.

[508] BGH GRUR 2017, 422 Rn. 35 – ARD-Buffet; anders für § 11c Abs. 2 S. 6 und § 19 S. 3 RStV: keine Marktverhaltensregelungen, vgl. OLG München GRUR-RR 2018, 133.

[509] BGH GRUR 2019, 627 Rn. 39 – Deutschland-Kombi.

[510] Zum Telemediengesetz vgl. im Übrigen → Rn. 122 ff.

Presse und dem Schutz der Lauterkeit des Wettbewerbs.[511] Daneben sollen sie aber auch eine Irreführung der Leser im Hinblick darauf verhindern, dass diese häufig Werbemaßnahmen, die als redaktionelle Inhalte getarnt sind, unkritischer gegenüberstehen als einer als solche erkennbaren Wirtschaftswerbung.[512] Dem dient auch das Verbot in Nr. 11 des Anhangs zu § 3 Abs. 3. Vor diesem Hintergrund hat der BGH die Frage aufgeworfen, ob einer Anwendung von § 10 der Landespressegesetze nicht die Vorschriften der UGP-Richtlinie entgegenstehen.[513] Der EuGH hat dies jedoch mit der Begründung verneint, dass dann, wenn es nicht um ein Verhalten des Inserenten, sondern des Verlegers gehe, keine Geschäftspraktik iSd Art. 2 lit. d der UGP-Richtlinie vorliege und deren Vorrang damit nicht zur Anwendung komme.[514] Ein Verstoß gegen die Gebote zur Kennzeichnung entgeltlicher Veröffentlichungen ist daher unlauter iSv § 3a.[515] Allerdings fehlt den in den Landespressegesetzen enthaltenen **Impressumspflichten** der wettbewerbsregelnde Charakter.[516] Allerdings handelt es sich bei dem aus Art. 5 Abs. I S. 2 GG abzuleitenden Gebot der Staatsferne der Presse um eine Marktverhaltensregelung im Sinne von § 3a.[517]

z) Saatgutverkehrsgesetz(SaatG). Das Saatgutverkehrsgesetz dient dem Schutz der Saatgutverbraucher sowie der Sicherung der Versorgung der Landwirtschaft und des Gartenbaus mit qualitativ hochwertigem Saatgut zur Erzielung eines größtmöglichen und besten Ernteertrags. Es untersagt in § 3 das Inverkehrbringen von Saatgut zu gewerblichen Zwecken, das nicht nach den Vorschriften des Saatgutverkehrsgesetzes aufgrund staatlicher Kontrolle als Saatgut anerkannt oder genehmigt worden ist. Die Vorschrift setzt am Marktverhalten der Vertriebsunternehmen und ihrer Abnehmer, den Saatgutverbrauchern, an und fördert damit auch deren Interesse an der Bereitstellung dem gesetzlichen Kontrollmaßstab entsprechenden, unbedenklichen und leistungsfähigen Saatguts. Damit stellt sie auch eine Marktverhaltsensregelung iSd § 3a dar.[518] Das Gleiche gilt für die in § 27 Abs. 1 Nr. 2 SaatG in Verbindung mit § 1 Abs. 1 Nr. 6 SaatAufzV geregelte Aufzeichnungspflicht für gewerblich in Verkehr gebrachtes, abgefülltes oder für andere bearbeitetes Saatgut.[519] 116

aa) Schulgesetze. Die **Schulgesetze der Länder** enthalten im Wesentlichen keine Marktverhaltensregelungen. Einige dieser Gesetze verbieten jedoch die **Werbung** bzw. den Abschluss von Geschäften **auf dem Schulgelände** (zB § 47 Abs. 3 BbGSchulG). Diese Vorschriften haben einen Marktbezug im Sinne von § 3a. Dies gilt jedoch nur, soweit keine Ausnahmegenehmigung erteilt ist.[520]

bb) Spielverordnung. Die **Spielverordnung** regelt die Aufstellung und den Betrieb von Geld- und Warenspielgeräten. § 3 SpielV stellt Anforderungen an die maximal zulässige Anzahl von Spielautomaten. Sie sollen das Spielverhalten der Verbraucher beeinflussen, aber auch das Marktverhalten der Betreiber von Spielhallen regeln. Sie stellt daher eine Marktverhaltensregelung im Sinne von § 3a dar.[521] 117

cc) Strafvorschriften. Bei Verstößen gegen **Strafvorschriften** nahm die herrschende Meinung zum früheren § 1 UWG grundsätzlich einen Wettbewerbsverstoß an, wenn ihnen ein Wettbewerbszweck zugrunde lag.[522] Die Art der verletzten Strafnorm war dabei solange 118

[511] BGH GRUR 2011, 163 Rn. 24 – Flappe; *Löffler*/Sedelmeier, Presserecht, 5. Aufl., LPG § 10 Rn. 52.
[512] BGH GRUR 2014, 879 Rn. 16 – Good News II.
[513] BGH GRUR 2012, 1056 Rn. 11 ff. – Good News I.
[514] EuGH C-391/12, GRUR 2013, 1245 – Good News.
[515] BGH GRUR 2014, 879 Rn. 20 – Good News II.; *vgl.* zu § 1 UWG aF *Löffler/Sedelmeier,* Presserecht, 4. Aufl. 1997, LPG § 10 Rn. 53; *Rodekamp* GRUR 1978, 681 (682).
[516] OLG Hamburg GRUR-RR 2006, 23 (24).
[517] BGH GRUR 2012, 728 Rn. 11 – Einkauf aktuell; GRUR 2019, 189 Rn. 17 ff. – Crailsheimer Tageblatt II; zu dieser Entscheidung vgl. *Köhler* GRUR 2019, 265.
[518] BGH GRUR 2017, 537 Rn. 20 – Konsumgetreide.
[519] BGH GRUR 2017, 819 Rn. 23 ff. – Aufzeichnungspflicht.
[520] BGH GRUR 2006, 77 Rn. 25 – Schulfotoaktion.
[521] OLG Hamm GRUR-RR 2010, 38; LG Frankenthal WRP 2012, 500.
[522] Vgl. dazu → Rn. 5.

nicht von Bedeutung, als schon jede Norm, die „einem sittlichen Gebot Ausdruck (verlieh)“,[523] zur Begründung eines sittenwidrigen Verhaltens im Wettbewerb ausreichte. Anhand von Fällen, die Verstöße gegen § 284 StGB **(unerlaubte Veranstaltung eines Glückspiels)** betrafen, hat der BGH seine allmähliche Abkehr von der früheren Aufteilung in wertbezogene und wertneutrale Normen anschaulich demonstriert.[524]. In der Entscheidung „Sportwetten“ wies der BGH darauf hin, dass die Veranstaltung von Glücksspielen ohne behördliche Erlaubnis nicht lediglich ein Verstoß gegen eine Marktzutrittsregelung sei, sondern nach der in § 284 StGB getroffenen Wertung auch ein **unlauteres Marktverhalten** darstelle.[525] Diese Sichtweise wurde von der Instanzrechtsprechung zum bisherigen § 4 Nr. 11 bei Verstößen gegen § 284 StGB zunächst übernommen.[526] Nachdem das BVerfG staatliche Wettmonopole in ihrer konkreten Ausgestaltung als verfassungswidrig bezeichnet hatte,[527] hat der BGH diesbezügliche Zuwiderhandlungen nicht mehr als unlauter beurteilt,[528] und zwar nicht nur für die Zeit vor der Entscheidung des BVerfG, sondern auch für die in dessen Urteil bestimmte Übergangszeit bis zum Inkrafttreten des Glücksspielstaatsvertrages.[529]

119 Im Rahmen des § 3a kann es also nur noch entscheidend sein, ob die Strafvorschrift bzw. das hinter dem Straftatbestand stehende gesetzliche Verbot auch dazu bestimmt ist, im Interesse der Marktteilnehmer das Marktverhalten zu regeln.[530] Der Umstand, dass eine Straftat für Wettbewerbszwecke verübt wurde, macht sie also noch nicht unlauter iSv § 3a. Entscheidend ist der **Marktbezug** der Vorschrift als solcher, also zB bei den Strafvorschriften betreffend die **Wirtschaftskriminalität.** Dieser Marktbezug fehlt beispielsweise den §§ 130, 131 StGB, die den öffentlichen Frieden in Deutschland schützen, und den damit zusammenhängenden Beschlagnahmevorschriften. Ein Verstoß gegen § 74d StGB ist deshalb nicht unlauter iSv § 3a.[531] Nicht der Umstand der Strafbarkeit ist damit entscheidend, sondern der **Regelungszweck des im Straftatbestand enthaltenen Verbotes.** Der Umstand, dass der Verstoß gegen eine Norm straf- oder bußgeldbewehrt ist, steht ihrer Verfolgung als Wettbewerbsverstoß aber auch nicht entgegen.[532] Es erhöht allerdings auch nicht die Unlauterkeit eines Gesetzesverstoßes, wenn dieser zusätzlich, wie etwa bei den Vorschriften des Lebensmittelrechts[533] oder des Arzneimittelrechts,[534] strafbewehrt ist. Vor diesem Hintergrund sind die Entscheidungen einiger Instanzgerichte bedenklich, die betrügerische geschäftliche Handlungen im Sinne von **§ 263 StGB** generell als unlauter gemäß § 4 Nr. 11 eingestuft haben.[535]

120 Ein Verstoß gegen die **Straftatbestände des UWG** (§ 16) fällt unabhängig davon unter § 3a, ob damit lediglich ein ohnehin als unlauter (beispielsweise irreführend) angesehenes Verhalten zusätzlich strafrechtlich sanktioniert wird oder das Verbot erst aus dem Straftatbestand selbst folgt.[536] Die bisher im UWG (§§ 17–19 aF) enthaltenen Straftatbestände betreffend den **Verrat von Geschäfts- und Betriebsgeheimnissen** waren auch gesetzli-

---

[523] *Baumbach/Hefermehl,* Wettbewerbsrecht, 22. Aufl. 2001, § 1 aF Rn. 613.
[524] BGH GRUR 2002, 269 – Sportwetten-Genehmigung; GRUR 2002, 636 – Sportwetten.
[525] BGH GRUR 2002, 636 (637).
[526] OLG Köln MD 2006, 314; OLG München GRUR-RR 2006, 137.
[527] GRUR 2006, 688 – Sportwetten.
[528] GRUR 2008, 438 – ODDSET; GRUR-RR 2010, 356 – Sportwetten im Internet.
[529] BGH GRUR 2011, 169 Rn. 24 ff. – Lotterie und Casinospiele; OLG Hamburg BeckRS 2009, 20809.
[530] Vgl. BGH GRUR 2016, 513 Rn. 32 – Eizellspende, dort abgelehnt für § 1 ESchG.
[531] BGH GRUR 2007, 890 Rn. 29 – Jugendgefährdende Medien bei eBay.
[532] BGH GRUR 2016, 392 Rn. 16 – Buchungssystem II.
[533] Dazu → Rn. 89 ff.
[534] Dazu → Rn. 42 ff.
[535] Vgl. OLG Celle GRUR-RR 2006, 57; OLG Frankfurt a. M. GRUR-RR 2006, 414 (415); offengelassen in BGH WRP 2008, 780 Rn. 13 – Hagelschaden und GRUR 2013, 945 Rn. 30 – Standardisierte Mandatsbearbeitung.
[536] Vgl. → § 3 Rn. 108 f.

che Verbote iSv § 3a, soweit es um eine geschäftliche Handlung ging.[537] Der jetzt in § 23 GeschGehG enthaltene Straftatbestand begründet keine Unlauterkeit mehr nach § 3a, da die durch einen Verstoß gegen die in § 4 GeschGehG enthaltenen Handlungsverbote in Bezug auf Geschäftsgeheimnisse begründeten zivilrechtlichen Ansprüche (§§ 6 ff. GeschGehG) in diesem Gesetz selbst geregelt sind.[538]

dd) Tabakrecht. Das im Wesentlichen auf der Richtlinie 2014/40/EU (Tabakproduktrichtlinie) beruhende Tabakerzeugnisgesetz (TabErzG) enthält ein Verbot der Vermarktung von Tabakerzeugnissen und verwandten Erzeugnissen (zB E-Zigaretten), die bestimmte Zusatzstoffe enthalten (§ 5 TabErzG) sowie **Werberegelungen bzw. -verbote,** die auf der Tabakwerbe-Richtlinie 2003/33/EG beruhen. Dazu gehören das in § 20 TabErzG enthaltene Verbot jeglicher Form der audiovisuellen kommerziellen Kommunikation für Tabakerzeugnisse. Dieses beinhaltet insbesondere das **Verbot,** für Tabakerzeugnisse im **Fernsehen** zu werben. Im Übrigen enthält § 19 TabErzG das Verbot der Tabakwerbung in der **Presse** oder in anderen gedruckten Veröffentlichungen mit geringfügigen Ausnahmen (§ 19 Abs. 2 TabErzG),[539] das Verbot, für Tabakerzeugnisse im **Hörfunk** (§ 19 Abs. 1 TabErzG) und in **Diensten der Informationsgesellschaft** (§ 19 Abs. 3 TabErzG) [540] zu werben sowie umfangreiche **Sponsoringverbote.** Darüber hinaus ist es nach § 21 Abs. 1 Nr. 1 TabErzG verboten, im Verkehr mit Tabakerzeugnissen oder in der Werbung für Tabakerzeugnisse Bezeichnungen, Angaben, Darstellungen etc zu verwenden, die eine **gesundheitliche Unbedenklichkeit** oder eine günstige Beeinflussung von Körperfunktionen **suggerieren.**[541] Weiterhin sind nach § 21 Abs. 1 Nr. 2 TabErzG Werbeangaben verboten, die ihrer Art nach besonders dazu geeignet sind, Jugendliche oder Heranwachsende zum Rauchen zu veranlassen. Dazu zählt auch die Werbung in einer Jugendzeitschrift unabhängig davon, ob die Werbung für sich gesehen besonders dazu geeignet ist, Jugendliche zum Rauchen zu veranlassen.[542] Daneben ist auch eine Werbung verboten, die das Inhalieren des Tabakrauchs als nachahmenswert erscheinen lässt, sowie Bezeichnungen oder sonstige Angaben, die darauf hindeuten, dass Tabakerzeugnisse natürlich oder naturrein sind (§ 21 Abs. 1 Nr. 3 und 4 TabErzG). Bei diesen Vorschriften handelt es sich um Marktverhaltensregelungen im Sinne von § 3a.[543] Verstöße gegen die Werbeverbote stellen auch keine Bagatellverstöße dar.[544] Die auf dem TabErzG beruhende **Tabakerzeugnisverordnung**[545] enthält eine **Liste von Stoffen,** die in Tabakerzeugnissen und verwandten Erzeugnissen als Zusatzstoffe nicht enthalten sein dürfen. Weiterhin enthält diese Verordnung spezifische Kennzeichnungsvorschriften für Tabakerzeugnisse, insbesondere Vorschriften über **Warnhinweise.** Sowohl die Vorschriften, die die Zusammensetzung von Tabakerzeugnissen regeln bzw. Verkehrsverbote für nicht korrekt zusammengesetzte Tabakerzeugnisse aussprechen, als auch die Kennzeichnungsvorschriften regeln im Interesse der Verbraucher das Marktverhalten der am Verkehr mit Tabakerzeugnissen Beteiligten. Sie erfüllen daher, ebenso wie die vergleichbaren Vorschriften des Lebensmittelrechts, die Kriterien für Normen iSd § 3a, so dass ein Verstoß gegen sie unlauter ist.[546] 121

537 BGH GRUR 2006, 1044 Rn. 17 – Kundendatenprogramm; GRUR 2018, 535 Rn. 15 – Knochenzement I; GRUR 2018, 1161 Rn. 27 Hohlfasermembranspinnanlage II; vgl. dazu → § 3 Rn. 193; in diesem Sinne ist wohl auch die Einschränkung („... da bei Erfüllung des objektiven Tatbestandes der folgenden Strafbestimmungen ein Wettbewerbsverstoß gemäß § 4 Nr. 11 vorliegen dürfte") in der Amtlichen Begründung (BT-Drs. 15/1487, 26) zu verstehen.

538 Köhler/Bornkamm/Feddersen/*Köhler* § 3a Rn. 1.326.

539 Vgl. dazu BGH GRUR 2011, 36 – Unser wichtigstes Cigarettenpapier.

540 Vgl. BGH GRUR 2017, 1273 – Tabakwerbung im Internet; OLG Hamburg WRP 2019, 1503.

541 Verneint von BGH WRP 1988, 237 (238) = NJW-RR 1988, 667 für die Angabe – In unserm Haus muss alles schmecken.

542 KG GRUR 1989, 852.

543 Vgl. BGH GRUR 2017, 1273 Rn. 16 – Tabakwerbung im Internet.

544 BGH GRUR 2011, 633 Rn. 36 – BIO-Tabak; GRUR 2011, 631 Rn. 10 – Unser wichtigstes Cigarettenpapier.

545 Vom 27.4.2016 (BGBl. I S. 980).

546 Vgl. OLG Hamburg BeckRS 2017, 140617.

122 **ee) Telemediengesetz.** Das **Telemediengesetz (TMG),** das das Teledienstegesetz (TDG) abgelöst hat, dient der Umsetzung der Richtlinie 2000/31/EG über den elektronischen Geschäftsverkehr und der Richtlinie 2003/58/EG in Bezug auf die Offenlegungspflichten von Gesellschaften bestimmter Rechtsformen. Es enthält in § 5 **allgemeine Informationspflichten.** Danach haben Diensteanbieter bestimmte Informationen leicht erkennbar, unmittelbar erreichbar und ständig verfügbar zu halten. Dazu zählen neben dem Namen und der Anschrift sowie Angaben, die eine schnelle elektronische Kontaktaufnahme ermöglichen, bei Tätigkeiten, die der behördlichen Zulassung bedürfen, auch Angaben zur zuständigen Aufsichtsbehörde. Weiter ist die Registernummer des Handelsregisters, Vereinsregisters etc anzugeben. In § 6 sind **besondere Informationspflichten bei kommerziellen Kommunikationen** statuiert. Danach müssen kommerzielle Kommunikationen klar als solche zu erkennen sein und die natürliche oder juristische Person, in deren Auftrag kommerzielle Kommunikationen erfolgen, muss klar identifizierbar sein.

123 Das TMG dient, wie sich aus der vorgenannten Richtlinie über den elektronischen Geschäftsverkehr ergibt, nicht nur der Förderung der Informationsgesellschaft und des wirtschaftlichen Fortschritts. Es soll auch ein einheitliches Schutzniveau im Bereich des Verbraucherschutzes gewährleisten.[547] Die nach § 5 TMG vorzuhaltenden Angaben dienen, ebenso wie die Vorgaben in § 6 TMG dem **Verbraucherschutz.** Sie sollen dem Nutzer einen Überblick darüber verschaffen, an wen er sich bei einem Vertragsschluss wenden muss, darüber hinaus aber auch, gegenüber wem er seine Ansprüche durchsetzen kann und an wen er selbst seine Leistung zu erbringen hat.[548] Diese Vorschriften haben weitgehend ihre Grundlage im Unionsrecht[549] und regeln also im Interesse der Verbraucher das Marktverhalten der Telediensteanbieter. Ein Wettbewerbsbezug kann dieser Vorschrift in der Regel[550] damit ebenso wenig abgesprochen werden[551] wie den vergleichbaren Vorschriften des BGB.[552] Auch die **datenschutzrechtlichen Informationspflichten** gemäß § 13 Abs. 1 TMG werden als Marktverhaltensregelungen iSv § 3a angesehen.[553]

124 Auch wenn damit ein Verstoß gegen die Kennzeichnungsvorschriften unter § 3a fällt, muss doch in jedem Einzelfall geprüft werden, ob ein Verbot nicht an der Bagatellklausel scheitert. So ist bei Fehlen einzelner oder aller vorgeschriebenen Angaben oder auch nur bei deren schlechter Auffindbarkeit auf Webseiten, auf denen der Verbraucher unmittelbar Geschäfte mit dem Anbieter tätigen kann, eine Wettbewerbsbeeinträchtigung in der Regel zu bejahen, während dies bei reinen Werbeseiten, bei denen etwa die fehlende Erreichbarkeit des Anbieters eher diesem selbst schaden kann, im Einzelfall verneint werden kann.[554]

125 **ff) Textilkennzeichnungsgesetz/-verordnung.** Sowohl die in der Verordnung (EU) 1007/2011 über die Bezeichnungen von Textilfasern und die damit zusammenhängende Etikettierung und Kennzeichnung der Faserzusammensetzung von Textilerzeugnissen **(TextilkennzeichnungsVO)** als auch in dem der Ausführung dieser Verordnung dienenden **TextilkennzeichnungsG** enthaltenen Vorschriften zur Kennzeichnung der Zusammenset-

---

547 Vgl. auch OLG München MMR 2002, 173; OLG Hamburg MMR 2003, 105 (106).

548 Vgl. OLG Hamburg MMR 2002, 105 (106).

549 Dies gilt nicht für die in § 5 Abs. 1 Nr. 1 TMG geforderte Angabe des Vertretungsberechtigten; daher handelt es sichbei dieser Vorschrift auch nicht um eine Marktverhaltensnorm iSd § 3a, vgl. KG GRUR-RR 2013, 123; 2016, 08850.

550 Bezweifelt wurde dies für die in § 6 Abs. 1 Nr. 6 TDG (jetzt § 5 Abs. 1 Nr. 6 TMG) enthaltene Verpflichtung zur Angabe der USt.-Identifikationsnr. durch OLG Jena GRUR-RR 2006, 283 (284).

551 Vgl. BGH GRUR 2007, 159 Rn. 15 – Anbieterkennzeichnung im Internet; GRUR 2016, 957 Rn. 9 ff. – Mehrwertdienstenummer; OLG Düsseldorf GRUR-RR 2013, 433 (435); OLG Frankfurt a. M. GRUR-RR 2015, 17; 2017, 318; OLG Karlsruhe WRP 2006, 1039 (1041); OLG Nürnberg GRUR-RR 2019, 170; OLG Oldenburg GRUR-RR 2007, 54 f.; *Ullmann* GRUR 2003, 817 (823).

552 Vgl. BGH GRUR 2007, 159 Rn. 30 und → Rn. 69 ff.

553 BGH GRUR 2020, 896 Rn. 22 – App-Zentrum.

554 Vgl. ebenso OLG Koblenz MMR 2006, 624 bei einem Verstoß gegen § 6 Abs. 1 Nr. 3 TDG mAnm *Schirmbacher* K&R 2006, 348; OLG Hamburg MD 2008, 665; *Ernst* GRUR 2003, 759 (761 f.) wegen fehlenden Wettbewerbsvorteils bei Verletzung einer wertneutralen Norm.

zung von Textilerzeugnissen sind Marktverhaltensregelungen iSd § 3a.[555] Nicht jeder Verstoß dagegen erfüllt jedoch das Spürbarkeitserfordernis für eine Unlauterkeit nach § 3a. Der Begriff „Cotton" ist in der deutschen Umgangssprache als beschreibende Angabe für „Baumwolle" eingebürgert. Das Vorenthalten der an sich in deutscher Sprache vorgeschriebenen Information ist daher nicht geeignet, den Verbraucher zu einer geschäftlichen Entscheidung zu veranlassen, die er bei Angabe des Begriffs „Baumwolle" nicht getroffen hätte.[556]

gg) Verpackungsgesetz. Das Gesetz über das Inverkehrbringen, die Rücknahme und die hochwertige Verwertung von Verpackungen**(Verpackungsgesetz)**[557] enthält komplizierte **Rücknahme-, Pfanderhebungs- und Verwertungspflichten** für verschiedene Arten von Verpackungen, nämlich Transportverpackungen, Umverpackungen und Verkaufsverpackungen, wobei letztere zum einen nach Einweg- und Mehrwegverpackungen unterschieden werden und zum anderen Einwegverkaufsverpackungen auch je nach Art des Füllgutes unterschiedlich behandelt werden können. So unterliegen beispielsweise **Einweg-Getränkeverpackungen** einer Pfanderhebungspflicht, wobei das Pfand in seiner Höhe vorgeschrieben ist und auf jeder Vermarktungsstufe bis zum Letztverbraucher erhoben sowie bei Rückgabe an den Vorvertreiber wieder zurückerstattet werden muss (§ 31 VerpackungsG). **125a**

Betrachtet man den primären Zweck des Verpackungsgesetzes, die Auswirkungen von Abfällen aus Verpackungen auf die Umwelt zu vermeiden oder zu verringern (§ 1 Abs. 1 S. 2), so folgt daraus noch keine Zweckrichtung, im Interesse der Marktteilnehmer das Marktverhalten zu regeln. Insbesondere bezweckt das VerpackungsG nicht den Schutz von Verbraucherinteressen.[558] Die in dem Gesetz enthaltenen Ge- und Verbote betreffen allerdings das Verhalten der Hersteller und Vertreiber beim Absatz der in den Verpackungen enthaltenen Waren. Ein Verstoß gegen diese Normen, zB durch Verweigerung der vorgeschriebenen Pfanderhebung oder der gebotenen Rücknahme von Verpackungen (§ 15 Abs. 1 VerpackungsG), kann daher unter § 3a fallen.[559] Dies gilt wohl auch für einen Verstoß gegen § 9 Abs. 5 VerpackungsG durch Inverkehrbringen von Verpackungen, deren Hersteller, obwohl ihre Packungen systembeteiligungspflichtig nach § 7 VerpackungsG sind, nicht ordnungsgemäß registriert sind.[560] Allerdings kann eine Unlauterkeit im Einzelfall an der Bagatellklausel scheitern.[561] **126**

hh) Gesetz gegen Wettbewerbsbeschränkungen (GWB). Die herrschende Meinung zum früheren § 1 UWG hat Verstöße gegen **GWB-Vorschriften** als wettbewerbswidrig iSv § 1 UWG beurteilt, weil das GWB dem Schutz des Wettbewerbs diene und daher wertbezogen sei, so dass ohne das Hinzutreten weiterer Umstände auch eine Wettbewerbswidrigkeit iSv § 1 UWG anzunehmen sei.[562] Dies wurde ausdrücklich auch für den Verstoß gegen Normen des **Vergaberechts** bejaht.[563] Die Normen des Vergaberechts sind auch nach Inkrafttreten des UWG 2004 als Marktverhaltensvorschriften im Sinne des früheren § 4 Nr. 11 angesehen worden.[564] **127**

---

[555] BGH GRUR 2016, 1068 Rn. 14 – Textilkennzeichnung; GRUR 2019, 82 Rn. 27 – Jogginghosen.

[556] BGH GRUR 2019, 82 Rn. 33 – Jogginghosen; vgl. → Rn. 38.

[557] Vom 5.7.2017 (BGBl. I S. 2234).

[558] KG GRUR-RR 2005, 359 (zur früheren Verpackungsverordnung); *Link* in Ullmann jurisPK-UWG § 4 Nr. 11 Rn. 176.

[559] BGH GRUR 2007, 162 Rn. 12 – Mengenausgleich in Selbstentsorgergemeinschaft zur Vorgängerregelung in § 6 VerpackV; KG GRUR-RR 2005, 357 zu § 8 Abs. 1; VerpackV; vgl. ebenso *Ullmann* GRUR 2003, 817 (822).

[560] Vgl. *K. Wüstenberg* LMuR 2018, 181 (185).

[561] KG GRUR-RR 2005, 357 (358).

[562] Vgl. BGH GRUR 1978, 445 (446) – 4 zum Preis von 3; offengelassen in WRP 1986, 375 (376) – Herstellerpreiswerbung; indirekt bejaht in GRUR 2003, 637 – Ein Riegel extra (dort nicht näher ausgeführt, da Verstoß gegen § 14 GWB verneint); KG GRUR 1983, 589 (590); WRP 1994, 402 (403).

[563] Vgl. LG Hamburg WRP 1999, 441 (444); *Jennert* WRP 2002, 507 (509); aA *Ullmann* GRUR 2003, 817 (822).

[564] BGH GRUR 2008, 810 Rn. 32 – Kommunalversicherer.

128 GWB und UWG dienen mit unterschiedlicher Zielrichtung dem **Schutz des Wettbewerbs.**[565] Mit der Begründung, dass das GWB eine abschließende Regelung der Sanktionen bei Verstößen enthält,[566] lehnt die herrschende Meinung jedoch eine Unterlauterkeit im Sinne von § 3a bei einem Kartellrechtsverstoß ab.[567] Da viele Vorschriften des GWB neben dem Schutz des Wettbewerbs als Institution zumindest auch dem Schutz einzelner Marktbeteiligter, nämlich der Marktgegenseite oder der Verbraucher dienen, ist dieses Ergebnis nicht allein mit dem Regelungsinhalt von § 3a zu begründen; es geht vielmehr um eine Frage der **Gesetzeskonkurrenz.** Soweit andere Gesetze die Sanktionen abschließend regeln, scheidet ein Rückgriff auf § 3a aus.[568]

B. Vertragsbruch

Schrifttum: *Bestmann,* Der Schwarzmarkt blüht – nicht autorisierter Ticketverkauf im Internet und das UWG, WRP 2005, 279; *Harte-Bavendamm/Kreutzmann,* Neue Entwicklungen in der Beurteilung selektiver Vertriebssysteme, WRP 2003, 682; *Köhler,* Wettbewerbswidrigkeit der Ausnutzung fremden Vertragsbruchs? Ein Vergleich zwischen österreichischem und deutschen Lauterkeitsrecht, GRUR Int. 2014, 1006; *Kapp,* Anm. zu BGH DB 2000, 1322, 1327; *Sack,* Die Durchsetzung unlauter zustande gebrachter Verträge als unlauterer Wettbewerb? WRP 2002, 396; *Schramm,* Der Vertragsbruch – Ausnutzung und Verleiten, GRUR 1961, 328; *Wolter/Lubberger,* Wo steht die Lückenlosigkeit?, GRUR 1999, 17.

I. Allgemeines

129 Im Zusammenhang mit der Kategorie **Rechtsbruch** wurde früher neben Verstößen gegen materielle Gesetze auch die wettbewerbliche Relevanz von **Verstößen gegen vertragliche Bindungen erörtert.**[569] Neben der Frage, ob die Verletzung eigener vertraglicher Pflichten – insbesondere ein Verstoß gegen **vertragliche Wettbewerbs- und Werbeverbote** – wettbewerbsrechtlich unlauter sein kann, wurde unter Geltung des alten UWG[570] die **Beteiligung an fremdem Vertragsbruch,** nämlich das **Ausnutzen** von bzw. die **Verleitung zum fremden Vertragsbruch,** insbesondere im Zusammenhang mit dem **Abwerben von Arbeitskräften**[571] **und Kunden,** sowie die **Verletzung vertikaler Vertriebsbindungen oder Preisbindungen** als möglicherweise wettbewerbswidriges Verhalten erörtert.

130 Letztlich wurde damit eine Vielzahl von Sachverhalten und Verhaltensweisen behandelt, die zwar alle einen mehr oder weniger starken Bezug zu Verträgen aufweisen, jedoch aus unterschiedlichen Gründen unlauteres Verhalten iSd früheren § 1 UWG begründen konnten. Bei der Verletzung von Preis- und Vertriebsbindungen durch Außenseiter, die gebundene Unternehmen zu einem Vertragsbruch verleiten oder diesen ausnutzen, wurde unter Geltung des alten UWG eine Unlauterkeit sogar unter dem Gesichtspunkt des **Vorsprungs** vor den nicht gebundenen, aber die Bindung achtenden Mitbewerbern[572] oder vor den anderen gebundenen Händlern angenommen, die verpflichtet waren, die Vorgaben des Vertriebsbinders einzuhalten.[573] Schon unter Berücksichtigung der vor Inkrafttreten des UWG 2004 erfolgten Änderung der Rechtsprechung zum wettbewerbsrechtlichen Schutz

565 Vgl. → § 3 Rn. 61 ff. *(Podszun).*

566 BGH GRUR 2006, 773 Rn. 13 – Probeabonnement; offengelassen noch in GRUR 2006, 161 Rn. 29 – Zeitschrift mit Sonnenbrille.

567 Köhler/Bornkamm/Feddersen/*Köhler* § 3a Rn. 1.137; MüKoUWG/*Schaffert* § 3a Rn. 24; *Link* in jurisPK-UWG § 4 Nr. 11 Rn. 154; näher → Einl. Rn. 1083 f. *(Ahrens).*

568 Dies soll daher auch bei Verstößen gegen das Buchpreisbindungsgesetz gelten; Köhler/Bornkamm/Feddersen/*Köhler* § 3a Rn. 1.38; MüKoUWG/*Schaffert* § 3a Rn. 24; aA OLG Hamburg GRUR 2006, 200.

569 Vgl. mehr oder weniger umfangreich *Piper*/Ohly, UWG, 4. Aufl. 2006, § 4.11 Rn. 11/339 ff.; Gloy/Loschelder-*Hasselblatt,* HdbWbR, 3. Aufl. 2004, § 51.

570 Vgl. statt aller *Baumbach/Hefermehl,* Wettbewerbsrecht, 22. Aufl. 2001, UWG § 1 Rn. 694 ff.

571 Dazu → § 4 Rn. 325 ff.

572 Vgl. zB BGH GRUR 1962, 426 (428) – Selbstbedienungsgroßhandel.

573 Vgl. *Baumbach/Hefermehl* UWG 22. Aufl. 2001 § 1 Rn. 803 aE, 804.

selektiver Vertriebssysteme bleibt **kein Raum mehr für eine parallele Wertung zu der früheren Kategorie des Vorsprungs durch Rechtsbruch.** Erst recht lassen sich keine unmittelbaren Parallelen zum Regelbeispiel des § 3a ziehen, so dass auch die Anwendung des § 3 jedenfalls über die in § 3a zum Ausdruck kommende Wertung für ein unlauteres Verhalten durch Missachtung der fachlichen Sorgfalt[574] kaum in Betracht kommt.[575] Dagegen gibt es Parallelen zu anderen Unlauterkeitsbeispielen des § 4, insbesondere Nr. 4.

II. Unlautere Verhaltensweisen

Eine **Verletzung vertraglicher Bindungen** hat im Grundsatz keine wettbewerbsrechtlichen Konsequenzen. Vertragliche Rechte und Pflichten wirken nur relativ, nicht absolut. Dementsprechend können Vertragsverletzungen, auch wenn sie sich mittelbar auf den Wettbewerb auswirken, nicht per se wettbewerbswidrig sein. Ein Unternehmen, das gerechtfertigte Rechnungen für Lieferungen zu spät ausgleicht, seinem Arbeitnehmer die ihm zustehenden Zuschläge verweigert oder in ungerechtfertigter Weise Pachtminderungen hinsichtlich der gepachteten Betriebsstätten geltend macht, mag zwar profitabler arbeiten und dementsprechend mittelbar auch Wettbewerbsvorteile gegenüber Mitbewerbern erzielen. Das Wettbewerbsrecht des UWG hat aber nicht die Gewährleistung einer allgemeinen und jederzeitigen Vertragstreue zum Ziel, sondern bezweckt die Ausschaltung von unlauteren Methoden in der Konkurrenz der Wettbewerber untereinander. 131

1. Verletzung eigener Vertragspflichten. Mangelnde Vertragstreue führt nicht automatisch zu einem Unlauterkeitsverdikt im Sinne des UWG.[576] Ein Rekurs auf das Wettbewerbsrecht scheitert auch daran, dass jedenfalls Wettbewerber der Parteien durch eine Vertragsverletzung idR selbst nicht tangiert werden. 132

Allerdings ist von der Rechtsprechung in **Einzelfällen** ein Wettbewerbsverstoß im Zusammenhang mit der fehlenden Vertragserfüllung bejaht worden. So ist das Handeln eines Gastwirts, der seinen Gästen regelmäßig weniger Bier ausschenkte, als diese bestellt hatten, unter dem Gesichtspunkt wettbewerbsrechtlich beanstandet worden, dass es von vornherein auf **Übervorteilung** seiner Kunden abzielte und der Gastwirt die darin liegende Kundentäuschung zum Mittel seines Wettbewerbs machte. Hierdurch werde nicht nur gegen den früheren § 3 UWG (jetzt § 5), sondern, weil sich der Gastwirt durch **gezielte und planmäßig wiederholte Kundentäuschung** Vorteile im Wettbewerb verschaffe, auch gegen den früheren § 1 UWG verstoßen.[577] Ein anderes Urteil des BGH betraf den Fall, dass Kunden eines Bauunternehmers, die regelmäßig und vertragswidrig nicht standsichere Ziegelvorhangfassaden erhielten, zumindest auch in der Erwartung getäuscht würden, eine standsichere Ziegelvorhangfassade zu erhalten. Dies sei nicht nur irreführend, sondern sei auch mit Rücksicht auf die schützenswerten Interessen konkurrierender Mitbewerber und der Allgemeinheit mit den guten kaufmännischen Sitten nicht zu vereinbaren.[578] Derartige Konstellationen begründen also keinen Wettbewerbsverstoß wegen des Vertragsverstoßes als solchen, auch nicht unter Berücksichtigung der besonderen Umstände. Allerdings können absichtliche[579] Vertragsverletzungen geschäftliche Handlungen im Sinne von § 2 darstellen, die unter anderen Gesichtspunkten als unlauter geahndet werden 133

[574] Vgl. → § 3 Rn. 23 f.

[575] Anders wohl Gloy/Loschelder/Erdmann/*Hasselblatt,* HdbWbR, 3. Aufl. 2004, § 51 Rn. 7, der über § 3 UWG, weil die Qualität der Norm grundsätzlich keine Rolle spiele für die Auswirkung ihrer Verletzung auf das Marktgeschehen, auch Zuwiderhandlungen gegen vertragliche Bindungen denselben Kriterien wie bei der Verletzung gesetzlicher Normen unterwerfen will („einheitliche Lehre vom Rechtsbruch").

[576] Vgl. BGH GRUR 1983, 451 (452) – Ausschank unter Eichstrich I; GRUR 1986, 816 (819) – Widerrufsbelehrung bei Teilzahlungskauf; GRUR 1987, 180 (181) – Ausschank unter Eichstrich II; zum Verhältnis Vertragsrecht zum UWG eingehend *Ahrens* → Einl. Rn. 1116 ff.

[577] BGH GRUR 1987, 180 (181) – Ausschank unter Eichstrich II.

[578] BGH GRUR 1994, 640 (641) – Ziegelvorhangfassade.

[579] Vgl. BGH GRUR 2007, 987 Rn. 24 – Änderung der Voreinstellung I.

können, zB wenn damit eine Irreführung einhergeht[580] oder eine Behinderung von Wettbewerbern verbunden ist.[581]

134 Auch der Verstoß gegen **vertragliche Wettbewerbsverbote** ist in der Regel nicht auch wettbewerbswidrig.[582] Zwar können sich vertragliche Wettbewerbsverbote auf den Markt auswirken und insbesondere unter kartellrechtlichen Gesichtspunkten unzulässig bzw. unwirksam sein.[583] Ein unlauteres Wettbewerbshandeln bei einem Verstoß gegen Wettbewerbsverbote ist jedoch in der Regel nicht erkennbar.

135 Dagegen ist die Relevanz eines Verstoßes gegen **vertragliche Werbeverbote** in wettbewerbsrechtlicher Sicht durchaus nahe liegend, weil der Verletzer nicht nur gegen den Vertrag verstößt, sondern unmittelbar in den Wettbewerb eingreift. Ein Wettbewerbsverstoß iSd früheren § 1 UWG wurde daher gelegentlich bejaht, beispielsweise in einem Fall, in dem ein Wettbewerber eines Bestattungsunternehmers geklagt hatte, weil dieser gegen ein gegenüber der Stadt übernommenes vertragliches Werbeverbot verstoßen hatte.[584] Eine gewisse Parallele zu § 3a drängt sich hier insofern auf, als vertragliche Werbeverbote das Marktverhalten regeln, während vertragliche Wettbewerbsverbote sozusagen den Marktzutritt betreffen.[585] Da aber Verträge mit den in § 3a genannten Normen nicht vergleichbar sind und auch sonst ein Unlauterkeitsmoment iSd § 3 nicht erkennbar ist, dürfte ein Wettbewerbsverstoß iSv § 3 zu verneinen sein.

136 Eine weitere Kategorie unlauterer geschäftlicher Handlungen im Zusammenhang mit vertraglichen Schuldverhältnissen betrifft die **Durchsetzung von Verträgen, die durch systematische Täuschung zustande gekommen sind.**[586] Hier liegt die unlautere Handlung nicht in der Verletzung von Pflichten aus dem Vertrag selbst, sondern rührt aus den Umständen des ursprünglichen Vertragsschlusses her. Als Folge und unter Aufrechterhaltung der Irreführung des Vertragspartners wird die Erfüllung von Verträgen verlangt, die systematisch durch Täuschung zustande gekommen sind. Es wird also die Kundentäuschung zum Mittel des Wettbewerbs gemacht.[587] Auch irreführende Angaben im Zusammenhang mit der Anbahnung von Vertragsschlüssen, die Unterlassungsansprüche nach § 3 UWG aF auslösten, sind hier zu nennen.[588] Die Abwicklung von Verträgen, zu deren Abschluss der Kunde durch unlautere Mittel veranlasst wurde, ist dagegen als solche nicht wettbewerbswidrig, solange sie nicht dadurch selbst unlauter wird, dass sie als Teil eines Dauerdeliktes (wie beispielsweise eines fortgesetzten Betruges) angesehen werden kann.[589]

137 **2. Beteiligung an und Ausnutzen von fremdem Vertragsbruch.** Die Frage, ob Wettbewerbshandlungen im Zusammenhang mit einem fremden Vertragsbruch unlauter sein können, wurde bereits bei § 1 UWG aF unter dem Gesichtspunkt der sittenwidrigen **Behinderung** von Mitbewerbern diskutiert. Die gezielte Behinderung ist ein Regelbeispiel der Unlauterkeit iSd § 4 Nr. 4. Der wichtigste Aspekt der Beteiligung an fremdem Vertragsbruch, nämlich das **Abwerben von Mitarbeitern,** ist bereits bei § 4 Nr. 4 erörtert.[590]

[580] Vgl. BGH GRUR 2007, 805 Rn. 13 ff. – Irreführender Kontoauszug.

[581] Vgl. BGH GRUR 2009, 876 – Änderung der Voreinstellung II.

[582] Vgl. BGH GRUR 1976, 427 (428) – Einfirmenvertreter; in der Entscheidung BGH GRUR 1987, 832 (833) – Konkurrenzschutzklausel hat der BGH den von der Vorinstanz angenommenen Wettbewerbsverstoß nicht mehr aufgegriffen; zu vertraglichen Wettbewerbsverboten *Ahrens* → Einl. Rn. 1156 f.

[583] Vgl. zB *Baumbach/Hefermehl,* Wettbewerbsrecht, 22. Aufl. 2001, § 1 Rn. 828 mwN.

[584] OLG Hamburg GRUR 1988, 144 (145).

[585] Vgl. Köhler/Bornkamm/Feddersen/*Köhler* § 3a Rn. 1.78 zu gesetzlichen Wettbewerbsverboten.

[586] Vgl. dazu näher → Einl. Rn. 1140 ff.

[587] BGH GRUR 1986, 816 (818) – Widerrufsbelehrung bei Teilzahlungskauf; BGH GRUR 1994, 126 (127) – Folgeverträge I; GRUR 1995, 358 (360) – Folgeverträge II; GRUR 1998, 415 (416) – Wirtschaftsregister.

[588] Vgl. BGH GRUR 1990, 609 (611) – Monatlicher Ratenzuschlag.

[589] BGH GRUR 2001, 1178 (1180) – Gewinn-Zertifikat; Sack WRP 2002, 396; → Einl. Rn. 1134 *(Ahrens).*

[590] → § 4 Rn. 324 ff.

Das **Abwerben von Kunden** ist für sich genommen nicht unlauter. Insoweit galten schon nach früherem Recht die gleichen Grundsätze wie für das Abwerben von Mitarbeitern. Das Abwerben selbst ist Ausdruck des Wettbewerbs und kann daher nicht per se wettbewerbswidrig sein,[591] wenn nicht zusätzliche unlauterkeitsbegründende Umstände hinzukommen, etwa eine unangemessene Einwirkung auf den Kunden, die sich als Behinderung im Sinne von § 4 Nr. 4 darstellt.[592] 138

Somit ist weder die **Aufforderung** zur Vertragsbeendigung noch die **Hilfe bei der Vertragsauflösung** unlauter.[593] Auch die **Schaffung von Anreizen** zum Wechsel des Vertragspartners ist nicht per se unlauter.[594] Selbst ein Blick auf die Folgen, nämlich die verlorenen Mühen und Kosten, die ein Wettbewerber zum Aufbau seines Kundenstamms eingesetzt hat, lässt das Abwerben von Kunden nicht unlauter werden.[595] Das Gleiche gilt für die bei ordnungsgemäßer Kündigung eines Pachtvertrages zwangsläufige Folge, dass ein Automatenaufsteller, der mit dem Pächter einen Automatenaufstellvertrag mit längerer Laufzeit als der Pachtvertrag abgeschlossen hatte, einen neuen Vertrag mit dem Pächter nicht mehr abschließen kann, weil nach dem neuen Pachtvertrag der Verpächter das alleinige Recht zur Aufstellung von Automaten erhält.[596] 139

Der Wettbewerber darf Kunden grundsätzlich systematisch und zielgerichtet zur Beendigung ihrer Verträge mit Wettbewerbern veranlassen,[597] auch unter Verwendung vorformulierter Kündigungsschreiben, in die nur noch der Kündigungstermin eingesetzt werden muss.[598] Eine Grenze ist allerdings dort zu ziehen, wo die eingesetzten Mittel bzw. der planmäßig verfolgte Zweck der Abwerbung von Kunden in eine **Existenzgefährdung** des Mitbewerbers einmünden.[599] Auch sonstige Umstände beim Abwerben von Kunden, die noch nicht als Verleiten zum Vertragsbruch anzusehen sind, können den Unlauterkeitsvorwurf begründen, etwa die Verwendung **herabsetzender oder anschwärzender Angaben** über fachliche Befähigung und Qualifikation des Mitbewerbers[600] oder die **Überrumpelung** der abzuwerbenden Kunden.[601] Eine besondere Konstellation und daher wohl auch einen nicht zu verallgemeinernden Sonderfall betraf der vom BGH als wettbewerbswidrig beurteilte Abschluss von Gruppenversicherungsverträgen mit einer Gewerkschaft, die zu einer automatischen Versicherung der Gewerkschaftsmitglieder allein auf Grund der Mitgliedschaft führten und daher auch eine Kündigung bereits bestehender Versicherungsverträge zur Vermeidung von Doppelversicherungen nach sich ziehen würden. Aufgrund der sonstigen Vorteile, die eine Mitgliedschaft in der Gewerkschaft gewährte und dem Arbeitnehmer daher, wollte er diese Vorteile in Anspruch nehmen, praktisch keine Wahl ließen, als in die Gewerkschaft einzutreten, führte der Gruppenversicherungsvertrag nach Auffassung des BGH auf unlautere Weise die Beendigung bestehender Versicherungsverträge herbei.[602] Eine gewisse Parallele besteht hier zu dem Unlauterkeitsbeispiel des § 4a Abs. 1. Vor diesem Hintergrund dürfte ein derartiger Fall eine unlautere geschäftliche Handlung iSv § 3 darstellen. 140

---

591 Vgl. BGH GRUR 1956, 223 (224) – Freiburger Wochenbericht; GRUR 1957, 365 (366) – Suwa; GRUR 1986, 547 (548) – Handzettelwerbung; GRUR 2005, 603 (604) – Kündigungshilfe; → § 4 Nr. 10 Rn. 90.

592 ZB BGH GRUR 2007, 987 – Änderung der Voreinstellung I; vgl. auch BGH GRUR 2009, 416 Rn. 16 – Küchentiefstpreis-Garantie; GRUR 2016, 825 Rn. 22 – Tarifwechsel.

593 Vgl. BGH GRUR 1967, 104 (106) – Stubenhändler; GRUR 2005, 603 (604) – Kündigungshilfe.

594 BGH GRUR 2002, 548 (549) – Mietwagenkostensersatz.

595 Vgl. BGH GRUR 1963, 197 (201) – Zahnprothesen-Pflegemittel.

596 *BGH GRUR 1997, 920 (921)* – Automatenaufsteller.

597 BGH GRUR 2002, 548 (549) – Mietwagenkostenersatz.

598 BGH GRUR 2005, 603 (604) – Kündigungshilfe; vgl. → § 4 Rn. 333 ff. *(Sambuc)*.

599 Vgl. RGZ 149, 114 (118) – Kündigungshilfe; BGH GRUR 1964, 215 (216) – Milchfahrer.

600 OLG Köln WRP 1985, 233 (234).

601 BGB GRUR 2005, 603 (604) – Kündigungshilfe.

602 BGH GRUR 1990, 522 (525) – HBV-Familien- und Wohnungsrechtsschutz.

141 **a) Verleiten zum Vertragsbruch.** Das **Verleiten zum Bruch eines bestehenden Vertrages,** also nicht nur die Veranlassung zu dessen Lösung, sondern zu einer Vertragsverletzung, ist dagegen in der Regel als wettbewerbswidrig beurteilt worden.[603] Dafür reicht die Verletzung vertraglicher Nebenpflichten allerdings nicht aus. Vielmehr müssen Hauptpflichten des Schuldners verletzt sein.[604] Andererseits ist das Verleiten zum Vertragsbruch auch dann schon wettbewerbsrechtlich erheblich, wenn der Kunde zum Vertragsbruch bereits entschlossen ist, die Beeinflussung nur versucht wird oder der Kunde keinen Widerstand gegen das ihm angesonnene Verhalten leistet.[605] Es liegt ein Fall der individuellen Behinderung iSv § 4 Nr. 4 vor.[606]

142 **b) Ausnutzen fremden Vertragsbruchs.** Ein **fremder Vertragsbruch** wird **ausgenutzt,** wenn ein Dritter eine Gelegenheit wahrnimmt, die sich durch den Vertragsbruch einer Vertragspartei ergibt.[607] Dies ist grundsätzlich zulässig, sofern der Vertragsbruch nicht auf der Initiative des Ausnutzenden beruht.[608] Es wird allerdings als wettbewerbswidrig angesehen, wenn **besondere Umstände** bei der **Missachtung von Ausschließlichkeitsbindungen**[609] oder **nachvertraglichen Wettbewerbsverboten**[610] hinzutreten. Letztlich geht es dabei um eine über das schlichte Ausnutzen hinausgehende Art und Weise der Beteiligung am Zustandekommen der Vertragsverletzung, beispielsweise wenn der Dritte, der eine Ausschließlichkeitsbindung in dem Vertrag eines Mitbewerbers missachtet, mit seinen Kunden seinerseits Verträge mit Ausschließlichkeitsbindungen schließt[611] oder wenn die Verpflichtung, deren Verletzung vom Dritten ausgenutzt wird, Bestandteil eines Schuldtilgungsabkommens ist und die Schuldtilgung durch den Vertragsbruch in Frage gestellt wird.[612] Bisweilen ist die Wettbewerbswidrigkeit auch mit der besonderen Schwere des Vertragsbruches der gebundenen Person begründet worden, so in dem Fall, dass sich der an eine Verpflichtung zu einem Exklusivinterview Gebundene von dieser grundlos lossagt und ein anderes Presseunternehmen in Kenntnis der Exklusivbindung mit der die Verpflichtung verletzenden Person selbst ein Exklusivinterview führt.[613]

143 Die Begründung dafür, dass das Ausnutzen eines fremden Vertragsbruches nicht per se wettbewerbswidrig ist, ist in erster Linie darin zu sehen, dass vertragliche Beziehungen kein absolutes Schutzgut darstellen, auch wenn sich die Verletzung von Verträgen oder sogar vertraglichen Systemen wettbewerblich auswirkt und das Verhalten des Vertragsbrüchigen rechtswidrig ist. Diese Grundsätze gelten heute auch für das Ausnutzen eines Verstoßes gegen Verpflichtungen (wie zB Lieferverbote) im Rahmen **selektiver Vertriebssysteme.** Diese verdienen, wie andere Verträge bzw. vertragliche Bindungssysteme auch, wettbewerbsrechtlichen **Schutz (nur) gegen das Verhalten derjenigen Außenseiter, die sich aktiv an Vertragsverletzungen beteiligen.** Dies gilt jedenfalls dann, wenn die Vertriebsbindungssysteme selbst rechtlich, insbesondere unter kartellrechtlichen Gesichtspunkten, wirksam sind und nicht diskriminierend gehandhabt werden.[614]

---

[603] Vgl. BGH GRUR 1956, 273 (275) – Drahtverschluss; GRUR 1962, 426 (427) – Selbstbedienungsgroßhandel; GRUR 1975, 555 (557) – Speiseeis; OLG Frankfurt a. M. WRP 1996, 1192.

[604] BGH GRUR 1960, 558 (559) – Eintritt in Kundenbestellung.

[605] BGH GRUR, 1960, 558 (559) *(Sambuc);* GRUR 1975, 555 (557) – Speiseeis.

[606] Vgl. → Einl. Rn. 1112, 1114 *(Ahrens);* → § 4 Rn. 336 f.

[607] Vgl. RGZ 78, 14 (18, 19) – Bierbedarf; RG GRUR 1936, 994 (996) – Standard-Kragen; Schramm GRUR 1961, 328 (330).

[608] BGH GRUR 2007, 800 Rn. 15 f. – Außendienstmitarbeiter; GRUR 2006, 879 Rn. 12 – Flüssiggastank; GRUR 2005, 940 (942) – Marktstudien; zu § 1 UWG aF BGB GRUR 1976, 372 (374) – Möbelentwürfe; GRUR 1991, 449 (453) – Betriebssystem; GRUR 1999, 1113 (1115) – Außenseiteranspruch; GRUR 2000, 724 (726) – Außenseiteranspruch II.

[609] BGH GRUR 1957, 219, 222 – Bierbezugsvertrag; GRUR 1967, 138 (141) – Streckenwerbung.

[610] BGH GRUR 1976, 372 (374) – Möbelentwürfe.

[611] Vgl. BGH GRUR 1967, 138 (141) – Streckenwerbung.

[612] Vgl. BGH GRUR 1957, 219 (221) – Bierbezugsvertrag.

[613] OLG Hamburg NJWE-WettbR 1999, 54 (56).

[614] BGH GRUR 2001, 448 (449) – Kontrollnummernbeseitigung II.

Das Vertriebssystem muss also auf Verträge gegründet sein, die weder nach deutschem bzw. europäischem Kartellrecht zu beanstanden sind[615] noch einer AGB-rechtlichen Verhaltenskontrolle nicht standhalten.[616] Für die kartellrechtliche Beurteilung eines (selektiven) Vertriebssystems kommt es allerdings nicht auf die Frage der gedanklichen oder sogar praktischen Lückenlosigkeit des Systems an. Dies gilt nicht nur für die Wettbewerbsregeln des (damaligen) EG-Vertrages.[617] Auch die Wirksamkeit nach deutschem Kartellrecht hängt nicht von der Lückenlosigkeit des Systems ab.[618] 144

Die **frühere Rechtsprechung** zu § 1 des alten UWG hatte selektiven Vertriebssystemen eine Art absoluten Schutzes auch gegen solche Außenseiter gewährt, die einen **Vertragsbruch nur ausnutzten.** Voraussetzung war eine gedankliche und praktische Lückenlosigkeit des Systems. Stand diese fest, so wurde vermutet, dass der Außenseiter die gebundene Ware nur durch Schleichbezug[619] bzw. durch fremden Vertragsbruch erlangt haben konnte. 145

Der BGH sieht die praktische Lückenlosigkeit nicht mehr als zwingende Voraussetzung für den wettbewerbsrechtlichen Schutz eines selektiven Vertriebssystems an.[620] Eine **gedankliche Lückenlosigkeit** reicht aus.[621] Eine praktische Lückenlosigkeit kann schon angesichts der unterschiedlichen Rechtslage in anderen Ländern wie der Schweiz oder Österreich kaum noch durchgehalten werden.[622] 146

Das **bloße Ausnutzen eines fremden Vertragsbruchs** wird nicht mehr als unlauter behandelt.[623] Zur Begründung wird ausgeführt, dass andere ungebundene Händler sich auf Grund der praktischen Lücken ebenfalls mit der gebundenen Ware eindecken könnten. Diesen gegenüber könne kein Wettbewerbsvorsprung mehr erzielt werden. Auch im Verhältnis zu den gebundenen Händlern verschaffe sich der Außenseiter keinen unlauteren Vorsprung, weil diese nicht gezwungen seien, die sie in das System einbindenden Verträge abzuschließen. Außerdem habe die Einbindung in das System auch Vorteile, die der Außenseiter nicht in Anspruch nehmen könne. Gerade weil diese Umstände die Einhaltung der Verpflichtung der Gebundenen nicht unzumutbar mache, sei das Vertriebssystem durch das Auftreten von Außenseitern auch nicht in seinem Bestand gefährdet.[624] Schließlich – und dies ist das entscheidende Argument – stehe es dem Hersteller frei, die Einhaltung der vertraglichen Verpflichtungen durch ein Codierungssystem oder auf vergleichbare Weise zu **kontrollieren.** Dies sei im Falle eines insgesamt wirksamen und schutzwürdigen Systems auch nicht rechtsmissbräuchlich.[625] 147

c) Schleichbezug. Um die in Vertriebsbindungssystemen enthaltenen Bezugsbeschränkungen zu unterlaufen, werden häufig Praktiken des **Schleichbezugs** eingesetzt. Dieser kann in verschiedenen Formen erfolgen, beispielsweise unter einvernehmlichem Zusammenwirken mit ungetreuen Mitarbeitern eines gebundenen Unternehmens, unter Einschaltung von Strohmännern, durch arglistiges Verschweigen wesentlicher Umstände – beispielsweise der Eigenschaft als Zwischenhändler statt als Endverbraucher – oder durch unwahre 148

[615] BGH GRUR 2000, 724 – Außenseiteranspruch II; zur kartellrechtlichen Beurteilung vgl. *Harte-Bavendamm/Kreutzmann* WRP 2003, 682; *Wolter/Lubberger* GRUR 1999, 17 (18 ff.).
[616] BGH GRUR 2014, 785 (788) – Flugvermittlung im Internet.
[617] Vgl. EuGH C-376/92, GRUR 1994, 300 Rn. 28 f. – Metro/Cartier; GRUR Int. 1997, 907 Rn. 12 – VAG-Händlerbeitrat/SYD-Consult; vgl. auch BGH GRUR 2000, 724 (725) – Außenseiteranspruch II.
[618] Vgl. BGH GRUR 1999, 1109 (1111) – Entfernung der Herstellungsnummer.
[619] Dazu → Rn. 148 f.
[620] Vgl. auch OLG Dresden GRUR 1999, 74 (75) – EG-Neufahrzeuge.
[621] Vgl. BGH GRUR 1999, 1113 (1115) – Außenseiteranspruch; GRUR 2000, 724 (726) – Außenseiteranspruch II.
[622] Vgl. BGH GRUR 2000, 724 (726) – Außenseiteranspruch II; Wolter/Lubberger GRUR 1999, 17 (21 ff.).
[623] Vgl. BGH GRUR 1999, 1113 (1115) – Außenseiteranspruch; GRUR 2000, 724 (726) – Außenseiteranspruch II; *Kapp* DB 2000, 1327; *Harte-Bavendamm/Kreutzmann* WRP 2003, 682 (691).
[624] BGH GRUR 2000, 724 (726 f.) – Außenseiteranspruch II.
[625] BGH GRUR 2000 724 (727); GRUR 1999, 1109 (1112 f.) – Entfernung der Herstellungsnummer; dazu näher → § 4 Rn. 426 ff.

Angaben über die Bezugsberechtigung.[626] Ein Schleichbezug gebundener Ware aus schutzwürdigen Vertriebssystemen ist **grundsätzlich wettbewerbswidrig,**[627] unabhängig davon, ob das Vertriebssystem lückenlos ist oder ob es sich um ein Direktvertriebssystem handelt, da die Außenseiter kein rechtlich geschütztes Interesse daran haben, Waren etwa unter Täuschung über ihre Wiederverkaufsabsicht zu beziehen.[628] Auch und gerade **Umgehungshandlungen** zur Verschleierung des Schleichbezuges, zB der Kauf eines Neufahrzeugs durch einen außenstehenden Händler, wenn dieser vorgibt, das Fahrzeug als Endabnehmer selber zu nutzen, es dann aber nach kurzfristiger Zulassung weiterveräußert werden soll, sind unlauter.[629] Dabei kann dahingestellt bleiben, ob der Schleichbezug ein Fall der gezielten Behinderung iSv § 4 Nr. 4 oder diesem in seinem Unlauterkeitsgehalt zumindest so weit vergleichbar ist, dass er jedenfalls unter die Generalklausel des § 3 fällt.

149 Auch die **Weiterverwertung** der durch Schleichbezug erlangten Ware ist unlauter, weil von Anfang an und dauernd mit dem Makel der Wettbewerbswidrigkeit behaftet. Sie kann daher vom Vertriebsbinder untersagt werden.[630]

§ 4 Mitbewerberschutz

Unlauter handelt, wer

1. **die Kennzeichen, Waren, Dienstleistungen, Tätigkeiten oder persönlichen oder geschäftlichen Verhältnisse eines Mitbewerbers herabsetzt oder verunglimpft;**
2. **über die Waren, Dienstleistungen oder das Unternehmen eines Mitbewerbers oder über den Unternehmer oder ein Mitglied der Unternehmensleitung Tatsachen behauptet oder verbreitet, die geeignet sind, den Betrieb des Unternehmens oder den Kredit des Unternehmers zu schädigen, sofern die Tatsachen nicht erweislich wahr sind; handelt es sich um vertrauliche Mitteilungen und hat der Mitteilende oder der Empfänger der Mitteilung an ihr ein berechtigtes Interesse, so ist die Handlung nur dann unlauter, wenn die Tatsachen der Wahrheit zuwider behauptet oder verbreitet wurden;**
3. **Waren oder Dienstleistungen anbietet, die eine Nachahmung der Waren oder Dienstleistungen eines Mitbewerbers sind, wenn er**
   a) **eine vermeidbare Täuschung der Abnehmer über die betriebliche Herkunft herbeiführt,**
   b) **die Wertschätzung der nachgeahmten Ware oder Dienstleistung unangemessen ausnutzt oder beeinträchtigt oder**
   c) **die für die Nachahmung erforderlichen Kenntnisse oder Unterlagen unredlich erlangt hat;**
4. **Mitbewerber gezielt behindert.**

Gesamtübersicht

[626] Vgl. BGH GRUR 2009, 173 Rn. 25 – bundesligakarten.de; GRUR 1992, 171 (173) – Vorgetäuschter Vermittlungsauftrag; GRUR 1994, 827 (828) – Tageszulassung.

[627] BGH GRUR 2009, 173 Rn. 22 – bundesligakarten.de; BGH GRUR 2014, 785 Rn. 28 – Flugvermittlung im Internet; BGH GRUR 1964, 154 (157) – Trockenrasierer II; GRUR 1988, 916, 917 – Pkw-Schleichbezug; GRUR 1992, 171 (173) – Vorgetäuschter Vermittlungsauftrag; GRUR 1994, 827 (828) – Tageszulassung; *Heermann* GRUR 2009, 177 (178); → Einl. Rn. 1138 *(Ahrens)*.

[628] Vgl. BGH GRUR 2009, 173 Rn. 25 – bundesligakarten.de.

[629] BGH GRUR 1994, 827 (828) – Tageszulassung.

[630] BGH GRUR 1992, 171 (174) – Vorgetäuschter Vermittlungsauftrag unter Berufung auf BGH GRUR 1988, 829 (830) – Verkaufsfahrten II – und GRUR 1979, 119 (120) – Modeschmuck.

A. § 4 Nr. 1 (Herabsetzung von Mitbewerbern) [Endfassung]

Unlauter handelt, wer

1. die Kennzeichen, Waren, Dienstleistungen, Tätigkeiten oder persönlichen oder geschäftlichen Verhältnisse eines Mitbewerbers herabsetzt oder verunglimpft;

Übersicht

Schrifttum: *Bärenfänger,* Symbiotische Theorie zum Kennzeichen- und Lauterkeitsrecht, WRP 2011, 160, *Born,* Gen-Milch und Goodwill – Äußerungsrechtlicher Schutz durch das Unternehmenspersönlichkeitsrecht,

AfP 2005, 110; *ders.*, Zur Zulässigkeit einer humorvollen Markenparodie, GRUR 2006, 192; *Bornkamm*, Markenrecht und wettbewerbsrechtlicher Kennzeichenschutz. Zur Vorrangthese der Rechtsprechung, GRUR 2005, 97; *Brinkmann*, Der äußerungsrechtliche Unternehmensschutz in der Rechtsprechung des Bundesgerichtshofs, GRUR, 1988, 516; *Bunnenberg*, Das Markenrecht als abschließendes Regelungssystem? MarkenR 2008, 148; *Büscher*, Soziale Medien, Bewertungsplattformen & Co. Die lauterkeitsrechtliche Haftung von Internetdienstleistern, GRUR 2017, 433; *Büttner*, Über allen Wipfeln ist Ruh ... – Satire und Parodie im Markenrecht, FS Ullmann, 2006, 157; *Deutsch*, Anspruchskonkurrenzen im Marken- und Kennzeichenrecht, WRP 2000, 854; *ders.*, Zur Markenverunglimpfung – Anmerkungen zu den BGH-Entscheidungen „Mars" und „Nivea" (GRUR 1994, 808 und GRUR 1995, 57), GRUR 1995, 319; *Goldmann*, Unternehmenskennzeichen, 4. Aufl. 2018; *Grünberger*, Rechtliche Probleme der Markenparodie unter Einbeziehung amerikanischen Fallmaterials, GRUR 1994, 246; *Habbe/Wimalasena*, Rufschädigende Internet-Äußerungen im Ausland, BB 2015, 520; *Köhler*, „Gib mal Zeitung" – oder „Scherz und Ernst in der Jurisprudenz" von heute, WRP 2010, 571–576; *Köller*, Meinungsfreiheit und unternehmensschädigende Äußerung, 1991; *Lichtnecker;* Die Werbung in sozialen Netzwerken und mögliche hierbei auftretende Probleme, GRUR 2013, 135; *Messer*, Der Anspruch auf Geldersatz bei Kreditgefährdung, § 824 BGB, und Anschwärzung, § 14 UWG, FS *Steffen*, 1995, 347; *Ohly*, Schadenersatzansprüche wegen Rufschädigung und Verwässerung im Marken- und Lauterkeitsrecht, GRUR 2007, 926; *Peukert*, Faktenchecks auf Facebook aus lauterkeitsrechtlicher Sicht, WRP 2020, 391; *Petersenn/Peters*, Das Äußerungsrecht zwischen unlauterem Wettbewerb und einstweiliger Verfügung, NJW 2021, 725; *Piper*, Der Schutz der bekannten Marken, GRUR 1996, 429; *Ricker*, Unternehmensschutz und Pressefreiheit, 1989; *Steinbeck*, Zur These vom Vorrang des Markenrechts, Festschrift Ullmann, 2006, S. 409; *Wenzel*, Wettbewerbsäußerungen und Informationsinteresse, GRUR 1968, 626.

I. Allgemeines

1 § 4 Nr. 1 UWG 2015 (entsprechend § 4 Nr. 7 UWG 2004/2008[1]) verbietet geschäftliche Handlungen, die einen Mitbewerber, sein Unternehmen oder seine Waren, Leistungen oder Kennzeichen gegenüber Dritten oder in der Öffentlichkeit herabsetzen oder verunglimpfen.[2] Er verbietet **Rufschädigungen** oder – nach früherem Sprachgebrauch – **Geschäftsehrverletzungen.** Die wichtigste Untergruppe bilden abwertende Meinungsäußerungen oder Werturteile über Konkurrenten. Eine Rufschädigung kann jedoch auch durch die Verbreitung wahrer oder unwahrer Tatsachen[3] oder durch andere Verhaltensweisen eintreten, durch die Mitbewerber unmittelbar oder mittelbar in ein ungünstiges Licht gestellt werden.

II. Konkurrenzen und Anwendungsbereich des § 4 Nr. 1 UWG

2 Rufschädigende Handlungen können neben § 4 Nr. 1 auch nach anderen Normen des Wettbewerbsrechts (§ 4 Nr. 2, Nr. 4,[4] § 6 Abs. 2 Nr. 5 UWG), des allgemeinen Zivilrechts (§§ 824, 826, 823 Abs. 2 iVm §§ 185 ff. StGB, § 823 Abs. 1 BGB iVm dem Recht am eingerichteten und ausgeübten Gewerbebetrieb oder dem allgemeinen Persönlichkeitsrecht)[5] und des Strafrechts (§§ 185–187 StGB) beurteilt werden. Bei einer Kennzeichenherabsetzung oder -verunglimpfung sind außerdem §§ 14 Abs. 2 Nr. 3, 15 Abs. 3, 127 Abs. 3 MarkenG und § 24 Abs. 2 MarkenG zu beachten.[6]

3 Die **äußerungsrechtlichen Tatbestände des BGB und StGB** finden neben den speziellen Regeln im UWG uneingeschränkte Anwendung.[7] Die lauterkeitsrechtlichen Vorschriften schließen die Anwendung des allgemeinen Deliktsrechts nur aus, wo ein

1 Die Verschiebung des § 4 Nr. 7 aF nach § 4 Nr. 1 ist mit keinen inhaltlichen Änderungen verbunden gewesen (BGH GRUR 2016, 710 Rn. 35 – Im Immobiliensumpf).

2 Zum Begriff des Mitbewerbers, s. oben *Keller* → § 2 Rn. 113 ff.

3 Insoweit zu kurz greifend die Stellungnahme der Bundesregierung BT-Drs. 15/1487, 18 (GRUR 2003, 298).

4 BGH GRUR 2010, 349 Rn. 38 – EKW-Steuerberater – bezeichnet § 4 Nr. 1 UWG (Nr. 7 aF) als einen Unterfall des § 4 Nr. 3 UWG (Nr. 10 aF).

5 Zum Persönlichkeitsrecht von Wirtschaftsunternehmen siehe BGH NJW 1994, 1281 (1283) – Bilanzanalyse; GRUR 1986, 759 (761) – BMW.

6 Zum Verhältnis des § 4 Nr. 1 UWG zum Markenrecht → Rn. 32 ff.

7 Vgl. BGH GRUR 1998, 167 – Restaurantführer; GRUR 1986, 812 (814) – Gastrokritiker; OLG Hamm GRUR-RR 2014, 259.

Sachverhalt wettbewerbsrechtlich erschöpfend geregelt werden soll.[8] Die Wertungen der UWG-Tatbestände, insbesondere zur vergleichenden Werbung gemäß § 6 UWG, sind allerdings im Rahmen der §§ 823 Abs. 1 (eingerichteter und ausgeübter Gewerbebetrieb; Persönlichkeitsrecht), 826 BGB sowie bei § 185 StGB zu berücksichtigen. Ist das Interesse der Allgemeinheit an einem unverfälschten Wettbewerb betroffen, so ist es allerdings gerechtfertigt, geschäftlichen Zwecken dienende Meinungsäußerungen strenger zu bewerten als Äußerungen, die nicht den lauterkeitsrechtlichen Verhaltensanforderungen, sondern lediglich dem allgemeinen Deliktsrecht unterliegen.[9] Die übrigen zivil- und strafrechtlichen Tatbestände stellen auf unwahre Tatsachenbehauptungen ab, die im UWG in gleicher Weise verboten sind (§ 4 Nr. 2). Auf die Anspruchsnormen außerhalb des UWG kann zurückgegriffen werden, wo es an einem Wettbewerbsverhältnis oder an einer geschäftlichen Handlung iSd § 2 Abs. 1 Nr. 1 als Voraussetzung für die Anwendung des UWG fehlt.[10]

Innerhalb des UWG ergibt sich der Anwendungsbereich des § 4 Nr. 1 in **Abgrenzung zu § 6 Abs. 2 Nr. 5 UWG** und **zu § 4 Nr. 2.** Gegenüber **§ 4 Nr. 4 UWG** enthält § 4 Nr. 1 UWG die speziellere Regelung; die gleichzeitige Anwendung von § 4 Nr. 4 ist insofern entbehrlich, aber unschädlich.[11] 4

Die wettbewerbsrechtliche Zulässigkeit von **Äußerungen in einem Vergleich** beurteilt sich **ausschließlich nach § 6 UWG,** der in § 6 Abs. 2 Nr. 5 einen mit § 4 Nr. 1 weitgehend identischen Unlauterkeitstatbestand enthält.[12] Der Anwendungsbereich des § 6 UWG[13] ist weit zu verstehen. Vergleichende Werbung ist nach dieser Bestimmung jede Werbung, die unmittelbar oder mittelbar einen Mitbewerber oder die von einem Mitbewerber angebotenen, hinreichend austauschbaren Waren oder Dienstleistungen erkennbar macht.[14] Nach § 4 Nr. 1 werden nur solche Vergleiche von Waren oder Dienstleistungen beurteilt, bei denen sich den angesprochenen Verkehrskreisen keine Bezugnahme auf einen konkreten Wettbewerber aufdrängt oder keine hinreichend austauschbaren Waren- oder Dienstleistungsalternative miteinander verglichen werden.[15] 5

Herabsetzende oder verunglimpfende **unwahre Tatsachenbehauptungen** über Mitbewerber fallen unter **§ 4 Nr. 2 UWG.** Daneben kann auf § 4 Nr. 1 zurückgegriffen werden.[16] **§ 4 Nr. 1 erfasst** somit a) herabsetzende oder verunglimpfende Äußerungen oder sonstige ausdrückliche oder konkludente Aussagen über einen oder einzelne erkennbare Mitbewerber oder deren Kennzeichen, Waren oder Dienstleistungen, soweit diese Äußerungen nicht § 6 unterfallen, b) die pauschale Herabsetzung oder Verunglimpfung von ungenannten Mitbewerbern oder deren Waren oder Dienstleistungen[17] sowie c) die Markenverunglimpfung. 6

III. Leitlinien der Auslegung

1. Europarechtliche Vorgaben. § 4 Nr. 1 dient dem Mitbewerberschutz und wird unmittelbar von keiner europäischen Norm erfasst. Die **Richtlinie 2005/29/EG über** 7

[8] BGH GRUR 2011, 444 Rn. 56 – Flughafen Frankfurt-Hahn.

[9] BGH GRUR 2016, 710 Rn. 56 – Im Immobiliensumpf; BGH GRUR 2012, 74 Rn. 33 – Coaching-Newsletter.

[10] Büscher/*Maatsch* § 4 Nr. 1 Rn. 13.

[11] *Köhler*/Bornkamm/Feddersen § 4 Rn. 1.6 unter Hinweis auf BGH GRUR 2010, 349 – EKW-Steuerberater.

[12] BGH GRUR 2019, 644 Rn. 13 – Knochenzement III; GRUR 2019, 631 Rn. 63 – Das beste Netz; GRUR 2012, 74 Rn. 17 – Coaching-Newsletter.

[13] Hierzu die Kommentierung des § 6 UWG durch *Sack;* vgl. auch *Glöckner* → Einl. B. Rn. 207 ff.

[14] BGH GRUR 2019, 644 Rn. 14 f. – Knochenzement III; OLG Köln GRUR-RR 2019, 30; siehe *Sack* zu § 6 UWG.

[15] BGH GRUR 2016, 710 Rn. 37 – Im Immobiliensumpf.

[16] BGH GRUR 2012, 74 Rn. 27 – Coaching-Newsletter; *Köhler*/Bornkamm/Feddersen § 4 Rn. 1.15; jurisPK-UWG/*Müller-Bidinger* § 4 Nr. 1 Rn. 20; Büscher/*Maatsch* § 4 Nr. 1 Rn. 3.

[17] Nach *Sack* WRP 2005, 531 (535) fallen die kollektive Schmähkritik und die pauschale Herabsetzung von Mitbewerbern unter § 3 UWG.

unlautere Geschäftspraktiken hat auf die Auslegung keinen Einfluss. Der Tatbestand ist mit Ausnahme der Erwähnung der Kennzeichen als Objekt der Rufschädigung (siehe dazu aber § 6 Abs. 2 Nr. 4) jedoch **identisch mit dem Tatbestand des § 6 Abs. 2 Nr. 5.** Diese Vorschrift beruht auf Art. 4d der **Richtlinie 2006/114/EG über irreführende und vergleichende Werbung,** die in Bezug auf die vergleichende Werbung abschließendes und zwingendes Recht darstellt.[18] Die Auslegungshoheit liegt beim EuGH. Eine von § 6 Abs. 2 Nr. 5 abweichende, strengere Auslegung des § 4 Nr. 1 ist zwar möglich, aber nicht opportun. Eine Äußerung über einen Mitbewerber oder den Wettbewerb sollte daher im Rahmen von § 4 Nr. 1 nicht als unlauter gebrandmarkt werden, wenn sie in einem Vergleich nach § 6 Abs. 2 Nr. 5 UWG zulässig wäre.[19]

8 **2. Bedeutung der Grundrechte. a) Meinungs- und Berufsfreiheit.** Das Grundrecht der **Meinungsfreiheit (Art. 5 Abs. 1 GG; Art. 10 EMRK)**[20] **schließt kommerzielle Meinungsäußerungen sowie reine Wirtschaftswerbung ein.**[21] § 4 Nr. 1 ist zwar ein allgemeines Gesetz iSd Art. 5 Abs. 2 GG, das einen Eingriff in die Meinungsfreiheit erlaubt.[22] Die Vorschrift ist jedoch selbst **im Lichte des Grundrechts auszulegen** und in seiner das Grundrecht beschränkenden Wirkung so einzuschränken, dass der besondere Gehalt der Meinungsfreiheit zur Geltung kommt.[23] Andererseits ist auch der nach Art. 12 und Art. 2 Abs. 1 GG iVm Art. 1 GG gebotene Schutz des geschäftlichen Rufs zu berücksichtigen. Das macht im Einzelfall stets eine Abwägung der widerstreitenden Interessen unter Berücksichtigung aller Umstände erforderlich.[24]

9 Das Grundrecht der Meinungsfreiheit ist auf allen Stufen der wettbewerbsrechtlichen Prüfung eines Sachverhalts zu berücksichtigen. Bei der **Stellungnahme eines Unternehmers im Rahmen einer öffentlichen Auseinandersetzung** kann bereits das Vorliegen einer geschäftlichen Handlung gem. § 2 Nr. 1 zweifelhaft sein, wenn der geschäftliche Zweck der Äußerung nicht im Vordergrund steht.[25] Bei einer harschen öffentlichen Protestaktion eines Vitaminpillenhändlers gegen eine Sitzung der Codex-Alimentarius-Kommission wurde deshalb schon das Vorliegen einer geschäftlichen Handlung in Frage gestellt, obwohl es dem Demonstranten auch um die Förderung seiner eigenen Geschäftsinteressen ging.[26] Andererseits kann eine geschäftliche Handlung auch in der Bewertung einer Veröffentlichung in einem Sozialen Medium durch ein journalistisches Recherchezentrum im Rahmen eines Faktenchecks[27] oder in einer Äußerung in einem anwaltlichen Schriftsatz über einen anderen Anwalt liegen.[28] Maßgeblich ist immer eine Würdigung der Umstände des Einzelfalls im Lichte des Grundrechts der Meinungsfreiheit.

10 Der Grundrechtsschutz wirkt sich weiterhin auf die **Interpretation der beanstandeten Äußerung** aus. Grundlage für die Bewertung jeder Meinungsäußerung ist die Ermittlung

---

[18] EuGH 8.4.2003 – C-44/01, GRUR 2003, 533 Rn. 43 f. – Pippig Augenoptik und die Kommentierung von *Sack* § 6 UWG.

[19] jurisPK/*Müller-Bidinger* § 4 Nr. 1 Rn. 6 steht einer unterschiedlichen Anwendung offener gegenüber.

[20] Zum Grundrechtsschutz juristischer Personen des öffentlichen Rechts (Kammern und Innungen) siehe BGH GRUR 2018, 622 Rn. 23 f. – Handwerksinnung.

[21] BVerfG GRUR 2008, 81 – Pharma-Kartell; BGH GRUR 2018, 622 Rn. 28 – Handwerksinnung; GRUR 2016, 710 Rn. 50 – Im Immobiliensumpf; zur Einwirkung von Grundrechten auf wettbewerbsrechtliche Verhaltensnormen eingehend *Ahrens* → Einl. G Rn. 1028 ff., und speziell zur Berücksichtigung der Meinungsfreiheit gemäß Art. 5 Abs. 2 GG, Art. 10 EMKR und Art. 11 GRCh *Ahrens* → Einl. G Rn. 1014 f., 1046 ff.

[22] BVerfG GRUR 2001, 1058 (1059) – Generika-Werbung.

[23] Vgl. BVerfG GRUR 2001, 1058 (1059) – Generika-Werbung; BGH GRUR 2018, 622 Rn. 31 – Handwerksinnung; GRUR 2016, 710 Rn. 52 – Im Immobiliensumpf; s. auch Stellungnahme der Bundesregierung BT-Drs. 15/1487, 18; jurisPK/*Müller-Bidinger* § 4 Nr. 1 Rn. 8.

[24] BGH GRUR 2018, 622 Rn. 31 – Handwerksinnung; GRUR 2016, 710 Rn. 52 – Im Immobiliensumpf.

[25] BVerfG GRUR 2008, 81 (82) – Pharma-Kartell; Büscher/*Maatsch* § 4 Nr. 1 Rn. 15.

[26] BVerfG GRUR 2008, 81 (82 f.) – Pharma-Kartell.

[27] OLG Karlsruhe GRUR-RR 2020, 429 (433) – Facebook Fact Check.

[28] OLG Frankfurt a. M. GRUR-RR 2014, 391 (393) – Meisterbetrüger.

ihres Sinns. Dabei kommt es auf die **Sichtweise eines verständigen Empfängers** unter Berücksichtigung der für ihn wahrnehmbaren, den Sinn der Äußerung mitbestimmenden Umstände an.[29] Der Äußerung darf kein Sinn zugeschrieben wird, den sie objektiv nicht hat. Ihr darf gleichfalls kein entlastender Aussagegehalt abgesprochen werden, der ihr objektiv zukommt. Bei mehrdeutigen Äußerungen müssen die Gerichte sich im Bewusstsein der Mehrdeutigkeit mit den verschiedenen Deutungsmöglichkeiten auseinandersetzen und für ihre Interpretation nachvollziehbare Gründe angeben.[30]

In einem weiteren Schritt muss festgestellt werden, ob der **Leistungswettbewerb auf dem betroffenen Markt durch die beanstandete Aussage konkret gefährdet** wird.[31] Das UWG schützt nämlich nicht die Lauterkeit des Wettbewerbs als solche, sondern nur als Grundlage der Funktionsfähigkeit des Leistungswettbewerbs.[32] Lässt sich keine konkrete Gefährdung des Leistungswettbewerbs feststellen, besteht keine Veranlassung, eine Äußerung im Anwendungsbereich des Art. 5 GG zum Schutze des Wettbewerbs zu verbieten. 11

Selbst wenn der Leistungswettbewerb konkret gefährdet wird, müssen schließlich noch die betroffenen Rechtsgüter und Interessen im Rahmen einer **Verhältnismäßigkeitsprüfung** gegeneinander abgewogen werden.[33] Diese Abwägung ist nur bei einer Schmähkritik entbehrlich.[34] Bei der Annahme einer **Schmähkritik** ist indes aus verfassungsrechtlichen Gründen Zurückhaltung geboten, weil bei ihr jegliche weitere Abwägung der betroffenen Rechtsgüter und Interessen entfällt.[35] Selbst eine überzogene oder gar ausfällige Kritik ist erst dann eine Schmähung, wenn bei der Äußerung nicht mehr die Auseinandersetzung in der Sache, sondern die persönliche Diffamierung der Person im Vordergrund steht. Bezieht sich die Äußerung auf eine die Öffentlichkeit wesentlich berührende Frage, so liegt eine Schmähkritik nur ausnahmsweise vor.[36] 12

Im Mittelpunkt der Abwägung stehen die **betroffenen Rechtsgüter, Motive, Ziele und der Zweck der Äußerung.** Auch das Maß der Herabsetzung, das mit einer Äußerung verbunden ist, und die etwaige Pauschalität negativer Aussagen müssen berücksichtigt werden.[37] Geht es dem Urheber der Äußerung um politische, wirtschaftliche, soziale oder kulturelle Belange der Allgemeinheit, zu denen auch wirtschaftliche Themen gehören können, geht die Meinungsfreiheit in der Regel auch dann vor, wenn private und wirtschaftliche Interessen beeinträchtigt werden.[38] In diesen Fällen oder bei einem sonstigen sachlichen Informationsinteresse des Adressaten ist auch eine schärfere oder unsachlichere Formulierung eher hinzunehmen.[39] Dem Schutz privater und wirtschaftlicher Interessen kommt andererseits eine umso größere Bedeutung zu, je mehr eine Äußerung der Verfolgung eines eigennützigen, wirtschaftlichen Ziels dient.[40] 13

---

[29] BVerfG GRUR 2003, 442 (443) – Benneton-Werbung II; BGH GRUR 2012, 74 Rn. 31 – Coaching-Newsletter.

[30] BVerfG GRUR 2003, 442 (443) – Benetton-Werbung II; NJW 1995, 3303; BVerfG NJW 1996, 1529; eingehend zur Auslegung von Werbeaussagen im Lichte der Meinungsfreiheit oben *Ahrens* → Einl. G Rn. 1048 ff.

[31] BVerfG GRUR 2008, 81 (82 f.) – Pharma-Kartell; GRUR 2018, 622 Rn. 31 – Handwerksinnung.

[32] BVerfG GRUR 2008, 81 (82) – Pharma-Kartell; sehr kritisch zur Maßgeblichkeit des Leistungswettbewerbs im Verständnis des BVerfG *Ahrens* → Einl. G Rn. 1036, 1065, 1067, 1070.

[33] BGH GRUR 2018, 622 Rn. 35 – Handwerksinnung; GRUR 2016, 710 Rn. 52 – Im Immobiliensumpf; *Köhler*/Bornkamm/Feddersen § 4 Rn. 1.21.

[34] BVerfG GRUR 2008, 81 (83) – Pharma-Kartell; BGH GRUR 2018, 622 Rn. 31 – Handwerksinnung; GRUR 2016, 710 Rn. 52 – Im Immobiliensumpf.

[35] BGH GRUR 2018, 622 Rn. 32 – Handwerksinnung; GRUR 2016, 710 Rn. 54 – Im Immobiliensumpf.

[36] BVerfG GRUR 2008, 81 (83) – Pharma-Kartell; BGH GRUR 2018, 622 Rn. 32 – Handwerksinnung.

[37] BGH GRUR 2016, 710 Rn. 54 – Im Immobiliensumpf; GRUR 2012, 74 Rn. 33, 37 – Coaching-Newsletter.

[38] BVerfG GRUR 2008, 81 (83) – Pharma-Kartell; NJW 1992, 1153 (1154); 1984, 1741 (1743); BGH GRUR 2012, 74 Rn. 33 – Coaching-Newsletter.

[39] BVerfG GRUR 2008, 81 (83) – Pharma-Kartell; OLG Köln GRUR-RR 2011, 325 (326).

[40] BVerfG GRUR 2008, 81 (83) – Pharma-Kartell; NJW 1992, 1153 (1154); 1984, 1741 (1743); BGH GRUR 2012, 74 Rn. 33 – Coaching-Newsletter; für eine Differenzierung nach dem Inhalt der Meinungs-

14 **b) Äußerungen in Presse, Rundfunk, Fernsehen und anderen Medien.** Bei Äußerungen in Medien ist ergänzend zur Meinungsfreiheit die **Pressefreiheit gemäß Art. 5 Abs. 1 S. 2 GG** zu beachten. Unter den Begriff der Presse im Sinne des Grundgesetzes fällt jedes Medium, dass der Verbreitung von Tatsachenberichten und Meinungen gegenüber der Öffentlichkeit dient. Darunter können auch Blogs oder Informationsdienste im Internet fallen, auch wenn sie sich im Wesentlichen auf Produktinformationen in Form von Preislisten und Kundenkritiken konzentrieren.[41] Auf die Pressefreiheit können sich auch Mitbewerber berufen, die sich in einem durch Art. 5 Abs. 1 GG geschützten Medium äußern.

15 Bei Äußerungen im Schutzbereich der Pressefreiheit kann eine **geschäftliche Handlung** nur im Anzeigengeschäft, der Abonnentenwerbung und außerhalb des medialen Funktionsbereichs des Mediums vermutet werden.[42] In allen anderen Fällen – einschließlich der Berichterstattung über andere Medien – muss sie zur Wahrung des Grundrechts aus Art. 5 Abs. 1 S. 2 GG **positiv aufgrund der konkreten Umstände des Einzelfalls festgestellt werden.**[43] Bei der Annahme einer geschäftlichen Handlung ist mit Rücksicht auf das Grundrecht große Zurückhaltung geboten.[44] Eine geschäftliche Handlung liegt nicht vor, wenn ein Beitrag allein der Information und Meinungsbildung seiner Adressaten dient.[45] Selbst bei polemisch überspitzten oder grob satirischen, subjektiv einseitig oder gar gewollt herabsetzend gehaltenen Beiträgen kann immer noch die Absicht zur Information und Meinungsbildung im Mittelpunkt stehen.[46] Anders ist es aber, wenn die Motivation, den Wettbewerb zu beeinflussen, doch eine nicht ganz untergeordnete Rolle spielt.[47]

16 **Presseerklärungen** eines Wettbewerbers oder die **Information der Presse** durch einen Wettbewerber nehmen am Presseprivileg nicht teil. Bei ihnen handelt es sich um geschäftliche Handlungen, deren Zulässigkeit sich uneingeschränkt nach dem UWG beurteilt.[48] Bei Äußerungen in Medien ist bei der Annahme der Unlauterkeit Zurückhaltung zu üben, da den Medien die Erfüllung ihrer Aufgaben nicht über Gebühr durch wettbewerbsrechtliche Informationsverbote erschwert werden darf.[49] Der Presseinformant ist nicht verpflichtet, sich den aufgrund seiner Information verfassten Artikel zur Prüfung und Freigabe vorlegen zu lassen.[50] Art. 10 EMRK steht einer gegenläufigen Auslegung wettbewerbsrechtlicher Bestimmungen entgegen.[51] Ein in Wettbewerbsabsicht handelnder Wettbewerber kann sich andererseits nicht hinter einer Tätigkeit als Journalist verstecken.[52]

IV. Herabsetzung und Verunglimpfung

17 Eine Herabsetzung ist die **sachlich nicht gerechtfertigte Verringerung der Wertschätzung des Mitbewerbers,** seines **Unternehmens** oder seiner **Leistungen. Die Ver-**

äußerung im Spektrum zwischen gesellschaftlichen oder politischen Themen einerseits und der Verfolgung individueller Geschäftsinteressen anderseits auch *Ahrens* → Einl. G Rn. 1042 ff.

[41] OLG Hamburg GRUR-RR 2005, 385 (386) – Ladenhüter.

[42] OLG Hamburg GRUR-RR 2005, 385 (386) – Ladenhüter; OLG München GRUR-RR 2004, 309 (310) – Billiges Plagiat.

[43] BGH GRUR 1998, 167 (198) – Restaurantkritiker; OLG Hamburg GRUR-RR 2005, 385 (386) – Ladenhüter.

[44] OLG Frankfurt a. M. GRUR-RR 2016, 14 Rn. 24.

[45] BGH GRUR 2015, 694 Rn. 34 – Bezugsquellen für Bachblüten.

[46] BGH GRUR 2000, 703 (706 f.) – Mattscheibe.

[47] BGH GRUR 1995, 270 (272) – Dubioses Geschäftsgebaren; OLG Frankfurt a. M. GRUR-RR 2016, 14 Rn. 25 ff.

[48] BGH GRUR 1997, 916 (919) – Kaffeebohne; *Köhler*/Bornkamm/Feddersen § 4 Rn. 1.10; jurisPK/*Müller-Bidinger* § 4 Nr. 1 Rn. 15.

[49] BGH GRUR 1968, 645 (646) – Pelzversand; OLG Hamburg GRUR 1980, 311 (312).

[50] Zum früheren Streit *Köhler* WRP 1998, 349 (359).

[51] EGMR NJW 2003, 497 Rn. 41 – Stambuk/Deutschland.

[52] BGH GRUR 1986, 812 (814) – Gastrokritiker.

unglimpfung ist eine **gesteigerte Form der Herabsetzung.**[53] Die Herabsetzung oder Verunglimpfung von Mitbewerbern ist **auf vielfältige Art und Weise möglich.** Im Vordergrund stehen mündliche oder schriftliche Äußerungen (Meinungsäußerungen, Werturteile, Tatsachenbehauptungen einschließlich impliziter Behauptungen). Eine Schädigung des Rufs der in § 4 Nr. 1 genannten Schutzobjekte kann jedoch auch durch fotografische Darstellungen,[54] die Platzierung einer Ware in einem negativen Werbe- oder Vertriebsumfeld,[55] durch einen Ramschpreis, durch kritische oder suggestive Fragen an Händler oder Abnehmer zur Leistungsfähigkeit der Konkurrenz[56] oder sonstige Verhaltensweisen bewirkt werden. Ob in einer geschäftlichen Handlung eine Herabsetzung von Mitbewerbern zu sehen ist, bestimmt sich jeweils aufgrund einer **Gesamtwürdigung aller Umstände des Einzelfalls,** insbesondere des Inhalts und der Form der Äußerung, ihres Anlasses und des Sachzusammenhangs sowie der Verständnismöglichkeit der angesprochenen Verkehrskreise. Maßgeblich ist der Sinngehalt der Äußerung, wie er von dem situationsadäquat aufmerksamen, durchschnittlich informierten und verständigen Verkehrskreis verstanden wird, an den sich die Äußerung richtet. In die Gesamtwürdigung sind betroffene Grundrechtspositionen einzubeziehen.[57]

Die Rechtsprechung differenziert nicht deutlich zwischen einer Herabsetzung und einer 18 Verunglimpfung eines Mitbewerbers bzw. seiner Waren oder Leistungen. Die Gleichstellung von Herabsetzung und Verunglimpfung soll indizieren, dass **nicht jede herabsetzende Wirkung,** die einer kritischen Äußerung immanent ist, für die Annahme der Unlauterkeit **ausreichend** ist. Sachliche, begründete Kritik ist zulässig. Es müssen für einen Verstoß gegen § 4 Nr. 1 besondere Umstände hinzutreten, welche die Äußerung in unangemessener Weise abfällig, abwertend oder unsachlich erscheinen lassen.[58] Es kommt darauf an, ob die herabsetzende geschäftliche Handlung sich **noch in den Grenzen einer sachlich gebotenen Erörterung wettbewerbsrelevanter Leistungsmerkmale** hält **oder bereits eine unsachliche Abwertung** der Mitbewerber oder ihrer Waren oder Leistungen darstellt.[59]

V. Fallgruppen

1. Herabsetzung oder Verunglimpfung der Waren, Dienstleistungen, Tätigkei- 19 ten oder der persönlichen oder geschäftlichen Verhältnisse individueller Mitbewerber. a) Meinungsäußerungen und Werturteile. Begründete und berechtigte Kritik an den Waren und Leistungen eines Konkurrenten **ist erlaubt,** wenn sie im Interesse der Verbraucher oder anderer Marktteilnehmer liegt oder den lauteren Wettbewerb auf andere Weise fördert und sich im Rahmen des Erforderlichen hält.[60] Ein abwertendes Urteil kann zB zur Aufklärung der Allgemeinheit oder der betroffenen Verkehrskreise (zB über sicherheitsrelevante Eigenschaften von Produkten) oder zur Wahrnehmung berechtigter Interessen gerechtfertigt sein. Im Gegensatz zur sachlichen Kritik sind jedoch **pauschal herabsetzende oder verunglimpfende Meinungen und Urteile unzulässig,** wenn die konkreten Umstände, auf die sich die abwertende Äußerung bezieht,

[53] BGH GRUR 2018, 622 Rn. 15 – Handwerksinnung; GRUR 2016, 710 Rn. 44 – Im Immobiliensumpf; *Köhler*/Bornkamm/Feddersen § 4 Rn. 1.12.

[54] Vgl. OLG Hamburg WRP 1999, 355.

[55] Vgl. EuGH 4.11.1997 – C-337/95, GRUR Int. 1998, 140 – Dior/Evora.

[56] Vgl. OLG Düsseldorf WRP 1984, 22.

[57] BGH GRUR 2019, 644 Rn. 23, 27 – Knochenzement III; GRUR 2018, 622 Rn. 15, 38 – Handwerksinnung; GRUR 2016, 710 Rn. 38 – Im Immobiliensumpf; dazu zuvor → Rn. 11 ff.

[58] BGH GRUR 2019, 631 Rn. 37 – Das beste Netz (zu § 6 Abs. 2 Nr. 5).

[59] Vgl. BGH GRUR 2010, 161 Rn. 16 – Gib mal Zeitung; GRUR 2002, 982 (984) – Die Steinzeit ist vorbei; GRUR 2002, 633 (635) – Hormonersatztherapie; GRUR 2002, 72 (73) – Preisgegenüberstellung im Schaufenster; GRUR 1999, 1100 (1102) – Generika-Werbung; BGH GRUR 1999, 501 (503) – Vergleichen Sie.

[60] OLG München GRUR-RR 2013, 516 (518) – Warnschreiben; OLG Köln GRUR-RR 2013, 257 (258).

nicht mitgeteilt werden.[61] Ob eine Kritik eine unzulässige Herabsetzung oder Verunglimpfung darstellt, kann im Ergebnis nur aufgrund einer Güter- und Interessensabwägung unter Beachtung der betroffenen Grundrechte aus Art. 5 GG festgestellt werden.[62] Dabei ist auch zu berücksichtigen, ob der kritisierende Mitbewerber auf andere, weniger herabsetzende Weise einem negativen Umstand beim Konkurrenten begegnen kann, etwa durch ein gerichtliches Vorgehen. Der Kritiker darf sich durch die Art und Weise seiner Kritik auch keinen rechtlichen Vorgaben entziehen, die er bei einem rechtlichen Vorgehen beachten müsste. Wer etwa einem Dritten in einer Pressemitteilung eine Patentverletzung vorwirft, darf dabei die Vorgaben, die an eine wettbewerbskonforme Schutzrechtsverwarnung gestellt werden, nicht unterlaufen.[63]

20 Der **Einsatz humorvoller, ironischer oder satirischer Mittel** in der Werbung, die auf einen Mitbewerber anspielt, ist grundsätzlich zulässig. Der Verbraucher ist es gewohnt, dass Werbung mit derartigen Stilmitteln arbeitet, und wird allein daraus keine negativen Schlüsse zulasten des betroffenen Mitbewerbers ziehen.[64] Eine humorvolle oder ironische Anspielung auf Mitbewerber oder deren Produkte stellt erst dann eine unzulässige Herabsetzung dar, wenn sie die Mitbewerber dem Spott oder der Lächerlichkeit preisgibt oder von den Adressaten der Werbung wörtlich und damit ernst genommen und als Abwertung verstanden wird.[65] Grundsätzlich wettbewerbswidrig ist demgegenüber die **Schmähkritik oder** die Verwendung von groben **Schimpfwörtern.**[66] Regelmäßig wettbewerbswidrig sind außerdem **pauschale Abwertungen,** die eine adäquate Begründung vermissen lassen,[67] oder **unangemessen abfällige, abwertende oder unsachliche Äußerungen.**[68] Die Unzulässigkeit kann sich auch daraus ergeben, dass die Äußerung an einen wesentlich breiteren Adressatenkreis als dem eigentlichen Kreis interessierter und informierter Verkehrskreise gerichtet wird.[69]

21 Als **unzulässig** wurden beispielsweise gewertet: Der gegenüber einem Rechtsanwalt und Notar erhobene Vorwurf kriminellen Handelns, insbesondere einer Beteiligung an organisierter Wirtschaftskriminalität;[70] das Schreiben an Mandanten eines Rechtsanwalts mit dem Hinweis auf Regressansprüche ohne Prüfung des Einzelfalls;[71] Zweifel an der Seriosität des Konkurrenten;[72] der Vergleich von Toilettenpapier mit einem Stachelschwein;[73] die Bezeichnung „Schmuddelsender" für einen Fernsehsender[74] oder „Schmuddelkinder" für eine Privatbank;[75] die Aussage eines Arztes, dass Patienten beim Konkurrenten horrende Summen für eine Schmerztherapie zahlen müssten;[76] die Aussage, dass die Vermögensberater eines Unternehmens über keine ausreichenden Erfahrungen und Kenntnisse verfügten und bestimmte Fonds-Anteile „Mist" seien;[77] die sachlich unfundierte Abwertung der Patente

[61] BGH GRUR 2014, 601 Rn. 42 – Englischsprachige Presseerklärung; GRUR 2012, 74 Rn. 37 – Coaching-Newsletter.
[62] BGH GRUR 2012, 74 Rn. 33 – Coaching-Newsletter; → Rn. 8 ff.
[63] OLG Düsseldorf InstGE 10, 98 Rn. 28 FD-GewRS 2009, 277071; zu den formalen Anforderungen an eine Schutzrechtsverwarnung → § 4 Rn. 485 f.
[64] BGH GRUR 2019, 631 Rn. 30 – Das beste Netz; GRUR 2010, 161 Rn. 20 – Gib mal Zeitung.
[65] BGH GRUR 2019, 631 Rn. 30 – Das beste Netz; GRUR 2010, 161 Rn. 20 – Gib mal Zeitung.
[66] BGH GRUR 1977, 801 (803) – Halsabschneider; OLG Frankfurt a. M. GRUR-RR 2014, 391 zu Beleidigungen in Anwaltsschriftsätzen.
[67] BGH GRUR 1986, 812 (814) – Gastrokritiker; OLG Köln GRUR-RR 2001, 186 (188); *Köhler/Bornkamm/Feddersen* § 4 Rn. 1.19 f.
[68] BGH GRUR 1999, GRUR 1999, 1100, 1102 – Generika-Werbung; GRUR 1999, 501 – Vergleichen Sie!; OLG München GRUR-RR 2011, 475 – Make taste, not waste.
[69] OLG Düsseldorf FD-GewRS 2009, 277071.
[70] BGH GRUR 2016, 710 Rn. 42 – Im Immobiliensumpf.
[71] OLG Köln GRUR-RR 2016, 417.
[72] BGH GRUR 1986, 812 (814) – Gastrokritiker; GRUR 1982, 234 (236) – Großbanken-Restquoten.
[73] OLG Frankfurt a. M. GRUR-RR 2005, 137 (138) – Vergleich mit Stachelschwein.
[74] OLG Hamburg NJW 1996, 1002.
[75] OLG Frankfurt a. M. GRUR-RR 2016, 14 Rn. 34.
[76] OLG Karlsruhe GRUR 1994, 130 – Testpatient.
[77] OLG Köln WRP 1985, 233.

eines Wettbewerbers als trivial;[78] die pauschale Behauptung, dass die Preise des Mitbewerbers lächerlich hoch seien,[79] die pauschale Abwertung eines Verhaltens eines bestimmten Unternehmens als missbräuchlich oder verbraucherfeindlich sowie eines Versicherungstarifs als überteuertes Tarifwerk,[80] die undifferenzierte Behauptung, dass es bestimmten abmahnenden Anwälten an den Kragen gehe und dass es deren übliche Praxis sei, mit ihren Mandanten ein verbotenes Erfolgshonorar zu vereinbaren,[81] die Kennzeichnung eines Flugzeugs in den Farben einer Fluggesellschaft mit ‚Lügen Airline',[82] die negative Bewertung eines Posts bei Facebook im Rahmen eines Faktenchecks, der sich nicht auf den Post, sondern das Thema des Posts bezog[83] oder die Behauptung einer objektiv ungeklärten Patentverletzung in einer Presserklärung.[84] Als **zulässig** angesehen wurden beispielsweise die Stellungnahme einer Handwerksinnung zum klassischen und verkürzten Versorgungsweg bei Hörgeräten;[85] der Hinweis auf eine mangelnde fachliche Qualifikation von Heilpraktikern für Psychotherapie zur Behandlung psychischer Krankheiten;[86] eine Warnung vor dem Kauf gespaltener Volumenlizenzen an Softwareprogrammen;[87] eine wertende Beurteilung von Konkurrenzangeboten, die um Objektivität bemüht war, auch wenn sie sich in der Darstellung plakativer Verallgemeinerungen bediente;[88] ebenso die Werbung für Werbung in Telefonbüchern und Gelben Seiten an alle „Kunden, welche sich bisher schlecht, einseitig oder gar nicht beraten fühlen".[89]

b) Tatsachenbehauptungen. Die Verbreitung unwahrer Tatsachen[90] ist generell unzulässig und wird von § 4 Nr. 2 erfasst. Aber auch die Verbreitung wahrer Tatsachen kann unzulässig sein, wenn sie mit dem Wettbewerb, dem Wettbewerber in seiner Funktion als Konkurrent oder den Produkten des Mitbewerbers nichts zu tun haben oder den Adressaten nichts angehen. § 4 Nr. 1 greift in diesen Fällen aber nur ein, wenn die wahren Tatsachen gleichzeitig herabsetzend oder verunglimpfend sind. In anderen Fällen kann aber auf §§ 823 ff. BGB zurückgegriffen werden. So ist die Verbreitung wahrer Tatsachen aus dem **Intimbereich** eines Mitbewerbers generell unlauter, wenn dieser sein Intimleben nicht selbst öffentlich gemacht hat.[91] Das gilt – cum grano salis – in gleicher Weise für wahre Tatsachen aus dem **Privatbereich** eines Mitbewerbers.[92] 22

Die Grenzen der **Zulässigkeit der Verbreitung wahrer Tatsachen aus der Sozialsphäre** des Mitbewerbers sind im Wettbewerbsrecht enger als im allgemeinen Zivilrecht. Die Behauptung negativer wahrer Tatsachen wird nur dann für zulässig gehalten, wenn ein **berechtigtes Interesse der Allgemeinheit oder des Adressaten der Mitteilung** an der Kenntnis der Tatsache besteht, der Urheber einen **hinreichenden Anlass** zu der Behauptung hatte und er sich bei ihrer Verbreitung **im Rahmen des Erforderlichen** gehalten hat.[93] Als Maßstab kann auf die **Wertungen des § 6 Abs. 2 Nr. 2 UWG** zurückgegriffen werden, der negative Aussagen über **wesentliche, relevante und typische Eigenschaften** der Produkte eines Wettbewerbers im Rahmen eines Vergleichs 23

---

78 OLG München GRUR-RR 2006, 268 (276 f.) – Trivial-Patente.
79 LG Köln WRP 2004, 650 (651).
80 OLG Köln GRUR-RR 2001, 186 – Versicherungsmakler.
81 OLG Köln GRUR-RR 2011, 325 (327).
82 OLG Brandenburg GRUR-RR 2020, 315 (316) – Lügen Airline.
83 OLG Karlsruhe GRUR-RR 2020, 429 (435 f.) – Facebook Fact Check.
84 OLG Düsseldorf FD-GewRS 2009, 277071.
85 BGH GRUR 2018, 622 Rn. 42 – Handwerksinnung.
86 OLG Karlsruhe GRUR-RR 2016, 166.
87 OLG Düsseldorf MMR 2017, 36.
88 OLG Hamburg MD 2004, 764 (772) – Babes und Zicken.
89 BGH GRUR 2005, 609 (610) – Sparberaterin II.
90 Zur Abgrenzung von Tatsachenbehauptungen und Meinungen siehe BGH GRUR 2018, 622 Rn. 29 – Handwerksinnung; GRUR 2016, 716 Rn. 23 ff. – Im Immobiliensumpf.
91 BVerfG NJW 2000, 2189.
92 BVerfG AfP 2000, 445 (447); 2000, 76 (78 f.).
93 BGH GRUR 1990, 1012 (1013) – Pressehaftung; OLG Brandenburg WRP 2017, 469; *Köhler*/Bornkamm/Feddersen § 4 Rn. 1.16.

erlaubt.[94] Auf § 4 Nr. 1 übertragen bedeutet dies, dass die Verbreitung von wahren Tatsachen über den Mitbewerber und sein Angebot zulässig ist, solange die Tatsache eine wesentliche, relevante und typische Eigenschaft des Wettbewerbs, Mitbewerbers und seines Leistungsangebots betrifft. Zur näheren inhaltlichen Bestimmung dieser Kriterien → § 6 Rn. 120 ff.

24 Ein Mitbewerber soll nach herrschender Auffassung regelmäßig kein schützenswertes Interesse daran haben, Dritte über **wettbewerbliche oder rechtliche Probleme mit Konkurrenten** zu informieren.[95] Gerichtsurteile zu Lasten des Konkurrenten sollen die Öffentlichkeit nichts angehen.[96] Etwas anderes soll nur gelten, wenn der Wettbewerber oder der Adressat der Information hieran ein eigenes berechtigtes Interesse[97] oder der Wettbewerber einen hinreichenden Anlass zur Information hat und sich die Kritik in Art und Maß im Rahmen des Erforderlichen hält.[98] Diese Auffassung ist zu eng, weil sie zu stark darauf abstellt, ob die Interessen der Marktteilnehmer an der Verbreitung einer wahren Tatsache schützenswert oder berechtigt sind. Stattdessen sollte analog § 6 Abs. 2 Nr. 2 UWG geprüft werden, ob es sich für einen nicht unerheblichen Teil des angesprochenen Verkehrs um eine Information handelt, die in ihrer wettbewerblichen Bedeutung einer typischen, relevanten und wesentlichen Eigenschaft gleichkommt. Allerdings darf auch in diesen Fällen bei **nicht rechtskräftigen Entscheidungen** nicht der irreführende Eindruck erweckt werden, sie seien gerichtlicherseits ‚das letzte Wort'.[99] Außerdem darf die Rechts- und Sachlage nicht verzerrt oder einseitig dargestellt werden. So durfte YouTube gegenüber seinen Nutzern nicht behaupten, dass die GEMA dem Videoportal an einem bestimmten Musikstück keine Rechte einräume, weil der Grund dafür darin lag, dass YouTube die Musiknutzung nicht tarifgemäß bezahlen wollte.[100]

25 **c) Sonstige geschäftliche Handlungen.** Eine Herabsetzung oder Verunglimpfung von Personen, Waren oder Dienstleistungen ist auch auf andere Weise als durch mündliche oder schriftliche Aussagen möglich. Es kommen **alle offenen oder subtilen Mittel** in Betracht, **durch die ein Mitbewerber oder seine Leistungen in ein schlechtes Licht gerückt werden.**[101] Es gelten dieselben Grundsätze wie für die Verbreitung negativer Meinungen, Werturteile oder Tatsachen. Unlauter ist auch hier in jedem Falle die pauschale, unsachliche Abwertung. Beispiele unzulässiger Werbung sind: Die bildliche Gegenüberstellung zweier Konkurrenzprodukte, von denen eines mit einem Aufkleber ‚defekt' versehen und auch ansonsten in einem erbärmlichen Zustand ist;[102] die Abbildung von Personen, die sich, um besser zu hören, eine Hand als Muschel hinters Ohr legen, verbunden mit der Frage, ob sie wohl ein Hörgerät der Konkurrenz tragen;[103] die Veranstaltung einer Blitzumfrage bei Händlern zur Qualität der Waren und Leistungen eines Konkurrenten, wenn die Fragen pauschalen negativen Tatsachenbehauptungen gleichkommen oder entsprechende Tatsachen nahe legen;[104] der Hinweis in der Werbung auf den Wechsel von Mitarbeitern oder von Kunden des Mitbewerbers zum eigenen Unternehmen, wenn dadurch der Eindruck einer geschwächten Leistungsfähigkeit des Kon-

[94] Siehe dazu BGH GRUR 2005, 172 (174) – Stresstest; GRUR 2004, 607 (611 ff.) – Genealogie der Düfte.

[95] BGH GRUR 1968, 645 (647) – Pelzversand; OLG Frankfurt a. M. WRP 2013, 1673 Rn. 22. Der Hinweis, dass zwei Unternehmen sich streiten, soll aber erlaubt sein (OLG Köln GRUR-RR 2016, 278).

[96] OLG Koblenz WRP 1989, 43; OLG Hamm MMR 2008, 750; zu Persönlichkeitsrechtsverletzungen durch Urteilsveröffentlichungen siehe OLG Hamm ZUM-RD 2008, 356; OLG Hamburg ZUM 2008, 66; KG AfP 2007, 562.

[97] OLG Frankfurt a. M. WRP 2013, 1673 Rn. 10; OLG Hamburg MD 2006, 725 (729).

[98] OLG Schleswig OLGR Schleswig 2008, 287.

[99] OLG Frankfurt a. M. GRUR-RR 2015, 149 (150); LG Hamburg MD 2005, 102 (103).

[100] LG München ZUM 2014, 981 (987).

[101] Büscher/*Maatsch* § 4 Nr. 1 Rn. 30.

[102] OLG Hamburg WRP 1999, 355 (357).

[103] OLG Hamburg NJWE-WettbR 1998, 34 (35).

[104] OLG Düsseldorf WRP 1984, 22 (23).

kurrenten erweckt wird.[105] Ob allerdings ein Schreiben einer Haftpflichtversicherung an Anspruchsteller oder deren Rechtsanwälte, dass die Kosten für die Einschaltung eines bestimmten Kfz-Sachverständigen wegen eines Interessenkonflikts nicht übernommen werden könnten, dessen Leistung herabsetzt, erscheint selbst dann zweifelhaft, wenn die Rechtsauffassung der Versicherung fehlerhaft sein sollte.[106] Im Angebot von Markenware zu Preisen, die unter dem Einstandspreis oder den Selbstkosten des Anbieters liegen, wird von der Rechtsprechung keine Rufschädigung des Herstellers der Ware gesehen. Etwas anderes kann gelten, wenn der angesprochene Verkehr aufgrund des Preises den Eindruck gewinnt, dass die Qualität des Produkts sich verschlechtert habe.[107]

2. Abwertung ungenannter Mitbewerber oder ihrer Leistungen. § 4 Nr. 1 erfasst auch die **Abwertung unbestimmter Mitbewerber** und ihrer Waren und Leistungen, und zwar auch im Rahmen eines Vergleichs.[108] Denn § 6 UWG gilt nur für vergleichende Werbung, die einen Mitbewerber zumindest mittelbar erkennbar macht. 26

Voraussetzung für eine Herabsetzung von Mitbewerbern ist zunächst, dass eine Werbung überhaupt **durch Worte, Bilder, Farben, Töne oder andere Zeichen auf Mitbewerber Bezug** nimmt.[109] Daran fehlt es, wenn der Werbende nur die eigene Leistung hervorhebt,[110] oder wenn in der Werbung durch die Verwendung des Komparativs lediglich eine Bezugnahme auf Wettbewerber mitgedacht werden kann.[111] Der **Einsatz satirischer oder humorvoller Effekte** wird vom angesprochenen Verkehr in der Regel ebenfalls nicht als Bezugnahme auf andere Mitbewerber verstanden. Zurecht wurde daher einer Hörfunkwerbung, in der sich einleitend ‚manche' Krankenkassen wie ein orgelndes Auto anhören und die werbende Krankenkasse wie ein Rennwagen,[112] oder einer Fernsehwerbung für einen Schokoriegel, in der ein überdimensionaler, biegsamer und vor Staub sprühender Getreideriegel abgebildet und von den Worten „zäh wie Gummi und staubtrocken" begleitet wird,[113] eine Bezugnahme auf Mitbewerber abgesprochen. 27

Für die Beurteilung der Frage, ob eine **Herabsetzung ungenannter Mitbewerber wettbewerbswidrig** ist, sind die gleichen Maßstäbe heranzuziehen, die bei der Herabsetzung oder Verunglimpfung individualisierbarer Mitbewerber oder ihrer Waren und Leistungen außerhalb eines Vergleichs gelten.[114] Es kommt entscheidend darauf an, ob die angegriffene Werbeaussage sich noch in den Grenzen einer sachlich gebotenen Erörterung hält oder bereits eine unangemessene Abwertung darstellt.[115] Die Aussage muss unnötig abfällig, abwertend oder unsachlich erscheinen.[116] Dabei ist zu berücksichtigen, dass jeder bezugnehmenden Werbung **ein negativer Reflex** immanent ist. Wer sich selbst erhöht, erniedrigt zwangsläufig die anderen. Das ist **nicht per se unlauter,** solange die Bezugnahme nicht unangemessen unsachlich ist. Wahre **Systemvergleiche,**[117] Warenarten- oder 28

---

[105] BGH GRUR 1957, 23 (24) – Bünder Glas; GRUR 1964, 316 (319) – Stahlexport; s. auch BGH GRUR 1988, 545 (546) – Ansprechpartner.

[106] AA OLG Nürnberg MD 2007, 315 (317).

[107] BGH GRUR 1984, 204 (207) – Verkauf unter Einstandspreis II.

[108] Vgl. BGH GRUR 2010, 349 Rn. 38 – EKW-Steuerberater; *Köhler*/Bornkamm/Feddersen § 4 Nr. 1.11; jurisPK/*Müller-Bidinger* § 4 Nr. 1 Rn. 58; Büscher/*Maatsch* § 4 Nr. 1 Rn. 21.

[109] BGH GRUR 2010, 349 Rn. 38 – EKW-Steuerberater.

[110] BGH GRUR 2001, 752 – Eröffnungswerbung; GRUR 1999, 1100 (1101) – Generika-Werbung; OLG Hamburg GRUR-RR 2003, 50.

[111] BGH GRUR 1997, 227 (228) – Aussehen mit Brille („Lieber besser aussehen als viel bezahlen"); OLG Karlsruhe WRP 1997, 865 (866 f.) („Ich bin doch nicht blöd").

[112] OLG Hamburg GRUR-RR 2003, 249 (251) – Orgelndes Auto.

[113] OLG Hamburg GRUR-RR 2003, 251 (252) – Müsli-Riegel. Das Gericht sprach den Stilmitteln auch eine ernstzunehmende Sachaussage ab.

[114] Vgl. → Rn. 19.

[115] BGH GRUR 2010, 349 Rn. 38 – EKW-Steuerberater; GRUR 2001, 752 (753) – Eröffnungswerbung; GRUR 1997, 227 (228) – Aussehen mit Brille.

[116] BGH GRUR 2002, 982 (984) – DIE „STEINZEIT" IST VORBEI!; GRUR 2002, 72 (73) – Preisgegenüberstellung im Schaufenster; GRUR 1999, 501 (503) – Vergleichen Sie; GRUR 1999, 1100 (1102) – Generika-Werbung.

[117] Vgl. BGH GRUR 1997, 539 – Kfz-Waschanlagen.

Leistungsvergleiche (einschließlich der Fortschrittsvergleiche)[118] oder allgemeine Preisvergleiche mit unbestimmten Wettbewerbern[119] sind zulässig, solange zu diesen Vergleichen keine weiteren Umstände hinzutreten, durch die Mitbewerber unnötig herabgesetzt werden.

29 Wegen der Einzelheiten kann auf die vorstehende Kommentierung zur Herabsetzung identifizierbarer Mitbewerber verwiesen werden. Als Besonderheit kommt bei der **Verbreitung von Tatsachenbehauptungen über ungenannte Konkurrenten** hinzu, dass sich ihre Wahrheit angesichts des unbestimmten Bezugspunkts für den angesprochenen Verkehr häufig nicht überprüfen lässt. Solche nicht überprüfbaren Tatsachenbehauptungen über unbestimmte Konkurrenten sind in der Regel wettbewerbswidrig.[120] Es besteht kein Grund, nicht nachprüfbare Tatsachen außerhalb des Anwendungsbereichs des § 6 UWG zu privilegieren, die im Rahmen eines Vergleichs nur zulässig wären, wenn sie nachgeprüft werden können.[121]

30 **Beispiele:** Die Aussage „Wir zeigen Ihnen, wie Sie die zuviel gezahlten Steuerberaterhonorare sowie Steuern und Abgaben zumindest für die Zukunft einsparen" im Werbeschreiben eines Steuerberaters wertet Preise und Qualität der Wettbewerber pauschal ab.[122] Das Gleiche gilt für die Frage eines Energieversorgers „Hat Ihr Energieversorger in Ihrer aktuellen Jahresrechnung eine Preiserhöhung versteckt?", weil Wettbewerbern dadurch unredliches Verhalten unterstellt wird.[123] Der Hinweis auf die eigene Leistung enthält keine Herabsetzung unbenannter Mitbewerber.[124] Die Werbung eines Optikers mit dem Werbespruch „Lieber besser aussehen als viel bezahlen" beinhaltet keine Bezugnahme auf die Gesamtheit der Mitbewerber,[125] ebenso wenig die Aufforderung, bestimmte Waren bis zur Eröffnung eines Ladengeschäfts nicht anderweitig zu kaufen.[126] Werbeaussagen wie „Statt Blumen Onko-Kaffee" verweisen nur auf eine Substitutionsmöglichkeit und werten die in Bezug genommenen andersartigen Produkte nicht ab.[127] Der Werbespruch „Statt Mondpreise: Lieber gleich den …-Preis" wurde zwar für bedenklich gehalten, in Verbindung mit der Aufforderung, die eigenen Preise mit den Preisen der Mitbewerber zu vergleichen, jedoch nicht beanstandet.[128] Ins Blaue hinein geäußerte Verdächtigungen über einen ganzen Wirtschafts- oder Vertriebszweig, die unbesehen alle Unternehmen einschließen, verstoßen jedoch gegen § 4 Nr. 1.[129]

31 **3. Kennzeichenverunglimpfung. a) Kennzeichen:** § 4 Nr. 1 erklärt die Herabsetzung oder Verunglimpfung von Kennzeichen für unlauter. Kennzeichen sind nicht allein die im MarkenG genannten **Marken, geschäftlichen Bezeichnungen, Werktitel** oder **geographischen Herkunftsangaben,** sondern auch **Namen, Geschäftsabzeichen, Artikel- und Bestellnummern, Werbeslogans, Internetdomains oder sonstige Zeichen** zur Identifizierung von Personen, Unternehmen, Waren oder Dienstleistungen. Auf den kennzeichenrechtlichen Schutz kommt es nicht an. Erforderlich ist nur, dass die Kennzeichen einen Mitbewerber, eine Gruppe von Mitbewerbern oder deren Leistungsangebote individualisieren.

32 **b) Konkurrierende Tatbestände:** Bei der Abwertung von Marken, geschäftlichen Bezeichnungen (einschließlich der Werktitel) und geografischen Herkunftsangaben sind **§ 14 Abs. 2 Nr. 3 MarkenG, § 15 Abs. 3 MarkenG und § 127 Abs. 3 MarkenG** zu beachten. § 14 Abs. 2 Nr. 3 MarkenG verbietet es, ein mit einer Marke identisches oder

[118] Vgl. BGH GRUR 1986, 548 – Dachsteinwerbung.
[119] Vgl. BGH GRUR 1996, 983 – Preisvergleich II.
[120] BGH GRUR 1996, 983 (984) – Preisvergleich II; GRUR 1981, 823 (826) – Ecclesia-Versicherungsdienst.
[121] EuGH 19.9.2004 – C-356/04, GRUR 2007, 69 Rn. 64 – Lidl/Colruyt.
[122] BGH GRUR 2010, 349 Rn. 38 – EKW-Steuerberater.
[123] OLG Saarbrücken GRUR-RR, 2014, 150 (152).
[124] BGH GRUR 1999, 1100 (1102) – Generika-Werbung.
[125] BGH GRUR 1997, 227 (228) – Aussehen mit Brille.
[126] BGH GRUR 2001, 752 – Eröffnungswerbung.
[127] BGH GRUR 1972, 553 (554) – Statt Blumen ONKO-Kaffee.
[128] OLG Dresden NJWE-WettbR 1997, 184 (185 f.).
[129] OLG Hamm GRUR-RR 2014, 450 (451).

ähnliches Zeichen für andere Waren oder Dienstleistungen zu benutzen als diejenigen, für die die Marke Schutz genießt, wenn die Marke im Inland bekannt ist und die Benutzung des Zeichens ihre Unterscheidungskraft oder Wertschätzung ohne rechtfertigenden Grund in unlauterer Weise beeinträchtigt.[130] Die Vorschrift wird auch angewendet, wenn die Waren und Dienstleistungen identisch oder ähnlich sind.[131] Nach § 15 Abs. 3 MarkenG gilt der gleiche Schutz für bekannte geschäftliche Bezeichnungen einschließlich der Werktitel; nach § 127 Abs. 3 werden bekannte geografische Herkunftsangaben gegen eine Beeinträchtigung ihres guten Rufs geschützt.

Das Verhältnis zwischen den kennzeichenrechtlichen und den lauterkeitsrechtlichen Bestimmungen ist streitig. Nach vormals herrschender Auffassung verdrängten §§ 14 Abs. 2 Nr. 3, 15 Abs. 3, 127 Abs. 3 MarkenG in ihrem Anwendungsbereich die Vorschriften des UWG, einschließlich § 4 Nr. 1.[132] Unklar war jedoch, was für geschützte oder ungeschützte, bekannte oder unbekannte Marken daraus folgte.[133] Der Streit ist jedoch mittlerweile obsolet, nachdem der EuGH entschieden hat, dass die § 4 Nr. 1 ähnliche Bestimmung des § 6 Abs. 2 Nr. 4 neben markenrechtlichen Bestimmungen zur Anwendung kommt.[134] Es gibt keinen Grund, die Sachlage je nachdem zu beurteilen, ob eine negative Aussage in einem Vergleich oder außerhalb eines Vergleichs erfolgt.[135] 33

Im Ergebnis werden alle negativen Aussagen mit Bezug auf Kennzeichen – auch – nach § 4 Nr. 1 und im Anwendungsbereich der §§ 14 Abs. 2 Nr. 3, 15 Abs. 3, 127 Abs. 3 MarkenG zusätzlich nach diesen Vorschriften beurteilt. Allerdings müssen Wertungswidersprüche vermieden werden, wobei die kennzeichenrechtlichen Vorgaben die Auslegung des § 4 Nr. 1 leiten.[136] Dabei sollte es keinen Unterschied machen, ob im Einzelfall die kennzeichenrechtlichen Verbotsnormen angewendet werden können oder nicht. Andererseits ist aber zu berücksichtigen, dass nicht jede Rufbeeinträchtigung nach § 14 Abs. 2 Nr. 3, 15 Abs. 3 oder 127 Abs. 3 MarkenG eine Herabsetzung nach § 4 Nr. 1 darstellt. Im Ergebnis kann ein Verhalten, das bei einer bekannten Marke keine Rufbeeinträchtigung darstellt, nicht nach § 4 Nr. 1 UWG unlauter sein. Ein Verhalten, das den Ruf eines bekannten Kennzeichens beeinträchtigt, stellt andererseits jedoch nicht zwingend eine Herabsetzung oder Verunglimpfung dar. Bei der Herabsetzung oder Verunglimpfung handelt es sich vielmehr um eine besonders schwerwiegende, qualifizierte Form der Rufbeeinträchtigung.[137] 34

c) § 24 Abs. 2 MarkenG verdrängt § 4 Nr. 1.[138] § 24 Abs. 2 MarkenG enthält eine Ausnahme von der Erschöpfung des Markenrecht nach § 24 Abs. 1 MarkenG, wenn der Ruf einer Marke durch eine Veränderung oder Verschlechterung des Zustands der Waren oder durch Umstände beim Vertrieb der Ware in einer Weise beeinträchtigt wird, die für den angesprochenen Verkehr Rückschlüsse auf den Hersteller und die vom Hersteller verbürgte Qualität des Produkts zulassen.[139] § 24 MarkenG geht zurück auf Art. 7 Markenrechtsrichtlinie, der die nationale Regelung der Erschöpfung des Markenrechts zwingend und abschließend vorgibt.[140] Ansprüche wegen der Herabwürdigung oder Verunglimpfung 35

---

[130] Vgl. nur OLG Hamburg GRUR 2000, 514 – Deutsche Pest.

[131] BGH GRUR 2004, 235 (238) – Davidoff; s. auch EuGH 9.1.2003 – C-292/00, GRUR 2003, 240 Rn. 30 – Davidoff.

[132] BGH WRP 2005, 896 (899) – Lila Postkarte.

[133] Vgl. *Bornkamm* GRUR 2005, 97 (101).

[134] EuGH 18.6.2009 – C-487/07, GRUR 2009, 756 Rn. 77 – L'Oréal/Bellure; *Köhler*/Bornkamm/Feddersen § 4 Nr. 1.9b; jurisPK-UWG/*Müller-Bidinger* § 4 Nr. 1 Rn. 25.

[135] Im Ergebnis ebenso Büscher/*Maatsch* § 4 Nr. 1 Rn. 13; Ströbele/Hacker/Thiering MarkenG § 2 Rn. 61.

[136] *Köhler*/Bornkamm/Feddersen § 4 Nr. 1.9b; jurisPK-UWG/*Müller-Bidinger* § 4 Nr. 1 Rn. 25; Büscher/*Maatsch* § 4 Nr. 1 Rn. 13.

[137] *Steinbeck* FS Ullmann, 2006, 409 (415).

[138] AA *Bärenfänger* WRP 2011, 160 (168).

[139] EuGH 23.2.1999 – C-63/97, GRUR Int. 1999, 438 Rn. 49 – BMW; GRUR Int. 1998, 140 Rn. 54 – Dior/Evora; *Ingerl/Rohnke* MarkenG § 24 Rn. 58; s. auch *Fezer* MarkenG § 24 Rn. 57a; *Sack* WRP 1999, 1088 (1100).

[140] jurisPK/*Müller-Bidinger* § 4 Nr. 1 Rn. 28.

einer Marke bei weiteren Vertrieb der Ware können deshalb nur vom Markeninhaber oder – mit seiner Zustimmung – von seinem Lizenznehmer, aber nicht von allen übrigen in § 8 Abs. 3 UWG genannten Personen oder Institutionen geltend gemacht werden.[141]

36 **d) Markenparodie:** In den meisten Rechtstreitigkeiten um Kennzeichenverunglimpfungen, zB im Rahmen einer **Markenparodie,** ging es um die Verwendung bekannter Kennzeichen, die nach dem Inkrafttreten des Markengesetzes von § 14 Abs. 2 Nr. 3 MarkenG erfasst werden. Dazu gehören die verulkende oder verballhornende Nutzung eines Kennzeichens oder seine Einbindung in einen schlüpfrigen oder makabren Sinnzusammenhang.[142] Wer eine bekannte Marke auf Scherzpäckchen mit einem Kondom als Inhalt und einem verballhornenden Werbespruch (Bsp. „Mars macht mobil bei Sex, Sport und Spiel" oder „Es tut Nivea als beim ersten Mal") anbringt, nutzt nicht nur den Ruf und das Ansehen der verwendeten Marken aus, sondern verunglimpft das Ansehen des Markeninhabers und den Werbewert der Marken.[143] Die Dekoration eines T-Shirts mit einer als Totenkopf verfremdeten Shell-Muschel ist gleichfalls bedenklich.[144] Allerdings sind im Einzelfall **Grundrechte, insbesondere die Meinungs- und Kunstfreiheit** zu beachten. Die Verwendung der für Schokoladen bekannten Farbe Lila auf einer Postkarte mit einem satirischen Spruch von ‚Rainer Maria Milka' war von der Kunstfreiheit gedeckt,[145] ebenso die Verwendung des AOL-Logos auf einem Abi-T-Shirt.[146] Der Schutz der Meinungs- und Kunstfreiheit überwog auch bei einem unverkennbaren Hinweis auf eine Marke der Deutschen Telekom, deren Preispolitik satirisch angegriffen wurde.[147] Die Verwendung einer kritischen Internetseite mit der Domain oil-of-elf und die Verfremdung einer Zigarettenpackung mit der Marke Mordoro wurden – außerhalb eines Wettbewerbsverhältnisses – ebenfalls nicht beanstandet.[148]

37 In der – wegen fehlender Waren- oder Dienstleistungsähnlichkeit – kennzeichenrechtlich zulässigen Verwendung eines Zeichens, das mit der bekannten Marke eines anderen identisch ist, liegt keine unlautere Rufschädigung, bloß weil über die mit dem Zeichen versehene Ware oder Dienstleistung des anderen negativ in der Presse berichtet wird.[149] Im Angebot von Markenware zu Preisen, die unter dem Einstandspreis oder den Selbstkosten des Anbieters liegen, wird von der Rechtsprechung keine Rufschädigung des Herstellers der Ware gesehen. Etwas anderes kann gelten, wenn der angesprochene Verkehr aufgrund des Preises den Eindruck gewinnt, dass die Qualität des Produkts sich verschlechtert habe.[150]

VI. Rechtfertigung

38 Die rufschädigende Äußerung über einen Mitbewerber kann unter den Gesichtspunkten der **Notwehr** (§ 227 BGB), des **Abwehrverhalten**s oder der **Wahrnehmung berechtigter Interessen** gerechtfertigt sein.[151] Dafür reicht es aber für sich allein nicht aus, dass der Mitbewerber sich zuvor ein- oder mehrmals wettbewerbswidrig verhalten hat.[152] Zwischen der Rufschädigung und dem vorausgehenden Verhalten des Mitbewerbers muss ein innerer

141 *Sack* WRP 1999, 1088 (1099).

142 BGH GRUR 1995, 57 (59) – Markenverunglimpfung II; GRUR 1994, 808 (811 f.) – Markenverunglimpfung I; OLG Hamburg NJW-RR 1998, 1121 – Shell-Muschel.

143 BGH GRUR 1995, 57 (59) – Markenverunglimpfung II; GRUR 1994, 808 (812) – Markenverunglimpfung I.

144 OLG Hamburg NJW-RR 1998, 1121 – Shell-Muschel.

145 BGH WRP 2005, 896 (899) – Lila Postkarte.

146 OLG Hamburg GRUR-RR 2006, 231 (232) – Bildmarke AOL.

147 KG GRUR 1997, 295 (297) – Alles wird T e. u. r. e.r; s. auch OLG Frankfurt a. M. GRUR 1991, 209.

148 BGH GRUR 1984, 687 – Mordoro; KG MMR 2002, 686; s. auch OLG Köln NJW-WettbR 2000, 242.

149 OLG Frankfurt a. M. GRUR 1995, 154 (155) – BOSS.

150 BGH GRUR 1984, 204 (207) – Verkauf unter Einstandspreis II.

151 S. hierzu unten *Goldmann* → Vor § 8 Rn. 205 ff.

152 OLG Hamm MMR 2010, 330 (331).

Bezug bestehen.[153] Die besondere Intensität des Angriffs und die besondere Schutzwürdigkeit der zu wahrenden Interessen können auch eine zugespitzte Antwort rechtfertigen, die in dieser Schärfe ansonsten unlauter wäre.[154] Bei der Wahrnehmung berechtigter Interessen muss auf die Belange des betroffenen Mitbewerbers **gebührend Rücksicht genommen** werden. Die Kritik darf, soweit sie das Maß des üblicherweise Zulässigen überschreitet, in Form und Inhalt nicht über den zur Wahrnehmung berechtigter Interessen notwendigen und sachlich gebotenen Umfang hinausgehen.[155]

VII. Herabsetzung und Verunglimpfung anderer Personen als Mitbewerber

Ein Wettbewerber darf in den vom allgemeinen Zivilrecht vorgegebenen Grenzen 39
Meinungen und wahre Tatsachen über andere Marktteilnehmer oder sonstige Dritte, die keine Mitbewerber sind, verbreiten. Werden die zivilrechtlichen Grenzen überschritten oder falsche Tatsachen über Personen oder Institutionen behauptet, zu denen kein Wettbewerbsverhältnis besteht, so kann dies nicht über das Wettbewerbsrecht untersagt werden. Andernfalls würde dem ausschließlichen **Dispositionsrecht des betroffenen Marktteilnehmers,** Verletzungen seines Persönlichkeitsrechts zu verfolgen, der Boden entzogen. Dies gilt auch dann, wenn der Wettbewerber durch die Verletzung des Persönlichkeitsrechts eines Dritten das Ansehen des eigenen Unternehmens in der Öffentlichkeit fördern will.[156]

B. § 4 Nr. 2 (Anschwärzung)

Unlauter handelt, wer

2. über die Waren, Dienstleistungen oder das Unternehmen eines Mitbewerbers oder über den Unternehmer oder ein Mitglied der Unternehmensleitung Tatsachen behauptet oder verbreitet, die geeignet sind, den Betrieb des Unternehmens oder den Kredit des Unternehmers zu schädigen, sofern die Tatsache nicht erweislich wahr sind; handelt es sich um vertrauliche Mitteilungen und hat der Mitteilende oder der Empfänger der Mitteilung an ihr ein berechtigtes Interesse, so ist die Handlung nur dann unlauter, wenn die Tatsachen der Wahrheit zuwider behauptet oder verbreitet wurden;

Übersicht

[153] OLG Hamburg NJW 1996, 1002 (1004); *Köhler*/Bornkamm/Feddersen § 4 Rn. 1.22.

[154] BGH GRUR 1989, 516 (518) – Vermögensberater; GRUR 1968, 262 – Fälschung; GRUR 1960, 45 – Betonzusatzmittel.

[155] OLG Köln NJWE-WettbR 2000, 157 (158 f.).

[156] Vgl. zur Verletzung von Immaterialgüterrechten BGH GRUR 1999, 325 (326) – Elektronische Pressearchive.

Schrifttum: *Büscher,* Soziale Medien, Bewertungsplattformen & Co. Die lauterkeitsrechtliche Haftung von Internetdienstleistern, GRUR 2017, 433; *Leistner,* Die Haftung von Kauf- und Buchungsportalen mit Bewertungsfunktion, FS Köhler, 2014, 415; *Sakowski,* Kritik am Wettbewerber: Lauterkeitsrechtliche Schranken, GRUR-Prax 2017, 179; *Schaub,* Haftung der Betreiber von Bewertungsportalen für unternehmensbezogene Äußerungen, FS Köhler, 2014, 593; *Schilling,* Haftung für geschäftsschädigende Äußerungen Dritter: Abgrenzung zwischen Meinungsforen und kombinierten Buchungs- und Bewertungsportalen, GRUR-Prax 2012, 105.

I. Allgemeines

40 Diese Vorschrift ist mit der UWG-Reform 2015 im Wortlaut unverändert aus § 4 Nr. 8 UWG aF (2004/2008) übernommen worden. Nach der Begründung zum Gesetzentwurf UWG 2004 sollte die vom UWG-ÄndG nicht betroffene Nr. 8 unverändert der Regelung des § 14 UWG aF entsprechen.[157] Dies trifft in Bezug auf den **materiellen Regelungsgehalt** zwar zu, da sich die Vorschriften auf der Tatbestandsebene nur in der behutsam modernisierten Diktion unterscheiden, ohne dass der Anwendungsbereich von Nr. 8 hierdurch verändert worden wäre.[158] In dieser Hinsicht bleiben also die Rechtsprechung und Literatur sowohl zu § 14 aF[159] als auch zu § 4 Nr. 8 UWG weiterhin relevant.

41 Allerdings sind durch die Integration des bis zum Inkrafttreten des UWG 2004 als Sondervorschrift geregelten Tatbestandes in den Beispielskatalog des § 4 und den dadurch bedingten Fortfall der positiven Regelung des Kreises der **Anspruchsberechtigten** (hierzu → Rn. 72), der **verschuldensunabhängigen** Haftung auf Schadenersatz in § 14 Abs. 1 aF (hierzu → Rn. 75) sowie der Beweislastumkehr bei Schadenersatzansprüchen nach § 14 Abs. 2 aF (hierzu → Rn. 83) durchaus Änderungen herbeigeführt worden, die angesichts der oben dargestellten gesetzgeberischen Intention, eigentlich alles beim Alten zu belassen, wohl auf einem Redaktionsversehen beruhen dürften.

42 Gleichwohl wird man hier nur begrenzt Interpretations-Korrekturen vornehmen können. Dies zeigt sehr deutlich die geringere Flexibilität der seit 2004 angewandten Regelungstechnik im Bereich des UWG, da die Gerichte nunmehr nur noch begrenzte Anpassungen vornehmen können, vielmehr grundsätzlich der Gesetzgeber zu eventuellen Berichtigungen des Gesetzeswortlauts aufgerufen ist, dies mit der UWG-Reform 2015 jedoch nicht getan hat.

II. Einfluss des europäischen Rechts

43 Der Tatbestand der Anschwärzung ist im europäischen Recht nur rudimentär bezüglich **vergleichender Werbung** in Art. 3a Abs. 1 lit. d. der RL 84/450/EWG geregelt worden. Diese Vorgabe wurde durch § 6 Abs. 2 Nr. 5 in nationales Recht umgesetzt. Die UGP-Richtlinie, welche in Art. 5 zwar ein allgemeines Verbot unlauterer Geschäftspraktiken aufweist und dieses insbesondere durch das in Art. 8 und 9 ausgeführte Verbot „aggressiver Geschäftspraktiken" so umsetzt, dass hiervon jedenfalls Teilaspekte der unter den Begriff der „Anschwärzung" fallenden Praktiken erfasst werden könnten, gilt ausweislich Art. 3 allein für Geschäftspraktiken zwischen Unternehmen und Verbrauchern, während Nr. 2

---

[157] BT-Drs. 15/1487, 18.

[158] § 14 Abs. 1 aF lautete auf der Tatbestandsseite: „Wer zu Zwecken des Wettbewerbs über das Erwerbsgeschäft eines anderen, über die Person des Inhabers oder Leiters des Geschäfts, über die Waren oder gewerblichen Leistungen eines anderen Tatsachen behauptet oder verbreitet, die geeignet sind, den Betrieb des Geschäfts oder den Kredit des Inhabers zu schädigen, ist, sofern die Tatsache nicht erweislich wahr sind..." Hier ist mithin lediglich die Reihenfolge der möglichen Objekte der Anschwärzung geändert worden. § 14 Abs. 2 aF ist auf der Tatbestandsseite unverändert in Nr. 8 übernommen worden.

[159] Vgl. die Übersicht bei *Baumbach/Hefemehl,* 23. Aufl. 2004, § 14 aF, vor I.

nach der expliziten neuen Überschrift des § 4 UWG 2015 allein dem **Mitbewerberschutz** dient. Da zudem die Formulierungen der UGP-Richtlinie deutlich allgemeiner sind als diejenigen in § 4 Nr. 2, ist der Einfluss des europäischen Rechts auf diese Fallgruppe eher gering geblieben und dürfte auch weiterhin gering sein.[160]

III. Anwendungsbereich und Konkurrenzen

Der Tatbestand des § 4 Nr. 2 ist ausschließlich bei Anschwärzungen durch das Behaupten oder Verbreiten von nicht erweislich wahren **Tatsachen** anwendbar (vgl. zur Abgrenzung gegenüber Meinungsäußerungen untern → Rn. 55 f.). 44

Nr. 2 bezweckt wie seine Vorgängerregelungen den Schutz der **Geschäftsehre** des Gewerbetreibenden vor unwahren Tatsachenbehauptungen im Wettbewerb. Damit wird der strafrechtliche Kredit- und Ehrenschutz der §§ 186, 187 StGB auf den geschäftlichen Bereich mit den Mitteln des Zivilrechts ausgedehnt.[161] Zudem kann auch der allgemeine zivilrechtliche Ehrschutz der §§ 824, 826 und 823 Abs. 2 BGB iVm §§ 186, 187 StGB erfüllt sein.[162] Diese Ansprüche setzen allerdings **kein Handeln zu Wettbewerbszwecken** voraus; sie sind somit grundsätzlich **neben** § 4 Nr. 2 UWG anwendbar. Ihre Verjährung richtet sich nicht nach § 11 UWG, sondern nach §§ 195, 199 BGB.[163] 45

Im Bereich des Wettbewerbsrechts kann die unwahre Tatsachenbehauptung zugleich auch den Tatbestand des § 6 Abs. 2 Nr. 5 berühren.[164] Die Anschwärzung von Mitbewerbern kann **vergleichende Werbung** sein. Allerdings setzt Nr. 2 tatbestandlich nicht voraus, dass die Äußerung eine Herabsetzung oder gar eine Verunglimpfung enthält. Die Tatbestände überschneiden sich somit zwar, sind aber **nicht deckungsgleich.** Sie ergänzen sich vielmehr.[165] Das Behaupten und Verbreiten unwahrer Tatsachen über einen **Mitbewerber,** sein Unternehmen oder seine Leistungen bleibt somit trotz der Spezialregelungen der RL 84/450/EWG und des UWG über vergleichende Werbung auch nach Nr. 2 unlauter.[166] Zur Abgrenzung und den Konsequenzen der Auslegung von § 6 Abs. 2 Nr. 5 vgl. insbes. auch *Sack* → § 6 Rn. 205 f. Anders als noch § 4 Nr. 8 UWG 2004 setzen Verstöße nach Nr. 2 nunmehr nicht mehr eine „spürbare" Beeinträchtigung der Interessen eines Mitbewerbers voraus. Die in § 3 Abs. 2 enthaltene Voraussetzung einer Eignung zu einer „wesentlichen" Beeinflussung gilt nur für geschäftliche Handlungen, die sich an Verbraucher richten oder diese erreichen. Allerdings wird dies keine relevante Ausweitung des Anwendungsbereichs dieser Norm mit sich bringen, da eine Anschwärzung ohnehin regelmäßig die Interessen des Mitbewerbers spürbar beeinträchtigen wird.[167] 46

Sofern es um unwahre Tatsachenbehauptungen über einen **Mitbewerber** geht, ist im Übrigen nur § 4 Nr. 2 als **lex specialis** und nicht der allgemeine Irreführungstatbestand des § 5 Abs. 1 S. 2 Nr. 3 anzuwenden.[168] Auch gegenüber dem allgemeinen Behinderungstatbestand des Nr. 4 ist Nr. 2 spezieller.[169] 47

Schutzgegenstände des Verbots der Anschwärzung sind mit geschäftlicher Ehre, gutem Ruf, Ansehen, Kredit und Erwerb **individuelle** Rechtsgüter der Betroffenen. Angesichts dieses Umstands war die Klagebefugnis bei Anschwärzungen vor dem UWG 2004 allein 48

---

[160] *Köhler* GRUR 2008, 841 (845); zum Unionsrecht *Glöckner* Einl. B.

[161] So bereits die Begr. zu den §§ 6 und 7 UWG von 1896, stenographische Berichte des Reichstags, IV. Legislaturperiode 1895/1897, Anlageband, 105/106.

[162] BGH GRUR 1960, 135 (136 f.) – Druckaufträge.

[163] *Köhler*/Bornkamm/Feddersen § 4 Rn. 2.9; *Ohly*/Sosnitza § 4 Rn. 2.8. Vgl. zur Rechtslage vor dem UWG 2004 BGH GRUR 1962, 312 (314) – Gründerbildnis.

[164] Im Bereich der Irreführung durch unwahre Tatsachenbehauptungen geht Nr. 2 als Spezialtatbestand vor, sofern zusätzlich zur Irreführung auch noch das Merkmal der Geschäftsehrverletzung erfüllt ist.

[165] *Ohly*/Sosnitza § 4 Rn. 2.8.

[166] BGH GRUR 2002, 633 (635) – Hormonersatztherapie.

[167] *Köhler*/Bornkamm/Feddersen § 4 Rn. 2.4.

[168] Vgl. auch → § 6 Rn. 183; aA *Köhler*/Bornkamm/Feddersen § 4 Rn. 2.8; *Ohly*/Sosnitza § 4 Rn. 2.6.

[169] Zur Vorgängerregelung des § 4 Nr. 8 vgl. BGH GRUR 2009, 1186 Rn. 25 – Mecklenburger Obstbrände.

auf die **unmittelbar Betroffenen** (= „Verletzten" iSd § 14 Abs. 1 aF) beschränkt. Verbände zur Förderung gewerblicher Interessen, Verbraucherverbände oder Kammern waren nur anspruchsberechtigt, wenn das Verhalten gleichzeitig auch unter die Generalklauseln der §§ 1 oder 3 UWG aF fiel.[170]

49 Nach Integration dieser Vorschrift in den Katalog für unlautere Wettbewerbshandlungen gegenüber Mitbewerbern nach § 4 und dem Wegfall der bisherigen gesonderten Regelung der Anspruchsvoraussetzungen gilt diese Beschränkung jedoch nicht mehr.[171] Durch §§ 8, 9 wird bestimmt, wer wegen einer Zuwiderhandlung gegen § 3 anspruchsberechtigt ist: Nach § 8 Abs. 3 können **Beseitigungs-** und **Unterlassungsansprüche** von jedem Mitbewerber, von Wettbewerbsverbänden, qualifizierten Einrichtungen nach § 4 UKlaG sowie den Industrie- und Handelskammern oder den Handwerkskammer geltend gemacht werden. **Schadenersatzansprüche** stehen bei schuldhafter Zuwiderhandlung nach § 9 allen Mitbewerbern zu.

50 Zwar hält sich das Risiko einer Vervielfachung von Schadenersatzansprüchen in überschaubaren Grenzen, da ein angeblicher Anspruchsinhaber auch weiterhin einen durch die behauptete Rechtsverletzung adäquat-kausal verursachten eigenen Schaden nachweisen müsste. Bezüglich der Geltendmachung von Beseitigungs- und Unterlassungsansprüchen hat sich die Zahl der jedenfalls potentiellen Anspruchsteller jedoch stark ausgedehnt.[172]

IV. Tatbestandsvoraussetzungen

51 Bei der **Normstruktur** ist zu unterscheiden zwischen **allgemeinen Behauptungen** und **vertraulichen Mitteilungen,** an denen der Mitteilende oder der Empfänger ein besonderes Interesse hat. Beiden Varianten sind jedoch zunächst folgende Tatbestandsmerkmale gemeinsam:

52 **1. Handeln im Wettbewerb.** Da § 4 Nr. 2 als Beispielsfall der Generalklausel des § 3 Abs. 1 ausgestaltet ist, setzt er eine **geschäftliche Handlung iSv § 2 Nr. 1** voraus. (Ausführlich *Keller* § 2 Nr. 1). Nach wie vor wichtigste Voraussetzung und Abgrenzungskriterium für das Eingreifen des wettbewerbsrechtlichen Schutzes der Geschäftsehre ist die Absicht des Handelnden, eigenen oder fremden Wettbewerb zu fördern.

Bei **kaufmännisch geführten** Unternehmen spricht für eine Wettbewerbsförderungsabsicht eine widerlegliche Vermutung.[173] Dies ist unproblematisch, solange Tatsachen behauptet werden, die Waren, Dienstleistungen oder das Unternehmen des Mitbewerbers betreffen.

53 Soweit sich jedoch die **Medien** äußern, ist die Wettbewerbsabsicht nicht bereits aufgrund der objektiven Eignung zur Wettbewerbsbeeinflussung zu vermuten,[174] sondern anhand der gegebenen Umstände konkret festzustellen (vgl. hierzu oben *Keller* → § 2 Rn. 80 ff.).[175] Entsprechendes gilt für Äußerungen in Rundfunkinterviews, Leserbriefen usw, die lediglich **geeignet** sind, den Wettbewerb eines Dritten zu fördern. In diesen Fällen muss **konkret** festgestellt werden, ob die Äußerung auch den **Zweck** verfolgt, die

---

[170] Vgl. etwa GroßKommUWG/*Messer* (1. Aufl.) § 14 aF Rn. 10; *Baumbach/Hefermehl,* 23. Aufl. 2004, § 14 aF Rn. 29.

[171] OLG Düsseldorf GRUR 2020, 204, Rn. 60 für die Berechtigung von Verbänden zur Wahrnehmung der kollektiven Interessen ihrer Mitglieder im eigenen Namen, wenn eine anschwärzende Werbung eine ganze Produktgattung herabsetzt und der Kreis der betroffenen Mitbewerber keinen ausufernden Umfang einnimmt. AA *Ohly*/Sosnitza § 4 Rn. 2.18; *Köhler*/Bornkamm/Feddersen § 4 Rn. 2.24, allerdings differenzierend für den Fall, dass mit der Anschwärzung eine Irreführung der Verbraucher einhergeht.

[172] Vgl. zur Ausdehnung der Möglichkeiten zur Verfolgung von Ansprüchen aus Anschwärzungstatbeständen aber bereits BGH GRUR 1983, 379 (381) – Geldmafiosi.

[173] BGH GRUR 1992, 860 (861) – Bauausschreibungen; GRUR 1997, 916 (918) – Kaffeebohne. Vgl. hierzu auch → § 2 Rn. 48 f.

[174] Vgl. auch BGH GRUR 1998, 167 (168) – Restaurantführer.

[175] BGH GRUR 1986, 812 (813) – Gastrokritiker; WRP 1995, 186 (189) – Dubioses Geschäftsgebaren; OLG Hamburg WRP 2000, 647 (648) – Beißhemmungen.

Öffentlichkeit über Vorgänge von allgemeiner Bedeutung zu unterrichten und zur Meinungsbildung beizutragen und eine etwaige Wettbewerbsabsicht als Begleiteffekt in den Hintergrund tritt.[176]

Dieser Grundsatz ist auch bei Äußerungen in **besonderen Situationen** zu beachten – etwa gegenüber staatlichen Stellen,[177] Äußerungen eines Wohnungseigentümers gegenüber Miteigentümern bezüglich der Qualität von Baustoffen,[178] einer Interessenvereinigung von Patienten gegenüber Mitgliedern eines Vereins zur Förderung der Schmerztherapie[179] oder eines Konzertveranstalters gegenüber einem Mitbewerber mit dem Ziel, keine Veranstaltung mit einer seiner Meinung nach rechtsradikalen Musikgruppe durchzuführen.[180] Auch die Äußerung ein Mitbewerbers, der früher zu seinem Konkurrenten in einem Arbeitsverhältnis gestanden hat, wurde nicht als in Wettbewerbsabsicht abgegeben angesehen, wenn dieser auf Nachfrage eines Kunden des Konkurrenten Auskünfte über interne Anweisungen des Konkurrenten erteilt, mit denen er lediglich den **Vorwurf entkräften** will, er habe als dessen früherer Arbeitnehmer **unsachgemäß gearbeitet.**[181] Dementsprechend ist stets eine genaue Einzelfallbetrachtung vorzunehmen. 54

2. Tatsachenbehauptung. a) Begriff. Im Bereich der Äußerungsdelikte kommt der **Abgrenzung von Tatsachenbehauptungen und Meinungsäußerungen** zentrale Bedeutung zu, da Art. 5 Abs. 1 GG prinzipiell zunächst nur die freie Verbreitung von Meinungen unbeschadet ihrer „Richtigkeit" schützt. Bewusst unwahre Tatsachenäußerungen genießen den Grundrechtsschutz hingegen überhaupt nicht.[182] Ist die Wahrheit einer Tatsachenbehauptung hingegen nicht erwiesen, wird die Rechtmäßigkeit der Beeinträchtigung eines anderen Rechtsguts davon beeinflusst, ob besondere Anforderungen, etwa an die Sorgfalt der Recherche, beachtet worden sind.[183] Zur Einbeziehung auch von Tatsachenäußerungen in den Schutzbereich des Art. 5 Abs. 1 GG und die hieraus folgenden Konsequenzen für eine Rechtmäßigkeitsprüfung sowie zu den Auswirkungen der seit der **Stolpe-Entscheidung** des BVerfG[184] geltenden rechtlichen Beurteilung von Ansprüchen gegen **mehrdeutige Äußerungen** vgl. → Einl. Rn. 1053 *(Ahrens).* 55

Um Tatsachenbehauptungen handelt es sich nach ganz herrschender Auffassung bei Äußerungen über Tatbestände oder Vorgänge, die Anspruch auf Wirklichkeitstreue erheben und auf ihre Richtigkeit hin objektiv, mit den Mitteln der **Beweiserhebung,** überprüfbar sind.[185] Soweit in der Praxis teilweise vom Kriterium der Beweisbarkeit für die Abgrenzung zwischen Tatsachenbehauptungen und Meinungsäußerungen Abstand genommen und stattdessen auf die Begriffspaare wahr/unwahr (dann Tatsachenbehauptung) und richtig/unrichtig (Meinungsäußerung) ausgewichen wird, ist dies zwar ein deutliches Anzeichen für die großen Schwierigkeiten, die die Anwendung der vermeintlich griffigen Formel von der Beweisbarkeit im Einzelfall bereitet, bedeutet im Ergebnis jedoch für die Erfassung des Begriffs der Tatsachenbehauptung keine wirkliche Abkehr von eben dieser Formel: Ob etwas wahr oder unwahr ist, kann, sofern unter den Beteiligten streitig, 56

---

176 Zur fehlenden Wettbewerbsabsicht der Medien bei Setzung von vom Fließtext getrennten Hyperlinks auf kommerzielle Angebote im Internet; vgl. KG MMR 2002, 119 (nachfolgend bestätigt durch BGH GRUR 2004, 693); zur fehlenden Wettbewerbsabsicht einer dem Publikum bekannten Meinungsforscherin, Wissenschaftlerin, Publizistin und Politikerin bei Äußerungen in einem Zeitungsinterview OLG Düsseldorf NJW 1999, 770 – FDP-Zahlen.

177 OLG Naumburg GRUR-RR 2003, 375 – Brückenbau für Äußerungen gegenüber Gemeinderat.

178 OLG Köln GRUR 1999, 376.

179 OLG Karlsruhe NJWE-WettbewR 1997, 172.

180 LG Köln NJW-RR 1993, 749.

181 OLGR Zweibrücken 2005, 456.

182 BVerfG NJW 2003, 277 – Juve; NJW 1980, 2072.

183 BVerfGE NJW 1976, 1677 – Echternach; NJW 1992, 1439 – Bayer; NJW 2003, 277 – Juve. Vgl. auch *Soehring/Hoehne,* Presserecht, 6. Aufl. 2019, Rn. 14.2 sowie das bei *Grimm* NJW 1995, 1697 (1705) abgedruckte Schema.

184 NJW 2006, 207.

185 BGH GRUR 2009, 1186 Rn. 15 – Mecklenburger Obstbrände; GRUR 2016, 710 Rn. 23 – Im Immobiliensumpf mwN; *Soehring/Hoehne* 6. Aufl. 2019 Rn. 14.3; *Löffler/Steffen* LPG § 6 Rn. 83.

wiederum nur im Wege der Beweiserhebung geklärt werden.[186] Im Übrigen ist es weder entscheidend, wie eine Äußerung von ihrem Verfasser oder Verbreiter gemeint war[187] oder ob er gar die Beeinträchtigung der Rechte eines anderen gewollt hat.[188] Entscheidend ist vielmehr, ob der unbefangene durchschnittliche Adressat einer Äußerung ihr einen im Wege der Beweiserhebung auf seinen Wahrheitsgehalt hin überprüfbaren Sachverhalt entnimmt.[189]

57 **b) Fallgruppen. Rechtliche** oder **moralische Bewertungen** sind in der Regel als **Meinungsäußerung** zu qualifizieren.[190] So ist die Bezeichnung eines Verhaltens als **„illegal"**[191] oder **„strafrechtlich relevant"**[192] ebenso als Meinungsäußerung eingestuft worden wie die im Vorfeld der rechtlichen Bewertung angesiedelten Begriffe „Sittenstrolch"[193] oder „Wirtschaftskriminalität".[194]

Ein Werturteil kann auch dann vorliegen, wenn ein strafrechtlich relevanter Vorwurf erhoben wird, der eine komplexe rechtliche Würdigung erfordert und bei dem der wertende Gehalt der Äußerung einen etwaigen Tatsachenkern überlagert (hier: „Ich halte das für organisierte Wirtschaftskriminalität, bei der gezielt Anleger ruiniert werden").[195]

Ein Blogeintrag, der in einem gewerblichen Internetauftritt eines Unternehmens zur **kritischen Darstellung der Geschäftspraxis** eines konkurrierenden Unternehmens auf ein gerichtliches Urteil Bezug genommen und dabei eine Einschätzung zu den Auswirkungen dieses Urteils auch auf konkurrierende Produkte gegeben hat, die als Bewertung von Vertretern des Unternehmens erkennbar ist, wurde vom OLG Düsseldorf als Meinungsäußerung qualifiziert, gegen die wettbewerbsrechtliche Ansprüche nicht gegeben sind, jedenfalls solange die Darstellung in sachlicher Weise erfolgt[196]

Auch die in einem Werbeschreiben eines Rechtsanwaltes an Mandanten eines anderen Anwalts, in dem diese behalten, Mandanten, die der Mitbewerber gegenüber einer Fondsgesellschaft vertreten habe, seien **„in die aufgezeigten Prozesse mit vermeintlich hervorragenden Erfolgsaussichten hineinberaten"** worden, obwohl die Prozesse tatsächlich von vorneherein aussichtslos gewesen seien, wurde vom OLG Köln als Meinungsäußerung eingestuft.[197]

Auch die Äußerung, eine bestimmte Vereinbarung bleibe hinter den gesetzlichen Regelungen zurück und verkürze gesetzliche Haftungsansprüche gegen den Vertragspartner, ist Meinungsäußerung.[198] Am Meinungscharakter einer Rechtsauffassung ändert sich auch dann nichts, wenn die rechtliche Bewertung einer objektiven Überprüfung nicht standhält.[199]

58 Von einer **Tatsachenbehauptung** ist jedoch auszugehen, wenn sich aus dem Sinnzusammenhang etwas anderes ergibt, insbesondere wenn die Verwendung eines Rechtsbegriffs dem Adressaten die vermeintliche Kenntnis eines bestimmten, konkret nachprüfbaren Tatbestands vermittelt. Vor diesem Hintergrund ist etwa der Vorwurf, ein bestimmtes Werk sei ein **Plagiat** oder eine **Nachahmung,** als Tatsachenbehauptung

---

186 *Soehring/Hoehne* 6. Aufl. 2019 Rn. 14.3.

187 BGH GRUR 1999, 187 – IM Sekretär; GRUR 1966, 452 – Luxemburger Wort.

188 BGH GRUR 1982, 318 – Schwarzer Filz.

189 BGH GRUR 1976, 651 – Panorama; GRUR 1981, 437 – Der Aufmacher I; GRUR 2003, 436 – Feldenkrais; LG Frankfurt a. M. NJW-RR 1997, 85 – Fall Lopez; vgl. auch → § 4 Nr. 7 Rn. 10.

190 Vgl. etwa OLG Düsseldorf MMR 2010, 57; BGH NJW 1965, 294 – Volkacher Madonna; NJW 1982, 2246 – Klinikdirektoren.

191 BGH NJW 1982, 2246.

192 LG Frankfurt a. M. NJW-RR 1997, 85 – Lopez.

193 OLG Schleswig AfP 1974, 759.

194 OLG Stuttgart AfP 1980, 43.

195 BGH GRUR 2016, 710 Rn. 30 – Im Immobiliensumpf.

196 MMR 2017, 36 Rn. 21.

197 GRUR-RR 2016, 417 Rn. 18.

198 OLG Stuttgart AfP 1999, 353.

199 BGH GRUR 1974, 797 – Fiete Schulze.

eingestuft worden.[200] Unter Berücksichtigung des **Kontextes** hat der BGH auch den prinzipiell wertenden Begriff der Illegalität[201] sowie die Abqualifizierung eines bestimmten Verhaltens als **Betrugsmasche** oder **Taschenspielertrick**[202] als Tatsachenbehauptungen angesehen, weil sie sich jeweils auf einen dem Leser erkennbaren konkreten Vorgang bezogen. Gleiches gilt für die Darstellung, ein Geschäftsmann habe einen Beamten **betrogen,** weil im Zusammenhang mit ihr der Eindruck erweckt wurde, der Betroffene habe sich oder einem Dritten durch Täuschung einen Vermögensvorteil verschafft.[203] Auch die Verbreitung der Aussage eines Mitbewerbers im Internet, der Gläubiger biete **gefälschte Auflastungs-Gutachten** an, wurde als Tatsachenbehauptung angesehen.[204] Die öffentliche Äußerung einer Taxi-Genossenschaft, dass die Mitgliedschaft eines Vertragspartners bei dem Anbieter einer Taxi-App gegen einen mit der Genossenschaft geschlossenen **Vertrag verstoße** und dass diese daher aus vertraglichen Gründen gezwungen sei, die entsprechenden App-Benutzer von ihrer Fahrtenvermittlung auszuschließen, beinhaltet nach Auffassung des OLG Köln – auch – eine Tatsachenbehauptung über die Dienstleistung der Genossenschaft, nämlich dass diese Dienstleistung die Inanspruchnahme bestimmter anderer Dienstleistungen ausschließe.[205] Ebenfalls als Tatsachenbehauptung wurde eine Äußerung angesehen, die sich auf ein Handeln eines Dritten in der Vergangenheit bezog und dessen Motive sich anhand äußerer Indiztatsachen klären ließ.[206]

Eine **Verwarnung wegen behaupteter Rechtsverletzungen** fällt regelmäßig unter 59 § 823 Abs. 1 BGB, sofern sie nicht auch gegenüber Dritten ausgesprochen wird.[207] Richtet sich die Verwarnung hingegen an **Abnehmer** des Unternehmens, das ein fragliches Schutzrecht möglicherweise verletzt, kommt es darauf an, ob darin eine Tatsachenangabe oder ein bloßes Werturteil liegt. Bedeutung hat dies für die **unbegründete Schutzrechtsverwarnung,** die bei Annahme einer Tatsachenbehauptung unter Nr. 2 fallen würde. Der Große Zivilsenat hatte in seiner Entscheidung vom 15.7.2005[208] trotz grundsätzlich deutlicher Worte eine Stellungnahme zur Anwendung wettbewerbsrechtlicher Ansprüche gegen eine unbegründete Schutzrechtsverwarnung vermieden. Dies hatte gute Tradition, da auch die bis dahin ergangene Rechtsprechung versucht hatte, der Anwendung des § 14 Abs. 1 UWG aF möglichst auszuweichen, um etwaige Schadenersatzansprüche gegen den Verwarnenden nur über § 823 BGB im **Verschuldensfalle** zu begründen.[209] Für die unbegründete Abnehmerverwarnung hatte der BGH in seiner Folgeentscheidung „Unbegründete Abnehmerverwarnung" vom 19.1.2006 indes zumindest erstmals ausdrücklich ausgeführt, dass der Tatbestand der Anschwärzung „in Betracht komme."[210] Maßgebend ist hier das Verständnis des Adressaten: Gewinnt dieser (zB anhand eines **unrichtig vorgetragenen Sachverhaltes** wie zB falsche Angaben zur Existenz eines Schutzrechtes oder zu dessen Laufzeit) den Eindruck, die Schutzrechtsverletzung sei objektiv und nicht nur nach der Rechtsmeinung des Verwarners gegeben, ist von einer Tatsachenbehauptung auszuge-

[200] BGH GRUR 1960, 500 – Plagiatsvorwurf I; GRUR 1992, 527 – Plagiatsvorwurf II; vgl. auch OLG Stuttgart NJWE-WettbewR 1997, 271; OLG Frankfurt a. M. GRUR 1991, 687 – Plagiarius; aA aber wieder OLG München AfP 2004, 269, wenn es an den Vorwurf näher konkretisierenden Umständen fehlt.

[201] BGH GRUR 1993, 409 – Illegaler Fellhandel.

[202] BGH GRUR 1982, 633 – Geschäftsführer; GRUR 1989, 781 (782) – Wassersuche.

[203] BGH GRUR 1982, 633 – Geschäftsführer; vgl. auch OLG Hamm 9.11.2017 – 4 U 4/17 Rn. 22.

[204] OLG Hamburg MD 2006, 725.

[205] OLG Köln 13.5.2015 – 6 W 16/15.

[206] BGH GRUR 2016, 710 Rn. 31 – Im Immobiliensumpf.

[207] BGH GRUR 1963, 255 (257) – Kindernähmaschinen.

[208] GRUR 2005, 882.

[209] Vgl. etwa BGH GRUR 1979, 332 – Brombeerleuchte; GRUR 1995, 424 (425) – Abnehmerverwarnung; OLG Karlsruhe GRUR 1984, 143 (145) – Berechtigungsanfrage; OLG Düsseldorf GRUR 2003, 814; OLG Hamburg GRUR-RR 2003, 257 – Smiley-Luftballons; aA *Baumbach/Hefermehl* 23. Aufl. 2004 § 14 aF Rn. 5; ÖOGH GRUR Int. 2000, 558 (559), welche Schutzrechtsverwarnungen stets als Tatsachenbehauptungen ansehen wollen.

[210] GRUR 2006, 433 Rn. 16.

hen, die im Falle der Nichterweislichkeit ihrer Wahrheit zu einer Anwendbarkeit von Nr. 2 führt. Ist hingegen der Sachverhalt richtig wiedergegeben und lediglich die rechtliche Bewertung zum Vorliegen einer Schutzrechtsverletzung unzutreffend, soll ein Werturteil vorliegen.[211]

60 **Schlussfolgerungen** und **Bewertungen** sind im Allgemeinen das Ergebnis einer Überzeugungsbildung auf Grundlage festgestellter Tatsachen. Aus diesem Grunde geht die Rechtsprechung in diesem Bereich im Regelfall von dem Vorliegen einer Meinungsäußerung aus; der häufig verwendete Begriff des **Werturteils** trifft derartige Aussagen besonders gut.[212] Als Meinungsäußerung ist daher etwa grundsätzlich die Veröffentlichung der Ergebnisse von **Warentests** anzusehen.[213] Gleiches gilt für **wissenschaftliche Darstellungen**[214] sowie für **Äußerungen von Sachverständigen** im Rahmen von Gutachten und deren Wiedergabe.[215]

Die Werbung eines Betreibers von Personenverkehr im Gelegenheitsverkehr mit Mietwagen als „clevere Alternative zum Taxi“ wurde vom OLG Köln als Werturteil angesehen.[216]

60a Diese weitreichende Privilegierung von Werturteilen gilt aber zB nicht für Wettbewerber, die ein Produkt eines Mitbewerbers selbst testen, um es in schlechtem Licht dastehen zu lassen, etwa in Hinweisen gegenüber Berufsverbänden.[217]

60b Die in den „Nationalen Versorgungsleitlinien“ der Bundesärztekammer verbreiteten **Empfehlungen** sind ebenfalls als Meinungsäußerungen qualifiziert worden, mit denen die als das Ergebnis einer Sichtung und Analyse vorhandener Quellen gewonnene subjektive Wertung zu der Geeignetheit eines arzneilichen Wirkstoffs für die medikamentöse Behandlung einer bestimmten Krankheit zum Ausdruck gebracht wird.[218]

60c Auch bei **Prognosen** wird es sich im Allgemeinen nicht um Aussagen handeln, die unter Berücksichtigung des Empfängerhorizonts mit dem Anspruch auf überprüfbare Richtigkeit auftreten, sondern um das Ergebnis einer Meinungsbildung und damit um Meinungsäußerungen.[219] So hat der BGH etwa im Rahmen der Berichterstattung über ein Wirtschaftsunternehmen die Fragestellung, ob vorhandene Mittel es dem Unternehmen ermöglichen würden, „über die Runden zu kommen“, als das Ergebnis einer kritischen Meinungsbildung und damit als Meinungsäußerung angesehen.[220]

61 Die Privilegierung von Schlussfolgerungen und Prognosen gilt jedoch nicht ohne weiteres, wenn ein Gewerbetreibender diese in **seiner Werbung** verwendet. Hier entscheidet wiederum das Verständnis der angesprochenen Verkehrskreise.[221] So hat der BGH die Aussage, ein Anbieter von Feldenkrais-Kursen **besitze nicht die notwendige Erfahrung,** um in dieser Methode auszubilden, als Tatsachenbehauptung angesehen.[222] Die Qualifizierung eines bestimmten Internet-Angebotes als **„Spam“** durch eine Filtersoftware für Google-Recherchen wurde vom OLG Hamm als Behaupten bzw. Verbreiten einer Tatsa-

[211] So *Köhler*/Bornkamm/Feddersen § 4 Rn. 4.178 unter Verweis auf *Ullmann* GRUR 2001, 1017, 1030; vgl. aber OLG Düsseldorf 7.1.2010 – I-2 W 1/10.

[212] *Soehring* Rn. 14.20; vgl. hierzu auch OLG München BKR 2004, 65 (68) – Breuer (nrkr).

[213] BGH GRUR 1976, 268 – Warentest II.

[214] BGH GRUR 1978, 258 – Schriftsachverständiger.

[215] BGH GRUR 1978, 258 – Schriftsachverständiger.

[216] OLG Köln GRUR-RR 2019, 30.

[217] BGH GRUR 2009, 1186 Rn. 20 – Mecklenburger Obstbrände.

[218] OLG Köln 6.11.2012 – I-15 U 221/11.

[219] BGH WRP 1998, 303 – Versicherungsrundschreiben.

[220] BGH AfP 1975, 801 – Metzler.

[221] *Ohly*/Sosnitza § 4 Rn. 2.12; vgl. aber BVerfG GRUR 2001, 1058 (1059) – Therapeutische Äquivalenz: Werbung mit dem Hinweis „Therapeutische Äquivalenz bewiesen“ ist Meinungsäußerung; zu dieser Entscheidung auch *Ahrens,* → Einl. Rn. 1036.

[222] GRUR 2003, 436 (438) – Feldenkrais. Nach Auffassung des BGH enthielt diese Aussage auch wertende Elemente, weil über die Frage, welchen genauen Inhalt und Umfang eine „notwendige“ Erfahrung haben muss, gestritten werden kann. Jedoch habe sich aus den sonstigen detaillierten Angaben der Behauptung ergeben, aus welchen tatsächlichen Gründen dem Kl. die Erfahrung als Ausbilder in der Feldenkrais-Methode abgesprochen wurde.

che angesehen.[223] Auch die **Presseerklärung** eines Mitbewerbers, das Konkurrenzprodukt (hier: eine Spielzeugautorennbahn) **erfülle nicht alle DIN-Normen,** wurde vom OLG Hamburg als Tatsachenbehauptung angesehen.[224] Das OLG Köln hat die auf einem Internet-Auftritt eines Rechtsanwaltes getätigte Äußerung, es sei bei den abmahnenden Kanzleien **„übliche Praxis",** ein (verbotenes) Erfolgshonorar zu vereinbaren, ebenfalls als Tatsachenbehauptung qualifiziert.[225] Das OLG Koblenz hat auch die werblich verwendete Aussage, ein Fußball-Bundesligaspiel sei wegen des Wurfs eines Mehrwegbechers auf den Linienrichter abgebrochen worden, **was beim Wurf eines Einwegbechers nicht passiert wäre,** als Tatsachenbehauptung qualifiziert, da diese Prognose objektiv nachgeprüft werden könne.[226]

3. Schutzobjekte. Die Tatsachenbehauptung muss sich auf das **Unternehmen** eines Mitbewerbers, auf die Person des **Unternehmers** oder ein **Mitglied der Unternehmensleitung** oder auf **Waren bzw. Dienstleistungen** eines anderen beziehen. Diese Begriffe sind im Hinblick auf den Schutzzweck der Vorschrift **weit** auszulegen, so dass auch Äußerungen über Mitarbeiter oder **Vertragspartner** Angriffe auf das Unternehmen selbst sein können.[227] 62

Es ist nicht notwendig, dass das betroffene Unternehmen oder der Unternehmer namentlich genannt wird es reicht eine **Identifizierbarkeit** in Form einer **mittelbaren Erkennbarkeit** des die jeweilige Ware herstellenden oder vertreibenden Unternehmens.[228] Auch können mehrere Unternehmen (zB unter einer Sammelbezeichnung) konkret betroffen sein. Allerdings hat des LG Bonn den Text auf Telefonrechnungen „Zuschlag für Verbindungen zu anderen Netzbetreibern" nicht als Behauptung einer Tatsache über das Unternehmen eines Mitbewerbers angesehen Zwar werde der Verbraucher als Endkunde eines bestimmten Telekommunikationsanbieters aus der Formulierung – verbunden mit der Inrechnungstellung – den Schluss ziehen, dass Telefongespräche aus dem Netz dieses Anbieters mit Teilnehmern aus Teilnehmernetzen zumindest eines Teils anderer Anbieter für ihn teurer seien als solche innerhalb des Netzes der Antragsgegnerin. Diese Information könne er aber nicht aus der Formulierung der Rechnung entnehmen. Auch wenn es genüge, wenn der gemeinte Mitbewerber nur „erkennbar" sei, müsse sich diese Erkennbarkeit aber aus der Behauptung selbst ergeben.[229] 63

4. Unzulässige Handlungen: Behaupten oder Verbreiten. Die **Behauptung** umfasst die Aufstellung einer Tatsachenbehauptung als eigene oder das zu Eigen machen einer fremden Tatsachenbehauptung[230], während die **Verbreitung** lediglich die Weitergabe einer fremden Tatsachenbehauptung betrifft, ohne dass sich der Verbreiter diese Behauptung zu eigen gemacht hat.[231] Eine Quellenangabe schützt ebenso wenig wie ein Vorbehalt oder die Darstellung als Gerücht.[232] **(Hotel-)Bewertungsportale** im Internet, auf denen Dritte Bewertungen einstellen, sind nach Ansicht des BGH jedoch keine Täter einer Tatsachenverbreitung, sofern der Betreiber des Portals seine neutrale Stellung nicht aufgibt und spezifische Prüfungspflichten nicht verletzt. Der Betreiber verlasse seine neutrale Stellung nicht, wenn er Nutzerangaben statistisch auswerte oder einen Wortfilter sowie ggf. eine manuelle Nachkontrolle einsetze, um die Einhaltung der Nutzungsbedingungen 64

---

223 MMR 2007, 605.
224 MD 2007, 341.
225 GRUR-RR 2011, 325 Rn. 22.
226 GRUR-Prax 2012, 420.
227 *Köhler*/Bornkamm/Feddersen § 4 Rn. 2.17.
228 OLG Hamburg MMR 2014, 670 Rn. 18.
229 LG Bonn 11 O 120/05.
230 OLG Hamburg GRUR-RR 2017, 148 Rn. 32.
231 BGH WRP 1995, 493 (494) – Schwarze Liste; vgl. zur Abgrenzung auch BVerfG NJW 2004, 590.
232 *Baumbach/Hefermehl* 23. Aufl. 2004 § 14 aF Rn. 16 unter Hinweis auf RG MuW 1934, 235: „wie ich mir habe sagen lassen" als Tatsachenbehauptung.

sicherzustellen.[233] Der Betrieb eines Bewertungsportals stelle nämlich keine Tätigkeit dar, die per se Rechtsverletzungen in erheblichem Umfang fördere, sondern sei ein erwünschtes und mit der Rechtsordnung im Einklang stehendes Geschäftsmodell. Deshalb sei der Portalbetreiber nicht gehalten, eine vollständige Kontrolle der eingestellten Inhalte vorzunehmen.[234] Tatsachenbehauptungen Dritter werden in einer solchen Konstellation also erst dann gem. § 4 Nr. 2 über ein Internetportal „verbreitet", wenn der Betreiber vom Vorliegen einer klaren Rechtsverletzung Kenntnis erlangt und sie gleichwohl nicht beseitigt.[235]

65 Die **Form der Mitteilung** ist ebenso unerheblich wie ihre Gestaltung. Man kann mündlich, schriftlich, bildlich durch Gebärden oder schlüssige Handlungen mitteilen.[236] Auch das Aussprechen eines Verdachts, das Andeuten einer Möglichkeit oder das Aufwerfen oder Beantworten einer Frage können ausreichen.[237]

66 Die Behauptung oder Verbreitung muss jedoch gegenüber einem **Dritten,** dh einer anderen Person als dem Verletzten erfolgen. Der Begriff des Dritten ist im Sinne eines effektiven Schutzes weit zu fassen, so dass zB auch Angestellte des betroffenen Unternehmens darunter fallen können. Dritte sind jedoch nicht solche Personen, die im betroffenen Unternehmen Leitungs- oder Aufsichtsbefugnisse besitzen (Vorstandsmitglieder, Geschäftsführer oder Aufsichtsräte).[238]

67 Der Dritte braucht von der Behauptung allerdings **keine positive Kenntnis erlangt** oder ihr gar **Glauben geschenkt** zu haben; es reicht, dass ihm bereits die **Möglichkeit** verschafft worden ist, vom Inhalt der Behauptung Kenntnis zu nehmen, dh die Behauptung muss ihm zugegangen sein.[239]

68 **5. Eignung zur Betriebs- oder Kreditschädigung.** Die Rechtsprechung zu § 14 UWG aF war sehr schutzfreudig und hatte Äußerungen, die das Unternehmen oder dessen Geschäftsgebaren als unseriös erscheinen ließen, bereits als gefährdend im Sinne der Vorschrift eingestuft.[240] Hinsichtlich der Eignung, den **Betrieb** des **Unternehmens** zu schädigen, hielt es schon die amtliche Begründung zu § 6 UWG 1896 für maßgebend, ob die fragliche Äußerung dazu angetan sei, die bisherigen Abnehmer **zu anderen Geschäften** abwandern zu lassen, zB weil behauptet werde, eine Fabrik sei durch Feuer zerstört, eine Kohlengrube von eindringenden Wassermassen betroffen, ein Färber benutze giftige Stoffe oder ein Konservenfabrikant bleihaltige Gefäße.[241] Im Übrigen braucht die Schädigungseignung nicht das Unternehmen **im Ganzen** zu erfassen; es genügt die Absatzerschwerung **für einzelne Waren** oder Leistungen.[242]

69 Die Eignung, den **Kredit des Unternehmers** zu schädigen, ist ein Spezialfall der ersten Tatbestandsalternative und macht ebenfalls deutlich, dass die Bedrohung einzelner Elemente der Geschäftstätigkeit ausreichen kann. Diese Variante ist insbesondere berührt, wenn es um das Vertrauen in die Zahlungsfähigkeit und Zahlungswilligkeit des betroffenen Unternehmens geht.[243] Hierunter fällt etwa auch die Nennung in einer Liste von Unternehmen

[233] BGH GRUR 2015, 1129 Rn. 35 – Hotelbewertungsportal.
[234] BGH GRUR 2015, 1129 Rn. 36 f. – Hotelbewertungsportal.
[235] BGH GRUR 2015, 1129 Rn. 38 – Hotelbewertungsportal.; vgl. dazu auch *Jahn/Palzer* K & R 2015, 767 (770); *Baars* DB 2015, 2262.
[236] Vgl. auch § 5 Abs. 3 UWG.
[237] BGH GRUR 1975, 89 (91).
[238] Vgl. OLG Düsseldorf NJW-RR 1997, 490 zu Beiratsmitgliedern einer KG.
[239] RG HRR 39, 566; BGH WRP 1995, 494 – Schwarze Liste. Vgl. auch OLG Brandenburg, Urt. v. 21.7.2020, Rn. 16, zit. n. juris.
[240] Vgl. etwa BGH GRUR 1957, 93 (94) – Jugendfilmverleih – zum Vorwurf der Unterschlagung von Leihmieten; GRUR 1959, 31 – Feuerzeug als Werbegeschenk (indirekter Vorwurf von Bestechungspraktiken); GRUR 1993, 572 (573) – Fehlende Lieferfähigkeit; *Beater,* Unlauterer Wettbewerb, § 20 Rn. 11.
[241] Reichstagsvorlage UWG 1896, 106; Nachweis bei *Beater,* Unlauterer Wettbewerb, § 20 Rn. 11. Zur Frage der Betriebsbezogenheit vgl. GroßKommUWG/*Messer* (1. Aufl.) § 14 aF Rn. 270.
[242] BGH GRUR 1966, 633 (635) – Teppichkehrmaschine – zu § 824 BGB.
[243] Vgl. *v. Gamm* § 14 aF Rn. 13.

mit zweifelhafter Bonität;[244] die Behauptung, ein Unternehmer habe „zwei Mal Pleite gemacht";[245] oder die Warnung vor einem Unternehmen in einem Internetkommunikationsforum.[246]

Damit beinhaltet Nr. 2 einen Schutz auch gegen Äußerungen, die möglicherweise zwar weder beleidigend noch ehrenrührig sind, das Unternehmen aber gleichwohl „in empfindlicher Weise beeinträchtigen können".[247] Im Hinblick auf den Schutzzweck von Nr. 2 ist eine **unternehmensbezogene Schädigungstendenz** maßgeblich, während die Ehrenrührigkeit der Aussage als solche weder erforderlich noch ausreichend ist.[248] 70

6. Nicht erweislich wahre Tatsache. Aus der Formulierung „sofern die Tatsachen nicht erweislich wahr sind" lässt sich entnehmen, dass es zu einer **Beweislastumkehr** kommt, bei der der Äußernde die Wahrheit seiner Äußerung zu beweisen hat, um seine Haftung nach Nr. 2 auszuschließen.[249]. Dies gilt auch bei Äußerungen über geschäftsinterne Vorgänge des Mitbewerbers. Denn grundsätzlich muss der betroffene Konkurrent zur Wahrung seiner Rechte nicht interne Vorgänge offenlegen. Dies kommt allenfalls dann in Betracht, wenn der Äußernde bereits in erheblichem Umfang Tatsachen dargelegt und nachgewiesen hat, die die Richtigkeit seiner Behauptungen stützen.[250] Damit trägt er das Risiko, dass sich die Wahrheit oder Unwahrheit nicht klären lässt – und zwar selbst dann, wenn der Verletzte im Hinblick auf die behauptete Tatsache auskunftspflichtig ist.[251] 71

Sofern die Anschwärzung in Form einer **„negativen Tatsache"** ausgedrückt worden ist, kommt eine Anwendung der Grundsätze zur Beweiserleichterung beim Beweis negativer Tatsachen in Betracht, wenn der Behauptende berechtigenden Anlass hatte, gerade in dieser Weise zu formulieren.[252] Anderenfalls würde der durch die geschäftsschädigende Äußerung Betroffene unzumutbar beeinträchtigt.[253] 72

Unwahr ist eine Behauptung auch dann, wenn sie den Eindruck einer anderen als der wirklichen Sachlage erweckt. Damit kann auch eine objektiv zutreffende Darstellung unwahr sein, wenn die Empfänger aufgrund der Art und Weise der Darstellung oder ihres begrenzten Informationsstandes einen falschen Eindruck von der Sachlage gewinnen.[254] Der Verletzer trägt mithin auch das **Risiko von unbeabsichtigten Missverständnissen.** Für Angaben, die auf wissenschaftliche Aussagen Bezug nehmen, gilt der Grundsatz, dass derjenige, der solche Aussagen als objektiv richtig oder wissenschaftlich gesichert darstellt, die Verantwortung für ihre Richtigkeit übernimmt.[255] 73

V. Ansprüche

Wie unter → Rn. 48 ausgeführt, ist der **Kreis der Aktivlegitimierten** durch die Integration des ehemaligen Sondertatbestandes und den Wegfall der eigenständigen Regelungen zu den Anspruchsinhabern stark **gewachsen.**[256] Dies gilt insbesondere für Beseitigungs- und Unterlassungsansprüche. 74

---

[244] BGH WRP 1995, 493 (494) – Schwarze Liste.

[245] BGH NJW 1994, 2614 (2616).

[246] OLG Hamburg NJW-RR 2004, 199; vgl. zu Schuldnerspiegeln im Internet allg. OLG Rostock ZIP 2001, 793; BVerfG MMR 2002, 89.

[247] So bereits die Reichstagsvorlage UWG 1896, 106 zur Vorläuferregelung des § 6 UWG; *Köhler*/Bornkamm/Feddersen § 4 Rn. 2.19.

[248] So etwa BGHZ 90, 113 (119 f.) zu § 824 BGB; *Ohly*/Sosnitza § 4 Rn. 2.15.

[249] Zur Beweisführung vgl. etwa OLG Stuttgart NJWE-WettbewR 1997, 270 f.; OLG Köln GRUR-RR 2002, 44 – Unentgeltlicher Messestand.

[250] LG Hamburg MMR 2019, 855, Rn. 21.

[251] BGH GRUR 1957, 93 (94) – Jugendfilmverleih – im Hinblick auf eine behauptete unrichtige Abrechnung.

[252] BGH GRUR 1993, 574 – Fehlende Lieferfähigkeit; *Ohly*/Sosnitza § 4 Rn. 2.16.

[253] Vgl. auch Fezer/Büscher/Obergfell/*Nordemann* § 4 Nr. 2 Rn. 42.

[254] ZB durch Auslassungen oder Übertreibungen; BGH GRUR 1966, 452 (454) – Luxemburger Wort.

[255] BGH GRUR 1971, 153 (155) – Tampax; *Köhler*/Bornkamm/Feddersen § 4 Rn. 2.20.

[256] AA *Ohly*/Sosnitza § 4 Rn. 2.18; *Köhler*/Bornkamm/Feddersen § 4 Rn. 2.24 (jedoch differenzierend für den Fall, dass die Anschwärzung zugleich mit einer Irreführung der Verbraucher verbunden ist).

Das OLG Düsseldorf[257] hat ausdrücklich angenommen, dass Verbände iSv § 8 Abs. 3 Nr. 2 UWG berechtigt seien, Ansprüche ihrer Mitglieder wegen Verstößen gegen § 4 Nr. 2 UWG kraft eigenen Rechts durchzusetzen – jedenfalls, wenn eine anschwärzende Werbung eine ganze Produktgattung herabsetzt und der Kreis der betroffenen Mitbewerber keinen ausufernden Umfang einnimmt. Zu beachten ist die Einschränkung des BGH aus der Entscheidung Fischdosendeckel. Danach kann gegen **Äußerungen** etwa in einer Patentschrift nicht mit § 4 Nr. 2 vorgegangen werden, wenn dadurch in **abschließende verfahrensrechtliche Regelungen** eingegriffen wird. Erst wenn die Äußerung keinen inneren Zusammenhang mit dem Verfahren hat oder außerhalb des Verfahrens wiederholt wird, besteht ein solcher Anspruch. Die Wiederholungsgefahr wird aber nicht durch die Verfahrensäußerung indiziert.[258]

75 Beim Beseitigungsanspruch ist zu differenzieren: Ist die Unwahrheit einer behaupteten Tatsache nicht bewiesen, kann nur ein **eingeschränkter Widerruf** dahingehend verlangt werden, dass diese Behauptung nicht mehr aufrechterhalten werde. Erstrebt der Betroffene hingegen einen uneingeschränkten Widerruf (gerichtet auf Zurücknahme einer Tatsachenbehauptung ex nunc), trägt er die **Beweislast für die Unwahrheit** des Behaupteten.[259]

76 Bei einer **Verbreitung** von Tatsachen kann der Beseitigungsanspruch ohnehin nur auf Richtigstellung oder ein Abrücken von der verbreiteten Äußerung verlangt werden, da der Äußernde selbst keine Behauptung aufgestellt hat, die zurückzunehmen wäre.[260]

77 Im Bereich der **Ersatzansprüche** ist die noch bis 2004 geltende **Garantiehaftung entfallen:** Verlangte der Schadensersatzanspruch bei § 14 Abs. 1 UWG aF lediglich, dass dem Betroffenen durch die Äußerung ein Schaden erwachsen war und es keiner weiteren subjektiven Voraussetzungen bedurfte,[261] so gilt für Schadensersatzansprüche seit dem UWG 2004 grundsätzlich § 9 UWG, welcher eine **vorsätzliche** oder **fahrlässige** Zuwiderhandlung gegen § 3 verlangt. Damit scheint die bislang gegenüber der verschuldensabhängigen Haftung etwa nach § 824 BGB besondere Schärfe des wettbewerbsrechtlichen Anschwärzungstatbestandes auf den ersten Blick dahin zu sein. Angesichts des gesetzgeberischen Willens, die Regelung des § 14 UWG aF unangetastet zu übernehmen, könnte diese offenbar durch ein Redaktionsversehen erfolgte unbeabsichtigte Milderung der Haftung allerdings dadurch „behoben" werden, dass man das nunmehr als Voraussetzung für einen Schadensersatzanspruch notwendige Verschulden darin sieht, dass eine Tatsache behauptet oder verbreitet wird, obwohl der Handelnde **nicht in der Lage ist, deren Wahrheit zu beweisen.**[262]

78 Diese Auffassung ist allerdings **problematisch:** Bei einer derartigen Interpretation von Nr. 2 würden insbesondere die Medien in eine verschärfte Haftung geraten, sofern im Einzelfall eine Wettbewerbsförderungsabsicht feststellbar ist, da sie sich anders als etwa bei § 824 BGB bei Nr. 2 einer Haftung nicht mit dem Hinweis auf die Anwendung „pressemäßiger Sorgfalt" entziehen könnten.[263] Angesichts des Gewichtes von Art. 5 Abs. 1 GG[264] bietet sich deshalb hier als vermittelnde Lösung an, zunächst bei Schadenersatzansprüchen auf Grundlage von Anschwärzungstatbeständen, in denen der Handelnde nicht in der Lage ist, die Wahrheit der behaupteten oder verbreiteten Tatsache positiv zu beweisen, ein Verschulden zu vermuten. Im Einzelfall wäre gleichwohl eine Exkulpationsmöglichkeit

---

[257] GRUR 2020, 204, Rn. 60.

[258] BGH GRUR 2010, 253 Rn. 30 – Fischdosendeckel.

[259] GroßKommUWG/*Messer* (1. Aufl.) § 14 aF Rn. 314 f.; *Soehring/Hoehne* Rn. 31.11 ff.

[260] BGH GRUR 1955, 97 – Constanze II; GRUR 1976, 651 (653) – Der Fall Bittenbinder; GroßKommUWG/*Messer* 6. Aufl. § 14 aF Rn. 314.

[261] *Baumbach/Hefermehl,* 23. Aufl. 2004 § 14 aF Rn. 30; BGH GRUR 1957, 93 (95) – Jugendfilmverleih.

[262] So bereits zum Verschuldensvorwurf bei § 14 Abs. 1 aF. Nach *Köhler*/Bornkamm/Feddersen § 4 Rn. 2.26 muss der Handelnde dagegen nur wissen, dass die verbreiteten Tatsachen kreditschädigend sind, nicht aber, ob sie unwahr sind.

[263] GroßKommUWG/*Messer* (1. Aufl.) § 14 aF Rn. 321.

[264] Vgl. hierzu → Einl. Rn. 1046 ff.

unter besonderen Umständen zuzulassen, sofern der Verletzer belegen kann, dass er alles ihm Mögliche zur Sachaufklärung getan hat.[265]

VI. Sonderfall: Vertrauliche Mitteilungen

Für **vertrauliche** Mitteilungen, an denen der Mitteilende oder der Empfänger ein **besonderes Interesse** hat, trifft Nr. 2 Alt. 2 eine Sonderregelung, die bislang in § 14 Abs. 2 aF enthalten war. In einem solchen Falle ist die Handlung nur dann unlauter, wenn Tatsachen **der Wahrheit zuwider** behauptet oder verbreitet wurden. Die sich in solchen Fällen ergebende Milderung der Haftung erklärt sich insbesondere aus dem Willen zur Schonung von **Kreditauskünften,** auf die der Geschäftsverkehr in besonderem Maße angewiesen ist.[266] Das im Jahre 1909 aus Gründen der Deutlichkeit eingefügte Kriterium der „vertraulichen" Mitteilung lässt zugleich erkennen, dass die Hinnahme solcher Äußerungen dem Betroffenen bereits deshalb eher zugemutet werden kann, weil sie typischerweise keine Breitenwirkung haben. Die beiden Tatbestandsvoraussetzungen müssen allerdings **kumulativ** vorliegen.[267] 79

1. Vertraulichkeit. Eine Mitteilung ist vertraulich, wenn sie nur an **bestimmte Personen** gerichtet ist und die vertrauliche Behandlung entweder ausdrücklich zur Pflicht gemacht wurde, sich dies aus den Umständen ergibt oder Bestandteil der Berufspflichten des Mitteilungsempfängers ist.[268] Erfolgt eine Mitteilung nur an einen Empfänger und ist sie nur für ihn von Interesse, ist Vertraulichkeit allerdings zu verneinen, wenn die Mitteilung wenigstens geeignet ist, in weiteren Kreisen bekannt zu werden.[269] Grundsätzlich sind auch hier die Gesamtumstände zu würdigen, insbesondere Form, Inhalt, Anlass und Zweck sowie Zeit und Ort der Mitteilung.[270] 80

An den dem Mitteilenden obliegenden Nachweis der Vertraulichkeit sind **strenge Anforderungen** zu stellen; je größer der Kreis der Mitteilungsempfänger, desto weniger ist von Vertraulichkeit auszugehen. Eine Mitteilung an einen **unbegrenzten Personenkreis** kann nie vertraulich sein. Bei Pressemitteilungen ist daher für die Privilegierung grundsätzlich kein Raum, ebenso wenig bei Mitteilungen an Verbände oder Rundschreiben an Kunden.[271] Anzeigen oder Eingaben an Behörden sind hingegen regelmäßig als vertraulich anzusehen, es sei denn, dass eine Weiterleitung an Dritte beabsichtigt ist.[272] 81

2. Berechtigtes Interesse. Das berechtigte Interesse muss entweder bei dem Mitteilenden oder bei dem Empfänger bestehen. Interessen Dritter oder der Allgemeinheit sind nur dann zu berücksichtigen, wenn der Mitteilende oder der Empfänger zur Wahrung derlei Interessen berufen ist oder die Angelegenheit ihn irgendwie nahe berührt. 82

Während das Strafrecht in § 193 StGB schon ein vermeintliches Interesse als berechtigt ausreichen lässt, muss das Interesse bei der 2. Alt. der Nr. 2 ebenso wie bei § 824 BGB **objektiv berechtigt** sein.[273] Ob dies der Fall ist, beurteilt sich grundsätzlich aufgrund einer Interessenabwägung anhand der verfassungsrechtlichen Werteordnung. Der mit der Mitteilung verfolgte Nutzen darf mithin **nicht außer Verhältnis** zum voraussichtlichen Schaden stehen. Die Mitteilung muss auch nach Inhalt und Form so schonend wie möglich 83

---

[265] GroßKommUWG/*Messer* (1. Aufl.) § 14 aF Rn. 321; etwa durch Einholung eines Gutachtens zur Frage der Rechtmäßigkeit seines Verhaltens.

[266] Vgl. hierzu Reichstagsvorlage UWG 1896, 106.

[267] BGH GRUR 1960, 331 (333) – Schleuderpreise; GRUR 1992, 860 (861) – Bauausschreibungen; GRUR 1993, 572 (573) – Fehlende Lieferfähigkeit.

[268] Vgl. *Köhler*/Bornkamm/Feddersen § 4 Rn. 2.22. Letzteres ist etwa der Fall bei Rechtsanwälten, Wirtschaftsprüfern oder Ärzten.

[269] BGH GRUR 1960, 135 (136) – Druckaufträge.

[270] BGH GRUR 1992, 860 (861) – Bauausschreibungen.

[271] BGH GRUR 1993, 572 (573) – Fehlende Lieferfähigkeit.

[272] RG GRUR 1939, 72 (75) – Toschi/Eternit II; BGH GRUR 1980, 257 (258) – Abgeordnetenindemnität.

[273] RGSt 51, 379.

erfolgen. Vom Mitteilenden ist ferner zu verlangen, dass er im gebotenen Umfang recherchiert und nicht leichtfertig, zB aufgrund haltloser Vermutungen, Behauptungen aufstellt.[274] Das bloße Interesse des Mitteilenden, seinen Absatz zu fördern, reicht nicht aus, um es als berechtigt anzuerkennen. Es steht andererseits der Wahrnehmung sonstiger Interessen des Empfängers oder Dritter, insbesondere vor Schädigung bewahrt zu werden, nicht entgegen.[275]

84 Bei der Interessenabwägung ist ferner zu berücksichtigen, ob der Mitteilende gesetzlich oder vertraglich **zur Mitteilung der Tatsachen berechtigt oder verpflichtet** ist. Bei anonymen Mitteilungen können unsachliche Motive im Vordergrund stehen, jedoch kommt es auch hier auf die Umstände des Einzelfalles an.[276]

85 **3. Anspruchsgegner und Beweislast.** Anspruchsgegner ist stets nur der **Mitteilende,** da der Empfänger der Mitteilung diese weder behauptet noch verbreitet hat.

86–88 Die **Beweislast** gestaltet sich wie folgt: Der Verletzte muss zunächst die Anschwärzung, dh die schädigende Äußerung behaupten und beweisen. Erhebt der Anspruchsgegner die Einrede der Vertraulichkeit und des berechtigten Interesses, so muss er deren Vorliegen beweisen. Sodann hat der Verletzte die **Unwahrheit** der Tatsachenbehauptung zu beweisen.

C. § 4 Nr. 3 (Wettbewerbsrechtlicher Leistungsschutz)

Unlauter handelt, wer

3. Waren oder Dienstleistungen anbietet, die eine Nachahmung der Waren oder Dienstleistungen eines Mitbewerbers sind, wenn er
a) eine vermeidbare Täuschung der Abnehmer über die betriebliche Herkunft herbeiführt,
b) die Wertschätzung der nachgeahmten Ware oder Dienstleistung unangemessen ausnutzt oder beeinträchtigt oder
c) die für die Nachahmung erforderlichen Kenntnisse oder Unterlagen unredlich erlangt hat;

Übersicht

[274] Vgl. BGH NJW 1985, 1621 (1623).
[275] BGH GRUR 1971, 159 – Motoryacht.
[276] BGH NJW 1966, 1215.

Schrifttum: *Beater,* Nachahmen im Wettbewerb, 1995; *Bopp,* Sklavischer Nachbau technischer Erzeugnisse, GRUR 1997, 34; *Bornkamm,* Markenrecht und wettbewerbsrechtlicher Kennzeichenschutz – Zur Vorrangthese der Rechtsprechung, GRUR 2005, 97; *Brandner,* Wann ist Rufausnutzung im Wettbewerb nicht unlauter?, in: FS Vieregge, 1995, S. 81; *Büscher,* Schnittstellen zwischen Markenrecht und Wettbewerbsrecht, GRUR 2009, 230; *ders.,* Neuere Entwicklungen im wettbewerbsrechtlichen Leistungsschutz, GRUR 2018, 1; *Ehmann,* Monopole für Sportverbände durch ergänzenden Leistungsschutz?, GRUR Int. 2009, 659; *Erdmann,* Die zeitliche Begrenzung des ergänzenden wettbewerblichen Leistungsschutzes, in: FS Vieregge, 1995, S. 197; *Fezer,* Der wettbewerbsrechtliche Schutz der unternehmerischen Leistung, FS GRUR Bd. II 1995, S. 939; *Götte,* Die Schutzdauer im wettbewerbsrechtlichen Leistungsschutz, 2000; *Harte-Bavendamm,* Wettbewerbsrechtlicher Verbraucherschutz in der Welt der „look-alikes", in: FS Loschelder, 2010, S. 111 ff.; *Heermann,* Rechtlicher Schutz von Slogans, WRP 2004, 263; *Heyers,* Wettbewerbsrechtlicher Schutz gegen das Einschieben in fremde Serien, GRUR 2006, 23; *Hilty,* „Leistungsschutz" – made in Switzerland? – Klärung eines Missverständnisses und Fragen zum allgemeinen Schutz von Investitionen, in: FS Ullmann, 2006, S. 643; *Hohlweck,* Vom Pflügen mit fremdem Kalbe und anderen anstößigen Verhaltensweisen – Der Schutz bekannter Produkte durch § 4 Nr. 9 lit. b UWG, WRP 2015, 934; *Hubmann,* Die sklavische Nachahmung, GRUR 1975, 230; *Ingerl,* Der wettbewerbsrechtliche Kennzeichenschutz und sein Verhältnis zum MarkenG in der neueren Rechtsprechung des BGH und in der UWG-Reform, WRP 2004, 809; *Jacobs,* Von Pumpen, Noppenbahnen und Laubheftern – Zum wettbewerbsrechtlichen Leistungsschutz bei technischen Erzeugnissen, in: FS Helm, 2002, S. 71; *Kappes,* Verwechslungsgefahr nach dem Kauf („post-sale-confusion") im Marken- und Wettbewerbsrecht, 2011; *Köhler,* Das Verhältnis des Wettbewerbsrechts zum Recht des geistigen Eigentums, GRUR 2007, 548; *Körber/Ess,* Hartplatzhelden und der ergänzende Leistungsschutz im Web 2.0, WRP 2011, 697; *Körner,* Schadensausgleich bei Verletzung gewerblicher Schutzrechte und bei ergänzendem Leistungsschutz, in: FS Steindorff, 1990, 897; *ders.,* Das allgemeine Wettbewerbsrecht des UWG als Auffangtatbestand für fehlgeschlagenen oder abgelaufenen Sonderrechtsschutz, in: FS Ullmann, 2006, S. 701; *Krüger,* Der Schutz kurzlebiger Produkte gegen Nachahmungen (Nichttechnischer Bereich), GRUR 1986, 115; *ders./v. Gamm,* Die „Noppenbahnen"-Doktrin – Ein Irrweg?, WRP 2004, 978; *Keller,* Der wettbewerbsrechtliche Leistungsschutz, in: FS Erdmann, 2002, 595; *Kur,* Der wettbewerbliche Leistungsschutz, GRUR 1990, 1; *Lohbeck,* Die Haftung in Verletzermehrheit und Verletzerkette, 2014; *Lubberger,* Technische Konstruktion oder künstlerische Gestaltung? – Design zwischen den Stühlen –, in: FS Erdmann, 2002, S. 145; *ders.,* Grundsatz der Nachahmungsfreiheit?, in: FS Ullmann, 2006, S. 737; *Müller-Laube,* Wettbewerbsrechtlicher Schutz gegen Nachahmung und Nachbildung gewerblicher Erzeugnisse – Entwurf eines dogmatischen Ordnungskonzeptes, ZHR 156 (1992), 480; *Nemeczek,* Gibt es einen unmittelbaren Leistungsschutz im Lauterkeitsrecht?, WRP 2010, 1204; *ders.,* Rechtsübertragungen und Lizenzen beim wettbewerbsrechtlichen Leistungsschutz – Zugleich ein Beitrag gegen den unmittelbaren Leistungsschutz, GRUR 2011, 292; *Ohly,* Klemmbausteine im Wandel der Zeit – ein Plädoyer für eine strikte Subsidiarität des UWG-Nachahmungsschutzes, in: FS Ullmann, 2006, S. 795; *ders.,* Hartplatzhelden.de oder: Wohin mit dem unmittelbaren Leistungsschutz?, GRUR 2010, 487; *ders.,* Designschutz im Spannungsfeld von Geschmacksmuster-, Kennzeichen- und Lauterkeitsrecht, GRUR 2007, 731; *ders.,* Urheberrecht und UWG, GRUR Int. 2015, 693; *Peukert,* hartplatzhelden.de – Eine Nagelprobe für den wettbewerbsrechtlichen Leistungsschutz, WRP 2010, 316; *Raue,* Nachahmungsfreiheit nach Ablauf des Immaterialgüterrechtsschutzes?, 2010; *Riesenhuber,* Lego – Stein des Anstoßes, WRP 2005, 1118; *Rößler,* Zum wettbewerbsrechtlichen Unlauterkeitsgehalt der Rufausbeutung, GRUR 1995, 549; *Rohnke,* Schutz der Produktgestaltung durch Formmarken und wettbewerbsrechtlichen Leistungsschutz, in: FS Erdmann, 2002, S. 455; *Ruess/Slopek,* Zum unmittelbaren wettbewerbsrechtlichen Leistungsschutz nach hartplatzhelden.de, WRP 2011, 834; *Sack,* Nachahmen im Wettbewerb, ZHR 160 (1996), 493; *ders.,* Das Einschieben in eine fremde Serie: Sonderfall oder Normalfall des ergänzenden wettbewerblichen Leistungsschutzes?, in: FS Erdmann, 2002, S. 697; *ders.,* Produktnachahmung und betriebliche Herkunftstäuschung nach § 4 Nr. 9 Buchst. a UWG, GRUR 2015, 442; *ders.,* Fallgruppen des Leistungsschutzes nach § 3 UWG, WRP 2017, 1 ff.; 132 ff.; *Sambuc,* Die Eigenart der „wettbewerblichen Eigenart", GRUR 1986, 130; *ders.,* Der UWG-Nachahmungsschutz, 1996; *ders.,* Ist der wettbewerbsrechtliche Leistungsschutz übertragbar?, in: FS Bornkamm, 2014, S. 455; *ders.,* Was heißt „Verwechslungsgefahr mit einer anderen Ware oder Dienstleistung" in § 5 Abs. 2 UWG?, in: FS Köhler, 2014, S. 577; *Schacht,* Wettbewerbsrechtlicher Leistungsschutz für technische Merkmale – Rettungsboot oder Havarist, GRUR 2017, 1203; *Schork,* Imitationsmarketing, 2011; *Schrader,* Begrenzung des ergänzenden wettbewerbsrechtlichen Leistungsschutzes, WRP 2005, 562; *Schröer,* Der unmittelbare Leistungsschutz, 2010; *Schulte-Beckhausen,* Das Verhältnis des § 1 UWG zu den gewerblichen Schutzrechten und zum Urheberrecht, 1994; *Schulz,* Grenzlinien zwischen Markenrecht und wettbewerbsrechtlichem Leistungsschutz, in: FS Helm, 2002, S. 237; *Steinbeck,* Zur These vom Vorrang des Markenrechts, in: FS Ullmann, 2006, S. 409; *Stieper,* Das Verhältnis von Immaterialgüterrechtschutz und Nachahmungsschutz nach neuem UWG, WRP 2006, 291; *Weihrauch,* Der unmittelbare Leistungsschutz im UWG, 2001; *Wiebe,* Unmittelbare Leistungsübernahme im neuen Wettbewerbsrecht, in: FS Schricker, 2005, S. 773.

I. UWG 2004 bis UWG 2015

Die **Neufassung des Gesetzes gegen den unlauteren Wettbewerb 2004** hat die 89
gesetzlichen Grundlagen, nicht aber den Inhalt des ergänzenden wettbewerbsrechtlichen

Leistungsschutzes geändert.[277] Dieser war seit Inkrafttreten der (früheren) wettbewerbsrechtlichen Generalklausel des § 1 im Jahre 1909 ausschließlich anhand des darin vorgegebenen Maßstabs der „guten Sitten" entwickelt worden.

90 Die Reform von 2004 enthielt demgegenüber einen **mehrgliedrigen Ansatz:** Im **damaligen § 4 Nr. 9** (infolge der Novelle vom 2.12.2015 jetzt § 4 Nr. 3) wurden drei der von der Rechtsprechung zur früheren Generalklausel begründeten Fallgruppen als gesetzliche Regelbeispiele aufgeführt, nämlich – in der bisherigen Terminologie – a) die vermeidbare Herkunftstäuschung, b) die Rufausbeutung bzw. -beeinträchtigung und c) das Erschleichen. Damit wollte das UWG 2004 **„die wichtigsten Fälle" unlauterer Nachahmung** aufzählen. Diese Beispielstatbestände sollten ihrem Wesen nach **„nicht abschließend"** sein (Begründung des RegE zu § 4 Nr. 9). Die übrigen Fallgruppen (vor allem der unmittelbare, um der Leistung selbst willen gewährte Schutz) sowie Einzelfälle und Unlauterkeitsgesichtspunkte, die – noch – nicht zu Fallgruppen verfestigt waren, blieben grundsätzlich bei der Generalklausel (jetzt § 3) angesiedelt.

91 Die Umsetzung der Richtlinie 2005/29 EG vom 11.5.2005 über unlautere Geschäftspraktiken **(UGP-RL)** durch das **Erste Gesetz zur Änderung des Gesetzes gegen den unlauteren Wettbewerb (UWG 2008)** berührte den damaligen § 4 Nr. 9 nicht.[278] Ergänzungen wurden in § 5 (irreführende Werbung) und in **Nr. 13 der „Schwarzen Liste" (Anhang zu § 3 Abs. 3)** vorgenommen. Im Rahmen des **Zweiten Gesetzes zur Änderung des Gesetzes gegen den unlauteren Wettbewerb (UWG 2015)** wurden die in § 4 Nr. 9 getroffenen Regelungen ohne sachliche Änderung in den nun ausdrücklich auf den Mitbewerberschutz beschränkten § 4 überführt (§ 4 Nr. 3).

II. Verhältnis zu den Sonderschutzrechten

92 **1. Begriff des wettbewerbsrechtlichen Leistungsschutzes.** Für den Schutz gegen Nachahmungen von Arbeitsergebnissen im Rahmen des Wettbewerbsrechts hat sich die Bezeichnung „wettbewerbsrechtlicher Leistungsschutz" durchgesetzt. Die früher auch übliche Charakterisierung als „ergänzender" Leistungsschutz wird neuerdings im Sinne einer Verselbständigung der wettbewerbsrechtlichen Ansprüche gegenüber den immaterialgüterrechtlichen vermieden.[279] Als **„Leistung"** kommt grundsätzlich alles in Betracht, was auch Gegenstand der Sonderschutzrechte sein kann. § 4 Nr. 3 spricht von „Waren oder Dienstleistungen".[280] Praktisch liegt der Schwerpunkt bei **Produktgestaltungen.**

93 **2. Keine zwingend abschließenden Regelungen durch die Sonderschutzrechte. a) Allgemeines.** Wenn ein Sonderrechtsschutz nicht besteht, kann die Übernahme des insoweit schutzlosen Arbeitsergebnisses gleichwohl als unlauterer Wettbewerb unzulässig sein. Neuere Sonderschutzordnungen lassen eine **ergänzende Anwendung** des Wettbewerbsrechts in ihrem jeweiligen „Zuständigkeitsbereich" ausdrücklich zu, vgl. § 2 MarkenG, Art. 96 Abs. 1 GGVO. Ein Verbot als unlauter darf sich jedoch nicht in Widerspruch zu den **Wertungen der Sonderschutzrechte** setzen. Wo diese einen Schutz abschließend verweigern, darf dieses Ergebnis nicht mit dem Wettbewerbsrecht konterkariert werden. Es bedarf also stets einer Entscheidung darüber, ob fehlender Sonderrechtsschutz einen gewollten Nachahmungsfreiraum schafft oder ob es sich um ein korrekturbedürftiges „Versagen" handelt. Ergibt sich, dass ein Schutz „ausdrücklich und absichtlich"[281]

[277] BGH GRUR 2008, 793 Rn. 25 – Rillenkoffer; 2007, 795 (797) – Handtaschen; 2005, 166 (167) – Puppenausstattungen.

[278] BGH GRUR 2010, 80 Rn. 17 – LIKEaBIKE; GRUR 2012, 58 Rn. 40 – Seilzirkus; zu einer etwaigen Neubestimmung von Normzweck und systematischer Stellung der Vorschrift vgl. *Köhler* GRUR 2007, 548 (551 f.).

[279] *Büscher* GRUR 2019, 217 (226).

[280] Dazu → Rn. 128 ff.

[281] So schon RGZ 73, 294 = GRUR 1910, 264 (265) – Schallplatten; ähnlich BGH GRUR 1986, 454 (456) – Bob Dylan.

versagt wird, darf nicht mit Hilfe des Wettbewerbsrechts ein „Ersatz-Ausschließlichkeitsrecht" geschaffen werden.

b) Vorrang des Markenrechts? Insbesondere ein **Vorrang des Markenrechts** ist Gegenstand zahlreicher Urteile[282] und Stellungnahmen in der Literatur.[283] Zum Verhältnis der Rufausbeutungs-Tatbestände einerseits in § 14 Abs. 2 Nr. 3 MarkenG und andererseits im (damaligen) § 4 Nr. 9b) UWG hat der BGH in *MAC Dog* festgestellt, der markengesetzliche Schutz der bekannten Marke stelle sich „als eine umfassende spezialgesetzliche Regelung dar, mit der der bislang in der Rechtsprechung entwickelte Schutz fixiert und ausgebaut werden sollte". Sie lasse „in ihrem Anwendungsbereich für eine gleichzeitige Anwendung des § 1 UWG [a. F.] oder des § 823 BGB grundsätzlich keinen Raum". Nur ein solches Verständnis werde der „Begrenzungsfunktion" der spezialgesetzlichen Regelung gerecht.[284] 94

Dass die kennzeichenrechtliche Regelung des Markengesetzes „in sich geschlossen"[285] sei, ist jedoch eine zu optimistische Annahme. Es ist daher auch seine „negative Schutzbegrenzung", dh die Beurteilung als erlaubt, insbesondere gegenüber dem UWG nicht immer klar zu ziehen. Dies zeigt sich nicht nur an der vorsichtigen Formulierung des BGH, wonach das Markengesetz die **außermarkenrechtlichen Generalklauseln nur „im Allgemeinen … verdrängt",**[286] sondern etwa auch an der unlauterkeitsrechtlichen „Rückkoppelung" im Wortlaut sämtlicher Tatbestände des § 14 Abs. 2 Nr. 3 MarkenG. Auch Formulierungen wie die, das UWG könne herangezogen werden „wenn der Schutz nach dem Markengesetz versagt",[287] werfen mehr Fragen auf als sie beantworten: Gerade der Begriff des „Versagens" insinuiert eine unbeabsichtigte Fehlfunktion, die nach Abhilfe verlangt. Das Gegenteil kann aber ausdrücklich gewollt sein. 95

c) Teilweiser Rückzug der „Vorrangthese". Infolge der Umsetzung der verbraucherschützenden UGP-RL, insbesondere durch das Aufpfropfen von § 5 Abs. 2 und des Anhangs zu § 3 Abs. 3 („Schwarze Liste") Nr. 13 auf ein bis dahin halbwegs stimmiges nationales Recht[288] musste die Vorrangthese zurückgefahren werden. Denn nationales Immaterialgüterrecht kann zwingendes Sekundär-Unionsrecht nicht beschränken. Im Verhältnis zu § 5 Abs. 1 S. 2 Nr. 1 und Abs. 2 hat der BGH daher die Vorrangthese aufgegeben: Der durch diese UWG-Vorschriften begründete (Verbraucher-)Schutz tritt gleichrangig neben den (individualrechtlichen) aus dem MarkenG.[289] 96

Im Verhältnis zu dem ebenfalls (wie das Markenrecht) überwiegend individualrechtlichen § 4 Nr. 3 geht es um die möglichst weitgehende Vermeidung von Widersprüchen durch **kompatible Auslegung beider Normenkomplexe.** Wo kein Schutz für eine Kennzeichnung, sondern für ein „konkretes Leistungsergebnis"[290] beansprucht wird, gibt es von vorne herein keine Konkurrenz und damit auch keinen Vorrang des Markenrechts. 97

Bei **Wort- und Bildmarken** bleibt es gegenüber § 4 Nr. 3 beim Vorrang des Markenrechts,[291] da jener nach der hier vertretenen Auffassung keinen Zeichenschutz zum Gegenstand hat und zudem die Verkehrsgeltungsschwelle des § 4 Nr. 2 MarkenG nicht unterlaufen werden darf.[292] 98

---

[282] BGH GRUR 1999, 161 (162) – MAC Dog; 1999, 992 (995) – BIG PACK; 2000, 608 (610) – ARD-1; 2002, 340 (342) – Fabergé; 2003, 973 (974) – Tupperwareparty.

[283] Vgl. *Ingerl* WRP 2004, 809; *Bornkamm* GRUR 2005, 790; *Stieper* WRP 2006, 291; *Steinbeck* FS Ullmann, 2006, 409 ff.; *Körner* FS Ullmann, 2006, 701 ff.; *Ohly* FS Ullmann, 2006, 795 (806 ff.).

[284] BGH GRUR 1999, 161 (162) – MAC Dog.

[285] BGH GRUR 2002, 622 (623) – shell.de.

[286] BGH GRUR 2002, 622 (623) – Shell.de.

[287] BGH GRUR 1999, 161 (162) – MAC Dog.

[288] Zum Verhältnis des § 5 Abs. 2 zum Markenrecht und anderen Bestimmungen des UWG vgl. ausführlich *Schork,* Imitationsmarketing, und insbesondere zum wettbewerbsrechtlichen Leistungsschutz S. 207 ff.

[289] BGH GRUR 2013, 1161 Rn. 60 – Hard Rock Café. S. auch *Büscher* GRUR 2018, 1 (7) aE.

[290] BGH GRUR 2008, 793 Rn. 26 – Rillenkoffer mwN.

[291] *Ohly*/Sosnitza § 4 Rn. 9/19; s. auch OLG Köln GRUR-RR 2018, 217 Rn. 70 – Jeanshose mit V-Naht.

[292] Vgl. *Ohly*/Sosnitza § 4 Rn. 19 mwN.

99 Auch die **Formmarke** schützt anders als § 4 Nr. 3 kein Produkt, sondern ein Zeichen. Selbst wo beide eine körperliche Einheit eingehen (sog. „produktabhängige" im Gegensatz zu „produktunabhängigen" Formmarken wie dem Mercedes-Stern oder dem Michelin-Männchen) ist die **gedankliche Trennung von Kennzeichnungsmittel (Marke) und Kennzeichnungsgegenstand (Produkt)** zwingend erforderlich. Formgebende technische Merkmale als herkunftshinweisend anzusehen, die als dreidimensionale Marke nicht monopolisierbar wären[293], sollte im Sinne einer Widerspruchsfreiheit zwischen Marken- und Unlauterkeitsrecht vermieden werden.[294]

100 Die Marke muss gegenüber dem Produkt selbständig, dh „zwar nicht physisch, aber doch gedanklich von der Ware abstrahierbar" sein.[295] Anders ist zB die Bestimmung des Schutzumfangs der (neben der Ware selbst) in der Form enthaltenen Marke nicht möglich. **§ 4 Nr. 3 schützt** aber **nicht Marken** (vgl. → Rn. 133 ff.), **sondern „nur" Waren oder Dienstleistungen.**

101 **d) Kein Vorrang des Designrechts.** Auch wenn es an einer Designverletzung fehlt, kann der wettbewerbsrechtliche Leistungsschutz aufgrund besonderer wettbewerblicher Umstände eingreifen. Gerade hier betont der BGH die Selbständigkeit des wettbewerbsrechtlichen Leistungsschutzes gegenüber den Sonderschutzrechten.[296]

102 **3. Schutz von Leistungen oder Schutz vor unlauteren geschäftlichen Handlungen? a) Das „Was" und „Wie" der Nachahmung.** Die traditionelle Abgrenzung von sondergesetzlichem und ergänzendem wettbewerbsrechtlichen Leistungsschutz liegt in unterschiedlichen Zielvorgaben: Die Sondergesetze schützen danach **Leistungen als solche,** der ergänzende Leistungsschutz (zumindest direkt) nur vor unlauteren Nachahmungs**handlungen.** Ein Schutz der Leistung selbst könne sich nur reflexartig ergeben. Bei ihm gehe es nicht um das „Was" der Nachahmung oder gar das „Ob"[297] (dh die Nachahmung als solche), sondern um das „Wie".

103 **b) Schutz wegen oder von wettbewerblicher Eigenart.** Diese idealtypische Abgrenzung zu den Sondergesetzen wurde noch nie streng durchgehalten. Zwar gibt es Sachverhalte, bei denen tatsächlich die unlautere Handlungsweise des Nachahmers im Vordergrund steht, vor allem bei anstößiger Erlangung oder Verwertung der Original-Vorlage (Fallgruppen des Erschleichens und des Vertrauensbruchs). Meist spielt aber die **Qualität** des übernommenen Arbeitsergebnisses eine wichtige Rolle bei der Unlauterkeitsbewertung, die als **wettbewerbliche Eigenart** der nachgeahmten Leistung beschrieben wird. Sie ist Voraussetzung für die Erfüllung der Tatbestände des § 4 Nr. 3a) und b), nämlich die Grundlage für die Auslösung von Herkunftsvorstellungen oder Wertschätzung. Allerdings ergibt sich ein Leistungsschutz bei diesen Fallgruppen nur **mittelbar,** dh ein Arbeitsergebnis wird gegen Nachahmung nur insoweit geschützt, als die Nachahmung seiner wettbewerblichen Eigenart (vermeidbar) falsche Herkunftsvorstellungen hervorruft oder die Wertschätzung des Vorbildes unangemessen ausnutzt oder beeinträchtigt. „Wettbewerbliche Eigenart" bedeutet in jeder Fallgruppe etwas anderes, denn sie ist kein gesetzliches Tatbestandsmerkmal, sondern umschreibt die Art von Qualität des „Originals", die die Verwirklichung des jeweiligen gesetzlichen Tatbestandes impliziert und voraussetzt.

104 In der früheren sog. „Saisonschutz"-Rechtsprechung zur Nachahmung von Modeneuheiten[298] wurde der Begriff **„schutzwürdige wettbewerbliche Eigenart"** verwendet. Dieser signalisierte die Gewährung von **unmittelbarem** Schutz der Leistung als solcher, der auf die Modalitäten der Nachahmungshandlung nicht mehr abstellte. Dieses Schutzes

[293] So BGH GRUR 2017, 734 Ls. 2 – Bodendübel im Falle abgelaufenen Patentschutzes.
[294] BGH GRUR 2017, 734 Rn. 24 – Bodendübel.
[295] BGH GRUR 2001, 334 (335) – Gabelstapler I; *Sambuc* FS 50 Jahre Bundespatentgericht, 2011, 721 (723 f.).
[296] BGH GRUR 2018, 832 Rn. 46 – Ballerinaschuh.
[297] *Riesenhuber* WRP 2005, 1118 (1119).
[298] → Rn. 148.

bedarf es nicht mehr. Modeneuheiten werden ausreichend durch das nicht eingetragene Gemeinschaftsgeschmacksmuster geschützt.

Dem unmittelbaren Leistungsschutz sind auch die Fälle zuzuordnen, in denen die Rechtsprechung als „Schrittmacherin" für den Gesetzgeber Leistungen unter Schutz stellte, die sich aufgrund (damals) neuer Kopier- und Verbreitungsmöglichkeiten als besonders **verletzlich** erwiesen. BGH GRUR 1962, 470 – AKI – nahm den Schutz des Sendeunternehmens vorweg (jetzt § 87 UrhG), BGH GRUR 1960, 614 – Figaros Hochzeit – den Schutz der ausübenden Künstler (jetzt §§ 73 ff. UrhG), BGH GRUR 1963, 575 – Vortragsabend – den des Veranstalters von Darbietungen ausübender Künstler (jetzt § 81 UrhG) und bereits RGZ 73, 294 – Schallplatten – den des Tonträgerherstellers (jetzt §§ 85 f. UrhG). Den heutigen Schutz bekannter Marken ua gegen Rufausbeutung durch ungleichartige Waren/Dienstleistungen in § 14 Abs. 2 Nr. 3 MarkenG hatte der BGH mit § 1 UWG schon in GRUR 1985, 550 – DIMPLE – eingeführt. Das Markengesetz seinerseits rekurriert auf das Wettbewerbsrecht, indem es eine „unlautere" Ausnutzung des Rufs verlangt. Auch die Zubilligung von Schadenersatzansprüchen des Datenbankherstellers kurz vor Inkrafttreten des sondergesetzlichen Schutzes in § 87b UrhG durch BGH GRUR 1999, 923 (926) – Tele-Info-CD – ist der Sache nach reiner Leistungsschutz. 105

Die Gewährung wettbewerbsrechtlichen Leistungsschutzes für **Sportveranstalter** hingegen lehnte der BGH in GRUR 2011, 436 – hartplatzhelden.de – ab. 106

In ständiger Rechtsprechung betont der BGH, der wettbewerbsrechtliche Leistungsschutz könne (nur) dann zum Zuge kommen, „wenn **besondere Umstände** vorliegen, die außerhalb des sondergesetzlichen Tatbestands liegen".[299] Vermeidbare Herkunftstäuschung und die Tatbestände des § 4 Nr. 3 gelten dem BGH[300] als derartige (vertypte und kodifizierte) besondere Umstände. Dies darf aber nicht darüber hinwegtäuschen, dass nicht nur die Modalitäten und Begleitumstände der Nachahmung zur Unlauterkeit beitragen können, sondern auch im Rahmen von § 4 Nr. 3a) und b) mindestens ebenso die jeweilige, als „wettbewerbliche Eigenart" umschriebene Qualität des nachgeahmten Arbeitsergebnisses (der „Leistung").[301] Diese Leistung kann (ebenso wie die daraus folgende wettbewerbliche Eigenart) unterschiedlichen Charakter haben, zB aus Design, Funktion oder Marketing (Bekanntheitsgrad) herrühren. Die Anforderungen an Art und Grad der wettbewerblichen Eigenart richten sich nach dem jeweiligen „besonderen unlauterkeitsbegründenden Umstand", vor allem also den Tatbeständen des § 4 Nr. 3a) und b). Zwischen den drei Parametern „wettbewerbliche Eigenart", „besondere Umstände" und „Nähe der Nachahmung" besteht nach hM eine Wechselwirkung (vgl. → Rn. 140), die aber keinen völligen Verzicht auf wettbewerbliche Eigenart oder besondere, unlauterkeitsbegründende Umstände zulässt. 107

Einen unmittelbaren wettbewerbsrechtlichen Leistungsschutz lassen die Tatbestände des § 4 Nr. 3 also nicht zu. Umso lebhafter wird debattiert, ob hierfür auf die Generalklausel des § 3 direkt zurückgegriffen werden kann, vgl. dazu → Rn. 143. 108

4. Regel-/Ausnahme-Verhältnis zwischen zulässigen und unzulässigen Nachahmungen; grundsätzliche Nachahmungsfreiheit. Der weitere, oft angeführte Grundsatz, wonach Nachahmungen außerhalb des Bereichs der Sonderschutzrechte **grundsätzlich zulässig** seien, ist gesetzgeberisch gewollt.[302] Er ist auch rechtssystematisch geboten. Dies folgt zwar nicht immer zwingend aus einem Umkehrschluss, wonach sondergesetzlich nicht erfasste Tatbestände überhaupt zulässig zu sein hätten. Denn die Schutzgüter der Sonderschutzrechte und des UWG decken sich nicht (vgl. → Rn. 102 ff.). Die grundsätzliche Nachahmungsfreiheit ergibt sich aber rechtlich aus der (auch durch Art. 2 Abs. 1 109

[299] Vgl. etwa BGH GRUR 2002, 629 (631) – Blendsegel.

[300] GRUR 2015, 909 Rn. 9 – Exzenterzähne.

[301] Zur „Immaterialgüterrechtsähnlichkeit" des ergänzenden Leistungsschutzes vgl. *Keller* FS Erdmann, 2002, 595 ff.; *Lubberger* FS Erdmann, 2002, 145 (154 f.) sowie → Einl. G. Rn. 1190 ff.

[302] BT-Drs. 15/1487, 19: „Durch die Regelung des wettbewerbsrechtlichen Leistungsschutzes soll die grundsätzliche Nachahmungsfreiheit nicht in Frage gestellt werden.".

GG verbürgten) Wettbewerbsfreiheit, dem Ausnahmecharakter der Nachahmungsverbote in § 4 Nr. 3a) bis c) sowie praktisch-wirtschaftlich daraus, dass jegliche zivilisatorische Tätigkeit auf dem Erfahrungsschatz der vorhergehenden Generationen aufbaut. Keiner soll mit immer neuen Kosten und fraglichen Erfolgsaussichten „das Rad neu erfinden" müssen. Der **Grundsatz der Nachahmungsfreiheit** „soll eine Erstarrung der Fortentwicklung verhindern; er beruht auf der Erwägung, dass Leistungen der Gegenwart ohnehin auf dem Erbe der Vergangenheit aufbauen und dass ein Gewerbetreibender, der ein Wettbewerbserzeugnis auf den Markt bringen will, den bereits erreichten Entwicklungsstand und eine günstige Marktnachfrage seinerseits nicht ungenutzt zu lassen braucht".[303] Daher ist Nachahmung ein alltäglicher, selbstverständlicher und an sich rechtlich unbedenklicher Vorgang. Im Sinne einer Bildung von Wettbewerbspreisen und der möglichst weitgehenden Zugänglichmachung von Neuerungen für alle Nachfrager ist **Imitationswettbewerb** ebenso notwendig und erwünscht wie **Innovationswettbewerb.**

110 Nachahmungen können daher nur **ausnahmsweise** unlauter sein.[304] Stets muss die Unzulässigkeit einer Nachahmung dargelegt werden und nicht etwa deren Zulässigkeit. Die segensreichen Wirkungen des freien Wettbewerbs vor allem für die Verbraucher sind hinreichend erwiesen, ebenso die gemeinschaftsschädlichen Auswirkungen von Monopolen. Deren punktuelle Gewährung durch Immaterialgüterrechte rechtfertigt sich (außer durch deren teilweise persönlichkeitsrechtliche Aspekte) entweder durch eine Anstachelung des Innovationswettbewerbs (Patent-, Urheber- und Musterrechte) oder durch die Verhinderung einer Fehlleitung der Verbrauchernachfrage (Kennzeichenrechte). Jedes **Nachahmungsverbot** mit dem UWG unterliegt dem gleichen **Rechtfertigungszwang,** dh es muss plausibel begründen, warum in der wohlfahrtsökonomischen Bilanz die von ihm angestrebten Vorteile die mit der Wettbewerbsbeschränkung verbundenen Nachteile überwiegen. Diffuse „ethische" Topoi wie „Trittbrettfahrerei" oder „Pflügen mit fremdem Kalb" greifen zu kurz.[305] Nachahmungsschutz sollte nicht „aus dem Bauch heraus" sondern aus ebenso kühlem ökonomischen Kalkül wie der sondergesetzliche Leistungsschutz gewährt werden. Dies gilt sowohl für die Auslegung von § 4 Nr. 3, als auch (und vor allem) für die auf § 3 gestützte Gewährung unmittelbaren Schutzes einer Leistung als solcher ohne Rücksicht auf Modalitäten der Nachahmungshandlung, vgl. dazu → Rn. 138.

111 **5. Unterschiede und Gemeinsamkeiten von sondergesetzlichem und ergänzendem wettbewerbsrechtlichem Leistungsschutz. a) Schutzebenen.** Die hM sieht den Hauptunterschied in verschiedenen Schutzebenen, nämlich einerseits dem Immaterialgüterschutz und andererseits dem Schutz **vor unlauteren Handlungen,** vgl. oben 3.

112 **b) Sonderschutzrechte und UWG.** Die Sonderschutzrechte gewähren **dingliche,** gegen jedermann wirkende Rechte, das UWG **schuldrechtliche** Ansprüche gegen individuelle Konkurrenten.

Diese Abgrenzungen **verschwimmen** in der Praxis in zweierlei Hinsicht:

113 aa) Der gegenüber einem einzelnen Konkurrenten zugesprochene Nachahmungsschutz entfaltet qua informeller Präjudizienbindung in dem Maße Breitenwirkung, als er mit der Schutzwürdigkeit des Leistungsergebnisses als solchem und nicht mit dem persönlich anstößigen Verhalten eines individuellen Konkurrenten begründet wird.

303 BGH GRUR 1969, 618 (619) – Kunststoffzähne. Ähnlich BGH GRUR 2002, 275 (276) – Noppenbahnen.

304 Ebenso mit unterschiedlichen Begründungen *Köhler*/Bornkamm/Feddersen § 4 Rn. 3.3 aE; *Beater,* Nachahmen im Wettbewerb, S. 366 f.; *Sack* FS Erdmann, 2002, 697 (713); *Ohly* FS Ullmann, 2006, 795 (798 f.); *Wiebe* FS Schricker, 2006, 773 (776 ff.); *Ohly*/Sosnitza § 4 Rn. 9/2; *Ehmann* GRUR Int. 2009, 659 (660 f.); *Peukert* WRP 2010, 316 (318 f.); *Nemeczek* WRP 2010, 1204 (1210); *Körber/Ess* WRP 2011, 697 (699); BGH GRUR 2005, 349 (352) – Klemmbausteine III; 2016, 725 Rn. 18 – Pippi-Langstrumpf-Kostüm II; 2017, 79 Rn. 77 – Segmentstruktur; OLG Köln GRUR 2019, 856 Rn. 80 – Rotationsrasierer; GRUR-RR 2018, 207 Rn. 90 – Jeanshose mit V-Naht; *Büscher* GRUR 2018, 1 (3); GroßKommUWG/*Leistner* § 4 Nr. 9 Rn. 3; aA *Lubberger* FS Ullmann, 2005, 737 ff.

305 Ebenso *Beater,* Nachahmen im Wettbewerb, S. 344 ff.

bb) Die deliktischen Ansprüche bei Verletzungen von Sonderschutzrechten und wettbewerbsrechtlichem Leistungsschutz sind einander weitgehend angeglichen: 114

c) Angleichung des Rechtsschutzes. Die Angleichung des Rechtsschutzes zeigt sich insbesondere in der Zubilligung 115

aa) der sog. „dreifachen Schadensberechnung" auch bei unlauterer Nachahmung,[306] 116

bb) von Bereicherungsansprüchen (Eingriffskondiktion) aufgrund eines entsprechenden „Zuweisungsgehalts".[307] 117

d) Unterschiede. Abweichungen ergeben sich insbesondere daraus, dass der ergänzende wettbewerbsrechtliche Leistungsschutz 118

aa) **kein Verbot** der **Herstellung** eines bestimmten Gegenstandes, sondern nur seines Vertriebs ermöglicht;[308] 119

bb) dementsprechend auch **keinen Vernichtungsanspruch** kennt;[309] 120

cc) keine Sperrwirkung (Schutz gegen „Doppelschöpfungen") entfaltet, sondern **nur Nachahmungen** betrifft (anders als das Patent- und Markenrecht, aber ebenso wie das Urheberrecht); 121

dd) **nicht** den in den Spezialgesetzen und dem Produktpirateriegesetz enthaltenen **selbständigen** Anspruch auf **Drittauskunft** (über die Vertriebswege) übernimmt, auch nicht im Wege der Analogie. Der Anspruch kann sich aber aus § 242 BGB ergeben;[310] 122

ee) wie alle UWG-Ansprüche der **kurzen** (sechsmonatigen) **Verjährung** unterliegt (§ 11 Abs. 1); 123

ff) nicht übertragbar ist, sondern ggf. in der Person eines neuen Anbieters des Originalprodukts neu/wieder begründet werden muss.[311]

III. Nachahmung von Waren oder Dienstleistungen

1. Begriff der Nachahmung. a) Allgemeines. Der Begriff der „Nachahmung" impliziert zunächst, dass der Nachahmer – auf welchem Wege auch immer – das **Vorbild gekannt** haben muss.[312] Ausschlaggebend ist, ob eine eigene oder eine fremde Leistung angeboten wird.[313] Die Nachahmung führt gegebenenfalls zur Ähnlichkeit zwischen den Arbeitsergebnissen, nicht umgekehrt. Aus einem gewissen Grad von Ähnlichkeit kann aber prozessual darauf geschlossen werden, dass eine Nachahmung und keine Doppelschöpfung vorliegt. 124

b) Enge der Anlehnung. Über die **Enge der Anlehnung** oder den gegenüber dem Vorbild eingehaltenen Abstand ist mit dem Begriff „Nachahmung" noch nichts gesagt. Er umfasst demnach das weite Spektrum von der rein technisch bewerkstelligten 1: 1-Kopie (Überspielen analoger oder digitaler Daten, Fotokopieren usw) über die sogenannte „sklavische" Nachahmung (also das zwar handwerksmäßige, aber sich geistlos an das Vorbild anklammernde Nachschaffen) bis hin zu Umgestaltungen oder Weiterentwicklungen, die sogar schutzrechtsfähig sein mögen. Verwirklichen sie aber einen Unlauterkeitstatbestand, so führt auch eine mehr oder weniger eigenschöpferische Leistung des Nachahmers nicht aus dem Bereich des ergänzenden Leistungsschutzes heraus. Es verhält sich hier im Prinzip nicht anders als bei abhängigen Patenten oder Bearbeitungen urheberrechtlich geschützter 125

---

[306] Vgl. BGH GRUR 1993, 757 – Kollektion Holiday – und → Rn. 276 ff.

[307] Vgl. *Ohly*/Sosnitza § 4 Rn. 9/89; BGH GRUR 2017, 734 Rn. 74 – Bodendübel und → Rn. 287 f.

[308] StRspr, vgl. BGH GRUR 1999, 751 (754) – Güllepumpen; kritisch *Keller* FS Erdmann, 2002, 595 (610).

[309] Vgl. BGH GRUR 1999, 923 (928) – Tele-Info-CD; aA unter dem Vorbehalt der Verhältnismäßigkeit *Ullmann* juris PK-UWG § 4 Nr. 9 Rn. 70.

[310] Vgl. BGH GRUR 1994, 630 – Cartier-Armreif – und → Rn. 293.

[311] Vgl. *Sambuc* FS Bornkamm, 2014, 455 (457); BGH GRUR 2016, 730 Rn. 22 – Herrnhuter Stern.

[312] BGH GRUR 2008, 1115 Rn. 24 – ICON.

[313] BGH GRUR 2016, 725 Rn. 18 – Pippi-Langstrumpf-Kostüm II.

Werke. Erst wenn – erneut urheberrechtlich gesprochen – der Bereich der „freien Benutzung" erreicht ist, das Vorbild also insbesondere nur noch als Anregung für die Schaffung eines eigenen Leistungsergebnisses gedient hat, kann von einer Nachahmung nicht mehr gesprochen werden. Umgekehrt ist die Nachahmung umso eher unlauter, je enger sie ist, vgl. → Rn. 187 ff.

126 Wenn es in Leitsatz 1 der BGH-Entscheidung *„hartplatzhelden.de"*[314] heißt, die unmittelbare Übernahme des Leistungsergebnisses eines Dritten sei „keine Nachahmung" iSv § 4 Nr. 9 aF, so ist dies zumindest missverständlich.[315] Unter „unmittelbarer Übernahme" wird traditionell die Aneignung eines fremden Arbeitsergebnisses durch rein technische Vervielfältigung (und folglich ohne eigene Abwandlung oder Verbesserung) verstanden. Der Begriff bezeichnet eine Nachahmungstechnik, nämlich den Gegensatz zu einer bloß nachschaffenden Übernahme. Der BGH meint aber, wie sich aus Rn. 17 seines Urteils ergibt, dass § 4 Nr. 9 aF **keinen unmittelbaren Schutz** eines Leistungsergebnisses **als solchen** gewährt, der unabhängig von unlauteren Begleitumständen der Nachahmungshandlung wäre. Auch die Rn. 17 entspricht nicht herkömmlicher Terminologie, insoweit dort „unmittelbare Leistungsübernahme" mit „identischer Nachahmung" gleichgesetzt wird. Sie macht aber deutlich, dass es in Leitsatz 1 tatsächlich nicht um Nachahmungstechniken geht, sondern um die Beschränkung von § 4 Nr. 9 aF (jetzt also § 4 Nr. 3) auf mittelbaren (nämlich durch die unlauteren Begleitumstände vermittelten) Nachahmungsschutz.

127 Die Prüfung des Nachahmungstatbestandes an sich ist nur im Hinblick darauf erforderlich, ob die erforderliche Kenntnis des Originals vorlag.[316] Im Übrigen spielen Methode, Intensität, Häufigkeit und/oder Grad der Nachahmung erst bei der **Feststellung der Unlauterkeit** eine Rolle, indem sie in die Gesamtbetrachtung des Verhaltens des Nachahmers bzw. in die Wechselwirkung der verschiedenen Unlauterkeitselemente einfließen.

128 **2. Waren.** Waren iSv § 4 Nr. 3 sind nicht nur **vollständige Produkte,** sondern auch **Produktteile.** Sind diese selbständig verkehrsfähig (zB Ersatzteile), versteht sich das von selbst. Soweit integrale Teile von Produkten (zB Teekesselgriffe, Bekleidungsschnitte, Farbkombinationen) die Schutzvoraussetzungen für sich erfüllen (insbesondere also eine wettbewerbliche Eigenart aufweisen), kann der Schutz sich auf das Gesamtprodukt erstrecken.[317] Ob dies der Fall ist, hängt ua von der jeweiligen Fallgruppe ab. ZB kann eine Herkunftstäuschung trotz Übernahme eines besonders charakteristischen Produktteils ausscheiden, wenn der Nachahmer die Verwechslungsgefahr durch andere Maßnahmen beseitigt.

129 Weiterhin gehören zu „Waren" auch **Verpackungen,** und zwar nicht nur als selbständige Waren (zB Geschenkpapier), sondern auch als Umhüllung des eigentlichen Kaufgegenstandes (zB Parfumflaschen). Auch Romanfiguren können Gegenstand von Nachahmungen sein, etwa die literarisch beschriebene „Pippi Langstrumpf" durch Schaffung eines entsprechenden Karnevalskostüms.[318]

130 **3. Dienstleistungen.** Mit dem Verbot einer „Nachahmung von Dienstleistungen" betrat der Gesetzgeber 2004 Neuland. In der zum früheren § 1 UWG ergangenen Rechtsprechung finden sich – soweit ersichtlich – keine Fälle von Dienstleistungsnachahmung.

131 Der Wortlaut lässt ein Verbot von **Dienstleistungen als solchen** zu, soweit diese nachgeahmt werden, zB die Zusammensetzung und Errechnung eines Aktienindex,[319] die Kombination von Reiseleistungen oder ein Versicherungstarif.

---

314 BGH GRUR 2011, 436 – hartplatzhelden.de.

315 Ebenso *Ohly* GRUR 2011, 439. Die abweichende Begrifflichkeit erläuternd *Büscher* GRUR 2018, 1 (5). Zustimmend *Sack* WRP 2017, 7 Rn. 26 ff.

316 Vgl. BGH GRUR 2002, 629 (633) – Blendsegel.

317 Vgl. BGH GRUR 2012, 1155 Rn. 19 – Sandmalkasten.

318 BGH GRUR 2016, 725 – Pippi-Langstrumpf-Kostüm II.

319 *BGH GRUR* 2009, 1162 – DAX.

Dies werden seltene Ausnahmefälle bleiben. Anders als bei Waren wird die mit Abstand wichtigste Fallgruppe, nämlich die vermeidbare Herkunftstäuschung, bei Dienstleistungen kaum eine Rolle spielen. Denn der Verbraucher nimmt bei neuartigen oder ausgefallenen Dienstleistungen eher nicht an, diese stammten in jedem Fall (also auch bei Nachahmungen) nur von einem Anbieter. Es fehlt bei der Dienstleistung als solcher idR an einem visuellen Aufhänger für den erforderlichen Wiedererkennungseffekt.[320] Vielmehr wird die Anbieteridentität vornehmlich von Aufmachungen und sonstigen Marken vermittelt. Ein Kurierdienst wird nicht an der Abholung, Beförderung und Übergabe des Transportgutes erkannt, sondern an seinem Namen oder etwa der Farbe seiner Fahrzeuge. Nur solche **äußeren Merkmale der Dienstleistungserbringung** werden idR auch als Anknüpfungspunkt für eine Rufausbeutung in Betracht kommen. 132

4. Kennzeichen. § 4 Nr. 3 erwähnt keine **Kennzeichen.** Ob diese gleichwohl Gegenstand des wettbewerbsrechtlichen Leistungsschutzes sein können, ist streitig. 133

Aufgrund von § 1 UWG 1909 war in zahlreichen Fällen Schutz gegen die Nachahmung von Kennzeichen aufgrund der wettbewerbsrechtlichen Generalklausel gewährt worden. Insbesondere geschah dies in Fällen, in denen ungewiss war, ob die klägerische Kennzeichnung (bereits) markenrechtliche Verkehrsgeltung genoss. Um den Gerichten und den Parteien eine demoskopische Beweiserhebung zu ersparen, hatte der BGH den Instanzgerichten daher verschiedentlich – entgegen dem eigentlich subsidiären Charakter des UWG gegenüber dem Markenrechtsschutz – nahegelegt, die **Unlauterkeit vor einer Ermittlung der Verkehrsgeltung** zu prüfen.[321] 134

Entscheidender Maßstab für die Schutzfähigkeit war – wie bei Produkten – die wettbewerbliche Eigenart.[322] Der BGH hielt an der Möglichkeit wettbewerbsrechtlichen Leistungsschutzes für Kennzeichen auch nach Inkrafttreten des Markengesetzes fest.[323] 135

Ob § 4 Nr. 3 auch Kennzeichennachahmungen erfasst, ist umstritten.[324] Anders als § 4 Nr. 1 erwähnt er Kennzeichen nicht. Die Praxis tendiert zur Schutzgewährung für „Leistungs- und Arbeitsergebnisse aller Art".[325] Die Rechte des Zeicheninhabers werden aber durch das MarkenG ausreichend gewahrt, die Interessen der Verbraucher durch § 5 Abs. 1 S. 2 Nr. 1, Abs. 2 UWG. § 4 Nr. 3 erfasst daher keine Nachahmung von Kennzeichen. 136

5. Kein Ideenschutz. Nur konkrete Gestaltungen sind schutzfähig, keine allgemeinen Ideen, Gestaltungsprinzipien, Grundgedanken, Stile oder gemeinfreie, naheliegende Motive.[326] Bei hinreichender Konkretheit und wettbewerblicher Eigenart wird auch der Schutz von Charakteren und damit das „Character Merchandising" ermöglicht. Der BGH hielt die literarisch detailliert beschriebene Figur der „Pippi Langstrumpf" in diesem Sinne für hochgradig wettbewerblich eigenartig.[327] Das Aufgreifen neuer Produktideen für eigene Gestaltungen ist auch zulässig, wenn ein Wettbewerber durch Werbung für sein Produkt den Boden für eine leichtere Vermarktung einer bestimmten Produktart bereitet hat.[328] Inso- 137

---

320 Vgl. BGH GRUR 2018, 740 Rn. 21 – Gewohnt gute Qualität; anders in OLG Düsseldorf 22.8.2018 – I-15 U 74/17, juris – Gastronomiekonzept.

321 Vgl. BGH GRUR 1963, 423 (428) – coffeinfrei; 1965, 601 (605) aE – roter Punkt; GRUR 1966, 30 (32) – Konservenzeichen I.

322 BGH GRUR 1997, 308 (310) – Wärme fürs Leben; kritisch *Sambuc* FS Hertin, 2000, 439.

323 BGH GRUR 2003, 973 (975) – Tupperwareparty; 2005, 166 (168) – Puppenausstattungen.

324 Eingeschränkt dafür *Köhler*/Bornkamm/Feddersen § 4 Rn. 3.22b; eher dagegen *Ohly*/Sosnitza § 4 Rn. 9/27; *Büscher* GRUR 2009, 230 (234); dezidiert dagegen *Ullmann*, jurisPK-UWG, 4. Aufl. 2016, § 4 Nr. 3 Rn. 33 f.

325 BGH GRUR 2015, 1214 Rn. 73 – Goldbären, mwN; 2003, 876 – Sendeformat; OLG Düsseldorf 22.11.2018 – I-15 U 74/17, juris Rn. 58 – Gastronomiekonzept und damit auch für Kennzeichen, vgl. LG München I 17 HK O 1061/15, juris – Hollywood mAnm *Hauch* juris PR-WettbR 9/2016 Anm. 3.

326 BGH GRUR 2009, 1069 Rn. 21 – Knoblauchwürste; OLG Köln GRUR-RR 2014, 65 (68) – Pandas.

327 BGH GRUR 2016, 725 Rn. 15 – Pippi-Langstrumpf-Kostüm II.

328 BGH GRUR 2005, 166 (168 f.) – Puppenausstattungen; sehr instruktiv schon 1962, 144 (149 ff.) – Buntstreifensatin I.

weit gilt nichts anderes als bei den Sonderschutzrechten. Ideen, Stile, allgemeine Gedanken und Moden sind **freihaltebedürftig.**

IV. Alte und neue Generalklausel; Unlauterkeitsparameter

138 **1. Verhältnis von Generalklausel und § 4 Nr. 3.** Bis 2004 beruhte der wettbewerbsrechtliche Nachahmungsschutz ausschließlich auf der Generalklausel § 1 UWG 1909. Wichtige Fallgruppen dieses Richterrechts wurden zu den Tatbeständen des heutigen § 4 Nr. 3. Die jetzige Generalklausel des § 3 bleibt als Grundlage für ergänzenden wettbewerbsrechtlichen Leistungsschutz in anderen Fällen verfügbar.[329] Angesichts der Kodifizierung des weit überwiegenden Teils des Richterrechts seit 1909 in den drei Fallgruppen des § 4 Nr. 3 wird dieses Bedürfnis aber selten auftreten.

139 **2. Unlauterkeitsparameter und deren Wechselwirkung.** Gemäß jahrzehntelanger Rechtsprechung ist die Nachahmung sondergesetzlich nicht (mehr) geschützter Leistungsergebnisse wettbewerbswidrig, wenn **das Leistungsergebnis wettbewerblich eigenartig ist und besondere Umstände hinzutreten,** die die Nachahmung unlauter erscheinen lassen.[330]

140 Weiterhin gilt nach der Rechtsprechung des BGH, „dass zwischen dem **Grad der wettbewerblichen Eigenart,** der **Art und Weise und der Intensität der Übernahme** sowie **deren besonderen wettbewerblichen Umständen** eine **Wechselwirkung** besteht. Je größer die wettbewerbliche Eigenart und je höher der Grad der Übernahme, desto geringer sind die Anforderungen an die besonderen Umstände, die die Wettbewerbswidrigkeit der Nachahmung begründen".[331]

V. Unmittelbarer Leistungsschutz?

141 **1. Schutzwürdigkeit statt unlauterer Handlungsweise.** Ein Schutz der innovativen Leistung als solcher ist nach der traditionellen Auffassung mit Wettbewerbsrecht nicht möglich, da dieses gerade nicht an die Leistung an sich, sondern nur an unlautere Formen ihrer Ausnützung anknüpfe, vgl. → Rn. 102.

142 Es lässt sich jedoch leicht zeigen, dass dieses Dogma in der Rechtsprechung nicht durchgehalten wird,[332] vor allem dann nicht, wenn die nachgeahmte Leistung bzw. ihr Erbringer besonders schutzwürdig erscheinen. Die rechtliche **Möglichkeit** eines **unmittelbaren** (nicht nur „reflexartigen") **Leistungsschutzes** mit der wettbewerbsrechtlichen Generalklausel ist in der Literatur inzwischen vielfältig begründet,[333] aber auch nach wie vor umstritten.[334]

143 Dieser Streit entzündete sich in aller Schärfe infolge der Abrufbarmachung bewegter Bilder von Amateur-Fußballspielen im Internetportal **„hartplatzhelden.de".** Dessen Betreiber wurde vom Württembergischen Fußballverband (WFV) als dem Veranstalter dieser

---

[329] BGH GRUR 2004, 941 (943) – Metallbett; 2007, 795 Leitsatz 2 und Rn. 51 – Handtaschen (Behinderung kann weiterhin ausnahmsweise unlauter sein); *Krüger/v. Gamm* WRP 2004, 978 (984 f.); *Ortner* WRP 2006, 189 (193); *Sack* GRUR 2016, 782; *Sack* WRP 2017, 7 Rn. 8 ff.; aA *Spoenle* juris PK-UWG § 4 Nr. 9 Rn. 34.

[330] StRspr, vgl. BGH GRUR 1999, 923 (926) – Tele-Info-CD (für den urheberrechtlichen Bereich); 2002, 275 (276) – Noppenbahnen (für den technischen Bereich). Unverändert zum neuen UWG BGH GRUR 2007, 984 Rn. 14 – Gartenliege.

[331] StRspr, vgl. BGH GRUR 2002, 86 (89) – Laubhefter; 2004, 941 (942) – Metallbett; 2010, 80 Rn. 21 – LIKEaBIKE; 2015, 909 Rn. 9 – Exzenterzähne. Kritisiert wird die Einbeziehung auch der „besonderen Umstände" als dritten Parameter innerhalb der Wechselwirkung. Befürchtet wird, dass ein hoher Grad der Übernahme innerhalb dieser Wechselwirkung ein Übergewicht erhält und die Anforderungen an das Vorliegen besonderer Umstände (und damit das Vorliegen der Unlauterkeitstatbestände insgesamt) zu stark abgesenkt werden, vgl. GroßKommUWG/*Leistner* Rn. 144 zu § 4 Nr. 9.

[332] Vgl. *Sambuc,* Nachahmungsschutz, Rn. 35 ff.

[333] Vgl. *Weihrauch,* Der unmittelbare Leistungsschutz im UWG; *Schröer,* Der unmittelbare Leistungsschutz; jeweils mwN.

[334] Ablehnend *Wiebe* FS Schricker, 2005, 773 (779 ff.).

Spiele verklagt. Die Instanzgerichte[335] hatten ua einen Verstoß gegen § 4 Nr. 9 (aF) angenommen. Da der BGH diese Auffassung nicht teilte, musste er sich ua mit der Frage beschäftigen, ob dem WFV Leistungsschutz ohne die (hier verneinte) Nachahmung unmittelbar aus § 3 zustehe. Dies hat er im Ergebnis verneint, die allgemeine Rechtsfrage nach unmittelbarem Leistungsschutz aufgrund der Generalklausel aber offen gelassen.[336] Damit rückt er möglicherweise von seiner früheren Auffassung ab, ausnahmsweise komme § 3 als Grundlage für wettbewerbsrechtlichen Leistungsschutz in Betracht.[337]

Als plausibles Kriterium für möglichen unmittelbaren Leistungsschutz mit § 3 hat sich das des drohenden **Marktversagens** bei Verweigerung von Nachahmungsschutz herauskristallisiert.[338] 144

Ein solches liegt vor, wenn der Erbringer einer Leistung durch das Aufkommen von Nachahmungen unter Amortisierungsgesichtspunkten (vorzeitig) davon abgehalten werden würde, mit seiner eigenen Leistung (weiterhin) am Wettbewerb teilzunehmen.[339] Diesen Gesichtspunkt hat auch der BGH in *hartplatzhelden.de* aufgegriffen.[340] 145

Vorschläge für die konkrete Feststellung von Marktversagen wurden ebenfalls vor allem im Zusammenhang mit *hartplatzhelden.de* gemacht.[341] 146

Das Abstellen auf Marktversagen als Grund und Voraussetzung für eine unmittelbare Schutzgewährung markiert einen **Übergang vom Leistungs- zum Investitionsschutz,** insoweit es auf die Qualität des nachgeahmten Produkts nicht mehr entscheidend ankommt, sondern auf eine Wettbewerbsverfälschung durch Verhinderung von Amortisation.[342] Ferner fokussiert sich der Schutz des Wettbewerbs bzw. der Teilnahmemöglichkeit an ihm statt auf den Konkurrenten nunmehr auf die Konkurrenz als Prozess. Begünstigt wird dadurch der Verbraucher in seinen Wahlmöglichkeiten bzw. das Allgemeininteresse an Wohlstandssteigerung, sinkenden Preisen und effizienter Ressourcenallokation.[343] ZT wird allerdings auch angenommen, die zuletzt genannten Ergebnisse ließen sich besser durch eine Verweigerung von unmittelbarem Leistungsschutz erzielen.[344] 147

2. Saisonschutz. Ein früheres Beispiel für (im Ergebnis) direkten Investitionsschutz war der **kurzfristige Schutz modischer Bekleidungsstücke.** Diese vom BGH mit der Entscheidung *Modeneuheit*[345] begründete Rechtsprechung[346] ist überholt.[347] Sie beruhte auf Unzulänglichkeiten des damaligen Geschmacksmusterrechts, die längst behoben sind. Beim Vorliegen der Voraussetzungen von § 4 Nr. 3 sind aber auch modische Bekleidungsstücke dessen Schutz zugänglich.[348] 148

---

[335] LG Stuttgart MMR 2008, 551; OLG Stuttgart MMR 2009, 395; kritisch dazu *Ehmann* GRUR Int. 2009, 659 (664); *Peukert* WRP 2010, 316; *Körber/Ess* WRP 2011, 697 (702); *Ruess/Slopek* WRP 2011, 834 (839); *Ohly* GRUR 2010, 487 (488) mwN in Fn. 5 und 6.

[336] BGH GRUR 2011, 436 Rn. 19 – hartplatzhelden.de; ebenso 2017, 79 Rn. 97 – Segmentstruktur.

[337] BGH GRUR 2005, 349 (352) – Klemmbausteine III; 2007, 795 Ls. 2 und Rn. 51 – Handtaschen; 2008, 1115 Rn. 32 – ICON.

[338] *Hilty/Henning-Bodewig,* Leistungsschutzrechte für Sportveranstalter?, 2006; *Ohly* GRUR 2010, 487 (493); *Ehmann* GRUR Int. 2009, 659 (661, 664); *Peukert* WRP 2010, 316 (320); BGH GRUR 2016, 725 Rn. 28 – Pippi-Langstrumpf-Kostüm II.

[339] Vgl. ausführlich GroßKommUWG/*Leistner* § 4 Nr. 9 Rn. 76, 215.

[340] BGH GRUR 2011, 436 Rn. 25 – hartplatzhelden.de.

[341] Vgl. *Ohly* GRUR 2010, 487 (492 f.); *Peukert* WRP 2010, 316 (320); *Ruess/Slopek* WRP 2011, 834 (842) und bereits früher *Hilty* FS Ullmann, 2006, 643 (660 ff.) m. zahlr. Nachw.

[342] *Hilty* FS Ullmann, 643 (660 ff.); *Peukert* WPP 2010, 316 (320); *Ehmann* GRUR Int. 2009, 659 (662).

[343] *Ohly* GRUR 2010, 487 (493); *Ehmann* GRUR Int. 2009, 659 (661).

[344] *Nemeczek* GRUR 2011, 292; *Nemeczek* WRP 2010, 1204; ablehnend auch *Köhler*/Bornkamm/Feddersen § 4 Rn. 2.28.

[345] BGH GRUR 1973, 478, – Modeneuheit.

[346] BGH GRUR 1984, 453 (454) – Hemdblusenkleid; GRUR 1998, 477 (480) – Trachtenjanker; 2006, 79 – Jeans I.

[347] Ausdrücklich aufgegeben in BGH GRUR 2017, 79 Rn. 96 – Segmentstruktur.

[348] BGH GRUR 1998, 477 (479) – Trachtenjanker.

149 **3. Unlauterkeit bei herausragender wettbewerblicher Eigenart.** Weiterhin kommt es einem per-se-Schutz der wettbewerblichen Leistung nahe, wenn eine besonders herausragende wettbewerbliche Eigenart des Original-Erzeugnisses zur Begründung der Unlauterkeit einer Nachahmung dient. Dann sind im Rahmen der Wechselwirkungslehre an die **„besonderen Umstände"** der Nachahmung nur **geringe** Anforderungen zu stellen.[349] Das RG hatte dem Erzeugnis eines Klägers sogar „einen solchen Grad von Eigenart" zugebilligt, „dass man den Urheber billigerweise gegen Nachahmung nicht schutzlos lassen" könne.[350] Sack weist zutreffend darauf hin, dass die wettbewerbliche Eigenart ursprünglich eine „leistungsschutzrechtliche" Bedeutung hatte und die „täuschungsrechtliche" erst später hinzu trat.[351]

150 Oft war in der Rechtsprechung auch explizit von „schutzwürdiger wettbewerblicher Eigenart",[352] „schutzwürdigem Leistungsergebnis",[353] „wettbewerbsrechtlicher Schutzwürdigkeit"[354] oder „besonderer Eigenart und Schutzwürdigkeit"[355] die Rede. Anders als das RG geht der BGH aber nicht so weit, neben der herausragenden Eigenart des nachgeahmten Gegenstandes auf weitere Unlauterkeitsumstände zu verzichten. **„Schutzwürdigkeit"** im Sinne dieser Rechtsprechung bedeutet also nicht automatisch „Schutz". Wie schillernd dieser Begriff im Übrigen ist, zeigt sich auch daran, dass er in der Saisonschutz-Rechtsprechung geprägt wurde und dort gerade keine besonders herausragende, sondern eher eine mindere wettbewerbliche Eigenart bezeichnete.[356]

151 **4. Auswirkungen des nicht eingetragenen Gemeinschaftsgeschmacksmusters.** Die Verordnung (EG) Nr. 6/2002 des Rates vom 12.12.2001 über das Gemeinschaftsgeschmacksmuster stellt neben der Schaffung eines Eintragungssystems mit Wirkung für die gesamte Europäische Union auch ein formloses, nicht eingetragenes Gemeinschaftsgeschmacksmuster zur Verfügung. Die Schutzdauer beträgt drei Jahre ab dem Tag, an dem das Muster der Öffentlichkeit innerhalb der Gemeinschaft erstmals zugänglich gemacht wurde (Art. 11 Abs. 1). Schutzvoraussetzungen sind **Neuheit** (Art. 5) und **Eigenart** (Art. 6). Letztere hat mit „wettbewerblicher Eigenart" iSd UWG-Nachahmungsschutzes nichts zu tun. Es besteht auch kein Rangverhältnis.[357] Insbesondere geht es nicht um die Erweckung von Herkunfts- oder Gütevorstellungen, sondern ausschließlich darum, ob das fragliche Muster beim informierten Benutzer einen **Gesamteindruck** hervorruft, der sich vom Gesamteindruck der vorbekannten Muster **unterscheidet.** Schutz besteht nur gegen Nachahmungen (anders als bei der Sperrwirkung eingetragener Geschmacksmuster).

152 Für Muster, die nach Inkrafttreten der GGVO am 6.3.2002 der Öffentlichkeit innerhalb der Gemeinschaft zugänglich gemacht wurden **verringert sich das Bedürfnis vor allem nach unmittelbarem wettbewerbsrechtlichem Leistungsschutz** aufgrund des § 3. Insbesondere der Saisonschutz für Modeneuheiten wird durch das nicht eingetragene Gemeinschaftsgeschmacksmuster weitgehend überflüssig, → Rn. 148.

153 Formal lässt die GGVO nationales Unlauterkeitsrecht unberührt, vgl. Art. 96 Abs. 1. Die Regelbeispiele des § 4 Nr. 3 werden vom nicht eingetragenen Gemeinschaftsgeschmacksmuster (anders als der unmittelbare Leistungsschutz) auch inhaltlich nicht beschränkt, da sie nicht den Designschutz als solchen zum Gegenstand haben. Das gilt insbesondere für die

---

349 BGH GRUR 1999, 1106 (1108) – Rollstuhlnachbau.
350 RG GRUR 1927, 132 (133) – Puppenjunge.
351 GRUR 2015, 442 (447).
352 BGH GRUR 1987, 903 (905) – Le Corbusier-Möbel.
353 BGH GRUR 1983, 377 (379) – Brombeer-Muster; 1988, 690 (693) – Kristallfiguren; 1988, 308 (309) – Informationsdienst; 1995, 349 (351) – Objektive Schadensberechnung; zuletzt OLG Karlsruhe GRUR-RR 2013, 518 (521) – Rillen-Design, wo ein „schützenswertes Leistungsergebnis" unzutreffend als ungeschriebenes Tatbestandsmerkmal der vermeidbaren Herkunftstäuschung bezeichnet wird.
354 BGH GRUR 1984, 597 (598) – vitra-programm.
355 BGH GRUR 1972, 189 (190) – Wandsteckdose II.
356 Vgl. BGH GRUR 1973, 478 – Modeneuheit und → Rn. 148.
357 BGH BeckRS 2011, 25513 – Gebäckpresse II.

vermeidbare Herkunftstäuschung, deren Verbot neben dem nicht eingetragenen Gemeinschaftsgeschmacksmuster anwendbar bleibt.[358]

VI. Schutz gegen Herkunftsverwechslungen, § 4 Nr. 3a)

1. Verhältnis zur irreführenden Werbung gem. § 5 UWG. Teile von § 5 (vor allem Abs. 2) beruhen auf der Umsetzung der UGP-Richtlinie. Diese regelt irreführende geschäftliche Handlungen gegenüber **Verbrauchern** abschließend. Innerhalb ihres Regelungsbereichs darf das nationale Recht daher weder mehr noch weniger verbieten. 154

§ 4 Nr. 3 hingegen ist in erster Linie eine **wettbewerber**schützende Vorschrift, deren Anwendungsbereich von der UPG-Richtlinie daher nicht beeinflusst wird.[359]

§ 5 Abs. 1 S. 2 Nr. 1, Abs. 3 erfassen eine Produktnachahmung als solche nicht, da diese keine „Angabe" iS dieser Vorschriften ist.[360] Ein Zeichen hingegen kann eine Angabe sein. Zeichen werden aber von § 4 Nr. 3 nicht erfasst, so dass hier keine Überschneidungen vorkommen. 155

§ 5 Abs. 2 untersagt die Hervorrufung einer „Verwechslungsgefahr" mit einer Ware oder Dienstleistung, oder einem Kennzeichen. „Verwechslungsgefahr" ist hier schon deshalb nicht im markenrechtlichen Sinne gemeint, weil das Markenrecht keine Verwechslungen von Waren oder Dienstleistungen (dh Kennzeichnungsgegenständen) regelt, sondern nur die von Kennzeichnungsmitteln (Zeichen). Gemeint ist vielmehr eine „lauterkeitsrechtliche Verwechslungsgefahr".[361] Wie bei § 4 Nr. 3b)[362] ist eine Verwechslung von Waren als solchen auch bei § 5 Abs. 2 irrelevant.[363] Ein Ei gleicht dem anderen eben schon sprichwörtlich. Überhaupt ist bei der Prüfung einer möglichen „lauterkeitsrechtlichen Verwechslungsgefahr" iS dieser verbraucherschützenden Vorschrift zu beachten, dass jedes Verbot einer Nachahmung den Verbraucher auch einer Kaufalternative beraubt und die Bildung von (niedrigeren) Wettbewerbspreisen beeinträchtigt.[364] Eine Verwechslungsgefahr iSv § 5 Abs. 2 ist ebenso wie eine Herkunftstäuschung gem. § 4 Nr. 3a) hinzunehmen, wenn sie im Rechtssinne unvermeidbar ist.[365]

2. Vermeidbare Herkunftstäuschung. a) Allgemeines. Innerhalb des § 4 Nr. 3 ist die vermeidbare Herkunftstäuschung der mit Abstand **wichtigste Tatbestand** unlauterer Nachahmungen. Wenn ein bestimmtes Produkt aufgrund seiner Einprägsamkeit und/oder Bekanntheit einem bestimmten Anbieter zugeschrieben wird, so verursacht die Übernahme der einprägsamen Merkmale durch einen Nachahmer Herkunftstäuschungen, wenn er diese nicht durch geeignete Maßnahmen ausschließt. Nur wo Letzteres nicht in zumutbarer Weise möglich ist, gilt die Herkunftstäuschung als unvermeidbar und damit rechtlich als in Kauf zu nehmen. 156

---

[358] BGH GRUR 2009, 79 Rn. 31 f. – Gebäckpresse; 2006, 79 Rn. 18 – Jeans I; 2018, 832 Rn. 66 – Ballerinaschuh.

[359] BGH GRUR 2010, 80 Rn. 17 – LIKEaBIKE; BGH GRUR 2012, 58 (62) – Seilzirkus; differenzierend zum Verhältnis zwischen § 4 Nr. 9 und §§ 5, 5a (unten) *Dreyer* → *§ 5 Rn. 1300 ff.*; *Schork,* Imitationsmarketing, S. 241, 248; *Harte-Bavendamm* FS Loschelder, 2010, 111 (117 ff.); ablehnend *Sack* GRUR 2015, 442 (443).

[360] Zum Begriff der „Angabe" vgl. (unten) *Dreyer* → § 5 Rn. 181 ff.

[361] Einzelheiten vgl. Köhler/*Bornkamm/Feddersen* § 5 Rn. 9.6. Für einen einheitlichen Begriff der Verwechslungsgefahr, aber auch Berücksichtigung aller auch tatsächlichen Umstände des Einzelfalls *Dreyer* → § 5 Rn. 1312 ff.

[362] → Rn. 236 f.

[363] Vgl. *Sambuc* FS Köhler, 2014, 577 (579).

[364] Vgl. die Berechnung von *Raue,* Nachahmungsfreiheit nach Ablauf des Immaterialgüterrechtsschutzes?, S. 27, wonach Tchibo-Käufer beim Kauf von 200.000 Stück Küchenseihern in zwei Wochen etwa 4,4 Mio. Euro gegenüber dem Kauf des Originals einsparten (Sachverhalt in OLG Köln GRUR-RR 2004, 21 (23) – *Küchenseiher*). Das allein bedeutet allerdings nicht, dass die Nachahmung hätte erlaubt werden müssen (aA *Raue,* Nachahmungsfreiheit nach Ablauf des Immaterialgüterrechtsschutzes? Fn. 65 unter Hinweis darauf, dass der Originalhersteller mit seinem Umsatz bereits eine ausreichende Amortisation erzielt gehabt habe).

[365] Köhler/*Bornkamm/Feddersen* § 5 Rn. 9.23.

157 Parallelen zum Markenrecht sind unübersehbar.[366] „Herkunftstäuschung" ist im Grunde nichts anderes als „Verwechslung" iSv § 14 Abs. 2 Nr. 2 MarkenG. Die Rolle der markenrechtlichen „Unterscheidungskraft" als Anknüpfungspunkt für das (Wieder-)Erkennen spielt im Unlauterkeitsrecht die „wettbewerbliche Eigenart".

158 Der Gesichtspunkt der „Vermeidbarkeit" berührt sich insbesondere bei technischen Erzeugnissen mit dem Freihaltebedürfnis im Markenrecht. Durch ihre Ansiedlung im Unlauterkeitsrecht ist der Tatbestand der vermeidbaren Herkunftstäuschung aber offen für die Aufnahme auch anderer als kennzeichenrechtlicher Gesichtspunkte und für fließende Übergänge in andere Fallgruppen, zB der gezielten Behinderung (§ 4 Nr. 4).

159 **b) Wettbewerbliche Eigenart.** Zu Herkunftstäuschungen kann es nur kommen, wenn man dem Original-Erzeugnis eine Herkunft ansieht. Das ist bei Allerweltsartikeln nicht der Fall. Auch Merkmale, die durch die Beschaffenheit eines Produkts bedingt sind (zB die Trennung von Vanille- und Schokoladenanteilen eines Puddings nach Art eines Marmorkuchens, um die unterschiedlichen Geschmäcker wirken zu lassen[367]) wirken nicht als Herkunftssignal. Zu technischen Gestaltungen → Rn. 167. Vielmehr können nur wettbewerblich eigenartige Produkte eine **Herkunftsvorstellung** in dem Sinne auslösen, dass ein derartiges Erzeugnis wohl **nur von einem Anbieter** stammen könne.

160 Wettbewerbliche Eigenart wird umschrieben als **Eignung, auf die Herkunft oder auf Besonderheiten eines Produkts hinzuweisen.**[368] Sie ist außer bei § 4 Nr. 3c) unverzichtbar.[369] Gelegentlich wird der Begriff aber auch als Metapher für **„Schutzwürdigkeit an sich"** verwendet, vgl. → Rn. 150. Er muss daher stets im Hinblick auf die im Rahmen der betreffenden Fallgruppe zu erfüllende **Funktion präzisiert** werden. Bei der vermeidbaren Herkunftstäuschung ist dies die **Herkunftsfunktion.** Wettbewerbliche Eigenart bedeutet hier also „Eignung zur Erweckung von Herkunftsvorstellungen". In dieser Eigenschaft gehört sie zum Tatbestand der (vermeidbaren) Herkunftstäuschung.

161 **aa) Die Eignung genügt.** Es ist nicht erforderlich, dass falsche Herkunftsvorstellungen bereits erweckt worden wären. Soweit dies allerdings tatsächlich in ausreichendem Umfang (vgl. bb) der Fall ist, wird damit die entsprechende **Eignung** belegt.[370]

162 **bb) Durchschnittsverbraucher.** Einzelne Fälle tatsächlicher Verwechslungen lassen nicht unbedingt auf eine Eignung zur Erweckung von Herkunftsvorstellungen im Rechtssinne schließen, da sie auf Unaufmerksamkeit der betreffenden Verbraucher beruhen können. Hier wie sonst im Wettbewerbsrecht gilt das **Leitbild des durchschnittlich informierten, verständigen und aufmerksamen Konsumenten.**[371] Je nach Art des Produkts wendet der Verbraucher uU erhebliche Aufmerksamkeit bei der Begutachtung eines Kaufgegenstands auf, die ihn vor Täuschung bewahren kann. Dies tut uU auch seine Kenntnis von einem selektiven Vertriebssystem des Original-Anbieters.[372]

163 **cc) Gesamteindruck.** Maßgeblich ist der Gesamteindruck des nachgeahmten Erzeugnisses. Zu ihm können auch Gestaltungsmerkmale beitragen (in Kombination mit anderen), die für sich genommen nicht herkunftshinweisend wirken würden.[373]

Für die Herleitung der wettbewerblichen Eigenart nur aus einer Kombination für sich genommen banaler Elemente will der BGH „keine strengeren Anforderungen" als bei

[366] Vgl. *Rohnke* FS Erdmann, 2012, 455.
[367] OLG Düsseldorf GRUR-RR 2013, 144 (147) – Paula/Flecki.
[368] StRspr seit BGH WRP 1976, 370 (372) – Ovalpuderdose; davor: „Herkunft und Besonderheiten" (bzw. „Güte"). Zur Begründung der wettbewerblichen Eigenart nur durch Hinweise auf „Besonderheit" vgl. BGH GRUR 2007, 984 (985 f.) – Gartenliege (Zuordnung zu einem der Tatbestände des § 4 Nr. 9 unklar).
[369] BGH GRUR 1992, 523 (525) – Betonsteinelemente; 2007, 339 Rn. 24 und 26 – Stufenleitern.
[370] BGH GRUR 1999, 1031 (1034) – Rollstuhlnachbau.
[371] BGH GRUR 2005, 349 (352) – Klemmbausteine III. Vgl. zum Verbraucherleitbild im einzelnen (unten) *Dreyer* → § 5 Rn. 144 ff.
[372] BGH GRUR 2007, 795 Rn. 38 – Handtaschen.
[373] BGH GRUR 2010, 80 Rn. 34 – LIKEaBIKE; 2012, 1155 Rn. 31 f. – Sandmalkasten.

der Herleitung aus originär einprägsamen oder überdurchschnittlich bekannten Merkmalen stellen.[374] Dafür besteht auch kein Anlass. Entweder das Produkt erweckt Herkunftsvorstellungen oder nicht. Ersteres erscheint aber bei einer Ansammlung von Allerweltselementen schwerer vorstellbar als beim Vorhandensein eines oder mehrerer markanter Merkmale.

dd) Wettbewerbliche Eigenart von Hause aus. Die wettbewerbliche Eigenart kann einem Leistungsergebnis sozusagen **„angeboren"** sein. Dies ist der Fall, wenn es aufgrund ungewöhnlicher Gestaltung oder sonstiger Merkmale auffällt und sich dem Verbraucher folglich auf den ersten Blick einprägen kann. Sie fehlt, wenn der Verkehr auf die Herkunft der betreffenden Erzeugnisse keinen Wert legt, wie bei „Allerweltserzeugnissen" oder „Dutzendware".[375] Vergleichsmaßstab ist das wettbewerbliche Umfeld. **164**

ee) Wettbewerbliche Eigenart durch Bekanntheit. Auch an sich nicht originelle Gestaltungen können Herkunftsvorstellungen hervorrufen, wenn sie infolge umfänglicher Werbung einem bestimmten Anbieter zugeschrieben werden. Durch eine entsprechende **Bekanntheit** kann wettbewerbliche Eigenart entstehen oder zumindest verstärkt werden.[376] Das Gleiche gilt für eine lange Dauer des Vertriebs und einen hohen Marktanteil.[377] **165**

Mit der Bekanntheit muss sich eine Herkunftsvorstellung verbinden. Diese fehlt, wenn das Produkt als solches (unabhängig davon, aus wessen Betrieb es stammt) bekannt ist, zB Designklassiker. **166**

Diese (erhebliche) Bekanntheit ist zu unterscheiden von der sog. „gewissen" (also uU auch niedrigen) Bekanntheit als Voraussetzung dafür, dass es überhaupt zu Verwechslungen kommen kann, vgl. → Rn. 182 f. **167**

ff) Grad der wettbewerblichen Eigenart. Aus Originalität (dd) und Bekanntheitsgrad (ee) setzt sich der **Gesamtgrad der wettbewerblichen Eigenart** zusammen. Dieser ist – nicht anders als der Grad der Kennzeichnungskraft im Markenrecht – für den **Schutzumfang** des wettbewerbsrechtlichen Leistungsschutzes maßgeblich. Je eigenartiger das Originalerzeugnis ist, einen umso weiteren Abstand muss der Nachahmer einhalten, um Herkunftstäuschungen möglichst zu vermeiden.[378] Umgekehrt kommt einem Produkt, das etwa nur eine gestalterische und praktische Grundidee umsetzt, von Hause aus allenfalls geringe wettbewerbliche Eigenart zu.[379] **168**

gg) Keine Neuheit erforderlich. Wettbewerbliche Eigenart verlangt **keine Neuheit,** etwa im Sinne des Patentrechts oder des Designrechts.[380] Dies ergibt sich schon daraus, dass auch ein erheblicher Bekanntheitsgrad wettbewerbliche Eigenart begründen kann, der idR über einen gewissen Zeitraum hinweg erarbeitet werden muss. **169**

Jedoch kann die wettbewerbliche Eigenart von Hause aus (vgl. oben dd)) durch Neuheit gefördert werden, wenn dem Produkt etwas bislang Unbekanntes, Überraschendes anhaftet.[381] **170**

hh) Verhältnisse im Inland maßgeblich. Es kommt für die Eigenart auf die Wirkung des betreffenden Arbeitsergebnisses auf die **inländischen Verkehrskreise** an.[382] Veröffentlichungen im Ausland durch wen auch immer sind weder „neuheitsschädlich" (schon weil **171**

---

[374] BGH GRUR 2013, 951 Rn. 25 – Regalsystem.

[375] BGH GRUR 2017, 734 Rn. 38 – Bodendübel; 2007, 339 Rn. 26 – Stufenleitern.

[376] BGH GRUR 2010, S. 83 Rn. 37 – LIKEaBIKE; GRUR 2015, 909 – Exenterzähne.

[377] BGH GRUR 2013, 951 Rn. 21 – Regalsystem; 2013, 1052 Rn. 22–25 – Einkaufswagen III; OLG Karlsruhe GRUR-RR 2013, 518 (520) – Rillen-Design.

[378] BGH GRUR 1996, 210 (211) – Vakuumpumpen; 1999, 751 (752) – Güllepumpen.

[379] BGH GRUR 2003, 359 – Pflegebett (Gedanke, die Hubsäulenfüße von Pflegebetten mit Holz zu verkleiden).

[380] Vgl. *Bopp* GRUR 1997, 34 (35).

[381] Piper/*Ohly*/Sosnitza § 4 Rn. 9/40.

[382] BGH WRP 1976, 370 (372) – Ovalpuderdose; BGH GRUR 2009, 79 Rn. 35 – Gebäckpresse.

Neuheit nicht erforderlich ist) noch können sie idR der Entstehung oder Aufrechterhaltung inländischer Herkunftsvorstellungen zu- oder abträglich sein.[383]

172 **ii) Keine wettbewerbliche Eigenart technisch notwendiger Merkmale.** In diesem Zusammenhang ist schon bei der Feststellung der wettbewerblichen Eigenart zu prüfen, ob ein technisches Merkmal **überhaupt** als **Herkunftshinweis** aufgefasst werden kann oder ob der Verkehr nicht vielmehr annimmt, ein derartiges Produkt **müsse** als Folge seiner Zweckbestimmung dieses Merkmal aufweisen. Im letzteren Fall, dh wenn ein Gestaltungselement **technisch notwendig** ist, entfällt bereits die wettbewerbliche Eigenart. Gestaltungselemente, die zur Erfüllung der Funktionen einer bestimmten Erzeugnisart **unverzichtbar** sind, können gegenüber gleichartigen Waren keinen Herkunftshinweis ausüben. Ihnen fehlt die wettbewerbliche Eigenart aus Rechtsgründen.[384] Hingegen können Merkmale, die **zwar technisch bedingt, aber willkürlich wählbar und austauschbar** sind, wettbewerbliche Eigenart begründen[385] **Qualitätseinbußen** bei Alternativlösungen schließen aber freie Wählbarkeit aus.[386] Zu sonstigen, nicht notwendigen, sondern nur technisch bedingten Merkmalen vgl. → Rn. 204 ff.

173 **jj) Wettbewerbliche Eigenart von Produktprogrammen.** Bei Gesamtheiten von hinsichtlich Zweckbestimmung und Formgestaltung aufeinander abgestimmten Erzeugnissen **(Produktprogrammen)** oder anderen funktional aufeinander abgestimmten Sachgesamtheiten,[387] ergibt sich die wettbewerbliche Eigenart uU (zB durch modularen Charakter [BGH GRUR 2013, 951 Rn. 26 – Regalsystem] aus dem Programmcharakter, auch wenn die einzelnen Bestandteile für sich betrachtet der Eigenart entbehren. Für ausreichend eigenartig hielt der BGH ein Beschlagprogramm für Türen und Möbel, dessen Komponenten jeweils von stark vereinfachten geometrischen Grundformen abgeleitet sowie in kräftigen Farben und relativ großer Dimension ausgeführt waren.[388] Durch diese **wiederkehrenden charakteristischen Merkmale** hob sich das **Gesamtprogramm** von Konkurrenzerzeugnissen deutlich ab. Es fördert die Eigenart des Programms, wenn schon seine Bestandteile einprägsame Formmerkmale aufweisen.[389] Solange jedoch die für einen Nachahmungsschutz erforderliche wettbewerbliche Eigenart nur durch den Programmcharakter begründet wird, ist auch nur die Nachahmung des gesamten Programms (und nicht einzelner Bestandteile) unlauter.

174 Auch eine wettbewerbliche Eigenart **einzelner** Produkte innerhalb einer charakteristisch gestalteten **Serie** auf Grund wiederkehrender Merkmale ist möglich.[390]

175 **kk) Maßgeblicher Zeitpunkt für das Vorliegen der wettbewerblichen Eigenart.** Bei Unterlassungsklagen muss die wettbewerbliche Eigenart zur Zeit der letzten mündlichen Verhandlung vor einer Tatsacheninstanz vorliegen, bei Schadenersatzklagen während des Zeitraums, für den die Zahlung von Schadenersatz verlangt wird.[391] Es gibt also anders als bei den meisten Sonderschutzrechten keinen ein für allemal maßgeblichen Prioritätstag, der für die Beurteilung der materiellen Schutzvoraussetzungen maßgeblich wäre.[392]

---

[383] Vgl. aber zur möglichen Behinderung durch Zuvorkommen beim Inlandsvertrieb BGH GRUR 1992, 523 – Betonsteinelemente.

[384] BGH GRUR 2007, 339 Rn. 27 – Stufenleitern; 2003, 820 (822) – Bremszangen; 2002, 275 (276) – Noppenbahnen; 2008, 790 Rn. 36 – Baugruppe; 2012, 58 (62 f.) – Seilzirkus; 2013, 951 Rn. 19 – Regalsystem; 2013, 1052 Rn. 18 – Einkaufswagen II.

[385] BGH GRUR 2009, 1073 – Ausbeinmesser; GRUR 2017, 734 Rn. 19, 31, 54 – Bodendübel; GRUR 2012, 58 (63) – Seilzirkus.

[386] BGH GRUR 2010, 1125 Ls. 1 und Rn. 22 – Femur-Teil; GRUR 2012, 58 (63) – Seilzirkus.

[387] BGH GRUR 2012, 1155 – Sandmalkasten.

[388] BGH GRUR 1986, 673 – Beschlagprogramm.

[389] BGH GRUR 1982, 305 – Büromöbelprogramm.

[390] Vgl. BGH GRUR 2008, 793 Rn. 30 – Rillenkoffer; OLG Karlsruhe GRUR-RR 2013, 518 (520) – Rillen-Design.

[391] BGH GRUR 2017, 79 Rn. 92 f. – Segmentstruktur; OLG Frankfurt a. M. GRUR-RR 2019, 77 Rn. 19 – Uhrengehäuseform; *Sambuc,* Nachahmungsschutz, Rn. 152 mwN.

[392] Vgl. BGH WRP 1976, 370 (372) – Ovalpuderdose zum diesbezüglichen Unterschied zwischen Wettbewerbs- und Geschmacksmusterrecht.

ll) Beeinträchtigung der wettbewerblichen Eigenart durch das Aufkommen von Nachahmungen? Werden Nachahmungen eines ursprünglich eigenartigen Produkts seitens mehrerer Wettbewerber oder massenhaft auch nur durch einen vertrieben, kann die Eignung, auf den Originalhersteller hinzuweisen, schon darunter (unabhängig von einer unterschiedlichen Markierung, dazu sogleich) leiden (Abschwächung des Grades der wettbewerblichen Eigenart) oder sogar entfallen.[393] 176

Solange der Verkehr allerdings aufgrund anderer Umstände Original und Kopie tatsächlich unterscheidet, entfällt die wettbewerbliche Eigenart des Originals durch das Aufkommen von Nachahmungen nicht ohne weiteres.[394] Neben dieser eher tatsächlichen Begründung eines möglichen Fortbestehens der wettbewerblichen Eigenart argumentiert der BGH auch normativ mit der Erwägung, dem Leistungserbringer dürfe durch das zeitgleich oder während eines Verletzungsverfahrens Aufkommen anderer Nachahmungen „nicht die Möglichkeit zur Gegenwehr genommen werden".[395] 177

mm) Entfallen/Beeinträchtigung der wettbewerblichen Eigenart durch Angebot unter verschiedenen Herstellermarken. Die wettbewerbliche Eigenart des klägerischen Produkts kann entfallen, wenn es auch unter fremder Kennzeichnung vertrieben wird;[396] aber nicht, wenn der Verkehr die fremde Kennzeichnung nur als Handelsmarke wahrnimmt.[397] 178

nn) Tat- oder Rechtsfrage? Der BGH sieht die wettbewerbliche Eigenart als Rechtsfrage an, auch wenn ihrer Beurteilung tatsächliche Feststellungen zugrunde liegen.[398] 179

c) Herkunft. Die Herkunftsvorstellung, die durch die wettbewerbliche Eigenart ausgelöst wird, muss sich **nicht** auf ein **bestimmtes** oder gar namentlich bekanntes Unternehmen beziehen. Es genügt die Annahme, das betreffende Erzeugnis könne aufgrund seiner Eigenart **nur von einem** (welchem auch immer) **Anbieter** stammen.[399] 180

d) Herkunftstäuschung. Sie beruht auf der Übereinstimmung der eigenartigen Merkmale. 181

aa) Vorverbreitung des Originals erforderlich. Zu Herkunftstäuschungen kann es idR[400] nur kommen, wenn das Originalerzeugnis bereits in relevantem Umfang[401] **im Inland**[402] **vertrieben** und/oder beworben wurde. Andernfalls wird die Nachahmung nicht fälschlich dem Original-Anbieter zugerechnet. Es fehlt dann an einem **Wieder**erkennen.[403] Maßgeblicher Zeitpunkt ist insoweit der der Markteinführung der Nachahmung.[404] 182

Erforderlich ist eine **„gewisse Bekanntheit"**. Deren Grad kann weit unter dem für eine Verkehrsgeltung iSd § 4 Nr. 2 MarkenG erforderlichen liegen und wird dies idR auch tun. 183

---

[393] BGH GRUR 2007, 795 Rn. 28 – Handtaschen; 1967, 315 (318) – skai-cubana; ausführlich *Sambuc,* Nachahmungsschutz, Rn. 125 f.

[394] BGH GRUR 1998, 830 (833) – Les-Paul-Gitarren.

[395] BGH GRUR 2005, 600 (602) – Handtuchklemmen.

[396] BGH GRUR 2018, 311 Rn. 20 – Handfugenpistole.

[397] OLG Frankfurt a. M. GRUR-RR 2018, 248 – Reisewecker; OLG Köln GRUR 2019, 856 Rn. 84 – Rotationsrasierer.

[398] BGH GRUR 2010, 80 Rn. 30 – LIKEaBIKE; 2013, 951 Rn. 18 – Regalsystem; 2017, 1135 Rn. 21 – Leuchtballon.

[399] BGH GRUR 2006, 79 Rn. 36 – Jeans I; 2007, 339 (343) – Stufenleitern; 2007, 984 Rn. 23 und 32 – Gartenliege.

[400] Ausnahme: Original und Nachahmung werden nebeneinander vertrieben, so dass die Abnehmer sie vergleichen können, BGH GRUR 2009, 79 Rn. 35 – Gebäckpresse; 2016, 730 Rn. 31 – Herrnhuter Stern.

[401] BGH GRUR 2002, 275 (277) – Noppenbahnen. Kritisch (zu Unrecht) *Krüger/v. Gamm* WRP 2004, 978 (984), die aber (zu Recht) auf die Schutzmöglichkeit durch das nicht eingetragene Gemeinschaftsgeschmacksmuster während der inländischen Markteinführungsphase hinweisen (vorausgesetzt, dessen – ganz andere – Schutzvoraussetzungen sind erfüllt).

[402] BGH GRUR 2009, 79 Rn. 35 – Gebäckpresse.

[403] BGH GRUR 2005, 600 (602) – Handtuchklemmen.

[404] BGH GRUR 2007, 339 (343) – Stufenleitern.

Denn bei Vorliegen einer Verkehrsgeltung geht der sondergesetzliche Schutz des Markengesetzes dem des UWG vor.

184 Andererseits genügt ein nur sporadischer Vertrieb im Inland nicht. Vielmehr muss das wettbewerblich eigenartige Erzeugnis „bei nicht unerheblichen Teilen der angesprochenen Verkehrskreise eine solche Bekanntheit erreicht" haben, „dass sich in relevantem Umfang die Gefahr der Herkunftstäuschung ergeben kann, wenn Nachahmungen vertrieben werden".[405]

185 Von dieser für das Vorliegen einer Herkunftstäuschung erforderlichen „gewissen Bekanntheit" ist die Frage zu unterscheiden, ob ein erheblicher Bekanntheitsgrad ggf. schon zur Annahme der wettbewerblichen Eigenart beiträgt oder diese sogar erst ermöglicht, vgl. → Rn. 165 ff. Wo dies der Fall ist, liegt auch die für eine Herkunftstäuschung erforderliche Bekanntheit vor. Leitet sich die wettbewerbliche Eigenart hingegen ausschließlich aus einer von Hause aus originellen Gestaltung her (vgl. → Rn. 164), ist eine gesonderte Feststellung des erforderlichen „gewissen" Bekanntheitsgrades im Rahmen der Herkunftstäuschung erforderlich.

186 Fehlt er – wie typischerweise bei der Nachahmung eines bislang nur auf einem ausländischen Markt angebotenen Produkts –, kommt die Fallgruppe der unlauteren Behinderung (§ 4 Nr. 4) in Betracht.[406]

187 **bb) Grad der Übereinstimmung.** Je enger das nachgeahmte Erzeugnis sich an die wettbewerblich eigenartigen Merkmale des Originalerzeugnisses anlehnt, desto größer ist die Gefahr der Herkunftstäuschung.[407] Es handelt sich um einen der drei in die Wechselwirkung bei der Unlauterkeitsbewertung einfließenden Parameter (neben dem Grad der wettbewerblichen Eigenart und den besonderen wettbewerblichen Umständen, → Rn. 140).

188 Die engste Form der Nachahmung hieß früher „unmittelbare Übernahme" und bezeichnete rein technische Kopierverfahren, die zwangsläufig zu einer mit dem Original identischen Nachahmung führten. Das Gegenteil war die „nachschaffende" Übernahme, bei der der Nachahmer nach dem Vorbild, aber nicht rein mechanisch oder elektronisch, sondern zB handwerklich arbeitete.[408] Der dabei erzielte Grad der Übereinstimmung reichte je nach je nach Anlehnungsbedürfnis und Sorgfalt von (fast) identisch bis zur bloßen Anregung für eigenes Werkschaffen.

189 Die jüngere Rechtsprechung des BGH verwendet den Begriff der „unmittelbaren Übernahme" hingegen für Sachverhalte, die gar nicht als Nachahmung aufgefasst werden, zB die Verbreitung von Filmmaterial aus Fußball-Amateurligen[409] oder die Aufnahme des Aktienindexes „DAX" in das Finanzprodukt einer Bank zur Berechnung eines Optionsscheins.[410]

190 Die Technik der Nachahmung spielt nun keine unmittelbare Rolle mehr bei der Unlauterkeitsbewertung. Mittelbar kann sie sich auf den Grad der Übereinstimmung zwischen Original und Nachahmung auswirken. Grundsätzlich arbeitet die Rechtsprechung jetzt aber meist mit dem Gegensatzpaar „(fast) identisch" und „nachschaffend" um die unterschiedlichen Grade der Übereinstimmung (auch „Ähnlichkeit"[411] oder „Intensität"[412]) zu charakterisieren:

„Eine nachschaffende Nachahmung liegt vor, wenn die fremde Leistung nicht identisch oder nahezu identisch nachgeahmt, sondern lediglich als Vorbild benutzt und nachschaffend

[405] BGH GRUR 2002, 275 (277) – Noppenbahnen; aus BGH GRUR 1992, 523 (524) – Betonsteinelemente – ergibt sich nichts anderes, vgl. BGH GRUR 2009, 79 Rn. 35 – Gebäckpresse.

[406] Vgl. BGH WRP 1976, 370 – Ovalpuderdose; *Krüger/v. Gamm* WRP 2004, 978 (983 f.) und → Rn. 300 ff.

[407] BGH GRUR 2004, 941 (943) – Metallbett.

[408] Grundlegend BGH GRUR 1966, 503 (507) – Apfel-Madonna: Nachschnitzen einer gemeinfreien Skulptur zulässig, Nachgießen uU nicht; s. auch *Sack* WRP 2017, 7 Rn. 15 ff.

[409] BGH GRUR 2011, 436 Rn. 17 – hartplatzhelden.de.

[410] Vgl. *Büscher* GRUR 2018, 1 (5).

[411] BGH GRUR 2017, 1135 Rn. 29 – Leuchtballon.

[412] BGH GRUR 2016, 720 Rn. 15 – Hot Sox; 2017, 734 Rn. 71 – Bodendübel.

unter Einsatz eigener Leistung wiederholt wird. Entscheidend ist, ob die Nachahmung wiedererkennbare prägende Gestaltungselemente des Originals aufweist oder sich deutlich davon absetzt.[413]

cc) Formen der Herkunftstäuschung. Die aus dem Markenrecht bekannten Erscheinungsformen der Verwechslungsgefahr finden auch im Rahmen der unlauteren Herkunftstäuschung Anwendung:[414] 191

– **Unmittelbare Herkunftsverwechslung:** Der Verbraucher verwechselt die Produkte und schließt aufgrund der Übereinstimmung der herkunftshinweisenden (= wettbewerblich eigenartigen) Merkmale auf dieselbe Herkunftsstätte von Original und Nachahmung. 192

– **Mittelbare Herkunftsverwechslung:** Der Verbraucher verwechselt die Produkte selbst zwar nicht, hält die Nachahmung aber aufgrund von Übereinstimmungen eigenartiger Merkmale für eine (weitere) Abwandlung desselben Anbieters. Dies ist eine Parallele zu den „Serienzeichen" des Markenrechts. Hier wie dort[415] ist bei der Annahme dieser Form der Verwechslung Zurückhaltung geboten. 193

– **Herkunftsverwechslung iwS:** Der Verbraucher hält auch die Anbieter zutreffend auseinander, schließt aber aufgrund der Übereinstimmung von eigenartigen Merkmalen irrig auf wirtschaftliche und/oder rechtliche Beziehungen zwischen den Anbietern des Originalerzeugnisses und der Nachahmung.[416] Dem kann der Nachahmer mit einer eigenen Marke oder Firma entgegenwirken.[417] Auch dass ein direkter Konkurrent einem Wettbewerber die Nachahmung vertraglich gestatten könnte, wäre allerdings uU mit der Lebenserfahrung nicht vereinbar.[418] Bei freihaltebedürftigen Produktgestaltungen, auch wenn sie sehr bekannt sind, ist eine Verwechslungsgefahr iwS evtl. hinzunehmen.[419] 194

Bloße **Warenverwechslungen,** an die sich keine Herkunftsvorstellungen knüpfen, sind irrelevant.[420] Ebenso bloße **„Erinnerungen oder Assoziationen"**[421] an das ältere Produkt oder Aufmerksamkeitserweckung durch Übereinstimmung.[422] Für die Herkunftstäuschung ist zwar der Gesamteindruck maßgeblich, aber nicht auf Grund oberflächlicher Übereinstimmungen, sondern nur im Hinblick auf die Übernahme wettbewerblich eigenartiger Merkmale.[423] 195

dd) Unvollkommenes Erinnerungsbild. Die Gefahr der Herkunftstäuschung ist nicht aufgrund einer (unrealistischen) Kaufsituation zu beurteilen, in der dem Konsumenten ein direkter Vergleich zwischen Originalerzeugnis und Nachahmung möglich wäre. Dadurch würde die Feststellung allfälliger Unterschiede zwischen den Produkten (und damit ihr Auseinanderhalten) erleichtert. Ein solcher Vergleich ist praktisch aber nur selten möglich. Stattdessen schwebt dem Käufer ein (notwendig unvollkommenes) Erinnerungsbild vor, aufgrund dessen die Übereinstimmungen eher bemerkt werden als evtl. Abweichungen.[424] 196

ee) Maßgebliche Verkehrskreise. Für die Täuschungsgefahr ist auf die Verkehrskreise abzustellen, die das betreffende Produkt typischerweise nachfragen. Durchwandert ein Pro- 197

---

[413] OLG München GRUR-RR 2018, 524 Rn. 22 – Badelatsche; ähnlich OLG Düsseldorf 22.11.2018 – I-15 U 74/17, juris Rn. 86 – Gastronomiekonzept; BGH GRUR 2017, 1135 Rn. 28 – Leuchtballon.

[414] Vgl. BGH GRUR 2001, 251 (253 f.) – Messerkennzeichnung; *Jacobs* FS Helm, 2002, 71 (78); zum Markenrecht vgl. ausführlich *Ingerl/Rohnke* MarkenG § 14 Rn. 391 ff.

[415] Vgl. Ströbele/*Hacker/Thiering* MarkenG Rn. 490 zu § 9.

[416] BGH GRUR 2007, 984 Rn. 32 – Gartenliege; 2009, 1069 (1070 f.) – Knoblauchwürste.

[417] Vgl. BGH GRUR 2019, 196 Rn. 19 f. – Industrienähmaschinen und → Rn. 212.

[418] BGH GRUR 2001, 443 (446) – Vienetta.

[419] BGH GRUR 2003, 359 (361) – Pflegebett.

[420] Vgl. *Sambuc* FS Köhler, 2014, 577 (579 f.) (zu § 5 Abs. 2).

[421] BGH GRUR 2005, 166 (168) – Puppenausstattungen; 2003, 973 (975) – Tupperwareparty; 2013, 1052 Rn. 38 – Einkaufswagen III; *Spoenle* juris PK-UWG § 4 Nr. 9 Rn. 119.

[422] BGH GRUR 2013, 1052 Rn. 38 – Einkaufswagen II; 2014, 1215 Rn. 27 f. – Olympia-Rabatt.

[423] BGH GRUR 2007, 795 Rn. 32 – Handtaschen.

[424] BGH GRUR 2007, 795 Rn. 34 – Handtaschen; 2010, 80 Rn. 41 – LIKEaBIKE.

dukt verschiedene Handelsstufen, so findet eine getrennte Beurteilung im Hinblick auf deren jeweilige Angehörigen statt.

198 Sind dies zB Kinder, so ist deren besondere Ansprechbarkeit etwa durch die Bebilderung von Verpackungen zu berücksichtigen.

199 Bei **Fachkreisen,** vor allem beruflichen Einkäufern für Unternehmen, kann eine Irreführung sowohl erschwert als auch erleichtert sein. Einerseits kann in den Augen solcher Käufer ein Spezialprodukt ein „eigenes Gesicht" haben, das der Laie nicht erkennt.[425] Andererseits fallen dem geschulten Blick des Fachmanns auch Unterschiede eher auf.[426] Eine Herkunftstäuschung scheidet auch aus, wenn Facheinkäufer sich im Hinblick auf Service und Reparaturleistungen gezielt für das hinter dem Produkt stehende Unternehmen interessieren[427] oder wenn eine Ausschreibung stattgefunden hat[428]

200 **ff) Täuschungszeitpunkt.** Die Herkunftstäuschung muss beim Anbieten erfolgen, dh vor dem Kauf.[429] Täuschungsopfer muss der (potentielle) Käufer sein, nicht irgendein Dritter, der den Käufer vielleicht später einmal mit dem Produkt sieht. Mögliche Fehlvorstellungen, die sich erst beim Auspacken des Produkts ergeben, sind nicht mehr relevant.[430] Es soll uU genügen, wenn durch die oberflächliche Übereinstimmung der konkurrierenden Produkte **zunächst** eine Täuschung hervorgerufen wird, auch wenn sich diese noch vor der Kaufentscheidung aufgrund einer näheren Befassung mit den Angeboten wieder verflüchtigt.[431] Die damit beabsichtigte Unterbindung einer bloßen Aufmerksamkeitserweckung mittels Nachahmung hat aber mit Täuschung bei der Kaufentscheidung nichts zu tun. Der maßgebliche Durchschnittsverbraucher wird sich den Kauf noch einmal überlegen, wenn er seinen Irrtum erkennt.

201 **gg) Vertriebsbedingte Täuschungsumstände.** Ergibt sich die Gefahr der Herkunftstäuschung nach Ansicht des Anspruchstellers (auch) aus bestimmten Vertriebsumständen (zB verwechslungsfördernden Abbildungen des nachgeahmten Produkts), so sind diese Umstände in den prozessualen Antrag (ggf. in Form eines Hilfsantrags) mit aufzunehmen.[432]

Kenntnisse des Durchschnittsverbrauchers des selektiven Vertriebssystems des Original-Anbieters können eine Herkunftstäuschung ausschließen.[433]

202 **e) Vermeidbarkeit der Herkunftstäuschung. aa) Allgemeines.** Streng genommen ist jede Herkunftstäuschung durch Umgestaltung des nachgeahmten Produkts vermeidbar. Im Grunde geht es daher um die Frage, welche Abweichungen vom Vorbild dem Nachahmer **zumutbar**[434] sind. Hier gelten hinsichtlich technischer und ästhetischer Merkmale unterschiedliche Maßstäbe, die aus deren unterschiedlicher Freihaltebedürftigkeit folgen.

203 **bb) Technische Merkmale.** Bei überwiegend funktional geprägten Produkten hängt die Wettbewerbsfähigkeit stark von der möglichst optimalen Erfüllung der betreffenden Funktionen ab. Jeder Anbieter ist daher darauf angewiesen, dem freien Stand der Technik entsprechend fertigen zu können. Ein den technischen Schutzrechten angenähertes Nach-

[425] Vgl. BGH GRUR 1999, 1106 (1108) – Rollstuhlnachbau.
[426] BGH GRUR 2013, 1052 Rn. 37 – Einkaufswagen III.
[427] BGH GRUR 1996, 210 (212) – Vakuumpumpen.
[428] BGH GRUR 2012, 58 Rn. 49 – Seilzirkus.
[429] BGH GRUR 2007, 339 (343) – Stufenleitern.
[430] BGH GRUR 2005, 349 (352) – Klemmbausteine III; s. auch OLG München GRUR-RR 2018, 524 Rn. 24 – Badelatsche; OLG Hamburg GRUR-RS 2019, 16803 Rn. 73 – Dichtmodul; GroßKommUWG/*Leistner* § 4 Nr. 9 Rn. 152. Ausführlich *Kappes,* Verwechslungsgefahr nach dem Kauf, S. 159 ff.
[431] BGH GRUR 1999, 1106 (1109) – Rollstuhlnachbau; anders BGH GRUR 2013, 1052 Rn. 38 – Einkaufswagen III.
[432] BGH GRUR 2007, 339 (343) – Stufenleitern.
[433] BGH GRUR 2007, 795 Rn. 38 – Handtaschen.
[434] BGH GRUR 2015, 909 Rn. 33 – Exzenterzähne.

ahmungsverbot hinsichtlich technischer Merkmale kann daher auf die Unterbindung von Wettbewerb überhaupt (nicht nur von unlauterem) hinauslaufen.

In diesem Zusammenhang ist schon bei der Feststellung der wettbewerblichen Eigenart zu prüfen, ob ein technisches Merkmal **überhaupt** als **Herkunftshinweis** aufgefasst werden kann oder ob der Verkehr nicht vielmehr annimmt, ein derartiges Produkt **müsse** als Folge seiner Zweckbestimmung dieses Merkmal aufweisen. Im letzteren Fall, dh wenn ein Gestaltungselement **technisch notwendig** ist, entfällt bereits die wettbewerbliche Eigenart, vgl. → Rn. 172. Bloße technische Bedingtheit hingegen schließt eine wettbewerbliche Eigenart nicht aus, wenn das betreffende Gestaltungselement ohne Qualitätseinbußen[435] **„willkürlich wählbar und austauschbar"** ist[436] und der Verkehr wegen dieses Merkmals auf die Herkunft aus einem bestimmten Betrieb Wert legt oder gewisse Qualitätserwartungen mit ihm verbindet[437] **204**

Daneben kann auch die Kombination einzelner technischer Gestaltungsmerkmale wettbewerbliche Eigenart begründen, und zwar nach Ansicht des BGH selbst dann, wenn die einzelnen Merkmale für sich genommen nicht herkunftshinweisend sind. Entsprechendes gilt für ästhetische Merkmale in Kombination mit technisch bedingten Merkmalen.[438] **205**

Im konkreten Fall kann der Schutzgewährung jedoch ein **Freihaltebedürfnis** entgegenstehen, das der BGH zT neben wettbewerblicher Eigenart und Vermeidbarkeit der Herkunftstäuschung separat prüft.[439] bzw. mit ihm die Unlauterkeit verneint[440] oder in die Prüfung der (Un-)Vermeidbarkeit einfließen lässt.[441] Auch die Übernahme wettbewerblich eigenartiger Merkmale kann danach „grundsätzlich nicht als wettbewerbsrechtlich unlauter angesehen werden, wenn solche Merkmale übernommen werden, die dem freizuhaltenden Stand der Technik angehören und – unter Berücksichtigung des Gebrauchszwecks, der Verkäuflichkeit der Ware sowie der Verbrauchererwartung – der angemessenen Lösung einer technischen Aufgabe dienen". **206**

Die Beurteilung, welche Abweichungen vom Original dem Nachahmer zumutbar sind, bedarf einer umfassenden Interessenabwägung. Dazu gehören

– das Interesse des Original-Herstellers an der Vermeidung der Herkunftstäuschung,
– das Interesse des Wettbewerbers an der Nutzung gemeinfreier Gestaltungselemente und
– das Interesse der Abnehmer an Preis- und Leistungswettbewerb zwischen unterschiedlichen Anbietern.[442]

In diesem Zusammenhang berücksichtigt der BGH das Interesse des Nachahmers an Kompatibilität mit dem älteren Produkt sowohl unter technischen[443] als auch unter optischen[444] Gesichtspunkten. Bei Ersatz- oder Erweiterungsbedarf der Käufer des Originalerzeugnisses soll es Leistungs- und Preiswettbewerb geben und der Nachahmer nicht auf Produktgestaltungen verwiesen werden, die die Verkäuflichkeit aufgrund fehlender Kompatibilität mit dem Originalprodukt einschränken.[445] **207**

Bei der Übernahme des gemeinfreien Standes der Technik soll er insbesondere keinem Rechtsstreit darüber ausgesetzt werden, ob eine andere, gleichwertige Lösung technisch objektiv möglich ist.[446] **208**

---

[435] BGH GRUR 2010, 1125 Ls. 1 Rn. 22 – Femur-Teil.
[436] BGH GRUR 2002, 275 (276) – Noppenbahnen; 2000, 521 (523) – Modulgerüst.
[437] BGH GRUR 2013, 951 Rn. 19 – Regalsystem; 2015, 909 Rn. 26 – Exzenterzähne.
[438] BGH GRUR 2013, 953 Rn. 19; 2012, 1155 Rn. 31 – Sandmalkasten.
[439] BGH GRUR 2007, 339 (344) – Stufenleitern; ebenso GRUR 2012, 58 Rn. 46 – Seilzirkus; 2015, 909 Rn. 35 – Exzenterzähne; 2013, 951 Rn. 36 – Regalsystem.
[440] BGH GRUR 2012, 58 Rn. 46 – Seilzirkus.
[441] BGH GRUR 2013, 951 Rn. 33 ff. – Regalsystem.
[442] BGH GRUR 2015, 913 Rn. 33 – Exzenterzähne; 2013, 951 Rn. 35 f. – Regalsystem.
[443] BGH GRUR 2000, 521 (525) – Modulgerüst.
[444] BGH GRUR 2013, 951 Rn. 38 – Regalsystem; 2013, 1052 Rn. 41 f. – Einkaufswagen I*I*.
[445] BGH GRUR 2013, 951 Rn. 36 – Regalsystem; 2013, 1052 Rn. 41 – Einkaufswagen I*I*.
[446] BGH GRUR 2002, 275 (276 f.) – Noppenbahnen; 1968, 591 (592) – Pulverbehälter.

209 Die Prüfung des Freihaltebedürfnisses hat jedoch hinsichtlich jedes einzelnen Elements gesondert zu erfolgen. Wird eine **Vielzahl** an sich austauschbarer Gestaltungselemente in allen Punkten (identisch) nachgeahmt, kommt das Freihaltebedürfnis uU nicht mehr zum Tragen;[447] allerdings kann die optimale (gemeinfreie) technische Lösung immer übernommen werden, auch bei Kombination einer Vielzahl von Merkmalen;[448] dies gilt aber nicht, wenn auch nicht technisch bedingte Merkmale übernommen werden.[449]

210 Wegen der Autonomie des wettbewerbsrechtlichen Leistungsschutzes gegenüber den Immaterialgüterrechten hält der BGH auch Merkmale für potenziell wettbewerblich eigenartig, die zuvor Teil einer patentierten technischen Lehre waren.[450] Dies begegnet Bedenken im Hinblick auf mögliche Wertungswidersprüche zwischen den Schutzsystemen.[451]

211 **cc) Vermeidbarkeit.** Ist die Abänderung des Produkts unzumutbar, muss der Gefahr von Herkunftstäuschungen auf andere Weise begegnet werden, vor allem durch die ausreichende Anbringung unterscheidender, nicht-technischer Merkmale.

212 Hierfür kommen in Frage:
- Die Verwendung unterschiedlicher **Farben,**[452]
- die sichtbare Anbringung unterschiedlicher **Wort-, Bild- oder Buchstabenmarken.**[453] Hier ist zu beachten, dass auch die Verwechslungsgefahr im weiteren Sinne ausgeschlossen werden muss.[454]
- Unterschiedliche **Verpackungen,** Banderolen, Aufkleber und dergleichen. Insoweit ist der BGH aber im Hinblick auf eine mögliche Entfernung dieser Unterscheidungsmerkmale zurückhaltend.[455] Hingegen werden die vom Produkt selbst ausgehenden Herkunftshinweise durch eine Verpackung dann überlagert, wenn eine Veräußerung nur verpackt stattfindet und/oder das Produkt selbst nicht mehr sichtbar ist.[456]

213 Die Frage, ob der Verkehr derartigen Unterscheidungsmerkmalen ausreichende Aufmerksamkeit entgegen bringt, so dass eine aufgrund der Produktübereinstimmung begründete Gefahr von Herkunftstäuschungen wieder entfällt, ist als **Tatfrage** von den Instanzgerichten zu entscheiden. Dabei ist auf die Kaufsituation abzustellen. In der hat der Nachfrager das Produkt idR vor sich. Es ist daher nicht erforderlich, dass zB eine abweichende Kennzeichnung auch noch aus größerer Entfernung zu erkennen ist.[457] Der BGH folgert aber aus der **Lebenserfahrung,** dass zB die an Gerüstsystemen interessierten Verkehrskreise (Bauunternehmen, Architekten, Ingenieure) weniger auf eine Firmenkennzeichnung als auf fast identische konstruktive Merkmale achten.[458] Anders verhält es sich zB bei abgepacktem Speiseeis, dessen Form der Aufbereitung weniger Beachtung als die Produktbezeichnung findet.[459]

---

[447] BGH GRUR 1999, 1106 (1108) – Rollstuhlnachbau; 1981, 517 (519) – Rollhocker.
[448] GroßKommUWG/*Leistner* Rn. 170 zu § 4 Nr. 9.
[449] BGH GRUR 1999, 751 (752) – Güllepumpen.
[450] BGH GRUR 2015, 909 Rn. 23 – Exzenterzähne; 2017, 734 Rn. 21 f. – Bodendübel.
[451] Vgl. *Schacht* GRUR 2017, 1203.
[452] BGH GRUR 1999, 751 (753) – Güllepumpen; 2002, 275 (277) – Noppenbahnen.
[453] BGH GRUR 2016, 720 Rn. 26 – Hot Sox. Für eine großzügige Zulassung einer Ausräumung von nachahmungsbedingten Herkunftstäuschungen durch Anbringung unterschiedlicher, deutlicher Kennzeichnungen *Raue,* Nachahmungsfreiheit nach Ablauf des Immaterialgüterrechtsschutzes?, S. 37 ff. Zur Ausräumung oder Beeinträchtigung schon der wettbewerblichen Eigenart des klägerischen Produkts durch einen Vertrieb unter verschiedenen Markierungen → Rn. 178.
[454] Ausschluss bejaht in BGH GRUR 2001, 443 (445 f.) – Vienetta; 2009, 1069 (1072) – Knoblauchwürste; 2016, 730 Rn. 19 f. – Herrnhuter Stern; verneint in BGH GRUR 1988, 620 (623) – Vespa-Roller.
[455] BGH GRUR 2002, 275 (277) – Noppenbahnen; 2006, 79 Rn. 33 – Jeans I.
[456] BGH GRUR 2001, 443 (445) – Vienetta.
[457] AA OLG Karlsruhe GRUR-RR 2013, 518 (523) – Rillen-Design.
[458] BGH GRUR 2000, 521 (524 f.) – Modulgerüst.
[459] BGH GRUR 2001, 443 (445) – Vienetta: „Schoeller" statt „Langnese", „Café au Lait" statt „Vienetta"; zur Verbraucherauffassung im Bereich der Handelsmarken und „look-alikes" *Harte-Bavendamm* FS Loschelder, 2010, 111 (123 ff.).

dd) Ästhetische Merkmale: Bei nicht-technischen, vor allem rein ästhetischen Merkmalen ist idR auch unter Berücksichtigung der Verkäuflichkeit ein erheblicher Gestaltungsspielraum gegeben. Herkunftstäuschungen in diesem Bereich sind daher grundsätzlich vermeidbar. Anderenfalls bedarf es ähnlicher Unterscheidungsmittel wie bei technischen Artikeln (vgl. → Rn. 211). 214

f) Insbesondere: Nachahmung von Werbemitteln. Hinsichtlich der Nachahmung von Werbung ist die Herkunftstäuschung von untergeordneter Bedeutung, denn wer fremde Ideen, Motive, Konzepte, Anzeigen, Aufmachungen und dergleichen übernimmt, wird zu verhindern wissen, dass die kopierte Werbung dem Konkurrenten zugeschrieben wird, der sie ursprünglich geschaffen hatte. Der Nachahmer identifiziert vielmehr in aller Regel sein **eigenes** Unternehmen. 215

Oft wird die Übernahme von Werbemitteln schon gegen **Sonderschutzrechte** verstoßen. Das Kopieren von Texten,[460] Grafiken, Fotografien oder ganzen Katalogen verletzt meist Urheber- oder verwandte Leistungsschutzrechte (allerdings ist das werbende Unternehmen oft nicht ohne weiteres klagebefugt, weil diese Werbemittel typischerweise von Dritten geschaffen werden). Dem Markenschutz zugänglich sind Verpackungsgestaltungen, Farbkombinationen oder Werbesprüche. Produktaufmachungen können sowohl als Marken wie als Designs geschützt werden. 216

Dass die Schlagkraft einer fremden (auch bekannten) Werbung nicht „verwässert" werden dürfe,[461] kann in dieser Allgemeinheit nicht akzeptiert werden. Auch Werbung darf grundsätzlich nachgeahmt und damit uU geschwächt werden. Eine gegenseitige, vor allem humorvolle oder ironisierende Bezugnahme von Werbekonzepten kann sogar eine wechselseitige Verstärkung bewirken. 217

VII. Schutz gegen anlehnende Bezugnahmen, insbesondere Rufausbeutung und Rufbeeinträchtigung (§ 4 Nr. 3b)

1. Allgemeines. a) Hervorrufung von Assoziationen. Anlehnende Bezugnahmen führen beim angesprochenen Verbraucher zu gedanklichen Verbindungen, die lockerer und meist auch vager als Herkunftstäuschungen sind. Insbesondere beinhalten sie **kein** Element der **Irreführung.** Sie beeinträchtigen daher nur Mitbewerber-, keine Verbraucherinteressen. Anlehnungen können im Hinblick auf einen Konkurrenten persönlich, auf sein Unternehmen, seine Erzeugnisse oder sonstigen Leistungen sowie auf seine Kennzeichnungen erfolgen. 218

b) Negative und positive Bezugnahmen. Soweit in der Bezugnahme eine **Kritik** liegt, die das eigene Angebot des Werbenden in einem vergleichsweise günstigen Licht erscheinen lässt, richtet sich die Zulässigkeit nach **§ 6 (vergleichende Werbung)** sowie § 4 Nr. 1 und 2 (herabsetzende Meinungsäußerungen und Tatsachenbehauptungen). Zum ergänzenden wettbewerbsrechtlichen Leistungsschutz hingegen gehören die Fälle einer **positiven Bezugnahme** in dem Sinne, dass der Werbende die Leistungen eines Konkurrenten für sich nutzbar macht. Zu diesen Leistungen gehören vor allem Bekanntheit und/oder guter Ruf. Die bloße Bekanntheit wird dadurch ausgenutzt, dass der Nachahmer durch die Anlehnung infolge der Erinnerung an das Vorbild **eine erhöhte Aufmerksamkeit** erweckt. Ein guter Ruf wird ausgenutzt, wenn der Verkehr **Gütevorstellungen,** die er mit dem Original verbindet, infolge der Anlehnung auf die Leistung des Anlehnenden überträgt. Für ein Verbot **reicht** aber in beiden Fällen **die bloße gedankliche** 219

[460] LG Berlin GRUR 1974, 412 – Werbeprospekt; LG München I GRUR 1984, 737 – Bauherrenmodell-Prospekt.

[461] LG Düsseldorf GRUR 1964, 557 („Die Zauberfee der Küche" als Titel eines Rezeptbüchleins unzulässig wegen eines älteren Werbespruchs „Der Zauberstab der Hausfrau" für einen Handmixer); LG Hamburg MDR 1968, 848 („Pack deinen Vorteil in den Tank und tank bei X" unzulässig wegen „Pack den Tiger in den Tank" von Esso).

Assoziation an ein fremdes Produkt oder Kennzeichen (und damit Aufmerksamkeitserweckung) **nicht aus.**[462] Das gilt auch, wenn der Ersthersteller einen Markt erschlossen hat und in Folge gewerblicher Schutzrechte eine Zeitlang der einzige Anbieter einer bestimmten Ware oder Produktgattung war. Klärt der Nachahmer dann über die unterschiedliche Identität seiner Waren auf, schließt er nicht nur eine Herkunftsverwechslung aus, sondern auch die Wettbewerbswidrigkeit der Anlehnung. Denn dass sich überhaupt Assoziationen an das ältere Produkt einstellen, ist eine typische und nahezu zwangsläufige Folge des zuvor gewährten monopolartigen Schutzes. Der Verkehr hält das Nachahmerprodukt dann (zulässigerweise) für gleichartig, aber nicht notwendig für gleichwertig, wie es für eine Rufausbeutung erforderlich wäre.[463]

220 **c) Anlehnung.** Durch eine **Anlehnung** als solche wird **nicht irregeführt.** Anders, wenn durch eine Herkunftstäuschung zugleich von der Wertschätzung des Originals profitiert wird. Bei der isolierten Prüfung der Tatbestände des § 4 Nr. 3 kann vom Ruf eines anderen nur profitiert werden, wenn der Unterschied zwischen Anlehnendem und Rufinhaber deutlich bleibt.[464] Auf sein Angebot lässt der Werbende lediglich ein günstiges Licht fallen, in dem er ausdrücklich oder stillschweigend **Assoziationen** zum Angebot eines Wettbewerbers oder zu diesem selbst weckt. Der BGH spricht wenig präzise von einer „teils bewussten, teils unbewussten" Übertragung von Güte- und Sympathievorstellungen.[465] Unmittelbar betroffen ist der individuelle Wettbewerber, auf den Bezug genommen wird; kollektiv tangiert sind die übrigen Wettbewerber, gegenüber denen ein Vorsprung erstrebt wird. Verbraucherinteressen werden durch Anlehnungen als solche nicht beeinträchtigt, bei sachlicher Information sogar gefördert.

221 **d) Mittel der Anlehnung.** Das Spektrum derartiger Anlehnungen reicht von der ähnlichen Gestaltung von **Verpackungen** oder anderen **Ausstattungen** über die Verwendung gleicher **Bestellnummern** oder ähnlich anmutender **Schriftbilder** (sämtlich ohne die Gefahr von Herkunftstäuschungen) bis zu nachprüfbaren **Gleichstellungsbehauptungen** („ebenso schnell wie ...") oder **Kompatibilitätshinweisen** („passend für ...").

Demgemäß wird unterschieden zwischen Anlehnungen durch
- die Nachahmung von **Kennzeichnungen** (dazu unten 3.),
- Nachahmung von **Produkten** (dazu unten 4.), und
- **wörtliche Aussagen** bezüglich Konkurrenten (vergleichende Werbung, dazu unten 5.).

222 **2. Wertschätzung.** Gegenstand der (positiven) Anlehnung ist allgemein der „gute Ruf" eines Wettbewerbers und/oder seiner (im weitesten Sinne) Leistungen. § 4 Nr. 3b) bezeichnet ihn in Anlehnung an das MarkenG (zB § 14 Abs. 2 Nr. 3) als „Wertschätzung".

223 Der „gute Ruf" hat durch das moderne Marketing vielgestaltige Formen angenommen. Ursprünglich leitete er sich von individuellen Kaufleuten oder Fabrikanten her, die aufgrund ihres persönlichen Fleißes und Könnens bekanntermaßen gute Leistungen erbrachten. Diese Leistungsergebnisse hatten dann am guten Ruf Teil; ferner die Symbole, die für das Unternehmen standen, also sein Name und seine Marken. Diese aus vorindustrieller Zeit stammende **Verknüpfung der Reputation mit einem bestimmten Individuum** oder auch einem bestimmten Betrieb ist heute in vielfacher Hinsicht sowohl erweitert als auch durchbrochen.

224 Zunächst ist die Zuordnung von Waren und Dienstleistungen hinsichtlich ihrer betrieblichen oder gar persönlichen Herkunft im Massengeschäft kaum noch möglich. Fabrik und Fabrikant haben als Rufträger weitestgehend zu Gunsten von **Marken und geschäftlichen Kennzeichen** abgedankt. Diese ihrerseits stehen immer weniger für

[462] BGH GRUR 2003, 973 (975) – Tupperwareparty GRUR 2019, 196 Rn. 21 – Industrienähmaschinen; OLG Düsseldorf GRUR-RR 2019, 231 – Front Kits OLG Köln GRUR-RR 2014, 65 (67 f.) – Pandas.
[463] BGH GRUR 2005, 349 (353) – Klemmbausteine III.
[464] BGH GRUR 2001, 350 (351) – OP-Lampen.
[465] BGH GRUR 1981, 142 (144) – Kräutermeister.

einen persönlichen Inhaber und auch nicht mehr (nur) für primäre Produkt- und Dienstleistungsqualitäten. In den Vordergrund rücken vielmehr ursprünglich sekundäre „Zusatznutzen", vor allem „Images". In weiten Bereichen haben die einstmaligen Zusatznutzen wie Vermittlung von Prestige oder Lebensstil durch Zurschaustellung von dazu geeigneten Produkten deren ursprünglichen Nutzen zur Befriedigung von Gebrauchsbedürfnissen überlagert oder sogar abgelöst. Viele Produkte dienen Herstellern und Käufern nur noch zum Kauf/Verkauf **diffuser Emotionen.** Die Inhalte derartiger Images sind durch die Werbung nahezu beliebig herstell- und entsprechenden Käuferkreisen vermittelbar. Ihrer Beliebigkeit entspricht ihr Mangel an Begründung auf sachliche Qualitäten. Im Extremfall sind sie rein virtuell. Gleichwohl müssen diese Inhalte prozessual identifiziert werden, weil anderenfalls ihre Ausbeutung oder Beeinträchtigung nicht festgestellt werden kann.[466]

Der Mangel an sachlicher Substanz moderner Produkt- und Dienstleistungsimages hindert nicht ihren wirtschaftlichen Wert, ja er bedingt ihn geradezu. Denn die Wertschöpfung erfolgt zu einem erheblichen Teil dadurch, dass der Kunde gerade die ihm durch das **Image** vermittelten Gefühle bezahlt. 225

Auf dem Markt der (Schein-)Befriedigung immaterieller Bedürfnisse durch materielle Gegenstände gibt es keine Schutzrechte. Das scheinbare Koppelungsangebot von Sonnenbrille und Anerkennung oder Auto und glücklicher Familie steht jedermann frei. Die Frage nach einem ergänzenden Leistungsschutz stellt sich, wenn ein Wettbewerber von der positiven Aufladung der Kennzeichen oder Produkte eines Konkurrenten profitieren will, indem er – unterhalb der Schwelle der Verwechslungsgefahr – sich in die von diesem Konkurrenten geknüpfte **Assoziationskette einhängt.** Unter diesem Vorbehalt der komplexen Diversifizierung von Images aller Art verwenden wir nachstehend die hergebrachten Begriffe des „guten Rufs" und seiner „Ausbeutung". 226

3. Rufausbeutung durch Kennzeichennachahmung. a) Kennzeichennachahmung von § 4 Nr. 3 nicht erfasst. Die Vorschrift erfasst nur die Nachahmung von Waren oder Dienstleistungen. Kennzeichen dienen der Identifizierung von Waren oder Dienstleistungen, sind selbst aber keine solchen, vgl. → Rn. 136 (str.). Entsprechende Fälle regelt das Markenrecht. 227

b) Regelung des MarkenG. §§ 14 Abs. 2 Nr. 3, 9 Abs. 1 Nr. 3 und 15 Abs. 3 MarkenG haben die „Ausnutzung der Wertschätzung" fremder Kennzeichen sondergesetzlich geregelt. Eine solche Ausnutzung ist verboten, wenn das Kennzeichen 228

- **bekannt** ist,
- **Wertschätzung genießt** und diese
- **ohne rechtfertigenden Grund** sowie
- in **unlauterer Weise**
- **ausgenutzt** wird.

Damit wird der Kennzeichenschutz gegen Verwechslungen (§§ 14 Abs. 2 Nr. 2, 9 Abs. 1 Nr. 2, 15 Abs. 2 MarkenG) für bekannte Kennzeichen erweitert. Die Erweiterung umfasst außer der Rufausbeutung drei weitere Tatbestände, nämlich die Rufschädigung sowie die Ausnutzung oder Beeinträchtigung der Unterscheidungskraft. 229

Das MarkenG hat mit der **Rufausbeutung bekannter Kennzeichen** Tatbestände geregelt, die vom BGH zuvor seit *DIMPLE*[467] und *Rolls-Royce*[468] unter die wettbewerbsrechtliche Generalklausel subsumiert worden waren. Mit der sondergesetzlichen Regelung ist dieser Rückgriff auf das allgemeine **Wettbewerbsrecht entbehrlich** geworden. Das gleiche gilt für den früheren Schutz der „berühmten Marke" mit § 823 Abs. 1 BGB. 230

---

[466] Ebenso GroßKommUWG/*Leistner* § 4 Nr. 9 Rn. 179.
[467] BGH GRUR 1985, 550.
[468] BGH GRUR 1983, 247.

231 **c) Keine Rufausbeutung durch bloße Annäherung an fremde Kennzeichen.** Die früher in einer Reihe von BGH-Entscheidungen[469] etablierte Fallgruppe hatte gegenüber der vom Markengesetz geregelten Rufausbeutung (identische oder ähnliche Zeichen für nicht ähnliche Waren oder Dienstleistungen) die umgekehrte Konstellation zum Gegenstand, nämlich die Benutzung **nicht-ähnlicher Zeichen** für **ähnliche,** meist sogar identische **Waren.**

232 Diese Fallgruppe ist **abzulehnen** und dürfte ihren Schlusspunkt mit BGH GRUR 1997, 754 – Grau/Magenta – gefunden haben, wo es heißt, dass Kennzeichenrecht mute „jedem Inhaber einer gewerblichen Kennzeichnung grundsätzlich zu, die Schwächung seines Kennzeichens durch das Aufkommen benachbarter Kennzeichnungen solange hinzunehmen, wie die Grenze der Verwechslungsgefahr noch nicht überschritten ist. Eine Auslegung des § 1 [a. F.] UWG, die darauf hinausliefe, schon Annäherungen und eine damit verbundene Schädigung als wettbewerbsrechtlich unzulässig anzusehen, verstieße gegen die Systematik des Wettbewerbs- und Kennzeichenrechts".[470]

233 **4. Rufausbeutung und Rufbeeinträchtigung durch Produktnachahmung. a) Erscheinungsformen der Rufausbeutung.** Soweit ein guter Ruf durch ein Produkt selbst (also ohne Rücksicht auf seine Kennzeichnung), insbesondere durch dessen äußere Form vermittelt wird, kann er durch die Nachahmung dieses Produkts ausgebeutet werden. Dem Original-Erzeugnis muss wettbewerbliche Eigenart in dem Sinne anhaften, dass es (auch) Gütevorstellungen vermittelt. Soweit es schon Herkunftsvorstellungen erweckt, kann die Nachahmung eine vermeidbare Herkunftstäuschung bewirken. Die zusätzliche Erweckung von Gütevorstellungen bewirkt dann gleichzeitig eine Rufausbeutung im Gefolge der Herkunftstäuschung, dh der Nachahmer täuscht einen anderen Anbieter vor und macht sich gleichzeitig dessen Reputation zu Nutze. Diese besonders effektive Form der Rufausbeutung wird im Allgemeinen bei Vermeidbarkeit schon und allein aufgrund der Herkunftstäuschung untersagt[471] und ist rechtlich unproblematisch.

234 Eine eigenständige Bedeutung hat § 4 Nr. 3b) bei **isolierten Rufausbeutungen,** bei denen nicht gleichzeitig über die Herkunft getäuscht wird. Der Käufer weiß, dass er nicht das Original vor sich hat, weil der Nachahmer etwa seine eigene Kennzeichnung angebracht hat und/oder die Nachahmung eines Luxusartikels zu einem verräterisch niedrigen Preis anbietet. Aufgrund dieser Kenntnis kann der Käufer auch nicht annehmen, dass das nachgeahmte Produkt gleich gut sein müsse wie das Original. Der durchschnittlich unterrichtete und aufmerksame Verbraucher wird vielmehr in Erwägung ziehen, dass die Kopie von minderer Güte ist. Die Erwartung einer gleichen Qualität könnte nur durch die Annahme eines gleichen Ursprungs, und sei es nur in Form der Verwechslungsgefahr im weiteren Sinne (Bestehen rechtlicher oder wirtschaftlicher Verbindungen zwischen den Anbietern von Original und Nachahmung)[472] vermittelt werden. Daran fehlt es aber per definitionem, da die isolierte Rufausbeutung bzw. der isolierte Imagetransfer gerade für die gedankliche Übertragung der Gütevorstellung das Bewusstsein zweier verschiedener Anbieter voraussetzt.[473]

235 ZT sieht man die Grundlage der Rufausbeutung in einer bloßen **Warenverwechslung** (im Gegensatz zur Herkunftsverwechslung). Der Käufer werde über die Identität der Ware getäuscht, wenn er die Nachahmung nicht als solche erkenne, sie aber wegen ihres Rufes erwerbe. Er halte sie dann irrig für die „Originalware".[474]

---

[469] BGH GRUR 1953, 40 – Gold-Zack; 1965, 601 – roter Punkt; 1966, 30 – Konservenzeichen I; 1966, 38 – Centra; 1981, 142 – Kräutermeister.

[470] BGH GRUR 1997, 754, 755 – Grau/Magenta.

[471] Vgl. GroßKommUWG/*Leistner* § 4 Nr. 9 Rn. 183.

[472] Vgl. → Rn. 194.

[473] Vgl. → Rn. 220.

[474] *v. Gamm,* Wettbewerbsrecht, Kap. 21 Rn. 35; BGH GRUR 1996, 210 (212) – Vakuumpumpen (Vorliegen einer Warenverwechslung im konkreten Fall verneint).

Schon die Verwendung des Begriffs „Originalware" verrät, dass hier die Trennung zur Herkunftstäuschung nicht durchgehalten wird, denn „Originalware" kann nicht anders als anhand ihres Ursprungs aus einem bestimmten Unternehmen definiert werden. In einer so verstandenen Warenverwechslung kann der Grund einer Rufausbeutung nicht liegen, denn diese soll ein gegenüber der Herkunftstäuschung selbständiger Tatbestand sein. Zu Recht hat der BGH festgestellt, dass **Warenverwechslungen** an sich **„rechtsunerheblich"** sind.[475] 236

Tatsächlich geht es um keinerlei Täuschung des Käufers. Dieser unterscheidet Original und Nachahmung in aller Regel.[476] Er kann oder will sich das Original nicht leisten, aber trotzdem etwas besitzen, was so aussieht. Diese Produktähnlichkeit kann zwar tatsächlich zu einer **„Warenverwechslung"** führen, aber **nicht** beim **Käufer,** sondern nur bei dessen **Umfeld.** Diesem gegenüber stellt er sich als Besitzer von Luxus- oder Prestige-Produkten dar, obwohl es nur für eine Billigkopie gereicht hat. Im Fall *Les-Paul-Gitarren* kosteten die nachgeahmten, unter eigener Marke angebotenen Gitarren ein Viertel bis ein Drittel der Originale,[477] die nachgeahmten Rolex-Uhren beim Kaffeeröster sogar nur ca. ein Prozent.[478] Der BGH hält es idR für unlauter, wenn sich ein Nachahmer den guten Ruf der Original-Erzeugnisse zu Nutze macht und dem Verbraucher den **Erwerb eines Schein-Originals** ermöglicht. Dadurch werde der Original-Hersteller „in seinen Bemühungen, den Ruf seiner Ware aufrechtzuerhalten, erheblich behindert".[479] Ob eine „Warenverwechslung" ohne Herkunftstäuschung vorliegt (was nach der hier vertretenen Meinung ohnehin nur im Hinblick auf Dritte, aber nicht im Hinblick auf den Käufer der Nachahmung in Betracht kommt) ist Tatfrage.[480] 237

Gütevorstellungen können sich auch aus anderen Eigenschaften herleiten, etwa im Falle der unmittelbaren Übernahme (durch Einscannen) von Telefonteilnehmerverzeichnissen der Telekom, weil der Verkehr auf die Vollständigkeit und Richtigkeit der quasi „amtlichen" Telefonbücher vertraue.[481] 238

b) Rufübertragung unerlässlich. Der Tatbestand des § 4 Nr. 3b) verlangt für die Ausnutzung einer Wertschätzung zwingend einen „Imagetransfer".[482] Es genügt eine offene oder verdeckte Anlehnung an die fremde Leistung. Selbst deren vollständige Übernahme führt aber nicht zwingend zu dem erforderlichen Imagetransfer. Übernimmt etwa der Verleger eines Nachschlagewerks das Referenzsystem eines Wettbewerbers zusätzlich zu seinem eigenen, so sieht der Durchschnittsverbraucher darin lediglich eine Arbeitshilfe. Es schadet dem Nachahmer auch nicht, dass durch die Übernahme der Referenzen des Wettbewerbers sein eigenes Ordnungssystem überhaupt erst verkehrsfähig wird.[483] 239

c) Abweichende Kennzeichnungen. Zur Ausräumung der Rufausbeutung genügt die **Anbringung einer unterscheidenden Herkunftsbezeichnung** (wie zB „Royal" statt „Rolex" bei den Tchibo-Uhren) **nicht unbedingt.** Diese verhindert zwar idR eine Herkunftstäuschung gegenüber dem Erwerber, aber nicht in vollem Umfang die verkaufsfördernde Wirkung der gleichen Produktform und die Möglichkeit des Erwerbers, sich gegenüber Dritten als scheinbarer Besitzer eines (teuren) Originals oder sogar Luxusprodukts aufzuführen (was der BGH in *Tchibo/Rolex I* besonders missbilligte).[484] 240

---

[475] BGH GRUR 1963, 152 (155) – Rotaprint; zur vermeintlichen „Warenverwechslung" gem. § 5 Abs. 2 (nämlich ebenfalls nur bei falschen Herkunftsvorstellungen) vgl. *Sambuc* FS Köhler, 2014, 577 (579 f.).

[476] Anders, wenn dem Kunden statt der bestellten Ware ohne sein Wissen eine andere „untergeschoben" wird, vgl. BGH GRUR 1970, 510 (512) – Fußstützen. Das ist dann zwar eine Warenverwechslung, hat aber mit Rufausbeutung nichts zu tun.

[477] BGH GRUR 1998, 830 (833) – Les-Paul-Gitarren.

[478] BGH GRUR 1985, 876 – Tchibo/Rolex I.

[479] BGH GRUR 1998, 830 (833) – Les-Paul-Gitarren.

[480] BGH GRUR 1996, 210 (212) – Vakuumpumpen; 2007, 795 (799) – Handtaschen.

[481] BGH GRUR 1999, 923 (927) – Tele-Info-CD.

[482] Vgl. hierzu und zum Folgenden BGH GRUR 2011, 79 – Markenheftchen.

[483] BGH GRUR 2011, 79 Rn. 35 f. – Markenheftchen.

[484] Vgl. auch OLG Köln GRUR-RR 2010, 257 (Ls.) und BeckRS 2010, 01 906: Anbringung eines einprägsamen und seinerseits relativ bekannten Kennzeichens nicht ausreichend zur Beseitigung der Ruf-

241 **d) Bewertung der Unlauterkeit.** Rufausbeutungen durch Produktnachahmung sind nicht per se unlauter. Dies bringt § 4 Nr. 3b) dadurch zum Ausdruck, dass er eine **Unangemessenheit** verlangt. Die Unlauterkeit bedarf vielmehr einer Begründung im Einzelfall. Die Rechtsprechung hierzu ist uneinheitlich.

242 **aa)** In *Tchibo/Rolex I*[485] hatte der BGH es noch für evident und daher keiner näheren Begründung für bedürftig gehalten, dass Tchibo nicht „**mit dem von der Klägerin** für diese Gestaltungsform [d. h. einer angeblich typischen Luxusuhr] **geschaffenen Image zum Kauf**" **anlocken** dürfe.[486] Insbesondere vermisst man jede Auseinandersetzung mit dem Argument des Berufungsgerichts, die **künstliche Aufrechterhaltung der „Exklusivität"** eines Produkts mit dem UWG sei „marktwidrig und unsozial".[487]

243 **bb)** Später hat der BGH dann anerkannt, dass ein **Image** (im konkreten Fall das durch den Titel einer Fernsehserie geschaffene) zwar als eigenständige Leistung anzusehen ist, dass man sich an diese aber **außerhalb des Sonderrechtsschutzes grundsätzlich** ebenso **frei** anhängen dürfe wie an andere Leistungen auch.[488]

244 **cc)** Noch deutlicher wurde dieser Grundsatz anlässlich des Nachbaus eines Formel-1-Rennwagens als Spielzeug herausgearbeitet.[489] Das Berufungsgericht hatte diesen vor allem deshalb für unlauter gehalten, weil der Rennstall McLaren „nur einen Ruf als solchen" produziere, den er dann vermarkte. Der Spielzeughersteller nutze folglich gerade das aus, was Gegenstand des Erwerbsstrebens des Rennstalls sei. Dem hält der BGH entgegen, dass aufgrund dieser Argumentation Leistungsübernahmen jedweder Art grundsätzlich verboten (statt außerhalb der Sonderschutzrechte grundsätzlich erlaubt) wären. In Nachahmungsfällen gehe es immer um das vom jeweiligen Kläger erzeugte und von ihm zu Erwerbszwecken vermarktete Produkt. So wie dessen Ausbeutung durch Nachahmung grundsätzlich zulässig sei, sei es auch die Verwertung eines von einem Konkurrenten erzeugten Image. Jedenfalls der sich **„gleichermaßen zwangsläufig wie beiläufig"** ergebende Bezug durch das Angebot eines Miniatur-Autos sei **zulässig.** Anders läge es, wenn in der Werbung die Original-Rennwagen oder deren Ruf deutlich herausgestellt worden wären.[490]

245 **dd)** Strenger wird die Rufausbeutung durch Produktnachahmung wieder bei den „Les-Paul-Gitarren" beurteilt: Weil deren Gestalt nahezu vollständig nachgebildet wurde, obwohl dies für die Qualität der Instrumente keine Rolle spielte und tatsächlich weder Technik noch Klang der Gitarren nachgeahmt worden waren, sei die **Absicht der Rufausbeutung** offensichtlich. Ein derartiger Sachverhalt sei „nur unter ganz besonderen Umständen nicht als wettbewerblich unlauter" zu behandeln.[491] Die starke Betonung der subjektiven Komponente dürfte angesichts der neueren Tendenz des BGH zur Objektivierung[492] des Unlauterkeitsrecht nicht mehr aufrecht zu erhalten sein.

246 **ee)** Die Rufausbeutung zu Lasten einer Hauptware (hier: exklusives Kraftfahrzeug) ist nicht unlauter, wenn in der Werbung für Ersatzteile oder Zubehör (hier: Autofelgen) die Abbildung der Hauptware zur Aufklärung des Publikums über die bestimmungsgemäße Verwendung des Ersatzteils oder Zubehörs sachlich geboten ist.[493] Hält sich die Bezug-

ausbeutung – WICK BLAU (Nichtzulassungsbeschwerde zurückgewiesen); ähnlich in markenrechtlichem Zusammenhang EuGH C-498-07, GRUR Int. 2010, 129 – Carbonell/La Espanola; hierzu auch *Harte-Bavendamm* FS Loschelder, 2010, 111 (128 f.).

[485] BGH GRUR 1985, 876.

[486] BGH GRUR 1985, 876, 878.

[487] OLG Köln WRP 1981, 413 (414) (Aufhebung der einstweiligen Verfügung gegen Tchibo). Kritisch auch GroßKommUWG/*Leistner* § 4 Nr. 9 Rn. 186.

[488] BGH GRUR 1993, 692 (695) – Guldenburg.

[489] BGH GRUR 1994, 732 – McLaren.

[490] BGH GRUR 1994, 732, 735 – McLaren.

[491] BGH GRUR 1998, 830 (833) – Les-Paul-Gitarren.

[492] Seit BGH GRUR 2005, 778 – Atemtest; vgl. auch *Spoenle* jurisPK § 4 Nr. 9 Rn. 48 ff.

[493] BGH GRUR 2005, 163 (165) – Aluminiumräder unter Hinweis auf BGH GRUR 1958, 343 – Bohnergerät und 1968, 698 (700) – Rekordspritzen.

nahme in diesen Grenzen, ist eine darin zwangsläufig liegende Anlehnung an den Ruf und den Verkaufserfolg des Herstellers der Hauptware hinzunehmen.[494]

e) Rufbeeinträchtigung. Es kommt für die Rufausbeutung nicht darauf an, ob die Nachahmungen **qualitativ** minderwertiger als die Originale sind. Wenn sie es sind, kommt uU eine **Rufbeeinträchtigung** in Betracht, etwa bei weniger haltbaren Hüftprothesen[495] oder weil die Nachahmungen der Les-Paul-Gitarren anders klangen als die Originale.[496] 247

5. Rufausbeutung und Rufbeeinträchtigung durch vergleichende Werbung. Grundsätzlich sind die zeichenrechtlichen Regelungen der vergleichenden Werbung (§ 6 Abs. 2 Nr. 4 und 6) neben § 4 Nr. 3 anwendbar.[497] Aber wegen des unionsrechtlichen Vorrangs kann eine nach diesen Vorschriften zulässige geschäftliche Handlung nach § 4 Nr. 3b) nicht verboten werden.[498] 248

VIII. Unredliche Erlangung von Kenntnissen oder Unterlagen (§ 4 Nr. 3c)

Hierbei handelt es sich um Praktiken **im Vorfeld der eigentlichen Nachahmung,** wodurch diese unlauter werden kann. Grund dafür ist bei diesem Tatbestand nicht in erster Linie die Qualität des Nachahmungsgegenstandes, sondern die Art und Weise, wie der Nachahmer von diesem Kenntnis erlangt bzw. ihn trotz einer entgegenstehenden Sonderbeziehung zum Erstanbieter als Vorbild benutzt. Damit wurden die zur Generalklausel des § 1 UWG 1909 entwickelten Fallgruppen des „Erschleichens" und des „Vertrauensbruchs" gesetzlich neu geregelt. 249

Anders als bei den Buchstaben 3a) und 3b) ist bei 3c) keine wettbewerbliche Eigenart erforderlich. Eine Hinweiseignung auf Herkunft oder Besonderheiten spielt für den Unlauterkeitsgehalt dieser Fallgruppen keine Rolle. Es genügt, dass das unlauter erlangte oder verwertete Arbeitsergebnis für den Nachahmer einen **wirtschaftlichen Wert** im Hinblick auf die Nachahmung bedeutet. Unlauter sind Erschleichen und Vertrauensbruch nicht per se, sondern sie führen zur Unlauterkeit einer durch sie ermöglichten oder zumindest erleichterten Nachahmung. 250–251

1. Erschleichen. Die **Kenntniserlangung vom Nachahmungsgegenstand** muss **unredlich** gewesen sein.[499] Auf eine Heimlichkeit des Vorgehens kommt es nicht an. Beispiel: Ein Konkurrent lässt sich unter dem Vorwand des Kaufinteresses die neue Maschine eines Wettbewerbers auf dessen Messestand detailliert erklären, um sie nachzubauen. Es können aber nur Umstände erschlichen werden, die **nicht bereits offenkundig** und damit auch dem Nachahmer ohne weiteres zugänglich sind.[500] Es ist daher zulässig, Erzeugnisse eines Konkurrenten nach ordnungsgemäßem Erwerb zu zerlegen und zu vermessen.[501] Auch wer sich im Rahmen von ernsthaften Lizenzverhandlungen die Produktionsstätten seines möglichen Vertragspartners zeigen lässt, erschleicht sich allein deshalb noch nichts.[502] Anders bei Betriebsspionage.[503] Die Anforderungen der Rechtsprechung an den **Grad der Unzugänglichkeit** schwanken. Fest steht nur, dass kein „Geheimnis" iSd GeschGehG vorliegen muss. Daher kann der dafür erforderliche 252

[494] BGH GRUR 2005, 163 (165) – Aluminiumräder unter Hinweis ua auf BGH GRUR 1996, 781 (782 f.) – Verbrauchsmaterialien.
[495] BGH GRUR 2010, 1125 (1129) – Femur-Teil (abl. GroßKommUWG/*Leistner* § 4 Nr. 9 Rn. 197); s. auch BGH GRUR 2013, 951 Rn. 46 – Regalsystem.
[496] BGH GRUR 1998, 830 (833) – Les-Paul-Gitarren.
[497] BGH GRUR 2010, 343 Rn. 42 – Oracle.
[498] BGH GRUR 2011, 1158 Rn. 21 – Teddybär.
[499] BGH GRUR 1961, 40 (42) – Wurftaubenpresse.
[500] BGH GRUR 1992, 523 (524) – Betonsteinelemente.
[501] AA RG GRUR 1936, 183 – Stiefeleisenpresse; einschränkend *Harte-Bavendamm* → § 17 Rn. 2 f.
[502] BGH GRUR 1992, 523 (524) – Betonsteinelemente.
[503] Vgl. BGH GRUR 1973, 483 – Betriebsspionage.

Geheimhaltungswille fehlen, der das Betriebsgeheimnis vom bloßen Unbekanntsein eines Umstandes unterscheidet.[504]

253 **2. Vertrauensbruch.** Hier ist nicht die Erlangung, sondern die **unredliche Verwendung** der Kopiervorlage unlauter.

254 Die Rechtsprechung ist bei der Annahme vertraglicher Beziehungen etwa anlässlich vertraulicher Vorführungen,[505] der Anfertigung von Herstellungswerkzeugen nach Zeichnung[506] oder Lohnfertigung der (nachmalig übernommenen) Artikel selbst[507] großzügig. Kann gleichwohl kein Vertrag angenommen werden, kommt oft eine Verletzung von Rücksichts- und Obhutspflichten aus einem **durch Vertragsverhandlungen begründeten Vertrauensverhältnis** in Betracht.[508]

IX. Schutz gegen unlautere Behinderungen

255 **1. Allgemeines.** Ein Unternehmer, dessen Produkte nachgeahmt werden, wird sich regelmäßig durch solchen Wettbewerb „behindert" fühlen. Dieser Begriff ist rechtlich zunächst ebenso **unergiebig** wie etwa der der „Ausbeutung", da er an sich **keine Grenzziehung** zwischen zulässiger und verbotener Nachahmung erlaubt. Auch die Gegenüberstellung der Kategorien des (erwünschten) **Leistungs- und** des (unerwünschten) **Behinderungswettbewerbs** hilft wenig weiter, denn auch der Nachahmer kann individuell und volkswirtschaftlich erwünschte Leistungen erbringen, indem er das Produkt billiger, in höherer Qualität und/oder überhaupt optimiert anbietet. Wären Nachahmungen per se als unlautere Behinderungen einzustufen, würde der Grundsatz der Nachahmungsfreiheit in sein Gegenteil verkehrt.[509] Auch eine Behinderung durch Nachahmung kann daher nur in Ausnahmefällen wettbewerbswidrig sein.[510]

256 Eine Verfestigung als Fallgruppe ähnlich der vermeidbaren Herkunftstäuschung ist bei der Behinderung kaum zu erkennen. Sie wurde daher auch nicht in den Beispielskatalog des § 4 Nr. 3 aufgenommen. Vielmehr dient sie als **Sammelbecken für Missbilligungen verschiedenster Art.** Diese bei ausreichender Verdichtung aufzufangen, ist eine Funktion der Generalklausel des **§ 3.** In der Rechtsprechung haben Umstände eine Rolle gespielt, die teils als solche für eine unlautere Behinderung ausreichten, teils nur im Zusammenwirken mit anderen Faktoren, wobei all diese „besonderen Umstände der Nachahmung" wiederum in der bekannten Wechselwirkung mit dem Grad der wettbewerblichen Eigenart und der Intensität der Nachahmung standen.

257 **2. Verlagerung nach § 4 Nr. 4.** Diese Fälle sind nach der neueren Rechtsprechung des BGH nicht mehr bei § 4 Nr. 3, sondern bei Nr. 4 zu verorten.[511]

X. Schutzdauer und Schutzumfang

258 **1. Schutzdauer im Erkenntnis- und im Vollstreckungsverfahren.** Mögliche Begrenzungen der Dauer des ergänzenden Leistungsschutzes können sich bereits im Erkenntnisverfahren oder – bei dauerhaftem Unterlassungsgebot – im Zwangsvollstreckungsverfahren infolge einer Vollstreckungsabwehrklage (§ 767 ZPO)[512] niederschlagen. Im **Er-**

---

[504] Vgl. BGH GRUR 1964, 31 – Petromax II.
[505] RG GRUR 1942, 352 (354) – Quarzlampe.
[506] BGH GRUR 1964, 31 (33) – Petromax II; vgl. auch OLG München GRUR 1965, 196 (197) – Reiseandenken.
[507] BGH GRUR 1955, 445 (446) – Mantelmodell.
[508] Vgl. BGH GRUR 1964, 31 (33) – Petromax II und jetzt § 311 Abs. 2 iVm § 241 Abs. 2 BGB nF.
[509] → Rn. 109 f., BGH GRUR 2011, 134 Rn. 66 – Perlentaucher und ausdrücklich GRUR 2007, 795 Rn. 51 – Handtaschen.
[510] BGH GRUR 2007, 795 Rn. 50 f. – Handtaschen.
[511] BGH GRUR 2017, 79 Rn. 79 – Segmentstruktur; GRUR 2019 Rn. 28 f. – Industrienähmaschinen; *Büscher* GRUR 2018, 1 (6 f.).
[512] Vgl. *Körner* GRUR 1985, 909.

kenntnisverfahren ist das **Unterlassungsgebot dauerhaft,** wenn nicht ausnahmsweise der Unlauterkeitsgrund ein vorübergehender ist. Ist diese Grenze im Zeitpunkt der Klageerhebung bereits überschritten, führt dies zur Unbegründetheit der Unterlassungsklage; wird sie während des Prozesses überschritten, tritt insoweit (nicht unbedingt hinsichtlich des Schadenersatzanspruchs)[513] eine Erledigung der Hauptsache ein. **Zeitlich begrenzte Unterlassungstitel** gewinnen mit dem nicht eingetragenen Gemeinschaftsgeschmacksmuster (Schutzdauer 3 Jahre) an Bedeutung.

2. Konkrete Schutzdauer fallgruppenabhängig. Die Dauer des wettbewerbsrecht- **259**
lichen Leistungsschutzes hängt entscheidend davon ab, unter welchem Gesichtspunkt er gewährt wird. Grundsätzlich gilt, dass er so lange fortbesteht, wie das Verhalten des Nachahmers unlauter ist.[514]

a) Vermeidbare Herkunftstäuschungen. Am **längsten** kann der Schutz bei vermeid- **260**
baren Herkunftstäuschungen (→ Rn. 154 ff.) währen, nämlich bis die Herkunftsfunktion des Originals erlischt. Hier zeigt sich eine Parallele zu den ebenfalls zeitlich prinzipiell nicht begrenzten Kennzeichenrechten, vor allem zum Markenschutz kraft Verkehrsgeltung (§ 4 Nr. 2 MarkenG). Mit dem Markterfolg des Originals und dem Umfang der dafür betriebenen Werbung kann die Eignung zur Erweckung von Herkunftsvorstellungen mit der Zeit noch **wachsen** (maW: der Grad der wettbewerblichen Eigenart zunehmen). Umgekehrt kann diese Eignung **erodieren** (und der Grad der wettbewerblichen Eigenart abnehmen), wenn der Erfolg nachlässt oder ungestört so viele Nachahmer anlockt, dass das Publikum das Ausgangserzeugnis nicht mehr einem bestimmten Anbieter zuschreibt.[515] Die Aufrechterhaltung einer solchen „Produktidentität" vor allem durch das Vorgehen gegen Nachahmer bestimmt die Schutzdauer daher wesentlich mit. Sie wird sehr erleichtert durch **das anfängliche Bestehen eines Sonderschutzrechts,** praktisch vor allem eines Designs. Nach dessen Erlöschen kann die kennzeichnende wettbewerbliche Eigenart fortbestehen und eine Grundlage für den Fortbestand auch des Nachahmungsschutzes (nunmehr auf der Grundlage der Herkunftstäuschung) bieten. Die Rechtsprechung hierzu ist nicht einheitlich: Während der BGH einerseits auch nach Ablauf eines Patentschutzes den Fortbestand eines Herkunftsschutzes an den Original-Erzeugnissen für möglich hält,[516] hat er sich in einem anderen Fall gegen eine **de facto-Perpetuierung des Patentschutzes mit dem Wettbewerbsrecht** ausgesprochen, obwohl Herkunftstäuschungen nicht ausgeschlossen werden konnten.[517]

b) Unmittelbarer Leistungsschutz. Das Ziel des unmittelbaren Leistungsschutzes **261**
(→ Rn. 141 ff.) deckt sich mit dem des Patent-, Urheber- und Musterrechts insoweit, als dem Erbringer einer Leistung auch der Genuss von deren Früchten bis zu einem gewissen Grade gesichert werden soll. Wenn diese Gelegenheit ausreichend bestand (insbesondere unter Berücksichtigung eines – früheren – Bestehens von Sonderschutzrechten), ist für einen unmittelbaren ergänzenden Leistungsschutz kein Raum mehr.[518]

c) Schutz gegen Rufausbeutungen und -beeinträchtigungen. Dieser Schutz **262**
(→ Rn. 218 ff.) ist – ebenso wie der gegen Herkunftstäuschungen – bei Aufrechterhaltung seiner Voraussetzungen zeitlich unbegrenzt. Bestätigt wird dies durch die sondergesetzliche Verselbständigung der Rufausbeutung durch Kennzeichen in § 14 Abs. 2 Nr. 3 MarkenG.

---

[513] Vgl. BGH GRUR 1973, 478 – Modeneuheit.

[514] BGH GRUR 2003, 356 (358) – Präzisionsmessgeräte.

[515] Vgl. → Rn. 176.

[516] BGH GRUR 2017, 234 Rn. 32 – Bodendübel; GRUR 1988, 385 (386 f.) – Wäsche-Kennzeichnungsbänder.

[517] BGH GRUR 1990, 528 – Rollen-Clips. So auch ausführlich *Raue,* Nachahmungsfreiheit nach Ablauf des Immaterialgüterrechtsschutzes?, S. 36 ff., 132 ff.

[518] *Sack* FS Erdmann, 2002, 697 (698, 714).

263 **d) Unredliche Erlangung von Kenntnissen oder Unterlagen.** (→ Rn. 249 ff.) Zeitliche Schranken nur hinsichtlich der Aufrechterhaltung der materiellen Anspsruchsvoraussetzungen, vor allem der fehlenden Zugänglichkeit für die Allgemeinheit (Erschleichen) und des seitens des Geschädigten berechtigterweise in Anspruch genommenen Vertrauens (Vertrauensbruch). Wurden gestohlene Modelle nachgebaut, kann ein wettbewerbsrechtliches Verwertungsverbot viele Jahre dauern.[519]

264 **3. Schutzumfang.** Der **Grad der wettbewerblichen Eigenart** bestimmt den Schutzumfang des nachgeahmten Arbeitsergebnisses in dem Maße, wie es auf wettbewerbliche Eigenart **ankommt.** Wo die wettbewerbliche Eigenart (und nicht primär die unlauteren Begleitumstände der Nachahmung) im Vordergrund steht, gilt: Je origineller ein Erzeugnis im Vergleich zu vorbekannten Erzeugnissen ist, einen um so größeren Abstand muss ein Wettbewerber bei einer Nachahmung einhalten. Außer oder neben solcher „angeborener" wettbewerblicher Eigenart kann auch (erworbene) Bekanntheit zum Grad der wettbewerblichen Eigenart beitragen, vgl. → Rn. 165. Der Grad der wettbewerblichen Eigenart ist in den Tatsacheninstanzen zu ermitteln.[520] Soweit es für die jeweilige Fallgruppe auf die wettbewerbliche Eigenart ankommt, bestimmt deren Grad den Schutzumfang des ergänzenden wettbewerbsrechtlichen Leistungsschutzes so wie die Grade von Unterscheidungskraft, Schöpfungs- oder Erfindungshöhe den Schutzumfang von Marken-, Urheber- und Patentrecht bestimmen.

XI. Aktiv- und Passivlegitimation

265 **1. Aktivlegitimation.** Der Leistungsschutz steht dem **Erbringer** der jeweiligen Leistung zu. Das ist bei der Übernahme der Herstellerleistung in aller Regel **nur der Hersteller** und nicht der Händler.[521] Auch andere Wettbewerber sind entgegen § 8 Abs. 3 ebenso wenig klagebefugt wie Kammern oder Verbände.[522] An dieser „Engführung" ist auch nach der Umsetzung der UGP-Richtlinie und der für § 5 Abs. 2 an sich geltenden unbeschränkten Klagebefugnis festzuhalten (und zwar im Sinne einer Abmilderung der gröbsten gesetzgeberischen Widersprüche auch für § 5 Abs. 2).[523]

266 **a) Hersteller.** Hersteller ist, wer das Erzeugnis in eigener Verantwortung herstellt oder von einem Dritten herstellen lässt und über das Inverkehrbringen entscheidet. Nicht erforderlich ist, dass der Hersteller zugleich der Schöpfer oder Urheber des Original-Produkts ist.[524] Die frühere Gleichsetzung von „Hersteller" und „Urheber" ist problematisch. Urheber sind Individuen, Hersteller meist Unternehmen. Diese beauftragen angestellte oder externe Designer mit der Produktgestaltung, Werbeagenturen mit der Erstellung von Reklamemitteln, die Werbeagentur wiederum mag unabhängige Texter oder Fotografen einschalten. Der Hersteller muss sämtliche Nutzungsrechte direkt oder indirekt erwerben. Ob neben der Eigennutzung auch ein Recht zur Geltendmachung des zugelieferten geistigen Eigentums gegenüber Dritten erworben wurde, hängt von der Ausgestaltung der jeweiligen Verträge ab: nur eine ausschließliche Lizenz beinhaltet ohne weiteres auch ein eigenes Klagerecht.[525] An Beiträgen von Arbeitnehmern, die kraft ihrer Tätigkeitsbeschreibung zu Kreativleistungen verpflichtet sind, werden dem Arbeitgeber Nutzungsrechte schon stillschweigend aufgrund des Arbeitsvertrages eingeräumt.[526] Eine ausdrückliche Regelung der Exklusivität empfiehlt sich. Bei nur einfachen Nutzungsrechten bleibt der

---

519 BGH GRUR 2003, 356 (358) – Präzisionsmessgeräte.

520 BGH GRUR 2017, 79 Rn. 62 – Segmentstruktur; 1999, 751 (752) – Güllepumpen.

521 BGH GRUR 1993, 34 (37) – Bedienungsanweisung; 1998, 223 (224 f.) – Finnischer Schmuck; 2005, 519 – Vitamin-Zell-Komplex.

522 So zutr. *Ohly*/Sosnitza § 4 Rn. 9/84 mwN zum Streitstand.

523 Ebenso GroßKommUWG/*Leistner* § 4 Nr. 9 Rn. 241.

524 BGH GRUR 2016, 730 Rn. 21 – Herrnhuter Stern.

525 Fromm/Nordemann/*Jan Bernd Nordemann,* Urheberrecht, UrhG § 97 Rn. 132 f.

526 Schricker/Loewenheim/*Rojahn,* Urheberrecht, UrhG § 43 Rn. 40.

Urheber selbst klagebefugt. Er ist aber auf urheberrechtliche Ansprüche beschränkt. Die spezifisch wettbewerbsrechtlichen Unlauterkeitsgesichtspunkte kann nur der Hersteller als Wettbewerber vorbringen. Das gilt vor allem für die vermeidbare Herkunftstäuschung. Der BGH hat aber auch die dutzendfache unmittelbare Übernahme von Werbefotos eines Brillenherstellers als wettbewerbswidrige Aneignung eines schutzwürdigen fremden Leistungsergebnisses zu Lasten dieses Herstellers gewertet, der die Fotos zT von Angestellten, zT von beauftragten Fotografen hatte aufnehmen lassen.[527]

Der „nachfolgende Original-Hersteller", der das Original-Erzeugnis nicht erstmals gefertigt hat, kann klagebefugt sein, auch wenn seine Nachfolgeeigenschaft nicht auf förmlicher Rechtsnachfolge beruht, sondern nur auf personellen und wirtschaftlichen Beziehungen zu dem ursprünglichen Hersteller.[528] 267

b) Händler. Ein Händler kann ausnahmsweise unter folgenden Gesichtspunkten aktivlegitimiert sein: 268

aa) Eigene Leistung durch Zusammenstellung einer Kollektion. Erbringt der Händler durch Auswahl und Zusammenstellung einer Kollektion eine besondere schutzwürdige Leistung, kann deren (fast) identische Übernahme wegen der besonderen Eigenart der Gesamtkollektion und ihrer Zusammenstellung bei Vorliegen besonderer Umstände wettbewerbswidrig sein.[529] 269

bb) Vermeidbare Herkunftstäuschung zu Lasten von Alleinvertriebsberechtigten. Der Exklusivhändler eines nachgeahmten Produkts kann gegen vermeidbare Herkunftstäuschungen geschützt sein, wenn durch die Nachahmung nicht nur über die Herkunft von einem bestimmten Hersteller, sondern zugleich auch über die Herkunft aus seinem Unternehmen getäuscht wird.[530] 270

2. Passivlegitimation. In Anspruch genommen werden kann jeder **Vertreiber,** in dessen Person die Unlauterkeitserfordernisse vorliegen. Hierbei kommt es weder auf die Vertriebsebene noch darauf an, ob selbst hergestellt wurde. Die **Herstellung selbst ist wettbewerbsrechtlich zulässig.** Sie kann einem hausinternen Gebrauch oder einem zulässigen Auslandsvertrieb dienen.[531] 271

XII. Ansprüche

1. Unterlassung. Der auf zukünftige Unterlassung des Vertriebs gerichtete, praktisch meist wichtigste Anspruch ist verschuldensunabhängig.[532] 272

2. Schadenersatz. a) Verschulden. Der Schadenersatzanspruch setzt Vorsatz oder Fahrlässigkeit voraus. Zur Vermeidung der letzteren verlangt die Rechtsprechung **große Sorgfalt.** Rechtsirrtümer sind nur entschuldigt, wenn der Irrende „mit einer anderen Beurteilung durch die Gerichte nicht zu rechnen brauchte".[533] Richtig müsste es heißen: „durch irgendein Gericht", denn manche Spruchkörper beurteilen auch Sachverhalte als unlauter, die andere bereits für einwandfrei erklärt haben. Selbst mit einem solchen Attest im Rücken wird der Wettbewerber von dem strengeren Gericht wegen unlauteren Verhaltens sowie Fahrlässigkeit verurteilt. Fahrlässig handelt nicht nur, „wer sich **erkennbar in** 273

---

[527] BGH GRUR 1995, 349 (350 f.) – Objektive Schadensberechnung. Die Klägerin hatte sich ausschließlich auf unlauteren Wettbewerb, nicht auf Urheberrecht gestützt, so dass die Gerichte eine Urheberrechtsverletzung nicht prüften.

[528] BGH GRUR 2016, 730 Ls. 2 und Rn. 23 f. – Herrnhuter Stern.

[529] BGH GRUR 1991, 223 (224) – Finnischer Schmuck.

[530] BGH GRUR 1994, 630 (634) – Cartier-Armreif; 1991, 223 (225) – Finnischer Schmuck; 1988, 620 (621 f.) – Vespa-Roller.

[531] Zur Passivlegitimation bei wettbewerbsrechtlichen Ansprüchen im Allgemeinen unten Goldmann → § 8 Rn. 350 ff.

[532] Eingehend zum wettbewerbsrechtlichen Unterlassungsanspruch unten *Goldmann* → § 8 Rn. 1 ff.

[533] BGH GRUR 1999, 923 (928) – Tele-Info-CD mwN; s. näher *Goldmann* → § 9 Rn. 61 ff.

einem Grenzbereich des rechtlich Zulässigen bewegt, in dem er eine von der eigenen Einschätzung abweichende Beurteilung der rechtlichen Zulässigkeit des fraglichen Verhaltens in Betracht ziehen muss".[534] Er muss auch in Betracht ziehen, dass die Gerichte untereinander abweichende Vorstellungen von Unlauterkeit haben.

274 **b) Schadensentstehung.** Zur Begründung des Antrags auf Feststellung der Schadenersatzpflicht (also noch vor Auskunftserteilung und Schadensbezifferung) muss dargetan werden, dass überhaupt ein Schaden (in welcher Höhe auch immer) **entstanden** ist. Schon aufgrund des Bestehens eines Wettbewerbsverhältnisses liegt nach ständiger Rechtsprechung des BGH die Möglichkeit nahe, dass ein Wettbewerbsverstoß den Konkurrenten schädigt.[535] Auch die Erzielung eines Verletzergewinns lässt idR den Schluss zu, dass beim Verletzten ein Schaden eingetreten ist (weil er den Gewinn sonst selbst gemacht hätte).[536] Bei Verstößen gegen den wettbewerbsrechtlichen Leistungsschutz ist die **Wahrscheinlichkeit eines Schadenseintritts** noch **höher als bei sonstigen Wettbewerbsverstößen,** da hier – anders als meist – gezielt ein Wettbewerber, nämlich der Rechtsinhaber betroffen ist.

275 **c) Schadenersatz.** Geschuldet wird Schadenersatz, keine Strafe. Alle nachfolgenden Schadensberechnungsarten haben zum Ziel, den **Schädiger nicht besser,** aber auch nicht schlechter zu **stellen als einen rechtstreuen Konkurrenten.** Ein Schadenszuschlag ist bislang nur bei bestimmten Urheberrechtsverletzungen gewährt worden, nämlich im Fall der ungenehmigten öffentlichen Musikwiedergabe.[537] und bei gleichzeitiger Verletzung des Urheberpersönlichkeitsrechts.[538] Diese Rechtsprechung hat einen Ausnahmecharakter und ist auf andere Rechtsverletzungen grundsätzlich nicht anwendbar.[539]

276 **d) Schadensberechnung[540].** Schaden ist die **Differenz** zwischen dem tatsächlichen Vermögen des Rechtsinhabers nach der Rechtsverletzung und seinem hypothetischen Vermögen falls die Rechtsverletzung nicht stattgefunden hätte (§ 249 S. 1 BGB). Diese Differenz besteht aus **entgangenem Gewinn,** § 252 S. 1 BGB. Trotz der Beweiserleichterungen in § 252 S. 2 BGB und § 287 Abs. 1 S. 1 ZPO ist die vom Gesetz vorgesehene Berechnung des eigenen entgangenen Gewinns oft schwierig. Selbst wenn sich eine Korrelation von Verletzerumsatz und Umsatzeinbußen beim Rechtsinhaber zeigen lässt, muss diese nicht zwangsläufig auf das Angebot der Nachahmungen zurückzuführen sein. Schon wenn der Nachahmer deutlich billiger angeboten hat, muss er auch Kaufkraft abgeschöpft haben, die für den teureren Original-Anbieter nicht erreichbar war. Der Inhaber von Immaterialgüterrechten oder wettbewerblichen Leistungsschutzpositionen ist also gegenüber dem Sacheigentümer doppelt benachteiligt: einmal durch die besondere Verletzlichkeit geistigen Eigentums und außerdem beim Schadensnachweis.

277 Für den Bereich der Sonderschutzrechte hat die Rechtsprechung dieses Problem schon früh mit der Einführung zweier weiterer Schadensberechnungsmethoden gelöst, nämlich der Abschöpfung des Verletzergewinns und der Zubilligung einer fiktiven Lizenzgebühr. Dem Verletzten stehen somit **drei Berechnungsarten zur Wahl,** von denen er sich die für ihn **günstigste aussuchen** kann. Entscheiden muss er sich erst nach vollständiger Auskunftserteilung. Noch im Betragsverfahren („Zahlungsprozess") kann er die **Berechnungsmethode wechseln.** Das Wahlrecht erlischt erst mit der rechtskräftigen Zuerken-

[534] BGH GRUR 1999, 923 (928) – Tele-Info-CD.

[535] BGH GRUR 1993, 926 (927) – Apothekenzeitschriften mwN, zT auch zum Markenrecht (BGH GRUR 1974, 735 (736) – Pharmamedan), mit dem das UWG hier auf eine Stufe gestellt wird.

[536] BGH GRUR 1995, 349 (351) – Objektive Schadensberechnung.

[537] BGH GRUR 1973, 379 – Doppelte Tarifgebühr.

[538] OLG Hamburg GRUR 1989, 912 – Spiegel-Photos; OLG München ZUM 2000, 404 (407) – Literaturhandbuch; OLG Frankfurt a. M. GRUR 1989, 203 (205) – Wüstenpflug; OLG Düsseldorf GRUR-RR 2006, 393 (394 f.); KG WRP 2012, 1002; nunmehr auch BGH GRUR 2015, 780 – Motorradteile.

[539] BGH GRUR 1990, 353 (355) – Raubkopien; zu möglichen Auswirkungen der flexibleren Schadensbemessung aufgrund der Durchsetzungsrichtlinie siehe unten *Goldmann* → § 9 Rn. 2 ff., 144.

[540] Zur Schadensberechnung bei wettbewerbsrechtlichen Verstößen ausführlich Goldmann → § 9 Rn. 87 ff.

nung des bezifferten Anspruchs oder mit Zahlung des verlangten Betrages durch den Verletzer. Der Verletzte muss sich klar für eine Berechnungsart entscheiden. Es gibt keine „dreifache Schadensberechnung", sondern nur drei alternative Berechnungsmethoden. Diese dürfen nicht miteinander kombiniert oder vermischt werden. Zulässig ist hingegen die Stellung von Hilfsanträgen aufgrund alternativer Berechnungsarten.[541]

Wegen der (oft nur vermeintlich) unterschiedlichen Schutzgüter von Sonderschutzrech- 278 ten und wettbewerbsrechtlichem Leistungsschutz hat die Rechtsprechung beim Letzteren die **Wahl der drei Berechnungsarten** zunächst nur zögerlich und differenzierend nach Fallgruppen eröffnet. Inzwischen ist sie **„für alle Fälle der wettbewerbswidrigen Leistungsübernahme" zugelassen.**[542]

aa) Eigener entgangener Gewinn. Dies ist die im BGB vorgesehene Methode der 279 Schadensberechnung (**Differenzhypothese,** §§ 249 S. 1, 252 BGB). Ihre **Unzulänglichkeit** für die Bedürfnisse des gewerblichen Rechtsschutzes und Urheberrechts hat zur Eröffnung der anderen beiden, sogenannten „objektiven" Berechnungsarten geführt. In der Praxis spielt die sogenannte „konkrete" Berechnungsart des eigenen entgangenen Gewinns kaum eine Rolle.

bb) Abschöpfung des Verletzergewinns[543]**.** Diese Berechnungsart ist attraktiv, wenn 280 der Verletzer besonders geschäftstüchtig war. Rechtlich beruht sie allerdings auf der Fiktion, dass „dem Verletzten entsprechende eigene Geschäfte (und daraus resultierende Gewinnmöglichkeiten) entgangen sind".[544] Ihre Zwecke sind Ausgleich, Sanktion und Prävention.[545] Sie setzt detaillierte Auskunftserteilung und Rechnungslegung des Verletzers hinsichtlich der erzielten Umsätze und seiner Kostenstruktur voraus. Nachdem der BGH ursprünglich dem Verletzer den Abzug nicht nur von Stückkosten, sondern auch von **anteiligen Gemeinkosten** gestattet hatte,[546] hat er insoweit kritischen Stimmen in der Literatur[547] Rechnung getragen und lässt den Abzug der letzteren jetzt nur noch zu, wenn und soweit sie ausnahmsweise (entgegen ihrem eigentlichen Charakter als Gemeinkosten) den rechtsverletzenden Gegenständen **unmittelbar** zugerechnet werden können.[548] Dies gilt ausdrücklich auch für Fälle des wettbewerbsrechtlichen Leistungsschutzes.[549]

Ausnahmsweise kommt diese Berechnungsmethode nicht in Betracht, wenn mit dem 281 Verletzergewinn keine Gewinneinbuße auf Seiten des Verletzten korrespondiert, etwa weil die Gewinne **beider** aufgrund derselben Umsätze stiegen.[550] Hierfür eine Kompensation zuzusprechen wäre unvereinbar mit dem das Schadenersatzrecht bestimmenden Ausgleichszweck. Hieran zeigt sich, dass die beiden objektiven Berechnungsarten keinen selbständigen Schadensgrund abgeben, die Feststellung der **Entstehung** eines Schadens (→ Rn. 274) also nicht ersetzen können.

Abschöpfbar ist (nur) der mit der Rechtsverletzung erzielte Gewinn, dh der **Vorteil,** den 282 der Verletzer **gerade aus der Nachahmung** des konkreten Original-Erzeugnisses gezogen hat. Bei den Sonderschutzrechten weicht der diesbezügliche Anteil je nach Typus des Schutzrechts und der Bedeutung seiner Ausnutzung für die Kaufentscheidung voneinander ab: Bei Patent- und Designverletzungen[551] ist eher der ganze Gewinn (nach Abzug der

[541] Vgl. zum Ganzen ausführlich BGH GRUR 1993, 55 (57) – Tchibo/Rolex II.

[542] Seit BGH GRUR 1993, 757 – Kollektion Holiday. ausführlich zur Wahlmöglichkeit des Gläubigers unten *Goldmann* → § 9 Rn. 142 ff.

[543] Eingehend hierzu unten *Goldmann* → § 9 Rn. 159 ff.

[544] BGH GRUR 1995, 349 (351) – Objektive Schadensberechnung; 2001, 329 (331) – Gemeinkostenanteil.

[545] BGH GRUR 2001, 329 (331) – Gemeinkostenanteil.

[546] BGH GRUR 1962, 509 (511) – Dia-Rähmchen II.

[547] *Lehmann* BB 1988, 1680 (1683 ff.); *Körner* FS Steindorff, 1990, 877 (886 f.).

[548] BGH GRUR 2001, 329 – Gemeinkostenanteil. Zu den Auswirkungen dieser Entscheidung s. ausführlich *Tilmann* GRUR 2003, 647.

[549] BGH GRUR 2007, 431 – Steckverbindergehäuse.

[550] So im Fall BGH GRUR 1995, 349 – Objektive Schadensberechnung.

[551] Dazu ausdrücklich BGH GRUR 2001, 329 (332) – Gemeinkostenanteil.

Aufwendungen des Verletzers) herauszugeben.[552] Abschläge können vorgenommen werden, wenn die Kaufentscheidung maßgeblich durch andere Parameter wie günstigeren Preis oder bei Werken der angewandten Kunst abweichende Funktionalität beeinflusst wurde.[553] Bei Kennzeichenverletzungen nimmt man hingegen an, dass die betreffende Ware überwiegend auch bei einer anderen, rechtlich einwandfreien Kennzeichnung gekauft worden wäre, so dass hier erhebliche Abschläge zu machen sind.[554] Dementsprechend sind **höhere Abschläge auch beim wettbewerbsrechtlichen Leistungsschutz** gerechtfertigt, wenn die wettbewerbliche Eigenart mehr auf markenartigen als auf produktartigen Elementen beruht; bei § 4 Nr. 9c) ist maßgeblich, inwieweit die Nachahmung auf dem unredlich Erlangten beruht.

283 Sodann kommt es auf die **Intensität der Nachahmung** an: bei (fast) identischer Produktnachahmung oder unmittelbarer Übernahme muss ein Abzug (wenn er überhaupt gerechtfertigt ist) tendenziell geringer ausfallen als bei weniger engen Anlehnungen.[555] Schließlich ist der Grad der wettbewerblichen Eigenart zu berücksichtigen: Je origineller und/oder bekannter das Original-Erzeugnis ist, desto eher ist anzunehmen, dass auch seine Nachahmungen gerade wegen der charakteristischen Gestaltung gekauft wurden. Bei eher blassen Produkten hingegen mag nicht einmal eine identische Übernahme den Erwerb der Nachahmungen veranlasst haben.

284 Innerhalb einer **Verletzerkette** haftet grundsätzlich jeder einzelne Verletzer auf die Herausgabe des von ihm erzielten Gewinns. Die einzelnen Glieder der Verletzerkette sind in der Regel keine Gesamtschuldner gem. §§ 830, 840 BGB.[556] Der Gewinn eines in der Kette weiter oben stehenden Verletzers wird dadurch gemindert, dass dessen Abnehmer ihn infolge der Inanspruchnahme durch den Berechtigten in Regress nehmen.[557]

285 **cc) Lizenzanalogie.** Dies ist die **praktisch am häufigsten** angewandte Berechnungsart. Sie ist „überall dort zulässig, wo die Überlassung von Ausschließlichkeitsrechten zur Benutzung durch Dritte gegen Entgelt rechtlich möglich und verkehrsüblich ist".[558] Dazu gehören auch alle wettbewerbsrechtlich geschützten Leistungspositionen.[559]

286 Der Grundgedanke ist, dass dem Verletzer die Zahlung des üblichen Entgeltes für die Nutzung einer fremden Leistung nicht erspart bleiben soll.[560] Diese Berechnungsart fragt danach, wie die Vermögenslage des Verletzers wäre, wenn er diese Leistung erlaubtermaßen benutzt hätte: „Da er in einem solchen Fall die Gestattung des Schutzrechtsinhabers hätte einholen müssen, die dieser üblicherweise nur gegen Zahlung einer Lizenzgebühr als Entgelt erteilt hätte, ist der Verletzer so zu behandeln, als sei durch seinen rechtswidrigen Eingriff dem Rechtsinhaber diese angemessene Lizenzgebühr entgangen".[561] Geschuldet wird, „was bei vertraglicher Einräumung **ein vernünftiger Lizenzgeber gefordert und ein vernünftiger Lizenznehmer gewährt hätte,** wenn beide die im Zeitpunkt der Entscheidung gegebene Sachlage gekannt hätten".[562] „Zeitpunkt der Entscheidung" ist der der Vergütungsfestsetzung für die Vergangenheit,[563] also der gerichtlichen Entscheidung.

[552] Durchweg für nur anteilige Gewinnabschöpfung Teplitzky-*Schaub* Kap. 34 Rn. 33 mwN.

[553] BGH GRUR 2009, 856 Rn. 45 – Tripp-Trapp-Stuhl.

[554] BGH GRUR 1973, 375 (378) – Miss Petite.

[555] Auf eine identische Nachahmung wird abgestellt in BGH GRUR 1974, 53 (54) – Nebelscheinwerfer und 2001, 329 (332) – Gemeinkostenanteil (jeweils zum Geschmacksmusterrecht); vgl. ferner BGH GRUR 1993, 55 (59) – Tchibo/Rolex II: Es bestehe „kein Anhalt dafür, dass der von der Beklagten erzielte Gewinn in vollem Umfang darauf beruht, dass die verkauften Uhren solchen der Klägerin ähnlich gestaltet waren".

[556] BGH GRUR 2009, 856 Rn. 67 – Tripp-Trapp-Stuhl.

[557] BGH GRUR 2009, 856 Rn. 73 – Tripp-Trapp-Stuhl; vgl. ausführlich *Lohbeck,* Die Haftung in Verletzermehrheit und Verletzerkette, S. 207 ff.

[558] BGH GRUR 1990, 1008 (1009) – Lizenzanalogie; hierzu näher *Goldmann* → § 9 Rn. 151 ff.

[559] BGH GRUR 1993, 757 – Kollektion Holiday; 1995, 349 (351) – Objektive Schadensberechnung. Ausführlich zur Lizenzanalogie unten *Goldmann* → § 9 Rn. 151 ff.

[560] BGH GRUR 1990, 1008 (1009) – Lizenzanalogie.

[561] BGH GRUR 1993, 899 (901) – Dia-Duplikate.

[562] BGH GRUR 1990, 1008 (1009) – Lizenzanalogie; 1966, 375 (378) – Meßmer-Tee II.

[563] *Lindenmaier* GRUR 1955, 359 (360).

Auf die zu diesem Zeitpunkt bekannten Tatsachen ist abzustellen, nicht etwa auf die (hypothetischen) Erwartungen und Aussichten der Parteien zzt. der hypothetischen Lizenzgewährung vor Verletzungsbeginn. Es kommt also darauf an, was vernünftige Vertragspartner vereinbart hätten, wenn sie beim Eingehen des (fiktiven) Lizenzvertrages die künftige Entwicklung und namentlich die Zeitdauer und das Ausmaß der Rechtsverletzung vorausgesehen hätten.[564]

3. Ungerechtfertigte Bereicherung. Nach § 812 Abs. 1 S. 1 Alt. 2 BGB ist zur Herausgabe verpflichtet, wer auf Kosten eines anderen etwas **ohne rechtlichen Grund erlangt** (sog. Eingriffskondiktion). Anders als der Schadenersatzanspruch ist der Bereicherungsanspruch verschuldensunabhängig. Er unterliegt auch nicht der kurzen (6 Monate ab Kenntnis) Verjährung des § 11 UWG, da dieser ausdrücklich nur Unterlassung und Schadenersatz regelt. Bereicherungsansprüche **verjähren in drei Jahren** (§ 195 BGB, zum Beginn dieser Frist vgl. § 199 BGB). 287

Verstöße gegen § 3 UWG begründen idR keine Bereicherungsansprüche. Wer Lauterkeitsregeln verletzt, greift aufgrund dessen meist nicht in geschützte Rechtspositionen ein, die einem bestimmten Konkurrenten zugewiesen wären. Anders verhält es sich beim wettbewerbsrechtlichen Leistungsschutz, der einen solchen **„Zuweisungsgehalt"** aufweist. Hier ist – ebenso wie bei den Sonderschutzrechten – die **Eingriffskondiktion** gegeben.[565] Die Berechnung der Bereicherung erfolgt – obwohl auf den ersten Blick eine Verwandtschaft mit der Abschöpfung des Verletzergewinns zu bestehen scheint – ausschließlich und erschöpfend anhand der fiktiven Lizenzgebühr:[566] Aus der Bereicherung im Rechtssinne „erlangt" ist der Gebrauch des immateriellen Schutzgegenstandes und dessen Wert iSv § 818 Abs. 2 BGB wird im Sinne eines objektiven Verkehrswerts von der angemessenen (fiktiven) Lizenzgebühr widergespiegelt. 288

Aus der Anknüpfung des Bereicherungsanspruchs nicht an die Einbußen des Rechtsinhabers, sondern an das vom Verletzer Erlangte folgt die Möglichkeit auch eines **Wegfalls** dieses Anspruchs **infolge Entreicherung** (§ 818 Abs. 3 BGB). 289

4. Auskünfte. a) Ermöglichung der Schadensberechnung. Da der in seinem wettbewerbsrechtlichen Leistungsschutz Verletzte seinen Schaden wie der Inhaber eines Sonderschutzrechts berechnen kann (vgl. → Rn. 277 f.), stehen ihm auch die zum Schadenersatzanspruch akzessorischen Ansprüche auf Auskunft und Rechnungslegung[567] im gleichen Umfang zu. Ihre Rechtsgrundlage ist **Gewohnheitsrecht.**[568] Sie dienen dazu, dem Geschädigten zunächst die **Wahl der für ihn günstigsten Berechnungsart** und sodann die Berechnung der **Höhe** des ihm entstandenen Schadens zu ermöglichen. Da die Berechnungsart nicht sofort feststehen muss, sind auch die Auskünfte zu erteilen, die einer Berechnung des Verletzergewinns dienen.[569] Vor allem hier ist auch eine **Rechnungslegung** erforderlich. Darunter versteht man (§ 259 BGB) eine durch Belegvorlage gestützte (und somit überprüfbare) und hinsichtlich einzelner Geschäftsvorgänge sowie deren jeweiligen Inhalten möglichst detaillierte Auskunft. Der Begriff ist aber nicht so fest definiert, dass sich eine Aufzählung der Posten erübrigte, die den Verletzten vor allem interessieren (zB Lieferpreise, Liefermengen, ggf. Aufschlüsselung nach unterschiedlichen Typen oder Modellen und vor allem die für ihn undurchsichtigen Gestehungskosten und sonstigen Kostenstrukturen des Verletzers). 290

564 Grundlegend RG GRUR 1943, 288 (293 f.).

565 Ebenso *Ohly*/Sosnitza § 4 Rn. 9/89; offen gelassen in BGH GRUR 1991, 914 (916 f.) – Kastanienmuster.

566 BGH GRUR 1982, 301 (303) – Kunststoffhohlprofil II (zum Patentrecht).

567 Zu wettbewerbsrechtlichen Auskunftsansprüchen eingehend *Goldmann* → vor § 8 Rn. 35 ff.

568 BGH GRUR 1980, 227 (232) – Monumenta Germaniae Historica.

569 BGH GRUR 1980, 227 (232) – Monumenta Germaniae Historia.

291 Auskunft wird auch für die Zeit vor der ersten nachgewiesenen Verletzungshandlung geschuldet.[570] Kein Anspruch besteht im Hinblick auf Auskünfte, durch die der Betreffende dem mutmaßlich Verletzten erst eine Grundlage für rechtliche Schritte liefern würde.[571]

292 Problematisch sind im Rahmen der Vorbereitung der Schadensberechnung (dh unabhängig von einer möglichen Drittauskunft, vgl. unten b)) Auskünfte hinsichtlich der Identität der Abnehmer. Einerseits soll die Rechnungslegung nur der Schadensberechnung dienen und nicht der Ausforschung von Kundenbeziehungen.[572] Deshalb kann das Gericht dem Beklagten (sogar ohne dessen Hilfsantrag) den sog. **„Wirtschaftsprüfervorbehalt"** einräumen, wonach diesbezügliche Auskünfte nicht direkt an den Kläger, sondern einer Vertrauensperson und lediglich zum Zwecke der Überprüfung ihrer Richtigkeit zu erteilen sind. Andererseits kann die Kenntnis der Identität bestimmter Abnehmer für die Berechnung eines konkreten Umsatz- und Gewinnverlustes eine Rolle spielen.

293 **b) Auskunft über Vertriebswege („Drittauskunft").** Die Sonderschutzrechte sehen vor, dass der Rechtsinhaber vom Verletzer Auskunft „über die Herkunft und den Vertriebsweg" der Verletzungsgegenstände verlangen kann (zB § 101a UrhG, § 104b PatG, § 19 MarkenG). Danach hat der zur Auskunft Verpflichtete „Angaben zu machen über Namen und Anschrift des Herstellers, des Lieferanten und anderer Vorbesitzer, der Waren oder Dienstleistungen sowie der gewerblichen Abnehmer und Verkaufsstellen für die sie bestimmt waren" (so beispielhaft § 19 Abs. 3 Nr. 1 MarkenG). Damit soll der Rechtsinhaber in die Lage versetzt werden, die Verletzungsgegenstände und ihre Herkunft entlang den Vertriebswegen im Markt in allen Richtungen zu verfolgen. Ziel ist die Unterbindung von Rechtsverstößen Dritter, nämlich einer erneuten Belieferung des Auskunftspflichtigen und/oder einer Weiterverbreitung der von diesem an gewerbliche Abnehmer vertriebenen Produkte. Die einheitlichen Bestimmungen in den Sondergesetzen gehen zurück auf das **Produktpirateriegesetz** von 1990 und die Umsetzung der **Durchsetzungsrichtlinie** (2004/48/EG) durch den deutschen Gesetzgeber mit Wirkung vom 1.9.2008. Im UWG sind sie **nicht** enthalten. Der BGH hat ihre analoge Anwendung des Produktpirateriegesetzes auf Fälle des ergänzenden Leistungsschutzes abgelehnt. Stattdessen gewährt er einen **Anspruch auf Drittauskunft aus § 242 BGB.** Damit wird im Einzelfall eine Berücksichtigung des Verhältnismäßigkeitsgrundsatzes durch **Interessenabwägung** ermöglicht.[573] Auf Seiten des Verletzten spielen dabei vor allem die Bedeutung der beeinträchtigten Rechtsposition, der Grad von deren Beeinträchtigung und vor allem der Umfang der noch von Dritten zu erwartenden Beeinträchtigungen eine Rolle. Der Auskunftspflichtige soll seine Bezugsquellen und gewerblichen Kunden nur dann und insoweit offenbaren müssen, als die genannten Interessen des Verletzten überwiegen.

294 **5. Kein Vernichtungsanspruch.** Da mit § 3 UWG nicht die Herstellung unlauter nachgeahmter Erzeugnisse untersagt werden kann (vgl. → Rn. 119), gibt es hier auch keinen Vernichtungsanspruch.[574]

295 **6. Verjährung.** Es gilt die kurze Verjährung des § 11. Angemessener wären die drei Jahre, die im allgemeinen Deliktsrecht und bei den Sonderschutzrechten gelten. Denn denen stehen die Sachverhalte und die Interessen der Beteiligten in UWG-Nachahmungsfällen in jeder Hinsicht näher als den typischen kurzlebigen UWG-Regelverstößen. Die Rechtsprechung sieht sich jedoch zu Recht an die Spezialregelung des § 11 gebunden.[575] Hinsichtlich der Verjährung des Schadenersatzanspruchs ist der Vertrieb nachgeahmter Produkte keine einheitliche Dauerhandlung (mit der Folge, dass die Verjährung hinsichtlich aller Teilakte uU erst mit der Beendigung der letzten Vertriebshandlung begänne), sondern

[570] BGH GRUR 2007, 877 – Windsor Estate.
[571] BGH GRUR 1994, 630 (632) – Cartier-Armreif.
[572] BGH GRUR 1980, 227 (233) – Monumenta Germaniae Historica.
[573] BGH GRUR 1994, 630 (632) – Cartier-Armreif.
[574] BGH GRUR 2012, 1155 Rn. 36 – Sandmalkasten.
[575] *BGH GRUR* 1999, 751 (754) – Güllepumpen.

eine fortgesetzte Handlung, so dass die Verjährungsfrist hinsichtlich jeder einzelnen Vertriebshandlung gesondert läuft.[576]

XIII. Bagatellschwelle

Der wettbewerbsrechtliche Leistungsschutz ist hinsichtlich seiner Voraussetzungen und Rechtsfolgen iS eines „beweglichen Systems" so elastisch, dass es idR hinsichtlich der vertypten Fallgruppen des § 4 Nr. 3 eines zusätzlichen Rückgriffs auf eine irgendwie geartete Bagatellklausel nach § 3 Abs. 1 (vgl. *Podszun* → § 3 Rn. 260) nicht bedarf. Einer vollständigen Verneinung von Ansprüchen ist ggf. deren Beschränkung hinsichtlich Schutzumfang und -dauer vorzuziehen. 296

XIV. Prozessuales

1. Antragsformulierung. Dem Bestimmtheitserfordernis des § 253 Abs. 2 Nr. 2 ZPO muss genügt werden.[577] Richtet sich der Antrag gegen eine ganz konkrete Verletzungsform, so muss der angegriffene Gegenstand nicht unbedingt wörtlich beschrieben werden. Eine bildliche Darstellung genügt, wenn sich unter Heranziehung der Klagegründe eindeutig ergibt, aufgrund welcher Merkmale des angegriffenen Erzeugnisses ein Wettbewerbsverstoß vorliegen soll.[578] 297

2. Streitgegenstand. Eine Reihenfolge verschiedener Ansprüche aus § 4 Nr. 3 muss nicht entsprechend der TÜV-Rechtsprechung[579] festgelegt werden, ebenso wenig im Verhältnis zu § 5 Abs. 2.[580] Das folgt aus dem Grundsatz,[581] dass bei der wettbewerbsrechtlichen Unterlassungsklage der Streitgegenstand grundsätzlich von der konkreten Verletzungsform gebildet wird. 298

3. Klagevortrag. Der Kläger muss die seiner Ansicht nach wettbewerblich eigenartigen Merkmale seines Produkts konkret vortragen und detailliert beschreiben. Er kann dafür Abbildungen verwenden, soweit diese das Produkt und die als wettbewerblich eigenartig beanspruchten Merkmale deutlich erkennen lassen. Unklarheiten bei den Abbildungen gehen zu seinen Lasten. Im Regelfall soll er dem Gericht sein Produkt vorlegen.[582] Auf dieser Grundlage haben die Instanzgerichte die angeblich wettbewerblich eigenartigen Merkmale „konkret" und „nachvollziehbar" festzustellen.[583] 299

D. § 4 Nr. 4 (Behinderungswettbewerb)

Unlauter handelt, wer

4. Mitbewerber gezielt behindert;

Übersicht

[576] S. u. *Schulz* → § 11 Rn. 79 f.; BGH GRUR 199, 751 (754) – Güllepumpen.
[577] Eingehend BGH GRUR 2017, 79 Rn. 19 ff. – Segmentstruktur.
[578] BGH GRUR 2013, 1052 Rn. 12 – Einkaufswagen III.
[579] BGH GRUR 2011, 521 – TÜV I.
[580] BGH GRUR 2013, 951 Rn. 10 – Regalsystem; 2013, 1052 Rn. 11 – Einkaufswagen III.
[581] Vgl. BGH GRUR 2013, 401 Rn. 24 – Biomineralwasser.
[582] BGH GRUR 2018, 311 Rn. 17 – Handfugenpistole.
[583] BGH GRUR 2017, 79 Rn. 58 f. – Segmentstruktur; GRUR 1998, 477 – Trachtenjanker.

I. Vorbemerkungen

1. Grundzüge und Entstehungsgeschichte des § 4 Nr. 4 UWG

Schrifttum: *Beater,* Das gezielte Behindern im Sinne von § 4 Nr. 10 UWG, WRP 2011, 7; *Köhler,* Zur Konkurrenz lauterkeitsrechtlicher und kartellrechtlicher Normen, WRP 2005, 645; *ders.,* Der ‚Mitbewerber', WRP 2009, 499; *Köhler,* Funktion und Anwendungsbereich des Mitbewerberbegriffs im UWG, GRUR 2019, 123; *Omsels,* Zur Unlauterkeit der gezielten Behinderung von Mitbewerbern, WRP 2004, 136.

300 Jeder Unternehmer behindert den wirtschaftlichen Erfolg seiner Mitbewerber, indem er ihnen Konkurrenz macht. Diese **Behinderung durch** die **Quantität und Qualität,** das **Image und** den **Preis** einer Leistung **ist wettbewerbseigen.**[584] Aus der behindernden Wirkung eines Wettbewerbsverhaltens lässt sich deshalb nicht auf dessen Unlauterkeit schließen. Ein behinderndes Wettbewerbsverhalten wird erst unlauter, wenn besondere Umstände hinzutreten, die ihm das Gepräge der Unlauterkeit geben.[585] In der Rechtsprechung werden verallgemeinernd zwei Sachverhaltskomplexe unter den Tatbestand der gezielten Behinderung gefasst: Mit der geschäftlichen Handlung muss entweder **gezielt der Zweck verfolgt** werden, Mitbewerber an ihrer Entfaltung zu hindern und sie dadurch zu verdrängen[586] oder Mitbewerber müssen durch die geschäftliche Handlung derart behindert werden, dass sie ihre **Leistung durch eigene Anstrengungen** am Markt **nicht mehr in angemessener Weise zur Geltung bringen** können.[587] Unlauter ist eine geschäftliche Handlung dann, wenn das Eigeninteresse des Handelnden unter Berücksichtigung des Grundsatzes der Wettbewerbsfreiheit weniger schutzwürdig ist als die Interessen der übrigen Beteiligten und der Allgemeinheit.[588] Ob diese Voraussetzungen erfüllt sind, lässt sich nur aufgrund einer **Gesamtwürdigung der** Umstände des Einzelfalls unter Berücksichtigung der Interessen der Mitbewerber, Verbraucher und sonstigen Marktteilnehmer sowie der Allgemeinheit beurteilen.[589]

301 Die **Reformen des Gesetzes gegen den unlauteren Wettbewerb** in den Jahre 2004 und 2008 blieben für die rechtliche Beurteilung des Behinderungswettbewerbs ohne wesentliche Auswirkungen.[590] Der Gesetzgeber hielt die Ergebnisse, die die Gerichte in dieser Fallgruppe auf der Grundlage des § 1 UWG (aF) erarbeitet hatten, für sachgerecht und wollte deren weitere Ausarbeitung und Abgrenzung zu den kartellrechtlichen Behinderungstatbeständen weiterhin der Rechtsprechung überlassen.[591] Im Gesetzgebungsverfahren wurde herausgestellt, dass § 4 Nr. 10 UWG (aF, heute § 4 Nr. 4 UWG) eine **weite, generalklauselartige Fassung** enthalte, **die alle Erscheinungsformen des Behinderungswettbewerbs einbeziehe.** Sie soll auch Handlungen im Verhältnis zweier Unternehmer auf verschiedenen Wirtschaftsstufen erfassen.[592]

302 Auch die **UWG-Reform 2015** hat keinen Einfluss auf die die rechtliche Beurteilung von geschäftlichen Handlungen unter dem Gesichtspunkt des Behinderungswettbewerbs gehabt. In systematischer Hinsicht wurde aber in § 4 unter der Überschrift ‚Mitbewerberschutz' ein eigener Unlauterkeitstatbestand geschaffen, in dem § 4 Nr. 10 (aF) zu § 4 Nr. 4 UWG wurde. Die UWG-Novelle 2020 hat den Mitbewerberschutz ebenfalls nicht berührt.

---

[584] BGH WRP 2002, 1050 (1053) – Vanity-Nummer.

[585] BGH GRUR 2014, 785 Rn. 23 – Flugvermittlung im Internet; GRUR 2014, 393 Rn. 28 – wetteronline.de; GRUR 2009, 878 Rn. 13 – Fräsautomat.

[586] BGH GRUR 2015, 607 Rn. 16 – Uhrenankauf im Internet; GRUR 2014, 785 Rn. 23 – Flugvermittlung im Internet; GRUR 2014, 393 Rn. 28 – wetteronline.de;.

[587] BGH GRUR 2015, 607 Rn. 16 – Uhrenankauf im Internet; GRUR 2014, 785 Rn. 23 – Flugvermittlung im Internet; GRUR 2014, 393 Rn. 28 – wetteronline.de; *Köhler*/Bornkamm/Feddersen UWG § 4 Rn. 4.9 f.; auch → Rn. 314.

[588] BGH GRUR 2009, 685 Rn. 41 – ahd.de; GRUR 2014, 785 Rn. 42 – wetteronline.de; *Köhler*/Bornkamm/Feddersen § 4 Nr. 4.11.

[589] BGH GRUR 2018, 1251 Rn. 12 – Werbeblocker II; GRUR 2018, 317 Rn. 12 – Portierungsauftrag.

[590] BGH GRUR 2009, 876 Rn. 26 – Änderung der Voreinstellung II.

[591] BR-Drs. 301/03, 36 f.; BT-Drs. 15/1487, 41.

[592] Begr. RegE UWG, BT-Drs. 15/1487, 19.

2. Einfluss des europäischen Rechts. Der **Einfluss des europäischen Rechts** auf den Tatbestand des Behinderungswettbewerbs war lange Zeit unklar. Die Richtlinie EG/2005/29 über unlautere Geschäftspraktiken **(UGP-RL)** findet nach ihrem Erwägungsgrund 6 keine Anwendung auf nationale Rechtsvorschriften, die „lediglich die wirtschaftlichen Interessen von Mitbewerbern schädigen". Diese Formulierung ließ offen, ob die Richtlinie bei geschäftlichen Handlungen zu berücksichtigen ist, die sich an Verbraucher richten und dadurch Mitbewerber behindern, wie bestimmte Formen des Abfangens oder Abwerbens von Kunden. Es wurde vertreten, dass eine geschäftliche Handlung in diesen Fällen nur als gezielte Behinderung untersagt werden darf, wenn sie auch nach Maßgabe der UGP-RL im Verhältnis zum Verbraucher unzulässig ist.[593] 303

Der EuGH stellt jedoch allein auf den Schutzzweck der Norm ab. Dient sie dem Verbraucherschutz, ist die UGP-RL zu berücksichtigen; dient sie anderen Zwecken, findet die Richtlinie keine Anwendung, auch nicht bei Handlungen gegenüber Verbrauchern.[594] Es gilt das Prinzip der Doppelkontrolle geschäftlicher Handlungen, die einerseits Mitbewerber und andererseits Interessen der Verbraucher beeinträchtigen. Die gezielte Behinderung fällt deshalb nicht in den Anwendungsbereich der UGP-RL. Das schließt es aber nicht aus, im Rahmen einer Gesamtbewertung aller Umstände des Einzelfalls die Wertungen der UGP-Richtlinie zu berücksichtigen.[595] 304

3. Das Verhältnis von § 4 Nr. 4 zu anderen Unlauterkeitstatbeständen des UWG und zu § 823 BGB. § 4 Nr. 4 UWG wird wegen seines prima vista weiten Anwendungsbereichs als ‚kleine Generalklausel' bezeichnet.[596] Tatsächlich beschreibt die Vorschrift aber nur einen Ausschnitt unlauterer Wettbewerbshandlungen, so dass die jeder geschäftlichen Handlung eigene Behinderung der Mitbewerber noch nicht zur gezielten Behinderung wird, bloß weil sie aus irgendeinem Grunde unlauter erscheint. Erst wenn die geschäftlichen Handlung sich **gezielt gegen Mitbewerber richtet** oder diese **übermäßig daran hindert, ihre wirtschaftliche Leistung durch eigene Anstrengungen zur Geltung zu bringen,** verstößt sie auch gegen § 4 Nr. 4 UWG.[597] Unter dieser Voraussetzung ist die **Vorschrift gegenüber anderen Unlauterkeitstatbeständen** aber **nicht subsidiär,** sondern ergänzend anwendbar.[598] Gleichzeitig ist aber zu berücksichtigen, dass die Voraussetzungen und Grenzen anderer Unlauterkeitstatbestände, insbesondere im Anwendungsbereich der UGP-RL, bei der Beurteilung einer geschäftlichen Handlung nach § 4 Nr. 4 nicht unterlaufen werden dürfen.[599] 305

Verstöße gegen **§ 4 Nr. 1 oder Nr. 2** gehen in aller Regel mit einer gezielten Behinderung des betroffenen Mitbewerbers einher. In diesen Fällen liegt auch ein Verstoß gegen § 4 Nr. 4 UWG vor.[600] Eine Irreführung nach **§§ 5, 5a UWG** als solche führt nur zu einer Verletzung von § 4 Nr. 4 UWG, wenn sie sich konkret gegen das Unternehmen oder die Waren oder Dienstleistungen eines Mitbewerbers oder einer Gruppe von Mitbewerbern richtet.[601] Bei Verstößen gegen **§ 4a UWG** liegt oftmals auch eingezielte Behinderung 306

---

[593] So *Köhler* WRP 2009, 109 (111); offen gelassen in BGH GRUR 2009, 876 Rn. 26 – Änderung der Voreinstellung II.

[594] EuGH 8.9.2015 – C-13/15 Rn. 26 GRUR Int. 2015, 1140 – Cdiscount; Büscher/*Wille* § 4 Nr. 4 Rn. 12 f.

[595] *Köhler*/Bornkamm/Feddersen § 4 Rn. 4.3a.

[596] *Ohly*/Sosnitza § 4 Rn. 4/2.

[597] BGH GRUR 2015, 607 Rn. 16 – Uhrenankauf im Internet; GRUR 2014, 785 Rn. 23 – Flugvermittlung im Internet; GRUR 2014, 393 Rn. 28 – wetteronline.de; vgl. auch *Sack* GRUR 2016, 782.

[598] *Beater* WRP 2011, 7 (15); aA *Ohly*/Sosnitza § 4 Rn. 4/13 f.; jurisPK-UWG/*Müller-Bidinger* § 4 Nr. 4 Rn. 17 für § 4 Nr. 1, Nr. 2 UWG.

[599] *Ohly*/Sosnitza § 4 Rn. 4/13.

[600] BGH GRUR 2010, 349 Rn. 38 – EKW-Steuerberater; aA (subsidiär) Fezer/Büscher/Obergfell/*Götting/Hetmank* § 4 Nr. 4 Rn. 12; Büscher/*Wille* § 4 Nr. 4 Rn. 3.

[601] Unscharf OLG Düsseldorf MMR 2015, 279 f.; GRUR-RR 2014, 311 (314); OLG Karlsruhe GRUR-RR 2014, 362 (363), die die Irreführung als solche ausreichen lassen; Büscher/*Wille* § 4 Nr. 4 Rn. 3.

nahe. Belästigende Werbung nach **§ 7 UWG** dürfte demgegenüber eher selten auch die Voraussetzungen des § 4 Nr. 4 UWG erfüllen.[602]

307 Von **§ 3 Abs. 1 UWG** werden über § 4 Nr. 4 UWG hinaus ergänzend alle Sachverhalte erfasst, bei deren wettbewerbsrechtlicher Bewertung auch Aspekte von Gewicht sind, die über § 4 Nr. 4 UWG hinausreichen, wie dies bei der telefonischen Abwerbung von Personen am Arbeitsplatz durch Headhunter der Fall ist.[603] Einigkeit besteht außerdem darüber, dass die **allgemeine Marktstörung** nicht § 4 Nr. 4 unterfällt, sondern in § 3 Abs. 1 UWG verankert ist.[604] Während die gezielte Behinderung in der Regel einen oder einzelne Mitbewerber individuell betrifft, gefährdet die Marktstörung die Voraussetzungen für einen freien Wettbewerb auf dem Markt an sich und behindert alle Mitbewerber dadurch mittelbar.[605] – Die gezielte Behinderung könnte in vielen Fällen einen Eingriff in den eingerichteten und ausgeübten Gewerbebetrieb oder das Unternehmenspersönlichkeitsrechts darstellen. Auf **§ 823 Abs. 1 BGB** kann aber nur zurückgegriffen werden, soweit das UWG wegen einer fehlenden geschäftlichen Handlung nicht anwendbar ist. In allen anderen Fällen wird § 823 Abs. 1 BGB vom UWG verdrängt, weil andernfalls Spezialregelungen des UWG, wie die kurze Verjährung in § 11 UWG, unterlaufen würden.[606] Eine Ausnahme bildet traditionell nur die unberechtigte Schutzrechtsverwarnung.[607]

308 **4. Behinderungstatbestände im Kartellrecht und deren Verhältnis zu § 4 Nr. 4 UWG.** Das GWB schützt den Wettbewerb durch eine **Struktur- und Verhaltenskontrolle marktbeherrschender oder marktstarker Unternehmen oder Vereinigungen von Unternehmen;** das UWG reguliert die Lauterkeit des Wettbewerbsverhaltens.[608] **§ 19 Abs. 1 GWB** verbietet die missbräuchliche Ausnutzung einer marktbeherrschenden Stellung. Unternehmen mit gegenüber kleinen und mittleren Wettbewerbern überlegener Marktmacht dürfen nach **§ 20 Abs. 3 GWB** ihre Marktmacht außerdem nicht dazu ausnutzen, solche Wettbewerber unmittelbar oder mittelbar unbillig zu behindern. **§ 21 Abs. 1 GWB** verbietet Unternehmen und Vereinigungen von Unternehmen, ein anderes Unternehmen oder Vereinigungen von Unternehmen zu Liefersperren oder Bezugssperren aufzufordern, um ein oder mehrere bestimmte dritte Unternehmen unbillig zu beeinträchtigen. Sie dürfen anderen Unternehmen außerdem keine Nachteile androhen oder zufügen und keine Vorteile versprechen oder gewähren, um sie zu einem Verhalten zu veranlassen, das nicht zum Gegenstand einer kartellrechtlich verbotenen vertraglichen Bindung gemacht werden darf. Normadressat der Verbotstatbestände kann auch die öffentliche Hand sein.[609]

309 Nach **Art. 102 AEUV** und **§ 19 Abs. 1 GWB** ist es marktbeherrschenden und über **§ 20 Abs. 1 GWB** auch marktstarken Unternehmen untersagt, andere Unternehmen unmittelbar oder mittelbar unbillig zu behindern. Dieses Behinderungsverbot gilt im Vertikal- und im Horizontalverhältnis der beteiligten Unternehmen. Einen Beispielsfall sieht das Gesetz in § 20 Abs. 3 Nr. 2 darin, dass ein Unternehmen mit überlegener Marktmacht ohne rechtfertigenden Grund Waren oder gewerbliche Leistungen nicht nur gelegentlich unter Einstandspreis anbietet.[610]

---

[602] Unscharf OLG Düsseldorf MMR 2015, 279 f.; GRUR-RR 2014, 311 (314); Büscher/*Wille* § 4 Nr. 4 Rn. 5.

[603] BGH GRUR 2006, 426 Rn. 16 – Direktansprache am Arbeitsplatz II.

[604] OLG Hamm MMR 2012, 32 (33); *Köhler*/Bornkamm/Feddersen UWG § 4 Nr. 4.2; Büscher/*Wille* § 4 Nr. 4 Rn. 11; BT-Drs. 15/1487, 19.

[605] BGH GRUR 2002, 825 (826) – Elektroarbeiten; trotz der Verankerung in § 3 UWG wird die allgemeine Marktstörung im Rahmen dieses Kommentars in → § 4 Rn. 544 kommentiert.

[606] OLG Köln MMR, 2012, 462 (463) und *Köhler*/Bornkamm/Feddersen § 4 Nr. 4.23 gehen von einer Subsidiarität aus.

[607] Dazu → Rn. 491 ff.

[608] S. auch *Ahrens* → Einl. G Rn. 1077 ff.

[609] BGH WRP 2003, 73 (75) – Kommunaler Schilderprägebetrieb; GRUR 1999, 278 (280) – Schilderpräger im Landratsamt.

[610] Hierzu → Rn. 474.

Das Tatbestandsmerkmal der Behinderung im kartellrechtlichen Sinne ist weit auszulegen und erfasst jedes Marktverhalten, dass **objektiv nachteilige Auswirkungen** auf den Wettbewerb oder das bzw. die betroffenen Unternehmen haben kann.[611] Die behindernde Wirkung indiziert allerdings noch nicht die **Unbilligkeit,** die erst im Rahmen einer umfassenden Interessenabwägung unter Berücksichtigung der auf die Freiheit des Wettbewerbs gerichteten Zielsetzung festgestellt werden kann. Bei behindernden Maßnahmen der öffentlichen Hand ist in diesem Zusammenhang zu berücksichtigen, dass sie sich keinen unsachlichen Vorsprung vor den Mitbewerbern verschaffen darf, indem sie ihre hoheitlichen Befugnisse zur Förderung ihres Wettbewerbs einsetzt oder Mitbewerber mit Mitteln verdrängt, die diesen nicht zustehen.[612] 310

Die Behinderungsverbote des Kartellrechts überlappen sich teilweise mit dem Tatbestand der gezielten Behinderung im UWG. Beide Behinderungstatbestände können nebeneinander angewendet werden.[613] Die **Wertungsmaßstäbe** einer unbilligen und einer gezielten Behinderung sind **weitgehend identisch.**[614] Die Wettbewerbswidrigkeit indiziert die Unbilligkeit der Behinderung im kartellrechtlichen Sinne.[615] Eine unbillige Behinderung muss demgegenüber nicht unlauter sein, weil Normadressat des § 20 Abs. 1 GWB nur marktbeherrschende Unternehmen sowie bestimmte Vereinigungen von Unternehmen sind.[616] Die Wertungen des GWB, das bestimmte Verhaltensweisen nur marktstarken Unternehmen sowie Unternehmen untersagt, von denen kleine und mittlere Unternehmen abhängig sind, dürfen nicht durch eine extensive Auslegung des wettbewerbsrechtlichen Behinderungstatbestands unterlaufen werden.[617] Bei der Auslegung beider Gesetze sind **Wertungswidersprüche zu vermeiden.** Wenn die Voraussetzungen für ein kartellrechtliches Verbot nicht erfüllt werden, ist ein Unlauterkeitsvorwurf nur möglich, wenn mindestens ein weiterer Umstand die Unlauterkeit begründet.[618] Diese Koordination von UWG und GWB wird insbesondere bei der Fallgruppe der unlauteren Preisgestaltung virulent.[619] 311

5. Die Tatbestandsmerkmale des § 4 Nr. 4 UWG. Nach § 4 Nr. 4 handelt unlauter, wer Mitbewerber gezielt behindert. Das Tatbestandsmerkmal der **Behinderung** in § 4 Nr. 4 UWG ist weit auszulegen. Es erfasst jede geschäftliche Handlung,[620] die geeignet ist, die Wettbewerbsposition und wettbewerbliche Handlungsfreiheit eines Mitbewerbers zu beeinträchtigen.[621] Die Behinderung kann sich auf alle Wettbewerbsparameter eines Mitbewerbers wie beispielsweise Absatz, Bezug, Werbung, Produktion, Finanzierung oder Personal beziehen.[622] 312

Mitbewerber ist jeder Unternehmer, der mit einem oder mehreren Unternehmern als Anbieter oder Nachfrager von Waren oder Dienstleistungen in einem konkreten Wettbewerbsverhältnis steht.[623] Beim Behinderungswettbewerb genügt es, wenn zwischen den Vorteilen, die jemand durch eine Maßnahme für sein Unternehmen oder das eines Dritten zu erreichen sucht, und den Nachteilen, die ein anderer dadurch erleidet, eine Wechsel- 313

[611] BGH GRUR 1999, 278 (280) – Schilderpräger im Landratsamt.

[612] BGH WRP 2003, 73 (75) – Kommunaler Schilderprägebetrieb; WRP 2002, 1426 (1428) – Fernwärme für Börnsen.

[613] BGH GRUR 2009 Rn. 10 – Änderung der Voreinstellung II; BGH GRUR 2006, 773 (774) – Probeabonnement. Eingehend zum Verhältnis zwischen Lauterkeitsrecht und Kartellrecht *Ahrens* → Einl. G Rn. 1077 ff.

[614] BGH NJW 2012, 2110 Rn. 40; GRUR 1989, 430 – Krankentransportbestellung; *Köhler*/Bornkamm/Feddersen § 4 Rn. 4.18.

[615] BGH WRP 2003, 73 (75) – Kommunaler Schilderprägebetrieb.

[616] *Köhler*/Bornkamm/Feddersen UWG Rn. 4.18.

[617] BGH NJW 2012, 2110 Rn. 40; GRUR 1999, 278 (281) – Schilderpräger im Landratsamt; GRUR 1989, 430 – Krankentransportbestellung; *Ohly*/Sosnitza § 4 Rn. 4/15; *Köhler* WRP 2006, 645 (647).

[618] *Ohly*/Sosnitza § 4 Rn. 4/15; Büscher/*Wille* § 4 Nr. 4 Rn. 10; *Köhler* WRP 2006, 645 (647).

[619] Vgl. → Rn. 461 ff.

[620] Siehe hierzu oben *Keller* → § 2 Rn. 1 ff.

[621] BGH WRP 2007, 951 (955) – Außendienstmitarbeiter; GRUR 2004, 877 (879) – Werbeblocker.

[622] BGH GRUR 2004, 877 (879) – Werbeblocker.

[623] Siehe hierzu oben *Keller* → § 2 Rn. 113 ff.

wirkung in dem Sinne besteht, dass der eigene Wettbewerb gefördert und der fremde Wettbewerb beeinträchtigt werden kann.[624] Andererseits ist nur derjenige Mitbewerber zur Verfolgung einer Behinderung berechtigt, der selbst behindert wird.[625] § 4 Nr. 4 UWG erfasst den einzelnen Mitbewerber ebenso wie eine bestimmte Menge von Mitbewerbern auf allen Wirtschaftsstufen.[626] Mitbewerber ist auch ein Verband, der die Interessen seiner Mitglieder vertritt, die ihrerseits Mitbewerber sind.[627] Marktteilnehmer (zB Privatanbieter bei ebay) sind jedoch keine Mitbewerber, solange sie nicht nach außen erkennbar als Unternehmer iSd § 2 Abs. 1 Nr. 6 tätig sind oder werden wollen.[628] Eine Behinderung des Marktes, die mittelbar alle Mitbewerber trifft (allgemeine Marktbehinderung oder Marktstörung), fällt nicht in den Anwendungsbereich der gezielten Behinderung, sondern kann nach § 3 Abs. 1 UWG unlauter sein.[629]

314 Das wesentliche Tatbestandsmerkmal des § 4 Nr. 4 liegt im Adverb **‚gezielt'.** Es soll klarstellen, dass nicht jede Behinderung durch einen Mitbewerber unlauter ist.[630] Dabei könnte das Adverb **‚gezielt'** zwar darauf hindeuten, dass es auch auf eine Behinderungsabsicht des Handelnden ankäme.[631] Tatsächlich führt die böse Absicht aber nicht zu einer unlauteren Behinderung.[632] Sie ist für die Annahme einer unlauteren Behinderung in den meisten Fällen nicht einmal erforderlich.[633] Das Adverb ‚gezielt' meint eher eine der geschäftlichen Handlung selbst innewohnende **‚objektive Finalität'**, die unter Berücksichtigung aller Umstände wesentlich auf die **Beeinträchtigung der wirtschaftlichen Entfaltung des oder der Konkurrenten durch nicht leistungsgerechte Mittel** und weniger auf den eigenen wirtschaftlichen Erfolg zielt, oder durch die der Mitbewerber doch derart behindert wird, dass er seine **eigene Leistung am Markt** nicht mehr in angemessener Weise durch eigene Anstrengungen zur Geltung bringen kann.[634]

315 Eine dogmatisch befriedigende Verortung subjektiver Elemente im Behinderungstatbestand existiert noch nicht.[635] ME sollten die **Absichten** des Handelnden **unberücksichtigt** bleiben.[636] Auch die Kenntnis des Handelnden von den die Unlauterkeit begründenden Umständen ist im Regelfall nicht erforderlich.[637] Entscheidend sind die Auswirkungen einer geschäftlichen Handlung auf die wettbewerblichen Entfaltungsmöglichkeiten des oder der Mitbewerber und nicht das, was der Unternehmer sich bei seiner geschäftli-

---

[624] BGH GRUR 2021, 497 Rn. 15 – Zweitmarkt für Lebensversicherungen; GRUR 2014, 1114 Rn. 32 – nickelfrei; OLG Frankfurt a. M. GRUR 2019, 203.

[625] BGH GRUR 2021, 497 Rn. 43 – Zweitmarkt für Lebensversicherungen; GRUR 2018, 1251 Rn. 58 – Werbeblocker II.

[626] OLG Köln MMR 2010, 761 (762); LG Frankfurt a. M. MMR 2005, 551 (553).

[627] BGH GRUR 2009, 878 Rn. 15 – Fräsautomat.

[628] *Köhler* WRP 2009, 499 (503); *Henning-Bodewig* GRUR 2013, 26.

[629] BGH GRUR 2018, 1251 Rn. 52 – Werbeblocker II.

[630] BR-Drs. 301/03, 36.

[631] AA noch *Omsels* WRP 2004, 136 ff.

[632] BGH GRUR 2007, 800 Rn. 21 – Außendienstmitarbeiter; *Ohly*/Sosnitza § 4 Rn. 4/11; *Köhler*/Bornkamm/Feddersen § 4 Rn. 4.9; aA *Sack* WRP 2005, 531 (534).

[633] BGH GRUR 2014, 393 Rn. 42 – wetteronline.de; WRP 2007, 951 (954) – Außendienstmitarbeiter; OLG Hamburg MMR 2016, 252 Rn. 117; aA MüKoUWG/*Jänisch* § 4 Nr. 10 Rn. 12.

[634] BGH GRUR 2021, 497 Rn. 51 – Zweitmarkt für Lebensversicherungen; GRUR 2019, 196 Rn. 29 – Industrienähmaschinen; GRUR 2018, 1251 Rn. 23 – Werbeblocker II; ständige Rechtsprechung.

[635] In der Rechtsprechung des BGH soll die subjektive Einstellung des Handelnden bei der Beurteilung einer gezielten Behinderung einerseits unerheblich sein (BGH GRUR 2007, 800 Rn. 21 f. – Außendienstmitarbeiter; OLG Dresden GRUR-RR 2021, 43 Rn. 32; aA *Beater* WRP 2011, 7 (12)). Es gibt aber Sachverhalte, in denen die subjektiven Komponenten den Unterschied zwischen lauterem und unlauterem Verhalten skizzieren. Beispiele sind die vertragswidrige Verzögerung der Umstellung eines Telefonanschlusses auf einen anderen Anbieter, die erst unlauter ist, wenn sie bewusst erfolgt (BGH GRUR 2009, 876 Rn. 19 – Änderung der Voreinstellung II) oder die objektiv unbegründete wettbewerbsrechtliche Abmahnung, die den Abgemahnten erst unzulässig behindert, wenn dem Abmahnenden die mangelnde Berechtigung bekannt ist (hierzu → Rn. 482).

[636] *Ohly*/Sosnitza § 4 Rn. 4/11 spricht ihr eine zumindest indizielle Bedeutung zu; aA *Sack* WRP 2005, 531 (534).

[637] *OLG* Düsseldorf 14.11.2012 – VI-U (Kart) 16/12 Rn. 26 BeckRS 2013, 03364.

chen Handlung gedacht hat. Eine Ausnahme sollten nur Sachverhalte bilden, in denen – wie bei der unbegründeten wettbewerbsrechtlichen Abmahnung – überwiegende Interessen dafür sprechen, eine Behinderung ohne diese Absicht hinzunehmen, oder in denen die Behinderung sich daraus ergibt, dass der Mitbewerber in Einzelfällen vertragliche Ansprüche Dritter nicht oder nicht ordnungsgemäß erfüllt.

Die Grenzziehung zwischen zulässigen und unzulässigen behindernden geschäftlichen Handlungen ist schwierig. Da jede geschäftliche Handlung, die einem Unternehmer Vorteile bringen oder sichern soll, den Mitbewerber behindert, müssen zur Behinderung weitere Umstände hinzutreten, die eine Behinderung unlauter werden lassen.[638] Die **Feststellung der Unlauterkeit** dieser weiteren Umstände **erfordert eine funktionelle, am Schutzzweck des Wettbewerbsrechts ausgerichtete Betrachtung,**[639] der darin liegt, das Marktverhalten im Interesse der Marktteilnehmer an einem fairen und funktionieren Wettbewerb zu regeln.[640] Gegen § 4 Nr. 4 verstößt deshalb eine geschäftliche Handlung, die bei objektiver Betrachtung so nachteilige Auswirkungen auf das Marktgeschehen hat, dass sie unter Berücksichtigung des Schutzzwecks des UWG von dem oder den betroffenen Mitbewerbern auch unter Berücksichtigung der Interessen der übrigen Marktteilnehmer nicht hingenommen werden muss.[641] Das lässt sich nur aufgrund einer Gesamtwürdigung sämtlicher Umstände des Einzelfalls feststellen, bei der die von der Rechtsprechung herausgearbeiteten Fallgruppen Orientierungspunkte[642] sind, und die zugrunde liegenden Interessen der Mitbewerber, Verbraucher, der sonstige Marktteilnehmer und das Interesse der Allgemeinheit an einem unverfälschtem Wettbewerb berücksichtigtwerden müssen.[643] Dabei müssen die im jeweiligen Einzelfall abzuwägenden Interessen konkret herausgearbeitet werden.[644] Im Mittelpunkt der Beurteilung stehen die **Würdigung des Gesamtcharakters des Verhaltens** nach seinem **konkreten Anlass,** seinem **Zweck,** den **eingesetzten Mitteln,** seinen **Begleitumständen** und **Auswirkungen,** die am Leitbild des Leistungswettbewerbs unter Berücksichtigung der betroffenen Grundrechte und ggf. einschlägiger europarechtlicher Vorgaben gemessen werden.[645] Unlauter kann eine Wettbewerbshandlung danach unter anderem sein, wenn sie sich zwar auch als Entfaltung eigenen Wettbewerbs darstellt, aber das Eigeninteresse des Handelnden unter Berücksichtigung des Grundsatzes der Wettbewerbsfreiheit weniger schutzwürdig ist als die Interessen der übrigen Beteiligten und der Allgemeinheit.[646] Die alternative Formulierung, der zufolge eine gezielte Behinderung vorliegen soll, wenn die geschäftliche Handlung bei objektiver Würdigung der Umstände auf die Beeinträchtigung der wettbewerblichen Entfaltung des Mitbewerbers und nicht in erster Linie auf die Förderung des eigenen Wettbewerbs gerichtet ist,[647] trifft den Kern demgegenüber nicht, weil auch mit der Behinderung des Mitbewerbers ‚in erster Linie' der eigene Wettbewerb gefördert werden soll, und es – von wenigen Ausnahmen abgesehen – auf subjektive Absichten ohnehin nicht ankommen sollte. 316

Geschäftliche Handlungen, bei denen für die Beurteilung der Lauterkeit auch noch Umstände berücksichtigt werden müssen, die über den Tatbestand der gezielten Behinderung hinausreichen, wie beispielsweise typische Fallkonstellationen bei der telefonischen 317

[638] BGH GRUR 2009, 878 Rn. 13 – Fräsautomat.
[639] Siehe hierzu oben *Podszun* → § 1 Rn. 43 ff.
[640] BGH GRUR 2007, 800 Rn. 21 – Außendienstmitarbeiter.
[641] BGH WRP 2007, 951 (954) – Außendienstmitarbeiter.
[642] BGH GRUR 2010, 346 Rn. 12 – Rufumleitung.
[643] BGH GRUR 2021, 497 Rn. 51 – Zweitmarkt für Lebensversicherungen; GRUR 2014, 785 Rn. 23, 40 – Flugvermittlung im Internet; GRUR 2014, 393 Rn. 28, 48 – wetteronline.de; *Köhler*/Bornkamm/Feddersen § 4 Rn. 4.11.
[644] *Beater* WRP 2011, 7 ff. Anerkannte Fallgruppen sollten ebenfalls regelmäßig einer kritischen Überprüfung unterzogen werden (ähnlich *Ohly*/Sosnitza § 4 Rn. 4/12).
[645] BGH GRUR 2004, 696 (697) – Direktansprache am Arbeitsplatz I; GRUR 2001, 1061 (1062) – Mitwohnzentrale.de; *Köhler*/Bornkamm/Feddersen § 4 Rn. 4.11.
[646] BGH WRP 2009, 803 Rn. 41 – ahd.de.
[647] BGH WRP 2009, 803 Rn. 41 – ahd.de; GRUR 2009, 878 Rn. 13 – Fräsautomat.

Abwerbung von Mitarbeitern am Arbeitsplatz, wurden unter der Ägide des allumfassenden § 1 UWG (vor 2004) ebenfalls der Fallgruppe der gezielten oder der individuellen Behinderung zugeordnet. Im Interesse dogmatischer Klarheit wird ihre Unlauterkeit heutzutage unmittelbar nach **§ 3 UWG** beurteilt werden.[648] Im Rahmen der vorliegenden Kommentierung werden sie allerdings wegen der thematischen Nähe zur gezielten Behinderung bei § 4 Nr. 4 abgehandelt.

318 Die vormals in § 3 Abs. 1 UWG 2004 enthaltene Voraussetzung einer **spürbaren Beeinträchtigung** der Interessen der Mitbewerber oder anderer Marktteilnehmer ist der gezielten Behinderung immanent. Eine Behinderung, die nach § 4 Nr. 4 unlauter ist, ist nie eine Bagatelle.[649] Auf die wesentliche Beeinflussung des wirtschaftlichen Verhaltens von Verbrauchern (§ 2 Nr. 8 UWG) kommt es bei der gezielten Behinderung ebenfalls nicht an.

319 **6. Systematik der Kommentierung.** Eine unlautere Behinderung von Mitbewerbern ist auf allen Stufen der wirtschaftlichen und wettbewerblichen Aktivität möglich – von der Beschaffung von Waren und Leistungen über die Produktion, die Werbung bis hin zum Vertrieb. Sie kann sich auf alle Wettbewerbsparameter wie beispielsweise Absatz, Bezug, Werbung, Produktion, Finanzierung und Personal beziehen.[650] Die Mittel der Behinderung sind ebenso vielfältig. Es besteht **keine konsistente Systematik** der einzelnen Fallgruppen, die unter den Behinderungstatbestand fallen. Die **Gliederung der Kommentierung** folgt zunächst dem zeitlichen Ablauf eines typischen Wirtschaftsprozesses vom Einkauf bis zum Absatz von Waren und Leistungen und stellt die auf der jeweiligen Stufe möglichen Behinderungstatbestände dar. Es folgt die Darstellung besonderer Fallgruppen, die sich dadurch auszeichnen, dass sie auf allen Stufen des Wirtschaftsprozesses anzutreffen oder rechtlich wie tatsächlich von besonderer Bedeutung sind. Im Anhang zur Kommentierung des § 4 Nr. 4 folgt eine Darstellung der Allgemeinen Marktstörung.

II. Behinderung auf dem Beschaffungsmarkt

320 Auf dem **Beschaffungsmarkt** deckt ein Unternehmer sich mit Personal, Waren- und Dienstleistungen ein, die er zum Einkauf, zur Produktion, Verwaltung, Bewerbung und zum Vertrieb seines Angebots benötigt. In diesem Bereich resultieren Behinderungen durch den Anbieter oder Einkäufer von Waren und Leistungen in der Regel daraus, dass einem Wettbewerber Waren, Personal oder andere Ressourcen vorenthalten werden.

321 **1. Behinderung beim Einkauf. a) Behinderung durch konkurrierende Einkäufer.** Jeder Unternehmer entscheidet frei, in welchem Umfang und zu welchem Preis er Rohstoffe, Waren, Materialien oder die Arbeitskraft Dritter einkauft oder Dienstleistungen Dritter in Anspruch nimmt.[651] Er muss keine Rücksicht darauf nehmen, ob der Wettbewerber die gleichen Mitarbeiter, Produkte oder Leistungen für seine geschäftliche Tätigkeit benötigt. Exklusive Bezugsvereinbarungen sind im Rahmen kartellrechtlicher Grenzen zulässig.[652] Unlauter wird eine Einkaufs- und Einstellungspolitik erst, wenn sie wegen der Marktmacht des Mitbewerbers geeignet ist, dem Konkurrenten das von ihm benötigte Angebot auf dem Beschaffungsmarkt durch **Aufkauf** zu entziehen, ohne dass es hierfür einen wirtschaftlich nachvollziehbaren Grund gibt. Auf eine Behinderungsabsicht kommt es nicht an.

---

[648] So zur Direktansprache am Arbeitsplatz BGH WRP 2008, 219 (220) – Direktansprache am Arbeitsplatz III; GRUR 2006, 426 (427) – Direktansprache am Arbeitsplatz II mit der Begründung, dass nur auf diese Weise die rechtlich geschützten Interessen aller Beteiligten abgewogen werden können.

[649] BGH GRUR 2009, 876 Rn. 26 – Änderung der Voreinstellung II; *Ohly*/Sosnitza § 4 Rn. 4/10.

[650] BGH GRUR 2004, 877 (879) – Werbeblocker.

[651] *Bettin* S. 115 ff.

[652] LG Düsseldorf WuW/E DE-R 1135; *Neef* WRP 2003, 844 (846).

b) Leistungsverweigerung. Ein Unternehmer ist – vorbehaltlich spezialgesetzlicher Regelungen auf regulierten Märkten wie etwa im Telekommunikations- oder Energiesektor – nicht verpflichtet, seine Waren oder Dienstleistungen anderen Unternehmen anzubieten oder zu gewähren. Eine Lieferverweigerung **(Liefersperre)** oder sonstige **Leistungsverweigerung** ist auch dann nicht rechtswidrig, wenn der Konkurrent auf die Leistung dringend angewiesen ist. Diese Rechtslage ändert sich erst, wenn die Leistungsverweigerung auf einem unlauteren **Boykott**[653] beruht oder der Anwendungsbereich des **§ 19 Abs. 2 GWB** eröffnet ist. 322

2. Behinderung durch den Abnehmer. Das **Aushandeln von Vertragskonditionen** ist Ausdruck eines funktionierenden Wettbewerbs. Forderungen und Vereinbarungen zwischen einem Anbieter und einem Abnehmer von Waren oder Leistungen können einen Lieferanten dennoch in Ausnahmefällen, in denen Druck auf ihn ausgeübt oder seine Handlungsfreiheit beeinträchtigt wird, unlauter behindern (sog. Anzapfen). Die Grenzen werden von **§ 19 Abs. 2 Nr. 2, 3, 5 GWB** umschrieben.[654] 323

III. Betriebsstörung

1. Abwerbung von Mitarbeitern

Schrifttum: *Ackermann,* Die Beteiligung am fremden Vertragsbruch als Delikt, ZfPW 2018, 27; *Bettin,* Unlautere Abwerbung – Die Abwerbung von Arbeitnehmern, Kunden und Lieferanten als Verstoß gegen § 1 UWG, 1999; *Dück/Terhorst/Weidt,* Verbot von Spielertransfers? – Lauterkeits- und kartellrechtliche Schranken für (Fußball-)Vereine, WRP 2016, 1203; *Ernst,* Headhunting per E-Mail, GRUR 2010, 963; *Götting/Hetmank,* Unlautere Leistungsübernahme durch Mitarbeiterabwerbung, WRP 2013, 421; *Günther,* Ja, wo laufen sie denn? – Sanktionsmöglichkeiten des Arbeitgebers gegen unlauteres Abwerben von Mitarbeitern, WRP 2007, 240; *Kicker,* Problematik des Beschäftigungsverbots als Nachlese zum ‚Lopez-Szenario', Festschrift *Piper,* 1996, S. 273; *Kittner,* Der ‚volatile' Arbeitnehmer – Wettbewerb im und außerhalb des Arbeitsverhältnisses, BB 2011, 1013; *Klein,* Telefonische Abwerbung von Mitarbeitern am Arbeitsplatz und im Privatbereich nach neuem UWG, GRUR 2006, 379; *Köhler,* Zur wettbewerbsrechtlichen Zulässigkeit der telefonischen Ansprache von Beschäftigten am Arbeitsplatz zum Zwecke der Abwerbung, WRP 2002, 1; *Lindacher,* Headhunting am Arbeitsplatz, in FS *Erdmann,* 647; *Piper,* Zur Wettbewerbswidrigkeit des Einbrechens in fremde Vertragsbeziehungen durch Abwerben von Kunden und Mitarbeitern, GRUR 1990, 643; *Quiring,* Muss die telefonische Anwerbung von Mitarbeitern verboten werden?, WRP 2000, 33; *ders.,* Die Abwerbung von Mitarbeitern im Licht der UWG-Reform – und vice versa, WRP 2003, 1181; *Rauser,* Schadenersatz für vorsätzliche Eingriffe in fremde Vertragsbeziehungen, 2017; *Reufels,* Neue Fragen der wettbewerblichen Beurteilung von ‚Headhunting', GRUR 2001, 214; *Reuter,* Wettbewerbsrechtliche Ansprüche bei Konflikten zwischen Arbeitgebern und Arbeitnehmern – Terra Inkognita? NJW 2008, 3538; *Scherer,* Verleiten zum Vertragsbruch – Neukonzeption aufgrund § 4 Nr. 10 UWG und der RL/UGP, WRP 2009, 518; *Schloßer,* Telefonische Direktansprache – unlautere Personalabwerbung i. S. v. § 1 UWG, WRP 2002, 1349; *Schmidt,* Telefonische Abwerbung – neue Sitten braucht das Land?, WRP 2001, 1138; *Sosnitza,* Verleiten zum Vertragsbruch – Berechtigte Fallgruppe oder alter Zopf?, WRP 2009, 373; *Sosnitza/Kostuch,* Telefonische Mitarbeiterabwerbung am Arbeitsplatz, WRP 2008, 166; *Trube,* Zur telefonischen Abwerbung von Beschäftigten, WRP 2001, 97; *Westermann,* Der BGH baut den Know-how-Schutz aus, GRUR 2007, 116; *von Maltzahn,* Wettbewerbsrechtliche Probleme beim Arbeitsplatzwechsel, GRUR 1981, 788; *Wulf,* Direktansprache am Arbeitsplatz, NJW 2004, 2424; *Ziegler,* Arbeitsrecht und UWG, 2011.

Mitarbeiter sind ein wichtiges Gut im Wettbewerb. Sie sind in der Wahl ihres Arbeitsplatzes frei. Die **Mobilität von Arbeitskräften** und das Bemühen, den Leistungsstand eines Unternehmens durch qualifizierte Arbeitskräfte zu sichern oder zu erhöhen, sind **Bestandteil der freien Wirtschaftsordnung.** Andernfalls würden der Wettbewerb um Mitarbeiter und deren in Art. 12 Abs. 1 GG verbürgtes Grundrecht auf freie Berufs- und Arbeitsplatzwahl übermäßig eingeschränkt.[655] Der Wettbewerb um Mitarbeiter wird erst 324

[653] hierzu → Rn. 525 ff.
[654] Zum Anzapfverbot BGH BB 2018, 321 – Hochzeitsrabatte.
[655] BGH GRUR 1966, 263 (265) – Bau-Chemie; OLG Stuttgart GRUR 2000, 1096 (1097) – Headhunter.

unlauter, wenn ergänzende Umstände die Unlauterkeit begründen.[656] Unter diesen Voraussetzungen ist bereits der Versuch einer Abmahnung unlauter.[657]

325 **a) Abwerbungsfreiheit.** Das Abwerben von Mitarbeitern eines Mitbewerbers ist **erlaubt,**[658] auch wenn es **bewusst, planmäßig und gezielt** erfolgt.[659] Es ist unerheblich, wie wichtig der abgeworbene Mitarbeiter für seinen früheren Arbeitgeber war, welche Kenntnisse oder Fertigkeiten er besitzt oder ob er Geheimnisträger ist.[660] Ein Unternehmen, das sich gegen die Abwerbung eines Mitarbeiters wehren will, muss ihm ein **vertragliches Wettbewerbsverbot** auferlegen (§§ 74, 90a HGB), die Abwerbung durch das Angebot **besserer Konditionen** verhindern oder den abgeworbenen Mitarbeiter zurückwerben.[661]

326 Ein Sonderfall des Abwerbens von Mitarbeitern liegt vor, wenn es dem Abwerbenden gar nicht darum geht, den Mitarbeiter des Mitbewerbers zu übernehmen, sondern sein Ziel darin besteht, ihn **als Mitarbeiter des Konkurrenten für eigene Zwecke einzubinden;** bspw. indem er als Außendienstmitarbeiter den Kunden des Mitbewerbers auch die eigenen Produkte anbietet.[662] In diesem Sonderfall kommt ein unzulässiges Verleiten zum Vertragsbruch in Betracht. Außerdem schmarotzt der Mitbewerber in unzulässiger Weise am Vertriebssystem des Konkurrenten.[663]

327 **b) Unlautere Abwerbung von Mitarbeitern.** Die Abwerbung von Mitarbeitern kann im Einzelfall unlauter sein oder – außerhalb eines Wettbewerbsverhältnisses – gegen § 823 Abs. 1 BGB in Verbindung mit dem Recht am eingerichteten und ausgeübten Gewerbebetrieb bzw. gegen § 826 BGB verstoßen.[664] Maßgeblich sind die Umstände des Einzelfalls. Dabei sind die grundrechtlich gesicherte freie Berufs- und Arbeitsplatzwahl des Mitarbeiters[665] sowie der Umstand, dass sein Verhalten – von Fällen der Drittförderung abgesehen – keine geschäftliche Handlung gem. § 2 Abs. 1 Nr. 1 UWG ist, von besonderem Gewicht. Eine Abwerbung ist unlauter, wenn vom Abwerbenden **unlautere Zwecke** verfolgt oder **unlautere Methoden und Mittel** angewendet werden.[666] Außerdem kann die **Gesamtschau aller Umstände** des Einzelfalls einer Abwerbung unter Abwägung der Interessen aller Beteiligten und der Allgemeinheit ausnahmsweise das Gepräge der Unlauterkeit verleihen.[667] Allerdings ergibt sich die Unlauterkeit der Abwerbung nicht bereits aus der Kombination von Umständen, die jeweils für sich genommen nicht zu beanstanden sind.[668] Auch aus den Absichten des Abwerbenden lässt sich eine Unlauterkeit nicht herleiten.[669]

---

[656] BGH WRP 2007, 951 (953) – Außendienstmitarbeiter; OLG Frankfurt a. M. GRUR-RR 2014, 69 Rn. 17.

[657] RGZ 149, 114 (118).

[658] BGH WRP 2007, 951 (953) – Außendienstmitarbeiter; GRUR 1966, 263 – Bau-Chemie; GRUR 1961, 482 – Spritzgussmaschine; RGZ 149, 114 (117); OLG Stuttgart GRUR 2000, 1096 (1097) – Headhunter.

[659] BGH GRUR 1966, 263 – Bau-Chemie; OLG Dresden GRUR-RR 2021, 43 Rn. 34; OLG Frankfurt a. M. GRUR-RR 2019, 28.

[660] BGH GRUR 1966, 263 (264) – Bau-Chemie; BGH GRUR 1961, 482 (483) – Spritzgussmaschine; OLG Frankfurt a. M. GRUR-RR 2019, 28; zur Abwerbung, um an Geschäftsgeheimnisse des Wettbewerbers zu gelangen, → Rn. 330.

[661] Vgl. BGH GRUR 1967, 428 (429) – Anwaltsberatung I. OLG Frankfurt a. M. GRUR-RR 2019, 28; Fezer/Büscher/Obergfell/*Götting/Hetmank* § 4 Nr. 4 Rn. 54, 57.

[662] Vgl. OLG Oldenburg WRP 2007, 460 – Abwerben von Vertriebskräften.

[663] OLG Oldenburg WRP 2007, 460 (463 f.) – Abwerben von Vertriebskräften; siehe zum Schmarotzen → Rn. 421.

[664] Das OLG Hamm GRUR-RR 2004, 27 (29) hält die im Folgenden geschilderten Grundsätze auf Handelsvertreter nicht entsprechend anwendbar.

[665] BGH WRP 2007, 951 (953) – Außendienstmitarbeiter; OLG Frankfurt a. M. GRUR-RR 2019, 28.

[666] BGH WRP 2007, 951 (953) – Außendienstmitarbeiter; OLG Frankfurt a. M. GRUR-RR 2019, 65.

[667] OLG Jena WRP 1997, 363 (364) – Abwerben von Arbeitnehmern.

[668] OLG Oldenburg 19.4.2012 – 1 U 98/07 Rn. 181 BeckRS 2013, 9310.

[669] BGH GRUR 2014, 393 Rn. 42 – wetteronline.de. Zur subjektiven Komponente der gezielten Behinderung auch → Rn. 313.

328 **aa) Zweck der Abwerbung.** Wer Mitarbeiter von Mitbewerbern abwirbt, verfolgt damit in der Regel das Ziel, die Leistungsfähigkeit des eigenen Unternehmens zu stärken. Diese Zielsetzung ist Folge des erwünschten Leistungswettbewerbs. Wer hingegen abwirbt und dadurch die **Leistungsfähigkeit des Mitbewerber**s erheblich **schwächt,** obwohl er den abgeworbenen Mitarbeiter offenkundig gar nicht benötigt, handelt unlauter.[670] Die Bewertung der sonstigen Sachverhalte, bei denen weder die Stärkung der eigenen Leistungsfähigkeit noch die Schwächung der Leistungsfähigkeit des Mitbewerbers im Vordergrund stehen, ist nur aufgrund einer Abwägung aller Umstände des Einzelfalls und unter Berücksichtigung der Schutzzwecke des UWG möglich. Im Zweifel ist von der **Zulässigkeit der Abwerbung** auszugehen.

329 Die Unlauterkeit kann sich daraus ergeben, dass der Unternehmer die Abwerbung von Mitarbeitern einsetzt, um ohne nennenswerte finanzielle oder wirtschaftliche Anstrengungen **ganze Geschäftsbereiche, Abteilungen oder Niederlassungen eines konkurrierenden Unternehmens einschließlich der damit verbundenen Kunden** zu **übernehmen.**[671] Der Abwerbende wendet in diesen Fällen nur die Kosten für die zukünftige Tätigkeit der Mitarbeiter in seinem Unternehmen und Kosten für die Übernahmeaktion auf, um eine vom Mitbewerber aufgebaute Unternehmenseinheit zu kapern und den Mitbewerber durch die Übernahme von dessen Unternehmensleistung vom Markt zu verdrängen. Allerdings genügt es für die Annahme einer Unlauterkeit noch nicht, dass die Wettbewerbsposition des Mitbewerbers lediglich beeinträchtigt wird.[672] Erschwerend kann andererseits berücksichtigt werden, dass die Übernahme der Mitarbeiter **putsch- oder handstreichartig** erfolgt und neben Mitarbeitern auch Kunden, Kundendaten, Lieferanten und Produktionsmittel in einer Art und Weise übernommen werden, dass dem Mitbewerber keine ernsthafte Möglichkeit verbleibt, der Übernahme entgegenzusteuern.[673]

330 Abwerbeversuche, über die ein Unternehmer **unter Verstoß gegen § 4 GeschGehG** an **Geschäftsgeheimnisse** eines Mitbewerbers gelangen will, sind ebenfalls unlauter.[674] Da ein ausgeschiedener Mitarbeiter die während der Beschäftigungszeit bei einem Mitbewerber erworbenen Kenntnisse, die er auf lautere Weise erlangt und in seinem Gedächtnis bewahrt hat, unbeschränkt verwenden darf,[675] ist eine Abwerbung, die allein auf solche memorierten Kenntnisse zielt, allerdings noch zulässig, weil sich andernfalls Wertungswidersprüche zwischen § 4 Nr. 4 und dem GeschGehG ergeben würden. Die bloße Gefahr, dass ein ehemaliger Mitarbeiter Geschäftsgeheimnisse beim Konkurrenten einbringen könnte, reicht ebenfalls zur Begründung der Unlauterkeit nicht aus.[676] Unlauter ist daher nur die Abwerbung, der es auch um Aufzeichnungen, Dateien oder andere Fixierungen von Geschäftsgeheimnissen geht, die der abgeworbene Mitarbeiter während der Beschäftigungszeit angefertigt hat.[677]

331 Die Abwerbung eines Mitarbeiters zum Zwecke der **Abwerbung von Kunden** des Konkurrenten wurde früher für unlauter gehalten.[678] Dafür sollte indiziell schon sprechen, dass mit dem neuen Mitarbeiter bei den Kunden des Konkurrenten geworben wird. Diese Rechtsprechung geht jedoch deutlich zu weit.[679] Die Kompetenz und das Vertrauen, das ein Mitarbeiter bei Kunden genießt, gehört auch zum Kapital des Mitarbeiters, das er zu

670 OLG Brandenburg WRP 2007, 1368 (1370); zweifelnd OLG Frankfurt a. M. GRUR-RR 2019, 28.

671 Vgl. BGH GRUR 1966, 263 – Bau-Chemie; Büscher/*Wille* § 4 Nr. 4 Rn. 95; s. auch *Götting/Hetmank* WRP 2013, 421 (426).

672 Großzügiger die frühere Rechtsprechung: BGH GRUR 1976, 306 (307) – Baumaschinen.

673 BGH GRUR 1970, 358 (359) – Textilspitzen; OLG Frankfurt a. M. GRUR-RR 2019, 28.

674 Zum Begriff des Geschäftsgeheimnisses siehe *Harte-Bavendamm* in diesem Kommentar, Geschäftsgeheimnisse Rn. 26 ff., und *Harte-Bavendamm*/Ohly/Kalbfus GeschGehG § 2 Rn. 3 ff.

675 Zu § 17 UWG aF BGH GRUR 2006, 1044 (1045) – Kundendatenprogramm; GRUR 2002, 91 (92) – Spritzgießwerkzeuge.

676 BGH GRUR 1966, 263 (264) – Bau-Chemie.

677 Zu § 17 UWG aF BGH GRUR 2006, 1044 (1045) – Kundendatenprogramm; zum GeschGehG Harte-Bavendamm/Ohly/*Kalbfus* Einl. A Rn. 196.

678 BGH GRUR 1966, 263 (265) – Bau-Chemie; RGZ 149, 114 (119 f.).

679 *Bettin* S. 142 f.

seinem eigenen Vorteil einsetzen darf. Andernfalls würde seine grundrechtlich garantierte Arbeitsplatz- und Berufsausübungsfreiheit im ausschließlichen Interesse seines früheren Arbeitgebers unverhältnismäßig eingeschränkt. Die Abwerbung von Mitarbeitern, die dazu eingesetzt werden, Kunden des Konkurrenten abzuwerben, ist allenfalls unlauter, wenn der Abwerbende die Mitarbeiter dazu verleitet, ihre Fähigkeiten und Kenntnisse unter Verletzung etwaiger nachvertraglicher oder gesetzlicher Pflichten gegenüber dem früheren Arbeitgeber einzusetzen. Die Ausnutzung eines Vertragsbruchs des Mitarbeiters reicht dafür jedoch nicht aus.[680]

332 **bb) Methoden und Mittel.** Eine Abwerbung kann unlauter sein, wenn die **angewandte Methode oder das eingesetzte Mittel** unlauter sind. Methoden und Mittel, die im geschäftlichen Verkehr zur Förderung des Absatzes von Produkten oder Dienstleistungen unlauter sind, sind es in der Regel auch bei der Werbung oder Abwerbung von Mitarbeitern. **Unrichtige oder irreführende Angaben** über den bisherigen oder den neuen Arbeitgeber, den alten oder den neuen Arbeitsplatz sind als Mittel einer Abwerbung verboten.[681] Unlauter sind ferner **unsachliche oder herabsetzende Äußerungen,**[682] das **Versprechen rechtswidriger Vorteile**[683] oder die **Androhung von Nachteilen,** die geeignet sind, die Entscheidungsfreiheit des Umworbenen wesentlich zu beeinträchtigen. Der Einsatz solcher unlauteren Mittel und Methoden führt allerdings dann erst zu einer Verletzung von § 4 Nr. 4, wenn auch dessen spezifische Tatbestandsvoraussetzungen erfüllt werden.[684] Davon ist zB auszugehen, wenn Vorkehrungen dafür getroffen werden, dass der betroffene Mitbewerber vom Einsatz der unlauteren Mittel des anderen möglichst nichts erfährt, damit er nicht gegensteuern kann.[685]

333 *(a)* Die umworbene Arbeitskraft soll ihre Entscheidung nicht in einer Lage treffen, in der die **Entscheidungsfreiheit** ernsthaft **beeinträchtigt** ist (Alkohol, Drogen, Sex etc).[686] Sie darf nicht überrumpelt, in einer die Grenzen des § 4a überschreitenden Intensität bedrängt oder mit sachfremden Mitteln angelockt werden.[687] Grundsätzlich ist in solchen Fällem bei der Annahme einer Unlauterkait Zurückhaltung geboten. Es reicht nicht aus, dass dem Abgeworbenen **Kündigungshilfe** geleistet wird, zB durch ein vorformuliertes Kündigungsschreiben.[688] Das Angebot des Abwerbenden, das Kündigungsschreiben an den alten Arbeitgeber zu übermitteln, schränkt die Entscheidungsfreiheit des Abgeworbenen ebenso wenig ungerechtfertigt ein.[689] Allerdings kann es in einer Gesamtbewertung aller Umstände eines Sachverhalts bedeutsam sein, dass ein vorformuliertes Kündigungsschreiben eine unlautere Abwerbung erleichtert, wenn es dem Umworbenen unter manipulativen Umständen untergeschoben wird.[690]

334 Beim Angebot von **Lockmitteln** wie Zugaben (Incentives), Prämien oder sonstigen Vorteilen wie einem Einkaufsrabatt[691] muss ebenfalls ein **großzügiger Maßstab** gelten.[692]

---

680 BGH GRUR 2007, 800 Rn. 14 f. – Außendienstmitarbeiter.
681 OLG Karlsruhe GRUR-RR 2014, 362 Rn. 63; *Köhler*/Bornkamm/Feddersen § 4 Rn. 4.38.
682 OLG Köln WRP 1984, 571 (573); LG Heidelberg MMR 2012, 607.
683 BGH GRUR 1984, 129 (130 f.) – Shop-in-the-Shop – zu einem mittlerweile obsoleten Verstoß gegen das Rabattgesetz.
684 Zum Konkurrenzverhältnis der Beispielstatbestände des UWG → Rn. 305.
685 Zu weitgehend *Beater* WRP 2011, 7 (14) der eine Abwerbung nur zulassen will, wenn der bisherige Arbeitgeber so rechtzeitig darüber informiert wird, dass er in der Lage ist, in den Wettbewerb um den Arbeitnehmer einzutreten.
686 *Bettin* S. 98.
687 BGH GRUR 1961, 482 (483) – Spritzgussmaschine – zur Zahlung einer einmaligen Prämie noch während der Dauer des Arbeitsverhältnisses beim Konkurrenten.
688 BGH GRUR 2005, 603 (604) – Kündigungshilfe; Büscher/*Wille* § 4 Nr. 4 Rn. 101; *Ohly*/Sosnitza § 4 Nr. 4 Rn. 30.
689 *Bettin* S. 113.
690 LG Bielefeld MD 2005, 967 (969).
691 Vgl. BGH GRUR 1984, 129 (130 f.) – Shop-in-the-Shop.
692 Fezer/Büscher/Obergfell/*Götting*/*Hetmank* § 4 Nr. 4 Rn. 54; Büscher/*Wille* § 4 Nr. 4 Rn. 101; *Bettin* S. 106 f.

Die Grenze zur Unlauterkeit sollte erst bei einem **übertriebenen Anlocken** liegen, dass die Voraussetzungen der §§ 3 Abs. 2, 4a UWG erfüllt und sich nach den Usancen in der Branche (Extrembeispiel Profifußball), dem Wert des Mitarbeiters, seiner Ausbildung, Erfahrung und Funktion, seinen Fähigkeiten oder wettbewerblich werthaltigen Kontakten beurteilt. Eine gezielte Behinderung liegt darin aber auch erst, wenn die besonderen Tatbestandsvoraussetzungen des § 4 Nr. 4 vorliegen. Das Versprechen eines höheren Lohnes oder besserer Arbeitsbedingungen sind stets zulässig.[693]

Die **Abwerbung** von Mitarbeitern **durch andere Mitarbeiter** desselben Dienstherrn zugunsten eines Konkurrenten verletzt – im Unterschied zur bloßen Information über andere Arbeitsmöglichkeiten – den Arbeitsvertrag zwischen dem Arbeitgeber und dem abwerbenden Mitarbeiter. Sie kann unter dem Gesichtspunkt des Verleitens zum Vertragsbruch unlauter sein, wenn sie von einem Mitbewerber initiiert wird,[694] oder wenn über die Vertragsverletzung hinaus weitere Umstände hinzutreten, die die Unrechtmäßigkeit des Verhaltens verstärken.[695] Wird die Abwerbung in Abstimmung mit dem Konkurrenten von den Leitungskräften des betroffenen Mitbewerbers systematisch „von innen" heraus vorgenommen, stellt dies regelmäßig eine unlautere Störung des Betriebsablaufs des betroffenen Unternehmens dar.[696] Der **Einsatz von ehemaligen Mitarbeitern** des Konkurrenten zur Abwerbung weiterer Mitarbeiter ist wettbewerbsrechtlich demgegenüber nicht zu beanstanden,[697] auch nicht, wenn er systematisch und planmäßig erfolgt.[698] Die Unlauterkeit ergibt sich insbesondere nicht daraus, dass bei der Abwerbung Kenntnisse ehemaliger Mitarbeiter über Interna des Konkurrenten oder sonstige in dessen Betriebssphäre begründete Vorteile in zulässiger Weise genutzt werden.[699] 335

(b) Nach der herrschenden Auffassung ist es unlauter, Mitarbeiter von Mitbewerbern durch eine **Verleitung zum Vertragsbruch** abzuwerben.[700] Ein Vertragsbruch ist jede Verletzung einer wesentlichen Verpflichtung aus einem Vertragsverhältnis, zB aus dem Arbeitsvertrag. Es muss sich dabei nicht um eine Hauptpflicht handeln.[701] Zum Vertragsbruch verleitet, wer gezielt und bewusst auf den Vertragsbruch hinwirkt,[702] und sei es dadurch, dass ein Irrtum über die Person des Leistenden aufrecht erhalten oder verstärkt wird.[703] Es soll bereits ausreichen, Handelsvertreter dazu zu veranlassen, einen Vertragsbruch durch die Zwischenschaltung von Strohleuten zu verschleiern.[704] Die bloße Kenntnis des Abwerbenden von dem Vertragsverstoß des anderen reicht für die Annahme der Unlauterkeit allerdings nicht mehr aus.[705] 336

Während die Grundsätze zum Verleiten zum Vertragsbruch lange allgemein anerkannt waren, sind in jüngerer Zeit mit Blick auf die UGP-RL und das Verbot der Verdinglichung vertraglicher Beziehungen Einschränkungen empfohlen worden. Danach soll ein unlauteres Verleiten zum Vertragsbruch nicht bereits in allen Fällen vorliegen, in denen gezielt und bewusst darauf hingewirkt wird, dass ein anderer eine ihm obliegende Vertragspflicht 337

---

693 BGH GRUR 1966, 263 (265) – Bau-Chemie; *Bettin* S. 104 f.

694 OLG Stuttgart WRP 1993, 780 (782).

695 BAG NJW 2013, 331 Rn. 15 f.; OLG Hamburg GRUR-RR 2020, 18 Rn. 63.

696 OLG Hamburg GRUR-RR 2020, 18 Rn. 71.

697 OLG Hamburg GRUR-RR 2020, 18 Rn. 63; Fezer/Büscher/Obergfell/*Götting/Hetmank* § 4 Nr. 4 Rn. 54; aA RGZ 149, 114 (118).

698 Vgl. BGH GRUR 2009, 173 Rn. 38 – bundesligakarten.de.

699 Vgl. (aA) BGH GRUR 1967, 104 (106) – Stubenhändler; OLG Celle GRUR 1962, 366 (367).

700 BGH GRUR 2021, 497 Rn. 52 – Zweitmarkt für Lebensversicherungen; BGH WRP 2007, 951 (953) – Außendienstmitarbeiter.

701 OLG Hamburg MMR 2013, 453 Rn. 27; Fezer/Büscher/Obergfell/*Götting/Hetmank* § 4 Nr. 4 Rn. 51; Büscher/*Wille* § 4 Nr. 4 Rn. 25, 98.

702 BGH GRUR 2007, 800 Rn. 14 – Außendienstmitarbeiter; OLG Hamburg GRUR-RR 2015, 110 – Buddy Bots.

703 BGH 15.3.2012 – I ZR 125/11 Rn. 7, BeckRS 2012, 7787 – Parkplatz-Service; Büscher/*Wille* § 4 Nr. 4 Rn. 35.

704 OLG Düsseldorf 13.4.2010 – I-20 U 25/09.

705 OLG Frankfurt a. M. GRUR-RR 2014, 69 Rn. 22; deutlich strenger noch BGH GRUR 1975, 555 (557) – Speiseeis.

verletzt,[706] sondern erst dann, wenn **in unlauterer Weise auf den Vertragsbruch hingewirkt** werde.[707] Für diese Auffassung spricht, dass der Lieferanten- und Kundenkreis eines Unternehmers nicht geschützt ist. Andererseits führen Vertragsbrüche beim Vertragspartner regelmäßig zu Schäden, weil sich die vertragsbrüchige Partei nicht an ihre Verpflichtungen hält. Verursacher dieser Mitbewerberschädigung ist aber beim Verleiten zum Vertragsbruch der Konkurrent. Den Mitbewerber bewusst zu schädigen, ist aber unlauter. Deshalb sollte an der herrschenden Rechtsprechung festgehalten werden.[708]

338 Die **Ausnutzung des Vertragsbruchs** eines fremden Arbeitnehmers ist **nicht unlauter,** solange nicht weitere unlauterkeitsbegründende Umstände hinzutreten.[709] Die schuldrechtliche Bindung zwischen dem Wettbewerber und seinem Vertragspartner entfaltet Dritten gegenüber keine rechtlichen Wirkungen. Wäre schon die Ausnutzung eines Vertragsbruchs unlauter, würde das Vertragsverhältnis verdinglicht.[710] Die Ausnutzung eines Vertragsbruchs ist daher auch dann zulässig, wenn dem Profiteur der Vertragsbruch bekannt ist, und zwar auch dann, wenn systematisch und planmäßig vorgegangen wird.[711] Der vertragsbrüchige Mitarbeiter des Konkurrenten darf deshalb in Kenntnis seiner anderweitigen vertraglichen Pflichten beschäftigt werden,[712] auch wenn gesetzlichen oder verbandseigenen Anzeigepflichten nicht nachgekommen wird und der Vertragsbruch dadurch erst später bemerkt werden kann.[713] Die Ausnutzung eines Vertragsbruchs wird auch nicht schon aufgrund der Gefahr unlauter, dass ein Mitarbeiter während einer vertragswidrigen Doppelbeschäftigung Ressourcen des Mitbewerbers verwenden könnte.[714] Wenn die Beschäftigung den vertragsbrüchigen Arbeitnehmer allerdings aktiv darin unterstützen soll, den vertraglichen Verpflichtungen gegenüber dem Konkurrenten nicht nachzukommen, soll die Grenze in Richtung einer Verleitung zum Vertragsbruch überschritten werden.[715] Allerdings kommt es auf die Umstände des Einzelfalls an.

339 *(c)* **Eingriffe in den Betriebsorganismus** des Konkurrenten zum Zwecke der Abwerbung eines Mitarbeiters sind häufig unlauter. Dazu gehört die Ausforschung von Mitarbeitern im fremden Unternehmens über geeignete Kandidaten und Kontaktmöglichkeiten für eine Arbeitsstelle bei einem Wettbewerber,[716] die gezielte Einschleusung von Informationen (Name, Anschrift, Telefonnummer etc) über interessierte Personalwerber in den betriebsinternen Kommunikationsgang,[717] die Entsendung von Werbern in den fremden Betrieb,[718] aber auch jedes sonstige Eindringen in die fremde Betriebssphäre,[719] solange die kontaktierten Mitarbeiter an der Maßnahme kein eigenes schützenswertes Interesse haben und sich auch in diesem Ausnahmefalle der Einbruch in den fremden Betriebsorganismus auf das Notwendigste beschränkt.

---

[706] So BGH GRUR 2009, 173 Rn. 31 – bundesligakarten.de; GRUR 2007, 800 – Außendienstmitarbeiter.

[707] OLG Oldenburg WRP 2009, 460 (463); so auch Öst. OGH GRUR Int. 2015, 176; *Köhler*/Bornkamm/Feddersen § 4 Rn. 4.108a; *Sosnitza* WRP 2009, 373 (377); *Scherer* WRP 2009, 518 (523); aA *Ohly*/Sosnitza UWG § 4 Rn. 10.28a.

[708] Fezer/Büscher/Obergfell/*Götting/Hetmank* § 4 Nr. 4 Rn. 52a; Büscher/*Wille* § 4 Nr. 4 Rn. 37, 100.

[709] BGH GRUR 2009, 173 Rn. 35 – bundesligakarten.de; WRP 2007, 951 (953) – Außendienstmitarbeiter.

[710] BGH GRUR 2009, 173 Rn. 35 – bundesligakarten.de; WRP 2007, 951 (953) – Außendienstmitarbeiter; OLG Hamburg GRUR-RR 2015, 110 Rn. 206 – Buddy Bots.

[711] Vgl. BGH GRUR 2009, 173 Rn. 38 – bundesligakarten.de; OLG Hamburg GRUR-RR 2015, 110 Rn. 202 – Buddy Bots.

[712] BGH GRUR 2009, 173 Rn. 37 – bundesligakarten.de; WRP 2007, 951 (955) – Außendienstmitarbeiter; OLG Frankfurt a. M. GRUR-RR 2014, 69 Rn. 22.

[713] OLG Frankfurt a. M. GRUR-RR 2014, 69 Rn. 24.

[714] OLG Frankfurt a. M. GRUR-RR 2014, 69 Rn. 25 f.

[715] OLG Hamm GRUR-RR 2004, 27 (28); *Ohly*/Sosnitza UWG § 4 Rn. 4/29.

[716] OLG Celle GRUR 1962, 366 (368).

[717] LG Heilbronn WRP 1999, 1190 (1192).

[718] *Bettin* S. 120.

[719] BGH 13.12.2007 – I ZR 137/07, BeckRS 2008, 647.

Die **Kontaktaufnahme mit Mitarbeitern am Arbeitsplatz** durch Konkurrenten oder beauftragte Personaldienstleister zum Zwecke der Abwerbung ist nur in engen Grenzen zulässig. Bei der Beurteilung sind die Interessen des Konkurrenten und seines Personaldienstleisters, des betroffenen Mitarbeiters und seines Arbeitgebers abzuwägen. Deshalb greift der BGH bei der rechtlichen Beurteilung nicht auf § 4 Nr. 4, sondern auf § 3 Abs. 1 UWG zurück.[720] Eine erste telefonische Kontaktaufnahme am Arbeitsplatz über das Festnetz oder ein dienstliches oder privates[721] Mobiltelefon ist nicht unlauter, solange der Anrufer sich streng an bestimmte vom BGH festgelegte Vorgaben hält.[722] Der Anrufer muss sich kurz vorstellen, den allgemeinen Anlass seines Anrufs kurz schildern und dann konkret nachfragen, ob der Angerufene an einer Kontaktaufnahme Interesse hat. Er darf nur dann das Gespräch fortsetzen und die offene Stelle knapp umschreiben, wenn der Angerufene **ausdrücklich einwilligt.** Danach muss er sich erneut erkundigen, ob ein Interesse des angerufenen Mitarbeiters an der Fortsetzung des Gesprächs besteht. In diesem Fall darf kurz ein Gespräch außerhalb des Arbeitsbereichs verabredet werden. Wenn das Telefonat über diesen engen Rahmen hinausgeht und der Personalberater etwa ungefragt auf die Vita des Umworbenen eingeht oder sich über eine Ablehnung des Angerufenen hinwegsetzt, wird die Grenze zur Unlauterkeit überschritten.[723] Dafür kann indiziell bereits die Dauer des Telefonats sprechen.[724] Unzulässig ist auch jede **telefonische Ausforschung von Personen an ihrem Arbeitsplatz** darüber, welcher Mitarbeiter ihres Dienstherrn für bestimmte Aufgaben eingesetzt wird oder geeignet sein könnte.[725] Diese Art der Sondierung nutzt den Betriebsorganismus (Arbeitskräfte, Kommunikationssysteme, Betriebsorganisation) des betroffenen Marktteilnehmers eigennützig zu betriebswidrigen Zwecken aus.[726] Die persönliche Ansprache des Mitarbeiters eines Wettbewerbers an dessen Arbeitsplatz ist auch ohne Einsatz von Fernkommunikationsmitteln unlauter.[727] Eine Abwerbungsinitiative per Mail ohne ausdrückliche Einwilligung der kontaktierten Person ist ebenfalls unlauter (§ 7 Abs. 2 Nr. 3 UWG).[728] Außerhalb eines Wettbewerbsverhältnisses kommt ein Eingriff in den eingerichteten und ausgeübten Gewerbebetrieb in Betracht.[729] 340

Die **(Ab-)Werbung** von Arbeitskräften **in der Privatwohnung,** in einem Lokal[730] oder an einem sonstigen Ort ist nicht unlauter, auch nicht bei geschäftsungewandten Personen.[731] Die **telefonische Ansprache** in der Privatwohnung ist nach § 7 Abs. 2 Nr. 2 UWG nur zulässig, wenn der Angerufene mit dem Anruf mutmaßlich einverstanden ist.[732] Ein Einverständnis des Angerufenen mit der telefonischen Kontaktaufnahme zu Abwerbezwecken kann aber in der Regel vermutet werden, da ein verbreitetes Interesse an einer beruflichen Verbesserung besteht.[733] Die Grenze zur Unlauterkeit gemäß § 7 Abs. 1 UWG wird bei telefonischen Abwerbeversuchen überschritten, wenn sie gegen den erklärten Willen des Umworbenen erfolgen. 341

---

720 BGH GRUR 2006, 426 (427) – Direktansprache am Arbeitsplatz II.

721 OLG Frankfurt a. M. GRUR-RR 2019, 65; WRP 2019, 1353.

722 BGH WRP 2008, 219 f. – Direktansprache am Arbeitsplatz III; GRUR 2006, 426 (427) – Direktansprache am Arbeitsplatz II; GRUR 2004, 696 (697) – Direktansprache am Arbeitsplatz I.

723 BGH GRUR 2008, 262 Rn. 12 – Direktansprache am Arbeitsplatz III.

724 BGH WRP 2008, 219 (220) – Direktansprache am Arbeitsplatz III.

725 OLG Karlsruhe NJW-RR 2002, 397 (398); MüKoUWG/*Jänich* § 4 Nr. 10 Rn. 96; aA *Köhler* WRP 2002, 1 (10).

726 *Schloßer* WRP 2002, 1349 (1357); *Lindacher* FS Erdmann, 2002, 647 (654 f.); aA *Köhler* WRP 2002, 1 (3).

727 BGH 13.12.2007 – I ZR 137/07, BeckRS 2008, 647.

728 *Ernst* GRUR 2010, 963 (964).

729 AA *Quiring* WRP 2000, 33 (38); *Trube* WRP 2001, 97 (104).

730 BGH GRUR 1966, 263 (264) – Bau-Chemie.

731 BGH GRUR 1966, 263 (264) – Bau-Chemie; *Bettin* S. 101.

732 *Trube* WRP 2001, 97 (99); aA *Köhler* WRP 2002, 1 (6).

733 *Klein* GRUR 2006, 379 (382); großzügiger *Köhler* WRP 2002, 1 (6); enger OLG Jena GRUR 2003, 158 f.; *Schloßer* WRP 2002, 1349 (1351).

342 **cc) Sonstige Begleitumstände einer Abwerbung.** Die Abwerbung des **Mitarbeiters eines Vertragspartners** ist an sich nicht unlauter. Sie ist vertragswidrig, wenn zwischen den Vertragspartnern ein wirksames Wettbewerbsverbot vereinbart wurde.[734] Ein Rückgriff auf das UWG ist in diesem Fall nicht geboten. Die Abwerbung kann unter dem Gesichtspunkt des Verleitens zum Vertragsbruch unlauter sein, wenn der Mitarbeiter des Vertragspartners dazu bewegt wird, seine arbeitsvertraglichen Verpflichtungen zu verletzen.[735] Die Abwerbung als Folge von Vertragsverhandlungen, durch die der Konkurrent ungewöhnlich weitgehenden Einblick in die betrieblichen Verhältnisse des Mitbewerbers erhielt, wurde vom BGH ebenfalls untersagt.[736] Ein Rückgriff auf die gezielte Behinderung ist in solchen Fällen aber nicht geboten, da das Verhalten primär schuldrechtlich beurteilt werden muss (§§ 311 Abs. 2, 242 Abs. 2 BGB). Die Anwendung des UWG verschlechtert die Rechtsstellung des Betroffenen etwa durch kürzere Verjährungsfristen.

343 Abwerbeverbote in **Wettbewerbsrichtlinien** wie Nr. 8 der Wettbewerbsrichtlinie der Versicherungswirtschaft sind für die wettbewerbsrechtliche Beurteilung allenfalls indiziell von Bedeutung.[737]

344 Die Abwerbung von Mitarbeitern, die zu einer **Bedrohung der wirtschaftlichen Existenz** des Konkurrenten führt, ist nicht unlauter, wenn diese Folge eine **bloße Nebenwirkung zulässiger Abwerbemaßnahmen** ist.[738] Eine gezielte Behinderung liegt selbst dann nicht vor, wenn der Abwerbende den Wettbewerber schädigen will, solange er die Mitarbeiter des Konkurrenten für eigene Zwecke benötigt und sich zulässiger Mittel bedient.[739]

345 **c) Unlautere Ausnutzung der Übernahme von Mitarbeitern.** Mit der Übernahme des Mitarbeiters eines Konkurrenten können Vorteile verbunden sein, die über die Gewinnung einer kompetenten neuen Arbeitskraft hinausgehen. Dem neuen Mitarbeiter kann von Kunden des früheren Arbeitgebers eine besondere Wertschätzung und besonderes Vertrauen entgegengebracht werden. Er kann auch Geschäftsgeheimnisse des Mitbewerbers kennen. Trotz alledem darf der Abgeworbene im neuen Betrieb in seiner alten Position und Funktion beschäftigt werden. Die **Werbung** des neuen Arbeitgebers **mit dem Wechsel von Mitarbeitern** eines Konkurrenten ist ebenfalls zulässig.[740] Der neue Mitarbeiter darf Kenntnisse und Fertigkeiten ausnutzen, die er beim Mitbewerber erworben hat. Er darf auch Betriebs- und Geschäftsgeheimnisse verwerten, die er in zulässiger Weise erlangt und ‚im Kopf' behalten hat.[741] In der Information potentieller Kunden über den Wechsel von Mitarbeitern liegt auch keine unzulässige **anlehnende Werbung** an den guten Ruf des Mitbewerbers.[742]

346 **d) Rückwerbung.** Für die Rückwerbung rechtmäßig abgeworbener Mitarbeiter gelten die gleichen Wettbewerbsregeln wie für die Abwerbung. Bei der **Rückwerbung rechtswidrig abgeworbener Mitarbeiter** gilt allerdings uU ein großzügigerer Maßstab.[743] Wenn eine unlautere Abwerbung bereits so weit fortgeschritten ist, dass ihr mit gerichtlichen Schritten nicht oder nicht mehr ausreichend begegnet werden kann, können im

[734] BGH GRUR 1971, 358 (359) – Textilspitzen.

[735] OLG Jena WRP 1997, 363 (365) – Abwerben von Arbeitnehmern.

[736] BGH GRUR 1961, 482 (483) – Spritzgussmaschine.

[737] BGH GRUR 2006, 773 (774) – Probeabonnement; Fezer/Büscher/Obergfell/*Götting/Hetmank* § 4 Nr. 4 Rn. 113b; s. auch *Keller* → § 2 Rn. 173 ff.

[738] OLG Frankfurt a. M. GRUR-RR 2019, 28.

[739] AA OLG Celle GRUR 1962, 366 (367); 1966, 263 (265) – Bau-Chemie; OLG Jena WRP 1997, 363 (364) – Abwerben von Arbeitnehmern.

[740] *Kotthoff* in HK-WettbR § 1 Rn. 584.

[741] BGH GRUR 2002, 91 (92) – Spritzgießwerkzeuge; GRUR 1964, 215 (216) – Milchfahrer; Harte-Bavendamm/Ohly/*Kalbfus,* GeschGehG Einl. C 49 ff.; aA BAG NJW 1986, 1687 (1688); 1983, 134 (135).

[742] AA BGH GRUR 1957, 23 (24) – Bünder-Glas; vgl. OLG Jena WRP 1997, 363 (365) – Abwerben von Arbeitnehmern.

[743] BGH GRUR 1967, 428 (429) – Anwaltsberatung.

Rahmen des Erforderlichen Maßnahmen angemessen und zulässig sein, die ansonsten unlauter wären.[744]

e) Rechtsfolgen. Die unlautere Abwerbung **führt nicht zur Unwirksamkeit des Arbeitsvertrags** zwischen dem neuen Arbeitgeber und dem abgeworbenen Mitarbeiter. Der Arbeitsvertrag ist nach § 138 BGB nur nichtig, wenn der abgeworbene Mitarbeiter mit dem abwerbenden Mitbewerber bei der Abwerbung auf der Grundlage eines gemeinsamen Tatplans zum Nachteil des Konkurrenten zusammengewirkt hat.[745] Wenn der unlauter abgeworbene Mitarbeiter mit einer Rückkehr zum früheren Dienstherrn einverstanden ist, kann ein Schadenersatzanspruch auf Aufhebung des neuen Arbeitsvertrags bestehen. Gegen einen vertragsbrüchigen Arbeitnehmer besteht kein Anspruch darauf, dem neuen Arbeitgeber seine Arbeitskraft vorzuenthalten.[746] 347

Zugunsten des verlassenen Mitbewerbers wurde bislang in bestimmten Konstellationen ein zeitlich und sachlich beschränktes **Beschäftigungsverbot** gewährt,[747] das auch im einstweiligen Verfügungsverfahren durchgesetzt werden konnte.[748] Davon ist die Rechtsprechung zwar noch nicht endgültig abgerückt. Der BGH hat aber wegen der betroffenen Interessen Dritter (Arbeitnehmer, Kunden) und der Beschränkung des freien Wettbewerbs erhebliche Vorbehalte angedeutet.[749] Ein Arbeitnehmer will nicht nur bezahlt werden, sondern auch arbeiten, sich weiterentwickeln oder soziale Kontakte am Arbeitsplatz pflegen, was alles verhindert würde, wenn seinem Arbeitgeber die Beschäftigung verboten würde. 348

Die **Dauer und** der **Umfang des Beschäftigungsverbots** richteten sich danach, was erforderlich ist, um den mit der unlauteren Abwerbung verbundenen Störungszustand zu beseitigen[750] bzw. den durch die unlautere Abwerbung erzielten wettbewerblichen Vorsprung zu egalisieren.[751] Der Zeitraum für das Beschäftigungsverbot wurde nach § 287 ZPO geschätzt.[752] In krassen Ausnahmefällen kam auch ein unbefristetes Beschäftigungsverbot in Betracht.[753] 349

Ein Beschäftigungsverbot schied aber auch bislang aus, wenn infolge der **Veränderung der Verhältnisse** ein Ausgleich der wettbewerblichen Nachteile nicht mehr erreicht werden konnte.[754] Wenn der geschädigte Mitbewerber seine Tätigkeit nicht mehr fortsetzen kann oder will, wird ihm durch ein Beschäftigungsverbot nicht geholfen.[755] Ein Beschäftigungsverbot schied auch aus, wenn der betroffene Arbeitnehmer einen Anspruch oder ein rechtlich anerkennenswertes Interesse daran hat, von seinem neuen Arbeitgeber beschäftigt zu werden.[756] In solchen Fällen verblieb ein **Schadenersatzanspruch in Geld.**[757] 350

---

744 BGH GRUR 1967, 428 (429) – Anwaltswerbung.
745 BGH GRUR 1971, 358 (359) – Textilspitzen; *Bettin* S. 162 f.
746 OLG Frankfurt a. M. WM 1994, 862.
747 BGH GRUR 1976, 306 (307) – Baumaschinen; GRUR 1971, 358 (359) – Textilspitzen; GRUR 1970, 182 (184) – Bierfahrer; GRUR 1961, 482 – Spritzgussmaschine.
748 OLG Jena WRP 1997, 363 (365) – Abwerben von Arbeitnehmern; OLG Oldenburg WRP 1996, 612 (615 f.); LG Saarbrücken NJW 1973, 373; *Bettin* S. 182; *Kicker* FS Piper, 1996, 273 (276).
749 BGH GRUR 2018, 535 Rn. 43 – Knochenzement I; OLG Frankfurt a. M. GRUR-RR 2018, 477.
750 BGH GRUR 1970, 182 (184) – Bierfahrer; OLG Jena WRP 1997, 363 (365) – Abwerben von Arbeitnehmern.
751 BGH GRUR 1961, 482 – Spritzgussmaschine; OLG Jena WRP 1997, 363 (365) – Abwerben von Arbeitnehmern.
752 BGH GRUR 1961, 482 (483) – Spritzgussmaschine; *Klaka* GRUR 1976, 307 (308); *Kicker* FS Piper, 1996, 273 (275).
753 Vgl. BGH GRUR 1964, 215 (216) – Milchfahrer.
754 BGH GRUR 1976, 306 (307) – Baumaschinen; OLG Jena WRP 1997, 363 (365) – Abwerben von Arbeitnehmern.
755 OLG Jena WRP 1997, 363 (365) – Abwerben von Arbeitnehmern.
756 OLG Jena WRP 1997, 363 (365) – Abwerben von Arbeitnehmern; *Bettin* S. 168 ff.
757 BGH GRUR 1976, 306 (307) – Baumaschinen.

351 **2. Einwirkungen auf den Betriebs- und Produktionsablauf.** Die **Einwirkung auf Sachmittel** (Computer, Werkzeuge, Maschinen, Verbrauchsmittel etc) sowie die Leistungen, den Betriebs- und Produktionsablauf des Mitbewerbers kann unlauter sein. Im Einzelfall muss zwischen der behindernden Wirkung des Eingriffs, möglichen Duldungspflichten des betroffenen Konkurrenten und der Zumutbarkeit eines weniger behindernden Verhaltens für den Störer abgewogen werden. Die Einwirkung muss unmittelbar vom Mitbewerber ausgehen.[758] Sie ist prinzipiell nicht zu beanstanden, wenn sie die **Nebenfolge eines erlaubten Wettbewerbsverhaltens** ist. Sie wird unlauter, wenn der Mitbewerber sie durch zumutbare Maßnahmen vermeiden könnte. Unzulässig sind der **Einsatz von Hackern** und jede Form der **Sabotage.** Eine unlautere Einwirkung auf den Betriebs- und Produktionsablauf kann auch darin liegen, dass Sachen, zB Abfälle, Warenrückläufe etc, für deren Entsorgung ein Mitbewerber sorgen muss, in den Rücklauf entsprechender Waren des Konkurrenten eingespeist werden und der Konkurrent sie erst entweder aufwendig aussondern muss oder andernfalls die Kosten für die Entsorgung des Mitbewerbers mit trägt. Eine unlautere Einwirkung liegt jedoch nicht vor, wenn sie vom Nutzer des Produkts vorgenommen oder veranlasst wird.[759] Installiert der Nutzer bspw. ein Softwareprogramm, mit dem Werbung im Fernsehen oder Internet unterdrückt wird, liegt darin keine unlautere Einwirkung des Anbieters der Software. Eine mittelbare Produkteinwirkung kann jedoch im Vertrieb von Waren oder Dienstleistungen liegen, die geeignet sind, Dritten einen unberechtigten Zugang zu einer entgeltlich angebotenen Leistung zu verschaffen. Regelmäßig unlauter ist auch die Bereitstellung eines Produkts, das auf das Produkt eines Mitbewerbers einwirkt, wenn dabei eine Schutzvorkehrungen unterlaufen wird, die eine solche Einwirkung gerade verhindern soll.[760]

352 Der Erwerb, die Wahrnehmung und die Durchsetzung von **Ausschließlichkeitsrechten** wie **gewerblichen Schutzrechten, Eigentumsrechten oder sonstigen Rechten an Grundstücken** ist an sich nicht unlauter.[761] Dazu gehört auch die Ausübung von Grunddienstbarkeiten in Form eines Verbots, auf dem dienenden Grundstück ein (bestimmtes) Gewerbe zu errichten oder auszuüben, solange die Grunddienstbarkeit dem herrschenden Grundstück irgend einen Vorteil bietet[762] und nicht auf einer kartellrechtswidrigen Vereinbarung beruht.[763]

3. Testmaßnahmen

Schrifttum: *Bartl,* Mitschneiden von Verkaufsgesprächen oder Verkaufsveranstaltungen auf Tonband – unzulässige Beschaffung von Beweismitteln im Wettbewerbsprozess, WRP 1996, 386; *Friedrich,* Der perfide Testkauf – Zu den rechtlichen Grenzen von Testkaufaktionen – dargestellt am Beispiel des Wettbewerbs unter Apothekern, Festgabe für *Sandrock,* 1995, 323; *Hagenkötter,* Die Unlauterkeit von Testfotos, WRP 2008, 39; *Isele,* Die wettbewerbsrechtliche Zulässigkeit von Hausverboten gegenüber Konkurrenten, GRUR 2008, 1064; *Rojahn,* Testkäufe – Rechtliche Würdigung einer ungeliebten Kundschaft, WRP 1984, 241.

353 **a) Zulässigkeit von Testmaßnahmen.** Waren und Dienstleistungen eines Anbieters unterliegen häufig der Kontrolle von Warentestern, Medien, Verbraucherverbänden oder Mitbewerbern. Testmaßnahmen können im Kauf und der Untersuchung einer Ware, der Inanspruchnahme einer Dienstleistung, der Durchführung von Kunden- und Werbegesprächen,[764] der Geltendmachung von Reparatur-, Garantie- oder Serviceleistungen oder in Kundenbefragungen bestehen. Sie dienen nicht selten der Aufdeckung oder dem **Nach-**

[758] BGH GRUR 2018, 1251 Rn. 29 – Werbeblocker II; BGH GRUR 2017, 92 Rn. 21 – Fremdcoupon-Einlösung.

[759] BGH GRUR 2018, 1251 Rn. 29 – Werbeblocker II.

[760] BGH GRUR 2018, 1251 Rn. 31 – Werbeblocker II; BGH GRUR 2017, 397 Rn. 68 – World of Waercraft II.

[761] Zur unlauteren Eintragung und Ausübung von Sperrmarken → Rn. 412.

[762] Vgl. BGH GRUR 1962, 198 (200) – Franziskaner; zur Wirksamkeit einer Grunddienstbarkeit zur Absicherung einer Bezugspflicht in einem Bierlieferungsvertrag siehe OLG Düsseldorf 7.1.2015 – VI-U (Kart) 17/14.

[763] LG Düsseldorf 4.2.2010 – 37 O 194/09 Rn. 20 ff. (bei juris).

[764] Vgl. OLG Karlsruhe GRUR 1994, 62.

weis von Rechtsverletzungen[765] und der **Selbsthilfe des Wettbewerbs,** wie sie durch § 8 Abs. 3 UWG vom Gesetzgeber gefördert wird. An solchen Kontrollen besteht ein schützenswertes Interesse.[766] Testmaßnahmen sind deshalb ohne das Hinzutreten besonderer Umstände zulässig.

Der Anbieter von Waren oder Dienstleistungen ist zur **Duldung von Kontrollmaßnahmen** verpflichtet, wenn die den Test durchführenden Personen sich wie normale Nachfrager oder Interessenten verhalten.[767] Der Zulässigkeit von Kontrollen steht nicht entgegen, dass sie im Einzelfall ungeeignet sein können, einen Wettbewerbsverstoß nachzuweisen.[768] 354

Trotz der Verpflichtung des Wettbewerbers, Testmaßnahmen zu dulden, besteht **kein Anspruch** des Mitbewerbers **auf Kontrollen.** Er ist nicht verpflichtet, Personen zu Testzwecken als Kunden zu akzeptieren, die nicht zu dem Personenkreis zählen, für die er seinen Geschäftsbetrieb allgemein eröffnet hat. Wer ein Frauencafe führt, muss keine männlichen Kontrolleure dulden. Wer eine Messe für Fachbesucher veranstaltet, kann anderen den Zugang zu Testzwecken untersagen.[769] Wer eine bestimmte Personengruppe jedoch zulässt, kann einzelne Gruppenmitglieder, die Tests durchführen wollen, nicht zurückweisen. Der Kontrolleur hat aber auch in diesem Falle **kein**en zivilrechtlichen **Anspruch auf Abschluss eines Vertrages** über die zu testende Ware oder Dienstleistung.[770] 355

b) Unzulässigkeit des Verbots von Testmaßnahmen. Die Verhinderung von Testmaßnahmen ist unlauter. Darin wurde früher eine individuelle Behinderung gesehen. Da die Verhinderung von Testmaßnahmen aber weder der Beeinträchtigung der Entfaltung noch der Verdrängung des Konkurrenten dient, und auch nicht dazu führt, dass dieser sein eigenes Angebot nicht mehr angemessen am Markt präsentieren kann, ergibt sich die Unlauterkeit aus **§ 3 Abs. 1 UWG.** 356

Wer seine Geschäftsräume für den allgemeinen Verkehr eröffnet, handelt unlauter, wenn er ohne rechtlich anerkanntes Interesse Kontrollmaßnahmen unter Berufung auf sein Hausrecht untersagt.[771] Dies gilt sowohl für **Hausverbote** gegen jedermann, der Testkäufe vornehmen will,[772] als auch für Hausverbote, die gegen konkrete einzelne Testkäufer ausgesprochen werden.[773] Testkäufe dürfen auch in **allgemeinen Geschäftsbedingungen** nicht ausgeschlossen werden, die von jedem akzeptiert werden müssen, der Zutritt zu den Geschäftsräumen erhalten will.[774] Für **‚Hausverbote im Internet'**[775] oder die Erschwerung des Zugriffs auf bestimmte Internetseiten durch die Sperrung von IP-Nummern oder ähnliche technische Maßnahmen gilt das Gleiche, wobei die besonderen Bedingungen des elektronischen Geschäftsverkehrs berücksichtigt werden müssen.[776] 357

c) Unzulässige Testmaßnahmen. Testmaßnahmen sind unlauter, wenn der Tester sich nicht **wie ein normaler Kunde** verhält.[777] Dann geht es ihm nicht um die Prüfung des Konkurrenzangebots, sondern – jedenfalls auch – um die Störung des Betriebs. Der Tester darf allerdings ungewöhnlich hartnäckig verhandeln oder Kritik an einer Ware oder 358

---

[765] BGH GRUR 1966, 564 (565) – Hausverbot; BGH GRUR 1965, 612 (614) – Warnschild.
[766] BGH GRUR 2017, 1140 Rn. 31 – Testkauf im Internet; GRUR 1965, 607 (609) – Funkmietwagen.
[767] BGH GRUR 1991, 843 (844) – Testfotos; OLG Hamburg WRP 2007, 1249 – Hausverbot im Internet.
[768] Strenger noch BGH GRUR 1981, 827 (828) – Vertragswidriger Testkauf.
[769] AA *Rojahn* WRP 1984, 241 (243).
[770] BGH GRUR 1987, 835 (837) – Lieferbereitschaft; aA jurisPK/Müller-Bidinger § 4 Nr. 4 Rn. 204.
[771] BGH GRUR 1979, 859 (860) – Hausverbot II; OLG Köln GRUR-RR 2019, 378 Rn. 58, 62.
[772] BGH GRUR 1966, 564 – Hausverbot; GRUR 1965, 612 (614) – Warnschild.
[773] BGH GRUR 1979, 859 (860) – Hausverbot II.
[774] BGH GRUR 1981, 827 (828) – Vertragswidriger Testkauf; OLG Köln GRUR-RR 2019, 378 Rn. 58.
[775] Zum Begriff siehe OLG Frankfurt a. M. ZUM-RD 2009, 644 (645).
[776] OLG Hamburg GRUR-RR 2007, 365 (366) – Hausverbot im Internet; OLG Hamm MMR 2008, 175; LG Hamburg ZUM-RD 2011, 108 (111); zum virtuellen Hausrecht auch OLG München 2.7.2015 – U 3427/14 Kart Rn. 28, BeckRS 2015, 119932.
[777] BGH GRUR 2017, 1140 Rn. 31 – Testkauf im Internet.

Leistung äußern, weil derartiges Kundenverhalten nicht unnormal ist.[778] Die Grenze zwischen zulässigem und verwerflichem Handeln kann nur im Einzelfall bestimmt werden, wobei die Branchengepflogenheiten und die sonstigen Gegebenheiten in der Testumgebung eine wesentliche Rolle spielen können.[779] Ein Test ist unlauter, wenn **Tricks, Drohungen, Täuschungen, Manipulationen oder vergleichbare Mittel** angewendet werden, um den Wettbewerber zu einem Rechtsverstoß zu verleiten.[780] **Systematische Beobachtungen** sollen ebenfalls bedenklich sein.[781]

359 Der Tester darf den Betriebsorganismus oder **Betriebsablauf** des getesteten Mitbewerbers **nicht übermäßig stören oder beeinträchtigen.**[782] Er darf sich auch nicht so verhalten, dass er vom Publikum als Tester erkannt wird, weil dadurch der Eindruck entstehen kann, dass im Unternehmen etwas nicht in Ordnung ist. **Testfotos in Geschäftsräumen** sind grundsätzlich zulässig, weil das Fotografieren mit Handys oder kleinen Digitalkameras an jedem beliebigen Ort sowie das Posten von Bildern über Soziale Medien und andere Kanäle heutzutage üblich geworden ist.[783] Fotografieren in Geschäftsräumen zu Testzwecken kann allenfalls noch als unlauter angesehen werden, wenn dabei Personal oder Kunden belästigt werden oder der Eindruck entsteht, dass Unregelmäßigkeiten dokumentiert werden sollen.[784] Nur in diesem Fall kann aufgrund der Umstände des Einzelfalls der gute Ruf des Geschäftsinhabers in den Augen Dritter beeinträchtigt werden.[785]

360 Die geschilderten Grundsätze zur Herstellung von Testfotos in Geschäftsräumen gelten erst recht für **Testfotos außerhalb der Geschäftsräume,** zB in Messehallen oder im Freien. Allerdings ist der Fotograf auch in diesen Fällen verpflichtet, Störungen des Betriebsablaufs und der Kundenbeziehungen des Konkurrenten zu vermeiden.

361 Testmaßnahmen durch **Erhebungen bei Kunden** oder sonstigen Personen über Preis, Qualität oder den Service des Mitbewerbers sind nur zulässig, wenn es ausgeschlossen ist, dass bei den Kunden irgendeine Art von Zweifel an der Seriosität des betroffenen Mitbewerbers und der Qualität seiner Leistungen hervorgerufen werden kann. Außerdem darf die Erhebung sich nicht auf Erkenntnisse richten, die Testkunden nicht selbst herausfinden könnten, beispielsweise nicht auf Geschäftsinterna oder Geschäftsgeheimnisse.[786]

362 **d) Folgen unzulässiger Testmaßnahmen.** Wettbewerbsrechtlichen Ansprüchen, die auf unzulässige Testmaßnahmen gestützt werden, kann der **Einwand des Rechtsmissbrauchs** entgegengehalten werden, wenn der Test den Getesteten erst dazu bewogen hat, sich unlauter zu verhalten.[787] Wer den Wettbewerbsverstoß jedoch unabhängig von der Testmaßnahme begangen hätte, kann sich darauf nicht berufen.[788] Unzulässige Testfotos sind als Beweismittel nicht per se unzulässig. Der Verwertung unzulässiger Gesprächsmitschnitte oder des Zeugnisses einer Person, die ohne Zustimmung des anderen ein Telefongespräch über eine Mithöreinrichtung verfolgt hat, steht aber das Persönlichkeitsrecht des Gesprächspartners entgegen.[789]

---

778 Büscher/*Wille* § 4 Nr. 4 Rn. 108.

779 *Rojahn* WRP 1984, 241 (244 f.), mit nicht durchweg überzeugenden Beispielen.

780 BGH GRUR 2017, 1140 Rn. 31 f. – Testkauf im Internet; NJW-RR 1990, 173 – Beförderungsauftrag.

781 ME zweifelhaft, von BGH GRUR 2009, 1075 Rn. 22 – Betriebsbeobachtung – offen gelassen.

782 OLG Hamburg WRP 2007, 1249 – Hausverbot im Internet; Büscher/*Wille* § 4 Nr. 4 Rn. 106.

783 BGH WRP 2007, 1082 (1085) – Testfotos III; anders noch BGH WRP 1996, 1099 (1101) – Testfotos II; GRUR 1991, 843 (844) – Testfotos.

784 BGH GRUR 2009, 1075 Rn. 22 f. – Betriebsbeobachtung.

785 BGH WRP 1996, 1099 (1101) – Testfotos II; Büscher/*Wille* § 4 Nr. 4 Rn. 107; weiter differenzierend *Hagenkötter* WRP 2007, 39 (42).

786 OLG Stuttgart GRUR 1982, 315 (316); *Beater* § 18 Rn. 34.

787 BGH GRUR 1992, 607 – Nicola; GRUR 1989, 115 – Mietwagen-Testfahrt; Büscher/*Wille* § 4 Nr. 4 Rn. 105.

788 BGH NJW-RR 1990, 173 – Beförderungsauftrag; GRUR 1989, 113 (114) – Mietwagen-Testfahrt.

789 BVerfG NJW 2002, 3619 (3622 f.); einschränkend OLG Jena MDR 2006, 533, das im geschäftlichen Bereich von einer allgemeinen Zustimmung des Gesprächspartners ausgeht. Zur Verwertung von Dashcam-Aufnahmen BGH NJW 2018, 2883.

e) Erstattung der Testkosten. Die Kosten von Testmaßnahmen sind erstattungsfähig, wenn der **Test** von vornherein **zu Zwecken der Rechtsverfolgung** durchgeführt wurde.[790] Der Anspruch ergibt sich aus § 13 Abs. 3 oder § 9 oder in einem Gerichtsverfahren aus § 91 Abs. 1 ZPO.[791] **Allgemeine Kontrollmaßnahmen** sind demgegenüber auch dann nicht erstattungsfähig, wenn sie ein unlauteres Verhalten aufdecken. Die Kosten wären auch angefallen, wenn der Mitbewerber sich rechtmäßig verhalten hätte. 363

Alle Auslagen, die zu Testzwecken aufgewendet wurden, sind **Kosten des Rechtsstreits.** Dazu gehören Personal-, Honorar-, Material- und Reisekosten, Fangprämien sowie das Entgelt, der für die getestete Ware oder Dienstleistung aufgewendet wurde. Dieses Entgelt ist beim Erwerb von unverbrauchten Waren aber nur zu erstatten, wenn gleichzeitig die Ware herausgegeben wird.[792] Der Herausgabepflicht steht nicht entgegen, dass die Ware ggf. einem Vernichtungsanspruch unterliegt. Die Prüfung dieses materiellen Anspruchs kann nicht dem Kostenfestsetzungsverfahren anheimgestellt werden. Die Kosten sind im Übrigen nur in dem Umfang erstattungsfähig, in dem sie **aus der Sicht einer sparsamen und wirtschaftlich denkenden Person notwendig** waren.[793] Der Erstattungsanspruch erfasst keine Kosten für den Kauf einer Ware, der ausschließlich dem Zweck dient, einen genehmen Gerichtsstand zu begründen.[794] 364

4. Spionage. Spionage im Betrieb des Wettbewerbers ist nach § 4 Nr. 4 UWG unlauter.[795] Lediglich ausnahmsweise kann sie erlaubt sein, wenn sie der Abwehr eines rechtswidrigen Verhalten des Konkurrenten dient, dazu geeignet ist und sich im Rahmen des Erforderlichen hält. Dafür genügt nicht ein bloßer Verdacht, dass der Konkurrent sich rechtswidrig verhalten (haben) könnte.[796] Keine Spionage ist es, wenn lediglich betriebliche Vorgänge von einer allgemein zugänglichen Stelle aus beobachtet werden[797] oder wenn die Maßnahmen nach dem **GeschGehG** erlaubt sind. 365

Im Unterschied zur Betriebsspionage ist es – nunmehr auch aufgrund von § 3 Abs. 1 Nr. 2 GeschGehG – erlaubt, Produkte und Leistungen des Wettbewerbers zu analysieren, um ihre besonderen Merkmale, Eigenschaften und Funktionsweisen zu ermitteln.[798] Diese Form der **Konkurrenzbeobachtung** setzt keinen Eingriff in den Betriebs- und Geschäftsablauf des Konkurrenten voraus und dient dem lauteren Ziel, das eigene Leistungsangebot zu verbessern und Wettbewerb zu ermöglichen. Dies gilt entsprechend, wenn beim Mitbewerber Informationen zu dessen Produkten erfragt werden, auch wenn dies unter falschem Namen erfolgt.[799] Etwas anderes kann in Ausnahmefällen gelten, wenn ein Konkurrenzprodukt unter Überwindung von Schutzmechanismen auseinandergenommen wird. Außerdem sind gesetzliche Verbote zu beachten wie das Verbot der Dekompilierung von Computerprogrammen (§ 69e UrhG) oder das Verbot der Umgehung von Mechanismen zum Schutz von Werken und Leistungen, die urheberrechtlich geschützt sind (§ 95a UrhG). 366

5. Unruhestiftung. Die **Ausübung psychischen oder öffentlichen Drucks** auf ein Unternehmen, seine Mitarbeiter oder aktuelle oder potentielle Geschäftspartner kann den reibungslosen Betriebs- und Geschäftsablauf empfindlich stören. Dazu gehören die **Rufschädigung** einschließlich der gezielten Streuung von **Gerüchten,**[800] **Komplotte** und 367

---

[790] BGH NJW 2003, 1398; OLG Koblenz VersR 2011, 1156.
[791] Siehe dazu näher *Goldmann* → § 9 Rn. 185.
[792] KG GRUR 1976, 665; aA OLG Koblenz WRP 1979, 813.
[793] OLG Koblenz VersR 2011, 1156.
[794] OLG München GRUR 1976, 609 (610).
[795] BGH GRUR 1973, 483 (485) – Betriebsspionage.
[796] BGH GRUR 1973, 483 (485) – Betriebsspionage.
[797] BGH GRUR 2009, 1075 – Betriebsbeobachtung.
[798] Hierzu ausführlich Harte-Bavendamm/*Ohly*/Kalbfus GeschGehG § 3 Rn. 19 ff., und *Harte-Bavendamm* in diesem Kommentar, Geschäftsgeheimnisse Rn. 50.
[799] OLG Hamburg WRP 2008, 1263.
[800] Siehe hierzu oben *Bruhn* → § 4 Rn. 64.

Intrigen, die **Aufwiegelung von Mitarbeitern, Boykottaufrufe**[801] ebenso wie die Androhung, unangenehme Betriebs- und Geschäftsvorgänge öffentlich zu machen. Kritische Äußerungen über Wettbewerber sind aber nicht generell unlauter. Sie werden uU vom Grundrecht der Meinungs- und Pressefreiheit gedeckt.[802] Deshalb ist es lauterkeitsrechtlich zulässig, wenn Medien einzelne Personen bei der Durchsetzung ihrer Rechte unterstützen, solange nicht gegen das Rechtsdienstleistungsgesetz verstoßen wird oder Persönlichkeitsrechte verletzt werden.[803]

IV. Absatz- und Vertriebsbehinderung

368 **1. Allgemeines.** Die Werbung um Kunden gehört zum Wesen des Wettbewerbs.[804] Jeder Wettbewerber will neue Kunden gewinnen und einen bestehenden Kundenstamm erhalten. Ein Unternehmen hat keinen Anspruch auf die Bewahrung seines Kundenkreises oder das Fortbestehen von Vertragsverhältnissen.[805] Der Kunde kann und soll sich frei für diese oder jene Ware oder Dienstleistung dieses oder jenes Anbieters entscheiden. Der Mitbewerber darf Kunden eines Konkurrenten deshalb systematisch und zielgerichtet abwerben.[806] Die **(Ab-)Werbung von Kunden** des Mitbewerbers ist nur unlauter, wenn besondere Umstände hinzutreten, welche die Unlauterkeit erst begründen.[807]

369 Diese besonderen Umstände werden in den einzelnen Vorschriften des UWG und den Fallgruppen des § 4 UWG umschrieben und an anderer Stelle kommentiert. Dazu gehören **irreführende oder unsachliche Angaben** über den Mitbewerber, **unzulässige vergleichende Werbung oder Kritik** an seinem Leistungsangebot genauso wie die **Belästigung** von Verbrauchern und sonstigen Marktteilnehmern.[808] In all diesen und weiteren Fällen kommt auch eine gezielte Behinderung in Betracht, wenn die von der Rechtsprechung dafür entwickelten Voraussetzungen erfüllt sind,[809] da das Verbot der gezielten Behinderung gegenüber anderen lauterkeitsrechtlichen Tatbeständen nicht subsidiär ist.[810]

2. Werbebehinderung

Schrifttum: *Barber,* Air Ambushing oder Parasitäre Werbung im Luftraum, WRP 2006, 184; *Berberich,* Ambush Marketing bei Sportveranstaltungen – aus wettbewerbsrechtlicher Sicht; SpuRt 2006, 181; *Fritzsche/Barth,* Sieg der Werbeblocker als Impuls für Zugangsbeschränkungen im Internet, WRP 2019, 1405; *Glöckner,* Lauterkeitsrechtlicher Schutz von Geschäftsmodellen auf mehrseitigen Märkten, ZUM 2018, 844; *Heermann,* Ambush Marketing durch Gewinnspiele?, WRP 2012, 1035; *ders.,* Sind nicht autorisierte Ticket-Verlosungen lauterkeitsrechtlich unzulässiges Ambush-Marketing?, GRUR-RR 2012, 313; *ders.,* WM-Marken-Urteil im Bereich des ‚Ambush Marketing', CaS 2010, 134; *ders.,* Ambush-Marketing anlässlich Sportveranstaltungen, GRUR 2006, 359; *Jaeschke,* Ambush Marketing, 2008; *ders.,* Ambush-Marketing – Schutzstrategien für Veranstalter von (Sport-)Großereignissen und Markenartikler, MarkenR 2007, 411; *ders.,* Ambush Marketing, Schutzstrategien gegen assoziatives Marketing für Veranstalter von (Sport-)Großereignissen und Markenartiklern, 2008; *Köhler,* Internet-Werbeblocker als Geschäftsmodell, WRP 2014, 1017; *Körber/Mann,* Werbefreiheit und Sponsoring, Möglichkeiten und Grenzen von Ambush-Marketing unter besonderer Berücksichtigung des neuen UWG, GRUR 2008, 737; *Ladeur,* Der rechtliche Schutz der Fernsehwerbung gegen technische Blockierung durch die ‚Fernsehfee', GRUR 2005, 559; *Plaß,* Hyperlinks im Spannungsverhältnis von Urheber-, Wettbewerbs- und Haftungsrecht, WRP 2000, 599; *Reinholz,* Marketing mit der Fifa WM 2006 – Werbung, Marken, Tickets, Public Viewing, WRP 2005, 1485; *Sosnitza,* Das Internet im Gravitationsfeld des

[801] → Rn. 525 ff.
[802] Hierzu → § 4 Rn. 8 ff.
[803] BVerfG NJW 2004, 672 – Mahnmann; BGH GRUR 2002, 993 – Wie bitte?!; aA noch OLG Düsseldorf GRUR 1987, 920 (921).
[804] BGH GRUR 2004, 704 (705) – Verabschiedungsschreiben.
[805] BGH GRUR 1990, 522 (527) – HBV – Familien- und Wohnungsrechtsschutz.
[806] BGH GRUR 2002, 548 (549) – Mietwagenkostenersatz; GRUR 2001, 1061 (1063) – Mitwohnzentrale.
[807] BGH GRUR 2004, 704 (705) – Verabschiedungsschreiben; GRUR 2002, 548 (549) – Mietwagenkostenersatz; GRUR 1990, 522 (527) – HBV – Familien- und Wohnungsrechtsschutz.
[808] BGH GRUR 1960, 431 (432) – Kfz-Nummernschilder; OLG Hamm GRUR 1991, 229.
[809] → Rn. 305.
[810] Auch → Rn. 305; aA *Ohly*/Sosnitza § 4 Rn. 4/46.

Rechts – Zur rechtlichen Beurteilung sogenannter deep links, CR 2001, 693; *Wittneben/Soldner,* Der Schutz von Veranstaltern und Sponsoren vor Ambush Marketing bei Sportveranstaltungen, WRP 2006, 1175.

Ein Wettbewerber muss es hinnehmen, dass die Werbung eines Konkurrenten die eigene Werbung und ihre Wirkung beeinträchtigt.[811] Der Konkurrent darf seine **Werbung im gleichen** zeitlichen, räumlichen und medialen **Umfeld** oder in unmittelbare Nähe des Geschäftssitzes eines Wettbewerbers platzieren.[812] Er darf im Umfeld des Mitbewerbers Handzettel verteilen,[813] Werbeschilder aufstellen,[814] Anzeigen in der gleichen Rubrik inserieren,[815] Flugblättern oder Werbematerialien an Kraftfahrzeugen befestigen,[816] auf der Straße Dienstleistungen erbringen[817] Gutscheine eines Mitbewerbers einlösen[818] oder Fahrzeuge mit Werbung parken.[819] Die **Nachahmung von Werbung** ist außerhalb eines markenrechtlichen Schutzes von **Werbeslogans,**[820] eines urheber- oder designrechtlichen Schutzes, einer unlauteren **Rufausbeutung**[821] oder des **lauterkeitsrechtlichen Nachahmungsschutz**es[822] ebenfalls erlaubt.[823] Ein Mitbewerber muss es indes nicht hinnehmen, dass ein anderer in seinem eigenen Ladengeschäft oder auf seinen eigenen Internetseiten (zB mittels Pop-ups) Werbung treibt. Mit dieser Begründung wurde es für unzulässig gehalten, dass ein Unternehmer mittels einer Software auf der Website eines anderen automatisiert einen Preisvergleich durchführt.[824] Es stellt jedoch keine gezielte Behinderung dar, wenn der Nutzer die Software bewusst auf seinem Computer installiert, um über Vergleichsangebote zu Produkten, für die er sich interessiert, informiert zu werden. 370

Mitbewerber dürfen für ihr konkurrierendes Leistungsangebot das **Interesse ausnutzen,** das ein Wettbewerber mit seiner Werbung für ein Produkt oder eine Leistung, ein Ladengeschäft oder eine bestimmte Veranstaltung geweckt hat.[825] Die Aufwendung von Mühe und Kosten, die Originalität oder der Erfolg einer Werbung geben für sich genommen keinen Anspruch auf Rechtsschutz gegen daran anknüpfende Werbemaßnahmen Dritter.[826] Unlauter ist es erst, wenn der Werbeerfolg des Mitbewerbers mit unlauteren Mitteln verhindert oder auf Kosten des Werbenden abgeschöpft wird. So lag es bei einer kurzfristigen Ankündigung einer Altkleidersammlung, die einen Tag vor einer seit langem intensiv beworbenen karitativen Altkleidersammlung im gleichen Gebiet durchgeführt werden sollte.[827] 371

Bei sportlichen und kulturellen Großveranstaltungen zahlen Unternehmen oft sehr viel Geld an den Veranstalter, um als offizieller Sponsor in zeitlichem und räumlichem Zusammenhang mit oder mit Bezug zu der Veranstaltung exklusiv werben zu dürfen. **Ambush-Marketing** bezeichnet veranstaltungsbezogene Werbeaktionen, die diese exklusiven Beziehungen ignorieren und von einem Unternehmen initiiert werden, das kein offizieller Sponsor des Ereignisses ist. Solange der Ambusher das Hausrecht des Veranstalters auf dem 372

---

811 BGH GRUR 2017, 92 Rn. 21 – Fremdcoupon-Einlösung.
812 *Köhler*/Bornkamm/Feddersen § 4 Rn. 4.29; Fezer/Büscher/Obergfell/*Götting/Hetmank* § 4 Nr. 4 Rn. 99; Büscher/*Wille* § 4 Nr. 4 Rn. 46; *Ohly*/Sosnitza § 4 Rn. 4/47.
813 BGH GRUR 1986, 547 (548) – Handzettelwerbung.
814 OLG Hamm WRP 1973, 538.
815 OLG Frankfurt a. M. GRUR-RR, 2011, 140.
816 OLG Hamm GRUR 1991, 229 f.; allerdings ist das nach den Straßengesetzes der Länder verboten, bei denen es sich aber nicht um Marktverhaltenregelungen handelt (siehe oben v. Jagow → § 3a Rn. 35).
817 OLG Hamm WRP 1981, 658 (660).
818 BGH GRUR 2017, 92 Rn. 21 – Fremdcoupon-Einlösung.
819 OLG Düsseldorf WRP 1985, 217 (218).
820 Vgl. BGH GRUR 2000, 321 – Radio von hier; BGH GRUR 2000, 323 – Partner with the Best; BGH GRUR 2000, 720 – Unter uns.
821 OLG Hamm GRUR 1985, 144 – Altkleidersammlung.
822 BGH GRUR 1997, 308 – Wärme fürs Leben; OLG Frankfurt a. M. GRUR-RR 2012, 75 – Schönheit von innen.
823 BGH GRUR 2007, 795 Rn. 51 – Handtaschen.
824 LG Hamburg WRP 2015, 495 Rn. 26.
825 BGH GRUR 1986, 547 (548) – Handzettelwerbung.
826 BGH GRUR 1986, 547 (548) – Handzettelwerbung.
827 OLG Hamm GRUR 1985, 144 (145) – Altkleidersammlung.

Veranstaltungsgelände sowie dessen Urheber- und Markenrechte,[828] die an einem Logo, Maskottchen etc bestehen können, respektiert, ist sein Verhalten **nicht unlauter.**[829] Dem Ambusher geht es bei seiner Werbemaßnahme um die Förderung des eigenen Wettbewerbs. Der Veranstalter und die offiziellen Sponsoren werden nicht in einer Art und Weise beeinträchtigt, dass sie ihre eigene Werbung nicht mehr angemessen zur Geltung bringen können. Zwar ist ihre Werbung nicht mehr exklusiv. Die exklusiven Werberechten, die der Veranstalter seinen Vertragspartnern (Sponsoren) einräumt, sind aber nicht durch gesetzliche Schutzrechte abgesichert.[830] Die vertraglichen Beziehungen bestehen nur inter partes und müssen von Dritten nicht beachtet werden. Das Interesse des Veranstalters, durch den Abschluss ausschließlicher Lizenzverträge Einnahmen zu erzielen, ist legitim, rechtlich aber ebenso wenig geschützt wie das Interesse jedes anderen Unternehmers, der sein ungeschütztes Geschäftskonzept von Dritten respektiert wissen möchte. Für Veranstalter von Großereignissen gilt insofern, dass andere das Interesse ausnutzen dürfen, das er für die Veranstaltung geweckt hat.[831] Auch **§ 4 Nr. 3 lit. a oder b UWG** werden in der Regel ausscheiden.[832] Ambush-Marketing ist nur unlauter, wenn besondere Umstände außerhalb des Anwendungsbereichs des § 4 Nr. 3, Nr. 4 UWG vorliegen, wie etwa eine Irreführung über eine Sponsorenstellung.[833]

373 Eine unzulässige Werbebehinderung liegt vor, wenn die Werbung oder die Werbemittel des Mitbewerbers **beschädigt oder zerstört** werden oder wenn in sonstiger Weise **Sabotage** betrieben wird, wobei es nicht darauf ankommt, ob die fremde Werbung rechtmäßig ist oder nicht.[834] Dazu gehören Maßnahmen, mit denen in die Substanz der Werbemittel eingegriffen wird, außerdem die Verwendung oder die Verteilung von Mitteln, mit denen **fremde Werbung unkenntlich gemacht** und gegebenenfalls sogar durch eigene Werbung ersetzt werden soll.[835]

374 Zur Sabotage fremder Werbung zählt auch die **Manipulation des Empfangs oder des Inhalts** einer Fernsehausstrahlung oder eines Internetauftritts mit elektronischen Mitteln. Allerdings hat niemand einen Anspruch darauf, dass seine Werbung vom angesprochenen Verkehr wahrgenommen wird (negative Informationsfreiheit). Deshalb sind Produkte wie ein TV-Blocker oder ein Web-Washer, die es dem avisierten Werbeempfänger in freier Entscheidung ermöglichen, sich der Werbung im Radio-, Fernsehen oder Internet zu entziehen, zulässig,[836] und zwar auch, wenn sie bestimmte Werbung von der Blockade uU gegen eine Geldzahlung ausnehmen, solange es die freie Entscheidung des Nutzers ist, die Freischaltung dieser Werbung zu unterdrücken.[837] Aus dem gleichen Grunde sind auch deep links im Internet, die an der Werbung auf vorgelagerten Webseiten vorbeiführen, hinzunehmen.[838] Wettbewerbsrechtlich unzulässig sind TV-Blocker, Web-Washer, Pop-up-Blocker oder andere elektronische Mittel nur, wenn sie dem Nutzer ohne dessen eigene Entscheidung vorgeben, welche Werbung er sehen soll oder nicht.[839]

375 Die **Entfernung von herkunftshinweisenden Kennzeichen** oder von sonstigen Angaben mit werbender Funktion von einer Ware, können unlauter sein. Die rechtliche

---

[828] Bei olympischen Spielen ist außerdem das Gesetz zum Schutz des olympischen Emblems und der olympischen Bezeichnungen (OlympSchG) zu beachten; siehe dazu BGH GRUR 2014, 1215 – Olympia-Rabatt.

[829] *Köhler*/Bornkamm/Feddersen § 4 Rn. 4.74; *Ohly*/Sosnitza § 4 Rn. 4/66.

[830] *Berberich* SpuRt 2006, 181 (184); vgl. auch BGH GRUR 2011, 436 Rn. 21 – hartplatzhelden.de.

[831] Vgl. BGH GRUR 1986, 547 (548) – Handzettelwerbung.

[832] Siehe hierzu *Heermann* WRP 2012, 1035 (1043).

[833] *Ohly*/Sosnitza § 4 Rn. 4/66; *Heermann* GRUR 2006, 359 (365); *Barber* WRP 2006, 184 (187).

[834] OLG Karlsruhe GRUR-RR 2008, 350; *Beater* WRP 2011, 7 (13).

[835] OLG Hamburg GRUR 1994, 316 – Überdrucken von Telefonkarten; OLG Düsseldorf WRP 1967, 280 (281) – Schutzhüllen für Telefonbücher.

[836] BGH GRUR 2018, 1251 Rn. 30 – Werbeblocker II; GRUR 2004, 877 (879) – Werbeblocker; OLG Frankfurt a. M. GRUR 2000, 152 (153) – TV-Werbeblocker; KG K&R 2000, 193 – Fernsehfee II.

[837] LG München MMR 2015, 660; LG Hamburg 21.4.2015 – 416 HKO 159/14.

[838] BGH GRUR 2011, 1018 Rn. 69 – Automobil-Onlinebörse; GRUR 2003, 958 (963) – Paperboy.

[839] Vgl. OLG Hamburg GRUR 2002, 278 (279); OLG Frankfurt a. M. GRUR 2001, 763 (764).

Beurteilung hängt von den Umständen des Einzelfalls ab.[840] Die Entfernung eines Kennzeichens durch den Eigentümer und Nutzer der Ware selbst oder auf sein Geheiß ist erlaubt.[841] Solange sich die Ware aber noch im Handel befindet, kann die Entfernung von Kennzeichen oder entsprechenden Angaben deren Werbefunktion unterlaufen. Eine Entfernung ist aber auch in solchen Fällen zulässig, wenn die Werbewirkung auf andere Weise gewahrt wird oder das Kennzeichen ohnehin nicht über den Verkauf an den Endabnehmer hinaus mit der Ware verbunden bleiben soll.[842] Die Entfernung fremder Kennzeichen ist weiterhin erlaubt, wenn sie der Aufrechterhaltung eines rechtlich missbilligten Vertriebsbindungssystems oder einer Behinderung der Wettbewerbsfreiheit durch den Kennzeicheninhaber[843] entgegenwirkt. Auch darüber hinaus sollte das Interesse des Markeninhabers, dass die von ihm in Verkehr gebrachte Ware mit Marke weitervertrieben wird, nicht in jedem Fall höher bewertet werden als die Freiheit des Händlers, seine Ware ohne Marke anzubieten und zu verkaufen. Mit dem ersten Inverkehrbringen der Ware hat sich die Werbewirkung der Marke gewisserweise mit-‚erschöpft' (§ 24 Abs. 1 MarkenG). Die Entfernung der Kennzeichnung darf allerdings nicht zu einer Herkunftstäuschung führen.[844]

Neben der physischen Beseitigung einer Produktkennzeichnung kann eine Behinderung durch die **Verwässerung der Werbekraft eines Kennzeichens** eintreten. Aus diesem Grunde ist die Verwendung einer mittelbaren geografischen Herkunftsangabe für Wein als Bestandteil der Firma eines Unternehmens als Behinderungswettbewerb untersagt worden, weil diese Nutzung der Herkunftsangabe die Kennzeichnungskraft für Wein und damit die Wettbewerbsposition aller beeinträchtigen kann, die zur Nutzung der geografischen Herkunftsangabe berechtigt sind. Wegen der möglichen Verkehrsverwirrung droht außerdem die Gefahr, dass der Werbewert der Herkunftsangabe geschwächt wird.[845] 376

Geschäftliche Handlungen, welche die **Verbreitung oder Rezeption von Werbung des Mitbewerbers verhindern** sollen, sind unlauter, wenn sie von einer Intensität sind, der sich der Interessent nicht leicht entziehen kann. Der Kunde wird bereits umgelenkt, bevor er die Werbung der Mitbewerber wahrnehmen kann.[846] Den gleichen Effekt können Werbemaßnahmen haben, durch die Mitbewerber daran gehindert werden, ihre Leistungen in vergleichbarer Art wie der Handelnde zu bewerben. Die Verbreitung von Aufklebern für Briefkästen mit dem Hinweis, dass Werbung oder der Einwurf von Anzeigenblättern verboten sei, wurde deshalb zu Recht untersagt, wenn die Aufkleber ihrerseits Werbung für einen Mitbewerber enthalten oder die eigene Werbung oder das eigene Anzeigenblatt vom Einwurfverbot ausnehmen.[847] 377

Hersteller und Handel haben ein wirtschaftliches Interesse, bei Werbeaktionen des Herstellers zusammenzuarbeiten.[848] Der Händler darf durch Anreize dazu animiert werden, zB durch die Veranstaltung eines Schaufensterwettbewerbs.[849] Es stellt keine Behinderung dar, wenn die Ware der konkurrierenden Hersteller während der Werbeaktion zurücktreten muss. Die Einflussnahme auf den Handel zugunsten einer bestimmten Ware wird erst bedenklich, wenn sie missbräuchlich zur Verdrängung anderer Mitbewerber benutzt wird.[850] 378

[840] BGH GRUR 2004, 1039 (1041) – SB-Beschriftung. Eine Kennzeichenverletzung liegt in der Beseitigung nicht (OLG Düsseldorf WRP 2001, 288 (290); aA *Fezer* MarkenG § 14 Rn. 461).
[841] BGH GRUR 1972, 558 (559) – Teerspritzmaschinen.
[842] BGH GRUR 2004, 1039 (1041 f.) – SB-Beschriftung.
[843] OLG Düsseldorf WRP 2001, 288 (291); s. auch OLG München MD 2007, 397 (399).
[844] OLG München MD 2007, 397 (399).
[845] BGH GRUR 2001, 73 (77) – Stich den Buben.
[846] BGH GRUR 1960, 431 (432 f.) – Kfz-Nummernschilder; OLG Koblenz WRP 1974, 283 (285).
[847] OLG Brandenburg WRP 2015, 362; OLG Koblenz WRP 2013, 361.
[848] BGH GRUR 1959, 138 (140) – Italienische Note.
[849] BGH GRUR 1959, 138 (142) – Italienische Note.
[850] BGH WRP 2003, 1107 – Kleidersack; GRUR 1959, 138 (142) – Italienische Note. Zum Verdrängungswettbewerb → Rn. 465.

3. Kundenbeziehungen

Schrifttum: *Ackermann,* Die Beteiligung am fremden Vertragsbruch als Delikt, ZfPW 2018, 27; *Bettin,* Unlautere Abwerbung – Die Abwerbung von Arbeitnehmern, Kunden und Lieferanten als Verstoß gegen § 1 UWG, 1999; *Brömmelmeyer,* Internetwettbewerbsrecht, 2007; *Dietrich,* Rechtliche Probleme bei der Verwendung von Metatags, K & R 2006, 71; *Ernst,* AdWord-Werbung im Internet-Suchmaschinen als kennzeichen- und wettbewerbsrechtliches Problem, MarkenG 2006, 57; *Ernst,* Suchmaschinenmarketing im Wettbewerbs- und Markenrecht, WRP 2004, 278; *Hofmann,* Rechtsschutz gegen das Anhängen an EAN-Nummern bei Amazon, MMR 2013, 415; *Hüsch,* Keyword Advertising, MMR 2006, 357; *Illmer,* Keyword Advertising – Quo Vadis?, WRP 2007, 399; *Kazemi,* Die Verwendung von Marken und geschäftlichen Bezeichnungen in Meta-Tags, MarkenR 2006, 192; *Kotthoff,* Fremde Kennzeichen in Metatags, K & R 1999, 157; *Piper,* Zur wettbewerbsrechtlichen Zulässigkeit der Bereitstellung von Versicherungsschutz für Vereinsmitglieder, Festschrift von Gamm 1990, 147; *Menke,* Die Verwendung fremder Kennzeichen in Metatags, WRP 1999, 982; *Piper,* Zur Wettbewerbswidrigkeit des Einbrechens in fremde Vertragsbeziehungen durch Abwerben von Kunden und Mitarbeitern, GRUR 1990, 643; *Rauser,* Schadenersatz für vorsätzliche Eingriffe in fremde Vertragsbeziehungen, 2017; *Reinholz/Janke,* Domainrecht – eine Bilanz der Rechtsprechung aus den Jahren 2013/2014, K&R 2014, 703; *Renner,* Verwendung fremder Kennzeichen als AdWord, CR 2007, 258; *Renner,* Metatags und Keyword Advertising mit fremden Kennzeichen im Marken- und Wettbewerbsrecht, WRP 2007, 49; *Sasse/Thurmann,* Die wettbewerbsrechtliche Zulässigkeit eigennütziger Hilfe bei der Vertragskündigung, GRUR 2003, 921; *Schirmbacher,* Metatags und Keyword-Advertising, ITRB 2007, 117; *Schmid-Bogatzky,* Die Verwendung von Gattungsbegriffen als Internetdomains, GRUR 2002, 941; *Schmitz/Jonas* Neue Möglichkeiten für den Kennzeichenmißbrauch? – Zur Einordnung von sogenannten Vanity-Rufnummern – GRUR 2000, 183; *Ubber,* Markenrecht im Internet, 2002; *Varadinek,* Trefferlisten von Suchmaschinen im Internet als Werbeplatz für Wettbewerber, GRUR 2000, 279; *Viefhues,* Internet und Kennzeichenrecht: Meta-Tags, MMR 1999, 336; *Völker/Weidert,* Domain-Namen im Internet, WRP 1997, 652; *Vander,* Gezielte Behinderung bei teilidentischen Rufnummern, K & R 2009, 167; *Wüstenberg,* Der Wettbewerb der Personenbeförderer um potentielle Kunden an der Haltestelle, RdTW 2016, 392; *Zöllner/Lehmann,* Kennzeichen- und lauterkeitsrechtlicher Schutz für Apps, GRUR 2014, 431.

379 **a) Abfangen von Kunden.** Ein Mitbewerber hat keinen Anspruch auf Erhaltung seines Kundenstamms. Das Abfangen von Kunden, auch wenn diese an einen Mitbewerber gebunden sind, gehört vielmehr zum Wesen des Wettbewerbs.[851] Beim Abfangen von Kunden geht es neben der Werbung für die eigene Leistung darum, das bereits auf den Mitbewerber konkretisierte Interesse vom Konkurrenten weg- und auf das eigene Angebot umzulenken. Unlauter ist das Abfangen, wenn der Unternehmer sich gewissermaßen zwischen den Mitbewerber und dessen Kunden stellt, um diesen zu einer Änderung seiner (Vor-)Entscheidung zu drängen.[852] Dazu zählt auch das **Unterschieben von Waren und Dienstleistungen** anstelle der vom Interessenten gewünschten Leistung.[853] Das Festhalten eines wechselwilligen Kunden steht dem Abfangen gleich.[854]

380 Das Abfangen von Kunden mit **Belästigung, Gewalt oder** mittels **Nötigung** ist immer unlauter.[855] In allen anderen Fällen lässt sich die Unlauterkeit nur aufgrund der konkreten Umstände des Einzelfalls bestimmen.[856] Maßgebend ist, wie konkret der Kunde sich bereits für das Waren- oder Dienstleistungsangebot eines bestimmten Wettbewerbers entschieden hat,[857] wie greifbar die beworbene, konkurrierende Alternative für den Kunden ist und welche Qualität die Maßnahme hat, die den Kunde auf die Alternative umleiten soll. Unlauter ist das Abfangen erst, wenn auf den Kunden unangemessen eingewirkt wird.[858]

381 Das **Ansprechen von Kunden,** die sich in mutmaßlicher Kaufabsicht dem Geschäft eines Konkurrenten nähern, wurde für unlauter gehalten, wenn dadurch auf das eigene

---

[851] BGH GRUR 2021, 497 Rn. 52 – Zweitmarkt für Lebensversicherungen; GRUR 2018, 317 Rn. 13 – Portierungsauftrag; GRUR 2017, 92 Rn. 16 – Fremdcoupon-Einlösung.

[852] BGH GRUR 2021, 497 Rn. 52 – Zweitmarkt für Lebensversicherungen; GRUR 2018, 317 Rn. 13 – Portierungsauftrag; GRUR 2017, 92 Rn. 16 – Fremdcoupon-Einlösung.

[853] BGH GRUR 1966, 564 (565) – Hausverbot; GRUR 1963, 218 (222) – Mampe Halb und Halb II.

[854] Vgl. BGH GRUR 2010, 346 Rn. 15 – Rufumleitung.

[855] Belästigung, Gewalt und Nötigung sind aggressive Geschäftspraktiken gemäß § 4a Abs. 1 UWG. Zum Abfangen durch Belästigung siehe OLG Frankfurt a. M. GRUR-RR 2017, 278.

[856] BGH GRUR 2017, 92 Rn. 20 – Rabatt-Coupons.

[857] Vgl. zum Kundenbegriff BGH GRUR 2017, 92 Rn. 17 – Fremdcoupon-Einlösung – einerseits (Gutscheininhaber sind noch keine Kunden), OLG Frankfurt a. M. GRUR-RR 2017, 278 andererseits (Kunde ist schon, wer in die Kaufhaustiefgarage fahren will).

[858] OLG Frankfurt a. M. GRUR-RR 2017, 278.

konkurrierende Unternehmen aufmerksam gemacht werden soll.[859] Es kommt allerdings nach heutigen Maßstäben entscheidend darauf an, wo, wie intensiv und mit welchen Mitteln sich der Wettbewerber zwischen seinen Mitbewerber und dessen potentiellen Kunden drängt. Ergänzend ist zu berücksichtigen, dass kein Unternehmer außerhalb seines Hausrechts einen Anspruch auf einen Freiraum hat, in dem er vor Konkurrenz geschützt ist.[860] Die **Verteilung von Handzetteln** mit der Werbung für das eigene Geschäft an Kunden, die gerade den Geschäftsbetrieb des Konkurrenten aufsuchen wollen, kann deshalb nicht mehr ohne weiteres als unlauter angesehen werden.[861] Die Werbung in räumlicher Nähe zum Geschäftsbetrieb des Konkurrenten ist ebenfalls nicht mehr unlauter, bloß weil sie geeignet ist, Kunden des Mitbewerbers vom Konkurrenten weg- und in das eigene Geschäft umzuleiten **(Fangwerbung).**[862]

Mehr noch als die Werbung in räumlicher Nähe ist die **Werbung im zeitlichen oder sachlichen Kontext mit Werbemaßnahmen der Mitbewerber** zulässig. Es ist ohne weiteres erlaubt, bei Verkaufsförderungsmaßnahmen (Sales Promotions), das Interesse, das der angesprochene Verkehr dem Angebot von Mitbewerbern entgegenbringt, für die Bewerbung des eigenen Angebots zu nutzen.[863] Dadurch wird die Vergleichbarkeit der Angebote am Markt erhöht. Es ist auch nicht unlauter, wenn ein Unternehmen die Werbemaßnahmen eines Konkurrenten mit eigenen verstärkten **Werbemaßnahmen in den gleichen Medien** beantwortet,[864] wenn die Einlösung von Gutscheinen angekündigt wird, die ein Wettbewerber im Rahmen einer Verkaufsaktion ausgibt,[865] wenn in Fachmedien für bestimmte Waren oder Leistungen Werbeanzeigen für andere, konkurrierende Waren oder Leistungen geschaltet werden, wenn der Geschäftsbezeichnung ein oder mehrere Male der Buchstabe A vorangestellt wird, um im Branchentelefonbuch an erster Stelle genannt zu werden[866] oder wenn ein Anbieter seine Werbung in einer Rubrik einer Zeitung oder eines anderen Mediums veröffentlicht, die für Anbieter konkurrierender Leistungen konzipiert wurde. Ein Anbieter von Funkmietwagen darf deshalb seine Leistung im Telefonbuch unter „T" wie „Taxi" bewerben.[867] Zur Verwendung von Metatags und Keywords nachfolgend → Rn. 387. 382

Ein **Händler,** der Waren verschiedener Hersteller gegenüber einem Kunden sachlich vergleicht oder einen Kunden, der ein bestimmtes Produkt wünscht, auf ein alternatives Produkt empfehlend hinweist, handelt nicht unlauter, auch wenn der Vergleich den Voraussetzungen des § 6 UWG nicht genügt. **Vergleiche und Empfehlungen von Waren** des eigenen Sortiments sind eine der wesentlichen Aufgaben des Handels. Der Händler muss sich dabei aber in den Grenzen halten, die sich aus seiner Beraterfunktion ergeben. Er darf den Kunden nicht irreführen[868] oder andere Waren anstelle der gewünschten Produkte unterschieben.[869] 383

Es ist unlauter, **geschäftliche Korrespondenz** oder andere an einen Konkurrenten gerichteten Dokumente **abzufangen**[870] und die daraus gewonnenen Erkenntnisse zur Gewinnung des Kunden einzusetzen. Dazu gehören auch das Ausspähen von geschäftlicher Korrespondenz im **elektronischen Geschäftsverkehr** und die Ausnutzung der daraus gewonnenen Erkenntnisse zu Wettbewerbszwecken. Einem Interessenten darf nicht wahr- 384

---

[859] BGH GRUR 1960, 431 (433) – Kfz-Nummernschilder.

[860] *Ohly*/Sosnitza § 4 Rn. 4/47; *Köhler*/Bornkamm/Feddersen UWG § 4 Rn. 4.29.

[861] Anders, wenn sich der Adressat der Werbung und Ansprache nicht enziehen kann (OLG Frankfurt a. M. GRUR-RR 2017, 278).

[862] BGH GRUR 2011, 166 Rn. 40 – Rote Briefkästen; offen gelassen in OLG Düsseldorf GRUR-RR 2016, 20 Rn. 20. Strenger noch BGH GRUR 1986, 547 (548) – Handzettelwerbung.

[863] OLG Frankfurt a. M. GRUR-RR 2011, 140.

[864] Zur Ausnahme bei einem unlauteren Preiskampf unter → Rn. 571.

[865] BGH GRUR 2017, 92 Rn. 21 – Rabatt-Coupons.

[866] OLG Hamm WRP 2005, 525 – AA Schlüsseldienst.

[867] BGH GRUR 2012, 645 Rn. 18 – Mietwagenwerbung; OLG Frankfurt a. M. GRUR-RR 2011, 140.

[868] BGH GRUR 1963, 197 (202) – Zahnprothesen-Pflegemittel.

[869] BGH GRUR 1966, 564 (565) – Hausverbot.

[870] BGH GRUR 1987, 532 (533) – Zollabfertigung.

heitswidrig vorgespiegelt werden, dass er es mit dem von ihm gewünschten Geschäftspartner zu tun habe.[871] Wer bemerkt, dass eine Bestellung nicht an ihn adressiert ist, darf sie nicht ausführen.[872] Er darf sie aber – sofern er legal vom Inhalt Kenntnis erlangt hat – zu einem Gegenangebot ausnutzen, sofern er die Bestellung an den eigentlichen Adressaten weiterleitet oder den Absender auf die Fehlleitung hinweist.[873] Eine Versicherungsgesellschaft, der die Korrespondenz mit einem Makler nicht zumutbar ist, darf weiterhin direkt mit dem Versicherungsnehmer korrespondieren.[874] Unlauter ist die **Umleitung einer Bestellung** an einen anderen Unternehmer.[875] Unlauter verhält sich auch eine Krankenversicherung, die Versicherungsnehmern unter dem Versprechen von Vergünstigungen die Behandlung bei anderen Ärzten empfiehlt, nachdem sie von einem konkreten Behandlungsbedarf durch die Vorlage eines Heil- und Kostenplans erfahren hat.[876] Wer als Telekommunikationsanbieter eine Verbindungskennziffer beantragt und zugewiesen bekommt, die direkt neben der Einwahlnummer eines Mitbewerbers liegt, behindert den Mitbewerber jedoch nicht, weil die Kennziffern begrenzt sind und die Telekommunikationsdienstleistung ohne Kennziffer gar nicht angeboten werden kann.[877]

385 Die **Ausnutzung fremder Einrichtungen** zum Abfangen von Kunden ist unlauter. Bei dieser Fallgruppe liegt die gezielte Behinderung eines Mitbewerbers darin, dass die von einem oder für einen Mitbewerber geschaffenen Einrichtungen für eigene Zwecke ausgenutzt werden, ohne dazu berechtigt zu sein oder dafür ein Entgelt zu entrichten.[878] Der BGH erwägt, den Begriff der Einrichtung dahingehend zu beschränken, dass nur Einrichtungen erfasst werden, die unmittelbar für oder im Zusammenhang mit Umsatzgeschäften genutzt werden, sodass den Umsatzgeschäften vorgelagerte Werbung nicht erfasst würde.[879] Erfasst würde aber auch in diesem Fall die Verbreitung von Werbematerial oder das Angebot von Waren und Dienstleistungen in Räumen oder auf Flächen, die ausschließlich einem Wettbewerber vorbehalten sind.[880] Wer Taxihalteplätze nutzt, obwohl er im Unterschied zu Wettbewerbern keine Erlaubnis dazu erworben hat, behindert seine Mitbewerber, die die erforderliche Erlaubnis entgeltlich erworben haben und den Taxihalteplatz damit finanzieren.[881] Im **Telekommunikations- und Energiesektor** ist die Ausnutzung fremder Einrichtungen besonders verbreitet, aber aufgrund der technischen Sachverhalte auch besonders kompliziert. Der Anbieter eines Festnetzanschlusses behindert die Betreiber von Mobilfunknetzen unlauter, wenn er seinen Kunden eine Vergünstigung dafür gewährt, dass sie einer **Umleitung eines Anrufs,** der aus dem Festnetz zu ihrem Mobiltelefon erfolgt, **auf** ihren **Festnetzschluss** zustimmen. Der Festnetzanbieter spart sich dadurch das Zusammenschaltungsentgelt, das er bei einer Verbindung mit dem Mobiltelefon an den Mobiltelefonanbieter zahlen müsste.[882] Sein Angebot macht sich die Telekommunikationseinrichtung des Wettbewerbers zunutze, die lediglich wegen der Rufumleitung nicht genutzt wird.[883] Ebenso ist der Einsatz eines GSM-Wandlers zur Umleitung eines Anrufs vom Festnetz in ein Mobilfunknetz unlauter, der einen netzinternen Anruf des Mobilfunkanbieters simuliert und dem Mobilfunkanbie-

[871] OLG Frankfurt a. M. GRUR-RR 2009, 65.
[872] BGH BeckRS 2012, 07782 = GuT 2012, 181 – Parkplatz-Service; GRUR 1983, 34 (36) – Bestellschreiben.
[873] AA BGH GRUR 1983, 34 (36) – Bestellschreiben.
[874] BGH GRUR 2016, 825 Rn. 28– Tarifwechsel.
[875] BGH BeckRS 2012, 07782 – Parkplatz-Service; GRUR 1989, 430 (431) – Krankentransportbestellung.
[876] OLG Dresden GRUR-RR 2021, 43 Rn. 37 ff.
[877] OLG Köln GRUR-RR 2006, 191 (193) – 0 10 58/0 10 59.
[878] BGH GRUR 2017, 92 Rn. 26 – Fremdcoupon-Einlösung; GRUR 2014, 393 Rn. 33 – wetteronline.de.
[879] BGH GRUR 2017, 92 Rn. 27 – Fremdcoupon-Einlösung.
[880] OLG Hamm 12.6.2012 – I-4 U 9/12 Rn. 23 BeckRS 2012, 16361.
[881] OLG Frankfurt a. M. GRUR-RR 2017, 195.
[882] BGH GRUR 2018, 317 Rn. 13 – Portierungsauftrag; GRUR 2010, 346 Rn. 15 – Rufumleitung.
[883] BGH GRUR 2010, 346 Rn. 18 f. – Rufumleitung.

ter damit Einnahmen vorenthält.[884] Auf der gleichen Linie liegt das Angebot an alle Nutzer der Flatrate eines Access Providers, sich entgeltlich an einer Gemeinschaft zu beteiligen, die sich wechselseitig die Nutzung ihrer jeweiligen Flatrate gestattet.[885]

Im Telekommunikations- und Energiesektor sind aufgrund der technischen Gegebenheiten und der Vertriebsstrukturen auch andere Konstellationen möglich, die einem Abfangen von Kunden vergleichbar sind. Zwar wird in diesen Fällen nicht direkt auf den Kunden selber eingewirkt. Seine Vorgaben werden aber weisungswidrig so umgesetzt, dass der Kunde auf das eigene Unternehmen umgelenkt oder von ihm festgehalten wird.[886] Wer als Anbieter einer Leistung im Falle der Kündigung seines Kunden an der **Umstellung der Leistung auf einen anderen Anbieter** mitwirken muss, behindert diesen unlauter, wenn er die Mitwirkung bewusst verzögert oder unterlässt.[887] Unlauter ist es auch, wenn ein Unternehmer unter Vorspiegelung einer tatsächlich nicht abgegebenen Willenserklärung eine Handlung gegenüber einem Mitbewerber vornimmt, die darauf abzielt, einen Kunden auf sein Unternehmen umzuleiten.[888] Ein versehentliche Verhalten ist dafür aber noch nicht ausreichend.[889] Dem bewussten Verhalten steht es gleich, wenn solche Vorgänge ohne ausreichende menschliche Kontrolle automatisch erfolgen und dabei vorkommende weisungswidrige Änderungen zu Gunsten des eigenen Unternehmens bewusst in Kauf genommen werden.[890] Wer bei Endkunden eine falsche Preselection-Rufnummer oder ohne deren Auftrag überhaupt eine Preselection-Rufnummer installiert (sog. **Slamming**), fängt Kunden des Anbieters ab bzw. hält Kunden vor dem Konkurrenten fest, über dessen Netz die Anrufe andernfalls erfolgen würden.[891] Unlauter ist es außerdem, wenn bei Fernabsatzverträgen über Telekommunikationsdienstleistungen die Kündigung des bestehenden Vertrages im Namen des Kunden vor Ablauf der Widerrufsfrist ausgesprochen wird, da die Kündigung trotz eines späteren Widerrufs wirksam bleibt.[892] In solchen Fällen ist es erst recht unlauter, wenn ein Widerruf der Kündigung ignoriert[893] oder die Kündigung zwar unverzüglich veranlasst, der Widerruf des neuen Vertrages aber nur verzögert abgewickelt wird.[894] Es ist auch unlauter, wenn der Anbieter einer Leistung (zB eines DSL-Anschlusses), die er über Dritte vertreiben lässt (Reseller), die eingehenden Aufträge dazu nutzt, dem vermittelten Endkunden unter Umgehung des Resellers eine alternative Leistung (zB einen anderen DSL-Anschluss) anzubieten.[895] 386

Die **Registrierung einer Domain oder einer Vanity-Nummer** kann zu einer unlauteren Behinderung führen.[896] Den Umstand, dass ein Domainname nur ein einziges Mal vergeben werden kann, hat allerdings jedermann grundsätzlich hinzunehmen.[897] Unzulässig ist aber eine rechtsmissbräuchliche Registrierung oder Blockade einer Domain. Ein solcher Rechtsmissbrauch ist insbesondere anzunehmen, wenn der Domaininhaber den Domainnamen ohne ernsthaften Benutzungswillen in der Absicht registrieren lässt, sich diesen von dem Inhaber eines entsprechenden Kennzeichen- oder Namensrechts abkaufen 387

---

[884] BGH K & R 2010, 586 Rn. 43.

[885] OLG Köln GRUR-RR 2009, 339 (340 f.); ablehnend *Mantz* MMR 2009, 697 (699) und *Nemeczek* WRP 2010, 1204 (1207).

[886] BGH GRUR 2018, 317 Rn. 13 f. – Portierungsauftrag; GRUR 2007, 987 (989) – Änderung der Voreinstellung.

[887] LG Freiburg 9.3.2012 – 10 O 17/11 (zu einem Stromlieferungsvertrag).

[888] BGH GRUR 2018, 317 Rn. 14 – Portierungsauftrag.

[889] BGH GRUR 2007, 987 Rn. 24 – Änderung der Voreinstellung; OLG Frankfurt a. M. MMR 2009, 879; *Isele* GRUR 2009, 727 (729).

[890] OLG Köln GRUR-RR 2010, 297 (Nichtzulassungsbeschwerde zurückgewiesen).

[891] BGH GRUR 2009, 876 Rn. 11, 22 – Änderung der Voreinstellung II; *Koch* in Ullmann jurisPK-UWG § 7 Rn. 139.

[892] LG Freiburg 2.5.2011 – 12 O 118/10, BeckRS 2011, 141711 (zu einem Stromlieferungsvertrag).

[893] OLG Düsseldorf MMR 2015, 279.

[894] KG MMR 2009, 694.

[895] OLG Köln GRUR-RR 2007, 367.

[896] Zum Kennzeichenrecht: BGH GRUR 2014, 393 Rn. 52; – wetteronline.de; zum Namensrecht: BGH GRUR 2002, 622 (624) – shell.de; GRUR 2014, 506 – sr.de; GRUR 2016, 810 – profitbricks.es.

[897] BGH GRUR 2014, 393 Rn. 53; – wetteronline.de.

zu lassen,[898] oder wenn die Domain ohne erkennbaren sachlichen Grund oder ohne sonstige Berechtigung, wie ein Namensrecht sie gewähren kann,[899] vom Konkurrenten registriert und für den Mitbewerber gesperrt wird, der ein dem Konkurrenten erkennbares anerkennenswertes Interesse an der Nutzung hat.[900] Soweit die Registrierung oder Nutzung des Domainnamens keine Namens- oder Kennzeichenrechte Dritter verletzt, ist der Handel mit Domainnamen zulässig und verfassungsrechtlich geschützt (Art. 12 und 14 GG).[901] Unlauter ist es aber, wenn ein Domainprovider ohne Auftrag Inhaberwechsel-Anträge bei einer Registrierungsstelle wie der Denic stellt, um einen Umzug der bei einem Wettbewerber gehosteten Domain zum eigenen Unternehmen zu initialisieren.[902] Außerhalb eines Wettbewerbsverhältnisses[903] kann im **Domain-Grabbing** zum Zwecke der Behinderung oder zur Realisierung materieller Vorteile ein Eingriff in das Recht am eingerichteten und ausgeübten Geschäftsbetrieb (§ 823 Abs. 1 BGB) oder eine vorsätzliche sittenwidrige Schädigung (§ 826 BGB) liegen.[904] Im Falle der bloßen Registrierung eines Gattungsbegriffs als Domainname kommt ein Rechtsverstoß, auch gegen § 826 BGB, nicht in Betracht.[905]

388 Die **Nutzung von Internetdomains und Vanity-Nummern** kann fremde Namens- und Kennzeichenrechte verletzen.[906] Die Nutzung einer Domain, die ein bestehendes Kennzeichenrecht nicht verletzt, ist allerdings regelmäßig auch nicht unlauter. Andernfalls würde die Systematik zwischen dem Kennzeichen- und Wettbewerbsrecht unterlaufen.[907] Wird eine Internetdomain, die vom Verkehr mit dem Unternehmen, den Waren oder den Dienstleistungen eines konkreten Anbieters assoziiert wird, dazu genutzt, Interessenten an diesem Angebot auf das eigene Angebot umzuleiten, kann darin ein unlauteres **Abfangen von Kunden** liegen, soweit der Nutzung der Domain kein eigenes Benutzungsrecht korrespondiert. Es ist in diesen Fällen nicht erforderlich, dass die Domain für den Mitbewerber kennzeichenrechtlich geschützt ist.[908] Unlauter können „Vertipper-Domains" sein, über die Interessenten am Angebot eines Wettbewerbers, die sich bei der Eingabe der Domain vertippen, auf ein anderes Angebot umgeleitet werden sollen.[909] Bei der wettbewerbsrechtlichen Beurteilung ist allerdings zu berücksichtigen, ob unter der Domain ein eigener Inhalt eingestellt wird, ob nur Adword-Anzeigen angezeigt werden oder ob auf einen Inhalt umleitet wird, der unter einer anderen Domain eingestellt wurde.[910] Eine unlautere Behinderung durch eine Tippfehler-Domain scheidet aus, wenn der Nutzer auf der aufgerufenen Internetseite sogleich und unübersehbar auf den Umstand aufmerksam gemacht wird, dass er sich nicht auf der Internetseite, an die sich die Domain anlehnt, befindet, weil er sich vermutlich bei der Eingabe des Domainnamens vertippt hat.[911] – Tippfehlerdomains vergleichbar ist die Ausnutzung eines Domainverlustes eines anderen durch die Registrierung derselben Domain, um Interessenten am Angebot des anderen auf die eigene Website umzuleiten.[912] Allerdings kommt es bei all diesen Sachverhalten auch immer auf die Art der Domain an. So stellt es noch keine Behinderung

---

898 BGH WRP 2009, 803 Rn. 43 – ahd.de; GRUR 2008, 1099 Rn. 33 – afilias.de.
899 BGH GRUR 2002, 706 (708) – vossius.de.
900 OLG Jena MMR 2005, 776 (778) – deutsche-anwalthotline.de; KG Magazindienst 2003, 990 (993 f.) – america2.de.
901 BGH GRUR 2005, 687 (688) – weltonline.de.
902 LG Berlin 22.4.2009 – 16 O 67/09.
903 Zum Wettbewerbsverhältnis der Prätendenten um eine Domain s. BGH WRP 2009, 803 Rn. 40 – ahd.de.
904 OLG Frankfurt a. M. GRUR-RR 2001, 264; LG München MMR 2006, 692.
905 BGH GRUR 2005, 687 – weltonline.de.
906 BGH GRUR 2002, 622 (623 f.) – shell.de.
907 OLG Düsseldorf GRUR-RR 2002, 20 (22 f.); GRUR 2001, 247 (250); *Ubber* S. 103 f.
908 Vgl. ÖOGH MMR 1999, 662.
909 BGH GRUR 2014, 393 Rn. 36 – wetteronline.de; OLG Köln WRP 2014, 202 Rn. 4.
910 OLG Hamburg GRUR-RR 2006, 193 (194) – Advanced Microwave Systems.
911 BGH GRUR 2014, 393 Rn. 48; – wetteronline.de.
912 OLG München MMR 2007, 115.

dar, wenn ein Anbieter einen glatt beschreibenden Begriff, den ein Wettbewerber ebenfalls als Domain nutzt, in anderer Schreibweise verwendet.[913] – Gegen unlauter registrierte oder genutzte Internetdomain besteht nur dann ein **Löschungsanspruch** aus §§ 8 Abs. 1, 9 iVm §§ 3, 4 Nr. 4 UWG, wenn unter dem angegriffenen Domainnamen kein legales Internetangebot betrieben werden kann.[914] Ein **Übertragungsanspruch** besteht in keinem Fall.[915]

In der **Verwendung beschreibender Domains oder Vanity-Nummern,** die von Konkurrenten für ihre Waren und Leistungen (noch) gar nicht verwendet werden, liegt keine Behinderung und auch kein unlauteres Abfangen von Kunden.[916] Die systematische Blockade eines Begriffs in unterschiedlichen Schreibweisen unter verschiedenen Top-Level-Domains wurde im Einzelfall als unzulässige Behinderung angesehen, wenn die Mitbewerber in ihrer Entfaltungsfreiheit behindert werden.[917] Angesichts der Masse an Top-Level-Domains, die einem Websitebetreiber mittlerweile zur Verfügung stehen, sind entsprechende Konstellationen aber kaum mehr vorstellbar. Beschreibende Domains können allerdings irreführend sein, wenn sie fälschlich den Eindruck einer Alleinstellung oder einer sonstigen herausgehobenen Qualität oder Qualifikation vermitteln.[918] 389

Metatags und andere Angaben im Quelltext einer Internetseite sollen gewährleisten, dass die Seite von Suchmaschinen bei der Eingabe entsprechender Begriffe gefunden wird. Werden fremde Kennzeichenrechte als Metatags im Waren- oder Dienstleistungsähnlichkeitsbereich eingesetzt, liegt darin eine Markenverletzung, soweit keine Berechtigung zur Nutzung der Marke vorliegt.[919] Die Verwendung beschreibender Begriffe als Domain, Metatag oder Keyword ist marken- und wettbewerbsrechtlich nicht zu beanstanden.[920] Ebenso wenig ist es unlauter, dass ein Anbieter versucht, in der Ergebnisliste von Suchmaschinen möglichst vorne platziert zu werden, gegebenenfalls auch mit mehreren Treffern zum gleichen Produkt, auch wenn sein Mitbewerber dadurch im Suchergebnis nach hinten rutscht.[921] Die Generierung von Werbeanzeigen über Keywords (Keyword-Advertising, zB Google AdWords), die dem geschützten Kennzeichen eines anderen entsprechen, kann zu einer Kennzeichenrechtsverletzung führen.[922] Sie ist aber keine Ausbeutung des guten Rufs eines Wettbewerbers[923] und kein Abfangen von Kunden.[924] Etwas anderes gilt jedoch, wenn es einem Anbieter in einem App-Store, in dem nicht zwischen natürlichen Suchergebnissen und bezahlten Anzeigen unterschieden wird, verlässlich gelingt, dass seine App stets vor der App des Mitbewerbers aufgeführt wird, nach der vom Interessenten gesucht wird.[925] Wenn ein Mitbewerber die zulässige Verwendung einer Marke als Keyword durch eine unberechtigte Beschwerde beim Medium, zB einer Internetsuchmaschinen, verhindern will, liegt eine gezielte Behinderung vor. Eine allgemeine Markenbeschwerde des Markeninhabers, welche die Verwendung einer Marke als Keyword generell blockiert, ist zulässig. Allerdings stellt es wiederum eine gezielte Behinderung dar, wenn der Markeninhaber sich 390

913 BGH GRUR 2014, 393 Rn. 41; – wetteronline.de.

914 BGH GRUR 2014, 393 Rn. 54; – wetteronline.de; GRUR 2002, 706 (709) – vossius.de; BGH GRUR 2002, 622 (626) – shell.de.

915 BGH GRUR 2002, 622 (626) – shell.de.

916 BGH GRUR 2002, 902 (905) – Vanity-Nummer; GRUR 2001, 1061 (1062) – mitwohnzentrale.de.

917 BGH GRUR 2005, 517 (518) – Literaturhaus; KG Magazindienst 2003, 990 (993 f.) – america2.de.

918 BGH GRUR 2001, 1061 (1064) – mitwohnzentrale.de.

919 BGH WRP 2006, 1513 (1515) – Impuls; GRUR 2007, 784 – Aidol.

920 BGH GRUR 2002, 902 – Vanity-Nummer; GRUR 2001, 1061 – Mitwohnzentrale zu beschreibenden Internetdomains; OLG Düsseldorf GRUR-RR 2003, 48.

921 OLG Hamm MMR 2010, 36 (37).

922 EuGH 22.9.2011 – C-323/09, GRUR 2011, 1124 – Interflora; GRUR 2010, 445 Rn. 83 f., 88 ff. – Google France; GRUR 2010, 641 Rn. 24 ff. – eis.de; BGH GRUR 2013, 1044 – Beate Uhse; GRUR 2011, 828 Rn. 34 – bananabay II.

923 So BGH GRUR 2011, 828 Rn. 34 – bananabay II; GRUR 2009, 500 Rn. 22 – beta layout.

924 BGH GRUR 2011, 828 Rn. 335 – bananabay II; GRUR 2009, 500 Rn. 23 – beta layout; aA MüKoUWG/*Jänich* § 4 Nr. 10 Rn. 69.

925 OLG Hamburg GRUR 2014, 490 (492); *Zöllner/Lehmann* GRUR 2014, 431 (436).

weigert, seine Zustimmung in eine rechtmäßige Verwendung der Marke durch einen Dritten zu erteilen.[926] Unlauter ist es auch, wenn ein Mitbewerber unter Berufung auf ein Schutzrecht Angebote auf Veraufsportal sperren lässt, zB über das VeRi-Programm von ebay, obwohl keine Rechtsverletzung vorliegt.[927]

391 **Computerprogramme oder Datenbanken,** die der Bestellung von Waren oder Dienstleistungen dienen oder über ein Waren- oder Dienstleistungsangebot informieren, sind unlauter, wenn sie so konfiguriert sind, dass sie bei der Eingabe einer bestimmten Ware oder Leistung **systematisch auf das Konkurrenzangebot umschalten.** Ein Programm zur Verschreibung von Arzneimitteln wurde deshalb zu Recht für unlauter gehalten, weil es in der (abwählbaren) Grundeinstellung ein vom Arzt gewähltes Präparat immer durch ein identisches Produkt oder Generikum eines Wettbewerbers ersetzte.[928] Gegen eine Software, in der der Arzt eine entsprechende Voreinstellung selber einrichten kann, bestehen hingegen wettbewerbsrechtlich keine Bedenken.[929] Ebenso ist es zulässig, wenn das Programm systematisch auf das Konkurrenzprodukt als mögliche Alternative hinweist, soweit die Voraussetzungen einer zulässigen vergleichenden Werbung berücksichtigt werden. Aus diesem Grunde ist auch die Verwendung von Artikelnummern eines Anbieters auf einer Internetplattform zulässig, um darüber auf das eigene Konkurrenzangebot hinzuweisen.[930]

392 **b) Abwerbung von Kunden.** Der **Kundenkreis** ist **kein geschütztes Rechtsgut.**[931] Das Abwerben von Kunden gehört zum Wesen des Wettbewerbs.[932] Kein Wettbewerber hat Anspruch auf die Bewahrung seines Kundenkreises oder den Fortbestand eines einmal begründeten Vertragsverhältnisses mit einem Kunden.[933] Das Abwerben ist auch dann zulässig, wenn die Kunden vertraglich noch an den Mitbewerber gebunden sind[934] oder wenn die Abwerbung systematisch und zielgerichtet erfolgt.[935] Unlauter wird ein Einbrechen in fremde Vertragsbeziehungen erst, wenn besondere Unlauterkeitsumstände hinzutreten, wenn unlautere Ziele verfolgt oder unlautere Mittel und Methoden eingesetzt werden.[936]

393 **aa) Unlautere Begleitumstände der Abwerbung.** Die **Verleitung eines Kunden zum Vertragsbruch,** der auch in einer Verletzung von Allgemeinen Geschäftsbedingungen liegen kann, ist nach herrschender Meinung unlauter.[937] Ob die Initiative für den Vertragsbruch vom Unternehmer oder vom Kunden ausgeht, soll unerheblich sein, solange der Unternehmer den Kunden aktiv unterstützt. Diese Unterstützung muss aber über ein bloß alternatives Angebot an den Kunden hinausreichen und den Vertragsbruch provozieren.[938] Dafür reicht das Bestärken einer bereits zum Vertragsbruch entschlossenen Person in seinem Entschluss nicht aus.[939] Außerdem wird gefordert, dass dem Verleitenden die vertragliche Verpflichtung bekannt ist, wobei ein dolus eventualis genügen soll.[940] Für eine

---

[926] BGH GRUR 2015, 607 Rn. 18 – Uhrenankauf im Internet; OLG Köln WRP 2010, 1179 (1180).
[927] OLG Düsseldorf GRUR-RR 2016, 344 Rn. 54.
[928] OLG Hamburg GRUR 2002, 278 (279) – AKUmed; OLG Frankfurt a. M. GRUR 2001, 763 (764).
[929] LG Hamburg MedR 2006, 362.
[930] *Hofmann* MMR 2013, 415; siehe dazu auch die Entscheidung OLG Frankfurt a. M. MMR 2012, 183.
[931] BGH GRUR 2002, 548 (549) – Mietwagenkostenersatz.
[932] BGH GRUR 2021, 497 Rn. 52 – Zweitmarkt für Lebensversicherungen; GRUR 2018, 317 Rn. 13 – Portierungsauftrag; GRUR 2017, 92 Rn. 16 – Fremdcoupon-Einlösung.
[933] BGH GRUR 2005, 603 (604) – Kündigungshilfe; GRUR 2004, 704 (705) – Verabschiedungsschreiben.
[934] BVerfG NJW, 2003, 3472 (3473); BGH GRUR 2002, 548 (549) – Mietwagenkostenersatz.
[935] BGH GRUR 2002, 548 (549) – Mietwagenkostenersatz.
[936] BGH GRUR 2021, 497 Rn. 53 – Zweitmarkt für Lebensversicherungen; GRUR 2010, 346 Rn. 15 – Rufumleitung; OLG Frankfurt a. M. GRUR-RR 2017, 278.
[937] BGH GRUR 2009, 173 Rn. 31 – bundesligakarten.de; WRP 2007, 951 (953) – Außendienstmitarbeiter; zur Kritik → Rn. 337.
[938] AA *Sack* WRP 2000, 447 (452); *Lubberger* WRP 2000, 139 (142).
[939] OLG Nürnberg GRUR 2020, 198 Rn. 60; OLG Frankfurt a. M. GRUR-RR 2014, 69 (70).
[940] *Piper* GRUR 1990, 643 (644).

Verleitung zum Vertragsbruch reichen an die Allgemeinheit gerichtete Anzeigen in aller Regel aber noch nicht aus,[941] gleich ob sie nur eine invitatio ad offerendum oder bereits ein verbindliches Vertragsangebot enthalten.[942] Wer im Internet eine Plattform zum Handel mit virtuellen Gegenständen aus einem Computerspiel eines Wettbewerbers betreibt, soll jedoch zum Vertragsbruch verleiten, wenn dieser Handel potentiellen Kunden vom Wettbewerber in seinen AGB untersagt wurde.[943]

Die **Ausnutzung eines Vertragsbruchs** ist nur unlauter, wenn der Vertrag zwischen 394 dem Kunden und dem behinderten Wettbewerber besteht[944] und weitere die Unlauterkeit begründenden Umstände hinzutreten.[945] Dafür genügt es nicht, dass der Wettbewerber weiß, damit rechnet oder in Kauf nimmt, dass sich der Kunde eines Wettbewerbers bei der Begründung eines neuen Vertragsverhältnisses vertragswidrig verhält.[946] Die schuldrechtliche Bindung zwischen dem Wettbewerber und seinem Vertragspartner entfaltet Dritten gegenüber keine rechtlichen Wirkungen. Wäre schon die Ausnutzung eines Vertragsbruchs unlauter, würde das Vertragsverhältnis verdinglicht.[947]

Wer einen **Vertragsbruch gegenüber einem Wettbewerber** begeht, handelt allein 395 dadurch nicht unlauter. Das Sanktionssystem bei einem Vertragsbruch unterscheidet sich grundlegend von den Bestimmungen der §§ 8 ff. und 12 ff. UWG und darf durch die Gleichstellung von Vertragsbruch und Wettbewerbsverstoß nicht unterlaufen werden. Es müssen für die Annahme einer gezielten Behinderung weitere Umstände hinzutreten. Dafür kann die **Ausnutzung eines besonderen Vertrauens oder im Vertrauen übermittelter Kontakte und Kenntnisse** zur Abwerbung von Kunden ausreichen. Maßgeblich sind aber die jeweiligen Umstände des Einzelfalls. Nach der Beendigung eines Subauftragsverhältnisses darf der ehemalige Subauftragnehmer aufgrund einer nachvertraglichen Treuepflicht bestimmte Kontakte und Kenntnisse, die er während des Subauftragsverhältnisses erhalten hat, für ein Jahr nicht zur Abwerbung von Kunden ausnutzen.[948]

Ein **Arbeitnehmer oder Vertreter** soll während der Laufzeit seines Vertrages Kunden 396 seines Arbeitgebers oder Prinzipals für einen Mitbewerber oder eine selbständige konkurrierende Nebentätigkeit oder eine nachvertragliche Selbständigkeit nicht nur aufgrund seines Dienstvertrages, sondern auch wettbewerbsrechtlich nicht abwerben dürfen.[949] Da aber auch insoweit das Sanktionssystem für den Bruch des Arbeits- oder Dienstvertrages und die Verletzung von § 4 Nr. 4 UWG unterschiedlich ist, kann der Bruch des Dienstvertrages allein die Unlauterkeit nicht begründen. Erschwerend muss zumindest hinzukommen, dass die Abwerbung unter Verwendung von Geschäftsinterna oder einem sonstigen Missbrauch betrieblicher Mittel erfolgt oder der abwerbende Mitarbeiter von seinem Dienstherrn gegenüber dem Kunden mit einer besonderen Vertrauensposition ausgestattet wurde.[950] Nach der Beendigung des Vertragsverhältnisses besteht dann außerhalb einer Verletzung von Geschäftsgeheimnissen keine Verpflichtung mehr zur Rücksichtnahme.[951] Wer verhindern will, dass ein Mitarbeiter Erfahrungen, Kenntnisse und Kontakte zu Gunsten eines späteren Arbeitgebers oder einer späteren Selbständigkeit verwertet, muss

---

[941] BGH GRUR 2009, 173 Rn. 32 – bundesligakarten.de; LG Hamburg BeckRS 2014, 12069.

[942] OLG Hamburg GRUR-RR 2015, 110 – Buddy Bots.

[943] OLG Hamburg MMR 2013, 453 (454 f.).

[944] BGH GRUR 2021, 497 Rn. 53 – Zweitmarkt für Lebensversicherungen; MüKoUWG/*Jänich,* § 4 Nr. 4 Rn. 21; jurisPK UWG/*Müller-Bidinger,* § 4 Nr. 4 Rn. 43 f.

[945] BGH GRUR 2021, 497 Rn. 52 – Zweitmarkt für Lebensversicherungen; GRUR 2017, 397 Rn. 68 – World of Waercraft II. Siehe auch oben *Ahrens* → Einl. Rn. 1112 ff.

[946] BGH GRUR 2007, 800 Rn. 18 – Außendienstmitarbeiter.

[947] BGH GRUR 2007, 800 Rn. 15 – Außendienstmitarbeiter.

[948] KG GuT 2011, 331.

[949] BGH GRUR 2004, 704 (705) – Verabschiedungsschreiben; großzügiger *Köhler*/Bornkamm/Feddersen UWG § 4 Rn. 4.42; *Ohly*/Sosnitza § 4 Rn. 4/57.

[950] Vgl. BGH GRUR 2004, 704 – Verabschiedungsschreiben.

[951] BGH GRUR 2004, 704 (705) – Verabschiedungsschreiben unterstellt demgegenüber wettbewerbsrechtlich relevante nachvertragliche Rücksichtnahmepflichten.

mit dem Mitarbeiter ein wirksames Wettbewerbsverbot vereinbaren oder eine Geheimhaltungsvereinbarung treffen.[952]

397 Das **Ausspähen von Geschäftsgeheimnissen,** nicht aber schon die Erfassung allgemein zugänglicher oder offenkundiger Informationen über Wettbewerber kann unzulässig sein.[953] Die **Ausnutzung eines Geschäftsgeheimnisses** eines Konkurrenten zum Zwecke der Abwerbung von dessen Kunden ist nur unlauter, wenn die Informationen unter Verletzung von § 4 GeschGehG oder einer anderen gesetzlichen Bestimmung zum Schutze von Daten und Informationen gewonnen wurde.[954] Wer den Mitarbeiter eines Mitbewerbers übernimmt, darf auf dessen Wissen, nicht aber auf schriftlich fixierte Informationen zur Abwerbung von Kunden seines ehemaligen Arbeitgebers zurückgreifen.[955] – Kenntnisse, die ein Unternehmer aufgrund einer besonderen **Vertrauensstellung** rechtmäßig erlangt, darf er zur Abwerbung nutzen. Eine Bank darf daher im Rahmen der Vermögensberatung einem Kunden zu einer bestimmten Vermögensanlage im Austausch gegen eine bestehende Lebensversicherung eines Mitbewerbers raten, von der sie nur aufgrund ihrer Eigenschaft als kontoführendes Institut des Kunden weiß.[956]

398 Eine gezielte Behinderung liegt in der **Verunglimpfung oder Herabwürdigung** des Mitbewerbers oder seiner Waren und Dienstleistungen im Rahmen einer konkreten Abwerbemaßnahme;[957] ebenso in der **Verbreitung unwahrer betriebs- und kreditschädigender Tatsachen** über ihn. In diesen Fällen wird neben § 4 Nr. 4 auch § 4 Nr. 1 oder Nr. 2 verwirklicht. Es verstößt gegen § 4a ebenso wie gegen § 4 Nr. 4, wenn jemand durch **Überrumpelung** oder die **Ausübung von Druck** bewegt werden soll, dass Vertragsverhältnis zu einem Wettbewerber zu kündigen.[958] § 5 und § 4 Nr. 4 werden verletzt, wenn im Rahmen der Abwerbung **fehlerhafte oder lückenhafte Informationen** über das eigene oder fremde Leistungsangebot oder über die aus der Vertragsauflösung erwachsenden Nachteile und Risiken erteilt werden.[959] Eine Versicherung, die in einem Anschreiben an einen Versicherungsnehmer, der von einem versicherungsfremden Versicherungsvermittler betreut wird, einen eigenen Mitarbeiter als Ansprechpartner nennt, behindert aber nicht gezielt, weil die Angabe in erster Linie der Förderung des eigenen Wettbewerbs dient.[960]

399 Die Übernahme von Kunden durch einen koordinierten **Coup,** der sich gezielt gegen einen bestimmten arglosen Wettbewerber richtet, ist unlauter.[961] Von einem solchen Coup ist auszugehen, wenn der Mitbewerber sich aus Gründen, die in der Abwerbemaßnahme angelegt sind, gegen den Angriff nicht (mehr) mit wettbewerbseigenen Mitteln wehren kann. Dazu zählt, dass ein Arbeitnehmer oder Handelsvertreter noch während seiner Tätigkeit für den späteren Konkurrenten ein Unternehmen im Wesentlichen auf dem Besitzstand des früheren Arbeitgebers oder Prinzipals und unter gezielter Übernahme von dessen Kunden aufbaut.[962] Es ist aber noch nicht ausreichend, dass sich die Werbung um eigene

---

952 BGH GRUR 1988, 545 f. – Ansprechpartner. Zu den Anforderungen an wirksame Geheimhaltungsvereinbarungen und Wettbewerbsverbote näher Harte-Bavendamm/Ohly/*Kalbfus* GeschGehG Einl. B Rn. 16 ff.; *McGuire* WRP 2019, 679.

953 BGH GRUR 2009, 1075 Rn. 20 – Betriebsbeobachtung.

954 BGH GRUR 1976, 306 (307) – Baumaschinen; GRUR 1971, 358 (359) – Textilspitzen; zum Betriebs- und Geschäftsgeheimnis s. *Harte-Bavendamm,* Geschäftsgeheimnisse (in diesem Kommentar), und Harte-Bavendamm/*Ohly*/Kalbfus GeschGehG § 4.

955 BGH GRUR 2006, 1044 (1045) – Kundendatenprogramm; GRUR 1999, 934 (935) – Weinberater.

956 OLG Köln WRP 1985, 233 (235); *Piper* GRUR 1990, 643 (646).

957 BGH GRUR 2002, 548 (549) – Mietwagenkostenersatz.

958 Büscher/*Wille* § 4 Nr. 4 Rn. 40; *Köhler*/Bornkamm/Feddersen § 4 Rn. 4.40; MüKoUWG/*Jänich* § 4 Nr. 10 Rn. 20.

959 BGH GRUR 1988, 764 (766 f.) – Krankenkassen-Fragebogen; OLG Düsseldorf GRUR-RR 2006, 100 f. – Switch & Profit.

960 OLG Hamm 18.11.2014 – 4 U 90/14, BeckRS 2015, 727.

961 BGH WM 1979, 59 (61) in Abgrenzung von BGH GRUR 1970, 182 – Bierfahrer.

962 BGH GRUR 1971, 358 (359) – Textilspitzen; GRUR 1966, 262 (266) – Bau-Chemie.

Kunden ausschließlich auf die aus der früheren Tätigkeit bekannte Kundschaft beschränkt.[963]

400 Die **Übernahme von Warenrestbeständen** durch den Konkurrenten zur Erleichterung eines Lieferantenwechsels ist nicht unlauter. Der Hersteller oder Lieferant einer Ware hat nach deren Lieferung keinen Anspruch darauf, dass sie nicht an Mitbewerber veräußert wird.[964] Die **Inzahlungnahme** eines Konkurrenzprodukts ist ebenfalls zulässig;[965] gleichermaßen die **Übernahme von Kosten,** die beim Kunden im Rahmen seines Altvertrages noch anfallen. Das Angebot eines Mobilfunkbetreibers, einem Kunden die Grundgebühren des Vertrags mit einem Mitbewerber zu erstatten, falls er einen weiteren zeitweise parallel laufenden Vertrag schließt, ist deshalb nicht unlauter. Die vertraglich gesicherte Erwartung des Mitbewerbers, über die Grundgebühr hinaus Nutzungsentgelte zu realisieren, ist nicht geschützt.[966]

401 Die Leistung von **Kündigungshilfe** durch Hinweise auf die Möglichkeit, Notwendigkeit, Frist und Form einer Kündigung ist wettbewerbskonform.[967] Der Mitbewerber darf **vorformulierte Kündigungsschreiben** einsetzen und anbieten, sie für den Kunden abzusenden.[968] Er darf sich auch eine Vollmacht erteilen lassen, um für den Kunden zu kündigen.[969] Eine Kündigungshilfe wird in manchen Branchen (zB Energie und Telekommunikation) heutzutage vom Verbraucher sogar erwartet.[970] Sie kann aber gegen das Rechtsdienstleistungsgesetz verstoßen, wenn mit ihr eine rechtliche Prüfung des Einzelfalls verbunden ist.[971] Außerdem kann eine unlautere Behinderung darin liegen, dass der neue Vertragspartner den Kunden veranlasst, dem gekündigten Wettbewerber ab sofort jeden weiteren Kontakt zu verbieten.[972] Unlauter ist es zudem, wenn ein Unternehmer einem Kunden mitgeteilt, man werde in seinem Namen den Vertrag mit einem Mitbewerber kündigen, falls er nicht innerhalb einer bestimmten Frist widerspricht.[973] Unlauter ist es erst recht, wenn ein Dauerschuldverhältnis in Vollmacht gekündigt wird, obwohl keine Vollmacht erteilt wurde.[974]

402 Bestimmte Koppelungsangebote können den Abnehmer in eine Situation bringen, in der er faktisch zur Kündigung eines anderen Vertragsverhältnisses gezwungen wird **(mittelbarer Kündigungszwang).** Ein Beispiel bilden obligatorische Gruppenversicherungen, bei denen mit dem Erwerb der Mitgliedschaft in einer Organisation automatisch der Erwerb von Versicherungsschutz verbunden ist. Solche Gruppenversicherungen sind aus vier Gründen wettbewerbsrechtlich problematisch: dem Mitglied wird Versicherungsschutz aufgedrängt, obwohl es ihn vielleicht gar nicht will; das Mitglied wird gezwungen, seine bereits bestehende Versicherung zu kündigen; die Mitbewerber werden vom Wettbewerb um die Mitglieder ausgeschlossen; der Wettbewerb kann in seinem Bestand gefährdet werden.[975] Eine obligatorische Gruppenversicherung für alle Mitglieder einer Gewerkschaft wurde deshalb für unlauter gehalten.[976] Die Bereitstellung von Versicherungsschutz durch eine Organisation kann jedoch zulässig sein, wenn dem Mitglied der Beitritt zu anderen Organisationen mit gleicher Zielsetzung und Bedeutung, und ohne Versicherungszwang offen steht,[977] oder wenn nach dem Zweck und den Aufgaben der Organisation sachliche

---

963 *Köhler*/Bornkamm/Feddersen § 4 Rn. 4.44; aA *Piper* GRUR 1990, 643 (647).

964 BGH GRUR 1988, 619 (620) – Lieferantenwechsel.

965 *Bettin* S. 119.

966 AA OLG Celle NJW-RR 1999, 550 (551).

967 BGH GRUR 2002, 548 (549) – Mietwagenkostenersatz;.

968 BGH GRUR 2005, 603 (604) – Kündigungshilfe.

969 OLG Dresden WRP 2015, 1395 Rn. 8.

970 *Sasse/Thurmann* GRUR 2003, 921 (922 f.).

971 *Sasse/Thurmann* GRUR 2003, 921 (924).

972 OLG Jena GRUR-RR 2019, 477 Rn. 17; OLG Oldenburg WRP 2019, 1225 Rn. 29; OLG Dresden WRP 2015, 1395.

973 OLG Oldenburg WRP 2019, 1225 Rn. 31; *Köhler*/Bornkamm/Feddersen § 4 Rn. 4.39.

974 OLG München 28.2.2019 – 6 U 914/18 Rn. 38 BeckRS 2019, 3274 Rn. 38.

975 BGH GRUR 1990, 522 (525 ff.) – HBV – Familien- und Wohnungsrechtsschutz.

976 BGH GRUR 1990, 522 – HBV – Familien- und Wohnungsrechtsschutz.

977 OLG Frankfurt a. M. GRUR 1966, 222 (224) – BahnCard mit Kreditkartenfunktion.

Gründe für einen obligatorischen Versicherungsschutz sprechen und ein Versicherungsschutz vom Mitglied erwartet wird (Beispiel: Mieterverein).[978] Bei der Annahme einer Unlauterkeit einer Koppelung von Mitgliedschaften mit wirtschaftlichen Leistungen sollte deshalb Zurückhaltung walten. Zur Koppelung müssen besondere Umstände hinzutreten, die erst zur Unlauterkeit der Behinderung führen. Diese Grundsätze gelten für **Kreditkartenverträge** mit Zusatzleistungen nicht.[979]

403 An **Wettbewerbsrichtlinien** sind Gerichte bei der Beurteilung eines Sachverhalts nicht gebunden.[980] Sie können allenfalls als Indiz dafür herangezogen werden, welches Wettbewerbsverhalten nach der Auffassung der beteiligten Verkehrskreise als unlauter anzusehen ist.[981] Wettbewerbsrechtlich entscheidend ist jedoch, ob das Verhalten dem UWG widerspricht.[982] Insbesondere die Wettbewerbsrichtlinien der Versicherungswirtschaft enthalten diverse Werbe- und Abwerbeverbote, die von Versicherungsunternehmen und Versicherungsvermittlern nur beachtet werden müssen, soweit sie dem Zweck dienen, einem nach dem UWG unlauteren Verhalten entgegenzuwirken.[983]

404 **bb) Rückwerbung.** Zur Rückwerbung kann auf die Ausführungen zur Abwerbung von Mitarbeitern verwiesen werden, die für die Abwerbung von Kunden entsprechend gelten. Bei der **Rückwerbung rechtswidrig abgeworbener Kunden** gilt ein großzügiger Unlauterkeitsmaßstab als bei der Abwerbung.[984]

405 **cc) Rechtsfolgen.** Zum Unterlassungs- und Schadenersatzanspruch kann auf die Ausführungen zur Abwerbung von Mitarbeitern verwiesen werden, die für die Abwerbung von Kunden entsprechend gelten.

4. Vertriebsstörung

Schrifttum: *Brömmelmeyer,* Internetwettbewerbsrecht, 2007; *Czychowski,* Wettbewerbsrechtliche Zulässigkeit des automatisierten Abrufs von Daten einer Internetseite, NJW 2014, 3277; *Deutsch,* Die Zulässigkeit des so genannten ‚Screen Scraping' im Bereich der Online-Flugvermittler, GRUR 2009, 1027; *Holzhäuser,* Weiterverkäufe von Fußball-Tickets über Internet-Ticketplattform, SpuRt 2011, 106; *Nemeczek,* Gibt es einen unmittelbaren Leistungsschutz im Lauterkeitsrecht?, WRP 2010, 1204; *Peukert,* hartplatzhelden.de – Eine Nagelprobe für den wettbewerblichen Leistungsschutz, WRP 2010, 316; Einsatz.

406 Das Angebot und der Vertrieb von Hilfsmitteln, die den Anwender in die Lage versetzen, entgeltliche Waren und Leistungen eines Dritten unentgeltlich zu nutzen, sind unlauter, wenn der Anbieter seine Leistung gegen einen Zugriff durch jedermann geschützt hat. Meist handelt es sich um technische Mittel zur **Umgehung eines Zugangsschutzes.** Zu den Hilfsmitteln gehören **Piratenkarten,** mit denen Pay-TV-Programme ohne die ansonsten kostenpflichtigen Decoder empfangen werden können,[985] ebenso **Hackertools** zur Umgehung von Zugangsbeschränkungen in Online- oder Offline-Medien.[986] § 95a UrhG verbietet spezialgesetzlich Produkte oder Dienstleistungen, deren Zweck darin besteht, technische Maßnahmen zum Schutz von urheberrechtlich geschützten Werken und verwandten Schutzrechten zu umgehen. § 3 Zugangskontrolldienstschutzgesetz (ZKDSG) untersagt Umgehungsvorrichtungen zur Nutzung von zugangskontrollierten Rundfunkdarbietungen und Telemedien.[987] Eine Verletzung des ZKDSG ist nach § 3a UWG unlauter, weil das Gesetz dazu dient, die Hersteller legaler Entschlüsselungsvorrichtungen sowie die Anbieter der verschlüsselten Medieninhalte vor unerlaubtem Wettbewerb zu

---

[978] *Piper* FS von Gamm, 1990, 147 (153).
[979] OLG Frankfurt a. M. GRUR 1966, 222 (224, 225) – BahnCard mit Kreditkartenfunktion.
[980] *Piper* GRUR 1990, 643 (648).
[981] BGH GRUR 2002, 548 (549) – Mietwagenkostenersatz; OLG Celle GRUR-RR 2003, 91.
[982] BGH GRUR 2002, 548 (549) – Mietwagenkostenersatz.
[983] OLG Köln WRP 1985, 235 (236) zu Nr. 48 der Wettbewerbsrichtlinien der Versicherungswirtschaft.
[984] BGH GRUR 1967, 428 (429) – Anwaltswerbung.
[985] OLG Frankfurt a. M. NJW 1996, 264.
[986] LG Frankfurt a. M. MMR 2006, 766 (767 f.); Fezer/Büscher/Obergfell/*Götting/Hetmank* § 4 Nr. 4 Rn. 117; s. auch BGH K & R 2010, 586 Rn. 42.
[987] Siehe hierzu OLG Hamburg GRUR-RR 2006, 148; OLG Frankfurt a. M. GRUR-RR 2003, 287.

schützen. Demgegenüber sind Leistungsangebote zulässig, die das allgemein zugängliche Angebot eines Dritten im Internet erschließen, ausnutzen oder darauf aufbauen.[988] Wer Inhalte im Internet öffentlich zugänglich macht, muss es sich gefallen lassen, dass sie von jedermann aufgefunden und ggf. auch für Dritte aufbereitet werden,[989] solange kein Sonderrechtsschutz wie zB ein Datenbankrecht nach § 87b UrhG verletzt wird. Ein Websitebetreiber, der sich dagegen schützen will, muss effiziente Zugangsbeschränkungen einrichten oder ein Vertragssystem etablieren, dass einen beliebigen Zugriff auf die Website ausschließt.[990] Dafür genügt es aber nicht, bestimmte Nutzungen einer Website über AGB zu untersagen.[991] Die Tätigkeit von branchenspezifischen **Metasuchmaschinen** ist daher wettbewerbsrechtlich grundsätzlich hinzunehmen, datenbankrechtlich aber uU problematisch.[992] Ebenso wenig handelt unlauter, wer eine Software anbietet, die die Auswertung allgemein zugänglicher Websites ermöglicht.[993] Die Übernahme von Flugdaten aus dem allgemein zugänglichen Internetportal einer Fluggesellschaft in die Ergebnisliste einer Flugsuchmaschine wurde ebenfalls nicht beanstandet.[994] Ein derartiges Angebot zielt nicht auf die Störung der wettbewerblichen Entfaltung der Klägerin ab, sondern baut gerade auf deren Angebot und der Funktionsfähigkeit des Buchungsportals der Klägerin im Internet auf.[995]

a) Parasitäre Leistungsangebote. Neben der Ausbeutung des guten Rufs eines Unternehmers oder seiner Waren und Leistungen und neben der Nachahmung wettbewerblich eigenartiger Produkte ist eine Ausnutzung des wirtschaftlichen Erfolgs eines Mitbewerbers auch durch das Angebot von Produkten oder Leistungen möglich, die auf dem Erfolg eines anderen Unternehmers aufbauen. Gegen die **Ausnutzung eines Interesses an einem Ergänzungsbedarf,** der durch den wirtschaftlichen Erfolg des Konkurrenten ausgelöst wird, ist aber nichts einzuwenden.[996] Es ist aber unlauter, wenn diese Produkte oder Leistungen das **Konkurrenzangebot parasitär ausbeuten** und dadurch dessen Anbieter um Teile seines Erfolgs bringen oder ihn zwingen, seine Leistung als Reaktion auf das parasitäre Angebot zu ändern.[997] Diese Voraussetzung erfüllt ein automatischer „Bietagent" nicht, der kurz vor dem Ende einer Versteigerung im Internet eingesetzt wird und gewährleistet, dass sein Nutzer das letzte Angebot macht.[998] Das Angebot einer Set-Top-Box, die es ermöglicht, am Computer Internet und Fernsehen gleichzeitig zu sehen, wobei das Fernsehbild bei voller Bildschirmnutzung für die Computeranwendung im Hintergrund weiter sichtbar bleibt, wurde ebenfalls zurecht nicht als Behinderungswettbewerb eingestuft.[999] Die Grenze des Zulässigen überschreitet aber das Angebot juristischer Examenshilfen, die in Loseblatt-Gesetzessammlungen eingeheftet werden können, und dadurch deren Nutzbarkeit, insbesondere als Examensmaterialien, beeinträchtigen.[1000] Unzulässig ist auch das Angebot von Hilfsmitteln wie Computerprogrammen oder Ergänzungen dazu, die bei der Lösung von Aufgaben in einem Computerspiel helfen, um dem Spieler unter 407

[988] BGH NJW 2011, 3443 Rn. 69 – Automobil-Onlinebörse; GRUR 2011, 56 Rn. 27 – Session-ID; GRUR 2003, 958 – Paperboy.
[989] BGH GRUR 2014, 785 Rn. 37 – Flugvermittlung im Internet.
[990] BGH GRUR 2014, 785 Rn. 37 – Flugvermittlung im Internet; zu technischen Schutzmaßnahmen beachte auch § 95a UrhG.
[991] BGH GRUR 2014, 785 Rn. 38 – Flugvermittlung im Internet.
[992] EuGH 19.12.2013 – C-202/12, GRUR 2014, 166 Rn. 54 – Innoweb; großzügiger BGH NJW 2011, 3443 Rn. 66 – Automobil-Onlinebörse.
[993] BGH NJW 2011, 3443 Rn. 70 – Automobil-Onlinebörse; s. auch OLG Frankfurt a. M. ZUM-RD 2009, 644 (645); LG Hamburg ZUM-RD 2011, 108 (111).
[994] BGH GRUR 2014, 785 – Flugvermittlung im Internet.
[995] BGH NJW 2011, 3443 Rn. 66 – Automobil-Onlinebörse; BGH GRUR 2014, 785 Rn. 25 – Flugvermittlung im Internet.
[996] BGH GRUR 2017, 397 Rn. 74 – World of Waercraft II.
[997] BGH GRUR 2017, 397 Rn. 74 – World of Waercraft II; Büscher/*Wille* § 4 Nr. 4 Rn. 59.
[998] LG Berlin www.jurpc.de/rechtspr/20040038.pdf; aA LG Hamburg MMR 2002, 755 (756).
[999] OLG Köln GRUR-RR 2005, 228 (229) – Set-Top-Box.
[1000] OLG München AfP 1998, 626 (628).

allen Mitspielern eine bessere Spielposition oder sonstige Vorteile zu verschaffen. Dadurch kann das Spiel nicht mehr mit den Spielregeln, wie sie vom Anbieter konzipiert wurden, gespielt werden. Gravierender ist aber noch, dass andere, nicht ‚gedopte' Spieler das Interesse am ungleichen Wettbewerb und damit an der Ware des Anbieters verlieren.[1001] Ob es gleichermaßen unlauter ist, wenn Spielgeld für ein Computerspiel, das von dessen Anbieter an Spieler ausgegeben wurde, auf einem Schwarzmarkt gehandelt wird, ist demgegenüber zweifelhaft.[1002] Soweit das Geschäftsmodell auf Allgemeinen Geschäftsbedingungen beruht, setzt sein Schutz allerdings voraus, dass diese Geschäftsbedingungen wirksam sind und in die Geschäftsbeziehungen zum Kunden einbezogen wurden.[1003]

408 **b) Aufkauf von Waren, Übernahme von Leistungen.** Der Erwerb der Handelsware eines Wettbewerbers durch einen Mitbewerber ist nur unter besonderen Umständen unlauter. Ein Hersteller darf einen Händler durch die **Übernahme von Restbeständen** des Konkurrenten zum Wechsel zum eigenen Warenangebot bewegen.[1004] Außerhalb kartellrechtlich zulässiger vertraglicher Vertriebsbeschränkungen dürfen Händler Waren beliebig an Konkurrenten weiterverkaufen. Der Erwerb von Ware eines Mitbewerbers behindert diesen erst gezielt, wenn Ware ohne wirtschaftlich vernünftigen Grund in einem Umfang aufgekauft wird, dass der Konkurrent als nicht lieferfähig dasteht.[1005] – Zulässig ist es auch, wenn ein Unternehmer Rabattgutscheine eines Mitbewerbers annimmt und selbst den Rabatt gewährt.[1006]

409 **c) Einsatz rechtlicher Mittel gegen Leistungsangebote Dritter. Eigentums- und Besitzrechte, Konkurrenzklauseln** in Mietverträgen oder **beschränkte Dienstbarkeiten** können Verbotsrechte gegen die Aufnahme oder Unterhaltung eines bestimmten Gewerbes begründen. Derartige Rechte stellen zwar eine Behinderung des Grundstücksnutzers dar.[1007] Ihre Ausübung ist jedoch nur ausnahmsweise unlauter, wenn sie ausschließlich dem Zweck dient, Wettbewerb zu unterbinden oder jedenfalls spürbar zu beeinträchtigen.[1008] Für eine Grunddienstbarkeit wurde dies angenommen, wenn sie vom Standpunkt eines rationalen Wirtschaftsteilnehmers keinen Vorteil für das herrschende Grundstück bietet, während der Nachteil für das dienende Grundstück groß ist. Davon kann aber noch nicht ausgegangen werden, wenn die Dienstbarkeit nur den eigenen Betrieb auf dem herrschenden Grundstück schützen soll.[1009] Die Ausnutzung der formalen Rechtsposition muss einer Schikane (§ 226 BGB) nahe kommen. Anders herum ist die **Verletzung von Eigentumsrechten** nicht unlauter. Die gesetzlichen Bestimmungen zum Schutze des Eigentums sind auch keine Marktverhaltensregeln.[1010]

410 **Gewerbliche Schutzrechte** begründen Monopolrechte zugunsten eines Mitbewerbers, welche die freie Entfaltung der Wettbewerber beeinträchtigen. Dafür wurden sie geschaffen. Der Erwerb und die Durchsetzung solcher Schutzrechte ist deshalb wettbewerbseigen. Der Erwerb und die Durchsetzung von Kennzeichenrechten können nur im Ausnahmefall unlauter sein.[1011]

411 Wer **vertragliche Ansprüche,** die in Inhaberpapieren oder ähnlichen Urkunden verbürgt sind (Eintrittskarten zu Sport- und kulturellen Ereignissen, Gutscheine, etc), für

---

[1001] BGH GRUR 2017, 397 Rn. 86 – World of Waercraft II.
[1002] So OLG Hamburg MMR 2013, 453 (455).
[1003] BGH GRUR 2017, 397 Rn. 51 – World of Waercraft II.
[1004] BGH GRUR 1988, 619 (620) – Lieferantenwechsel.
[1005] BGH GRUR 1988, 619 (620) – Lieferantenwechsel; GRUR 1987, 835 (837) – Lieferbereitschaft; BGH GRUR 1960, 558 (561) – Eintritt in Kundenbestellung; OLG Celle WRP 1974, 277 (278); *Bettin* S. 118.
[1006] BGH GRUR 2017, 92 Rn. 30 – Fremdcoupon-Einlösung.
[1007] BGH GRUR 1962, 198 (200) – Franziskaner.
[1008] Büscher/*Wille* § 4 Nr. 4 Rn. 77; *Köhler*/Bornkamm/Feddersen § 4 Rn. 4.57.
[1009] BGH GRUR 1962, 198 (200) – Franziskaner.
[1010] BGH GRUR 2006, 879 (880) – Flüssiggastanks.
[1011] Näheres dazu → Rn. 412 ff. und → Rn. 487 ff.

unwirksam erklärt, wenn sie über Wiederverkäufer in den Verkehr gebracht werden, behindert die Wiederverkäufer unlauter, wenn der Rechteverfall gegenüber dem Wiederverkäufer oder dessen Käufer unwirksam ist und der Wiederverkäufer die Inhaberpapiere ohne Wettbewerbsverstoß erworben hat oder anbieten kann.[1012] Vertragsklauseln eines Unternehmers, die den Vertragspartner in der Inanspruchnahme von Angeboten von Mitbewerbern des Unternehmers einschränken, sind bedenklich und nur zulässig, wenn der Unternehmer ein berechtigtes Interesse daran hat. Unzulässig sind auch Preisklauseln, die den Preis einer Leistung verteuern, wenn der Vertragspartner vergleichbare Leistungen bei Mitbewerbern in Anspruch nimmt.[1013] Bei **Verträgen zwischen Dritten** ist zwischen einer Verleitung zum Vertragsbruch und der Ausnutzung eines Vertragsbruchs zu unterscheiden.[1014] Die Befüllung von Flüssiggastanks, die im Eigentum eines Wettbewerbers stehen, der mit den Nutzern vertraglich vereinbart hat, dass sie nur von ihm befüllt werden dürfen, ist zulässig, wenn damit nur ein Vertragsverstoß des Kunden ausgenutzt wird.[1015]

d) Sperrmarken. Marken sind Ausschließlichkeitsrechte. Der **Ausschluss Dritter von der Nutzung einer geschützten Marke liegt in ihrer Natur.** Die damit verbundene Behinderung der Mitbewerber ist vom Gesetz gewollt und nicht unlauter.[1016] Es gibt aber Konstellationen, in denen Marken nicht um ihrer selbst willen, sondern zur Verfolgung von der Marke fremden, uU unlauteren Zwecke erworben und eingesetzt werden. **412**

Die **Kenntnis von der Verwendung der Marke durch einen Mitbewerber** ist eine notwendige, aber allein nicht ausreichende Voraussetzung für einen Kennzeichenmissbrauch.[1017] Ebenso wenig ist es ausreichend, dass der spätere Markeninhaber weiß, dass sein Mitbewerber im Ausland über Markenrechte an dem Kennzeichen verfügt, da Marken immer nur beschränkt für das Territorium gelten, für das sie registriert wurden. Nur wenn zur Kenntnis von der Benutzung besondere Umstände hinzutreten, die das Verhalten des Anmelders als unlauter erscheinen lassen, steht der markenrechtliche **Territorialitätsgrundsatz** der Anwendung des UWG nicht entgegen.[1018] **413**

Beim Kennzeichenmissbrauch geht es in erster Linie um **Sperrmarken.** Das sind Marken, die dem Zweck dienen, andere davon abzuhalten, diese oder verwechslungsfähige Zeichen zu benutzen oder weiter zu benutzen, jedenfalls nicht solange dem Markeninhaber dafür ein Vorteil gewährt wurde. In einer Alternative setzt der Tatbestand einen schutzwürdigen **Besitzstand** des Kennzeichennutzers voraus: Das Zeichen muss im Inland zum Zeitpunkt der Anmeldung durch den anderen entweder aufgrund einer im Inland erfolgten Nutzung oder im Hinblick auf eine überragende Verkehrsgeltung im Ausland eine gewisse Bekanntheit erreicht haben.[1019] Bei ausländischen Marken muss der Unternehmer wissen oder zumindest damit rechnen, dass das Zeichen im Inland ebenfalls genutzt werden soll.[1020] Das ist nicht der Fall, wenn der Kennzeichennutzer die Ware im Inland unter einem anderen Kennzeichen vertreibt.[1021] **414**

Dem Markeninhaber geht es in solchen Fällen eines unlauteren Erwerbs eines Markenrechts darum, den **wertvollen Besitzstand** des Vorbenutzers ohne zureichenden sachlichen Grund durch den Erwerb eines eigenen Rechts zu stören.[1022] Diese Intention braucht nicht der einzige Beweggrund zu sein; es reicht aus, wenn sie das wesentliche Motiv für **415**

[1012] LG Essen K&R 2009, 418; anders bei Namenspapieren mit Inhaberklauseln (§ 808 BGB).
[1013] OLG Jena GRUR-RR 2010, 113 (115).
[1014] Dazu → Rn. 336.
[1015] BGH GRUR 2006, 879 (880) – Flüssiggastanks.
[1016] Büscher/*Wille* § 4 Nr. 4 Rn. 128; Fezer/Büscher/Obergfell/*Götting/Hetmank* § 4 Nr. 4 Rn. 148.
[1017] EuGH 11.6.2009 – C-529/07, GRUR 2009, 763 Rn. 34–53 – Lindt & Sprüngli; BGH GRUR 2008, 621 Rn. 21 – AKADEMIKS; GRUR 2008, 917 Rn. 23 – EROS.
[1018] BGH GRUR 2010, 642 Rn. 51 – WM-Marken; GRUR 2008, 621 Rn. 21 – AKADEMIKS; GRUR 2005, 581 (582) – The Colour of Elegance.
[1019] BGH GRUR 2008, 621 Rn. 22 – AKADEMIKS.
[1020] BGH GRUR 2008, 621 Rn. 26 – AKADEMIKS; GRUR 2008, 160 Rn. 21 – CORDARONE.
[1021] BGH GRUR 2008, 160 Rn. 22 – CORDARONE.
[1022] BGH GRUR 2008, 621 Rn. 21 – AKADEMIKS; GRUR 2008, 917 Rn. 23 – EROS.

den Erwerb des Kennzeichenrechts darstellt.[1023] Davon kann in der Regel nicht ausgegangen werden, wenn der Markeninhaber das Kennzeichen selbst nutzen will. Die Benutzungsabsicht schießt allerdings die Annahme einer Behinderungsabsicht nicht zwangsläufig aus.[1024] Fehlt eine Benutzungsabsicht, und sei es durch einen Lizenznehmer, kann bereits die Anmeldung einer Marke unlauter sein.[1025] Kommt wegen des Geschäftsgegenstands des Markeninhabers nur eine Benutzung durch Dritte in Betracht, kann die Anmeldung unlauter sein, wenn nach den Umständen des Einzelfalls der Schluss gerechtfertigt ist, dass der Anmelder versuchen will, den Vorbenutzer zum Erwerb der Markenrechte oder Lizenzen zu veranlassen.[1026] Unlauter ist die Störung eines schutzwürdigen Besitzstand in jedem Fall, wenn der Anmelder seine Marken ernsthaft gar nicht selbst verwerten kann.[1027]

416 Das Vorliegen eines schutzwürdigen Besitzstandes eines Vorbenutzers ist nicht der einzige Umstand, der die Unlauterkeit der Geltendmachung des Rechts aus einer Marke begründen kann.[1028] Das wettbewerbsrechtlich Unlautere kann auch im zweckfremden **Einsatz der** mit der Eintragung des Zeichens entstehenden **Sperrwirkung als Mittel des Wettbewerbskampfes** gegenüber beliebigen Wettbewerbern liegen. Die Feststellung der unlauteren Behinderung bedarf in solchen Fällen einer eingehenden Würdigung aller Umstände des Einzelfalls.[1029] Dieser Tatbestand erfordert neben einer objektiven Eignung des Zeichens, eine Sperrwirkung zu entfalten und als Mittel des Wettbewerbskampfes eingesetzt zu werden, eine entsprechende Absicht des Anmeldenden.[1030]

417 Unlauter war die Anmeldung einer Marke für Kleidungsstücke, die der Bezeichnung der gleichen, stilistisch auch noch gleich gestalteten Waren entsprach, die in den USA gerade in Mode waren.[1031] Unzulässig war außerdem die Anmeldung einer Marke durch einen Vertriebspartner, die der fristlosen Kündigung des Vertriebsvertrags unmittelbar vorausging.[1032] Die Anmeldung einer 3D-Marke, die dem typischen Aussehen einer traditionellen ausländischen Ware entsprach, um sich den Vertrieb dieser Ware im Inland vorzubehalten, wurde ebenfalls untersagt.[1033] Es wurde außerdem als unzulässig angesehen, wenn ein Markeninhaber eine Vielzahl von Marken für unterschiedliche Waren oder Dienstleistungen anmeldet, aber keinen ernsthaften Benutzungswillen hat und die Marken im wesentlichen zu dem Zweck gehortet werden, Dritte, die identische oder ähnliche Bezeichnungen verwenden, mit Unterlassungs- und Schadensersatzansprüchen zu überziehen.[1034] Eine Behinderungsabsicht wurde abgelehnt, wenn es dem Markeninhaber bei der Anmeldung einer Marke um die Fortschreibung seines bestehenden Markenportfolios ging.[1035]

418 Eine unlautere Behinderung kann bereits in der Anmeldung und Eintragung einer Marke liegen,[1036] unter Umständen aber auch erst darin, dass ein an sich schutzwürdiges Kennzeichenrecht missbräuchlich ausgeübt wird.[1037] Die Hinterlegung einer allgemeinen **Markenbeschwerde** bei einer Internetsuchmaschine oder einem anderen Dienst im Internet, mit der vorbeugend verhindert werden soll, dass eine Marke als Keyword für Anzeigen

---

[1023] BGH GRUR 2008, 621 Rn. 32 – AKADEMIKS; GRUR 2000, 1032 (1034) – EQUI 2000; OLG Frankfurt a. M. WRP 2014, 480 Rn. 16.
[1024] BGH GRUR 2000, 1032 (1034) – EQUI 2000; OLG Hamburg WRP 2013, 201.
[1025] BGH GRUR 2009, 780 Rn. 19 – IVADAL; BGH GRUR 2001, 242 (244) – Classe E.
[1026] BGH GRUR 2009, 780 Rn. 20 – IVADAL; GRUR 2001, 242 (244) – Classe E.
[1027] OLG Frankfurt a. M. WRP 2014, 480 Rn. 5 f., 9.
[1028] BGH GRUR 2005, 414 (417) – Russisches Schaumgebäck.
[1029] BGH GRUR 2005, 414 (417) – Russisches Schaumgebäck; GRUR 2003, 428 (431) – BIG BERTHA.
[1030] BGH GRUR 2005, 581 (582) – The Colour of Elegance; GRUR 1986, 74 (76 f.) – Shamrock III.
[1031] BGH GRUR 2008, 621 Rn. 32 – AKADEMIKS.
[1032] BGH GRUR 2008, 917 Rn. 24 – EROS.
[1033] BGH GRUR 2005, 414 (417) – Russisches Schaumgebäck.
[1034] BGH GRUR 2001, 242 (244) – Classe E.
[1035] BGH GRUR 2005, 581 (582) – The Colour of Elegance.
[1036] BGH GRUR 2008, 621 Rn. 21 – AKADEMIKS; BGH GRUR 2000, 1032 (1034) – EQUI 2000.
[1037] BGH GRUR 2001, 242 (244) – Classe E; siehe dazu auch die Ausführungen zur unberechtigten *Schutzrechtsverwarnung* → Rn. 487 ff.

verwendet wird, ist allerdings noch nicht unlauter, weil sie dem Interesse des Markeninhabers an der Unterbindung von Markenverletzungen dient.[1038] Eine unlautere Behinderung liegt aber darin, dass der Markeninhaber auf Anfrage seine Zustimmung in eine markenrechtlich unbedenkliche Nutzung der Marke, zB für Waren, für die das Verbreitungsrecht erschöpft ist, verweigert.[1039]

Den aus einer Marke hergeleiteten Ansprüchen kann als **Einrede** entgegengehalten werden, dass auf Seiten des Markeninhabers Umstände vorliegen, die die Geltendmachung des markenrechtlichen Schutzes als sittenwidrig iSd § 826 BGB oder als unlauter iSd §§ 3, 4 Nr. 4 UWG erscheinen lassen.[1040] Aus §§ 3, 4 Nr. 4, 8 Abs. 1 UWG (Beseitigung) ergibt sich außerdem in analoger Anwendung des § 52 Abs. 2 MarkenG ein **außermarkenrechtlicher Löschungsanspruch** gegen bösgläubig oder in Behinderungsabsicht eingetragene oder erworbene Marken. Dieser Anspruch besteht rückwirkend ab dem Zeitpunkt der Anmeldung oder dem Erwerb der Marke. Die Klage auf Einwilligung in die Löschung kann danach auch über den Zeitpunkt der Klageerhebung zurückwirken. Ein besonderer Antrag ist hierzu nicht erforderlich.[1041] Die Löschung der missbräuchlich eingetragener Marken kann außerdem über § 50 MarkenG in Verbindung mit § 54 MarkenG auf Antrag, von Amts wegen oder vor den Zivilgerichten durchgesetzt werden.[1042] 419

e) Sonstige Formen der Vertriebsstörung. Vertriebsstörungen können auf vielfältige Weise entstehen. Die bloße Schlechterfüllung von Verträgen gehört dazu nicht.[1043] Wer aber als Anbieter einer Leistung im Falle einer Kündigung seines Kunden zur **Mitwirkung bei der Umstellung der Leistung auf einen anderen Anbieter** verpflichtet ist, behindert diesen unlauter, wenn er die Mitwirkung bewusst verzögert oder unterlässt.[1044] Demgegenüber führt die Missachtung vertraglicher Pflichten gegenüber einem Dritten, zB gegenüber ebay, die auch im Interesse der Mitbewerber bestehen, nicht zur gezielten Behinderung. Wer entgegen den Nutzungsbedingungen von ebay mehr Angebote desselben Artikels als zulässig einstellt, verletzt zwar den Nutzungsvertrag mit ebay, behindert den Wettbewerber aber nicht unlauter, auch wenn dessen Angebot dadurch im Rang verdrängt wird.[1045] 420

Das **Schmarotzen** am Vertriebs- oder Betriebsorganismus oder Leistungsergebnissen eines Mitbewerbers ist im Regelfall unlauter, wenn es sich nicht lediglich um eine wettbewerbsimmanente Beeinträchtigung der Entfaltungsmöglichkeiten des Mitbewerbers handelt.[1046] Die Verwendung von Planungsunterlagen eines Konkurrenten ist nur unzulässig, wenn dem Wettbewerber bekannt ist oder sein muss, dass der Kunde sie nur im Interesse oder nach den Weisungen des Erstellers verwenden darf. Ohne ein entsprechendes Vertrauensverhältnis handelt bspw. der Anbieter von Einbauküchen nicht unlauter, wenn er Interessenten an seinem Angebot veranlasst, sich die gewünschte Einbauküche beim Wettbewerber planen und kalkulieren zu lassen, um unter Einsparung dieser Aufwendungen die Einbauküche selber günstiger anbieten zu können.[1047] Wer Handelsvertreter eines Wettbewerbers veranlasst, dessen Kunden unter Verletzung des Handelsvertretervertrages im Rahmen ihrer Tätigkeit die eigene Konkurrenzware anzubieten, verstößt demgegenüber gegen § 4 Nr. 4 UWG.[1048] 421

[1038] BGH GRUR 2015, 607 Rn. 17 – Uhrenankauf im Internet.
[1039] BGH GRUR 2015, 607 Rn. 29 f. – Uhrenankauf im Internet.
[1040] BGH GRUR 2005, 414 (417) – Russisches Schaumgebäck; OLG Hamburg WRP 2013, 201.
[1041] BGH GRUR 2014, 385 Rn. 22 – H 15.
[1042] BGH GRUR 2000, 1032 (1034) – EQUI 2000.
[1043] BGH GRUR 2007, 987 (989) – Änderung der Voreinstellung.
[1044] Hierzu → Rn. 393 ff.
[1045] OLG Hamm MMR 2011, 241 (242).
[1046] BGH GRUR 2011, 436 Rn. 24, 33 – hartplatzhelden.de. *Peukert* (WRP 2010, 316; 318) weist zurecht darauf hin, dass ein Wettbewerber schlechterdings nicht behindert werden kann, wenn er eine Leistung uneingeschränkt anbieten könnte, aber davon absieht.
[1047] BGH WRP 2009, 432 Rn. 18 – Küchentiefstpreis-Garantie.
[1048] Vgl. OLG Oldenburg WRP 2007, 460.

422 **5. Marktzugangsbehinderung durch die öffentliche Hand.** Die öffentliche Hand darf sich mit gewissen Einschränkungen am Wettbewerb beteiligen.[1049] Für sie gelten die gleichen wettbewerbsrechtlichen Schranken und Möglichkeiten wie für einen privaten Unternehmer. Eine Behinderung durch die beherrschende Stellung der öffentlichen Hand auf einem bestimmten Markt oder durch das ihr entgegen gebrachte Vertrauen ist nicht unlauter.[1050] Auch die Verknüpfung hoheitlicher Aufgaben mit privatem Gewinnstreben oder die Finanzierung dieser Aufgaben durch privatwirtschaftliche Tätigkeiten ist für sich genommen nicht unlauter.[1051] Für die öffentliche Hand kommt jedoch die Besonderheit hinzu, dass ihr bei ihrer erwerbswirtschaftlichen Betätigung **kein unsachlicher Vorsprung** da**durch** erwachsen darf, dass sie ihre **hoheitlichen Befugnisse** zur Verbesserung ihrer privatwirtschaftlichen Interessen und zur Förderung ihres Wettbewerbs einsetzt oder die privaten Mitbewerber mit Mitteln verdrängt, die ihr nur aufgrund ihrer öffentlich-rechtlichen Sonderstellung zur Verfügung stehen und den Mitbewerber verschlossen sind.[1052] Sie ist aber nicht gehindert, Sachmittel einzusetzen, die ihr aufgrund ihrer öffentlich-rechtlichen Stellung zur Verfügung stehen, zB ihre Immobilien für gewerbliche Zwecke zu nutzen.[1053]

423 Eine unlautere Behinderung kann in der **unzulässigen Verquickung der öffentlich-rechtlichen Aufgabe mit der erwerbswirtschaftlichen Tätigkeit** liegen.[1054] Die privaten Wettbewerber sind in diesem Falle nicht mehr in der Lage, ihre eigene Leistung in angemessener Weise durch eigene Anstrengungen zur Geltung zu bringen. Ein Missbrauch einer amtlichen Stellung, der seine rechtliche Grundlage in § 3 Abs. 1 UWG hat, wurde darin gesehen, dass eine Körperschaft des öffentlichen Rechts, die Prüfungen zu beruflichen Qualifikationen abnahm und neben privaten Anbietern Kurse anbot, die auf diese Prüfungen vorbereiteten, nicht auf das Konkurrenzangebot der Wettbewerber hinwies, obwohl sie danach befragt oder vom Mitbewerber darum gebeten wurde.[1055] Es wurde demgegenüber nicht beanstandet, dass die öffentliche Hand als Wettbewerber **bloße Hilfstätigkeit** zur öffentlich-rechtlichen Aufgabe anbietet, soweit die Versorgung durch private Anbieter auf längere Sicht gewährleistet bleibt.[1056] Es wurde auch für zulässig erachtet, dass die öffentliche Hand den Verkauf eigener Grundstücke an den Bezug von Fernwärme des eigenen Unternehmens koppelt. Sie mache in diesem Fall lediglich von Gestaltungsmöglichkeiten Gebrauch, über die ein privater Grundstückseigentümer ebenso verfüge.[1057]

V. Verletzung von selektiven und Direktvertriebssystemen und die Entfernung von Warencodierungen

Schrifttum: *Bayreuther,* Rechtsprobleme im Zusammenhang mit dem Schutz von Vertriebsbindungssystemen nach Markenrecht, WRP 2000, 349; *Bechthold,* Leitlinien der Kommission und Rechtssicherheit – am Beispiel der neuen Horizontalleitlinien, GRUR 2012, 107; *Bergmann,* Selektive vertikale Vertriebsbindungssysteme im Lichte der kartell- und lauterkeitsrechtlichen Rechtsprechung des BGH und EuGH, ZWeR 2004, 28; *Busche,* Der Schutz selektiver Vertriebssysteme gegen Außenseiterwettbewerb – Abschied vom Dogma der Lückenlosigkeit?, WRP 1999, 1231; *Emmerich,* Der böse Außenseiter, Festschrift für Erdmann, 2002, 561; Änderung der Rechtsprechung des BGH zum wettbewerbsrechtlichen Schutz selektiver Vertriebssysteme – Entbehrlichkeit des Lückenlosigkeitserfordernisses, NJW 2000, 2482; *Fezer,* Wettbewerbsrechtlicher und markenrechtlicher Bestandsschutz funktionsfähiger Distributionssysteme selektiven Vertriebs vor Außenseiterwettbewerb, GRUR 1999, 99; *Harte-Bavendamm,* Günstige Winde für den selektiven Vertrieb, FS *Erdmann,*

[1049] Hierzu ausführlich *Ahrens* → Einl. G Rn. 1016 ff.
[1050] BGH GRUR 2005, 960 (961) – Friedhofsruhe.
[1051] BGH GRUR 2009, 606 – Buchgeschenk vom Standesamt; GRUR 1971, 168 (169) – Ärztekammer.
[1052] BGH GRUR 2005, 960 (961) – Friedhofsruhe; WRP 2003, 73 (75) – Kommunaler Schilderprägebetrieb; WRP 2002, 1426 (1428) – Fernwärme für Börnsen.
[1053] BGH GRUR 2005, 960 (962) – Friedhofsruhe.
[1054] BGH GRUR 2005, 960 (961) – Friedhofsruhe; WRP 2003, 73 (75) – Kommunaler Schilderprägebetrieb.
[1055] BGH GRUR 2009, 1080 Rn. 18 f. – IHK-Auskunft.
[1056] BGH WRP 2003, 73 (75 f.) – Kommunaler Schilderprägebetrieb.
[1057] BGH WRP 2002, 1426 (1428) – Fernwärme für Börnsen.

2002, 571; *Harte-Bavendamm/Kreutzmann* Neue Entwicklungen in der Beurteilung selektiver Vertriebssysteme, WRP 2003, 682; *Haslinger,* Freistellung quantitativer Vertriebsbindungssysteme – ein Freibrief für Willkür des Depotkosmetik-Herstellers, WRP 2007, 926; *Körber/Heinlein,* Das Ticket-Urteil des BGH und seine Auswirkungen auf den Handel mit Eintrittskarten, WRP 2009, 266; *Laas,* Entfernung von Herstellungsnummern, GRUR Int. 2002, 829; *Lettl,* Die neue Vertikal-GVO (EU Nr. 330/2010), WRP 2010, 807; *Lubberger,* Die neue Rechtsprechung des Bundesgerichtshofs zum Vertriebsbindungsschutz – praktische Konsequenzen, WRP 2000, 139; *Pauly,* Der Schutz von Kontrollnummernsystemen vor und nach der Cartier-Entscheidung, WRP 1997, 15; *Rösner,* Aktuelle Probleme der Zulässigkeit von Selektivvertriebssystemen vor dem Hintergrund der Reform der Vertikal-GVO, WRP 2010, 1114; *Sack,* Vertriebsbindungen und Außenseiter, WRP 2000, 447; *Schaffert,* Die Ansprüche auf Drittauskunft und Schadenersatz im Fall der Beeinträchtigung schutzwürdiger Kontrollnummernsysteme durch Entfernen oder Unkenntlichmachen der Kontrollnummern, Festschrift für Erdmann, 2002, 719; *Wolter/Lubberger,* Wo steht die Lückenlosigkeit?, GRUR 1999, 17.

1. Allgemeines. Selektive Vertriebssysteme sind Vertriebssysteme, in denen sich der Anbieter verpflichtet, die Vertragswaren oder -dienstleistungen unmittelbar oder mittelbar nur an Händler zu verkaufen, die anhand festgelegter Merkmale ausgewählt werden, und in denen sich diese Händler verpflichten, die betreffenden Waren oder Dienstleistungen nicht an Händler zu verkaufen, die innerhalb des vom Anbieter für den Betrieb dieses Systems festgelegten Gebiets nicht zum Vertrieb zugelassen sind.[1058] Zur Kontrolle eines selektiven Vertriebssystems werden vom Initiator häufig Warenkodierungen, zB **Kontrollnummern,** eingesetzt. Dadurch soll der Vertriebsweg einer Ware zurückverfolgt werden, wenn sie über einen Außenseiter angeboten wird. In wettbewerbsrechtlicher Sicht stellt sich die Frage, unter welchen Bedingungen der Bezug und Weitervertrieb gebundener Ware durch den Außenseiter und gegebenenfalls auch die damit einhergehende Entfernung von Warenkodierungen unlauter ist. Dabei ist zu unterscheiden zwischen rechtlich geschützten und rechtlich missbilligten selektiven Vertriebssystemen einerseits, nach der Art und Weise, wie der Außenseiter an die gebundene Ware gelangt, und schließlich danach, ob Warenkodierungen entfernt wurden, um die Rückverfolgung des Vertriebswegs der Ware zu verhindern. 424

Ein anderes in Zeiten des Internets zunehmend verbreitetes Vertriebssystem ist der **Direktvertrieb** vom Hersteller der Ware oder dem Erbringer einer Dienstleistung an den Endverbraucher. Damit werden unterschiedliche, in der Regel billigenswerte Ziele verfolgt. Im Vordergrund steht die Preispolitik. Wer auf den Zwischenhandel verzichtet, spart beim Verkauf dessen Marge. Aber auch andere Zwecke werden verfolgt wie etwa die Verhinderung eines Schwarzhandels bei Tickets für Fußballspiele oder kulturelle Veranstaltungen. 425

a) Wettbewerbsrechtlich geschützte Vertriebsbindungssysteme. Der Schleichbezug in Direktvertriebssystemen oder der Bezug von gebundener Ware und die Dekodierung von Waren zur Verhinderung der Kontrolle eines selektiven Vertriebsbindungssystems sind nur unlauter, wenn das Vertriebssystem geschützt ist. Dazu muss es nach deutschem und europäischem Recht[1059] wirksam sein und vom Vertriebsbinder diskriminierungsfrei praktiziert werden. Sofern das Direktvertriebssystem auf Allgemeinen Geschäftsbedingungen aufbaut, müssen diese der rechtlichen Inhaltskontrolle standhalten und wirksam sein.[1060] 426

Europäisches Kartellrecht: Vertikalvereinbarungen, die ausschließlich objektive, an qualitativen Kriterien ausgerichtete und für das jeweilige Produkt erforderliche Lieferkriterien enthalten, unterfallen nicht dem europäischen Kartellrecht.[1061] Die Wirksamkeit sonstiger Bedingungen in selektiven Vertriebssystemen, die den Wettbewerb in den Mitgliedstaaten der Europäischen Gemeinschaft berühren, richtet sich nach **Art. 101 AEUV** in Verbindung mit der Verordnung (EG) Nr. 1/2003 und der **Verordnung (EU) Nr. 330/** 427

[1058] Legalefinition gemäß Art. 1 Abs. 1 lit. e der Verordnung (EU) Nr. 330/2010 der Kommission vom 20.4.2010 über die Anwendung von Artikel 101 Absatz 3 des Vertrags über die Arbeitsweise der Europäischen Union auf Gruppen von vertikalen Vereinbarungen und abgestimmten Verhaltensweisen.

[1059] Zum Vorrang des europäischen Rechts bei vertikalen Vertriebssystemen siehe *Harte-Bavendamm* FS Erdmann, 2002, 571 (583 ff.).

[1060] BGH GRUR 2014, 785 Rn. 32 – Flugvermittlung im Internet.

[1061] Leitlinien der Kommission für vertikale Beschränkungen (ABl. 2000 C 291, S. 1 Rn. 185).

2010.[1062] Die Verordnung (EU) Nr. 330/2010 stellt selektive Vertriebssysteme vom Verbot des Art. 101 Abs. 1 AEUV frei, wenn sie keine der in Art. 4 und 5 der Verordnung niedergelegten Vertragsklauseln enthalten.[1063]

428 **Deutsches Kartellrecht:** Deutsches Kartellrecht ist auf selektive Vertriebssysteme anzuwenden, wenn sie den Handel zwischen den Mitgliedsstaaten in der EG nicht spürbar beeinflussen.[1064] Im deutschen Recht sind **wettbewerbsbeschränkende Vereinbarungen in Austauschverträgen** über § 2 Abs. 2 GWB in gleicher Weise und im gleichen Umfang **zulässig** wie im europäischen Kartellrecht.

429 **Diskriminierungsfreie Realisierung und Durchsetzung:** Ein Vertriebsbindungssystem genießt wettbewerbsrechtlichen Schutz nur, wenn es kartellrechtlich zulässig ist und vom Hersteller **diskriminierungsfrei angelegt und gehandhabt** wird.[1065] Er muss zum einen alle gebundenen Händler innerhalb eines einheitlichen Wirtschaftsraums grundsätzlich denselben vertraglichen Verpflichtungen unterwerfen.[1066] Innerhalb dieses Wirtschaftsraumes muss er außerdem gegen den Vertrieb der Produkte durch Außenseiter vorgehen, weil die Einhaltung des Vertriebsbindungssystems ansonsten für Vertriebshändler und Außenseiter unzumutbar wird.[1067] Ein **einheitlicher Wirtschaftsraum** ist ein einheitlicher Rechtsraum, der es erlaubt, auf vertraglicher Ebene eine effektive Schranke gegen Außenseiterwettbewerb zu etablieren.[1068] Er wird in der Regel mit dem Europäischen Wirtschaftsraum identisch sein.[1069] Bei Lieferungen des Vertriebsbinders an Abnehmer außerhalb dieses Wirtschaftsraums muss er dafür Sorge tragen, dass sein Vertriebsbindungssystem innerhalb des Wirtschaftsraums intakt bleibt und dort nur die systemgebundenen Händler als Anbieter seiner Waren auftreten.[1070]

430 Die praktische Lückenlosigkeit ist für die Schutzwürdigkeit eines Vertriebsbindungssystems ohne Relevanz.[1071] Andernfalls würde der Schutz selektiver Vertriebssysteme gerade in den Fällen versagen, in der er benötigt wird, weil eine Lücke geschlossen werden soll.[1072]

431 **b) Ungeschützte faktische Vertriebsbindungssysteme.** Ein Vertriebsbindungssystem, dass kartellrechtlich unzulässig ist oder nicht diskriminierungsfrei praktiziert wird, genießt keinen wettbewerbsrechtlichen Schutz **(faktisches Vertriebsbindungssystem).**[1073] Der Bezug und weitere Vertrieb der Ware durch ungebundene Händler ist nicht unlauter, weil das Vertriebsbindungssystem nicht geschützt oder so lückenhaft ist, dass seine Respektierung Außenseitern nicht zugemutet werden kann.[1074] Bei faktischen Vertriebs-

---

[1062] Verordnung (EG) Nr. 1/2003 des Rates vom 16.12.2002 zur Durchführung der in den Artikeln 81 und 82 des Vertrages niedergelegten Wettbewerbsregeln; Verordnung (EU) Nr. 330/2010 der Kommission vom 20.4.2010 über die Anwendung von Artikel 101 Absatz 3 des Vertrags über die Arbeitsweise der Europäischen Union auf Gruppen von vertikalen Vereinbarungen und abgestimmten Verhaltensweisen; dazu *Bechthold* GRUR 2012, 107).

[1063] Durch die Verordnung wurde die frühere Rechtsprechung des EuGH (vgl. zB EuG, 12.12.1996 – T-19/92, GRUR Int. 1998, 149 (154 ff.) – Leclerc/Yves Saint Laurent) und des BGH (BGH GRUR 1999, 1109 (1112) – Entfernung der Herstellungsnummer) liberalisiert.

[1064] Weiterführend *Harte-Bavendamm/Kreutzmann* WRP 2003, 682 (686 ff.).

[1065] EuG, 12.12.1996 – T-19/92, GRUR Int. 1998, 149 (156) – Lerclerc/Yves Saint Laurent; BGH GRUR 2000, 724 (725) – Außenseiteranspruch II; GRUR 1999, 276 – Depotkosmetik.

[1066] BGH GRUR 2002, 709 (711) – Entfernung der Herstellungsnummer III.

[1067] *Ensthaler* NJW 2000, 2482 (2483).

[1068] *Lubberger* WRP 2000, 139 (146).

[1069] OLG Hamburg Magazindienst 2002, 745 (747); OLG Frankfurt a. M. GRUR 2001, 532.

[1070] EuG, 12.12.1996 – T-19/92, GRUR Int. 1998, 149 (156) – Lerclerc/Yves Saint Laurent; BGH GRUR 1999, 1109 (1112) – Entfernung der Herstellernummer.

[1071] BGH GRUR 2000, 724 (725) – Außenseiteranspruch II; GRUR 1999, 1109 (1111 ff.) – Entfernung der Herstellungsnummer unter Aufgabe der früheren Rechtsprechung.

[1072] EuGH 13.1.1994 – C-376/92, GRUR 1994, 300 (302) – Cartier-Uhren; BGH GRUR 1999, 1109 (1112) – Entfernung der Herstellernummer.

[1073] BGH GRUR 1989, 110 (113) – Synthesizer; WRP 1989, 366 (367) – Entfernung von Kontrollnummern IV;.

[1074] BGH WRP 1989, 366 – Entfernung von Kontrollnummern IV; GRUR 1989, 110 – Synthesizer.

bindungssystemen will der Verwender meist die Auswahl seiner Käufer und Wiederverkäufer nach eigenen Vorstellungen steuern, während er sich gleichzeitig der Missbrauchsaufsicht der Kartellbehörden entziehen möchte.[1075] Würde diese Verhalten über das UWG geschützt, stünde die Auslegung der §§ 3, 4 Nr. 4 UWG im Widerspruch zu den Wertungen des GWB.[1076]

2. Wettbewerbsrechtlicher Schutz von Vertriebssystemen. Direktvertriebssysteme 432
und kartellrechtlich zulässige selektive Vertriebssysteme, die diskrimierungsfrei angelegt und gehandhabt werden, werden über das Lauterkeitsrecht gegen bestimmte Arten der Beeinträchtigung geschützt. Das Bestreben eines nicht autorisierten Händlers, in ein Vertriebssystem einzubrechen und einen Anteil am Absatz einer von Kunden begehrten Ware oder Dienstleistung zu erhalten, ist allerdings solange nicht zu beanstanden, wie es nicht mit **unredlichen Mitteln** wie einem Schleichbezug oder einem **Verleiten zum Vertragsbruch** durchgesetzt wird.[1077] Die **Ausnutzung des Vertragsbruchs** eines gebundenen Händlers ist hingegen nicht unlauter. Andernfalls würde die vertragliche Bindung des Vertriebsbinders zum gebundenen Händler verdinglicht und wirkte auch gegenüber Dritten, die gar nicht Vertragspartei sind.[1078]

Neben dem Verleiten zum Vertragsbruch ist der **Schleichbezug** die zweite Alternative 433
einer unlauteren Behinderung der Beteiligten an einem Direktvertriebssystem oder selektiven Vertriebsbindungssystem.[1079] Von einem Schleichbezug ist auszugehen, wenn ein Wettbewerber gegenüber einem gebundenen Händler oder dem Direktvertreiber so tut, als sei er zum Bezug der Ware berechtigt.[1080] Der Schleichbezug geht zwingend mit einer Irreführung und damit einem Verstoß gegen § 5 UWG einher. Unabhängig von den Voraussetzungen des § 5 UWG kann im Rahmen des § 4 Nr. 4 UWG nicht von einem unlauteren Schleichbezug ausgegangen werden, wenn der Abnehmer die Ware von einem Dritten erwirbt, der sie selber nicht erschlichen hat.[1081] Erklärt ein Anbieter von Inhaberkarten (Eintrittskarten), die er über ein Direktvertriebssystem vertreibt und die ein Dritter gewerblich weiterverkauft, die weiterverkauften Inhaberkarten generell für unwirksam, behindert er seinerseits die Wiederverkäufer unlauter.[1082] Anders verhält es sich aber, wenn keine Inhaberkarten (§ 807 BGB), sondern Namenspapiere mit Inhaberklausel (§ 808 BGB) ausgegeben wurden, weil Namenspapiere auf eine bestimmte Person, bspw. den Erwerber ausgestellt werden.

Ein selektives Vertriebsbindungssystem, das kartellrechtlich unzulässig oder nicht dis- 434
kriminierungsfrei angelegt ist und gehandhabt wird, genießt keinen lauterkeitsrechtlichen Schutz. Es ist entweder rechtlich unwirksam, so dass auch niemand zum Vertragsbruch verleitet werden kann, oder es ist den gebundenen Händlern nicht zuzumuten, sich an das System zu halten, weil der Vertriebsbinder selber keine ausreichende Vorsorge gegen einen Missbrauch getroffen hat.

3. Kodierungen zur Kontrolle von Vertriebssystemen. Warenkodierungen sind 435
ein geeignetes und legitimes **Mittel zur Überwachung rechtswirksamer Vertriebsbindungssysteme** und deren Schutz gegen Außenseiter und vertragsbrüchige Händ-

---

[1075] BGH WRP 1989, 366 (367) – Entfernung von Kontrollnummern IV; GRUR 1989, 110 (112) – Synthesizer.

[1076] BGH WRP 1989, 366 (367) – Entfernung von Kontrollnummern IV; vgl. auch BGH GRUR 1988, 327 – Cartier-Uhren.

[1077] BGH GRUR 2009, 173 Rn. 41 – bundesligakarten.de; MüKoUWG/Jänich § 4 Nr. 10 Rn. 44; zur Kritik an der generellen Unlauterkeit eines Verleitens zum Vertragsbruch → Rn. 337.

[1078] BGH GRUR 2002, 724 (726) – Außenseiteranspruch II; s. auch BGH WRP 2007, 951 (954) – Außendienstmitarbeiter.

[1079] BGH GRUR 2009, 173 (178) – bundesligakarten.de; GRUR 2000, 724 (726) – Außenseiteranspruch II.

[1080] BGH GRUR 2014, 785 Rn. 28 – Flugvermittlung im Internet; GRUR 2009, 173 Rn. 22, 27 – bundesligakarten.de; OLG Hamburg MMR 2010, 178 (179).

[1081] LG Hamburg BeckRS 2014, 12069.

[1082] LG Essen K&R 2009, 418.

ler.[1083] Wird einem Hersteller oder Lieferanten die Kontrolle dieses Systems durch die **Entfernung oder** durch das **Unkenntlichmachen der Kodierung** erschwert, stehen ihm gegenüber dem gebundenen Händler Ansprüche aus Vertrag und – nach hM auch – aus § 4 Nr. 4 UWG sowie gegenüber dem Außenseiter, der die dekodierte Ware vertreibt, aus § 4 Nr. 4 UWG[1084] oder – außerhalb eines Wettbewerbsverhältnisses – aus § 823 Abs. 1 BGB iVm den Grundsätzen zum eingerichteten und ausgeübten Gewerbebetrieb[1085] zu.[1086] Der Entfernung der Kodierung steht die **Entfernung der Produktverpackung** gleich, wenn sich die Kodierung nur auf der Verpackung befindet.[1087]

436 Der wettbewerbsrechtliche Anspruch gegen den Außenseiter besteht **unabhängig davon, wer die Kodierung wo entfernt hat.** Es ist aber noch nicht abschließend geklärt, ob der Vertrieb decodierter Ware nur unlauter ist, wenn der Außenseiter sie durch ein Verleiten zum Vertragsbruch oder einen Schleichbezug erhalten hat, oder nur, wenn er positive Kenntnis von der Decodierung der Ware hat, oder schon, wenn er überhaupt decodierte Ware vertreibt. ME ist es zur Begründung der Unlauterkeit erforderlich, aber auch **ausreichend, dass der Außenseiter dekodierte Ware vertreibt.**[1088] Auf die Kenntnis kommt es für den Wettbewerbsverstoß nicht mehr an.[1089] Andererseits bedeutet es für das geschützte Vertriebsbindungssystem eine erhebliche Gefahr, wenn der Weitervertrieb decodierter Ware nur bei Vorliegen weiterer Umstände, welche die Unlauterkeit eigentlich erst begründen, untersagt werden kann

437 **4. Sonstige Kodierungen für unterschiedliche Zwecke.** Warencodierungen dienen nicht nur der Kontrolle der Vertriebswege, sondern unterschiedlichen Zwecken. Auch außerhalb rechtmäßiger selektiver Vertriebsbindungssysteme kann die Entfernung solcher Kodierungen unlauter oder ein Eingriff in den eingerichteten und ausgeübten Gewerbebetrieb sein. Für die rechtliche Beurteilung kommt es entscheidend darauf an, welchem Zweck oder Interesse die Kodierung oder sonstige Angabe dient.

438 **a) Kodierungen zur Gefahrenabwehr.** Kodierungen können im allgemeinen Interesse liegen. Dazu gehören Kodierungen zur **Abwehr ernstlicher Gefahren,** die mit der Verwendung eines Produkts verbunden sind, oder Kodierungen zur **Erleichterung des Rückrufs** mangelhafter Produkte.[1090] Die Dekodierung ist in diesen Fällen unlauter, es sei denn, dass die Kodierung – jedenfalls auch – dazu geeignet ist, jeden einzelnen Artikel zu identifizieren, da sie dann missbräuchlich dazu genutzt werden kann, ein missbilligtes Vertriebsbindungssystem zu kontrollieren.[1091] Derartige Warenkodierungen zur Identifizierung jeder einzelnen Ware können auch nicht mit Praktikabilitätserwägungen gerechtfertigt werden.[1092] Eine Ausnahme gilt nur, wenn die individuelle Identifizierung ausnahmsweise zur Abwehr der Gefahr unabdingbar ist.

439 **b) Gesetzlich vorgeschriebene Warenkodierungen.** Warenkodierungen können gesetzlich vorgeschrieben sein. Der Vertrieb dekodierter Produkte verletzt in diesen Fällen § 3a UWG, sofern es sich bei der gesetzlichen Vorschrift um eine Marktverhaltensregelung

[1083] BGH GRUR 2002, 709 (710) – Entfernung der Herstellungsnummer III; GRUR 1999, 1022 (1026) – Außenseiteranspruch.

[1084] BGH GRUR 2000, 724 (727) – Außenseiteranspruch II; LG Bamberg GRUR-RR 2015, 119.

[1085] BGH GRUR 1978, 364 (367) – Golfrasenmäher.

[1086] AA *Emmerich* FS Erdmann, 2002, 561 (568 ff.); dagegen wiederum *Harte-Bavendamm/Kreutzmann* WRP 2003, 682 (691).

[1087] OLG Düsseldorf GRUR-RR 2002, 23 (24).

[1088] BGH GRUR 2000, 724 (727) – Außenseiteranspruch II; GRUR 1999, 1109 (1112) – Entfernung der Herstellungsnummer.

[1089] BGH GRUR 2007, 800 Rn. 21 f. – Außendienstmitarbeiter; aA *Beater* WRP 2011, 7 (12).

[1090] OLG Hamburg GRUR 1990, 625.

[1091] BGH WRP 1989, 366 (368) – Entfernung von Kontrollnummern IV; GRUR 1989, 110 (112) – Synthesizer.

[1092] BGH GRUR 1988, 823 (825) – Entfernung von Kontrollnummern I; OLG Hamburg GRUR 1990, 625.

handelt.[1093] Nach § 4 Abs. 1 KosmetikVO dürfen **kosmetische Artikel** gewerbsmäßig nur in Verkehr gebracht werden, wenn auf ihren Behältnissen und Verpackungen die Nummer des Herstellungspostens oder ein anderes Kennzeichen angebracht ist, dass eine Identifizierung der Herstellung erlaubt. Die Vorschrift dient dem Schutz der Gesundheit. Sie überlässt die Art der Kennzeichnung dem Hersteller. Es reicht aus, dass der Hersteller unschwer und unzweifelhaft ermitteln kann, welchem Herstellungsposten das einzelne Produkt zuzuordnen ist.[1094]

Ob der Händler eine vom Hersteller vergebene **gesetzlich vorgeschriebene Kodierung** durch eine **eigene Warenkodierung austauschen** darf, hängt vom Zweck der gesetzlichen Bestimmung ab. Wenn die Warenkodierung den Hersteller in die Lage versetzen soll, fehlerhafte Produkte unverzüglich einem Herstellungsposten zuzuordnen und Maßnahmen hinsichtlich der anderen Produkte aus dem gleichen Herstellungsposten einzuleiten, muss er selbst über die entsprechenden Informationen verfügen.[1095] In diesen Fällen dürfen die Kodierungen des Herstellers nicht gegen eine vom Händler vorgenommene neue Kodierung ausgetauscht werden. 440

Der Hersteller darf gesetzlich vorgeschriebene Warenkodierungen aber **nicht missbräuchlich einsetzen.**[1096] Sie dürfen keine gesetzlich nicht erforderlichen Informationen enthalten, um die Kontrolle eines missbilligten faktischen Vertriebsbindungssystems zu ermöglichen.[1097] Trotzdem darf der Händler die Warenkodierungen nicht beseitigen, soweit sie gesetzlich vorgeschrieben sind. Er kann sich gegen das missbräuchliche Vertriebsbindungssystem aber durch eine Beschwerde bei den Kartellbehörden oder einen wettbewerbsrechtlichen Unterlassungsanspruch gegen den Vertriebsbinder wehren, der seinerseits den Wettbewerber durch derartige Kodierungen behindert.[1098] 441

c) Sonstige Angaben zur Steuerung des Vertriebswegs. Neben Warenkodierungen sind **sonstige Angaben zur Steuerung des Vertriebswegs** auf Waren oder ihrer Verpackung möglich. Soweit diese Steuerung des Vertriebs gesetzlich zulässig oder sogar – wie zur Kennzeichnung apothekenpflichtiger Ware – geboten ist, behindern die Angaben den Mitbewerber nicht unlauter, der an diesem Vertriebsweg nicht partizipiert. Der durch § 14 ApoG gedeckte Hinweis auf Arzneimittelpackungen, dass deren Verkauf außerhalb einer Krankenhausapotheke unzulässig ist, stellt keine unlautere Behinderung dar,[1099] seine Entfernung wohl.[1100] 442

Warencodierungen werden auch verwendet, um **Verletzungen gewerblicher Schutzrechte oder des Urheberrechts** zu unterbinden. Der Rechtsinhaber kann gezwungen sein, im Verletzungsfall nachzuweisen, dass seine Rechte an einem Produkt nicht erschöpft sind.[1101] Die Entfernung von Produktangaben, über die bestimmt werden kann, auf welchem Markt ein Produkt in den Verkehr gebracht wurde, ist unlauter, wenn nur mittels dieser Angaben verlässlich festgestellt werden kann, ob der Rechtsinhaber dem Inverkehrbringen auf diesem Markt, dh in der Regel im Europäischen Wirtschaftsraum, zugestimmt hat. Die Entfernung derartiger Kodierungen kann wettbewerbsrechtlich aber zulässig sein, wenn das Verbreitungsrecht des Rechtsinhabers an dem Produktexemplar nachweislich erschöpft ist,[1102] oder wenn die Kennzeichnung auch dem Zweck dient, ein rechtlich ungeschütztes Vertriebsbindungssystem durchzusetzen. Als Sonderverbot zur Entfernung 443

[1093] EuGH 11.11.1997 – C-349/95, GRUR Int. 1998, 145 Rn. 42 – Loendersloot/Ballantine; BGH GRUR 2002, 709 (710) – Entfernung der Herstellungsnummer III.

[1094] BGH GRUR 1999, 1109 (1111) – Entfernung der Herstellungsnummer.

[1095] BGH GRUR 1999, 1109 (1111) – Entfernung der Herstellungsnummer.

[1096] OLG Karlsruhe WRP 1996, 122 (124).

[1097] Vgl. BGH GRUR 1999, 1109 (1111) – Entfernung der Herstellungsnummer.

[1098] EuGH 11.11.1997 – C-349/95, GRUR Int. 1998, 145 Rn. 50 – Loendersloot/Ballantine; *Lubberger* WRP 2000, 139 (140).

[1099] BGH GRUR 1990, 1010 (1011) – Klinikpackung.

[1100] BGH PharmaR 1990, 50 (51 f.); OLG Köln GRUR 2000, 81 (82).

[1101] BGH GRUR 2004, 156 (158) – stüssy II.

[1102] Vgl. BGH GRUR 2001, 153 (155) – OEM-Version.

von Informationen zur Wahrung der Rechte von Urheber- und Leistungsschutzberechtigten ist § 95c UrhG zu beachten.

444 **5. Irreführung über die Entfernung einer Warenkodierung.** Eine Kodierung, die zur Kontrolle des Vertriebswegs innerhalb und außerhalb von Vertriebsbindungssystemen eingesetzt wird, ist für den Endabnehmer der Ware ohne Bedeutung.[1103] Wenn mit der Kodierung für den Käufer jedoch günstige Funktionen verbunden sind, die seinen Kaufentschluss beeinflussen können, kann der Käufer durch die Dekodierung irregeführt werden. Davon ist etwa auszugehen, wenn die fehlende Kodierung den Hersteller zur **Verweigerung von Kundendienst- oder Garantieleistungen** im Rahmen geschützter Vertriebsbindungssysteme berechtigt.[1104]

445 Eine Irreführung durch Dekodierung kann vom Händler durch eine hinreichend deutliche **Aufklärung des Käufers** ausgeschlossen werden.[1105] Wenn ein Hersteller die Garantie für Produkte ohne Kennzeichnung nicht verweigern darf, entfällt auch diese Aufklärungspflicht.[1106] Dazu gehören neben der Kodierung in faktischen Vertriebsbindungssystemen auch die Fälle, in denen der Hersteller die Garantie für parallelimportierte Erzeugnisse verweigert.[1107] Aus möglichen Schwierigkeiten bei Reparaturen oder Garantieleistungen in faktischen Vertriebsbindungssystemen folgt ebenfalls keine Aufklärungspflicht. Mit ihnen rechnet der Kunde, wenn er ein Produkt nicht über den Fachhandel bezieht.[1108] Die durch die Beseitigung der Warenkodierung sichtbare Veränderung der Verpackung muss wegen ihrer Auffälligkeit ebenfalls nicht offenbart werden, genauso wenig wie die unsichtbare Dekodierung, weil die Gruppe der Verbraucher, die sich an einer unsichtbaren Veränderung der Verpackung stören könnte, klein und wettbewerbsrechtlich unerheblich ist.[1109]

446 **6. Ansprüche aus dem Markengesetz.** Der Markeninhaber kann sich gegen den Weitervertrieb eines mit seiner Marke versehenen Produkts gem. § 24 Abs. 2 MarkenG wehren, wenn der **Zustand des Produkts** nach dem Inverkehrbringen durch die Entfernung der Warenkodierung **sichtbar verändert** wird.[1110] Bei der **unsichtbaren Entfernung** muss unterschieden werden: Wenn die Entfernung der Warenkodierung der Kontrolle eines Vertriebsbindungssystems dient, kann der Markeninhaber sich aus dem Recht an der Marke nicht gegen die Entfernung der Kodierung wehren.[1111] Die Sicherung von Vertriebsbindungssystemen gehört nicht zu den Markenfunktionen.[1112] Soweit die Kodierung anderen legitimen Zwecken oder der Erfüllung gesetzlicher Vorgaben (zB gemäß § 4 Abs. 1 KosmetikVO) dient, beeinträchtigt eine unsichtbare Dekodierung die Garantiefunktion der Marke.[1113] Ansprüche aus dem Markengesetz treten in diesen Fällen wiederum zurück, wenn sie der Durchsetzung eines wettbewerbsrechtlich ungeschützten faktischen Vertriebsbindungssystems dienen.[1114]

1103 BGH GRUR 1988, 823 (824) – Entfernung von Kontrollnummern.

1104 EuGH 13.1.1994 – C-376/92, GRUR 1994, 300 (302) – Cartier-Uhren; Köhler/Bornkamm/Feddersen § 4 Rn. 4.66.

1105 BGH GRUR 1989, 110 (113) – Synthesizer.

1106 BGH GRUR 1988, 826 (827) – Entfernung von Kontrollnummern II.

1107 EuGH 21.2.1984 – C-86/82, GRUR Int. 1985, 332 – Hasselblad; BGH GRUR 1988, 823 (825) – Entfernung von Kontrollnummern I.

1108 BGH GRUR 1988, 823 (824) – Entfernung von Kontrollnummern I.

1109 BGH GRUR 1999, 1017 (1019) – Kontrollnummernbeseitigung.

1110 BGH GRUR 2002, 709 (711) – Entfernung der Herstellungsnummer III; GRUR 2002, 724 (726) – Außenseiteranspruch II; aA *Emmerich* FS Erdmann, 2002, 561 (570).

1111 BGH GRUR 2002, 709 (711) – Entfernung der Herstellungsnummer III; aA *Sack* WRP 2004, 1405 (1425).

1112 *Laas* GRUR Int. 2002, 829 (830); aA *Fezer* GRUR 1999, 99 (104).

1113 BGH GRUR 2002, 709 (711) – Entfernung der Herstellungsnummer III; aA *Laas* GRUR Int. 2002, 829 (833 f.), der auf die Unvereinbarkeit dieser Auffassung mit der Rechtsprechung des EuGH zur Umverpackung parallelimportierter Arzneimittel hinweist.

1114 BGH GRUR 2000, 724 (727) – Außenseiteranspruch II; WRP 1989, 366 (369) – Entfernung von Kontrollnummern IV.

7. Urkundenvernichtung (§ 274 StGB). Eine Warenkodierung kann als **Beweiszeichen** Urkundenqualität haben.[1115] Beweiszeichen sind mit einem körperlichen Gegenstand fest verbunden, verkörpern eine menschliche Gedankenerklärung, lassen ihren Aussteller erkennen und sind nach Gesetz, Herkommen oder Vereinbarung der Beteiligten geeignet und bestimmt, zum Beweis für eine rechtlich erhebliche Tatsache zu dienen. Ihre Entfernung kann den Straftatbestand der Urkundenunterdrückung erfüllen. Der Bezug und Vertrieb dekodierter Ware sind indes keine nach deutschem Recht strafbaren Handlungen.[1116] Sie sind auch nicht unlauter, wenn die Entfernung der Kontrollnummer an einem ausländischen Begehungsort als Urkundenvernichtung strafbar ist.[1117] Da faktische Vertriebsbindungssysteme rechtlich keinen Schutz genießen, ist die Entfernung von Warenkodierungen in solchen Vertriebssystemen trotz § 274 StGB zulässig.[1118] 447

8. Anbringen eigener Warenkodierungen. Der **Austausch der Warenkodierung** durch den Händler steht rechtlich der Entfernung der Warenkodierung gleich. Sie ist in all den Fällen unlauter, in denen die Entfernung der Warenkodierung unlauter ist. In anderen Fällen begegnet sie keinen grundsätzlichen Bedenken.[1119] Dies gilt gleichermaßen, wenn der Händler eine zur Kodierung des Herstellers oder anderer Händler **zusätzliche eigene Warenkodierung** anbringt. Darin liegt keine Verletzung eines Markenrechts, wenn die zusätzliche Kodierung nicht dem Hersteller zugeordnet wird. Anderenfalls kann die Ware durch die Kodierung jedoch in einer Weise verändert werden, welche die Erschöpfungswirkung nach § 24 Abs. 2 MarkenG entfallen lässt. 448

9. Zivilprozessuale Besonderheiten. Darlegungs- und Beweislast: Wer gegen die Entfernung von Kontrollnummern vorgehen will, muss die Voraussetzungen eines wirksamen und diskriminierungsfrei gehandhabten Vertriebsbindungssystems[1120] oder ein überwiegendes Interesse der Allgemeinheit an der konkreten Art der Warenkodierung darlegen. Die **bloße Existenz eines Kodierungssystems** genügt zur Darlegung eines geschützten Vertriebsbindungssystems nicht.[1121] 449

Es besteht eine **tatsächliche Vermutung** dafür, dass eine Warenkodierung – jedenfalls auch – dazu dienen soll, die Kontrolle des Vertriebswegs der Ware mit dem Ziel zu ermöglichen, nicht genehme Händler auszuschließen und ihre Lieferanten zur Einstellung der Belieferung zu veranlassen oder selbst von der Weiterbelieferung auszusperren. Diese Vermutung besteht gleichfalls, wenn die Kodierung anderen Zwecken dienen kann, soweit keine gesetzliche Verpflichtung zur Kodierung besteht und diese sich im Rahmen des gesetzlich Erforderlichen hält.[1122] Die Vermutung besteht schließlich auch, wenn die Warenkodierung über das hinausgeht, was gesetzlich geboten oder zu Zwecken notwendig ist, die überwiegenden Interessen der Allgemeinheit dienen. Sie kann vom Hersteller, der die Warenkodierung angebracht hat, widerlegt werden. 450

Ansprüche: Dem Vertriebsbinder steht gegen den Händler, der dekodierte Waren vertreibt, ein selbständiger Anspruch auf **Drittauskunft** darüber zu, von wem er die dekodierte Ware erhalten hat.[1123] Der Auskunftsanspruch soll den Vertriebsbinder in die Lage versetzen, zukünftige Beeinträchtigungen zu unterbinden. Das Interesse des Außenseiters, seine Bezugsquelle geheim zu halten, fällt demgegenüber nicht ausschlaggebend ins 451

[1115] AG Tettnang MA 1957, 725 f.; *Pauly* WRP 1996, 15 (18).

[1116] BGH WRP 1989, 366 (368) – Entfernung von Kontrollnummern IV; WRP 1989, 369 (372) – Entfernung von Kontrollnummern III.

[1117] BGH WRP 1989, 366 (368) – Entfernung von Kontrollnummern IV.

[1118] *Pauly* WRP 1996, 15 (18).

[1119] *Pauly* WRP 1996, 15 (16).

[1120] BGH WRP 1989, 369 (370 f.) – Entfernung von Kontrollnummern III; OLG Frankfurt a. M. GRUR 2001, 532 (533).

[1121] BGH WRP 1989, 369 (371) – Entfernung von Kontrollnummern III.

[1122] BGH GRUR 1989, 110 (111) – Synthesizer.

[1123] BGH GRUR 2001, 841 (842) – Entfernung der Herstellungsnummer II.

Gewicht.[1124] Der Anspruch ist auf die Herkunft der konkreten, dem Vertriebsbinder bekannten Warenlieferung beschränkt und erstreckt sich nicht auf weitere Lieferungen gleicher oder gleichartiger Waren.[1125] Ein **Schadenersatzanspruch** wegen des durch die Dekodierung **entgangenen Gewinns** scheitert in der Regel daran, dass der Vertriebsbinder durch die Inverkehrgabe seines (kodierten) Produkts bereits das vereinbarte Entgelt erhalten hat.[1126] Er erfasst gleichfalls keine **Aufwendungen,** die er zur Aufrechterhaltung seines Vertriebsbindungssystems aufgewendet hat.[1127] Ein erstattungsfähiger Schaden kann aber in **zusätzliche**n **Kosten** liegen, die dem Vertriebsbinder durch die Dekodierung etwa im Rahmen einer Rückrufaktion wegen Produktmängeln oder der Überprüfung der Echtheit einer Ware entstehen.[1128]

VI. Preisgestaltung

Schrifttum: *Alexander,* Privatrechtliche Durchsetzung des Verbots von Verkäufen unter Einstandspreis, WRP 2010, 727; *Bechthold,* Probeabonnement, WRP 2006, 1162; *Bülow,* Preisgestaltung und Rechtswidrigkeit, BB 1985, 1297; *Dittmer,* Zur gezielten Behinderung von Mitbewerbern, EWiR 2006, 664; *Faustmann/Raapke,* Zur Neuregelung des Preismissbrauchs im Energie- und Lebensmittelsektor – Fortschritt für den Wettbewerb?, WRP 2008, 67; *Gloy,* Zur Beurteilung gezielter Kampfpreise nach Kartell- und Wettbewerbsrecht, Festschrift *Gaedertz,* 1992, 209; *Kreuzer,* Wettbewerb um jeden Preis? Zur Problematik des Verkaufs zu Verlustpreisen im Einzelhandel, WRP 1985, 467; *Köhler,* ‚Verkauf unter Einstandspreis' im neuen GWB, BB 1999, 697; *Köhler/Steindorff,* Öffentlicher Auftrag, Subvention und unlauterer Wettbewerb, NJW 1995, 1705; *Köhler,* Der Rechtsbruchtatbestand im neuen UWG, GRUR 2004, 381; *Köhler,* Der Markenartikel und sein Preis, NJW-Sonderheft 2003 (100 Jahre Markenverband), 28; *König/Hellstern,* Die Klagebefugnis bei wettbewerbsrechtlichen Klagen gegen unionsrechtswidrige Beihilfemaßnahmen, GRUR Int. 2012, 14; *Lehmann,* Schutz des Leistungswettbewerbs und Verkauf unter Einstandspreis, GRUR 1979, 368; *Lehmann,* Wettbewerbs- und waren-zeichenrechtliche Bemerkungen zur Entscheidung des Bundesgerichtshofs vom 6.10.1983 – Verkauf unter Einstandspreis II, GRUR 1984, 313; *Lettl,* Zur Anwendung von § 19 Abs. 2 Nr. 5 GWB insbesondere auf Preisverhandlungen zwischen marktmächtigen Unternehmen und Lieferanten, WRP 2016, 800 (Teil 1) und WRP 2016, 935 (Teil 2); *ders.,* Das sog. Anzapfverbot des § 19 Abs. 2 Nr. 5 GWB in seiner neuen Fassung, WRP 2017, 641; *Mann/Smid,* Preisunterbietung von Presseprodukten, 1997, 139; *Mees,* Wettbewerbliche Ansprüche und EG-Beihilfenrecht, Festschrift Erdmann, S. 657; *Mees,* Preisunterbietungen als Behinderungen aus wettbewerbsrechtlicher und kartellrechtlicher Sicht in der Rechtsprechung des Bundesgerichtshofs, WRP 1992, 223; *Pilcher,* Das Verhältnis von Kartell- und Lauterkeitsrecht, 2009; *Sack,* Der Verkauf unter Selbstkosten im Einzelhandel, WRP, 1983, 63; *Sack,* Die wettbewerbsrechtliche Durchsetzung arbeitsrechtlicher Normen, WRP 1998, 683; *Scholz,* Verkauf unter den Selbstkosten oder zurück zur Verordnung über Wettbewerb von 1934?, WRP 1983, 373; *Ulmer,* Der Begriff ‚Leistungswettbewerbs' und seine Bedeutung für die Anwendung von GWB- und UWG-Tatbeständen, GRUR 1977, 565; *Ulmer,* Wettbewerbsrechtliche Schranken für die Händlerwerbung mit bekannten Herstellermarken?, WRP 1987, 299; *Wanderwitz,* Der Missbrauch von Nachfragemacht, WRP 2015, 162; *Weber/Weber,* Unlauterer Wettbewerb und ausländische Arbeitsbedingungen, GRUR Int. 2008, 899.

452 **1. Preisgestaltungsfreiheit.** Die freie Preisgestaltung ist ein Eckpfeiler eines marktwirtschaftlichen Wirtschaftssystems. Die Unterbietung des Marktpreises oder des Preises von Mitbewerbern gehört zu einem gesunden Wettbewerb.[1129] Das Wettbewerbsrecht gewährt deshalb keinen Schutz für oder gegen einen bestimmten Preis.[1130] Jeder Unternehmer kann und muss seine Preise in eigener Verantwortung kalkulieren und festsetzen.[1131] Es besteht daher grundsätzlich **kein Schutz gegen eine aggressive Preispolitik** eines Mitbewerbers.[1132] Die Ausnahmen von diesem Grundsatz sind eng umgrenzt. Wie auch in anderen Fällen der gezielten Behinderung wird vorausgesetzt, dass die Preisgestaltung geeignet ist,

[1124] BGH GRUR 2001, 841 (843) – Anspruch auf Drittauskunft.
[1125] BGH GRUR 2001, 841 (844) – Entfernung der Herstellungsnummer II.
[1126] BGH GRUR 2002, 709 (712) – Entfernung der Herstellungsnummer III.
[1127] BGH GRUR 2001, 841 (845) – Entfernung der Herstellungsnummer II; *Schaffert* FS Erdmann, 2002, 719 (724).
[1128] *Schaffert* FS Erdmann, 2002, 719 (725 f.).
[1129] BGH WRP 2010, 1388 Rn. 20 – Ohne 19 % Mehrwertsteuer; GRUR 2009, 416 Rn. 13 – Küchentiefstpreis-Garantie.
[1130] BGH GRUR 1990, 687 (688) – Anzeigenpreis II.
[1131] BGH GRUR 2006, 596 Rn. 13 – 10 % billiger; GRUR 1990, 371 (372) – Preiskampf.
[1132] BGH GRUR 1986, 397 (399) – Abwehrblatt II; LG Essen NJW-RR 2014, 379 (380).

die wirtschaftliche Entfaltung von Mitbewerbern durch Kampfpreise zu beeinträchtigen oder derart zu behindern, dass sie ihre Leistung am Markt über den Preis nicht mehr in angemessener Weise zur Geltung bringen können.

2. Unlautere Elemente der Preisbildung. Die Auslobung eines bestimmten Preises 453
für Waren oder Dienstleistungen kann unlauter sein, wenn bei der Preisbildung Gesetze, Verträge oder schutzwürdige Interessen Dritter oder der Allgemeinheit missachtet werden. Das Unterbieten **gesetzlich gebundener Preise** (bspw. RVG iVm § 49b BRAO, GOÄ, GOZ) oder **behördlich genehmigter Tarife** (bspw. Beförderungstarife nach GüKG oder § 39 PBefG) ist als **Vorsprung durch Rechtsbruch** unlauter.[1133] Nach § 3 Buchpreisbindungsgesetz muss jeder, der an Endabnehmer Bücher verkauft, den Preis einhalten, den der Verleger von Büchern und buchähnlichen Erzeugnissen nach § 5 BPreisBG festgesetzt hat.[1134] Wer allerdings nicht Normadressat einer Preisbindung ist, kann gegen die Vorschrift auch nicht verstoßen. Ein Gewerbetreibender ist deshalb berechtigt, preisgebundene Fahrscheine für den öffentlichen Nahverkehr, die er zum festgesetzten Preis erworben hat, unter Preis zu verkaufen.

Vereinbarungen zur Beschränkung der Preisgestaltungsfreiheit sind nach § 1 454
GWB verboten.[1135] Wettbewerbsbeschränkende Vereinbarungen können auch gegen § 4 Nr. 4 verstoßen.[1136] Als Ausnahme lässt § 30 GWB eine **Preisbindung bei Zeitungen und Zeitschriften** zu.[1137] Die Verletzung eines Preisbindungssystems für Zeitungen und Zeitschriften ist allerdings nicht unlauter.[1138] Auch die Unterschreitung von Preisen in einem Preisbindungssystem oder einem geschützten Vertriebsbindungssystem durch das gebundene Unternehmen oder einen Außenseiter verstößt nicht gegen das UWG, solange über den Vertragsbruch respektive den niedrigen Preis hinaus nicht weitere Umstände hinzutreten, welche die Unlauterkeit begründen.[1139]

Eine **Preisunterbietung durch die öffentliche Hand** ist nicht schon deshalb unzuläs- 455
sig, weil diese bei der Erfüllung einer öffentlichen Aufgabe auf öffentliche Mittel zurückgreifen kann.[1140] Die **zweckwidrige Verwendung öffentlicher Mittel** durch die öffentliche Hand zur Unterbietung der Preise privater Mitbewerber ist jedoch unlauter.[1141] Eine Zweckentfremdung wird angenommen, wenn die öffentliche Hand eine Preisunterbietung aus Mitteln finanziert, die ihr zur Erfüllung eines anderen öffentlichen Zwecks zufließen.[1142] Daraus ergibt sich: Eine Stadt, die städtische Theater- und Konzertbühnen subventioniert, behindert nicht gezielt private Veranstalter.[1143] Eine Krankenversicherung, die bei der Berechnung von Tarifen für freiwillig Versicherte finanzielle Mittel der gesetzlich Versicherten berücksichtigte,[1144] oder eine Gebietskörperschaft, die ihrer Preiskalkulation zweckwidrig öffentliche Sach- oder Finanzmittel zu Grunde legte, die den privaten Kon-

---

1133 BGH GRUR 1991, 769 (771) – Honoraranfrage. Zur Gewährung eines Rabatts durch einen Vermittler, der nicht Normadressat ist: BGH GRUR 2018, 946 Rn. 15 ff. – Bonusaktion für Taxi App.

1134 OLG Hamburg GRUR-RR 2006, 200 nimmt aus ungenannten Gründen bei einem Verstoß gegen § 3 BPreisbG auch einen Verstoß gegen § 4 Nr. 4 an.

1135 Zur in sehr engen Grenzen möglichen Umgehung des Verbotes durch eine Publikumswerbung mit Endverkaufspreisen oder Preisnachlässen siehe BGH GRUR 2003, 1062 – Preisbindung durch Franchisegeber II.

1136 BGH GRUR 2006, 773 (774) – Probeabonnement; aA *Köhler* WRP 2004, 381 (387).

1137 Zum Verlagserzeugnis BGH GRUR 1997, 677 – NJW auf CD-ROM; zur Preisbindung *Wallenfels/Russ,* BuchPrG – Buchpreisbindungsgesetz, 7. Aufl., 2017.

1138 BGH GRUR 2006, 773 (774) – Probeabonnement; kritisch *Bechthold* WRP 2006, 1162 (1163 f.).

1139 Vgl. BGH WRP 2007, 951 (953 f.) – Außendienstmitarbeiter; aA noch BGH GRUR 1968, 272 (274 f.) – Trockenrasierer III. Im Vertriebsbindungssystem kommen gegebenenfalls vertragliche Ansprüche in Betracht.

1140 BGH WRP 1998, 857 (859) – 1000,– DM Umweltbonus; OLG Hamburg GRUR-RR 2015, 120 (121 f.).

1141 BGH WRP 1993, 106 (108) – EWG-Baumusterprüfung.

1142 OLG Hamburg GRUR-RR 2015, 120 (121 f.).

1143 OLG Hamburg GRUR-RR 2015, 120 (121 f.).

1144 BGH GRUR 1982, 433, – Kinderbeiträge.

kurrenten nicht oder nicht zu gleichen Konditionen zur Verfügung standen,[1145] handelten aber unlauter. Zwar fällt die Frage, wie sich ein Unternehmer finanziert, prinzipiell nicht in den Anwendungsbereich des UWG.[1146] Das Durchführungsverbot für Beihilferegelungen vor einer Stellungnahme der Kommission (Art. 108 Abs. 3 S. 3 AEUV) ist aber ein Schutzgesetz im Sinne der §§ 823 Abs. 2 BGB, 3a UWG, so dass der Erhalt oder die Gewährung einer ungenehmigten Beihilfe rechtswidrig und unlauter ist.[1147]

456 Das Angebot von Waren oder Leistungen zu Preisen, die auf **Kosteneinsparungen durch Rechtsverstöße** beruhen, kann im Einzelfall zwar unlauter sein. §§ 3, 4 Nr. 4 UWG sind aber über den Umweg der Preisgestaltung keine Handhabe für Individualansprüche gegen Rechtsverletzungen aller Art, die in irgendeiner Form Auswirkungen auf das Preisgebaren haben können.[1148] Erste Voraussetzung für die Unlauterkeit des Preisangebotes ist eine Kostenersparnis durch die Verletzung einer Vorschrift, die einen Bezug zum Wettbewerbsgeschehen hat. Dazu zählen **nicht: Lohnunterschreitungen** bei Tarifverträgen, die für allgemeinverbindlich erklärt wurden,[1149] die **Beschäftigung von Schwarzarbeitern** oder von Ausländern ohne Arbeitserlaubnis zu Billiglöhnen oder **Steuer- und Zollhinterziehungen.**[1150] Immissionsschutzvorschriften fehlt ebenfalls der erforderliche Bezug zum Wettbewerbsgeschehen,[1151] ebenso den Vorschriften des Umsatzsteuerrechts.[1152] Außerdem muss als zweite Voraussetzung hinzutreten, dass der Wettbewerber die Kostenersparnis bei seiner Preiskalkulation berücksichtigt. Dafür kann nach der allgemeinen Lebenserfahrung eine hohe Wahrscheinlichkeit sprechen, die im Prozess Beweiserleichterungen begründet.[1153] Es ist nicht erforderlich, dass die Ausnutzung eines Gesetzesverstoßes tatsächlich zu einer Unterschreitung fremder Preise führt. Es genügt, dass sie dem Rechtsverletzer eine bessere Ausgangssituation im Wettbewerb verschafft.[1154]

457 Die Kalkulation günstiger Preise für Produkte, die aufgrund von **Billiglöhne**n **oder niedrige**n oder fehlenden wettbewerbsbezogenen **Sicherheitsbestimmungen in Drittländern** rechtmäßig hergestellt wurden, ist nicht unlauter. Eine Ausnahme soll bei der Produktion von Waren gelten, die unter Bedingungen hergestellt werden, die in unerträglicher Weise gegen sittliche Grundanforderungen verstoßen.[1155] Der günstige Verkauf von Asbestprodukten, die in Südkorea unter laxeren Sicherheitsvorkehrungen hergestellt wurden, als sie in Deutschland gelten, wurde lauterkeitsrechtlich nicht beanstandet.[1156]

458 Die **Nachahmung von Waren,** die nicht gegen § 4 Nr. 3 UWG verstößt[1157] und keinem Sonderrechtsschutz unterliegt, ist im Interesse des Wettbewerbs grundsätzlich zulässig.[1158] Nachgemachte oder nachgeahmte Waren eines Mitbewerbers dürfen in diesen Fällen zu einem günstigeren Preis angeboten werden als das Original.[1159] Es ist unerheblich,

---

[1145] OLG Schleswig GRUR 1996, 141 (142) – Badespaß.

[1146] BGH GRUR 2003, 164 – Altautoverwertung; GRUR 2002, 825 – Elektroarbeiten; GRUR 2000, 1076 – Abgasemissionen; *Ullmann* GRUR 2003, 817 (822).

[1147] BGH GRUR 2011, 444 Rn. 17 – Flughafen Frankfurt-Hahn; GRUR-RR 2012, 157 Rn. 20 – Flughafen Schönefeld; aA *Mees* FS Erdmann, 2002, 657 (659 f.).

[1148] BGH GRUR 2000, 1076 (1078 f.) – Abgasemissionen; *Ullmann* GRUR 2003, 817 (820).

[1149] *Ullmann* GRUR 2003, 817 (822); aA noch BGH WRP 1993, 314 (317) – Tariflohnunterschreitung.

[1150] BGH GRUR 2010, 654 Rn. 23 – Zweckbetrieb.

[1151] BGH GRUR 2000, 1076 (1079) – Abgasemissionen.

[1152] OLG München GRUR 2004, 169 (170).

[1153] BGH WRP 1993, 314 (318) – Tariflohnunterschreitung.

[1154] BGH WRP 1993, 314 (317) – Tariflohnunterschreitung.

[1155] BGH GRUR 1980, 858 (860) – Asbestimporte; siehe *Weber/Weber* GRUR Int. 2008, 899 zur Unlauterkeit des Verhaltens des Importeurs aufgrund der Nichteinhaltung von Arbeitsbedingungen durch ausländische Lieferanten.

[1156] BGH GRUR 1980, 858 (860) – Asbestimporte; vgl. auch GRUR 2000, 1076 (1079) – Abgasemissionen; s. auch *Sack* WRP 1998, 683 (690).

[1157] Hierzu ausführlich *Sambuc* → § 4 Nr. 3 UWG Rn. 255 f. Zum Verhältnis von § 4 Nr. 3 UWG zu § 4 Nr. 4 UWG siehe BGH GRUR 2017, 58 Rn. 78 f. – Segmentstruktur.

[1158] BGH GRUR 2019, 196 Rn. 31 – Industrienähmaschinen.

[1159] BGH GRUR 2019, 196 Rn. 31 – Industrienähmaschinen; GRUR 2003, 359 (361) – Pflegebett; *Köhler*/Bornkamm/Feddersen § 4 Rn. 3.65.

dass Kosten und Mühen erspart werden können, die der Mitbewerber für die Entwicklung des Produkts aufwenden musste.[1160] Eine unlautere Behinderung kann aber in Fällen **systematischen Nachahmens** gegeben sein. In einem solchen Fall können ein bewusstes und gezieltes Anhängen an eine Vielzahl von Produkten eines Mitbewerbers, die freie Wählbarkeit einer Fülle von Gestaltungselementen und die aufgrund der Ersparung kostspieliger, eigener Entwicklungsarbeit mögliche erhebliche Preisunterbietung in Verbindung mit den daraus erzielten Wettbewerbsvorteilen den Vorwurf der Unlauterkeit begründen. In die vorzunehmende Gesamtwürdigung ist der Grad der wettbewerblichen Eigenart ebenso wie der Grad der Nachahmung einzubeziehen.[1161] Je mehr Produkte übernommen werden, desto eher ist eine systematische Übernahme anzunehmen. Beim Nachbau kann es darauf ankommen, ob vorrangig eine technische Lösung übernommen wird oder frei wählbare, wenn auch funktionale Merkmale. Je höher schließlich die für die Nachahmung eingesparten Entwicklungskosten sind und die dadurch ermöglichte Preisunterbietung ist, desto eher eine Behinderung anzunehmen, bei der der Nachahmer die wettbewerblichen Entfaltung des Herstellers des Originals beeinträchtigt, weil er die übernommene Leistung ohne entsprechenden Aufwand auf den Markt bringen kann.[1162] Allerdings muss auch in diesen Fällen beachtet werden, dass im Grundsatz Nachahmungsfreiheit gilt und ein Reverse Engineering nach § 3 Abs. 1 Nr. 2 GeschGehG generell erlaubt ist. Zur Schutzdauer siehe oben Sambuc → § 4 Rn. 258 ff.

Preise, die durch die die **Ausnutzung der Leistung von Mitbewerbern** günstig 459
kalkuliert werden, können unlauter sein, wenn die tatsächlichen Voraussetzungen für eine Preisunterbietung durch einen **Vertrauensbruch** geschaffen wurden, wobei ein Vertrauensverhältnis bereits im Rahmen der Anbahnung eines Vertragsverhältnisses entstehen kann. Davon kann ausgegangen werden, wenn im Zusammenhang mit Vertragsverhandlungen vertrauliche Unterlagen übergeben werden. Das Angebot eines Unternehmers an potentielle Kunden, jeden Preis eines Wettbewerbers für eine Einbauküche um 13 % zu unterbieten, ist außerhalb eines entsprechenden Vertrauensverhältnisses allerdings nicht unzulässig, auch wenn das günstigere Angebot auf einer konkreten, zeitintensiven Planung der Küche durch den Konkurrenten aufbaute, die der Anbieter sich dadurch ersparen konnte.[1163] Anders verhält es sich, wenn ein Mitbewerber als solche erkennbare **Billigimitate** von Luxusgütern vertreibt, da dadurch der Nimbus der Luxusgüter bei deren (potentiellen) Käufern beschhädigt wird.[1164]

3. Das Verhältnis des Preises zu anderen Marktparametern. Ein Unternehmer 460
muss sich außerhalb von Gebühren-, Tarif- und rechtswirksamen Preisbindungssystemen bei der Festsetzung seiner Preise nicht an der Marktlage oder an bestimmten preisbildenden Faktoren orientieren, Er ist nicht verpflichtet, innerhalb eines bestimmten Preisgefüges zu bleiben oder Preisuntergrenzen zu beachten. Er muss bei seiner eigenen Preisbildung nicht berücksichtigen, ob ein Konkurrent eine Niedrigpreisgarantie abgegeben hat, die ihn zwingen könnte, seine Preise ebenfalls herabzusetzen.[1165]

4. Unlauterkeit von Niedrigpreisen. Das Angebot einer Ware oder Leistung unter 461
Einstandspreis oder Selbstkosten ist zulässig.[1166] Im systematischen Unterbieten der Konkurrenzpreise auf einem Markt, auf dem ein allgemeiner **Preisverfall** existiert, liegt ebenfalls nichts Unlauteres. Jeder Kaufmann reagiert auf die jeweiligen **Marktverhältnisse**

[1160] OLG Köln WRP 1997, 343 (347); 1981, 413.

[1161] BGH GRUR 2019, 196 Rn. 32 – Industrienähmaschinen.

[1162] OLG Schleswig 26.3.2013 – 16 U (Kart) 49/13 Rn. 83 BeckRS 2013, 19545; *Köhler*/Bornkamm/Feddersen § 4 Rn. 3.66, Rn. 4.213.

[1163] BGH GRUR 2009, 416 Rn. 18 f. – Küchentiefstpreis-Garantie.

[1164] *Köhler*/Bornkamm/Feddersen § 4 Rn. 3.66, Rn. 4.215.

[1165] BGH GRUR 1990, 371 (372) – Preiskampf.

[1166] BGH GRUR 2018, 946 Rn. 46 – Bonusaktion für Taxi App; zum (grundsätzlich erlaubten) Verkauf nach der UGP-Richtlinie siehe EuGH 19.10.2017 – C-295/16, GRUR 2018, 303 Rn. 34 – Europamur Alimentación.

und passt den Preis seiner Produkte an.[1167] Bei Angeboten der öffentlichen Hand kann außerdem deren Pflicht zu berücksichtigen sein, bestimmte Leistungen wie Bildungsangebote auch für Minderbemittelte erschwinglich sein zu lassen.[1168]

462 Das Angebot unter Selbstkosten oder Einstandspreis ist – ebenso wie die Gratisleistung[1169] – nur unlauter, wenn zusätzliche Umstände die Unlauterkeit begründen.[1170] Dabei sind alle Umstände des Einzelfalls zu beachten.[1171] Unzulässig wird der Verkauf unter Selbstkosten, wenn er zur Verdrängung geeignet und in Verdrängungsabsicht erfolgt oder kein anderer Grund erkennbar ist.[1172] Nachdem der BGH in der Regel die Unlauterkeit einer geschäftlichen Handlung zurecht nicht mehr von subjektiven Merkmalen abhängig macht,[1173] sollte es auch bei Preisaktionen nicht mehr auf die Absicht des Anbieters, sondern nur auf die objektiven Auswirkungen der Preispolitik eines Unternehmers ankommen.[1174] Für subjektive Absichten besteht umso weniger Bedarf, als die herrschende Meinung diese Absichten im Regelfall aus objektiven Indizien ableiten muss und das Unwerturteil dann auch gleich an diesen objektiven Umständen festmachen könnte.

463 **a) Behinderung einzelner Mitbewerber.** Die Unlauterkeit eines Preises oder Preissystems setzt in allen Fallvarianten zunächst voraus, dass der geforderte Preis unter den eigenen Selbstkosten des Anbieters liegt.[1175] Der Preis oder das Preissystem muss nach der herrschenden Meinung außerdem dazu bestimmt und dazu geeignet sein, einen oder mehrere Mitbewerber vom Markt zu verdrängen.[1176] Der Tatbestand enthält demnach eine subjektive und eine objektive Komponente.[1177]

464 *(1)* Preise, die **gezielt die Preise eines bestimmten Mitbewerbers angreifen** und ihn dadurch in der wirtschaftlichen Entfaltung behindern, können unlauter sein, wenn sie unter den Selbstkosten des Anbieters liegen.[1178] Es ist zwar zulässig, dieselben Waren wie der Konkurrent zu einem günstigeren Preis anzubieten und werbend darauf hinzuweisen. Immerhin lässt § 6 Abs. 2 Nr. 2 eine vergleichende Werbung mit Preisen ausdrücklich zu. Eine öffentliche Herausforderung zum **Preiskampf,** die den Mitbewerber zwingt, entweder mit noch günstigeren Preisen zu kontern oder den Preiswettbewerb gedemütigt aufzugeben, kann den Wettbewerb auf dem Markt massiv stören.[1179] Dafür ist es aber noch nicht ausreichend, dass überhaupt wechselseitig günstigere Preise angeboten werden.[1180] Vielmehr kommt es auf die Art und Weise an, wie der Preiskampf in der Öffentlichkeit geführt wird.

465 *(2)* Neben der Behinderung konkreter Mitbewerber können Preise unter Selbstkosten oder Einstandspreis unlauter sein, wenn die Preispolitik zur **Verdrängung einzelner Mitbewerbern aus dem Markt** geeignet und (so die herrschende Meinung) auch bestimmt ist (Verdrängungswettbewerb).[1181] Die **unlautere Zwecksetzung** kann sich unmittelbar aus den Begleitumständen ergeben. Im Regelfall liegt sie nicht auf der Hand und

---

[1167] OLG Hamburg NJW 1997, 2888 (2889) – Telefonbuch-CD.
[1168] OLG Hamburg GRUR-RR 2015, 120 (121 f.); OLG Nürnberg GRUR-RR 2010, 99 (102).
[1169] BGH GRUR 2001, 80 (81) – ad-hoc-Mitteilung.
[1170] BGH GRUR 1990, 371 (372) – Preiskampf; GRUR 1984, 204 (206) – Verkauf unter Einstandspreis II.
[1171] BGH GRUR 1979, 321 (322) – Verkauf unter Einstandspreis.
[1172] BGH GRUR 2018, 946 Rn. 46 – Bonusaktion für Taxi App.
[1173] BGH GRUR 2007, 800 Rn. 21 f. – Außendienstmitarbeiter; aA *Beater* WRP 2011, 7 (12).
[1174] Trotzdem aA die hM: vgl. BGH GRUR 2009, 416 Rn. 13 – Küchentiefstpreis-Garantie; OLG Hamburg GRUR-RR 2015, 120 (121 f.); *Köhler*/Bornkamm/Feddersen UWG § 4 Rn. 4.189 ff., insbes. 4.192.
[1175] *Köhler*/Bornkamm/Feddersen § 4 Rn. 4.190; MüKoUWG/*Jänich* § 4 Nr. 10 Rn. 163 f.; *Ohly*/Sosnitza § 4 Rn. 4/94 unter Verweis auf BGH GRUR 2006, 596 (597) – 10 % billiger.
[1176] BGH GRUR 2001, 80 (81) – ad-hoc-Mitteilung.
[1177] BGH GRUR 2009, 416 Rn. 13 – Küchentiefstpreis-Garantie; *Köhler*/Bornkamm/Feddersen UWG § 4 Rn. 4.189 ff.
[1178] BGH GRUR 2006, 596 (597) – 10 % billiger; OLG Karlsruhe WRP 2002, 750.
[1179] BGH GRUR 1990, 371 (372 f.) – Preiskampf.
[1180] BGH GRUR 2006, 596 (597 f.) – 10 % billiger.
[1181] BGH WRP 2009, 432 Rn. 13 – Küchentiefstpreis-Garantie; BGH GRUR 2006, 596 (597 f.) – 10 % billiger; *Köhler*/Bornkamm/Feddersen § 4 Rn. 4.190; MüKoUWG/*Jänich* § 4 Nr. 10 Rn. 163 f.; *Ohly*/Sosnitza § 4 Rn. 4/94 unter Verweis auf BGH GRUR 2006, 596 (597) – 10 % billiger.

muss aus **Indizien** hergeleitet werden.[1182] Sie kann sich darin zeigen, dass ein marktstarker Unternehmer regelmäßig in gleichartigen Werbeaktionen seine Mitbewerber systematisch unterbietet oder örtlich unterschiedliche Preise fordert.[1183] Ein Indiz kann auch sein, dass sich durch eine Preisreduzierung ein dem üblichen Gesamtumsatz entsprechender Mehrverbrauch nicht erwarten lässt.[1184] Eine Behinderungsabsicht liegt außerdem nahe, wenn der Kalkulation **ersichtlich unvertretbare Eckdaten** zugrunde gelegt werden, die als Vorwand dienen, einen Kampfpreis zu verdecken.[1185] Zur Feststellung von Kampfpreisen müssen die einzelnen Faktoren der Kalkulation einschließlich der langfristigen Umsatzziele unter Berücksichtigung der wirtschaftlichen Gegebenheiten und Verhältnisse auf dem relevanten Markt ermittelt werden.[1186]

Die **Kostenunterdeckung** ist lauterkeitsrechtlich nicht zu beanstanden. Der Unternehmer hat bei der Berechnung und Festsetzung seiner Preise einen großen kalkulatorischen Ermessensspielraum. Er muss sich bei der Preisbildung nur durch ein **vernünftiges, anzuerkennendes Eigeninteresse** leiten lassen.[1187] Es wird **kein Stückgewinn** verlangt.[1188] Es kann sinnvoll sein, den Werbeeffekt eines Niedrigpreis-Angebots auszunutzen, um durch Mitnahmeeffekte beim sonstigen Sortiment eine Umsatz- und Gewinnsteigerung zu erzielen.[1189] Es ist ebenso wenig zu beanstanden, dass zur Auflagensteigerung einer Zeitschrift auf einem übersichtlichen Markt vorübergehend der Verkaufspreis deutlich gesenkt wird.[1190] 466

Die Niedrigpreispolitik muss außerdem **zur Verdrängung von Mitbewerbern aus dem Markt geeignet** sein. Die Eignung ist auf Grund der konkreten Umstände auf dem relevanten Markt festzustellen. Der relevante Markt bestimmt sich dabei nach den gleichen Grundsätzen wie im Kartellrecht.[1191] Dem Markt sind sachlich nur diejenigen Produkte oder Leistungen zuzurechnen, die der Verbraucher nach Eigenschaft, Verwendungszweck und Preislage zur Deckung seines Bedarfs als austauschbar ansieht.[1192] – Zur Verdrängungseignung lassen sich keine allgemeinen Regeln aufstellen.[1193] Von erheblicher Bedeutung ist die **wirtschaftliche Bedeutung des Tiefpreisanbieters** auf dem relevanten Markt.[1194] Dauerhafte Preise unter Selbstkosten oder dem Einstandspreis durch marktstarke Unternehmen stellen nach § 20 Abs. 3 Nr. 2 GWB gewöhnlich eine unbillige Behinderung der Mitbewerber dar.[1195] Der nur kürzere Zeit währende Verkauf unter Selbstkosten oder unter dem Einstandspreis ist zur Verdrängung von Mitbewerbern allerdings noch nicht geeignet,[1196] ebenso wenig die bloße Gefahr, dass der Einstandspreis unterschritten werden könnte.[1197] Es ist erst recht nicht unlauter, wenn marktstarke Unternehmen kostendeckende Preise fordern, bei denen kleine oder mittlere Unternehmen nicht mehr konkurrenzfähig sind[1198] oder sogar zur Aufgabe ihrer geschäftlichen Tätigkeiten veranlasst werden.[1199] 467

1182 *Köhler*/Bornkamm/Feddersen § 4 Rn. 4.192.

1183 OLG Stuttgart NJWE-WettbR 1999, 200 (201). Regional unterschiedliche Preise können aber auch in regionalen Besonderheiten der Wettbewerbssituation begründet sein.

1184 Vgl. BR-Drs. 301/03 (Beschluss), 6; BT-Drs. 15/1487, 30, in denen insbesondere Produkte mit geringer Preiselastizität (zB Nahrungsmittel) erwähnt werden.

1185 BGH GRUR 1986, 397 (399) – Abwehrblatt II.

1186 BGH GRUR 1986, 397 (399) – Abwehrblatt II.

1187 BGH GRUR 1984, 204 (206) – Verkauf unter Einstandspreis II; OLG Hamburg NJW 97, 2888 (2890) – Telefonbuch-CD.

1188 BGH GRUR 2006, 596 (597) – 10% billiger; OLG Hamburg NJW 1997, 2888 (2890) – Telefonbuch-CD.

1189 BGH GRUR 1984, 204 (206) – Verkauf unter Einstandspreis II.

1190 OLG Hamburg WRP 1997, 213 – TV Today; OLG München WRP 1996, 1216.

1191 OLG Stuttgart NJWE-WettbR 1999, 200 (201 f.).

1192 BGH GRUR 1988, 323 (324) – Gruner + Jahr/Zeit II.

1193 BGH GRUR 1984, 204 (207) – Verkauf unter Einstandspreis II.

1194 BGH GRUR 1992, 191 (193) – Amtsanzeiger; *Köhler*/Bornkamm/Feddersen § 4 Rn. 4.191.

1195 BKartA NJWE-WettbR 2000, 310 (312) – Aldi.

1196 BGH GRUR 1992, 191 (193) – Amtsanzeiger; OLG Hamburg WRP 1997, 212 f. – TV Today.

1197 BGH GRUR 2006, 596 (597) – 10% billiger.

1198 BGH GRUR 1984, 204 (207) – Verkauf unter Einstandspreis II.

1199 BGH GRUR 1990, 685 (686) – Anzeigenpreis I.

Unter-Selbstkosten-Angebote von Mitbewerbern, deren wirtschaftliche Bedeutung auf dem relevanten Markt gering ist, sind ebenfalls nicht geeignet, andere Wettbewerber zu verdrängen.[1200]

468 **b) Behinderung des Wettbewerbs.** *(1)* Verkäufe unter Selbstkosten oder Einstandspreis sind unlauter, wenn sie dazu geeignet und (nach herrschender Meinung) auch darauf gerichtet sind, den Wettbewerb auf dem betroffenen Markt völlig oder nahezu aufzuheben.[1201] Der Tatbestand enthält wiederum eine subjektive und eine objektive Komponente.[1202] Die vorstehenden Erläuterungen zu Behinderung einzelner Mitbewerber gelten entsprechend.

469 Die **Beschränkung oder Aufhebung des Wettbewerbs** durch eine aggressive Preispolitik ist nicht per se unlauter. Marktstarke oder marktbeherrschende Unternehmen dürfen als Folge der Kostendegression oder besserer Einkaufskonditionen günstiger kalkulieren und niedrigere Preise anbieten als die Konkurrenz.[1203] Sie haben in ihrer Preispolitik aber größere Rücksicht zu nehmen als sonstige Wettbewerber. Bei ihnen spricht nach **§ 20 Abs. 3 GWB** eine Vermutung dafür, dass eine längerfristige Absatzpolitik unter der Deckungsgrenze darauf abzielt und geeignet ist, den Wettbewerb auf dem betroffenen Markt zu gefährden.[1204] Außerhalb des Anwendungsbereichs der Norm lassen sich jedoch keine festen Regeln aufstellen, wann eine bestimmte Intensität oder ein bestimmter Umfang von Unter-Einstandspreis-Aktionen hierzu geeignet ist.[1205] Es muss auf die jeweiligen Verhältnisse auf dem relevanten Markt und eine Prognose der weiteren Entwicklung des Marktes unter Berücksichtigung aller Umstände des Einzelfalls abgestellt werden.

470 *(2)* Eine aggressive Preispolitik kann nach § 3 UWG unlauter sein, wenn sie für sich allein oder auf Grund einer Nachahmung durch die Mitbewerber die ernstliche Gefahr begründet, dass der Wettbewerb auf dem relevanten Markt in erheblichem Maße gestört wird **(Marktstörung).**[1206] Hierbei kommt es auf eine individuelle Beeinträchtigung von Mitbewerbern oder eine Behinderungsabsicht nicht an.[1207] Eine Marktstörung setzt voraus, dass wegen der Marktstellung der Beteiligten und der Art des Vorgehens **eine objektive ernsthafte Gefahr für den Wettbewerb** auf dem betroffenen Markt entsteht, die konkret befürchten lässt, dass Mitbewerber aus dem Markt ausscheiden müssen.[1208] Bei der Beurteilung ist zu berücksichtigen, dass es keine Aufgabe des Wettbewerbsrechts ist, überkommene Strukturen auf einem Markt zu erhalten.[1209] Maßgeblich ist, ob das Wettbewerbsverhalten ggf. in Verbindung mit einer konkret zu erwartenden Nachahmung durch Mitbewerber überhaupt noch einen Wettbewerb zulässt oder nicht doch eher den Wettbewerb auf dem betroffenen Markt abschafft.[1210]

471 Zur Feststellung einer Markstörung durch eine Niedrigpreispolitik oder gar durch das Verschenken von Leistungen müssen die gesamten **Umstände des Einzelfalles** einschließlich des Marktanteils und der Finanzkraft des Preisunterbieters, der Dauer, der Häufigkeit und der Intensität der Maßnahme sowie der Zahl, Größe und Finanzkraft der Mitbewerber ermittelt werden.[1211] Eine Marktstörung droht, wenn die Preispolitik eines Mitbewerbers und seiner potentiellen Nachahmer geeignet ist, den Leistungswettbewerb auf dem konkreten Markt zu stören, ohne einen alternativen, funktionsfähigen Leistungswettbewerb zu etablieren. Für eine Marktstörung kann eine Kalkulation eines marktstarken Unternehmens

[1200] BGH GRUR 1990, 371 (372) – Preiskampf; OLG Köln MMR 2008, 172 (173) – Congstar.
[1201] BGH GRUR 1990, 687 (688) – Anzeigenpreis II; zur Kritik → Rn. 462.
[1202] BGH GRUR 2006, 596 (598) – 10 % billiger.
[1203] BGH GRUR 1986, 397 (399) – Abwehrblatt II; RGZ 134, 342 (349, 351) – Benrather Tankstelle.
[1204] BKartA NJWE-WettbR 2000, 310 (312) – Aldi.
[1205] BGH GRUR 1995, 624 (627) – Hitlisten-Platten.
[1206] BGH GRUR 1991, 616 (617) – Motorboot-Fachzeitschrift; OLG Karlsruhe WRP 2002, 750 (751).
[1207] BGH GRUR 1991, 616 (617) – Motorboot-Fachzeitschrift.
[1208] BGH GRUR 2006, 596 (598) – 10 % billiger; *Köhler* WRP 2005, 645 (652).
[1209] BGH GRUR 1991, 616 (617) – Motorboot-Fachzeitschrift.
[1210] BGH GRUR 1981, 746 (748) – Ein-Groschen-Werbeaktion.
[1211] BGH GRUR 2001, 80 (81) – ad-hoc-Meldung.

sprechen, die auf Dauer nur aufgeht, wenn die Mitbewerber aus dem Wettbewerb ausscheiden oder ihr Marktverhalten zugunsten des Tiefstpreisanbieters ändern.[1212] Eine Marktstörung liegt außerdem vor, wenn die Preise eines marktstarken Unternehmens dauerhaft **Scheinpreise** sind, die einem Verschenken der Ware gleichkommen.

c) Rechtfertigung. Eine unlautere Niedrigpreispolitik kann regelmäßig nicht mit dem ebenso unlauteren Preisverhalten eines Mitbewerbers gerechtfertigt werden, solange Rechte oder berechtigte Interessen Dritter betroffen sind oder gerichtliche Hilfe in Anspruch genommen werden könnte.[1213] Eine Rechtfertigung kommt nur in Betracht, wenn auf dem relevanten Markt nur die beiden sich gegenseitig bekämpfenden Unternehmen tätig sind.[1214] **472**

d) Darlegungs- und Beweislast. Die Darlegungs- und Beweislast liegt bei derjenigen Partei, die sich gegen die Niedrigpreispolitik eines anderen wehren möchte. Die andere Partei ist nicht verpflichtet, ihre Kostenstruktur und Gewinnsituation offen zu legen.[1215] Die Behinderungswirkung hat keine Indizwirkung für die Unlauterkeit des beanstandeten Verhaltens.[1216] Allerdings ist zu berücksichtigen, dass ein Unternehmen mit gegenüber kleinen und mittleren Unternehmen überlegener Marktmach nach § 20 Abs. 4 GWB verpflichtet ist, den sich auf Grund bestimmter Tatsachen nach allgemeiner Erfahrung bestehenden Anschein einer behindernden Ausnutzung von Marktmacht zu widerlegen und solche anspruchsbegründenden Umstände aus seinem Geschäftsbereich aufzuklären, deren Aufklärung dem Mitbewerber oder einem Verband nach § 33 Abs. 2 nicht, dem in Anspruch genommenen Unternehmen aber leicht möglich und zumutbar ist. **473**

5. Verkauf unter Selbstkosten oder Einstandspreis im Kartellrecht. Im GWB gilt wie im UWG der Grundsatz, dass es einem Unternehmer freisteht, seine Preise in eigener Verantwortung zu gestalten.[1217] Der Versuch eines marktbeherrschenden oder marktstarken Unternehmens, Mitbewerber mit Niedrigpreisen vom Markt zu verdrängen, kann aber gegen die **Missbrauchsverbote** des Art. 102 AEUV oder des § 19 Abs. 1 GWB verstoßen.[1218] Unbillig iSd § 20 Abs. 3 GWB ist eine gezielte Preisunterbietung, wenn sie unter Einsatz nicht leistungsgerechter **Kampfpreise** die Verdrängung und Vernichtung des Wettbewerbers bewirken kann. Nach § 20 Abs. 3 GWB dürfen Unternehmen eine überlegene Marktmacht nicht dazu ausnutzen, kleine und mittlere Wettbewerber unmittelbar oder mittelbar unbillig zu behindern, wobei eine unbillige Behinderung zB darin liegt, dass Lebensmittel ohne sachlich gerechtfertigten Grund und andere Waren oder gewerbliche Leistungen nicht nur gelegentlich und ohne sachlich gerechtfertigten Grund unter Einstandspreis angeboten werden.[1219] Eine Verdrängungsabsicht oder der Nachweis einer konkreten Wettbewerbsgefährdung ist in diesem Fall nicht erforderlich.[1220] **474**

6. Schleuderpreise für Markenartikel. Schleuderpreise können zu einer **Beeinträchtigung des Markenimages** insbesondere von hochpreisiger Ware (Luxusartikeln) führen. Markenartikel dürfen trotzdem zu Niedrigpreisen oder unter Einstands- oder Einkaufspreis angeboten werden. Ein Händler ist nicht verpflichtet, sein eigenes Vertriebskonzept dem Preiskonzept des Herstellers anzupassen. Der Hersteller hat eine damit verbundene Ruf- und Absatzschädigung grundsätzlich hinzunehmen.[1221] **475**

[1212] Dazu genügt aber noch nicht, dass ein Artikel aus einem großen Sortiment dauerhaft unter Einstandspreis angeboten wird (aA *Lehmann* GRUR 1979, 368 (379)).

[1213] BGH GRUR 2003, 363 (366) – Wal*Mart.

[1214] *Köhler*/Bornkamm/Feddersen § 4 Rn. 4.193.

[1215] BGH GRUR 1992, 191 (193 f.) – Amtsanzeiger.

[1216] AA *Sack* WRP 1983, 63 (66).

[1217] OLG Hamburg NJW 1997, 2888 (2890) – Telefonbuch-CD.

[1218] Vgl. BGH WRP 2011, 257 Rn. 22 ff. – Entega II.

[1219] Vgl. hierzu BGH GRUR 2003, 363 – Wal*Mart.

[1220] *Ohly*/Sosnitza § 4 Rn. 4/92; Fezer/Büscher/Obergfell/*Osterrieth* § 4 – S. 1 Rn. 260 ff.

[1221] BGH GRUR 1984, 204 (207) – Verkauf unter Einstandspreis II.

476 Dieser Rechtsprechung wird in der Literatur vorgeworfen, dass sie nicht ausreichend berücksichtige, dass Schleuderpreisaktionen eine gezielte **Rufausbeutung und Rufschädigung** berühmter Marken darstellten.[1222] Der Handel dürfe seine Preise nicht auf Kosten anderer bestimmen.[1223] Dieser Kritik folgend wurde das Angebot eines hochpreisigen Markenfernsehers in der Bewerbung einer Internetauktion zu einem Mindestangebot von 1,– DM als imageschädigende unlautere Behinderung verboten.[1224] Die Argumentation verkennt jedoch, dass der Markenartikelhersteller sein Vertriebskonzept über ein selektives Vertriebsbindungssystem weitgehend schützen kann.[1225] Der Verbraucher ist außerdem an besondere Verkaufsaktionen mit Markenartikeln gewöhnt und wird aus dem günstigen Preis nicht zwangsläufig auf ein schlechteres Image des Produkts schließen. Ein Verkauf berühmter Markenware unter Einstandspreis ist deshalb grundsätzlich nicht unlauter.[1226] Erst wenn der Preis aufgrund der Umstände des Einzelfalls das Markenimage oder die Ware gemäß § 4 Nr. 1 herabsetzt oder verunglimpft, liegt auch ein Verstoß gegen § 4 Nr. 4 vor.[1227] Dafür ist ein niedrigerer Preis allein nicht ausreichend.

477 **7. Irreführung der angesprochenen Verkehrskreise.** Das Angebot einzelner Artikel zu einem auffälligen Preis kann die angesprochen Verkehrskreise unter Umständen über die Preisbemessung des Gesamtangebots irreführen **(Lockvogelangebote).**[1228] Diese Gefahr wurde angenommen, wenn der Verbraucher genaue Preisvorstellungen von dem Produkt hatte und die Angebote zu Niedrigpreisen nicht deutlich genug als Sonderangebote gekennzeichnet wurden.[1229] Dem informierten, verständigen und situationsadäquat aufmerksamen Verbraucher ist heute aber bekannt, dass Handelsunternehmen mit breiter Sortimentspalette die einzelnen Artikel unterschiedlich kalkulieren und ein besonders günstiger Preis eines oder mehrerer Artikel keinen Aufschluss über die Preisbemessung des übrigen Angebots gibt. Der Verbraucher wird eher getäuscht, wenn ein Discounter, einen oder einzelne Artikel besonders teuer auspreist und als besonderes Angebot bewirbt.

478 **8. Schleuderpreise als übertriebenes Anlocken.** Sonderangebote unter dem Einstandspreis sind **kein übertriebenes Anlocken.** Sie führen zu **keinem** psychologischen **Kaufzwang,**[1230] solange die Rationalität der Nachfrageentscheidung beim angesprochenen Verkehr nicht ganz in den Hintergrund tritt. Gegen das Angebot von Fotoabzügen zu 1 Cent hatte der BGH nichts einzuwenden.[1231] Es geht deshalb zu weit, bei einer Internetversteigerung im Mindestgebot von 1,– DM für einen hochpreisigen Markenfernseher ein übertriebenes Anlocken zu sehen, zumal der Verkehr nicht ernsthaft damit rechnen wird, das Produkt zu diesem Preis ersteigern zu können.[1232]

VII. Unberechtigte Abmahnung von Wettbewerbsverstößen

479 **1. Allgemeines.** Die **Abmahnung eines Wettbewerbsverstoßes** ist mit der Forderung einer strafbewehrten Unterlassungserklärung und der Androhung gerichtlicher Schritte für den Fall verbunden, dass die darin geforderte Unterlassungserklärung nicht abgegeben wird. Sie zwingt den Abgemahnten dazu, sich mit ihr zu befassen, personelle und sachliche Betriebsmittel einzusetzen, ggf. externen Rat einzuholen und Kosten zu verursachen. Wenn der Abgemahnte der Unterlassungsforderung nachkommt, muss er sogar sein Ver-

[1222] *Ulmer* WRP 1987, 299 (304 f.); *Klette* GRUR 1984, 207 (208); *Sack* WRP 1983, 63 (68 f.).
[1223] *Ulmer* WRP 1987, 299 (307).
[1224] OLG Hamburg ZUM-RD 2002, 243 (244).
[1225] *Lehmann* GRUR 1979, 368 (376).
[1226] OLG Karlsruhe GRUR 1993, 187 (190) – Asbach Uralt; *Ohly*/Sosnitza § 4 Rn. 4/93.
[1227] *Köhler*/Bornkamm/Feddersen § 4 Rn. 4.204; Büscher/*Wille* § 4 Nr. 4 Rn. 154.
[1228] Siehe hierzu unten *Weidert* → § 5 Rn. 819 f.
[1229] BGH GRUR 1979, 116 (117) – Der Superhit; OLG Karlsruhe GRUR 1993, 187 (190) – Asbach Uralt.
[1230] BGH GRUR 1979, 321 (323) – Verkauf unter Einstandspreis.
[1231] BGH WRP 2003, 1101 – Foto-Aktion.
[1232] OLG Hamburg ZUM-RD 2002, 243.

halten entsprechend verändern und gegebenenfalls Werbe-, Informations-, Bestell- und sonstige Materialien vernichten und mit Änderungen neu produzieren.[1233] Kurzum: die Abmahnung behindert den Abgemahnten und hält ihn von seiner eigentlichen geschäftlichen Tätigkeit ab.[1234]

2. Wettbewerbsrechtliche Beurteilung. Berechtigte Abmahnungen sind nie unlauter.[1235] Abmahnungen sind gemäß § 13 Abs. 1 bei unlauteren geschäftlichen Handlungen vom Gesetzgeber erwünscht.[1236] Außerdem ‚behindern' berechtigte Abmahnungen den Mitbewerber nur bei der Fortsetzung seines unlauteren Verhaltens. Abmahnungen eines Wettbewerbsverstoßes sind deshalb selbst dann nicht unlauter, wenn der Abmahnende nicht aktivlegitimiert ist.[1237] 480

Unberechtigte wettbewerbsrechtliche Abmahnungen sind in der Regel ebenfalls nicht unlauter.[1238] Die Rechtsprechung zur unberechtigten Schutzrechtsverwarnung ist auf die unberechtigte Abmahnung nicht übertragbar, weil die Abmahnung für den Abgemahnten mit einem deutlich geringeren Risiko verbunden ist.[1239] Wenn die Abmahnung von einer Person oder Organisation ausgesprochen wird, die ihre Aktivlegitimation aus § 8 Abs. 3 Nr. 2–4 UWG herleitet, fehlt es außerdem oft schon an einer geschäftlichen Handlung gemäß § 2 Abs. 1 Nr. 1.[1240] Aber auch ein Wettbewerber, der Anhaltspunkte für ein unlauteres Verhalten eines Mitbewerbers hat, muss sich nicht durch sachliche oder rechtliche Zweifel von einer Abmahnung abhalten lassen.[1241] Daran hat sich prinzipiell nichts dadurch geändert, dass der Gesetzgeber im Rahmen der UWG-Reform 2020 einen Kostenerstattungsanspruch für erkennbar unberechtigte Abmahnungen eingeführt hat.[1242] Wenn jede unberechtigte Abmahnung unlauter wäre, würde das vom Gesetzgeber privatrechtlich organisierte System der Verfolgung von UWG-Verstößen gefährdet, in dessen Rahmen das Institut der Abmahnung dem Interesse an einer effektiven und beschleunigten Abhilfe von Wettbewerbsverstößen dient.[1243] Ein abgemahnter Wettbewerber ist nicht schutzlos. Er kann die Rechtslage durch eine negative Feststellungsklage (§ 256 ZPO) klären lassen.[1244] 481

Unberechtigte wettbewerbsrechtliche Abmahnungen sind nur unlauter, wenn zur mangelnden sachlichen oder rechtlichen Begründetheit der Abmahnung **zusätzliche unlauterkeitsbegründende Umstände** hinzutreten. Dazu gehört, dass in der Abmahnung bewusst falsche oder irreführende Angaben gemacht werden[1245] oder der Abmahnende positive **Kenntnis von der mangelnden Berechtigung** hat.[1246] Das bloße Fehlen greifbarer Anhaltspunkte genügt aber noch nicht.[1247] Der Umstand, dass eine Abmahnung rechtsmissbräuchlich war, soll allerdings noch nicht genügen.[1248] Daran kann mE aber jedenfalls in Fällen nicht mehr festgehalten werden, in denen die das Kostenbelastungs- 482

[1233] OLG Frankfurt a. M. NJW-RR 1991, 1006; OLG Hamm WRP 1980, 216 (218).

[1234] Büscher/*Wille* § 4 Nr. 4 Rn. 111.

[1235] BGH GRUR 2001, 354 (355) – Verbandsklage gegen Vielfachabmahner.

[1236] *Omsels* WRP 2004, 136 (142 f.).

[1237] BGH GRUR 2001, 354 (355) – Verbandsklage gegen Vielfachabmahner.

[1238] BGH GRUR 2001, 354 (355) – Verbandsklage gegen Vielfachabmahner.

[1239] BGH GRUR-RR 2011, 343 – Unberechtigte Abmahnung; GRUR 2011, 152, Rn. 63 – Kinderhochstühle im Internet.

[1240] Fezer/Büscher/Obergfell/*Götting/Hetmank* § 4 Nr. 4 Rn. 69.

[1241] BGH WRP 1965, 97 (99) – Kaugummikugeln.

[1242] Dazu *Brüning* → § 13 Rn. 112; *Omsels/Zott* WRP 2021, 278, 283.

[1243] OLG Frankfurt a. M. NJW-RR 1991, 1006.

[1244] BGH GRUR 2001, 354 (355) – Verbandsklage gegen Vielfachabmahner; OLG Hamm NJOZ 2010, 2522.

[1245] OLG Frankfurt a. M. 6.12.2005 – 11 U 28/05 (bei juris).

[1246] Dabei handelt es sich um einen Ausnahmefall von der Regel, dass subjektive Umstände bei der Beurteilung der Unlauterkeit einer Behinderung keine Rolle spielen. Die Ausnahme hat ihren Grund darin, dass selbst objektiv unberechtigte Abmahnungen als rechtmäßig hingenommen werden.

[1247] OLG Hamburg Magazindienst 2003, 341 (345).

[1248] BGH GRUR 2001, 354 (355) – Verbandsklage gegen Vielfachabmahner; Büscher/*Wille* § 4 Nr. 4 Rn. 112; zum Rechtsmissbrauch siehe unten *Goldmann* → § 8c Rn. 34 ff.

interesse, die Schädigung oder die Behinderung der Grund für den Rechtsmissbrauch des Abmahnenden ist.[1249] Außerdem hat sich zwischenzeitlich durch den Kostenerstattungsanspruch aus § 8c Abs. 3 UWG (zuvor § 8 Abs. 4 UWG) gegen den missbräuchlich Abmahnenden eine andere gesetzgeberische Intention manifestiert.[1250]

483 **3. Schadenersatz und Kostenerstattung.** Eine unbegründete lauterkeitsrechtliche Abmahnung kann nach § 8c Abs. 3 UWG (vormals § 8 Abs. 4 S. 2 UWG) und 13 Abs. 5 UWG, der im Rahmen der UWG-Reform 2020 neu geschaffen wurde, einen Kostenerstattungsanspruch des Abgemahnten begründen. Voraussetzung ist, dass die Abmahnung rechtsmissbräuchlich[1251] oder erkennbar unbegründet ist (§ 13 Abs. 5 S. 2 UWG). An die Erkennbarkeit der Unbegründetheit dürfen keine zu hohen Sorgfaltspflichten gestellt werden, da die Abmahnung bei einem unlauteren Verhalten eines Unternehmers nach § 13 Abs. 1 UWG gewünscht ist und der Gesetzgeber das Abmahnwesen bewusst an die Marktteilnehmer delegiert hat.[1252]

484 § 13 Abs. 5 S. 3 UWG lässt weitergehende Ansprüche des Abgemahnten unberührt. Ein **Schadenersatzanspruch nach § 9 UWG** wegen der Kosten, die der Abgemahnte zur Prüfung und Abwehr aufwenden musste, besteht nur, wenn die unberechtigte Abmahnung ausnahmsweise unlauter ist. Dafür reicht es nicht aus, dass die Abmahnung erkennbar unberechtigt ist. Auch insoweit ist zu berücksichtigen, dass die Abmahnung nach § 13 Abs. 1 UWG eine Obliegenheit des Unterlassungsgläubigers ist. Das gesetzlich erwünschte Verhalten wird nicht schon dadurch unlauter, dass der Abmahnende bei Anwendung der erforderlichen Sorgfalt hätte erkennen können, dass die Abmahnung aus rechtlichen oder tatsächlichen Gründen ins Leere geht. Ein vertraglicher Schadenersatzanspruch scheidet bei unberechtigten Abmahnungen ebenfalls aus, weil durch die fruchtlose unberechtigte Abmahnung kein **Vertragsverhältnis,** nicht einmal eine **wettbewerbsrechtliche Sonderbeziehung eigener Art** begründet wird.[1253] Ein Anspruch aus § 311 Abs. 2 BGB (Verschulden bei Vertragsschluss) scheitert daran, dass aus der unberechtigten Abmahnung keine besonderen Rücksichtnamepflichten resultieren.[1254]

485 § 823 Abs. 1 BGB in Verbindung mit dem **Recht am eingerichteten und ausgeübten Gewerbebetrieb** tritt als Anspruchsgrundlage für einen Schadenersatzanspruch des unberechtigt Abgemahnten gegenüber den besonderen Vorschriften des Wettbewerbsrechts als subsidiär zurück.[1255] Die Vorschrift kommt als Anspruchsgrundlage aber bei Personen und Organisationen in Betracht, die ihre Aktivlegitimation aus § 8 Abs. 3 Nr. 2 bis 4 UWG herleiten, weil deren Abmahnungen keine geschäftlichen Handlungen gemäß § 2 Abs. 1 Nr. 1 sind. Allerdings fehlt es aufgrund der bei dem Rahmenrecht erforderlichen Gesamtwürdigung der Interessen in der Regel an der Rechtswidrigkeit. Wiederum ist zu berücksichtigen, dass die Abmahnung nach § 13 Abs. 1 UWG eine Obliegenheit ist. Es müssen schon besondere Umstände vorliegen, bevor dieses erwünschte Verhalten als rechtswidrig bewertet werden kann. Darüber hinaus darf auch hier das gesetzliche System der privatrechtlich organisierten Verfolgung unlauteren Wettbewerbs nicht durch einen strengen Verschuldensmaßstab gefährdet werden.[1256] Ein Schadenersatzanspruch kann sich außerdem aus einer **vorsätzlichen sittenwidrigen Schädigung** (§ 826 BGB) ergeben, die voraussetzt, dass das Verhalten des unberechtigt

[1249] Vgl. BGH GRUR 2019, 199 Rn. 21 – Abmahnaktion II; OLG Köln GRUR-RR 2013, 466.

[1250] Siehe dazu auch den Regierungsentwurf eines Gesetzes gegen unseriöse Geschäftspraktiken (BT-Drs. 17/13057, 12).

[1251] Dazu → *Goldmann* § 8c Rn. 239 ff.

[1252] *Omsels/Zott* WRP 2021, 278 (283).

[1253] BGH GRUR 1995, 167, 168 – Kosten bei unberechtigter Abmahnung; offen gelassen in OLG München GRUR-RR 2019, 227 Rn. 57.

[1254] BGH GRUR 1995, 167, 169 – Kosten bei unberechtigter Abmahnung; OLG Köln GRUR 2001, 525, 529.

[1255] BGH GRUR 2011, 152 Rn. 63 – Kinderhochstühle im Internet; OLG München GRUR-RR 2019, 227 Rdn. 60.

[1256] BGH GRUR 1969, 479, 481 – Colle de Cologne.

Abmahnenden gegen das Anstandsgefühl aller billig und gerecht Denkenden verstößt.[1257] Diese Voraussetzung wird nur ausnahmsweise in bestimmten Fällen des Rechtsmissbrauchs erfüllt, z. B. bei Form einer Schädigungsabsicht in Verbindung mit einer Kenntnis von der sachlich mangelnden Berechtigung. Irgendeine Form rechtsmissbräuchlichen Verhalten allein genügt nicht.[1258]

Die Abwehr einer unberechtigten Abmahnung ist schließlich **keine Geschäftsführung ohne Auftrag.** Die Abwehr dient objektiv ausschließlich der Wahrung der eigenen Interessen des Abgemahnten, dem der Wille fehlt, ein fremdes Geschäft zu führen.[1259] Auch ein Rückgriff des Abgemahnten auf den **Schadenersatzanspruch aus § 678 BGB** (Geschäftsführung gegen den Willen des Geschäftsherrn)[1260] scheidet aus. Da der Kostenerstattungsanspruch des Unterlassungsgläubigers aus § 13 Abs. 3 UWG nach dem Willen des Gesetzgebers die Geschäftsführung ohne Auftrag verdrängt, bleibt auch kein Raum mehr, zugunsten des Abgemahnten auf dieses Rechtsinstitut zurückzugreifen.[1261] 486

VIII. Verwarnung aus Ausschließlichkeitsrechten (Schutzrechtsverwarnung)

Schrifttum: *Ahrens,* Zum Ersatz der Verteidigungsaufwendungen bei unberechtigter Abmahnung, NJW 1982, 2477; *Blaurock,* Die Schutzrechtsverwarnung, 1970; *Deutsch,* Der BGH-Beschluss zur unberechtigten Schutzrechtsverwarnung und seine Folgen für die Praxis, GRUR 2006, 374; *ders.,* Gedanken zur unberechtigten Schutzrechtsverwarnung, WRP 1999, 25; *Horn,* Die unberechtigte Verwarnung aus gewerblichen Schutzrechten, 1971; *Kunath,* Kostenerstattung bei ungerechtfertigter Verwarnung, WRP 2000, 1074; *Lindacher,* Die Haftung wegen unberechtigter Schutzrechtsverwarnung oder Schutzrechtsklage, ZHR 144 (1980), 350; *ders.,* Der „Gegenschlag" des Abgemahnten, FS *von Gamm,* 1990, 83; *Mayer,* Die Folgen rechtsmissbräuchlicher Abmahnungen, WRP 2011, 534; *Meier-Beck,* Die Verwarnung aus Schutzrechten – mehr als eine Meinungsäußerung!, GRUR 2005, 535; *ders.,* Die unberechtigte Schutzrechtsverwarnung als Eingriff in das Recht am Gewerbebetrieb, WRP 2006, 790; *Peukert,* Änderung der Rechtsprechung zu unberechtigten Schutzrechtsverwarnung?, Mitt. 2005, 73; *Quiring,* Zur Haftung wegen unbegründeter Verwarnungen, WRP 1983, 317; *Sack,* Die Haftung für unbegründete Schutzrechtsverwarnungen, WRP 2005, 253; *Sack,* Unbegründete Schutzrechtsverwarnungen, 2006; *Sack,* Die Haftung für unbegründete Schutzrechtsverwarnungen, WRP 1976, 733; *ders.,* Notwendige Differenzierungen bei unbegründeten Abnehmerverwarnung an, WRP 2007, 708; *ders.,* Unbegründete Schutzrechtsverwarnungen – lückenloser Unternehmensschutz durch das UWG seit 2004, NJW 2009, 1642; *Sessinghaus,* Abschied von der unberechtigten Schutzrechtsverwarnung – auf Wiedersehen im UWG?, WRP 2005, 823; *Teplitzky,* Zur Frage der Rechtmäßigkeit unbegründete Schutzrechtsverwarnungen, GRUR 2005, 9; *ders.,* Die prozessualen Folgen der Entscheidung des Großen Senats für Zivilsachen zur unberechtigten Schutzrechtsverwarnung, WRP 2005, 1433; *Ullmann,* Die Verwarnung aus Schutzrechten – mehr als eine Meinungsäußerung?, GRUR 2001, 1027; *ders.,* Eine unberechtigte Abmahnung – Entgegnung, WRP 2006, 1070; *Wagner/Thole,* Kein Abschied von der unberechtigten Schutzrechtsverwarnung, NJW 2005, 3470; *Winkler,* Probleme der Schutzrechtsverwarnung, GRUR 1980, 526.

Mit der **Schutzrechtsverwarnung** wird die Verletzung eines Ausschließlichkeitsrechts beanstandet und der Adressat ernsthaft und endgültig aufgefordert, die Produktion, den Import oder den Vertrieb einer Ware, die Anwendung eines Verfahrens, die Verwertung eines urheber-, design- oder geschmacksmusterrechtlich geschützten Werks oder die Verwendung eines Kennzeichens zu unterlassen. Schutzrechtsverwarnungen können auf die Verletzung von Patenten, Gebrauchsmustern, Marken und Geschäftsbezeichnungen einschließlich der Werktitel, geographische Herkunftsbezeichnungen, Urheberrechte und die im Urheberrechtsgesetz verankerten Leistungsschutzrechte, Geschmacksmuster, Designrechte, Halbleiter- und Sortenschutz, Rechte an den vermögenswerten Bestandteilen des Persönlichkeitsrechts[1262] und Ansprüche aus einem lauterkeitsrechtlichen Nachahmungs- 487

[1257] LG Mannheim WRP 1986, 56, 57.
[1258] BGH GRUR 2001, 354, 355 – Verbandsklage gegen Vielfachabmahner;.
[1259] OLG München GRUR-RR 2019, 227 Rdn. 62; OLG Hamburg WRP 1983, 422, 423.
[1260] Dazu aus Zeiten vor der UWG-Reform 2020 OLG München GRUR-RR 2019, 227 Rn. 61.
[1261] BT-Drs. 19/12084, 31 ff.; *Omsels/Zott* WRP 2021, 278 Fn. 45.
[1262] Vgl. BGH GRUR 2000, 709 – Marlene Dietrich; zu Abmahnungen wegen einer Verletzung des Rechts am eigenen Bild ablehnend LG Hamburg AfP 2007, 385; *Goldbeck* AfP 2008, 139 (142).

schutz gestützt werden.[1263] Den Schutzrechtsverwarnungen werden Informationsschreiben eines Wirtschaftsverbands an Mitbewerber ihrer Mitglieder gleichgestellt, die auf die Verletzung von Ausschließlichkeitsrechten durch die Adressaten hinweisen.[1264] Verwarnungen wegen der Verletzung eines Geschäftsgeheimnisses sind keine Schutzrechtsverwarnungen, sondern wettbewerbsrechtliche Abmahnungen.[1265] Mögliche Adressaten einer Schutzrechtsverwarnung sind der Produzent oder Anbieter einer Ware oder Dienstleistung **(Herstellerverwarnung)** sowie der Abnehmer, der eine Ware geschäftlich nutzt oder weiter vertreibt **(Abnehmerverwarnung).**

488 Von der Schutzrechtsverwarnung abzugrenzen sind die bloßen **Berechtigungsanfragen** oder Hinweise auf die Verletzung von Ausschließlichkeitsrechten. Unberechtigte Berechtigungsanfragen sind zulässig,[1266] soweit sie nicht aus anderen Gründen, etwa wegen eines irreführenden Gehalts unlauter sind.[1267] Die prozessualen Folgen der Berechtigungsanfrage sind umstritten. Wer dem Rechtsinhaber nicht oder abweisend antwortet, soll im Prozess trotzdem ein sofortiges Anerkenntnis abgeben können, wenn er nach der erfolglosen Berechtigungsanfrage nicht noch erfolglos abgemahnt wurde.[1268] Nach anderer Auffassung, soll ein sofortiges Anerkenntnis nicht mehr möglich sein.[1269] Diese Auffassung erscheint vorzugswürdig, da die Berechtigungsanfrage andernfalls keinen Sinn machte, weil sie dem Rechtsinhaber, der wegen einer anderweitig drohenden Schadenersatzpflicht von einer Verwarnung absehen möchte, keinen Vorteil brächte.

489 Die **Abgrenzung der Berechtigungsanfrage von der Schutzrechtsverwarnung** erfolgt danach, wie der Empfänger das Anliegen unter den Umständen des konkreten Einzelfalls verstehen muss: als ernsthafte und endgültige Forderung, ein bestimmtes Verhalten sofort einzustellen, weil es ein Schutzrecht verletzt, oder als Aufforderung, sich über das Schutzrecht und eine Schutzrechtsverletzung Gedanken zu machen und ggf. zu einer möglichen Schutzrechtsverletzung zu äußern.[1270] Die Forderung einer strafbewehrten Unterlassungserklärung und die Androhung gerichtlicher Schritte sind für die Annahme einer Schutzrechtsverwarnung hinreichende, aber keine notwendigen Bestandteile.[1271] Die ernsthafte und endgültige Unterlassungsforderung kann sich auch aus anderen Umständen ergeben. Die Behauptung eigener Nutzungsrechte oder einer Rechtsverletzung mit der Aufforderung zur Stellungnahme reicht nicht aus.[1272] Eine Schutzrechtsverwarnung liegt auch nicht vor, wenn keine Unterlassung gefordert wird und der Absender sich auf die Forderung von Auskunfts- oder Schadenersatzansprüchen oder die Löschung einer Marke beschränkt.[1273] – Für eine Abnehmerverwarnung gelten strengere Maßstäbe.[1274] Sie kann bereits darin liegen, dass dem Abnehmer eine Abschrift der Verwarnung des Herstellers oder die Kopie eines Urteils gegen den Hersteller zugeschickt wird, wenn der Absender zu erkennen gibt, dass er die Beachtung ebenfalls vom Adressaten erwartet.[1275]

[1263] OLG Stuttgart GRUR-RR 2010, 298 (299 f.); *Köhler*/Bornkamm/Feddersen § 4 Rn. 4.169; Büscher/*Wille* § 4 Nr. 4 Rn. 116; aA OLG Köln GRUR-RR 2013, 24; Fezer/Büscher/Obergfell/*Büscher* UWG § 12 Rn. 55.

[1264] BGH GRUR 2009, 878 Rn. 18 – Fräsautomat.

[1265] BGH GRUR 2009, 878 – Fräsautomat.

[1266] OLG Karlsruhe GRUR 1994, 143 – Berechtigungsanfrage.

[1267] OLG Karlsruhe Magazindienst 2008, 670 (672) (zu einer Irreführung durch das Verschweigen eines Einspruchs gegen ein Patent).

[1268] OLG Hamburg GRUR 2006, 616.

[1269] *Ullmann* jurisPR-WettbR 4/2007 Anm. 2.

[1270] BGH GRUR 2011, 995 Rn. 29 – Besonderer Mechanismus; OLG Köln GRUR-RR 2019, 107 Rn. 33.

[1271] GRUR 2011, 995 Rn. 29 ff. – Besonderer Mechanismus.

[1272] BGH GRUR 1997, 896 (897) – Mecki-Igel III.

[1273] OLG Köln GRUR-RR 2019, 107 Rn. 35; OLG Düsseldorf 2.3.2009 – I-2 W 10/09, BeckRS 2011, 2161.

[1274] Auf die besonderen Gefahren der Abnehmerverwarnung weist auch der Große Senat des BGHs in seiner Grundsatzentscheidung zur Schutzrechtsverwarnung hin (BGH GRUR 2005, 882 – Unberechtigte Schutzrechtsverwarnung).

[1275] BGH GRUR 1997, 896 (897) – Mecki-Igel III; GRUR 1995, 424 (425) – Abnehmerverwarnung.

Schutzrechtsverwarnungen können **bedrohliche Auswirkungen** für den Adressaten haben.[1276] Möglicherweise müssen die Produktion oder der Vertrieb einer Ware, vielleicht ein ganzer Geschäftszweig oder der gesamte Betrieb eingestellt werden.[1277] Es droht die Vernichtung von Produktionsmitteln und Lagerbeständen. Der Verwarnte haftet ab der Schutzrechtsverwarnung außerdem nach einem sehr strengen Verschuldensmaßstab und muss nach Wahl des Verwarners als Schadenersatz eine angemessene Lizenzgebühr zahlen, seinen eigenen Gewinn herausgeben oder den entgangenen Gewinn des Verwarners ersetzen.[1278] Ansprüche wegen einer Schutzrechtsverletzung richten sich dabei nicht nur gegen eine juristische Person, soweit in ihrem Betrieb begangen, sondern auch gegen die Handelnden persönlich. Trotzdem bleibt den Verwarnten meist nur sehr wenig Zeit, um auf die Schutzrechtsverwarnung zu reagieren. Diese Zeit reicht oft nicht aus, um den Bestand des Schutzrechts und den Eingiff in das Schutzrecht, beispielsweise ein kompliziertes Patent, zu prüfen. 490

In den unterschiedlichen Konsequenzen von wettbewerbsrechtlichen Abmahnungen und Schutzrechtsverwarnungen liegt deren unterschiedliche Bewertung durch die Rechtsprechung begründet.[1279] Während unberechtigte Abmahnungen von Wettbewerbsverstößen in der Regel nicht rechtswidrig und unlauter sind, können unberechtigte Schutzrechtsverwarnungen unlauter sein. Sie stellen nach der ständigen Rechtsprechung des BGH jedenfalls einen Eingriff in den eingerichteten und ausgeübten Gewerbebetrieb des Verwarnten dar.[1280] 491

1. Formale und inhaltliche Voraussetzungen einer zulässigen Schutzrechtsverwarnung. Für die Schutzrechtsverwarnung gelten einige besondere inhaltliche und formale Voraussetzungen. Eine Schutzrechtsverwarnung kann wegen ihres Inhalts unabhängig davon unlauter sein, ob sie begründet oder unbegründet ist.[1281] Der Verwarnende muss **alle relevanten Tatsachen vollständig, zutreffend und unmissverständlich angeben** und klar erkennen lassen, welches Schutzrecht er geltend macht und worin eine Verletzung dieses Rechts gesehen wird.[1282] Allgemein gehaltene Hinweise gegenüber potentiellen Abnehmern auf Schutzrechtsverletzungen durch irgendwelche am Markt angebotene Waren sind aufgrund ihrer pauschal abschreckenden Wirkung unzureichend.[1283] Der Hinweis auf eine Schutzrechtsverletzung darf nicht so allgemein gehalten werden, dass auch zulässige Verhaltensweisen erfasst werden.[1284] Der Verwarnende muss die Möglichkeiten benennen, wie der Verwarnte das Schutzrecht und seine Verletzung prüfen kann.[1285] Er ist verpflichtet, **auf** gewichtige **rechtliche oder sachliche Zweifel hinweisen.**[1286] Der Verwarner muss insbesondere eine für ihn **ungünstige gerichtliche Entscheidung angeben,** die zum Schutzrecht oder seiner Verletzung ergangen ist, auch wenn die Entscheidung noch nicht rechtskräftig ist.[1287] Er darf ihren Inhalt nicht verzerren. Bei einer nicht rechtskräftigen gerichtlichen Entscheidung zu Gunsten des Verwarners muss er die fehlende Rechts- 492

[1276] BGH GRUR 2005, 882 (884) – Unberechtigte Schutzrechtsverwarnung.

[1277] BGH GRUR 1963, 255 (257) – Kindernähmaschinen; OLG Hamm WRP 1980, 216 (218).

[1278] BGH GRUR 1974, 290 (291) – Maschenfester Strumpf; GRUR 1963, 255 (257) – Kindernähmaschinen.

[1279] BGH GRUR 2011, 152 Rn. 63 – Kinderhochstühle im Internet.

[1280] BGH GRUR 2018, 832 Rn. 70. – Ballerinaschuh; GRUR 2016, 630 Rn. 15 – Unberechtigte Schutzrechtsverwarnung II; GRUR 2005, 882 – Unberechtigte Schutzrechtsverwarnung; RGZ 58, 24 – Juteplüsch.

[1281] BGH GRUR 1995, 424 (426) – Abnehmerverwarnung; OLG Düsseldorf GRUR-RR 2009, 122 (Ls.).

[1282] jurisPK/*Müller-Bidinger* § 4 Nr. 4 Rn. 214.

[1283] OLG München 2.12.2010 – 6 U 2074/10, BeckRS 2011, 27483; OLG Düsseldorf Mitt. 1996, 60 (61).

[1284] BGH GRUR 2009, 878 Rn. 21 ff. – Fräsautomat.

[1285] BGH GRUR 2009, 878 Rn. 21 ff. – Fräsautomat.

[1286] Zur Parallele im Patentanmeldeverfahren s. § 34 Abs. 7 PatG.

[1287] OLG Düsseldorf GRUR-RR 2009, 122; *Ullmann* GRUR 2001, 1027 (1030); aA OLG Hamburg GRUR-RR 2002, 145 f.

kraft erwähnen.[1288] Ob ausländische behördliche oder gerichtliche Entscheidungen angegeben werden müssen, hängt von deren Bedeutung für die Schutzrechtslage im Inland ab.

493 Für eine Schutzrechtsverwarnung bestehen nach zutreffender Ansicht **keine weiteren formalen Bedingungen.** Der Verwarner ist nicht verpflichtet, vor einer Schutzrechtsverwarnung zunächst als milderes Mittel eine Berechtigungsanfrage an den möglichen Rechtsverletzer zu richten.[1289] Er muss die Verwarnung nicht zunächst auf den Hersteller einer mutmaßlich schutzrechtsverletzenden Ware beschränken.[1290] Der Abnehmer der Ware kann – auch bei ungeprüften Schutzrechten[1291] – unabhängig vom Hersteller oder Lieferanten abgemahnt werden, wenn dessen Nutzung der Ware oder deren weiterer Vertrieb ebenfalls das Schutzrecht verletzt.[1292] Es besteht schließlich keine Verpflichtung, von einer Schutzrechtsverwarnung allein deshalb abzusehen, weil eine vorläufige Gerichtsentscheidung eine Verletzung des Schutzrechts verneint hat.[1293]

494 **2. Berechtigte Schutzrechtsverwarnungen.** Eine begründete Schutzrechtsverwarnung ist – vorbehaltlich etwaiger vorstehend genannter unlauterer Begleitumstände – zulässig. Der Inhaber eines Schutzrechts darf **alle Maßnahmen** ergreifen, **die der Abwehr von Eingriffen in sein Schutzrecht dienen.** Dazu gehört die Verwarnung mit der Forderung einer Unterlassungserklärung und der Androhung von gerichtlichen Schritten.[1294] Die möglicherweise ruinösen Folgen der berechtigten Verwarnung muss der Verwarnte hinnehmen.

495 **3. Die unberechtigte Schutzrechtsverwarnung.** Eine Schutzrechtsverwarnung ist unberechtigt, wenn **objektiv kein Schutzrecht verletzt** wird. An einer Schutzrechtsverletzung fehlt es, wenn das Schutzrecht noch nicht erteilt wurde,[1295] nicht besteht[1296] oder später rückwirkend wegfällt[1297] oder wenn es zwar besteht, aber nicht verletzt wird,[1298] weil das Schutzrecht erschöpft ist,[1299] die beanstandete Handlung nicht begangen wurde oder, wenn auch nur teilweise,[1300] vom Schutzrecht nicht erfasst wird.[1301] Eine Schutzrechtsverwarnung ist auch unberechtigt, wenn das Schutzrecht zwar besteht und verletzt wird, nicht aber dem Verwarner zusteht. Ein **guter Glaube** des Verwarners in sein Schutzrecht ist für die Beurteilung der Berechtigung einer Schutzrechtsverwarnung ebenso wenig erheblich[1302] wie der Umstand, dass ein Gericht eine Schutzrechtsverletzung in einem anderen Verfahren oder in einer früheren Instanz angenommen hat.[1303] Diese Umstände können aber für die Rechtswidrigkeit oder das Verschulden von Bedeutung sein.

496 **a) § 4 Nr. 4 UWG.** Die unberechtigte Schutzrechtsverwarnung kann unlauter sein und gegen § 4 Nr. 4 UWG verstoßen.[1304] Der Verwarner handelt mit seiner Schutzrechtsverwarnung in aller Regel im geschäftlichen Verkehr. Es besteht zum Verwarnten ein Wett-

---

1288 BGH GRUR 1995, 424 (426) – Abnehmerverwarnung.
1289 OLG München ZUM-RD 2001, 522 (524).
1290 BGH GRUR 2005, 882 (884) – Unberechtigte Schutzrechtsverwarnung; GRUR 1995, 424 (425) – Abnehmerverwarnung.
1291 OLG Hamburg GRUR-RR 2002, 145 (146).
1292 BGH GRUR 2005, 882 (884) – Unberechtigte Schutzrechtsverwarnung.
1293 OLG Hamburg GRUR-RR 2002, 145.
1294 BGH GRUR 1995, 424 (425) – Abnehmerverwarnung.
1295 BGH GRUR 1951, 314 (315) – Metall-Spritzverfahren.
1296 BGH GRUR 1963, 255 – Kindernähmaschinen.
1297 BGH GRUR 2006, 219 (222) – Detektionseinrichtung II.
1298 BGH GRUR 1996, 812 (813) – Unterlassungsurteil gegen Sicherheitsleistung; OLG Hamburg GRUR-RR 2002, 145; vgl. auch Obersten Gerichtshof GRUR Int. 2000, 558 (559) – Abnehmerverwarnung.
1299 BGH GRUR 2006, 433 (435) – Unbegründete Abnehmerverwarnung.
1300 BGH WRP 1968, 50 – Spielautomat.
1301 BGH GRUR 2009, 878 Rn. 17 – Fräsautomat.
1302 BGH GRUR 1996, 812 (813) – Unterlassungsurteil gegen Sicherheitsleistung.
1303 BGH GRUR 1996, 812 (813) – Unterlassungsurteil gegen Sicherheitsleistung.
1304 *Horn* S. 188 f.; *Sack* NJW 2009, 1642 (1643 f.); *Ullmann* GRUR 2001, 1027 (1029).

bewerbsverhältnis, da beide zumindest in der Auswertung des vermeintlichen Schutzrechts miteinander konkurrieren und der Abmahnende sich auf Kosten des Abgemahnten wirtschaftliche Vorteile sichern will.[1305] Die Unlauterkeit der unberechtigten Schutzrechtsverwarnung muss – wie allgemein bei § 4 Nr. 4 UWG – aufgrund einer umfassenden **Güter- und Interessenabwägung** festgestellt werden. Der Umstand, dass die Verwarnung objektiv unberechtigt ist, reicht für die Unlauterkeit allein nicht aus.[1306] Eine Verwarnung verstößt andererseits aber nicht erst dann gegen § 4 Nr. 4 UWG, wenn der Verwarner von ihrer mangelnden Berechtigung weiß.[1307] In diesem Fall ist sie jedoch stets unlauter.[1308] Es kann aber schon ausreichen, dass der Verwarner sich der Kenntnis der Umstände, die gegen den Rechtsbestand oder die Rechtsverletzung sprechen, verschließt.[1309] Es genügt auch, wenn der Verwarnte sich mit sachlichen oder rechtlichen Argumenten gegen die Verwarnung wehrt, die dem Verwarner Anlass geben müssen, an der Berechtigung seiner Verwarnung zu zweifeln und die Schutzrechtsverletzung erneut kritisch zu überprüfen. Der Verwarner muss sich bei zwingenden Indizien **nähere Kenntnis von der Sach- und Rechtslage verschaffen** und in Zweifelsfällen besonders **sachkundigen Rechtsrat einholen.**[1310] Im Übrigen muss hinsichtlich der Anforderungen an den Verwarner, sich über die Beständigkeit seines Schutzrechts und dessen Schutzumfang zu vergewissern, danach unterschieden werden, ob es sich um ein geprüftes (Patent), teilweise geprüftes (Marke) oder ungeprüftes Schutzrecht (Urheberrecht; Designrecht) handelt. Bei ungeprüften Schutzrechten oder Aspekten von Schutzrechten sind höhere Anforderungen zu stellen.

Der unberechtigten Schutzrechtsverwarnung steht die unberechtigte Einleitung eines **497**
einstweiligen Verfügungsverfahrens oder eines **Klageverfahrens** nicht gleich.[1311] Die Einleitung gerichtlicher Maßnahmen steht jedem frei.[1312] Wer einen Titel erwirkt oder aus einem Titel vollstreckt, handelt nicht rechtswidrig. Die Einleitung von gerichtlichen Schritten oder die Vollstreckung gerichtlicher Entscheidungen kann aber unlauter sein, wenn sich darin das rechtswidrige Verhalten niederschlägt oder fortsetzt, das einer Verwarnung das Gepräge der Unlauterkeit verleiht.[1313] Weil es jedem freisteht, sein vermeintliches Recht gerichtlich geltend zu machen, besteht in solchen Fällen aber kein Anspruch des Wettbewerbers darauf, dass der Verwarner keine gerichtlichen Schritte einleitet.[1314]

b) § 4 Nr. 1, 2 UWG. § 4 Nr. 2 UWG erfasst nur **Äußerungen über Dritte.** Die **498**
Herstellerverwarnung scheidet aus diesem Grunde von vornherein aus dem Anwendungsbereich der Vorschrift aus.[1315] Die Abnehmerverwarnung kann demgegenüber § 4 Nr. 2 UWG verletzen, wenn sie falsche Tatsachenbehauptungen enthält, zB falsche Behauptungen über die Produkteigenschaften oder Funktionsweisen der Ware eines anderen Herstellers oder über die Erteilung oder den Fortbestand eines Schutzrechts.[1316] Ob die Behauptung, dass ein Schutzrecht verletzt wird, ebenfalls eine Tatsachenbehauptung ist, ist strei-

---

[1305] jurisPK/Müller-Bidinger § 4 Nr. 4 Rn. 242; *Beater* § 19 Rn. 54; s. auch *Köhler* WRP 2009, 499 (506).

[1306] BGH GRUR 1963, 255 (257) – Kindernähmaschinen; *Ullmann* GRUR 2001, 1027 (1029).

[1307] Nach *Sack* NJW 2009, 1642 (1643 f.) soll § 4 Nr. 4 UWG auf fahrlässig unberechtigte Schutzrechtsverwarnungen keine Anwendung finden.

[1308] BGH GRUR 2002, 269 – Sportwetten-Genehmigung; GRUR 1991, 914 (915) – Kastanienmuster; GRUR 1963, 255 (257) – Kindernähmaschinen.

[1309] BGH GRUR 1963, 255 (257) – Kindernähmaschinen; OLG Dresden NJWE-WettbR 1999, 49 (50).

[1310] Vgl. BGH GRUR 2002, 269 (270) – Sportwetten-Genehmigung.

[1311] AA noch BGH GRUR 1996, 812 (813) – Unterlassungsurteil gegen Sicherheitsleistung; BGH GRUR 1963, 255 (258) – Kindernähmaschinen.

[1312] BGH GRUR 2005, 882 (884 f.) – Unberechtigte Schutzrechtsverwarnung; GRUR 2006, 219 (222) – Detektionseinrichtung II.

[1313] BGH GRUR 1996, 812 (813) – Unterlassungsurteil gegen Sicherheitsleistung.

[1314] BGH GRUR 2005, 882 (884 f.) – Unberechtigte Schutzrechtsverwarnung; GRUR 2006, 433 (435) – Unbegründete Abnehmerverwarnung; GRUR 1998, 587 (589) – Bilanzanalyse Pro7.

[1315] BGH GRUR 1963, 255 (257) – Kindernähmaschinen; *Sack* NJW 2009, 1642 (1643).

[1316] BGH GRUR 2006, 433 (434) – Unbegründete Abnehmerverwarnung; jurisPK/*Müller-Bidinger* § 4 Nr. 4 Rn. 246; *Ullmann* GRUR 2001, 1027 (1030).

tig.[1317] Diese Auffassung führte über die Verteilung der Darlegungs- und Beweislast des § 4 Nr. 2 UWG zu einer verschuldenslosen Gefährdungshaftung für jede objektiv unberechtigte Verwarnung. Für die herrschende Meinung ist demgegenüber maßgebend, ob der Empfänger die Verwarnung als eine **Tatsachenbehauptung oder** lediglich als eine **Bewertung der Rechtslage** versteht, wobei in der Regel eine Wertung angenommen wird.[1318] Nach zutreffender Ansicht ist die Behauptung einer Schutzrechtsverletzung immer eine Wertung,[1319] wie jede Subsumption eines Sachverhalts unter eine Norm immer ein dem empirischen Beweis nicht zugänglicher Akt der Wertung ist.

499 Soweit § 4 Nr. 2 UWG ausscheidet, weil die Behauptung einer Schutzrechtsverletzung keine Tatsachenbehauptung ist, kommt ein Anspruch aus **§ 4 Nr. 1 UWG** wegen der Herabsetzung der Waren oder Leistungen eines Mitbewerbers in Betracht. Im Rahmen dieser Vorschrift findet eine Güter- und Interessenabwägung statt, wie sie auch bei der Beurteilung unberechtigter Schutzrechtsverwarnungen nach § 4 Nr. 4 UWG erfolgt. Beide Bestimmungen können in diesem Fall parallel angewendet werden, führen aber zum gleichen Ergebnis.

500 **c) § 823 Abs. 1 BGB. aa) Eingriff in den Gewerbebetrieb.** Die unberechtigte Schutzrechtsverwarnung stellt nach ständiger Rechtsprechung einen **Eingriff in das Recht am eingerichteten und ausgeübten Gewerbebetrieb** des Verwarnten dar.[1320] Sie ist betriebsbezogen, weil sie den gewerblichen Tätigkeitsbereich des Verwarnten unmittelbar betrifft. Der Eingriff liegt in der Verwarnung als solcher und nicht erst in der Produktions- oder Vertriebseinstellung, die der Verwarnte daraufhin verfügt.[1321] Die Einstellung der Produktion oder des Vertriebs ist eine adäquat kausale und vom Verwarner beabsichtigte Folge der Schutzrechtsverwarnung.[1322]

501 Die **Abnehmerverwarnung** ist zugleich ein Eingriff in das Recht am eingerichteten und ausgeübten Gewerbebetrieb des Herstellers oder Zulieferers der Ware sowie des Lizenzgebers, weil zu deren Gewerbebetrieb auch der **Kundenstamm** gehört.[1323] Es ist nicht erforderlich, dass zwischen dem Hersteller, Zulieferer oder Lizenzgeber und dem verwarnten Abnehmer unmittelbare vertragliche Beziehungen bestehen.[1324] Die Schutzrechtsverwarnung greift aber nicht in das Recht am Gewerbebetrieb der Zulieferer eines Herstellers ein, soweit sich die in der Verwarnung liegende Behinderung nicht ihnen gegenüber als unberechtigte Inanspruchnahme eines Ausschließlichkeitsrechts darstellt. Das gilt auch dann, wenn der Zulieferer objektiv als mittelbarer Patentverletzer in Betracht kommt.[1325]

502 Wer eine Schutzrechtsverwarnung ausgesprochen hat, ist verpflichtet, sie zurückzunehmen, sobald er erkennt oder erkennen muss, dass sie unberechtigt ist. Verletzt er die

---

[1317] So Oberster Gerichtshof GRUR Int. 2000, 558 (559 f.) – Abnehmerverwarnung (mit eingehender Diskussion von Rechtsprechung und Lehre in Deutschland).

[1318] BGH WRP 1968, 50 (51) – Spielautomat; OLG Karlsruhe GRUR-RR 2003, 230; vgl. zur Abgrenzung im Rahmen von § 5 UWG BGH GRUR 2019, 754 Rn. 32 – *Prämiensparverträge.* jurisPK/*Müller-Bidinger* § 4 Nr. 4 Rn. 246.

[1319] MüKoUWG/*Jänich* § 4 Nr. 10 Rn. 125; *Ullmann* GRUR 2001, 1027 (1030); *Winkler* GRUR 1980, 526 (528); *Hesse* GRUR 1979, 438 (443).

[1320] BGH GRUR 2018, 832 Rn. 70. – Ballerinaschuh; GRUR 2016, 630 Rn. 15 – Unberechtigte Schutzrechtsverwarnung II; GRUR 2005, 882 (883) – Unberechtigte Schutzrechtsverwarnung; stRspr seit RGZ 58, 24 (27 ff.) – Juteartikel; zur Grundsatzentscheidung des Großen Senats des BGH s. *Köhler*/Bonkamm/Feddersen § 4 Rn. 4.176.

[1321] BGH GRUR 1977, 805 (807) – Klarsichtverpackung; GRUR 1974, 290 (291) – Maschenfester Strumpf.

[1322] *Sack* WRP 1976, 733 (735).

[1323] BGH GRUR 2005, 882 (883) – Unberechtigte Schutzrechtsverwarnung; GRUR 2007, 213 (215) – Funkuhr II.

[1324] OLG Hamburg GRUR-RR 2003, 257 (260).

[1325] BGH GRUR 2007, 313 (315) – Funkuhr II; s. auch BGH GRUR 1977, 805 ff. – Klarsichtverpackung.

Verpflichtung zur Rücknahme der Verwarnung, liegt darin ebenfalls ein Eingriff in den eingerichteten und ausgeübten Gewerbebetrieb des Verwarnten.[1326]

Die **unberechtigte Klage** oder der unberechtigte **Antrag auf Erlass einer einstweiligen Verfügung** sowie die unberechtigte **Vollstreckung** aus einem nicht rechtskräftigen Unterlassungstitel wurden in der Rechtsprechung lange der unberechtigten Verwarnung gleichgestellt.[1327] Diese Rechtsprechung wurde durch die Entscheidung des Großen Senats des BGH zur unberechtigten Schutzrechtsverwarnung weitgehend obsolet. Danach darf niemandem die gerichtliche Prüfung eines auch nur vermeintlich bestehenden Anspruchs verwehrt werden.[1328] Anders verhält es sich aber, wenn die klagende Partei die fehlende Berechtigung kennt und besondere Umstände hinzutreten, die sich aus der Art und Weise der Prozesseinleitung oder -durchführung ergeben, die das Vorgehen sittenwidrig machen **(§ 826 BGB).** Davon kann ausgegangen werden, wenn die klagende Partei das Verfahren zur Schädigung des Gegners oder Dritter missbraucht oder wenn gegen die prozessualen Wahrheitspflicht verstoßen wird.[1329] Die eingeschränkte Haftung gilt aber nur im Verhältnis der Parteien eines Rechtsstreits. Dritten wie etwa dem Lieferanten des gerichtlich in Anspruch genommenen Abnehmers kann daher aus der unberechtigten Geltendmachung eines Schutzrechts ein Schadenersatzanspruch zustehen. Sie können sich aber ebenfalls nicht gegen die Einleitung gerichtlicher Maßnahmen als solcher zur Wehr setzen.[1330] 503

bb) Rechtswidrigkeit. Bis zur Entscheidung des Großen Senats des BGH zur unberechtigten Schutzrechtsverwarnung wurde angenommen, dass sich die Rechtswidrigkeit einer unberechtigten Schutzrechtsverwarnung bereits aus der **objektiv fehlenden Berechtigung** der Verwarnung ergibt.[1331] Sie entfiel auch dann nicht, wenn für den Verwarner kein Grund bestand, an seinem Schutzrecht zu zweifeln.[1332] Es sollte allein darauf ankommen, dass das Schutzrecht zum Zeitpunkt der Verwarnung tatsächlich nicht so bestand, wie es geltemd gemacht wurde. 504

Der I. Zivilsenat des BGH betont demgegenüber in jüngeren Entscheidungen zutreffend, dass das Recht am eingerichteten und ausgeübten Gewerbebetrieb ein **offener Tatbestand** ist, dessen Inhalt und Grenzen sich erst aus einer Interessen- und Güterabwägung mit der im Einzelfall konkret kollidierenden Interessensphäre anderer ergeben. Die Rechtswidrigkeit wird nicht durch den Eingriff in das Recht indiziert, sondern ist in jedem Einzelfall unter Heranziehung aller Umstände festzustellen.[1333] Es besteht kein Grund, von dieser Rechtslage bei Schutzrechtsverwarnungen abzusehen.[1334] Vielmehr kann dadurch den unterschiedlichsten Sachverhaltskonstellationen Rechnung getragen werden, ohne dass der Verwarnte dadurch schutzlos gestellt würde.[1335] Ein gewichtiger Gesichtspunkt bei der Abwägung ist es ua, ob die Tatsachen, die für oder gegen eine Schutzrechtsverletzung sprechen, besser vom Rechtsinhaber oder vom potentiellen Rechtsverletzer überprüft werden können. Schutzrechtsverwarnungen gegenüber einem Online-Marktplatz können daher gerechtfertigt sein, weil dessen Verantwortlichkeit für eine Schutzrechtsverletzung 505

[1326] BGH GRUR 1978, 492 (495) – Fahrradgepäckträger II.

[1327] BGH GRUR 1996, 812 (813) – Unterlassungsurteil gegen Sicherheitsleistung.

[1328] BGH GRUR 2018, 832 Rn. 76 – Ballerinaschuh; GRUR 2005, 882 (884 f.) – Unberechtigte Schutzrechtsverwarnung; GRUR 2006, 433 (435) – Unbegründete Abnehmerverwarnung.

[1329] BGH GRUR 2018, 832 Rn. 76 – Ballerinaschuh.

[1330] BGH GRUR 2006, 219 (222) – Detektionseinrichtung II.

[1331] BGH GRUR 1996, 812 (813) – Unterlassungsurteil gegen Sicherheitsleistung; ständige Rechtsprechung seit RGZ 58, 24 (27) – Juteartikel.

[1332] BGH GRUR 1963, 255 (257) – Kindernähmaschinen.

[1333] BGH GRUR 2006, 432 (433) – Verwarnung aus Kennzeichenrechten II; s. auch BGH GRUR 2006, 433 (435) – Unbegründete Abnehmerverwarnung; *Köhler*/Bornkamm/Feddersen § 4 Rn. 4.180; Büscher/*Wille* § 4 Nr. 4 Rn. 121.

[1334] *Ohly*/Sosnitza § 4 Rn. 4/38; aA *Meyer-Beck* WRP 2006, 790 (791).

[1335] BGH GRUR 2006, 432 (433) – Verwarnung aus Kennzeichenrechten II; *Teplitzky* GRUR 2005, 9 (14); WRP 2005, 1433 f.; *Ullmann* GRUR 2001, 1027 (1029).

erst nach einer ersten Verletzungsanzeige entsteht und auch danach vom Rechtsinhaber nicht mit Sicherheit festgestellt werden kann, da sie davon abhängen kann, welche Filter eingesetzt wurden, um weitere Verstöße zu vermeiden.[1336] Zu Lasten des Rechtsinhabers kann in anderen Fällen zu berücksichtigen sein, ob die Schutzrechtsverwarnung wegen einer eingetretenen Erschöpfung unberechtigt war. Während der Rechtsinhaber nämlich ohne weiteres feststellen kann, ob seine Produkte im Europäischen Wirtschaftsraum mit seiner Genehmigung in Verkehr gebracht worden sind, verfügen Händler und Abnehmer der Ware meist nicht über vergleichbare Informationen und Kontrollmöglichkeiten.[1337]

506 **d) Verschulden. aa) Verschulden des Verwarnenden.** Für unberechtigte Schutzrechtsverwarnungen – ob sie nach § 823 Abs. 1 BGB oder nach § 4 Nr. 4 UWG beurteilt werden[1338] – gilt wegen der damit verbundenen weitreichenden Konsequenzen ein **strenger Verschuldensmaßstab.**[1339] Darin liegt der Ausgleich für den strengen Sorgfaltsmaßstab, dem Dritte zur Vermeidung von Schutzrechtsverletzungen unterliegen.[1340] Die Anforderungen an die Sorgfaltspflichten des Verwarners dürfen andererseits nicht so groß sein, dass er wegen des drohenden Haftungsrisikos von der Geltendmachung berechtigter Ansprüche abgehalten wird.[1341] Es besteht **keine Gefährdungshaftung.**[1342] Es soll auch keine Verpflichtung des Schutzrechtsinhabers bestehen, vor einer Schutzrechtsverwarnung zunächst eine Berechtigungsanfrage an den möglichen Rechtsverletzer zu richten.[1343]

507 Der Verwarner handelt nicht schuldhaft, wenn er sich durch eine **gewissenhafte Prüfung** die Überzeugung verschafft hat, sein Schutzrecht werde rechtsbeständig sein und verletzt.[1344] Bei der Prüfung der Verschuldensfrage wird vorrangig auf die folgende **Kriterien** abgestellt:

– Für die Annahme eines Verschuldens genügt nicht die – nie auszuschließende – Möglichkeit, dass das Schutzrecht keinen Bestand haben könnte.[1345] Die möglichen Zweifel an der Rechtslage müssen einen konkreten Bezugspunkt haben, der vom Verwarner hätte beachtet werden können.[1346]
– Bei Verwarnungen aus **ungeprüften Schutzrechten** wird vom Verwarner ein höheres Maß an Sorgfalt verlangt als bei einem Vorgehen aus geprüften Schutzrechten.[1347] Schuldhaft handelt, wer
  • den **Stand der Technik** oder den **Formenschatz** nur unvollständig berücksichtigt oder falsch würdigt, oder
  • die Erfindungs- oder Gestaltungshöhe falsch einschätzt.
– Der Inhaber eines **geprüften Schutzrechts** darf im Allgemeinen darauf vertrauen, dass dieses Recht rechtsbeständig ist.[1348] Er handelt jedoch schuldhaft,
  • wenn er weitergehende Kenntnisse als die Erteilungsbehörden hat, oder

---

[1336] LG Berlin MD 2007, 410 (411 f.).
[1337] BGH GRUR 2006, 433 (435) – Unbegründete Abnehmerverwarnung.
[1338] *Beater* § 19 Rn. 59.
[1339] BGH GRUR 2006, 432 (433) – Verwarnung aus Kennzeichenrechten II.
[1340] BGH GRUR 1977, 250 (252 f.) – Kunststoffhohlprofil; Fezer/Büscher/Obergfell/*Götting/Hetmank* § 4 Nr. 4 Rn. 87.
[1341] BGH GRUR 1995, 424 (425) – Abnehmerverwarnung; *Sack* WRP 1976, 733.
[1342] BGH GRUR 1997, 741 f. – Chinaherde; GRUR 1974, 290 – Maschenfester Strumpf.
[1343] OLG München ZUM-RD 2001, 522 (524).
[1344] BGH GRUR 2018, 832 Rn. 84 – Ballerinaschuh; GRUR 1974, 290 – Maschenfester Strumpf; OLG Hamm 11.2.2010 – 4 U 75/09 BeckRS 2010, 6650; OLG München ZUM-RD 2001, 522.
[1345] BGH GRUR 1974, 290 (292) – Maschenfester Strumpf; GRUR 1963, 255 (259) – Kindernähmaschinen; OLG München ZUM-RD 2001, 522.
[1346] BGH GRUR 1974, 290 (292) – Maschenfester Strumpf; GRUR 1963, 255 (259) – Kindernähmaschinen; OLG München ZUM-RD 2001, 522.
[1347] BGH GRUR 2018, 832 Rn. 89 – Ballerinaschuh; GRUR 1997, 741 f. – Chinaherde.
[1348] BGH GRUR 2006, 432 (433) – Verwarnung aus Kennzeichenrecht II; BGH GRUR 2006, 219 (222) – Detektionseinrichtung II; GRUR 1976, 715 (717) – Spritzgießmaschine; OLG Karlsruhe GRUR 2003, 230 (231); OLG Düsseldorf GRUR-RR 2002, 213 (215); *Sack* WRP 1976, 733 (734).

- wenn ihm Informationen, die der Schutzfähigkeit entgegenstehen, nachträglich bekannt geworden sind und er wusste, dass diese Sachverhalte dem Schutzrecht entgegenstehen, oder
- wenn er sich dieser Erkenntnis verschließt.[1349]

– Bei geprüften wie ungeprüften Rechten handelt schuldhaft, wer bei sorgfältiger Prüfung zu der Erkenntnis gelangen muss, dass kein Eingriff in sein Schutzecht vorliegt. Allerdings gilt bei der Beurteilung, ob in den Schutzumfang des Rechts eingegriffen wird, ein etwas großzügigerer Maßstab als bei der Prüfung, ob überhaupt ein Schutzrecht besteht.[1350]

– Bei der **Abnehmerverwarnung** wird ein strengerer Sorgfaltsmaßstab als bei der Verwarnung des Herstellers zugrunde gelegt, weil der Abnehmer zur Prüfung der Sach- und Rechtslage kaum in der Lage ist und sich einer Verwarnung schneller unterwerfen wird als der Hersteller.[1351] Allerdings kann sich der Verwarner auch bei der Abnehmerverwarnung aus einem geprüften Schutzrecht darauf verlassen, dass sein Recht beständig ist, soweit ihm keine Umstände bekannt sind oder sein müssen, die Zweifel daran begründen können.

– Bestimmte, eine **gesteigerte Sachkenntnis** bedingende Umstände, wie sie sich etwa aus den langjährigen Erfahrungen eines bedeutenden Unternehmens ergeben, können bei der Bemessung der Sorgfaltspflicht berücksichtigt werden.[1352]

Der Schutzrechtsinhaber genügt seinen Sorgfaltspflichten, wenn er auf einem Gebiet, das in technischer oder gestalterischer Hinsicht überschaubar ist, den **Rat erfahrener Rechts- und Patentanwälte** einholt, an deren Objektivität kein Zweifel besteht.[1353] In schwierigeren Fällen muss er ergänzend die **Stellungnahme eines neutralen Sachverständigen** einholen.[1354] Er darf den anwaltlichen oder sachverständigen Rat nicht ohne weiteres akzeptieren, sondern muss sich im Rahmen seiner Möglichkeiten in die Prüfung einschalten, unter Einsatz seines eigenen sachlichen Spezialwissens an ihr mitwirken[1355] und beispielsweise **eigene neuheitsschädliche Handlungen berücksichtigen.**[1356] Er darf rechtskräftigen Urteilen nicht unbesehen vertrauen.[1357] Ergeben sich nach dem Ausspruch einer Verwarnung neue Erkenntnisse, wonach die Schutzrechtsverwarnung unberechtigt sein könnte, darf er die Verwarnung nicht wiederholen. Er ist unter Umständen sogar verpflichtet, die **Schutzrechtsverwarnung** zu **widerrufen.**[1358] Dazu können Urteile zu Ungunsten des Schutzrechtsinhabers Anlass geben, die nach der Schutzrechtsverwarnung ergangen sind. 508

Der Verwarner handelt nicht schuldhaft, wenn er gerichtliche Schritte wegen der möglichen Verletzung eines Schutzrechts androht oder einleitet, obwohl er sich nach gewissenhafter Prüfung der Sach- und Rechtslage darüber bewusst ist, dass der Bestand oder die Verletzung des Schutzrechts von der Entscheidung einer rechtlich umstrittenen und höchstrichterlich **nicht abschließend geklärte**n **Rechtsfrage** abhängt.[1359] Zwar liegt außerhalb eines unvermeidbaren Verbotsirrtums das Risiko der rechtlichen Fehlbeurteilung beim Schädiger.[1360] Der Schutzrechtsprätendent hat aber nur die Alternative, die mögliche 509

[1349] BGH GRUR 2006, 219 (222) – Detektionseinrichtung II.

[1350] BGH GRUR 1974, 290 (292) – Maschenfester Strumpf; GRUR 1963, 255 (259) – Kindernähmaschinen.

[1351] BGH GRUR 2018, 832 Rn. 92 ff. – Ballerinaschuh; GRUR 2009, 878 Rn. 17 – Fräsautomat; BGH GRUR 2005, 882 (884) – Unberechtigte Schutzrechtsverwarnung.

[1352] BGH GRUR 1974, 290 (292) – Maschenfester Strumpf; GRUR 1963, 255 (259) – Kindernähmaschinen.

[1353] BGH GRUR 1974, 290 (293) – Maschenfester Strumpf; WRP 1968, 50 (53) – Spielautomat.

[1354] BGH GRUR 1976, 715 – Spritzgießmaschine.

[1355] BGH GRUR 1974, 290 (293) – Maschenfester Strumpf.

[1356] BGH GRUR 1997, 741 f. – Chinaherde.

[1357] OLG Hamm 11.2.2010 – 4 U 75/09, BeckRS 2010, 6650.

[1358] BGH GRUR 1978, 492 (494 f.) – Fahrradgepäckträger II.

[1359] BGH GRUR 1981, 285 (288) – Goldene Kundenkarte I; OLG Frankfurt a. M. GRUR 1989, 858 (859).

[1360] BGH GRUR 1995, 744 (749) – Feuer, Eis & Dynamit I.

Verletzung seines Schutzrechts hinzunehmen oder zu verfolgen.[1361] In dieser Situation kann ihm nicht vorgeworfen werden, dass er sich auf den rechtlich mit guten Gründen vertretbaren Standpunkt stellt, dass sein Schutzrecht verletzt wird.[1362]

510 **bb) Mitverschulden des Verwarnten.** Der Schadenersatzanspruch des Verwarnten kann durch sein Mitverschulden gemindert oder ausgeschlossen werden, wenn er der Verwarnung in vorwerfbarer Weise voreilig nachgibt.[1363] Allerdings gibt es gravierende **Unterschiede zwischen einer Hersteller- und einer Abnehmerverwarnung.** Dem verwarnten Abnehmer einschließlich des Zwischenhändlers, aber mit Ausnahme des Importeurs, ist nicht zuzumuten, die Sach- und Rechtslage zu überprüfen. Sie dürfen die Verwarnung ungeprüft zum Anlass nehmen, das betroffene Produkt aus dem Sortiment zu nehmen oder seine Nutzung einzustellen. Der verwarnte Hersteller oder Importeur muss sich demgegenüber **Gewissheit über die Berechtigung einer Verwarnung** verschaffen. Gegebenenfalls muss er den Rat eines auf dem Gebiet des gewerblichen Rechtsschutzes erfahrenen Patent- oder Rechtsanwaltes einholen und ein Sachverständigengutachten in Auftrag geben. Er ist verpflichtet, erfolgversprechende rechtliche Maßnahmen einzuleiten, um das **Schutzrecht amtlich oder gerichtlich überprüfen** zu lassen.[1364] Er darf die Prüfung der Sach- und Rechtslage nicht einstellen, nachdem er sich entschlossen hat, der Schutzrechtsverwarnung Folge oder keine Folge zu leisten.[1365] Seine Sorgfaltspflichten sollten den Sorgfaltspflichten entsprechen, die der Verwarner vor dem Ausspruch einer Verwarnung und in Folge seiner Verwarnung erfüllen muss.[1366] Denn der verwarnte Hersteller hatte in der Regel bereits vor der Schutzrechtsverwarnung Anlass, die Sach- und Rechtslage eingehend zu überprüfen, um keine Gefahr zu laufen, ein fremdes Schutzrecht zu verletzen.[1367] Die Prüfung darf nicht erst einsetzen, nachdem eine Schutzrechtsverwarnung ausgesprochen wurde.

511 **e) Verjährung.** Der Schadenersatzanspruch aus § 823 Abs. 1 BGB, der Unterlassungsanspruch aus §§ 823 Abs. 1 iVm 1004 Abs. 1 BGB sowie die der Durchsetzung dienenden Hilfsansprüche verjähren nach **drei Jahren** (§ 852 Abs. 1 BGB). Jede Maßnahme des Verwarnenden, die der weiteren Durchsetzung einer unberechtigten Verwarnung dient, setzt den Lauf der Verjährung erneut in Gang. Wenn der Verwarner es schuldhaft unterlassen hat, den durch die Verwarnung hervorgerufenen Störungszustand zu beseitigen, beginnt der Lauf der dreijährigen Verjährungsfrist aus § 852 Abs. 1 BGB für jeden infolge der Unterlassung entstehenden weiteren Schaden in dem Zeitpunkt, in dem der Geschädigte von diesem Schaden Kenntnis erlangt.[1368]

512 Bei dem **Zusammentreffen von Ansprüchen aus § 823 BGB mit § 4 Nr. 4 UWG oder § 4 Nr. 2 UWG** gehen die kurzen Verjährungsfristen des spezielleren § 11 Abs. 1 UWG nur vor, wenn sich das Verhalten im Lauterkeitsrecht erschöpft.[1369] Dies ist bei unberechtigten Schutzrechtsverwarnungen jedoch nicht der Fall, so dass **kein Vorrang von § 4 UWG** besteht.[1370] Der Schwerpunkt der unerlaubten Handlung liegt nicht im

[1361] *Horn* S. 185; *Lindacher* ZHR 144 (1980), 350 (360).

[1362] Vgl. *Ullmann* GRUR 2001, 1027 (1029).

[1363] BGH GRUR 1997, 741 f. – Chinaherde; GRUR 1963, 255 (260) – Kindernähmaschinen.

[1364] BGH GRUR 1977, 250 (252 f.) – Kunststoffhohlprofil.

[1365] BGH GRUR 1978, 492 (494) – Fahrradgepäckträger II.

[1366] AA wohl die Rechtsprechung, die dem Verwarnten geringere Sorgfaltspflichten aufzulegen scheint als dem Verwarner; BGH GRUR 1963, 255 (260) – Kindernähmaschinen.

[1367] Fezer/Büscher/Obergfell/*Götting/Hetmank* § 4 Nr. 4 Rn. 90. Zu den Sorgfaltspflichten des Schutzrechtsverletzers beim Patent und Gebrauchsmuster *Mes* PatG § 139 Rn. 105 ff., bei Marken *Fezer,* Markenrecht, § 14 Rn. 1016 ff. und Geschäftsbezeichnungen *Fezer,* Markenrecht, § 15 Rn. 415, beim Urheberrecht Schricker/Loewenheim-*Leistner* UrhG § 97 Rn. 245 ff. und beim Design/Geschmacksmuster *Eichmann*/von Falkenstein/Kühne DesignG § 42 Rn. 18 f.

[1368] BGH GRUR 1978, 492 (495) – Fahrradgepäckträger II.

[1369] BGH GRUR 2011, 444 Rn. 56 – Flughafen Frankfurt-Hahn; OLG Köln GRUR-RR 2001, 110.

[1370] OLG Hamburg GRUR-RR 2003, 257 (260); *Köhler*/Bornkamm/Feddersen § 4 Rn. 4.176a; aA Büscher/*Wille* § 4 Nr. 4 Rn. 125; jurisPK/Müller-Bidinger § 4 Nr. 4 Rn. 205.

unlauteren Verhalten, sondern im Erfolg, dem Eingriff in den Gewerbebetrieb eines Dritten.

Nach dem Eintritt der Verjährung des Schadenersatzanspruches steht dem Verletzten ein **Ersatzanspruch aus § 852 S. 1 BGB** zu. Diese Bestimmung, die auch auf Schadenersatzansprüche aus § 9 UWG angewendet werden kann,[1371] enthält eine Rechtsfolgenverweisung auf § 812 Abs. 1 BGB. Der Schadenersatzanspruch bleibt trotz seiner Verjährung bestehen. Er wird nur in seinem Umfang beschränkt auf dasjenige, was der Verwarner durch die unerlaubte Handlung auf Kosten des Verwarnten erlangt hat.[1372] Eine unmittelbare Vermögensverschiebung, wie sie § 812 Abs. 1 BGB als Rechtsgrund voraussetzt, verlangt § 852 S. 1 BGB nicht. Die Vorschrift stellt auf die unerlaubte Handlung ab, die adäquat kausal zur Vermögensverschiebung geführt hat. Sie berücksichtigt nicht den Weg, den das Vermögen vom Geschädigten zum Schädiger genommen hat.[1373] Der Anspruch verjährt gemäß § 852 S. 2 BGB in zehn Jahren. 513

f) Weitere Anspruchsgrundlagen. Ein Schadenersatzanspruch aus § 311 Abs. 2 BGB **(Verschulden bei Vertragsverhandlungen)** scheidet in aller Regel aus.[1374] Die Verwarnung ist zwar mit einem Angebot zum Abschluss eines Unterlassungsvertrags verbunden.[1375] Aus § 311 Abs. 2 Nr. 1 BGB sind aber nur Schäden zu ersetzen, die aus der Verletzung von Sorgfaltspflichten resultieren, die der Einleitung von Vertragsverhandlungen zeitlich nachfolgen.[1376] Der Anspruch kommt daher nur in Betracht, wenn der Verwarner nach der Schutzrechtsverwarnung und vor der Abgabe einer Unterlassungserklärung Erkenntnisse gewinnt, denen er entnehmen muss, dass die Schutzrechtsverwarnung unberechtigt sein könnte. In diesem Fall ist er verpflichtet, den Verwarnten darüber zu informieren.[1377] In gleicher Weise kommt ein Anspruch aus § 241 Abs. 2 BGB **(positive Forderungsverletzung)** in Frage, wenn die Erkenntnisse nach Abgabe einer Unterlassungserklärung und dem damit verbundenen Abschluss eines Unterlassungsvertrages gewonnen werden.[1378] 514

Ein Anspruch auf Ersatz der Kosten für einen Anwalt, einen Sachverständigen oder eine Recherche besteht nach den Vorschriften über die **Geschäftsführung ohne Auftrag** (§§ 677, 673 BGB) nicht.[1379] Der Verwarnte führt kein objektiv dem Verwarner obliegendes Geschäft.[1380] 515

Die berechtigte Schutzrechtsverwarnung stellt nach herrschender Auffassung eine Geschäftsführung ohne Auftrag dar. Bei der unberechtigten Schutzrechtsverwarnung kommt daher ein Anspruch auf **Ersatz des Schadens aus § 678 BGB** in Betracht.[1381] Er setzt ein Übernahmeverschulden voraus, für das der gleiche Sorgfaltsmaßstab gilt wie bei der Anwendung des § 823 Abs. 1 BGB iVm den Grundsätzen zum eingerichteten und ausgeübten Gewerbebetrieb.[1382] Streitig ist, ob der Anspruch sich auch auf Schäden erstreckt, die über die bloße Abwehr der Verwarnung hinausgehen und einen weitergehenden Entschluss des Geschäftsherrn, zB die Beauftragung eines Rechtsanwalts voraussetzt.[1383] 516

[1371] Vgl. BGH GRUR 2015, 780 Rn. 13 – Motorradteile.
[1372] BGH GRUR 1978, 492 (496) – Fahrradgepäckträger II.
[1373] BGH GRUR 1978, 492 (496) – Fahrradgepäckträger II.
[1374] BGH GRUR 1995, 167 (169) – Kosten bei unbegründeter Abmahnung.
[1375] *Quiring* WRP 1983, 317 (323).
[1376] OLG Düsseldorf GRUR-RR 2002, 213 (214); OLG Köln GRUR 2001, 525 (529); aA Fezer/Büscher/Obergfell/*Götting/Hetmank* § 4 Nr. 4 Rn. 92; MüKoUWG/*Jänich* § 4 Nr. 10 Rn. 129.
[1377] Fezer/Büscher/Obergfell/*Götting/Hetmank* § 4 Nr. 4 Rn. 92; zur unterlassenen Aufklärung als unerlaubter Handlung BGH GRUR 1978, 492 (495) – Fahrradgepäckträger II.
[1378] BGH GRUR 1978, 492 (494) – Fahrradgepäckträger II; Fezer/Büscher/Obergfell/*Götting/Hetmank* § 4 Nr. 4 Rn. 92.
[1379] OLG Köln GRUR 2001, 525 (529).
[1380] OLG Düsseldorf GRUR-RR 2002, 213 (214) (für den Fall eines Antrags auf Löschung einer Marke).
[1381] OLG München GRUR-RR 2008, 461 (463); OLG Hamburg NJW-RR 2003, 857 (858); aA Fezer/Büscher/Obergfell/*Götting/Hetmank* § 4 Nr. 4 Rn. 92.
[1382] OLG München ZUM-RD 2001, 522 f.; aA OLG München Magazindienst 2008, 1183 (1184, 1185).
[1383] OLG München Magazindienst 2008, 1183 (1185).

517 Für Ansprüche aus **deliktischen Äußerungstatbeständen** gilt das gleiche, was zu § 4 Nr. 2 UWG ausgeführt wurde. **§ 826 BGB** kann im Ausnahmefall eingreifen, wenn die Schutzrechtsverwarnung in Kenntnis ihrer fehlenden Berechtigung und zu dem Zwecke ausgesprochen wird, dem Verwarnten Schaden zuzufügen. § 826 BGB kann neben § 4 Nr. 4 UWG angewendet werden.[1384]

518 Wenn der Verwarner ein erfolgreiches einstweiliges Verfügungsverfahren durchgeführt hat, bevor sich herausstellt das keine Schutzrechtsverletzung vorliegt, besteht ein Schadenersatzanspruch aus § 945 ZPO. Dem Anspruch steht nicht entgegen, dass das Schutzrecht erst später für nichtig erklärt wird, da dadurch das Schutzrecht ex tunc wegfällt und nie bestanden hat.[1385] Beim Wegfall des Schutzrechts ex nunc, etwa bei der Löschung einer Marke wegen Nichtbenutzung, bestehen aber keine Schadenersatzansprüche.

519 **4. Ansprüche. a) Unterlassung und Beseitigung.** Der Verwarnte oder sein Zulieferer kann eine **negative Feststellungsklage** erheben, um die Berechtigung der Verwarnung überprüfen zu lassen.[1386] Der Hersteller oder Lieferant kann weiterhin einen **Anspruch auf Unterlassung der Verwarnung seiner Abnehmer** geltend machen.[1387] Ein Unterlassungsanspruch gegen die Einleitung gerichtlicher Maßnahmen gegen seine Kunden steht ihm aber nicht zu.[1388] Die **Beweislast** für die mangelnde Berechtigung der Verwarnung liegt in diesen Fällen immer beim Verwarner.

520 **b) Auskunft.** Wer eine unberechtigte Verwarnung gegen Abnehmer ausgesprochen hat, ist dem Hersteller und Lieferanten zur **Auskunft über die Adressaten** verpflichtet. Ein schützenswertes Interesse daran, die Adressaten einer unberechtigten Verwarnung geheim zu halten, besteht nicht.

521 **c) Schadenersatz.** Wer schuldhaft unberechtigt verwarnt, weil das Schutzrecht nicht besteht oder nicht verletzt wird, ist zum Ersatz des daraus resultierenden Schadens verpflichtet. Ein Schadenersatzanspruch des Verwarnten besteht jedoch nicht, wenn die Schutzrechtsverwarnung nur deshalb unberechtigt ist, weil dem Verwarner die Aktivlegitimation fehlt, während das Schutzrecht vom Verwarnten tatsächlich verletzt wird.

522 Der Schadenersatzanspruch umfasst den **entgangenen Gewinn** und den **Sachschaden,** der durch die Vernichtung von Produktionswerkzeugen, Waren, Werbematerialien und andere Gegenständen auf Grund der unberechtigten Schutzrechtsverwarnung entsteht. Vom Schadenersatzanspruch werden die **Kosten der Rechts- und Patentanwälte** erfasst, auch wenn der Verwarnung keine Folge geleistet wurde.[1389] **Recherchekosten und Kosten für einen Sachverständigen** sind ebenfalls zu erstatten, wenn der Geschädigte diese Kosten für notwendig halten durfte.[1390] Der Verwarnte darf auf diesem Wege aber keine **„Sowieso-Kosten"** auf den Verwarner abwälzen. Hatte er Veranlassung, die Rechtslage wegen einer möglichen Schutzrechtsverletzung bereits vor der Schutzrechtsverwarnung zu überprüfen, so kann er die Kosten, die in diesem Rahmen entstanden wären, nicht als Schaden geltend machen.[1391] Eine Kostenerstattung kommt außerdem nicht in Betracht, wenn eine gesetzliche Regelung eine Erstattung der Kosten ausschließt oder von der Entscheidung in einem amtlichen oder gerichtlichen Verfahren abhängig macht.[1392]

1384 jurisPK/*Müller-Bidinger* § 4 Nr. 4 Rn. 243.
1385 BGH GRUR 2006, 219 (222) – Detektionseinrichtung II; aA Zöller/*Vollkommer* § 945 Rn. 8.
1386 OLG Hamm NJOZ 2010, 2522.
1387 BGH GRUR 2006, 433 (434, 435) – Unbegründete Abnehmerverwarnung.
1388 BGH GRUR 2005, 882 (884 f.) – Unberechtigte Schutzrechtsverwarnung; GRUR 2006, 433 (435) – Unbegründete Abnehmerverwarnung.
1389 OLG Braunschweig NJWE-WettbR 1997, 232 f.
1390 OLG Frankfurt a. M. GRUR 1967, 114 (115).
1391 Fezer/Büscher/Obergfell/*Götting/Hetmank* § 4 Nr. 4 Rn. 89.
1392 OLG Düsseldorf GRUR-RR 2002, 213 (214); vgl. auch BGH GRUR 1971, 355 (356) – Epigran II.

Die erforderliche **Kausalität** zwischen der Verwarnung und dem Schaden wird nicht dadurch unterbrochen, dass der Schaden erst durch den eigenen Entschluss des Verwarnten eintritt, der Schutzrechtsverwarnung Folge zu leisten. Diese Entscheidung und ihre Folgen sind adäquat kausal und sind vom Verwarner beabsichtigt.[1393] Der Schadenersatzanspruch besteht auch, wenn der Verwarnte sich erst zu einem späteren Zeitpunkt, beispielsweise nach der Klageerhebung oder sogar dem Erlass eines erstinstanzlichen Urteils, dazu entschließt, der Verwarnung nachzugeben.[1394] 523

Bei einer **formal unlauteren**, materiell aber berechtigten **Schutzrechtsverwarnung** besteht ein Schadenersatzanspruch nicht für solche Schäden, die aus der zukünftigen Unterlassung der Schutzrechtsverletzung resultieren.[1395] Der Schadenersatzanspruch beschränkt sich auf den Schaden, der daraus entsteht, dass die berechtigte Schutzrechtsverwarnung formal nicht ordnungsgemäß war. Ist nur ein **Teil der Schutzrechtsverwarnung begründet,** entfällt der Schadenersatzanspruch unter dem Gesichtspunkt mangelnder Kausalität, wenn dieser Teil für sich allein den gesamten Schaden herbeigeführt hat.[1396] Gleiches gilt, wenn zwar das Schutzrecht nicht verletzt wurde, der Verwarnte aber aus einem anderen Grunde zur Unterlassung verpflichtet war.[1397] Die **Kausalität** und der **Umfang des Schadens** können **nach § 287 ZPO geschätzt** werden.[1398] 524

IX. Boykott

Schrifttum: *Bappert,* Die Aufforderung zum Anzeigenboykott, AfP 1966, 589; *Bauer/Wrage-Molkenthin,* Aufforderung zu Liefer- oder Bezugssperren, BB 1989, 1495; *Berghoff,* Nötigung durch Boykott, 1998; *Helle,* Boykott und Meinungskampf, NJW 64, 1497; *v. Köller,* Meinungsfreiheit und unternehmensschädigende Äußerung, 1971; *Kreuzpointner,* Boykottaufrufe durch Verbraucherorganisationen. Zur Zulässigkeit des sog. Käuferstreiks, 1980; *Krumpholz,* Das Verbot von Boykott-Erklärungen, NJW 1993, 113; *Löhr,* Boykottaufruf und Recht auf freie Meinungsäußerung, WRP 75, 581 ff.; *Markert,* Aufforderung zu Liefer- und Bezugssperren, BB 1989, 921; *Möllers,* Zur Zulässigkeit des Verbraucherboykotts – Brent Spar und Mururoa, NJW 1996, 1374; *Möschel,* Zum Boykott-Tatbestand des § 26 Abs. 1 GWB, in: Wettbewerb als Herausforderung und Chance, FS Benisch, 1989, S. 339 ff.; *Nipperdey,* Boykott und freie Meinungsäußerung, DVBl. 58, 445 ff.; *Sandrock,* Die Liefersperre in kartell- und zivilrechtlicher Sicht, JuS 1971, 57; 1193.

1. Allgemeines. Der **Boykott** ist die bewusste Weigerung eines Marktteilnehmers, von einem Unternehmen oder einer Gruppe von Unternehmen etwas zu erwerben oder diesen Unternehmen Waren zu liefern oder für sie Leistungen zu erbringen. Der Boykott als Ablehnung eines Geschäftskontakts im bilateralen Verhältnis von Marktteilnehmern ist außerhalb des Anwendungsbereichs des § 19 Abs. 1, Abs. 2 Nr. 1 GWB zulässig. Niemand ist verpflichtet, mit einem anderen Marktteilnehmer Geschäfte zu machen. 525

Während der Boykott eines Unternehmens durch einen Marktteilnehmer in aller Regel unbedenklich ist, ist der **Boykottaufruf** im Sinne einer **Aufforderung eines Marktteilnehmers an einen oder mehrere Dritte, eine bestehende Geschäftsverbindung zu einem anderen Unternehmen zu beenden oder erst gar nicht aufzunehmen,** eine klassische Form des Behinderungswettbewerbs.[1399] Dem zum Boykott Auffordernden geht es nicht um den eigenen Geschäftserfolg, sondern um die Schädigung des oder der Boykottierten. Dadurch wird der im UWG geschützte Leistungswettbewerb erheblich beeinträchtigt. 526

1393 Vgl. zum Zurechnungszusammenhang bei selbstschädigendem Verhalten BGH NJW 2002, 2232 (2233).

1394 BGH GRUR 2018, 832 Rn. 84 – Ballerinaschuh; GRUR 1995, 812 (813 f.) – Unterlassungsurteil gegen Sicherheitsleistung.

1395 BGH GRUR 1995, 424 (426) – Abnehmerverwarnung; *Ullmann* GRUR 2001, 1027 (1030).

1396 BGH WRP 1968, 50 (53) – Spielautomat; OLG Frankfurt a. M. GRUR-RR 2017, 461.

1397 BGH GRUR 2018, 832 Rn. 62 – Ballerinaschuh.

1398 BGH GRUR 1997, 741 f. – Chinaherde.

1399 BGH WRP 1999, 941 (944) – Sitzender Krankentransport; GRUR 1990, 474 (476) – Neugeborenentransporte.

527 Boykottaufforderungen beurteilen sich primär nach **§ 4 Nr. 4 UWG und § 21 Abs. 1 GWB.** § 21 Abs. 1 GWB verbietet es Unternehmen und Vereinigungen von Unternehmen, ein anderes Unternehmen oder Vereinigungen von Unternehmen in der Absicht, Dritte unbillig zu beeinträchtigen, zu Liefersperren oder Bezugssperren aufzufordern. § 4 Nr. 4 UWG und § 21 Abs. 1 GWB sind **nebeneinander anwendbar.**[1400] Der Anwendungsbereich der beiden Vorschriften deckt sich weitgehend,[1401] wenn es auch nicht ausgeschlossen ist, dass aufgrund besonderer Sachverhaltsmerkmale ein Verhalten nur nach der einen oder anderen Vorschrift unzulässig ist.[1402] Außerdem müssen der zum Boykott Auffordernde und der den Boykott Ausführende bei § 21 Abs. 1 GWB Unternehmen sein müssen, während dies bei § 4 Nr. 4 UWG nicht zwingend erforderlich ist. Die meisten der nachfolgend zitierten Gerichtsentscheidungen sind zu § 21 Abs. 1 GWB ergangen. Neben beiden Vorschriften liegt im Einzelfall auch eine Anwendung von **§ 4 Nr. 1 oder Nr. 2 UWG** nahe, wenn die Boykottaufforderung mit herabsetzenden Werturteilen oder unwahren Tatsachenbehauptungen verbunden wird. Fehlt es bei der Boykottaufforderung an einer Wettbewerbshandlung gemäß § 2 Abs. 1 Nr. 1 UWG, kann er gegen **§ 823 Abs. 1 BGB** in Verbindung mit den Grundsätzen zum eingerichteten und ausgeübten Gewerbebetrieb oder gegen **§ 826 BGB** verstoßen.[1403]

528 **2. Die Beteiligten.** Die unlautere Boykottaufforderung setzt **mindestens drei Beteiligte oder drei Gruppen von Beteiligten** voraus: den zum Boykott Auffordernden (auch Verrufer oder Boykottierer genannt), den Adressaten der Boykottaufforderung (auch Ausführer oder Sperrer genannt), und den Boykottierten (auch Gesperrter oder Verrufener genannt).[1404] Es können aber auch mehr als drei Personen(gruppen) beteiligt sein, wenn der Adressat der Boykottaufforderung ein Unternehmen nicht selbst boykottieren soll, sondern seinerseits Dritte zum Boykott eines Unternehmens auffordern soll.

529 Der **zum Boykott Auffordernde (Verrufer)** kann eine natürliche oder juristische Person oder eine Personenmehrheit sein. Es ist ausreichend, dass mehrere Personen sich miteinander zum Boykott verabreden. In diesem Fall können Verrufer und Adressat der Boykottaufforderung identisch sein.[1405] Verrufer ist auch, wer sich der Boykottaufforderung eines anderen anschließt.

530 Auf Seiten des Verrufers kommen **alle rechtlichen Beteiligungsformen** (Täterschaft, Teilnahme) in Betracht. In der Vergangenheit wurde auch eine Störerhaftung für möglich gehalten.[1406] Daran kann aber nicht festgehalten werden, nachdem der BGH die Störerhaftung im Verhaltensunrecht und damit im UWG abgeschafft hat.[1407]

531 **Adressat der Boykottaufforderung** kann jedermann sein, der die Auswahl zwischen mehreren Leistungserbringern zu treffen hat.[1408] Eine namentliche Nennung ist nicht erforderlich. Erforderlich ist allerdings, dass der Adressat **nach bestimmten Merkmalen** bestimmt oder **bestimmbar** ist.[1409] Dafür reicht es aus, dass Adressat jeder aus einer nach allgemeinen Kriterien bestimmten Personengruppe ist.[1410] Meist richtet sich die Boykottaufforderung an die Abnehmer des boykottierten Unternehmens, häufig an den Verbrau-

[1400] BGH GRUR 2006, 773 – Probeabonnement.
[1401] BGH GRUR 2000, 89 (92) – Beteiligungsverbot für Schilderpräger; BGH WRP 1999, 941 (943) – Sitzender Krankentransport.
[1402] OLG Hamburg MD 2006, 1277 (1281) – Automatenangebote.
[1403] BGH GRUR 1965, 440 (442) – Milchboykott; OLG Stuttgart GRUR-RR 2006, 20 – Absperrband-Aktion.
[1404] BGH GRUR 2000, 344 (346) – Beteiligungsverbot für Schilderpräger; GRUR 1999, 1031 (1032) – Sitzender Krankentransport.
[1405] BGH GRUR 1965, 440 (442) – Milchboykott; RGZ 155, 279 ff.
[1406] BGH GRUR 1980, 243 (244) – Denkzettel-Aktion.
[1407] BGH GRUR 2011, 152 Rn. 448 – Kinderhochstühle im Internet.
[1408] BGH WRP 2000, 759 (761) – Zahnersatz aus Manila; GRUR 1999, 1031 (1033) – Sitzender Krankentransport.
[1409] BGH GRUR 1980, 243 (244) – Denkzettel-Aktion; Büscher/*Wille* § 4 Nr. 4 Rn. 146.
[1410] OLG München WRP 1996, 925 (928) – Scheiß des Monats.

cher. Die Boykottaufforderung kann sich aber auch an Personen richten, die selber den Boykott gar nicht durchführen können, sondern ihrerseits erst Dritte zum Boykott veranlassen sollen.[1411]

Der **Adressat als notwendiger Teilnehmer** an einem Boykott **ist** für die unlautere Boykottaufforderung in der Regel **nicht verantwortlich.**[1412] Wenn er der Boykottaufforderung Folge leistet, macht er nur von seinem Recht Gebrauch, sich für oder gegen Geschäftskontakte mit einem bestimmten Unternehmen oder einer bestimmten Unternehmensgruppe zu entscheiden. Etwas anderes gilt nur, wenn er mit dem Verrufer kollusiv zusammenwirkt.[1413] 532

Der **Boykottierte** muss ein Unternehmen oder eine Gruppe von Unternehmen sein. Er muss in der Boykottaufforderung nicht namentlich genannt werden. Wie beim Adressaten der Boykottaufforderung reicht es aus, wenn er **aufgrund bestimmter Merkmale bestimmbar** ist.[1414] Die Individualisierbarkeit fehlt aber, wenn der Kreis der zu sperrenden Unternehmen praktisch unübersehbar ist.[1415] § 4 Nr. 4 UWG setzt tatbestandlich weiterhin voraus, dass der Boykottierte **Mitbewerber** des Verrufers oder des vom Verrufer mit der Boykottaufforderung geförderten Unternehmens ist.[1416] Wenn kein konkretes Wettbewerbsverhältnis vorliegt, muss auf §§ 823 Abs. 1, 826 BGB zurückgegriffen werden. 533

3. Geschäftliche Handlung. Die Boykottaufforderung setzt eine geschäftliche Handlung im Sinne von **§ 2 Abs. 1 Nr. 1** voraus.[1417] Probleme bereiten insofern Meinungsäußerungen eines Unternehmens, insbesondere eines Wettbewerbers des Boykottierten, die als Stellungnahme zu gesellschaftliche Belange der Öffentlichkeit berührende Fragen zu werten sind, sowie Äußerungen der Presse. 534

Das Grundrecht der **Meinungsfreiheit (Art. 5 Abs. 1 GG)** schließt kommerzielle Meinungsäußerungen sowie die reine Wirtschaftswerbung ein.[1418] § 4 Nr. 4 ist zwar ein allgemeines Gesetz iSd Art. 5 Abs. 2 GG, das einen Eingriff in die Meinungsfreiheit erlaubt.[1419] Die Vorschrift ist jedoch ihrerseits im Lichte des Grundrechts auszulegen und in seiner das Grundrecht beschränkenden Wirkung selbst wieder so einzuschränken, dass der besondere Gehalt der Meinungsfreiheit zur Geltung kommt.[1420] Bei der **Stellungnahme** eines Wettbewerbers **im Rahmen einer öffentlichen Auseinandersetzung** kann bereits das Vorliegen einer geschäftlichen Handlung gem. § 2 Nr. 1 zweifelhaft sein, wenn der geschäftliche Zweck der Äußerung nicht im Vordergrund steht.[1421] Bei der Beurteilung muss ua auf den situativen Kontext abgestellt werden, in dem die Aussage getroffen wurde. Zwar liegt es bei einem Unternehmer nahe, dass er mit einer Handlung sein Unternehmen fördern will. Wenn das zu einem Boykott aufrufende oder sich einer Boykottaufforderung anschließende Unternehmen aber keinerlei unmittelbaren oder mittelbaren Bezug auf das eigene wirtschaftliche Angebot nimmt, muss das Vorliegen einer geschäftlichen Handlung, mit dem an einer öffentlichen Auseinandersetzung teilgenommen oder eine solche initiiert wird, kritisch hinterfragt werden.[1422] 535

[1411] BGH GRUR 1984, 461 – Kundenboykott; GRUR 1980, 242 (243) – Denkzettel-Aktion.

[1412] BGH GRUR 1983, 259 (261) – Familienzeitung zum damaligen § 26 Abs. 1 GWB.

[1413] Juris PK/*Müller-Bidinger* § 4 Nr. 4 Rn. 384.

[1414] BGH GRUR 2019, 1305 Rn. 12 – Werbeblocker III; GRUR 2000, 340 – Kartenlesegerät; OLG Stuttgart 21.1.2010 – 2 U 8/09 Rn. 118 BeckRS 2011, 3888 (NZB zurückgewiesen BGH GRUR-RR 2011, 343 (Ls.)).

[1415] OLG Hamburg MD 2006, 1277 (1281) – Automatenangebote.

[1416] JurisPK/*Müller-Bidinger* § 4 Nr. 4 Rn. 385; MüKoUWG/*Jänich* § 4 Nr. 10 Rn. 152.

[1417] Siehe hierzu oben *Keller* → § 2 Rn. 38, 88.

[1418] BVerfG GRUR 2008, 81 – Pharma-Kartell; GRUR 2001, 1058 (1059) – Generika-Werbung. Eingehend *Ahrens* → Einleitung G Rn. 1037.

[1419] BVerfG GRUR 2001, 1058 (1059) – Generika-Werbung; GRUR 2001, 170 – Benetton-Werbung I.

[1420] Vgl. BVerfG GRUR 2001, 1058 (1059) – Generika-Werbung; GRUR 2001, 170 (173 f.) – Benetton-Werbung I; s. auch Stellungnahme der Bundesregierung BT-Drs. 15/1487, 18.

[1421] BVerfG GRUR 2008, 81 (82) – Pharma-Kartell.

[1422] BVerfG GRUR 2008, 81 (82) – Pharma-Kartell.

536 Bei **Privatpersonen und Vereinigungen,** die ihre Überzeugungen durchsetzen wollen und dabei von ihrem Grundrecht auf **Meinungsfreiheit** Gebrauch machen, und bei **Äußerungen in** den **Medien,** die dem Grundrecht der **Pressefreiheit** unterfallen, liegt im Regelfall keine geschäftliche Handlung vor. Eine Ausnahme gilt bei Medien nur für die Eigenakquisition oder den Erhalt des eigenen Kundenkreises, die als geschäftliche Handlung zu beurteilen sind.[1423] Ansonsten ist bei der Annahme, dass es jemandem darum geht, ein Unternehmen oder eine Unternehmensgruppe zu fördern, mit Rücksicht auf das Grundrecht der Meinungs- und Pressefreiheit große Zurückhaltung geboten. Es steht den Medien und jedermann frei, das Verhalten oder Angebot eines Unternehmens aus beliebigen Gründen massiv zu kritisieren. Auch tendenziöse und suggestive Darstellungsformen führen noch nicht zum Vorliegen einer geschäftlichen Handlung.[1424] Für die Annahme einer geschäftlichen Handlung ist es erforderlich, dass die Handlung bei der gebotenen objektiven Betrachtung vorrangig dem Ziel der Förderung des Absatzes oder Bezugs von Waren oder Dienstleistungen dient.[1425] Es reicht allerdings aus, dass **zumindest nach allgemeinen Merkmalen bestimmte Unternehmen** gefördert werden sollen.[1426] Die Einflüsse des Grundrechts der Meinungs- und Pressefreiheit sind in diesem Falle auch noch ergänzend im Rahmen der Unlauterkeits- oder Rechtswidrigkeitsprüfung zu beachten.[1427] Boykottaufforderungen der Presse, die nicht dem UWG unterfallen, können unter Umständen als Eingriff in den eingerichteten und ausgeübten Gewerbebetrieb (§ 823 Abs. 1 BGB) oder als vorsätzliche sittenwidrige Schädigung (§ 826 BGB) gewertet werden.[1428]

537 **4. Boykottaufforderung. a) Aufforderungshandlung.** Für die Qualifizierung einer Äußerung als Boykott kommt es darauf an, ob die Aufforderung objektiv geeignet ist, den Adressaten zu einer Liefer- oder Bezugssperre eines Mitbewerbers zu veranlassen. Hierzu muss eine umfassende Abwägung der Interessen aller Beteiligten einschließlich des Schutzes der Meinungs- und Pressefreiheit vorgenommen werden.[1429] Die Boykottaufforderung ist der **Versuch einer Beeinflussung der freien Entscheidung eines Marktteilnehmers, bestimmte Geschäftsbeziehungen mit einem Unternehmen nicht einzugehen oder nicht aufrecht zu erhalten.**[1430] Gegenstand einer Liefer- oder Bezugssperre kann jede Tätigkeit im geschäftlichen Verkehr sein. Sie kann das Leistungsangebot eines Unternehmens insgesamt betreffen oder auf alle oder einzelne beliebige Waren (einschließlich Rechte) oder Dienstleistungen gerichtet sein.[1431] Auch eine Beteiligung an einer Gesellschaft kann Gegenstand eines Boykotts sein.[1432] Es ist nicht erforderlich, dass die Geschäftsbeziehungen vollständig eingestellt werden sollen. Vielmehr kann auch in der Aufforderung, die Geschäftsbeziehungen temporär zu reduzieren, eine Boykottaufforderung liegen.[1433] Die Forderung, einem Dritten schlechtere vertragliche Konditionen zu gewähren, kann ebenfalls ausreichen.[1434]

538 Die Boykottaufforderung kann **mündlich oder schriftlich, ausdrücklich oder konkludent, in einem persönlichen Kontakt oder öffentlich** erfolgen.[1435] Ihr ist eigen,

---

[1423] BVerfG GRUR 1984, 357 (359) – markt-intern; OLG Hamburg GRUR-RR 2005, 385 (386) – Ladenhüter; OLG München GRUR-RR 2004, 309 (310) – Billiges Plagiat.
[1424] Vgl. aber BGH GRUR 1985, 468 (469) – Ideal Standard; GRUR 1984, 461 (462) – Kundenboykott.
[1425] BGH GRUR 2015, 694 Rn. 22 – Bezugsquellen für Bachblüten.
[1426] BGH GRUR 1985, 468 (469) – Ideal Standard; GRUR 1984, 461 (462) – Kundenboykott.
[1427] BGH GRUR 2015, 694 Rn. 34 – Bezugsquellen für Bachblüten.
[1428] BGH GRUR 1965, 440 (442) – Milchboykott; OLG Stuttgart GRUR-RR 2006, 20 – Absperrband-Aktion.
[1429] OLG Frankfurt a. M. GRUR-RR 2016, 14.
[1430] BGH GRUR 2019, 1305 Rn. 12 – Werbeblocker III; GRUR 2000, 340 (342) – Kartenlesegerät; WRP 2000, 759 (761) – Zahnersatz aus Manila.
[1431] BGH GRUR 2000, 344 (345 f.) – Beteiligungsverbot für Schilderpräger.
[1432] GRUR 2000, 344 (346) – Beteiligungsverbot für Schilderpräger.
[1433] OLG Hamburg MD 2006, 1277 (1281) – Automatenangebote.
[1434] OLG Hamburg MD 2006, 1277 (1281) – Automatenangebote.
[1435] BGH WUW/E BGH 2137 (2138) – markt-intern/Sanitär-Installation; GRUR 1990, 474 (476) – Neugeborenentransporte.

dass der Verrufer den Versuch unternimmt, zielgerichtet auf die Willensentscheidung des Adressaten Einfluss zu nehmen. Dafür reicht es noch nicht aus, dass der Verrufer den Adressaten über Handlungen oder Eigenschaften eines Dritten informiert oder den Dritten kritisiert. Die Kundgabe muss über eine bloße Anregung, Tatsachenmitteilung, Meinungsäußerung oder Empfehlung hinausgehen[1436] und ein Element der Aufforderung enthalten, Maßnahmen gegen den Dritten im Sinne einer Bezugs- oder Liefersperre oder Erschwernis beim Bezug oder der Lieferung einzuleiten.[1437]

Bei der Beurteilung, ob es sich bei einer Kundgabe um eine Boykottaufforderung handelt, ist auf das **Verständnis eines durchschnittlich aufmerksamen, verständigen und informierten Mitglieds der angesprochenen Verkehrskreise** abzustellen. Es sind alle Umstände des Einzelfalls zu berücksichtigen.[1438] Die Boykottaufforderung kann sich aus mehreren Kundgaben, die in einer Gesamtschau zu betrachten sind, ergeben.[1439] Wer allerdings nur – wenn auch mit unlauteren Mitteln –[1440] die **Vorzüge** eines bestimmten, etwa **des eigenen Angebots** schildert, fordert damit nicht gleichzeitig zum Boykott der anderen Anbieter auf. Der **Nachweis günstigerer Bezugsmöglichkeiten** ist nur dann eine Boykottaufforderung, wenn damit für den Adressaten erkennbar eine Boykottaufforderung des anderen verbunden ist.[1441] Indizien können eine wirtschaftliche Machtposition, gesellschaftliche Autorität, ie Prominenz des Verrufers sein, allerdings kommt es immer auf die Umstände des Einzelfalls an.[1442] 539

Eine Boykottaufforderung kann in bestimmten **Vertragsklauseln** liegen. Dafür reicht die Vereinbarung **exklusiver Geschäftsbeziehungen oder** die **Koppelung von Produkten** in Austauschverträgen, die entsprechende Beziehungen zu Dritten ausschließen, nicht aus.[1443] Anders liegt es aber, wenn die vertragliche Beschränkung des Geschäftspartners eine **gegen bestimmte Dritte gerichtete Zielsetzung** aufweist oder mit ihrer Hilfe bestimmte, individualisierbare Unternehmen getroffen oder sogar vom Markt verdrängt oder fern gehalten werden sollen.[1444] In einer Vertragsgestaltung, die dazu benutzt wird, die eigene Marktstellung zu zementieren und dem Konkurrenten den Zugang zu Ressourcen zu blockieren,[1445] oder in einer Vereinbarung, durch die einem Vertragspartner außerhalb exklusiver Vertragsbeziehungen untersagt wurde, Geschäftskontakte mit einem bestimmten Dritten oder einer bestimmten Gruppe von Dritten zu pflegen, wurde deshalb eine Boykottaufforderung gesehen.[1446] 540

Beispiele: Die Rechtsprechung hat **Boykottaufforderungen angenommen** bei der „Bitte" einer gesetzlichen Krankenkasse an Vertragsärzte, die Patienten vorrangig an namentlich genannte Unternehmen zu verweisen;[1447] bei der Aufforderung, bei der Behebung von Missständen und Machtmissbräuchen mitzuwirken, für die ein bestimmtes Unternehmen repräsentativ sei;[1448] bei der negativen Darstellung einer Geschäftsverbindung mit einem bestimmten Unternehmen verbunden mit dem Angebot zur Benennung anderer, preisgünstiger Bezugsquellen;[1449] bei dem an einen Armaturenhersteller gerichteten Verlangen, bestimmte Großhändler zu sperren;[1450] bei der Kündigung eines Inserat- 541

[1436] BGH NJW 1954, 147 – Innungsboykott; OLG Hamburg WUW/OLG 2067 (2068) – Werbeaktion mit Kaffeegeschirren.
[1437] BGH GRUR 1984, 214 (215) – Copy Charge.
[1438] OLG Stuttgart 21.1.2010 – 2 U 8/09 Rn. 120 BeckRS 2011, 3888.
[1439] OLG Düsseldorf GRUR 1984, 131 (133); jurisPK/*Müller-Bidinger* § 4 Nr. 4 Rn. 394.
[1440] BGH GRUR 2000, 340 (342) – Kartenlesegerät.
[1441] BGH GRUR 2000, 340 (342 f.) – Kartenlesegerät; WRP 2000, 759 (761) – Zahnersatz aus Manila.
[1442] jurisPK/*Müller-Bidinger* § 4 Nr. 4 Rn. 401.
[1443] BGH GRUR 2003, 77 (79) – Fernwärme für Börnsen; OLG Hamburg MD 2006, 1277 (1282) – Automatenangebote.
[1444] BGH GRUR 2003, 77 (79) – Fernwärme für Börnsen.
[1445] OLG Celle GRUR-RR 2004, 118 – Vereinbarung eines Wettbewerbsverbotes als Boykottaufruf.
[1446] BGH GRUR 2003, 77 – Fernwärme für Börnsen; OLG Hamburg GRUR-RR 2008, 31 (32) – Exklusivitätsklausel.
[1447] BGH WRP 1999, 941 (944) – Sitzender Krankentransport.
[1448] BGH GRUR 1985, 468 (469) – Ideal-Standard.
[1449] BGH GRUR 1984, 214 (215) – Copy Charge.
[1450] BGH BB 1989, 931 – markt-intern-Dienst.

auftrags unter Hinweis auf die Anzeige eines Konkurrenten;[1451] bei der Äußerung „wenn wir Apotheker uns einig sind, sind diese Präparate schnell vom Markt verschwunden";[1452] bei dem Hinweis einer Ortskrankenkasse gegenüber dem Chefarzt eines Krankenhauses, dass die Kosten eines privaten Krankentransportunternehmens künftig nicht mehr übernommen werden;[1453] bei der Aufforderung, einen Werbevertrag zu kündigen, weil der Vertragspartner zu den Schmuddelkindern seiner Branche gehört;[1454] bei der Aufforderung einer Universität an das mit der Vermietung von Gebäuden der Universität betraute Unternehmen, Werbeflächen nicht mehr an Repetitorien zu vergeben[1455] sowie in der Äußerung einer Kfz-Versicherung gegenüber dem Rechtsanwalt des Geschädigten, die Kosten für die Erstellung eines Sachverständigengutachtens wegen fehlender Unabhängigkeit des Sachverständigen zu übernehmen.[1456] Auch in der Art und Weise, wie über einen Boykott berichtet wird, kann eine versteckte Aufforderung liegen, sich an dem Boykott zu beteiligen.[1457]

542 **Keine Boykottaufforderung** wurde in der Warnung in einer Zeitschrift gesehen, dass ein Hersteller „auf eine Mauer eisiger Ablehnung in Handel und Handwerk stoßen" werde, wenn sich sein Produkt nicht durchsetzt;[1458] oder der Forderung eines Abnehmers, der Lieferant möge für ihn stets das billigste Erzeugnis am Markt einkaufen;[1459] in der werblichen Aufforderung, der Interessent möge bestimmte Anschaffungen zurückstellen, bis der Werbende sein Geschäft eröffnet hat;[1460] in der Empfehlung eines Verbandes von Ersatzkassen an Zahnärzte und Patienten, Zahnersatz preisgünstig von bestimmten ausländischen Anbietern zu beziehen,[1461] und in dem Hinweis einer Kfz-Versicherung an den Anspruchsteller auf Mietwagen oder Reparaturmöglichkeiten von Anbietern mit günstigeren Preisen, als sie vom Anbieter des Antragsstellers gewährt werden. Dies gilt jedenfalls, solange berechtigte gegenläufige Interessen des Anspruchstellers dadurch nicht berührt werden.[1462]

543 **b) Versuch der Einflussnahme.** Die unlautere Boykottaufforderung ist der Versuch der Einflussnahme auf die Auswahlentscheidung eines anderen. Sie setzt voraus, dass der Boykotteur (Ausführer) frei darin ist, sich für oder gegen den Boykott zu entscheiden. Andernfalls kann der Leistungswettbewerb durch eine Boykottaufforderung nicht verfälscht werden. An der **Entscheidungsfreiheit des Adressaten** fehlt es, wenn ein Marktteilnehmer keinen eigenen Entscheidungsspielraum hat, weil es beispielsweise gesetzlich oder vertraglich zu einem bestimmten Verhalten verpflichtet oder vom Verrufer weisungsabhängig ist.[1463] Eine Weisungsabhängigkeit kann bei einer Tochtergesellschaft gegenüber der verrufenden Muttergesellschaft bestehen,[1464] bei einer nachgeordnete gegenüber ihrer übergeordneten Dienststelle[1465] oder bei Arbeitnehmern, Handelsvertretern, Kommissionären etc gegenüber dem Prinzipal.[1466] Im Verhältnis eines Krankenhauses gegenüber einer Krankenversicherung als dem Sachleistungsträger besteht kein Weisungsrecht.[1467] Die erforderliche Entscheidungsfreiheit soll auch fehlen, wenn der Verrufer im Boykottaufruf den Eindruck vermittelt, dass es keine Alternative zum geforderten Verhalten gibt.[1468]

[1451] KG WUW/E OLG 1029 (1031) – Anzeigensperre.
[1452] OLG München WRP 1996, 925 (928) – Scheiß des Monats.
[1453] BGH GRUR 1990, 474 – Neugeborenentransporte.
[1454] OLG Frankfurt a. M. GRUR 2016, 14 Rn. 27.
[1455] OLG Karlsruhe GRUR-RR 2009, 275 (276).
[1456] OLG Nürnberg WRP 2007, 202 (203).
[1457] BGHZ 24, 200 (204 f.) – Spätheimkehrer.
[1458] BGH BB 1989, 931 – markt-intern-Dienst.
[1459] BGH WuW/E BGH 2370 (2373) – importierte Fertigarzneimittel.
[1460] BGH GRUR 2001, 752 – Eröffnungswerbung.
[1461] WRP 2000, 759 – Zahnersatz aus Manila.
[1462] BGH GRUR 2012, 1153 Rn. 21 – Unfallersatzgeschäft.
[1463] jurisPK/*Müller-Bidinger* § 4 Nr. 4 Rn. 382.
[1464] BGH GRUR 1973, 277 – Ersatzteile für Registrierkassen.
[1465] RGZ 155, 257 (279).
[1466] BGHZ 19, 72 – Gesangsbuch; jurisPK/*Müller-Bidinger* § 4 Nr. 4 Rn. 382.
[1467] BGH GRUR 1990, 474 – Neugeborenentransporte.
[1468] OLG Stuttgart 21.1.2010 – 2 U 8/09 Rn. 123 BeckRS 2011, 3888.

c) Eignung zur Beeinflussung. Die Aufforderung muss objektiv zur Einflussnahme auf die Willensentscheidung des Adressaten geeignet sein, ein **Erfolg der Einflussnahme ist** aber **nicht erforderlich.**[1469] Die Boykottaufforderung ist zur Einflussnahme geeignet, wenn sie aufgrund des Inhalts der Aufforderung oder des Kontextes, in dem sie erfolgt, das **Potential** hat, **auf die Auswahlentscheidung des Adressaten einzuwirken.** Diese Eignung kann sich erst aus einer kumulativen Einflussnahme eines oder mehrerer Verrufer ergeben.[1470] Es ist nicht notwendig, dass der Adressat in besonderer Weise dem Einfluss des Verrufers unterliegt.[1471] Ein Einsatz von **Druckmitteln oder** gar **Drohungen** ist nicht erforderlich.[1472] Die wirtschaftliche Macht oder die gesellschaftliche oder fachliche Autorität des Verrufers können als Indizien ausreichen.[1473] Von einer Eignung kann im Regelfall ausgegangen werden, wenn dem Adressaten wirtschaftliche oder sonstige **Vorteile oder Nachteile in Aussicht gestellt** werden,[1474] etwa bei der Drohung einer Krankenkasse, die Kostenübernahme zu verweigern, wenn zukünftig nicht andere Unternehmen mit bestimmten Leistungen beauftragt werden.[1475] Auch ein Presseartikel, der einen Konflikt zwischen verschiedenen Unternehmen darstellt und daraus Maßnahmen gegen ein Unternehmen oder eine Unternehmensgruppe ableitet, kann zur Einflussnahme objektiv geeignet sein.[1476] 544

5. Unlauterkeit/Rechtswidrigkeit. Die Unlauterkeit einer Boykottaufforderung ist im Rahmen einer **Gesamtabwägung** unter Berücksichtigung aller Umstände und der Schutzzwecke des UWG festzustellen.[1477] Es gelten im Wesentlichen[1478] die gleichen Kriterien wie bei § 21 Abs. 1 GWB.[1479] Wenn Boykottaufforderungen wegen der damit verbundenen Einflussnahme auf den Leistungswettbewerb auch bedenklich sind, spricht **keine Vermutung für die Unlauterkeit.**[1480] Vielmehr sind stets auch die Interessen des Verrufers, der Verbraucher und der sonstigen Marktteilnehmer zu berücksichtigen. So kann eine Boykottaufforderung berechtigt sein, wenn der Verrufer berechtigte Interessen verfolgt.[1481] Sie kann auch gerechtfertigt sein, wenn der Boykottaufruf gegenüber einer wettbewerbsrechtlichen Inanspruchnahme des Adressaten das mildere Mittel darstellt.[1482] Weiterhin kann entscheidend sein, ob das Verhalten des Verrufers von rechtlichen Vorgaben außerhalb der §§ 4 Nr. 4 UWG, 21 GWB bestimmt wird.[1483] 545

Die Boykottaufforderung eines Mitbewerbers ist allerdings nur in Ausnahmefällen gerechtfertigt. Ein anerkannter Ausnahmefall ist die **Boykottaufforderung zur Abwehr eines rechtswidrigen Angriffs** des Boykottierten. Die Voraussetzungen für eine zulässige Abwehrmaßnahme[1484] sind allerdings sehr eng begrenzt. Der Verrufer muss sich objektiv in einer Abwehrlage befinden. Die Boykottaufforderung muss geeignet, erforderlich und verhältnismäßig im engeren Sinne sein, um dem rechtswidrigen Angriff zu begegnen.[1485] 546

[1469] BGH GRUR 1980, 242 (244) – Denkzettel-Aktion.

[1470] KG WUW/E OLG 1029 (1031) – Anzeigensperre.

[1471] BGH GRUR 1985, 468 (469) – Ideal-Standard.

[1472] BGH GRUR 1999, 1031 – Sitzender Krankentransport; GRUR 1985, 468 (469) – Ideal-Standard.

[1473] BGH GRUR 1984, 461 (462) – Kundenboykott; OLG Frankfurt a. M. WRP 1998, 98 (99).

[1474] BGH GRUR 1999, 1031 (1033) – Sitzender Krankentransport; GRUR 1984, 214 (215) – Copy-Charge; OLG Düsseldorf NJWE-WettbR 1999, 123; juris PK/*Müller-Bidinger* § 4 Nr. 4 Rn. 401.

[1475] BGH GRUR 1990, 474 (476) – Neugeborenentransporte.

[1476] BGH WRP 1985, 340 – Ideal-Standard; GRUR 1984, 214 (215) – Copy-Charge.

[1477] BGH GRUR 2000, 344 (346) – Beteiligungsverbot für Schilderpräger; GRUR 1999, 1031 (1033) – Sitzender Krankentransport.

[1478] OLG Hamburg MD 2006, 1277 (1281) – Automatenangebote.

[1479] BGH GRUR 2000, 344 – Beteiligungsverbot für Schilderpräger.

[1480] Strenger OLG Frankfurt a. M. GRUR-RR 2005, 197 (198); OLG Stuttgart GRUR-RR 2003, 21 (22); strenger jurisPK/*Müller-Bidinger* § 4 Nr. 4 Rn. 402.

[1481] BGH GRUR 2000, 344 (346) – Beteiligungsverbot für Schilderpräger; OLG Karlsruhe GRUR-RR 2009, 275 (276); OLG Frankfurt a. M. GRUR 2016, 14 Rn. 38.

[1482] Vgl. OLG Jena GRUR-RR 2006, 135 (136) – sportwetten.de.

[1483] BGH GRUR 1999, 1031 (1033) – Sitzender Krankentransport.

[1484] Siehe hierzu unten *Goldmann* → Vor § 8 Rn. 212 ff.

[1485] BGH GRUR 1960, 331 (336) – Schleuderpreise; OLG Frankfurt a. M. GRUR 2016, 14 Rn. 38.

Durch die Boykottaufforderung dürfen keine schutzwürdigen Belange Dritter mehr als erforderlich beeinträchtigt werden.[1486] Dem Verrufer darf es schließlich nicht möglich sein, rechtzeitige und ausreichende gerichtliche Hilfe gegen den Angriff des Boykottierten zu erlangen.[1487] Die Boykottaufforderung muss zudem streng darauf begrenzt sein, den rechtswidrigen Angriff abzuwehren.[1488] Eine Abwehrlage wurde bei einem systematischen, massiven Wettbewerbsverstoß angenommen, wenn der Boykottierte sich an ein gerichtliches Verbot nicht hält oder das gerichtliche Verbot ohnehin nicht geeignet ist, die weitere Schadensentwicklung ausreichend zu begrenzen.[1489]

547 Besonderer Bedeutung bei der Rechtfertigung einer Boykottaufforderung kommt der **Meinungs- und Pressefreiheit** zu. Wegen der konstitutiven Bedeutung dieser Grundrechte kann die Rechtswidrigkeit einer Boykottaufforderung in ihrem Anwendungsbereich nur aufgrund einer **konkreten Abwägung** festgestellt werden. Im Mittelpunkt der Abwägung stehen die betroffenen Rechtsgüter, Motive, Ziele und Zwecke der Boykottaufforderung. Geht es dem Verrufer, auch wenn er Wettbewerber des Boykottierten ist, um politische, wirtschaftliche, soziale oder kulturelle Belange der Allgemeinheit, zu denen auch wirtschaftliche Themen gehören können, gehen die Meinungs- und Pressefreiheit in der Regel auch dann vor, wenn private und wirtschaftliche Interessen beeinträchtigt werden.[1490] Dem Schutz dieser Interessen kommt eine umso größere Bedeutung zu, je weniger es dem Verrufer um eine Teilnahme am Austausch über eine die Öffentlichkeit wesentlich berührende Frage geht.[1491] Wenn sich eine Boykottaufforderung einem Thema von öffentlichem Interesse widmet, ist sie nicht schon deshalb unzulässig, weil sie weniger scharf oder sachlicher hätte formuliert werden können.[1492]

548 **Privatpersonen, Interessenvereinigungen und die Presse** dürfen im Lichte der Meinungs- und Pressefreiheit **dürfen zum Boykott aufrufen.**[1493] Im Rahmen des Grundrechts der Meinungs- und Pressefreiheit lässt sich – entgegen der herrschenden Meinung zur Presseberichterstattung – nicht differenzieren zwischen der erlaubten reinen Meinungsäußerung als solcher und unzulässigen Empfehlungen zu einem bestimmten wirtschaftlichen Verhalten, die aus der Meinung abgeleitet werden. Die Aufforderung zum Boykott ist ein **Mittel im Meinungskampf.**[1494] Solange die Boykottaufforderung der Durchsetzung von Meinungen und Überzeugungen dient, gehen die Grundrechte der Meinungs- und Pressefreiheit deshalb vor.[1495] Das gilt auch, wenn die Boykottaufforderung mit drastischen und fern liegenden Argumenten eine exotische Mindermeinung unterstützt und/oder objektiv einer bestimmten Gruppe oder auch nur einem einzigen Wettbewerber dient. Es ist nicht unlauter, dass die Presse tendenziös zugunsten oder zuungunsten eines Wettbewerbers oder einer Gruppe von Wettbewerbern Partei ergreift und Verhaltensempfehlungen erteilt.[1496] Wenn die Boykottaufforderung allerdings über die Verbreitung von Meinungen und die Teilnahme an einer öffentlichen Auseinandersetzung hinaus geht und beispielsweise mit wirtschaftlichem oder sonstigem Druck verbunden wird, treten die

---

[1486] BGH GRUR 1984, 461 (463) – Kundenboykott.

[1487] OLG Jena GRUR-RR 2006, 135 (136) – sportwetten.de; KG WUW/E 5103 (5105) – Dire Straits – European Tour 1992.

[1488] BGHZ 140, 135 (143) – Hormonpräparate.

[1489] OLG Jena GRUR-RR 2006, 135 (136) – sportwetten.de; s. auch BGH GRUR 1971, 259 (260) – W. A. Z.

[1490] BVerfG GRUR 1984, 357 (359) – markt-intern; s. auch BVerfG GRUR 2008, 81 (82 f.) – Pharma-Kartell; OLG Frankfurt a. M. GRUR-RR 2016, 14.

[1491] BGH GRUR 2014, 904 Rn. 31 – Aufruf zur Kontokündigung. S. auch BVerfG GRUR 2008, 81 (82) – Pharma-Kartell.

[1492] Vgl. BVerfG GRUR 2008, 81 (83) – Pharma-Kartell.

[1493] *Köhler*/Bornkamm/Feddersen UWG § 4 Rn. 4.128; deutlich restrikrtiver. BGH GRUR 1985, 468 (469 f.) – Ideal Standard.

[1494] BGH GRUR-RR 2016, 476 Rn. 21.

[1495] BGH GRUR-RR 2016, 476 Rn. 21; GRUR 2014, 904 Rn. 24 f. – Aufruf zur Kontokündigung; OLG Frankfurt a. M. NJW-RR 2018, 1380.

[1496] AA BGH GRUR 1984, 461 (462) – Kundenboykott.

Grundrechte der Meinungs- und Pressefreiheit zunehmend zurück,[1497] wobei aber auch insofern zu beachten ist, dass die gesellschaftliche Gewöhnung an und die Akzeptanz von Boykottaufforderungen im Zuge von Greenpeace-, Attac, PETA oder Occupy-Aktionen zugenommen hat. Wer als Nicht-Wettbewerber lautstark und werbewirksam dazu aufruft, kein Fleisch mehr vom einem bestimmten Massentierproduzenten zu beziehen und stattdessen auf bestimmte Öko-Zertifizierungen zu achten, fördert zwar den Wettbewerb von Ökofleisch-Anbietern, handelt aber nicht unlauter.

6. Boykottähnliche Maßnahmen. Bei der Boykottaufforderung geht es darum, den Adressaten dazu zu veranlassen, mit dem Boykottierten keine Geschäftskontakte zu pflegen. Boykottähnliche Maßnahmen zielen darauf ab, eine **Liefer- oder Bezugssperre in anderer Weise** herbeizuführen. Ihre Unlauterkeit beurteilt sich nach den gleichen rechtlichen Kriterien wie die Boykottaufforderung.[1498] Erweckt beispielsweise ein Kfz-Hersteller in Kundenanschreiben den unzutreffenden Eindruck, die Kunden könnten Nachteile bei der Abwicklung von Gewährleistungsansprüchen erleiden, wenn sie Wartung und Reparaturen nicht bei einem Vertragshändler durchführen lassen, kann darin eine gezielte Behinderung eines freien Händlers liegen.[1499] Auch die unbegründete Weigerung einer Kfz-Versicherung gegenüber einem Geschädigten, die Kosten eines bestimmten Kfz-Sachverständigen generell nicht zu erstatten, kann dazu führen, dass der Sachverständige von anderen Geschädigten nicht mehr beauftragt wird.[1500] Demgegenüber ist eine Kfz-Versicherung aber berechtigt, einen Anspruchsteller auf Mietwagen oder Reparaturmöglichkeiten von Anbietern mit günstigeren Preisen hinzuweisen, als sie vom Vertragspartner des Anspruchstellers gewährt werden, solange berechtigte gegenläufige Interessen des Antragstellers dadurch nicht berührt werden.[1501] 549

X. Marktstörung

Schrifttum: *Baudenbacher,* Machtbedingte Wettbewerbsstörungen als Unlauterkeitstatbestände, GRUR 1981, 19; *Burmann,* Marktbezogene Unlauterkeit als eigenständiger Tatbestand, WRP 1967, 385; *Gesellensetter,* Rechtliche Probleme der unentgeltlichen Verteilung meinungsbildender Tagespresse, GRUR 2001, 707; *Gounalakis/Rhode,* Unentgeltlicher Zeitungsvertrieb – modernes Medienkonzept oder Marktstörung?, AfP 2000, 321; *Köhler,* Zur Konkurrenz lauterkeitsrechtlicher und kartellrechtlicher Normen, WRP 2005, 645; *Kraft,* Gemeinschaftsschädliche Wirtschaftsstörungen als unlauterer Wettbewerb, GRUR 1980, 966; *Koppensteiner,* Marktbezogene Unlauterkeit und Missbrauch von Marktmacht, WRP 2007, 475; *Lahusen,* Die wettbewerbs- und verfassungsrechtliche Beurteilung des Gratisvertriebs meinungsbildender Tagespresse, GRUR 2005, 221; *Lindow,* Marktstörung als UWG-Tatbestand, 1995; *Lux,* Der Tatbestand der allgemeinen Marktbehinderung, 2006; *Raiser,* Marktbezogene Unlauterkeit, GRUR Int. 1973, 443; *Ruess/Tellmann,* ‚Umsonst ist der Tod allein'? – Neues zur Werbung mit Gratisanzeigen, WRP 2004, 665; *Scherer,* Wechselwirkungen zwischen Kartellrecht und UWG, WRP 1996, 174; *Sack,* § 1 UWG und Wirtschaftspolitik, WRP, 1974, 247; *Teplitzky,* Zur Frage der wettbewerbsrechtlichen Zulässigkeit des (ständigen) Gratisvertriebs einer ausschließlich durch Anzeigen finanzierten Zeitung, GRUR 1999, 108; *Tieben,* Die Einflussnahme der öffentlichen Hand auf den Wettbewerb, WRP 2011, 1101, *P. Ulmer,* Der Begriff ‚Leistungswettbewerb' und seine Bedeutung für die Anwendung von GWB und UWG; GRUR 1977, 565; *von Danwitz,* Der Gratisvertrieb anzeigenfinanzierter Tageszeitungen im Wettbewerb der Presseorgane, Baden-Baden 2002.

1. Allgemeines. Unter der **Marktstörung oder allgemeinen Marktbehinderung** 550
versteht die Rechtsprechung ein Verhalten, das zwar nicht von vornherein unlauter, aber doch wettbewerblich bedenklich ist[1502] und für sich allein oder in Verbindung mit den zu erwartenden, gleichartigen Maßnahmen von Mitbewerbern die ernstliche Gefahr begründet, dass der Leistungswettbewerbs hinsichtlich der fraglichen Warenart in nicht unerheb-

---

[1497] BGH GRUR-RR 2016, 476 Rn. 26 f.
[1498] BGH GRUR 1960, 331 (335) – Schleuderpreise; OLG Karlsruhe GRUR 1984, 669 (672), sowie dazu BGH GRUR 1986, 905 – Innungskrankenkassenwesen.
[1499] OLG Frankfurt a. M. GRUR-RR 2005, 197 f.
[1500] OLG Nürnberg WRP 2007, 202 (203).
[1501] BGH GRUR 2012, 1153 – Unfallersatzgeschäft.
[1502] Das ist dem OLG München GRUR-RR 2018, 133 zu schwammig.

lichem Maße eingeschränkt wird.[1503] Der Tatbestand der Marktstörung führt zu einer **Marktstrukturkontrolle** über das UWG, wie sie eigentlich eine Aufgabe des Kartellrechts ist.[1504]

551 Der Tatbestand der **Marktstörung schützt nicht den Markt in seinem konkreten Bestand,** in seinem aktuellen und historisch bedingten Sosein. Niemand hat einen Anspruch auf den Erhalt seines Kundenstammes[1505] oder der Beibehaltung bestimmter Marktstrukturen oder überhaupt eines Marktes für sein Angebot.[1506] Das gilt selbst dann, wenn Mitbewerber aufgrund der Wettbewerbsmaßnahme und ihrer Wiederholung oder Nachahmung durch Konkurrenten aus dem Wettbewerb ausscheiden.[1507]

552 Das Schutzobjekt der Marktstörung ist das **Interesse der Allgemeinheit an einem freien Wettbewerb als elementarer Voraussetzung für einen funktionierenden Markt.** Es geht nicht um den Schutz des Marktes vor Wettbewerb, sondern um den **Erhalt von freiem Wettbewerb als Marktprinzip**[1508]**.** Dieses Schutzobjekt wurde in der früheren Rechtsprechung nicht immer ausreichend beachtet. Die Ergebnisse der Judikatur liefen nicht selten – insbesondere im Bereich des Pressewesens – auf einen Marktstruktur- und Bestandsschutz hinaus. Dem Wettbewerb wurde bisweilen zu seinem eigenen Schutz wenig zugetraut.[1509] Es wurde in den Marktmechanismus bereits protektionistisch eingegriffen, wo eine Störung allenfalls spekulativ zu erahnen war.[1510]

553 Die Markstörung fällt nicht unter den Beispielstatbestand des § 4 Nr. 4 UWG, weil es ihr nicht wesenseigen ist, dass der einzelne Mitbewerber behindert wird.[1511] Die Marktstörung unterfällt **§ 3 Abs. 1 UWG.**[1512] Trotzdem unterscheidet die Marktstörung sich von der individuellen Behinderung nicht selten nur graduell. Ein Beispiel sind Preiskämpfe, die mit einzelnen Mitbewerbern geführt werden, ab einer größeren Intensität aber auch eine allgemeine Marktstörung verursachen können.[1513] Während die individuelle Behinderung sich in der Regel unmittelbarer gegen einzelne Mitbewerber richtet, gefährdet die Marktstörung die Voraussetzungen für einen freien Wettbewerb auf dem Markt an sich und trifft alle Mitbewerber dadurch mittelbar.

554 Der Tatbestand der Marktstörung setzt eine umfassende Würdigung aller Umstände des Einzelfalls voraus.[1514] Im Vorfeld der **normative**n **Gesamtwürdigung** müssen die Marktverhältnisse und Marktmechanismen, die Art der Gefährdung des Wettbewerbs auf dem betroffenen Markt und der Grad der Gefährdung durch die beanstandete Verhaltensweise konkret ermittelt und festgestellt werden.[1515] Eine Marktstörung liegt erst vor, wenn greifbare Anhaltspunkte dafür vorliegen, dass der auf unternehmerischer Leistung beruhende Wettbewerb in erheblichem Maße eingeschränkt wird.[1516]

[1503] BGH GRUR 2018, 1251 Rn. 43 – Werbeblocker II; GRUR 2010, 455 Rn. 20 – Stumme Verkäufer II; siehe zu Werbeblockern in kartellrechtlicher Hinsicht auch BGH GRUR 2019, 1305 Rn. 23 ff. – Werbeblocker III.

[1504] BGH GRUR 2004, 602 (603) – 20 Minuten Köln; WRP 2004, 746 (747) – Zeitung am Sonntag.

[1505] BGH GRUR 2018, 1251 Rn. 45 – Werbeblocker II; GRUR 2004, 602 (604) – 20 Minuten Köln.

[1506] BGHZ 114, 82 (84) – Motorboot-Fachzeitschrift.

[1507] BGH GRUR 1990, 44 (45) – Annoncen-Avis; GRUR 1965, 489 (491) – Kleenex; *Beater* § 24 Rn. 8.

[1508] BGH GRUR 2010, 455 Rn. 21 – Stumme Verkäufer II.

[1509] Eine Wende markierten die Entscheidungen BGH GRUR 2004, 602 – 20 Minuten Köln und WRP 2004, 746 – Zeitung zum Sonntag, – die den Tatbestand der Marktstörung zugunsten einer Öffnung der Märkte für den Wettbewerb deutlich liberalisierten.

[1510] *Scherer* WRP 1996, 174 (177); *Kraft* GRUR 1980, 966 (968).

[1511] OLG Köln MD 2007, 1217 (1218) – Switch & Profit.

[1512] BGH GRUR 2010, 455 Rn. 19 – Stumme Verkäufer II.

[1513] BGH GRUR 1990, 371 (372 f.) – Preiskampf.

[1514] BGH GRUR 1982, 53 (55) – Bäckerfachzeitschrift; GRUR 1975, 26 (28 f.) – Colgate; GRUR 1965, 489 (491) – Kleenex.

[1515] BGH GRUR 1993, 774 (776) – Hotelgutschein; GRUR 1991, 616 (617) – Motorboot-Fachzeitschrift; GRUR 1982, 53 (55) – Bäckerfachzeitschrift; KG GRUR-RR 2008, 171 – Mediaboxen; OLG Köln NJWE-WettbR 1997, 54 (56).

[1516] GRUR 2010, 455 Rn. 25 – Stumme Verkäufer II.

a) Feststellung der Marktverhältnisse. In einem ersten Schritt müssen die **Wettbewerbsverhältnisse auf dem betroffenen Markt** konkret ermittelt werden.[1517] Bei der Bestimmung des betroffenen Markts kann auf die Grundsätze zur Bestimmung des relevanten Marktes zurückgegriffen werden, wie sie im Kartellrecht gelten.[1518] Die Rechtsprechung hat sich darauf indes nie festgelegt. Diese Zurückhaltung ermöglicht eine größere Freiheit und Rücksichtnahme auf die Umstände des Einzelfalls, erspart allerdings keine keine **Bestandsaufnahme der maßgeblichen Marktverhältnisse.** Zu dieser Bestandsaufnahme gehört die Feststellung der Anzahl, Organisation und Größe der Wettbewerber, der Flexibilität des Marktes, insbesondere im Hinblick auf Marktzutrittschancen, der waren- und leistungsspezifischen Besonderheiten des Wettbewerbs, der Bedeutung einer Ware oder Leistung oder von Teilen der Ware oder Leistung in den Augen der Abnehmer sowie von weiteren den konkreten Wettbewerb auf dem Markt prägenden Umständen.[1519] Von besonderer Bedeutung ist die Feststellung der Merkmale, welche die Funktionsweise des Wettbewerbs auf dem betroffenen Markt prägen, sowie die Berücksichtigung von bereits bestehenden Störungen des Wettbewerbs, beispielsweise durch monopolistische oder verkrustete Strukturen.[1520] 555

b) Gefährdung des Wettbewerbsbestands. In einem zweiten Schritt muss festgestellt werden, inwieweit die konkrete geschäftliche Handlung diesen Wettbewerbsbestand gefährdet.[1521] Hierbei ist wiederum zu unterscheiden zwischen der **Art und Intentionalität der Gefährdung** (was am Wettbewerbsbestand wird in welcher Weise gefährdet) einerseits und dem **Grad dieser Gefährdung** andererseits. Bei der Feststellung des Grades der Gefährdung ist es ist nicht erforderlich, dass eine Marktstörung bereits eingetreten ist.[1522] Andererseits reicht eine abstrakte Gefährdung oder die Möglichkeit rechtspolitisch unerwünschter Entwicklungen nicht aus. Es müssen greifbare Anhaltsüunkte vorliegen, dass das beanstandete Wettbewerbsverhalten die ernstliche Gefahr begründet, dass der auf die unternehmerische Tätigkeit beruhende Wettbewerb eingeschränkt wird.[1523] Märkte mit wenigen Wettbewerbern sind eher gefährdet als Märkte mit komplexen Marktstrukturen.[1524] Je länger ein Marktverhalten praktiziert wird, ohne dass nennenswerte Veränderungen oder eine Gefährdung des Wettbewerbsbestands eingetreten sind und solange die künftige Entwicklung nicht prognostiziert werden kann, scheidet ein Verbot der beanstandeten Wettbewerbsmaßnahme unter dem Aspekt der Marktstörung aus.[1525] 556

Bei der Feststellung des Grades der Gefährdung werden auch solche Auswirkungen berücksichtigt, die sich mittelbar aus einer Nachahmung oder anderen zu erwartenden Maßnahmen der Mitbewerber ergeben können. Eine **Nachahmungsgefahr** darf allerdings nicht einfach unterstellt oder vermutet werden. Sie setzt greifbare Anhaltspunkte voraus.[1526] 557

Die Rechtsprechung ist mit Prognosen der Auswirkungen einer Wettbewerbsmaßnahme und der daraus resultierenden weiteren Entwicklung in der Vergangenheit teilweise sehr großzügig gewesen.[1527] Von dieser Linie ist sie seit *‚20 Minuten Köln'* jedoch abgerückt. Es kann bei neuartigen Angeboten oder Verhaltensweisen auf einem Markt durchaus die weitere Entwicklung erst einmal abgewartet werden. Es spricht nichts dagegen, ein Wettbewerbsverhalten, dessen Auswirkungen auf den Wettbewerbsbestand zunächst nicht ver- 558

[1517] *Beater* § 24 Rn. 19.
[1518] jurisPK/*Müller-Bidinger* § 4 Nr. 4 Rn. 438.
[1519] Vgl. BGH GRUR 2001, 80 (82) – ad-hoc-Meldung; GRUR 1991, 616 (618) – Motorboot-Fachzeitschrift.
[1520] BGH GRUR 2004, 602 (605) – 20 Minuten Köln; WRP 2004, 746 (749) – Zeitung am Sonntag.
[1521] jurisPK/*Müller-Bidinger* § 4 Nr. 4 Rn. 438.
[1522] BGH GRUR 1991, 616 (618) – Motorboot-Fachzeitschrift.
[1523] BGH GRUR 2010, 455 Rn. 20 – Stumme Verkäufer II.
[1524] Vgl. BGH GRUR 2001, 80 (82) – ad-hoc-Meldung; GRUR 1991, 616 (618) – Motorboot-Fachzeitschrift.
[1525] BGH GRUR 1965, 489 (491) – Kleenex.
[1526] BGH GRUR 2010, 455 Rn. 25 – Stumme Verkäufer II; jurisPK/*Müller-Bidinger* § 4 Nr. 4 Rn. 442.
[1527] Vgl. BGH GRUR 1991, 616 (617 f.) – Motorboot-Fachzeitschrift; GRUR 1975, 26 (28 f.) – Colgate.

lässlich prognostiziert werden kann, erst als unlauter zu untersagen, nach dem die weitere Entwicklung auf dem betroffenen Markt das Gefährdungspotenzial dieser Wettbewerbsmaßnahme offen gelegt hat.[1528]

559 **c) Lauterkeitsrechtliche Bewertung der Gefährdung des Wettbewerbsbestands.** Erst nach der Feststellung der konkreten Verhältnisse auf dem betroffenen Markt, und der Art und Intensität der Gefährdung dieses Wettbewerbsbestands ist in einem dritten Schritt normativ und unter Berücksichtigung aller Umstände des Einzelfalls zu bewerten, ob diese Gefährdung des Wettbewerbs hingenommen werden kann.[1529] Das rechtliche Unwerturteil kann dabei nicht an den die Mitbewerber beeinträchtigenden Erfolg anknüpfen, soweit dieser mit wettbewerbseigenen Mitteln erzielt wird.[1530] Unmaßgeblich sind auch die subjektiven Absichten des Handelnden.[1531] **Vorrangige normative Bewertungskriterien** sind die **Gewährleistung der Freiheit des Wettbewerbs** und die **Chancengleichheit bestehender und innovativer Methoden** im Wettbewerb. Die lauterkeitsrechtliche Beurteilung muss dabei stets die Zielsetzung des Gesetzes gegen Wettbewerbsbeschränkungen berücksichtigen.[1532] Was kartellrechtlich erlaubt ist, kann ohne Hinzutreten weiterer Umstände lauterkeitsrechtlich nicht verboten werden.[1533]

560 Von dem Verbot eines Verhaltens als Marktstörung muss im Interesse eines effektiven und funktionierenden Wettbewerbs sehr zurückhaltend Gebrauch gemacht werden. Im Rahmen der Gesamtwürdigung ist die **Besinnung auf die teleologischen Grundlagen** der wettbewerbsrechtlichen Kategorie der Marktstörung von besonderer Bedeutung. Es geht um den **Schutz des freien Wettbewerbs** als dem grundlegenden Marktprinzip **und nicht** um den **Schutz des Marktes vor Wettbewerb.**[1534] Ein Unwerturteil rechtfertigt sich nicht allein schon daraus, dass der Wettbewerb und die ihm zugrunde liegenden Strukturen sich ändern. Das UWG darf nicht dazu dienen, ohnehin bestehende Marktzutrittschranken zu erhöhen und damit zu einer Marktabschottung beizutragen.[1535] Es ist gerade der Sinn der Wettbewerbsordnung, dem freien Spiel der Kräfte des Marktes im Rahmen der Rechtsordnung Raum zu verschaffen.[1536] Dies schließt ein, dass eine neue erfolgreiche Wettbewerbskonzeption Nachahmer findet, die ältere Konzepte ablösen.[1537] Eine Werbe- und Produktkonzeption, die sich unter Berücksichtigung eines weiten Prognosespielraums des Initiators ‚rechnet', kann nicht als Marktstörung verboten werden, und zwar auch dann nicht, wenn das Produkt sich über andere Quellen finanziert als üblich.[1538]

561 Auf der normativen Stufe fließen Wertungen zur **Schutzwürdigkeit des Wettbewerbsbestands** ein. Dieser Umstand ist von besonderer Bedeutung im Pressewesen. Nach ständiger Rechtsprechung kommt der **Institution der meinungsbildenden und berichterstattenden Presse** aus Art. 5 Abs. 1 S. 2 GG ein besonderer Schutz zu, der auch wettbewerbsrechtlich zu berücksichtigen ist.[1539] Danach besteht ein besonderes, verfas-

---

[1528] KG GRUR-RR 2008, 171 – Mediaboxen; ablehnend OLG Hamburg MD 2007, 254 (262) – Fliegerzeitschrift.

[1529] Nach *Koppensteiner* WRP 2007, 475 (479) soll es darauf nicht mehr ankommen. Es sei ausreichend, dass durch ein Verhalten die Wettbewerbsintensität auf einem bestimmten Markt ernsthaft gefährdet wird. Nach diesem Kriterium wäre aber jeder besonderer Erfolg eines Unternehmens gleichzeitig auch unlauter, weil er weniger kompetitive Wettbewerber und damit den Wettbewerb gefährdet.

[1530] BGH GRUR 1965, 489 (491) – Kleenex.

[1531] Vgl. auch BGH GRUR 2005, 778 – Atemtest; WRP 2007, 951 – Außendienstmitarbeiter. Eine gewichtige Gegenmeinung fordert bei der Marktstörung allerdings weiterhin eine Verdrängungs*absicht* (OLG München GRUR 2017, 1147; *Köhler*/Bornkamm/Feddersen § 4 Rn. 4.9).

[1532] BGH GRUR 2004, 602 (603) – 20 Minuten Köln.

[1533] *Köhler* WRP 2005, 645 (651).

[1534] BGH GRUR 1982, 53 (55) – Bäckerfachzeitschrift.

[1535] BGH GRUR 2004, 602 (603 f.) – 20 Minuten Köln.

[1536] BGH GRUR 2010, 455 Rn. 21 – Stumme Verkäufer II.

[1537] BGH GRUR 1990, 44 (45) – Annoncen-Avis; GRUR 1965, 489 (491) – Kleenex.

[1538] *Lahusen* GRUR 2005, 221 (222).

[1539] BGH GRUR 2004, 602 (604) – 20 Minuten Köln; zur Institutsgarantie siehe auch BGH GRUR 2019, 763 Rn. 51 – Crailsheimer Stadtblatt II.

sungsrechtlich verbürgtes Interesse an einem funktionierenden Wettbewerb auf dem Markt der meinungsbildenden Presse. Die sehr ausdifferenzierte Rechtsprechung zu den Grundlagen und Grenzen der Zulässigkeit kostenloser Printmedien,[1540] wurde durch die Entscheidungen unter den Titeln „20 Minuten Köln" und „Zeitung zum Sonntag" korrigiert und kann als überholt gelten.[1541] Nach der jüngsten Rechtsprechung unterscheidet die Garantie der Pressefreiheit nicht mehr danach, ob sich eine Zeitung mit redaktionellem Teil allein durch Anzeigen oder daneben auch durch ein vom Leser zu zahlendes Entgelt finanziert.[1542] Die Gefahr, dass die inserierende Wirtschaft Einfluss auf die Inhalte der Zeitung nimmt, hält der BGH zwar für beachtlich. Sie besteht aber auch bei der mischfinanzierten Presse.[1543] Weiterhin ist bei zukünftigen Konflikten zu berücksichtigen, dass der Markt für Informationen und Meinungen sich bereits sehr weitgehend in das Internet verlagert hat, in dem viele Informationsangebote kostenlos und werbefinanziert sind.

Weitere Einzelfälle: Umsatzeinbußen von 10% stellen auf dem Pressemarkt keine Gefährdung des Wettbewerbsbestands dar.[1544] Von Werbeblockern für Internet oder Fernsehen geht keine Verdrängung von werbefinanzierten Inhalten einher.[1545] Von der Aufforderung, bestimmte Anschaffungen bis zur bevorstehenden Eröffnung eines neuen Geschäftslokals zurückzustellen, geht keine ernstliche Gefahr für den Wettbewerb hervor.[1546] Ein marktstarker Hersteller darf sein Absatzsystem aus wirtschaftlichen Gründen in der Weise umgestalten, dass er den Absatz seiner Ware unter Ausschluss Dritter selbst übernimmt, auch wenn dadurch Händler in ihrer Wettbewerbsposition empfindlich getroffen werden.[1547] Ein Unternehmenskonzept, das auf Dauer keinen wirtschaftlichen Gewinn verspricht, andererseits durch die Abwanderung der Kunden von den Mitbewerbern eine Schädigung, unter Umständen sogar den Verlust der wirtschaftlichen Existenz dieser Mitbewerber zur Folge hätte, ist unlauter.[1548] 562

2. Marktstörung durch das Verschenken oder die Gratisabgabe von Waren und Leistungen. Ein Schwerpunkt der Rechtsprechung zur Marktstörung liegt auf der Beurteilung von Verschenkaktionen und sonstigen Formen der unentgeltlichen Abgabe von Waren und Leistungen. Diese Vertriebsform ist nicht grundsätzlich unzulässig, wenn auch bedenklich, soweit der Unternehmer seine Ware oder Leistung nicht anderweitig rentabel kalkulieren kann. Denn durch das nicht anderweitig refinanzierte Verschenken von Waren oder Leistungen kann kein Unternehmen bestehen und kein Markt funktionieren. 563

Das **Verschenken von Waren und Leistungen** kann in besonderem Maße geeignet sein, den Wettbewerb auszuschalten.[1549] Niemand kauft eine Ware, die er beim Konkurrenten umsonst erhält.[1550] Es kann aber auch gute Gründe für Verschenkaktionen geben: Waren und Leistungen werden verschenkt, um Kunden eine Aufmerksamkeit zukommen zu lassen, um den Absatz einer anderen Ware oder Leistung zu fördern, um ihre Erprobung zu ermöglichen, um einen Ergänzungsbedarf zu wecken oder vor dem Wegwerfen zu 564

[1540] Vgl. zu reinen Anzeigenblättern BGHZ 19, 392 (397) – Freiburger Wochenbericht; zu Anzeigenblättern mit einem redaktionellen Teil BGH GRUR 1992, 191 (193) – Amtsanzeiger; zur Kombination von Tageszeitung und Anzeigenblatt BGH GRUR 1977, 668 – WAZ-Anzeiger; zu Mitgliederzeitschriften BGH GRUR 1971, 168 (171) – Ärztekammer; zu Fachzeitschriften BGH GRUR 1982, 53 (55) – Bäckerfachzeitschrift; zu Amtsblättern OLG Naumburg WRP 1995, 61; zum kostenlosen Abdruck von Anzeigen BGH GRUR 1991, 616 (617) – Motorboot-Fachzeitschrift.

[1541] BGH GRUR 2004, 602 – 20 Minuten Köln – und WRP 2004, 247 – Zeitung zum Sonntag; s. auch OLG Bremen WRP 1999, 1052 (1054); OLG Karlsruhe WRP 1998, 525 (528).

[1542] BGH GRUR 2010, 455 Rn. 21 – Stumme Verkäufer II.

[1543] BGH GRUR 2004, 602 (604) – 20 Minuten Köln; WRP 2004, 746 (748) – Zeitung am Sonntag.

[1544] BGH GRUR 2010, 455 Rn. 28 – Stumme Verkäufer II.

[1545] BGH GRUR 2018, 1251 Rn. 45 – Werbeblocker II; siehe zu Werbeblockern in kartellrechtlicher Hinsicht auch BGH GRUR 2019, 1305 Rn. 23 ff. – Werbeblocker III.

[1546] BGH WRP 2001, 688 (690) – Eröffnungswerbung.

[1547] BGH NJW 1987, 3197 (3199) – Freundschaftswerbung.

[1548] OLG Düsseldorf WRP 1987, 176 (178).

[1549] BGH GRUR 2001, 80 (82) – ad-hoc-Meldung.

[1550] OLG Stuttgart NJWE-WettbR 1998, 217 (218).

bewahren. Ein Verschenken einer Ware oder Leistung, das als Wertreklame erlaubt ist, kann jedoch unter dem Gesichtspunkt der Marktstörung unlauter sein.[1551]

565 **Gratisprodukte und -leistungen** sind in manchen Branchen üblich. Beispiele sind Computersoftware, die als Freeware, Shareware oder Open Source umsonst abgegeben wird, unentgeltliche Kleinanzeigen in entgeltlichen Anzeigenzeitungen oder kostenlose Anzeigenzeitungen, die von entgeltlichen Anzeigen leben. Ein besonders markantes Beispiel ist das Internet, in dem das Gros der angebotenen Leistungen den Nutzer nichts kostet. Diese Gratisleistungen beruhen in der Regel auf einer betriebswirtschaftlich ausgerichteten, gewinnorientierten Konzeption. Sie rentieren sich anders als über das Entgelt des Nutzers oder lassen den Nutzer erst während der Nutzung zahlen (zB durch In-App-Käufe). Sie sind **prinzipiell nicht unlauter.**[1552] Ein Produkt, dass vom Wettbewerber anders kalkuliert wird als die Konkurrenzprodukte und dem Kunden gratis angeboten werden kann, ist auf einem etablierten Markt entgeltlicher Produkte nicht strenger zu beurteilen als auf einem Markt, auf dem sich noch keine entsprechende Übung herausgeschält hat.[1553]

566 Die unentgeltliche Abgabe von Waren oder Dienstleistungen ist nur auf Grund besonderer Umstände unlauter.[1554] Es muss hinzukommen, dass die Gewährung einer kostenlosen Leistung für sich allein oder in Verbindung mit den zu erwarteten gleichartigen Werbemaßnahmen von Mitbewerbern die ernstliche Gefahr begründet, dass der Leistungswettbewerb auf einem bestimmten Markt in nicht unerheblichem Maße eingeschränkt wird.[1555] Diese Voraussetzung wird von einer einmaligen Abgabe einer Originalware an einen großen Verteilerkreis auch dann nicht erfüllt, wenn der Verbrauch der Ware längere Zeit in Anspruch nimmt.[1556] Etwas anderes gilt nur im **Geltungsbereich der §§ 19, 20 GWB.** § 20 Abs. 3 Nr. 1, 2 GWB verbieten es Unternehmen, die gegenüber kleinen und mittleren Unternehmen auf dem relevanten Markt über eine überlegene Marktmacht verfügen, ohne sachlich gerechtfertigten Grund Lebensmittel unter Einstandspreis oder andere Waren nicht nur gelegentlich unter Einkaufspreisen zu verkaufen. Für das Verschenken von Waren kann nichts anderes gelten.

567 In der Rechtsprechung werden **Verschenkaktionen zur Erprobung einer Ware oder Leistung grundsätzlich** für **zulässig** gehalten. Bei der rechtlichen Beurteilung wird gelegentlich unterschieden, ob zur Erprobung Originalware in Originalverpackungen abgegeben wird oder eigens hergestellte Probepackungen. Im Ergebnis spielte diese Unterscheidung in der Judikatur aber letztlich zurecht keine ausschlaggebende Rolle.[1557] Entscheidend ist, ob die Verschenkaktion vom Erprobungszweck gedeckt ist.[1558] Diese Frage beurteilt sich unter anderem nach der Art und Beschaffenheit der verschenkten Ware und dem Umfang, in dem sie verschenkt wurde. Die ältere Rechtsprechung prüfte die Gratisverteilung von Waren für Erprobungszwecke in der Vergangenheit allerdings teilweise viel zu beckmesserisch und streng.[1559] Großzügigere Maßstäbe wurden nur bei der Einführung eines nach Art und Verwendungsmöglichkeiten noch weitgehend unbekannten Produkts

---

[1551] Vgl. BGH GRUR 2003, 804 (805) – Foto-Aktion. S. auch Beispiele bei jurisPK/*Müller-Bidinger* § 4 Nr. 4 Rn. 422.

[1552] BGH GRUR 1993, 483 (484) – Unentgeltliche Partnervermittlung; GRUR 1990, 44 (45) – Annoncen-Avis; s. auch OLG Karlsruhe WRP 1998, 525 (528).

[1553] Enger BGH GRUR 2004, 602 (603) – 20 Minuten Köln; WRP 2004, 746 (747) – Zeitung zum Sonntag.

[1554] BGH GRUR 2001, 80 – ad-hoc-Meldung; GRUR 1993, 483 (484) – Unentgeltliche Partnervermittlung.

[1555] BGH GRUR 2001, 80 (81) – ad-hoc-Meldung; GRUR 1991, 616 – Motorboot-Fachzeitschrift.

[1556] OLG Köln GRUR-RR 2005, 168 (169) – Glow by J. Lo.

[1557] BGH GRUR 1969, 295 (297) – Goldener Oktober; OLG Köln NJWE-WettbR 1997, 54 (55).

[1558] LG München ZUM 2004, 583 (585) (kein Erprobungszweck, wenn die neue Zeitschrift eine andere zum gleichen Thema ablöst).

[1559] Vgl. zB BGH GRUR 1975, 26 (28) – Colgate – zur intensiven Auseinandersetzung mit der Frage, wie oft sich ein Verbraucher mit einer Zahncreme die Zähne putzen und mit einer Seife waschen muss, um sich ein Bild von der Preiswürdigkeit und Qualität der Waren verschaffen zu können.

angewendet.[1560] Daran kann nach der jüngeren Rechtsprechung nicht festgehalten werden.

Danach kommt es darauf an, ob durch das Verschenken und die Reaktion der Mitbewerber darauf eine **erhebliche Einschränkung des Wettbewerbsgeschehens** wahrscheinlich ist.[1561] Dafür kann ua auf den **Gewöhnungseffekt** und die **Marktverstopfung** abgestellt werden. Eine Marktstörung wurde angenommen, wenn die Art und der Umfang der unentgeltlichen Leistung den Empfänger derart an die kostenlos abgegebene Leistung gewöhnt, dass er zukünftig davon absieht, Leistungsangebote anderer Mitbewerber aufgrund von deren Güte und Wirtschaftlichkeit zu überprüfen.[1562] Im Einzelfall kann auch berücksichtigt werden, inwieweit die unentgeltliche Leistung dazu geeignet ist, die entgeltlichen Leistungen zu ersetzen oder übermäßig zu verdrängen.[1563] Ein dauerhafter Umsatzrückgang von 10 % wurde vom BGH für hinnehmbar erachtet, wenn die kostenlose Abgabe eines Produkts nicht notwendig dazu führt, dass der Empfänger sich andernfalls anderweitig eingedeckt hätte.[1564] Dieser Maßstab kann auch bei Verschenkationen angesetzt werden. 568

Ein besonderer Bereich, in dem es immer wieder zum Verschenken von Originalware oder zur Gratisabgabe von Leistungen kommt, ist das **Pressewesen,** in dem der grundrechtliche Schutz der Presse als Institution berücksichtigt werden muss.[1565] Das verpflichtet die Gerichte zu einem besonderen Schutz. Zeitliche oder mengenmäßige Beschränkungen, wie sie in der Rechtsprechung in der Vergangenheit praktiziert wurden, sind allerdings obsolet. Es ist auch zu berücksichtigen, dass auf dem Pressemarkt nur ein eingeschränkter Wettbewerb herscht. Andererseits ist die Vermittlung von Informationen und Meinungen in das Internet verlagert worde, in dem kostenlose Angebote weit verbreitet sind. Schließlich hat der BGH zuletzt festgestellt, dass entgeltliche Zeitungen keinen höheren Schutz genießen als anzeigenfinanzierte Zeitungen, die kostenlos an die Leser abgegeben werden.[1566] – Neben dem Verschenken von Zeitungen oder Zeitschriften beschäftigt auch die **unentgeltliche Veröffentlichung von Anzeigen** immer wieder die Rechtsprechung. Soweit der Markt für ein konkretes Presseerzeugnis geschlossen und überschaubar ist und der Wettbewerb auf dem Markt funktioniert, soll die unentgeltliche Veröffentlichung von Anzeigen in einem Medium einen Marktmechanismus in Gang setzen, der zu einer Störung der Marktstrukturen und zu einer Beeinträchtigung der redaktionellen Qualität der Presseerzeugnisse führt.[1567] Auch diese Rechtsprechung lässt sich nicht auf die heutige Zeit übertragen, da der Anzeigenmarkt sich erheblich in das Internet verlagert hat, jeder Unternehmer seine eigene Website zu Werbezwecken hat oder Anzeigen unterschiedlich kalkuliert werden (zB Google Ads, die nur beim Klick kosten; Metasuchmaschienen für spezifische Anzeigen aus allen Branchen etc). Dieser Argumentation lässt sich aber entgegenhalten, dass auch die anderen Verlage ihre Kalkulation an die veränderten Marktbedingungen anpassen können, wie sie ja auch sonst auf wesentliche Änderungen im Angebot des Wettbewerbers, zum Beispiel die Herabsetzung eines Preises, reagieren müssen, um marktfähig zu bleiben.[1568] 569

[1560] BGH GRUR 1965, 489 (490) – Kleenex; OLG Frankfurt a. M. WRP 1981, 27; OLG München WRP 1979, 892.
[1561] BGH GRUR 2010, 455 Rn. 21 – Stumme Verkäufer II.
[1562] BGH GRUR 1991, 616 (617) – Motorboot-Fachzeitschrift; GRUR 1990, 44 (45) – Annoncen-Avis; OLG Hamburg MD 2007, 254 (258) – Fliegerzeitschrift; OLG Stuttgart NJWE-WettbR 1998, 217; OLG Köln NJWE-WettbR 1997, 54 (55).
[1563] BGH GRUR 1993, 774 (776) – Hotelgutschein; GRUR 1991, 616 (617) – Motorboot-Fachzeitschrift; GRUR 1969, 295 (297) – Goldener Oktober.
[1564] BGH GRUR 2010, 455 Rn. 28 – Stumme Verkäufer II.
[1565] BGH GRUR 2004, 602 (604) – 20 Minuten Köln; WRP 2004, 746 (748) – Zeitung am Sonntag. Zur Institutsgarantie für die Presse siehe auch BGH GRUR 2019, 763 Rn. 51 – Crailsheimer Stadtblatt II.
[1566] BGH GRUR 2010, 455 Rn. 21 – Stumme Verkäufer II.
[1567] BGH GRUR 1991, 616 (617 f.) – Motorboot-Fachzeitschrift; OLG Hamburg MD 2007, 254 (259) – Fliegerzeitschrift.
[1568] Kritisch auch *Wenzel* AfP 1992, 44; *Rohnke* GRUR 1991, 767 f.

570 Es ist wahrscheinlich, dass in der Rechtsprechung **zukünftig ein großzügigerer Maßstab** bei der Beurteilung von Verschenkaktionen praktiziert wird.[1569] Es ist nicht Aufgabe des Behinderungstatbestands oder des Lauterkeitsrechts allgemein, bestehende wettbewerbliche Strukturen zu bewahren und wirtschaftlichen Entwicklungen entgegenzusteuern, in denen die bisherigen Marktteilnehmer eine Bedrohung ihres Kundenstammes erblicken.[1570] Unlauter bleibt aber die Marktverstopfung. Dafür reicht es jedoch nicht aus, dass der Markt für einen nur kurzen Zeitraum regional gesättigt wird. Die Marktverstopfung muss – gegebenenfalls unter Berücksichtigung einer im konkreten Einzelfall wahrscheinlichen Nachahmung durch die Mitbewerber – ein Ausmaß erreichen, das die Herstellung oder das Angebot von Konkurrenzprodukten zu Zwecken des Wettbewerbs für die Mitbewerber und andere Marktteilnehmer für einen wirtschaftlich nicht nur unbedeutenden Zeitraum uninteressant werden lässt. Unterhalb dieser Schwelle ist nicht anzunehmen, dass der Wettbewerb auf dem Markt wirklich nennenswert ‚gestört' wird. Wann diese Schwelle erreicht wird, ist unter Berücksichtigung der Besonderheiten des Produkts, der konkreten Verhältnisse auf dem betroffenen Markt sowie der Reaktionsmöglichkeiten des Wettbewerbs und der umworbenen Abnehmer zu beurteilen. Dies gilt auch für den Pressebereich, in dem viele Inhalte ohnehin im Internet umsonst verbreitet werden.

571 **3. Preiskampf.** Das Angebot von Waren und Leistungen zu **Preisen unter den Selbstkosten** kann (nur) unter besonderen Umständen zu einer Marktstörung führen. Diese Variante der Marktstörung wird im Kapitel über die Preisgestaltung erörtert.[1571]

572 **4. Marktstörung durch die öffentliche Hand.** Maßnahmen der öffentlichen Hand mit Auswirkungen auf dem Wettbewerb können unter dem Gesichtspunkt der Marktstörung unlauter sein.[1572] Die Unlauterkeit ergibt sich in diesem Fall zwar noch nicht daraus, dass die öffentliche Hand überhaupt am Wettbewerb teilnimmt, und zwar gleich ob in Wahrnehmung einer öffentlichen Aufgabe, ohne öffentlichen Auftrag oder sogar entgegen den einschlägigen öffentlich-rechtlichen Vorschriften.[1573] Sie darf aber grundsätzlich **nicht über das sachlich Gebotene und verfassungsrechtlich Zulässige hinaus** in den Bereich der privaten beruflichen Betätigung Dritter zu deren Nachteil eingreifen und sich dadurch einen unsachlichen Vorsprung vor ihren Mitbewerbern verschaffen, dass sie ihre hoheitlichen Befugnisse zur Durchsetzung ihrer privatwirtschaftlichen Interessen und zur Förderung ihres Wettbewerbs einsetzt oder die privaten Mitbewerber mit Mitteln verdrängt, die nur ihr auf Grund ihrer öffentlich-rechtlichen Sonderstellung zur Verfügung stehen.[1574] In diesen Fällen kann das Verhalten der öffentlichen Hand eine unbillige Behinderung von Mitbewerbern oder eine Marktstörung darstellen.

573 Eine unlautere Marktstörung durch die öffentliche Hand kann in dreierlei Hinsicht eintreten:

574 Die öffentliche Hand kann **Waren und Leistungen verschenken** oder **zu nicht konkurrenzfähigen Preisen anbieten.**[1575] In dieser Hinsicht gilt für sie nichts anderes als für

[1569] *Beater* § 24 Rn. 24.

[1570] BGH GRUR 2018, 1251 Rn. 45 – Werbeblocker II; siehe zu Werbeblockern in kartellrechtlicher Hinsicht auch BGH GRUR 2019, 1305 Rn. 23 ff. – Werbeblocker III.

[1571] → Rn. 461 ff.

[1572] BGH GRUR 1993, 917 (919) – Abrechnungssoftware für Zahnärzte; OLG Hamm MMR 2012, 32 (33).

[1573] *BGH* GRUR 2002, 825 (827) – Elektroarbeiten.

[1574] *BGH* GRUR 2003, 167 (169) – Kommunaler Schilderprägebetrieb; GRUR 2003, 77 – Fernwärme für Börnsen; GRUR 2002, 825 (827) – Elektroarbeiten; GRUR 1999, 256 (257) – 1000 DM Umwelt-Bonus; GRUR 1993, 917 (919) – Abrechnungssoftware für Zahnärzte; GRUR 1991, 53 (55 f.) – Kreishandwerkerschaft I; GRUR 1987, 116 (118) – Kommunaler Bestattungswirtschaftsbetrieb I; GRUR 1982, 425 (430) – Brillen-Selbstabgabestellen; OLG Hamm MMR 2012, 32 Rn. 64; OLG Stuttgart NJW-WettbR 1999, 3 (4).

[1575] BGH GRUR 1993, 917 (919) – Abrechnungssoftware für Zahnärzte; GRUR 1982, 425 (430) – Brillen-Selbstabgabestellen. Zum Wettbewerb der öffentlichen Hand siehe auch Ahrens → Einl. G Rn. 1016 ff.

das vorstehend erörterte Verschenken von Waren und Leistungen anderer Mitbewerber. Es muss im Interesse eines funktionierenden Wettbewerbs zugunsten der privaten Anbieter aber berücksichtigt werden, dass die öffentliche Hand anders als private Unternehmer nicht auf die Erzielung von Gewinnen angewiesen ist und Verluste durch Steuern, Abgaben oder Beiträge decken kann.[1576] Die kostenlose Abgabe einer Abrechnungs-Software für Zahnarztpraxen und deren Wartung durch eine Kassenärztliche Vereinigung war unlauter, weil es in erheblichem Maße den Wettbewerb privater Anbieter auf diesem Markt gefährdete und außer Verhältnis zu den Maßnahmen stand, die zur Erfüllung der der Kassenärztlichen Vereinigung obliegenden gesetzlichen Aufgaben erforderlich war.[1577] Das gleiche gilt für die kostenlose Abgabe von VPN-Routern durch eine kassenärztliche Vereinigung an ihre Mitglieder, da es zur Gewährleistung einer reibungslosen Kommunikation zwischen Arzt und KV ausreichend, den Anbietern von Routern im Rahmen eines Pflichtenheftes vorzugeben, welchen Anforderungen die technischen Kommunikationsmittel genügen müssen.[1578] Die kostenlose Abgabe einer Software, die Konkurrenzprodukte wegen deren weitergehendem Funktionsumfang nicht überflüssig machte, wurde demgegenüber für zulässig gehalten.[1579] Außerdem ist zu beachten, dass die öffentliche Hand eine Verpflichtung zur Daseinsfürsorge hat und Leistungen unter den Selbstkosten anbieten darf, um z.B ein Angebot einer Musikschule auch für Personen erschwinglich zu machen, die über geringe finanzielle Mittel verfügen,[1580] oder um Theater und Konzerthäuser im Interesse der Kunst und Kultur zu subventionieren.[1581]

Die öffentliche Hand kann die **Waren und Leistungen eines** oder einzelner **Mitbewerber** aufgrund ihrer öffentlich-rechtlichen Aufgaben in einer den Wettbewerb auf dem Markt beeinträchtigenden Intensität **fördern.** Das Angebot einer Krankenkasse, Bedürftigen Hilfsmittel in Kooperation mit einem Hilfsmittelhersteller unter Umgehung seiner Mitbewerber kostenlos zukommen zulassen, wurde deshalb für unlauter gehalten, weil die gesetzliche Regelung im SGB V dem Bedürftigen ein freies Wahlrecht unter den Anbietern und dem Krankenversicherer nur ein Informationsrecht über die bestehenden Angebote eingeräumt hat.[1582] Bei vergleichbaren Sachverhalten muss heutzutage allerdings berücksichtigt werden, dass die Regelungen des SGB V in ihrem Anwendungsbereich das UWG und GWB verdrängen und eine lauterkeits- oder kartellrechtliche Beurteilung ausschließen.[1583] 575

Die öffentliche Hand kann schließlich ihre **öffentlich-rechtlichen Kompetenzen mit dem Angebot von Waren oder Leistungen** in einer Weise **verknüpfen,** die den weiteren Wettbewerb für diese Waren oder Leistungen ausschließt. Ein Beispiel ist eine öffentlich-rechtliche Verpflichtung, eine bestimmte Ware oder Leistung zu nutzen, auch wenn dadurch das private Angebot entsprechender Waren oder Dienstleistungen verdrängt wird.[1584] 576

5. Sonstige marktstörende Verhaltensweisen. Der Katalog der Maßnahmen, die eine marktstörende Wirkung haben, ist nicht abschließend. Es kommen alle vertraglichen oder sachlichen Mittel in Betracht, die den Wettbewerb auf einem Markt unterminieren können. Dazu können **korporative Koppelungsangebote** zählen, welche die Mitgliedschaft in einer Vereinigung mit bestimmten wirtschaftlichen Leistungen verbinden,[1585] obwohl die Schwelle zu einer Gefährdung des Wettbewerbsbestands selten erreicht wer- 577

1576 BGH GRUR 1982, 425 (430) – Brillen-Selbstabgabestellen.
1577 BGH GRUR 1993, 917 (919) – Abrechnungssoftware für Zahnärzte.
1578 OLG Hamm MMR 2012, 32 Rn. 64, 71.
1579 OLG Düsseldorf 28.4.2010 – VI-U (Kart) 4/10 Rn. 118 BeckRS 2010, 24897.
1580 OLG Nürnberg GRUR-RR 2010, 99 (102).
1581 OLG Hamburg GRUR-RR 2015, 120 (121 f.).
1582 OLG Stuttgart NJW-WettbR 1999, 3 (4).
1583 BGH GRUR 2006, 517 – Blutdruckmessungen – einerseits; andererseits BGH GRUR 2007, 535 – Gesamtzufriedenheit.
1584 Siehe etwa § 301 Abs. 2 SGB 5.
1585 Vgl. hierzu → § 4 Nr. 14 Rn. 103.

den dürfte.[1586] Das Angebot von Mitteln, die dem Anwender eine bestimmte Nutzung des Leistungsangebots Dritter ermöglichen, führen auch dann zu keiner Marktstörung, wenn sie den Anbieter der zugrundeliegenden Leistung stören. **Werbeblocker,** die Werbung im Fernsehen oder Internet herausfiltern, verursachen ebenso wenig eine Marktstörung,[1587] wie sogenannte **Sniper-Software,** die für den Anwender die Ersteigerung eines Produkts bei Online-Versteigerungen übernimmt.[1588]

§ 4a Aggressive geschäftliche Handlungen

(1) **Unlauter handelt, wer eine aggressive geschäftliche Handlung vornimmt, die geeignet ist, den Verbraucher oder sonstigen Marktteilnehmer zu einer geschäftlichen Entscheidung zu veranlassen, die dieser andernfalls nicht getroffen hätte. Eine geschäftliche Handlung ist aggressiv, wenn sie im konkreten Fall unter Berücksichtigung aller Umstände geeignet ist, die Entscheidungsfreiheit des Verbrauchers oder sonstigen Marktteilnehmers erheblich zu beeinträchtigen durch**

1. Belästigung,
2. Nötigung einschließlich der Anwendung körperlicher Gewalt oder
3. unzulässige Beeinflussung.

Eine unzulässige Beeinflussung liegt vor, wenn der Unternehmer eine Machtposition gegenüber dem Verbraucher oder sonstigen Marktteilnehmer zur Ausübung von Druck, auch ohne Anwendung oder Androhung von körperlicher Gewalt, in einer Weise ausnutzt, die die Fähigkeit des Verbrauchers oder sonstigen Marktteilnehmers zu einer informierten Entscheidung wesentlich einschränkt.

(2) **Bei der Feststellung, ob eine geschäftliche Handlung aggressiv im Sinne des Absatzes 1 Satz 2 ist, ist abzustellen auf**

1. Zeitpunkt, Ort, Art oder Dauer der Handlung;
2. die Verwendung drohender oder beleidigender Formulierungen oder Verhaltensweisen;
3. die bewusste Ausnutzung von konkreten Unglückssituationen oder Umständen von solcher Schwere, dass sie das Urteilsvermögen des Verbrauchers oder sonstigen Marktteilnehmers beeinträchtigen, um dessen Entscheidung zu beeinflussen;
4. belastende oder unverhältnismäßige Hindernisse nichtvertraglicher Art, mit denen der Unternehmer den Verbraucher oder sonstigen Marktteilnehmer an der Ausübung seiner vertraglichen Rechte zu hindern versucht, wozu auch das Recht gehört, den Vertrag zu kündigen oder zu einer anderen Ware oder Dienstleistung oder einem anderen Unternehmer zu wechseln;
5. Drohungen mit rechtlich unzulässigen Handlungen.

Zu den Umständen, die nach Nummer 3 zu berücksichtigen sind, zählen insbesondere geistige und körperliche Beeinträchtigungen, das Alter, die geschäftliche Unerfahrenheit, die Leichtgläubigkeit, die Angst und die Zwangslage von Verbrauchern.

Übersicht

[1586] AA *Kotthoff* in HK-WettR § 1 Rn. 695.

[1587] BGH GRUR 2018, 1251 Rn. 45 – Werbeblocker II; GRUR 2004, 877 (880) – Werbeblocker; siehe zu Werbeblockern in kartellrechtlicher Hinsicht aber BGH GRUR 2019, 1305 Rn. 23 ff. – Werbeblocker III.

[1588] LG Berlin K&R 2004, 294; siehe dazu unter dem Aspekt der individuellen Behinderung aber LG Hamburg MMR 2002, 755 (756).

A. Allgemeines

Schrifttum: *Ahrens, H.-J.,* Das Herkunftslandprinzip in der E-Commerce-Richtlinie, CR 2000, 835; *Albert,* Die wettbewerbsrechtliche Beurteilung der werblichen Beeinflussung von Kindern, 2001; *Alexander,* Die Umsetzung von Art. 7 der Richtlinie 2005/29/EG über unlautere Geschäftspraktiken in Deutschland und Österreich, GRUR Int. 2012, 1; *ders.,* Anmerkungen zum Referentenentwurf eines Zweiten Gesetzes zur Änderung des UWG, WRP 2014, 1384; *ders.,* Fachliche Sorgfalt und Gewinnspielwerbung gegenüber Kindern, WRP 2014, 1010; *Apetz,* Das Verbot aggressiver Geschäftspraktiken, 2011; *Arndt/Köhler, M.,* Elektronischer Handel nach der E-Commerce-Richtlinie, EWS 2001, 102; *Bahr,* Anm. zu OLG Hamburg – Werbung; *Baukelmann,* FS Ullmann, 2006, 587; *Benz,* Werbung vor Kindern unter Lauterkeitsgesichtspunkten, WRP 2003, 1160; *Berlit,* Auswirkungen der Aufhebung des Rabattgesetzes und der ZugabeVO auf die Auslegung von § 1 UWG und § 3 UWG, WRP 2001, 349; *ders.,* Das „Traumcabrio“: Preisausschreiben und Gewinnspiele im Lauterkeitsrecht, WRP 2005, 1213; *ders.,* Die Zukunft des Preisausschreibens im Lichte der Entscheidung „Millionen-Chance II“, WRP 2011, 1225; *Berneke,* Zum Lauterkeitsrecht nach einer Aufhebung von ZugabeVO und Rabattgesetz, WRP 2001, 615; *Bernreuther,* Der Ort der Rechtsdurchsetzung des Herkunftslandsrechtes nach Art. 3 Abs. II EC-RiL und das Grundgesetz, WRP 2001, 513; *ders.,* Die Rechtsdurchsetzung des Herkunftslandsrechts nach Art. 3 Abs. II EC-RiL und das Grundgesetz, WRP 2001, 384; *Bodewig/Henning-Bodewig,* Rabatte und Zugaben in den Mitgliedstaaten der Europäischen Union, WRP 2000, 1341; *Boesche,* Drum kopple was sich (nicht) ewig bindet, WRP 2011, 1345; *Borck, H.-G.,* Vermutungen über vergleichende Werbung, über Wertreklame und deren weitere Entwicklung, WRP 2001, 1124; *Böhler,* Mehr über Miles & More und „die Moral von der Geschicht“, WRP 2002, 1131; *ders.,* Wettbewerbsrechtliche Schranken für Werbemaßnahmen gegenüber Minderjährigen, WRP 2011, 1028;

Bottenscheidt, Restriktion der Wertreklame: Eine schutzzweckbezogene Analyse auf dem Gebiet des Wettbewerbsrechts, 2001; *Brändel,* Jugendschutz im Wettbewerbsrecht, in: FS v. Gamm, 1990, S. 9; *Bülow,* Werbung gegenüber Kindern und Jugendlichen – nationales und europäisches Recht, in: FS Piper, 1996, S. 121; *ders.,* Kein Abschied vom psychischen Kaufzwang, WRP 2005, 954; *Cordes,* Die Gewährung von Zugaben und Rabatten und deren wettbewerbsrechtliche Grenzen nach Aufhebung von ZugabeVO und Rabattgesetz, WRP 2001, 867; *Dembowski,* FS Ullmann, 2006, 599; *Dittmer,* Rabatte und Zugaben nach dem Wegfall von Rabattgesetz und ZugabeVO: Mehr Gestaltungsspielraum für Unternehmer, BB 2001, 1961; *Eisenhardt,* Werbung gegenüber Kindern, WRP 1997, 283; *Engels,* Wettbewerbsrechtliche Grenzen der Fernsehwerbung für Kinder, WRP 1997, 6; *Eppe,* Zugaben und Rabatte im Anwendungsbereich des UWG, 2003; *Ernst,* Rechtliche Zulässigkeit von Preisnachlässen an virtuelle Kaufgemeinschaften im Internet, CR 2000, 239; *Freytag/Gerlinger,* Kombinationsangebote im Pressemarkt, WRP 2004, 537; *Fritzsche,* Überlegungen zum Referentenentwurf eines Zweiten Gesetzes zur Änderung des UWG, WRP 2014, 1392; *ders.,* Aggressive Geschäftspraktiken nach dem neuen § 4a UWG, WRP 2016, 1; *Fuchs,* Wettbewerbsrechtliche Schranken bei der Werbung gegenüber Minderjährigen, WRP 2009, 255; *Girth/Sack,* Die Werbung mit der Inflation, WRP 1974, 181; *Glöckner,* UWG-Novelle mit Konzept und Konsequenz, WRP 2014, 1399; *Glöckner/Henning-Bodewig,* EG-Richtlinie über unlautere Geschäftspraktiken: Was wird aus dem „neuen" UWG?, WRP 2005, 1311; *Gloy/Loschelder,* Eingabe zum Entwurf eines Gesetzes zur Aufhebung der ZugabeVO, GRUR 2001, 319; *ders.,* Stellungnahme zum Entwurf eines Gesetzes zur Aufhebung der ZugabeVO, GRUR 2001, 718; *Handelsverband Deutschland (HDE),* Stellungnahme zu dem Referentenentwurf eines Gesetzes gegen den unlauteren Wettbewerb, WRP 2014, 1430; *Härting,* Umsetzung der E-Commerce Richtlinie, DB 2001, 80; *Hecker,* Die Richtlinie über unlautere Geschäftspraktiken: Einige Gedanken zur „aggressiven Geschäftspraktiken"-Umsetzung in das deutsche Recht, WRP 2006, 640; *Heermann,* Rabattgesetz und ZugabeVO ade!, WRP 2001, 855; *ders.,* Ausnutzung der geschäftlichen Unerfahrenheit von Kindern und Jugendlichen in der Werbung, in: FS Raiser, 2005, S. 681; *ders.,* Lauterkeitsrechtliche Informationspflichten bei Verkaufsförderungsmaßnahmen, WRP 2005, 141; *ders.,* Prämien, Preise, Provision, WRP 2006, 8; *ders.,* Richtlinienkonforme Auslegung und Anwendung von § 4 Nr. 2 UWG GRUR 2011, 781; *Heermann/Ruess,* Verbraucherschutz nach RabattG und ZugabeVO – Schutzlücke oder Freiheitsgewinn?, WRP 2001 883; *Heil,* Gewinnspiele – eine unendliche Geschichte?, WRP 98, 839; *Heil/Dübbers,* Die Abschaffung von Rabattgesetz und ZugabeVO, ZRP 2001, 207; *Henning-Bodewig,* Abschaffung von Rabattgesetz und ZugabeVO?, WRP 2000, 886; *dies.,* E-Commerce und irreführende Werbung, WRP 2001, 771; *dies.,* Richtlinienvorschlag über unlautere Geschäftspraktiken und UWG-Reform, GRUR Int. 2004, 183; *dies.,* Neuorientierung von § 4 Nr. 1 und 2 UWG?, WRP 2006, 621; *dies.,* Erneute UWG-Reform? Einige Anmerkungen zum Referentenentwurf WRP 2014, 1407; *Scherer,* Ende der Werbung in Massenmedien?, WRP 2008, 563; *Hoffmann,* Entwicklung des Internet-Rechts, Beilage zu NJW Heft 14/2001; *Hoß,* Rabattgesetz und ZugabeVO: Die Rechtslage nach der Aufhebung, MMR 2001, 1094; *Huppert, P.,* Wettbewerbsrechtliche Zulässigkeit von Verbraucher-Einkaufsgemeinschaften im Web, MMR 2000, 329; *Huppertz, S.,* Community Shopping, MMR 2000, 329; ders., Rechtliche Probleme von Online-Auktionen, MMR 2000, 65; *John,* Zur Frage der Unlauterkeit von Verkaufsförderungsmaßnahmen wegen über drittverantwortlichen Marktteilnehmern, WRP 2011, 147; *Kappes,* Gutschein- und Bonussysteme im Apothekenwesen, WRP 2009, 250; *Karenfort/Weißgerber,* Lauterkeit des Wirtschaftsverkehrs in Gefahr?, MMR-Beilage 7/2000 S. 38; *Keßler/Micklitz,* Der Richtlinienvorschlag über unlautere Praktiken im binnenmarktinternen Geschäftsverkehr, BB 2003, 2073; *Kirchhoff,* Die UWG-Novelle 2015 – nur Kodifizierung der Rechtsprechung oder substantiell Neues?, WRP 2015, 659; *Klees/Lange,* Bewerbung, Nutzung und Herstellung von Handy-Klingeltönen, CR 2005, 684; *Knubben,* Die Werbung unter Ausnutzung von Angst, Dissertation, 2007; *Kögele,* Wettbewerbsrechtliche Beurteilung von Kopplungsangeboten, GRUR 2006, 105; *Köhler,* Kartellrechtliche Aspekte von Kundenbindungssystemen – oder: Vom Wettbewerb der Produkte zum Wettbewerb der Vergünstigungen?, BB 2001, 1157; *ders.,* Rabattgesetz und ZugabeVO: Ersatzlose Streichung oder Gewährleistung eines Mindestschutzes für Verbraucher und Wettbewerber?, BB 2001, 265; *ders.,* Zugaben: Die Rechte des Verbrauchers und die Risiken des Handels, BB 2001, 1589; *ders.,* Zum Anwendungsbereich der §§ 1 und 3 UWG nach Aufhebung von RabattG und ZugabeVO, GRUR 2001, 1067; *ders.,* Kopplungsangebote (einschließlich Zugaben) im geltenden und künftigen Wettbewerbsrecht, GRUR 2003, 729; *ders.,* Minderjährigenschutz im Lauterkeitsrecht, FS Ullmann, 2006, 679; *ders.,* Die Unlauterkeitstatbestände des § 4 UWG und ihre Auslegung im Lichte der Richtlinie über unlautere Geschäftspraktiken, GRUR 2008, 841; *ders.,* Die Neujustierung des UWG am Beispiel der Verkaufsförderungsmaßnahmen, GRUR 2010, 767; *ders.,* Die Kopplung von Gewinnspielen an Umsatzgeschäften: Wenn der in der Lauterkeitsrechtlichen Beurteilung, GRUR 2011, 478; *ders.,* Richtlinienkonforme Gesetzgebung statt richtlinienkonforme Auslegung: Plädoyer für eine weitere UWG-Novelle, WRP 2012, 251; *ders.,* Stellungnahme zum Referentenentwurf eines Zweiten Gesetzes zur Änderung des UWG, WRP 2014, 1410; *ders.,* Alternativentwurf (UWG-AE) zum Regierungsentwurf (UWG-E) eines Zweiten Gesetzes zur Änderung des Gesetzes gegen den unlauteren Wettbewerb, WRP 2015, 1311; *ders.,* Der Regierungsentwurf zur UWG-Novelle 2015: Nur Klarstellungen oder doch tiefgreifende Änderungen?, WRP 2015, 275; *ders.,* UWG-Reform 2015: Im Regierungsentwurf nicht angesprochene Defizite bei der Umsetzung der UGP-Richtlinie, WRP 2015, 1037 *Köhler, M./Arndt,* Recht des Internet, 2008; *Köhler/Bornkamm/Henning-Bodewig,* Vorschlag für eine Richtlinie zum Lauterkeitsrecht und eine UWG-Reform, WRP 2002, 1317; *Köhler/Bornkamm/Feddersen,* Gesetz gegen den unlauteren Wettbewerb, UWG, 37. Auflage, 2019; *Köhler/Lettl,* Das geltende Europäische Lauterkeitsrecht, der Vorschlag für eine EG-Richtlinie über unlautere Geschäftspraktiken und die UWG-Reform, WRP 2003, 1019; *Koos,* Der Wettbewerbsschutz des Onlinegewinnspiels, WRP 2001, 106; *Lahosen,* Die Wettbewerbs- und verfassungsrechtliche Beurteilung des Gratisvertriebs meinungsbildender Tagespresse, GRUR 2005, 221; *Lange,* Wettbewerbliche Grenzen gekoppelter Stromverträge, WRP 2002, 10; *Lange/Spätgens,* Rabatte und Zugaben im Wettbewerb, 2001; *Leible/Sosnitza,* Virtuelle Einkaufsgemeinschaften, ZIP 2000, 732; *Lindacher,* Powershopping in der Form sich schließender Preisstufen ist wettbewerbswidrig i. S. v. § 1 UWG, Anm. zu OLG Köln ZIP 2001, 1214, EWiR 2001, 831; *Mankowski,* Wer ist „ein Kind"?, WRP 2007, 1398; *Markenverband,* Position zum Entwurf eines Zweiten Gesetzes zur Änderung des Gesetzes gegen den unlauteren Wettbewerb, WRP 2015, 46; *Marx,* Der Wegfall von Rabattgesetz und ZugabeVO, Die Information über Steuer und Wirtschaft 2001, 560; *Menke,* Community Shopping und Wettbewerbsrecht, WRP 2000, 337; *Meyer,* Rabatt- und Zugabe-Regulierung auf dem Prüfstand, GRUR 2001, 98; *Möller,* Werbung mit Zuzahlungsverzicht – Ein wettbewerbsrechtliches Problem?, WRP 2004, 530; *ders.,* Neue Erscheinungsformen von Rabattwerbung und „Rabatte" zu Lasten Dritter, GRUR 2006, 292; *Münker,* Stellungnahme der Wettbewerbszentrale zum Referentenentwurf eines Zweiten Gesetzes zur Änderung des Gesetzes gegen den unlauteren Wettbewerb, WRP 2014, 1434; *Nordemann, J. B.,* Wegfall von ZugabeVO und Rabattgesetz, NJW 2001, 2505; *Ohly,* Herkunftslandprinzip und Kollisionsrecht, GRUR Int. 2001, 899; *ders.,* Die wettbewerbsrechtliche Beurteilung von Gesamtpreisangeboten, NJW 2003, 2135; *ders.,* Nach der Reform ist vor der Reform Anmerkungen zum Referentenentwurf eines Zweiten Gesetzes zur Änderung des UWG, GRUR 2014, 1137; *ders.,* Alternativentwurf („Große Lösung") zum Regierungsentwurf eines Zweiten Gesetzes zur Änderung des Gesetzes gegen den unlauteren Wettbewerb, WRP 2015, 1443; *Palzer,* Alles bleibt so, wie es wird! – Oder: Von Schmetterlingen und Ameisen, WRP 2015, 793; *Peifer,* Aufräumen im UWG – Was bleibt nach der Kodifikation zum irreführenden Unterlassen für § 4 Nr. 1, 4, 5 und 6 UWG?, WRP 2010, 1432; *Pluskat,* Das kombinierte Warenangebot als zulässiges verdecktes Kopplungsgeschäft, WRP 2001, 1262; *ders.,* Das kombinierte Warenangebot – dieses mal als unzulässig verdecktes Koppelungsgeschäft, WRP 2002, 789; *Römermann/van der Moolen,* Rabatte und Zugaben: In der anwaltlichen Beratung, 2002; *Ruttig,* „Verkaufsverlosungen": Verkaufsförderung zwischen Gewinnspiel und Sonderangebot; *Sack,* Das internationale Wettbewerbsrecht nach der E-Commerce-Richtlinie (ECRL) und dem EGG-/TDG-Entwurf, WRP 2001, 1408; *ders.,* Herkunftslandprinzip und internationale elektronische Werbung nach der Novellierung des Teledienstgesetz (TDG), WRP 2002, 271; *ders.,* Anmerkungen zur geplanten Änderung des UWG, WRP, 2014, 1418; *Scherer,* Die Werbung zur Ausnutzung von Angst von Verbrauchern nach § 4 Nr. 2 UWG n. F. – Neukonzeption eines altvertrauten Tatbestandes, WRP 2004, 1426; *dies.,* Schutz „leichtgläubiger" und „geschäftlich unerfahrener" Verbraucher in § 4 Nr. 2 UWG n. F. – „Wiederkehr des alten Verbraucherleitbildes durch die Hintertür"? WRP 2004, 1355; *dies.,* Abschied vom „psychischen Kaufzwang"-Paradigmenwechsel im neuen Unlauterkeitsrecht, WRP 2005, 672; *dies.,* Verletzung der Menschenwürde durch Werbung, WRP 2007, 594; *Schmitts,* „Übertriebenes Anlocken" und psychologischer Kaufzwang durch Gewinnspiele, NJW 2003, 3034; *Schnorbus,* Werbung mit der Angst, GRUR 1994, 15; *Scholz,* Ist Werbung für den Verkauf von Waren mit der Behauptung, der Verkauf erfolge ohne Mehrwertsteuer zulässig?, WRP 2008, 571; *Seichter,* Der Umsetzungsbedarf der Richtlinie über unlautere Geschäftspraktiken, WRP 2005, 1087; *ders.,* „20 % auf Alles – nur heute!" – Zur wettbewerbsrechtlichen Beurteilung von kurzfristigen Rabattaktionen, WRP 2006, 628; *Sosnitza,* Das Koordinatensystem des Rechts des unlauteren Wettbewerbs im Spannungsfeld zwischen Europa und Deutschland, GRUR 2003, 739; *ders.,* An Kinder gerichtete Online-Werbung für Lebensmittel, WRP 2018, 905; *Steinbeck,* Lauterkeitsrechtliche Grenzen für Zugaben und Rabatte nach der Aufhebung von ZugabeVO und Rabattgesetz, ZIP 2001, 1741; *ders.,* Die Dreieckskopplung – ein Fall des übertriebenen Anlockens?, GRUR 2005, 15; *ders.,* Anm. zu BGH „Zeitschrift mit Sonnenbrille", GRUR 2006, 163; *Steingass/Tevorte,* Stellung und Reichweite des Transparenzgebots im Neuen UWG, WRP 2005, 676; *Tavanti,* Gesamtpreis, Zugabe oder übertriebenes Anlocken – Handy und Playstation für DM 1,– auch nach Abschaffung der ZugabeVO unzulässig?, WRP 2001, 977; *Teplitzky,* Zur Frage der wettbewerbsrechtlichen Zuständigkeit des (ständigen) Gratisvertrieb einer ausschließlich durch anzeigenfinanzierten Zeitung, GRUR 1999, 108; *Tettenborn,* E-Commerce-Richtlinie – Erste Überlegungen zur Umsetzung in Deutschland, K & R 2000, 386; *Tetzner,* Ist Werbung mit der Angst unlauter?, MDR 1975, 281; *Trube,* Preisangaben nach Wegfall des RabattG, WRP 2001, 878; *Wagner/Ruess,* Neues zur wettbewerbsrechtlichen Beurteilung sogenannter Kopplungsangebote-Abkopplung vom Sittenwidrigkeitsbegriff?; *Weiler,* Psychischer Kaufzwang – Ein Abschiedsplädoyer, WRP 2002, 871; *Ullmann,* Das Koordinatensystem des Rechts des unlauteren Wettbewerbs im Spannungsfeld von Europa und Deutschland, GRUR 2003, 817; *Vieregge/Strothmann,* Preisausschreiben und Gewinnspiele als Werbemittel, in: FS Quack, 1991 S 139; *Yankova/Hören,* Besondere Schutzbedürftigkeit von Senioren nach dem UWG?, WRP 2011, 1236; für Handy-Klingeltöne in Jugendzeitschriften, MMR 2003, 466; *Zagouras,* Werbung für Mobilfunkmehrwertdienste und die Ausnutzung der geschäftlichen Unerfahrenheit von Kindern und Jugendlichen nach § 4 Nr. 2 UWG, GRUR 2006, 731.

I. Normhistorie

1 Aus Sicht des Gesetzgebers des UWG in seiner Fassung von 2008[1] hätte es zur Schaffung des § 4a eigentlich gar nicht kommen dürfen. Denn man nahm damals an, dass bereits § 4 Nr. 1, Nr. 2 als Beispieltatbestände unlauteren Handelns die Europäischen Vorgaben zu aggressiven Geschäftspraktiken vollumfänglich umsetzten.[2] Die Sichtweise der Europäischen Kommission war offenbar eine andere und die hierdurch hervorgerufene **Sorge mangelnder Europarechtskonformität** hat zu der neuen, **enger am Wortlaut der UGP-Richtlinie gehaltenen Vorschrift geführt.**[3]

2 Im Entstehungsprozess der jetzigen Fassung des UWG[4] war vor allem auch das Schicksal des § 4a wechselvoll. Zunächst sah der Referentenentwurf eine Streichung der bisherigen § 4 Nr. 1 und Nr. 2 vor sowie eine Wortlauterstreckung von § 4a auf sonstige Marktteilnehmer und Wettbewerber.[5] Der Regierungsentwurf nahm hiervon indes Abstand und § 4 Nr. 1, Nr. 2 wieder in die Konzeption hinein.[6] Diesem Ansatz ließ sich immerhin zugutehalten, dass zugleich § 4a – in der Fassung des Regierungsentwurfs – nur B2C-Praktiken adressierte und aggressive Praktiken im B2B-Bereich somit ohne spezifische Regelung geblieben wären. Nichtsdestotrotz machte das Resultat mit Blick auf Normierungsästhetik und Rechtsklarheit wenig Freude, so dass es auf vielfache Kritik stieß.[7] Es ist daher zu begrüßen, dass die letztlich – vor allem auch infolge der Beschlüsse des Ausschusses für Recht und Verbraucherschutz[8] – Gesetz gewordene Fassung wieder näher am Referentenentwurf liegt. Insbesondere wurden **§ 4 Nr. 1 und Nr. 2 doch gestrichen**[9], wobei zentrale Elemente des § 4 Nr. 2 Eingang in § 4a Abs. 2 S. 2 finden. Der Regelungsgehalt des § 4 Nr. 1 geht ohnehin, zumindest weitestgehend, in § 4a auf. § 4a umfasst auch Praktiken gegenüber sonstigen Marktteilnehmern, jedoch nicht – wie noch der Referentenentwurf – gegenüber Wettbewerbern (zum Wettbewerberschutz durch § 4 s. die Kommentierung dort; zum Schutz von Wettbewerbern im Zusammenhang mit aggressiven Praktiken gegenüber Verbrauchen und sonstigen Marktteilnehmern s. insbesondere *Podszun* zu → § 1 Rn. 49; *Keller* zu → § 2 Rn. 135; *Goldmann* zu → § 9 Rn. 138).

3 Die Unterschiede im Schutzbereich des Europäischen (nur B2C) und des deutschen (auch B2B) Lauterkeitsrechts[10] zwingen in dieser Hinsicht zu schwierigen Gestaltungsentscheidungen: Entweder die Europäischen Vorgaben werden unmodifiziert befolgt, dann muss aber die Regelung ein und derselben Verhaltensweise auf unterschiedliche Normen verteilt werden, je nachdem gegen welche Adressaten sie sich richtet. Oder das Gesetz denkt vom Verhaltenstypus her und versucht, dasselbe Tun gegenüber verschiedenen Adressaten unter eine Norm zu fassen. Dann aber droht Varianz gegenüber dem Europarecht. § 4a versucht es mit einem Kompromiss. Die Hereinnahme der sonstigen Marktteilnehmer sollte hoffentlich **keinen Anlass für erneute Bedenken über die Europa-**

---

[1] Der Verfasser dieser Kommentierung widmet sie in ehrendem Angedenken Herrn Rechtsanwalt *Dr. Marc Stuckel,* der für die Kommentierung des § 4 Nr. 1 und Nr. 2 UWG in den ersten drei Auflagen dieses Werkes verantwortlich zeichnete. Auch wenn die Neufassung des Normbestandes gegen aggressive Geschäftspraktiken eine Neukommentierung dieses Regelungsbereiches erforderlich gemacht hat, wirkt die Arbeit von Herrn Stuckel in dieser fort.

[2] Dazu *Köhler* WRP 2014, 1410 (1412); BT-Drs. 16/10145, A IV 8.

[3] *Köhler* WRP 2015, 275 (275).

[4] Allgemein hierzu *Keller* → Einl. Rn. 26 ff.

[5] Entwurf eines Zweiten Gesetzes zur Änderung des Gesetzes gegen den unlauteren Wettbewerb des Bundesministeriums der Justiz und für Verbraucherschutz (Referentenentwurf), WRP 2014, 1373; Stellungnahmen in den Heften 12/2014 und 1/2015 der WRP.

[6] Entwurf eines Zweiten Gesetzes zur Änderung des Gesetzes gegen den unlauteren Wettbewerb der Bundesregierung (Gesetzentwurf), WRP 2014, 1373.

[7] S. etwa *Köhler* WRP 2015, 275; *Köhler* WRP 2015, 1311; *Kirchhoff* WRP 2015, 659; *Ohly* WRP 2015, 1443.

[8] BT-Drs. 18/6571.

[9] jurisPK-UWG/*Seichter* § 4a Rn. 3.

[10] Vgl. dazu *Henning-Bodewig* WRP 2014, 1407 (1407).

rechtskonformität liefern, denn sie unterläuft die Europäischen Regelungsanliegen nicht.[11]

Nach ausdrücklicher Intention des Gesetzgebers soll der neu geschaffene § 4a bezüglich aggressiver Geschäftspraktiken **keine substantielle Rechtsänderung** mit sich bringen.[12] Nichtsdestotrotz gilt seit Inkrafttreten der Norm in noch stärkerem Maße als zuvor, dass **Rechtsprechung und Rechtslage aus der Zeit vor dem UWG 2008** in wesentlichen Aspekten einerseits **nicht wie bisher fortgeführt** werden dürfen, etwa hinsichtlich des bisherigen Umgangs mit Fallgruppen wie dem „übertriebenen Anlocken" oder dem „psychologischen Kaufzwang". Andererseits können die unter solchen Fallgruppen zusamengefassten Phänomene durchaus tatbestandsrelevant für § 4a bleiben. Sie treten dann jedoch jedenfalls nicht als zusätzliche, ungeschriebene oder auf die Generalklausel gestützte Tatbestände aggressiven unlauteren Verhaltens neben die Norm, und es darf angesichts des heute maßgeblichen Verbraucherleitbildes und gewandelter Verkehrsanschauungen nicht mit der gleichen, restriktiven Elle gemessen werden wie früher. Die vorliegende Kommentierung behandelt denn auch den heute noch relevanten Gehalt der überkommenen Fallgruppen aggressiv-unlauteren Verhaltens bei den **jeweils einschlägigen Tatbestandselementen** von § 4a und verweist im Übrigen, einschließlich der jeweils einschlägigen Rechtsprechung, auf die **Vorauflage.** Das **Gesetz zur Stärkung des Verbraucherschutzes** im Wettbewerbs- und Gewerberecht von 2021 (→ *Keller*, Einl. A Rn. 70 ff.) hat keine Änderung des § 4a UWG bewirkt. 4

II. Europäischer Hintergrund und Normstruktur

Das allgemeine Verhältnis zwischen dem UWG 2015 und dem Europarecht wird eingehend an anderer Stelle behandelt.[13] Mit Blick auf § 4a sei daher hier nur festgehalten, dass die Norm **in erster Linie Art. 2 lit. j, Art. 5 Abs. 4, Art. 8 sowie Art. 9 der UGP-RL umsetzt.** Sie ist daher auch **richtlinienkonform auszulegen.**[14] 5

Während die UGP-RL in ihrem Art. 5 Abs. 4 lit. b klarstellt, dass aggressive Geschäftspraktiken einen Fall des unlauteren Handelns darstellen, trifft das UWG diese Aussage durch die Formulierung **„[u]nlauter handelt"** in § 4a selbst. Zu der Frage, wann eine geschäftliche Handlung „aggressiv" ist, zeigt das UWG mehr Selbstvertrauen als die UGP-RL. Während nämlich Art. 8 UGP-RL nur eine Legalfiktion („gilt als")[15] formuliert, **„ist" gem. § 4a eine Handlung aggressiv,** wenn sie die Voraussetzungen der Norm erfüllt. Divergenzen in der Sache sind hierdurch nicht zu erwarten. 6

Gleiches dürfte für die unterschiedliche Binnenhierarchie zwischen aggressiver Handlung, Beeinträchtigung der Entscheidungsfreiheit und Beeinflussung der geschäftlichen Entscheidung gelten: § 4a S. 1 deutet hierbei die **aggressive Handlung und die Eignung zur Beeinflussung der geschäftlichen Entscheidung als zwei *nebeneinander* stehende Elemente eines unlauteren Verhaltens,** die Beeinträchtigung der Entscheidungsfreiheit durch ein verpöntes Mittel ist dann gem. § 4a S. 2 die zentrale Komponente der aggressiven Handlung. Der Wortlaut der Richtlinie hingegen ordnet die Beeinflussung der geschäftlichen Entscheidung *unter* die aggressive Geschäftspraxis, so dass sie gemeinsam mit der Beeinträchtigung der Entscheidungsfreiheit eine Voraussetzung derselben bildet. 6a

Das gegenüber dem Referentenentwurf geäußerte Bedenken, die in der Richtlinie vorgeschriebene Einzelfallbetrachtung („unter Berücksichtigung aller tatsächlichen Umstände", Art. 8 UGP-RL) sei im neuen UWG-Wortlaut nicht genügend verankert,[16] kann 7

[11] Ähnlich *Fritzsche* WRP 2016, 1 (2).

[12] Ziel sei eine gesetzessystematische Klarstellung, s. hierzu Beschlussempfehlung und Bericht des Ausschusses für Recht und Verbraucherschutz zum Gesetzentwurf der Bundesregierung BT-Drs. 18/6571, 1 und 15.

[13] *Keller* → Einl. Rn. 16; *Glöckner* → Einl. Rn. 77 ff.

[14] *Köhler*/Bornkamm/Feddersen § 4a Rn. 1.4.

[15] Diese Zurückhaltung findet sich auch in anderen Sprachfassungen, etwa dem Englischen *„shall be regarded as"* dem Französischen *„est réputée"* oder dem Italienischen *„è considerata"*.

[16] *Fritzsche* WRP 2015, 1392 (1395).

man als ausgeräumt ansehen. Denn zusätzlich zu den Einzelfall-sensitiven Kriterien des § 4a Abs. 2 besagt nunmehr § 4a Abs. 1 S. 2, dass der Rechtsanwender den „konkreten Fall unter Berücksichtigung aller Umstände" betrachten muss und diese Vorgabe ist auf alle relevanten Tatbestandsteile des § 4a zu beziehen, insbesondere also auch auf die gelisteten Beeinträchtigungsformen der § 4a Abs. 1 S. 2 Nr. 1–Nr. 3 (näher → Rn. 32, 122).

8 Rein ästhetischer Natur ist die **Hervorhebung der Beeinträchtigungsmittel** (Belästigung, usw) durch gesonderte Nummern in § 4a Abs. 1 S. 2 Ziff. 1–3. § 4a Abs. 2 S. 1 enthält Kriterien, die bei der Beurteilung eines aggressiven Charakters der fraglichen geschäftlichen Handlung heranzuziehen sind. Es fällt auf, dass die Kriterienliste abschließend formuliert ist, weil ein einleitendes „insbesondere" oder ein ähnlicher Signalbegriff fehlt. Die Tragfähigkeit dieser Entscheidung wird man abwarten müssen. Wenn die ohnehin weit gehaltene Begrifflichkeit nicht genügend Raum bietet, muss zur Not die Rechtsprechung durch erweiternde Auslegung oder Analogie helfen. In § 4a Abs. 2 S. 2 wird dann, wie schon eingehend erörtert, § 4a Abs. 2 S. 1 Nr. 3 seinerseits durch Regelbeispiele konkretisiert.

9 Trotz der leichten, eher formalen Gestaltungsunterschiede wird in Summe der Gehalt des Art. 8 UGP-RL in § 4a Abs. 1 befriedigend umgesetzt. Dies gilt auch für die sich auf Art. 8 der RL beziehenden Tatbestände der „black list", die sich in den Ziffern 12, 27, 28 und 30 des Anhangs zu 3 Abs. 3 finden. Vor allem in zweierlei Hinsicht geht **§ 4a über den Wortlaut des Art. 8 UGP-RL** aber auch **hinaus.** Zum einen integriert § 4a Abs. 1 S. 3 die Definition der **„unzulässigen Beeinflussung"** aus Art. 2 lit. j der UGP-RL. Dies erscheint in der Sache gerechtfertigt,[17] weil § 4a in der Tat ein wesentlicher – und vom Gesetzeswortlaut her sogar der einzige – *sedes materiae* für „unzulässige Beeinflussungen" ist. Zum anderen bezieht § 4a ausdrücklich auch die **sonstigen Marktteilnehmer** in den Anwendungsbereich der Vorschrift ein. Bedenken hinsichtlich der Europarechtskonformität ergeben sich hieraus nicht,[18] sehr wohl aber muss bei der Anwendung der Norm gegebenenfalls nach dem Kreis der Schutzadressaten differenziert werden.[19]

10 **Art. 9 der Richtlinie wird in § 4a Abs. 2 S. 1** umgesetzt. Während sich die – nicht abschließenden[20] – Kriterienkataloge beider Normen vollständig decken, ist der Einleitungssatz, welcher den Geltungsbereich ihrer indikativen Wirkung abgrenzt, im UWG etwas weiter und damit auch sachgerechter gehalten. Denn die genannten Kriterien (Zeitpunkt, usw) sollen und können nicht nur – wie in der Richtlinie – für die Feststellung herangezogen werden, ob von einer Belästigung, Nötigung, körperlichen Gewalt oder unzulässigen Beeinflussung Gebrauch gemacht wurde, sondern ausweislich der Verweisung auf den gesamten § 4a Abs. 1 S. 2 auch für die Frage, ob die geschäftliche Handlung dadurch geeignet war, die Entscheidungsfreiheit erheblich zu beeinträchtigen.[21]

11 Nicht aus Art. 9 UGP-RL stammt **§ 4a Abs. 2 S. 2,** der § 4a Abs. 2 S. 1 Nr. 3 (Unglücksituationen, usw) durch die Nennung von Regelbeispielen konkretisiert, nämlich körperliche Beeinträchtigungen, Alter, geschäftliche Unerfahrenheit, Leichtgläubigkeit, Angst und Zwangslage von Verbrauchern. Vielmehr finden sich hier – in gesetzeshistorischer Perspektive – die Merkmale des bisherigen § 4 Nr. 2 aF wieder,[22] allerdings eben nicht mehr als eigenständiger Tatbestand der Unlauterkeit, sondern nurmehr als konkretisierende Regelbeispiele im Rahmen der Prüfung, ob eine aggressive geschäftliche Handlung vorliegt. Zugleich hat § 4a Abs. 2 S. 2 aber auch Anklang an und inhaltliche Beziehung zu § 3 Abs. 4 und dessen europarechtlichem Vorbild in Art. 5 Abs. 3 UGP-RL. Denn auch in der Generalklausel werden Alter, Leichtgläubigkeit und körperliche Beeinträchtigungen ausdrücklich genannt. Zugleich gibt es zwischen den „geistigen Beeinträch-

[17] Kritisch zur Positionierung in § 4a statt § 2 *Fritzsche* WRP 2016, 1 (1).
[18] Mit ähnlicher Richtung *Henning-Bodewig* WRP 2014, 1407 (1408); wohl auch *Scherer* WRP 2014, 148.
[19] Ebenso *Fritzsche* WRP 2016, 1.
[20] *Köhler*/Bornkamm/Feddersen § 4a Rn. 1.83.
[21] Ebenso *Fritzsche* WRP 2016, 1 (5).
[22] BT-Drs. 18/6571, 15.

tigungen“ im Sinne der Generalklausel und der „Leichtgläubigkeit“ oder „Angst“ im Sinne von § 4a Abs. 2 S. 2 Schnittmengen. Zu einem wesentlichen Teil bildet § 4a Abs. 2 S. 2 letztlich – in gesetzesfunktionaler Perspektive – eine **Konkretisierung des § 3 Abs. 4 und des Art. 5 Abs. 3 UGP-RL für aggressive geschäftliche Handlungen.**

Mit Spannung wird zu beobachten sein, ob und wie sich die insoweit durchaus komplexe, mehrfach gestufte Binnenstruktur des § 4a als praktikabel erweist, wonach **§ 4a Abs. 2 S. 2 für die Konkretisierung von § 4a Abs. 2 Nr. 3 herangezogen werden soll, der seinerseits wieder in die Beurteilung der Frage einfließt, ob eine der Nummern des § 4a Abs. 1 S. 2 vorliegt.** 11a

Jedenfalls wird der Rechtsanwender zu beachten haben, dass § **4a Abs. 2 S. 2 ausdrücklich nur von Verbrauchern** spricht, während § 4a Abs. 2 S. 1 Nr. 3 explizit auch sonstige Marktteilnehmer einbezieht. Die Konkretisierungswirkung der erstgenannten Vorschrift gilt demnach also nur für einen Teil der Schutzadressaten der letztgenannten. Hier ist der Gesetzgeber zu kurz gesprungen und die Rechtsanwendung wird durch erweiternde Handhabung des Gesetzes gegebenenfalls nachbessern müssen (auch → Rn. 91). 12

In Summe erscheint es nachvollziehbar, dass der deutsche Gesetzgeber **nicht durch völlige Streichung der (bisher) in § 4 Nr. 2** genannten Merkmale den Eindruck einer Schutzabsenkung erwecken wollte.[23] In Gestalt der interpretatorischen und dogmatischen Schwierigkeiten, die aus der nunmehr gewählten Lösung entstehen, wird hierfür aber auch ein Preis bezahlt. 13

Aus der vorstehenden Analyse im Lichte europarechtlicher Vorgaben folgt **zusammenfassend** für die **Binnenstruktur** des § 4a: Die Norm wendet sich gegen geschäftliche Handlungen iSv § 2 Abs. 1 Nr. 1, die unlauter sind, weil sie einen aggressiven Charakter aufweisen und kumulativ geeignet sind, die geschäftliche Entscheidung eines Verbrauchers (§ 2 Abs. 2 UWG, § 13 BGB, Art. 2 lit. a UGP-RL) oder sonstigen Marktteilnehmers (§ 2 Abs. 1 Nr. 2) zu verfälschen (§ 4a Abs. 1 S. 1). Damit ein aggressiver Charakter der Handlung bejaht werden kann, ist gemäß § 4a Abs. 1 S. 2 wiederum zweierlei vonnöten, nämlich erstens die Eignung zur erheblichen Beeinträchtigung der Entscheidungsfreiheit des Verbrauchers und zweitens der Einsatz eines in § 4a Abs. 1 S. 2 Nr. 1–3 genannten Mittels. Eines dieser Mittel, nämlich die unzulässige Beeinflussung, erhält eine Legaldefinition in § 4a Abs. 1 S. 3. § 4a Abs. 2 benennt in nicht abschließender Weise Umstände von Relevanz für die Feststellung, ob sich eine geschäftliche Handlung als aggressiv darstellt. Aus der Richtlinie über unlautere Handelspraktiken in der Agrar- und Lebensmittelversorgungskette von 2019 ergibt sich insofern keine Änderung für § 4a.[24] 14

III. Systematische Stellung im Verhältnis zu anderen Normen

Im Verhältnis zur bisherigen Fassung des UWG hat **§ 4a die § 4 Nr. 1 und Nr. 2 aF aufgesogen,**[25] sofern es um Verhaltensweisen gegenüber Verbrauchern oder **sonstigen Marktteilnehmern** geht. **Verhaltensweisen gegenüber Wettbewerbern** erfasst die Norm hingegen nach ihrem Wortlaut und dem Gegenschluss zu § 4 ebenso wenig wie ihre Vorgabe-Normen in der UGP-RL. Hier kommen andere Vorschriften des UWG zur Anwendung, wie eben **§ 4 Nr. 4 oder die Generalklausel des § 3,**[26] sofern nicht – wie insbesondere denkbar bei der Ausübung von Marktmacht – das GWB Vorrang beansprucht (auch → Rn. 42).[27] 15

[23] Vgl. auch *vzbv* WRP 2015, 177; *Köhler* WRP 2015, 275 (279), zu den Gründen, warum § 4 Nr. 2 aF zunächst nicht gestrichen werden sollte; und *Köhler*/Bornkamm/Feddersen § 4a Rn. 2.1, dazu, dass die Vorschrift dann in § 4a Abs. 2 S. 2 Eingang fand.

[24] Zu ihr *Glöckner* → Einl. Rn. 182 f.

[25] Statt vieler *Henning-Bodewig* WRP 2014, 1407 (1409); Beschlussempfehlung und Bericht des Ausschusses für Recht und Verbraucherschutz zum Gesetzentwurf der Bundesregierung BT-Drs. 18/6571, 15.

[26] *Köhler*/Bornkamm/Feddersen § 4a Rn. 1.27. AA MüKoUWG/*Raue* § 4a Rn. 64: Auch Mitbewerber vom Begriff „sonstige Marktteilnehmer“ in § 4a umfasst.

[27] Allgemein zum Verhältnis zwischen UWG und GWB *Ahrens* → Einl G Rn. 1077 ff.

16 Das **Verhältnis der Regelung in § 4a zur Generalklausel in § 3** ist vielgestaltig und wird sich in der Anwendungspraxis beider Normen erst noch voll entfalten müssen; insofern wird auf die Kommentierung durch *Podszun* zu → § 3 Rn. 82 ff., 92 ff. verwiesen. Der im Regierungsentwurf enthaltene, ausdrückliche Verweis in § 4a auf § 3 Abs. 1 wurde wieder gestrichen, jedoch beinhaltet die Formulierung **„unlauter handelt"** weiterhin einen **Rückbezug auf die Generalklausel.** Damit finden sich nunmehr also sowohl in § 3 Abs. 2 als auch in § 4a konkretisierende Legaldefinitionen der „unlauteren Handlung" im Verhältnis zu Verbrauchern, ohne dass der Gesetzeswortlaut sie, klärend, in eine Gleich- oder eine Über–/Unterordnungsbeziehung zueinander setzt.[28] Normenhierarchisch wird man eine **Gleichordnung** annehmen müssen, so dass **§ 4a** keinen Unterfall des **§ 3 Abs. 2** enthält, sondern einen zweiten Typus des unlauteren Verhaltens gegenüber Verbrauchern adressiert, und zudem auch Verhaltensweisen gegenüber sonstigen Marktteilnehmern. Zugleich bleibt ein **Rückgriff auf § 3 Abs. 2 möglich,** soweit die Voraussetzungen des § 4a nicht erfüllt sind, während bei Eingreifen von § 4a der § 3 Abs. 2 nicht mehr zu prüfen ist.[29] Rechtsentwicklungen zur „Unlauterkeit" iRv § 3 Abs. 2 sollten auch für die Anwendung des § 4a berücksichtigt werden, und umgekehrt. Während § 3 Abs. 2 nämlich alle „Handlungen" betrifft, die „nicht der für den Unternehmer jeweils geltenden fachlichen Sorgfalt entsprechen", gilt § 4a nur für „aggressive geschäftliche Handlung[en]". Dass aber eine „aggressive" Handlung der fachlichen Sorgfalt entspricht, ist schwer vorstellbar. Und auch die jeweilige Ausgestaltung der Einwirkungsvoraussetzung auf den Verbraucher spricht für eine wechselseitige Rezeption. Ist nämlich eine Handlung „geeignet […], den Verbraucher zu einer geschäftlichen Entscheidung zu veranlassen, die er andernfalls nicht getroffen hätte", so hat sie jedenfalls nach intuitivem Wortverständnis auch die Eignung „das wirtschaftliche Verhalten des Verbrauchers wesentlich zu beeinflussen". Allerdings enthält § 4a bezüglich des unlauter Handelnden eine wirkliche – und dann wichtige – **Erweiterung zu § 3 Abs. 2** dort, wo es um **aggressives Wettbewerbsverhalten der öffentlichen Hand oder nicht-unternehmerischer Verbände** geht, sofern man den Verhaltensstandard der fachlichen Sorgfalt *für den Unternehmer* aus § 3 Abs. 2 insoweit als nicht anwendbar ansieht.[30]

16a Soweit § 4a **Handlungen gegenüber sonstigen Marktteilnehmern** adressiert, passt § 3 Abs. 2 nicht, es liegt dann eine – bei ihrem Eingreiffen vorrangige – **Ausprägung von § 3 Abs. 1** vor.[31] Zugleich besteht keine zwingende Bindung an die UGP-RL. Dennoch sollte ein – nicht von sachlichen Unterschieden getragenes – Auseinanderstreben der Rechtslage für Verbraucher und sonstige Marktteilnehmer dadurch vermieden werden, dass die **Wertungen der Richtlinie auch für Handlungen gegenüber sonstigen Marktteilnehmern** berücksichtigt werden.[32] Eine relevante Fallgruppe bildet die Ausübung von **Druck auf vor- oder nachgelagerte Transaktionspartner in der Produktions- und Vertriebskette.** Diese Fallgruppe wurde noch unter der Geltung des § 1 UWG 1909 der Generalklausel zugewiesen, heute wird sie vielfach von § 4a erfasst sein.

17 Die Vorgabe **des § 3 Abs. 4 S. 1,** wonach bei der Beurteilung von geschäftlichen Handlungen auf den Durchschnittsverbraucher bzw. das durchschnittliche Mitglied einer adressierten Verbrauchergruppe abzustellen ist, gilt auch für § 4a.

18 Die im Zusammenhang mit § 4a stehenden, in ihrem Anwendungsbereich gegenüber § 4a vorrangigen Tatbestände der **„schwarzen Liste"** – nämlich Ziff. 12, 17, 25 f. sowie 27–30 – sind stets nach **§ 3 Abs. 3** unlauter.[33]

---

28 Kritisch hierzu *Fritzsche* WRP 2016, 1 (6).

29 *Köhler*/Bornkamm/Feddersen § 4a Rn. 1.8.

30 Hierzu auch *Köhler* WRP 2015, 275 (276).

31 IErg ebenso *Köhler*/Bornkamm/Feddersen § 4a Rn. 1.7 sowie die Kommentierung von *Podszun* zu → § 3 Rn. 98 ff.

32 OLG Celle GRUR-RR 2013, 108 (109) – Internetrestwertbörse.

33 jurisPK-UWG/*Seichter* § 4a Rn. 18; *Henning-Bodewig* Anhang zu § 3 Abs. 3 UWG („Schwarze Liste"), I. Vorb. Ab dem 28.5.2022 gilt ein neuer Unlauterkeitstatbestand (Nr. 32), der sich mit Aufforderungen zur Zahlung bei unerbetenen Besuchen beschäftigt, s. hierzu *Henning-Bodewig* → Anhang zu § 3 UWG, Rn. 19 ff.

Weitere Überschneidungen und Nachbarschaftsverhältnisse hat § 4a insbesondere mit der **Irreführung (§§ 5, 5a), der unzumutbaren Belästigung (§ 7) sowie dem Rechtsbruch (§ 3a).** Aus dem Bürgerlichen Recht kann ein aggressives Verhalten iSv § 4a insbesondere die §§ 123, 138, 826 sowie 311 Abs. 2 iVm 280 Abs. 1 BGB (culpa in contrahendo) verwirklichen.[34] 19

Für die Abgrenzung zwischen dem Tatbestand der **unzumutbaren Belästigung nach § 7** (dazu *Schöler* → § 7 Rn. 45 ff.) und der aggressiven geschäftlichen Handlung nach § 4a wird sich ein breiter und detaillierter Konsens erst noch bilden müssen. Sicherlich bestehen Überschneidungen im Merkmal der **„Belästigung"**, denn das Gesetz rechnet in § 4a Abs. 1 S. 2 Nr. 1 die „Belästigung" zu den aggressiven Beeinträchtigungsmitteln (dazu → Rn. 33)[35] und für eine unterschiedliche Interpretation des Belästigungsbegriffs in den beiden Normen besteht, jedenfalls was den Begriffskern angeht, kein Grund.[36] Daran ändert es auch nichts, dass der Begriff bei § 4a vom Unions-, bei § 7 hingegen vom nationalen Recht her zu interpretieren ist.[37] 20

Jedenfalls besteht ein Unterschied zwischen § 4a und § 7 in der **geforderten Relevanz und der primären Schutzrichtung,** weil nur § 4a die Eignung zur Herbeiführung einer sonst nicht getroffenen geschäftlichen Entscheidung und die erhebliche Beeinträchtigung der Entscheidungsfreiheit verlangt.[38] Ersichtlich hieraus steht bei § 7 stärker der Sphärenschutz um seiner selbst willen im Vordergrund, bei § 4a stärker die Sphäre der geschäftlichen Interessen und die Entscheidungsfreiheit bei deren Wahrnehmung.[39] Die Divergenz der Schutzrichtungen findet Beleg und Niederschlag in den Tatbestandsmerkmalen, welche die Belästigung jeweils qualifizieren. Bei § 7 sichert das Erfordernis einer „unzumutbaren", also einer besonders verschärften Belästigung, dass keine Bagatellen inkriminiert werden, bei § 4a Abs. 1 S. 2 Nr. 1 hebt die notwendige Eignung zur Beeinträchtigung der geschäftlichen Entscheidungsfreiheit die Schwelle der Gesetzesverletzung auf ein sinnvolles, der Schutzrichtung entsprechendes Maß. 21

Folgt man diesem Abgrenzungsansatz zwischen den Normen, liegt eine **Handhabung** nahe, wonach – in weiten Teilen entsprechend der bisherigen Abgrenzung von § 7 zu § 4 Nr. 1, Nr. 2[40] – unzumutbare Belästigungen im Sinne von § 7, welche die Relevanzschwelle des § 4a überschreiten, zugleich auch aggressiv und daher unlauter iSd § 4a sind. Werden die Relevanzkriterien des § 4a nicht erfüllt, bleibt es bei der Unzulässigkeit nur nach § 7. Nur § 4a unterfiele eine Belästigung, welche zwar den erforderlichen Einfluss auf die Entscheidungsfreiheit des Adressaten auszuüben geeignet, dabei aber nicht „unzumutbar" iSd § 7 ist. Damit ist zugleich gesagt, dass die Unzumutbarkeit einer Belästigung, und damit die Erfüllung des Tatbestands von § 7, nicht (ausschließlich) aus der Eignung dieser Belästigung zur Verfälschung einer geschäftlichen Entscheidung abgeleitet werden darf.[41] 22

Für das **Verhältnis von § 4a zu §§ 5, 5a** gilt: Zur unsachlichen Beeinflussung der Entscheidungsfreiheit der angesprochenen Verkehrskreise ist insbesondere eine irreführende Werbung geeignet.[42] Die irreführende Werbung ist im Einzelnen in §§ 5, 5a geregelt. 23

[34] Auch *Ahrens* → Einl. Rn. 1116 ff.; *Köhler*/Bornkamm/Feddersen § 4a Rn. 1.21.

[35] jurisPK-UWG/*Seichter* § 4a Rn. 20.

[36] S. auch BGH GRUR 2019, 750 (754) – WifiSpot, wo das Gericht gerade keine unterschiedliche Begriffsdeutung der Belästigung für § 7 und § 4a vornimmt. Immerhin von einer Überschneidung ausgehend auch *Köhler*/Bornkamm/Feddersen § 4a Rn. 1.38; Ohly/*Sosnitza* § 4a Rn. 12; aA *Scherer* WRP 2017, 891 Rn. 49. Zur schadensersatzrechtlichen Dimension der Belästigung nach § 4a bzw. § 7 s. jurisPK-UWG/*Seichter* § 4a Rn. 29.1.

[37] Hierzu *Köhler*/Bornkamm/Feddersen § 4a Rn. 1.38 mwN.

[38] *Fritzsch* WRP 2016, 1 (3); so im Ergebnis schon bisher auch *Glöckner* → Einl. Rn. 357 mit den dortigen wN. Dazu, dass ein zentraler *telos* des § 7 der Schutz der Privatsphäre bzw. ungestörter Betriebsabläufe und nicht so sehr der Schutz geschäftlichen Handelns ist, etwa *Ohly* WRP 2015, 1143 (1446).

[39] BGH GRUR 2016, 831 (832) – Lebens-Kost; jurisPK-UWG/*Seichter* § 4a Rn. 20. Ähnlich auch Ohly/*Sosnitza* § 4a Rn. 10; *Scherer* WRP 2017, 891 Rn. 22.

[40] Hierzu *Köhler*/Bornkamm/Feddersen § 7 Rn. 9 f. mit den dortigen wN.

[41] *Köhler*/Bornkamm/Feddersen § 4a Rn. 1.38.

[42] Vgl. etwa BGH GRUR 2003, 538 (539) – Gesamtpreisangebot.

Die Regelungen zur irreführenden Werbung stellen demnach gegenüber § 4a den **spezielleren Fall** dar. Eine ergänzende Anwendung von § 4a gegenüber §§ 5, 5a ist bei Vorliegen einer Schutzlücke möglich, die allerdings nicht leichtfertig angenommen werden darf. Grundsätzlich sind von §§ 5, 5a nicht erfasste Täuschungshandlungen nicht unlauter. Die unreflektierte Berufung auf einen das gesamte Wettbewerbsrecht beherrschenden **Wahrheitsgrundsatz** würde es erlauben, eine unlautere Verfälschung des Wettbewerbs etwa auch dann anzunehmen, wenn unrichtige Werbeaussagen wettbewerbsrechtlich nicht relevant sind,[43] oder nur die Gefahr einer Irreführung eines flüchtigen Verbrauchers nach altem Verbraucherleitbild besteht, nicht dagegen eines verständigen Durchschnittsverbrauchers nach neuem europäischen Verbraucherleitbild.[44]

B. Geschäftliche Handlung

24 § 4a wendet sich, ausweislich seines Abs. 1 S. 1, nicht gegen jegliches aggressive Verhalten im Geschäftsverkehr, sondern nur gegen ein aggressives Verhalten, das zugleich eine „geschäftliche Handlung" verkörpert. Damit ist die Definition der geschäftlichen Handlung in **§ 2 Abs. 1 Nr. 1** in Bezug genommen und für Einzelheiten kann weitestgehend auf die Kommentierung zu jener Vorschrift verwiesen werden (*Keller* → § 2 Rn. 1 ff.).

25 An hiesiger Stelle sei nur hervorgehoben, dass geschäftliche Handlungen im Sinne von § 4a, § 2 Abs. 1 Nr. 1 im Zeitraum vor, bei und nach Geschäftsschluss vorgenommen werden (*Keller* → § 2 Rn. 25, 92 ff.)[45] und neben dem Absatz auch den Bezug von Waren oder Dienstleistungen betreffen können (*Keller* → § 2 Rn. 49, 71). Infolgedessen eignet sich § 4a zur Eindämmung von aggressivem Verhalten über die **gesamte Dauer einer geschäftlichen Beziehung sowie alle Stufen der Produktions- und Absatzkette**[46] **hinweg.** Das hat auch seinen guten Sinn, da aggressive Praktiken für alle Phasen bzw. Stufen solcher Beziehungen praxisrelevant werden, etwa wenn unangemessen benachteiligende Geschäftsbedingungen für einen Vertrag erzwungen,[47] später Ansprüche aus dem Vertrag durchgesetzt[48] oder die Geltendmachung vertraglicher Rechte durch die Gegenseite verhindert (*Keller* → § 2 Rn. 105) werden sollen. Zudem wird dieses Normverständnis nunmehr auch durch die Richtlinie über unlautere Handelspraktiken in der Agrar- und Lebensmittelversorgungskette von 2019 gestützt, die sich ihrem ausdrücklichen Wortlaut nach gegen die Androhung von Vergeltungsmaßnahmen gegenüber dem Gebrauch vertraglicher Rechte wendet und ihrer ratio nach den „Angstfaktor" bei wirtschaftlich unterlegenen Lieferanten überwinden soll.[49] Geschäftliche Handlungen sind auch Verhaltensweisen, die sich technischer Hilfsmittel bedienen, und zwar auch dann, wenn die menschliche Einwirkung dabei weit zurücktritt, wie im Falle **computergenerierter Kommunikation** (etwa: automatisierte Mahnschreiben)[50] oder **algorithmischer Transaktionskonditionensetzung.**

26 Bereits § 2 Abs. 1 Nr. 1 fordert, dass das fragliche Verhalten mit (Verträgen über den) Absatz oder Bezug **„objektiv zusammenhängt".** Von der Eignung zur Veranlassung einer geschäftlichen Entscheidung, die § 4a als eigenständiges Merkmal neben der „geschäftlichen Handlung" voraussetzt, ist diese Anforderung dahingehend abzugrenzen, dass ein Zusammenhang im Sinne von § 2 Abs. 1 Nr. 1 bereits dann besteht, wenn die Handlung „bei objektiver Betrachtung darauf gerichtet ist, durch Beeinflussung der geschäftlichen Entscheidung der Verbraucher oder sonstigen Marktteilnehmer den Absatz oder

[43] Dreyer/Weidert → § 5 Rn. 132 ff., 209 ff., 331 ff.
[44] Dreyer/Weidert → § 5 Rn. 144 ff., 152 ff.; jurisPK-UWG/*Seichter* § 4a Rn. 9.
[45] jurisPK-UWG/*Seichter* § 4a Rn. 22.
[46] Insofern reicht die Norm weiter als Art. 8 UGP-RL.
[47] *Köhler*/Bornkamm/Feddersen § 4a Rn. 1.25.
[48] BGH GRUR 2015, 1134 Rn. 15 ff. – Schufa-Hinweis; OLG München GRUR-RR 2010, 50.
[49] Näher zu diesen Aspekten der Richtlinie *Glöckner* → Einl. Rn. 190 f.
[50] MüKoUWG/*Raue* § 4a Rn. 62.

Bezug von Waren oder Dienstleistungen des eigenen oder eines fremden Unternehmens zu fördern",[51] selbst wenn es ihr an der Eignung zur Herbeiführung dieses Erfolgs fehlt.[52]

C. Aggressivität

Die Anforderung, dass eine geschäftliche Handlung aggressiv sein muss, um als unlauter eingestuft zu werden, bildet das **Herzstück** des § 4a. Aggressivität liegt bei einer Beeinträchtigung der **Entscheidungsfreiheit** des Verbrauchers vor, allerdings nur, wenn sich diese bestimmter, in § 4a Abs. 1 S. 2 enumerierter **Beeinträchtigungsformen** bedient.[53] 27

I. Beeinträchtigungsformen

§ 4a lässt es nicht genügen, dass die Entscheidungsfreiheit auf irgendeine Weise erheblich beeinträchtigt wird, vielmehr muss dies durch ein **Verhalten gem. § 4a Abs. 1 S. 2 Nr. 1–3, S. 3** geschehen, also durch Belästigung, Nötigung oder unzulässige Beeinflussung.[54] Ein derartiger **Filter ist unentbehrlich,** weil ansonsten die Gefahr bestünde, dass auch legitimem Verhalten der Vorwurf der Unlauterkeit gemacht wird, etwa dem Äußern (unangenehmer) Wahrheiten über die ästhetische Wirkung,[55] Qualität oder funktionale Eignung eines Produktes, der attraktiven Preissetzung für Produkte oder Dienstleistungen,[56] oder auch der zutreffenden, gut gemachten, aber maßvollen Werbung. 28

Gleichsam vor die Klammer gezogen lässt sich auch sagen, dass Verhaltensweisen selbst dann, wenn sie Berührungspunkte zu den Beeinträchtigungsformen der § 4a Abs. 1 S. 2 Nr. 1–3 aufweisen, nicht als aggressiv und unlauter eingestuft werden dürfen, sofern ein **Rechtfertigungsgrund** vorliegt, insbesondere rechtskonforme Selbsthilfe (§ 229 BGB) des Unternehmers, wirksame Einwilligung durch den Verbraucher oder ein spezifischer gesetzlicher Erlaubnis- oder gar Verpflichtungstatbestand.[57] 29

Der **abschließende Charakter** der Aufzählung relevanter Beeinträchtigungsformen dürfte sich in der künftigen Anwendung der Norm nicht als übermäßige Tatbestandsverengung erweisen, weil die verwendeten Rechtsbegriffe, vor allem die „unzulässige Beeinflussung", eine erhebliche, deutender Gestaltung zugängliche Weite aufweisen. Obgleich die Beeinträchtigungsformen im Grundsatz alternativ zueinander stehen, kann es gerade wegen dieser Weite zu Überschneidungen kommen, die indes nicht durch den Versuch einer künstlich trennscharfen Abgrenzung beseitigt werden müssen.[58] 30

Die in **§ 4a Abs. 2** genannten Kriterien haben – wenngleich sie sich nach dem Gesetzeswortlaut auf den aggressiven Charakter einer geschäftlichen Handlung im Ganzen beziehen – vor allem für die Frage Bedeutung, ob eine der Beeinträchtigungsformen aus § 4a Abs. 1 S. 2 Nr. 1–3, S. 3 vorliegt.[59] 31

Auch wenn man geneigt sein könnte, den Prüfmaßstab „im konkreten Fall unter **Berücksichtigung aller Umstände**" nach seiner systematischen Stellung im Satzgefüge des § 4a Abs. 1 S. 2 lediglich insgesamt für das Vorliegen einer erheblichen Beeinträchtigung nutzbar zu machen, lassen sich doch auch die gelisteten Beeinträchtigungsformen nur 32

[51] BGH GRUR 2013, 945 Rn. 17 – Standardisierte Mandatsbearbeitung.
[52] *Köhler*/Bornkamm/Feddersen § 4a Rn. 1.23.
[53] So etwa auch Ohly/*Sosnitza* § 4a Rn. 2; *Fritzsche* WRP 2015, 1392 (1395); *Köhler*/Bornkamm/Feddersen § 4a Rn. 1.33. aA *Alexander* WRP 2014, 1384 (1389). Kritischer auch *Fritzsche* WRP 2016, 1 (2).
[54] jurisPK-UWG/*Seichter* § 4a Rn. 23.
[55] *Köhler*/Bornkamm/Feddersen § 4a Rn. 1.28.
[56] Ohly/*Sosnitza* § 4a Rn. 9.
[57] BGH GRUR 2015, 1134 Rn. 25 – Schufa-Hinweis, hinsichtlich § 28a aF BDSG; *Köhler*/Bornkamm/Feddersen § 4a Rn. 1.30.
[58] *Köhler*/Bornkamm/Feddersen § 4a Rn. 1.29.
[59] *Köhler*/Bornkamm/Feddersen § 4a Rn. 1.28.

durch die Analyse der Einzelfallumstände verifizieren,[60] da beispielsweise der belästigende Charakter eines Verhaltens stark kontextabhängig ist.

33 **1. Belästigung (Nr. 1). a) Allgemeines.** Die Auslegung des **Begriffs** der Belästigung muss sich – richtlinienkonform – an Art. 8, Art. 9 UGP-RL sowie an den Artikel 4a vorgehenden Nr. 25, Nr. 26 Anh. UGP-RL orientieren.[61] Umreißen lässt er sich als die (in einem weiten Sinne) kommunikative Einwirkung auf die Sphäre[62] des Verbrauchers bzw. sonstigen Marktteilnehmers, welche aus Sicht des verständigen Durchschnittsadressaten[63] **„übergriffig"** erscheint, weil sie die unter derartigen Adressaten weithin konsentierten Standards der Rücksichtnahme[64] auf die jeweiligen **Sphärengrenzen** missachtet.[65] Kommunikative Einwirkung kann jede Art der mündlichen oder textlichen Kommunikation sein, aber auch nonverbale Kommunikation, etwa das Hinterherlaufen oder sich in eine geöffnete Tür Stellen.[66] Wo die **Schwelle zur Übergriffigkeit** verläuft, hängt von dem konkret-situativen (zB offene Straße oder eigener Vorgarten, Massenemail oder abendlicher Anruf), aber auch dem größeren Kontext, einschließlich kultureller Besonderheiten ab.[67] Dauer oder Häufigkeit der Einwirkung sind relevante Parameter, eine Mindestdauer oder -häufigkeit ist dem Belästigungsbegriff aber nicht inhärent.[68] Auf die Einwilligung des Adressaten als Kriterium dafür abzustellen, ob dieser die Einwirkung als nicht belästigend akzeptiert (oder normativ zu akzeptieren hat),[69] ist grundsätzlich richtig. Die rechtfertigende Wirkung kann aber nur soweit reichen, wie sich die Einwirkung in dem Rahmen hält, der für den Adressaten absehbar war, und daher von seiner Einwilligung umfasst ist. Wer beispielsweise für ein informativ-werbliches Gespräch auf der Straße stehenbleibt, will deswegen noch nicht nach Hause begleitet oder in der Folge angerufen werden.

34 Die Einwirkung muss geeignet sein, die **Entscheidungsfreiheit** des Verbrauchers erheblich zu beeinträchtigen. Dies setzt eine gewisse **Intensität**[70] voraus, welche sich vor allem dadurch ergeben kann, dass sich der Belästigungsadressat der Einwirkung in tatsächlicher oder psychologischer Hinsicht nur **schlecht zu entziehen** vermag, so dass für ihn die vom Belästigenden gewünschte geschäftliche Entscheidung als Mittel naheliegt, um den Übergriff zu beenden.[71]

35 **b) Fallbeispiele.** Der Einsatz von **Fernkommunikationsmitteln** ist für den Adressaten tendenziell weniger bedrängend als der persönliche Kontakt, so dass hier in besonderer Weise auf die hinreichende Intensität der Einwirkung geachtet werden muss. Bei mangelnder Intensität kann es jedenfalls an der Eignung zur erheblichen Beeinträchtigung der Entscheidungsfreiheit fehlen.[72] Dies gilt zumal, wenn und weil der Adressat sich der fernkommunikativen Einwirkung durch technische Maßnahmen (Sperren einer E-Mail-Absen-

---

[60] Wohl ebenso *Köhler*/Bornkamm/Feddersen § 4a Rn. 1.28.

[61] *Köhler*/Bornkamm/Fedderse § 4a Rn. 1.37; jurisPK-UWG/*Seichter* § 4a Rn. 28.

[62] Wenn *Köhler*/Bornkamm/Feddersen § 4a Rn. 1.40; jurisPK-UWG/*Seichter* § 4a Rn. 28, von „Privatsphäre" sprechen, erscheint das als zu eng, da auch das penetrante, den Adressaten beispielsweise auf seinem Weg verfolgende Ansprechen in öffentlichen Verkehrsräumen belästigend sein kann.

[63] jurisPK-UWG/*Seichter* § 4a Rn. 9.

[64] Ebenso hinsichtlich der maßgeblichen Adressatenperspektive *Köhler*/Bornkamm/Feddersen § 4a Rn. 1.40, die aber mit dem Konzept der „sozialadäquaten Grenzen des Umgangs" wohl eine stärker objektivierbare Ziehung solcher Grenzen postulieren.

[65] Nicht primär auf Sphärengrenzen abstellend hingegen MüKoUWG/*Raue* § 4a Rn. 114: „alle störenden und unerwünschten Verhaltensweisen […], mit denen in sozial unangemessener Weise auf einen Verbraucher oder Marktteilnehmer eingewirkt wird". Dieses Begriffsverständnis hebt indes das Charakteristische der Belästigung im Verhältnis zu anderen Beeinträchtigungsformen wenig hervor.

[66] IErg ebenso *Köhler*/Bornkamm/Feddersen § 4a Rn. 1.40.

[67] *Köhler*/Bornkamm/Feddersen § 4a Rn. 1.40, zu Recht unter Verweis auf Erw. (18) UGP-RL.

[68] MüKoUWG/*Raue* § 4a Rn. 118.

[69] So etwa *Köhler*/Bornkamm/Feddersen § 4a Rn. 1.41.

[70] *Scherer* WRP 2017, 891 Rn. 27, spricht von einem „Bedrängungspotential".

[71] Ähnlich *Köhler*/Bornkamm/Feddersen § 4a Rn. 1.41.

[72] *Köhler*/Bornkamm/Feddersen § 4a Rn. 1.44.

deradresse oder Anrufnummer, Nichtabnehmen des Telefons) entziehen kann.[73] Dementsprechend können Handlungen, die auf die Überwindung von Maßnahmen des technischen Schutzes von Sphärengrenzen zielen, ein Kriterium für die Belästigung sein, beispielsweise der ständige Wechsel von Anrufnummern oder das gezielte Umgehen von Spamfiltern[74]. Auch Zeitpunkt, Häufigkeit, Länge bzw. Dauer, Inhalt (zB sprachlicher Druck, unwahre Behauptungen, unter Umständen aber auch Verweis auf tatsächlich bestehende Forderungen)[75] und Kanal (zB Privatnummer) gehören zu den relevanten Parametern, zurecht wird ferner auf die Bedeutung der in § 7 Abs. 2 genannten Kriterien, insbesondere der Hartnäckigkeit, verwiesen.[76]

Die **persönliche Kommunikation** stellt, bei generalisierender Betrachtungsweise, eine per se intensivere Einwirkung dar als die Fernkommunikation. Ob sie Belästigungscharakter annimmt, hängt etwa davon ab, in welchem zeitlichen (Zeitpunkt und Dauer, inklusive Nichtentfernen oder Nachlaufen), räumlichen (zB Öffentlichkeit oder Privatwohnung) und situativen (zB besonders emotionaler Moment der Trauer oder Freude) Kontext die Kommunikation erfolgt und wie sehr sie ihrem Sachgehalt Elemente der psychologischen Beeinflussung (zB Drohung, „Drücken auf die Tränendrüse"). Unlauter können demnach etwa Hausbesuche bei Trauernden zum Zwecke der Grabsteinwerbung sein,[77] oder auch das verdeckte werbliche Ansprechen.[78] Die – in mehrere Richtungen Kommunikationswirkung entfaltende – Begleitung (angeblicher) Schuldner durch „schwarze Schatten" erfasst hingegen die Nötigung gem. § 4a Abs. 1 S. 2 Nr. 2 besser (daher → Rn. 40).[79] Anh. § 3 Nr. 26 vertypt als unlauter „bei persönlichem Aufsuchen in der Wohnung die Nichtbeachtung einer Aufforderung des Besuchten, diese zu verlassen oder nicht zu ihr zurückzukehren". Ergänzend tritt ab dem 28.5.2022 ein Verbot der Rechnungstellung nach einem unerbetenen Besuch hierzu (→ *Henning-Bodewig*, Anhang zu § 3 UWG Rn. 19 ff.). 36

c) Abgrenzungen. Hinsichtlich der Abgrenzung zwischen § 4a Abs. 1 S. 2 Nr. 1 und der **„unzumutbaren Belästigung"** gem. **§ 7** (dazu Schöler → Rn. 20 f.). 37

Die Abgrenzung der Belästigung zu den beiden **anderen Beeinträchtigungsformen des § 4a Abs. 1 S. 2,** also der **Nötigung** und der **unzulässigen Beeinflussung,** kann und muss wegen der überschneidenden Begriffsgehalte nicht trennscharf gelingen.[80] Orientierung bei der Zuordnung mag geben, dass die Nötigung, namentlich in Form der Gewaltanwendung, tendenziell gravierender ist als eine in der bloß nervenaufreibenden Penetranz liegenden Belästigung (wobei auch diese in Nötigung umschlagen kann).[81] Von der Nötigung ist, einleuchtend, gesagt worden, dass sie sich den Willen des Genötigten unterwerfen möchte,[82] auch wenn dieser vom Willensinhalt des Nötigenden unüberzeugt bleibt. Zudem dürfte sie mitunter zielgerichteter „zu etwas" nötigen, ist also als solche 38

[73] So hat denn auch der BGH – im Kontext von § 7 – entschieden, dass in der Aktivierung eines zweiten WLAN-Signals auf dem von einem Telekommunikationsdienstleister seinen Kunden zur Verfügung gestellten WLAN-Router, das von Dritten genutzt werden kann, keine unzumutbare Belästigung liegt, wenn den Kunden ein Widerspruchsrecht zusteht, die Aktivierung des zweiten WLAN-Signals ihren Internetzugang nicht beeinträchtigt und sie auch sonst keine Nachteile, insbesondere keine Sicherheits- und Haftungsrisiken oder Mehrkosten, mit sich bringt, BGH GRUR 2019, 750 – WifiSpot.

[74] Allerdings zu Recht zweifelnd, ob Email-Spam grundsätzlich hinreichende Eignung zur Beeinflussung der Entscheidungsfreiheit aufweist, Ohly/*Sosnitza* § 4a Rn. 12.

[75] *Scherer* NJW 2018, 3609 ff.

[76] *Köhler*/Bornkamm/Feddersen § 4a Rn. 1.44.

[77] BGH GRUR 1971, 317 – Grabsteinaufträge II; GRUR 2010, 1113 Rn. 21.

[78] Vgl. BGH GRUR 2005, 443 (444 f.) – Ansprechen in der Öffentlichkeit II; *Köhler*/Bornkamm/Feddersen § 4a Rn. 1.43, sowie *Scherer* WRP 2017, 891 Rn. 47, verneinen hier eine genügende Beeinträchtigung der Entscheidungsfreiheit, die aber in charakteristischer Weise vorliegen kann, wenn sich der Adressat gerade deswegen, weil er den Werber nicht als solchen identifiziert, zugänglich zeigt und sich dann aus der so geschaffenen Nähesituation nur erschwert zu befreien vermag.

[79] AA *Köhler*/Bornkamm/Feddersen § 4a Rn. 1.46.

[80] *Köhler*/Bornkamm/Feddersen § 4a Rn. 1.39; Ohly/*Sosnitza* § 4a Rn. 13.

[81] MüKoUWG/*Raue* § 4a Rn. 108.

[82] *Köhler*/Bornkamm/Feddersen § 4a Rn. 1.39.

direkt auf eine geschäftliche Entscheidung gerichtet, während die Belästigung zunächst einmal die, als solche inhaltsneutrale, bedrängende Einwirkung herstellt und sie dann zur Durchsetzung des erwünschten Entscheidungsinhalts nutzt. Die unzulässige Beeinflussung setzt einerseits eine Machtposition des Unternehmers voraus, die gerade zur Beeinträchtigung einer informierten Entscheidungsfähigkeit eingesetzt wird, andererseits entfaltet sie eine gewisse Auffangfunktion. Die Belästigung hingegen bedarf keiner Machtstellung und sie versucht auch nicht, auf den Informationsstand des Adressaten einzuwirken, sondern sie will vor allem einen unangenehmen Zustand herstellen, der den Adressaten gefügig macht, auch wenn er dem Belästigenden letztlich nicht unterlegen ist und die Informationsbasis einer geschäftlichen Entscheidung voll überblickt.

39 **2. Nötigung (Nr. 2). a) Allgemeines.** Der **Begriff** der Nötigung in § 4a Abs. 1 S. 2 Nr. 2 geht aus dem Unionsrecht hervor, nämlich aus Art. 8 UGP-RL, so dass der nationalrechtliche Begriffsgehalt einschlägiger Tatbestände, namentlich der §§ 240, 253 StGB, keine Vorgaben setzt,[83] wohl aber informativ wirken und relevante Nötigungsspielarten aufzeigen kann. Weitere Begriffskonkretisierungen lassen sich zwar nicht Art. 8 UGP-RL entnehmen, wohl aber § 4a selbst und weiteren Normen des UWG. Da Nötigung „einschließlich […] körperlicher Gewalt" kodifiziert wurde, kann neben dem **physischen auch der psychische Zwang** den Nötigungstatbestand erfüllen.[84] Dies bestätigend, gibt § 4a Abs. 2 S. 1 vor, dass für die Anwendung von § 4a Abs. 1 S. 2 – einschließlich des Nötigungsbegriffs – unter anderem abzustellen ist auf drohende Formulierungen und Verhaltensweisen (§ 4a Abs. 2 S. 1 Nr. 2) und Drohungen mit rechtlich unzulässigen Handlungen (§ 4a Abs. 2 S. 1 Nr. 5). Auch in Nr. 25 (kein Verlassen des Raumes ohne Vertragsschluss), Nr. 26 (Nichtverlassen/wiederholtes Aufsuchen der Wohnung entgegen Aufforderung) und Nr. 30 (angebliche Gefährdung von Arbeitsplatz/Lebensunterhalt bei Nichtabnahme) der schwarzen Liste werden Ausprägungen nötigenden Verhaltens beschrieben.[85] Einerseits kartographiert das Gesetz den **Begriffsraum** der Nötigung damit **weit** ausgreifend: Neben der Zufügung eines physischen oder psychischen Übels genügt auch dessen Androhung, das Nötigungsverhalten muss eine geschäftliche Entscheidung nicht tatsächlich beeinträchtigt haben, sondern hierzu nur geeignet gewesen sein (§ 4a Abs. 1 S. 1), statt der Überzeugung des Nötigungsadressaten von der Richtigkeit seiner geschäftlichen Entscheidung genügt auch eine sich der Nötigung ergebende, aber bekanntermaßen unerwünschte Entscheidung.[86] Auch setzt Nötigung iSd § 4a aufseiten des Nötigenden nur das Vermögen voraus, ebendiese Nötigung ins Werk zu setzen. Der Nötigende muss also nicht willens und in der Lage sein, das Übel zu realisieren, solange nur der Adressat glaubt, dem sei so, und dadurch der Nötigungswirkung unterliegt.[87] Auch Marktstärke im kartellrechtlichen Sinne spielt keine Rolle.[88] Andererseits darf die Rechtsanwendung **nicht in eine ihrerseits den Wettbewerb beeinträchtigende Rigidität** umschlagen.[89] Hartes Verhandeln muss möglich bleiben,[90] etwa durch das eindrückliche Aufzeigen der tatsächlichen oder möglichen – nicht: der erfundenen – Nachteile einer bestimmten geschäftlichen Entscheidung oder das Ausspielen einer Respekt einflößenden physischen Präsenz. Gerade wenn es um das Verhältnis nicht zu Verbrauchern, sondern zu **gewerblichen Abnehmern** geht, muss die Schwelle für die Annahme einer Nötigung hoch liegen.[91] Zur **Abgrenzung** der Nötigung gegenüber den anderen Tatbeständen des

[83] OLG Hamburg, WRP 2021, 89 Rn. 77; *Köhler*/Bornkamm/Feddersen § 4a Rn. 1.48; Ohly/*Sosnitza* § 4a Rn. 16.
[84] *Köhler*/Bornkamm/Feddersen § 4a Rn. 1.48.
[85] Ohly/*Sosnitza* § 4a Rn. 13.
[86] Vgl. auch *Köhler*/Bornkamm/Feddersen § 4a Rn. 1.49.
[87] MüKoUWG/*Raue* § 4a Rn. 138.
[88] Ähnlich *Köhler*/Bornkamm/Feddersen § 4a Rn. 1.49.
[89] Ohly/*Sosnitza* § 4a Rn. 13.
[90] MüKoUWG/*Raue* § 4a Rn. 150.
[91] Ebenso jurisPK-UWG/*Seichter* § 4a Rn. 34.

§ 4a Abs. 1 S. 2 (Belästigung, unzulässige Beeinflussung) → Rn. 38. Treten bei der Gesetzesanwendung Zweifel auf, ob ein Verhalten gravierend genug ist, um es als gleichwertig zum Kernbestand anerkannter Nötigungskonstellationen zu erachten, sollte dies nicht Anlass zu einer Aufweichung des Nötigungsbegriffs geben, sondern zu einer kritischen Überprüfung, ob die jeweilige Verhaltensweise angesichts der heutigen Gesetzeslage, einschließlich des darin zum Ausdruck kommenden Verbraucherleitbilds, (noch) als unlauter einzustufen ist sowie ob sie nicht eher dem Tatbestand der unzulässigen Beeinflussung unterfällt. Zu beachten ist auch, dass die **Nr. 25** (kein Verlassen des Raumes ohne Vertragsschluss), **Nr. 26** (Nichtverlassen/wiederholtes Aufsuchen der Wohnung entgegen Aufforderung) und **Nr. 30** (angebliche Gefährdung von Arbeitsplatz/Lebensunterhalt bei Nichtabnahme) **Anh. § 3 Abs. 3** vorrangig gegenüber § 4a Abs. 1 S. 2 Nr. 2 zu prüfen sind.[92]

b) Fallbeispiele. Den Tatbestand erfüllen beispielsweise eine (unterschwellige) **Androhung von Inkasso mit Gewalt,**[93] die Mahnung mit **angedrohter SCHUFA-Meldung** ohne Hinweis auf die Möglichkeit der Verhinderung einer solchen Meldung durch Forderungsbestreiten,[94] ferner auch der in eine Rechnung integrierte **Verweis auf eine Betrugsstrafbarkeit** bei falscher Altersangabe, welcher in erster Linie darauf zielt, minderjährige Rechnungsadressaten dahingehend einzuschüchtern, dass sie die Rechnung zahlen anstatt die schwebende Unwirksamkeit des Vertrages geltend machen.[95] Auch das Bedrängen und ggf. öffentliche Anprangern (angeblich) säumiger Schuldner dadurch, dass man sie von dauerhaft von Personen **(„schwarzen Schatten")** begleiten lässt, führt gerade durch die Kommunikationswirkungen im Verhältnis zu außenstehenden Dritten zu einem Druck, der über die bilaterale Belästigung hinausgeht und in der Regel eine Nötigung darstellt.[96] Im Bereich des Einsatzes moderner Technologien erfüllen „Lösegeldforderungen" den Tatbestand, zu deren Durchsetzung **„ransomware"** zum Einsatz kommt, die Daten des Adressaten verschlüsselt oder zu veröffentlichen droht, oder auch **„denial of service"**-Attacken, bei denen massenhafte Anfragen einen Digitaldienst lahmlegen.[97] Eine ganze Reihe **belästigender oder unzulässig beeinflussender** Verhaltensweisen kann in eine **Nötigung umschlagen,** so etwa der Verkaufsdruck während einer Kaffeefahrt (→ Rn. 72) oder die Weigerung, die Privatsphäre eines Verbrauchers zu verlassen (→ Rn. 33). 40

3. Unzulässige Beeinflussung (Nr. 3). a) Allgemeines. Die unzulässige Beeinflussung ist von allen Beeinträchtigungsformen im Gesetz am ausführlichsten **definiert,** nämlich durch § 4a Abs. 1 S. 3, der (basierend auf Art. 2 lit. j UGP-RL)[98] besagt, dass eine unzulässige Beeinflussung vorliegt, „wenn der Unternehmer eine Machtposition gegenüber dem Verbraucher oder sonstigen Marktteilnehmer zur Ausübung von Druck, auch ohne Anwendung oder Androhung von körperlicher Gewalt, in einer Weise ausnutzt, die die Fähigkeit des Verbrauchers oder sonstigen Marktteilnehmers zu einer informierten Entscheidung wesentlich einschränkt". Das Zusammenspiel von § 4a Abs. 1 S. 2 Nr. 3 und § 4a Abs. 1 S. 3 stellt die Rechtsanwendung insofern vor Schwierigkeiten, als die geforderte Machtposition und die Einschränkung der informierten Entscheidung qualifizierende Tatbestandsmerkmale darstellen, den Anwendungsbereich der Norm also einschränken. Hingegen deutet der Wortlaut „unzulässige Beeinflussung" eher auf einen Auffangcharakter hin, da die Beeinflussung ein Minus gegenüber der Nötigung darstellt[99] und die Anwen- 41

[92] *Köhler*/Bornkamm/Feddersen § 4a Rn. 1.50.
[93] OLG München GRUR-RR 2010, 50; *Köhler*/Bornkamm/Feddersen § 4a Rn. 1.53.
[94] BGH GRUR 2015, 1134 Rn. 17, 20 ff. – Schufa-Hinweis.
[95] LG Mannheim MMR 2009, 568 (569) – Abofalle und AGB von Download-Angeboten; *Köhler*/Bornkamm/Feddersen § 4a Rn. 1.53.
[96] LG Leipzig NJW 1995, 3190 (3191 f.) – Schwarze Schatten; vgl. ferner LG Bonn NJW-RR 1995, 1515 (1516) – Schwarze Männer; Ohly/*Sosnitza* § 4a Rn. 18.
[97] Vgl. MüKoUWG/*Raue* § 4a Rn. 147.
[98] jurisPK-UWG/*Seichter* § 4a Rn. 37.
[99] Ohly/*Sosnitza* § 4a Rn. 37.

dung eines „unzulässigen“ Mittels weiter ausgreift als die spezifischere, nämlich auf die Verletzung von Sphärengrenzen abzielende, „Belästigung“. Da die Aufzählung der Beeinträchtigungsformen in § 4a Abs. 1 S. 2 Nr. 1-Nr. 3 abschließend ist, die Erscheinungsformen aggressiver geschäftlicher Handlungen hingegen vielgestaltig, gibt es für einen **Auffangtatbestand** auch gute Verwendung. Zwar dürfen die Wortlautgrenzen des § 4a Abs. 1 S. 2 Nr. 3, S. 3 nicht über Bord geworfen werden. Letztlich sollte die Rechtsanwendung die Tatbestandsmerkmale der einzelnen Nummern – für § 4a Abs. 1 S. 2 Nr. 3, S. 3 also insbesondere „Machtposition“[100] und „informierte Entscheidung“ – aber mit einer gewissen **Flexibilität** handhaben.

42 **b) Machtposition.** Das schon im bisherigen Rechtsbestand wenig konturierte Tatbestandsmerkmal der **„Machtposition“**[101] wird durch den neuen § 4a Abs. 1 S. 3 zwar in das UWG selbst aufgenommen, aber nicht weiter erhellt. Zu einer hohen Hürde für das Eingreifen von § 4a Abs. 1 S. 3 sollte es, wie schon gesagt, nicht ausgebaut werden und auch die wenig glückliche, eine Marktbeherrschung oder jedenfalls relative Marktmacht im kartellrechtlichen Sinne suggerierende Wortwahl trifft nicht den Kern der Sache. Jedoch muss je nach Adressatenkreis unterschieden werden.[102] Im **Verhältnis zu Verbrauchern** geht es um eine Position der relativen Stärke des Unternehmers, die zwar nicht ohnehin immer besteht, weil es keine kategorisch-strukturelle per se-Unterlegenheit jeden Verbrauchers gegenüber jedem Unternehmer gibt,[103] sich aber hinreichend schon dann manifestiert, wenn die Ausübung von Druck und die Einschränkung der informierten Entscheidung überhaupt gelingen.[104] Was die Basis der Machtposition bildet, ist nicht entscheidend, sie kann ökonomisch, rechtlich, politisch, physisch (zB Körperkraft, imposante Status), psychisch-intellektuell (zB Furcht, intellektuelle Überlegenheit, geschäftliche Gewandheit) oder sozial (zB religiöse oder familiäre Autoritäten) sein.[105] Das Gesetz behandelt in § 4a Abs. 2 S. 2 „geistige und körperliche Beeinträchtigungen, das Alter, die geschäftliche Unerfahrenheit, die Leichtgläubigkeit, die Angst und die Zwangslage von Verbrauchern“ als Umstände, die das Urteilsvermögen und damit geschäftliche Entscheidungen beeinträchtigen (§ 4a Abs. 2 S. 1 Nr. 3), und ordnet sie damit iRv § 4a Abs. 1 S. 2 Nr. 3 eher dem Tatbestandsmerkmal der Beeinträchtigung einer informierten Entscheidung zu. Aber auch für das Bestehen einer Machtposition können diese Umstände einer erhebliche Rolle spielen, sie müssen daher auch für dieses Tatbestandsmerkmal Berücksichtigung finden dürfen.[106] Es genügt dabei, wenn ein solches Gefälle zwischen dem Unternehmer und dem jeweils betroffenen Verbraucher besteht,[107] die Machtposition muss also auch aus dieser Perspektive nicht marktweit sein. Im **Verhältnis zu anderen Unternehmen** unterliegt eine „Machtposition“ höheren Anforderungen, weil sich hier professionelle Akteure gegenüberstehen; sind diese erfüllt, befindet man sich leicht bereits im Bereich der – für spezifisch kartellrechtliches Missbrauchsverhalten dann vorrangigen – §§ 19, 20 GWB.[108] Besonders die Ausübung relativer oder überlegener Marktmacht iSd § 20 GWB weist einen erheblichen Überschneidungsbereich mit der Machtposition iSv § 4a Abs. 2 S. 2 Nr. 3 auf. Allerdings kann es, beispielsweise gegenüber Kleinunternehmern im online-Bereich, durchaus auch Konstellationen geben, in denen eine Machtposition iSd Vorschrift vorliegt, ohne dass kartellrechtliche Tatbestände eröffnet wären.

[100] So auch Ohly/*Sosnitza* § 4a Rn. 36.
[101] *Glöckner* → Einl. Rn. 242.
[102] So auch *Köhler*/Bornkamm/Feddersen § 4a Rn. 1.57.
[103] MüKoUWG/*Raue* § 4a Rn. 167.
[104] In dieselbe Richtung *Henning-Bodewig* WRP 2006, 621 (625); *Köhler*/Bornkamm/Feddersen § 4a Rn. 1.57 f. Eingehend und wohl etwas restriktiver *Fritzsche* WRP 2016, 1 (4 f.).
[105] *Köhler*/Bornkamm/Feddersen § 4a Rn. 1.58.
[106] Ebenso *Köhler*/Bornkamm/Feddersen § 4a Rn. 1.58.
[107] Ebenso *Köhler*/Bornkamm/Feddersen § 4a Rn. 1.57.
[108] Wohl für einen noch weitergehenden Vorrang des Kartellrechts *Köhler*/Bornkamm/Feddersen § 4a Rn. 1.57. Ähnlich wie hier *Alexander* NJW 2018, 3620 (3622).

Die Rechtsprechung billigte beispielsweise dem Anbieter eines Internet-Werbeblockers eine Machtposition deswegen zu, weil dieser über eine breite Kundenbasis verfügte, wichtige Marktakteure zu seinen Kunden zählte und im Hinblick auf das Zugänglichmachen von Werbung eine Art „Gatekeeper"-Funktion innehatte.[109] Solche Umstände können in der Tat ein lauterkeitsrechtlich relevantes Machtgefälle zwischen Unternehmen begründen, auch wenn *in casu* die gerichtlichen Tatbestandsfeststellungen fundierter hätten ausfallen können.[110] Zu weit gehen dürfte es hingegen idR, schon aus einer, gegenüber einem Freiberufler nur behaupteten Meldepflichtigkeit gegenüber einer Behörde die erforderliche Machtposition abzuleiten.[111] 43

c) Ausnutzung zur unzulässigen Ausübung von Druck. Eine gem. § 4a Abs. 1 S. 2 Nr. 3 tatbestandsmäßige **Druckausübung** besteht darin, dass der Unternehmer dem Adressaten einen Nachteil in Aussicht stellt, welchen er kraft seiner Machtposition wirklich oder (aus Sicht des Adressaten) vermeintlich[112] zufügen kann und wird, sofern die jeweilige geschäftliche Entscheidung des Adressaten nicht wie vom Unternehmer gewünscht ausfällt.[113] Die in Betracht kommenden **Arten einer Nachteilszufügung** sind ebenso vielfältig wie die Basis der tatbestandsmäßigen Machtposition, der Nachteil kann also insbesondere ökonomisch, rechtlich, politisch, physisch, psychisch oder sozial ausfallen.[114] Der **Entzug bisher gewährter Vorteile** muss begrifflich schon deswegen grundsätzlich als taugliche Nachteilszufügung eingeordnet werden,[115] weil sich ein in Aussicht gestellter Nachteil in den meisten Fällen als Verschlechterung der gegenwärtigen Situation und damit als Verringerung der im status quo präsenten Vorteile interpretieren lässt. 44

Nicht jede machtgestützte Druckausübung ist aber **unzulässig.** Die Durchsetzung **eigener Rechtspositionen** etwa darf nicht als solche, ohne erschwerende Begleitumstände, als unlauter eingeordnet werden, selbst wenn hieraus für den anderen Teil (rechtliche oder wirtschaftliche) Nachteile erwachsen (→ Rn. 58).[116] Die Veröffentlichung **unangehmer Wahrheiten** über den Adressaten kann durch Meinungs- und Pressefreiheit geschützt sein.[117] Für die schwierige, notwendig wertende Elemente beinhaltende Unterscheidung zwischen zulässiger und unzulässiger Druckausübung kann ein Orientierungsraster in der Differenzierung zwischen der (Un-)Zulässigkeit von **Zweck, Mittel** und **Zweck-Mittel-Relation** liegen, wie sie vor allem aus § 240 StGB und § 123 BGB bekannt ist.[118] Lauterkeitsrechtlich die größte Bedeutung dürften dabei Fälle der unzulässigen Zweck-Mittel-Relation haben, also der sachwidrigen Verknüpfung von jeweils für sich genommen zulässigen Zwecken und Mitteln. Fälle des per se unzulässigen Zwecks kommen dagegen seltener vor, weil der Zweck des Unternehmers in der Realisierung eines Geschäfts mit dem Adressaten liegt und dieses Geschäft – etwa der Kauf von Ware zu Marktpreisen – für sich genommen vielfach keine Lauterkeitsbedenken auslöst. Ein Kriterium dafür, dass die Verknüpfung zwischen Zweck und Mittel nicht sachwidrig ist, liegt vor, wenn sich in ihr 45

[109] BGH GRUR 2018, 1251 – Werbeblocker II.

[110] Kritisch auch *Alexander* NJW 2018, 3620 (3622), der zudem einen stärkeren Vorrang des Kartellrechts befürwortet; positiver, und für einen eigenständigen lauterkeitsrechtlichen Machtbegriff, *Glöckner* ZUM 2018, 844 (850).

[111] So aber OLG München CR 2021, 7 Rn. 69, in casu ergab sich die Machtposition indes daraus, dass der handelnde Softwareentwickler zugleich Spezialistenwissen über die Softwaresysteme des betroffenen Arztes vorbringen konnte, so dass die angedrohte Meldung als besonders realistisches Risiko erschien.

[112] *Köhler*/Bornkamm/Feddersen § 4a Rn. 1.62.

[113] Ähnlich *Köhler*/Bornkamm/Feddersen § 4a Rn. 1.59.

[114] *Köhler*/Bornkamm/Feddersen § 4a Rn. 1.59. Ohly/*Sosnitza* § 4a Rn. 31 ordnet diese Fälle hingegen in stärkerem Maße der Nötigung zu.

[115] Vgl. hierzu auch jurisPK-UWG/*Seichter* § 4a Rn. 42 ff.

[116] Ohly/*Sosnitza* § 4a Rn. 31, insbesondere unter Hinweis auf BGH GRUR 1997, 920 (921) – Automatenaufsteller: Rechtmäßige Kündigung eines Pachtvertrages zur Erzielung eines Vertragsneuabschlusses, der dem kündigenden Verpächter ein Automatenaufstellrecht gibt, es dadurch aber zugleich dem Pächter unmöglich macht, an einem langlaufenden Automatenaufstellvertrag mit einem Dritten festzuhalten.

[117] MüKoUWG/*Raue* § 4a Rn. 157.

[118] *Glöckner* ZUM 2018, 844 (854).

Leistungswettbewerb[119] und marktkonformes, ggf. auch hartes Verhandeln der Parteien niederschlägt. Demgemäß ist eine Zweck-Mittel-Relation in der Art, dass kein Geschäftsabschluss erfolgt, wenn der Adressat die angebotenen Geschäftsbedingungen nicht akzeptiert, für sich genommen regelmäßig unbedenklich,[120] sofern nicht die Geschäftsbedingungen selbst Anlass zu Lauterkeitsbedenken geben.

46 Streitig ist, ob sich der Unternehmer **bewusst sein muss,** dass er eine Machtposition für unzulässige Druckausübung einsetzt. [121] Der Begriff des Ausnutzens in § 4a Abs. 1 S. 3 und dem zugrundeliegenden Art. 9 lit. c UGP-RL impliziert eine subjektive Komponente. Andererseits kann deren Nachweis den Adressaten vor erhebliche Schwierigkeiten stellen und dadurch den Auffangcharakter und die letztlich objektiv-wertende Betrachtungsweise des § 4a Abs. 1 S. 2 Nr. 3 konterkarieren. Daher sollte man in aller Regel, und auch bei der Fallgruppe des Androhens einer rechtlich unzulässigen Handlung,[122] aus der objektiven Eignung des Unternehmerverhaltens zur Tatbestandserfüllung auf das Vorliegen genügender subjektiver Elemente schließen.

47 **d) Wesentliche Einschränkung der informierten Entscheidung.** § 4a Abs. 1 S. 3 fordert, dass der Unternehmer kraft Machtposition und mit unzulässigem Druck auf ein ganz bestimmtes Element einwirkt, nämlich auf die Fähigkeit des Adressaten zu einer „informierten Entscheidung". **„Entscheidung"** ist dabei, aus dem Kontext und Schutzzweck der Regelung heraus, die geschäftliche Entscheidung, wie sie auch in § 4a Abs. 1 S. 1 und § 2 Abs. 1 Nr. 9 angesprochen wird,[123] der Gesetzgeber hätte besser daran getan, dies auch ausdrücklich so zu normieren. Eine **„informierte"** Entscheidung beinhaltet im Grundsatz drei Zentralkomponenten, nämlich die Rezeption der entscheidungsrelevanten Information, ihre sachgerechte Verarbeitung (einschließlich ihrer Gewichtung) und die Festlegung des Entscheidungsinhalts auf dieser Basis,[124] wobei hieraus kein striktes Postulat abgeleitet werden darf, dass nur objektiv „vernünftige" oder gar optimale Entscheidungen „informiert" sind und jede hiervon abweichende Entscheidung einen Anscheinsbeweis schafft, sie beruhe auf unlauterer Beeinflussung.[125] Denn Adressaten (nicht zuletzt Verbraucher) dürfen und werden immer wieder auch emotionalen, irrationalen und subjektiv-präferierenden Motiven Raum geben. Lauterkeitsrechtlich problematisch wird dies erst, wenn der Unternehmer objektiv unvernünftige Motive in die Entscheidungsfindung des Adressaten „einspeist" oder ihnen ein Gewicht sichert, das sie ohne seine Einwirkung nicht gehabt hätten.[126]

48 Vor dem Hintergrund des soeben skizzierten Dreischritts einer informierten Entscheidung muss fraglich erscheinen, ob der Unternehmer die Fähigkeit zu einer solchen Entscheidung nur dann **„einschränkt",** wenn er die Informationsaufnahme oder Informationsverarbeitung des Adressaten beeinträchtigt, oder auch dann, wenn er ausschließlich auf die Möglichkeit negativ einwirkt, einen Entscheidungsinhalt festzulegen und zu implementieren, der dem Ergebnis der Informationsverarbeitung (einschließlich individueller, nicht notwendig rational optimierender Präferenzen) entspricht. Teile der Literatur und wohl auch die Rechtsprechung neigen der ersten Interpretation zu,[127] andere Stimmen befür-

---

[119] Vgl. Ohly/*Sosnitza* § 4a Rn. 32; jurisPK-UWG/*Seichter* § 4a Rn. 32 f.

[120] OLG München GRUR 2017, 1147 Rn. 190 – Whitelisting I; *Köhler*/Bornkamm/Feddersen § 4a Rn. 1.73: kein Kontrahierungszwang.

[121] Dafür *Köhler*/Bornkamm/Feddersen § 4a Rn. 1.59; dagegen, lediglich objektive Zielgerichtetheit fordernd *Scherer* GRUR 2016, 233 (239).

[122] Anders insoweit *Köhler*/Bornkamm/Feddersen § 4a Rn. 1.110, wonach Kenntnis oder Verschulden insoweit irrelevant sein sollen.

[123] *Köhler*/Bornkamm/Feddersen § 4a Rn. 1.63.

[124] Vgl. *Köhler*/Bornkamm/Feddersen § 4a Rn. 1.65, enger aber wohl, nämlich nur auf die Kenntnis der relevanten Informationen abstellend, *Köhler*/Bornkamm/Feddersen § 5a Rn. 3.37.

[125] Mit gleicher Richtung MüKoUWG/*Raue* § 4a Rn. 83.

[126] *Köhler*/Bornkamm/Feddersen § 4a Rn. 1.65.

[127] BGH GRUR 2018, 1063 Rn. 14 – Zahlungsaufforderung; *Köhler*/Bornkamm/Feddersen § 4a Rn. 1.65.

worten die zweite, den Anwendungsbereich der Norm verbreiternde Lesart.[128] Die letztgenannte Auffassung kann dem Auffangcharakter von § 4a Abs. 1 S. 2 Nr. 3 besser gerecht werden, allerdings fragt sich dann, wo noch der Unterschied zur Beeinträchtigung der Entscheidungsfreiheit iSv § 4a Abs. 1 S. 2 liegt. Im Grundsatz sollte daher eine Beeinträchtigung der Rezeption und Verarbeitung entscheidungsrelevanter Informationen gefordert und die Ausdehnung des Tatbestandes erst dann näher erwogen werden, wenn besondere Fallkonstellationen und in diesen drohende Schutzlücken dies erforderlich machen.

Für den Grad der Einschränkung gibt das Gesetz die Schwelle der Wesentlichkeit vor. 49
„Wesentlich" eingeschränkt wird die Fähigkeit zu einer informierten Entscheidung nicht nur bei ihrer vollständigen oder weitgehenden Beseitigung,[129] eine bloß irgendwie geartete Erschwerung genügt allerdings ebenso wenig.[130]

Das **Verhältnis** zwischen der wesentlichen Einschränkung einer informierten Entschei- 50
dung (§ 4a Abs. 1 S. 3) und der **erheblichen Beeinträchtigung der Entscheidungsfreiheit (§ 4a Abs. 1 S. 2)** lässt sich jedenfalls dahingehend konkretisieren, dass die erste Einwirkungsform sich mit einem Teilbereich der zweiten überschneidet. Denn es gibt – jedenfalls nach der hier vertretenen Lesart – Beeinträchtigungen der Entscheidungsfreiheit, die nicht aus mangelnder Informiertheit der Entscheidung herrühren. Anders gewendet unterstreicht dies die Aussage,[131] dass zwischen der Informiertheit einer Entscheidung und ihrer Freiheit nicht zwangsläufig Deckungsgleichheit besteht, denn ein iSv § 4a Abs. 1 S. 2 verpöntes Einwirken kann insbesondere auch den voll Informierten dazu veranlassen, gegen sein besseres Wissen und eigentliches Wollen eine geschäftliche Entscheidung zu treffen.[132] Zugleich wird die wesentliche Einschränkung der Fähigkeit zu einer informierten Entscheidung in aller Regel die Entscheidungsfreiheit erheblich beeinträchtigen,[133] es kommen aber auch Ausnahmen in Betracht, etwa wenn eine zusätzliche „Kontrollinstanz" neben dem in seiner informierten Entscheidungsfähigkeit eingeschränkten, unmittelbaren Adressaten Entscheidungsprozess und Entscheidungsinhalt kontrolliert und die Entscheidungsfreiheit dadurch wiederherstellen kann. Überdies ist zu beachten, dass § 4a Abs. 1 S. 2 lediglich die Eignung zur erheblichen Beeinträchtigung fordert, hingegen § 4a Abs. 1 S. 3 eine tatsächlich bewirkte wesentliche Einschränkung.

e) Fallgruppen. aa) Vorteilsverheißung, aleatorische Reize. Stellt der Unterneh- 51
mer **Vorteile** gegenüber dem status quo für den Fall **in Aussicht,** dass der Adressat das Geschäft wie gewünscht schließt, kann hierdurch eine Druckwirkung, gerichtet auf den Geschäftsabschluss entstehen.[134] Ganz generell lässt sich zu dieser – vielgestaltigen – Fallgruppe sagen, dass die Vorteilsverheißung bei Geschäftsabschluss lauterkeitsrechtlich nur sehr zurückhaltend geahndet werden sollte,[135] **Verkaufsförderungsmaßnahmen durch Kaufanreize** also im Regelfall zulässig sind.[136] Näher ist dabei aber wie folgt zu unterscheiden:

---

[128] *Glöckner* ZUM 2018, 844 (851 f.).

[129] Hierzu tendierend aber die Rechtsprechung, s. etwa BGH GRUR 2015, 1134 Rn. 14 – Schufa-Hinweis; BGH GRUR 2018, 1063 Rn. 14 – Zahlungsaufforderung; BGH GRUR 2014, 1117 Rn. 26; 2010, 455 Rn. 17.

[130] *Köhler*/Bornkamm/Feddersen § 4a Rn. 1.65 f.

[131] S. *Glöckner* → Einl. Rn. 357 mit dortigen wN, mit der Kritik in der Vorauflage, dass aggressives geschäftliches Handeln wesensmäßig nicht die Informiertheit sondern die Freiheit der Entscheidung beeinträchtige und daher Art. 2 lit. j UGP-RL verfehlt sei.

[132] Vgl. auch *Köhler*/Bornkamm/Feddersen § 4a Rn. 1.49, zur „Nötigung" informierter Adressaten.

[133] *Köhler*/Bornkamm/Feddersen § 4a Rn. 1.65 f., der in abweichenden Ausnahmefällen die Anwendung von § 3 Abs. 2 anregt.

[134] Ebenso, mit eingehender Begründung, MüKoUWG/*Raue* § 4a Rn. 177 ff.

[135] Sogar noch eindeutiger für eine lauterkeitsrechtliche Zulässigkeit und schon eine Druckausübung verneinend *Köhler*/Bornkamm/Feddersen § 4a Rn. 1.60.

[136] BGH GRUR 2014, 686 Rn. 35 – Goldbärenbarren; BGH GRUR 2009, 875 Rn. 12 – Jeder 100. Einkauf gratis, insbesondere auch auf die fehlende Beeinträchtigung einer informierten Entscheidung abstellend.

52 Unlauterkeit gem. § 4a kann gegeben sein, wenn der Kaufanreiz im Erhalt eines Produkts oder einer Dienstleistung liegt, auf die der Adressat besonders stark **angewiesen** ist,[137] namentlich wenn er sich diese von anderen Anbietern nicht oder **nur mit Mühe beschaffen** kann.

53 Im Geltungszeitraum der ZugabeVO (9.3.1932-29.6.2001) und des RabattG (25.11.1933-29.6.2001) diente der Begriff der **Wertreklame** der Kennzeichnung von verkaufsfördernden Werbeformen, die als mit dem Leitbild eines an Qualität und Preisgünstigkeit orientierten Leistungswettbewerbs nur schwer vereinbar erschienen.[138] Dies sollte sich daraus ergeben, dass der Unternehmer bei solcher Reklame versucht, die Kunden nicht auf Grund der Güte und Preiswürdigkeit seines Produkts zum Kauf zu veranlassen, sondern durch das Gewähren einer geldwerten zusätzlichen Leistung. Wertreklame war demgemäß Werbung mit dem Wert einer Ware oder Leistung, die dem Kunden im Zusammenhang mit dem Abschluss eines Geschäfts über eine andere Ware oder Leistung verbilligt oder ganz unentgeltlich überlassen wird.[139] Nach Aufhebung (29.6.2001) der ZugabeVO und des RabattG dient die begriffliche Zuordnung zur Wertreklame nicht mehr der Unterscheidung von fragwürdigen und nicht fragwürdigen Werbeformen, sondern allenfalls noch der Systematisierung. Die lauterkeitsrechtliche Bewertung hat vom Leitbild eines durchschnittlich informierten und verständigen Verbrauchers auszugehen, der das fragliche Werbeverhalten mit einer der Situation angemessenen Aufmerksamkeit verfolgt.[140] Berücksichtigung finden muss dabei die zunehmende Verkehrsgewöhnung an unterschiedliche Formen der Wertreklame.[141] Zu beachten ist auch, dass Wertreklame Ausfluss der Freiheit des Wettbewerbs ist, so dass die lauterkeitsrechtliche Einschränkung einer an den Schutzzwecken des UWG ausgerichteten Begründung bedarf.[142] Damit unvereinbar ist die Gewährung eines abstrakten Gefährdungsschutzes. Stets ist eine konkrete Gefahr der unsachlichen Beeinflussung der Entscheidungsfreiheit erforderlich, wie sie sich im Anwendungsbereich des § 4a etwa aus Umständen nach § 4a Abs. 2 S. 2 ergeben kann.

54 Insbesondere **Kopplungsgeschäfte,** bei denen ein Bestandteil der Ware oder Leistung, oder eine zusätzlich gewährte Ware/Leistung als (fast) unentgeltlich oder auch nur als preisgünstig – ausdrücklich oder konkludent – ausgelobt werden, sind Ausfluss der Freiheit des Wettbewerbs und sie stellen eine effiziente Möglichkeit des Produktmarketings dar. Es sollte daher grundsätzlich einem Unternehmer freistehen, unterschiedliche Waren oder Leistungen zu Gesamtangeboten zusammenzustellen und dementsprechend zu bewerben. Kopplungsangebote verstoßen nach jetziger Rechtslage[143] mithin nur in Ausnahmesituationen gegen das UWG.[144] **Spezialgesetzliche Kopplungsverbote** müssen selbstverständlich beachtet werden. **Kundenbindungssysteme** stellen Kopplungsangebote dar, wenn bei Erreichen der Voraussetzungen statt oder zusätzlich zu Rabatten auch Waren oder Leistungen als Zugaben gewährt werden. Bei derartigen Kundenbindungssystemen können Intransparenz und Komplexität, auch in Verbindung mit dem Ansprechen der Sammellei-

---

137 Ähnlich *Köhler*/Bornkamm/Feddersen § 4a Rn. 1.61, wonach es aber schon genügen soll, wenn „die Vergünstigung […] dahingehend beworben [wird], dass der damit geförderte Kauf des Produkts für die Verbraucher notwendig sei, um sie vor irgendwelchen Nachteilen zu bewahren". Anders (und den Anwendungsbereich des Lauterkeitsrechts zu stark einschränkend) aber *Köhler*/Bornkamm/Feddersen § 4a Rn. 1.74, wonach die Verweigerung eines Vertragsschlusses, wenn nicht zugleich ein anderer Vertrag eingegangen wird, als Geschäftsverweigerung dem Kartellrecht untersteht.

138 So noch *Baumbach/Hefermehl,* 22. Aufl. 2001, § 1 Rn. 85; zum Begriff vgl. auch *Glöckner* → Einl. Rn. 250 mit dortigen wN.

139 *Lange* in Lange/Spätgens RabattG Rn. 120.

140 *Glöckner* → Einl. Rn. 429 ff., 487 ff.; *Dreyer* → § 5 Rn. 144 f.

141 Vgl. schon BGH GRUR 1989, 366 (368) – Wirtschaftsmagazin; GRUR 2002, 1000 (1002) – Testbestellung.

142 *Schricker* GRUR 1996, 473 (477).

143 Für eine eingehende Behandlung des älteren Rechtsbestandes s. die Vorauflage.

144 *Ullmann* GRUR 2003, 818 f. So auch die jetzige Linie der Rechtsprechung, s. etwa BGH GRUR 2002, 976 (978) – Kopplungsangebot I; GRUR 2003, 538 (539) – Gesamtpreisangebot; GRUR 2006, 161 Rn. 16 – Zeitschrift mit Sonnenbrille.

denschaft, rationale Entscheidungen bis zu einem gewissen Grad gefährden. Dies allein führt allerdings noch nicht zu einer unsachlichen Beeinflussung im Sinne von § 4a. Die Verlagerung des Wettbewerbs im Hinblick auf das attraktivste Kundenbindungssystem steht bei hinreichender Information des Verbrauchers einer informierten Entscheidung grundsätzlich nicht entgegen.[145] Gegen Verhaltensweisen im Bereich Wertreklame und Kopplungsangebote, die auch nach heutiger Rechtslage noch Unlauterkeitspotentiale bergen, sind insbesondere die **§§ 3a, 4 Nr. 4, 5, 5a und 7 und als Auffangtatbestand die Generalklausel des § 3**[146] zur Anwendung zu bringen, insofern wird auf die entsprechende Kommentierungen verwiesen. § 4 Nr. 4–6 aF enthielten spezifische Regelungen zu bestimmten Kopplungsangeboten. Mit dem UWG 2015 entfallen diese Tatbestände, vielmehr sollen ihre Anwendungsbereiche nunmehr durch das allgemeine Irreführungsverbot in §§ 5, 5a abgedeckt werden.

Rabatte sind nach heutigem deutschem Recht, ebenso wie nach Unionsrecht,[147] grundsätzlich zulässig. Es ist Teil der Gewerbefreiheit, die Preise zu einem dem Gewerbetreibenden sinnvoll erscheinenden Zeitpunkt nach Belieben allgemein oder individuell zu senken. Wann Angebote unter dem Einstandspreis als unzulässige Wettbewerbsbeeinträchtigung zu missbilligen sind, ist eine Frage des Kartellrechts. Die Anlockwirkung eines Rabattes ist für sich genommen zur Verfälschung der Entscheidungsfreiheit nicht geeignet.[148] Wird durch die Ausgestaltung des **Preisnachlasses** ein besonderer **Zeitdruck** erzeugt oder suggeriert, kann dieser Faktor für eine Unlauterkeit sprechen,[149] die Hürden sind allerdings hoch. Zurecht sah der BGH[150] nicht die Gefahr, dass der Verbraucher auch bei einem Rabatt auf Haushaltsgeräte in Höhe der Mehrwertsteuer bei Ankündigung erst am Tag selbst für die Dauer des Tages einen unüberlegten Kaufentschluss trifft. Es komme häufig vor, dass sich der Verbraucher kurzfristig zu einem Kauf entschließt ohne vorher einen umfassenden Preisvergleich vorgenommen zu haben. Es handle sich dann um ein bewusstes Risikogeschäft. Diese Position verdient Zustimmung insbesondere angesichts der heute sehr weitreichenden Verfügbarkeit von **Preis- und Qualitätsvergleichen im Internet.** Jedenfalls sofern entsprechende Tests und spezialisierte Websites für die betreffende Ware über Suchmaschinen zugänglich sind, kann sich der Kunde heutzutage in sehr kurzer Zeit – und mittels eines Smartphones auch mobil – einen Marktüberblick verschaffen und das konkrete Angebot in das Marktgeschehen einordnen. Der zur Meidung einer Irreführung erforderliche Hinweis „Soweit Vorrat reicht" führt ohnehin nicht zu einem unlauteren Zeitdruck.[151] Unter dem Gesichtspunkt der **Irreführung (§§ 5, 5a)** kann allerdings das Rabattversprechen insbesondere unlauter sein, wenn eine Fehlinformation hinsichtlich des tatsächlichen Vorliegens eines Preisnachlasses erfolgt,[152] hinsichtlich seiner konkreten Gestalt (Höhe, Adressaten, etc) oder – dann kann vor allem auch **§ 6 Abs. 1 Nr. 3 TMG** eingreifen – hinsichtlich der Voraussetzungen seiner Inanspruchnahme.[153] **§ 3a** kann in Verbindung mit Spezialtatbeständen[154] zu einer Unzulässigkeit des Rabatts führen. 55

Der Einsatz **aleatorischer Reize** in der Produktwerbung ist ein Mittel der Wertreklame und wurde unter der Geltung des RabattG und der ZugabeVO allein schon aus diesem Grund als bedenklich angesehen. Mit der Aufhebung des RabattG und der ZugabeVO ging 56

[145] Vgl. *Fezer* WRP 2001, 1012 f.; kritisch *Berneke* WRP 2001, 619.

[146] Zögernd insoweit *Fritzsche* WRP 2016, 1 (8). S. auch *Podszun* → § 3 Rn. 200 ff. Den Schwerpunkt in der Generalklausel und den Irreführungstatbeständen sehend *Köhler*/Bornkamm/Feddersen § 3 Rn. 8 ff.

[147] Eingehend hierzu *Köhler*/Bornkamm/Feddersen § 3 Rn. 8.40.

[148] BGH GRUR 2003, 1057 – Einkaufsgutschein I; in der Entscheidung GRUR 2004, 349 – Einkaufsgutschein II wurde die Zuwendung von Gutscheinen über 10 DM aus Anlass des Geburtstags von Kunden als Schenkung und nicht mehr als Rabatt angesehen.

[149] Vgl. BGH GRUR 2010, 1022 (1023) – Ohne 19 % Mehrwertsteuer; OLG Hamm GRUR 2006, 86 – Sonntagsrabatt; *Köhler* GRUR 2010, 767 (774).

[150] GRUR 2010, 1022 – Ohne 19 % Mehrwertsteuer.

[151] Vgl. BGH GRUR 2004, 343 – Playstation.

[152] OLG Schleswig WRP 2001, 322 (323); BGH GRUR 1994, 57 – Geld-zurück-Garantie I.

[153] S. auch *Köhler*/Bornkamm/Feddersen § 3 Rn. 8.43.

[154] *Köhler*/Bornkamm/Feddersen § 3 Rn. 8.46.

eine Liberalisierung auch der wettbewerbsrechtlichen Beurteilung von aleatorischen Veranstaltungen einher. Die Rspr. stellte zunehmend strengere Anforderungen an die besonderen Umstände, die hinzutreten müssen, um den Vorwurf der Unlauterkeit zu rechtfertigen. Eine Unlauterkeit unter dem Gesichtspunkt des übertriebenen Anlockens wurde nur noch angenommen, wenn der Einsatz aleatorischer Reize dazu führt, die freie Entschließung der angesprochenen Verkehrskreise so nachhaltig zu beeinflussen, dass ein Kaufentschluss nicht mehr von sachlichen Gesichtspunkten, sondern maßgeblich durch das Streben nach der in Aussicht gestellten Gewinnchance bestimmt wird.[155] Das UWG 2008 enthielt in § 4 Nr. 5, 6 aF Sonderregeln für Preisausschreiben und Gewinnspiele. Mit der Streichung dieser Vorschriften vollzog der Gesetzgeber, wie vielfach von der Literatur gefordert,[156] die deutsche und Europäische Rechtsprechung nach,[157] welche die Koppelung von Gewinnspiel und Produkterwerb als **grundsätzlich nicht mehr unlauter** bewerten möchte.

57 Die grundsätzliche Zulässigkeit von aleatorischen Reizen nach heutigem Lauterkeitsrecht bedeutet freilich **nicht ihre Rechtskonformität in jedem Einzelfall.** Sind die Voraussetzungen der **Nr. 17** (Vorspiegelung der Möglichkeit, ohne finanzielle Gegenleistung einen Preis gewinnen zu können) **oder Nr. 20** (Wettbewerb/Preisausschreiben ohne Vergabe von Preisen) **Anh. § 3 Abs. 3** gegeben, steht die Unlauterkeit ohnehin außer Frage. Weiter sind aleatorische Veranstaltungen anhand des **Irreführungsverbots** der §§ 5, 5a zu prüfen.[158] Diese Tatbestände können etwa verwirklicht sein, wenn die Höhe eines Gewinns,[159] die Chance auf seine Erzielung[160] oder die Voraussetzungen einer ordnungsgemäßen Spielteilnahme unrichtig dargestellt sind. Besonders dem letztgenannten Schutzzweck dient auch **§ 6 Abs. 1 Nr. 4 TMG,** wonach Preisausschreiben oder Gewinnspiele mit Werbecharakter klar als solche erkennbar und die Teilnahmebedingungen leicht zugänglich, klar und unzweideutig sein müssen. Ob nach jetzigem Recht ein aleatorischer Anreiz allein deswegen unlauter sein kann, weil er sehr stark ausfällt,[161] erscheint zumindest zweifelhaft.[162] Tritt freilich noch eine besondere Schutzbedürftigkeit des Adressatenkreises hinzu, so kommt eine Unlauterkeit viel eher in Betracht (auch → Rn. 87),[163] sei es im Hinblick auf die Veranlassung einer Teilnahme als solche, sei es im Hinblick auf die bewirkte Überlassung von persönlichen Daten.[164] Ob auf derartige Konstellationen künftig **§ 3 Abs. 2**[165] **oder § 4a Abs. 2 S. 2 iVm S. 1 Nr. 3** zur Anwendung kommt,[166] wird sich zeigen müssen, viel spricht aber für die primäre Zuständigkeit der Generalklausel. Denn zu Recht ist geltend gemacht worden, dass das Wesen aleatorische Reize eher im Anlocken des Verbrauchers liegt als darin, ihn aggressiv unter Druck zu setzen.[167]

---

155 BGH GRUR 1989, 757 (758) – McBacon (auch den Umstand, dass der Teilnehmer Geschäftslokale aufsuchen muss, um festzustellen, ob er zu den Gewinnern gehört, sah der BGH nicht als übertriebenes Anlocken an); GRUR 2000, 820 (821) – Space Fidelity Peep-Show.

156 S. statt vieler *Glöckner* WRP 2014, 1399 (1405 f.); *Köhler* WRP 2014, 1410 (1413).

157 EuGH BeckRS 2010, 90043 – Plus Warenhandelsgesellschaft; BGH GRUR 2011, 532 – Millionen-Chance II.

158 *Köhler*/Bornkamm/Feddersen § 3 Rn. 8.78.

159 BGH GRUR 1989, 434 (435) – Gewinnspiel I; WRP 1995, 591 – Gewinnspiel II.

160 BGH GRUR 1962, 461 (465) – Filmvorführung.

161 Nach früherer Rspr. war freilich eine Unlauterkeit möglich, wenn der aleatorische Anreiz geeignet war, die Nachfrageentscheidung völlig in den Hintergrund treten zu lassen; s. etwa BGH GRUR 2009, 875 – Jeder 100. Einkauf gratis; Unlauterkeit etwa auch (unter Geltung des UWG 2008) bejaht durch OLG Hamm GRUR-RR 2009, 313 (314) – Europameisterschaft: vollständige Kaufpreisrückzahlung für alle innerhalb einer Woche getätigten Möbelkäufe sofern Deutschland Fußball-Europameister wird.

162 Noch ablehnender *Köhler*/Bornkamm/Feddersen § 3 Rn. 8.82.

163 *Köhler*/Bornkamm/Feddersen § 3 Rn. 8.83; vgl. auch LG München I NJW 2003, 3066 – Rubbel-Gewinnspiel.

164 Zur grundsätzlichen Zulässig des Datenüberlassungseffekts bei Fehlen besonderer Schutzbedürftigkeit BGH NJW 2010, 864 – Happy Digits.

165 So *Köhler*/Bornkamm/Feddersen § 3 Rn. 8.77, 8.82 f. S. auch *Podszun,* § 3 Rn. 89 ff.

166 Dagegen BGH GRUR 2011, 532 Rn. 15 ff. – Millionen-Chance II.

167 *Köhler* GRUR 2010, 177 (182).

bb) Drohung mit Geltendmachung eigener Rechte. Droht der Unternehmer mit einer Geltendmachung von Rechten, die für den Adressaten Nachteile mit sich bringt, hängt die Unlauterkeit dieses Verhaltens wesentlich davon ab, ob die **Ansprüche,** welche durch die Drohung durchgesetzt bzw. begründet[168] werden sollen, in für den Unternehmer ersichtlicher Weise nicht bestehen oder so nicht begründet werden dürften, also nur **vorgetäuscht** werden (dann unlauterer Zweck); ob die angedrohte **Rechtsausübung** bzw. Durchsetzungsmaßnahme dem Unternehmer, für diesen ersichtlich, **nicht zusteht**[169] oder jedenfalls nach tatsächlicher Rechtslage eine deutlich **andere Gestalt** haben müsste[170] (dann unlauteres Mittel); schließlich davon, ob zwischen dem **erwünschten Verhalten und dem ausgeübten Recht ein inhaltlich-rechtlicher Konnex** besteht[171] (sonst unlautere Zweck-Mittel-Relation), der Unternehmer also beispielsweise mit der Kündigung eines Vertrages oder einer Strafanzeige wegen Betrugs durch Vertragseingehung droht, um den Adressaten zur Erfüllung seiner Pflichten gerade aus dem betreffenden Vertrag zu bringen.[172] Ersichtlich aus dem Vorgesagten lässt sich also nicht die Regel aufstellen, das Drohen mit einer als solchen rechtlich zulässigen Handlung könne nicht aggressiv sein, vielmehr kann sich auch eine derartige Drohung insbesondere als Nötigung oder unzulässige Beeinflussung erweisen.[173] Tatbestandsmäßig kann auch das Drohen mit der Erfüllung einer angeblichen, in Wirklichkeit aber nicht bestehenden Rechtspflicht zum Handeln sein, etwa einer für den Adressaten nachteiligen Anzeigepflicht gegenüber einer Behörde.[174] 58

cc) Werbung mit Autoritäts- oder Sympathieträgern. Immer wieder setzen Unternehmer bei allgemeiner Werbung oder gezielten Geschäftsabschlussappellen Autoritäts- oder Sympathieträger ein, etwa Schulträger[175] oder sonstige Akteure der öffentlichen Hand,[176] Rechtsanwälte, Steuerberater, Wirtschaftsprüfer oder Ärzte,[177] aber auch zB auch so genann- 59

[168] So hielt der BGH etwa dafür, dass ein Anwalt zur Durchsetzung einer Honorarerhöhung (nur) dann nicht mit der Ausübung des – ihm zustehenden – Kündigungsrechts drohen darf, wenn das angestrebte Honorar unangemessen hoch ausfällt, BGH NJW 2002, 2774 (2775).

[169] S. etwa OLG Celle GRUR-RR 2013, 108 (109): Haftpflichtversicherer kündigt Kfz-Sachverständigen an, deren Gutachten als unprüfbar abzulehnen, wenn sie nicht mit der Einstellung von Schadensbildern in eine Internet-Restwertbörse einverstanden sind. Selbst wenn die Ablehnung als unprüfbar im konkreten Fall gerechtfertigt sein sollte, läge hierin wohl eine unzulässige Zweck-Mittel-Relation. S. ferner OLG Frankfurt WRP 2020, 99: Mobilfunkunternehmen droht Kunden mit Anschlusssperrung bei Nichtbegleichung einer umstrittenen Gebührenforderung, obwohl die Anforderungen aus § 45k Abs. 2 TKG hierfür nicht erfüllt.

[170] So ordnete es der BGH etwa als unlauter ein, wenn bei einer Drohung mit Übermittlung der Schuldnerdaten an die SCHUFA „verschleiert wird, dass der Schuldner die Möglichkeit hat, den Eintritt der angedrohten Maßnahme zu verhindern. Die Ankündigung der unter den Voraussetzungen des § 28a I BDSG zulässigen Übermittlung von Schuldnerdaten an die Schufa schränkt deshalb die Fähigkeit der Verbraucher zu einer informierten Entscheidung wesentlich ein, wenn ein hinreichend klarer Hinweis fehlt, dass der Verbraucher mit dem bloßen Bestreiten der Forderung eine Mitteilung an die Schufa verhindern kann“, BGH GRUR 2015, 1134 Rn. 25 – Schufa-Hinweis. Bei Fehlen einer derartigen Verschleierungstaktik erblickte der BGH hingegen – folgerichtig – kein unlauteres Handeln in der Drohung mit gerichtlicher Forderungsgeltendmachung und Vollstreckungsmaßnahmen, BGH GRUR 2018, 1063 Rn. 15 ff. – Zahlungsaufforderung.

[171] *Köhler*/Bornkamm/Feddersen § 4a Rn. 1.112.

[172] LG Mannheim MMR 2009, 568 f. – Abofalle und AGB von Download-Angeboten; s. auch LG Ellwangen WRP 2007, 467: Drohung mit der Einstellung von Reparatur- und Serviceleistungen, sofern keine Bestellung eines Ersatzteilpakets; näher *Scherer* NJW 2018, 3609 (3613 f.).

[173] BGH GRUR 2018, 1063 Rn. 14 – Zahlungsaufforderung.

[174] OLG München CR 2021, 7 Rn. 69.

[175] BGH GRUR 2006, 77 – Schulfotoaktion, kritisch hierzu *Henning-Bodewig* WRP 2007.

[176] BGH GRUR 2005, 960 (961) – Friedhofsruhe mit Hinweisen zur Rspr. unter § 1 UWG aF.

[177] S. speziell zu Ärzten etwa BGH GRUR 2009, 969 – Winteraktion; GRUR 2010, 850: Der BGH sah in einem *kick-back-System,* nach dem ein Brillenhersteller Augenärzten Vergütungen für die Zuführung von Kunden gewährt, denen er erfolgreich die Beschaffung von Brillen im „verkürzte[n] Versorgungsweg“ als Option dargelegt hat, eine unsachliche Beeinflussung des Augenarztes, wenn dieser jeweils eine Vergütung von 80 EUR oder mehr erhält. Ärzte unterliegen strengen berufsrechtlichen Restriktionen, die sie etwa verpflichten, sich für Zuweisungen von Patienten oder für die Zuweisung von Untersuchungsmaterial keine Gegenleistung gewähren zu lassen oder selbst eine solche Gegenleistung zu gewähren. Der Schutz nach § 4a besteht indes unabhängig davon, ob ein Verstoß gegen berufsrechtliche Vorschriften vorliegt. Vgl. zum Ganzen *v. Jagow* → § 3a Rn. 53 ff.

te „Influencer". Ähnlich der gefühlsbetonten Werbung ist die Einbindung von Autoritätspersonen und Persönlichkeiten des öffentlichen Lebens in der Werbung darauf gerichtet, Aufmerksamkeit zu erregen und Sympathie zu gewinnen. Allein dies führt noch nicht zu einer Verfälschung der Entscheidungsfreiheit. Auch lässt sich dem UWG kein allgemeines Sachlichkeitsgebot entnehmen.[178] Die Einbindung von Autoritätspersonen und Sympathieträgern in die Werbung ist außerhalb spezialgesetzlicher Verbote wie etwa des HWG[179] daher unbedenklich. In ihr liegt – nach heutiger Sichtweise – **weder zwangsläufig noch in der Regel eine unzulässige Beeinflussung.**[180] Ausnahmsweise kann das Einspannen von Autoritätspersonen in die Werbung gegen § 4a verstoßen, etwa wenn die als Werbeträger eingesetzte Person auf den Adressaten einen so starken Einfluss hat, dass ihre Botschaft gleichsam als **Befehl** wahrgenommen wird, dem sich der Adressat nicht entziehen kann, oder wenn sie Unrichtiges kommuniziert. Unter Umständen kann auch § 3 Abs. 2 greifen.[181] Liegt eine unzulässige Handlung unter Einsatz eines Dritten vor, kommt einerseits eine Haftung des Dritten in Betracht, andererseits eine Haftung des den Einsatz herbeiführenden Unternehmers als mittelbarer Täter, als Anstifter oder als Unternehmensinhaber gem. § 8 Abs. 2.[182] Für die haftungs(mit)begründende Beauftragung seitens des Unternehmers stellt die Rechtsprechung als Indiz insbesondere darauf ab, ob der Dritte ein Entgelt erhält.[183]

60 *Aus der Rechtsprechung. Unlauterkeit:* Empfehlung des Arbeitgebers zum Krankenkassenwechsel,[184] allerdings nicht schon bei Auslobung einer Prämie, die neben geringer Fehlzeit auch eine günstige Krankenkasse berücksichtigt;[185] Provisionierung einer Schule für die Empfehlung eines bestimmten Vertragspartners;[186] Empfehlung einer Krankenkasse durch Hausärzte, verbunden mit Hinweis auf den Erhalt einer guten hausärztlichen Versorgung;[187] finanzielle Vorteile für Augenärzte, wenn sie den Kauf von Brillen direkt beim Hersteller („verkürzter Versorgungsweg") anregen;[188] Werbung für Brandschutzartikel unter Hinweis auf eine Feuerwehr-Informationsveranstaltung.[189] *Keine Unlauterkeit:* Schule erhält einen PC für die Vermittlung einer Fotoaktion.[190]

61 **dd) Sonstige Einspannfälle, Dreieckskoppelungen; Solidaritätsdruck; moralischer Zwang und gefühlsbetonte Werbung.** Unternehmen handeln uU unlauter, wenn sie Personen, die – ohne Autoritäts- oder Sympathieträger für größere Kreise zu sein – für den Adressaten der Druckausübung eine besondere Bedeutung haben (Verwandtschaft, enge persönliche Beziehung, besondere Achtung vor dem anderen etc), für Appelle oder sonstige Einwirkungen auf den Adressaten „einspannen". Als unlauter hat der BGH etwa eine Werbeaktion eingestuft, bei der Schüler Wertpunkte sammeln – und daher ihre Eltern als **„Kaufmotivatoren"** zum Kauf entsprechender Produkte bringen – sollten, damit die Schule die Wertpunkte einreichen und dafür eine Prämie erhalten konnte.[191]

[178] Vgl. BGH GRUR 2001, 752 (754) – Eröffnungswerbung.
[179] Vgl. dazu *v. Jagow* → § 3a Rn. 81 ff.
[180] BGH GRUR 1984, 665 (666) – Werbung in Schulen; OLG Frankfurt a. M. NJOZ 2002, 1577 (1579) – Schulprogramm als Werbeträger; OLG Hamburg GRUR-RR 2005, 224 (225); *Köhler*/Bornkamm/Feddersen § 4a Rn. 1.67.
[181] *Köhler*/Bornkamm/Feddersen § 4a Rn. 1.67.
[182] *Köhler*/Bornkamm/Feddersen § 4a Rn. 1.68.
[183] BGH GRUR 1984, 665 (667) – Werbung in Schulen; OLG Karlsruhe GRUR-RR 2003, 191 (192); OLG Brandenburg WRP 2003, 903; OLG Hamburg GRUR-RR 2005, 224 (225).
[184] OLG Düsseldorf WRP 2002, 479 (481 f.); LG Nürnberg-Fürth WRP 2007, 214 (215).
[185] OLG Hamm GRUR-RR 2006, 30 – Prämie eines Arbeitgebers bei Zugehörigkeit zu günstiger Krankenkasse.
[186] OLG Karlsruhe GRUR-RR 2003, 191 (192) – Unlauteres Provisionsangebot gegenüber Schulbehörde.
[187] OLG München GRUR-Prax 2010, 161.
[188] BGH GRUR 2010, 850 Rn. 13, 14 ff. – Brillenversorgung II.
[189] OLG Saarbrücken GRUR-RR 2005, 283 Werbung für Brandschutzprodukte mit Feuerwehr.
[190] BGH GRUR 2006, 77 Rn. 16 ff. – Schulfotoaktion.
[191] BGH GRUR 2008, 183 Rn. 21 – Tony Taler; s. auch OLG Celle GRUR-RR 2005, 387 (388): *Sammeln von Kaufpunkten für ein Klassensparbuch,* welches für eine Klassenreise eingelöst werden kann.

In diesen Kontext gehören auch die so genannten **„Dreieckskopplungen“.**[192] Sie sind dadurch geprägt, dass der Umworbene von dem Preis und der Qualität der gekauften Ware nicht unmittelbar selbst betroffen ist. Der Umworbene erhält eine Begünstigung dafür, dass er den Werbenden beim Absatz von Waren oder der Erbringung von Leistungen gegenüber einem Dritten fördert. Als Begünstigung kommt dabei ein Vorteil jeder Art in Betracht. Auf eine rechtliche Kopplung kommt es nicht an.[193] Diese Förderung kann etwa in Empfehlungen, der Vermittlung eines Kaufvertrages zu Gunsten des Werbenden oder auch nur der Darlegung einer Option liegen. Ein Dritter kommt dagegen bei wirtschaftlicher Betrachtung für die Kosten der Begünstigung auf. Der Umworbene wird so in das Vertriebskonzept des Werbenden eingespannt. Die potentielle „Unlauterkeitsvereinbarung“ liegt darin, dass der Umworbene das Erhalten einer Begünstigung gegenüber dem Dritten nicht offenlegt. Insbesondere dadurch unterscheidet sich die Dreieckskopplung von der Fallgruppe des Autoritäts- und Vertrauensmissbrauchs. Bei dem Autoritäts- und Vertrauensmissbrauch beruft sich der Werbende ausdrücklich auf eine Autoritätsperson bzw. der Werbende und die Autoritätsperson erscheinen den angesprochenen Verkehrskreisen typischerweise als „Werbegespann“. Eine Unlauterkeit unter dem Gesichtspunkt einer unsachlichen Beeinflussung des Verbrauchers kann jedenfalls entfallen, wenn der Dritte Kenntnis von der Begünstigung hat. Eine spätere Kenntniserlangung oder ein Herausgabeanspruch des Erlangten sind dagegen rechtlich unerheblich.[194] Für die wettbewerbsrechtliche Beurteilung von Dreieckskopplungen kommt es im Übrigen maßgeblich auf die Erwartungshaltung des Dritten an, die wiederum von der Stellung des Umworbenen abhängt, und auf die Eignung der Zuwendung an den Begünstigten, eigene Interessen den Interessen Dritter überzuordnen. Geboten ist eine sehr zurückhaltende Anwendung von § 4a. Eine unsachliche Beeinflussung unter dem Gesichtspunkt einer Drittkoppelung kann auch bei Begünstigungen zu Lasten von Solidargemeinschaften vorliegen. Der besondere Anreiz für den Umworbenen liegt in dieser Fallgestaltung darin, dass ein Vorteil zu Lasten Dritter erlangt werden kann. Dies ist etwa der Fall, wenn Kunden einer KfZ-Werkstatt zur Abrechnung gegenüber ihren jeweiligen Versicherungen Rechnungen über fiktive Reparaturkosten erhalten, welche den tatsächlich vereinnahmten Betrag um den jeweils fälligen Selbstbehalt übersteigen.[195] Ein besonderes lauterkeitsrechtliches Risiko sah die frühere Rechtsprechung[196] bei Zuwendungen eines Herstellers an die Angestellten eines Händlers, da die Gefahr bestehe dass der Mitarbeiter – ohne wie der Prinzipal zugleich an die langfristige Unternehmensperspektive und Kundenzufriedenheit zu denken – unter Verschweigen seiner wahren Motive ein bestimmtes Produkt übermäßig empfiehlt, um in den Genuss der ausgelobten oder erhofften Vergünstigung zu gelangen. Heute geben solche Konstellationen aber grundsätzlich keinen Anlass mehr zur Anwendung von § 4a. 62

Gegebenenfalls erfolgt ein Einspannen gerade für **Appelle an die Solidarität** des Adressaten mit dem Eingespannten, dem Unternehmer oder Dritten. Denkbar sind derartige Solidaritätsappelle aber auch durch den Unternehmer selbst oder durch Personen, die keine besondere Bedeutung für den Adressaten aufweisen. In all diesen Konstellationen 63

192 Vgl. *Steinbeck* GRUR 2005, 15, mwN, auch zu dem Begriff und der Parallele mit der offenen Laienwerbung. Für eine – offenbar pauschale – Unterstellung der Fallgruppe unter die Generalklausel jetzt *Fritzsch* WPR 2016, 1 (7). Die Fallgruppe, wie hier, jedenfalls zum Teil § 4a zuordnend MüKoUWG/*Raue* § 4a Rn. 183 f.

193 BGH GRUR 2005, 1059 (1061) – Quersubventionierung von Laborgemeinschaften I; BGH GRUR 2012, 1050 (1052).

194 BGH GRUR 2009, 969 (970) – Winteraktion.

195 GRUR 2008, 530 – Nachlass bei der Selbstbeteiligung; ebenso BGH GRUR 2008, 530 bei Reparaturservice für Schäden an Autoglasscheiben; OLG Naumburg GRUR-RR 2005, 203 – Selbstbeteiligung; weitere Beispiele zur Rspr. der Instanzgerichte bei *Möller* GRUR 2006, 292 (293), Fn. 69.

196 Grundlegend BGH GRUR 1971, 223 (225) – clixman mwN; GRUR 1974, 394 – Verschlusskapsel-Prämie; WRP 1999, 1197 f., vgl. auch OLG Hamburg WRP 1987, 482 f.; OLG Düsseldorf WRP 1979, 37 f.; OLG Hamburg GRUR-RR 2004, 117 – sixpertes.

hängt die lauterkeitsrechtliche Beurteilung wesentlich von der Beziehung zwischen Appelant und Adressat sowie von den Umständen der Einwirkung ab, wodurch die Kriterien des § 4a Abs. 2 besondere Bedeutung gewinnen.[197] Der BGH verneinte eine Unlauterkeit, wenn ein Schulförderverein zum Bucherwerb bei einem bestimmten Unternehmen auffordert, welches seinerseits für die Schule umsatzabhängig spendet, da die Anonymität der Kaufentscheidung im Internet keinen Druck aufkommen lasse.[198] Solidaritätsappelle, die durch den Unternehmer selbst in einer die Adressaten nicht individualisiert, sondern nur als Gruppe ansprechenden Werbung getätigt werden, sind in der Regel nicht unlauter.[199]

64 Auch sofern es nicht um die Solidarität mit konkreten Personen/Einrichtungen oder einem „guten Zweck" geht, kann **moralischer Druck** aufgebaut werden, wenn der Kunde bei Nichtabschluss des Geschäfts die Sorge hat, dass ihm in der Selbst- oder Fremdwahrnehmung missbilligte Attribute beigelegt werden (etwa: Eigensucht, Herzlosigkeit, fehlendes Verantwortungsbewusstsein).[200]

65 Ein erhöhter Kaufdruck kann bestehen, wenn die Höhe des sozialen Engagements in Abhängigkeit von einem Kauf steht, man spricht auch von **„social sponsoring"**. Dabei kann es sich etwa um die Aktionen einer „Hamburger"-Kette handeln, die die gesamten Tageseinnahmen an einem Aktionstag dem Kinderhilfswerk spendet,[201] oder einer Brauerei, wonach für einen Zeitraum von drei Monaten der von dem Kauf jeweils eines Kasten Bier abhängige Schutz von „1 m^2 Regenwald"[202] ausgelobt wird, oder das Versprechen einer – nicht konkretisierten – Spende an eine bestimmte gemeinnützige Einrichtung für jeden Auftrag.[203] Im Ausnahmefall kann hier ein Verstoß gegen § 4a vorliegen, etwa wenn die Entscheidungsfreiheit verfälscht wird,[204] weil beispielsweise der wahre Umfang des Sponsoring unrichtig (idR überzeichnend) dargestellt ist.

66 **Gefühlsbetonte, schockierende, menschenverachtende oder die Grundwerte verletzende Werbung** ist im Grundsatz nicht durch § 4a,[205] sondern allenfalls durch die **Generalklausel des § 3** erfasst; ausführlich hierzu *Podszun* → § 3 Rn. 64.[206] Gefühlsbetonte Werbung kann zudem **irreführend iSd §§ 5, 5a** sein, etwa wenn das Unternehmen den ausgelobten Hilfsbeitrag nicht abführen will oder der für jeden Artikel abgeführte finanzielle Anteil derart gering ist, dass entgegen der hervorgerufenen berechtigten Verbrauchererwartung keine nennenswerte Unterstützung des sozialen Hilfszwecks erreicht werden kann.[207] Denkbar ist ferner, dass gefühlsbetonte Werbung in unzulässiger Weise **vergleichend** gestaltet ist und dann gegen **§ 6** verstößt. Auch eine **unzumutbare Belästigung (§ 7)** kann verwirklicht sein, jedoch genügt hierfür ein unerwünschter oder unerfreulicher Inhalt der Werbung grundsätzlich noch nicht. Per se verboten bleibt ein Hinweis auf die Gefährdung des Arbeitsplatzes oder Lebensunterhalts gegenüber dem Verbraucher gem. **Nr. 30 Anh. § 3 Abs. 3.**

67 **ee) psychischer Kaufzwang.** Mit der Fallgruppe des psychischen Kaufzwangs[208] – die begrifflich nicht trennscharf ist und inhaltlich Überschneidungen mit anderen Verhaltens-

[197] *Köhler*/Bornkamm/Feddersen § 4a Rn. 1.78.
[198] BGH GRUR 2017, 199 Rn. 36 ff. – Förderverein.
[199] *Köhler*/Bornkamm/Feddersen § 4a Rn. 1.78.
[200] Ohly/*Sosnitza* § 4a Rn. 29.
[201] BGH GRUR 1987, 534 – McHappy-Tag; vgl. auch BGH GRUR 1991, 545 – Tageseinnahmen für Mitarbeiter.
[202] BGH GRUR 2007, 247 – Regenwaldprojekt I, hierzu auch *Glöckner* → Einl. Rn. 268.
[203] BGH GRUR 2007, 247 – Regenwaldprojekt I; BGH GRUR 2007, 251 – Regenwaldprojekt II, hierzu auch *Glöckner* → Einl. Rn. 268.
[204] BGH GRUR 2007, 274 – Regenwaldprojekt I; GRUR 2007, 252 – Regenwaldprojekt II.
[205] Vgl. auch *Henning-Bodewig* GRUR 1997, 186 (189 f.).
[206] So auch *Köhler*/Bornkamm/Feddersen § 3 Rn. 9.1 ff. Teils aA MüKoUWG/*Raue* § 4a Rn. 173.
[207] OLG Hamburg GRUR-RR 2003, 51 (52) – Bringt die Kinder durch den Winter.
[208] Allgemein hierzu etwa *Paefgen,* Psychologischer Kaufzwang – A quo venis et quo vadis?, WRP 1990, 85; Gleißner, Psychischer Kaufzwang im Lauterkeitsrecht – Notwendiger Verbraucherschutz oder unnötige Einschränkung der Werbung?, 2008.

typen aufweist[209] – wurden traditionell Konstellationen erfasst, in denen der Adressat infolge einer – typischerweise (teil)**unentgeltlichen – Zuwendung** (oft auch: „ungekoppelte Zuwendung“, in Abgrenzung von den Koppelungsfällen) **unter den psychischen Druck zu geraten droht, mit dem Zuwendenden eine entgeltliche Transaktion durchzuführen,** weil ihm sonst in der Selbst- oder Fremdwahrnehmung missbilligte Attribute wie Undankbarkeit, Geiz, Ausnutzung fremder Großzügigkeit, Irreführung über die eigene Geschäftswilligkeit uä beigemessen werden könnten oder er jedenfalls schlechter behandelt würde.[210] Verstärkt werden kann der Druck, wenn der Adressat gegenüber dem Zuwendenden „aus der Anonymität heraustritt“, weil er diesem bekannt ist oder identifizierbar wird.[211]

Schon vor Aufhebung des RabattG und der ZugabeVO stellte die Rspr. an einen psychischen Kaufzwang **zunehmend strengere Anforderungen.** Danach kam ein derartiges Heraustreten aus der Anonymität beispielsweise bei Geschäftslokalen mit größeren Verkaufsflächen[212] oder Selbstbedienungsrestaurants[213] nicht mehr in Betracht.[214] Insgesamt waren also deutliche Liberalisierungstendenzen zu erkennen.[215] Ob „psychischer Kaufzwang“ dieser Art zur Unlauterkeit führt, wird heute weithin angezweifelt.[216] Und in der Tat gebieten die Hinwendung des UWG zum Leitbild des verständigen, mündigen Durchschnittsverbrauchers (s. *Keller* zu → § 2 Rn. 244), die Aufgabe von Rabattgesetz und Zugabeverordnung,[217] das Fehlen einer vergleichbaren Fallgruppe in vielen mitgliedstaatlichen Rechtsordnungen,[218] welches über die auch von den mitgliedstaatlichen Rechtstraditionen geprägte Norm des Art. 8 UGP-RL auf § 4a Abs. 1 S. 2 Nr. 2 einwirkt, sowie wohl auch ein kritischer gewordenes Kundenverhalten, bzw. eine zunehmende Verkehrsgewöhnung an unterschiedlichste Formen der Wertreklame[219] und ein damit einhergehender Abbau psychologischer Barrieren,[220] Zurückhaltung bei der Annahme psychischen Zwangs in solchen Fällen. Unter jetzigem Recht sind ungekoppelte Zuwendungen demnach **grundsätzlich zulässig.**[221] 68

Allzu pauschal sollte die Distanzierung von der früheren Rechtspraxis indes nicht ausfallen, denn im **Ausnahmefall kann ein psychischer Kaufdruck tatsächlich entstehen.**[222] Für das Vorliegen einer solchen Ausnahmesituation bleiben die schon in der 69

[209] Einordnung wie hier als – für die meisten Fälle – unzulässige Beeinflussung bei *Köhler*/Bornkamm/Feddersen § 4a Rn. 1.49. Den psychischen Kaufzwang vorrangig der Nötigung zuordnend hingegen Ohly/*Sosnitza* § 4a Rn. 19 ff.

[210] Vgl. auch Ohly/*Sosnitza* § 4a Rn. 19 f. Aus der Rspr. etwa BGH GRUR 1989, 757 (758) – McBacon; BGH GRUR 2000, 820 (821 f.) – Space Fidelity Peep-Show; BGH GRUR 1987, 243 (244) – Alles frisch; BGH GRUR 2002, 1000 (1002) – Testbestellung; BGH GRUR 2003, 804 (805) – Foto-Aktion.

[211] BGH GRUR 1987, 243 (244) – Alles frisch; – BGH GRUR 1989, 757 (758) – McBacon; – BGH GRUR 2000, 820 (821 f.) – Space Fidelity Peep-Show; – BGH GRUR 2003, 804 (805) – Foto-Aktion.

[212] BGH GRUR 2000, 820 (822) – Space Fidelity Peep-Show.

[213] BGH GRUR 1989, 757 (758) – McBacon.

[214] S. zu weiteren Fallgestaltungen BGH GRUR 1998, 735 (736) – Rubbelaktion; BGH GRUR 2000, 820 (822) – Space Fidelity Peep-Show.

[215] S. insbesondere BGH GRUR 1998, 1037 (1038) – Schmuck-Set; BGH GRUR 1999, 256 (258) – 1000,– DM Umwelt-Bonus; BGH GRUR 2002, 1000 (1002) – Testbestellung.

[216] *Bülow* WRP 2005, 954; *Leistner,* Behavioral Economics und Lauterkeitsrecht, ZGE 2009, Heft 1; *Scherer,* Abschied vom „psychischen Kaufzwang“ – Paradigmenwechsel im neuen Lauterkeitsrecht, WRP 2005, 672; *Steinbeck* WRP 2008, 865.

[217] Hierzu etwa *Schuhlert,* Auswirkungen der Aufhebung von ZugabeVO und RabattG, 2003, *passim.*

[218] Ohly/*Sosnitza* § 4a Rn. 24.

[219] Vgl. bereits zum Gesichtspunkt der Verkehrsgewöhnung BGH GRUR 1989, 366 (368) – Wirtschaftsmagazin; GRUR 1998, 1037 – Schmuck-Set; GRUR 2002, 1000 (1002) – Testbestellung.

[220] *Berlit* WRP 2001, 352; *Weiler* WRP 2003, 871.

[221] Ebenso *Köhler*/Bornkamm/Feddersen § 3 Rn. 8.62 unter zusätzlichem Verweis auf Art. 6 lit. c ECRL 2000/31/EG und § 6 Abs. 1 Nr. 3 TMG. Mit gleicher Wertung nach bisherigem Recht BGH GRUR 2003, 804 (805 f.) – Foto-Aktion; GRUR 2004, 960 – 500 DM-Gutschein für Autokauf; GRUR 2007, 981 – 150 % Zinsbonus.

[222] Grundsätzlich Raum für die Fallgruppe lassen etwa auch Ohly/*Sosnitza* § 4a Rn. 24; *Köhler*/Bornkamm/Feddersen § 4a Rn. 1.81. Vgl. auch *Steinbeck* GRUR 2005, 540 (545).

Vergangenheit entwickelten Kriterien maßgeblich, also insbesondere Art und Ausmaß[223] der Zuwendung, ihre Üblichkeit nach Branche und konkretem Anlass, das Begleitverhalten des Zuwendenden sowie die (fehlende) Anonymität des Adressaten.[224] Hingegen genügt ein zeitlicher und räumlicher Zusammenhang zwischen Zuwendung und entgeltlicher Transaktion für sich genommen noch nicht, um auch nur im Wege des Anscheinsbeweises von einer Kausalität zwischen beiden und psychischem Kaufzwang auszugehen.[225]

70 Auch eine Unlauterkeit wegen **Irreführung (§§ 5, 5a)** kommt unter verschiedenen Gesichtspunkten in Betracht, etwa wenn über Wert oder Eigenschaften einer Gratisdreingabe oder die vermeintliche Preisgünstigkeit der mittels Dreingabe beworbenen Leistung getäuscht wird.[226] Die Unlauterkeit von (fast) unentgeltlichen Zuwendungen mag sich ferner unter den Gesichtspunkten einer gezielten Behinderung eines Mitbewerbers nach § 4 Nr. 4, einer nach § 3 Abs. 1 unlauteren allgemeinen Marktbehinderung, oder auch eines Rechtsbruches gem. § 3a iVm Sondertatbeständen ergeben

71 Im Einzelnen wurde psychischer Kaufzwang in der Vergangenheit etwa *angenommen* bei unentgeltlicher **Friseurdienstleistung** bei intensiven Werbeeinflüssen und namentlicher, also die Anonymität beseitigender Anmeldung;[227] bei einem **Gewinnspiel** für Kinder, die sich die potentiellen Gewinne zuvor selbst aussuchen – und damit Kaufdruck bei Nichtgewinn schaffen – durften;[228] hingegen *nicht angenommen* bei einem Gewinnspiel, in dessen Verlauf der Adressat anonym bleibt;[229] bei der Durchführung eines Gewinnspiels auf grosser Verkaufsfläche, ohne persönlichen Kontakt und ohne Kundenansprache durch das Personal;[230] beim Angebot eines Schals im Wert von 2 DM;[231] bei einem Gutschein, für dessen Einlösung das Geschäft nicht aufgesucht werden muss.[232]

72 Auch Fälle, in denen ein Unternehmer seine (potentiellen) Kunden **unentgeltlich** zur Unternehmensstätte **befördern** lässt, etwa durch eine dafür eingerichtete Buslinie, hat die ältere Rechtsprechung verschiedentlich der Unlauterkeit zugeordnet, weil für den Beförderten psychischer Druck zum Abschluss eines Geschäfts entstehe, sofern dies nicht durch die besonderen Umstände der Beförderung – insbesondere geringer Marktwert der Beförderung, keine individuelle, sondern Gruppenbeförderung, Anonymität des Beförderten, kein werblicher Einfluss während der Fahrt, durch die Beförderung auszugleichende Standortnachteile des Unternehmers – verhindert werde.[233] In der Literatur stößt diese strenge Sichtweise zu Recht auf Kritik,[234] eine unentgeltliche Beförderung sollte im Regelfall keine Unlauterkeit begründen. Kostenlose oder günstige Ausfahrten, in deren Rahmen Verkaufsveranstaltungen stattfinden **(„Kaffeefahrten")** sind nach heute hM dem Unlauterkeitsvorwurf weniger deswegen ausgesetzt, weil für die Kunden psychischer Kaufdruck entstehen könnte, sondern eher wenn und weil die Teilnehmer über den Verkaufscharakter der Ausfahrt im Vorhinein unzureichend informiert werden,[235] worin dann allerdings keine

---

[223] S. zur Maßgeblichkeit des Zuwendungswerts einerseits BGH GRUR 1971, 162 (163) – Diagnose-Zentrum; andererseits BGH GRUR 1965, 489 (491) – Kleenex.

[224] Ohly/*Sosnitza* § 4a Rn. 22; BGH GRUR 1998, 1037 (1038) – Schmuck-Set; GRUR 2002, 1000 (1002) – Testbestellung.

[225] Ohly/*Sosnitza* § 4a Rn. 22.

[226] BGH GRUR 2003, 804 (805) – Foto-Aktion.

[227] BGH GRUR 1998, 475 (476 f.) – Erstcoloration.

[228] OLG München WRP 2000, 1321 (1322) – Kinder-Gewinnspiel.

[229] BGH GRUR 1998, 735 (736) – Rubbelaktion.

[230] BGH GRUR 2000, 820 (821) – Spice-Fiedelity-Peep-Show.

[231] BGH GRUR 2002, 1000 (1002) – Testbestellung.

[232] BGH GRUR 1965, 489 – Kleenex: Ausgabe von Gutscheinen zum Bezug einer Probeware, die in allen einschlägigen Geschäften eingelöst werden können.

[233] BGH GRUR 1971, 322 (323) – Lichdi-Center; GRUR 1972, 364 (365 f.) – Mehrwert-Fahrten; GRUR 1984, 463 (464) – Mitmacher-Tour.

[234] Ohly/*Sosnitza* § 4a Rn. 25.

[235] Aus der Rspr. etwa BGH GRUR 1962, 461 (464 f.) – Werbeveranstaltung mit Filmvorführung; GRUR 1986, 318 (320) – Verkaufsfahrten I: Neben den attraktiven Charakteristika der Fahrt muss auch der Verkaufskontext gleichwertig dargestellt werden; GRUR 1988, 130 (131 f.) – Verkaufsreisen: genügende Information insbesondere bei mehrtägigen Fahrten geboten; GRUR 1988, 820 (830) – Verkaufsfahrten II: Hinweis

aggressive geschäftliche Handlung liegt. Kommt es allerdings gegenüber Teilnehmern einer „Kaffeefahrt", welche der Situation und den durchführenden Personen bis zu einem gewissen Grad ausgeliefert sind, zu nötigenden Drohungen (etwa: keine Heimreise ohne Kauf)[236] oder zu gezielten Fehl- oder Suggestivinformationen, so können § 4a Abs. 1 S. 2 Nr. 2 oder Nr. 3 Anwendung finden. Die Richtlinie 2019/2161 überlässt diesen Regelungsbereich nunmehr den Mitgliedstaaten, für Deutschland ist eine Regelung in § 56a der GewO erfolgt (vgl. *Keller,* Einl. A Rn. 70 ff.; *Henning-Bodewig* → § 3 Abs. 3 Anhang Rn. 19 ff.).

ff) Überrumpelung. Ersichtlich aus § 4a Abs. 2 S. 1 Nr. 3 will der Gesetzgeber die **Ausnutzung psychischer oder physischer Ausnahmesituationen** – etwa Werbeeinwirkung nach einem Unfall oder dem Tod einer nahestehenden Person[237] – zur Durchsetzung einer vom Unternehmer erwünschten geschäftlichen Entscheidung als aggressive geschäftliche Handlung erfassen. Sofern das Ausnutzungsverhalten keinen belästigenden Charakter hat, etwa weil der Adressat den Unternehmer grundsätzlich als Beistand in der schwierigen Situation empfindet, und sofern die Nötigungsschwelle nicht überschritten wird, wofür die Ausnahmesituation als solche nicht genügen dürfte, bleibt die Anwendung des § 4a Abs. 1 S. 2 Nr. 3.[238] Für eine unzulässige Beeinflussung genügt es aber nicht per se, dass der Adressat nicht mit dem Ansinnen einer geschäftlichen Entscheidung rechnet oder deren Inhalt situationsbedingt nicht vollständig übersieht.[239] 73

gg) Varia. Die Verknüpfung von **Gewerkschaftbeitritt** und zwangsläufig damit zu erwerbendem **Versicherungsschutz** konstitutiert eine unlautere Zweck-Mittel-Relation, da aus der sozialpolitischen, unter Umständen auch für die Wahrung der eigenen Interessen besonders wichtigen Entscheidung zum Gewerkschaftbeitritt Kapital geschlagen wird;[240] auch wäre zu überlegen, ob die Koalitionsfreiheit touchiert ist. Unlauter ist es auch, wenn der Beitritt zu einem Mieterverein Wohnungsrechtsschutz in der Weise mit sich bringt, dass der Verein im Streitfall den zu mandatierenden Anwalt selbst gegen den Willen des jeweiligen Vereinsmitglieds bestimmen darf.[241] Ermöglicht es ein **Internet-Werbeblocker (Adblocker)** gegen Zahlung, dass bestimmte Anzeigen auf eine „Whitelist" gesetzt und dann nicht blockiert werden, so liegt hierin nach Auffassung des BGH kein Verstoß gegen § 4a Abs. 1 S. 2 Nr. 3, da insbesondere (i) die Betreiber von Websiten mit blockierter Werbung zwar möglicher Weise im Verhältnis zu ihren Werbekunden in der Vertragsdurchführung behindert werden, nicht aber in der Ausübung von Rechten gegenüber dem Werbeblocker-Anbieter, so dass § 4a Abs. 2 S. 1 Nr. 4 nicht greift; und (ii) Werbekunden mit der lauterkeitsrechtlich maßgeblichen, durchschnittlichen geschäftlichen Erfahrenheit durch das Werbeblocker-Geschäftsmodell, insbesondere das entgeltliche Whitelisting, nicht in ihrer Urteilfähigkeit beeinträchtigt und zu irrationalen Entscheidungen verleitet werden, vielmehr zu einer wirtschaftlichen Entscheidungsfindung unter Abwägung der verfügbaren Handlungsoptionen weiterhin in der Lage bleiben.[242] Unlauter handelt ein Arzt, der Befunddaten zurückhält, sofern der Patient Heilmittel nicht bei dem vom Arzt favorisierten Unternehmen kauft,[243] wobei hier rasch auch die Schwelle zur Nötigung überschritten sein 74

„Werbefahrt" nicht per se ausreichend; GRUR 1990, 1020 (1021 f.) – Freizeitveranstaltung. s. auch *Pluskat,* Die Tücken von „Kaffeefahrten", WRP 2003, 18; *Ohly/Sosnitza* § 4a Rn. 27 mwN.

236 Vgl. *Köhler*/Bornkamm/Feddersen § 4a Rn. 1.111.

237 BGH GRUR 1975, 264 (265) – Werbung am Unfallort I; GRUR 1975, 266 (267) – Werbung am Unfallort II; GRUR 1980, 790 (791) – Werbung am Unfallort III; GRUR 2000, 235 (236) – Werbung am Unfallort IV. Zur belästigenden Werbung gegenüber Trauernden → Rn. 36.

238 Ehe für eine Anwendung des Nötigungstatbestandes hingegen Ohly/*Sosnitza* § 4a Rn. 33 f.

239 Ohly/*Sosnitza* § 4a Rn. 33.

240 BGH GRUR 1990, 522 (527) – HBV-Familien- und Wohnungsrechtsschutz; Ohly/*Sosnitza* § 4a Rn. 32.

241 BGH NJW 1990, 578 – Anwaltswahl durch Mieterverein; Ohly/*Sosnitza* § 4a Rn. 32.

242 BGH GRUR 2018, 1251 – Werbeblocker II; teils kritisch, aber die Zweck-Mittel-Relation des Adblock-Betreibers als noch lauter beurteilend *Glöckner* ZUM 2018, 844 (855).

243 LG Düsseldorf WRP 2012, 1162.

kann, wenn und weil der Arzt aus seiner Machtposition heraus einem auf die Befunddaten angewiesenen Patient kaum einen Ausweg lässt, als sich dem Willen und dem psychischen Druck des Arztes zu beugen.

II. Aggressivitätsbegründende Umstände (§ 4a Abs. 2 S. 1)

75 § 4a Abs. 2 benennt Umstände, die als Kriterien für die Frage heranzuziehen sind, ob eine geschäftliche Handlung **aggressiv** ist, also den Tatbestand des § 4a Abs. 1 S. 2 erfüllt. Vor allem haben sie dabei für die Frage Bedeutung, ob eine der Beeinträchtigungsformen aus § 4a Abs. 1 S. 2 Nr. 1–3 S. 3 vorliegt.[244] Aber auch für die Eignung von aggressivem Verhalten zur Veranlassung einer **geschäftlichen Entscheidung** – also für die Frage, ob dieses zusätzliche Tatbestandsmerkmal aus § 4a Abs. 1 S. 1 erfüllt ist – können diese Umstände Relevanz entfalten.[245] Wie sich schon aus Art. 8 UGP-RL (Berücksichtigung aller Umstände des Einzelfalls) und nicht-deutschen Sprachfassungen von Art. 9 UGP-RL („account shall be taken of"; „sont pris en considération") ergibt, handelt es sich bei den in § 4a Abs. 2 benannten Umständen nicht um eine abschließende Aufzählung.[246]

76 **1. Zeitpunkt, Ort, Art oder Dauer der Handlung (Nr. 1).** Die sehr allgemein gehaltenen Kriterien des § 4a Abs. 2 S. 1 Nr. 1 kommen dementsprechend oft zum Tragen, bedürfen aber auch stark der weiteren Ausformung. So kann etwa der verfrühte **Zeitpunkt** einer Grabmalwerbung, nämlich schnell nach dem Todesfall, lauterkeitsrelevant sein;[247] Gleiches gilt für den **Ort** im Hinblick auf ein werbendes Ansprechen alternativ in Geschäftsräumen, im öffentlichen Verkehrsraum oder in privateren Bereichen; oder auch für **Art** und **Dauer** einer Einwirkung, wenn es beispielsweise um das penetrante „Verfolgen" potentieller Kunden oder eine einschüchternde Wortwahl geht (auch → Rn. 33 ff.).[248]

77 **2. Drohungen oder Beleidigungen (Nr. 2, Nr. 5).** Ausweislich des Gesetzeswortlauts „Formulierungen oder Verhaltensweisen" sind neben verbalen auch non-verbale Drohungen oder Beleidigungen relevant.[249] Diese müssen – iRv § 4a Abs. 2 S. 1 Nr. 2 – nicht zwingend für sich genommen rechtswidrig sein, da auch noch **rechtskonforme,** aber schon bedenkliche Verhaltensweisen zum Gesamtbild der Aggressivität einer Handlung beitragen können.[250] Für das Drohen mit rechtlich **unzulässigen** Handlungen enthält § 4a Abs. 2 S. 1 Nr. 5 einen gesonderten Katalogtatbestand, ohne dass es auf ein strenges Vorrangverhältnis zwischen der Nr. 2 und der Nr. 5 ankäme, da ohnehin alle relevanten Umstände kumulative Berücksichtigung finden müssen.

78 Ob eine **„rechtlich unzulässige Handlung"** iSd Nr. 5 angedroht wird, beurteilt sich nach den jeweils anwendbaren Rechtsregeln, wobei es nicht darauf ankommt, ob sich deren Anwendbarkeit aus gesetzlichem Kollisionsrecht oder Rechtswahl ergibt, und auch nicht darauf, ob die Rechtsregeln dem Zivil-, Straf- oder öffentlichen Recht entstammen.[251] Auch die Verletzung vertraglicher Vereinbarungen genügt.[252] **Nr. 29 Anh. § 3 Abs. 3** regelt zwar eine bestimmte Konstellation rechtswidrigen Unternehmerverhaltens, bildet aber keine spezifische Ausprägung von § 4a Abs. 2 S. 1 Nr. 5,[253] da er keine rechtlich unzulässige Handlung des Unternehmers androht, sondern eine rechtlich nicht geschuldete Handlung des Adressaten einfordert. Drohungen mit rechtlich unzulässigen Handlungen stellen **zentrale Ausprägungen der Nötigung (§ 4a Abs. 1 S. 2 Nr. 2) oder der**

[244] *Köhler*/Bornkamm/Feddersen § 4a Rn. 1.28.
[245] *Köhler*/Bornkamm/Feddersen § 4a Rn. 1.82.
[246] *Köhler*/Bornkamm/Feddersen § 4a Rn. 1.83; Ohly/*Sosnitza* § 4a Rn. 147; MüKoUWG/Micklitz Art. 6 Rn. 68. AA OLG Hamburg WRP 2018, 604.
[247] BGH GRUR 2010, 1113 – Grabmalwerbung; Ohly/*Sosnitza* § 4a Rn. 150.
[248] Hierzu auch Ohly/*Sosnitza* § 4a Rn. 151.
[249] *Köhler*/Bornkamm/Feddersen § 4a Rn. 1.48.
[250] Ohly/*Sosnitza* § 4a Rn. 155.
[251] *Köhler*/Bornkamm/Feddersen § 4a Rn. 1.110.
[252] *Köhler*/Bornkamm/Feddersen § 4a Rn. 1.110, unter Verweis auf LG Ellwangen WRP 2007, 467.
[253] AA *Köhler*/Bornkamm/Feddersen § 4a Rn. 1.110.

unzulässigen Beeinflussung (§ 4a Abs. 1 S. 2 Nr. 3) dar. § 4a Abs. 2 S. 1 Nr. 5 hebt deren Charakter als aggressive Handlungen hervor, trägt im Übrigen aber keine Erweiterung oder Vertiefung zu den Tatbeständen der genannten Beeinträchtigungsformen bei, so dass im Übrigen auf deren Kommentierung verwiesen werden kann.

Häufige Relevanz entfalten § 4a Abs. 2 S. 1 Nr. 2, Nr. 5 für **Mahnschreiben,** die beleidigende Formulierungen verwenden oder dem (angeblichen) Schuldner mit gewaltsamen oder sonstwie penetranten Inkassomethoden drohen, wohingegen die Ankündigung der Geltendmachung tatsächlich bestehender Rechte wegen der Nichterfüllung einer tatsächlich bestehenden und fälligen Forderung als solche (also ohne sonstiges drohendes oder beleidigendes Beiwerk) in aller Regel keinen Unlauterkeitsvorwurf rechtfertigt (auch → Rn. 40).[254] Auch die „gutgläubige" Geltendmachung von Forderungen oder sonstigen Rechten, die sich letztlich als nicht gegeben erweisen, ist nicht unlauter, selbst wenn weitere Schritte (etwa: Einschaltung eines Anwalts) angekündigt, dabei aber keine sonstigen Drohungen oder Beleidigungen geäußert werden. 79

3. Hindernisse nichtvertraglicher Art (Nr. 4). Mit § 4a Abs. 2 S. 1 Nr. 4 greift das UWG in die Kontrolle vertragsdurchführenden Verhaltens ein.[255] Der Tatbestand muss daher auch in Rücksicht auf die vertragsrechtlichen Regeln für die Kontrolle derartigen Verhaltens gehandhabt werden, obgleich jedenfalls in dogmatischer Hinsicht diese Verwischung der Grenzen zwischen Lauterkeitsrecht und dem einer eigenen Systematik folgenden Zivilrecht nicht ganz unproblematisch erscheint. Für die Frage, was ein **taugliches Hindernis** iSd Vorschrift ist, kann ein Blick auf die (in ihrem Anwendungsbereich vorrangige) Spezialregelung der Nr. 27 Anh. § 3 erste Orientierung bieten,[256] welche das Verlangen nach irrelevanten Unterlagen und die Nichtbeantwortung von Schreiben zur Anspruchsgeltendmachung als behinderndes Verhalten beschreibt. Aus ihr wird auch deutlich, dass der Unternehmer die **Hindernisse selbst errichten** muss, die Ausnutzung ohnehin bestehender Hürden genügt also nicht.[257] 80

Als **Beispiele** für tatbestandsmäßige Hindernisse lassen sich daher nennen:[258] Das Verlangen von vertraglich nicht vorgesehenen und rechtlich/sachlich unangemessenen **Gebühren** oder ein ebensolches Verlangen bzgl. der Vorlage von **Dokumenten;** unnötig hohe **Kommunikationskosten,** etwa durch eine teure Telefonhotline; Maßnahmen der **Zugangserschwerung** oder -vereitelung, wie fehlende Empfangseinrichtungen, gezielte Fehler in Kontaktdaten, die direkte Annahmeverweigerung, das Verweisen auf anderweite, angeblich zuständige Adressaten[259] oder auf beschwerliche Kommunikationswege[260]; ungünstige Öffnungszeiten von Rücknahme- oder Reklamationsstellen, hingegen nicht schon ungünstige Ladenöffnungszeiten als solche;[261] **Verschleppungsverhalten** nach Eingang einer Erklärung im Hinblick auf diese, etwa Vertrösten auf baldige Reaktion oder gar völlige Reaktionslosigkeit, insbesondere wenn hierdurch eine Fristversäumung durch den Verbraucher/sonstigen Marktteilnehmer erzielt werden soll; das Verweigern oder Verzögern von Verhalten, welches als **Konsequenz** der **Ausübung vertraglicher Rechte** geboten wäre, wie etwa die Nichtumstellung von Anschlüssen.[262] Einer Lesart, die als 81

---

[254] Jüngst zur Zulässigkeit sachlich gehaltener Inkassoschreiben OLG Hamburg WRP 2021, 89. Näher zu verschiedenen Konstellationen *Scherer* NJW 2018, 3609 (3612 ff.).

[255] Aus der Perspektive des allgemeinen Verhältnisses zwischen Vertragsrecht und UWG: → *Ahrens* Einl. Rn. 1123.

[256] *Köhler*/Bornkamm/Feddersen § 4a Rn. 1.96.

[257] IErg ebenso Ohly/*Sosnitza* § 4a Rn. 187; *Köhler*/Bornkamm/Feddersen § 4a Rn. 1.96, unter Verweis auf andere Sprachfassungen der UGP-RL.

[258] s. zum Folgenden auch *Köhler*/Bornkamm/Feddersen § 4a Rn. 1.97 ff.; Ohly/*Sosnitza* § 4a Rn. 187; jurisPK-UWG/*Seichter* Rn. 103 ff. mwN.

[259] Vgl. OLG Düsseldorf GRUR-RR 2015, 114 (115) – Hinweise zur Reklamation.

[260] LG Köln GRUR-Prax 2011, 41 – UWG-Verstoss durch aufwändiges Erstattungsverfahren nach Flugstornierung.

[261] So zutreffend Ohly/*Sosnitza* § 4a Rn. 187.

[262] BGH GRUR 2009, 876 – Änderung der Voreinstellung II.

„Hindernisse nichtvertraglicher Art“ auch **unwirksame Vertragsklauseln,** insbesondere in AGB, ansieht, ist abzulehnen,[263] schon der Gesetzeswortlaut steht einer solchen Interpretation entgegen. Hingegen kann es ein sachgerechtes Kriterium für die Angemessenheit unternehmerischer Vorgaben – etwa in Bezug auf bestimmte Kommunikationsmodalitäten, die der Verbraucher einhalten soll – bilden, ob diese wirksam als AGB vereinbart werden könnten.[264]

82 Für alle vorstehend beschriebenen Hindernisse gilt: Sie können und werden auch als vereinzelte, **nicht-planmäßig** auf eine Vereitelung der Rechtsdurchsetzung gerichtete **Störungen** des Vertragsvollzugs auftreten und dürfen dann keinen Verstoß gegen § 4a begründen.[265] Diese Erkenntnis führt auf die Frage, ob und welche **subjektiven Tatbestandsmerkmale** § 4a Abs. 2 S. 1 Nr. 4 enthält. Vor allem mit dem Begriff „versucht“ schafft das Gesetz Raum für solche Merkmale, andererseits dürfen die notorischen Schwierigkeiten beim Beweis subjektiver Umstände die Schlagkraft der Vorschrift nicht unterhöhlen. Auch im Kontext der übrigen Tatbestandselemente des § 4a erscheint es sinnvoll, keinen Nachweis von Hinderungsabsicht zu fordern, wohl aber, dass die Hindernisse nach objektiver Betrachtungsweise geeignet sind, eine Rechtsausübung zu verhindern oder erheblich zu erschweren, und dass dieses Potential dem Unternehmer bekannt war oder bei Anwendung pflichtgemäßer Sorgfalt – insbesondere bzgl. der Information über die eigene Geschäftsorganisation – bekannt sein musste.[266] Ob hinderndes Verhalten Ausdruck einer demgemäß gezielten Vereitelung ist oder nicht, lässt sich mitunter schwer beurteilen, die Häufung von Hindernissen gegenüber einem einzelnen Adressaten oder die Errichtung gleichartiger Hindernisse gegenüber einer Vielzahl von Adressaten können aber Indizwirkung entfalten.

83 Nimmt der **Unternehmer seine rechtlichen Interessen wahr,** darf dies nicht zum unlauteren Verhalten deklariert werden.[267] Problematisch ist es auch, dem Unternehmer über das Lauterkeitsrecht pauschale Begründungspflichten aufzuerlegen, die das Zivilrecht nicht vorsieht.[268]

84 Das Wortlautmerkmal **„belastend“** ist nicht sehr glücklich gewählt, da Hindernisse nahezu immer belastend wirken. Sachgerecht erscheint die Deutung, welche darauf abstellt, ob das Hindernis nach dem Vertragsinhalt – wobei man hier nur die gültigen Vertragsbestandteile einbeziehen sollte – oder der Verkehrsanschauung hinzunehmen ist.[269] Allerdings reicht ein solches Begriffsverständnis dann schon in das Wortlautmerkmal der **Verhältnismäßigkeit** hinüber, denn eine Abwägung der beiderseitigen Interessen im Rahmen der Verhältnismäßigkeit wird regelmäßig ein Hindernis als nicht mehr vom Verbraucher/sonstigen Marktteilnehmer zu akzeptieren ausweisen,[270] wenn und weil dieser das Hindernis weder nach Vertraginshalt noch nach Verkehrsanschauung hinnehmen muss. Ein Zusatznutzen des Kriteriums der Verhältnismäßigkeit in diesem insgesamt etwas tautologischen Normaufbau liegt aber jedenfalls darin, dass Bagatellfälle der Überschreitung des Vertrags-/Verkehrsanschauungsrahmens ausgesondert werden können.

85 Das Hindernis muss sich gerade der **Ausübung der vertraglichen Rechte** des Verbrauchers/sonstigen Marktteilnehmers gegenüber dem Unternehmer (nicht gegenüber Dritten)[271] entgegenstellen. Ausdrücklich nennt das Gesetz das Recht, „den Vertrag zu kündigen oder zu einer anderen Ware oder Dienstleistung oder einem anderen Unternehmer zu wechseln“. Diese Beispiele klassischer Vertragsrechtsbehelfe sollten allerdings nicht

[263] So aber MüKoUWG/*Raue* § 4a Rn. 257 ff.
[264] MüKoUWG/*Raue* § 4a Rn. 246, in Bezug auf Zugang und Wirksamkeit von Erklärungen.
[265] Vgl. *Köhler*/Bornkamm/Feddersen § 4a Rn. 1.101.
[266] Ähnlich *Köhler*/Bornkamm/Feddersen § 4a Rn. 1.107, der aber kein Kenntniselement fordert; Ohly/*Sosnitza* § 4a Rn. 188, der aber nur Kenntnis, nicht auch Kennenmüssen genügen lassen will.
[267] *Köhler*/Bornkamm/Feddersen § 4a Rn. 1.102.
[268] So aber *Köhler*/Bornkamm/Feddersen § 4a Rn. 1.102.
[269] *Köhler*/Bornkamm/Feddersen § 4a Rn. 1.103.
[270] Für diesen Test *Köhler*/Bornkamm/Feddersen § 4a Rn. 1.103.
[271] BGH GRUR 2018, 1251 – Werbeblocker II; *Alexander* GRUR 2016, 1089 (1090).

zu einer übermäßig engen Begriffsumgrenzung führen: Neben aus dem Vertrag selbst entspringenden Rechten sind auch die gesetzlichen Rechtsbehelfe des – nach dem Kollisionsrecht jeweils anwendbaren[272] – Vertragsrechts umfasst, also beispielsweise gesetzliche Widerrufs-, Anfechtungs-, Rücktritts-/Kündigungs- und Minderungsrechte sowie Schadens- und Rückgewähransprüche; ferner Rechte und Ansprüche außerhalb des Vertragsrechts, sofern sie darauf zielen, Störungen in dem jeweiligen Vertragsverhältnis abzuhelfen, also beispielsweise deliktische neben vertraglichen Schadensersatzansprüchen, bereichungsrechtliche Ansprüche zur Rückabwicklung eines nichtigen Vertrages, EBV-Ansprüche auf Rückgewähr bzw. Ersatz von zur Vertragserfüllung erbrachten Leistungen.[273] Es kommt nicht darauf an, ob die Rechte im konkreten Fall tatsächlich bestehen, sofern der Vertrag oder das anwendbare Gesetzesrecht sie nur überhaupt vorsehen.[274]

4. Ausnutzung beeinträchtigender Umstände (§ 4a Abs. 2 S. 1 Nr. 3, S. 2). 86
a) Allgemeines. Die **bisher in § 4 Nr. 2 aF** geregelte[275] unlautere Einwirkung auf besonders schutzbedürftige Personen findet sich **nun in § 4a Abs. 2 S. 1 Nr. 3 iVm S. 2.** § 4a Abs. 2 S. 1 Nr. 3 sanktioniert das Ausnutzen von Umständen, die zu einer Schwächung des Urteilsvermögens führen. § 4a Abs. 2 S. 2 konkretisiert die insoweit relevanten Umstände – in nicht abschliessender Weise – weiter, so dass es einer **kombinierten Anwendung** der beiden Normteile bedarf. Allerdings adressiert § 4a Abs. 2 S. 2 nur **Verbraucher,** § 4a Abs. 2 S. 1 Nr. 3 hingegen Verbraucher oder **sonstige Marktteilnehmer.** Die Konkretisierungswirkung der erstgenannten Vorschrift gilt demnach also nur für einen Teil der Schutzadressaten der letztgenannten. Hier ist der Gesetzgeber zu kurz gesprungen und die Rechtsanwendung wird durch erweiternde Handhabung des Gesetzes gegebenenfalls nachbessern müssen. Zu interpretieren sind die neuen Vorschriften einerseits aus dem **bisherigen Rechtsbestand** heraus, den sie fortschreiben wollen. Andererseits bringt ihre **neuartige Struktur nicht nur dogmatische, sondern wohl auch gewisse inhaltliche Verschiebungen.** Im Hinblick auf die Kodifikation des Art. 5 Abs. 3 S. 1 UGP-RL in § 3 Abs. 4 S. 2 wurde gar eine sehr weitreichende, **richtlinienkonforme Reduktion** der Vorschrift gefordert, wonach allein die Tatbestandsmerkmale „Angst" und „Zwangslage" anwendbar seien, alle übrigen Situationsalternativen („geistige und körperliche Beeinträchtigungen, das Alter, die geschäftliche Unerfahrenheit, die Leichtgläubigkeit") hingegen ausschließlich § 3 Abs. 4 S. 2 unterfallen sollen.[276] Zutreffend ist, dass es angesichts von § 3 Abs. 4 S. 2 des § 4a Abs. 2 S. 2 für eine befriedigende Lösung einschlägiger Fallkonstellationen nicht zwingend bedürfte. Dennoch hat sich der Gesetzgeber zu einer spezifischen Konkretisierung für Fälle des aggressiven Verhaltens entschlossen, während § 3 Abs. 4 S. 2 eine allgemeine Regelung für alle geschäftlichen Handlungen gegenüber Verbrauchern enthält. Zudem beschreibt § 3 Abs. 4 S. 2 Verhaltensweisen gegenüber einer Gruppe, der Wortlaut des § 4a Abs. 2 hingegen erfasst ohne Weiteres auch Handlungen, die sich von vorneherein an eine Einzelperson richten. Welche Fallgruppen die Praxis künftig welcher Norm unterstellt, wird abzuwarten bleiben. Jedenfalls folgt aus der konkretisierenden Spiegelung des § 3 Abs. 4 S. 2 in § 4a Abs. 2 S. 2 noch nicht zwingend, dass die in Anwendung der letztgenannten Norm gefundenen Ergebnisse richtlinienwidrig sind. Vielmehr bieten Art. 5, Art. 8 und Art. 9 UGP-RL ihr eine genügende Regelungsbasis.[277]

Als Ausgangspunkt ist demgemäß (nochmals) festzuhalten, dass auch die in § 4a Abs. 2 S. 2 genannten Fälle einer besonderen Schutzbedürftigkeit den Wertungsgesichtspunkten aus Art. 5 Abs. 3 S. 1 UGP-RL entstammen, richtlinienkonform zu interpretieren und 87

[272] *Köhler*/Bornkamm/Feddersen § 4a Rn. 1.105.
[273] Ohly/*Sosnitza* § 4a Rn. 188; *Köhler*/Bornkamm/Feddersen § 4a Rn. 1.105.
[274] *Köhler*/Bornkamm/Feddersen § 4a Rn. 1.104.
[275] Zur Normentstehung und dem rechtspolitischen Hintergrund, mit § 4a Abs. 2 S. 2 eine Absenkung des bisherigen Verbraucherschutzes zu vermeiden, *Köhler*/Bornkamm/Feddersen § 4a Rn. 2.1.
[276] *Köhler*/Bornkamm/Feddersen § 4a Rn. 2.11 f.
[277] Ohly/*Sosnitza* § 4a Rn. 160.

Regelbeispiele für „Umstände" im Sinne von § 4a Abs. 2 S. 1 Nr. 3 sind. Solche Umstände wiederum bilden ein **Kriterium zur Charakterisierung einer geschäftlichen Handlung als aggressiv** im Sinne von § 4a Abs. 1 S. 2, sofern sie schwerwiegend genug sind, um das Urteilsvermögen des Handlungsadressaten zu beeinträchtigen, und sofern sie vom Handelnden bewusst ausgenutzt werden, um eine Entscheidung des Adressaten zu beeinflussen. Die „Schwere" der Umstände folgt also noch nicht automatisch aus ihrem Vorliegen, sie muss vielmehr zusätzlich festgestellt werden.[278] Aggressiv wird eine geschäftliche Handlung durch das Vorliegen dieses Kriteriums allerdings nur dann, wenn sie konkret zur erheblichen Beeinträchtigung der Entscheidungsfreiheit geeignet ist, indem eine Belästigung, Nötigung oder unzulässige Beeinflussung verwirklicht wird. Und selbst wenn dies bejaht wird, liegt noch nicht zwingend Unlauterkeit im Sinne von § 4a vor. Denn die aggressive geschäftliche Handlung muss auch noch geeignet sein, eine geschäftliche Entscheidung herbeizuführen, die der Adressat anderenfalls nicht getroffen hätte. Wie die Praxis dieses komplexe Ineinandergreifen mehrerer Prüfungsschritte – vor allem die etwas ausufernde Häufung von Relevanzformulierungen – bewältigen wird, bleibt abzuwarten.

88 In Summe erscheint es nachvollziehbar, dass der deutsche Gesetzgeber **nicht durch völlige Streichung der (bisher) in § 4 Nr. 2** genannten Merkmale den Eindruck einer Schutzabsenkung erwecken wollte.[279] In Gestalt der interpretatorischen und dogmatischen Schwierigkeiten, die aus der nunmehr gewählten Lösung entstehen, wird hierfür aber auch ein Preis bezahlt.

89 Wie bisher ist jedenfalls § 4a Abs. 2 S. 1 Nr. 3, S. 2 **kein Einfallstor für einen umfassenden, vom Schutzzweck des § 3 losgelösten Verbraucherschutz** bei besonderer Schutzbedürftigkeit.[280] **Die Normen erfassen auch weder** pauschal die unter dem UWG 1909 bekannte Fallgruppe des **Ausnutzens von Rechtsunkenntnis,** bei der der Werbende Vorteile aus der Rechtsunkenntnis der Verbraucher zu ziehen sucht und eine gebotene Belehrung unterlässt,[281] noch diejenige der **unterschwelligen (sublimalen) Werbung gegenüber geschäftlich erfahrenen Verkehrsteilnehmern,** bei der die Werbung von dem Umworbenen nicht mehr als solche wahrgenommen wird.[282] Beide Fallgruppen beurteilen sich vielmehr nun nach §§ 5, 5a, sofern nicht zusätzliche Umstände Aggressivität iSv § 4a begründen.

90 Schon jetzt lässt sich auch festhalten, dass § 4a Abs. 2 S. 1 Nr. 3 iVm S. 2 ebenso wie § 4 Nr. 2 aF eine **geschäftliche Handlung** erfordert. An erster Stelle stehen dabei Werbemaßnahmen, doch auch sonstige Handlungen bei oder nach einem Geschäftsabschluss, wie etwa die Ermittlung von Kundendaten von Kindern und Jugendlichen in Zusammenhang mit der Ausschreibung eines Gewinnspiels, kommen in Betracht.[283]

91 **Schutzadressaten** des § 4 Nr. 2 aF waren wortlautgemäß nur Verbraucher und § 4a Abs. 2 S. 2 führt diese Formulierung fort. Dadurch liefert die Vorschrift indes nur eine gewissermaßen halbseitige Konkretisierung von § 4a Abs. 2 S. 1 Nr. 3, der ausdrücklich auch sonstige Marktteilnehmer vor einer Ausnutzung von Unglückssituationen oder schwerwiegenden Umständen schützen will. Diese Gestaltung ist in der Handhabung komplex und in der Sache nicht sinnvoll. Denn auch sonstige Marktteilnehmer, etwa die Vertreter von Vereinen[284] oder Geschäftspartner können in eine Situation besonderer Schutzbedürftigkeit geraten. Eine Normierungshypothese, die nur und gerade Verbraucher

---

[278] So auch *Köhler*/Bornkamm/Feddersen § 4a Rn. 2.5.

[279] Vgl. auch *vzbv* WRP 2015, 177; *Köhler* WRP 2015, 275 (279), zu den Gründen, warum § 4 Nr. 2 aF zunächst nicht gestrichen werden sollte; und *Köhler*/Bornkamm/Feddersen § 4a Rn. 2.1, dazu, dass die Vorschrift dann in § 4a Abs. 2 S. 2 Eingang fand.

[280] Vgl. *Zagouras* GRUR 2006, 731.

[281] Zum UWG aF: *Baumbach/Hefermehl,* 21. Aufl. 2001, § 1 Rn. §§ 21a–22b.

[282] Zu UWG aF: *Baumbach/Hefermehl,* 21. Aufl. 2001, § 1 Rn. 193.

[283] *Köhler*/Bornkamm/Feddersen § 3 Nr. 2 Rn. 8.83 unter zutreffendem Verweis auf OLG Hamm WRP 2013, 375 Rn. 34 – Datenerhebung durch Krankenkasse; BGH NJW 2010, 864 Rn. 24 – Happy Digits.

[284] So auch *Köhler*/Bornkamm/Feddersen § 4 Nr. 2 Rn. 2.14.

für potentiell unerfahren, leichtgläubig oder gehandicapt hält, ist nach der hier vertretenen Auffassung unhaltbar. Den Gegenschluss, wonach die in § 4a Abs. 2 S. 2 aufgezählten Umstände bei sonstigen Marktteilnehmern gerade keine Berücksichtigung finden können, darf man der Vorschrift daher nicht entnehmen. Vielmehr sollten, wie bisher,[285] bei geeigneten Gesamtumständen die in § 4a Abs. 2 S. 2 genannten Umstände auch dann Berücksichtigung finden können, wenn sie bei sonstigen Marktteilnehmern vorliegen. Ein Rückgriff auf die Generalklausel des § 3 Abs. 1 – § 3 Abs. 2, 4 adressieren selbst nur Verbraucher – drängt sich hierfür weniger auf als nach bisherigem Rechtsstand.[286] Denn § 4a Abs. 2 S. 2 enthält eben nur verbraucherbezogene Regelbeispiele für eine Norm (§ 4a Abs. 2 S. 1 Nr. 3), in deren Anwendungsbereich Verbraucher und sonstige Marktteilnehmer gleichermaßen liegen.

Sowohl Unglückssituationen als auch sonstige Umstände[287] müssen von einer solchen Schwere sein, dass sie das **Urteilsvermögen des Adressaten beeinträchtigen,** also der konkret angesprochenen Einzelperson oder eines durchschnittlichen Mitglieds der angesprochenen Gruppe.[288] Zu weit geht eine Interpretation des Tatbestandsmerkmals, die fordert, dass die Rationalität der geschäftlichen Entscheidung des Adressaten vollständig in den Hintergrund treten müsse,[289] vielmehr kann eine hinreichende Beeinträchtigung des Urteilsvermögens auch schon unterhalb dieser Schwelle vorliegen (auch → Rn. 121 ff.). Andererseits genügt nicht jede starke Emotion, etwa Ehrgeiz oder der Wunsch nach einem „günstigen Geschäft“,[290] um das Urteilsvermögen ernsthaft zu trüben. 92

Ziff. 28 der **„schwarzen Liste“** der Richtlinie über unlautere Geschäftspraktiken – direkte Werbeaufforderung an Kinder, selbst zu erwerben oder die Eltern hierzu zu veranlassen – betrifft Fallgestaltungen, wie sie auch von § 4a Abs. 2 S. 1 Nr. 3, S. 2 adressiert werden, und geht dem § 4a in ihrem Anwendungsbereich vor. Die **Wertungen von Nr. 28 Anh. § 3 Abs. 3** sind auch im Übrigen **bei der Auslegung von § 4a Abs. 2 S. 1 Nr. 3, S. 2 zu berücksichtigen.** Ein vergleichbarer Druck wie derjenige, der in den Fällen des Ziff. 28 ausgelöst wird, kann auch in anderen Fällen, insbesondere bei der Ausübung moralischen Drucks vorliegen. Ein ähnliches Verhältnis besteht zu **Nr. 12** (unwahre Gefahrenprognose für den Fall der Nichtabnahme), **25** (kein Verlassen des Raumes ohne vorigen Vertragsschluss) **Anh. § 3 Abs. 3,**[291] wobei aber der Unternehmer in solchen Fällen durch unwahre Angaben über eine Gefahr oder das Erwecken des Eindrucks, der Verbraucher könne Räumlichkeiten ohne Vertragsschluss nicht verlassen, in stärkerer Weise als bei Ziff. 28 den Umstand selbst erst herbeiführt, den er dann ausnutzt. 93

Ein Ausnutzung besonderer Umstände gem. § 4a Abs. 2 S. 1 Nr. 3, S. 2 verwirklicht unter Umständen **weitere Tatbestände des UWG,** namentlich §§ 3 Abs. 2, 3a, 5, 5a und 7.[292] 94

b) Konkrete Unglückssituationen. Eine **„Unglückssituation“** bringt schwerwiegende, oftmals existentielle Nachteile für den Betroffenen[293] mit sich und sie ist für diesen – unabhängig von einem Verschulden, auf das es nicht ankommt[294] – als solche schlecht steuerbar. Paradigmatische Beispiele sind schwere Unfälle, etwa im Verkehr oder Haushalt,[295] auch Naturkatastrophen, Feuersbrünste oder sich rasch verbreitende Seuchen mag 95

[285] *Köhler*/Bornkamm/Feddersen § 4 Nr. 2 Rn. 2.14.
[286] So unter bisherigem Recht noch *Köhler*/Bornkamm/Feddersen § 4 Nr. 2 Rn. 2.14.
[287] Ebenso *Köhler*/Bornkamm/Feddersen § 4a Rn. 1.88.
[288] MüKoUWG/*Raue* § 4a Rn. 223.
[289] So aber BGH GRUR 2015, 1134 Rn. 14 – Schufa-Hinweis; GRUR 2014, 1117 Rn. 27 – Zeugnisaktion; Ohly/*Sosnitza* § 4a Rn. 156.
[290] Vgl. etwa BGH GRUR 2014, 1117 Rn. 27 – Zeugnisaktion.
[291] *Köhler*/Bornkamm/Feddersen § 4a Rn. 2.17.
[292] *Köhler*/Bornkamm/Feddersen § 4a Rn. 2.19 f.
[293] *Köhler*/Bornkamm/Feddersen § 4a Rn. 1.89.
[294] *Köhler*/Bornkamm/Feddersen § 4a Rn. 1.89.
[295] *Köhler*/Bornkamm/Feddersen § 4a Rn. 1.89; Ohly/*Sosnitza* § 4a Rn. 157.

man als Unglückssituationen einstufen. Mit der Corona-Pandemie müssen wir derzeit ein Beispiel hautnah erleben. Als **„konkret"** lässt sich die Unglückssituation bezeichnen, wenn sie tatsächlich eingetreten[296] sowie akuter und zeitlich begrenzter ist als ein unglückseliger Dauerzustand (etwa Klimakrise, Armut).[297]

96 **c) Weitere Umstände.** Würde man die Regelbeispiele für „Umstände" in § 4a Abs. 2 S. 2 als Ausdeutung des Begriffs der Umstände in § 4a Abs. 2 S. 1 Nr. 3 ansehen, so fielen unter den Begriff eher körperliche (Alter) oder geistige (Leichtgläubigkeit) Charakteristika sowie dauerhaftere Zustände (Zwangslage, Unerfahrenheit) des Adressaten als akute Situationen, die den ebenfalls im Tatbestand erfassten „Unglückssituationen" gleichen. Überzeugender erscheint aber eine Lesart, wonach der Begriff „Umstände" zusätzlich[298] auch weitere, positive oder negative[299] Situationen adressieren kann, also etwa einen Lottogewinn,[300] drohende Unruhen oder schrittweise Verarmung. Neben der größeren (und erforderlichen) Anwendungsflexibilität spricht hierfür, dass § 4a Abs. 2 S. 2 nur Verbraucher adressiert, also von vorneherein nicht darauf gerichtet sein kann, die Facetten des Begriffs der „Umstände" in § 4a Abs. 2 S. 1 Nr. 3 abschließend zu erfassen.

97 **d) Geistige und körperliche Beeinträchtigungen.** Eine Ausnutzung geistiger und körperlicher Beeinträchtigungen kommt in Betracht, wenn diese den **Betroffenen in einer informierten Entscheidung beeinträchtigen.** Zu denken ist etwa an Blindheit, Taubheit, Demenz und andere physische sowie psychische Störungen.[301]

98 **e) Alter.** Obgleich **Kinder und Jugendliche** im Wortlaut nicht ausdrücklich erwähnt werden,[302] erfassen § 4a Abs. 2 S. 1 Nr. 3, S. 2 wie bislang auch und gerade die Ausnutzung der besonderen Charakteristika dieser Verbrauchergruppe. Hier ergeben sich Schnittbereiche insbesondere mit der Tatbestandsvariante der geschäftlichen Unerfahrenheit, mitunter auch der Leichtgläubigkeit.[303] Ein hohes Alter allein hindert hingegen noch nicht an einer rationalen und informierten Entscheidung. Hinzukommen müssten besondere Umstände, etwa eine Altersdemenz. Dann liegt häufig auch ein Ausnutzen von geistigen oder körperlichen Beeinträchtigungen vor.[304] Auch § 4a Abs. 2 S. 1 Nr. 3, S. 2 wird einen Praxisschwerpunkt insbesondere bei der Ausnutzung **altersbedingter geschäftlicher Unerfahrenheit** finden. Für Senioren kann diese auch aus einem Mangel an Verständnis für und Erfahrung mit modernen Technologien resultieren, die beim Geschäftsabschluss eingesetzt werden. Hingegen wird er allenfalls in Ausnahmefällen bei einer Werbung greifen, bei der uneingeschränkt nur Erwachsene mit geschäftlicher Erfahrung ohne eine Gruppe identifizierbarer Schutzbedürftiger angesprochen werden. Etwas Anderes kann dann gelten, wenn die Erwachsenen situationsbedingt selbst zu Schutzbedürftigen werden. Allein die **Überforderung auch von Erwachsenen bei bestimmten komplexen Angelegenheiten** wie etwa bestimmten Vermögensanlagen rechtfertigt jedoch noch nicht die Anwendung von § 4a Abs. 2 S. 1 Nr. 3, S. 2.

99 Nicht jede geschäftliche Handlung, die sich gezielt und vorhersehbar an Kinder und Jugendliche als Verbrauchergruppe wendet, ist allein deshalb unlauter iSv § 4a Abs. 2 S. 1

[296] Ohly/*Sosnitza* § 4a Rn. 157.

[297] *Köhler*/Bornkamm/Feddersen § 4a Rn. 1.89.

[298] Offenbar nur akute Situationen einbeziehend hingegen *Köhler*/Bornkamm/Feddersen § 4a Rn. 1.90, 2.9; Ohly/*Sosnitza* § 4a Rn. 158.

[299] Ebenso *Köhler*/Bornkamm/Feddersen § 4a Rn. 1.90, wohingegen Ohly/*Sosnitza* § 4a Rn. 158, nur auf negative Umstände abstellt.

[300] *Köhler*/Bornkamm/Feddersen § 4a Rn. 1.90.

[301] Vgl. *Scherer* WRP 2008, 563 (570); Ohly/*Sosnitza* § 4a Rn. 161.

[302] Durch die Streichung dieser Termini mit dem UWG 2008 sollte von vornherein dem Risiko vorgebeugt werden, dass der gemeinschaftskonforme Begriff „Kinder" in Ziff. 28 der schwarzen Liste und der Begriff in § 4 Nr. 2 UWG eine unterschiedliche Auslegung erfährt; s. RegE zu § 4 Nr. 2 UWG 2008 sowie 4. Aufl. → § 4 Nr. 2 Rn. 17.

[303] Ohly/*Sosnitza* § 4a Rn. 162.

[304] Ohly/*Sosnitza* § 4a Rn. 162.

Nr. 3, S. 2.[305] Sie muss vielmehr dadurch auch geeignet sein, die geschäftliche Unerfahrenheit auszunutzen.[306] Minderjährige sind für eine **unsachliche Beeinflussung gesteigert empfänglich.** Sie verfügen altersbedingt über eine geringere geschäftliche Erfahrung, reagieren spontaner und emotionaler als Erwachsene und unterliegen leichter einem Gruppenzwang.[307] Insbesondere jüngere Kinder können die ökonomischen Ziele der Werbung oftmals nicht durchschauen und betrachten Werbung eher unterhaltungsorientiert.[308] Ein sehr relevantes Phänomen der jüngeren Zeit sind die so genannten „Influencer", also Personen, die auf Plattformen (zB YouTube) oder über sonstige Digitalkanäle Produkte vorstellen und (mehr oder weniger subtil) bewerben. Hier soll und kann, gerade für jüngere Adressaten, die positive Wahrnehmung des Influencers auf das beworbene Produkt übergeleitet werden, gff kommen noch Netzwerk-Gruppendruckeffekte hinzu, etwa wenn Influencer-Vidoes gemeinsam konsumiert oder geteilt werden. Im Hinblick auf den zunehmenden Reifungsprozess bei Minderjährigen sind altersbedingte Abstufungen bei der Beurteilung der geschäftlichen Unerfahrenheit zu beachten.[309] Beurteilungsmaßstab ist das kritische Urteilungsvermögen, die Tragweite der geschäftlichen Handlung, etwa im Hinblick auf Bedarf, finanzielle Belastung, Qualität und Preiswürdigkeit des Angebots, zu erkennen.[310] Im Rahmen der Schutzziele des UWG erfolgt der **Schutz der Minderjährigen** in erster Linie über **§ 4a Abs. 2 S. 1 Nr. 3, S. 2,** der **Schutz der Eltern** oder sonstigen Bezugspersonen, die oftmals von den Minderjährigen als Absatzmittler oder Kaufmotivatoren zum Kauf gedrängt werden, in erster Linie über den **§ 4a** im Übrigen.[311] Dies wird weiter durch die Wertungen der Ziff. 28 des UWG-Anhangs gestützt.[312]

Dagegen ist es **nicht Aufgabe** des Lauterkeitsrechts, einen **umfassenden Jugendschutz** 100
sicher zu stellen und den vielfältigen Aspekten des sich aus Art. 6 Abs. 2 S. 1 GG ergebenden Elternrechts[313] Rechnung zu tragen. Ein derart umfassender Jugendschutz kann sich nur aus außerlauterkeitsrechtlichen **Regelungen** und **Selbstbindungen** der Wirtschaft und der Medienanstalten ergeben. Zu erwähnen sind insoweit insbesondere die Verhaltensregeln des Zentralausschusses der Werbewirtschaft (ZAW) für die Werbung mit und vor Kindern im Werbefunk und Werbefernsehen.[314] **Jugendschützende Marktverhaltensregeln,** wie etwa die Werbeverbote aus § 44 Abs. 1 RStV, § 6 JMStV, § 11 Nr. 12 HWG oder § 5 Abs. 1 GjS,[315] aber auch nicht-staatliche Verhaltensregeln,[316] können zur Konkretisierung iRv § 4a herangezogen werden. Auch wenn sie iVm § 3a einen separaten Unlauterkeitstatbestand erfüllen, verdrängen sie § 4a aber nicht.[317] Ein weitergehender Jugendschutz kann beispielsweise auch im **Rundfunk- und Telekommunikationsrecht**

[305] BGH GRUR 1998, 1041 f. – Verkaufsveranstaltung in Aussiedlerwohnheimen. OLG Frankfurt a. M. GRUR 2005, 782 (783) – Milchtaler; OLG Frankfurt a. M. GRUR 2005, 1064 (1065) – Lion-Sammelaktion.

[306] BGH GRUR 2006, 161 Rn. 21 – Zeitschrift mit Sonnenbrille; BGH GRUR 2006, 776 Rn. 22 – Werbung für Klingeltöne; BGH GRUR 2009, 71 Rn. 14 – Sammelaktion für Schoko-Riegel; BGH GRUR 2014, 682 Rn. 25 – Nordjob-Messe.

[307] OLG Hamburg GRUR-RR 2003, 317 (317) – BRAVO girl; OLG Frankfurt a. M. GRUR 2005, 782 (783) – Milchtaler; OLG Frankfurt a. M. GRUR 2005, 1064 (1065) – Lion-Sammelaktion.

[308] *Benz* WRP 2003, 1171.

[309] OLG Hamm WRP 2013, 375 Rn. 41. – Datenerhebung durch Krankenkasse.

[310] BGH GRUR 2006, 776 Rn. 22 – Werbung für Sonnenbrillen; BGH GRUR 2014, 1117 Rn. 30 – Zeugnisaktion.

[311] So auch *Dembowksi* FS Ullmann, 2006, 600 ff.

[312] So auch *Baukelmann* FS Ullmann, 2006, 590. *Baukelmann* weist darauf hin, dass ältere Entscheidungen des BGH weniger auf den Schutz der Kinder, sondern mehr auf den Schutz der Erwachsenen abstellen.

[313] Vgl. *Benz* WRP 2003, 1162.

[314] Vgl. *Benz* WRP 2003, 1162 (1173 f.) mwN. Vgl. zur eingeschränkten wettbewerbsrechtlichen Relevanz von Verhaltensregeln *Podszun* → § 3 Rn. 129 ff., OLG Hamburg GRUR-RR 2003, 317. – Klingeltonwerbung in Jugendzeitschriften; KG AfP 1992, 298 (299 f.).

[315] Hierzu auch Ohly/*Sosnitza* § 4a Rn. 166.

[316] AA insoweit Ohly/*Sosnitza* § 4a Rn. 166; wie hier *Heermann*/Schlingloff § 4 Nr. 2 Rn. 32.

[317] AA *Heermann*/Schlingloff § 4 Nr. 2 Rn. 32. Wie hier Ohly/*Sosnitza* § 4a Rn. 166.

erfolgen.[318] Einen ergänzenden lauterkeitsrechtlichen Schutz erfahren Kinder und Jugendliche durch das **Irreführungsverbot** des § 5. Abzustellen ist dabei auf einen altersbedingt verständigen Adressaten.

101 § 4a findet unstreitig Anwendung auf solche **Vermögensdispositionen,** die Kinder **rechtlich wirksam** vornehmen können. Erfasst sind damit insbesondere Geschäfte nach Maßgabe des **§ 110 BGB (Taschengeldparagraph).** Kinder und Jugendliche sind aber auch insoweit vor Vermögensdispositionen zu schützen, **als sie sie rechtlich nicht wirksam** durchführen können. Jedenfalls gilt dies nach dem Inkrafttreten der Richtlinie und folgt jetzt auch aus Ziff. 28 des UWG-Anhangs.[319] Denn die beiden Tatbestandsalternativen einer unmittelbaren Kauf- bzw. Überredungsaufforderung erfassen sowohl den Fall, dass Kinder zum Kauf unmittelbar aufgefordert werden (Fall 1), als auch die unmittelbare Aufforderung, Erwachsene zum Kauf zu überreden (Fall 2). Ziff. 28 der „schwarzen Liste" bestätigt damit, dass Kinder und Jugendliche nicht nur vor unvorteilhaften, eigenen und wirksamen Vermögensdispositionen zu schützen sind. Darüber hinaus wird man in den meisten Fällen der Gefahr eines Vertragsabschlusses ohne Zustimmung der Eltern bereits in der Vermögensgefährdung (Gefahren des Nichterkennens der schwebenden Unwirksamkeit oder Gefährdungslage bei Rückabwicklung des Vertrages) eine relevante Vermögensdisposition sehen müssen.[320] Bei vom Taschengeldparagraph nicht gedeckten Vermögensdispositionen ist eher – wegen der erhöhten Relevanz der Vermögensdisposition – von einem größeren Schutzbedürfnis und auch einer erhöhten geschäftlichen Unerfahrenheit auszugehen. Der BGH[321] hat daher den Umstand, dass ein Geschäft vom Taschengeldparagraph erfasst wird, als Aspekt gewertet, der gerade gegen die Ausnutzung der Unerfahrenheit spricht, da derartige Produkte vom Jugendlichen – eben weil sie vom Taschengeldparagraphen erfasst werden – regelmäßig nachgefragt werden.[322] Aus dieser Entscheidung folgt aber auch die Wertung, dass Werbung gegenüber Kindern und Jugendlichen für Waren und Dienstleistungen des täglichen Bedarfs nicht per se unlauter ist, auch wenn sie Zugaben, Preisnachlässe oder Gewinnspiele einsetzt (dazu noch sogleich).[323]

102 Von **aleatorischen Reizen** wie Gewinnspielen geht eine besondere anziehende Wirkung aus. Der Schutzzweck des § 4a Abs. 2 S. 1 Nr. 3, S. 2 ist indes allenfalls tangiert, wenn die Gefahr nachteilhafter Vermögensdispositionen besteht. Und insbesondere muss die gesetzgeberische Entscheidung zur **Streichung von § 4 Nr. 6 aF** berücksichtigt werden. Vielfach von der Literatur gefordert,[324] vollzieht diese Maßnahme eine Positionierung der deutschen und Europäischen Rechtsprechung nach,[325] welche die Koppelung von Gewinnspiel und Produkterwerb **nicht mehr pauschal als unlauter** bewerten möchte (auch → Rn. 101). Damit ist eine Anwendung von § 4a Abs. 2 S. 1 Nr. 3, S. 2 auf derartige Fallgestaltungen allerdings nicht generell ausgeschlossen. Denn der gegenüber Erwachsenen eingeschränkteren Entscheidungsrationalität von Minderjährigen muss auch insoweit Rechnung getragen werden. So führen die alternativen Möglichkeiten der Teilnahme per Postkarte, Telefon oder Internet bei Kindern oder Jugendlichen als angesprochene Zielgruppe nicht ohne weiteres zu einer Entkopplung von Gewinnspiel und Produkterwerb. Als unlauter wurde daher die Auslobung eines Gewinnspiels durch eine Fast-

---

318 Vgl. dazu *Zagouras* GRUR 2006, 731.

319 Vgl. ausführliche Kommentierung im Anhang zu § 3 Abs. 3.

320 So auch *Dembowski* FS Ullmann, 2006, 609 mwN; aA noch BGH GRUR 2004, 343 (344) – Playstation; allerdings ohne Begründung.

321 BGH GRUR 2006, 161 (162).

322 Da die Entscheidung „Playstation" mit diesen Ausführungen nicht vereinbar wäre, kann wohl davon ausgegangen werden, dass diese Entscheidung bereits durch die Entscheidung „Zeitschrift mit Sonnenbrille" überholt ist.

323 BGH GRUR 2006, 161 Rn. 17 – Zeitschrift mit Sonnenbrillen; BGH GRUR 2009, 71 Rn. 15 – Sammelaktion für Schoko-Riegel; BGH GRUR 2014, 686 Rn. 35 – Goldbärbarren.

324 S. statt vieler *Glöckner* WRP 2014, 1399 (1405 f.); *Köhler* WRP 2014, 1410 (1413).

325 EuGH BeckRS 2010, 90043 – Plus Warenhandelsgesellschaft; BGH GRUR 2011, 532 – Millionen-Chance II.

Food-Kette gegenüber Minderjährigen mit Preisen bis zu 1 Mio. EUR beurteilt, bei dem der Erhalt der zur Teilnahme am Gewinnspiel erforderlichen Rubbelkarten an den Kauf von bestimmten Produkten in einer der Filialen gekoppelt war, auch wenn die alternative Teilnahmemöglichkeit über eine Telefon-Hotline bestand.[326] Im zu entscheidenden Fall war die in der Fernsehwerbung eingeblendete Hotline ohnehin derart kurz und schwer erkennbar, dass eine zuverlässige Kenntnisnahme selbst bei Erwachsenen nicht in Betracht kam. Ob auf derartige Konstellationen künftig vorrangig **§ 3 Abs. 2**[327] **oder § 4a Abs. 2 S. 2 iVm S. 1 Nr. 3** zur Anwendung kommt,[328] wird sich zeigen müssen, viel spricht aber für die primäre Zuständigkeit der Generalklausel. Denn zu Recht ist geltend gemacht worden, dass das Wesen aleatorischer Reize eher im Anlocken des Verbrauchers liegt als darin, ihn aggressiv unter Druck zu setzen.[329]

Kommen als Werbeadressaten nicht nur Kinder und Jugendliche, sondern auch Erwach- **103**
sene in Betracht, so reicht nach der zu Nr. 28 Anh. § 3 Abs. 3 ergangenen *Runes of Magic*-Entscheidung die Anrede mit „Du" als Beleg des gezielten Ansprechens von Kindern/Jugendlichen für sich genommen nicht mehr aus.[330] Doch kann die Anrede in Verbindung mit der Verwendung kindertypischer Begriffe ein unmittelbares Ansprechen von Kindern und Jugendlichen indizieren.[331] Die Auslobung **alterstypischer Gewinne** bei einem Gewinnspiel legt ebenfalls ein unmittelbares Ansprechen von Kindern oder Jugendlichen nahe. Evident ist das unmittelbare Ansprechen von Jugendlichen bei Werbung in **Jugendzeitschriften.**[332] Selbst wenn Werbung zwar Erwachsene, in einem hohen Maße aber auch Kinder oder Jugendliche anspricht, sind nach den Wertungen des § 4a Abs. 2 S. 1 Nr. 3, S. 2 geringere Anforderungen an den Grad einer unsachlichen Beeinflussung als in der Erwachsenenwerbung zu stellen.

Kopplungsangebote[333] **und ungekoppelte Zuwendungen** (insbesondere Rabatte) **104**
können, abhängig von den Einzelfallumständen, **gerade wegen altersbedingt erhöhter Verletzlichkeit** der Adressaten **unlauter** sein. Für Einzelheiten zum früheren Recht sei auf die Ausführungen der Vorauflagen verwiesen. Wie sich die insgesamt permissivere Positionierung des UWG 2015 in der Praxis auswirkt, wird abzuwarten sein.

Die Unlauterkeit ergibt sich für unmittelbare Überredungsappelle – die beim Einsatz **105**
Minderjähriger als Kaufmotivatoren oftmals[334] vorliegen können – bereits aus **Nr. 28 Anh. § 3 Abs. 3.**[335] Aber auch unabhängig von unmittelbaren Kauf- und Überredungsappellen sind Fälle denkbar, in denen ein Schutzbedürfnis insbesondere von Kindern besteht, weil die Art der Werbung einen ähnlichen „Possessionswillen" wie in den Fällen der Nr. 28 auslöst, dh ein vergleichbarer Druck ausgeübt wird. § 4a Abs. 2 S. 1 Nr. 3, S. 2 hat dann eine Auffangfunktion zu Nr. 28 Anh. § 3 Abs. 3. Dies wird man allerdings für den Regelfall noch nicht bei der im räumlichen Zusammenhang mit der Kasse ausgestellten **„Quengelware"**[336] oder vergleichbaren **suggestiven Beeinflussungen** annehmen können, da sie keinen in der Intensität unmittelbaren Kauf- und Überredungsappellen ver-

[326] LG München I NJW 2003, 3066 ff. – Rubbel-Gewinnspiel.
[327] So *Köhler*/Bornkamm/Feddersen § 3 Rn. 8.77, 8.82 f.
[328] Dagegen BGH GRUR 2011, 532 – Millionen-Chance II.
[329] *Köhler* GRUR 2010, 177 (182).
[330] BGH GRUR 2014, 298 Rn. 19 – Runes of Magic; anders die ältere Rspr.: LG München I NJW 2003, 3066 (3068) – Rubbel-Gewinnspiel; differenzierend OLG Frankfurt a. M. GRUR 2005, 1064 (1065) – Lion-Sammelaktion (unter Hinweis darauf, dass die unmittelbare Ansprache „Du" auch in der Erwachsenenwerbung genutzt wird); aA *Schmitz* NJW 2003, 3035.
[331] S. hierzu *Picht* → Anh. § 3 Abs. 3 Nr. 28 Rn. 512a.
[332] BGH GRUR 1994, 304.
[333] OLG Frankfurt a. M. GRUR 2005, 782 – Milchtaler; OLG Frankfurt a. M. GRUR 2005, 1064 – Lion-Sammelaktion (bestätigt durch BGH GRUR 2009, 71 – Sammelaktion für Schoko-Riegel). BGH GRUR 2006, 161 (162) – Zeitschrift mit Sonnenbrille; kritisch hierzu *Henning-Bodewig* WRP 2006, 624, da der BGH den Schwerpunkt auf § 4 Nr. 1 aF statt § 4 Nr. 2 aF setzte.
[334] Vgl. *Baukelmann* FS Ullmann, 2006, 591.
[335] Vgl. dazu ausführliche Kommentierung zum Anhang.
[336] *Dembowski* FS Ullmann, 2006, 604 f., aA *Benz* WRP 2003, 1160.

gleichbaren Druck ausüben. Eine **Irreführung** des Minderjährigen nach § 5 kommt in Betracht, wenn diesem suggeriert wird, er könne das Geschäft selbst abschließen, obwohl die Voraussetzungen des Taschengeldparagraphen nicht vorliegen.[337] Unter dem Gesichtspunkt der **Intransparenz** kann auch eine an minderjährige Leserinnen einer Jugendzeitschrift gerichtete Auslobung von entgeltlichen Telefonmehrdienstleistungen wie das **Laden von Klingeltönen** auf das Handy über eine kostenpflichtige Service-Telefonnummer zur Unlauterkeit führen.[338]

106 Eine besondere Gefahr unsachlicher Beeinflussung von Kindern und Jugendlichen kann auch bei einem **Autoritäts- oder Vertrauensmissbrauch** vorliegen, dh dem Einspannen von Autoritätspersonen (Erzieher, Lehrer etc) und Medienstars (reale Personen und fiktive Figuren, seit neuerem auch so genannte „Influencer" (hierzu Rn. 106) in der Werbung gegenüber Kindern oder Jugendlichen.[339] Minderjährige neigen oftmals dazu, unkritischer als Erwachsene Empfehlungen von Autoritätspersonen zu übernehmen. Insoweit können die Tatbestände des § 4a und des § 5 ineinander übergehen.

107 § 4a Abs. 2 S. 1 Nr. 3, S. 2 erfasst nicht nur konkrete Verkaufsförderungsmaßnahmen, sondern auch **Handlungen im Vorfeld konkreter Verkaufsförderungsmaßnahmen.** Dies verdeutlicht Nr. 28 Anh. § 3 Abs. 3.[340] Auch die **Datenerhebung** bei Kindern und Jugendlichen zu Werbezwecken kann zu einem Verstoß führen.[341] Unlauter ist jedenfalls eine Aktion mit einer gegen datenrechtliche Vorschriften verstoßenden Datenerhebung bei Kindern, die diese ohne Einschaltung der Eltern über das Internet zu einer von einem Kfz-Hersteller angeboten Club-Mitgliedschaft veranlassen soll.[342]

108 **f) Sonstige geschäftliche Unerfahrenheit.** Die für Minderjährige geltenden Grundsätze lassen sich behutsam auf sonstige geschäftlich unerfahrene Verbraucher übertragen, die in besonderem Maße für unsachliche Beeinflussungen empfänglich sind. Geschäftlich unerfahren ist eine Person, die nicht die Erfahrungen im Geschäftsleben hat, die bei einem durchschnittlich informierten, aufmerksamen und verständigen Verbraucher zu erwarten sind.[343] Wo diese durchschnittliche geschäftliche Erfahrung anzusiedeln ist, hängt von der konkreten Handlung – insbesondere der Komplexität des in Rede stehenden Geschäfts[344] – und dem konkret angesprochenen Personenkreis ab.[345] Rechtsunkenntnis kann eine Ausprägung geschäftlicher Unerfahrenheit bilden und als solche Gegenstand von Ausnutzung sein.[346] Es darf aber nicht automatisch von Rechtsunkenntnis auf geschäftliche Unerfahrenheit geschlossen werden. Rechtsunkenntnis wirtschaftlich erfahrener Verkehrskreise in einem bestimmten Punkt allein kann den Tatbestand des § 4a Abs. 2 S. 1 Nr. 3, S. 2 nicht begründen.[347]

---

[337] OLG Nürnberg 2003 GRUR-RR 2003, 315 f. – Werbeschreiben an Jugendliche.

[338] BGH GRUR 2006, 776 – Werbung für Klingeltöne. Vertiefend hierzu OLG Hamburg GRUR-RR 2003, 317 – Werbung für Handy-Klingeltöne in Jugendzeitschriften; generell ablehnend *Klees/Lange* CR 2005, 684 (686) wegen fehlender Bestimmbarkeit einer Preisobergrenze; ablehnend auch *Bahr* MMR 2003, 470 f.

[339] S. für Einzelheiten die Vorauflage; ferner *Benz* WRP 2003, 1160 (1167 ff.); sowie aus der früheren Rspr. insbesondere BGH GRUR 1979, 157 – Kindergarten-Malwettbewerb; aA *Dembowski* FS Ullmann, 2006, 602; BGH GRUR 1984, 665 (666) – Werbung in Schulen; OLG Frankfurt a. M. MD 2001, 286 (288 f.) – Schulprogramm als Werbeträger; BGH GRUR 2008, 183 – Tony Taler. OLG Celle GRUR-RR 2005, 387 – Klassensparbuch; hierzu *Dembowski* FS Ullmann, 2006, 603 f. Zum Einsatz von Jugend-„Idolen" *Köhler* FS Ullmann, 2006, 694, allerdings nur auf § 4 Nr. 3 aF abstellend; besonders kritisch *Benz* WRP 2003, 1160.

[340] Vgl. dazu ausführliche Kommentierung im Anhang.

[341] BGH NJW 2010, 864 Rn. 24 – Happy Digits; OLG Hamm WRP 2013, 375 Rn. 34. – Datenerhebung durch Krankenkasse.

[342] Vgl. OLG Frankfurt a. M. GRUR 2005, 785 – Skoda-Autokids-Club.

[343] BGH GRUR 2007, 978 (980) – Rechtsberatung durch Haftpflichtversicherer.

[344] Ohly/*Sosnitza* § 4a Rn. 163.

[345] OLG Hamm WRP 2013, 375 – Datenerhebung durch Krankenkasse.

[346] Ohly/*Sosnitza* § 4a Rn. 168.

[347] BGH GRUR 2007, 978 (980) – Rechtsberatung durch Haftpflichtversicherer.

Unerfahrenheit im (inländischen) Geschäftsverkehr kann etwa vorliegen bei **Flüchtlingen und sonstigen, erst vor kurzer Zeit nach Deutschland migrierten Personen,** nicht zuletzt wegen des hier oft vorliegenden Faktors noch begrenzter Sprachkenntnisse. So liegt bei der Durchführung von Verkaufsveranstaltungen in Aussiedlerwohnheimen, jedenfalls wenn sie von der Heimleitung nicht genehmigt worden sind, unter dem Gesichtspunkt der Ausnutzung der geschäftlichen Unerfahrenheit ein Verstoß gegen § 4a Abs. 2 S. 1 Nr. 3, S. 2 nahe.[348] Ein Ausnutzen geschäftlicher Unerfahrenheit kommt ferner bei **Analphabetismus** und **langer Abgeschiedenheit,** etwa im geschlossenen Vollzug, in Betracht.[349] Hingegen sind weder Jugendliche, noch Rentner, noch Personen ohne externe Vollzeitanstellung (zB Hausmänner und -frauen) pauschal wegen geschäftlicher Unerfahrenheit besonders schutzwürdig.[350] 109

Denkbar ist auch, dass die rapide **Weiterentwicklung** der bei Geschäftsabschlüssen eingesetzten **Technologien** Anlass zu neuem Fallrecht und zur Einordnung von solchen Verbrauchergruppen als – im Hinblick auf bestimmte Geschäftsformen – geschäftlich unerfahren gibt, die hierfür traditionell weniger in Betracht kamen. Die Mechanismen, und auch Manipulationspotentiale, **algorithmischer Marktaktivität**[351] (situationsabhängig-individuelle Bepreisung, Einbindung und (emotionale) Lenkung von Konsumenten in digitalen Ökosystemen etc) können sich auch für im Übrigen durchaus geschäftsgewandte Personen als schwer zu überblicken präsentieren. Stellen Unternehmer nach dem Konzept des „Algorithmic Consumer"[352] den Verbrauchern ihrerseits algorithmische Instrumente zur Wahrung ihrer geschäftlichen Interessen zur Verfügung, mag dies Abhilfe schaffen; sind solche technischen Helfer aber nur vorgeblich wohlmeinend, während sie in Wahrheit unternehmerische Strategien der Verbraucherlenkung stützen, können sie das Unlauterkeitspotential algorithmischer Marktaktivität sogar noch erhöhen. 110

Mit Blick auf das „Ausnutzen" kann über § 4a Abs. 2 S. 1 Nr. 3, S. 2 grundsätzlich nicht die Verwendung **unwirksamer AGBs** erfasst werden, die auf eine Übervorteilung der mit dem Marktauftritt des Klauselverwenders angesprochenen Verbraucher angelegt ist.[353] Hingegen kann das **Erheben von Daten** im Vorfeld einer Verkaufsförderungsmaßnahme den Tatbestand erfüllen, wenn es beispielsweise unter unzutreffenden Informationen über die Datenerhebung erfolgt und/oder mit einer Vorteilsgewährung (zB Teilnahme an einem Gewinnspiel) verknüpft ist, die den primären Datensammelzweck für Leichtgläubige bemäntelt.[354] Eine generelle Pflicht zur **Aufklärung über Rechte** (etwa Widerrufsrechte) und rechtlich relevante Umstände besteht auch bei geschäftlicher Unerfahrenheit des Gegenübers nicht,[355] da der Unerfahrene auch eine Selbstverantwortung zum Ausgleich dieser seiner Schwäche hat. Zusätzliche Umstände, wie etwa die Schwere der eintretenden Benachteiligung und die Evidenz, dass ein geschäftlich erfahrenes Gegenüber die konkrete Transaktion keinesfalls so abgeschlossen hätte, können aber zu einer Tatbestandserfüllung bei nicht erfolgter oder nicht korrekter[356] Belehrung führen. Die **Nichteinhaltung gesetzlicher Vorschriften,** welche die andere Seite nicht kennt oder bedenkt, kann nur dann tatbestandsgemäß sein, wenn gerade auch eine geschäftliche Unerfahrenheit des 111

[348] BGH GRUR 1998, 1041 f. – Verkaufsveranstaltung in Aussiedlerwohnheimen.

[349] Vgl. *Scherer* WRP 2008, 563 (570).

[350] Teilweise (Jugendliche) aA Ohly/*Sosnitza* § 4a Rn. 167.

[351] Hierzu etwa *Picht/Freund,* Competition (Law) in the Era of Algorithms, 39 E. C. L. R. 403–410 (2018).

[352] Grundlegend hierzu *Gal/Elkin-Koren,* Algorithmic Consumers, Harvard Journal of Law and Technology Vol. 30 Issue 2, p. 309 et seqq., (2017).

[353] So auch OLG Köln GRUR-RR, 2007, 285 – Schriftformklauseln; vgl. dazu auch BGH GRUR 2007, 978 – Rechtsberatung durch Haftpflichtversicherer zur geschäftlichen Unerfahrenheit, aA OLG Düsseldorf GRUR 2006, 782 (785) – Lottofonds: Im Fall einer unzureichenden Belehrung über ein Widerrufsrecht, wenn durch sie die Gefahr begründet wird, dass der Kunde von seinem Widerrufsrecht keinen Gebrauch macht und der Unternehmer diese Rechtsunkenntnis zu seinem Vorteil ausnutzt.

[354] BGH GRUR 2014, 682 Rn. 22, 26 – Nordjob-Messe; Ohly/*Sosnitza* § 4a Rn. 176.

[355] Grundsätzlich ebenso Ohly/*Sosnitza* § 4a Rn. 174.

[356] Älteres Fallrecht zu ungenügender Belehrung bei Ohly/*Sosnitza* § 4a Rn. 171.

Gegenübers vorliegt.[357] Ist dies der Fall, spielt für den Unlauterkeitsvorwurf auch der Zweck der nicht respektierten Norm eine Rolle, etwa wenn dieser (zB reiserechtlicher Sicherungsschein)[358] in ausgeprägter Weise Verbraucher schützen oder ein „level playing field" für konkurrierende Unternehmer schaffen will. Jedenfalls die ältere Rechtsprechung hat hier recht strenge Maßstäbe angelegt,[359] jedoch sollte nicht schon jede Nichtbeachtung einer das Gegenüber irgendwie schützenden Norm ausreichen.

112 **g) Leichtgläubigkeit.** Ein eigenständiger praktischer Anwendungsbereich des Ausnutzens der Leichtgläubigkeit (neben dem Ausnutzen der geschäftlichen Unerfahrenheit) ist insofern nicht ganz leicht abzugrenzen, als sich die Leichtgläubigkeit im Kontext der Vorschrift beinahe zwangsläufig auf den geschäftlichen Bereich beziehen muss und dann sehr ähnliche Effekte wie die geschäftliche Unerfahrenheit zeitigt. Theoretisch kann indes natürlich auch der **Erfahrene noch leichtgläubig** sein, wenn und weil er in stärkerer Weise als der verständige Durchschnittsadressat Beeinflussungen unkritisch akzeptiert.[360]

113 **h) Angst oder Zwangslage.** Vor der UWG-Reform 2004 wurde die Werbung mit der Angst der **unzulässigen gefühlsbetonten** Werbung zugeordnet.[361] Die Rspr. sah es als mit dem Leistungswettbewerb unvereinbar an, nicht mit der Leistung und der Preiswürdigkeit, sondern mit unsachlichen und damit wettbewerbsfremden Umständen zu werben. § 4a bezweckt aber **nicht die Zementierung** dieser Grundsätze. Die Tatbestandsalternative des Ausnutzens von Angst normiert **keinen abstrakten Gefährdungstatbestand** im Hinblick auf das – wahrheitsgemäße – Ansprechen von gesundheitlichen, wirtschaftlichen oder sonstigen politischen Gefahren.[362] Vielmehr stellt § 4a Abs. 2 S. 1 Nr. 3, S. 2 nur klar, dass **bei einer besonderen, im Zusammenhang mit Ängsten stehenden Schutzbedürftigkeit** ähnlich wie bei geschäftlicher Unerfahrenheit, Leichtgläubigkeit und Bestehen einer Zwangslage ein geringerer Grad an unsachlicher Beeinflussung die **Entscheidungsfreiheit** verfälschen kann.[363] Adressiert sind damit insbesondere auch **krankhafte Angstzustände,** wie etwa Panikstörungen, situations-/objektspezifische Phobien, genereller Sozialphobien etc. Ausnutzen kann der Unternehmer indes grundsätzlich nicht nur vorbestehende, sondern auch von ihm **selbst zuvor geschaffene Ängste.**[364]

114 Parallel anwendbare,[365] abstrakte Gefährdungstatbestände bestehen für **Heil- und Lebensmittel,** namentlich in **§ 11 Abs. 1 S. 1 Nr. 7 HWG.** Ein Verstoß gegen diese Normen kann zugleich **§ 3a** erfüllen.[366] Nach der Zweckbestimmung des § 4a Abs. 2 S. 1 Nr. 3, S. 2 und wegen des Gebots der richtlinienkonformen Auslegung[367] ist auch in diesem Bereich mit dem Ausnutzen von Angst nicht das Ausnutzen von Ängstlichkeiten des täglichen Lebens, sondern nur **ernsthafter, besonders erheblicher Angstgefühle** gemeint.[368] Ein Ausnutzen von Angst liegt auch nicht vor, wenn die Angst durch eine sachgerechte Beschreibung der Zweckbestimmung eines Produktes, etwa dem Anwen-

[357] Wohl ebenso Ohly/*Sosnitza* § 4a Rn. 168.

[358] BGH GRUR 2000, 731 (733) – Sicherungsschein.

[359] s. etwa BGH GRUR 1990, 1020 (1022) – Freizeitveranstaltung; GRUR 1994, 59 (60) – Empfangsbestätigung; GRUR 1995, 68 (70) – Schlüssel-Funddienst.

[360] Zum Begriffsgehalt auch Ohly/*Sosnitza* § 4a Rn. 177.

[361] Vgl. *Baumbach/Hefermehl,* Wettbewerbsrecht, 21. Aufl. 2001, § 1 Rn. 76a, b. Beispiele für die ältere Rechtsprechung auch bei *Köhler*/Bornkamm/Feddersen § 4a Rn. 2.27 f.

[362] MüKoUWG/*Raue* § 4a Rn. 279; *Köhler*/Bornkamm/Feddersen § 4a Rn. 2.26; OLG Frankfurt a. M. MMR 2015, 591 Rn. 29: Hinweis auf Mehrkostenrisiko ohne Reiserücktrittsversicherung; problematisch OLG Saarbrücken GRUR-RR 2005, 283 (284) – Brandschutzwerbung: unzulässig, wenn ein Baumarkt-Unternehmen mit Hinweis auf Brandschutzberatung durch örtliche Feuerwehr mit einer Broschüre „Soweit darf es nicht kommen! Jetzt Vorsorgen" auf Brandschutzprodukte hinweist.

[363] Zur verfassungsrechtlichen Perspektive *Ahrens* → Einl. Rn. 1069.

[364] *Köhler*/Bornkamm/Feddersen § 4a Rn. 2.25.

[365] Ohly/*Sosnitza* § 4a Rn. 180.

[366] *Köhler*/Bornkamm/Feddersen § 4a Rn. 2.21.

[367] Hierzu näher *Köhler*/Bornkamm/Feddersen § 4a Rn. 2.24.

[368] So BGH GRUR 1986, 902 – Angstwerbung zu § 11 Abs. 1 Nr. 7 HWG.

dungsbereich eines Arzneimittels, ausgelöst wird. Eine unsachliche Beeinflussung kann dann aber durch eine **dramatisierende werbliche Darstellung** hervorgerufen werden.[369] An die Richtigkeit, Eindeutigkeit und Klarheit der Aussage sind im Gesundheitsbereich besonders strenge Anforderungen zu stellen.[370]

Zwangslagen können etwa durch **Erkrankungen, Vermögenslosigkeit, galoppierende Inflation, extremen Zeitdruck**[371] **und sonstige besondere** Drucksituationen hervorgerufen werden. Der Übergang zu den sonstigen „Umständen" gem. § 4a Abs. 2 S. 1 Nr. 3 kann und muss nicht trennscharf abgegrenzt werden. Der Adressat befindet sich bei Zwangslagen in einem Zustand eingeschränkter Entscheidungsfreiheit, so dass eine besondere Gefahr der unsachlichen Beeinflussung besteht, weil der Verbraucher glaubt, sich der mit der Beeinflussung angestrebten geschäftlichen Entscheidung nicht entziehen zu können.[372] Typischerweise ist dies auch mit einer beeinträchtigten Entscheidungsrationalität verbunden.[373] Ob der Verbraucher die Zwangslage selbst (mit) herbeigeführt bzw. verschuldet hat, ist nicht entscheidend.[374] Nicht in jeder Transaktion mit einem in einer Zwangslage Befindlichen liegt indes ein unlauteres Verhalten. Im Gegenteil muss die Rechtsordnung hier eine gewisse Zurückhaltung üben, weil sonst Unternehmer in unerwünschter Weise davon abgeschreckt werden könnten, durch solche Transaktionen Personen aus ihrer Zwangslage zu befreien. Ein eindrückliches Beispiel hierfür sind die Leistungen eines Schlüsseldienstes an den vor verschlossener Tür Stehenden, die noch nicht wegen ihrer Erbringung in einer Zwangslage oder einem angemessenen Nachtzuschlag den Unlauterkeitsvorwurf verdienen, wohl aber wenn der Unternehmer die Situation des Verbrauchers übersteigert schlimm darstellt und dadurch überhöhte Gegenleistungen erpresst.[375] Diese notwendige Differenzierung kann durch die kombinierte, sachgerechte Anwendung der Tatbestandsmerkmale des Ausnutzens, der Entscheidungsbeeinflussung und der Eignung zur Verfälschung einer geschäftlichen Entscheidung erreicht werden. 115

i) Bewusstes Ausnutzen. Begrüßenswert ist es, dass nach neuem Gesetzeswortlaut nicht mehr (wie in § 4 Nr. 2 aF) die **Eignung** der geschäftlichen Handlung **zur Ausnutzung** einer besonderen Schutzbedürftigkeit genügt. Vielmehr verlangt § 4a Abs. 2 S. 1 Nr. 3 ein **tatsächliches und bewusstes Ausnutzen.** Eine richtlinienkonform auslegende Korrektur des Gesetzes ist damit insoweit nicht mehr erforderlich.[376] Soweit bisher ein Relevanzkriterium in den Begriff des „Ausnutzens" hineinzulesen oder im Lichte der Generalklausel ergänzend zu fordern war,[377] kann heute auf § 4a Abs. 2 S. 1 Nr. 3 und § 4a Abs. 1 S. 2 selbst verwiesen werden. Denn das Gesetz fordert hier ausdrücklich, dass die bewusste Ausnutzung erfolgen muss, um die Entscheidung des Schutzbedürftigen zu beeinflussen, und dass sie (um unlauter zu sein) die Eignung zu Veranlassung einer geschäftlichen Entscheidung aufweisen muss, die ansonsten nicht getroffen worden wäre. 116

Wie bisher wird sich die Frage stellen, **wie gezielt und spezifisch die geschäftliche Handlung auf den oder die Schutzbedürftigen ausgerichtet sein muss,** um deren erhöhte Verletzlichkeit – in den Worten der jetzigen Gesetzesfassung – bewusst auszunutzen. Und wie bisher wird man es im Grundsatz ausreichen lassen, wenn am Maßstab **objektivierter geschäftlicher Sorgfalt Kenntnis** (also nicht zwangsläufig Absicht)[378] besteht, dass nur oder zu einem substantiellen Teil besonders schutzbedürftige Personen – 117

---

[369] Vgl. auch BGH GRUR 1999, 1007 f. – Vitalkost zu § 12 Abs. 1 Nr. 6 LFGB.

[370] BGH GRUR 2002, 182 (185) – Das Beste jeden Morgen; BGH GRUR 2013, 649 Rn. 15 – Basisinsulin mit Gewichtsvorteil.

[371] Ohly/*Sosnitza* § 4a Rn. 183.

[372] Ohly/*Sosnitza* § 4a Rn. 182.

[373] Ohly/*Sosnitza* § 4a Rn. 183.

[374] LG Berlin WRP 2010, 955 (956 f.); Ohly/*Sosnitza* § 4a Rn. 182; *Köhler*/Bornkamm/Feddersen § 4a Rn. 2.29; aA MüKoUWG/*Heermann* § 4 Nr. 2 (aF) Rn. 127.

[375] S. hierzu auch *Köhler*/Bornkamm/Feddersen § 4a Rn. 2.34.

[376] Eine solche für das bisherige Recht fordernd *Köhler*/Bornkamm/Feddersen § 4 Nr. 2 Rn. 2.17.

[377] *Köhler*/Bornkamm/Feddersen § 4 Nr. 2 Rn. 2.18f; *Heermann* GRUR 2011, 781 (786).

[378] Ohly/*Sosnitza* § 4a Rn. 184; *Köhler*/Bornkamm/Feddersen § 4a Rn. 1.94, 2.15.

die einzeln oder als Gruppe hinreichend identifizierbar sind – von der geschäftlichen Handlung betroffen werden.[379] Stellt man auf Kenntnis nach objektivierter geschäftlicher Sorgfalt ab, dürfte es nicht mehr erforderlich sein, die Rechtskonstrukte des „Nicht im Zweifel sein Könnens" oder des „sich bewusst Verschließens" im Hinblick auf einen bestimmten Umstand zur Anwendung zu bringen, um eine genügende Schutzdichte zu erreichen,[380] da in derartigen Fallgestaltungen Kenntnis nach objektiviertem Maßstab allermeist vorliegt. Das gezielte Ansteuern eines solchen Adressatenkreises genügt dem erst recht, auch wenn daneben weitere, nicht besonders schutzbedürftige Adressatenkreise angesprochen werden (sollen).[381] Der grundsätzliche Maßstab der **Vorhersehbarkeit** und **Identifizierbarkeit** entstammt § 3 Abs. 4 und seiner europarechtlichen Vorgabenorm, dem Art. 5 Abs. 3 UGP-RL. Er ist zum Zwecke einer sinnvollen Haftungsbegrenzung in den § 4a hineinzulesen.

118 Der Unternehmer muss nicht nur Kenntnis von den die Schutzbedürftigkeit begründenden Umständen haben, sondern diese auch **ausnutzen,** sie also gezielt instrumentalisieren, um den angestrebten geschäftlichen Erfolg zu erreichen. Eine Förderung der Erfolgserreichung durch dieses Verhalten genügt, dieser muss also nicht gerade nur wegen der Umstandsausnutzung möglich geworden sein.[382]

119 Die Ausprägungen im Detail hängen dann stark von den jeweiligen Sachverhaltsumständen ab. Hierbei kann auch ein Element der **Interessenabwägung** zum Zuge kommen, in welche die Art der Werbung, der Grad der Schutzbedürftigkeit und das Ausmaß der Gefährdung einfließen. Das Interesse an einem effektiven Schutz besonders verletzlicher Personen und das Interesse der Gewerbetreibenden, nicht übermäßig belastet zu werden, sind dann in Einklang zu bringen.

120 **j) Beeinträchtigung des Urteilsvermögens und Beeinflussung der Entscheidung.** § 4a Abs. 2 S. 1 Nr. 3 fordert neben dem Ausnutzen einer Unglückssituation oder eines sonstigen Umstandes zwei Elemente, die sich auf die unverfälschte Entscheidungsfähigkeit des Verbrauchers beziehen. Zum einen muss das **Urteilsvermögen des Verbrauchers beeinträchtigt** sein, und zwar (jedenfalls nach Wortlaut der Norm) durch die Unglückssituation/den Umstand als solche, also nicht erst durch das ausnutzende Verhalten des Unternehmers, wobei die Abgrenzung hier fließend und schwer festzustellen sein kann. „Urteilsvermögen" bezeichnet die, sich nicht im einzelnen Urteilsakt erschöpfende, Fähigkeit zum sachgerechten Entscheiden, es kommt also für dieses Tatbestandsmerkmal nicht allein auf die Beeinträchtigung der konkret vom Unternehmer angestrebten geschäftlichen Einzelentscheidung an (das ermittelt § 4a Abs. 1 S. 1),[383] wobei allerdings eine beeinträchtigte Einzelentscheidung Indiz für die Beeinträchtigung des Urteilsvermögens sein kann. Da das Gesetz nur die Beeinträchtigung des Urteilsvermögens fordert, kann nicht ohne Weiteres an früherer Rechtsprechung[384] festgehalten werden, wonach die Rationalität einer

[379] *Köhler*/Bornkamm/Feddersen § 4 Nr. 2 Rn. 2.15. Zu unterschiedlichen, teils abweichenden, Deutungen dieser Formel im Detail s. etwa *Scherer* WRP 2008, 563; *Baukelmann* FS Ullmann, 2006, 595 f.; *Seichter* WRP 2005, 1087. Als Beispiele älterer Rechtsprechung vgl. BGH GRUR 1994, 304 – Wettbewerbswidrige Zigarettenwerbung; ebenfalls auf die Zielgruppengestaltung abstellend: KG WRP 1990, 518 (520); vgl. weitere Beispiele bei *Klees/Lange* CR 2005, 684 (686).

[380] So aber *Köhler*/Bornkamm/Feddersen § 4a Rn. 2.15, hinsichtlich des nicht im Zweifel sein Könnens.

[381] BGH GRUR 2014, 682 Rn. 23 – Nordjob-Messe; GRUR 2009, 71 Rn. 12 – Sammelaktion für Schoko-Riegel; GRUR 2006, 776 Rn. 20 – Werbung für Klingeltöne; Ohly/*Sosnitza* § 4a Rn. 185. Dazu, dass Vorsatz des Handelnden genügt, aber auch nicht zwingend erforderlich ist, *Baukelmann* FS Ullmann, 2006, 595; *Henning-Bodewig* WRP 2006, 621 (625); *Seichter* WRP 2005, 1087 (1091); aA *Köhler* FS Ullmann, 2006, 687.

[382] Wohl mit noch niedrigerer Tatbestandsschwelle *Köhler*/Bornkamm/Feddersen § 4a Rn. 1.94, der nur einen objektiven Zusammenhang zwischen Handlung und Umständen fordert.

[383] *Köhler*/Bornkamm/Feddersen § 4a Rn. 1.91.

[384] BGH GRUR 2003, 890 (891) – Buchclub-Kopplungsangebot; GRUR 2006, 161 Rn. 17 – Zeitschrift mit Sonnenbrille; GRUR 2008, 530 Rn. 13 – Nachlass bei der Selbstbeteiligung; GRUR 2010, 850 Rn. 13 – Brillenversorgung II; BGH GRUR 2013, 301 Rn. 40 – Solarinitiative; WRP 2015, 1341 Rn. 14 – Schufa-Hinweis.

Entscheidung völlig in den Hintergrund treten muss, damit der Tatbestand erfüllt ist (auch → Rn. 121 ff.).[385] Zurückhaltung bei der Annahme einer Beeinträchtigung des Urteilsvermögens bleibt aber richtig und kann über eine fordernde Interpretation des Merkmals der Beeinträchtigung erreicht werden.

120a Zentrale Funktion des Merkmals **„um dessen Entscheidung zu beeinflussen"** ist es sicherzustellen, dass § 4a Abs. 2 S. 1 Nr. 3, seinem spezifischen Schutzzweck entsprechend nur ein Ausnutzen erfasst, das sich gerade darauf richtet, die gewünschte geschäftliche Entscheidung herbeizuführen. Absicht muss dabei nicht nachgewiesen werden, es genügt objektive Eignung und die Abwesenheit von objektiven oder subjektiven Elementen, die eindeutig eine andere primäre Zielrichtung des Ausnutzens belegen.[386] Werden mit dem Ausnutzen andere Ziele verfolgt, kann eine Unlauterkeit sich nur aus anderen Normen ergeben.

III. Eignung zur erheblichen Beeinträchtigung der Entscheidungsfreiheit

121 Das zweite Element einer aggressiven geschäftlichen Handlung neben dem Vorliegen einer Beeinträchtigungsform aus § 4a Abs. 1 S. 2 Nr. 1–Nr. 3 ist die Eignung dieser Handlung, „die Entscheidungsfreiheit des Verbrauchers oder sonstigen Marktteilnehmers erheblich zu beeinträchtigen".

122 **1. Eignung zur Entscheidungsfreiheitsbeeinträchtigung.** Ob das Verhalten des Unternehmers eine solche Eignung aufweist, beurteilt sich gem. § 4a Abs. 1 S. 2 nach **allen Umständen des konkreten Einzelfalls** (auch → Rn. 7, 32). Gegenstand der Beeinträchtigung können – in richtlinienkonformer Auslegung, da insbesondere Art. 8 UGP-RL neben der Entscheidungs- auch die „Verhaltensfreiheit" benennt[387] – nicht nur die Komponenten einer geschäftsbegründenden **Willenserklärung** (Handlungswille, Erklärungsbewusstsein, Geschäftswille) sein, sondern auch das **Verhalten im Vorfeld einer solchen Erklärung,** also etwa das Aufsuchen des oder Verbleiben im Geschäftslokal(s), das Anhören oder Ansehen werblicher Kommunikation, oder auch die Interaktion mit dem Unternehmer bzw. seinem Personal.[388] Wird der Wortlautunterschied zwischen § 4a und der Richtlinie in dieser Weise durch ein weites Begriffsverständnis aufgefangen, droht keine verengende Inkonformität mit der Richtlinie.[389]

123 Für die **„Eignung"** kommt es darauf an, ob das Verhalten nach objektiver Betrachtungsweise eine genügende Wahrscheinlichkeit geschaffen hat, dass ein durchschnittlicher Verbraucher, ein durchschnittliches Mitglied der angesprochenen Verbrauchergruppe, oder ein durchschnittlicher sonstiger Marktteilnehmer eine Beeinträchtigung seiner Entscheidungsfreiheit erleidet.[390]

124 **2. Erheblichkeit.** Unlauterkeit nach **§ 4a setzt mehr voraus** als eine bloße **Beeinflussung der Entschließung** der Marktgegenseite. Der Versuch einer solchen Beeinflussung gehört zum **Wesen des Wettbewerbs.** Werbung und Marketing sind darauf gerichtet, eigenen oder fremden Absatz durch Einflussnahme auf die Marktgegenseite zu fördern. Werbung kann sich auf die Qualität und Preiswürdigkeit einer Leistung (Leistungs-

---

[385] Wie hier MüKoUWG/*Raue* § 4a Rn. 82. Auch der BGH ist offenbar dabei, seine Anforderungen zu lockern, s. insbesondere BGH GRUR 2018, 1063 Rn. 14 – Zahlungsaufforderung: „jedenfalls dann der Fall, wenn die beanstandete geschäftliche Handlung geeignet ist, die Rationalität der Entscheidung der angesprochenen Verbraucher vollständig in den Hintergrund treten zu lassen."

[386] Ähnlich *Köhler*/Bornkamm/Feddersen § 4a Rn. 1.95: „bei objektiver Betrachtung darauf gerichtet".

[387] *Köhler*/Bornkamm/Feddersen § 4a Rn. 1.33, auch zur beide Komponenten umgreifenden Interpretation der „geschäftlichen Entscheidung" durch den EuGH, etwa in EuGH GRUR 2014, 196 – Trento Sviluppo/AGCM.

[388] *Köhler*/Bornkamm/Feddersen § 4a Rn. 1.33.

[389] *Fritzsche* WRP 2016, 1 (2).

[390] OLG Frankfurt a. M. GRUR 2005, 1064 (1065) – An Kinder gerichtete Werbung mit Sammelaktion; OLG München GRUR-RR 2010, 53 (56) – Bonussystem einer ausländischen Versandapotheke; *Köhler*/Bornkamm/Feddersen § 4a Rn. 1.32.

wettbewerb) oder auf Serviceleistungen und Vergünstigungen (Nebenleistungswettbewerb) beziehen. Werbung kann aber auch psychologische Ebenen ansprechen. So kann Werbung eine besondere Aura eines Produkts (Luxus, Umweltfreundlichkeit etc) oder einen besonderen Lifestyle oder auch nur besondere Eigenschaften der Benutzergruppe (soziale Einstellung, Sportlichkeit, Gruppenzugehörigkeit aller Art etc) vermitteln. All das ist rechtlich nicht zu beanstanden (vgl. auch, zur Wesentlichkeitsschwelle iRv § 3 Abs. 2, *Podszun* zu → § 3 Rn. 198 ff.). Es geht § 4a auch nicht um die moralische Bewertung der Art der Beeinflussung oder das Ziel, den Verbraucher zu einer objektiven „vernünftigen" Entscheidung zu bewegen, sondern vielmehr um die Sicherstellung einer autonomen Entscheidungsfähigkeit im Markt.[391]

125 Die Relevanzschwelle des § 4a ist erst erreicht, wenn eine **erhebliche Beeinträchtigung der Entscheidungsfreiheit** vorliegt. Dies bringt schon die **Legaldefinition in Art. 2j) UGP-RL** zum Ausdruck, wonach „unzulässig" nur eine solche Beeinflussung ist, die „die Fähigkeit des Verbrauchers zu einer informierten Entscheidung **wesentlich** einschränkt". § 4a bringt das Konzept der erheblichen Beeinträchtigung vor allem an zwei Stellen zum Ausdruck. Erstens fordert er nämlich in **§ 4a Abs. 1 S. 1** die Eignung der Handlung, zu einer geschäftlichen Entscheidung zu veranlassen, die andernfalls nicht getroffen worden wäre. Schon wenn die Handlung eine solche Wirkungsmacht entfaltet – nämlich das Potential, eine eigentlich nicht gewollte geschäftliche Disposition herbeizuführen – ist kaum noch vorstellbar, sie als unwesentlich zu qualifizieren. Noch zusätzlich fordert **§ 4a Abs. 1 S. 2** die Eignung, „die Entscheidungsfreiheit […] **erheblich** zu beeinträchtigen", und räumt damit jeden Zweifel aus.

126 Ob es dann der Förderung eines in sich stimmigen Gesetzestextes entspricht, wenn **§ 4a Abs. 1 S. 3** nochmals und nur in der Legaldefinition der unzulässigen Beeinflussung von der **„wesentlichen"** Einschränkung der Fähigkeit zu einer informierten Entscheidung spricht, sei dahingestellt. Man kann die gesetzliche Differenzierung mit dem Argument verteidigen, dass es hier gerade nur um die „informierte" Entscheidung geht, also um die nachteilige Beeinflussung der Entscheidungsgrundlage, während etwa § 4a Abs. 1 S. 2 Nr. 2 auch dann verwirklicht sein kann, wenn der Adressat im Zustand voller Information aufgrund des Nötigungsdrucks eine eigentlich ungewollte Entscheidung trifft. Letztlich dürfte aber auch das Bestreben nach möglichst unangreifbarer, buchstabengetreuer Umsetzung der Richtlinie eine Rolle gespielt haben.

127 Für die Ermittlung, ob eine erhebliche Beeinträchtigung der Entscheidungsfreiheit vorliegt, ist in persönlicher Hinsicht grundsätzlich auf einen **Durchschnittsadressaten,** bei Verhalten gegenüber Verbrauchern insbesondere auf einen Durchschnittsverbraucher (§ 3 Abs. 4), abzustellen, der angemessen verständig und nicht überdurchschnittlich beeinflussbar ist.[392] Weist der Adressat eine erhöhte Verletzlichkeit auf, kann dies über § 4a Abs. 2 S. 1 Nr. 3, S. 2 berücksichtigt werden.

128 Die **deutsche Rechtsprechung** ist noch auf der Suche nach einer kohärenten Linie bei der **Präzisierung des Erheblichkeitsstandards.** Jedenfalls früher hat sie ihn so interpretiert, dass die beanstandete geschäftliche Handlung geeignet sein muss, die Rationalität der Entscheidung des Adressaten vollständig in den Hintergrund treten zu lassen.[393] Dieser Maßstab ist zu streng. Wenn man dem typischen Adressaten, insbesondere dem Durchschnittsverbraucher, auch nur ein Mindestmaß an kognitiver Kontrolle und Fähigkeit zum Abwägen von Alternativen zuspricht, ist ein derartiger Fall – abgesehen von Verkaufsförderungsmaßnahmen gegenüber besonders schutzwürdigen Verbrauchern[394] – kaum denkbar.[395] Die

[391] Dazu *Glöckner* → Einl. Rn. 487 ff.

[392] Vgl. *Glöckner* → Einl. Rn. 494.

[393] BGH GRUR 2014, 1117 Rn. 27 – Zeugnisaktion; BGH GRUR 2015, 1134 Rn. 14 – Schufa-Hinweis.

[394] OLG Köln GRUR-RR 2013, 168 – Fruchtgummi-Glückswochen.

[395] So zutreffend *Henning-Bodewi* WRP 2006, 621 (627). AA *Scherer* WRP 2007, 723 (727), wonach gerade auch nach der Richtlinie eine relevante Beeinträchtigung der Entscheidungsfreiheit nur vorliegt, wenn „die

oben wiedergegebene Formulierung hat der BGH entwickelt, um das Recht der Wertreklame nach Wegfall der ZugabeVO zu lockern.[396] Das war in historischer Perspektive zu begrüßen. An dem Ergebnis der Entscheidungen des BGH, die zur grundlegenden Liberalisierung im Recht der Wertreklame geführt haben, ändert sich aber auch nichts, indem geringere Anforderungen an die Intensität der Einwirkung auf die Entscheidungsfreiheit gestellt werden.[397] Dies gilt insbesondere vor dem Hintergrund einer zunehmenden Gewöhnung des Verkehrs an die verschiedensten Formen der Wertreklame einschließlich von Kopplungsangeboten. Daher muss die zur Beurteilung von Wertreklame entwickelte Formel des BGH relativiert werden. Teils wählt der BGH nunmehr selbst vorsichtigere Formulierungen, wonach etwa eine unsachliche Beeinflussung erst vorliegt, „wenn der Einfluss ein solches Ausmaß erreicht, dass die freie Entscheidung der Verbraucher beeinträchtigt zu werden droht"[398] oder wonach es „jedenfalls" genügt, wenn die Rationalität der Entscheidung vollständig in den Hintergrund tritt.[399] In Entscheidungen zum UWG 2008 verwendet der BGH zwar nach wie vor die zu den Kopplungsgeschäften entwickelte Formulierung, ergänzt diese aber um den Hinweis, dass „zudem" eine Erheblichkeit unter den Voraussetzungen des Art. 2 (Art. j) der Richtlinie („qualifizierte Ausnutzung einer Machtposition") vorliegen muss.[400] Diese Formulierung ist insoweit missverständlich, als die Richtlinie kein zusätzliches Erfordernis enthält, sondern zur Bestimmung der Kriterien für die Maßgeblichkeit allein entscheidend ist. In den nicht harmonisierten Fällen der Dreieckskopplungen, in denen es darum geht, dass sonstige Marktteilnehmer bei ihren geschäftlichen Entscheidungen die Interessen Dritter zu wahren haben, stellt der BGH allein darauf ab, ob diese durch die Gewährung oder das in Aussichtstellen eines finanziellen Vorteils dazu veranlasst werden können, ihre Interessenwahrungspflicht zu verletzen.[401] In den Fällen aleatorischer Anreize stellt der BGH ebenfalls geringere Anforderungen gem. einer schon vor Einführung des § 4 Nr. 1 aF in der Rechtsprechung gewählten Formulierung. Insoweit soll maßgeblich sein, ob die freie Entscheidung der ausgesprochenen Verkehrskreise so nachhaltig beeinflusst wird, dass ein Kaufentschluss nicht mehr maßgeblich von sachlichen Gesichtspunkten, sondern durch das Streben nach der in Aussicht gestellten Gewinnchance bestimmt wird.[402]

Letztlich muss die „erhebliche Beeinträchtigung" **zwischen der schlichten, geringfügigen Beeinträchtigung und dem völligen Ausschalten der geschäftlichen Entscheidungsfreiheit** verortet werden. Auf die eine, „richtige" Formel zur Definition und Interpretation der Erheblichkeit sollten dabei nicht zu große Hoffnungen gesetzt werden, schon weil die jeweiligen **Sachverhaltsumstände** von großer Bedeutung sind. § 4a Abs. 1 S. 2 bringt dies in der Formulierung „unter Berücksichtigung aller Umstände" auch zum 129

Beeinflussung für den Verbraucher bzw. sonstigen Marktteilnehmer nicht mehr beherrschbar ist, d. h. das der Nachfrager unter Zugrundelegung eines typischen Geschehenablaufs nicht mehr die Möglichkeit hat, sich anders zu entschließen, als von der werblichen Beeinflussung gefordert."

396 Diese Definition für eine unsachliche Beeinflussung passt ersichtlich auch nicht zu Entscheidungen, in denen der BGH die Voraussetzungen des § 4 Nr. 1 aF bejaht hat, etwa in den Entscheidungen *„Warnhinweis II"* (GRUR 2006, 953), *„Kleidersack"* (GRUR 2003, 624) und *„Tony Taler"* (GRUR 2008, 183).

397 Soweit der BGH in der Entscheidung *„Artenschutz"* (GRUR 2006, 75 (76)) lapidar ausführt, dass jeder selbst entscheiden kann, ob und wie er sich beeinflussen lassen will, ist möglicherweise nur gemeint, dass jeder selbst entscheiden kann, welche Relevanz ein soziales Engagement für seine Entscheidung hat.

398 BGH GRUR 2006, 953 (954) – Warnhinweis II; GRUR 2006, 75 – Artenschutz; GRUR 2006, 511 – Umsatzsteuererstattungs-Modell; GRUR 2009, 875 Rn. 12 – Jeder 100 Einkauf gratis. Zu beachten ist, dass der BGH den Begriff der unsachlichen Beeinflussung im Zusammenhang mit der Auslegung von § 11 Abs. 1 HWG anders versteht. Im Anschluss an die Entscheidung *„Lebertran-Kapseln"* (GRUR 2004, 799) zu § 11 Abs. 1 Nr. 10 HWG führt der BGH in seiner Entscheidung *„Krankenhauswerbung"* (BGH GRUR 2007, 809) zu § 11 Abs. 1 Nr. 4 HWG aus, dass diese abstrakten Gefährdungstatbestände verfassungskonform dahin auszulegen sind, dass die Werbung geeignet sein muss, „das Laienpublikum unsachlich zu beeinflussen und dadurch zumindest eine mittelbare Gesundheitsgefährdung zu bewirken".

399 BGH GRUR 2018, 1063 Rn. 14 – Zahlungsaufforderung.

400 BGH GRUR 2010, 455 Rn. 17 – Stumme Verkäufer II; GRUR 2010, 850 Rn. 13 – Brillenversorgung II.

401 BGH GRUR 2010, 850 Rn. 17 mwN – Brillenversorgung II.

402 BGH GRUR 2009, 875 – Jeder 100. Einkauf gratis.

Ausdruck. Erheblichkeit bedeutet also nicht in jedem Kontext und gegenüber allen Adressaten – man beachte auch § 4a Abs. 2 S. 1 Nr. 3, S. 2 – zwangsläufig dasselbe. Findet die geschäftliche Handlung beispielsweise unter Zeit- und Entscheidungsdruck statt, wie etwa bei einer Flugbuchung im Internet, ist an das Ausmaß der zulässigen Beeinflussung ggf. ein strengerer Maßstab zu stellen.[403]

129a Präzisierungsversuche für den Erheblichkeitsstandard, die mit hinreichender Flexibilität ausgestattet sind, können dennoch hilfreich sein. So leitet etwa *Glöckner* → Einl. Rn. 487 f., mittels Auslegung des Begriffs der Autonomie unter Rückgriff auf die objektive Wertordnung der Verfassung ab, dass die **bloße Beeinflussung legitim** ist, solange der Adressat sie **erkennt und inhaltlich zumindest mitträgt.** Für das Element der „andernfalls nicht getroffen[en]" geschäftlichen Entscheidung bietet sich demnach die Kontrollfrage an, **ob der Adressat ex post das Geschäft in seiner konkreten Form noch gutheißen kann.** *Köhler* will eine erhebliche Beeinträchtigung dann annehmen, wenn der Betroffene „davon ausgeht, dass er sich dem von dem Mittel ausgehenden Druck **nicht entziehen kann** und daher zumindest **ernsthaft in Erwägung zieht,** die von ihm erwartete geschäftliche Entscheidung zu treffen (oder sich in der erwarteten Weise zu verhalten), um die ihm sonst drohenden Nachteile abzuwenden".[404]

D. Eignung zur Entscheidungsveranlassung

130 Während nahezu die ganze Vorschrift des § 4a Vorgaben dazu gewidmet ist, wann eine „aggressive geschäftliche Handlung" vorliegt, erfährt das **zweite Hauptmerkmal aus § 4a Abs. 1 S. 1,** nämlich dass das unternehmerische Handeln „geeignet ist, den Verbraucher oder sonstigen Marktteilnehmer zu einer geschäftlichen Entscheidung zu veranlassen, die dieser andernfalls nicht getroffen hätte", keine ausdrückliche Konkretisierung im Rest der Norm. Auch führen Anforderungen, die als Bestandteil der aggressiven geschäftlichen Handlung an die Verfälschung der Entscheidung des Verbrauchers/sonstigen Marktteilnehmers gestellt werden, dazu, dass die Eignung zur Entscheidungsveranlassung **vielfach ohnehin gegeben** sein wird. Nichtsdestotrotz hat das Tatbestandsmerkmal eine eigenständige und wichtige Rolle, weil es sicherstellt, dass § 4a aggressives Verhalten gerade wegen seines Potentials zur Verfälschung des Marktverhaltens sanktioniert und damit am **wettbewerbsschützenden Zweck** des Lauterkeitsrechts orientiert bleibt. Im Gefüge des UWG weist das Tatbestandsmerkmal insbesondere eine innere Beziehung zur Beeinflussung des wirtschaftlichen Verbraucherverhaltens iSv § 3 Abs. 2 auf (eingehend zu diesem Generalklauselmerkmal *Podszun* → § 3 Rn. 92 ff.).

131 Hinsichtlich des Begriffs der **geschäftlichen Entscheidung** gilt das zu § 2 Abs. 1 Nr. 9 Gesagte (s. die Kommentierung dort). **„Veranlasst"** wird eine solche Entscheidung auch dann, wenn der Verbraucher – mit aggressiven Mitteln – in den Vollzug einer Entscheidung gedrängt wird, der er schon vorher zugeneigt haben mag, da der Unternehmer damit zugleich die Möglichkeit zur umentscheidenden Selbstkorrektur beseitigt.[405] Die **„Eignung"** unternehmerischen Verhaltens sollte in § 4a Abs. 1 S. 1 und S. 2 (dort: Eignung zur Beeinträchtigung der Entscheidungsfreiheit) parallel bestimmt werden.[406] Auch hier ist also zu fragen, ob das unternehmerische Verhalten nach objektiver Betrachtungsweise eine genügende Wahrscheinlichkeit (für eine Wahrscheinlichkeitsbetrachtung iRd § 3 Abs. 2 auch *Podszun* zu → § 3 Rn. 98) geschaffen hat, dass ein durchschnittlicher Verbraucher, ein durchschnittliches Mitglied der angesprochenen Verbrauchergruppe, oder ein durchschnittlicher sonstiger Marktteilnehmer eine geschäftliche Entscheidung trifft, die sie oder er sonst nicht getroffen hätte.

[403] OLG Frankfurt a. M. GRUR-RR 2015, 339 Rn. 27 – Reiseversicherung über Check-Box.
[404] *Köhler*/Bornkamm/Feddersen § 4a Rn. 1.34.
[405] MüKoUWG/*Raue* § 4a Rn. 100.
[406] *Köhler*/Bornkamm/Feddersen § 4a Rn. 1.36.

Die multiplen Anforderungen des § 4a an eine Entscheidungsbeeinträchtigung durch den Unternehmer sind nicht ganz leicht zu einem sinnvollen Zusammenspiel zu fügen (bereits → Rn. 41). Ein prominenter Vorschlag geht dahin, bei Vorliegen einer aggressiven geschäftlichen Handlung, also bei Eignung zur erheblichen Beeinträchtigung der Entscheidungsfreiheit, eine **widerlegliche Vermutung** für die Eignung zur Veranlassung einer sonst nicht getroffenen geschäftlichen Entscheidung greifen zu lassen.[407] Unter Zugrundelegung des Wortlauts- und des Prinzips der richtlinienkonformen Auslegung bestehem hiergegen gewisse Bedenken. Denn weder der Wortlaut von § 4a Abs. 1 S. 2 noch derjenige von Art. 8 UGP-RL sprechen für eine solche Vermutung – etwa durch eine negative Formulierungsweise. Funktional erscheint die mit einer solchen Vermutung einhergehende Beweislastverteilung, nämlich dass der Unternehmer sich durch Nachweis fehlender Eignung zur Entscheidungsveranlassung entlasten muss,[408] hingegen sinnvoll und praktikabel. 132

§ 5 Irreführende geschäftliche Handlungen

(1) [1]**Unlauter handelt, wer eine irreführende geschäftliche Handlung vornimmt, die geeignet ist, den Verbraucher oder sonstigen Marktteilnehmer zu einer geschäftlichen Entscheidung zu veranlassen, die er andernfalls nicht getroffen hätte.** [2]**Eine geschäftliche Handlung ist irreführend, wenn sie unwahre Angaben enthält oder sonstige zur Täuschung geeignete Angaben über folgende Umstände enthält:**

1. **die wesentlichen Merkmale der Ware oder Dienstleistung wie Verfügbarkeit, Art, Ausführung, Vorteile, Risiken, Zusammensetzung, Zubehör, Verfahren oder Zeitpunkt der Herstellung, Lieferung oder Erbringung, Zwecktauglichkeit, Verwendungsmöglichkeit, Menge, Beschaffenheit, Kundendienst und Beschwerdeverfahren, geographische oder betriebliche Herkunft, von der Verwendung zu erwartende Ergebnisse oder die Ergebnisse oder wesentlichen Bestandteile von Tests der Waren oder Dienstleistungen;**
2. **den Anlass des Verkaufs wie das Vorhandensein eines besonderen Preisvorteils, den Preis oder die Art und Weise, in der er berechnet wird, oder die Bedingungen, unter denen die Ware geliefert oder die Dienstleistung erbracht wird;**
3. **die Person, Eigenschaften oder Rechte des Unternehmers wie Identität, Vermögen einschließlich der Rechte des geistigen Eigentums, den Umfang von Verpflichtungen, Befähigung, Status, Zulassung, Mitgliedschaften oder Beziehungen, Auszeichnungen oder Ehrungen, Beweggründe für die geschäftliche Handlung oder die Art des Vertriebs;**
4. **Aussagen oder Symbole, die im Zusammenhang mit direktem oder indirektem Sponsoring stehen oder sich auf eine Zulassung des Unternehmers oder der Waren oder Dienstleistungen beziehen;**
5. **die Notwendigkeit einer Leistung, eines Ersatzteils, eines Austauschs oder einer Reparatur;**
6. **die Einhaltung eines Verhaltenskodexes, auf den sich der Unternehmer verbindlich verpflichtet hat, wenn er auf diese Bindung hinweist, oder**
7. **Rechte des Verbrauchers, insbesondere solche auf Grund von Garantieversprechen oder Gewährleistungsrechte bei Leistungsstörungen.**

(2) **Eine geschäftliche Handlung ist auch irreführend, wenn sie im Zusammenhang mit der Vermarktung von Waren oder Dienstleistungen einschließlich vergleichender Werbung eine Verwechslungsgefahr mit einer anderen Ware oder Dienstleistung oder mit der Marke oder einem anderen Kennzeichen eines Mitbewerbers hervorruft.**

(3) **Angaben im Sinne von Absatz 1 Satz 2 sind auch Angaben im Rahmen vergleichender Werbung sowie bildliche Darstellungen und sonstige Veranstaltungen, die darauf zielen und geeignet sind, solche Angaben zu ersetzen.**

[407] *Köhler*/Bornkamm/Feddersen § 4a Rn. 1.36.
[408] *Köhler*/Bornkamm/Feddersen § 4a Rn. 1.36.

(4) [1]**Es wird vermutet, dass es irreführend ist, mit der Herabsetzung eines Preises zu werben, sofern der Preis nur für eine unangemessen kurze Zeit gefordert worden ist.** [2]**Ist streitig, ob und in welchem Zeitraum der Preis gefordert worden ist, so trifft die Beweislast denjenigen, der mit der Preisherabsetzung geworben hat.**

Gesamtübersicht

A. Grundlagen

Übersicht

Schrifttum: *Albrecht,* Europäisches Wettbewerbsrecht und seine Auswirkungen auf das deutsche Wettbewerbsrecht, WRP 1997, 926; *Alexander,* Anmerkungen zum Referentenentwurf eines Zweiten Gesetzes zur Änderung des UWG, WRP 2014, 1384; *ders,* Neue Transparenzanforderungen im Internet – Ergänzungen der UGP-RL durch den „New Deal for Consumers", WRP 2019, 1235; *ders,* New Deal for Consumers, WRP 2019, I, Nr. 01; *ders.,* Überblick und Anmerkungen zum Referentenentwurf eines Gesetzes zur Stärkung des Verbraucherschutzes im Wettbewerbs- und Gewerberecht; *ders.,* Vertragsrecht und Lauterkeitsrecht unter dem Einfluss der Richtlinie 2005/29/EG über unlautere Geschäftspraktiken, WRP 2012, 515; *Apostolopoulos,* Das europäische Irreführungsverbot: Liberalisierung des Marktgeschehens oder Einschränkung für die Anbieterseite?, GRUR Int. 2005, 292; *Augenhofer,* Die Reform des Verbraucherrechts durch den „New Deal" – ein Schritt zu einer effektiven Rechtsdurchsetzung?, EuZW 2019, 5; *Bärenfänger,* Symbiotische Theorie zum Kennzeichen- und Lauterkeitsrecht, WRP 2011, 160; *Beater,* Allgemeininteressen und UWG, WRP 2012, 6; *ders.,* Zum Verhältnis von europäischem und nationalem Wettbewerbsrecht – Überlegungen am Beispiel des Schutzes vor irreführender Werbung und des Verbraucherbegriffs, GRUR Int. 2000, 963; *A. Bergamnn,* Richtlinienkonforme Auslegung im Unlauterkeitsrecht am Beispiel der Irreführung durch Unterlassen nach § 5a UWG, FS Krämer 2009, 163; *Berlit,* Das neue Gesetz gegen den unlauteren Wettbewerb: Von den guten Sitten zum unlauteren Verfälschen, WRP 2003, 563; *Bornkamm,* Kennzeichenrecht und Irreführungsverbot – Zur wettbewerbsrechtlichen Beurteilung der irreführenden Kennzeichenbenutzung, in: FS Mühlendahl, 2005, S. 9; *ders.,* Die Schnittstellen zwischen gewerblichem Rechtsschutz und UWG – Grenzen lauterkeitsrechtlichen Verwechslungsschutzes, GRUR 2011, 1; *Brömmelmeyer,* Der Binnenmarkt als Leitstern der Richtlinie über unlautere Geschäftspraktiken, GRUR 2007, 295; *Büllesbach,* Auslegung der irreführenden Geschäftspraktiken des Anhangs I der Richtlinie 2005/29/EG über unlautere Geschäftspraktiken, 2008; *Büscher,* Schnittstellen zwischen Markenrecht und Wettbewerbsrecht, GRUR 2009, 230; *ders.,* Soziale Medien, Bewertungsplattformen & Co., GRUR 2017, 433; *Dembowski,* Wettbewerbsrechtliche Auswirkungen unwirksamer Allgemeiner Geschäftsbedingungen („Unwirksame AGB"), Anm. zu OLG Hamburg, Beschluss v. 13.11.2006 – 5 W 162/06, jurisPR-WettbR 2/2007 Anm. 2; *v. d. Decken/Heim,* Anm. zu BGH GRUR 2011, 742 – Leistungspakete im Preisvergleich, GRUR 2011, 746; *Deutsch,* Anspruchskonkurrenzen im Marken- und Kennzeichenrecht, WRP 2000, 854; *Ernst,* Unwirksame AGB-Klausel eines Internetdienstleisters, die Kostenpflichtigkeit des Angebots begründet, jurisPR-ITR 3/2007 Anm. 3; *Fehringer/Freund,* Die Umsetzung der Richtlinie über unlautere Geschäftspraktiken in das UWG, Medien und Recht 2007, 115; *Fezer,* Das Informationsgebot der Lauterkeitsrichtlinie als subjektives Verbraucherrecht, WRP 2007, 1021; *ders.,* Normenkonkurrenz zwischen Kennzeichenrecht und Lauterkeitsrecht: Ein Beitrag zur kumulativen und subsidiären Normenkonkurrenz im Immaterialgüterrecht – Kritik der Vorrangthese des

BGH zum MarkenG, WRP 2008, 1; *ders.,* Theorie der Funktionalität der Immaterialgüterrechte als geistiges Eigentum – Zugleich eine rechtstheoretische Grundlegung zum Vorabentscheidungsverfahren „Ford/Wheeltrims", GRUR 2016, 30; *Fritzsche,* Überlegungen zum Referentenentwurf eines Zweiten Gesetzes zur Änderung des UWG, WRP 2014, 1392; *Gamerith,* Neue Herausforderungen für ein europäisches Lauterkeitsrecht – Studie für den Arbeitskreis „UWG" des Bundesministeriums für Wirtschaft und Arbeit, WRP 2003, 143; *Glöckner,* Der Schutz vor Verwechslungsgefahr im Spannungsfeld von Kennzeichenrecht und verbraucherschützendem Lauterkeitsrecht, in: Geistiges Eigentum und Gemeinfreiheit, Ansgar Ohly, Diethelm Klippel (Hrsg.), 2007, S. 145; *ders.,* UWG-Novelle mit Konzept und Konsequenz, WRP 2014, 1399; *ders.,* Good News from Luxembourg? Die Anwendung des Lauterkeitsrechts auf Verhalten zur Förderung eines fremden Unternehmens nach EuGH – RLvS Verlagsgesellschaft mbH, in: Festschrift Köhler, 2014, S. 159; *Goldberg,* (Kein) „Haircut" bei der Preisangabenverordnung?, WRP 2013, 1561; *Hamacher,* GOOD NEWS II: Hat der EuGH die Vollharmonisierung des Lauterkeitsrechtes in Teilbereichen abgeschafft? GRUR-Prax 2014, 365; *Harte-Bavendamm,* Wettbewerbsrechtlicher Verbraucherschutz in der Welt der „look-alikes", FS Loschelder 2010, 111; *Henning-Bodewig,* Die Bekämpfung unlauteren Wettbewerbs in den EU-Mitgliedstaaten: eine Bestandsaufnahme, GRUR Int. 2010, 273; *dies.,* Lauterkeit im B2B-Verhältnis – „anständige Marktgepflogenheiten", nicht „fachliche Sorgfalt"!, GRUR Int. 2015, 529; *dies.,* Relevanz der Irreführung, UWG-Nachahmungsschutz und die Abgrenzung Lauterkeitsrecht/IP-Rechte, GRUR Int. 2007, 986; *Hetmank,* Im Korsett der UGP-RL, GRUR 2015, 323; *Hilty/Henning-Bodewig,* Law Against Unfair Competition. Towards a New Paradigm in Europe?, 2007; *Hoeren,* Das neue UWG und dessen Auswirkungen auf den B2B-Bereich, WRP 2009, 789; *Ingerl,* Der wettbewerbsrechtliche Kennzeichenschutz und sein Verhältnis zum MarkenG in der neueren Rechtsprechung des BGH und in der UWG-Reform, WRP 2004, 809; *Jänich,* Zur Herkunftstäuschung bei Handtuchklemmen – Ergänzender wettbewerbsrechtlicher Leistungsschutz nur bei gewissem Bekanntheitsgrad, LMK 2005, II, 47; *Kiethe/Groeschke,* Erweiterung des Markenschutzes vor Verwechslungen durch das neue Lauterkeitsrecht, WRP 2009, 1343; *Kamlah,* Zum Konkurrenzverhältnis des UWG zum UKlaG, WRP 2006, 33; *Keßler,* Lauterkeitsschutz und Wettbewerbsordnung – zur Umsetzung der Richtlinie 2005/29/EG über unlautere Geschäftspraktiken in Deutschland und Österreich, WRP 2007, 714; *ders.,* Wettbewerbsrechtliches Irreführungsverbot und Freiheit des Warenverkehrs, EuZW 1991, 107; *Keßler/Micklitz,* BB-Europareport: Der Richtlinienvorschlag über unlautere Praktiken im binnenmarktinternen Geschäftsverkehr, BB 2003, 2073; *Kiethe/Groeschke,* Die Mogelpackung – Lebensmittel- und wettbewerbsrechtliche Risiken der Produkteinführung – Rechtsschutzmöglichkeiten der Wettbewerber, WRP 2003, 962; *Köhler,* Die Durchsetzung des Vertragsrechts mit Mitteln des Lauterkeitsrechts, FS für Dieter Medicus, 2009, 225; *ders.* Die „Citroën"-Entscheidung des EuGH und ihre Folgen, GRUR 2016, 891; *ders.,* Durchsetzung der DS-GVO – eine Aufgabe auch für Mitbewerber oder zumindest für Verbraucherverbände?, WRP 2019, 1279; *ders.,* „Haircut" bei der Preisangabenverordnung am 12.6.2013, WRP 2013, 723; *ders.,* Irreführende vergleichende Werbung, GRUR 2013, 761; *ders.,* Unzulässige geschäftliche Handlungen bei Abschluss und Durchführung eines Vertrags, WRP 2009, 898; *ders.,* Zur Mitbewerberklage gegen die Verwendung unwirksamer Allgemeiner Geschäftsbedingungen?, WRP 2012, 1475; *Köhler/Lettl,* Das geltende europäische Lauterkeitsrecht, der Vorschlag für eine EG-Richtlinie über unlautere Geschäftspraktiken und die UWG-Reform, WRP 2003, 1019; *Kolb,* Auswirkungen und Zusammenspiel der Übergangsklausel und des Spezialitätsgrundsatzes der Richtlinie über unlautere Geschäftspraktiken am Beispiel der Preisangabenverordnung, Diss. Bayreuth 2015; *Kur,* Die Schnittstellen zwischen Marken- und Wettbewerbsrecht bei nationalen und Gemeinschaftsmarken, MarkenR 2001, 137; *Leible/Schäfer,* Proaktive Informationspflichten aus Art. 7 UGP-RL – eine wettbewerbsrechtliche Allzweckwaffe?, WRP 2012, 32; *Leistner,* Richtiger Vertrag und lauterer Wettbewerb, 2007; *Lettl,* Das neue UWG, GRUR-RR 2009, 41; *Lindacher,* Bei Nichtzufriedenheit Geld zurück. Zur bürgerlichrechtlichen und lauterkeitsrechtlichen Verortung einschlägiger Händler- und Herstellerversprechen, Festschrift Köhler zum 70. Geburtstag, 2014, S. 445; *ders.,* Funktionsfähiger Wettbewerb als Final- und Beschränkungsgrund des lauterkeitsrechtlichen Irreführungsverbots, FS Nirk, 1992, 587; *Loschelder/Dörre,* Das Verhältnis des wettbewerbsrechtlichen zum kennzeichenrechtlichen Schutz vor Verwechslungen, KSzW 2010, 242; *Lubberger,* Alter Wein in neuen Schläuchen, WRP 2007, 873; *Mankowski,* Die durch Marketing beeinflusste Willenserklärung. Wertungslinien zwischen Lauterkeitsrecht und Zivilrecht, Festschrift Köhler, 2014, S. 477; *Martin-Ehlers,* Die Irreführungsverbote des UWG im Spannungsfeld des freien europäischen Warenverkehrs, 1996; *Meisterernst,* Kein Öl an die Karotte! – 5 Jahre VO (EG) 1924/2006 über nährwert- und gesundheitsbezogene Angaben, WRP 2012, 405; *Menke,* Anmerkung zu einer Entscheidung des LG Bochum, Urt. v. 19.6.2013 (I-13 O 69/13; K&R 2013, 754) – Zur Frage der Anforderungen an die Pflicht zur Angabe des Grundpreises bei Internetangeboten, K&R 2013, 755; *Metzger,* Die Entwicklung des Rechtsbruchtatbestands nach der Umsetzung der UGP-RL – Ein Zwischenbericht, GRUR Int. 2015, 687; *Micklitz/Kessler,* Funktionswandel des UWG, WRP 2003, 919; *Münker,* Stellungnahme der Wettbewerbszentrale zum Referentenentwurf eines Zweiten Gesetzes zur Änderung des Gesetzes gegen den unlauteren Wettbewerb, WRP 2014, 1434; *Nussbaum/Ruess,* Irreführung durch Marken – Die Neuregelung der Imitationswerbung in § 5 Abs. 2 n. F., MarkenR 2009, 233; *Ohly,* Der Schutz der unternehmerischen Interessen im Lauterkeitsrecht, Gutachten im Auftrag des Bayerischen Industrie- und Handelskammertages e. V., 2015, abrufbar über die Website der IHK München und Oberbayern, www.muenchen.ihk.de (zuletzt besucht 22.5.2016); *ders.,* Geistiges Eigentum und Wettbewerbsrecht – Konflikt oder Symbiose?, in: Oberender (Hrsg.), Wettbewerb und geistiges Eigentum, 2007, 47; *ders.,* Urheberrecht und UWG, GRUR Int. 2015, 693; *ders.,* UWG-Rechtsschutz bei Verstößen gegen die Datenschutz-Grundverordnung?, GRUR 2019, 686; *Omsels,* Die Auswirkungen einer Verletzung richtlinienwidriger Marktverhaltensregelungen auf § 4 Nr. 11 UWG, WRP 2013, 1286; *Oppenhoff,* Im Spannungsfeld zwischen Gemeinschaftsrecht und deutschem Wettbewerbsrecht, FS v. Gamm, 1990, 117; *Peifer,* Die Zukunft der irreführenden Geschäftspraktiken, WRP 2008, 556; *ders.*, „Good News" und die Medien – Die lauterkeitsrechtliche Kontrolle publizistischer Belange am Scheideweg?, FS Köhler, 2014, S. 519; *Peukert,* Urheberrecht und UWG, GRUR Int. 2015, 693; *ders,* Vom abstrakten zum konkreten Verbraucherschutz im Rahmen des Rechtsbruchtatbestands, in: FS Köhler, 2014, 507; *Piper,* Zu den Auswirkungen des EG-Binnenmarktes auf das deutsche Recht gegen den unlauteren Wettbewerb, WRP 1992, 685; *Sack,* Anmerkungen zur geplanten Änderung des UWG, WRP 2014, 1418; *ders.*, Markenrechtliche Probleme vergleichender Werbung, GRUR 2008, 201; *Säcker,* Das UWG zwischen den Mühlsteinen europäischer Harmonisierung und grundrechtsgebotener Liberalisierung, WRP 2004, 1199; *Scherer,* Das Verhältnis des lauterkeitsrechtlichen Nachahmungsschutzes nach § 4 Nr. 9 UWG zur europarechtlichen Vollharmonisierung der irreführenden oder vergleichenden Werbung, WRP 2009, 1446; *dies.*, Ungeschriebenes Tatbestandsmerkmal für „Geschäftspraxis" nach Art. 2d) UGP-RL, WRP 2014, 517; *Schilling,* Konkretisierungskompetenz und Konkretisierungsmethoden im Europäischen Privatrecht, 2009; *Schlingloff,* Keine Änderungen für die Rechtspraxis? Ein erster Blick auf den Referentenentwurf zur Änderung des UWG, WRP 2014, 1424; *Schmidtchen,* Die Beziehung zwischen dem Wettbewerbsrecht und dem Recht des geistigen Eigentums – Konflikt, Harmonie oder Arbeitsteilung?, in: Oberender (Hrsg.), Wettbewerb und geistiges Eigentum, 2007, S. 9; *Schmidtke,* Unlautere geschäftliche Handlungen bei und nach Vertragsschluss, 2011; *Schricker,* Die Bekämpfung der irreführenden Werbung in den Mitgliedstaaten der EG, GRUR Int. 1990, 112; *ders.*, Schadenersatzansprüche der Abnehmer wegen täuschender Werbung? – Betrachtungen im Anschluss an die Prüfzeichen-Entscheidung des BGH vom 14. Mai 1974, GRUR 1975, 111; *Schricker/Henning-Bodewig,* Elemente einer Harmonisierung des Rechts des unlauteren Wettbewerbs in der Europäischen Union, WRP 2001, 1367; *Schulte-Nölke/Busch,* Der Vorschlag der Kommission für eine Richtlinie über unlautere Geschäftspraktiken KOM (2003) 356 endg., ZEuP 2004, 99; *Schreiber,* Wettbewerbsrechtliche Kennzeichenrechte?, GRUR 2009, 113; *Sosnitza,* Der Regierungsentwurf zur Änderung des Gesetzes gegen den unlauteren Wettbewerb, GRUR 2015, 318; *ders.*, Fake-Werbung, GRUR 2010, 106; *ders.*, Wettbewerbsbeschränkungen durch die Rechtsprechung. Erscheinungsformen und Ursachen auf dem Gebiet des Lauterkeitsrechts, 1995; *Spindler/Volkmann,* Die zivilrechtliche Störerhaftung der Internet-Provider, WRP 2003, 1; *Spittka,* Können Verbraucherschützer wegen DS-GVO-Verstößen klagen? GRUR-Prax 2019, 272; *Starck,* Bemerkungen zum Regelungsumfang von § 2 MarkenG, in: FS Erdmann, 2002, S. 485; *Steinbeck,* Richtlinie über unlautere Geschäftspraktiken: Irreführende Geschäftspraktiken – Umsetzung in das deutsche Recht, WRP 2006, 632; *dies.*, Zur These vom Vorrang des Markenrechts, in: FS Ullmann, 2006, 409; *Stieper,* Das Verhältnis von Immaterialgüterrechtsschutz und Nachahmungsschutz nach neuem UWG, WRP 2006, 291; *Szalai,* Rechtsdurchsetzung im Lauterkeitsrecht, DZWIR 2014, 1; *Teplitzky,* Die markenrechtliche Verwechslungsgefahr in der Rechtsprechung des BGH und des EuGH, WRP 2003, 415; *Tilmann,* Richtlinie vergleichende Werbung, GRUR 1997, 790; *Tilmann/Ohde,* Die Mindestirreführungsquote im Wettbewerbsrecht und im Gesundheitsrecht, GRUR 1989, 229 und 331; *Thouvenin,* Funktionale Systematisierung von Wettbewerbsrecht (UWG) und Immaterialgüterrechten, 2007; *Tiller,* Gewährleistung und Irreführung, 2005; *Uebele,* Datenschutzrecht vor Zivilgerichten – Die Durchsetzung des Datenschutzrechts über UWG und UKlaG auf dem Prüfstand von Rechtsprechung und Gesetzgeber, GRUR 2019, 694; *Ullmann,* Das Koordinatensystem des Rechts des unlauteren Wettbewerbs im Spannungsfeld von Europa und Deutschland, GRUR 2003, 817; *Willems,* Preisangaben vor dem „Frisierspiegel" des Europarechts? GRUR 2014, 734; *Zecca-Jobst,* Informationspflichten im Lauterkeits- und Vertragsrecht, 2015; *Würtenberger/Loschelder,* Stellungnahme der Deutschen Vereinigung für gewerblichen Rechtsschutz und Urheberrecht zum Vorschlag der EU-Kommission vom 1.4.2018 zur Änderung der RL 2005/29/EG im Hinblick auf Produkte von zweierlei Qualität, GRUR 2019, 709; *Wunderle,* Verbraucherschutz im Europäischen Lauterkeitsrecht, 2010.

S. darüber hinaus auch die **Schrifttumsnachweise zu § 5 Abschn. J (→ § 5 Vor Rn. 1277) und zu § 5a.**

I. Einfluss des Europäischen Rechts

1 Das lauterkeitsrechtliche Irreführungsrecht ist im Bereich B2C durch die UGP-RL vollharmonisiert; die zum 7.1.2020 in Kraft getretenen Änderungen sind erst ab Umsetzung, spätestens aber ab 28.3.2022 bei der richtlinienkonformen Auslegung zu beachten. Im Verhältnis B2B besteht durch die Werberichtlinie 2006/114/EG ein Mindestschutz sowie für vergleichende Werbung Vollharmonisierung; zum Verhältnis der Unionsrechtsakte zueinander ***Glöckner*** → Einl. Rn. 450.

2 Zum Harmonisierungsgrad im Bereich von Verbraucherinformationspflichten näher → § 5 Rn. 53 ff.

3 Zur **historischen Entwicklung** der Irreführungsrichtlinien und des **Verbraucherleitbilds** s. *Glöckner* → Einl. Rn. 380 ff., 434 ff.

Mit Wirkung zum **7.1.2020** wurde die **UGP-RL** durch die **RL (EU) 2019/2161 v. 27.11.2019 („Omnibus-Richtlinie")**[1] geändert (näher ***Glöckner*** **→ Einl. Rn. 193 ff.;** *Keller* → Einl. Rn. 71 ff.). Die Änderungen sind bis zum **28.11.2021** umzusetzen und vorbehaltlich einer früheren Umsetzung spätestens ab dem **28.3.2022** anzuwenden; erst ab diesem Zeitpunkt sind sie auch bei der **richtlinienkonformen Auslegung** zu beachten. Sie betreffen neben dem durch § 5a umgesetzten **Art. 7 UGP-RL (näher → § 5a Rn. 3)** auch den durch **§ 5** umgesetzten **Art. 6 UGP-RL:**

Im Hinblick auf die Praxis, dass Produkte innerhalb der Union in unterschiedlicher Beschaffenheit **(„dual quality")** vertrieben werden, wurde ein neuer **Art. 6 Abs. 2 lit. c UGP-Richtlinie** eingefügt. Danach gilt eine Geschäftspraxis ferner als irreführend, wenn sie im konkreten Fall unter Berücksichtigung aller tatsächlichen Umstände einen Durchschnittsverbraucher zu einer geschäftlichen Entscheidung veranlasst oder zu veranlassen geeignet ist, die er ansonsten nicht getroffen hätte, und (die) Folgendes beinhaltet: *„jegliche Art der Vermarktung einer Ware in einem Mitgliedstaat als identisch mit der in einem anderen Mitgliedstaat vermarkteten Ware, obgleich sich diese Waren in ihrer Zusammensetzung oder ihren Merkmalen wesentlich voneinander unterscheiden, sofern dies nicht durch legitime und objektive Faktoren gerechtfertigt ist."*

Bei der Änderung durch Art. 6 Abs. 2 lit. c UGP-RL (2019) handelt es sich lediglich um eine Klarstellung, da diese Geschäftspraxis sich schon bislang unter das allgemeine Irreführungsverbot des Art. 6 UGP-RL/§ 5 UWG subsumieren ließ.[2]

4 Für den Tatbestand des § 5 sind insbesondere Art. 2 und Art. 3 der Werberichtlinie[3] und Art. 6 UGP-RL von Bedeutung, während die „irreführende Unterlassung" (Art. 7 UGP-RL) in § 5a geregelt ist. Im Zusammenhang mit dem Irreführungsverbot ist weiter die im Anhang I der UGP-RL enthaltene „black list" der Geschäftspraktiken von Bedeutung, die unter allen Umständen als unlauter gelten, wenn sie sich an Verbraucher richten. Sie wurde durch § 3 Abs. 3 UWG samt Anhang in deutsches Recht umgesetzt, wobei verschiedene Veränderungen am Wortlaut der „schwarzen Liste" vorgenommen wurden, und durch „Einschub" der Nr. 31 der „black list" als Nr. 17 des Anhangs zu § 3 Abs. 3 die Nummerierung verändert wurde. Im Zuge der zum 7.1.2020 in Kraft getretenen Änderungen der UGP-RL wurde die „Black List" ergänzt, ua wurde in **Nr. 11a** ein Per-Se-Verbot betr. **Ranking** eingefügt, s. näher ***Glöckner*** → Einl. Rn. 193 ff. Zur Umsetzung durch das „UWG 2022" s. u. S. 3085 ff.

II. Gesetzesgeschichte

5 **1. Lauterkeitsrechtlicher Irreführungsschutz bis zur UWG-Novelle 2008.** Bereits § 1 des Gesetzes gegen den unlauteren Wettbewerb vom **27.5.1896**[4] kannte einen Schutz gegen Irreführung, der aber auf die öffentliche Werbung beschränkt war. An dieser Einschränkung hielt das Gesetz gegen den unlauteren Wettbewerb vom **7.6.1909**[5] zunächst fest. Gesetzessystematisch findet sich die dem § 1 UWG des Gesetzes vom 27.5.1896 entsprechende Bestimmung dort in § 3. Sie hatte der sog. großen Generalklausel zum Schutz vor sittenwidrigem Verhalten Platz zu machen. Letztere wurde in den folgenden Jahren *die* maßgebliche Vorschrift des UWG, in deren Schatten die immer noch auf die öffentliche Werbung beschränkte kleine Generalklausel stand. Erst durch die Gesetzes-

[1] Richtlinie (EU) 2019/2161 des Europäischen Parlaments und des Rates vom 27.11.2019 zur Änderung der Richtlinie 93/13/EWG des Rates und der Richtlinien 98/6/EG, 2005/29/EG und 2011/83/EU des Europäischen Parlaments und des Rates zur besseren Durchsetzung und Modernisierung der Verbraucherschutzvorschriften der Union, ABl. 2019 L 328, S. 7. Zur Umsetzung in Deutschland *Weher* → Einl. Rn. 76a f.; *Alexander* WRP 2021, 136 (139).

[2] 51. und 52. Erw.grd. UGP-RL (2019); Pressemitteilung der Europäischen Kommission vom 26.9.2017 – IP17/3403; *Augenhofer* EuZW 2019, 5 (7).

[3] Richtlinie 2006/114/EG des Europäischen Parlaments und des Rates vom 12.12.2006 über irreführende und vergleichende Werbung (kodifizierte Fassung), ABl. 2006 L 376, S. 21.

[4] RGBl. S. 145. Zur Entwicklung des UWG insbes. *Keller* Einl. A.

[5] RGBl. S. 499.

änderung vom **26.6.1969**[6] wurde der wettbewerbsrechtliche Irreführungsschutz auf die Einzelwerbung erstreckt.

Am **10.9.1984** erließ der Rat der Europäischen Gemeinschaften die **Richtlinie 84/450/EWG** zur Angleichung der Rechts- und Verwaltungsvorschriften der Mitgliedstaaten über irreführende Werbung.[7] Die Richtlinie enthält iS einer **Teilharmonisierung** nur einen **Mindestschutz gegen irreführende Werbung.**[8] Von einer Umsetzung der Richtlinie sah der deutsche Gesetzgeber im Hinblick darauf ab, dass der durch das UWG gewährte Irreführungsschutz bereits den Mindeststandard der Richtlinie erreiche. Das Gesetz zur vergleichenden Werbung und zur Änderung wettbewerbsrechtlicher Vorschriften vom **1.9.2000**[9] erweiterte den Irreführungsschutz des § 3 UWG (1969) durch die Einfügung eines Satzes 2 auf **Angaben im Rahmen der vergleichenden Werbung.** Es setzt Art. 3a Abs. 1 lit. a der Irreführungsrichtlinie in der Fassung nunmehr von Art. 1 Ziff. 4 der Richtlinie 97/55/EG des Europäischen Parlaments und des Rates vom 6.10.1997 zur Änderung der Richtlinie 84/450/EWG über die irreführende Werbung zwecks Einbeziehung der vergleichenden Werbung um. 6

Im Zuge einer weiteren zum **8.7.2004** in Kraft tretenden Reform wurde das Irreführungsverbot in § 5 UWG (2004) neu geregelt und hierbei vom bislang selbständigen Verbotstatbestand zur Konkretisierung der Generalklausel des § 3 UWG (2004); hierbei ist es geblieben, → § 5 Rn. 141. Gleichzeitig wurden die bestehenden Regelungen zur irreführenden Werbung zusammengefasst. Dabei hat man den Wortlaut des § 5 der Regelung in Art. 3 Abs. 1 der Richtlinie 84/450/EWG weitgehend angeglichen.[10] Die den Irreführungsschutz flankierenden Vorschriften über den Insolvenzwarenverkauf (§ 6 UWG aF), über die Hersteller- und Großhändlerwerbung (§ 6a UWG aF), über den Kaufscheinhandel (§ 6b UWG aF), über Sonderveranstaltungen (§ 7 UWG aF) und über Räumungsverkäufe (§ 8 UWG aF) wurden ersatzlos aufgehoben. 7

2. UWG-Novelle 2008. Durch das UWG 2008 wurde die **UGP-RL** 2005/29/EG in deutsches Recht umgesetzt. Der bislang an „Werbung" anknüpfende Irreführungstatbestand wurde auf alle geschäftlichen Handlungen erweitert und so insbesondere in den Bereich der **Vertragsdurchführung bzw. -abwicklung** ausgedehnt, ferner neben Änderungen des § 3 Abs. 1 und Abs. 2 der Katalog der Bezugspunkte in § 5 Abs. 2 aF ergänzt und abschließend ausgestaltet. Die bislang in § 5 Abs. 2 S. 2 aF nur in einem Satz erwähnte Irreführung durch Unterlassen wurde in **§ 5a** neu geregelt und durch § 3 Abs. 3 iVm dem Anhang die **„schwarze Liste"** der UGP-RL umgesetzt. 8

3. UWG-Reform 2015. Bereits mit Wirkung zum **10.12.2015** wurde das UWG in der Fassung der Bekanntmachung vom 3.3.2010 (BGBl. I S. 254), zuletzt geändert durch Art. 6 des Gesetzes vom 1.10.2013 (BGBl. I S. 3714), erneut reformiert. Anlass für das zum 10.12.2015 in Kraft getretene Zweite Gesetz zur Änderung des Gesetzes gegen den unlauteren Wettbewerb vom 2.12.2015 (BGBl. I S. 2158) waren Beanstandungen der Europäischen Kommission aus den Jahren 2011 und 2014. Sie hatte in verschiedenen Punkten eine unzureichende Umsetzung der UGP-RL gerügt. Im Rahmen der zum **10.12.2015** in Kraft getretenen Novellierung ist § 4 Nr. 3 aF entfallen, da der Regelungsgehalt sich nunmehr in § 5a und dort zum Schutz von Verbrauchern insbesondere in Abs. 6 findet.[11] **§ 4 Nr. 4 und 5** wurden gestrichen, da diese Fälle durch §§ 5, 5a erfasst sind.[12] 9

---

[6] BGBl. I S. 633.

[7] ABl. 1984 L 250, S. 17; ausführlich *Glöckner* Einl. Rn. 120 ff.

[8] EuGH C-238/89, EU:C:1990:473 Rn. 22 – Pall; EuGH C-315/92, EU:C:1994:34 Rn. 10 – Verband Sozialer Wettbewerb.

[9] BGBl. I S. 1374.

[10] Vgl. auch die Amtl. Begr. zu § 5 Abs. 2 des Gesetzentwurfs der Bundesregierung, BT-Drs. 15/1487, 19.

[11] Beschlussempfehlung und Bericht des Ausschusses für Recht und Verbraucherschutz zum Gesetzentwurf der Bundesregierung, BT-Drs. 18/6571, 15.

[12] Beschlussempfehlung und Bericht des Ausschusses für Recht und Verbraucherschutz zum Gesetzentwurf der Bundesregierung, BT-Drs. 18/6571, 15.

Der Wortlaut des § 5a wurde stärker an die unionsrechtlichen Vorgaben angepasst. Inhaltliche Veränderungen sind damit für § 5a nicht verbunden, da die Vorschrift schon bislang unionskonform auszulegen war. **§ 5** wurde um eine **eigene Relevanzklausel** ergänzt (§ 5 Abs. 1 S. 1 aE), die zuvor bereits durch unionskonforme Auslegung der Vorschrift in diese hineinzulesen war, und in § 3 Abs. 1 das Spürbarkeitserfordernis gestrichen. Zudem wurde der Anwendungsbereich des § 5 auf Verbraucher und **sonstige Marktteilnehmer** beschränkt („… die geeignet ist, den Verbraucher oder sonstigen Marktteilnehmer zu einer geschäftlichen Entscheidung zu veranlassen, die er andernfalls nicht getroffen hätte …"), → § 5 Rn. 139, allgemein zur UWG-Reform 2015 einschließlich der Änderungen durch das „Gesetz zur Stärkung des fairen Wettbewerbs" vom 1.12.2020 ***Keller*** **→ Einl. Rn. 29 ff.**

9a **4. Geplante Änderungen 2021.** Zu den geplanten Änderungen durch ein **„Gesetz zur Stärkung des Verbraucherschutzes im Wettbewerbs- und Gewerberecht"** siehe *Keller* **→ Einl. Rn. 78.**

III. Normzweck, Regelungsgehalt und Systematik

10 **1. Normzweck.** Normzweck des § 5 ist der **Schutz der Verbraucher und sonstigen Marktteilnehmer** vor irreführenden geschäftlichen Handlungen; **mittelbar** bezweckt die Vorschrift auch den **Schutz von Mitbewerbern.** Da sich Wettbewerb nur bei ungestörter Inanspruchnahme der individuellen Handlungs- und Entscheidungsfreiheit der Marktteilnehmer entfalten kann, ist ein Schutz vor Irreführung erforderlich.[13] Die unionsrechtliche Grundlage bildet in Bezug auf Schutz von Verbrauchern die UGP-RL 2005/29/EG (vgl. **8. Erwägungsgrund**) und hinsichtlich des Schutzes von Gewerbetreibenden die Werberichtlinie 2006/114/EG (vgl. **4. Erwägungsgrund**). Mit der Ausklammerung des Schutzes von Mitbewerbern vor Irreführung im Zuge der Reform 2015 ist keine Einschränkung des mittelbar mitbewerberschützenden Schutzzwecks der Vorschrift verbunden (dazu → § 5 Rn. 140 sowie zur Bedeutung der Mitbewerberschädigung hinsichtlich des Relevanzerfordernisses → § 5 Rn. 341 ff.).

11 **2. Regelungsgehalt und Systematik. § 5 Abs. 1** nimmt zwar nicht mehr ausdrücklich auf **§ 3 Abs. 1** Bezug. Auch nach neuem Recht ist eine nach § 5 unlautere geschäftliche Handlung aber nur unter den in § 3 genannten Voraussetzungen unzulässig,[14] sodass stets eine **geschäftliche Handlung** iSd § 2 Nr. 1 vorliegen muss.[15] § 3 Abs. 1 UWG (2015) wurde im Zuge der Reform 2015 neu gefasst. Das **Spürbarkeitserfordernis** ist entfallen. Eigenständige Bedeutung kam ihm neben den tatbestandlichen Voraussetzungen der §§ 5, 5a schon bislang nicht zu.[16]

12 Irreführende geschäftliche Handlungen sind **in jeder Form** unlauter, unabhängig davon, ob sie durch werbende Angaben oder durch bildliche Darstellungen oder sonstige Veranstaltungen erfolgen, die darauf zielen und geeignet sind, solche Angaben zu ersetzen **(§ 5 Abs. 3 Hs. 2).** Auch ein **Werbevergleich** und selbst tatsächliche Handlungen, die werbende Angaben ersetzen, können unter bestimmten Umständen als irreführende geschäftliche Handlung unlauter sein **(§ 5 Abs. 3 Hs. 1).**

13 **§ 5 Abs. 1 S. 2** konkretisiert den Irreführungstatbestand, indem er Umstände nennt, auf die sich die Täuschung bzw. Täuschungseignung beziehen muss. Die Vorschrift orientiert sich an Art. 3 Irreführungsrichtlinie und Art. 6 der UGP-RL, ohne deren Wortlaut vollständig zu übernehmen. Die Aufzählung der **Bezugspunkte** ist anders als nach altem

[13] Vgl. *Brömmelmeyer* GRUR 2007, 297; *Kessler* WRP 2005, 1203 (1209).
[14] Vgl. Amtl. Begr. zum RegE, BT-Drs. 16/10145, 23.
[15] Köhler/*Bornkamm/Feddersen* § 5 Rn. 1.1.
[16] Vgl. GRUR 2009, 888 Rn. 18 – Thermoroll; GRUR 2012, 1273 Rn. 25 – Stadtwerke Wolfsburg; WRP 2016, 440 Rn. 25 – Fressnapf.

Recht **abschließend.** Sie unterscheidet nicht danach, ob Verbraucher oder Unternehmer von der Irreführung betroffen sind. **Dazu näher → § 5 Rn. 393 ff.**

§ 5 Abs. 2 setzt Art. 6 Abs. 2 lit. a UGP-RL um. Er betrifft das **Verhältnis zwischen Wettbewerbs- und Kennzeichenrecht.** 14

§ 5 Abs. 3 stellt klar, dass auch durch **bildliche und sonstige Angaben** sowie durch Informationen, die einen Mitbewerber betreffen, iSd § 5 irregeführt werden kann. 15

§ 5 Abs. 4 enthält schließlich für die **Werbung mit Preisherabsetzungen** eine Konkretisierung des Irreführungsverbots, die sich auch auf den Bereich der Beweislastverteilung erstreckt. Die vormals in § 5 Abs. 5 enthaltene Regelung der Werbung mit Vorratsverkäufen wurde im Zuge der Gesetzesreform 2008 aufgehoben, um ua Abgrenzungsschwierigkeiten zu Nr. 5 des Anhangs zu § 3 Abs. 3 zu vermeiden. 16

Die Irreführung durch **Unterlassen** ist in **§ 5a** geregelt.

Stets unzulässig sind die im **Anhang zu § 3 Abs. 3** enthaltenen Irreführungstatbestände. 17

IV. Europäischer Kontext

1. Primäres Gemeinschaftsrecht. S. *Glöckner* Einl. B. 18

Das primäre Gemeinschaftsrecht geht §§ 5, 5a UWG zwar vor.[17] Aufgrund der weitgehenden Vollharmonisierung durch die UGP-RL und die Werberichtlinie 2006/114/EG sowie zahlreiche spezialgesetzliche Irreführungsverbote sind die nationalen Vorschriften und deren Auslegung und Anwendung aber **primär an sekundären Unionsrechtsakten** zu messen.[18]

(Auch) was das Irreführungsverbot angeht, ist der Gerichtshof der Europäischen Gemeinschaften gesetzlicher Richter iSd Art. 101 Abs. 1 S. 2 GG.[19] Die nationalen Gerichte sind berechtigt und unter den Voraussetzungen des Art. 267 AEUV verpflichtet, dem EuGH entscheidungserhebliche Auslegungsfragen zum Europäischen Recht vorzulegen.[20] 19

Nach stRspr des EuGH muss jede nationale Regelung in einem Bereich, der auf Unionsebene abschließend harmonisiert wurde, **anhand der fraglichen Harmonisierungsmaßnahme** und nicht anhand des Primärrechts beurteilt werden.[21] Die Regeln über unlautere Geschäftspraktiken sind mit der UGP-RL auf Unionsebene vollständig harmonisiert worden, sodass sie in deren Anwendungsbereich anhand der **Bestimmungen der UGP-RL** und nicht anhand von Art. 28 AEUV zu beurteilen sind.[22] 20

Jedoch ist die den Mitgliedstaaten verliehene Befugnis, wie in Art. 4 UGP-RL auch ausdrücklich festgehalten wird, unter Beachtung der Regelungen des AEUV zum **freien Waren- und Dienstleistungsverkehr** auszuüben.[23] Wenn sich ein hinreichender Irreführungsschutz durch Maßnahmen der Etikettierung erreichen lässt, muss eine danach noch verbleibende **„Restirreführungsgefahr"** für einzelne Verbraucher im Hinblick auf Art. 34 AEUV uU hingenommen werden.[24] Hier liegt ausgehend vom **normativen Irreführungsbegriff** bereits keine relevante Irreführung vor. 21

---

[17] Vgl. EuGH v. 15.7.1964, C-6/64, NJW 1964, 2371 (2372) – Costa/ENEL; 2.2.1994 – C-315/92, EU:C:1994:34 Rn. 13 – Verband Sozialer Wettbewerb („Clinique"); C-119/05, ECLI:EU:C:2007:434 Rn. 61 – Lucchini.

[18] *Glöckner* → Einl. Rn. 443 ff.

[19] Vgl. BVerfG NJW 1987, 577 (578) – Solange II; NJW 2002, 1486 (1487) – biobronch.

[20] EuGH C-188/10 und C-189/10, EU:C:2010:363 Rn. 45 – Melki und Abdeli; C-112/13, EU:C:2014:2195 Rn. 34 – A vs B.

[21] Vgl. EuGH C-322/01, EU:C:2003:664 Rn. 64 – Deutscher Apothekerverband; C-421/12, EU:C:2014:2064 Rn. 63 – Kommission/Belgien.

[22] EuGH C-421/12, EU:C:2014:2064 Rn. 63–66 – Kommission/Belgien; näher *Glöckner* → Einl. Rn. 443 ff.

[23] Vgl. EuGH C-322/01, EU:C:2003:664 Rn. 64/65 – Deutscher Apothekerverband; C-481/12, EU:C:2014:11 Rn. 15 ff. – Juvelta; C-95/14, EU:C:2015:492 Rn. 41–46 – UNIC und UNI. CO. PEL.; näher zu den Grundfreiheiten *Glöckner* → Einl. Rn. 87 ff.

[24] Vgl. EuGH v. 13.3.1984, C-16/83, GRUR Int. 1984, 291 (300) – Bocksbeutelflasche; GRUR Int. 1987, 414 (417) – pétillant de raisin; GRUR Int. 2001, 55 (56) – Geffroy/Casino22 France; BGH GRUR 1994, 519 (520) – Grand Marnier; GRUR 1999, 1125 (1126) – EG-Neuwagen II.

22 Die Grundrechte sind bei der Beurteilung der Gültigkeit der Vorschriften und bei deren **Auslegung** zu beachten.[25] Soweit eine Vorschrift **auf zwingendem europäischem Recht beruht,** ist sie im Hinblick auf den Anwendungsvorrang des europäischen Rechts nicht am Maßstab der nationalen Grundrechte durch das BVerfG zu überprüfen, sondern unterliegt dem auf gemeinschaftlicher Ebene durch die **Charta** gewährleisteten Grundrechtsschutz.[26]

23 Die **europäischen Grundrechte** können durch Ziele des Allgemeininteresses gerechtfertigten **Beschränkungen** unterworfen sein.[27] Jede Einschränkung ihrer Ausübung muss jedoch nach Art. 52 Abs. 1 der Charta gesetzlich vorgesehen sein und den Wesensgehalt dieser Freiheiten achten sowie dem Verhältnismäßigkeitsgrundsatz entsprechen.[28]

24 Der **Schutz der Lauterkeit des Wettbewerbs,**[29] das hohe **Verbraucherschutzniveau**[30] und das hohe **Gesundheitsschutzniveau**[31] stellen nach der Rspr. des EuGH berechtigte Ziele von allgemeinem Interesse dar, die durch das Unionsrecht insbesondere gemäß Art. 9 AEUV, Art. 114 Abs. 3 AEUV, Art. 168 Abs. 1 AEUV und Art. 169 Abs. 1 AEUV sowie Art. 35, Art. 38 der Charta umgesetzt werden.[32] Die **unternehmerische Freiheit** ist durch Art. 16 der Charta geschützt.[33] Zudem **umfasst die Freiheit der Meinungsäußerung und Informationsfreiheit nach Art. 10 EMRK und Art. 11 der Charta,** der nach Art. 6 Abs. 1 AEUV den Verträgen rechtlich gleichrangig ist, **auch die Verbreitung von Informationen geschäftlicher Art durch einen Unternehmer, ua in Form von Werbebotschaften.**[34]

25 Rechtsmethodisch erfolgt die Prüfung der Grundrechte bei der **unionskonformen Auslegung** der Vorschriften, dazu sogleich → § 5 Rn. 26 ff., und hier insbes. bei der Interpretation **unbestimmter Rechtsbegriffe.** So können die Grundrechte für die Abgrenzung, ob eine **„Angabe" iSd § 5** vorliegt und mit welchem Inhalt, Bedeutung erlangen;[35] näher → § 5 Rn. 189.

Soweit eine ausreichende Berücksichtigung der Grundrechte iRd Auslegung nicht erfolgen kann, ist im Hinblick auf mögliche Grundrechtsverletzungen die **Verhältnismäßigkeit** zu prüfen.[36] Zur **Interessenabwägung** näher → § 5 Rn. 156 ff., 279 ff.

26 **2. Sekundäres Gemeinschaftsrecht. a) Unionskonforme Auslegung.** Auf Unionsebene sind die von **§§ 5, 5a** erfassten Regelungsbereiche **durch die UGP-RL 2005/29/EG und** die **Werberichtlinie 2006/114/EG weitgehend vollharmonisiert.** Zudem bestehen zahlreiche **Sonderregelungen,** insbes. im Bereich des Gesundheits- und Lebensmittelrechts, die spezielle Täuschungsverbote oder Informationspflichten enthalten, dazu → § 5 Rn. 65 ff. und zum Konkurrenzverhältnis und der Sperrwirkung bei Informationspflichten → § 5 Rn. 53 ff.

---

[25] EuGH C-157/14, EU:C:2015:823 Rn. 75 – Neptune Distribution; BGH DE:BGH:2020:200220UIZR5.19.0 Rn. 38 – Sofort-Bonus II.

[26] BVerfG ZUM 2007, 378 Rn. 20; GRUR 2020, 74 (75) Rn. 42 – Recht auf Vergessen I; GRUR 2020, 88, LS 2 – Recht auf Vergessen II.

[27] EuGH C-60/00, EU:C:2002:434 Rn. 42 – Carpenter; C-112/00, EU:C:2003:333 Rn. 79 – Schmidberger; C-157/14, EU:C:2015:823 Rn. 68 – Neptune Distribution.

[28] EuGH C-112/00, EU:C:2003:333 Rn. 79 – Schmidberger; C-157/14, EU:C:2015:823 Rn. 68 – Neptune Distribution.

[29] EuGH C-238/89, EU:C:1990:473 Rn. 22 – Pall; C-35/13, EU:C:2014:306 Rn. 37 – ASSICA und Krafts Foods Italia.

[30] EuGH C-238/89, EU:C:1990:473 Rn. 22 – Pall; C-157/14, EU:C:2015:823 Rn. 73 – Neptune Distribution.

[31] EuGH C-544/10, EU:C:2012:526 Rn. 45 – Deutsches Weintor; C-157/14, EU:C:2015:823 Rn. 73 – Neptune Distribution.

[32] EuGH C-157/14, EU:C:2015:823 Rn. 73 – Neptune Distribution.

[33] EuGH C-157/14, EU:C:2015:823 Rn. 65 – Neptune Distribution.

[34] EuGH C-157/14, EU:C:2015:823 Rn. 64 – Neptune Distribution.

[35] Vgl. BGH DE:BGH:2019:250419UIZR93.17.0 Ls. b) und Rn. 30 – Prämiensparverträge.

[36] Vgl. 7. Erw.grd. UGP-RL.

Soweit eine nationale Vorschrift auf Gemeinschaftsrecht beruht, das dem nationalen Gesetzgeber keinen Umsetzungsspielraum lässt, ist sie nicht am Maßstab der Grundrechte durch das BVerfG zu überprüfen, sondern unterliegt dem auf gemeinschaftlicher Ebene gewährleisteten Grundrechtsschutz.[37] Die darin verwandten Rechtsbegriffe sind als Begriffe des Gemeinschaftsrechts **autonom auszulegen.**[38] 27

Bei der Auslegung der Unionsvorschriften sind nicht nur ihr **Wortlaut,** für den alle Sprachfassungen gleichermaßen von Bedeutung sind,[39] sondern auch ihr Zusammenhang und die **Ziele** zu berücksichtigen.[40] Die **Auslegung** hat darauf zu achten, dass die verschiedenen durch die Unionsrechtsordnung geschützten Grundrechte und berechtigten Ziele von allgemeinem Interesse, insbes. der Schutz des **Geistigen Eigentums** und das hohe **Verbraucherschutzniveau,** miteinander in Einklang gebracht werden und zwischen ihnen ein **angemessenes Gleichgewicht** besteht.[41] 28

Das Erfordernis der unionskonformen Auslegung gilt nur im Anwendungsbereich der jeweiligen Richtlinien, sodass in einigen Bereichen der §§ 5, 5a grundsätzlich Spielraum für eine **autonome nationale Auslegung** besteht, vgl. dazu → § 5 Rn. 30 ff., → **§ 5 Rn. 1293 ff.,** → **§ 5 Rn. 1343 ff.**). Im Interesse einer **einheitlichen** Auslegung und Anwendung der §§ 5, 5a sollten die in den harmonisierten Bereichen geltenden Maßstäbe jedoch auch hier herangezogen werden, soweit nicht Unterschiede der Interessenlage eine abweichende Auslegung erfordern. 29

b) Werberichtlinie 2006/114/EG. Es handelt es sich um die kodifizierte Fassung der durch die Richtlinie vergleichende Werbung 97/55/EG geänderten und durch die UGP-RL auf den Schutz der Gewerbetreibenden beschränkten Irreführungsrichtlinie 84/450/EWG.[42] Die Werberichtlinie 2006/114/EG enthält abgesehen von den Anforderungen an vergleichende Werbung iS einer **Teilharmonisierung** nur einen **Mindestschutz gegen irreführende Werbung.**[43] Der Bereich der **vergleichenden Werbung** ist **vollharmonisiert;** hier bildet der Mindestirreführungsschutz der Irreführungsrichtlinie zugleich das **Höchstmaß möglichen Schutzes,**[44] was im Rahmen der unionskonformen Auslegung zu berücksichtigen ist; für eine autonome nationale Auslegung bleibt hier kein Raum, vgl. auch → § 5 Rn. 1343 ff. 30

Die Anforderungen der Werberichtlinie an zulässige irreführende und an zulässige vergleichende Werbung sind jeweils **unabhängig** voneinander zu beachten.[45] 31

c) UGP-RL. aa) Notwendigkeit der Differenzierung zwischen Anwendungsbereich und Ausnahmebereichen. Durch die UGP-RL sind die Regeln über unlautere Geschäftspraktiken von **Unternehmern gegenüber Verbrauchern vollständig harmonisiert** worden;[46] daher dürfen die Mitgliedstaaten im Anwendungsbereich der UGP-RL auch keine strengeren als die in der UGP-RL festgelegten Maßnahmen erlassen, und zwar 32

---

[37] BVerfG ZUM 2007, 378 Rn. 20; GRUR 2020, 74 (75) Rn. 42 – Recht auf Vergessen I; GRUR 2020, 88, LS 2 – Recht auf Vergessen II; näher *Ahrens* → Einl. Rn. 970 ff.

[38] EuGH C-40/01, Slg. 2003, I-2439 Rn. 26 = GRUR 2003, 425 – Ansul BV/Ajax Brandbeveiliging BV; C-421/12, EU:C:2014:2064 Rn. 63–66 – Kommission/Belgien; BGH GRUR 2012, 288 Rn. 10 – Betriebskrankenkasse I; GRUR 2014, 1120 Rn. 18 – Betriebskrankenkasse II.

[39] EuGH C-515/12, EU:2014:211 Rn. 19 – 4finance.

[40] EuGH C-112/11, EU:C:2012:487 Rn. 12 (zur UGP-RL) – ebookers.com Deutschland; C-306/05, EU:C:2006:764 Rn. 34 – SGAE.

[41] EuGH C-544/10, EU:C:2012:526 Rn. 47 – Deutsches Weintor; C-157/14, EU:C:2015:823 Rn. 75 – Neptune Distribution.

[42] Vgl. dazu EuGH C-52/13, EU:C:2014:150 Rn. 27 f. – Posteshop.

[43] EuGH C-238/89, EU:C:1990:473 Rn. 22 – Pall; C-315/92, EU:C:1994:34 Rn. 10 – Verband Sozialer Wettbewerb.

[44] EuGH C-44/01, EU:C:2003:205 Rn. 44 – Pippig Augenoptik; BGH WRP 2015, 1336 Rn. 18 – Staubsaugerbeutel im Internet.

[45] Vgl. EuGH C-52/13, EU:C:2014:150 Rn. 27 f. – Posteshop.

[46] EuGH C-304/08, EU:C:2010:12 Rn. 45 – Plus Warenhandelsgesellschaft; C-540/08, EU:C:2010:660 Rn. 30 – Mediaprint; C-288/10, EU:C:2011:443 Rn. 33 – Wamo.

auch nicht, um ein höheres Verbraucherschutzniveau zu erreichen;[47] ausführlich *Glöckner* → **Einl. Rn. 238 ff.**

33 Die UGP-RL differenziert nach Wortlaut und Zielsetzung allerdings zwischen zwei Bereichen:

34 *Erstens* dem **Anwendungsbereich** der Richtlinie, der festlegt, welche Geschäftspraktiken grundsätzlich von der Richtlinie erfasst werden und auf welche sie sich nicht bezieht (insbes. Art. 3 Abs. 1, Abs. 10, Erw.grd. 6 Satz 4, Erw.gr. 7).

35 *Zweitens* den von der Richtlinie **zugelassenen Ausnahmebereichen,** in denen der **Anwendungsbereich der Richtlinie zwar eröffnet ist, die vollharmonisierende Wirkung** der Richtlinie **aber eingeschränkt** oder modifiziert wird. In diesen Bereichen, zB dem **Vertragsrecht** (Art. 3 Abs. 2) oder Rechtsvorschriften in Bezug auf **Gesundheits- oder Sicherheitsaspekte** von Produkten (Art. 3 Abs. 3), bleibt die UGP-RL zwar grundsätzlich anwendbar,[48] sie lässt allerdings bestimmte andere Harmonisierungsmaßnahmen unberührt (zB Art. 3 Abs. 2, 3, 7, 8) oder tritt im Konfliktfall hinter diese zurück (Art. 3 Abs. 4). Art. 3 Abs. 2–9 UGP-RL schränken deren Anwendungsbereich somit nicht ein, sondern modifizieren lediglich in jeweils auslegungsbedürftiger Weise deren Anspruch auf Totalharmonisierung, s. **näher** ***Glöckner*** **→ Einl. Rn. 292 ff.**

36 Die **präzise Abgrenzung und Differenzierung zwischen Anwendungsbereich und zugelassenen Ausnahmebereichen** ist für den Umfang der Sperrwirkung der Richtlinie insbesondere im Hinblick auf Informationspflichten (Art. 7 Abs. 5 UGP-RL/ § 5a Abs. 4 UWG) entscheidend und daher für §§ 5, 5a von zentraler Bedeutung. Denn diese ist aufgrund der durch die UGP-RL bewirkten Vollharmonisierung anhand der Harmonisierungsmaßnahmen auf Unionsebene zu bewerten.

37 **bb) Beschränkungen des Anwendungsbereichs.** Außerhalb ihres Anwendungsbereichs entfaltet die UGP-RL **keine Sperrwirkung.** Eine Ausnahme besteht allerdings im Bereich der **vergleichenden Werbung** aufgrund des Rückverweises in Art. 4 lit. a Werberichtlinie auf Art. 6, 7 UGP-RL, **dazu → § 5 Rn. 1293 ff.** Soweit der Anwendungsbereich der UGP-RL nicht eröffnet ist, hat sich die Auslegung der §§ 5, 5a anhand der jeweiligen anderen Harmonisierungsmaßnahme zu vollziehen, für vergleichende Werbung also anhand Art. 4 Werberichtlinie (Vollharmonisierung) und im Bereich B2B anhand der Werberichtlinie (Mindeststandard); nur soweit das Unionsrecht hierfür Raum lässt, kann (autonomes) nationales Recht maßgebend sein. **Außerhalb des Anwendungsbereichs** der UGP-RL liegen **insbesondere folgende Bereiche:**

38 – **Vergleichende Werbung.** Die UGP-RL „erfasst und berührt nicht" die Bestimmungen über vergleichende Werbung **(Erw.grd. 6 Satz 5).** Hier ist bereits der Anwendungsbereich der UGP-RL nicht eröffnet („erfasst nicht"). Zugleich stellt die UGP-RL klar, dass darin keine Einschränkung der Vorgaben der Werberichtlinie für vergleichende Werbung in Art. 4 Werberichtlinie liegt („berührt nicht"). Letzteres war nötig, weil **Art. 4 lit. a der Werberichtlinie** für irreführende vergleichende Werbung auf Art. 6 und 7 UGP-RL (rück)verweist, dazu → § 5 Rn. 1293 ff. Der Zusatz „berührt nicht" in Erw.grd. 6 Satz 5 stellt klar, dass unbeschadet dessen, dass die UGP-RL vergleichende Werbung nicht erfasst, diese im Umfang des Rückverweises weiter gilt.

39 – **Verhältnis B2B.** Die UGP-RL erfasst und berührt nicht den Bereich B2B, insbesondere die Bestimmungen der Werberichtlinie über Werbung, die für Unternehmer, nicht aber Verbraucher irreführend ist **(Erwggrd. 6 Satz 3, 4, Art. 3 Abs. 1).** Geschäftliche Handlungen gegenüber **sonstigen Marktteilnehmern,** va also das Vertikalverhältnis,

---

[47] EuGH C-304/08, EU:C:2010:12 Rn. 41 – Plus Warenhandelsgesellschaft; C-13/15, ECLI:EU:C:2015:560 Rn. 38 ff., 41 – Cdiscount.

[48] Besonders deutlich wird dies bspw. in der französischen, spanischen oder englischen Sprachfassung, die in den Ausnahmebereichen Art. 3 Abs. 2, 3, 7, 8 formulieren: „La présente directive s'applique sans préjudice des dispositions communautaires" bzw. „La presente Directiva se entenderá sin perjuicio de (del Derecho/de las normas)" bzw. „This Directive is without prejudice to contract law".

fallen nicht in ihren Anwendungsbereich; hier greift allerdings die Werberichtlinie 2006/114/EG ein.

– **Förderung fremden Wettbewerbs** fällt nicht in den Anwendungsbereich der UGP-RL und die Werberichtlinie 2006/114/EG.[49] 40

– **Fehlender Verbraucherschutzbezug.** Nationale Regelungen ohne verbraucherschützende Zielsetzung, wie Vorschriften über Ladenschlusszeiten, fallen nicht in den Anwendungsbereich der UGP-RL **(Erwgrd. 8).**[50] 41

– **Keine Beeinflussung der geschäftlichen Entscheidung.** Die UGP-RL erfasst nur Geschäftspraktiken, die in unmittelbarem Zusammenhang mit der Beeinflussung der geschäftlichen Entscheidung des Verbrauchers in Bezug auf Produkte stehen.[51] Sie **bezieht sich nicht auf Geschäftspraktiken, die vorrangig anderen Zielen dienen,** etwa **presserechtlichen** Zwecken[52] oder dem **Jugendschutz** (zB: Verbot des Verkaufs bestimmter Waren an Jugendliche),[53] und auf kommerzielle, **für Investoren gedachte Mitteilungen** wie Jahresberichte und **Unternehmensprospekte (Erwgrd. 7 S. 1, 2).**[54] 42

– **Regelungen der guten Sitten,** zu denen die Richtlinie auch das **Ansprechen auf der Straße zu Verkaufszwecken** zählt, nimmt die UGP-RL aus (Erwägungsgrund 7, S. 3, 4).[55] 43

– **Edelmetall.** Die Richtlinie gilt zudem nicht für die Anwendung der Rechts- und Verwaltungsvorschriften in Bezug auf die **Zertifizierung und Angabe des Feingehalts** von Artikeln aus **Edelmetall (Art. 3 Abs. 10,** Erwgr. 9 S. 6). Im Gegensatz zu Art. 3 Abs. 4 oder Abs. 7 handelt es sich bei Art. 3 Abs. 10 nicht um eine Öffnungsklausel, wie aus dem Wortlaut („gilt nicht") folgt. Art. 3 Abs. 10 ist auf die Zertifizierung und Angabe des Feingehalts beschränkt. Daher ist zB die Werbung mit der Gebührenfreiheit des **Edelmetallankaufs** an § 5 zu messen.[56] 44

cc) Zugelassene Ausnahmebereiche. Überwiegend klammert die UGP-RL, wie auch der Gegenschluss zu Art. 3 Abs. 10 zeigt, Vorgaben anderer Harmonisierungsmaßnahmen nicht aus ihrem Anwendungsbereich aus. Vielmehr wird der **Irreführungsschutz der Art. 5, 6 UGP-RL durch Vorgaben anderer Harmonisierungsmaßnahmen lediglich verstärkt oder modifiziert, s.** ***Glöckner*** **→ Einl. Rn. 292.** So bleiben zB das Vertragsrecht (Art. 3 Abs. 2) oder Rechtsvorschriften in Bezug auf Gesundheits- oder Sicherheitsaspekte von Produkten (Art. 3 Abs. 3) durch die UGP-RL (lediglich) **„unberührt".** Daraus folgt, dass die UGP-RL hier im Gegensatz zu Art. 3 Abs. 10 UGP-RL („Diese Richtlinie gilt nicht …") anwendbar und lediglich ihre **vollharmonisierende Wirkung eingeschränkt ist,** wobei der Umfang der Einschränkung der Sperrwirkung durch **Auslegung** anhand den jeweiligen Harmonisierungsmaßnahmen festzustellen ist. Grundsätzlich anzuwenden ist die Richtlinie auch, soweit sie, wie zB in Art. 3 Abs. 9, **Öffnungsklauseln** für restriktivere und strengere Vorschriften enthält, denn daraus ergibt sich im Gegenschluss, dass die Richtlinie in diesen Bereichen anwendbar ist;[57] die Vollharmonisierung und damit auch die Sperrwirkung der Richtlinie wird lediglich in dem Maße eingeschränkt, das die jeweilige Ausnahmevorschrift vorsieht. Schließlich gehen auch andere Rechtsvorschriften, die besondere Aspekte unlauterer Geschäftspraktiken regeln, 45

---

[49] Vgl. EuGH C-391/12, EU:C:2013:669 Rn. 40 – RLvS; BGH GRUR 2014, 879 Rn. 13 – GOOD NEWS II; *Koch* FS Köhler, 2014, 359 (367); *Scherer* WRP 2014, 517 (519).

[50] EuGH C-559/11, EU:C:2012:615 Rn. 19 f. – Pelckmans Turnhout.

[51] EuGH C-393/17, EU:C:2019:563 Rn. 41 ff. – Kirschstein.

[52] Vgl. EuGH 17.10.2013 – C-391/12, ZUM 2013, 942 Rn. 44 – GOOD NEWS.

[53] *Köhler*/Bornkamm/Feddersen § 3a Rn. 1.334.

[54] Vgl. BGH MDR 2015, 518 Rn. 22 – Bezugsquellen für Bachblüten; GRUR 2013, 945 Rn. 29 – Standardisierte Mandatsbearbeitung.

[55] BGH DE:BGH:2015:081015UIZR225.13.0 Rn. 19 – Eizellspende.

[56] BGH WRP 2009, 435 – Edelmetallankauf.

[57] Vgl. GroßKommUWG/*Heinze,* 2. Aufl. 2014, Einl. Teil C Rn. 325 zu Art. 3 Abs. 9 UGP-RL.

nach Art. 3 Abs. 4 der Richtlinie dieser nur im Kollisionsfall vor, was bedeutet, dass die Richtlinie auch in diesen Bereichen anwendbar und lediglich im Kollisionsfall subsidiär ist. In all diesen Ausnahmebereichen ist der **Irreführungsschutz nach Art. 6 und 7 UGP-RL somit grundsätzlich eröffnet;** er wird lediglich unter Einschränkung bzw. Modifizierung der vollharmonisierenden Wirkung der Richtlinie **durch Sonderregelungen verstärkt oder modifiziert.** Dies entspricht der Zielsetzung und konzeptionellen Ausgestaltung der Richtlinie als **Rahmenrichtlinie** und dem mit ihr verfolgten Ansatz einer Vollharmonisierung. Für das Vorenthalten von **Pflichtangaben** trifft Art. 7 hierbei nach Wortlaut und Regelungszusammenhang eine grundsätzlich abschließende Regelung, **→ Rn. 53 ff.**

Zugelassene Ausnahmebereiche sind insbesondere:

46 – **Vertragsrecht.** Das Vertragsrecht und insbesondere die Bestimmungen über die Wirksamkeit, das Zustandekommen oder die Wirkungen eines Vertrags lässt die UGP-RL unberührt **(Art. 3 Abs. 2, Erwgrd. 9 Satz 2).** Gleiches gilt für die Werberichtlinie, die nur „Werbung" erfasst. Die **verbraucherschützende Zielsetzung** der UGP-RL (Art. 1) und der verfolgte regelungstechnische Ansatz eines Informationsmodells schließen auf Unionsebene ein striktes Trennungsprinzip für das Verhältnis von Vertragsrecht und Lauterkeitsrecht aus. Nach dem unionsrechtlichen Regelungsmodell ist Verbraucherschutz nicht allein Aufgabe des Vertragsrechts, sondern auch des Lauterkeitsrechts. Bei der Etablierung und Durchsetzung von Verbraucherschutz wirken Vertragsrecht und Lauterkeitsrecht zusammen und ergänzen sich **wechselseitig. Zum Konkurrenzverhältnis auf nationaler Ebene → Rn. 83 ff.**

47 – **Reglementierte Berufe.** Die UGP-RL lässt nach **Art. 3 Abs. 8** alle Niederlassungs- oder Genehmigungsbedingungen, berufsständischen Verhaltenskodizes oder andere spezielle Regeln für reglementierte Berufe unberührt.[58] Gleiches gilt für die Werberichtlinie 2006/114/EU (vgl. Art. 8 Abs. 4).

48 – **Beschränkungen für bestimmte Waren und Dienstleistungen.** Die Werberichtlinie gilt unbeschadet der Rechtsvorschriften der Gemeinschaft, die auf die Werbung für bestimmte Waren und/oder Dienstleistungen anwendbar sind, sowie unbeschadet der Beschränkungen oder Verbote für die Werbung in bestimmten Medien **(Art. 8 Abs. 2 RL 2006/114/EG).**

49 – **Gesundheits- und Sicherheitsaspekte von Produkten.** Rechtsvorschriften der Gemeinschaft oder der Mitgliedstaaten in Bezug auf Gesundheits- oder Sicherheitsaspekte von Produkten lässt die Richtlinie nach **Art. 3 Abs. 3** und **Erwgrd. 9 UGP-RL** unberührt.[59] Die Mitgliedstaaten können unter Berufung auf den Schutz der Gesundheit und der Sicherheit von Verbrauchern in ihrem Hoheitsgebiet Beschränkungen aufrechterhalten oder einführen oder diese Praktiken verbieten, etwa im Zusammenhang mit **Spirituosen, Tabakwaren oder Arzneimitteln** (Erwgrd. 9 S. 3).[60] Die Durchsetzung erfolgt über § 3a UWG.[61]

50 – **Schutz des geistigen Eigentums, Niederlassungsbedingungen und Genehmigungsregelungen.** Vorschriften in diesen Bereichen, einschließlich solcher Vorschriften, die sich im Einklang mit dem Gemeinschaftsrecht auf **Glücksspiele** beziehen, lässt die Richtlinie unberührt **(Erwgrd. 9 S. 2).**[62]

51 – **Finanzdienstleistungen und Immobilien.** Im Zusammenhang mit **„Finanzdienstleistungen"** und **„Immobilien"** sind restriktivere und strengere Vorschriften möglich (**Art. 3 Abs. 9, Erwgrd. 9 S. 4**).[63]

---

[58] S. dazu *Glöckner* → Einl. Rn. 300.
[59] BGH WRP 2018, 1461 Rn. 15 – bekömmliches Bier,. S. näher *Glöckner* → *Einl. Rn. 299.*
[60] Vgl. BGH WRP 2015, 966 Rn. 12 – Fahrdienst zur Augenklinik.
[61] BGH GRUR 2017, 409 Rn. 25 – Motivkontaktlinsen; WRP 2018, 1461 Rn. 15 – bekömmliches Bier.
[62] S. dazu *Glöckner* → Einl. Rn. 301.
[63] S. EuGH C-265/12, EU:C:2013:498 Rn. 21 ff., 25 – Citroën Belux.

– **Besondere Irreführungsverbote.** Kollidieren die Bestimmungen der UGP-RL mit Rechtsvorschriften der Gemeinschaft, die besondere Aspekte unlauterer Geschäftspraktiken regeln, gehen die Letzteren vor und sind für die besonderen Aspekte maßgebend **(Art. 3 Abs. 4 und 10. Erwgrd.).** Der Vorrang beschränkt sich auf den Kollisionsfall, dh eine Divergenz, die nicht durch Auslegung überwunden werden kann,[64] und betrifft nur die abweichende Regelung dieser besonderen Aspekte. Daraus folgt, dass diese speziellen Täuschungsverbote und Regelungen zu Informationsanforderungen **Art. 7** UGP-RL **nicht verdrängen,** sondern ergänzen; sie werden über Art. 7 Abs. 5 in deren Anwendungsbereich integriert.[65] Inwieweit sie dabei Basisinformationspflichten nach Art. 7 Abs. 4 vorgehen, ist durch Auslegung der sektorspezifischen Sondervorschriften festzustellen. Zum Verhältnis zwischen **ursprungsrechtlichen Kennzeichnungsbestimmungen** und Etikettierungsvorschriften → § 5 Rn. 593. Im Anwendungsbereich der Sondervorschriften sind §§ 5, 5a ausschließlich **nach Maßgabe der Sondervorschriften richtlinienkonform auszulegen.**[66] Ein Verhalten, das in den Anwendungsbereich einer vorrangig anzuwendenden Regelung – etwa v. Art. 8 III 1 der RL 2014/40/EU – fällt, aber nach dieser Regelung zulässig ist, kann daher weder nach § 5 noch nach § 5a verboten werden.[67] Deshalb sind die **Informationspflichten im Fernabsatz strenger,** weil §§ 5, 5a hier richtlinienkonform anhand der Verbraucherrechterichtlinie auszulegen ist,[68] näher → § **5a** Rn. **190.** Näher zu besonderen Irreführungsverboten allgemein → § 5 Rn. 63 ff. sowie speziell zu **Pflichtangaben** → § 5 Rn. 56. 52

Durch die Entscheidung „Citroën Commerce" ist geklärt, dass auch die **Preisangabenrichtlinie 98/6/EG** besondere Aspekte iSd Art. 3 Abs. 4 UGP-RL regelt, insbes. solche, die mit der Angabe des Verkaufspreises von Erzeugnissen in Verkaufsangeboten und in der Werbung in Zusammenhang stehen.[69]

d) Unionsrechtliche Informationspflichten. aa) Sperrwirkung des Art. 7 Abs. 5 UGP-RL im Grundsatz. Der Gemeinschaftsgesetzgeber verfolgt die der UGP-RL (vgl. Art. 1) wie auch zahlreichen anderen Richtlinien, zB der Verbraucherschutzrichtlinie 2011/83/EG, zugrundeliegende Zwecksetzung, zu einem reibungslosen Funktionieren des Binnenmarktes und zum Erreichen eines hohen **Verbraucherschutzniveaus** beizutragen, in großem Umfang durch Etablierung formalisierter Informationspflichten. Dieses **Informationsmodell** bezweckt, durch hinreichende Markttransparenz die Voraussetzungen für eine informierte Entscheidung des Verbrauchers zu schaffen. Informationspflichten stellen danach zugleich das Pendant zu dem Leitbild des durchschnittlich aufmerksamen, informierten und verständigen Verbrauchers dar. 53

Das Konkurrenzverhältnis der Informationspflichten zueinander ist aufgrund der durch die UGP-RL bewirkten Vollharmonisierung anhand der Harmonisierungsmaßnahmen auf Unionsebene zu bewerten und aufgrund des regelmäßigen Fehlens eindeutiger Konkurrenzregelungen in den einzelnen Harmonisierungsmaßnahmen bis heute erheblichen Zweifelsfragen behaftet. 54

Bei der Bewertung des Konkurrenzverhältnisses ist zwischen den oben aufgeführten Bereichen zu differenzieren, da insoweit unterschiedliche Kriterien gelten: 55

[64] EuGH C-54/17, C-55/17, GRUR 2018, 1156 Rn. 60 f. – AGCM/Wind u. Vodafone.

[65] So zur Richtlinie 2001/83/EG: EuGH C-544/13 und C-545/13, EU:C:2015:481 Rn. 81 – Abcur; zur Health-Claims-VO: *Köhler* ZLR 2008, 135 (138); *Meisterernst* WRP 2012, 405 (409); vgl. EuGH C-544/10, GRUR 2012, 1161 – Deutsches Weintor.

[66] Vgl. EuGH C-221/00, EU:C:2003:44 – Kommission/Österreich; C-374/05, EU:C:2007:654 Rn. 38 f. – Gintec; C-544/13 und C-545/13, EU:C: 2015:481 Rn. 45 ff., 80 ff. – Abcur; BGH GRUR 2002, 1091 (1092) – Bodensee-Tafelwasser; GRUR 2003, 628 (629) – Klosterbrauerei; GRUR 2008, 830 (831) – L-Carnitin II; GRUR 2010, 359 Rn. 11 – Vorbeugen mit Coffein; WRP 2016, 838 Rn. 23 – Himbeer-Vanille-Abenteuer II.

[67] Vgl. EuGH C-476/14, GRUR 2016, 945 Rn. 44 f. – Citroën/ZLW; BGH GRUR 2017, 286 Rn. 15 – Hörgeräteausstellung; GRUR 2020, 1002 Rn. 47 – Zigarettenausgabeautomat.

[68] BGH WRP 2019, 1176 Rn. 42 – Werbeprospekt mit Bestellpostkarte II.

[69] EuGH C-476/14, EU:C:2016:527 Rn. 44 f. – Citroën Commerce; **näher** → **§ 5a Rn.** 5 ff.

56 **bb) Im Anwendungsbereich der UGP-Richtlinie.** In ihrem Anwendungsbereich enthält die UGP-RL jedenfalls **soweit nicht** die insbes. in Art. 3 UGP-RL zugelassenen **Ausnahmebereiche** (→ Rn. 45) **berührt** sind, für gesetzlich vorgeschriebene Pflichtangaben jedenfalls seit dem Ablauf der Übergangsfrist am **12.6.2013 (Art. 3 Abs. 5)** abschließende Regelungen (vgl. insbes. Art. 7 Abs. 5 und Erwgrd. 15).[70] Aufgrund der durch die UGP-RL eingeführten vollständigen Angleichung werden nur die nach dem Gemeinschaftsrecht **vorgeschriebenen** Informationen als wesentlich für die Zwecke des **Art. 7 Abs. 5** dieser Richtlinie betrachtet (Erwgr 15, S. 4). Haben die Mitgliedstaaten auf der Grundlage von Mindestklauseln Informationsanforderungen eingeführt, die über das hinausgehen, was im Unionsrecht geregelt ist, so kommt das Vorenthalten dieser Informationen einem **irreführenden Unterlassen** daher jedenfalls nach Ablauf der Übergangsfrist am 12.6.2013[71] **nicht** gleich. **Art. 7 UGP-RL entfaltet insoweit Sperrwirkung.** Das **Vorenthalten gesetzlich vorgeschriebener Pflichtangaben** stellt deshalb nur noch unter den Voraussetzungen des Art. 7 UGP-RL (§ 5a UWG) eine irreführende Geschäftspraxis durch Unterlassen im Sinne der RL dar. Die UGP-RL nimmt in ihrem Regelungsbereich eine **abschließende Bewertung vor, welche Informationen ein** durchschnittlich aufmerksamer, informierter und **verständiger Verbraucher für eine informationsgetragene Entscheidung benötigt** und unter welchen Voraussetzungen das Fehlen solcher Informationen eine unlautere Geschäftspraxis im Sinne der Richtlinie darstellt.

57 Ein Vorenthalten von Pflichtangaben, das in den Anwendungsbereich der UGP-RL fällt, aber die dort geregelten Voraussetzungen einer Unlauterkeit nicht erfüllt, stellt somit unter dem Gesichtspunkt einer möglichen Beeinflussung der geschäftlichen Entscheidung von Verbrauchern in Bezug auf Produkte **als solches keinen Verstoß gegen die fachliche Sorgfalt** dar. Aufgrund der durch die UGP-RL in ihrem Anwendungsbereich bewirkten Vollharmonisierung lässt es sich auch nicht auf anderer Rechtsgrundlage, insbesondere über **§ 3a UWG,** erfassen; die **UGP-RL entfaltet insoweit Sperrwirkung.** Der **BGH** trägt dem nach geänderter neuer Rspr. dadurch Rechnung, dass er **Anforderungen des § 5a,** namentlich das **Relevanzerfordernis, im Rahmen der Spürbarkeitsprüfung nach § 3a berücksichtigt.**[72]

58 **cc) Außerhalb des Anwendungsbereichs.** Außerhalb des Anwendungsbereichs der UGP-RL **gilt die Sperrwirkung nicht.** Die Richtlinie ist hier, also insbesondere auf die Durchsetzung von Informationsanforderungen, die das Verhältnis **B2B** betreffen, unanwendbar.[73] Auch die Durchsetzung von Informationsanforderungen aus Rechts- und Verwaltungsvorschriften in Bezug auf die Zertifizierung und Angabe des Feingehalts von Artikeln aus Edelmetall erfolgt nicht nach Art. 7 UGP-RL, sondern nach diesen Rechts- und Verwaltungsvorschriften (vgl. Art. 3 Abs. 10). In einigen Bereichen hat der nationale Gesetzgeber den Schutz der §§ 5, 5a auf diese Bereiche erstreckt, so zB für sonstige Marktteilnehmer in §§ 5, 5a Abs. 1.

59 **dd) In Ausnahmebereichen.** In den **zugelassenen Ausnahmebereichen** (→ Rn. 45 f.) ist die **UGP-RL anwendbar;** ihre **Sperrwirkung bleibt erhalten** und wird **lediglich eingeschränkt bzw. modifiziert.** Selbst **spezielle unionsrechtliche Informationsanforderungen verdrängen Art. 7 UGP-RL nicht,** sondern werden nach Maßgabe des Art. 7 Abs. 5 in dessen Anwendungsbereich **integriert.**[74] Informationsanforderungen können zudem nach allgemeinen Grundsätzen **(Art. 7 Abs. 1–4 UGP-**

[70] *Köhler* GRUR 2008, 841 (844); *Köhler* WRP 2013, 723 ff.; *v. Oelffen* Rn. 790 f.; *Ohly*/Sosnitza § 3a Rn. 8a; *Zecca-Jobst* S. 53 f.

[71] Für den Zeitraum bis zum Ablauf der Übergangsfrist wird überwiegend eine Durchsetzbarkeit auf Grundlage des § 4 Nr. 11 UWG aF bejaht, vgl. *Seichter* WRP 2005, 1087 (1094); *Zecca-Jobst* S. 59.

[72] Vgl. nur BGH NJW-RR 2019, 610 Rn. 31 – Jogginghosen.

[73] Ebenso *Zecca-Jobst* S. 60.

[74] So zur Richtlinie 2001/83/EG: EuGH C-544/13 und C-545/13, EU:C:2015:481 Rn. 81 – Abcur; zur Health-Claims-VO: *Köhler* ZLR 2008, 135 (138); *Meisterernst* WRP 2012, 405 (409); vgl. EuGH C-544/10, GRUR 2012, 1161 – Deutsches Weintor.

RL) „wesentliche" Informationen sein, deren Vorenthalten ein Irreführen durch Unterlassen begründet. Aufgrund der durch die UGP-RL angeführten Angleichung werden auch **nur diese durch Art. 7 integrierten Informationen** im Anwendungsbereich der Richtlinie als **mit den Mitteln des Lauterkeitsrechts durchsetzbare wesentliche Informationen angesehen.** Das folgt daraus, dass die RL zur Erreichung der Ziele der Gemeinschaft die Fragmentierung der nationalen Vorschriften ersetzt und die Unternehmen und Verbraucher in die Lage versetzen soll, sich an einem **einzigen Rechtsrahmen** zu orientieren, der auf einem klar definierten Rechtskonzept beruht, das alle Aspekte unlauterer Geschäftspraktiken in der Union regelt.

Der Rückgriff auf § 3a zur **Durchsetzung von Informationsanforderungen des Unionsrechts, welche die Anforderungen des Art. 7 UGP-RL nicht erfüllen,** ist **nicht zulässig.** Ebenso wie das Vorenthalten von strengeren nationalen Informationsanforderungen auf Grundlage von Mindestklauseln lediglich individuelle vertragliche Rechte der Verbraucher gewähren kann (Erw.grd. 15, Satz 5 und 6), ist auch die Durchsetzung von Informationspflichten, welche die Voraussetzungen des Art. 7 nicht erfüllen, mit Mitteln des Lauterkeitsrechts nicht möglich; Verletzungen dieser Informationspflichten können lediglich individuelle vertragliche Rechte der einzelnen Verbraucher gewähren. 60

Schutzlücken entstehen dadurch nicht, weil das Vorenthalten von Pflichtangaben, die nicht die kommerzielle Kommunikation betreffen und daher nicht unter die Wesentlichkeitsvermutung des Art. 7 Abs. 5 UGP-RL/§ 5a Abs. 4 fallen, trotzdem nach allgemeinen Grundsätzen (Art. 7 Abs. 1–3 UGP-RL/§ 5a Abs. 2, 5, 6 UWG) als Irreführung durch Unterlassen zu qualifizieren sein kann. Die Wesentlichkeitsvermutungen in Art. 7 Abs. 4 und 5 UGP-RL sollen die Rechtsstellung der Verbraucher ausschließlich verbessern.[75] Deshalb kann sich ein **Vorenthalten von Pflichtangaben,** auch wenn die Voraussetzungen des Art. 7 Abs. 5 UGP-RL nicht erfüllt sind, im konkreten Fall unter Berücksichtigung aller Umstände trotzdem noch **nach allgemeinen Grundsätzen (Art. 7 Abs. 1 und 2 UGP-RL/§ 5a Abs. 2 und 5 UWG)** als **irreführend** erweisen, sofern die Sonderregelung nicht ausnahmsweise eine abweichende (vorrangige) Regelung trifft.[76] Auf diese Weise stellt die UGP-RL einen Basisschutz sicher. 61

Festzuhalten bleibt nach alledem, dass **Informationsanforderungen** aus anderen Harmonisierungsmaßnahmen oder nationalem Recht im Anwendungsbereich der UGP-RL stets, also auch in den zugelassenen Ausnahmebereichen wie zB dem Vertragsrecht und den besonderen Irreführungsverboten (Art. 3 Abs. 4), aufgrund der **Sperrwirkung des Art. 7 UGP-RL** nur unter den Voraussetzungen des Art. 7 UGP-RL mit Mitteln des Lauterkeitsrechts durchgesetzt werden können. Im Anwendungsbereich der UGP-RL (vgl. → Rn. 37 ff.) werden somit nach Art. 7 Abs. 5 UGP-RL (§ 5a Abs. 4 UWG) *erstens* nur die im Gemeinschaftsrecht festgelegten Informationsanforderungen in Bezug auf **kommerzielle** Kommunikation als wesentlich iSd Art. 7 Abs. 5 angesehen. Weitergehende **Informationsanforderungen** können sich nur aufgrund Art. 7 Abs. 1–4 UGP-RL und nicht aus anderen Harmonisierungsmaßnahmen ergeben. Diese Integration gesetzlich vorgeschriebener Pflichtangaben durch **Art. 7 Abs. 5** UGP-RL (§ 5a Abs. 4 UWG) setzt *zweitens* voraus, dass es sich um **nach dem Gemeinschaftsrecht vorgeschriebene** Informationsanforderungen in Bezug auf kommerzielle Kommunikation handelt. Pflichtangaben des nationalen Rechts, die das Unionsrecht nicht vorschreibt oder die zwar auf **Mindestklauseln** beruhen, aber über diese hinausgehen, werden jedenfalls seit Ablauf der Übergangsfrist am 12.6.2013 nicht mehr iSd Art. 7 Abs. 5 als wesentlich angesehen (Erwgr 4, 5).[77] Dadurch entstehen *drittens* auch **keine Schutzlücken,** weil **kein Vorrang der Art. 7 Abs. 4 und 5 UGP-RL vor Art. 7 Abs. 1 und 2 besteht,** sodass das Vorenthalten dieser Informationsanforderungen trotzdem nach allgemeinen Grundsätzen (Art. 7 62

[75] Vgl. BGH WRP 2016, 1221 Rn. 52 – LGA tested.
[76] Ebenso OLG Düsseldorf GRUR-RR 2015, 158 (160); vgl. auch *Bergmann* FS Krämer, 2009, 163 (168 f.); *Körber/Heinlein* WRP 2009, 780 (785); Ohly/*Sosnitza* § 5a Rn. 17; aA *Köhler* WRP 2009, 109 (116).
[77] *Köhler* WRP 2013, 723 ff.; *v. Oelffen* Rn. 790 f.; *Ohly*/Sosnitza § 3a Rn. 7a.

Abs. 1–3 UGP-RL/§ 5a Abs. 2, 5, 6 UWG) als Irreführung durch Unterlassen zu qualifizieren sein kann und mithin in jedem Fall der **Basisschutz der Richtlinie** besteht (→ **§ 5a Rn. 7 ff.**).

Zu letzterem näher auch → § 5a Rn. 4 ff., 183 ff., 206.

63 **e) Weitere Irreführungsverbote.** Neben der Art. 6, 7 UGP-RL und der Werberichtlinie enthalten zahlreiche **europäische Richtlinien und Verordnungen weitere Irreführungsverbote.** Es handelt sich bei den genannten Richtlinien und Verordnungen zur Bekämpfung von Täuschungen in aller Regel um Rechtsvorschriften iSd **Art. 3 Abs. 4 UGP-RL, die auf spezielle Aspekte unlauterer** Geschäftspraktiken anwendbar sind und den allgemeinen Irreführungsschutz der UPG-Richtlinie und der Werberichtlinie **ergänzen.**[78] **(Nur) im Kollisionsfall gehen diese Sonderregelungen der UGP-RL vor** und sind für diese **speziellen** Aspekte anwendbar (Art. 3 Abs. 4 sowie 10. Erw.grd.).[79] Im Anwendungsbereich dieser Sondervorschriften sind §§ 5, 5a **ausschließlich nach Maßgabe der Sondervorschriften unionskonform auszulegen.**[80] Auf **nationaler Ebene** kann sich aufgrund des Erfordernisses der unionskonformen Auslegung über **§ 3a** iVm den Sonderregelungen kein anderes Ergebnis als über §§ 5, 5a ergeben, dazu → § 5 Rn. 108.

64 Zur Frage der **Sperrwirkung des Art. 7 Abs. 5** bei Informationspflichten näher → **§ 5 Rn. 35 ff.**

Als weitere Irreführungsverbote idS zu nennen sind insbesondere:

Zur Preisangabenrichtlinie 98/6/EU → § 5 Rn. 117 und **→ § 5a Rn. 155 ff., 193 ff.**

65 Die **VO Nr. 178/2002/EG** regelt allgemeine Grundsätze und Anforderungen des **Lebensmittels,** Behörden und Verfahren; ihr Art. 14 legt lediglich einen Mindeststandard fest.[81] Nach Art. 16 der VO dürfen unbeschadet spezifischer Bestimmungen des Lebensmittelrechts die Kennzeichnung, Werbung und Aufmachung von Lebensmitteln oder Futtermitteln den Verbraucher nicht irreführen. Eine spezifische Bestimmung iSd Art. 16 der VO 178/2002/EG stellt die **Etikettierungsrichtlinie 2000/13/EG** dar, die zwar gem. Art. 53 Abs. 1 der VO (EU) Nr. 1169/2011 mit Wirkung zum **13.12.2014** aufgehoben wurde, aber für Sachverhalte vor diesem Zeitpunkt noch zur Anwendung kommt.[82] Für den Zeitpunkt ab dem 13.12.2014 gilt an ihrer Stelle die **VO (EU) Nr. 1169/2011 betreffend die Information der Verbraucher über Lebensmittel (LMIV);** dazu näher *v. Jagow* § 3a Rn. 89a ff. Diese enthält in Art. 7 Abs. 1 ein umfassendes Irreführungsverbot für Informationen über Lebensmittel, das sich gem. Art. 7 Abs. 4 auch auf die Werbung und die Aufmachung von Lebensmitteln (Form, Aussehen, Verpackung usw) erstreckt. Ob der Unternehmer den Verbraucher mit der **Aufmachung** des Lebensmittels hinreichend über dessen Merkmale aufgeklärt hat, ist im Anwendungsbereich der LMIV ausschließlich nach den dortigen Regelungen zu beurteilen; denn die **sektorspezifischen Vorschriften der LMIV gehen der UGP-RL vor.**[83] Für mögliche sonstige Aspekte der Geschäftspraktiken, die nicht unter die sektorspezifischen Vorschriften fallen, kann die UGP-RL in aller Regel **ergänzend** angewendet werden; sie fungiert insoweit als Sicherheitsnetz.[84]

---

[78] Vgl. EuGH C-221/00, EU:C:2003:44 Rn. 43 – Kommission/Österreich; C-374/05, EU:C:2007:654 Rn. 39 – Gintec; C-544/13 und C-545/13, EU:C:2015:481 Rn. 45 ff., 80 ff. – Abcur.

[79] Vgl. EuGH C-544/13 und C-545/13, EU:C:2015:481 Rn. 81 – Abcur; BGH 7.5.2015 – I ZR 158/14, GRUR 2015, 1240 (1242) Rn. 29 – Der Zauber des Nordens.

[80] Vgl. EuGH C-221/00, EU:C:2003:44 – Kommission/Österreich; C-374/05, EU:C:2007:654 Rn. 38 f. – Gintec; C-544/13 und C-545/13, EU:C:2015:481 Rn. 45 ff., 80 ff. – Abcur; BGH GRUR 2002, 1091 (1092) – Bodensee-Tafelwasser; GRUR 2003, 628 (629) – Klosterbrauerei; GRUR 2008, 830 (831) – L-Carnitin II; GRUR 2010, 359 Rn. 19 – Vorbeugen mit Coffein.

[81] S. dazu BGH LMuR 2011, 13 Rn. 11.

[82] EuGH C-195/14, ECLI:EU:C:2015:361 – Teekanne [Himbeer-Vanille-Abenteuer].

[83] BGH WRP 2016, 838 Ls. 3 und Rn. 23 – Himbeer-Vanille-Abenteuer II.

[84] Vgl. Bekanntmachung der Kommission zur Anwendung des EU-Lebensmittel- und Verbraucherschutzrechts auf Fragen der Produkte von zweierlei Qualität.

Die **VO (EG) Nr. 1924/2006** (sog. **Health-Claims-VO/HCVO,** s. dazu näher *v. Jagow* → § 3a Rn. 90e, harmonisiert die Rechts- und Verwaltungsvorschriften für **gesundheits- und nährwertbezogene Angaben.** Die lauterkeitsrechtliche **Durchsetzung erfolgt vermittelst des § 3a UWG.**[85] Neben der HCVO bleiben die allgemeinen Täuschungsverbote der Werberichtlinie 2006/114/EG anwendbar. Die speziellen Vorschriften der VO (EG) Nr. 1924/2006 für die Verwendung nährwertbezogener und gesundheitsbezogener Angaben bei Lebensmitteln, die an den Endverbraucher abgegeben werden, sollen die allgemeinen Regelungen über den Täuschungsschutz in der RL 2000/13/EG und der RL 84/450/EWG, an deren Stelle inzwischen die **Richtlinie 2006/114/EG über irreführende und vergleichende Werbung** getreten ist, **nicht verdrängen,** sondern lediglich **ergänzen,** wie sich aus Art. 3 Abs. 2 lit. a der VO ergibt.[86] Spezielle Vorschriften über gesundheitsbezogene Angaben der HCVO gehen der UGP-RL im Falle einer **Kollision** vor.[87] Die Anforderungen an zulässige **vergleichende Werbung** werden durch **Art. 9 HCVO** im **Lebensmittelbereich verschärft.** 66

Die HCVO gilt nach ihrem Art. 1 Abs. 5 unbeschadet der Bestimmungen der **Mineralwasser**-Richtlinie **2009/54/EG;**[88] s. dazu auch *v. Jagow* → § 3a Rn. 67. Die Richtlinie 2009/54/EG enthält jedoch für die Angaben, die auf den Verpackungen und Etiketten natürlicher Mineralwässer sowie in der Werbung für diese enthalten sein dürfen, Sonderregelungen Inwieweit diese vorrangig sind und bestimmte Vorgaben der HCVO verdrängen, ist durch Auslegung festzustellen; so darf zB die Angabe „sehr natriumarm/kochsalzarm" für natürliche Mineralwässer und andere Wasser nicht verwendet werden.[89] 67

Mit der Richtlinie **2001/83/EG** vom 6.11.2001 zur Schaffung eines Gemeinschaftskodexes für **Humanarzneimittel,** die bei der Auslegung des **HWG** zu berücksichtigen ist, ist eine vollständige Harmonisierung des Bereichs der **Arzneimittelwerbung** erfolgt.[90] Diese Richtlinie stellt zwar eine Sonderregelung gegenüber der in der UGP-RL vorgesehenen allgemeinen Regelung dar und geht ihr im Falle einer Kollision vor.[91] Im Bereich der Irreführung durch Unterlassen gemäß Art. 7 UGP-RL/§ 5a UWG ergänzen sich beide Richtlinien jedoch, denn Art. 7 Abs. 5 UGP-RL verweist hinsichtlich der als wesentlich geltenden Informationsanforderung ausdrücklich auf Art. 86–100 der Richtlinie 2001/83/EG.[92] Die Werbung für Humanarzneimittel ist durch die Richtlinie 2001/83/EG im Grundsatz vollständig harmonisiert, die Richtlinie führt jedoch ausdrücklich Fälle auf, in denen die Mitgliedstaaten weiter befugt sind, Bestimmungen zu erlassen, die von den in der Richtlinie getroffenen Regelungen abweichen. Dazu gehört gem. Art. 89 Abs. 2, 91 Abs. 2 der RL insbesondere die Freistellung der Erinnerungswerbung von dem Erfordernis, insoweit Pflichtangaben zu machen.[93] Nach Art. 3 der RL sind ferner bestimmte Arzneimittel vom Anwendungsbereich der RL ausgenommen. Daraus folgt, dass das Unionsrecht kein Werbeverbot für alle nicht behördlich zugelassenen Arzneimittel anordnet, sondern das Werbeverbot davon abhängig macht, ob das Arzneimittel der in der RL 2001/83/EG angeordneten Zulassungspflicht unterliegt.[94] 68

Für den Bereich der Werbung für **Medizinprodukte** iSd **§ 1 Nr. a HWG** und für Verfahren und Behandlungen zur Erkennung, Beseitigung oder Linderung von Krankhei- 69

[85] BGH GRUR 2013, 958 Rn. 22 – Vitalpilze; GRUR 2013, WRP 2016, 471 Rn. 14 – Lernstark.

[86] BGH GRUR 2015, 403 Rn. 18 – Monsterbacke II.

[87] EuGH, C-363/19, GRUR 2020, 1230 Rn. 61 – KO/Mezina.

[88] ABl. 2009 L 164, S. 45.

[89] EuGH C-157/14, EU:C:2015:823 Rn. 56 – Neptune Distribution.

[90] EuGH C-374/05, EU:C:2007:654 Rn. 39 – Gintec; BGH GRUR 2019, 97 Rn. 24 – Apothekenmuster mwN.

[91] EuGH C-544/13 und C-545/13, EU:C:2015:481 Rn. 80/81 – Abcur.

[92] EuGH C-544/13 und C-545/13, EU:C:2015:481 Rn. 78 – Abcur.

[93] EuGH C-374/05, EU:C:2007:654 Rn. 22, 23 – Gintec; BGH GRUR 2010, 749 Rn. 31 – Erinnerungswerbung im Internet.

[94] EuGH C-276/15, GRUR 2017, 206 Rn. 31 – Hecht-Pharma GmbH/Hohenzollern-Apotheke; BGH GRUR 2017, 833 Rn. 19 – Weihrauch-Extrakt-Kapseln II.

ten, Leiden, Körperschäden oder krankhaften Beschwerden iSd **§ 1 Abs. 1 Nr. 2 HWG** enthält das Unionsrecht hingegen **keine speziellen Bestimmungen.**[95] Nach Art. 3 Abs. 3 UGP-RL sind Rechtsvorschriften in Bezug auf Gesundheits- und Sicherheitsaspekte vom Anwendungsbereich der UGP-RL ausgenommen.

70 Die Verordnung (EG) **Nr. 1223/2009** des Europäischen Parlaments und des Rates vom 30.11.2009 über **kosmetische Mittel,**[96] die mit Wirkung vom 11.7.2013 an die Stelle der Kosmetikrichtlinie[97] getreten ist, und die ab demselben Tag geltende **VO (EU) Nr. 655/2013** zur Festlegung gemeinsamer Kriterien zur Begründung von Werbeaussagen im Zusammenhang mit kosmetischen Mitteln (sog. **Kosmetik-Claims-VO**).[98] Nach dem 51. Erw.grd. der **Kosmetikverordnung** bezweckt diese den Schutz der Verbraucher vor irreführenden Werbeaussagen und gilt insbesondere die UGP-RL. Die Kosmetikverordnung sieht ua Regelungen über einen Täuschungsschutz und Kennzeichnungspflichten vor. Die **Kosmetik-Claims-VO** gilt für Werbeaussagen, die sich explizit oder implizit auf Merkmale oder Funktionen eines Produkts beziehen und die der Kennzeichnung, der Bereitstellung auf dem Markt und der Werbung für kosmetische Mittel eingesetzt werden und enthält im Anhang gemeinsame Kriterien über Werbeaussagen bei Kosmetika. Anders als für die HCVO sind keine abschließenden Positiv-Listen über zulässige Werbeaussagen vorgesehen, sondern unverbindliche **Leitlinien.**

71 Ferner sind zu nennen: die Richtlinie **2014/40/EG** des Europäischen Parlaments und des Rates vom 3.4.2014 zur Angleichung der Rechts- und Verwaltungsvorschriften der Mitgliedstaaten über die Herstellung, die Aufmachung und den Verkauf von **Tabakerzeugnissen,**[99] die bis zum **20.5.2016** umzusetzen war und die Richtlinie **2001/37/EG**[100] aufhebt und ersetzt. Die Bestimmungen über irreführenden Informationen in der RL 2014/40/EG sollen das generelle Verbot irreführender Praktiken im B2B-Geschäftsverkehr gem. der UGP-RL ergänzen.[101]

72 Die VO (EWG) **1151/2012** besteht zum Schutz von **geografischen Angaben und Ursprungsbezeichnungen für Agrarerzeugnisse und Lebensmittel;**[102] mit Wirkung zum 13.12.2014 sieht zwar auch Art. 26 der **VO (EU) Nr. 1169/2011** betreffend die Information der Verbraucher über Lebensmittel **(LMIV)**[103] in bestimmten Fällen verpflichtend die Angabe des Ursprungslands oder des Herkunftsorts vor; die Kennzeichnungsvorschriften der **VO (EU) Nr. 1151/2012** getreten sind, bleiben davon aber unberührt.[104] Weitere Irreführungsverbote enthalten ua die Verordnung (EG) Nr. **607/2009** der Kommission betr. **Weinbauerzeugnisse**[105] und die Verordnung (EG) Nr. **1308/2013** über eine **gemeinsame Marktorganisation für landwirtschaftliche Erzeugnisse (GMO).**[106] Die **LMIV** findet mit den darin geregelten Ausnahmen grundsätzlich auch auf **Weinbauerzeugnisse** Anwendung, **speziellere Vorschriften der GMO** für die Kennzeichnung und Aufmachung gehen ihr jedoch vor.[107]

---

[95] BGH GRUR 2015, 813 Rn. 12 – Fahrdienst zur Augenklinik; vgl. GRUR 2015, 504 Rn. 10 – Kostenlose Zweitbrille.

[96] ABl. 2009 L 342, S. 59, zuletzt geändert durch die Verordnung (EU) Nr. 2016/314 vom 4.3.2016.

[97] Richtlinie 76/768/EWG vom 27.7.1976, ABl. 1976 L 262, S. 169.

[98] ABl. 2013 L 190, S. 31.

[99] ABl. 2014 L 127, S. 1.

[100] ABl. 2001 L 194, S. 26.

[101] Erwägungsgrund 24 der RL.

[102] ABl. 2012 L 343, S. 1.

[103] ABl. 2011 L 304, S. 18, näher dazu → Rn. 65.

[104] Vgl. Art. 26 Abs. 1 der VO 1169/2011.

[105] ABl. 2009 L 193, S. 60; s. zur Vorgängerverordnung Nr. 753/2002 EuGH C-285/06, GRUR 2008, 528 – Réserve.

[106] ABl. 2013 L 347, S. 671.

[107] Art. 118 GMO.

V. Nationaler Kontext

1. Verfassungsrecht. Wettbewerbsrechtliche Verbote wegen irreführender Geschäftspraktiken können Grundrechte verletzen; s. **ausführlich hierzu** *Ahrens* **→ Einl. Rn. 1001 ff.** 73

In den zum wettbewerbsrechtlichen Irreführungsverbot ergangenen Entscheidungen des BVerfG spielen vor allem die **Berufsfreiheit** (Art. 12 GG)[108] und die **Meinungsfreiheit** (Art. 5 Abs. 1),[109] deren Schutz sich auch auf kommerzielle Meinungsäußerungen und reine Wirtschaftswerbung erstreckt, wenn sie einen wertenden, auf Meinungsbildung gerichteten Inhalt haben,[110]eine große Rolle. Es können aber auch das Recht auf **Eigentum** (Art. 14 GG) und die **Kunstfreiheit** (Art. 5 Abs. 3 GG) berührt sein.[111] 74

Das Grundrecht der **Berufsausübungsfreiheit** (Art. 12 Abs. 1 GG) **rechtfertigt keine irreführende Werbung.**[112]

Ihre besondere Bedeutung entfalten die Grundrechte aber bei der **Auslegung** und Anwendung des Irreführungsverbots. 75

S. zum **Berufsrecht** näher → Rn. 127. 76

Im Lichte der **Pressefreiheit** ist zum einen bei einem **redaktionellen Beitrag** bereits ein objektiver Zusammenhang iSd § 2 Abs. 1 Nr. 1 mit der Förderung des Absatzes eines fremden Unternehmens und damit eine **geschäftliche Handlung** zu verneinen, wenn der Beitrag **allein** der Information und Meinungsbildung seiner Adressaten dient.[113] Zum anderen beschränkt sich die Prüfpflicht im **Anzeigengeschäft** bei der Veröffentlichung von Werbeanzeigen **Dritter** auf grobe unschwer zu erkennende Verstöße, näher **Goldmann → § 8 Rn. 620.** 77

Als „Aufhänger" für die gebotene Berücksichtigung der grundrechtlichen Wertungen bei der Beurteilung der **Unlauterkeit** dienen insbes. die in § 5 enthaltenen **unbestimmten Rechtsbegriffe** („geschäftlichen Handlung", „Irreführung", „Angabe" usw).[114] Nach der Rspr. des BVerfG setzt die Einschränkung von Grundrechten im Interesse des Schutzguts des UWG die eigenständige Feststellung einer Gefährdung des Leistungswettbewerbs im konkreten Fall voraus.[115] Aufklärende Hinweise können sich gegenüber einem Verbot der irreführenden geschäftlichen Handlung als milderes Mittel erweisen;[116] dies ist auch nach der **labelling doctrine** des EuGH geboten (näher → § 5 Rn. 173, 177). 78

Für eine Herauf- oder Herabsetzung des **Irreführungsmaßstabs für ganze Bereiche** bleibt aufgrund des durch §§ 5, 5a umgesetzten europäischen Rechts, soweit dieses nicht einen höheren Standard selbst vorsieht, kein Raum, näher → § 5 Rn. 376 ff. 79

2. Kennzeichen-, Namens- und Registerrecht, geografische Herkunftsangaben, Urheberrecht. Wettbewerbsrecht und Kennzeichenrecht (einschließlich des **Namensrechts** und **geographischer Herkunftsangaben**) **stehen** seit Umsetzung der UGP-RL in nationales Recht **nebeneinander.**[117] Die zuvor in stRspr vertretene **Vor-** 80

---

[108] S. BVerfG NJW 1993, 1969 (1970); GRUR 2003, 966 – Internetwerbung von Zahnärzten; NJW 2004, 2656 – Spezialist für Verkehrsrecht; GRUR 2008, 618 – Anwaltsdienste bei ebay; GRUR 2012, 72 – Zahnärztehaus; GRUR-RR 2013, 76 – Zentrum für Zahnmedizin.

[109] S. nur BVerfG GRUR 2001, 170 (172) – Benetton-Werbung I; GRUR 2007, 1083 – Dr. R's Vitaminprogramm; GRUR 2008, 81 – Pharmakartell.

[110] BVerfG GRUR 2001, 170 (172) – Benetton-Werbung I; GRUR 2002, 455 – Tier- und Artenschutz; GRUR 2007, 1083 – Dr. R's Vitaminprogramm.

[111] Vgl. BGH GRUR 1995, 750 – Feuer, Eis & Dynamit II.

[112] BVerfG NJW 2000, 3195; 2004, 2656 (2657) – Spezialist für Verkehrsrecht.

[113] BGH GRUR 2015, 694 (697) Rn. 34 – Bezugsquellen für Bachblüten; vgl. BGH GRUR 2012, 74 (76) Rn. 15 – Coaching-Newsletter.

[114] BVerfG GRUR 2008, 81 (82) – Pharmakartell.

[115] BVerfG GRUR 2008, 81 (82 f.) – Pharmakartell; näher und zT kritisch die Kommentierung bei *Ahrens* **→ Einl. Rn. 1045 ff.**

[116] Vgl. BVerfG WRP 2001, 1441; 2001, 1284 (1286).

[117] BGH GRUR 2013, 1161 Rn. 60 – Hard Rock Café; *Bornkamm* GRUR 2011, 1 ff.; *Büscher* GRUR 2009, 230 (236); *Fezer* WRP 2006, 781 (789 ff.); GroßKommUWG/*Lindacher,* § 5 Rn. 564; Götting/

rangthese hat der BGH in der „Hard Rock Café„-Entscheidung[118] aufgrund der ins deutsche Recht umgesetzten Bestimmung des Art. 6 Abs. 2 lit. a UGP-RL für § 5 Abs. 1 S. 2 Nr. 1 ausdrücklich **aufgegeben.**

81 Allerdings darf dem Zeicheninhaber über das Lauterkeitsrecht keine Schutzposition eingeräumt werden, die ihm nach dem Kennzeichenrecht nicht zukommt; daher sind die Wertungen des Markenrechts zu berücksichtigen.[119] Wegen der Einzelheiten wird auf die Kommentierung zu § 5 Abs. 2 (→ § 5 Rn. 1277 ff.) verwiesen.

82 Der lauterkeitsrechtliche Schutz vor Irreführung besteht grundsätzlich neben und unabhängig vom **Urheberrecht** und **Designrecht.**[120] Beide Bereiche sind im Kern vollharmonisiert,;[121] Vorschriften zum Schutz des geistigen Eigentums lässt die UGP-RL jedoch unberührt (Erwgrd. 9 Satz 2, → § 5 Rn. 46).

83 **3. Vertragsrecht, Gewährleistungsrecht, Allgemeine Geschäftsbedingungen. a) Vertragsrecht.** S. auch *Ahrens* → **Einl. Rn. 1116 ff.**

aa) Grundlagen. Aufgrund der durch die UGP-RL bewirkten Vollharmonisierung ist das Konkurrenzverhältnis anhand der Harmonisierungsmaßnahme und nicht nach nationalem Recht zu beurteilen.[122] Der Irreführungsschutz der Art. 6 und 7 UGP-RL ist auch im Bereich des Vertragsrechts grundsätzlich eröffnet und wird durch die UGP-RL lediglich verstärkt und modifiziert, → Rn. 45 f. Auch nach dem nationalen Regelungsmodell können **individuelle** vertragliche Ansprüche und lauterkeitsrechtliche Ansprüche daher zusammentreffen und besteht zwischen ihnen in aller Regel **Gesetzeskonkurrenz.**

84 **bb) Vorenthalten von Informationen vor, während und nach Vertragsschluss.** Bei dem Vertragsrecht und insbesondere den Bestimmungen über das Zustandekommen und die Wirkungen eines Vertrags handelt es sich um einen von der UGP-RL zugelassenen Ausnahmebereich (Art. 3 Abs. 2), sodass die Sperrwirkung der UGP-RL eingeschränkt ist, → Rn. 32 f. Hinsichtlich der **Pflichtangaben** hat die **Verbraucherrechterichtlinie 2011/83/EU** im Grundsatz Ergänzungsfunktion (vgl. Art. 5 Abs. 4 sowie Erwgrd. 12, ferner allg. Art. 26, 27 der RL 2011/83/EG), sodass diese Informationsanforderungen **zusätzlich** zu beachten sind, näher → Rn. 61. Daher sind die **Informationspflichten im Fernabsatz strenger,**[123] näher → **§ 5a** Rn. **190.**

85 **cc) Falsche oder zur Täuschung geeignete Angaben gegenüber dem Vertragspartner.** Durch die EuGH-Entscheidung „UPC Magyarország"[124] ist geklärt, dass bereits die **einmalige** falsche Auskunft **während** eines bestehenden Vertragsverhältnisses durch den Unternehmer gegenüber seinem Vertragspartner über Umstände, welche die Entscheidung dieses Verbrauchers über den Zeitpunkt der Beendigung des Vertrages beeinflussen können, eine irreführende Geschäftspraxis iSd Art. 6 UGP-RL darstellen kann. Der EuGH betont in der Entscheidung den **präventiven** Charakter des lauterkeitsrechtlichen Irreführungsschutzes.

Nordemann/*A. Nordemann* § 5 Rn. 8.10; *Goldmann* GRUR 2012, 857 (859); *Harte-Bavendamm* FS Loschelder, 2010, 111 (118); *Köhler* GRUR 2007, 548 ff.; *Köhler*/Bornkamm/Feddersen § 4 Rn. 3.6a; *Loschelder/Dörre* KSzW 2010, 242 (246).

[118] BGH GRUR 2013, 1161 Rn. 60 – Hard Rock Café.

[119] BGH, Urt. v. 15.10.2020, I ZR 2010/18, GRUR 2020, 1311, 1316 Rn. 57 m. w. N. – Vorwerk.

[120] *Ohly* GRUR Int. 2015, 693 (699); Köhler/*Bornkamm/Feddersen* § 5 Rn. 9.24.

[121] Zum Urheberrecht: EuGH C-466/12, EU:C:2014:76 Rn. 33 ff., 41 – Svensson ua. Zum Lauterkeitsrecht → § 5 Rn. 26.

[122] Vgl. EuGH C-322/01, EU:C:2003:664 Rn. 64 – Deutscher Apothekerverband; C-421/12, EU:C:2014:2064 Rn. 63 – Kommission/Belgien; C-95/14, EU:C:2015:492 Rn. 33 – UNIC und UNI. CO. PEL.

[123] BGH WRP 2019, 1176 Rn. 42 – Werbeprospekt mit Bestellpostkarte II.

[124] EuGH C-388/13, EU:C:2015:225 – UPC Magyarország.

Eines planmäßigen Handelns wider besseren Wissen bedarf es daher auch für **§ 5 Abs. 1 S. 2 Nr. 7 UWG** nicht mehr,[125] → Rn. 89 ff. 86

Ferner kommt eine irreführende Handlung auch im nachvertraglichen Bereich, so bei der **Durchsetzung eigener Erfüllungsansprüche** des Unternehmers oder durch täuschungsbedingte Verhinderung einer **Kündigung** in Betracht (vgl. Art. 2 lit. k UGP-RL). 87

Zu **wettbewerbsrechtlichen Durchführungsverboten trotz Vertragsbindung** s. ***Ahrens* → Einl. Rn. 1148.** 88

dd) Mangelhafte oder nicht vertragsgemäße Leistung. S. auch ***Ahrens* → Einl. Rn. 1116, 1142 ff.** Die dt. Rspr. verneinte bislang bei einer einzelfallbezogenen versehentlichen Vertragsverletzung bereits eine geschäftliche Handlung;[126] diese komme vielmehr nur in Betracht, wenn der Unternehmer von vornherein nicht gewillt sei, sich vertragsgemäß zu verhalten und mit der fraglichen Handlung auf eine Übervorteilung des Verbrauchers abzielte.[127] Dafür wurde ein fortlaufendes, systematisches und zielgerichtetes Verhalten gefordert.[128] 89

Nach der EuGH-Entscheidung *„UPC Magyarország"*[129] ist zwar für die Qualifizierung als **„Geschäftspraxis"** eine bestimmte Zielrichtung oder Nachhaltigkeit der Maßnahme nicht zu fordern, setzt eine irreführende Handlung aber ebenfalls voraus, dass die in Rede stehende Handlung des Wettbewerbers **geeignet ist,** einen (ggf. auch einzigen) Verbraucher **irrezuführen,** und einen nachteiligen **Einfluss auf seine geschäftliche Entscheidung** auszuüben (Relevanz). 90

Eine **Nicht- oder Schlechtleistung als solche** erfüllt aber diese zuletzt genannten Voraussetzungen im Allgemeinen **nicht.**[130] 91

Ein durchschnittlich aufmerksamer, verständiger und informierter Verbraucher weiß, dass sein Vertragspartner im Zeitalter der Globalisierung, von Leistungsketten, Zukäufen und maschineller Fertigung oft nicht ausschließen kann, dass das Produkt mangelbehaftet ist oder es zu Lieferstörungen kommt. Sofern keine besonderen Umstände (zB eine ausdrückliche gegenteilige Erklärung) hinzutreten, entnimmt ein solcher Verbraucher Erklärungen und Verhaltensweisen bei Vertragsschluss oder im Zuge der Erfüllung deshalb auch keine Information, dass Gewährleistungsfälle oder Leistungsstörungen nicht auftreten werde. Dann besteht bei deren Eintritt auch keine Diskrepanz zur Verbrauchererwartung; es **fehlt** an einer **Täuschung.**[131] 92

Ferner wird sich ein solcher Verbraucher bei seinen geschäftlichen Entscheidungen, also insbes. ob er die Leistung ab- bzw. entgegennimmt (nachteilige Folge zB: §§ 363, 640, 641 BGB) oder die Gegenleistung erbringt[132] (und damit das Druckmittel § 320 BGB und die Aufrechnungsmöglichkeit verliert), in aller Regel nicht von Erwägungen leiten lassen, ob möglicherweise eine Nicht- oder Schlechtleistung auftritt oder nicht, sodass auch die erforderliche **Relevanz nicht besteht.** Derartige Risiken nimmt ein verständiger Verbraucher vielmehr in Kauf, da sie durch die Vorschriften des Leistungsstörungsrechts und die Möglichkeit einer individuellen Verstärkung dieses Schutzniveaus durch vertragliche Vereinbarung bei normativer Bewertung noch genügend abgesichert sind. 93

---

[125] *Lorenz* jurisPR-ITR 16/2015 Anm. 2.

[126] BGH GRUR 1983, 451 (452) – Ausschank unter Eichstrich I; GRUR 1987, 180 (181) – Ausschank unter Eichstrich II; GRUR 2013, 945 Rn. 16 ff. – Standardisierte Mandatsbearbeitung.

[127] BGH GRUR 2013, 945 Rn. 37 und Ls. 2 – Standardisierte Mandatsbearbeitung.

[128] Vgl. BGH NJW 1993, 3329 (3330) – Folgeverträge I; GRUR 1998, 415 (416) – Wirtschaftsregister; GRUR 2001, 1178 (1180) – Gewinn-Zertifikat.

[129] EuGH C-388/13, EU:C:2015:225 – UPC Magyarország.

[130] IE ebenso BGH GRUR 1983, 451 (452) – Ausschank unter Eichstrich I; GRUR 2013, 945 Rn. 26 – Standardisierte Mandatsbearbeitung; Ohly/*Sosnitza* Einl. D Rn. 66; Köhler/*Bornkamm*/*Feddersen* § 5 Rn. 1.12.

[131] IE ebenso *Ohly*/Sosnitza Einl. D Rn. 66a; s. auch *Scherer* WRP 2009, 761 (767); nach BGH GRUR 2013, 945 Rn. 26 – Standardisierte Mandatsbearbeitung – soll es demgegenüber idR bereits an einer geschäftlichen Handlung fehlen.

[132] Die Erfüllung der Zahlungspflicht durch den Verbraucher stellt eine geschäftliche Entscheidung dar, vgl. *Köhler*/Bornkamm/Feddersen § 2 Rn. 84; aA *Scherer* WRP 2009, 761 (767).

94 Erst wenn **zusätzliche Umstände** hinzutreten, die isoliert oder im Zusammenhang mit der Nicht- oder Schlechtlieferung geeignet sind, den Verbraucher irrezuführen und einen nachteiligen Einfluss auf seine geschäftliche Entscheidung auszuüben, kommt eine irreführende geschäftliche Handlung iSd Art. 6 UGP-RL (§ 5 UWG) in Betracht.[133] Das kann etwa die unwahre Angabe nach Mängelrüge sein, das Produkt untersucht und keine Mängel festgestellt zu haben, die geeignet ist, den Verbraucher zur Auszahlung des Einbehalts zu veranlassen. Auch die **planmäßige** Nicht- oder Schlechterfüllung kann eine relevante Irreführung begründen,[134] denn mit ihr muss ein mündiger Verbraucher weder rechnen noch schließt er in einem derartigen Fall voraussichtlich den Vertrag ab.

95 **b) Allgemeine Geschäftsbedingungen.** Eine irreführende geschäftliche Handlung kann auch in der Verwendung gemäß §§ 307 ff. BGB unwirksamer AGB liegen **(näher → § 5 Rn. 831).** Zu Ansprüchen auf Grundlage der Bestimmungen des **AGB**-Rechts besteht wegen des prinzipiell unterschiedlichen Regelungsansatzes grundsätzlich **Gesetzeskonkurrenz.**[135] Unterschiede bei der Rechtsdurchsetzung auf Grundlage des Lauterkeitsrechts und nach UKlaG ergeben sich insbesondere hinsichtlich der Klagebefugnis/**Aktivlegitimation,** der Inter-Omnes-**Wirkung** nach UKlaG erstrittener Entscheidungen sowie – da die Zuständigkeitskonzentration nach § 6 Abs. 2 UKlaG und § 13 Abs. 2 UWG optional ist und nicht einheitlich ausgeübt werden muss[136] – der Zuständigkeit der Gerichte.

96 **4. Deliktsrecht. a) § 823 Abs. 1 BGB.** Der Irreführungsschutz und der Deliktsschutz nach § 823 Abs. 1 BGB stehen ob ihrer unterschiedlichen Schutzzwecke selbstständig nebeneinander. Zum Verhältnis zwischen Lauterkeits- und allgemeinem Deliktsrecht näher ***Ahrens* → Einl. Rn. 1090 ff.**

97 **b) § 823 Abs. 2 BGB.** Streitig war schon nach altem Recht, ob die den wettbewerbsrechtlichen Schutz gegen Irreführung gewährleistende Vorschrift ein Schutzgesetz im Sinne von § 823 Abs. 2 BGB ist.[137] In der Begründung zum Reformgesetz 2004 wurde der Schutzgesetzcharakter des UWG mit Ausnahme der §§ 16–19 UWG abgelehnt.[138] In den Materialien zum UWG 2008 wird die Frage nicht mehr erwähnt.

98 § 5 UWG ist ebenso wie § 5a auch weiterhin **kein Schutzgesetz.** Die verbraucherschützende Zwecksetzung zielt nicht auf einen Individualschutz, sondern darauf, die Bedingungen zu schaffen, die für einen funktionierenden Markt erforderlich sind. Zu ihnen gehört auch das Maß an verbraucherorientierter Markttransparenz, das die erforderliche Handlungsfreiheit der Konsumenten sicherstellt.[139] Damit fehlt § 5 UWG der für den Schutz des § 823 Abs. 2 BGB erforderliche typisch drittschützende Charakter.

99 **c) § 826 BGB.** Die Vorschrift verlangt einerseits anders als § 5 UWG vorsätzliches Verhalten und einen Schaden. Sie ist andererseits weiter als § 5, weil sie auch vorsätzliche sittenwidrige Schädigungen erfasst, die durch ein anderes Verhalten als eine Irreführung eintreten.

---

[133] IE ebenso Ohly/*Sosnitza* Einl. D Rn. 66a; *Scherer* WRP 2009, 761 (767).

[134] BGH GRUR 1987, 180 (181) – Ausschank unter Eichstrich II; GRUR 2013, 945 Rn. 26 – Standardisierte Mandatsbearbeitung; Köhler/*Bornkamm/Feddersen* § 5 Rn. 1.12.

[135] BGH GRUR 2013, 421 Rn. 31 – Pharmazeutische Beratung über Call-Center; NJW-RR 2014, 669 Rn. 26 – Vermittlung von Netto-Policen; NJW 2016, 936 Rn. 10 – Wirksame Preisanpassungsklausel im Stromlieferungsvertrag; vgl. EuGH C-453/10, EU:C:2012:144 Rn. 43 ff. – Pereničová und Perenič.

[136] So besteht zB in Hessen eine Zuständigkeitskonzentration nur für Streitigkeiten nach dem UKlaG und nicht auch nach § 13 Abs. 2 UWG.

[137] Befürwortend *Ekey* in HK-WettbR § 3 Rn. 8; *Schricker* GRUR 1975, 111 (112 ff.); *Sack* NJW 1975, 1303 (1305); ablehnend BGH GRUR 1975, 150 (151) – Prüfzeichen; Baumbach/Hefermehl/*Bornkamm,* 24. Aufl. 2004, § 5 Rn. 1.11; *Köhler* GRUR 2003, 265 (271).

[138] Amtl. Begr. zu § 8 des Gesetzentwurfs der Bundesregierung, BT-Drs. 15/1487, 22.

[139] *Keßler* WRP 2007, 714 (717).

5. Andere Irreführungsverbote. a) Innerhalb des UWG. Aufgrund der durch die UGP-RL bewirkten weitgehenden Vollharmonisierung sind Auslegungs- und Abgrenzungsfragen im Anwendungsbereich der §§ 5, 5a in aller Regel auf **Unionsebene** zu lösen, sodass auch auf Grundlage anderer nationaler Vorschriften jedenfalls kein widersprüchliches Ergebnis entstehen kann.[140] Wegen des Konkurrenzverhältnisses auf Unionsebene → Rn. 36 ff., 52 ff. 100

Bei geschäftlichen Handlungen, die gegenüber Verbrauchern vorgenommen werden, kann § 5 mit **Nr. 1–30 des Anhangs zu § 3 Abs. 3** zusammentreffen.[141] Lässt sich der fragliche Sachverhalt unter den Anhang zu § 3 Abs. 3 subsumieren, bedarf es der Prüfung des § 5 nicht mehr; dieser fungiert insoweit als „Sicherheitsnetz".[142] Abschließende Wirkung entfaltet der Anhang zu § 3 Abs. 3 im Verhältnis zu §§ 5, 5a jedoch nicht. Zwischen § 3 Abs. 3 iVm dem Anh. und §§ 5, 5a besteht vielmehr kumulative **Normenkonkurrenz;** es dürfen lediglich keine Wertungswidersprüche auftreten.[143] 101

Zwischen §§ 5, 5a und **§ 4 Nr. 1–3** sowie **§ 4a** besteht aufgrund der unterschiedlicher Zielrichtung **Gesetzeskonkurrenz.** 102

§ 4 Nr. 3–5 aF wurden mit Wirkung zum 10.12.2015 aufgehoben, ihr Regelungsgehalt wird (und wurde schon bislang) durch §§ 5, 5a abgedeckt.[144] 103

Zum **Verhältnis zwischen § 5 Abs. 2 und § 6 Abs. 2 Nr. 3 → § 5 Rn. 1293 ff.** sowie die **Kommentierung zu § 6.** 104

Zum **Verhältnis von § 5 zu § 5a** s. → **§ 5 Rn. 209 ff.** 105

Bestimmte Formen irreführender Werbung sind **gemäß § 16 strafbar.** 106

Zum Verhältnis zwischen § 5 und **§ 4 Nr. 3 (§ 4 Nr. 9 aF)** s. näher die Kommentierung zu § 5 Abs. 2, → § 5 Rn. 1300 ff. 107

§ 3a (§ 4 Nr. 11 aF). Nach den Gesetzesmaterialien zu **§ 3a** betrifft die Vorschrift ganz überwiegend Bestimmungen außerhalb des Geltungsbereichs der UGP-RL[145] und ist im Übrigen richtlinienkonform auszulegen.[146] Der BGH wendet § 3a (§ 4 Nr. 11 aF) bei Verstößen gegen Informationspflichten gegen § 5a Abs. 3 und 4 gleichrangig neben § 5a Abs. 4 an und legt beide Anspruchsgrundlagen unionskonform aus;[147] durch die Gesetzesänderung ab dem 10.12.2015 hat sich nach seiner Rspr. für den Tatbestand des Rechtsbruchs nichts geändert.[148] Bei Verstößen gegen spezielle Irreführungsverbote iSd Art. 3 Abs. 4 UGP-RL, Art. 20 Abs. 1 Kosmetik-VO Nr. 1223/2009 iVm der VO (EU) Nr. 655/2013 scheint er § 3a als vorrangig anzusehen.[149] 108

Auch wenn Art. 11 UGP-RL den Mitgliedstaaten hinsichtlich der Maßnahmen der Durchsetzung ein weites Ermessen einräumt und sich letztlich aufgrund des Erfordernisses der unionskonformen Auslegung **über § 3a** doch **kein anderes Ergebnis als über §§ 5, 5a** ergeben kann, erfordert die unionskonforme Auslegung des § 3a anhand 109

[140] Vgl. EuGH C-322/01, EU:C:2003:664 Rn. 64 – Deutscher Apothekerverband; C-205/07, EU: C.2008:730 Rn. 33 – Gysbrechts und Santurel Inter; C-421/12, EU:C:2014:2064 Rn. 63 – Kommission/ Belgien; C-95/14, EU:C:2015:492 Rn. 33 – UNIC und UNI. CO. PEL.

[141] Ebenso zu dem vergleichbaren Verhältnis von § 7 UWG und Nr. 29 des Anhangs zu § 3 Abs. 3 BGH 17.8.2011 – I ZR 134/10 MMR 2012, 30 (31) Rn. 16 – Auftragsbestätigung.

[142] *Büllesbach* S. 30 mwN; *Henning-Bodewig* UWG-Anhang I.

[143] BGH GRUR 2012, 184 Rn. 29 – Branchenbuch Berg; GRUR 2019, 1202 Rn. 28 f. – Identitätsdiebstahl.

[144] Vgl. Beschlussempfehlung und Bericht des Ausschusses für Recht und Verbraucherschutz zum Gesetzentwurf der Bundesregierung, BT-Drs. 18/6571, 15.

[145] Vgl. BGH GRUR 2016, 513 Rn. 19 – Eizellenspende.

[146] Vgl. Begründung zu § 3a der Beschlussempfehlung des Rechtsausschusses, BT-Drs. 18/6571, 15. Die vom Rechtsausschuss vorgeschlagenen Gesetzesänderungen wurden durch das zum 10.12.2015 in Kraft getretene 2. Änderungsgesetz unverändert übernommen.

[147] BGH GRUR 2016, 516 Rn. 10 ff. – Wir helfen im Trauerfall; BGH GRUR 2014, 576 Rn. 15 – 2 Flaschen GRATIS (zu § 5a); vgl. BGH GRUR 2010, 248 Rn. 16 f. – Kamerakauf im Internet; GRUR 2010, 251 Rn. 16 f. – Versandkosten bei Froogle I; GRUR 2010, 1110 Rn. 18 ff. und 29 ff. – Versandkosten bei Froogle II; GRUR 2012, 842 Rn. 17 – Neue Personenkraftwagen.

[148] BGH GRUR 2016, 516 Rn. 11 – Wir helfen im Trauerfall.

[149] Vgl. BGH WRP 2016, 463 Rn. 8, 11 ff. – Feuchtigkeitsspendendes Gel-Reservoir.

der Art. 6, 7 UGP-RL angesichts des vollständig unterschiedlichen Wortlauts und Aufbaus einen erheblichen **Auslegungsaufwand.** Bereits die deutlich geringeren sprachlichen Abweichungen des § 5a aF von Art. 7 waren in der Vergangenheit von der Kommission als unzureichende Umsetzung **beanstandet** worden. **Vorzugswürdig** erscheint daher, §§ 5, 5a hinsichtlich der Umsetzung der Art. 6, 7 UGP-RL als **abschließende Regelung** anzusehen.[150] Jedenfalls wäre, wovon sowohl die Gesetzesbegründung als auch der BGH ausgehen, § 3a in diesem Fall anhand Art. 6, 7 UGP-RL unionskonform auszulegen.

110 Von erheblicher praktischer Relevanz ist die Frage, inwieweit trotz der vollharmonisierenden Wirkung der UGP-RL **Informationspflichten** aus anderen Harmonisierungsmaßnahmen über § 3a durchgesetzt werden können, wenn die Voraussetzungen des **Art. 7 UGP-RL nicht erfüllt** sind. Diese Frage stellt sich insbesondere bei **Pflichtangaben mit Vertragsbezug** aus der **Verbraucherrechterichtlinie** und der **Richtlinie über den elektronischen Geschäftsverkehr,** die nicht über § 5a Abs. 4 UWG/Art. 7 Abs. 5 UGP-RL integriert werden, weil es sich nicht um Informationsanforderungen „in Bezug auf Werbung, kommerzielle Kommunikation oder Marketing" iSd § 5a handelt (vgl. → § **5a** Rn. **186, 190, 206**) und auch eine „Wesentlichkeit" nach allgemeinen Grundsätzen (Art. 7 Abs. 1–4 UGP-RL/§ 5a Abs. 2–3, 5, 6 UWG) nicht gegeben ist. § 5a Abs. 3, 5 ist im Anwendungsbereich der Verbraucherrechterichtlinie aber richtlinienkonform anhand der Richtlinie 83/2011/EU auszulegen, da diese spezielle Aspekte unlauterer Geschäftspraktiken iSd Art. 3 Abs. 4 UGP-RL regelt. Deshalb sind die **Informationspflichten im Fernabsatz strenger,** da nach der Vorstellung des Richtliniengebers der Verbraucher bei Fernabsatzverträgen in besonderem Maße auf vollständige Informationen angewiesen ist,[151] näher → § **5a** Rn. **190.** Zu Recht wird darauf aufmerksam gemacht, dass über den Rechtsbruchtatbestand die Voraussetzungen des Art. 7 UGP-RL nicht unterlaufen werden dürfen.[152] Nach hier vertretener Auffassung ist ein **Rückgriff auf § 3a** aufgrund der Sperrwirkung des Art. 7 UGP-RL **im Anwendungsbereich der UGP-RL bei Pflichtangaben ausgeschlossen,** näher → § 5 Rn. 53 ff.

111 **b) Außerhalb des UWG.** Spezielle **verbraucherschutzrechtliche Ausprägungen** des Irreführungsverbots finden sich zB in **§§ 11, 27, 33 LFGB,** in **§ 3 HWG, § 25 WeinG** und **§ 8 AMG;** zu diesen und weiteren Sonderregelungen, welche die Werbung mit gesundheits- bzw. krankheitsbezogenen Aussagen regeln, ausführlich → § 5 Rn. 545 ff. **§ 43 Abs. 2 MessEG** regelt in Umsetzung von Art. 3 der Richtlinie 2007/45/EG die besonderen Anforderungen, denen Fertigpackungen unterliegen, damit nicht der Eindruck einer größeren Füllmenge als tatsächlich enthalten entsteht. Ein Gesetz zum Schutze bestimmter Bevölkerungsgruppen ist das **JuSchG,** das zB Werbeverbote für jugendgefährdende Medien enthält.[153]

112 Der allgemeine Irreführungsschutz der UGP-RL und der Werberichtlinie 2006/114/EG wird in aller Regel **durch andere Rechtsvorschriften des Unionsrechts zur Bekämpfung von Täuschungen nicht verdrängt.** Bei ihnen handelt es sich zumeist um Rechtsvorschriften iSd Art. 3 Abs. 4 UGP-RL, die auf spezielle Aspekte unlauterer Geschäftspraktiken anwendbar sind.[154] Nach Art. 3 Abs. 4 UGP-RL sowie dem 10. Erwägungsgrund gehen sie der Richtlinie nur im Kollisionsfall vor und sind für diese speziellen

---

[150] Ebenso OLG Frankfurt a. M. WRP 2017, 339 Rn. 12; *Alexander* GRUR-Prax 2019, 289; *Köhler* GRUR 2016, 891 (897); *Köhler*/Bornkamm/Feddersen § 3a Rn. 1.19; MüKoUWG/*Alexander* § 5a Rn. 69; *Ohly*/Sosnitza § 3a Rn. 8a; *Steinbeck* WRP 2011, 1221 ff.

[151] BGH WRP 2019, 1176 Rn. 42 – Werbeprospekt mit Bestellpostkarte II.

[152] *Steinbeck* WRP 2011, 1221 ff.; *Ohly,* Gutachten im Auftrag des Bayerischen Industrie- und Handelskammertages eV, 2015, Rn. 37; *Glöckner* GRUR 2013, 568 (575).

[153] BGH GRUR 2007, 890 – Jugendgefährdende Medien bei ebay.

[154] Vgl. EuGH C-221/00, EU:C:2003:44 Rn. 43 – Kommission/Österreich; C-374/05, EU:C:2007:654 Rn. 39 – Gintec; C-544/13 und C-545/13, EU:C:2015:481 Rn. 45 ff., 80 ff. – Abcur.

Aspekte anwendbar (Art. 3 Abs. 4 sowie 10. Erwgr. der UGP-RL).[155] Daraus folgt, dass diese speziellen Täuschungsverbote und Regelungen zu Informationsanforderungen den allgemeinen Irreführungsschutz der Art. 6, 7 UGP-RL nicht verdrängen, sondern lediglich **ergänzen.**[156]

Neben solchen speziellen verbraucherschützenden Irreführungsverboten bleibt der allgemeine Irreführungsschutz aus den Art. 6, 7 UGP-RL umsetzenden Vorschriften der §§ 5, 5a daher bestehen, sofern seine Voraussetzungen vorliegen.[157] **Im Anwendungsbereich unionsrechtlicher Sondervorschriften sind §§ 5, 5a** jedoch **nach Maßgabe dieser Sondervorschriften unionskonform auszulegen.**[158] 113

c) Informationspflichten. Über § 5a Abs. 4 werden darüber hinaus bestimmte im Gemeinschaftsrecht wurzelnde **Informationspflichten** in das wettbewerbliche Irreführungsverbot eingegliedert, dazu näher → Rn. 37, 53 ff., ferner → § 5a Rn. 74 ff. Zum Verhältnis zwischen **ursprungsrechtlichen Kennzeichnungsbestimmungen** und **Etikettierungsvorschriften** → § 5 Rn. 593. 114

d) Datenschutzrecht. Einigkeit besteht darüber, dass spezielle Irreführungstatbestände wie die der „Schwarzen Liste" **durch die DSGVO nicht verdrängt** werden.[159] Streitig ist aber, ob Verstöße gegen die DSGVO (auch) mit den Instrumentarien des UWG durchgesetzt werden können. Ein Teil der Literatur argumentiert, dass die DSGVO eine abschließende Regelung hinsichtlich ihrer Durchsetzung enthalte und wegen Art. 3 Abs. 4 UGP-RL Sperrwirkung habe.[160] Andere stimmen zwar grundsätzlich zu, sehen aber in der vorgeschlagenen Richtlinie über Verbandsklagen einen Paradigmenwechsel hin zu einem Datenschutz-Verbraucherschutzrecht.[161] Die DSGVO überlässt die Ausgestaltung des Sanktionensystems allerdings den Mitgliedstaaten und gibt ihnen in Art. 84 DSGVO lediglich vor, dass Sanktionen wirksam, verhältnismäßig und abschreckend sein müssen. Sie enthält daher hinsichtlich der Durchsetzung keine abschließenden oder spezielleren Vorgaben, sodass es insoweit bei der UGP-RL als Basisrichtlinie bleibt. Zum Rechtsvorgänger der DSGV, der RL 95/46/EG, ist durch die *„Fashion ID"*-Entscheidung[162] geklärt, dass deren Art. 22–24 einer nationalen Regelung nicht entgegenstehen, die es Verbänden zur Wahrung von Verbraucherinteressen erlaubt, gegen den mutmaßlichen Verletzer von Vorschriften zum Schutz personenbezogener Daten Klage zu erheben. Das Verfahren *„VZBV gegen Facebook"*[163] war im Hinblick auf die EuGH-Vorlage ausgesetzt worden. 115

e) Preisangabenverordnung. Überschneidungen zwischen §§ 5, 5a und der PAngV ergeben sich insbesondere bei § 5a Abs. 3 Nr. 3, Abs. 4 und § 5 Abs. 1 S. 2, Abs. 4. 116

Auf **nationaler Ebene** werden **§ 5a Abs. 3 Nr. 3, Abs. 4 durch die PAngV nicht verdrängt.**[164] 117

---

155 Vgl. EuGH C-544/13 und C-545/13, EU:C:2015:481 Rn. 81 – Abcur; vgl. Schlussanträge des Generalanwalts *Szpunar* v. 3.3.2015 in den Rs. Abcur, C-544/13 und C-545/13, EU:C:2015: 136, Rn. 57–86; BGH GRUR 2015, 1240 Rn. 29 – Der Zauber des Nordens.

156 So zur Richtlinie 2001/83/EG: EuGH C-544/13 und C-545/13, EU:C:2015:481 Rn. 81 – Abcur; zur Health-Claims-VO: *Köhler* ZLR 2008, 135 (138); *Meisterernst* WRP 2012, 405 (409); vgl. EuGH C-544/10, GRUR 2012, 1161 – Deutsches Weintor.

157 Vgl. zu Art. 6, 7 UGP-RL EuGH C-544/13 und C-545/13, EU:C:2015:481 Rn. 84 – Abcur.

158 Vgl. EuGH C-221/00, EU:C:2003:44 – Kommission/Österreich; C-544/13 und C-545/13, EU:C:2015:481 Rn. 45 ff. – Abcur; BGH GRUR 2002, 1091 (1092) – Bodensee-Tafelwasser; GRUR 2003, 628 (629) – Klosterbrauerei; GRUR 2008, 830 Rn. 16 – L-Carnitin II; GRUR 2010, 359 Rn. 11 – Vorbeugen mit Coffein.

159 *Ohly* GRUR 2019, 686 (693).

160 So *Köhler* WRP 2019, 1279 ff.; *Ohly* GRUR 2019, 686 (693).

161 Vgl. *Uebele* GRUR 2019, 694 (703).

162 EuGH C-40/17, GRUR 2019, 977 – Fashion ID, auf Vorlage des OLG Düsseldorf WRP 2017, 470 – „Gefällt mir"-Button. S. auch *Diercks* CR 2019, 95; *Köhler* WRP 2019, 1279 ff.; *Splittka* GRUR-Prax 2019, 272.

163 BGH DE:BGH:2019:110419BIZR186.17.0.

164 Ebenso *Köhler*/Bornkamm/Feddersen Vorb. PAngV Rn. 11a.

118 Zur **Unionskonformität der PAngV** s. *Weidert* → **Einf. PAngV Rn. 11 ff.**

119 Keinesfalls dürfen die Vorgaben des Art. 7 UGP-RL unterlaufen werden, da die Richtlinie 98/6/EG nur (bestimmte) „besondere Aspekte" unlauterer Geschäftspraktiken iSd **Art. 3 Abs. 4** regelt, mithin die UGP-RL lediglich modifiziert. Nur soweit die Bestimmungen beider Richtlinien kollidieren, geht sie der UGP-RL vor; im Übrigen bleibt die UGP-RL als Rahmenrichtlinie anwendbar (näher → § 5 Rn. 52). Nach der Rspr. des BGH lassen sich Verstöße gegen die PAngV jedenfalls dann weiterhin über § 4 Nr. 11 aF bzw. § 3a nF verfolgen, wenn die Voraussetzungen des Art. 7 Abs. 4 lit. c UGP-RL erfüllt sind.[165] Auch wenn sich aufgrund des Erfordernisses der unionskonformen Auslegung der PAngV hier letztlich kein anderes Ergebnis als über § 5a ergeben kann, entfernt sich diese Auslegung doch teils erheblich vom Wortlaut, wenn etwa der in § 1 Abs. 1 S. 1 PAngV enthaltene Begriff der „Werbung unter Angabe von Preisen" mit Blick auf den in Art. 7 Abs. 4 lit. c UGP-RL als „Aufforderung zum Kauf" auszulegen ist.[166] Vorzugswürdig erscheint nach alledem, Verstöße gegen Art. 7 UGP-RL auf der Grundlage des § 5a und nicht nach § 3a iVm der PAngV zu verfolgen, zumal schon in der Vergangenheit vom Wortlaut abweichende Umsetzungen von der Kommission beanstandet worden waren.

120 Für **§ 5a Abs. 2–6** hat die Frage der Unionskonformität der PAngV unmittelbar keine Bedeutung, weil diese Vorschriften **vollständig auf Art. 7 UGP-RL beruhen, sodass für sie eine vergleichbare Problematik wie für die PAngV nicht besteht.**

121 Aufgrund des erreichten Harmonisierungsstandes und des Erfordernisses der unionskonformen Auslegung der §§ 5, 5a sind Abgrenzungsfragen zwischen der UGP-RL und der Preisangabenrichtlinie nicht auf **nationaler Ebene,** sondern im Wege der unionskonformen Auslegung der Vorschriften der PAngV und des § 5a zu lösen, sodass auf nationaler Ebene ein Konflikt nicht entstehen kann; dazu auch → Rn. 61/59.

122 Für die **unionskonforme Auslegung** der §§ 5, 5a kommt es auf das Verhältnis der unionsrechtlichen Grundlagen an, das durch Auslegung zu klären ist; danach gilt:

123 Soweit für bestimmte Bereiche des Preisrechts europäische Verordnungen und Richtlinien existieren, die **spezielle Aspekte** unlauterer Geschäftspraktiken regeln, und zu denen auch spezielle Informationsanforderungen oder Regelungen gehören, wie dem Verbraucher Informationen zu vermitteln sind,[167] werden in aller Regel durch **§ 5a Abs. 4** UWG/Art. 7 Abs. 5 UGP-RL in deren Anwendungsbereich integriert sein und gehen als **Sonderregelungen** bei der richtlinienkonformen Auslegung vor (→ § 5 Rn. 61). Dazu zählen **Art. 3 Abs. 4 der Preisangabenrichtlinie 98/6/EG**[168] und **Art. 23 Abs. 1** der **VO (EG) Nr. 1008/2008** für Luftverkehrsdienste (→ § **5a** Rn. **221**).

124 Als unionsrechtliche Grundlage für Preisangabenverpflichtungen kommen neben Art. 7 Abs. 4 lit. c UGP-RL, den **§ 5a Abs. 3 Nr. 3** umsetzt, im Prinzip zwar auch die Informationsanforderungen nach der Preisangabenrichtlinie **98/6/EG** in Betracht. Zum Konkurrenzverhältnis zwischen UGP-RL und Preisangabenrichtlinie 98/6/EG liegt mit der **„Citroën Commerce"**-Entscheidung v. 7.7.2016[169] eine **Grundsatzentscheidung des EuGH** vor. Der EuGH zieht hier den Anwendungsbereich der RL 98/6/EG sehr weit,[170] indem er ihn über Preisangaben von Waren unter Bezugnahme auf unterschiedliche **Maßeinheiten (vgl. Art. 3 Abs. 4 RL 98/6/EG)** hinaus mit der teilverdrängenden Wirkung des Art. 3 Abs. 4 UGP-RL auch auf bestimmte Aspekte des **„Verkaufspreises"** erstreckt.[171] Entgegen dem ersten Anschein legt der EuGH jedoch nicht zugrunde, dass die RL 98/6/EG eine eigenständige Rechtsgrundlage für zusätzliche Preisinformationspflich-

---

[165] BGH GRUR 2016, 516 Rn. 25 – Wir helfen im Trauerfall.
[166] Vgl. BGH GRUR 2016, 516 Rn. 28 – Wir helfen im Trauerfall; dazu *Köhler* WRP 2016, 541 ff.
[167] Vgl. EuGH C-544/13 und C-545/13, EU:C:2015:481 Rn. 79 – Abcur.
[168] EuGH C-476/14, EU:2016:527 Rn. 44 – Citroën Commerce mit Anm. *Jacob* WRP 2016, 1098 ff.
[169] EuGH C-476/14, EU:C:2016:527 – Citroën Commerce.
[170] EuGH C-421/12, EU:C:2014:2064 Rn. 59 – Kommission/Belgien.
[171] Vgl. EuGH C-476/14, EU:C:2016:527 Rn. 44 – Citroën Commerce.

ten darstellen könnte, die über Art. 7 UGP-RL hinausgehen. In der nicht erschöpfenden Auflistung der im Unionsrecht festgelegten Informationsanforderungen in Bezug auf kommerzielle Kommunikation einschließlich Werbung und Marketing in Art. 7 Abs. 5 iVm Anh. II UGP-RL werden abgesehen von **Art. 3 Abs. 4** keine anderen Bestimmungen der Preisangabenrichtlinie aufgeführt; die Richtlinie bezieht sich ferner auch nur auf **Waren** („Erzeugnisse") und **nicht auf Dienstleistungen.** Da die Auflistung im Anh. II UGP-RL allerdings auch nicht abschließend ist, stellt sich die Frage, ob nicht im Anh. II genannte Informationsanforderungen der Preisangabenrichtlinie und **Art. 22 Abs. 1 lit. i, Abs. 2 und Abs. 3 lit. a, Abs. 4 der Richtlinie 2006/123/EG** über Dienstleistungen im Binnenmarkt unionsrechtliche Informationsanforderungen enthalten können, die nach Art. 7 Abs. 5 UGP-RL als wesentlich gelten. Diese Frage ist zu verneinen, sodass das Vorenthalten dieser Informationen einer Irreführung durch Unterlassen nach § 5a Abs. 4 nicht gleichkommt, **näher → § 5a Rn. 193.**

Soweit nicht spezielle Sonderregelungen des Unionsrechts, die vorrangig bei der Auslegung zu berücksichtigen sind, **insbesondere Art. 3 Abs. 4 Preisangabenrichtlinie 98/6/EG,**[172] abweichende Regelungen treffen, sind nach **§ 5a Abs. 3 Nr. 3 UWG/** Art. 7 Abs. 4 Nr. 3 UGP-RL zudem bestimmte Basisinformationen über Preise zur Verfügung zu stellen. 125

Ein Vorrang der § 5a Abs. 3 und 4 vor § 5a Abs. 2 oder des § 5a Abs. 4 vor § 5a Abs. 3 besteht hierbei nicht, **näher → § 5a Rn. 9 ff.** 126

f) Berufsrecht. Verschiedene **Berufsordnungen** enthalten Werbeverbote, die darauf angelegt sind, eine Täuschung der Verbraucher zu verhindern.[173] Sie sind im Lichte von **Art. 24 der Richtlinie 2006/123/EG**[174] und **Art. 12 GG** auszulegen.[175] Die UGP-RL lässt nach **Art. 3 Abs. 8 UGP-RL** alle Niederlassungs- oder Genehmigungsbedingungen, berufsständische Verhaltenskodizes oder andere spezifische Regeln für reglementierte Berufe unberührt, damit die **strengen** Integritätsstandards, die die Mitgliedstaaten den in dem Beruf tätigen Personen nach Maßgabe des Gemeinschaftsrechts auferlegen können, gewährleistet bleiben. Dies berechtigt die Mitgliedstaaten jedoch nicht, bestimmte Berufe von dem Anwendungsbereich des die UGP-RL umsetzenden nationalen **Lauterkeitsrechts** auszunehmen.[176] 127

Nach **Art. 24 Abs. 1 der Richtlinie 2006/123/EG** sind absolute Verbote der kommerziellen Kommunikation für **reglementierte Berufe** untersagt. Gemäß **Art. 24 Abs. 2** der Richtlinie dürfen berufsrechtliche Regelungen über die kommerzielle Kommunikation nicht diskriminierend sein und müssen durch einen zwingenden Grund des Allgemeininteresses gerechtfertigt und verhältnismäßig sein, wobei in dem 40. Erwgr. dieser Richtlinie als zwingende Gründe ua der Verbraucherschutz und die Verhütung von unlauterem Wettbewerb genannt werden. 128

Spezielle Eingriffe in die Berufsausübungsfreiheit sind nur dann mit **Art. 12 Abs. 1 GG** vereinbar, wenn sie den Berufstätigen nicht übermäßig oder unzumutbar treffen, also dem Grundsatz der Verhältnismäßigkeit genügen.[177] Das Grundrecht der Berufsausübungsfreiheit **(Art. 12 Abs. 1 GG) rechtfertigt aber keine irreführende Werbung.**[178] 129

---

172 EuGH C-476/14, EU:2016:527 Rn. 44 f. – Citroën Commerce mit Anm. *Jacob* WRP 2016, 1098 ff.; *Weidert* GRUR-Prax 2016, 355.

173 ZB § 43b BRAO, § 7 BORA; ausführlich *v. Jagow* → § 3a Rn. 63.

174 BGH GRUR 2014, 86 Rn. 14 ff. – Kommanditistenbrief; GRUR 2015, 286 Rn. 12 f. – Fachanwalt für Familienrecht.

175 BGH GRUR 2014, 86 Rn. 11 ff. – Kommanditistenbrief; GRUR 2015, 286 Rn. 13. – Fachanwalt für Familienrecht. BVerfG GRUR 2012, 72 (73) Rn. 20 ff. – Zahnärztehaus; GesR 2012, 360 (361) – Zentrum für Zahnmedizin. S. zu § 7 Abs. 2 BORA bereits die „Spezialist für Verkehrsrecht"-Entscheidung des BVerfG (NJW 2004, 2656 (2658)), die zu der am 1.3.2006 in Kraft getretenen Änderung führte.

176 Vgl. EuGH C-421/12, GRUR Int. 2014, 964 – Kommission/Belgien.

177 BVerfG GRUR 2012, 72 – Zahnärztehaus; GesR 2012, 360 (361) – Zentrum für Zahnmedizin.

178 BGH WRP 2015, 1102 Rn. 32 – Mobiler Buchhaltungsservice.

130 Bei der Anwendung der wettbewerbsrechtlichen Irreführungsvorschriften sind die **Wertungen anderer gesetzlicher Bestimmungen** zu respektieren.[179]

131 **§ 8 Abs. 4 S. 3 StBerG nF** lässt sich nicht die Wertung entnehmen, dass eine durch die Verwendung der Bezeichnung „Buchhaltungsservice" hervorgerufene Irreführung des angesprochenen Verkehrs hinzunehmen ist.[180] Die in **§ 6 Nr. 4 StBerG** bezeichneten Personen sind zwar nicht verpflichtet, die von ihnen angebotenen Tätigkeiten nach § 6 Nr. 3 und 4 StBerG im Einzelnen aufzuführen, wenn sie auf ihre **Befugnis zur Hilfeleistung in Steuersachen** hinweisen und sich als **Buchhalter** bezeichnen oder unter Verwendung von Begriffen wie **„Buchhaltungsservice"** werben. Sie müssen aber eine durch solche Angaben hervorgerufene Gefahr der Irreführung des angesprochenen Verkehrs über die von ihnen angebotenen Tätigkeiten auf andere Weise ausräumen.[181] Hingegen gelangt der BGH in der Entscheidung **„Spezialist für Familienrecht"** im Wege der Interessenabwägung zu einer Einschränkung des speziellen Irreführungstatbestands in § 7 Abs. 2 BORA und des § 5 Abs. 1 S. 1 und 2 Nr. 3 UWG, obwohl beim rechtssuchenden Publikum die Gefahr einer Verwechslung mit der Bezeichnung **„Fachanwalt für Familienrecht"** besteht.[182]

B. § 5 Abs. 1 (Die Unlauterkeit irreführender geschäftlicher Handlungen)

„Unlauter handelt, wer eine irreführende geschäftliche Handlung vornimmt, die geeignet ist, den Verbraucher oder sonstigen Marktteilnehmer zu einer geschäftlichen Entscheidung zu veranlassen, die er andernfalls nicht getroffen hätte. Eine geschäftliche Handlung ist irreführend, wenn sie unwahre Angaben enthält oder sonstige zur Täuschung geeignete Angaben über folgende Umstände enthält:"

Übersicht

[179] BGH WRP 2015, 1102 Rn. 23 – Mobiler Buchhaltungsservice; GRUR 2011, 535 Rn. 20 – Lohnsteuerhilfeverein Preußen.
[180] BGH WRP 2015, 1102 Rn. 24 – Mobiler Buchhaltungsservice.
[181] BGH WRP 2015, 1102, Ls. – Mobiler Buchhaltungsservice.
[182] BGH GRUR 2015, 286 Rn. 20 ff., 25, 28 – Fachanwalt für Familienrecht.

Schrifttum: *Ackermann,* Das Verbraucherleitbild im Lauterkeits- und Kennzeichenrecht und seine praktischen Auswirkungen, in: Baudenbacher/Simon (Hrsg.), Neuste Entwicklungen im europäischen und internationalen Immaterialgüterrecht, 2001, 59; *Ahrens,* Verwirrtheiten juristischer Verkehrskreise zum Verbraucherleitbild einer „normativen" Verkehrsauffassung, WRP 2000, 812; *Apostolopoulos,* Das europäische Irreführungsverbot: Liberalisierung des Marktgeschehens oder Einschränkung für die Anbieterseite?, GRUR Int. 2005, 292; *Augenhofer,* Ein „Flickenteppich" oder doch der „große Wurf"?, Überlegungen zur neuen Richtlinie über unlautere Geschäftspraktiken, ZfRV 2005, 204; *Baukelmann,* Jugendschutz und Lauterkeitsrecht – neue europäische Gesichtspunkte?, in: FS Ullmann, 2006, S. 587; *Beater,* Zum Verhältnis von europäischem und nationalem Wettbewerbsrecht – Überlegungen am Beispiel des Schutzes vor irreführender Werbung und des Verbraucherbegriffs, GRUR Int. 2000, 963; *Becker,* Der Schutz von Veranstaltungszeichen über § 5 Abs. 1 S. 2 Nr. 4 UWG, WRP 2015, 139; *Berlit,* Auswirkungen der Aufhebung des Rabattgesetzes und der Zugabeverordnung auf die Auslegung von § 1 UWG und § 3 UWG, WRP 2001, 349; *Berneke,* Zum Lauterkeitsrecht nach einer Aufhebung von Zugabeverordnung und Rabattgesetz, WRP 2001, 615; *Böhler,* „I'll be back" – Kommt es zur Rückkehr des „flüchtigen Verbrauchers" in UWG und Lebensmittelrecht?, ZLR 2014, 27; *Borck,* Die Interessenabwägung bei irreführender Werbung, WRP 1985, 63; *Blasek,* Kostenfallen im Internet ein Dauerbrenner, GRUR 2010, 396; *Bornkamm,* Die Feststellung der Verkehrsauffassung im Wettbewerbsprozess, WRP 2000, 830; *ders.,* Irrungen, Wirrungen – Der Tatbestand der Irreführung durch Unterlassen, WRP 2012, 1; *ders.,* Wettbewerbs- und Kartellrechtsprechung zwischen nationalem und europäischem Recht, FS aus Anlass des 50jährigen Bestehens von Bundesgerichtshof, Bundesanwaltschaft und Rechtsanwaltschaft beim Bundesgerichthof, 2000, S. 343 ff.; *Büscher,* Soziale Medien, Bewertungsplattformen & Co., GRUR 2017, 433; *Busch,* Towards a European Legal Framework of Commercial Fairness Rules? The EU Commissions's Proposal for a Directive on Unfair Commercial Practices, EuLF 2004, 91; *Büttner,* Die Irreführungsquote im Wandel – Folgen eines sich ändernden Normverständnisses, GRUR 1996, 533; *Collins,* The Forthcoming EC Directive on Unfair Commercial Practices – Contract, Consumer and Competition Law Implications, 2004; *Cordes,* Die Gewährung von Zugaben und Rabatten und deren wettbewerbsrechtliche Grenzen nach Aufhebung von Zugabeverordnung und Rabattgesetz, WRP 2001, 867; *Daunicht-Hoffrichter,* Die „halbe Wahrheit" – Irreführung durch lückenhafte Werbung, 1984; *Deutsch,* Der Einfluss des europäischen Rechts auf den Irreführungstatbestand des § 3 UWG – Gedanken zum Verbraucher-Leitbild und zur Relevanz bei Täuschungen, GRUR 1996, 541; *Doepner,* Verbraucherleitbilder zur Auslegung des wettbewerbsrechtlichen Irreführungsverbots – Anmerkungen zum Diskussionsstand, in: FS Lieberknecht 1997, 165, und WRP 1997, 999; *Dörre/Jüngst,* Aktuelle Entwicklung der AdWord-Rechtsprechung, K&R 2007, 239; *Drettmann,* Wirtschaftswerbung und Meinungsfreiheit, 1984; *Drexl,* Die wirtschaftliche Selbstbestimmung des Verbrauchers, 1998; *Droste,* Irreführende Beschaffenheitsangaben und Interessenabwägung, GRUR 1972, 281; *Eichelberger,* Markenverletzung durch die unberechtigte Verwendung einer Marke als Schlüsselwort bei der Aufgabe einer kontext-sensitiv erscheinenden Anzeige (Google AdWord), MarkenR 2007, 83; *Eicke,* Meinungsfreiheit für die Werbung?, WRP 1988, 643; *Eilmansberger,* Zur Reichweite der Grundfreiheiten des Binnenmarkts, JBl 1999, 345 und 434; *Emmerich,* Auf dem Weg zum europäischen Binnenmarkt, WM 1990, 1; *ders.,* Wettbewerbsrecht: Irreführung durch Unterlassen, JuS 2012, 651; *Engels,* Markenrechtliche Reichweite und wettbewerbsrechtliche Grenzen von Keyword Advertising, MarkenR 2010, 233; *Everling,* Der Einfluss des EG-Rechts auf das nationale Wettbewerbsrecht im Bereich des Täuschungsschutzes, ZLR 1994, 221; *Fehringer/Freund,* Die Umsetzung der Richtlinie über unlautere Geschäftspraktiken in das UWG, Medien und Recht 2007, 115; *Fezer,* Das wettbewerbsrechtliche Irreführungsverbot als ein normatives Modell des verständigen Verbrauchers im Europäischen Unionsrecht, WRP 1995, 671; *ders.,* Modernisierung des deutschen Rechts gegen den unlauteren Wettbewerb auf der Grundlage einer Europäisierung des Wettbewerbsrechts, WRP 2001, 989; *Fritzsche/Frahm,* Zahlen schon fürs Bieten – Internetauktionen mit kostenpflichtigen Gebotsrechten, WRP 2008, 22; *Fuchs/Farkas,* Hyperlinks und Urheberrecht – zugleich Besprechung EuGH, Beschluss vom 21. Oktober 2014 – C-348/12 – BestWater, ZUM 2015, 110; *Funke,* Das deutsche Wettbewerbsrecht im europäischen Binnenmarkt, WRP 1991, 550; *Gabel,* Die Haftung für Hyperlinks im Lichte des neuen UWG, WRP 2005, 1102; *Gamerith,* Der Richtlinienvorschlag über unlautere Geschäftspraktiken – Möglichkeiten einer harmonischen Umsetzung, WRP 2005, 391; *Glöckner,* Good News from Luxembourg? Die Anwendung des Lauterkeitsrechts auf Verhalten zur Förderung eines fremden Unternehmens nach EuGH – RLvS Verlagsgesellschaft mbH, in: FS Köhler, 2014, S. 159; *Glöckner/Henning-Bodewig,* EG-Richtlinie über unlautere Geschäftspraktiken, WRP 2005, 1311; *Glöckner/Kur,* Geschäftliche Handlungen im Internet, GRUR-Beil. 2014, 29; *Gloy,* Verkehrsauffassung – Rechts- oder Tatfrage, FS Erdmann, 2002, S. 811; *Groeschke/Kiethe,* Die Ubiquität des europäischen Verbraucherleitbildes, WRP 2001, 230; *Goldmann,* Zur Verwirkung nach § 242 BGB beim Schutz geschäftlicher Bezeichnungen und im Lauterkeitsrecht, WRP 2017, 657; *Günther/Gruppe,* Zulässigkeit der Blickfangwerbung von Legal-Tech-Unternehmen, MMR 2020, 145; *Hackbarth,* Erste Anmerkungen zu „Bananabay II" – Gelöste Probleme und offene Fragen, WRP 2011, 1124; *Härting/Schätzle,* Rechtsverletzungen in Social Networks, ITRB 2010, 39; *Hamacher,* GOOD NEWS II: Hat der EuGH die Vollharmonisierung des Lauterkeitsrechtes in Teilbereichen abgeschafft?, GRUR-Prax 2014, 365; *Handig,* Harmonisierung des Lauterkeitsrechts in der EU, 2006; *Helm,* Das Verbraucherleitbild des Europäischen Gerichtshofs und des Bundesgerichtshofs im Vergleich, FS Tilmann, 2003, S. 135; *ders.,* Der Abschied vom „verständigen" Verbraucher, WRP 2005, 931; *Heermann,* Auswirkungen der Europäischen Rechtsentwicklung auf das deutsche Wettbewerbsrecht, WRP 1993, 578; *ders.,* Die Erheblichkeitsschwelle i. S. des § 3 UWG-E, GRUR 2004, 94; *ders.* Unangemessene unsachliche Beeinflussung des Kunden durch Hinweise auf Social Sponsoring?, LMK 2007, 212 520; *Hefermehl,* Die Konkretisierung der wettbewerbsrechtlichen Generalklausel durch Rechtsprechung und Lehre, in: FS GRUR, Bd. 2, 1991, S. 897; *Heim,* Der Schutz Minderjähriger durch Wettbewerbsrecht, FamRZ 2007, 321; *Helm,* Hohes Verbraucherschutzniveau, WRP 2013, 710; *Henning-Bodewig,* Abschied vom „verständigen Verbraucher"?. WRP, 2013, Heftnummer 11, Editorial; *dies.,* Die Richtlinie 2005/29/EG über unlautere Geschäftspraktiken, GRUR Int. 2005, 629; *dies.,* Erneute UWG-Reform? Einige Anmerkungen zum Referentenentwurf 2014, WRP, 2014, 1407; *dies.,* E-Commerce und irreführende Werbung – Auswirkungen des Herkunftslandprinzips auf das europäische und deutsche Irreführungsrecht, WRP 2001, 771; *dies.,* Relevanz der Irreführung, UWG-Nachahmungsschutz und die Abgrenzung Lauterkeitsrecht/IP-Rechte, GRUR Int. 2007, 986; *Himmelsbach,* Irreführende Werbung durch nicht ausreichend lesbare Fußnotentexte, K&R 2006, 423; *Hoeren,* Das neue UWG – der Regierungsentwurf im Überblick, BB 2008, 1182; *ders.,* Das neue UWG und dessen Auswirkungen auf den B2B-Bereich, WRP 2009, 789; *Hösl,* Interessenabwägung und rechtliche Erheblichkeit der Irreführung bei § 3 UWG, 1986; *Howells/Micklitz/Wilhelmsson,* European Fair Trading Law – The Unfair Commercial Practices Directive, 2006; *Illmer,* Keyword-Advertising – Quo vadis?, WRP 2007, 399; *Jahn/Palzer,* der mündige Verbraucher ist tot, es lebe der mündige Verbraucher, K&R 2015, 444; *Kaestner/Tews,* Informations- und Gestaltungspflichten bei Internet-Auktionen, WRP 2004, 391; *Kemper/Rosenow,* Der Irreführungsbegriff auf dem Weg nach Europa, WRP 2001, 370; *Kendziur,* Wettbewerbswidrige Sportwettenangebote auch bei rechtswidriger Versagung einer Genehmigung?, ZUM 2007, 193; *Keßler,* Vom Recht des unlauteren Wettbewerbs zum Recht der

Marktkommunikation, 2005; *Kessler/Micklitz,* Die Richtlinie 2005/29/EG über unlautere Geschäftspraktiken im binnenmarktinternen Geschäftsverkehr zwischen Unternehmen und Verbrauchern, Special zu BB 2005, 1; *Kiethe,* Werbung im Internet, WRP 2000, 616; *Kleine-Cosack,* Freiberufsspezifische Werbeverbote vor dem Aus, NJW 2010, 1921; *Knaak,* Demoskopische Umfragen in der Praxis des Wettbewerbs- und Warenzeichenrechts, 1986; *Koch, GOOD NEWS aus Luxemburg?,* FS Köhler, 2014, 359; *ders.,* Kann die Äußerung unrichtiger Rechtsansichten wettbewerbsrechtlich verboten werden? WRP 2019, 1259; *Köhler,* Konkurrentenklage gegen die Verwendung unwirksamer Allgemeiner Geschäftsbedingungen?, NJW 2008, 177; *ders.,* Richtlinienkonforme Gesetzgebung statt richtlinienkonforme Auslegung, WRP 2012, 251; *ders.,* Zur „geschäftlichen Relevanz" unlauterer geschäftlicher Handlungen gegenüber Verbrauchern, WRP 2014, 259; *Köhler/Bornkamm/Henning-Bodewig,* Vorschlag für eine Richtlinie zum Lauterkeitsrecht und eine UWG-Reform, WRP 2002, 1317; *Koppensteiner,* Verbraucherleitbilder bei der Bewerbung von Kapitalanlagen, FS Köhler zum 70. Geburtstag, 2014, S. 371; *Krajewski,* Werbung über das Handy – Zur Zulässigkeit kommerzieller SMS-Nachrichten, MMR 2001, 86; *Kugeler,* Die strafbare Werbung (§ 16 Abs. 1 UWG) nach der UWG-Reform 2004, Konstanz 2008; *Kur,* Metatags – pauschale Verurteilung oder differenzierende Betrachtung? – Zugleich eine Stellungnahme zur „kennzeichenmäßigen Benutzung" im Lichte der EuGH-Rechtsprechung, CR 2000, 448; *Lange,* Steht das Powershopping in Deutschland vor dem Aus?, WRP 2001, 888; *Leible,* Abschied vom „flüchtigen Verbraucher"?, DZWir 1994, 178; *ders.,* Internet-Werbung (Online-Werbung), FS Köhler zum 70. Geburtstag, 2014, S. 403; *Lettl,* Die geschäftliche Relevanz nach §§ 3 Abs. 2, 3a, 4a Abs. 1, 5 Abs. 1 S. 1 und 5a Abs. 1, Abs. 2 S. 1 Nr. 2 UWG, WRP 2019, 1265; *Leupold/Pfeiffer,* Von der Werbung zur kommerziellen Kommunikation: Die Vermarktung von Waren und Dienstleistungen im Internet, WRP 2000, 575; *Loewenheim,* Aufklärungspflichten in der Werbung – Eine Analyse der neueren Entscheidungspraxis –, GRUR 1980, 14; *Maasch/Kracht/v.Schliefen,* Vertiefung der wichtigsten Tatbestände des UWG, 2010; *Mankowski,* Besondere Formen von Wettbewerbsverstößen im Internet und Internationales Wettbewerbsrecht, GRUR Int. 1999, 995; *Mees,* Der Patient als Verbraucher – Ein neuer Topos des wettbewerbsrechtlichen Verbraucherschutzes, in: FS Ullmann, 2006, 755; *Metz,* Verbraucherschützende Informationspflichten in der Werbung – Eine Analyse rechtlicher und ökonomischer Rahmenbedingungen, 2007; *Michalski,* Das Verbot der Werbung mit Selbstverständlichkeiten, BB 1992, 40; *Micklitz/Kessler,* Funktionswandel des UWG, WRP 2003, 919; *Niemöller,* Das Verbraucherleitbild in der deutschen und europäischen Rechtsprechung, 1999; *v. Oelffen,* § 5a UWG-Irreführung durch Unterlassen – ein neuer Tatbestand im UWG, 2012; *Ohly,* Der Schutz der unternehmerischen Interessen im Lauterkeitsrecht, Gutachten im Auftrag des Bayerischen Industrie- und Handelskammertages e. V., 2015, abrufbar über die Website der IHK München und Oberbayern, www.muenchen.ihk.de (zuletzt besucht 22.5.2016); *ders.,* Keyword-Advertising auf dem Weg von Karlsruhe nach Luxemburg, GRUR 2009, 709; *Olenhusen,* Das „Institut" im Wettbewerbs-, Firmen-, Standes-, Namens- und Markenrecht, WRP 1996, 1079; *Omsels,* Irreführungsgefahr bei der Täuschung nur eines kleinen Teils des angesprochenen Verkehrs, jurisPR-WettbR 7/2009 Anm. 4; *ders.,* Kritische Anmerkungen zur Bestimmung der Irreführungsgefahr, GRUR 2005, 548; *Ott,* Informationspflichten im Internet und ihre Erfüllung durch das Setzen von Hyperlinks, WRP 2003, 945; *Peifer,* „Good News" und die Medien – Die lauterkeitsrechtliche Kontrolle publizistischer Belange am Scheideweg?, FS Köhler, 2014, S. 519; *Rathke,* Die Auswirkungen der Richtlinie 2005/29/EG über unlautere Geschäftspraktiken und ihr Verhältnis zu bestehenden rechtlichen Vorgaben im Verkehr mit Erzeugnissen im Sinne des LFGB, ZLR 2006, 555; *Rehart,* Werbung mit im Ausland erzielten Testergebnissen, MMR 2017, 594; *Reinauer,* Einbindung fremder Werke durch Framing, MDR 2015, 252; *Risthaus,* Erfahrungssätze im Kennzeichenrecht, 2003; *Sack,* Die Durchsetzung unlauter zustande gebrachter Verträge als unlauterer Wettbewerb?, WRP 2002, 396; *ders.,* Die neue deutsche Formel des europäischen Verbraucherleitbilds, WRP 2005, 462; *ders.,* Die Präzisierung des Verbraucherleitbildes durch den EuGH, WRP 1999, 399; *ders.,* Die relevante Irreführung im Wettbewerbsrecht, WRP 2004, 521; *ders.,* Immanente Schranken des Irreführungsverbots, Festschrift Köhler, 2014, S. 555; *ders.,* Irreführende Werbung mit wahren Angaben, FS Trinkner, 1995, S. 293 und GRUR 1996, 461; *Schaar,* Rechtliche Grenzen des „In-Game-Advertising", GRUR 2005, 912; *Scherer,* Migrationsfolgen im Marken- und Lauterkeitsrecht, WRP 2016, 8; *dies.,* Normative Bestimmung von Verwechslungs- und Irreführungsgefahr im Markenrecht, GRUR 2000, 273; *dies.,* „Unternehmerisches Risiko" im Lauterkeitsrecht, FS Köhler, 2014, S. 607; *Schimansky,* Irreführung des Bankkunden durch Kontostandsauskunft am Geldautomaten?, BKR 2003, 179; *Schmidt-Bogatzky,* Die Verwendung von Gattungsbegriffen als Internetdomains – Zur „Mitwohnzentrale.de"-Entscheidung des BGH, GRUR 2002, 941; *Schricker,* Berichtigende Werbung – Rechtsvergleichende Überlegungen zur Fortbildung des deutschen Wettbewerbsrechts, GRUR Int. 1975, 191; *Schricker/Henning-Bodewig,* Elemente einer Harmonisierung des Rechts des unlauteren Wettbewerbs in der Europäischen Union, WRP 2001, 1367; *Schröler,* Wettbewerbsrechtliche Fragestellungen bei der Verlängerung und dem Abbruch von zeitlich befristeten Rabattaktionen, GRUR 2013, 564; *Schünemann,* „Unlauterkeit" in den Generalklauseln und Interessenabwägung nach neuem UWG, WRP 2004, 925; *W. Schuhmacher,* Die Richtlinie über unlautere Geschäftspraktiken, WBl. 2005, 506; *Schweizer,* Die „normative Verkehrsauffassung" – ein doppeltes Missverständnis – Konsequenzen für das Leitbild des „durchschnittlich informierten, verständigen und aufmerksamen Durchschnittsverbrauchers", GRUR 2000, 923; *Seibt,* Das europäische Verbraucherleitbild – ein Abschied von der Verwechslungsgefahr als Rechtsfrage?, GRUR 2002, 465; *Seichter,* Der Umsetzungsbedarf der Richtlinie über unlautere Geschäftspraktiken, WRP 2005, 1087; *Sosnitza,* Das Internet als Rahmenbedingung und neue Handlungsform im Marken- und Lauterkeitsrecht, GRUR-Beil. 2014, 93; *ders.,* Fake-Werbung, GRUR 2010, 106; *ders.,* „Gefühlte" Irreführung – Normative Verschiebung der Maßstäbe des Täuschungsschutzes im Lebensmittelrecht?, ZLR 2014, 137; *Steinbeck,* Richtlinie über unlautere Geschäftspraktiken: Irreführende Geschäftspraktiken – Umsetzung in das deutsche Recht, WRP 2006, 632; *dies.,* Das Verbraucherleitbild im Lebensmittelrecht: Renaissance des flüchtigen Verbrauchers?, ZLR 2014, 302; *Steingass/Teworte,* Stellung und Reichweite des Transparenzgebots im neuen UWG, WRP 2005, 676; *Streinz,* Die Bedeutung eines „Verbraucherleitbilds" im Lebensmittelrecht, Festschrift für Köhler zum 70. Geburtstag, 2014, S. 745; *Strepp,* Irreführung und Verwechslungsgefahr. Einige dogmatische Aspekte des Verhältnisses von Wettbewerbs- und Markenrecht, 2000; *Teplitzky,* Zur Methodik der Interessenabwägung in der neueren Rspr. des Bundesgerichtshofs zu § 3 UWG, FS Vieregge, 1995, 853; *Terhaag,* Anmerkung zu OLG Braunschweig, MMR 2007, 110, MMR 2007, 111; *Tilmann,* Der „verständige Verbraucher", FS Piper, 1996, 481; *ders.,* Die Verkehrsauffassung im Wettbewerbs- und Warenzeichenrecht – Möglichkeiten und Grenzen der demoskopischen Wahrheitsfindung im Prozess, GRUR 1984, 716; *Tonner/Brieske,* Verbraucherschutz durch gesetzliche Kennzeichnungserfordernisse, BB 1996, 919; *Traub,* Das Verbraucherleitbild in rechtsvergleichender Sicht, 1998; *Trube,* Preisangaben nach Wegfall des RabattG, WRP 2001, 878; *Ulbrich,* Der BGH auf dem Weg zum normativen Verbraucherleitbild?, WRP 2005, 940; *Ullmann,* Der Verbraucher – Ein Hermaphrodit?, GRUR 1991, 789; *ders.,* Wer sucht, der findet – Kennzeichenverletzung im Internet, GRUR 2007, 633; *Voigt,* Händler-Haftung für fehlerhafte Angaben in Preissuchmaschinen, K&R 2010, 793; *Weidert,* Internet und Wettbewerbsrecht, AnwBl 2000, 390; *Westermann,* Bekämpfung irreführender Werbung ohne demoskopische Gutachten, GRUR 2002, 403; *Wiebe,* Das Leid des Verbrauchers mit dem Verbraucherleitbild, Festschrift für Köhler zum 70. Geburtstag, 2014, S. 745; *Wiring,* § 5 UWG über irreführende geschäftliche Handlungen: Eine Norm, die irreführt?, NJW 2010, 580; *Würtenberger/Loschelder,* Stellungnahme der Deutschen Vereinigung für gewerblichen Rechtsschutz und Urheberrecht zum Entwurf eines Zweiten Gesetzes zur Änderung des Gesetzes gegen den unlauteren Wettbewerb, GRUR 2014, 1185; *Wuttke,* Die Konvergenz des nationalen und des europäischen Irreführungsbegriffs, WRP 2004, 820; *ders.,* Neues zur wettbewerbsrechtlichen Relevanz und Interessenabwägung bei der irreführenden Werbung, WRP 2003, 839.

S. auch die **Schrifttumsnachweise zu § 5 Abschn. A (→ § 15 Vor Rn. 1) und J (→ § 5 Vor Rn. 1277)** sowie zu **§ 5a.**

I. Geschäftliche Handlung

Nach § 5 Abs. 1 S. 1 handelt unlauter, wer eine irreführende **„geschäftliche Handlung"** vornimmt. Es gilt die Legaldefinition des § 2 Abs. 1 Nr. 1. Das Merkmal des „objektiven Zusammenhangs" im Sinne von § 2 Abs. 1 Nr. 1 UWG ist nach der Rspr. des BGH **funktional** zu verstehen und setzt voraus, dass die Handlung bei objektiver Betrachtung darauf gerichtet ist, durch Beeinflussung der geschäftlichen Entscheidung der Verbraucher oder sonstigen Marktteilnehmer den Absatz oder Bezug von Waren oder Dienstleistungen des eigenen oder eines fremden Unternehmens zu fördern.[183] 132

§ 5 ist erstens **unionskonform** anhand der UGP-RL und der Werberichtlinie 2006/114/EG **auszulegen** und weiter als der Begriff der Werbung in § 5 UWG (2004).[184] Wie der EuGH entschieden hat, ist die **UGP-RL** durch einen besonders weiten sachlichen Anwendungsbereich gekennzeichnet, der **alle Geschäftspraktiken** erfasst, die **unmittelbar mit der Absatzförderung, dem Verkauf oder der Lieferung eines Produkts an Verbraucher** zusammenhängen.[185] 133

Der seit der UWG-Reform 2008 maßgebliche Begriff der „geschäftlichen Handlung" in § 2 Nr. 1, der auch § 5 zugrunde liegt, ist zweitens in mehrfacher Hinsicht **weiter als der unionsrechtliche Begriff der „Geschäftspraktiken" in Art. 2 lit. d UGP-RL,** s. die Kommentierung bei *Keller* → **§ 2 Rn. 12 ff.** § 5 erfasst deshalb auch bestimmtes Verhalten, insbes. die Irreführung zur Förderung fremden Wettbewerbs, das nicht in den Anwendungsbereich der UGP-RL fällt, → Rn. 138. 134

Ein unmittelbarer Zusammenhang mit der **Absatz**förderung ist nicht Voraussetzung für eine geschäftliche Handlung; **Aufmerksamkeits- und Imagewerbung** werden ebenfalls erfasst,[186] ohne dass es auf den zu Art. 2 Abs. 1 lit. d UGP-RL geführten Streit[187] ankommt, 135

---

[183] BGH GRUR 2013, 945 Rn. 17 – Standardisierte Mandatsbearbeitung.

[184] Vgl. OLG Hamburg GRUR-RR 2006, 377; *Steinbeck* WRP 2006, 632 (633 f.).

[185] EuGH C-540/08, GRUR 2011, 76 Rn. 21 – Mediaprint Zeitungs- und Zeitschriftenverlag; C-388/13, EU:C:2015:225 Rn. 34 ff. – UPC Magyarország; C-544/13 und C-545/13, EU:C:2015:481 Rn. 74 – Abcur.

[186] S. Amtl. Begr., BT-Drs. 16/10145, 20 f.; BGH GRUR 2013, 1259 f. Rn. 17 – Empfehlungs-E-Mail.

[187] S. einerseits *Köhler/Lettl* WRP 2003, 1019 (1034); *Henning-Bodewig* GRUR Int. 2004, 183 (189); MüKoUWG/*Micklitz* EG E Rn. 67, und andererseits *Steinbeck* WRP 2006, 632 (634); Howells/Micklitz/*Wilhelmsson* S. 54 f.; *Glöckner/Henning-Bodewig* WRP 2005, 1311 (1326).

ob es sich um eine „Geschäftspraxis" handelt. Nicht nur Handlungen, sondern auch **Unterlassungen** können „geschäftliche Handlung" sein[188] (vgl. Art. 2 lit. d UGP-RL). Die Irreführung durch Unterlassen ist allerdings gesondert **in § 5a** geregelt; zur Abgrenzung näher → § 5 Rn. 209 ff.

136 § 5 UWG erfasst seit der UWG-Reform 2008 – anders als noch § 5 UWG (2004)[189] – auch **Verhalten nach Vertragsschluss.**[190] In Beziehungen zwischen Unternehmern und Verbrauchern folgt die Einbeziehung von Geschäftspraktiken nach dem Abschluss eines Vertrags und während dessen Ausführung aus der UGP-RL und dort insbesondere aus Art. 3 Abs. 1 iVm Art. 2 lit. c UGP-RL und dem 13. Erwägungsgrund der Richtlinie.[191] Aufgrund der Erstreckung des § 5 auf Verhalten während und nach Vertragsschluss stellt sich die Frage einer Abgrenzung zum Vertragsrecht, insbesondere auch hinsichtlich von Pflichtangaben; dazu näher → **§ 5 Rn. 32 ff., 83 ff.**

137 Nach der Rspr. des **EuGH** ist unter Berücksichtigung dessen, dass der Irreführungsschutz des Art. 6 UGP-RL im Wesentlichen **präventiver** Art ist, für die Zwecke der Anwendung dieses Artikels ausreichend, dass der Gewerbetreibende eine objektiv falsche Auskunft erteilt, die **geeignet ist, einen nachteiligen Einfluss auf die geschäftliche Entscheidung des Verbrauchers auszuüben.**[192] Der EuGH betont, dass der Irreführungsschutz der UGP-RL von keinen anderen als den in der UGP-RL genannten Kriterien abhängt;[193] der Maßstab der „beruflichen Sorgfalt" kommt als zusätzliches Korrektiv nicht in Betracht. Strengere Anforderungen an die Qualifizierung von Verhalten nach Vertragsschluss, etwa bei der **Irreführung über vertragliche Rechte** des Verbrauchers (Widerrufsrechte, Gewährleistungsrechte, Schadenersatzansprüche und Rücktrittsmöglichkeiten) oder im Zusammenhang mit der **Durchsetzung von Erfüllungsansprüchen** durch den Unternehmer sind hiernach nicht gerechtfertigt. Eine Nicht- oder Schlechterfüllung als solche stellt hingegen noch keine irreführende geschäftliche Handlung dar, **dazu näher → § 5 Rn. 89.**

138 Ferner werden seit der UWG-Reform 2008 von **§ 5** auch Maßnahmen gegenüber **sonstigen Marktteilnehmern (Vertikalverhältnis)** einschließlich des **Nachfragewettbewerbs** erfasst.[194] Sie stellen zwar keine „Geschäftspraxis" iSd Art. 2 lit. d UGP-RL und auch keine „Werbung" gemäß Art. 2 lit. a Werberichtlinie 2006/114/EG dar. Insoweit besteht aber im Grundsatz eine vergleichbare Interessenlage.[195] Da der Begriff der „Geschäftspraxis" aber den Anwendungsbereich der UGP-RL begrenzt und die Werberichtlinie 2006/114/EG nur einen Mindeststandard vorgibt, stand es dem nationalen Gesetzgeber frei, für den Nachfragewettbewerb Regelungen zu treffen.[196] Für **§ 5a Abs. 2–6** gilt diese Einbeziehung sonstiger Marktteilnehmer allerdings nicht; diese beziehen sich nur auf geschäftlichen Handlungen gegenüber Verbrauchern.

139 Unwahre oder täuschende **Angaben *über* Mitbewerber** können nach § 5 ebenfalls eine Irreführung begründen, s. § 5 Abs. 3 und → § 5 Rn. 184. Demgegenüber wird eine **Irreführung *von* Mitbewerbern seit dem 10.12.2015 durch §§ 5, 5a Abs. 1 nF (2015) nicht mehr erfasst,** da der Anwendungsbereich der Vorschrift durch zu diesem Zeitpunkt in Kraft getretene Zweite Änderungsgesetz **auf Verbraucher und sonstige Marktteilnehmer beschränkt** worden ist („… die geeignet ist, den Verbraucher oder sonstigen

---

[188] Amtl. Begr., BT-Drs. 16/10145, 20; näher → § 5 Rn. 210 ff.

[189] BGH GRUR 2002, 1093 (1094) – Kontostandsauskunft; GRUR 2007, 987 Rn. 24 – Änderung der Voreinstellung I; GRUR 2009, 876 Rn. 13 ff. – Änderung der Voreinstellung II; GRUR 2015, 692 Rn. 15 – Hohlkammerprofilplatten.

[190] Amtl. Begr., BT-Drs. 16/10145, 21; vgl. EuGH C-388/13, EU:C:2015:225 Rn. 36 – UPC Magyarország; BGH GRUR 2009, 876 Rn. 24 – Änderung der Voreinstellung II; GRUR 2013, 945 Rn. 26 – Standardisierte Mandatsbearbeitung; GRUR 2015, 692 Rn. 14 – Hohlkammerprofilplatten.

[191] EuGH C-388/13, EU:C:2015:225 Rn. 36 – UPC Magyarország.

[192] EuGH C-388/13, EU:C:2015:225 – UPC Magyarország.

[193] EuGH C-388/13, EU:C:2015:225 Rn. 43 – UPC Magyarország; so bereits EuGH C-435/11, ECLI: EU:C:2013:574 = GRUR Int. 2013, 1060 Rn. 41 – CHS/Team4 Travel.

[194] Köhler/*Bornkamm/Feddersen* § 5 Rn. 1.6, 1.10.

[195] Vgl. *Köhler* WRP 2014, 1410 (1414).

[196] Vgl. Amtl. Begr., BT-Drs. 16/10145, 21.

Marktteilnehmer zu einer geschäftlichen Entscheidung zu veranlassen, die er andernfalls nicht getroffen hätte …").

Die Änderung ist im Zusammenhang mit den Stellungnahmen des GRUR-Fachausschusses[197] und *Köhlers*[198] zu dem Referentenentwurf zu sehen, die darauf hingewiesen hatten, dass die Vorschrift insoweit noch nicht praxisrelevant geworden sei und entsprechende mitbewerberbezogene Sachverhalte bereits von § 4 Nr. 7–10 (§ 4 Nr. 1–4 nF) erfasst seien, und **darf nicht im Sinne einer Beschränkung des mittelbaren Mitbewerberschutzes verstanden werden.** Eine Verkürzung des durch das Verbot der Irreführung von Verbrauchern und sonstigen Marktteilnehmern mittelbar mitbezweckten Schutzes der Mitbewerber ist mit der Gesetzesänderung nicht verbunden.[199] **140**

Die Einschränkung betrifft auch **§ 5 Abs. 3 Alt. 1 (irreführende vergleichende Werbung);** s. hierzu § 5 Abschn. K und → § 6 Rn. 255. Eine mögliche Irreführung von Mitbewerbern durch vergleichende Werbung fällt nach dem 10.12.2015 nicht mehr unter § 5, sondern ist nur noch am Maßstab des § 6 bzw. der mitbewerberschützenden Vorschriften, insbes. § 4, zu messen. Zur Irreführung von Verbrauchern oder sonstigen Marktteilnehmern geeignete vergleichende Werbung bleibt weiterhin von § 5 Abs. 3 erfasst. **141**

§ 5a Abs. 1 blieb zwar sprachlich unverändert, aufgrund des systematischen Bezugs zu § 5 gilt für ihn diese Einschränkung jedoch ebenfalls, auch → § **5a** Rn. **24.** **142**

Eine irreführende geschäftliche Handlung kann sich außerdem auch unter dem Gesichtspunkt der **Förderung fremden Wettbewerbs** ergeben.[200] Die UGP-RL und die Werberichtlinie 2006/114/EG stehen einer autonomen Regelung des nationalen Lauterkeitsrechts auch hier nicht entgegen, da die Förderung des Absatzes eines anderen Unternehmens, die nicht in dessen Namen oder Auftrag erfolgt, nicht in ihren Anwendungsbereich fällt,[201] **näher → § 5 Rn. 40.** **143**

II. Verkehrsauffassung

1. Grundsatz. a) Begriff und Bedeutung. Ausführlich zum **Verbraucherleitbild** *Glöckner* → Einl. Rn. 429 ff. Der Begriff der unwahren Angabe in 5 Abs. 1 S. 2 ist zwar ein objektiver (näher → § 5 Rn. 309); im Übrigen ist aber die (objektivierte, sogleich → § 5 Rn. 149 ff.) Verkehrsauffassung maßgeblich. Für die Beurteilung, ob eine geschäftliche Handlung irreführend ist, kommt es darauf an, welchen Gesamteindruck sie bei den maßgeblichen Verkehrskreisen hervorruft.[202] Sie ist irreführend, wenn das Verständnis, das sie bei den angesprochenen Verkehrskreisen erweckt, mit den tatsächlichen Verhältnissen nicht übereinstimmt.[203] Nur auf das Verständnis dieser Zielgruppe, die auch ein regional begrenzter Verkehrskreis oder ein Einzelverbraucher sein kann (näher → § 5 Rn. 165) kommt es an.[204] Auch die Relevanz ist aus Sicht des Verkehrskreises zu beurteilen, an den sich die geschäftliche Handlung richtet bzw. den sie erreicht,[205] der also bestimmungsgemäß **144**

---

[197] *Würtenberger/Loschelder* GRUR 2014, 1185 (1187).

[198] *Köhler* WRP 2014, 1410 ff.

[199] Auf das Erfordernis, zwischen der Irreführung von Mitbewerbern und dem durch das Verbot der Irreführung von Verbrauchern und sonstigen Marktteilnehmern mitbezweckten Schutz der Mitbewerber zu differenzieren, weist *Köhler* in seiner Stellungnahme zum RefE bereits hin (WRP 2014, 1410 Rn. 57 Fn. 48).

[200] BGH GRUR 2015, 694 Rn. 25 ff., 30 – Bezugsquellen für Bachblüten; vgl. BGH GRUR 2014, 496 Rn. 12 f. – Werbung für Fremdprodukte.

[201] Vgl. zur UGP-RL EuGH C-391/12, EU:C:2013:669 Rn. 40 – RLvS; BGH GRUR 2015, 694 Rn. 26 – Bezugsquellen für Bachblüten; GRUR 2014, 879 Rn. 13 – GOOD NEWS II.

[202] BGH GRUR 2005, 438 (440) – Epson-Tinte; GRUR 2005, 690 (692) – Internet-Versandhandel; GRUR 2014, 88 Rn. 30 – Vermittlung von Netto-Policen; GRUR 2014, 494 Rn. 14 – Diplomierte Trainerin; GRUR 2015, 906 Rn. 22 ff. – TIP der Woche; GRUR 2015, 1019 Rn. 19 – Mobiler Buchhaltungsservice.

[203] BGH GRUR 2005, 438 (440) – Epson-Tinte; GRUR 2005, 690 (692) – Internet-Versandhandel; GRUR 2014, 88 Rn. 30 – Vermittlung von Netto-Policen; GRUR 2015, 906 Rn. 18 – TIP der Woche; WRP 2015, 1102 Rn. 19 – Mobiler Buchhaltungsservice.

[204] EuGH C-388/13, EU:C:2015:225 Rn. 42 ff., 60 – UPC Magyarország.

[205] Art. 5 Abs. 2 lit. b UGP-RL.

mit ihr in Kontakt kommt. Man spricht insoweit auch vom „Verbraucherleitbild" oder besser – denn § 5 betrifft nicht nur geschäftliche Handlungen gegenüber Verbrauchern – der „Verkehrsauffassung". Die „Verkehrsauffassung" bestimmt unmittelbar über die Reichweite des Irreführungsverbots. Je stärker die Schutzbedürftigkeit von Minderheiten gegen – auch entfernte – Irreführungsgefahren das Verbraucherleitbild beeinflusst, umso größer ist der Anwendungsbereich der §§ 5, 5a.

145 **b) Maßstab.** Ausführlich zum Verbraucherleitbild *Glöckner* → Einl. Rn. 429 ff. Den §§ 5, 5a liegt bei richtlinienkonformer Auslegung das Leitbild eines durchschnittlich (angemessen) aufmerksamen, verständigen und informierten Mitglieds des Verkehrskreises zugrunde, an den sich die geschäftliche Handlung richtet. Nach dem 18. Erwägungsgrund der UGP-RL nimmt die Richtlinie den Durchschnittsverbraucher, der angemessen gut unterrichtet und angemessen aufmerksam und kritisch ist, unter Berücksichtigung sozialer, kultureller und sprachlicher Faktoren in der Auslegung des Gerichtshofs als Maßstab. Bereits zur Irreführungsrichtlinie 84/450/EG hatte der EuGH entschieden, dass die mutmaßliche Erwartung eines durchschnittlich informierten, aufmerksamen und verständigen Durchschnittsverbrauchers maßgeblich ist;[206] dieses Verbraucherleitbild legte er auch in Entscheidungen zur Richtlinie vergleichende Werbung 97/55/E[207] und der UGP-RL[208] zugrunde. In den späteren Entscheidungen zur UGP-RL stellt der EuGH mit modifizierter Formulierung im Einklang mit dem 18. Erwägungsgrund dieser Richtlinie auf den „normal informierten und vernünftig/angemessen aufmerksamen und kritischen Verbraucher" ab.[209] Entgegen einer teilweise vertretenen Auffassung[210] ist mit der im Wortlaut veränderten Formulierung keine inhaltliche Korrektur in Richtung eines höheren Verbraucherschutzniveaus verbunden;[211] vielmehr setzt der EuGH, so jetzt auch ausdrücklich in Rn. 36 und 42 der „BVV/Teekanne"-Entscheidung (verbindliche Sprache: Deutsch),[212] die deutschen Begriffe „verständig" und „kritisch" gleich. In dieser Entscheidung verwendet der EuGH beide Formulierungen als Synonyme. Bereits in der Entscheidung *„Konsumentenumbudsman/Ving Sverige AB"*[213] wurde auch für Art. 7 UGP-RL auf das Verbraucherleitbild des zur Richtlinie 84/450/EG ergangenen *„Lidl Belgium"*-Urteils[214] verwiesen, s. *Glöckner* → Einl. Rn. 429 ff.

146 **c) Irreführung durch Unterlassen.** Das vorgenannte Verbraucherleitbild gilt nach der Rechtsprechung des EuGH auch bei einer Irreführung durch Unterlassen im Sinne des (durch § 5a UWG umgesetzten) Art. 7 UGP-RL[215] und bei der Beurteilung der Frage, ob eine Etikettierung den Käufer irreführen kann.[216]

147 **d) Gespaltene Verkehrsauffassung.** Das Verkehrsverständnis ist grundsätzlich **einheitlich** zu bestimmen. Die Annahme einer **gespaltenen Verkehrsauffassung** ist mit der Sichtweise eines Durchschnittsverbrauchers im Grundsatz nicht zu vereinbaren.[217] Eine

[206] EuGH C-44/01, ECLI:EU:C:2003:205 (verbindliche Sprache: Deutsch) – Pippig Augenoptik; C-356/04, EU:C:2006:585 Rn. 78 (verbindliche Sprache: Niederländisch) – Lidl Belgium, in deutscher Übersetzung abgedruckt GRUR 2007, 69; C-75/15, EU:C:2016:35 Rn. 25 – Verlados.

[207] EuGH C-159/09, EU:C:2010:696 Rn. 48 – Lidl (verbindliche Sprache: Niederländisch), in deutscher Übersetzung abgedruckt in GRUR 2011, 159 (161); der vorliegenden Kommentierung liegt der Text in der verbindlichen Verfahrenssprache zugrunde.

[208] EuGH C-611/14, GRUR 2016, 1307 Rn. 39 – Canal Digital Danmark/AS.

[209] EuGH C-195/14, ECLI:EU:C:2015:361 Rn. 42 (verbindliche Verfahrenssprache: Deutsch) – Teekanne [Himbeer-Vanille-Abenteuer]; GRUR 2016, 1307 – Canal Digital Danmark/AS.

[210] *Helm* WRP 2013, 710; *Scherer* WRP 2013, 705. Dagegen *Henning-Bodewig* WRP 2013 Nr. 11, S. 1.

[211] Ganz hM, vgl. nur *Henning-Bodewig* WRP 2013 Nr. 11, S. 1; *Jahn/Palzer* K&R 2015, 444 ff.; zum Lebensmittelrecht: *Böhler* ZLR 2014, 27; *Steinbeck* ZLR 2014, 302; *Sosnitza* ZLR 2014, 137.

[212] EuGH C-195/14, ECLI:EU:C:2015:361 Rn. 42 – Teekanne [Himbeer-Vanille-Abenteuer].

[213] EuGH C-122/10, EU:C:2011:299 – Ving Sverige.

[214] EuGH C-356/04, EU:C:2006:585 – Lidl Belgium.

[215] EuGH C-122/10, ECLI:EU:C:2011:299 – Ving Sverige.

[216] EuGH C-195/14, ECLI:EU:C:2015:361 Rn. 36 – Teekanne [Himbeer-Vanille-Abenteuer].

[217] BGH WRP 2013, 778 Rn. 64 – AMARULA/Marulablu; GRUR 2014, 1013 Rn. 33 – Original Bach Blüten; WRP 2015, 732 Rn. 22 – PINAR.

andere Beurteilung kommt ausnahmsweise dann in Betracht, wenn sich die Werbung an **verschiedene Verkehrskreise** richtet, die sich – **wie der allgemeine Verkehr und Fachkreise oder unterschiedliche Sprachkreise** – objektiv voneinander abgrenzen lassen.[218] Innerhalb eines **einzigen Verkehrskreises** scheidet dagegen eine gespaltene Verkehrsauffassung grundsätzlich aus.[219] Vom Grundsatz des **einheitlichen Begriffs der Verkehrsauffassung** ist jedoch nach **Art. 5 Abs. 3** UGP-RL eine **Ausnahme** zu machen, wenn geschäftliche Handlungen voraussichtlich in einer für den Gewerbetreibenden vernünftigerweise vorhersehbaren Art und Weise das wirtschaftliche Verhalten **nur** einer eindeutig identifizierbaren Gruppe von Verbrauchern wesentlich beeinflussen, die aufgrund bestimmter Eigenschaften wie **geistiger oder körperlicher Gebrechen, Alter oder Leichtgläubigkeit** im Hinblick auf diese Praktiken oder die ihnen zugrunde liegenden Produkte besonders schutzbedürftig sind; hier kommt es auch dann auf die Perspektive eines durchschnittlichen Mitglieds dieser Gruppe an, wenn sich die geschäftliche Handlung außerdem auch an andere Personengruppen richtet.

Ein **gespaltenes Verkehrsverständnis** gilt außerdem, wenn sich eine Werbung sowohl 148
an **Verbraucher** als auch an **sonstige Marktteilnehmer (zB Handel)** richtet. Bei einer an Verbraucher wie auch sonstige Marktteilnehmer gerichteten Werbung ist stets von mehreren objektiv voneinander abgrenzbaren Verkehrskreisen auszugehen, für die eine bestehende Irreführungsgefahr getrennt zu untersuchen ist. Dies beruht darauf, dass die Irreführungsvorschriften der §§ 5, 5a UWG für Verbraucher und Unternehmer **unterschiedliche unionsrechtliche Grundlagen** haben und daher eine an Verbraucher wie auch Unternehmer gerichtete Werbung sowohl den Vorgaben der Art. 6 und 7 UGP-RL als auch der Art. 3 und 4 Werberichtlinie genügen musst. Richtet sich eine Werbung an Verbraucher wie auch an den Handel, kann daher sowohl das **Verständnis des Durchschnittsverbrauchers** als auch das **Verständnis der am Handel beteiligten Fachkreise** jeweils **allein eine Irreführungsgefahr begründen.**[220]

2. Normativ oder empirisch. S. zur historischen Entwicklung *Glöckner* → **Einl. Rn. 429 ff.** Der **BGH ging traditionell** von einem **empirischen Verkehrsverständnis** aus, das lediglich in bestimmten Fällen, etwa bei Werbung mit **wahren** Tatsachen,[221] **normativ zu korrigieren** sei.[222] Entscheidungen ab dem Jahre 2002 ließen eine gewisse Hinwendung des BGH zum normativen Verkehrsverständnis erkennen.[223] In der *„Elternbrief"*-Entscheidung wurden unter ausdrücklicher Aufgabe der „Bärenfang-Doktrin", nach welcher der Richter über die Irreführung (nur) ohne Einholung eines Sachverständigengutachtens entscheiden kann, wenn er die Irreführungsgefahr bejahen möchte, die beweisrechtlichen Anforderungen für die Bejahung und die Verneinung der Irreführungsgefahr einander angeglichen.[224] In der Entscheidung *„Marktführerschaft"* stellte der BGH fest, einen Rechtssatz des Inhalts, dass eine beantragte Beweiserhebung stets geboten sei, wenn die Richter von der in Rede stehenden Werbung selbst nicht angesprochen seien, gebe es 149

[218] BGH GRUR 2012, 54 Rn. 9 – Maalox/Melox-GRY; WRP 2013, 778 Rn. 64 – AMARULA/Marulablu; GRUR 2014, 1013 Rn. 33 – Original Bach-Blüten; WRP 2015, 732 Rn. 22 – PINAR; näher dazu Scherer WRP 2016, 8 ff.

[219] BGH GRUR 2014, 1013 Rn. 33 und Ls. – Original Bach-Blüten; WRP 2015, 732 Rn. 23 – PINAR; Köhler/*Bornkamm/Feddersen* § 5 Rn. 1.78; *Scherer* WRP 2016, 8 (13).

[220] Vgl. EuGH C-108/97 und C-109/97, GRUR 1999, 723 Rn. 29 – Windsurfing Chiemsee; GRUR 2006, 411 Rn. 24 – Matratzen Concord/Hukla; GRUR 2004, 682 Rn. 26 – Bostnongurka; BGH GRUR 1961, 545 (547) – Plastic-Folien; GRUR 2012, 54 Rn. 9 – Maalox/Melox-GRY; WRP 2013, 778 Rn. 64 – AMARULA/Marulablu; GRUR 2014, 1013 Rn. 33 – Original Bach-Blüten; WRP 2015, 732 Rn. 22 – PINAR; BPatG 28.4.2016 – 26 W (pat) 18/15, juris-Rn. 25; Ohly/*Sosnitza* § 5 Rn. 123.

[221] Vgl. schon BGH GRUR 1957, 285 (287) – Erstes Kulmbacher; GRUR 1958, 444 – Emaillelack. An dieser Rspr. hat der BGH auch nach Inkrafttreten der UGP-RL festgehalten, vgl. BGH GRUR 2010, 1024 Rn. 25 – Master of Science Kieferorthopädie; GRUR WRP 2012, 1526 Rn. 2 – Über 400 Jahre Brautradition; 2013, 1252 Rn. 17 – Medizinische Fußpflege.

[222] Vgl. zB BGH GRUR 1981, 656 (657) – Schlangenzeichen.

[223] Näher 3. Auflage → § 5 Rn. 77 ff.; vgl. auch *Ullmann* GRUR 2003, 817 (818).

[224] BGH GRUR 2002, 550 (552) – Elternbriefe.

nicht.[225] Da sich die Feststellung der Verkehrsauffassung aus eigener Sachkunde auf Erfahrungswissen stütze und § 291 ZPO nur Tatsachen betreffe, könne die Verbraucherauffassung nicht im Sinne dieser Vorschrift offenkundig sein.

150 Seit der Entscheidung „Marktführerschaft" entspricht es stRspr des BGH, dass die **Ermittlung des Verkehrsverständnisses keine Tatsachenfeststellung, sondern Anwendung speziellen Erfahrungswissens** sei,[226] welches das Gericht grundsätzlich auch dann haben könne, wenn der entscheidende Richter nicht zu den angesprochenen Verkehrskreisen zähle.[227] Am Maßstab einer (nunmehr erhöhten) **Irreführungsquote** hielt der BGH jedoch fest.[228] Nach der Entscheidung **„Marktführer Sport"** (2012) hat sich die Irreführungsquote zwar nach oben verschoben; auch ist nicht mehr von festen Prozentsätzen auszugehen, da schon für die Bewertung der Quote eine normative Bewertung durchzuführen ist, die maßgeblich von den Umständen des jeweiligen Einzelfalls abhängt. Der BGH hält jedoch an dem Erfordernis einer Irreführungsquote tatsächlich irregeführter Verbraucher fest.[229]

151 In jüngster Zeit gibt es Anzeichen für eine **weitere Lockerung.** Nachdem bereits in mehreren Entscheidungen zur HCVO hervorgehoben worden war, dass nach Erwägungsgrund 16 S. 5 und 6 HCVO, der im Wortlaut Erwägungsgrund 18 S. 5 und 6 UGP-RL entspricht, kein statistischer, sondern ein normativer Maßstab gilt,[230] hat der BGH in einigen eng umgrenzten Ausnahmefällen nunmehr als Revisionsgericht die Verkehrsauffassung selbst bewertet. Hierbei wurden nicht nur rechtsfehlerhafte Feststellungen des Berufungsgerichts zur Auffassung eines durchschnittlichen Angehörigen einer Verbrauchergruppe auf Grund eigener Sachkunde ersetzt.[231] In einigen Fällen hat der BGH die **erstmalige Beurteilung der Verkehrsauffassung aufgrund eigenen Erfahrungswissens** auf Grundlage des unstreitigen oder festgestellten Sachverhalts vielmehr **selbst vorgenommen.**[232] Dieses Verständnis entspricht dem für die Beurteilung der Verwechslungsgefahr im Markenrecht geltenden Grundsatz, nach dem das Vorliegen einer Verwechslungsgefahr eine Rechtsfrage ist, die grundsätzlich auch das Revisionsgericht beantworten kann. Zwar liegt die Beurteilung der dafür maßgeblichen Kriterien im Wesentlichen auf tatrichterlichem Gebiet; das Revisionsgericht kann aber selbst entscheiden, wenn der dazu erforderliche Sachverhalt feststeht und weiterer Sachvortrag der Parteien dazu nicht zu erwarten ist (**näher → § 5 Rn. 1427 f.**). Grundsätzlich dürfte es sich bei diesen Entscheidungen des BGH jedoch um eng umgrenzte Ausnahmen handeln, **→ § 5 Rn. 1427 f.** Den von Teilen der Literatur[233] und auch der vorliegenden Kommentierung[234] seit langem geforderten Übergang zur **normativen** Ermittlung der Verkehrsauffassung durch den entscheidenden Richter hat der BGH bisher nicht vollzogen.[235]

152 Vorzugswürdig ist ein **normatives Verkehrsverständnis.**[236] Ein empirisches Verkehrsverständnis steht nicht in Einklang mit europäischem Recht; es stellt sich darüber hinaus als

[225] BGH GRUR 2004, 244 (245) – Marktführerschaft.

[226] BGH GRUR 2004, 244 (245) – Marktführerschaft; GRUR 2007, 1079 Rn. 36 – Bundestagsdruckerei; GRUR 2010, 1125 Rn. 50 – Femur-Teil; GRUR 2014, 1211 Rn. 19 – Runes of Magic II.

[227] BGH GRUR 2004, 244 (245) – Marktführerschaft; GRUR 2014, 682 Rn. 29 – Nordjob-Messe; GRUR 2014, 1211 Rn. 19 – Runes of Magic II.

[228] BGH GRUR 2004, 244 (245) – Marktführerschaft; GRUR 2012, 1053 Rn. 19 – Marktführer Sport.

[229] BGH GRUR 2012, 1053 Rn. 19, 21 – Marktführer Sport.

[230] BGH GRUR 2014, 500 Rn. 17 – Praebiotik; GRUR 2014, 1013 Rn. 24 – Original Bach-Blüten.

[231] BGH GRUR 2012, 942 Rn. 12 und 18 – Neurologisch/Vaskuläres Zentrum; GRUR 2013, 644 Rn. 20 und 23 – Preisrätselgewinnauslobung; GRUR 2014, 1211 Rn. 21 – Runes of Magic II.

[232] BGH GRUR 2014, 500 Rn. 17 – Praebiotik; GRUR 2014, 1013 Rn. 24 – Original Bach-Blüten; vgl. auch BGH GRUR-RR 2014, 201 Rn. 48 ff. – Peek & Cloppenburg IV.

[233] *Emmerich* UWG § 14 Rn. 26; *Fezer* WRP 1995, 671 (675 f.); GRUR 2013, 209 (220); *Scherer* GRUR 2000, 273 (275); *Ulbrich* WRP 2005, 940.

[234] S. näher schon die 2. Auflage, → § 5 Rn. 65 ff.

[235] Vgl. Ohly/*Sosnitza* § 5 Rn. 136 ff.; Köhler/*Bornkamm/Feddersen* § 5 Rn. 1.99 ff.

[236] Ähnlich *Kugeler* S. 49 ff., 73; *Lettl* ZGR 2003, 853 (866); *Metz*, Verbraucherschützende Informationspflichten in der Werbung, 2007, 137; *Omsels* GRUR 2005, 548 ff.; *Scherer* WRP 2005, 672 (675) und WRP

anachronistisch dar. Im Gewerblichen Rechtsschutz ist der normative Charakter der Verwechslungsgefahr seit langem anerkannt. So ist zB die markenrechtliche Verwechslungsgefahr, für die es ebenfalls auf das Verständnis eines Durchschnittsverbrauchers ankommt,[237] eine Rechtsfrage;[238] der Nachweis tatsächlicher Verwechslungen kann lediglich eine gewisse Indizwirkung für eine Verwechslungsgefahr haben.[239] Auch ob eine Werbeabbildung ein eingetragenes Gebrauchsmuster verletzt, ist ohne empirische Ermittlungen des Verständnisses der Adressaten der Werbung zu beantworten.[240] Dass nichts anderes auch für das Wettbewerbsrecht gelten kann, ergibt sich eindeutig aus der **UGP-RL;**[241] diese ist bei der Auslegung der Norm zu beachten.[242] Dort heißt es in **Erwägungsgrund 18** unmissverständlich: **„Der Begriff des Durchschnittsverbrauchers beruht dabei nicht auf einer statistischen Grundlage.** Die nationalen Gerichte und Verwaltungsbehörden müssen sich bei der Beurteilung der Frage, wie der Durchschnittsverbraucher in einem gegebenen Fall typischerweise reagieren würde, auf ihre **eigene Urteilsfähigkeit unter Berücksichtigung der Rechtsprechung des Gerichtshofs** verlassen." Aus dem **7. Erwägungsgrund** der Richtlinie ergibt sich weiter, dass bei der Feststellung der Verkehrsauffassung im Wege der normativen Bewertung alle **Umstände des Einzelfalls** umfassend gewürdigt werden müssen, so dass insbes. auch die **Auswirkungen auf die Marktverhältnisse und die Möglichkeit** von **irrtumsausschließenden oder -verringernden Hinweisen** zu berücksichtigen sind. Infolge der Einheitlichkeit des Verkehrsverständnisses für alle irreführenden geschäftlichen Handlungen[243] gilt dies nicht nur für den B2C-Bereich, sondern auch bei geschäftlichen Handlungen, die sich an Unternehmer richten.

Ein normatives Verkehrsverständnis legt auch der **EuGH** zugrunde.[244] Nach stRspr des **153**
EuGH müssen sich insbesondere die **nationalen Gerichte** bei der Beurteilung der Frage, wie der Durchschnittsverbraucher in einem gegebenen Fall typischerweise reagieren würde, **auf ihre eigene Urteilsfähigkeit verlassen.**[245] **Informationen,** die einem Verbraucher von einem Gewerbetreibenden gegeben werden, sind nach der Rspr. des EuGH **im Lichte der Erwägungsgründe 18 und 19** sowie des einschlägigen Artikels der UGP-RL zu prüfen und zu beurteilen.[246] Dies betrifft sowohl die Verfügbarkeit der Information als auch den Informationsträger, die Lesbarkeit der Texte, deren Klarheit und Verständlichkeit für das Zielpublikum der Praktik.[247] Bereits aus der zur irreführenden Werbung ergangenen Entscheidung *„Gut Springenheide"*[248] ergibt sich, dass die Gerichte auf „den" durchschnittlich informierten, aufmerksamen und verständigen Umworbenen abzustellen haben; von dessen Sicht geht der EuGH beim irreführenden Charakter geschäftlicher Handlungen aus.[249] Das Verständnis einer solchen Person kann zwangsläufig nur wertend ermittelt

---

1999, 991 (994 ff.); *Ulbrich* WRP 2005, 940 (953); strittig, so hält *Glöckner* → Einl. Rn. 483 ff., ein normatives Verständnis der Irreführungsgefahr aus europäischer Sicht nicht für zwingend.

[237] BGH GRUR 1998, 942 (943) – Alka-Seltzer; GRUR 2000, 506 – Attaché/Tisserand; GRUR 2005, 61 (62) – Compunet/Comnet; vgl. EuGH C-251/95, EU:C:1997:528 – SABEL.

[238] BGH GRUR 1992, 48 (52) – frei öl; GRUR 2000, 506 – Attaché/Tisserand; GRUR 2005, 61 (62) – Compunet/Comnet; GRUR 2012, 635 Rn. 35 – METRO/ROLLER's Metro; GRUR 2013, 833 Rn. 67 – Culinaria/Villa Culinaria; GRUR 2015, 1004 Rn. 58 – IPS/ISP.

[239] BGH GRUR 1992, 48 (52) – frei öl.

[240] BGH GRUR 2005, 665 – Radschützer.

[241] Ebenso *Keßler* WRP 2007, 714 (716); *Schillig,* Konkretisierungskompetenz und Konkretisierungsmethoden im Europäischen Privatrecht, 2009, S. 341.

[242] Näher → § 5 Rn. 26 ff.

[243] Schon → § 5 Rn. 29.

[244] Ebenso *Keßler* WRP 2007, 714 (716); *Metz,* Verbraucherschützende Informationspflichten in der Werbung, 2007, 137; *Omsels* GRUR 2005, 548 (553); *Ulbrich* WRP 2005, 940 (941); *Wuttke* WRP 2004, 820 (826).

[245] EuGH C-428/11, EU:C:2012:651 Rn. 53 – Purely Creative ua.

[246] EuGH C-428/11, EU:C:2012:651 Rn. 54 – Purely Creative ua.

[247] EuGH C-428/11, EU:C:2012:651 Rn. 55 – Purely Creative ua.

[248] EuGH C-210/96, EU:C:1998:369 Rn. 31 ff. – Gut Springenheide und Tusky.

[249] EuGH C-356/04, EU:C:2006:585 Rn. 78 – Lidl Belgium; C-159/09, C:2010:696 Rn. 47 – Lidl; C-122/10, EU:C:2011:299 Rn. 23 – Ving Sverige.

werden, denn **„den Durchschnittsverbraucher" gibt es ebenso wenig wie den „Idealfahrer"** des § 17 Abs. 3 StVG. Es fehlt auch jeder Anhalt, wie anders als wertend festgestellt werden soll, was „informiert", „verständig" und „aufmerksam" bedeutet. Empirische Erhebungen können diese Wertung nicht ersetzen, sondern nur Anhaltspunkte zB zur tatsächlichen Struktur des Kreises der Befragten ergeben. Mit dem Durchschnittsverbraucher gemeint ist, wie sich auch aus dem 18. Erwgr. der UGP-RL ergibt, nicht das tatsächliche Mittel der tatsächlichen Eigenschaften aller Mitglieder der Zielgruppe, sondern ein **unter Berücksichtigung sozialer, kultureller und sprachlicher Faktoren angemessen gut unterrichtetes, angemessen aufmerksames und kritisches Durchschnittsmitglied der Zielgruppe.** Welche Eigenschaften situationsbedingt angemessen sind, ist eine Rechtsfrage, die durch wertende Abwägung vom Gericht beantwortet werden muss. **Entscheidend ist** dabei nicht, über welche Eigenschaften die betroffenen Verbraucher tatsächlich verfügen, sondern **welche Eigenschaften Unternehmer in der Situation des Wettbewerbers von ihnen erwarten *dürfen*.**

154 Dem normativen Verkehrsverständnis entspricht es, dass **auch das irreführende Vorenthalten von Informationen iSd § 5a Abs. 2 auf einer Wertung beruht;** nach § 5a Abs. 3 und 4 sind dabei bestimmte Informationspflichten und Vermutungen zu beachten, die mit dem tatsächlichen Verständnis des Verkehrs nichts zu tun haben müssen. Der **Gefahr,** dass dadurch der **Schutz bestimmter Verbrauchergruppen auf der Strecke bleibt,** die in der fraglichen Situation diesem Maßstab nicht genügen, trägt das UWG in Umsetzung der UGP-RL dadurch Rechnung, dass bei geschäftlichen Handlungen, die neben anderen Personengruppen auch **gezielt besonders schutzwürdige Verbraucher ansprechen,** auf Letztere abzustellen ist (vgl. § 3 Abs. 4 S. 2; näher sogleich → § 5 Rn. 160 ff.), dass **besondere Informationserfordernisse** bestehen (näher → § 5a Rn. 34 ff.) und dass **verstärkt Schutz vor besonders gefährlichen Praktiken** gewährt wird (vgl. § 3 Abs. 3 iVm dem Anhang).[250]

155 Empirische Untersuchungen können darüber hinaus immer nur den tatsächlichen Zustand wiedergeben. Nicht auf diesen kommt es für § 5 aber an, sondern auf die **Gefahr** einer Irreführung, die zwangsläufig eine **Prognose** erfordert. Dass der EuGH in Fällen, in denen dem Richter die Entscheidung schwer fällt, weil er weder zu der Gruppe der Umworbenen gehört noch einen Überblick über ihre Erwartungen hat oder sich verschaffen kann, eine Verbraucherumfrage oder ein Sachverständigengutachten nicht ausgeschlossen hat, steht der Annahme eines normativen Verbraucherbegriffs nicht entgegen. Es ist Folge des Umstands, dass **jede Wertung auf einer Tatsachengrundlage beruht** und beruhen muss. Fehlen dem Gericht gesicherte **Anknüpfungstatsachen,** auf deren Basis es unter Berücksichtigung der Umstände des Einzelfalls **wertend** feststellen kann, welches Verständnis der Durchschnittsumworbene hat, muss es sich die Gewissheit verschaffen. Dies kommt beispielsweise bei einer an Fachkreise gerichteten geschäftlichen Handlung in Betracht, wenn dem Richter das fachspezifische Wissen fehlt, das Voraussetzung ist, um die mögliche irreführende Wirkung der geschäftlichen Handlung auf eine durchschnittlich aufmerksame, verständige und informierte Person, die über dieses Fachwissen verfügt, beurteilen zu können. Statistische Erhebungen oder Gutachten können hier allein oder neben anderen Beweismitteln *ein* geeignetes Mittel darstellen, um dem Richter die für seine Bewertung fehlenden Anknüpfungspunkte zu verschaffen. Sie können die auf einer umfassenden Abwägung beruhende wertende Feststellung des Gerichts jedoch niemals ersetzen, sondern immer nur einzelne Aspekte betreffen, die der Richter für die Abwägung benötigt.

156 Der „Durchschnittsverbraucher" ist folglich eine **Kunstfigur** des Rechts.[251] Entscheidend ist nicht, wie der angesprochene Verkehr die geschäftliche Handlung versteht, sondern wie er sie ***verstehen darf.*** In § 5 geht es nicht um einen umfassenden Schutz

[250] Vgl. den 18. Erwägungsgrund der UGP-RL.
[251] So auch *Ullmann* GRUR 2003, 817 (818).

jeglicher Verbraucher, Mitbewerber und sonstigen Marktteilnehmer vor Täuschung, sondern der Irreführungsschutz wird auf der Grundlage eines **Interessenausgleichs gewährt, der den „Durchschnittsverbraucher", allerdings in der konkreten Situation der geschäftlichen Handlung, als Maßstab nimmt.**[252] So ist zugleich gewährleistet, dass die Bedingungen, an denen die Marktteilnehmer ihr Handeln ausrichten müssen, im Interesse der **Rechtssicherheit** schon im Vorfeld hinreichend klar feststehen.

Es kommt für die Irreführungsgefahr nicht darauf an, ob real existierende Verbraucher 157 irregeführt werden oder nicht. Empirische Untersuchungen, also zB Verbraucherumfragen und Sachverständigengutachten, können die normative Wertung des Gerichts nicht – auch nicht teilweise – ersetzen. Sie können dem Richter nur die Fakten verschaffen, die er als Basis seiner wertenden Betrachtung benötigt. **Verbraucherumfragen** und **Meinungsforschungsgutachten** sind also zwar hilfreich, entheben das Gericht aber nicht der Notwendigkeit einer eigenen Bewertung und können insoweit immer nur **Anhaltspunkte** für die Sicht des Durchschnittsverbrauchers geben, diese aber niemals selbst feststellen.[253]

Dazu näher → § 5 Rn. 1411 ff. 158

3. Durchschnittlich (angemessen) informierte, aufmerksame und verständige Zielperson. a) „Durchschnittlich" im Sinne von „angemessen". Maßstab des Irreführungsverbots ist nach dem 18. Erwgr. der in ihrem Anwendungsbereich abschließenden UGP-RL der „Durchschnittsverbraucher, der angemessen gut unterrichtet und angemessen aufmerksam und kritisch ist, unter Berücksichtigung sozialer, kultureller und sprachlicher Faktoren in der Auslegung des Gerichtshofs... Der Begriff des Durchschnittsverbrauchers beruht dabei nicht auf einer statistischen Grundlage. Die nationalen Gerichte müssen sich bei der Beurteilung der Frage, wie der Durchschnittsverbraucher in einem gegebenen Fall typischerweise reagieren würde, auf ihre eigene Urteilsfähigkeit unter Berücksichtigung der Rechtsprechung des Gerichtshofs verlassen." Aus der englischen und französischen Sprachfassung der Irreführungsrichtlinie erschließt sich, dass sich die Durchschnittlichkeit auf alle drei Adjektive beziehen muss.[254] Gemeint ist nach dem 18. Erwägungsgrund der UGP-RL der **unter Berücksichtigung sozialer, kultureller und sprachlicher Faktoren angemessen gut unterrichtete, angemessen aufmerksame und kritische Durchschnittsverbraucher;** der Begriff **„kritisch" ist dabei gleichbedeutend mit „verständig" (→ § 5 Rn. 145).** Bei geschäftlichen Handlungen, die sich nicht an Verbraucher richten, kommt es auf die Sicht eines entsprechenden **Mitglieds der Zielgruppe** an. 159

b) Besonderer Schutz bestimmter Verbrauchergruppen. Ein **gespaltenes Verkehrsverständnis** ist mit der Sichtweise eines Durchschnittsverbrauchers im Grundsatz nicht zu vereinbaren. Es kommt lediglich ausnahmsweise dann in Betracht, wenn sich die Werbung an verschiedene Verkehrskreise richtet, die sich – wie der allgemeine Verkehr und Fachkreise oder unterschiedliche Sprachkreise – objektiv voneinander abgrenzen lassen;[255] **näher → § 5 Rn. 147 f.** Im Wege der richtlinienkonformen Auslegung ist **von der Einheitlichkeit des Verkehrsverständnisses eine Ausnahme** zu machen: Geschäftliche Handlungen, die voraussichtlich in einer für den Gewerbetreibenden vernünftigerweise vorhersehbaren Art und Weise das wirtschaftliche Verhalten **nur** einer eindeutig identifizierbaren Verbrauchergruppe wesentlich beeinflussen, die aufgrund von **geistigen oder körperlichen Gebrechen, Alter oder Leichtgläubigkeit** im Hinblick auf diese Praktiken oder die ihnen zugrunde liegenden Produkte besonders schutzbedürftig sind, werden nach **§ 3 Abs. 4 S. 2 UWG/Art. 5 Abs. 3 UGP-RL** aus der Perspektive eines 160

[252] Vgl. *Lettl,* Irreführende Werbung in Europa, S. 92; *Omsels* GRUR 2005, 548 (553).

[253] Ebenso *Wuttke* WRP 2004, 820 (826). – Vgl. auch BVerfG WRP 2003, 633 (635) – Benetton II für die Feststellung des Sinns einer Meinungsäußerung.

[254] *Bornkamm* FS 50 Jahre BGH 2000, 343 (361).

[255] BGH GRUR 2012, 54 Rn. 9 – Maalox/Melox-GRY; WRP 2013, 778 Rn. 64 – AMARULA/Marulablu; GRUR 2014, 1013 Rn. 33 – Original Bach-Blüten; WRP 2015, 732 Rn. 22 – PINAR.

durchschnittlichen Mitglieds dieser Gruppe beurteilt, selbst wenn sich die geschäftliche Handlung auch noch an andere Personenkreise richtet. Richtet sich eine Geschäftspraxis speziell – allein oder zumindest auch[256] – an eine eindeutig identifizierbare Gruppe von Verbrauchern, die aufgrund von geistigen oder körperlichen Gebrechen, Alter oder Leichtgläubigkeit in Bezug auf die geschäftliche Handlung oder die ihr zugrunde liegenden Produkte besonders schutzbedürftig ist, und wird durch diese Geschäftspraxis voraussichtlich und vorhersehbar **allein** das geschäftliche Verhalten dieser Verbrauchergruppe wesentlich beeinflusst, kommt es auf das Verkehrsverständnis dieser Gruppe an;[257] hier ist deshalb **ausnahmsweise eine gespaltene Verkehrsauffassung** maßgeblich.[258] Die Rechtmäßigkeit der geschäftlichen Handlung ist dann sowohl am Maßstab eines Durchschnittsverbrauchers der Gesamtzielgruppe als auch am Maßstab eines Durchschnittsverbrauchers dieser Zielgruppe zu messen.

161 Eine **Rückausnahme** vom erweiterten Schutz „besonders schutzwürdiger Verbraucher" gilt nach **Art. 5 Abs. 3 S. 2 UGP-RL,** wenn es sich bei der geschäftlichen Handlung um die „übliche und rechtmäßige Werbepraxis (handelt), **übertriebene... oder nicht wörtlich zu nehmende Behauptungen** aufzustellen" (hierzu näher → § 5 Rn. 194 ff.)

Es liegt in der Natur der Sache, dass Werbung sich vom Alltäglichen abzuheben und durch Übertreibungen und Wortspiele auf das Produkt bzw. Unternehmen aufmerksam zu machen sucht. Werbung würde daher, jedenfalls wenn sie sich an größere Bevölkerungsteile oder die Allgemeinheit richtet (Plakatwerbung, Fernsehwerbung, Zeitungswerbung), ihre Funktion nicht mehr uneingeschränkt erfüllen können, wenn sie so gestaltet sein müsste, dass auch das jeweils schwächste Glied der Kette (zB Kinder, Ausländer oÄ) die darin enthaltenen Übertreibungen und nicht wörtlich zu nehmenden Behauptungen sicher als solche erkennt. Um den abgesenkten Maßstab des Art. 5 Abs. 3 S. 1 UGP-RL nicht zu einer unangemessenen Beschränkung für Werbung werden zu lassen, sieht der iRd Auslegung zu berücksichtigende Art. 5 Abs. 3 S. 2 UGP-RL deshalb vor, dass es hier beim alleinigen Maßstab eines Durchschnittsverbrauchers aller angesprochenen Verkehrskreise bleibt.

162 Auf andere geschäftliche Handlungen als **Werbung** ist Art. 5 Abs. 3 S. 2 UGP-RL wegen der Besonderheiten von Werbung nicht übertragbar; werden hier gezielt besonders schutzwürdige Personenkreise angesprochen, kommt es zu einem gespaltenen Verkehrsverständnis mit der Folge einer Doppelüberprüfung der Maßnahme.

163 Die Aufzählung derjenigen Eigenschaften, aus denen sich die besondere Schutzbedürftigkeit herleitet, in Art. 5 Abs. 3 UGP-RL ist **nicht abschließend.** Dies folgt aus dem 19. Erwägungsgrund, in dem es heißt: „Sind Verbraucher aufgrund bestimmter Eigenschaften *wie* Alter, geistige oder körperliche Gebrechen...". Der deutsche Gesetzgeber hat die besondere Schutzbedürftigkeit dieser Verbrauchergruppen in § 3 Abs. 2 S. 2 nur im Zusammenhang mit der Relevanz bzw. Erheblichkeit der geschäftlichen Handlung geregelt. Es gilt aber gleichermaßen schon für die vorgelagerte Frage, ob eine geschäftliche Handlung irreführend ist, da sich sonst der von Art. 5 Abs. 3 UGP-RL beabsichtigte Schutz der betr. Personengruppen nicht verwirklichen ließe.

164 Relevant irreführende Geschäftspraktiken beeinträchtigen die Fähigkeit des Verbrauchers, eine informierte Entscheidung zu treffen, per se wesentlich bzw. spürbar. Dies folgt daraus, dass Art. 6 bzw. 7 der Richtlinie anders als Art. 5 Abs. 2 lit. b die Relevanz irreführender Geschäftspraktiken nicht davon abhängig machen, dass diese das Verhalten von Verbrauchern „wesentlich" bzw. „spürbar" beeinflussen, → § 5 Rn. 332.

165 **c) Zielgruppe. aa) Qualifikation.** Wie informiert, aufmerksam und verständig man sein muss, um „Durchschnittszielperson" zu sein, kommt zunächst auf die konkrete **Per-**

[256] Vgl. BGH GRUR 2014, 682 Rn. 23 – Nordjob-Messe; GRUR 2014, 686 Rn. 16 – Goldbärchenbarren; GRUR 2014, 1013 Rn. 33 – Original Bach-Blüten.
[257] BGH GRUR 2014, 686 Rn. 16 – Goldbärchenbarren.
[258] Vgl. BGH GRUR 2014, 1013 Rn. 33 – Original Bach-Blüten.

sonengruppe an, an die sich die **geschäftliche Handlung** richtet.[259] **Soziale, kulturelle und sprachliche Faktoren** sind zu berücksichtigen.[260] Was gerichtet an den einen Verkehrskreis irreführend sein kann, vermag der andere Verkehrskreis vielleicht zu durchschauen. Deshalb kann eine Werbung je nachdem, an wen sie sich wendet, mal irreführend und mal nicht irreführend sein.[261]

Eine an **Verbraucher** gerichtete Werbung kann auch dann vorliegen, wenn der Werbende nicht an Letztverbraucher verkauft, solange sich die Werbung zumindest auch an diesen Kreis richtet.[262] 166

Werden **Fachkreise** umworben, so kann in aller Regel zugrunde gelegt werden, dass diese die Werbeangaben sorgfältiger betrachten und aufgrund ihrer Vorbildung und Erfahrung den Aussagegehalt einer Angabe leichter erfassen als Laien.[263] Daher ist weniger wahrscheinlich, dass der durchschnittlich aufmerksame, verständige und informierte Fachhändler eine Assoziation zwischen dem Ruf der Erzeugnisse des Geräteherstellers und den Erzeugnissen des konkurrierenden Anbieters herstellt, als bei einer an den **Endverbraucher** gerichteten Werbung.[264] Andererseits kann sich die Irreführungsgefahr bei einer an Fachkreise gerichteten Werbung aber auch erhöhen, weil diese bei der Angabe der Indikation eines Arzneimittels eine präzisere Wortwahl erwarten als Laien;[265] auch → Rn. 169. Wird einem **Unternehmer** eine Rechnung zugesandt, so verfügt dieser über größere Erfahrung bei der Rechnungsbearbeitung als der Verbraucher. Es ist aber zu berücksichtigen, dass wegen der Vielzahl der zu bearbeitenden Rechnungen häufig eine schematisierte Bearbeitung erfolgen muss, so dass zB als Rechnung getarnte Offerten uU nicht auffallen. Werden **Kinder**[266] **bzw. Jugendliche** umworben, ist maßgeblich das Verständnis eines durchschnittlich informierten, aufmerksamen und verständigen Angehörigen dieser Gruppe, die sich einerseits durch größere geschäftliche Unerfahrenheit auszeichnet[267] und Reizen eines Gewinnspiels eher unterliegt,[268] aber andererseits auch über „Sonderwissen", zB in Bezug auf Dinosaurier, bestimmte Spielfiguren oder Computertechnik, verfügen kann.[269] Für eine gezielte Ansprache von **Kindern** unter 14 Jahren kann ausreichen, dass die Werbung sprachlich von einer durchgängigen Verwendung der direkten Ansprache in der zweiten Person Singular und überwiegend kindertypischen Begrifflichkeiten einschließlich gebräuchlichen Anglizismen geprägt ist.[270] Da es sich bei Kindern und Jugendlichen um eine besonders schutzbedürftige Verbrauchergruppe handelt, ist das Verständnis eines Durchschnittsverbrauchers dieser Personengruppe außerdem nach Art. 5 Abs. 3 UGP-RL und dem 19. Erwägungsgrund der Richtlinie bereits dann zugrunde zu legen, wenn die in Rede stehenden geschäftliche Handlung voraussichtlich und vorhersehbar allein das geschäftliche 167

---

[259] BGH GRUR 2004, 793 (796) – Sportlernahrung II; GRUR 2005, 438 (440) – Epson-Tinte; GRUR 2007, 605 (606) – Umsatzzuwachs; vgl. EuGH C-59/05, EU:C:2006:147 Rn. 19 – Siemens; C-159/09, C:2010:696 Rn. 47 – Lidl jeweils für die Unterscheidung zwischen Fachkreisen und Endverbrauchern.

[260] 18. Erw.grd. der UGP-RL; EuGH C-220/98, GRUR Int. 2000, 354 (356) – Lifting.

[261] StRspr zum früheren Recht, vgl. BGH GRUR 1958, 444 (446 f.) – Emaillelack; GRUR 2001, 350 f. – Lampenkatalog; GRUR 2002, 77 (79) – Rechenzentrum; EuGH C-112/99, EU:C:2001:566 Rn. 52 – Toshiba Europe.

[262] BGH GRUR 2011, 82 Rn. 23 – Preiswerbung ohne Umsatzsteuer; näher → § 5 Rn. 148.

[263] BGH GRUR 1966, 445 (447) – Glutamal; GRUR 1984, 376 (377) – Johannisbeerkonzentrat; OLG Köln WRP 2016, 646 (647); vgl. BGH WRP 2012, 83 Rn. 9 – Maalox/Melox-GRY.

[264] EuGH C-112/99, EU:C:2001:566 Rn. 52 – Toshiba Europe; vgl. BGH GRUR 1958, 444 (446 f.) – Emaillelack; WRP 2012, 83 Rn. 9 – Maalox/Melox-GRY.

[265] BGH GRUR 2009, 418 Rn. 24 – Fußpilz.

[266] Ob dieser Begriff im Anwendungsbereich der UGP-RL abweichend vom deutschen Rechtsverständnis auch an „Jugendliche" iSd § 1 Abs. 1 Nr. 2 JSchG, also Minderjährige über 14 Jahre, erfasst, ist streitig, im vorliegenden Zusammenhang aber nicht von Bedeutung.

[267] Vgl. BGH GRUR 2014, 1117 Rn. 29 – Zeugnisaktion; GRUR 2014, 682 Rn. 29 – Nordjob-Messe (jeweils zu § 4 Nr. 2).

[268] Vgl. BGH GRUR 2014, 682 Rn. 35 – Nordjob-Messe mwN (zu § 4 Nr. 2).

[269] Vgl. Erwägungsgrund 19 der UGP-RL; BGH GRUR 2014, 1117 Rn. 29 – Zeugnisaktion; GRUR 2014, 298 Rn. 30 – Runes of Magic I; GRUR 2014, 682 Rn. 22 – Nordjob-Messe.

[270] BGH GRUR 2014, 298 Rn. 19 – Runes of Magic I.

Verhalten dieser Verbrauchergruppe wesentlich beeinflusst (näher → Rn. 160).[271] Wird im **Asylbewerberheim** oder einer Schule für **lernschwache Personen** geworben, kann man nicht dieselben Anforderungen an die Fähigkeiten des Durchschnittsumworbenen zur Feststellung des schriftlichen Werbetextes stellen wie bei einer Werbung gegenüber Personen, die ständig mit dem Erfassen und Bearbeiten schriftlicher Texte zu tun haben. **Alte und Kranke** können in ihrer Kritikfähigkeit ganz oder partiell, soweit es um Mittel zur Heilung ihrer Leiden geht, stark gemindert sein.

168 **bb) Regionale Verkehrsauffassung. Regionale** sprachliche Unterschiede sind zu beachten; so wird zB unter „Kaltem Kaffee" in Teilen Deutschlands ein Mischgetränk aus Cola und Limonade verstanden, während der Begriff in anderen Teilen Deutschlands unbekannt ist und daher wörtlich aufgefasst wird. Bei der Vorratswerbung sind die tatsächlichen Verhältnisse in der jeweiligen Filiale zu beachten.[272] Wird eine **geschäftliche Handlung** nur in bestimmten Teilen der Bundesrepublik falsch verstanden, ist das Verbot räumlich entsprechend zu beschränken.[273] Wer auf **bundesweit ausgerichteten Portalen** im Internet für Telekommunikationsleistungen wirbt und weder aus der Natur der Sache noch aufgrund entsprechender Hinweise als **allein lokal oder regional ausgerichtetes Unternehmen** erkennbar ist, erweckt den Eindruck einer bundesweiten Verfügbarkeit des Produkts.[274] Eine spezielle Zielgruppe der **„Internetbenutzer"** gibt es nicht, hierzu näher → § 5 Rn. 284 ff.

169 **cc) Abgrenzung der Verkehrskreise. Maßstab** für die zugrunde zu legende Verkehrsauffassung ist immer **der Personenkreis, an den sich die geschäftliche Handlung richtet.** Das können Privatpersonen (Verbraucher) oder Geschäftspersonen sein, wobei letztere wiederum auch in ihrer Eigenschaft als Privatperson umworben werden können, wenn es um den Kauf von Gegenständen für ihren Privatbedarf geht. Will der Unternehmer zB Tonerpatronen bei Fachhändlern absetzen, ist auf den durchschnittlich informierten, aufmerksamen und verständigen Fachhändler abzustellen;[275] anders als beim Verkauf durch den Einzelhändler an den Endverbraucher.

Fachhändler können eine Werbung, weil sie über anderes oder umfassenderes Wissen verfügen als der Verbraucher, anders verstehen als Privatpersonen,[276] → Rn. 167. Bei einer an Zahnärzte gerichteten Werbung kommt es auf deren Verständnis an.[277] Der Umstand, dass Geschäftsleute in ihrem Geschäftsgebiet meist über umfassendere Kenntnisse verfügen als der Verbraucher, kann die Irreführungsgefahr je nach Fallgestaltung vermindern oder erhöhen. Gehört das Wissen, dass „Scotch Whisky" drei Jahre gelagert sein muss, nur zum Kenntnisstand des durchschnittlichen Einzelhändlers, während dieser Umstand dem Verbraucher nicht bekannt ist, vermag die Bewerbung einer Spirituose mit kürzerer Lagerungsdauer mit diesem Begriff nur den durchschnittlichen Einzelhändler, nicht aber den Durchschnittsverbraucher, irrezuführen.[278]

170 Eine geschäftliche Handlung muss sich nicht an einen **größeren Personenkreis,** sondern kann sich auch an einen einzigen Kunden richten,[279] zB im **Einzelverkaufsgespräch.** Sie kann sich auch an **mehrere Zielgruppen** richten. So werden mit der Bezeichnung eines Zusammenschlusses von Ärzten als „Brustzentrum" nicht nur Patientinnen angesprochen, sondern auch die niedergelassenen Ärzte, die sie dorthin überwei-

[271] Vgl. BGH GRUR 2014, 686 Rn. 14 ff. – Goldbärchenbarren (zu § 4 Nr. 6 aF).
[272] BGH GRUR 2004, 70 (71) – Preisbrecher.
[273] BGH GRUR 1983, 32 (33 f.) – Stangenglas I.
[274] BGH WRP 2016, 1228 Rn. 20 ff. – Geo-Targeting.
[275] Vgl. EuGH C-112/99, EU:C:2001:566 Rn. 52 – Toshiba Europe.
[276] Vgl. EuGH C-59/05, EU:C:2006:147 Rn. 19 – Siemens; C-356/04, EU:C:2006:585 Rn. 78 – Lidl Belgium; C-159/09, C:2010:696 Rn. 47 – Lidl; BGH GRUR 1969, 280 (281) – Scotch Whisky.
[277] Vgl. BGH GRUR 2003, 624 (626) – Kleidersack.
[278] Vgl. BGH GRUR 1969, 280 (281) – Scotch Whisky; zum Schutz der Bezeichnung als geographische Angabe → § 5 Rn. 618.
[279] EuGH C-388/13, EU:C:2015:225 – UPC Magyarország.

sen;[280] zum **gespaltenen Verkehrsverständnis** näher → § 5 Rn. 147 f. Richtet sich die geschäftliche Handlung an die **Allgemeinheit,** ist – mit derselben Einschränkung – auf eine durchschnittlich informierte, aufmerksame und verständige Person aus dem Kreis der Allgemeinheit abzustellen, wobei zu beachten ist, dass der Kreis aller der „Allgemeinheit" angehörenden Personen weit ist und sich aus Personen mit Hilfsschülerniveau und Wissenschaftlern, aus Arbeitern, Angestellten und Selbstständigen, aus Kindern und Erwachsenen usw zusammensetzt.

d) Situationsbedingtheit des Verkehrsverständnisses. Nicht nur die Qualifikation des **171**
Zielkreises bestimmt über die Frage, ob eine Werbung irreführend ist, sondern auch die konkrete Situation, in welcher dieser mit der geschäftlichen Handlung konfrontiert wird.[281] Der Grad der Aufmerksamkeit, Verständigkeit und Informiertheit, den eine durchschnittliche Zielperson der fraglichen geschäftlichen Handlung angemessener Weise widmet, **variiert situationsbedingt.**[282] Die jeweilige situationsadäquate Aufmerksamkeit des Durchschnittsumworbenen ist deshalb auch für die Ermittlung des Verkehrsverständnisses maßgebend.[283] Entscheidend sind alle Umstände der Situation, in der eine durchschnittliche Zielperson mit der geschäftlichen Handlung konfrontiert wird. Erwirbt der Durchschnittsverbraucher ein Produkt wegen seiner objektiven Merkmale erst nach aufmerksamer Prüfung, ist folglich nicht deshalb ein geringerer Aufmerksamkeitsgrad zugrunde zu legen, weil der Verkehr das Produkt **auch in anderen Situationen** wahrnehmen kann, die mit dem Kauf nichts zu tun haben und in denen er möglicherweise nur geringe Aufmerksamkeit aufbringt.[284]

Zu berücksichtigen sind ua: die **Art der geschäftlichen Handlung** (Werbung emp- **172**
findet man oft als lästig, bei individueller Beratung hört man aufmerksam zu); das **Produkt** (für eine Blickfang-Werbung für Geldanlagen im Internet ist der BGH von erfahrungsgemäß hoher Aufmerksamkeit ausgegangen;[285] bei langlebigen und hochpreisigen Wirtschaftsgütern kann idR ein höheres Maß an Aufmerksamkeit verlangt werden;[286] zu beachten ist auch, dass in bestimmten Bereichen, insbes. im **Gesundheits- und Lebensmittelrecht,** unionsrechtliche Sonderregelung bestehen, die bei der richtlinienkonformen Auslegung vorgehen,[287] → § 5 Rn. 63 ff.; für Angaben mit fachlichen Aussagen auf dem Gebiet der **gesundheitsbezogenen Werbung** gilt nach der Rspr. des BGH, dass die Werbung nur zulässig ist, wenn sie gesicherter wissenschaftlicher Erkenntnis entspricht,[288] näher → § 5 Rn. 559). **Preisen** wendet der Verbraucher regelmäßig besondere Aufmerksamkeit zu; Werbung mit einem durchgestrichenen Preis misst er nicht eine je nach Vertriebsform unterschiedliche Bedeutung bei;[289] der/die **Verkaufsort/e** (in der Entscheidung „Clinique" hat der EuGH die medizinische Konnotation eines Produktnamens zur Begründung einer Irreführung nicht ausreichen lassen, da das kosmetische Produkt auch in Kaufhäusern und Drogerien verkauft wurde);[290] das handelnde **Unternehmen** (auf Angaben des Fachhändlers wird man sich eher verlassen dürfen als auf die eines „fliegenden Händlers"); der **Ort** (Ladenlokal, Haustürgeschäft, Arbeitsplatz ua); **Zeit- und Entscheidungsdruck** (zB bei der Beteiligung an Online-Auktionen, bejaht auch bei der Buchung

[280] OLG München GRUR-RR 2005, 59.

[281] Vgl. EuGH C-356/04, EU:C:2006:585 Rn. 78 – Lidl Belgium; C-159/09, C:2010:696 Rn. 47 – Lidl.

[282] BGH GRUR 2000, 619 (621) – Orient-Teppichmuster; GRUR 2002, 182 (183) – Das Beste jeden Morgen; GRUR 2002, 81 (82) – Anwalts- und Steuerkanzlei; GRUR 2001, 1061 (1063) – Mitwohnzentrale.de; GRUR 2003, 247 (248) – THERMAL BAD; GRUR 2004, 244 (245) – Marktführerschaft.

[283] BGH GRUR 2000, 619 (621) – Orient-Teppichmuster.

[284] EuGH C-361/04, GRUR 2006, 237 (239 f.) – Picasso (zum Markenrecht).

[285] BGH GRUR 2007, 981 (983) – 150 % Zinsbonus.

[286] Vgl. BGH GRUR 2000, 337 (338) – Preisknaller; GRUR 2007, 795 – Handtaschen; GRUR 2015, 698 Rn. 7, 18 – Schlafzimmer komplett.

[287] Vgl. EuGH C-221/00, EU:C:2003:44 – Kommission/Österreich; C-374/05, EU:C:2007:654 Rn. 38 f. – Gintec; C-544/13 und C-545/13, EU:C:2015:481 Rn. 45 ff., 80 ff. – Abcur.

[288] BGH WRP 2016, 44 Rn. 16 – Äquipotenzangabe in Fachinformation; vgl. BGH GRUR 2013, 649 Rn. 16 f. – Basisinsulin mit Gewichtsvorteil.

[289] BGH WRP 2016, 590, Ls. – Durchgestrichener Preis II.

[290] EuGH C-315/92, EU:C:1994:34 Rn. 23 – Verband Sozialer Wettbewerb („Clinique").

von Flügen über das Internet);[291] die **Uhrzeit** (wer nachts anruft, muss sich nicht wundern, dass der Verbraucher nicht aufmerksam zuhört), **bekannte Täuschungsgefahr** (höhere Aufmerksamkeit im Hinblick auf betriebliche Herkunft bei vorangegangenen **Nachahmungen von Luxusgütern**)[292] usw.

173 **e) „Angemessene" Informiertheit, Aufmerksamkeit und Verständigkeit. aa) Angemessenheit.** § 5 UWG liegt nach der Amtlichen Gesetzesbegründung das Leitbild eines „durchschnittlich informierten und verständigen Verbrauchers,... der das Werbeverhalten mit einer der Situation angemessenen Aufmerksamkeit verfolgt", zugrunde.[293] Der 18. Erwgr. der UGP-RL spricht genauer von dem „Durchschnittsverbraucher, der angemessen gut unterrichtet und angemessen aufmerksam und kritisch ist". Im 7. Erwägungsgrund der UGP-RL heißt es schließlich ausdrücklich, dass bei der Anwendung der Richtlinie, insbesondere der Generalklauseln, die Umstände des Einzelfalls umfassend gewürdigt werden sollen. Entscheidend ist damit nicht, welche Eigenschaften ein Verbraucher in der fraglichen Situation tatsächlich aufweist, sondern welche ihr angemessen sind, also in der konkreten Situation der geschäftlichen Handlung **aus Sicht der Marktgegenseite von einem Durchschnittsverbraucher angemessener Weise erwartet werden dürfen.**[294] Über die Angemessenheit bestimmt folglich nach dem gebotenen normativen Verständnis nicht der rechnerische Durchschnitt der angesprochenen Verkehrskreise, sondern eine **wertende (normative)** Abwägung des Informationsinteresses der Verbraucher **mit den einer Information entgegenstehenden Interessen der Marktgegenseite.**[295] Auswirkungen auf den freien Warenverkehr sind zu berücksichtigen; nach Art. 4 der UGP-RL dürfen die Mitgliedstaaten den freien Dienstleistungsverkehr und den freien Warenverkehr nicht aus Gründen, die mit dem durch die Richtlinie angeglichenen Bereich zusammenhängen, einschränken. Eine wichtige Bedeutung hat die Möglichkeit **aufklärender Hinweise.**[296] Bereits in der Entscheidung „GB-Inno-BM" war durch Verweis auf die europäischen Verbraucherschutzprogramme und das „Grundrecht auf Information" der zugrunde liegende Bezug zwischen Verbraucherschutz und Verbraucherinformation hergestellt worden.[297] Hier hatte der EuGH festgehalten, dass in einer geeigneten Etikettierung der Ware ein im Verhältnis zu einem Verbot milderes Mittel liegen kann **(labelling approach).**[298] Die dann noch verbleibende **„Restirreführungsgefahr"** ist in diesem Fall für das Verständnis eines „angemessen" aufmerksamen, verständigen und informierten Durchschnittsverbrauchers **nicht ausschlaggebend;** sie ist hinzunehmen.[299] Maßgeblich für die Frage, ob die aufklärenden Hinweise ausreichen, ist die Wahrnehmung der fraglichen Werbung oder geschäftlichen Handlung durch ein normal informiertes, angemessen aufmerksames und verständiges Mitglied des Verkehrskreises, an den sich die geschäftliche Handlung richtet.[300] So ergibt sich aus der Rspr. des EuGH, dass Verbraucher, die sich in ihrer Kaufentscheidung nach der Zusammensetzung des Erzeugnisses richten, zunächst das **Zutatenverzeichnis** lesen.[301] Eine Irreführung durch unwahre, falsche,

[291] Vgl. OLG Frankfurt a. M. NJW-RR 2016, 239, 240 Rn. 28.
[292] Vgl. BGH GRUR 2007, 795 Rn. 39 – Handtaschen.
[293] Amtl. Begr. (zu § 5) zum RegE, BT-Drs. 15/1487, 19.
[294] Näher → § 5 Rn. 153.
[295] *Lettl* GRUR Int. 2004, 85 (87 f.).
[296] Vgl. EuGH C-362/88, GRUR Int. 1990, 955 Rn. 14 ff. – GB-Inno-BM; BGH GRUR 2013, 1161 Rn. 62 – Hard Rock Café; GRUR 2013, 631 Rn. 72 – Amarula/Marulabu; GRUR-RR 2014, 201 Rn. 48 f. – Peek & Cloppenburg IV.
[297] EuGH C-362/88, GRUR Int. 1990, 955 Rn. 14 ff. – GB-Inno-BM; *Heermann* WRP 1993, 578 (583).
[298] EuGH C-362/88, GRUR Int. 1990, 955 Rn. 17 – GB-Inno-BM; Köhler/*Bornkamm/Feddersen* § 5 Rn. 1.87; *Wuttke* WRP 2004, 820 (822 f.).
[299] BGH GRUR-RR 2014, 201 Rn. 51 – Peek & Cloppenburg IV; vgl. EuGH C-482/09, Slg. 2011, I-8701 = GRUR 2012, 519 Rn. 79–84 – Budvar/Anheuser Busch.
[300] Vgl. EuGH C-120/04, EU:C:2005:594 Rn. 28 – Medion; BGH GRUR 2013, 631 Rn. 64 – Amarula/Marulablu; GRUR-RR 2014, 201 Rn. 49 – Peek & Cloppenburg IV.
[301] EuGH C-51/94, EU:C:1995:352 Rn. 34 – Kommission/Deutschland; C-465/98, EU:C:2000:184 Rn. 22 – Darbo; C-195/14, EU:C:2015:361 Rn. 37 – Teekanne [Himbeer-Vanille-Abenteuer].

mehrdeutige, widersprüchliche oder unverständliche andere Elemente der Etikettierung schließt dies nicht aus.[302] Bei **sektorspezifischen** Vorschriften des Unionsrechts, die der UGP-RL nach **Art. 3 Abs. 4** vorgehen, ist durch Auslegung festzustellen, ob sie in ihrem Anwendungsbereich aufklärende Zusätze ausschließen. Für **Ursprungsbezeichnungen** pflanzlicher Erzeugnisse dürfen keine aufklärenden Zusätze als Ergänzung der nach Art. 113a Abs. 1 VO Nr. 1234/2007 und Art. 76 Abs. 1 VO Nr. 1308/2013 vorgeschriebenen Angabe des Ursprungslands vorgeschrieben werden, um einer nach Art. 7 Abs. 1 lit. a der LMIV verbotenen Irreführung der Verbraucher entgegenzuwirken.[303]

bb) Abschließende Aufzählung der Eigenschaften. Nur drei Eigenschaften des angesprochenen Verkehrskreises sind entscheidend: seine **Informiertheit;** seine **Verständigkeit** (im Sinne von Fähigkeit zur kritischen Betrachtung der Information); seine der geschäftlichen Handlung entgegengebrachte **Aufmerksamkeit.** Die Aufzählung dieser drei Eigenschaften ist abschließend; **andere Charakterzüge und Eigenschaften des Verkehrs,** etwa sein Mitgefühl, sein wissenschaftliches Interesse, seine aufbrausende Art, spielen deshalb nur mittelbar eine Rolle, nämlich soweit sie sich auf die Informiertheit, die Verständigkeit bzw. die Aufmerksamkeit des angesprochenen Verkehrs auswirken. 174

ZB lassen sich auf der Grundlage eines **fundierten Allgemeinwissens, von Lebenserfahrenheit und guten Sprachkenntnissen** oft auch Informationen, die ein Spezialgebiet betreffen, besser erfassen, verstehen und einordnen. Die abschließende Aufzählung der maßgeblichen Eigenschaften trägt dem Umstand Rechnung, dass das Verständnis einer geschäftlichen Handlung entscheidend durch eben diese drei Faktoren bestimmt wird, und schafft zugleich die erforderliche Rechtssicherheit für die Marktgegenseite.

Entscheidend sind die drei Eigenschaften nur insoweit, als sie **in der konkreten Situation** die Auffassung des Verkehrs beeinflussen. Erwirbt der Durchschnittsverbraucher ein Produkt wegen seiner objektiven Merkmale erst nach aufmerksamer Prüfung, ist folglich nicht deshalb ein geringerer Aufmerksamkeitsgrad zugrunde zu legen, weil der Verkehr das Produkt auch in anderen Situationen flüchtig wahrnimmt, schon → § 5 Rn. 171. 175

cc) Aufmerksamkeit. Das Kriterium der Aufmerksamkeit bezieht sich auf die **Intensität des Wahrnehmens und Aufnehmens von Informationen.**[304] Es beinhaltet eine Aussage über das Maß der Anstrengungen, die im konkreten Fall vom Verbraucher erwartet werden können, um sich Informationen zu beschaffen. Dabei spielen neben dem bei dem angesprochenen Verbraucherkreis zu erwartenden Kenntnisstand auch die **Kosten und der Aufwand** eine Rolle, die **mit der Bereitstellung bzw. Verschaffung der Information verbunden** sind; sie dürfen nicht außer Verhältnis zum Wert bzw. Preis des Produkts stehen. Im Einzelnen hängt das Maß angemessener Aufmerksamkeit von vielen Faktoren ab, insbes. der wirtschaftlichen Bedeutung des Produkts, dem Werbemedium und den angesprochenen Verkehrskreisen. 176

Bedeutsam können sein: die **Qualifikation** des angesprochenen Personenkreises (→ § 5 Rn. 169); die **Bedeutung** des beworbenen Umstandes für den angesprochenen Verkehr; der **Preis und Lebensdauer des Produkts** (die Werbung für eine höherwertige Ware oder Dienstleistung wird von dem Durchschnittsverbraucher mit entsprechend größerer Aufmerksamkeit wahrgenommen als die Werbung für geringwertige Gegenstände des täglichen Bedarfs, die erfahrungsgemäß eher flüchtig zur Kenntnis genommen wird);[305] bei **Luxusgütern** achtet der Verkehr verstärkt auf Hinweise auf die betriebliche Herkunft,[306] 177

[302] EuGH C-195/14, EU:C:2015:361 Rn. 37 – Teekanne [Himbeer-Vanille-Abenteuer].

[303] EuGH C-686/17, GRUR 2019, 1067 (1068) – Wettbewerbszentrale/Prime Champ [Kulturchampignons].

[304] *Lettl* GRUR Int. 2004, 85 (87); *Ulbrich* WRP 2005, 940 (949).

[305] BGH GRUR 2000, 619 (621) – Orient-Teppichmuster; GRUR 2002, 81 (83) – Anwalts- und Steuerkanzlei; GRUR 2003, 626 (627) – Umgekehrte Versteigerung II; WRP 2011, 1050 Rn. 24 – Ford-Vertragspartner; GRUR 2012, 286 Rn. 20 – Falsche Suchrubrik.

[306] BGH GRUR 2000, 619 (621) – Orient-Teppichmuster; GRUR 2002, 81 (83) – Anwalts- und Steuerkanzlei; GRUR 2003, 626 (627) – Umgekehrte Versteigerung II; WRP 2004, 345 – Umgekehrte

bei Allerwelts- und Dutzendware legt er auf sie keinen Wert[307]); die **Art des Produkts** (häufig wird sich eine Unterscheidung zwischen **Erfahrungs-, Such- und Vertrauensgütern** anbieten,[308] wobei das Maß der angemessenen Aufmerksamkeit in dieser Reihenfolge ansteigt); **bekannte Täuschungsgefahr** (zB höhere Aufmerksamkeit an betriebliche Herkunft bei bekannter Nachahmungsgefahr);[309] **Art und Medium der geschäftlichen Handlung** (Werbebeilagen, Werbeprospekte oder Zeitungsanzeigen blättert man meist erst einmal grob durch,[310] Werbefilme wird der Verkehr häufig nur flüchtig verfolgen,[311] auch für Schilder- und Plakatwerbung wird der Verbraucher meist nicht stehen bleiben,[312] während man beim individuellen Beratungsgespräch mehr Aufmerksamkeit an den Tag legt; z. **Internet** → § 5 Rn. 284 ff.); die **Gestaltung der geschäftlichen Handlung** (zB kann sich aus der Ausführlichkeit der Angaben der Eindruck ihrer Vollständigkeit ergeben; dass der Verbraucher beim Lesen einer Zeitung die Lupe zu Hilfe nimmt, kann nicht erwartet werden);[313] die **Person des Werbenden** (ein unseriöser Eindruck kann zur Vorsicht warnen); sein **Tätigkeitsgebiet** (wer „im Interesse des Kunden" beratend tätig wird, braucht sich nicht zu wundern, wenn der Kunde seinen Vorschlag nicht hinterfragt); der dem Verkehr erkennbare **Vertriebsweg** (trotz Ähnlichkeit der Produkte ist eine betriebliche Herkunftsverwechslung ausgeschlossen, wenn der Verkehr anhand der unterschiedlichen Vertriebswege erkennt, dass sie aus unterschiedlichen Betrieben stammen); ob **aufklärende Hinweise vorgeschrieben oder zumindest gängig sind** (zB ist nach der Rspr. des EuGH zugrunde zu legen, dass Verbraucher, die sich in ihrer Kaufentscheidung nach der Zusammensetzung des Erzeugnisses richten, zunächst das Zutatenverzeichnis lesen.[314] Bereits in der Entscheidung „GB-Inno-BM" hatte der EuGH festgehalten, dass in einer geeigneten Etikettierung der Ware ein im Verhältnis zu einem Verbot milderes Mittel liegen kann (sog. **labelling approach**).[315]

178 **dd) Informiertheit.** Das Kriterium der Informiertheit bezieht sich auf den Kenntnisstand der Zielperson.[316] Welche Informiertheit von einer durchschnittlichen Zielperson angemessener Weise erwartet werden kann, hängt von den Umständen des Einzelfalls ab. Je nach der angesprochenen Zielgruppe sind nicht nur die **allgemeinen Informationsquellen** wie Schulbildung, Zeitungen, Fernsehen und Radio, sondern auch besondere Informationsquellen zu beachten, aus denen sich ein zur fraglichen Gruppe gehörender „Insider" üblicherweise bedient **(„Insiderwissen").** Die bei einem Durchschnittsverbraucher vorauszusetzenden Informationen beeinflussen sein Verständnis einer geschäftlichen Handlung uU auch dann, wenn **er selbst nicht zu dem Kreis der betroffenen Personen gehört.** So erwartet der Verkehr aufgrund der ihm bekannten Nickelallergie größerer Teile der Bevölkerung bei einer Werbung für Edelstahlketten mit „nickelfrei", dass dieser Schmuck keine Nickelreste enthält.[317] Eine Rolle für die Informiertheit können ua spielen: **All-**

Versteigerung im Internet; GRUR 2007, 795 – Handtaschen; GRUR 2011, 1050 Rn. 24 – Ford-Vertragspartner.

[307] BGH WRP 2007, 313 Rn. 26– Stufenleitern.

[308] Hierzu näher *Beater,* Unlauterer Wettbewerb, § 15 Rn. 26 ff.; *Groeschke/Kiethe* WRP 2001, 230 (234); *Lettl* GRUR 2004, 449 (454); *Ulbrich* WRP 2005, 940 (950 f.); vgl. auch BGH GRUR 2007, 795 Rn. 40 ff. – Handtaschen.

[309] BGH GRUR 2007, 795 Rn. 39 – Handtaschen.

[310] Vgl. BGH GRUR 2000, 619 (621) – Orient-Teppichmuster; BGH GRUR 2000, 337 (338) – Preisknaller; GRUR 2002, 81 (83) – Anwalts- und Steuerkanzlei; GRUR 2002, 715 ff. – Scanner-Werbung.

[311] OLG Frankfurt a. M. GRUR-RR 2005.

[312] Vgl. OLG Celle WRP 2005, 250 (251).

[313] OLG Stuttgart WRP 2005, 919.

[314] EuGH C-51/95, ECLI:EU:C:1995:352 Rn. 34 = BeckRS 2004, 77519 – Kommission/Deutschland; C-465/98, ECLI:EU:C:2000:184 Rn. 22 = NJW 2000, 2729 – Darbo; C-195/14, ECLI:EU:C:2015:361 Rn. 37 – Teekanne [Himbeer-Vanille-Abenteuer].

[315] EuGH C-482/09, GRUR Int. 1990, 955 Rn. 17 – GB-Inno-BM.

[316] *Lettl* GRUR Int. 2004, 85 (86); vgl. *Ulbrich* WRP 2005, 940 (948).

[317] BGH GRUR 2014, 1114 Rn. 30 f. – nickelfrei.

gemeinwissen (Kenntnis von Fakten, die zum Allgemeinwissen gehören oder Gegenstand einer Berichterstattung in der Tagespresse waren, kann oft vorausgesetzt werden);[318] **Produkt** (Kenntnis der Eigenschaften neuartiger Produkte kann oftmals nicht erwartet werden); **Qualifikation** des betroffenen **Verkehrskreises** (von „Spezialisten" wie dem Fachhändler, dem Computerfreak, dem Hobbymodellflugzeugbauer können Spezialkenntnisse erwartet werden); **Medium** (wird im Intranet der Universität oder bestimmter Organisationen inseriert, darf der Inserierende ein entsprechendes Fachpublikum erwarten), **Ort** (wirbt der Unternehmer im Ausland für deutsche Waren, kann er nicht ohne weiteres erwarten, dass die Zielgruppe über Kenntnisse verfügt, die der durchschnittliche Deutsche aufweist) usw.

ee) Verständigkeit. Das europäische Verbraucherleitbild geht von einem angemessen verständigen bzw. – so der 18. Erwägungsgrund der UGP-RL – **angemessen kritischen** Verbraucher aus. **Die Begriffe „verständig" und „kritisch" decken sich** und werden vom EuGH als Synonyme verwandt (**näher → § 5 Rn. 145 ff.**). Das europäische Verbraucherleitbild verlangt von den Verbrauchern nicht nur, dass sie sich aufmerksam informieren, sondern dass sie darüber hinaus weitergehende und zutreffende **Überlegungen** zu diesen Informationen anstellen, auf Grund derer sie **in rationaler Weise inhaltlich richtige Schlüsse** ziehen. Dies korrespondiert insofern mit dem Begriff des durchschnittlich informierten Verbrauchers, als das Bemühen um hinreichende Produktinformation Bestandteil eines effizienten und an den eigenen Bedürfnissen orientierten Auswahlprozesses ist.[319] Es wird erwartet, dass der Verbraucher, auf dessen Sicht es ankommt, die fraglichen **geschäftlichen Handlungen** angemessen **kritisch-distanzierend betrachtet und würdigt.** Ein angemessen verständiger Verbraucher verfügt damit über die intellektuelle Fähigkeit zur **kritischen Betrachtung der Information;** er ist in der Lage, die wahrgenommenen Informationen **richtig einzuordnen und zu verarbeiten.**[320] Deshalb erkennt er, dass zwischen der Größe von Werbeaufdrucken, die auf eine Erhöhung der Menge des Erzeugnisses hinweisen, und dem Ausmaß dieser Erhöhung nicht notwendig ein Zusammenhang besteht.[321] Ein verständiger Verbraucher weiß auch, dass die medizinische Konnotation eines Produktnamens nicht entscheidend sein muss;[322] er wird die Gesamtumstände berücksichtigen. Verständige Verbraucher sind sich über ihre eigenen Bedürfnisse hinreichend im Klaren und nehmen diese zum Maßstab ihrer Befriedigung. Deshalb interessieren sie sich mehr für die Eigenschaften der Ware als dafür, wo das sie kennzeichnende Warenzeichen eingetragen ist.[323] Auch die Annahme, der Verbraucher würde immer alles generalisierend verstehen, lässt sich mit diesem Verbraucherbild nicht vereinbaren.[324] Die Verständigkeit des Verbrauchers wird durch einen geringen Grad an Aufmerksamkeit nicht beseitigt. Flüchtige Wahrnehmung bedeutet nicht, dass eine durchschnittliche Zielperson die dabei aufgenommenen Informationen sämtlich für bare Münze nimmt; „flüchtige" Wahrnehmung und „verständige" Aufnahme schließen sich nämlich nicht aus.[325] 179

III. Zur Täuschung geeignete Angaben, § 5 Abs. 1 S. 2 Alt. 2

Im Sinne von § 5 irregeführt werden kann durch unwahre Angaben (→ § 5 Rn. 309 ff.) 180
und durch geschäftliche Handlungen, die zur Täuschung geeignete Angaben enthalten (hierzu sogleich). Verschweigt der Unternehmer Informationen oder hält er diese den

318 Vgl. BGH GRUR 2014, 1114 Rn. 39 f. – nickelfrei.
319 *Lettl* GRUR Int. 2004, 85 (87).
320 *Lettl* GRUR Int. 2004, 85 (86); *Ulbrich* WRP 2005, 940 (949).
321 EuGH NJW 1995, 3243 Rn. 24 – Mars.
322 EuGH C-315/92, EU:C:1994:34 Rn. 23 – Verband Sozialer Wettbewerb („Clinique").
323 EuGH C-238/89, GRUR Int. 1991, 215 (216) – Pall/Dahlhausen.
324 OLG Hamburg 17.11.2005 – 3 U 88/05, BeckRS 2006, 06554.
325 Vgl. BGH GRUR 2000, 619 (621) – Orient-Teppichmuster; GRUR 2002, 81 (82) – Anwalts- und Steuerkanzlei.

Adressaten vor, so ist demgegenüber § 5a einschlägig. Nach dem GesE des Gesetzes zur Stärkung des Verbraucherschutzes im Wettbewerbs- und Gewerberecht[326] (hierzu → *Keller* Einl. Rn. 76a f.; *Alexander* WRP 2021, 136 (139)) von § 5 Abs. 1 S. 2 zu einem neuen Abs. 2 werden.

181 **1. Angabe. a) Begriff.** § 5 Abs. 1 S. 2 **beschränkt** den Kreis der für eine Irreführung in Frage kommenden geschäftlichen Handlungen auf solche, die **unwahre** oder **täuschungsgeeignete** „Angaben" enthalten. Dies steht in Einklang mit Art. 6 Abs. 1 Richtlinie unlautere Geschäftspraktiken, der **in beiden Fällen** ebenfalls eine „Angabe" fordert.[327]

182 **aa) Tatsachenbehauptung.** Der Begriff der Angabe wird in den Richtlinien bzw. im UWG nicht definiert. Er ist im Sinne einer **Information mit Tatsachengehalt** (Tatsachenbehauptung) zu verstehen. Die französische und die spanische Fassung der Richtlinie unlautere Geschäftspraktiken sprechen von „information" bzw. „información", die englische Fassung der Irreführungsrichtlinie von „information". Angaben sind daher – wie schon nach bisherigem Recht[328] – Aussagen, die aus **Sicht des maßgeblichen Verkehrskreises** einen **Tatsachenkern haben,** also **inhaltlich nachprüfbar** sind.

183 **bb) Angaben über nicht-geschäftliche Verhältnisse.** Erfasst werden mit dieser Maßgabe Informationen jeden Inhalts. Die Angabe muss zwar in einer geschäftlichen Handlung enthalten sein, eine Beschränkung des Irreführungsverbots auf Angaben **über geschäftliche Verhältnisse** gilt seit der Reform 2004 aber nicht mehr. Deshalb können auch Informationen über **private Vorgänge** im Sinne der Vorschrift irreführen, wenn sie zu Gunsten des eigenen oder eines fremden Unternehmens erfolgen und im Sinne von § 2 Abs. 1 Nr. 1 mit der Förderung des Absatzes oder Bezugs von Produkten oder der Durchführung eines Vertrags objektiv zusammenhängen. Erforderlich ist nur, dass sie sich auf einen der in § 5 Abs. 1 S. 2 abschließend aufgeführten **Bezugspunkte** beziehen und die erforderliche Relevanz besitzen. So kann zB die Täuschung über die persönlichen Lebensverhältnisse des Unternehmers iSd § 5 relevant irreführend sein, wenn sie beim Verkehr eine Fehlvorstellung über das unternehmerische Vermögen auslöst.[329]

184 **cc) Angaben über Mitbewerber.** Die Angabe kann sich auch auf einen oder mehrere **Mitbewerber** beziehen. Dies ergibt sich für Angaben über Mitbewerber auch aus § 5 Abs. 2 und 3, die jeweils Angaben im Rahmen der vergleichenden Werbung ausdrücklich einbeziehen. Demgegenüber wird eine **Irreführung *von* Mitbewerbern seit dem 10.12.2015 durch §§ 5, 5a Abs. 1 (2015) nicht mehr erfasst,** da der Anwendungsbereich der Vorschrift durch zu diesem Zeitpunkt in Kraft getretene Zweite Änderungsgesetz auf Verbraucher und sonstige Marktteilnehmer beschränkt worden ist („… die geeignet ist, den Verbraucher oder sonstigen Marktteilnehmer zu einer geschäftlichen Entscheidung zu veranlassen, die er andernfalls nicht getroffen hätte …"), **dazu und zu den Folgen → § 5 Rn. 139, → § 5a Rn. 24.**

185 Zu dem Verhältnis zwischen § 5 Abs. 2 und dem Verwechslungsschutz in § 6 Abs. 2 Nr. 3 → § 5 Rn. 1293 ff.

Zu Angaben Dritter und Angaben über Dritte → § 5 Rn. 232 f.

186 **dd) Verschleierung des Werbecharakters.** § 5a erfasst auch das Verheimlichen, Bereitstellen in unklarer, unverständlicher oder zweideutiger Weise sowie die nicht rechtzeitige Bereitstellung, **→ § 5a Rn. 94 ff.** Die Nichtkenntlichmachung des kommerziellen Zwecks ist seit der UGW-Reform 2015 für das Verhältnis B2C in § 5a Abs. 6 geregelt;

326 BR-Drucks. 56/1/21 v. 22.2.2021.

327 Anders allerdings *Becker* WRP 2015, 139 (140), der in Art. 6 Abs. 1 Alt. 2 UGP-RL lediglich eine Klarstellung erblickt.

328 Vgl. BGH GRUR 1989, 608 (609) – Raumausstattung; GRUR 1992, 66 (67) – Königl.-Bayerische Weiße; GRUR 2002, 182 (183) – Das Beste jeden Morgen.

329 Anders zu § 16 noch BGH NJW 1990, 2395; BayObLG wistra 1991, 119.

auch **Nr. 22 Anh. zu § 3 Abs. 3** kann einschlägig sein. Ein formularmäßig aufgemachtes Angebotsschreiben, das nach seiner Gestaltung und seinem Inhalt darauf angelegt ist, beim flüchtigen Leser den Eindruck hervorzurufen, mit der Unterzeichnung und Rücksendung des Schreibens werde lediglich eine Aktualisierung von Eintragungsdaten im Rahmen eines bereits bestehenden Vertragsverhältnisses vorgenommen, kann auch dann gegen § 5 Abs. 1 oder § 5a verstoßen, wenn die Voraussetzungen von Nr. 22 des Anhangs zu § 3 Abs. 3 nicht erfüllt sind, weil keine Zahlungsaufforderung beigefügt ist.[330] Im Verhältnis zu **sonstigen Marktteilnehmern** gilt § 5a Abs. 6 nicht, greift aber § 5a Abs. 1 ein, → **§ 5a Rn. 49.** Ist die Fehlvorstellung auf ein Tun zurückzuführen, ist § 5 anzuwenden (vgl. → § 5 Rn. 216 ff.).

b) Verkehrsverständnis. Ob und mit welchem Inhalt eine geschäftliche Handlung eine 187 „Angabe" enthält, ist aus der Sicht eines durchschnittlich (angemessen) informierten, aufmerksamen und verständigen Mitglieds der Personengruppe zu beurteilen, an die sich die geschäftliche Handlung wendet; ausführlich → § 5 Rn. 144 ff. Demgegenüber entscheidet bei **unwahren Angaben eine objektive Betrachtung,** näher → § 5 Rn. 144, 309 ff. Umstände außerhalb der geschäftlichen Handlung (zB eine vorangegangene Werbeaktion des Unternehmers) selbst sind zu berücksichtigen, wenn sie das Verständnis der durchschnittlich (angemessen) aufmerksamen, verständigen und informierten Zielperson beeinflussen.

c) Abgrenzung. „Angabe" iSd § 5 Abs. 1 S. 2 sind nur Aussagen mit einem nachprüf- 188 baren **Informationsgehalt,**[331] also **Tatsachenbehauptungen,** über die **Beweis** erhoben werden kann.[332] Abgrenzungsbedarf besteht in mehrfacher Hinsicht:

aa) Werturteile. Nicht nur Tatsachenbehauptungen können zur Täuschung geeignete 189 Angaben iSd § 5 Abs. 1 S. 2 Alt. 2 sein, sondern unter bestimmten Umständen auch **Meinungsäußerungen,** wenn der Verkehr ihnen eine unrichtige Information oder eine geschäftliche Handlung mit Informationsgehalt entnimmt.[333] Dabei kommt es nicht auf nach außen nicht erkennbare Absichten des Urhebers der Äußerung an, sondern auf die **Sichtweise eines aufmerksamen, verständigen und informierten Durchschnittsverbrauchers** des angesprochenen Verkehrskreises unter Berücksichtigung der für ihn wahrnehmbaren, den Sinn der Äußerung mitbestimmenden Umstände im Gesamtkontext. Wie bestimmte Minder- oder Mehrheiten von Rezipienten die Äußerung tatsächlich verstehen, kann ein Argument, muss aber nicht entscheidend sein.[334] **Reine Werturteile** sind keine Angaben, da diesen der Informationsgehalt fehlt. Der Angabencharakter einer Tatsachenbehauptung wird aber nicht dadurch beseitigt, dass die Äußerung *auch* einen meinungsbildenden Inhalt hat. Bei der Auslegung, ob es sich im konkreten Fall um ein reines Werturteil handelt oder darin eine Tatsachenbehauptung versteckt ist, sind die **Grundrechte** und der **Verhältnismäßigkeitsgrundsatz** zu beachten, schon näher → § 5 Rn. 22 ff. Führt die Abwägung zu dem Ergebnis, dass die geschäftliche Handlung **nach der Verkehrsauffassung zumindest auch eine Aussage mit sachlichem Kern** enthält, so greift das Irreführungsverbot ungeachtet dessen ein, wie andere oder der Unternehmer selbst die geschäftliche Handlung verstehen.[335]

bb) Rechtsansichten. Ist für den Verbraucher **erkennbar,** dass es sich um eine im 190 Rahmen der **Rechtsverfolgung oder -verteidigung** verfolgte **Rechtsansicht** handelt,

---

330 BGH GRUR 2012, 184 Rn. 25 ff. – Branchenbuch Berg.

331 So schon die Rspr. zu § 5 aF, s. zB BGH GRUR 1989, 608 (609) – Raumausstattung; GRUR 1992, 66 (67) – Königl.-Bayerische Weiße; GRUR 2002, 182 (183) – Das Beste jeden Morgen.

332 BGH, Urt. v. 23.4.2020 – I ZR 85/19, GRUR 2020, 886, 889 – Preisänderungsregelung; vgl. BGH, Urt. v. 25.4.2019 – I ZR 93/17, GRUR 2019, 754, 756 Rn. 27 – Prämmiensparverträge.

333 BGH WRP 2019, 883, Ls. a) und Rn. 28 ff. – Prämiensparverträge.

334 BVerfG WRP 2003, 633 (635) – Benetton II.

335 BGH GRUR 1955, 251 – Silberal; GRUR 1975, 141 (142) – Unschlagbar.

fehlt es an der für § 5 Abs. 1 erforderlichen Irreführungseignung; eine solche **Meinungsäußerung** unterfällt § 5 selbst dann nicht, wenn sie objektiv unrichtig ist.[336] Demgegenüber liegt eine Angabe vor, wenn der Verkehr die Äußerung nicht als Rechtsauffassung versteht, sondern als **Feststellung.**[337] Die unionsrechtliche Auslegung gebietet ein weites Verständnis der „Angabe", das alle Geschäftshandlungen mit Informationsgehalt erfasst.[338] Eine **objektiv falsche rechtliche Auskunft** eines Unternehmers, die er auf ausdrückliche Nachfrage eines Verbrauchers erteilt, kann danach eine zur Irreführung und Beeinflussung geeignete Angabe sein, weil sie den Verbraucher daran hindern kann, eine Entscheidung in Kenntnis in voller Kenntnis der Sachlage zu treffen.[339] Zum Einfluss der **Grundrechte** auf die Abgrenzung auch → § 5 Rn. 22 ff.

191 **cc) Tatsächliche Maßnahmen.** Die geschäftliche Handlung, durch die der Verkehr eine bestimmte Information erhält, muss keine Äußerung (zB Radiowerbung), sondern **kann auch eine tatsächliche Maßnahme sein** (zB Zusendung einer Rechnung); entscheidend ist nur, dass ihr der Verkehr eine **Information** mit Tatsachengehalt entnimmt. Geschäftliche Handlungen, die der Verkehr als **rein tatsächliche Maßnahmen** ansieht, enthalten keine „Angaben". Dabei ist zu beachten, dass das Erfordernis der „Werbung" nach neuem Recht entfallen ist, so dass auch geschäftliche Handlungen, die **nach Abschluss** eines Vertrags vorgenommen werden oder nicht auf die Anwerbung von Kunden gerichtet sind, irreführende Angaben iSd § 5 beinhalten können. ZB kann die **Zusendung einer überhöhten Rechnung** an einen Kunden die irreführende Angabe enthalten, es bestehe eine Verbindlichkeit in Höhe der Abrechnungsforderung. Verlangt der Kunde das billigste Produkt einer bestimmten Produktgruppe, kann in der **Aushändigung** eines Produkts die Angabe liegen, es handele sich um das Verlangte. Der Packungsgröße lassen sich uU Angaben über den Inhalt, insbes. dessen Menge, entnehmen, was für die Irreführung durch sog. **Mogelpackungen** bedeutsam wird.[340] Die Weiterleitung von „Pre-Selection"-Aufträgen durch ein auf dem Gebiet der Vermittlung von Telefongesprächen tätiges Unternehmen an ein anderes Unternehmen kann die Angabe enthalten, dass die Aufträge rechtmäßig erlangt wurden.[341] In der Übersendung eines **Kontoauszugs** kann die Angabe liegen, über die ausgewiesene Gutschrift könne ohne Zinsbelastung verfügt werden.[342] Ein **Antwortschreiben an Kunden,** mit dem ein vom Kunden geltend gemachter vertraglicher Anspruch zurückgewiesen wird, kann eine unlautere Irreführung beinhalten, wenn der Unternehmer darin eine ihm nachteilige höchstrichterliche Rechtsprechung unrichtig wiedergibt oder durch unwahre Angaben eine solche Rechtsprechung negiert.[343]

192 **dd) Gefühle.** Keine Angaben sind geschäftliche Handlungen, die bei einem durchschnittlichen Mitglied des Verkehrskreises, an den sich die Maßnahme richtet, lediglich **Gefühle** erwecken. Abbildungen attraktiver Personen und Sachen oder von Orts- und Personennamen, die beim Umworbenen Vorstellungen von Luxus, Eleganz, Geltung und Ansehen hervorrufen, sind nur Angaben, wenn der Werbende dadurch aus Sicht des Verkehrs bestimmte Umstände behauptet, zB besondere Qualität oder Güte oder eine bestimmte betriebliche Herkunft der Ware. So entschied der BGH schon nach altem Recht für eine Werbung „K. – Das Beste jeden Morgen", ob die beworbenen Cerealienprodukte

---

[336] BGH WRP 2019, 883, Ls. b) und Rn. 30 f. – Prämiensparverträge; Urt. v. 23.4.2020 – I ZR 85/19, GRUR 2020, 886, LS 3 – Preisänderungsregelung.

[337] BGH WRP 2019, 883, Ls. b) und Rn. 32 – Prämiensparverträge; Urt. v. 23.4.2020 – I ZR 85/19, GRUR 2020, 886, LS 3 – Preisänderungsregelung; KG 27.3.2013 – 5 U 112/11, BeckRS 2013, 9271.

[338] *Koch* WRP 2019, 1259 (1262).

[339] BGH WRP 2019, 883, Ls. b) und Rn. 32 – Prämiensparverträge; vgl. EuGH C-388/13, EU:C:2015:225 Rn. 43, 40 – UPC Magyarország.

[340] Vgl. BGH GRUR 2018, 431 Rn. 25 ff. – Tiegelgröße mAnm *Alexander,* GRUR 2018, 436.

[341] Vgl. OLG Hamburg Magazindienst 2006, 183.

[342] BGH BB 2007, 1694 (1696) – Irreführender Kontoauszug.

[343] OLG Frankfurt a. M. 11.11.2011 – 6 U 188/11, BeckRS 2011, 27213.

für den angesprochenen Verbraucher „das Beste jeden Morgen" seien, entziehe sich weitgehend einer objektiven Nachprüfbarkeit, weil es in erster Linie von den persönlichen geschmacklichen Vorlieben und Frühstücksgewohnheiten des Einzelnen, aber auch von der unterschiedlichen körperlichen Konstitution der Menschen und ihren Lebens-, Arbeits- und Umweltbedingungen abhänge und daher, wie dem angesprochenen Verkehr durchaus bewusst sei, maßgebend **subjektiv und individuell geprägt** sei.[344]

ee) Unbemerkte geschäftliche Handlungen. Keine Angaben enthalten geschäftliche 193
Handlungen, die das durchschnittliche Mitglied des Verkehrskreises, an den sich die geschäftliche Handlung richtet, **nicht bemerkt;** ihnen fehlt der kommunikative Gehalt. Deshalb erfüllt die Installation eines **Cookies,** der es dem Werbenden erleichtert, den potentiellen Kunden mit Werbeschreiben zu versorgen, selbst nicht den Tatbestand des § 5. Da nicht erforderlich ist, dass der Verkehr der Angabe Aufmerksamkeit widmet, kann aber auch **Product Placement,** also zB die Präsentation von Kennzeichen im redaktionellen Teil der Medien, Angaben im Sinne von § 5 enthalten. Nach Art. 11 Abs. 3 S. 3 lit. d der **Richtlinie 2010/13/EU über audiovisuelle Mediendienste**[345] müssen die Zuschauer in den Fällen zulässigen Product Placements eindeutig auf das Bestehen einer Produktplatzierung hingewiesen werden und sind Sendungen mit Produktplatzierung zu Sendungsbeginn und -ende sowie bei Fortsetzung einer Sendung nach Werbeunterbrechung angemessen zu kennzeichnen, um jede Irreführung des Zuschauers zu verhindern. Die AVMD-Richtlinie erfasst auch Werbung durch **Influencer** in sozialen Netzwerken;[346] s. **näher zu der AVMD-Richtlinie und zu Influencer-Werbung** *Frank* → **§ 5a Rn. 245 ff.** Zur Bejahung des Angabeninhalts im Sinne von § 5 ist nicht notwendig, dass der Verkehr die Angabe **bewusst wahrnimmt,** solange er sie nur überhaupt wahrnimmt. Auch **subliminale** Werbung, dh die nur Sekundenbruchteile dauernde Einblendung von Produkten oder produktkennzeichnenden Bildern mit dem Ziel, das Unterbewusstsein des Verbrauchers zu manipulieren, ist daher anhand von §§ 5, 5a Abs. 6 auf ihre Irreführungseignung zu untersuchen, → § **5a** Rn. **272.**

ff) Nichtssagende Anpreisungen, Floskeln und Übertreibungen. Sie enthalten 194
keine Angabe im Sinne von § 5.[347] Dem Durchschnittsverbraucher ist bekannt, dass die reklamehafte Anpreisung in der Natur der Werbung liegt. Ein durchschnittlich aufmerksamer, verständiger und informierter Verbraucher wird sich Werbung daher kritisch nähern und nichts sagende Anpreisungen, Floskeln und Übertreibungen nicht wörtlich nehmen. Um die üblichen und gängigen Werbeformen nicht unangemessen einzuschränken, bleibt die „übliche und rechtmäßige Werbepraxis, **übertriebene ... oder nicht wörtlich zu nehmende Behauptungen** aufzustellen", nach **Art. 5 Abs. 3 S. 2 UGP-RL** für den erhöhten Schutz besonderer Personengruppen nach Art. 5 Abs. 3 S. 1 RLuG unberührt, wenn die Werbung **neben** dem Durchschnittsverbraucher gezielt besonders schutzwürdige Verbraucher anspricht. Auf ihr Verständnis einer im Rahmen des Üblichen und „Rechtmäßigen" liegenden übertriebenen oder nicht wörtlich zu nehmenden Behauptung, die vom Rest des angesprochenen Verkehrs als solche erkannt wird, kommt es nicht an; anders aber, wenn sie die alleinige Zielgruppe der Werbung bilden, näher → § 5 Rn. 160 ff.

Nichtssagende Anpreisungen der Ware oder Dienstleistung sind dem Beweis nicht 195
zugänglich und sind deshalb nicht als „Angabe" iSd § 5 zu verstehen. So enthält der Spruch „den und keinen anderen", wenn er ohne weiteren Zusatz lediglich als Werbung für den Kauf eines von dem Werbenden angebotenen Erzeugnisses verwendet wird, keine Anga-

344 BGH GRUR 2002, 182 (183) – Das Beste jeden Morgen.

345 vom 10.3.2010, ABl. 2010 L 95, S. 1. Die AVMD-Richtlinie ist durch die zum 18.12.2018 in Kraft getretene RL EU 2018/1808 über audiovisuelle Mediendienste, ABl. 2018 L 303, S. 69, geändert worden, die bis zum 19.9.2020 umgesetzt werden musste.

346 *Frank* → § 5a Rn. 245 ff., 249; s. auch *Zurth/Pless* ZUM 2019, 414 ff. und 457 ff.

347 BGH GRUR 1996, 367 (368) – Umweltfreundliches Bauen; GRUR 2002, 182 (183) – Das Beste jeden Morgen; OLG München Magazindienst 2011, 169 ff.

be.[348] Schlagworte wie „Premium", „Leistungsgarantie" und „ausgezeichnet" haben je nach Zusammenhang uU keinen Bedeutungsgehalt.[349] Auch die Einleitung eines Werbeartikels, der Firmenchef habe sich nicht nur dem Grundsatz „Gesundes Wohnen" verschrieben, (sondern auch der umweltgerechten Produktion), soll nach der Rspr. keine Angabe enthalten;[350] das ist indes zweifelhaft.

196 Dass Werbeanpreisungen vom durchschnittlich informierten, verständigen und aufmerksamen Umworbenen ausschließlich als Worthülse aufgefasst werden, ist allerdings eher selten. Zwar gibt es keinen allgemeinen Erfahrungssatz dahingehend, dass der Verkehr hinter einer allgemeinen Redewendung grundsätzlich schon dann eine ernstlich gemeinte Aussage über bestimmte geschäftliche Verhältnisse vermutet, wenn sie in der Werbung eines besonders bekannten und geachteten Unternehmens verwendet werden.[351] Übersteigerte Äußerungen werden vom Verkehr aber häufig in einem **entsprechend reduziertem Umfang als Tatsachenbehauptung** aufgefasst, zB eine „radikale" Preissenkung als ungewöhnliche, ein gewisses Mindestmaß übersteigende Preissenkung.[352] Gerade Werbung wird entspr. dem Wandel zum selbstbewussten Verbraucher heutzutage mehr und mehr mit Informationen über die Ware bzw. die Dienstleistung angereichert. Der Gedanke, dass Werbung heutzutage oftmals informationsgetragen ist oder vom Verbraucher so verstanden wird, liegt auch § 434 Abs. 1 S. 3 BGB zugrunde.

197 Ob Floskeln und Übertreibungen einen – uU **eingeschränkten – Tatsachenkern** enthalten, ist aus der Sicht eines durchschnittlich (angemessen) aufmerksamen, verständigen und informierten Mitglieds des Personenkreises, an den sich die geschäftliche Handlung richtet, zu beurteilen. Entscheidend ist die Situation, in der es zu der geschäftlichen Handlung kommt. *Bornkamm/Feddersen* weisen zu Recht darauf hin, dass der Verkehr von der „Marktschreierei" auf dem Jahrmarkt nicht den gleichen sachlichen Informationsgehalt erwartet wie bei einer Produktbeschreibung in einem Versandhauskatalog, und dass der Begriff „Mode" in dem breiten Angebot eines Großversandhauses anders als bei Modeschöpfungen der Luxusklasse verstanden wird.[353] Bestimmten Werbeformen, etwa der Karikatur oder den Werbeversen, ist die Übertreibung auf den Leib geschnitten.[354] Der Unternehmer darf idR erwarten, dass der Durchschnittsverbraucher dies erkennt und entsprechende Abstriche bezüglich des erwarteten Informationsgehalts der Werbung macht. Deshalb wurde die Werbeaussage, es handele sich um die „profilierteste People-Zeitschrift", als reklamehafte Anpreisung ohne Tatsachenkern angesehen.[355]

198 Führt der Durchschnittsumworbene die Anpreisung auf einen **Tatsachenkern** zurück, so muss sich dieser, so übertrieben die Anpreisung sonst auch sein mag, an § 5 UWG messen lassen.[356] Der Werbung für Frühstückscerealien **„K. – Das Beste jeden Morgen"** entnimmt der Verkehr, dass es sich um ein qualitativ hochwertiges Produkt handelt, das – zusammen mit anderen Produkten – zur Spitzenklasse der auf dem betreffenden Warengebiet vorhandenen Erzeugnisse gehört, nicht aber darüber hinaus auch die Behauptung einer Alleinstellung; (nur) insoweit muss die Werbung also zutreffend sein.[357] Der Werbeaufdruck **„die faire Milch"** auf der Vorderseite einer Milchverpackung verbunden mit dem auf der Schmalseite aufgedruckten Hinweis auf eine gerechte Entlohnung der Milcherzeuger enthält eine Angabe.[358] Schlagwörter wie **„riesengroß", „spottbillig", „blitzschnell"** oder **„federleicht"** werden zwar als Übertreibung erkannt, ihnen wird aber

[348] BGH GRUR 1965, 365 (367) – Lavamat II.
[349] OLG Nürnberg LMuR 2005, 94.
[350] BGH GRUR 1996, 367 (368) – Umweltfreundliches Bauen.
[351] BGH GRUR 1965, 365 (367) – Lavamat II.
[352] BGH GRUR 1979, 781 (782) – Radikal gesenkte Preise.
[353] Köhler/*Bornkamm/Feddersen* § 5 Rn. 1.129.
[354] Vgl. Köhler/*Bornkamm/Feddersen* § 5 Rn. 1.130 ff.
[355] OLG Hamburg GRUR-RR 2006, 170 (172).
[356] *Schulze zur Wiesche* GRUR 1979, 781 (783).
[357] BGH GRUR 2002, 182 ff. – Das Beste jeden Morgen.
[358] OLG München GRUR-RR 2012, 289.

trotzdem ein reduzierter Aussagegehalt beigeschrieben.[359] Ist das Warenlager nicht einmal groß und die Ware nicht einmal billig oder leicht, dann kann trotz der erkennbaren Übertreibung eine Irreführung des Verkehrs eintreten.[360] Wird ein Produkt als **„unschlagbar"** beworben, kann darin die Behauptung liegen, es handele sich um das technisch Beste.[361] Wer das **„superweiche"** Waschmittel eines Waschmittelherstellers erwirbt, erwartet zwar nicht, dass es kein weichmachenderes Waschmittel gibt, aber uU doch eine außergewöhnliche Weiche der mit dem Produkt gewaschenen Wäsche. Wer **„radikal"** gesenkte Preise ankündigt, muss seine Preise auch tatsächlich in einer ungewöhnlichen, ein gewisses Mindestmaß übersteigenden Art und Weise vermindert haben.[362] Bewirbt der Hersteller sein Produkt mit der Äußerung, er sei von der Belastbarkeit des Materials **„selbst überrascht"** gewesen, kann darin die Angabe liegen, es sei ein besonders belastbares Material verwandt worden. **„Empfindet"** der Werbende seine Preise in der Werbung als besonders günstig, liegt darin versteckt die Behauptung einer objektiv gegebenen Preisgünstigkeit. Durch Schlagworte wie **„das Beste"**, **„die Einzige"** oder **„nur wir"** kann der Eindruck einer Spitzenstellung des Werbenden oder seines Produkts erweckt werden, die dem Beweis zugänglich ist. Die Werbung der Firma Benetton mit dem Bild eines nackten menschlichen Gesäßes, auf das die Worte „H. I. V.-POSITIVE" aufgestempelt waren und die im unteren rechten Bildrand in kleiner weißer Schrift auf grünem Grund „UNITED COLORS OF BENETTON" zeigte,[363] enthielt die Tatsachenbehauptung, dass sich die werbende Firma für die Rechte Geächteter einsetze.

Keine anhand § 5 UWG überprüfbare Angabe enthält hingegen der Slogan, **„Linoleum hat die Schlacht um den Artikel Linoleum gewonnen"**.[364] Gleiches gilt für die Formulierung **„den und keinen anderen"**, wenn sie ohne weiteren Zusatz zur Anpreisung von Waschmaschinen verwendet wird.[365] Der Anpreisung eines Baby-Fertigbreis als **„Mutti gibt mir immer nur das Beste"** wurde ein auf die Aussage, das Erzeugnis gehöre zur Spitzenklasse, beschränkter Aussagegehalt entnommen.[366] 199

gg) Wortschöpfungen. Welcher Formulierung sich der Werbende bedient, ist unerheblich. Auch **Wortschöpfungen des Werbenden** müssen sich an § 5 UWG messen lassen, soweit der Durchschnittsverbraucher ihnen Tatsachen entnimmt. Dass eine als „unkaputtbar" beworbene Flasche nicht unzerbrechlich ist, ist dem Verbraucher bewusst, er erwartet aber, dass sie besonderen Beanspruchungen standhält und nicht bereits beim Fall aus geringer Höhe zerbricht. 200

hh) Domains. Auch **Domains** können eine Angabe enthalten. Das erfordert, dass der Domain vom Durchschnittsumworbenen überhaupt ein **Aussagegehalt** zugeschrieben wird. Er kann in dem Hinweis auf ein bestimmtes Unternehmen oder in einer Alleinstellungsbehauptung[367] bestehen. Der Domain „Deutsches-Handwerk.de" entnimmt der Verkehr nach einer Entscheidung des OLG Hamburg, dass es sich um den Internetauftritt einer offiziellen und berufsständischen Organisation des Deutschen Handwerks handelt.[368] Zur **Irreführung durch Domains** näher → § 5 Rn. 287. 201

d) Unklare oder mehrdeutige Angaben. Ist eine geschäftliche Handlung **so unklar oder widersprüchlich,** dass der Verkehr ihr überhaupt keine Aussage entnimmt, fehlt es 202

---

359 Vgl. hierzu *Reimer* GRUR 1965, 367 (368).
360 Vgl. hierzu *Reimer* GRUR 1965, 367 (368).
361 BGH GRUR 1975, 141 (142) – Unschlagbar.
362 BGH GRUR 1979, 781 (782) – Radikal gesenkte Preise.
363 Hierzu BVerfG WRP 2003, 633 ff.; GRUR 1995, 600 f. – H. I. V. POSITIVE I; BGH GRUR 2002, 360 ff. – H. I. V. POSITIVE II.
364 BGH GRUR 1964, 33 (35) – Bodenbeläge.
365 BGH GRUR 1965, 365 (367) – Lavamat II.
366 BGH GRUR 1965, 363 (365) – Fertigbrei.
367 Vgl. BGH GRUR 2001, 1061 – Mitwohnzentrale; GRUR 2005, 687 – weltonline.de; OLG Hamburg GRUR-RR 2007, 93 – Deutsches-Handwerk.de.
368 OLG Hamburg GRUR-RR 2007, 93.

an einer Angabe.[369] Möglich ist auch, dass der Verkehr einer unklaren Aussage nur in bestimmten Punkten oder nur im Sinne eines **Mindestmaßes** eine Information entnimmt; dann muss diese Angabe sich an § 5 messen lassen.[370] Bei **mehrdeutigen Angaben** hat der Werbende die verschiedenen Bedeutungen gegen sich gelten zu lassen,[371] näher → § 5 Rn. 242–245. Von der Mehrdeutigkeit einer Angabe zu unterscheiden sind geschäftliche Handlungen, die mehrere Angaben, also Informationen über unterschiedliche Umstände enthalten, dazu → Rn. 203 ff.

203 **e) Mehrere Angaben/Zusammengesetzte Angaben/Angaben in einer geschlossenen Darstellung.** Beruht die Täuschung auf einer unterlassenen Information, können nach dem im Wege der richtlinienkonformen Auslegung des § 5a Abs. 2 UWG zu berücksichtigenden Art. 7 Abs. 3 UGP-RL unter bestimmten Umständen Informationen außerhalb des Gesamtzusammenhangs gegeben werden, vgl. näher → § 5a Rn. 92 ff. Auf die Täuschung durch – auch unvollständig – gemachte Angaben findet § 5a Abs. 2 aber keine Anwendung. Hier kommt es vielmehr darauf an, ob mehrere Informationen eine **geschlossene Darstellung** bilden und deshalb nicht aus dem **Zusammenhang** gerissen werden dürfen.[372] Fehlt es daran, besteht anders als bei § 5a Abs. 2 keine Möglichkeit einer Darstellung irrtumsausschließender Informationen an anderer Stelle. Der Grund hierfür ist in dem unterschiedlichen Ansatz beider Normen zu sehen. § 5 liegt ein Handeln des Unternehmers zu Grunde, für das er Verantwortung übernehmen muss. Demgegenüber knüpft der Unlauterkeitsvorwurf bei § 5a Abs. 2 an das bloße Unterlassen einer vom Verkehr benötigten Information an. Hier muss deshalb sichergestellt werden, dass die dem Verkehr kraft Gesetzes aufzuerlegenden Informationspflichten ein zumutbares Maß nicht übersteigen.

Für die **Abgrenzung zwischen irreführendem Unterlassen (Art. 7 UGP-RL/§ 5a UWG) und irreführender geschäftlicher Handlung** (Art. 6 UGP-RL) kommt es darauf an, ob die inkriminierte Geschäftspraxis in der fehlenden bzw. unzureichenden (Einzel)Information liegt oder eine irreführende Darstellung des Gesamtangebots beanstandet wird, näher → Rn. 209 ff., 215 ff. Wird zB der **Preis** in mehrere Bestandteile aufgeteilt, von denen einer bei der Vermarktung **besonders herausgestellt** wird, während der andere, bei dem es sich dennoch um einen unvermeidbaren und unvorhersehbaren Bestandteil des Preises handelt, ganz vorenthalten oder in weniger sichtbarer Weise dargestellt wird, kann ein Verstoß gegen Art. 6 UGP-RL/§ 5 UWG vorliegen, wenn diese Darstellung zu einer falschen (irreführenden) Wahrnehmung des Gesamtangebots (zB: besonders günstiger Preis) führen kann. Hingegen kann Art. 7 UGP-RL/§ 5a UWG einschlägig sein, wenn **Streitgegenstand** die fehlende bzw. unzureichende Information über einen Preisbestandteil ist.[373]

204 Ob **mehrere Informationen** eine **geschlossene Darstellung** bilden, richtet sich danach, ob der Verkehr sie in der **konkreten Situation** als Einheit versteht.[374] Die Eigenarten des verwandten **Kommunikationsmediums** sind zu berücksichtigen.[375] So sind die Möglichkeiten, zeitlich auseinanderliegende Informationen in einen Zusammenhang zu

[369] Vgl. OLG Hamburg GRUR-RR 2006, 170 (172): Der schillernde Ausdruck „People-Magazin" sei zu diffus, um eine Irreführung herbeizuführen.

[370] BGH, Urt. v. 25.6.2020, I ZR 96/19, GRUR 2020, 1226, 1227 Rn. 16 – LTE-Geschwindigkeit; vgl. BGH Urt. v. 6.6.1958, I ZR 33/57, BGHZ 28, 1, 7 – Buchgemeinschaft II; v. 21.6.2018, I ZR 157/16, GRUR 2018, 1263 Rn. 25 – Vollsynthetisches Motorenöl.

[371] BGH GRUR 2012, 1053 Rn. 17 – Marktführer Sport.

[372] Vgl. BGH GRUR 2004, 604 (606) – Dauertiefpreise; GRUR 2005, 438 – Epson-Tinte; GRUR 2005, 690 (692) – Internet-Versandhandel; GRUR 2014, 298 Rn. 31 – Runes of Magic I; GRUR 2015, 698 Rn. 10 – Schlafzimmer komplett; OLG Hamburg Magazindienst 2008, 364 – Bauhaus-Klassiker.

[373] Vgl. EuGH C-611/14, GRUR 2016, 1307 Rn. 42 ff. – Canal Digital Danmark/AS.

[374] BGH GRUR 2005, 690 (692) – Internet-Versandhandel; BGH GRUR 2014, 298 Rn. 31 – Runes of Magic I.

[375] Vgl. EuGH C-122/10, GRUR 2011, 930 Rn. 45 u. 48 – Konsumentenombudsmannen/Ving; BGH GRUR 2014, 298 Rn. 27 f. – Runes of Magic I.

stellen, bei „flüchtigen" Medien wie Rundfunk und Fernsehen naturgemäß begrenzt, während der Verbraucher die ihm während eines Verkaufsgesprächs übergebenen schriftlichen Informationen regelmäßig als Einheit betrachten wird. Während die Besonderheiten des Internet es mit sich bringen, dass Informationen teilweise erst auf anderen Webseiten verfügbar sind, auf die der Internet-Nutzer mit Hilfe von Links geleitet wird (näher sogleich), bestehen bei Printmedien vergleichbare Erfordernisse nicht. Das schließt zwar nicht aus, dass Informationen auf anderen Seiten eines Printprodukts gleichwohl Teil des Gesamtzusammenhangs werden, die Regel ist dies jedoch nicht.

Im **Internet** rechnet der durchschnittlich aufmerksame, verständige und informierte 205
Verbraucher damit, dass Angaben verlinkt werden, und ist auch in der Lage, derartige elektronische Verweise **(Hyperlinks)** zu erkennen.[376] Auch nach Art. 7 Abs. 4 UGP-RL besteht keine Verpflichtung, in einer Aufforderung zum Kauf stets bereits alle ein Produkt kennzeichnende Merkmale anzugeben, sondern kann der Anbieter in einem nach den Umständen der Aufforderung zum Kauf, der Beschaffenheit und der Merkmale des Produkts sowie des verwendeten Kommunikationsmittels im Einzelfall zu beurteilenden Umfang wegen wesentlicher Produktmerkmale auch auf seine Website verweisen, auf der die wesentlichen Produktmerkmale angegeben sind.[377] Zwar rechtfertigt der Umstand, dass der an einem Kauf im Internet interessierte Nutzer die benötigten Informationen von sich aus „aktiv" nachfragen muss, nicht die Schlussfolgerung, er werde in jedem Falle sämtliche Seiten des Internet-Auftritts des Anbieters zur Kenntnis nehmen.[378] Ein Internetnutzer wird aber im Allgemeinen diejenigen Seiten aufrufen, die er **zur Information über die von ihm gewünschte Ware benötigt oder zu denen er durch Verweise aufgrund einfacher elektronischer Verknüpfungen oder durch klare und unmissverständliche Hinweise geleitet** wird.[379] Die durch einen elektronischen Verweis miteinander verbundenen Internetseiten sieht er als zusammengehörig an.[380] Voraussetzung ist, dass die Informationen aufgerufen werden können, ohne dass es dazu noch weiterer **wesentlicher Zwischenschritte oder eines Suchens** bedarf.[381] An den letztgenannten Voraussetzungen fehlt es aber nicht schon dann, wenn der Nutzer nicht schon in einem Schritt, sondern erst in zwei Schritten zu den benötigten Informationen gelangt, solange er zwischen verschiedenen Links nicht erst eine Auswahl treffen oder mehrere Links anklicken muss, weil sie nicht eindeutig sind.[382] Befinden sich die erforderlichen Angaben nicht auf der Startseite, müssen für weiterführende Links verständliche Bezeichnungen gewählt werden, deren Bedeutung sich dem Nutzer ohne weiteres erschließen,[383] zB **„Kontakt"** und **„Impressum"** (für die Verlinkung der Seite mit der Anbieterkennzeichnung)[384] oder **„Pflichtangaben"** (zur Weiterleitung auf die Seite mit den Pflichtangaben nach § 4 HWG).[385]

---

376 Vgl. BGH GRUR 2005, 690 (692) – Internet-Versandhandel; GRUR 2008, 84 Rn. 30 –Versandkosten; GRUR 2014, 94 Rn. 17 – Pflichtangaben im Internet; GRUR 2014, 298 Rn. 31 – Runes of Magic I.

377 EuGH C-122/10, GRUR 2011, 930 Rn. 55 f. – Konsumentombudsman; vgl. zu Nr. 28 des Anh. zu § 3 Abs. 3 UWG BGH GRUR 2014, 298 Rn. 28 f. – Runes of Magic I.

378 BGH GRUR 2005, 438 (440) – Epson-Tinte.

379 BGH GRUR 2003, 889 (890) – Internet-Reservierungssystem; GRUR 2005, 438 – Epson-Tinte; GRUR 2005, 690 (692) – Internet-Versandhandel; GRUR 2007, 159 (160) – Anbieterkennzeichnung im Internet; GRUR 2008, 84 Rn. 31 f. – Versandkosten; GRUR 2014, 298 Rn. 31 – Runes of Magic I; GRUR 2014, 94 Rn. 18 – Pflichtangaben im Internet.

380 Vgl. BGH GRUR 2005, 438, Ls. – Epson-Tinte; GRUR 2005, 690 (692) – Internet-Versandhandel; GRUR 2014, 94 Rn. 17 – Pflichtangaben im Internet; GRUR 2014, 298 Rn. 31 – Runes of Magic I.

381 BGH GRUR 2007, 159 (160) – Anbieterkennzeichnung im Internet; GRUR 2014, 298 Rn. 31 f. – Runes of Magic I; vgl. EuGH C-122/10, GRUR 2011, 930 Rn. 56 – Konsumentenombudsmannen/Ving zu Art. 7 Abs. 4 UGP-RL.

382 BGH GRUR 2007, 159 (160) – Anbieterkennzeichnung im Internet.

383 BGH GRUR 2014, 94 Rn. 18 – Pflichtangaben im Internet.

384 BGH GRUR 2007, 159 (160) – Anbieterkennzeichnung im Internet.

385 BGH GRUR 2014, 94 Rn. 18 – Pflichtangaben im Internet.

206 Zur Frage eines Verstoßes gegen das **Trennungsgebot** oder einer sonstigen Verschleierung → § 5a Rn. 359 ff. Zur **Haftung bei Hyperlinks** s. *Goldmann* → § 8 Rn. 561 ff.

207 Bei Informationen über **Liefer- und Versandkosten** ist ausreichend, wenn diese leicht erkennbar und gut wahrnehmbar auf einer Seite gegeben werden, die noch vor Einleitung des Bestellvorgangs notwendig aufgerufen werden muss.[386] Für zulässig erachtet wurde es, beim Internetvertrieb unmittelbar bei der Werbung für das einzelne Produkt den Hinweis **„zzgl. Versandkosten"** aufzunehmen, wenn sich bei Anklicken oder Ansteuern dieses Hinweises ein Bildschirmfenster mit einer übersichtlichen und verständlichen Erläuterung der allgemeinen Berechnungsmodalitäten für die Versandkosten öffnet und außerdem die tatsächliche Höhe der für den Einkauf anfallenden Versandkosten jeweils bei Aufruf des virtuellen Warenkorbs in der Preisaufstellung gesondert ausgewiesen wird.[387] Bei einer Werbung für Waren in **Preisvergleichslisten einer Preissuchmaschine** dürfen die zum Kaufpreis hinzukommenden Versandkosten nicht erst auf der eigenen Internetseite des Werbenden genannt werden, die mit dem Anklicken der Warenabbildung oder des Produktnamens erreicht werden kann;[388] auch gelten strenge Aktualisierungsanforderungen.[389]

208 Bei **Google-AdWords-Anzeigen** müssen die **Pflichtangaben** gem. § 4 HWG nicht in der Anzeige selbst enthalten sein, sondern ist ausreichend, dass die Anzeigen einen als solchen klar erkennbaren elektronischen Verweis enthält, der unzweideutig darauf hinweist, dass der Nutzer über ihn zu den Pflichtangaben gelangt (zB „Pflichtangaben") und zu einer Internetseite führt, auf der die Pflichtangaben unmittelbar, dh ohne weitere Zwischenschritte leicht lesbar wahrgenommen werden können.[390]

209 **f) Verschweigen, Unvollständigkeiten, mittelbare, konkludente und getarnte Angaben. aa) Notwendigkeit der Abgrenzung von § 5 und § 5a.** Die Praxis verzichtet teilweise auf eine **Abgrenzung von § 5 zu § 5a** und wendet beide Normen nebeneinander an.[391] Eine Abgrenzung ist jedoch wegen der unterschiedlichen Anforderungen beider Normen[392] unerlässlich.[393] **Maßgeblich** ist die **inkriminierte Geschäftspraxis;** auch → Rn. 203.

210 **Bloßes Schweigen** kann keine Angabe im Sinne von § 5 Abs. 1 S. 2 sein, denn der Verkehr entnimmt ihm keine Information. Es kann nur § 5a eingreifen. Betroffen sind zB **unterlassene Widerrufsbelehrungen** oder **fehlende Hinweise auf Verbraucherrechte („Pflichtangaben").** Hier postulieren § 5a Abs. 2–4 echte Informationspflichten, näher → § 5a Rn. 29 ff.

211 Unter bestimmten Umständen hat das Verschweigen von Informationen **„sprechende Wirkung".** Der Verkehr entnimmt zB dem Umstand, dass eine Information unterlassen wurde (Auslassung), dass der verschwiegene Umstand nicht existiert, oder er deutet die vom Unternehmer gemachten Angaben falsch, weil diese lückenhaft sind. **Art. 7 Abs. 2 UGP-RL** hält hierzu fest, dass es als irreführende Unterlassung auch gilt, wenn ein Gewerbetreibender wesentliche und relevante Informationen im Sinne von Art. 7 Abs. 1 der Richtlinie verheimlicht oder auf unklare, unverständliche oder zweideutige Weise oder nicht rechtzeitig bereitstellt oder wenn er den kommerziellen Zweck einer Geschäftspraxis

---

386 BGH GRUR 2008, 84 Rn. 31 – Versandkosten; OLG Frankfurt a. M. K&R 2008, 462 ff.

387 BGH GRUR 2010, 248 Rn. 27 und Ls. 1 – Kamerakauf im Internet.

388 BGH GRUR 2010, 251 – Versandkosten bei Froogle I.

389 BGH GRUR 2010, 936 Rn. 10 – Espressomaschine; GRUR 2010, 1110 Rn. 36 ff. – Versandkosten bei Froogle II.

390 BGH GRUR 2014, 94 Rn. 18 – Pflichtangaben im Internet.

391 Vgl. BGH GRUR 2009, 1180 Rn. 22 ff. und 28 ff. – Grundgebühr; weitere Nachweise bei *Steinbeck* WPR 2011, 1221 ff.

392 Vgl. EuGH C-611/14, GRUR 2016, 1307 Rn. 42 – Canal Digital Danmark/AS.

393 Ebenso *Steinbeck* WPR 2011, 1221 ff., 1224; *Blasek* GRUR 2010, 396 (400); *Emmerich* JuS 2012, 651 (652); jurisPK-UWG/*Seichter* § 5a Rn. 26; aA *Bornkamm* WRP 2012, 1 (3); s. auch *Köhler*/Bornkamm/Feddersen § 5a Rn. 1.14 ff., der die Abgrenzung grundsätzlich wie hier vornehmen will, aber angesichts der Schwierigkeiten einer Abgrenzung im Einzelfall eine Anwendung der §§ 5, 5a nebeneinander für gerechtfertigt und sinnvoll hält.

nicht kenntlich macht. Dies verdeutlicht, dass – wie schon bislang – eine Irreführung durch Unterlassen nicht nur in Betracht kommt, wenn der Unternehmer sich überhaupt nicht äußert oder Angaben sogar bewusst verschweigt, sondern auch dann, wenn er seine geschäftliche Handlung so gestaltet, dass der Verkehr ihr die notwendigen Informationen nicht entnehmen kann, unabhängig davon, worauf Letzteres beruht und ob der Unternehmer Angaben bewusst verschleiert oder die fehlende Information nur in einer missverständlichen Formulierung gründet.

Die Subsumtion eines „sprechenden" Verschweigens unter den Irreführungstatbestand **212** darf allerdings nicht auf eine allgemeine Pflicht der Unternehmen hinauslaufen, dem Verkehr jede nur denkbare Information zur Verfügung zu stellen. Diese würde die Unternehmer erheblich belasten und zu Einschränkungen im Wettbewerb führen. Deshalb gelten § 5a Abs. 2–4 nur im geschäftlichen Verkehr **gegenüber Verbrauchern.** Auch ihnen gegenüber besteht keine **allgemeine Informationsverpflichtung,** sondern ist die Annahme einer „irreführenden Unterlassung" davon abhängig, dass ein Durchschnittsverbraucher die Information in der konkreten Situation der geschäftlichen Handlung im Hinblick auf seine **Wesentlichkeit** für die geschäftliche Entscheidung erwarten darf, und die Verletzung dieser Informationspflicht darüber hinaus für die geschäftliche Entscheidung des Verbrauchers relevant wird. Über die Voraussetzungen, unter denen vorenthaltene Informationen „wesentlich" und deshalb zu offenbaren sind, enthalten § 5a Abs. 2–4 detaillierte und differenzierte Regelungen. Neben dem Kommunikationsmedium (vgl. § 5a Abs. 2 aE) spielen die Art der vorenthaltenen Information (vgl. § 5a Abs. 3), die in der Rechtsordnung niedergelegten Informationspflichten (vgl. § 5a Abs. 4) und der Grad der Nähebeziehung zwischen Unternehmer und Verbraucher (vgl. § 5a Abs. 3) eine Rolle.

Ließe man die „sprechende Wirkung" einer nicht offengelegten Information schon **213** ausreichen, um darin eine „Angabe" im Sinne von § 5 Abs. 1 zu sehen, bestünde die Gefahr, dass die **Voraussetzungen des Art. 7 UGP-RL/§ 5a UWG unterlaufen** werden. Wäre umgekehrt jede Nichtaufklärung eines Irrtums ein Verschweigen oder Vorenthalten von Informationen im Sinne von § 5a, bestünde die Gefahr, dass das bei § 5 geltende Erfordernis einer unwahren oder täuschenden **Angabe** entwertet würde. Denn im Unterschied zu Art. 7 Abs. 1 und 2 UGP-RL/§ 5a UWG enthält Art. 6 Abs. 1, 2 UGP-RL/§ 5 UWG keine Bezugnahme auf räumliche oder **zeitliche Beschränkungen des verwendeten Kommunikationsmediums;** daraus ist zu schließen, dass zeitliche Zwänge, denen bestimmte Kommunikationsmedien unterworfen sein können, bei der Beurteilung des irreführenden Charakters einer Geschäftspraxis am Maßstab des Art. 6 Abs. 1 UGP-RL nicht berücksichtigt werden können.[394]

§ 5 UWG, Art. 6 UGP-RL einerseits und § 5a UWG, Art. 7 UGP-RL andererseits **214** haben deshalb jeweils **eigene Anwendungsbereiche;** zur Abgrenzung sogleich sowie → § 5a Rn. 39 ff. **Sie schließen sich hinsichtlich ein und derselben Information aus.**[395] Ein Beispiel: Liegt in einer E-Mail-Werbung, in der mit „Ihr U-Vorteil: 100 € gespart! Kassieren Sie bis zu 100 €" geworben wird, obwohl tatsächlich nur je nach Bestellung bis zu 100 EUR vom Preis einer weiteren Bestellung abgezogen werden, die konkludente Angabe einer Barauszahlung, ist die Unlauterkeit dieser konkludenten Angabe am Maßstab des § 5 zu überprüfen und § 5a nicht einschlägig. **Mehrere unwahre oder täuschende Informationen** sind hingegen auch dann jeweils gesondert darauf zu überprüfen, ob § 5 oder § 5a anwendbar ist, wenn sie in derselben geschäftlichen Handlung enthalten sind. Belehrt der Unternehmer den Verbraucher zB fehlerhaft darüber, dass der Widerruf eines Vertrags nur binnen einer Woche zulässig sei, kann dies sowohl deshalb irreführend sein, weil die richtige Belehrung fehlt (Unterlassen), als auch deshalb, weil der Verbraucher falsch belehrt wurde (Handeln).

---

[394] EuGH C-611/14, GRUR 2016, 1307 Rn. 42 – Canal Digital Danmark/AS.

[395] *Steinbeck* WPR 2011, 1221 ff., 1224; *Blasek* GRUR 2010, 396 (400); *Emmerich* JuS 2012, 651 (652); jurisPK-UWG/*Seichter* § 5a Rn. 26.

215 **bb) Verschweigen und Unvollständigkeiten.** Die **„Nichtinformation“**, also das Verschweigen eines Umstandes, über den sich der Verkehr keine Gedanken macht, ist keine Angabe im Sinne von § 5. Hier ist der ureigenste Anwendungsbereich des § 5a Abs. 2–4 UWG, Art. 7 Richtlinie unlautere Geschäftspraktiken betroffen, der Informationspflichten nur unter bestimmten Voraussetzungen vorsieht, die nicht unterlaufen werden dürfen. Gleiches gilt unter den genannten Voraussetzungen auch für die **bloße Unvollständigkeit** einer gegebenen Information, über deren fehlende Bestandteile sich der Verkehr keine Gedanken macht.

216 **cc) Mittelbare bzw. konkludente Angaben.** Von der „Nichtinformation“ bzw. der bloß unvollständigen Information abzugrenzen sind **mittelbar bzw. konkludent** in einer geschäftlichen Handlung enthaltene Angaben. Sie sind „Angaben“ iSd § 5 Abs. 1 S. 2, denn dieser setzt nicht voraus, dass die Information in der geschäftlichen Handlung offen zu Tage tritt. Es reicht aus, wenn der angesprochene Verkehr ihr die Tatsachenbehauptungen durch Schlussfolgerung entnehmen kann. Konkludente Angaben können nicht nur in der Werbung, sondern auch in Äußerungen enthalten sein, deren Ziele auf den ersten Blick auf anderem Gebiet liegen. Die Anpreisung darf allerdings nicht so unklar sein, dass der Verkehr ihr überhaupt keine Aussage entnimmt.

217 Von verschwiegenen Informationen, die nur unter den Voraussetzungen des § 5a den Tatbestand der Irreführung ausfüllen, unterscheiden sich mittelbare, konkludente bzw. getarnte Angaben dadurch, dass der Verkehr der geschäftlichen Handlung selbst einen Informationsgehalt zuschreibt. Entscheidend ist deshalb, ob der durchschnittlich (angemessen) aufmerksame, verständige und informierte Verbraucher die Aussage des Unternehmers nur um die Lücke schließt, die eine vermeintlich fehlende Information lässt (dann Unterlassen), oder ob er aus den gegebenen Angaben falsche Schlüsse zieht (dann Handeln, selbst wenn korrigierende bzw. aufklärende Hinweise die Täuschungseignung beseitigen könnten).[396] Zu fragen ist folglich: **Ergänzt der Verkehr die geschäftliche Handlung nur im negativen Sinne um scheinbar fehlende Bestandteile?** Schließt er zB aus dem Fehlen einer zeitlichen Begrenzung des Angebots darauf, dass keine zeitliche Begrenzung gilt, also auf die unbefristete Geltung des Angebots? Dann liegt Verschweigen vor. Wird zB beanstandet, dass der Unternehmen bei einem aus Monats- und Halbjahresgebühr zusammengesetzten Preis die Halbjahresgebühr vorenthält oder unzureichend angibt, geht es um eine irreführende **Unterlassung.**

Oder wird vielmehr beanstandet, dass die **Fehlvorstellung auf die gemachten Angaben zurückzuführen ist und besteht das „Unterlassen“ nur darin, dass sie nicht ausgeräumt wird?**[397] Wird zB beanstandet, dass dadurch, dass der **Preis** in mehrere Bestandteile aufgeteilt wird, von denen einer bei der Vermarktung **besonders herausgestellt** wird, während der andere, bei dem es sich dennoch um einen unvermeidbaren und unvorhersehbaren Bestandteil des Preises handelt, ganz vorenthalten oder in weniger sichtbarer Weise dargestellt wird? Dann liegt die inkriminierte Geschäftspraxis in der **Darstellung,** die zu einer falschen Wahrnehmung des **Gesamtangebots** führt, zB den Eindruck eines besonders günstigen Preises erweckt. Hier wird mithin eine mittelbare bzw. konkludente Angabe beanstandete, die anhand von Art. 6 UGP-RL/§ 5 Abs. 1 S. 2 UWG auf ihre Vereinbarkeit mit dem Irreführungsverbot zu überprüfen ist.[398]

Maßgeblich ist somit, ob die **inkriminierte** Geschäftspraxis in dem **Verschweigen (zB des Preisbestandteils)** besteht (dann Art. 7 UGP-RL/§ 5a UWG) oder ob **Streitgegenstand** eine irreführende **Darstellung des Gesamtangebots** (zB durch verfälschende Hervorhebung nur einzelner Preisbestandteile) ist (dann Art. 6 UGP-RL/§ 5 UWG).[399]

---

[396] Ähnlich OLG Hamm GRUR-RR 2011, 189.

[397] Ebenso *Blasek* GRUR 2010, 396 (400); so auch *Köhler*/Bornkamm/Feddersen § 5a Rn. 1.14, der sich im Hinblick auf praktische Abgrenzungsschwierigkeiten jedoch dafür ausspricht, §§ 5, 5a nebeneinander anzuwenden (Rn. 1.16).

[398] Vgl. EuGH C-611/14, GRUR 2016, 1307 Rn. 42 ff. – Canal Digital Danmark/AS.

[399] Vgl. EuGH C-611/14, GRUR 2016, 1307 Rn. 42 – Canal Digital Danmark/AS.

Mittelbare bzw. konkludente Angaben wurden ua angenommen in folgenden Fällen: Wird der **Preis** in mehrere Bestandteile aufgeteilt, von denen einer bei der Vermarktung **besonders herausgestellt** wird, während der andere, bei dem es sich dennoch um einen unvermeidbaren und unvorhersehbaren Bestandteil des Preises handelt, ganz vorenthalten oder in weniger sichtbarer Weise dargestellt wird, kann ein Verstoß gegen Art. 6 UGP-RL/§ 5 UWG vorliegen, wenn diese Darstellung zu einer falschen (irreführenden) Wahrnehmung des Gesamtangebots führen kann, zB der falsche Eindruck eines besonders günstigen Preises entsteht.[400] Eine Stellenanzeige kann zugleich eine werbemäßige Selbstdarstellung des inserierenden Unternehmens beinhalten.[401] In der Gegenüberstellung eines durchgestrichenen „Normalpreises" und eines „pc. Spezialist Preises" für Computer, die iR einer Sonderveranstaltung abgesetzt werden, kann konkludent die Angabe enthalten sein, dass der durchgestrichene Preis derjenige ist, den der Werbende sonst, also vor oder nach der Sonderveranstaltung, verlangt.[402] Wer Möbel als „Muster-Modelle" bewirbt, äußert damit konkludent, es handele sich bei den beworbenen Stücken um Muster, die noch mehrfach vorrätig seien.[403] Eine anhand § 5 UWG überprüfbare Äußerung liegt in der Gegenüberstellung einer „ehemaligen unverbindlichen Preisempfehlung des Herstellers" mit dem verlangten Preis; sie suggeriert, dass es sich bei der angegebenen Herstellerempfehlung um die zuletzt gültig gewesene und inzwischen ungültig gewordene Preisempfehlung des Herstellers handelt.[404] Auch ein Briefkopf, der darauf abzielt, den Verkehr für die Waren bzw. Leistungen des Werbenden zu gewinnen, kann Tatsachenbehauptung sein.[405] Ein Angebot zu einem „Komplettpreis" kann die tatsächliche Behauptung enthalten, die Ware sei sofort mitnehmbar.[406] Die blickfangmäßige Herausstellung von Preisen kann die Tatsachenbehauptung enthalten, diese bezögen sich auf das daneben abgebildete Produkt.[407] Die Bezeichnung „Gemeinnützige Wohnungsgesellschaft H" in der Firma eines Unternehmens erweckt beim Verkehr den Eindruck, das Unternehmen sei durch die Finanzverwaltung nach § 52 AO als gemeinnützig anerkannt, es fordere nur ein die Selbstkosten deckendes Entgelt und biete seine Leistungen zu niedrigeren Preisen an als die Wettbewerber.[408] Bei **gesetzlich vorgeschriebenen Angaben, die (nur) im nationalen Recht fundieren,** können zwar nicht die verpflichtenden Bestandteile der Angabe, wohl aber Zusätze, unterbliebene Hinweise oder die Gestaltung der Werbung eine relevante Irreführung begründen, soweit der Unternehmer vorhandenen Spielraum für eine nicht irreführende Gestaltung nicht nutzt. Bei **gesetzlich verpflichtenden Angaben, die durch Unionsrecht determiniert sind, ist der Konflikt auf Unionsebene zu lösen,** näher → § 5 Rn. 112 ff., 123 ff., → § 5 Rn. 246. 218

Kasuistik: Unrichtige oder missverständliche Darstellungen in einer **„*ad-hoc*"**-Mitteilung nach § 15 WpHG aF können irreführend iSd **§ 5 UWG** sein, zB wenn sie die konkludente Angabe enthalten, dass sich die Preisgestaltung des Unternehmens im Hinblick auf freiwerdende Aufwendungen künftig für den Verbraucher günstiger gestalten wird.[409] Gleiches muss auch für falsche Angaben iSd § 16 InstitutsVergV gelten.[410] Wenn in einer an die Allgemeinheit gerichteten Werbung für auf einem Kabelanschluss basierende Tele- 219

[400] Vgl. EuGH C-611/14, GRUR 2016, 1307 Rn. 42 ff. – Canal Digital Danmark/AS.
[401] BGH GRUR 2003, 540 – Stellenanzeige.
[402] BGH GRUR 2001, 84 f. – Neu in Bielefeld II.
[403] BGH GRUR 1979, 781 (782) – Radikal gesenkte Preise.
[404] BGH GRUR 2000, 436 (438) – Ehemalige Herstellerpreisempfehlung.
[405] BGH GRUR 2002, 81 (82) – Anwalts- und Steuerkanzlei.
[406] Vgl. BGH GRUR 2003, 163 – Computerwerbung II.
[407] BGH GRUR 2003, 249 – Preis ohne Monitor.
[408] BGH GRUR 2003, 448 (450) – Gemeinnützige Wohnungsgesellschaft.
[409] OLG Hamburg GRUR-RR 2006, 377 (378); Köhler/*Bornkamm/Feddersen* § 5 Rn. 4.121 ff.; *Lettl* ZGR 2003, 853 (856); jurisPK-UWG/*Diekmann;* aA *Klöhn* ZHR 172 (2008), 388 (402 ff.); MüKoUWG/*Bähr,* 2. Aufl. 2014, § 2 Rn. 130; s. auch *Keller* → § 2 Rn. 33.
[410] JurisPK/*Diekmann* § 5 Rn. 644; vgl. dazu *Kolb* WRP 2015, 31.

fondienstleistungen damit geworben wird, dass „Kein Telekom-Anschluss nötig" oder „Kein Telekom-Telefonanschluss mehr nötig!" sei, kann der **unterlassene Hinweis auf eine eingeschränkte Nutzungsmöglichkeit,** nämlich dass keine Möglichkeit besteht, **„Call-by-Call"**-Telefonate zu führen, eine Zuwiderhandlung nach § 5a Abs. 1 begründen.[411] In **unterlassenen Warnhinweisen** kann irreführendes Schweigen liegen, unabhängig davon, ob diese Aufklärungs- oder Erinnerungsfunktion haben;[412] zu elektronischen Verweisen in E-Mails auf Informationen auf der Website des Unternehmers → § 5 Rn. 205 ff.

220 **dd) Getarnte Angaben.** Nach Art. 7 Abs. 2 UGP-RL, umgesetzt durch § 5a Abs. 2 S. 2 Nr. 2 UWG gilt es als irreführende Unterlassung auch, wenn ein Gewerbetreibender wesentliche Informationen auf unklare, unverständliche oder zweideutige Weise bereitstellt oder den kommerziellen Zweck einer Geschäftspraxis nicht kenntlich macht. Daraus folgt jedoch nicht, dass **getarnte Informationen** stets nur unter den Voraussetzungen des § 5a UWG, Art. 7 UGP-RL irreführend sein können. Vielmehr handelt es sich nur um eine Klarstellung, dass eine Irreführung durch Unterlassen auch in Betracht kommt, wenn Angaben so unklar oder unverständlich sind, dass der Verkehr ihnen eine erforderliche Information nicht entnehmen kann, → **§ 5a** Rn. **74 ff.**

221 Auch bei getarnten Angaben kommt es für die Abgrenzung zwischen § 5 und § 5a folglich darauf an, ob der unrichtige bzw. täuschende Eindruck auf gemachten Angaben beruht und der Unternehmer nur die Aufklärung der Fehlvorstellung unterlässt, oder ob der Verkehr die **geschäftliche Handlung** um scheinbar fehlende Informationen ergänzt. Sendet der Unternehmer dem Verbraucher zB eine rechnungsähnlich aufgemachte Vertragsofferte zu, liegt darin keine Täuschung durch Unterlassen der Aufklärung über den Offertencharakter, sondern im Hinblick auf die bewusst missverständliche und unklare Gestaltung des Formulars eine Täuschung durch positives Tun.[413] Eine Stellenanzeige kann getarnte werbende Angaben über das Unternehmen enthalten. Unter dem Deckmantel eines Spendenaufrufs („Spielzeug für die Dritte Welt") kann für den Kauf von Produkten eines bestimmten Unternehmens geworben werden. Geht es um Äußerungen der Presse, karitativer Unternehmen oder der öffentlichen Hand, ist aber stets genau zu prüfen, ob überhaupt eine geschäftliche Handlung vorliegt (näher → § 2 Rn. 40 ff., 80 ff.).

222 Zur **getarnten Werbung** s. auch die Kommentierung zu § 5a Abs. 6 (→ § 5a Rn. 237 ff.).

223 **g) Werbung mit Selbstverständlichkeiten.** Einen **Sonderfall** der irreführenden Werbung mit Selbstverständlichkeiten regelt **Nr. 10 des Anhangs zu § 3 Abs. 3,**[414] für Lebensmittel enthält **§ 11 Abs. 1 Nr. 1 LFBG** iVm **§ 7 Abs. 1 lit. c LMIV** ein Verbot der Werbung mit Selbstverständlichkeiten.

224 Der Verkehr kann in wettbewerbsrechtlich relevanter Weise irregeführt werden, wenn Werbebehauptungen etwas **Selbstverständliches** in einer Weise **betonen,** dass der Adressat der Werbung hierin irrtümlich einen **besonderen Vorzug** der beworbenen Ware oder Leistung erblickt.[415] Das ist **insbesondere** der Fall, wenn gesetzlich vorgeschriebene Eigenschaften oder zum Wesen der angebotenen Ware oder Leistung gehörende Umstände besonders hervorgehoben werden, sodass der angesprochene Verkehr irrig davon ausgeht, es handele sich um einen besonderen Vorzug.[416] **Wesensgemäße Eigenschaften** der Ware oder **gesetzlich vorgeschriebene Angaben** sind jedoch lediglich **Beispiele** einer unlau-

---

411 BGH GRUR 2011, 846 Rn. 20 ff. – Kein Telekom-Anschluss.

412 Vgl. BGH GRUR 2006, 953 – Warnhinweise II. Zu gesundheitsbezogenen Warnhinweisen auf Zigarettenpackungen s. OLG München WRP 2019, 1380.

413 Hier kann Nr. 22 des Anhangs zu § 3 Abs. 3 einschlägig sein.

414 S. dazu BGH GRUR 2014, 1007 Rn. 10 ff. – Geld-Zurück-Garantie III.

415 BGH GRUR 1973, 481 (483) – Weingeist; GRUR 2001, 181 (183) – Dentalästhetika; WRP 2009, 435 Rn. 2– Edelmetallankauf; GRUR 2013, 401 Rn. 29/40 – Biomineralwasser; GRUR 2014, 498 Rn. 13 – Kostenlose Schätzung.

416 BGH GRUR 1987, 916 (917) – Gratis-Sehtest; GRUR 2014, 498 Rn. 13 – Kostenlose Schätzung.

teren Werbung mit Selbstverständlichkeiten.[417] Diese kann auch dadurch erfolgen, dass der Unternehmer andere selbstverständliche Umstände in der vorbezeichneten Weise **betont.** Angaben oder Hinweise, zu denen der Unternehmer gesetzlich verpflichtet ist, sind als solche noch kein Hervorheben einer Selbstverständlichkeit, diese kann sich jedoch aus der Art und Weise ihrer Darstellung ergeben.[418] **Entscheidend** ist, dass der angesprochene Verkehr in den herausgestellten Eigenschaften irrtümlich einen **Vorteil** sieht, den er nicht ohne weiteres, insbesondere auch nicht bei Bezug der gleichen Ware oder Leistung bei einem Mitbewerber, erwarten kann.[419] Eine entsprechende Irreführung setzt voraus, dass der **Verbraucher nicht weiß,** dass es sich bei den betreffenden Eigenschaften lediglich um einen gesetzlich vorgeschriebenen oder zum Wesen der Ware bzw. Leistung gehörenden Umstand handelt.[420]

Der Werbende darf grundsätzlich auf **freiwillig erbrachte Leistungen** wie einen nied- **225**
rigen Preis, die hohe Qualität seiner Ware oder andere Vorzüge seines Angebots hinweisen, auch wenn andere Mitbewerber keinen höheren Preis verlangen oder die gleiche Qualität bieten.[421] Die Werbung darf aber auch wenn die Vorzüge **objektiv bestehen** nicht den falschen Eindruck erwecken, dass es sich hierbei um **besondere** Vorzüge des Angebots des Werbenden handelt, die der Verbraucher **nicht ohne weiteres, insbesondere auch nicht bei Bezug der gleichen Ware oder Leistung bei der Konkurrenz,** erwarten kann.[422] Daran fehlt es, wenn bestehende Ansprüche nicht als etwas **Ungewöhnliches** herausgestellt werden, sondern als selbstverständlich bestehend.[423] **Zusätzliche Nebenleistungen,** die andere Anbieter nicht anbieten, sind keine Selbstverständlichkeiten in diesem Sinne; die besondere Hervorhebung des Gratischarakters einer Zusatzleistung in einer werblichen Äußerung kann aber uU einen Verstoß gegen § 7 HWG[424] oder eine Irreführung über die Preisgünstigkeit des Angebots begründen (näher → § 5 Rn. 731 ff.; zur Werbung mit **„Gratiszugaben"** s. auch *Weidert,* Anh. § 3 Nr. 21 → Anh § 3 Rn. 402 ff.).

Beispielsfälle aus der Rspr.:

Irreführende Werbung mit Selbstverständlichkeiten bejaht: Betonung oder Her- **226**
vorhebung des CE-Zeichens, das in Verbraucherkreisen weitgehend (fälschlich) als Zeichen für geprüfte Qualität versteht, unzulässig daher zB die ausdrückliche Aussage **„CE-geprüft",**[425] uU auch Anbringung in unmittelbarem textlichem, graphischem oder anderem Zusammenhang mit echten Prüfsiegeln („GS", „TÜV"), wenn der Verbraucher die mit diesen verbundene Erwartung dadurch auf „CE" überträgt (zulässig aber: Anbringung des CE-Zeichens als solche),[426] dazu auch → § 5 Rn. 708 ff.; besondere Betonung der allgemein üblichen **Gebührenfreiheit** des **Edelmetallankaufs**[427] (zulässig aber: Werbung mit „kostenloser Schätzung"[428]); „Rechtsanwalt auch zugelassen am OLG" auf dem Brief-

---

[417] BGH WRP 2009, 435 Rn. 2 – Edelmetallankauf; GRUR 2014, 498 Rn. 13 – Kostenlose Schätzung; MüKoUWG/*Reese* § 5 Rn. 178.

[418] OLG Düsseldorf 25.2.2016 – I-15 U 58/15, BeckRS 2016, 7926; vgl. OLG Frankfurt a. M. 21.6.2012 – 6 U 24/11, GRUR-Prax 2012, 518.

[419] BGH WRP 2009, 435 Rn. 2 – Edelmetallankauf; GRUR 2014, 498 Rn. 13 – Kostenlose Schätzung; vgl. BGH WRP 2009, 435 Rn. 2 – Edelmetallankauf.

[420] BGH GRUR 2013, 401 Rn. 29/40 – Biomineralwasser.

[421] BGH WRP 2009, 435 Rn. 2 – Edelmetallankauf; GRUR 2014, 498 Rn. 13 – Kostenlose Schätzung; vgl. OLG München BeckRS 2013, 0300.

[422] BGH GRUR 1973, 481 (483) – Weingeist; GRUR 1988, 28 – Gratis-Sehtest; GRUR 2001, 181 (183) – Dentalästhetika; GRUR 2013, 401 Rn. 29 /40 – Biomineralwasser; GRUR 2014, 498 Rn. 13 – Kostenlose Schätzung; *Büscher* GRUR 2013, 969 (980).

[423] BGH GRUR 2014, 1007 Rn. 15 – Geld-Zurück-Garantie III.

[424] Vgl. BGH GRUR 2015, 504 Rn. 18 – Kostenlose Zweitbrille (zu § 7 Abs. 1 HWG).

[425] OLG Düsseldorf 25.2.2016 – I-15 U 58/15, BeckRS 2016, 7926, juris-Rn. 23 ff.; vgl. OLG Frankfurt a. M. 21.6.2012 – 6 U 24/11, GRUR-Prax 2012, 518.

[426] OLG Düsseldorf 25.2.2016 – I-15 U 58/15, BeckRS 2016, 7926, juris-Rn. 23 ff.; OLG Frankfurt a. M. 21.6.2012 – 6 U 24/11, GRUR-Prax 2012, 518.

[427] BGH WRP 2009, 435 – Edelmetallankauf.

[428] BGH GRUR 2014, 498 Rn. 15 – Kostenlose Schätzung.

kopf eines Anwalts;[429] **„inkl. MWSt." bei besonderer Hervorhebung;**[430] (zulässig aber im Fließtext);[431] Siegel **„tiergerechte Haltungsform"**, wenn die Haltung der Tiere lediglich entsprechend den geltenden gesetzlichen Vorschriften erfolgt;[432] Bewerbung von „Natursalz vom Toten Meer" mit der Aussage **„für Bio-Nahrungsmittel geeignet.";**[433] Bewerbung ärztlicher Leistungen mit einem **„Hygienezertifikat"**, das lediglich die Einhaltung gesetzlicher Hygieneanforderungen bescheinigt.[434]

227 **Keine irreführende Werbung mit Selbstverständlichkeiten:** Angaben oder Hinweise, zu denen der Unternehmer gesetzlich verpflichtet ist, solange der Unternehmer tunlichst alles unterlässt, was über diesen Hinweis hinausgeht;[435] nicht irreführend daher wegen § 7 Abs. 2 Nr. 2 ProdSG die bloße **Anbringung des CE-Zeichen,** obwohl dessen zutreffende Bedeutung in Verbraucherkreisen weitgehend unbekannt ist (irreführend aber die ausdrückliche Aussage: „CE-geprüft");[436] für die Verbraucher stellt es bei vielen Geschäftsmodellen zwar eine Selbstverständlichkeit dar, dass die Preise die Mehrwertsteuer enthalten, nach § 1 Abs. 2 S. 1 Nr. 1 PAngV ist diese Angabe aber erforderlich, zulässig daher **„inkl. MWSt." im Fließtext**[437] (anders aber bei besonderer Hervorhebung[438]); Werbung eines **Edelmetallankäufers** mit „kostenloser Schätzung";[439] (irreführend aber: Betonung der allgemein üblichen Gebührenfreiheit des Edelmetallankaufs[440]). Bezeichnung natürlichen Mineralwassers als **„Biomineralwasser"**, da Erwartung des Verbrauchers, dass sich dieses Wasser im Hinblick auf seine Gewinnung und seinen niedrigen Schadstoffgehalt von normalen Mineralwässern abhebe, durch das von der Qualitätsgemeinschaft entwickelte Zertifizierungssystem sichergestellt;[441] Zusatz **„Auch zugelassen am OLG Frankfurt"** zur Namensleiste eines Rechtsanwalts, dem vor dem 1.6.2007 eine solche Zulassung erteilt wurde, weil Entfallen des Zulassungserfordernisses gerade bei den Teilen des Verkehrs, die nicht ständig Rechtsstreitigkeiten führen, noch nicht bekannt;[442] Werbung eines **Steuerberaters** mit zusätzlichen Nebenleistungen wie einem Abhol- und Bringdienst für die Buchführung;[443] an Tankstellenpächter gerichtete Werbung für ein bestimmtes Abrechnungssystem mit „Bietet Ihnen ihr EKW-Steuerberater keine Standardlösungen, sondern individuelle Betreuung?", wenn sich aus dem Kontext ergibt, dass der Steuerberatungsbedarf der Umworbenen unterschiedlich sein kann und individuelle Lösungen in Aussicht gestellt werden;[444] Werbung eines Rechtsanwalts mit **kostenlosen Deckungsanfragen** bei Rechtsschutzversicherern;[445] Werbung eines Optikerfachgeschäfts für einen **„Gratis-Sehtest"**, obwohl auch alle anderen Optikerfachgeschäfte in der Umgebung unentgeltliche Sehtests anbieten;[446] Hinweis **„ohne Fett"** auf Verpackung für Süßwaren;[447] im Fließtext enthaltene Werbeangabe **„frei von Hormonen und schädlichen Zusätzen"** für Kosme-

[429] OLG Köln MD 2012, 856.
[430] BGH GRUR 1990, 1027 – Inkl. MWSt. I; GRUR 1990, 1028 – Inkl. MWSt. II.
[431] BGH GRUR 1990, 1029 (1030) – Inkl. MWSt. III; GRUR 1991, 323 – Inkl. MWSt. IV.
[432] OLG Oldenburg GRUR-RR 2011, 190.
[433] OLG München GRUR-RR 2015, 310 Rn. 21 – Natursalz vom Toten Meer.
[434] OLG München GRUR-RR 2015, 341 – Hygienezertifikat.
[435] OLG Düsseldorf 25.2.2016 – I-15 U 58/15, BeckRS 2016, 7926 Rn. 24; OLG Frankfurt a. M. 21.6.2012 – 6 U 24/11, GRUR-Prax 2012, 518.
[436] OLG Düsseldorf 25.2.2016 – I-15 U 58/15, BeckRS 2016, 7926; OLG Frankfurt a. M. 21.6.2012 – 6 U 24/11, GRUR-Prax 2012, 518; LG Darmstadt 19.2.2010 – 15 O 327/09, BeckRS 2010, 20546.
[437] BGH GRUR 2008, 84 Rn. 34 – Versandkosten.
[438] BGH GRUR 1990, 1027 – Inkl. MWSt. I; GRUR 1990, 1028 – Inkl. MWSt. II.
[439] BGH GRUR 2014, 498 Rn. 15 – Kostenlose Schätzung.
[440] BGH WRP 2009, 435 Rn. 2 – Edelmetallankauf.
[441] BGH GRUR 2013, 401 Rn. 29 – Biomineralwasser (zu § 11 Abs. 1 S. 2 Nr. 3 LFGB aF).
[442] BGH GRUR 2013, 950 Rn. 15 ff. – Auch zugelassen am OLG Frankfurt a. M.
[443] BGH GRUR 2010, 349 Rn. 26 – EWK-Steuerberater.
[444] BGH GRUR 2010, 349 Rn. 28 – EKW-Steuerberater – mit Anm. *Kleine-Cosack* NJW 2010, 1921 ff.
[445] KG WRP 2010, 948.
[446] BGH GRUR 1987, 916 (917) – Gratis-Sehtest. Zur Werbung mit „Gratiszugaben" s. § 3 Abs. 3 Nr. 12, zur Preiswerbung *Weidert* → § 5 Rn. 731 ff.
[447] OLG Düsseldorf GRUR-RR 2006, 235 (237).

tika;[448] **„laktosefrei"** auf der Vorderseite der Verpackung von Gouda, da dem Verkehr nicht bekannt ist, dass Goudakäse – das Vorbringen des Klägers als zutreffend unterstellt – aufgrund seiner Reifezeit grundsätzlich laktosefrei ist.[449]

h) Bildliche Darstellungen, sonstige Veranstaltungen, vergleichende Werbung. Bildliche Darstellungen und „sonstige Veranstaltungen", etwa eine Erkennungsmelodie, ein Geruch oder ein zu ertastendes Zeichen, können ebenso Angaben enthalten wie vergleichende Werbung, § 5 Abs. 3. Ausführlich hierzu **§ 5 Abschn. K.** 228

i) Wahre/unwahre Angaben. Ausführlich → § 5 Rn. 275 ff., 309 ff. Aus dem Wortlaut des § 5 Abs. 1 S. 2, der im Einklang mit der UGP-RL zwischen unwahren und anderen Angaben unterscheidet, ergibt sich eindeutig, dass sowohl wahre als auch unwahre Informationen „Angaben" iSd § 5 Abs. 1 S. 2 sind. Während bei unwahren Angaben aber der Angabencharakter nach objektiven Maßstäben zu beurteilen ist (→ § 5 Rn. 309 ff.), entscheidet bei täuschungsgeeigneten Angaben das **Verkehrsverständnis.** Nach stRspr des BGH ist dann, wenn die Täuschung des Verkehrs lediglich auf dem Fehlverständnis einer an sich zutreffenden Angabe beruht, für die Anwendung des § 5 grundsätzlich eine höhere Irreführungsquote als im Falle einer Täuschung mit objektiv unrichtigen Angaben erforderlich; außerdem ist eine Interessenabwägung vorzunehmen.[450] Das **Relevanzerfordernis** besteht auch bei unwahren Angaben, näher → Rn. 339 ff. Eine **objektiv falsche rechtliche Auskunft** eines Unternehmers, die er auf ausdrückliche Nachfrage eines Verbrauchers erteilt, ist in aller Regel zur Irreführung und Beeinflussung des Verbrauchers geeignet, weil sie diesen daran hindert, eine Entscheidung in Kenntnis in voller Kenntnis der Sachlage zu treffen.[451] Zum Angabencharakter von **Rechtsansichten** näher → Rn. 190. 229

j) Zu Eigen machen von Angaben Dritter. Der Unternehmer kann sich auch Angaben fremder Personen dadurch **zu Eigen machen,** dass er sich auf sie bezieht,[452] ohne dass es darauf ankommt, ob der **Dritte,** um dessen Angaben es geht, mit der Angabe selbst Wettbewerb betreibt.[453] Maßgeblich für die Frage, ob sich der Unternehmer mit seinem **Internetauftritt verlinkte Inhalte** zu eigen macht, ist die objektive Sicht eines verständigen Durchschnittsnutzers auf der Grundlage einer Gesamtbetrachtung aller Umstände.[454] Verweist der Unternehmer zB auf **wissenschaftliche Abhandlungen,** die sein Produkt in einem günstigen Lichte dastehen lassen, macht er sich dadurch die Untersuchung zu Eigen.[455] Weitere Beispiele bilden die Werbung mit **Testergebnissen, Referenzen, Kundenempfehlungen und Umfrageergebnissen,** näher → § 5 Rn. 1357. Für die Richtigkeit von **Gutachten,** deren Inhalt in Bezug genommen oder (zB in einer Werbedrucksache) wiedergegeben wird, hat der Werbende **wie für eigene Angaben einzustehen.**[456] Wurden die Erkenntnisse, welche die Abhandlung oder welche das Gutachten darstellt, nicht unter Beachtung der elementaren wissenschaftlichen Grundsätze gewonnen, von denen der durchschnittlich informierte, verständige und aufmerksame Umworbene ausgeht, verstößt der Werbende gegen § 5 UWG.[457] Die Werbung mit Test- 230

[448] OLG Hamburg OLGR Hamburg 2006, 527.

[449] OLG Düsseldorf 16.12.2014 – I-20 U 227/13, BeckRS 2015, 4597.

[450] BGH GRUR 2000, 73 (75) – Tierheilpraktiker; GRUR 2010, 1024 Rn. 25 – Master of Science Kieferorthopädie; WRP 2012, 1526 Rn. 3 – Über 400 Jahre Brautradition; GRUR 2013, 1252 Rn. 17 – Medizinische Fußpflege; WRP 2016, 331 Rn. 26 – Piadina-Rückruf.

[451] Noch weitergehend BGH WRP 2019, 883, Ls. d) und Rn. 32 – Prämiensparverträge; vgl. EuGH C-388/13, EU:C:2015:225 Rn. 43, 40 – UPC Magyarország.

[452] BGH GRUR 1961, 189 (191) – Rippenstreckmetall; GRUR 1962, 45 (49) – Betonzusatzmittel; GRUR 2016, 209 Rn. 13 – Haftung für Hyperlink.

[453] BGH GRUR 1961, 45 (49) – Betonzusatzmittel; GRUR 2002, 633 (635) – Hormonersatztherapie.

[454] BGH GRUR 2016, 209 Rn. 13 – Haftung für Hyperlink; vgl. GRUR 2010, 616 Rn. 23 – marions-kochbuch.de.

[455] Vgl. BGH GRUR 1961, 45 (49) – Betonzusatzmittel; GRUR 2002, 633 (635) – Hormonersatztherapie.

[456] BGH GRUR 1961, 189 (191) – Rippenstreckmetall.

[457] BGH GRUR 2002, 633 – Hormonersatztherapie.

ergebnissen der **„Stiftung Warentest"** und ähnlicher Organisationen versteht der Verkehr in aller Regel nicht im Sinne einer objektiven Richtigkeit, sondern dahin, dass der Rang in einem neutralen, objektiven und sachkundigen Verfahren verliehen und nicht erschlichen wurde. Die Werbung mit einem objektiv unrichtigen Testergebnis begründet dann als solche noch keine relevante Irreführung (→ § 5 Rn. 1361).

231 Schuldner der in § 8 geregelten Abwehransprüche ist jeder, der durch sein Verhalten den objektiven Tatbestand einer Zuwiderhandlung **selbst, durch einen anderen oder gemeinschaftlich mit einem anderen** adäquat kausal verwirklicht. Im Falle der Verbreitung **wettbewerbswidriger Äußerungen in Medien** haftet neben dem Urheber der Äußerung jeder an der Wiedergabe und der Verbreitung Beteiligte, soweit sein Verhalten eine geschäftliche Handlung iSv § 2 Abs. 1 Nr. 1 darstellt.[458] Die zuletzt genannte Voraussetzung hat zur Folge, dass Personen, die zwar rein tatsächlich an einer Verletzung mitwirken, aber – wie etwa Plakatkleber oder Prospektverteiler – nicht entscheidungsbefugt und in völlig untergeordneter Stellung ohne eigenen Entscheidungsspielraum tätig sind, idR nur bei vorsätzlichem Handeln als Gehilfen zur Verantwortung gezogen werden können.[459] **Presseunternehmen** haften für die Veröffentlichung gesetzwidriger Werbeanzeigen Dritter nur, wenn sie gegen ihre Pflicht zur Prüfung verstoßen haben, ob die Veröffentlichung der Anzeigen gegen gesetzliche Vorschriften verstoßen, wobei sich diese Prüfungspflicht, um die Arbeit von Presseunternehmen nicht über Gebühr zu erschweren und die Verantwortlichen nicht zu überfordern, auf grobe und unschwer erkennbare Rechtsverstöße beschränkt.[460] Der Schutz der Pressefreiheit gilt dabei auch für Kundenzeitschriften und für Anzeigenblätter, die hauptsächlich Werbeanzeigen und zu einem geringen Teil redaktionelle Beiträge enthalten, ist hier jedoch je nach meinungsbildendem Bezug und kommerzieller Ausrichtung des Blattes entsprechend beschränkt oder entfällt sogar ganz.[461] **Zur Verantwortlichkeit des Unternehmers** s. iÜ die Kommentierung zu **§§ 8 ff.**

232 **k) Angaben zugunsten eines fremden Unternehmens.** 5 knüpft seit der UWG-Reform 2008 nicht mehr an „Werbung", sondern an eine „geschäftliche Handlung" iSd § 2 Nr. 1 an. Da dieser Begriff auch weiter als der der „Geschäftspraxis" der UWG-Richtlinie ist, werden **unwahre oder zur Täuschung geeignete geschäftliche Handlungen zugunsten eines fremden Unternehmens von § 5 erfasst,** ohne dass es darauf ankommt, ob der Dritte im **Namen oder Auftrag** des fremden Unternehmens handelt.[462] Handlungen Dritter zur Förderung des Absatzes oder Bezuges eines fremden Unternehmens fallen zwar weder in den Anwendungsbereich der UGP-RL noch der Werberichtlinie 2006/114/EG, sofern diese Personen nicht **im Namen oder Auftrag des Unternehmers** handeln,[463] da diese Einschränkung zugleich den Anwendungsbereich beider Richtlinien begrenzt, stehen diese einer darüber hinausgehenden Erfassung auch anderer Fälle der Förderung fremden Wettbewerbs durch das nationale Lauterkeitsrechts aber nicht entgegen.[464] Dazu auch → § 5 Rn. 37.

233 **l) Angaben über andere Unternehmer.** Unwahre oder täuschende Angaben **über andere Unternehmer** können unter dem Gesichtspunkt einer Irreführung über einen anderen der in § 5 Abs. 1 S. 2 genannten Bezugspunkte irreführend sein. Auch Werbung, die einen Mitbewerber erkennbar macht **(vergleichende Werbung),** muss sich nach § 5

[458] BGH WRP 2015, 1098 Rn. 29 – TIP der Woche; vgl. BGH GRUR 2011, 340 Rn. 27 – Irische Butter.

[459] BGH GRUR 2011, 340 Rn. 27 – Irische Butter.

[460] BGH WRP 2015, 1098 Rn. 31 – TIP der Woche; vgl. BGH GRUR 1990, 1012 (1014) – Pressehaftung I; GRUR 2001, 529 (531) – Herz-Kreislauf-Studie; GRUR 2006, 957 f. Rn. 14 – Stadt Geldner.

[461] BGH WRP 2015, 1098 Rn. 37 – TIP der Woche.

[462] GroßKommUWG/*Lindacher,* 2. Aufl., § 5 Rn. 28.

[463] Vgl. *Koch* FS Köhler, 2014, 359 (367); *Scherer* WRP 2014, 517 (519).

[464] Vgl. zur UGP-RL EuGH C-391/12, EU:C:2013:669 Rn. 40 – RLvS; BGH GRUR 2015, 694 Rn. 26 – Bezugsquellen für Bachblüten; GRUR 2014, 879 Rn. 13 – GOOD NEWS II.

Abs. 3 am Irreführungsverbot messen lassen. Deshalb darf sie zB keinen falschen Eindruck über die Beziehungen der Mitbewerber erwecken.[465] Ferner gilt auch für vergleichende Werbung der Verwechslungsschutz des § 5 Abs. 2; **zum Verhältnis zwischen § 5 Abs. 2 und § 6 Abs. 2 Nr. 3** näher → § 5 Rn. 1293 ff. sowie die Kommentierung zu **§ 6.**

Zur Geltung des Bezugskatalogs für Angaben im Rahmen vergleichender Werbung näher → § 5 Rn. 256. 234

Mitbewerberkritik. Auch Angaben, die sich darauf beschränken, einen Mitbewerber und sein Angebot gegenüber der Marktgegenseite zu **kritisieren,** können unter bestimmten Umständen irreführend iSd § 5 sein. Maßgeblich ist, ob der Verkehr ihnen eine unrichtige Information oder eine geschäftliche Handlung mit Informationsgehalt über den Mitbewerber oder sein Angebot entnimmt;[466] näher zur Irreführung durch **Werturteile und Rechtsansichten → § 5 Rn. 189 f.** Der hierfür erforderliche Zusammenhang zum handelnden Unternehmer, dessen Produkten oder Geschäften besteht zB bei der betrieblichen Herkunftstäuschung iSv § 5 Abs. 1 S. 2 Nr. 1 (U gibt fälschlich an, das Produkt stamme vom Markenhersteller H), bei § 5 Abs. 2 oder wenn der Unternehmer iSv § 5 Abs. 1 S. 2 Nr. 3 Beziehungen zu Dritten vortäuscht (U täuscht umfangreiche Lieferbeziehungen zu den solventen A, B und C vor). 235

2. Feststellung des Angabeninhalts. a) Allgemeines. Der Angabeninhalt entscheidet darüber, ob eine Angabe zur Täuschung geeignet ist. Die Täuschungseignung setzt deshalb die genaue Feststellung dessen voraus, welchen Inhalt die in einer geschäftlichen Handlung enthaltene Angabe aus Sicht des angesprochenen Verkehrs hat. 236

b) Verkehrsverständnis. Nicht nur die Frage danach, ob überhaupt eine Angabe vorliegt, ist von der Warte eines durchschnittlich aufmerksamen, informierten und verständigen Mitglieds des Verkehrskreises zu beantworten, an den sich die geschäftliche Handlung richtet (näher hierzu → § 5 Rn. 159 ff.), sondern auch die Frage nach dem Inhalt der Angabe. Objektive Maßstäbe sind nur bei der Feststellung der Unwahrheit von Angaben anzulegen, näher → § 5 Rn. 187. Da das Verkehrsverständnis und die Situation, in der die geschäftliche Handlung vorgenommen wird, entscheiden, kann eine Angabe je nachdem, in welcher Situation und gegenüber welchem Personenkreis sie gemacht wird, unterschiedliche Inhalte haben. Beispielsweise kann von einem Gewerbetreibenden eher verlangt werden, dass er die erläuternden Hinweise einer Blickfangwerbung in einem Werbemagazin zur Kenntnis nimmt, als von einem Laien, → § 5 Rn. 167. 237

c) Gesamteindruck. Maßgeblich ist, wie der angesprochene Verkehr die beanstandeten Angaben **im Gesamtzusammenhang** aufgrund ihres **Gesamteindrucks** versteht.[467] Der „europäische" Verbraucher ist in der Lage zu erkennen, dass eine Werbung auf ihren **konkreten Gesamtkontext** bezogen werden muss. Bereits in seiner Entscheidung „Clinique" statuierte der EuGH, die medizinische Konnotation eines Produktnamens reiche für die Annahme einer Irreführung nicht aus, wenn das Produkt auch in Kaufhäusern und Drogerien vertrieben werde.[468] Entscheidend für den Aussagegehalt einer Angabe ist auch nach gefestigter deutscher Rechtsprechung der Gesamteindruck in der **konkreten Situation**[469] und **Art und Weise,**[470] in der die Angabe gemacht wird. Stehen einzelne Angaben in einer in sich geschlossenen Darstellung, so dürfen sie **nicht aus ihrem Zusammen-** 238

---

[465] EuGH C-59/05, GRUR 2006, 345 (346) – Siemens/VIPA.

[466] BGH WRP 2019, 883, Ls. a) und Rn. 28 ff. – Prämiensparverträge.

[467] BGH GRUR 2003, 361 (362) – Sparvorwahl; GRUR 2010, 352 Rn. 11 – Hier spiegelt sich Erfahrung; GRUR 2014, 88 Rn. 32 – Vermittlung von Netto-Policen; GRUR 2014, 298 Rn. 19 – Runes of Magic I; GRUR 2014, 494 Rn. 14 – Diplomierte Trainerin; GRUR 2015, 698 Rn. 10 – Schlafzimmer komplett; GRUR 2015, 1019 Rn. 19 – Mobiler Buchhaltungsservice.

[468] EuGH C-315/92, EU:C:1994:34 Rn. 23 – Verband Sozialer Wettbewerb („Clinique").

[469] BGH GRUR 2005, 438 (440) – Epson; GRUR 2006, 1042 (1044) – Kontaktanzeigen; GRUR 2010, 352 Rn. 11 – Hier spiegelt sich Erfahrung.

[470] BGH GRUR 2014, 298 Rn. 20 – Runes of Magic I.

hang gerissen werden.[471] Ob mehrere Angaben als zusammengehörig aufgefasst werden, richtet sich nach den Umständen des Einzelfalls.[472] Entscheidend ist die Sicht des Verkehrs, an den sich die **geschäftliche Handlung** richtet. Bei **mehreren Angaben** bzw. Angaben, die sich **aus mehreren Bestandteilen zusammensetzen** (→ § 5 Rn. 203 f.) kommt es deshalb darauf an, ob ein Durchschnittsverbraucher in der fraglichen Situation das Zusammenwirken der Bestandteile erkennt. Ist dies nicht der Fall, zB weil die in einer einheitlichen Werbeschrift befindlichen Angaben weder sachlich noch äußerlich erkennbar miteinander verbunden oder aufeinander bezogen sind,[473] ist eine isolierte Betrachtung geboten; andernfalls entscheidet der Gesamteindruck.[474] Diese Grundsätze gelten auch hinsichtlich der **Etikettierung von Lebensmitteln.** Insoweit ergibt sich aus der Rspr. des EuGH zwar, dass Verbraucher, die sich in ihrer Kaufentscheidung nach der Zusammensetzung des Erzeugnisses richten, zunächst das **Verzeichnis der Zutaten lesen.**[475] Lassen die **unwahre, falsche, mehrdeutig, widersprüchliche oder unverständliche Etikettierung** eines Lebensmittels und die Art und Weise, in der sie erfolgt, **insgesamt den falschen oder missverständlichen Eindruck entstehen,** dass dieses Lebensmittel eine Zutat enthält, die tatsächlich nicht darin vorhanden ist, ist eine solche Etikettierung daher geeignet, den Käufer über die Eigenschaften des Lebensmittels irrezuführen; ein **richtiges und vollständiges Zutatenverzeichnis kann dann den falschen oder missverständlichen Eindruck nicht berichtigen,** der sich für den normal informierten, angemessen aufmerksamen und verständigen Durchschnittsverbraucher bzgl. der Eigenschaften des Lebensmittels aus den anderen Elementen der Etikettierung dieses Lebensmittels ergibt.[476]

239 Entscheidend für den Gesamteindruck sind ua: Die Eigenschaften des angesprochenen **Verkehrskreises,** die Person des **Unternehmers,** die **Art und Form der Angabe sowie das verwandte Medium,** das betroffene **Produkt** und dessen **Preis.** ZB wird der Verbraucher sich bei einer beabsichtigten Investition in vierstelliger Höhe regelmäßig für den gesamten Inhalt einer Werbeaussage interessieren,[477] zumal wenn er sich ohne weitere Informationen wie zB **Maßangaben** (konkret: des beworbenen Schlafzimmers) nicht ausreichend über das Angebot informieren kann.[478] Auch wird der durchschnittlich aufmerksame, verständige und informierte Zeitungsleser einem dem Bild räumlich zugeordneten, kurzen und gut lesbaren Text „Preis ohne Zubehör" einer aus Bild und Text zusammen gesetzten Zeitungsanzeige entnehmen können, dass es sich bei dem angegebenen Preis für das mit Zubehör abgebildete Gerät nur um den Grundpreis handelt und Zubehör gesondert zu bezahlen ist; die Werbung ist in diesem Fall nicht zur Irreführung iSd § 5 geeignet. Anders hingegen, wenn die gleiche Anzeige in der Großbildschirmwerbung an einer Autobahn sichtbar wird, und angesichts der Aufmerksamkeit, die die Autofahrer dort dem Verkehr widmen müssen, nicht davon auszugehen ist, dass einem durchschnittlich aufmerksamen, verständigen und informierten Teilnehmer des Straßenverkehrs ausreichend Zeit zur Verfügung steht, um neben dem Bild und der Preisangabe auch die fragliche Einschränkung zur Kenntnis zu nehmen; in diesem Fall ist der Bildteil isoliert auf seine Täuschungseignung zu untersuchen. Je knapper die Möglichkeiten einer ausführlichen Information in dem betr. Medium bemessen sind, umso eher wird der Durch-

---

[471] BGH GRUR 2005, 690 (691 f.) – Internet-Versandhandel; GRUR 2014, 298 Rn. 31 – Runes of Magic; I GRUR 2015, 698 Rn. 10 – Schlafzimmer komplett.

[472] BGH GRUR 2005, 690 (692) – Internet-Versandhandel.

[473] Vgl. BGH GRUR 2003, 800 (803) – Schachcomputerkatalog; GRUR 2004, 162 (163) – Mindestverzinsung; GRUR 2005, 438 (440) – Epson.

[474] BGH GRUR 2005, 438 (440) – Epson.

[475] EuGH C-51/94, ECLI:EU:C:1995:352 Rn. 34 = BeckRS 2004, 77519 – Kommission/Deutschland; ECLI:EU:C:2000:184 Rn. 22 = NJW 2000, 2729 – Darbo; GRUR 2015, 701 Rn. 37 – BVV/Teekanne [Himbeer-Vanille-Abenteuer].

[476] EuGH C-195/14, GRUR 2015, 701 Rn. 37–44 – BVV/Teekanne [Himbeer-Vanille-Abenteuer]; BGH DE:BGH:2015:021215UIZR45.13.0 Rn. 15 – Himbeer-Vanille-Abenteuer II.

[477] BGH GRUR 2015, 698 Rn. 7, 18 – Schlafzimmer komplett.

[478] BGH GRUR 2015, 698 Rn. 7, 18 – Schlafzimmer komplett.

schnittsverbraucher mit Unvollständigkeiten rechnen. Bei **Domains** kann die Täuschungseignung unter **Gleichnamigen** (dazu → § 5 Rn. 1319) bzw. soweit sie sich aus einer Gattungsbezeichnung ergibt[479] durch einen irreführungsausschließenden Hinweis auf der Homepage ausgeräumt werden.[480] Bei **Marken, Firmen und Bezeichnungen** ist zu berücksichtigen, dass diese häufig abgekürzt verwandt werden. Zu Besonderheiten der **Blickfangwerbung** → § 5 Rn. 262 ff.

d) Wortbedeutung. Gibt es eine **übliche Wortbedeutung,** so wird der Verkehr im Zweifel diese zugrunde legen.[481] So hat sich zB der Begriff **„Cotton"** in der **deutschen Umgangssprache** als **beschreibende Angabe** für „Baumwolle" eingebürgert; der angesprochene Durchschnittsverbraucher wird den Begriff daher ohne weiteres als „Baumwolle" verstehen und benötigt diese Information für eine informierte Kaufinformation nicht (nochmals) in deutscher Sprache.[482] **„Nickelfrei"** (in der Werbung für Edelstahlketten) wird im **allgemeinen Sprachverständnis** als „frei von Nickel" verstanden,[483] **„KOMPLETT"** (als hervorgehobene Angabe in der Werbung für eine Schlafzimmereinrichtung) als funktionsgerecht ausgestattet.[484] 240

Das allgemeine Sprachverständnis ist grundsätzlich auch ein für **Fachkreise** gültiger Maßstab, wenn der Anspruchsgegner kein hiervon ausnahmsweise abweichendes Verständnis vorträgt und unter Beweis stellt.[485] Der Vermerk „Verkauf nur solange der Vorrat reicht" ist allgemein als Hinweis auf eine beschränkte Vorratshaltung bekannt. Deshalb wird aus einer entsprechenden Klausel auf der letzten Seite einer Werbebeilage nicht auf eine Sonderveranstaltung, etwa einen Räumungsverkauf, geschlossen.[486] 241

e) Unklare und mehrdeutige Angaben. Wird eine Information in unklarer oder zweideutiger Weise zum Ausdruck gebracht, so dass der maßgebliche Verkehr ihren Inhalt nicht erkennt oder ihn nicht versteht, kann darin eine **Irreführung durch Verschweigen** liegen, § 5a. Ist die Angabe hingegen wegen ihrer Unklarheit oder Mehrdeutigkeit entweder bei objektiver Betrachtung unrichtig oder wird sie vom angesprochenen Verkehr falsch verstanden, kommt eine **Irreführung durch positives Tun** in Betracht. Unklare oder **mehrdeutige Angaben** sind irreführend, wenn der Verkehr **ihnen (mindestens) eine Aussage** entnimmt, die **nicht zutrifft.**[487] Entscheidend für das wettbewerbliche Irreführungsverbot ist, welche Informationen ein durchschnittlich aufmerksames, informiertes und verständiges Mitglied des angesprochenen Verkehrskreises der geschäftlichen Handlung entnimmt. ZB wird der Verkehr der Ankündigung einer „radikalen" Preissenkung zwar keine Aussage über den genauen Umfang der Preisreduzierung entnehmen, aber doch den Eindruck gewinnen, die Preissenkung übersteige jedenfalls ein bestimmtes **Mindestmaß.**[488] Trifft Letzteres nicht zu, ist die Ankündigung irreführend. 242

Mehrdeutig sind Angaben unter Zugrundelegung eines normativen Verkehrsverständnisses nicht schon dann, wenn empirische Erhebungen zeigen, dass Teile des angesprochenen Verkehrs sie anders verstehen als andere,[489] sondern nur, wenn ein **durchschnittlich** 243

---

479 OLG München MMR 2011, 243 ff.; Köhler/*Bornkamm/Feddersen* § 5 Rn. 2.135.

480 BGH GRUR 2001, 1061 (1063) – Mitwohnzentrale; GRUR 2002, 706 (708) – vossius.de; OLG Hamburg GRUR 2003, 1058; – Mitwohnzentrale II; GRUR-RR 2007, 93 (94) – Deutsches-Handwerk.de.

481 Vgl. BGH GRUR 1962, 249 (252) – Naturrein; GRUR 1998, 1046 (1047) – Geburtstagswerbung III; GRUR 2014, 1114 Rn. 40 – nickelfrei.

482 BGH WRP 2019, 68 Rn. 33 – Jogginghosen; vgl. BGH GRUR 1996, 68 (69) – COTTON LINE.

483 BGH GRUR 2014, 1114 Rn. 40 – nickelfrei.

484 BGH GRUR 2015, 698 Rn. 13 – Schlafzimmer komplett; KG MD 2008, 1135; OLG Bamberg MD 2011, 973.

485 BGH WRP 2012, 705 Rn. 20 – INJECTIO.

486 Vgl. BGH GRUR 1998, 1046 (1047) – Geburtstagswerbung III.

487 BGH GRUR 1969, 546 (548) – med; GRUR 2000, 436 (438) – Ehemalige Herstellerempfehlung; GRUR 2012, 1053 Rn. 17 – Marktführer Sport.

488 Vgl. BGH GRUR 1979, 781 (782) – Radikal gesenkte Preise.

489 So bislang die Rspr., vgl. BGH GRUR 1957, 128 (130) – Steinhäger; GRUR 1982, 463 (464) – Betonklinker; GRUR 2000, 436 (438) – Ehemalige Herstellerpreisempfehlung.

(angemessen) aufmerksames, verständiges und informiertes Mitglied des Verkehrskreises, an den sie sich richtet, mehrere Deutungen in Betracht zieht. Dann ist allerdings weiter zu fragen, ob sich der Verkehr durch eine als mehrdeutig erkannte Angabe in relevanter Weise täuschen lässt, etwa weil er sich unter In-Kaufnahme des Risikos, dass die von ihm bevorzugte Deutung unrichtig ist, für eine der in Betracht kommenden Auslegungen entscheidet.

244 Eine **gespaltene Verkehrsauffassung** kommt ausnahmsweise dann in Betracht, wenn eine an mehrere Verkehrskreise gerichtete geschäftliche Handlung in für den Unternehmer erkennbarer Art und Weise voraussichtlich das wirtschaftliche Verhalten einer darin enthaltenen, eindeutig identifizierbaren Verbrauchergruppe beeinflusst, die infolge bestimmter Eigenschaften besonders schutzbedürftig ist; hier reicht aus, dass die geschäftliche Handlung in relevanter Weise zur Irreführung dieser Gruppe geeignet ist, näher zur Frage der gespaltenen Verkehrsauffassung → § 5 Rn. 147 ff.

245 Ist die Angabe nach Maßgabe dieser Grundsätze mehrdeutig bzw. besteht eine gespaltene Verkehrsauffassung, hat der Unternehmer wie schon bislang[490] **jede der in Betracht kommenden Bedeutungen** gegen sich gelten zu lassen, und zwar unabhängig davon, ob er es auf die Mehrdeutigkeit angelegt hat oder nicht.[491] ZB darf ein Unternehmen auf seiner Website nicht mit einem mehrdeutigen Begriff wie dem des „Umsatzes" werben und dabei teils den Netto- und teils den Brutto-Umsatz als Vergleichsgröße verwenden, ohne den Begriff zur Vermeidung irrtumsbedingter Fehlvorstellungen klarzustellen.[492] Beschränkt man, wie dargestellt, ausgehend vom normativen Verbraucherleitbild die Mehrdeutigkeit auf Sachverhalte, in denen die Äußerung aus Sicht eines Durchschnittsverbrauchers mehrdeutig ist oder sich ein abweichendes Verständnis eines gezielt angesprochenen Teils des Verbraucherkreises ergibt, ist das mehrdeutige Verständnis für den Unternehmer ohne weiteres vorherseh- und vermeidbar. Ein Eingriff in die Meinungsfreiheit wird daher durch an irreführende mehrdeutige Äußerungen geknüpfte Sanktionen des Wettbewerbsrechts nicht mehr in Betracht kommen.

246 **f) Gesteuerte Verkehrsauffassung, gesetzlich vorgeschriebene Angaben.** Zwar kann auch eine objektiv richtige Angabe zur Täuschung geeignet sein, wenn der Verkehr, für den sie bestimmt ist, ihr etwas Unrichtiges entnimmt.[493] Deshalb kann auch die Verwendung von Bezeichnungen gegen § 5 verstoßen, zu denen der Unternehmer durch Gesetz oder Verwaltungsakt befugt ist.[494] Das Verkehrsverständnis kann jedoch in gewissem Umfang durch gesetzliche oder behördliche Bestimmungen in der Form gesteuert bzw. **geläutert** werden, dass es den bestehenden Normen entspricht.[495] Angaben oder Hinweise, zu denen der Unternehmer **gesetzlich verpflichtet** ist, können für sich genommen noch keine Irreführungsgefahr begründen → **§ 5 Rn. 305.** Ein Verstoß gegen § 5 Abs. 1 scheidet daher aus, wenn gesetzliche **Kennzeichnungsvorschriften** eine bestimmte Bezeichnung vorschreiben und das so gekennzeichnete Produkt den gesetzlichen Kriterien entspricht.[496] In einem solchen Fall genießt das Kennzeichnungsrecht Normvorrang und ist eine unlautere Irreführung auch dann nicht anzunehmen, wenn relevante Teile des Verkehrs die verwendete Bezeichnung falsch verstehen.[497] Für § 5 Abs. 1 UWG bleibt allerdings Raum, soweit die Irreführung durch nicht gesetzlich vorgeschriebene Umstände

---

[490] BGH GRUR 1957, 128 (130) – Steinhäger; GRUR 1982, 563 (564) – Betonklinker; GRUR 2000, 436 (438) – Ehemalige Herstellerempfehlung; OLG Hamburg 31.1.2007 – 5 U 47/06, BeckRS 2007, 9319.

[491] BGH GRUR 1963, 539 (541) – echt skai; GRUR 1992, 66 (67) – Königl.-Bayerische Weisse; NJW 2000, 1417 – Ehemalige Herstellerpreisempfehlung; GRUR 2012, 1053 Rn. 17 – Marktführer Sport.

[492] Vgl. OLG Hamburg 31.1.2007 – 5 U 47/06, BeckRS 2007, 9319.

[493] BGH GRUR 2010, 1024 Rn. 25 – Master of Science Kieferorthopädie; WRP 2012, 1526 Rn. 2 – Über 400 Jahre Brautradition; GRUR 2013, 1252 Rn. 17 – Medizinische Fußpflege.

[494] BGH GRUR 1998, 1043 (1044) – GS-Zeichen.

[495] BGH GRUR 2009, 970 Rn. 25 – Versicherungsberater.

[496] BGH WRP 2020, 456, Ls. c) und Rn. 30 – Kulturchampignons II.

[497] BGH WRP 2020, 456, Ls. c) und Rn. 30 – Kulturchampignons II.

bewirkt wird, zB eine besondere Hervorhebung der Angaben bzw. sonstige irreführende Art und Weise der Darstellung.[498] Dabei ist zu unterscheiden:

Unionsrechtlich determinierte gesetzliche Verpflichtung: Geht die gesetzliche Verpflichtung zu der Angabe auf eine unionsrechtlich determinierte Vorschrift zurück, ist der Konflikt auf Unionsebene zu lösen; näher → **§ 5 Rn. 112 f., 123 ff.** Ob dies auch aufklärende Hinweise zur Ausräumung einer mit der sektorspezifischen Regelung einhergehende Irreführungsgefahr ausschließt, ist durch Auslegung festzustellen.[499] Für Ursprungsbezeichnungen pflanzlicher Erzeugnisse dürfen zB keine aufklärenden Zusätze als Ergänzung der nach Art. 113a Abs. 1 VO Nr. 1234/2007 und Art. 76 Abs. 1 VO Nr. 1308/2013 vorgeschriebenen Angabe des Ursprungslands vorgeschrieben werden, um einer nach dem allgemeinen Täuschungsverbot des Art. 7 Abs. 1 lit. a der LMIV verbotenen Irreführung der Verbraucher entgegenzuwirken.[500] Die Anbringung des CE-Zeichens, die der Verpflichtung des § 7 Abs. 2 Nr. 2 ProdSG entspricht, stellt als solche noch keine irreführende Werbung mit Selbstverständlichkeiten dar, obwohl dessen zutreffende Bedeutung in Verbraucherkreisen weitgehend unbekannt ist; es darf jedoch nicht mit der ausdrücklichen Aussage „CE-geprüft" geworben werden.[501] 247

Das **Relevanzerfordernis** besteht auch im Anwendungsbereich der Art. 7 Abs. 4 und 5 UGP-RL/§ 5a Abs. 3 und 4 UWG;[502] die Kennzeichnung von Textilerzeugnissen mit „Cotton" statt „Baumwolle" verstößt daher zwar gegen Art. 5 Abs. 1, 16 Abs. 3 TextilKennzVO, der Verstoß begründet aber keine lauterkeitsrechtlich relevante Irreführung nach §§ 5, 5a UWG oder spürbare Verletzung von § 3a UWG.[503]

(Nur) im nationalen Recht fundierte gesetzliche Verpflichtung: Bei gesetzlich verpflichtenden Angaben, die (nur) im nationalen Recht fundieren, können zwar uU nicht die verpflichtenden Bestandteile der Angabe, wohl aber Zusätze, unterbliebene Hinweise oder die Gestaltung der Werbung eine relevante Irreführung begründen, soweit der Unternehmer vorhandenen Spielraum für eine nicht irreführende Gestaltung – auch durch Hinweise – nicht nutzt. 248

Auch wenn die Angabe lediglich **gesetzlich erlaubt,** aber nicht gesetzlich vorgeschrieben ist, darf sich der Unternehmer idR darauf verlassen, dass der durchschnittlich (angemessen) aufmerksame, verständige und informierte Verbraucher gesetzliche Angaben auch so versteht, wie das Gesetz dies vorsieht.[504] Es kommt aber darauf an, dass die gesetzlichen Bestimmungen auch einen entsprechenden **Regelungsbereich** haben. So erschloss sich aus dem RBerG nicht, warum ein Mitarbeiter einer Versicherung dem Berufsbild eines Versicherungsberaters nicht entsprach und keine Erlaubnis zur Rechtsberatung erhalten konnte. Der BGH verneinte deshalb eine Irreführung durch Verwendung der Berufsbezeichnung „Versicherungsberater" für die im Jahr 2005 in den Filialen einer Bank eingesetzten Mitarbeiter ihrer auf dem Gebiet der Versicherungswirtschaft tätigen

[498] BGH GRUR 1990, 1027 – Inkl. MWSt. I; OLG Düsseldorf 25.2.2016 – I-15 U 58/15, BeckRS 2016, 7926.

[499] EuGH C-686/17, GRUR 2019, 1067 (1068) – Wettbewerbszentrale/Prime Champ [Kulturchampignons].

[500] EuGH C-686/17, GRUR 2019, 1067 (1068) – Wettbewerbszentrale/Prime Champ [Kulturchampignons]; BGH WRP 2020, 456, Ls. c) und Rn. 30 – Kulturchampignons II.

[501] OLG Düsseldorf 25.2.2016 – I-15 U 58/15, BeckRS 2016, 7926; vgl. OLG Frankfurt a. M. 21.6.2012 – 6 U 24/11, GRUR-Prax 2012, 518; LG Darmstadt 19.2.2010 – 15 O 327/09, BeckRS 2010, 20546; LG Landau 6.11.2013 – HK O 16/13, BeckRS 2014, 569.

[502] BGH GRUR 2017, 922 Rn. 31 – Komplettküchen; GRUR 2018, 438 Rn. 36 – Energieausweis; WRP 2019, 68 Rn. 30 – Jogginghosen; näher → § 5a Rn. 113 ff., 119.

[503] BGH WRP 2019, 68 Rn. 27 ff. – Jogginghosen.

[504] Vgl. BGH GRUR 1958, 492 (495) – Eis-Praline; GRUR 1963, 36 (38) – Fichtennadelextrakt; GRUR 2009, 970 Rn. 25 – Versicherungsberater; OLG Hamburg GRUR-RR 2004, 36 und GRUR-RR 2010, 63 (66); OLG Karlsruhe NJW-RR 1990, 425 (427); Köhler/*Bornkamm*/Feddersen § 5 Rn. 1.82 f.; GroßKommUWG/*Lindacher* § 5 Rn. 178; enger Ohly/*Sosnitza* § 5 Rn. 200: Ist die Angabe lediglich gesetzlich erlaubt, geht die Verkehrsauffassung vor.

Konzerngesellschaften.[505] Der **Umgangssprache** nahestehende Begriffe können durch die tatsächliche Verwendung überlagert werden mit der Folge, dass der Verkehr überhaupt keine festen Vorstellungen bildet.[506] Bei **neu** eingeführten Bezeichnungen oder wenn der Unternehmer aus anderen Gründen damit rechnen muss, dass der Durchschnittsverbraucher die entspr. Bestimmungen nicht kennt, scheidet eine Steuerung der Verkehrsauffassung uU aus. Die nach Aufhebung oder Änderung gesetzlicher Regelungen, die bislang das Verkehrsverständnis bestimmt haben, während einer Übergangszeit bestehenden Fehlvorstellungen des Verkehrs sind jedoch ggf. hinzunehmen, weil andernfalls die **alte Rechtslage** mit Hilfe des Irreführungsverbots **perpetuiert** würde.[507] Eine Fehlvorstellung der Verbraucher, die auf ein Monopol zurückgeht und auch nach der Aufhebung oder Lockerung des Monopols noch fortbesteht, begründet daher uU keine relevante Irreführung.[508] Tatsächliche Fehlvorstellungen des Verkehrs, dass Saisonschlussverkäufe sich stets durch eine feste Dauer auszeichnen, begründen nach Streichung der gesetzlichen Bestimmungen über Sonderveranstaltungen keine Irreführungsgefahr im Sinne von § 5.[509]

Näher auch → § 5 Rn. 305.

249 **g) Veränderte Verkehrsauffassung.** Da das Verkehrsverständnis **wandelbar** ist, können Angaben im Laufe der Zeit einen anderen Inhalt annehmen, weil sie vom Verkehr inzwischen anders verstanden werden.[510] So versteht der Verkehr zB die seit 1908 für AEG eingetragene Marke „Fön" heute als Gattungsbezeichnung. Der Marktzutritt von diversen Generika und dessen werbliche Begleitung kann bei den umworbenen Fachkreisen das Bewusstsein entstehen lassen, dass sich Originalpräparat und Generika im Hinblick auf bestimmte Inhaltsstoffe unterscheiden.[511] Dass bei einem derartigen Bedeutungswandel diejenigen Teile des angesprochenen Verkehrs, die den Wandel (noch) nicht mitvollzogen haben, nicht vor Täuschung geschützt werden, ist hinzunehmen; denn § 5 gewährleistet keinen umfassenden Schutz vor Täuschung, sondern ist das Ergebnis eines Interessenausgleichs, der den „Durchschnittsverbraucher" als Maßstab nimmt. Steht die von dem Gericht angenommene Verkehrsauffassung nicht in Einklang mit der Verkehrsauffassung, wie sie Entscheidungen anderer Gerichte zugrunde liegt, bedarf es einer **näheren Begründung,** wie das Gericht zu der von ihm angenommenen Verkehrsgewöhnung gelangt[512] Ferner auch → § 5 Rn. 282.

250 **h) Motive.** Welche Beweggründe den Unternehmer zu der geschäftlichen Handlung veranlassen, ob es sich um einen Einzelfall handelt oder der Unternehmer vorsätzlich handelt, ist für die Qualifizierung der geschäftlichen Handlung als irreführend **bei gebotener richtlinienkonformer Auslegung bedeutungslos, sofern die UGP-RL derartige Voraussetzungen nicht ausdrücklich aufstellt.**[513] So kommt es nicht darauf an, an welchen Abnehmerkreis der Unternehmer die Werbung richten wollte, sondern an wen sie sich aus Sicht der Adressaten der Werbung richtet.[514] Mit dem „Durchschnittsverbraucher" hat der europäische Gesetzgeber im Interesse der **Rechtssicherheit** einen **objektivierten**

[505] BGH GRUR 2009, 970 Rn. 20 – Versicherungsberater.

[506] Vgl. BGH GRUR 2009, 970 Rn. 23 – Versicherungsberater.

[507] BGH GRUR 2011, 166 Rn. 28 – Rote Briefkästen; GRUR 2012, 1273 Rn. 27 – Stadtwerke Wolfsburg.

[508] BGH GRUR 2011, 166 Rn. 28 – Rote Briefkästen mit Anm. *Kefferpütz* GRURPrax 2010, 563; GRUR 2012, 1273 Rn. 27 – Stadtwerke Wolfsburg.

[509] BGH GRUR 2008, 1114 Rn. 14 – Räumungsfinale.

[510] BGHZ 10, 196 (202) – Dun-Europa; OLG Hamburg PharmaR 2006, 222 ff.; Köhler/*Bornkamm*/*Feddersen* § 5 Rn. 1.107.

[511] OLG Hamburg Magazindienst 2006, 557 ff.

[512] BGH GRUR 2015, 698 Rn. 14 – Schlafzimmer komplett.

[513] Vgl. EuGH C-388/13, EU:C:2015:225 Rn. 43, 47, 53 f. – UPC Magyarország; BGH GRUR 2011, 82 Rn. 23 – Preiswerbung ohne Umsatzsteuer; OLG Köln Magazindienst 2011, 632; *Scherer* FS Köhler, 2014, 607 (608 f.).

[514] BGH GRUR 1990, 617 (623) – Metro III; GRUR 2011, 82 Rn. 23 – Preiswerbung ohne Umsatzsteuer.

Maßstab gewählt. Eine im Einzelverkaufsgespräch gemachte Angabe, die nicht geeignet ist, beim Adressaten einen Irrtum hervorzurufen, wird nicht dadurch irreführend, dass der Unternehmer die Absicht hatte, seinen potentiellen Kunden zu täuschen. Die **Rspr.** stellt allerdings bei der **dreisten Lüge** geringere Anforderungen an eine Irreführung, näher → § 5 Rn. 318, 339 f. Auch wird im Bereich der **Mängelhaftung** und der Verletzung von **Vertragspflichten** teils ein **planmäßiges Verhalten** gefordert, näher → § 5 Rn. 89.

Von Bedeutung sind die Beweggründe des Unternehmers insbesondere bei der Irreführung über die Beweggründe für die geschäftliche Handlung gemäß **§ 5 Abs. 1 S. 2 Nr. 3,** aber auch bei einigen Tatbeständen der **„schwarzen Liste".** So erfordern die in **Nr. 6** des Anhangs zu § 3 Abs. 3 erfassten „bait-and-switch"-Techniken die Absicht des Unternehmers, ein anderes Produkt abzusetzen, und die in **Nr. 13 des Anhangs zu § 3 Abs. 3** geregelte Werbung für verwechslungsfähige Produkte setzt voraus, dass der Verbraucher **absichtlich** dazu verleitet werden muss zu glauben, das beworbene Produkt sei von einem anderen Hersteller hergestellt worden, s. → § 3 Anh Rn. 282. 251

i) Fortwirkung. Eine an sich nicht zu beanstandende Werbeangabe kann einen anderen Inhalt haben, wenn der Verkehr mit ihr die **Erinnerung an eine frühere Werbemaßnahme** verbindet, als wenn es an einer solchen Verbindung fehlt. Die frühere irreführende Angabe kann nämlich zur Folge haben, dass auch ein späteres Verhalten den Verkehr wegen der Nachwirkung der früheren Angabe irreführt.[515] In seiner *„Pietra di Soln"*-Entscheidung führt der BGH aus, die Fortwirkung dürfe nicht bloß unterstellt werden.[516] Nach Auffassung des BGH kommt es darauf an, ob die frühere Angabe in einem solchem Umfang und in einer solchen Intensität verwendet worden ist, dass sie sich einem rechtserheblichen Teil der angesprochenen Verkehrskreise genügend eingeprägt hat, um fortwirken zu können.[517] 252

3. Umstand im Sinne von § 5 Abs. 1 S. 2. a) Allgemein. Die der geschäftlichen Handlung zu entnehmende Angabe muss sich auf mindestens einen der in § 5 Abs. 1 S. 2 aufgeführten Umstände beziehen. Das gilt auch, wenn die Klage auf die **Unwahrheit** der Angabe gestützt wird (näher → § 5 Rn. 321). Zur Frage der Geltung der Bezugspunkte bei der Irreführung durch **Verschweigen** näher → § 5a Rn. 137. 253

b) Abschließende Aufzählung für das Verhältnis B2C. Anders als vor der Reform 2008 ist die **Aufzählung der Bezugspunkte abschließend, näher → § 5 Rn. 393.** Daher wird zB ein Irrtum über die Vertriebswege der beworbenen Waren als solcher von § 5 nicht erfasst; dies liefe auch den Zielen des Binnenmarktes und der europäischen Irreführungsrichtlinie bzw. UGP-RL zuwider.[518] Eine Erweiterung bleibt allerdings möglich, soweit die aufgezählten Bezugspunkte in § 5 Abs. 1 S. 2 konkretisiert werden und die Konkretisierung ihrerseits nicht abschließend ist. So handelt es sich bei den in § 5 Abs. 1 S. 2 Nr. 1 genannten Kriterien der Verfügbarkeit, Art, Ausführung usw nur um Beispiele für wesentliche Merkmale der Ware oder Dienstleistung („... wie ..."). 254

c) Erweiterbarkeit für Verhältnis B2B? Problematisch ist die abschließende Aufzählung der Bezugspunkte aber im Anwendungsbereich der Irreführungsrichtlinie, also soweit der Schutz von Unternehmern (B2B) vor irreführender Werbung betroffen ist. Nach der zum **10.12.2015** erfolgten Ausklammerung der Irreführung *von* Mitbewerbern stellt sich diese Problematik allerdings nur noch für die Irreführung *von* **sonstigen Marktteilnehmern,** die nicht in den Anwendungsbereich der UGP-RL, wohl aber der Werberichtlinie 2006/114/EG fällt. Hier darf folglich der **Mindeststandard der Irreführungsrichtlinie nicht unterschritten** werden; zur vergleichenden Werbung sogleich → § 5 Rn. 256. Die Werberichtlinie kennt einen abschließenden Katalog von Umständen, auf die sich unwahre 255

---

[515] BGH GRUR 1982, 685 (686) – Ungarische Salami II; GRUR 2007, 66 (69) – Pietra di Soln.
[516] BGH GRUR 2007, 67 Rn. 21 – Pietra di Soln.
[517] BGH GRUR 2007, 67 Rn. 21 – Pietra di Soln.
[518] Vgl. EuGH C-44/01, EU:C:2003:205 Rn. 62 ff. – Pippig Augenoptik.

bzw. täuschende Angaben (nur) beziehen dürfen, aber nicht. Nach Art. 3 Irreführungsrichtlinie sind bei der Beurteilung der Frage, ob eine Werbung irreführend ist, *alle* ihre Bestandteile zu berücksichtigen; die anschließende Liste von Bezugspunkten ist nicht abschließend, wie sich aus der Verwendung des Wortes „insbesondere" ergibt. Soweit §§ 5, 5a nicht die UGP-RL umsetzen, sind sie unionskonform anhand der **Werberichtlinie 2006/114/EG** auszulegen, → § 5 Rn. 26 ff. Die Irreführungseignung von Werbung kann sich deshalb, soweit der Schutz von sonstigen Mitbewerbern betroffen ist, auch aus Angaben ergeben, die sich auf Umstände beziehen, die in § 5 Abs. 1 S. 2 nicht genannt sind. Es ist abzuwarten, ob die Problematik im Hinblick auf die recht umfassende Liste in § 5 Abs. 1 S. 2 praktische Relevanz hat.

256 **d) Einschränkung bei vergleichender Werbung?** Für **vergleichende Werbung** gilt nach Art. 4 lit. a Werberichtlinie, dass vergleichende Werbung nicht irreführend iSd Art. 2 lit. b, Art. 3 und Art. 8 Abs. 1 der Werberichtlinie *oder* im Sinne der Art. 6 und Art. 7 der UGP-RL sein darf. Daraus folgt, dass auch hier für das Verhältnis B2B der Katalog der Bezugspunkte der UGP-RL nicht abschließend ist. Zwar stellt der Schutzstandard der Werberichtlinie 2006/114/EG, soweit das Verhältnis **B2B** betroffen ist, hier anders als im übrigen Anwendungsbereich der Werberichtlinie auch die **Schutzhöchstgrenze** dar, näher → § 5 Rn. 30 ff. Eine Einschränkung der möglichen Bezugspunkte ergibt sich für die irreführende vergleichende Werbung daraus jedoch nicht, weil die in Art. 4 lit. a–h Werberichtlinie aufgeführten Bedingungen kumulativ gelten,[519] ferner es sich bei der irreführenden und der unzulässigen vergleichenden Werbung um zwei unterschiedliche Zuwiderhandlungen handelt,[520] sodass die tatbestandlichen Voraussetzungen des Art. 3 Werberichtlinie auch für die Beurteilung einer irreführenden vergleichenden Werbung uneingeschränkt gelten.

Auch → **§ 5 Rn. 1343 f.**

257 **e) Weitere Einzelheiten.** Wegen der Bezugspunkte allgemein, ihrem Inhalt und Beispielsfällen wird auf die Kommentierung zu § 5 Abs. 1 S. 2 (§ 5 Abschn. C bis I → § 5 Rn. 403 ff.) verwiesen.

258 **4. Täuschungseignung. a) Verkehrsverständnis.** Zur Täuschung geeignet sind Angaben, die geeignet sind, beim maßgeblichen Verkehrskreis eine Fehlvorstellung zu erwecken. Bei der Betrachtung ist auf das Verständnis eines **durchschnittlich (angemessen) aufmerksamen, informierten und verständigen Mitglieds des angesprochenen Verkehrskreises in der konkreten Situation** abzustellen, in welcher der betreffende Verkehrskreis mit der geschäftlichen Handlung in Kontakt kommt. Wegen der Einzelheiten wird auf die Kommentierung des Verkehrsverständnisses (→ § 5 Rn. 144 ff.) verwiesen. Wie andere Kreise oder der Wettbewerber selbst die Angabe verstehen, spielt für die Frage der Täuschungseignung keine Rolle.

259 **b) Eignung.** Die Täuschungs*eignung* reicht aus. Entscheiden ist damit nicht, ob die Angabe beim maßgeblichen Verkehr eine Fehlvorstellung hervorgerufen hat, sondern ob sie bei ihm eine **Fehlvorstellung erwecken kann.** Inzwischen geht auch der BGH davon aus, dass dies eine Prognose erforderlich macht, wie der Verkehr die Angabe verstehen kann. Zur Täuschung geeignet ist eine Angabe dann, wenn Verkehrsverständnis und objektive Sachlage eine Diskrepanz aufweisen.[521] Wegen des normativen Charakters des Verkehrsverständnisses handelt es sich bei der Täuschungseignung um eine **Rechtsfrage** (str., näher → § 5 Rn. 149 ff.).

[519] EuGH C-487/07, EU:C:2009:378 Rn. 67 – L'Oréal ua; C-159/09, C:2010:696 Rn. 16 – Lidl; C-52/13, EU:C:2014:150 Rn. 25 – Posteshop.

[520] EuGH C-52/13, EU:C:2014:150 Rn. 28 f. – Posteshop.

[521] Vgl. BGH GRUR 1964, 33 (36) – Bodenbeläge; GRUR 2000, 911 (913) – Computerwerbung; OLG Saarbrücken Magazindienst 2006, 935.

c) Fehlvorstellung. Zur Täuschung geeignet ist eine Angabe dann, wenn **der aus der Sicht des Verkehrs festgestellte Angabeninhalt (→ § 5 Rn. 236 ff.) von der Wirklichkeit abweicht.**[522] Besondere Anforderungen an den Irrtum des Verkehrs sind nicht zu stellen; jeder, auch ein **allgemeiner Irrtum** über einen der Bezugspunkte genügt. ZB reicht eine Werbung aus, die den Verkehr zu Unrecht glauben macht, die beworbene Ware weise die gleichen Ausstattungsmerkmale wie jene eines anderen Herstellers auf, ohne dass er weiß, welche Ausstattungsmerkmale dies im Einzelnen sind.[523] Die Verkehrserwartung bezieht sich hier nicht auf das Vorliegen bestimmter Ausstattungsmerkmale, sondern darauf, dass diese denen des anderen Herstellers entsprechen und im Preis enthalten sind.[524] Inhalt, Ausmaß und Folgen der Fehlvorstellung können aber im Rahmen der Prüfung der Relevanz (→ § 5 Rn. 331 ff.) eine Rolle spielen und sind für die Fassung des Urteilstenors von Bedeutung. 260

d) Problembereiche. aa) Korrektur täuschender Angaben. Wenn davon gesprochen wird, der Werbende könne Angaben im zeitlichen, räumlichen und sachlichen Zusammenhang mit der Werbung „korrigieren", so ist dies missverständlich. Tatsächlich geht es meist nicht um die **(nachträgliche)** Korrektur einer täuschenden Angabe, die nämlich in aller Regel eine Irreführung nicht mehr ausräumen kann,[525] sondern darum, dass der Verkehr bereits **im Zusammenhang** mit einer isoliert betrachtet täuschenden Angabe weitere Informationen erhält, welche die Täuschung ausschließen, so zB bei der Blickfangwerbung, → Rn. 265. Eine Bereitstellung von Informationen an Stellen, die nicht mehr Teil des aus Sicht des Verkehrs zu beurteilenden Gesamtzusammenhangs sind, kann nur eine Irreführung durch **Unterlassen** ausschließen, → § 5 Rn. 203. Ob die Angabe(n) bei der gebotenen Betrachtung im Zusammenhang zur Täuschung des Verkehrs geeignet ist/sind oder nicht, ist nach dem Gesamteindruck der geschäftlichen Handlung zu beurteilen. Dabei kommt es auf die Sicht des durchschnittlich aufmerksamen, informierten und verständigen Durchschnittsverbrauchers an. Nimmt er die „korrigierenden" Informationen zur Kenntnis und unterliegt deshalb keiner Fehlvorstellung, sind die in der geschäftlichen Handlung enthaltenen Angaben trotz der bei isolierter Betrachtung einzelner Angaben vorhandenen Täuschungseignung insgesamt nicht zur Täuschung geeignet. 261

bb) Blickfangwerbung. (a) Begriff. Eine Blickfangwerbung setzt voraus, dass bestimmte (positive) Werbeangaben deutlich von dem Rest einer Werbung abgehoben werden und damit geeignet und bestimmt sind, die besondere Aufmerksamkeit des Verkehrs auf sich zu ziehen.[526] Dies ist bei einer auf der ersten Seite in Fettdruck herausgestellten Werbeaussage „ALL NET FLAT … 19,90 €/Monat*" anzunehmen[527] und kann auch bei einer aufgrund ihrer Größe ins Auge fallende Kurzbezeichnung am oberen Rand des Briefbogens einer Anwaltskanzlei der Fall sein.[528] An der für eine Blickfangwerbung charakteristischen Situation fehlt es, wenn nahezu alle Aussagen der Werbung farblich und drucktechnisch optisch hervorgehoben und herausgestellt sind; hier finden die Grundsätze der Blickfangwerbung keine Anwendung.[529] 262

(b) Rechtsprechung. Die Rechtsprechung stellt trotz **Relativierung** des Grundsatzes der isolierten Beurteilung des Blickfangs[530] **strenge Anforderungen an die Blickfang-** 263

---

[522] BGH GRUR 2000, 911 (913) – Computerwerbung.
[523] BGH GRUR 1999, 1125 (1127) – EG-Neuwagen II.
[524] BGH GRUR 1999, 1125 (1127) – EG-Neuwagen II.
[525] BGH WRP 2016, 1228 Rn. 35 – Geo-Targeting.
[526] Vgl. BGH GRUR 2002, 979 ff. – Koppelungsangebot II.
[527] BGH WRP 2016, 184 – All Net Flat.
[528] Vgl. BGH GRUR 2014, 496 Rn. 10 – Kooperation mit Wirtschaftsprüfer.
[529] OLG Hamburg 7.3.2007 – 5 U 75/06, BeckRS 2007, 09321; vgl. GroßKommUWG/*Lindacher*, 2. Aufl., § 5 Rn. 109.
[530] Köhler/*Bornkamm/Feddersen* § 5 Rn. 1.87; vgl. BGH GRUR 2015, 698, Ls. 2 – Schlafzimmer komplett: Eine objektiv unzutreffende Angabe, die blickfangmäßig herausgestellt ist, kann nunmehr auch ohne

werbung. Bei der Prüfung, ob eine Blickfangwerbung gegen § 5 verstößt, verfolgt sie ein Mehrstufenmodell:[531]

264 (α) Der **Blickfang** selbst darf nach der Rspr. des BGH und hL keine objektive Unrichtigkeit in Form einer **„dreisten Lüge"** enthalten.[532] Der Begriff der „dreisten Lüge" ist dabei im Sinne einer objektiven Unrichtigkeit, für die kein vernünftiger Anlass besteht, zu verstehen.[533] Enthält der Blickfang eine „dreiste" Lüge, ist nach Rechtsprechung eine Korrektur durch einen Sternchenhinweis nicht möglich.[534] Die „Schlafzimmer komplett"-Entscheidung,[535] der kein solcher Sachverhalt zugrunde lag und die im Lichte der „All Net Flat"-Entscheidung[536] restriktiv zu sehen ist, dürfte zwar nicht als Abkehr von dieser Rspr. zu verstehen sein. Strengere (oder andere) Anforderungen an die lauterkeitsrechtliche Bewertung der „dreisten Lüge" bei § 5 haben mE im Unionsrecht jedoch keine Stütze **(näher → § 5 Rn. 275 ff.)**, weshalb für die „dreiste Lüge" nichts anderes als für unwahre Angaben gelten kann (dazu b), zumal bei den schwer erkennbaren **subtilen „Halbwahrheiten"** das **Gefährdungspotential höher als bei der „dreisten Lüge"** sein kann.

265 (β) Enthält der Blickfang keine „dreiste Lüge", so kann eine blickfangmäßig herausgestellte Aussage, die isoliert betrachtet objektiv unrichtig oder zur Täuschung geeignet ist, durch einen klaren und unmissverständlichen Hinweis ausgeschlossen werden, der selbst am Blickfang teilhat;[537] in aller Regel durch einen Sternchenhinweis.[538] Unter bestimmten Umständen kann dies aber auch durch andere klarstellende Angaben[539] im übrigen Text erfolgen, selbst wenn diese nicht am Blickfang teilhaben. Die Annahme, der Verbraucher werde die Einschränkung einer blickfangmäßig herausgestellten Werbeaussage durch eine andere Aussage in der Werbung erkennen, zu der er nicht durch einen klaren und unmissverständlichen Hinweis an der blickfangmäßig herausgestellten Aussage hingeführt wird, ist jedoch nur unter engen Voraussetzungen gerechtfertigt,[540] → Rn. 268.

266 Zur Aufklärung geeignet sind nach der Rechtsprechung nur Hinweise, die klar und unmissverständlich, räumlich eindeutig den anderen blickfangmäßig herausgestellten Angaben zugeordnet sowie gut lesbar und grundsätzlich vollständig sind.[541]

267 Wie genau die Hinweise gestaltet sein müssen, hängt von den Umständen des Einzelfalls ab:

Regelmäßig muss der Irrtum durch einen klaren und unmissverständlichen Hinweis – im Allgemeinen einen Sternchenhinweis – ausgeschlossen werden, der eine eindeutige Zuord-

---

Sternchenhinweis durch klarstellende Angaben im weiteren Text aufgeklärt werden, wenn sich der Verbraucher vor einer geschäftlichen Entscheidung mit dem gesamten Text befassen wird.

[531] Köhler/*Bornkamm/Feddersen* § 5 Rn. 1.88 ff.

[532] BGH GRUR 2003, 163 (164) – Computerwerbung II; GRUR 2003, 249 f. – Preis ohne Monitor; WRP 2007, 1337 (1339) – 150 % Zinsbonus; OLG Düsseldorf BeckRS 2015, 03183; Köhler/*Bornkamm/Feddersen* § 5 Rn. 1.89; *Helm/Sonntag/Burger* in Gloy/Loschelder/Danckwerts HdbWettbR § 59 Rn. 107.

[533] OLG Düsseldorf BeckRS 2015, 03183; Köhler/*Bornkamm/Feddersen* § 5 Rn. 1.89.

[534] Vgl. BGH GRUR 2001, 78 – Falsche Herstellerpreisempfehlung; GRUR 2012, 81 Rn. 14 – Innerhalb von 24 Stunden; OLG Frankfurt a. M. 8.11.2012 – 6 U 27/11 LMRR 2012, 69; OLG Düsseldorf BeckRS 2015, 03183.

[535] Vgl. BGH GRUR 2015, 698 Rn. 20 – Schlafzimmer komplett.

[536] BGH WRP 2016, 184 Rn. 18 und Ls. – All Net Flat.

[537] BGH WRP 2016, 1004 Rn. 23 – Himalaya Salz; BGH GRUR 2015, 698 Rn. 16 – Schlafzimmer komplett; WRP 2016, 184 Rn. 16 – All Net Flat; zum dogmatischen Ansatz einer Korrektur täuschender Angaben näher → § 5 Rn. 261.

[538] BGH GRUR 2009, 1180 Rn. 27 – Grundgebühr; GRUR 2010, 744 Rn. 33 – Sondernewsletter; GRUR 2011, 340 Rn. 23 – Irische Butter; GRUR 2011, 742 Rn. 34 – Leistungspakete im Preisvergleich.

[539] BGH GRUR 2015, 698 Rn. 16 – Schlafzimmer komplett; vgl. BGH GRUR 2003, 249 – Preis ohne Monitor; BGH MDR 2003, 404 (405) – Computerwerbung II.

[540] BGH WRP 2016, 184 Rn. 18, Ls. – All Net Flat. Tendenziell großzügiger noch BGH GRUR 2015, 698– Schlafzimmer komplett.

[541] BGH GRUR 1987, 45 (47) – Sommerpreiswerbung; NJOZ 2002, 972 (974) – Für'n Apfel und n'Ei; GRUR 2005, 164 (166) – Aktivierungskosten II; GRUR 2007, 251 (253) – Regenwaldprojekt II; GRUR 2009, 1180 Rn. 26 – Grundgebühr; GRUR 2010, 744 Rn. 33 – Sondernewsletter; GRUR 2011, 742 Rn. 31 – Leistungspakete im Preisvergleich; GRUR 2015, 698 Rn. 16 – Schlafzimmer komplett.

nung gewährleistet und selbst am Blickfang teilhat.[542] Danach reicht es nicht aus, wenn etwa der beworbene Artikel zusammen mit weiteren Artikeln abgebildet wird, ohne die er nicht benutzt werden kann, und der aufklärende Hinweis nur innerhalb der Produktbeschreibung steht, ohne am Blickfang teilzuhaben und die Zuordnung zu den herausgestellten Angaben zu wahren.[543] Der Betrachter soll durch einen Sternchenhinweis oder auf andere geeignete Weise im Blickfang ein Warnsignal erhalten, das ihm zeigt, dass der Blickfang nicht vorbehaltlos gilt.[544] In diesem Fall, dh wenn der Sternchenhinweis am Blickfang teilhat, braucht der aufklärende Hinweis selbst nicht zwingend in der Fußzeile der Werbung enthalten sein, sofern nur das Sternchen am Blickfang teilhat.[545]

Nicht in jedem Fall muss ein Sternchenhinweis oder aufklärender Hinweis am Blickfang **268** selbst teilhaben. Eine für sich genommen unzutreffende Aussage, die blickfangmäßig herausgestellt ist, kann unter engen Voraussetzungen[546] auch ohne Sternchenhinweis durch klarstellende Angaben im weiteren Text aufgeklärt werden, wenn der Verbraucher sich vor einer geschäftlichen Entscheidung mit dem gesamten Text befassen wird und gewährleistet ist,[547] dass der Durchschnittsverbraucher nicht durch die weiteren in der Anzeige enthaltenen Angaben davon abgehalten wird, eine darauf beruhende geschäftliche Entscheidung zu treffen.[548] Soweit die „Schlafzimmer Komplett"-Entscheidung[549] tendenziell großzügiger verstanden werden könnte, wird dies durch die diese Entscheidung ergänzende „All Net Flat"-Entscheidung relativiert.[550] Eine Klarstellung durch Angaben, die nicht am Blickfang teilhaben, kommt danach vor allem bei Werbung für langlebige und kostspielige Güter in Betracht, mit der sich der Verbraucher nach der Lebenserfahrung eingehend und nicht nur flüchtig befasst und die er aufgrund einer kurzen und übersichtlichen Gestaltung insgesamt zur Kenntnis nehmen wird.[551] Dies hat der BGH bei einer Werbung für eine Schlafzimmereinrichtung Preis in vierstelliger Höhe bejaht.[552] Für die Rechtslage vor Umsetzung der UGP-RL wurde eine Klarstellung auf diese Weise auch für eine Werbung für Geldanlagen in Betracht gezogen, da der Aufmerksamkeitsgrad hier erfahrungsgemäß hoch sei.[553] Bei einer blickfangmäßig herausgestellten Werbung mit einem Preisnachlass setzt die klare und eindeutige Angabe der Bedingungen für die Inanspruchnahme grundsätzlich voraus, dass auch die Einschränkungen für die Gewährung des Preisnachlasses am Blickfang teilhaben.[554]

(γ) Fehlvorstellungen durch bestimmte, im Blickfang nur sehr indirekt enthaltene An- **269** gaben können schließlich nach *Bornkamm/Feddersen* in bestimmten Fällen uU auch durch eine allgemeine **salvatorische Klausel** korrigiert werden.[555] Das soll allerdings nur möglich sein bei Aussagen, die im Blickfang nur sehr indirekt enthalten sind wie zB die

---

[542] BGH WRP 2016, 1004 Rn. 23 – Himalaya Salz; WRP 2016, 184 Rn. 18, Ls. – All Net Flat; GRUR 2015, 698 Rn. 16 – Schlafzimmer komplett.

[543] BGH GRUR 2015, 698 Rn. 16 – Schlafzimmer komplett.

[544] Vgl. Köhler/*Bornkamm/Feddersen* § 5 Rn. 1.90.

[545] BGH WRP 2012, 1233 Rn. 6 – Bester Preis der Stadt; vgl. BGH GRUR 2002, 979 (982) – Koppelungsangebot II.

[546] BGH GRUR 2015, 698 Rn. 19 – Schlafzimmer komplett.

[547] Vgl. BGH WRP 2016, 184 Rn. 18 ff. – All Net Flat.

[548] BGH WRP 2016, 184 Rn. 18, Ls. – All Net Flat; GRUR 2015, 698 Rn. 20 – Schlafzimmer komplett; GRUR 2007, 1337 (1339) – 150 % Zinsbonus; GRUR 2003, 249 – Preis ohne Monitor.

[549] BGH GRUR 2015, 698 Rn. 1 ff. – Schlafzimmer komplett.

[550] BGH WRP 2016, 184 Rn. 18 und Ls. – All Net Flat; vgl. auch BGH WRP 2016, 1004 Rn. 23 – Himalaya Salz. Nach Köhler/*Bornkamm/Feddersen* § 5 Rn. 1.91 beruht die Entscheidung *„Schlafzimmer komplett"* auf einer Würdigung des Einzelfalls; darin sei keine Abkehr von der dort und auch hier zugrunde gelegten Kategorisierung der Blickfangwerbung zu sehen.

[551] BGH WRP 2016, 184 – All Net Flat; GRUR 2015, 698 Rn. 19 – Schlafzimmer komplett; GRUR 2018, 199 Rn. 24 – 15 % MwSt. GESCHENKT.

[552] BGH GRUR 2015, 698 Rn. 19 – Schlafzimmer komplett.

[553] BGH WRP 2007, 1337 (1339) – 150 % Zinsbonus.

[554] BGH GRUR 2018, 199 Rn. 23 – 15 % MwSt. GESCHENKT; vgl. BGH GRUR 2003, 249 – Preis ohne Monitor; GRUR 2007, 981 Rn. 23 – 150 % Zinsbonus.

[555] Köhler/*Bornkamm/Feddersen* § 5 Rn. 1.92.

Vorstellung des Verbrauchers, die beworbene Ware werde nur eine bestimmte Zeit vorrätig sein.[556]

270 **Kasuistik: Irreführender Blickfang bejaht:** Werbung für Netzkartenvertrag mit blickfangmäßig herausgestelltem monatlichen Pauschalpreis und Mobiltelefon, das (nahezu) nichts kosten soll, wenn sich zusätzlich anfallende Aktivierungskosten oder Kosten für ein „Startpaket" nur aus dem Fließtext der Aufzählung der im Pauschalpreis enthaltenen Leistungen ergeben oder die Auflösung des Sternchenhinweises erst am Ende der andere Seite des Werbeblattes in schwer lesbarer Schriftgröße erfolgt.[557] In der Kopfleiste des Briefbogens einer Anwaltskanzlei blickfangmäßig herausgestellte **Kurzbezeichnung der Rechtsanwaltskanzlei,** wenn sich die unter ihr auftretenden Berufsträger nicht zu einer haftungsrechtlichen Einheit verbunden haben, sondern lediglich als Bürogemeinschaft oder Kooperation tätig sind.[558] Herausstellung der Namen oder einer Kurzbezeichnung der Sozietätsmitglieder zusammen mit der Berufsbezeichnung Rechtsanwälte, Steuerberater und Patentanwälte bzw. Wirtschaftsprüfer, wenn über die Zusatzqualifikation **Steuerberater** und **Patentanwalt** bzw. **Wirtschaftsprüfer** kein Sozietätsmitglied, sondern nur die Kooperationspartner der Kanzlei verfügen, selbst wenn die Berufsbezeichnungen Steuerberater und Patentanwalt am rechten Rand des Briefkopfes durch Namensnennung der Kooperationspartner unter Hinzufügung ihrer beruflichen Stellung erläutert werden.[559]

271 **(Relevante) Irreführung verneint:** Werbung für Schlafzimmereinrichtungen mit der hervorgehobenen Angabe „KOMPLETT" erweckt beim Verbraucher zwar die fehlerhafte Vorstellung, das Angebot umfasse auch Lattenrost und Matratze,[560] die blickfangmäßig herausgestellte und objektiv unzutreffende Angabe wird aber auch ohne Sternchenhinweis durch klarstellende Angaben am Ende des unterhalb der Abbildung befindlichen Textes ausgeräumt.[561] Der an der blickfangmäßig herausgehobenen Preisangabe (49 DM) für einen Videorekorder angebrachte Sternchenhinweis, der den Betrachter zu einem unmittelbar daneben befindlichen Kasten führt, in dem darauf hingewiesen wird, dass der Preis nur in Verbindung mit dem Abschluss eines Stromlieferungsvertrags zu den im Kasten iE aufgeschlüsselten Bedingungen gilt, schließt einen irreführenden Gesamteindruck der Werbung über die mit dem Vertragsabschluss verbundenen wirtschaftlichen Belastungen aus;[562] anders wenn die Information in diesem Kasten nicht waagerecht, sondern senkrecht in kleinerer Schriftgröße abgedruckt ist und zudem nicht alle Informationen über die Konditionen des Stromvertrags enthält.[563] Der in der Fußzeile einer Werbeanzeige enthaltene Hinweis „Keine Mitnahmegarantie. Sofern nicht vorhanden, gleich bestellen. Wir liefern umgehend" kann geeignet sein, die beim Verbraucher durch die herausgestellte Bewerbung erweckte Erwartung, den beworbenen Artikel sofort mitnehmen zu können, zu zerstören.[564] Die Information über die Kosten des Netzzugangs des als „für'n Apfel und n'Ei" angepriesenen Handys, die räumlich eindeutig dem blickfangmäßig herausgestellten Preis für das Mobiltelefon zugeordnet sowie gut lesbar und grundsätzlich vollständig ist, reicht aus, um entsprechende Missverständnisse auszuschließen.[565]

272 **(c) Notwendigkeit eines neuen Ansatzes.** Die Rspr. stellt trotz einer gewissen Liberalisierung an Blickfangwerbung strengere Anforderungen als an andere Werbeformen. Der tendenziell etwas großzügigere Ansatz der „Schlafzimmer komplett"-Entscheidung wird durch die „All Net Flat"-Entscheidung wieder relativiert. Im Grundsatz bleibt es weiter bei

556 Vgl. BGH GRUR 2003, 249 – Preis ohne Monitor.

557 BGH GRUR 2006, 164 – Aktivierungskosten II; GRUR 2009, 73 – Telefonieren für 0 Cent!; GRUR 2010, 744 – Sondernewsletter; WRP 2016, 184 – All Net Flat.

558 BGH GRUR 2014, 496 Rn. 18 – Kooperation mit Wirtschaftsprüfer.

559 BGH NJW 2003, 345 (346); GRUR 2014, 496 Rn. 18 – Kooperation mit Wirtschaftsprüfer.

560 BGH GRUR 2015, 698 Rn. 13 f. – Schlafzimmer komplett.

561 BGH GRUR 2015, 698 Rn. 18 ff. – Schlafzimmer komplett.

562 BGH GRUR 2002, 976 (978) – Koppelungsangebot I.

563 BGH GRUR 2002, 979 ff. – Koppelungsangebot II.

564 BGH GRUR 2003, 163 – Computerwerbung II.

565 *BGH NJOZ* 2002, 972 (974) – Für'n Apfel und n'Ei.

der Regel, dass der Verbraucher den Blickfang als abgeschlossene Angabe auffasst und eine Kenntnisnahme von Informationen außerhalb des Blickfangs deshalb nicht erwartet werden kann.[566] Die Systematisierung mithilfe der Bildung einer bei einzelnen Elementen der Ausgestaltung der Werbung ansetzenden eigenen Fallgruppe einer „Blickfangwerbung" mit in rechtlicher Hinsicht bestehenden Besonderheiten beinhaltet die Gefahr einer zu einseitigen Überbetonung der für die Einordnung als „Blickfangwerbung" maßgeblichen Elemente und darf nicht darüber hinwegtäuschen, dass die Anforderungen unionsrechtlich vorgegeben sind. Das **Unionsrecht** misst dem Umstand keine eigenständige Bedeutung zu, ob eine Angabe blickfangmäßig herausgestellt wird oder nicht.[567] Weder Art. 6 UGP-RL noch die Irreführungsrichtlinie sehen strengere (oder andere) Anforderungen für die Werbung mit blickfangmäßigen Angaben vor. In der „Ives-Rocher"-Entscheidung hat der EuGH in der blickfangmäßigen Werbung mit Preisgegenüberstellungen daher **keinen geeigneten Anknüpfungspunkt für ein Werbeverbot** gesehen.[568] In der „Naturrein"-Entscheidung[569] wurde eine Irreführung des Verbrauchers durch die blickfangmäßige Angabe „naturrein" auf dem Etikett für Konfitüre, die das Geliermittel Pektin enthielt, unter Hinweis auf das Zutatenverzeichnis verneint; grundsätzlich ist nach der Rspr. des EuGH zugrunde zu legen, dass Verbraucher, die sich in ihrer Kaufentscheidung nach der Zusammensetzung des Erzeugnisses richten, zunächst das Zutatenverzeichnis lesen[570]. Der **labelling approach** des EuGH, nach dem sich ein Verbot der Werbung als unverhältnismäßig erweisen kann, wenn die Fehlvorstellung auch durch einen aufklärenden Hinweis vermieden werden kann,[571] ließe sich nicht umfassend verwirklichen, wenn außerhalb des Blickfangs befindlichen Hinweisen keine oder nur eine eingeschränkte Bedeutung zukäme. Darüber hinaus ist nach neuem, richtlinienkonform auszulegendem Recht für die Täuschungseignung auf das **europäische Verbraucherleitbild** eines durchschnittlich (angemessen) informierten, verständigen und aufmerksamen Verbrauchers abzustellen (näher → § 5 Rn. 144 ff. und Glöckner → Einl. Rn. 429 ff.). Eine solche Person wird korrigierende bzw. erläuternde Teile der Werbung jedoch häufig auch dann zur Kenntnis nehmen, wenn sie am Blickfang nicht teilhaben. Nach **Art. 7 Abs. 3 UGP-RL** sind schließlich bei der Entscheidung, ob eine Information **„verschwiegen"** wurde, unter bestimmten Voraussetzungen auch außerhalb des Zusammenhangs **„anderweitig" zur Verfügung gestellte Informationen** zu berücksichtigen.

Für die Blickfangwerbung ist daher ein **neuer Ansatz** erforderlich. Für sie gelten bei der gebotenen richtlinienkonformen Auslegung der §§ 5, 5a keine anderen Grundsätze als für andere Arten der Werbung. Danach gilt: Wie bislang darf eine Blickfangwerbung nicht **relevant unwahr** sein (§ 3 Abs. 1 und 2 iVm § 5 Abs. 1 S. 2 Alt. 1). Für die Unwahrheit kommt es auf das objektive Verständnis an. Erläuternde bzw. korrigierende Hinweise sind nur zu berücksichtigen, wenn sie das Verständnis bei objektiver Betrachtung beeinflussen. Eine weitere Grenze des Irreführungsverbots bildet auch bei unwahren Angaben das Relevanzerfordernis: Unwahren, aber nicht täuschenden Angaben in der Blickfangwerbung wird häufig die erforderliche Relevanz fehlen (näher → § 5 Rn. 317). Eine bei objektiver Betrachtung unter Berücksichtigung des Gesamtzusammenhangs **wahre Blickfangwerbung kann irreführend sein,** wenn sie geeignet ist, beim Durchschnittsverbraucher eine Fehlvorstellung herbeizuführen. Die Täuschungseignung ist aus Sicht eines durchschnittlich aufmerksamen, verständigen und informierten Mitglieds des angesprochenen Verkehrs zu 273

[566] Vgl. BGH WRP 2016, 1004 Rn. 23 – Himalaya Salz; WRP 2016, 184 Rn. 18 – All Net Flat; GRUR 2007, 802 (804) – Testfotos III.

[567] *Wuttke* WRP 2004, 820 (822).

[568] EuGH C-126/19, GRUR 1993, 747 Rn. 16 – Ives Rocher.

[569] EuGH C-465/98, EU:C:2000:184 – Darbo.

[570] EuGH C-51/95, ECLI:EU:C:1995:352 Rn. 34 = BeckRS 2004, 77519 – Kommission/Deutschland; C-465/98, ECLI:EU:C:2000:184 Rn. 22 = NJW 2000, 2729 – Darbo; C-195/14, ECLI:EU:C:2015:361 Rn. 37 – Teekanne [Himbeer-Vanille-Abenteuer].

[571] EuGH C-362/88, GRUR Int. 1990, 955 Rn. 14 ff. – GB-Inno-BM; GroßKommUWG/*Lindacher,* 2. Aufl. 2013, § 5a Rn. 12; Köhler/*Bornkamm/Feddersen* § 5 Rn. 1.87; *Wuttke* WRP 2004, 820 (822 f.).

beurteilen. Nimmt eine solche Person den Blickfang **erläuternde oder korrigierende** Hinweise bzw. Zusätze zur Kenntnis und beeinflussen sie sein Verständnis, sind sie zu berücksichtigen; der Blickfang darf dann also **nicht isoliert** auf seine Täuschungseignung hin untersucht werden.[572] Ist die Blickfangwerbung weder unwahr noch täuschend, sondern **fehlen darin Informationen, die der Verkehr für eine informierte Entscheidung benötigt,** liegt gemäß § 5a nur ein irreführendes Unterlassen vor, wenn wesentliche Informationen betroffen sind und diese unter Berücksichtigung der Besonderheiten des verwandten Kommunikationsmediums und „anderweitig" gemachter Angaben verschwiegen oder vorenthalten werden. Zur Abgrenzung zwischen irreführender Handlung und irreführendem Unterlassen → § 5 Rn. 209 ff., → § 5a Rn. 39 ff.

274 Die **Relevanz** einer täuschenden Blickfangwerbung richtet sich nach allgemeinen Grundsätzen; sie wird also nicht ohne weiteres dadurch ausgeschlossen, dass eine beim Verbraucher bewirkte Fehlvorstellung vor Abschluss des schuldrechtlichen Geschäfts ausgeräumt wird (näher → § 5 Rn. 331 ff.).

275 **cc) Wahre und unwahre Angaben, dreiste Lüge. Zur Irreführung durch unwahre Angaben näher → § 5 Rn. 309 ff.**

276 Aus § 5 Abs. 1 S. 2 Alt. 1 folgt, dass sich das Irreführungsverbot auch auf täuschungsgeeignete **wahre** Angaben erstreckt. **Der BGH geht bislang in ständiger Rechtsprechung davon aus, dass für die Anwendung des wettbewerbsrechtlichen Irreführungsverbots bei wahren Angaben eine höhere Irreführungsquote erforderlich** sei als im Falle der Täuschung mit objektiv unrichtigen Angaben, und hält es außerdem für geboten, eine **Interessenabwägung** vorzunehmen und die Auswirkungen eines Verbots einer objektiv richtigen Aussage in die Erwägungen mit einzubeziehen.[573] Bei einer **„dreisten Lüge"** oder wenn eine Werbung **gerade darauf angelegt ist,** einen unzutreffenden Eindruck zu vermitteln oder den Verbraucher in seinem ersten unzutreffenden Eindruck zu bestätigen, soll nach der Rspr. des BGH auch davon ausgegangen werden können, dass ein ausreichender Teil des in dieser Weise angesprochenen Verkehrs getäuscht wird.[574]

277 Demgegenüber lässt sich der Rspr. des **EuGH eine generelle Differenzierung des Irreführungsschutzes bei unwahren und bei wahren Angaben,** etwa im Sinne von generell höheren Anforderungen an den Irreführungsschutz gegen irreführende wahre Angaben, **nicht entnehmen.** Der EuGH betont zwar ebenfalls das Interesse der Verbraucher an wahrer und zutreffender Information. So wurde in der „Ives Rocher"-Entscheidung ein Argument für den Verstoß des Verbots blickfangmäßiger Werbung mit Preisgegenüberstellungen darin gesehen, dass wahre Preisgegenüberstellungen der Information des Verbrauchers dienten.[575] Im „GB-Inno"-Urteil wies der EuGH darauf hin, dass das Verbot, bestimmte Erzeugnisse in einen Mitgliedstaat einzuführen, gegen Art. 30 EGV aF verstößt, wenn sich das mit dem Verbot verfolgte Ziel auch durch eine geeignete Etikettierung des betreffenden Erzeugnisses erreichen lässt, durch die der Verbraucher die notwendigen Angaben erhalten und somit seine Wahl in Kenntnis aller Umstände treffen kann.[576] In den genannten Entscheidungen ging es aber stets nur darum, den Zusammenhang zwischen Verbraucherschutz und Verbraucherinformation herzustellen. Generell unterschiedliche Anforderungen an ein Verbot der Irreführung mit unwahren bzw. wahren Angaben lassen sich daraus nicht herleiten. Der **Irreführungsschutz des Art. 6 UGP-RL**

---

[572] Vgl. *Oelrichs* ZLR 2006, 168.

[573] BGH GRUR 1996, 910 (912) – Der Meistverkaufte Europas; WRP 2010, 1390 Rn. 25 – Master of Science Kieferorthopädie; GRUR 2012, 1273 Rn. 22 – Stadtwerke Wolfsburg; GRUR 2015, 286 Rn. 20, 28 – Spezialist für Familienrecht.

[574] BGH GRUR 2001, 78 (79) – Falsche Herstellerpreisempfehlung; GRUR 2002, 715 (716) – Scanner-Werbung; GRUR 2012, 184 Rn. 25 ff., 28 – Branchenbuch Berg; vgl. auch BGH GRUR 2012, 81 Rn. 14 – Innerhalb 24 Stunden.

[575] EuGH C-126/19, GRUR 1993, 747 Rn. 17 – Yves Rocher.

[576] EuGH C-362/88, GRUR Int. 1990, 955 Rn. 17 – GB-Inno.

hat nach der Rspr. des EuGH im Wesentlichen **präventiven Charakter.** Aus Sicht des **Verbraucherschutzes** ist bedeutungslos, **ob** die Täuschung auf einer wahren oder einer unwahren Angabe beruht. Denn auch bei wahren Angaben lässt sich dem **Interesse der Verbraucher an wahrer und zutreffender Information** dadurch Rechnung tragen, dass eine Irreführung des Verbrauchers **durch aufklärende Zusätze oder Hinweise** vermieden wird.

Ein Verständnis, nach dem **bei objektiv wahren Angaben tendenziell großzügigere Maßstäbe anzulegen** sind als bei objektiv unzutreffenden Angaben, **ist nicht gerechtfertigt.** Seit der UWG-Reform 2008 ist die Irreführung durch unwahre Angaben ausdrücklich gesetzlich geregelt. Seit der Gesetzesreform setzt ein Verstoß gegen § 5/Art. 6 Abs. 1 UGP-RL bei unwahren Angaben nur noch voraus, dass der Gewerbetreibende eine objektiv falsche Angabe macht, die geeignet ist, einen nachteiligen Einfluss auf eine geschäftliche Entscheidung des Verbrauchers auszuüben.[577] Demgegenüber setzt ein auf § 5 gestütztes Verbot bei wahren Angaben zusätzlich die Prüfung und Feststellung voraus, dass die in Rede stehende geschäftliche Handlung geeignet ist, den Verbraucher zu täuschen. Für **unwahre Angaben gilt** folglich **bereits kraft ausdrücklicher gesetzlicher Differenzierung in Art. 6 Abs. 1 UGP-RL bzw. § 5 UWG** ein anderes und auch **geringeres Anforderungsprofil als für wahre Angaben,** weil ein Verstoß gegen § 5 nicht voraussetzt, dass der Verbraucher durch die unrichtige Angabe getäuscht wird, sondern lediglich deren Relevanz für seine geschäftliche Entscheidung **(näher → § 5 Rn. 309 ff., 317).** 278

Damit bleibt festzuhalten, dass der **europäische Gesetzgeber die Problematik einer Differenzierung zwischen wahren und unwahren Angaben gesehen und geregelt** hat; für eine allgemeine Privilegierung wahrer Angaben durch tendenziell großzügigere Maßstäbe bleibt kein Raum. Die geltende Gesetzesregelung ist bereits das Ergebnis einer Interessenabwägung, in die auch das an **wahren Angaben bestehende Informationsinteresse** eingeflossen ist. Fehlvorstellungen der Teile des angesprochenen Verkehrs, die nicht angemessen aufmerksam, verständig und informiert sind, werden nicht nur im Interesse der Marktgegenseite, sondern auch im Interesse der Information der nicht irregeführten Verbraucher hingenommen. Das so hergestellte Gleichgewicht darf nicht dadurch gestört werden, dass das Interesse nicht getäuschter Verbraucher an einer zutreffenden Information im Wege einer Interessenabwägung erneut und damit letztlich doppelt in die Waagschale geworfen wird. Das schließt nicht aus, dass sich aufgrund besonderer Umstände des **Einzelfalls** ein Verbot ausnahmsweise als unverhältnismäßig erweisen kann (**näher → § 5 Rn. 383**). Bereits vom Gesetzgeber berücksichtigte Umstände wie die – auch dreiste – Unwahrheit einer Angabe können dies aber nicht sein. 279

Auch dogmatisch lässt sich die Rechtsfigur der „dreisten Lüge" nicht rechtfertigen. Sie knüpft an den **Vorsatz** bzw. die **Motive** des Unternehmers an, die bei der gebotenen richtlinienkonformen Auslegung im Lichte der Rspr. des EuGH **nicht berücksichtigt werden können.**[578] Eine autonome Auslegung, die zu einer Schutzverstärkung führt, ist im **vollharmonisierten** Anwendungsbereich der UGP-RL, die auch die Obergrenze des Irreführungsschutzes festlegt, nicht zulässig. Zudem bleibt bei der Figur der „dreisten Lüge" unberücksichtigt, dass **subtile Halbwahrheiten** oftmals ein deutlich höheres **Gefahrenpotential** aufweisen als die „dreister Lüge", die sich anhand ihrer objektiven Unrichtigkeit für den Verbraucher eher als solche „entlarven" lässt. 280

dd) Fortwirkung irreführender Angaben, veränderte Umstände. Eine an sich nicht zu beanstandende geschäftliche Handlung kann Abwehransprüche auslösen, wenn der Verkehr mit ihr die **Erinnerung an eine frühere unlautere Handlung verbindet** und wegen dieser Fortwirkung zu einer Vorstellung vom Inhalt der späteren Handlung gelangt, die wettbewerbsrechtlich zu beanstanden ist, auch wenn die frühere Handlung nicht 281

[577] Vgl. EuGH C-388/13, EU:C:2015:225 Rn. 49 – UPC Magyarország.

[578] Vgl. EuGH C-388/13, EU:C:2015:225 Rn. 41 ff., 47 ff. – UPC Magyarország. Näher → § 5 Rn. 85 ff., → § 5 Rn. 304.

wiederholt wird.[579] Die Fortwirkung darf nicht bloß unterstellt werden. Vielmehr kommt es darauf an, ob die frühere Angabe in einem solchen Umfang und in einer solchen Intensität verwendet worden ist, dass sie sich einem erheblichen Teil der angesprochenen Verkehrskreise genügend eingeprägt hat, um fortwirken zu können.[580] Der Werbende, der zur Unterlassung einer bestimmten Werbung verpflichtet ist, muss sich daher dann von der Werbung, auf die sich diese Verpflichtung bezieht, eindeutig abgrenzen, wenn er sich nicht dem Vorwurf erneuter Irreführung aussetzen will.[581]

282 Eine **Irreführungsgefahr** kann durch eine Änderung der Umstände **für die Zukunft ausgeräumt** werden. **Künftige Veränderungen** lassen die Irreführungsgefahr demgegenüber nur entfallen, wenn sie dem Verkehr bereits bekannt sind und sein Verständnis entsprechend beeinflussen. Deshalb darf ein Unternehmen einen über die **Größenverhältnisse** täuschenden Zusatz wie „Werk", „Zentrale" oÄ auch dann nicht benutzen, wenn zu erwarten ist, dass es in einiger Zeit die fragliche Größe erreichen wird;[582] anders hingegen, wenn es bereits über den entsprechenden Unternehmenszuschnitt verfügt und es nur noch um die fehlende, aber in Kürze zu erwartende **Marktbedeutung** geht, näher → § 5 Rn. 1007. Aus der irreführenden Verwendung einer Dr.-Firma können sich Schadenersatzansprüche ergeben, wenn tatsächlich kein promovierter Gesellschafter die Geschicke der Gesellschaft maßgeblich beeinflusst hat und der Durchschnittsumworbene hierüber einem relevanten Irrtum unterlegen ist. Ein für die Zukunft wirkender **Unterlassungstitel** kann jedoch nicht mehr ergehen, nachdem ein promovierter Akademiker Gesellschafter-geschäftsführer geworden ist.[583]

283 Eine zunächst zulässige geschäftliche Handlung kann **durch Zeitablauf irreführend werden.** Werden in der Werbung für eine Rabattaktion oder einen Frühbucherrabatt zeitliche Grenzen genannt, muss sich der Unternehmer hieran grundsätzlich festhalten lassen, will er sich nicht bei deren Überschreitung dem Vorwurf der Irreführung aussetzen.[584] Der Verkehr rechnet indessen damit, dass es für die Verlängerung eines solchen Rabatts vernünftige Gründe geben kann, die bei Schaltung der Werbung nicht voraussehbar waren, wie beispielsweise eine schleppende Nachfrage. Trotz der Verlängerung erweist sich die ursprüngliche Ankündigung in einem solchen Fall nicht als irreführend.[585] Es ist Sache des Werbenden, die Umstände darzulegen, die für die Unvorhersehbarkeit der Verlängerungsgründe und für die Einhaltung der fachlichen Sorgfalt sprechen.[586]

284 **ee) Internet und neue Medien.** S. *Frank* → **§ 5a Rn. 369 ff.** Das Irreführungsverbot gilt auch hier. Die Wahl des Mediums Internet rechtfertigt es insbesondere nicht, die Grenzen erlaubter Außendarstellung enger zu ziehen als bei der Benutzung anderer Medien.[587] Betrifft Werbung im Internet Waren des Bedarfs des allgemeinen Publikums, ist sie ausgehend vom **Leitbild des „Normalverbrauchers"** zu beurteilen.[588]

Ein unterschiedliches **Schutzniveau für elektronischen und nichtelektronischen Geschäftsverkehr** ist nicht zu rechtfertigen.[589]

---

579 BGH GRUR 1964, 686 (688) – Glockenpackung II; GRUR 1982, 685 (686) – Ungarische Salami II; WRP 2007, 1516 Rn. 21 – Pietra di Soln; WRP 2011, 1593 Rn. 15 – Creation Lamis.

580 BGH WRP 2007, 1516 Rn. 21 – Pietra di Soln; WRP 2011, 1593 Rn. 15 – Creation Lamis.

581 BGH GRUR 1970, 425 (426 f.) – Melitta-Kaffee; Köhler/*Bornkamm/Feddersen* § 5 Rn. 1.124.

582 *Haberkorn* WRP 1969, 261.

583 BGH GRUR 1992, 121 (122) – Dr. Stein … GmbH.

584 BGH WRP 2012, 311 Rn. 20 und Ls. a) – 10% Geburtstags-Rabatt; WRP 2012, 316 Rn. 19 – Frühlings-Special mit Anm. *Omsels* jurisPR-WettbR 2012 Anm. 3; GRUR 2014, 91 Rn. 21 – Treuepunkt-Aktion.

585 BGH WRP 2012, 316 Rn. 16 – Frühlings-Special; GRUR 2014, 91 Rn. 23 – Treuepunkt-Aktion.

586 BGH WRP 2012, 316 Rn. 21 – Frühlings-Special; *Schröler* GRUR 2013, 564 (567); vgl. BGH GRUR 2002, 187 (188 f.) – Lieferstörung.

587 Vgl. BVerfG NJW 2004, 2656 (2658); GRUR 2008, 618 (620) – Anwaltsdienste bei ebay, jeweils zur Außenwerbung Freiberuflicher.

588 BGH GRUR 2005, 438 (440) – Epson.

589 BGH GRUR 2018, 199 Rn. 30 – 15% MwSt. GESCHENKT; vgl. BGH GRUR 2009, 1064 Rn. 19 – Geld-zurück-Garantie II.

(a) Ad-Words. Bei dem sog. **Keyword Advertising** ist – nach Vorlage an den EuGH[590] wegen der kennzeichenrechtlichen Problematik – höchstrichterlich geklärt, dass die **Benutzung von fremden Kennzeichen als Schlüsselwörtern** dann, wenn beim Erscheinen der Werbung nach Eingabe des dem Schlüsselworts entsprechenden Suchworts der Suchbegriff in der Suchzeile sichtbar bleibt, idR weder eine Irreführung nach § 5 UWG noch (insoweit anders als Meta-Tags) eine Kennzeichenrechtsverletzung bewirkt.[591] Da beim Erscheinen der Werbung der Suchbegriff in der Suchzeile sichtbar bleibt, stelle der normal informierte und angemessen aufmerksame Internetbenutzer insbesondere keine Verbindung zur Herkunft her und entstehe für ihn nicht der Eindruck, dass die beworbenen Produkte von dem Markeninhaber oder einem mit ihm verbundenen Unternehmen stammten.[592] Auch bei **Google-AdWords-Anzeigen** sind die **Pflichtangaben** gem. § 4 HWG zu machen, diese müssen jedoch nicht in der Anzeige selbst enthalten sein, sondern es ist ausreichend, dass die Anzeigen einen als solchen klar erkennbaren elektronischen Verweis enthält, der unzweideutig darauf hinweist, dass der Nutzer über ihn zu den Pflichtangaben gelangt (zB „Pflichtangaben") und zu einer Internetseite führt, auf der die Pflichtangaben unmittelbar, dh ohne weitere Zwischenschritte leicht lesbar wahrgenommen werden können.[593] 285

(b) Auktionen im Internet. Die Bezeichnung **„Auktion"** oder **„Versteigerung"** für Verkäufe gegen Höchstgebot im Internet, die keine Versteigerungen im Sinne von § 34b GewO sind, ist ohne Hinzutreten weiterer Umstände nicht irreführend.[594] Geschäftliche Handlungen im Zusammenhang mit der Veranstaltung von Internet-Auktionen können sich aber als irreführend erweisen, wenn weitere Umstände hinzutreten. Abzustellen ist auf die Sicht des durchschnittlich informierten, aufmerksamen und verständigen Teilnehmers solcher Auktionen. Er verfügt idR bereits über Fähigkeiten im Umgang mit dem virtuellen Marktplatz Internet und ist in der Lage, eine Internetseite sorgfältig zu studieren und verlinkte Informationen aufzufinden.[595] Eine Irreführung von Internet-Auktionen kann sich daraus ergeben, dass sich der Stand der Auktion nicht sicher feststellen lässt.[596] Irreführend sind lediglich **zum Schein benannte Mindestpreise,** an denen sich der Betreiber in Wahrheit nicht festhalten lassen will.[597] **Überhöhte „Marktwertangaben"** können irreführend sein, wenn sie beim Umworbenen den falschen Eindruck erwecken, es handele sich um die üblichen Marktpreise.[598] Es darf nicht der Eindruck erweckt werden, ein bestehendes Rücktrittsrecht sei ausgeschlossen oder eingeschränkt.[599] Die **Angabe „von privat"** darf nicht verwandt werden, wenn tatsächlich eine unternehmerische Verkaufstätigkeit vorliegt.[600] Der BGH ist davon ausgegangen, dass der von der Werbung eines Internet-Versandhauses angesprochene Durchschnittsverbraucher in der Regel erwartet, dass die beworbene Ware unverzüglich versandt werden kann, wenn nicht auf das Bestehen einer abweichenden Lieferfrist unmissverständlich hinwiesen wird;[601] näher noch → § 5 Rn. 296. 286

[590] EuGH C-91/09, GRUR 2010, 641 – Eis.de – auf Vorlage des BGH GRUR 2009, 498 Ls. – Bananabay I.

[591] BGH GRUR 2011, 828 Rn. 16 ff. und Rn. 36 – Bananabay II; GRUR 2012, 81 Rn. 15 – Innerhalb 24 Stunden.

[592] BGH GRUR 2011, 828 Rn. 36 – Bananabay II; vgl. BGH GRUR 2009, 502 Rn. 23 ff. – pcb.

[593] BGH GRUR 2014, 94 Rn. 18 – Pflichtangaben im Internet.

[594] OLG Frankfurt a. M. MMR 2001, 451; KG NJW 2001, 3272; Köhler/*Bornkamm/Feddersen* § 5 Rn. 2.153.

[595] *Ott* WRP 2003, 945 (954); *Kaestner/Tews* WRP 2004, 391 (399); *Fritzsche/Frahm* WRP 2008, 22 (34); vgl. BGH GRUR 2005, 690 (692) – Internet-Versandhandel.

[596] *Fritsche/Frahm* WRP 2008, 22 (34).

[597] *Bullinger* WRP 2000, 253 (257).

[598] *Bullinger* WRP 2000, 253 (257).

[599] LG Dortmund WRP 2006, 780 (Ls.).

[600] OLG Frankfurt a. M. GRUR-RR 2005, 319.

[601] BGH GRUR 2005, 690 – Internet-Versandhandel; GRUR 2012, 81 Rn. 14 ff. – Innerhalb 24 Stunden.

287 (c) **Domains.** Auch → § 5 Rn. 867 **sowie → § 5 Rn. 1327.**
Bei **Gattungsbezeichnungen** und dem Recht der **Gleichnamigen** gelten **Besonderheiten;** hier kann eine Irreführungsgefahr durch einen geeigneten Hinweis auf der ersten sich öffnenden Seite ausgeräumt werden. Dieses Privileg gilt für andere Fälle irreführender Domains jedoch nicht.[602]

288 Domains enthalten häufig Namen, Firmen oder **Kennzeichen.** Ein Vorrang des Kennzeichenrechts gilt bei unionskonformer Auslegung nicht, die Wertungen des Rechts der **Gleichnamigen** sind jedoch zu beachten.[603] Der Träger des Namens, der Unternehmensbezeichnung oder des Firmenschlagworts hat grundsätzlich ein schutzwürdiges Interesse, diese Bezeichnung auch als Bestandteil von Internet- und E-Mail-Adressen zu benutzen.[604] Ist der Anwendungsbereich des Rechts der Gleichnamigen eröffnet, dazu **näher → § 5 Rn. 1319,** ist zur Ausräumung einer Verwechslungsgefahr daher ausreichend, aber auch zumutbar und erforderlich, dass auf der **ersten sich öffnenden Website** ein aufklärender Hinweis erfolgt, der das werbende Unternehmen klar und eindeutig von dem Gleichnamigen abgrenzt und so eine Verwechslungsgefahr mit diesem weitgehend ausschließt.[605] Auch wenn die Irreführung durch die Verwendung einer **Gattungsbezeichnung** als Domainname bewirkt worden ist, reicht ein entsprechender klarstellender Hinweis auf der ersten sich öffnenden Seite aus.[606]

289 Die Registrierung und Nutzung **generischer Domains** zu kommerziellen Zwecken ist rechtlich zulässig, und zwar auch in unterschiedlicher Schreibweise.[607] Dem Verkehr ist bekannt, dass generische Domains in vielen Fällen zu kommerziellen Zwecken genutzt werden und er rechnet beim Aufsuchen einer Internetseite mit generischer Domain damit, zu einem bestimmten Anbieter zu gelangen.[608] Im Einzelfall kann jedoch eine unlautere Behinderung **(näher → § 4 Rn. 387 ff.)** oder Irreführung vorliegen.[609] So kann ein beschreibender Begriff je nach den Umständen des Einzelfalls als **Gattungsbegriff** verstanden und vom Verkehr erwartet werden, bei Eingabe dieser Domain eine vollständige Zusammenstellung der Gattung (also zB bei „Deutsches-Handwerk.de" eine Liste aller deutschen Handwerker) zu erhalten, oder als **Alleinstellungsbehauptung** aufgefasst werden.[610] Bei Domains wie „rechtsanwaelte.de", „autovermietung.com", „sauna.de" erkennt der Verkehr, dass sich hier nicht zwangsläufig ein vollständiges Bild des Internet-Angebots finden lässt.[611] Bei der Verwendung **geografischer Bezeichnungen,** an denen Namensrechte bestehen, geht diese in aller Regel vor und kann sich der Dritte nicht darauf berufen, die Domain lediglich beschreibend zu verwenden.[612] Auch die Verwendung des Begriffs **„International"** in der Internetadresse kann im Einzelfall irreführend sein, wenn die Geschäftstätigkeit des Betriebes ausschließlich auf das Bundesgebiet beschränkt ist.[613] Die Irreführungseignung kann sich Verbindung einer dem Internetnutzer nicht hinreichend

[602] BGH GRUR 2001, 1061 (1063) – Mitwohnzentrale; GRUR 2002, 706 (708) – vossius.de; OLG Hamburg GRUR 2003, 1058 – Mitwohnzentrale II; GRUR-RR 2007, 93 (94) – Deutsches-Handwerk.de; OLG München MMR 2011, 243 (244); Köhler/*Bornkamm/Feddersen* § 5 Rn. 2.136; OLG München MMR 2011, 243 (244).

[603] Vgl. BGH GRUR 2013, 397 Rn. 44 – Peek & Cloppenburg III; *Knaak* GRUR-Prax 2013, 171 (173 f.) unter VI.4.

[604] BGH GRUR 2010, 738 Rn. 29 – Peek und Cloppenburg I.

[605] BGH GRUR 2002, 706 (708) – vossius.de; GRUR 2010, 738 Rn. 37 – Peek & Cloppenburg I; *Knaak* GRUR-Prax 2013, 171 (173 f.); OLG Hamburg GRUR 2003, 1058 – Mitwohnzentrale II; GRUR-RR 2007, 93 (94) – Deutsches-Handwerk.de; OLG München MMR 2011, 243 (244).

[606] BGH GRUR 2001, 1061 (1064) – Mitwohnzentrale; OLG München MMR 2011, 243 (244); Köhler/*Bornkamm/Feddersen* § 5 Rn. 2.135.

[607] BGH GRUR 2014, 393 Rn. 41 mwN – wetteronline.de.

[608] BGH GRUR 2014, 393 Rn. 41 – wetteronline.de.

[609] BGH GRUR 2001, 1061 – Mitwohnzentrale.

[610] BGH GRUR 2001, 1061 (1063) – Mitwohnzentrale.

[611] Vgl. schon BGH GRUR 2001, 1061 (1063) – Mitwohnzentrale; OLG Hamm GRUR-RR 2003, 289.

[612] LG München I ZUM-RD 2002, 107 – neuschwanstein.de; vgl. LG Mannheim GRUR 1997, 377 – heidelberg.de; Köhler/*Bornkamm/Feddersen* § 5 Rn. 2.138.

[613] OLG Dresden WRP 2010, 1285.

geläufigen Top-Level-Domain ergeben, zB wenn durch die Länderkennung für Antigua und Barbuda „ag“ der Eindruck einer Aktiengesellschaft erweckt wird.[614]

(d) E-Mail-Werbung. Die in der E-Mail enthaltenen Informationen sind in ihrem Gesamtzusammenhang auf ihre **Täuschungseignung** zu untersuchen. Informationen, die der Interessent erst durch Anklicken eines Hyperlinks, der ihn auf die Website des Anbieters führt, abrufen kann, bilden nicht mehr Teil des Gesamtzusammenhangs, weil der E-Mail-Empfänger sie erst zur Kenntnis erhält, wenn er sich bereits täuschungsbedingt auf die Website des Anbieters begeben hat und der Anlockvorgang erfolgreich abgeschlossen ist.[615] Enthält die E-Mail hingegen keine täuschenden Angaben, sondern ist sie nur **unvollständig,** können Informationen unter bestimmten Voraussetzungen nachgeholt werden, näher → § 5a Rn. 39 ff., 99 ff. 290

(e) Gatoring. Dabei werden mittels eines auf dem PC des Internetnutzers installierten Hilfsprogramms **Daten über das Nutzerverhalten an den Server eines Internet-Marketing-Unternehmens übermittelt,** der durch Einspielung der zu den Daten passenden Werbung reagiert. Da sich der durchschnittlich aufmerksame, verständige und informierte Internet-Nutzer idR weder Gedanken über die Ursache der Werbeeinspielung noch über die Person des die Werbung einspielenden Unternehmens macht, und zudem weiß, dass Werbung nicht nur durch den Websitebetreiber eingespielt wird, kommt eine Irreführung idR nicht in Betracht.[616] 291

(f) Hyperlinks. Auch → Rn. 205. Im **Internet** rechnet der durchschnittlich aufmerksame, verständige und informierte Verbraucher damit, dass Angaben verlinkt werden, und ist auch in der Lage, derartige elektronische Verweise **(Hyperlinks)** zu erkennen.[617] Ein Internetnutzer wird im Allgemeinen diejenigen Seiten aufrufen, die er **zur Information über die von ihm gewünschte Ware benötigt oder zu denen er durch Verweise aufgrund einfacher elektronischer Verknüpfungen oder durch klare und unmissverständliche Hinweise geleitet** wird.[618] Die auf entsprechend verlinkten Seiten befindlichen Informationen sind in diesem Fall Teil einer geschlossenen Darstellung, sodass die Täuschungseignung für sich genommen missverständlicher Darstellungen auf den einzelnen Webseiten durch **aufklärende Hinweise auf den verlinkten Seiten** ausgeschlossen werden kann.[619] Voraussetzung ist, dass die Informationen dort aufgerufen werden können, ohne dass es noch weiterer wesentlicher Zwischenschritte oder eines Suchens bedarf.[620] Die Irreführung durch bloß unterlassene Informationen richtet sich nach § 5a. 292

Das Setzen von Hyperlinks, auch in Form von **Deep Links** und **Framing,** auf eine von dem Berechtigten öffentlich zugänglich gemachte Website stellt als solches, wenn technische Schutzmaßnahmen nicht umgangen werden, keine öffentliche Wiedergabe im Sinne der InfoSoc-Richtlinie 2001/29/EG dar, sodass sich der Anbieter dagegen in der Regel nicht mit Erfolg auf Grundlage des Urheberrechts zur Wehr setzen kann.[621] Der lauterkeitsrechtliche Schutz für Irreführung gemäß § 5 bleibt in Anbetracht seiner abweichenden 293

[614] OLG Hamburg GRUR-RR 2005, 199 – tipp.ag.

[615] AA LG Bonn 10.4.2007 – 11 O 165/06, BeckRS 2007, 08665.

[616] AA *Vykydal/Diemar* WRP 2004, 1237 (1242).

[617] Vgl. BGH GRUR 2005, 690 (692) – Internet-Versandhandel; GRUR 2008, 84 Rn. 30 –Versandkosten; GRUR 2014, 94 Rn. 17 – Pflichtangaben im Internet; GRUR 2014, 298 Rn. 31 – Runes of Magic I.

[618] BGH GRUR 2003, 889 (890) – Internet-Reservierungssystem; GRUR 2005, 438 – Epson-Tinte; GRUR 2007, 159 (160) – Anbieterkennzeichnung im Internet; GRUR 2008, 84 Rn. 31 f. – Versandkosten; GRUR 2014, 298 Rn. 31 – Runes of Magic I; GRUR 2014, 94 Rn. 18 – Pflichtangaben im Internet.

[619] Vgl. BGH GRUR 2005, 438, Ls. – Epson-Tinte; GRUR 2005, 690 (692) – Internet-Versandhandel; GRUR 2014, 94 Rn. 17 – Pflichtangaben im Internet; GRUR 2014, 298 Rn. 31 – Runes of Magic I.

[620] BGH GRUR 2007, 159 (160) – Anbieterkennzeichnung im Internet; GRUR 2014, 298 Rn. 31 f. – Runes of Magic I; vgl. EuGH C-122/10, GRUR 2011, 930 Rn. 56 – Konsumentenombudsmannen/Ving zu Art. 7 Abs. 4 UGP-RL.

[621] EuGH C-466/12, EU:C:2014:76 Rn. 14 ff., 32 – Svensson ua; C-348/13, EU:C:2014:2315 – Best-Water International; vgl. BGH GRUR 2003, 855 – Paperboy.

Zielrichtung daneben zwar grundsätzlich anwendbar **(näher → § 5 Rn. 82).** Eine relevante Irreführung setzt jedoch voraus, dass sich der durchschnittliche Internetnutzer *erstens* überhaupt Gedanken über die Herkunft der verlinkten Inhalt macht und (trotzdem) nicht erkennt, dass es sich um einen fremden Inhalt handelt (also irrt), und sich *zweitens* die Irreführung auch auf seine geschäftliche Entscheidung auswirkt.[622] Im Allgemeinen wird der Internetnutzer mit dem Aufruf der Website jedoch nur den Zweck der Informationsbeschaffung verfolgen und werden ihm die näheren Umstände der Informationsbeschaffung gleichgültig sein;[623] eine relevante Irreführung scheidet dann aus.

294 **(g) In-Game-Advertising.** Darunter versteht man den Einsatz von Werbung in Computerspielen.[624] Auch wenn fremde Firmen, Marken oder Unternehmenskennzeichen in Computerspielen verwandt werden, darf der Verkehr hierdurch nicht irregeführt werden, denn ein Vorrang des Kennzeichenrechts ist mit europäischem Recht unvereinbar, dazu näher → § 5 Rn. 1278 ff. Näher zum **Product Placement → § 5 Rn. 193** und → § 5a Rn. 343 ff.

295 **(h) Internetwerbung.** Die Wahl des Mediums Internet rechtfertigt es nicht, die Grenzen erlaubter Außendarstellung enger zu ziehen.[625] Betrifft Werbung im Internet Waren des Bedarfs des allgemeinen Publikums, ist sie ausgehend vom **Leitbild des „Normalverbrauchers"** zu beurteilen.[626] Die Besonderheit, dass es sich beim Internet um eine passive Darstellungsplattform handelt, bei der die angebotenen Informationen vom Nutzer „aktiv" abgerufen werden müssen, rechtfertigt nicht die Zugrundelegung eines anderen Verbraucherleitbilds. Dem Umstand, dass der an einem Kauf interessierte Internet-Nutzer die Informationen selbst nachfragen muss, wird schon dadurch Rechnung getragen, dass nicht (mehr) auf den flüchtigen Betrachter, sondern auf denjenigen Verbraucher abzustellen ist, der sich der betreffenden Werbeangabe mit der situationsbedingten Aufmerksamkeit zuwendet.[627] Hinsichtlich der Frage, wann Angaben in einer geschlossenen Darstellung stehen und deshalb nicht isoliert betrachtet werden dürfen, kommt es auf das Verständnis des angesprochenen Verkehrs an.[628] Informationen, die der Nutzer mittels Hyperlink abrufen kann, sind unter bestimmten Voraussetzungen Teil des Gesamtzusammenhangs, → § 5 Rn. 292.

296 Im Internet-**Versandhandel** wird der Kunde idR von kurzen **Lieferfristen** von wenigen Tagen ausgehen. Der BGH hat zugrunde gelegt, dass der von der Werbung eines Internet-Versandhauses angesprochene Durchschnittsverbraucher in der Regel erwartet, dass die beworbene Ware unverzüglich versandt werden kann, wenn nicht auf das Bestehen einer abweichenden Lieferfrist unmissverständlich hinwiesen wird.[629] Bewegen sich die Angaben zu den Lieferfristen in der Anzeige in dem Rahmen, mit dem der durchschnittlich informierte, aufmerksame und verständige Verbraucher ohnehin rechnet, ist die Anzeige nicht irreführend und kommt es nicht auf weitergehende (richtige) Angaben auf einer verlinkten Webseite an.[630] Dies hat der BGH im Hinblick darauf, dass der Kunde auch bei einem **24-Stunden-Lieferservice** eine gänzlich einschränkungslose Auslieferung auch zu Abend- und Nachtzeiten sowie am Sonntag nicht erwartet, für eine Adwords-Anzeige

---

[622] Vgl. *Ohly* GRUR Int. 2015, 693 (702).

[623] OLG Düsseldorf CR 2000, 184 (186) mit Anm. *Leistner; Wiebe* WRP 1999, 734; *Plaß* WRP 2000, 599 (607); eher restriktiv auch *Ohly* GRUR Int. 2015, 693 f. und Fn. 111; tendenziell weiter hingegen *Bornkamm/Seichter* CR 2005, 747 (751); *Fuchs/Farkas* ZUM 2015, 110 (124).

[624] Vgl. *Schaar* GRUR 2005, 912 ff.

[625] Vgl. BVerfG NJW 2004, 2656 (2658); GRUR 2008, 618 (620) – Anwaltsdienste bei ebay, jeweils zur Außenwerbung Freiberuflicher.

[626] BGH GRUR 2005, 438 (440) – Epson.

[627] BGH GRUR 2005, 438 (440) – Epson; GRUR 2005, 690 – Internet-Versandhandel; OLG Köln 23.2.2007 – 6 U 150/06, GRUR-RR 2007, 243.

[628] BGH GRUR 2005, 690 (692) – Internet-Versandhandel.

[629] BGH GRUR 2005, 690 – Internet-Versandhandel.

[630] BGH GRUR 2012, 81 Rn. 13 – Innerhalb 24 Stunden.

„Original Druckerpatronen innerhalb 24 Stunden" angenommen.[631] Problematisch ist hingegen der Fall, dass der Kunde über längere Lieferfristen erst auf Seiten aufgeklärt wird, die er zuvor mittels Anklicken bzw. Ansteuern eines Hyperlinks öffnen muss. Hier gelten die oben unter „Hyperlink" gemachten Ausführungen entsprechend, dh idR ist ausreichend, dass der Kunde auf einer Seite über die Lieferfristen aufgeklärt wird, die er auf dem Weg zum Vertragsschluss notwendig durchlaufen muss. Auch der BGH hat es in der Entscheidung *„Internet-Versandhandel"* grundsätzlich für zulässig angesehen, wenn der Internet-Nutzer entspr. Informationen (erst) auf einer Info-Seite erhalten konnte, über die er mittels Hyperlinks **vor** Abschluss des Kaufvertrags geleitet wurde.[632] Wegen der **Funktionsgleiche von Internethandel und stationärem Handel** steht demgegenüber der Aufruf einer Internetseite **mit unmittelbarer Bestellmöglichkeit** dem Aufsuchen eines stationären Geschäfts gleich.[633]

Die Internet-Werbung eines Anbieters von Online-Diensten mit einer optisch herausgestellten und farblich umrandeten **„Beispielsrechnung" für die monatlichen Gesamtkosten** wurde als nicht irreführend angesehen, wenn sich aus den darunter deutlich wahrnehmbar und fett gedruckten Angaben der Leistungsumfang der jeweiligen DSL-Tarife ergab.[634] 297

Bei einer Werbung für Waren in Preisvergleichslisten einer **Preissuchmaschine** dürfen die zum Kaufpreis hinzukommenden Versandkosten nicht erst auf der eigenen Internetseite des Werbenden genannt werden, die mit dem Anklicken der Warenabbildung oder des Produktnamens erreicht wird.[635] 298

Wird hingegen nicht im Internet, sondern **für eine Internetnutzung** geworben, können nähere Kenntnisse von der Funktion des Mediums uU nicht vorausgesetzt werden. Wendet sich der Unternehmer mit seiner Werbung für eine eigene Homepage an Internet-Nutzer, die befürchten, dass „alles viel zu kompliziert ist", können ebenfalls keine überhöhten Anforderungen an deren Kenntnisse und Fähigkeiten betr. das Internet gestellt werden.[636] 299

(i) Meta-Tags. Dies sind **Schlüsseldaten über den Inhalt von Websites,** die den Suchmaschinen das Auffinden der Sites ermöglichen und vom Browser nicht angezeigt werden. Verwendet ein Unternehmen die Namen, Firmen, Marken oder sonstigen Kennzeichen anderer Unternehmen als Meta-Tag, um die User auf die eigene Website zu locken, kam § 5 bislang im Hinblick auf die Vorrangthese der Rspr. kaum Bedeutung zu, weil der BGH in der Verwendung eines fremden Kennzeichens als Meta-Tag ungeachtet der „Unsichtbarkeit" von Tags eine **Kennzeichenverletzung** sieht.[637] Die Vorrangthese ist nunmehr aber aufzugeben, näher → § 5 Rn. 1278 ff. Eine Irreführung durch Verwendung von Meta-Tags wird gleichwohl in aller Regel ausscheiden, weil der durchschnittlich aufmerksame, verständige und informierte Internetnutzer weiß, dass die Suchmaschine auch Treffer anzeigt, die nur in losem oder in gar keinen Zusammenhang zum Suchwort stehen.[638] 300

(j) Sprache. Das OLG Köln hat in einer Entscheidung aus dem Jahr 2005 angenommen, dass bei einer Internetwerbung, die unter der TOP-Level-Domain „com" weltweit abrufbar und für den Weltmarkt konzipiert und deshalb vollständig in englischer Sprache abgefasst sei, die auf eine falsche Übersetzung zurückgehende Täuschung des Verkehrs hin- 301

[631] BGH GRUR 2012, 81 Rn. 13 – Innerhalb 24 Stunden.
[632] BGH GRUR 2005, 690 – Internet-Versandhandel.
[633] BGH WRP 2016, 1228 Rn. 36 – Geo-Targeting.
[634] OLG Hamburg 7.3.2007 – 5 U 75/06, BeckRS 2007, 09321.
[635] BGH GRUR 2010, 251, Ls. – Versandkosten bei Froogle I.
[636] Vgl. OLG Hamburg Magazindienst 2006, 1361 ff.
[637] BGH GRUR 2007, 65 Rn. 17 – Impuls; NJW-RR 2010, 465 Rn. 14 ff. – Partnerprogramm; NJW-RR 2010, 1273 Rn. 25 – POWER BALL; GRUR 2011, 828 Rn. 20 – Bananabay.
[638] OLG Düsseldorf WRP 2003, 104; MMR 2004, 319; *Kaufmann* MMR 2005, 348 (351); Köhler/*Bornkamm/Feddersen* § 5 Rn. 2.151; aA OLG Frankfurt a. M. GRUR-RR 2005, 319 (320).

zunehmen sei.[639] Meist wird schon die Täuschungseignung zu verneinen sein, denn von einem durchschnittlich aufmerksamen, verständigen und informierten Internet-Nutzer, der die Website einer „com-Domain" aufruft, kann erwartet werden, dass er seine Englischkenntnisse realistisch einschätzt und bei Bedarf ein Wörterbuch zu Rate zieht. Zur Erbringung von **Kundendienstleistungen** in einer anderen Sprache s. die Kommentierung **zu Nr. 8 des Anhangs** zu § 3 Abs. 3 → **Anh § 3 Rn. 186 ff.**

302 **(k) Verbotene Produkte.** Wer Waren oder Dienstleistungen bewirbt, die der Umworbene **wegen des generellen Verbots ihrer Inanspruchnahme nicht nutzen kann,** täuscht seine potentiellen Kunden über ein wesentliches und für die Kaufentscheidung relevantes Element.[640] Anders verhält es sich hingegen, wenn nur das Angebot bzw. die Bewerbung sonderrechtsgeschützter Produkte das **Sonderrecht des Dritten** verletzt, die Nutzung durch den Umworbenen jedoch zulässig, zB durch eine Schrankenregelung des Sonderrechts gedeckt, wäre. Dem Umworbenen wird es idR nur um die eigene Nutzungsmöglichkeit gehen. Die Gefahr einer kaufrelevanten Fehlvorstellung über die Berechtigung des Anbieters wird daher meist nicht bestehen.

303 **ff) Gesundheit.** Nach gefestigter deutscher Rspr. sind an eine Werbung mit gesundheitsgefährdenden Angaben **besonders strenge Anforderungen** zu stellen.[641] Rechtsvorschriften der Mitgliedstaaten und der Union in Bezug auf **Gesundheits- und Sicherheitsaspekte von Produkten** bleiben nach **Art. 3 Abs. 3 und Erwägungsgrund 9 UGP-RL** von der durch die UGP-RL bewirkten vollständigen Harmonisierung unberührt. Soweit nicht entsprechende Rechtsvorschriften vorrangige Regelungen treffen, fallen Werbemaßnahmen unter die UGP-RL, sofern ihre Anwendungsvoraussetzungen vorliegen.[642] Inzwischen existieren für weite Teile des Gesundheitsbereichs **Sonderregelungen,** die bei der unionskonformen Auslegung des § 5 vorrangig zu berücksichtigen sind, → § 5 Rn. 26 ff., 63 ff. So ist zB mit der Richtlinie 2001/83 zur Schaffung eines Gemeinschaftskodex für Humanarzneimittel eine vollständige Harmonisierung des Bereichs der **Arzneimittelwerbung** erfolgt;[643] hierzu → § 5 Rn. 68. Durch die **VO (EG) Nr. 1924/2006** (sog. **Health-Claims-VO/HCVO**)[644] erfolgte eine Harmonisierung der Rechts- und Verwaltungsvorschriften für **gesundheits- und nährwertbezogene Angaben.** Sie enthält in den für alle Angaben geltenden Allgemeinen Grundsätzen ua ein Täuschungsverbot, nach dem nährwert- und gesundheitsbezogene Angaben nicht falsch, mehrdeutig oder irreführend sein dürfen (Art. 3 lit. a HCVO). Die HCVO ist am 19.1.2007 in Kraft getreten und gilt seit dem 1.7.2007 mit den Übergangsmaßnahmen in Art. 28. Mit Wirkung zum 14.12.2012 ist die VO (EU) 432/2012 in Kraft getreten, die die Liste der zulässigen gesundheitsbezogenen Angaben festlegt.[645] Es sind noch nicht alle Listen erstellt; dies betrifft insbes. **Botanicals.** Die Hinweispflichten in Art. 10 Abs. 2 und die allgemeinen Voraussetzungen zulässiger gesundheitsbezogener Angaben nach Art. 3–7 HCVO, zu denen auch das Täuschungsverbot in Art. 3 HCVO zählt, gelten jedoch grundsätzlich unabhängig davon, ob in dem entscheidungserheblichen Zeitraum Listen gemäß Art. 13 und Art. 14 der VO bereits existieren.[646] Auch die Anwendung des § 10 Abs. 3 HCVO

---

[639] OLG Köln MMR 2005, 110.

[640] Vgl. OLG München GRUR 1987, 181; KG GRUR 1991, 690 (692); OLG Köln GRUR-RR 2005, 94.

[641] BGH GRUR 2002, 182 (185) – Das Beste jeden Morgen; PharmR 2012, 211 Rn. 33 – INJECTIO; vgl. EuGH C-544/10, GRUR 2012, 1161 – Deutsches Weintor.

[642] EuGH C-544/13 und C-545/13, EU:C:2015:481 Rn. 75 ff. – Abcur; vgl. auch BGH PharmR 2012, 211 Rn. 39 – INJECTIO.

[643] EuGH C-374/05, EU:C:2007:654 Rn. 39 – Gintec.

[644] VO (EG) Nr. 1924/2006 des Europäischen Parlaments und des Rates vom 20.12.2006 über nährwert- und gesundheitsbezogene Angaben über Lebensmittel, ABl. 2005 L 404, S. 9.

[645] VO (EU) Nr. 432/2012 der Kommission vom 16.5.2012 zur Festlegung einer Liste zulässiger anderer gesundheitsbezogener Angaben über Lebensmittel als Angaben über die Reduzierung eines Krankheitsrisikos sowie die Entwicklung und die Gesundheit von Kindern, ABl. 2012 L 136, S. 1.

[646] EuGH C-609/12, GRUR Int. 2014, 595 (598), Ls. und Rn. 32 – Monsterbacke.

setzt nicht voraus, dass Listen bereits erstellt sind.[647] Die speziellen Vorschriften der VO (EG) Nr. 1924/2006 für die Verwendung nährwertbezogener und gesundheitsbezogener Angaben bei Lebensmitteln sollen die allgemeinen Regelungen über den Täuschungsschutz in der RL 2000/13/EG und der **Werberichtlinie 2006/114/EG** nicht verdrängen, sondern lediglich ergänzen, wie sich aus Art. 3 Abs. 2 lit. a der VO ergibt.[648]

gg) Motive und Täuschungsabsicht. Anknüpfungspunkt für den Unlauterkeitsvorwurf ist bei richtlinienkonformer Auslegung die (relevante) Unwahrheit bzw. Täuschungseignung der Angaben. Eine Täuschungsabsicht ist für den Art. 6 UGP-RL umsetzenden Irreführungsschutz des § 5 UWG daher nicht erforderlich.[649] Auch andere Motive des Unternehmers spielen im Rahmen des § 5 keine Rolle.[650] Ob dem Werbenden ein **Schuldvorwurf** gemacht werden kann, ist aber für die Frage eines Schadenersatzanspruchs bedeutsam. 304

hh) Gesetzliche Verpflichtung/Berechtigung zur Angabe. (a) Gesetzliche Verpflichtungen. Bei der Anwendung der wettbewerbsrechtlichen Irreführungsvorschriften sind grundsätzlich die Wertungen zu respektieren, die der Gesetzgeber in anderen Bestimmungen getroffen hat.[651] Angaben oder Hinweise, zu denen der Unternehmer **gesetzlich verpflichtet** ist, können für sich genommen noch keine Irreführungsgefahr begründen, wenn sie in der vorgeschriebenen Art erfolgen;[652] eine Irreführungsgefahr kann sich jedoch aus der Art und Weise ihrer Darstellung oder einer besondere Hervorhebung ergeben,[653] näher → § 5 Rn. 246; zur Werbung mit Selbstverständlichkeiten → **Rn. 223.** Ein **gesetzliches oder behördliches Begriffsverständnis** kann das Verständnis des Verkehrs beeinflussen, sog. gesteuerte Verkehrsauffassung, näher → **§ 5 Rn. 246.** Kommt es trotzdem zu einer Diskrepanz zwischen dem Verkehrsverständnis und nationalem Gesetzesrecht, soll nach vorherrschender Auffassung das Irreführungsverbot die Verwendung gesetzlich vorgeschriebener Angaben grundsätzlich nicht beanstandet werden.[654] Bei neu eingeführten Vorschriften soll das Irreführungsverbot für eine Übergangszeit zurücktreten, damit sich die Verkehrsauffassung der neuen gesetzlichen Regelung anpassen kann; dies folge auch aus einer Interessenabwägung.[655] Auch nach Aufhebung bzw. Änderung gesetzlicher Regelungen seien übergangsweise bestehende Fehlvorstellungen hinzunehmen, damit die alte Rechtslage nicht perpetuiert werde.[656] Demgegenüber wird der Unternehmer jedenfalls bei gesetzlichen Verpflichtungen, die keine Rechtsgrundlage im europäischen Recht haben, eine Irreführungsgefahr idR durch **aufklärende Hinweise** oder andere geeignete Maßnahmen ausräumen müssen. Der Anwendungsvorrang des europäischen Rechts darf durch Rückgriff auf den Verhältnismäßigkeitsgrundsatz nicht unterlaufen werden. Während Art. 2 Abs. 2 Nr. 1 HCVO[657] regelt, dass die nach Gemeinschaftsrecht oder nationalem Recht obligatorischen Aussagen keine „Angaben" sind, enthält die UGP-RL eine solche Ausnahmeregelung für obligatorische Angaben nicht. Eine Irreführungsgefahr, die durch Erfüllung **nationaler** Verpflichtungen bewirkt wird, die keine Rechtsgrundlage im euro- 305

---

[647] BGH WRP 2019, 1570, Ls. unter Aufgabe der früheren gegenteiligen Rspr. – Gelenknahrung.
[648] Vgl. BGH GRUR 2015, 403 Rn. 18 – Monsterbacke II.
[649] EuGH C-388/13, EU:C:2015:225 Rn. 47 (zu Art. 6 Abs. 1 UGP-RL) – UPC Magyarország.
[650] Vgl. EuGH C-388/13, EU:C:2015:225 (zu Art. 6 Abs. 1 UGP-RL) – UPC Magyarország. Instruktiv dazu *Scherer* FS Köhler, 2014, 607 ff.
[651] BGH GRUR 2015, 1019 Rn. 23 – Mobiler Buchhaltungsservice.
[652] BGHWRP 2020, 456, Ls. c) und Rn. 30 – Kulturchampignons II.
[653] BGH GRUR 1990, 1027 – Inkl. MWSt. I; GRUR 1990, 1028 – Inkl. MWSt. II; OLG Düsseldorf 25.2.2016 – I-15 U 58/15, BeckRS 2016, 7926.
[654] Vgl. BGH GRUR 2008, 1114 Rn. 14 – Räumungsfiliale; Köhler/*Bornkamm/Feddersen* § 5 Rn. 1.83; GroßKommUWG/*Lindacher,* 2. Aufl. 2013, § 5 Rn. 358.
[655] OLG Hamburg WRP 1973, 164; Köhler/*Bornkamm*/Feddersen § 5 Rn. 1.83.
[656] BGH GRUR 2008, 1114 Rn. 14 – Räumungsfinale; GRUR 2011, 166 Rn. 23 – Rote Briefkästen.
[657] VO (EG) Nr. 1924/2006 (Health-Claims-VO), ABl. 2006 L 404, S. 9 bzw. in der berichtigten Fassung ABl. 2007 L 12, S. 3.

päischen Recht haben, wird der Unternehmer daher idR durch **aufklärende Hinweise** oder andere geeignete Maßnahmen ausräumen müssen.

306 Beruht die gesetzliche Verpflichtung auf **europäischen** Vorgaben, sind das Verhältnis zum Irreführungsverbot und die Reichweite durch unionskonforme Auslegung zu klären. Soweit zB **Angaben in Erfüllung einer auf europäischem Recht beruhenden Informationsverpflichtung** gemacht werden, bei deren Umsetzung dem Unternehmer kein Spielraum zur Verfügung steht, kann darin kein Verstoß gegen das Irreführungsverbot liegen.[658] Ein ähnliches Problem stellt sich bei Nr. 10 des Anhangs zu § 3 Abs. 3: Ein **Hinweis auf Verbraucherrechte,** zu dem der Unternehmer gesetzlich verpflichtet ist, kann kein „Präsentieren" dieser Rechte als Besonderheit im Sinne der Nr. 10 des Anhangs sein, s. näher die dortige Kommentierung → Anh § 3 Rn. 213 ff.

307 **(b) Gesetzliche Berechtigungen.** Vorschriften, die zu bestimmten Angaben berechtigen, zB zur Führung einer bestimmten Bezeichnung, können das Verkehrsverständnis beeinflussen (→ § 5 Rn. 246 f.). Dann ist die Verwendung der Angabe im Sinne der gesetzlichen Vorschrift schon nicht zur Täuschung geeignet. Gibt es hingegen eine Diskrepanz zwischen der Verkehrsauffassung und dem gesetzlichen bzw. behördlichen Sprachgebrauch, muss der Unternehmer die Täuschungseignung in aller Regel durch **geeignete Hinweise** ausräumen (**labelling approach**). ZB sind die in § 6 Nr. 4 StBerG bezeichneten Personen nach § 8 Abs. 4 S. 3 StBerG in der ab 12.4.2008 geltenden Fassung berechtigt, auf ihre Befugnis zur Hilfeleistung in Steuersachen hinzuweisen und sich als Buchhalter zu bezeichnen, ohne die von ihnen angebotenen Tätigkeiten nach § 6 Nr. 3 und 4 StBerG im Einzelnen aufzuführen. Sie müssen aber eine durch solche Angaben hervorgerufene Gefahr der Irreführung des angesprochenen Verkehrs über die von ihnen angebotenen Tätigkeiten auf andere Weise ausräumen.[659] Versteht der Durchschnittsumworbene unter „Goldschmuck" Schmucksachen mit einem Feingoldgehalt von mindestens $^{333}/_{1000}$, obwohl das Gesetz über den Feingehalt der Gold- und Silberwaren[660] diese Bezeichnung auch bei geringeren Mindestfeingoldgehalten zulässt,[661] ist die Verwendung der Bezeichnung im letzteren Falle zur Täuschung geeignet. Pralinenförmige, massive Stücke, die aus Kakaopulver, Kokosfett und Zucker hergestellt werden und „massive Pralinen" iSd KakaoVO aF[662] sind, dürfen nicht unter der Bezeichnung „Eis-Pralinen" vertrieben werden, wenn der Wortbestandteil „Praline" nach der Verkehrsauffassung auf ein echtes Schokoladenerzeugnis hindeutet.[663] Rote Betondachsteine dürfen auch dann nicht als „naturrot" beworben werden, wenn die Baubehörden und Baugestaltungssatzungen vielfach Dacheindeckungen in „naturrot" vorschreiben, wenn der Begriff beim Durchschnittsumworbenen den Eindruck erweckt, es handele sich beim dem beworbenen Produkt um Ziegel.[664]

308 Die UGP-RL lässt nach ihrem Art. 3 Abs. 8 alle Niederlassungs- oder Genehmigungsbedingungen, berufsständische Verhaltenskodizes oder andere spezifische Regeln für reglementierte Berufe unberührt, damit die **strengeren Identititätsstandards,** die die Mitgliedstaaten den in dem Beruf Tätigen auferlegen können, gewährleistet bleiben. Dementsprechend ist die Anwendung des UWG trotz der Vollharmonisierung der UGP-RL auf berufsrechtliche Bestimmungen, die das Marktverhalten in gemeinschaftsrechtskonformer Weise regeln, auch seit dem UWG (2008) weiter zulässig.[665] Zu berufsspezifischen Besonderheiten → § 5 Rn. 127. Bei der Verwendung einer irreführenden **Berufsbezeichnung** für eine **erlaubte Berufstätigkeit** sollte das Irreführungsverbot nach bisheriger

[658] Vgl. OLG Köln GRUR-RR 2008, 88 (91) – „Sofort-Kaufen"-Option.
[659] BGH GRUR 2015, 1019 Rn. 20 – Mobiler Buchhaltungsservice.
[660] RGBl. 1884 S. 120.
[661] BGH GRUR 1983, 651 – Feingoldgehalt.
[662] BGBl. 1975 I S. 1760, seit 24.12.2003 KakaoVO 2003 (BGBl. I S. 2738).
[663] BGH GRUR 1958, 492 – Eis-Pralinen.
[664] BGH GRUR 1983, 245 ff. – Naturrot.
[665] BGH GRUR 2009, 1077 Rn. 21 – Finanz-Sanierung; GRUR 2011, 539 Rn. 23 – Rechtsberatung durch Lebensmittelchemiker; GRUR 2012, 79 Rn. 11 – Rechtsberatung durch Einzelhandelsverband.

Rspr. des BGH uU zurücktreten müssen.[666] Soweit ausgehend vom Leitbild eines angemessen verständigen, aufmerksamen und informierten Durchschnittsverbrauchers überhaupt noch eine Irreführung angenommen werden kann, muss Ansatzpunkt die Verhältnismäßigkeit eines Verbots der Berufsbezeichnung sein. In dessen Rahmen wird künftig für nationale Berufsbezeichnungen ebenfalls verstärkt die Möglichkeit irrtumsvermeidender Hinweise in Betracht zu ziehen sein.

IV. Unwahre Angaben, § 5 Abs. 1 S. 2 Alt. 1

1. Objektiv unwahre Angabe. Zu wahren und unwahren Angaben auch → Rn. 275 ff. § 5 Abs. 1 S. 2 Alt. 1 setzt eine objektiv unwahre Angabe voraus. Anders als bei § 5 Abs. 1 S. 2 Alt. 2 entscheidet eine **objektive Betrachtung.**[667] Das ergibt sich bei der gebotenen richtlinienkonformen Auslegung aus Art. 6 Abs. 1 der UGP-RL. Dieser setzt unwahre mit falschen Angaben gleich und wählt damit einen seiner Wortbedeutung nach an das objektive Verständnis anknüpfenden Begriff. Dementsprechend ist auch in den Gesetzesmaterialien zum Ersten Gesetz zur Änderung des UWG die Rede davon, dass „nicht jede unwahre Angabe ... zwingend zur Feststellung einer unlauteren geschäftlichen Handlung (führt). Zum einen müssen unwahre Angaben nicht notwendig irreführend sein ..." Käme es schließlich für die Unwahrheit nicht auf eine objektive Betrachtung, sondern auf das Verkehrsverständnis an, wäre die in § 5 Abs. 1 S. 2 UWG/Art. 6 Abs. 1 UGP-RL gewählte Unterscheidung zwischen unwahren (falschen) und täuschenden Angaben überflüssig. 309

Unwahr iSd § 5 Abs. 1 S. 2 Alt. 1 ist eine Angabe demgemäß, wenn sie **objektiv falsch** ist. Es entscheidet nicht das situationsgebundene Verkehrsverständnis, sondern die **objektive Betrachtung.** Deshalb können Informationen, die bei objektiver Betrachtung nicht mehr in einem Zusammenhang zur Angabe stehen, bei der Feststellung des Aussageninhalts nicht berücksichtigt werden. Hinweise in optisch schwer zugänglichen „Vergabe-Bedingungen" auf der Rückseite eines einer Gewinnmitteilung beigefügten „Auszahlungs-Belegs" ändern an der Unwahrheit einer Gewinnmitteilung, die den falschen Eindruck vermittelt, der Verbraucher habe den Preis bereits gewonnen, folglich nichts.[668] Eine Angabe kann auch dann „unwahr" sein, wenn ihre Unrichtigkeit für den angesprochenen Verkehr in der konkreten Situation erkennbar ist.[669] 310

Untrennbar mit der Feststellung der Unwahrheit der Angabe verbunden ist die Frage, **ob eine geschäftliche Handlung überhaupt eine Angabe enthält.** So lässt sich dem Slogan „Und wir sind jetzt doch günstiger – M. Markt!" bei objektiver Betrachtung keine sachliche Information entnehmen. Nach der Verkehrsauffassung derjenigen Verbraucher, die vorher von einem großen Konkurrenten einen Preisvergleich für die von beiden Mitbewerbern angebotenen Fernseher erhalten haben, kann darin aber die Angabe liegen, dass die in dem Preisvergleich genannten Preise des Mitbewerbers nunmehr unterboten werden. Da sich der Angabencharakter und die Unwahrheit der Angabe nicht isoliert voneinander betrachten lassen, ist bei unwahren Angaben iSd § 5 Abs. 1 S. 2 Alt. 1 auch der **Angabencharakter aus objektiver Sicht zu beurteilen;** mit dieser Maßgabe gelten die **Ausführungen → § 5 Rn. 181 ff. entsprechend.** 311

Die Erstreckung des Irreführungsverbots auf objektiv unwahre Angaben iRd UWG-Reform 2008 stellte eine Neuerung im deutschen Wettbewerbsrecht dar. Auf die objektive Unwahrheit von Angaben kam es im Zusammenhang mit der irreführenden Werbung nach bisher geltendem Recht nur im Rahmen des Straftatbestands des **§ 16 Abs. 1** an. Auf § 5 ließ sich ein Verbot der Werbung mit unwahren Angaben bislang nur stützen, wenn diese 312

[666] Vgl. BGH GRUR 1990, 1032 (1034) – Krankengymnastik; NJW 1990, 678 (679) – Buchführungshelfer; GRUR 2000, 73 (75) – Tierheilpraktiker.

[667] Ebenso BGH GRUR 2008, 818 Rn. 47 – Strafbare Werbung im Versandhandel (zu § 16 Abs. 1); Götting/Nordemann/*A. Nordemann* § 5 Rn. 079.

[668] BGH GRUR 2008, 818 Rn. 46 – Strafbare Werbung im Versandhandel.

[669] Vgl. OLG Hamburg OLGR Hamburg 2006, 464.

Angaben auch geeignet waren, den Verkehr zu täuschen. Eine vergleichbare Regelung findet sich auch in **§ 3 Nr. 3 HWG.** Danach liegt eine Irreführung insbes. vor, wenn unwahre oder zur Täuschung geeignete Angaben über bestimmte Umstände gemacht werden.

313 **Kasuistik: Objektiv unrichtige Angabe bejaht:** Einordnung eines Gebrauchtfahrzeugs in **unzutreffende Suchrubrik.**[670] **Aussage „Ihr Fernseher kann jetzt mehr",** obwohl die Ausweitung des von der Antragsgegnerin versprochenen Leistungsspektrums nicht – technisch – auf der Ebene des Fernsehers als Endgerät, sondern durch abonnierbare Teledienste erfolgt, die mittels eines Zusatzmoduls den Fernseher – insoweit unverändert – nur als Endgerät nutzen.[671] **Abbildung** eines anderen als des beworbenen Geräts in der Werbung.[672] Werbung für ein bestimmtes Produkt mit der Spitzenstellungsbehauptung **„Der beste Preis der Stadt",** obwohl der Werbende vorher nicht einmal bei seinem Hauptkonkurrenten und den sonst günstigsten Anbietern des Einzugsgebiets über die Preisgestaltung des fraglichen Produkts informiert hatte.[673] Behauptung, durch bloße Einnahme des beworbenen Schlankheitsmittels und ohne Änderung der Essgewohnheiten werde es innerhalb von 4 Wochen zu einer **Gewichtsreduzierung** von 16 Kilogramm kommen.[674] Werbung für eine Kaffeefahrt, die Reisegäste erhielten ein **„leckeres, reichhaltiges Mittagsmenü",** bzw. ein „leckeres, schmackhaftes Mittagessen", obgleich sie lediglich eine verschlossene Konservendose mit einer Suppe oder mit Brechbohnen zum Mitnehmen ausgehändigt bekommen sollten.[675] Telefonische Mitteilung, ein Gerät sei **nicht lieferbar,** obgleich es im Geschäft vorrätig ist.[676] Gewinnmitteilung, obwohl der Verbraucher den Preis noch gar nicht gewonnen hatte, selbst wenn sich aus optisch schwer zugänglichen „Vergabebedingungen" auf der Rückseite eines sog. „Auszahlungsbelegs" diese Information erschließen lässt.[677] Mitteilung, der Verbraucher habe einen Gewinn erhalten, wenn eine Chance, den Preis zu erhalten, nicht besteht.[678]

314 **Objektiv unwahre Angabe verneint:** Passus in einem Rundschreiben einer Fernwärmeversorgerin an ihre Kunden, in dem ein neues Preissystem angekündigt wird, dass die allgemeinen Versorgungsbedingungen nach § 4 Abs. 2 AVB FernwärmeV einseitig geändert werden könnten (Rechtsansicht).[679] Werbung durch die Betreiberin einer Praxis für Fußpflege, die gem. dem PodG nicht die Bezeichnung „Podologin/Medizinische Fußpflegerin" führen darf, mit dem Namenszusatz **„medizinische Fußpflege".**[680] Aufdruck **„+ 10 %"** auf einer Verpackung, wenn diese tatsächlich 10 % mehr Inhalt als üblich enthält, selbst wenn der Verkehr im Hinblick auf die Überdimensionierung des Balkens mit dem Aufdruck davon ausgeht, dass der Packungsinhalt um mehr als 10 % vergrößert wurde.[681] Verwendung eines **Professorentitels** in Gesundheitswerbung, wenn dem Werbenden für seine Leistungen auf dem Gebiet der Physik ein solcher Titel verliehen wurde, selbst wenn der Verkehr irrig annimmt, der Werbende habe den Titel für Leistungen auf dem Gebiet der Medizin erworben.[682] Hinweis eines Verkäufers von Autozubehör **„mit Materialgutachten",** wenn gutachterliche Stellungnahmen über das Material vorliegen, aus dem die angebotenen Autoteile hergestellt werden.[683]

---

[670] BGH WRP 2012, 464 Rn. 20 – Falsche Suchrubrik.
[671] OLG Hamburg OLGR Hamburg 2006, 464.
[672] BGH GRUR 2002, 715 – Scanner-Werbung.
[673] OLG Hamburg 24.1.2007 – 5 U 204/05, 369, 370.
[674] KG Magazindienst 2006, 704.
[675] BGH wistra 2002, 467.
[676] BGH GRUR 2002, 1095 – Telefonische Vorratsanfrage.
[677] BGH GRUR 2008, 818 Rn. 46 – Strafbare Werbung im Versandhandel.
[678] BGH GRUR 2008, 818 Rn. 45 – Strafbare Werbung im Versandhandel.
[679] BGH, Urt. v. 23.4.2020, I ZR 85/19, GRUR 2020, 886 – Preisänderungsregelung.
[680] BGH GRUR 2013, 1252 Rn. 17 f. – Medizinische Fußpflege.
[681] EuGH C-470/93, GRUR Int. 1995, 804 – Mars.
[682] BGH GRUR 1995, 612 – Sauerstoff-Mehrschritt-Therapie.
[683] OLG Düsseldorf WRP 2005, 1309. Die Angabe kann aber iSv § 5 Abs. 1 S. 2 Alt. 2 zur Täuschung geeignet sein, weil der Verkehr den Begriff uU im Sinne des nach § 19 Abs. 3 S. 1 Nr. 3 StVZO beim An- bzw. Einbau potenziell sicherheitsrelevanter Teile am Kfz erforderlichen „Teilegutachtens" versteht.

2. Kein Erfordernis der Täuschungseignung. Nach herkömmlichem deutschen Recht war die Irreführung durch unwahre Angaben im Gesetz nicht ausdrücklich geregelt. Auf unwahre Angaben ließ sich ein Verbot der Werbung deshalb nur stützen, wenn diese auch irreführend waren. Das setzte voraus, dass die unwahre Angabe geeignet war, den angesprochen Verkehr zu täuschen. 315

Nach neuem Recht **entfällt bei unwahren Angaben das Erfordernis der Täuschungseignung;** es bedarf lediglich **ihrer Relevanz.**[684] Der Wortlaut von **Art. 6 Abs. 1 UGP-RL** ist unmissverständlich; er **unterscheidet** ausdrücklich **zwischen unwahren** Angaben **und sonstigen Angaben, wobei das Erfordernis der Täuschungseignung nur für Letztere besteht.** Diese Unterscheidung macht nur Sinn, wenn bei unwahren Angaben die Prüfung entbehrlich ist, ob diese geeignet sind, den Verbraucher zu täuschen. Der Irreführungsschutz wird bei unwahren Angaben also vorverlagert und schon **im Vorfeld einer Irreführung des Durchschnittsverbrauchers** gewährt, um zu verhindern, dass Teile des Verbraucherkreises irregeführt werden, die selbst nicht die Eigenschaften des maßgeblichen Durchschnittsverbrauchers erfüllen. Dahinter steht der Gedanke, dass an einem Gebrauch unwahrer Angaben idR ein geringeres Interesse der Unternehmer bestehe und es deshalb angemessen ist, auch Teile der Verbraucher zu schützen, die trotz mangelnder Irreführungsgefahr im Rechtssinne auf die unwahre Angabe hereinfallen können. 316

Unwahre Angaben sind also unabhängig von ihrer Täuschungseignung von § 5 UWG erfasst; allerdings gilt auch für sie das **Relevanzerfordernis, → Rn. 339.** Versteht ein durchschnittlich informiertes, verständiges und aufmerksames Mitglied des angesprochenen Verkehrskreises eine unwahre Angabe richtig, liegt zwar keine Irreführung im Rechtssinne vor, es kann jedoch an der Relevanz der unwahren Angabe fehlen. Dabei ist die **doppelte Zielrichtung des Relevanzerfordernisses** zu beachten: Die Relevanz einer geschäftlichen Handlung kann sich sowohl wegen der Eignung der geschäftlichen Handlung zur Beeinflussung des wirtschaftlichen Verhaltens von Verbrauchern ergeben (§ 3 Abs. 2), als auch aus ihren schädigenden Wirkungen insbes. zum Nachteil von Mitbewerbern (§ 3 Abs. 1).[685] **Unwahre, aber nicht täuschende Angaben** können daher unter dem Gesichtspunkt einer **Schädigung der Mitbewerber** relevant sein,[686] → Rn. 341 ff. 317

Damit werden durch das UWG (2008) auch angemessene Eingriffsmöglichkeiten gegen **dreiste Lügen** in der Werbung bereitgestellt. Ein Teil der Rechtsprechung wählt hier demgegenüber nach wie vor den Weg über die Irreführungsgefahr, geht jedoch davon aus, dass eine dreiste Lüge nicht damit gerechtfertigt werden könne, dass nur eine geringe Zahl von Verbrauchern irregeführt wird;[687] **strengere Anforderungen an die „dreiste Lüge" sind jedoch nicht gerechtfertigt (näher → § 5 Rn. 272).** 318

Der Verzicht auf eine Täuschungseignung unwahrer Angaben schießt nicht über das Ziel hinaus. Er führt zwar dazu, dass unwahre Angaben auch irreführend sind, wenn **kein einziger Verbraucher einem Irrtum unterliegt,** etwa weil der Unternehmer die unwahre Behauptung im Einzelverkaufsgespräch gegenüber einem Verbraucher aufstellt, der den wahren Sachverhalt kennt. Hier verhindert jedoch das auch für unwahre Angaben geltende **Relevanzerfordernis,** dass an für den Wettbewerb folgenlose, dh weder Verbraucher *noch* Mitbewerber beeinträchtigende, geschäftliche Handlungen wettbewerbsrechtliche Verbote geknüpft werden. 319

3. Umstand im Sinne von § 5 Abs. 1 S. 2. Bei unwahren Angaben stellt sich die Frage, ob sie auch als irreführend gelten, wenn sie keinen der in § 5 Abs. 1 S. 2 Nr. 1–7, 320

---

684 Ebenso Fezer/Büscher/*Obergfell* § 5 Rn. 234; aA Köhler/*Bornkamm/Feddersen* § 5 Rn. 1.54; MüKoUWG/*Ruess* § 5 Rn. 161; Ohly/*Sosnitza* § 5 Rn. 158. Offengelassen BGH NJW 2018, 3242 Rn. 42 – Namensangabe.

685 So jetzt auch BGH GRUR 2011, 82 Rn. 30 – Preiswerbung ohne Umsatzsteuer.

686 Vgl. schon BGH GRUR 1987, 535 (537) – Wodka Woronoff.

687 BGH GRUR 2001, 78 (79) – Falsche Herstellerpreisempfehlung; GRUR 2002, 715 (716) – Scanner-Werbung; GRUR 2012, 184 Rn. 25 ff., 28 – Branchenbuch Berg; OLG Frankfurt a. M. MMR 2009, 553 ff.; GRUR-RR 2011, 145; OLG Köln GRUR-RR 2011, 274; OLG Düsseldorf BeckRS 2015, 03183.

Abs. 2 aufgeführten Umstand betreffen. Die Problematik gewinnt zB Bedeutung für **satirische Werbeanzeigen,** die sich mit Personen des öffentlichen Lebens oder aktuellen Tagesereignissen auseinandersetzen. So hatte den Bundesgerichtshof in anderem Zusammenhang die Anzeige eines Leasing-Unternehmens beschäftigt, die Porträtaufnahmen von 16 Mitgliedern der damaligen Bundesregierung einschließlich des nach kurzer Amtszeit zurückgetretenen Finanzministers zeigte, und die untertitelt war mit: „S. verleast auch Autos für Mitarbeiter in der Probezeit“.[688] Enthalten derartige Anzeigen objektiv unrichtige Angaben über die Person oder die Ereignisse, die in einer solchen Anzeige kritisch gewürdigt oder ins Lächerliche gezogen werden, wird oftmals keiner der in § 5 Abs. 1 S. 2, Abs. 2 genannten Bezugspunkte betroffen sein. Mitbewerber oder Verbraucherschutzverbände könnten daher nur Unterlassung der geschäftlichen Handlung verlangen, wenn die abschließende Liste der Bezugspunkte in § 5 Abs. 1 S. 2, Abs. 2 für unwahre Angabe keine Geltung beanspruchen würde. Im Übrigen bliebe es dem Verunglimpften selbst überlassen, aus einer Verletzung des Persönlichkeitsrechts oder Rechts am eigenen Bild gegen den Werbenden vorzugehen.

321 **Für täuschende Angaben ist die Liste der Bezugspunkte** nach Wortlaut des Art. 6 und dem von der UGP-RL verfolgten Zweck der Vollharmonisierung **abschließend,**[689] näher → § 5 Rn. 393. **Gleiches** muss auch **für unwahre Angaben** gelten. Weder der **Wortlaut** des deutschen Gesetzes noch jener des Art. 6 UGP-RL ist insofern allerdings eindeutig.[690] Damit bleibt dem Wortlaut nach offen, ob die nachfolgend genannten Bezugspunkte auch für unwahre Angaben gelten.

322 Die **Materialien** zur Entstehung der UGP-RL helfen nicht weiter. Der Richtlinienvorschlag der Kommission[691] sah vor, dass gemäß Art. 6 „eine Geschäftspraxis... als irreführend (gilt), wenn sie in irgendeiner Weise, einschließlich sämtlicher Umstände ihrer Anwendung, den Durchschnittsverbraucher dadurch tatsächlich oder voraussichtlich zu einer geschäftlichen Entscheidung veranlasst, dass sie ihn täuscht oder zu täuschen geeignet ist in Bezug auf“ einen der in der nachfolgenden Liste aufgeführten Bezugspunkte. Der in erster Lesung am 20.4.2004 festgelegte gemeinsame Standpunkt des Europäischen Parlaments[692] sah keinen die hier in Frage stehende Problematik betreffenden Änderungsbedarf. Erst durch den Gemeinsamen Standpunkt des Rates vom 15.11.2004[693] wurde Art. 6 in die heute geltende Fassung gebracht. Die eingeführte Neuerung, vom Rat selbst als „Anpassung bei den Kriterien für irreführende Handlungen“ bezeichnet, wird nicht näher begründet.

323 Auch der Blick auf die **Wettbewerbsgesetze der anderen europäischen Länder** gibt keine hinreichenden Anhaltspunkte. Bislang wurde die Irreführung durch unwahre Angaben nur in den Wettbewerbsgesetzen einiger weniger Staaten ausdrücklich angesprochen.[694] Die vorhandenen Regelungen unterschieden sich sowohl im Wortlaut als auch in der nationalen Anwendung. So erforderte zB ein Werbeverbot in Frankreich zwar eine Angabe, die objektiv unzutreffend oder zur Irreführung über eine der nachfolgend aufgezählten Umstände geeignet ist; in der Praxis wurde bei unwahren Angaben aber stets auch die Irreführungsgefahr geprüft, um zu vermeiden, dass objektiv unzutreffende Angaben strafrechtlich verfolgt werden, die nicht weiter ernst genommen werden.[695]

---

[688] BGH GRUR 2007, 139 (141) – Rücktritt des Finanzministers.

[689] Ebenso Gloy/Loschelder/Erdmann/*Helm,* 4. Aufl. 2010, § 59 Rn. 4 (anders jetzt 5. Aufl., § 59 Rn. 60); *Henning-Bodewig* GRUR Int. 2005, 629; *Hoeren* BB 2008, 1182 (1185) (zu Art. 6 UGP-RL); jurisPK-UWG/*Link* § 5 Rn. 31; *Peifer* WRP 2008; *Steinbeck* WRP 2006, 632 (634); aA GroßKommUWG/*Lindacher,* 2. Aufl. 2013, § 5 Rn. 306; *Helm/Sonntag/Burger in* Gloy/Loschelder/Danckwerts § 59 Rn. 60; Köhler/*Bornkamm/Feddersen* § 5 Rn. 0.30; Ohly/*Sosnitza* § 5 Rn. 228; *Sosnitza* WRP 2008, 1014 (1028); *Wiring* NJW 2010, 580, 581 f.

[690] Näher Vorauflage → Rn. 188.

[691] KOM/2003/0356 endg.

[692] Dokument P5_TC1-COD(2003)0134.

[693] ABl. 2005 C 038 E, S. 1.

[694] So zB Dänemark, Frankreich und Slowenien s. iE die Länderberichte in der Einl. F.

[695] S. Harte/Henning/*Glöckner,* UWG, 4. Aufl. → Einl. E, Länderbericht Frankreich, Rn. 182.

Das **Schutzziel** des § 5 UWG/Art. 6 und Art. 7 UGP-RL fordert ein Verbot aller geschäftlichen Handlungen, die geeignet sind, den Verbraucher irrezuführen und dadurch zu einer geschäftlichen Entscheidung zu veranlassen. Da die Liste der Bezugspunkte für täuschende Angaben nach Wortlaut und Zweck des Art. 6, 7 UGP-RL abschließend ist, → § 5 Rn. 393, ist folglich davon auszugehen, dass der **Katalog der Bezugspunkte bereits alle Umstände enthält, die** aus Sicht des europäischen Gesetzgebers für eine von Irreführung unbeeinflusste Entscheidung des Verkehrs überhaupt **von Bedeutung sein können.** Ausgehend hiervon bestehen für die Ausweitung des Katalogs aber auch dort kein Bedürfnis und dementsprechend auch kein Raum, wo es um den Schutz vor unwahren Angaben geht. 324

Die von der UGP-RL angestrebte **Vollharmonisierung** könnte überdies durch eine unterschiedliche Handhabung bzgl. dort nicht aufgelisteter Bezugspunkte unwahrer Angaben auf nationaler Ebene gefährdet werden. Es bestünde die Gefahr, dass die Gerichte der verschiedenen Mitgliedstaaten unterschiedliche zusätzliche Bezugspunkte anerkennen. Die detaillierte und umfangreiche Aufzählung der Bezugspunkte für irreführende Angaben spricht dafür, dass der europäische Gesetzgeber dieser Gefahr durch eine abschließende Regelung nicht nur für täuschende, sondern auch für unwahre Angaben entgegentreten wollte. 325

Die Bezugspunkte sind daher bei der **gebotenen richtlinienkonformen Auslegung auch für unwahre Angaben abschließend in § 5 aufgeführt.**[696] 326

4. Relevanz, kein zusätzliches Erheblichkeitserfordernis. Nach früherem Recht war zwar anerkannt, dass zur Täuschung des angesprochenen Verkehrs geeignete Angaben nur wegen Verstoßes gegen das Irreführungsverbot untersagt werden können, wenn sie für die geschäftliche Entscheidung des Umworbenen relevant werden können. Der **BGH** ging jedoch davon aus, dass der Werbende eine **dreiste Lüge** nicht damit rechtfertigen könne, sie betreffe nur einen nebensächlichen Gesichtspunkt, der für die Marktentscheidung des Verbrauchers nicht von Bedeutung sei.[697] 327

Demgegenüber **gilt das Relevanzerfordernis** nach neuem Recht **auch für unwahre Angaben.**[698] Dies entspricht den Vorgaben der Richtlinie unlautere Geschäftspraktiken, denn nach Art. 6 UGP-RL gelten sowohl täuschungsgeeignete als auch unwahre Angaben nur als irreführend, wenn sie die geschäftliche Entscheidung des Verbrauchers beeinflussen können. Lediglich die im Anhang I der Richtlinie (Anhang zu § 3 Abs. 3 UWG) erschöpfend aufgelisteten Geschäftspraktiken können ohne Beurteilung des Einzelfalls als unlauter gelten;[699] für sie gilt das Relevanzerfordernis nicht. Strengeren Anforderungen für unwahre Angaben selbst in der Form der dreisten Lüge steht die abschließende Natur der Richtlinie entgegen, die eine Vollharmonisierung bewirkt. Allerdings ist § 3 richtlinienkonform dahingehend auszulegen, dass im Anwendungsbereich der Art. 6, 7 UGP-RL **über das Relevanzerfordernis hinaus eine besondere Wesentlichkeit oder Spürbarkeit nicht erforderlich** ist, näher → § 5 Rn. 331. 328

Eine relevante Irreführung nach § 5 liegt daher nicht vor, wenn der Verkäufer eines Gebrauchtfahrzeugs sein Angebot auf einer Internethandelsplattform in eine Suchrubrik mit einer geringeren als der tatsächlichen Laufleistung einordnet, für den durchschnittlich informierten und verständigen Leser aber bereits aus der Überschrift der Anzeige ohne Weiteres hervorgeht, dass das Fahrzeug in eine falsche Rubrik eingestellt wurde.[700] 329

Wegen der **Einzelheiten des Relevanzerfordernisses** näher sogleich → Rn. 331 ff. 330

[696] Str., aA *Wiring* NJW 2010, 890 (891 f.); *Becke* WRP 2015, 139 (140).

[697] BGH GRUR 2001, 78 (79) – Falsche Herstellerpreisempfehlung; GRUR 2002, 715 (716) – Scanner-Werbung; GRUR 2012, 184 Rn. 25 ff., 28 – Branchenbuch Berg.

[698] EuGH C-388/13, EU:C:2015:225 Rn. 49 – UPC Magyarország; BGH GRUR 2012, 286 Rn. 21 – Falsche Suchrubrik; Ohly/*Sosnitza* UWG § 5 Rn. 208.

[699] EuGH C-304/08, GRUR 2010, 244 (246) – Plus Warenhandelsgesellschaft; C-540/08, ECLI:EU:C:2010:660 = GRUR 2011, 76 Rn. 34 – Mediaprint; C-288/10, EU:C:2011:443 Rn. 37 – Wamo.

[700] BGH WRP 2012, 464 – Falsche Suchrubrik.

V. Wettbewerbsrechtliche Relevanz, keine zusätzliche Spürbarkeit

331 **1. Relevanzklausel in § 5 Abs. 1 S. 1 letzter Hs.** Erstmals seit der Reform 2015 enthält § 5 eine eigene Relevanzklausel in § 5 Abs. 1 S. 1 letzter Hs.; das Spürbarkeitserfordernis ist in § 3 Abs. 1 UWG (2015) entfallen. Zu materiell-rechtlichen Veränderungen führt dies nicht, weil § 5 schon bislang in diesem Sinne **unionskonform** auszulegen war.[701]

332 Die Gesetzesänderung verdeutlicht, dass die einschlägigen irreführenden Handlungen unlauter iSd § 3 Abs. 1 und somit ohne Prüfung weiterer Umstände außerhalb des § 5 unzulässig sind.[702] Eine **„spürbare Beeinträchtigung"** oder ein **Verstoß gegen die fachliche Sorgfalt** sind **nicht mehr zu prüfen.**[703] Der irreführende Charakter einer Geschäftspraxis nach Art. 6 Abs. 1 UGP-RL hängt allein davon ab, dass sie unwahr ist, weil sie falsche Angaben enthält, oder dass sie ganz allgemein den Durchschnittsverbraucher in Bezug auf die dort aufgestellten Merkmale zu täuschen geeignet ist und ihn dadurch voraussichtlich zu einer geschäftlichen Entscheidung veranlasst, die er ohne diese Praxis nicht getroffen hätte. Liegen diese Merkmale vor, gilt die Praxis als irreführend und mithin nach Art. 5 Abs. 4 der Richtlinie unlauter und nach Art. 5 Abs. 1 UGP-RL zu verbieten, ohne dass das Verbot von weiteren als den in Art. 6 UGP-RL genannten Voraussetzungen abhängig oder zu prüfen wäre, ob auch die in Art. 5 Abs. 2 lit. a der Richtlinie aufgestellte Voraussetzung erfüllt ist, dass diese Praxis den Erfordernissen der beruflichen (fachlichen) Sorgfalt widerspricht.[704]

333 **§ 5 Abs. 2** blieb bei der Reform 2015 sprachlich unverändert. Die Umsetzung der Relevanzklausel aus Art. 6 Abs. 2 UGP-RL erfolgt hier jedoch durch die bestehende Rückkopplung an § 5 Abs. 1 S. 1, der die Voraussetzungen der Unlauterkeit regelt.

334 Das Relevanzerfordernis in § 5 Abs. 1 S. 1 letzter Hs. gilt **einheitlich** für geschäftliche Handlungen gegenüber **Verbrauchern** und gegenüber **sonstigen Marktteilnehmern.** Für Verbraucher entspricht dies den Vorgaben des Art. 6 UGP-RL. Für sonstige Marktteilnehmer wurde dasselbe Kriterium gewählt, da die Interessenlage vergleichbar ist.[705]

335 Das Relevanzerfordernis gilt im gesamten Anwendungsbereich des § 5. Bei den im Anhang I der UGP-RL (Anhang zu § 3 Abs. 3 UWG) erschöpfend aufgelisteten Geschäftspraktiken muss (und darf) eine Relevanzprüfung nicht erfolgen;[706] dies gilt jedoch nur, soweit die Prüfung der einschlägigen Sachverhalte auf Grundlage von § 3 Abs. 3 iVm Anh. I erfolgt und nicht hinsichtlich eines möglichen (zusätzlichen) Anspruchs aus § 5.

336 Das Relevanzerfordernis besteht **auch bei unwahren Angaben,**[707] **näher dazu → § 5 Rn. 339 ff.**

337 Durch das Urteil **„Trento Sviluppo/AGCM"**[708] des **EuGH** ist für den Anwendungsbereich des Art. 6 UGP-RL geklärt, dass eine Geschäftspraxis (nur) als „irreführend" im Sinne von **Art. 6 Abs. 1 UGP-RL** einzustufen ist, wenn diese Praxis zum einen falsche Angaben enthält oder den Durchschnittsverbraucher zu täuschen geeignet ist **und** zum anderen geeignet ist, den Verbraucher zu einer geschäftlichen Entscheidung zu veranlassen, die er ansonsten nicht getroffen hätte.[709] Bereits seit der **„Nissan"**-Entscheidung betonte

[701] BGH WRP 2016, 1103 Rn. 25 – Herstellerpreisempfehlung bei Amazon.
[702] Amtl. Begr. zum Gesetzentwurf der Bundesregierung, BT-Drs. 18/4535, 15.
[703] Amtl. Begr. zum Gesetzentwurf der Bundesregierung, BT-Drs. 18/4535, 15.
[704] EuGH C-435/11, EU:C:2013:574 Rn. 41 ff., 45, 48 – CHS Tour Services; C-388/13, EU:C:2015:225 Rn. 63 – UPC Magyarország.
[705] Vgl. Amtl. Begr. zum Gesetzentwurf der Bundesregierung, BT-Drs. 18/4535, 15.
[706] EuGH C-304/08, EU:C:2010:12 Rn. 45 – Plus Warenhandelsgesellschaft; C-540/08, EU:C:2010:660 Rn. 34 – Mediaprint; C-288/10, EU:C:2011:443 Rn. 37 – Wamo; C-421/12, EU:C:2014:2064 Rn. 56 – Kommission/Belgien.
[707] BGH GRUR 2012, 286 Rn. 21 – Falsche Suchrubrik; NJW 2018, 3242 Rn. 43 – Namensangabe; Ohly/*Sosnitza* § 5 Rn. 208.
[708] EuGH C-281/12, ECLI:EU:C:2013:859 – Trento Sviluppo und Centrale Adriatica.
[709] EuGH C-281/12, ECLI:EU:C:2013:859 Rn. 38 – Trento Sviluppo und Centrale Adriatica; vgl. bereits C-453/10, ECLI:EU:C:2012:144 = GRUR 2012, 639 Rn. 47 – Pereničová und Perenič; C-435/11, ECLI:EU:C:2013:574 = GRUR Int. 2013, 1060 Rn. 42 – CHS/Team4 Travel.

der EuGH das Erfordernis der Relevanz der Irreführung in verschiedenen Entscheidungen.[710]

Die von § 5 verlangte wettbewerbsrechtliche Relevanz ist (nur) dann gegeben, wenn die falsche oder täuschende Angabe **geeignet ist, den Verbraucher zu einer geschäftlichen Entscheidung zu veranlassen, die er ansonsten nicht getroffen hätte.**[711] Für den Begriff der „geschäftlichen Entscheidung" gilt dabei die **Legaldefinition in Art. 2 lit. k UGP-RL.**[712] Der Begriff der „geschäftlichen Entscheidung" ist **weit auszulegen** und erfasst nicht nur die Entscheidung über den Erwerb oder Nichterwerb eines Produktes, sondern auch damit unmittelbar zusammenhängende Entscheidungen wie insbesondere das **Betreten des Geschäfts**[713] oder den **Zugang zu einem im Internet angebotenen Produkt über eine Übersichtsseite,** um sich mit dem Produkt im Detail zu beschäftigen.[714] 338

2. Relevanzerfordernis bei unwahren Angaben. Das Relevanzerfordernis besteht nach zutreffender und inzwischen gefestigter hM im gesamten Anwendungsbereich des § 5 UWG **auch bei unwahren Angaben.**[715] Der neue § 5 Abs. 1 S. 1 letzter Hs. stellt dies nunmehr auch sprachlich klar. In der Entscheidung **„Trento Sviluppo/AGCM"** hat der **EuGH** entschieden, dass eine Geschäftspraxis als „irreführend" im Sinne von **Art. 6 Abs. 1 UGP-RL** einzustufen ist, wenn diese Praxis zum einen **falsche** Angaben enthält oder den Durchschnittsverbraucher zu täuschen geeignet ist und zum anderen geeignet ist, den Verbraucher zu einer geschäftlichen Entscheidung zu veranlassen, die er ansonsten nicht getroffen hätte.[716] Ein **Verbot unwahrer Angaben, die auf das Verhalten des maßgeblichen Verkehrskreises keinen Einfluss haben,** wäre zudem mit dem **Verhältnismäßigkeitsgrundsatz** nicht in Einklang zu bringen.[717] 339

Folglich ist das **Relevanzerfordernis** auch bei der **Irreführung mit unwahren Angaben** und selbst bei der **dreisten Lüge zu beachten.**[718] Es entfällt insoweit lediglich die Notwendigkeit der Feststellung, ob die unwahre Angabe geeignet ist, den Verbraucher zu täuschen. § 5 lässt sich damit trotz des immer wieder laut werdenden Rufes nach dem Gesetzgeber **kein generelles Verbot der dreisten Lüge** entnehmen, denn auch diese kann auf der Grundlage des § 5 nur untersagt werden, wenn sie sich auf die geschäftliche Entschließung des angesprochenen Verkehrs auswirken kann.[719] 340

3. Doppelte Zielrichtung des Relevanzerfordernisses. Im Anwendungsbereich der Werberichtlinie 2006/114/EG hat das Relevanzerfordernis des § 5 eine **doppelte Zielrichtung.** Das folgt aus der **unionskonformen Auslegung des § 5 anhand Art. 2b der Werberichtlinie 2006/114/EG.** Dieser lässt ausreichen, dass die Werbung „in irgendeiner Weise – einschließlich ihrer Aufmachung – die Personen, an die sie sich richtet oder die von ihr erreicht werden, täuscht oder zu täuschen geeignet ist und die **infolge der ihr** 341

---

[710] EuGH C-304/08, GRUR 2010, 244 (246) – Plus Warenhandelsgesellschaft; 9.11.2010 – C-540/08, GRUR 2011, 76 (78) Rn. 34 – Mediaprint; 30.6.2011 – C-288/10, GRUR Int. 2011, 853 Rn. 37 – Wamo/JBC NV.

[711] EuGH C-281/12, ECLI:EU:C:2013:859 Rn. 38 – Trento Sviluppo und Centrale Adriatica; vgl. bereits C-453/10, ECLI:EU:C:2012:144 = GRUR 2012, 639 – Pereničová und Perenič; s. auch EuGH C-388/13, EU:C:2015:225 Rn. 49 – UPC Magyarország.

[712] EuGH C-281/12, ECLI:EU:C:2013:859 = GRUR 2014, 196 Rn. 33 ff., 38 – Trento Sviluppo/AGCM.

[713] EuGH C-281/12, ECLI:EU:C:2013:859 Rn. 36 – Trento Sviluppo und Centrale Adriatica; BGH GRUR 2019, 746 Rn. 29 – Energieeffizienzklasse III.

[714] BGH GRUR 2019, 746 Rn. 29 – Energieeffizienzklasse III.

[715] BGH GRUR 2012, 286 Rn. 23 – Falsche Suchrubrik; NJW 2018, 3242 Rn. 43 – Namensangabe; Ohly/*Sosnitza* § 5 Rn. 208.

[716] EuGH C-281/12, ECLI:EU:C:2013:859 Rn. 38 – Trento Sviluppo und Centrale Adriatica; vgl. auch EuGH C-388/13, EU:C:2015:225 Rn. 49 – UPC Magyarország.

[717] Vgl. Amtl. Begr., BT-Drs. 16/10145, 23; s. schon die Begründung zum Diskussionsentwurf vom 8.5.2007, unter A. II. 6. a; *Steinbeck* WRP 2006, 632 (634).

[718] Ebenso *Steinbeck* WRP 2006, 632 (634).

[719] Vgl. BGH NJW 2018, 3242 Rn. 43 – Namensangabe.

innewohnenden Täuschung ihr wirtschaftliches Verhalten beeinflussen kann **oder** aus diesen Gründen einen **Mitbewerber schädigt oder zu schädigen geeignet ist**". Bis zur UWG-Reform 2015 war deshalb zu Recht anerkannt, dass ein auf § 5 gestütztes Verbot nicht voraussetzt, dass die täuschende Werbung geeignet ist, die geschäftliche Entscheidung des Verbrauchers zu beeinflussen, sondern sich auch daraus ergeben kann, dass die irreführende Werbung geeignet ist, Mitbewerber zu schädigen.[720]

342 **Die UWG-Reform 2015 hat an der doppelten Zielrichtung des Relevanzerfordernisses für den Irreführungsschutz (§§ 5, 5a) nichts geändert.** Jedenfalls im Bereich der **irreführenden** geschäftlichen Handlung kann sich die Relevanz sowohl im zeitlichen Anwendungsbereich des UWG (2008)[721] als auch des UWG (2015) weiterhin sowohl aus der Eignung zur Beeinflussung des wirtschaftlichen Verhaltens von Verbrauchern als auch aus ihren **schädigenden Wirkungen zum Nachteil von Mitbewerbern ergeben.** Bzgl. des zuletzt genannten Punktes bleibt die Werberichtlinie 2006/114/EG einschlägig, weil der Mitbewerberschutz im Vordergrund steht. Das folgt bereits aus dem **Wortlaut** des **Art. 2 lit. b** der Werberichtlinie 2006/114/EG. Dieser übernimmt den Wortlaut des Art. 2 Nr. 2 Irreführungsrichtlinie 84/450/EWG auch in der kodifizierten Fassung (also nach erfolgter Einschränkung ihres Anwendungsbereichs auf Gewerbetreibende). Art. 2 lit. b Werberichtlinie verpflichtet die Mitgliedstaaten somit ungeachtet der Beschränkung des Anwendungsbereichs der Werberichtlinie auf den Schutz der Mitbewerber durch die UGP-RL weiterhin zur Gewährung des (Mindest-)Schutzes für Gewerbetreibende vor irreführender Werbung auch in dem Fall, dass der **Personenkreis, an den sich die irreführende Werbung richtet, und derjenige, zu dessen Schädigung sie geeignet ist, auseinanderfallen.** Entstehungsgeschichtliche und teleologische Erwägungen bestätigen, dass die Vollharmonisierung der UGP-RL zu keiner Einschränkung dieser doppelten Zielrichtung des Relevanzerfordernisses geführt hat. Der Anwendungsbereich der UGP-RL ist auf das Verhältnis zwischen Unternehmern und Verbrauchern beschränkt; **Auswirkungen einer den Verbraucher irreführenden geschäftlichen Handlung auf Mitbewerber des Handelnden fallen schon nicht ihren Anwendungsbereich** (Erwägungsgrund 6 Satz 4 und 5 UGP-RL). Durch den Erlass der UGP-RL ist lediglich der Schutz von Verbrauchern aus der Irreführungsrichtlinie 84/450/EWG ausgeklammert und gesondert geregelt worden. Hingegen hat der Unionsgesetzgeber nicht beabsichtigt, die Regelungen über irreführende Werbung, wie sie von der Richtlinie 84/450/EWG vorgesehen ist, außer dass er ihren Anwendungsbereich auf den Schutz von Gewerbebetreibenden beschränkt, zu ändern.[722] Die in anderen Bereichen mögliche[723] Gefahr eines Konflikts zwischen harmonisiertem und nationalem Recht besteht im Bereich der irreführenden Werbung somit nicht. **Verbraucher- und Mitbewerberinteressen laufen insoweit parallel, auch was die Relevanz irreführender geschäftlicher Handlungen anbetrifft.** Eine Schutzverstärkung auf nationaler Ebene lässt die Werberichtlinie 2006/114/EG im Bereich des Irreführungsschutzes zu. Wie bislang kann daher eine **Anlockwirkung,** die sich nicht in einem Umsatzgeschäft mit dem Verbraucher niederschlägt, unter dem Gesichtspunkt zur Bejahung der wettbewerblichen Relevanz ausreichen, dass sie einen Mitbewerber schädigt oder zu schädigen geeignet ist, zu letzterem näher → § 5 Rn. 362 ff.

[720] BGH GRUR 2011, 82 Rn. 30 – Preiswerbung ohne Umsatzsteuer; KG 17.1.2014 – 5 U 89/13, PharmR 2014, 118, 122; Köhler/*Bornkamm,* 34. Aufl. 2016, § 5 Rn. 2.195, jeweils zum UWG (2008). Für den Zeitraum vor Umsetzung der UGP-RL: BGH GRUR 2003, 249 – Preis ohne Monitor; OLG Frankfurt a. M. GRUR-RR 2005, 388 (390); OLG Hamburg 12.7.2006 – 5 U 179/95; Harte/Henning/*Dreyer,* 3. Auflage, § 5 Rn. 214; Hefermehl/Köhler/*Bornkamm,* UWG, 26. Auflage 2008, § 5 Rn. 2.181, 2.191 und 2.195.

[721] Vgl. zum UWG (2008) BGH GRUR 2011, 82 Rn. 30 – Preiswerbung ohne Umsatzsteuer; KG 17.1.2014 – 5 U 89/13, PharmR 2014, 118, 122; Köhler/*Bornkamm,* 34. Aufl. 2016, § 5 Rn. 2.195.

[722] Vgl. EuGH C-52/13, EU:C:2014:150 Rn. 28 f. – Posteshop.

[723] Dazu näher *Ohly,* Der Schutz unternehmerischer Interessen im Lauterkeitsrecht, Gutachten erstattet im Auftrag des Bayerischen Industrie- und Handelskammertages eV, S. 14.

4. Voraussetzungen. a) Eignung zur wesentlichen Beeinflussung der geschäftlichen Entscheidung. Eine unwahre oder zur Täuschung geeignete Angabe ist wettbewerbsrechtlich relevant, wenn sie geeignet ist, den maßgeblichen Verkehrskreis zu einer geschäftlichen Entscheidung zu veranlassen, die er ansonsten nicht getroffen hätte. Dafür ist ausreichend, wenn die Fehlvorstellung des angesprochenen Verkehrs diesen veranlasst, sich durch Aufruf der **Bestellwebsite** oder durch **Betreten** des Geschäfts mit dem Angebot näher zu befassen, auch wenn es nicht zum Kauf kommt.[724] Ausreichend ist schon die Entscheidung, sich den Zugang zu einem im Internet angebotenen Produkt über eine Übersichtsseite zu verschaffen, um sich mit dem Produkt im Detail zu beschäftigen.[725] Auch genügt es, wenn sie für den Kaufentschluss **irgendwie – iS einer allgemeinen Wertschätzung – von Bedeutung** ist, ohne dass es auf besondere Qualitätserwartungen ankommt.[726] 343

aa) Situationsgebundenes Verkehrsverhalten. Anders als bei der Frage nach dem Angabeninhalt und der Täuschungseignung kommt es für die Relevanz nicht auf das Verkehrsverständnis, sondern auf das **Verkehrsverhalten** an. Die unwahre oder zur Täuschung geeignete Angabe muss nicht nur geeignet sein, einen solchen Verbraucher oder sonstigen Marktteilnehmer davon abzuhalten, die Vor- und Nachteile einer bestimmten geschäftlichen Entscheidung zu erkennen, abzuwägen und eine für ihn „effektive" Wahl zu treffen, sondern sie muss ihn auch zu einer geschäftlichen Entscheidung veranlassen, die er ansonsten *nicht* getroffen hätte.[727] Die Funktion dieses Auswirkungserfordernisses besteht darin, sicherzustellen, dass geschäftliche Handlungen nicht schon wegen einer sorgfaltswidrigen Einwirkung auf die Entscheidungsfähigkeit des Verbrauchers verboten werden, sondern nur dann, wenn sie sich tatsächlich auf das wirtschaftliche Verhalten der Verbraucher auswirken können.[728] Maßgeblich ist das Verhalten, das von einem **durchschnittlich informierten, verständigen und der Situation entsprechend aufmerksamen Mitglied des Verkehrskreises,** der mit der **geschäftlichen Handlung** bestimmungsgemäß in Kontakt kommt, erwartet werden kann. Ist für den Unternehmer vorhersehbar, dass eine an mehrere Personengruppen gerichtete geschäftliche Handlung das Verhalten einer eindeutig identifizierbaren Personengruppe beeinflusst, die insbes. wegen **geistiger oder körperlicher Gebrechen, Alter oder Leichtgläubigkeit** im Hinblick auf diese Praktiken oder die ihnen zugrundeliegenden Produkte besonders schutzbedürftig ist, ist auf diesen Verbraucherkreis abzustellen ist, vgl. → § 5 Rn. 160 ff. 344

Die bloße Möglichkeit, dass auch Verbraucher beeinflusst werden, die mit der geschäftlichen Handlung **zufällig in Kontakt geraten,** reicht nicht aus. Deshalb wurde die Relevanz eines zur Irreführung geeigneten Aufdrucks „Regelmäßig samstags durch den Zusteller der Deutschen Post direkt in ihren Briefkasten" auf der Werbebroschüre eines im Bereich des Vertriebs von Werbung tätigen Unternehmen verneint, weil sie die geschäftliche Entscheidung der Endverbraucher nicht zum Nachteil seiner Mitbewerber beeinflussen könne, während etwaige Werbekunden, für welche die Regelmäßigkeit der Verteilung eine Rolle spiele, vom Aufdruck nicht bestimmungsgemäß angesprochen würden.[729] 345

Das Verkehrsverhalten ist **einheitlich** für die gesamte Personengruppe zu ermitteln, an die sich die geschäftliche Handlung richtet. Eine **Ausnahme,** wenn bei einer an einen inhomogenen Personenkreis gerichteten geschäftlichen Handlung für den Unternehmer vorhersehbar eine besonders schutzbedürftige, eindeutig identifizierbare Gruppe von Verbrauchern beeinflusst werden wird, näher schon → § 5 Rn. 344, 160 ff. 346

[724] Vgl. EuGH C-281/12, GRUR 2014, 196 Rn. 36 – Trento Sviluppo; BGH WRP 2016, 1228 Rn. 34 – Geo-Targeting; GRUR 2017, 1269 Rn. 19 – MeinPaket.de II; GRUR 2019, 746 Rn. 29 – Energieeffizienzklasse III.
[725] BGH GRUR 2019, 746 Rn. 29 – Energieeffizienzklasse III.
[726] BGH WRP 2016, 331 Rn. 22 – Piadina-Rückruf.
[727] *Köhler* WRP 2014, 259 (261).
[728] *Köhler* WRP 2014, 259 (261).
[729] OLG Hamburg GRUR-RR 2006, 23 f.

347 Das Verkehrsverhalten kann mit der **Situation** variieren, in welcher eine solche Person die Angabe zur Kenntnis nimmt, und ist daher situationsgebunden. Das führt dazu, dass sich allgemeine Aussagen über die Relevanz einer Angabe für die geschäftliche Entscheidung nicht aufstellen lassen. ZB wird es dem durchschnittlich aufmerksamen, verständigen und informierten Blumenkäufer uU nicht darauf ankommen, ob die Blumen wie angepriesen aus eigenem Anbau stammen oder aus Holland importiert wurden. Erfolgt die Anpreisung aber im Einzelverkaufsgespräch gegenüber einem Kunden, der erkennbar Wert auf Heimanbau legt, kann das schon ganz anders sein.

348 Bislang war der BGH davon ausgegangen, dass es bei einer tatsächlich **gespaltenen Verkehrsauffassung,** bei der die Angabe für einen Teil des Verkehrs einen irgendwie beachtlichen Hinweis darstelle, während sie für einen anderen Teil ohne Bedeutung sei, für die Relevanz der Irreführung ausreiche, wenn die Angabe für mehr als nur einen unbeachtlichen Teil von Bedeutung sei.[730] Unter der Geltung des neuen Verbraucherbegriffs kann auf diese Rechtsprechung jedoch nicht mehr zurückgegriffen werden, weil nicht auf den tatsächlichen Verkehr, sondern auf den durchschnittlich informierten, verständigen und aufmerksamen Umworbenen in der jeweiligen Situation abzustellen ist.[731] Nach Maßgabe dieses Verbraucherbegriffs kommt eine gespaltene Verkehrsauffassung nur noch in bestimmten **Sonderfällen** in Betracht, **näher → § 5 Rn. 160 ff., 344.**

349 **bb) Eignung zur Veranlassung einer geschäftlichen Entscheidung.** Die unwahre oder zur Täuschung geeignete geschäftliche Handlung muss geeignet sein, den Verbraucher oder sonstigen Marktteilnehmer zu einer geschäftlichen Entscheidung zu veranlassen, die er ansonsten nicht getroffen hätte, § 5 Abs. 2 aE. Für den Begriff der **„geschäftlichen Entscheidung"** gilt die Legaldefinition des § 2 Abs. 1 Nr. 9. Er erfasst außer der Entscheidung über den Erwerb oder Nichterwerb des Produkts auch damit unmittelbar zusammenhängende Entscheidungen wie insbesondere das **Betreten eines Geschäfts.**[732] Auf sie muss sich der Einfluss der unwahren bzw. täuschenden Angabe auswirken. Das **Aufsuchen einer Internetseite,** auf der Produkte oder Dienstleistungen **unmittelbar bestellt werden können,** steht dem Betreten eines stationären Geschäfts gleich.[733]

350 Bei der Eignung zur Beeinflussung des Durchschnittsverbrauchers zu einer geschäftlichen Entscheidung handelt es sich nach hier vertretener Auffassung um eine **Rechtsfrage,** die vom Richter auf der Grundlage einer Wertung zu entscheiden ist, denn es kommt auf das Verhalten des Durchschnittsverbrauchers an. Da der „Durchschnittsverbraucher" das Ergebnis eines gesetzgeberischen Interessenausgleichs ist, kann sein Verhalten mit Mitteln der Empirie nicht festgestellt werden, näher → § 5 Rn. 149 ff., → § 5 Rn. 1411 ff. Aus der „Nissan"-Entscheidung des **EuGH,** in denen vom Erfordernis einer „nachgewiesenen" Beeinflussung der Kaufentscheidung durch die Täuschung die Rede ist,[734] ergibt sich nichts anderes. Diese Formel ist nicht im Sinne der Notwendigkeit empirisch festgestellter Täuschungsauswirkungen zu verstehen, sondern dient nur dem Ausschluss derjenigen Fälle, in denen sich die Irreführung nicht auf die spätere Kaufentscheidung auswirken kann. Ein empirisches Verständnis der Irreführungsgefahr wäre auch nicht mit dem normativen Verbraucherbegriff vereinbar, den der EuGH seinen Entscheidungen zugrunde legt.[735]

351 Zur Beeinflussung der geschäftlichen Entscheidung des Verkehrs geeignet ist eine unwahre bzw. täuschende Angabe, wenn **die geschäftliche Entscheidung eines solchen Durchschnittsverbrauchers ohne die zu beanstandende Handlung bzw. Unterlas-**

[730] BGH GRUR 1971, 313 (315) – Bocksbeutelflasche; GRUR 1981, 71 (73) – Lübecker Marzipan.
[731] Näher → § 5 Rn. 144 ff., 160 ff.
[732] EuGH C-281/12, ECLI:EU:C:2013:859 Rn. 36–38 – Trento Sviluppo und Centrale Adriatica; BGH WRP 2015, 850 Rn. 20 – Schlafzimmer komplett; WRP 2016, 1228 Rn. 34 – Geo-Targeting.
[733] BGH WRP 2016, 1228 Rn. 34 – Geo-Targeting.
[734] EuGH C-129/91, GRUR Int. 1993, 951 (952) – Nissan; s. auch EuGH C-303/97, GRUR Int. 1999, 345 Rn. 38 – Sektkellerei Kessler; vgl. dazu auch BGH GRUR 2000, 727 ff. – Lorch Premium.
[735] Näher zu diesem Verbraucherbegriff → § 5 Rn. 145 ff.

sung irgendwie anders ausfallen würde.[736] Das ist nicht nur der Fall, wenn die unwahre bzw. täuschende Angabe geeignet ist, den Verkehr zu veranlassen, überhaupt eine **geschäftliche Bindung einzugehen,** die er sonst nicht übernommen hätte (zB: Kauf ja oder nein), sondern auch dann, wenn sie geeignet ist, den **Inhalt oder den Umfang eines Vertrags** zu beeinflussen, der schon besteht oder ohnehin, aber mit abweichendem Inhalt geschlossen worden wäre (zB: nachteilige Vertragsklausel wird akzeptiert). Dies ergibt sich im Wege der richtlinienkonformen Auslegung aus Art. 2 lit. k UGP-RL, nach dem **auch die Entscheidung des Verbrauchers darüber, ob, wie und unter welchen Bedingungen er kontrahiert, leistet, die Gegenleistung behält oder vertragliche Rechte ausübt** bzw. nicht ausübt, „geschäftliche Entscheidung" im Sinne der Richtlinie ist. Die Eignung zur Beeinflussung der geschäftlichen Entscheidung kann auch gegeben sein, wenn sich der Durchschnittsverbraucher dessen bewusst ist, dass der Gegenstand der irreführenden Angabe für ihn zunächst bedeutungslos ist, er seine Kaufentscheidung aber gleichwohl darauf gründet, um „auf der sicheren Seite" zu sein.[737]

Die Relevanz kann sich auch daraus ergeben, dass der Verkehr **täuschungsbedingt ein Tätigwerden** unterlässt; darum geht es zB, wenn die Täuschung geeignet ist, den Kunden **an der Kündigung bestehender Verträge zu hindern.**[738] Dass hier nicht nur das individuelle Interesse des Verbrauchers an einer freien Willensentscheidung betroffen ist, sondern die Täuschung Marktrelevanz besitzt, ergibt sich daraus, dass der Bedarf des Verbrauchers während der zusätzlich gewonnen Laufzeit des Vertrags befriedigt ist und es deshalb für andere Anbieter unmöglich oder wesentlich schwieriger wird, substituierbare Produkte an ihn abzusetzen. Hingegen wird der Verkehr durch unwahre oder täuschende Angaben über den Umfang der Verpflichtungen des Unternehmers, die ihn **an der Durchsetzung vertraglicher Ansprüche gegen den Unternehmer hindern,** dem Markt zwar nicht als Nachfrager entzogen, sondern muss täuschungsbedingt seinen bislang nicht befriedigten Bedarf (erneut) auf dem Markt decken. Trotzdem ist auch diese Fehlvorstellung, wie sich aus Art. 2 lit. k UGP-RL ergibt, im Interesse des von der Richtlinie bezweckten Schutzes der wirtschaftlichen Interessen der Verbraucher vor unlauteren Geschäftspraktiken relevant. **352**

Bei der **Irreführung durch Verschweigen** bzw. Vorenthalten von Informationen kommt es darauf an, ob der Verkehr eine andere geschäftliche Entscheidung getroffen hätte, wenn die Information offenbart worden wäre. Problematisch ist dies ua bei Informationen, die wie der Warnhinweis „Rauchen gefährdet Ihre Gesundheit" nur eine **Erinnerungs- und keine Aufklärungsfunktion** haben. Hier spricht jedenfalls keine Vermutung für die Relevanz des unterlassenen Warnhinweises;[739] zur **Beweislast → § 5 Rn. 1429 ff.** **353**

cc) Keine besondere Wesentlichkeit bzw. Spürbarkeit. Im Zuge der UWG-Novelle 2015 hat der Irreführungstatbestand eine eigenständige Relevanzklausel erhalten (§ 5 Abs. 1 S. 1 Hs. 2). **§ 3 Abs. 1 UWG (2015)** wurde im Zuge der Reform 2015 neu gefasst. Das Spürbarkeitserfordernis ist entfallen,[740] näher → § 5 Rn. 331 ff. Eigenständige Bedeutung kam ihm neben den tatbestandlichen Voraussetzungen der §§ 5, 5a schon bislang nicht zu.[741] **354**

dd) Kriterien, die bei der Beurteilung eine Rolle spielen können. Die Eignung einer Angabe zur Beeinflussung der geschäftlichen Entscheidung des Verkehrs setzt zumindest voraus, dass sie beim Verkehr eine **Fehlvorstellung** verursacht hat. **Unwahre, aber** **355**

[736] BGH WRP 2016, 331 Rn. 22 – Piadina-Rückruf.
[737] Vgl. OLG Frankfurt a. M. Magazindienst 2008, 636 zu einer angeblich zum Tauchen in einer Wassertiefe von 39m geeigneten Uhr.
[738] EuGH C-388/13, EU:C:2015:225 Rn. 36 – UPC Magyarország.
[739] *Plehwe* jurisPR-WettbR 3/2007 Anm. 4.
[740] Vgl. Amtl. Begr. zum Gesetzentwurf der Bundesreg., BT-Drs. 18/4535, 15.
[741] Vgl. GRUR 2009, 888 Rn. 18 – Thermoroll; GRUR 2012, 1273 Rn. 25 – Stadtwerke Wolfsburg; WRP 2016, 440 Rn. 25 – Fressnapf.

nicht täuschende Angaben können nur unter dem Gesichtspunkt einer Schädigung der Mitbewerber relevant sein.[742] Eine für sich genommen irreführende Angabe in einer Werbung begründet daher dann keine relevante Irreführung, wenn der Verbraucher sich vor einer geschäftlichen Entscheidung mit dem gesamten Text befassen wird und gewährleistet ist, dass der Durchschnittsverbraucher nicht durch die weiteren in der Anzeige enthaltenen Angaben davon abgehalten wird, eine darauf beruhende geschäftliche Entscheidung zu treffen.[743] Nach Sinn und Zweck des Relevanzerfordernisses muss es sich um eine Fehlvorstellung handeln, die sich **zu Gunsten des Handelnden auswirken** kann.[744] So wird ein aufmerksamer, verständiger und informierter Verbraucher durch die falsche telefonische Auskunft, eine tatsächlich jedoch im Geschäft vorhandene Ware sei nicht lieferbar, zwar getäuscht. Die Täuschung ist auch geeignet, die geschäftliche Entscheidung des Nachfragenden zu beeinflussen, denn dieser wird seine Kaufabsichten daraufhin aufgeben. Der Angabe fehlt gleichwohl eine Relevanz im Rechtssinne, weil sie den Nachfragenden nicht anlockt, sondern erfahrungsgemäß gerade davon **abhält,** das Geschäft des Handelnden aufzusuchen.[745] Ist die Ware am Regal mit einem höheren als dem in der Werbung angegebenen Preis ausgezeichnet, kann es trotzdem an einem wettbewerbsrelevanten Irreführung fehlen, wenn dem Kunden an der Kasse von vornherein nur der beworbene Preis in Rechnung gestellt wird.[746]

356 Die **Art der Fehlvorstellung** lässt Rückschlüsse auf die Eignung der Angabe zur Beeinflussung des geschäftlichen Verkehrs zu. Eine **dem Handelnden nachteilige Fehlvorstellung** ist nicht geeignet, die geschäftliche Entscheidung des Verkehrs zu seinen Gunsten zu beeinflussen (→ § 5 Rn. 355). Demgegenüber liegt bei einer **dem Handelnden günstigen Fehlvorstellung** nahe, dass diese für die geschäftliche Entscheidung des Verkehrs auch relevant wird.

357 Eine wichtige Rolle spielt für die Relevanz die **Bedeutung des Umstandes, auf den sich die Fehlvorstellung bezieht,** für den angesprochenen Verkehr. Sind Umstände von zentraler Bedeutung für den Verkehr betroffen, wird die Fehlvorstellung idR geeignet sein, ihre geschäftliche Entscheidung zu beeinflussen. Dies liegt zB bei Angaben über die gesundheitliche Unbedenklichkeit eines Produkts nahe.[747] Von **Preisangaben,** insbesondere einer zu Unrecht erfolgten Platzierung des Angebots auf den ersten Rang einer Preisvergleichsliste, geht eine erhebliche irreführende Werbewirkung aus.[748]

358 Geht es um das **Angebot** von Waren oder Dienstleistungen, kann der in **§ 5a Abs. 3 enthaltene Katalog** der Umstände, die im Zusammenhang mit dem Angebot von Waren oder Dienstleistungen wesentlich und deshalb bei der Beurteilung der Irreführungswirkung von Verschweigen bzw. Vorenthalten von Informationen zu berücksichtigen sind, einen Anhalt geben. Er bringt die gesetzgeberische Wertung zum Ausdruck, dass für die Verbraucher zumindest die folgenden Umstände von wesentlicher Bedeutung sind: die wesentlichen **Merkmalen des Produkts,** die Eckdaten des Geschäfts wie **Anbieter, Preis und Kosten,** wesentlich von verbindlichen Regelungen abweichende **Zahlungs-, Liefer- und Leistungsbedingungen** bzw. Bedingungen zum **Beschwerde-/Klageverfahren** und die **Rücktritts- bzw. Widerrufsrechte.** Eine gesetzgeberische Wertung, dass dort nicht genannte Umstände für den Verbraucher auch nicht wichtig sind, lässt sich der Vorschrift hingegen nicht entnehmen und wäre so auch nicht zutreffend. ZB können Umstände, die besonderen Einfluss auf die **Brauchbarkeit** des Produkts haben können, wie **Qualität und Haltbarkeit,** oder die für die Preisbildung besonders wichtig sind **(Marke, Güte),**

[742] Vgl. schon BGH GRUR 1987, 535 (537) – Wodka Woronoff.
[743] BGH WRP 2016, 184 Rn. 18, Ls. – All Net Flat; GRUR 2015, 698 Rn. 20 – Schlafzimmer komplett.
[744] BGH GRUR 2008, 442 Rn. 11 – Fehlerhafte Preisauszeichnung.
[745] BGH GRUR 2002, 1095 (1096) – Telefonische Vorratsanfrage; BGH WRP 2016, 331 Rn. 23 – Piadina-Rückruf.
[746] BGH GRUR 2008, 442 Rn. 11 – Fehlerhafte Preisauszeichnung.
[747] Vgl. BGH GRUR 2008, 443 Rn. 29 – Saugeinlagen.
[748] BGH GRUR 2010, 936 Rn. 19 – Espressomaschine.

für die geschäftliche Entscheidung des Verbrauchers ebenfalls eine hervorgehobene Bedeutung haben.

Keinen Rückschluss auf die Relevanz lässt der Umstand zu, dass eine Angabe im **Anhang zu § 3 Abs. 3** aufgeführt ist. Die Liste enthält eine Aufzählung aller Geschäftspraktiken, die unter allen Umständen als unlauter anzusehen sind, ohne dass ein Relevanzerfordernis besteht. 359

Macht der Verkehr von einer ihm **nach Eintritt der Täuschung** gebotenen Informationsmöglichkeit Gebrauch *und* wird er durch sie von der geschäftliche Entscheidung abgehalten, ist die Angabe nicht geeignet, die geschäftliche Entscheidung zu beeinflussen und kann nur im Hinblick auf eine Beeinträchtigung der Mitbewerber (→ § 5 Rn. 361 ff.) relevant sein. Die bloße **Möglichkeit,** sich vor der geschäftlichen Entscheidung noch eingehender zu informieren, reicht nicht. Die Wettbewerbswidrigkeit entfällt auch nicht dadurch, dass der Verbraucher einen auf Grund seiner Täuschung zustande gekommenen Vertrag widerrufen kann;[749] denn relevant ist eine Täuschung nach den Vorgaben der Werberichtlinie und der UGP-RL schon, wenn sie geeignet ist, die geschäftliche Entschließung des Verkehrs zu beeinflussen. Ob die getroffene Entscheidung wieder rückgängig gemacht wird, spielt demnach für die Relevanz keine Rolle. 360

b) Eignung zur Schädigung eines Mitbewerbers. Die Relevanz der unwahren bzw. täuschenden Angabe kann sich auch daraus ergeben, dass sie geeignet ist, einen Mitbewerber zu schädigen;[750] auf die Eignung zur Beeinflussung der geschäftlichen Entscheidung des Durchschnittsverbrauchers kommt es dann nicht an (vgl. → § 5 Rn. 341 ff.). 361

aa) Beeinflussung von Kundenströmen. Unwahre oder täuschende Angaben, die geeignet sind, die geschäftliche Entscheidung eines Durchschnittsverbrauchers zu beeinflussen, wirken sich unter dem Gesichtspunkt der **Beeinflussung von Kundenströmen** aus. Ausreichend für die Relevanz ist eine **Anlockwirkung,** die dazu führt, dass sich der Verbraucher näher **mit dem Angebot befasst,** selbst wenn der Irrtum des Verbrauchers vor der Marktentscheidung des Verbrauchers noch aufgeklärt wird.[751] Das gilt jedoch dann nicht, wenn der mit der Werbung Angesprochene die Unrichtigkeit sofort anhand der Textüberschrift erkennt.[752] Zu einer solchen Umleitung bzw. Kappung von Kundenströmen kann es aber auch kommen, wenn sich der Durchschnittsverbraucher **durch die unwahre oder täuschende Angabe nicht zu einer geschäftlichen Entscheidung verleiten lässt.** Hier kann die Angabe allenfalls unter dem Gesichtspunkt der Mitbewerberschädigung relevant sein. 362

bb) Abstellen auf das Verhalten eines Durchschnittsverbrauchers. Entscheidend für die Feststellung, ob die Fehlvorstellung geeignet ist, einen Mitbewerber zu schädigen, ist auch hier das Verhalten eines durchschnittlich aufmerksamen, verständigen und informierten Mitglieds des angesprochenen Verkehrskreises. Zwar gibt die Werberichtlinie insoweit lediglich einen Mindeststandard vor. Bei der Umsetzung der Vorgaben der UGP-RL hat sich der deutsche Gesetzgeber jedoch zu Recht um eine einheitliche Regelung irreführender Geschäftspraktiken für Verbraucher und Unternehmer bemüht. 363

cc) Unmittelbarer Zusammenhang. Art. 2 lit. b Werberichtlinie fordert einen **unmittelbaren Zusammenhang** zwischen der Fehlvorstellung und der Schädigung von Mitbewerbern („... und die infolge der ihr innewohnenden Täuschung ihr wirtschaftliches Verhalten beeinflusst oder aus diesen Gründen einen Mitbewerber zu täuschen geeignet 364

[749] OLG Hamburg GRUR-RR 2006, 105 (107); ebenso zu § 16 Abs. 1 BGH GRUR 2008, 818 Rn. 55 – Strafbare Werbung im Versandhandel.

[750] BGH GRUR 2011, 82 Rn. 30 – Preiswerbung ohne Umsatzsteuer.

[751] BGH WRP 2016, 1228 Rn. 35 – Geo-Targeting; vgl. BGH GRUR 2003, 249 – Preis ohne Monitor; GRUR 2008, 186 Rn. 30 f. – Telefonaktion; WRP 2012, 464 Rn. 21 – Falsche Suchrubrik; WRP 2012, 311 Rn. 44 f. – 10 % Geburtstags-Rabatt.

[752] BGH GRUR 2012, 286 Rn. 21 – Falsche Suchrubrik.

ist“). Voraussetzung für eine Relevanz unter dem Gesichtspunkt der Mitbewerberschädigung ist deshalb, dass der Mitbewerber durch die unwahre bzw. täuschende Angabe konkrete Nachteile erfährt, ihm insbes. ein **Geschäft entgangen** ist. Eine bloß mittelbare Schädigung etwa dergestalt, dass der Durchschnittsumworbene durch die Angabe erstmals auf den Unternehmer aufmerksam wurde und der Mitbewerber deshalb künftig seine Konkurrenz befürchten muss, reicht nicht.

365 Eine Verkürzung des durch das Verbot der Irreführung von Verbrauchern und sonstigen Marktteilnehmern **mittelbar mitbezweckten Schutzes der Mitbewerber** ist mit der Ausklammerung der Irreführung *von* Mitbewerbern mit der Gesetzesänderung 2015 nicht verbunden,[753] näher → § 5 Rn. 139 f. Dieser (auch) mitbewerberbezogener Ansatz der Relevanzbegründung bleibt daher nach dem 10.12.2015 möglich, sondern ist in unionskonformer Auslegung des § 5 auch geboten, um eine vollständige Umsetzung der Werberichtlinie zu gewährleisten.

366 **dd) Denkbare Konstellationen.** Mehrere **Konstellationen** kommen in Betracht:
(a) Die durch die unwahre bzw. irreführende Werbung entstandene Fehlvorstellung wird vor der geschäftlichen Entscheidung ausgeräumt. Ein Durchschnittsverbraucher wird die **geschäftliche Entscheidung aber trotzdem im Sinne des Unternehmers treffen und deshalb nicht mit dem Mitbewerber kontrahieren.**[754] In Betracht kommt dies zB bei werbebedingten Fehlvorstellungen, die erst vor Ort ausgeräumt werden, wenn anzunehmen ist, dass ein durchschnittlich aufmerksamer, verständiger und informierter Verbraucher unter diesen Umständen die Fahrtkosten, den Zeitaufwand oder die Mühe nicht mehr aufbringen wird, um Konkurrenzangebote zu prüfen und wahrzunehmen.[755] Dann ändert an der Relevanz der täuschenden Angabe auch nichts, wenn Kunden nach längeren Disputen unter Vorlage des Werbeprospekts doch noch der niedrigere Preis berechnet wird. Denkbar ist auch, dass der Durchschnittsverbraucher seinen Irrtum erst an der Kasse bemerkt und es ihm peinlich ist, das Produkt „zurückzugeben“.[756] Wurde der Verbraucher über Widerrufs- bzw. Rücktrittsrechte getäuscht, ist möglich, dass er sich im Zeitpunkt der Aufklärung seines Irrtums bereits mit der Situation abgefunden und ggf. Dispositionen getroffen hat und deshalb trotz Kenntnis seiner mangelnden Verpflichtung am Vertrag festhält – mit der Folge, dass der Mitbewerber nicht zum Zuge kommt.

367 *(b)* Der mit der unwahren bzw. täuschenden Angabe konfrontierte Durchschnittsverbraucher wird zwar nicht das von der unwahren bzw. täuschenden Angabe betroffene Produkt erwerben, sich aber auf Kosten seiner Mitbewerber für ein **anderes Produkt** des Unternehmers entscheiden.[757] So liegt es zB, wenn die unwahre bzw. täuschende Preisangabe in einer Werbung geeignet ist, den Durchschnittsverbraucher in das Geschäft des Werbenden zu locken, wo dieser nach Ausräumung der Fehlvorstellung seinen Bedarf bzgl. eines anderen Produkts befriedigen wird, das er sonst beim Mitbewerber erworben hätte; eine solche **Anlockwirkung** ist für eine Irreführung ausreichend.[758] Der BGH hat daher zu Recht eine Werbung eines Lohnsteuerhilfevereins als relevant irreführend angesehen, die beim Umworbenen die Fehlvorstellung hervorrief, der Verein berate Nichtmitglieder, weil die erst nach der ersten Kontaktaufnahme erfolgte Richtigstellung nichts daran ändere, dass der Verein den Kontakt für eine Mitgliederwerbung nutzen könne.[759]

---

[753] Auf das Erfordernis der strengen Differenzierung zwischen der Irreführung von Mitbewerbern und dem durch das Verbot der Irreführung von Verbrauchern und sonstigen Marktteilnehmern mitbezweckten Schutz der Mitbewerber *Köhler* WRP 2014, 1410 Rn. 57 Fn. 48).

[754] Vgl. BGH GRUR 2008, 442 Rn. 9 ff. – Fehlerhafte Preisauszeichnung.

[755] BGH NJW 1988, 1978 – Konfitüre; NJW-RR 2001, 620 – Filialleiterfehler. S. auch BGH GRUR 2008, 442 Rn. 11 – Fehlerhafte Preisauszeichnung, wo ein Umlenken von Kunden jedoch im konkreten Fall verneint wurde.

[756] Vgl. BGH GRUR 2008, 442 Rn. 9 ff. – Fehlerhafte Preisauszeichnung.

[757] Vgl. BGH GRUR 2000, 911 (914) – Computerwerbung.

[758] Vgl.EuGH C-281/12, ECLI:EU:C:2013:859 – Trento Sviluppo und Centrale Adriatica; Köhler/*Bornkamm/Feddersen* § 5 Rn. 1.198.

[759] BGH GRUR 2008, 186 Rn. 31 – Telefonaktion.

(c) Die unwahre oder täuschende Angabe veranlasst den Durchschnittsverbraucher dazu, seine **Erwerbsabsicht ganz aufzugeben,** so dass jetzt auch der an sich günstigere Mitbewerber nicht zum Zuge kommt. *Bornkamm/Feddersen* nennen den Fall, dass der enttäuschte Verbraucher, der an sich schon entschlossen war, ein bestimmtes Modell im Computerhandel zu erwerben, jetzt nicht mehr bereit ist, den deutlich höheren Preis, den der Handel fordert, für ein entspr. Modell zu zahlen.[760] 368

(d) **Nicht ausreichend ist hingegen,** dass die unwahre bzw. täuschende Angabe die geschäftliche Entschließung von Verbrauchern beeinflusst, die nicht über die Eigenschaften eines Durchschnittsverbrauchers verfügen, denn hierdurch würde der Standard der UGP-RL unterlaufen. 369

5. Beispiele. a) Bejahung. Der Preis einer Ware ist ein zentrales Instrument des Wettbewerbs; deshalb sind **irreführende Angaben zu Preisen idR von wettbewerbsrechtlicher Relevanz.**[761] Dies gilt auch für eine unrichtige Angabe des **Zeitraums,** in dem ein Rabatt gewährt wird.[762] Wirbt der Reiseveranstalter mit einem **befristeten Frühbucherrabatt,** den er auch nach Ablauf der Frist weiter gewährt, ergibt sich die Relevanz der Irreführung daraus, dass durch die zeitliche Begrenzung der Verbraucher gezwungen wird, die Kaufentscheidung **unter zeitlichem Druck** vorzunehmen.[763] Für die wettbewerbliche Relevanz einer Werbung mit irreführenden Preisangaben in einem Preisvergleichsportal im Internet spricht insbesondere, dass bereits von der dadurch bewirkten Platzierung des Angebots auf den **ersten Rang** der Preisvergleichsseite eine erhebliche irreführende Werbewirkung ausgeht.[764] Nach der Rspr. des BGH ist eine Irreführung durch eine **geografische Herkunftsangabe** idR wettbewerblich relevant.[765] Bei Angaben über die **gesundheitliche** oder **lebensmittelrechtliche** (Un-)Bedenklichkeit eines Produkts liegt die Eignung zur Beeinflussung der Kaufentscheidung des Kunden nahe.[766] Die Relevanz von Fehlvorstellungen mit **Qualitätsbezug** ist regelmäßig zu bejahen.[767] Gleiches gilt für Fehlvorstellungen über die **fachliche Kompetenz** des Unternehmens, wie sie zB durch eine Täuschung über erhaltene Auszeichnungen entstehen.[768] Bei der Werbung für eine **Finanz-Sanierung** ist die Befähigung der Person, die die Dienstleistung ausführen soll, ein für die Marktentscheidung zentraler Gesichtspunkt.[769] Eine irreführende Werbung über die bundesweite Verfügbarkeit ist relevant, wenn sie den irregeführten Durchschnittsverbraucher veranlasst, die Internet-Bestellseite aufzusuchen, selbst wenn er das Produkt dort aufgrund einer PLZ-Selektion nicht bestellen kann.[770] Auch die Relevanz eines Irrtums des Umworbenen über eine **vermeintliche Günstigkeit** des Angebots liegt nahe.[771] Wer ein Zeichen mit dem Zusatz ® verwendet, ohne Inhaber dieser Marke oder einer Lizenz an der **Marke** zu sein, führt den Verkehr regelmäßig in wettbewerblich relevanter Weise irre.[772] Die durch die Einstellung von Rentenüberweisungen in die **Kontostandsauskunft** vor deren Eingang auf dem Konto bewirkte Irreführung ist wettbewerbsrechtlich relevant, obwohl nicht jeder Kunde im Vertrauen auf den vermeintlich höheren Kontostand eine Kontoüberziehung vornehmen wird.[773] Angaben über eine Fortentwicklung, die zu **neuen** 370

[760] Köhler/*Bornkamm/Feddersen* § 5 Rn. 1.198.
[761] BGH WRP 2016, 1217 Rn. 21 – Apothekenabgabepreis; GRUR 2012, 208 Rn. 33 – 10 % Geburtstags-Rabatt; WRP 2009, 951 Rn. 12 – 20 % auf alles.
[762] BGH GRUR 2012, 208 Rn. 33 – 10 % Geburtstags-Rabatt.
[763] BGH GRUR 2012, 213 Rn. 25 – Frühlings-Special mit Anm. *Omsels* jurisPR-WettbR 2012 Anm. 3.
[764] BGH GRUR 2010, 936 Rn. 10 – Espressomaschine.
[765] BGH WRP 2016, 331 Rn. 22 – Piadina-Rückruf; WRP 2016, 1004 Rn. 34 – Himalaya Salz.
[766] Vgl. BGH GRUR 2008, 443 Rn. 29 – Saugeinlagen; BGH GRUR 2014, 1114 Rn. 42 – nickelfrei.
[767] BGH GRUR 1992, 66 (69) – Königl.-Bayerische Weisse.
[768] Vgl. OLG Köln 17.3.2006 – 6 U 176/05, BeckRS 2006, 5982: Werbung mit der Angabe „ausgezeichnet vom Bundesverband Deutscher Bestatter".
[769] BGH GRUR 2009, 1077 Rn. 30 – Finanz-Sanierung.
[770] BGH WRP 2016, 1228 Rn. 33 ff. – Geo-Targeting.
[771] BGH GRUR 2002, 715 (716) – Scanner-Werbung.
[772] BGH GRUR 2009, 888, Ls. 2 – Thermoroll.
[773] BGH GRUR 2002, 1093 (1094) – Kontostandsauskunft.

Verwendungsmöglichkeiten führen, werden im Allgemeinen geeignet sein, die angesprochenen Verbraucher in ihrer Entscheidung zu beeinflussen, weil der Umfang der Nutzbarkeit für den Verbraucher eine wichtige Rolle spielt.[774]

371 **b) Verneinung.** Irrtümer der Umworbenen über die **Herstellungsart** einer Ware sind nicht geeignet, den Kaufentschluss maßgeblich zu beeinflussen, wenn sich der Verkehr über die Herstellungsform der Ware gar keine Vorstellung macht.[775] Dem durch die telefonische Auskunft, eine tatsächlich im Geschäft vorhandene Ware sei **nicht lieferbar,** beim potenziellen Kunden bewirkten Irrtum fehlt die wettbewerbsrechtliche Relevanz, weil er den Nachfragenden nicht anlockt, sondern erfahrungsgemäß gerade davon abhält, das Geschäft aufzusuchen.[776] Eine Täuschung darüber, dass ein **PC vorrätig** sei, wird hingegen meist wettbewerbsrechtlich relevant sein, weil PCs nicht selten als ständige Arbeitsmittel benötigt werden, so dass vor allem bei Ersatzbeschaffungen längere Betriebsunterbrechungen unerwünscht sind.[777] Ein durch die Angabe „**Tageszulassung mit 0 km**" für ein Neufahrzeug, das sechs Tage zugelassen war, im Straßenverkehr aber nicht benutzt worden ist, bewirkter Irrtum über die Dauer der Zulassung ist wettbewerbsrechtlich irrelevant; für den Autokäufer ist bei so kurzen Zulassungszeiten entscheidend, dass das Fahrzeug noch nicht im Straßenverkehr genutzt wurde.[778] Die Verwendung des Begriffs „Gesundheitsforschung" in der **Firma** eines Unternehmens, das tatsächlich Marketingdienstleistungen anbietet, ist wettbewerbsrechtlich nicht relevant, wenn sich das Unternehmen unter dieser Firma nur – mit dem Ziel der Datenerhebung – an verschiedene Apotheken gewandt hat, Apotheken jedoch nicht zu den Abnehmern der von der Firma vertriebenen Marketingleistungen zählen.[779] Hinsichtlich der Angabe „THERMAL BAD" auf einer Badetablette, die den Verkehr glauben machen kann, dass es sich um ein Naturprodukt handelt, hat der BGH die wettbewerbsrechtliche Relevanz verneint, da der Verkehr aus den **weiteren Angaben auf der Verpackung** unschwer entnehmen könne, dass es sich um ein künstliches Produkt handele.[780] Die beim Verkehr durch die Bezeichnung des Unternehmers bewirkte Irreführung über dessen **Größe** ist irrelevant, wenn der Werbende über eine ebenso große und günstige Auswahl von Produkten verfügt wie der Inhaber des Geschäfts, den der Umworbene hinter der werbenden Angabe vermutet. Der Irrtum darüber, dass am **Vertrieb** durch den **Hersteller** kein Dritter mitwirke, während tatsächlich ein Handelsvertreter beteiligt ist, ist wettbewerbsrechtlich irrelevant, wenn der Vertrag unmittelbar mit dem Hersteller geschlossen wird, alle erwarteten Vorteile in Bezug auf Qualität der Ware, Sorgfalt der Auftragsausführung und Gewährleistung bietet und sich etwaige Gewährleistungsansprüche unmittelbar gegen den Hersteller richten.[781] Irrelevant ist der durch die Angabe „Mitglied im Bundesverband Deutscher Bestatter" hervorgerufene Irrtum, das Bestattungsunternehmen sei selbst Mitglied im Bundesverband, während es tatsächlich lediglich Mitglied in einem Landesverband ist, der seinerseits Mitglied des Bundesverbandes ist.[782] Die für sich genommen unwahre Werbung „Ihr Fernseher kann jetzt mehr" eines Telekommunikationsanbieters für abonnierbare Teledienste, die mittels eines Zusatzmoduls den Fernseher nur als Endgerät nutzen, ohne seine Leistungskraft technisch zu verändern, ist weder geeignet, die geschäftliche Entscheidung des Verkehrs zu beeinflussen noch in sonstiger Weise relevant, weil der Durchschnittsverbraucher ihre wahre Bedeutung ohne weiteres erkennt.[783] Wird auf der Verpackung eines Produkts eine **Marke** (hier: Medisoft

---

[774] BGH GRUR 1999, 1011 (1013) – Werbebeilage.
[775] BGH GRUR 1991, 852 (856) – Aquavit.
[776] BGH GRUR 2002, 1095 (1096) – Telefonische Vorratsanfrage.
[777] BGH GRUR 2000, 911 (914) – Computerwerbung.
[778] BGH GRUR 2000, 914 (915) – Tageszulassung II.
[779] BGH WRP 2000, 1253 (1258 f.) – Unternehmenskennzeichen.
[780] BGH GRUR 2003, 247 (248) – THERMAL BAD.
[781] BGH GRUR 1976, 596 (597) – Aluminiumrollläden.
[782] OLG Köln 17.3.2006 – 6 U 176/95, BeckRS 2006, 5982.
[783] Vgl. OLG Hamburg OLGR Hamburg 2006, 523.

für Kontaktlinsen) angegeben, und nimmt der Verbraucher irrig an, diese sei in Großbritannien eingetragen statt in den USA, fehlt diesem Irrtum nach einer Entscheidung des OLG Köln die Relevanz;[784] anders hingegen, wenn der Unternehmer ein Zeichen mit dem Zusatz ® verwendet, ohne Inhaber dieser Marke oder Lizenz zu sein.[785] ZT wird die Relevanz wettbewerbswidriger Angaben im Internet verneint, wenn die betr. Website abgeschaltet bzw. nur noch zufällig oder mit großen Schwierigkeiten auffindbar ist.[786]

VI. Interessenabwägung und Verhältnismäßigkeit

1. Interessenabwägung. a) Allgemeines. Nach der Rspr. zu § 5 aF ist als „tatbestandsimmanente Form der Verhältnismäßigkeitsprüfung" eine Interessenabwägung durchzuführen, von deren Ergebnis es abhängt, ob die empirisch ermittelte Irreführungsquote den Tatbestand der irreführenden Werbung erfüllt oder nach oben oder unten verschoben werden muss,[787] dazu → **§ 5 Rn. 149 ff.** Diese Rechtsprechung bedarf im Hinblick auf die spätestens nach Umsetzung der Richtlinie unlautere Geschäftspraktiken in deutsches Recht gebotene Übernahme des normativen Verbraucherbegriffs der **Überprüfung.** Dabei geht es insbes. um folgende **Problemkomplexe:** 372

b) Unterschiedlich hohe Anforderungen an das Verkehrsverständnis. S. auch → Rn. 149 ff. Der BGH geht davon aus, dass das Verständnis der Verbraucher empirisch festzustellen und mittels einer Interessenabwägung zu korrigieren sei, um auf der Grundlage der empirisch festgestellten Irreführungsquote zu gerechten Ergebnissen zu kommen. Wie groß der Teil des angesprochenen Verkehrskreises sein muss, der durch die Werbung irregeführt werde, soll von einer Beurteilung der jeweiligen Besonderheiten des Falles und vom Ergebnis einer hierfür vorzunehmenden Interessenabwägung abhängig sein.[788] Als Regelfall kann nach *Borkamm/Feddersen* eine Quote von einem Viertel bis einem Drittel zugrunde gelegt werden.[789] Bedeutsam soll zudem sein, ob die Irreführung lediglich auf einem **unrichtigen Verständnis einer an sich zutreffenden Angabe** beruht;[790] hier nimmt der BGH eine normative Korrektur vor und fordert für die Täuschung mit objektiv richtigen Angaben grundsätzlich eine höhere Irreführungsquote sowie eine Interessenabwägung.[791] 373

Umgekehrt setzt der BGH in den Fällen der **dreisten Lüge** die Irreführungsquote drastisch herab (näher zur **Rechtsfigur der „dreisten Lüge" und zur Kritik → § 5 Rn. 275 ff.**). Veränderungen der Irreführungsquote wurden auch für **mehrdeutige Angaben** und im Falle eines **Bedeutungswandels** von Angaben erwogen.[792] Anerkannt ist, dass Fehlvorstellungen des Verkehrs, die sich in einer Übergangszeit nach einer **Gesetzesänderung** bilden, hingenommen werden müssen, da andernfalls die alte Rechtslage mit Hilfe des Irreführungsverbots perpetuiert würde.[793] Eine weitere normative Korrektur des 374

[784] OLG Köln Magazindienst 2010, 543.

[785] BGH GRUR 2009, 888, Ls. 2 – Thermoroll.

[786] OLG Düsseldorf OLGR Düsseldorf 2008, 256; LG Magdeburg 13.4.2011 – 7 O 260/11, BeckRS 2011, 21358; dagegen gerichtete Berufung zurückgewiesen, OLG Naumburg 19.7.2011 – 9 U 100/11, BeckRS 2011, 21478.

[787] BGH GRUR 2012, 1053 Rn. 19, 21 – Marktführer Sport; GRUR 2015, 286 Rn. 20 – Spezialist für Familienrecht; WRP 2016, 1004 Rn. 27 – Himalaya Salz.

[788] BGH GRUR 1987, 171 (172) – Schlussverkaufswerbung; GRUR 1994, 519 (521) – Grand Marnier; GRUR 2000, 73 – Tierheilpraktiker; GRUR 2004, 613 (614) – Schlauchbeutel.

[789] Köhler/*Bornkamm/Feddersen* § 5 Rn. 1.99.

[790] Vgl. BGH GRUR 1987, 171 (172) – Schlussverkaufswerbung I; GRUR 1995, 612 – Sauerstoff-Mehrschritt-Therapie; GRUR 1996, 985 (986) – PVC-frei; GRUR 1996, 910 – Der meistverkaufte Rasierer Europas; WRP 2012, 1526 Rn. 3 – Über 400 Jahre Brautradition.

[791] BGH GRUR 2015, 286 Rn. 20 – Spezialist für Familienrecht; WRP 2016, 331 Rn. 26 – Piadina-Rückruf; WRP 2016, 1004 Rn. 27 – Himalaya Salz.

[792] BGH GRUR 2012, 1053 Rn. 17 – Marktführer Sport; OLG Hamm 9.12.2004 – 4 U 117/04, BeckRS 2004, 30347453; Köhler/*Bornkamm/Feddersen* § 5 Rn. 1.108.

[793] BGH GRUR 2009, 1114 – Räumungsfinale; GRUR 2011, 166 Rn. 26 f. – Rote Briefkästen.

empirisch festgestellten Verkehrsverständnisses lässt der BGH inzwischen bei Lockerung oder **Aufhebung eines Monopols** zu. Fehlvorstellungen, die darauf beruhen, dass der Verkehr noch nicht daran gewöhnt ist, dass eine Dienstleistung (zB Post- und Paketdienst) außer von dem früheren Monopolunternehmen auch von Wettbewerbern angeboten wird, begründen keine relevante Irreführung im Sinne von § 5.[794] Zu berücksichtigen ist nach der Rspr. des BGH schließlich ua, welche Bedeutung der Irreführung objektiv und/oder nach den Vorstellungen der von ihr betroffenen Kreise zukommt und welches Gewicht den Interessen der Allgemeinheit oder des Werbenden selbst an der Aufrechterhaltung der Art und Weise seiner Werbung beizumessen ist.[795] Je nach dem Ergebnis der Interessenabwägung führt diese zu einer Verschiebung der Irreführungsquote nach oben oder unten.[796]

375 Demgegenüber ist nach dem hier vertretenen normativen Verständnis die Irreführungsgefahr **ohnehin auf der Grundlage einer normativen Bewertung festzustellen,** sodass für eine zusätzliche Korrektur kein Bedarf und auch kein Raum bestehen, näher → § 5 Rn. 149 ff. In den Bereichen, in denen der BGH mittels normativer Korrektur auf der Grundlage der Verhältnismäßigkeitsprüfung einen Wettbewerbsverstoß verneint, wird daher nach der hier vertretenen Auffassung zumeist schon keine Irreführung vorliegen, weil der Verbraucher alle Informationen erhalten hat, die ein durchschnittlich informierter, verständiger und aufmerksamer Verbraucher als „Kunstfigur des Rechts“ erwarten kann.

376 **c) Strengere Anforderungen bei bestimmten Schutzgütern.** Auch **→ § 5 Rn. 303.** Der **BGH ging bislang davon aus,** dass an die Richtigkeit, Eindeutigkeit und Klarheit der Aussagen **unterschiedlich strenge Anforderungen** zu stellen sein können je nachdem, welche Schutzgüter betroffen seien,[797] so zB bei gesundheitsbezogener Werbung,[798] → § 5 Rn. 303. Inzwischen existieren in diesen Bereichen, insbesondere im Gesundheits- und Lebensmittelbereich, in weitem Umfang Sonderregelungen, die bei der Auslegung des § 5 vorrangig zu berücksichtigen sind, → § 5 Rn. 63 ff., nach denen sich das jeweiligen Schutzmaß richtet, sodass die Problematik weitgehend theoretischer Natur ist.

377 Soweit keine Sonderregelungen existieren, stellt § 5 UWG für die Frage der Irreführungsgefahr auf die Sicht des durchschnittlich (angemessen) informierten, aufmerksamen und verständigen Durchschnittsumworbenen ab, ohne dass zwischen den einzelnen Werbebereichen differenziert wird.[799] Dieses Verbraucherleitbild ist nicht davon abhängig, ob es bei einer Maßnahme unmittelbar um den Verbraucherschutz geht oder ob andere Zwecke, wie der Gesundheitsschutz oder der Schutz geografischer Herkunftsangaben, verfolgt werden.[800] Dem besonderen Schutzbedürfnis der Verbraucher in sensiblen Bereichen wie der Gesundheitswerbung wird vielmehr auf andere Weise Rechnung getragen: Über die Irreführung entscheidet zunächst bei gesundheitsbezogenen Angaben (wie sonst auch) nicht ein bestimmter, möglicherweise zu erhöhender, Prozentsatz der Verbraucher, sondern der **objektivierte Maßstab** eines Verbrauchers, der über das Maß an Aufmerksamkeit, Informiertheit und Verständigkeit verfügt, dass von ihm im Hinblick auf die konkrete geschäftliche Handlung angemessener Weise erwartet werden darf. Soweit dies dem europäischen Gesetzgeber nicht ausreichend schien, trägt die Richtlinie dem besonderen Schutzbedürfnis der Verbraucher im Bereich der Gesundheitswerbung noch durch flankierende Maßnahmen Rechnung. Sind die Auswirkungen der geschäftlichen Handlung auf besonders schutzbedürftige Personengruppen für den Unternehmer vorhersehbar, ist auf das Verständnis einer durchschnittlich (angemessen) aufmerksamen, verständigen und informierten

[794] BGH GRUR 2011, 166 Rn. 26 f. – Rote Briefkästen; GRUR 2012, 1273 Rn. 27 – Stadtwerke Wolfsburg.
[795] BGH GRUR 1994, 519 (520) – Grand Marnier; GRUR 2004, 613 (614) – Schlauchbeutel.
[796] Vgl. Köhler/*Bornkamm/Feddersen* § 5 Rn. 1.96.
[797] BGH GRUR 2002, 182 (185) – Das Beste jeden Morgen.
[798] BGH GRUR 1995, 612 – Sauerstoff-Mehrschritt-Therapie; GRUR 2002, 182 (185) – Das Beste jeden Morgen.
[799] Näher → § 5 Rn. 159 ff.
[800] *Omsels* WRP 2006, 434 (442).

Person dieses **besonders schutzwürdigen Personenkreises** abzustellen. Gemäß Nr. 18 des Anhangs zu § 3 Abs. 3 gelten **falsche Behauptungen, ein Produkt könne Krankheiten, Funktionsstörungen oder Missbildungen heilen,** stets als unlauter, wenn sie gegenüber einem Verbraucher vorgenommen werden. Gleiches gilt gemäß Nr. 12 der „schwarzen Liste" für **sachlich falsche Behauptungen über die Art und das Ausmaß von Gefahren für die persönliche Sicherheit** von Verbrauchern oder ihrer Familien für den Fall, dass sie das Produkt nicht erwerben. Über Art. 7 Abs. 5 UGP-RL finden die für derartige Bereiche im Gemeinschaftsrecht festgelegten **Informationsanforderungen** ins Wettbewerbsrecht Eingang. Auf diese Weise wird zB sichergestellt, dass Arzneimittelwerbung den Anforderungen von Art. 86 ff. der Richtlinie 2001/83/EG über die Schaffung eines **Gemeinschaftskodex für Humanarzneimittel** genügt, für die der EuGH entschieden hat, dass sie eine Vollharmonisierung des betr. Bereichs bewirkt.[801] Schließlich bleibt es dem nationalen Gesetzgeber nach **Art. 3 Abs. 3** und dem **9. Erwägungsgrund** der UGP-RL vorbehalten, unter Berufung auf den Schutz der Gesundheit und der Sicherheit der Verbraucher in ihrem Hoheitsgebiet für Geschäftspraktiken Beschränkungen aufrechtzuerhalten oder einzuführen oder diese Praktiken zu verbieten, bspw. im Zusammenhang mit **Spirituosen, Tabakwaren und Arzneimitteln.**

Im Übrigen, dh soweit die UGP-RL nicht selbst oder über unionsrechtliche Informati- **378**
onsanforderungen zur „Stellschraube" für einen unterschiedlichen Irreführungsmaßstab wird, verbleibt es wegen der durch sie bewirkten Vollharmonisierung auch dann, wenn besonders wertvolle Schutzgüter betroffen sind, grundsätzlich beim Maßstab des Durchschnittsverbrauchers.

Die UGP-RL und in deren Umsetzung auch das deutsche Recht enthält damit eine **379**
grundsätzlich abschließende Regelung des Schutzes der Verbraucher vor irreführenden Geschäftspraktiken. Außerhalb des durch unionsrechtliche Sonderregelungen und besondere Informationsgebote, insbes. § 5a Abs. 4, und die „schwarze Liste" gezogenen Rahmens kommt es auch hier nur darauf an, ob die geschäftliche Handlung in relevanter Weise unwahre Angaben enthält oder geeignet ist, den Durchschnittsverbraucher irrezuführen.

d) Verwendung gesetzlich vorgeschriebener oder zugelassener Bezeichnungen. **380**
Vgl. hierzu näher → § 5 Rn. 305 ff.

2. Verhältnismäßigkeit. a) Allgemeines. Nach der Rspr. des **BGH** ist eine **Irreführ-** **381**
rungsgefahr in besonderen Ausnahmefällen unter dem Gesichtspunkt der Verhältnismäßigkeit hinzunehmen, wenn die Belange der Allgemeinheit und der Mitbewerber nicht in erheblichem Maße ernsthaft in Mitleidenschaft gezogen werden, weil die bewirkte Fehlvorstellung zwar von Bedeutung, gleichwohl aber für die Verbraucherentscheidung letztlich nur von geringem Gewicht ist und schutzwürdige Interessen des auf Unterlassung in Anspruch Genommenen entgegen stehen.[802]

Sowohl die **Irreführungsrichtlinie** als auch die **UGP-RL** haben den **Vorrang des europäischen Primärrechts** zu wahren (näher → § 5 Rn. 18 ff.). Sie stehen zudem unter der Geltung des Verhältnismäßigkeitsgrundsatzes.[803] Das Verbot einer irreführenden geschäftlichen Handlung kann sich damit bei richtlinienkonformer Auslegung auch nach neuem Recht als unverhältnismäßig erweisen. Der Rückgriff auf den Verhältnismäßigkeitsgrundsatz darf allerdings nicht dazu führen, dass Interessen, die nach der gesetzgeberischen Wertung bereits die Auslegung unbestimmter Rechtsbegriffe beeinflussen, unter dem „Aufhänger" der Verhältnismäßigkeit erneut und damit **doppelt** in die Waagschale geworfen werden. Vielmehr müssen **Besonderheiten des Einzelfalls** vorliegen, die bei der Aus-

[801] EuGH C-374/05, EU:C:2007:654 Rn. 39 – Gintec.

[802] BGH GRUR 2003, 628 (630) – Klosterbrauerei; WRP 2012, 1526 Rn. 2 – Über 400 Jahre Brautradition; GRUR 2013, 1161 Rn. 76 ff. – Hard Rock Café.

[803] Vgl. nur den 6. Erwägungsgrund der RLuG: „Im Einklang mit dem Verhältnismäßigkeitsprinzip schützt die Richtlinie die Verbraucher …"

legung der Richtlinie wegen ihrer konkreten Fallbezogenheit nicht berücksichtigt werden können.

382 **b) Einzelheiten.** Ausgangspunkt der Verhältnismäßigkeitsprüfung ist folglich, dass im Allgemeinen kein schutzwürdiges Interesse Dritter an der Verwendung einer iSd § 5 irreführenden Angabe besteht.[804] So können die Umstände des Einzelfalls dazu führen, dass eine **Irreführung, die anders nicht zumutbar ausgeräumt werden kann, hinzunehmen** ist.[805] Vorrangiges Gemeinschaftsrecht, das iRd Auslegung unbestimmter Rechtsbegriffe nicht hinreichend berücksichtigt werden konnte, ist allerdings stets zu beachten (→ § 5 Rn. 18 ff.).

383 **c) Problembereiche.** Ein Verbot irreführender Angaben kann sich als unverhältnismäßig erweisen, wenn **im konkreten Einzelfall** hierdurch **Art. 34 AEUV**[806] oder **Grundrechte** bzw. Grundfreiheiten verletzt würden.[807] Das kann dazu führen, dass das inkriminierte Verhalten nicht vollständig verboten, sondern die Irreführungsgefahr nur beschränkt werden kann.[808]

384 Beruht die Täuschung des Verkehrs auf dem Fehlverständnis einer **objektiv richtigen Angabe,** ist nach der Rspr. des BGH für die Anwendung des § 5 grundsätzlich eine höhere Irreführungsquote erforderlich und eine Interessenabwägung vorzunehmen.[809] **Dem ist aus den in → § 5 Rn. 373 ff. ausgeführten Gründen nicht zu folgen.** Das schließt die Prüfung nicht aus, ob im Einzelfall ausnahmsweise besondere Umstände vorliegen, aufgrund derer sich ein Verbot ausnahmsweise als unverhältnismäßig erweisen kann.

385 Nach der Rspr. des BGH kann es im Hinblick auf einen erworbenen **Besitzstand** des Unternehmers unter besonderen Umständen **im Einzelfall** geboten sein, die **langjährig unbeanstandete** Benutzung einer Angabe auch künftig hinzunehmen.[810] Als Ausdruck des Verhältnismäßigkeitsgrundsatzes kommt sie insbesondere in Betracht, wenn durch das Verbot ein wertvoller Besitzstand an einer **Individualkennzeichnung** zerstört würde.[811] Um einen Wertungswiderspruch zum Markenrecht zu vermeiden, hält der BGH jedenfalls für die neue Fallgruppe der Irreführung über die betriebliche Herkunft gem. § 5 Abs. 1 S. 2 Nr. 1 UWG eine **Übertragung des Instituts der Verwirkung aus dem Markenrecht** für geboten,[812] wobei die dafür maßgeblichen Aspekte dann auch bei der **Verhältnismäßigkeit** zu berücksichtigen sein sollen.[813] Ob eine solche Ausnahme angenommen werden kann, bestimmt sich auf Grund einer Abwägung der Interessen der Parteien sowie der Allgemeinheit.[814] Im Rahmen der **Interessenabwägung** sind ua die Möglichkeit einer

[804] Vgl. schon zum alten Recht BGH NJW 2000, 600 (602) – Warsteiner III mwN.

[805] Vgl. BGH NJW 2000, 600 (602) – Warsteiner III; WRP 2012, 1526 Rn. 2 – Über 400 Jahre Brautradition.

[806] Vgl. BGH GRUR 1999, 1122 (1124) – EG-Neuwagen I; GRUR 1999, 1125 (1126) – EG-Neuwagen II.

[807] Vgl. BVerfG GRUR 2002, 455 (456) – Tier- und Artenschutz; WRP 2003, 69 (71) – JUVE-Handbuch; BGH GRUR 2002, 77 (80) – Rechenzentrum; GRUR 2003, 886 (888) – Erbenermittler; GRUR 2004, 162 (163) – Mindestverzinsung; BGH GRUR 2013, 1252 – Medizinische Fußpflege; GRUR 2015, 286, Ls. und insbes. Rn. 20 ff., 25, 28 – Fachanwalt für Familienrecht.

[808] Vgl. BGH GRUR 2015, 1019, Ls. – Mobiler Buchhaltungsservice; BGH GRUR 2015, 286 Rn. 20 ff., 25, 28 – Fachanwalt für Familienrecht.

[809] BGH GRUR 1996, 910 (912) – Der Meistverkaufte Europas; WRP 2010, 1390 Rn. 28 – Master of Science Kieferorthopädie; GRUR 2012, 1273 Rn. 22 – Stadtwerke Wolfsburg; GRUR 2015, 286 Rn. 20, 28 – Spezialist für Familienrecht.

[810] Vgl. BGH GRUR 1957, 285 (287) – Erstes Kulmbacher; GRUR 1977, 159 (161) – Ostfriesische Tee Gesellschaft; GRUR 2003, 628 (630 f.) – Klosterbrauerei; GRUR 2007, 1079 (1081) – Bundesdruckerei; WRP 2012, 1526, Ls. – Über 400 Jahre Brautradition; GRUR 2013, 1161 Rn. 77 – Hard Rock Café.

[811] BGH GRUR 2013, 1161 Rn. 77 – Hard Rock Café; vgl. BGH GRUR 2003, 628 (630) – Klosterbrauerei.

[812] BGH GRUR 2013, 1161 Rn. 64 – Hard Rock Café; krit. *Goldmann* GRUR 2017, 657 (660 ff.); vgl. *Eckel* GRUR Int. 2015, 438 (439).

[813] BGH GRUR 2013, 1161 Rn. 79 – Hard Rock Café.

[814] BGH GRUR 2013, 1161 Rn. 77 – Hard Rock Café.

Beseitigung der Gefahr durch klarstellende Hinweise,[815] die Beeinträchtigung des Rufs des verletzten Unternehmens und eine durch den Irrtum von Kunden hervorgerufene Marktverwirrung zu berücksichtigen.[816] Unter dem Gesichtspunkt der Zumutbarkeit ist ferner auch von Bedeutung, ob der Verletzer das Risiko einer Inanspruchnahme ursprünglich selbst gesetzt hat,[817] etwa indem er sich bewusst an eine fremde Geschäftsidee angelehnt hat und das Verhalten daher, auch wenn darin zum damaligen Zeitpunkt keine Rechtsverletzung gelegen hat, doch mit dem Mangel behaftet war, dass es ohne Vereinbarung mit dem Verletzten und ohne dessen Wissen begonnen wurde.[818]

Im Hinblick auf eine **langjährige redliche Koexistenz der Unternehmenskennzeichen** der Parteien kann es der Verhältnismäßigkeitsgrundsatz gebieten, eine nur gering ins Gewicht fallenden Fehlvorstellung des Verkehrs hinzunehmen, wenn der Verwechslungsgefahr ausreichend durch aufklärende Hinweise entgegen gewirkt wurde.[819] Insoweit sind die Wertungen zum **Recht der Gleichnamigen** im Kennzeichenrecht auch im Bereich des § 5 Abs. 2 nachzuvollziehen,[820] → § 5 Rn. 1319. Hier besteht aus der maßgeblichen Sicht des Durchschnittsverbrauchers in aller Regel bei ausreichenden aufklärenden Hinweisen keine Verwechslungsgefahr iSd § 5 Abs. 2.[821] 386

Hingegen kann durch bloß langjährig unbeanstandeten Vertrieb irreführender Produkte kein schutzwürdiger Besitzstand an dem weiteren **Vertrieb irreführender Produkte** erwachsen, da gleichartige, jeweils abgeschlossene Verletzungshandlungen jeweils einen neuen Unterlassungsanspruch auslösen. Dem Umstand, dass der Verletzte den Vertrieb in der Vergangenheit nicht beanstandet hat, kommt deshalb weder für die Verwirkung noch im Rahmen der Interessenabwägung unter dem Gesichtspunkt der Verhältnismäßigkeit maßgebliche Bedeutung zu.[822] 387

Auch bei Verwendung einer irreführenden **Berufsbezeichnung** für eine erlaubte Berufstätigkeit können nach der Rspr. Einschränkungen des Irreführungsverbots erforderlich sein.[823] Neben der Breite der Irreführungsgefahr und deren Bedeutung für die relevanten Verkehrskreise ist in die Abwägung einzustellen, ob und in welchem Umfang bei dem angesprochenen Publikum ein beachtliches Interesse daran besteht, dass der Berufsausübende jeden Hinweis auf seine Tätigkeit unterlassen muss, obwohl er diese ausüben darf.[824] Ferner ist in die Abwägung auch einzubeziehen, ob es ihm zumutbar wäre, sonstige Angaben zu machen, um Fehlvorstellungen zu vermeiden.[825] Letzteres hat der BGH hinsichtlich der Verwendung von Begriffen wie „Buchhaltungsservice" und der Bezeichnung „Buchhalter" durch die in § 6 Nr. 4 StBerG angenommen. Die in **§ 6 Nr. 4 StBerG** bezeichneten Personen sind zwar nicht verpflichtet, die von ihnen angebotenen Tätigkeiten nach § 6 Nr. 3 und 4 StBerG im Einzelnen aufzuführen, wenn sie auf ihre **Befugnis zur Hilfeleistung in Steuersachen** hinweisen und sich als **Buchhalter** bezeichnen oder unter Verwendung von Begriffen wie **„Buchhaltungsservice"** werben. Sie müssen aber eine durch solche Angaben hervorgerufene Gefahr der Irreführung des angesprochenen Verkehrs über die von ihnen angebotenen Tätigkeiten auf andere Weise ausräumen.[826] Dem- 388

---

815 Vgl. BGH GRUR 2013, 1161 Rn. 79 – Hard Rock Café.

816 BGH GRUR 2013, 1161 Rn. 78 – Hard Rock Café.

817 *Hösl* Interessenabwägung S. 262.

818 BGH GRUR 2013, 1161 Rn. 81 – Hard Rock Café.

819 BGH GRUR-RR 2014, 201 Rn. 50–52 – Peek & Cloppenburg IV.

820 BGH GRUR-RR 2014, 201 Rn. 51 – Peek & Cloppenburg IV.

821 Vgl. BGH GRUR-RR 2014, 201 Rn. 52 – Peek & Cloppenburg IV.

822 BGH GRUR 2013, 1161 Rn. 62, 81 – Hard Rock Café.

823 Vgl. BGH GRUR 1990, 1032 (1034) – Krankengymnastik; GRUR 2000, 73 (75) – Tierheilpraktiker; GRUR 2013, 1252 Rn. 17 – Medizinische Fußpflege.

824 BGH GRUR 1990, 1032 (1034) – Krankengymnastik; OLG Celle GRUR-RR 2013, 177 (179) – Medizinische Fußpflege, Rev. zurückgewiesen BGH GRUR 2013, 1252 – Medizinische Fußpflege.

825 BGH GRUR 1990, 1032 (1034) – Krankengymnastik; GRUR 2015, 1019 Rn. 31 – Mobiler Buchhaltungsservice; OLG Celle GRUR-RR 2013, 177 (179) – Medizinische Fußpflege.

826 BGH GRUR 2015, 1019, Ls. – Mobiler Buchhaltungsservice; auch → § 5 Rn. 131 und → § 5 Rn. 1086.

gegenüber wurde mit Blick auf die Berufsfreiheit ein Verbot der Werbung für die erlaubnisfreie Tätigkeit einer medizinischen Fußpflege mit dem Tätigkeitszusatz **„medizinische Fußpflege"** als unverhältnismäßig angesehen.[827] In der Entscheidung **„Spezialist für Familienrecht"** gelangt der BGH im Wege der Interessenabwägung zu einer Einschränkung des speziellen Irreführungstatbestands in § 7 Abs. 2 BORA und des § 5 Abs. 1 S. 1 und 2 Nr. 3 UWG für den Fall, dass die Fähigkeiten des Rechtsanwalts, der sich als Spezialist auf einem Rechtsgebiet bezeichnet, den an einen Fachanwalt zu stellenden Anforderungen entsprechen, selbst wenn beim rechtssuchenden Publikum die Gefahr einer Verwechslung mit der Bezeichnung „Fachanwalt für Familienrecht" besteht.[828]

389 Schließlich kann das Irreführungsverbot zurücktreten, wenn die Irreführung des Durchschnittsverbrauchers nur darauf zurückzuführen ist, dass **im konkreten Einzelfall** der Unternehmer seinen **bürgerlichen Namen**[829] oder ein geschütztes **Kennzeichen** verwendet.[830] Darüber hinaus kann es der Grundsatz der Verhältnismäßigkeit gebieten, dass nicht die irreführende Firma insgesamt, sondern nur der irreführende **Firmenbestandteil** zu löschen ist.[831]

VII. Zurechnungszusammenhang und „Unclean hands"-Einwand

390 Der Annahme einer **adäquaten Verursachung** der Irreführung steht nicht entgegen, dass durch die Unterlassung der beanstandeten geschäftlichen Handlung gleichgelagerte Wettbewerbsverstöße Dritter fortdauern. [832] Denn mit der Unterlassung bzw. Beseitigung des beanstandeten Wettbewerbsverstoßes durch den Schuldner entfällt die Wettbewerbsverletzung, für die der Schuldner verantwortlich ist. [833] Im Übrigen kann derjenige, der wettbewerbswidrig handelt, seiner Haftung nicht dadurch entgegen, dass er geltend macht, gleichgelagerte Wettbewerbsverstöße Dritter dauerten fort. [834] Deshalb steht es dem Anspruch auf Löschung eines wegen fehlerhafter UVP wettbewerbswidrigen Angebots nicht entgegen, dass selbst bei Löschung des beanstandeten Angebots die fehlerhafte Herstellerpreisempfehlung im Zusammenhang mit anderen Angeboten des Uhrenmodells im Internetportal sichtbar bleiben kann.[835]

391 Der Einwand, dass der Gläubiger seinerseits in gleicher oder vergleichbarer Weise wettbewerbswidrig gehandelt hat **(„Unclean hands"-Einwand)** ist von vornherein unzulässig, wenn – wie bei § 5 regelmäßig der Fall – durch den Verstoß zugleich Interessen Dritter oder der Allgemeinheit berührt werden,[836] **s. näher *Goldmann* → Vorb. § 8 Rn. 194 ff.**

VIII. Verwirkung

392 Um einen Wertungswiderspruch zum Markenrecht zu vermeiden, hält der BGH jedenfalls für die neue Fallgruppe der **Irreführung über die betriebliche Herkunft** gem. § 5 Abs. 1 S. 2 Nr. 1 UWG eine **Übertragung des Instituts der Verwirkung aus dem Markenrecht** für geboten,[837] wobei die dafür maßgeblichen Aspekte auch bei der **Ver-**

[827] BGH GRUR 2013, 1252 Rn. 17 – Medizinische Fußpflege.
[828] BGH GRUR 2015, 286 (288), Ls. und insbes. Rn. 20 ff., 25, 28 – Fachanwalt für Familienrecht.
[829] Vgl. BGH GRUR 1958, 185 (187) – Gabriele Wyeth; Köhler/*Bornkamm/Feddersen* § 5 Rn. 1.211.
[830] Vgl. zur Marke bzw. zum Unternehmenskennzeichen BGH GRUR 1957, 285 (287) – Erstes Kulmbacher; zur Ausstattung BGH GRUR 1966, 445 (449 f.) – Glutamal; GRUR 1977, 159 (161) – Ostfriesische Tee Gesellschaft.
[831] BGH WRP 2007, 1346 (1351) – Bundesdruckerei.
[832] BGH MMR 2016, 747 Rn. 38 – Herstellerpreisempfehlung bei Amazon; vgl. zum Urheberrecht BGH MMR 2016, 180 Rn. 47 – Störerhaftung des Accessproviders mAnm *Finger/Conraths* MMR 2016, 186.
[833] BGH MMR 2016, 747 Rn. 38 – Herstellerpreisempfehlung bei Amazon.
[834] BGH MMR 2016, 747 Rn. 38 – Herstellerpreisempfehlung bei Amazon.
[835] BGH MMR 2016, 747 Rn. 38 – Herstellerpreisempfehlung bei Amazon.
[836] BGH GRUR 1977, 494 (497) – DERMATEX; OLG Frankfurt a. M. GRUR-RR 2008, 410; OLG Düsseldorf GRUR-RR 2015, 217 Rn. 36.
[837] BGH GRUR 2013, 1161 Rn. 64 – Hard Rock Café; krit. *Goldmann* GRUR 2017, 657 (660 ff.); vgl. *Eckel* GRUR Int. 2015, 438 (439).

hältnismäßigkeit zu berücksichtigen sind.[838] Ob dies auch für **andere Fallgruppen und Unterlassungsansprüche von Verbraucherschutzverbänden** gilt, ist noch nicht geklärt; nach bisheriger höchstrichterlicher Rspr. konnte der Einwand der Verwirkung, der sich im **Verhältnis der Parteien zueinander** aus dem Grundsatz von **Treu und Glauben** ergibt, einem auf die Verletzung des Irreführungsverbots gestützten Anspruch regelmäßig nicht mit Erfolg entgegen gehalten werden, da der mit dieser Vorschrift bezweckte Schutz der Allgemeinheit vor Irreführung gegenüber den individuellen Parteiinteressen grundsätzlich vorrangig ist.[839] An den Erwerb eines schutzwürdigen Besitzstandes stellt der BGH allerdings **hohe Anforderungen;**[840] dieser scheidet wie im Markenrecht[841] insbesondere bei gleichartigen Verletzungshandlungen aus, die (wie der Vertrieb irreführender Merchandising-Artikel) zeitlich unterbrochen fortlaufend auftreten, sodass ständig neue Unterlassungsansprüche entstehen.[842] Zur Verwirkung auch *Goldmann* → **vor § 8 Rn. 125 ff.**

IX. Die Bezugspunkte der Irreführung

Die Bezugspunkte der Irreführung **sind in der UGP-RL abschließend aufgeführt.**[843] 393
Dafür spricht nicht nur der **Wortlaut,** sondern insbesondere auch das von der Richtlinie angestrebte Ziel eine **Vollharmonisierung.** Dieses würde durch eine mögliche unterschiedliche Handhabung bzgl. dort nicht aufgelisteter Bezugspunkte auf nationaler Ebene gefährdet. Bereits in der Entscheidung *„Pippig Augenoptik"* hatte der EuGH zur vergleichenden Werbung festgehalten, dass der Irrtum über den Vertriebsweg als solcher angesichts der abschließenden Harmonisierung der Bedingungen, unter denen vergleichende Werbung zulässig sei, keine nach der Irreführungsrichtlinie maßgebliche Irreführung darstellt.[844] Genauso liegt der Fall hier. Die **detaillierte und umfangreiche Aufzählung der Bezugspunkte** in der UGP-RL, die praktisch alle vom nationalen Recht anerkannten Fallgruppen aufnimmt, und die (ansonsten überflüssige) Formulierung **nur der produkt- und der unternehmensbezogenen Irreführung als offene Tatbestände** rechtfertigen daher die Annahme, dass es dem europäischen Gesetzgeber um eine abschließende Regelung ging. Der Katalog der Bezugspunkte **führt daher abschließend alle Umstände auf, die** aus Sicht des europäischen Gesetzgebers für eine von Irreführung unbeeinflusste Entscheidung des Verkehrs **überhaupt von Bedeutung sein können.** § 5 enthält daher bei der gebotenen unionskonformen Auslegung einen nach der Gesetzeskonzeption abschließenden Katalog von Umständen, auf die sich unwahre oder zur Täuschung geeignete Angaben beziehen können, um als irreführend im Sinne des Gesetzes zu gelten.

Dies stellt einen entscheidenden Unterschied zum früheren Recht dar, das die Bezugs- 394
punkte einer Irreführung nur beispielhaft nannte. **Durchbrochen** wird die abschließende Wirkung der Aufzählung für die wesentlichen Merkmale der Waren und Dienstleistungen und für die an die Person des Unternehmers anknüpfenden Bezugspunkte. Die in **§ 5 Abs. 1 S. 2 Nr. 1 und 3** genannten **Einzelmerkmale** sind **nur Beispiele für die jeweiligen Oberbegriffe.** Dies wird in Art. 6 Abs. 2 lit. b und f der Richtlinie unlautere Geschäftspraktiken und in § 5 Abs. 1 S. 2 durch das Wort „wie" zum Ausdruck gebracht. Rechtssystematisch bietet sich eine **weite Auslegung der die jeweiligen Oberbegriffe**

[838] BGH GRUR 2013, 1161 Rn. 79 – Hard Rock Café.

[839] BGH GRUR 1957, 285 (287) – Erstes Kulmbacher; GRUR 1966, 267 (271) – White Horse; GRUR 1983, 32 (34) – Stangenglas I; GRUR 2003, 628 (630) – Klosterbrauerei; vgl. BGH GRUR 1962, 310 (313) – Gründerbildnis.

[840] BGH GRUR 2013, 1161 Rn. 79–82 – Hard Rock Café.

[841] BGH GRUR 2012, 928 Rn. 22–25 – Honda-Grauimport.

[842] BGH GRUR 2013, 1161 Rn. 64 – Hard Rock Café.

[843] Ebenso GroßKommUWG/*Glöckner,* 2. Aufl. 2013, § 6 Rn. 77; *Henning-Bodewig* GRUR Int. 2005, 629; *Hoeren* BB 2008, 1182 (1185) (zu Art. 6 UGP-RL); jurisPK-UWG/*Link* § 5 Rn. 31; *Steinbeck* WRP 2006, 632 (634); aA GroßKommUWG/*Lindacher,* 2. Aufl. 2013, § 5 Rn. 306; Köhler/*Bornkamm*/*Feddersen* § 5 Rn. 0.30; Ohly/*Sosnitza* § 5 Rn. 228; *Sosnitza* WRP 2008, 1014 (1028); *Wiring* NJW 2010, 580, 581 f.

[844] EuGH C-44/01, EU:C:2003:205 Rn. 61 – Pippig Augenoptik.

konkretisierenden Beispielsfälle an, um die Bildung weiterer Untergruppen zu verhindern. Das kann hinsichtlich der in § 5 Abs. 1 S. 2 Nr. 3 genannten Umstände va durch eine entsprechend weite Auslegung des Begriffs „Status" des Unternehmers geschehen. In jedem Fall müssen unwahre oder täuschende Angaben über die in den Oberbegriffen genannten Umstände in das Irreführungsverbot einbezogen werden.

395 Enthält eine geschäftliche Handlung **mehrere Angaben** (näher dazu → § 5 Rn. 203 ff.), sind alle auf ihre Vereinbarkeit mit dem Irreführungsverbot zu überprüfen.

§ 5 Abs. 1 S. 2 fasst die Bezugspunkte in **sieben Gruppen** zusammen:

396 **§ 5 Abs. 1 S. 2 Nr. 1** regelt Angaben, welche die angebotenen Waren oder Dienstleistungen selbst betreffen. Im Verhältnis zu § 5 Abs. 2 aF wurde klarstellend der Hinweis aufgenommen, dass nur wesentliche Merkmale erfasst werden, und aus Art. 6 Abs. 1 lit. b die Merkmale „Vorteile", „Risiken", „Zubehör", „Kundendienst" und „Beschwerdeverfahren" übernommen. Eine weitergehende Anpassung an die UGP-RL wurde nicht für erforderlich gehalten, weil der Begriff „Verfügbarkeit der Waren und Dienstleistungen" in § 5 Abs. 1 S. 2 Nr. 1 inhaltlich mit dem in Art. 6 Abs. 1 lit. a der Richtlinie verwendeten Begriff „Vorhandensein des Produkts" identisch sei.[845]

397 **§ 5 Abs. 1 S. 2 Nr. 2** regelt Angaben über den Anlass des Verkaufs „wie" den Preis und die Bedingungen, unter denen die Waren geliefert oder Dienstleistungen erbracht werden. Durch das UWG 2008 wurde dem bisher in § 5 Abs. 2 Nr. 2 aF verwendeten Merkmal des „Anlass des Verkaufs" das aus Art. 6 Abs. 1 lit. d übernommene Merkmal „Vorhandensein eines besonderen Preisvorteils" hinzugefügt.

398 **§ 5 Abs. 1 S. 2 Nr. 3** regelt Angaben, welche die Person und die geschäftlichen Verhältnisse des Unternehmers betreffen; einen Fremdkörper stellt allerdings das Merkmal **„Umfang seiner (des Unternehmers) Verpflichtungen"** dar. Im Zuge der Gesetzesreform wurde die Vorschrift in Anlehnung an Art. 6 Abs. 1 lit. f neu gefasst und darüber hinaus um die in Art. 6 Abs. 1 lit. c der Richtlinie enthaltenen Merkmale, die ebenfalls an die Person des Unternehmers anknüpfen, ergänzt. Gemäß § 2 Abs. 1 Nr. 6 sind „Unternehmer" auch Personen, die im Namen oder Auftrag einer solchen Person handeln. In Art. 6 Abs. 1 lit. f wird ferner der „Vertreter" eines Gewerbetreibenden ausdrücklich genannt. Die „kommerziellen oder gewerblichen Eigentumsrechte" hat der Gesetzgeber als von den Begriffen „Vermögen" und „Rechte des geistigen Eigentums" umfasst angesehen.[846]

399 **§ 5 Abs. 1 S. 2 Nr. 4** setzt Art. 6 Abs. 1 lit. c der UGP-RL um.

400 **§ 5 Abs. 1 S. 2 Nr. 5** übernimmt wörtlich die Regelung aus Art. 6 Abs. 1 lit. e der Richtlinie unlautere Geschäftspraktiken.

401 **§ 5 Abs. 1 S. 2 Nr. 6** stellt ein Novum dar. Er regelt in Umsetzung von Art. 6 Abs. 2 Richtlinie unlautere Geschäftspraktiken die Irreführung durch unwahre oder zur Täuschung geeignete Angaben über die Einhaltung eines Verhaltenskodex.

402 **§ 5 Abs. 1 S. 2 Nr. 7** setzt Art. 6 Abs. 1 lit. g der Richtlinie unlautere Geschäftspraktiken um. Er betrifft Angaben über Rechte bei Leistungsstörungen einschließlich der Rechte aus Gewährleistung und Garantieversprechen.

C. § 5 Abs. 1 S. 2 Nr. 1 (Die Merkmale der Ware oder Dienstleistung)

Unlauter handelt, wer eine irreführende geschäftliche Handlung vornimmt, die geeignet ist, den Verbraucher oder sonstigen Marktteilnehmer zu einer geschäftlichen Entscheidung zu veranlassen, die er andernfalls nicht getroffen hätte. Eine geschäftliche Handlung ist irreführend, wenn sie unwahre Angaben enthält oder sonstige zur Täuschung geeignete Angaben über folgende Umstände enthält:

[845] Amtl. Begr. zum RegE, BT-Drs. 16/10145, 24.
[846] Amtl. Begr. zum RegE, BT-Drs. 16/10145, 24.

1. die wesentlichen Merkmale der Ware oder Dienstleistung wie Verfügbarkeit, Art, Ausführung, Vorteile, Risiken, Zusammensetzung, Zubehör, Verfahren oder Zeitpunkt der Herstellung, Lieferung oder Erbringung, Zwecktauglichkeit, Verwendungsmöglichkeit, Menge, Beschaffenheit, Kundendienst und Beschwerdeverfahren, geographische oder betriebliche Herkunft, von der Verwendung zu erwartende Ergebnisse oder die Ergebnisse oder wesentlichen Bestandteile von Tests der Waren oder Dienstleistungen;

Übersicht

I. Verfügbarkeit und Menge der Waren oder Dienstleistungen

Schrifttum: *Böse,* Zum Begriff der Flatrate bei Telekommunikationsdienstleistungen, VuR 2014, 43; *Kohler,* Richtlinienkonforme Gesetzgebung statt richtlinienkonforme Auslegung: Plädoyer für eine weitere UWG-Novelle, WRP 2012, 251; *Lettl,* Irreführung durch Lock(vogel)angebote im derzeitigen und künftigen UWG, WRP 2008, 155; *Ruttmann,* Mogelpackungen – Ein Rechtsprechungsüberblick, VuR 2017, 12; *Scholtissek,* Das Ladenschlussgesetz im Spiegel der Rechtsprechung, WRP 1992, 11; *Spoenle,* Irreführung durch Streuverluste beim Geo-Targeting – Zugleich Anmerkung zu BGH v. 28.4.2016 – I ZR 23/15, jurisPR-ITR 9/2017.

1. Abgrenzung. § 5 Abs. 1 S. 2 Nr. 1 UWG nennt als mögliche Bezugsobjekte irreführender Angaben ua die **„Verfügbarkeit"** und die **„Menge"** von Waren oder Dienstleistungen. Beide Begriffe wirken zusammen bei einer Irreführung über die Vorratsmenge, beide Begriffe haben daneben aber auch noch einen eigenständigen Anwendungsbereich: 403

„Menge" umfasst nicht nur die Vorratsmenge, sondern auch die Warenmenge. **Warenmenge** bezeichnet die Quantität der beworbenen Ware nach Zahl, Maß oder Gewicht, die ein Kunde beim Erwerb dieser Ware erhalten soll, zB 1 kg Mehl oder 3T-Shirts. „Menge" in diesem Sinn kann auch die Angabe einer **Fläche** sein, zB die Angabe der Wohnfläche einer Mietwohnung. **Vorratsmenge** hingegen bezeichnet die Menge an beworbener Ware, die ein Händler vorrätig hat. Angaben zur Vorratsmenge stehen in einem engen Zusammenhang zur **Verfügbarkeit** der Waren: Denn Waren, die nicht in ausreichender Menge vorrätig sind, sind auch schnell nicht mehr verfügbar. Ähnliches gilt für das **„Vorhandensein"** eines Produkts, also die reale Existenz einer Ware. Ein Produkt, das nicht vorhanden ist, kann auch nicht verfügbar sein. Der deutsche Gesetzgeber hielt daher eine ausdrückliche Aufnahme des Begriffs „Vorhandensein" in § 5 UWG für entbehrlich,[847] obwohl die UGP-Richtlinie in Art. 6 Abs. 1 lit. a ausdrücklich das „Vorhandensein" eines Produkts erwähnt und in Art. 6 Abs. 1 lit. b die „Verfügbarkeit", also zwischen beiden Begriffen unterscheidet. Die Europäische Kommission hat daher die Ansicht vertreten, die **Richtlinie** sei (auch) in diesem Punkt **unzureichend umgesetzt** worden.[848] Ob dies zutrifft, sei dahingestellt und muss letzten Endes durch den EuGH entschieden werden. Auf jeden Fall ist der Begriff der „Verfügbarkeit" **richtlinienkonform** dahingehend **auszulegen,** dass er nicht nur die Lieferbarkeit eines Produkts umfasst, sondern auch dessen reale Existenz, also sein Vorhandensein. Außerdem kann ein Vorrat bewusst **zu knapp angegeben** werden, um Käufer zu einem übereilten Kauf zu bewegen. Neben falschen Angaben über die Menge kann sich ein Irrtum über die Verfügbarkeit einer Ware aber auch daraus ergeben, dass falsche Angaben über die **Dauer** der Verfügbarkeit gemacht werden (vgl. den Tatbestand der Nr. 7 im Anhang zu § 3 Abs. 3), über den **Ort** der Verfügbarkeit oder über **sonstige Modalitäten,** zB ob eine Ware ohne weitere Montage direkt aus dem Geschäft mitgenommen werden kann. Überschneidungen kann es auch mit der Fallgruppe der Irreführung über den **Zeitpunkt der Lieferung** einer Ware geben (hierzu → Rn. 532). Eine Beschränkung der Verfügbarkeit kann auch darin liegen, dass ein Angebot nur in Verbindung mit einem anderen Angebot verfügbar ist; zur Rechtmäßigkeit solcher **Kopplungsangebote** und den dabei zu beachtenden **Informationspflichten** auch → § 5 Rn. 747, 829 sowie → § 4a Rn. 54, 62 *(Picht).*

404 Die gesetzlichen Regelungen zur Irreführung aufgrund von Angaben über die Verfügbarkeit einer Ware oder Dienstleistung haben eine wechselvolle Geschichte: Heute ist die Irreführung über die Verfügbarkeit (nur noch) in § 5 Abs. 1 S. 2 Nr. 1 UWG sowie – vorrangig – in **Nr. 5, 6 und 7 des Anhangs zu § 3 Abs. 3 UWG** (sog. **Schwarze Liste** oder **Black List**) geregelt. Bei Nr. 5 der Schwarzen Liste geht es darum, dass die Verbraucher nicht über eine unangemessene Bevorratung aufgeklärt und dadurch Kunden in einen Laden gelockt werden **(Lockvogelangebote).** Bei Nr. 7 geht es hingegen um die unwahre Angabe, dass eine Ware nur noch kurze Zeit verfügbar sei, um so den Kunden zu einem übereilten Kaufentschluss zu bewegen. Nr. 6 betrifft den Fall, dass auf Seiten des Verkäufers überhaupt keine Lieferbereitschaft für die konkret beworbene Ware besteht, sondern er stattdessen eine andere Ware absetzen will (sog. **„bait-and-switch Technik"**). Diese Verbote in der Schwarzen Liste gelten allerdings nur für geschäftliche Handlungen, die **gegenüber Verbrauchern** vorgenommen werden. Alle anderen Fälle der Irreführung über die Verfügbarkeit, insbesondere im Verkehr zwischen Unternehmen, sind hingegen am Maßstab des § 5 Abs. 1 S. 2 Nr. 1 UWG zu messen. Daneben erfasst § 5 Abs. 1 S. 2 Nr. 1 UWG alle irreführenden Angaben zur Warenmenge sowie zur Vorratsmenge, soweit diese nicht zu einem Irrtum über die Verfügbarkeit der Ware, sondern zu einem anderen Irrtum führen.

[847] Amtl. Begr. zum RegE, BT-Drs. 16/10145, 24.

[848] Schreiben vom 12.12.2011, JUST/A3/SoR/RM/ij D (2011) 991038. Vgl. hierzu auch *Köhler* WRP 2012, 251 (252).

Für die Kommentierung der Regelung muss somit unterschieden werden zwischen Angaben gegenüber Verbrauchern und Angaben gegenüber Nicht-Verbrauchern, sowie zwischen Angaben zur Warenmenge, zur Vorratsmenge und zur Verfügbarkeit (einschließlich des Vorhandenseins). 405

2. Warenmenge. Angaben über die Warenmenge sind grundsätzlich geeignet, die geschäftliche Entscheidung des Durchschnittsverbrauchers zu beeinflussen. Zwar ist es nicht Aufgabe des Wettbewerbsrechts, eine Gleichwertigkeit von Preis und Leistung für den Erwerber herbeizuführen. Zielt die irreführende Angabe jedoch von vornherein auf eine Übervorteilung des Kunden, um dadurch **planmäßig Vorteile im Wettbewerb** zu erlangen, ist das Verhalten wettbewerbsrechtlich unzulässig.[849] Wurde hingegen nur im *Einzelfall* versehentlich eine falsche Menge abgegeben, konnte es in der Vergangenheit am Handeln zu Zwecken des Wettbewerbs fehlen.[850] Nach der Umsetzung der UGP-Richtlinie und der Definition der „geschäftlichen Handlung“ in § 2 Abs. 1 Nr. 1 UWG ist diese subjektive Absicht allerdings nicht mehr erforderlich. Zudem hat der EuGH entschieden, dass selbst eine einmalige falsche Auskunft, die nur einen Verbraucher betrifft, eine unlautere Geschäftspraxis iSv Art. 2 lit. d der UGP-Richtlinie sein kann.[851] Ein planmäßiges Vorgehen ist somit nicht mehr erforderlich. Allerdings muss die irreführende geschäftliche Handlung weiterhin geeignet sein, den Verbraucher zu einer geschäftlichen Entscheidung zu veranlassen, die er andernfalls nicht getroffen hätte. An dieser **wettbewerblichen Relevanz** kann es fehlen, wenn die **Warenmenge zu gering** angegeben wird, es sei denn, die geringe Menge ist ein besonderes Qualitätsmerkmal der beworbenen Waren, wie zB ein geringes Gewicht bei Gepäckstücken,[852] Smartphones oder anderen tragbaren Geräten. Umgekehrt kann zu hohen Angaben die wettbewerbliche Relevanz fehlen, wenn es bei der Ware auf möglichst geringe Werte ankommt. Im Regelfall werden **zu hohe Gewichts- oder Inhaltsangaben** jedoch relevant irreführend sein.[853] 406

a) Angabe. Eine „Angabe“ über die (Waren)menge im Sinne von § 5 Abs. 1 S. 2 Nr. 1 UWG kann **ausdrücklich** erfolgen. Es kann aber auch die **Verpackung** einer Ware sein.[854] Selbst bei zutreffender Gewichts- oder Stückzahlangabe kann deshalb eine Irreführung vorliegen, wenn der durchschnittlich informierte und verständige Verbraucher auf Grund der Art und Weise der Verpackung einen erheblich größeren Inhalt erwartet,[855] sog. **Mogelpackung.**[856] Eine größere Verpackung unter *vergleichbaren* Produkten lässt grundsätzlich auch eine größere Warenmenge erwarten. Dem durchschnittlich informierten und verständigen Verbraucher ist allerdings regelmäßig auch bewusst, dass *verschiedene* Produkte verschiedene Füllmengen aufweisen können, etwa eingeschweißter gemahlener Kaffee im Vergleich zu einer Tüte Chips. Ebenso ist der Verkehr bei bestimmten Produkten daran gewöhnt, dass Verpackungen etwas größer ausfallen können als es die reine Füllmenge erfordert, zB bei Parfüms/Eaux de Toilette, Pralinen in Geschenkverpackungen oder Cremes.[857] Zudem kann eine Irreführung **durch** eine geeignete **Gestaltung der Verpackung,** zB mit durchsichtigem Material, durch Weichfertigpackungen oder – wenn zu 407

[849] BGH GRUR 1987, 180 (181) – Ausschank unter Eichstrich II.

[850] BGH GRUR 1987, 180 (181) – Ausschank unter Eichstrich II.

[851] EuGH Urt. v. 16.4.2015 – C-388/13, GRUR 2015, 600 Rn. 41 – Ungarische Verbraucherschutzbehörde/UPC.

[852] OLG Frankfurt a. M. WRP 2019, 648 (Ls.) – World's Lightest.

[853] Vgl. OLG Köln MD 2003, 93 (94) – Telefon-CD (zur Anzahl von Einträgen auf einer Telefon-CD).

[854] OLG Frankfurt a. M. WRP 1979, 722 (723); BGHZ 82, 138 (142) – Kippdeckeldose; OLG Hamburg BeckRS 2016, 05444 – Nivea Vital.

[855] BGHZ 82, 138 (142) – Kippdeckeldose; OLG Hamburg BeckRS 2016, 05444 – Nivea Vital; OLG Karlsruhe WRP 2015, 774 (775); OLG Frankfurt a. M. WRP 1979, 722 (723); OLG Köln NJW-RR 1996, 368 (369) (irreführende Gestaltung von sog. „Zweikammerbechern“); LG Frankfurt a. M. GRUR-RR 2002, 80 (81).

[856] Vgl. auch § 43 Abs. 2 MessEG und → Rn. 410.

[857] OLG Hamburg GRUR-RR 2016, 248 Rn. 22 f. – Creme-Tiegel (43 % Hohlraum allerdings nicht mehr akzeptabel).

erwarten ist, dass der Verkehr solche Angaben auch zur Kenntnis nimmt – durch eine Abbildung des enthaltenen Produkts in Originalgröße auf der Verpackung[858], **verhindert** werden. Etwas anderes kann aber gelten, wenn der Verbraucher mit einem **(neuen) Produkt** noch nicht hinreichend vertraut ist. So kann eine im Vergleich zu Konkurrenzprodukten übergroße Verpackung von kleinen Beuteln mit Kaffee (auf Neudeutsch: „Pads") trotz korrekter Stückzahlangabe irreführend sein, wenn der Verkehr nicht weiß, wie viel Kaffee in einem Pad enthalten ist und wie viele Tassen Kaffee daraus hergestellt werden können.[859] Das gilt insbesondere dann, wenn nur wenige Produkte auf dem relevanten Markt vorhanden sind und eine Verpackung trotz gleicher Warenmenge wesentlich größer ist als die Verpackung der Wettbewerber. Wird eine auf Grund der Verpackung hervorgerufene Erwartung enttäuscht, kann das **nicht** ohne Weiteres dadurch **gerechtfertigt** werden, dass die Gestaltung und Größe der Verpackung **technisch bedingt** oder notwendig sei.[860] Jedoch kann in Einzelfällen eine verbleibende Irreführungsgefahr **ausnahmsweise hinzunehmen** sein, wenn der Unternehmer alles getan hat, um eine Irreführung auszuschließen und das Interesse an einer technisch fortschrittlichen Verpackungsgestaltung ausnahmsweise überwiegt.[861] Allein die Angabe der tatsächlichen Füllmenge genügt dafür jedoch nicht,[862] da selbst der durchschnittlich informierte und verständige Verbraucher die Mengenangabe mit der Packungsgröße nicht ohne Weiteres ins Verhältnis setzen kann. Allerdings kann die Mengenangabe in Verbindung mit anderen Hinweisen (zB Sichtfenster, Möglichkeit des Betastens, Abbildung in Originalgröße) helfen, eine Irreführung zu vermeiden (→ Rn. 410).

408 **b) Mehr versprochen als geliefert.** Der Hauptfall der Irreführung über die Warenmenge ist, **dass dem Werbeadressaten mehr versprochen wird, als er tatsächlich erhält.** Die Anzeige eines Möbelhauses, in der eine größere Menge an Möbelstücken abgebildet wird, als tatsächlich vom konkreten Angebot erfasst sind, ist deshalb irreführend.[863] Wird in einem Prospekt eine Kombination von Schrank, Bett (mit Matratze) und Konsole abgebildet und mit dem Begriff **„Komplett"** oder **„Komplett-Schlafzimmer"** unter Angabe eines Preises beworben, erwarten die angesprochenen Verkehrskreise, dass Lattenrost und Matratze als Bestandteile eines funktionsgerechten Bettes ebenfalls zum Lieferumfang gehören.[864] Allerdings kann dieser Erwartung durch eine Klarstellung entgegengewirkt werden. Das sollte nach Ansicht des BGH selbst dann gelten, wenn mit dem „Komplett"-Angebot im Blickfang geworben wurde.[865] Mittlerweile hat der BGH diese Rechtsprechung jedoch schon wieder deutlich zurückgenommen. So soll die Aussage grundsätzlich nur gelten, sofern es sich um kurze und übersichtliche Werbung handelt, mit der der Verbraucher sich eingehend beschäftigt, zB weil es um langlebige und kostspielige Güter geht. Verneint wurde demgegenüber eine hinreichende Aufklärung für eine Werbung, bei der blickfangmäßig ein **Computer mit Monitor** sowie ein Preis hervorgehoben wurden, sich der Preis aber laut (unscheinbarer) Produktbeschreibung nur auf den Computer beziehen sollte.[866] Es kommt somit stets auf den Einzelfall an, wie auch die beiden

[858] BGH GRUR 2018, 431 Rn. 28 – Tiegelgröße.

[859] OLG Hamburg MD 2004, 773 (774) – Kaffeepads.

[860] BGHZ 82, 138 (143) – Kippdeckeldose.

[861] BGHZ 82, 138 (143) – Kippdeckeldose; OLG Köln WRP 1989, 690.

[862] BGHZ 82, 138 (144) – Kippdeckeldose; vgl. auch OLG Hamburg GRUR-RR 2016, 248 – Creme-Tiegel.

[863] OLG Stuttgart WRP 1984, 450.

[864] BGH GRUR 2015, 698 Rn. 13 – Schlafzimmer komplett; OLG Hamm GRUR-RR 2015, 64 Rn. 28 ff. – Bettrahmen ohne Lattenrost.

[865] BGH GRUR 2015, 698 Rn. 19 – Schlafzimmer komplett; unter Bezugnahme auf BGH GRUR 2003, 163 (164) – Computerwerbung II; einschränkend danach jedoch BGH GRUR 2016, 207 Rn. 18 – All Net Flat; GRUR 2018, 320 Rn. 25 – Festzins Plus.

[866] BGH GRUR 2003, 249 – Preis ohne Monitor. Dem lässt sich auch nicht entgegnen, dass es bei dieser Entscheidung noch um ein altes Verbraucherleitbild ging, denn bereits einen Monat vor dieser Entscheidung hatte der BGH in der Entscheidung Computerwerbung II eine hinreichende Aufklärung zur Mitnahmemöglichkeit beim Computerkauf bejaht, BGH GRUR 2003, 163 (164) – Computerwerbung II.

Entscheidungen *„Computerwerbung I"*[867] (keine hinreichende Aufklärung über Mitnahmemöglichkeit) und *„Computerwerbung II"*[868] (hinreichende Aufklärung über Mitnahmemöglichkeit, obwohl der Hinweis an gleicher Stelle platziert und nicht wesentlich größer gedruckt war, er aber leicht lesbar war und sofort ins Auge fiel) belegen. Zudem ist insoweit auch die Rechtsprechung des EuGH (zum Lebensmittelrecht) zu beachten, nach der ein klarstellender Hinweis nicht derart hinter der Aufmachung des Produktes zurücktreten darf, dass die gewonnene Auffassung des Verkehrs nicht entkräftet werden kann.[869] Ebenso sind aufklärende Hinweise unbeachtlich, wenn sie nach dem Gesamteindruck der Darstellung zu spät kommen, um eine Irreführung des Verbrauchers auszuschließen.[870] Zulässig ist auch die Angabe ***„Wohn- und Nutzfläche"*** mit einer qm-Zahl in einem Immobilienangebot, sofern der Anteil der Wohnfläche nicht ungewöhnlich gering ist;[871] Abweichungen im deutlich zweistelligen Bereich sind dabei allerdings nicht mehr hinnehmbar.[872] Die Bezeichnung *„7-Tage-Reise"* für eine sechs Übernachtungen umfassende Reise, bei der die Anreise nachmittags und die Abreise morgens erfolgt, ist hingegen nicht irreführend;[873] der Verkehr weiß, dass er aus Hotels am Vormittag auschecken muss und im Regelfall erst am Nachmittag einchecken kann. Irreführend ist auch die Werbung mit der Aussage „alle Gespräche ins nationale Festnetz sind inklusive", wenn für Service- und Sonderrufnummern gesondert zu zahlen ist und darauf nicht hinreichend hingewiesen wird.[874] Nicht irreführend ist es hingegen, eine 8-seitige, geheftete und gesondert herausnehmbare Rezeptsammlung in der Mittel einer Zeitschrift als „Extra-Heft" zu bezeichnen, auch wenn es kein Impressum und keine eigenständige Seitenzählung aufweist.[875] Denn der Verkehr erwartet nur ein Heft, das nicht zum üblichen Inhalt gehört, nicht aber eine eigenständige, gesondert kaufbare Zeitschrift.

c) Verhältnis zu früheren Mengen. Eine Irreführung kann sich nicht nur auf die absolute Warenmenge beziehen, sondern auch auf die **Relation zu früheren Mengen** desselben Produkts. So ist eine Aufmachung irreführend, wenn der Adressat ihr fälschlich entnimmt, die beworbene Ware weise im Vergleich zu früher mehr Inhalt bei unverändertem Preis auf. Eine Etikettierung mit dem Hinweis „+10 %", der optisch mehr als 10 % der Verpackung einnimmt, ist nach Ansicht des EuGH jedoch nicht zu einer solchen Irreführung geeignet.[876] 409

d) Sonderregelungen. Im Bereich der Mengenangaben sind zahlreiche **sondergesetzliche Vorschriften** zu beachten, welche die Anwendung von § 5 UWG jedoch nicht ausschließen,[877] sondern ergänzend eine Irreführung verhindern sollen und bei Verstößen auch eine Wettbewerbswidrigkeit nach § 3a UWG begründen können. Gem. **§ 43 Abs. 1 MessEG**[878] muss auf Fertigpackungen die Nennfüllmenge ausgewiesen sein und den festgelegten Anforderungen entsprechen.[879] **§ 43 Abs. 2 MessEG** enthält eine Spezialvor- 410

867 BGH GRUR 2000, 911 (912) – Computerwerbung I.

868 BGH GRUR 2003, 163 (164) – Computerwerbung II.

869 Vgl. EuGH Urt. v. 4.6.2015 – C-195/14, GRUR 2015, 701 Rn. 41 – Teekanne; BGH GRUR 2014, 588 Rn. 7 – Himbeer-Vanille-Abenteuer I; BGH GRUR 2016, 738 Rn. 17 – Himbeer-Vanille-Abenteuer II; OLG Düsseldorf LMuR 2009, 131. Der Eindruck des Produktes kann dabei auch durch seine Farbe gefestigt werden, siehe LG Hamburg MD 2009, 576 – 100 % pure fruit smoothie.

870 BGH GRUR 1982, 563 (564) – Betonklinker.

871 KG GRUR 1991, 234; OLG München GRUR 1992, 324; OLG Hamburg WRP 1994, 315 (317); aA OLG Hamm NJW-RR 1992, 1072.

872 LG Berlin WRP 2006, 1545 (1546); die Berufung wurde nach Hinweis des KG, veröffentlicht in WRP 2008, 386, zurückgenommen.

873 OLG Köln WRP 2013, 825 Rn. 2 – „7-Tage-Reise".

874 BGH GRUR 2016, 207 Rn. 12 – All Net Flat.

875 OLG Hamburg GRUR-RR 2018, 520 Rn. 64 – Extra Heft.

876 EuGH WRP 1995, 677 (678) – Mars.

877 BGHZ 82, 138 (142) – Kippdeckeldose.

878 Mess- und Eichgesetz idF d. Bek. v. 25.7.2013, BGBl. I S. 2722.

879 Beachte hierzu Verordnung über Fertigpackungen und andere Verkaufseinheiten (FPackV) vom 18.11.2020, BGBl. I S. 2504, speziell §§ 3 ff.

schrift zur Bekämpfung von sog. **Mogelpackungen.** Die äußere Gestaltung einer Verpackung darf keine größere Füllmenge – sei es nach Volumen, Gewicht oder Stückzahl – vortäuschen als tatsächlich vorhanden ist. Dabei beurteilt sich die Täuschung (nur) anhand der jeweils in Frage stehenden Verpackung; ein Vergleich mit der früheren (eigenen) Verpackung für dasselbe Produkt kommt bei der Prüfung nach § 43 Abs. 2 MessEG, insbesondere im Rahmen eines Ordnungswidrigkeitenverfahrens, nicht in Betracht, sondern ist allein nach § 5 UWG zu beurteilen. Zudem ist zu berücksichtigen, ob der Verbraucher durch **Betrachten und Betasten der Verpackung** weitere Erkenntnisse gewinnen kann. Kann er beispielsweise durch Betasten von Weichfertigpackungen feststellen, dass diese auch Luft enthalten und erkennt er durch ein **Sichtfenster,** dass sich die verpackte Ware beim **Schütteln** bewegt, so steht das einer Irreführung darüber, dass die Verpackung prall mit Ware gefüllt sei, grds. entgegen. Dass der Verbraucher die konkrete Füllmenge bzw. die Luftmenge nicht genau ermitteln kann, ist dabei unerheblich, weil ihm insoweit die Angabe der Füllmenge auf der Verpackung hilft.[880] Kann der Verbraucher hingegen allein aufgrund der äußeren Verpackung den wesentlich reduzierten Inhalt nicht oder kaum erkennen, so hilft auch die Angabe der Füllmenge nicht, eine Irreführungsgefahr auszuschließen. Irreführend ist daher beispielsweise die Umhüllung einer runden Innenverpackung durch eine viereckige Außenverpackung mit der Folge, dass das Außenmaß der Verpackung mehr als das Doppelte des Volumens der Innenverpackung beträgt und dies äußerlich kaum wahrnehmbar ist[881] oder die äußerlich nicht wahrnehmbare Beschränkung der Füllmenge durch eine technisch nicht bedingte Einbuchtung in der Innenverpackung.[882] Ebenso ist die bloße Angabe der Füllmenge nicht ausreichend, wenn es dem Durchschnittsverbraucher nicht auf die Füllmenge, sondern auf die **Angabe zur Ergiebigkeit** ankommt, wie zB bei konzentrierten Lebensmitteln.[883] Allerdings ist auch nach der Art des Produktes zu unterscheiden. Ist dem Verkehr bekannt, dass die Verpackung bestimmter Produktarten regelmäßig außer Verhältnis zur Menge des enthaltenen Produkts steht, liegt in einer entsprechenden Praxis nicht notwendig eine Irreführungsgefahr begründet. Dies gilt etwa für Parfüms, Pralinen oder Kosmetikartikel.[884] Zu § 43 Abs. 2 MessEG wurden zahlreiche **Verwaltungsrichtlinien**[885] erlassen, die als Indiz für die Verbrauchererwartung gewertet werden können, die aber für die Gerichte nicht verbindlich sind.[886]

411 In **§ 2 PreisangabenVO** wird die Verpflichtung zur Angabe eines **Grundpreises** geregelt, die sowohl für offene Packungen als auch für Fertigpackungen gilt (hierzu Weidert, § 2 PAngV). Die Verpflichtung zur Grundpreisangabe soll es dem Verbraucher erleichtern, das **Preis/Mengenverhältnis** verschiedener Anbieter zu vergleichen. Das Fehlen einer Grundpreisangabe allein genügt allerdings im Allgemeinen nicht, um eine

[880] OLG Frankfurt a. M. BeckRS 2009, 11004; aA; LG Stade BeckRS 2009, 12927.

[881] OLG Karlsruhe WRP 2015, 774 Rn. 11.

[882] OLG Karlsruhe WRP 2013, 216 Rn. 22.

[883] LG Hamburg GRUR-RR 2004, 186 (187) zu Bratenfondflasche.

[884] BGH GRUR 2018, 431 Rn. 43 – Tiegelgröße.

[885] Siehe hierzu folgende, noch zu § 17a EichG aF erlassenen, jedoch auch für 43 Abs. 1 MessEG gültige Richtlinien für die zuständigen Behörden: Allgemeine Grundsätze für die Gestaltung von Fertigpackungen iSv § 17a Eichgesetz vom 31.1.1977 (MinBlFin 1977 S. 26), Allgemeine Grundsätze zur Gestaltung von Schachteln für Tuben und von anderen Umverpackungen für Fertigpackungen iSv § 17a EichG vom 23.1.1978 (MinBlFin 1978 S. 63); Richtlinien zur Gestaltung von Kunststoff- und Kartonbehältnissen in Becherform für Fertigpackungen iSv § 17a Eichgesetz vom 31.1.1977 (MinBlFin 1977 S. 25); Richtlinien zur Gestaltung von Fertigpackungen mit Pralinen iSv § 17a Eichgesetz vom 31.1.1977 (MinBlFin 1977 S. 23); Richtlinien zur Gestaltung von Fertigpackungen mit Dauerbackwaren und Feinbackwaren iSv § 17a Eichgesetz vom 31.1.1977 (MinBlFin 1977 S. 24); Richtlinie zur Gestaltung von Fertigpackungen mit Körperpflegemitteln iSv § 17a Eichgesetz vom 3.2.1982 (MinBlFin 1982 S. 41). Vgl. auch Richtlinien des Bundesverbandes der Deutschen Fleischwarenindustrie für die Beurteilung von Fertigpackungen mit Fleisch- und Wurstwaren vom 25.4.1973, Deutsche Industrienorm DIN 55 540 Teil 1 zur Bestimmung des Füllgrades von Fertigpackungen (Mai 1978, Beiblatt 1.1.1979, Beiblatt 2, 3 und 4.4.1980) und die Äußerung des Arbeitskreises lebensmittelchemischer Sachverständiger der Länder und des Bundesgesundheitsamtes (Bundesgesundheitsbl. 1976, S. 175).

[886] OLG Hamburg MD 2004, 773 (774) – Kaffeepads.

Irreführungseignung iSd § 5 UWG anzunehmen. Bei Lebensmitteln, die in Fertigpackungen abgegeben werden, müssen die §§ 7, 20–23 FPackV[887] beachtet werden, die Vorgaben über bestimmte Füllmengen bzw. Kennzeichnungsvorschriften zu den Füllmengen enthalten.

Sofern bei Größenangaben **verschiedene Einheiten** verwendet werden, regelt das MessEG welche Einheit besonders **hervorzuheben** ist. 412

3. Vorratsmenge, Beschränkung der Abgabemenge. Irreführend sind Angaben zum Warenvorrat des Unternehmers, wenn dieser seinen **Vorrat höher angibt als er tatsächlich ist** und damit eine größere Auswahl oder eine größere Leistungsfähigkeit vortäuscht.[888] Erfolgen keine weiteren Angaben, geht der Verkehr davon aus, dass sich die angegebene Warenmenge allein auf den Vorrat des Unternehmers in den angegebenen Verkaufsstätten bezieht.[889] Falsche Angaben über einen zu hohen Warenvorrat sind **vorrangig** nach **Nr. 5 im Anhang zu § 3 Abs. 3 UWG** zu beurteilen, soweit diese im Zusammenhang mit konkreten Angeboten gemacht werden. Aber auch die Angabe **geringerer Vorräte als tatsächlich vorhanden** kann irreführend wirken, wenn dadurch die Fehlvorstellung einer Warenknappheit hervorgerufen wird. Dies unterfällt § 5 Abs. 1 S. 2 Nr. 1 UWG.[890] Wer etwa mit der Angabe ***„staatlich limitiert"*** wirbt, erweckt damit den Eindruck, dass die Ware nur in geringer Menge vorhanden ist; es ist daher irreführend, so für Münzen zu werben, deren Menge zwar einer staatlichen Kontrolle unterliegt, die im Ursprungsland aber in großer Menge im Umlauf sind.[891] Werden hingegen falsche Angaben über zu geringe Vorräte gemacht, ohne den Gedanken einer Warenknappheit hervorzurufen, so wird der dadurch herbeigeführten Irreführung im Regelfall die wettbewerbsrechtliche Relevanz fehlen. 413

Andererseits ist es grundsätzlich **zulässig, wahrheitsgemäß** auf eine **knappe Vorratsmenge** hinzuweisen. Entsprechendes gilt für die Angabe, dass ein Angebot nur gilt ***„solange der Vorrat reicht"***.[892] Bezieht sich der Hinweis auf eine Zugabe, so ist er auch nach § 3 Abs. 2 UWG bzw. vormals 4 Nr. 4 UWG aF grds. nicht zu beanstanden. Der Verkehr entnimmt diesem Hinweis dann nur die Aussage, dass die Zugabe nicht unbegrenzt und auch nicht in demselben Umfang wie die Hauptware vorhanden ist.[893] Allerdings schließt dieser Hinweis nicht etwaige Fehlvorstellungen über die Warenverfügbarkeit im Einzelfall aus (vgl. → Rn. 429). Auch ist es erlaubt, Beschränkungen der Abgabemenge vorzunehmen[894] und darauf hinzuweisen durch Aussagen wie ***„Abgabe nur in haushaltsüblicher Menge"***.[895] Die Ankündigung einer solchen Beschränkung kann jedoch irreführend sein, wenn sie dann tatsächlich missachtet wird, dh wenn die Ware in unbeschränkter Menge abgegeben wird. Allerdings ist bei solchen Ankündigungen die wettbewerbliche Relevanz sorgfältig zu prüfen. Denn die mögliche Beschränkung des Angebots wird manche Kunden eher von einer weiteren Beschäftigung abhalten. Sie kann aber auch zu einer schnellen Erwerbsentscheidung verleiten. 414

Je nach Art der Ware kann der „Warenvorrat" auch beim Kunden liegen. Wenn Banken im Rahmen automatisierter **Kontostandsauskünfte** Überweisungen am Monatsende be- 415

---

[887] Die FPackV wurde Ende 2020 neu ausgefertigt. Sie ersetzt die Fertigverpackungsverordnung in der Fassung der Bekanntmachung vom 8.3.1994 (BGBl. I 1994, 451, 1307).

[888] OLG Zweibrücken WRP 1992, 281 (282) – Millionen von Spielsachen; OLG Hamm WRP 1965, 435.

[889] Vgl. OLG Zweibrücken WRP 1992, 281 (282) – Millionen von Spielsachen.

[890] Zu unwahren Angaben über eine nur kurze Dauer der Verfügbarkeit einer Ware an sich oder zu bestimmten Bedingungen, siehe Nr. 7 im Anhang zu § 3 Abs. 3 UWG.

[891] OLG München MD 1997, 901.

[892] BGH GRUR 1984, 596 – Vorratskauf; GRUR 2004, 343 (344) – Playstation.

[893] BGH GRUR 2010, 247 Rn. 15 – Solange der Vorrat reicht.

[894] OLG Karlsruhe GRUR 1999, 769 (770).

[895] BGH GRUR 2004, 343 (344) – Playstation; OLG Düsseldorf WRP 1981, 100 (101); OLG München WRP 1981, 288 (289); OLG Hamm WRP 1981, 402 (403); *Helm/Sonntag/Burger* in Gloy/Loschelder/Danckwerts HdbWettbR § 59 Rn. 311.

reits vor der Wertstellung als Guthaben ausweisen und so Kunden zu **Kontoüberziehungen** veranlassen, ist das ebenfalls irreführend.[896]

416 **4. Verfügbarkeit und Vorhandensein.** Bereits in der Rechtsprechung zu § 3 UWG aF war anerkannt, dass eine Werbung irreführend ist, wenn die beworbenen **Waren** entgegen der durch die Werbung hervorgerufenen Erwartung **nicht** oder **nicht in ausreichender** Menge zu dem angekündigten Zeitpunkt und eine den Umständen nach zu erwartende Zeit später, **nicht in den angekündigten Größen, nicht in der beworbenen Art** oder **nicht am erwarteten Ort vorrätig** sind oder wenn der Werbende aus nicht sachgerechten Gründen **nicht lieferbereit** ist.[897] (Zur Irreführung über den Zeitpunkt der Lieferung einer Ware auch → Rn. 532). Das deutsche Recht hat somit den Begriff der Verfügbarkeit seit jeher so interpretiert, dass er auch das Vorhandensein (im Sinne einer realen Existenz) eines Produkts umfasst und es allein darauf ankommt, was der angesprochene Verbraucher jeweils konkret erwartet. Damit deckt der Begriff der „Verfügbarkeit" auch das Merkmal des Vorhandenseins einer Ware ab.[898] Eine Irreführung über die Verfügbarkeit kann darüber hinaus auch in der unwahren Angabe liegen, ein Produkt sei **exklusiv** bei einem Unternehmen erhältlich;[899] das kann auch dadurch geschehen, dass ein Unternehmer auf einer Internethandelsplattform für ein bereits angebotenes Produkt eine neue Produktseite erstellt und damit den Eindruck erweckt, das Produkt sei nur bei ihm zu erhalten,[900] In all diesen Fällen besteht die Gefahr, dass der Kunde durch die Werbung angelockt wird und im Geschäftslokal des Unternehmers mangels Verfügbarkeit bzw. Vorhandensein der beworbenen Ware etwas anderes kauft oder sich auf andere Art und Weise (zB auf der Website des Unternehmers) mit dem weiteren Angebot des Unternehmers beschäftigt. Mittlerweile hat auch der EuGH ausdrücklich bestätigt, dass die Entscheidung über das Betreten eines Geschäfts eine „geschäftliche Entscheidung" iSd UGP-Richtlinie sein kann.[901] Auf eine entsprechende Absicht des Unternehmers kommt es dabei nicht an. Entsprechendes gilt für den umgekehrten Fall, dass etwa in einem Prospekt für Online-Bestellungen Produkte beworben werden, die nur stationär erhältlich sind,[902] oder wenn ein Markenname als Subdomain eines Onlineshops verwendet wird, obwohl auf der entsprechenden Seite tatsächlich überwiegend Produkte anderer Hersteller angeboten werden.[903]

417 Dem gleichgestellt war und ist die Werbung für eine **Dienstleistung,** die aus technischen Gründen nicht bundesweit genutzt werden kann, ohne hinreichend[904] auf diese beschränkte Verfügbarkeit hinzuweisen. Es ist zwar heutzutage möglich, Onlinewerbung auch derart anzupassen, dass nur Verbraucher, die in einer bestimmten Region ins Internet gehen, überhaupt mit der Werbung in Kontakt kommen (sog. Geo-Targeting bzw. Geo-Marke-

[896] BGH GRUR 2007, 805 Rn. 17 ff. – Irreführender Kontoauszug, Fortführung von BGH GRUR 2002, 1093 f. – Kontostandsauskunft.

[897] Vgl. ua BGH GRUR 1982, 681 (682) – Skistiefel; GRUR 1984, 593 – Sportartikel; GRUR 1985, 980 (981) – Tennisschuhe; GRUR 1987, 371 – Kabinettwein; GRUR 1988, 311 (312) – Beilagen-Werbung; GRUR 1989, 609 (610) – Fotoapparate; GRUR 1992, 858 (859) – Clementinen; GRUR 1996, 800 (801) – EDV-Geräte; GRUR 1998, 949 (950) – D-Netz Handtelefon; GRUR 1999, 509 (511) – Vorratslücken; GRUR 1999, 1011 (1012) – Werbebeilage; GRUR 2000, 907 (909) – Filialleiterfehler; GRUR 2000, 911 (912) – Computerwerbung; GRUR 2002, 187 (188) – Lieferstörung; GRUR 2002, 1095 – Telefonische Vorratsanfrage; GRUR 2003, 163 (164) – Computerwerbung II.

[898] Zum Vorwurf der Kommission, mangels ausdrücklicher Erwähnung des Begriffs „Vorhandensein" sei Art. 6 Abs. 1 lit. a der Richtlinie 2005/29/EG nicht richtig umgesetzt → Rn. 403.

[899] EuGH Urt. v. 19.9.2013 – C-435/11, GRUR 2013, 1157 Rn. 29 – CHS Tour Service/Team4 Travel.

[900] OLG Hamm GRUR-RR 2017, 328 Rn. 26 – Fahrrad-Lastenanhänger.

[901] EuGH Urt. v. 19.12.2013 – C-281/12, GRUR Int. 2014, 276 Rn. 36 – Trento Sviluppo.

[902] LG Essen MMR 2017, 782 Rn. 17.

[903] OLG Frankfurt a. M. MMR 2017, 417 Rn. 8.

[904] Nicht ausreichend ist nach OLG Frankfurt a. M. WRP 2014, 1226 Rn. 24 f. der Hinweis auf eine eingeschränkte Verfügbarkeit ohne weitere Hervorhebung im Fließtext einer Fußnote, die einen Sternchenhinweis neben einer Preisangabe auflöst und bei der ein Verbraucher daher weitere Preisinformationen erwartet. AA OLG Köln MD 2014, 155 (156).

ting). Ist die Werbung allerdings trotz Geo-Targetings in nennenswertem Umfang (der BGH spricht von 5 % der Abrufe) auch in anderen Gegenden abrufbar, ist sie irreführend, soweit nicht erkennbar ist, dass die Dienstleistung nur regional (in anderen Regionen) erbracht wird.[905] Zu denken ist etwa an **DSL- oder VDSL-Anschlüsse,** die nicht überall oder nicht mit der beworbenen Daten-Kapazität verfügbar sind[906] oder weitere Anschlüsse voraussetzen,[907] **Streaming-Angebote** oder sog. **Home-Zones,** die ein günstigeres Telefonieren mit dem Mobiltelefon versprechen, die aber nur innerhalb bestimmter, nicht bundesweit flächendeckend vorhandener Mobilfunknetze eingerichtet werden können.[908] Dass bei grundsätzlicher Verfügbarkeit von Satelliten-Signalen je nach individueller ungünstiger Lage Beschränkungen bestehen können, ist dem Durchschnittsverbraucher hingegen bekannt.[909] Ebenso weiß er, dass es beim Mobilfunk Funklöcher geben kann, die eine perfekte Netzabdeckung verhindern.[910] Irreführend ist es, wenn für Internet-Flatrates geworben wird, ohne darauf hinzuweisen, dass bei Erreichen eines bestimmten Datenvolumens der Anbieter die **Übertragungsgeschwindigkeit** aktiv **drosselt,** wobei es unerheblich ist, ob man dies als Irreführung über die Verfügbarkeit oder über die Verwendungsmöglichkeit qualifiziert.[911] Nicht zulässig ist auch die Angabe einer Übertragungsgeschwindigkeit, wenn diese tatsächlich nur die (zB mittels „Vectoring") maximal mögliche, aber nicht die dauerhaft erreichte Übertragungsgeschwindigkeit darstellt;[912] das gilt erst recht, wenn die tatsächlich erreichte Geschwindigkeit im Regelfall weit hinter der beworbenen zurückbleibt[913] oder gar die Angabe *„bis zu"* weggelassen wird.[914]

Die Verfügbarkeit kann auch für andere Dienstleistungen relevant sein, wie zB für einen **ärztlichen Notdienst,** der trotz Ankündigung nicht „ganztägig erreichbar" ist.[915] Bei einer **Beratungsdienstleistung** muss während der Öffnungszeiten des Geschäftslokals grundsätzlich eine Person dort anwesend oder zumindest unmittelbar erreichbar sein, die befähigt und berechtigt ist, diese Dienstleistung zu erbringen. Etwas anderes kann jedoch gelten, wenn der Verkehr erwartet, dass die Beratungsdienstleistung nicht ohne vorherige Terminabsprache erbracht wird, zB weil die entsprechende Beratung oder Behandlung einen längeren Zeitraum in Anspruch nimmt, wie das etwa bei einem **Hörgeräteakustiker** der Fall ist.[916] 418

a) Fehlende Abgabebereitschaft. Wer für eine Ware wirbt, indiziert damit auch eine Verkaufsbereitschaft. Unlauter ist daher eine Werbung, wenn der Unternehmer **überhaupt nicht bereit ist,** die beworbene Ware **abzugeben**[917] oder sie trotz Ankündigung gegen- 419

---

[905] BGH GRUR 2016, 1073 Rn. 21 – Geo-Targeting.

[906] Vgl. allerdings auch OLG Köln MD 2002, 1049 (1050): *„der durchschnittlich informierte Verbraucher weiß, dass der attraktive Internet-Zugang durch DSL bislang technisch noch nicht überall verwirklicht werden kann.".* AA OLG Hamburg GRUR-RR 2006, 285 – DSL-Internetzugang; MD 2007, 458 (466) – 0,00 Euro-Offensive; MD 2007, 1188 (1189) – „DSL – jetzt auch bei uns" *(„kann nicht davon ausgegangen werden, dass den angesprochenen Verkehrskreisen bekannt ist, dass die DSL-Technologie nicht überall verfügbar ist");* LG Hamburg NJOZ 2010, 932 (933). Vgl. auch OLG München BeckRS 2009, 12845 zur Hinweispflicht auf das Fehlen von Preselection und Call-by-Call Verfahren. auch → Rn. 429.

[907] OLG Hamburg GRUR-RR 2006, 285 – DSL-Internetzugang; MD 2007, 458 (466) – 0,00 Euro-Offensive.

[908] OLG Hamburg GRUR-RR 2007, 85 (86 f.) – Homezone im O2-Netz.

[909] OLG Köln MD 2004, 229 (232); OLG Frankfurt a. M. GRUR-RR 2015, 247 Rn. 15.

[910] OLG Frankfurt a. M. WRP 2015, 1120 Rn. 5 – Kein Netz keine Ausrede mehr.

[911] OLG Koblenz GRUR-RR 2013, 443 (445) – unbegrenzt surfen; OLG Köln MD 2014, 155 (156) – endlos surfen; dazu → Rn. 583.

[912] OLG Köln GRUR-RR 2017, 441 Rn. 44 – Surfen im schnellsten Netz der Stadt; WRP 2015, 768 Rn. 14 ff. – Breitbandausbau.

[913] OLG Frankfurt a. M. GRUR-RR 2016, 419 Rn. 15 – 100 Mbit/s LTE; OLG Frankfurt a. M. GRUR-RS 2016, 02494 Rn. 13.

[914] Vgl. OLG Köln GRUR-RR 2017, 441 Rn. 45 – Surfen im schnellsten Netz der Stadt.

[915] OLG Hamm GRUR-RR 2006, 105.

[916] BGH GRUR 2013, 1056 Rn. 13– Meisterpräsenz.

[917] BGH GRUR 1983, 650 – Kamera; GRUR 2000, 911 (913) – Computerwerbung; KG WRP 1981, 525 (526); GRUR 1983, 676 (677).

über der Allgemeinheit **nur an bestimmte Personen** (zB eigene Angestellte) abgeben will,[918] ohne darauf hinreichend hinzuweisen.[919] Bei Handlungen gegenüber Verbrauchern ist dies nunmehr in Nr. 6 im Anhang zu § 3 Abs. 3 UWG ausdrücklich als per se Verbot geregelt und vorrangig zu prüfen. Entsprechendes gilt, wenn der Werbende **nicht bereit ist,** zu einem bestimmten Preis beworbene Waren **durch wenige Handgriffe kurzfristig zur Auslieferung fertig zu machen** oder sonst wie **innerhalb vertretbarer Zeit zu liefern** oder den beworbenen **Artikel zu zeigen** oder **Bestellungen dafür anzunehmen** oder wenn er **ein fehlerhaftes Exemplar vorführt,** um stattdessen andere Waren abzusetzen. Ausgenommen ist die Abgabe an Testkäufer. Die Nichtabgabe an (als solche erkannte) **Testkäufer** indiziert nicht zugleich eine fehlende Verkaufsbereitschaft an andere Kunden oder einen unzureichenden Warenvorrat.[920] Auch ist es unschädlich, wenn ein Einzelhändler sich die Abgabe von Waren *„in haushaltsüblicher Menge"* vorbehält; allerdings darf er dann nicht zugleich zu *„Vorratskäufen"* auffordern.[921]

420 Wird ein Verkaufslokal während der allgemeinen gesetzlichen **Ladenschlusszeiten ausschließlich zur Besichtigung der Ware** und nicht zu Beratung oder Verkauf offen gehalten – was notwendig ist, um „geschäftlichen Verkehr" und damit einen Verstoß gegen § 3 LadSchlG zu vermeiden –, muss hierauf in der Werbung deutlich hingewiesen werden.[922] Andernfalls liegt auch insoweit eine Irreführung vor, denn zu dem relevanten Zeitraum ist die Ware jedenfalls nicht für den Kunden zu erwerben und daher nicht verfügbar.

421 **b) Liefer- und Mitnahmemöglichkeit.** Bei Waren, die zum persönlichen Gebrauch oder Verbrauch bestimmt sind, erwartet der Durchschnittsverbraucher – und dies ist nicht nur der „Schnäppchenjäger"[923] – im Regelfall, dass die beworbene Ware im Verkaufsraum zur **sofortigen Mitnahme** greifbar ist.[924] Dass Nr. 6 im Anhang zu § 3 Abs. 3 UWG für das per se Verbot im geschäftlichen Verkehr gegenüber Verbrauchern nur auf eine Lieferung „innerhalb einer vertretbaren Zeit" abstellt, steht dem nicht entgegen. Das gilt insbesondere dann, wenn das Angebot in der Werbung blickfangmäßig hervorgehoben wird.[925] Etwas anderes kann im Einzelfall zB für hochwertige **Möbel** gelten, die in unterschiedlicher Ausgestaltung angeboten werden,[926] – in diesem Fall sowie bei anderen kostspieligen und langlebigen Gütern könnte ausnahmsweise, unter engen Voraussetzungen, sogar einem Blickfang durch andere Angaben in der Werbung entgegengewirkt werden[927] – nicht aber für billige Möbel zum Selbstabholen.[928] Bei **Versandunternehmen** rechnet der Kunde mangels anderslautender Aussagen mit **sofortiger Liefermöglichkeit.** Das gilt auch bei einer Werbung im Internet. Allerdings ist hier nicht entscheidend, ob der Werbende die Waren selbst vorrätig hat, sondern ob er die unverzügliche Versendung an

[918] Vgl. OLG Düsseldorf WRP 2011, 1088 (1091).

[919] BGH GRUR 2003, 163 – Computerwerbung II.

[920] BGH GRUR 1987, 835 (837) – Lieferbereitschaft; OLG Düsseldorf WRP 1981, 100; KG GRUR 1983, 677, auch → Rn. 431.

[921] BGH GRUR 1984, 596 – Vorratskauf.

[922] OLG Köln WRP 1982, 166 (168); OLG Hamburg GRUR 1984, 678; OLG Düsseldorf WRP 1985, 345 (346); 1986, 395; *Scholtissek* WRP 1992, 11 (14); aA OLG Oldenburg WRP 1976, 498; KG WRP 1983, 493; OLG Stuttgart WRP 1984, 357 (358).

[923] OLG Hamburg GRUR-RR 2005, 287 (288) – Weihnachts-Kerzenleuchter.

[924] BGH GRUR 1996, 800 (801) – EDV-Geräte; GRUR 1998, 949 (950) – D-Netz Handtelefon; GRUR 1999, 509 (511) – Vorratslücken; GRUR 2000, 911 (912) – Computerwerbung; GRUR 2002, 1095 – Telefonische Vorratsanfrage; KG MD 1997, 838 (841).

[925] BGH GRUR 2000, 911 (913) – Computerwerbung; OLG Düsseldorf WRP 2002, 1467 (1469) – Lockvogel-Angebote; im Ansatz ebenso GRUR 2003, 163 (164) – Computerwerbung II.

[926] BGH GRUR 1987, 903 (905) – Le Corbusier-Möbel.

[927] BGH GRUR 2015, 698 Rn. 19 – Schlafzimmer komplett; GRUR 2003, 163 (164) – Computerwerbung II; allerdings gilt das nur „unter engen Voraussetzungen", BGH GRUR 2016, 207 Rn. 18 – All Net Flat.

[928] OLG Hamburg NJW-RR 1986, 1372 (1373); *Helm/Sonntag/Burger* in Gloy/Loschelder/Danckwerts HdbWettbR § 59 Rn. 316.

den Kunden nach Eingang einer Bestellung sicherstellen kann, denn eine sofortige Mitnahme steht hier nicht in Frage.[929] Betreibt ein Filialunternehmen einen Internetshop, erwartet der Verkehr im Regelfall nicht, dass die im **Internetshop** angebotenen Produkte auch in den (physisch vorhandenen) **Filialen** zur sofortigen Mitnahme bereitstehen.[930] Erfolgt die Werbung hingegen ohne Einschränkung für ein Filialunternehmen, erwartet der Verbraucher die Ware grds. in allen Filialen und nicht nur am jeweiligen Wohnsitz des Verbrauchers vorrätig.[931] Werden nur bestimmte Filialen oder Verkaufsstätten in der Werbung erwähnt, erwartet der Verbraucher die Ware nur (aber immerhin) in diesen[932] und das Vorhandensein der Ware in anderen Filialen, in einem Zentrallager oder bei Dritten ist dann im Regelfall nicht ausreichend, um die Irreführung zu verneinen;[933] das gilt unabhängig davon, wie schnell die Ware von dort beschafft werden kann. Ist beim Kauf der Ware besonderen Kundenwünschen Rechnung zu tragen (zB durch individuelle **Konfiguration** von Computern), erwartet der Kunde von vornherein keine sofortige Mitnahmemöglichkeit.[934] Auch rechnet er bei Sonderpostenmärkten damit, dass **kleinere Montagearbeiten** (wie zB Justierung von Lenker und Pedale eines Fahrrads) vom Käufer selbst vorgenommen werden müssen.[935]

c) Verfügbarkeit der beworbenen Ware. Der Verbraucher erwartet im Regelfall, dass 422
konkret *die* Ware vorrätig ist, die beworben wurde. Insbesondere ist es verboten, das konkret angebotene Produkt nicht zu zeigen oder Bestellungen dafür anzunehmen, um stattdessen ein anderes Produkt abzusetzen. Das ist nunmehr für den geschäftlichen Verkehr gegenüber Verbrauchern ausdrücklich in Nr. 6 im Anhang zu § 3 Abs. 3 UWG geregelt. Allerdings wird sich diese Absicht in der Praxis nur schwer oder kaum beweisen lassen. Im Übrigen ist zu beachten, dass Nr. 5 der Schwarzen Liste nunmehr ausdrücklich auch die Lieferung eines **gleichartigen** Produkts vorsieht, dh bei Bereitstellung einer gleichartigen Ware wäre das Verbot nicht mehr verwirkt. „Gleichartig" meint dabei, dass das andere Produkt aus Sicht des Verbrauchers gleichwertig und damit **austauschbar** zu dem konkret angebotenen Produkt ist. Diese Regelung in Nr. 5 der Schwarzen Liste hat auch Auswirkung auf die Auslegung des § 5 Abs. 1 UWG, denn wenn schon die Lieferung eines gleichwertigen Produkts bei einem konkreten Angebot gegenüber einem *Verbraucher* genügen kann, so muss das erst recht bei weniger konkreten Angeboten oder Angeboten gegenüber *Unternehmern* gelten. Wird in der Werbung kein konkretes Modell genannt, so erwartet der Verkehr ohnehin nicht, dass ein bestimmtes Modell vorrätig ist. Auch schadet es nicht, wenn dieses eine **weitere Marke** trägt,[936] während die Marke als solche bei der Beurteilung der Gleichartigkeit durchaus eine Rolle spielen kann. Fehlt eine **Größenangabe,** geht der Verbraucher davon aus, dass die Ware **in allen gängigen Größen** und Modellen vorhanden ist.[937]

d) Zeitpunkt der Verfügbarkeit. Ab wann und wie lange die Ware vorrätig sein 423
muss, hängt von den Umständen des Einzelfalls ab. Im Regelfall geht der Verkehr davon aus, dass eine Ware ab dem **Tag des Verkaufsbeginns** vorrätig ist. Verkaufsbeginn ist dabei der Zeitpunkt, der in der Werbung als solcher angegeben wird, andernfalls der

---

929 BGH GRUR 2005, 690 (692) – Internet-Versandhandel; OLG Hamburg MD 2001, 1261 (1263); 2003, 759 (761); LG Hamburg NJOZ 2010, 932 (933).

930 OLG Frankfurt a. M. MD 1998, 798.

931 OLG Nürnberg WRP 2015, 390 Rn. 8; OLG Düsseldorf WRP 2011, 1088 (1091); BGH GRUR 2016, 395 Rn. 20 –Smartphone-Werbung.

932 BGH GRUR 2000, 907 (909) – Filialleiterfehler; GRUR 2004, 70 – Preisbrecher; OLG Düsseldorf WRP 2002, 1467 (1469) – Lockvogel-Angebote. Vgl. auch OLG Zweibrücken WRP 1992, 281 (282) – Millionen von Spielsachen; OLG Karlsruhe WRP 2003, 1257 (1258 f.) – Lockvogelangebot.

933 Vgl. OLG Düsseldorf WRP 2011, 1088.

934 BGH GRUR 1999, 1011 (1012) – Werbebeilage.

935 OLG Celle GRUR-RR 2003, 253 – Fahrrad.

936 Vgl. BGH GRUR 1998, 949 (951) – D-Netz Handtelefon.

937 BGH GRUR 1985, 980 (981) – Tennisschuhe; OLG München WRP 1991, 743 (744).

Zeitpunkt, der den Umständen nach zu erwarten ist. Im Regelfall wird das der **Tag des Erscheinens der Werbung** sein. Bei einer Werbung in einer Tageszeitung wird der Verkehr somit davon ausgehen, dass die Ware am Erscheinungstag der Werbung verfügbar ist, sofern nicht ein anderes Datum ausdrücklich angegeben wird. Erscheint eine Werbung **mehrfach hintereinander,** kommt es für die Verfügbarkeit nicht auf den Zeitraum ab erstmaligem Erscheinen an, sondern auf das jeweils letzte Erscheinen. Auch wenn eine Werbung bereits mehrfach geschaltet wurde, muss beim Erscheinen der letzten Werbung noch ausreichender Vorrat vorhanden sein, zumal der Verbraucher häufig nicht weiß, ob oder wann zuvor bereits geworben wurde. Irreführend ist es auch, eine **„Lieferzeit auf Nachfrage"** anzukündigen, wenn das beworbene Produkt wegen einer Liefersperre des Herstellers nicht zuverlässig lieferbar ist.[938] Bei der Vorstellung von Neuentwicklungen auf **Fachmessen** wird der Verkehr im Regelfall hingegen nicht die sofortige Lieferbereitschaft erwarten.[939]

424 **e) Dauer der Verfügbarkeit.** Wie *lange* die Ware vorrätig sein muss, hängt ebenfalls von den Umständen des **Einzelfalls** ab. Eine Beweislastregelung wie in Nr. 5 der Schwarzen Liste oder zuvor in § 5 Abs. 5 UWG aF vorgesehen, gibt es im Rahmen des § 5 Abs. 1 S. 2 Nr. 1 UWG nicht (mehr). Maßgeblich ist somit, ob ein Vorrat in angemessener Menge vorhanden ist, um die **zu erwartende Nachfrage** zu befriedigen. Die zu erwartende Nachfrage und die angemessene Bevorratung sind dabei aus Sicht eines **verständigen Unternehmers in der konkreten Situation des Anbieters** zu bestimmen. Die beworbene Ware ist in einer angemessenen Menge vorzuhalten, mit der die zu erwartende Nachfrage befriedigt werden kann. Dies bedeutet, dass eine **ex-ante Sicht** erforderlich ist. Demnach kann eine Werbung nicht erst dann irreführend sein, wenn eine Verfügbarkeit tatsächlich nicht mehr gegeben ist, sondern auch schon dann, wenn zwar noch Waren vorrätig sind, zugleich aber schon jetzt feststeht, dass kein angemessener Vorrat vorhanden ist, durch den die zu erwartende Nachfrage insgesamt befriedigt werden kann.[940] Erst recht und stets irreführend ist eine Werbung eines **Händlers,** wenn zum Zeitpunkt der Werbung bereits **jeglicher Warenvorrat fehlt,**[941] zB weil die Ware vom Hersteller noch nicht einmal produziert ist.[942] Allerdings gilt dieser Erfahrungssatz nicht automatisch für die Werbung eines **Herstellers,** da dieser nicht ohne Weiteres die Verfügbarkeit der Ware beim Händler steuern kann. Dies gilt insbesondere, wenn es sich um hochwertige Ware handelt und in der Werbeanzeige wichtige Umstände für den Erwerbsvorgang, wie zB der Preis, wesentliche Produkteigenschaften oder einzelne Verkaufsstellen, nicht genannt werden.[943]

425 Den **Faktoren,** aus denen sich die zu erwartende Nachfrage bestimmt, ist bei einem gerichtlichen Vorgehen **bereits bei der Antragstellung Rechnung zu tragen;** andernfalls kann ein Unterlassungsantrag zu weitgehend und damit unbegründet sein.[944] Relevante Faktoren können insbesondere sein die Art, die Gestaltung und der Preis der Ware, Art, Umfang, Verbreitung, Gestaltung und Inhalt der Werbung, Größe und Bedeutung des werbenden Unternehmens, sowie die Art des Vertriebs (zB Versandhandel, Verkaufslokal).[945] Auch frühere Verkaufszahlen können von Bedeutung sein (auch → Rn. 431).[946]

---

[938] OLG Hamm BeckRS 2009, 12079.

[939] OLG Celle NJW-RR 1989, 103; *Helm/Sonntag/Burger* in Gloy/Loschelder/Danckwerts HdbWettbR § 59 Rn. 322.

[940] Vgl. auch Nr. 5 im Anhang zu § 3 Abs. 3 UWG: *„hinreichende Gründe für die Annahme hat, er werde nicht in der Lage sein …"*.

[941] OLG Oldenburg GRUR-RR 2006, 202 (203) – Lockvogelwerbung; OLG Hamburg MD 2007, 454 (456).

[942] BGH GRUR 1999, 1011 (1012) – Werbebeilage.

[943] BGH WRP 2007, 1351 (1353) – Weltreiterspiele.

[944] Vgl. BGH GRUR 1999, 509 (511) – Vorratslücken; OLG Düsseldorf WRP 2002, 1467 (1469) – Lockvogel-Angebote.

[945] Vgl. OLG Hamburg MD 2001, 1261 (1263).

[946] *BGH GRUR* 1987, 371 (372) – Kabinettwein; GRUR 1989, 609 (610) – Fotoapparate.

Bei der **Art der Ware** ist vor allem zu berücksichtigen, ob es sich um ein langlebiges oder ein kurzlebiges Wirtschaftsgut handelt, ob es ein Produkt des täglichen Gebrauchs oder Sonderbedarf ist, ob es einfach gelagert werden kann oder viel Platz in Anspruch nimmt etc. Für Lebensmittel gelten zB andere Erwartungen als für hochwertige Computergeräte oder für große Möbelstücke.[947] Die Art der Ware ist auch in Relation zu setzen zu der üblichen Produktpalette des Unternehmers. So erwartet der Verkehr bei Ware, die nicht der üblichen Produktpalette entspricht und die schwieriger zu lagern ist, im Regelfall eine geringere Bevorratung; dies gilt insbesondere für hochpreisige und exklusive Luxusprodukte.[948] Allerdings ist aber auch zu beachten, dass der Verkehr zunehmend daran gewöhnt ist, bei Lebensmitteldiscountern sortimentsfremde Waren zu kaufen, sodass er mangels anderslautender Aussagen erwartet, einen beworbenen Computer zumindest am Erstverkaufstag noch erwerben zu können.[949] 426

Das Merkmal **Gestaltung der Werbung** umfasst alle inhaltlichen sowie die äußerlichen Merkmale der Werbung. Ebenso die Dauer, Verteilgebiet und Intensität (zB Auflagenhöhe) einer Werbung. Bei einer Werbung, die erkennbar in großer Intensität betrieben wird, erwartet der Verkehr auch einen größeren Warenvorrat. Ebenso kann die **Art der Werbung** für die erwartete Vorratsmenge von Bedeutung sein. So erwartet der Verkehr bei einer **Katalogwerbung** im Regelfall eine längere Verfügbarkeit als bei einer **Handzettelwerbung;** bei Werbebeilagen erwartet der Verkehr im Allgemeinen eine längere Verfügbarkeit als bei Anzeigen in Tageszeitungen. 427

Soll sich das beworbene Angebot erkennbar auf einen **bestimmten Zeitraum** erstrecken (wie zB *„Unsere Sommerangebote"*), dürfen die Waren nicht nur kurz nach Erscheinen der Werbung vorrätig sein. Das ist zum Beispiel relevant bei Katalogwerbung (wie zB dem millionenfach verteilten Ikea-Katalog, anderen Möbelkatalogen oder Reiseprospekten[950]), bei welcher der Verkehr erwartet, dass die angebotene Ware nicht nur zwei Tage nach Erscheinen des Katalogs vorrätig ist, sondern auch einen längeren Zeitraum danach.[951] Je länger der Zeitraum ist, desto seltener wird der durchschnittlich informierte Verbraucher allerdings von einer jederzeit uneingeschränkten sofortigen Mitnahmemöglichkeit ausgehen, sondern auch das **Erfordernis von Nachbestellungen** in Kauf nehmen.[952] Der BGH hielt bei einer Werbung für Computer in einer Beilage zu Tageszeitungen einen Vorrat für eine Woche erforderlich.[953] Mangels anderslautender Angaben (die zB gem. § 312d Abs. 1 BGB iVm Art. 246a § 1 Abs. 1 Nr. 7 EGBGB erforderlich sind), erwartet der Durchschnittsverbraucher beim **Internet-Versandhandel** in der Regel, dass die Ware unverzüglich versandt werden kann, sei es durch den Unternehmer oder einen Dritten.[954] Das OLG Düsseldorf entschied, dass bei (sortimentsfremder) **Aktionsware** (Dampfbügeleisen, Computermonitor) eines der größten Lebensmittelfilialisten in Deutschland der Verkehr eine Bevorratung für mindestens drei Tage erwartet.[955] 428

f) Aufklärende Hinweise. Der Händler kann auf die Verkehrserwartung zur Verfügbarkeit von Waren durch **aufklärende Hinweise** Einfluss nehmen und damit einer Irreführung des Werbeadressaten durch zusätzliche Angaben entgegenwirken. Diese Hinweise müssen **klar formuliert, leicht lesbar und gut erkennbar** sein.[956] Das gilt sowohl für die Vorratsmenge als auch für die sonstigen Erwartungen an die Verfügbarkeit. So kann 429

---

[947] OLG Oldenburg GRUR-RR 2006, 202 (203) – Lockvogelwerbung.

[948] BGH GRUR 1987, 903 (905) – Le-Corbusier-Möbel; WRP 2007, 1351 (1353) – Weltreiterspiele.

[949] OLG Stuttgart WRP 2005, 1424 (1425).

[950] Vgl. OLG Düsseldorf WRP 1986, 33 (34); OLG Karlsruhe WRP 1987, 401 (402); OLG Hamburg MD 1999, 682.

[951] Vgl. ebenso *Lettl* WRP 2008, 155 (162).

[952] BGH GRUR 1999, 1011 (1012) – Werbebeilage.

[953] BGH GRUR 1999, 1011 (1012) – Werbebeilage.

[954] BGH GRUR 2005, 690 (692) – Internet-Versandhandel (noch zu Zeiten, als keine Angaben zum Liefertermin gemacht werden mussten).

[955] OLG Düsseldorf WRP 2002, 1467 (1470) – Lockvogel-Angebote.

[956] BGH GRUR 2016, 395 Rn. 20 – Smartphone-Werbung.

der Werbende darlegen, dass Ware **nur in bestimmten Größen** vorrätig ist, dass nur **Restposten** oder **Einzelstücke** verfügbar sind oder Angebote nur für bestimmte **Filialen** gelten sollen. Gleiches gilt für Hinweise auf die **Drosselung der Datenübertragungsmenge** bei einem Mobilfunkvertrag.[957] Die Anforderungen haben sich auch hier durch das vom EuGH geprägte Verbraucherleitbild gelockert. So kann – zumindest bei langlebiger und kostspieliger Ware, bei der ein Verbraucher sich eingehend mit der Werbung beschäftigt – der leicht lesbare Hinweis ***„Keine Mitnahmegarantie. Sofern nicht vorhanden, gleich bestellen.“*** am Ende einer Werbeanzeige selbst dann genügen, wenn in der Werbung die nicht verfügbaren Waren blickfangmäßig hervorgehoben werden und der Hinweis zwar an diesem Blickfang nicht durch Sternchen oÄ teilnimmt, wohl aber sofort ins Auge fällt.[958] Allerdings genügt ein solcher Hinweis nicht, wenn die Ware überhaupt nicht, dh in keiner der beworbenen Filialen vorhanden ist und dies von vornherein feststeht.[959] Der Hinweis, dass ein Produkt (nur) an vielen Orten verfügbar sei, macht dem verständigen Durchschnittsverbraucher hinreichend deutlich, dass keine Verfügbarkeit an allen Stellen besteht. Das gilt zumindest in Fällen, in denen mit „Verfügbarkeit“ nicht die Mitnahme aus einem Geschäft gemeint ist, sondern die Möglichkeit zur Nutzung des Produktes, wenn diese Nutzung von weiteren technischen Voraussetzungen abhängt, die ohne den Einfluss des Unternehmers nicht überall gegeben sind (wie zB die Verfügbarkeit eines DSL-Anschlusses oder eines Satellitenempfangs).[960] Aufklärungsbedürftig kann eine solche Angabe allerdings sein, wenn ein beworbener DSL-Anschluss mit einer bestimmten Geschwindigkeit für einen erheblichen Teil der angesprochenen Verkehrskreise nicht verfügbar ist.[961] Erwartet der Verkehr hingegen, dass die beworbene Ware in einem Geschäft verfügbar ist (im Sinne von mitnahmebereit) genügt der Hinweis auf ***„viele Geschäfte“*** nicht. Dasselbe gilt für die Einschränkung, dass eine Ware ***„nur regional erhältlich“*** sei: Auch hier erwartet der Verbraucher im Regelfall, dass die beworbene Ware in seiner Region erhältlich ist, wenn die Werbung in dieser Region verteilt wurde.[962] Anders ist es, wenn die ausgeschlossene Region genau benannt wird. Entsprechendes kann gelten, wenn für eine Ware oder Leistung eine bundesweite Verfügbarkeit suggeriert wird, obwohl das Angebot in einigen Bundesländern nicht verfügbar ist.[963] Ob diese Wirkung bereits durch die Verwendung des Begriffs „Deutschland“ in der Unternehmensbezeichnung des Anbieters erreicht wird, ist allerdings fraglich. Die Aussage ***„solange der Vorrat reicht“*** weist hingegen nur auf eine begrenzte Laufzeit des Angebots hin, lässt den Verbraucher aber nicht vermuten, dass die Ware nicht in ausreichender Menge zur sofortigen Mitnahme verfügbar oder bereits am Vormittag des ersten Angebotstages ausverkauft ist.[964] Bezogen auf Zugaben entnimmt der Verbraucher dem Hinweis die Aussage, dass die Zugabe nicht in derselben Menge wie die Hauptware vorhanden ist. Dennoch wäre dieser Hinweis im Einzelfall irreführend, wenn die bereitgehaltene Menge an Zugaben in keinem angemessenen Verhältnis zur erwarteten Nachfrage stünde.[965] Auch allgemeine Hinweise eines großen Filialunternehmens, *„dass bestimmte Artikel trotz sorgfältig geplanter Angebotsmengen* ***allzuschnell ausverkauft*** *sein können“* oder *„bei diesem Artikel besteht die Möglichkeit, dass er trotz sorgfältiger Bevorratung kurzfristig*

---

[957] OLG Köln MD 2014, 155 zu *„Endlos surfen ohne Vertrag“* und *„Daten-Flat mit bis zu 7,2 Mbit/s“*.

[958] BGH GRUR 2003, 163 (164) – Computerwerbung II; vgl. auch GRUR 2015, 698 Rn. 19 – Schlafzimmer komplett. Anders noch BGH GRUR 2000, 911 (912 f.) – Computerwerbung; aA auch OLG Hamburg GRUR-RR 2007, 372 (= MD 2007, 454 (456)); einschränkend auch BGH GRUR 2016, 207 Rn. 18 – All Net Flat.

[959] OLG Hamburg MD 2007, 454 (456) zu *„Keine Mitnahmegarantie. Aus vertriebstechnischen Gründen ist nicht jeder in dem Prospekt beworbene Artikel in jeder Filiale erhältlich“*; OLG Oldenburg GRUR-RR 2006, 202 (203) – Lockvogelwerbung.

[960] OLG Köln NJWE-WettbR 1998, 220 (221); noch weitergehend OLG Köln MD 2004, 229 (232).

[961] OLG Frankfurt a. M. WRP 2014, 1226 Rn. 18.

[962] OLG Karlsruhe WRP 2003, 1257 (1258) – Lockvogelangebot.

[963] LG Hamburg MMR 2011, 389 (390).

[964] BGH GRUR 2016, 395 Rn. 21 – Smartphone-Werbung. Vgl. allerdings OLG Stuttgart WRP 1984, 439.

[965] BGH GRUR 2010, 247 Rn. 15 – Solange der Vorrat reicht.

ausverkauft ist" rechtfertigen nicht, dass die beworbene Ware schon am ersten Verkaufstag nicht mehr vorrätig ist.[966] Nach Ansicht des BGH soll noch nicht einmal der Hinweis *„Dieser Artikel kann aufgrund begrenzter Vorratsmenge bereits im Laufe des ersten Angebotstages ausverkauft sein"* für eine wöchentliche Angebotsware ausreichen, wenn diese bereits am Vormittag des ersten Angebotstages ausverkauft ist.[967] Maßstab ist stets, ob der angesprochene Verkehr auf Grund der Werbung in das Geschäft gelockt wird und mit der Verfügbarkeit der Ware rechnet. Das kann auch dann der Fall sein, wenn die Werbung zwar einschränkende Hinweise enthält, jedoch nicht klar ist, auf welche Ware sich die Einschränkung konkret bezieht.[968] Der Hinweis auf ***„Abholpreise"*** besagt nur, dass der angegebene Preis nicht die Lieferung der Ware an den Kunden umfasst; er besagt nichts über die Verfügbarkeit der Ware. Aus dem Hinweis ergibt sich insbesondere nicht, dass der beworbene Preis nur für vorrätige Ware gelten soll und nicht für Bestellungen.[969]

In jedem Fall müssen die einschränkenden Angaben **inhaltlich zutreffend** sein. Wird ein Angebot gegenüber Verbrauchern wahrheitswidrig als nur für kurze Zeit verfügbar dargestellt, so findet Nr. 7 im Anhang zu § 3 Abs. 3 UWG vorrangig Anwendung. 430

g) Entlastung des Unternehmers. Will der Unternehmer sich für eine unzureichende Verfügbarkeit entlasten, hat er Gründe nachzuweisen, die eine **geringere Bevorratung rechtfertigen.** In der bisherigen Rechtsprechung zur Warenverfügbarkeit ist anerkannt, dass der Verkehr bei seiner Erwartung an die Verfügbarkeit der Ware auch berücksichtigt, dass auf Grund besonderer Umstände die Ware nicht verfügbar sein kann, zB wegen unvorhersehbarer **Lieferschwierigkeiten, höherer Gewalt** oder **Aufkäufen** durch Mitbewerber. Solche Umstände entlasten den Unternehmer allerdings nur, wenn ihn hieran **kein Verschulden** trifft, sie für ihn **nicht vorhersehbar** waren und er sich zuvor mit angemessener **kaufmännischer Sorgfalt** um seine Belieferung bemüht hatte. Verschulden seines Personals muss der Unternehmer sich dabei zurechnen lassen.[970] Erforderlich ist vor allem, dass der Unternehmer **den benötigten Warenvorrat sorgfältig kalkuliert,** hinreichend gesicherte Bestellungen aufgibt, die laufende Nachfrage beobachtet und hierauf reagiert. Bei der Kalkulation des Warenvorrats sind insbesondere **frühere Verkaufszahlen zu berücksichtigen.**[971] Allerdings sind diese nicht allein maßgebend. Auch entlastet der Umstand, dass bislang immer richtig kalkuliert wurde, nicht.[972] Von Bedeutung sind auch die Attraktivität des jeweiligen Angebots und die Existenz vergleichbarer Angebote von Wettbewerbern. Auf frühere Verkaufszahlen darf man sich daher nicht berufen, wenn das aktuelle Angebot deutlich attraktiver ist.[973] Außerdem ist bei der Kalkulation von einem **normalen Käuferverhalten** auszugehen. Mit **(umfangreichen) Einkäufen von Wettbewerbern** auf der gleichen Handelsstufe muss deshalb im Regelfall nicht gerechnet werden;[974] etwas anderes kann aber gelten, wenn der Abgabepreis des Unternehmers noch unter dem Einstandspreis der Wettbewerber liegt. Ebenso kann aus der Weigerung eines Unternehmers, Ware an erkannte **Testkäufer** zu verkaufen, nicht auf eine unzureichende Bevorratung geschlossen werden;[975] etwas anderes kann allerdings gelten, wenn die Ware den (erkannten) Testkäufern noch nicht einmal gezeigt wird.[976] Es gehört zu den Sorgfalts- 431

[966] OLG Düsseldorf WRP 2002, 1467 (1470) – Lockvogel-Angebote; OLG Hamburg GRUR-RR 2005, 287 (288) – Weihnachts-Kerzenleuchter.
[967] BGH GRUR 2016, 395 Rn. 21 – Smartphone-Werbung.
[968] Vgl. OLG Hamm WRP 1979, 325; 1981, 329 (330); OLG Hamburg MD 2000, 289 (294).
[969] OLG Stuttgart GRUR-RR 2007, 361 (362) – Abholpreise.
[970] BGH GRUR 1984, 593 (594) – adidas-Sportartikel; GRUR 2000, 907 (909) – Filialleiterfehler; OLG Hamburg GRUR 1984, 287 (288).
[971] BGH GRUR 1987, 371 (372) – Kabinettwein; GRUR 1989, 609 (610) – Fotoapparate.
[972] OLG Hamburg ZUM-RD 2003, 194 (195).
[973] OLG Hamburg ZUM-RD 2003, 194 (195).
[974] BGH GRUR 1987, 835 (837) – Lieferbereitschaft; 1989, 609 (611) – Fotoapparate; Nacken; WRP 1987, 598 (603); *Traub* WRP 1987, 709 (712).
[975] BGH GRUR 1987, 835 (837) – Lieferbereitschaft.
[976] Vgl. BGH GRUR 1989, 609 (611) – Fotoapparate.

pflichten eines Unternehmers und damit zur Verkehrserwartung, dass der Unternehmer bei längeren Angeboten die **Nachfrage beobachtet** und **bei Bedarf Ware nachbestellt.**[977] Bei der Sicherstellung der Belieferung ist zu berücksichtigen, ob zum jeweiligen Vorlieferanten bereits zuverlässige Lieferbeziehungen bestehen (evtl. sogar im Rahmen eines selektiven Vertriebssystems) oder ob es sich um eine Erstbestellung (evtl. sogar eines Außenseiters) handelt, bei der man sich nicht ohne Weiteres auf die Lieferzusage des Vertragspartners verlassen kann.[978] Bei einem **Versandhändler** ist nicht erforderlich, dass er die gesamte Ware selbst auf Lager vorhält, solange nur sichergestellt ist, dass er auf Bestellungen unverzüglich reagieren und die Absendung der Ware veranlassen kann; allerdings muss dann auch sichergestellt sein, dass bei Bedarf kurzfristig auf andere Bezugsquellen ausgewichen werden kann.[979] Insgesamt sind die **Anforderungen** an die Sorgfaltspflicht des Unternehmers **umso höher, je attraktiver das Angebot** und je intensiver dessen Bewerbung ist. Werden nur wenige Waren beworben, so erwartet der Verkehr im Allgemeinen eine unbedingte Liefermöglichkeit ab Geschäftseröffnung.[980] Bei Werbung für eine Vielzahl von Produkten rechnet der Verkehr hingegen auch mit vereinzelten Fehldispositionen von Waren, sofern diese nicht gerade besonders in der Werbung hervorgehoben werden.[981]

432 **h) Subjektiver Vorratsmangel, Relevanz.** Ist die Verkehrserwartung definiert, entscheidet sich allein nach den tatsächlichen, **objektiven** Umständen, ob diese Erwartung erfüllt ist. Ob ein Testkäufer die vorhandene Ware auch tatsächlich findet, ist daher egal, solange sie nicht bewusst an versteckter Stelle aufgestellt wird. Wird am *Telefon* behauptet, dass eine Ware nicht lieferbar sei, obwohl sie tatsächlich im Geschäft bereit steht, so stellt das zwar eine falsche Aussage über die Verfügbarkeit dar **(„subjektiver Vorratsmangel"),** jedoch fehlt die wettbewerbsrechtliche **Relevanz,** da die Auskunft den Kunden eher vom Besuch des Geschäfts abhalten wird.[982] Wird die falsche Auskunft hingegen im *Laden* erteilt, ist sie relevant, da der Kunde dann versucht sein könnte, andere Ware zu kaufen;[983] in solchen Fällen ist im geschäftlichen Verkehr mit Verbrauchern jedoch vorrangig der Tatbestand der Nr. 6 im Anhang zu § 3 Abs. 3 UWG zu prüfen.

433 **i) Beweislast.** Die **Beweislast** für die Verkehrserwartung und die fehlende Verfügbarkeit trifft den **Kläger.** Der Umstand, dass die Ware von einem **Testkäufer** nicht gefunden wurde, genügt zum Nachweis nicht, wenn der Unternehmer (zB durch Vorlage von Kassenbelegen) den Verkauf der Ware zu etwa demselben Zeitpunkt belegen kann. Auch belegt das „Abwimmeln" eines erkannten Testkäufers nicht die fehlende Verfügbarkeit.[984] Die Darlegungslast dafür, dass die Ware nur auf Grund unvorhersehbarer Umstände nicht verfügbar war und dies auch bei Wahrung der kaufmännischen Sorgfaltspflichten nicht hätte verhindert werden können, trägt hingegen der Unternehmer.[985]

II. Art, Ausführung, Zusammensetzung, Beschaffenheit der Ware oder Dienstleistung, Zubehör

Schrifttum: *Bergmann,* Frisch vom Markt, ZLR 2001, 667; *v. Gamm,* Wein- und Bezeichnungsvorschriften des Gemeinschaftsrechts und nationales Recht gegen den unlauteren Wettbewerb, GRUR 1984, 165; *Gorny,*

[977] BGH GRUR 1985, 980 (981) – Tennisschuhe; OLG Köln GRUR 1984, 827 (828) – Schmuckartikel; OLG München WRP 1991, 744 (745).
[978] BGH GRUR 2002, 187 (189) – Lieferstörung.
[979] OLG Hamburg MD 2001, 1261 (1266); 2003, 759 (761).
[980] BGH GRUR 2002, 187 (189) – Lieferstörung.
[981] BGH GRUR 1987, 52 (54) – Tomatenmark; 1987, 371 (372) – Kabinettwein; 1988, 311 (312) – Beilagen-Werbung; 1989, 609 (610) – Fotoapparate; 1992, 858 (859) – Clementinen.
[982] BGH GRUR 2002, 1095 (1096) – Telefonische Vorratsanfrage.
[983] Vgl. OLG Frankfurt a. M. NJOZ 2005, 2180 (2182).
[984] BGH GRUR 2002, 187 (190) – Lieferstörung.
[985] BGH GRUR 1982, 681 (683) – Skistiefel; GRUR 1983, 582 (583) – Tonbandgerät; GRUR 2002, 187 (189) – Lieferstörung.

Der Abschied vom verständigen Durchschnittsverbraucher im Lebensmittelwerberecht, ZLR 2003, 253; *Grundmann,* Nährwert- und gesundheitsbezogene Angaben über Lebensmittel und „drohendes" EG-Recht, ZLR 2003, 85; *Hagenmeyer/Hahn,* Im SumV der NemV, WRP 2004, 1445; *Hagenmeyer,* Vierte Beleuchtung der Rechtsprechung zur VO (EG) Nr. 1924/2006 über Nährwert- und gesundheitsbezogene Angaben, WRP 2012, 414; *Hartwig/Kappes,* Zutat oder Geschmacksrichtung? – Eine Analyse der Rechtsprechung zu bildlichen Darstellungen und Sortenbezeichnungen in der Produktaufmachung, LMuR 2012, 85; *Hieronimi,* Das neue EU-Weinbezeichnungsrecht und das deutsche Qualitätsstufensystem, WRP 2010, 211; *Hohmann,* Die Verkehrsauffassung im deutschen und europäischen Lebensmittelrecht, 1994; *Kiethe/Groeschke,* Die Zulässigkeit der Produktkennzeichnung und die Bewerbung von Lebensmitteln, insbesondere von Milchprodukten als „Frisch", WRP 2000, 431; *Köhler,* Zivilrechtliche Aspekte des Mindesthaltbarkeitsdatums bei Lebensmitteln, DB 1985, 215; *ders.,* Verbraucherinformation im Spannungsverhältnis von Lebensmittelrecht und Lauterkeitsrecht, WRP 2014, 637; *Kisseler,* Das Wettbewerbsrecht als Mittel zur Durchsetzung des Lebensmittelrechts, ZLR 1989, 588; 236 ff.; *Krohn,* Die Bedeutung von lebensmittelrechtlichen Werbeverboten aus der Perspektive des Wettbewerbsrechts, ZLR 1999, 127; *Leible,* in: Lebensmittelrechts-Handbuch (Stand: August 2010), III, Rdn. 400 ff.; *Leible/Sosnitza,* § 17 LMBG nach „Darbo". Ein Plädoyer für die Streichung von § 17 Abs. 1 Nr. 4 LMBG, WRP 2000, 610; *Lettl,* Irreführung nach § 5 I UWG und Blickfangwerbung, insbesondere für Kapitalanlagen, WM 2018, 841; *Lindacher,* Zur Gewährleistungshaftung des Händlers bei Veräußerung von Lebensmitteln nach Ablauf des Mindesthaltbarkeitsdatums, NJW 1985, 423; *Lips,* Die Auslobung der Eigenschaft „Frische" bei Lebensmitteln, insbesondere tiefgefrorenen Lebensmitteln, ZLR 1986, 364; *Mayer,* Irreführende Verwendung von IVW-Zahlen bei der Bewerbung von Pressemedien, WRP 2010, 984 ff.; *Meisterernst,* Kein Öl an die Karotte!, WRP 2012, 405; *Michalski/Riemenschneider,* Irreführende Werbung mit dem Mindesthaltbarkeitsdatum, BB 1994, 588; *Möstle,* Wandel des Verbraucherleitbilds? Eine Positionsbestimmung aus lebensmittelrechtlicher Perspektive, WRP 2014, 906; *Oelrichs,* Naturbezogene Werbung für Lebensmittel – gestern, heute und morgen, WRP 2004, 863; *Rabe/Wulf,* Zuckerwerbung, GRUR 1990, 174; *Raschke,* Inhalt und Grenzen des ärztlichen Werberechts; NJW 2015, 825; *Schröder/Starcke,* Anrüchige Düfte? Zur lauterkeitsrechtlichen Dimension von Duftmarketing, WRP 2016, 1210; *Schröder/Vandersanden,* Neues zur Kennzeichnung von Lebensmitteln, ZLR 2008, 543; *Schüler,* Anmerkung zu OLG Köln – abgelaufenes Mindesthaltbarkeitsdatum, WRP 1990, 406; *Schulteis,* Frisch auf den Tisch: Aktuelle Rechtsprechung zur lebensmittelrechtliche Irreführung, GRUR-Prax 2010, 548; *Streinz,* Werbung für Lebensmittel – Verhältnis Lebensmittel- und Wettbewerbsrecht, GRUR 1996, 16; *Stumpf,* Sprachliche Anforderungen an die Kennzeichnung parallelimportierter Lebensmittel, das maßgebliche Verbraucherleitbild und die europäische Warenverkehrsfreiheit, WPR 2014, 286; *Svigac,* Die Schlechtleistung als Lauterkeitsverstoß, NJOZ 2013, 721; *Teufer,* Fernabsatz von Lebensmitteln: Die neuen Pflichtangaben kommen näher, GRUR-Prax 2014, 449; *Wachsmuth,* TextilkennzeichnungsVO: Aktuelle Entscheidungen und Auswirkungen für die Praxis, GRUR-Prax 2019, 200; *Wehlau,* Die lauterkeitsrechtliche Beurteilung der Werbung für und Aufmachung von aromatisierten Lebensmitteln, LMuR 2010, 33; *Wehlau/Stark,* Clean Label – Welche Anforderungen stellt das Gesetz, was erwartet der Verbraucher?, ZLR 2011, 687; *Weitner,* Gesundheitsbezogene Angaben bei Lebensmitteln: Möglichkeiten und Grenzen nach der aktuellen BGH- und EuGH-Rechtsprechung, GRUR-PRAX 2014, 246.

1. Bedeutung und Abgrenzung. § 5 Abs. 1 S. 2 Nr. 1 UWG verbietet zur Irreführung geeignete Aussagen über Art, Ausführung, Zusammensetzung oder Beschaffenheit von Waren oder Dienstleistungen. Die genaue Abgrenzung ist dabei schwierig, zumal der Begriff der Beschaffenheit noch unter der Geltung des § 3 UWG aF weit verstanden wurde und alle Umstände tatsächlicher Art umfasste, die nach der Verkehrsauffassung für die Wertschätzung einer Ware oder Leistung von Bedeutung waren.[986] Der Begriff war somit nicht auf Eigenschaften der Ware beschränkt, die mit ihrer stofflichen Beschaffenheit oder der Qualität zusammenhingen oder sich auf die Verwendung oder den Geschmack der Ware bezogen. Aufgrund der Vorgabe in Art. 6 Abs. 1 lit. b der UGP-Richtlinie wurde das **„Zubehör"** ergänzt. Der Referentenentwurf zur Neufassung von § 5 UWG ging im Jahr 2007 noch davon aus, dass dies von den Worten „Ausführung" und „Zusammensetzung" umfasst sein soll.[987] Mit dem Regierungsentwurf wurde der Ausdruck dann hingegen ausdrücklich in den Gesetzestext übernommen, allerdings ohne weitere Begründung. Dies zeigt, dass dem Ausdruck im Vergleich zur früheren Regelung keine weitergehende Bedeutung zukommt. Dennoch ist die ausdrückliche Erwähnung angesichts der Vollharmonisierung durch die UGP-Richtlinie zu begrüßen. 434

[986] BGH GRUR 1969, 280 (281) – Scotch Whisky; Ohly/Sosnitza/*Sosnitza* UWG § 5 Rn. 247, 6. Auflage 2014.

[987] Begründung des Referentenentwurfs vom 27.7.2007, Erstes Gesetz zur Änderung des Gesetzes gegen den unlauteren Wettbewerb, S. 42.

435 Bestimmte Erwartungen an die Beschaffenheit und Qualität einer Ware können sich auch aufgrund von Angaben über das **Verfahren der Herstellung** (Herstellungsart) (hierzu → Rn. 512 ff.) oder aus Hinweisen auf **Auszeichnungen** oder **Gütezeichen und Gütesiegel** (hierzu → Rn. 692 ff.) ergeben. Aus dem **Zeitpunkt der Herstellung** (hierzu → Rn. 506 ff.) lassen sich ebenfalls Rückschlüsse auf die Beschaffenheit ziehen, zB bei Werbung für „frische" Produkte. Ebenso hängen Zusammensetzung und Beschaffenheit der Ware einerseits und die daraus **resultierenden Verwendungsmöglichkeiten** und die von der **Verwendung zu erwartenden Ergebnisse** andererseits (hierzu → Rn. 534 ff.) häufig zusammen. Gelegentlich kommt es aber auch vor, dass der Verkehr zwar keine bestimmte Vorstellung über die Zusammensetzung einer Ware hat, von ihr aber dennoch eine bestimmte Wirkung erwartet. Oft lassen auch Produktkennzeichnungen oder die **Verwendung von Marken** auf eine bestimmte Beschaffenheit der Ware schließen (hierzu → Rn. 462 ff.); davon zu unterscheiden ist der Fall, dass irreführend mit dem Bestehen von Markenschutz oder anderer geistiger Eigentumsrechte für eine Ware geworben wird (hierzu → § 5 Rn. 892 ff.).

436 Mit Angaben über die Art, Ausführung, Zusammensetzung oder Beschaffenheit der angebotenen Waren oder Dienstleistungen oder Zubehör dazu entsprechen die Anbieter einem Informationsinteresse der Abnehmer, deren **Gütevorstellungen** über Produkte in der Regel von diesen Kriterien mitbestimmt werden. Insbesondere im Rahmen des europäischen Geschäftsverkehrs kommt diesen Angaben eine besondere Bedeutung zu, nachdem häufig Vertriebsverbote für bestimmte Waren vom EuGH für unwirksam erklärt wurden mit dem Hinweis darauf, dass sich Irreführungen auch durch Informationen über die Zusammensetzung der Ware vermeiden lassen.[988] Umso wichtiger ist es, dass diese Informationen über die Zusammensetzung nicht selbst irreführend wirken. Zu diesen Informationen zählen dabei nicht nur ergänzende **Angaben zur Zusammensetzung einer Ware,** wie zB das Zutatenverzeichnis, sondern auch und gerade die **Bezeichnung einer Ware.** Erst recht gilt das für Angaben über die **Verkehrsfähigkeit** einer Ware, für die nunmehr in **Nr. 9 im Anhang zu § 3 Abs. 3 UWG** sogar ein eigener Tatbestand irreführender Werbung geschaffen wurde. Erschwert wird die rechtliche Beurteilung darüber hinaus durch eine Vielzahl von Sonderregelungen. Insbesondere das Lebensmittelrecht enthält detaillierte Anforderungen an Herstellung, Zusammensetzung, Qualität, Aufmachung und den Vertrieb von Waren (hierzu vor allem → Rn. 498 ff., 542 ff. sowie *v. Jagow* → § 3a Rn. 89 ff.).

437 **2. Verkehrsauffassung, Verbraucherleitbild.** Maßgeblich dafür, ob eine Angabe über die Art, Ausführung, Zusammensetzung, Beschaffenheit oder das Zubehör irreführen kann, ist – soweit der Gesetzgeber nicht eine verbindliche Auslegung vorgibt[989] – die Verkehrsauffassung, wobei konkret auf das **Verständnis des Durchschnittsverbrauchers** abzustellen ist, der angemessen gut unterrichtet und angemessen aufmerksam und kritisch ist, unter Berücksichtigung sozialer, kultureller und sprachlicher Faktoren (hierzu ausführlich *Dreyer* → § 5 Rn. 144 ff.).

438 **a) Relevante Verkehrskreise.** Ob eine Bezeichnung unrichtig ist, entscheidet sich allein nach dem Sinn, der ihr nach Auffassung derjenigen Verkehrskreise zukommt, die von der Bezeichnung angesprochen werden.[990] **Fachkreise** können mit Warenbezeichnungen andere Vorstellungen verbinden als **Laien.** Das gilt insbesondere dann, wenn der Begriff bereits lange Zeit in der Fachsprache verwendet wird und dadurch in der Fachwelt einen

[988] Vgl. etwa EuGH ZLR 2003, 190 (204 f.) – Schokolade (Italien); EuZW 2001, 16 (17) – Geffroy; NJW 1990, 972 (973) – Deserbais; grundlegend NJW 1979, 1766 (1767) – Cassis de Dijon; NJW 1982, 1212 (1213) – Reservierung der Bezeichnung „Essig" für Weinessig; GRUR Int. 1987, 404 (412) – Reinheitsgebot für Bier.

[989] BVerfG NJW 2002, 1486; hierzu → Rn. 485.

[990] → § 5 Rn. 152 ff.; vgl. auch BVerwG LMuR 2002, 144 (145); BGHZ 27, 1 (4) – Emaillelack; GRUR 1984, 376 (377) – Johannisbeerkonzentrat.

schützenswerten sprachlichen Besitzstand begründet hat.[991] Wendet sich eine geschäftliche Handlung an eine **bestimmte Gruppe** von Verbrauchern, ist auf ein durchschnittliches Mitglied dieser Gruppe abzustellen, § 3 Abs. 4 S. 1 Alt. 2 UWG. Ist für den Unternehmer vorhersehbar, dass seine Werbung nur eine eindeutig identifizierbare Gruppe **besonders schutzbedürftiger Verbraucher,** dh geistig oder körperlich Behinderte, alte oder leichtgläubige Personen, betrifft, ist auf die durchschnittliche Sicht eines Mitglieds dieser Gruppe abzustellen, § 3 Abs. 4 S. 2 UWG. Richtet sich eine Aussage an **verschiedene Verkehrskreise,** so reicht die Irreführung in einem dieser Kreise aus. Wird ein Ausdruck daher nicht nur gegenüber den Fachkreisen, sondern auch in der Werbung gegenüber Verbrauchern verwendet, kommt es für die Irreführungsgefahr (auch) auf deren Verständnis an, selbst wenn der Begriff von Fachleuten möglicherweise richtig verstanden wird.[992] Entsprechendes gilt, wenn sich eine geschäftliche Angabe primär an Fachkreise richtet, sie aber dazu bestimmt ist, (durch die Fachkreise) auch gegenüber Verbrauchern verwendet zu werden oder darauf ausgerichtet ist, von Kunden im Vorfeld einer Kaufentscheidung beachtet zu werden, die dann den Fachmann darauf ansprechen.[993] An einer relevanten Irreführung kann es trotz Verwendung einer wissenschaftlich unkorrekten Bezeichnung fehlen, wenn sich im Sprachgebrauch der beteiligten Verkehrskreise eine **eigene,** die wissenschaftlichen Differenzierungen verneinende **Begrifflichkeit** herausgebildet hat.[994]

b) Bestimmung des Verständnisses. Die Verkehrsauffassung orientiert sich grundsätzlich am **Wortsinn** einer Aussage, dh am allgemeinen Sprachgebrauch und am allgemeinen Sprachverständnis[995] sowie daran, was in der jeweiligen Branche üblich ist.[996] Die Verkehrsauffassung kann darüber hinaus auch durch gesetzliche Regelungen, behördliche Verlautbarungen, Erwähnung in Lexika, Verwendung in der Fachwissenschaft, Handelsbräuche oder Verbandsrichtlinien beeinflusst werden.[997] Im Lebensmittelrecht kommt beispielsweise den Leitsätzen des **„Deutschen Lebensmittelbuchs“,** die von der Deutschen Lebensmittelbuch-Kommission gemäß §§ 15 f. LFGB beschlossen werden, als „Sachverständigengutachten von besonderer Qualität“[998] eine wichtige Bedeutung zu,[999] wobei es sich allerdings nicht um verbindliche Rechtssätze handelt,[1000] welche das Verbraucherverständnis zwingend prägen.[1001] Andererseits kann aus der irreführenden Verwendung eines Begriffes durch Verwaltungsbehörden nicht geschlossen werden, dass der Begriff nicht irreführend ist, weil nicht ohne Weiteres davon auszugehen ist, dass die Verkehrsauffassung hierdurch geprägt wird.[1002] Auch müssen sich Verkehrsauffassung einerseits und allgemeiner Sprachgebrauch, Fachsprache oder Handelsbräuche andererseits nicht immer decken. Da 439

[991] BGHZ 27, 1 (11) – Emaillelack. Wobei die Entscheidung anders ausfallen dürfte, wenn mit der Verwendung des Begriffs auch gegenüber Verbrauchern zu rechnen ist.

[992] BGHZ 13, 244 (251 ff.) – Cupresa-Kunstseide; GRUR 1968, 200 (202) – Acrylglas; GRUR 1973, 481 (482 f.) – Weingeist; GRUR 2004, 244 (246) – Marktführerschaft.

[993] BGH GRUR 1988, 700 (702) – Messpuffer.

[994] OLG Köln MD 2004, 1256 (1260).

[995] BGH GRUR 2003, 247 (248) – Thermalbad; GRUR 2002, 182 (184) – Das Beste jeden Morgen, mwN.

[996] BGH GRUR 1979, 402 (404) – Direkt ab LKW; GRUR 2000, 239 (240) – Last-Minute-Reisen.

[997] Vgl. BGH GRUR 1961, 361 (363) – Hautleim. Bejaht für RAL-Gütebestimmungen KG WRP 1986, 329 (330 f.) – Werbung mit Gütezeichen; zu weiteren Quellen der Verkehrsauffassung: *Streinz* GRUR 1996, 16 (21); *Hohmann,* Die Verkehrsauffassung im deutschen und europäischen Lebensmittelrecht, 1994, 131 ff.

[998] OVG Münster BeckRS 2010, 56 245.

[999] Vgl. etwa VG Münster LMuR 2019, 127 (128); OVG Hamburg BeckRS 2017, 113820 Rn. 9; OVG Berlin-Brandenburg BeckRS 2014, 54098; OVG Münster BeckRS 2010, 56245; OLG Celle LMuR 2017, 100 (101); OLG Braunschweig BeckRS 2016, 1144; VGH München ZLR 2000, 938 (942); OLG Hamburg ZLR 1999, 642 (645) – Schoko; MD 2004, 1036 (1039) – Naschkatze zu Vanillesauce und den Leitsätzen für Pudding; vgl. auch BVerwG LMuR 2002, 144 (146); ZLR 1988, 556. Abgelehnt in OLG Hamburg GRUR-RR 2006, 289 – SprudelFix; OLG Köln MD 2008, 288 (292).

[1000] BVerwG ZLR 1988, 556 (562) – Jägerburger/Snackburger; ZLR 1986, 333 (341) – Diät-Wurstwaren.

[1001] OLG Köln MD 2008, 288 (292): *„Die Regelungen des Deutschen Lebensmittelbuches sind dem Verbraucher nicht bekannt und prägen daher sein Bild … nicht“;* BeckRS 2012, 00030 – „Sparkling Tea“.

[1002] BGH GRUR 1983, 245 (247) – naturrot; GRUR 1991, 554 (555) – Finanzbuchhalter.

die Verkehrsauffassung „nicht selten ihre eigenen Wege geht",[1003] könnte selbst eine ihrem allgemeinen Sprachsinn nach an sich **unrichtige Bezeichnung** erlaubt sein, wenn der durchschnittlich verständige und informierte Verbraucher innerhalb der in Betracht kommenden Abnehmerkreise mit ihr die **richtige Vorstellung verbindet.**[1004] Art. 6 Abs. 1 S. 1 der UGP-Richtlinie verbietet allerdings ausdrücklich **objektiv unwahre Angaben.** Das kann nur so verstanden werden, dass objektiv unwahre Angaben per se verboten sind. Allerdings ist auch bei solchen Angaben erforderlich, dass sie den Verbraucher zu einer geschäftlichen Entscheidung veranlassen, die er ansonsten nicht getroffen hätte.[1005] Und daran wird es im Regelfall fehlen, wenn der Verbraucher eine objektiv unrichtige Bezeichnung richtig versteht. Umgekehrt bedeutet das allerdings auch, dass selbst eine **objektiv falsche und auch falsch verstandene Aussage** nicht in jedem Fall verboten ist. Zwar muss das Irreführungsverbot nach den Worten des BGH in der Lage sein, die dreiste Lüge zu erfassen, selbst wenn sie sich im äußeren Erscheinungsbild von der irrtümlichen Falschangabe nicht unterscheidet.[1006] Aber auch insoweit gilt das zusätzliche Erfordernis, das der Gesetzgeber nunmehr ausdrücklich auch im Tatbestand des § 5 UWG verankert hat, dass die Werbung bzw. die jeweilige geschäftliche Handlung geeignet sein muss, den Verbraucher zu einer geschäftlichen Entscheidung zu veranlassen, die er andernfalls nicht getroffen hätte.

440 Umgekehrt können auch **objektiv richtige** Angaben **irreführend** sein. Art. 6 Abs. 1 der UGP-Richtlinie erwähnt ausdrücklich die Irreführung „selbst mit sachlich richtigen Angaben". Vom BGH wurde bereits vor langem entschieden, dass die Bezeichnung **„Kupferseide"** für eine bestimmte künstliche Seide irreführend wirkt auf den Verbraucher, der hierunter Naturseide versteht.[1007] Ebenso wurden die Bezeichnungen **„organisches Glas"** für Kunststoffglas[1008], „vollsynthetisches Motorenöl" für künstlich hergestelltes Motorenöl[1009] und **„Weingeist"** bei einer Spirituose als irreführend beurteilt.

441 Darüber hinaus ist bei der Beurteilung **objektiv wahrer Aussagen** als irreführend auch aus anderem Grund Zurückhaltung geboten: Bereits unter der Geltung des „alten" Verbraucherleitbildes verlangte der BGH in solchen Fällen grundsätzlich eine **höhere Irreführungsquote** und eine **besondere Interessenabwägung.**[1010] Diese Zurückhaltung hat er unter dem „neuen" Verbraucherleitbild bestärkt.[1011] Und auch die Rechtsprechung des BVerfG zwingt insoweit zur Zurückhaltung. Denn wenn man unterstellt, dass die Verbreitung wahrer Behauptungen der **Meinungsfreiheit nach Art. 5 GG** unterfällt (Ausnahme: Angaben rein statistischer Art, für die Art. 2 Abs. 1 GG gilt)[1012] und daher die Meinungsfreiheit bei der Prüfung eines Verstoßes gegen die guten Sitten im Rahmen von § 1 UWG aF zu berücksichtigen war, so muss das auch gelten für das Verbot irreführender Werbung nach § 5 UWG, das ausdrücklich als Unterfall der unlauteren Werbung nach § 3 UWG ausgestaltet ist. Dies bedeutet, dass die beanstandete Aussage nach den Umständen des Einzelfalls so schwerwiegend sein muss, dass eine Gefährdung des Leistungswettbewerbs besteht.[1013] Ob das der Fall ist, bedarf der sorgfältigen Prüfung und Begründung.

442 Die Eignung zur Irreführung kann sich auch aus dem Umstand ergeben, dass ein tatsächlich vorhandener Bestandteil besonders hervorgehoben wird. Mit objektiv richtigen Anga-

---

[1003] BGH GRUR 1967, 600 (603) – Rhenodur.
[1004] Vgl. OLG Koblenz GRUR-RR 2001, 32 – Scampi; OLG Köln MD 2004, 1256 (1260).
[1005] Vgl. EuGH Urt. v. 19.12.2013 – C-281/12, GRUR 2014, 196 Rn. 33 – Trento Sviluppo.
[1006] BGH GRUR 2001, 78 (79) – Falsche Herstellerpreisempfehlung. Konkret wurde hier die unverbindliche Preisempfehlung des Herstellers zu hoch angegeben.
[1007] BGHZ 13, 244 (251 ff.) – Cupresa-Kunstseide.
[1008] BGH GRUR 1968, 200 (202) – Acrylglas.
[1009] BGH GRUR 2018, 1263 Rn. 17 – Vollsynthetisches Motorenöl.
[1010] BGH GRUR 1996, 985 (986) – PVC-frei; GRUR 2000, 73 (75) – Tierheilpraktiker.
[1011] BGH GRUR 1999, 1122 (1123) – EG-Neuwagen I; GRUR 1999, 1125 (1126) – EG-Neuwagen II; GRUR 2002, 182 (185) – Das Beste jeden Morgen. Vgl. auch OLG Köln MD 2004, 1256 (1260).
[1012] BVerfGE 65, 1 (40 f.).
[1013] *BVerfG* GRUR 2002, 455 (456) – Tier- und Artenschutz.

ben darf nicht geworben werden, wenn damit auf **Selbstverständlichkeiten** hingewiesen wird und im Verkehr der unzutreffende Eindruck geweckt wird, als sei der herausgestellte Umstand etwas Besonderes (vgl. → § 5 Rn. 223 ff.).[1014] Etwas anderes kann allenfalls gelten, wenn der Verkehr erkennt, dass es sich um etwas Selbstverständliches handelt. Umgekehrt kann hingegen die Tatsache, dass dem Verkehr die als Besonderheit hervorgehobene Tatsache noch nicht bekannt ist, nicht die Hervorhebung rechtfertigen, denn gerade auf dieser Unkenntnis beruht das Irreführungspotenzial der Werbung.[1015] Auch kann eine für sich genommen nicht irreführende Angabe dann irreführend wirken, wenn die frühere Bezeichnung des Produktes irreführend gewesen ist und sich dies in dem Verständnis der neuen Bezeichnung durch die Abnehmer weiter auswirkt.[1016]

c) Wandel der Verkehrsauffassung. Die Verkehrsauffassung kann einem Wandel unterliegen. Ein solcher Wandel ist bei der Beurteilung zu berücksichtigen, denn Ziel des § 5 UWG ist es nicht, Änderungen der Bedeutung von Begriffen zu verhindern.[1017] Eine Irreführung kommt daher nicht in Betracht, wenn sich das Verkehrsverständnis mit der Folge ändert, dass die beanstandete Angabe den tatsächlichen Verhältnissen entspricht.[1018] Tritt die Änderung nach Vornahme der beanstandeten Handlung, aber vor der gerichtlichen Entscheidung ein, entfällt die für die Bejahung des Unterlassungsanspruchs notwendige Wiederholungsgefahr.[1019] Ein Wandel der Verkehrsauffassung kann insbesondere im Hinblick auf die unionsrechtlichen Normen relevant sein. Mit dem **europäischen Binnenmarkt** können sich die **Vorstellungen der Verbraucher im Laufe der Zeit fortentwickeln.** Deshalb hat der EuGH wiederholt darauf hingewiesen, dass das Recht eines Mitgliedstaates nicht dazu dienen darf, die gegebenen Verbrauchergewohnheiten zu zementieren, um einer mit deren Befriedigung befassten Industrie einen erworbenen Vorteil zu bewahren.[1020] 443

In Betracht kommt ein Wandel der Verkehrsauffassung etwa im Verhältnis zwischen einer **geografischen Herkunftsangabe** und einer **Gattungsbezeichnung** sowie zwischen einer **Beschaffenheitsangabe** und einer Gattungsbezeichnung. Hier galten lange strenge Voraussetzungen: Die Behauptung, eine (weite) Gattungsbezeichnung habe sich im Zuge eines Bedeutungswandels zu einer bestimmten (engeren) Warenbezeichnung zurückgebildet und weise deshalb nur noch auf eine bestimmte Zusammensetzung oder Herkunft der Ware hin, erforderte nach der **alten Rechtsprechung** die Darlegung, dass die ganz überwiegende Mehrzahl der in Betracht kommenden Kreise das betreffende Wort in der neuen Bedeutung verstand.[1021] Die Umwandlung einer (engen) Beschaffenheitsangabe oder einer Herkunftsbezeichnung in eine (weite) Gattungsbezeichnung war hingegen erst dann vollzogen, wenn nur noch ein ganz unerheblicher Teil des Verkehrs von der ursprünglichen Bezeichnung ausging.[1022] Grundlage dieser Rechtsprechung war damals allerdings noch die Irreführung eines nicht unerheblichen Teils der **(flüchtigen) Verbraucher.** Unter dem Leitbild des **durchschnittlich informierten und verständigen Verbrauchers** kann ein Wandel der Verkehrsauffassung hingegen **schneller** eintreten (vgl. → § 5 Rn. 249). 444

[1014] Siehe nunmehr auch Nr. 10 im Anhang zu § 3 Abs. 3 UWG zur Werbung mit Selbstverständlichkeiten bei gesetzlich bestehenden Rechten sowie § 11 Abs. 1 Nr. 1 LFGB iVm Art. 7 Abs. 1 lit. c der Verordnung (EU) Nr. 1169/2011 zur Werbung mit Selbstverständlichkeiten bei Lebensmitteln.

[1015] OLG Frankfurt a. M. WRP 2014, 213 (214) – Ihr Vorteil: Sicherungsschein.

[1016] BGH GRUR 1958, 86 (88 f.) – Ei-fein.

[1017] Zu § 3 UWG aF: BGH GRUR 1960, 567 (571) – Kunstglas; GRUR 1955, 251 (252) – Silberal; OLG Düsseldorf GRUR 1961, 365 f. – Moka-Efti.

[1018] BGH GRUR 2020, 299 Rn. 11 – IVD-Gütesiegel.

[1019] BGH GRUR 2020, 299 Rn. 11 – IVD-Gütesiegel.

[1020] EuGH Urt. v. 12.3.1987 – Rs. 178/84, GRUR Int. 1987, 404 (412) – Reinheitsgebot für Bier; Slg. 1980, 417 (434) – Besteuerung von Wein.

[1021] BGH GRUR 1986, 822 f. – Lakritz-Konfekt; GRUR 1990, 461 – Dresdner Stollen II. Hierzu auch *Reinhart* WRP 2003, 1313 ff.

[1022] BGHZ 13, 244 (255) – Cupresa; GRUR 1960, 567 (570) – Kunstglas.

445 **d) Fehlen klarer eigener Vorstellungen.** Macht der Adressat der geschäftlichen Handlung sich über die Beschaffenheit eines Produktes **keine Vorstellungen,** kann er auch nicht in die Irre geführt werden.[1023] Kommt es ihm – entgegen der Regel[1024] – hierauf nicht an, fehlt es an der erforderlichen wettbewerblichen Relevanz, weil die Handlung dann nicht geeignet ist, den Verbraucher zu einer geschäftlichen Entscheidung zu veranlassen, die er andernfalls nicht getroffen hätte.[1025] Das Fehlen einer Vorstellung über die Beschaffenheit der Ware schließt allerdings nicht aus, dass der Adressat konkrete Vorstellungen über *andere* Eigenschaften, Merkmale oder Wirkungen der Ware hat, über die er irregeführt werden kann. So fehlt dem Durchschnittsverbraucher bei chemischen Wirkstoffen oftmals eine genaue Vorstellung über die stoffliche Zusammensetzung eines Produkts.[1026] Dies schließt zB **Erwartungen über die Wirkungen** des beworbenen Produkts aber nicht aus. Dies war nach Ansicht des BGH der Fall bei einem Produkt, das nicht aus Rohhaut, sondern aus regenerierter Haut hergestellt und als *„Hautleim"* bezeichnet wurde.[1027] Würden den beteiligten Verkehrskreisen nähere Kenntnisse von den Begriffsbestimmungen und Herstellungsvorgängen eines Produktes fehlen, seien sie umso mehr darauf angewiesen, die begriffliche Einordnung anhand der übrigen Eigenschaften des Produktes vorzunehmen. Ebenso interessieren die angesprochenen Verkehrskreise im Regelfall keine Einzelheiten über die Herstellung von schottischem Whisky. Dennoch verbinden sie mit der Bezeichnung *„Scotch Whisky"* gewisse Gütevorstellungen, so dass ein Hersteller nicht vorgeben darf, sein Whisky habe einen höheren Anteil schottischen Whiskys, als dies tatsächlich der Fall ist.[1028] Die Bezeichnung von Oberbekleidungsartikeln, die aus einem wildlederähnlichen Ersatzstoff bestehen, als *„Synthetik-Wildleder"* ist auch dann irreführend, wenn der Verkehr zwar erkennt, dass es sich nicht um echtes Leder handelt, jedoch auf Grund des Zusatzes „Synthetik" vermutet, das Produkt weise die typischen Eigenschaften des Naturproduktes auf.[1029]

446 Vom Fehlen jeglicher Vorstellung über die Zusammensetzung zu unterscheiden ist der Fall, dass der Verkehr nur eine **unklare Vorstellung** hat, aber erwartet, dass die Ware dem entspricht, was die damit befassten Normen, Handelsbräuche, Fachkreise und Stellen vorschreiben bzw. für richtig befinden („sog. **verweisende Verkehrsvorstellung**").[1030] Dabei mag der Verbraucher sich sogar bewusst sein, dass er über die Tragweite der Verweisung nichts Näheres weiß. Ob sich die verweisende Vorstellung auf **Normen des Inlands** bezieht oder auf **ausländische Rechtsvorschriften** oder Gattungsbezeichnungen, ist unerheblich. Erwartet der Verkehr die Einhaltung ausländischer Vorgaben zur Herstellung, Zusammensetzung oder Verkehrsbezeichnung der Ware, sind diese beachtlich. Aus diesem Grund darf zB ein Whisky, der nicht mindestens 3 Jahre lang gelagert wurde, nicht als *„Scotch Whisky"* bezeichnet werden, und zwar auch dann nicht, wenn dem Verbraucher die entsprechenden Vorschriften in Großbritannien nicht konkret bekannt sind, er aber erwartet, dass ein Scotch Whisky diese Vorgaben einzuhalten hat.[1031] Von einer in Deutschland

[1023] BVerwG ZLR 2003, 448 (449) – feinherb; OLG Hamburg MD 2009, 748 (751) – Eudragit-frei; MD 2003, 877 (880 f.) – S.-Extra.

[1024] BGH GRUR 1969, 422 (424) – Kaltverzinkung.

[1025] Vgl. zB BGH GRUR 1967, 600 (601) – Rhenodur.

[1026] BGH GRUR 1966, 445 (447) – Glutamal.

[1027] BGH GRUR 1961, 361 (363) – Hautleim.

[1028] BGH GRUR 1969, 277 (278) – Whisky. Zur Verkehrsbezeichnung „Whisky" siehe nunmehr auch VO (EG) 110/2008, insbesondere Anhang II Nr. 2.

[1029] BGH GRUR 1977, 729 (730 f.) – Synthetik-Wildleder.

[1030] BGH GRUR 1967, 30 (32) – Rum-Verschnitt; GRUR 1969, 280 (282) – Scotch Whisky; GRUR 1984, 455 (456) – Französischer Brandy; OLG Frankfurt a. M. GRUR 1987, 380 (381) – Napoléon; OLG Köln GRUR 1986, 323 (324) – Fleischwurst; GRUR 1983, 71 (72) – Apfelkorn; KG WRP 1986, 329 (330 f.) – Werbung mit Gütezeichen; OLG Köln GRUR 1992, 323 (324) – Holländischer Advocaat; abgelehnt für Nuss-Nougat-Creme in OLG Düsseldorf GRUR 1985, 233 (234) – ohne Streckmittel – und für Konfitüre extra in OLG Hamburg MD 2003, 877 (880 f.) – S.-Extra.

[1031] BGH GRUR 1969, 280 (282) – Scotch Whisky; ähnlich OLG Frankfurt a. M. GRUR 1987, 380 (381) – Napoléon.

hergestellten *„Crème fraiche"* erwartet der Verkehr, dass das Erzeugnis in seinen wesentlichen Eigenschaften der in Frankreich üblichen Zusammensetzung, dh reines Milchprodukt (reiner Sauerrahm) mit einem Fettgehalt von mindestens 30 %, entspricht.[1032] Wird dagegen eine im europäischen Ausland hergestellte Spirituose in speziell deutscher Aufmachung als *„Apfelkorn"* in Verkehr gebracht, geht der Verbraucher davon aus, dass das Produkt den gleichnamigen deutschen Produkten vergleichbar ist.[1033] Es genügt dabei, wenn der Verkehr von der Existenz solcher Regelungen und deren Einhaltung ausgeht. Das gilt uU selbst dann, wenn die beworbene Ware qualitativ gleichwertig oder sogar besser ist. Denn auch für vorhandene Vorteile darf nicht in irreführender Weise geworben werden.[1034]

Von der Maßgeblichkeit inländischer oder ausländischer Vorgaben zu unterscheiden ist allerdings die Frage, ob der Verkehr bei einem **in Deutschland vertriebenen ausländischen Produkt** die Vorstellung hat, nur die Vorgaben des deutschen Rechts werden eingehalten bzw. nur oder auch die Vorgaben des **Rechts des jeweiligen Herstellungsstaates.** Nach der Rechtsprechung des EuGH, die mittlerweile in verschiedenen Normen des deutschen Rechts umgesetzt wurde,[1035] kann ein Produkt, das in einem **anderen Mitgliedstaat** der Europäischen Union oder des EWR **rechtmäßig hergestellt** und in den Verkehr gebracht wird, **grundsätzlich auch in Deutschland** vertrieben werden, und zwar insbesondere auch unter der Verkehrsbezeichnung des Herstellungsstaates. Das ist dem Verkehr mittlerweile auch bekannt. Der deutsche Verkehr kann im Rahmen einer verweisenden Vorstellung deshalb davon ausgehen, dass aus dem EU/EWR-Ausland stammende Produkte den dort geltenden Anforderungen entsprechen. Soweit nicht ausdrücklich auf Abweichungen hingewiesen wird, kann er aber auch damit rechnen, dass die in Deutschland geltenden Vorschriften eingehalten werden. Werden die Vorschriften nicht eingehalten, bedarf es entsprechender Hinweise;[1036] fehlen diese, kann das eine Irreführung bewirken. 447

3. Einzelfälle/Fallgruppen. Häufig wird die Beschaffenheit einer Ware in **zusammengesetzten Bezeichnungen** ausgedrückt. Beliebt ist es auch, die Beschaffenheit einer Ware durch zusätzliche Angaben zu beschreiben, wie zB „echt", „original", „Kunst" oder „Spezial". Solche Zusätze können helfen, eine andernfalls bestehende Irreführungsgefahr zu verhindern; sie können aber auch gerade eine Irreführung bewirken. Ebenso können Marken über die Beschaffenheit von Waren irreführen. Spezialfälle sind Angaben über die Qualität der Ware, das Verschweigen etwaiger Mängel, Auslaufmodelle sowie die Werbung für Finanzprodukte. 448

a) Zusammengesetzte Worte. Häufig wird dem Hinweis auf die Beschaffenheit (zB „Lack") eine zusätzliche Bezeichnung hinzugefügt (zB „Emaillelack"). Hierbei gilt immer noch, dass im deutschen Sprachgebrauch in der Regel der **letzte Bestandteil** eines zusammengesetzten Wortes den **bezeichneten Gegenstand wiedergibt,** während der vorangestellte Zusatz besondere Eigenschaften dieses Gegenstands heraushebt.[1037] Daher sind die Bezeichnungen „Acrylglas" und „organisches Glas" irreführend für ein aus Kunststoff bestehendes Erzeugnis, wenn der Verkehr zunächst ein aus herkömmlichem (Silikat-) Glas bestehendes Produkt erwartet.[1038] Der Begriff „Betonklinker" für Betonsteine ist irreführend, wenn damit nicht nur die Vorstellung verbunden wird, das Produkt habe das Aussehen, sondern besitze auch die wesentlichen Eigenschaften eines Klinkersteins.[1039] Der 449

[1032] OLG Hamburg LRE 15, 115 (118 ff.) – Crème fraiche. Vgl. auch LG Hamburg WRP 2018, 1263 „zu verwenden wie Crème Fraiche" verboten.

[1033] OLG Köln GRUR 1983, 71 (72) – Apfelkorn.

[1034] → § 5 Rn. 224.

[1035] Vgl. zB § 54 Abs. 1 LFGB, § 1 Abs. 2 BierVO, § 28 Abs. 1 KäseVO.

[1036] § 54 Abs. 4 LFGB.

[1037] BGHZ 27, 1 (7 f.) – Emaillelack; BGH GRUR 1967, 600 (603) – Rhenodur; OLG Bamberg WRP 2012, 1182 (1184) – Textilleder.

[1038] BGH GRUR 1968, 200 (202) – Acrylglas.

[1039] BGH GRUR 1982, 563 (564) – Betonklinker.

Ausdruck „Recycling-Leder" ist irreführend, wenn es sich nicht um einen Stoff handelt, der in einem Verfahren der Wiederverwendung aus Leder gewonnen worden ist und der wegen seiner Strukturen und seiner Eigenschaften ebenso wie der Ausgangsstoff wieder Leder ist.[1040] Wie von jeder Regel gibt es aber auch hier **Ausnahmen.** Das setzt allerdings voraus, dass die abweichende Eigenschaft eindeutig offengelegt wird. So kann zB der vorangestellte Zusatz **„Kunst-„** eine Abweichung von der Beschaffenheit verdeutlichen, die der Verkehr auf Grund der nachfolgenden Bezeichnung eigentlich erwarten würde (auch → Rn. 450). Etwas anderes gilt auch bei der Angabe der **Bestandteile von Lebensmitteln.** Wird für ein Obstprodukt mit der Bezeichnung „Erdbeere-Orange" oder „Banane-Apfel" unter hervorgehobener Darstellung entsprechender Obstsorten geworben, so erwartet der Verkehr, dass das Produkt diese Obstsorten auch tatsächlich enthält und deren Anteil größer ist als der anderer Obstsorten. Der Verkehr erwartet hingegen nicht, dass die zuerst genannte Obstsorte den größten Anteil der verwendeten Obstsorten oder gar den Hauptbestandteil des Lebensmittels ausmacht.[1041]

450 **b) „Kunst", „Synthetik", „Plastik", „-look", „dekor".** Zusätze wie „Kunst", „Synthetik" oder „Plastik" reichen in der Regel zur Klarstellung aus, dass es sich bei dem Erzeugnis nicht um ein Naturprodukt, sondern um eine **künstliche Nachahmung** handelt. Auch hier kommt es aber auf den Einzelfall an. Denn „Kunst" kann nicht nur im Sinne von künstlich, sondern auch im Sinne von künstlerisch verstanden werden. So ist die Bezeichnung **„Kunstglas"** mehrdeutig und kann vom Verkehr sowohl als Hinweis auf ein künstlerisches Werk als auch in der Bedeutung eines durchsichtigen Kunststoffes verstanden werden.[1042] Dagegen macht die Bezeichnung **„Kunststoffglas"** auch ohne weitere Angaben hinreichend deutlich, dass es sich um ein aus Kunststoff bestehendes Produkt, und nicht um herkömmliches Silikatglas handelt.[1043] Weitere Voraussetzung für die Werbung mit **Substitutionsprodukten** ist, dass ihre Eigenschaften dem Naturprodukt **vergleichbar** sind und sie im Wesentlichen **denselben Zweck** erfüllen.[1044] Das war bei „Kunststoffglas" zu bejahen. Die Bezeichnung eines Materials aus wildlederähnlichem Ersatzstoff als **„Synthetik-Wildleder"** wurde hingegen als irreführend angesehen, weil der Verkehr glaubte, das Produkt weise die typischen Eigenschaften des Naturproduktes auf, dies aber nicht der Fall war.[1045] Ob dies heute noch ebenso zu beurteilen wäre, ist allerdings zweifelhaft. Angesichts der weiten Verbreitung des Ausdrucks „Synthetik" sieht der Verkehr im Regelfall die beworbene Ware ohne weiteres als künstliches Produkt an und erwartet daher allenfalls vergleichbare, nicht aber identische Eigenschaften wie bei einem Naturprodukt.[1046] Für synthetisches Motoröl gilt insofern eine Ausnahme, dass der Verkehr damit eine höhere Qualität verbindet als mit „natürlichem" Mineralöl. Ein Motoröl darf daher nicht als „vollsynthetisch" bezeichnet werden, wenn es einen gewissen Anteil Mineralöl enthält.[1047] Der BGH hielt den Ausdruck **„Neusilber"** für nicht-silberhaltige Legierungen aus unedlen Metallen für nicht irreführend, nachdem sich diese Bezeichnung nach jahrzehntelangem Gebrauch im Verkehr durchgesetzt hatte; anders hingegen bei „Silberal".[1048]

[1040] OLG Hamburg GRUR 1991, 240 – Recycling-Leder; im Ergebnis ebenso OLG Bamberg WRP 2012, 1281 Rn. 33 – Textilleder.

[1041] OLG Köln MD 2008, 288 (291, 292) – Erdbeer-Orange; OLG Düsseldorf GRUR-RR 2014, 131 (133) – Obst zum Trinken.

[1042] BGH GRUR 1960, 567 (569) – Kunstglas; 1968, 200 (201 f.) – Acrylglas.

[1043] BGH GRUR 1972, 360 (361 f.) – Kunststoffglas.

[1044] BGH GRUR 1972, 360 (362) – Kunststoffglas; GRUR 1982, 563 (564) – Betonklinker; RG GRUR 1938, 121 (124) – künstlicher Traßkalk; lediglich die Erfüllung des gleichen Zwecks, nicht aber vergleichbare Eigenschaften fordert GK-*Lindacher/Peifer* § 5 Rn. 372; vgl. auch OLG Oldenburg NJW 1987, 1272 – Rinde statt Torf.

[1045] BGH GRUR 1977, 729 (730 f.) – Synthetik-Wildleder. Vgl. auch OLG Hamburg GRUR 1991, 240 – Recycling Leder und OLG Bamberg WRP 2012, 1281 Rn. 33 – Textilleder.

[1046] *Helm/Sonntag/Burger* in Gloy/Loschelder/Danckwerts HdbWettbR § 59 Rn. 206; OLG Stuttgart MD 2000, 1020 (1024) – Synthetik-Daune.

[1047] BGH GRUR 2018, 1263 Rn. 17 – Vollsynthetisches Motorenöl.

[1048] BGH GRUR 1955, 251 (252) – Silberal.

Bei **„Seide"** erwarte der Verkehr Naturseide;[1049] der Ausdruck „Cupresa" genüge zu einer Denaturisierung nicht.[1050]

Bei ***„-look"*** und **„Dekor"** kommt es auf den Einzelfall an. Eigentlich besagt „-look", das eine Ware nur äußerlich das Aussehen hat wie ein entsprechender Stoff und daher mit diesem nicht identisch ist. Etwas anderes kann jedoch gelten, wenn „-look" nicht auf eine bestimmte **Beschaffenheit,** sondern auf das Aussehen an sich bezogen wird, der Verkehr aus **dem Aussehen** aber zugleich eine bestimmte Beschaffenheit ableitet. So muss nach Ansicht des OLG Hamburg bei Verwendung der Bezeichnung *„im Astkieferlook"* darauf hingewiesen werden, dass die beworbenen Möbel eine Kunststoffoberfläche aufweisen.[1051] Solche Möbel dürfen auch nicht mit der Bezeichnung einer Holzart und dem Zusatz **„-foliert"** angeboten werden, da dieser Zusatz ungebräuchlich und zur Aufklärung ungeeignet ist.[1052] Irreführend soll auch die Verwendung des Begriffes *„Büffel-Look"* für eine aus Kunststofffolie hergestellte Konferenzmappe sein.[1053] Auch **„Dekor"** umschreibt zunächst nur eine Verzierung oder Ausstattung. In Verbindung mit Holzarten (zB *„Buche Dekor"* oder *„Dekor Sonoma Eiche"*) kann sich jedoch die Vorstellung ergeben, dass die beworbene Ware aus diesem Holz oder zumindest Holzfurnier besteht und nicht nur eine Kunststofffolie vorliegt. Insoweit kommt es auf den Einzelfall an. Gegen das Vorliegen von Holz oder Holzfurnier bzw. eine entsprechende Erwartung kann insbesondere ein sehr niedriger Preis sprechen.[1054] 451

Die Ausdrücke **„Art", „Typ", „Fasson", „Stil",** und **„Geschmack"** deuten insbesondere bei Lebensmitteln ebenfalls an, dass es sich nicht um ein Lebensmittel handelt, das den „eigentlichen" Anforderungen an ein solches Lebensmittel entspricht. Für alkoholische Getränke, die nicht den im Anhang II der VO 110/2008 (SpirituosenVO) festgelegten Anforderungen entsprechen, ist nunmehr allerdings ausdrücklich verboten, in ihrer Bezeichnung, Aufmachung oder Etikettierung bestimmte Verkehrsbezeichnungen (wie zB Brandy, Wodka, Rum etc) oder eingetragene geografischen Angaben zu führen, und zwar auch **nicht** in Verbindung mit Wörtern wie **„Art", „Typ", „Fasson", „Stil", „Marke", „Geschmack"** oder anderen ähnlichen Begriffen, **Art. 9 Abs. 7 VO 110/2008**[1055]. 452

c) „echt", „Original". Bei Ware, die im Allgemeinen sowohl als Naturprodukt als auch als Kunstware angeboten wird, glaubt der Verkehr bei Verwendung des Wortes **„echt",** dass es sich um ein **Naturprodukt** handelt. Wird ein Kunstprodukt als „echt" beworben, ist die Werbung daher irreführend. So wurde die Bezeichnung „echt skai" für Kunstledererzeugnisse der Marke „skai" untersagt, weil Teile der angesprochenen Verkehrskreise hierunter einen Hinweis auf die Beschaffenheit der Ware verstanden und die Erzeugnisse irrtümlich für eine bestimmte Ledersorte hielten.[1056] Ob das Kunstprodukt der Naturware qualitativ gleichwertig ist, spielt dabei keine Rolle. Allerdings können andere Hinweise auf die Existenz eines Kunstprodukts möglicherweise die irreführende Wirkung von „echt" in diesem Zusammenhang aufheben, denn der durchschnittlich informierte und verständige Verbraucher wird die ihm angebotenen Informationen im Regelfall vollständig zur Kenntnis nehmen.[1057] 453

Der Ausdruck „echt" kann aber auch so verstanden werden, dass Bezug genommen wird auf eine bestimmte Marke, um sich so von etwaigen **Fälschungen** abzugrenzen, oder dass 454

[1049] Vgl. auch Anhang I Nr. 4 der Verordnung (EU) Nr. 1007/2011.
[1050] BGHZ 13, 245 (254) – Cupresa.
[1051] OLG Hamburg NJW-RR 1988, 813.
[1052] OLG Hamburg GRUR 1989, 125 – Holzart-foliert.
[1053] OLG Hamburg 15.10.1981 – 3 U 64/81.
[1054] OLG Oldenburg GRUR-RR 2018, 159 Rn. 27, unter Verweis auf OLG München 6 U 4267/11, BeckRS 2012, 213285. AA OLG Hamm MD 2011, 437 (439 f.).
[1055] Mit Wirkung ab dem 25.5.2021 aufgehoben und durch Art. 10 Abs. 7 VO (EU) 2019/787 ersetzt.
[1056] BGH GRUR 1963, 539 (541) – echt skai.
[1057] AA noch OLG Düsseldorf WRP 1971, 189 („echtes Kunsthaar") unter der Geltung des alten Verbraucherleitbilds; offen gelassen in BGH GRUR 1987, 124 – echt versilbert.

die beworbene Ware **als erste** in dieser Form auf den Markt kam oder nach einem Original-Rezept hergestellt wird[1058] oder eine besondere Qualität aufweist,[1059] während andere, „unechte" Waren eine minderwertige Qualität haben.[1060] So wurde die Bezeichnung *„echt versilbert"* für ein Kaffee-Service von Teilen des Verkehrs unzutreffend als Hinweis auf eine „bessere Versilberung" verstanden, obwohl eine solche Abstufung in der Beschaffenheit von Silberware in Wirklichkeit nicht existierte.[1061] Das gilt erst recht unter dem Leitbild des durchschnittlich verständigen und informierten Verbrauchers, dem bewusst ist, dass es eine „unechte Versilberung" nicht gibt und der daher vermutet, dass mit dem Ausdruck etwas anderes gemeint sein muss. Wird ein Senf mit dem Hinweis beworben *„Mit echter Terra Leone Saatmischung"*, so erwartet der Verkehr, dass es eine entsprechende Saatmischung gibt, die nach objektiven Kriterien bestimmt wird und die eine stetige nachkontrollierbare Güte gewährleistet. Ist das nicht der Fall, ist die Werbung irreführend.[1062]

455 Auch der Ausdruck **„Original"** kann – je nach Bezugsobjekt und weiteren Angaben – auf ein **Naturprodukt** hindeuten, als Hinweis auf eine besondere **Qualität** der Ware verstanden werden oder auf eine Warenart, die so **erstmals** auf den Markt gebracht wurde,[1063] während man bei einem Unternehmen, das sich als „das Original" bezeichnet, nicht erwartet, dass es sich um das erste Unternehmen seiner Art handelt. Wohl aber erwartet der Verkehr ein innovationskräftiges Unternehmen, dessen Produkte oftmals als Inspiration für Nachahmungen dienen. Ebenso wie „echt" kann „Original" aber auch als Abgrenzung gegenüber Nachahmungen verstanden werden. Außer bei einem Hinweis auf ein Naturprodukt wird der Verkehr bei einem Hinweis auf ein Original im Regelfall davon ausgehen, dass es daneben noch ein Produkt gibt, das erst später auf den Markt kam;[1064] das einzige Produkt auf dem Markt darf daher nicht als „Original" bezeichnet werden. Eine Partnervermittlung für Rentner darf sich daher nicht als „das Original" bewerben, da die Bezeichnung dem Verkehr die falsche Vorstellung vermittelt, es handele sich um eine neuentwickelte Geschäftsidee.[1065] Nachgeahmte Ware darf, unabhängig von ihrer Qualität,[1066] ebenfalls nicht als „Original" Ware bezeichnet werden. Das gilt auch für **„Original-Ersatzteile"**;[1067] hier erwartet der Verkehr Ersatzteile, die von gleicher Qualität sind wie die Bauteile, die für die Herstellung der Neuware verwendet werden und die entweder vom Hersteller der Neuware selbst oder zumindest nach seinen Spezifizierungen und Produktionsanforderungen hergestellt werden, und zwar auf der gleichen Produktionsanlage wie die ursprünglichen Bauteile und unter der Kontrolle des Herstellers der Neuware.[1068] Der Bezeichnung als „Original-Ersatzteil" kann es gleichstehen, wenn auf Rechnungen für Endkunden die Materialnummern für die Original-Ersatzteile des Erstausstatters angegeben werden.[1069] Unabhängig von wem das „Original-Ersatzteil" stammt, muss die Qualität des Ersatzteils mit der des Originalerzeugnisses gleich sein.[1070]

[1058] RG GRUR 1939, 488 – Original Bergmann.

[1059] BGH GRUR 1987, 124 – echt versilbert.

[1060] BGH GRUR 1963, 539 (541) – echt skai.

[1061] BGH GRUR 1987, 124 – echt versilbert.

[1062] OLG Düsseldorf WRP 2003, 1260 (1262) – Echte Terra Leone Saatmischung.

[1063] OLG Bremen WRP 2015, 913 Rn. 24; OLG Celle WRP 2018, 1493 Rn. 7.

[1064] OLG Hamburg MD 2006, 82 (83); OLG Celle WRP 2018, 1493 Rn. 7.

[1065] OLG Bremen GRUR-RR 2015, 345 (346) – rent a rentner.

[1066] BGH GRUR 1962, 537 (542 f.) – Radkappe; KG WRP 1985, 488; OLG Karlsruhe GRUR 1994, 134 (136) – Schnellster Ersatzteildienst. Zur Irreführung auf Grund minderwertiger Qualität siehe auch OLG München GRUR 1995, 429 (430 f.) – Unverzinkte Kotflügel.

[1067] Zur Werbung mit der Aussage „baugleich" siehe *Helm/Sonntag/Burger* in Gloy/Loschelder/Danckwerts HdbWettbR § 59 Rn. 215.

[1068] BGH GRUR 1963, 142 (146) – Original Ersatzteile; GRUR 1966, 211 (212) – Ölfilter. auch → Rn. 492.

[1069] BGH GRUR 1962, 537 (543) – Radkappe; OLG Hamburg GRUR 1979, 65 (67) – Katalognummern; OLG Karlsruhe GRUR 1994, 134 (136) – Schnellster Ersatzteildienst. Zur vergleichenden Werbung unter Angabe der Produktnummer von Wettbewerbern siehe BGH GRUR 2003, 444 – „ersetzt" sowie → § 6 Rn. 58.

[1070] BGH GRUR 1966, 211 (212) – Ölfilter; KG WRP 1985, 488.

d) „Spezial-"; „Extra"; „forte". Durch den Zusatz **„Spezial"** wird in der Regel indiziert, dass sich das Produkt von der Normalbeschaffenheit der Gattung in irgendeiner Weise unterscheidet.[1071] Dies ist zulässig, wenn sich die Bedeutung des Hinweises hierin erschöpft und nicht irrige Vorstellungen über bestimmte Eigenschaften der Ware hervorgerufen werden.[1072] Der Zusatz „Spezial" weist die angesprochenen Verkehrskreise jedoch nicht darauf hin, dass das Produkt in Wahrheit zu einer anderen Produktgattung als die verwendete Bezeichnung gehört. Daher darf ein Gemisch aus Zucker und Süßstoff, dessen Süßkraft zu 50 % vom Bestandteil Süßstoff herrührt, nicht als „Spezial-Zucker" bezeichnet werden, weil „Zucker" nicht der Oberbegriff für Süßstoff *und* Zucker ist.[1073] Entsprechendes gilt für **„extra".** Der Ausdruck kann im Einzelfall als besonderer Qualitätshinweis verstanden werden.[1074] Wird ein pflanzliches Arzneimittel mit dem Zusatz *„Extra stark, bis zu 2700 mg Baldrian pro Dragee"* beworben, versteht der durchschnittlich informierte Verbraucher dies als Hinweis auf den Wirkstoffgehalt und erwartet nicht, dass der Wert von 2.700 mg nur im günstigsten Fall erreicht wird, aber ebenso gut auch nur die Hälfte betragen kann.[1075] Bei Eiern dürfen nach Art. 14 DurchführungsVO v. 23.6.2008[1076] die Worte „Extra" und „Extra frisch" bis zum neunten Tag nach dem Legedatum als zusätzliche Qualitätsangabe verwendet werden. Auch den Ausdruck **„forte"** versteht der Verkehr, zumindest bei Arzneimitteln, so, dass damit eine **höhere Dosierung** verbunden ist; er erwartet deshalb jedoch **nicht** auch eine **erhöhte Wirksamkeit** oder gar eine Spitzenstellung im Vergleich zu Wettbewerbspräparaten.[1077] 456

e) „Natur-"; „naturrein"; „neutral". Hinweise auf die natürliche Beschaffenheit von Erzeugnissen gewinnen zunehmend an Bedeutung für die Kaufentscheidung. Das gilt insbesondere für Lebensmittel, erfasst heute aber auch Pflegeprodukte, Haushaltsmittel, Naturfarben, Tabakerzeugnisse etc. Besonderheiten gelten dabei für Aromen: Dem Verbraucher ist klar, dass sie erst noch aus anderen Stoffen herausgelöst werden müssen, so dass es bei natürlichen Aromen allein auf die Natürlichkeit der Ausgangsstoffe ankommen kann.[1078] Vgl. auch § 2 Abs. 3 Nr. 1 LFGB mit der Unterscheidung zwischen „natürlichen Stoffen", „Stoffen natürlicher Herkunft" und „chemisch gleichen" Stoffen. 457

Einzelfälle: Gefärbte Betondachsteine dürfen nicht als **„naturrot"** bezeichnet werden, weil der Verkehr dies nicht als bloße Farbkennzeichnung, sondern als Beschaffenheitsangabe versteht und glaubt, es handele sich um naturfarbene Dachziegel.[1079] Ein Dauerwellenpräparat mit chemischen Wirkstoffen darf nicht als **„Bio-Dauerwelle"** bezeichnet werden;[1080] von einer **„Natur-Hautpflege"** erwartet der Verkehr zunächst, dass sie nur technisch unverzichtbare Konservierungsstoffe enthält; ein Hautöl, das zu mehr als der Hälfte aus synthetisch hergestellten Wirkstoffen besteht, darf nicht als **„natürlich"** bezeichnet werden;[1081] Linoleum ist nicht **„100 % reine Natur".**[1082] Wird Babynahrung mit der Angabe **„natürliche Milchsäurekultur"** beworben, ist dies irreführend, sofern die Milchsäurekultur nicht der Natur entnommen, sondern in ihrer biochemischen Beschaf- 458

[1071] Zur Bedeutung von „Spezial" im Zusammenhang mit Angaben über die Qualität der Ware → Rn. 470.

[1072] BGH GRUR 1967, 362 (369) – Spezialsalz I.

[1073] BGH GRUR 1972, 132 (133 f.) – Spezial-Zucker; siehe auch Anlage 1 zur Zuckerartenverordnung v. 23.10.2003 (BGBl. 2003 I S. 2098).

[1074] OLG Frankfurt a. M. GRUR 1985, 226 – EXTRA Ausstattung; anders OLG Hamburg MD 2003, 877 (882) – „S. Extra" wo Extra als Hinweis auf eine bekannte Marke und daher nicht als Qualitätshinweis verstanden wurde.

[1075] OLG Karlsruhe GRUR-RR 2006, 241 (242) – „Extra-Stark".

[1076] VO (EG) Nr. 589/2008 der Kommission mit Durchführungsbestimmungen zur VO (EG) 1234/2007 des Rates mit Vermarktungsnormen für Eier (ABl. 2008 L 163, S. 6).

[1077] OLG Hamburg GRUR-RR 2008, 100 (101) – forte.

[1078] Siehe dazu Art. 16 der VO (EG) 1334/2008 und OLG Hamburg WRP 2014, 96 Rn. 18.

[1079] OLG Köln WRP 1984, 430 – Dacheindeckung im Anschluss an BGH GRUR 1983, 245 – naturrot.

[1080] OVG Münster LRE 19, 220 (221).

[1081] OLG Nürnberg GRUR 1989, 128 – Hautöl.

[1082] KG MD 1993, 4 – natürlich Natur.

fenheit verändert wurde.[1083] Bei der Bezeichnung **„pure & natural"** für eine kosmetische Pflegeserie geht der Verkehr vom gänzlichen Verzicht auf chemische Zusatzstoffe aus.[1084] Der Verwendung des Begriffes „100% natürlich" steht die industrielle Verarbeitung eines Arzneimittels nicht entgegen, allerdings müssen dann nicht nur die Wirkstoffe, sondern alle Inhaltsstoffe natürlichen Ursprungs sein.[1085] Zulässig ist es, das Prädikat „natürlich" auf einzelne **Rohstoffe** des Produktes zu beziehen, wenn der Hinweis richtig und unmissverständlich nur auf den betreffenden Rohstoff beschränkt ist. Wird dagegen keine konkrete Bezugnahme vorgenommen, bezieht der Verkehr den Hinweis in der Regel auf das Erzeugnis als Ganzes und erwartet, dass es vollen Umfangs nur aus Stoffen natürlichen Ursprungs besteht.[1086] Wird im Zusammenhang mit **Klima**angaben das Wort **„neutral"** verwendet, zB „CO_2-neutral" oder „klimaneutral", so erwartet der Verkehr eine Situation, in der zwar eine bestimmte Belastung (wie zB CO_2-Ausstoß) stattfindet, diese aber an anderer Stelle wieder eingespart oder durch Klima-Projekte kompensiert wird, so dass es letzten Endes eine vollständig ausgeglichene Bilanz gibt. Dabei sind auch die Belastungen mit zu berücksichtigen, die mit der Produktion der jeweils beworbenen Ware verbunden sind.[1087] Auch durch die Verwendung der Bezeichnung **„grün"** kann der Eindruck der ökologischen Vorteilhaftigkeit eines Produkts entstehen.[1088]

459 Im **Lebensmittelrecht** bestehen zahlreiche **Sonderregelungen** (hierzu ausführlich *v. Jagow* → § 3a Rn. 89 ff.): Die wichtigste Regelung zur Irreführung ist Art. 7 Abs. 1 LMIV. Daneben enthält zB § 9 Mineral- und TafelwasserV[1089] mit dem Verbot der Mehrfachbezeichnung ein spezielles Irreführungsverbot für Mineralwässer und die §§ 2 und 8 Mineral- und TafelwasserV regeln die Verkehrsbezeichnungen für **natürliches Mineralwasser.**[1090] § 15 Abs. 1 Nr. 1 MTVO ergänzt die Anforderungen durch ein konkretes Irreführungsverbot, das beispielsweise die Bezeichnungen **„Sprudel"**, „Säuerling", „Quelle" oder „Brunnen" – auch in Wortverbindungen – für andere als natürliche Mineralwässer verbietet.[1091] Der EuGH entschied, dass die Bezeichnung **„naturrein"** für Lebensmittel nicht zu beanstanden sei, wenn diese nur minimale Spuren von Blei, Cadmium und Pestizidrückständen enthielten, die infolge der Umweltverschmutzung heute in der natürlichen Umwelt vorhanden seien.[1092] Maßgeblich ist somit allein, ob eine konkrete Irreführungsgefahr vorliegt, was im Rahmen der Prüfung nach Art. 7 Abs. 1 LMIV zu beurteilen ist. Spezielle Irreführungsverbote finden sich auch im **Weinrecht,** insbesondere Art. 103 der Verordnung über die einheitliche GMO[1093] und § 25 WeinG. Die Verwendung der Bezeichnungen **„von Natur aus"** oder **„natürlich"** ist als nährwertbezogene Angabe für Lebensmittel nunmehr im Anhang zur **Verordnung (EG) Nr. 1924/2006** (sog. **Health-Claims-VO**)[1094] geregelt. Danach dürfen diese Ausdrücke einer nährwertbezogenen Angabe nur noch vorangestellt werden, wenn ein Lebensmittel von Natur aus die in dem

[1083] OLG Hamburg WRP 2014, 96 Rn. 17.

[1084] LG Hamburg WRP 2013, 543 Rn. 31.

[1085] OLG München PharmR 2017, 353 (356).

[1086] Vgl. OLG Hamburg MD 1994, 462 (463) – Naturarznei; KG MD 1993, 4 (7) – natürlich Natur.

[1087] OLG Koblenz WRP 2011, 1499 (1502) – CO2-neutral.

[1088] LG Düsseldorf GRUR-RR 2013, 446 – Die Dose ist grün.

[1089] VO über natürliches Mineralwasser, Quellwasser und Tafelwasser v. 1.8.1984 (BGBl. I S. 1036).

[1090] Vgl. auch Richtlinie 2009/54/EG des Europäischen Parlaments und des Rates vom 18.6.2009 über die Gewinnung von und den Handel mit natürlichen Mineralwässern, ABl. 2009 L 164, S. 45.

[1091] Bedenklich daher OLG Hamburg GRUR-RR 2006, 289 – SprudelFixx; WRP 2006, 382 – Sprudelpower, jeweils zur Bezeichnung von Geräten, die Trinkwasser mit Kohlensäure anreichern.

[1092] EuGH Urt. v. 4.4.2000 – C-465/98, GRUR Int. 2000, 756 (757) – „naturrein"; ebenso OLG Hamburg MD 2002, 1157 (1160). Auf die damals ebenfalls maßgebliche Frage, ob ein abstraktes Gefährdungsdelikt wie in § 17 Abs. 1 Nr. 4 LMGB aF unter Geltung der Etikettierungsrichtlinie überhaupt möglich sei – was der EuGH verneinte – kommt es nach dem Wegfall dieser Regelung heute nicht mehr an.

[1093] Verordnung (EU) Nr. 1308/2013 über eine gemeinsame Marktorganisation für landwirtschaftliche Erzeugnisse.

[1094] Berichtigung der Verordnung (EG) Nr. 1924/2006 des Europäischen Parlaments und des Rates vom 20.12.2006 über nährwert- und gesundheitsbezogene Angaben über Lebensmittel (ABl. 2007 L 12, S. 3). *Hierzu ausführlich v. Jagow* → § 3a Rn. 90e).

Anhang zur Health-Claims-VO aufgeführten Bedingungen für die Verwendung einer nährwertbezogenen Angabe erfüllt, also zB eine „natürliche" „Proteinquelle" ist. Dies schließt die Verwendung im Zusammenhang mit anderen – nicht nährwertbezogenen Angaben – nicht aus.

Zudem können Angaben wie „natürlich", „naturrein" oder **„frei von"** weiterhin gemäß **460**
Art. 7 LMIV oder dem daneben weiterhin anwendbaren § 5 UWG (konkret) irreführend sein; es kommt auf die **Umstände des Einzelfalls** an.[1095] So stehen größere Mengen von **Rückständen** der Angabe „naturrein" weiterhin entgegen, und zwar auch dann, wenn diese nicht gesundheitsgefährdend sind[1096] oder wenn diese noch nicht die Grenzwerte nach der Rückstands-Höchstmengenverordnung überschreiten. Wo genau die Grenze verläuft, hängt vom Einzelfall ab. Neben dem Vorhandensein von Rückständen kommt es aber auch entscheidend auf den Grund für die Rückstände an. So sind Angaben wie **„natürlich"** oder **„naturrein"** dann als irreführend anzusehen, wenn die Schadstoffbelastung ihre Ursache gerade (auch) in der Sphäre des Herstellers/Anbieters hat, also produktionsbezogen angefallen ist.[1097] Umgekehrt stehen die schonende Be- oder Verarbeitung eines Lebensmittels sowie eine leichte Veränderung während des Transports oder der Lagerung der Angabe „naturrein" aus Irreführungsgesichtspunkten nicht entgegen.[1098] Auch der Einsatz von Zusatzstoffen bei der Herstellung schloss eine naturbezogene Werbung nicht zwingend aus. Die Angaben **„ohne chemische Zusätze"** oder **„ohne fremde Zusätze"** verletzten früher weder § 17 Abs. 1 Nr. 4 LMBG aF noch § 5 UWG, wenn bei der Herstellung des Produktes weder chemische noch fremde Zusatzstoffe verwendet wurden.[1099] Aufgrund der weiten Definition des Begriffs „nährwertbezogene Angabe" in Art. 2 Abs. 2 Nr. 4 lit. b **Health-Claims-VO** ist nunmehr jedoch jede Angabe, mit der zum Ausdruck gebracht wird, dass ein Lebensmittel aufgrund der Nährstoffe oder anderer Substanzen, die es *nicht* enthält, besondere positive Nährwerteigenschaften besitzt (sog. **„Clean Labeling"**) [1100] rechtswidrig, es sei denn, diese Angabe ist im Anhang aufgeführt. Dementsprechend ist die Angabe „Ohne Zuckerzusatz" nur deshalb erlaubt, weil sie im Anhang aufgeführt wird. Zu beachten ist, dass dies nur für Angaben gilt, die sich auf Nährwerteigenschaften beziehen. Für Angaben zu Lebensmittelzusatzstoffen gilt die Verordnung (EG) 1333/2008;[1101] für Angaben zu Aromen die Verordnung (EG) 1334/2008.[1102] Für eine Irreführung gemäß Art. 7 Abs. 1 lit. a LMIV ist allerdings nicht entscheidend, ob die Angabe dem Verständnis dieser Verordnungen entspricht, vielmehr ist das Verbraucherverständnis maßgeblich.[1103] Der durchschnittliche Verbraucher geht beispielsweise nicht davon aus, dass in mit „natürlich ohne geschmacksverstärkende Zusatzstoffe" gekennzeichneten Produkten keinerlei Stoffe enthalten sind, die den Geschmack verstärken. Er versteht diese Angabe vielmehr so, dass keine synthetischen Zusatzstoffe beigefügt sind. Darauf, ob dieses Verständnis stets dem Verständnis der og Verordnungen entspricht, kommt es nicht an.[1104] Die Zulässigkeit einer Angabe muss dabei jeweils im Einzelfall beurteilt werden.[1105] In Betracht kommt darüber

---

1095 Vgl. Amtl. Begr. zu § 11 LFGB, BT-Drs. 15/3657, 62; OLG Düsseldorf GRUR-RR 2006, 235 (236) für die Angabe „ohne Fett" trotz Vorhandenseins von 0,2–0,4g Fett in Süßigkeiten, was jedoch ohne ernährungsphysiologische Wirkung ist, sowie OLG Hamburg ZLR 2006, 162 ff. für Molkedrinks mit einem Fettanteil von 0,04 g. Auch insoweit ist die Health-Claims-VO (VO (EG) Nr. 1924/2006) zu beachten.

1096 EuGH Urt. v. 4.4.2000 – C-465/98, GRUR Int. 2000, 756 (758) – „naturrein".

1097 *Oelrichs* WRP 2004, 863 (867).

1098 OLG Hamburg ZLR 1980, 222 (225).

1099 OLG Frankfurt a. M. GRUR 1985, 232 f. – ohne chemische Zusätze.

1100 Zur Zulässigkeit des Clean Labelings ausführlich: *Wehlau/Starck* ZLR 2011, 687 ff.

1101 Verordnung (EG) Nr. 1333/2008 des europäischen Parlaments und des Rates über Lebensmittelzusatzstoffe, ABl. 2008 L 354, S. 1.

1102 Verordnung (EG) Nr. 1334/2008 des Europäischen Parlaments und des Rates vom 16.12.2008 über Aromen und bestimmte Lebensmittelzutaten mit Aromaeigenschaften zur Verwendung in und auf Lebensmitteln, ABl. 2008 L 354, S. 34.

1103 OLG Hamburg GRUR-RR 2017, 35 Rn. 50.

1104 OLG Hamburg GRUR-RR 2017, 35 Rn. 50.

1105 *Wehlau/Starck* ZLR 2011, 687 (706).

hinaus ein Verstoß gegen das Irreführungsverbot des Art. 7 Abs. 1 lit. c LMIV, **Werbung mit Selbstverständlichkeiten,** wenn der Zusatz von Zusatzstoffen bei dem jeweiligen Lebensmittel ohnehin nicht erlaubt ist.[1106] Erfolgt der Hinweis jedoch nur im Fließtext und auch sonst auf unauffällige Weise, so kann es an der Fehlvorstellung fehlen, das Ausgelobte sei etwas Besonderes.[1107] Ob ein Saft, der durch Rückverdünnung eines Konzentrats gewonnen wurde und deshalb gemäß § 1 Abs. 2 FruchtsaftVO aF[1108] einem Fruchtsaft gleichgestellt war, als **„Natursaft"** bezeichnet werden durfte, wenn er zusätzlich gezuckert und die Naturtrübe beseitigt worden war, ließ der BGH unter Hinweis auf die (damals noch) erforderliche Verkehrsbefragung offen.[1109]

461 § 21 Abs. 1 Nr. 4 TabakerzG[1110] verbietet bei **Tabakerzeugnissen** Hinweise auf „naturrein" oder „natürlich". Dabei handelt es sich um ein abstraktes Werbeverbot. Eine Irreführungsgefahr ist nicht erforderlich.[1111] Auch ist nicht erforderlich, dass gerade die Worte „naturrein" oder „natürlich" verwendet werden müssen, sondern es genügen auch andere Begriffe, die auf ein entsprechendes Verständnis hindeuten; das können auch Ausdrücke wie „**100 % Bio**" und **„natural"** sein.[1112] Bei Verwendung von Angaben zu Agrarerzeugnissen wie **„aus natürlichem Anbau",** die den Eindruck vermitteln, dass das Erzeugnis aus ökologischem Landbau stammt, sind die Vorgaben der EG-Öko-BasisVO[1113] nebst Durchführungsvorschriften zu beachten. Zur Werbung mit der umweltverträglichen Wirkung von Erzeugnissen sowie mit „bio" und „öko" → Rn. 576 ff., 579 ff.

462 **f) Marken.** Nicht nur Gattungsbezeichnungen, sondern auch Marken können über die Art, Zusammensetzung oder Beschaffenheit eines Produktes oder dessen Qualität irreführen. Dies setzt voraus, dass der Verkehr die Marke nicht nur als Herkunftszeichen versteht.[1114] Zwar schließen § 8 Abs. 2 Nr. 2 und 4 MarkenG die Beschaffenheit einer Ware beschreibende oder zur Täuschung des Verkehrs geeignete Zeichen von der Markeneintragung aus. Dies verhindert jedoch zum einen nicht, dass eine bereits eingetragene Marke erst mit der Zeit als Beschaffenheitsangabe aufgefasst wird und irreführend wirkt. Zum anderen mag die **lediglich kursorische Prüfung der Täuschungseignung durch das zuständige Markenamt,** auch wenn diese wettbewerbsrechtlichen Grundsätzen zu folgen hat,[1115] im konkreten Fall zu einem **anderen Ergebnis** führen als die Entscheidung eines nachfolgend mit **§ 5 UWG befassten Gerichts.**[1116] Der grundsätzliche Vorrang des Markenrechts steht dem nicht entgegen, da insoweit der Anwendungsbereich des MarkenG nicht betroffen ist.[1117] Für einen Verstoß gegen § 5 UWG ist nicht erforderlich, dass das Markenzeichen den Begriff über die Beschaffenheit wörtlich wiedergibt. Auch eine Anlehnung an die Beschaffenheitsangabe kann die Verkehrsvorstellung zur Folge haben, die Ware weise die Beschaffenheit auf, an die ihre Bezeichnung anklingt.[1118]

1106 Vgl. OLG Hamburg WRP 1982, 424 zur Angabe *„Ohne Konservierungsstoffe"* auf Ganzbroten.

1107 OLG Hamburg LMuR 2006, 165.

1108 Vgl. heutzutage Anlage 1 Nr. 1 lit. b zur FruchtsaftVO mit den Herstellungsanforderungen für „Fruchtsaft aus Fruchtsaftkonzentrat".

1109 BGH GRUR 1984, 465 (467) – Natursaft.

1110 Tabakerzeugnisgesetz in der Fassung der Bekanntmachung vom 4.4.2016, zuletzt geändert durch Gesetz vom 19.11.2020 (BGBl. I S. 2456).

1111 BGH GRUR 2011, 633 Rn. 14 – Bio Tabak zur Vorgängernorm § 22 Abs. 2 S. 1 Nr. 2 VTabakG.

1112 BGH GRUR 2011, 633 Rn. 26–33 – Bio Tabak zur Vorgängernorm § 22 Abs. 2 S. 1 Nr. 2 VTabakG.

1113 VO (EG) Nr. 834/2007, die ab dem 1. Januar 2022 durch die Verordnung (EU) 2018/848 des Europäischen Parlaments und des Rates vom 30. Mai 2018 über die ökologische/biologische Produktion und die Kennzeichnung von ökologischen/biologischen Erzeugnissen sowie zur Aufhebung der Verordnung (EG) Nr. 834/2007 ersetzt wird.

1114 BGH GRUR 1966, 445 (447) – Glutamal; OLG Hamburg MD 2003, 887, 882 – S. Extra.

1115 *Fezer,* Markenrecht, § 8 Rn. 297.

1116 BGH WRP 2011, 63 (65) – Praxis Aktuell.

1117 Vgl. auch BGH GRUR 1955, 251 – Silberal.

1118 BGH GRUR 1966, 445 (447) – Glutamal; OLG München MD 1995, 65 – Porcelin.

Sonderbestimmungen über die Verwendung von Marken, die über die Zusammensetzung eines Produktes irreführen können, finden sich im Lebensmittelrecht, zB in **Art. 23 Abs. 2 EG-Öko-BasisVO** oder in der Verordnung über die **gemeinsame Marktorganisation für Wein,** aber auch in anderen produktspezifischen Regelungen, wie zB der **VO 1007/2011 (TextilkennzeichnungsVO),**[1119] wobei daneben auch §§ 5 und 5a UWG weiterhin anwendbar bleiben.[1120] Marken unterliegen auch den Anforderungen der Health-Claims-VO. Allerdings dürfen nach **Art. 1 Abs. 3 Health-Claims-VO** „Handelsmarken" oder „Markennamen", die in der Werbung für ein Lebensmittel verwendet werden und als nährwert- oder gesundheitsbezogene Angabe aufgefasst werden können, verwendet werden, wenn ihnen eine verordnungskonforme nährwert- oder gesundheitsbezogene Angabe beigefügt wird. Zudem dürfen Produkte mit Altmarken (Stichtag 1.1.2005) weiterhin bis zum 19.1.2022 in den Verkehr gebracht werden, Art. 28 Abs. 2 Health-Claims-VO. 463

Rechtswidrig ist es, eine Ware als **„Markenware"** zu bezeichnen, wenn die Ware nicht mit einer Marke gekennzeichnet ist. Denn mit dem Begriff der Markenware verbindet der Verkehr nicht nur bestimmte Qualitätserwartungen, sondern auch die Vorstellung, dass die Ware durch die Kennzeichnung mit einer Marke ihrer Herkunft nach legitimiert ist[1121] bzw. unter der Kontrolle eines einzigen Unternehmens oder einer Unternehmensgruppe hergestellt wurde, das für seine Qualität verantwortlich gemacht werden kann.[1122] Die Bezeichnung **„in Markenqualität"** kann hingegen auch ohne eine Kennzeichnung mit einer Marke zulässig sein, wenn die entsprechende Ware aus der Produktion von Markenartikeln stammt oder solchen Artikeln qualitativ entspricht.[1123] Ein Anspruch auf gleichbleibende Qualität oder Zusammensetzung ergibt sich aus der fortdauernden Verwendung einer Marke hingegen im Regelfall nicht, sofern in der Vergangenheit nicht gerade auf diese Aspekte besonders hingewiesen wurde. Irreführend ist es allerdings, mit einer **Händlermarke** so zu werben als handle es sich um eine **Herstellermarke.** Dabei fasst der durchschnittlich informierte Verbraucher aber nicht jede Marke automatisch als Herstellermarke auf. Er ist vielmehr an die Existenz zahlreicher Händlermarken gewöhnt, insbesondere bei Waren des täglichen Bedarfs.[1124] Zur Irreführung im Zusammenhang mit geografischen Herkunftsangaben → Rn. 592 ff. *(Dreyer).* 464

g) Qualitätsangaben. Die Erwartungen des Werbeadressaten an die Qualität der beworbenen Ware spielen für die Kaufentscheidung im Regelfall eine bedeutende Rolle. Qualitätsaussagen können **direkt** gemacht werden durch Anpreisungen wie **„Spitzenerzeugnis"** oder **„Spitzenqualität".** Qualitätserwartungen können aber auch **indirekt** geweckt werden, zB durch Hinweise auf **Normen,** die auch Qualitätsanforderungen regeln[1125] oder **Auszeichnungen** (hierzu → § 5 Rn. 1140 ff.). Voraussetzung ist allerdings, wie sonst auch, dass es sich bei der Angabe nach dem Verständnis der angesprochenen Verkehrskreise überhaupt um eine Behauptung mit einem nachprüfbaren Tatsachenkern handelt. Das ist nach der Rechtsprechung des BGH nicht der Fall bei Ausdrücken wie „Hollywood Duftschaumbad",[1126] wohl aber bei der Angabe „Sinnbild und Maßstab für..."[1127] sowie – dem gleichgestellt – Ausdrücke wie **„Inbegriff"** oder **„Symbol".**[1128] 465

[1119] Verordnung (EU) Nr. 1007/2011 über die Bezeichnungen von Textilfasern und die damit zusammenhängende Etikettierung und Kennzeichnung der Faserzusammensetzung von Textilerzeugnissen.

[1120] OLG Stuttgart WRP 2019, 250 Rn. 45 – Polyamid mit Polyurethan.

[1121] BGH GRUR 1966, 45 (46) – Markenbenzin; GRUR 1967, 360 (362) – Maßkleidung; OLG Hamm GRUR 1968, 318 (319) – Markenqualität.

[1122] EuGH Urt. v. 12.11.2002 – C-206/01, GRUR 2003, 55 Rn. 48 – Arsenal Football Club plc.

[1123] BGH GRUR 2013, 1254 Rn. 41 – Matratzen Factory Outlet. Anders noch BGH GRUR 1989, 754 (755) – Markenqualität.

[1124] So bereits BGH GRUR 1989, 754 (756) – Markenqualität.

[1125] ZB BGH GRUR 1968, 387 (388) – Spezialreinigung.

[1126] BGH GRUR 1963, 482 (484) – Hollywood Duftschaumbad.

[1127] BGH GRUR 1965, 438 (439) – Sinnbild und Maßstab.

[1128] *Helm/Sonntag/Burger* in Gloy/Loschelder/Danckwerts HdbWettbR § 59 Rn. 57.

Bei allgemeinen Schlagworten wie „einmalig", „super", „mega", „sensationell", „einzigartig" oder „exklusiv" kommt es hingegen auf die Verwendung im Einzelfall an.

466 Versucht man eine **Kategorisierung** einzelner Angaben zur Qualität einer Ware oder Leistung, kann unterschieden werden zwischen Angaben, die ein Erzeugnis der Spitzengruppe zurechnen, die eine (deutlich) überdurchschnittliche Qualität erwarten lassen, die eine normale (gute) Qualität beschreiben oder die auf eine besondere Qualität hinweisen sollen.[1129]

467 **Spitzengruppe:** Wird eine Ware als **„deutsches Spitzenerzeugnis"** bezeichnet, muss es hinsichtlich der Güte zur Spitzengruppe aller in Deutschland angebotenen Waren dieser Gattung gehören.[1130] Ebenso bei **„Spitzenqualität":**[1131] dies erfordert zB bei Wurst- oder Fleischerzeugnissen die Verwendung von bestem Ausgangsmaterial und nicht von Bruchware.[1132]

468 **(Deutlich) überdurchschnittliche Qualität:** Deutlich überdurchschnittliche Qualität wird in der Regel bei einer Ware oder Dienstleistung erwartet, die als **„Premium"** bezeichnet wird,[1133] bei **„Linie Prestige",**[1134] **„Auslese",**[1135] **„Extra",**[1136] **„Luxusklasse", „Luxusausführung", „I a", „Delikatess", „Gold", „High-End",**[1137] **„Sonderklasse"**[1138] oder **„erstklassig".**[1139] Auch der Slogan **„Get more"** für Mobilfunkleistungen lässt nicht nur einen Eigenvergleich, sondern ein Mehr im Vergleich zum Angebot der Wettbewerber erwarten; zumindest gilt dies dann, wenn auf dem relevanten Markt nur wenige Wettbewerber vorhanden sind.[1140] Darüber hinaus kann sich die Vorstellung einer überdurchschnittlichen Qualität nicht nur aus Bezeichnungen ergeben, sondern auch aus der **gehoben Ausstattung** der Ware.[1141]

469 **Gute Qualität: „Qualitätsware"** und **„1. Wahl"** werden als Ware mit durchschnittlich guter Qualität verstanden, wobei bei Ware „1. Wahl" keine Fehler vorhanden sein dürfen, soweit das technisch möglich ist.[1142] Entsprechendes gilt für „hochwertige" Ware.[1143]

470 **Besondere Qualität:** Der Ausdruck **„Spezial"** deutet im Regelfall nicht auf eine überdurchschnittliche Qualität hin und denaturiert auch nicht Beschaffenheitsangaben,[1144] sondern dient (nur) als Hinweis auf eine besondere Ware, die sich in irgendeiner Weise von

---

[1129] Zu den Qualitätsangaben bei Weinen siehe *Hieronimi* WRP 2010, 21 ff.

[1130] BGH GRUR 1961, 538 (540) – Feldstecher; 1973, 594 (596) – Ski-Sicherheitsbindung; OLG Frankfurt a. M. WRP 1992, 328 (329) (zur Werbung mit der Bezeichnung Nr. 1).

[1131] Vgl. OLG Hamburg GRUR 1977, 113 – Mocca Auslese.

[1132] OVG Münster BeckRS 2010, 55662; VGH München LMRR 2013, 85 Rn. 40 ff.

[1133] Vgl. BGH GRUR 2000, 727 (728) – Lorch Premium –, wo offengelassen wurde, ob die Aussage auf eine Spitzenstellung hindeutet oder „nur" auf überdurchschnittliche Qualität; aA OLG Schleswig GRUR-RR 2015, 212 Rn. 24 – Premium-Gleitsichtgläser in Optikerqualität –, wonach der Zusatz „Premium" oder „hochwertig" für Brillen nichtssagend sei; bestätigt durch BGH GRUR 2017, 418 Rn. 21 – Optiker-Qualität.

[1134] BGH GRUR 2000, 727 (729) – Lorch Premium.

[1135] OLG Hamburg GRUR 1977, 113 (114) – Mocca Auslese (für Kaffee).

[1136] OLG Frankfurt a. M. GRUR 1985, 226 (227); anders im konkreten Fall OLG Hamburg MD 2003, 877 (882).

[1137] OLG Köln GRUR-RR 2007, 243 (244) – dedicated Server.

[1138] Köhler/Bornkamm/Feddersen/*Bornkamm/Feddersen* UWG § 5 Rn. 2.59, für eine großzügigere Beurteilung des Begriffs „Sonderklasse"; GK-*Lindacher* § 5 Rn. 420; Ohly/Sosnitza/*Sosnitza* UWG § 5 Rn. 272.

[1139] LG Kiel GRUR-RR 2013, 344 – Erstklassige Optiker-Qualität. Anders hingegen OLG Schleswig GRUR-RR 2015, 212 und BGH GRUR 2017, 418, in einem anderen Verfahren, zu „hochwertigen Brillen".

[1140] OLG Hamburg MD 2005, 539 (545) – Get more (Netzabdeckung, Sprachqualität, Tarife und Service bei Mobilfunkleistungen).

[1141] BGH GRUR 2000, 727 (729) – Lorch Premium.

[1142] OLG Karlsruhe WRP 1968, 36 (37); LG München WRP 1962, 172 (173); GK-*Lindacher/Peifer* § 5 Rn. 405; *HelmSonntag/Burger* in Gloy/Loschelder/Danckwerts HdbWettbR § 59 Rn. 212.

[1143] AA OLG Schleswig GRUR-RR 2015, 212 Rn. 24 – Premium-Gleitsichtgläser in Optikerqualität; bestätigt durch BGH GRUR 2017, 418 Rn. 21 – Optiker-Qualität.

[1144] BGH GRUR 1972, 132 – Spezialzucker.

normaler Ware gleicher Gattung abhebt. Es wird nur das Besondere der Ware angedeutet, ohne irgendetwas Konkretes auszusagen.[1145] Weisen allerdings andere Produkte gleicher Gattung dieselben Eigenschaften auf, ist die Angabe irreführend.[1146] Auch kann der Verkehr im Einzelfall auf Grund der Aussage „Speziell" eine besondere Zusammensetzung, Qualität oder Wirkung erwarten.[1147] Auch → Rn. 456.

h) frisch. Die Bezeichnung **„frisch"** verbindet eine **Zeit-** (hierzu → Rn. 530) **und** eine **Qualitätskomponente.** „Frisch" wird vom durchschnittlich informierten und verständigen Verbraucher bei Lebensmitteln als Hinweis darauf verstanden, dass das beworbene Produkt **erst vor kurzer Zeit hergestellt** wurde und dass es die gleiche Qualität im Angebotszeitpunkt aufweist, die es im Ursprungszustand hatte.[1148] Gemeint ist somit eine natürliche, nicht künstlich konservierte Frische.[1149] Nicht mehr „frisch" sind daher solche Produkte, deren Herstellung bereits mehrere Wochen zurückliegt[1150] oder Produkte, die durch besondere Vorkehrungen über längere Zeit **haltbar gemacht** wurden.[1151] Das gilt auch für die Verwendung frischer Zutaten und Rohstoffe. Irreführend ist daher die Bezeichnung **„fruchtig frisch"** oder **„Frischeria"** soweit ein Teil der verwendeten Zutaten **tiefgefroren** oder konserviert ist.[1152] Die Aussage **„schmeckt wie frische Frucht aufs Brot"** für einen Fruchtaufstrich hingegen wird der Verbraucher nur auf den Geschmack und nicht auf die Herstellungsweise beziehen; er wird deshalb nicht annehmen, es seien frische und nicht tiefgekühlte Früchte verwertet worden.[1153] Orangensaft/Apfelsinensaft, der als Fruchtsaft im Sinne der Fruchtsaftverordnung aus Konzentrat gewonnen und für längere Zeit haltbar gemacht worden ist, darf daher nicht als **„frischer Saft"** bezeichnet werden,[1154] und darf auch nicht mit dem Hinweis **„aus tagesfrisch gepressten Orangen"** beworben werden, wenn der frisch gepresste Saft vor dem Verkauf wärmebehandelt wurde.[1155] Ebenso ist die Bezeichnung „Orangensaft" für einen Saft aus Orangensaftkonzentrat irreführend.[1156] Ein ausdrücklich so bezeichneter Orangensaft aus Konzentrat, der **„riecht und schmeckt doch fast wie frisch gepresst"** hingegen wird nicht in irreführender Weise mit frisch gepresstem Orangensaft gleichgestellt, wenn beide Getränke tatsächlich annähernd gleich schmecken und riechen.[1157] Rote Grütze, die aus tiefgefrorenen Früchten hergestellt und durch Pasteurisierung haltbar gemacht wurde, darf nicht als **„fruchtig-frisch"** charakterisiert werden.[1158] Wird nur das ätherische Öl des Knoblauchs verwendet und mit Öl versetzt, kann nicht mehr mit **„frischem Knoblauch"** geworben werden.[1159] Der Hinweis **„immer frisch, Qualität die schmeckt"** ist irreführend, wenn zwischen Herstellung und Verkauf ein Zeitraum von 28 Tagen liegt und die Haltbarkeit durch den Einsatz von Konservierungsstoffen erzielt wurde.[1160] Bei **Milcherzeugnissen** (wie zB Rahmjoghurt) steht allerdings die **Pasteurisierung** der Bezeichnung „frisch" nicht 471

[1145] BGH GRUR 1967, 362 (369) – Spezialsalz.

[1146] BGH GRUR 1961, 288 (293) – Zahnbürsten.

[1147] Vgl. BGH GRUR 1972, 550 (551) – Spezialsalz II; GRUR 1968, 387 (388) – Spezialreinigung.

[1148] *Kiethe/Groeschke* WRP 2000, 431 (437). Zur Qualitätskomponente siehe auch BGH GRUR 2001, 1151 (1152) – marktfrisch, zum Markenrecht.

[1149] OLG Düsseldorf GRUR-RR 2005, 55 (57) – Frischer Kaffee.

[1150] Vgl. hierzu *Bergmann* ZLR 2001, 667 (677).

[1151] BGH GRUR 1979, 63 (64) – vakuum frisch II.

[1152] OLG Hamburg ZLR 6/99, 791 ff. – fruchtig frisch; ZLR 6/99, 801 – Frischeria; einschränkend bei Tiefkühlprodukten *Lips* ZLR 1986, 364 (369); kritisch auch *Bergmann* ZLR 2001, 667 (676).

[1153] OLG Köln MD 2010, 408 – Schmeckt wie frische Frucht aufs Brot.

[1154] KG GRUR 1987, 737 (738) – frisch gepresst; OLG Hamburg GRUR 1978, 313 (314) – vacuum frisch.

[1155] LG Düsseldorf WRP 2005, 766 (767) – aus tagesfrisch gepressten Orangen.

[1156] OLG Düsseldorf MD 2010, 1023.

[1157] KG GRUR 1987, 737 – frischgepresst; vgl. aber OLG Hamburg LRE 23, 46.

[1158] OLG Hamburg ZLR 1999, 791.

[1159] KG NJW-RR 1990, 54.

[1160] OLG Hamburg WRP 1999, 1314 (1315) – Frischegarantie. AA Köhler/Bornkamm/Feddersen/*Bornkamm/Feddersen* UWG § 5 Rn. 2.90.

entgegen, sofern durch die Pasteurisierung kein Qualitätsverlust eingetreten ist.[1161] Etwas anderes gilt für ultrahocherhitzte, sterilisierte Milch, die unstrittig nicht mehr „frisch" ist. Auch stehen **Verarbeitungen** des Ausgangsstoffs oder einer Zutat der Bezeichnung als „frisch" nicht entgegen, solange die Verarbeitungen nur zu leichten physikalischen Umgestaltungen geführt haben.[1162] Besonderheiten gelten bei **„frischem Kaffee".** Hier ist zu unterscheiden, ob der Verkehr die Aussage auf das Endprodukt, das aufgebrühte Getränk, oder auf das Kaffeepulver bezieht. Wird nur für „frischen Kaffee" geworben, versteht der durchschnittlich informierte und verständige Verbraucher hierunter einen aus dem klassischen Ausgangsprodukt, dh frisch gerösteten und dann sofort gemahlenen Kaffeebohnen, unmittelbar hergestellten Aufguss. Wird der Kaffee hingegen aus haltbar gemachten Zwischenprodukten hergestellt, wie zB ein tiefgefrorenes flüssiges Kaffeekonzentrat, dann stellt dies keinen „frischen Kaffee" mehr dar.[1163] Wird in der Werbung hingegen klargestellt, dass sich das „frisch" allein auf den Vorgang des Aufbrühens bezieht, kann die Aussage erlaubt sein. Das OLG Hamburg hat dies beispielsweise bejaht für die Aussage „Jede Tasse herrlich frischer Kaffeegenuss" in einer Werbung für Kaffeepads, wobei das OLG allerdings ausdrücklich auf das besondere werbliche Umfeld der Aussage abstellte.[1164] In älteren Entscheidungen wurde verboten, vakuumverpackten Röstkaffee als **„vacuum frisch"** zu bezeichnen.[1165] Ob diese Entscheidung auch heute noch Bestand hätte, ist zweifelhaft. **Nicht entscheidend** für die Beurteilung der Irreführungsgefahr ist jedenfalls, ob ein nicht frisch hergestelltes Getränk einen gleich guten oder gar besseren **Geschmack** hat als ein frisches, und zwar unabhängig von der Tatsache, dass sich über Geschmack ohnehin streiten lässt.[1166] Der Begriff der „Frische" ist von der Einhaltung des **Mindesthaltbarkeitsdatums** (Art. 2 Abs. 2 lit. f, 9 Abs. 1 lit. f LMIV) bzw. **Verbrauchsdatums** (Art. 24 Abs. 1 LMIV) zu unterscheiden.[1167] Denn das Mindesthaltbarkeitsdatum bezeichnet das Datum, bis zu dem dieses Lebensmittel unter angemessenen Aufbewahrungsbedingungen seine spezifischen Eigenschaften behält (Art. 2 Abs. 2 lit. r LMIV). Der Verbraucher setzt dies gleich mit dem Datum, bis zu dem das Lebensmittel sicher verzehrbar ist. Verzehrbarkeit ist aber nicht gleichzusetzen mit „frisch". Das gilt auch bei nicht konservierten Produkten. Dabei kommt es nicht darauf an, dass die längere Haltbarkeit ohne den Zusatz von Konservierungsstoffen besteht.[1168] Zur Irreführung durch das Anbieten von Ware nach Ablauf des Mindesthaltbarkeitsdatums siehe auch nachfolgend → Rn. 473. Die Verwendung von „frisch" im Zusammenhang mit **Eiern** ist in Art. 85 iVm Anhang IX der VO (EU) 1308/2013 über eine gemeinsame Marktorganisation für landwirtschaftliche Erzeugnisse[1169] geregelt.

Zur Werbung mit dem Begriff **„neu"** → Rn. 524 ff.

472 **i) Mangelhafte Ware.** Werden Mängel einer Ware nicht offenbart oder sogar vertuscht, kann das zu einer relevanten Irreführung führen. Allerdings führt nicht jeder unabsichtliche Ausreißer bei einer Ware oder Dienstleistung dazu, dass die Werbung unlauter iSv § 5 UWG ist. Denn zum einen kann es dann bereits am Vorliegen einer geschäftlichen Handlung fehlen, zum anderen regelt § 5 UWG nicht den Ausgleich von Leistungsstörungen

[1161] BVerwG ZLR 1987, 562 (567 f.); OLG Köln ZLR 2001, 299 (311) – Frischer Rahmjoghurt.

[1162] KG NJW-RR 1990, 54. aA *Helm/Sonntag/Burger* in Gloy/Loschelder/Danckwerts HdbWettbR § 59 Rn. 217.

[1163] OLG Düsseldorf GRUR-RR 2005, 55 (57) – Frischer Kaffee.

[1164] OLG Hamburg MD 2004, 776 (778 ff.) – Kaffeepads. AA OLG Düsseldorf GRUR-RR 2005, 55 (57) – Frischer Kaffee, zur Aussage „frisch zubereiteter Kaffee".

[1165] OLG Hamburg GRUR 1978, 313 (314) – vacuum frisch; BGH GRUR 1979, 63 (64) – vakuum frisch II.

[1166] OLG Düsseldorf GRUR-RR 2005, 55 (56) – Frischer Kaffee.

[1167] LG Hamburg WRP 1999, 1314 (1315) – Frischegarantie; aA OLG Köln ZLR 2001, 299 (309 f.) – Frischer Rahmjoghurt.

[1168] BGH GRUR 1979, 63 (64) – vakuum frisch II. AA OLG Köln ZLR 2001, 299 (309 f.) – Frischer Rahmjoghurt. Offengelassen bei LG Hamburg WRP 1999, 1314 ff. – Frischegarantie.

[1169] ABl. 2013 L 347, S. 671.

zwischen Vertragspartnern. Zudem weiß der verständige Durchschnittsverbraucher, dass einzelne Schlechtleistungen, wie zB ein gelegentlicher **Minderausschank** von Bier oder Fehler bei Software, unvermeidbar sind.[1170] Etwas anderes gilt allerdings, wenn die **Kundentäuschung bewusst zum Mittel des Wettbewerbs gemacht** wird[1171] – wobei schon eine falsche Aussage gegenüber einem Verbraucher reichen kann[1172] – oder wenn ausdrücklich Anderes angekündigt wird, wie zB die Bezeichnung von mangelhafter Ware als **„Erste Wahl"**.[1173]

Im Übrigen ist über wesentliche Mängel der Ware aufzuklären. Ein günstiger Preis oder die Bezeichnung als **„Sonderangebot"** allein lassen nicht bereits auf Mängel schließen.[1174] Werden Lebensmittel zum normalen Preis im normalen Sortiment ohne besonderen Hinweis zum Kauf angeboten, geht auch der durchschnittlich informierte und verständige Verbraucher davon aus, dass das **Mindesthaltbarkeitsdatum** noch nicht abgelaufen ist.[1175] Werden Lebensmittel mit einem falschen Mindesthaltbarkeitsdatum (Art. 2 Abs. 2 lit. f, 9 Abs. 1 lit. f LMIV) oder **Verbrauchsdatum** (Art. 24 Abs. 1 LMIV) versehen, führt das im Regelfall zu einer relevanten Irreführung,[1176] und zwar auch dann, wenn die Mindesthaltbarkeit *zu kurz* angegeben wird, weil das zu einem schnelleren Verbrauch und dementsprechenden Nachkauf führen kann. Erst recht kann es irreführend wirken, Ware mit *abgelaufenem* Mindesthaltbarkeitsdatum anzubieten, ohne darauf hinzuweisen.[1177] Dabei ist es unerheblich, ob die Verzehrtauglichkeit im konkreten Fall bereits beeinträchtigt ist oder noch nicht. Auch die Möglichkeit des Verbrauchers, das Datum vor dem Kauf zu überprüfen, entlastet den anbietenden Händler nicht, da bereits die Irreführungsgefahr genügt.[1178] **473**

j) Auslaufmodell, Restposten. Handelt es sich bei einer Ware um ein **Auslaufmodell** – dh um Ware, die vom Hersteller nicht mehr produziert und im Sortiment geführt oder vom Hersteller selbst (ausdrücklich oder konkludent, zB durch Herausnahme aus dem Katalog)[1179] als Auslaufmodell bezeichnet wird – muss darauf vom Händler bei bestimmten Warengruppen **hingewiesen werden;** andernfalls besteht eine Irreführungsgefahr. Solche Fälle sind heute gemäß § 5a UWG zu beurteilen. Maßgeblich ist, ob der verständige Durchschnittsverbraucher sich darüber Gedanken macht, ob das angebotene Produkt vom Hersteller auch aktuell noch in dieser Form hergestellt und vertrieben wird. Eine solche Erwartung kann vor allem bestehen bei Produkten, die – jeweils nach Kenntnis des verständigen Durchschnittsverbrauchers – an einem **ständigen technischen oder sonstigen Fortschritt** teilhaben und bei denen der Verbraucher daher im Regelfall das jüngere Produkt bevorzugt, wie zB Kfz oder hochwertige und teure Geräte der Unterhaltungs- **474**

[1170] BGH GRUR 1983, 451 (452) – Ausschank unter Eichstrich I; GRUR 1987, 180 (181) – Ausschank unter Eichstrich II; allgemein zur Ausreißerproblematik: BGH GRUR 1986, 816 (819) – Widerrufsbelehrung bei Teilzahlungskauf; 1988, 461 (462) – Radiorecorder; 1988, 629 (630) – Falsche Preisauszeichnung; 1992, 617 (618) – Briefkastenwerbung; 1994, 640 (642) – Ziegelvorhangfassade; OLG Hamburg WRP 1986, 329 (330); Ohly/Sosnitza/*Sosnitza* UWG § 5 Rn. 287.

[1171] BGH GRUR 2002, 1093 (1094) – Kontostandsauskunft.

[1172] EuGH Urt. v. 16.4.2015 – C-388/13, GRUR 2015, 600 Rn. 41 – Ungarische Verbraucherschutzbehörde/UPC.

[1173] OLG Karlsruhe WRP 1968, 36 (37).

[1174] *Helm/Sonntag/Burger* in Gloy/Loschelder/Danckwerts HdbWettbR § 59 Rn. 226; Ohly/Sosnitza/*Sosnitza* UWG § 5 Rn. 274, 286.

[1175] OLG Hamburg GRUR-RR 2002, 302 f. – Mindesthaltbarkeit. Die Revision wurde nicht angenommen (BGH 25.10.2001 – I ZR 63/01).

[1176] OLG Köln WRP 1989, 45 (46); OLG Hamm WRP 1992, 396 (397); OLG Hamburg WRP 2001, 423; *Köhler* DB 1985, 215 ff.; *Lindacher* NJW 1985, 2933 (2934) (im Rahmen der zivilrechtlichen Gewährleistungsproblematik); *Michalski/Riemenschneider* BB 1994, 588 (589 ff.) (es fehle aber ein Handeln zu Zwecken des Wettbewerbs, wenn die falsche Angabe nicht planmäßig erfolgt); bereits die Irreführung verneint *Schüler* WRP 1990, 406 (407).

[1177] OLG Köln GRUR 1988, 920; OLG Hamm WRP 1992, 396 (397).

[1178] OLG Hamburg WRP 2001, 423 (424).

[1179] BGH GRUR 1998, 757 (758) – Auslaufmodelle I; GRUR 1999, 760 (761) – Auslaufmodelle II; GRUR 2000, 616 (618) – Auslaufmodelle III.

elektronik (wie Fernseher, Smartphones, Tablets, DVD-Player, HiFi-Anlagen, Digitalkameras, Camcorder), Computer, hochwertige Elektrohaushaltsgeräte (wie zB Bügelmaschinen, Elektroherde, Gefrierschränke, Gefriertruhen, Geschirrspüler, Kühlschränke, Wäschetrockner, Waschmaschinen) sowie alle anderen technischen Geräte höheren Wertes,[1180] bei Produkten deren Ausstattung und Design regelmäßig wechselt, wie zB bei Markenprodukten in der Modebranche, sowie bei Produkten, bei denen dem Verbraucher bekannt ist, dass in bestimmten Zeitintervallen alle wesentlichen Hersteller in der Branche Wechsel vornehmen, wie zB bei Skiern oder Skibindungen,[1181] nicht aber bei Schulrucksäcken.[1182] Erst recht ist ein **Hinweis erforderlich,** wenn bereits der Hersteller selbst äußerlich erkennbar einen Modellwechsel vorgenommen hat, wenn er das beworbene Produkt nicht mehr herstellt und nicht mehr im Sortiment führt oder es bereits selbst als Auslaufmodell bezeichnet.[1183] Eine Eigenschaft als Auslaufmodell kann zudem nicht nur im Hinblick auf den technischen Fortschritt relevant sein, sondern auch mit Bezug auf Leistung, wirtschaftliche Arbeitsweise, Umweltverträglichkeit, äußere Aufmachung[1184] etc. Unerheblich ist, ob mit dem neuen Modell auch tatsächlich ein Fortschritt verbunden ist.[1185] Besteht eine Hinweispflicht, genügen Bezeichnungen wie **„Restposten"**[1186] oder **„Einzelposten"**[1187] ebenso wenig wie **günstige Preise.**[1188] **Ausnahmen von der Hinweispflicht** gelten, wenn der Händler ein Gerät noch aus der laufenden Produktion des Herstellers erworben hat und ein Nachfolgemodell noch nicht im Handel ist oder – wenn es **kein Nachfolgemodell** gibt – die Ware im üblichen Warenumschlag noch nicht abgesetzt ist.[1189] Ein Hinweis ist auch entbehrlich, wenn der Hersteller das Gerät baugleich und technisch identisch weiter produziert und ausliefert, aber die Bezeichnung geändert hat.[1190] Entsprechende Hinweispflichten wie für Auslaufmodelle gelten für **Modeartikel einer vergangenen Kollektion** oder für **Ware zweiter Wahl.**[1191] Zur Hinweispflicht bei importierten Kraftfahrzeugen und zur Werbung mit „fabrikneu" → Rn. 527 ff. Zur Subsumtion unter § 5a UWG siehe dort.

475 **k) Finanzprodukte und -dienstleistungen.** Weitreichende Folgen für den Verkehr bewirken auch Irreführungen über die Art und Beschaffenheit von Finanzprodukten und -dienstleistungen. So ist eine an private Kleinanleger gerichtete Werbeaussage in einem Emissionsprospekt über die **Mindestverzinsung** des eingesetzten Kapitals („*Mindestverzinsung... ergebnisunabhängig vertraglich zugesichert*") irreführend, wenn sie den Eindruck erweckt, es sei eine sichere Rendite zu erwarten, während tatsächlich nur ein Anspruch gewährt wird, der notfalls aus den eigenen Einlagen der Gesellschafter aufgebracht werden muss.[1192] In diesem Fall kann die Beurteilung der Angaben als irreführend auch nicht durch den sonstigen Inhalt des **Emissionsprospektes** ausgeschlossen werden.[1193] Ebenso irreführend ist eine Anzeige, die einen „Festzins plus" bewirbt, obwohl aus der Natur des Finanzproduktes als Nachrangdarlehen folgt, dass der Renditezinssatz nachträglich an die wirt-

---

1180 Vgl. BGH GRUR 1998, 757 (758) – Auslaufmodelle I; GRUR 1999, 760 (761) – Auslaufmodelle II; GRUR 2000, 616 (618) – Auslaufmodelle III; OLG Düsseldorf WRP 2010, 1551 f.

1181 BGH GRUR 1982, 374 (376) – Ski-Auslaufmodell; GRUR 1987, 45 (47) – Sommerpreiswerbung; OLG München WRP 1979, 893 (894).

1182 KG KG Report 2005, 104 (105).

1183 BGH GRUR 1999, 757 (758) – Auslaufmodelle I.

1184 OLG München WRP 1977, 279 (280); 1979, 157; anders OLG Düsseldorf WRP 1976, 474 (476); OLG Frankfurt a. M. WRP 1974, 418 (420).

1185 BGH GRUR 2000, 616 (618) – Auslaufmodelle III.

1186 OLG Köln MD 2003, 802 (803).

1187 OLG Köln MD 1997, 892.

1188 BGH GRUR 1999, 760 (761) – Auslaufmodelle II.

1189 BGH GRUR 1998, 757 (758) – Auslaufmodelle I; GRUR 2000, 616 (619) – Auslaufmodelle III.

1190 OLG Köln MD 2003, 802 (803 f.).

1191 OLG Hamm GRUR 1983, 593 (594) – Markenjeans; einschränkend OLG Düsseldorf GRUR 1987, 450 (451) – Sportschuhe; KG WRP 1988, 301 (303) – Jogging-Anzüge.

1192 BGH GRUR 2004, 162 (163) – Mindestverzinsung.

1193 BGH GRUR 2004, 162 (163) – Mindestverzinsung.

schaftliche Situation des Unternehmens angepasst werden kann, also gerade nicht „fest" ist.[1194] Eine Irreführung bewirkt auch die Werbeaussage „*bis zu 10,2 % und mehr – so einfach wie ein Sparbuch*" für eine fondsgebundene Lebensversicherung, da das beworbene Produkt unmittelbar mit einer sichereren Anlageform verglichen wird.[1195] Entsprechendes gilt für die Werbung mit einem „*bankgesichertem Investmentprogramm*", wenn die angekündigten jährlichen Renditechancen (*„Traumrendite von 860 %"*) ohne jegliches Verlustrisiko bei den auf dem Geldmarkt üblichen Kapitalanlagen nicht zu erwarten sind;[1196] zumindest trifft hier den Unternehmer die Beweislast für die Richtigkeit der Aussage. Ein **Kreditmittler** führt irre, wenn er den Eindruck der (direkten) Kreditgewährung erweckt, da der Umweg über den Vermittler regelmäßig zu einer Verteuerung führt. **Kontoauszüge** einer Bank sind irreführend, wenn zwar bei den einzelnen Gutschriften zutreffend zwischen den Daten der Buchung und der Wertstellung unterschieden, bei der optisch hervorgehobenen Angabe des Kontostands am Ende des Auszugs aber nicht deutlich darauf hingewiesen wird, dass darin auch noch nicht wertgestellte Beträge enthalten sein können, über die bis zur Wertstellung (noch) nicht ohne Belastung mit Sollzinsen verfügt werden kann.[1197] Nicht beanstandet wurde dagegen eine blickfangmäßig herausgestellte Angabe **„bis zu 150 % Zinsbonus"** in einer Werbung für eine **Festgeldanlage.** Der Ausdruck „Zinsbonus" beschreibt schon nach seinem Wortsinn einen Zuschlag auf gewährte Zinsen und nicht etwa die Zinshöhe selbst; dies gilt insbesondere, wenn ein gut erkennbarer Sternchenhinweis erklärt, dass sich der „Zinsbonus" auf den garantierten Basiszinssatz bezieht.[1198] Die Werbung mit der Aussage **„keine Bearbeitungsgebühr"** für einen Konsumentenkredit ist nicht deshalb irreführend, weil über den Zins üblicherweise auch die allgemeinen Verwaltungskosten eines Kreditinstituts in den effektiven Jahreszins eingehen, sofern tatsächlich nicht eine einmalige, von der Laufzeit des Kredits unabhängige Bearbeitungsgebühr verlangt wird, während dies bei anderen Kreditinstituten üblicherweise der Fall ist.[1199] Irreführend ist es auch, mit **besonders günstigen Zinssätzen** zu werben, wenn deren Inanspruchnahme von weiteren Verpflichtungen (wie zB Abschluss eines Bausparvertrags, Eröffnung eines Wertpapierdepots) abhängig ist.[1200] An dieser Rechtsprechung hat sich auch durch die UGP-Richtlinie nichts geändert. Denn Art. 3 Abs. 9 sieht ausdrücklich vor, dass im Zusammenhang mit Finanzdienstleistungen im Sinne der Richtlinie 2002/65/EG[1201] und Immobilien die Mitgliedstaaten restriktivere und strengere Anforderungen stellen können. Vgl. auch § 6a PAngV.

l) Zubehör. Entsprechend der Vorgabe in Art. 6 Abs. 1 lit. b der UGP-Richtlinie 476
erwähnt nunmehr auch § 5 Abs. 1 Nr. 1 UWG ausdrücklich die Irreführung über „Zubehör". Bereits in der „Nissan"-Entscheidung des EuGH[1202] spielte Zubehör eine Rolle, indem es um die Frage ging, ob Verbraucher wissen, dass parallel importierte Fahrzeuge häufig günstiger, aber auch mit weniger Zubehör ausgestattet sind. Der Referentenentwurf zur UWG Reform 2008 hielt die ausdrückliche Erwähnung des Merkmals „Zubehör" dennoch zunächst für überflüssig.[1203] Mit dem Gesetzentwurf der Bundesregierung zur UWG-Reform 2008 wurde dann der Begriff aber ausdrücklich in den Gesetzestext auf-

---

1194 BGH GRUR 2018, 320 Rn. 22 – Festzins Plus; in diesem Fall half auch ein kleingedruckter Hinweis auf das Insolvenzrisiko nicht.

1195 OLG Düsseldorf MD 2000, 585 (589).

1196 OLG München NJWE-WettbR 1997, 152.

1197 BGH GRUR 2007, 805 Rn. 17 ff. – Irreführender Kontoauszug (Fortführung von BGH GRUR 2002, 1093 – Kontostandsauskunft).

1198 BGH WRP 2007, 1337 Rn. XX – 150 % Zinsbonus.

1199 BGH GRUR 1989, 611 (612) – Bearbeitungsgebühr.

1200 BGH GRUR 1967, 664 – Baugeld.

1201 Dort definiert in Art. 2 lit. b als „jede Bankdienstleistung sowie jede Dienstleistung im Zusammenhang mit einer Kreditgewährung, Versicherung, Altersversorgung von Einzelpersonen, Geldanlage oder Zahlung".

1202 EuGH Urt. v. 16.1.1992 – C-129/91, GRUR Int 1993, 951 (952).

1203 Begründung des Referentenentwurfs vom 27.7.2007, Erstes Gesetz zur Änderung des Gesetzes gegen den unlauteren Wettbewerb, S. 42.

genommen. Dabei wird Zubehör als ein **wesentliches Merkmal eines Produkts** eingeordnet. Dh die Vorstellung des Verkehrs über das Zubehör beeinflusst **mittelbar** auch seine **Vorstellung über das Produkt.** Damit geht es letzten Endes um dieselben Merkmale, die auch für das Produkt als solches gelten, wie zB ist überhaupt Zubehör vorhanden und wann kann es ggf. geliefert werden (Verfügbarkeit), in welcher Menge, wie ist das Zubehör beschaffen (Art, Ausführung, Zusammensetzung), ist abgebildetes Zubehör im Kaufpreis und Lieferumfang für das Produkt enthalten,[1204] etc? Soll allein das Zubehör verkauft werden, so ist es ohnehin unmittelbar „Produkt" iSd Art. 6 der UGP-Richtlinie bzw. „Ware" iSd § 5 UWG, um deren Merkmale es dann unmittelbar geht. So zB bei der Werbung für Autozubehör mit dem Hinweis auf ein Materialgutachten.[1205]

477 „Zubehör" wird in § 97 Abs. 1 BGB definiert als bewegliche Sachen, die, ohne Bestandteile der Hauptsache zu sein, dem wirtschaftlichen Zwecke der Hauptsache zu dienen bestimmt sind und zu ihr in einem dieser Bestimmung entsprechenden räumlichen Verhältnis stehen. Eine Sache ist nicht Zubehör, wenn sie im Verkehr nicht als Zubehör angesehen wird. Maßgeblich für die Bestimmung von „Zubehör" ist allerdings nicht allein die Definition des deutschen Gesetzes. Der Begriff ist vielmehr **gemeinschaftsrechtlich** anhand der Vorgaben der UGP-Richtlinie **auszulegen.** Dabei ist zu beachten, dass Zubehör auch ein Merkmal einer Dienstleistung sein kann. „Zubehör" in diesem Sinn sind daher nicht nur bewegliche Sachen, sondern auch untergeordnete zusätzliche Dienstleistungen.

Zur Bezeichnung als „Original-Ersatzteile" → Rn. 455. Hinsichtlich der Beurteilung des Nachbaus von Ersatzteilen und Zubehör siehe § 4 Nr. 3 UWG.

478 **m) Typenbezeichnungen.** Wird eine Ware unter einer **unrichtigen Typenbezeichnung** beworben, liegt ebenfalls eine Irreführung über ein wesentliches Merkmal der Ware vor. Die Merkmalseigenschaft folgt daraus, dass mit der Typenbezeichnung das Produkt individualisierbar bezeichnet wird, was den Verbraucher in die Lage versetzt, die Ware mit konkurrierenden Produkten zu vergleichen.[1206] Hiervon zu unterscheiden ist die Bewerbung von Waren **ohne Typenbezeichnung:** Richtet sich eine solche Werbung an Verbraucher, kann die Nichtangabe der Typenbezeichnung irreführend im Sinne von § 5a Abs. 3 Nr. 1 UWG sein.[1207] Außerhalb des Anwendungsbereichs des § 5a Abs. 3 Nr. 1 UWG liegt in der Nichtangabe hingegen keine Irreführung.[1208] Insoweit ist das gesetzgeberische Interesse zu berücksichtigen, den B2B Bereich nicht übermäßig mit Informationspflichten zu belasten.[1209]

479 **n) „Ohne"-Werbung, gentechnische Veränderungen:** Die Hinweise **„Kosmetik ohne Tierversuche"**, *„Beauty without Cruelty"* und *„wir sprechen uns seit 1978 klar gegen Tierversuche. … aus"* beziehen sich nach dem Verständnis des Verkehrs auf alle Produktionsstufen des beworbenen Erzeugnisses. Daher sind solche Hinweise auch dann irreführend, wenn der Werbetreibende selbst bei der Herstellung seines Kosmetikerzeugnisses keine Tierversuche durchgeführt hat, gleichwohl aber die verwendeten Grundstoffe mit Tierversuchen in Verbindung stehen.[1210] Bei der Kennzeichnung von Lebensmitteln im Hinblick auf etwaige **genetische Veränderungen** ist zwischen der Pflicht zur **Positivkennzeichnung** und dem Recht zur **Negativkennzeichnung** zu unterscheiden: Die Voraussetzungen und Anforderungen der Positivkennzeichnung, dh der Pflicht zur Kennzeichnung von Lebensmitteln, die genetisch verändert wurden, ist seit 2004 einheit-

[1204] OLG Hamm MMR 2016, 536 Rn. 124 zu Betonplatten für die Beschwerung eines Schirmständers. Vgl. auch BGH GRUR 2003, 249 – Preis ohne Monitor; OLG München WRP 2019, 791 Rn. 57; OLG Bamberg MD 2011, 973 (975); KG MD 2010, 286.

[1205] OLG Düsseldorf WRP 2005, 1309.

[1206] BGH GRUR 2014, 584 Rn. 17 – Typenbezeichnung.

[1207] BGH GRUR 2014, 584 Rn. 17– Typenbezeichnung.

[1208] Vgl. Köhler/Bornkamm/Feddersen/*Bornkamm/Feddersen* UWG § 5 Rn. 3.59.

[1209] Amtl. Begr. zum RegE, BT-Drs. 16/10145, 25.

[1210] OLG Frankfurt a. M. LRE 24, 55 (57); KG MD 1998, 1243; offen gelassen in KG Report 1999, 222 (223).

lich in den Verordnungen (EG) Nr. 1829/2003[1211] und 1830/2003[1212] geregelt.[1213] Nach Art. 12 Abs. 1, Art. 2 Nr. 6 VO (EG) 1829/2003 sind positiv kennzeichnungspflichtig alle Lebensmittel, die genetisch veränderte Organismen (GVO) enthalten oder daraus bestehen oder aus GVO hergestellt werden. Nicht erfasst sind danach Lebensmittel, die lediglich mit Hilfe von GVO hergestellt werden.[1214] Das Recht zur Negativkennzeichnung, dh die Kennzeichnung von Lebensmitteln, die ohne Anwendung gentechnischer Verfahren hergestellt worden sind, ist im EG-Gentechnik-Durchführungsgesetz[1215] geregelt. Nach § 3a EGGenT-DurchfG darf ein Lebensmittel mit einer Angabe, die auf die Herstellung des Lebensmittels ohne Anwendung gentechnischer Verfahren hindeutet, nur in den Verkehr gebracht oder beworben werden, soweit die im Gesetz festgelegten Anforderungen eingehalten worden sind, wobei diese Anforderungen insbesondere im Hinblick auf Schwellenwerte teilweise strenger sind als bei der Positivkennzeichnungspflicht. So darf nach § 3a Abs. 3 EGGenT-DurchfG die Angabe **„ohne Gentechnik"** auch dann nicht verwendet werden, wenn die verwendeten Ausgangsprodukte nur zufällige oder technisch unvermeidbare Spuren von GVO enthalten oder aus GVO hergestelltes Material unter dem **Schwellenwert von 0,9 %** enthalten, während in solchen Fällen eine positive Kennzeichnungspflicht nicht besteht. Im Falle eines Lebensmittels oder einer Lebensmittelzutat tierischer Herkunft gelten dabei noch besondere Regelungen (§ 3a Abs. 4 EGGenT-DurchfG). So dürfen etwa dem Tier, von dem das Lebensmittel gewonnen worden ist, bestimmte Futtermittel, die GVO bestimmter Mengen enthalten, innerhalb bestimmter Zeiten nicht verabreicht worden sein. Es darf zur Kennzeichnung auch nur die Angabe „ohne Gentechnik" verwendet werden; andere Bezeichnungen sind nicht erlaubt, um eine Verwirrung der Verbraucher zu vermeiden. Die Beweislast dafür, dass die gesetzlichen Anforderungen für die Negativkennzeichnung erfüllt sind, trägt derjenige, der ein Lebensmittel mit der Kennzeichnung „ohne Gentechnik" in den Verkehr bringt oder bewirbt.

Für einen Kindertee durfte nach Ansicht des OLG Köln auch dann nicht mit der Angabe **„ohne Zuckerzusatz** (Saccharose)" geworben werden, wenn dies zutreffend war, da hierdurch der Anschein hervorgerufen wurde, der Tee enthalte keinerlei kariesfördernde Bestandteile.[1216] Dem steht die BGH-Entscheidung „Das Beste jeden Morgen"[1217] nicht zwingend entgegen, denn in dieser Entscheidung stellte der BGH nur fest, dass über das **Karies-Risiko** beim Verzehr von Produkten, die Zucker enthalten, nicht zusätzlich aufgeklärt werden muss, da dieses Risiko heute allgemein bekannt sei. Etwas anderes kann jedoch gelten, wenn ein solches Risiko durch die Werbung irreführend nicht nur verschwiegen, sondern verharmlost wird. Es sind zudem die Vorgaben für nährwertbezogene Angaben im Anhang der Health-Claims-VO zu beachten, die auch die Verwendung von „zuckerarm", „zuckerfrei" und „ohne Zuckerzusatz" sowie „energiereduziert" und „brennwertvermindert" regeln. 480

Irreführend ist es auch, ein homöopathisches Arzneimittel mit den Aussagen „bestens verträglich" und **„ohne bekannte Neben- und Wechselwirkungen"** zu bewerben, wenn sich die vorhandenen Beschwerden aufgrund der Wirkweise von Homöopathika bei der Einnahme des Produkts anfangs vorübergehend sogar verschlimmern können. Jedenfalls 481

[1211] Verordnung (EG) Nr. 1829/2003 des Europäischen Parlaments und des Rates vom 22.9.2003 über genetisch veränderte Lebensmittel und Futtermittel, ABl. 2003 L 268, S. 1.

[1212] Verordnung (EG) Nr. 1830/2003 des Europäischen Parlaments und des Rates vom 22.9.2003 über die Rückverfolgbarkeit und Kennzeichnung von genetisch veränderten Organismen und über die Rückverfolgbarkeit von aus genetisch veränderten Organismen hergestellten Lebensmitteln und Futtermitteln sowie zur Änderung der Richtlinie 2001/18/EG, ABl. 2003 L 268, S. 24.

[1213] Hierzu ausführlich *Schöder/Vandersanden* ZLR 2008, 543 (544 ff.).

[1214] *Schöder/Vandersanden* ZLR 2008, 543 (546).

[1215] Gesetz zur Durchführung der Verordnungen der Europäischen Gemeinschaft auf dem Gebiet der Gentechnik und über die Kennzeichnung ohne Anwendung gentechnischer Verfahren hergestellter Lebensmittel (EG-Gentechnik-Durchführungsgesetz – EGGenTDurchfG), vom 22.6.2004.

[1216] KG GRUR 1986, 258 – ohne Zuckerzusatz.

[1217] BGH GRUR 2002, 182 (185) – Das Beste jeden Morgen.

gilt es dann, wenn nicht darauf hingewiesen wird, dass es sich um ein homöopathisches Arzneimittel handelt.[1218]

482 Die Angabe **„ohne Fett"** auf der Verpackung von Süßigkeiten soll nach Ansicht des OLG Düsseldorf nicht relevant irreführend sein, wenn diese zwar 0,2 bis 0,4g Fett enthalten, das jedoch ohne ernährungsphysiologische Wirkung ist.[1219] Auch hier ist zudem die Health-Claims-VO zu beachten. Den Hinweis **„ohne Parfum"** in Bezug auf kosmetische Produkte versteht der Verkehr in der Weise, dass das Produkt frei von jeglicher Art von Duftstoffen ist.[1220] Ebenso verhält es sich mit der Angabe **„neutral"** für Hautpflegemittel.[1221] Die Angabe **„schadstofffrei"** ist nach Ansicht des OLG Stuttgart wörtlich zu verstehen, dh es dürfen keine auch nur abstrakt schädlichen Stoffe im Produkt enthalten sein, selbst wenn deren Konzentration unterhalb bestimmter Grenzwerte liege.[1222]

483 **o) Weitere Einzelfälle.** Werden von einer Apotheke bei einem Gewinnspiel Gutscheine mit der Beschreibung „20 % Rabatt auf einen **Artikel ihrer Wahl**" beworben, ist es irreführend, wenn die Gutscheine nur für preisungebundene Waren eingesetzt werden können.[1223] Bei der Werbung mit der **Auflage** von Pressemedien sind insbesondere die sog. IVW-Richtlinien der Informationsgemeinschaft zur Feststellung der Verbreitung von Werbeträgern eV zur Bestimmung der Verkehrsauffassung zu berücksichtigen.[1224] Toilettenpapier, das nur zu 80 % aus Altpapier besteht, darf nicht mit der Angabe **„aus Altpapier"** beworben werden.[1225] Eine **CD-Box,** die mit „100 Number 1 Hits" betitelt ist, muss auch die Originalversionen der jeweiligen Titel enthalten, die in den Hitlisten waren.[1226] Ein **Badezusatz** darf nicht als „Klosterfrau Naturarznei" bezeichnet werden, wenn er nicht ausschließlich aus Stoffen natürlicher Herkunft zusammengesetzt ist.[1227] Für Hühnereier aus **Batteriehaltung** darf durch die Abbildung einer kleinbäuerlichen Idylle in unberührter Natur nicht der Eindruck erweckt werden, die Eier stammten aus einer artgerechten Haltungsform der Hühner.[1228] Wirbt ein Möbelanbieter für einen „Direktvertrieb exklusiver … **Bauhausmöbel**" ist es irreführend, wenn es sich bei den Möbelstücken tatsächlich um nicht-autorisiert hergestellte Nachahmungen handelt.[1229] Die Bezeichnung **„Betonklinker"** erweckt bei den Abnehmern die Erwartung, es handele sich um Klinker, nicht aber um einen rot gefärbten Betonstein.[1230] Wird in einem Prospekt ein Komplett-**Bett** mit Lattenrost und Matratze abgebildet, erwarten die angesprochenen Verkehrskreise in Ermangelung hinreichend deutlicher Klarstellungen, dass Lattenrost und Matratze ebenfalls zum Lieferumfang gehören.[1231] Ein **Kosmetikum** darf nicht als „Bio-Oil" bezeichnet werden, wenn das Produkt überwiegend (50 % + x) aus chemisch-industriellen Substanzen besteht.[1232] Von einem **„Branchenbuch"** erwartet der Verkehr eine weitgehende Vollständigkeit; ist das nicht der Fall, zB weil ein Sammelbuch nur aus bestimmten bezahlten Einträgen besteht, so muss darauf zur Vermeidung einer Irreführung hingewiesen werden.[1233] Die Bewerbung eines gem. § 18 DeMailG akkreditierten **De-Mail-Dienstes** als

[1218] OLG München PharmR 2017, 353 Rn. 19.
[1219] OLG Düsseldorf GRUR-RR 2006, 235 (236) – ohne Fett. Zu Molkedrinks mit 0,04g Fettanteil siehe OLG Hamburg ZLR 2006, 162 ff. – ohne Fett II.
[1220] OLG Köln GRUR 1989, 684 – Baby-Pflegemittel ohne Parfüm.
[1221] LG Köln NJW-RR 1990, 240.
[1222] OLG Stuttgart WRP 2019, 516 Rn. 96 – Werbung mit „schadstofffrei".
[1223] OLG Jena GRUR-RR 2017, 113 Rn. 20 – Trostpreis der Apotheke.
[1224] Hierzu *Mayer* WRP 2010, 984 ff.
[1225] Vgl. BGH GRUR 1991, 546 – … aus Altpapier.
[1226] OLG Nürnberg BeckRS 2010, 27931 – 100 Number 1 Hits.
[1227] OLG Hamburg MD 1994, 462 – Naturarznei.
[1228] OLG Frankfurt a. M. GRUR-RR 2003, 192. Ähnlich bereits OLG Köln NJW 1985, 1911 (1912).
[1229] LG Hamburg MD 2010, 343.
[1230] BGH GRUR 1982, 563 ff. – Betonklinker.
[1231] BGH GRUR 2015, 698 Rn. 13 – Schlafzimmer komplett; OLG Hamm GRUR-RR 2015, 64 Rn. 28 ff. – Bettrahmen ohne Lattenrost.
[1232] OLG Hamm MD 2012, 610.
[1233] OLG Frankfurt a. M. GRUR-RR 2011, 142.

„amtliche E-Mail" ist hingegen nicht irreführend.[1234] Mit der Bezeichnung **„Buttergebäck"** verbinden die Endabnehmer ein Erzeugnis, das zumindest in erheblichem Umfang Butter (und nicht Butterschmalz) enthält.[1235] Aus der Bezeichnung **„Clinique"** für kosmetische Erzeugnisse folgert der Verkehr nach einer Entscheidung des EuGH nicht, dass es sich bei den Erzeugnissen um Arzneimittel handelt.[1236] Wird in einer Rundfunkwerbung für **Eierteig**waren Hühnergegacker eingeblendet, erwartet der Verkehr die Verwendung von Frischeiern und nicht von Trockeneimasse.[1237] Die kräftig-gelbe Färbung eines **Eierlikörs** führt der deutsche Verbraucher bei Fehlen eines aufklärenden Hinweises auf den Gehalt an Eiern, nicht aber auf die Benutzung von Dicke- und Färbemittel zurück.[1238] Die Bewerbung einer Kühlgefrierkombination, die nur zur Energieeffizienzklasse A+ gehört, mit **„Sehr sparsam im Energieverbrauch"** ist irreführend.[1239] Ein auf der Mobilfunktechnik beruhender Telefonanschluss stellt keinen **„Festnetzanschluss"** dar.[1240] Werden Hähnchenbrüste zerkleinert, in einem Kunstdarm zu neuer Masse zusammengeführt, gekocht und dann in gleich große Stücke zerkleinert, so dürfen diese nicht als „Hähnchen**filet**streifen" bezeichnet werden.[1241] Bei **„Fleischwurst"** erwartet der Verkehr keine Beimischung von drei oder mehr Volumenprozent Sojamehl.[1242] Bei der Angabe **„70 % Fruchtanteil"** für Fruchtaufstriche erwartet der Verkehr nicht, dass es sich hierbei um einen Frischfruchtanteil handelt.[1243] Bei Angabe von Fruchtsorten unter hervorgehobener Darstellung entsprechender Früchte (wie zB **„Erdbeere-Orange"**) erwartet der Verkehr nicht nur eine bestimmte Geschmacksrichtung, sondern auch, dass das Produkt diese Obstsorten auch tatsächlich enthält und deren Anteil größer ist als der anderer Obstsorten. Der Verkehr erwartet hingegen nicht, dass die zuerst genannte Obstsorte den größten Anteil der verwendeten Obstsorten ausmacht.[1244] **Gestaltungselemente** eines Erzeugnisses (wie zB die Oberflächenstruktur einer Schuhsohle) können Fehlvorstellungen über technische Eigenschaften des Produktes hervorrufen; das gilt insbesondere dann, wenn das Produkt einem Konkurrenzprodukt sehr ähnlich ist, das diese Eigenschaften besitzt.[1245] Wird ein Verbraucher darüber informiert, gewonnen zu haben und wird in diesem Zusammenhang auf eine **„Gewinnauskunft"** hingewiesen, dann erwartet der Durchschnittsverbraucher unter dieser Nummer eine Auskunft, welchen der möglichen Gewinne er gewonnen hat und nicht nur allgemeine Informationen über die ausgesetzten Gewinne.[1246] Die Aussage „Mit jeder Packung 20 Songs **gratis**" versteht der Verbraucher nicht dahingehend, dass er lediglich Zugriff auf Musikstücke erhält, die bei Internetradiosendern gespielt werden und die er nur während des Bestehens der Internetverbindung aufnehmen kann. Er erwartet vielmehr den Zugriff auf eine Datenbank, von der er 20 dort gespeicherte Musikstücke herunterladen kann.[1247] Für einen lediglich vergoldeten Anhänger darf nicht mit „**22 Karat** Goldauflage" oder **„24 Karat vergoldet"** geworben werden, weil der Verkehr die Feingehaltsangabe nicht nur auf das zur Vergoldung benutzte Material bezieht[1248] bzw. weil der Verkehr dann eine besonders hochwertige Vergoldung erwartet, während der Feingehalt des Goldes bei dünner Aufbringung

[1234] OLG Köln GRUR-RR 2013, 439 (440 f.) – GMX De-Mail – die amtliche E-Mail.
[1235] OLG Hamburg GRUR 1990, 55 ff. – Butasan.
[1236] EuGH Urt. v. 2.2.1994 – C-315/92, GRUR Int. 1994, 231 (233) – Clinique.
[1237] BGH GRUR 1961, 544 – Hühnergegacker.
[1238] OLG Köln GRUR 1992, 323 (324) – Holländischer Advocaat.
[1239] LG Freiburg BeckRS 2010, 17666.
[1240] OLG Düsseldorf GRUR-RR 2015, 219 Rn. 23 – Festnetzanschluss.
[1241] OVG Lüneburg BeckRS 2010, 50430.
[1242] OLG Köln GRUR 1986, 323 – Fleischwurst.
[1243] Vgl. KG GRUR 1988, 538 – 70 % Fruchtanteil.
[1244] OLG Köln MD 2008, 288 (291, 292) – Erdbeer-Orange.
[1245] OLG Frankfurt a. M. GRUR-RR 2019, 178 Rn. 9 – Fitwear-Sneaker; im konkreten Fall aber verneint.
[1246] BGH GRUR 2005, 1061 (1063) – Telefonische Gewinnauskunft.
[1247] OLG Düsseldorf BeckRS 2011, 11199.
[1248] KG GRUR 1987, 448 – Vergoldeter Schmuck.

wertmäßig nicht ins Gewicht fällt.[1249] Öl, das thermisch behandelt und erhitzt wurde, darf nicht als „**kaltgepresst,** aus 1. Pressung“ bezeichnet werden.[1250] Versteht der Verkehr unter **„Kunstglas“** sowohl künstlerisch bearbeitetes Glas als auch künstliches Glas, kann ein Verstoß gegen § 5 UWG ausscheiden, wenn in der Werbung unmissverständlich zum Ausdruck gebracht wird, dass mit „Kunstglas“ in diesem Fall Kunststoff gemeint ist.[1251] In einem Werbekatalog für **Lampen** erwartet der Verkehr Angaben zur Leuchtkraft der Lampen und nicht des Leuchtmittels.[1252] Gepäckstücke dürfen nicht als „World's **Lightest**“ beworben werden, wenn es leichtere Gepäckstücke mit ähnlichen Maßen und ähnlichem Volumen anderer Hersteller gibt.[1253] Eine **Matratze,** deren Anteil an Naturlatex nur 10–30 % beträgt, darf nicht mit der Angabe **„mit allergenfreiem Natur-Latex“** angepriesen werden.[1254] Unter einem **„Massivhaus“** versteht der Verkehr ein Haus, bei dem die stützenden und lasttragenden Wände aus Stein und mineralischen Stoffen errichtet wurden.[1255] Die schlagwortartige Angabe **„natriumarm“** auf Mineralwasserflaschen wird von den Verbrauchern als Hinweis darauf verstanden, dass das Getränk für natriumarme Ernährung geeignet ist.[1256] Zur Werbung mit **„neu“** → Rn. 524 ff. Bei einem **„Parkhotel“** erwartet der Verkehr möglicherweise ein gehobenes Niveau der erbrachten Beherbergungsleistungen, jedenfalls aber auch ein Hotel, das sich in der Nähe eines Parks oder einer parkähnlichen Fläche befindet und nicht nur an eine Durchgangsstraße gelegen ist.[1257] Wird ein Produkt mit der Angabe **„mit pflanzlichen Inhaltsstoffen“** beworben, ist dies selbst dann nicht irreführend, wenn die pflanzlichen Stoffe in chemisch verarbeiteter Form dargereicht werden.[1258] Erlaubt wurde die Abbildung einer Artischocke auf der Packung eines Arzneimittels, das zu 50 % aus einem Artischockenblätterextrakt besteht.[1259] Der Begriff **„Rechts-Service“** im Zusammenhang mit einem Bankkonto ist ohne genaue Erläuterung für den Verbraucher nicht verständlich und damit irreführend.[1260] Papier, zu dessen Herstellung auch Fabrikationsreste verwendet werden, die bei der Produktion von Frischfaserpapier anfallen, darf nicht als **„100 % recycled“** bezeichnet werden.[1261] Von einem **„Resort“** erwartet der Verkehr eine Ferienanlage mit Beherbergung, aber auch mit zusätzlichen Freizeitangeboten.[1262] Die Aussage **„100 % . . . säurefrei“** in Bezug auf einen Reinigungs- und Polierstein versteht der Verkehr dahin, dass das Produkt auch keine Säuren enthält, die neutralisiert sind.[1263] Die Bewerbung eines Kinderschuhs mit der Materialangabe „Obermaterial **reine Schurwolle** – Laufsohle Polyester-Filz mit Latexbeschichtung“ ist irreführend, wenn der Schaft des Schuhs noch ein Strickbündchen aus einer Kunstfaser aufweist.[1264] Wer über sog. **Selektivverträge** zahnärztliche Leistungen anbietet, die über die sog. gesetzliche Regelversorgung hinausgehen und dabei sein Programm als „deutschlandweit einziges **Vollprogramm**“ bezeichnet, bei dem der Patient zahnärztliche Leistungen erhält, erweckt damit den Eindruck, dass *alle* über die gesetzliche Regelversorgung hinausgehenden Leistungen angeboten werden.[1265] Wer Produktschlüssel

[1249] OLG Karlsruhe GRUR-RR 2017, 412 Rn. 21 – 24 Karat vergoldet.
[1250] OVG Münster BeckRS 2010, 55 279.
[1251] BGH GRUR 1960, 567 (571) – Kunstglas.
[1252] OLG Frankfurt a. M. GRUR-RR 2017, 26 Rn. 18 – schwebender Leuchtenkörper.
[1253] OLG Frankfurt a. M. WRP 2019, 648 (Ls.) – World's Lightest.
[1254] OLG Köln NJWE-WettbR 2000, 281 – „mit allergenfreiem Natur-Latex“.
[1255] OLG Rostock OLG Report 2006, 367.
[1256] OLG Köln WRP 1995, 128 – natriumarm. Für andere Lebensmittel als natürliche Mineralwässer richtet sich die Verwendung nach Art. 8 iVm dem Anhang zur Health-Claims-Verordnung (EG) Nr. 1924/2006.
[1257] OLG Karlsruhe WRP 2012, 1292 Rn. 20 – Parkhotel.
[1258] OLG Hamburg MD 2001, 311 (314).
[1259] OLG Frankfurt a. M. NJW-RR 1996, 33.
[1260] OLG Hamburg GRUR-RR 2017, 65 Rn. 47, 54 – Bankkonto mit Rechtsservice.
[1261] KG AbfallR 2010, 216.
[1262] OLG Düsseldorf GRUR-RR 2015, 217 Rn. 28 – Ostsee-Resort.
[1263] OLG Köln MD 2002, 296 – biologisch abbaubar … säurefrei.
[1264] OLG Düsseldorf 5.10.2010 – I-20 U 180/09, BeckRS 2010, 26577.
[1265] OLG Hamm WRP 2014, 220 Rn. 65 ff.

für sog. gebrauchte **Software** vertreibt, ohne nach der Rechtsprechung des EuGH und des BGH zur Erschöpfung beim Online-Vertrieb von Software ein Nutzungsrecht einräumen zu können, handelt irreführend.[1266] Dies gilt hingegen nicht, wenn der Produktschlüssel noch gar nicht aktiviert wurde.[1267] Wird ein **Staubsauger** mit den Aussagen „ohne Saugkraftverlust" und „konstante Saugkraft" beworben, so darf dies nicht bloß für die höchste Leistungsstufe gelten.[1268] Die Beeinflussung von **Suchmaschinen** in der Art, dass bei Verwendung bestimmter Begriffe eine bestimmte Internetseite auf einem oberen Platz angezeigt wird (sog. Search Engine Optimisation), stellt, wenn nur legale Hilfestellungen angeboten werden, keine Irreführung dar;[1269] allerdings sind bei dieser Tätigkeit auch weitere Aspekte zu berücksichtigen, insbesondere markenrechtliche Vorgaben bei der Verwendung von sog. Keywords und Adwords sowie von sog. Metatags. Das Einstellen eines Gebrauchtfahrzeugs auf einer Internethandelsplattform in einer **Suchrubrik** mit einer geringeren als der tatsächlichen Laufzeit ist zwar eine unwahre Angabe, zur Irreführung aber dennoch nicht geeignet, wenn aus der Überschrift der Anzeige ohne Weiteres die wahre Laufleistung hervorgeht.[1270] Die Bezeichnung **„synthetisches Motorenöl"** hat sich bei beachtlichen Teilen des Verkehrs derart verfestigt, dass ein so bezeichnetes Erzeugnis in seiner Zusammensetzung und seinen Eigenschaften nicht wesentlich von anderen „synthetischen Motorölen" abweichen darf.[1271] Die in einem **Telefonverzeichnis** unter dem Buchstaben „T" veröffentlichte Anzeige eines Mietwagenunternehmens stellt keine Irreführung des Verkehrs dar, sofern deutlich darauf hingewiesen wird, dass kein Taxen- sondern Mietwagenverkehr angeboten wird.[1272] Der Durchschnittsverbraucher beschränkt sich bei der Durchsicht eines Werbeprospekts für **Teppiche** nicht auf das Betrachten der Abbildungen, sondern befasst sich auch mit klein gedruckten Erläuterungen. Daher hat der BGH eine Irreführung darüber verneint, dass es sich bei den angebotenen Teppichen um **Webteppiche** und nicht um handgeknüpfte Teppiche handelte.[1273] Bei **„Textilleder"** erwartet der Verkehr, dass der Stoff zumindest überwiegend aus Leder besteht.[1274] Ein Schokoladenprodukt darf nach OLG Bremen mit dem Hinweis **„Milchcremefüllung mit ... Traubenzucker"** beworben werden, obwohl es überwiegend mit Kristallzucker gesüßt ist und sich die Werbung vornehmlich an Kinder wendet.[1275] Wird hingegen ein Früchtequark mit der Aussage ***„So wichtig wie das tägliche Glas Milch"*** beworben, bezieht der Verbraucher diese Aussage nicht auf einen Vergleich des Zuckeranteils, da er weiß, dass es sich bei Früchtequark um ein Produkt handelt, welches sich in seiner Zusammensetzung deutlich von Milch unterscheidet.[1276] Dem Slogan steht daher nicht entgegen, dass der Früchtequark rund 2,75 Mal mehr Zucker enthält als Milch. Das Angebot eines Gebrauchtwagens als Jahreswagen aus **„1. Hand"** bzw. mit dem Zusatz **„1 Vorbesitzer"** ist irreführend, wenn das Fahrzeug als Mietwagen genutzt worden ist.[1277] Bei einem „Vorder**schinken**" erwartet der Verkehr, dass die Schinkenqualität den Leitsätzen des Deutschen Lebensmittelbuches entspricht und nicht lediglich „nach italienischer Art" aus Vorderschinken

---

[1266] OLG Frankfurt a. M. MMR 2017, 263 Rn. 21 mit Nachweisen zur EuGH- und BGH-Rechtsprechung.

[1267] OLG Frankfurt a. M. MMR 2016, 819 Rn. 4; in diesem Fall muss der Kläger beweisen, dass der Rechteinhaber seine Zustimmung verweigern wird.

[1268] OLG Köln GRUR-RR 2012, 480 (481) – Galileo.

[1269] OLG Köln BeckRS 2011, 14258.

[1270] BGH GRUR 2012, 286 Rn. 18 ff. – Falsche Suchrubrik. Anders hingegen OLG Köln MMR 2020, 708 – TOP Angebot auf autoscout 24, wenn die falsche Angabe des Kilometerstandes aufgrund des Algorithmus der Plattform zu einer blickfangmäßig herausgestellten Bewertung als „TOP-Angebot" führt.

[1271] OLG Hamburg WRP 1989, 667; BGH GRUR 2018, 1263 Rn. 17 – Vollsynthetisches Motorenöl.

[1272] OLG Frankfurt a. M. GRUR-RR 2011, 140 – Buchstabe T.

[1273] BGH GRUR 2000, 619 (621) – Orient-Teppichmuster.

[1274] OLG Bamberg MD 2012, 719.

[1275] OLG Bremen ZLR 2005, 404 (405) – Mit Traubenzucker.

[1276] BGH GRUR 2015, 403 Rn. 22, 30 – Monsterbacke II.

[1277] OLG Hamm MD 2010, 970 (973) – Mietwagen aus 1. Hand; OLG München WRP 2012, 87 Rn. 12 ff. – Jahreswagen.

geformt und teilweise zerkleinert ist.[1278] Obgleich das Wort **„Weingeist"** in Verbindung mit einem Getränk fachterminologisch lediglich besagt, dass das Erzeugnis Äthylalkohol enthält, schließt der Verkehr aus der schlagwortartigen Verwendung des Begriffs auf dem Etikett, das Erzeugnis sei aus Wein oder Weintrauben hergestellt.[1279] Wird für ein **Wörterbuch** ohne nähere Erläuterung mit einer Wortanzahl geworben, so versteht der Durchschnittsverbraucher diese Angabe als Hinweis darauf, wie viele Wörter übersetzt sind, ohne Berücksichtigung der Wörter in den Übersetzungen.[1280] Die Bewerbung eines **„Zahnärztlichen Notdienstes"** durch eine Zahnarztpraxis in Telefonbüchern unter der Rubrik „Notrufe" ist irreführend.[1281] Unter der Bezeichnung als **„Zeitung"** erwartet der Verkehr ein periodisch erscheinendes Druckerzeugnis mit redaktionellem Inhalt und kein reines Anzeigenblatt.[1282]Verknüpft eine gesetzliche Krankenkasse von ihr erbrachte Extraleistungen mit dem Begriff „Variobeitrag", so ist das irreführend, wenn es sich bei diesem Beitrag nur um den in § 242 SGB V vorgesehenen **Zusatzbeitrag** handelt, der gerade nicht zusätzliche Leistungen abdeckt.[1283]

484 **4. Verhältnis zu sonderrechtlichen Normen.** Insbesondere zur Zusammensetzung von Lebensmitteln besteht eine Vielzahl sonderrechtlicher Normen.[1284] Zu einem Konflikt kann es in zwei Konstellationen kommen: Entweder das Spezialrecht enthält ein eigenständiges Verbot, so dass sich die Frage stellt, ob dieses Verbot vorrangig anwendbar ist und dementsprechend (i) eine Werbung verbieten kann, die nach allgemeinem Recht möglicherweise erlaubt wäre oder aber (ii) eine Aussage gerade nicht verbietet und man sich fragen muss, ob ein Rückgriff auf das allgemeine Irreführungsverbot des Wettbewerbsrechts erlaubt ist (nachfolgend → Rn. 485). Oder das Spezialrecht sieht die Verwendung bestimmter Bezeichnungen vor, so dass sich die Frage stellt, ob diese Bezeichnungen dennoch als irreführend verboten werden können (nachfolgend → Rn. 486 ff.). Enthält das Spezialrecht hingegen keine positive Regelung, so kommen die allgemeinen Vorschriften zur Anwendung. So ließ zB eine fehlende Kennzeichnungspflicht nach der (mittlerweile aufgehobenen) LMKV keinen Rückschluss auf die Zulässigkeit einer Bezeichnung iSv §§ 11 Abs. 1 LFGB/Art. 7 LMIV, 5 UWG zu.[1285]

485 **a) Sonderrechtliches Verbot.** Soweit das Sonderrecht **eigenständige Irreführungsverbote** statuiert (zB Art. 7 Abs. 4 LMIV, § 13 Abs. 4 Nr. 1c LFGB iVm bestimmten Verordnungen wie zB § 15 Abs. 1 MTVO), ist § 5 UWG neben diesen Vorschriften zwar grundsätzlich anwendbar.[1286] Ist das sondergesetzliche Irreführungsverbot aber erschöpfend – was häufig unter Rückgriff auf Vorgaben des Gemeinschaftsrechts beurteilt werden muss – und fällt das beanstandete Verhalten nicht unter diese sonderrechtliche Verbotsnorm, ist auch § 5 UWG nicht einschlägig. Das Verbot des § 5 UWG kann zB im Anwendungsbereich des Art. 7 LMIV nicht weiter gehen als die dort getroffenen Regelungen,[1287] da bereits die Etikettierungsrichtlinie 2000/13/EG gegenüber der Irreführungsrichtlinie vor-

[1278] OVG Münster BeckRS 2010, 56244 (56245).

[1279] BGH GRUR 1973, 481 (483) – Weingeist.

[1280] OLG Hamburg NJOZ 2004, 3571 (3574 f.) – Multilex.

[1281] OLG Hamm GRUR-RR 2010, 61 f. – Zahnärztlicher Notdienst.

[1282] OLG Köln AfP 1999, 86 (87); GRUR-RR 2013, 334 (335) („in nennenswertem Umfang" redaktionelle Text- und Bildbeiträge erforderlich).

[1283] OLG Frankfurt a. M. GRUR-RR 2017, 152 Rn. 16 – Variobeitrag.

[1284] Überblick bei *v. Jagow* → § 3a Rn. 89 ff.; ausführlich auch *Schoene* in Gloy/Loschelder/Danckwerts HdbWettbR § 74 Rn. 2 f.; zum Verhältnis zwischen Lebensmittel- und Lauterkeitsrecht insbesondere unter Berücksichtigung des Gemeinschaftsrechts siehe auch *Köhler* WRP 2014, 637 ff.

[1285] BVerwG BeckRS 2011, 49976.

[1286] BGH WRP 2003, 748 (749) – Klosterbrauerei; Ohly/Sosnitza/*Sosnitza* UWG § 5 Rn. 21.

[1287] So auch schon zu § 11 LFGB aF BGH WRP 2007, 772 (774) – Umsatzzuwachs; WRP 2003, 748 (749) – Klosterbrauerei; OLG Nürnberg GRUR 2000, 1105 (1106); OLG Frankfurt a. M. GRUR-RR 2001, 67 (69); *Bornkamm* FS BGH, 2000, 343 (354); OLG Düsseldorf GRUR-RR 2006, 235 (236) – ohne Fett. Vgl. auch BGH GRUR 2002, 1091 (1092) – Bodensee-Tafelwasser; OLG Düsseldorf GRUR-RR 2016, 354 Rn. 19 – Migränemittel vom Apotheker; OLG Nürnberg LMuR 2017, 103 (104) – Weide-Milch.

rangig war.[1288] Nichts anderes gilt für das Verhältnis UGP-Richtlinie und LMIV: Die UGP-Richtlinie lässt die Informationsanforderungen des Lebensmittelrechts gem. Art. 3 Abs. 4 und Erwägungsgrund 10 UGP-Richtlinie sowie Erwägungsgrund 5 der LMIV ausdrücklich unberührt. Daher kann eine Werbung nach Art. 7 LMIV oder Art. 3 Abs. 2 HCVO irreführend sein, obwohl sie es nach § 5 UWG bzw. Art. 6 Abs. 1 UGP-Richtlinie nicht wäre.[1289] Zur Werbung mit nährwert- und gesundheitsbezogenen Aussagen und zu dem Anwendungsbereich der Health-Claims-VO → Rn. 551 ff. und *v. Jagow* → § 3a Rn. 90e).

b) Andere sonderrechtliche Regelungen. Soweit die sondergesetzlichen Bestimmungen hingegen kein Verbot enthalten, sondern nur die Zusammensetzung oder Herstellungsart von Lebensmitteln oder deren Verkehrsbezeichnung festlegen, kommt es darauf an, in welcher **Normenhierarchie** diese Bestimmungen zum Irreführungsverbot stehen, ob die in Frage stehenden Angaben gesetzlich **zwingend vorgegeben** werden und ob sie ausdrücklich oder konkludent **erlaubt** werden oder ob sie im Gesetz nur verwendet werden. **486**

aa) Höherrangiges Recht. Werden in höherrangigen Normen, zB EG-Verordnungen, bestimmte Bezeichnungen vorgeschrieben oder zugelassen, so haben diese Bestimmungen Vorrang vor dem Irreführungsverbot des § 5 UWG. Dasselbe gilt, wenn höherrangige Normen ein bestimmtes Verständnis einer Bezeichnung fingieren, so zB Art. 2, 23 Abs. 1 und Anhang 1 EG-Öko-Basis VO 834/2007 bei Verwendung der Begriffe „ökologisch" oder „biologisch".[1290] In diesem Fall ist dieses Verständnis verbindlich, unabhängig von einem etwaigen anderen tatsächlichen Verkehrsverständnis.[1291] **487**

bb) Zwingende gesetzliche Vorgaben. Soweit Kennzeichnungen und Angaben in gleichrangigen Gesetzen zwingend vorgegeben sind, sind diese vom Werbetreibenden zu verwenden. Unterlässt der Unternehmer dies, wird das im Regelfall irreführend iSv §§ 5, 5a UWG wirken und außerdem einen Verstoß gegen §§ 3, 3a UWG begründen.[1292] Werden zB bei einem Desinfektionsmittel die darin enthaltenen Gifte entgegen den gesetzlichen Bestimmungen nicht angegeben, ist das irreführend.[1293] Zwar bedeutet eine unvollständige Angabe nicht ohne weiteres, dass sie unrichtig ist. Auch ist der Unternehmer nicht unbedingt zu vollständigen Angaben verpflichtet.[1294] Etwas anderes gilt jedoch, wenn er auf Grund der zwingenden gesetzlichen Vorgaben zur Aufklärung verpflichtet ist oder wenn der Verkehr die Kennzeichnung als wesentlich ansieht und aus ihrem Unterbleiben den Schluss zieht, die verschwiegene Eigenschaft der Ware sei nicht gegeben.[1295] Letzteres wird im Rahmen von Angaben, die einen objektiven Charakter haben (wie zB das Zutatenverzeichnis bei Lebensmitteln), wahrscheinlicher sein als bei reinen Werbeaussagen, die als solche erkennbar sind und denen der Verbraucher in der Regel ein größeres Maß an Skepsis entgegenbringt. Je größer die Gefahren sind, die von einem Produkt ausgehen, desto eher wird der Verkehr von einschlägigen positiven Kennzeichnungsvorschriften und deren Einhaltung durch den Anbieter ausgehen.[1296] **488**

Verwendet der Unternehmer die **gesetzlich vorgeschriebenen Bezeichnungen** und Angaben, **kommt ein Verstoß gegen § 5 UWG allein deshalb nicht in Betracht.**[1297] **489**

[1288] Zum Vorrang der Etikettierungsrichtlinie: EuGH EWS 2003, 89 (92) – Sterbenz und Haug; Slg. 2002, 9391 (9402) – Linhart und Biffl. Vgl. auch BGH GRUR 1997, 756 (757) – Kessler Hochgewächs.

[1289] *Köhler* WRP 2014, 637 (638).

[1290] Demnächst Art. 3, 30 Abs. 1 und Anhang IV VO (EU) 2018/848.

[1291] BVerfG NJW 2002, 1486.

[1292] Siehe auch § 3a UWG (vormals § 4 Nr. 11 UWG aF).

[1293] BGH GRUR 1964, 269 (272 f.) – Grobdesin.

[1294] BGH GRUR 1952, 416 (417) – Dauerdose; 1957, 491 (493) – Wellaform; GRUR 1997, 672 (674) – Sonderpostenhändler.

[1295] BGH GRUR 1964, 269 (272 f.) – Grobdesin.

[1296] Vgl. BGH GRUR 1964, 269 (272) – Grobdesin.

[1297] BGH GRUR 1982, 423 (424) – Schlossdoktor/Klosterdoktor; BGH GRUR 1997, 756 (757) – Kessler Hochgewächs; BVerwG ZLR 1992, 528 (535) – Becel-Diät-Teewurst; OLG Karlsruhe ZLR 1994, 391 (393)

Daher darf ein Pfirsich-Likör, der Aromenverordnung entsprechend, mit der Angabe „mit naturidentischen Aromastoffen" beworben werden, auch wenn der Verkehr glaubt, es handele sich dabei um natürliche Aromastoffe.[1298] Ebenso darf die Bezeichnung **„Fruchtnektar"** entsprechend der FruchtsaftVO (Anlage 1 Nr. 4) verwendet werden, auch wenn Teile des Verkehrs mit einem „Nektar" Qualitätsvorstellungen verbinden, die über die gesetzliche Regelung hinausgehen.[1299]

490 Selbst bei Beachtung der gesetzlichen Vorgaben kann sich eine Irreführung allerdings auf Grund **weiterer Umstände** ergeben, auf die sich die normativen Vorgaben nicht erstrecken,[1300] wie zB durch die Hervorhebung von Selbstverständlichkeiten[1301] oder durch zusätzliche, gesetzlich nicht vorgeschriebene Angaben. Aus diesem Grund ist es beispielsweise verboten, einen „Französischen **Branntwein** aus Wein" zusätzlich als „Französischen Brandy" zu bezeichnen, wenn der Verkehr in seinen Qualitätsvorstellungen **„Brandy"** mit einem Weinbrand gleichsetzt (so auch Nr. 5 im Anhang II zur VO 110/2008), der konkret beworbene Branntwein diese Qualitätsvoraussetzungen eines Weinbrands aber nicht erfüllt.[1302]

491 **cc) Gesetzlich erlaubte oder verwendete Kennzeichnungen und Angaben.** Werden Angaben oder Bezeichnungen in Normen nicht vorgeschrieben, sondern werden nur bestimmte Begriffe verwendet oder werden bestimmte Angaben erlaubt, so ist allein entscheidend, wie der durchschnittlich informierte und verständige Verbraucher sie versteht.[1303] Im Regelfall wird der Verbraucher erwarten, dass die beworbene Ware und die verwendeten Bezeichnungen dem entsprechen, was die damit befassten Normen, Fachkreise und Stellen vorschreiben bzw. für richtig befinden.[1304] Insbesondere wird der Verkehr bei der Verwendung gesetzlicher Bezeichnungen in der Regel nicht erwarten, dass die beworbene Ware höhere Anforderungen erfüllt, als es in den einschlägigen Bestimmungen festgelegt ist.[1305] Entsprechendes gilt für den Fall, dass auf die **Einhaltung gesetzlicher Vorgaben** (zB Grenzwerte) **hingewiesen** wird. Der Käufer eines Kraftfahrzeugs erwartet bei der Werbung mit der Einhaltung von Abgaswerten nach **„EURO 6"** beispielsweise, dass das beworbene Fahrzeug die für es festgelegten Grenzwerte für Schadstoffemissionen in der entsprechenden Norm[1306] nicht überschreitet. Die korrekte Bezeichnung der Norm „EURO 6" sowie die genaue Höhe der Grenzwerte und deren Berechnung dem Gesetz nach werden ihm hingegen regelmäßig egal sein.

– biologisch-dynamisch; GK-*Lindacher/Peifer* § 5 Rn. 177; Ohly/Sosnitza/*Sosnitza* UWG § 5 Rn. 255; *v. Gamm* GRUR 1984, 165 (168); Zipfel/Rathke, LebensmittelR/*Rathke,* 177. EL Juli 2020, LMIV Art. 7 Rn. 65; *Streinz* GRUR 1996, 16 (23 f.), wobei teilweise (nicht vom BGH) von einer „normierten Verkehrsauffassung" gesprochen wird.

[1298] OLG Hamburg WRP 1990, 530 (531) – Pfirsichlikör.

[1299] Vgl. OLG Nürnberg GRUR 2000, 1105 (1106) – Verkehrsverständnis Säfte.

[1300] Angedeutet in BGH GRUR 1967, 495 (497) – Samo.

[1301] BGH GRUR 1973, 481 (482 f.) – Weingeist. Nunmehr allgemein in Nr. 10 im Anhang zu § 3 Abs. 3 UWG geregelt, sowie speziell für Lebensmittel in § 11 Abs. 1 Nr. 3 LFGB.

[1302] BGH GRUR 1984, 455 (456) – Französischer Brandy. Zu den Anforderungen an „Deutschen Weinbrand" siehe § 2 Alkoholhaltige Getränke-Verordnung, AGeV (i. d. Neufass. der Bek. v. 30.6.2003, BGBl. I S. 1255). Siehe auch Art. 9 VO (EG) 110/2008 und Nr. 4 und 5 im Anhang II dazu.

[1303] BGH GRUR 1983, 245 (247) – naturrot; GRUR 1991, 554 (555) – Finanzbuchhalter. Weitergehend bei gesetzlich erlaubten Bezeichnungen GK-*Lindacher/Peifer* § 5 Rn. 181 ff., 178 ff.; *Helm/Sonntag/Burger* in Gloy/Loschelder/Erdmann HdbWettbR § 59 Rn. 234.

[1304] BGH GRUR 1958, 492 (496) – Eis-Pralinen; GRUR 1964, 269 (272) – Grobdesin; GRUR 1967, 30 (32) – Rum-Verschnitt; GRUR 1969, 280 (282) – Scotch Whisky; abgelehnt für Nuss-Nougat-Creme in OLG Düsseldorf GRUR 1985, 233 (234) – ohne Streckmittel.

[1305] BGH GRUR 1984, 376 (377) – Johannesbeerkonzentrat.

[1306] Anhang I Tabelle 2 zur Verordnung (EG) Nr. 715/2007 des Europäischen Parlamentes und des Rates vom 20.6.2007 über die Typengenehmigung von Kraftfahrzeugen hinsichtlich der Emissionen von leichten Personenkraftwagen und Nutzfahrzeugen (EUR 5 und EUR 6) und über den Zugang zu Reparatur- und Wartungsinformationen für Fahrzeuge (ABl. 2007 L 171, S. 1); § 47 StVZO; siehe auch LG Braunschweig GRUR-RR 2004, 30 (31).

In Ausnahmefällen kann ein Begriff in seiner gesetzlichen Verwendung aber auch von der Bedeutung **abweichen,** die ihm von der Verkehrsauffassung beigemessen wird. Das gilt insbesondere bei gesetzlich neu eingeführten Bezeichnungen oder sehr alten Normen, die dem aktuellen Verkehrsverständnis nicht mehr entsprechen.[1307] Auch in solchen Fällen entscheidet das **Verkehrsverständnis.**[1308] Dabei kann das Verkehrsverständnis **enger,** aber auch **weiter** sein als der Wortlaut des Gesetzes. So muss der Verkehr den allgemein gebräuchlichen Ausdruck „Säfte" in der Werbung[1309] nicht unbedingt gleichsetzen mit der künstlich geschaffenen Verkehrsbezeichnung „Fruchtsäfte" im Sinne von Anlage 1 FruchtsaftVO, sondern kann ihn auch als Oberbegriff für Getränke mit Obstanteil verstehen.[1310] Umgekehrt können in bestimmten Fällen zur Vermeidung einer Irreführungsgefahr zusätzliche Angaben erforderlich sein. So durften die Kraftstoffverbrauchswerte nach der **DIN-Norm 70030,** die unter Idealbedingungen ermittelt wurden, ohne klarstellende Hinweise nicht zum Vergleich mit dem tatsächlichen Kraftstoffverbrauch eines Fahrzeugs herangezogen werden. Die alte KfZ-GruppenfreistellungsVO (EG) Nr. 1400/2002[1311] (EU) definierte in Art. 1 Abs. 1 (t) – für die Anwendung dieser Verordnung – **„Originalersatzteile"** als Teile, die von gleicher Qualität sind wie die Bauteile, die für die Montage des Neufahrzeugs verwendet werden oder wurden und die nach den Spezifizierungen und Produktionsanforderungen hergestellt werden, die vom Kraftfahrzeughersteller für die Herstellung der Bauteile oder Ersatzteile des fraglichen Kraftfahrzeugs vorgegeben wurden. Allerdings erwartet der Verkehr von einem „Originalersatzteil" zusätzlich, dass dieses auch einer geeigneten Kontrolle durch den KfZ-Hersteller unterliegt.[1312] Die neue Verordnung Nr. 461/2010 vom 27.5.2010 über vertikale Vereinbarungen und abgestimmte Verhaltensweisen im Kraftfahrzeugsektor[1313] definiert den Begriff „Original"-Ersatzteil nicht mehr. Versteht der Verkehr unter einer **„Praline"** nur ein schokoladenhaltiges Erzeugnis, so ist diese Auffassung wettbewerbsrechtlich auch dann maßgeblich, wenn der Begriff im Lebensmittelrecht weiter verstanden wird und die Verwendung der Bezeichnung auch für nichtschokoladenhaltige Erzeugnisse erlaubt ist.[1314] Das Gesetz über den Feingehalt von Gold- und Silberwaren erlaubt, dass Goldwaren mit jedem Feingehalt gestempelt werden dürfen. Aufgrund jahrzehntelanger Übung erwartet der Verkehr in Deutschland allerdings von **„Goldschmuck"** einen Feingehalt von mindestens 333/1000, so dass es bei so bezeichnetem „Goldschmuck" von geringerem Feingehalt zusätzlicher Angaben zur Vermeidung einer Irreführung bedarf.[1315] 492

Allerdings ist **bei der Annahme solcher Ausnahmefälle Zurückhaltung geboten.** Denn es bedarf grundsätzlich keiner Aufklärung über Bedeutung und Inhalt der gesetzlich verwendeten Bezeichnungen. Der Unternehmer kann regelmäßig von einer entsprechenden Kenntnis des durchschnittlich informierten und verständigen Verbrauchers ausgehen, zumal sich dieser an entsprechende Bezeichnungen gewöhnt und daher auch eine entsprechende Warenbeschaffenheit erwartet.[1316] Zudem unterfällt die Werbung mit wahren 493

1307 Vgl. BGH GRUR 1992, 525 (526) – Professorenbezeichnung II.

1308 BGH GRUR 1992, 70 (71) – 40% weniger Fett; aA OLG Hamburg MD 2004, 35 (43) – „Spreewälder Gurken". Vgl. auch OLG Hamburg GRUR-RR 2006, 289 (290) – SprudelFixx: Abweichung von MTVO und den Leitsätzen für Erfrischungsgetränken.

1309 Auf der Fertigpackung eines Lebensmittels hingegen ist die Verkehrsbezeichnung anzugeben, die sich primär nach den gesetzlichen Vorgaben und nur bei deren Fehlen nach der allgemeinen Verkehrsauffassung bestimmt, Art. 17 Abs. 1 LMIV.

1310 OLG Nürnberg GRUR 2000, 1105 (1106) – Verkehrsverständnis Säfte.

1311 Verordnung (EG) Nr. 1400/2002 der Kommission vom 31.7.2001 über die Anwendung von Artikel 81 Abs. 3 des Vertrags auf Gruppen von vertikalen Vereinbarungen und aufeinander abgestimmten Verhaltensweisen im Kraftfahrzeugsektor, ABl. 2002 L 203, S. 30.

1312 Vgl. BGH GRUR 1963, 142 (146) – Original Ersatzteile; GRUR 1966, 211 (212) – Ölfilter.

1313 ABl. 2010 L 129, S. 52.

1314 BGH GRUR 1958, 492 (495) – Eis-Pralinen; vgl. nunmehr allerdings Anlage 1.10 der KakaoVO v. 15.12.2003 (BGBl. I S. 2738). Siehe auch LG Hamburg LRE 27, 95 (103) zur Größe einer Praline.

1315 BGH GRUR 1983, 651 (652 f.) – Feingoldgehalt.

1316 BGH GRUR 1990, 70 (71) – 40% weniger Fett.

Tatsachenbehauptungen der Meinungsfreiheit nach **Art. 5 Abs. 1 S. 1 GG** und kann daher nach der Rechtsprechung des BVerfG nur bei einer konkreten Gefährdung des Leistungswettbewerbs untersagt werden.[1317]

494 In jedem Fall ist genau zu prüfen, ob die verwendete Werbeaussage von der gesetzlichen Regelung überhaupt gedeckt ist. So sieht § 9 Abs. 3, Anlage 6 Mineral- und Tafelwasser-Verordnung (MTVO) die Angabe **„natriumhaltig"** für Mineralwässer mit einem Natriumgehalt von mehr als 200 mg/l vor; dennoch kann die Bezeichnung **„natriumarm"** für Mineralwässer mit einem niedrigeren Gehalt irreführend sein.[1318] So konnten auch Angaben, die der bis 2017 geltenden Nährwertkennzeichnungsverordnung entsprachen, aufgrund anderer Umstände irreführend sein,[1319] wie etwa die Aussage *„40 % weniger Fett"* in der Werbung für Kartoffelchips, wenn der Verkehr die Aussage nicht nur auf den *durchschnittlichen* Nährstoffgehalt vergleichbarer Lebensmittel bezog, sondern hierin einen Vergleich mit jeder anderen Kartoffelchip-Marke sah.[1320]

495 **Besonderheiten** bestehen bei **importierten Lebensmitteln** aus anderen Mitgliedstaaten der Europäischen Gemeinschaft bzw. des EWR. So darf ein Erzeugnis, das in einem Mitgliedstaat der Europäischen Gemeinschaft oder des EWR rechtmäßig unter einer bestimmten Verkehrsbezeichnung hergestellt und in den Verkehr gebracht wurde, **im Regelfall auch in Deutschland unter dieser Bezeichnung vertrieben werden.** Einer etwaigen Irreführung kann grundsätzlich nicht durch ein Verbot des Vertriebs unter dieser Verkehrsbezeichnung, sondern nur durch zusätzliche Angaben Rechnung getragen werden, § 54 LFGB, Art. 17 Abs. 2 LMIV. Ist eine Werbung hingegen nicht fest mit dem beworbenen Produkt verbunden, so ist ein Verbot der Werbung grundsätzlich nur die Regelung einer nicht von Art. 34 AEUV erfassten Verkaufsmodalität, so dass originär nationale Maßstäbe heranzuziehen sind.[1321]

496 **dd) DIN-Normen.** DIN-Normen sind die vom Deutschen Institut für Normung eV aufgestellten Regeln. Wird in der Werbung auf eine oder mehrere solcher DIN-Normen Bezug genommen, erwartet der Verkehr, dass das beworbene Produkt bzw. die beworbene Dienstleistung die in allen erwähnten Normen aufgestellten Anforderungen erfüllt.[1322] Je nach Inhalt der Norm gilt das sowohl für den Endzustand der Ware als auch ihre Fertigungsmethode, mit welcher der normgerechte Zustand herbeigeführt werden soll.[1323] Bestehen **Abweichungen von der Norm,** sind diese **kenntlich** zu **machen.**[1324] So erwartet der Verkehr auf Grund der DIN-Plaketten an Zapfsäulen beispielsweise normgerechten Kraftstoff, so dass der Tankstellenbetreiber für nicht normgemäßes Benzin haften kann.[1325] Wird auf mehrere Normen verwiesen, müssen sämtliche Anforderungen in jeder Hinsicht erfüllt sein.[1326] Das gilt auch bei einem Verweis auf internationale Normen.[1327]

[1317] → Rn. 441; im Ergebnis ebenso OLG Hamburg MD 2004, 35 (43) – „Spreewälder Gurken".

[1318] OLG Köln WRP 1995, 128 (130 ff.) – natriumarm. Für andere Lebensmittel als natürliche Mineralwässer richtet sich die Verwendung nach Art. 8 iVm dem Anhang zur sog. Health-Claims-Verordnung (EG Nr. 1924/2006).

[1319] Vgl. BGH GRUR 1992, 70 (71) – 40 % weniger Fett; OLG Frankfurt a. M. WRP 2012, 228 (229) – Nuss-Nougat-Creme.

[1320] BGH GRUR 1992, 70 (71) – 40 % weniger Fett.

[1321] OLG Köln NJW-RR 1997, 1473 (1474); OLG Dresden GRUR 1997, 231 (233), aA Köhler/Bornkamm/Feddersen/*Köhler* UWG Einl. Rn. 3.26.

[1322] BGH GRUR 1985, 973 (974) – DIN 2093; GRUR 1988, 832 (833 f.) – Benzinwerbung; KG GRUR-RR 2010, 343 (344).

[1323] BGH GRUR 1985, 973 (974) – DIN 2093; GRUR 1992, 117 (119) – IEC-Publikation; Kollmann; GRUR 2004, 6 (9). Zur Werbung mit Prüfzeichen siehe BGH GRUR 1998, 1043 (1044) – GS Zeichen – sowie → Rn. 675 ff.

[1324] BGH GRUR 1988, 832 (834) – Benzinwerbung.

[1325] BGH GRUR 1988, 832 (834) – Benzinwerbung (noch unter der Geltung der Störerhaftung im Wettbewerbsrecht); OLG Düsseldorf WRP 1987, 252 (253); OLG Hamm GRUR 1987, 922 (923) – Benzinwerbung; OLG Karlsruhe WRP 1988, 52 (54).

[1326] BGH GRUR 1992, 117 (119) – IEC – Publikation.

[1327] BGH GRUR 1992, 117 (119) – IEC – Publikation.

Zudem darf durch die **selektive Angabe von Normen** nicht der irreführende Eindruck erweckt werden, das beworbene Produkt erfülle alle einschlägigen Normen, wenn tatsächlich einzelne (nicht genannte) Normen nicht erfüllt werden. Wird unter Berufung auf das Inkrafttreten einer DIN-Norm der Eindruck erweckt, dass nicht normgerechte Erzeugnisse nicht vertrieben werden dürfen, so ist das ebenfalls irreführend.[1328] Zur Werbung mit Prüfzeichen → Rn. 692 ff.

c) Beispiele für gesetzliche Regelungen. aa) Lebensmittelrecht. Vorschriften, die für die Bestimmung der Verkehrsauffassung maßgeblich sein können bzw. gegenüber § 5 UWG spezielle Regelungen enthalten, finden sich vor allem im Lebensmittelrecht, wobei insoweit zwischen horizontalen und vertikalen Regelungen zu unterscheiden ist. 497

Bei den horizontalen, allgemein geltenden Regelungen betrifft das insbesondere **Täuschungsverbote** (zB Art. 7 Abs. 1 LMIV, § 11 Abs. 2 LFGB, § 25 WeinG, Art. 103 VO (EG) Nr. 1308/2013, § 15 MTVO, Art. 4 Abs. 1 lit. b VO (EG) 1829/2003[1329]), **Kennzeichnungsvorschriften** (insbes. in der LMIV, aber auch in der DiätV, der Novel-Food-VO 2018[1330], dem GenTG,[1331] dem EGGenTDurchFG oder Art. 4 der VO (EG) Nr. 1830/2003[1332]) und **spezielle Werberegelungen,** wie dem Verbot der krankheitsbezogenen Werbung (Art. 7 Abs. 3 LMIV), der Health-Claims-Verordnung, der DiätV und der EG Öko-Basis VO Nr. 834/2007.[1333] 498

Die vertikalen Regelungen betreffen bei Lebensmitteln Vorgaben zB zu Bier, Butter, Margarine, Streichfetten, Eiern, Fisch, Fleisch, Fruchtsaft, Honig, Kaffee, Kakao, Käse, Konfitüre, Milch, Mineralwasser, Spirituosen, Tabak, Weinbrand, Würzmitteln und Zucker. Insoweit sei auf die Darstellung bei *v. Jagow* → § 3a Rn. 90 verwiesen. 499

bb) Sonstige Erzeugnisse. Gold- und Silberwaren: Das Gesetz über den Feingehalt der Gold- und Silberwaren v. 16.7.1884[1334] regelt die Art und Weise der Kennzeichnung des Feingehalts (§§ 2–5). Bei Gold- und Silberwaren, welche mit anderen metallischen Stoffen ausgefüllt sind, darf der Feingehalt dagegen nicht angegeben werden (§ 8 Abs. 1). Die Anwendung dieser Vorschriften soll nach Art. 3 Abs. 10 der UGP-Richtlinie ausdrücklich unberührt bleiben. 500

Heilmittel: § 3 Nr. 3a HWG[1335] verbietet in der Werbung unwahre oder zur Täuschung geeignete Angaben über die Zusammensetzung oder Beschaffenheit von Arzneimitteln, Medizinprodukten und den sonstigen von § 1 HWG erfassten Heilmitteln. Das Verbot ist strafbewehrt (§ 14 HWG). Die Angabe der Bezeichnung sowie Angaben über die Zusammensetzung von Arzneimitteln schreiben § 4 Abs. 1 Nr. 2 und 3 HWG,[1336] bzw. arzneimittelrechtlich § 10 Abs. 1 S. 1 Nr. 2 und 8 und § 11 Abs. 1 S. 1 Nr. 1 und 2 AMG[1337] (Packungsbeilage) vor. Im Falle von **Monopräparaten** (das sind Arzneimittel, 501

[1328] BGH GRUR 1991, 921 (922) – Sahnesiphon.

[1329] Verordnung (EG) Nr. 1829/2003 des Europäischen Parlaments und des Rates vom 22.9.2003 über genetisch veränderte Lebensmittel und Futtermittel, ABl. 2003 L 268, S. 1.

[1330] Verordnung (EU) Nr. 2015/2283 des Europäischen Parlaments und des Rates vom 25.11.2015 über neuartige Lebensmittel, zur Änderung der Verordnung (EU) Nr. 1169/2011 des Europäischen Parlaments und des Rates und zur Aufhebung der Verordnung (EG) Nr. 258/97 des Europäischen Parlaments und des Rates und der Verordnung (EG) Nr. 1852/2001 der Kommission (ABl. 2015 L 327, S. 1).

[1331] Gesetz zur Regelung der Gentechnik v. 16.12.1993 (BGBl. I S. 2066).

[1332] Verordnung (EG) Nr. 1830/2003 des Europäischen Parlaments und des Rates vom 22.9.2003 über die Rückverfolgbarkeit und Kennzeichnung von genetisch veränderten Organismen und über die Rückverfolgbarkeit von aus genetisch veränderten Organismen hergestellten Lebensmitteln und Futtermitteln sowie zur Änderung der Richtlinie 2001/18/EG, ABl. 2003 L 268, S. 24.

[1333] Zum 1.1.2022 ersetzt durch Verordnung (EU) Nr. 2018/848.

[1334] RGBl. I S. 120.

[1335] Gesetz über die Werbung auf dem Gebiete des Heilwesens idF d. Bek. v. 19.10.1994 (BGBl. I S. 3068).

[1336] Zur Art und Weise der Pflichtangabe siehe § 4 Abs. 4 HWG. Im Internet, zB bei AdWord-Anzeigen, kann Verlinkung der Angaben genügen, BGH GRUR 2014, 94 Rn. 16 ff. – Pflichtangaben im Internet.

[1337] Gesetz über den Verkehr mit Arzneimitteln idF d. Bek. v. 12.12.2005 (BGBl. I S. 3394); siehe hierzu OLG Stuttgart WRP 2019, 250.

die nur einen einzigen arzneilich wirksamen Bestandteil enthalten) muss der Bezeichnung des Arzneimittels die Bezeichnung des Bestandteils folgen, und zwar mit dem Hinweis „Wirkstoff:..." (§ 4 Abs. 1a HWG). Bei Arzneimitteln, die nicht mehr als drei Wirkstoffe enthalten, muss der internationale Freiname (INN) angegeben werden oder, soweit ein solcher nicht vorhanden ist, die gebräuchliche Kurzbezeichnung (§ 10 Abs. 1 S. 1 Nr. 2 AMG). Teilweise freigestellt von den strengen Kennzeichnungsanforderungen ist gem. § 4 Abs. 6 HWG die Erinnerungswerbung.

502 **Kosmetische Mittel:** Nach Art. 20 der EU-Kosmetik-Verordnung[1338] dürfen bei der Kennzeichnung und der Werbung für kosmetische Mittel keine Merkmale oder Funktionen vorgetäuscht werden, die die betreffenden Erzeugnisse nicht besitzen. Diese Regelung ist gegenüber § 27 LFGB aber auch gegenüber § 5 UWG vorrangig.[1339] Art. 20 Abs. 1 der EU-KosmetikVO sieht den Erlass einer Liste mit gemeinsamen Kriterien für Werbeaussagen vor, die mit der Verordnung (EU) Nr. 655/2013 mittlerweile erlassen wurde. Art. 19 EU-KosmetikVO enthält detaillierte Kennzeichnungsvorschriften.

503 **Textilerzeugnisse:** Die Verordnung (EU) Nr. 1007/2011[1340] enthält Vorschriften über die Bezeichnung von Textilfasern sowie die Etikettierung und Kennzeichnung von Textilerzeugnissen. Auf nationaler Ebene werden dieses Regelungen durch das TextilkennzeichnungsG vom 15.2.2016[1341] ergänzt.

504 **5. Ausschluss der Irreführungsgefahr durch ergänzende Hinweise.** Ob und in welchem Umfang einzelne, für sich genommen möglicherweise zur Irreführung geeignete Aussagen durch ergänzenden Hinweise richtiggestellt und dadurch ein Verstoß gegen § 5 UWG vermieden werden kann, ist eine Frage des Einzelfalls: Bereits in der Entscheidung „Kunstglas" entschied der BGH, dass unter bestimmten Umständen **ausnahmsweise Erläuterungen zur Beseitigung einer Irreführungsgefahr** genügten und daher nicht der Gebrauch einer Bezeichnung als solche untersagt werden könne.[1342] Bei **„Goldschmuck"**, der zwar den von Gesetzes wegen geforderten Feingoldgehalt von $^{166}/_{1000}$ enthält, nicht aber den vom Verkehr auf Grund dieser Bezeichnung erwarteten Feingoldgehalt von mindestens $^{333}/_{1000}$, kann ebenfalls die Eignung zur Irreführung durch einen aufklärenden Hinweis ausgeschlossen werden.[1343] Im Zusammenhang mit der Irreführung durch **Domainnamen** stellt der BGH auch auf den Inhalt der Homepage ab, die nach Eingabe eines Domainnamens aufgerufen wird.[1344] Und bei *unklaren* Produktbezeichnungen scheidet eine wettbewerbsrechtlich relevante Irreführung aus, wenn die betreffenden Teile des Verkehrs einer Erläuterung auf der Verpackung unschwer entnehmen können, dass es sich bei der beworbenen Ware um ein künstlich gewonnenes Erzeugnis handelt.[1345] Dies steht in Einklang mit der Rechtsprechung des EuGH, der insbesondere bei einer etwaigen Irreführung in der Werbung für Lebensmittel darauf abstellt, dass Verbraucher, die sich bei ihrer Kaufentscheidung nach der Zusammensetzung der Erzeugnisse richten, sich nicht allein an der Warenbezeichnung orientieren, sondern das **Zutatenverzeichnis** lesen, so dass Angaben dort eine Irreführungs-

---

[1338] Verordnung (EG) Nr. 1223/2009 vom 30.11.2009 über kosmetische Mittel, ABl. 2009 L 342, S. 59.
[1339] BGH GRUR 2016, 418 Rn. 12 – Feuchtigkeitsspendendes Gel-Reservoir.
[1340] Verordnung (EU) Nr. 1007/2011 des Europäischen Parlaments und des Rates vom 27.9.2011 über die Bezeichnungen von Textilfasern und die damit zusammenhängende Etikettierung und Kennzeichnung der Faserzusammensetzung von Textilerzeugnissen und zur Aufhebung der Richtlinie 73/44/EWG des Rates und der Richtlinien 96/73/EG und 2008/121/EG des Europäischen Parlaments und des Rates Text von Bedeutung für den EWR.
[1341] BGBl. I S. 198.
[1342] BGH GRUR 1960, 567 (570 f.) – Kunstglas.
[1343] BGH GRUR 1983, 651 (653) – Feingoldgehalt.
[1344] BGH GRUR 2001, 1061 (1063) – Mitwohnzentrale; BRAK-Mitt. 2003, 22 (23) – rechtsanwaeltenotar.de; ebenso OLG Hamburg K&R 2003, 405 (406) – Mitwohnzentrale II. Vgl. aber auch BGH GRUR 2002, 622 (624) – shell.de (Zuordnungsverwirrung auch dann gegeben, wenn der Nutzer beim Betrachten der Homepage bemerkt, dass er nicht auf Homepage des Namensträgers gelandet ist).
[1345] BGH GRUR 2003, 247 (249) – Thermal-Bad.

gefahr ausschließen können.[1346] Dementsprechend gehen auch manche Oberlandesgerichte davon aus, dass die Verbraucher erkennbar **reklamehaften Anpreisungen** auf den Verpackungen keine exakte Aussage beimessen, sondern sie sich – sofern es sie überhaupt interessiert – die Zutatenliste und die Nährwertinformationen durchlesen.[1347] Allerdings gilt dieser Grundsatz nicht uferlos: Ergänzende Hinweise können immer nur der Aufklärung bei missverständlichen Ausdrücken dienen, nicht aber objektiv falsche Angaben korrigieren. Und ebenso wie bei der Blickfangwerbung zumindest für den Regelfall anerkannt ist, dass eine eindeutige Aussage[1348] in einem Blickfang nicht durch einen Fußnotentext in ihr Gegenteil verkehrt werden kann, ist auch das Zutatenverzeichnis nicht uneingeschränkt zur Aufklärung geeignet. Erweckt etwa die Etikettgestaltung eines Lebensmittels den Eindruck, dass eine bestimmte Zutat in dem Produkt enthalten sei, sie dies aber tatsächlich nicht ist, so kann eine Irreführung trotz inhaltlich korrektem Zutatenverzeichnis vorliegen. Bejaht wurde das vom EuGH – auf Vorlage des BGH[1349] – für den Fall, dass die Aufmachung eines Früchtetees unter dem Namen „Himbeer-Vanille Abenteuer" die Abbildung von Himbeeren und Vanille-Blüten sowie ein Siegel mit dem Aufdruck „nur natürliche Zutaten" aufwies, der Tee tatsächlich aber weder Bestandteile von Vanille und Himbeere noch auch nur natürliches Vanillearoma oder Himbeeraroma enthielt.[1350] Dem hat sich der BGH mittlerweile angeschlossen.[1351] Außerdem darf ein klarstellender Hinweis nicht derart hinter der Aufmachung des Produktes zurücktreten, dass die gewonnene Auffassung des Verkehrs nicht entkräftet werden kann.[1352] Ebenso sind aufklärende Hinweise unbeachtlich, wenn sie nach dem Gesamteindruck der Darstellung zu spät kommen, um eine Irreführung des Verbrauchers auszuschließen.[1353] Daran hat auch die BGH-Entscheidung „Schlafzimmer komplett"[1354] nichts geändert. Nach dieser Entscheidung muss eine andernfalls für sich genommen irreführende Blickfangwerbung nicht durch einen ebenfalls am Blickfang teilnehmenden Sternchenhinweis ausgeschlossen werden, sondern es kann sich auch um einfachen weiteren Text in der Werbung handeln; allerdings soll das nur bei kurzer und übersichtlicher Werbung gelten, mit welcher der Verbraucher sich eingehend befasst, zB weil sie langlebige und kostspielige Güter betrifft. Zudem muss der Zusammenhang zwischen der unrichtigen Blickfangangabe und dem aufklärenden Hinweis erkennbar sein, weil beide Bestandteile in räumlicher Nähe zueinander stehen und die Aufklärung nicht in unübersichtlichem Text „versteckt" wird.[1355] Auch in einem solchen Fall bleibt es außerdem dabei, dass der ergänzende Hinweis allenfalls der Aufklärung bei einer missverständlichen Aussage dient, aber nicht eine schlichtweg unwahre Behauptung in ihr Gegenteil verkehren kann. Zu Recht hat der BGH mittlerweile mehrfach klargestellt, dass die Rechtsprechung „Schlafzimmer komplett" nur „unter engen Voraussetzungen" anwendbar ist.[1356]

[1346] EuGH Urt. v. 26.10.1995 – C-51/94, Slg. 1995, I-3599 (3629) – Sauce Béarnaise; Urt. v. 9.2.1999 – C-383/97 Slg. 1999, I-731 (764 f.) – Holländischer Vorderschinken; GRUR Int. 2000, 756 (757) – naturrein. Hierzu kritisch *Helm/Sonntag/Burger* in Gloy/Loschelder/Danckwerts HdbWettbR § 59 Rn. 235. Vgl. auch § 54 LFGB, Art. 17 Abs. 2 der Verordnung (EU) Nr. 1169/2011.

[1347] Vgl. zB OLG Hamburg MD 2006, 720 (723) – Dinkel-Grünkern Brot; OLG Bremen ZLR 2005, 404 (405) – Mit Traubenzucker (mit zust. Anm. *Bürglen* ZLR 2005, 407).

[1348] Der BGH spricht in diesem Zusammenhang von einer „dreisten Lüge", GRUR 2001, 78 (79) – Falsche Herstellerpreisempfehlung; GRUR 2002, 715 (716) – Scanner-Werbung. Modifiziert nunmehr für hochpreisige Waren in BGH GRUR 2015, 698 Rn. 19 – Schlafzimmer komplett allerdings nur unter engen Voraussetzungen, BGH GRUR 2016, 207 Rn. 18 – All Net Flat; GRUR 2018, 320 Rn. 25 – Festzins Plus.

[1349] BGH GRUR 2014, 588 – Himbeer-Vanille-Abenteuer.

[1350] EuGH Urt. v. 4.6.2015 – C-195/14, GRUR 2015, 701 Rn. 40 – Teekanne. Vgl. allerdings LG Frankfurt a. M. GRUR-RR 2011, 194 – Früchtetee aromatisiert.

[1351] BGH GRUR 2016, 738 Rn. 17 – Himbeer-Vanille-Abenteuer II. Ebenso OLG Köln GRUR-RR 2018, 292 Rn. 37 – Grilled Steaks-Kartoffelsnacks.

[1352] OLG Düsseldorf LMuR 2009, 131. Der Eindruck des Produktes kann dabei auch durch seine Farbe gefestigt werden, siehe LG Hamburg MD 2009, 576 – 100 % pure fruit smoothie.

[1353] BGH GRUR 1982, 563 (564) – Betonklinker.

[1354] BGH GRUR 2015, 698 – Schlafzimmer komplett.

[1355] BGH GRUR 2018, 320 Rn. 25 – Festzins Plus.

[1356] BGH GRUR 2018, 320 Rn. 24 – Festzins Plus; GRUR 2016, 207 Rn. 18 – All Net Flat.

IIa. Vermarktung einer Ware in verschiedenen Mitgliedstaaten als identisch trotz wesentlicher Unterschiede

505 In Art. 6 Abs. 2 der UGP-RL 2019 wurde im Rahmen des sog. „New Deal for Consumers“ durch die sog. Omnibus-Richtlinie zum Verbraucherrecht[1357] im Jahr 2020 ein neuer Buchstabe c eingefügt, der jegliche Art der Vermarktung einer Ware in einem Mitgliedstaat als identisch mit einer in anderen Mitgliedstaaten vermarkteten Ware verbietet, obgleich sich diese Waren in ihrer Zusammensetzung oder ihren Merkmalen wesentlich voneinander unterscheiden, sofern dies nicht durch legitime und objektive Faktoren gerechtfertigt ist.[1358]

Geregelt wird damit die sog. *dual quality* von Waren. Dazu gab es bereits im Jahr 2017 eine Orientierungshilfe der Kommission speziell zum Lebensmittelrecht[1359] sowie im Jahr 2018 einen von der Gemeinsamen Forschungsstelle der Kommission vorgelegten Rahmen zur Beurteilung von Qualitätsmerkmalen. Dabei sei allerdings nicht hinreichend klargeworden, welche Geschäftspraktiken gegen die UGP-Richtlinie verstoßen würden. Dem soll nunmehr abgeholfen werden, was aber nur teilweise gelingt. Der Richtlinienvorschlag wirft jedenfalls mehr Fragen auf, als er beantwortet. Der deutsche Gesetzgeber will die Vorschrift nun mit dem Gesetz zur Stärkung des Verbraucherschutzes im Wettbewerbs- und Gewerberecht im UWG umsetzen.[1359a] Dabei wird die Regelung aus Art. 6 Abs. 2 lit. c UGP-RL 2019 fast wörtlich in § 5 Abs. 3 Nr. 2 UWG-E übernommen.[1359b]

1. Ware. „Waren“ sind, wie die Abgrenzung gegenüber Dienstleistungen in der Definition von „Produkte“ in Art. 2 Abs. 1 lit. c der UGP-RL 2019 zeigt, nicht Dienstleistungen. Die Vermarktung von Dienstleistungen wird mithin nicht erfasst, was überrascht, weil es auch und gerade bei der Erbringung von Dienstleistungen erhebliche Unterschiede zwischen den Mitgliedstaaten geben kann.

2. Vermarktung als identisch. Die Formulierung „Vermarktung als“ lässt vermuten, dass von dem Werbenden aktiv eine Identität behauptet werden muss und es somit nicht reichen würde, dass Waren in unterschiedlichen Mitgliedstaaten nur auf eine identische Art und Weise – zB in identischer Aufmachung oder Verpackung – vertrieben werden, obwohl es bei der Beschaffenheit oder Größe Unterschiede gibt. Bei diesem Verständnis hätte die Norm aber nur einen sehr geringen Anwendungsbereich, weil eine solche aktive Behauptung kaum vorkommen wird. Dass dies nicht gemeint ist, ergibt sich auch aus Erwägungsgrund 53 der Omnibus-Richtlinie. Denn danach sollen die Behörden bei ihrem Vorgehen insbesondere berücksichtigen, ob die Unterschiede von den Verbrauchern leicht zu erkennen sind. Damit kann nicht gemeint sein, dass ein Unternehmer, der ausdrücklich und explizit eine Identität behauptet, dennoch ungestraft davonkommt, wenn sich die Unterschiede nur leicht erkennen lassen. Auch hier muss vielmehr gelten, dass die dreiste Lücke im Wettbewerbsrecht weiterhin nicht erlaubt sein darf. Die „Vermarktung als identisch“ ist somit als identische Vermarktung zu verstehen.

Das wirft jedoch zahlreiche weitere Fragen auf. Zwar ist es einem Unternehmer auch mit der Neuregelung nicht grundsätzlich verboten, Waren in unterschiedlichen EU-Mitgliedstaaten zB in unterschiedlichen Packungsgrößen zu vertreiben. Aber woher soll er wissen, welchen Vergleich der Verbraucher zieht und welchen Mehrwert bringt es dem Verbraucher, wenn auf der Ware zusätzlich der Hinweis steht, dass die Füllmenge zB in Italien

---

[1357] Richtlinie (EU) 2019/2161 des Europäischen Parlaments und des Rates vom 27.11.2019 zur Änderung der Richtlinie 93/13/EWG des Rates und der Richtlinien 98/6/EG, 2005/29/EG und 2011/83/EU des Europäischen Parlaments und des Rates zur besseren Durchsetzung und Modernisierung der Verbraucherschutzvorschriften der Union, ABl. 2019 L 328/7.

[1358] So auch § 5 Abs. 3 Nr. 2 UWG-RegE (BR-Drs. 56/21), der die Vorgaben der Richtlinie umsetzt.

[1359] Bekanntmachung der Kommission vom 26.9.2017 „zur Anwendung des EU-Lebensmittel- und Verbraucherschutzrechts auf Fragen der Produkte von zweierlei Qualität – Der besondere Fall der Lebensmittel“.

[1359a] BT-Drs. 19/27873, 8, 33 f.

[1359b] Siehe unten S. 3069.

kleiner und in Spanien größer ist. Mal ganz abgesehen von dem Fall, dass eine Ware sogar in einem Mitgliedstaat in unterschiedlichen Größe (zB normal und „Vorratspackung" angeboten wird).

3. Identisch mit einer in anderen Mitgliedstaaten vermarkteten Ware. Es geht um Unterschiede von Waren in unterschiedlichen Mitgliedstaaten der Europäischen Union, nicht hingegen um Unterschiede innerhalb eines Mitgliedstaats. Allerdings kann es auch hier zu Irreführungen kommen, wenn der Eindruck entsteht, eine Ware sei weiterhin unverändert, obwohl es wesentliche Änderungen gegeben hat.

4. Trotz wesentlicher Unterschiede in der Zusammensetzung oder ihren Merkmalen. Die Regelung erfasst nicht nur Unterschiede in der Beschaffenheit der Waren, sondern auch in anderen Merkmalen, wie etwa Füllmenge oder Gewicht. Zudem müssen die Unterschiede wesentlich sein. Das ist jeweils im Einzelfall zu beurteilen.

5. Nicht durch legitime und objektive Faktoren gerechtfertigt. Die unterschiedliche Vermarktung darf nicht durch legitime und objektive Faktoren gerechtfertigt sein. Es geht also nicht darum, ob die Behauptung identischer Merkmale gerechtfertigt werden kann, sondern es geht darum, ob die Unterschiede in der Vermarktung – also zB unterschiedliche Füllmengen – gerechtfertigt werden können, und zwar durch objektive Faktoren. Dass diese Faktoren zugleich auch legitim sein müssen, ist demgegenüber selbstverständlich und bedarf eigentlich keiner gesonderten Erwähnung. Auch dieses Merkmal ist schwer nachzuvollziehen. Denn es hindert den Unternehmer daran, aus rein subjektiven Gründen Waren in Mitgliedstaaten unterschiedlich zu vertreiben. Aber warum sollte ihm das verboten sein, noch dazu, wenn er auf diese Unterschiede hinweist? Die Regelung kann nur so verstanden werden, dass es einerseits eine objektive Rechtfertigung für die unterschiedliche Vermarktung geben muss und zusätzlich Fehlvorstellungen der Verbraucher über eine vermeintliche Identität der Waren vermieden werden sollen. Dies kann einerseits durch Aufklärung geschehen. Dabei genügt allerdings nicht allein die Angabe zu der betroffenen Ware in dem jeweiligen Mitgliedstaat (also zB die Füllmenge in Deutschland), sondern es ist der Unterschied gegenüber der Ware in den anderen Mitgliedstaaten deutlich zu machen (zB durch Angabe der unterschiedlichen Füllmengen in den anderen Mitgliedstaaten). Erwägungsgrund 53 stellt zudem darauf ab, ob die Unterschiede von den Verbrauchern leicht zu erkennen sind, was dem eigentlichen Zweck der Regelung, nämlich Klarheit zu schaffen, welche Geschäftspraktiken erlaubt sind und welche nicht, nicht zuträglich ist.

III. Verfahren oder Zeitpunkt der Herstellung, Lieferung oder Erbringung

Schrifttum: *Andryk,* Payback nach Playback? Playback als Rechtsproblem im Vertrags-, Lauterkeits- und Urheberrecht, WRP 2014, 397, *Klein,* Nostalgische Zusatzbezeichnungen bei Fleischereierzeugnissen, ZLR 1992, 213, *Krugmann,* „Internetauktionen" als Versteigerungen iSd § 34b GewO, NVwZ 2001, 651.

1. Abgrenzung. Anders als die UGP-Richtlinie verbietet § 5 Abs. 1 S. 2 Nr. 1 UWG 506
nicht irreführende Angaben über Verfahren *und* Zeitpunkt der Herstellung, sondern irreführende Angaben über Verfahren *oder* Zeitpunkt der Herstellung, Lieferung oder Erbringung. Damit ist klargestellt, dass auch solche irreführenden Aussagen verboten sind, die sich *nur* auf das Verfahren oder *nur* auf den Zeitpunkt der Herstellung beziehen, wenngleich sich Aussagen häufig sowohl auf das Verfahren als auch auf den Zeitpunkt der Herstellung beziehen können.[1360] So erwartet der Verkehr bei einem „Scotch Whisky", dass dieser nach den hierfür in Schottland vorgesehenen Verfahren hergestellt wird, was eine mindestens dreijährige Lagerung mit einschließt. Ebenfalls eng miteinander verknüpft sind in der Praxis häufig Aussagen über Herstellungsverfahren und Beschaffenheit oder Qualität der Ware. So stellte beispielsweise auch die – mittlerweile durch die EU-Qualitäts-

[1360] § 3 UWG aF erwähnte daher auch nur irreführende Angaben über die Herstellungsart.

regelungenVO[1361] aufgehobene, aber inhaltlich kaum veränderte – Verordnung (EG) Nr. 509/2006 des Rates vom 20.3.2006 über die garantiert traditionellen Spezialitäten bei Agrarerzeugnissen und Lebensmitteln[1362] auf dessen traditionelle Zusammensetzung oder auf eine Herstellungsart ab, die zu einem traditionellen Herstellungstyp gehörte.[1363]

507 Häufig sind Angaben über **Herstellungsverfahren** mit Vorstellungen über die betriebliche Herkunft der Ware verknüpft, wenn zB der Verbraucher bei der Werbung mit einem bestimmten Herstellungsverfahren an einen Kleinbetrieb denkt (hierzu → Rn. 627 ff.). Eine Fehlvorstellung über die Herstellungsart kann auch verbunden sein mit einer Irreführung über die **Qualifikation** des Herstellers (hierzu unter → § 5 Rn. 930); so ist zB für einen handwerksmäßigen Betrieb die Mitarbeit des Inhabers und ausgebildeter Hilfskräfte typisch und wird vom Verbraucher auch so erwartet. Wird durch einen Betrieb, der nicht **Handwerksbetrieb** im Sinne der Handwerksordnung ist, für eine handwerkliche Tätigkeit geworben, kann zudem ein Verstoß gegen § 3a UWG vorliegen.[1364] Zur Irreführung über das Alter des Unternehmens, → § 5 Rn. 1046. Im Bereich der **Umweltwerbung** liegen Aussagen zum Verfahren der Herstellung und zu den Auswirkungen des Produkts („von der Verwendung zu erwartende Ergebnisse", hierzu → Rn. 572 ff.) nahe beieinander, da mit einer umweltfreundlichen Herstellung geringere Belastungen der Umwelt verbunden sind. Schließlich kann eine Werbung über die Herstellungsart auch unlauter an den guten Ruf anderer Verfahren anlehnen, zB durch die Aussage „wie maßgeschneidert".

508 Eng einher mit der Aussage über die Qualifikation des Unternehmers geht die Aussage über die Qualität der Ware/Leistung. Mit Angaben über das Verfahren oder den Zeitpunkt der Herstellung kann häufig auch eine **Qualitätsaussage** verbunden sein, zB wenn eine Ware als **„frisch"** bezeichnet wird (hierzu → Rn. 471) oder bei der Werbung für **Auslaufmodelle** (hierzu → Rn. 474). Wird mit der Neuheit eines Produktes oder eines Geschäfts geworben, kann das auch als Ankündigung eines bestimmten **Verkaufsanlasses** verstanden werden, so dass die Fallgruppe „Beweggründe für die geschäftliche Handlung" in § 5 Abs. 1 S. 2 Nr. 3 UWG erfasst wäre. Das ist beispielsweise bei der Werbung mit „Einführungsangeboten" oder „Eröffnungspreisen" der Fall (hierzu auch → § 5 Rn. 727).

509 Werbung mit dem **Zeitpunkt der Herstellung** oder Erbringung erfasst vor allem **Angaben über das Alter oder die Neuheit.** Die Werbung mit dem – hohen oder geringen – Alter kann sich sowohl auf den Unternehmer als auch auf die von ihm angebotenen Waren und Dienstleistungen beziehen. Mit einem hohen Alter können Vorstellungen der Tradition, der Erfahrung, des dadurch gewonnenen besonderen Wissens aber auch besonderer Seriosität und wirtschaftlicher Solidität verbunden sein. Altersangaben in der Werbung können die Vorstellung eines traditionsbewussten, seit langem mit Erfolg im Markt tätigen, auf bewährte Produkte setzenden Unternehmens vermitteln, ohne damit nahe zu legen, dass diese Produkte seit Jahrhunderten unverändert geblieben sind.[1365] Mit einem geringen Alter bzw. der Neuheit kann der Verkehr eine besondere Agilität, Frische, Unverbrauchtheit und Innovationskraft verbinden. Häufig lassen altersbezogene Vorstellungen über eine Ware auch Rückschlüsse auf den Hersteller zu oder umgekehrt, so zB wenn der Verkehr ein traditionelles Produkt mit einem alt eingesessenen Unternehmen verbindet.

510 Der Wortlaut der Regelung wurde zudem auch **auf Verfahren oder Zeitpunkt der *Lieferung*** erstreckt. Dadurch kommt es teilweise zu einer Überschneidung mit der Fallgruppe irreführender Angaben über die **Verfügbarkeit** einer Ware, denn eine Aussage

[1361] Verordnung (EU) Nr. 1151/2012 des Europäischen Parlaments und des Rates vom 21.11.2012 über Qualitätsregelungen für Agrarerzeugnisse und Lebensmittel, ABl. 2012 L 343, S. 1.

[1362] ABl. 2006 L 93, S. 1.

[1363] Die Verordnung ersetzt die Verordnung (EWG) Nr. 2082/92 des Rates vom 14.7.1992 über Bescheinigungen besonderer Merkmale von Agrarerzeugnissen und Lebensmitteln für die Registrierung eines Lebensmittels mit besonderen Merkmalen.

[1364] Vgl. BGH GRUR 1989, 432 (433) – Kachelofenbauer I; GRUR 1992, 123 (124) – Kachelofenbauer II; OLG Stuttgart NJWE-WettbR 1996, 84.

[1365] BGH GRUR 2003, 628 (629) – Klosterbrauerei.

darüber, wann eine Ware geliefert werden kann, ist im Ergebnis nichts anderes als eine Aussage über deren Verfügbarkeit. Für irreführende Angaben zur Verfügbarkeit → Rn. 416 ff. sowie Nr. 5, 6 und 7 im Anhang zu § 3 Abs. 3 UWG. Die Fallgruppe „Verfahren der Lieferung" erfasst aber auch die Fälle der Irreführung über die **Vertriebsart.** Zwar wird Art des Vertriebs auch in § 5 Abs. 1 S. 2 Nr. 3 UWG ausdrücklich erwähnt. Dabei geht es allerdings nur um die Beweggründe des Unternehmers für die Vertriebsart und nicht um die Vertriebsart als solche (→ Rn. 519). „Lieferung" kann schließlich auch so verstanden werden, dass damit die **Bedingungen, unter denen ein Produkt geliefert wird,** gemeint sind. Der deutsche Gesetzgeber hat diese Fallgruppe in § 5 Abs. 1 Nr. 2 gesondert geregelt. Das geschah zunächst noch zur Umsetzung der Richtlinie 84/450/EWG, allerdings hat er diese Regelung auch dann noch beibehalten, nachdem er zur Umsetzung der UGP-Richtlinie den Tatbestand der „Lieferung" zusätzlich auch in § 5 Abs. 1 Nr. 1 ergänzt und somit zumindest teilweise doppelt geregelt hat.

§ 5 Abs. 1 S. 2 Nr. 1 regelt nur die **altersbezogene Werbung für Waren und Dienstleistungen.** Die altersbezogene Werbung für *Unternehmen* richtet sich als Aussage über die Person bzw. Eigenschaften des Unternehmers nach § 5 Abs. 1 S. 2 Nr. 3 (hierzu → § 5 Rn. 1046 ff.). Für beide Arten der Werbung gelten jedoch dieselben Grundsätze. 511

2. Verfahren der Herstellung, Lieferung oder Erbringung. Angaben zum Verfahren der Herstellung einer Ware oder der Erbringung einer Dienstleistung umfassen insbesondere Angaben zur **Herstellungsmethode,** aber auch zu den dabei verwendeten **Rezepturen, Formeln und Systemen.** Angaben über das Verfahren zur Herstellung der Ware bzw. zur Erbringung einer Dienstleistung sind für die Kaufentscheidung wichtig, weil der durchschnittlich informierte und verständige Verbraucher unterschiedlichen Herstellungsverfahren unterschiedliche Wertschätzung entgegenbringt und daraus auch unterschiedliche Preis- und Qualitätsvorstellungen entwickelt. So geht der durchschnittlich informierte und verständige Verbraucher ohne Weiteres davon aus, dass ein Maßhemd mehr kostet als ein aus dem gleichen Stoff industriell gefertigtes Hemd von der Stange; handgenähte Schuhe gelten als besonders gut und sind deshalb im Regelfall auch teurer. Fehlvorstellungen über die handwerkliche Herstellung im Gegensatz zu einer industriellen Herstellung oder umgekehrt sind vermutlich auch die wichtigste Fallgruppe der Irreführung über die Herstellungsart. Häufig kommt es aber auch zu Fehlvorstellungen über die Verwendung bestimmter Rezepturen zur Herstellung von Produkten. 512

a) Eigene Leistung. Eine Irreführung über das Verfahren der Herstellung einer Ware bzw. der Erbringung einer Dienstleistung kann bewirken, wer Leistungen **als eigene darstellt,** obwohl sie von Dritten erbracht wurden, zB indem ein Kellereibetrieb sich als **„Weingut"** bezeichnet, obwohl nur ein geringer Teil der Produktion aus eigenem Anbau stammt[1366] oder der Begriff **„Design"** in der Firma eines Pelzgeschäfts, der suggeriert, dass überwiegend vom Inhaber selbst entworfene Pelzwaren angeboten werden.[1367] Ebenso irreführend ist die Werbung für Reisen zu Kliniken im Ausland mit der Angabe **„unsere Klinik"** wenn die Klinikleistungen nicht von dem Anbieter selbst mit angeboten, sondern nur vermittelt werden.[1368] Wird in dem Katalog eines **Buchclubs** für das Angebot einer **„Clubapotheke"** mit besonderen Vorteilen für die Mitglieder des Buchclubs geworben, so erwarten die Verbraucher, dass die Apotheke Bestandteil des Buchclubs ist und von ihm betrieben wird.[1369] Allerdings ist bei der Beurteilung auch insoweit Vorsicht geboten, als der durchschnittlich verständige und informierte Verbraucher heute weiß, dass Unternehmen Fertigungsvorgänge auslagern und Zulieferer Teile nach den Vorgaben der Hersteller anfertigen.[1370] So darf sich ein Unternehmen auch dann als **„kosmetisches Produktions-** 513

[1366] BayObLG WRP 1972, 158 (159).
[1367] OLG Hamburg WRP 1981, 326.
[1368] OLG Hamm 18.5.2010 – 4 U 36/10, BeckRS 2010, 13569.
[1369] LG Münster WRP 2009, 1426.
[1370] Vgl. → Rn. 455 für „Original Ersatzteile".

unternehmen" bezeichnen, wenn es Anrühren und Abfüllen der Kosmetika ausgelagert hat, sofern die Entwicklung der Rezepturen, die Bestimmung der Rohstoffe und die Endkontrolle selbst vorgenommen werden.[1371] Außerdem kann im Einzelfall die Eignung der Angabe zur Beeinflussung der Marktentscheidung des angesprochenen Adressaten fehlen.[1372]

514 **b) Handwerkliche Herstellung.** Irreführend ist es, wenn für industriell hergestellte Produkte Bezeichnungen verwendet werden, die auf eine **handwerkliche** Herstellung hindeuten oder wenn der Anteil handwerklicher Tätigkeit an der Herstellung eines Produktes größer dargestellt wird, als er tatsächlich war. So erwartet der Verkehr bei einem Unternehmen, das sich als **„Möbelhaus des Handwerks"** bezeichnet, dass dort weit überwiegend Ware angeboten wird, die in Handwerksbetrieben hergestellt wurde und Industrieerzeugnisse allenfalls ausnahmsweise verkauft werden.[1373] Werden Schmuckstücke als **„von hoher handwerklicher Qualität"** angepriesen, schließt das zwar nicht aus, dass Teile der Ware maschinell hergestellt wurden. Die für die Schmuckstücke wesentlichen und charakteristischen Leistungen müssen jedoch im Rahmen der Herstellung handwerklich durchgeführt worden sein. Dafür genügt nicht, dass angelernte Kräfte irgendetwas per Hand montieren, sondern von einer handwerklichen Herstellung kann nur gesprochen werden, wenn ein entsprechend qualifizierter Handwerker die wesentlichen und charakteristischen Leistungen erbringt.[1374] Die Beschreibung **„nach traditioneller Metzgerkunst"** für Fleischerzeugnisse wird ebenfalls als Hinweis auf eine handwerkliche Herstellung verstanden.[1375] Und selbst wenn das Publikum erkennt, dass handwerkliche Produkte aus einem großen Produktionsbetrieb stammen können, so erwartet es zumindest einen maßgeblichen Einfluss eines Meisters auf die praktische Produktionstätigkeit.[1376] **Großserien** sprechen tendenziell gegen eine handwerkliche Fertigung. Wird für eine handwerkliche Tätigkeit geworben, die dem Tätigkeitsbereich **verschiedener Handwerke** unterfällt (zB Trockenbau), soll aber nur die Leistung erbracht werden, die dem werbenden Handwerker (zB Tischlermeister) erlaubt ist (zB Innenausbau) oder soll die handwerkliche Leistung durch ein anderes Unternehmen erbracht werden, muss hierauf hingewiesen werden.[1377] Zur Werbung mit der handwerklichen Qualifikation des Unternehmers → § 5 Rn. 930 ff.

515 Von einer **„Spezialreinigung"** erwartet der Verkehr, ebenso wie von einer **„Vollreinigung"**, dass über ein bloßes Kleiderbad hinaus eine individuelle Nachbehandlung zur Entfernung der verbliebenen Flecken (detachieren), zur Beseitigung der farblosen Stellen (retuschieren) oder das gebrauchsmäßige Aufarbeiten wie Bügeln, Pressen etc stattfindet.[1378] Allerdings erwartet er insoweit nicht eine uneingeschränkt handwerksmäßige Leistung durch handwerklich ausgebildete Personen.[1379] Jedoch darf auf etwaige Handwerksleistungen zusätzlich hingewiesen werden (falls zutreffend). Bei einer **„Maßarbeit"** erwartet der Verkehr bei Bekleidungsstücken eine handwerksmäßige Schneiderarbeit mit individueller Berücksichtigung besonderer Wünsche.[1380] Den Gegensatz dazu bildet **„Konfektionskleidung"**, die industriell und einheitlich hergestellt wird. Zwischen beiden Arten liegt die **„Maßkonfektion"**, dh zwar fabrikmäßig, aber wenigstens unter Berücksichtigung der Maße des Bestellers hergestellte Bekleidungsstücke. Aber auch bei einer solchen Konfektionskleidung darf nicht der falsche Eindruck erweckt werden, als ob die Ware durch Hand-

[1371] OLG Köln GRUR-RR 2006, 237 – Produktionsunternehmen.
[1372] OLG Hamm MMR 2009, 577.
[1373] BGH GRUR 1961, 425 (428) – Möbelhaus des Handwerks.
[1374] KG GRUR 1995, 133 (135) – Hohe handwerkliche Qualität.
[1375] LG Offenburg GRUR-RR 2018, 163 Rn. 32 ff.
[1376] LG Offenburg GRUR-RR 2018, 163 Rn. 38.
[1377] BGH GRUR 1993, 397 (398) – Trockenbau; OLG Bremen WRP 1992, 317; OLG Celle WRP 1992, 320. Vgl. aber auch OLG Saarbrücken GewA 2002, 32.
[1378] BGH GRUR 1968, 387 (388) – Spezialreinigung; GRUR 1963, 203 (204) – Vollreinigung.
[1379] BGH GRUR 1968, 387 (388) – Spezialreinigung.
[1380] BGH GRUR 1957, 274 (275).

arbeit hergestellt wurde. Dies kann bei Aussagen wie **„Wir fertigen nach Ihren Maßen"** der Fall sein, wenn sie nicht durch den weiteren Inhalt der Werbung relativiert werden.[1381] Die Aussage **„Kleidung wie nach Maß"** für Konfektionsware ist im Regelfall hingegen nicht irreführend, kann jedoch unter dem Gesichtspunkt der anlehnenden Werbung kritisch sein.[1382] Bei Angeboten von Hemden über das Internet, die eine gewisse Individualisierung ermöglichen, soll nach – mE unzutreffender – Ansicht des Kammergerichts die Bezeichnung maßkonfektionierter Bekleidung als **„Maßhemd"** nicht irreführend sein, weil der das Internet nutzende Durchschnittsverbraucher insoweit keine traditionelle schneiderhandwerkliche Maßanfertigung erwartet[1383]; ebenso irreführend ist die Bezeichnung **„maßgeschneidertes Hemd"**.

c) Sonstige Verfahren oder Leistungen. Industriell hergestelltes Speiseeis darf nicht als **„Konditoreis"** bezeichnet werden; entsprechendes gilt für die Verwendung der Bezeichnung „Eiskonditor".[1384] Unter einer **„Manufaktur"** stellt sich der durchschnittlich informierte und verständige Verbraucher häufig immer noch eine Herstellungsstätte vor, in der wesentliche Produktionsvorgänge von Hand ausgeführt werden, wie zB bei einer Porzellanmanufaktur,[1385] häufig wird der Begriff aber auch einer „Fabrik" gleichgestellt, so dass es für die Beurteilung stets auf den Einzelfall ankommt. Von einem **„Bekleidungswerk"**, das Ware an den Endkunden verkauft, erwartet der durchschnittlich informierte und verständige Verbraucher, dass der weit überwiegende Teil der verkauften Ware selbst hergestellt wird; irreführend ist die Bezeichnung daher, wenn Ware, die ein Drittel des Gesamtumsatzes ausmacht, von anderen Herstellern dazugekauft wird.[1386] Entsprechendes gilt, wenn ein Unternehmen den Firmenzusatz **„Herstellung und Vertrieb"** führt.[1387] Wird für einen Fruchtaufstrich mit der Aussage geworben, er sei **„ohne Kochen hergestellt"**, dann ist das mehrdeutig und kann so verstanden werden, dass der Aufstrich entweder nur kaltgerührt hergestellt wird oder ohne Erreichen des Siedepunktes erwärmt wird.[1388] Bei Brillengläsern, die in **„Optiker-Qualität"** angeboten werden, erwartet der Verkehr Zusatzleistungen, die denen eines im stationären Handel tätigen Augenoptikers (ein Handwerksberuf) entsprechen.[1389] Die Röstung eines Kaffees in einem Trommelröster darf nicht als „behutsame **Röstung über offenem Feuer**" beworben werden, wenn sich die Wärmequelle (Gas) in einer abgeschlossenen Vorrichtung befindet.[1390] Ebenso konnte es irreführend sein, wenn ein Versicherungsunternehmen damit warb, dass es in einem Tarif „direkt +" seine Kundenbetreuung **„online und telefonisch"** erbringt, dabei aber nicht klar wurde, dass die Betreuung *nur* auf diese Weise erfolgte und somit keine persönliche Betreuung in Geschäftsstellen gegeben war[1391], wobei sich der Verkehr an reine Internet-Tarife ohne persönliche Betreuung gewöhnt haben dürfte. Für irreführend wurde auch die Aussage **„20 Songs gratis"** gehalten, wenn der Kunde die Songs nicht aus einer Datenbank herunterladen konnte, sondern nur eine Software zum Durchsuchen von Internetradios und zum Speichern von Musikstücken, aber keine entsprechende Nutzungsberechtigung erhielt.[1392] 516

d) Denaturierung, Bedeutungswandel. Ähnlich wie bei Angaben über die Zusammensetzung und/oder Herkunft einer Ware ist auch bei der Herstellungsart eine Denaturie- 517

[1381] BGH GRUR 1957, 274 (275); OLG München WRP 1977, 432.
[1382] BGH GRUR 1967, 360 (362) – Maßkleidung.
[1383] KG OLG Report 2009, 871 (872 f.).
[1384] OLG Stuttgart WRP 1977, 433 – Eiskonditor.
[1385] BGH GRUR 1961. 680, 681 – Porzellanmanufaktur.
[1386] BGH GRUR 1986, 676 (677) – Bekleidungswerk.
[1387] BGH GRUR 1976, 197 (198) – Herstellung und Vertrieb.
[1388] OLG Köln MD 2004, 799, 800.
[1389] BGH GRUR 2017, 418 Rn. 19 – Optiker Qualität.
[1390] OLG Zweibrücken LMuR 2011, 92 (Ls.).
[1391] OLG Hamm GRUR-RR 2010, 342 (343) (auch nach § 5a verboten).
[1392] OLG Düsseldorf MMR 2011, 664 (665) – 20 Songs gratis.

rung von Ausdrücken möglich. So sollte nach einer Entscheidung des OLG Stuttgart aus dem Jahr 1979 die Bezeichnung **„Bäckernudeln"** für industriell gefertigte Nudeln irreführend sein,[1393] während das OLG Stuttgart im Jahr 1999 zu dem zutreffenden Ergebnis kam, dass der Ausdruck **„Metzgernudeln"** nicht irreführend wäre.[1394] Auch der Ausdruck „Bäckernudeln" ist heute angesichts des bekannt hohen Marktanteils von industriell gefertigten Backwaren und der Kenntnis des durchschnittlich informierten und verständigen Verbrauchers von der Existenz zahlreicher Backketten nicht mehr dahingehend irreführend, dass man handwerklich hergestellte Nudeln erwartet.[1395] Bei einem **„Bauernbrot"** erwartet der Verkehr nicht, dass das Brot von einem Bauern oder nach einem bäuerlichen Rezept hergestellt wird; die Bezeichnung wird vielmehr so verstanden, dass dieses Brot nach Art und Geschmack einem Brot ähnelt, wie es auf dem Land hergestellt wird.[1396] Einen Hinweis auf **„Hausmacherart"** versteht der Verkehr nicht so, dass die beworbene Ware in einem Privathaushalt oder nach einem privaten Rezept hergestellt wird. Sogar die Verwendung moderner Zusatzstoffe in Waren mit nostalgischer Bezeichnung ist heute erlaubt, weil der Verkehr sich anhand der zutreffenden Angaben über die Zusammensetzung des Erzeugnisses auf der Verpackung über das Produkt informieren kann.[1397] Jedoch erwartet der Verkehr weiterhin eine gute Qualität solcher Ware.[1398]

518 **e) Verstärkende Zusätze.** Umgekehrt kann es bei der Verwendung von Begriffen zu Herstellungsverfahren auch zu einer **Verstärkung** der traditionellen Bedeutung kommen durch Aussagen wie zB **„Original"** oder **„echt"** oder die Verwendung bestimmter Symbole, die auf eine nicht-industrielle Herstellung der beworbenen Ware schließen lassen. „Original" kann je nach dem Zusammenhang der Verwendung bedeuten, dass ein Produkt als erstes auf dem Markt war oder dass es nach traditioneller Herstellungsart hergestellt wurde. Ebenso wie die Abbildung eines ruhig gelegenen **Bauernhofs** auf einer Eierverpackung den Gedanken an eine artgerechte Bodenhaltung der Tiere nahe legt, können die Abbildung einer Mühle und naturbelassene Landschaften auf eine handwerkliche Bäckerherstellung oder die Abbildung eines Schneiders mit Nadel, Zwirn und Maßband auf die Maßarbeit eines Schneiders schließen lassen.

519 **f) Vertriebsart.** § 5 Abs. 1 S. 2 Nr. 3 UWG regelt die Irreführung über die Beweggründe des Unternehmers für die Art des Vertriebsverfahrens. Dabei handelt es sich um subjektive Motive des Unternehmers. Bei der Irreführung über die Vertriebsart hingegen geht es um **objektive Umstände** im Zusammenhang mit dem Produkt. Diese Fallgruppe unterfällt daher § 5 Abs. 1 S. 2 Nr. 1 UWG, der die Irreführung über wesentliche Merkmale des Produkts nicht abschließend definiert („wie") und – wie das Wort „Lieferung" belegt – auch Umstände erfasst, die dem Produkt nicht unmittelbar anheften. Man könnte die Vertriebsart aufgrund der Mehrdeutigkeit des Wortes „Bedingungen" auch subsumieren unter den Tatbestand der „Bedingungen, unter denen die Ware geliefert wird" gem. § 5 Abs. 1 Nr. 2 UWG. Im Ergebnis bewirkt das aber keinen Unterschied.

520 So ist es irreführend, **Versteigerungen** anzukündigen, obwohl von Anfang an ein freihändiger Verkauf geplant ist. Denn bei einer Versteigerung erwartet der Verkehr im Regelfall besonders günstige Preise. Muss die Versteigerung hingegen aus besonderen

---

[1393] OLG Stuttgart WRP 1979, 577.

[1394] OLG Stuttgart OLG Report 2000, 54.

[1395] AA noch OLG Stuttgart WRP 1979, 578 (mit Hinweis auf den – mittlerweile nicht mehr maßgeblichen – „flüchtig und oberflächlich prüfenden Verbraucher").

[1396] BGH GRUR 1956, 550 (553) – Tiefenfurter Bauernbrot (in der Entscheidung wurde auf die Vorstellung eines „Abnehmers von durchschnittlicher Intelligenz" abgestellt).

[1397] Aufgabe der bisherigen Rechtsprechung durch OVG Koblenz LRE 33, 406 – Bauern-Leberwurst nach alter Hausschlachtungsart unter Hinweis auf BVerwG WRP 1993, 16 – becel und EuGH Urt. v. 13.11.1990 – C-269/89, Slg. 1990, S. 4169 – niederländische Fleischwaren; VGH München ZLR 1996, 95 – Bauernbrotwurst; zur Gegenansicht vgl. *Klein* ZLR 1992, 213 ff.

[1398] OLG Koblenz ZLR 1991, 652; *Helm/Sonntag/Burger* in Gloy/Loschelder/Danckwerts HdbWettbR § 59 Rn. 294; Ohly/Sosnitza/*Sosnitza* UWG § 5 Rn. 265.

Gründen abgesagt werden, so wird die frühere Ankündigung deshalb nicht rechtswidrig. Wohl aber verletzt es § 5 UWG, wenn der Unternehmer gegenüber den durch die Ankündigung angelockten Kunden dann einen freihändigen Verkauf der Ware ankündigt.[1399] Bei **„Internet-Auktionen"** war umstritten, ob sie „Versteigerungen" iSd § 34b GewO darstellten.[1400] Der BGH hat dann entschieden, dass jedenfalls umgekehrte Versteigerungen (sog. **Dutch Auctions**) im Internet keine „Auktionen" darstellen, wie sie von Auktionatoren im Rahmen der Gewerbeordnung und der Versteigerungsverordnung durchgeführt werden.[1401] Allerdings ging es in den Entscheidungen nur um die Aktivlegitimation eines Verbandes von Auktionatoren sowie um eine (vom BGH verneinte) Wettbewerbswidrigkeit nach §§ 1, 7 UWG aF. Zur vermeintlichen Irreführungsgefahr des Begriffs hat sich der BGH nicht geäußert. Diese Irreführungsgefahr ist jedoch ebenfalls zu verneinen. Die Verwendung des Ausdrucks „Internet-Auktion" oder „Internet-Versteigerung" ist mangels eines klaren Begriffsverständnisses nicht irreführend.[1402] Der durchschnittlich verständige und informierte Verbraucher weiß, dass es sich bei solchen Veranstaltungen im Internet nicht um Versteigerungen im klassischen Sinn handelt, sondern eine Vielzahl unterschiedlichster Veranstaltungen im Internet als „Auktion" oder „Versteigerung" bezeichnet werden. Er erwartet daher ohne weitere Angaben auch nicht, dass eine solche Versteigerung durch einen öffentlich bestellten Versteigerer durchgeführt wird.[1403] Glaubt der Verbraucher, dass ein Kaufvertrag bereits mit Zuschlagerteilung zustande komme, während ein Kaufvertrag tatsächlich erst später bei Gefallen der Ware abgeschlossen wird, so fehlt einer entsprechenden Irreführung die erforderliche wettbewerbliche Relevanz.[1404] Etwas anderes gilt allerdings, wenn bis dahin auch noch der Veräußerer vom Verkauf Abstand nehmen könnte.

Der Betrieb eines **„Shop-in-the-shop"** ist per se nicht irreführend. Allerdings ist dem **521**
durchschnittlich informierten Verbraucher allein aufgrund des Vorhaltens von Ware auf diesen besonderen Verkaufsflächen weiterhin noch nicht klar, dass es sich um ein Drittsortiment handelt, für das die übrige Preisgestaltung im Laden (zB *„20% auf alles"*) nicht gilt; darauf ist also zur Vermeidung einer Irreführung ergänzend hinzuweisen; das gilt insbesondere bei Bezahlung sämtlicher Waren an einer Kasse.[1405]

3. Zeitpunkt der Herstellung (einer Ware), Lieferung (einer Ware) oder der **522**
Erbringung (einer Dienstleistung). Aussagen über den Zeitpunkt der Herstellung einer Ware oder Erbringung einer Leistung erfassen sowohl die Fälle der Alterswerbung (→ Rn. 523) als auch der Werbung mit der Neuheit einer Ware (→ Rn. 524 ff.). Ein weiterhin praxisrelevanter Bereich irreführender Werbung mit dem Zeitpunkt der Leistungserbringung betrifft die Werbung für Last-Minute Reisen (→ Rn. 531). Daneben sind auch irreführende Angaben über den Zeitpunkt der Lieferung einer Ware (→ Rn. 532) verboten. Zur Irreführung durch Werbung für Auslaufmodelle → Rn. 474.

a) Alterswerbung. Die Werbung mit ihrem Alter dient *Unternehmen* vor allem als Hin- **523**
weis auf eine lange **Tradition** und Erfahrung und damit verbunden auch auf eine entsprechende fachliche und **wirtschaftliche Zuverlässigkeit.** Ist die Alterswerbung auf *Waren*[1406] bezogen, können mit ihr auch **Qualitätsangaben** verbunden sein. Das gilt für alle Waren, die mit zunehmendem Alter vom Verkehr regelmäßig höher geschätzt werden.

1399 OLG Karlsruhe GRUR 1996, 77 – Versteigerung von Orientteppichen II.

1400 *Krugmann* NVwZ 2001, 651. Allgemein zur wettbewerbsrechtlichen Zulässigkeit von Internet-Auktionen vgl. *Spindler/Wiebe* S. 38 f.

1401 BGH GRUR 2004, 249 (250) – Umgekehrte Versteigerung im Internet; GRUR 2004, 251 (252) – Hamburger Auktionatoren.

1402 OLG Frankfurt a. M. GRUR-RR 2001, 317 – Internet-„Auktion"; KG MMR 2001, 764 (766 f.) – Internetauktion.

1403 BGH GRUR 2004, 249 (251) – Umgekehrte Versteigerung im Internet.

1404 BGH GRUR 2004, 249 (251) – Umgekehrte Versteigerung im Internet.

1405 OLG Saarbrücken GRUR-RR 2007, 161 (162) – 20% auf alles.

1406 Zur Alterswerbung für Unternehmen → § 5 Rn. 1046 ff.

Dies kann insbesondere der Fall sein bei Oldtimern, Antiquitäten, Kunstgegenständen, aber auch Lebensmitteln wie zB dem Alter bestimmter Käsesorten, den Jahrgängen eines Weines, der Reifezeit eines Balsamico-Essigs oder der Lagerung eines Whiskeys, Brandys, Cognacs oder Tequilas.[1407] Wird hier ein höheres Alter oder eine längere Dauer angegeben, kann das zu einer relevanten Irreführung führen. Ebenso ist es unzulässig, für ein Produkt mit der Aussage *„millionenfach bewährte Technik in neuem Design"* zu werben, wenn dieses Produkt von dem Unternehmer erstmals hergestellt wird, denn der Verkehr wird die Aussage so verstehen, dass mit dem neuen Produkt technisch an ein Vorgängermodell desselben Herstellers angeknüpft wird und dieses neue Produkt auf dessen Know-how beruht.[1408] Irreführend ist es auch, für eine Veranstaltung (*„X Oldie Nacht"*) eine **Kontinuität** und damit den Schein einer eingeführten Veranstaltung vorzutäuschen, die tatsächlich nicht besteht, zB weil der Veranstalter mittlerweile gewechselt hat.[1409]

524 **b) Neuheitswerbung.** Die Neuheitswerbung wird demgegenüber im Regelfall als Hinweis auf die **Aktualität des Produktes** verstanden, kann aber auch einen Hinweis auf die **Qualität der Ware** darstellen. Varianten der Neuheitswerbung sind Aussagen wie **„jetzt"**, **„erstmals"**, **„Premiere"**, aber auch die Werbung mit **„Eröffnungsangeboten"** oder **„Einführungspreisen"** (hierzu auch → § 5 Rn. 727). Die Neuheit kann sich beziehen auf andere Produkte im Markt (nachfolgend lit. aa), auf das bisherige Angebot des Unternehmers (nachfolgend lit. bb) oder die Ware als solche (nachfolgend lit. cc). Ein Sonderfall ist die Werbung mit der Bezeichnung **„frisch"** (nachfolgend lit. dd). Wie die Werbung konkret zu verstehen ist, hängt daher stets vom jeweiligen Einzelfall ab.

525 **aa) Neuheit bezogen auf den Markt.** Wird eine Ware als **„neuartig"** beschrieben oder bezeichnet, ist das als Vergleich mit den bereits auf dem jeweiligen **Markt** vertriebenen Produkten zu verstehen. Die Werbung ist daher irreführend, wenn eine in wesentlichen Merkmalen identische Ware zum Zeitpunkt der Werbung bereits von anderen vertrieben oder die als neu bezeichneten Verfahren oder Techniken im Wesentlichen bereits angewendet werden. Ein Hersteller von Zahnbürsten darf daher die von ihm verwendeten Kunststoffborsten nicht als neuartig bezeichnen, wenn Mitbewerber sie schon vorher verwendet haben.[1410] „Neu" ist dabei im Regelfall aber **nicht im Sinne** von **§ 3 PatG** zu verstehen, sofern nicht ausdrücklich auf eine besondere erfinderische Leistung Bezug genommen wird.[1411]

526 **bb) Neuheit bezogen auf eigenes Angebot.** Häufig bezieht sich die Aussage „neu" auf einen **Vergleich** mit dem **bisherigen Angebot** des Unternehmers. Dies kann zB der Fall sein bei einem Tarif, den ein Telekommunikationsunternehmen neu anbietet, bei einer Filiale, die neu eröffnet wird oder einer Ware, die neu in ein Sortiment aufgenommen wird. Auch einen **„Einführungspreis"** für ein Produkt versteht der Verkehr so, dass dieses Produkt erstmals bei diesem Anbieter in Erscheinung tritt oder dass zumindest wesentliche Veränderungen eingetreten sind.[1412] Das ist bei einer **Zeitschrift** aus Sicht eines Anzeigenkunden beispielsweise der Fall, wenn der Verlag, die Anzeigenleitung und der Erscheinungsrhythmus gewechselt wurden, auch wenn Titel und Verkaufspreis gleich blieben.[1413] Ist das Produkt hingegen, selbst wenn es technisch kompliziert und daher aufwendig zu entwickeln ist, schon seit 10 Jahren auf dem Markt, darf es nicht mehr als „neu" beworben

[1407] OLG Hamburg GRUR 1987, 719 (720) – Tequila; OLG Karlsruhe GRUR 1996, 75 – Antike Orientteppiche; vgl. auch § 3 der Verordnung über bestimmte alkoholhaltige Getränke i. d. Neufass. v. 30.6.2003, BGBl. I S. 1256.

[1408] OLG Stuttgart NJW-RR 1997, 617.

[1409] KG GRUR-RR 2002, 297 – Oldie-Nacht.

[1410] BGH GRUR 1961, 288 (293) – Zahnbürsten.

[1411] BGH GRUR 1958, 553 (555) – Saugrohr.

[1412] OLG Hamburg WRP 1976, 710 (712); ZUM 1990, 42.

[1413] OLG Hamburg ZUM 1990, 42.

werden.[1414] Bezogen auf Dienstleistungen erwartet der Verkehr bei dieser Aussage, dass die so beworbene Dienstleistung jedenfalls von dem Unternehmer in der Vergangenheit nicht angeboten wurde. In solchen Fällen ist die Werbung daher irreführend, wenn es entsprechende Angebote in der Vergangenheit bereits gab. Maßgeblich ist dabei die Übereinstimmung in den wesentlichen Produkt- oder Dienstleistungseigenschaften. Die **bloße Umbenennung genügt** daher **nicht,** wenn der Rest der Ware unverändert bleibt und in der Werbung nicht klargestellt wird, dass sich die Neuheit nur auf eine neue Marke bezieht.[1415] Entsprechendes gilt für die **„Neueröffnung"** eines Geschäfts mit gleichem Warenangebot durch den gleichen Inhaber oder die „Neueröffnung" eines Möbelgeschäfts nach vorübergehender Schließung, die somit de facto nur eine Wiedereröffnung ist.[1416] Bei der Angabe **„Neu nach Umbau"** erwartet der Durchschnittsverbraucher hingegen nicht, dass in dem Geschäft Waren angeboten werden, die es vor dem Umbau nicht gab oder dass die Preise im Vergleich zur Zeit vor dem Umbau herabgesetzt wurden.[1417]

cc) Neuheit der Ware als solche. Werden Waren als „neu" verkauft, so erklärt der 527
Verkäufer damit im Regelfall, dass die Ware **fabrikneu** ist. Das gilt insbesondere bei der Werbung für **Kraftfahrzeuge** und andere Waren des täglichen Bedarfs, die einem ständigen Verschleiß unterliegen. Nach der Rechtsprechung des BGH zum Schuldrecht vor dem 1.1.2002 war mit dem Verkauf einer Ware als „neu" in der Regel die Fabrikneuheit der Ware konkludent zugesichert.[1418] Auch bei einem Kfz, das als **„neu zum Gebrauchtpreis"** angeboten wird, erwartet der Verkehr nicht nur, dass das Fahrzeug aus neuen Materialien hergestellt wurde, sondern dass es fabrikneu ist.[1419] **Fabrikneu** ist eine Ware nur dann, wenn sie noch nicht benutzt worden ist – wobei die Überführung eines Kfz für sich allein unschädlich ist –, durch Lagerung/Standzeit keinen Schaden erlitten hat und nach wie vor unverändert, dh mit der gleichen Ausstattung und Technik hergestellt wird.[1420] Außerdem dürfen nach der Rechtsprechung des BGH zwischen Herstellung des **Fahrzeugs** und Abschluss des Kaufvertrages nicht mehr als **12 Monate** liegen, unabhängig von konkret feststellbaren Mängeln des Fahrzeugs.[1421] Denn grundsätzlich verschlechtert sich der Zustand des Fahrzeugs auf Grund von Materialermüdung, Oxydation und anderen physikalischen Veränderungen nach Ablauf dieses Zeitraums. Diese Zeitgrenze gilt allerdings nur für den Regelfall, dh im Einzelfall sind auch kürzere oder längere Zeiten denkbar. Unerheblich ist hingegen, wann die neue Modellserie ausgeliefert wird; maßgebend ist vielmehr die objektiv feststellbare Einstellung der Produktion des bisherigen Modells.[1422]

Bei fabrikneuen Kraftfahrzeugen, die aus dem **EU-Ausland importiert** werden, ist ein 528
Hinweis auf diesen Import (nur dann) erforderlich, wenn diese im Ausland **bereits zugelassen** wurden und sich dadurch die Herstellergarantie nicht unerheblich verkürzt hat.[1423] Das gilt unabhängig von einer daneben bestehenden Händlergarantie. Ein Zeitraum von *„nur wenigen Tagen oder Wochen"* genügt nach Ansicht des BGH dabei allerdings noch

[1414] OLG Frankfurt a. M. GRUR-RR 2018, 251 Rn. 57 – Pharma-Vertriebsbereiche.

[1415] OLG Hamburg MD 2000, 609; vgl. auch OLG Hamburg MD 2003, 561 (562).

[1416] OLG Koblenz GRUR 1988, 555 (556) – Neueröffnung.

[1417] BGH GRUR 1993, 563 – Neu nach Umbau.

[1418] BGH NJW 1980, 2127 (2128); 1985, 796 (798); 2000, 2018 (2019); 2003, 2824 (2825); 2004, 160; BB 2005, 798; nach dem aktuellen Schuldrecht wird zumindest eine Beschaffenheitsvereinbarung iSd § 434 Abs. 1 S. 1 BGB vorliegen, so auch OLG Köln MDR 2005, 1048.

[1419] OLG Zweibrücken GRUR-RR 2002, 306.

[1420] BGH NJW 1980, 1097; 1980, 2127 (2128); GRUR 1983, 661 (663) – Sie sparen 4000,– DM; GRUR 1995, 610 (612) – Neues Informationssystem; NJW 2003, 2824 (2825); 2004, 160; OLG Saarbrücken WRP 2014, 987 (988) – Artikelzustand: Neu.

[1421] BGH NJW 2004, 160.

[1422] BGH NJW 2003, 2824 (2825).

[1423] BGH GRUR 1999, 1122 (1123 f.) – EG-Neuwagen I; GRUR 1999, 1125 (1126) – EG-Neuwagen II; GRUR 2000, 724 (727) – Außenseiteranspruch II; zurückhaltender noch BGH GRUR 1986, 615 (618) – Reimportierte Kraftfahrzeuge. Zur (fehlenden) Relevanz einer Irreführung über den Umfang einer Herstellergarantie siehe BGH NJW 1997, 3376 (3377).

nicht,[1424] ohne dass er präzisiert, ab wann nicht mehr von wenigen Tagen oder Wochen gesprochen werden kann. Auch eine **Tageszulassung** durch einen deutschen Händler steht der Werbung als neu/fabrikneu **nicht zwingend entgegen.** Das gilt selbst dann, wenn die „Tageszulassung" mehrere Tage dauerte, sofern das Fahrzeug nicht im Straßenverkehr genutzt wurde und es sich insbesondere nicht um einen **Vorführwagen** handelt.[1425] Dabei hielt der BGH in einem Fall eine Zulassung von sechs Tagen für unbeachtlich;[1426] in einer anderen Entscheidung führte er aus, dass eine Verkürzung der Herstellergarantie um „nicht mehr als zwei Wochen" hinnehmbar sei.[1427] Auch die Angabe *„Tageszulassung mit 0 km"* ist dann nicht irreführend.[1428] Der verständige und informierte Durchschnittsverbraucher weiß, dass die Tageszulassung im Absatzinteresse des Händlers erfolgt und es sich hierbei um einen rein formalen Akt handelt. Eine ununterbrochene Zulassung über mehrere Monate hinweg ist hingegen sicher schädlich. Davon zu unterscheiden ist der Fall, dass eine Tageszulassung nur kurz erfolgte, dieser Zeitraum zum Zeitpunkt der Werbung aber auch schon mehrere Monate zurückliegt. Bei Unterlassungsanträgen und Gerichtsentscheidungen ist insoweit auf sorgfältige Formulierung zu achten, damit es nicht zu Widersprüchen kommt.[1429]

529 Die Vorstellung der Fabrikneuheit erstreckt sich im Regelfall **auch auf die einzelnen Teile** der Ware. Etwas anderes kann aber gelten bei Produkten mit Teilen, die durch den Gebrauch des Produkts **keinem Verschleiß unterliegen** und die in ihrer Funktionstüchtigkeit sich nicht von neuen Teilen unterscheiden, wie zB Mikrochips einer hochwertigen **EDV-Anlage.** Hier erstreckt sich die Vorstellung des durchschnittlich verständigen und informierten Durchschnittverbrauchers von einer Fabrikneuheit im Regelfall nicht auf solche Teile in der im Übrigen fabrikneuen Anlage.[1430] Die Vorstellung von der Neuheit einer Ware kann sich **auch ohne ausdrücklichen Hinweis** darauf ergeben. So erwartet der Verkehr nach Auffassung des OLG Hamburg nicht, dass ihm eine bereits früher erschienene CD mit Stücken der **Unterhaltungsmusik** zu einem späteren Zeitpunkt unter einem anderen Titel, ansonsten aber inhaltlich identisch präsentiert werde. Ein entsprechendes Angebot ohne Hinweis auf die frühere Veröffentlichung sei daher irreführend.[1431] Dies mag im Einzelfall zutreffend gewesen sein. Allerdings sind an die Hinweise keine großen Anforderungen zu stellen. So ist es heute auch üblich, nach dem Bestsellererfolg eines Buch-Autors auch dessen frühere Werke in größerer Auflage erneut zu verlegen und prominent zu bewerben, ohne dass die frühere Veröffentlichung hervorgehoben wird. Insoweit genügt der Hinweis im Buchumschlag auf eine frühere Erstveröffentlichung.

530 **dd) Frisch.** Einen Sonderfall der Neuheitswerbung stellt die Werbung mit der „Frische" eines Produktes dar. Die Bezeichnung **„frisch"** verbindet eine Zeit- und eine Qualitätskomponente (vgl. → Rn. 471). „Frisch" wird vom durchschnittlich informierten und verständigen Verbraucher bei Lebensmitteln als Hinweis darauf verstanden, dass das beworbene Produkt erst vor kurzer Zeit hergestellt wurde und dass es die gleiche Qualität im Angebotszeitpunkt aufweist, die es im Ursprungszustand hatte.[1432] Nicht mehr „frisch" sind daher solche Produkte, deren Herstellung bereits mehrere Wochen zurückliegt[1433] oder die durch besondere Vorkehrungen über längere Zeit haltbar gemacht wurden.[1434] Allerdings stehen Verarbeitungen des Ausgangsstoffs oder einer Zutat der Bezeichnung als „frisch" nicht entgegen, solange die Verarbeitung nur zu **leichten physikalischen Umgestaltun-**

[1424] BGH GRUR 2000, 724 (727) – Außenseiteranspruch II.
[1425] BGH GRUR 2000, 914 – Tageszulassung II; BB 2005, 798.
[1426] BGH GRUR 2000, 914 – Tageszulassung II.
[1427] BGH BB 2005, 798.
[1428] BGH GRUR 2000, 914 – Tageszulassung II.
[1429] Vgl. BGH GRUR 2011, 1050 Rn. 15 – Ford Vertragspartner; MD 2010, 362 Rn. 11.
[1430] BGH GRUR 1995, 610 (612) – Neues Informationssystem.
[1431] OLG Hamburg MD 2003, 561 (562) – Freestyle Dreams.
[1432] *Kiethe/Groeschke* WRP 2000, 431 (437).
[1433] Vgl. hierzu *Bergmann* ZLR 2001, 667 (677).
[1434] BGH GRUR 1979, 63 (64) – vakuum frisch II.

gen geführt hat.[1435] Entscheidend ist stets die Verbrauchererwartung im Einzelfall. Bei **Milch** zB weiß der Verbraucher, dass in jedem Fall eine Wärmebehandlung stattfindet, jedoch ist eine ultrahocherhitzte, sterilisierte Milch nicht mehr frisch. **Orangensaft,** der nach dem Pressen wärmebehandelt wurde, darf ebenso nicht mit dem Spruch beworben werden *„aus tagesfrisch gepressten Orangen"*.[1436] Zu unterscheiden ist der Begriff der „Frische" von der Einhaltung des **Mindesthaltbarkeitsdatums** (auch → Rn. 471).[1437]

c) Last Minute. Angaben über den Zeitpunkt der Erbringung werden auch bei **Last-Minute-Reisen** gemacht. „Last-Minute-Reise" ist in Deutschland mittlerweile als Gattungsbegriff für relativ **kurzfristig gebuchte,** dafür aber **preisgünstigere Reisen** anzusehen.[1438] Es handelt sich um Reisen, die der Reiseveranstalter aus dem regulären Vertrieb herausgenommen hat, um dafür „in letzter Minute" doch noch Abnehmer zu finden und für eine bessere Auslastung zu sorgen. Erreicht werden soll dies vor allem durch Preisreduzierungen. Der durchschnittliche Verbraucher verbindet daher mit einer Last-Minute-Reise im Regelfall die Erwartung, dass wegen des Zwangs zur kurzfristigen Buchung die Reise besonders günstig angeboten wird. Der Begriff „last minute" enthält somit sowohl eine **preisliche** als auch eine **zeitliche Komponente.** Wird der Verkehr in einer oder sogar in beiden Erwartungen getäuscht, ist die Werbung irreführend. Insbesondere darf eine Last-Minute-Reise nicht zum Normalpreis angeboten werden.[1439] Der Ausdruck „last minute" ist dabei allerdings nicht wörtlich zu verstehen. Wie lange die „letzte Minute" dauert, hängt vielmehr von den Umständen des Einzelfalls ab. Dabei sind auch Art, Dauer und Ziel der Reise zu berücksichtigen. Für eine relativ teure Fernreise ist der letztmögliche Buchungszeitraum im Regelfall länger als für eine billige Reise im Shuttle-Flieger nach Mallorca. Feste Zeiträume, wie lange vor Reiseantritt mit „last minute" geworben werden kann, lassen sich daher nicht festlegen.[1440] Hinzu kommt, dass der Irreführung über die verbleibende Zeit bis zum Reiseantritt im Regelfall eine geringere – möglicherweise auch keinerlei – wettbewerbliche Relevanz zukommt. Denn im Regelfall verspricht sich der angesprochene Verkehr als Vorteil vor allem eine günstige Reise, die aus einem sonst nicht absetzbaren Restkontingent stammt. Die kurze Buchungsfrist stellt sich demgegenüber eher als Nachteil dar, so dass stets sorgfältig geprüft werden muss, ob eine Irreführung über die verbleibende Zeit zwischen Werbung und Reiseantritt geeignet ist, die Kaufentscheidung des Verkehrs zu beeinflussen.[1441] Etwas anderes gilt, wenn der Verkehr durch zu kurze Zeitangaben zu einer übereilten Entscheidung bewegt werden soll (vgl. hierzu auch Nr. 7 im Anhang zu § 3 Abs. 3 UWG). 531

d) Zeitpunkt der Lieferung. Die Fallgruppe der Irreführung über den Zeitpunkt der Lieferung einer Ware überschneidet sich mit der Fallgruppe der Verfügbarkeit einer Ware. Auch bei dieser Fallgruppe gilt selbstverständlich das Leitbild des durchschnittlich informierten, aufmerksamen und verständigen Verbrauchers. Diesem ist zum Beispiel bewusst, dass an Sonntagen in Deutschland regelmäßig nicht ausgeliefert wird und dass im Rahmen von Adword-Anzeigen oftmals eine verkürzte Darstellung erfolgt. [1442] Dementsprechend ist die Angabe „*Original Druckerpatronen **innerhalb 24 Stunden***" in einer **Adword-Anzeige** im Internet auch dann nicht irreführend, wenn keine Auslieferung an Sonntagen erfolgt und 532

[1435] KG NJW-RR 1990, 54; *Helm/Sonntag/Burger* in Gloy/Loschelder/Danckwerts HdbWettbR § 59 Rn. 217.

[1436] LG Düsseldorf WRP 2005, 766 – „aus tagesfrisch gepressten Orangen".

[1437] LG Hamburg WRP 1999, 1314 (1315) – Frischegarantie; aA OLG Köln ZLR 2001, 299 (309 f.) – Frischer Rahmjoghurt.

[1438] Vgl. LG Hamburg MMR 2000, 763 (764) – lastminute.com.

[1439] OLG München GRUR 1999, 71 (72) – Werbung im Internet.

[1440] BGH GRUR 2000, 239 (240 f.) – Last-Minute-Reise; aA LG Düsseldorf NJW-RR 1996, 167 (168); OLG München GRUR 1999, 71 (72) – Werbung im Internet (Verbot gestützt auf § 1 UWG aF, nur bis zu 14 Tage vor Reiseantritt möglich).

[1441] BGH GRUR 2000, 239 (241) – Last-Minute-Reise.

[1442] BGH GRUR 2012, 81 Rn. 13 – Innerhalb 24 Stunden.

eine Lieferung am Folgetag nur bei Bestellung bis 16:45 Uhr möglich ist. Denn damit rechnet der Verbraucher ohnehin. Allerdings muss auf diese Einschränkungen in der Voll-Werbung, auf welche die Adword-Anzeige verweist, ausreichend hingewiesen werden.[1443] Irreführend ist es auch, eine **„Lieferzeit auf Nachfrage"** anzukündigen, wenn das beworbene Produkt wegen einer **Liefersperre** des Herstellers nicht zuverlässig lieferbar ist.[1444] Werden Angaben zur Lieferzeit gemacht, so sind diese auch einzuhalten. Bewirkt höhere Gewalt zwischen Bestellung und Liefertermin, dass der Termin nicht eingehalten werden kann, so führt das zu keiner Irreführung iSv § 5 UWG. Das gilt aber nicht, wenn das Ereignis noch vor der Bestellung eintritt. Auch muss der Werbende seine Lieferzeitangaben anpassen oder zumindest mit einem Vorbehalt versehen, wenn der angegebene Termin nicht oder nicht mehr mit hinreichender Sicherheit eingehalten werden kann.[1445]

533 **e) Maßgeblicher Zeitpunkt.** Eine Neuheitswerbung, die zunächst zutreffend war, kann im Laufe der Zeit irreführend werden. Maßgeblich ist stets die Beurteilung im **Zeitpunkt der letzten mündlichen Verhandlung.** Dies bedeutet für die Parteien, dass bei entsprechend langer Dauer eines Gerichtsverfahrens der durch bloßen Zeitablauf eintretenden neuen Rechtslage Rechnung getragen werden muss. Insbesondere kann sich zur Vermeidung einer Erstbegehungsgefahr dann die Erklärung empfehlen, dass an einer bestimmten Neuheitswerbung jedenfalls für die Zukunft nicht mehr festgehalten wird. **Ab wann** eine vormals zulässige **Werbung mit „neu" nicht mehr zulässig** ist, hängt von den Umständen des Einzelfalls, insbesondere von der **Branche** und der **Art der beworbenen Ware** ab. Ein für alle Warengattungen gültiger Zeitraum lässt sich nicht bestimmen.[1446] Je kurzlebiger das beworbene Produkt ist, je schneller es bei längerer Lagerung Schaden nimmt, je kürzer die Produktionszyklen sind und je schneller Weiterentwicklungen des Produkts erfolgen, desto kürzer darf mit seiner Neuheit geworben werden. **Modeartikel** können nur während der aktuell laufenden Kollektion als neu bezeichnet werden, **Skier** nur während einer Saison. Bei **hochwertigen, langlebigen und nicht billigen Präzisionsgegenständen** wie zB einer Nähmaschine, soll hingegen auch sechs Monate nach der Einführung mit einem „Einführungspreis" geworben werden dürfen,[1447] bei **Fertigarzneimitteln** kann sogar eine Neuheitswerbung ein Jahr lang ab dem ersten Inverkehrbringen – auf den Zeitpunkt der arzneimittelrechtlichen Zulassung kommt es insoweit nicht an[1448] – erlaubt sein.[1449] Bei **Autos** kommt es darauf an, ob das neueste Fahrzeug eines Herstellers (*„Das neue Auto von VW"*) oder die neueste Version eines Modells (*„Die neue C-Klasse"*) beworben werden: Neue Fahrzeuge eines Herstellers gibt es häufiger als neue Versionen eines Modells; dementsprechend ist die Werbung für ein neues Modell im Regelfall auch länger möglich. Bei einer **Tageszeitung** darf nach Auffassung des BGH für eine Neuerung, die bereits drei Monate zurück liegt, nicht mehr mit der Angabe „jetzt mehr" geworben werden.[1450] Zu den Hinweispflichten bei der Werbung für Auslaufmodelle → Rn. 474.

[1443] BGH GRUR 2012, 81 Rn. 15 – Innerhalb 24 Stunden.
[1444] OLG Hamm BeckRS 2009, 12079.
[1445] LG Lüneburg WRP 2016 Rn. 11.
[1446] KG WRP 1982, 28 (29).
[1447] KG GRUR 1982, 620 (622).
[1448] OLG Hamburg MD 2007, 1092 (1094).
[1449] KG WRP 1982, 28 (29) unter Bezugnahme auf die Richtlinien für die wissenschaftliche Information und für die Arzneimittelwerbung des Bundesverbandes der Pharmazeutischen Industrie eV (BPI). Dem entspricht heute § 7 Abs. 7 des Verhaltenskodex der Mitglieder des „Arzneimittel und Kooperation im Gesundheitswesen eV" idF v. 7.4.2008, zuletzt geändert am 22.3.2015.
[1450] BGH GRUR 1968, 433 (436) – Westfalen Blatt II.

IV. Zwecktauglichkeit, Verwendungsmöglichkeit, Vorteile, Risiken, von der Verwendung zu erwartende Ergebnisse (= Wirkung der Ware oder Leistung)

Schrifttum: *Beck,* Die neue Bio Basis-Verordnung (EU) 2018/848, LMuR 2018, 221; *Bornkamm,* Wettbewerbs- und Kartellrechtsprechung zwischen nationalem und europäischem Recht, in: FS BGH 2000, S. 343; *Braun,* Wissenschaftlicher Nachweis von Wirksamkeitsaussagen in der Medizinproduktewerbung – Anforderungen der Rechtsprechung, MPR 2014, 193; *Bruggmann/Hohmann,* Leben mit der Health Claims Verordnung – Chancen und Risiken anhand von Anwendungsbeispielen aus der Praxis, ZLR 2007, 51; *Bruggmann,* Neun Jahre Health-Claims-Verordnung – kein Ende der Kinderkrankheiten in Sicht, LMuR 2015, 73; *Bruggmann,* Vom Täuschungsschutz zur fairen Information: Abschied von §§ 11, 12 LFGB, LMuR 2014, 45; *Cordes,* Umweltwerbung, 1994; *Epping/Greifeneder,* Die Health-Claims-Verordnung auf der Zielgeraden, WRP 2006, 830; *Ewert,* Wettbewerbsrechtliche Beurteilung von Umweltwerbung ohne Produktqualitätsbezug nach deutschem Recht und europäischem Gemeinschaftsrecht; *Feddersen,* Wissenschaftliche Absicherung von Wirkungsangaben im Heilmittelwerbeprozess, GRUR 2013, 127; *Federhoff-Rink,* Umweltschutz und Wettbewerbsrecht im europäischen Binnenmarkt, 1994; *Füger,* Umweltbezogene Werbung, 1993; *Gorny,* Der Abschied vom verständigen Durchschnittsverbraucher im Lebensmittelwerberecht, ZLR 2003, 253; *Hagemeyer,* Siebte Beleuchtung der Rechtsprechung zur VO (EG) Nr. 1924/2006 über nährwert- und gesundheitsbezogene Angaben, WRP 2015, 308; *Hagemeyer,* Zehnte Beleuchtung der Rechtsprechung zur VO (EG) Nr. 1942/2006 über nährwert- und gesundheitsbezogene Angaben, WRP 2019, 35; *Hahn/Ströhle,* Lebensmittel- und Arzneimittelwerbung mit „wissenschaftlichen" Aussagen, GRUR 2013, 120; *Hartwig,* Das Verhältnis von Werbung und Umwelt und seine wettbewerbsrechtlichen Grenzen, 1999; *Hartwig,* Die lauterkeitsrechtliche Beurteilung der Werbung mit dem „Grünen Punkt", GRUR 1997, 560 ff.; *Holtorf,* Health Claims in den Jahren 2008/2009, LMuR 2008, 81; *Hüttebräuker,* Vorschlag für eine EU-Verordnung über nährwert- und gesundheitsbezogene Angaben in Bezug auf Lebensmittel – eine kritische Bestandsaufnahme, WRP 2004, 188; *Jung,* Die Health Claims Verordnung – Neue Grenzen gesundheitsbezogener Werbung für Lebensmittel, WRP 2007, 389; *Keßler,* Wettbewerbsrechtliche Grenzen sozial orientierter Absatzsysteme, WRP 1999, 146; *Kiefer,* Das deutsche Umweltzeichen aus wettbewerbsrechtlicher Sicht – eine Untersuchung am Maßstab des § 3 UWG, 2000; *Klindt,* Die Umweltzeichen „Blauer Engel" und „Europäische Blume" zwischen produktbezogenem Umweltschutz und Wettbewerbsrecht, BB 1998, 545 ff.; *Köhler,* „Grüner Punkt" als irreführende Werbung? BB 1998, 2065; *Lambsdorff,* Werbung mit dem Umweltschutz, 1993; *Lappe,* Die wettbewerbsrechtliche Beurteilung der Umweltwerbung, 1995; *Leible/Brzezinski,* Rechtsprechungsreport Lebensmittelrecht 2014, WRP 2015, 301; *Leible/Schäfer,* Der persönliche Anwendungsbereich der Health Claims-Verordnung, WRP 2011, 1509; *Leible/Schäfer,* Alles „Bio" oder was?, GRUR-Prax 2013, 101; *Lindacher,* Umweltschutz in der Werbung – lauterkeitsrechtliche Probleme, in: Marburger/Reinhardt/Schröder (Hrsg.), Umweltschutz und Wettbewerb, 1997; *Loosen,* Die Artikel 13-Liste – mehr als ein Prüfstein für die Claims-Verordnung?, ZLR 2012, 401; *Maaßen/Schoene,* Ist das Verbot von nährwert- und gesundheitsbezogenen Angaben bei Alkohol in Art. 4 Abs. 3 HCV rechtmäßig?, ZLR 2011, 709; *Meier,* Möglichkeiten und Grenzen von Health Claims, LMuR 2003, 160; *Meisterernst,* Kein Öl an die Karotte!, WRP 2012, 405; *Meisterernst,* Vom Regen in die Traufe – Zum Entwurf für eine europäische Verordnung über nährwert-, wirkungs- und gesundheitsbezogene Angaben auf Lebensmitteln, ZLR 2002, 569; *Meisterernst,* Beifügen oder nicht – Zur Anwendbarkeit und Funktion des Art. 10 Abs. 3 HCV, WRP 2018, 397; *Meisterernst/Haber,* Praxiskommentar Health & Nutrition Claims, Stand: 06/15; *Meisterernst/Haber,* Die VO (EG) 1924/2006 über nährwert- und gesundheitsbezogene Angaben, WRP 2007, 363; *Meisterernst/Haber,* 12 Jahre Lernprozess – Was hat die HCVO gebracht?, WRP 2019, 413; *Meyer,* Health Claims-Verordnung, 1. Auflage 2007; *Meyer,* Das Kosmetikum als Ausweg aus der Health-Claims Verordnung?, LMuR 2008, 25; *Meyer/Bruggmann,* So schnell kann es gehen: die Health Claims-Verordnung beschäftigt bereits die Gerichte, LMuR 2008, 85 ff.; *Michalski/Riemenschneider,* Irreführende Werbung mit der Umweltfreundlichkeit von Produkten, BB 1994, 1157 ff.; *Micklitz,* Umweltwerbung im Binnenmarkt, WRP 1995, 1014 ff.; *Oelrichs,* Das Ende des Schlankheitswerbeverbots?, ZLR 2005, 23; *Reinhart,* Gesundheitsbezogene Werbung – aktuelle Rechtsprechung im Überblick, LMuR 2002, 159; *Reese,* Beweisanforderungen bei gesundheitsbezogener Werbung – Wann liegt eine hinreichend gesicherte wissenschaftliche Erkenntnis vor?, PharmR 2018, 380; *Riemenschneider,* Irreführende Werbung mit der Umweltfreundlichkeit von Produkten, Eine Rechtsprechungsanalyse, BB 1997, 1157 ff.; *Rohnke,* Werbung mit Umweltschutz, GRUR 1988, 667 ff.; *Schroeter,* Rechtliche Aspekte der Werbung mit Gesundheit, ZLR 1989, 37; *Sosnitza,* Gesundheitsbezogene Werbung für Lebensmittel – Paradigmenwechsel in Europa, WRP 2003, 669; Das Verhältnis von § 12 LFGB zu den Regelungen der VO (EG) Nr. 1924/2006 – gesetzgeberischer Handlungsbedarf?, ZLR 2007, 423; *Sosnitza,* Obligatorische Herkunftszeichnung im Lebensmittelrecht, GRUR 2016, 347; *Weidert,* Das Verbot gesundheitsbezogener Werbung im Lebensmittelrecht (Diss. 1998); *Weidert,* Die Bewerbung von Lebensmitteln mit Krankheits- oder Gesundheitsbezug – Einige grundsätzliche Ausführungen zu § 18 Abs. 1 Nr. 1 LMBG aus Anlaß der Entscheidung „Gelenk-Nahrung" des BGH vom 4.12.1997 (I ZR 125/95); *Völker,* Irreführende Umweltwerbung, 2000; *Zechmeister,* Das neue Tabakerzeugnisrecht – Auswirkungen in der Praxis, GRUR-Prax 2016, 212; *Ziegler,* Die Relevanz der Health Claims Verordnung für die Markenstrategie, ZLR 2007, 529 ff.

534 **1. Allgemeines und Abgrenzung.** § 5 Abs. 1 S. 2 Nr. 1 UWG verbietet irreführende Angaben über die Zwecktauglichkeit, die Verwendungsmöglichkeit oder die von der Verwendung zu erwartenden Ergebnisse von Waren oder Dienstleistungen. Wie die einzelnen Begriffe abgegrenzt werden sollen, ist ebenso unklar wie unerheblich. Ebenso ist es unerheblich, dass in Art. 6 Abs. 1 lit. b der UGP-Richtlinie (Richtlinie 2005/29/EG über unlautere Geschäftspraktiken) von „Verwendung" die Rede ist, der deutsche Text hingegen von „Verwendungsmöglichkeit" spricht. In allen Fällen geht es letzten Endes darum, zu welchen Zwecken eine Ware verwendet werden kann und welche Wirkungen zu erwarten sind.

535 Dazu zählen auch die daraus entstehenden Risiken und Vorteile. Die UGP-Richtlinie erwähnt ausdrücklich **„Vorteile"** und **„Risiken"** als wesentliche Merkmale einer Ware oder Dienstleistung. Dies kann als Teil der Beschaffenheit verstanden werden, etwa wenn es darum geht, welche Risiken durch eine Versicherung abgedeckt sind.[1451] Ein Risiko kann auch der **Verbraucher** eingehen, indem er einen bestimmten Vertrag abschließt. Diese Gefahr ist in **Art. 6 Abs. 1 lit. g** UGP-Richtlinie ausdrücklich geregelt; sie wurde in den Text von § 5 UWG nicht wörtlich übernommen, lässt sich aber unter Bedingungen der Warenlieferung oder Dienstleistungserbringung, § 5 Abs. 1 Nr. 2 UWG, subsumieren. Im Übrigen geht es bei den Vorteilen und Risiken um eine Wirkung eines Produkts, die eben mit Vorteilen oder Risiken verbunden sein kann. Insoweit bringen diese Ausdrücke für das deutsche Recht nichts Neues. Sie wurden vom Gesetzgeber auch ohne weitere Begründung in den Gesetzestext übernommen.

536 Aussagen über die Verwendungsmöglichkeit und die Wirkung sind in starkem Maß geeignet, die Kaufentscheidung des Werbeadressaten zu beeinflussen. In der Praxis besonders relevant sind dabei Aussagen über die **Wirkungen auf den menschlichen Körper** und die **Gesundheit/Krankheiten** (nachfolgend → Rn. 542 ff.), einschließlich der Werbung für **diätetische Lebensmittel** und für Schlankheitsmittel (nachfolgend → Rn. 567 ff.) und **Schönheitsmittel/Faltencremes** (nachfolgend → Rn. 571), sowie die Werbung mit der **Wirkung auf die Umwelt** (→ Rn. 572 ff.). Konkret geht es dabei um Aussagen über allgemeine oder spezifische gesundheitsfördernde Wirkungen, Verhinderung von Krankheiten, Gewichtsreduktion, Haarwuchs, Steigerung der Leistungsfähigkeit, Stärkung von Abwehrkräften, nachhaltige Faltenreduzierung, Umweltverträglichkeit etc.

537 Die besondere Bedeutung solcher Aussagen kommt auch dadurch zum Ausdruck, dass es mittlerweile zahlreiche **Sonderregelungen** gibt, welche die Verwendung wirkungsbezogener Aussagen im Zusammenhang mit bestimmten Produkten oder Produktgattungen regeln. Das gilt sowohl innerhalb des UWG als auch – erst recht – in Sonderregelungen außerhalb des UWG: So verbietet etwa Nr. 16 im Anhang zu § 3 Abs. 3 UWG die Behauptung, Produkte könnten die Gewinnchancen bei Glücksspielen erhöhen; Nr. 18 im Anhang zu § 3 Abs. 3 UWG verbietet bestimmte unwahre krankheitsbezogene Aussagen. Da diese Werbungen in jedem Fall verboten sein sollen, sind diese Tatbestände vorrangig zu prüfen. Daneben finden sich zahlreiche weitere produktspezifische vorrangige Sonderregelungen insbesondere in der **LMIV,** in der **EU KosmetikVO** (insbes. Art. 20 Abs. 1 Kosmetik-VO iVm VO (EU) Nr. 655/2013[1452] und in der Verordnung (EG) Nr. 1924/2006, der sog. **Health-Claims-Verordnung.**[1453] Nachfolgend werden diese Gesetze nur kurz angesprochen. Einzelheiten zu den jeweiligen produktspezifischen Sonderregelungen sind in Einl. Abschn. I dargestellt.

538 **2. Nachprüfbare Tatsachenbehauptung, keine allgemeine Aufklärungspflicht.** Wie bei den anderen Fallgruppen des § 5 UWG auch, setzt die Anwendbarkeit des Verbots

---

[1451] Vgl. BGH GRUR 1983, 654 zur Werbung für eine Reisegepäckversicherung.

[1452] Dazu BGH GRUR 2016, 418 Rn. 11 ff. – Feuchtigkeitsspendendes Gel-Reservoir.

[1453] Verordnung (EG) Nr. 1924/2006 über nährwert- und gesundheitsbezogene Angaben über Lebensmittel (ABl. 2007 L 12, S. 3). Zur Rechtmäßigkeit des Verbots von nährwert- und gesundheitsbezogenen Angaben bei Alkohol in Art. 4 Abs. 3 siehe: *Maaßen/Schoene* ZLR 2011, 709 ff.

irreführender Aussagen über bestimmte Wirkungen voraus, dass es sich nach dem Verständnis eines durchschnittlich informierten und verständigen Verbrauchers überhaupt um eine, zumindest im Kern, konkret fassbare und **der Nachprüfung zugängliche Tatsachenbehauptung** handelt. Dabei muss es sich noch nicht einmal um eine bestimmte Wirkung handeln. Es kann vielmehr genügen, dass dem beworbenen Mittel überhaupt eine – wie auch immer zu spezifizierende – positive Wirkung zugeschrieben wird. Das OLG Karlsruhe hat das bejaht für die Bezeichnungen *„Blasenkraft Plus"* und *„Prostata Vit"* für Fruchtriegel.[1454] Irgendwelche positiven Assoziationen hingegen genügen nicht. Der irreführende Eindruck einer positiven Wirkung kann sich dabei nicht nur aus **expliziten Behauptungen** ergeben, sondern auch durch die Verwendung bestimmter **Marken** und **Symbole.** So entschied der BGH, dass der Verbraucher (nach altem Leitbild) mit der Bezeichnung *„Rheumalind"* für wollene Bettwaren die Vorstellung verbindet, diese Bettwaren hätten eine therapeutische und schmerzlindernde Wirkung bei Rheuma.[1455] Die Ankündigung *„Klein & fein gehackt – im Handumdrehen"* für einen Gemüse- und Zwiebelschneider nimmt der normal informierte und angemessen aufmerksame und verständige Durchschnittsverbraucher ernst und erwartet, dass das eingefüllte Schnittgut nach ein paar Umdrehungen klein gehackt ist, auch wenn „im Handumdrehen" als Wortspiel doppeldeutig verwendet wird.[1456] Die Aussage *„Die Chinesen glauben, dass XY Krebs bekämpfen kann, vor Herzinfarkt und vielen Zivilisationskrankheiten schützt"* versteht der Verbraucher nicht nur als Hinweis auf einen Irrglauben der Chinesen, sondern dergestalt, dass der Glaube seine Berechtigung habe und das Produkt entsprechende Wirkungen zeige.[1457] Mit den Wörtern **„med."** oder **„medizinisch"** verbindet der Verkehr im Regelfall für Produkte gesundheitsfördernde Eigenschaften oder gar ärztliche Empfehlungen[1458] oder ärztliche Kompetenz. Das gilt nicht nur bei Lebensmitteln, sondern auch für kosmetische Mittel und Mittel zur Schönheitspflege;[1459] allerdings kommt es hier auf den Einzelfall an. Die medizinische Konnotation des Begriffs **„Clinique"** reicht nach Ansicht des EuGH nicht aus zur Irreführung der Verbraucher bei kosmetischen Erzeugnissen, die ausschließlich durch Parfümerien und Kosmetikabteilungen von Kaufhäusern vertrieben werden.[1460] Bei einem Waschmittel ist die Angabe *„med."* hingegen nicht irreführend, wenn dieses keine Parfüm- und Farbstoffe und keinen Konservierungszusatz enthält, dadurch bei Allergien und empfindlicher Haut besonders geeignet ist und (nur) hierauf auf dem Etikett hingewiesen wird.[1461] Irreführend ist es allerdings, ein Pigmentiergerät als **„Medizinprodukt"** zu bezeichnen und unter Hinweis auf eine Zertifizierung nach dem MPG zu bewerben, wenn das Gerät nicht medizinischen, sondern nur kosmetischen Zwecken dienen soll.[1462] Ebenso dürfen kosmetische Erzeugnisse ohne therapeutischen Zweck nicht als **„Schönheitsmedizin"** bezeichnet werden.[1463] Umgekehrt steht es dem Hersteller hingegen frei den Anwendungsbereich eines Produkts, welches sowohl medizinischen als auch nicht-medizinischen Zwecken dienen könnte, auf einen nicht-medizinischen Bereich zu beschränken.[1464]

1454 OLG Karlsruhe MD 2006, 1288 (1290) – Blasenkraft Plus Riegel.

1455 BGH GRUR 1991, 848 (849) – Rheumalind.

1456 OLG Hamburg WRP 2006, 1152 (1153) – Klein & Fein gehackt im Handumdrehen I; aA Handelsgericht Wien WRP 2006, 1154 – Klein & Fein gehackt im Handumdrehen II: Danach werde diese Aussage als Wortspiel lediglich so verstanden, dass der Gebrauch des Zerkleinerers mühelos und rasch und damit einfacher als der Gebrauch eines Messers von sich gehe.

1457 BGH WRP 2005, 1519 (1521) – Ginseng Präparate.

1458 Zur Verwendung von *„med."* im Zusammenhang mit Tätigkeiten → § 5 Rn. 945.

1459 RG GRUR 1935, 510 (514) – Eu Med; BGH GRUR 1969, 546 – med; OLG Köln WRP 1989, 271 – P. medical.

1460 EuGH Urt. v. 2.2.1994 – C-315/92, Slg. 1994, I-317 (337) – Clinique.

1461 OLG Köln MD 2003, 496. Vgl. auch OLG Köln GRUR-RR 2002, 175 (176) – „Dental Gel".

1462 OLG Hamburg GRUR-RR 2002, 360.

1463 OLG Köln WRP 1988, 483. Irreführend daher auch die Bezeichnung eines Kosmetikstudios als „medical beauty lounge", LG Frankfurt a. M. BeckRS 2019, 18220.

1464 BGH GRUR 2013, 1261 Rn. 12 – Messgerät II.

539 Den Gegensatz zu nachprüfbaren Tatsachenbehauptungen bilden **vage Anklänge,** erkennbare **Übertreibungen** sowie Aussagen, bei denen der Verbraucher erkennt, dass eine bestimmte **Wirkung vom Zufall abhängt** (zB bei Glücksspielen) oder eine bloße Glaubenssache ist. Art. 5 Abs. 3 S. 2 der UGP-Richtlinie erwähnt ausdrücklich die „übliche und rechtmäßige Werbepraxis, übertriebene Behauptungen oder nicht wörtlich zu nehmende Behauptungen aufzustellen." So kann es bei nur vagen Anklängen oder allgemeinen Symbolen, wie zB einer **Schlange,** bereits am Vorliegen von Angaben iSv § 5 UWG fehlen;[1465] während die **Abbildung eines Herzens** durchaus einen Gesundheitsbezug suggerieren kann.[1466] Maßgeblich sind die Umstände des Einzelfalls und dabei sind nicht allein die verwendeten Zeichen, sondern auch die beworbenen Produkte und die weiteren Angaben auf den konkret verwendeten Werbe- und Vertriebsmitteln zu beachten. Auch weiß der Verkehr, dass er allein durch den Verzehr eines bestimmten Lebensmittels nicht die sportliche Figur des in der Werbung abgebildeten Models erlangt und hält daher auch die Frage *„Was braucht dieser Mann, um so auszusehen"* nicht für eine ernst zu nehmende Produktinformation.[1467] Anders allerdings, wenn konkrete Angaben zu Dauer und Ausmaß einer Gewichtsabnahme gemacht werden.[1468]

540 Auch der Hinweis auf eine **verbesserte Lebensqualität,** die sich aus einer auf natürliche Weise erfolgenden Aktivierung von Energiereserven in Körperzellen ergeben soll, ist nur eine subjektiv gefärbte und unspezifische Werbeanpreisung und keine irreführende Wirkungsangabe.[1469] Wird in der Werbung hingegen der konkrete Anschein eines sicheren Erfolges hervorgerufen, zB in Werbung für **Lottospielgemeinschaften,** so konnten selbst Aussagen über Glücksspiele irreführend sein.[1470] Heute sind solche Aussagen am Verbot der Nr. 16 im Anhang zu § 3 Abs. 3 UWG zu messen.

541 Auch bei der Werbung über Wirkungen einer Ware gilt, dass den Unternehmer abseits spezieller Sonderregelungen und unbeschadet § 5a UWG **keine allgemeine Aufklärungspflicht** trifft. So stand einer Werbung mit wahrheitsgemäßen gesundheitsfördernden Eigenschaften eines Lebensmittels nicht entgegen, dass dieses zu einem geringen Anteil (15 %) auch Zucker enthielt, der zu Karies führen konnte; hierüber musste nicht gesondert aufgeklärt werden, solange die Kariesgefahr im Vergleich zur allgemeinen Nahrungsaufnahme nicht in außergewöhnlichem Maße gesteigert war.[1471] Entsprechendes gilt für die Aussage **„ohne Fett"** für Süßigkeiten im Hinblick auf den vorhandenen Zuckeranteil.[1472] Eine Werbung mit **„naturrein"** erfordert keine Aufklärung über etwaige Rückstände, die in der Natur vorhanden sind (→ Rn. 459 f.).[1473] Eine andere Frage ist allerdings, ob solche nährwertbezogenen bzw. allgemeinen gesundheitsbezogenen Aussagen in Zukunft überhaupt noch zulässig sind; das richtet sich vor allem nach der Verordnung (EG) Nr. 1924/2006 (Health-Claims-Verordnung)[1474] (hierzu → Rn. 551 ff.).

542 **3. Gesundheitsbezogene/krankheitsbezogene Werbung.** Die Werbung mit gesundheitsbezogenen oder krankheitsbezogenen Wirkungen einer Ware oder Leistung ist seit jeher in besonderem Maß geeignet, den Kaufentschluss zu beeinflussen. Mit zunehmendem

[1465] BGH GRUR 1981, 656 (658) – Schlangenzeichen.
[1466] BGH GRUR 1962, 97 (99) – Tafelwasser.
[1467] BGH GRUR 2002, 182 (185) – Das Beste jeden Morgen.
[1468] Hier greift ohnehin Art. 12 lit. b der Health-Claims-VO ein, nachfolgend → Rn. 551.
[1469] BGH GRUR 2004, 72 – Coenzym Q 10.
[1470] KG GRUR 1988, 223 – Bio-Lottogramm; WRP 1976, 372 (374) – Irreführende Werbung für Glücksbringer; WRP 1987, 108 (110) – Werbung für Talisman; WRP 1987, 467 (468) – Lotto-Zufall besiegt; ZLR 1992, 647 (652) – Bioregulator; OLG Frankfurt a. M. WRP 1981, 467 (468) – Abergläubische Werbung; OLG Stuttgart NJW-RR 1988, 934 (935). Zur Beeinflussung von Glücksspielen vgl. jetzt auch Nr. 16 im Anhang zu § 3 Abs. 3 UWG.
[1471] BGH GRUR 2002, 182 (185) – Das Beste jeden Morgen.
[1472] OLG Düsseldorf GRUR-RR 2006, 235 (236) – ohne Fett.
[1473] EuGH Urt. v. 4.4.2000 – C-465/98, GRUR Int. 2000, 756 (758) – „naturrein"; ähnlich BGH GRUR 1997, 306 (308) – Naturkind.
[1474] Berichtigte Fassung der Verordnung (EG) Nr. 1924/2006 vom 20.12.2006 über nährwert- und gesundheitsbezogene Angaben über Lebensmittel (2007), ABl. 2007 L 12, S. 3.

Gesundheitsbewusstsein gewinnt sie sogar noch mehr an Bedeutung; je höher der Stellenwert der eigenen Gesundheit, desto höher ist auch die Empfänglichkeit für gesundheitsbezogene Aussagen. Dementsprechend liegt eine gesundheitsbezogene Werbung in diesem Sinn nicht nur dann vor, wenn das angestrebte Ziel einer Behandlung gesundheitsbezogen ist, sondern auch, wenn ästhetische Ziele durch Mittel erreicht werden sollen, die in die körperliche Integrität eingreifen, zB Fettentfernung durch Kälte (Kryolipolyse).[1475] Umgekehrt können sich aus irreführenden Aussagen aber auch besondere Gefahren für die menschliche Gesundheit ergeben, eines der höchsten Schutzgüter, das unsere Rechtsordnung kennt.

a) Grundsatz. Im Bereich **gesundheitsbezogener** Werbung gelten daher seit jeher besonders **strenge Anforderungen an die Richtigkeit, Eindeutigkeit und Klarheit** von Werbung außerhalb der Fachkreise.[1476] Dementsprechend können auch bei der Verhältnismäßigkeitsabwägung nur Gründe von ganz erheblichem Gewicht berücksichtigt werden.[1477] Das hat sich auch unter dem Leitbild des durchschnittlich verständigen und aufmerksamen Verbrauchers nicht geändert, da dieser ebenfalls besonderen Wert auf seine Gesundheit legt; allerdings ist auch zu berücksichtigen, dass dieser Verbraucher über allgemeine gesundheitliche Risiken informiert ist und insoweit keiner Aufklärung bedarf. 543

Bekämpft ein Arzneimittel nur die **Symptome,** nicht jedoch die Ursachen einer Grippe, darf es nicht mit der Aussage *„bewährt bei Erkältung und Grippe"* beworben werden.[1478] Ein Mittel, das nur als Abhilfe für eine Schlappheit als Folge von Vitaminmangel dient, darf nicht ohne weitere Aufklärung als *„Anti-Schlapp-Kapsel"* bezeichnet werden, wenn dadurch der Eindruck erweckt wird, dass jede Art von Abgeschlagenheit bekämpft werden kann.[1479] Regelmäßig irreführend ist auch die Ankündigung, die einem Produkt **Wirkungen gegen zahlreiche verschiedenartige Krankheiten** und Leiden beimisst und es damit darüber hinausgehend als eine Art *„Allheilmittel"* beschreibt, weil es ein gegen sämtliche Alltagsleiden wirkendes Heilmittel nicht gibt.[1480] Das kann dann sogar dazu führen, dass der Wahrheitsgehalt bezüglich einzelner Krankheiten nicht mehr nachgeprüft werden muss.[1481] Wer Informationen mit der Überschrift *„Wichtige Informationen für Arthrose-Patienten"* ankündigt, erweckt bei den angesprochenen Arthrose-Patienten den Eindruck, das beworbene Mittel könne arthrosebedingte Gelenkschmerzen lindern.[1482] Produkte, die **gesundheitsschädlich** sind, dürfen grundsätzlich nicht mit Angaben beworben oder bezeichnet werden, die eine gesundheitsfördernde Wirkung suggerieren. Verboten wurde daher zB die Aussage *„Topfit Boonekamp"* für eine Spirituose[1483] (wobei diese Aussage heute nach Maßgabe der Health-Claims-Verordnung zu beurteilen wäre, → Rn. 553). 544

b) Sonderregelungen. Es gibt zahlreiche gesetzliche Sonderregelungen, welche die Werbung mit gesundheitsbezogenen bzw. krankheitsbezogenen Aussagen regeln: 545

aa) Nr. 18 im Anhang zu § 3 Abs. 3 UWG. Nach dieser Vorschrift ist die unzutreffende Behauptung, ein Produkt könne Krankheiten, Funktionsstörungen oder Missbildungen heilen, unter allen Umständen unlauter. 546

[1475] OLG München GRUR-RR 2019, 80 Rn. 35.

[1476] BGH GRUR 1967, 592 (593) – Gesunder Genuss; GRUR 1973, 445 (449) – Glutamal; GRUR 1973, 429 (431) – Idee-Kaffee I; GRUR 1973, 538 (539) – Idee-Kaffee II; GRUR 1975, 664 (665) – Idee-Kaffee III; GRUR 1980, 797 (799) – Topfit Boonekamp; GRUR 2002, 633 (634) – Homonersatztherapie; GRUR 1992, 874 (876) – Hyanit; GRUR 2002, 182 (185) – Das Beste jeden Morgen; vgl. auch GRUR 1993, 756 (757) – Mild-Abkommen. Auch → § 5 Rn. 146 ff.

[1477] KG GRUR-RS 2016, 10350 Rn. 37.

[1478] BGH GRUR 1983, 2087 (2088) – Grippewerbung II.

[1479] OLG Hamburg LMuR 2002, 148. Ähnlich OLG Hamm MD 2004, 78 (80) – „Müde? Gestresst? Ausgepowert?".

[1480] OLG Saarbrücken MD 2006, 935 (940) – Schwingungstherapeut.

[1481] OLG Koblenz MD 2004, 332 (336) – Magnetfeldartikel.

[1482] BGH GRUR 2002, 273 (274 f.) – Eusovit.

[1483] BGH GRUR 1980, 797 (799) – Topfit Boonekamp.

547 **bb) § 21 Abs. 1 S. 1 TabakerzG.** Diese Vorschrift verbietet, in der Werbung für **Tabakerzeugnisse** den Eindruck zu erwecken, dass deren Genuss oder bestimmungsgemäße Verwendung **gesundheitlich unbedenklich** oder gar geeignet sei, die Funktion des Körpers günstig zu beeinflussen.[1484]

548 **cc) § 3 S. 2 HWG.** Diese Vorschrift verbietet, **Arzneimitteln, Medizinprodukten** und sonstigen Heilmitteln und Verfahren, die dem HWG unterfallen, eine therapeutische Wirksamkeit oder Wirkungen beizulegen, die sie nicht haben (§ 3 S. 2 Nr. 1 HWG) oder fälschlich den Eindruck zu erwecken, dass ein Erfolg mit Sicherheit erwartet werden könne (§ 3 S. 2 Nr. 2a HWG).[1485] Für Arzneimittel gilt insoweit **§ 8 Abs. 1 Nr. 2 AMG. § 12 HWG** verbietet zudem, außerhalb der Fachkreise die Werbung für **Arzneimittel, Medizinprodukte oder andere Heilmittel** im Sinne des HWG, die sich auf die Erkennung, Beseitigung, (Verhütung)[1486] oder Linderung von bestimmten Krankheiten bezieht.

549 **dd) Diätetische Lebensmittel.** Diese Erzeugnisse unterliegen besonderen Anforderungen und Regelungen in der DiätVO.[1487] Diätetische Lebensmittel entsprechen besonderen Ernährungserfordernissen bestimmter Verbrauchergruppen und unterscheiden sich auf Grund ihrer besonderen Zusammensetzung oder des besonderen Herstellungsverfahrens von Lebensmitteln des allgemeinen Verzehrs. Für Lebensmittel des allgemeinen Verzehrs darf das Wort „diätetisch" nicht verwendet werden; auch darf nicht der Eindruck eines diätetischen Lebensmittels erweckt werden, **§ 2 Abs. 1 DiätVO.** Für bestimmte diätetische Lebensmittel gilt die **Verordnung (EU) Nr. 609/2013.**[1488]

550 **ee) Art. 7 Abs. 3 LMIV.** Diese Vorschrift (bzw. zuvor **§ 12 Abs. 1 LFGB aF**)[1489] und **§ 3 Abs. 1 DiätVO** verbieten die Werbung für **Lebensmittel** mit **krankheitsbezogenen Aussagen,** und zwar nach hM unabhängig davon, ob die Aussagen zutreffend und wissenschaftlich gesichert oder irreführend sind.[1490] Verboten waren nach § 12 Abs. 1 LFGB aF bzw. sind nach Art. 7 Abs. 3 LMIV nicht nur Aussagen, die eine bestimmte Krankheit konkret benennen. Es genügt vielmehr bereits die Nennung von **Krankheitssymptomen,** wenn diese ohne Weiteres mit einer bestimmten Krankheit assoziiert werden.[1491] Probleme ergeben sich daraus insbesondere bei funktionellen Lebensmitteln/**Novel Food.**[1492] Anga-

[1484] §§ 19, 20 TabakerzG regeln darüber hinaus, entsprechend den Vorgaben der EU-Richtlinie zur Tabak-Werbung (Richtlinie 2003/33/EG, ABl. 2003 L 152, S. 16, 2004 L 67, S. 34), dass in bestimmten Medien Werbung für Tabakerzeugnisse grundsätzlich verboten ist.

[1485] Bspw. indem mit einer *„Geld-zurück-Garantie"* geworben wird, OLG Hamburg WRP 2014, 98 Rn. 15 oder *„dauerhafte Therapieerfolge"* in Aussicht gestellt werden, KG GRUR 2016, 291 Rn. 35.

[1486] „Verhütung" wird nach § 12 Abs. 2 HWG bei anderen Mitteln, Verfahren, Behandlungen und Gegenständen als Arzneimitteln und Medizinprodukten nicht erfasst.

[1487] Verordnung über diätetische Lebensmittel, in der Fassung der Bekanntmachung vom 28.4.2005.

[1488] Verordnung (EU) Nr. 609/2013 über Lebensmittel für Säuglinge und Kleinkinder, Lebensmittel für besondere medizinische Zwecke und Tagesrationen für gewichtskontrollierende Ernährung, ABl. 2013 L 181, S. 35.

[1489] Vormals § 18 LMBG; ebenso vormals Art. 2 Nr. 1b Etikettierungsrichtlinie (2000/13/EG).

[1490] OLG Karlsruhe MD 2006, 612 (616) – Kollagen-Hydrolysat; Köhler/Bornkamm/Feddersen/*Bornkamm/Feddersen* UWG § 5 Rn. 2.218; OLG München GRUR-RR 2006, 139 (141) – Mobil-Plus-Kapseln; OLG Hamm MD 2007, 383 (386) – Zimt gegen Zucker; KG MD 2009, 644 (650); 2010, 154 (159), alle zu § 12 LFGB. Ebenso Zipfel/Rathke, LebensmittelR/*Rathke,* 177. EL Juli 2020, LIMV Art. 7 Rn. 428 und *Bruggmann* LMuR 2014, 45 (47) zu Art. 7 Abs. 3 LMIV. Auch aus der Entscheidung EuGH Urt. v. 15.4.2004 – C-239/02, EuZW 2004, 657 (658) Ewg. 36 – Douwe Egberts ergab sich nach altem Recht nichts anderes, zumal der EuGH ausdrücklich feststellte, dass Art. 2 Abs. 1 der Richtlinie 2000/13/EG Angaben, die sich auf die Vorbeugung, Behandlung oder Heilung einer menschlichen Krankheit beziehen, auch dann verbietet, wenn sie nicht geeignet sind, den Käufer irrezuführen.

[1491] BGH GRUR 1988, 493 (495) – Gelenk-Nahrung; OLG Hamburg ZLR 2001, 737; OLG Hamm MD 1997, 1208; OLG Hamburg ZLR 1995, 60 (61); KG MD 2009, 644 (648); 1995, 800 (808 f.). Verneint in OLG Köln GRUR-RR 2001, 64 (65). Vgl. auch BGH GRUR 1999, 936 – Hypotonietee. *Reinhart* LMuR 2002, 159 ff.; *Weidert* GRUR 1999, 955 (959); *Weidert,* Das Verbot gesundheitsbezogener Werbung im Lebensmittelrecht, 1998, S. 55 ff.

[1492] Vgl. Entscheidung der Kommission vom 24.7.2000, ABl. 2000 L 200, S. 59 (becel pro-activ), nach der beim Inverkehrbringen von gelben Streichfetten mit Phytosterinesterzusatz ausdrücklich darauf hingewiesen

ben über die Reduzierung eines Krankheitsrisikos (sog. **Risk Reduction Claims,** definiert in Art. 2 Abs. 2 Nr. 6 der VO 1924/2006, Health-Claims VO) sowie Angaben über die Entwicklung und die Gesundheit von Kindern können erlaubt sein (siehe hierzu auch *v. Jagow* → § 3a Rn. 90e), allerdings nur, wenn sie in eine entsprechende Gemeinschaftsliste nach Maßgabe der Health-Claims-Verordnung aufgenommen wurden und zudem eine Erklärung enthalten, dass die Krankheit, auf die sich die Angabe bezieht, durch mehrere Risikofaktoren bedingt ist und dass die Veränderung eines dieser Risikofaktoren eine positive Wirkung haben kann oder auch nicht. Die Claims müssen nicht ausdrücklich besagen, dass der Risikofaktor für die Krankheitsentwicklung gesenkt wird, es reicht aus, dass der Durchschnittsverbraucher den Eindruck gewinnt, eine Senkung des Risikofaktors sei deutlich.[1493] Mit dieser Regelung kommt es also zu einer Lockerung des Verbots der krankheitsbezogenen Werbung, wenngleich auch nur für Aussagen zur Verringerung eines Krankheitsrisikos. Die Regelung bedeutet nicht, dass grundsätzlich krankheitsbezogene Aussagen für Lebensmittel zulässig sind.[1494] Vielmehr bleibt Art. 7 Abs. 3 LMIV grds. neben der Health-Claims-Verordnung anwendbar.[1495]

ff) Health-Claims-VO. Rein **gesundheitsbezogene Werbung** für Lebensmittel wurde durch § 12 LFGB aF und wird durch Art. 7 Abs. 3 LMIV nicht verboten; ein solches Verbot hätte – soweit es als abstraktes Gefährdungsdelikt auch für nicht irreführende Angaben gegolten hätte – auch gegen die Etikettierungsrichtlinie verstoßen.[1496] Allerdings ist insoweit die sog. **Health-Claims-Verordnung (EG) Nr. 1924/2006** zu beachten, die vor allem die Kennzeichnung und die Werbung für Lebensmittel mit nährwert- oder gesundheitsbezogenen Angaben regelt.[1497] Nährwert- und gesundheitsbezogene Angaben dürfen nach den Regelungen der Health-Claims-Verordnung nicht falsch, mehrdeutig[1498] oder irreführend sein, Art. 3 lit. a VO 1924/2006, wobei es nicht auf eine etwaige wettbewerbliche Relevanz oder eine Eignung zur wesentlichen Verbraucherbeeinflussung ankommt.[1499] Sie dürfen nur verwendet werden, wenn vom durchschnittlichen Verbraucher erwartet werden kann, dass er die dargestellte positive Wirkung versteht, Art. 5 Abs. 2 VO 1924/2006; sie müssen sich auf allgemein anerkannte wissenschaftliche Nachweise stützen, Art. 6 Abs. 1 VO 1924/2006 (siehe auch nachfolgend → Rn. 557 ff.); und sie dürfen nur für Lebensmittel(Kategorien) verwendet werden, die bestimmten Nährwertprofilen entsprechen, Art. 4 Abs. 1 VO 1924/2006. **551**

Eine **nährwertbezogene Angabe** ist dabei nach der Definition in Art. 2 Abs. 2 Nr. 4 VO 1924/2006 jede (nach dem Unionsrecht oder dem nationalen Recht nicht obligatorische)[1500] Angabe, mit der erklärt, suggeriert oder mittelbar zum Ausdruck gebracht **552**

---

werden muss, dass das Erzeugnis nur für Personen bestimmt ist, die ihren Cholesterinspiegel im Blut senken möchten, sowie OLG Hamburg ZLR 2002, 682. Das gleiche Hinweiserfordernis sah die VO (EG) 608/2004 (ABl. 2004 L 97, S. 44 f.) für die Etikettierung von Lebensmitteln und Lebensmittelzutaten mit Phytosterin-, Phytosterinester-, Phytostanol- und/oder Phytostanolesterzusatz vor. Dies ist heute in Art. 10 Abs. 1, Anhang III der VO (EU) 1169/2011 geregelt. Siehe auch § 3 Abs. 2 DiätVO sowie Weißbuch zur Lebensmittelsicherheit KOM(1999) 719 endg., Ziffern 101 ff., Aktionen 65 ff.

[1493] EuGH Urt. v. 18.7.2013 – C-299/12, GRUR 2013, 1061 Rn. 21 ff. – Green Swan Pharmaceuticals.

[1494] *Meyer/Bruggmann* LMuR 2008, 85 (86 f.) mit Verweis auf LG Düsseldorf 38 O 212/07, BeckRS 2008, 15945, weitgehend bestätigt durch OLG Düsseldorf LMuR 2010, 85 (89).

[1495] BGH GRUR 2015, 403 Rn. 17 ff. – Monsterbacke II; KG MD 2010, 518 (521).

[1496] Anders als es seine Überschrift vermuten lässt. Vgl. Sten. Ber., 108. Sitzung, 18.6.1974, S. 7316 f.; BT-Drs. 8/2373, 9; *Eckert* ZLR 1974, 427 (443); *Schroeter* ZLR 1975, 154 (176).

[1497] Vgl. zur Health-Claims-Verordnung *Meisterernst/Haber* WRP 2007, 363; *Jung* WRP 2007, 389; *Meisterernst* WRP 2012, 405; *Hagenmeyer* WRP 2015, 308; *Loosen* ZLR 2012, 401 ff.; *Bruggmann/Hohmann* ZLR 2007, 51; *Bruggmann* LMuR 2015, 73; *Leible/Brzezinski* WRP 2015, 301; *Sosnitza* ZLR 2007, 423; siehe dazu ausführlich oben *v. Jagow* → § 3a Rn. 90.

[1498] Wobei mehrdeutige Angaben nur dann nicht verwendet werden dürfen, wenn sie in mindestens einer Auslegungsvariante falsch sind, *Holtorf* LMuR 2008, 81 (83).

[1499] Es kommt nicht einmal darauf an, ob sich die Werbung an Verbraucher oder Fachkreise richtet, EuGH Urt. v. 14.7.2016 – C-19/15, GRUR 2016, 1090 Rn. 35 – Verband Sozialer Wettbewerb/Innova Vital.

[1500] Siehe BGH GRUR 2015, 498 Rn. 19 – Combiotik.

wird, dass ein Lebensmittel aufgrund seiner Energie (Brennwert) oder Nährstoffe besondere positive Nährwerteigenschaften hat.[1501] Neben den bereits genannten allgemeinen Anforderungen ist erforderlich, dass die nährwertbezogene Angabe in einem Anhang zur Health-Claims-VO aufgeführt sein muss (Art. 8 Abs. 1 VO 1924/2006); dies betraf zunächst 29 nährwertbezogene Angaben wie zB **„energiearm"**, **„energiereduziert"**, **„energiefrei"**, **„fettarm"**, **„fettfrei"**, **„ohne Fett"**, **„arm an gesättigten Fettsäuren"**, **„frei von gesättigten Fettsäuren"**, **„zuckerarm"**, **„zuckerfrei"**, **„ohne Zuckerzusatz"**, **„(sehr) natriumarm/kochsalzarm"**, **„natrium/kochsalzfrei"**, **„Ballaststoffquelle"**, **„hoher Ballaststoffgehalt"**, **„Proteinquelle"**, **„hoher Proteingehalt"**, **„erhöhter/reduzierter** [Name des Nährstoffs-]**Gehalt**", **„leicht"**, oder **„von Natur aus"/„natürlich"**. Durch die VO (EG) Nr. 116/2010 wurden dann ua die Angaben **„mit einem hohen Gehalt an OMEGA-3 Fettsäuren"** und **„mit einem hohen Gehalt an ungesättigten Fettsäuren"** ergänzt. Die Angabe **„kohlehydratarm"** oder **„lowcarb"** ist hingegen unzulässig.[1502]

553 Eine **gesundheitsbezogene Angabe** im Sinne der VO 1924/2006 ist jede Angabe,[1503] mit der erklärt, suggeriert oder mittelbar zum Ausdruck gebracht wird, dass ein Zusammenhang zwischen einer Lebensmittelkategorie, einem Lebensmittel oder einem seiner Bestandteile einerseits und der Gesundheit andererseits besteht, Art. 2 Abs. 2 Nr. 5 VO 1924/2006. Dabei ist der Begriff des „Zusammenhangs" nach einer Entscheidung des EuGH **weit auszulegen** und es sind auch vorübergehende, flüchtige und kumulative Wirkungen zu berücksichtigen.[1504] Es wird folglich schlechthin jeder Zusammenhang erfasst, der eine Verbesserung des Gesundheitszustands dank des Verzehrs des Lebensmittels impliziert.[1505] Der Ausdruck **„bekömmlich"** für einen Wein kann daher zumindest dann eine gesundheitsbezogene Angabe sein, wenn er mit einem Hinweis auf den reduzierten Gehalt vermeintlich negativer Stoffe verbunden wird,[1506] für Bier handelt es sich ebenfalls um eine gesundheitsbezogene Angabe.[1507] Ebenso gelten die Bewerbung von Babynahrung als **„probiotisch"** oder **„präbiotisch"**[1508] oder eines alkoholfreien Bieres mit **„vitalisierend"** als gesundheitsbezogene Angaben.[1509] Erfasst werden auch Aussagen wie „Detox"[1510] oder *„zur Unterstützung eines gesunden Herzens/einer gesunden Verdauung/des Immunsystems/einer gesunden Durchblutung/einer gesunden Blutzuckerfunktion"* oder *„für gesunde Blutgefäße"*.[1511] Selbst die Verwendung eines Begriffes wie *„lernstark"* kann eine gesundheitsbezogene Angabe darstellen, wenn sie im Zusammenhang mit anderen Angaben steht, die selbst offensichtlich gesundheitsbezogen sind.[1512] Ebenso die Verwendung eines Kunstworts wie „Combiotik", das noch dazu durch ein ® als Marke gekennzeichnet ist, kann eine Angabe über besondere Eigenschaften eines Lebensmitteln in diesem Sinne sein, zB wenn es in Verbindung mit den Bezeichnungen „präbiotisch" und „probiotisch" beim Verbraucher den Eindruck erweckt, das beworbene Produkt weise eine Kombination aus

---

1501 Zu den Definitionen ausführlich BGH GRUR 2015, 403 Rn. 27 ff.– Monsterbacke II; *Hagenmeyer* WRP 2012, 414 (415 f.).

1502 OLG Hamburg GRUR-RR 2014, 468 Rn. 3 – LowCarb.

1503 Auch in Umgangssprache, BGH GRUR 2016, 1200 Rn. 26 – Repair-Kapseln.

1504 EuGH Urt. v. 6.9.2012 – C-544/10, GRUR 2012, 1161 Rn. 41 – Deutsches Weintor/Land Rheinland-Pfalz; Urt. v. 18.7.2013 – C-299/12, GRUR 2013, 1061 Rn. 22 – Green-Swan Pharmaceuticals.

1505 BGH GRUR 2013, 958 Rn. 10 – Vitalpilze; GRUR 2014, 500 Rn. 16 – Praebiotik; BGH GRUR 2015, 403 Rn. 33 – Monsterbacke II.

1506 EuGH Urt. v. 6.9.2012 – C-544/10, GRUR 2012, 1161 Rn. 41 – Deutsches Weintor/Land Rheinland-Pfalz.

1507 BGH GRUR 2018, 1266 Rn. 34 ff. – Bekömmliches Bier.

1508 BGH GRUR 2014, 500 – Praebiotik; gilt ebenso für Joghurt, OLG Celle GRUR-RR 2019, 95 Rn. 14 – probiotischer Magermilchjoghurt.

1509 OLG Hamm GRUR-RR 2014, 465 (466) – Vitalisierendes alkoholfreies Bier.

1510 BGH LMuR 2017, 199 (200); 2018, 64 (65); OLG Celle GRUR-RR 2016, 302 Rn. 19 – Detox.

1511 BGH GRUR 2013, 958 Rn. 11 – Vitalpilze.

1512 Es wurde darauf hingewiesen, dass der Zusatz von Eisen die Konzentrationsfähigkeit stärke, BGH GRUR 2016, 412 Rn. 19 ff. – lernstark.

präbiotischen und probiotischen Inhaltsstoffen auf.[1513] Auch bei einer gleichstellenden Werbung wie *„So wichtig wie das tägliche Glas Milch"* kann ein Gesundheitsbezug mit dem mittelbaren Hinweis auf ähnliche allgemeine Vorteile für die Gesundheit angenommen werden.[1514] Neutrale Aussagen wie die Produktbezeichnung **„Original Bach-Blüten"** sind von Art. 2 Abs. 2 VO 1924/2006 hingegen nicht erfasst.[1515] Informationen über Eigenschaften eines Lebensmittels sind ebenfalls keine Angaben im Sinne von Art. 2 Abs. 2 VO 1924/2006, wenn mit ihnen keine besonderen Eigenschaften des Lebensmittels herausgestellt werden, sondern lediglich objektive Informationen über die Beschaffenheit oder die Eigenschaften der Gattung von Lebensmitteln mitgeteilt werden, die alle Lebensmittel der angesprochenen Gattung besitzen, wie zB **„Energy"** bei Energydrinks.[1516]

Für gesundheitsbezogene Angaben gilt, dass **bestimmte Angaben von vornherein nicht zulässig** sind, wie zB durch **Verzicht** auf das Lebensmittel könne die Gesundheit beeinträchtigt werden, Angaben über Dauer und Ausmaß der **Gewichtsabnahme** oder Angaben, die auf ***Empfehlungen von einzelnen Ärzten* verweisen,** Art. 12 VO 1924/2006. Getränke mit einem **Alkoholgehalt** von mehr als 1,2 Volumenprozent dürfen ebenfalls keine gesundheitsbezogenen Angaben tragen, Art. 4 Abs. 3 VO 1924/2006.[1517] Dies entspricht auch der Rechtsprechung des BGH, nach der eine hochprozentige Spirituose nicht als *„ein gesunder Genuss"* oder als *„topfit"* bezeichnet werden durfte.[1518] 554

Im Übrigen gilt für gesundheitsbezogene Werbung für Lebensmittel ein **Verbot mit Erlaubnisvorbehalt,** dh die Verwendung gesundheitsbezogener Angaben für Lebensmittel ist nur dann erlaubt, wenn sie zugelassen und in eine Liste der zugelassenen Angaben aufgenommen worden sind, Art. 10 Abs. 1, 13 Abs. 3 VO 1924/2006.[1519] Diese Liste findet sich im Anhang der Verordnung der Kommission (EU) 432/2012[1520] und wird fortlaufend aktualisiert. Allerdings ist die Liste mit gesundheitsbezogenen Angaben zu pflanzlichen Stoffen, sog. **„Botanicals"**, immer noch nicht abschließend erstellt. Die Bewertung ist „on hold", gelistet waren bis Juli 2020 nur Ephedra, Yohimbe und best. trans-Fettsäuren. Hierzu hat der EuGH 2 Untätigkeitsklagen wegen fehlenden Rechtsschutzinteresses abgelehnt.[1521] Er sah die Klagen allerdings wohl als begründet an, jedenfalls reichte ihm die Stellungnahme der Kommission zur Verlängerung der Übergangszeit über den 31.1.2010 hinaus nicht aus.[1522] 555

Unspezifische gesundheitsbezogene Aussagen, die aufgrund ihrer allgemeinen Formulierung nicht Gegenstand eines Zulassungsverfahrens sein können, – wie zB *„zur Unterstützung einer optimalen Leistungsfähigkeit"*, *„erhöht die Ausdauer und Leistungsfähigkeit"*[1523] oder schlicht *„gesund"*[1524] sind nur erlaubt, wenn sie mit *spezifischen* (zugelassenen) Aussagen gekoppelt sind, Art. 10 Abs. 3 VO 1924/2006. 556

[1513] BGH GRUR 2015, 498 Rn. 30 ff. – Combiotik.

[1514] BGH GRUR 2015, 403 Rn. 34 ff. – Monsterbacke II.

[1515] BGH GRUR 2014, 1013 Rn. 29 – Original Bach-Blüten.

[1516] BGH GRUR 2014, 1244 Rn. 13 – Energy & Vodka.

[1517] Die Rechtmäßigkeit dieses Verbots ablehnend: *Maaßen/Schoenen* ZLR 2011, 709 ff.

[1518] BGH GRUR 1967, 592 (593) – Gesunder Genuss; GRUR 1980, 797 (799) – Topfit Boonekamp.

[1519] Hierzu *Meyer/Bruggmann* LMuR 2008, 85 f. mit Verweis auf LG Nürnberg-Fürth 1 HK O 2675/08, BeckRS 2009, 7574. Zur Liste siehe VO (EU) Nr. 432/2012 der Kommission vom 16.5.2012, ABl. 2012 L 136, S. 1.

[1520] Verordnung (EU) Nr. 432/2012 der Kommission vom 16.5.2012 zur Festlegung einer Liste zulässiger anderer gesundheitsbezogener Angaben über Lebensmittel als Angaben über die Reduzierung eines Krankheitsrisikos sowie die Entwicklung und die Gesundheit von Kindern (ABl. 2012 L 137, S. 1).

[1521] EuGH ZLR 2018, 32.

[1522] EuGH ZLR 2018, 32 Rn. 58. Siehe hierzu auch die Entschließung des Bundesrates – Umsetzung der Health-Claims-Verordnung – ausstehende Beratung gesundheitsbezogener Aussagen zu pflanzlichen Stoffen durch die EU, BR-Drs. 36/21 v. 12.2.2021 sowie die Stellungnahme der wissenschaftlichen Dienste des Deutschen Bundestags „Listen für Botanicals in Nahrungsergänzungsmitteln", WD 5-3000-100/20 v. 23.9.2020.

[1523] BGH GRUR 2013, 958 Rn. 13 -Vitalpilze.

[1524] KG GRUR-RR 2016, 254 Rn. 18 ff. – Vitamine GESUND.

557 **4. Wissenschaftlich umstrittene bzw. nicht hinreichend gesicherte Aussagen.** Nach **§ 11 Abs. 1 Nr. 4 LFGB aF** (vormals § 17 Abs. 1 Nr. 5c LMBG) war es verboten, Lebensmitteln den Anschein eines Arzneimittels zu geben.[1525] **§ 11 Abs. 1 Nr. 2 LFGB aF** (vormals § 17 Abs. 1 Nr. 5a LMBG) untersagte eine Werbung als irreführend, wenn Lebensmitteln **Wirkungen** beigemessen wurden, die ihnen nicht zukamen oder die **wissenschaftlich nicht hinreichend** gesichert waren. Nach **§ 27 Abs. 1 Nr. 1 LFGB** gilt entsprechendes für kosmetische Mittel; ähnlich der vorrangige **Art. 20 Abs. 1 EU Kosmetik-VO** iVm VO (EU) Nr. 655/2013, Anhang, Nr. 3. **§ 3 S. 2 HWG** verbietet ebenfalls, **Arzneimitteln, Medizinprodukten** und sonstigen Heilmitteln und Verfahren, die dem HWG unterfallen, eine therapeutische Wirksamkeit oder Wirkungen beizulegen, die sie nicht haben (§ 3 S. 2 Nr. 1 HWG) oder fälschlich den Eindruck zu erwecken, dass ein Erfolg mit Sicherheit erwartet werden könne (§ 3 S. 2 Nr. 2a HWG). Für Arzneimittel gilt insoweit **§ 8 Abs. 1 Nr. 2 AMG** und für **Medizinprodukte § 4 Abs. 2 S. 1, S. 2 Nr. 1 MPG.** Erforderlich ist jeweils eine konkrete Irreführungsgefahr.

558 Auch **Art. 7 Abs. 1 lit. b LMIV** enthält ein Verbot, Lebensmitteln Wirkungen zuzuschreiben, die sie nicht besitzen. Der Tatbestand der nicht hinreichenden wissenschaftlichen Absicherung – so wie er noch in § 11 Abs. 1 S. 2 Nr. 2 LFGB aF enthalten war – ist hingegen in der LMIV nicht ausdrücklich geregelt, allerdings fordern Art. 5 Abs. 1 lit. a und Art. 6 Abs. 1 Health-Claims-VO (1924/2006), dass gesundheitsbezogene Angaben durch allgemein anerkannte wissenschaftliche Nachweise abgesichert sein müssen. Ähnlich Art. 20 Abs. 1 EU KosmetikVO iVm Nr. 3 Anhang VO (EU) Nr. 655/2013. Begründen muss die Verwendung der Lebensmittelunternehmer, der die Angabe macht, Art. 6 Abs. 2 VO 1924/2006. Auch im HWG und im AMG ist der Tatbestand der nicht hinreichenden wissenschaftlichen Absicherung nicht ausdrücklich geregelt. Es entspricht allerdings der ganz hM in Rechtsprechung und Literatur, dass auch im Bereich des HWG die Werbung mit unzureichend wissenschaftlich gesicherten gesundheitsbezogenen Wirkungsaussagen verboten ist.[1526] Das gilt nicht nur für den Fall, dass durch das Vorhandensein bestimmter Eigenschaften eine besondere Wirkung versprochen wird, sondern auch für den Fall, dass durch die Behauptung, ein bestimmter (Hilfs-)Stoff würde fehlen, ein besonderer Produktvorteil suggeriert wird[1527] und sogar für die Werbung eines Fitnessstudios mit der Angabe, durch das Training dort könne eine deutliche Linderung von Rückenschmerzen erzielt werden.[1528] Zur Werbung für Kosmetika, → Rn. 566.

559 Die **Beweislast** für das Vorliegen einer Irreführungsgefahr liegt zunächst bei demjenigen, der sich auf diese Gefahr beruft (idR der Kläger). Nach der Rechtsprechung kann es bei der Werbung mit Aussagen über gesundheitsbezogene Wirkungen **gegenüber Verbrauchern** aber zu einer **Umkehr der Darlegungs- und Beweislast** kommen: Im Interesse des Gesundheitsschutzes ist die gesundheitsbezogene Werbung mit fachlichen Aussagen nur zulässig, wenn sie zum Zeitpunkt der Werbung gesicherter wissenschaftlicher Erkenntnis entspricht. Wer daher mit einer **fachlich umstrittenen Meinung** wirbt bzw. eine entsprechende gesundheitsbezogene Wirkung behauptet, ohne eine bestehende und ernst zu nehmende Gegenmeinung zu erwähnen bzw. ohne zu erwähnen, dass die behauptete Wirkung in der Wissenschaft nicht ganz überwiegend anerkannt ist, übernimmt nach der Rechtsprechung damit die **Verantwortung für die Richtigkeit der Aussage,** die er dann im Streitfall auch beweisen muss.[1529] Dabei reicht das Wort „kann" allein noch nicht aus, um

---

[1525] Ebenso § 18 Abs. 2 Nr. 4 TabakerzG.

[1526] BGH GRUR 2002, 273 – Eusovit; 2013, 649 Rn. 15 f. – Basisinsulin mit Gewichtsvorteil; KG GRUR-RS 2016, 10350 Rn. 23; *Feddersen* GRUR 2013, 127 (128) mwN in Fn. 5.

[1527] OLG Hamburg GRUR-RR 2010, 70 (71) – Eudragit-frei. Erst recht ist die Werbung irreführend, wenn die Freiheit gesetzlich vorgegeben ist und somit eine Werbung mit Selbstverständlichkeiten vorliegen würde, vgl. OLG Hamburg LMuR 2006, 165 (175).

[1528] OLG Jena GRUR-RR 2017, 314 Rn. 11.

[1529] BGH GRUR 1958, 485 (486) – Odol; GRUR 1991, 848 (849) – Rheumalind II; GRUR 2002, 173 – pur; GRUR 2013, 649 Rn. 17 ff. – Basisinsulin mit Gewichtsvorteil; OLG Köln GRUR-RR 2014, 303 (304 f.)– Feuchtigkeitsspender; OLG Düsseldorf MD 2014, 133 (135) – Kalkwasserbehandler; KG MD 2011,

einen ungesicherten wissenschaftlichen Erkenntnisstand auszudrücken.[1530] Ebenso wenig reicht bei Heilmitteln der bloße Hinweis auf die **fehlende Erstattungsfähigkeit durch die Krankenkassen** aus.[1531] Und auch der Hinweis darauf, dass für eine bestimmte Behandlung noch weitere Studien nötig seien, um die Wirksamkeit zu belegen, reicht nicht aus, wenn trotzdem nicht klar wird, dass die Behandlung keine wissenschaftliche Grundlage aufweist.[1532]

Die Folge dieser Darlegungs- und Beweislastregelung ist, dass der Kläger bei einer 560 uneingeschränkten gesundheitsbezogenen Wirkungsaussage „nur" darlegen muss, dass die Werbeaussage wissenschaftlich umstritten ist bzw. dass die Werbeaussage nicht gesicherter wissenschaftlicher Erkenntnis entspricht, weil zB Studien, auf die der Werbende sich beruft, seine Schlussfolgerungen nicht tragen.[1533] Dafür kann es genügen, dass die umstrittene Wirksamkeitsbehauptung in einem wissenschaftlichen Standardwerk verneint wird.[1534] Wurde die behauptete gesundheitsbezogene Wirkung in der Wissenschaft noch nicht umfassend untersucht, genügt eine **substantiierte Beanstandung** durch den Kläger.[1535] Bei älteren Produkten genügt die Darlegung, dass zumindest **wissenschaftlicher Streit besteht.** Dem Unternehmer obliegt dann der Beweis dafür, dass seine Aussagen richtig sind; dh er hat zu beweisen, dass die beworbenen Wirkungen tatsächlich gesicherter Kenntnisstand der Wissenschaft sind,[1536] und zwar bezogen auf den Zeitpunkt der Werbung.[1537] Dazu kann der Werbende sich auch auf die vom Bundesinstitut für Arzneimittel und Medizinprodukte (BfArM) mit dem Zulassungsverfahren genehmigten Fachinformationen berufen.[1538] Die Berufung auf eine Mindermeinung genügt hingegen nicht, mag diese Meinung auch bedeutend sein.[1539] Erforderlich ist vielmehr, dass der Unternehmer zumindest die herrschende Meinung hinter sich hat, insbesondere dann, wenn er nicht nur eine bestimmte Wirkung behauptet, sondern ausdrücklich damit wirbt, diese Wirkung sei nachgewiesen, wie zB durch Aussagen wie **„mehrfach nachgewiesen"**, oder **„wissenschaftliche Studien zeigen".**[1540] Erkenntnisse, die von namhaften Wissenschaftlern aufgrund allgemein anerkannter und nachprüfbarer Methoden in Zweifel gezogen werden, sind im Allgemeinen nicht hinreichend wissenschaftlich gesichert. Erfahrungsberichte aus der Praxis genügen im Regelfall nicht den Anforderungen einer wissenschaftlichen Studie;[1541] ebenso wenig apothekenbasierte Anwendungsbeobachtun-

---

714 (716) – „Vitalfeld Therapie"; OLG München MD 2012, 759 (763) – Eliminiert Fettzellen; OLG Dresden WRP 2011, 1496 (1498) GRUR-RR 2010, 70 (71) – Eudragit-frei; OLG Frankfurt a. M. GRUR-RR 2003, 295 f. – Roter Ginseng; OLG Karlsruhe MD 2004, 401 (402); 2006, 612 (617); OLG Oldenburg MD 2005, 1410 (1412) – Haar-Mineralstoffanalyse; OLG Celle MD 2005, 911 (914) – Schützen so die Zellkomponenten; MD 2007, 376 (379) – „Glatze? Vorbeugen mit Coffein!"; MD 2007, 53 (57) – Quanten-Therapie; OLG Bamberg MD 2007, 522 (524) – Bauchkurs; OLG Schleswig MD 2008, 533 (535). Vgl. auch BGH GRUR 2002, 273 (275) – Eusovit.

1530 OLG Frankfurt a. M. GRUR-RR 2005, 394 (395) – Bluttest; OLG Hamm MD 2007, 383 (386) – Zimt gegen Zucker; MD 2011, 158 (162).

1531 OLG Oldenburg GRUR-RR 2006, 243 (245) – IgG-Antikörpertest.

1532 OLG Hamburg GRUR-RR 2018, 156 Rn. 53 – genetische Stoffwechselanalyse.

1533 OLG München WRP 2019, 242 Rn. 30 – Bye-bye Hüftgold.

1534 OLG Karlsruhe MD 2006, 612 (614). Nach KG GRUR-RS 2016, 10350 Rn. 31 genügt sogar ein eher feuilletonistischer Artikel in der Ärztezeitung.

1535 OLG Karlsruhe GRUR-RR 2013, 445 – Fitness Schuh.

1536 StRspr seit BGH GRUR 1971, 153 (155) – Tampax. Aus jüngerer Zeit zB GRUR 2013, 649 Rn. 17 ff. – Basisinsulin mit Gewichtsvorteil; OLG Köln GRUR-RR 2014, 303 (305) – Feuchtigkeitsspender; OLG Karlsruhe GRUR-RR 2013, 445 – Fitness-Schuh. Nach OLG Oldenburg MD 2005, 1410 (1412) – Haar-Mineralstoffanalyse – genügt dafür auch der Nachweis, dass das Gewicht der Gegenstimmen unbedeutend ist. Zu weitgehend OLG Köln MD 2006, 905 (907) – KernspinResonanzTherapie, falls die Entscheidung so zu verstehen ist, dass damit jeglicher Beweis abgeschnitten werden soll.

1537 KG GRUR-RS 2016, 10350 Rn. 33 f.; OLG Hamm LMuR 2010, 179 (181).

1538 BGH GRUR 2015, 1244 Rn. 35 – Äquipotenzangabe in Fachinformation; OLG Köln GRUR-RR 2017, 337 Rn. 27 – Äquipotenzbehauptung.

1539 OLG Karlsruhe MD 2006, 612 (614).

1540 Vgl. OLG Karlsruhe MD 2006, 612 (614) – Kollagen-Hydrolysat.

1541 Vgl. OLG Frankfurt a. M. GRUR-RR 2005, 394 (395) – Bluttest; im Ergebnis ebenso OLG Oldenburg MD 2005, 1401 (1405) – IgG-Test (zu § 3 UWG aF, § 11 HWG).

gen.[1542] Dass die Studie als solche de lege artis durchgeführt wurde, ist notwendig, aber nicht hinreichend für die wissenschaftliche Absicherung.[1543] Vielmehr sind Studienergebnisse, die in der Werbung oder im Prozess als Beleg einer gesundheitsbezogenen Aussage angeführt werden, grundsätzlich nur dann hinreichend aussagekräftig, wenn sie nach den **anerkannten Regeln und Grundsätzen wissenschaftlicher Forschung** durchgeführt und ausgewertet wurden. Dafür ist zumindest bei Arzneimitteln[1544] im Regelfall erforderlich, dass eine **randomisierte, placebokontrollierte Doppelblindstudie** mit einer adäquaten statistischen Auswertung vorliegt, die durch Veröffentlichung in den Diskussionsprozess der Fachwelt einbezogen worden ist.[1545] Bei der Werbung mit medizinischen Wirkungen für Arzneimittel erfordert eine wissenschaftliche Anerkennung zudem entsprechende Beurteilungen von Wissenschaftlern der relevanten Fachrichtungen; wird hingegen nur eine homöopathische Wirkung in Anspruch genommen, dann gilt auch nur der Erfahrungssatz dieser medizinischen Richtung.[1546] Auch ist der **Bioäquivalenznachweis** nach § 24b Abs. 2 S. 1 AMG per se kein wissenschaftlicher Nachweis.[1547] Ebenso wenig genügt die Berufung auf eine nicht veröffentlichte Studie, die der wissenschaftlichen Diskussion nicht zugänglich ist[1548] oder die Berufung auf eine Nachbeobachtungsstudie, wenn der Eindruck erweckt wird, es handele sich um eine randomisierte, placebokontrollierte Doppelblindstudie.[1549] Darüber hinaus ist auf jeden Fall die Bestätigung durch unabhängige Dritte erforderlich; eine Studie des geschäftsführenden Gesellschafters des Unternehmens kann nicht genügen,[1550] ebenso wenig die Aussage des Leiters der Forschungsabteilung des Herstellerunternehmens[1551] sowie Studien von Autoren, die Interessenskonflikten (zB aufgrund finanzieller Verbundenheit) unterliegen.[1552] Zudem hat der Beklagte auch substantiiert darzulegen, aufgrund gerade welcher Veröffentlichungen und Untersuchungen genau eine ausreichende wissenschaftliche Absicherung anzunehmen ist. Lässt sich trotz aller Aufklärungsmöglichkeiten keine sichere Aussage über die Wirksamkeit des beworbenen Mittels machen, so hat der Unternehmer die Nachteile der Beweislosigkeit zu tragen.[1553]

561 Bei der Prüfung einer Aussage kommt es nicht darauf an, wie lange der Streit bereits besteht; dh eine Werbung mit gesundheitsbezogener Wirkung kann selbst dann für die Zukunft verboten werden, wenn sie jahr(zehnt)elang unbeanstandet durchgeführt wurde und erst in jüngerer Zeit wissenschaftliche Zweifel an der Wirkung aufkamen, die jedoch in der Werbung verschwiegen werden.[1554]

562 Irreführend ist es auch, wenn eine gesundheitsbezogene Wirkung gegenüber Verbrauchern unter Berufung auf eine bestimmte Studie behauptet wird, die die entsprechende

---

1542 Vgl. OLG Hamburg WRP 2015, 1021 Rn. 47.

1543 BGH GRUR 2010, 359 Rn. 19 – „Vorbeugen mit Coffein!" (zu § 27 LFGB): zusätzlich keine ablehnenden wissenschaftlichen Stellungnahmen zu der Studie und keinen Anhalt für Gesundheitsschädlichkeit des Mittels.

1544 Anders bei spezifisch gesundheitsbezogenen Aussagen zu Lebensmitteln, BGH GRUR 2013, 958 Rn. 20 – Vitalpilze.

1545 GRUR 2013, 649 Rn. 19 – Basisinsulin mit Gewichtsvorteil; OLG Hamburg GRUR-RR 2020, 39 – Fehlende Doppelverblindung. Ob auch nicht prospektive, sondern nachträglich anhand vorliegender Studiendaten im Rahmen einer so genannten Subgruppenanalyse oder im Wege der Zusammenfassung mehrerer wissenschaftlicher Studien (Metaanalyse) erstellte Studien eine Werbeaussage tragen können, hängt von den Umständen des Einzelfalls ab.

1546 OLG Stuttgart MD 2006, 631 (633) – Orotsäure.

1547 OLG Hamburg NJOZ 2011, 975 (977) – Clopidogrel.

1548 GRUR 2013, 649 Rn. 19 – Basisinsulin mit Gewichtsvorteil; OLG Frankfurt a. M. MD 2013, 921 (923) – Faltenreduktion von bis zu 50 %.

1549 OLG Hamburg GRUR-RR 2018, 436 Rn. 46 ff. – Post-Marketing-Surveillance-Studie.

1550 OLG Karlsruhe WRP 2012, 368.

1551 OLG Celle MD 2005, 911 (914) – Schützen so die Zellkomponenten.

1552 OLG München GRUR-RR 2019, 80 Rn. 47 – Bye-Bye Hüftgold; ähnlich LG Köln GRUR-RS 2020, 4709 – Jet-Händetrockner. AA OLG Frankfurt a. M. GRUR-RR 2016, 257 Rn. 42 – Lipoburn mit dem Hinweis, durch externes Monitoring könne ein Interessenkonflikt ausgeglichen werden.

1553 OLG Karlsruhe MD 2006, 1038 (1043) – „Zur Leistungssteigerung".

1554 BGH GRUR 1991, 848 (849) – Rheumalind.

Aussage nicht trägt **(nicht einschlägige Studie),**[1555] die als Erkenntnisquelle nicht in Betracht kommt, weil die aus ihr gezogenen Schlüsse unvertretbar sind **(nicht tragfähige Studie),** die **selbst abweichende Ergebnisse nennt,** ohne dass dies in der Werbung zum Ausdruck kommt oder die die in der Werbung behaupteten Ergebnisse **nicht für erwiesen hält.**[1556] Dann liegt die Irreführung nicht darin, dass die Aussage falsch ist (denn möglicherweise ist sie ja richtig), sondern dass sie jeder Grundlage entbehrt, während der Verkehr annimmt, niemand werde ohne qualifizierte Grundlage eine derartige Behauptung aufstellen. Und selbst wenn der Verkehr weiß, dass eine bestimmte Therapie fachlich umstritten ist, so schließt das eine Irreführung nicht aus, wenn sich für die behauptete Wirkung noch nicht einmal einzelne Stimmen in der Wissenschaft finden lassen, die diese Wirkung bejahen.[1557]

Ergibt sich die Irreführung aus der Berufung auf **nicht einschlägige oder nicht tragfähige Studien,** so hat der Kläger dies (voll) zu beweisen; bloße Zweifel an der Richtigkeit der Studie genügen insoweit nicht.[1558] Umgekehrt nützt dem Unternehmer in diesen Fällen aber auch die Erwähnung etwaiger Gegenmeinungen nichts, denn auf Fragen der Beweislast kommt es nicht mehr an, wenn die Gegenmeinung nachgewiesen ist und sich die behauptete Wirkung durch die genannten Studien nicht nachweisen lässt. 563

Weniger streng ist die Rechtsprechung bei der Werbung gegenüber **Fachkreisen:** Beruft sich ein Unternehmen in seiner Werbung gegenüber den Fachkreisen auf einen wissenschaftlichen Beitrag, dann ist dies nach § 5 UWG nicht zu beanstanden, sofern der Beitrag oder die Untersuchung selbst wissenschaftlichen Anforderungen genügen; dazu zählt auch die Erwähnung etwaiger Gegenmeinungen.[1559] Umgekehrt können sich **je nach Adressatenkreis** und Aussage aber auch **besondere Anforderungen** ergeben: Wird etwa für eine Diät-Margarine mit der Aussage geworben, es sei ***„wissenschaftlich belegt",*** dass deren regelmäßige Verwendung den LDL-Cholesterinwert in wenigen Wochen verringern könne, dann erwartet der Verbraucher nicht nur, dass diese Aussage wissenschaftlich abgesichert ist, sondern dass die entsprechenden wissenschaftlichen Belege unter wissenschaftlicher Mitwirkung von Ärzten zustande gekommen sind.[1560] 564

Weniger strenge Anforderungen gelten auch im Zusammenhang mit Wirksamkeitsnachweisen für **gesundheitsbezogene Angaben zu Lebensmitteln** nach Art. 5 Abs. 1, 6 Abs. 1 der VO Nr. 1924/2006. Zwar muss auch hier grundsätzlich der Werbende das Vorliegen der Voraussetzungen darlegen, warum das beworbene Lebensmittel spezifische Vorteile bietet und daher nicht dem grundsätzlichen Verbot gesundheitsbezogener Aussagen unterfällt. Allerdings sind insoweit nicht dieselben Anforderungen zu stellen wie an den Nachweis der Wirksamkeit eines Arzneimittels oder einer bilanzierten Diät.[1561] 565

Weniger strenge Anforderungen an den Nachweis gelten auch bei Wirkungsaussagen zu **Kosmetika:** Hier war in der Vergangenheit nach **§ 27 LFGB** und bei richtlinienkonformer Auslegung entsprechend der Richtlinie 76/768/EWG verboten, einem kosmetischen Mittel Wirkungen beizulegen, die ihm nicht zukommen oder die wissenschaftlich nicht hinreichend gesichert sind. Die Beweislast für die *wissenschaftliche* Absicherung trug dabei der Werbende, allerdings mussten die entsprechenden Erkenntnisse noch nicht Gegenstand einer allgemeinen wissenschaftlichen Diskussion geworden sein, sondern die Absicherung konnte sich auch aus einer einzelnen wiss. Arbeit ergeben, sofern diese auf überzeugenden Methoden und Feststellungen beruhte (und nicht umstritten war).[1562] 566

[1555] Vgl. OLG Hamburg MD 2007, 449 (453) – Monatstablette.
[1556] Vgl. OLG Hamburg MD 2007, 449 (453) – Monatstablette.
[1557] OLG Karlsruhe MD 2005, 222 (226).
[1558] OLG Hamburg GRUR-RR 2004, 88 (89) – Chitosan. Kann der Kläger diesen Beweis nicht erbringen, muss er zumindest nachweisen, dass die behauptete Wirkung nicht gesicherter Stand der Wissenschaft ist.
[1559] BGH GRUR 2002, 633 (634) – Hormonersatztherapie.
[1560] OLG Hamburg MD 2005, 21 (22) – „wissenschaftlich belegt..".
[1561] BGH GRUR 2013, 958 Rn. 20 – Vitalpilze.
[1562] BGH LMuR 2010, 129 (131) – Vorbeugen mit Coffein! zu § 27 Abs. 1 S. 2 Nr. 1 Fall 2 LFGB.

Nunmehr gilt allerdings vorrangig **Art. 20 Abs. 1 EU KosmetivVO.** Dort wird eine wissenschaftliche Absicherung nicht erwähnt. Allerdings ergibt sich aus Ziff. 3 Nr. 1 des Anhangs zur **VO (EU) NR. 655/2013,** dass Werbeaussagen durch *„hinreichende und überprüfbare Nachweise"* belegt werden müssen. Das ist aber ein weniger strenger Maßstab als eine wissenschaftliche Absicherung[1563] und es können neben Sachverständigengutachten auch andere Nachweise herangezogen werden, sofern diese den Stand der Technik berücksichtigen. Die Beweislast ist für den Werbenden insoweit geringer als bei gesundheitsbezogener Werbung im Bereich des HWG oder AMG. Strengere Anforderungen gelten allerdings wiederum bei kosmetischen Mitteln, bei denen eine fehlende Wirksamkeit ein Sicherheitsproblem verursachen könnte (Nr. 4 der VO (EU) Nr. 655/2013). Zu beachten ist allerdings, dass auch Aussagen zu kosmetischen Mitteln gesundheitsbezogene Angaben sein können. Dann gelten entsprechend strengere Regeln, etwa die HCVO.[1564]

567 **5. Schlankheitsmittel/schlankmachende Wirkung.** Für die Werbung für Schlankheitsmittel gelten im Grundsatz die gleichen Anforderungen wie **für allgemeine gesundheitsbezogene Werbung.** Auch hier sind für Lebensmittel die Vorgaben der **Health-Claims-Verordnung** 1924/2006 zu beachten. Danach sind gesundheitsbezogene Angaben über Dauer und Ausmaß einer Gewichtsabnahme schlichtweg unzulässig, dh unabhängig vom Wahrheitsgehalt der Angaben, **Art. 12 lit. b Health–Claims-VO.** Aus dieser Regelung lässt sich im Übrigen nicht ableiten, dass alle anderen schlankheitsbezogenen Angaben zu Lebensmitteln grundsätzlich zulässig sind.[1565] Solche Angaben sind vielmehr nur erlaubt, wenn sie nach Maßgabe des Art. 13 Abs. 1 lit. c iVm Abs. 3 VO 1924/2006 **zugelassen** sind. Das gilt für alle Angaben, die **schlankmachende** oder **gewichtskontrollierende Eigenschaften** eines Lebensmittels oder die **Verringerung des Hungergefühls** oder ein **verstärktes Sättigungsgefühl** oder eine verringerte Energieaufnahme durch den Verzehr des Lebensmittels beschreiben oder darauf verweisen, wobei sowohl die unmittelbare Angabe als auch der nur mittelbare Hinweis erfasst werden, wie zB *„macht schlank", „für die schlanke Linie", „schlank auf Dauer", „Fett weg in Rekordzeit", „Superstoff zum Schnellabnehmen"* *„Schlankmacher"* oder *„der Taillenumfang wird reduziert"*[1566]. **Nicht erfasst** sind hingegen **allgemeine Appelle zur Gewichtskontrolle** wie *„Du darfst"*[1567], *„für ernährungsbewusste Verbraucher"* oder *„achten Sie auf Ihr Gewicht"*. Selbstverständlich gelten für solche Aussagen auch die allgemeinen Anforderungen, dass sie nicht (konkret) irreführend sein dürfen. Eine Irreführung kann vorliegen bei der Aussage *„Abnehmen ohne Diät"*, wenn die beworbene Leistung tatsächlich mit einer Ernährungsumstellung verbunden ist und deshalb eine Diätform darstellt.[1568]

568 Mit der Geltung der Health-Claims-Verordnung hatte **§ 6 Abs. 1 S. 1 der Nährwert-KennzeichnungsVO (NKV)** seine Bedeutung weitgehend verloren und wurde folgerichtig zum 12.7.2017 aufgehoben.[1569] Danach war es in der Werbung für Lebensmittel verboten, Bezeichnungen zu verwenden, die auf schlankmachende, schlankheitsfördernde oder gewichtsverringernde Eigenschaften des Lebensmittels hindeuten. Dieses abstrakte (absolute) Verbot des § 6 Abs. 1 NKV[1570] war – wie andere abstrakte, nationale Verbote, die nicht auf Vorgaben des Gemeinschaftsrechts zurückgehen – nach der Rechtsprechung des EuGH im Hinblick auf das in Art. 2 Abs. 1 lit. a der Etikettierungsrichtlinie 2000/13/EG enthaltene konkrete Irreführungsverbot und im Hinblick auf die Warenverkehrsfreiheit

---

[1563] BGH GRUR 2016, 418 Rn. 18 ff. – Feuchtigkeitsspendendes Gel-Reservoir.

[1564] OLG Bamberg GRUR-RR 2018, 166 Rn. 12 – Ernährung der Collagenstränge.

[1565] *Sosnitza* ZLR 2007, 423 (431).

[1566] OLG Bamberg LMuR 2018, 113.

[1567] Ohly/Sosnitza/*Sosnitza* UWG § 5 Rn. 299.

[1568] LG Frankfurt a. M. GRUR-RR 2014, 308 – Abnehmen ohne Diät.

[1569] Für eine vollständige Streichung des § 6 Abs. 1 NKV bereits *Oelrichs* ZLR 2005, 23 (33).

[1570] Eine Ausnahme ist lediglich für diätetische Lebensmittel für kalorienarme Ernährung vorgesehen, wenn sie zur Verwendung als Tagesration dienen (§ 14a DiätVO); hierzu OLG Hamburg LMuR 2002, 150 (151); KG MD 2005, 750 (752 f.) – „Glyx-Diät".

nach Art. 34, 36 AEUV im Wege teleologischer Reduktion ohnehin dahingehend einzuschränken, dass die *konkrete* Gefahr einer Irreführung bestehen musste.[1571]

Wenn sie sich nicht auf Lebensmittel bezieht, unterfällt schlankheitsbezogene Werbung häufig § 3 HWG. Danach dürfen dem Schlankheitsmittel insbesondere **nicht Wirkungen zugesprochen** werden, **die gesicherten wissenschaftlichen Erkenntnissen widersprechen:**[1572] Dies ist beispielsweise der Fall bei der Aussage, eine erhebliche und dauerhafte Gewichtsreduktion sei allein durch die Einnahme des beworbenen Produkts und ganz ohne Veränderung der sonstigen Ernährungs- und Lebensgewohnheiten sowie des Umfangs körperlicher Betätigung[1573] oder allein durch ein bestimmtes Muskeltraining[1574] zu erreichen oder der Behauptung, die Einhaltung eines bestimmten diätetischen Ernährungsplans ginge gänzlich *„ohne Hungergefühl"* einher.[1575] Bei Werbung mit **fachlich umstrittenen Meinungen** sind die Gegenmeinungen zu erwähnen, andernfalls trägt der Unternehmer im Streitfall die Darlegungs- und Beweislast für die Richtigkeit seiner Behauptung;[1576] dieselbe Beweislastverteilung gilt bei wissenschaftlich ungesicherten Aussagen.[1577] Die **Zertifizierung** als Medizinprodukt genügt als Nachweis einer behaupteten Wirkung nicht,[1578] genauso wie eine sog. **„EG-Konformitätserklärung"**, sofern diese lediglich die Einführung und Anwendung eines Qualitätsmanagements bescheinigt.[1579] Ebenso wenig darf in der Werbung für Schlankheitsmittel der Eindruck erweckt werden, dass ein bestimmter **Erfolg garantiert** werden kann.[1580] Dieser Eindruck kann insbesondere entstehen, wenn der Eintritt konkreter Erfolge innerhalb kurzer Fristen gegenüber jedermann als sicher hingestellt wird.[1581] 569

Unabhängig von der Qualifizierung als Lebensmittel oder sonstige Mittel darf die schlankheitsbezogene Werbung **nicht konkret irreführend** sein. Die Aussage **„leicht"** oder **„light"** wird im Regelfall auf den Fettgehalt oder Brennwert bezogen[1582] und nur ausnahmsweise als Hinweis auf lockere Konsistenz oder leichte Bekömmlichkeit[1583] verstanden. Die Verwendung dieser Worte – oder anderer Worte, die für den Verbraucher voraussichtlich dieselbe Bedeutung haben – für Lebensmittel ist nach Art. 8 Abs. 1 iVm dem Anhang zur Health-Claims-Verordnung nur dann zulässig, wenn der Fettgehalt bzw. der Brennwert um mindestens 30 % gegenüber einem vergleichbaren Produkt reduziert ist und die Angabe zusätzlich mit einem Hinweis auf die Eigenschaften einhergeht, die das Lebensmittel „leicht" machen. Daneben darf die Aussage aber auch nicht nach allgemeinen Grundsätzen irreführend sein. Nach der bisherigen Rechtsprechung erforderte dies, dass der Fett- und Kaloriengehalt nicht nur **relativ geringer** als beim Standardprodukt war, sondern **auch absolut nicht sehr hoch** sein durfte.[1584] Ob sich diese Aussage noch unter 570

1571 KG MD 2005, 750 (754) – „Glyx-Diät" unter Bezugnahme auf die Rechtsprechung des EuGH Urt. v. 15.7.2004 – C-239/02, GRUR Int. 2004, 1016 – Douwe Egberts; so auch OLG Hamburg MD 2007, 363 (366) – Trägt effektiv zur Gewichtsreduktion bei. Allerdings galt das nach hM nicht für krankheitsbezogene Werbung.

1572 OLG Karlsruhe MD 2003, 73 (74) – Strobby.

1573 OLG Hamm MD 2005, 73 (76) – Pressehaftung; unbeanstandet gelassen von BGH WRP 2006, 585 Rn. 11 – Schlank-Kapseln. OLG Düsseldorf MD 2004, 756 (757) – Pressehaftung; OLG Frankfurt a. M. MD 2004, 152 (154 f.) – „Fett ade-Figur ok!"; OLG Naumburg MD 2004, 807 (812) – „Sie verbrennen Ihr überflüssiges Fett".

1574 OLG München MD 2008, 807 (815).

1575 OLG Bamberg MD 2007, 522 (525) – Bauchkurs –, wonach eine mit Verzicht verbundene Reduktionsdiät grundsätzlich mit dem Auftreten von Hungergefühl verbunden ist.

1576 OLG Hamburg MD 2003, 52 (58) – Strobby; MD 2003, 747 (749) – Strobby.

1577 BGH GRUR 1991, 848 (849) – Rheumalind; OLG München MD 2008, 807 (815).

1578 OLG München MD 2001, 757 (760); OLG Hamburg MD 2003, 747 (751) – Strobby; LG Darmstadt MD 2003, 908 (911).

1579 OLG Frankfurt a. M. MD 2004, 758 (759) – „Fett-Fresser".

1580 Nach KG MD 2005, 750 (754) – „Glyx-Diät" ist es dagegen aber zulässig, auf die bloße Möglichkeit einer Gewichtsreduzierung hinzuweisen (etwa im Sinne eines Beitrags zum Schlankwerden).

1581 OLG Hamm GRUR 1984, 140 (141).

1582 EuGH WRP 2002, 426 – LITE.

1583 Vgl. LG München NJW-RR 1990, 239 – Schankbier Pilsner Art light.

1584 OLG Hamburg WRP 1992, 391 (392 f.) – Exquisa leicht; Ohly/Sosnitza/*Sosnitza* UWG § 5 Rn. 299.

der Health-Claims-VO halten lässt, ist allerdings fraglich. Denn die Health-Claims-VO unterscheidet ausdrücklich zwischen den Ausdrücken **„leicht"** oder **„reduziert"** einerseits, bei denen **nur relativ geringere Werte** erforderlich sind und **„energiearm"**, **„fettarm"** und **„zuckerarm"** andererseits, bei denen auf **absolut geringe Werte** abgestellt wird. Zugleich verlangt die Health-Claims-VO, dass Angaben nicht irreführend sein dürfen, was nicht ausschließt, dass trotz Beachtung der Voraussetzungen für bestimmte Angaben im Anhang des Textes Aussagen irreführend sein können. Danach lässt sich auch die BGH Entscheidung „*40 % weniger Fett*" weiter halten, wonach eine Werbung mit dieser Aussage irreführend ist, wenn der Fettgehalt nur im Vergleich zum Durchschnitt aller vergleichbaren Lebensmittel reduziert ist, der Verkehr aber eine Reduzierung gegenüber jedem vergleichbaren Lebensmittel erwartet.[1585]

571 **6. Schönheitsmittel, Faltencremes.** Bei der Werbung für Schönheitsmittel, wie zB Faltencremes, geht der durchschnittlich verständige und informierte Verbraucher zwar grundsätzlich davon aus, dass er **mit Übertreibungen rechnen** muss und dass ein Mittel nicht bei jedermann die gleichen Erfolge erzielen kann. Andererseits veranlasst die eigene Eitelkeit und das Bemühen um schönes Aussehen häufig auch den Durchschnittsverbraucher, an die versprochenen Wirkungen solcher Mittel zumindest ansatzweise zu glauben. So ist dem Verbraucher zwar bewusst, dass es einen Jungbrunnen für die Haut nicht gibt und daher eine alte und von Falten geprägte Haut allein durch eine Creme nicht vollständig geglättet werden kann.[1586] Dennoch erwartet er von einer **„Antifalten-Creme"** – zunehmend auch als **„Anti-Aging"** bezeichnet – jedenfalls eine signifikante, nach außen sichtbare Verbesserung der Faltenbildung. Ist dies nicht der Fall, sondern führt die Creme nur in gut der Hälfte aller Fälle zu Verbesserungen, ist die Aussage irreführend.[1587] Die Aussage „*Neu: 10 Tage, um 10 Jahre zu vergessen*" für eine „*Verjüngungscreme*" wird der Durchschnittsverbraucher ebenfalls nicht wörtlich nehmen. Er wird jedoch erwarten, dass innerhalb kurzer Zeit ein erheblicher Verbesserungseffekt mit nachhaltiger Wirkung eintritt.[1588] Auch bei der Aussage „*fast wie 10 Jahre jünger*" erwartet der Durchschnittsverbraucher eine nachhaltige Hautstraffung und Faltenbeseitigung; eine nur unwesentliche Straffung der Haut (nur) während der Anwendungszeit genügt nicht.[1589] Von einer **„Lifting-Creme"** erwartet der durchschnittlich informierte und verständige Verbraucher nicht dieselben Wirkungen wie von einem operativen Eingriff. Fraglich ist jedoch, ob diese Bezeichnung nicht zumindest Assoziationen an das operative Lifting hervorruft und der Verkehr deshalb einen Erfolg von einer gewissen Dauerhaftigkeit erwartet, der über den täglichen Anwendungszeitraum hinausreicht. Nach Auffassung des BGH besteht eine solche Erwartung.[1590] Nach Auffassung des EuGH spricht für eine solche Auffassung auf den ersten Blick wenig, jedoch sei es Sache des nationalen Gerichts zu prüfen, ob soziale, kulturelle oder sprachliche Eigenheiten zu einem anderen Verständnis der Verbraucher in Deutschland führen.[1591] Auf keinen Fall dürfen aber Wirkungen als wissenschaftlich gesichert dargestellt werden, wenn sie es tatsächlich nicht sind.[1592] Bei **„Cellulite-Cremes"** ist wissenschaftlich umstritten, ob sie eine nachhaltige „Tiefenwirkung" erzielen können, so dass eine entsprechende Behauptung ohne Hinweis auf die Umstrittenheit irreführend

---

[1585] BGH GRUR 1992, 70 (71) – 40 % weniger Fett.

[1586] OLG München 1995, 228 (230); OLG Hamburg WRP 1988, 411 (412); vgl. auch LG Düsseldorf MD 2003, 584 (586) (Massagegerät).

[1587] OLG Hamburg WRP 1988, 411 (412).

[1588] OLG München GRUR 1993, 486. Ähnlich OLG Zweibrücken EwiR 1997, 765.

[1589] OLG Hamburg MD 2006, 595 (603) – „Lifting ohne Skalpell"; ebenso für die Aussagen „*Freunde, die ich schon länger nicht mehr sah, meinten ich sehe um 10 Jahre jünger aus*", „*sichtbare Glättung bis zu 50 % geringere Faltentiefe*" und „*das Creme-Gel, das sichtbar verjüngt*", MD 2006, 302 (305).

[1590] BGH GRUR 1997, 537 (538) – Lifting-Creme (zu § 27 LMBG), noch weitergehend LG Hamburg MD 2003, 1057 (1058) – Lifting Tagescreme. Ebenso OLG Hamburg MD 2006, 595 (601) – „Lifting ohne Skalpell" zur Aussage „*Einige Bekannte und Kunden waren fest der Meinung, ich habe mich liften lassen*".

[1591] EuGH Urt. v. 13.1.2000 – C-220/98, GRUR Int. 2000, 354 (356) – Estée Lauder/Lancaster.

[1592] OLG München MD 2012, 410 Rn. 56 ff. – meso/Beauty Lift-Methode.

wirkt.[1593] für ein **Duschmittel** mit Angaben wie *„mit Feuchtigkeitscreme", „die reichhaltige Feuchtigkeitsformel", „Ihre tägliche Quelle der Feuchtigkeit"* oder *„feuchtigkeitsspendend"* geworben, so erwartet der Verkehr nicht nur dass das Produkt eine **Feuchtigkeitscreme** enthält, sondern auch, dass es wie eine Feuchtigkeitscreme wirkt, dh dass der Haut durch das Produkt aktiv und spürbar Feuchtigkeit zugeführt wird und damit der durch die Reinigungsstoffe bedingten Austrocknung der Haut durch Feuchtigkeitsrückführung begegnet wird.[1594] Den Gegensatz bilden Aussagen, nach denen nur ein Verlust vorhandener Hautfeuchtigkeit verhindert wird (zB *„natürliche Feuchtigkeit wird erhalten"*). In ähnlicher Weise versteht der Durchschnittsverbraucher die Angabe *„hautstraffend"* dahingehend, dass das so beworbene Duschgel die Haut „straffer" mache als vor dem Duschen, die Hautfeuchtigkeit also gleichsam erhöht wird.[1595] Es genügt nicht, dass die Haut nur weniger austrocknet als bei Verwendung eines anderen Duschmittels. Daneben gilt auch hier, dass die entsprechende Aussage bei einem Kosmetikum „hinreichend und überprüfbar" und bei einem Arzneimittel sogar wissenschaftlich gesichert sein muss (→ Rn. 557 und 566).

7. Umweltbezogene Wirkungen. Umweltbezogener Werbung kommt heute angesichts des gesteigerten Umwelt- und Gesundheitsbewusstseins eine ständig wachsende Bedeutung zu. Verbraucher sind für umweltbezogene Werbeaussagen besonders empfänglich.[1596] Die Gesundheit soll durch den Verzehr biologisch erzeugter Nahrungsmittel erhalten bleiben. Auch das Verantwortungsgefühl für spätere Generationen sowie der Wunsch, die Natur nicht zu stören, spielen für die Kaufentscheidungen der Verbraucher eine wichtige Rolle. Von daher wohnt der Umweltwerbung eine **starke emotionale Werbekraft** inne.[1597] Hiervon zeugen auch die vielen Umweltzeichen, mit denen Produkte ausgezeichnet und von den Herstellern beworben werden (wie der Blaue Engel oder die Europäische Blume[1598]). Der Umweltbezug kann dabei sowohl das Unternehmen als auch das Produkt betreffen und hier von der Erzeugung über die Anwendung bis hin zur Entsorgung reichen. Beschaffenheit und Wirkung eines Produkts sind insoweit besonders eng verknüpft. 572

a) Maßstab der Beurteilung, Umfang von Aufklärungspflichten. Wegen der hohen Relevanz von Aussagen über die **Umweltverträglichkeit eines Produktes** oder über **umweltbezogene Verhaltensweisen** eines Unternehmens werden sie von der Rechtsprechung durchaus kritisch beurteilt, wenngleich auch hier sich mit dem Leitbild des durchschnittlich verständigen und informierten Verbrauchers und der allgemeinen Aufklärung der Verbraucher über Umweltfragen Lockerungen abzeichnen. Umweltbezogene Werbeaussagen sind daher – auch im Interesse der Förderung des Umweltschutzes und der Information der Verbraucher – grundsätzlich zulässig, unterliegen aber **strengen Anforderungen** und **weitgehenden Aufklärungspflichten.**[1599] Neben § 5 UWG kommt im Bereich umweltbezogener Werbung häufig auch eine Anwendung des § 3 UWG in Betracht.[1600] Das gilt insbesondere für den Fall, dass Werbeaussagen nicht als „Angaben" im 573

[1593] OLG München MD 2006, 916 (923) – Weniger Cellulite.

[1594] OLG Hamburg MD 2007, 267 (269) – „Die reichhaltige Feuchtigkeitsformel"; OLG Hamburg MD 2007, 277 (280) – „mit Feuchtigkeits-Creme"; vgl. auch OLG Köln GRUR-RR 2014, 303 (304) – Feuchtigkeitsspende zu einem Rasiergerät mit „Gel-Reservoir".

[1595] OLG Hamburg MD 2007, 264 (266 f.) – „Hautstraffend".

[1596] Vgl. nur BGHZ 112, 311 (314) – Biowerbung mit Fahrpreiserstattung.

[1597] BGH GRUR 1997, 666 (668) – Umweltfreundliches Reinigungsmittel; *Rohnke* GRUR 1988, 667 (671).

[1598] Zu den Voraussetzungen für Vergabe und Werbung siehe die Umweltzeichenverordnung (EG) Nr. 66/2010 (ABl. 2010 L 27, S. 1).

[1599] BGH GRUR 1994, 828 (829) – Unipor-Ziegel; GRUR 1996, 367 – Umweltfreundliches Bauen; GRUR 1997, 666 (668) – Umweltfreundliche Reinigungsmittel; GRUR 1991, 548 – Umweltengel; GRUR 1991, 550 (551) – Zaunlasur; OLG München GRUR 1990, 290 – Bioclean; OLG Düsseldorf GRUR 1988, 55 (58) – bio-FIX; OLG Hamburg BeckRS 2008, 07230 – schnell biologisch abbaubar; LG Berlin MD 2006, 1403 (1406): „Mit unseren hochmodernen Kraftwerken halten wir die Berliner Luft sauber".

[1600] BGH GRUR 1996, 367 (368) – Umweltfreundliches Bauen; GRUR 1997, 666 (668) – Umweltfreundliche Reinigungsmittel.

Sinne von § 5 UWG zu qualifizieren sind. Dies kommt vor allem bei allgemein gehaltenen Aussagen über umweltbewusstes Verhalten eines Unternehmens in Betracht.[1601] Anhand des Einzelfalls ist zu beurteilen, ob eine Aussage einen bloßen Hinweis auf das Angebot von allgemein umweltfreundlichen Waren und/oder auf ein allgemein umweltfreundliches Unternehmen darstellt[1602] oder ob der Verkehr erwartet, dass die beworbenen Waren bestimmte Eigenschaften oder eine bestimmte Beschaffenheit aufweisen, die sie von einem gleichartigen, aber nicht als umweltfreundlich eingestuften Warenangebot abheben. Ist das der Fall, so ist eine pauschal umweltbezogene Werbung, die den konkreten Umweltbezug nicht erkennen lässt, sogar besonders zur Irreführung geeignet.[1603]

574 Ein Umweltbezug wird in der Praxis mit einer **Vielzahl von Bezeichnungen** zum Ausdruck gebracht. Beispiele sind Ausdrücke wie *„umweltfreundlich"*, *„umweltverträglich"*, *„umweltbewusst"*, *„umweltgerecht"*, *„umweltschonend"*, *„umweltneutral"*, *„frei von umweltschädlichen Einflüssen"*, *„weniger umweltbelastend"*, [1604] aber auch durch Sätze wie zB *„Produkt xy sei grün"*, wenn mit „grün" evident nicht die Farbe gemeint ist, sondern ein etwaiger Umweltbezug.[1605] Angesichts der Vielzahl der Ausdrucksvarianten und der damit verbundenen Auslegungsmöglichkeiten kommt es bei der Beurteilung umweltbezogener Aussagen besonders auf den **Einzelfall** an. Maßstab ist auch hier die Auffassung des durchschnittlich verständigen und informierten, situationsadäquat aufmerksamen Verbrauchers. Dieser besitzt mittlerweile wenigstens Grundkenntnisse in Umweltfragen, beurteilt Produkte und Unternehmen aber auch zunehmend umweltkritischer. Dieser Verbraucher weiß, dass es **absolut schadstofffreie Umweltbedingungen heutzutage kaum noch gibt.** Daher ist eine Aussage mit dem Ausdruck „naturrein" selbst dann nicht irreführend, wenn die Ware Blei-, Cadmium-, und Pestizidrückstände aufweist, solange diese Werte deutlich unter den zulässigen Höchstwerten bleiben und der allgemeinen Belastung in der Natur entsprechen.[1606] Der durchschnittlich informierte und verständige Verbraucher weiß auch, dass es eine **absolute Umweltverträglichkeit,** dh den Ausschluss jeglicher Umweltbelastung heute bei der Herstellung, Benutzung und Entsorgung von Waren kaum noch geben kann, sondern vielmehr auch bei weitgehender Berücksichtigung von Umwelt- und Naturschutzgesichtspunkten **Restbelastungen der Umwelt** verbleiben.[1607] Der Verbraucher wird umweltbezogene Werbeaussagen zu Produkten daher tendenziell auch weniger absolut hinsichtlich der Auswirkungen auf die Umwelt denn **relativ** hinsichtlich der Umwelteigenschaften von Konkurrenzprodukten **verstehen.**[1608] Dessen ungeachtet darf ein Produkt nicht als besonders **umweltfreundlich** oder **umweltschonend** bezeichnet werden, wenn es die Umwelt stark belastet, mag es relativ auch weniger belastend sein als Konkurrenzprodukte.[1609]

[1601] Vgl. BGH GRUR 1997, 666 (668) – Umweltfreundliche Reinigungsmittel.

[1602] BGH GRUR 1991, 548 ff. – Umweltengel.

[1603] Vgl. BGH GRUR 1996, 367 f. – Umweltfreundliches Bauen; OLG Düsseldorf WRP 1992, 209 (210); KG WRP 1991, 30 (31 f.); 1996, 750 (751) – Für den Schutz der Umwelt; OLG München WRP 1989, 763; LG Berlin MD 2006, 1403 (1406) „Mit unseren hochmodernen Kraftwerken halten wir die Berliner Luft sauber".

[1604] Zur Werbung mit den Ausdrücken „bio" und „öko" → Rn. 576 f. Zur Werbung mit „natur" → Rn. 457 ff.

[1605] LG Düsseldorf GRUR-RR 2013, 446.

[1606] EuGH Urt. v. 4.4.2000 – C-465/98, GRUR Int. 2000, 756 (758) – „naturrein"; ähnlich BGH GRUR 1997, 306 (308) – Naturkind. Bei Lebensmitteln sind zusätzlich die Anforderungen der Health-Claims-VO zu beachten.

[1607] BGH GRUR 1991, 548 (549) – Umweltengel; GRUR 1994, 828 (829) – Unipor-Ziegel; GRUR 1996, 367 (368) – Umweltfreundliches Bauen; GRUR 1997, 306 (308) – Naturkind; GRUR 1997, 666 (667) – Umweltfreundliche Reinigungsmittel; BGH GRUR 1996, 985 (986) – PVC-frei.

[1608] Für absolute Umweltverträglichkeit bei Verwendung des Handelsnamens „Bioclean" OLG München GRUR 1990, 290 (291) – Bioclean.

[1609] OLG Köln GRUR 1988, 630 – Universal Kaltreiniger; OLG Stuttgart WRP 1991, 194 – Umweltbezogene Werbung für Naturdünger; OLG Düsseldorf GRUR 1988, 55 (58) – bio-FIX; GK-*Lindacher/Peifer* § 5 Rn. 473; *Brandner* FS v. Gamm, 1990, 27 (31 f.).

Der Begriff der **Umweltfreundlichkeit** wird allerdings **nicht einheitlich verstanden,** sondern ist mit **widersprüchlichen Erwartungen** verbunden. Darüber hinaus lassen sich die komplexen Auswirkungen auf die Umwelt häufig nicht vollständig mit einfachen begrifflichen Werbebehauptungen wie *„umweltschonend"*, *„umweltfreundlich"* oder *„bio"* beschreiben. Da dem Verbraucher zudem klar ist, dass es eine absolute Umweltverträglichkeit nicht gibt, sondern die Ware nur in Teilbereichen weniger umweltstörend sein kann als andere Waren, bestehen bei der Umweltwerbung nach der bisherigen Rechtsprechung deutscher Gerichte weitgehende **Aufklärungspflichten.** Insbesondere ist der **konkrete Umweltbezug darzulegen.** Die Maßstäbe für die Aufklärung werden dabei allerdings nicht so streng gezogen wie bei gesundheitsbezogener Werbung.[1610] Denn eine differenzierte Betrachtung der „Umwelt" und „Natur" im Zusammenhang mit Aussagen über Erzeugnisse ist heute üblich geworden.[1611] Zudem bedarf es grds. keiner Aufklärung über Umstände, die dem Durchschnittsverbraucher im Allgemeinen bekannt sind.[1612] Das gilt auch im Rahmen von § 5a UWG. Wird der beworbene Umweltbezug spezifiziert, bedarf es grundsätzlich keines Hinweises auf davon unabhängige negative Umwelteigenschaften der Ware. Erst recht ist eine Darlegung einer **vollständigen Öko-Bilanz** der beworbenen Ware **nicht erforderlich.** Und schließlich gilt auch bei umweltbezogener Werbung, dass objektiv wahre Aussagen grundsätzlich zulässig sind und nur in besonderen Fällen verboten werden können.[1613] Dementsprechend steht es einem Unternehmen frei, wahrheitsgemäß auf die Einhaltung gesetzlich vorgegebener Emissionswerte (zB der Abgaswerte nach den sog. Euro 5 und Euro 6 Normen) hinzuweisen, mag man diese Grenzwerte aus ökologischen Gesichtspunkten auch für verfehlt halten.[1614] Auch besteht keine Pflicht darüber aufzuklären, wie diese Werte im Einzelnen zustande kommen oder unter welchen konkreten Voraussetzungen sie eingehalten werden. 575

b) Werbung mit „bio". Der Ausdruck **„bio"** stammt aus der altgriechischen Sprache und bedeutet eigentlich „Leben". Als Bestandteil der Werbung bestehen über Bedeutung und Inhalt von „bio" jedoch Unklarheiten.[1615] „Bio" wird heute nicht nur für Naturprodukte („Bio-Gemüse") sondern auch für künstliche Produkte (zB Reiniger) verwendet und kann sowohl einen **Gesundheitsbezug**[1616] als auch einen **Umweltbezug** ausdrücken. Die Werbung mit „bio" unterliegt daher **strengen Aufklärungspflichten.** Im Zusammenhang mit industriell hergestellten, zum menschlichen Genuss bestimmten Produkten ist „bio" sogar geeignet, vom Verkehr **absolut verstanden** zu werden, etwa im Sinne von ausschließlich natürlich wirkend, frei von chemischen Stoffen oder ohne jegliches gesundheitliches Risiko.[1617] Es ist daher irreführend, einen Haushaltsreiniger als *„bio-FIX"* oder ein Waschmittel als *„BIO-GOLD"* zu bezeichnen, wenn Schmutz nicht so abgebaut wird, wie das in der Natur geschehen würde, sondern rein chemische Prozesse in Gang gesetzt werden und der Anteil umweltbelastender Tenside nicht geringer ist als in anderen Produkten.[1618] 576

[1610] AA noch BGH GRUR 1991, 546 (547) – „... aus Altpapier"; GRUR 1991, 548 (549) – Umweltengel („ähnlich wie Gesundheitswerbung"); GRUR 1994, 828 (829) – Unipor Ziegel („ebenso wie Gesundheitswerbung"). Einschränkend dann allerdings BGH GRUR 1996, 985 (986) – PVC-frei.

[1611] BGH GRUR 1997, 306 (308) – Naturkind.

[1612] BGH GRUR 1996, 367 (368) – Umweltfreundliches Bauen.

[1613] BGH GRUR 1996, 985 (987) – PVC-frei.

[1614] LG Braunschweig GRUR-RR 2004, 30 (31). Zur Werbung mit Selbstverständlichkeiten → § 5 Rn. 204 ff.; zur Bedeutung gesetzlicher Vorgaben und DIN-Normen → Rn. 496 ff.

[1615] OLG Frankfurt a. M. GRUR 1989, 358 – biologisch düngen; OLG München GRUR 1990, 290 – Bioclean.

[1616] OLG München GRUR 1990, 294 – Biolarium; OLG Hamm GRUR 1990, 639 – Biolarium; GRUR 1991, 929 – Bio-Sauna; OLG Frankfurt a. M. WRP 2007, 1386 (1388) – Biosphärenwasser.

[1617] OLG Düsseldorf GRUR 1988, 55 (57) – bio-FIX; OLG München GRUR 1990, 290 (291) – Bioclean; GRUR 1990, 294 (295) – Biolarium; OLG Hamm GRUR 1990, 639 – Biolarium; KG GRUR 1993, 766 – BIO-GOLD. AA für Lebensmittel: OLG München WRP 1990, 194 (195 f.) – Öko-Pilsner; OLG München ZLR 1991, 95 (98) – Bier Bio hell.

[1618] OLG Düsseldorf GRUR 1988, 55 (57) – bio-FIX; KG GRUR 1993, 766 – BIO-GOLD; dahin tendierend auch OLG Frankfurt a. M. GRUR 1989, 358 – biologisch düngen.

Ein kosmetisches Öl, das überwiegend aus Substanzen chemisch-industriellen Ursprungs besteht, darf nicht als *„Bio-Oil"* beworben werden.[1619] Ein Erzeugnis, das nicht auf natürlichem Weg schnell und vollständig abgebaut wird, darf nicht als *„biologisch abbaubar"* bezeichnet werden.[1620] Ebenso ist es irreführend, für ein Mineralwasser, welches sich grundsätzlich nicht von anderen Mineralwässern unterscheidet, mit dem Begriff *„Biosphärenwasser"* zu werben. Denn dem Verbraucher wird durch den Zusatz „Bio" suggeriert, es handele sich um ein besonders reines Naturprodukt, welches besonders gesund sei und aus einem ungestörten Haushalt der Natur stamme.[1621] Entsprechendes gilt für die Bezeichnung als **„Bio-Mineralwasser"**, es sei denn, es ist tatsächlich besonders rein und weist Grenzwerte auf, die noch unter denen liegen, die nach der Mineral- und Tafelwasserverordnung für natürliche Mineralwässer (die ja ebenfalls ursprünglich rein sein müssen) als Obergrenze festgelegt sind.[1622] Erst recht unzulässig ist es, ein dem Bio-Siegel nach § 1 ÖkoKennzV nachgeahmtes Kennzeichen zu verwenden.[1623] Für eine Sauna, die nur vergleichsweise geringe Temperaturen bei hoher Luftfeuchtigkeit erlaubte, durfte nach einer Entscheidung des OLG Hamm nicht mit dem Ausdruck **„Bio-Sauna"** geworben werden, da der Verkehr von einer Sauna sehr hohe Temperaturen und niedrige Luftfeuchtigkeit erwartete.[1624] Diese Entscheidung ist angesichts diverser „Saunalandschaften" in Hotels und Badeanstalten und der Existenz unterschiedlicher Sauna-Arten mittlerweile überholt.

577 Im Zusammenhang mit landwirtschaftlichen Erzeugnissen und Lebensmitteln war die Verwendung der Ausdrücke **„bio"** und **„öko"** bis zum 31.12.2008 in der **Verordnung (EWG) Nr. 2092/91 (EG-Öko-VO)** vom 24.6.1991[1625] geregelt. In ihrem Anwendungsbereich ging die Verordnung § 11 Abs. 1 LFGB aF und § 5 UWG vor. Es kam deshalb nicht darauf an, ob bei Lebensmitteln der Ausdruck „bio" im Sinne einer vollständigen Freiheit von Schadstoffen zu verstehen war.[1626] Die EG-Öko-VO regelte, wann bei der Kennzeichnung von Agrarerzeugnissen auf den ökologischen Landbau Bezug genommen werden durfte. Danach war ein Hinweis auf den ökologischen Landbau nur zulässig, wenn das Produkt den Vorgaben der VO für die **Erzeugung** entsprach und die in der VO vorgesehenen **Kontrollmaßnahmen** durchgeführt worden waren. Wurden die Vorgaben erfüllt, durfte das Erzeugnis als aus ökologischem Landbau stammend gekennzeichnet werden. Wurden die Vorgaben nicht eingehalten, war jeder Hinweis verboten, der dem Käufer den Eindruck vermittelte, dass das Erzeugnis, seine Bestandteile oder die Futtermittel-Ausgangserzeugnisse nach den Produktionsregeln der VO gewonnen worden waren. Ein solcher Eindruck wurde gemäß Art. 2 der VO insbesondere durch die Verwendung der Begriffe *„ökologisch"*, *„öko"*, *„biologisch"* oder *„bio"*, aber auch *„biologischer/ökologischer Landbau"*, *„kontrolliert biologisch/ökologisch"* vermittelt.[1627] Die Verwendung dieser Ausdrücke war bei Nichterfüllung der Anforderungen der EG-Öko-VO verboten, ohne dass im Einzelfall ermittelt werden musste oder auch nur durfte, wie die Ausdrücke verstanden wurden.[1628] Die EG-Öko-VO wurde zwar zum 1.1.2009 **aufgehoben und ersetzt** durch die sog. **EG-Öko-BasisVO,** Verordnung (EG) Nr. 834/2007,[1629] welche

---

1619 OLG Hamm MD 2012, 610 – Bio-Oil.

1620 OLG Düsseldorf GRUR 1988, 55 (57) – bio-FIX.

1621 OLG Frankfurt a. M. WRP 2007, 1386 (1388) – Biosphärenwasser.

1622 BGH GRUR 2013, 401 Rn. 34 f. – Biomineralwasser: nur Geringstmengen von Rückständen und Schadstoffen deutlich unterhalb der rechtlich zulässigen Grenzwerte, unbehandelt und frei von Zusatzstoffen; kritisch dazu *Leible/Schäfer* GRUR-Prax. 2013, 101 (102).

1623 BGH GRUR 2013, 401 Rn. 69 ff. – Biomineralwasser.

1624 OLG Hamm GRUR 1991, 929 – Bio-Sauna.

1625 VO (EWG) Nr. 2092/91 des Rates über den ökologischen Landbau und die entsprechende Kennzeichnung der landwirtschaftlichen Erzeugnisse und Lebensmittel (ABl. 1991 L 198, S. 1).

1626 Siehe Nachweise bei *Helm/Sonntag/Burger* in Gloy/Loschelder/Danckwerts HdbWettbR § 59 Rn. 223.

1627 Alternative Formulierungen wären *„aus kontrolliertem Anbau"*, *„unter unabhängiger Kontrolle"*, *„ungespritzt"*, *„aus integrierter Landwirtschaft"*, *„aus Vertragsanbau"*.

1628 BVerfG NJW 2002, 1486.

1629 Verordnung (EG) Nr. 834/2007 des Rates vom 28.6.2007 (ABl. 2007 L 189, S. 1), DurchführungsVO (EG) Nr. 889/2008.

die dargestellten Grundsätze zur Kennzeichnung von ökologischen/biologischen Erzeugnissen in Art. 23 allerdings im Grundsatz aufrechterhält. Verweisungen auf die (dann) alte EG-Öko-VO gelten automatisch als Verweisungen auf die neue VO 834/2007, Art. 39 Abs. 2 VO 834/2007. So dürfen nach Art. 23 Abs. 1 EG-Öko-Basis-VO die Bezeichnungen *„biologisch, ökologisch"*, bzw. daraus abgeleitete Bezeichnungen und Verkleinerungsformen wie *„bio-„* und *„öko-„*, allein oder kombiniert, bei der Kennzeichnung von landwirtschaftlichen Erzeugnissen und der Werbung für sie nur dann verwendet werden, wenn diese Erzeugnisse den Anforderungen der EG-Öko-BasisVO genügen. Eine Ausnahme von diesem Grundsatz besteht nach Art. 23 Abs. 2 UAbs. 1 EG-Öko-BasisVO nur für den Fall, dass eindeutig kein Bezug der verwendeten Bezeichnung zur ökologischen/biologischen Produktion gegeben ist. Das umfasst auch die Pflicht, sich dem Kontrollsystem mit Unterstellungs- und Meldepflicht gem. Art. 27 der VO 834/2007 zu unterwerfen, sofern nicht eine direkte Abgabe an Endverbraucher oder Endnutzer gem. § 3 Abs. 2 ÖLG vorliegt. Dabei meint „direkt" einen Verkauf am Ort der Lagerung unter gleichzeitiger Anwesenheit des Öko-Unternehmers und des Verbrauchers, was bei einem Internetvertrieb nicht der Fall ist.[1630]

Bei Erzeugnissen, die **genetisch veränderte Organismen** (GVO) enthalten, aus GVO 578
bestehen oder aus GVO hergestellt worden sind, ist eine Bezeichnung als *„ökologisch"/ „biologisch"* ausgeschlossen, Art. 23 Abs. 3 **EG-Öko-BasisVO** (VO 834/2007).[1631] Darüber hinaus enthält Art. 23 Abs. 2 UAbs. 2 EG-Öko-BasisVO ein eigenständiges Irreführungsverbot: Danach sind alle Bezeichnungen sowie Kennzeichnungs- und Werbepraktiken, die den Verbraucher irreführen können, indem sie ihn glauben lassen, dass das betreffende Erzeugnis oder die zu seiner Produktion verwendeten Zutaten die Anforderungen der VO erfüllen, ausdrücklich unzulässig. Zum 31.12.2021 wird die VO 834/2007 aufgehoben und ersetzt durch die VO (EU) 848/2018.[1632] Das Verbot von irreführender Werbung mit der Bezeichnung *„ökologisch"* bzw. *„biologisch"* bleibt aber inhaltlich unverändert bestehen und ist ab 2022 in Art. 30 VO (EU) 848/2018 geregelt.

c) Werbung mit Öko-/Umwelt-Kennzeichen. Aufbauend auf den Vorgaben der 579
(mittlerweile aufgehobenen bzw. ersetzten) EG-Öko-VO haben sowohl der europäische als auch der deutsche Gesetzgeber **Öko-Kennzeichen** geschaffen. Art. 10 iVm Anhang V der alten EG-Öko-VO erlaubte die Angaben *„Ökologischer Landbau– EG Kontrollsystem"* oder *„Biologische Landwirtschaft – EG-Kontrollsystem"*. Art. 25 der EG-Öko-BasisVO (Art. 33 VO 848/2018) ist Grundlage eines **Gemeinschaftslogos** für ökologische/biologische Produktion, dessen Verwendung auf der Verpackung vorverpackter Lebensmittel gemäß Art. 24 Abs. 1 lit. b EG-Öko-BasisVO (Art. 32 Abs. 1 lit. b VO 848/2018) nicht mehr lediglich fakultativ, sondern zwingend vorgeschrieben ist. Das führte auch zu einer Änderung des **ÖkoKennzG.**[1633] Dieses sieht vor, dass für solche Erzeugnisse, die den Vorgaben der EG-Öko-VO entsprechen, ein eigenes (zusätzliches) Öko-Kennzeichen verwendet werden darf. Die konkrete Gestaltung und die erlaubte Verwendung des Kennzeichens *(„Bio – nach der EG-Öko-Verordnung")* sind in der **ÖkoKennzV** festgesetzt.[1634] Als Anreiz zu einer eigenverantwortlichen Umweltkontrolle durch die Unternehmen dient zusätzlich die **EG-Umwelt-Audit-VO.**[1635] Organisationen, die sich dem Kontrollsystem unterwerfen (insbesondere eine Umwelterklärung erstellen) sind berechtigt, das in Anhang IV der VO aufgeführte **EMAS-Zeichen** (= „eco-managament and audit scheme") zu führen. Das

---

1630 OLG Frankfurt a. M. MMR 2015, 452 Rn. 33.

1631 Zur Kennzeichnung *„ohne Gentechnik"* → Rn. 479.

1632 Verordnung (EU) Nr. 2018/848 des Europäischen Parlaments und des Rates vom 30.5.2018 über die ökologische/biologische Produktion und die Kennzeichnung von ökologischen/biologischen Erzeugnissen sowie zur Aufhebung der Verordnung (EG) Nr. 834/2007 des Rates (ABl. 2018 L 150, S. 1); zuletzt geändert durch VO (EU) 2020/427 v. 13.1.2020 (ABl. EU 2020 L 87, S. 1).

1633 Gesetz zur Einführung und Verwendung eines Kennzeichens für Erzeugnisse des ökologischen Landbaus v. 20.1.2009 (BGBl. I S. 78).

1634 Verordnung zur Gestaltung und Verwendung des Öko-Kennzeichens v. 6.2.2002 (BGBl. I S. 589).

1635 VO (EG) Nr. 1221/2009 vom 25.11.2009 (ABl. 2009 L 342, S. 1).

EMAS-Zeichen darf gem. Art. 10 Abs. 4 lit. a Öko-Audit-VO zwar nicht auf Produkten und deren Verpackungen selbst, aber in der Produkt- und Dienstleistungswerbung verwendet werden. Verboten ist allerdings die vergleichende Werbung mit dem EMAS-Zeichen (Art. 10 Abs. 4 lit. b Öko-Audit-VO).

580 Bei der Werbung mit **Umweltzeichen im Übrigen,** wie zB dem Blauen Engel oder der Europäischen Blume[1636] erwartet der Verkehr nicht nur, dass das entsprechende Umweltzeichen verliehen wurde, sondern auch, dass die dafür **erforderlichen Voraussetzungen tatsächlich erfüllt** sind. Daher darf mit solchen Umweltzeichen nur in der verliehenen Form geworben werden und es ist der Grund für die Verleihung konkret erkennbar zu machen.[1637] Geschieht dies, darf auf die Auszeichnung hingewiesen werden.[1638] Darüber hinaus rechtfertigt die Verleihung jedoch nicht jede Werbung mit dem Attribut *„umweltfreundlich"*, solange für die Auszeichnung bereits kleine Schritte zur Verbesserung der Umweltbelastung ausreichen, das beworbene Produkt als solches aber immer noch stark umweltbelastend ist.[1639] Auch erwartet der Verkehr bei umweltbezogenen Angaben ohne Hinweis auf ein Öko-Label nicht stets, dass die Anforderungen erfüllt werden, die an die Vergabe eines Öko-Labels gestellt werden. Bewirbt man jedoch einen Schmierstoff als *„schnell biologisch abbaubar"*, so ist zumindest zu erläutern, woraus dieses Kriterium hergeleitet wird; das gilt insbesondere dann, wenn die verwendete Testmethode nicht der heutzutage bei der Vergabe von Umweltzeichen üblicherweise verwendeten Testmethode entspricht.[1640] Die Werbung mit einem firmeneigenen **Biosiegel** auf einer **Arzneimittelpackung** ist mit § 10 Abs. 1 S. 5 AMG unvereinbar und daher unzulässig.[1641] Ein solches Biosiegel zählt nicht zu den arzneimittelrechtlichen Pflichtangaben und dient auch nicht deren Veranschaulichung, sondern hat Werbecharakter.

581 **8. Sonstige Wirkungen, Vorteile, Risiken, Verwendungsmöglichkeiten, Einzelfälle.** In der Rechtsprechung ist seit jeher anerkannt, dass im geschäftlichen Verkehr – etwa in den AGB eines **Versicherungsunternehmens** – nicht der Eindruck erweckt werden darf, bestimmte **Risiken** seien abgesichert, wenn dies in Wirklichkeit nicht der Fall ist.[1642] Die bloße Aussage *„rundum sorglos reisen"*, mit der nur bestimmte Vorteile eines Versicherungsschutzes umschrieben werden, soll dafür allerdings noch nicht genügen.[1643] Es ist allerdings irreführend, damit zu werben, man könne eine **Kreditkarte** *„ohne jedes Risiko"* testen, wenn tatsächlich eine Haftung im Falle des Kartenverlustes besteht.[1644] Umgekehrt kann aber auch eine Irreführung über die Wirkung erzeugt werden, indem zB in der Werbung für ein Nahrungsergänzungsmittel oder Kosmetikum der Pflichttext für Arzneimittel *„**Zu Risiken und Nebenwirkungen lesen Sie die Packungsbeilage** und fragen Sie Ihren Arzt oder Apotheker"* verwendet wird, weil der Verbraucher bei einer solchen Warnung eine besonders ausgeprägte Wirkung erwartet.[1645]

582 Bei **Arzneimitteln** dürfen **Nebenwirkungen** oder **Kontraindikationen nicht verharmlost** werden. Umgekehrt dürfen aber auch nicht Gefahren **aufgebauscht** oder vergrößert dargestellt werden, um so die Bedeutung des beworbenen Mittels zu erhöhen, indem zB für ein **Vitaminpräparat** behauptet wird, der entsprechende Vitaminbedarf

---

[1636] Zu den Voraussetzungen für Vergabe und Werbung siehe die Umweltzeichenverordnung (EG) Nr. 66/2010.

[1637] BGH GRUR 2014, 578 (579) – Umweltengel für Tragetasche; GRUR 1991, 548 (549) – Umweltengel; OLG Köln WRP 1992, 504 (505).

[1638] BGH GRUR 1991, 550 (551) – Zaunlasur („ausgezeichnet mit dem Blauen Engel"); 1994, 523 – Ölbrenner-Modelle; OLG Hamburg NJW-RR 1994, 555; *Klindt* BB 1998, 545 (550); *Keßler* WRP 1999, 146 (155); *Helm/Sonntag/Burger* in Gloy/Loschelder/Danckwerts HdbWettbR § 59 Rn. 218.

[1639] OLG Düsseldorf GRUR 1988, 55 (59) – bio-FIX.

[1640] OLG Hamburg BeckRS 2008, 07 230 – schnell biologisch abbaubar.

[1641] OVG Münster PharmaR 2013, 463.

[1642] BGH GRUR 1983, 654 (656) – Kofferschaden; KG WRP 1987, 32; GRUR 1991, 787.

[1643] KG WRP 1985, 637.

[1644] OLG Hamburg WRP 1986, 344.

[1645] OLG Dresden WRP 2019, 636 Rn. 12 – Warnhinweis für Nahrungsergänzungsmittel.

könne mit normaler Ernährung nicht gedeckt werden.[1646] Die Werbung mit der Aussage *„So wirksam wie ein Antibiotikum"* für ein schleimlösendes Medikament ist irreführend, wenn sich mit diesem Medikament nicht die gleichen therapeutischen Wirkungen erreichen lässt wie mit einem Antibiotikum.[1647] Ebenso wenig wird der Verbraucher bei einem ***„pflanzlichen Antibiotikum"*** von allein davon ausgehen, dass es sich um ein im Vergleich zu einem „klassischen" Antibiotikum „milderes" Mittel handelt, das nur bei harmloseren Infekten einsetzbar sei; und auch der Umstand, dass ein Präparat nicht verschreibungspflichtig ist, impliziert per se nicht zwingend eine von vornherein eingeschränkte Einsetzbarkeit und Wirksamkeit, sondern es bedarf dazu schon konkreter Aussagen des Werbenden.[1648] Ein Arzneimittel, das laut eigener Fachinformation häufig Nebenwirkungen wie zB Kopfschmerzen, Übelkeit, Bauchschmerzen und Durchfall oder Augenschmerzen und Fremdkörpergefühl verursachen kann, darf nicht als *„sehr gut verträglich"* [1649] oder mit *„hervorragender lokaler Verträglichkeit"*[1650] beworben werden. Mit der Aussage *„überlegene Verträglichkeit"* suggeriert die Werbung eine Überlegenheit des beworbenen Arzneimittels hinsichtlich aller wesentlichen, unerwünschten Nebenwirkungen und nicht nur einen Vorsprung im Rahmen einer quasi saldierenden Gesamtbilanz.[1651] Ein Arzneimittel, das nur zur unterstützenden, dh zur begleitenden Behandlung bei Osteoporose zugelassen ist, darf nicht mit der Aussage beworben werden *„Zur Basistherapie bei Osteoporose"* weil sonst selbst die Fachkreise vermuten, dass diese Therapie am Anfang jeder Behandlung der Osteoporose stehe und ohne sie eine Behandlung nicht in Betracht käme.[1652] Irreführend kann auch die Werbung für ein Arzneimittel mit einer generellen Indikation sein, wenn das Arzneimittel nur für eine **spezielle Indikation** zugelassen ist. Bejaht wurde das für die Aussagen *„stärkt das Gedächtnis"* und *„fördert die Konzentration"* bei einem Arzneimittel, dessen zugelassenes Anwendungsgebiet auf das Vorliegen eines dementiellen Syndroms beschränkt war.[1653] Bei der Werbung mit **Anwendungsgebieten,** für die ein Arzneimittel nicht zugelassen ist, muss seit dem Jahr 2005 zudem das Verbot des § 3a HWG berücksichtigt werden. *„Akut"* im Namen eines Arzneimittels deutet auf eine schnelle beschwerdelindernde Wirkung hin. Wie schnell diese Wirkung sein muss, hängt vom Einzelfall und insbesondere von der jeweiligen Indikation des Arzneimittels ab.[1654] Die angepriesene **„Freiheit"** von einem bestimmten Stoff erweckt den Eindruck eines Produktvorteils und ist als irreführend zu unterlassen, sofern die Vorteilhaftigkeit des hervorgehobenen Umstands nicht nachgewiesen werden kann.[1655] Ein **Generikum,** das die zugelassenen Anwendungsgebiete des Originalarzneimittels nur teilweise abdeckt oder bei dem die Inhalatoren zur Applikation nicht baugleich sind, darf nicht mit der Aussage *„Alles bleibt bis auf Name und Preis"* beworben werden.[1656] **E-Zigaretten** dürfen, solange noch keine gesicherten wissenschaftlichen Erkenntnisse hinsichtlich des Gesundheitsrisikos vorliegen, nicht als gesundheitlich unbedenklich bezeichnet werden. Wohl aber darf darauf hingewiesen werden, dass sie deutlich weniger schädlich sind als herkömmliche Zigaretten.[1657]

[1646] BGH GRUR 1998, 1052 (1053) – Vitaminmangel. Für Lebensmittel, denen Vitamine zugesetzt wurden sowie für Nahrungsergänzungsmittel ergibt sich dies bereits direkt aus dem Irreführungsverbot des Art. 7 Abs. 1 der VO (EG) Nr. 1925/2006 bzw. des § 4 Abs. 4 NemV.

[1647] OLG München MD 2005, 684 (687).

[1648] OLG Celle WRP 2015, 1115 Rn. 19.

[1649] LG Köln MD 2009, 1189 (1190).

[1650] OLG Hamburg MDR 2010, 1072.

[1651] OLG Hamburg MD 2006, 1031 (1036) – Das erste Atypikum der nächsten Generation. Abgelehnt hingegen bei der Aussage *„Stellen Sie einen unzufriedenen Patienten um. Fragen Sie nach der Therapiezufriedenheit"*, OLG Hamburg MD 2007, 1044 ff. – Probeflug.

[1652] OLG Hamburg NJOZ 2004, 403 (404).

[1653] OLG München MD 2006, 911 (915).

[1654] Das OLG München BeckRS 2010, 04780, hielt 1–2 Stunden bei einem Arzneimittel gegen Sodbrennen noch für akzeptabel; aA in der Vorinstanz das LG München I MD 2010, 232 ff.

[1655] OLG Hamburg GRUR-RR 2010, 70 (Ls.) – Eudragit-frei.

[1656] OLG Hamburg MD 2007, 352 (354).

[1657] OLG Frankfurt a. M. GRUR-RR 2014, 402 (403 f.); OLG Hamm WRP 2013, 95.

583 Von einem Pkw, der unter Verwendung des Wortes **„Autopilot"** beworben wird, erwartet der Verkehr, dass er vollständig autonom fahren kann.[1658] Erwirbt ein Kunde eine bestimmte **Software** und werden ihm auf der Hülle *„viele Programme mehr"* angekündigt, geht er davon aus, dass es sich um **Vollversionen** handelt. Er wird daher über die Verwendungsmöglichkeit dieser Programme in die Irre geführt, wenn es sich hierbei um sog. **Shareware** handelt, die zunächst nur Demonstrations- und Prüfzwecken dienen soll oder bei der einzelne Funktionen unterdrückt werden (zB keine Druckfunktion), ohne dass hierauf hingewiesen wird.[1659] Wirbt ein Anbieter für eine privat einsetzbare Sicherheitssoftware mit der Aussage *„Gehen Sie auf* ***Nummer sicher****"*, so versteht der normal informierte, situationsadäquat aufmerksame Durchschnittsverbraucher die Aussage so, dass diese Software ein Schutzniveau deutlich über dem Standard der üblichen Schutzprogramme liefert und etwaige Gefahren sehr weitgehend ausgeschlossen werden und nach menschlichem Ermessen kein Risiko mehr besteht, wobei dem Verkehr allerdings auch bekannt ist, dass es bei Internetzugängen keine hundertprozentige Sicherheit geben kann.[1660] Die Werbung mit Aussagen wie ***„unbegrenzt"*** oder ***„echte Flat"*** – insbesondere im Zusammenhang mit Mobilfunkverträgen – wird der Verkehr entsprechend ihrem klaren Wortlaut im Regelfall wörtlich verstehen und daher keine Beschränkungen erwarten. Ohne ausdrücklich gemachte Einschränkungen wird er daher davon ausgehen, dass ein solcher Tarif auch das Versenden von Kurznachrichten in Netze des innereuropäischen Auslandes umfasst,[1661] zumal es auf dem Mobilfunkmarkt ständig wechselnde Preismodelle und sich ausweitende Flat-Tarife gibt. Ebenso irreführend ist eine Werbung mit einer ***„SMS-Flatrate"*** (ohne ausdrückliche Beschränkung), wenn hierdurch nur bis zu 3.000 SMS im Monat abgegolten sind[1662] und die Aussage, der Kunde könne **„unbegrenzt im Internet surfen"** ***„in bester D-Netz Qualität"***, wenn bei Überschreitung bestimmter Datenvolumina die Übertragungsgeschwindigkeit auf 10 % herabgesetzt wird.[1663] Eine Bezeichnung eines Tarifs als „SMS Flat 3000" in Verbindung mit einem unmissverständlichen Hinweis über den Inhalt des Tarifs kann hingegen erlaubt sein.[1664]

584 Die Aussage, bei einem bestimmten **Provider** sei die größtmögliche **Wirkung bei einer Internet-Werbung** zu erzielen, stellt eine Alleinstellungsbehauptung dar, die den dafür geltenden Grundsätzen (→ § 5 Rn. 974 ff.) entsprechen muss. Die Aussage ist jedoch nicht allein deshalb irreführend, weil es keine gesicherten wissenschaftlichen Erkenntnisse über Online-Werbung gibt.[1665] Ebenso ist es irreführend, den Einsatz eines Fahr**simulators** in einer Fahrschule als kostensparend zu bewerben, wenn es zu dieser Kostenersparung keine wissenschaftliche Erkenntnis gibt.[1666] Irreführend ist die absatzbezogene Werbung mit einer **Spende** für einen guten Zweck, wenn der Spendenbeitrag tatsächlich nicht gezahlt wird oder der Anteil je Produkt derart gering ist, dass hierdurch der vom Verbraucher gewünschte soziale Hilfszweck nicht erreicht werden kann.[1667] Dagegen besteht keine allgemeine Verpflichtung über die Art und Weise der **Spendenverwendung** im Einzelnen aufzuklären. Hat der Unternehmer keine nach Art und Umfang näher bestimmte Verwendung versprochen, wird der Verbraucher nur erwarten, dass das werbende Unternehmen zeitnah überhaupt eine Unterstützungsleistung erbringt und diese nicht so geringfügig ist, dass sie die werbliche Herausstellung nicht rechtfertigt.[1668] Enthält die Werbung hin-

---

[1658] LG München I GRUR-RS 2020, 22849 – Autopilot.
[1659] BGH GRUR 2000, 76 (77) – Shareware-Version.
[1660] OLG Hamburg MD 2008, 281 (284) – Gehen Sie auf Nummer sicher.
[1661] LG Hamburg WRP 2013, 237 Rn. 16.
[1662] OLG Schleswig WRP 2014, 746 (747 f.).
[1663] OLG Koblenz GRUR-RR 2013, 443 (445) – unbegrenzt surfen.
[1664] OLG Schleswig WRP 2014, 746 (747 f.). Aber auch insoweit entscheidet der Einzelfall; eine „SMS Flat 2015" dürfte trotz 2015 freier SMS irreführend wirken.
[1665] OLG Hamburg MD 2003, 476 (Ls.) – größtmögliche Wirkung.
[1666] LG Bielefeld WRP 2017, 1019 Rn. 13; LG Gera WRP 2017, 882 Rn. 27.
[1667] OLG Hamburg GRUR-RR 2003, 51 (52) – Bringt die Kinder durch den Winter; MD 2003, 765 (767) – Kindernothilfe.
[1668] BGH GRUR 2007, 247 (250) – Regenwaldprojekt I.

gegen konkrete Angaben zur Spendenverwendung, kommt eine Irreführung in Betracht, wenn die tatsächliche Leistung hinter dem zurückbleibt, was in der Werbung versprochen wurde.[1669] Irreführend ist es auch, wenn der Eindruck erweckt wird, der Kunde könne durch den Kauf des beworbenen Produktes die Höhe der sozialen Unterstützung unmittelbar beeinflussen, während tatsächlich die Spende vom Unternehmer in eigener Entscheidung festgelegt wird und sich nicht nach einem Anteil am Umsatzerlös bestimmt.[1670] Darüber hinaus ist bei Angaben im Zusammenhang mit **Sponsoring** nunmehr die Sonderregelung in **§ 5 Abs. 1 S. 2 Nr. 4 UWG** zu beachten. Bewirbt ein Verkäufer von **Autozubehör** den Verkauf von Seitenschwellern und Stoßstangen mit dem Hinweis **„Materialgutachten",** so ist dies irreführend. Viele Käufer werden nämlich annehmen, es handele sich um ein sog. „Teilegutachten" iSd § 19 Abs. 3 S. 1 Nr. 4 lit. a StVZO, welches erforderlich ist, damit die Betriebserlaubnis für das Fahrzeug trotz des An- bzw. Einbaus dieser Teile erhalten bleibt. Demgegenüber stellt ein „Materialgutachten" für den Erhalt der Betriebserlaubnis keine wesentliche Hilfe dar, es ist insoweit mehr oder minder wertlos für den Käufer.[1671] Die Bewerbung eines Baugerüsts mit dem Slogan ***„Mit Zulassung"*** ist irreführend, wenn das beworbene Gerüst selbst nicht über eine bauaufsichtliche Zulassung verfügt; eine Konformitätsbescheinigung zu einem zugelassenen Gerüst eines Wettbewerbers genügt nicht.[1672] Wird ein **Gemüseschneider** mit dem Slogan *„Klein & fein gehackt – im Handumdrehen"* beworben, so wird diese Aussage vom relevanten Verkehr ernst genommen in der Weise, dass er erwartet, dass das eingefüllte Schnittgut nach ein paar Umdrehungen klein gehackt ist. Ist das Schnittgut dann tatsächlich nach 20 Umdrehungen immer noch von grober Konsistenz, ist die Werbung irreführend.[1673] Von einer ***„anhaltenden"*** Wirkung erwartet der Durchschnittsverbraucher eine nicht nur kurzfristige Wirkung, sondern eine gewisse Dauer, wobei sich diese Dauer angesichts der subjektiven Wertung nicht genau bestimmen lässt.[1674] Irreführend kann es auch sein, wenn ein Bauteil eines Produkts als ***„langlebig"*** herausgestellt wird, obwohl die Lebensdauer des gesamten Produkts erheblich geringer ist und dies nicht ohne weiteres erkennbar ist.[1675] Wird in einem Prospekt für einen **Fleckentferner** ein Bildvergleich verwendet, auf dem ein Textil vor der Wäsche grau und fleckig und nach der Wäsche nicht nur fleckenfrei sondern auch deutlich aufgehellt dargestellt wird, so entsteht dennoch nicht der irreführende Eindruck einer aufhellenden Wirkung des Fleckentferners, wenn der Gesamteindruck der Werbung die fleckentfernende Wirkung des Mittels hervorhebt und deutlich wird, dass der Fleckentferner zusätzlich zum gewöhnlichen Waschmittel verwendet werden soll.[1676] Irreführend kann im Einzelfall auch die Bewerbung einer Uhr mit der Angabe ***„30 m wasserdicht"*** sein, wenn der Verkehr diese Angabe so versteht, dass er mit dieser Uhr bis zu 30 Meter tief tauchen könne, während das tatsächlich nicht der Fall ist.[1677] Dieser Eindruck kann entstehen, wenn nur mit der Meterangabe geworben wird. Anders sieht es hingegen aus, wenn die Meterangabe bloß ergänzend zur Angabe des relevanten Drucks (zB 3 bar) erfolgt, so wie es nach der DIN 8310 und der int. Norm ISO 2281:1990 vorgesehen ist.

[1669] BGH GRUR 2007, 251 (253) – Regenwaldprojekt II.
[1670] OLG Hamburg MD 2003, 765 (767) – Kindernothilfe.
[1671] OLG Düsseldorf WRP 2005, 1309 – Materialgutachten.
[1672] OLG Karlsruhe WRP 2013, 1386 (1389).
[1673] OLG Hamburg WRP 2006, 1152 (1153) – Klein & Fein gehackt im Handumdrehen I; aA Handelsgericht Wien WRP 2006, 1154 – Klein & Fein gehackt im Handumdrehen II: Danach werde diese Aussage als Wortspiel lediglich so verstanden, dass der Gebrauch des Zerkleinerers mühelos und rasch und damit einfacher als der Gebrauch eines Messers von sich gehe.
[1674] OLG Hamburg MD 2007, 570 (573) – Anhaltende Wirksamkeit.
[1675] OLG Celle WRP 2015, 472 Rn. 14.
[1676] OLG Köln MD 2010, 867 Rn. 13 f.
[1677] OLG Frankfurt a. M. MD 2008, 636 – 30m wasserdicht. Nichtzulassungsbeschwerde und Anhörungsrüge wurden vom BGH zurückgewiesen.

585 Zur Angabe von **Benzin-Verbrauch** unter Hinweis auf bestimmte DIN-Werte → Rn. 496.

V. Kundendienst und Beschwerdeverfahren

586 **1. Herkunft, Abgrenzung und Bedeutung.** Die Erwähnung von Kundendienst und Beschwerdeverfahren in § 5 Abs. 1 S. 2 Nr. 1 UWG ist zurückzuführen auf eine entsprechende Regelung in Art. 6 Abs. 1 lit. b der UGP-Richtlinie. Die Erwähnung in Nr. 1 zeigt, dass die Regelung vor allem in Bezug auf die jeweilige Ware oder Dienstleistung zu sehen ist und nicht im Hinblick auf Eigenschaften des Unternehmers (Nr. 3) oder die Bedingungen der Leistungserbringung (Nr. 2).

587 Abzugrenzen sind die Aussagen über Kundendienst und Beschwerdeverfahren von Angaben über die Rechte des Verbrauchers im Sinne von § 5 Abs. 1 S. 2 Nr. 7 UWG und über den Umfang der Verpflichtungen des Unternehmers gemäß § 5 Abs. 1 S. 2 Nr. 3 UWG sowie allgemein über die Bedingungen, unter denen eine Ware geliefert oder eine Dienstleistung erbracht wird, § 5 Abs. 1 S. 2 Nr. 2 UWG; § 5a Abs. 3 Nr. 4 regelt zudem das Unterlassen der Aufklärung des Verbrauchers über ein Abweichen der Zahlungs- oder Leistungsbedingungen sowie des Verfahrens zum Umgang mit Beschwerden von wesentlichen Grundgedanken der gesetzlichen Regelung. Zwischen diesen Regelungen kann es leicht zu Überschneidungen kommen. Eine saubere Abgrenzung wird nicht immer möglich sein, ist letzten Endes aber auch entbehrlich.

588 Einen **Sonderaspekt** regelt das Verbot in **Nr. 8 im Anhang zu § 3 Abs. 3 UWG,** bei dem es um die Erbringung einer Leistung nach Vertragsschluss in einer **Sprache** geht, die weder die Amtssprache am Sitz des Verbrauchers ist noch die Sprache, in der die Vertragsverhandlungen geführt wurden. Die Formulierung des Verbots ist so weit gefasst, dass es auch die Erbringung eines Kundendienstes in einer entsprechenden anderen Sprache erfasst. Dieser Tatbestand ist im Verhältnis zu § 5 UWG vorrangig zu prüfen. Ebenso vorrangig zu prüfen ist **Nr. 10 im Anhang zu § 3 Abs. 3 UWG,** wonach es verboten ist, **gesetzlich bestehende Rechte als Besonderheit** herauszustellen. Dies könnte der Fall sein, wenn bestimmte Beschwerdeverfahren gesetzlich vorgesehen sind.

589 **2. Kundendienst und Beschwerdeverfahren.** Auch die Begriffe „Kundendienst" und „Beschwerdeverfahren" lassen sich nicht trennscharf voreinander abgrenzen, weil die Einrichtung eines Beschwerdeverfahrens auch eine Form des Kundendienstes sein kann. In der Sache handelt es sich bei beiden Fällen um **nachvertragliche Serviceleistungen. Kundendienst** meint dabei vor allem den klassischen Vorortservice, aber auch die sonstige Kundenbetreuung oder den Betrieb einer sog. **„Hotline".**[1678] **Beschwerdeverfahren** umfasst die Einrichtung eines Verfahrens, dass dem Kunden die Möglichkeit gibt, Beschwerden vorzubringen, und zwar **unabhängig von etwaigen Mängelansprüchen** oder sonstigen Ansprüchen.

590 Verboten ist es, einen Kundendienst oder ein Beschwerdeverfahren vorzutäuschen, die es tatsächlich nicht oder nicht in dem behaupteten Umfang gibt, zB weil ein Kundendienst überhaupt nicht vorhanden ist, nicht in der angekündigten Nähe des Kunden, nicht für die für den Verbraucher relevanten Waren und Dienstleistungen, nicht kostenlos bzw. zu anderen Kosten als ursprünglich angekündigt etc.

591 Wer damit wirbt, dass er an Geräten einer bestimmten Marke den „Kundendienst" durchführe, erweckt dadurch den Eindruck, dass es sich um einen **von dem entsprechenden Hersteller organisierten Kundendienst** handelt und somit der Unternehmer zumindest eine Vertragswerkstatt des entsprechenden Herstellers ist.[1679] Stimmt das nicht, so ist die Werbung irreführend, wobei es dann nicht darauf ankommt, ob sich dies aus § 5 Abs. 1 S. 2 Nr. 3 UWG ergibt (Eigenschaften des Unternehmers) oder aus Nr. 1. Wirbt

---

[1678] Amtl. Begründung des Gesetzentwurfes der Bundesregierung vom 23.5.2008, BR-Drs. 345/08, 47.
[1679] OLG Hamburg GRUR 1993, 488; aA KG WRP 1984, 204.

hingegen ein Unternehmer mit *„Barpreisen ab Lager"*, so erwartet der Verbraucher keinen Kundenservice dahingehend, dass ihm das Gerät nach Hause geliefert, aufgebaut und er in die Bedienung eingewiesen wird.[1680] Ebenso kann es irreführend sein, wenn ein Versicherungsunternehmen damit wirbt, dass es in einem Tarif **„direkt +"** seine Kundenbetreuung **„online und telefonisch"** erbringt, dabei aber nicht klar wird, dass die Betreuung *nur* auf diese Weise erfolgt und somit keine persönliche Betreuung in Geschäftsstellen gegeben ist.[1681] Allerdings dürfte mittlerweile dem Durchschnittsverbraucher die Existenz solcher reinen online-Tarife, die häufig mit „direkt" betitelt werden, bekannt sein.

VI. Geografische Herkunft

Schrifttum: *Ahrens,* Geografische Herkunftsangaben – Tätigkeitsverbot für den BGH? – Über gemeinschaftsrechtlichen Eigentumsschutz und Importbehinderungen kraft Irreführungsschutzes, GRUR Int. 1997, 508; *Beier,* Der Schutz geografischer Herkunftsangaben in Deutschland, GRUR 1963, 169 und 236; *Beier,* Internationaler Schutz von Ursprungsbezeichnungen (62 B) – Bericht erstattet im Namen der Deutschen Landesgruppe, GRUR Int. 1974, 134; *Beier,* Das Schutzbedürfnis für Herkunftsangaben und Ursprungsbezeichnungen im Gemeinsamen Markt – Zum „Sekt/Weinbrand"-Urteil des Europäischen Gerichtshofs vom 20. Februar 1975, GRUR Int. 1977, 1; *Beier/Knaak,* Der Schutz geografischer Herkunftsangaben in der Europäischen Gemeinschaft, GRUR Int. 1992, 411; *Beier/Knaak,* Der Schutz geografischer Herkunftsangaben in der Europäischen Gemeinschaft – Die neuste Entwicklung, GRUR Int. 1993, 602; *Bornkamm,* Die Schnittstellen zwischen gewerblichem Rechtsschutz und UWG-Grenzen des lauterkeitsrechtlichen Verwechslungsschutzes, GRUR 2011, 1; *Büscher,* Der Schutz geografischer Herkunftsangaben und die Warsteiner-Entscheidung des EuGH, FS Erdmann, 2002, S. 237; *Büscher,* Neuere Entwicklung der Rechtsprechung des Europäischen Gerichtshofs und des Bundesgerichtshofs zu den geografischen Herkunftsangaben, GRUR Int. 2005, 801; *v. Danwitz,* Ende des Schutzes der geografischen Herkunftsangabe? – Verfassungsrechtliche Perspektiven –, GRUR 1997, 81; *Dickertmann,* „Wer darf Parmaschinken schneiden bzw. Parmakäse reiben?" oder „Gibt es bei geografischen Herkunftsangaben eine Erschöpfung?", WRP 2003, 1082; *Dorndorf,* Schutz vor Herkunftstäuschung und Rufausbeutung, 2005; *Dreier,* TRIPS und die Durchsetzung von Rechten des geistigen Eigentums, GRUR Int. 1996, 205; *Dück,* Geografische Herkunftsangaben auf dem Weg zum Kennzeichenrecht? – Dargestellt am Beispiel von „Made in Germany", WRP 2011, 1107; *Dück,* Vergleichende Werbung mit geografischer Herkunft im internationalen Kontext – Warsteiner vs. Beck´s/AB InBev, GRUR Int. 2016, 216; *Dück/Maschemer,* Swissness-Vorlage als Vorbild für „Made in Germany"?, GRUR Int. 2015, 220; *Ekey/Klippel/Bender,* Markenrecht, Bd. 2, 2. Auflage 2009; *Fezer,* Markenrecht, 4. Aufl., 2009; *v. Gamm,* Der Schutz geografischer Herkunftsangaben nach mehr- und zweiseitigen Staatsverträgen in der BRep Deutschland, in: FS Brandner, 1996, S. 375; *Gloy,* Geografische Herkunftsangaben, wettbewerbsrechtliche Relevanz und klarstellende Zusätze, FS Piper, 1996, S. 543; *Gorny,* Markenrecht und geografische Herkunftsangaben bei Lebensmitteln, GRUR 1996, 447; *Gündling,* „Made in Germany" – Geografische Herkunftsbezeichnung zwischen Qualitätsnachweis und Etikettenschwindel, GRUR 2007, 921; *Harte-Bavendamm,* Ende der geografischen Herkunftsbezeichnungen? – „Brüsseler Spitzen" gegen den ergänzenden nationalen Rechtsschutz, GRUR 1996, 717; *Heine,* Das neue gemeinschaftsrechtliche System zum Schutz geografischer Bezeichnungen, GRUR 1993, 96; *Helm,* Der Schutz geographischer Angaben nach dem Markengesetz, FS Vieregge, 1995, S. 335; *Henning-Bodewig,* Relevanz der Irreführung, UWG-Nachahmungsschutz und die Abgrenzung Lauterkeitsrecht/IP-Rechte, GRUR Int. 2007, 986; *Hohmann/Leible,* Probleme der Verwendung geografischer und betrieblicher Herkunftsangaben bei Lebensmitteln, ZLR 1995, 265; *Junker,* Die personengebundene Herkunftsangabe, WRP 1987, 523; *Kahler,* Die geografischen Herkunftsangaben an der Schnittstelle zwischen Markenrecht und Wettbewerbsrecht, 2002; *Kahler,* Die kennzeichenrechtlichen Schutzmöglichkeiten geografischer Herkunftsangaben im Markenrecht neben den §§ 126 ff. MarkenG, GRUR 2003, 10; *Kepinski,* Geografische Bezeichnungen im polnischen Recht des Gewerblichen Eigentums, GRUR Int. 2003, 37; *Kiefer,* Der BGH in Sachen „Himalaya Salz" – Verpasste Chance zur trennscharfen Differenzierung zwischen Lauterkeits- und Kennzeichenrecht, WRP 2016, 1458; *Knaak,* Der Schutz geografischer Herkunftsangaben im neuen Markengesetz, GRUR 1995, 103; *Knaak,* Die EG-Verordnung Nr. 510/2006 zum Schutz von geographischen Angaben und Ursprungsbezeichnungen, GRUR Int. 2006, 893; *Knaak,* Die Rechtsprechung des Europäischen Gerichtshofs zum Schutz geografischer Angaben und Ursprungsbezeichnungen nach der EG-Verordnung Nr. 2081/92, GRUR Int. 2000, 401; *Krieger,* Der internationale Schutz von geografischen Bezeichnungen aus deutscher Sicht, GRUR Int. 1984, 71; *Lindacher,* Geografische Herkunftsangaben im Kennzeichen- und Lauterkeitsrecht. Gedanken zur Neujustierung des einschlägigen Koordinatensystems, in: Festschrift Müller-Graff, 2015, S. 649; *Loschelder,* Ansprüche zum Schutze geografischer Herkunftsangaben, FS Ahrens, 2016, 255; *Loschelder,* Geografische Herkunftsangaben

[1680] BGH GRUR 1966, 567 – Barpreise ab Lager.
[1681] OLG Hamm GRUR-RR 2010, 342 (343) (auch nach § 5a verboten).

– Absatzförderung oder erzwungene Transparenz?, GRUR 2016, 339; *Loschelder/Loschelder,* Geographische Angaben und Ursprungsbezeichnungen, 2. Aufl. 2002; *Mayer, A. H.,* Anmeldung von Herkunftsangaben nach der VO (EWG) Nr. 2081/92 des Rates – Ein Leitfaden –, GRUR 1997, 91; *Mayer, A. H.,* Verordnung (EWG) Nr. 2081/92 zum Schutz von geografischen Angaben und Ursprungsbezeichnungen, WRP 1995, 783; *Meyer, A. H./Klaus,* Kommt Parmesan-Käse aus Parma und Umgebung? – Oder: Das Urteil „Parmigiano Reggiano" im Kontext der bisherigen Rechtsprechung des EuGH zum gemeinschaftsrechtlichen Schutz von Herkunftsangaben, GRUR 2003, 553; *Meier, G.,* Art. 30 EWGV und bilaterale Abkommen zum Schutz von Herkunftsangaben, WRP 1992, 299; *Meyer, P./Koch,* Rechtsschutz im Verfahren zum Schutz geografischer Angaben und Ursprungsbezeichnungen (VO 2081/92), GRUR 1999, 113; *Möhring,* Die Umwandlung einer Beschaffenheitsangabe zum betrieblichen Herkunftshinweis und § 3 UWG, GRUR 1974, 565; *Obergfell,* „Qualitätsneutrale" geografische Herkunftsangaben als Schutzdomäne des nationalen Rechts – Zur Entscheidung des EuGH vom 7.11.2000 – Rs. C-312/98 (Warsteiner), GRUR 2001, 313; *Obergfell,* Trauben und Birnen verglichen, MarkenR 2005, 470; *Ohde,* Zur demoskopischen Ermittlung der Verkehrsauffassung von geografischen Herkunftsangaben, GRUR 1989, 88; *Omsels,* Versuch einer Neuorientierung des Schutzes der geografischen Herkunftsangaben im deutschen Recht, WRP 2006, 434; *Omsels,* Geographische Herkunftsangaben, 2007; *Oppenhoff,* Geografische Bezeichnungen und Warenzeichen, GRUR Int. 1977, 226; *Peter,* Warum die Initiative „Law – Made in Germany" bislang zum Scheitern verurteilt ist, JZ 2011, 939; *Reimer,* Die personengebundene Herkunftsbezeichnung, GRUR 1948, 242; *Scherer,* Normative Bestimmung von Verwechslungs- und Irreführungsgefahr im Markenrecht, GRUR 2000, 273; *Reinhart,* Der Wandel einer geografischen Herkunftsangabe zur Gattungsbezeichnung und zurück am Beispiel der „Nürnberger Rost-Bratwürste", WRP 2003, 1313; *Richard,* Geografische Herkunftsangaben und Ursprungsbezeichnungen im Recht des Unlauteren Wettbewerbs, 1977; *Scherer,* Kurskorrektur bei der Beurteilung der mittelbaren Herkunftsangaben, WRP 2000, 362; *Schoene,* g. g. A. – Anspielung aus Sicht „der europäischen Verbraucher", GRUR-Prax 2016, 80; *Schoene,* Verletzungstatbestände bei geschützten geografischen Angaben und Ursprungsbezeichnungen, GRUR 2018, 784; *Schricker,* Der Schutz der Ursprungsbezeichnungen und Herkunftsangaben gegen anlehnende Bezugnahme, GRUR Int. 1982, 515; *Seidel,* Die sogenannte Cassis de Dijon-Rechtsprechung des Europäischen Gerichtshofs und der Schutz von Herkunftsangaben in der Europäischen Gemeinschaft, GRUR Int. 1984, 80; *Sosnitza,* Der Einfluss des Gemeinschaftsrechts auf das nationale Recht zum Schutz geografischer Herkunftsangaben in Deutschland, GRUR 2007, 462; *Sosnitza,* Obligatorische Herkunftskennzeichnung im Lebensmittelrecht, GRUR 2016, 347; *Sosnitza,* Subjektives Recht und Ausschließlichkeit – zugleich ein Beitrag zur dogmatischen Einordnung der geografischen Herkunftsangaben, MarkenR 2000, 77; *Sosnitza,* Zum Benutzungserfordernis bei geographischen Herkunftsangaben, in: FS Doepner, 2008, S. 63; *de Sousa Borda,* Schutz der geografischen Herkunftsangaben in Brasilien, GRUR Int. 2003, 510; *Steeger,* Die neue VO der EU zum Schutz von geografischen Herkunftsangaben und „Dresdner Stollen", WRP 1994, 584; *Tilmann,* Zur Bestimmung des Kreises der an einer geografischen Herkunftsangabe Berechtigten, GRUR 1980, 487; *Tilmann,* EG-Schutz für geografische Herkunftsangaben, GRUR 1992, 829; *Tilmann,* Ausschließlicher Schutz für geografische Herkunftsbezeichnungen nach der EG-VO 2081/92?, GRUR 1996, 959; *Tilmann,* Kennzeichenrechtliche Aspekte des Rechtsschutzes geografischer Herkunftsangaben, in: FS GRUR, Bd. 2, 1991, S. 1007; *Ullmann,* Der Schutz der Angabe zur geografischen Herkunft – wohin?, GRUR 1999, 666; *Wichard,* Von Warstein nach Europa? – Was verdrängt die Verordnung (EWG) Nr. 2081/92, WRP 1999, 1005.

592 **1. Abgrenzung und Konkurrenzen. Geographische Herkunftsangaben** iSd **§ 126 Abs. 1 MarkenG,** dh Angaben, die im geschäftlichen Verkehr zur Kennzeichnung der geografischen Herkunft von Waren oder Dienstleistungen verwandt werden, verkörpern einen kollektiven Goodwill, der allen berechtigten Unternehmen gemeinsam zusteht.[1682] Sie sind daher durch ein ausdifferenziertes Schutzsystem geschützt. Neben **§§ 126 ff. MarkenG** gewähren ihnen verschiedene bilaterale Verträge zusätzlich[1683] den **Schutz des Ursprungslandes,**[1684] so die Verträge zwischen der Bundesrepublik und **Frankreich,**[1685]

[1682] Amtl. Begr. zum MarkenG, BT-Drs. 12/6581, 116; BGH GRUR 2001, 73 (77) – Stich den Buben; *Ingerl/Rohnke* Vor §§ 126 ff. Rn. 1.

[1683] Vgl. BGH GRUR 1969, 611 (613 f.) – Champagner-Weizenbier; GRUR 2005, 957 (958) – Champagner Bratbirne; vgl. EuGH Urt. v. 4.3.1999 – C-87/97, GRUR Int. 1999, 443 (445) – Gorgonzola.

[1684] Vgl. EuGH C-3/01, EU:C:1992:420 Rn. 325 ff. – Exportur.

[1685] Abkommen vom 8.3.1960 über den Schutz von Herkunftsangaben, Ursprungsbezeichnungen und anderen geografischen Bezeichnungen, Ratifikation durch Gesetz vom 21.1.1961, BGBl. 1961 II S. 22, in Kraft seit 7.5.1961 gemäß Bekanntmachung v. 20.4.1961, BGBl. 1961 II S. 482. Anlagen A und B neu gefasst und in Kraft gesetzt durch VO v. 23.4.1969, BGBl. II S. 856, in Kraft seit 1.11.1969 gemäß Bekanntmachung vom 24.10.1969, BGBl. II S. 2064. – S. dazu BGH GRUR 2005, 957 – Champagner Bratbirne; Schweizerisches Bundesgericht GRUR Int. 2004, 341; BPatG 30.6.2010 – 26 W (Pat) 106/09, GRUR-Prax 2010, 413; *Obergfell* MarkenR 2005, 470 ff.

Griechenland,[1686] **Italien,**[1687] der **Schweiz,**[1688] **Spanien**[1689] und **Kuba;**[1690] Bedeutung hat dies insbes. im Hinblick auf die Frage eines Vorrangs des MarkenG (→ § 5 Rn. 1278 ff.) und die Geltung des Territorialitäts- und Schutzlandprinzips für geografische Herkunftsangaben nach §§ 126 ff. MarkenG.[1691] Nach Art. 1 Abs. 2 **PVÜ** sind geografische Herkunftsangaben und Ursprungsbezeichnungen gewerbliches Eigentum. Das **Madrider Abkommen** über die Unterdrückung falscher oder irreführender Herkunftsangaben[1692] regelt die Einfuhrbeschlagnahme von Erzeugnissen, die falsche oder irreführende Angaben tragen, durch die eines der Länder, auf die das Abkommen Anwendung findet, oder ein in diesen Ländern befindlicher Ort unmittelbar oder mittelbar als Land oder Ort des Ursprungs angegeben ist. Dem **Lissaboner Abkommen** über den Schutz der Ursprungsbezeichnungen und ihre internationale Registrierung[1693] ist die Bundesrepublik nicht beigetreten.[1694] Gemäß Art. 3, 4, 22–24 **TRIPS** besteht für geografische Angaben, bei denen eine bestimmte Qualität, der Ruf oder eine sonstige Eigenschaft der Ware im Wesentlichen auf der geografischen Herkunft beruht, Inländerbehandlung und ein Mindestschutz auf hohem Niveau. Die Mitgliedstaaten sind zur Meistbegünstigung verpflichtet. Auf europäischer Ebene zählen geografische Herkunftsangaben zum gewerblichen und kommerziellen Eigentum iSd **Art. 36 AEUV.**[1695] Geografische Angaben und Ursprungsbezeichnungen von Agrarerzeugnissen und Lebensmitteln genießen im Falle ihrer **Eintragung** als **g. g. A.** bzw. **g. U.** Schutz nach der der **VO (EG) Nr. 1151/12,** die an die Stelle der **VO Nr. 510/2006** zum Schutz von geografischen Angaben und Ursprungsbezeichnungen[1696] getreten ist.[1697] Auf nationaler Ebene ist für §§ 126 ff. MarkenG durch die „Himalaya Salz"-Entscheidung des BGH geklärt, dass die Regelungen zum Schutz geografischer Herkunftsangaben in den §§ 126 ff. MarkenG nach der Novellierung des MarkenG durch das Gesetz zur Verbesserung der Durchsetzung von Rechten des geistigen Eigentums vom 7.7.2008 keinen lauterkeitsrechtlichen, sondern einen kennzeichenrechtlich begründeten Schutz vermitteln.[1698] Ob aus Erwägungsgrund 9

[1686] Abkommen vom 16.4.1964 über den Schutz von Herkunftsangaben, Ursprungsbezeichnungen und anderen geografischen Bezeichnungen, Ratifikation durch Gesetz vom 17.3.1965, BGBl. II S. 176, in Kraft seit 1.4.1967 gemäß Bekanntmachung v. 9.6.1967, BGBl. II S. 1944. Die Anlage B wurde geändert durch Verordnung vom 23.4.1969, in Kraft getreten am 29.5.1969, BGBl. 1969 II S. 854, und Verordnung v. 24.5.1972, in Kraft getreten am 1.6.1972, BGBl. II S. 564.

[1687] Abkommen vom 23.7.1963 über den Schutz von Herkunftsangaben und Ursprungsbezeichnungen, Ratifikation durch Gesetz vom 17.3.1965, BGBl. II S. 156, in Kraft getreten gemäß Bekanntmachung vom 7.6.1967, BGBl. II S. 1815.

[1688] Vertrag vom 7.3.1967 über den Schutz von Herkunftsangaben und anderen geografischen Bezeichnungen, Ratifikation durch Gesetz vom 7.2.1969, BGBl. II S. 138, in Kraft getreten am 30.8.1969 gemäß Bekanntmachung vom 15.7.1969, BGBl. II S. 1463.

[1689] Vertrag vom 11.9.1970 über den Schutz von Herkunftsangaben, Ursprungsbezeichnungen und anderen geografischen Bezeichnungen, Ratifikation durch Gesetz vom 3.3.1972, BGBl. II S. 109, in Kraft getreten am 27.9.1973 gemäß Bekanntmachung vom 13.8.1973, BGBl. II S. 1305. Die Anlage B wurde geändert durch Verordnung vom 10.10.1994, BGBl. II S. 3534, in Kraft getreten am 15.2.1994 gemäß Bekanntmachung vom 2.6.1995, BGBl. II S. 492.

[1690] Abkommen über die Wiederherstellung gewerblicher Schutzrechte und über den Schutz von Herkunftsbezeichnungen vom 22.3.1954, BGBl. II S. 1112 in Kraft getreten am 20.1.1955 hinsichtlich der gewerblichen Schutzrechte und am 21.1.1961 hinsichtlich der Herkunftsbezeichnungen, BGBl. II S. 4.

[1691] Vgl. BGH WRP 2001, 546 – SPA; GRUR 2007, 884 Rn. 26 – Cambridge Institute.

[1692] Vom 14.4.1891, revidiert in Washington am 2.6.1911, in Haag am 6.11.1925, in London am 2.6.1934, in Lissabon am 31.10.1958, BGBl. 1961 II S. 293, mit Stockholmer Zusatzvereinbarung vom 14.7.1967, BGBl. 1970 II S. 444.

[1693] Vom 31.10.1958, revidiert in Stockholm am 14.7.1967 und geändert am 2.10.1979, abgedruckt bei *Fezer,* Markenrecht, Dokumentation Gesetzestexte, C. I.8.

[1694] Zu den Gründen *Krieger* GRUR 1984, 71 (73); *Fezer,* Markenrecht, Teil II Rn. 12.

[1695] EuGH C-3/01, EU:C:1992:420 Rn. 37 – Exportur; C-104/01, EU:C:2003:244 Rn. 49 – Libertel; C-325/00, EU:C:2002:633 – Kommission/Deutschland; s. zu Art. 36 AEUV *Glöckner* → **Einl. Rn. 109.**

[1696] V. 20.3.2006, ABl. 2006 L 93, S. 12.

[1697] S. dazu *Lindacher* FS Müller-Graff, 2015, 649 ff.

[1698] BGH WRP 2016, 1004, Ls. und Rn. 13 – Himalaya Salz; vgl. auch *Büscher*/Dittmer/Schiwy, Gewerblicher Rechtsschutz Urheberrecht Medienrecht, 3. Aufl., MarkenG § 126 Rn. 18; *Fezer,* Markenrecht, 4. Aufl., MarkenG § 126 Rn. 4 ff.; *Loschelder* FS Ahrens, 2016, 255 (261).

S. 2 UGP-RL folgt, dass für geografische Herkunftsangaben iSd § 126 Abs. 1, § 127 Abs. 1 MarkenG ein über dem allgemeinen Irreführungsschutz nach Art. 6 und Art. 7 UGP-RL und §§ 5, 5a UWG liegendes Schutzniveau bestehen kann,[1699] hat der BGH offen gelassen.[1700]

593 Im **Wettbewerbsrecht** geht es hingegen nicht um den Schutz von Immaterialgüterrechten oder des an einer geografischen Herkunftsangabe bestehenden kollektiven Goodwills, sondern um den Schutz der Verbraucher, Mitbewerber und sonstigen Marktteilnehmer vor Irreführung. Art. 3 lit. a **Werberichtlinie 2006/114/EG** verpflichtet deshalb zum Schutz der Gewerbetreibenden vor irreführenden Angaben über die „geografische... Herkunft". Nach Art. 6 Abs. 1 lit. b **UGP-RL** gilt auch im Verhältnis B2C eine Geschäftspraxis unter bestimmten weiteren Voraussetzungen als irreführend, wenn sie unwahre oder täuschende Angaben über die „geografische ... Herkunft" enthält. Für vergleichende Werbung sind zusätzlich zu dem Irreführungsschutz in Art. 3 Werberichtlinie und Art. 6, 7 UGP-RL die Anforderungen des Art. 4 zu beachten. Für **vergleichende Werbung mit Ursprungsbezeichnungen** enthalten **Art. 4 lit. e und f Werberichtlinie** 2006/114/EG besondere Voraussetzungen. Wie der EuGH entschieden hat, ist aber nicht jeder Vergleich, der sich für Waren ohne Ursprungsbezeichnungen auf Waren mit Ursprungsbezeichnungen bezieht, nach Art. 4 lit. e Irreführungsrichtlinie unzulässig, weil ein Schutz von Ursprungsbezeichnungen, der sich im Sinne eines absoluten Verbots von Vergleichen von Waren ohne Ursprungsbezeichnungen und Waren mit Ursprungsbezeichnungen auswirkte, mit der Irreführungsrichtlinie nicht in Einklang zu bringen ist.[1701] Außerdem sind ua die **Health-Claims-VO,** die **Etikettierungsrichtlinie,**[1702] die **VO (EU) Nr. 1169/2011** betreffend die Information der Verbraucher über Lebensmittel **(LMIV),**[1703] die **WeinVO** und die **SpirituosenVO** zu beachten.[1704] Für Spirituosen, aromatisierte Weise und Weinbauerzeugnisse mit Ausnahme von Weinessig gilt die VO (EG) Nr. 1151/2012 nicht.[1705] **Nach Art. 26 Abs. 2 LMIV ist die Angabe des Ursprungslandes oder des Herkunftsortes in bestimmten Fällen verpflichtend,** ua falls ohne sie eine Irreführung der Verbraucher hierüber möglich wäre. Frisches **Obst** und **Gemüse** darf nach **Art. 113a der VO Nr. 1234/2007** nur in den Verkehr gebracht werden, wenn das Ursprungsland angegeben ist, das sich nach den Zollregeln bestimmt; die Angabe kann daher als solches noch keine Irreführungseignung iSd allgemeinen Verbotes nach **Art. 7 Abs. 1 LMIV** oder **§ 5 Abs. 1 UWG** begründen.[1706] Einer nach Art. 113a Abs. 1 VO Nr. 1234/2007 und Art. 76 Abs. 1 VO Nr. 1308/2013 vorgeschriebenen Angabe des Ursprungslands dürfen auch keine aufklärenden Zusätze hinzugefügt werden, um einer nach Art. 7 Abs. 1 lit. a der LMIV verbotenen Irreführung der Verbraucher entgegenzuwirken;[1707] der **labelling approach** gilt aufgrund der vorrangigen spezialgesetzlichen Regelung nicht.

594 Seit der Umsetzung der Vorgaben der UGP-RL durch das UWG (2008) ist die **Vorrangtheorie auch für geographische Angaben und Ursprungsbezeichnungen aufzugeben.** Für das Konkurrenzverhältnis zu §§ 126 ff. MarkenG wurde bislang überwiegend von einem Vorrang der §§ 126 ff. MarkenG gegenüber dem lauterkeitsrechtlichen Irreführungsschutz ausgegangen (dazu → § 5 Rn. 1278 ff.). Dementsprechend kam § 5 auf die Irreführung über die geografische Herkunft von Produkten kaum zur Anwendung. Im Verhältnis zum sonstigen Zeichenrecht kam bei geografischen Herkunftsangaben erschwe-

[1699] Vgl. Ströbele/Hacker/Thiering MarkenG/*Hacker* § 127 Rn. 5; *Loschelder* FS Ahrens, 2016, 255 (258).
[1700] BGH WRP 2016, 1004 Rn. 15 – Himalaya Salz.
[1701] Vgl. EuGH C-381/05, EU:C:2007:230 – De Landtsheer Emmanuel.
[1702] Richtlinie 2000/13/EG und VO (EG) Nr. 1924/2006, näher → **§ 5 Rn. 65 ff.**
[1703] VO (EU) Nr. 1169/2011, ABl. 2011 L 304, S. 62 ff.
[1704] Näher schon → **§ 5 Rn. 65 ff.**
[1705] Art. 2 Abs. 2 VO (EG) Nr. 1151/2012.
[1706] EuGH C-686/17, GRUR 2019, 1067 Rn. 72 f. – Wettbewerbszentrale/Prime Champ [Kulturchampignons]; BGH WRP 2020, 456 Rn. 30 – Kulturchampignons II.
[1707] EuGH C-686/17, GRUR 2019, 1067 (1068) – Wettbewerbszentrale/Prime Champ [Kulturchampignons].

rend hinzu, dass eine kennzeichenmäßige Benutzung für die Annahme einer Verletzungshandlung iSd §§ 126 ff. MarkenG nach hM nicht Voraussetzung[1708] und dementsprechend von einem im Verhältnis zum übrigen Zeichenrecht sogar noch weiteren Anwendungsbereich des MarkenG auszugehen war.[1709] Damit blieb für § 5 im Bereich geografischer Herkunftsangaben im Wesentlichen nur noch Raum, wenn die Angabe schon gar nicht für Waren oder Dienstleistungen benutzt wurde.[1710]

Der **BGH** hat die zuvor in stRspr, die in weiten Teilen der Literatur auf Zustimmung 595
gestoßen war,[1711] vertretene **Vorrangthese** zwischenzeitlich in der „Hard Rock Café„-Entscheidung vom 15.8.2013[1712] aufgrund der ins deutsche Recht umgesetzten Bestimmung des Art. 6 Abs. 2 lit. a UGP-RL **jedenfalls für § 5 Abs. 1 S. 2 Nr. 1 aufgegeben,** → § 5 Rn. 1278 ff.

Auch die Regelungen zum Schutz **geografischer Herkunftsangaben und Ursprungsbezeichnungen** gehen dem wettbewerblichen Irreführungsschutz nicht vor.[1713] 596
Geografische Herkunftsangaben zählen auf europäischer Ebene zum gewerblichen und kommerziellen Eigentum,[1714] ebenso vermitteln auch §§ 126 ff. MarkenG nach der Novellierung des MarkenG 2008 für geografische Herkunftsangaben keinen lauterkeitsrechtlichen, sondern einen kennzeichenrechtlich begründeten Schutz,[1715] so dass im Grundsatz nichts anderes gelten kann als für das Verhältnis zwischen Wettbewerbs- und Zeichenrecht. Bei dem Schutz nach der **VO (EG) Nr. 1151/12** und dem Irreführungsschutz der Werberichtlinie bzw. UGP-RL handelt es sich auf **Unionsebene** um zwei verschiedene Schutzsysteme, die unterschiedliche Ansätze verfolgen und nebeneinander anwendbar sind. Nach **Art. 3 Abs. 4 UGP-RL** und deren 10. Erwg.grd. gehen unionsrechtliche Vorschriften, die auf spezielle Aspekte unlauterer Geschäftspraktiken anwendbar sind, der UGP-RL nur im Kollisionsfall und hinsichtlich dieser speziellen Aspekte vor. Es besteht daher auch nach einer Anmeldung und für in das bei der Kommission geführte Register eingetragene **g. g. A.** bzw. **g. U. kein Vorrang des Schutzes nach der VO (EU) Nr. 1151/12** im Sinne eines Ausschließlichkeitsverhältnisses, bei dem die VO (EU) Nr. 1151/12 die UGP-RL verdrängen würde.[1716] Vielmehr bleibt die UGP-RL anwendbar und sind Abgrenzungsfragen im Wege der unionskonformen Auslegung der §§ 5, 5a unter Beachtung der **Wertungen** der VO (EU) Nr. 1151/2012 zu lösen, näher → § 5 Rn. 112 f., 123 ff.

2. Unwahre oder täuschende Angabe über die geografische Herkunft. a) Angabe über die geografische Herkunft. Dies ist im wettbewerbsrechtlichen Sinne jede 597
Information, in der ein durchschnittlich (angemessen) aufmerksames, verständiges und informiertes Mitglied des Personenkreises, an den sich die geschäftliche Handlung richtet, in der konkreten Situation der geschäftlichen Handlung einen Hinweis auf die geografische

---

[1708] BGH GRUR 2002, 426 (427) – Champagner bekommen, Sekt bezahlen; GRUR 2005, 957 (958) – Champagner Bratbirne; *Büscher* GRUR Int. 2005, 801 (802); *Ingerl/Rohnke* MarkenG Vor §§ 126–139 Rn. 5; Ströbele/Hacker/Thiering MarkenG/*Hacker* § 127 Rn. 40.

[1709] Vgl. *Büscher* GRUR Int. 2005, 801 (802 ff.).

[1710] BGH GRUR 2001, 73 (76) – Stich den Buben; GRUR 2007, 884 Rn. 26 – Cambridge Institute; *Büscher* GRUR Int. 2005, 801 ff.

[1711] S. nur Ströbele/Hacker/Thiering MarkenG/*Hacker* § 2 Rn. 17, 19; *Ingerl* WRP 2004, 809 (815 f.); *Ingerl/Rohnke,* 2. Auflage, § 2 Rn. 2 ff. (zum alten Recht, anders jetzt im Hinblick auf die Umsetzung der UGP-RL 3. Auflage 2010, § 2 Rn. 2); *Sack* WRP 2001, 1022 (1033); *Sambuc* FS Hertin, 2010, 439 (444); *Sosnitza* WRP 2003, 1186 (1187); *Starck* FS Erdmann, 2002, 485 (489 f.); *Teplitzky* WRP 2003, 415 (416).

[1712] BGH GRUR 2013, 1161 Rn. 60 – Hard Rock Café.

[1713] *Fezer,* Markenrecht, MarkenG, § 126 Rn. 3; *Lindacher* FS Müller-Graff, 2015, 649 (653); GroßKommUWG/*Lindacher,* 2. Aufl. 2014, § 5 Rn. 539; s. auch Ströbele/Hacker/Thiering MarkenG/*Hacker* § 126 Rn. 13; *Ingerl/Rohnke,* MarkenG, 3. Auflage 2010, § 2 Rn. 8 und Vor §§ 126 ff. Rn. 9; Köhler/Bornkamm/Feddersen/*Bornkamm/Feddersen* UWG § 5 Rn. 2.247. – **AA** OLG Hamm GRUR-RR 2011, 72 (73): §§ 126 ff. MarkenG lex specialis.

[1714] Näher bereits → Rn. 593.

[1715] BGH WRP 2016, 1004 Rn. 13 – Himalaya Salz.

[1716] Vgl. *Lindacher* FS Müller-Graff, 2015, 649 (654 ff.); enger aber *Fassbender/Herbrich* GRUR Int. 2014, 765 (772 f.), der für den Fall einer Eintragung den lauterkeitsrechtlichen Irreführungsschutz für entbehrlich hält und von einem Vorrang der VO (EU) Nr. 1151/2012 ausgeht.

Herkunft der Ware bzw. Dienstleistung erblickt; lediglich bei objektiv unwahren Angaben entscheidet ein **objektiver** Maßstab, näher → § 5 Rn. 309.

598 Auch **Verschweigen oder Vorenthalten** für den Verkehr wesentlicher Informationen über die geografische Herkunft von Waren oder Dienstleistungen kann unter den Voraussetzungen des § 5a irreführend sein. Dabei gelten in Angeboten an Verbraucher die wesentlichen Merkmale der Ware oder Dienstleistung, zu denen auch die geografische Herkunft zählen kann, in dem für das Kommunikationsmittel oder die Ware oder Dienstleistung angemessenen Umfang kraft Gesetzes als wesentlicher Umstand, § 5a Abs. 3 Nr. 1. Eine Wesentlichkeitsvermutung besteht auch, wenn das Gemeinschaftsrecht entspr. Angaben vorschreibt, § 5a Abs. 4. S. zur Irreführung durch Unterlassen von Informationen ausführlich die Kommentierung zu § 5a.

599 Der Herkunftshinweis kann **unmittelbar** erfolgen (zB: „Warsteiner" für Bier,[1717] „Rügenwalder Teewurst",[1718] „Made in (es folgt eine Länderbezeichnung)",[1719] „Lübecker Marzipan",[1720] „Wall-(Street)-Finanz H. + Partner" für einen Finanzmakler)[1721] oder **mittelbar** gegeben werden (zB: herkunftshinweisende Flaschenform für Wein[1722] oder Bier,[1723] CMA-Gütesiegel „Markenqualität aus deutschen Landen",[1724] **ausländische Produktaufmachung,**[1725] zB Landesfarben auf Ware bzw. Verpackung,[1726] Abbild eines berühmten Gebäudes,[1727] fremdländische Schreibweise eines Namens,[1728] die Verwendung des Namens einer bekannten Weinbergslage[1729]). Keinen Hinweis auf die geografische Herkunft entnimmt der Verkehr Angaben, die er als reine **Phantasieangaben, Warennamen, Pseudo-Herkunftsangaben** uä versteht. So nimmt der Durchschnittsumworbene nicht an, ein als „Capri-Sonne" beworbenes Getränk stamme tatsächlich aus Capri oder weise einen örtlichen Bezug dazu auf.[1730] Unter „Keramik" versteht man heute eine Produktbezeichnung und „Kasseler Rippenspeer" ist kein Herkunftshinweis, sondern stammt vom Koch Caßler. Bezeichnungen wie *Italienischer Salat,*[1731] *Wiener Schnitzel*[1732] und *Kölnisch Wasser*[1733] erkennt der Durchschnittsverbraucher ohne weiteres als **Gattungsbezeichnung.** Auch wenn der Verkehr eine Angabe ausschließlich als Hinweis auf die **betriebliche Herkunft** des Produkts versteht, ist keine geografische Herkunftsangabe gegeben. In Unternehmenskennzeichen liegt daher nur ein geografischer Herkunftshinweis, wenn der Durchschnittsverbraucher in der Angabe neben dem Hinweis auf den Betrieb auch noch einen solchen auf die geografische Herkunft sieht.[1734]

600 Entscheidend ist die Sicht des Verkehrs in der **konkreten Situation der geschäftlichen Handlung.** Alle dem Durchschnittsverbraucher erkennbaren Umstände des Einzelfalls sind zu berücksichtigen, also zB die Art des Produkts, die konkrete Verwendung der Bezeich-

---

1717 BGH GRUR 1999, 252 (254) – Warsteiner II.

1718 Vgl. BGH GRUR 1995, 352 ff. – Rügenwalder Teewurst II. Die Bezeichnung „Rügenwalder Teewurst" ist inzwischen als Kollektivmarke nach § 97 MarkenG eingetragen und darf nur von Traditionsträgern verwendet werden, OLG Hamburg ZLR 1999, 354 mit Anm. *Hackbarth.*

1719 Vgl. BGH GRUR 1974, 665 ff. – Germany; GRUR-RR 2015, 209 ff. – Made in Germany.

1720 BGH GRUR 1981, 71 (73) – Lübecker Marzipan.

1721 Vgl. OLG Bremen WRP 1977, 267.

1722 Vgl. BGH GRUR 1971, 313 ff. – Bocksbeutelflasche; GRUR 1979, 415 ff. – Cantil-Flasche.

1723 OLG Hamburg Magazindienst 2005, 528 – Desperados.

1724 Vgl. EuGH C-325/00, EU:C:2002:633 – Kommission/Deutschland.

1725 BGH WRP 2016, 331 Rn. 19 – Piadina-Rückruf.

1726 Vgl. BGH GRUR 1982, 685 – Ungarische Salami II; WRP 2016, 331 Rn. 2 ff., 19 – Piadina-Rückruf.

1727 BGH GRUR 1955, 91 (92) – Mouson.

1728 Vgl. BGH GRUR 1991, 215 – Emilio Adani.

1729 BGH GRUR 2001, 73 – Stich den Buben.

1730 BGH GRUR 1983, 768 (770) – Capri.

1731 *Fezer,* Markenrecht, MarkenG § 126 Rn. 17.

1732 *Fezer,* Markenrecht, MarkenG § 126 Rn. 17.

1733 BGH GRUR 1965, 317 (318) – Kölnisch Wasser.

1734 Vgl. BGH GRUR 1958, 39 (40) – Rosenheimer Gummimäntel; OLG Frankfurt a. M. BeckRS 2011, 14804.

nung, das Schriftbild bzw. der Klang, die Verwendung einer fremdländischen Sprache,[1735] Zusätze **(„original", „echt")** usw. Deshalb kann die Bezeichnung „Plym" für einen Gin, die vom Durchschnittsumworbenen an sich nicht als Hinweis auf den englischen Fluss Plym bzw. die englische Stadt Plymouth aufgefasst wird, dadurch zur Herkunftsangabe werden, dass ihr englisches Vokabular, zB die englisch anmutende Firma des Werbenden, beigefügt wird.[1736]

Ob die Angabe als geografische Herkunftsangabe **im Sinne von § 126 MarkenG geschützt** wird, ist für §§ 5, 5a **unerheblich.** Deshalb spielt hier auch die im Anwendungsbereich der §§ 126 ff. MarkenG streitige Frage, ob die Angaben zuvor bereits im geschäftlichen Verkehr als Hinweis auf die geografische Herkunft von Produkten verwandt worden sein müssen,[1737] keine Rolle.[1738] Gleichermaßen ist der Schutz aus §§ 5, 5a auch nicht davon abhängig, dass **ergänzende Schutzbestimmungen** eingreifen bzw. nicht eingreifen. Ob eine ausländische Herkunftsangabe in ihrem Heimatland geschützt ist, ist schon für die Einstufung als geografische Herkunftsangabe iSd § 126 MarkenG irrelevant;[1739] erst Recht ist es für §§ 5, 5a ohne Bedeutung. 601

Der wettbewerbliche Irreführungsschutz setzt nur voraus, dass der durchschnittlich (angemessen) aufmerksame, verständige und informierte Verkehr die Angabe in der konkreten Situation der geschäftlichen Handlung als Hinweis auf die geografische Herkunft des Produkts begreift. Eine **besondere Bekanntheit** der Bezeichnung, etwa eines Städtenamens, ist dafür nicht erforderlich. Es muss sich **nicht einmal um einen tatsächlich existierenden Ort** handeln. Ausreichend ist, dass der Verkehr mit der Angabe nur die Vorstellung einer bestimmten geografischen Herkunft verbindet. 602

Auf die für §§ 126 ff. MarkenG umstrittene Frage, ob für die **Entwicklung und Rückentwicklung** von Gattungsbezeichnungen bzw. Beschaffenheitsangaben zu Herkunftsangaben und umgekehrt besondere Anforderungen gelten,[1740] kommt es bei §§ 5, 5a nicht an. 603

Eine Angabe, welche sich auf Grund ihrer Benutzung für einen bestimmten **Betrieb** als Herkunftshinweis durchgesetzt hat, verliert dadurch nicht ihre Eigenschaft, als geografischer Herkunftshinweis zu wirken, solange der Verkehr sie nach wie vor als solchen auffasst.[1741] Gleiches gilt, wenn die Bezeichnung zugunsten eines Einzelnen als **Marke** geschützt ist.[1742] 604

b) Unwahr oder täuschend. Ob die Angabe über die geografische Herkunft unwahr ist, ist anhand objektiver Maßstäbe zu beurteilen, näher → § 5 Rn. 309. Demgegenüber kommt es für die Täuschungseignung der Angabe auf die Sicht eines durchschnittlich (angemessen) aufmerksamen, verständigen und informierten Mitglieds des Personenkreises an, an den sich die geschäftliche Handlung richtet.[1743] Dies kann auch bei geographischen Herkunftsangaben ein **regional begrenzter** Kreis von Verbrauchern oder sonstigen Marktteilnehmern sein, wenn sich eine regional begrenzte Werbung nur an einen räumlich begrenzten Kreis von Verbrauchern wendet.[1744] Zwar hat der **EuGH** zu dem Schutz eingetragener geografischer Angaben nach **Art. 16** der **EU-Spirituosen-VO 110/2008** 605

[1735] Vgl. BGH GRUR 1956, 187 ff. – English Lavender; GRUR 1958, 185 (187) – Wyeth.

[1736] Vgl. BGH GRUR 1971, 255 (257 f.) – Plym-Gin.

[1737] Für das Benutzungserfordernis: *Büscher* GRUR Int. 2005, 801 (802); *Knaak* GRUR 1995, 103 (105); HK-MarkenR/*Fuchs-Wissemann* MarkenG § 126 Rn. 3; *Fezer,* Markenrecht, § 126 Rn. 13. Dagegen: *Ullmann* GRUR 1999, 666 (668). S. auch den Ansatz von *Sosnitza* FS Doepner, 2008, 63 ff.

[1738] Ebenso *Ingerl/Rohnke* MarkenG § 126 Rn. 9.

[1739] BGH GRUR 1982, 564 ff. – Elsässer Nudeln.

[1740] Vgl. BGH GRUR 1957, 128 – Steinhäger; GRUR 1965, 317 – Kölnisch Wasser; GRUR 1982, 71 (73) – Lübecker Marzipan; GRUR 2001, 420 (421) – SPA; GRUR 2002, 1074 (1076) – Original Oettinger. Für einen Gleichlauf mit dem UWG bei der Umwandlung einer geografischen Bezeichnung in eine Gattungsbezeichnung *Ingerl/Rohnke* MarkenG § 126 Rn. 15.

[1741] Vgl. schon BGH GRUR 1999, 252 (254) – Warsteiner II.

[1742] Vgl. *Ullmann* GRUR 1999, 666 (672).

[1743] Vgl. EuGH C-75/15, EU:C:2016:35 Rn. 25 (zur VO Nr. 110/2008) – Verlados; C-195/14, EU:C:2015:361 Rn. 36 – Himbeer-Vanille Abenteuer [Teekanne].

[1744] BGH GRUR 1983, 32 (33) – Stangenglas I; Ohly/*Sosnitza* § 5 Rn. 124; näher → § 5 Rn. 168.

entschieden, dass es bei der Beurteilung, ob eine widerrechtliche „Anspielung“ nach Art. 16 lit. b dieser Verordnung vorliegt, auf die Wahrnehmung eines europäischen Verbrauchers und nicht nur eines Verbrauchers des Mitgliedstaates ankommt.[1745] Dem liegt die Erwägung zugrunde, dass Art. 16 lit. b der VO 110/2008 geografische Angaben im gesamten Hoheitsgebiet gegen jede „Anspielung“ schützt und angesichts der Notwendigkeit, im gesamten Unionsgebiet einen effektiven und einheitlichen Schutz dieser Angaben zu gewährleisten, auf alle Verbraucher abstellt.[1746] Auf den lauterkeitsrechtlichen Schutz der Verbraucher vor Irreführung nach Art. 6 Abs. 1 lit. b UGP-RL/§ 5 Abs. 1 S. 2 Nr. 1 UWG, der andere Voraussetzungen und Rechtswirkungen hat als ein kennzeichenrechtlich begründetes Schutzrecht, und bei dem die Möglichkeit einer regionalen Schutzbegrenzung des Unterlassungsgebots besteht,[1747] lässt sich dies jedoch nicht übertragen.

606 Die Sicht des Durchschnittsverbrauchers entscheidet nicht nur darüber, ob überhaupt eine Angabe über die geografische Herkunft vorliegt, sondern auch, **welcher Herkunftsort (angeblich) bezeichnet wird.** Bedeutsam wird das vor allem bei Waren, die verschiedene Produktionsstufen durchlaufen (zB Anbau – Ernte – Mahlen – Brotbacken), oder deren Produktion im Inland auf der Grundlage einer ausländischen Lizenz erfolgt. Von einem **„deutschen Erzeugnis“** wird regelmäßig erwartet, dass es von einem deutschen Unternehmen in Deutschland hergestellt wird.[1748] Da der Verkehr das Phänomen der internationalen Arbeitsteilung kennt, erwartet er jedoch im Allgemeinen nicht, dass alle Produktionsvorgänge an demselben Ort stattfinden,[1749] sondern bezieht bei einem Industrieprodukt eine Herkunftsangabe auf denjenigen Ort der Herstellung der Ware, an dem das Industrieerzeugnis seine für die Verkehrsvorstellung **maßgebende Qualität und charakteristischen Eigenschaften** erhält.[1750] Die Eigenheiten **industriell gefertigter Erzeugnisse** bilden sich während des Fertigungsvorgangs heraus und nicht durch dessen Überwachung und Kontrolle.[1751] Für die Richtigkeit der Angabe **„Made in Germany“** ist daher bei Industrieerzeugnissen notwendig, aber auch ausreichend, dass die Leistungen in Deutschland erbracht worden sind, durch die das zu produzierende Industrieerzeugnis seine aus Sicht des Verkehrs im Vordergrund stehenden qualitätsrelevanten Bestandteile oder wesentlichen produktionsspezifischen Eigenschaft erhält.[1752] Wird ein Erzeugnis unter Verwendung ausländischer Lizenzen hergestellt, ist es nur dann **„deutsches Erzeugnis“**, wenn die Eigenschaften oder Bestandteile der Ware, die in den Augen des Publikums deren **Wert ausmachen,** auf einer deutschen Leistung beruhen.[1753] Steht für die Wertschätzung ein Element im Vordergrund, das auf einer ausländischen Leistung basiert, so kann die Bezeichnung irreführend und, wenn die ausländische Herkunft jener Eigenschaften der Ware für die Kaufüberlegungen der Interessenten von Bedeutung sein können, die Irrefüh-

---

[1745] EuGH C-75/15, EU:C:2016:35 Rn. 28 – Verlados; C-44/17, EU:C:2018:415 Rn. 47 – Scotch Whiskey Association/Michael Klotz [Glen Buchenbach]; C-614/17, EU:C:2019:344 Rn. 45 – Queso Machego. Gleiches dürfte auch für den Schutz von geschützten geografischen Angaben bzw. geschützten Ursprungsbezeichnungen vor widerrechtlicher Anspielung nach Art. 24 Abs. 1 der VO (EG) Nr. 1151/2012 (Lebensmittel), Art. 103 Abs. 2 lit. b VO Nr. 1308/2013 (Wein) und Art. 20 Abs. 2 lit. b der VO (EG) Nr. 251/2004 (aromatisierte Weine) gelten, vgl. *Schoene* GRUR-Prax 2016, 80.

[1746] EuGH C-75/15, EU:C:2016:35 Rn. 27 – Verlados; C-614/17, EU:C:2019:344 Rn. 46 – Queso Machego.

[1747] BGH GRUR 1983, 32 (33 f.) – Stangenglas I; Ohly/*Sosnitza* § 5 Rn. 124.

[1748] BGH GRUR 1973, 594 (595) – Ski-Sicherheitsbindung; vgl. BGH GRUR 1961, 538 – Feldstecher. Informativ auch *Gündling* GRUR 2007, 921; *Peter* JZ 2011, 939; *Slopek* GRUR-Prax 2011, 291.

[1749] BGH GRUR-RR 2015, 209 Rn. 15 – KONDOME – Made in Germany; OLG Stuttgart NJW-WettbR 1996, 53 (54); GroßKommUWG/*Lindacher,* 2. Aufl. 2013, § 5 Rn. 548; Gloy/Loschelder/Danckwerts, 4. Aufl., § 73 Rn. 35.

[1750] BGH GRUR-RR 2015, 209 Rn. 15 – KONDOME – Made in Germany; GroßKommUWG/*Lindacher,* 2. Aufl. 2013, § 5 Rn. 548; Ohly/*Sosnitza* § 5 Rn. 381; Büscher/Dittmer/Schiwy/*Büscher* MarkenG § 127 Rn. 9 f.; vgl. zur früheren Rechtslage BGH GRUR 1973, 594 (595) – Ski-Sicherheitsbindung.

[1751] BGH WRP 2016, 331 Rn. 20 – Piadina-Rückruf; vgl. BGH GRUR-RR 2015, 209 Rn. 15, 18 – KONDOME – Made in Germany.

[1752] BGH GRUR-RR 2015, 209 Rn. 15 f. – KONDOME – Made in Germany.

[1753] BGH GRUR 1973, 594 (595) – Ski-Sicherheitsbindung.

rungsgefahr auch wettbewerbsrechtlich relevant sein.[1754] Entsprechendes gilt bei anderen Länderangaben, zB **„englische Ware"**, während man bei den Bezeichnungen **„europäisch"** bzw. **„international"** davon ausgeht, dass das Unternehmen über eine auf den europäischen bzw. internationalen Markt ausgerichtete Organisation, wirtschaftliche Stärke und ausländische Geschäftsbeziehungen verfügt. Der Umstand, dass das Unternehmen im **Internet** vertreten ist, reicht für sich genommen nicht aus. Bei bearbeiteten **Naturerzeugnissen** ist idR der Bearbeitungsort maßgeblich.[1755] Bei **Wein** kommt es auf die Lage an,[1756] bei **Bier** ist der Brauort entscheidend.[1757] Bei **Dauermilcherzeugnissen** kommt es auf den Gewinnungsort der Milch an,[1758] bei **Mineralwasser** ist die natürliche Quelle ausschlaggebend.[1759] Bei Sicherheitsskibindungen versteht der Verkehr die Angabe **„deutsches Erzeugnis"** als Hinweis darauf, dass es sich um eine deutsche Konstruktion handele, so dass die Kennzeichnung irreführend ist, wenn das nicht zutrifft, selbst wenn die Ware in Deutschland produziert und verarbeitet wird. Den Begriff **„Kontinent** Möbel" für ein Möbel-Großhandelsunternehmen versteht auch der durchschnittlich informierte, verständige und aufmerksame Durchschnittsumworbene noch dahingehend, dass die Möbel im Wesentlichen vom Kontinent stammen.[1760]

Eine Täuschungseignung über die geografische Herkunft kann dadurch vermieden werden, dass einer an sich täuschenden Angabe geeignete **irrtumsausschließende Zusätze** beigefügt werden.[1761] Inwieweit an entlokalisierende Zusätze bei § 127 MarkenG strengere Anforderungen zu stellen sind, ist streitig.[1762] Für § 5 hat dieser Streit angesichts der Selbständigkeit beider Schutzsysteme, vgl. → § 5 Rn. 1278 ff., keine Auswirkungen; hier gelten die allgemeinen Grundsätze. **607**

3. Wettbewerbsrechtliche Relevanz. Das – im Anwendungsbereich der §§ 127 ff. MarkenG umstrittene[1763] – Erfordernis wettbewerblicher Relevanz besteht im Anwendungsbereich des § 5 uneingeschränkt und damit auch für die Irreführung über die geografische Herkunft.[1764] Nach der Rspr. des BGH ist eine Irreführung durch eine geografische Herkunftsangabe iSd § 5 Abs. 1 S. 2 Nr. 1 idR wettbewerblich relevant, weil es sich dabei um ein wesentliches werbliches Kennzeichnungsmittel handelt, das der Individualisierung der Ware sowie der Herstellung einer Beziehung zwischen den gekennzeichneten Waren einerseits und den Qualitäts- und Preisvorstellungen der Kunden andererseits dient und deshalb ein für die Kaufentscheidung bedeutsamer Informationsträger ist.[1765] Es bedarf daher regelmäßig besonderer Gründe für die Annahme, dass eine irreführende geographische Herkunftsangabe für den Kaufentschluss des getäuschten Publikums ohne Bedeutung ist.[1766] Ein solcher besonderer Grund liegt vor, wenn sich ein bei dem Verbraucher hervorgerufener **608**

[1754] BGH GRUR 1973, 594 (595) – Ski-Sicherheitsbindungen; BGH GRUR-RR 2015, 209 Rn. 15 f. – KONDOME – Made in Germany: Werbung für Kondome mit der Angabe „Made in Germany" ist irreführend, wenn sich die aus Sicht des Verbrauchers wesentlichen Eigenschaften der Dichtigkeit und Reißfestigkeit während der Fertigung im Ausland herausbilden und die Kondome im deutschen Werk lediglich noch verpackt und versiegelt sowie einer chargenmäßigen Qualitätskontrolle unterzogen werden.

[1755] Ohly/*Sosnitza* § 5 Rn. 382.

[1756] BGH GRUR 1961, 347 (348) – Almglocke; GRUR 2001, 73 (75) – Stich den Buben.

[1757] BGH NJW 2002, 600 (601) – Warsteiner III.

[1758] BGH GRUR 1961, 347 (348) – Almglocke.

[1759] Ohly/*Sosnitza* § 5 Rn. 382.

[1760] BGH GRUR 1979, 716 (718) – Kontinent-Möbel.

[1761] Vgl. BGH GRUR 1956, 187 – English Lavender; GRUR 1965, 681 (684) – de Paris; GRUR 1982, 564 (565) – Elsässer Nudeln; GRUR 2002, 160 (162) – Warsteiner III; OLG Hamburg Magazindienst 2005, 528 – Desperados.

[1762] Näher *Sosnitza* GRUR 2007, 462 (465 f.) mwN.

[1763] Der BGH hatte ein Relevanzerfordernis bislang verneint, vgl. BGH GRUR 1999, 252 (254) – Warsteiner II; GRUR 2001, 420 (421) – SPA, diese Rspr. aber in der Entscheidungen *„Original Oettinger"* und *„Warsteiner III"* angezweifelt, vgl. BGH NJW 2002, 600 (601 f.) – Warsteiner III; GRUR 2002, 1074 (1076) – Original Oettinger. S. hierzu näher *Sosnitza* GRUR 2007, 462 (467 f.) mwN.

[1764] Gloy/Loschelder/Erdmann/*Helm* HdbWettbR 4. Aufl., § 59 Rn. 158, 164.

[1765] BGH WRP 2016, 331 Rn. 22 – Piadina-Rückruf; WRP 2016, 1004 Rn. 34 – Himalaya Salz.

[1766] BGH WRP 2016, 331 Rn. 22 – Piadina-Rückruf; WRP 2016, 1004 Rn. 34 – Himalaya Salz.

Irrtum über die geografische Herkunft regelmäßig nicht positiv, sondern negativ auf dessen Kaufentschluss auswirkt.[1767] Hingegen ist die Relevanz zu bejahen, wenn der Durchschnittsumworbene mit der vermeintlichen Herkunft eine besondere Gütevorstellung verbindet,[1768] was zB für die Herkunft haarkosmetischer Erzeugnisse aus Paris bejaht wurde.[1769] Bei mit Lagenamen gekennzeichneten Weinen erwartet der Verkehr im Allgemeinen bessere Qualität als bei solchen, deren Bezeichnung keinen Lagenamen aufweist.[1770]

609 **4. Verhältnismäßigkeit.** Zu Geltung und Umfang des Verhältnismäßigkeitsgrundsatzes näher → § 5 Rn. 381 ff. Der BGH geht in ständiger Rechtsprechung davon aus, dass im Allgemeinen kein schutzwürdiges Interesse besteht, eine unrichtige geografische Herkunftsangabe zu verwenden,[1771] hält Einschränkungen des Irreführungsverbots jedoch in bestimmten Fällen für möglich. So erkannte er ein überwiegendes Interesse der Brauerei an, das wertvolle Unternehmenskennzeichen „Warsteiner" auch an weiteren Produktionsstätten (konkret: für das in Paderborn gebrauchte „Fresh-Bier" bzw. „Light-Bier") verwenden zu können, die das Unternehmen erwarb oder aufbaute, um dort der Expansion des Geschäftsbetriebs Rechnung tragen zu können.[1772] Wird das Zeichen durch ein rechtlich selbstständiges Drittunternehmen genutzt, soll dies iRd Interessenabwägung keinen Unterschied machen, sofern dieses Unternehmen der Unternehmensgruppe, die ein erhebliches wirtschaftliches Interesse an der Präsentation unter dem Unternehmenskennzeichen hat, angehört und ihr eng verbunden ist.[1773]

610 **5. Beispiele. Bier: „Kulmbacher Bier"**,[1774] **„Oettinger"**[1775] bzw. **„Original Oettinger"**,[1776] **„Pilsener"**, **„Pilsner"** in Alleinstellung[1777] werden als Hinweis auf die geografische Herkunft des Bieres aufgefasst, ebenso **Warsteiner** auf den Etiketten der Bierflaschen.[1778] **„Pils"**, **„Pilsner"**, **„Pilsener"** als einem als Betriebskennzeichen wirkenden Wort nachgestellte Bezeichnung oder wenn sie aus anderen Gründen auf eine deutsche Brauerei hinweisen, hingegen nicht.[1779] Zu **„Bayerisches Bier"** s. EuGH Urt. v. 22.12.2010 – C-120/08, GRUR 2011, 240 (auf Vorlage des BGH GRUR 2008, 413) und BGH BeckRS 2012, 05598 – Bayerisches Bier II.

611 **Dienstleistungen: „Wall-Finanz H. + Partner"** für Finanzmakler kann herkunftshinweisend sein.[1780] **„Cambridge"** für eine Sprachschule, die Kurse und Prüfungen für die engl. Sprache anbietet, versteht der Verkehr nach der vom BGH[1781] nicht beanstandeten Auffassung des OLG München[1782] dahingehend, dass die angebotenen Sprachkurse zumindest in Zusammenarbeit mit der Universität in Cambridge erarbeitet und die Prüfungen in Zusammenarbeit mit der Universität in Cambridge abgenommen werden.

612 **Getränke:** Bezeichnung von Saft als **„Capri"** versteht der Verkehr nicht als Hinweis auf eine geografische Herkunft.[1783] Anders idR bei **Mineralwässern.** S. auch unter „Wein" und „Spirituosen".

[1767] BGH WRP 2016, 331 Rn. 23 – Piadina-Rückruf.
[1768] BGH GRUR 1965, 681 (684) – de Paris; vgl. *Schricker* GRUR Int. 1982, 515 (517).
[1769] BGH GRUR 1965, 681 (684) – de Paris; vgl. *Schricker* GRUR Int. 1982, 515 (517).
[1770] BGH GRUR 1980, 173 (174) – Fürstenthaler.
[1771] BGH NJW 2002, 600 (602) – Warsteiner III; GRUR 2002, 1074 (1076) – Original Oettinger.
[1772] BGH GRUR 1999, 252 (255) – Warsteiner II; s. auch BGH BeckRS 2012, 20580: offengelassen für Werbung mit dem Slogan „Über 400 Jahre Brautradition", der von Teilen des Verkehrs unrichtig im Sinne der Anwendung eines 400 Jahre alten Rezepts verstanden wird.
[1773] BGH GRUR 2002, 1174 (1176) – Original Oettinger.
[1774] RG MuW 1923, 151 (152); vgl. BGH GRUR 1957, 285 ff. – Erstes Kulmbacher.
[1775] BGH GRUR 2002, 1074 (1075) – Original Oettinger.
[1776] BGH GRUR 2002, 1074 ff. – Original Oettinger.
[1777] Oberstes Gericht GRUR Int. 1994, 864 – Holsten Pilsener.
[1778] BGH NJW 2002, 600 f. – Warsteiner III.
[1779] BGH GRUR 1974, 220 – Club-Pilsener; GRUR 2003, 628 ff. – Klosterbrauerei.
[1780] Anders OLG Bremen WRP 1977, 267.
[1781] BGH GRUR 2007, 884 Rn. 37 f. – Cambridge Institute.
[1782] OLG München GRUR-RR 2004, 171.
[1783] BGH GRUR 1983, 768 (770) – Capri.

Körperpflegemittel und Parfümeriewaren, Kondome: Im Ausland gefertigte Kondome, die in Deutschland nur noch verpackt und versiegelt sowie einer chargenmäßigen Qualitätskontrolle unterzogen werden, dürfen nicht mit der Angabe **„Made in Germany"** beworben werden.[1784] **„English Lavender"** für Lavendel-Seife soll nach einer früheren Entscheidung des BGH als Herkunftshinweis wirken;[1785] dies erscheint zweifelhaft. Der **Frankfurter Römer** auf der Verpackung kann herkunftshinweisend sein.[1786] **„Hollywood-Duftschaumbad"** für Badezusatz wird heute kein Verbraucher mehr als Hinweis auf eine entspr. geografische Herkunft ansehen.[1787] **„Kölnisch Wasser"** wird als Beschaffenheitsangabe erkannt.[1788] **„Lady-Rose"** für kosmetische Erzeugnisse kann kein Herkunftshinweis entnommen werden.[1789] **„L'Oreal de Paris"** für Haarkosmetik kann auf die geografische Herkunft hinweisen.[1790] Ob der Markenbestandteil **SPA** (gleich lautender Ort in Belgien) für Kosmetik als geografischer Herkunftshinweis aufgefasst wird,[1791] ist zweifelhaft. 613

Nahrungsmittel: Für Nahrungsmittel gelten in weiten Teilen Sonderregelungen, s. dazu v. Jagow → § 3a Rn. 89 ff. Hinweise auf Italien auf der Produktaufmachung bezieht der Verkehr bei industrielle gefertigtem (Fladen-) **Brot** auf die Herstellung des Brots in diesem Land.[1792] Das **CMA-Gütesiegel** „Markenqualität aus deutschen Landen" hatte herkunftshinweisende Funktion; es wurde infolge eines EuGH-Urteils[1793] inzwischen in „geprüfte Markenqualität" geändert. Bei **„Dresdner Stollen"** wird der Verkehr häufig erwarten, dass er aus Dresden kommt; zudem wurde der DDR-Warenkennzeichenschutz in die neuen Bundesländer erstreckt.[1794] **„Elsässer Nudeln"** sollen aus dem Elsass stammen.[1795] **„Frankfurter Kranz"** wird hingegen als Gattungsbezeichnung verstanden.[1796] **„Grönland" für Speiseeis** ist kein geografischer Herkunftshinweis, ebenso wenig sind dies **„Hamburger"**,[1797] **„Iglu"** für tiefgefrorene Lebensmittel oder **„Königsberger Klopse"**.[1798] Bei **„Königsberger Marzipan"** wurde von den Anmeldern selbst lediglich eine betriebsbezogene Herkunftsangabe vorgebracht; das reicht nicht aus.[1799] In den **Landesfarben** gehaltene Etikettierungen von Wurstwaren können uU als geografischer Herkunftshinweis verstanden werden.[1800] **„Nürnberger Lebkuchen"** weisen auf die Herkunft aus Nürnberg hin.[1801] **„Nürnberger Rostbratwürste"** versteht der Verkehr als Hinweis auf die geografische Herkunft,[1802] ebenso uU die Bezeichnung von Teewurst als **„Rügenwalder Teewurst"**.[1803] Die Werbung für **Steinsalz** als „Himalaya-Salz" und „aus dem Himalaya" mit der Abbildung schneebedeckter Berge eines Hochgebirgsmassivs ist irreführ- 614

[1784] BGH GRUR-RR 2015, 209 Rn. 1 ff. – KONDOME – Made in Germany.
[1785] BGH GRUR 1956, 187 ff. – English Lavender.
[1786] BGH GRUR 1955, 91 (92) – Mouson.
[1787] Anders noch BGH GRUR 1963, 482 ff. – Hollywood-Duftschaumbad.
[1788] BGH GRUR 1965, 317 ff. – Kölnisch Wasser.
[1789] Anders noch BGH GRUR 1963, 589 ff. – Lady-Rose.
[1790] BGH GRUR 1965, 681 ff. – de Paris.
[1791] So BGH GRUR 2001, 420 ff. – SPA.
[1792] BGH WRP 2016, 331 Rn. 20 – Piadina-Rückruf.
[1793] Problematisch die Vereinbarkeit mit Art. 28 ff. EG aF (Art. 34 ff. AEUV), vgl. EuGH C-325/00, EU:C:2002:633 – Kommission/Deutschland.
[1794] Ohly/*Sosnitza* § 5 Rn. 364.
[1795] BGH GRUR 1982, 564 (565) – Elsässer Nudeln.
[1796] OLG Koblenz ZLR 1985, 81.
[1797] *Ekey* in HK-WettbR § 3 Rn. 262.
[1798] *Junker* WRP 1987, 523 (525).
[1799] BGH GRUR 2006, 74 (75) – Königsberger Marzipan.
[1800] Vgl. BGH GRUR 1982, 685 – Ungarische Salami II.
[1801] KG JW 1928, 1234; *Loschelder/Loschelder,* Geographische Angaben und Ursprungsbezeichnungen, S. 144; Ohly/*Sosnitza* § 5 Rn. 364.
[1802] LG München I LMuR 2005, 111 (red. Ls.).
[1803] BGH GRUR 1956, 270 ff. – Rügenwalder Teewurst I; GRUR 1995, 352 ff. – Rügenwalder Teewurst II. Inzwischen ist die Bezeichnung „Rügenwalder Teewurst" als Kollektivmarke nach § 97 MarkenG eingetragen und darf nur noch von Traditionsträgern verwendet werden, vgl. OLG Hamburg ZLR 1999, 345 mit Anm. *Hackbarth;* Köhler/Bornkamm/Feddersen/*Bornkamm/Feddersen* UWG § 5 Rn. 2.250.

rend, wenn das Salz aus der Vorgebirgsregion („salt-range") stammt.[1804] **„Italienischer Salat"**,[1805] **„Wiener Schnitzel"**[1806] und **„Wiener Würstchen"**[1807] erkennt der Verkehr als Gattungsbezeichnungen. Hingegen ist **„Parmesan"** nicht zu einer Gattungsbezeichnung geworden.[1808]

615 **Porzellan und Keramik:** Den Begriff **„Berliner Porzellan/Königlich Preußische Porzellanmanufaktur/KPM"** versteht der Verkehr als betriebliche und nicht als geografische Herkunftsangabe.[1809] Bei **„Meißner Porzellan"** geht der Verkehr hingegen davon aus, dass dieses aus Meißen stammt.[1810]

616 **Schmuck und Uhren:** Die Angabe **„Germany"** auf Uhrenrückseite und Verpackung wird als Hinweis auf die geografische Herkunft aus Deutschland verstanden.[1811]

617 **Schneidwaren:** Der Begriff **„Solingen"** wirkt hier idR herkunftshinweisend. Zudem besteht Schutz nach der SolingenV,[1812] zudem wurde zur Erstreckung des Schutzes über deren deutschen Geltungsbereich hinaus der Begriff als Gemeinschaftskollektivmarke registriert.[1813] **„Made in Germany"** und **„Produziert in Deutschland"** auf der Verpackung von Bestecken stellen unzulässige geografische Herkunftsangaben dar, wenn die Messer im Wesentlichen in China und nicht in Deutschland hergestellt werden.[1814] Bei Bestecken legen die Verbraucher gerade hinsichtlich der Messer besonderen Wert auf Qualität.[1815]

618 **Spirituosen:** Zur **SpirituosenVO** → § 5 Rn. 605. Die Bezeichnung von Gin als **„Plym"** versteht der Verkehr idR nicht als Herkunftshinweis.[1816] Zu **„Whiskey-Cola"** s. OLG Frankfurt a. M. 1.6.2011 – 6 U 43/11, BeckRS 2012, 10661: Im konkreten Fall keine Beeinträchtigung der Kaufentscheidung. Bzgl. **Steinhäger** wurde ein Schutz nach §§ 126 ff. MarkenG verneint.[1817] **„Scotch Whisky"** kann sowohl als Hinweis auf die geografische Herkunft als auch als Beschaffenheitsangabe wirken.[1818] **„Cognac"** ist sowohl im Anhang III der VO Nr. 110/2008 als auch im Anhang II der VO Nr. 1576/89 als geografische Angabe enthalten, mit der eine Spirituose bezeichnet wird, deren Ursprungsland Frankreich ist, und daher seit Inkrafttreten der letztgenannten VO am 15.6.1989 als geografische Angabe geschützt.[1819]

619 **Stein: „Solnhofer Lithographiersteine und -platten":** Die Verwendung der Städtebezeichnung kann als Hinweis auf die Herkunft aus Solnhofen wirken. In einem konkreten Fall wurde im Hinblick auf ein deutsch-italienisches Abkommen Schutz über das Zeichenrecht bejaht.[1820] In der „Pietra-di-Soln"-Entscheidung bejahte der BGH eine Irreführung nach § 127 MarkenG durch den Vertrieb von Keramikplatten bzw. -fliesen aus Italien, die

---

[1804] OLG Hamm GRUR-RR 2011, 72 (zu §§ 126 ff. MarkenG), Rev. zurückgewiesen durch BGH WRP 2016, 1004 – Himalaya Salz.
[1805] *Fezer,* Markenrecht, MarkenG § 126 Rn. 17.
[1806] *Fezer,* Markenrecht, MarkenG § 126 Rn. 17.
[1807] *Fezer,* Markenrecht, MarkenG § 126 Rn. 17.
[1808] KG GRUR-Prax 2010, 390; vgl. EuGH C-132/05, EU:C:2008:117 – Kommission/Deutschland.
[1809] Ohly/*Sosnitza* § 5 Rn. 374.
[1810] RG JW 26, 1984.
[1811] BGH GRUR 1974, 665 ff. – Germany.
[1812] Verordnung zum Schutz des Namens Solingen vom 16.12.1994, beruhend auf § 137 MarkenG, BGBl. 1994 I S. 3833.
[1813] *Dück/Maschemer* GRUR Int. 2015, 220 (225).
[1814] Vgl. dazu *Dück/Maschemer* GRUR Int. 2015, 220 (224 f.).
[1815] OLG Düsseldorf WRP 2011, 939; LG Düsseldorf WRP 2010, 1420 (Vorinstanz). Grundlegend zu den Anforderungen an ein „deutsches Erzeugnis" BGH GRUR 1973, 594 (595) – Ski-Sicherheitsbindung; GRUR-RR 2015, 209 Rn. 16 – KONDOME – Made in Germany.
[1816] BGH GRUR 1971, 255 ff. – Plym-Gin.
[1817] BGH GRUR 1957, 128 – Steinhäger.
[1818] BGH GRUR 1969, 280 (281) – Scotch Whisky.
[1819] EuGH C-4/10, EU:C:2011:484 Rn. 46 ff. – Bureau National Interprofessionnel du Cognac. Die zuständigen nationalen Behörden müssen daher auf der Grundlage von Art. 23 Abs. 1 VO 110/2008 die Eintragung einer Marke, die diese geschützte Angabe enthält und nicht unter die in Art. 23 Abs. 2 vorgesehene zeitliche Ausnahme fällt, ablehnen oder löschen, wenn die Verwendung dieser Marke zu einem der in Art. 16 der VO genannten Tatbestände führt.
[1820] BGH GRUR Int. 2007, 342 – Pietra di Soln.

in ihrer Funktion Fliesen und Platten aus Stein ersetzen sollten, unter der Bezeichnung **„Pietra di Soln"**;[1821] dabei kamen Grundsätze vergleichbar der im Markenrecht angewandten „Prägetheorie" zur Anwendung, während der BGH bislang die Irreführung iSd § 127 MarkenG nach wettbewerbsrechtlichen Grundsätzen beurteilt hatte.[1822]

Vertriebsweg. Ein Irrtum über den Vertriebsweg vermag für sich genommen keine wettbewerbliche Irreführung im Sinne von § 5 zu begründen.[1823] Zur Irreführung über die Stellung des Unternehmers im Vertriebsverfahren näher → § 5 Rn. 1045. **620**

Werkzeug: Die auf einem Akku-Schlagschrauber, der Verpackung, dem Informationsblatt und der Bedienungsanleitung angebrachte Angabe **„Germany"** stellt eine Angabe über die geografische Herkunft der Ware dar, wenn das Zeichen vom angesprochenen Verkehr nicht als Unternehmenskennzeichen, sondern als Marke aufgefasst wird.[1824] **621**

Wein: Zu beachten sind die Verordnung (EG) Nr. **607/2009** der Kommission betr. **Weinbauerzeugnisse,**[1825] und die Verordnung (EG) Nr. **1234/2007** über eine **GMO,**[1826] die an die Stelle der Verordnung (EG) Nr. 1493/1999 des Rates vom 17.5.1999 über die gemeinsame Marktorganisation für **Wein**[1827] getreten ist. Der **Firmenbestandteil** „Hans Stich den Buben" weist auf die bekannte Weinlage im Baden-Badener Rebland hin und darf deshalb zur Meidung eines Verstoßes gegen § 5 UWG nur verwandt werden, wenn der Schwerpunkt des Unternehmens auf dem Vertrieb von „Stich den Buben"-Weinen liegt.[1828] Irreführend ist die Verwendung des **Phantasienamens** „Fürstenthaler" für einen Wein, der im Verkehr als Lagenamen wirkt bzw. den Eindruck erweckt, aus einer Gemarkung Fürstenthal zu stammen.[1829] Bekannte **Flaschenformen** (Cantil-Flasche; Bocksbeutel-Flasche) können uU den Eindruck erwecken, der darin enthaltene Wein stamme aus Gegenden, in denen diese Formen typisch auf eine Beschaffenheit hindeuten.[1830] **Volksmundlagenamen** können einen geografischen Herkunftshinweis enthalten; bei „Forster Jesuitengarten" wurde dies aber verneint.[1831] Wein **„Vom Nürnberger Christkindlesmarkt"** versteht der Verbraucher uU als Hinweis auf die geografische Herkunft aus Nürnberg.[1832] **622**

VII. Betriebliche Herkunft

Schrifttum: *Blau,* Der Verkauf zugekaufter Waren unter der eigenen Herstellermarke, 1984; *Bärenfänger,* Symbiotische Theorie zum Kennzeichen- und Lauterkeitsrecht, WRP 2011, 160; *Bornkamm,* Die Schnittstellen zwischen gewerblichem Rechtsschutz und UWG – Grenzen des lauterkeitsrechtlichen Verwechslungsschutzes, GRUR 2011, 1; *Büscher,* Schnittstellen zwischen Markenrecht und Wettbewerbsrecht, GRUR 2009, 230; *Ekey/Klippel/Bender,* Markenrecht, Bd. 1, 2. Auflage 2009; *v. Falck,* Anmerkung zu BGH GRUR 1963, 539 – *echt skai; Fezer,* Imitationsmarketing als irreführende Produktvermarktung, GRUR 2009, 451; *Fuchs/Farkas,* Hyperlinks und Urheberrecht – zugleich Besprechung EuGH, Beschluss vom 21. Oktober 2014 – C-

[1821] BGH GRUR 2007, 67 (69) – Pietra di Soln.

[1822] Vgl. BGH GRUR 1981, 71 (72) – Lübecker Marzipan; GRUR 2002, 160 (162) – Warsteiner III.

[1823] EuGH C-44/01, EU:C:2003:205 – Pippig Augenoptik.

[1824] OLG Frankfurt a. M. WRP 2011, 1218. Grundlegend zu den Anforderungen an ein „deutsches Erzeugnis" GRUR 1973, 594 (595) – Ski-Sicherheitsbindung.

[1825] Verordnung (EG) Nr. 607/2009 der Kommission vom 14.7.2009 mit Durchführungsbestimmungen zur Verordnung (EG) Nr. 479/2008 des Rates hinsichtlich der geschützten Ursprungsbezeichnungen und geografischen Angaben, der traditionellen Begriffe sowie der Kennzeichnung und Aufmachung bestimmter Weinbauerzeugnisse, ABl. 2009 L 193, S. 60; s. zur Vorgängerverordnung Nr. 753/2002 EuGH C-285/06, EU:C:2008:164 – Schneider.

[1826] Verordnung (EG) Nr. 1234/2007 über eine gemeinsame Organisation der Agrarmärkte und mit Sondervorschriften für bestimmte landwirtschaftliche Erzeugnisse (VO über eine einheitliche GMO), ABl. 2007 L 299, S. 1.

[1827] ABl. 1999 L 179, S. 1; s. dazu EuGH C-285/06, EU:C:2008:164 – Schneider.

[1828] BGH GRUR 2001, 73 (76) – Stich den Buben.

[1829] BGH GRUR 1980, 173 (174) – Fürstenthaler.

[1830] BGH GRUR 1996, 270 (271) – Madeira.

[1831] BGH GRUR 1961, 477 ff. – Forster Jesuitengarten.

[1832] OLG Nürnberg GRUR 1987, 538; die Revision gegen das Urteil wurde vom BGH durch Beschluss vom 19.6.1986 – I ZR 203/95, nicht angenommen.

348/12 – BestWater, ZUM 2015, 110; *Hartwig,* Die lauterkeitsrechtliche Beurteilung der Werbung mit dem „Grünen Punkt" (§ 3 UWG), GRUR 1997, 560; *Heydt,* Anmerkung zu BGH GRUR 1966, 267 – White Horse, GRUR 1966, 271; *Harte-Bavendamm,* Wettbewerbsrechtlicher Verbraucherschutz in der Welt der „look-alikes", in: FS Loschelder, 2010, S. 111; *Hohmann/Leible,* Probleme der Verwendung geografischer und betrieblicher Herkunftsangaben bei Lebensmitteln, ZLR 1995, 265; *Ingerl,* Der wettbewerbsrechtliche Kennzeichenschutz und sein Verhältnis zum MarkenG in der neueren Rechtsprechung des BGH und in der UWG-Reform, WRP 2004, 809; *Jonas/Hamacher,* „Mac Dog" und „shell" ade?, WRP 2009, 535; *Kiethe/Groeschke,* Erweiterung des Markenschutzes vor Verwechslungen durch das neue Lauterkeitsrecht, WRP 2009, 1343; *Junker,* Die personengebundene Herkunftsangabe, GRUR 1987, 523; *Klindt,* Das Umweltzeichen „Blauer Engel" und „Europäische Blume" zwischen produktbezogenem Umweltschutz und Wettbewerbsrecht, BB 1998, 545; *Köhler,* Das Verhältnis des Wettbewerbsrechts zum Recht des geistigen Eigentums – Zur Notwendigkeit einer Neubestimmung auf Grund der Richtlinie über unlautere Geschäftspraktiken, GRUR 2007, 548; *ders.,* Der Schutz vor Produktnachahmungen im Markenrecht, Geschmacksmusterrecht und neuen Lauterkeitsrecht, GRUR 2009, 445; *ders.* „Grüner Punkt" als irreführende Werbung?, BB 1998, 2065; *Körber/Lee,* Rechtliche Bewertung der Markenbenutzung in Computerspielen nach dem Opel-Blitz-Urteil des EuGH, WRP 2007, 609; *Krink,* Firmenbezeichnung bei Inhaberwechsel, BB 1954, 276; *Kur,* Die gemeinschaftliche Markenbenutzung – Markenlizenzen und verwandte Tatbestände, GRUR Int. 1990, 1; *dies.,* Verwechslungsgefahr und Irreführung – zum Verhältnis von Markenrecht und § 3 UWG, GRUR 1989, 240; *Loschelder/Dörre,* Das Verhältnis des wettbewerbsrechtlichen zum kennzeichenrechtlichen Schutz vor Verwechslungen, KSzW 2010, 242; *v. Metzen,* Zeichenschutz an Beschaffenheitsangaben, GRUR 1956, 103; *Möhring,* Die Umwandlung einer Beschaffenheitsangabe zum betrieblichen Herkunftshinweis und § 3 UWG, GRUR 1974, 565; *Müller,* Zur Führung des Firmenzusatzes „Deutsch", GRUR 1971, 141; *Nussbaum/Ruess,* Irreführung durch Marken – Die Neuregelung der Imitationswerbung in § 5 Abs. 2 n. F., MarkenR 2009, 233; *Ohly,* Geistiges Eigentum und Wettbewerbsrecht – Konflikt oder Symbiose?, in: Oberender (Hrsg.), Wettbewerb und geistiges Eigentum, 2007, 47; *ders.,* Hartplatzhelden.de oder: Wohin mit dem unmittelbaren Leistungsschutz?, GRUR 2010, 487; Ohly, Urheberrecht und UWG, GRUR Int. 2015, 693; *Peukert,* hartplatzhelden.de – Eine Nagelprobe für den wettbewerbsrechtlichen Leistungsschutz, WRP 2010, 316; *Reimer,* Die personengebundene Herkunftsbezeichnung, GRUR 1948, 242; *Scherer,* Das Verhältnis des lauterkeitsrechtlichen Nachahmungsschutzes nach § 4 Nr. 9 UWG zur europarechtlichen Vollharmonisierung der irreführenden oder vergleichenden Werbung, WRP 2009, 1446; *Schreiber,* Wettbewerbsrechtliche Kennzeichenrechte?, GRUR 2009, 113; *Sosnitza,* Fake-Werbung, GRUR 2010, 106; *Steinbeck,* Richtlinie über unlautere Geschäftspraktiken, WRP 2006, 632; *Ullmann,* Die Verwendung von Marke, Geschäftsbezeichnung und Firma im geschäftlichen Verkehr, insbesondere des Franchising, NJW 1994, 1255.

623 **1. Kein Vorrang des Kennzeichenrechts; Abgrenzung. a) Kennzeichenrecht.** Ein Vorrang des Kennzeichenrechts besteht nach hier vertretener Auffassung nicht. Der **BGH** hat die zuvor in stRspr, die in weiten Teilen der Literatur auf Zustimmung gestoßen war,[1833] vertretene **Vorrangthese** zwischenzeitlich in der „Hard Rock Café„-Entscheidung vom 15.8.2013[1834] aufgrund der ins deutsche Recht umgesetzten Bestimmung des Art. 6 Abs. 2 lit. a UGP-RL **jedenfalls für § 5 Abs. 1 S. 2 Nr. 1 aufgegeben.** Es darf jedoch **kein Wertungswiderspruch zum Zeichenrecht** entstehen.[1835]

Zu der Problematik ausführlich → § 5 Rn. 80, → § 5 Rn. 1278 ff.

624 **b) UWG.** Versteht der Verkehr eine Information nicht als Hinweis auf einen bestimmten Betrieb, sondern wertet er sie ausschließlich als Beschaffenheitsangabe, scheidet eine Irreführung über die betriebliche Herkunft aus und kommt nur eine Irreführung über die **Beschaffenheit** der Ware (→ § 5 Rn. 434 ff.) in Betracht.[1836] Begreift der Verkehr eine Angabe als Hinweis auf die räumliche Herkunft des Produkts, kann nur oder auch eine Irreführung über die **geographische** Herkunft (→ § 5 Rn. 592 ff.) vorliegen. Darüber hinaus kann § 5 Abs. 1 S. 2 Nr. 1 mit § 5 Abs. 1 S. 2 Nr. 3 zusammen treffen. Während der Irrtum über die **Identität** bzw. den **Status** eine Fehlvorstellung über den Unternehmer ist, geht es bei der Irreführung über die betriebliche Herkunft um einen Irrtum über die Ware bzw. Dienstleistung.

[1833] S. nur Ströbele/*Hacker/Thiering* § 2 Rn. 16, 18; *Ingerl* WRP 2004, 809 (815 f.); *Ingerl/Rohnke,* 2. Auflage, § 2 Rn. 2 ff. (zum alten Recht, anders jetzt im Hinblick auf die Umsetzung der UGP-RL *Ingerl/Möhnke* § 2 Rn. 2); *Sack* WRP 2001, 1022 (1033); *Sambuc* FS Hertin, 2010, 439 (444); *Sosnitza* WRP 2003, 1186 (1187); *Starck* FS Erdmann, 2002, 485 (489 f.); *Teplitzky* WRP 2003, 415 (416).

[1834] BGH GRUR 2013, 1161 Rn. 60 – Hard Rock Café.

[1835] BGH GRUR 2016, 965 Rn. 23 – Baumann II; CR 2021, 53 (57) Rn. 57 – Vorwerk mwN.

[1836] BGH GRUR 1963, 539 (541) – echt skai.

Häufig wird § 5 Abs. 1 Nr. 1 mit **§ 5 Abs. 2** zusammentreffen; **s. daher auch die Kommentierung unter § 5 Abschn. J.** Beide Vorschriften schließen sich nicht aus, sondern sind nebeneinander anwendbar. 625

Neben und unabhängig von § 5 Abs. 1 S. 2 Nr. 1 kann **§ 3 Abs. 3 iVm Nr. 13 des Anhangs** einschlägig sein; unwahre Angaben zur betrieblichen Herkunft sind, wenn sie gegenüber Verbrauchern gemacht werden, unter den dortigen Voraussetzungen stets unzulässig. Anknüpfungspunkt der Irreführung nach Nr. 13 ist allerdings allein die Ähnlichkeit der Ware oder Dienstleistungen.

Zur Abgrenzung zu **§ 4 Nr. 3a** näher → § 5 Rn. 1300 ff. 626

2. Unwahre oder täuschende Angabe über die betriebliche Herkunft. a) Angabe über die betriebliche Herkunft. Aus Art. 6 Abs. 1 lit. b UGP-RL, Art. 3 Werberichtlinie 2006/114/EG ergibt sich im Wege der richtlinienkonformen Auslegung, dass mit der „betrieblichen" die „kommerzielle Herkunft" der Ware bzw. Dienstleistung gemeint ist. Betriebliche Herkunftsangabe ist folglich jede Information, die **aus der Sicht des Durchschnittsverbrauchers,** also eines durchschnittlich (angemessen) aufmerksamen, verständigen und informierten Mitglieds des Verkehrskreises, an den sich die geschäftliche Handlung richtet, **als Hinweis auf die Herkunft einer Ware oder Dienstleistung aus einer bestimmten Herkunftsstätte verstanden wird.**[1837] Bei objektiv unwahren Angaben entscheidet allerdings ein objektiver Maßstab, näher → § 5 Rn. 309. 627

Auch **Verschweigen oder Vorenthalten** von für den Verkehr wesentlichen Informationen über die betriebliche Herkunft von Waren oder Dienstleistungen kann unter den Voraussetzungen des § 5a irreführend sein. Dabei gelten in an Verbraucher gerichteten Angeboten die wesentlichen Merkmale der Ware oder Dienstleistung, zu denen auch die betriebliche Herkunft zählen kann, in dem für das Kommunikationsmittel oder die Ware oder Dienstleistung angemessenen Umfang kraft Gesetzes als wesentlicher Umstand, § 5a Abs. 3 Nr. 1. Eine Wesentlichkeitsvermutung besteht auch, wenn das Gemeinschaftsrecht entspr. Angaben vorschreibt, § 5a Abs. 4. S. zur Irreführung durch Unterlassen von Informationen ausführlich die **Kommentierung zu § 5a.** 628

Entscheidend ist die Vorstellung des Verkehrs von **der „betrieblichen", also kommerziellen Herkunft des Produkts.** Der Irrtum des Verbrauchers über die Person, die im Betrieb für die Herstellung der Ware verantwortlich ist, ist kein Irrtum über die betriebliche Herkunft. Dies hat der EuGH für die Fehlvorstellung über die Person des Designers entschieden: Wer irrig annimmt, die Ware werde innerhalb des Betriebs von einem bestimmten **Designer** gestaltet, während dieser an der Gestaltung nicht (mehr) mitwirkt, unterliegt danach keiner iSd § 5 relevanten Fehlvorstellung.[1838] Hingegen wird eine nach § 5 unlautere Irreführung nicht dadurch ausgeschlossen, dass der Zeichenbenutzer auf Grund einer Lizenzvereinbarung zur Verwendung des Zeichens berechtigt ist. Verbindet der Verkehr mit dem Zeichen die Herkunftsstätte des Lizenzgebers, während die Ware tatsächlich vom Lizenznehmer hergestellt wird, muss ggf. auf das Lizenzverhältnis hingewiesen werden, näher → § 5 Rn. 1312. 629

„Angabe über die betriebliche Herkunft" kann zB der Aufdruck der fremden **Firma** oder eines mit ihr verwechslungsfähigen **Namenszeichens** auf der Verpackung sein,[1839] die Nennung einer vom Verkehr als Hinweis auf das fremde Unternehmen verstandenen **Etablissementbezeichnung** in der Fernsehwerbung, die Angabe einer fremden **Marke** oder eines ihr ähnlichen Zeichens auf der Website, in Ausnahmefällen auch die **Abbildung** des fremden **Firmengebäudes** auf dem Werbeplakat[1840] oder das Abspielen einer fremden **Erkennungsmelodie** in der Telefonwarteschleife. Sogar die **Anschrift,** die **E-Mail-** 630

[1837] MüKoUWG/*Busche* § 5 Rn. 416; Köhler/*Bornkamm/Feddersen,* 34. Aufl. 2016, § 5 Rn. 4.217; vgl. auch *Ingerl/Rohnke* § 2 Rn. 4: Markenschutz nicht erforderlich.

[1838] EuGH C-259/04, EU:C:2006:215 Rn. 43 ff. – Emanuel.

[1839] Vgl. BGH GRUR 1963, 539 (541) – echt skai.

[1840] Vgl. BGH GRUR 2005, 419 – Räucherkate.

Adresse, die **Telefonnummer** und die **Telefaxnummer** oder mit ihnen verwechslungsfähige Zeichen können in bestimmten Situationen auf den fremden Betrieb hindeuten.[1841] Auch in **vergleichender Werbung** können sich Herkunftshinweise finden. Stellt ein Unternehmen in seinem Produktkatalog seine eigenen Waren den vergleichbaren des namentlich genannten Herstellers gegenüber, versteht der Verkehr dies aber nicht als Gegenüberstellung, sondern schließt er aus der Firmenangabe, der Marke, der **Bestellnummer,** der **Artikelbezeichnung** oder **anderen Unterscheidungszeichen** des Mitbewerbers fälschlich, dass es sich beim Werbenden um den namentlich bekannten Originalhersteller handelt, liegt eine Irreführung über die betriebliche Herkunft vor.[1842]

631 Allein der Umstand, dass ein Unternehmen die gleichen **Leistungen** anbietet wie sein Mitbewerber, muss nach der Rspr. des **BGH** bei der Prüfung der Irreführung außer Betracht bleiben.[1843] Eine Irreführung über die betriebliche Herkunft könne – wie bei § 4 Nr. 3 – zudem auch nicht mit einer Ähnlichkeit von **Produktmerkmalen** begründet werden, die gerade selbstverständlich oder jedenfalls naheliegend sind.[1844] Auch eine **glatt beschreibende** Angabe trage regelmäßig nicht zur Irreführung über die betriebliche Herkunft bei, weil sie die angebotene Ware oder Leistung nur beschreibt.[1845]

632 Ein Zeichen, das für sich genommen keinen betrieblichen Herkunftshinweis enthält, kann durch **Zusätze** wie **„echt", „Original"** oder **„exklusiv"** zum Herkunftshinweis ausgestaltet werden.[1846] Der Zusatz „Original" weist begrifflich auf den Ursprung der Ware hin und kann je nach Art der Verwendung auch den Eindruck erwecken, als habe die so beworbene Ware eine Vorzugsstellung vor den anderen. Die Beifügung einer auf das fremde Unternehmen hinweisenden Abbildung von **Gebäuden,** einem **Wahrzeichen** der Stadt, in welcher der Betrieb seine Niederlassung hat, oder einer auf ihn hindeutenden Erkennungsmelodie kann die herkunftshinweisende Funktion einer Angabe begründen, die isoliert betrachtet nicht als Hinweis auf ein Unternehmen verstanden wird.

633 Auch andere Umstände wie zB der **Vertriebsweg** sind zu beachten, wenn sie dem Verkehr erkennbar sind. Der Irrtum über den Vertriebsweg als solcher vermag aber keine wettbewerbliche Irreführung im Sinne von § 5 zu begründen.[1847]

634 Ursprünglich als betriebliche Herkunftsangaben verstandene Angaben können sich zur **Gattungsbezeichnung** umgewandelt haben. Voraussetzung ist, dass der durchschnittlich (angemessen) informierte, verständige und aufmerksame Adressat der geschäftlichen Handlung in der jeweiligen Werbesituation in ihnen keinen Herkunftshinweis, sondern nur noch eine Beschaffenheitsangabe erblickt. Höhere Anforderungen an den Bedeutungswandel sind nicht gerechtfertigt. Es können unter den gleichen Voraussetzungen auch ursprüngliche Gattungsbezeichnungen zur betrieblichen Herkunftsangabe werden.

635 In Ausnahmefällen kann der Name einer Gegend so eng mit einem Betrieb verbunden sein, dass letzterem die geografische Herkunftsbezeichnung bei einer Sitzverlegung oder einer Änderung der Ortsbezeichnung verhaftet bleibt (sog. **personengebundene Herkunftsangabe**).[1848] Relevant wurde bzw. wird das vor allem bei der Produktion von Heimatvertriebenen unter einem ihrem ursprünglichen Produktionsort zuzuordnenden Begriff.

[1841] BGH GRUR 1963, 539 (541) – echt skai; OLG Frankfurt a. M. 11.9.2008 – 6 U 197/07, GRUR-RR 2009, 65.

[1842] EuGH C-112/99, EU:C:2001:566 Rn. 41 ff. – Toshiba Europe; C-59/05, EU:C:2006:147 Rn. 16 ff. – Siemens; BGH GRUR 2003, 444 (445) – Ersetzt.

[1843] BGH GRUR 2011, 166 Rn. 17 – Rote Briefkästen mit Anm. *Kefferpütz* GRURPrax 2010, 563.

[1844] BGH GRUR 2011, 166 Rn. 18 – Rote Briefkästen; vgl. (zu § 4 Nr. 3) BGH GRUR 2005, 166 (168) – Puppenausstattung.

[1845] BGH GRUR 2011, 166 Rn. 22 – Rote Briefkästen.

[1846] BGH GRUR 1963, 539 (541) – echt skai; OLG Hamburg OLGR Hamburg 2005, 794; OLG Frankfurt a. M. WRP 1980, 338 (340).

[1847] EuGH C-44/01, EU:C:2003:205 Rn. 58 ff., 65 – Pippig Augenoptik. Zum Irrtum über die Stellung des Unternehmers im Vertriebsverfahren → § 5 Rn. 1045.

[1848] BGH GRUR 1995, 354 (357) – Rügenwalder Teewurst II.

b) Unwahrheit oder Täuschungseignung. Unwahr ist die Angabe dann, wenn sie bei objektiver Betrachtung nicht den tatsächlichen Begebenheiten entspricht, dh wenn das Produkt **tatsächlich nicht aus der Herkunftsstätte stammt,** die vom Verbraucher aufgrund der Angabe über die betriebliche Herkunft angenommen wird. 636

Auch wahre Angaben können irreführen, wenn sie geeignet sind, bei einem durchschnittlich (angemessen) aufmerksamen, verständigen und informierten Mitglied des angesprochenen Verkehrskreises eine Fehlvorstellung über die betriebliche Herkunft des Produkts zu erwecken. Entscheidend ist, welche Aufmerksamkeit, Verständigkeit und Informiertheit vom angesprochenen Verkehr gerade im Hinblick auf die fragliche geschäftliche Handlung **im konkreten Fall** verlangt werden kann.[1849] Erwirbt der Durchschnittsverbraucher ein Produkt wegen seiner objektiven Merkmale erst nach aufmerksamer Prüfung, ist folglich nicht deshalb ein geringerer Aufmerksamkeitsgrad zugrunde zu legen, weil der Verkehr das Produkt auch **in anderen Situationen** wahrnehmen kann, die mit dem Kauf nichts zu tun haben und in denen er möglicherweise nur geringe Aufmerksamkeit aufbringt.[1850] 637

Welche Aufmerksamkeit, Informiertheit und Verständigkeit vom Durchschnittsverbraucher in der konkreten Situation angemessener Weise verlangt werden darf, ist wie auch sonst im Wege normativer Bewertung durch **Abwägung des Informationsinteresses der Verbraucher mit dem einer Information entgegenstehenden Interessen der Marktgegenseite** zu ermitteln (→ § 5 Rn. 144 ff.). Dabei kommt in Fällen einer möglichen Irreführung durch Produkt- oder Zeichenähnlichkeit der Möglichkeit der Anbringung aufklärender Hinweise (sog. **labelling approach**) besondere Bedeutung zu. Bereits in der Entscheidung „GB-Inno-BM" hatte der EuGH festgehalten, dass in einer geeigneten Etikettierung der Ware ein im Verhältnis zu einem Verbot milderes Mittel liegen kann.[1851] Eine dann noch verbleibende Möglichkeit der Irreführung muss grundsätzlich hingenommen werden. Die **Gefahr, dass trotz aufklärender Hinweise** bzw. Kennzeichnung der Produkte noch **Teile des tatsächlichen Verkehrs irregeführt werden, vermag** ausgehend von dem gebotenen **normativen** Verständnis der Verkehrsauffassung **eine Irreführungsgefahr nicht zu begründen.** 638

Zu berücksichtigen ist ferner, dass einem angemessen aufmerksamen, verständigen und informierten Verbraucher, der seine Kaufentscheidung an einer bestimmten Marke oder einer als Herkunftshinweis erblickten Form des Produkts ausrichtet, die Bedeutung derartiger Zeichen beim Produktabsatz und der Umstand, dass andere Unternehmen ihre Produkte bzw. Zeichen deshalb in dem Bemühen, Kunden zu gewinnen, ihnen annähern werden, bekannt sind. Hat die betriebliche Herkunft, wie bei **Luxusgütern,** für den Verkehr **besondere Bedeutung,** wird ein angemessen aufmerksamer, verständiger und informierter Durchschnittsverbraucher deshalb im Hinblick auf die betriebliche Herkunft einen hohen Aufmerksamkeitsgrad aufbringen.[1852] Er wird insbes. eher auf **Details** (eingenähte Schildchen oder Aufdrucke auf dem T-Shirt, Herstellerangabe auf der Verpackung, Gravur auf der Uhr, Form der Ware) achten, anhand derer sich die betriebliche Herkunft feststellen lässt. Das gilt insbesondere in Fällen bereits **bekannter Produktnachahmungen,**[1853] etwa wenn konkrete Nachahmungsfälle von der Presse aufgenommen worden waren. Hingegen legt der Verkehr bei Allerwelts- und Dutzendware auf die betriebliche Herkunft zumeist keinen besonderen Wert.[1854] 639

Mit dem Umstand allein, dass der Unternehmer die gleichen Leistungen anbietet wie sein Mitbewerber, mit **Ähnlichkeiten der Produkte,** die funktionell bedingt, selbstver- 640

[1849] Vgl. EuGH C-361/04, GRUR 2006, 237 – Picasso; BGH GRUR 2007, 795 – Handtaschen; ausführlich schon → § 5 Rn. 275 ff., 279, 309 ff.

[1850] EuGH C-361/04, GRUR 2006, 237 (239 f.) – Picasso (zum Markenrecht).

[1851] EuGH C-362/88, EU:C:1990:102 Rn. 17 – GB-INNO-BM.

[1852] Vgl. EuGH C-361/04, GRUR 2006, 237 (239) – Picasso.

[1853] Vgl. BGH GRUR 2007, 795 – Handtaschen.

[1854] BGH WRP 2007, 313 – Stufenleitern; 18.10.2011 – I ZR 109/10, BeckRS 2011, 25513 (zu § 4 Nr. 3) – Elektrische Gebäckpresse [GRUR-Zitat einfügen]

ständlich oder jedenfalls naheliegend sind, und mit glatt beschreibenden Angaben lässt sich eine Irreführung über die betriebliche Herkunft nach der Rspr. des BGH idR nicht begründen.[1855] Fehlvorstellungen, die darauf beruhten, dass der Verkehr noch nicht daran gewöhnt ist, dass eine Dienstleistung außer von dem früheren Monopolunternehmen auch von Wettbewerbern angeboten wird, begründen keine relevante Irreführung.[1856] Es ist anerkannt, dass Fehlvorstellungen des Verkehrs, die sich in einer Übergangszeit nach einer Gesetzesänderung bilden, hingenommen werden müssen, weil andernfalls die alte Rechtslage mittels des Irreführungsverbots perpetuiert würde.[1857] In seiner Entscheidung *„Rote Briefkästen"* hat der BGH daher eine relevante Irreführung im Sinne von § 5 UWG durch Aufstellen rot lackierter, im Übrigen jedoch denen der Deutsche Post AG ähnelnder Briefkästen in der Nähe von deren Filialen verneint.[1858]

641 **3. Wettbewerbsrechtliche Relevanz bzw. Erheblichkeit.** Unwahre oder täuschende Angaben über die betriebliche Herkunft sind nach allgemeinen Grundsätzen wettbewerbsrechtlich relevant, wenn sie infolge der ihnen innewohnenden Täuschung das **wirtschaftliche Verhalten des Verkehrs beeinflussen können** oder aus diesen Gründen geeignet sind, einen **Mitbewerber zu schädigen,** ausführlich → § 5 Rn. 331 ff., 341.

642 Die Relevanz wird jedenfalls dann idR zu bejahen sein, wenn sich an die Herkunftsangabe, wie schon nach der bisher von der Rspr. vertretenen Vorrangthese erforderlich, **Gütevorstellungen** des Verkehrs knüpfen. Beispielsweise kann die Fortführung einer Anwaltskanzlei nach dem Ausscheiden eines Sozius unter dessen Namen den Eindruck erwecken, der Qualitätsstandard der Anwaltstätigkeit sei nach wie vor maßgeblich durch diesen Anwalt geprägt.[1859] Marken wie *„Emilio Adani"* können glauben machen, die Ware stamme aus der Hand eines Modemachers oder Designers mit diesem (Künstler-)Namen, und sei daher besonders „im Trend".[1860]

643 Auch andere Vorstellungen des Verkehrs als die einer besonderen Güte des Produkts können seine geschäftliche Entscheidung beeinflussen. Nimmt der Verbraucher zB an, das mit einer **„Billigmarke"** gekennzeichnete Produkt stamme aus dem Betrieb des Markeninhabers und sei deshalb besonders **günstig,** ist seine Fehlvorstellung relevant.[1861] Verwechselt der Verkehr die Firma eines kleinen Internet-Versandhändlers mit der eines großen Versandunternehmens, kann der Irrtum über die Herkunft des bestellten Produkts im Hinblick auf Erwartungen des Verkehrs relevant sein, das liefernde Unternehmen sei dauerhaft wirtschaftlich **leistungsfähig** oder **Ersatzteile** und **Zubehör** könnten dort nachbestellt werden.

644 Die mit der betrieblichen Herkunft verbundenen Vorstellungen des Verkehrs müssen nach der Rechtsprechung des BGH nicht **rational begründbar** sein, um relevant zu werden. So kann der Begriff der **„Klosterbrauerei",** der unterschwellig den Eindruck einer alten, bodenständigen Brautradition vermittelt, nach einer Entscheidung des BGH vom Verkehr ohne nähere Reflexion als Zeichen von Güte und Qualität genommen werden, obwohl bei näherer Überlegung nicht ersichtlich ist, wodurch sich „Klosterbier" von anderem Bier unterscheidet.[1862] Auch ein verständiger, informierter und aufmerksamer Verbraucher, der sich darüber im Klaren ist, dass das konkrete Bier nicht mehr von Mönchen gebraut wird und dass im Übrigen von Mönchen gebrautes Bier nicht notwendig

---

[1855] BGH GRUR 2011, 166 Rn. 18 – Rote Briefkästen; vgl. (zu § 4 Nr. 3) BGH GRUR 2005, 166 (168) – Puppenausstattung; GRUR 2010, 80 – LIKEaBIKE; GRUR 2012, 1155 Rn. 27 – Sandmalkasten.

[1856] BGH GRUR 2011, 166 Rn. 23 – Rote Briefkästen; GRUR 2005, 166 (168) – Puppenausstattung.

[1857] BGH GRUR 2008, 1114 (1115) – Räumungsfinale; GRUR 2011, 166 Rn. 23 – Rote Briefkästen; näher → § 5 Rn. 246.

[1858] BGH GRUR 2011, 166 Rn. 15 ff. – Rote Briefkästen mit Anm. *Kefferpütz* GRURPrax 2010, 563.

[1859] BGH GRUR 2002, 703 (704 f.) – Vossius & Partner.

[1860] Vgl. BGH GRUR 1991, 215 – Emilio Adani.

[1861] Vgl. zur Relevanz von Fehlvorstellungen hinsichtlich der Preise BGH GRUR 2002, 715 (716) – Scanner-Werbung.

[1862] BGH GRUR 2003, 628 (629) – Klosterbrauerei.

etwas Besonders sein muss, soll sich nach dieser Rspr. uU von solchen unbewussten Vorstellungen besonderer Güte der Ware leiten lassen.[1863]

Besteht eine relevante Täuschungsgefahr, schadet es nicht, dass die beworbenen **Waren oder Dienstleistungen ebenso gut oder sogar besser** als jene desjenigen Unternehmens sind, das der Umworbene als Herkunftsstätte ansieht.[1864] Denn nicht an der tatsächlich gegebenen Qualität, sondern an seiner Vorstellung hiervon richtet der Verkehr sein geschäftliches Verhalten aus. 645

4. Beispiele. Artikelnummer. Durch die Verwendung fremder Artikelnummern, die der Verkehr als Unterscheidungszeichen für die von einem bestimmten Hersteller hergestellten Produkte erkennt, kann über die betriebliche Herkunft irregeführt werden.[1865] 646

Bestellnummern. Werden in einem Produktkatalog die eigenen Bestellnummern den vergleichbaren des namentlich benannten Herstellers gegenüber gestellt und schließt der Verkehr aus der Namensnennung irrig darauf, dass es sich beim Werbenden um den namentlich bekannten Originalhersteller handele, liegt eine Irreführung über die betriebliche Herkunft vor.[1866] 647

„Direkt ab …" Die Werbung eines Handelsvertreters unter der blickfangmäßig hervorgehobenen Überschrift „Direkt ab Fabrik" enthält keine wettbewerbsrechtlich relevante Irreführung, wenn damit die Erzeugnisse eines bestimmten Herstellers angeboten werden, der Handelsvertreter kein Lager unterhält, der Kunde in unmittelbare vertragliche Beziehungen zum Hersteller tritt sowie Lieferung und Einbau unmittelbar durch den Herstellerbetrieb stattfinden.[1867] 648

Designer. Der Irrtum des Verbrauchers über die Person des Designers ist kein Irrtum über die betriebliche Herkunft. Wer irrig annimmt, die Ware werde **innerhalb des Betriebs** von einem anderen Designer gestaltet, als dies tatsächlich der Fall ist, unterliegt keiner iSd § 5 relevanten Täuschung.[1868] Anders demgegenüber, wenn der Verkehr auf einen anderen Herstellerbetrieb schließt. Deshalb kann die Verwendung der Marke „Emilio Adani", durch die der falsche Eindruck entsteht, die Ware stamme aus der Hand eines Modemachers oder Designers mit diesem (Künstler-)Namen, relevant täuschend sein.[1869] 649

Domain. Auch → § 5 Rn. 287. Werden unter einer aus dem bekannten Namen eines großen Unternehmens gebildeten Domain Waren oder Dienstleistungen von einem Dritten abgesetzt, kann dies einen Irrtum über die betriebliche Herkunft begründen.[1870] Keine Irreführung über die betriebliche Herkunft liegt in der Verwendung beschreibender Domains wie „mitwohnzentrale.de", „sauna.de" oder „rechtsanwaelte.de", wenn der Domaininhaber Waren oder Dienstleistungen aus eben diesem Bereich anbietet. Die Domainbenutzung kann aber als irreführende Spitzen- oder Alleinstellungswerbung unlauter sein,[1871] ebenso wenn die Bezeichnung den Verkehr über den Betreiber der Website irreführt.[1872] 650

Farben. Ausgehend von der Vorrangthese hat der BGH einen wettbewerbsrechtlichen Irreführungsschutz für die **Farbgestaltung** grau/magenta verneint, weil dessen kennzeichenrechtliche Schutzfähigkeit nicht feststand; es wurde aber ausnahmsweise ein Anspruch 651

[1863] BGH GRUR 2003, 628 (629) – Klosterbrauerei.

[1864] Vgl. BGH GRUR 1991, 852 (855) – Aquavit.

[1865] EuGH C-112/99, EU:C:2001:566 Rn. 41 ff. – Toshiba Europe; C-59/05, EU:C:2006:147 Rn. 16 ff. – Siemens; BGH GRUR 2003, 444 (445) – Ersetzt.

[1866] EuGH C-112/99, EU:C:2001:566 Rn. 41 ff. – Toshiba Europe; C-59/05, EU:C:2006:147 Rn. 16 ff. – Siemens; BGH GRUR 2003, 444 (445) – Ersetzt.

[1867] BGH GRUR 1976, 596 – Aluminiumrollläden.

[1868] EuGH C-259/04, EU:C:2006:215 Rn. 43 ff. – Emanuel.

[1869] Vgl. BGH GRUR 1991, 215 – Emilio Adani; Fezer GRUR 2009, 451 (456).

[1870] Vgl. OLG Düsseldorf GRUR-RR 2015, 217.

[1871] Näher → § 5 Rn. 967 ff.; vgl. BGH GRUR 2001, 1061 ff. – Mitwohnzentrale.de.

[1872] OLG München MMR 2011, 243: Wettbewerbsverstoß durch Verwendung der Domainnamen „bayerischespielbank.de", „bayerischespielbanken.de" und „bayerische-spielbank.de", weil der Verkehr irrtümlich annimmt, die zugehörigen Webseiten würden von dem Betreiber der Spielbanken in Bayern und damit von Staatsbetrieben unterhalten.

aus § 1 aF (§ 4 Nr. 4 nF) bejaht.[1873] Die Vorrangthese ist aufzugeben, so dass auch Farben einen irreführenden Herkunftshinweis enthalten können, wenn der Verkehr sie als betriebliches Unterscheidungszeichen eines bestimmten Herstellers erkennt. Das LG Münster hat eine Irreführung über den (tatsächlich nicht vorgesehenen) Einsatz von Mietwagen als Taxen in dem Aufdruck „SmaTax" bzw. „Taxen-Mietwagen" in Verbindung mit der Farbe der Fahrzeuge „hell Elfenbein" gesehen.[1874]

652 **Form.** Bei bestimmten bekannten Warenformen (Coca-Cola-Flasche, Ferrero-Rocher-Kugeln usw) schließt der Verkehr aus der Warenform auf die betriebliche Herkunft.[1875] Formen können daher unabhängig von ihrer kennzeichenrechtlichen Schutzfähigkeit grundsätzlich eine Irreführung über die betriebliche Herkunft begründen, wenn der Verkehr sie als Herkunftshinweis ansieht. Der Schutz kann auch bei einer über die betriebliche Herkunft täuschenden Nachahmung eines Produkts eingreifen. Mit dem Umstand allein, dass der Unternehmer die **gleichen Leistungen** anbietet wie sein Mitbewerber, und mit Ähnlichkeiten der Produkte, die **funktionell bedingt, selbstverständlich** oder jedenfalls **naheliegend** sind, lässt sich eine Irreführung über die betriebliche Herkunft nach der Rspr. des BGH aber idR nicht begründen.[1876] In der Entscheidung *„Rote Briefkästen"* hat der BGH daher der Höhe der Kästen keine Bedeutung beigemessen, und es genügen lassen, dass die Briefkästen des Mitbewerbers der Deutschen Post AG durch ihre rote Farbe, den auffällig gestalteten, runden Kastendeckel und die Beschriftung einen deutlichen Abstand zu den Kästen der Klägerin aufwiesen. Besteht wie im Warenbereich der Schreibgeräte nur ein **begrenzter Vorrat gemeinsam genutzter Gestaltungsmittel,** ist der Verkehr daran gewöhnt, Ausstattungsdetails mit gesteigerter Aufmerksamkeit zur Kenntnis zu nehmen.[1877] Je **wichtiger** die betriebliche Herkunft für den Verkehr ist, um so eher wird er auch die Form der Ware daraufhin untersuchen, ob sie Rückschlüsse auf den Herstellerbetrieb zulässt. Kommt es dem Verbraucher, wie beim Erwerb von **Luxusgütern,** gerade darauf an, Ware eines bestimmten Herstellers zu kaufen, wird er auf **Details** wie eingenähte Schildchen oder Aufdrucke auf dem T-Shirt, die Herstellerangabe auf der Verpackung, die Gravur auf der Uhr oder die genaue Form der Handtasche[1878] achten, anhand derer sich die betriebliche Herkunft feststellen lässt. Das gilt insbesondere in Fällen bereits **bekannter Produktnachahmungen.**[1879] Oftmals wird allerdings in der konkreten Situation „echte" Ware als Vergleich fehlen. Der Verkehr ist dann auf sein **Erinnerungsbild** angewiesen. Bei Allerwelts- und Dutzendware legt der Verkehr hingegen auf die betriebliche Herkunft häufig keinen Wert.[1880] Eine in der konkreten Situation eintretende betriebliche Herkunftstäuschung, der **durch zumutbare Maßnahmen nicht begegnet** werden kann, stellt allerdings keine unlautere geschäftliche Handlung dar und ist daher auch nicht geeignet, eine Irreführung iSv § 5 zu begründen, ausführlich → § 5 Rn. 1282 ff., 1288. In diese Richtung geht jetzt auch die Entscheidung des BGH „Rote Briefkästen", s. o.

Hyperlinks. Dazu → § 5 Rn. 205.

653 **Internetsuchdienst.** Ein Internetsuchdienst, der Informationsangebote, insbesondere Presseartikel, auswertet, die vom Berechtigten öffentlich zugänglich gemacht worden sind, führt nicht über die betriebliche Herkunft irre, wenn er Nutzern unter Angabe von Kurzinformationen über die einzelnen Angebote durch Deep-Links den unmittelbaren Zugriff auf die nachgewiesenen Angebote ermöglicht.[1881] Die Täuschung über die Identität eines

[1873] BGH GRUR 1997, 754 ff. – grau/magenta.
[1874] LG Münster WRP 2012, 493.
[1875] Vgl. BGH GRUR 1983, 32 – Stangenglas.
[1876] BGH GRUR 2011, 166 Rn. 18 – Rote Briefkästen; vgl. (zu § 4 Nr. 3) BGH GRUR 2005, 166 (168) – Puppenausstattung; GRUR 2010, 80 – LIKEaBIKE; GRUR 2012, 1155 Rn. 27 – Sandmalkasten.
[1877] OLG Hamburg WRP 2015, 1260, 1262.
[1878] Vgl. BGH GRUR 2007, 795 – Handtaschen.
[1879] Vgl. BGH GRUR 2007, 795 – Handtaschen.
[1880] BGH WRP 2007, 313 – Stufenleitern; 18.10.2011 – I ZR 109/10, BeckRS 2011, 25513 – Elektrische Gebäckpresse (zu § 4 Nr. 3).
[1881] BGH MMR 2003, 719 (723) – Paperboy.

Anbieters, die keine unzutreffende Vorstellung über die Herkunft eines mit der Wortmarke „Vorwerk“ beworbenen **Zubehör- oder Ersatzteils** bzw. entsprechender **Verbrauchsmaterialien** auf dem Amazon-Marktplatz verursacht, ist auch bei bekannten Marken keine Irreführung über die betriebliche Herkunft.[1882]

Kennzeichen. Die Verwendung fremder Kennzeichen kann zu Fehlvorstellungen über die betriebliche Herkunft führen.[1883] Für Zeichen mit großer Bekanntheit wie das **AEG-Zeichen,**[1884] den Namen **„Liebig“**[1885] oder die Bezeichnung **„White Horse“** für Whisky[1886] hat die Rspr. dies schon nach bisherigem Recht anerkannt. Da die Vorrangthese der Rspr. bei richtlinienkonformer Auslegung für § 5 nF keine Geltung mehr hat, kann eine Irreführung aber auch durch Verwendung anderer identischer oder verwechslungsfähiger Kennzeichen bewirkt werden (→ § 5 Rn. 1278 ff.). Voraussetzung ist, dass der Verkehr durch die Verwendung des Zeichens über die betriebliche Herkunft des Produkts getäuscht wird, und dass die Fehlvorstellung geeignet ist, seine geschäftliche Entscheidung zu beeinflussen. Dies ist bei dem Aufdruck von Kfz-Marken oder -Logos auf originalgetreu nachgebauten Fahrzeugen idR nicht der Fall, denn der Käufer und Sammler derartiger Modelle versteht derartige Kennzeichen nicht dahingehend, dass Hersteller der Modellautos der Marken- bzw. Logoinhaber ist.[1887] 654

Lichtbild. In der Entscheidung „Editorial“ hat der BGH dahinstehen lassen, ob die Veröffentlichung von redaktionellen Beiträgen unter Beifügung des **Namens** und **Lichtbilds** eines Apothekers als irreführend zu beanstanden ist, wenn der Apotheker den Beitrag tatsächlich nicht verfasst hat.[1888] Um einen solchen Fall ging es in der Entscheidung „Apothekenzeitschriften“; die gegen den das Verbot der Veröffentlichung redaktioneller Beiträge betreffenden Teil der Entscheidung gerichtete Revision hat der BGH nicht zur Entscheidung angenommen.[1889] 655

Marke. Zu bejahen sein kann eine Irreführung über die betriebliche Herkunft, wenn durch die Verwendung fremder Marken der Eindruck entsteht, das Produkt stamme aus dem Betrieb des Markeninhabers, s. näher unter „Kennzeichen“. 656

Mitarbeiter, Verantwortliche. Die Fehlvorstellung über die im Betrieb für die Herstellung bzw. Gestaltung des Produkts verantwortlichen oder an ihr mitwirkenden Personen ist kein Irrtum über die betriebliche Herkunft. Wer irrig annimmt, die Ware werde innerhalb des Betriebs von einem anderen Designer gestaltet, als dies tatsächlich der Fall ist, unterliegt keiner iSd § 5 relevanten Täuschung.[1890] 657

Modellauto. Den Aufdruck von Kfz-Marken oder -Logos auf originalgetreu nachgebauten Fahrzeugen verstehen Käufer und Sammler derartiger Modelle idR nicht dahingehend, dass Hersteller der Modellautos der Marken- bzw. Logoinhaber ist.[1891] 658

Name, Firma. In der Bezeichnung eines Bieres als **„Königl.-Bayerische Weisse“** hat der BGH einen Herkunftshinweis auf das Bayerische Königshaus gesehen;[1892] nach dem geänderten Verkehrsbegriff lässt sich diese Entscheidung aber kaum mehr aufrechterhalten. In der Entscheidung „Editorial“ hat der BGH dahinstehen lassen, ob die Veröffentlichung von redaktionellen Beiträgen unter Beifügung des Namens und Lichtbilds eines Apothekers als irreführend zu beanstanden ist, wenn der Apotheker den Beitrag tatsächlich nicht 659

1882 BGH CR 2021, 53 (57 f.) – Vorwerk.

1883 Vgl. EuGH C-112/99, EU:C:2001:566 Rn. 41 ff. – Toshiba Europe; C-59/05, EU:C:2006:147 Rn. 16 ff. – Siemens; BGH WRP 2013, 1465 Rn. 60 ff. – Hard Rock Cafe; GRUR-RR 2014, 201 Rn. 48 ff. – Peek & Cloppenburg IV.

1884 RG GRUR 1939, 806 (808) – AEG; BGH GRUR 1966, 267 (270) – White Horse.

1885 RG GRUR 1942, 432 (435 f.) – Liebig; BGH GRUR 1966, 267 (270) – White Horse.

1886 BGH GRUR 1966, 267 (270) – White Horse.

1887 Vgl. EuGH C-48/05, EU:C:2007:55 – Adam Opel; BGH GRUR 1996, 57 – Spielzeugautos.

1888 BGH GRUR 1995, 125 ff. – Editorial.

1889 BGH GRUR 1993, 926 f. – Apothekenzeitschriften.

1890 EuGH C-259/04, EU:C:2006:215 Rn. 43 ff. – Emanuel.

1891 Vgl. EuGH C-48/05, EU:C:2007:55 – Adam Opel; BGH GRUR 1996, 57 – Spielzeugautos.

1892 BGH GRUR 1992, 66 (68) – Königl.-Bayerische Weisse.

verfasst hat.[1893] Für die Fortführung des Namens eines ausgeschiedenen Partners einer angesehenen Patentanwaltskanzlei hat der BGH entschieden, dass darin keine iSd § 5 relevante Irreführung liege, weil die mit dem Namen verbundenen Gütevorstellungen des Verkehrs auf die gemeinsame Zeit der Berufsausübung zurückgingen und daher nicht enttäuscht würden.[1894] Werden in einem Produktkatalog die eigenen Bestellnummern den vergleichbaren des namentlich benannten Herstellers gegenüber gestellt und schließt der Verkehr aus der Namensnennung irrig darauf, dass es sich beim Werbenden um den namentlich bekannten Originalhersteller handele, liegt eine Irreführung über die betriebliche Herkunft vor.[1895] Eine als solche nicht ohne weiteres erkennbare Anzeige eines Mietwagenunternehmens, die in einem Telefonbuch unter dem Buchstaben „T", aber nicht unmittelbar unter der Rubrikenüberschrift „Taxi" platziert ist, führt zu keiner Verwechslung mit dem Taxenverkehr und verstößt daher nicht gegen § 5 Abs. 1 S. 2 Nr. 3 oder Abs. 2.[1896]

660 **„Original".** In der Werbung mit dem Begriff „Original-Spiel" für ein „Master Mind"-Spiel hat das OLG Frankfurt a. M. (nur) den Hinweis darauf erblickt, dass das Spiel der ursprünglichen Idee und Konzeption des Urhebers entspricht.[1897] Der Begriff „Original Patienten-Aufklärungsbögen von Dr. S." suggeriert, dass es sich in Abgrenzung zu anderen, nicht authentischen Produkten um diejenigen Aufklärungsbögen handelt, die unter Wahrung einer von Dr. S. begründeten Unternehmenstradition hergestellt werden. Hat der Mitgründer Dr. S. eines Unternehmens, das Patienten-Aufklärungsbögen herstellt, die Gestaltung dieser Bögen nicht mitgeprägt, darf er deshalb Aufklärungsbögen, die er nach seinem Ausscheiden aus dem Unternehmen – nunmehr erstmals – selbst gestaltet, nicht als „Original Patienten-Aufklärungsbögen" bewerben.[1898]

661 **Vergleichende Werbung.** Die Bezugnahme auf einen Mitbewerber, dessen Produkte oder Unterscheidungszeichen im Rahmen vergleichender Werbung darf keinen falschen Eindruck über die betriebliche Herkunft der Produkte erwecken.[1899] In der Vorlageentscheidung O2 Holdings Lt. v. Hutchison 3G,[1900] in der es um die Verwendung der für O2 als Marke geschützten Abbildung einer Blase in einem vergleichenden Werbespot eines Konkurrenten ging, führte der EuGH aus, ein genereller Vorrang der MarkenRL bzw. der IrreführungsRL im Bereich der vergleichenden Werbung bestehe nicht. Weise der Mitbewerber eine Verwechslungsgefahr mit seinem geschützten Zeichen nicht nach, sei er nicht berechtigt, die Benutzung in einer vergleichenden Werbung auf der Grundlage des Art. 5 Abs. 1 und 2 MarkenRL zu verbieten. Weise er das Bestehen einer Verwechslungsgefahr nach, könne der Werbende einem Verbot in Anwendung von Art. 3a Abs. 1 IrreführungsRL nichts entgegenhalten, da die in Rede stehende Werbung nicht alle dort genannten Voraussetzungen erfülle.

662 **Vertriebsweg.** Der Irrtum über den Vertriebsweg vermag für sich genommen keine wettbewerbliche Irreführung im Sinne von § 5 zu begründen.[1901]

[1893] BGH GRUR 1995, 125 ff. – Editorial.
[1894] BGH GRUR 2002, 703 (705) – Vossius.
[1895] Vgl. BGH GRUR 2003, 444 (445) – Ersetzt.
[1896] BGH WRP 2012, 817 Rn. 15 – Mietwagenwerbung.
[1897] OLG Frankfurt a. M. WRP 1980, 338 (340).
[1898] OLG Hamburg OLGR Hamburg 2005, 794.
[1899] EuGH C-112/99, EU:C:2001:566 Rn. 41 ff. – Toshiba Europe; C-59/05, EU:C:2006:147 Rn. 16 ff. – Siemens; EuGH C-533/06, EU:C:2008:339 Rn. 48 ff. – O2 Holdings & O2 (UK).
[1900] EuGH C-533/06, EU:C:2008:339 – O2 Holdings & O2 (UK).
[1901] EuGH C-44/01, EU:C:2003:205 Rn. 58 ff., 65 – Pippig Augenoptik; zum Irrtum über die Stellung des Unternehmers im Vertriebsverfahren → § 5 Rn. 1045.

VIII. Ergebnisse und wesentliche Bestandteile von Tests oder Untersuchungen der Waren oder Dienstleistungen

Schrifttum: *Brinkmann,* Zur Problematik der Werbung mit Testergebnissen, BB 1978, 1285; *Brinkmann,* Rechtliche Grenzen der Werbung mit Testergebnissen – Anm. zu OLG Koblenz, Urt. vom 28.9.1978, 6 U 1388/76, BB 1979, 132; *Feddersen,* Erster, Bester oder nur Erstbester? Über die Irreführung mit Testergebnissen, WRP 2019, 1255; *Fezer,* Testwerbung, GRUR 1976, 472; *Franz,* Werbung mit Testergebnissen, WRP 2016, 439; *Franz,* Zur Neutralität und Sachkunde eines Gütesiegelverleihers, WRO 2020, 548; *Hart,* Warentest, Preisvergleich und Testwerbung – Zur neuen delikts- und wettbewerbsrechtlichen Entwicklung in der Rechtsprechung, WRP 1986, 515; *Hart/Silberer,* Werbung mit Testergebnissen der Stiftung Warentest, GRUR 1983, 691; *Heermann,* Manipulierte Produktbewertungen im Lichte des Lauterkeitsrechts, WRP 2014, 509; *Heiseke,* Werbung mit vergleichenden Warentests, WuW 1967, 19; *Heiseke,* Werbung mit vergleichenden Warentests, WRP 1977, 615; *Himmelbach,* Die neuen Werbe-Bedingungen der Stiftung Warentest, K&R 2008, 335; *Hoeren/Ernstschneider,* Das neue Geräte- und Produktsicherheitsgesetz und seine Anwendung auf die IT-Branche, MMR 2004, 507; *Karpf,* Werbung mit Testergebnissen, München 1983; *Kollmann,* Technische Normen und Prüfzeichen im Wettbewerbsrecht, GRUR 2004, 6; *Koppe/Zagouras,* Rechtsprobleme der Testwerbung, WRP 2008, 1035; *Lindacher,* „Testsieger"-Werbung, WRP 2014, 140; *Müller/Kessler,* Testwerbung und Markttransparenz – Zur Werbung mit Veröffentlichungen der Stiftung Warentest, WRP 1981, 495; *Sack,* Irreführende Werbung mit wahren Angaben, GRUR 1996, 461; *Schulte-Franzheim/Tyra,* Werbung mit Auszeichnungen nach „Kamerakauf im Internet", in: FS Bornkamm, S. 489; *Semler,* Zur werbemäßigen Verwendung der Äußerungen Dritter, WRP 1979, 524; *Stenzel,* Der Griff nach den Sternen: Grundsätze bei der Kennzeichnung und Werbung mit Hotelsternen, GRUR-Prax 2015, 291; *Vogt,* Vergleichender Warentest, 1986; *Wiebe,* Wettbewerbsrechtliche und zivilrechtliche Rahmenbedingungen der Vergabe und Verwendung von Gütezeichen, Teil I, WRP 1993, 74; *Wiebe,* Teil II, WRP 1993, 156.

1. Abgrenzung und Bedeutung. Den Ergebnissen von Tests oder Untersuchungen 663
kommt bei der Entscheidung über die Auswahl einer Ware oder einer Dienstleistung großes Gewicht zu.[1902] Denn es handelt sich um **Prüfungen durch Dritte,** denen der Verkehr eine besondere Bedeutung beimisst, sei es weil er von dem Dritten eine besondere Sachkunde oder Erfahrung und/oder auch nur ein neutrales Urteilungsvermögen erwartet. Die ausdrückliche Erwähnung von „Tests" im Gesetzestext geht zurück auf die UGP-Richtlinie. Diese erwähnt in Art. 6 Abs. 1 lit. b als wesentliche Merkmale des Produkts auch *„die Ergebnisse und wesentlichen Merkmale von Tests oder Untersuchungen, denen das Produkt unterzogen wurde".*

Leider ist die Übernahme des Richtlinientextes in das deutsche Recht nicht genau 664
erfolgt, was im Zweifel im Rahmen richtlinienkonformer Auslegung zu berücksichtigen ist. So spricht die Richtlinie von „wesentlichen **Merkmalen** von Tests", während das UWG „wesentliche **Bestandteile**" erwähnt. Die Richtlinie nennt „Ergebnisse **und** wesentliche Merkmale", der deutsche Text hingegen „Ergebnisse **oder** wesentliche Bestandteile". Im Ergebnis wird das aber keinen Unterschied machen. Es genügt, wenn entweder über die Ergebnisse oder über wesentliche Bestandteile/Merkmale irregeführt wird. Darüber hinaus erwähnt die Richtlinie zusätzlich aber auch noch **„Untersuchungen",** denen das Produkt unterzogen wurde. Im deutschen Text kommt „Untersuchungen" nicht vor; es ist nur von **„Tests"** die Rede. Dies zeigt, dass der Begriff des „Tests" im deutschen Recht **weit zu verstehen** ist und auch sonstige Untersuchungen erfasst, wobei offenbleiben kann, worin der Unterschied zwischen einem Test einerseits und einer Untersuchung andererseits liegen soll. Wegen des weiten Begriffsverständnisses erfasst die Regelung nicht nur die Werbung mit vergleichenden **Tests,** sondern auch die Verwendung von **Zeichen** oder **Symbolen,** die auf Einzeluntersuchungen oder auf vorhergegangene Untersuchungen hinweisen. Dabei können sowohl Produkte als auch Unternehmen getestet werden. Für **Unternehmen** gelten die nachfolgenden Grundsätze entsprechend.

Häufig knüpft an eine Untersuchung die Erteilung eines **Prüfzeichens, Gütezeichens** 665
und anderer qualitätsrelevanter Zeichen an. Somit impliziert die Werbung mit diesem Gütezeichen zugleich das erfolgreiche Bestehen des Tests. In diesem Fall – aber auch nur

[1902] So jetzt ausdrücklich auch BGH GRUR 2016, 1076 Rn. 38 – LGA tested.

insoweit –[1903] sind **vorrangig** die Tatbestände in **Nr. 2 und Nr. 4 des Anhangs zu § 3 Abs. 3 UWG** zu prüfen. Nach Nr. 2 ist die Verwendung von Gütezeichen, Qualitätskennzeichen oder Ähnlichem ohne die erforderliche Genehmigung verboten. Nr. 4 verbietet die unwahre Angabe, ein Unternehmer oder sein Produkt seien von dritter Stelle bestätigt, gebilligt oder genehmigt worden. Allerdings geht es in diesen Fällen nur um das Bestehen des Tests als solchem, nicht um die Werbung mit konkreten Testergebnissen. Hinsichtlich der Aussagen mit konkreten Testergebnissen bleibt es daher bei der Prüfung nach § 5 UWG.

666 Werden mehrere Produkte getestet und miteinander verglichen und werden dabei die *Mitbewerber* oder deren Produkte – unmittelbar oder mittelbar – *erkennbar* gemacht, ist dies als **vergleichende Werbung** am Maßstab des § 6 UWG zu messen.[1904] Auch insoweit wurden die Voraussetzungen in der Richtlinie 84/450/EWG bzw. Richtlinie 2006/114/EG[1905] abschließend harmonisiert, so dass strengere nationale Vorschriften zum Schutz gegen irreführende Werbung hinsichtlich der Form und des Inhalts des Vergleichs nicht angewandt werden dürfen.[1906] Allerdings ist nicht jeder Hinweis auf einen „Test" im Sinne einer objektiven und neutralen, vergleichenden Untersuchung zu verstehen. Eine Aussage wie „X im Test" wird zB im Regelfall als eine reine Funktionsprüfung verstanden.[1907]

667 Wird mit einem **„Testsieg"** oder einem **„1. Platz"** geworben, so könnte das auch als **Alleinstellungsbehauptung** verstanden werden. Jedoch finden die dafür speziell geltenden Grundsätze (hierzu → § 5 Rn. 971) nach der Rechtsprechung des BGH keine Anwendung. Denn bei der Alleinstellungswerbung geht es zumeist um eine Selbsteinschätzung des Werbenden, während die Werbung mit Testergebnissen sich auf **Beurteilungen durch Dritte** bezieht. Der Unternehmer darf sich daher, wenn das Prädikat in einem seriösen Verfahren vergeben und nicht erschlichen worden ist, grundsätzlich mit der Auszeichnung eines Dritten schmücken, muss keinen eigenen Qualitätsnachweis führen und unterliegt nicht den Zulässigkeitsanforderungen der Allein- und Spitzenstellungswerbung.[1908] Allerdings darf auch in diesem Fall nicht über den Rang des Produkts im Test-Gesamtgefüge irregeführt werden. Liegen hingegen dem Test, mit dem geworben wird, selbst formulierte Qualitätskriterien zugrunde, so ist die Werbung nach den Grundsätzen der Alleinstellungswerbung zu bewerten, auch wenn der Test durch den TÜV zertifiziert worden ist. In einem solchen Fall steht jener Test nämlich dem Test eines unabhängigen Dritten hinsichtlich Neutralität und Objektivität nicht gleich.[1909]

668 Sind die Tests/Untersuchungen erforderlich für die **Zulassung** von Waren oder Dienstleistungen, so kann die Werbung damit auch gegen **§ 5 Abs. 1 S. 2 Nr. 4 UWG** verstoßen.

669 Zudem ist anerkannt, dass bei der Werbung mit Testergebnissen eine leicht und eindeutig lesbare Angabe der Fundstelle, an der der Test veröffentlicht wurde, zu machen ist. Wird das unterlassen, so kann dies eine Irreführung gemäß **§ 5a Abs. 2 UWG** bewirken. Entsprechendes gilt für die Angabe, welche Qualitäts- und Sicherheitsaspekte und welche technischen Maßstäbe bei der Vergabe eines Prüfzeichens angewandt wurden (dazu nachfolgend auch → Rn. 671).[1910]

670 **2. Tests/Untersuchungen.** Bei der rechtlichen Beurteilung ist zu unterscheiden zwischen der **Durchführung und Veröffentlichung von Tests** durch bestimmte Einrichtungen, zB die Stiftung Warentest oder Ökotest, dem bloßen Hinweis auf die Existenz eines

1903 KG WRP 2012, 993 Rn. 142 – Deutsches Hygienezertifikat.
1904 Vgl. zB BGH GRUR 2005, 172 (174 ff.) – Stresstest.
1905 Richtlinie 2006/114/EG des Europäischen Parlaments und des Rates vom 12.12.2006 über irreführende und vergleichende Werbung (kodifizierte Fassung), ABl. 2006 L 376, S. 21.
1906 EuGH Urt. v. 8.4.2003 – C-44/01, GRUR 2003, 533 (535 f.) – Pippig Augenoptik/Hartlauer; Art. 8 Abs. 1 Richtlinie 2006/114/EG.
1907 LG Hamburg MD 2014, 316 (320).
1908 BGH GRUR 2003, 800 (802) – Schachcomputerkatalog; GRUR 2019, 631 Rn. 68 – Das beste Netz.
1909 OLG Hamburg BeckRS 2019, 19961 Rn. 32 ff. – bestes LTE-Netz.
1910 ZB BGH GRUR 2016, 1076 Rn. 39 – LGA tested; GRUR 2010, 248 – Kamerakauf im Internet; OLG Düsseldorf WRP 2015, 762 Rn. 13 – TÜV geprüft; OLG Brandenburg MD 2013, 709 (711 f.) mwN.

Tests (sog. **Testhinweiswerbung**) und der Werbung mit den Ergebnissen solcher Tests **(Testergebniswerbung).** Durchführung und Veröffentlichung von Tests durch das Testinstitut selbst sind am Maßstab der §§ 3, 6 UWG bzw. §§ 823, 824 BGB zu prüfen, allerdings kann sich die fehlerhafte Durchführung eines Tests auf die Werbung hiermit auswirken.

a) Testhinweiswerbung. Der Testhinweiswerbung kommt eine praktische Bedeutung 671
zumeist bei der (nach § 5a Abs. 2 UWG zu beurteilenden) Frage zu, ob bei dem Hinweis auf Tests von Dritten die **Angabe einer Fundstelle erforderlich** ist. Das wurde von der Rechtsprechung in Anlehnung an die Vorgaben der Stiftung Warentest zumeist bejaht[1911] und vom BGH auch unter Geltung der UGP-Richtlinie noch einmal ausdrücklich bestätigt und für die Werbung im Internet präzisiert. Danach ist es erforderlich, dass bei einer Werbung für ein Produkt mit einem Testergebnis im Internet die Fundstelle entweder bereits deutlich auf der ersten Bildschirmseite dieser Werbung angegeben wird oder jedenfalls ein deutlicher **Sternchenhinweis** den Verbraucher ohne Weiteres zu der Fundstellenangabe führt.[1912] Der Fundstellenhinweis kann im Internet auch durch einen Link ersetzt werden.[1913] Auch für die Test-Werbung außerhalb des Internets gilt, dass bei einer Testhinweiswerbung die Fundstellenangabe in jedem Falle leicht auffindbar, gut lesbar und eindeutig nachprüfbar sein muss.[1914] Die Schriftgröße des Hinweises darf dabei im Regelfall – im Einzelfall mag aufgrund besonderer Umstände etwas anderes gelten[1915] – 6-Punkt nicht unterschreiten,[1916] was aber selbstverständlich nicht bedeutet, dass eine Größe von 6-Punkt automatisch unbedenklich ist, zB weil die Angabe der Fundstelle verschwommen ist oder bei Betrachtung aus nächster Nähe eine besondere Konzentration und Anstrengung erfordert.[1917] Darüber hinaus muss auch die jeweilige Fundstelle leicht auffindbar und einfach beziehbar sein.[1918] Die Angabe der Fundstelle ist zudem nicht nur dann erforderlich, wenn direkt mit dem Testergebnis geworben wird, sondern auch dann, wenn nur eine Produktverpackung abgebildet wird, auf der das entsprechende Testsiegel sowie das Testergebnis gut lesbar abgebildet sind.[1919] Denn maßgeblich ist allein, dass auf das Testergebnis hingewiesen wird, es muss nicht besonders hervorgehoben werden. Diese Grundsätze gelten auch für die Werbung mit eigenen Verbraucherumfragen eines Unternehmens, wenn die Darstellung des Testergebnisses den Eindruck eines unabhängig durchgeführten Tests erweckt,[1920] was jedoch nichts daran ändert, dass es etwaiger „Testsieg" bei einer solchen Umfrage nach den Grundsätzen der Alleinstellungswerbung zu prüfen wäre. Angaben zur **Durchführung des Tests** und zum **Veröffentlichungsdatum** sind hingegen nicht zwingend erforderlich, es sei denn, das Fehlen dieser Angaben bewirkt im Einzelfall aufgrund besonderer Umstände eine Irreführung.[1921]

[1911] KG MD 1993, 286 ff.; 2001, 546 (548); OLGR Schleswig 2001, 393 ff.

[1912] BGH GRUR 2010, 248 Rn. 32 – Kamerakauf im Internet; ebenso OLG Stuttgart MD 2011, 543 (546); KG GRUR-RR 2011, 278 (279); OLG Bamberg MD 2011, 805; OLG Hamburg WRP 2007, 557 – Facts; OLG Brandenburg MD 2013, 709 (711 f.) mwN; OLG Frankfurt a. M. MMR 2016, 822 Rn. 16 – Pferdesalbe.

[1913] OLG Düsseldorf WRP 2015, 762 Rn. 15; OLG Frankfurt a. M. WRP 2016, 750 Rn. 4 – DSL StarS.

[1914] **Produktverpackung:** OLG Köln WRP 2013, 535 Rn. 14 ff.; **Printwerbung:** OLG Bamberg MD 2011, 805; OLG Brandenburg MD 2013, 709 (712 f.); **TV-Werbung:** OLG Frankfurt a. M. GRUR-RR 2013, 393 – Der Netzbetreiber mit den zufriedensten Kunden.

[1915] OLG Köln GRUR-RR 2012, 32 f. Noch weitergehend *Rehart* MMR 5/2012, Fokus V.

[1916] OLG Bamberg GRUR-RR 2013, 482 – Ich bin doch nicht GAGA; OLG Brandenburg MD 2013, 709 (713); OLG Karlsruhe MD 2011, 1002 (1003); OLG Nürnberg MD 2011, 1017 (1018); OLG Stuttgart MD 2011, 543 (547); KG GRUR-RR 2011, 278 (279); OLG Celle GRUR-RR, 2011, 278; OLG Hamburg WRP 2007, 557 (558); insoweit werden Parallelen gezogen zu den Pflichtangaben in der Heilmittelwerbung, dazu BGH GRUR 1987, 301 – 6-Punkt-Schrift; GRUR 1988, 68 – Lesbarkeit I.

[1917] *Schulte-Franzheim/Tyra* FS Bornkamm, 2014, 489 (497) mwN.

[1918] OLG Frankfurt a. M. MMR 2016, 822 Rn. 19 – Pferdesalbe.

[1919] OLG Köln MD 2001, 1003 (1004); OLG Köln GRUR 2020, 1098 Rn. 29 ff.

[1920] OLG Hamburg GRUR-RR 2014, 333 f. – Testsieger im Geschmack.

[1921] KG GRUR-RR 2011, 278 (279); *Schulte-Franzheim/Tyra* FS Bornkamm, 2014, 489 (497).

672 **b) Testergebniswerbung.** Für die Praxis mindestens genauso relevant ist allerdings die Werbung mit den Ergebnissen von Tests, dh die Werbung mit den Aussagen Dritter, und mit den wesentlichen Bestandteilen von Tests. Die Werbung mit Tests durch ein werbendes Unternehmen kann aus verschiedenen Gründen irreführend sein. Die Irreführung muss sich nicht allein auf das **Ergebnis** eines Tests beziehen, sondern kann nach der gesetzlichen Regelung ausdrücklich auch **wesentliche Bestandteile** eines Tests erfassen. Eine Irreführung kann sich insbesondere ergeben, weil die Anforderungen der Rechtsprechung an die **Durchführung** solcher Tests nicht beachtet werden, weil falsche Angaben **zum getesteten Objekt** gemacht werden, weil das **Testergebnis falsch wiedergegeben** wird, aus falschen Angaben zur Stellung des beworbenen Objekts im Gesamtgefüge des Tests, bei irreführenden Angaben zur **Repräsentativität eines Tests** oder aus falschen Angaben zur **Aktualität des Tests.** Die Beweislast trifft denjenigen, der die Testwerbung angreift.[1922] Maßstab für die Beurteilung der Werbung sind allein die gesetzlichen Regelungen. Ob zugleich auch etwaige Regelungen des Testinstituts, wie etwa die **Bedingungen der Stiftung Warentest** zur Werbung mit Untersuchungsergebnissen[1923] eingehalten werden, ist für die wettbewerbsrechtliche Beurteilung ein Indiz, aber nicht verbindlich.[1924] Die Einhaltung dieser Bedingungen ist allerdings Voraussetzung für die Verwendung des **„test"** oder des „test.de"-**Logos** der Stiftung Warentest.[1925] Zudem stellt eine Verletzung der Bedingungen in vielen Fällen zugleich auch eine wettbewerbswidrige Handlung dar.

673 **aa) Durchführung des Tests.** Gab es einen Test, ist Voraussetzung für die Werbung mit dessen Ergebnissen und Bestandteilen, dass die Anforderungen der Rechtsprechung an die Durchführung solcher Tests[1926] beachtet wurden. Zu diesen Grundvoraussetzungen zählt insbesondere, dass der Test **objektiv, neutral, sachkundig und repräsentativ durchgeführt** wurde. Sind diese Grundvoraussetzungen erfüllt, steht dem Tester bei der Auswahl der Testobjekte, bei der Angemessenheit der Prüfungsmethoden[1927] und der Darstellung der Untersuchungsergebnisse, einschließlich der Vergabe von Gesamtnoten, ein erheblicher **Ermessens-/Entscheidungsfreiraum** zu. Ob das gefundene Ergebnis und die Testnote *objektiv* richtig sind, ist dann für die Rechtmäßigkeit der Veröffentlichung egal, solange nur ein **Bemühen um objektive Richtigkeit** gegeben war und die aus der Prüfung gezogenen Schlüsse vertretbar („diskutabel") sind. Auch ist nicht erforderlich, dass allein objektive Eigenschaften getestet werden, sondern es können auch subjektive Einschätzungen von Verbrauchern wiedergegeben werden (sog. **Konsumententest**), sofern dies in der Werbung deutlich gemacht wird und das Ergebnis repräsentativ ist.[1928] Irreführend ist es allerdings, mit einem TÜV-Siegel und der Aussage „TÜV Service tested …" zu werben, wenn der TÜV keinen Test nach seinen Prüfkriterien vorgenommen, sondern nur eine Kundenbefragung ausgewertet hat.[1929] Zudem muss die von den Konsumenten abgegebene Bewertung sich ausschließlich auf Eigenschaften des Produkts beziehen und von äußeren Umständen unbeeinflusst sein.[1930] Die vorgegebene Notenskala muss den Vorstellungen der Verbraucher entsprechen; danach ist ein „sehr gut" im Regelfall die Bestnote

---

[1922] OLG Stuttgart GRUR 2018, 1066 Rn. 78 – Verblindung von Warentests.

[1923] Logo-Lizenzvertrag, abrufbar unter https://www.test.de/unternehmen/werbung-5016972–5016979/.

[1924] BGH GRUR 1991, 679 – Fundstellenangabe.

[1925] Hierzu *Selting* MDR 2013, 1260 ff.

[1926] BGHZ 65, 325 (334) = GRUR 1976, 268 – Warentest II; GRUR 1986, 330 ff. – Warentest III; GRUR 1987, 468 (469 ff.) – Warentest IV; GRUR 1989, 539 – Warentest V; OLG Frankfurt a. M. GRUR 2003, 85 (86) – Vergleich von Finanzdienstleistungen; OLG Stuttgart GRUR 2018, 1066 Rn. 70 ff. – Verblindung von Warentests.

[1927] Vgl. OLG Stuttgart GRUR 2018, 1066 Rn. 82 ff., 93 ff. zur (abgelehnten) *Verblindung von Warentests* und der Bedeutung von Beratungen im Fachbeirat.

[1928] OLG Köln WRP 2011, 362 (363); bestätigt im Hauptsacheverfahren, MD 2013, 232 (234). Offen gelassen in OLG Hamburg GRUR-RR 2014, 333 (334) – Testsieger im Geschmack.

[1929] OLG Saarbrücken MMR 2015, 450 Rn. 33; LG Köln MMR 2012, 244.

[1930] OLG Köln MD 2013, 232 (234); zur Haftung eines Unternehmens bei manipulierten Produktbewertungen vgl. *Heermann* WRP 2014, 509 ff.

und nicht nur die zweitbeste Note oder ein „gut" nicht nur eine Note im Mittelfeld aller möglichen Bewertungen. Des Weiteren dürfen negative und neutrale Meinungen nicht nur erschwert in das Ergebnis der Kundenbewertung einfließen.[1931]

Die **Wertungen des Tests kommen auch dem Werbenden zugute,** der den Test und das Ergebnis vollständig übernimmt. Dann findet auch keine Wiederholung des Warentests statt, der Unternehmer **braucht keinen eigenen Nachweis zu führen,** sondern kann sich mit dem Testergebnis schmücken. Das gilt auch, soweit mit dem Testergebnis eine Alleinstellungsbehauptung verbunden ist, etwa durch Urteile wie „Testsieger" oder „bestes Produkt". Insoweit findet eine **Privilegierung** im Vergleich zu den sonstigen Anforderungen bei Alleinstellungsbehauptungen statt.[1932] 674

Erfüllt ein Test hingegen nicht die Grundanforderungen an seine Zulässigkeit, ist auch die Werbung hiermit irreführend,[1933] und zwar unabhängig davon, ob der Unternehmer von solchen Mängeln Kenntnis hat. Das kann etwa der Fall sein, wenn der Test **nicht sachkundig** durchgeführt wurde, weil etwa die angewendeten Prüfungsmethoden wissenschaftlich nicht anerkannt sind,[1934] wenn der Test nicht von einer **unabhängigen Organisation** durchgeführt wurde,[1935] der Test nicht **hinreichend repräsentativ** ist[1936] oder die Möglichkeit **testfremder Einflussnahme** durch Zuwendungen von Wettbewerbern besteht.[1937] Von dem Beurteilungsspielraum des Testers ebenfalls nicht erfasst sind **falsche tatsächliche Feststellungen,** denen im Rahmen des Tests eine eigenständige Bedeutung zukommt und die vom Durchschnittsverbraucher als Aussage über nachweisbare Fakten aufgefasst werden, wie zB die Angabe eines einheitlichen Preises in Filialen eines Unternehmens, wenn dort kein einheitlicher Preis gefordert wird.[1938] Werden solche falschen tatsächlichen Feststellungen in die Werbung übernommen, ist dies irreführend. Der Unternehmer ist somit von einem eigenen Qualitätsnachweis befreit, trägt andererseits aber das Risiko, dass der Test nicht in vertretbarer Weise durchgeführt wurde. 675

bb) Wirksamkeitsprüfungen. Wirksamkeitsprüfungen sind keine Voraussetzung für die Durchführung der Tests und deren Veröffentlichungen durch das Testinstitut. Wollen allerdings die *Hersteller* der getesteten Erzeugnisse mit den Testergebnissen werben, dann müssen sie auf die fehlenden Wirksamkeitsprüfungen hinweisen. Denn wird zB für ein Haarshampoo mit dem Testergebnis „sehr gut" geworben, dann erwartet der Verkehr mangels anderslautender Angaben, dass die Wirksamkeit des Shampoos entsprechend getestet wurde.[1939] Ebenso erwartet der Verkehr bei der Werbung mit einem „Test Gesamturteil sehr gut" für ein Fertigarzneimittel, dass auch dessen Wirksamkeit getestet wurde.[1940] 676

cc) Kein Test/Anderes Test-Objekt/Andere Testkategorien. Wenn ein Test **überhaupt nicht oder nicht durch einen neutralen Dritten stattgefunden** hat, ist die Werbung mit etwaigen Testergebnissen selbstverständlich irreführend. Ob theoretisch ein entsprechendes Ergebnis bei Durchführung eines Tests erzielt worden wäre, ist unerheblich und lässt sich angesichts des Ermessensspielraums des Testers auch praktisch kaum belegen. 677

1931 OLG Düsseldorf WRP 2013, 818 Rn. 18, wo sogar mit *„garantiert echten Kundenmeinungen"* geworben wurde.

1932 BGH GRUR 2003, 800 (802) – Schachcomputerkatalog; GRUR 2019, 631 Rn. 68 – Das beste Netz. Einschränkend allerdings OLG Hamburg WRP 2013, 1206 Rn. 21 für den Fall, dass kein „Testsieger" gekürt wurde.

1933 *Helm/Sonntag/Burger* in Gloy/Loschelder/Danckwerts HdbWettbR § 59 Rn. 288; BGH GRUR 2019, 631 Rn. 69 – Das beste Netz.

1934 *Koppe/Zagouras* WRP 2008, 1035; vgl. BGH GRUR 2002, 633 (634) – Hormonersatztherapie.

1935 OLG Düsseldorf WRP 2007, 357 (358) – Auszeichnung zum „1a Augenoptiker"; OLG Hamm WRP 1980, 281 f. – Bodybuilding Präparate; OLG Stuttgart GRUR 2018, 1066 Rn. 73 – Verblindung von Warentests.

1936 BGH GRUR 2005, 877 (880) – Werbung mit Testergebnis; KG ZUM-RD 1999, 88 (90).

1937 OLG München NJW-RR 1997, 1330 – Neutralität bei Warentest.

1938 BGH GRUR 1986, 330 (331) – Warentest III; GRUR 1989, 539 – Warentest V.

1939 OLG Frankfurt a. M. GRUR-RR 2007, 16 (18) – Öko-Test.

1940 OLG Frankfurt a. M. WRP 2014, 1101 Rn. 21 f.

Insofern ist die Angabe *„geprüft nach EN-Standard"* irreführend, wenn tatsächlich keine Prüfung durch einen unabhängigen Dritten stattgefunden hat.[1941]

678 Irreführend kann die Werbung mit Testergebnissen ferner sein, wenn das **beworbene Objekt** (Ware/Dienstleistung/Unternehmen) **als solches nicht getestet** wurde; etwa wenn ein Test eines Unternehmens so dargestellt wird, als habe er sich auch auf die beworbene Ware bezogen[1942] oder wenn Aussagen in Tests, die sich auf eine ganze Branche (zB Kabelbetreiber) im Vergleich zu anderen Branchen beziehen, durch Ergänzung spezieller Logos auf ein werbendes Unternehmen spezifiziert werden, obwohl dieses Unternehmen die angegebenen Spitzenwerte gerade nicht erreicht[1943] oder wenn andere Kriterien getestet wurden als diejenigen, die der Verbraucher nach der Werbung vermutet.[1944] Zu dieser Fallgruppe zählt auch, dass die beworbene Ware in wesentlichen Aspekten **mittlerweile andere Eigenschaften** hat als die getestete Ware[1945] oder ein **anderes Modell** getestet wurde. Ist das beworbene Produkt technisch **baugleich** mit dem getesteten Produkt, so muss darauf deutlich hingewiesen werden, um eine Irreführung zu vermeiden.[1946] Im Übrigen ist bei Produktveränderungen allerdings auch sorgfältig die Relevanz einer etwaigen Fehlvorstellung zu prüfen. Handelt es sich bei den Änderungen um objektive Verbesserungen, die sogar noch zu einer Verbesserung des Testergebnisses geführt hätten, kann der rein formal möglicherweise irreführenden Werbung die notwendige Relevanz fehlen.[1947] Auch kommt es nicht darauf an, ob mittlerweile andere Produkte auf den Markt gekommen sind, solange damit nicht eine neue technische Entwicklung eingetreten ist und das beworbene Produkt immer noch dem Stand der Technik entspricht.[1948] Der BGH lässt es sogar ausreichen, dass mit aktuellen Testergebnissen geworben wird für neue Produkte, die den getesteten entsprechen und nicht technisch überholt sind.[1949] Bei Lebensmitteln verlangt die Stiftung Warentest mittlerweile die Angabe der untersuchten **Charge.** Die beworbenen Lebensmittel müssen dabei jedoch nicht derselben Charge angehören wie die getesteten Produkte und auch das Mindesthaltbarkeitsdatum der getesteten Charge muss nicht angegeben werden.[1950] Zur Irreführung über die Aktualität eines Tests → Rn. 685.

679 **dd) Darstellung des Ergebnisses.** Irreführend ist es ferner, wenn das **Testergebnis besser dargestellt** wird, als es für die beworbene Ware/Dienstleistung tatsächlich ist. Dies kann geschehen, indem ein besseres Gesamtergebnis angegeben wird als erzielt wurde. Wer etwa für einen DSL-Anschluss damit wirbt *„über alle Anschluss-Geschwindigkeiten* (*DSL 2000, 6000 und 16 000*) *hinweg vorn zu liegen*", der suggeriert, dass er bei jedem der genannten Geschwindigkeiten den ersten Platz belegt habe. Ist das nicht der Fall, so ist die Werbung irreführend.[1951] Irreführend kann aber auch die **selektive Übernahme einzelner,** für den Unternehmer positiver Aussagen in einzelnen **Kategorien** eines Tests sein, wenn dadurch der Eindruck eines besseren Gesamtergebnisses bei diesem Test entsteht als tatsächlich erzielt wurde (vgl. auch nachfolgend → Rn. 680, 690), und zwar selbst dann,

---

[1941] OLG Hamm MMR 2017, 780 Rn. 41.

[1942] Angenommen von OLG Hamburg GRUR-RR 2018, 24 Rn. 34 – Homeserver, wo der Testsieg auf einer Hardware beruhte, die in dem Tarif, der mit dem Testsieg beworben wurde, nicht enthalten war.

[1943] OLG Köln MD 2011, 56 (58).

[1944] OLG Brandenburg WRP 2012, 1123 (1126) – Testsiegel (zu einer Servicestudie); OLG Frankfurt a. M. WRP 2016, 750 Rn. 7 ff. – DSL StarS.

[1945] Vgl. *Helm/Sonntag/Burger* in Gloy/Loschelder/Danckwerts HdbWettbR § 59 Rn. 289 mit dem Beispiel einer geänderten Rezeptur eines Nahrungsmittels; OLG Frankfurt a. M. GRUR 1992, 538 – Altes Testurteil (dort allerdings mangels Nachweises abgelehnt).

[1946] OLG Köln GRUR 1988, 556 – Waschmaschine.

[1947] BGH GRUR 2003, 800 (803) – Schachcomputerkatalog; OLG Köln MD 2011, 634. AA noch OLG Köln MD 2003, 1154 (1158) – Kinderfahrradhelm.

[1948] BGH WRP 2014, 67 Rn. 8 – Testergebnis-Werbung für Kaffee-Pads; GRUR 1985, 932 (933) – Veralteter Test; OLG Köln MD 2003, 1154 (1158) – Kinderfahrradhelm.

[1949] BGH GRUR 2019, 631 Rn. 68 – Das beste Netz.

[1950] BGH WRP 2014, 67 Rn. 8 – Testergebnis-Werbung für Kaffee-Pads.

[1951] OLG Köln MD 2011, 56 (58).

wenn sich die Aussagen auf einen früheren Test beziehen.[1952] Davon zu unterscheiden ist das negative Ergebnis bei einem anderen Test, dh bei einem Test eines anderen Testinstituts oder eines anderen Produkts, auf den der Unternehmer grundsätzlich nicht hinweisen muss (hierzu → Rn. 691).

ee) Stellung des getesteten Objekts im Gesamtgefüge. Die Irreführung kann auch dadurch geschehen, dass über die **Stellung** des beworbenen Objekts **im Gesamtgefüge** des Tests, dh **im Vergleich zu anderen Testobjekten,** getäuscht wird. Zwar gibt es keine grundsätzliche Verpflichtung, die Stellung des beworbenen Produkts im Gesamtgefüge des Tests wiederzugeben. Jedoch können Angaben zum Abschneiden von Konkurrenten helfen, Fehlvorstellungen zu vermeiden. Der Unternehmer muss also nicht in jedem Fall angeben, wie Konkurrenzerzeugnisse abgeschnitten haben und welche Noten insgesamt vergeben wurden.[1953] Die Angabe des Rangverhältnisses der Bewertungen kann allerdings notwendig sein, wenn nennenswerte Rangunterschiede bestehen, etwa bei Existenz von in einer besseren Notenstufe bewerteten Konkurrenzprodukten.[1954] Allein eine (geringfügig) bessere Note (zB 1,8 statt 1,7) innerhalb derselben Notenstufe (zB „gut") muss hingegen im Regelfall nicht offengelegt werden.[1955] Ebenso muss ein ausdrücklich zum **„Testsieger"** erklärtes Unternehmen grundsätzlich nicht über den Umfang des Vorsprungs gegenüber anderen aufklären; er muss nach der Rechtsprechung des BGH noch nicht einmal darüber aufklären, dass er sich den Sieg mit einem Wettbewerber teilt, weil der BGH dies als Werbung mit einer Auszeichnung ansieht.[1956] Diese Grundsätze gelten gleichermaßen, wenn die Bezeichnung „Testsieger" nicht vom testenden Unternehmen, sondern vom Werbenden stammt.[1957] Allerdings darf umgekehrt durch Hinzufügen von Adjektiven wie *„klar"*, *„unangefochten"* oder *„souverän"* nicht der Eindruck eines deutlichen Vorsprungs erweckt werden, wenn dieser Vorsprung tatsächlich nicht gegeben war, sondern der 1. Platz mit anderen geteilt werden musste.[1958] Ebenso kann die Werbung mit einem „Testsieg" ohne weitere Aufklärung irreführend sein, wenn der Werbende sich den Testsieg mit so vielen anderen Unternehmen teilen muss, dass er insgesamt nur durchschnittlich abgeschnitten hat.[1959] Irreführend ist es auch, sich als „Testsieger" zu bezeichnen, wenn der Test **Fehlertoleranzen** enthält, nach denen der Werbende eventuell doch nicht vor seinen Mitbewerbern liegen könnte.[1960] 680

Bei einem mit **„sehr gut"** bewerteten Produkt geht der Verkehr nicht davon aus, dass allein dieses Produkt und nicht auch einzelne andere Produkte diese Wertung erhalten haben.[1961] Daher ist grundsätzlich kein Hinweis erforderlich, dass auch andere Produkte ein „sehr gut" erhalten haben.[1962] Etwas anderes kann allenfalls in besonderen Situationen 681

[1952] OLG Frankfurt a. M. WRP 2018, 1499 Rn. 16.

[1953] OLG Celle GRUR-RR 2005, 286; OLG Frankfurt a. M. WRP 1982, 35 (36) – Werbung mit Testergebnissen I; WRP 1985, 495 (496) – Werbung mit Testergebnissen II; OLG Köln GRUR 1983, 514 (515); OLG Koblenz WRP 1982, 484 (486) – Werbung mit dem Testurteil „gut"; *Helm/Sonntag/Burger* in Gloy/Loschelder/Danckwerts HdbWettbR § 59 Rn. 289; aA *Giefers* WRP 1964, 289 (293); Bedenken äußert auch *Hart* WRP 1986, 515 (521). Die anderslautenden Empfehlungen der Stiftung Warentest sind für die Auslegung von § 5 UWG nicht bindend; so ausdrücklich auch OLG Celle GRUR-RR 2005, 286.

[1954] OLG Frankfurt a. M. K&R 2013, 129 (130) – wobei sich die Irreführung bei Fehlen dieser Angaben streng genommen aus § 5a Abs. 2 UWG ergibt.

[1955] OLG Hamburg GRUR-RR 2014, 160.

[1956] BGH GRUR 2003, 800 (802) – Schachcomputerkatalog; ebenso OLG Düsseldorf GRUR-RR 2016, 208 Rn. 17 – Testsieger bei Energiesparlampen. AA *Koppe/Zagouras* WRP 2008, 1035 (1037). Differenzierend OLG Hamburg GRUR-RR 2013, 437 (438) – Spitzentrio.

[1957] OLG Düsseldorf GRUR-RR 2016, 208 Rn. 17, 21 – Testsieger bei Energiesparlampen.

[1958] BGH GRUR 2003, 800 (803) – Schachcomputerkatalog; *Lindacher* WRP 2014, 140 (141).

[1959] LG Hamburg MD 2014, 319 (322).

[1960] OLG Zweibrücken WRP 2011, 1660 (1661) – Branchensieger.

[1961] OLG Frankfurt a. M. WRP 1985, 495 (496) – Werbung mit Testergebnissen.

[1962] OLG Celle GRUR-RR 2005, 286; vgl. im Hinblick auf mehrere Produkte mit der Testnote „gut" OLG Hamburg GRUR-RR 2014, 160 – Gut (1,9).

gelten, wenn alle getesteten Produkte mit „sehr gut“ bewertet wurden oder ein „sehr gut“ entgegen der Erwartung des Verkehrs nicht die **höchste Wertungsstufe** ist.[1963]

682 Ebenso erwartet der durchschnittlich informierte und verständige Verbraucher von einem im Gesamtergebnis mit **„gut“** bewerteten Produkt, bei dem dieses Ergebnis in der Werbung herausgestellt wird, dass es überdurchschnittlich abgeschnitten hat.[1964] Ist das nicht der Fall, weil etwa zehn getestete Produkte mit „sehr gut“, elf mit „gut“ und nur eins mit „befriedigend“ abgeschnitten haben, ist die Werbung bei Fehlen erläuternder Angaben irreführend.[1965] Die bloße Angabe der Fundstelle für den vollständigen Testbericht genügt dabei selbst nach dem Leitbild des durchschnittlich verständigen und informierten Verbrauchers nicht.[1966] Denn dieses Leitbild geht davon aus, dass der Verbraucher die ihm dargebotenen Informationen nutzt, nicht aber davon, dass er sich weitergehende Informationen verschafft.

683 **ff) Eigene Umschreibung der Testwertung.** Das Testergebnis muss nicht zwingend in der wörtlich verliehenen Form genutzt werden. Auch wenn die Stiftung Warentest in ihren Bedingungen verlangt, dass ihre Aussagen vom Werbenden nicht mit **eigenen Worten** umschrieben werden, so ist wettbewerbsrechtlich eine solche Umschreibung zulässig, sofern dabei nicht das Testergebnis zu Gunsten des Werbenden verändert wird.[1967] Damit lässt sich auch die bisherige Rechtsprechung, nach der es grundsätzlich irreführend ist, wenn ein Unternehmer sich zum „Testsieger“ kürt, obwohl dieser Titel durch das Testinstitut nicht vergeben wurde,[1968] nicht mehr halten. Denn maßgeblich ist nach der Rechtsprechung des BGH allein, ob der Inhalt der jeweiligen Auszeichnung, die in einem seriösen Verfahren vergeben und nicht erschlichen wurde, zutreffend wiedergegeben wird; ist das der Fall, so soll es wettbewerbsrechtlich irrelevant sein, ob der Verkehr dieser Wiedergabe des Testsiegels unzutreffende Vorstellungen über den Gegenstand oder das Ergebnis des Tests entnimmt.[1969] So sah der BGH die Werbung mit der Aussage „das beste Netz“ für zulässig an, weil dies den Inhalt des Testsiegels „Testsieger – Festnetztest“ zutreffend wiedergab. Zugleich ist es somit aber auch weiterhin irreführend, wenn die eigene Einschätzung als „Testsieger“ nicht dem Inhalt der jeweiligen Auszeichnung entspricht.[1970]

684 **gg) Repräsentativität.** Irreführend ist es auch, wenn mit Aussagen über die **Repräsentativität** eines Tests getäuscht wird. Das ist zB der Fall, wenn bei einem Test nur fünf von insgesamt 289 Beratungsstellen eines überregional tätigen Lohnsteuerhilfevereins getestet werden und dem Test auch nur eine Aussagekraft für die jeweils getestete Beratungsstelle zukommt – denn geprüft wurden jeweils Steuerbearbeitung, Service, Beratung und Beratungsgespräch und die Ergebnisse fielen bei einzelnen Beratungsstellen desselben Vereins teilweise sehr unterschiedlich aus –, der Unternehmer aber dennoch den Eindruck erweckt, das Testergebnis beziehe sich auf seine gesamte Organisation.[1971] Das gilt selbst dann, wenn die getesteten Beratungsstellen nach ihrem Gewicht, ihrer Ausstattung und ihrem Auftreten als repräsentativ für die gesamte Organisation angesehen werden können.[1972] Allgemein

---

[1963] OLG Köln WRP 2013, 535 Rn. 8 f. – Konsumententest III.
[1964] OLG Köln WRP 2013, 535 Rn. 8 f. – Konsumententest III.
[1965] BGH GRUR 1982, 437 (438) – Test gut; OLG Koblenz WRP 1982, 484; KG GRUR 1980, 728 (730) – „Qualitätsurteil gut“; vgl. auch OLG Köln GRUR 1983, 514 für den Fall, dass alle Erzeugnisse mit „gut“ bewertet wurden und nur ein Erzeugnis mit „befriedigend“. Nach Auffassung des OLG Frankfurt a. M. GRUR-Prax 2011, 127, ist gem. § 5a UWG zusätzlich auch noch der Rang des getesteten Produkts anzugeben, und zwar selbst dann, wenn dieses Produkt überdurchschnittlich abgeschnitten hat.
[1966] Vgl. bereits BGH GRUR 1982, 437 (438) – Test Gut.
[1967] BGH GRUR 2019, 631 Rn. 69 – Das beste Netz.
[1968] OLG Hamburg GRUR-RR 2013, 437 (438) – Spitzentrio.
[1969] BGH GRUR 2019, 631 Rn. 82 – Das beste Netz. Im Ergebnis ebenso bereits OLG Düsseldorf GRUR-RR 2016, 208 Rn. 21 – Testsieger bei Energiesparlampen.
[1970] Verneint in OLG München GRUR 1990, 134 (135) – Der Testsieger.
[1971] BGH GRUR 2005, 877 (880) – Werbung mit Testergebnis.
[1972] BGH GRUR 2005, 877 (880) – Werbung mit Testergebnis.

kann die Werbung mit einem Testsiegel irreführend sein, wenn diesem aufgrund besonderer Umstände nur eine begrenzte Aussagekraft zukommt.[1973] So ist es irreführend, sich als „Testsieger" zu bezeichnen, wenn in dem Test nur fünf von 30 möglichen Angeboten getestet wurden.[1974] Auf der anderen Seite ist Repräsentativität **nicht gleichzusetzen mit Vollständigkeit.** Es müssen daher nicht stets sämtliche auf dem Markt befindlichen einschlägigen Angebote getestet werden; dem durchschnittlich verständigen Verbraucher ist vielmehr bekannt, dass vom testenden Unternehmen eine – repräsentative – Vorauswahl getroffen wird.[1975]

hh) Aktualität. Getäuscht werden darf schließlich auch nicht über die **Aktualität** eines Tests. Zwar ist es grundsätzlich nicht verboten, auch mit älteren Tests zu werben. Enthält die Werbung keine anderslautenden Angaben, geht der Verkehr aber davon aus, dass es sich um ein aktuelles Testergebnis handelt.[1976] Will man mit **älteren Testergebnissen** (desselben Testinstituts) werben, ist daher grundsätzlich der Zeitpunkt der Testveröffentlichung hinreichend deutlich erkennbar zu machen.[1977] Zum Hinweis auf andere Tests, → Rn. 691. 685

Darüber hinaus müssen die mit dem Testurteil beworbenen Waren den seinerzeit geprüften **Waren unverändert entsprechen** und es darf in der Zwischenzeit **keine bedeutsamen neueren technischen Entwicklungen** gegeben haben.[1978] Außerdem dürfen auch **keine neueren vergleichbaren Prüfergebnisse** (desselben Testinstituts) vorliegen, wobei es für die Vergleichbarkeit auf den Einzelfall ankommt.[1979] Liegen für dasselbe Produkt neue Ergebnisse vor, ist die Werbung mit den besseren alten Ergebnissen irreführend.[1980] Wurde das beworbene Produkt in den neuen Test hingegen nicht mit einbezogen, sondern wurden nur vergleichbare Waren derselben Waren*gattung* getestet, hängt die Beurteilung der Irreführungsgefahr davon ab, ob der Verkehr bei dem Hinweis auf den alten Test erwartet, dass in der Zwischenzeit keine weiteren Tests für diese Gattung stattgefunden haben. Je größer das Spektrum und die Produktvielfalt einer Warengattung ist, desto unwahrscheinlicher ist diese Vorstellung. Aus diesem Grund ist beispielsweise eine Werbung mit einem älteren Test für eine Matratze nicht irreführend, wenn diese zugleich als **„Restposten"** beworben wird und sich die neueren Tests auf ein **anderes Preissegment** beziehen.[1981] Zur Werbung mit Testergebnissen für mittlerweile veränderte Produkte → Rn. 678. 686

c) Wesentliche Bestandteile/Merkmale von Tests, Andere Tests, Aufklärungspflichten. Nicht nur die Angabe eines falschen Gesamtergebnisses kann irreführend sein. § 5 Abs. 1 S. 2 Nr. 1 UWG und Art. 6 Abs. 1 lit. b der UGP-Richtlinie erwähnen vielmehr ausdrücklich auch „wesentliche Bestandteile" bzw. „wesentliche Merkmale" eines Tests oder einer Untersuchung. Dies bedeutet, dass auch die Darstellung von Details eines Tests eine Irreführung begründen kann, sofern diese „wesentlich" sind. Wer etwa für *Mobilfunkdienst*leistungen damit wirbt, *„der Netzbetreiber mit den zufriedensten Kunden"* zu sein, handelt irreführend, wenn der Test eine Spitzenstellung allein unter den Netzbetreibern ergibt, unter allen Mobilfunkanbietern hingegen nur einen Mittelplatz.[1982] 687

[1973] BGH GRUR 2019, 631 Rn. 70 – Das beste Netz.

[1974] KG GRUR 1999, 192.

[1975] OLG Frankfurt a. M. GRUR-RR 2003, 344 (345) – Matratzentest.

[1976] OLG Hamburg GRUR 2000, 530 (532) – CSE-Hemmer; OLG Düsseldorf GRUR 1981, 750 (751) – Folienschweißgerät.

[1977] Vgl. OLG Zweibrücken WRP 2012, 1136 (1137). Zur (nicht erforderlichen) Aufklärung über die Existenz anderer Tests durch andere Testinstitute → Rn. 691.

[1978] BGH WRP 2014, 67 (68) – Testergebnis-Werbung für Kaffee-Pads; GRUR 1985, 932 (933) – Veralteter Test; GRUR 2019, 631 Rn. 68 – Das beste Netz.

[1979] OLG Zweibrücken WRP 2012, 1136 (1137) – Fahrrad-Bügelschloss.

[1980] OLG Stuttgart GRUR 2007, 435 (436) – Veralteter Matratzentest; vgl. auch OLG Zweibrücken WRP 2012, 1136 (1137) – Fahrrad-Bügelschloss für den Fall, dass der Tester aufgrund neuer Erkenntnisse sein früheres (positives) Urteil revidiert.

[1981] OLG Frankfurt a. M. GRUR-RR 2003, 344 (345) – Matratzentest.

[1982] OLG Frankfurt a. M. GRUR-RR 2013, 393 – Der Netzbetreiber mit den zufriedensten Kunden.

688 Nach welchen Kriterien sich diese Wesentlichkeit bestimmt, wird nicht geregelt. Auch in den Gesetzesmaterialien finden sich hierzu keine Angaben. Wesentlich sind insbesondere **alle Einzelbewertungen, die in das jeweilige Gesamtergebnis eingeflossen** sind. Die richtige Angabe des Gesamtergebnisses „heilt" nicht die falsche Angabe solcher Einzelergebnisse. Denn mögliche Kunden können unterschiedlichen Wert legen auf Bewertungen in einzelnen Kriterien, denen bei identischem Gesamtergebnis ausschlaggebende Bedeutung zukommen kann. So kann beispielsweise ein Kunde beim Kauf eines Digital-Fotoapparates besonderen Wert legen auf die Auflösung, während ein anderer mehr Wert legt auf das Objektiv, ein Dritter mehr auf Gewicht und Einstellmöglichkeiten etc. Wesentliche Bestandteile sind dabei nicht nur solche, die in das Gesamtergebnis des jeweils beworbenen Objekts eingeflossen sind. Auch die **Stellung des einzelnen Ergebnisses im Gesamtgefüge** oder die **Aktualität eines Tests** können ein wesentlicher Bestandteil sein. Maßgeblich ist, ob die Angabe über den einzelnen Bestandteil geeignet ist, die Kaufentscheidung eines Kunden positiv zu beeinflussen.

689 Die Erwähnung von „wesentlichen Bestandteilen" bedeutet nicht, dass sich die Werbung mit Tests in jedem Fall auf die Darstellung einzelner Test-Bestandteile beschränken darf, auch wenn diese wesentlich sein mögen. Die Frage nach der Irreführung durch Unterlassen bei der **Werbung mit einzelnen Bestandteilen** beantwortet sich vielmehr allein nach den allgemeinen Kriterien des § 5a UWG. Dabei kommt es stets nur auf die Ergebnisse des jeweiligen Tests an, dh etwaige Tests anderer Komponenten desselben Geräts durch andere Testinstitute spielen keine Rolle (zur Berücksichtigung anderer Tests → Rn. 691).

690 Das bedeutet konkret, dass nicht mit einem Testsieg für einzelne Komponenten geworben werden darf, die **nicht in das Endergebnis eingeflossen** sind.[1983] Auch die **Hervorhebung** einzelner Bestandteile eines Tests kann irreführend sein, wenn wesentliche andere Bestandteile desselben Tests, die zu Lasten des Unternehmers gehen, nicht erwähnt werden.[1984] Die Stiftung Warentest verlangt daher in ihren Bedingungen, dass günstige Einzelaussagen nicht isoliert wiedergegeben werden, wenn **andere Aussagen weniger günstig** sind. Darüber hinaus kann auch die Darstellung von unwesentlichen Bestandteilen irreführend sein, wenn ihnen dadurch eine **größere Bedeutung** beigemessen wird, als ihnen tatsächlich zukommt oder wenn dadurch der falsche Eindruck eines **besseren Gesamtergebnisses** hervorgerufen wird, als tatsächlich erzielt wurde. Erst recht darf nicht der falsche Eindruck erweckt werden, das **Teilergebnis entspreche dem Gesamtergebnis,** wenn dies tatsächlich nicht der Fall ist. Besonders kritisch ist daher die Werbung für Dienstleistungen mit dem Ergebnis *„Beste Leistung",* wenn die Leistungserbringung nur eine Sparte eines umfangreichen Qualitätstests war, in dem auch andere Kriterien (zB Finanzkraft und Kundenservice) getestet wurden und der Werbende insoweit deutlich schlechter abschnitt. Denn „Beste Leistungen" versteht der Verbraucher schnell als das Ergebnis eines umfassenden Vergleichs.[1985] Die Bedingungen der Stiftung Warentest sehen außerdem vor, dass stets (auch) ein veröffentlichtes **zusammenfassendes Qualitätsurteil** anzugeben ist. Das ist jedoch nicht zwingend für die Beurteilung nach § 5 UWG. Denn der durchschnittlich informierte Verbraucher weiß, dass das Gesamtergebnis die Summe von Einzelwertungen ist und es in diesen Einzelwerten durchaus zu unterschiedlichen Ergebnissen kommen kann. Es kommt daher auf den Einzelfall an. Wird mit dem Ergebnis eines Einzelmerkmals geworben, das für das Gesamturteil nur eine geringe Bedeutung hat und ist das Gesamturteil wesentlich schlechter als das Einzelmerkmal, kann dies irreführend wirken. Wird hingegen mit einem gewichtigen Einzelmerkmal geworben und schneidet das Produkt auch insgesamt überdurchschnittlich ab, spricht das gegen eine Irreführungsgefahr. Nicht unlauter ist beispielsweise die Werbung mit dem Testergebnis „sehr gut" für das Einzelmerkmal Kaffeearoma bei einem Test, in dem das Kaffeearoma mit 35 % am

---

[1983] OLG Hamburg NJOZ 2001, 611 (613) – Preis-Leistungs-Sieger.
[1984] BGH GRUR 1982, 437 (438) – Test Gut; OLG Frankfurt a. M. WRP 2018, 1499 Rn. 12 ff.
[1985] LG Hamburg WRP 2012, 1307 Rn. 32 – Beste Krankenkasse.

Gesamturteil das gewichtigste Einzelmerkmal ist und die beworbene Kaffeemaschine Testsieger wurde, auch wenn die Maschine insgesamt nur mit „gut" abgeschnitten hat.[1986]

Von den Teilergebnissen eines Tests zu unterscheiden ist das **Vorliegen weiterer Tests** durch **andere Testinstitute.** Dem durchschnittlich informierten und verständigen Verbraucher ist bekannt, dass heute von einer Vielzahl von Organisationen und Instituten Tests durchgeführt werden. Auf die Existenz anderer Tests anderer Testinstitute muss daher zur Vermeidung einer Irreführungsgefahr im Regelfall **nicht hingewiesen** werden. Ebenso wenig muss im Regelfall auf anderslautende Testergebnisse hingewiesen werden, solange dadurch nicht die Aktualität des Tests in Frage steht.[1987] Der Unternehmer ist grundsätzlich nicht verpflichtet, auf für ihn negative Testergebnisse hinzuweisen. Etwas anderes kann jedoch in Ausnahmefällen gelten, wenn das Testergebnis, das in der Werbung verwendet werden soll, in krassem Widerspruch zu allen anderen Testergebnissen steht – in einem solchen Fall dürften zumeist aber auch Zweifel an der Objektivität und Neutralität des (positiven) Tests bestehen – oder wenn aus einem Test allgemeine Aussagen abgeleitet werden, die aber durch andere Tests widerlegt werden.[1988] 691

3. Prüfzeichen/Gütesiegel/Gütezeichen. Prüfzeichen, Gütesiegel und Gütezeichen sind Zeichen dafür, dass die konkret beworbene Ware oder Leistung von einem **neutralen Dritten mit entsprechender Kompetenz nach objektiven und aussagekräftigen Kriterien geprüft** wurde.[1989] 692

Prüfzeichen sind zB das „TÜV-Prüfzeichen",[1990] „VDE-Zeichen" (Verband der Elektrotechnik Elektronik Informationstechnik eV), „DLG-SignumTest", „QS – Qualität und Sicherheit", „LGA tested Quality" oder „LGA tested safety". 693

Gütesiegel sind zB: „AGR-Gütesiegel" – Aktion Gesunder Rücken, „Trusted Shops" – Beachtung von Verbraucherschutz-Richtlinien und Datenschutz durch kommerzielle Internet-Angebote, „DEKRA-Siegel". 694

Teilweise wird zur Bezeichnung von Gütesiegeln auch der Begriff **„Gütezeichen"** verwendet. Gütezeichen sind zB der „Blaue Engel", das „Gütezeichen Buskomfort"[1991] oder das CMA-Gütezeichen „Markenqualität aus deutschen Landen".[1992] 695

Die Verwendung von Prüfzeichen/Gütesiegeln/Gütezeichen und vergleichbaren Zeichen suggeriert dem durchschnittlich aufmerksamen und verständigen Verbraucher, dass eine entsprechende **Untersuchung** nach **objektiven Kriterien** durch einen **neutralen Dritten** vorher stattgefunden hat und das beworbene Produkt die relevanten Anforderungen erfüllt. Ob es sich bei diesem Dritten um eine öffentliche oder eine private Stelle handelt, ist dabei irrelevant. Irreführend ist daher die Werbung mit einem Gütesiegel, wenn dessen Verleihung nicht an ein objektives, sachbezogenes Prüfungs- und Vergabeverfahren durch eine neutrale Instanz geknüpft ist, sondern allein auf **Selbstauskünften** der jeweiligen Unternehmen beruht[1993] oder allein auf subjektiven Bewertungen von Urlaubern, ohne weitere Nachprüfung.[1994] Dabei kann der Eindruck eines solchen Prüfungs- und Vergabeverfahrens auch durch ein in Siegelform gestaltetes Unternehmenskennzeichen eines als „Akademie" bezeichneten Unternehmens hervorgerufen werden.[1995] 696

[1986] OLG Celle GRUR-RR 2005, 286.

[1987] Vgl. OLG München VersR 2000, 909.

[1988] OLG Köln MD 2011, 56 (59). Dazu auch → Rn. 685.

[1989] BGH GRUR 2016, 1076 Rn. 39 – LGA tested; *Franz* WRP 2020, 548 Rn. 1.

[1990] Vgl. BGH GRUR 1991, 553 – TÜV-Prüfzeichen.

[1991] Vgl. LG Saarbrücken WRP 2005, 386 (388) – 4 Sterne Bus.

[1992] Nach Auffassung des EuGH verstößt die Bundesrepublik Deutschland allerdings durch die Vergabe des CMA-Gütezeichens an in Deutschland hergestellte Fertigerzeugnisse gegen Art. 34 AEUV, EuGH Urt. v. 5.11.2002 – C-325/00, EuZW 2003, 23 (24). Hierzu sowie zum Gütezeichen des Freistaats Bayern „Geprüfte Qualität – Bayern" siehe *Ohler* ZLR 2002, 713 (717 ff.) und *Korte/Oschmann* NJW 2003, 1766 ff.

[1993] OLG Dresden MMR 2012, 679 (680); OLG Köln WRP 2018, 737 Rn. 17 – BVBG-Gütesiegel.

[1994] LG Köln MMR 2012, 244 (245).

[1995] OLG Rostock WRP 2015, 66 Rn. 14 – Allergiebettwäsche; das gilt erst recht, wenn die Verwendung in Verbindung mit anderen allgemein anerkannten Zertifikaten wie zB dem Ökotest Label oder dem Logo des TÜV Rheinland erfolgt.

697 Davon **abzugrenzen** sind Aussagen, die der Verkehr nicht als Hinweis auf eine Prüfung durch Dritte versteht. Wird zB nur von einer **„Premium Leistungsgarantie"** gesprochen, so ist dem per se kein Hinweis auf eine objektive Prüfung durch einen neutralen Dritten zu entnehmen, zumal der Begriff „Premium" heute weit verbreitet ist.[1996] Ebenso werden dem Hinweis auf eine **„garantierte Markenqualität",**[1997] die Werbung für eine **„Brille des Monats"**[1998] sowie Werbung mit Tätigkeitsschwerpunkten eines Rechtsanwaltes[1999] vom Verkehr nicht als Hinweis auf eine besondere Prüfung durch Dritte verstanden. Anders ist es zu beurteilen, wenn ein *„Produkt des Monats"* unter ausdrücklichem **Hinweis auf einen Dritten,** der das Produkt gewählt hat, etwa eine Fachzeitschrift, beworben wird.[2000]

698 **a) Verhältnis zu Nr. 2 im Anhang zu § 3 Abs. 3 UWG. Vorrangig** zu prüfende Sonderregelungen zur Verwendung von Gütezeichen finden sich in **Nr. 2 und Nr. 4** im Anhang zu § 3 Abs. 3 UWG. Verwendet ein Unternehmer gegenüber Verbrauchern ein Gütezeichen, ein Qualitätskennzeichen oder Ähnliches ohne die erforderliche Genehmigung, so ist dies nach Nr. 2 des Anhangs zu § 3 Abs. 3 in jedem Fall unzulässig. Diese Regelung erfasst allerdings nur Fälle, in denen real existierende qualitätsbezogene Zeichen, die von Dritten vergeben werden, verwendet werden. Wird hingegen nur der irreführende Eindruck eines Gütezeichens erweckt, wird das verwendete Zeichen vom Unternehmer selbst vergeben oder liegt zwar formell eine Genehmigung vor, ist diese aber angreifbar, verbleibt es bei der Anwendbarkeit von § 5 Abs. 1 S. 2 UWG.[2001] Das betrifft zB denjenigen, der damit wirbt, sein Produkt sei mit einer *„Premium-Leistungsgarantie" „ausgezeichnet"*, obwohl der Vergabe keine ausreichende Prüfung durch einen Dritten vorausging.[2002] Ebenso liegt es bei Werbung für Kaffee mit der Aussage *„Zwei Angebote mit Auszeichnung"*, bei der ein durchschnittlich informierter Verbraucher ebenfalls glauben kann, der Kaffee wurde von einem neutralen Dritten untersucht und dann ausgezeichnet.[2003] Dasselbe gilt auch für die irreführende Verwendung des **„CE"-Zeichens,** das der Unternehmer sich quasi selbst verleiht, zB durch die Angabe „CE-geprüft". Hier erwartet der Verkehr, dass eine Prüfung durch einen neutralen Dritten stattgefunden hat.[2004]

699 **b) Grundsätze der Vergabe und Überwachung.** Gütezeichen sind interessenneutrale, objektive Ausweise der Gütesicherung,[2005] bei der nicht nur Qualitätsanforderungen an Waren oder Leistungen festgelegt, sondern auch deren Einhaltung ständig überwacht werden. Sie werden von öffentlichen Stellen oder von privaten Organisationen und dabei insbesondere von sog. **Gütezeichengemeinschaften** vergeben, welche auf gesetzlicher Grundlage oder unter Beachtung der „RAL Grundsätze für Gütezeichen"[2006] tätig werden. Hierfür hat eine hinreichend kompetente Gemeinschaft öffentlich zugängliche Bedingun-

[1996] OLG Nürnberg WRP 2005, 917 – Leistungsgarantie. Anders wenn davon die Rede ist, ein Produkt sei entsprechend „ausgezeichnet".

[1997] BGH GRUR 1989, 754 (756) – Markenqualität.

[1998] OLG Hamburg GRUR 1985, 226.

[1999] BGH GRUR 1994, 825 (826) – Strafverteidigungen; GRUR 1996, 365 (366) – Tätigkeitsschwerpunkte.

[2000] LG Kiel MD 2012, 457.

[2001] KG WRP 2012, 993 Rn. 142 – Deutsches Hygienezertifikat; OLG Celle WRP 2014, 1216; MMR 2019, 173; *Franz* WRP 2020, 548 Rn. 3.

[2002] LG Nürnberg-Fürth WRP 2005, 138 (139) – Premium-Leistungsgarantie; aufgehoben allerdings durch OLG Nürnberg WRP 2005, 917. Ähnlich OLG Hamburg GRUR 1991, 470: *„2 Angebote mit Auszeichnung"* für Kaffeesorten; KG WRP 2012, 993 Rn. 125 – Deutsches Hygienezertifikat.

[2003] OLG Celle MMR 2019, 173 Rn. 18; OLG Hamburg GRUR 1991, 470 – 2 Angebote mit Auszeichnung.

[2004] OLG Frankfurt a. M. MD 2012, 842 f.; OLG Zweibrücken BeckRS 2014, 19888.

[2005] Vgl. Ziff. 1.4 „RAL Grundsätze für Gütezeichen", Stand: 22. Aufl. 2017, https://www.ral-guetezeichen.de/wp-content/uploads/sites/2/2017/07/ral_broschuere_grundsaetze_fuer_ral_guetezeichen.pdf. Zu einer früheren Fassung siehe BGH GRUR 1991, 553 – TÜV-Prüfzeichen.

[2006] RAL Deutsches Institut für Gütesicherung und Kennzeichnung eV. Das RAL führt auch eine Liste der Gütezeichen, die unter www.ral.de abrufbar ist.

gen für die Vergabe des Gütezeichens nach objektiven Kriterien aufzustellen, die Erfüllung der Anforderungen vor der Vergabe zu überprüfen und die Einhaltung auch nachfolgend ständig zu überwachen.

Gütezeichen können nicht nur vom RAL eV vergeben werden. Von einem „Gütezeichenverband" erwartet der Verkehr allerdings, dass Prüfung und Qualitätsüberwachung nach Maßstäben durchgeführt werden, die mit den **RAL-Grundsätzen** zumindest **vergleichbar** sind.[2007] Wird ausdrücklich auf ein RAL-Gütezeichen hingewiesen, so erwartet der durchschnittlich informierte Verbraucher auch die Beachtung der RAL-Grundsätze. Etwas anderes gilt nur, wenn erkennbar nicht mit der Verleihung eines Gütezeichens geworben wird, sondern nur eine Übersicht gegeben werden soll, wie zB bei einer „Farbtonübersichtskarte nach RAL".[2008] Nach den RAL-Grundsätzen werden RAL-Gütezeichen nicht für Einzelerzeugnisse, sondern nur für Warenarten und Leistungskategorien vergeben. An der Aufstellung der Gütebedingungen sind, soweit diese nicht gesetzlich vorgegeben sind, die betroffenen Fach- und Verkehrskreise (Verbände des betroffenen Verbraucherzweigs, der Verbraucher, des Prüfwesens, zuständige Behörden) zu beteiligen. Die Aufstellung allgemeiner Prüfungsbedingungen im Rahmen eines **privaten Einzelauftrags** genügt daher nicht, und zwar auch dann nicht, wenn der beauftragte Dritte objektiv und neutral handelt.[2009] Das RAL selbst haftet im Regelfall nicht für eine etwaige Irreführung durch ein von ihm anerkanntes Gütezeichen. Das gilt auch für eine Störerhaftung, da das RAL nicht zur Prüfung verpflichtet ist, ob von dem Namen der Gütegemeinschaft oder von dem Gütezeichen die Gefahr einer Irreführung ausgeht.[2010] 700

c) Einzelfälle. Eine Werbung mit angeblichen Prüfzeichen/Gütesiegeln/Gütezeichen ist irreführend, wenn das **Zeichen** von dem Unternehmer **selbst angefertigt,** die **Prüfung** von ihm **selbst durchgeführt** wurde oder erst gar **keine leistungsbezogene Prüfung** stattfand oder nur das Vorliegen der **gesetzlichen Mindestvoraussetzungen** konstatiert wird. Wenn etwa **Anwälte** mit einem Qualitätssiegel und dem Begriff *„Prädikatsanwälte"* werben, dann ist das irreführend, wenn dem allein die Mitgliedschaft in einem Verein zugrunde liegt, die (nur) bestimmte Noten, einen Fachanwaltstitel und eine zeitliche Berufserfahrung voraussetzt, aber keine Zertifizierung von dritter Stelle.[2011] Ebenso ist es irreführend, wenn ein „Testsiegel" eines Reiseportals allein auf (vermeintlichen) Kundenwertungen beruht, wobei weder die Authentizität der Bewertung noch die tatsächlichen Angaben vor Ort neutral überprüft werden.[2012] In einem solchen Fall darf auch nicht von einer *„geprüften Qualität"* gesprochen werden.[2013] Ebenso wie bei einer Testwerbung ist auch bei Prüfzeichen/Prüfsiegeln (gem. § 5a UWG) die Angabe einer Fundstelle erforderlich, wenn sich diese Siegel auf die Produktqualität oder Produktsicherheit beziehen, damit der Verbraucher erfahren kann, nach welchen Kriterien das Prüfzeichen vergeben wurde.[2014] Werden Produkte mit dem Gütesiegel *„Wir unterstützen keine Kinderarbeit"* in den Verkehr gebracht, erwartet der Verbraucher, dass durch geeignete Kontrollmaßnahmen sichergestellt wird, dass die Produkte ohne Mithilfe von Kindern hergestellt werden.[2015] Wird mit einem Gütesiegel *„tiergerechte Haltungsform"* geworben, so suggeriert das dem 701

[2007] BPatGE 28, 139 (143) – Gütezeichenverband; Die Anforderungen lockert OLG Düsseldorf GRUR-RR 2019, 84 Rn. 20 ff. – Dichtstoffgütesiegel unter Hinweis auf Art. 83 ff. UMV (Unionsgewährleistungsmarken); vgl. auch §§ 106a ff. MarkenG. Zu den Eintragungsvoraussetzungen einer entsprechenden Kollektivmarke siehe *Fezer,* Markenrecht, MarkenG § 97 Rn. 21.

[2008] OLG Düsseldorf NJWE-WettbR 2000, 154 (155).

[2009] BGH GRUR 1991, 552 (554) – TÜV-Prüfzeichen.

[2010] BGH GRUR 1995, 62 (63) – Betonerhaltung.

[2011] OLG Nürnberg NJOZ 2011, 46.

[2012] OLG München 2.8.2012 – 6 U 1645/12. Ebenso LG Köln MMR 2012, 244 (245).

[2013] LG Köln MMR 2012, 244 (245). Zugleich wurde die Angabe *„echte Gästemeinung"* als Werbung mit einer Selbstverständlichkeit verboten.

[2014] OLG Düsseldorf GRUR-RR 2015, 158 Rn. 50 ff. – LGA tested quality; bestätigt durch BGH GRUR 2016, 1076 Rn. 40 – LGA tested.

[2015] LG Stuttgart WRP 2006, 1156 (Ls.).

Verbraucher mehr als nur die Einhaltung der gesetzlichen Mindestanforderungen für eine tiergerechte Haltung.[2016] Von einem *„Deutschen Hygienezertifikat"* erwartet der Verkehr, erstens dass die so ausgezeichneten Betriebe besondere Hygieneanforderungen erfüllen und **nicht nur die gesetzlichen Mindestvorgaben** und zweitens dass der Vergabe eine objektive und neutrale Prüfung vorausging.[2017] Der wesentliche Unterschied zur TÜV-(KfZ-)Plakette liegt dabei darin, dass die Bedeutung der TÜV-Plakette dem Verkehr bekannt ist und dieser daher weiß, dass es beim TÜV nur um die Erfüllung der gesetzlichen Anforderungen geht. Ist in der Werbung zusätzlich von *„autorisierten Hygienefachberatern"* die Rede, erwartet der Verkehr zudem, dass die Vergabestelle eine nationale und staatlich anerkannte Hygieneinstitution ist, die das Recht zur Verleihung des Zertifikats aufgrund eines besonderen Anerkennungsverfahrens erhalten hat. Das ist aber nicht automatisch und bei jedem Gütezeichen der Fall. Bei der Auszeichnung als *„TOP-Lokalversorger"* erwartet der Verkehr über die bloße Lieferung von Energie hinausgehende Leistungen des Versorgungsunternehmens.[2018]

702 Ebenso ist es irreführend, wenn das Zeichen ohne vorherige Prüfung **nur erkauft** wurde.[2019] Irreführend ist es daher zB mit einer Auszeichnung zum *„1a Augenoptiker"* zu werben, wenn dieser Titel nicht von einem kompetenten Dritten nach Prüfung der für einen Augenoptikerbetrieb maßgeblichen Leistungen vergeben wird, sondern die Betriebe sich die Auszeichnung praktisch selbst verleihen, indem sie einen bestimmten Fragebogen ausfüllen und eine geringe Schutzgebühr entrichten, für die man dann das Auszeichnungsmaterial (Aufkleber und Urkunde) erhält.[2020] Die Zahlung einer angemessenen **Gebühr für die Durchführung** einer sachlichen Prüfung und die Verleihung eines Prüfzeichens/Gütesiegels/Gütezeichens steht der rechtmäßigen Werbung mit diesem Zeichen hingegen nicht entgegen.[2021]

703 Irreführend ist es auch, den **Gegenstand der Prüfung** falsch darzustellen. Wird etwa behauptet, der Inhalt eines Vertrages stimme mit dem Verlagsgesetz überein, dann erwartet der durchschnittliche Verbraucher, dass die Regelungen in dem Vertrag den gesetzlichen Bestimmungen entsprechen; er erwartet nicht, dass die Regelungen vom dispositiven Gesetzestext abweichen.[2022] Ebenso ist es irreführend, wenn Hinweise auf **Qualitätsmanagementsysteme** (zB ISO 9000) so gegeben werden, dass der durchschnittlich informierte und verständige Verbraucher sie auf bestimmte Produkte bezieht.[2023] Irreführend kann es auch sein, wenn mit einer **„Autorisierung"** geworben wird ohne zu sagen, wer diese Autorisierung vorgenommen hat und die Einhaltung der Rahmenbedingungen auch nachfolgend prüft.[2024]

704 Auch geht der Verkehr davon aus, dass das mit dem Hinweis auf ein Prüfzeichen/Gütesiegel/Gütezeichen beworbene Produkt die bei der Vergabe-Prüfung gestellten Anforderungen erfüllt hat und **auch aktuell noch erfüllt.** Selbst wenn ein qualitätsbezogenes Zeichen in der Vergangenheit vergeben wurde, kann die Werbung hiermit daher irreführend sein, wenn es widerrufen wurde oder wenn das Zeichen nicht hätte erteilt werden dürfen, zB weil die Prüfung in wesentlichen Punkten unvollständig war oder die geprüfte Ware wesentliche Mängel aufweist, welche die Erteilung des Prüfzeichens hätten ausschließen müssen.[2025] Das soll selbst dann gelten, wenn die Verleihung durch **Verwaltungsakt**

[2016] LG Oldenburg WRP 2010, 1187 (1189).

[2017] KG WRP 2012, 993 Rn. 125 ff. – Deutsches Hygienezertifikat; OLG München WRP 2015, 642 Rn. 26.

[2018] OLG Frankfurt a. M. WRP 2015, 463 Rn. 7.

[2019] BGH GRUR 1991, 552 (554) – TÜV-Prüfzeichen; GRUR 1961, 189 (191) – Rippenstreckmetall.

[2020] OLG Düsseldorf WRP 2007, 357 (358) – Auszeichnung zum „1a Augenoptiker".

[2021] BGH GRUR 2016, 1076 Rn. 45 – LGA tested; GRUR 1991, 550 (551) – Zaunlasur; GRUR 1991, 552 (554) – TÜV-Prüfzeichen.

[2022] LG Frankfurt a. M. WRP 2007, 469.

[2023] OLG München WRP 1999, 963.

[2024] OLG Brandenburg BeckRS 2010, 21103 – autorisierte Goldverwertungsagentur.

[2025] OLG Oldenburg GRUR-RR 2003, 159 f. – Torpfosten; *Kollmann* GRUR 2004, 6 (9).

erfolgte.[2026] Allerdings ist fraglich, ob sich diese Rechtsprechung noch halten lässt, nachdem der BGH in Entscheidungen zu § 4 Nr. 11 UWG a.F (jetzt § 3a UWG) festgestellt hat, dass kein (damals noch so genannter) Rechtsbruch vorliegt, wenn eine Handlung im Vertrauen auf einen nicht **nichtigen** Verwaltungsakt vorgenommen wurde.[2027] Erst recht irreführend ist die Werbung mit einem amtlichen Zulassungsbescheid, wenn dieser wesentlich geändert oder eingeschränkt wurde.[2028] Auch geht der Verkehr davon aus, dass die beworbenen Waren keine Mängel aufweisen, die zum **Widerruf** der Erteilung führen müssten, und zwar unabhängig davon, ob der Widerruf bereits erfolgte.[2029] Umgekehrt sind falsche Angaben über die Durchführung, den Inhalt oder die Ergebnisse einer angeblichen Prüfung, die tatsächlich nicht stattgefunden hat, auch dann irreführend, wenn eine Prüfung zu diesen Ergebnissen geführt hätte.[2030] Sofern sich die Prüfung allein auf ein Vorgängermodell bezog, ist eine Werbung für das neuere Modell unter Verwendung des Prüfsiegels zudem irreführend, wenn eine qualitative Gleichwertigkeit der Produkte nicht nachgewiesen werden kann.[2031]

d) Werbung mit Sternen. Auch bei einer Werbung mit Sternen geht der Verkehr im 705
Regelfall mangels anderslautender Angaben davon aus, dass vor der Vergabe eine Prüfung durch eine neutrale Instanz stattgefunden hat und es sich nicht um eine bloße Selbsteinschätzung handelt.[2032] Bei einer Angabe von Sternen auf einer Plakette an der Außenfassade eines Hotels in Deutschland (oder auf der Homepage dieses Hotels) wird er dabei mangels entgegenstehender Hinweise davon ausgehen, dass es sich um die Klassifizierung des Deutschen Hotel- und Gaststättenverbandes (Dehoga) handelt.[2033] Bei einer Werbung mit Sternen auf Reisebussen hingegen ist zu beachten, dass die Verwendung der Sterne als Kollektivmarke den Mitgliedern der Gütegemeinschaft Buskomfort vorbehalten ist. Bei Angaben von Sternen an anderer Stelle (zB auf Urlaubsportalen im Internet) weiß der Verkehr hingegen mittlerweile, dass dafür eine Vielzahl von Vergabesystemen in Betracht kommt. Der Verkehr wird daher nicht annehmen, dass es sich um die Klassifizierung der Dehoga handelt. Wohl aber wird er erwarten, dass zuvor eine objektive Prüfung durch eine neutrale Stelle stattgefunden hat.[2034] Das bedeutet zugleich, dass bei Verwendung von solchen Klassifizierungen jeweils anzugeben ist, von wem die Bewertung stammt.[2035]

4. DIN Normen. Wird mit den Ergebnissen eines Prüfverfahrens nach einer bestimm- 706
ten **DIN-Norm** geworben, so erwartet der Verkehr, dass dieses Prüfverfahren auch auf das beworbene Produkt anwendbar ist oder zumindest auch für das beworbene Produkt zutreffende Ergebnisse und zuverlässige Aussagen liefern kann[2036] und dass die beworbene Ware den normierten Qualitätsanforderungen entspricht. Nicht erwartet wird, dass die DIN-Norm speziell für das beworbene Produkt geschaffen wurde.[2037] Bestehen Abweichungen von der Norm, sind diese kenntlich zu machen,[2038] soweit die Norm sich auch an denjenigen wendet, der die jeweilige Aussage macht.[2039] Allgemein zur Werbung mit DIN-Normen → Rn. 496.

[2026] BGH GRUR 1998, 1043 (1044) – GS-Zeichen; GRUR 1975, 442 (443) – Vaasbüttel.
[2027] BGH GRUR 2005, 778 (779) – Atemtest; GRUR 2002, 269 (270) – Sportwetten-Genehmigung.
[2028] BGH GRUR 1975, 442 (443) – Vaasbüttel.
[2029] BGH GRUR 1998, 1043 (1044) – GS-Zeichen.
[2030] Ohly/Sosnitza/*Sosnitza* UWG § 5 Rn. 282.
[2031] OLG Koblenz WRP 2013, 922 Rn. 7 f.
[2032] OLG Nürnberg WRP 2016, 1040 Rn. 16.
[2033] OLG Karlsruhe GRUR-RR 2017, 73 Rn. 7 ff. – Goldene Sterne – zur Werbung auf der Hotelwebseite, sogar in Verbindung mit einem Wappen; LG Aurich WRP 2009, 1579 (1580); LG Koblenz BeckRS 2014, 03937; aA OLG Celle WRP 2014, 1216 Rn. 5.
[2034] OLG Nürnberg WRP 2016, 1040 Rn. 16; LG Koblenz WRP 2017, 637 Rn. 15 – Goldene Sterne; LG Stendal MMR 2018, 548 Rn. 27 ff.
[2035] *Stenzel* GRUR-Prax 2015, 291 (293).
[2036] OLG Düsseldorf GRUR-RS 2017, 119537 Rn. 38; OLG Köln MD 2003, 240 (242) – Laminat.
[2037] OLG Düsseldorf NJOZ 2001, 1434 (1436 f.) – Laminat-Fußböden.
[2038] BGH GRUR 1988, 832 (834) – Benzinwerbung.
[2039] KG GRUR-RR 2010, 343 (344).

707 **5. Besondere gesetzliche Vorgaben.** Besondere **gesetzliche Vorgaben** bestehen für die Zeichen **„CE"** und **„GS"** („geprüfte Sicherheit")[2040] sowie für das „Gemeinschaftslogo für ökologische/ biologische Produktion" nach der EG-Öko-BasisVO[2041].

708 **a) CE-Zeichen.** Nach zahlreichen europäischen Richtlinien[2042] sowie nach Maßgabe von Rechtsverordnungen gemäß **§ 8 ProdSG**[2043] ist das „CE"-Zeichen vom Hersteller auf bestimmten Produkten anzubringen. Die allgemeinen Grundsätze zur CE-Kennzeichnung sind dabei in **Art. 30 Verordnung (EG) Nr. 765/2008** festgelegt.[2044] Indem er die CE-Kennzeichnung anbringt, gibt der Hersteller an, dass er die Verantwortung für die Konformität des Produkts mit allen in den einschlägigen Harmonisierungsrechtsvorschriften der Europäischen Gemeinschaft enthaltenen und für deren Anbringung geltenden Anforderungen übernimmt, Art. 30 Abs. 3 Verordnung (EG) Nr. 765/2008. Dh das „CE"-Kennzeichen ist als solches zunächst **kein Prüfzeichen im klassischen Sinn,** sondern nur eine **Herstellererklärung.** Damit unterfällt es auch nicht der Regelung der Nr. 2 im Anhang zu § 3 Abs. 3 UWG. Zum Prüfzeichen wird das CE-Zeichen erst, wenn mittels einer zusätzlichen Kennnummer auf eine unabhängige Prüfung durch behördlich anerkannte Stellen hingewiesen wird, die für einige Produkte in der jeweiligen Norm vorgeschrieben ist.[2045] Auf Produkte, für die in den gesetzlichen Normen eine solche CE-Kennzeichnung nicht vorgesehen ist, darf das „CE"-Zeichen nicht angebracht werden, § 7 Abs. 2 Nr. 1 ProdSG, Art. 30 Abs. 2 Verordnung (EG) Nr. 765/2008.[2046] Bei Produkten, für die das „CE"-Zeichen vorgeschrieben und damit Voraussetzung für den Vertrieb ist, darf umgekehrt das „CE"-Zeichen in der Werbung nicht besonders hervorgehoben werden, weil dies eine Werbung mit **Selbstverständlichkeiten** wäre. Auch dürfen – unabhängig vom Irreführungsverbot des § 5 UWG – nicht Kennzeichnungen, Zeichen oder Aufschriften angebracht werden, deren Bedeutung oder Gestalt von Dritten mit der Bedeutung oder Gestalt der CE-Kennzeichnung verwechselt werden kann, Art. 30 Abs. 5 Verordnung (EG) Nr. 765/2008.

709 Ebenfalls eine reine Herstellererklärung ist das sog. **„Ü"-Zeichen,** mit dem Bauprodukte nach den jeweiligen Landesbauordnungen zu kennzeichnen sind und mit dem der Hersteller bestätigt, dass für das in seinem Werk gefertigte Bauprodukt ein Übereinstimmungsnachweis mit den technischen Regeln oder Verwendbarkeitsnachweisen geführt wurde.

710 **b) GS-Zeichen.** Das vom Bundeswirtschaftsministerium amtlich bekannt gemachte „GS"-Zeichen ist demgegenüber ein echtes **Gütesiegel,** da es durch einen Dritten zuerkannt wird, der zuvor eine Prüfung durchgeführt hat.[2047] Das „GS"-Zeichen darf nur auf Produkten (technische Arbeitsmittel und verwendungsfertige Gebrauchsgegenstände) angebracht werden, wenn die Voraussetzungen des **§ 21 Abs. 1 iVm § 3 und ggf. § 6 ProdSG** erfüllt sind. Das GS-Zeichen wird zuerkannt durch eine sog. GS-Stelle, welche prüft, ob die gesetzlichen Anforderungen, insbesondere an Sicherheit und Gesundheit, erfüllt sind. Außerdem werden eine Baumusterprüfung und eine Prüfung der Fertigungsstätte durchgeführt. Die Zuerkennung ist auf maximal fünf Jahre zu befristen. Darüber

---

[2040] Geregelt in §§ 20 ff. Gesetz über die Bereitstellung von Produkten auf dem Markt (Produktsicherheitsgesetz – ProdSG) vom 8.11.2011 (BGBl. I S. 2178).

[2041] Verordnung (EG) Nr. 834/2007, ABl. 2007 L 189, S. 1, die mit Wirkung zum 1.1.2022 ersetzt wird durch Verordnung (EU) Nr. 2018/848, ABl. 2018 L 150, S. 1.

[2042] ZB Richtlinie 2006/42/EG (Maschinen), ABl. 2006 L 157, S. 24; Verordnung (EG) Nr. 245/2009 (Anforderungen an die umweltgerechte Gestaltung von Leuchtstofflampen), ABl. 2009 L 76, S. 17; Verordnung (EU) Nr. 305/2011 (Bauprodukte), ABl. 2011 L 88, S. 5; Richtlinie 2014/33/EU (Aufzüge), ABl. 2014 L 96, S. 251.

[2043] Durch das ProdSG (BGBl. I S. 2178) wurde das frühere Gesetz über technische Arbeitsmittel und Verbraucherprodukte (Geräte- und Produktsicherheitsgesetz – GPSG) zum 1.12.2011 ersetzt.

[2044] ABl. 2008 L 218, S. 30.

[2045] So § 9 Abs. 3 MPG (Medizinproduktegesetz) v. 7.8.2002, BGBl. I S. 3146 in Umsetzung der Richtlinie 93/42/EWG (Medizinprodukterichtlinie), ABl. 1993 L 169, S. 1.

[2046] Zuvor geregelt in § 6 Abs. 1 GPSG.

[2047] *Hoeren/Ernstscheider* MMR 2004, 507 (512).

hinaus hat die GS-Stelle Kontrollmaßnahmen zur Überwachung der Herstellung der Produkte sowie der rechtmäßigen Verwendung des GS-Zeichens durchzuführen. Liegen die Voraussetzungen für die Zuerkennung des GS-Zeichens nicht mehr vor, ist sie zu entziehen, § 21 Abs. 5 S. 2 ProdSG. Solange die Entziehung nicht erfolgt ist, liegt kein Verstoß gegen Nr. 2 im Anhang zu § 3 Abs. 3 UWG vor. Ausdrücklich verboten ist auch die Verwendung eines Zeichens, das mit dem GS-Zeichen verwechselt werden kann, § 22 Abs. 4 ProdSG, allerdings ist das kein Fall der Nr. 2. Für die Vergabe des GS-Zeichens gibt es mehrere Prüfstellen. Wird der Eindruck erweckt, dass nur Geräte mit dem GS-Prüfzeichen einer bestimmten Stelle zuverlässig sind und Geräte mit den Prüfzeichen anderer (zugelassener) Stellen hingegen keinen vergleichbaren Sicherheitsstandard bieten, so ist dies irreführend.[2048]

c) EU-Gemeinschaftsemblem für ökologischen Landbau/EU-Gemeinschaftslogo für ökologische/biologische Produktion/Bio-Siegel. 711 Das „EU-Gemeinschaftsemblem für ökologischen Landbau" durfte gem. Art. 10 Abs. 1 S. 1 (der nur bis zum 1.1.2009 gültigen) EG-Öko-VO[2049] auf dem Etikett eines Erzeugnisses angebracht werden, wenn die Kriterien dieser Verordnung erfüllt wurden und ein Prüfverfahren nach Art. 9 EG-Öko-VO durchlaufen worden war. Zum 1.1.2009 wurde die EG-Öko-VO aufgehoben und ersetzt durch die EG-Öko-BasisVO,[2050] die in Art. 25 Abs. 1 bestimmt, dass das Gemeinschaftslogo für ökologische/biologische Produktion in der Kennzeichnung, Aufmachung und Werbung von Erzeugnissen (nur) verwendet werden darf, sofern die Voraussetzungen der EG-Öko-BasisVO erfüllt sind. Kriterien für die Aufmachung und Gestaltung dieses Logos legt die Kommission fest. Im Übrigen gelten Verweisungen auf die alte EG-Öko-VO automatisch als Verweisungen auf die neue EG-Öko-BasisVO, wie deren Art. 39 Abs. 2 klarstellt.

Das sog. „Bio-Siegel" gem. § 1 Abs. 1 ÖkoKennzG[2051] iVm den Vorschriften der Öko- 712 KennzV[2052] durfte ebenfalls unter den Voraussetzungen der EG-ÖkoVO (bzw. ab 1.1.2009 der EG-Öko-BasisVO) angebracht werden, § 1 ÖkoKennzG. Statt eines Vorab-Prüfverfahrens sieht § 3 Abs. 1 ÖkoKennzV eine Pflicht zur Anzeige der Benutzung bei der Bundesanstalt für Landwirtschaft und Ernährung vor, die dann später einen etwaigen Missbrauch überprüfen kann. Streng genommen ist das Bio-Siegel daher kein Prüfzeichen im eigentlichen Sinn. § 1 Abs. 2 Nr. 2 ÖkoKennzG verbietet das Nachmachen des Siegels. Besonders gestaltete Bio-Zeichen können – irreführend sein, weil sie die unrichtige Vorstellung staatlicher Kontrolle des Produktes erwecken können.[2053]

D. § 5 Abs. 1 S. 2 Nr. 2 (Anlass des Verkaufs und Preis)

Eine geschäftliche Handlung ist irreführend, wenn sie unwahre Angaben enthält oder sonstige zur Täuschung geeignete Angaben über folgende Umstände enthält:

2. den Anlass des Verkaufs wie das Vorhandensein eines besonderen Preisvorteils, den Preis oder die Art und Weise, in der er berechnet wird, oder die Bedingungen, unter denen die Ware geliefert oder die Dienstleistung erbracht wird;

2048 OLG Hamm GRUR-RR 2004, 265 – VDE/GS-Prüfzeichen.

2049 VO (EWG) Nr. 2092/91 des Rates vom 24.6.1991 über den ökologischen Landbau und die entsprechende Kennzeichnung der landwirtschaftlichen Erzeugnisse und Lebensmittel, ABl. 1991 L 198, S. 1.

2050 Verordnung (EG) Nr. 834/2007 vom 28.6.2007, ABl. 2007 L 189, S. 1, die mit Wirkung zum 1.1.2022 ersetzt wird durch Verordnung (EU) Nr. 2018/848, ABl. 2018 L 150, S. 1.

2051 Gesetz zur Einführung und Verwendung eines Kennzeichens für Erzeugnisse des ökologischen Landbaus (Öko-Kennzeichengesetz) v. 20.1.2009, BGBl. I S. 78.

2052 Verordnung zur Gestaltung und Verwendung des Öko-Kennzeichens (Öko-Kennzeichenverordnung) v. 6.2.2002, BGBl. I S. 589.

2053 BGH GRUR 2013, 401 Rn. 69 ff. – Biomineralwasser für rechteckiges Zeichen mit blauem Rand und kleinem „i". Anders für bloße Bezeichnung „Biomineralwasser", BGH GRUR 2013, 401 Rn. 45.

Übersicht

I. Anlass des Verkaufs

1. Herkunft und Abgrenzung. Die Fallgruppe der Irreführung über den Anlass des „Verkaufs" ist noch ein **Relikt aus der früheren Fassung des UWG.** Durch die **UGP-Richtlinie** wird diese Fallgruppe auch **nicht direkt vorgegeben.** Jedenfalls erwähnt die Richtlinie eine Irreführung über den Anlass des Verkaufs nicht wörtlich. Zwar ist in der Richtlinie in Art. 6 Abs. 1 lit. c von einer Irreführung über die Beweggründe für die Geschäftspraxis die Rede. Der deutsche Gesetzgeber hat diese Fallgruppe der „Beweggründe des Unternehmers für die geschäftliche Handlung" jedoch in § 5 Abs. 1 S. 2 Nr. 3 UWG geregelt (hierzu → § 5 Rn. 1159). 713

Dafür wurde das Merkmal „Anlass des Verkaufs" in § 5 Abs. 1 S. 2 Nr. 2 UWG ergänzt um den Beispielfall des Vorhandenseins eines besonderen Preisvorteils. Der **Grund für die Zusammenlegung mit der Gruppe des Preisvorteils** ist anscheinend, dass nach Auffassung des Gesetzgebers zur UWG-Reform 2008 eine Irreführung über den Verkaufsanlass regelmäßig mit einer Irreführung über einen Preisvorteil einhergeht.[2054] Der Gesetzgeber dachte dabei vor allem an die Werbung **mit Scheininsolvenz- oder Scheinräumungsverkäufen.** Dies **entspricht auch der bisherigen Rechtsprechung des BGH,** nach der ein Verbraucher der Angabe eines bestimmten Verkaufsanlasses im Regelfall das Vorliegen einer preisgünstigen Einkaufsmöglichkeit entnimmt.[2055] Dementsprechend stellt die Gesetzesbegründung zur UWG-Reform 2008 auch klar, dass sich durch die Ergänzung des Hinweises auf den Preisvorteil sachlich nichts geändert habe.[2056] Die Irreführung über das Vorhandensein eines Preisvorteils ist somit – wie auch die Formulierung („wie") zeigt – nur ein **Beispielsfall** für eine Irreführung über den Verkaufsanlass. Daneben kommen auch weitere Irreführungen im Zusammenhang mit dem Verkaufsanlass in Betracht. 714

Auf der anderen Seite ist zu beachten, dass in der UGP-Richtlinie das Vorhandensein eines besonderen Preisvorteils als eine eigenständige Fallgruppe geregelt wird. Eine Irreführung über das Vorliegen eines Preisvorteils darf daher nicht auf die Fälle beschränkt werden, 715

[2054] Amtl. Begründung des Gesetzentwurfes der Bundesregierung vom 20.8.2008, BT-Drs. 16/10145, 24.
[2055] BGH GRUR 2000, 239 (241) – Last-Minute-Reise.
[2056] Amtl. Begründung des Gesetzentwurfes der Bundesregierung vom 20.8.2008, BT-Drs. 16/10145, 24.

die zugleich zu einer Irreführung über den Verkaufsanlass führen. Aufgrund der gebotenen **richtlinienkonformen Auslegung** ist vielmehr **zwischen den Fallgruppen „Anlass des Verkaufs" einerseits** (hierzu → Rn. 713 ff.) **und „Vorhandensein eines besonderen Preisvorteils" andererseits** (hierzu → Rn. 731 ff.) **zu unterscheiden.** Beides sind eigenständige und voneinander unabhängige Fallgruppen, die sich überschneiden können, aber nicht müssen.

716 **2. Sonderregelungen. a) Sonderregelungen in der Schwarzen Liste. Im Geschäftsverkehr mit Verbrauchern vorrangig zu prüfende Sonderregelungen** zur Irreführung über den Anlass des Verkaufs bzw. über die Beweggründe des Unternehmers für die geschäftliche Handlung bzw. über besondere Preisvorteile finden sich in **Nr. 6, Nr. 15, Nr. 22 und Nr. 23** der **Schwarzen Liste** im Anhang zu § 3 Abs. 3 UWG. **Nr. 6** regelt den Fall, dass statt der angebotenen Ware/Dienstleistung **eine andere Ware/Dienstleistung abgesetzt werden soll. Nr. 15** verbietet die unwahre Angabe, dass der Unternehmer **demnächst sein Geschäft aufgeben oder seine Geschäftsräume verlegen** will, bei **Nr. 22** geht es um die **Übermittlung rechnungsähnlicher Werbung** und bei **Nr. 23** um die **Verschleierung der Identität des Gewerbetreibenden.** Da die Regelungen im UWG-Anhang in jedem Fall unlauter sind, müssen diese vorrangig geprüft werden. Ist ihr Tatbestand nicht erfüllt, kann allerdings auf die Regelungen in § 5 UWG zurückgegriffen werden.

717 Zur Irreführung durch Aussagen im Zusammenhang mit Sponsoring siehe § 5 Abs. 1 S. 2 Nr. 4 UWG. Zur Irreführung über die Art des Vertriebs als solche → § 5 Rn. 1174 ff.

718 **b) Frühere Sonderregelungen im UWG.** Im **UWG aF** v. 7.6.1909 gab es außerdem noch zahlreiche **Sonderregelungen** zu besonderen Verkaufsveranstaltungen, nämlich in § 6 (Konkurswarenverkauf), § 7 (Sonderveranstaltungen) und § 8 (Räumungsverkäufe). Dabei handelte es sich allerdings um abstrakte Gefährdungsdelikte. Das Verbot (konkret) irreführender Werbung war jedoch stets von der Existenz dieser Sonderregelungen unabhängig, so dass der **Wegfall der** entsprechenden **Spezialgesetze** auch das Verbot irreführender Werbung über den Anlass des Verkaufs **unberührt** ließ. Allerdings wirken sich der Wegfall der Sonderregelungen und die dadurch bewirkte Möglichkeit, zB häufiger mit Sonderveranstaltungen zu werben, immer mehr auf das Verkehrsverständnis bzw. auf das Verständnis des durchschnittlich informierten und verständigen Verbrauchers aus. So war der Durchschnittsverbraucher in Zeiten der gesetzlich regulierten Sommer- und Winterschlussverkäufe zB an die Ankündigung vollmundiger Preissenkungen gewöhnt, so dass er während dieses Zeitraums die Werbung mit „Tiefstpreisen" anders verstand als außerhalb der Schlussverkaufsphasen.[2057] Das fällt heute weg.

719 **c) Sonderregelung in Art. 6 Abs. 1 lit. e der RL 2011/83/EU.** In der sog. **Omnibus-Richtlinie** zum **EU-Verbraucherrecht**[2058] ist vorgesehen, dass in Art. 6 Abs. 1 der RL 2011/83/EU ein neuer Absatz e) eingefügt wird, wonach der Verbraucher darauf hinzuweisen ist, falls der ihm angebotene Preis auf der Grundlage einer automatisierten Entscheidungsfindung personalisiert worden ist. Gemeint sind damit Fälle, in denen bspw. das Kaufverhalten eines Verbrauchers elektronisch analysiert und anschließend der Preis dementsprechend persönlich angepasst wird. Nicht erfasst sein sollen hingegen dynamische Preissetzungen oder auch Preisanpassungen in Echtzeit, die auf allgemeinen Marktgegebenheiten (zB erhöhter Nachfrage) beruhen und somit nicht personalisiert sind (Ewgr. 45). Diese Regelung soll nun, wie auch schon die bisherigen Hinweispflichten der Verbraucherrechte-Richtlinie, in Art. 246a EGBGB umgesetzt werden, genauer in Art. 246a § 1

[2057] OLG Köln WRP 1990, 131 – Tiefstpreise.

[2058] Richtlinie (EU) 2019/2161 des Europäischen Parlaments und des Rates zur Änderung der Richtlinie 91/13/EWG des Rates und der Richtlinien 98/6/EG, 2005/29/EG und 2011/83/EU des Europäischen Parlaments und des Rates zur besseren Durchsetzung und Modernisierung der Verbraucherschutzvorschriften der Union. Hierzu → Einl. A Rn. 70 ff. *(Keller)* und Einl. B Rn. 193 ff. *(Glöckner); Alexander* WRP 2021, 136.

Abs. 1 S. 1 Nr. 6 EGBGB-E.[2058a] Dabei wird der Wortlaut der Richtlinie übernommen. Fraglich bleibt, ob ein Verstoß gegen die Hinweispflicht gleichzeitig einen Verstoß gegen § 5a UWG begründet. Dagegen spricht zunächst, dass der Hinweis bezüglich der Personalisierung von Preisen nicht in den Katalog der wesentlichen Informationen nach § 5b UWG-E aufgenommen worden ist.[2058b]

3. Irreführung über den Anlass oder die Dauer eines Sonderverkaufs. a) Scheinverkäufe; Verlängerung oder Verkürzung zeitlicher Befristungen. Unabhängig von der Art der Veranstaltung (Räumungsverkauf, Eröffnungsangebot etc) ist es selbstverständlich irreführend, eine besondere Verkaufsveranstaltung anzukündigen, die **tatsächlich nicht stattfindet.** 720

Irreführend kann es aber auch sein, für solche Aktionen – entsprechendes gilt für zeitlich befristete Preisnachlässe[2059] oder für besondere Rabattaktionen[2060] – **Befristungen** anzugeben, die nicht stimmen, insbesondere als Verkaufszeitraum zunächst eine kürzere Frist anzugeben und dann den Verkauf mit denselben Waren und Preisen uneingeschränkt – und ohne Unterbrechung – auch danach fortzusetzen.[2061] Zumindest gilt das dann, wenn der Entschluss zur Verlängerung der Aktion **von Anfang an,** dh bei Erscheinen der Werbung, feststeht.[2062] Beabsichtigt der Unternehmer von vornherein, seine Aktion zu verlängern oder zu verkürzen, so muss er das in seiner Werbung hinreichend deutlich zum Ausdruck bringen.[2063] Ansonsten ist die (vorbehaltlose) Werbung mit einer befristeten Aktion irreführend. Dementsprechend ist auch die Werbung mit der Angabe ***„nur heute"*** irreführend, wenn mit demselben Angebot an mehreren Tagen geworben wird, selbst wenn derselbe Verbraucher das Angebot aus technischen Gründen nur einmal lesen kann.[2064] Ebenso kann es irreführend sein, wenn bei *Dauerleistungen* mit einer Preisreduzierung geworben wird, diese Reduzierung aber zeitlich beschränkt sein soll und das nicht hinreichend aus der Werbung erkennbar ist. Denn während der Mindestlaufzeit des beworbenen Angebots (das ist die Dauer des Angebots nach üblicher Verkehrserwartung) rechnet der durchschnittlich informierte und verständige Verbraucher nicht mit einer Preiserhöhung.[2065] Wird eine befristete Aktion hingegen nur aufgrund von Umständen verlängert, die erst **nach Erscheinen** der Werbung eingetreten sind, so kommt es darauf an, ob diese Umstände für den Unternehmer unter Berücksichtigung fachlicher Sorgfalt **voraussehbar** waren und bei der Planung der Aktion berücksichtigt werden konnten.[2066] War das nicht der Fall – was der werbende Unternehmer zu beweisen hat[2067] – so kommt eine Verlängerung in Betracht. Ein erhebliches Indiz für die Voraussehbarkeit bilden die Erfahrungen des Unternehmers aus früheren vergleichbaren Aktionen.[2068] Der **Erfolg** einer Aktion rechtfertigt allerdings nicht deren nachträgliche **Verlängerung,**[2069] weil das nicht unvorhersehbar ist. Entsprechendes gilt für Preissenkungen, die Wettbewerber vornehmen.[2070] Überhaupt 721

[2058a] BT-Drs. 19/27655, 11, 33 f.

[2058b] S. u. Seite 3093 (Anhang zum UWG 2022).

[2059] BGH GRUR 2012, 213 Rn. 16 – Frühlings-Special.

[2060] BGH GRUR 2014, 91 Rn. 19 – Treuepunkte-Aktion (Vergünstigte Abgabe von Messern nach Erreichen bestimmter Treuepunkte).

[2061] OLG München WRP 2018, 1007 Rn. 30; OLG Düsseldorf BeckRS 2011, 07052; Ohly/Sosnitza/*Sosnitza* UWG § 5 Rn. 453.

[2062] Was aber nicht bedeutet, dass der Entschluss stets schon von vornherein feststehen muss.

[2063] BGH GRUR 2014, 91 Rn. 22 f. – Treuepunkte-Aktion; GRUR 2012, 208 Rn. 21 – 10 % Geburtstags-Rabatt; GRUR 2012, 213 Rn. 20 – Frühlings-Special; KG WRP 2009, 1426.

[2064] OLG Hamburg MD 2009, 947 (949).

[2065] LG München WRP 2015, 511 Rn. 55 f.

[2066] BGH GRUR 2012, 208 Rn. 22 – 10 % Geburtstags-Rabatt; GRUR 2012, 213 Rn. 21 – Frühlings-Special; GRUR 2014, 91 Rn. 23 – Treuepunkte-Aktion; siehe auch LG Koblenz WRP 2017, 360 Rn. 17 – All-Net & Surf Special zu TK-Dienstleistungen.

[2067] BGH GRUR 2014, 91 Rn. 23 – Treuepunkte-Aktion; OLG München WRP 2018, 1007 Rn. 34.

[2068] BGH GRUR 2014, 91 Rn. 23 – Treuepunkte-Aktion.

[2069] BGH GRUR 2012, 208 Rn. 23 – 10 % Geburtstags-Rabatt; aA *Schirmbacher* K&R 2012, 87 (89).

[2070] OLG München WRP 2018, 1007 Rn. 34.

kommen laut BGH Verlängerungen nur bei besonderen Umständen, wie zB der vorübergehenden Schließung des Ladenlokals wegen höherer Gewalt oder sonstigen unverschuldeten Geschehensabläufen in Betracht.[2071] Auch verstärkte Werbeaktionen der Wettbewerber rechtfertigen nicht die Verlängerung.[2072] Anders kann es hingegen bei einem **Misserfolg** aussehen, zB bei der Verlängerung eines zunächst befristeten Frühbucherrabatts für Urlaubsreisen aufgrund schleppender Nachfrage;[2073] Ähnliches kann bei einem schleppenden Erfolg eines Schlussverkaufs wegen Geschäftsaufgabe gelten. Bei einem Jubiläumsverkauf erwartet der Verkehr hingegen nicht, dass der Werbende gehalten ist, alle vergünstigten Artikel zeitnah abzusetzen und daher den angekündigten Zeitraum zu verlängern.[2074] Auch sind **Verkürzungen** einer Aktion gerade bei einem besonderen Erfolg einer Aktion denkbar, sofern dieser Erfolg nicht vorhersehbar war. Maßgeblich sind jeweils die Umstände des Einzelfalls und die Erwartungen des angesprochenen Verkehrs. So gelten bspw. für **Rabattaktionen** (zB Treuepunkteaktionen) dieselben Grundsätze wie für Rabattverkäufe, auch wenn sie anlassungebunden sind.[2075] Auch hier gilt, dass der Unternehmer sich grds. an die von ihm genannten zeitlichen Grenzen halten muss.[2076] Und selbst wenn der Verkehr damit rechnet, dass bei einer unerwartet starken Nachfrage eine Rabattaktion auch einmal verkürzt werden kann, so darf der Unternehmer bei einer Rabattaktion mit Treuepunkten die Aktion nicht vollständig abbrechen, sondern muss den Kunden, für die die Treuepunkte eine Art Währung sind, eine Alternative anbieten, zB die versprochenen Treueprämien später oder ersatzweise andere Waren bzw. Einkaufsgutscheine anbieten.[2077] An diesen Grundsätzen hat sich auch durch die Feststellung des EuGH nichts geändert, dass eine Irreführung nach Art. 6 Abs. 1 UGP-Richtlinie nicht voraussetzt, dass die beanstandete Handlung auch den Erfordernissen der beruflichen Sorgfalt widerspricht.[2078] Denn nach der Rechtsprechung der deutschen Gerichte ist die Erfüllung der beruflichen Sorgfaltspflicht kein Tatbestandsmerkmal per se, sondern es ist nur ein Kriterium zur Bestimmung der Verkehrserwartung. Der verständige Durchschnittsverbraucher erwartet eine Verkürzung oder Verlängerung einer für ihn günstigen Aktion nur aus Gründen, die trotz entsprechender Sorgfalt nicht vorhersehbar waren.

722 **b) Notwendigkeit der Befristung von Sonderverkäufen.** Von der Frage der *Verlängerung* zu unterscheiden ist die Frage, ***ob*** für die Veranstaltung überhaupt eine **Befristung** vorzunehmen und anzukündigen ist. Das ist grundsätzlich nicht der Fall,[2079] und zwar auch nicht mehr für Räumungsverkäufe oder Saison-Schlussverkäufe.[2080] Der Unternehmer ist also grundsätzlich **nicht verpflichtet,** seine Verkaufsaktion (wie zB einen Räumungsverkauf) von vornherein auf einen bestimmten Zeitraum **zu befristen.**[2081] Ist allerdings eine solche feste Befristung von vornherein geplant, dann ist darauf auch nach dem Wegfall des § 4 Nr. 4 UWG aF (im Zuge der Gesetzesänderung im Jahr 2015) hinzuweisen[2082] und

---

[2071] BGH GRUR 2012, 208 Rn. 23 – 10 % Geburtstags-Rabatt.

[2072] LG Dortmund WRP 2017, 1538 Rn. 29.

[2073] BGH GRUR 2012, 213 (Ls.) – Frühlings-Special, wobei der BGH im Leitsatz eine entsprechende Ausnahme andeutet, im Ergebnis dann aber trotzdem eine Irreführung nicht grds. ausgeschlossen hat. AA *Matthes* GRUR-Prax 2012, 68.

[2074] OLG München WRP 2018, 1007 Rn. 34.

[2075] Anlassungebundene Aktionen subsumiert der BGH unter die Alternative der Bedingungen für die Warenlieferung und Dienstleistungserbringung in § 5 Abs. 1 S. 2 Nr. 2 aE, vgl. BGH GRUR 2014, 91 Rn. 18 – Treuepunkte-Aktion.

[2076] BGH GRUR 2014, 91 Rn. 21 – Treuepunkte-Aktion.

[2077] BGH GRUR 2014, 91 Rn. 26 – Treuepunkte-Aktion.

[2078] EuGH Urt. v. 19.9.2013 – C-435/11, GRUR 2013, 1157 Rn. 45 – CHS Tour Services.

[2079] BGH GRUR 2011, 1151 Rn. 19 – Original Kanchipur; GRUR 2009, 1185 Rn. 13, 15 – Totalausverkauf; GRUR 2009, 1183 Rn. 11 – Räumungsverkauf wegen Umbau; GRUR 2008, 1114 Rn. 13 – Räumungsfinale; OLG Köln GRUR 2006, 786; KG WRP 2009, 1426.

[2080] *Schröler* GRUR 2013, 564 (566).

[2081] Kritisch dazu *Faustmann/Ramsperger* WRP 2011, 1241 (1243 f.).

[2082] Vgl. BGH GRUR 2011, 1151 Rn. 22 – Original Kanchipur. Ebenso BGH GRUR 2014, 91 Rn. 16 – Treuepunkte-Aktion: „weil in einem Verstoß gegen das Transparenzgebot des § 4 UWG in der Regel auch

der Unternehmer muss sich dann grundsätzlich auch an der mitgeteilten Befristung festhalten lassen.[2083] Solange allerdings nur eine ungefähre Vorstellung von der Dauer besteht, soll eine Befristungsangabe nach Ansicht des BGH nicht erforderlich sein.[2084] Davon abgesehen kann allerdings auch ohne eine ausdrückliche Angabe zur Befristung die Erwartung bestehen, dass die entsprechende Sonderveranstaltung **nicht endlos** geht. ZB wird ein Saisonschlussverkauf sich nicht über Monate hinweg ziehen, die Ankündigung einer Preisreduzierung wegen eines **„Sortimentswechsels"** kann irreführend sein, wenn sich dieser Zeitraum bei relativ leicht austauschbaren Produkten (wie zB Matratzen) über mehr als vier Monate hinziehen wird[2085] und auch ein Räumungsverkauf kann grds. nicht über mehrere Monate durchgeführt werden, allerdings kommt es hier für die konkrete Erwartung darauf an, wie groß das jeweilige Unternehmen ist und welchen Wert die jeweiligen Waren haben, da sich hochpreisige Ware nur schwerer absetzen lässt als geringwertigere Güter.[2086] Auch ist es selbstverständlich irreführend, den Verkauf nicht zum angekündigten Termin zu beginnen, sondern **später,** wobei die Verpflichtung, einen **Anfangstermin** für den Sonderverkauf anzukündigen, überhaupt nur dann besteht, wenn dieser Zeitraum in der Zukunft liegt. Auf **bereits vergangene Anfangstermine** ist bei laufenden Aktionen hingegen nicht hinzuweisen; das war auch nicht gem. § 4 Nr. 4 UWG aF erforderlich.[2087]

c) Kein Verbot von Wiederholungen. Von der Fortsetzung einer befristeten Veranstaltung zu unterscheiden ist die Wiederholung einer Verkaufsaktion. Eine Wiederholung einer befristeten Verkaufsaktion ist nicht grundsätzlich verboten, sofern eine ausreichend lange Pause gegeben ist und sich beide Aktionen nicht unmittelbar aneinander anschließen. Wie lange die Pause sein muss, hängt vom jeweiligen Einzelfall ab.[2088] Außerdem ist bei Wiederholungen darauf zu achten, dass nicht der Tatbestand des § 5 Abs. 4 verwirklicht wird, indem bei der neuen Aktion Bezug genommen wird auf den zwischenzeitlich nur kurz geforderten Preis. 723

4. Kategorien, Einzelfälle. Die in der Praxis am häufigsten genannten (besonderen) Anlässe für Verkäufe sind Saison-Schlussverkäufe, Eröffnungsangebote, Notverkäufe, Räumungsverkäufe, Insolvenzverkäufe und Jubiläumsverkäufe. 724

a) Schlussverkäufe. Saison-Schlussverkäufe sind von Gesetzes wegen **nicht mehr an feste Zeiten gebunden.** Sie dürfen also nicht nur Ende Januar oder Ende Juli stattfinden und sie müssen auch nicht zeitlich begrenzt werden. Allerdings wird der Verbraucher auch heute noch erwarten, dass ein Saison-Schlussverkauf – der früher auf zwei Wochen beschränkt war, dann aber auch so lange lief – nicht bereits nach wenigen Tagen wieder endet, es sei denn, dies wird ausdrücklich so angekündigt. Feste Fristen gibt es dabei aber nicht. Irreführend ist es erst recht, einen **„Schlussverkauf"** anzukündigen, der tatsächlich nicht stattfindet oder nicht die berechtigten Erwartungen an einen solchen Verkauf erfüllt. Abkürzungen wie **„SSV"** oder **„WSV"** werden – ohne weitere Erläuterung – auch nach Wegfall des Verbots der Sonderveranstaltungen vom durchschnittlich informierten und verständigen Durchschnittsverbraucher weiterhin als Ankündigung eines solchen Sommer- bzw. Winter-Schlussverkaufs verstanden.[2089] Der Ausdruck **„Sale"** wird 725

---

eine Irreführung liegt …", vgl. Beschlussempfehlung des Rechtsausschusses zum Entwurf eines Zweiten Gesetzes zur Änderung des UWG, BT-Drs. 18/6571, 14, wonach derartige Fälle durch die allgemeinen Irreführungstatbestände der §§ 5, 5a erfasst sind.

[2083] Vgl. BGH GRUR 2012, 208 Rn. 18, 20 – 10 % Geburtstags-Rabatt; GRUR 2012, 213 Rn. 19 – Frühlings-Special; OLG Düsseldorf BeckRS 2011, 07052. AA OLG Hamm MMR 2011, 180 (181): Bei neuem Entschluss sei die spätere Verschiebung des Termins erlaubt.

[2084] BGH GRUR 2009, 1183 Rn. 11 – Räumungsverkauf wegen Umbau.

[2085] OLG Köln GRUR-RR 2010, 339.

[2086] *Faustmann/Ramsperger* WRP 2011, 1241 (1246).

[2087] BGH GRUR 2009, 1185 Rn. 11 – Totalausverkauf.

[2088] OLG München WRP 2019, 791 Rn. 45 f. hielt 2 Wochen für ausreichend.

[2089] Vgl. BGH GRUR 1984, 285 (286) – WSV.

heute hingegen nicht mehr mit einem Schlussverkauf gleichgesetzt.[2090] Ein „Sale" muss sich daher nicht auf einen Sommer- oder Winterschlussverkauf oder auf die dort typischerweise angebotene Saisonware beschränken. Allerdings erwartet der Durchschnittsverbraucher auch bei einem „Sale" in größerem Umfang reduzierte Waren als bei einzelnen Sonderangeboten.

726 Wesentlich für einen Saison-Schlussverkauf ist die **erhebliche Reduzierung eines Großteils der Ware aus der abgelaufenen Saison.** Umgekehrt darf – auch nach Aufhebung des Verbots von Sonderveranstaltungen – die Reduzierung nur einzelner Waren nicht als „Schlussverkauf" angekündigt werden. Soweit in der Ankündigung nicht weitere Angaben gemacht werden, beschränkt sich die Erwartung von Preisreduzierungen bei einem als solchen angekündigten Saison-Schlussverkauf („WSV" oder „SSV") auf die Waren, die auch schon in der Vergangenheit schlussverkaufsfähig waren; **die Reduzierung des gesamten Warenbestands** ist jedoch möglich.[2091] Waren, die während eines Schlussverkaufs weiterhin zum Normalpreis angeboten werden, sind von der Schlussverkaufsware deutlich zu trennen.[2092] Nach Beendigung der Schlussverkaufsphase dürfen die reduzierten Preise nicht weiter verlangt werden.[2093] In solchen Fällen könnte zudem der Tatbestand der Nr. 7 im Anhang zu § 3 Abs. 3 UWG verletzt sein.

727 **b) Eröffnungen; Einführungen. „Eröffnungspreise"** beziehen sich auf neu eröffnete *Unternehmen;* auf *Produkt*ebene sind dem **„Einführungspreise"** gleichgestellt, mit denen neu auf den Markt gekommene oder neu in ein Sortiment aufgenommene Waren beworben werden.[2094] Das ist bei einer bloßen Wiedereröffnung eines Geschäfts nicht der Fall, so dass hier nicht mit „Einführungspreisen" geworben werden darf.[2095] Wohl aber kann bei einem Wechsel einer Zeitschrift, die nunmehr von einem neuen Verlag herausgegeben wird, mit Einführungspreisen geworben werden.[2096] „Eröffnungsangebote" oder „Einführungspreise" sind als solche grds. zulässig. Bei „Eröffnungsangeboten" oder „Eröffnungspreisen" erwartet der durchschnittlich informierte und verständige Kunde **besonders attraktive Preise.** Speziell bei Eröffnungspreisen müssen diese Preise unter den Preisen liegen, die nach der Eröffnungsphase in derselben Filiale oder im Zeitpunkt der Eröffnung in anderen Filialen desselben Unternehmens verlangt werden. Bei der Ankündigung *„Neu nach Umbau"* hingegen erwartet der Verkehr nicht unbedingt neue, herabgesetzte Preise;[2097] allerdings kann die Werbung mit einer „Neu-Eröffnung" auch unabhängig von der Preisgestaltung irreführend sein, wenn es gar keine Schließung des Geschäfts gab (hierzu auch → § 5 Rn. 794).[2098] Außerdem muss ein **enger zeitlicher Zusammenhang** zu der Neu-Eröffnung des Verkaufsorts bzw. der Einführung des Produkts bestehen, wobei der konkrete Zeitraum von den Umständen des Einzelfalls abhängt. Entsprechendes gilt für „Einführungspreise": Die **Dauer,** für die ein Eröffnungsangebot oder ein Einführungspreis zulässig ist, hängt von den **Umständen des Einzelfalls,** insbesondere von der Branche und der Art der beworbenen Ware ab.[2099] Je kurzlebiger das beworbene Produkt ist, je schneller es bei längerer Lagerung Schaden nimmt, je kürzer die Produktionszyklen sind und je schneller Weiterentwicklungen des Produkts erfolgen, desto kürzer darf mit seiner Neuheit für ein Einführungsangebot geworben werden. Modeartikel können nur während

[2090] OLG Hamburg GRUR-RR 2002, 262.
[2091] Köhler/Bornkamm/Feddersen/*Bornkamm/Feddersen* UWG § 5 Rn. 3.15; Amtl. Begründung des Gesetzentwurfes der Bundesregierung vom 22.8.2003, BT-Drs. 15/1487, 14.
[2092] BGH GRUR 1987, 171 – Schlussverkaufswerbung; OLG Saarbrücken WRP 1991, 746 (748).
[2093] LG Ulm WRP 2006, 780 (Ls.).
[2094] BGH GRUR 1966, 214 – Einführungsangebot.
[2095] OLG Koblenz NJW-RR 1989, 36.
[2096] OLG Hamburg WRP 1989, 115; Köhler/Bornkamm/Feddersen/*Bornkamm/Feddersen* UWG § 5 Rn. 3.146.
[2097] BGH GRUR 1993, 563 (564) – Neu nach Umbau.
[2098] OLG Hamm GRUR-RR 2017, 330 Rn. 48 – Jetzt große Neueröffnung; LG Münster BeckRS 2018, 9017; LG Düsseldorf MD 2018, 667.
[2099] KG WRP 1982, 28 (29); GRUR 1982, 620 (622).

der aktuell laufenden Kollektion als neu bezeichnet werden, Skier nur während einer Saison. Bei hochwertigen, langlebigen und nicht billigen **Präzisionsgegenständen** soll hingegen auch sechs Monate nach der Einführung mit einem „Einführungspreis" geworben werden dürfen,[2100] bei **Fertigarzneimitteln** kann sogar eine Neuheitswerbung ein Jahr lang ab dem ersten Inverkehrbringen erlaubt sein.[2101] Der **Zeitpunkt,** bis zu dem das Eröffnungs- oder Einführungs-Angebot gelten soll, muss nicht angegeben werden. Auch bei Eröffnungs- oder Einführungsangeboten gilt, dass für die Verkaufsveranstaltung als solche grds. keine bestimmte zeitliche Befristung erforderlich ist. Ebenso bedarf ein beworbener Einführungspreis nicht stets der Angabe einer zeitlichen Begrenzung.[2102] Wird der Einführungspreis einem anderen (häufig durchgestrichenen) Preis **gegenübergestellt,** so muss klar und deutlich angegeben werden, worum es sich bei dem durchgestrichenen Preis handelt.[2103] Das gilt insbesondere für den Fall, dass es sich nicht um den Normalpreis handelt, den der Unternehmer später fordern wird. Darüber hinaus muss die Werbung in diesem Fall aber auch einen Hinweis darauf enthalten, ab wann der Normalpreis gefordert wird.[2104] Das gilt gem. § 5 Abs. 2 UWG auch nach dem Wegfall von § 4 Nr. 4 UWG aF.[2105] Ebenso muss bei Eröffnungsangeboten und Preisvergleichen klargestellt werden, mit welchem Preis verglichen wird, denn auch hier gibt es eine Vielzahl von Alternativen, wie zB den früheren Preis des Werbenden, den empfohlenen Herstellerpreis, den Preis von Wettbewerbern, den zukünftigen Normalpreis des Werbenden. Normalerweise wird der Verkehr bei einem durchgestrichenen Preis vermuten, es handle sich um den früheren Preis des werbenden Unternehmers.[2106] Das ist bei einem „Eröffnungsangebot" ebenso wie bei einem Einführungsangebot aber nicht möglich.[2107]

c) Notlagen; Räumungsverkäufe; soziale Zwecke. Kündigt ein Unternehmer **„Notverkäufe"** an, geht der Verkehr davon aus, dass der Unternehmer auf Grund einer **besonderen Notsituation** zu besonders günstigen Preisen verkaufen muss. Die Werbung mit diesem Ausdruck ist daher irreführend, wenn tatsächlich keine Zwangslage vorliegt. Ebenso ist die Ankündigung eines Räumungsverkaufs irreführend, wenn der angekündigte Räumungsgrund tatsächlich nicht besteht, zB weil es den behaupteten Wasserschaden nicht gab oder der angekündigte Umbau nicht, nicht zu dieser Zeit oder nicht im angekündigten oder zu erwartenden Umfang stattfindet. Auf der anderen Seite ist der Unternehmer für einen Räumungsverkauf nicht mehr auf die wenigen Anlässe beschränkt, die zuvor im Gesetz vorgegeben waren. Auch bedarf es **keiner Anmeldung** mehr, was angesichts der Möglichkeit, grds. jederzeit Sonderverkäufe aus beliebigen Gründen zu veranstalten, auch wenig sinnvoll gewesen wäre. Zum Räumungsverkauf wegen **Geschäftsaufgabe** gilt vorrangig die Regelung in Nr. 15 im Anhang zu § 3 Abs. 3 UWG. Ebenso wirbt irreführend, wer behauptet, mit dem Verkauf einen bestimmten **sozialen Zweck** verfolgen zu wollen (zB *„alle Erlöse des Verkaufs gehen an das Kinderheim X"*), obwohl die Verkaufserlöse von vornherein nicht diesem Zweck zugeführt werden sollen.[2108] Auch bei Räumungsverkäu- 728

[2100] KG GRUR 1982, 620 (622).

[2101] KG WRP 1982, 28 (29) unter Bezugnahme auf die Richtlinien für die wissenschaftliche Information und für die Arzneimittelwerbung des Bundesverbandes der Pharmazeutischen Industrie eV (BPI). Heute § 3 Abs. 3 Kodex der Mitglieder des Bundesverbandes der Pharmazeutischen Industrie eV, Pharma Kodex 2006, Band 3, S. 584, i. d. Fass. vom 28.6.1995, zuletzt geändert am 15.10.2015.

[2102] BGH GRUR 2011, 1151 Rn. 21 – Original Kanchipur.

[2103] BGH GRUR 2011, 1151 Rn. 21 – Original Kanchipur. Vgl. auch BGH GRUR 2016, 521 Rn. 9 – Durchgestrichener Preis II. Dasselbe gilt für prozentuale Angaben, wie etwa „–20 %", KG GRUR-RS 2016, 08752 Rn. 29.

[2104] BGH GRUR 2011, 1151 Rn. 21 – Original Kanchipur, mit Verweis auf GRUR 1985, 929 – Späterer Preis.

[2105] Vgl. BGH GRUR 2011, 1151 Rn. 21 – Original Kanchipur, wo sowohl auf § 4 Nr. 1 UWG aF als auch § 5a UWG abgestellt wurde.

[2106] BGH GRUR 2016, 521 Rn. 9, 12 ff. – Durchgestrichener Preis II.

[2107] OLG Köln MD 2013, 434 (436 f.).

[2108] Zur unlauteren Werbung mit einem sozialen Zweck nach §§ 3, 4a UWG auch → § 4a Rn. 93 ff.

fen gibt es keine Verpflichtung, diese von vornherein zeitlich zu begrenzen, wohl aber ist auf bestehende Befristungen hinzuweisen.[2109]

729 **d) Insolvenzen.** Bei **„Insolvenzwarenverkäufen"** müssen die Waren aus einem Vermögen stammen, über das ein Insolvenzverfahren eröffnet wurde, welches noch andauert. Eine Pflicht, auf die Eröffnung eines Insolvenzverfahrens beim Verkauf von Insolvenzware hinzuweisen, gibt es hingegen nicht.[2110] Wer nur Interessenten für eine Zwangsversteigerung akquirieren, aber keine unmittelbare Kaufmöglichkeit verschaffen will, darf die zu verkaufende Ware (zB Immobilie) nicht als *„Angebot aus der Zwangsvollstreckung"* anbieten.[2111]

730 **e) Jubiläen.** Bei **Jubiläumsverkäufen** ist erforderlich, dass das beworbene Jubiläum auch **tatsächlich besteht** und die Verkaufsaktion in einem **zeitnahen Zusammenhang** hierzu steht. Auf die Art des Jubiläums kommt es hingegen nicht mehr an, solange nur die Angabe als solche korrekt ist.

II. Der Preis und seine Berechnung, besondere Preisvorteile

731 **1. Einführung.** Der Preiswerbung kommt im Wettbewerb eine kaum zu überschätzende Bedeutung zu. Neben der Qualität der Ware ist bekanntlich der Preis regelmäßig das entscheidende Kriterium für die Attraktivität des Angebots und damit für die Entscheidung des Kunden. In der Praxis der Wirtschaftswerbung spielt dementsprechend die Preiswerbung eine zentrale Rolle. Der heute **wichtigste wettbewerbsrechtliche Maßstab für die Zulässigkeit einer Preiswerbung** ist neben der PAngV, die gesondert kommentiert wird, das **Irreführungsverbot in § 5 UWG,** der in **Abs. 1 S. 2 Nr. 2** auch den Preis als Angabe, über die nicht irregeführt werden darf, nennt. In Zukunft wird darüber hinaus der Regelung in **§ 5a Abs. 3 Nr. 3 UWG** eine noch stärkere Bedeutung zukommen: Danach sind bei Angeboten von Waren oder Dienstleistungen unter Angabe von Preisen der Gesamtpreis und ggf. die Art der Preisberechnung sowie etwaige Fracht-, Liefer- und Zustellkosten wesentliche Merkmale, deren Verschweigen zu einer **Irreführung durch Unterlassen** führen kann. Diese Regelung ist auf **Art. 7 Abs. 4 UGP-Richtlinie** zurückzuführen. Sie erhält besondere rechtliche Brisanz durch **Art. 3 Abs. 5 UGP-Richtlinie,** wonach Regelungen, die restriktiver oder strenger sind als die Bestimmungen der Richtlinie nach dem 12.6.2013 nicht länger beibehalten werden dürfen, was insbesondere für einige Normen der PAngV relevant ist. Zugleich bedeutet diese Regelung aber nicht, dass grundsätzlich bei jeder Werbung ein Preis anzugeben ist. Das ist nicht der Fall.

732 Eine Irreführung über den Preis liegt vor, wenn die durch eine preisbezogene Angabe bei den relevanten Verkehrskreisen (§ 3 Abs. 4 UWG) hervorgerufenen Vorstellungen über die Preise einzelner Waren oder Leistungen, des Sortiments insgesamt oder Teilen davon nicht mit der Wirklichkeit übereinstimmen, also tatsächlich höhere Preise verlangt werden als auf Grund der Angabe erwartet. Dies ist insbesondere dann der Fall, wenn die preisbezogene Angabe **objektiv unrichtig oder mehrdeutig** ist und von dem rechtlich relevanten Teil des Publikums falsch verstanden wird, aber auch, wenn die preisbezogene Angabe **unvollständig** ist, noch zusätzliche Preisbestandteile hinzukommen, ohne dass dies für das Publikum nach den Umständen des Falls aus der Angabe ersichtlich ist oder die gesetzlich geforderten Informationen in unklarer, unverständlicher oder zweideutiger Weise oder erst verspätet dem Verbraucher bereitgestellt werden, § 5a Abs. 2 S. 2 UWG.

733 Eine irreführende Angabe über den Preis wird im Regelfall auch geeignet sein, das wirtschaftliche Verhalten eines angesprochenen Verbrauchers wesentlich zu beeinflussen. Für Preise, die im Geschäft niedriger ausgezeichnet sind als sie an der Kasse berechnet

[2109] BGH GRUR 2008, 1114 Rn. 13 – Räumungsfinale; GRUR 2009, 1183 Rn. 11 – Räumungsverkauf wegen Umbau; GRUR 2011, 1151 Rn. 19 – Original Kanchipur.
[2110] BGH GRUR 1989, 682 (683) – Konkursvermerk.
[2111] OLG Brandenburg WRP 2007, 354 (Ls.).

werden sollen (und als sie ggf. beworben wurden), ist das evident. Es gilt aber auch für Preise, die im Geschäft höher ausgezeichnet sind als sie in der Werbung angekündigt wurden, wenn nicht sichergestellt ist, dass an der Kasse immer nur der geringere Preis gefordert wird.[2112] Im Übrigen siehe nachfolgend Punkt 3 zu divergierenden Preisangaben.

Nach dem Wortlaut von § 5 Abs. 1 S. 2 Nr. 2 werden auch irreführende Angaben über die Art und Weise in welcher der Preis **berechnet** wird, erfasst. Dies ist insbesondere – wenn auch nicht ausschließlich – im Hinblick auf **Tarife für Dienstleistungen** von Relevanz, namentlich wenn die Höhe des Entgelts von variablen Faktoren abhängt, zB von dem Zeitraum, für den die Dienstleistung in Anspruch genommen wird (etwa Telefontarife). 734

2. Angaben mit Preisbezug. Eine Irreführung über den Preis setzt grundsätzlich eine Angabe voraus, die direkt oder indirekt bestimmte **Vorstellungen über den Preis** erweckt. Solche Angaben sind selbstverständlich alle unmittelbar preisbezogenen Informationen, insbesondere die **Nennung eines Preises** oder Preisbestandteils, ggf. iVm der Angabe „Flat“[2113] die Bezeichnung als **„gratis“, „kostenlos“, „beitragsfrei“**[2114] oder auch die Bezugnahme auf eine mögliche **Ersparnis** (zB in Form einer Prozentangabe). Eine Irreführung über den Preis liegt auch vor, wenn **Preissteigerungen** nicht angegeben werden, die ihre rechtliche Grundlage bereits in dem Abschluss des Grundvertrages haben und nur eine von zwei späteren Preissteigerungen angegeben wird.[2115] Eine Irreführung über die Preiswürdigkeit eines Angebots kann aber auch **mittelbar** durch andere Angaben, insbesondere über die **Beschaffenheit** der Ware, hervorgerufen werden: Wird die Ware oder Leistung besser dargestellt als sie ist, erscheint auch der Preis günstiger, als er ist. In solchen Fällen liegt eine Irreführung über die Beschaffenheit der Ware oder Leistung vor. Daneben wird mittelbar auch über die Preiswürdigkeit der Ware getäuscht. Eine mittelbare Irreführung über den Preis selbst liegt dann vor, wenn das Publikum auf Grund der Werbung, insbesondere von Abbildungen und mangels hinreichender Klarstellung im Werbetext[2116] einen **größeren Leistungsumfang** erwartet **als tatsächlich geboten** wird, zB wenn der Preis einer Einbauküche die mit abgebildete Kranzleiste nicht enthält,[2117] der Preis einer abgebildeten EDV-Anlage nicht den Monitor einschließt,[2118] der blickfangmäßig hervorgehobene Preis einer abgebildeten Schlafzimmereinrichtung nicht Matratzen und Lattenroste umfasst,[2119] bei einer Wohnlandschaft die abgebildeten Kopfstützen nur gegen Aufpreis erhältlich sind,[2120] eine blickfangmäßig hervorgehobene „All Net Flat“ mit Preisangabe zusätzliche „Aktivierungskosten“ erfordert oder Servicenummern extra kosten,[2121] oder wenn eine Preiswerbung mit Fertighäusern den unrichtigen Eindruck erweckt, der angegebene Preis enthalte Keller bzw. Fundamentplatte.[2122] Nur in Einzelfällen kann der durch die (fälschliche) Abbildung einer teureren Ware neben einem billigen Preis hervorgerufenen Fehlvorstellung die wettbewerbsrechtliche Relevanz fehlen.[2123] 735

[2112] BGH GRUR 2008, 442 Rn. 11 – Fehlerhafte Preisauszeichnung; GRUR 2000, 907 (909) – Filialleiterfehler.

[2113] BGH GRUR 2016, 207 Rn. 15 ff. – All Net Flat.

[2114] Dazu → Anh. § 3 Abs. 3 Nr. 21 Rn. 1 ff.

[2115] Dies soll nach Auffassung des OLG Köln GRUR-RR 2014, 299 (300) – Doppelte Preiserhöhung selbst dann gelten, wenn der Kunde die Preissteigerung durch eine Kündigung vermeiden kann.

[2116] Vgl. BGH GRUR 2015, 698 Rn. 19 – Schlafzimmer komplett; GRUR 2016, 207 Rn. 15 ff. – All Net Flat.

[2117] Vgl. KG MD 1994, 40 ff.; GRUR 1995, 140 f.; 1995, 149.

[2118] BGH GRUR 2003, 249 – Preis ohne Monitor; KG MD 1992, 569 ff.; 1996, 855 (859).

[2119] OLG Bamberg MD 2011, 973 (975); KG MD 2010, 286.

[2120] OLG München WRP 2019, 791 Rn. 57.

[2121] BGH GRUR 2016, 207 Rn. 15 ff. – All Net Flat.

[2122] Vgl. KG WRP 1985, 585 ff.; MD 1996, 397 (399); OLG Celle GRUR 1970, 473 (476 f.); OLG Hamburg MD 1999, 242 f.; OLG Brandenburg MD 1999, 952 (953); 2000, 165 f.

[2123] OLG Hamm GRUR-RR 2010, 37 (Ls.) – Geschirrspüler.

736 **3. Divergierende Preisangaben.** Kündigt der Anbieter für eine bestimmte Ware oder Leistung in verschiedenen Medien **zeitgleich verschiedene Preise** an (zB in verschiedenen Werbeträgern oder in der Werbung einerseits und in der Preisauszeichnung der Ware im Geschäft andererseits), ist für die rechtliche Beurteilung zwischen folgenden Varianten zu unterscheiden: Verlangt der Anbieter **an der Kasse** den **höheren** der angekündigten Preise, ist die Ankündigung des niedrigeren Preises irreführend;[2124] dies gilt selbst dann, wenn der Anbieter in Einzelfällen – zB bei sofortigem Kaufentschluss – ausnahmsweise zur Gewährung des niedrigeren Preises bereit ist.[2125]

737 Wird hingegen an der Kasse tatsächlich der **niedrigere** Preis verlangt als im Geschäft oder in der Werbung angegeben, dann ist die Angabe des höheren Preises jedenfalls dann nicht relevant irreführend, wenn sichergestellt ist, dass grundsätzlich und auch ohne Nachfragen des Kunden der niedrigere Preis berechnet wird. Zwar mag die höhere Preisangabe den Verbraucher verunsichern. Aber nicht jede Verunsicherung muss sich auch auf den Kaufentschluss auswirken.[2126] Das betrifft zB den Fall, dass in unterschiedlichen Zeitungen unterschiedliche Preise genannt werden, etwa weil eine Anzeige bereits vor der Preisherabsetzung in Auftrag gegeben worden war und nicht mehr geändert bzw. storniert werden konnte.[2127] Entsprechendes gilt auch für den Fall, dass zB in Tageszeitungen ein DVD-Player mit einem Verkaufspreis von 179 Euro beworben, im Geschäft jedoch mit einem Preis von 199 Euro ausgezeichnet ist, soweit an der Kasse grundsätzlich nur der beworbene (niedrigere) Preis berechnet wird und dies zB aufgrund eines elektronischen Kassensystems, in dem der niedrigere Preis hinterlegt ist, sichergestellt ist.[2128] Denn der Verkehr rechnet nach Auffassung des BGH zumindest bei breit sortierten Einzelhandelsmärkten damit, dass die Preisauszeichnung einzelner Waren noch nicht an eine am selben Tag erschienene Werbung angepasst ist. Er wird daher auch nicht seinen Kaufentschluss aufgeben und stattdessen eine andere Ware kaufen, sondern entweder die höher ausgezeichnete Ware dennoch kaufen wollen und dann positiv überrascht sein oder das Geschäft verärgert verlassen.

738 Allerdings muss stets sichergestellt sein, dass dem Kunden an der Kasse **automatisch stets** nur **der niedrigere Preis berechnet** wird. Geschieht das nicht oder muss der Kunde erst nachfragen, kann auch die höhere Preisangabe in der Werbung oder im Regal relevant irreführend wirken.[2129]

739 Wird ohne entsprechende Werbung und **ohne Änderung der Preisschilder** eine Preissenkung vorgenommen, verstößt dies ebenfalls nicht ohne Weiteres gegen § 5 Abs. 1 S. 2 Nr. 2, da hier beim Publikum bei Betreten des Geschäfts nicht die Erwartung des niedrigeren Preises besteht. Zwar entsteht hier bei Lektüre der Preisauszeichnung die Fehlvorstellung, den ausgezeichneten höheren Preis zahlen zu müssen; diese Fehlvorstellung ist jedoch für sich genommen wettbewerbsrechtlich nicht relevant, wenn bei Bezahlung der niedrigere Preis gefordert wird.

740 **4. Preisspaltung.** Von den vorstehend behandelten Fällen unterschiedlicher Preisankündigungen bei tatsächlich einheitlichem Preis sind die Fälle der sog. **Preisspaltung** zu unterscheiden: Es ist einem Unternehmen preisangabenrechtlich und unter Irreführungsgesichtspunkten grundsätzlich gestattet, **für dieselbe Ware in verschiedenen Geschäften** oder auch online-offline **verschiedene Preise** anzukündigen und zu verlangen, soweit nicht etwa durch die Art der Werbung der unrichtige Eindruck erweckt wird, die Ware sei zum günstigeren Preis auch in Verkaufsstellen erhältlich, die den höheren Preis berechnen.

[2124] OLG Hamm GRUR 1983, 453 f.
[2125] Vgl. KG GRUR 1979, 725 (726).
[2126] BGH GRUR 2008, 442 – Fehlerhafte Preisauszeichnung.
[2127] BGH GRUR 1986, 322 – Unterschiedliche Preisankündigung; ähnlich OLG München MDR 1993, 1072 für Preisdivergenz zwischen Hauptprospekt und beigefügtem Faltblatt; vgl. auch die Fallgestaltung OLG Hamm GRUR 1990, 627 f.; strenger GRUR 1983, 453 f.
[2128] BGH GRUR 2008, 442 (443) – Fehlerhafte Preisauszeichnung.
[2129] *BGH GRUR* 1988, 629 f. – Konfitüre; GRUR 2000, 907 – Filialleiterfehler.

Entsprechendes gilt auch für eine Preisspaltung bei Leistungen.[2130] Wenn daher im Internet mit dem niedrigsten der in den verschiedenen Filialen verlangten Preise geworben wird, so muss deutlich gemacht werden, **für welche Verkaufsstelle** dieser Preis gilt.[2131] Umgekehrt darf durch die Angabe „auch online" nicht in einem Werbeprospekt der Eindruck erweckt werden, die Ware könne online zum identischen Preis erworben werden, wenn dies nicht der Fall ist.[2132] Wird Ware in einem Geschäftslokal mit unterschiedlicher Preisauszeichnung angeboten und entsprechend dem jeweiligen Preisetikett an der Kasse berechnet, liegt jedenfalls dann eine Irreführung vor, wenn der niedrigere Preis (zB als Sonderangebot) besonders beworben wird:[2133] Hier besteht die Gefahr, dass von der Werbung angesprochenen Kunden, welche an die höher ausgezeichneten Waren geraten, die höhere Preisauszeichnung nicht bemerken und dann einen höheren als den beworbenen und erwarteten Preis zahlen. Bei Waren des täglichen Bedarfs besteht diese Gefahr darüber hinaus auch dann, wenn der niedrigere Preis nicht besonders beworben wird, da bei Kunden, die zunächst die günstiger ausgezeichnete Ware erwerben, das Risiko besteht, beim nächsten Einkauf an die höher ausgezeichnete Ware zu geraten und diese ohne nochmalige Prüfung der Preisauszeichnung erneut – und in der Erwartung des niedrigeren Preises – zu kaufen.[2134] Ist allerdings sichergestellt, dass dem Kunden an der Kasse stets und unaufgefordert nur der günstigere Preis berechnet wird, dann liegt auch insoweit nach der BGH-Rechtsprechung keine relevante Irreführung mehr vor.[2135]

5. Vollständigkeit der Preisinformation. a) Angabe des Gesamtpreises. Im Verhältnis zu privaten Letztverbrauchern ist es auch unter Irreführungsgesichtspunkten regelmäßig erforderlich, den **Gesamtpreis** iSv § 1 Abs. 1 S. 1 PAngV (vormals als „Endpreis" bezeichnet) jedenfalls in den Fällen anzugeben, in denen die PAngV dies vorschreibt, da sie wegen der Regelungen der PAngV dessen Angabe seit langem gewohnt sind und erwarten, also in der Regel nicht mit weiteren Preisbestandteilen bzw. Aufschlägen neben dem als Preis genannten Betrag rechnen,[2136] zB mit zusätzlichen Frachtkosten bei Kfz-Preiswerbung[2137] oder mit anderen Nebenkosten.[2138] Wird im Verhältnis zu privaten Endverbrauchern in solchen Fällen nicht der Gesamtpreis angegeben, liegt daher – neben einem Verstoß gegen die PAngV iVm § 3a UWG – im Regelfall auch ein Verstoß gegen § 5 UWG vor. 741

b) Mehrwertsteuer. aa) Private Letztverbraucher. Jedenfalls im Verhältnis zu privaten Endverbrauchern ist regelmäßig die Angabe des Preises **einschließlich Mehrwertsteuer** gem. § 1 Abs. 1 S. 1 PAngV und § 5a Abs. 3 Nr. 3 UWG (Art. 7 Abs. 4 lit. c UGP-Richtlinie) sowie § 312a Abs. 2 BGB iVm Art. 246 Abs. 1 Nr. 3 EGBGB sowie §§ 312d Abs. 1, 312j Abs. 2 BGB iVm Art. 246a § 1 Nr. 4 EGBGB erforderlich. Wenn die Pflicht zur Gesamtpreisangabe im Verhältnis zu solchen Abnehmern im Einzelfall nach der PAngV nicht besteht (zB nach § 9 Abs. 1 Nr. 3 PAngV) und der Preis ohne Mehrwertsteuer angegeben wird, kommt ein Verstoß gegen § 5 UWG in Betracht, wenn auf diesen Umstand nicht deutlich hingewiesen wird, zB durch den Zusatz *„zuzüglich Mehrwertsteuer"* oder zumindest eine geläufige und allgemein verständliche **Abkürzung** wie „+ MwSt".[2139] 742

2130 Vgl. OLG Stuttgart WRP 1995, 757 (761 f.).
2131 OLG Frankfurt a. M. GRUR-RR 2011, 193 (194) – Abweichende Filial-Preise.
2132 LG Amberg WRP 2020, 374.
2133 Vgl. den Fall OLG Hamm WRP 1981, 655 ff.
2134 Vgl. GKUWG/*Lindacher/Peifer* § 5 Rn. 696.
2135 Vgl. BGH GRUR 2008 – Fehlerhafte Preisauszeichnung.
2136 Vgl. BGH GRUR 1989, 606 (608) – unverb. Preisempfehlung; GRUR 1993, 53 (54) – Ausländischer Inserent.
2137 Vgl. auch BGH GRUR 1985, 58 (60) – Mischverband II; KG MD 1992, 1 ff.; 1993, 377 ff.; 1995, 657 f. zur Täuschung über die Höhe der Frachtkosten.
2138 BGH GRUR 1987, 125 – Berühmung; OLG Stuttgart NJWE-WettbR 1998, 101.
2139 Vgl. OLG Hamm GRUR 1985, 142 f.; aA OLG München NJW 1970, 661 f.: erforderlich „ohne MWSt".

Entsprechend der Rechtsprechung des BGH zur Angabe von Versandkosten im Internet[2140] ist es dabei zu spät, wenn ein solcher Hinweis erstmalig nach Einlegen der Ware in einen virtuellen Warenkorb im Rahmen des Bestellvorgangs gegeben wird oder nur in den AGB auftaucht. Umgekehrt musste dieser Hinweis allerdings auch nicht zwingend in unmittelbarem räumlichen Zusammenhang zu dem Angebot stehen; es genügte vielmehr, wenn die Angabe leicht erkennbar und gut wahrnehmbar auf einer gesonderten Internetseite gemacht wurde, sofern diese Seite noch vor Einleitung des Bestellvorgangs notwendig aufgerufen werden musste. Allerdings verlangt § 312j Abs. 2 BGB nunmehr, dass die Angaben *unmittelbar* vor der Aufgabe der Bestellung zur Verfügung gestellt werden müssen. Besteht allerdings keine Pflicht zur Gesamtpreisangabe und wird auf den Umstand, dass die Mehrwertsteuer nicht einbezogen ist, hinreichend deutlich hingewiesen, ergibt sich dann nicht schon aus der möglichen Unkenntnis der Abnehmer hinsichtlich der Höhe des Mehrwertsteuersatzes bzw. deren teilweiser Unfähigkeit oder Unwilligkeit, den Gesamtpreis mit Mehrwertsteuer zu berechnen, eine dem Anbieter zurechenbare Irreführung iSv § 5 UWG.[2141]

743 **bb) Unternehmer als Adressaten.** Im kaufmännischen Geschäftsverkehr ist die Angabe des Gesamtpreises – und damit die Einbeziehung der Mehrwertsteuer – nach der PAngV nicht vorgeschrieben. Der Preis kann bei Angeboten an Kaufleute also auch ohne Mehrwertsteuer angegeben werden. Früher ging die Rechtsprechung allerdings auf vertragsrechtlicher Ebene auch im kaufmännischen Geschäftsverkehr davon aus, dass der vertragliche Preis auch die Umsatzsteuer umfasste, wenn nicht ausdrücklich etwas anderes geregelt war.[2142] Daher musste zur Vermeidung einer Irreführung **auch im kaufmännischen Geschäftsverkehr auf die Nichteinbeziehung der Mehrwertsteuer ausdrücklich hingewiesen werden.**[2143] Ob das auch heute noch so gilt, erscheint fraglich.

744 **cc) Hinweis auf Einbeziehung.** Nach früherer Auffassung des BGH stellte es im Verhältnis zu privaten Endverbrauchern (also bei Pflicht zur Angabe des Gesamtpreises iSv § 1 Abs. 1 S. 1 PAngV) eine **irreführende Werbung mit Selbstverständlichkeiten** dar, wenn darauf hingewiesen wurde, dass der angegebene Preis die Mehrwertsteuer enthielt und wenn dieser Hinweis **„in besonderem Maße hervorgehoben"** wurde.[2144] Hierfür sollte es bereits ausreichen, wenn der Zusatz vom übrigen (Fließ-)Text abgesetzt und der Preisangabe unmittelbar zugeordnet war, selbst wenn er im Verhältnis zum Kaufpreis und anderen Angaben in kleinerem Druck gehalten war.[2145] Dies erschien schon damals zu streng. Nunmehr kommt hinzu, dass Art. 5 Abs. 2 der Richtlinie 2000/31/EG (sog. E-Commerce-Richtlinie) und § 1 Abs. 2 S. 1 Nr. 1, 2 PAngV ausdrücklich die Angabe vorschreiben, dass in den angegebenen Preisen Steuern enthalten sind. Diese Angabe kann daher nur noch bei besonderer Hervorhebung eine irreführende Werbung mit Selbstverständlichkeiten sein und selbst das ist fraglich, wenn man bedenkt, dass § 312j Abs. 2 BGB ausdrücklich die Hervorhebung bestimmter Angaben verlangt. **Keine Irreführung** liegt jedenfalls vor, wenn sich der Hinweis in einem längeren klein gedruckten **Fließtext**[2146] oder an einer anderen **unauffälligen Stelle** zusammen mit anderen Angaben ohne werbenden Charakter befindet.[2147]

[2140] BGH GRUR 2008, 84 – Versandkosten; MMR 2010, 237 Rn. 18, 22 – Kamerakauf im Internet. Vgl. auch → PAngV § 1 Rn. 41 ff.

[2141] OLG Hamm GRUR 1985, 142 f.

[2142] BGH NJW 1991, 2484.

[2143] GK-*Lindacher/Peifer* § 5 Rn. 685.

[2144] BGH GRUR 1990, 1027 f. – incl. MwSt. I; GRUR 1990, 1028 f. – incl. MwSt. II; GRUR 1990, 1029 – incl. MwSt. III – mkritAnm *Doepner* GRUR 1991, 323 – incl. MwSt. IV; aA – differenzierend – GKUWG/*Lindacher/Peifer* § 5 Rn. 684.

[2145] BGH GRUR 1990, 1028 f. – incl. MwSt. II; bei einer ähnlichen Gestaltung die Irreführung verneinend dagegen BGH GRUR 1991, 323 – incl. MwSt. IV.

[2146] BGH GRUR 1990, 1027 f. – incl. MwSt. I.

[2147] BGH GRUR 1990, 1029 (1031) – incl. MwSt. III.

c) Versandkosten. Angesichts der gestiegenen Bedeutung des E-Commerce kommt auch den Angaben der Versandkosten insbesondere bei Internetangeboten eine besondere Relevanz zu. Im Fernabsatz gegenüber Letztverbrauchern müssen nach den Bestimmungen der PAngV zwar die Versandkosten grundsätzlich nicht in den Gesamtpreis einbezogen werden; nach § 1 Abs. 2 S. 1 Nr. 2, S. 2 PAngV sowie Art. 246a § 1 Abs. 1 Nr. 4 EGBGB, Art. 7 Abs. 4 lit. c UGP-Richtlinie, § 5a Abs. 3 Nr. 3 UWG ist jedoch anzugeben, ob zusätzlich Versandkosten anfallen und, falls ja, auch deren Höhe.[2148] Selbst wenn die Einbeziehung nach der PAngV nicht erforderlich ist (zB bei gewerblichen Abnehmern), ist es wegen §§ 5, 5a UWG geboten, auf die Versandkosten mit der erforderlichen Klarheit und Deutlichkeit hinzuweisen.[2149] Grundsätzlich genügt es, unmittelbar bei der Werbung für das einzelne Produkt den Hinweis **„zzgl. Versandkosten"** aufzunehmen, wenn sich beim Anklicken dieses Hinweises ein Bildschirmfenster mit einer übersichtlichen und verständlichen Erläuterung der allgemeinen Berechnungsmodalitäten für die Versandkosten öffnet und außerdem die tatsächliche Höhe der für den jeweiligen Einkauf konkret anfallenden Versandkosten jeweils bei Aufruf des virtuellen Warenkorbs in der Preisaufstellung gesondert ausgewiesen wird.[2150] Hingegen reicht es nicht aus, wenn Angaben zu Liefer- und Versandkosten sowie zur Umsatzsteuer erst erfolgen, wenn der Verbraucher seinen virtuellen Warenkorb am Bildschirm aufruft und somit den Kaufvorgang bereits eingeleitet hat. Strengere Anforderungen gelten bei **Preissuchmaschinen** und **Preisvergleichslisten.** Denn anders als bei Angeboten auf „normalen" Webseiten erwartet der Verbraucher hier einen Preis zuzüglich der konkreten Versandkosten, weil er nur dann effektiv die Preise vergleichen kann. Dementsprechend sind hier die Versandkosten bereits in der Preisvergleichsliste mit aufzuführen und ein Verweis auf die Internetseiten des Händlers genügt nicht.[2151] Ebenso ist es irreführend, wenn auf einer Internetseite eine Lieferung **„frei Haus"** angekündigt wird, dann aber zusätzlich Verpackungskosten berechnet werden, die zudem erst in der Auftragsbestätigung erwähnt werden.[2152] 745

d) Erforderlichkeit ergänzender Angaben; Kombi-/Kopplungsangebote. Im Übrigen verpflichtet § 5 UWG bei Preisangaben und preisbezogenen Angaben zwar keineswegs immer und grundsätzlich zu einer umfassenden Preisinformation; eine gesonderte Aufschlüsselung sämtlicher Preisbestandteile ist daher nicht immer erforderlich.[2153] Allerdings dürfen nach § 5a UWG nicht **wesentliche** Informationen vorenthalten werden, und zwar auch dann nicht, wenn das für den Verbraucher erkennbar ist – wobei bei einem Erkennen der Unvollständigkeit fraglich sein kann, ob die Aussage geeignet ist, den Verbraucher zu einer geschäftlichen Entscheidung zu veranlassen, die er andernfalls nicht getroffen hätte. Als wesentlich gelten dabei nach § 5a Abs. 3 Nr. 3 UWG insbesondere der Gesamtpreis bzw. die Art der Preisberechnung sowie zusätzliche Fracht-, Liefer- und Zustellkosten. Erst recht liegt eine Irreführung vor, wenn nach Lage des Falls bei dem angesprochenen Durchschnittsverbraucher der Eindruck erweckt wird, zu einem angegebenen Betrag kämen bei Durchführung des Geschäfts keine weiteren *zwingenden* Kosten hinzu. Demgegenüber sind Kosten für *fakultative* Zusatzleistungen nur in bestimmten Fällen anzugeben, zB bei Flügen gem. Art. 23 Abs. 1 S. 4 der **Luftverkehrsdiensteverordnung;**[2154] solche Zusatzleistungen müssen zudem im Wege eines Opt-In angenommen 746

[2148] Näher → PAngV § 1 Rn. 41 ff.

[2149] Vgl. BGH GRUR 1992, 618 – Pressehaftung II; GRUR 1993, 53 (54) – Ausländischer Inserent; KG MD 1992, 151 (153); vgl. auch OLG Karlsruhe MD 1998, 808; offengelassen in BGH GRUR 1997, 479 (481) – Münzangebot.

[2150] BGH MMR 2010, 237 Rn. 27 – Kamerakauf im Internet; GRUR 2008, 84 Rn. 31 – Versandkosten.

[2151] BGH MMR 2010, 245 Rn. 14 – Versandkosten bei Froogle, wobei der BGH dieses Ergebnis vor allem aus § 1 Abs. 6 PAngV aF ableitet.

[2152] OLG Hamm MMR 2010, 763.

[2153] Vgl. OLG Celle WRP 2015, 364 Rn. 2.

[2154] VO (EG) Nr. 1008/2008 des Europäischen Parlaments und des Rates vom 24.9.2008 über gemeinsame Vorschriften für die Durchführung von Luftverkehrsdiensten in der Gemeinschaft, ABl. 2008 L 293, S. 3.

werden können.[2155] Wird daher bei der Buchung einer Flugreise im Internet dem Warenkorb eine optionale Reiseversicherung automatisch hinzugefügt, ohne dass der Verbraucher sich hierfür aktiv entschieden hat, so liegt hierin zwar nicht die Angabe eines unzutreffenden Gesamtpreises, wohl aber ein Verstoß gegen das Opt-In-Gebot des Art. 23 Abs. 1 S. 4 der Luftverkehrsdiensteverordnung und auch eine Täuschung über die Zusammensetzung des Preises.[2156] Zudem darf nach der Abwahl einer solchen Option nicht darüber getäuscht werden, indem zB nach Abwahl einer Versicherungsmöglichkeit sich ein Fenster öffnet mit der hervorgehobenen Option *„Weiter – Ich möchte abgesichert sein"*, bei deren Anklicken dann eben doch kostenpflichtiger Versicherungsschutz bezogen wird.[2157] Es schadet allerdings nicht, wenn der Buchungsvorgang erst fortgesetzt werden kann, wenn der Nutzer sich aktiv für oder gegen eine Zusatzleistung entschieden hat – solange der Verzicht auf diese Zusatzleistung nicht versteckt wird und solange sie nicht mit unzutreffenden oder unsachlichen Hinweisen verbunden wird.[2158] Außerdem kann eine Irreführung vorliegen, wenn Leistungen, die der Verkehr üblicherweise der Hauptleistung zurechnet, nur optional und gegen Zusatzentgelt zur Verfügung gestellt werden und darauf nicht bereits bei der Angabe des Endpreises für die Hauptleistung, sondern gar nicht oder erst wesentlich später hingewiesen wird. Ein solches Verhalten mag preisangabenrechtlich in Ordnung sein; es kann aber dennoch unter besonderen Umständen irreführend sein. Entschieden wurde das zB bei einer Werbung mit **Flugpreisen,** bei der unerwähnt blieb, dass für jedes beim Einchecken aufgegebene **Gepäckstück** selbst bei Unterschreiten der üblichen Grenzen ein zusätzliches Entgelt bezahlt werden muss.[2159] Verneint wurde es für eine gesonderte Gebühr zur Reservierung eines Sitzplatzes im Flugzeug.[2160] Eine **Servicepauschale,** wie zB eine zusätzliche Gebühr bei Zahlung mit Kreditkarte, muss ebenfalls in den anzugebenden Endpreis eingerechnet werden, wenn diese Gebühr nur bei bestimmten Kreditkarten entfällt, bei anderen hingegen nicht, so dass nicht jeder Kunde sie vermeiden kann.[2161] Flugpreise können bei Flugrouten innerhalb der EU auch dann in der **Währung des Abflugortes** angegeben werden, wenn der Flug durch ein deutsches Flugunternehmen einem deutschen Verbraucher angeboten wird.[2162] Bei dem **Erwerb einer GmbH** kann es erforderlich sein, darauf hinzuweisen, dass ergänzend zu dem angegebenen Kaufpreis noch das Stammkapital aufgebracht werden muss.[2163] Ein **Konto** darf nicht als gebührenfrei beworben werden, wenn eine Kartengebühr in Höhe von 10 Euro erhoben wird und sie erst bei Erreichen einer bestimmten Anzahl von Umsätzen erstattet wird.[2164]

747 **Immobilienanzeigen** gewerblicher Vermittler mit Preisangabe sind irreführend, wenn sie nicht zum Ausdruck bringen, falls vom Erwerber eine **Vermittlerprovision** zu zahlen ist.[2165] Bei provisionsfreien Angeboten ist allerdings kein Hinweis auf die Maklereigenschaft des Inserenten erforderlich.[2166] Sind die sonstigen Angaben zur angebotenen Ware oder Leistung unvollständig oder missverständlich, kann dies im Einzelfall auch zu einer Irreführung über den Preis bzw. die Preiswürdigkeit des Angebots führen. Bei einer Werbung mit Preisangaben für sperrige Möbelstücke oder Großgeräte der Unterhaltungselektronik ist

[2155] Siehe hierzu → PAngV Einl. Rn. 9 f.
[2156] OLG Jena MD 2011, 651 (652, 654).
[2157] BGH GRUR 2017, 283 Rn. 22, 24 – Servicepauschale (Verstoß gegen Art. 23 Abs. 1 S. 4 VO (EG) Nr. 1008/2008).
[2158] OLG Frankfurt a. M. GRUR-RR 2016, 274 Rn. 8 – Drohkulisse.
[2159] OLG Hamburg WRP 2008, 149 (150 f.).
[2160] KG GRUR-RR 2016, 77 Rn. 33 ff. – Sitzplatzreservierung.
[2161] BGH GRUR 2017, 283 Rn. 31 – Servicepauschale (Verstoß gegen Art. 23 Abs. 1 S. 2 VO (EG) Nr. 1008/2008).
[2162] EuGH NJW 2019, 985 Rn. 39 – Verbraucherzentrale/Germanwings auf Vorlage des BGH GRUR 2017, 742 – Flugpreisangabe.
[2163] OLG Dresden MMR 2013, 594,
[2164] LG Stuttgart GRUR-RR 2018, 434 (435) – „Schnipp, Schnapp – Gebühren ab".
[2165] BGH GRUR 1990, 377 f. – RDM; GRUR 1991, 324 f. – Finanz- und Vermögensberater.
[2166] BGH GRUR 1993, 760 f. – Provisionsfreies Maklerangebot; GRUR 1993, 760 f. – Makler-Privatangebot.

daher zB zur Vermeidung einer Irreführung in direkter Verbindung mit der Preisangabe der ausdrückliche Hinweis erforderlich, dass es sich um **Abholpreise**[2167] und nicht um Lieferpreise handelt,[2168] soweit sich dies für das Publikum nach den sonstigen Umständen des Falls, insbesondere dem gesamten Erscheinungsbild der Werbung, im Einzelfall nicht von selbst versteht.

Bei **Kombi-** oder **Kopplungsangeboten**[2169] ist es irreführend, einen Teil des Gesamtangebots blickfangmäßig als preisgünstig hervorzuheben, soweit die Kopplung mit der Abnahme einer weiteren Ware oder Dienstleistung nicht hinreichend deutlich wird[2170], zB bei blickfangmäßig beworbener Internetflatrate ohne ausreichenden Hinweis auf die Kopplung mit DSL-Telefonanschluss,[2171] Werbung für eine „All Net Flat" für Telefonkosten ohne ausreichenden Hinweis auf zusätzliche Aktivierungsgebühren,[2172] bei Kopplung von anderen Produkten als Mobiltelefonen mit Mobilfunkverträgen, weil hier der Verkehr nicht eine solche Kopplung erwartet,[2173] oder bei Hervorhebung einer günstigen Monatsgebühr für ein Fernsehabonnement, wenn zugleich weitere zwingend anfallende Gebühren (wie eine Halbjahresgebühr) verschwiegen werden.[2174] Letzten Endes handelt es sich hier um Fälle der Irreführung durch Unterlassen, so dass stets auch zu prüfen ist, ob der Verbraucher zu einer Entscheidung veranlasst wurde, die er sonst nicht getroffen hätte (siehe § 5a Abs. 2, 3 Nr. 3 und die Kommentierung von Dreyer dazu).

6. Eckpreise („Ab"-Preise) und Margenpreise, Beispielsrechnungen. Sog. 748
„ab…"-Preisangaben (Eckpreise) und **„von…- bis…"**-Preisangaben (Margenpreise), die der sortimentsbezogenen Preisinformation dienen, sind im Grundsatz sowohl für eine Warengattung als auch für Waren unterschiedlicher Beschaffenheit **zulässig,** soweit sie ein **realistisches Bild des Preisniveaus** vermitteln. „Ab"-Preise sind daher nicht per se irreführend,[2175] insbesondere muss bei „ab..."-Preisen nicht auch ein höherer oder der höchste verlangte Preis für die beworbenen Waren/Leistungen angegeben werden. Allerdings muss die als besonders günstig beworbene Ware/Leistung auch zum „ab..."- bzw. „von..."-Preis tatsächlich[2176] und unter Berücksichtigung der Umstände der Werbung **in angemessenem Umfang** verfügbar sein; der günstigste Preis darf nicht nur für einen unbedeutenden, im Verhältnis zum Gesamtangebot nicht ins Gewicht fallenden Teil der Waren verlangt werden.[2177] Ist die Werbung allerdings erkennbar unvollständig, reicht ein nachgeschalteter Hinweis auf die konkrete Preisgestaltung aus.[2178]

Grundsätzlich zulässig – und für die Verbraucher bei einer komplexeren Entgeltstruktur 749
häufig informativ – sind auch **Beispielsrechnungen,** soweit sie inhaltlich zutreffend sind und kein unrealistisches Bild vom Preisniveau vermitteln. Soweit sich die Beispielsrechnung erkennbar auf ein ganz bestimmtes Verbrauchsvolumen bezieht, muss in der Beispielsrech-

---

[2167] Zum Begriff BGH GRUR 1993, 127 – Teilzahlungspreis II; vgl. auch GRUR 2010, 649 ff. – Preisnachlass für Vorratsware zu einem Verstoß gegen § 4 Nr. 4 UWG aF.

[2168] Vgl. OLG Köln WRP 1986, 51 f.; GRUR 1995, 434 (435 f.); OLG Stuttgart WRP 1987, 271 f.; OLG Hamburg WRP 1991, 736 (737 f.) und WRP 1998, 225 (227); Gutachten WRP 1990, 65 und WRP 1998, 553.

[2169] Solche Kopplungsangebote können nicht nur über den Preis, sondern auch über die Warenlieferbedingungen bzw. die Pflichten des Kunden (dazu → Rn. 829) sowie über die Verfügbarkeit irreführen (dazu → § 5 Rn. 403).

[2170] OLG Koblenz GRUR-RR 2013, 443 (444) – unbegrenzt surfen; OLG Köln MD 2010, 738 (Ls.).

[2171] OLG Frankfurt a. M. GRUR-RR 2007, 165 (166 f.); aA OLG Hamburg MD 2008, 276 (280).

[2172] BGH GRUR 2016, 207 Rn. 15 ff. – All Net Flat.

[2173] OLG Düsseldorf GRUR-RR 2014, 347 – Spielkonsole.

[2174] EuGH Urt. v. 26.10.2016 – C-611/14, GRUR 2016, 1307 Rn. 48 – Canal Digital Danmark A/S.

[2175] EuGH WRP 2012, 189 (194) – Konsumentenombudsmannen/Ving Sverige AB.

[2176] Vgl. OLG Hamburg WRP 2008, 149 ff.

[2177] Vgl. BGH GRUR 1966, 382 (384) – Jubiläum; GRUR 1983, 257 (258) – bis zu 40 %; OLG Schleswig WRP 2007, 1127 (1129); OLG Naumburg GRUR-RR 2008, 173 (175) zur Anwaltswerbung mit „ab"-Preisen; Fallbeispiele bei *Völker* PreisangabenR UWG § 3 Rn. 47.

[2178] OLG Hamburg GRUR-RR 2016, 419 – ab 5,95 EUR* mtl. Kritisch *Amschewitz* GRUR-Prax 2016, 419.

nung auch nicht angegeben werden, welche Mehrkosten bei einer Überschreitung dieses Volumens entstehen[2179] soweit diese zusätzliche Information im Zusammenhang mit der Preiswerbung in zumutbarer und leicht auffindbarer Form und unter Beachtung der weiteren Kriterien des § 5a UWG geboten wird.[2180]

750 **7. Preislisten.** Ebenfalls grundsätzlich **zulässig** (und nach deutschem Preisangabenrecht[2181] zT sogar vorgeschrieben, vgl. zB § 5 PAngV) ist die Vorlage von oder Bezugnahme auf **Preislisten/Preisverzeichnisse(n),** wenn sie die tatsächlich geforderten Preise wiedergeben. **Irreführend** ist es, wenn allgemein oder **stets** auf Verlangen **niedrigere Preise** gewährt werden und die Vorlage der Preisliste nur dazu dient, jeweils den Schein eines besonders günstigen Individualangebots hervorzurufen.[2182] Dagegen ist es nicht ohne weiteres irreführend, eine Preisliste auch dann gegenüber bestimmten Abnehmern zu verwenden, wenn anderen Kunden zT günstigere Preise gewährt werden.[2183] Der Verkehr dürfte heute in der bloßen Verwendung einer Preisliste nicht ohne Weiteres die Angabe sehen, der Verwender halte sich stets und in jedem Fall an sie. **Irreführend** iSv § 5 UWG wäre aber zB die Erstellung und Verwendung einer (letztlich fingierten) „Preisliste" nur für einen Abnehmer oder die ausdrückliche Falschbehauptung, die Preisliste sei stets für alle Kunden verbindlich; in derartigen Fällen wird der Abnehmer in relevanter Weise über das (tatsächliche) Preisniveau des Anbieters und über die Verhandelbarkeit der Preise irregeführt. Auch die Verwendung **mehrerer** Preislisten (zB für verschiedene Abnehmergruppen) ist nicht ohne Weiteres wettbewerbswidrig, soweit dies nicht in irreführender Weise geschieht, also zB der unrichtige Eindruck erweckt wird, nur nach einer Preisliste zu verkaufen.[2184] Im Verhältnis zu Endverbrauchern kann dieser Eindruck allerdings leicht entstehen, wenn nicht aus den Umständen klar ist, dass es mehrere Preislisten gibt, während es im Verhältnis zum an Konditionendifferenzierungen gewöhnten Handel im Regelfall zusätzlicher unrichtiger Angaben bedarf, um diese Fehlvorstellung zu erwecken.

751 **8. Preisangaben bei Darlehen, insbesondere Ratenkauf.** Neben den Sondervorschriften in **§§ 6–6c PAngV,** die bei Darlehen (und über § 6c PAngV auch bei anderen entgeltlichen Finanzierungshilfen) gegenüber Verbrauchern und der Werbung dafür zur Angabe des effektiven Jahreszinses verpflichten, und den Sonderbestimmungen des **BGB** für Verbraucherkredite, ist auch im Kreditsektor das Irreführungsverbot des § 5 UWG für **Darlehen aller Art,** auch in Verbindung mit dem Angebot einer Ware/Leistung, zu beachten.[2185] Insbesondere muss das Darlehen auch tatsächlich zu den beworbenen Konditionen gewährt werden. Gegen § 5 UWG verstößt es daher, in einem Darlehensvertrag einen geringeren als den realen effektiven Jahreszins anzugeben oder durch unrichtige Zuordnung eines Zinssatzes den unzutreffenden Eindruck zu erwecken, ein niedriger Zinssatz beziehe sich auf die gesamte Laufzeit des Darlehens.[2186] Ferner wurde es als Verstoß gegen das Irreführungsverbot angesehen, in unmittelbarem räumlichem Zusammenhang mit der Werbung für einen „Kreditrahmen" von 2.000 Euro für Warenkredite eine auf den ersten Blick günstige monatliche **„Kontoführungsgebühr"** von sieben Euro anzugeben, soweit nicht offenkundig wird, dass dieser Monatsbetrag auch bei Darlehen in weit geringerer Höhe voll anfällt.[2187] Irreführend (sei es nach § 5 oder § 5a) ist auch die Werbung für einen **Finanzkauf** auf der Titelseite eines Katalogs ohne Einschränkung, wenn die Mög-

[2179] OLG Hamburg MD 2007, 805 (807 ff.).
[2180] OLG Hamburg MD 2006, 1361 (1365 ff.).
[2181] Zur – fraglichen – Vereinbarkeit von § 5 PAngV mit Gemeinschaftsrecht siehe die Kommentierung dort.
[2182] Vgl. BGH GRUR 1966, 382 (384) – Jubiläum; GRUR 1983, 257 (258) – bis zu 40 %.
[2183] So im Ergebnis auch GKUWG/*Lindacher/Peifer* § 5 Rn. 680; für generelle Unzulässigkeit wegen Irreführung über die Verbindlichkeit der Preisliste offenbar OLG Frankfurt a. M. WRP 1988, 680 (683).
[2184] Köhler/Bornkamm/Feddersen/*Bornkamm/Feddersen* UWG § 5 Rn. 3.96.
[2185] Vgl. EuGH WRP 2012, 547 Rn. 41 – Perenicova.
[2186] OLG Köln MD 2000, 226 f.; EuGH WRP 2012, 547 Rn. 41 – Perenicova.
[2187] OLG Düsseldorf WM 1989, 1597 (1601); aA *Steppeler* WuB V H. § 4 PAngV 1.90.

lichkeit des Finanzkaufs erst ab einem bestimmten **Auftragswert** besteht.[2188] Ist eine nicht unbeträchtliche **Anzahlung** erforderlich (jedenfalls bei 20–25 % des Kaufpreises) muss bei einer Werbung mit einem Warenkredit hierauf hingewiesen werden.[2189] Dabei muss jedoch die Bezugsgröße einer entsprechenden Prozentangabe nicht unbedingt genannt werden,[2190] soweit nicht ausnahmsweise nach den sonstigen Umständen der Werbung die Gefahr besteht, dass das Publikum von der falschen Bezugsgröße ausgeht. Wird für einen Teilzahlungskauf mit der Behauptung **„keine Zinsen"** geworben, ist dies irreführend, wenn die Finanzierungskosten bei der Kalkulation des Teilzahlungspreises berücksichtigt wurden.[2191] Zulässig ist dagegen der wahre Hinweis **„keine Bearbeitungsgebühr"** durch eine Bank im Hinblick auf die Kreditgewährung, auch wenn während der Laufzeit des Darlehens später allgemeine Verwaltungskosten anfallen;[2192] dies gilt jedoch nicht, wenn durch die Gestaltung der Anzeige (*„Sofortkredit 0,0 % Bearbeitungsgebühr"*) der irreführende Eindruck hervorgerufen wird, der Hinweis „0,0 %" beziehe sich nicht oder nicht nur auf die Bearbeitungsgebühr, sondern auch auf die Kreditkosten.[2193] Nicht ohne weiteres irreführend ist es, wenn der Händler beim Angebot eines Warenkredits nicht ausdrücklich darauf hinweist, dass er den beworbenen Kredit nicht selbst gewährt, sondern lediglich **vermittelt.**[2194]

Die Angabe eines **Prozentsatzes** in unmittelbarem räumlichem Zusammenhang mit dem Begriff „Kredit" oder ähnlichen Hinweisen wird der flüchtige Leser als Zinsangabe verstehen, bei Werbung gegenüber Verbrauchern in der Regel als **Angabe des effektiven Jahreszinses** iSv §§ 6, 6a PAngV, soweit kein aufklärender Hinweis erfolgt oder nach den Umständen ausnahmsweise offensichtlich ist, dass die Prozentangabe anders zu verstehen ist. Irreführend ist daher beim Warenkredit die blickfangmäßig hervorgehobene Angabe *„Verwöhnkredit… nur 0,95 %"*, wenn dies nicht der Zinssatz, sondern der aus der Höhe des Jahreszinses und der Kreditlaufzeit berechnete Aufschlag auf den Kaufpreis ist, der effektive Jahreszins also deutlich höher liegt.[2195] Dementsprechend kann auch die Angabe *„Ratenzuschlag 0,5 % PM"* von den Verbrauchern in dem Sinne missverstanden werden, es werde ein günstig erscheinender effektiver Jahreszinssatz von 6 % (errechnet aus 12 × 0,5 %) verlangt.[2196] 752

Irreführend ist auch eine Darstellung, die den angegebenen **Barpreis** als den (tatsächlich höheren) **Teilzahlungspreis** erscheinen lässt,[2197] zB *„… nur 700 Euro – 24 Raten eff. Jahreszins 12 %"*;[2198] bei einer derartigen Werbung wird leicht verkannt, dass der Zins eine zusätzliche Belastung ist, die der genannte Betrag noch nicht enthält. Wird mit der Behauptung *„Teilzahlung ohne Aufschlag"* oder in ähnlicher Weise allerdings **wahrheitsgemäß** die **Identität des Barzahlungspreises mit dem Teilzahlungspreis** behauptet, ist dies zulässig. Eine Irreführung liegt bei derartiger Werbung vor, wenn doch Zinsen verlangt werden[2199] oder der allgemein verlangte Barzahlungspreis tatsächlich niedriger ist als der angegebene (zB durch Gewährung eines Barzahlungsrabatts[2200] bzw. wenn jedenfalls Sofortzahlern auf Verlangen regelmäßig ein günstigerer Preis eingeräumt wird).[2201] 753

[2188] BGH GRUR 1989, 855 f. – Teilzahlungskauf II; ebenso LG Leipzig WRP 2014, 1362 Rn. 19 ff. (*„0 % Megafinanzierung"*, ohne Hinweis darauf, dass dies erst ab einem Einkaufswert von 500,– Euro gilt).
[2189] OLG Hamburg MD 1997, 599; OLG Brandenburg MD 1997, 1192; KG MD 1992, 742 ff.; 1994, 745 ff.
[2190] Vgl. OLG Frankfurt a. M. NJW-RR 1994, 107 zum Leasing.
[2191] OLG Düsseldorf WRP 1986, 481 f.
[2192] BGH GRUR 1989, 611 f. – Bearbeitungsgebühr – mAnm *Fischer* WuB V B. § 3 UWG 2.89.
[2193] KG MD 1997, 940 (942 f.).
[2194] KG MD 1994, 650 (653 ff.).
[2195] OLG Karlsruhe WRP 1990, 773 ff.
[2196] BGH GRUR 1990, 609 (610 f.) – Monatlicher Ratenzuschlag.
[2197] BGH GRUR 1993, 127 f. – Teilzahlungspreis II; KG MD 1994, 358 ff.
[2198] OLG Hamm WRP 1978, 309.
[2199] Vgl. BGH GRUR 1957, 280 f. – Kassa-Preis.
[2200] Köhler/Bornkamm/Feddersen/*Bornkamm/Feddersen* UWG § 5 Rn. 3.75.
[2201] Vgl. BGH GRUR 1957, 280 – Kassa-Preis; GKUWG/*Lindacher/Peifer* § 4 Rn. 699.

754 **9. Preisvergleich. a) Allgemein.** Preisvergleiche werden häufig und in einer Vielzahl von Varianten als Werbung für die Preiswürdigkeit des eigenen Angebots eingesetzt. Hauptfallgruppen sind **Eigenpreisvergleiche, Konkurrenzpreisvergleiche** und **Bezugnahmen auf unverbindliche Preisempfehlungen** des Herstellers. Preisvergleiche können der Verbraucherinformation dienen, insbesondere eine bessere Kenntnis der Marktpreise und der Preisentwicklung vermitteln. Auch die PAngV dient letzten Endes primär dem Ziel, die nötige Transparenz für einen Preisvergleich zu schaffen. Preisvergleiche sind **im Grundsatz zulässig,** wenn sie nicht irreführen[2202] und bei Erkennbarkeit von Mitbewerbern den Anforderungen des § 6 UWG genügen. In Betracht kommt vor allem eine Irreführung über die Höhe oder Ernsthaftigkeit der Vergleichspreise und damit mittelbar über die Preiswürdigkeit der beworbenen Ware/Leistung. Ist der Preisvergleich mehrdeutig, insbesondere der **Vergleichsmaßstab unklar** (also zB nicht auf den ersten Blick erkennbar, ob auf frühere eigene, auf Konkurrenzpreise oder auf eine unverbindliche Preisempfehlung vergleichend Bezug genommen wird), verstößt der Vergleich auch dann gegen § 5, wenn er (zwar immerhin, aber auch nur) in einer Bedeutungsvariante zutrifft.[2203] In diesem Sinne **vieldeutig** kann zB ein Preisvergleich sein mit dem Begriff **„anstatt"** bzw. „statt"[2204] oder **mit durchgestrichenen Preisen**[2205] ohne Klarstellung des Vergleichsmaßstabs, wenn es sich bei dem durchgestrichenen Preis nicht um den früheren eigenen Preis handelt; das kommt insbesondere bei Markenwaren vor;[2206] mit **hervorgehobenen Prozentangaben** ohne nähere Erläuterung;[2207] mit Angaben wie **„regulärer Preis"**;[2208] **„Normalpreis"**;[2209] **„Listenpreis"**,[2210] **„Katalogpreis"**, **„Bruttopreis"**,[2211] oder **„Neupreis"**,[2212] soweit sich nicht aus den Umständen (insbesondere sonstigen Erläuterungen in der Werbung) die beabsichtigte Bedeutung zweifelsfrei ergibt.[2213] In der Regel unzulässig sind statt-Preise, insbesondere im Anwendungsbereich von Gebührenordnungen (zB GOÄ) mit individualisierenden Bemessungskriterien, weil es dann zumeist an einem festen Vergleichspreis fehlt.[2214]

755 **b) Bezugnahme auf eigene Preise (Eigenpreisvergleich). aa) Einführung.** Eigenpreisvergleiche bestehen in der vergleichenden Bezugnahme auf eigene (früher, künftig oder gleichzeitig geltende) Preise. Der Eigenpreisvergleich ist **grundsätzlich zulässig,** wenn er nicht irreführend wirkt. Die Werbung kann durch **Nennung des Vergleichspreises** erfolgen. Dabei muss verdeutlicht werden, welcher Preis aktuell gilt; bei Preisherabsetzungen ist hierfür das deutliche **Durchstreichen des alten Preises** ausreichend. Das gilt unabhängig von der Vertriebsform und mithin auch bei Werbung auf Handelsplatt-

[2202] ZB BGH GRUR 2000, 337 (338) – Preisknaller für Eigenpreisvergleich.

[2203] Zu unklaren Preisvergleichen siehe zB OLG Düsseldorf BeckRS 2010, 25157.

[2204] BGH GRUR 1980, 306 f. – Preisgegenüberstellung III; OLG Köln GRUR-RR 2013, 259 (260) – LASIK-Behandlung; KG MD 2010, 14; OLG Düsseldorf WRP 1985, 215 ff.; bei Filialeröffnungswerbung OLG Hamm WRP 1980, 570 f.

[2205] OLG Hamm GRUR-RR 2013, 261 (262) – Q-Börse.

[2206] OLG Düsseldorf WRP 1985, 492 ff.; OLG Köln GRUR 1987, 447 f.; OLG Koblenz WRP 1996, 77 (Ls.); 2000, 1330 (Ls.); OLG Saarbrücken MD 1997, 1264 f.; aA OLG Stuttgart WRP 1996, 791 (794 f.); vgl. für sonstige Waren OLG Hamm WRP 1985, 349 (351 f.). Vgl. BGH GRUR 2016, 207 Rn. 13 – Durchgestrichener Preis II: Durchgestrichener Preis wird als eigener Preis verstanden, weitere Angaben zum Vergleichsmaßstab sind dann nicht erforderlich. Vgl. auch EuGH Beschl. v. 8.9.2015 – C-131/5, GRUR Int. 2015, 1140 Rn. 41: Kein pauschales Verbot von Werbung mit Preisreduzierungen, die den Referenzpreis nicht ausweisen, sondern Beurteilung im Einzelfall.

[2207] Vgl. KG MD 1994, 924 (927 ff.); großzügig OLG Köln MMR 2000, 429 ff.

[2208] BGH GRUR 1970, 609 ff. – regulärer Preis.

[2209] Vgl. OLG Koblenz WRP 1979, 747 (749 f.).

[2210] LG Kiel WRP 2012, 236 Rn. 8.

[2211] Vgl. BGHZ 42, 134 (135) – 20% unter dem empfohlenen Richtpreis; BGH GRUR 1981, 654 – Testpreiswerbung.

[2212] OLG Stuttgart WRP 1997, 873 (876 f.).

[2213] Zur Angabe des Vergleichspreises bei Eröffnungsangeboten und Einführungspreisen vorstehend → Rn. 727.

[2214] OLG Köln GRUR-RR 2013, 259 (260) – LASIK-Behandlung.

formen im Internet;[2215] ebenso genügt im Allgemeinen ein Begriff wie *„früher"*. Der Vergleich kann auch durch Angabe der Preisdifferenz als Betrag oder Prozentsatz erfolgen, soweit im Übrigen deutlich wird, dass es sich um einen Eigenpreisvergleich handelt, zB durch Verwendung des Begriffs **„reduziert".**[2216] Der Hinweis **„jetzt nur"** wird ebenfalls vom Publikum als Preisvergleich, nämlich als Hinweis auf eine (aktuelle) Preisherabsetzung aufgefasst.[2217] In Zukunft wird der Eigenpreisvergleich bei Preisherabsetzungen sogar zwingend sein. Nach dem durch die sog. Omnibus-Richtlinie zum EU-Verbraucherrecht[2218] neu eingefügten Art. 6a in der Preisangabenrichtlinie (RL 98/6/EG) ist bei jeder Bekanntgabe einer Preisermäßigung der vorherige Preis anzugeben, den der Händler vor der Preisermäßigung über einen bestimmten Zeitraum angewandt hat (Abs. 1). „Vorheriger Preis" scheint entgegen dem natürlichen Begriffsverständnis nicht zwingend der letzte, unmittelbar vor der jetzt angekündigten Preisherabsetzung geforderte Preis zu sein. Denn nach Abs. 2 ist darunter der niedrigste Preis zu verstehen, den der Händler innerhalb eines Zeitraums von mindestens 30 Tagen vor der Anwendung der Preisermäßigung angewandt hat. Gemeint ist damit (Abs. 1 und Abs. 2) wohl der niedrigste, für einen bestimmten produkt- und branchenabhängigen Zeitraum (Abs. 1) vom Händler im Referenzzeitraum der letzten 30 Tage vor der Preisermäßigung (Abs. 2) geforderte Preis, auch wenn das nicht unbedingt der zuletzt geforderte Preis ist. Durch die Formulierung „mindestens" (in der englischen Sprachfassung „not shorter than 30 days") erscheint es jedoch auch nicht ausgeschlossen, dass die Regelung auf die Angabe des niedrigsten, vor der Preisermäßigung für eine Dauer von mindestens 30 Tagen geforderten Preises abzielt. Damit würde sich der neue Art. 6a Abs. 2 der Preisangabenrichtlinie als Definition bzw. Präzisierung des gesamten Abs. 1 und entgegen dem Wortlaut nicht als Begriffsdefinition allein des „vorherigen Preises" darstellen. Gegen diese Lesart spricht jedoch die Verwendung einer von Abs. 1 abweichenden Präposition in Abs. 2 („*innerhalb* eines Zeitraums" statt „*über*..." bzw. im Englischen „*during* a period of time" statt „*for*..."). Die Erwägungsgründe schweigen zur Auslegung der im Kommissionsentwurf der Omnibus-Richtlinie noch nicht vorgesehenen Regelung. Für schnell verderbliche Waren oder Waren mit kurzer Haltbarkeit können die Mitgliedstaaten abweichende Regelungen treffen, ebenso für Produkte, die erst seit weniger als 30 Tagen auf dem Markt sind.

Der deutsche Verordnungsgeber **will diese Vorgaben nun mit der Novelle der Preisangabenverordnung**[2218a] umsetzen. „Vorheriger Preis" meint dabei den niedrigsten Preis, den der Händler innerhalb der letzten 30 Tage vor der Anwendung der Preisermäßigung angewandt hat (§ 11 Abs. 1 PAngV-E). Der deutsche Gesetzgeber übernimmt damit die in der Omnibus-Richtlinie vorgesehene Mindestfrist. Für den Fall, dass die Ware vor Bekanntgabe der Preisermäßigung weniger als 30 Tage zum Verkauf angeboten wurde, ist der niedrigste Gesamtpreis anzugeben, den der Händler von Verbrauchern gefordert hat, seit er die Ware anbietet (§ 11 Abs. 2 PAngV-E). Bei einer schrittweisen Preisermäßigung ist der niedrigste Gesamtpreis anzugeben, den der Händler vor deren Beginn von Verbrauchern gefordert hat (§ 11 Abs. 3 PAngV-E). Ausweislich der Begründung des Entwurfs[2218b] soll der neue § 11 gelten, wenn Händler Preisermäßigungen (auch prozentuale) für konkrete, einzelne Produkte aus ihrem Sortiment angeben bzw. zu Werbezwecken nutzen. Das gilt unabhängig davon, ob die Preisermäßigung durch den Händler selbst oder durch einen von ihm beauftragten Dritten erfolgt. Es betrifft sowohl für den stationären als auch für den Online-Handel. Dadurch soll verhindert werden, dass Händler **durch ein kurzzeitiges** 755a

[2215] BGH GRUR 2016, 521 Rn. 13 – Durchgestrichener Preis II.
[2216] Vgl. OLG Frankfurt a. M. WRP 1982, 422 f.
[2217] BGH GRUR 2000, 337 – Preisknaller.
[2218] RL (EU) 2019/2161.
[2218a] BMWi, Referentenentwurf einer Verordnung zur Novellierung der Preisangabenverordnung, abrufbar unter: https://www.bmwi.de/Redaktion/DE/Downloads/P-R/referentenentwurf-novelle-der-preisangabenverordnung-1.pdf?__blob=publicationFile&v=12. Vgl. dazu den Vorspann zur PAngV.
[2218b] BMWi, Referentenentwurf einer Verordnung zur Novellierung der Preisangabenverordnung, S. 42 ff.

Anheben der Preise den **Anschein besonders günstiger Preise** erwecken. Die Vorschrift soll nicht gelten für die reine Bekanntmachung von Preisen, für Einführungspreise oder für die Werbung mit Drauf- bzw. Dreingaben. Nicht unter die neue Regelung fallen auch Preisnachlässe iSv § 9 Abs. 2 PAngV. Es ist zu vermuten, dass es hierzu in Zukunft in der Praxis zu erheblichem Streit und Abgrenzungsschwierigkeiten kommen wird.

756 Nicht von vornherein unzulässig sind auch **„ab …"** oder **„von … bis"** Angaben über prozentuale Preisabschläge für eine Mehrzahl von Waren oder ein Sortiment, soweit hierdurch **kein unrealistischer Eindruck** vermittelt wird; das ist der Fall, wenn alle beworbenen Waren also tatsächlich nach Maßgabe der Werbung vergünstigt angeboten werden, der Spitzensatz bei einem nennenswerten Teil der Waren erreicht wird und bei den übrigen Waren im Durchschnitt nicht erheblich darunter liegt.[2219] Zusätze wie „ab" oder „bis zu" dürfen jedoch nicht so klein gedruckt sein, dass sie übersehen werden.[2220] Die Behauptung einer Preisreduktion kann sich auch aus der **Gestaltung und Anbringung der Preisschilder** ergeben.[2221]

757 Selbstverständlich muss auch das jeweilige Vergleichsobjekt klar sein. So ist die pauschale Blickfangwerbung eines Optikers mit **„über 50 %"** irreführend, wenn sie sich lediglich auf Kunststoff-Sonnengläser, nicht aber auf die abgebildete komplette Brille mit Gestell bezieht.[2222] Ebenfalls irreführend war die pauschale Aussage *„30 % auf alle Gleitsichtbrillen ab 150 Euro"*, weil der Rabatt nur auf den Einsatz von Gleitsichtgläsern in die Fassung bestimmter Marken gewährt werden sollte.[2223]

758 Zulässig ist auch ein **allgemein gehaltener Hinweis** (zB **„jetzt nur noch** …") **ohne konkrete Vergleichsgröße,** soweit tatsächlich unlängst eine nennenswerte Preissenkung erfolgte. Bei pauschalen Ankündigungen müssen die Preissenkungen allerdings der hierdurch geweckten Verkehrserwartung genügen: Bei **„radikal gesenkten Preisen"** erwartet das Publikum zB mehr als eine Preissenkung um 20 %.[2224] Bei einer Pauschalwerbung für Preissenkungen mit „**ca ….**" liegt mangels Bestimmtheit regelmäßig eine Irreführungsgefahr nahe, soweit nicht alle beworbenen Waren eine (prozentuale oder absolute) Preissenkung erfahren haben, die dem angegebenen Wert zumindest nahe kommt. Die Ankündigung **„20 % auf alles"** bei gleichzeitigem Hinweis, dass von dieser Preisreduzierung *„in Anzeigen und Prospekten beworbene Waren"* sowie *„Werbeware"* ausgenommen sein sollen, ist unzulässig, weil zu unbestimmt.[2225] Erst recht ist es verboten, mit der Ankündigung *„X% auf alles"* oder *„X% auf alle ABC Waren"* zu werben, wenn nicht alle angekündigten Waren oder Warengruppen von der Preissenkung betroffen sind und das aus der Werbung nicht deutlich wird oder wenn Einschränkungen nicht hinreichend deutlich gemacht werden, weil entsprechende Worte (wie zB „fast") kaum lesbar sind oder so umfangreich sind, dass von einer Geltung für „(fast) alles" keine Rede mehr sein kann.[2226]

759 **bb) Vergleich mit früherem Preis (Werbung mit Preisherabsetzung).** Die Werbung mit Preisherabsetzungen wird im Zusammenhang mit der Sonderregelung in § 5 Abs. 4 behandelt (vgl. unten Abschn. L.).

2219 HM, zB BGH GRUR 1966, 382 (384 f.) – Jubiläum; GRUR 1990, 282 – REVUE-Carat; OLG Karlsruhe WRP 1988, 122 (124); OLG Frankfurt a. M. NJW-RR 1990, 1068 (1069); OLG Hamm MMR 2008, 476 f.; vgl. auch OLG München MD 2001, 194 (197); relativ großzügig OLG Stuttgart NJWE-WettbR 1996, 20 (21) und WRP 1996, 469 ff.; zu „Einführungsrabatten" mit „bis zu"-Werbung OLG Köln GRUR-RR 2008, 250 vgl. auch GKUWG/*Lindacher/Peifer* § 5 Rn. 671.

2220 KG MD 1994, 26 ff.

2221 Vgl. OLG Frankfurt a. M. MD 1996, 296.

2222 KG MD 1994, 924 (927 ff.).

2223 OLG Stuttgart WRP 2010, 302 (Ls.).

2224 Vgl. BGH GRUR 1979, 781 (782) – radikal gesenkte Preise – zu Polstermöbeln.

2225 OLG Karlsruhe WRP 2008, 271 (273) zu § 4 Nr. 4 UWG aF. Vgl. auch LG Leipzig WRP 2014, 1362 – „jetzt 35 % auf alle Möbel".

2226 OLG Köln GRUR-RR 2018, 367 Rn. 20 – „30 % Rabatt auf fast Alles". Zudem kann eine Irreführung nach § 5a vorliegen, wenn unklar ist, welche Waren von einem beworbenen Rabatt ausgeschlossen sind, OLG München WRP 2019, 791 Rn. 36.

cc) Werbung mit späterem höherem Preis. Diese Variante kommt insbesondere bei **Einführungsangeboten** und **Eröffnungswerbung** vor (→ Rn. 727). Der Verkehr erwartet hier einen vorübergehend besonders günstigen Preis. Ein Preisvergleich muss hier nicht zwingend erfolgen. Wird allerdings ein Vergleichspreis genannt, so muss der angegebene höhere Preis später tatsächlich ernsthaft verlangt werden. Die Werbung mit einem bestimmten Einführungsangebot (zB *„50 % Preisvorteil"*) setzt zudem voraus, dass der Werbende die spätere Preisgestaltung auch verbindlich beeinflussen kann; das ist im Verhältnis zwischen Hersteller und Handel nicht ohne weiteres der Fall; Vorgaben in Form unverbindlicher Preisempfehlungen genügen dafür ohne weitere Angaben nicht.[2227] Zudem ist bei einem Vergleich zwischen dem aktuell günstigen Einführungspreis und dem späteren höheren (in der Werbung durchgestrichenen) Normalpreis eine Angabe erforderlich, ab wann der Normalpreis gefordert werden wird.[2228] Davon zu unterscheiden ist die Frage, ob der Einführungspreis als solcher zeitlich begrenzt werden muss. Das ist, solange kein Vergleich mit anderen Preisen erfolgt, grundsätzlich nicht der Fall.[2229] 760

dd) Vergleich simultan geltender eigener Preise. Diese Werbung kommt vor allem beim **Preisvergleich günstigerer Groß- und Mehrfachpackungen** im Verhältnis zu teureren Klein- und Einzelpackungen vor, aber auch bei Gegenüberstellung von Einzelpreisen und Gesamtpreisen einer gekoppelt als **„Set"** angebotenen Warenkombination.[2230] Er ist im Grundsatz ebenfalls zulässig, wenn es sich um selbstständig und ernsthaft angebotene Verkaufseinheiten handelt.[2231] Der Vergleich kann zB durch Gegenüberstellung der Preise unter vergleichender Angabe der jeweiligen Füllmenge, Stückzahl oder sonstigen üblichen Verkaufs- oder Leistungseinheit oder durch Angabe der Ersparnis (als Betrag oder Prozentsatz) beim Erwerb der größeren im Vergleich zum Kauf der entsprechenden Anzahl kleinerer Einheiten angegeben werden. Bei Mehrfachpackungen ist auch der Vergleich des rechnerischen Preises für die Einzelpackung im Mehrfachgebinde mit dem tatsächlichen Preis für den Einzelartikel oder die Angabe des (hypothetischen) Gesamtpreises für die Mehrfachpackung beim Erwerb als Einzelpackungen nach § 5 grundsätzlich zulässig, sofern wahr.[2232] Keine echte Preisspaltungswerbung liegt vor, wenn die neben einem „Setpreis" angegebenen Einzelpreise der zu einem „Set" zusammengefassten Waren als frühere Preise verstanden werden, weil angesichts des günstigen Setpreises niemand mehr die Einzelpreise zahlen wird; in diesem Fall müssen nach den Grundsätzen zur Preissenkungswerbung die Einzelpreise vorher ernsthaft gefordert worden sein.[2233] 761

Entsprechendes gilt bei der Werbung mit **Mengennachlässen** sowie bei der Werbung mit **Treuerabatten.** 762

Ebenfalls grundsätzlich zulässig ist ein Preisvergleich durch Gegenüberstellung der Preise, die ein Händler für unter seiner eigenen **Hausmarke** vertriebene Produkte verlangt, mit denen, die er für entsprechende bekannte Markenartikel fordert.[2234] 763

Unter Irreführungsgesichtspunkten grundsätzlich nicht zu beanstanden ist auch die Werbung mit einem günstigeren Preis für eine **Kombination von Waren/Leistungen** im Vergleich zu den höheren Preisen (bzw. deren Summe) für die auch einzeln angebotenen Waren und Leistungen (zB Computer mit Drucker zusammen günstiger als einzeln), soweit die Einzelpreise ernsthaft gefordert werden und die Werbung nicht sonst Fehlvorstellungen weckt, also etwa den irrigen Eindruck hervorruft, der höhere Preis sei früher für die 764

[2227] OLG Köln NJOZ 2010, 548 (Ls.).
[2228] BGH GRUR 2010, 1151 Rn. 22 – Original Kanchipur; GRUR 1985, 929 f. – Späterer Preis.
[2229] BGH GRUR 2010, 1151 Rn. 21 – Original Kanchipur.
[2230] Vgl. BGH GRUR 1996, 796 ff. – Setpreis; vgl. zur umgekehrten Situation der Werbung mit einem durchgestrichenen früher gültigen Preis: OLG Hamm GRUR-RR 2013, 261 – Q-Börse.
[2231] BGH GRUR 1985, 392 f. – Sparpackung.
[2232] GKUWG/*Lindacher/Peifer* § 5 Rn. 747, 687.
[2233] BGH GRUR 1996, 796 ff. – Setpreis.
[2234] BGH GRUR 2007, 896 (898 f.) – Eigenpreisvergleich.

Kombination verlangt worden.[2235] Die Ernsthaftigkeit der Einzelpreise kann insbesondere bei einer ungewöhnlich hohen Differenz zwischen deren Summe und dem Gesamtpreis zweifelhaft sein; ein weiteres Indiz gegen die Ernsthaftigkeit der Einzelpreise kann darin liegen, dass nur ein sehr geringer Teil der Kunden (zB 4 %) sich für die Einzelangebote entscheidet.[2236]

765 Ferner kommt ein Vergleich verschiedener vom Anbieter simultan für dasselbe Angebot angekündigter Preise bei **Preisdifferenzierung nach Abnehmergruppen** in Betracht (zB bei Sonderpreisen wegen der Zugehörigkeit zu bestimmten Alters- oder anderen Abnehmergruppen, Berufen, Vereinen oder Gesellschaften usw).

766 In Betracht kommt schließlich auch ein – ebenfalls grundsätzlich zulässiger – Vergleich simultan angekündigter Preise mit Preisdifferenzierung nach dem **Zeitpunkt der Inanspruchnahme des Angebots** (zB Werbung mit günstigen Eintrittspreisen für erfahrungsgemäß besucherschwächere Wochentage durch Kinobesitzer, Museen usw oder mit saisonal unterschiedlichen Preisen durch Reiseveranstalter; zeitlich beschränkte Subskriptionspreise im Verlagswesen).

767 **c) Bezugnahme auf Konkurrenzpreise.** Preisvergleiche unter konkreter Bezugnahme auf Konkurrenzpreise, bei denen die Mitbewerber **erkennbar** gemacht werden, sind unter den Voraussetzungen des § 6 UWG als vergleichende Werbung **grundsätzlich zulässig.** Bereits zuvor waren Preisvergleiche durch abstrakte Bezugnahme auf Konkurrenzpreise ohne konkrete Benennung oder sonstige individuelle Kenntlichmachung bestimmter Mitbewerber wettbewerbsrechtlich nicht von vornherein unzulässig. Voraussetzung der Zulässigkeit ist aber in beiden Fällen, dass der Inhalt des Preisvergleichs den Maßstäben des Irreführungsverbots in § 5 UWG genügt. Für den Bereich des Preisvergleichs als vergleichende Werbung im Sinne von § 6 UWG ist dies durch Abs. 3 ausdrücklich klargestellt. In allen Fällen muss der Vergleich zwischen eigenen Preisen und Konkurrenzpreisen also inhaltlich zutreffend sein. Dies ist nicht der Fall, wenn die werblich erwähnten **Konkurrenzpreise falsch** sind.[2237] Dabei trifft die Beweislast dafür, dass ein im Bereich standardisierter Dienstleistungen (wie zB Factoring ärztlicher Honorarforderungen) verlangter Preis nicht der regelmäßig von ihm verlangte Preis ist, denjenigen, der sich gegen einen Vergleich mit diesem Preis wendet.[2238] Auch ist es unzulässig, wenn falsche Vorstellungen hinsichtlich der eigenen oder der fremden Preisgestaltung hervorgerufen werden, zB dadurch, dass sich die für den Preis maßgeblichen Konditionen der Wettbewerber nicht nur unwesentlich unterscheiden und der Werbende auf diese Unterschiede nicht deutlich und unmissverständlich hinweist.[2239] So ist zB ein Preisvergleich von Telekommunikationsdienstleistungen zur Irreführung geeignet, wenn nicht offengelegt wird, dass der beworbene eigene Tarif für einen Vertrag mit einer doppelt so langen **Mindestlaufzeit** gilt.[2240] Entsprechendes gilt, wenn für die Berechnung des eigenen Preises bereits ein Neukundenbonus berücksichtigt wird, ohne dass der Werbende darauf hinweist.[2241] Ein Preisvergleich zwischen Energieunternehmen kann irreführend sein, wenn der zum Vergleich herangezogene Tarif für die Abnahme in der konkret genannten Menge **keine wirtschaftlich vernünftige Alternative** darstellt, indem zB auf einen teureren Grundtarif abgestellt wird anstelle eines Sondertarifs, der von ca. 97 % der Kunden in Anspruch genommen wird.[2242] Ein **Vergleich von Stückpreisen** kann irreführend sein, wenn sich die angegebenen

[2235] Vgl. BGH GRUR 1984, 212 (213 f.) – „unechter" Einzelpreis; BGH WRP 1989, 304 f. – Komplettpreis; OLG Bremen NJW-RR 1994, 734 f.

[2236] BGH GRUR 1984, 212 (213 f.) – „unechter" Einzelpreis.

[2237] OLG Hamburg GRUR-RR 2002, 39.

[2238] BGH GRUR 2013, 1058 – Kostenvergleich bei Honorarfactoring.

[2239] BGH GRUR 2010, 658 Rn. 16 – Paketpreisvergleich.

[2240] OLG Köln GRUR-RR 2010, 347 – Mindestvertragslaufzeit. Hierbei kann offenbleiben, ob sich die Irreführung aus § 5 oder § 5a ergibt.

[2241] OLG Frankfurt a. M. WRP 2017, 616 Rn. 3.

[2242] OLG Frankfurt a. M. VuR 2010, 32. Irreführung hingegen verneint, wenn zumindest 40 % aller Kunden den verglichenen Tarif nutzen, OLG Frankfurt a. M. BeckRS 2011, 01643.

Vergleichspreise auf unterschiedliche Verpackungseinheiten bzw. Abnahmemengen beziehen und auch der Wettbewerber ähnlich große Verpackungseinheiten anbietet.[2243] Entsprechendes gilt für den Fall, dass ohne entsprechenden Hinweis einerseits die eigenen Preise aus größeren Geschäften vergleichen werden mit Konkurrenzpreisen aus kleineren Geschäften, obwohl beide Wettbewerber jeweils über Geschäfte dieser unterschiedlichen Größen verfügen.[2244]

Irreführend ist auch ein **unvollständiger** Preisvergleich, der zB die eigenen niedrigeren 768
Anschaffungskosten betont, ohne auf die höheren **Betriebskosten** hinzuweisen,[2245] ebenso die Aufforderung an Verbraucher, selbst mit Hilfe eines „Kostenermittlungsblatts" einen Preisvergleich vorzunehmen, wenn das Formular nicht alle Kostenfaktoren berücksichtigt.[2246]

Klassisches Mittel des Preisvergleichs mit Mitbewerbern ist der Hinweis auf die Möglich- 769
keit einer **„Ersparnis"** durch Wahrnehmung des beworbenen Angebots. Soweit der Anbieter nicht klarstellt, dass mit solchen **„Spar"-Hinweisen** etwas anderes gemeint ist (zB eine Bezugnahme auf die unverbindliche Preisempfehlung des Herstellers), wird sie ein relevanter Teil des Publikums auch auf die Mitbewerberpreise beziehen.[2247] Eine inhaltlich zutreffende Werbung des Inhalts, man könne gegenüber Konkurrenzangeboten eine bestimmte – als Prozentsatz oder Betrag – ausgedrückte Summe sparen, verstößt nicht gegen § 5 UWG; dies stellte der BGH im Hinblick auf die Werbung einer Buchgemeinschaft für deren Sonderausgaben mit einem **prozentualen Preisvergleich** zu im Buchhandel erhältlichen Originalausgaben klar.[2248] Allerdings betrifft die Entscheidung den durch die vertikale Preisbindung für Verlagserzeugnisse[2249] bedingten Sonderfall dauerhaft einheitlicher Preise bei allen anderen Anbietern. Eine prozentuale Preisersparniswerbung für mehrere verschiedene Waren bzw. das Gesamtsortiment hielt der BGH in diesem Sonderfall jedenfalls für zulässig, wenn 15 % des beworbenen Sortiments den Spitzensatz erreichen und der Durchschnitt nicht viel darunterliegt. Für den Normalfall nicht preisgebundener Konsumgüter entschied der EuGH, eine vergleichende Preiswerbung könne sich im Grundsatz auch auf von zwei konkurrierenden **Supermarktketten** verkaufte **Sortimente** in ihrer Gesamtheit (also nicht nur auf Einzelwaren) beziehen, soweit diese Sortimente jeweils aus einzelnen Produkten bestehen, die paarweise betrachtet (iSv § 6 Abs. 2 Nr. 1 UWG) vergleichbar sind. Ein solcher Vergleich kann sich laut EuGH auch auf das allgemeine Preisniveau beziehen, ebenso auf die Höhe der Ersparnis, die ein Verbraucher erzielen kann, sofern die betreffenden Waren tatsächlich zu dem Sortiment vergleichbarer Waren gehören, auf deren Grundlage das allgemeine Preisniveau ermittelt wurde. Dabei müssen die verglichenen Produkte und Preise in der Werbung nicht alle ausdrücklich und umfassend genannt werden, soweit der Werbende angibt, wo und wie diese Daten in Erfahrung gebracht werden können, um die Richtigkeit des Preisvergleichs zu überprüfen (hierfür dürfte ein Verweis auf entsprechende Detailinformationen auf der Website des Werbenden ausreichen). Der Vergleich muss allerdings gegebenenfalls deutlich machen, dass er sich nur auf eine Produktauswahl und nicht auf alle Produkte des Werbenden bezieht. Unzulässig wäre nach dieser Entscheidung des EuGH auch ein umfassender Hinweis auf eine Ersparnisspanne, wenn nicht das allgemeine Niveau der Preise genannt wird, welche die in den Vergleich einbezogenen Mitbewerber jeweils anwenden, und die Höhe der Ersparnis, die durch das Einkaufen beim Werbenden erzielt werden kann, nicht individualisiert wird.[2250] Bei allgemein gehaltenen **Sparhinweisen ohne prozentuale Angabe** hängt die Zulässigkeit unter Irreführungsgesichtspunkten von

2243 OLG Karlsruhe WRP 2013, 1386 Rn. 21.
2244 EuGH Urt. v. 8.2.2017 – C-562/15, GRUR 2017, 280 Rn. 32 – Carrefour Hypermarchés SAS/ITM.
2245 Vgl. BGH GRUR 1967, 596 (598 f.) – Kuppelmuffenverbindung zu § 1 UWG aF.
2246 Vgl. OLG München NJW-RR 1990, 107.
2247 BGHZ 49, 325 (327) – 40 % können Sie sparen.
2248 BGH GRUR 1983, 257 f. – bis zu 40 %.
2249 Vgl. BuchpreisbindungsG v. 2.9.2002 (BGBl. I S. 3348), zuletzt geändert durch Art. 1 Gesetz v. 31.7.2016 (BGBl. I S. 1937).
2250 EuGH Urt. v. 19.9.2006 – C-356/04, GRUR 2007, 69 ff. – Lidl Belgium/Colruyt.

den Umständen des Einzelfalls ab: Zulässig zB **„Sparvorwahl"** für die Netzvorwahl eines Anbieters, dem der Durchschnittsverbraucher entnimmt, dass es sich um einen im Verhältnis zum allgemeinen Preisniveau niedrigen Preis (wenn auch nicht unbedingt stets und in jeder Hinsicht um den niedrigsten) handelt.[2251] Irreführend ist hingegen die einschränkungslose Angabe ***„50 % billiger als Hotels"***, wenn dies nur für eine geringe Auswahl an Übernachtungsmöglichkeiten zutrifft und nicht auf alle Angebote des Werbenden.[2252]

770 Irreführend, weil unklar und vieldeutig, sind vergleichende Angaben von im Rahmen von Warentests ermittelten und veröffentlichten **„Testpreisen"** (also Durchschnittspreisen) mit Zusätzen wie *„Preis ca."*, *„Test Preis ca."*, *„Preis lt. Test"*.[2253]

771 Ein Konkurrenzpreisvergleich kann auch durch Verwendung des Komparativs erfolgen, insbesondere durch den Begriff **„billiger"**. Auch dies ist unter Irreführungsgesichtspunkten nicht zu beanstanden, wenn der Hinweis nach Lage des Falls zutrifft. Gerade bei Pauschalhinweisen dieser Art (insbesondere Slogans), die sich generell auf das eigene Angebot bzw. Leistungsspektrum beziehen, besteht jedoch häufig das Risiko für den Werbenden, dass die behauptete preisliche Vorzugsstellung gegenüber den Mitbewerbern doch nicht **in allen relevanten Fällen** besteht.[2254]

772 Ein Vergleich der Preise verschiedener konkurrierender Angebote kann insbesondere auch über ein **Preisvergleichsportal** oder **Preissuchmaschinen im Internet** erfolgen. Sofern die dabei verwendeten Daten vom jeweiligen Versandhändler selbst übermittelt werden, kann hierin bei unzutreffenden oder unvollständigen Angaben eine irreführende Werbung liegen.[2255] Denn der durchschnittliche Nutzer solcher Portale erwartet hier **höchstmögliche Aktualität.** Er wird deshalb bereits irregeführt, wenn der tatsächlich verlangte Preis auch nur für einige Stunden über dem im Preisvergleichsportal angegebenen Preis liegt.[2256]

773 **d) Bezugnahme auf empfohlene Preise.** Das frühere grundsätzliche Verbot von Preisempfehlungen im deutschen Kartellrecht (§§ 22 f. GWB) ist durch die 7. GWB-Novelle 2005 entfallen. Damit sind heute **unverbindliche Preisempfehlungen** (sei es der Hersteller, sei es zwischen anderen Handelsstufen) grundsätzlich zulässig. Dies gilt im Prinzip auch nach europäischem Kartellrecht: Die Verordnung (EU) 330/2010 der Kommission vom 20.4.2010 über die Anwendung von Artikel 101 Abs. 3 des Vertrages über die Arbeitsweise der Europäischen Union auf Gruppen von vertikalen Vereinbarungen und aufeinander abgestimmten Verhaltensweisen (Vertikal-GVO)[2257] gestattet im Grundsatz bei vertikalen Vereinbarungen Lieferanten, deren Marktanteil im Sinne der GVO 30 % nicht überschreitet, Preisempfehlungen auszusprechen (und sogar Höchstverkaufspreise festzusetzen), sofern sich diese nicht in Folge der Ausübung von Druck oder der Gewährung von Anreizen durch eine der Vertragsparteien tatsächlich wie Fest- oder Mindestverkaufspreise auswirken (Artikel 4 lit. a Vertikal-GVO).

774 **Wettbewerbsrechtlich geht es im Regelfall um die werbliche Bezugnahme des Handels auf unverbindliche Preisempfehlungen** der Hersteller bzw. Lieferanten. Die Bezugnahme kann in der Weise erfolgen, dass der Händler den empfohlenen Preis ohne Hinweis auf einen eigenen abweichenden Preis nennt; in diesem Fall wird die Bezugnahme regelmäßig so verstanden, dass der Händler sich die Preisempfehlung als seinen Preis **zu eigen** macht.[2258] Dann muss der angegebene empfohlene Preis zur Vermeidung einer

---

[2251] BGH GRUR 2003, 361 (362 f.) – Sparvorwahl; vgl. auch OLG Düsseldorf MMR 2003, 118 f.
[2252] KG GRUR-RR 2016, 287 – 50 % billiger als Hotels.
[2253] BGH GRUR 1981, 654 f. – Testpreiswerbung; zu Anforderungen an die Durchführung von Preistests vgl. BGH GRUR 1986, 330 (331 f.) – Warentest III.
[2254] Vgl. OLG Köln WRP 1999, 222 (223) zu „Einfach billiger telefonieren" und OLG Zweibrücken GRUR 1998, 737 f. zu „... ist billiger".
[2255] BGH GRUR 2010, 936 Rn. 9 – Espressomaschine.
[2256] BGH GRUR 2010, 936 Rn. 10 f. – Espressomaschine.
[2257] ABl. 2010 L 102, S. 1 ff.
[2258] Vgl. BGH GRUR 1989, 606 (608) – Unverb. Preisempfehlung.

Irreführung mit dem vom Händler tatsächlich verlangten Gesamtpreis übereinstimmen. Die Umstände des Einzelfalls entscheiden; nimmt zB ein Kfz-Händler gegenüber Interessenten auf Herstellerpreislisten für die Zusammenstellung verschiedener Ausstattungen Bezug, um eine allgemeine Preisvorstellung zu vermitteln, entnimmt der Verkehr dem nicht ohne weiteres, dass der Händler sich die in diesen Listen enthaltenen unverbindlichen Preisempfehlungen generell als seine eigenen Normalpreise zu eigen gemacht hat;[2259] anders, wenn der Händler auf der Grundlage der Liste ein bestimmtes konkretes Angebot für den Kunden kalkuliert.

In der Mehrzahl der Fälle erfolgt die Nennung der Preisempfehlung jedoch im Rahmen **775** eines **Preisvergleichs mit dem Händlerpreis.** Die zulässige werbliche Bezugnahme des Handels auf solche unverbindlichen Preisempfehlungen zur Herausstellung des eigenen günstigeren Preises setzt unter Irreführungsgesichtspunkten die Klarstellung voraus, dass es sich bei der Herstellerempfehlung um eine **unverbindliche Preisempfehlung** handelt – wobei das Wort „unverbindlich" nicht zwingend verwendet werden muss –, ferner, dass diese auf der Grundlage einer ernsthaften Kalkulation als angemessener Verbraucherpreis ermittelt worden ist und der vom Hersteller empfohlene Preis im Zeitpunkt der Bezugnahme als Verbraucherpreis ernsthaft in Betracht kommt.[2260] Neben der primär angestrebten Preisinformation kann an einer solchen Bezugnahme auch deshalb ein Interesse der Verbraucher und des Handels bestehen, weil dadurch klargestellt wird, dass die vom Händler angebotene Ware mit derjenigen identisch ist, für die der Hersteller bzw. Lieferant die unverbindliche Preisempfehlung ausgesprochen hat.[2261]

Selbstverständlich muss der unverbindlich empfohlene Preis des Herstellers bzw. Lieferan- **776** ten **inhaltlich richtig wiedergegeben** werden. Wird ein zu hoher Betrag als unverbindliche Preisempfehlung genannt, verstößt dies selbst dann gegen § 5 UWG, wenn zudem (inhaltlich richtig) die Preisdifferenz zum Händlerpreis angegeben wird.[2262] Irreführend ist es selbstverständlich auch, wenn auf eine nicht oder nicht mehr existente Preisempfehlung Bezug genommen wird[2263] oder wenn es sich bei dem UVP um einen Preis handelt, den der Werbende selbst festgelegt hat.[2264] Im Internethandel kann es zudem vorkommen, dass ein Händler sich die falschen Angaben zur UVP durch einen Dritten zurechnen lassen muss, wenn beispielsweise ein Händler auf einem **Internet-Marktplatz** sich an die bereits vorhandene Warenbeschreibung eines Dritten für das identische Produkt anhängen muss.[2265]

Wird die Bezugnahme auf die unverbindliche Preisempfehlung so formuliert, dass sie **777** gleichzeitig als **Aussage über die von der Konkurrenz** konkret **verlangten Preise** wirkt, muss die Angabe auch in dieser Hinsicht wahr sein. Zumindest die überwiegende Mehrzahl muss sich an die Preisempfehlung halten.[2266] Die Bezugnahme kann zB durch die **konkrete Nennung des empfohlenen Preises** der betreffenden Ware, aber auch durch die (inhaltlich zutreffende) Angabe des **absoluten Betrags oder Prozentsatzes, um den dieser unterschritten wird,** erfolgen; es muss aber stets hinreichend deutlich werden, dass die unverbindliche Preisempfehlung des Herstellers bzw. Lieferanten (und nicht etwa zB der früher verlangte Preis) Bezugsgröße ist.[2267]

[2259] Vgl. BGH GRUR 1985, 983 (984 f.) – Kraftfahrzeug-Rabatt.

[2260] BGHZ 42, 134 ff. – 20 % unter dem empfohlenen Richtpreis; BGHZ 45, 115 ff. – Richtpreiswerbung I; GRUR 1980, 108 f. –. .. unter empf. Preis; GRUR 1981, 137 ff. – Tapetenpreisempfehlung; GRUR 1983, 661 (663) – Sie sparen 4000. DM; GRUR 1987, 367 (371) – Einrichtungs-Pass; GRUR 2000, 436 (437) – Ehemalige Herstellerpreisempfehlung; GRUR 2003, 446 – Preisempfehlung für Sondermodelle; GRUR 2004, 246 f. – Mondpreise?; GRUR 2016, 961 Rn. 27 – Herstellerpreisempfehlung bei Amazon.

[2261] BGHZ 42, 134 (143).

[2262] BGH GRUR 2001, 78 f. – Falsche Herstellerpreisempfehlung.

[2263] BGH GRUR 2016, 961 Rn. 27 – Herstellerpreisempfehlung bei Amazon; OLG Frankfurt a. M. MDR 2000, 100 (101).

[2264] OLG Frankfurt a. M. GRUR-RS 2016, 08791 Rn. 11; LG Köln 13.1.2016 – 84 O 174/15 BeckRS 2016, 7983, juris – Rn. 18.

[2265] OLG Köln WRP 2015, 983 Rn. 25.

[2266] Vgl. BGHZ 49, 325 ff. – 40 % können Sie sparen.

[2267] Vgl. BGH GRUR 1983, 661 (663) – Sie sparen 4000.– DM.

778 Werden **mehrere Waren** unter den jeweils von den Herstellern empfohlenen Preisen beworben, ist auch eine **zusammenfassende** prozentuale Angabe der Unterschreitung empfohlener Preise ohne Nennung von Marken, Herstellern und Preisen/Preisempfehlungen jedenfalls dann nicht ohne Weiteres irreführend, wenn für alle beworbenen Waren **derselbe Prozentsatz** gilt[2268] und die Werbung sich zB auf alle Waren des Sortiments oder alle Waren einer bestimmten Marke bezieht[2269] oder für den Verbraucher nach den Umständen aus der Werbung klar ersichtlich ist, für welche Waren bzw. Teile des Sortiments die Werbung gilt, zB durch Benennung der Warengattung. Ist letzteres nicht der Fall, müssen zur Vermeidung einer Irreführung die Waren in der Werbung konkret benannt oder zumindest im Geschäftslokal gekennzeichnet werden, bei denen die unverbindliche Preisempfehlung in der pauschal beworbenen Weise unterschritten werden.

779 Bezieht sich die Pauschalwerbung zudem auf Waren mit unterschiedlicher prozentualer Unterschreitung der Preisempfehlung, zB durch Prozentangaben mit **„von… bis"** oder **„bis zu"**,[2270] muss bei den betreffenden Waren in der Werbung oder im Geschäft zusätzlich der konkrete Prozentsatz bzw. die konkrete Preisempfehlung angegeben werden; weiter muss für einen nennenswerten Teil der Waren (die auch in ausreichender Menge vorhanden sein müssen) tatsächlich der prozentuale Höchstsatz gelten. Werden in einer solchen Werbung bestimmte Waren abgebildet bzw. benannt, muss für diese Waren der konkrete Prozentsatz angegeben werden.

780 Es muss auch **nicht unbedingt der im deutschen Kartellrecht früher vorgesehene Terminus „unverbindliche Preisempfehlung"** verwendet werden, soweit die hiervon abweichende Formulierung vom Publikum in gleicher Weise verstanden wird (zB „*Alle Dessins werden 35 % unter den Preisempfehlungen namhafter deutscher Hersteller verkauft*");[2271] **zulässig** daher auch **„unverbindlich empfohlener Preis"**, ebenso „*empfohlener Verkaufspreis des Herstellers*" (ohne „unverbindlich") – der Begriff des Empfehlens weist im Regelfall bereits auf die Unverbindlichkeit hin.[2272] Auch der Hinweis **„empfohlener Verkaufspreis"** ohne Klarstellung, dass es sich um eine Empfehlung des Herstellers handelt, ist nicht irreführend: Dem Verkehr ist bekannt, dass Preisempfehlungen üblicherweise vom Hersteller stammen.[2273]

781 **Abkürzungen** müssen **ohne weiteres verständlich** sein und dürfen nicht zu Missverständnissen führen. Zulässig ist zB die Abkürzung **„UVP"**, da dem Verkehr im Zusammenhang mit Preisgegenüberstellungen geläufig.[2274] Nicht zulässig ist demgegenüber die Werbung mit „AVP" als Abkürzung für einen „unverbindlichen Apotheken-Verkaufspreis nach Lauer-Taxe"[2275] weil dies den Eindruck einer unverbindlichen Preisempfehlung des Herstellers schafft oder der Abkürzung „ehem. NP" für ehemaligen Neupreis,[2276] wenn die Abkürzungen nicht hinreichend erläutert werden.

782 Befindet sich die unverbindliche Preisempfehlung des Herstellers **nicht im Einklang mit der Vertikal-GVO** oder anderen Bestimmungen des Kartellrechts, bedeutet dies nicht ohne Weiteres, dass die Händlerwerbung gegen § 5 UWG verstößt; es bleibt stets zu prüfen, ob bei den angesprochenen Verkehrskreisen durch die Händlerwerbung eine relevante Fehlvorstellung hervorgerufen wird. Umgekehrt ist eine Irreführung durch die Bezugnahme auf eine unverbindliche Preisempfehlung nicht dadurch ausgeschlossen, dass sie vom Hersteller bzw. Lieferanten im Einklang mit den Bestimmungen des Kartellrechts

---

[2268] Vgl. BGH GRUR 1981, 137 ff. – Tapetenpreisempfehlung.
[2269] Vgl. OLG Stuttgart NJW-RR 1991, 1451 (1452); GRUR-RR 2001, 254 (255 f.).
[2270] Vgl. OLG Hamm WuW/E OLG 1859 (1860); OLG Frankfurt a. M. GRUR 1968, 320 f.
[2271] Vgl. BGH GRUR 1981, 137 ff. – Tapetenpreisempfehlung; aA OLG Frankfurt a. M. WRP 1978, 64 f.; OLG Stuttgart WRP 1982, 169 f.
[2272] BGH GRUR 2007, 603 (604 f.) – UVP.
[2273] BGH GRUR 2007, 603 (604 f.) – UVP.
[2274] BGH GRUR 2007, 603 (605) – UVP.
[2275] OLG Frankfurt a. M. GRUR-RR 2014, 268 f. – Apotheken-Verkaufspreis; ähnlich KG WRP 2014, 323.
[2276] LG Osnabrück WRP 2012, 1306 Rn. 10.

ausgesprochen wurde, wenn sie zum Zeitpunkt der Händlerwerbung (etwa wegen eines kurzfristigen Preisverfalls) nicht mehr den Marktverhältnissen entspricht.

Hat der Hersteller bzw. Lieferant **keine unverbindliche Preisempfehlung abgegeben,** sie **geändert** oder **zurückgenommen,** ist die Werbung mit der früheren bzw. fiktiven Preisempfehlung, die den Eindruck einer aktuellen gültigen Empfehlung erweckt, irreführend,[2277] und zwar selbst dann, wenn sie dem aktuellen Preisniveau entspricht.[2278] Nicht ohne Weiteres irreführend ist dagegen der inhaltlich zutreffende Hinweis auf eine **„ehemalige unverbindliche Preisempfehlung".**[2279] Auch eine frühere Preisempfehlung kann durchaus noch als eine sachgerechte Orientierungshilfe für die Preisüberlegung von Verbrauchern dienen, namentlich beim Erwerb eines Auslaufmodells; ebenso wie die Angabe des eigenen früheren Preises kann hier auch der Hinweis auf die ehemalige unverbindliche Preisempfehlung des Herstellers bzw. Lieferanten einen gewissen Anhalt bieten, um das Ausmaß der beim Erwerb des Auslaufmodells zu erwartenden Preisherabsetzung einzuschätzen.[2280] Aber auch in solchen Fällen verstößt die Bezugnahme auf eine frühere Preisempfehlung gegen § 5 UWG, wenn der Preis nicht **tatsächlich** in dieser Form **empfohlen wurde** (etwa bei einer behaupteten ehemaligen Preisempfehlung für eine Warenkombination, wenn es nur Preisempfehlungen für die einzelnen Waren gab) oder wenn der genannte Betrag nicht der zuletzt geltenden Preisempfehlung des Herstellers bzw. Lieferanten, sondern einer davor geltenden Empfehlung entspricht.[2281] 783

Gegen § 5 verstößt auch die Werbung mit einer Preisempfehlung, die der Hersteller bzw. Lieferanten für **eine andere als die beworbene Ware** ausgesprochen hat,[2282] wenn nicht der Preis für die beworbene Ware herausgestellt wird, sondern lediglich die Differenz zwischen dem tatsächlich verlangten (viel höheren) Preis und der unverbindlichen Preisempfehlung des Herstellers,[2283] wenn verschwiegen wird, dass die Preisempfehlung **bestimmte Preisbestandteile nicht enthält**[2284] oder wenn Ware **2. Wahl** beworben wird.[2285] Weiter liegt ein Verstoß gegen § 5 vor, wenn die unverbindliche Preisempfehlung auf Betreiben des Handels und nach dessen Wünschen ausgesprochen wird.[2286] 784

Die Bezugnahme auf die unverbindliche Preisempfehlung ist irreführend, wenn der empfohlene Preis, auf den sich die Händlerwerbung bezieht, ein sog. **„Mondpreis"** ist, der den bei verständiger ernsthafter Kalkulation vertretbaren Preis oder den auf dem Markt allgemein üblich gewordenen Preis in einem solchen Maß übersteigt, dass er nur noch eine Phantasiegröße darstellt. In solchen Fällen wird durch die Bezugnahme auf den empfohlenen „Mondpreis" ein in Wirklichkeit tatsächlich nicht gegebenes besonders preisgünstiges Angebot vorgespiegelt. Die Höhe der Handelsspanne rechtfertigt für sich genommen regelmäßig nicht die Annahme eines Mondpreises;[2287] ebenso wenig rechtfertigt für sich allein genommen eine besonders hohe prozentuale Differenz zwischen dem Händlerpreis und der unverbindlichen Preisempfehlung diese Annahme.[2288] 785

Entscheidend ist das tatsächliche Preisniveau für die Kunden. Bei einer unverbindlichen Preisempfehlung, die von etwa 50 % der Händler befolgt wird, kann nicht ohne weiteres von einem Mondpreis ausgegangen werden.[2289] Wird die unverbindliche Preisempfehlung 786

[2277] Vgl. BGH GRUR 2004, 437 f. – Fortfall einer Herstellerpreisempfehlung; OLG Köln WRP 2015, 983 Rn. 20. Zur Beweislast BGH GRUR 2004, 244 – Mondpreise? – sowie Köhler/Bornkamm/Feddersen/*Bornkamm/Feddersen* UWG § 5 Rn. 3.89.
[2278] OLG Hamburg MD 1997, 21.
[2279] BGH GRUR 2000, 436 ff. – Ehemalige Herstellerpreisempfehlung.
[2280] BGH GRUR 2000, 436 (437)– Ehemalige Herstellerpreisempfehlung.
[2281] BGH GRUR 2000, 436 (438) – Ehemalige Herstellerpreisempfehlung.
[2282] KG GRUR 1985, 298 f.
[2283] KG MD 2002, 849 (851).
[2284] Vgl. BGH GRUR 1989, 606 (607 f.) – Unverb. Preisempfehlung zu § 1 UWG aF.
[2285] LG Baden-Baden WRP 1998, 934 (Ls.).
[2286] Vgl. BGHZ 45, 115 (127) – Richtpreiswerbung I; OLG Hamm WuW/E OLG 777 (778 ff.).
[2287] BGH GRUR 1981, 137 (139); vgl. aber BGHZ 45, 115 (128 f.).
[2288] OLG Köln GRUR-RR 2001, 239 ff.
[2289] BGH GRUR 1981, 137 (139) – Tapetenpreisempfehlung.

dagegen im Handel durchweg oder immerhin von der **Mehrzahl der Händler nennenswert unterschritten,** verstößt die werbliche Bezugnahme auf den empfohlenen Preis gegen § 5 UWG; dass daneben auch schon bei massiver Unterbietung der Preisempfehlung durch eine „qualifizierte Minderheit" ein Verstoß vorliege,[2290] erscheint jedenfalls dann unzutreffend, wenn die Mehrheit der Händler die Empfehlung befolgt. Die Darlegungs- und Beweislast für die Eignung zur Irreführung liegt grundsätzlich beim Kläger.[2291]

787 Ein **Alleinvertriebsrecht des werbenden Händlers** in einem Teilgebiet Deutschlands schließt eine zulässige Werbung mit der unverbindlichen Preisempfehlung nicht ohne Weiteres aus.[2292] Beliefert der Hersteller im Inland allerdings nur einen **einzigen Händler,** dem er ein Alleinvertriebsrecht eingeräumt hat, gibt es keine Mehrheit von Empfehlungsempfängern und keinen Markt, für den die Empfehlung irgendeine Orientierungshilfe darstellen könnte. In einem solchen Fall hat die unverbindliche Preisempfehlung nur noch die Funktion, dem Händler eine attraktive Preiswerbung zu ermöglichen, die dem angesprochenen Verbraucher die unrichtige Vorstellung vermittle, es gebe tatsächlich einen in etwa der Empfehlung entsprechenden Marktpreis.[2293]

788 **e) Irreführende Bezugnahme auf sonstige Werte.** Irreführend ist der Vergleich des Preises mit einem **Bezugswert, den es** als solchen – zumindest für die betroffene Ware – **nicht gibt,** indem zB Orientteppiche, die **als Einzelstücke keinen „Verkehrswert"** haben, mit der Aussage „*ausnahmslos bis zu 67 % unter Verkehrswert*" beworben werden.[2294] Irreführend ist aber auch der Vergleich mit einem Wert, der als solcher unklar ist, zB bei der Aussage „*Zahnersatz 40 % günstiger*", wenn unklar ist, auf welchen Grundpreis sich diese Ersparnis beziehen soll.[2295] Ebenso irreführend ist der Preisvergleich einer Apotheke mit einem „*einheitlichen Apothekenabgabepreis zur Verrechnung mit der Krankenkasse*", wenn von den Krankenkassen nicht der genannte Preis zu bezahlen ist, sondern ein um 5 % niedrigerer Preis, weil ihnen nach § 130 Abs. 1 SGB V ein entsprechender Rabatt zu gewähren ist.[2296]

789 **10. Vorhandensein eines besonderen Preisvorteils. a) Allgemein.** Als Beispielsfall einer möglichen irreführenden preisbezogenen Werbung nennt die Vorschrift das „Vorhandensein eines besonderen Preisvorteils". Hierunter fällt jegliche werbliche Ankündigung, die den Eindruck erweckt, es werde ein besonders günstiger Preis geboten (sei es im Verhältnis zu Mitbewerbern, sei es im Verhältnis zur eigenen üblichen Preisgestaltung). Preisvergleiche (oben Ziff. 9) werden häufig einen besonderen Preisvorteil suggerieren. Entsprechendes gilt für viele der in der Werbung gern verwendeten Schlagworte (im Einzelnen → Rn. 791 ff.).

790 **b) Pauschalbehauptung besonders günstiger Preise.** Eine besonders beliebte Form der Preiswerbung, die besondere Preisvorteile erwarten lässt, ist die **Pauschalankündigung besonders niedriger Preise.** Denn bei pauschaler Preiswerbung ohne konkreten Warenbezug liegt es nahe, dass der Verkehr die Preiswerbung auf das **Gesamtsortiment** bezieht.[2297] Auch wenn dies häufig recht plakativ, mitunter marktschreierisch, geschieht und für das Publikum nichts Neues ist, misst der Verkehr solchen Aussagen nach wie vor einen gewissen Bedeutungsgehalt zu. In der Regel haben solche Behauptungen zumindest im Kern einen Aussagegehalt (nämlich die Behauptung von im Vergleich zur allgemeinen

---

[2290] So GK-*Lindacher* § 5 Rn. 649.
[2291] BGH GRUR 2004, 246 f. – Mondpreise.
[2292] BGH GRUR 1966, 327 (332 f.) – Richtpreiswerbung I.
[2293] BGH GRUR 2002, 95 f. – Preisempfehlung bei Alleinvertrieb – unter Bestätigung von KG MD 1999, 816 (819) und teilweiser Aufgabe von BGH GRUR 1966, 327 (332 f.) – Richtpreiswerbung I; OLG Hamm NJWE-WettbR 2000, 63 (64); OLG Frankfurt a. M. WRP 2002, 1310 (1311 f.).
[2294] OLG München WRP 2011, 386 (Ls.).
[2295] OLG Düsseldorf BeckRS 2010, 25157.
[2296] BGH GRUR 2016, 1070 Rn. 20 – Apothekenabgabepreis.
[2297] Vgl. BGH GRUR 1971, 164 ff. – Discount-Geschäft.

Marktsituation besonders niedrigen Preisen) und sind im Hinblick auf diese Kernbedeutung **Angaben** iSv § 5.

c) Einzelfälle/Schlagworte. Preisschlagworte weisen in kurzer Form auf bestimmte Eigenschaften des Preises bzw. auf einen besonderen Anlass oder andere Umstände der Preisbildung hin. Auch ihre Bewertung unterliegt dem Verkehrsverständnis. Die Kürze führt häufig zu **Mehrdeutigkeit** und damit zur Gefahr einer Irreführung, die sich auf die Höhe des Preises oder auf sonstige kaufrelevante Umstände beziehen kann. 791

aa) Dauerniedrigpreise. Die (produkt- oder sortimentsbezogene) Werbung für **Dauerniedrigpreise** (zB **„dauernd billig"** oder **„auf Dauer günstig"**) weckt zwei Erwartungen: Zum einen müssen die Preise **unter dem durchschnittlichen Preisniveau** liegen. Zum anderen müssen entsprechend günstige Preise **für eine gewisse Zeitspanne** geboten werden. Soweit der Anbieter den konkreten Zeitraum nicht in unmittelbarem Zusammenhang mit der Dauerniedrigpreiswerbung hinreichend deutlich benennt, kommt es für dessen Bestimmung auf die Umstände des Einzelfalls an, wobei insbesondere der normale Einkaufsrhythmus der Abnehmer zu berücksichtigen sein wird. Bei lagerfähigen Lebensmitteln und anderen Gütern des täglichen Bedarfs wird idR jedenfalls ein Zeitraum von einem Monat ausreichen.[2298] Bei Werbung für frische Waren wie Obst und Gemüse erkennen die Verbraucher dagegen, dass sie nicht darauf vertrauen können, dass diese Preise über eine längere Zeit unverändert bleiben.[2299] Daneben kann der Begriff **„Dauertiefpreise"** je nach Art der Werbung vom Verkehr auch als Hinweis auf das **Geschäftsprinzip** verstanden werden, dass auf Sonderangebote vollständig verzichtet und stattdessen das gesamte Produktsortiment mit einer verhältnismäßig geringen Spanne kalkuliert wird und dadurch unter den Marktpreisen liegt. Wird der Begriff werblich in diesem Sinne benutzt und gleichzeitig verdeutlicht, dass Preisänderungen für bestimmte Fälle (insbesondere bei geänderten Einkaufskonditionen) vorbehalten sind, erwartet der Verkehr nicht, dass der konkret für eine Ware angegebene Discount-Preis über längere Zeit unverändert bleiben wird.[2300] 792

bb) „Discount-Preise". Die Werbung mit **„Discount-Preisen"** (und sonstige „Discount"-Werbung) erweckt die Erwartung erheblich niedrigerer Preise als im konkurrierenden Einzelhandel,[2301] im Normalfall um mindestens 10 %; wird noch der Zusatz **„super"** verwendet, muss der Preis besonders günstig sein. Bei einer auf ein ganzes Geschäft oder Sortiment bezogenen Discount-Werbung muss sie – von Ausreißern abgesehen – für das **gesamte beworbene Angebot** zutreffen; ansonsten ist die Beschränkung der Werbung auf Abteilungen oder Bereiche des Angebots erforderlich, für die sie zutrifft.[2302] Begriffe wie zB **„Discount-Apotheke"** erwecken den Eindruck, das gesamte Sortiment sei immer preisgünstiger als das der Mitbewerber; da zumindest verschreibungspflichtige Medikamente aufgrund der Preisbindung in allen Apotheken gleich viel kosten und dies nicht zum Allgemeinwissen der Verbraucher gehört, sind derartige Bezeichnungen irreführend.[2303] Ob das auch für den Ausdruck „Die preiswerte Apotheke" gilt, ist allerdings fraglich. 793

cc) „Einführungspreise". Bei einem **„Einführungspreis"** erwartet der Verkehr ein neues oder verbessertes oder neu in das Sortiment des Anbieters aufgenommenes Produkt,[2304] das zu einem günstigen Preis (also unter dem Marktdurchschnitt) angeboten wird 794

2298 BGH GRUR 2004, 605 (606) – Dauertiefpreise.

2299 BGH GRUR 2004, 605 (606 f.) – Dauertiefpreise.

2300 BGH GRUR 2004, 605 (607) – Dauertiefpreise.

2301 BGH GRUR 1971, 164 ff. – Discount-Geschäft; näher Köhler/Bornkamm/Feddersen/*Bornkamm/Feddersen* UWG § 5 Rn. 3.139.

2302 BGH GRUR 1971, 164 (166) – Discount-Geschäft.

2303 OLG Dresden WRP 2012, 230 Rn. 13 f. und 17 ff.

2304 Neuheitswerbung, vgl. OLG Hamburg WRP 1976, 710 ff. zum Einführungspreis bei Kaffee und WRP 1989, 115 f. zum Einführungspreis für Anzeigenkunden einer Zeitschrift nach Verlagswechsel; vgl. auch BGH GRUR 1975, 262 (263) – 10-DM-Schein.

und für das der Anbieter den Preis später erhöht.[2305] Wie lange mit einem „Einführungspreis" geworben werden kann, hängt – wie stets bei der Neuheitswerbung – von den Umständen des Einzelfalls ab: Bei hochwertigen und langlebigen Waren wird für die Einführungsphase ein Zeitraum von mehreren Monaten als zulässig angesehen;[2306] bei geringwertigen Konsumgütern des täglichen Bedarfs wird der zulässige Zeitraum kürzer zu bemessen sein. Entsprechendes gilt bei **„Eröffnungspreisen"**, die ebenfalls ein preislich vorübergehend besonders günstiges Angebot, daneben allerdings nicht neue Angebote, sondern ein neues Geschäft erwarten lassen.[2307] Die besonders günstige Preisstellung wird aus Anlass der Eröffnung erwartet; irreführend daher die Werbung mit einer „Neu-Eröffnung" nach einer nur vorübergehenden Schließung[2308] – und erst recht, wenn es gar keine Schließung, sondern nur Erweiterungs- und Umbauarbeiten gab[2309] – oder das Angebot von Auslaufmodellen ohne aufklärenden Hinweis zu „Eröffnungspreisen".[2310] Zusätzliche Aussagen wie etwa **„Neu nach Umbau"** oder **„Nach Totalumbau und großer Erweiterung"** sind hingegen nicht unbedingt als Hinweis auf im Verhältnis zum früheren Preisniveau herabgesetzte Preise zu verstehen;[2311] auch sie ändern aber nichts daran, dass eine Werbung mit einer „Neu-Eröffnung" irreführend ist, wenn es gar keine Schließung des Geschäfts gab.[2312] auch → § 5 Rn. 727.

795 **dd) „Zum Einkaufspreis".** Wer angibt, zum **Einkaufspreis** zu verkaufen, darf nur den Preis verlangen, den er selbst für die Ware (unter Berücksichtigung aller Rabatte, Skonti und sonstiger Vergünstigungen und Zuwendungen) bezahlt hat. Über dem Einkaufspreis liegt der **Einstandspreis,** der auch die Bezugsnebenkosten (Versicherung, Transport, Zölle usw) umfasst. Beim – objektiv kaum zu ermittelnden – **Selbstkostenpreis** sind auch die sonstigen durch das Geschäft anfallenden bzw. anteilig auf das Geschäft entfallenden Betriebskosten des Anbieters zu berücksichtigen. Für die Beurteilung der werblichen Nutzung solcher Bezeichnungen unter Irreführungsgesichtspunkten kommt es nicht allein auf die – oft umstrittene – betriebswirtschaftliche Begriffsbestimmung, sondern auch auf das jeweilige Verständnis der angesprochenen Verkehrskreise an.

796 **ee) „Fabrikpreise".** Wer mit **„Fabrikpreis"** wirbt, erweckt die Erwartung, man spare die Handelsspanne,[2313] und darf daher keinen höheren Preis verlangen als der Hersteller selbst von seinen Wiederverkäufern, unter Berücksichtigung von Rabatten, Skonti, Werbekostenzuschüssen und ähnlichen preisrelevanten Vergünstigungen des Herstellers.[2314] Parallel hierzu ist der **„Großhandelspreis"** der Preis, den Großhändler ihren Handelskunden und gewerblichen Abnehmern berechnen.[2315] Wer mit diesen Begriffen wirbt, muss einen entsprechenden Preis bieten. Bei Verwendung von Begriffen wie *„Fabriklager"*, *„Fabrikauslieferungslager"*, *„Auslieferungslager"* und *„Spezialauslieferungslager"* erwarten angesprochene Endverbraucher zumindest eine gegenüber dem Großhandel günstigere Preisgestaltung.[2316]

[2305] Zu letzterem BGH GRUR 1985, 929 (930) – Späterer Preis.
[2306] ZB KG GRUR 1982, 620 (622): Bei Nähmaschine für ca. 2.000 DM Werbung mit „Einführungspreis" für 7 Monate nicht irreführend.
[2307] Zur gleichzeitigen Preissenkungswerbung bei Filialneueröffnung OLG Hamm WRP 1977, 348 f.; 1980, 570 f.; MD 2013, 434 (436 f.).
[2308] OLG Koblenz NJW-RR 1989, 36 f.
[2309] OLG Hamm GRUR-RR 2017, 330 Rn. 47 – Jetzt große Neueröffnung.
[2310] OLG Karlsruhe WRP 1980, 632 (634 f.). Vgl. auch OLG Düsseldorf WRP 2010, 1551 f., zur allgemeinen Aufklärungspflicht bei „Auslaufmodellen".
[2311] BGH GRUR 1993, 563 f. – Neu nach Umbau.
[2312] OLG Hamm GRUR-RR 2017, 330 Rn. 48 – Jetzt große Neueröffnung; LG Düsseldorf BeckRS 2018, 19599; LG Münster GRUR-RS 2018, 9017.
[2313] Vgl. OLG Hamm WRP 1980, 568 ff.
[2314] Vgl. BGH GRUR 1974, 225 (226) – „Lager"-Hinweiswerbung; OLG Oldenburg NJW 1960, 250 f.; zu entsprechender Herstellerwerbung auch GKUWG/*Lindacher/Peifer* § 5 Rn. 718; vgl. auch BGH GRUR 1964, 397 ff. – Damenmäntel – zur Werbung mit Preisvorteilen bei Damenmänteln „aus eigener Fabrikation, also vom Hersteller direkt zum Verbraucher".
[2315] Näher Köhler/Bornkamm/Feddersen/*Bornkamm/Feddersen* UWG § 5 Rn. 3.168–3.170.
[2316] *BGH GRUR* 1974, 225 (226).

Veranstaltet allerdings ein Einzelhändler einen „Lagerverkauf" mit **„Lagerpreisen"**, kann sich bei entsprechend unmissverständlicher Werbegestaltung die Erwartung des Publikums darauf beschränken, es handle sich um ausgesuchte Ware aus dem Lager des Händlers, die aus geschäftspolitischen Gründen zu günstigen Preisen abgestoßen werden.[2317]

797 **ff) „Jubiläumspreise".** Die Ankündigung von **„Jubiläumspreisen"** lässt Preise erwarten, die aus Anlass des Jubiläums deutlich unter dem üblichen Preisniveau des werbenden Unternehmens liegen. In der Regel wird auch die Erwartung bestehen, dass die Preise unter dem allgemeinen durchschnittlichen Preisniveau liegen, also besonders günstig sind. Werden für eine Rabattaktion anlässlich des Firmenjubiläums feste zeitliche Grenzen gesetzt, so ist es irreführend, wenn die Aktion über den angegebenen Zeitraum hinaus fortgesetzt wird. Eine irreführende Angabe liegt insbesondere dann vor, wenn das Unternehmen bereits bei Erscheinen der Werbung die Absicht hatte, die Aktion zu verlängern.[2318] Führen nachträglich eingetretene Umstände zu einer Verlängerung der Werbung, so ist entscheidend, ob diese Umstände für das Unternehmen voraussehbar waren oder nicht. Der wirtschaftliche Erfolg einer Rabattaktion kann dabei jedenfalls nicht zur Rechtfertigung der Verlängerung herangezogen werden.[2319] Auch → § 5 Rn. 720 ff.

798 **gg) „Partnerpreise".** Die Reisewerbung für den üblichen Doppelzimmer-Preisvorteil mit **„Partnerpreisen"** erweckt den irreführenden Eindruck eines besonderen Preisvorteils.[2320] Wer damit wirbt, die **„Preise zu brechen"**, erweckt den Eindruck, ein festgefügtes Preisniveau durch individuelle Preissenkungen zu unterbieten, was jedenfalls bei einem allgemeinen Preisrückgang irreführend ist.

799 Die Angabe **„Preisknüller des Jahres!"** in einer Computerwerbung ist irreführend, wenn das Gerät zum beworbenen Preis beim Anbieter schon im dritten Jahr erhältlich ist.[2321]

800 **hh) „Schnupperpreise".** Die Erwartung vorübergehend besonders günstiger Preise wird auch bei Ankündigung von **„Probier-„, „Test-„** und **„Schnupperpreisen"** geweckt, bei einem entsprechenden Verkehrsverständnis nach den Umständen des Einzelfalls auch die Erwartung der Neuheit des Angebots.[2322] Wird der spätere höhere Preis genannt, muss angegeben werden, wann er in Kraft tritt.[2323]

801 **ii) „Sparpreise".** Bei einer Werbung mit **„Sparpreisen"** dürfte der Verkehr Preise erwarten, die nicht unerheblich unter dem Durchschnitt liegen, soweit es nicht zB erkennbar um den Eigenpreisvergleich zwischen einer Groß-/ Mehrfachpackung und einer Klein-/Einfachpackung geht; es muss sich jedoch nicht um die günstigsten Preise am Markt handeln.[2324] Die Herabsetzung der eigenen Preise reicht per se nicht aus.[2325]

802 **jj) „Sommerpreise".** Bei **„Sommerpreisen"** erwartet der Verkehr, dass die angebotenen Artikel – als typische Winterware – besonders preisgünstig angeboten werden, weil sie sich im Sommer ohne Kaufanreize über den Preis schlecht absetzen lassen, also eine jahreszeitlich bedingte Preisermäßigung; erfolgt die Reduktion tatsächlich aus anderen Gründen (zB Auslaufmodelle), mit denen der Verkehr nicht rechnet, liegt ein Verstoß gegen § 5 UWG nahe.[2326]

2317 OLG Stuttgart WRP 1996, 147 (152).
2318 BGH GRUR 2012, 208 Rn. 21 – 10 % Geburtstags-Rabatt.
2319 BGH GRUR 2012, 208 Rn. 22 f. – 10 % Geburtstags-Rabatt.
2320 OLG Frankfurt a. M. WRP 1995, 408.
2321 OLG Stuttgart NJW-RR 1988, 1254 f.
2322 Vgl. BGH GRUR 1978, 372 (374) – Farbbilder, zu „Probierpreis".
2323 BGH GRUR 1985, 929 f.
2324 Vgl. BGH GRUR 2003, 361 (362 f.) – Sparvorwahl.
2325 GKUWG/*Lindacher/Peifer* § 5 Rn. 746.
2326 BGH GRUR 1987, 45 (47) – Sommerpreiswerbung.

803 **kk) „Super-Preise".** Ein Unternehmen, das etwa mit **„Superpreisen"** wirbt, muss zwar nicht konkurrenzlos günstig sein, preislich aber zumindest zur **Spitzengruppe** der Anbieter gehören; sein niedriges Preisniveau darf nur von wenigen anderen Konkurrenten erreicht werden[2327] Entsprechendes gilt für **„Preisknüller"**[2328] und **„Preis-Sensation".**[2329] Bei **„Traumpreisen",**[2330] **„irren Preisen"**[2331] **„Top Preisen"**[2332] oder **„super Preisen"**[2333] erwartet der Verkehr hingegen nur ein relativ gutes Angebot.

804 **ll) „Tiefstpreise".** Wer mit dem Superlativ **„Tiefstpreise"** wirbt, muss die niedrigsten Preise bieten;[2334] es darf also allenfalls wenige ähnlich günstige Anbieter[2335] und keine günstigeren Anbieter geben.[2336] Ebenso stellen die Aussagen *„immer der günstigste Preis"* oder *„Bester Preis der Stadt"* für sich allein genommen eine Alleinstellungsbehauptung dar; in Verbindung mit einer Preisgarantie kann sich aber ergeben, dass der Werbende auch günstigere Preise für möglich hält und daher die Aussage nur als Berühmung zur Spitzengruppenzugehörigkeit zu verstehen ist.[2337] Bei einer **Tiefpreisgarantie** kann es sich je nach Lage des Einzelfalls um eine Verpflichtung, den im Vergleich zu dem günstigeren Angebot überschießenden Geldbetrag zurückzuerstatten, oder um eine Geld-zurück-Garantie handeln.[2338] Zur möglichen Interpretation als Allein- oder zumindest Spitzengruppenwerbung auch → § 5 Rn. 969 ff. Zudem bezieht der Verkehr ein solches Versprechen immer nur auf den Zeitpunkt des Erscheinens der Werbung.[2339] Entsprechendes gilt im Prinzip auch in umgekehrter Richtung bei Werbung auf der Nachfrageseite mit **„Höchstpreisen",**[2340] wobei jedoch die gelegentliche Überbietung durch einen Mitbewerber unschädlich ist, wenn es sich um vereinzelte Fälle handelt,[2341] sowie für ***„Höchstrabatt".*** Auch die Bewerbung eines Preises als **„konkurrenzlos"** ist im Regelfall **Alleinstellungswerbung,**[2342] bei der deutlicher preislicher Abstand zu den sonstigen Anbietern bestehen muss.[2343] Irreführend ist auch die Pauschalbehauptung, *niemand sei günstiger,* wenn sie nicht für alle Leistungen, auf die das Publikum die Aussage bezieht, zutrifft.[2344]

805 **mm) „Wahnsinn für nur…".** Bei der Aussage **„Wahnsinn für nur…"** muss nach OLG Düsseldorf[2345] zumindest die unverbindliche Preisempfehlung des Herstellers unterschritten sein; darüber hinaus wird man auch bei diesem Slogan die Zugehörigkeit des

[2327] OLG München WRP 1981, 667 f.

[2328] GKUWG/*Lindacher/Peifer* § 5 Rn. 629; vgl. auch OLG München WRP 1985, 580 (583), allerdings mit Orientierung am „empfohlenen Preis".

[2329] OLG Hamm GRUR 1993, 855 (Ls.).

[2330] OLG Hamm WRP 1983, 304 (Ls.): deutlich günstigeres, nicht jedoch konkurrenzlos niedriges Angebot.

[2331] OLG Stuttgart WRP 1984, 645; allerdings sind bei der Aussage *„Nicht nur bei Fernsehen und Video haben wir irre Preise, sondern auch bei Stereo-Anlagen"* nicht für alle Waren des Sortiments die niedrigsten Preise erforderlich.

[2332] OLG Köln WRP 2015, 988 Rn. 14.

[2333] OLG Köln WRP 2015, 988 Rn. 14.

[2334] Vgl. OLG Hamburg WRP 1977, 651 (654); noch strenger WRP 1999, 214 f. für „*... wo die Preise am tiefsten sind*": Irreführend, wenn einzelne Artikel nicht billiger sind als bei anderen Mitbewerbern.

[2335] Etwas großzügiger OLG Köln GRUR 1990, 131 f.

[2336] AA *Helm/Sonntag/Burger* in Gloy/Loschelder/Danckwerts HdbWettbR § 59 Rn. 359; GKUWG/*Lindacher/Peifer* § 5 Rn. 748.

[2337] BGH WRP 2012, 1233 – Bester Preis der Stadt; OLG Hamburg MD 2010, 18 (22) – Immer der günstigste Preis. Garantiert; OLG Bremen WRP 2004, 505 (506) – die tiefsten Preise; OLG Hamburg MD 2006, 706 (708) – Tiefpreisgarantie; im Ansatz auch LG Stuttgart WRP 2009, 1314 (Ls.).

[2338] Vgl. OLG Hamburg GRUR-RR 2014, 400 (401) – Tiefpreisgarantie.

[2339] BGH WRP 2012, 1233 – Bester Preis der Stadt; KG GRUR-RR 2019, 543 – Bestpreisverkauf.

[2340] Vgl. OLG Köln WRP 1986, 425.

[2341] Vgl. OLG Düsseldorf GRUR 1988, 711; OLG Frankfurt a. M. WRP 1991, 176 f.; OLG Nürnberg GRUR 1991, 857 f.; *Helm/Sonntag/Burger* in Gloy/Loschelder/Danckwerts HdbWettbR § 59 Rn. 336.

[2342] OLG Hamm NJW-RR 2013, 1517 (1519).

[2343] Ähnlich GKUWG/*Lindacher/Peifer* § 5 Rn. 736.

[2344] OLG Stuttgart NJWE-WettbR 1996, 107 f.

[2345] GRUR 1988, 712 ff.

Anbieters zur (preislichen) Spitzengruppe erwarten dürfen. Auch bei etwas schwächeren Ausdrücken wie **„Preisleistung“** soll es nicht genügen, dass man unter dem durchschnittlichen Preisniveau liegt; die Ware darf am Ort der Werbung nicht wesentlich preisgünstiger angeboten werden.[2346]

d) Werbung ohne Verwendung des Begriffs „Preis“. Auch Werbung, die **ohne** 806
Verwendung des Begriffs „Preis“ auf ein besonders günstiges Angebot hindeutet, unterliegt § 5 UWG.

Die Werbung mit **„billig“, „günstig“** oder **„gering“** lässt Preise erwarten, die nicht 807
ganz unwesentlich unter dem durchschnittlichen Preisniveau liegen, wobei für die Wertung im Einzelfall neben dem allgemeinen Preisniveau für die beworbenen Waren auch die sonstige Preisgestaltung des Anbieters für sein übriges Sortiment eine Rolle spielen dürfte. Irreführend ist daher die Werbung für eine *„5-Jahre-Risiko-Garantie gegen einen geringen Aufpreis“*, wenn zB das beworbene Fernsehgerät 769 Euro kostet und der Aufpreis für die Garantie 120 Euro.[2347] Soweit durch eine zulässige **Preisbindung** oder **staatliche Preisregulierung** im Einzelfall ein Preiswettbewerb ausgeschlossen ist, ist eine Werbung mit „günstig“ oÄ täuschend.[2348] Der Angabe **„Gelegenheitskauf“** entnimmt der Verkehr zB eine (ausnahmsweise) besonders preisgünstige Kaufgelegenheit, bei welcher der Preis unter dem üblichen für die konkrete Ware (auch gebrauchte oder beschädigte Ware) liegt.[2349] Auch Hinweise wie **„gemeinnützig“** können ua die Vorstellung besonders günstiger Preise hervorrufen, zB auf Grund der Vorstellung, der Anbieter arbeite zu Selbstkosten bzw. ohne Gewinn oder genieße Steuervergünstigungen, von denen auch der Abnehmer profitiere.[2350] Wird eine Ware mit einer gleichartigen **„gratis“**-Zugabe beworben, ist es nicht irreführend, wenn bei der Berechnung des nach der PAngV anzugebenden **Grundpreises** die Gratiszugabe berücksichtigt wird, sich der Grundpreis also auf die gesamte Menge inklusive der Gratiszugabe bezieht.[2351] Das Firmenschlagwort **„Mehrwert“** soll nach einer älteren Entscheidung vom Publikum als Alleinstellungsbehauptung des Inhalts verstanden worden sein, dass es für sein Geld bei diesem Unternehmen ein Mehr an (Waren-)Wert erhielt als bei der Konkurrenz.[2352] Davon ist heute nicht mehr auszugehen. Bei Kennzeichnung eines Preises als **„nur“** wird man einen unter dem Marktdurchschnitt liegenden Preis (wenn auch nicht notwendig den niedrigsten) erwarten können, bei **„nur noch“** zusätzlich eine kürzlich erfolgte Preisherabsetzung. Irreführend ist das Angebot eines Radios zu 10 Euro an die Inhaber eines 10 Euro-Scheins mit der Zahl 7 in der Seriennummer, wenn der Werbende das Gerät bereits seit längerem zu diesem Preis angeboten hat und es zudem zahlreiche solche Geldscheine gibt.[2353] Auch in diesem Fall wird ein besonderer Preisvorteil suggeriert, den es so aber nicht gibt.

11. Sonstige Preiswerbung. a) Schlagworte. Auch bei sonstiger Preiswerbung kön- 808
nen Schlagworte aufgrund der damit verbundenen Verkürzung oftmals irreführend wirken. Der Begriff **„Barzahlungspreis“** beschreibt Form und Zeitpunkt der Zahlung; er bringt zum Ausdruck, dass dieser Preis verlangt wird, wenn die Zahlung unmittelbar bei Übergabe der Ware/Erbringung der Leistung in bar zu zahlen ist. Er bedeutet nicht zwingend, dass auch in einer der Barzahlung gleich- oder nahekommenden Weise bezahlt werden kann, also etwa per Scheck, Überweisung oder Kreditkarte.

[2346] OLG München WRP 1985, 580 (583).

[2347] OLG Hamm WRP 1992, 723 f.

[2348] Vgl. OLG Düsseldorf WRP 1979, 794 (795).

[2349] RG MuW 1932, 296 f.; GKUWG/*Lindacher/Peifer* § 5 Rn. 724; OLG Düsseldorf GRUR 1953, 132 f. zu „Einmalig!“.

[2350] Vgl. BGH GRUR 1981, 670 (671) – Gemeinnützig; näher GKUWG/*Lindacher/Peifer* § 5 Rn. 967.

[2351] BGH GRUR 2014, 576 Rn. 29 – 2 Flaschen GRATIS. Zum Begriff „gratis“ auch → Anh. § 3 Abs. 3 Nr. 21 Rn. 1 ff.

[2352] BGH GRUR 1973, 534 (535) – Mehrwert II.

[2353] BGH GRUR 1975, 262 ff. – 10-DM-Schein.

809 **aa) „Bruttopreis"/„Nettopreis".** Das Begriffspaar **„Bruttopreis"** und **„Nettopreis"** hat keinen festen Bedeutungsgehalt.[2354] Beispielsweise kann darunter der Preis mit (brutto) oder ohne (netto) Umsatzsteuer, Verpackung oder Transport verstanden werden, aber etwa auch Preise vor (brutto) und nach (netto) Abzug von Rabatten, Skonti usw. Ist die intendierte Bedeutung für die angesprochenen Verkehrskreise nach den konkreten Umständen – zB durch erläuternde Zusätze oder kraft Branchenübung – nicht eindeutig, kommt ein Verstoß gegen § 5 in Betracht.[2355]

810 **bb) „Endpreis".** Der **„Endpreis"** enthält nach der früheren Legaldefinition in § 1 Abs. 1 S. 1 PAngV die Umsatzsteuer und alle sonstigen Preisbestandteile; zumindest im Verhältnis zu privaten Endverbrauchern kann man bei Verwendung dieses Begriffs auch bei § 5 von einem entsprechenden Verkehrsverständnis ausgehen. Entsprechendes gilt für den von Gesetzes wegen neuen Ausdruck **„Gesamtpreis".** Eine Irreführung liegt dann vor, wenn für die beworbene Ware/Leistung noch weitere Preisbestandteile/Kosten zum angeblichen Gesamtpreis hinzukommen.[2356] Entsprechendes gilt in der Regel für Angaben wie **„Inklusivpreis", „Komplettpreis";** bei diesen Angaben wird bei einer Mehrzahl zusammengehörender bzw. als zusammengehörend dargestellter Waren/Leistungen, die so beworben werden, namentlich auch erwartet, dass sie zusammen für diesen Preis erhältlich sind, soweit nicht optisch deutlich ein aufklärender Hinweis erfolgt.[2357] Da es sich um unbestimmte Begriffe handelt, ist für die Bestimmung des Bedeutungsgehalts in besonderem Maß der werbliche Gesamteindruck für das Verkehrsverständnis im Einzelfall zu berücksichtigen. Die Abkürzung **„EP"** dürfte für normale Verbraucher im Hinblick auf Preisangaben keinen festen Bedeutungsgehalt haben und könnte – je nach Art der Werbung – als Bezugnahme auf den vom Händler verlangten „Einzelpreis" (im Gegensatz zu einem Gesamtpreis für mehrere Waren), aber auch als Abkürzung für „empfohlener Preis" oder „Endpreis" verstanden werden.[2358] Ohne nähere Erläuterung wird der Ausdruck daher häufig irreführend sein.

811 **cc) „Festpreis".** Die Werbung mit **„Festpreisen"** oder sog. „Flatrates" ist irreführend, wenn Preisbestandteile zum angegebenen Preis hinzukommen[2359] oder der Gesamtpreis von variablen Kostenfaktoren abhängt und damit höher sein kann. Bei einer Werbung für „Internet zum Festpreis" rechnet der Verbraucher daher nicht damit, dass weitere nutzungsabhängige Kosten anfallen.[2360] Wohl aber kann es sein, dass der „Festpreis" nur bis zu einer gewissen quantitativen Grenze gilt.[2361] Behält sich ein Stromanbieter, der mit einem „Festpreis" wirbt, in den allgemeinen Geschäftsbedingungen vor, den Preis bei Änderung bestehender Steuern bzw. Erhebung neuer Steuern anzupassen, so ist die Werbung jedenfalls dann irreführend, wenn mehr als 40 % des verlangten Preises so variabel bleiben.[2362] Ein Verstoß gegen § 5 liegt dagegen nicht ohne Weiteres vor, wenn der so bezeichnete Preis noch verhandelbar ist.[2363] Unzulässig ist die Angabe **„notarieller Festpreis",** die den

---

2354 Vgl. BGHZ 42, 134 (135) – 20 % unter dem empfohlenen Richtpreis.

2355 Vgl. OLG Köln WRP 1981, 44 f.; großzügiger für „Barkauf-Netto-Preise" im Möbelhandel OLG Hamburg WRP 1980, 298 f. und OLG Koblenz WRP 1982, 428 f. zu „absoluten Netto-Netto-Preisen" eines Bauparks.

2356 Vgl. OLG Frankfurt a. M. WRP 1985, 497 f.; OLG Hamm GRUR 1987, 921 f.; OLG Köln MD 1994, 997 ff. zu „Mehr Leistung auch im Service".

2357 Vgl. OLG Hamm GRUR 1991, 636.

2358 Vgl. BGH GRUR 1997, 933 (934) – EP.

2359 ZB BGH GRUR 2016, 207 Rn. 12 ff. – All Net Flat; OLG Stuttgart NJW-RR 1989, 917; OLG München MD 1999, 1152 (1157). Ebenso LG Köln GRUR-RS 2019, 34885 – Faltenreduktion (für Zuzahlungen zu ärztlichen Behandlungen).

2360 OLG Köln GRUR-RR 2001, 17 f.; anders OLG Hamburg GRUR-RR 2001, 15 f. Ebenso BGH GRUR 2016, 207 Rn. 12 ff. für eine „All Net Flat" und zusätzliche Kosten für Sonderrufnummern und Aktivierungsgebühren.

2361 AA noch KG MD 2001, 994 (995); vgl. auch OLG Hamburg MD 2006, 1361 (1365 ff.).

2362 OLG Hamm MD 2012, 194 Rn. 49 f.

2363 Ohly/Sosnitza/*Sosnitza* UWG § 5 Rn. 447; Köhler/Bornkamm/Feddersen/*Bornkamm*/*Feddersen* UWG § 5 Rn. 3.161; aA *Helm*/*Sonntag*/*Burger* in Gloy/Loschelder/Danckwerts HdbWettbR § 59 Rn. 338.

irrigen Eindruck erweckt, der Notar wirke als unparteiisches Organ der Rechtspflege an der Bildung oder Einhaltung des Preises mit.[2364]

dd) „Listenpreis". Unter **„Listenpreisen"** können nach den Umständen des Einzelfalls die Preise in der Preisliste des Anbieters (namentlich Händlers) oder eines Dritten (namentlich des Herstellers) verstanden werden.[2365] Zur Vermeidung eines Verstoßes gegen § 5 muss daher bei werblicher Verwendung dieses Begriffs klargestellt werden, **wessen** Listenpreise gemeint sind. Weiter muss eine entsprechende Preisliste tatsächlich bestehen und im Regelfall von deren Verwender angewandt werden. Schließlich muss der angegebene Preis der Liste entsprechen bzw. zu den in Bezug genommenen Listenpreisen in der angegebenen Relation stehen. Bleibt in der Werbung unklar, wessen Preisliste gemeint ist, kommt eine Irreführung in Betracht, zB wenn beim Publikum die Fehlvorstellung hervorgerufen wird, man könne bei einem Händler zu den „Listenpreisen" des Herstellers (also unter Einsparung der Handelsspanne) kaufen. 812

ee) „Normalpreis". Für sich genommen mehrdeutig ist auch **„Normalpreis";** hierunter kann zB der frühere oder künftige (höhere) Preis des Anbieters, eine Preisempfehlung des Herstellers oder ein durch Preisvergleich ermittelter allgemein üblicher oder Durchschnittspreis verstanden werden. Soweit der Begriff nicht nach den Gesamtumständen – namentlich durch aufklärende Zusätze – im Einzelfall doch einen eindeutigen Bedeutungsgehalt hat, kommt daher ein Verstoß gegen § 5 in Betracht.[2366] Entsprechendes gilt für **„reguläre Preise".** 813

ff) „Pauschalpreis". Bei einem **„Pauschalpreis"** erwartet der Verkehr einen Preis, der alle wesentlichen Leistungen zu einem einheitlichen Preis abgilt, ohne dass eine zusätzliche Abrechnung einzelner Leistungen erfolgt.[2367] Er erwartet nicht, dass weitere nutzungsabhängige Entgelte hinzukommen.[2368] 814

gg) „Preisgarantie". Bei einer **„Preisgarantie"** erwartet der Verkehr normalerweise ein Rücktrittsrecht beim Nachweis, dass dieselbe Ware/Leistung anderswo günstiger erhältlich ist. Eine solche Werbung ist grundsätzlich zulässig, wenn der Verbraucher echte Vergleichsmöglichkeiten hat, also insbesondere die konkrete Ware/Leistung auch anderweitig, wenn auch nicht unbedingt bei einem nahegelegenen Mitbewerber, erhältlich ist[2369] und die Bedingungen der Preisgarantie für den Verbraucher praktikabel sind,[2370] wobei allerdings längeres Suchen noch zumutbar ist.[2371] Neben dem Rücktrittsrecht erwartet der Verkehr im Regelfall auch Preise im untersten Bereich des Preisspektrums. Bei Abgabe einer Preisgarantie in einem **Dauerschuldverhältnis** erwartet der Verbraucher die Garantie des angegebenen Preises für die vereinbarte Vertragslaufzeit.[2372] Die Ausnahme bestimmter Preisbestandteile von der Garantie, wie etwa Steuern oder Umlagen, ist durch einen entsprechend deutlichen Hinweis kenntlich zu machen.[2373] Machen die ausgenom- 815

2364 BGH GRUR 1990, 532 f. – notarieller Festpreis.

2365 Vgl. BGHZ 42, 134 (135) – 20 % unter dem empfohlenen Richtpreis.

2366 Vgl. OLG Koblenz WRP 1979, 747 (751); gegen die Annahme einer Irreführung BGH GRUR 2001, 84 (85) – Neu in Bielefeld II – für die „durch starken Preiswettbewerb gekennzeichnete" Computerbranche, bei der die Annahme eines Eigenpreisvergleichs naheliegend sei; anders noch BGH GRUR 1970, 609 (610 f.) für „regulärer Preis".

2367 OLG Hamburg MD 2000, 870 f. Siehe auch BGH GRUR 2016, 207 – All Net Flat.

2368 AA OLG Hamburg MD 2000, 870 f.

2369 BGH GRUR 1975, 553 f. – Preisgarantie I; GRUR 1991, 468 ff. – Preisgarantie II; GRUR 1994, 57 ff. – Geld-zurück-Garantie; OLG Hamm WRP 1990, 356 ff.; 1991, 564 ff.

2370 Negativbeispiele OLG Hamburg WRP 1984, 32; OLG Düsseldorf MD 1993, 839 ff.

2371 BGH GRUR 1991, 468 ff. – Preisgarantie II und GRUR 1994, 57 ff. – Geld-zurück-Garantie sowie BGH WRP 1996, 286 (288) – saustarke Angebote.

2372 OLG Bamberg GRUR-RR 2014, 349 (350) – Eingeschränkte Preisgarantie.

2373 OLG Bamberg GRUR-RR 2014, 349 (350) – Eingeschränkte Preisgarantie.

menen Preisbestandteile einen besonders hohen Anteil am garantierten Gesamtpreis aus, ist der Verbraucher auch auf diesen Umstand ausdrücklich hinzuweisen.[2374]

816 **hh) „Regulärer Preis".** Der Begriff **„regulärer Preis"** ist für die Verbraucher mehrdeutig und kann als Hinweis auf die Preisgestaltung der Mitbewerber, einen empfohlenen Preis, einen gebundenen Preis oder den eigenen früheren Preis verstanden werden.[2375] Ohne Klarstellung kann es daher leicht zu einer Irreführung kommen. Entsprechendes gilt für **„Normalpreis"**.[2376]

817 **ii) „Verhandlungsbasis".** Die Angabe **„Preis Verhandlungssache"** oder die Angabe eines bestimmten Preises mit Zusätzen wie **„Verhandlungsbasis"**, die den Preis als verhandelbar kennzeichnen, ist unter Irreführungsgesichtspunkten zulässig, wenn wahr. Besteht keine Verhandlungsbereitschaft, verstößt eine solche Angabe allerdings gegen § 5 UWG.[2377]

818 **b) Irreführende Preiswerbung mit Selbstverständlichkeiten.** Auch objektiv richtige Angaben können irreführen, wenn dem Publikum nicht bekannt ist, dass es sich bei einem werblich betonten Element des Angebots um einen **gesetzlich vorgeschriebenen** oder **zum Wesen der Ware/Leistung gehörenden Umstand** (also um eine Selbstverständlichkeit) handelt. Es besteht dann die Gefahr, dass die Kaufentscheidung des Publikums durch die irrige Annahme einer Besonderheit des so beworbenen Angebots beeinflusst wird.[2378] Mit **freiwilligen,** wenn auch **üblichen** zusätzlichen Leistungen darf hingegen geworben werden.[2379] Dies gilt auch für die Preiswerbung. Insbesondere kommt ein Verstoß gegen § 5 in Betracht, wenn durch die PAngV vorgeschriebene Merkmale der Preisangabe werblich besonders betont werden. Irreführend daher die Kfz-Händlerwerbung mit „Achtung! Preiserhöhung in Sicht! Bestellen Sie jetzt Ihren neuen Ford! Sie haben 4 Monate Preisschutz", da bei solchen Angeboten nach § 1 Abs. 5 Nr. 1 PAngV Preisänderungsvorbehalte ohnehin nur zulässig sind, wenn Lieferfristen von mehr als vier Monaten bestehen.[2380] Entsprechendes gilt bei einer *besonderen* werblichen *Betonung* des Umstands, dass der beworbene Preis die **Mehrwertsteuer** einschließt, soweit die Angabe als solche ohnehin nach § 1 Abs. 1 S. 1 und Abs. 2 PAngV vorgeschrieben ist. Eine irreführende Werbung mit Selbstverständlichkeiten ist auch der (insbesondere werblich hervorgehobene) Hinweis **„ohne Wechselgebühr"** einer Telefongesellschaft in ihrer Werbung für ihr Call by Call-Angebot, wenn kein Mitbewerber in diesem Bereich eine Wechselgebühr fordert.[2381]

819 **c) Irreführende Preiswerbung durch Preisgestaltung („Lockvogelwerbung").** Der Begriff der „Lockvogelwerbung" wird für verschiedene Erscheinungsformen irreführender Werbung verwendet, zB für die Preiswerbung für Waren, die nicht oder nur in unzureichender Menge zur Verfügung stehen[2382] oder als Eyecatcher in der Werbung im Internet für ein Angebot, das dann so auf der entsprechenden Webseite nicht verfügbar ist.[2383] Die im Bereich irreführender Preiswerbung praktisch wichtigste Variante der unter diesem Begriff zusammengefassten Spielarten preisbezogener Irreführung ist die **Vortäuschung eines preisgünstigen Gesamtsortiments durch Preiswerbung für besonders günstige Einzelwaren.**

2374 OLG Hamm BeckRS 2011, 26623.
2375 Vgl. BGH GRUR 1970, 609 ff. – regulärer Preis; OLG Stuttgart MD 2000, 1141 (1145).
2376 → Rn. 814.
2377 *Helm/Sonntag/Burger* in Gloy/Loschelder/Danckwerts HdbWettbR § 59 Rn. 334.
2378 Vgl. BGH GRUR 1956, 550 (553) – Tiefenfurter Bauernbrot; GRUR 1961, 288 (293) – Wäschestärkemittel; GRUR 1973, 481 (483) – Weingeist.
2379 BGH GRUR 2014, 498 Rn. 17 – Kostenlose Schätzung.
2380 Vgl. BGH GRUR 1981, 206 (207 f.) – 4 Monate Preisschutz.
2381 OLG Köln NJWE-WettbR 1999, 101 f.
2382 Köhler/Bornkamm/Feddersen/*Bornkamm/Feddersen* UWG § 5 Rn. 2.3.
2383 OLG Hamburg GRUR-RR 2017, 71 Rn. 19 – Verlinkung in den Handyshop.

Der Verkehr neigt mitunter dazu, aus besonders preisgünstig angebotenen Waren auf eine entsprechend niedrige Preisgestaltung für das Gesamtsortiment zu schließen.[2384] Daher kann insbesondere im Angebot einzelner bekannter Markenartikel (bei denen dem Verkehr das allgemeine Preisniveau bekannt ist) zu einem außerordentlich günstigen Preis (zB unter dem Fabrikabgabepreis oder Einstandspreis) je nach Gestaltung des Angebots eine **Irreführung über die Preisbemessung** des übrigen Warensortiments liegen, wenn dieses normal oder zumindest nicht ähnlich günstig kalkuliert ist.[2385] Dies gilt insbesondere, wenn die äußerst günstigen Angebote (unrichtig) als **beispielhaft** für das Gesamtsortiment dargestellt werden.[2386] Für einen Verstoß gegen § 5 ist jedoch **keineswegs erforderlich,** dass dieses Angebot **ausdrücklich** als beispielhaft für das sonstige Preisniveau bezeichnet wird.[2387] Angesichts der heutigen Vielzahl von Sonderangeboten im Einzelhandel wird man jedoch stets unter Würdigung aller Umstände des Angebots prüfen müssen, ob der Verkehr im konkreten Einzelfall tatsächlich von einem besonders günstigen Einzelangebot auf die Preisgünstigkeit des Gesamtsortiments schließt. Gegebenenfalls ist es zur Vermeidung einer Irreführung über das Preisniveau des Gesamtsortiments erforderlich, den **(preislichen) Ausnahmecharakter** des besonders günstigen Angebots **deutlich zu machen.** Hierfür wird zB in aller Regel der optisch hinreichend deutliche Hinweis *„Sonderangebot"* ausreichen,[2388] wenn er dem konkreten Billigangebot klar zugeordnet ist. Der Ausnahmecharakter des Angebots kann auch durch andere Begriffe und werbliche Gestaltungselemente (zB graphisch sowie durch die Größe und Platzierung des Angebots innerhalb der Werbung) geschehen.[2389] Für sich genommen nicht ausreichend sind allerdings bloße Hinweise wie *„Mein Angebot"*,[2390] *„Unser Angebot"*, *„im Angebot"*. 820

d) Sonstige Angaben. Irreführend ist auch die **Verschleierung des eigentlichen Grundes** einer günstigen Preisgestaltung – zB Angebot von Auslaufmodellen – durch Vorgabe eines anderen Motivs, zB saisonale Gründe[2391] oder eines besonderen Anlasses[2392] oder – gem. § 5a UWG – das Fehlen jeglicher Angaben zu Auslaufmodellen. Zur Irreführung durch Verlängerung oder Verkürzung zeitlich befristeter Preisnachlässe → § 5 Rn. 721 ff. (Sonderveranstaltungen). Werbung mit Aussagen wie **„zahle 2 erhalte 3"** oder **„zahle eine und erhalte eine weitere für 50 %"** sind hingegen nicht zu beanstanden; sind solche Aktionen an weitere Voraussetzungen geknüpft, wie zB einen Mindestumsatz oder den Umstand, dass es sich um dieselbe Ware handeln muss oder die reduzierte Ware nicht teurer sein darf, etc, so müssen diese Voraussetzungen angegeben werden. Ebenso ist die Aussage ***„ein Glas geschenkt!"*** für Brillengläser nicht irreführend, wenn mittels Sternchenhinweis darauf hingewiesen wird, dass es sich um ein Gesamtangebot aus 2 Gläsern handelt, für die der Kunde nur den halben Preis zahlen muss.[2393] Irreführend ist es auch, wenn einem Mandanten durch einen Rechtsanwalt *„garantiert"* wird, dass ihm bei einer Mandatierung keine Kosten entstehen, wenn bei ihm tatsächlich doch ein Kostenrisiko verbleibt, und sei es nur im Außenverhältnis gegenüber dem Antragsgegner.[2394] 821

[2384] GKUWG/*Lindacher/Peifer* § 5 Rn. 676 mwN.
[2385] Vgl. BGHZ 52, 302 ff. – Lockvogel; BGH GRUR 1974, 344 f. – Intermarkt; GRUR 1978, 649 ff. – Elbe-Markt; GRUR 1978, 652 ff. – mini-Preis; GRUR 1979, 116 ff. – Der Superhit.
[2386] Vgl. OLG Hamburg BB 1970, 1319; WRP 1977, 651 (655).
[2387] BGHZ 52, 302 ff. – Lockvogel.
[2388] GKUWG/*Lindacher/Peifer* § 5 Rn. 676; strenger zB OLG Frankfurt a. M. WRP 1979, 870 (873).
[2389] ZB BGH GRUR 1974, 344 f. – Intermarkt und GRUR 1978, 652 ff. – mini-Preis; vgl. auch OLG Schleswig GRUR 1975, 666 f.; OLG Bremen WRP 1970, 314 (317).
[2390] BGHZ 52, 302 ff. – Lockvogel.
[2391] Vgl. BGH GRUR 1987, 45 (47) – Sommerpreiswerbung.
[2392] Vgl. OLG Karlsruhe WRP 1980, 632 (634 f.).
[2393] OLG München GRUR-RS 2016, 12761 Rn. 45.
[2394] OLG Köln GRUR-RR 2018, 356 Rn. 38.

III. Bedingungen, unter denen die Ware geliefert oder die Dienstleistung erbracht wird

Schrifttum: *Peifer,* Die Zukunft der irreführenden Geschäftspraktiken, WRP 2008, 556; *Splittgerber/Krone,* „Bis dass der Tod Euch scheide" – Zur Zulässigkeit lebenslanger Garantien auf IT-Produkte, CR 2008, 341; *Ullmann,* Das Koordinatensystem des Rechts des unlauteren Wettbewerbs im Spannungsfeld von Europa und Deutschland, GRUR 2003, 817.

822 **1. Abgrenzung und Bedeutung.** Wettbewerb kann nicht nur über den Preis, sondern auch über die Vertragskonditionen gemacht werden. Insoweit bietet sich dem Unternehmer ein breites Spektrum an Möglichkeiten zur Irreführung. Regelungen über Vertragsbedingungen finden sich an **mehreren Stellen des UWG.** Die **Abgrenzung der Regelungen** zueinander ist dabei **schwierig** und teilweise unklar, zumal die Regelungen auf verschiedene Richtlinien zurückzuführen sind.

823 § 5 Abs. 1 S. 2 Nr. 2 erwähnt die Bedingungen, unter denen eine Ware geliefert oder eine Dienstleistung erbracht wird. Dazu gibt es in der UGP-Richtlinie kein ausdrückliches Pendant,[2395] abgesehen vom Begriff der „Lieferung", der als ein wesentliches Merkmal eines Produkts in Art. 6 Abs. 1 lit. b der Richtlinie genannt wird (und so auch in § 5 Abs. 1 S. 2 Nr. 1 übernommen wird). Die Regelung in § 5 Abs. 1 S. 2 Nr. 2 UWG ist vielmehr noch auf Art. 3 lit. b der alten Irreführungs-**Richtlinie 84/450/EWG**[2396] zurückzuführen, die sich nach Art. 14 der UGP-Richtlinie nunmehr jedoch auf den Schutz von Gewerbetreibenden beschränken soll. **§ 5 Abs. 1 S. 2 Nr. 1 UWG** (Art. 6 Abs. 1 lit. b UGP-Richtlinie) regelt die Irreführung über **Kundendienst und Beschwerdeverfahren; § 5 Abs. 1 S. 2 Nr. 3 UWG** (Art. 6 Abs. 1 lit. c UGP-Richtlinie) die Irreführung über den **Umfang der Verpflichtungen des Gewerbetreibenden, § 5 Abs. 1 S. 2 Nr. 7 UWG** (Art. 6 Abs. 1 lit. g UGP-Richtlinie) die Irreführung über **Rechte des Verbrauchers,** insbesondere aufgrund von Garantieversprechen oder Gewährleistungsrechten. **§ 5a Abs. 3 Nr. 4 UWG** (Art. 7 Abs. 4 lit. d UGP-Richtlinie) definiert als für eine geschäftliche Entscheidung eines Verbrauchers wesentlichen Umstand die **Zahlungs-, Liefer- und Leistungsbedingungen sowie das Verfahren zum Umgang mit Beschwerden,** sofern diese von den Erfordernissen der unternehmerischen Sorgfalt abweichen. **Nr. 10 im Anhang zu § 3 Abs. 3 UWG** (Nr. 10 im Anhang I der UGP-Richtlinie) verbietet zudem als Spezialfall das Herausstellen gesetzlich bestehender Rechte als Besonderheit **(Werbung mit Selbstverständlichkeiten)** und **Nr. 22 im Anhang zu § 3 Abs. 3 UWG** (Nr. 21 im Anhang I der UGP-Richtlinie) die irreführende **Verwendung von Rechnungsformularen.**

824 Versucht man eine (grobe) Abgrenzung der Regelungen zueinander, so ergibt sich folgendes Bild:

- Die Regelungen über **Kundendienst** und **Beschwerdeverfahren** in **§ 5 Abs. 1 S. 2 Nr. 1 UWG** (Art. 6 Abs. 1 lit. b UGP-Richtlinie) betreffen die nachvertraglichen Serviceleistungen; dabei geht es darum, welcher Kundendienst und welche Beschwerdeverfahren existieren und wie diese funktionieren, nicht aber, inwieweit diese Bestandteil von Gewährleistungsansprüchen sind.
- Irreführende Angaben über **Rechte** des *Verbrauchers* unterfallen **§ 5 Abs. 1 S. 2 Nr. 7 UWG (→ § 5 Rn. 1249 ff.).**
- Irreführende Angaben über **Verpflichtungen** des *Unternehmers* unterfallen **§ 5 Abs. 1 S. 2 Nr. 3 UWG** (→ § 5 Rn. 839 ff.), wobei es zu Überschneidungen kommen kann, soweit Pflichten des Unternehmers einhergehen mit Rechten des Verbrauchers; das wird häufig der Fall sein, ist aber nicht zwangsläufig so, zB bei **Gestaltungsrechten** (Wider-

[2395] *Köhler* WRP 2012, 251 (252) plädiert daher für eine Streichung.

[2396] Seit 12.12.2007 ersetzt durch die Richtlinie 2006/114/EG, ABl. 2006 L 376, S. 21; gem. deren Art. 10 Abs. 2 Verweisungen auf die aufgehobene Richtlinie als Verweisungen auf die neue Richtlinie gelten.

ruf, Anfechtung, Gewährleistungsrechte), die keine Verpflichtungen des Gegenübers begründen, solange sie nicht ausgeübt wurden.
- **§ 5a Abs. 3 Nr. 4 UWG** (Art. 7 Abs. 4 lit. d UGP-Richtlinie) verlangt, dass *Verbraucher* über Abweichungen von den gesetzlichen Bestimmungen über **Zahlungs-, Liefer- und Leistungsbedingungen** *aufgeklärt* werden müssen, dh hier geht es um das *Unterlassen.* Allerdings soll nach Art. 7 Abs. 2 UGP-Richtlinie das Bereitstellen auf unklare, unverständliche oder zweideutige Weise ebenfalls als irreführende Unterlassung gelten.
- Werden diese Zahlungs-, Liefer- und Leistungsbedingungen objektiv falsch dargestellt (egal ob gegenüber einem Unternehmer oder einem Verbraucher), so unterfällt das **§ 5 Abs. 1 S. 2 Nr. 7 UWG** (→ § 5 Rn. 1249 ff.).
- Die Nr. 10 im Anhang zu § 3 Abs. 3 ist demgegenüber das Spiegelbild zu § 5a Abs. 3 Nr. 4 (Art. 7 Abs. 4 lit. d UGP-Richtlinie): Gelten die gesetzlichen Regelungen, so darf gegenüber *Verbrauchern* dies nicht als Besonderheit dargestellt werden (→ § 5 Rn. 1249 ff.).

Bei § 5 Abs. 1 S. 2 Nr. 2 handelt es sich somit im Wesentlichen um ein **Relikt aus der Umsetzung der Richtlinie 84/450/EWG,** das mit der Beschränkung des Anwendungsbereichs der Richtlinie auf Gewerbetreibende (vgl. Art. 14 UGP-Richtlinie) viel an Bedeutung verloren hat. Wenn in der Begründung des Gesetzentwurfes der Bundesregierung zur UWG-Reform 2008 demgegenüber davon die Rede ist, dass die Regelung inhaltlich im Wesentlichen dem geltenden Recht entspreche,[2397] so ist das zumindest missverständlich. Denn nur soweit einzelne Regelungen aus der UGP-Richtlinie mit Bezug auf Vertragsbedingungen nicht bereits in anderen Bestimmungen umgesetzt wurden, kann im Verkehr mit Verbrauchern noch auf § 5 Abs. 1 S. 2 Nr. 2 UWG zurückgegriffen werden. Das gilt beispielsweise für die **Risiken, denen der Verbraucher sich möglicherweise aussetzt** (Art. 6 Abs. 1 lit. g UGP-Richtlinie). Im Übrigen kann diese Fallgruppe des § 5 Abs. 1 S. 2 Nr. 2 entsprechend der Vorgabe in Art. 14 der UGP-Richtlinie nur noch auf Liefer-/Leistungsbedingungen im Verkehr zwischen Unternehmern Anwendung finden. Sollten daneben noch Fälle der Irreführung gegenüber Verbrauchern über die Vertragsbedingungen verbleiben, so sind diese als **sonstige wesentliche Merkmale der Ware oder Dienstleistung** zu qualifizieren, auch wenn sie der besseren Übersicht wegen nachfolgend erwähnt werden.[2398] 825

Zugleich kommt dem Tatbestand aber auch ein Regelungsinhalt zu, der nicht sofort ersichtlich ist: In richtlinienkonformer Auslegung erfasst er auch die Irreführung über **Risiken des Verbrauchers,** denen sich dieser möglicherweise aussetzt, was in **Art. 6 Abs. 1 lit. g** UGP-Richtlinie ausdrücklich geregelt ist, so aber nicht wörtlich in das UWG übernommen wurde. 826

Zur Irreführung über den **gewerblichen Charakter** eines Angebots → § 5 Rn. 1170 ff. und **Nr. 23 im Anhang zu § 3 Abs. 3 UWG;** zur Verwendung von **rechnungsähnlichen Formularen** siehe **Nr. 22 im Anhang zu § 3 Abs. 3 UWG** (Nr. 21 im Anhang I zur UGP-Richtlinie) (→ § 5 Rn. 1168 ff.). 827

2. Risiken und Pflichten des Kunden. Art. 6 Abs. 1 lit. g UGP-Richtlinie verbietet die Irreführung über die Rechte des Verbrauchers und die Risiken, denen er sich möglicherweise aussetzt. Diese Regelung wird vor allem durch § 5 Abs. 1 S. 2 Nr. 7 UWG umgesetzt. Allerdings ist dort nur von den ***Rechten*** des *Verbrauchers* die Rede. § 5 Abs. 1 S. 2 Nr. 3 UWG erwähnt die **Verpflichtungen des Unternehmers.** Das bedeutet, dass eine aktive Irreführung über die **Verpflichtungen des Verbrauchers/ Kunden** nicht ausdrücklich geregelt ist. Das kann aber nicht beabsichtigt sein. Denn damit würde der von der vollharmonisierenden UGP-Richtlinie bezweckte Schutz des Verbrauchers nicht nur nicht erreicht werden, sondern sogar noch hinter dem Schutz im unternehmerischen Verkehr zurückbleiben. Um diese Lücke zu vermeiden, ist die Fallgruppe der Liefer- und 828

[2397] Amtl. Begründung des Gesetzentwurfes der Bundesregierung vom 20.8.2008, BT-Drs. 16/10145, 24.
[2398] ZB Voraussetzungen für die Vergabe von Darlehen gegenüber Verbrauchern, → § 5 Rn. 607.

Leistungsbedingungen in § 5 Abs. 1 S. 2 Nr. 2 UWG so zu verstehen, dass sie **auch die Irreführung über die Risiken und Pflichten** erfasst, denen sich der **Verbraucher** aussetzt.

829 Das gilt beispielsweise für den Abschluss von **Kopplungsverträgen.** Kann etwa ein Handy/Smartphone nur dann preisgünstig erworben werden, wenn zugleich ein **Netznutzungsvertrag** abgeschlossen wird, sind dessen Kosten sowie etwaige **Mindestlaufzeiten** und die Tatsache der Erforderlichkeit des zusätzlichen Vertrages ebenfalls anzugeben.[2399] Nicht gesondert ausgewiesen werden muss allerdings der Teil der Kosten des Vertrags, der auf die „Subventionierung" des günstigen Handys/Smartphones entfällt (sog. Handyzuschlag).[2400] Entsprechendes gilt, wenn eine bestimmte Tarifoption nur in Verbindung mit einem bestimmten Telefonanschluss verfügbar ist, für den Grundgebühren zu bezahlen sind,[2401] oder wenn zusätzlich zu einer „Flat" noch Aktivierungsgebühren zu entrichten und Servicenummern nicht erfasst sin oder wenn es neben einer – günstigen und hervorgehobenen – Monatsgebühr zusätzlich noch eine – nicht erwähnte – Halbjahresgebühr gibt.[2402] Andererseits muss bei einem Angebot von Telefongeräten nicht auch auf etwaige Verbindungsentgelte hingewiesen werden, weil dem Durchschnittsverbraucher bekannt ist, dass er diese Entgelte durch die von ihm frei wählbaren **Call-by-Call** Einstellungen oder **Pre-Selection** beeinflussen kann und er somit nicht an die Tarife des Verkäufers gebunden ist.[2403] Eine (bei Kopplung) erforderliche Aufklärung kann auch durch einen **Sternchenhinweis** (oftmals auch als „Störer" bezeichnet) erfolgen, wenn dieser unmittelbar zu den entsprechenden Informationen führt. Entscheidend ist, dass die **Aufklärung** in klarer Zuordnung **leicht erkennbar** und **deutlich lesbar** erfolgt. Die Angaben zur wirtschaftlichen Belastung des Kunden dürfen gegenüber der herausgestellten Werbung für das günstige Angebot nicht völlig in den Hintergrund treten. Maßgeblich ist dabei der **Gesamteindruck.** Erweckt Blickfangwerbung den Eindruck, alle wesentlichen Informationen zu enthalten, so führen korrigierende Angaben in einem Sternchenhinweis nicht zur Zulässigkeit der Werbung, denn der Verbraucher muss nicht damit rechnen, dass eine in den Blickfang gestellte Information objektiv unrichtig ist.[2404] Sind die Informationen in kleinerer Schrift dargestellt, kann das uU noch zu akzeptieren sein;[2405] Angaben zu einem Sternchenhinweis in kleinerer Schrift, in einem Text, der gegenüber dem Rest der Anzeige um 90° gedreht ist und die erforderlichen Informationen nur teilweise enthält, genügen hingegen nicht.[2406] Daran hat auch die BGH-Entscheidung „Schlafzimmer komplett"[2407] nichts geändert, da die dortigen Aussagen nur „unter engen Voraussetzungen" gerechtfertigt waren.[2408] Ebenso reichen Verweise auf eine Internetseite zur Auflösung eines Sternchenhinweises jedenfalls in Printmedien – etwas anderes kann für Fernsehwerbung gelten[2409] – nicht aus.[2410] Entsprechendes gilt für **Gutscheine,** bei denen die Inanspruchnahme der beworbenen Leistung davon abhängt, dass weitere Leistungen in Anspruch

[2399] BGH GRUR 1999, 261 (264) – Handy-Endpreis; GRUR 1999, 264 (267) – Handy für 0,00 DM; WRP 1999, 505 (508) – Nur 1 Pfennig; WRP 1999, 509 (512) – Kaufpreis je nur 1,– DM; WRP 1999, 512 (516) – Aktivierungskosten; OLG Koblenz GRUR-RR 2013, 443 (444) – unbegrenzt surfen, das allerdings eine Irreführung über den Preis annahm (dazu → Rn. 747). AA OLG Köln CR 2002, 576 (577); MD 2002, 803: Bei Erwerb eines SIM-Lock Handys mit Startguthaben wisse der Verbraucher heute, dass er sich an die werbende Telefongesellschaft binden müsse, es sei denn, diese erweckt durch zusätzliche Aussagen einen anderen Eindruck.

[2400] OLG Celle WRP 2015, 364 Rn. 3.

[2401] BGH GRUR 2009, 73 Rn. 24 ff. –Telefonieren für 0 Cent.

[2402] EuGH Urt. v. 26.10.2016 – C-611/14, GRUR 2016, 1307 Rn. 48 – Canal Digital Danmark A/S.

[2403] BGH GRUR 2008, 729 Rn. 16 – Werbung für Telefondienstleistungen.

[2404] OLG Koblenz GRUR-RR 2013, 443 (444) – unbegrenzt surfen.

[2405] BGH GRUR 2002, 976 (979) – Kopplungsangebot I.

[2406] BGH GRUR 2002, 979 (982) – Kopplungsangebot II.

[2407] BGH GRUR 2015, 698 Rn. XX – Schlafzimmer komplett.

[2408] BGH GRUR 2016, 207 Rn. 18 – All Net Flat.

[2409] BGH GRUR 2009, 1064 Rn. XX – Geld-zurück-Garantie II; GRUR 2012, 402 Rn. 18 – Treppenlift.

[2410] OLG Bamberg GRUR-RR 2016, 348 Rn. 30, 40.

genommen werden, zB durch die Verpflichtung zum Kauf weiterer Waren oder den Beitritt zu einem Buchclub, ohne dass hierüber hinreichend klar aufgeklärt wird.[2411] Zur Irreführung über Begleitumstände des Vertrags auch → § 5 Rn. 1003 ff. Zur Irreführung über die **Dauer** von (auch anlassungebundenen) **Rabattaktionen** und **Sonderaktionen**[2412] → § 5 Rn. 721.

Zur Irreführung darüber, dass der Kunde überhaupt einen Vertrag abschließt, zB durch **830**
Verwendung von rechnungsähnlichen Formularen, → § 5 Rn. 1168 sowie Nr. 22 der Schwarzen Liste im Anhang zu § 3 Abs. 3 UWG.

3. Allgemeine Geschäftsbedingungen. Die Kontrolle von allgemeinen Geschäfts- **831**
bedingungen erfolgt grundsätzlich nach den Regelungen der **§§ 305 ff. BGB** und nach den Regelungen des **UKlaG.** Ob daneben auch Wettbewerber nach § 4 Nr. 11 UWG aF (Rechtsbruchtatbestand) klagen konnten, war umstritten.[2413] Die überwiegende Meinung geht mittlerweile davon aus, dass eine solche Klage möglich ist,[2414] wobei sich der Rechtsbruchtatbestand nunmehr in § 3a UWG findet. Allerdings ist die Verwendung unwirksamer allgemeiner Geschäftsbedingungen nicht zugleich auch automatisch ein Verstoß gegen §§ 5, 5a UWG.[2415] Denn die Frage, welche Rechte/Pflichten überhaupt bestehen und wirksam vereinbart wurden, ist nicht identisch mit der Frage, ob der Verbraucher über bestehende Rechte/Pflichten getäuscht wird, und das Irreführungsverbot dient nicht dazu, die Verwendung unwirksamer AGB zu unterbinden.[2416] Ebenso ist die Bezugnahme auf allgemeine Geschäftsbedingungen in der Werbung per se grundsätzlich nicht zu beanstanden, auch wenn damit auf Beschränkungen der Leistungspflicht des Unternehmers hingewiesen wird.[2417] Irreführend iSv § 5 UWG ist es allerdings, auf Nachfrage die Rechte des Kunden falsch darzustellen oder mit einer **günstigeren Vertragsgestaltung** oder -abwicklung zu werben, **als dies in den Allgemeinen Geschäftsbedingungen des Unternehmers geregelt** ist,[2418] zB indem bei einer Versicherung der Eindruck erweckt wird, bestimmte Risiken seien gedeckt, während das tatsächlich nicht der Fall ist[2419] oder indem ein Test einer Kreditkarte *„ohne jedes Risiko"* angeboten wird, der Kunde aber tatsächlich bei Kartenverlust haften muss.[2420] Wer bei eBay hingegen Ware unter der Option *„sofort kaufen"* anbietet, der erklärt damit nicht zugleich, dass er an jedermann verkaufen will, sondern grenzt sich nur von dem sonst üblichen Versteigerungsprozess ab. Es ist daher nicht irreführend, wenn ein solcher Verkäufer in seinen AGB regelt, dass sein Angebot nicht bindend ist, sondern – wie bei den meisten anderen online-Verkäufern auch – eine bloße invitatio ad offerendum.[2421] Der Hinweis *„Irrtum vorbehalten"* soll nicht als Haftungsbeschränkung verstanden werden und daher in Werbeprospekten wettbewerbsrechtlich zulässig sein;[2422] ebenso wenig ist die Aussage *„rundum sorglos reisen"* so zu verstehen, dass damit alle denkbaren Risiken abgedeckt sind.[2423]

[2411] BGH GRUR 1990, 282 (286) – Wettbewerbsverein IV; KG GRUR 1984, 286; aA KG WRP 1990, 507 (517).

[2412] BGH GRUR 2014, 91 Rn. 21 ff. – Treuepunkte-Aktion.

[2413] Dafür KG MMR 2005, 284; *Peifer* WRP 2008, 556 (558); dagegen OLG Köln WRP 2007, 1111; *Ullmann* GRUR 2003, 817 (823); Ohly/Sosnitza/*Ohly*, UWG, 6. Auflage 2014, § 4 Rn. 11.78.

[2414] OLG Hamm 30.3.2006 – 4 U 3/06, BeckRS 2007, 17475; OLG Düsseldorf 5.6.2007 – 20 U 176/06, BeckRS 2007, 14238; MüKoUWG/*Schaffert*, 2. Aufl. 2014, UWG § 4 Nr. 11 Rn. 31; Palandt/*Grüneberg*, BGB, UKlaG § 1 Rn. 1; Köhler/Bornkamm/Feddersen/*Köhler* UWG § 3a Rn. 1.284; *Eppe* WRP 2005, 808 (812); zu § 475 Abs. 1 S. 1 BGB: BGH WRP 2010, 1475.

[2415] Zweifelhaft daher OLG Hamburg MMR 2007, 324, wo die Qualifikation als Marktverhaltensregelung vom Inhalt der jeweiligen Klausel abhängig gemacht wird.

[2416] OLG Hamburg MMR 2008, 44 f.

[2417] BGH GRUR 1983, 654 (655) – Kofferschaden.

[2418] *Helm/Sonntag/Burger* in Gloy/Loschelder/Danckwerts HdbWettbR § 59 Rn. 392.

[2419] BGH GRUR 1983, 654 (655) – Kofferschaden; KG GRUR 1991, 787.

[2420] OLG Hamburg WRP 1986, 344 (345).

[2421] AA OLG Hamburg MMR 2008, 44 (45).

[2422] BGH GRUR 1997, 472 (473) – Irrtum vorbehalten.

[2423] KG WRP 1985, 637.

832 Andererseits hängt die Beurteilung einer Irreführungsgefahr **nicht** zwingend davon ab, ob eine Regelung nach den Bestimmungen über allgemeine Geschäftsbedingungen **unwirksam** ist. So können **Inhalt und Reichweite einer Herstellergarantie,** also einer von den Gewährleistungsansprüchen unabhängigen, selbständigen Garantie, als freiwillige Leistung gegenüber Endkunden vom garantierenden Unternehmen grundsätzlich frei bestimmt werden. Als eine solche selbständige Garantie unterliegt die Hersteller-Garantie auch nicht der Verjährung (anders aber die aus ihr erwachsenen Ansprüche und anders als eine etwaige Verlängerung der gesetzlichen Gewährleistungsansprüche). Dennoch kann es irreführen, wenn bei einer solchen Garantie der unzutreffende Eindruck entsteht, eine Beschränkung der Herstellergarantie würde auch die Rechte gegen den Händler betreffen.[2424] Ebenso wäre ein Verkäufer nicht verpflichtet, für sein Produkt eine Hotline anzubieten. Behauptet er jedoch, dass er einen solchen Dienst anbietet und geschieht dies dann nicht, so ist dies irreführend.[2425]

Zur Irreführung über Rechte des Verbrauchers in Allgemeinen Geschäftsbedingungen siehe auch § 5 Abs. 1 S. 2 Nr. 7 UWG sowie § 3a UWG.

833 **4. Garantien.** Die Irreführung durch falsche Angaben zu Garantien des Verkäufers gegenüber **Verbrauchern** unterfällt nunmehr **§ 5 Abs. 1 S. 2 Nr. 7 UWG.**[2426] Gegenüber Unternehmern findet weiterhin § 5 Abs. 1 S. 2 Nr. 2 UWG Anwendung. Daneben konnte in der Vergangenheit § 4 Nr. 4 UWG aF gelten.[2427]

834 Langjährige oder umfangreiche Garantien sind wettbewerbsrechtlich grundsätzlich nicht zu beanstanden, solange die Garantie nicht für einen **Zeitraum** versprochen wird, der die Lebenserwartung der Ware bei normaler Verwendung übersteigt und der durchschnittlich informierte und verständige Garantienehmer dadurch über die Lang-/Kurzlebigkeit der Ware getäuscht wird. Die mit einer langen Garantie verbundenen Beweisschwierigkeiten führen als solche ebenfalls nicht zur Anwendbarkeit von § 5 UWG.[2428] Garantieversprechen können jedoch irreführend sein, wenn sie entweder **inhaltlich unzutreffend** sind, für den Kunden **praktisch wertlos**[2429] oder **rechtlich nicht durchsetzbar** sind oder der Werbende eine angekündigte Garantie auf Wunsch des Kunden **nicht verbindlich vereinbaren** oder (ohne Vereinbarung) zumindest **im Kulanzwege erfüllen** will.[2430] So kann es irreführend sein, eine *reine Reparaturkosten-Versicherung* als „Garantie" zu bezeichnen[2431] oder mit einer *„bankgarantierten Rückzahlung der Einlage"* zu werben, obwohl die Realisierung der Garantie voraussichtlich mit erheblichen Schwierigkeiten verbunden ist.[2432] Eine durch einen Gasversorger garantierte *100%ige Versorgungssicherheit* kann als Vortäuschung einer Sonderstellung irreführend sein.[2433] Im Übrigen kann es erforderlich sein, genau danach zu unterscheiden, von wem die jeweilige „Garantie" angeboten wird. Das gilt insbesondere im Verhältnis zwischen Händler und Hersteller: Irreführend ist daher zB die Werbung mit einer „Garantiekarte" im KfZ-Handel, wenn damit eine Händlergarantie gemeint ist, während der Verkehr von einer Garantie des Herstellers ausgeht.[2434] Die Werbung mit einer **über 30 Jahre** hinausreichenden Garantiezusage eines *Händlers* bei der es letzten Endes um eine Verlängerung der gesetzlichen Gewährleistungspflicht geht, ist irreführend, weil eine solche Verpflichtung gegen das Verbot des rechtsgeschäftlichen Ausschlusses der Verjährung verstößt (§ 202 Abs. 2 BGB) und daher un-

2424 BGH NJW 1997, 3376 (3377). Vgl. auch OLG Frankfurt a. M. NJW-RR 1996, 1386.
2425 Hierzu auch → § 5 Rn. 589 ff., Fallgruppe „Kundendienst und Beschwerdeverfahren".
2426 So dass sich dort auch eine umfangreichere Kommentierung findet.
2427 BGH WRP 2009, 1229 Rn. XX – Geld-zurück-Garantie II.
2428 BGH GRUR 1976, 146 (147) – Kaminisolierung; BGH GRUR 2008, 915 Rn. 16 – 40 Jahre Garantie.
2429 Vgl. BGH GRUR 1994, 57 – Geld-zurück-Garantie.
2430 BGH GRUR 2000, 1106 (1108) – Möbel-Umtauschrecht.
2431 OLG Frankfurt a. M. NJW-RR 1996, 1386.
2432 KG WRP 1997, 31.
2433 OLG Düsseldorf MD 2009, 652.
2434 OLG Köln WRP 1979, 887.

wirksam ist.[2435] Bezieht sich die Verjährung allerdings auf eine von den gesetzlichen Gewährleistungsansprüchen unabhängige, selbständige Garantie eines *Herstellers* zur Haltbarkeit eines bestimmten Materials, so ist dies wettbewerbsrechtlich nicht zu beanstanden, sofern dieses Material bei normaler Abnutzung eine entsprechend lange Lebensdauer besitzt. Nicht verboten wurde daher vom BGH die Werbung eines Herstellers von Aluminiumdächern mit einer Haltbarkeitsgarantie von 40 Jahren.[2436]

5. Sonstige Fälle. Bei **Kreditangeboten** (Darlehen) rechnet der durchschnittlich informierte und verständige Verbraucher damit, dass der Kreditvergabe eine **Bonitätsprüfung** vorausgeht. Hierauf ist daher nicht gesondert hinzuweisen. Entsprechendes gilt für den Vorbehalt, **Teilzahlungsvereinbarungen** bei zweifelhafter wirtschaftlicher Leistungsfähigkeit des Vertragspartners nicht einzugehen.[2437] Der Verbraucher rechnet allerdings nicht damit, dass ganze Verbrauchergruppen von vornherein ausgeschlossen sind, so dass hierauf hinzuweisen ist.[2438] **835**

Wer **Versandkosten** verlangt, darf nicht den Eindruck erwecken, er liefere frei Haus. Nach § 1 Abs. 2 S. 2 PAngV und Art. 246a § 1 Nr. 4 EGBGB iVm §§ 312d, e BGB sind etwaig anfallende Versand- oder Lieferkosten sogar in konkreter Höhe anzugeben; die Angabe *„zzgl. Versandkosten"* genügt nicht. Zur Angabe von Versandkosten, insbesondere auch im Internethandel, → PAngV § 1 Rn. 41 ff. **836**

Wer Kunden Maximalbeträge als Schadensersatz verspricht, davon aber die eigene Provision oder sonstige Abzüge nicht in Ansatz bringt, so dass der Maximalbetrag de facto nicht erreicht werden kann, handelt ebenfalls irreführend.[2439] **836a**

Bedingungen, unter denen eine Ware geliefert wird, können nicht nur Umstände sein, auf die der Veräußerer Einfluss hat. Irreführende Angaben können sich auch auf das **Verhalten Dritter** beziehen, wie zB Garantien, die von Dritten übernommen werden oder Zuschüsse, die Dritte machen. Irreführend ist es daher, für den möglichst schnellen Bezug von Zusatzversicherungen oder Hilfsmitteln zu werben, indem der Eindruck erweckt wird, dass **Zuschüsse der gesetzlichen Krankenkassen wegfallen,** obwohl ein Wegfall nach den konkreten Planungen der zuständigen Stellen nicht unmittelbar bevorsteht.[2440] **837**

Zur Werbung mit unwahren Angaben über eine Gefahr für die persönliche Sicherheit des Verbrauchers siehe Nr. 12 im Anhang zu § 3 Abs. 3 UWG. **838**

E. § 5 Abs. 1 S. 2 Nr. 3 (Die Eigenschaften des Unternehmers)

Eine geschäftliche Handlung ist irreführend, wenn sie unwahre Angaben enthält oder sonstige zur Täuschung geeignete Angaben über folgende Umstände enthält:

3. die Person, Eigenschaften oder Rechte des Unternehmers, wie Identität, Vermögen einschließlich der Rechte des geistigen Eigentums, den Umfang von Verpflichtungen, Befähigung, Status, Zulassung, Mitgliedschaften oder Beziehungen, Auszeichnungen oder Ehrungen, Beweggründe für die geschäftliche Handlung oder die Art des Vertriebs.

2435 BGH GRUR 1994, 830 – Zielfernrohr.
2436 BGH WRP 2008, 1326 Rn. XX – 40 Jahre Garantie.
2437 BGH GRUR 1988, 459 (460) – Teilzahlungsankündigung.
2438 OLG Düsseldorf WRP 2004, 1075 – „Das kann sich jeder leisten".
2439 OLG Düsseldorf GRUR-RS 2020, 16408 – Fluggastrechte – Inkasso.
2440 OLG Celle GRUR-RR 2007, 111 (112) – Hörgeräte; OLG Karlsruhe GRUR-RR 2005, 58 – Zahnprothesen.

Übersicht

Einführung

839 In § 5 Abs. 1 S. 2 Nr. 3 sind nach den Gesetzesmaterialien **Bezugspunkte geregelt, die den handelnden Unternehmer selbst betreffen.**[2441] Ihnen stehen Angaben über andere Gewerbetreibende bei richtlinienkonformer Auslegung nicht gleich, denn Art. 6 Abs. 2 lit. f Richtlinie unlautere Geschäftspraktiken (UGP-RL) spricht nicht von „einem", sondern von „dem" Gewerbetreibenden, und führt neben dem Gewerbetreibenden auch seinen **„Vertreter"** auf. Zu Angaben über Dritte auch → § 5 Rn. 232. Unwahre oder täuschende Angaben über die Person, die Eigenschaften oder die Rechte des Unternehmers bzw. seines Vertreters sind entspr. der Aufzählung in § 5 Abs. 1 S. 2 Nr. 3 solche über die Identität, das Vermögen einschließlich der Rechte des geistigen Eigentums sowie des Umfangs der Verpflichtungen, die Befähigung, den Status, die Zulassung, die Mitgliedschaften oder Beziehungen, die Auszeichnungen oder Ehrungen sowie bestimmte Aussagen und Symbole des Unternehmers oder seines Vertreters. **Die Aufzählung ist nicht abschließend.**[2442] Es bietet sich aber eine weite Auslegung der untergeordneten Bezugspunkte an, die es ermöglicht, alle Angaben über die Person, die Eigenschaften und die Rechte des Unternehmers den in § 5 Abs. 1 S. 2 Nr. 3 genannten Beispielsgruppen zuzuordnen, so dass über die dort genannten Beispiele hinaus keine weitere Fallgruppe gebildet werden muss.

I. Identität des Unternehmers

Schrifttum: *Bornkamm/Seichter,* Das Internet im Spiegel des UWG – Grenzwerte für die lautere Nutzung eines neuen Mediums, CR 2005, 747; *Dreher/Ballmeier,* Die Werbung mit der Rechtsform durch Versicherungsvereine auf Gegenseitigkeit, VersR 2011, 1087; *Haberkorn,* Zur Zulässigkeit des Firmenzusatzes „Zentrale", WRP 1966, 306; *Hackbarth,* Erste Anmerkungen zu „Bananabay II" – Gelöste Probleme und offene Fragen, WRP 2011, 1124; *Härting/Schätzle,* Kennzeichenrechte und Social Networks – Zur Verwendung fremder Kennzeichen im URL-Pfad, ITRB 2011, 11; *Herb,* Spezialisierungshinweise und irreführende Werbung nicht marktbezogener Reparaturwerkstätten, WRP 1991, 699; *Krause,* gGmbH als unzulässiger Rechtsformzusatz?, NJW 2007, 2156; *Mankowski,* Zur Werbung der Ltd mit EU-GmbH, EWiR 2007, 93; *A. Nordemann,* Ergänzender wettbewerbsrechtlicher Leistungsschutz im Spannungsfeld zwischen geringem Eigentum und Irreführung durch Produktverwechslung, FS Stauder, 2011, S. 173; *Ohly,* Urheberrecht und UWG, GRUR Int. 2015, 693; *Plaß,* Hyperlinks im Spannungsfeld von Urheber-, Wettbewerbs- und Haftungsrecht, WRP 2000, 599; *Saenger/Riße,* Die anwaltliche Homepage – Berufs- und wettbewerbsrechtliche Grenzen bei der Wahl eines Domainnamens, MDR 2005, 1381; *Schubert,* Das empirische Verbraucherverständnis über Top-Level-Domains, JurPC Web-Dok. 62/2007, Abs. 1–54; *Wiebe,* „Deep Links" – Neue Kommunikationsformen im Wettbewerb aus lauterkeitsrechtlicher Sicht, WRP 1999, 734.

840 **1. Abgrenzung. a) § 5a Abs. 3 Nr. 2 und Abs. 4.** Ein **Schwerpunkt** der Irreführung über die Identität des Unternehmers liegt in der Praxis auf der **Irreführung durch Unterlassen gemäß § 5a.** Gemäß **§ 5a Abs. 3 Nr. 2** gilt in Angeboten an Verbraucher kraft Gesetzes die Information über die Identität des Unternehmers als wesentlich. Ferner schreibt das Unionsrecht in diversen Richtlinien und Verordnungen verpflichtende Basisinformationen betreffend die Identität des Unternehmers vor, die über **§ 5a Abs. 4** als wesentliche Information iSd § 5a Abs. 2 gelten. Zur Abgrenzung näher → **§ 5a** Rn. **39 ff.**

841 **b) Betriebliche und geografische Herkunft.** Während der Verbraucher beim Irrtum über die betriebliche Herkunft falsche Vorstellungen über die Herkunft der Ware entwickelt, geht es bei unwahren oder täuschenden Angaben über die Identität des Unternehmers um einen Irrtum über das **hinter der geschäftlichen Handlung stehende Rechtssubjekt.** Angaben, die der Verkehr nur auf die Betriebsstätte bezieht, ohne ihnen einen Hinweis auf deren Inhaber zu entnehmen (zB die Straßenbezeichnung „Wall Street"),[2443]

[2441] Amtl. Begr., BT-Drs. 16/10145, 24.
[2442] Vgl. BGH GRUR 2010, 352 Rn. 10 – Hier spiegelt sich Erfahrung.
[2443] Vgl. OLG Bremen WRP 1977, 267.

sind keine Angaben über die Identität des Werbenden, sondern über die geographische Herkunft.

c) Kennzeichenrecht. Ein Vorrang des Kennzeichenrechts besteht nicht, in unionskonformer Auslegung der Vorschrift ist der **wettbewerbliche Irreführungsschutz vom Kennzeichenrechtsschutz unabhängig,** näher → § 5 Rn. 1278 ff. Die Wertungen des **Rechts der Gleichnamigen** sind zu berücksichtigen, wenn sich die Frage stellt, ob die Gefahr der Verwechslung mit dem Kennzeichen eines Mitbewerbers zu einer unlauteren Handlung iSd § 5 Abs. 2 führt;[2444] dazu näher → § 5 Rn. 1319. Häufig wird die Irreführung über die Identität des Unternehmers gemäß § 5 Abs. 1 S. 2 Nr. 3 mit einer Irreführung durch das **Hervorrufen einer Verwechslungsgefahr gemäß § 5 Abs. 2 nF** zusammentreffen; **auf die Kommentierung in § 5 Abschn. J (§ 5 Rn. 1278 ff.) wird verwiesen.** 842

d) Registerrecht. Die Eintragung der (Verletzer-)Firma ins **Handelsregister** schließt eine Irreführung nach § 5 UWG nicht aus.[2445] Die handelsrechtlichen Bestimmungen über den unzulässigen Gebrauch einer Firma nach §§ 18, 37 HGB und der Unterlassungsanspruch aus dem UWG stehen selbstständig nebeneinander.[2446] Ist die Firmierung eines Unternehmens zur Irreführung geeignet, ist ein dagegen gerichteter wettbewerbsrechtlicher Anspruch nicht deshalb ausgeschlossen, weil das Unternehmen die Firmenbezeichnung zu einem früheren Zeitpunkt zulässigerweise geführt hat.[2447] 843

2. Voraussetzungen. a) Unwahre oder zur Täuschung geeignete Angabe. Über die Identität des Unternehmers irrt, wer sich **falsche Vorstellungen über das hinter der geschäftlichen Handlung stehende Rechtssubjekt** macht. Der Umworbene irrt zB über die Person des Unternehmers, wenn er diesen mit einer anderen **existierenden** Person verwechselt; wenn er den Handelnden für eine andere, tatsächlich gar **nicht existierende** Person hält; wenn er meint, mit dem Inhaber des Unternehmens zu verhandeln, während ein **Strohmann** tätig wird. 844

Konkrete Vorstellungen über Eigenschaften und Fähigkeiten des Rechtssubjekts, für das der Verkehr den Unternehmer hält, sind nicht Voraussetzung der Täuschungseignung; es reicht aus, wenn der Unternehmer nicht der ist, für den ihn der Verkehr hält. Sie können aber bei der Frage der wettbewerbsrechtlichen Relevanz bedeutsam werden. Angaben, die nicht geeignet sind, den Verkehr infolge ihrer Täuschungseignung in seinem wirtschaftlichen Verhalten zu beeinflussen oder aus diesen Gründen einen Mitbewerber zu schädigen, sind nicht relevant irreführend. 845

Die Täuschung über die Identität des handelnden Rechtssubjekts kann ausdrücklich oder konkludent erfolgen. Auch durch **Verschweigen oder Vorenthalten** für den Verkehr wesentlicher Informationen über die Identität des Unternehmers handelt der Unternehmer irreführend, wenn die Voraussetzungen des **§ 5a** vorliegen. Dabei gilt in **an Verbraucher gerichteten Angeboten** von Waren bzw. Dienstleistungen sowie dann, wenn das Gemeinschaftsrecht diese Information vorschreibt, also va im Fernabsatz, im Finanz-, Wertpapier- und Versicherungsbereich, bei Pauschalreisen und Teilzeitnutzungsrechten, die Identität des Unternehmers kraft Gesetzes als wesentlicher Umstand, **§ 5a Abs. 3 Nr. 2 und 4.** Für das Verhältnis B2B gelten diese Informationspflichten hingegen nicht.[2448] S. dazu ausführlich die **Kommentierung zu § 5a.** 846

[2444] BGH GRUR 2013, 397 Rn. 44 und Ls. – Peek & Cloppenburg III; GRUR-RR 2014, 201 Rn. 51 – Peek & Cloppenburg IV; vgl. *Bornkamm* FS Loschelder, 2010, 31 (37).

[2445] BGH GRUR 2003, 448 (449) – Gemeinnützige Wohnungsgesellschaft.

[2446] BGH GRUR 2003, 448 (449) – Gemeinnützige Wohnungsgesellschaft; vgl. auch BGH GRUR 2002, 703 (706) – VOSSIUS & PARTNER.

[2447] BGH GRUR 2003, 448 (449) – Gemeinnützige Wohnungsgesellschaft.

[2448] Vgl. schon OLG Hamburg 3.4.2008 – 3 U 282/06, OLGR Hamburg 2008, 788, 790 f.: Nicht jede unterlassene Information über die Verwendung eines falschen Namens ist im Verhältnis B2B eine Irreführung.

847 Nicht nur durch die Verwendung eines fremden **Namens,** einer fremden **Firma** oder sonstiger **geschäftlicher Bezeichnungen,** sondern auch durch **Marken** lässt sich beim Verkehr der Eindruck erwecken, es handele sich um ein anderes Unternehmen, als dies tatsächlich der Fall ist.[2449]

848 **Rechtsformzusätze** in der Werbung, auf Rechnungen oder in Verträgen können den Eindruck eines tatsächlich nicht existierenden Unternehmens erwecken (Meier AG statt Einzelkaufmann Meier). **Beschreibende Angaben** (zB: Gewinner des X-Preises in Y aus 2021), **Formen oder Farben,** die der Verkehr als Herkunftshinweis auf ein bestimmtes anderes Unternehmen versteht, können ebenfalls über die Identität des Unternehmers irreführen. Gleichgültig ist, ob dadurch ein Mitbewerber iSd § 6 Abs. 1 UWG erkennbar gemacht wird, denn auch ein **Werbevergleich** kann zur Täuschung geeignet sein. So kann die Angabe von **Bestellnummern** des Herstellers einen Herkunftshinweis auf den Originalhersteller enthalten;[2450] zu irreführenden Werbevergleichen näher noch **§ 5 Rn. 1340 ff.**

849 Eine nicht vermeidbare Herkunftstäuschung begründet keinen Verstoß gegen die unternehmerische Sorgfalt.[2451] Mit verpflichtenden Angaben oder dem Umstand allein, dass der Unternehmer die gleichen Leistungen anbietet wie sein Mitbewerber, mit **Ähnlichkeiten der Produkte,** die **funktionell bedingt,** selbstverständlich oder jedenfalls naheliegend sind, und mit glatt beschreibenden Angaben lässt sich eine Irreführung in aller Regel nicht begründen, **näher → § 5 Rn. 246 und → § 5 Rn. 1319.**[2452]

850 Die Wertungen des **Rechts der Gleichnamigen** aus dem Kennzeichenrecht gelten entsprechend, dazu **näher → § 5 Rn. 1319.** Danach sind gering ins Gewicht fallende Fehlvorstellungen des Verkehrs im Hinblick auf eine langjährige redliche **Koexistenz der Unternehmenskennzeichen** (zB aufgrund getroffener Abgrenzungsvereinbarungen) hinzunehmen, wenn der Verwechslungsgefahr ausreichend durch **aufklärende Hinweise** entgegengewirkt wurde.[2453] Der BGH hat sich mit der Frage, welche Maßnahmen erforderlich und zumutbar sind, insbesondere in mehreren Entscheidungen zu bundesweiter Werbung der beiden Unternehmen „Peek & Cloppenburg" befasst.[2454]

851 Auf die **Motive** des Unternehmers und darauf, ob dieser eine Irreführung überhaupt in Betracht gezogen hat, kommt es nicht an,[2455] näher → § 5 Rn. 250. Auch durch die **Verwendung gesetzlich vorgeschriebener Angaben** lässt sich täuschen; ggf. müssen dann irrtumsausschließende Hinweise angebracht werden, näher → § 5 Rn. 305.

852 **Veränderungen,** die dazu führen, dass eine ursprünglich nicht zu beanstandende Angabe unwahr oder vom Verkehr falsch verstanden wird, müssen berücksichtigt werden, näher → § 5 Rn. 249 und 282. Es kann deshalb irreführend sein, eine **ursprünglich rechtmäßig geführte** Firma ohne klarstellende Zusätze weiter zu verwenden, wenn der namensgebende Gesellschafter ausgeschieden ist.[2456]

[2449] EuGH C-112/99, GRUR 2002, 354 (356) – Toshiba; C-59705, GRUR 2006, 345 (346) – Siemens/VIPA; GRUR 2008, 698 Rn. 57 ff. – O2 Holdings Limited vs. Hutchison 3 G.

[2450] Vgl. BGH WRP 2003, 637 – Ersetzt.

[2451] Vgl. *Bornkamm* FS Loschelder, 2010, 31 (45); Ohly/*Sosnitza* § 5 Rn. 707; *Steinbeck* WRP 2006, 632 (639); aA *A. Nordemann* FS Stauder, 2011, 173 ff.

[2452] BGH GRUR 2011, 166 Rn. 18 – Rote Briefkästen; vgl. (zu § 4 Nr. 9 aF) BGH GRUR 2005, 166 (168) – Puppenausstattung; GRUR 2010, 80 Rn. 27 – LIKEaBIKE; GRUR 2012, 1155 Rn. 27 – Sandmalkasten.

[2453] BGH GRUR 2013, 397 Rn. 44 und Ls. – Peek & Cloppenburg III; GRUR-RR 2014, 201 Rn. 51 – Peek & Cloppenburg IV; vgl. ferner (zum Markenrecht) BGH GRUR 1984, 738 – Hotel Krone; GRUR 1991, 780 (872) – TRANSATLANTISCHE; GRUR 1995, 754 – Altenburger Spielkartenfabrik; GRUR 2010, 738 Rn. 19 – Peek & Cloppenburg I; GRUR 2011, 623 Rn. 36 – Peek & Cloppenburg II; ausführlich zum Recht der Gleichnamigen *Goldmann,* Unternehmenskennzeichen, 4. Aufl. 2018, § 17 Rn. 9 ff.

[2454] BGH GRUR 2013, 397 Rn. 44 und Ls. – Peek & Cloppenburg III; GRUR-RR 2014, 201 Rn. 51 – Peek & Cloppenburg IV.

[2455] Vgl. EuGH C-388/13, EU:C:2015:225 Rn. 43, 47, 53 f. – UPC Magyarország; BGH GRUR 2011, 82 Rn. 23 – Preiswerbung ohne Umsatzsteuer.

[2456] Vgl. RG GRUR 1935, 982; BGH GRUR 2002, 703 (705) – Vossius & Partner.

b) Relevanz. Der Irrtum über die Identität ist relevant, wenn er geeignet ist, die geschäftliche Entscheidung des Verkehrs zu beeinflussen bzw. Mitbewerber zu beeinträchtigen. Das kommt va dann in Betracht, wenn der Verkehr mit der vorgetäuschten Identität des Unternehmers **Eigenschaften, Kenntnisse** oder **Fertigkeiten** verbindet, die der Unternehmer tatsächlich nicht hat, zB eine besondere **Autorität, wirtschaftliche Leistungsfähigkeit** oder **Kulanz** bei der Erledigung von Reklamationen. Maßgeblich ist die Sicht des durchschnittlich informierten, aufmerksamen und verständigen Umworbenen in der jeweiligen Situation. Wer annimmt, die werbende Bank befinde sich in der Hand des deutschen Staates, wird zB uU größeres Vertrauen in ihre **Integrität** und **Finanzkraft** setzen als in die eines kleinen Privatunternehmens. Angaben der (vermeintlich) öffentlichen Hand oder einer (vermeintlich) staatlich anerkannten Stelle kommt oft größere **Autorität** und **Seriosität** zu als denen eines Dritten.[2457] Bei weltweit tätigen, bekannten Herstellern vertraut der Verkehr darauf, dass bei der Produktion **technisches Wissen** des neusten Standes zum Einsatz kommt und der **Produktionsvorgang** in geeigneter Weise gesteuert und überwacht wird, was zu einer zumindest gehobenen **Qualität** der Ware führt. Auch wird der Verkehr annehmen, **Zubehör** und **Ersatzteile** unproblematisch noch über längere Zeit hinweg von eben diesem Unternehmen beziehen zu können. 853

So werden Charakter und **Leistungsfähigkeit** einer privaten Handelsschule entscheidend durch die Person des Inhabers bestimmt, so dass in der Namensfortführung trotz Ausscheidens des Firmengründers eine relevante Irreführung liegen kann.[2458] Demgegenüber fehlt einer etwaig in der Verwendung der Bezeichnung „Wäscherei, Färberei und Chemische Reinigung" liegenden Irreführung darüber, dass das werbende Unternehmen nicht selbst Inhaber der Reinigung ist, sondern nur als Annahmestelle für diese fungiert, die Relevanz, weil Annahmestellen üblich sind und der Umstand, dass der Werbende **„nur" Annahmestelle** ist, den Entschluss des Kunden zum Abschluss des Reinigungsvertrags nicht beeinflusst.[2459] Ebenso ist der Irrtum über die Identität eines Kioskinhabers beim Kauf einer Zeitung für die Kaufentscheidung nicht relevant. 854

3. Beispiele. Abteilung. Ein selbstständiger Frisiersalon verstößt gegen das Irreführungsverbot, wenn er seine Werbung so mit der Marke bzw. dem Namen des Kaufhauses ausstattet, in dem er seinen „Shop in the Shop" hat, dass für den Durchschnittsbetrachter der Eindruck einer unselbständigen, zum Kaufhaus gehörenden Abteilung entsteht.[2460] 855

„AG". Nach einer Entscheidung des OLG Köln wird der durchschnittlich informierte, verständige und aufmerksame Verkehr durch die Unternehmensbezeichnung WISAG nicht irregeführt;[2461] anders haben der BGH für die Firma **INDROHAG**[2462] und das OLG Hamburg für die Domain **„tipp.ag"** entschieden.[2463] 856

„Agentur". Irreführend ist die Verwendung der Bezeichnung „SEGURA BARGELDAGT" durch eine Agentur, weil auch der durchschnittlich informierte, aufmerksame und verständige Umworbene bei dieser Schreibweise den Zusatz „AGT" als Abkürzung für „Agentur" nicht erkennt[2464] und auch nicht weiß, dass nur für eine Kreditvermittlung geworben wird, der Werbende also nicht auch der Kreditgeber ist. 857

„Akademie". Da auch verschiedene privatrechtlich organisierte und geführte Organisationen seit längerem eine Reihe von Bezeichnungen gebrauchen, welche den Bestandteil „Akademie" enthalten,[2465] kann die Bedeutung des Begriffs je nach Einzelfall und etwa 858

[2457] OLG Köln GRUR-RR 2011, 274.
[2458] Vgl. OLG Hamm GRUR 1972, 94 (95).
[2459] OLG Koblenz GRUR 1986, 552.
[2460] BGH GRUR 1989, 211 – Shop in the Shop II.
[2461] OLG Köln GRUR-RR 2007, 163 – WISAG.
[2462] BGHZ 22, 88 – INDROHAG.
[2463] OLG Hamburg GRUR-RR 2005, 199.
[2464] Ebenso zum früheren Recht KG WRP 1978, 133.
[2465] OLG München WRP 1985, 446 (447); OLG Düsseldorf GRUR-RR 2003, 49.

verwandten Zusätzen variieren. Für die Bezeichnung **„Manager-Akademie"** hat das LG Frankfurt a. M. entschieden, dass den heutigen erfahrenen Verkehrskreisen bekannt sei, dass sich hinter der Angabe ein privates Unternehmen verbirgt.[2466] Die Firma **„Akademie für praktische Betriebswirtschaft GmbH"** einer privaten Gesellschaft kann den Eindruck erwecken, das Unternehmen befinde sich in öffentlicher Hand.[2467]

859 **„Amt".** Wer sich so nennt, täuscht dadurch uU vor, Unternehmensinhaber sei die öffentliche Hand.

860 **Anschrift, E-Mail-Adresse, Telefonnummer, Faxnummer.** Falsche Kontaktdaten können über die Identität des Unternehmers irreführen. Eine Irreführung nach § 5 Abs. 1 S. 2 Nr. 3 liegt vor, wenn Werbung eines Immobilienvermittlers in Form einer Benachrichtigungskarte dem Adressaten suggeriert, unter der dort angegebenen Telefonnummer rufe er einen Paketdienst zwecks Abholung oder erneuter Zustellung einer ihm unzustellbaren Sendung an.[2468]

„Anstalt". Die Bezeichnung einer Buchhandlung als **„Anstalt des deutschen Beamtenwirtschaftsbundes"** erweckt neben Vorstellungen zur Betriebsgröße den Eindruck, als sei der Bund Inhaber oder beherrsche den Betrieb zumindest.[2469]

861 **Apotheke.** Die Bezeichnung „Homecare-Apotheke" wurde als irreführend angesehen, weil der Bestandteil „Homecare" den unzutreffenden Eindruck erwecke, es bestehe ein Zusammenhang mit Einrichtungen der ambulanten Pflege.[2470]

862 **Berufsständische Zusätze.** Die Firma **„Unfallversorgung Deutscher Ärzte und Zahnärzte**-Versicherungsgesellschaft-mbH" versteht der Verkehr so, dass es sich bei dem Unternehmen um eine berufsständische, jedenfalls aber von berufsständischen Organisationen getragene oder unter deren Einfluss stehende Versorgungseinrichtung handelt.[2471] Die Verwendung der Bezeichnung und der Domain **„Deutsches-Handwerk.de"** für ein Internetportal, auf dem Handwerksbetrieben die Möglichkeit der Eintragung von Daten gegen Entgelt angeboten wird, kann den unrichtigen Eindruck erwecken, es handele sich um den Internetauftritt einer offiziellen und berufsständischen Organisation des deutschen Handwerks.[2472]

863 **Beschreibende Angaben.** Beschreibende Angaben können, auch wenn sie auf kein anderes existierendes Unternehmen hinweisen, beim Verkehr falsche Vorstellungen über die Identität des Unternehmers erwecken, zB wenn der Verkehr infolge der Abkürzung „AGT" für **„Agentur"** nicht erkennt, dass es sich bei dem Werbenden nur um eine Kreditvermittlung handelt, die nicht selbst Kreditgeber ist.[2473]

864 **Bild, Fotografie.** Abbildungen können ebenfalls auf einen bestimmten Unternehmensinhaber hinweisen, so zB dessen **Bildnis** oder eine Fotografie des **Unternehmensgebäudes.**[2474]

865 **Briefkopf.** Irreführend kann die Verwendung einer falschen oder täuschenden Firma im Briefkopf sein, etwa wenn nach Rechtsformwechsel altes Geschäftspapier noch aufgebraucht wird.

866 **„Bund".** Die Bezeichnung kann den unrichtigen Eindruck erwecken, Träger der Einrichtung sei der Staat; zum Irrtum über die Größe → § 5 Rn. 1040 unter „Verband". Mit einer **„Bundeszentrale für Fälschungsbekämpfung"** verbindet der Verkehr eine öffentliche Einrichtung.[2475]

2466 LG Frankfurt a. M. NJWE-WettbR 1998, 244.
2467 Vgl. OLG Bremen NJW 1972, 164.
2468 OLG Hamm 19.8.2010 – 4 U 66/10, BeckRS 2010, 27688.
2469 Vgl. RG MuW 33, 122.
2470 OLG Düsseldorf WRP 2008, 1270; Nichtzulassungsbeschwerde zurückgewiesen, BGH 13.8.2009 – I ZR 20/08.
2471 BGH GRUR 1968, 431 (432) – Unfallversorgung.
2472 OLG Hamburg GRUR-RR 2007, 93 – Deutsches-Handwerk.de.
2473 Ebenso zum früheren Recht KG WRP 1978, 133.
2474 Vgl. OLG Frankfurt a. M. GRUR 2014, 691 (692).
2475 BGH GRUR 1980, 794; OLG Köln WRP 1979, 73.

Domain. Auch → § 5 Rn. 287. Das Privileg, eine Irreführungsgefahr durch einen geeigneten Hinweis auf der Startseite auszuräumen, gilt nur bei Gattungsbezeichnungen und zwischen Gleichnamigen, nicht auch für **andere Fälle irreführender Domains.**[2476] Ist der Anwendungsbereich des Rechts der **Gleichnamigen** eröffnet, sind die Wertungen des Kennzeichenrechts auch bei § 5 Abs. 2[2477] und ebenfalls bei § 5 Abs. 1 S. 2 Nr. 3 zu berücksichtigen (dazu **näher → § 5 Rn. 1319**) und besteht grundsätzlich ein schutzwürdiges Interesse des Trägers des Namens oder der Unternehmensbezeichnung oder das Firmenschlagworts, diese auch als Bestandteil von **Internet- und E-Mail-Adressen** zu benutzen,[2478] das auch lauterkeitsrechtlich zu berücksichtigen ist. Um der Verwechslungsgefahr entgegenzutreten, ist es bei Gleichnamigen daher ausreichend, aber auch zumutbar und erforderlich, dass auf der ersten sich öffenden Website ein aufklärender Hinweis erfolgt, der das werbende Unternehmen klar und eindeutig von dem Gleichnamigen abgrenzt und so eine Verwechslungsgefahr mit diesem weitgehend ausschließt.[2479] Auch wenn die Irreführung durch die Verwendung einer **Gattungsbezeichnung** als Domainname bewirkt worden ist, reicht ein entsprechender klarstellender Hinweis auf der ersten sich öffnenden Seite aus.[2480] Als irreführend angesehen wurden die Domainnamen „bayerischespielbank.de", „bayerischespielbanken.de" und „bayerische-spielbank.de", weil der Verkehr diese dahingehend verstehe, dass die den Domainnamen – was nicht zutraf – zugehörigen Webseiten von dem Betreiber der Spielbanken in Bayern und damit von Staatsbetrieben unterhalte.[2481] Die Verwendung einer Domain **„rechtsanwalt.com"** durch ein Unternehmen, in dem Rechtsanwälte weder tätig noch in Form einer Berufsorganisation zusammengeschlossen sind, ist irreführend, weil der Verkehr unter dieser Domain keine bestimmte Person, sondern nur einen von Rechtsanwälten oder einer Anwaltsorganisation betriebenen Informationsdienst erwartet.[2482] Bei geographischen Bezeichnungen kann dies zwar anders sein, die Verwendung der Domains **„heidelberg.de"**[2483] und **„neuschwanstein.com"**[2484] verstößt jedoch gegen das Namensrecht der Stadt Heidelberg bzw. des Freistaates Bayern. Bietet ein Privatunternehmer unter der Domain „bund.de" Kredite an, liegt darin eine relevante Täuschung über die Identität des Anbieters, wenn der Eindruck entsteht, bei diesem handele es sich um ein in der Hand des Staates befindliches Unternehmen. Nach einer Entscheidung des OLG Hamburg darf die **Top-Level-Domain „ag"** nicht verwandt werden, wenn sie den Eindruck erweckt, der Anbieter sei eine Aktiengesellschaft.[2485] 867

„Fahrschule". Keine Irreführungsgefahr betr. die Identität des Werbenden begründet die Verwendung der Bezeichnung „Fahrschulen" durch einen Fahrlehrer, der neben seiner Fahrschule über fünf Zweigstellen verfügt, weil der Durchschnittsumworbene nicht annimmt, dass mehrere Personen Inhaber seien.[2486] Nach einer Entscheidung des OLG Hamm geht der Verkehr jedenfalls dann, wenn in der Werbung für eine Umschulung und Qualifikation zum Berufskraftfahrer auf „Praktika" und „passgenaue Vermittlung" hingewiesen wird, nicht davon aus, dass der Werbende die Leistung selbst erbringt.[2487] 868

Farben, Slogans, Zeichen. Der Verkehr versteht Farben, Slogans oder Zeichen uU als Hinweis auf ein Unternehmen. Die durch ihren Gebrauch bewirkte Täuschungseignung kann eine Irreführung iSd § 5 UWG begründen. Einschränkungen ergaben sich bislang aus 869

[2476] OLG München MMR 2011, 243 (244); vgl. Köhler/*Bornkamm/Feddersen* § 5 Rn. 2.136.
[2477] BGH GRUR 2013, 397 Rn. 44 – Peek & Cloppenburg III.
[2478] BGH GRUR 2010, 738 Rn. 29 – Peek und Cloppenburg I.
[2479] Vgl. BGH GRUR 2002, 706 (708) – vossius.de; GRUR 2010, 738 Rn. 37 – Peek & Cloppenburg I; *Knaak* GRUR-Prax 2013, 171 (173 f.).
[2480] OLG München MMR 2011, 243 (244); Köhler/*Bornkamm/Feddersen* § 5 Rn. 2.135.
[2481] OLG München MMR 2011, 243.
[2482] Vgl. BGH GRUR 2001, 1061 (1063) – Mitwohnzentrale.de; OLG Hamburg NJW-RR 2002, 1582.
[2483] Vgl. LG Mannheim GRUR 1997, 377.
[2484] LG München I ZUM-RD 2002, 107.
[2485] OLG Hamburg GRUR-RR 2005, 199.
[2486] OLG Stuttgart WRP 1982, 666 (667).
[2487] OLG Hamm WRP 2012, 1290.

der **Vorrangthese** der Rspr.; diese kann im Anwendungsbereich des § 5 nF aber **nicht aufrechterhalten** bleiben, näher → § 5 Rn. 1278 ff.

870 **Firma.** Der Gebrauch einer fremden Firma oder von **Firmenbestandteilen** kann beim Verkehr einen Irrtum über die Identität der hinter der geschäftlichen Handlung stehenden Person hervorrufen.[2488]

871 **Hersteller.** Wenn Bestellscheine des Einzelhändlers am Briefkopf nur die Angabe der weithin bekannten **Herstellerfirma** der Ware aufweisen, nicht hingegen die Bezeichnung des als Vertragspartner auftretenden Einzelhändlers, dessen Bezeichnung auch im übrigen Text sehr zurücktritt, kann eine Vorstellung des Verkehrs entstehen, unmittelbar bei dieser Person zu kaufen.[2489]

872 **Hyperlinks.** → § 5 Rn. 292.

873 **„Klinik", „Krankenhaus".** Bezeichnet der Arzt seine Praxis als „Klinik" oder „Krankenhaus", kann das den Anschein erwecken, er sei Inhaber des Unternehmens, das die stationären Leistungen erbringe. Die Werbung mit diesem Begriff ist daher irreführend, wenn der Arzt tatsächlich nur **Belegarzt** in einer Klinik ist, in welche die Patienten, ggf. nach ambulanter Behandlung in der Praxis, gesondert aufgenommen werden.[2490]

874 **„Kolleg".** Ein Kolleg ist ein Institut der Erwachsenenbildung zur Erlangung der allgemeinen Hochschulreife. Der Begriff deutet deshalb, isoliert verwandt, auf eine staatliche oder staatlich anerkannte Bildungsstätte hin (zB **„Hessenkolleg", „Braunschweig-Kolleg"**).[2491] Ob der Begriff tatsächlich in diesem Sinne verwandt wird, kommt aber immer auf die konkrete Verwendung an. Eine mögliche Irreführung kann durch Zusätze vermieden werden. So versteht man unter **„Kollegheft"** ein „Studienheft" und unter **„Studentenkolleg"** ein Internat. Die Bezeichnung **„Heilpraktikerkolleg"** durch eine private Ausbildungsstätte für Heilpraktiker wurde demgegenüber als irreführend angesehen, weil der Verkehr annehme, die Einrichtung befinde sich in der Hand des Staates oder stehe jedenfalls unter staatlichem Einfluss.[2492]

875 **Leasing.** Irreführend ist es, wenn ein mit fremden Leasingangeboten werbender Kfz-Händler den unzutreffenden Eindruck erweckt, **selbst Leasinggeber** zu sein.[2493]

876 **Marke.** Zur Aufgabe der **Vorrangthese näher → § 5 Rn. 1278 ff.** Sieht der Verkehr in der Marke nicht nur einen Hinweis auf die Herkunft des Produkts, sondern nimmt er darüber hinaus irrig an, es handele sich bei dem **Benutzer** der Marke oder eines verwechslungsfähigen Zeichens um deren Inhaber oder eine zu diesem in einer bestimmten Beziehung stehende Person (zB Vertragshändler), kann dies iSd § 5 irreführend sein. So soll ein selbstständiger Frisiersalon gegen das Irreführungsverbot verstoßen, wenn er seine Werbung mit dem Namen bzw. der Marke des Kaufhauses, in dem er seinen **„Shop in the Shop"** hat, so gestaltet, dass der Eindruck entsteht, es handele sich bei ihm um eine zum Kaufhaus gehörende Abteilung.[2494]

877 **Name.** Der Gebrauch eines fremden Namens (**Zuname** oder **Vorname**), von **Pseudonymen** oder **Künstlernamen** oder eines mit diesen verwechslungsfähigen Zeichens kann den unzutreffenden Eindruck erwecken, es handele sich bei dem Unternehmer um den Namensträger.

878 **Rechnung.** S. **Nr. 22 Anh. zu § 3 Abs. 3** → Anh. § 3 Rn. 417 ff. sowie → **§ 5 Rn. 1168.** Wer unter der Firma eines anderen Rechnungen versendet, in denen er um die Überweisung des Betrags auf sein eigenes Konto bittet, führt den Verkehr in relevanter Weise über die Identität des Unternehmers irre.

2488 BGH GRUR 2003, 448 (449) – Gemeinnützige Wohnungsgesellschaft.
2489 BGH GRUR 1955, 409 – AEG Vampyrette.
2490 OLG Frankfurt a. M. DB 1974, 1905.
2491 S. die Liste des Bundesrings der Kollegs, http://www.bundesring.de.
2492 BGH GRUR 1983, 512 (513) – Heilpraktikerkolleg. Dagegen Köhler/*Bornkamm/Feddersen* § 5 Rn. 4.54, weil der Begriff durch eine Vielzahl privater Kollegs verwässert sei.
2493 OLG Karlsruhe NJWE-WettbR 1999, 28.
2494 BGH GRUR 1989, 211 – Shop in the Shop II.

Rechtsform. Verpflichtende Rechtsformangaben können als solche noch keine Irreführung begründen, wohl aber die Art und Weise der Darstellung, näher → § 5 Rn. 246. Nach einer Entscheidung des BGH ist die **Firma einer GmbH „INDROHAG"** täuschend, weil der Eindruck einer AG erweckt werde;[2495] abweichend hat das OLG Köln für die Unternehmensbezeichnung WISAG entschieden.[2496] Nach einer Entscheidung des OLG Hamburg kann die Verwendung der **Top-Level-Domain „ag"** über die Rechtsform des Anbieters täuschen **(„tipp.ag").**[2497] Wer unter **„Privat-Handelsschule Trelle"** firmiert, erweckt den Eindruck, eben jener zu sein.[2498] Die Internet-Werbung „**EU-GmbH.** Limited Beratung vom Testsieger! Die Alternative zu deutschen Rechtsformen...", die bei Eingabe der Suchbegriffe „EU", „GmbH" bzw. „Limited" in der **Suchmaschine** Google erscheint, ist nach Auffassung des LG Dresden wettbewerbswidrig, weil es eine GmbH nach einheitlichem europäischen Recht nicht gibt.[2499] Firmiert eine BGB-Gesellschaft mit dem Zusatz **„und Partner",** kann dadurch vorgetäuscht werden, dass es sich um eine Personenhandelsgesellschaft handelt,[2500] ebenso durch den Zusatz **„mbH"** auf Briefbögen.[2501] Zur Werbung mit der Rechtsform durch VVaG s. *Dreher/Ballmaier* VersR 2011, 1087. 879

„Stadt" bzw. „städtisch". Ein solcher Zusatz deutet eine Inhaberschaft oder zumindest Beziehung zur Stadt an („Städtische Werke", „Stadtreiniger"). Wird der Name der Stadt genannt, kommt auch eine Irreführung über die geografische Herkunft in Betracht („Dresdner Stolle"). 880

„Stelle". Der Begriff kann je nach Wortverbindung auch vom durchschnittlich aufmerksamen, informierten und verständigen Umworbenen als Hinweis auf die dahinter stehende öffentliche Hand aufgefasst werden. 881

„Studio" kann vielfältige und ganz unterschiedliche Bedeutungen haben. Von der **Künstlerwerkstatt** über das **Küchenstudio** oder das **Nachrichtenstudio** bis hin zum **Wohnstudio** und zum **Fitnessstudio** bezeichnet es Räume unterschiedlichster Art. Eine besondere Erwartung kann sich daher idR nur aus der konkreten Verwendung des Begriffs ergeben, zB aus Zusätzen wie „Fitness-", „Nachrichten-" usw. 882

Suchmaschine. Die **Internet-Werbung** „EU-GmbH. Limited Beratung vom Testsieger! Die Alternative zu deutschen Rechtsformen ...", die bei Eingabe der Suchbegriffe „EU", „GmbH" bzw. „Limited" in der Suchmaschine **Google** erscheint, ist nach Auffassung des LG Dresden wettbewerbswidrig, weil es eine GmbH nach einheitlichem europäischen Recht nicht gibt.[2502] Zur wettbewerblichen Relevanz bei „Baustellenhinweisen" s. OLG Düsseldorf[2503] und LG Magdeburg.[2504] 883

„Treuhand". Darunter versteht der Verkehr die Besorgung fremder Vermögensangelegenheiten in eigenem Namen,[2505] weshalb die Bezeichnung über die Identität des Werbenden irreführen kann, wenn der Werbende tatsächlich nicht für einen Dritten, sondern in eigenen Angelegenheiten tätig wird. 884

„Universität". Die Werbung mit dem Begriff „Universität" („Universitätsgelände", „Universitätsgebäude", „Universitätsprofessor") wird im Allgemeinen als Hinweis auf die dahinterstehende Universität aufgefasst. Unter Umständen kann sich aus Zusätzen oder der Situation der Werbung aber ergeben, dass der Bezug zur Universität nur ein mittelbarer ist, zB dergestalt, dass der Warenverkauf bzw. das Angebot von Dienstleistungen nur auf dem 885

[2495] BGHZ 22, 88 – INDROHAG.
[2496] OLG Köln GRUR-RR 2007, 163 – WISAG.
[2497] OLG Hamburg GRUR-RR 2005, 199.
[2498] OLG Hamm GRUR 1972, 94.
[2499] LG Dresden GRUR-RR 2007, 25 (rechtskräftig).
[2500] OLG Karlsruhe WRP 1985, 509.
[2501] OLG München GRUR 1999, 429.
[2502] LG Dresden GRUR-RR 2007, 25 (rechtskräftig).
[2503] OLG Düsseldorf 3.7.2007 – 20 U 10/07, MMR 2008, 56.
[2504] LG Magdeburg 13.4.2011 – 7 O 260/11, BeckRS 2011, 21358; dagegen gerichtete Berufung zurückgewiesen, OLG Naumburg 19.7.2011 – 9 U 100/11, BeckRS 2011, 21478.
[2505] Vgl. OLG Frankfurt a. M. DB 1980, 1641.

Universitätsgelände oder nahe der Universität stattfindet, ohne dass diese auf ihn Einfluss nimmt oder gar hinter dem Warenabsatz steht. Der Durchschnittsverbraucher weiß, dass die **„Universitätscafeteria"** meist verpachtet ist, dass eine **„Universitätsbuchhandlung"** diesen Namen nur wegen der räumlichen und fachlichen Nähe zur Universität führt, und dass eine **„Universitätsfeier"** meist nicht von der Universität selbst, sondern von Studentenorganisationen (ASTA) durchgeführt wird.

886 **Unternehmenskennzeichen.** Ein Vorrang des Markenrechts besteht nicht. Bei Gleichnamigen oder redlich koexistierenden Unternehmenskennzeichen sind jedoch die Wertungen des Rechts der **Gleichnamigen** zu berücksichtigen, näher bereits → § 5 Rn. 1319. Hat der Unternehmer ein schutzwürdiges Interesse an der konkreten, die Verwechslungsgefahr begründenden Benutzung des Unternehmenskennzeichens und alles Erforderliche und Zumutbare getan, um eine Erhöhung der Verwechslungsgefahr weitestgehend entgegenzuwirken, ist eine Restirreführungsgefahr auch lauterkeitsrechtlich hinzunehmen.[2506] Bei **Internetadressen** ist dazu ein aufklärender Hinweis auf der Startseite, der klar und eindeutig von dem Gleichnamigen abgrenzt, erforderlich und zumutbar, aber auch ausreichend. Wird die gleichnamige Unternehmensbezeichnung in **über die Website ausdruckbaren Werbebeilagen** verwendet, die selbständig verbreitet werden können, müssen ebenfalls aufklärende Hinweise angebracht werden.[2507] Auch bei einer **Printwerbung** kann ein schutzwürdiges Interesse eines in mehreren Bundesländern tätigen Handelsunternehmens an Werbemaßnahmen in bundesweit vertriebenen Medien in aller Regel nicht verneint werden.[2508] Der Unternehmer ist jedoch verpflichtet, eine Verwechslungsgefahr durch einen geeigneten Hinweis, der deutlich macht, welchem Unternehmen die Werbung zuzuordnen ist, möglichst zu begrenzen. Der Hinweis muss leicht erkennbar, deutlich lesbar und inhaltlich zutreffend, seinen Sinn nach ohne weiteres erfassbar und geeignet sein, dem unzutreffenden Verkehrsverständnis in ausreichendem Maße zu begegnen.[2509] S. im Übrigen auch die Kommentierung zu **§ 5 Abschn. J.**

887 **„Verband".** So bezeichnet man sowohl öffentlich-rechtliche Verwaltungseinrichtungen als auch private Vereinigungen, weshalb der durchschnittlich aufmerksame, verständige und informierte Umworbene den Begriff nicht als Hinweis auf einen bestimmten, zB öffentlich-rechtlichen Unternehmensträger versteht. Zur Irreführung über die Mitgliedschaft in einem Verband näher → § 5 Rn. 968, 1040 ff.

888 **Vergleichende Werbung.** Die Bezugnahme auf einen Mitbewerber im Rahmen vergleichender Werbung darf keinen falschen Eindruck über die Identität der Mitbewerber entstehen lassen.[2510]

889 **„Wäscherei, Färberei und Chemische Reinigung".** Einer in der Verwendung dieses Begriffs durch eine bloße Annahmestelle uU liegende Irreführung über die Identität des Werbenden fehlt idR die wettbewerbsrechtliche Relevanz, weil es den Kunden nicht interessiert, wo seine Kleidungsstücke gereinigt werden.[2511]

890 **„Zentrale"** bzw. **„Hauptgeschäft".** Der Begriff täuscht idR nicht über die Identität des Unternehmers, kann aber einen unzutreffenden Eindruck über die Größe des Unternehmens erwecken (vgl. → § 5 Rn. 1043). Demgegenüber wird über die Identität des Unternehmers getäuscht, wenn sich jemand wahrheitswidrig als **Zweigstelle** eines anderen bezeichnet oder der Eindruck erweckt wird, bei einem selbständigen Unternehmen, das als

---

[2506] BGH GRUR 2013, 397 Rn. 18, 44 und Ls. – Peek & Cloppenburg III; GRUR-RR 2014, 201 Rn. 51 – Peek & Cloppenburg IV; vgl. ferner (zum Markenrecht) BGH GRUR 1984, 738 – Hotel Krone; GRUR 1987, 182 (183) – Stoll; GRUR 1991, 780 (872) – TRANSATLANTISCHE; GRUR 1995, 754 – Altenburger Spielkartenfabrik; GRUR 2010, 738 Rn. 19 – Peek & Cloppenburg I; GRUR 2011, 623 Rn. 36 – Peek & Cloppenburg II; ausführlich zum Recht der Gleichnamigen *Goldmann,* Unternehmenskennzeichen, 4. Aufl. 2018, § 17 Rn. 9 ff.

[2507] Vgl. BGH GRUR 2010, 738 Rn. 37 – Peek & Cloppenburg I; *Knaak* GRUR-Prax 2013, 171 (172 f.).

[2508] BGH GRUR 2013, 397 Rn. 22 – Peek & Cloppenburg.

[2509] BGH GRUR 2013, 397 Rn. 22 – Peek & Cloppenburg.

[2510] EuGH C-59/05, GRUR 2006, 345 (346) – Siemens/VIPA.

[2511] *OLG Koblenz* GRUR 1986, 552.

„Shop in the shop" betrieben wird, handele es sich um eine unselbständige Abteilung des Kaufhauses.[2512]

II. Vermögen des Unternehmers einschließlich seiner Rechte des geistigen Eigentums

1. Allgemeines. Irreführend ist die Werbung, wenn ein falscher Anschein über das Vermögen des Unternehmers einschließlich seiner Rechte des geistigen Eigentums erweckt wird. Die Irreführung über das Vermögen des Gewerbetreibenden oder seines Vertreters ist in Art. 6 Abs. 1 lit. f UGP-Richtlinie geregelt; in der engl. bzw. frz. Richtlinienfassung ist von „assets of the trader or his agent" bzw. „patrimoine du professionnel ou de son représentant" die Rede. Erfasst werden Angaben, die Rückschlüsse auf die Vermögensverhältnisse und damit auf die finanzielle (wirtschaftliche) Leistungsfähigkeit des Werbenden zulassen. Täuschend ist die geschäftliche Handlung, wenn sie geeignet ist, bei einem durchschnittlich aufmerksamen, verständigen und informierten Mitglied des angesprochenen Verkehrskreises in der konkreten Situation einen unrichtigen Eindruck zu hinterlassen. Das ist nicht zwangsläufig schon deshalb der Fall, weil der Werbende im Zeitpunkt der Werbung, etwa wegen Mängeln der Buchhaltung, keine hinreichend **sichere Grundlage** für seine Werbebehauptung gehabt hat.[2513] Unter den Voraussetzungen des **§ 5a** kann auch das Verschweigen oder Vorenthalten von Informationen irreführend sein, s. näher die dortige Kommentierung. 891

2. Rechte des geistigen Eigentums

Schrifttum: *Barth/Wolhändler,* Werbung mit Patentschutz, MittdtPatA 2006, 16; *Bogler,* Werbung mit Hinweisen auf zukünftigen oder bestehenden Patentschutz, DB 1992, 413; *Bornkamm,* Die Werbung mit der Patentanmeldung, GRUR 2009, 227; *Bulling,* Patentausschlussrechte in der Werbung – eine Untersuchung am Beispiel Deutschlands und der USA, 2002; *Geißler,* Patent und § 3 UWG, GRUR 1973, 506; *Horn,* Die unberechtigte Verwarnung aus gewerblichen Schutzrechten – Eine rechtsvergleichende Untersuchung, 1972; *Hubbuch,* Auskunftsverpflichtung bei Schutzberühmung nach deutschem Recht, WRP 1958, 232; *Hubbuch,* Der BGH zur Patentberühmung und Auskunftsverpflichtung, GRUR 1961, 226; *Hubbuch,* Der Patenthinweis, WRP 1975, 661; *Graf Lambsdorff/Hamm,* Zur wettbewerbsrechtlichen Zulässigkeit von Patent-Hinweisen, GRUR 1985, 244; *Pourroy,* Die materiellen Anforderungen an die Verwendung technischer Prüfzeichen in der Werbung, Berlin 1995; *Werner,* Werbemäßiger Hinweis auf nicht bekannte Patentanmeldungen, GRUR 1964, 370.

a) Allgemeines. Der deutsche Gesetzgeber ordnet die geistigen Eigentumsrechte **dem Unternehmer** zu („seiner") und erwähnt sie dementsprechend in § 5 Abs. 1 S. 2 Nr. 3 UWG. Er entspricht damit Art. 3 lit. c der Irreführungsrichtlinie 2006/114/EG sowie Art. 6 Abs. 1 lit. f der UGP-Richtlinie, in der von „gewerblichen oder kommerziellen Eigentumsrechten oder Rechten an geistigem Eigentum" die Rede ist, ohne dass klar wird, wie sich gewerbliche und kommerzielle Eigentumsrechte untereinander und gegenüber dem Vermögen des Unternehmers und seinen Rechten an geistigem Eigentum abgrenzen sollen. 892

Die **Zuordnung der geistigen Eigentumsrechte zum Unternehmer** in § 5 Abs. 1 S. 2 Nr. 3 UWG und nicht zur Ware oder Dienstleistung in § 5 Abs. 1 S. 2 Nr. 1 UWG ist insoweit (teilweise) überraschend, als der *Inhaber* geistiger Eigentumsrechte zwar eine natürliche oder juristische Person ist, das *Objekt* der geistigen Eigentumsrechte in den meisten Fällen (vom Schutz des Unternehmenskennzeichens abgesehen) hingegen die beworbene Ware ist. Letzten Endes käme daher streng genommen eine Zuordnung zu beiden Gruppen in Betracht, je nachdem ob darüber getäuscht wird, ob und für was überhaupt Schutz besteht (warenbezogen) oder wem dieser Schutz zusteht (unternehmerbezogen). Unmittelbar geht es zumeist um eine Angabe über die Beschaffenheit des jeweiligen Produktes. Mittelbar kann dieser Hinweis auf bestehende Schutzrechte aber auch 893

[2512] Vgl. BGH GRUR 1989, 211 (212) – Shop in the Shop II.
[2513] BGH GRUR 1964, 146 (148) – Genossenschaftliche Rückvergütung.

die Bedeutung eines Unternehmens herausstellen. Zu unterscheiden ist die Irreführung über das *Bestehen* oder den Umfang eines Schutzrechtes, wie zB einer Marke, von der Irreführung durch *Verwendung* einer irreführenden Marke.[2514]

894 Die **Angabe eines Schutzrechtshinweises auf der Ware** ist für das **Entstehen** oder Bewahren von geistigen Eigentumsrechten in Deutschland **nicht erforderlich. Urheberrechte** entstehen in Deutschland und den anderen Verbandstaaten der (Revidierten) Berner Übereinkunft (RBÜ),[2515] zu denen seit 1989 auch die USA zählen, sogar **ohne Eintragung.**[2516] Bei Staaten, die den Urheberrechtsschutz von der Erfüllung bestimmter Förmlichkeiten abhängig machen, sieht **Art. III Nr. 1 Welturheberrechtsabkommen** (WUA)[2517] vor, dass bei Urhebern aus anderen Staaten der **copyright-Vermerk** zur Schutzerlangung genügt. Allerdings kann die Eintragung und eine entsprechende Kennzeichnung als urheberrechtlich geschützt Bedeutung haben für Beweiserleichterungen und bestimmte Schadensersatzansprüche („statutory damages") im US-Recht.

895 In Deutschland dient der Hinweis auf bestehende Schutzrechte somit vor allem der **Warnung von Wettbewerbern** vor einer Verletzung von Schutzrechten sowie zur **Beeindruckung von Käufern** des Produktes, die insbesondere bei Hinweisen auf technische Schutzrechte Vorzüge gegenüber gleichartigen Erzeugnissen erwarten.[2518] Dem Hinweis auf technische Schutzrechte kommt daher auch grundsätzlich eine **wettbewerbsrechtliche Relevanz** zu. Bei Hinweisen auf Markenschutz wird das teilweise anders gesehen, indem man solchen Angaben jegliche wettbewerbsrechtliche Relevanz abspricht[2519] oder weil man jedenfalls den Irrtum darüber für unbeachtlich hält, *wo* Markenschutz besteht.[2520]

896 Neben § 5 UWG sind im Zusammenhang mit Schutzrechtshinweisen vor allem die **Auskunftsansprüche bei Rechtsberühmungen** in § 146 PatG und § 30 GebrMG zu beachten. Zudem kann eine unberechtigte Verwarnung[2521] von Dritten wegen angeblicher Verletzung von Schutzrechten einen **Eingriff in den eingerichteten und ausgeübten Gewerbebetrieb (§ 823 Abs. 1 BGB)** darstellen[2522] und daher zu Schadensersatzansprüchen führen, wobei das dafür erforderliche Verschulden allerdings sorgfältig zu prüfen ist, da der Schutzrechtsinhaber zumindest bei eingetragenen Schutzrechten auf deren Rechtsbestand vertrauen kann, soweit vor Eintragung eine amtliche Prüfung erfolgte. Bei eingetragenen Marken kann der Schutzrechtsinhaber somit darauf vertrauen, dass keine absoluten Schutzhindernisse bestehen.[2523] Unberechtigt ist die Schutzrechtsverwarnung, wenn der geltend gemachte Anspruch mangels Rechtsverletzung tatsächlich nicht besteht, wobei der Verwarnende nicht schuldhaft handelt, sofern er sich seine Überzeugung durch gewissenhafte Prüfung gebildet oder bei seinem Vorgehen von vernünftigen und billigen Über-

---

[2514] Hierzu BGH WRP 2011, 63 – Praxis Aktuell.

[2515] Berner Übereinkunft zum Schutz von Werken der Literatur und Kunst vom 9.9.1886 idFv 24.7.1971, BGBl. 1973 II S. 1069.

[2516] Seit 6.3.2002, mit Inkrafttreten der Gemeinschaftsgeschmacksmuster-VO, sind auch nicht eingetragene Geschmacksmuster/Designs in der EU schutzfähig.

[2517] Welturheberrechtsabkommen vom 6.9.1952, revidiert in Paris am 24.7.1971, BGBl. 1973 II S. 1111.

[2518] BGH GRUR 1984, 741 (742) – PATENTED; GRUR 1964, 144 – Sintex.

[2519] GKUWG/*Lindacher,* 2. Aufl. § 5 Rn. 433; *Sack* GRUR 1998, 871 (877); vgl. auch OLG München GRUR-RR 2002, 357 (358) – MARKE Ulmer Münster.

[2520] EuGH Urt. v. 13.12.1990 – C-238/89, GRUR Int. 1991, 215 (216) – Pall/Dahlhausen. AA BGH GRUR 1990, 364 (366) – Baelz; BPatG GRUR 1992, 704 (705) – Royals; KG MarkenR 2003, 360 (366) – Das authentische Reiki; OLG Düsseldorf Mitt. 1996, 355 (356); OLG Stuttgart WRP 1994, 136; OLG Hamburg WRP 1997, 101 (102) – Selenium-ACE; OLG Hamburg WRP 1986, 290 (291).

[2521] Zur Abgrenzung einer haftungsbegründenden Schutzrechtsverwarnung in Form eines ernsthaften und endgültigen Unterlassungsbegehrens von einer bloßen Bitte um Information siehe BGH GRUR 1997, 896 (897) – Mecki-Igel III.

[2522] BGH (Großer Senat für Zivilsachen) GRUR 2005, 882 (884) – Unberechtigte Schutzrechtsverwarnung; BGH GRUR 1995, 424 (426) – Abnehmerverwarnung; GRUR 1979, 332 (333) – Brombeerleuchte; GRUR 1996, 812 (813) – Unterlassungsurteil gegen Sicherheitsleistung; GRUR 1997, 741 (742) – Chinaherde; GRUR 2018, 832 Rn. 70 – Ballerinaschuh; AA BGH (1. Zivilsenat) GRUR 2004, 958 ff. – Verwarnung aus Kennzeichenrecht; OLG Düsseldorf GRUR 2003, 814 (815).

[2523] *BGH* GRUR 2006, 432 f. – Verwarnung aus Kennzeichenrecht II.

legungen hat leiten lassen.[2524] Eine objektiv unberechtigte Verwarnung kann auch einen Verstoß gegen **§ 3 UWG**[2525] begründen, wenn etwa der Umfang des Schutzrechts objektiv falsch angegeben wird oder über die Eintragung eines Schutzrechts getäuscht wird oder nicht rechtskräftige Entscheidungen als rechtskräftig dargestellt werden; ebenso bewirkt dies eine relevante Irreführung iSv § 5 UWG.[2526] Aus demselben Grund kann auch eine bloße Berechtigungsanfrage irreführend wirken, ohne zugleich gegen § 3 UWG oder § 823 BGB zu verstoßen, wenn nämlich die Anfrage detaillierte Angaben zu Anmeldung, Veröffentlichung und Erteilung des Schutzrechts enthält (was sie grundsätzlich nicht muss), jedoch nicht erwähnt wird, dass gegen die Erteilung Einspruch eingelegt wurde.[2527] Die falsche (subjektive) Einschätzung, dass Rechte des Verwarnenden verletzt werden, stellt hingegen keine gegen § 5 UWG verstoßende Irreführung dar.[2528]

b) Grundsätze. Erfasst werden mit dem Verbot **Schutzrechte aller Art,** wie zB Urheberrechte, verwandte Schutzrechte, Patente, Gebrauchsmuster, Designs (Geschmacksmuster), Marken und Schriftzeichen (nach dem SchriftzeichenG und § 61 DesignG). 897

Der **wahrheitsgemäße und auch zutreffend verstandene Hinweis auf bestehende Schutzrechte** ist sowohl im Interesse des Unternehmers als auch des Werbeadressaten. Er ist deshalb **grundsätzlich zulässig.**[2529] Dabei kommt es nicht darauf an, ob ein Schutzrecht zu Recht erteilt wurde,[2530] wenn der Erteilung des Schutzrechts eine **inhaltliche Prüfung** vorausging, wie es zB bei Patenten der Fall ist. Etwas anderes gilt bei Designs (Geschmacksmustern) und Gebrauchsmustern; hier ist die Werbung mit Schutzrechtshinweisen selbst dann irreführend, wenn ein Schutzrecht eingetragen wurde, das Muster aber mangels Vorliegen der materiellen Schutzvoraussetzungen nicht schutzfähig ist[2531] oder wenn das Schutzrecht noch nicht eingetragen wurde. In solchen Fällen fehlt es an der Vorrangstellung, die der Verkehr mit dem Schutzrechtshinweis verbindet. Das bedeutet allerdings nicht, dass die Werbung mit ungeprüften Schutzrechten per se irreführend ist. Vielmehr darf in der Werbung auch auf ungeprüfte Schutzrechte hingewiesen werden, sofern nicht der Eindruck erweckt wird, der Erteilung ging eine inhaltliche Prüfung durch ein Amt voraus. 898

Da die Voraussetzungen für das Entstehen von Schutzrechten für Patente, Gebrauchsmuster, Designs (Geschmacksmuster), Marken oder Urheberrechte unterschiedlich sind, muss bei der Zulässigkeit von Schutzrechtshinweisen **im Einzelfall zwischen den jeweiligen Schutzrechten unterschieden** werden. Auch kommt es, wie stets bei § 5 UWG, auf den **Adressaten der Werbung** an. Insbesondere bei Hinweisen auf technische Schutzrechte können Unterschiede zwischen dem Verständnis eines Laien als Endverbraucher und eines im Umgang mit Schutzrechten erfahrenen und technisch versierten gewerblichen Abnehmers bestehen. Als Grundsatz gilt, dass der Hinweis auf ein Schutzrecht zulässig ist, wenn, solange und soweit – in räumlicher, zeitlicher und sachlicher Hinsicht – das Schutzrecht in dem jeweils angekündigten Zustand für die gekennzeichnete Ware besteht. 899

aa) Bestand des Schutzrechts und Berechtigter (Schutzrechtsinhaber). Für Waren oder Dienstleistungen, die nicht, noch nicht oder nicht mehr durch geistige Eigentumsrechte geschützt sind, darf nicht der Eindruck erweckt werden, dass ein solcher Schutz aktuell besteht, zB durch Kennzeichnungen mit einem „R" im Kreis („®„), einem „C" im Kreis („©„), durch Angaben wie *„gesetzlich geschützt"* oder durch Abmahnungen unter Berufung auf entsprechende (angebliche) Rechte. Irreführend ist es auch, wenn jemand **für** 900

[2524] BGH GRUR 2018, 832 Rn. 70, 88 – Ballerinaschuh.
[2525] Ohly/Sosnitza/*Sosnitza* UWG § 3 Rn. 59. Vgl. auch Ohly/Sosnitza/*Ohly* UWG § 4 Rn. 4/33 ff.
[2526] BGH GRUR 1995, 424 (426) – Abnehmerverwarnung.
[2527] OLG Karlsruhe WRP 2008, 1127 (1129).
[2528] Köhler/Bornkamm/Feddersen/*Bornkamm/Feddersen* UWG § 5 Rn. 4.143.
[2529] BGH GRUR 1985, 520 (521) – Konterhauben-Schrumpfsystem; GRUR 1966, 92 (93) – Bleistiftabsätze; GRUR 1957, 358 (359) – Kölnisch Eis.
[2530] BGH GRUR 1957, 372 (374) – 2 DRP.
[2531] BGH GRUR 1957, 372 (374) – 2 DRP; OLG Hamburg WRP 1999, 218 (220 f.).

ein Kennzeichen das Zeichen „®„ verwendet, obwohl er nicht Inhaber oder berechtigter Benutzer dieser Marke ist,[2532] wobei selbst eine etwaige Nutzungsberechtigung nicht genügt, wenn man damit wirbt, Inhaber der Marke zu sein („… ist eine Marke der …").[2533] Ob die Schutzvoraussetzungen theoretisch gegeben sind und ob bereits ein Antrag gestellt wurde, ist dabei egal.[2534] Auch das Zeichen „™„ wird zumindest der deutsche Verbraucher dem gleichstellen und als Hinweis auf eine eingetragene Marke verstehen; dass in den USA auch nicht eingetragene Marken so gekennzeichnet werden können, dürfte ihm unbekannt sein.[2535] Für Ware, die nicht mit einer Marke gekennzeichnet ist, darf nicht mit dem Begriff **„Markenqualität"** geworben werden, da dies auf eine Markenware hinweist. Das gilt selbst dann, wenn die Ware aus der Produktion von Markenartikeln stammt oder solchen Artikeln qualitativ gleichwertig ist.[2536] Denn mit einer Markenware muss nicht die Vorstellung einer bestimmten Qualität oder besonderen Güte verbunden sein.[2537] Es genügt, wenn der Verkehr mit dem Begriff „Markenqualität" eine günstigere Vorstellung verbindet als dies tatsächlich der Fall ist.[2538]

901 **bb) Räumlicher Umfang.** Hinsichtlich der Vorstellung des Verkehrs vom räumlichen Umfang eines geistigen Eigentumsrechts kommt es auf den Einzelfall an. Wird etwa mit einer „großen internationalen Marke" geworben, so ist zu prüfen, ob darunter der internationale Vertrieb von Waren unter einer nationalen Marke verstanden wird oder der Bestand einer internationalen Marke.[2539] Der BGH ging nach bisheriger Rechtsprechung davon aus, dass der Werbeadressat bei Fehlen zusätzlicher Angaben einen Schutzrechtshinweis so auslegt, dass der **Schutz (auch) in Deutschland** besteht,[2540] sei es in Form eines nationalen Schutzrechts oder eines Gemeinschaftsschutzrechts (zB Gemeinschaftsmarke, Gemeinschaftsgeschmacksmuster). Selbst die Verwendung einer **Fremdsprache** – wie zB der Ausdruck **„patented"** – sollte hieran nichts ändern, wenn das bezeichnete Produkt an Endverbraucher abgegeben wurde.[2541] Dabei ging der BGH allerdings ausdrücklich vom Leitbild des flüchtigen Verbrauchers aus, der zu „vereinfachender Betrachtung" neigte. Aus Sicht eines durchschnittlich informierten und verständigen Verbrauchers und im Rahmen des zunehmenden gemeinschaftlichen Warenverkehrs ist ein solcher Fall heute differenzierter zu beurteilen.[2542] Lassen Informationen auf der Verpackung erkennen, dass es sich um ein nicht in Deutschland hergestelltes Produkt handelt, so wird der Verkehr trotz des Zusatzes ® keine Registrierung für das Gebiet der Bundesrepublik vermuten.[2543] Das gilt erst recht dann, wenn nicht nur der Schutzrechtshinweis, sondern auch die übrige Beschriftung in derselben Fremdsprache verfasst ist. Denn dann liegt das Verständnis nahe, dass es sich um die Originalbeschriftung handelt, die auf **Schutzrechte im ursprünglichen Herkunftsland** hinweist.[2544] Sind hingegen die gesamte Etikettierung und der Schutz-

---

[2532] BGH GRUR 2009, 888 (889 f.) – Thermoroll; OLG Köln MD 2010, 543.

[2533] OLG Frankfurt a. M. BeckRS 2019, 19177.

[2534] LG Hannover WRP 2014, 251 (252).

[2535] Ebenso *Helm/Sonntag/Burger* in Gloy/Loschelder/Danckwerts HdbWettbR § 59 Rn. 285; aA LG Essen BeckRS 2011, 03 160 sowie KG GRUR-RR 2013, 397 – Irreführung durch ™-Symbol, das von teilweiser Kenntnis des TM-Symbols ausgeht.

[2536] BGH GRUR 1965, 45 (46) – Markenbenzin; GRUR 1989, 754 (756) – Markenqualität; NJW-RR 2001, 32 (34) (alle zu § 1 UWG (aF)).

[2537] BGH GRUR 1965, 45 (46) – Markenbenzin (zu § 1 UWG aF).

[2538] AA GKUWG/*Lindacher* 2. Aufl., § 5 Rn. 433: keine Angabe über geschäftliche Verhältnisse.

[2539] OLG Hamm GRUR-RR 2010, 104 (105).

[2540] BGH GRUR 1984, 741 (742) – PATENTED; OLG Hamburg GRUR 1999, 373. So auch MüKoUWG/*Busche* § 5 Rn. 596.

[2541] BGH GRUR 1984, 741 (742) – PATENTED. Ebenso OLG Hamburg GRUR 1999, 373 (Ls.) zu „Patent Pending".

[2542] Vgl. EuGH Urt. v. 13.12.1990 –C-238/89, GRUR Int. 1991, 215 (216) – Pall/Dahlhausen (zum Sonderzeichen ®), wonach der Irrtum über das Wo einer Markenregistrierung irrelevant sei.

[2543] OLG Köln BeckRS 2010, 04 994 – Medisoft ®; mit Anm. *Weidert* GRUR-Prax 2010, 134.

[2544] AA noch BGH GRUR 1984, 741 (742) – PATENTED; MüKoUWG/*Busche* § 5 Rn. 602 für englischsprachige Angaben.

rechtshinweis auf Deutsch und findet sich auch sonst kein Hinweis darauf, dass das Produkt in einem anderen Land hergestellt wurde bzw. sich der Schutzrechtshinweis auf ein fremdes Land bezieht, kann der Hinweis nur auf Deutschland bezogen werden. Voraussetzung ist dabei stets, dass der Verkehr den Hinweis überhaupt als Schutzrechtshinweis versteht. Ist dies nicht der Fall, zB weil dem durchschnittlich informierten und verständigen Verbraucher unbekannte Begriffe verwendet werden, kommt jedenfalls aus diesem Grund keine Irreführung in Betracht. Darüber hinaus darf in Deutschland auch mit der **Existenz ausländischer Schutzrechte** geworben werden, sofern nicht ein (nicht bestehendes) deutsches Schutzrecht vorgetäuscht wird. Die Angabe des Landes, in dem Schutz besteht (zB „US-Patent"), ist dabei ein – nicht aber das einzige – Mittel zur Vermeidung von Fehlvorstellungen.[2545] Den Hinweis auf **„ausländische Patente"** versteht der durchschnittlich informierte und verständige Verbraucher so, dass in mindestens zwei Ländern außerhalb Deutschlands Patentschutz besteht; er vermutet jedoch nicht einen umfassenden Patentschutz.[2546] Bei der Aussage *„international patentiert"* erwartet der Verkehr – sofern es keine weiteren Hinweise gibt – Schutz in wichtigen ausländischen Rechtsordnungen und in Deutschland.[2547]

cc) Zeitlicher Umfang. Wie lange ein Schutzrechtshinweis zulässig ist, hängt von **Beginn und Ende des jeweiligen Schutzrechtes** ab. Der Hinweis auf **eingetragene** Patente oder Marken ist irreführend, wenn die Eintragung noch nicht erfolgte. Erfolgt keine gesonderte Angabe, geht der Werbeadressat grundsätzlich davon aus, dass das Schutzrecht – soweit es eintragungsfähig ist – bereits eingetragen wurde. Das gilt insbesondere bei Verwendung von Ausdrücken wie *„pat."*, *„gesetzlich geschützt"* oder des Sonderzeichens „®";[2548] teilweise wird allerdings vertreten, dass diese Fehlvorstellung irrelevant sei.[2549] Wurde ein Patent erst **angemeldet,** muss darauf unmissverständlich hingewiesen werden.[2550] Selbst das reicht – jedenfalls im Publikumsverkehr – aber nicht aus, wenn das Patent nicht bereits offengelegt wurde (§ 32 PatG);[2551] denn erst zu diesem Zeitpunkt steht fest, dass die Anmeldung jedenfalls keine offensichtlichen Mängel hat (vgl. § 42 PatG) und es besteht auch schon ein Entschädigungsanspruch bei Verletzung, so dass auch die mit dem Hinweis verbundene Warnung an Wettbewerber gerechtfertigt ist.[2552] Etwas anderes mag gelten bei Aussagen, die sich nicht an das breite Publikum richten, zB im Rahmen von Börsengängen,[2553] Unternehmenskäufen oder bestimmten Finanztransaktionen; insoweit mag zum Ausschluss einer Irreführungsgefahr der Hinweis genügen, dass die Anmeldung noch nicht offengelegt wurde,[2554] wobei hier ohnehin zu fragen ist, ob überhaupt eine geschäftliche 902

[2545] AA Ohly/Sosnitza/*Sosnitza* § 5 Rn. 577.

[2546] Ebenso *Helm/Sonntag/Burger* in Gloy/Loschelder/Danckwerts HdbWettbR § 59 Rn. 281; aA OLG Düsseldorf Mitt. 1992, 150.

[2547] OLG Stuttgart NJW 1990, 3097; *Ebert-Weidenfeller/Schmüser* GRUR-Prax. 2011, 74 (76).

[2548] LG Hannover WRP 2013, 251.

[2549] EuGH Urt. v. 13.12.1990 – C-238/89, GRUR Int. 1991, 215 (216) – Pall/Dahlhausen; *Helm/Sonntag/Burger* in Gloy/Loschelder/Danckwerts HdbWettbR § 59 Rn. 285; *Sack* GRUR 1998, 871 (877); vgl. auch OLG München NJWE-WettbR 1997, 107 – Symbol „R im Kreis" (kein Verstoß, wenn die Marke bereits angemeldet war, mit der Eintragung zu rechnen war und die Eintragung alsbald erfolgte) sowie OLG München GRUR-RR 2014, 38 (40) – Andechser. Für eine Interessenabwägung beim „TM"-Symbol, KG GRUR-RR 2013, 397. AA BGH GRUR 1990, 364 (366) – Baelz; BPatG GRUR 1992, 704 (705) – Royals; OLG Düsseldorf Mitt. 1996, 355 (357); OLG Stuttgart WRP 1994, 136; OLG Hamburg WRP 1997, 101 (102) – Selenium-ACE; OLG Hamburg WRP 1986, 290 (291).

[2550] Büscher/*Büscher* UWG § 5 Rn. 456; verneint für die Aussage „DP und DGM angem." von BGH GRUR 1964, 144 – Sintex.

[2551] BGH GRUR 1964, 144 – Sintex; GRUR 1966, 92 – Bleistiftabsätze; OLG Hamburg GRUR 1974, 398; OLG Frankfurt a. M. WRP 1974, 159 (162); Köhler/Bornkamm/Feddersen/*Bornkamm/Feddersen* UWG § 5 Rn. 4.130 ff.; *Benkard/Ullmann* PatG § 146 Anm. 37; *Helm/Sonntag/Burger* in Gloy/Loschelder/Danckwerts HdbWettbR § 59 Rn. 282; Ohly/Sosnitza/*Sosnitza* § 5 Rn. 578.

[2552] *Bornkamm* GRUR 2009, 227 (229).

[2553] Wobei der geringere Standard gerechtfertigt ist bei Angaben gegenüber den Konsortialbanken, nicht aber im Börsenprospekt.

[2554] Köhler/Bornkamm/Feddersen/*Bornkamm/Feddersen* UWG § 5 Rn. 4.132.

Handlung vorliegt. **Nach Ablauf eines Schutzrechts** darf auf das Schutzrecht nicht mehr hingewiesen werden, solange nicht klargestellt wird, dass die Schutzfrist abgelaufen ist. Nur in Einzelfällen ist für eine Übergangsfrist der Abverkauf von Ware möglich, wenn diese zuvor im ordentlichen Geschäftsverkehr mit einem dauerhaften Schutzrechtshinweis versehen wurde.[2555] Die Löschung einer Marke steht der Verwendung des ®-Symbols allerdings nicht entgegen, wenn dagegen ein Rechtsmittel mit aufschiebender Wirkung eingelegt wurde.

903 **dd) Sachlicher Umfang.** Über den sachlichen Umfang eines Schutzrechts wird auch der durchschnittlich informierte und verständige Verbraucher sich nur wenige Gedanken machen. In jedem Fall muss sich das Schutzrecht auf die **Ware** beziehen, **für die der Schutzrechtshinweis erfolgt.** Bei komplexen Geräten rechnet der verständige Verbraucher damit, dass sich ein **Patent nur auf einzelne Teile** beschränkt.[2556] Diese Teile müssen nicht den Hauptverkehrswert der Ware begründen. Sie dürfen allerdings auch nicht nur von untergeordneter Bedeutung sein; es genügt, wenn sie der Ware eine erhöhte Brauchbarkeit im Sinne ihrer Zweckbestimmung verleihen.[2557] Bezieht der Verkehr den Schutzrechtshinweis auf die gesamte Ware, besteht ein Patentschutz aber nur für Teile, so müssen diese Teile der Ware das eigentümliche Gepräge geben.[2558] Da sich der Schutz eines Patents nicht auf eine wortsinngemäße Auslegung der Ansprüche beschränkt und auch äquivalente Ausführungsformen erfassen kann, können auch diese in einen Schutzrechtshinweis mit einbezogen werden (wobei allerdings nicht der Eindruck erweckt werden darf, dies entspreche bereits der wortsinngemäßen Auslegung).[2559] Auf Marken, die nur kraft Verkehrsgeltung (§ 4 Nr. 2 MarkenG) geschützt sind, darf nicht in einer Weise hingewiesen werden, die der Verkehr als Hinweis auf ein **Schutzrecht** versteht, **das in einem formellen Verfahren erteilt** wurde.[2560] Der BGH sah deshalb die Worte *„gesch."* oder *„ges. gesch."* für ein Ausstattungsrecht (nach dem früheren § 25 WZG) als irreführend an, hielt die Ausdrücke darüber hinaus aber auch deshalb für sittenwidrig iSv § 1 UWG aF, weil der Ausstattungsschutz unsicher und unkontrollierbar sei und eine etwaige Verkehrsgeltung ebenso rasch untergehen könne, wie sie erworben wurde.[2561] Ob das allerdings ein quasi vorbeugendes Verbot rechtfertigt, erscheint zweifelhaft. Ausreichend ist, wenn die Verwendung zu dem Zeitpunkt untersagt wird, zu dem der Schutz tatsächlich nicht besteht. Andernfalls könnte zB auch der Hinweis auf einen Schutz untersagt werden, der demnächst, zB wegen Ablauf des Patents, ausläuft. Auch das wäre aber nicht gerechtfertigt. Ist eine Marke nicht eingetragen, ist auch die Verwendung des Sonderzeichens „®" irreführend, weil dieses Zeichen auf eine Eintragung hindeutet.[2562] Erst recht muss das gelten, wenn ein Markenschutz nicht in der Form existiert, wie er angedeutet wird, zB weil nur ein Teil der Marke wiedergegeben und mit dem Sonderzeichen „®" gekennzeichnet wird, nicht aber die gesamte Marke.[2563] Hierbei muss die Abwandlung aber tatsächlich irreführend sein. Dies ist nicht der Fall, wenn der Verkehr im angegebenen Zeichen das Ursprungszeichen noch erkennt oder wenn die Abwandlung sich im Rahmen des § 26 Abs. 3 MarkenG hält.[2564] Wird ein Ausdruck als Hinweis auf ein Patent verstanden, genügt

---

[2555] *Ullmann/Deichfuß* in Benkard PatG § 146 Anm. 28; *Helm/Sonntag/Burger* in Gloy/Loschelder/Danckwerts HdbWettbR § 59 Rn. 280; *Ebert-Weidenfeller/Schmüser* GRUR-Prax 2010, 74 (77).

[2556] OLG Düsseldorf DB 1967, 725 (726).

[2557] BGH GRUR 1957, 372 (373) – 2 DRP.

[2558] BGH GRUR 1957, 372 (373) – 2 DRP; OLG Karlsruhe GRUR 1980, 118 – Balkongeländer; Ohly/Sosnitza/*Sosnitza* § 5 Rn. 577.

[2559] BGH GRUR 1985, 520 (521) – Konterhauben-Schrumpfsystem.

[2560] Nach Büscher/*Büscher* § 5 Rn. 455 hängt hier die geschäftliche Relevanz von den Umständen des Einzelfalls ab.

[2561] BGH GRUR 1957, 357 (360) – Kölnisch Eis.

[2562] Zur möglicherweise fehlenden Relevanz einer Fehlvorstellung vgl. BGH GRUR 1984, 741, 742 – PATENTED; GRUR 1964, 144 – Sintex.

[2563] BGH GRUR 1990, 364 (366) – Baelz; siehe auch BPatG GRUR 1992, 704 – Royals.

[2564] OLG Hamm GRUR-RR 2010, 104 – Wärmstens Empfohlen!; OLG Hamburg WRP 1997, 101 (103) – Selenium-ACE; OLG Frankfurt a. M. GRUR-RR 2015, 480 – Tea Exclusive; WRP 2017, 1398 Rn. 3.

es nicht, wenn Markenschutz vorliegt, auch wenn die Erteilung durch dasselbe Amt erfolgt.[2565]

ee) Relevanz. Besteht ein Sonderrechtsschutz und wird dieser nur **falsch wiedergegeben,** so stellt sich die Frage nach der Relevanz einer etwaigen Irreführung. Das betrifft etwa den Fall, dass der durchschnittlich informierte und verständige Verbraucher von einem Patentschutz ausgeht, während tatsächlich „nur" Schutz als Gebrauchsmuster besteht. Insoweit kann sich das neue Verbraucherleitbild auch verschärfend auswirken, da der durchschnittlich verständige Verbraucher die verwendeten Begriffe im Regelfall auch wörtlich verstehen wird, dh einen „Musterschutz" als Hinweis auf ein Gebrauchsmuster und nicht als Hinweis auf ein Patent. Angesichts der unterschiedlichen Schutzvoraussetzungen und -umfänge sind solche Fehlvorstellungen im Regelfall auch relevant. Irrelevant kann es auch sein, wenn bei einer Nutzung in Deutschland der Eindruck erweckt wird, es bestünde ein Schutz in einem Land (wie zB Großbritannien), während er tatsächlich in einem anderen Land (zB USA) besteht.[2566] 904

c) Einzelfälle, Ausdrücke. Ausdrücke wie *„Deutsches Bundespatent"*, *„Deutsches Patent"*, *„patentiert"*, *„patented"* oder *„patentamtlich geschützt"*, werden vom Verkehr als **Hinweise auf erteilte und rechtsgültige Patente** verstanden. Ein Gebrauchsmusterschutz würde insoweit also nicht genügen.[2567] Ob „DBP" heute noch ebenso verstanden wird, ist zweifelhaft. *„Europäisches Patent"* und *„EPÜ-Patent"* sind als Hinweise auf **Patente nach dem Europäischen Patentübereinkommen** zulässig (Art. 2 EPÜ). *„Patent angemeldet"* und *„Patent offengelegt"* machen klar, dass ein **Patent erst angemeldet** (und offengelegt), aber noch nicht erteilt wurde;[2568] *„Pat. Pend."* kann hingegen auch heute noch speziell im Zusammenhang mit Produkten des täglichen Lebens fälschlich als Hinweis auf die bereits erfolgte Erteilung eines inländischen Patents verstanden werden, weil der allgemeine Verkehr grundsätzlich nicht mit den Einzelheiten des Patenterteilungsverfahrens vertraut ist.[2569] Wird ein Produkt als **„neu"** bezeichnet, so wird das hingegen nicht ohne Weiteres und grundsätzlich als Neuheit im patentrechtlichen Sinn verstanden; es kommt vielmehr auf die Umstände des Einzelfalls an.[2570] 905

„DPa", *„BPa"* oder *„DBPa"* sind **missverständlich** und deshalb **unzulässig,** sofern sich die Aussage nicht ausschließlich an patentrechtlich geschulte Adressaten richtet.[2571] 906

„Gesetzlich geschützt" oder nur *„geschützt"* sollen nach Ansicht einiger Gerichte als **Hinweis auf ein bestehendes Patent** verstanden werden.[2572] Das ist allerdings **fraglich.** Je nach Eigenart der Ware kommt durchaus auch anderer Schutz – zB als Gebrauchsmuster oder als geografische Herkunftsangabe – in Betracht. Auch ist es richtig, dass der Verkehr bei einer solchen Hervorhebung in der Werbung erwartet, dass den beworbenen Waren besondere Eigenschaften zu eigen sind, welche sie vorteilhaft und wesentlich von vergleichbaren anderen Waren unterscheiden. Ob der durchschnittlich informierte und verständige 907

[2565] BGH GRUR 1957, 358 (360) – Kölnisch Eis.

[2566] OLG Köln GRUR-RR 2010, 390 – Medisoft ®; *Weidert* GRUR-Prax 2010, 134.

[2567] OLG Düsseldorf GRUR 1978, 437; OLG München NJWE-WettbR 1997, 37 (38); *Ebert-Weidenfeller/Schmüser* GRUR-Prax 2011, 74 (75).

[2568] AA OLG Düsseldorf Mitt. 1996, 355 (357) – Pat. Pend.; LG Düsseldorf Mitt. 1991, 93; *Helm/Sonntag/Burger* in Gloy/Loschelder/Danckwerts HdbWettbR § 59 Rn. 282, bei Verwendung gegenüber Handwerkern, weil von ihnen keine Kenntnis englischer Fachausdrücke erwartet werden könne.

[2569] BGH NJWE-WettbR 1997, 5 (7); OLG München GRUR-RR 2017, 444 Rn. 29 mwN (zu Produkten der Zahnhygiene). Ebenso *Ebert-Weidenfeller/Schmüser* GRUR-Prax 2011, 74 (75) zu „pat. pending". AA Köhler/Bornkamm/Feddersen/*Bornkamm/Feddersen* UWG § 5 Rn. 4.132.

[2570] BGH GRUR 1958, 553 – Saugrohr.

[2571] BGH GRUR 1966, 92 (93) – Bleistiftabsätze; GRUR 1961, 241 (242) – Socsil; *Helm/Sonntag/Burger* in Gloy/Loschelder/Danckwerts HdbWettbR § 59 Rn. 282; MüKoUWG/*Busche* § 5 Rn. 599. AA Köhler/Bornkamm/Feddersen/*Bornkamm/Feddersen* UWG § 5 Rn. 4.126.

[2572] OLG Düsseldorf GRUR 1978, 437; ebenso Köhler/Bornkamm/Feddersen/*Bornkamm/Feddersen* UWG § 5 Rn. 4.128, Büscher/*Büscher* UWG § 5 Rn. 456 und *Ebert-Weidenfeller/Schmüser* GRUR-Prax 2011, 74 (75).

Verbraucher allerdings zugleich auch erwartet, dass diese Vorzüge aufgrund vorangegangener Prüfung durch eine hierfür vom Staat geschaffene besonders sachkundige Stelle, nämlich das Patentamt, offiziell und zuverlässig anerkannt worden sind, erscheint zweifelhaft. Zwar mögen auch dem durchschnittlich informierten und verständigen Verbraucher nicht die Einzelheiten eines Patentverfahrens bekannt sein. Ihm ist möglicherweise aber bewusst, dass gewisser Schutz auch ohne vorherige Prüfung erlangt werden kann. Das gilt insbesondere, wenn sich die Werbung ausschließlich an Fachkreise richtet oder es sich bei dem angepriesenen Artikel um eine größere Anschaffung handelt, bei dem Werbeangaben besonders sorgfältig geprüft werden.[2573] „Neu" wird nicht im Sinne einer Neuheit im gesetzlichen Sinn (zB nach § 3 Abs. 1 PatG oder § 2 Abs. 2 DesignG) verstanden, sondern als Neuheit auf dem Markt.[2574]

908 Die Buchstabenkombination *„DGBM"* deutet auf ein **deutsches Gebrauchsmuster** hin. Ob auch „DGM" heute noch so verstanden wird, ist fraglich.[2575] Worte wie *„Geschmacksmuster", „Musterschutz", „geschütztes Muster", „geschütztes Design", „Designschutz"* oder *„als Design geschützt"* sind **Hinweise auf Designs (Geschmacksmuster).**

909 Ausdrücke wie *„Marke", „Warenzeichen", „Wz.", „Schutzmarke"* oder die Sonderzeichen „®" oder „™" werden als **Hinweis auf Markenschutz** verstanden, wobei das bei „™" in Deutschland nicht ohne weiteres eindeutig ist. „®" wird dabei als **Hinweis auf eine registrierte Marke** verstanden,[2576] bei den anderen Ausdrücken bleibt das offen. Ob das „®" so verstanden wird, dass die Marke auch gerade in dem Land eingetragen ist, in dem die gekennzeichnete Ware in den Verkehr gebracht wird, hängt vom Einzelfall ab.[2577] Die Werbung mit dem „®" ist so lange erlaubt, bis die Marke rechtskräftig gelöscht ist.[2578] Auch schaden kleinere Änderungen in der Verwendung der Marke im Vergleich zur ihrer Registrierung nicht, solange sich dies im Rahmen von § 26 Abs. 3 MarkenG hält und den kennzeichnenden Charakter der Marke nicht verändert.[2579] Die Ausdrücke *„geschützt"* oder *„gesch."* oder *„ges. gesch."* sind irreführend, wenn sie als Hinweis auf den Schutz der Ware als solcher verstanden werden und nicht als Hinweis auf eine Marke[2580] oder wenn es allein um einen Schutz als nicht eingetragene Marke geht, während der Verkehr das Bestehen eines formellen Schutzrechts erwartet.

910 Bei **Urheberrechten** ist die Verwendung des Sonderzeichens „©" üblich; auf das Leistungsschutzrecht von ausübenden Künstlern und Tonträgern wird in der Regel durch ein *„P"* im Kreis hingewiesen. Auch der Ausdruck *„gesetzlich erlaubt"* ist unter den og Voraussetzungen zulässig, wenn er nicht von einem erheblichen Teil der durchschnittlich informierten und verständigen Verbraucher als Hinweis auf ein technisches Schutzrecht verstanden wird. Mittlerweile kennt auch der deutsche Verkehr den Ausdruck „Copyright" und verbindet mit ihm den Urheberrechtsschutz.

3. Sonstiges Vermögen.

Schrifttum: *Diefenhardt,* Eine als „Ad-hoc-Mitteilung" nach WpHG § 15 gekennzeichnete Erklärung kann Wettbewerbshandlung und Werbung im Sinne von UWG § 5 Abs. 1 2004 sein, WuB I G 6 § 15 WpHG 1.07; *Klöhn,* Wettbewerbswidrigkeit von Kapitalmarktinformationen?, ZHR 172 (2008), 388; *Köndgen,* Die Ad hoc-Publizität als Prüfstein informationsrechtlicher Prinzipien, FS Druey, 2002, 791; *Lettl,* Die wettbewerbswidrige Ad hoc-Mitteilung, ZGR 2003, 853; *ders.,* Die Zulässigkeit von Werbung mit der Einlagensicherung nach UWG und KWG, WM 2007, 1345 und WM 2007, 1397.

910a **a) Voraussetzungen.** Von § 5 Abs. 1 S. 2 Nr. 3 werden auch irreführende Angaben über das sonstige Vermögen des Unternehmers erfasst. Dazu gehören neben dem **Betriebs- und persönlichen Vermögen** des Betriebsinhabers insbesondere Aktiva und Passiva,

[2573] Vgl. BGH GRUR 1964, 144 (146) – Sintex.
[2574] Vgl. BGH GRUR 1958, 533 – Saugrohr.
[2575] Dafür *Ebert-Weidenfeller/Schmüser* GRUR-Prax 2011, 74 (75).
[2576] BGH NJWE-WettbR 1997, 5 (6).
[2577] → Rn. 901.
[2578] OLG Frankfurt a. M. WRP 2015, 1122 Rn. 8.
[2579] OLG Frankfurt a. M. WRP 2015, 1122 Rn. 6; 2017, 1398 Rn. 5.
[2580] BGH GRUR 1957, 358 (360) – Kölnisch Eis.

Grundbesitz, der Geschäftswert, das **Know-how,** der **Kundenstamm,** der **Goodwill.**[2581] Unzutreffende Angaben zu Vermögens**bestandteilen** können genügen, so wenn sich der Unternehmer durch falsche Angaben zu seinem Grundvermögen einen Kredit verschafft.[2582] Täuschende Angaben über die **Verhältnisse anderer** können ausreichen, so zB über das Vermögen der **Gesellschafter.**

b) Kasuistik. Ad-hoc-Meldungen. Unrichtige oder missverständliche Darstellungen in einer „ad-hoc"-Mitteilung nach § 15 WpHG, die beim angesprochenen Verkehrskreis den unrichtigen Eindruck erwecken, dass sich die Vermögenssituation des Unternehmens günstiger gestalten werde, können irreführend sein.[2583] Verpflichtende Angaben können als solche keine Irreführung begründen; diese kann sich dann lediglich aus der Art der Darstellung ergeben;[2584] → **§ 5 Rn. 305.** **910b**

Auflage. Die Auflagenhöhe lässt Rückschlüsse auf die Kapitalausstattung zu.[2585] Wirbt eine Zeitung mit Auflagenzahlen, die sich auf die **gedruckte Auflage** beziehen, während der Verkehr sie als Angabe zur **verbreiteten Auflage** versteht,[2586] entsteht ein falsches Bild über die Finanzkraft des Unternehmens. Der Begriff der Auflage ist allerdings kein einheitlicher. Von der verkauften Auflage unterscheidet sich die verbreitete Auflage dadurch, dass neben Verkäufen über Einzelhandel und Abonnement auch die kostenlos abgegebenen Exemplare darin enthalten sind. Wenn die Angaben nicht näher konkretisiert werden, wird sie der Anzeigenkunde im Zweifel im Sinne von „**verkaufte** Auflage" verstehen.[2587] Kenntlich gemacht werden muss auch, wenn die Auflagenhöhe starken Schwankungen unterliegt und die genannte Zahl nur an bestimmten Tagen erreicht wird[2588] oder das Anzeigenvolumen unbestellte oder unbezahlte Füllanzeigen enthält.[2589]

Kapital, Umsatz, Forderungen. Unwahre oder zur Täuschung geeignete Angaben hierüber können irreführen. Der Unternehmer täuscht in relevanter Weise, wenn er nicht ausreichend zwischen **Finanz- und Anlagekapital** differenziert und der Verkehr dadurch einen unrichtigen Eindruck gewinnt. Zahlen zum Umsatz können auch täuschen, wenn nicht klar wird, ob es sich um den **Brutto- oder den Nettoumsatz** handelt.[2590] **Betriebsvermögen** und **persönliches Vermögen** dürfen nicht in einen Topf geworfen werden, so dass beim Kreditgeber ein falscher Eindruck über die finanzielle Situation des Kreditnehmers entsteht. Falsche Angaben über **Aktiva und Passiva** können irreführen, ebenso unrichtige oder täuschende Angaben über die **Zusammensetzung** des Vermögens (Grundvermögen, Aktien, Sparanlagen usw.), den **Geschäftswert,** offene **Forderungen,** den **Kundenstamm,** den **Umsatz** bzw. bei Zeitungen oder im Buchhandel die **Auflagenzahl,** die **Gewinne,** die ausgeschütteten **Tantiemen** oder die **Gesellschafterentnahmen.** Es darf nicht der unrichtige Eindruck erweckt werden, dass der Unternehmer sein **persönliches Vermögen** für das Unternehmen einsetzen wird.

Mitglieder. Hohe Mitgliederzahlen können für wirtschaftliche Leistungskraft des Vereins sprechen. Für die Frage, inwieweit die werbend herausgestellte Mitgliederzahl auf volle Tausend, Zehn- oder Hunderttausend aufgerundet werden kann und um welchen Prozentsatz die Zahlenangabe die mit möglichster Sorgfalt ermittelte tatsächliche Zahl übersteigen

---

[2581] Ohly/*Sosnitza,* § 5 Rdn. 571.

[2582] Vgl. Köhler/*Bornkamm/Feddersen,* § 5 Rdn. 4.120.

[2583] OLG Hamburg GRUR-RR 2006, 377; Köhler/*Bornkamm/Feddersen* § 5 Rn. 4.123; *Lettl* ZGR 2003, 853 (856); *Köndgen* FS Druey, 2002, S. 791 (812); jurisPK-UWG/*Seichter* § 5 Rn. 572. – A. A. *Klöhn* ZHR 172 (2008), 388 (402).

[2584] Vgl. Köhler/*Bornkamm/Feddersen* § 5 Rn. 4.123.

[2585] BGH GRUR 1968, 433 (436) – Westfalenblatt II.

[2586] Wenn die Angaben nicht näher konkretisiert werden, wird der Verbraucher den Begriff der „Auflage" im Zweifel als „verkaufte Auflage" verstehen, OLG Hamm WRP 1991, 328 (329).

[2587] OLG Hamm WRP 1991, 328 (329).

[2588] Vgl. OLG Hamburg GRUR 1990, 136; Gloy/Loschelder/Danckwerts/*Ahrens* § 70 Rn. 146.

[2589] Vgl. BGH GRUR 1997, 380 (381) – Füllanzeigen; OLG Hamm GRUR 1980, 312; OLG Frankfurt GRUR 1988, 847 (848); NJW-RR 2001, 550.

[2590] OLG Hamburg NJOZ 2007, 3433.

darf, ohne unrichtig zu werden, kommt es auf die Anschauung des durchschnittlich informierten, aufmerksamen und verständigen Umworbenen in der jeweiligen Werbesituation an.[2591] Eine Abweichung von rund 200 000 Mitgliedern und mehr als 10 % hat der BGH als irreführend angesehen.[2592]

Vermögensanlage. Unlauter ist es, wenn eine Bank der Wahrheit zuwider behauptet, sie sei von der **Finanzkrise** nicht betroffen, habe insbesondere keine Vermögenswerte im amerikanischen Subprime-Hypothekenmarkt angelegt.[2593]

III. Umfang der Verpflichtungen des Unternehmers

Schrifttum: *Alexander,* Vertragsrecht und Lauterkeitsrecht unter dem Einfluss der Richtlinie 2005/29/EU über unlautere Geschäftspraktiken, WRP 2012, 515; *Bernreuther,* Werbliche Angabe und allgemeine Geschäftsbedingungen, GRUR 1998, 542; *Bullinger/Emmerich,* Irreführungsgefahr durch selektive Produktauswahl bei Preisvergleichen, WRP 2002, 608; *Ernst,* Unwirksame AGB-Klausel eines Internetdienstleisters, die Kostenpflichtigkeit des Angebots begründet, jurisPR-ITR 3/2007 Anm. 3; *Heermann,* Prämien, Preise, Provisionen – Zur lauterkeitsrechtlichen Beurteilung von Absatzförderungsmaßnahmen im Handel gegenüber Nichtverbrauchern, WRP 2006, 8; *Hoeren,* Zur Irreführung bei Verwendung der amtlichen Musterwiderrufsbelehrung, EWiR 2007, 393; *Köhler,* Konkurrentenklage gegen die Verwendung unwirksamer Allgemeiner Geschäftsbedingungen?, NJW 2008, 177.

910c **1. Europäischer Kontext, Abgrenzung und Voraussetzungen.** § 5 Abs. 1 S. 2 Nr. 3 regelt unwahre bzw. täuschende Angaben über „den Umfang der Verpflichtung des Unternehmers". Die systematische Behandlung im Zusammenhang mit der Irreführung über das „Vermögen" des Unternehmers ist verfehlt, denn das Bezugskriterium wurde nicht aus Art. 6 Abs. 1 lit. f UGP-Richtlinie übernommen, der die Irreführung über die Person des Unternehmers regelt, sondern beruht auf Art. 6 Abs. 1 lit. c UGP-Richtlinie, der sich mit der Irreführung über die vertraglich geschuldete Leistung befasst (Umfang der Verpflichtung des Unternehmers, Beweggründe für die Geschäftspraxis, Art des Vertriebsverfahrens, bestimmte Umstände im Zusammenhang mit Sponsoring oder mit der Zulassung des Unternehmers bzw. des Produkts). In der **englischen** bzw. **französischen Richtlinienfassung** ist von „extent of the trader's commitments" bzw. l'étendue des engagements du professionnel" die Rede. Gemeint ist die Irreführung über den **Umfang der Bindung** im Verhältnis zum (potenziellen) Vertragspartner, also über die **vertraglichen Verpflichtungen.** Überschneidungen können sich mit **§ 5 Abs. 1 S. 2 Nr. 7** (*Weidert* → **§ 5 Rn. 1249 ff.**) und mit der Irreführung über die **Angebots- und Lieferbedingungen** nach **§ 5 Abs. 1 S. 2 Nr. 2** (*Weidert* → **§ 5 Rn. 822 ff.**) ergeben.

910d **2. Kasuistik. Allgemeine Geschäftsbedingungen.** S. auch *Weidert*→ **§ 5 Rn. 831 f.** Die täuschende Angabe eines geringeren als des realen effektiven Jahreszinses in einem Verbraucherkreditvertrag kann eine unlautere Geschäftspraxis nach Art. 6 UGP-Richtlinie/§ 5 UWG darstellen.[2594] Die Verwendung unwirksamer AGB, die einen unzutreffenden Eindruck des Verkehrs über den Umfang der Verpflichtungen des Unternehmers erwecken, kann irreführend sein, z. B. wenn in den AGB eines **Versicherungsunternehmens** der unzutreffende Eindruck erweckt wird, bestimmte Risiken seien abgesichert.[2595] Fordert der Unternehmer für einen Online-Service ein Entgelt vom Kunden an, obwohl sich ein Hinweis auf die Kostenpflichtigkeit der Inanspruchnahme nur versteckt in den Allgemeinen Geschäftsbedingungen findet, die der Kunde vor Inanspruchnahme durch Anklicken akzeptieren muss, täuscht er dem Kunden vor, nur gegen Entgelt zur Leistung verpflichtet zu sein; denn eine derartige Klausel ist überraschend und damit unwirksam, so dass die Forderung tatsächlich nicht besteht.[2596] **Unwirksame Teilliefe-**

[2591] Vgl. BGH GRUR 1961, 284 – Werbung mit Mitgliederzahlen.
[2592] BGH GRUR 1961, 284, 287 – Werbung mit Mitgliederzahlen.
[2593] Köhler/*Bornkamm/Feddersen* § 5 Rn. 5.120.
[2594] EuGH WRP 2012, 547 – Pereničová und Perenič/SOS mit Bespr. *Alexander* WRP 2012, 515 ff.
[2595] BGH GRUR 1983, 654, 656 – Kofferschaden; KG WRP 1987, 32; KG GRUR 1991, 787.
[2596] Vgl. zu diesem Sachverhalt AG München CR 2007, 816 mit Anm. *Ernst* jurisPR-ITR 3/2007 Anm. 3.

rungsklauseln, Kostenüberlagerungsklauseln oder Abholklauseln in Allgemeinen Geschäftsbedingungen können eine Irreführung der Vertragspartner über den Umfang der Verpflichtungen des Unternehmers zur Folge haben.[2597]

Angebots- und Lieferbedingungen. Näher hierzu *Weidert* → **§ 5 Rn. 822 ff.**

Gewährleistungsrechte. S. näher *Weidert* → **§ 5 Rn. 1249 ff.**

Hochretournierer. Die schriftliche Bitte eines Versandhandelsunternehmens an sog. Hochretournierer, nur solche Artikel zu bestellen, die der Kunde mit hoher Wahrscheinlichkeit behalten möchte, weil eine deutliche Absenkung der Rücksendequote Voraussetzung für die Fortsetzung der Geschäftsbeziehung sei, ist anhand von § 5 zu überprüfen.[2598]

Kontoauszüge. Die Kontoauszüge einer Bank sind irreführend, wenn zwar bei den einzelnen Gutschriften zutreffend zwischen den Daten der Buchung und der Wertstellung unterschieden, bei der optisch hervorgehobenen Angabe des Kontostands am Ende des Auszugs aber nicht deutlich darauf hingewiesen wird, dass darin auch noch nicht wertgestellte Beträge enthalten sein können, über die bis zur Wertstellung noch nicht ohne Belastung mit Sollzinsen verfügt werden kann.[2599]

Vertragserfüllung. Irreführend kann es sein, wenn ein auf dem Gebiet der Vermittlung von Telefongesprächen tätiges Unternehmen im Zuge der Erfüllung eines bestehenden Vertrags **„Pre-Selection-Aufträge"** an seinen Vertragspartner weiterleitet, die aufgrund einer unlauteren Werbung erlangt worden sind, wenn die Wettbewerbswidrigkeit der Kundengewinnung für das andere Unternehmen nicht erkennbar ist.[2600] **Scheinrechnungen** können unlauter nach **Nr. 22** des Anhangs zu § 3 sein und gegen das Irreführungsverbot des § 5 Abs. 1 verstoßen,[2601] s. näher *Dreyer* → **Anh. § 3 Rn. 418 ff.** und *Weidert* → **§ 5 Rn. 1168.**

Widerrufsrechte. S. *Weidert* → **§ 5 Rn. 1271.**

IV. Befähigung des Unternehmers

Schrifttum: *Axmann/Deister,* Spezialist für Alles – Grenzen der werblichen Selbsteinschätzung von Anwälten, NJW 2009, 3352; *Becker,* Sachverständigenverbände und Servicegesellschaften im Grenzbereich lauterer Werbung, GewArch 2014, 474; *Bleutge,* Rundstempelverbot für selbsternannte Sachverständige, WRP 1979, 777; *ders.* Neue Entwicklungen im Sachverständigenrecht, GewArch 2017, 266; *Eggert,* Die praktische Bedeutung eines „LL. M." für Rechtsanwälte, ZAP 2011, 581 f.; *Fritzsche,* Grenzen des ärztlichen Werberechts – Aktuelle Rechtsprechung insbesondere zu Berufsbezeichnungen, Qualifikationen und Internetportalen, WRP 2013, 272; *Goetz,* Die Neuregelung des Steuerberatungsrechts durch das 8. StBerÄndG, DB 2008, 971 ff.; *Honig,* Werbung mit dem guten Ruf des Handwerks, WRP 1995, 568; *Hönn,* Akademische Grade, Amts-, Dienst- und Berufsbezeichnungen sowie Titel (Namensattribute) in der Firma in firmen- und wettbewerbsrechtlicher Sicht; ZHR 153, 386; *Kleine-Cosack,* Wettbewerbsrecht und Verfassungsrecht contra antiquierte Berufsbilder – Paradigmenwechsel beim Verbot der irreführenden Werbung, NJW 2013, 272; *Münker,* Vermeintliche Professoren und Doktoren – Täuschung mit falscher Fachkompetenz, NJW-aktuell 11/2011, S. 16; *Ottofülling,* Sachverständigenverbände und Servicegesellschaften im Grenzbereich lauterer Werbung, DS 2017, 57; *Remmertz,* Zulässigkeit der Selbsteinschätzung als „Spezialist" nach neuem Berufsrecht, NJW 2008, 266 ff.; *Riegger,* Der Doktor-Titel in der Firma der GmbH, DB 1984, 441; *Weglage,* (Kein!) Wettbewerbsschutz vor der Werbung eines freien Sachverständigen als zertifizierter Sachverständiger auf der Grundlage eines IHK-Zertifikatslehrgangs, Der Sachverständige 2009, 106; *Wessel/Zwernemann/Kögel,* Die Firmengründung, 7. Aufl. 2001.

1. Abgrenzung und Bedeutung. Die Befähigung eines Unternehmers kann eng ver- 911
bunden sein mit seiner **Zulassung.** Denn meistens setzt die Zulassung eine bestimmte Befähigung voraus, so dass mit der Zulassung zugleich eine Aussage über eine bestimmte Befähigung getroffen wird. Die Zulassung wird dabei sowohl in der UGP-Richtlinie als auch im UWG gleich mehrfach geregelt, nämlich (nur bezogen auf den Unternehmer) in

[2597] S. schon OLG Hamburg NJW 2007, 2264.

[2598] Vgl. OLG Hamburg MMR 2005, 617, 619.

[2599] BGH BB 2007, 1694 – Irreführender Kontoauszug.

[2600] Vgl. schon OLG Hamburg Magazindienst 2006, 183.

[2601] Vgl. BGH GRUR 2012, 184 – Branchenbuch Berg.

Art. 6 Abs. 1 lit. f UGP-Richtlinie und **§ 5 Abs. 1 S. 2 Nr. 3 UWG** (hierzu → § 5 Rn. 1070 ff.) und (bezogen auf den Unternehmer und seine Waren und Dienstleistungen) in **Art. 6 Abs. 1 lit. c** und **§ 5 Abs. 1 S. 2 Nr. 4 UWG** (hierzu → § 5 Rn. 1230 ff.). Wirbt der Unternehmer im geschäftlichen Verkehr mit Verbrauchern ausdrücklich mit einer Zulassung durch Dritte, die nicht gegeben ist oder deren Voraussetzungen er nicht erfüllt, so ist zudem zugleich der Tatbestand der **Nr. 4 im Anhang zu § 3 Abs. 3 UWG** erfüllt, wobei dieser Tatbestand sogar **vorrangig zu prüfen** ist. Im Übrigen sieht Art. 3 Abs. 8 UGP-Richtlinie vor, dass alle Niederlassungs- und Genehmigungsbedingungen, berufsständische Verhaltenskodizes oder andere spezifische **Regeln für reglementierte Berufe**[2602] **unberührt** bleiben; dh insoweit kann auch die bisherige Rechtsprechung deutscher Gerichte bestehen bleiben.

912 Die Befähigung des Unternehmers zur Leistungserbringung kann von verschiedenen Faktoren abhängen: seinem Alter, seiner beruflichen Qualifikation, seinem Vermögen, der Größe seines Betriebs, der Anzahl seiner Mitarbeiter etc. Es kommt daher auch zu **diversen Überschneidungen mit anderen Fallgruppen in § 5 Abs. 1 S. 2 UWG:** Wer etwa mit einem „Meister"-Titel wirbt, erweckt damit im Regelfall zugleich den Eindruck, handwerkliche Leistungen zu erbringen; er kann damit nicht nur über die eigene Befähigung, sondern auch über ein bestimmtes Herstellungsverfahren täuschen (hierzu → § 5 Rn. 507). Umgekehrt wird bei einer Werbung mit einer handwerklichen Herstellungsart erwartet, dass ein Meister die relevante Leistung zu verantworten hat oder zumindest einen maßgeblichen Einfluss auf die praktische Produktionstätigkeit nimmt.[2603] Soweit einzelne Faktoren der Befähigung auf Grund eigenständiger Regelung bereits an anderer Stelle behandelt sind, gelten die insoweit maßgeblichen Kriterien auch im Hinblick auf eine etwaige Irreführung über die Befähigung. Für Alterswerbung → Rn. 1046 ff., für Angaben über das Vermögen des Unternehmers → Rn. 891 ff., für Angaben über sonstige Unternehmensverhältnisse → Rn. 967 ff.

913 Der für den Verkehr nach außen am ehesten wahrnehmbare und häufig auch wichtigste Eindruck über die Befähigung des Werbungtreibenden ergibt sich aus seiner **Berufsbezeichnung** (zB Arzt, Zahnarzt, Psychotherapeut, Apotheker, Rechtsanwalt, Wirtschaftsprüfer, Steuerberater, vereidigter Buchprüfer, Ingenieur, Architekt, Professor), aus der Verwendung **akademischer Grade** (zB Dr., Dipl.-Ing.), sowie aus Hinweisen auf **öffentliche Bestellungen** (zB öffentlich bestellter und vereidigter Sachverständiger). Solche Hinweise werden vom Verkehr in der Regel als Ausweis einer besonderen Sachkunde oder gar Zuverlässigkeit des Unternehmers verstanden. Nicht umsonst wird ihre Verwendung auch strafrechtlich geschützt **(§ 132a StGB).**[2604] Aus ihrer Verwendung zieht der Verkehr daher im Regelfall auch Rückschlüsse über die Qualität des Angebots oder die Seriosität und Leistungsfähigkeit eines Unternehmers. Ist die Verwendung von Berufsbezeichnungen oder akademischen Graden zur Irreführung geeignet, verstößt sie gegen § 5 UWG. Daneben kommt auch eine Verletzung von §§ 3, 3a UWG in Betracht, wenn Titel oder Berufsbezeichnungen entgegen den weiteren gesetzlichen Anforderungen geführt werden.[2605] Bei firmenmäßigem Gebrauch ist auch eine Verletzung von **§ 18 Abs. 2 S. 1 HGB** zu prüfen, wobei vom Registergericht allerdings nur offensichtlich irreführende Bezeichnungen beanstandet werden können und das „Finetuning" nach der Gesetzesbegründung dem Verfahren nach **§ 37 Abs. 2 HGB** bzw. § 5 UWG vorbehalten ist. Wird eine Angabe nicht als Berufsbezeichnung verstanden, sondern **nur als Produktbezeich-**

[2602] Darunter sind nach der Legaldefinition des Art. 2 lit. l der UGP-Richtlinie berufliche Tätigkeiten oder eine Reihe beruflicher Tätigkeiten zu verstehen, bei der die Aufnahme oder Ausübung oder eine der Arten der Ausübung direkt oder indirekt durch Rechts- oder Verwaltungsvorschriften an das Vorhandensein bestimmter Berufsqualifikationen gebunden ist. Zu berufsspezifischen Aspekten des Lauterkeitsrechts s. auch *v. Jagow* → § 3a Rn. 52 ff.

[2603] LG Offenburg GRUR-RR 2018, 163 Rn. 38.

[2604] Das gilt nicht für „Ingenieur" und „Architekt", die nach Landesrecht geschützt sind. Auch → Rn. 928.

[2605] OLG Köln JurPC Web-Dok. 49/2003.

nung (zB **„Architektenhaus"**) kommt die Fallgruppe „Befähigung des Unternehmers" hingegen von vornherein **nicht in Betracht.** Im Einzelfall ist zu unterscheiden, ob nur auf eine bestimmte **Tätigkeit** oder ob zugleich auf eine bestimmte **Qualifikation** hingewiesen wird. Häufig sind bestimmte Tätigkeiten nämlich – in beschränktem Umfang – auch anderen Berufsgruppen erlaubt. Diese dürfen dann auch für die entsprechende Tätigkeit werben, müssen aber auf die Beschränkungen hinweisen, so zB der Hinweis auf „Krankengymnastik" in der Werbung eines Masseurs, der kraft Gesetzes auch krankengymnastische Tätigkeit ausüben darf.[2606] Bei Hinweisen auf **öffentliche Würden** (zB **„Ehrenbürger"**) ist im Einzelfall sorgfältig zu prüfen, ob dem eine wettbewerbsrechtliche Relevanz zukommt. Das kann insbesondere der Fall sein, wenn die verliehenen Würden Ausdruck einer besonderen persönlichen Zuverlässigkeit sind und es hierauf auch bei der beworbenen Tätigkeit ankommt.

Mit der Befähigung ist häufig auch eine Vorstellung über das **Tätigkeitsgebiet** des Werbungtreibenden bzw. das Verfahren der Herstellung eines Produkts verbunden (hierzu → § 5 Rn. 512 ff.), teilweise gibt es sogar Überschneidungen, wie etwa bei der Ankündigung handwerklicher Leistungen. Zur Irreführung durch die Verwendung von Berufsbezeichnungen als **Domainnamen,** → Rn. 933 ff. **914**

2. Dr.-Titel. Der durchschnittlich informierte und verständige Durchschnittsverbraucher verbindet mit einem Doktortitel im Regelfall eine abgeschlossene Hochschulausbildung und die Berechtigung, diesen akademischen Grad nach Maßgabe der gesetzlichen Regelungen in Deutschland führen zu dürfen (zu ausländischen Titeln → Rn. 924). Darüber hinaus wird dem Träger im Regelfall in der breiten Öffentlichkeit – und auch vom informierten und verständigen Durchschnittsverbraucher – ein **besonderes Vertrauen** in intellektuelle Fähigkeiten, guten Ruf, Seriosität und Zuverlässigkeit entgegengebracht.[2607] Ob dies berechtigt ist oder nicht, kann dahingestellt bleiben. Es ist jedenfalls irreführend, wenn Personen im geschäftlichen Verkehr einen Dr.-Titel in Deutschland führen, ohne hierzu berechtigt zu sein. **915**

Entsprechendes gilt für die Verwendung von Titeln in der **Firma** eines Unternehmens. Handelt es sich um das Geschäft eines **Einzelkaufmanns,** geht der Verkehr davon aus, dass der Inhaber zur Führung des Titels berechtigt ist. Handelt es sich um eine **Gesellschaft,** wird erwartet, dass der berechtigte Titelträger als Gesellschafter die Belange der Gesellschaft zumindest maßgeblich **mitbestimmt.** Ist das nicht der Fall, ist die Verwendung irreführend.[2608] Ist allerdings statt des irreführend benannten Titelträgers ein anderer Titelträger maßgeblich mitbestimmender Gesellschafter, kann die Verwendung eines Dr.-Titels in der Firma nicht generell verboten werden, sondern nur in Verbindung mit dem Namen der Person, bei der dies irreführend wirkt.[2609] Auch muss im Einzelfall stets geprüft werden, ob der Irreführung die erforderliche wettbewerbsrechtliche Relevanz zukommt.[2610] **916**

Selbst wenn die Führung eines Titels grundsätzlich zulässig ist, kann sich eine Irreführung im Einzelfall daraus ergeben, dass der Verkehr auf Grund der Verwendung des Dr.-Titels **Spezialkenntnisse** und -fähigkeiten **gerade auf dem Gebiet des jeweiligen Geschäftsbetriebs** erwartet, die sich auf die **Güte** der angebotenen Waren oder Dienstleistungen auswirken. Das ist immer dann der Fall, wenn es bei der Führung eines Geschäftsbetriebs oder der Erbringung der Leistungen auf eine besondere wissenschaftliche Ausbildung ankommt. Wurde in einem solchen Fall der Dr.-Titel auf einem anderen **Fachgebiet** **917**

[2606] BGH GRUR 1990, 1032 (1034) – Krankengymnastik; GRUR 1993, 397 (398) – Trockenbau.

[2607] BGHZ 53, 65 (67) – Doktor-Firma; OLG Düsseldorf GRUR 1992, 187 – Werbung mit Doktor-Titel.

[2608] BGH GRUR 1992, 121 – Dr. Stein … GmbH; GRUR 1990, 604 (605) – Dr. S.-Arzneimittel; BGHZ 53, 65 (68) – Doktor-Firma; OLG Hamburg GRUR 1993, 690 (691) – Dr. S.-Arzneimittel. Vgl. auch OLG Düsseldorf GRUR 1992, 187 (188) – Werbung mit Doktor-Titel: Geschäftsführer oder leitender Angestellter (allerdings waren selbst diese Voraussetzungen nicht gegeben); OLG München GRUR-RR 2006, 89 (90).

[2609] BGH GRUR 1992, 121 – Dr. Stein … GmbH.

[2610] Verneint zB vom OLG Hamburg GRUR 1983, 690 (691) – Dr. S.-Arzneimittel; OLG Frankfurt a. M. DB 1977, 1253 – Dr. X & Co. Druck und Papier.

erworben, ist das durch Verwendung der **Fakultätsangabe** deutlich zu machen, um eine Irreführung zu vermeiden. Das betrifft zB den Dr. med., der als Rechtsanwalt tätig ist, ebenso wie den promovierten Juristen bei einer Tätigkeit auf dem Gebiet der Heilkunde.[2611] Allerdings ist gerade bei der Medizin Vorsicht geboten: Dem durchschnittlich informierten und verständigen Durchschnittsverbraucher ist bekannt, dass viele Bereiche der Medizin heute nicht mehr ohne andere Wissenschaften wie Physik (siehe Röntgen), Chemie (siehe Pasteur), Biochemie (siehe „Schüssler Salze"), Biologie (siehe Beclere) oder Pharmazie auskommen und insbesondere Naturheilverfahren jenseits der herkömmlichen Schulmedizin von Angehörigen anderer wissenschaftlicher Disziplinen entdeckt und entwickelt wurden/werden.[2612] Die Erwartung des Durchschnittsverbrauchers kann sich daher auch auf die akademischen **Grade mehrerer Fakultäten** erstrecken; wurde der Dr.-Titel von einer dieser Fakultäten erworben, ist die Angabe nicht irreführend bzw. eine etwaige Fehlvorstellung jedenfalls wettbewerbsrechtlich nicht relevant.[2613] Wurde der Doktortitel nur **ehrenhalber (h. c.)** verliehen, ist darauf hinzuweisen. Ob der Titel als solcher zu Recht geführt wird, ist dabei unerheblich, da sich die Irreführung nicht aus dem Titel als solchem ergibt, sondern aus der Erwartung des Durchschnittsverbrauchers hinsichtlich einer bestimmten Befähigung.

918 **Ausnahmen** hinsichtlich der Erwartung des Verkehrs können in Fällen gelten, in denen offensichtlich ist, dass es sich um ein **Wortspiel** handelt und mit der Bezeichnung „Doktor" keine akademische Ausbildung gemeint ist, zB weil es eine akademische Ausbildung und eine Doktorwürde in dem relevanten Bereich nicht gibt und mit der Bezeichnung „Doktor" auch nicht die Erwartung verbunden ist, der Unternehmer habe in einem geregelten Verfahren eine besondere Qualifikation erworben. Das gilt beispielsweise für den Ausdruck **„Puppendoktor"** zur Reparatur von Spielzeugpuppen oder **„Lackdoktor"** zur Werbung für einen Autolackierer.[2614] Zumindest eine durchschnittliche Qualifizierung für die jeweils beworbene Tätigkeit muss aber gegeben sein.

919 **Scheidet** der **Träger** des akademischen Grades aus dem Unternehmen **aus,** muss auch die Firmierung geändert werden; andernfalls besteht eine Irreführungsgefahr. Geht der Geschäftsbetrieb auf einen **Nachfolger** über, kann dieser zwar die Firma fortführen, nicht aber ohne Weiteres auch den Dr.-Titel; insoweit gelten vielmehr die gleichen Anforderungen wie bei der ursprünglichen Firma, dh der Nachfolger muss promoviert sein, uU sogar von einer bestimmten Fakultät.[2615] Ist dies nicht der Fall und kommt dem eine Relevanz zu,[2616] kann eine Irreführungsgefahr vermieden werden durch Weglassen des akademischen Grades oder durch Verwendung eines **Nachfolgezusatzes** zB **„Nachf.",**[2617] wobei der Zusatz nicht hinter dem blickfangmäßig hervorgehobenen Titel zurücktreten darf.[2618] Das gilt unabhängig davon, ob der bisherige Firmeninhaber mit der unveränderten Firmenfortführung nach § 24 HGB einverstanden wäre. Denn die Berechtigung zur Führung einer Bezeichnung endet, sobald sie zu einer Täuschung der angesprochenen Verkehrskreise führt.[2619] Allerdings muss sich diese Täuschung auf **Gütevorstellungen über das Unter-**

[2611] Anders hingegen bei der Führung eines (damals noch so genannten) Rundfunkgeschäfts durch einen Doktor der Medizin, BGH GRUR 1959, 375 – Doktortitel.

[2612] BGH GRUR 1995, 612 (614) – Sauerstoff-Mehrschritt-Therapie; BPatG GRUR 1991, 144 – Dr. Schocks; OLG Düsseldorf GRUR 1989, 137 (138); aA OLG Karlsruhe WRP 1989, 408 (411).

[2613] BPatG GRUR 1991, 144 – Dr. Schocks; BGH GRUR 1995, 612 (614) – Sauerstoff-Mehrschritt-Therapie.

[2614] OLG Jena GRUR-RR 2005, 354 – Lackdoktor.

[2615] BGH GRUR 1998, 391 (393) – Dr. St.. .. Nachf.; BGHZ 53, 65 (68) – Doktor-Firma. AA für die Personenfirma der GmbH nach § 4 GmbHG aF *Hönn* ZHR 153, 386 (414); *Wessel/Zwernemann/Kögel* Rn. 517.

[2616] Verneint in OLG Frankfurt a. M. DB 1977, 1253 – Dr. X & Co. Druck und Papier.

[2617] BGH GRUR 1998, 391 (393) – Dr. St. ... Nachf.; BGHZ 53, 65 (68) – Doktor-Firma; OLG München GRUR-RR 2006, 89 (90).

[2618] OLG Düsseldorf GRUR 1992, 187 (188) – Werbung mit Doktor-Titel.

[2619] BGH GRUR 1992, 120 (122) – „Dr. Stein ... GmbH"; 1965, 610 (611) – Diplom-Ingenieur; BGHZ 10, 196 (202) – DUN-Europa.

nehmen und die angebotenen Waren und Dienstleistungen beziehen. Eine mögliche Zuordnungsverwirrung, die sich aus der Gestattung einer Namensfortführung ergeben kann, genügt nicht.[2620] Rechtsanwälte und Patentanwälte dürfen den Namen eines ausgeschiedenen Sozius mit dessen Zustimmung[2621] daher selbst dann noch in der (Kurz-) Bezeichnung der Kanzlei führen, wenn der Ausgeschiedene danach in einer anderen Kanzlei tätig wird.[2622] Etwas anderes gilt, wenn mit dem Namen des Ausgeschiedenen beim Verkehr besondere Gütevorstellungen über die Leistungen der Kanzlei verbunden sind, die mit seinem Ausscheiden von den übrigen Anwälten nicht mehr erfüllt werden. Auf dem **Briefkopf** einer Kanzlei dürfen ausgeschiedene Sozien allerdings nur weiter geführt werden, wenn ihr Ausscheiden kenntlich gemacht wird und sie nicht anderweitig tätig sind.[2623]

Weniger strenge Grundsätze gelten bei **Marken.** Hier wird der Verkehr im Regelfall 920
nicht davon ausgehen, dass der Träger eines akademischen Titels die Herstellung der Waren, die ua mit diesem Titel gekennzeichnet sind, überwacht oder in diesem Betrieb (noch) tätig ist.[2624] Ebenso wenig wird der Verkehr irregeführt durch die (fortgesetzte) Benutzung einer Marke, die aus dem Namen einer Person besteht, wenn diese Person früher in dem Unternehmen mitgewirkt hat, dann aber aus ihm ausgeschieden ist, sofern die Eigenschaften und Merkmale der entsprechenden Ware weiterhin von demselben Unternehmen, das Inhaber der Marke ist, gewährleistet werden.[2625] Zur Irreführung über „Markenware" → § 5 Rn. 470.

3. Prof.-Titel. Bei der Verwendung von Professorentiteln, die der Durchschnittsver- 921
braucher als **Berufsbezeichnung** versteht (vgl. § 42 HRG) und nicht als reinen Ehrentitel erkennt, gelten dieselben Anforderungen wie für die Erwähnung von Dr.-Titeln in der Werbung. Dh der Benannte muss grundsätzlich zur Führung der Bezeichnung in Deutschland berechtigt sein[2626] und diesen – je nach Einzelfall – auf einem oder einem von mehreren Fachgebieten erworben haben.[2627] Dabei stellt der durchschnittlich informierte und verständige Durchschnittsverbraucher zwar **nicht mehr** in allen Fällen vollständig auf das **klassische Universitäts-Professorenbild** ab, das eine Habilitation, ein besoldetes Hochschullehramt oder zumindest eine auf Dauer eingerichtete Eingliederung in eine Hochschule und eine Forschungs- und Lehrtätigkeit dort voraussetzt. Er rechnet vielmehr damit, dass im Einzelfall das eine oder andere Kriterium fehlen kann. Es dürfen jedoch nicht sämtliche Kriterien fehlen. Das gilt insbesondere bei der Verwendung von Professorentiteln in der Heilmittelwerbung.[2628] Da das Fehlen einer Habilitation sowie die fehlende auf Dauer ausgerichtete Eingliederung in eine Hochschule meist leicht zu erkennen sind, hängt hier die Rechtmäßigkeit der Titel-Verwendung häufig von der Forschungs- und Lehrtätigkeit ab. Dafür genügt es nicht, dass die Forschungsergebnisse eines kommerziellen Unternehmens auch einer Hochschule zur Verfügung gestellt werden, da dies keine unabhängige Forschung im Rahmen der Professorenstellung ist.[2629] Ob die Hochschule eine entsprechende **Befreiung von der Lehrtätigkeit** erteilt hat, ist im

---

[2620] BGH GRUR 2002, 703 (705) – Vossius.

[2621] Andernfalls bestehen Unterlassungsansprüche nach § 12 BGB, siehe zB OLG Hamburg BRAK-Mitt. 2003, 40.

[2622] BGH GRUR 2002, 703 (705) – Vossius. Siehe auch § 10 Abs. 4 BORA.

[2623] BGH GRUR 1997, 925 (927) – Ausgeschiedener Sozius; EGH Schleswig-Holstein AnwBl 1991, 212 (213); vgl. auch § 10 Abs. 4 BORA.

[2624] BPatG GRUR 1991, 144 (145) – Dr. Schock's.

[2625] EuGH Urt. v. 30.3.2006 – C-259/04, GRUR 2006, 416 Rn. 48 f. – Elizabeth Emanuel.

[2626] Nach den Landeshochschulgesetzen wird die akademische Bezeichnung „Professor" mit der Ernennung zum Professor verliehen, vgl. etwa § 103 Abs. 1 Berliner Hochschulgesetz in der Fassung v. 26.7.2011.

[2627] BGH GRUR 1995, 612 (614) – Sauerstoff-Mehrschritt-Therapie; KG NJW-RR 2003, 64 (65) – Prof. h. c. (GCA).

[2628] BGH GRUR 1987, 839 (840) – Professorentitel in der Arzneimittelwerbung; GRUR 1989, 445 (446) – Professorenbezeichnung in der Arztwerbung I; GRUR 1992, 525 (526) – Professorenbezeichnung in der Arztwerbung II; GRUR 1998, 487 (488) – Professorenbezeichnung in der Arztwerbung III; KG NJW-RR 2003, 64 (65) – Prof. h. c. (GCA).

[2629] BGH GRUR 1987, 839 (840) – Professorentitel in der Arzneimittelwerbung.

Regelfall für die wettbewerbsrechtliche Beurteilung irrelevant. Denn der Durchschnittsverbraucher erwartet eine solche Befreiung im Regelfall nicht.

922 Bei anderen als Heilberufen ist hingegen Zurückhaltung geboten. Hier ist zu prüfen, ob auf Grund der konkreten Werbung der durchschnittlich informierte und verständige Verbraucher erwartet, der Titelträger sei **Universitätsprofessor, Hochschulprofessor** oder **Professor an einer Fachhochschule.** Der Verbraucher weiß, dass die Voraussetzungen zur Erlangung des Professorentitels unterschiedlich sind[2630] und dass an Professoren-Titel von Fachhochschulen geringere Anforderungen gestellt werden als an Universitätsprofessoren.[2631] Werden diese Voraussetzungen erfüllt, ist die Werbung mit dem Professorentitel rechtmäßig. Der Verbraucher erwartet heute nicht mehr hinter jedem Träger eines Professoren-Titels einen Universitätsprofessor (als sog. Professor im engeren Sinn), wohl aber die Erfüllung gewisser Qualitätsmerkmale.[2632] Außerdem ist es irreführend, wenn durch eine Wortwahl („Atlasprof.") der Eindruck erweckt wird, es handele sich um einen Professor, während der Begriff nur auf eine „prophylaktische Behandlung" und eine berufliche Professionalität zum Ausdruck gebracht werden soll.[2633]

923 **4. Diplom/Dipl.-Ing.** Die gleichen Anforderungen wie bei Doktor-Titeln gelten im Grundsatz auch bei akademischen Graden wie „Diplom" oder „Dipl.-Ing.". Unter einem **„Diplom"** versteht der Verkehr in erster Linie einen Abschluss an einer (Fach-) Hochschule;[2634] nach Duden wird auch die Prüfung bei einer Handwerkskammer erfasst; die Gerichte stellen allerdings allein auf ein abgeschlossenes **(Fach-)Hochschulstudium** ab. Das gilt für einen **„Diplom-Tierpsychologen"**[2635] ebenso wie für die Werbung einer **Fachkosmetikerin** mit einem „Diplom".[2636] Nach Auffassung des BGH soll etwas anderes gelten, wenn die adjektivierte Form **„diplomiert"** im Zusammenhang mit Berufen wie den vorgenannten verwendet wird, die grundsätzlich kein Hochschulstudium voraussetzen.[2637] Diese Auffassung ist abzulehnen. Das Argument des BGH, die Verwendung der adjektivierten Form deute gerade auf das Fehlen eines akademischen Grades hin, überzeugt nicht. Ebenso irreführend ist es, wenn der Titel nur von einer privaten Firma/Schule verliehen wurde. Dementsprechend ist auch der akademische Grad **„Dipl.-Ing."** Personen vorbehalten, die erfolgreich eine Ingenieurausbildung an einer Hochschule absolviert haben. Der in der DDR erlangte Ingenieurhochschulabschluss als **„Diplomingenieurökonom"** hingegen ist für Zwecke des § 6 Nr. 4 StBerG einem Abschluss in einem steuer- und wirtschaftsberatenden oder in einem kaufmännischen Ausbildungsberuf gleichgestellt (vgl. auch Art. 37 Abs. 1 Einigungsvertrag).[2638] Bei der Fortführung des Titels „Dipl.-Ing." in der **Unternehmensbezeichnung** eines Unternehmens, bei dem der frühere Inhaber diesen Titel führen durfte, muss wenigstens einer der Nachfolger ebenfalls zur Führung des Titels berechtigt sein.[2639] Andernfalls kommt die Fortführung nur mit Nachfolgezusatz in Betracht; die Auflistung der einzelnen Gesellschafter ohne Dipl.-Ing. Zusatz genügt nicht (auch → Rn. 919).

Zur Berufsbezeichnung **„Ingenieur"** nachfolgend → Rn. 942.

924 **5. Ausländische akademische Grade und Berufsbezeichnungen.** Das Führen von akademischen Graden kann die **Arbeitnehmerfreizügigkeit** (Art. 45 AEUV) und die

---

2630 OLG München NJW-RR 1989, 1439 (1441); OLG Bremen GRUR 1978, 258.
2631 OLG Bremen GRUR 1978, 258.
2632 LG Baden-Baden WRP 2011, 1498 (1499).
2633 OLG Hamm GRUR-RR 2009, 430 (431).
2634 OLG Köln GRUR-RR 2003, 160 – Diplom; OLG Hamm WRP 2007, 1276 (1279) – Diplom-Tierpsychologe; LG Frankfurt a. M. WRP 2007, 109 (111); 2007, 222 (Ls.).
2635 OLG Hamm WRP 2007, 1276 (1279) – Diplom-Tierpsychologe.
2636 OLG Köln GRUR-RR 2003, 160 – Diplom.
2637 BGH GRUR 2014, 494 Rn. 15 – Diplomierte Trainerin.
2638 OLG Brandenburg OLG Report 2006, 71 (72).
2639 BGH GRUR 1965, 610 (611) – Diplom-Ingenieur.

Dienstleistungsfreiheit (Art. 56 AEUV) berühren. Die Voraussetzungen, unter denen in anderen Mitgliedstaaten der EU erworbene akademische Grade geführt werden dürfen, sind daher an diesen Marktfreiheiten zu messen[2640] mit der Folge, dass ein entsprechendes Führen zwar nicht genehmigungsfrei möglich ist, der Inhalt der behördlichen Überprüfung aber beschränkt ist. Die neueren Landeshochschulgesetze und entsprechende Verordnungen sehen daher vor, dass ausländische akademische Grade, die von einer nach dem Recht des Herkunftslandes staatlichen oder **staatlich anerkannten Hochschule** nach einem ordnungsgemäß **durch Prüfung abgeschlossenen Studium** verliehen worden sind, unter **Angabe der verleihenden Hochschule** geführt werden dürfen.[2641] Erfolgt keine Angabe, so geht der Verkehr von einem inländischen Titel aus, was irreführend ist.[2642] Wird lediglich der Ort der verleihenden Hochschule angegeben, ist danach zu differenzieren, ob die Ortsangabe eindeutig auf eine Universität hinweist oder mehrdeutig ist.[2643] Ist die Angabe eindeutig, so fehlt es an der Relevanz einer Irreführung. Eine Irreführung liegt demgegenüber vor, wenn die mehrdeutige Ortsangabe auf eine berühmte Universität hindeutet, der Titel aber von einer wissenschaftlich eher unbekannten Universität verliehen wurde.[2644] Für akademische Grade von Hochschulen der EU-Mitgliedstaaten oder des EWR wird teilweise ebenfalls auf die Angabe der betreffenden Hochschule verzichtet.[2645] Durch **Titelkauf** erworbene Grade werden allerdings **nicht anerkannt.** Entsprechendes gilt für Hochschultitel und Hochschultätigkeitsbezeichnungen sowie für ausländische Ehrengrade, sofern diese von einer zur Verleihung berechtigten Stelle verliehen wurden. Der EuGH erkennt allerdings auch den Schutz vor irreführender Verwendung von akademischen Graden an, die nicht in Übereinstimmung mit den Vorschriften des Landes verliehen wurden, in dem der Titel geführt werden soll. Jedoch muss die Einschränkung zu diesem Zweck geeignet und erforderlich sein. Die Vergleichbarkeit der verleihenden Hochschule mit einer deutschen staatlichen Hochschule oder vergleichbare Studien- und Prüfungsleistungen sollen nach Auffassung des Bundesverwaltungsgerichts nicht dazugehören.[2646] Auf der anderen Seite enthalten manche Gesetze die Einschränkung, dass der verliehene Hochschulgrad nach europäischem Rechtsverständnis ein Hochschulgrad sein muss.[2647]

Bei einem **„Diplom"** oder anderen Titeln ausländischer **(Fach-)Hochschulen** gelten die gleichen Grundsätze wie bei Dr.-Titeln. Es kommt darauf an, ob die entsprechenden (Fach-)Hochschulen staatlich anerkannt sind, ob die Titel im Herkunftsland nach einem ordnungsgemäß durch Prüfung abgeschlossenen Studium rechtmäßig verliehen wurden.[2648] Sollte der Titel hingegen im Ausland bereits aufgrund geringerer Anforderungen geführt werden dürfen, so ist dies für die Beurteilung nach deutschem Recht nicht bindend, es sei denn, es bestünden entsprechende **bilaterale Vereinbarungen.** Darf ein Titel in Deutschland nicht geführt werden, dann nützt auch die Angabe der Quelle nichts. Anders kann es sich bei der Bezeichnung als **„diplomierter XY"** verhalten. Die Verwendung dieses in Deutschland ungebräuchlichen Adjektivs ist mit der Verwendung von „Dipl." nicht gleichzusetzen und kann in Bereichen, in denen der Verkehr mit der Verwendung des Titels „Diplom" bzw. „Dipl." rechnet, zutreffend gerade eher auf das Fehlen eines Diploms hindeuten, so zB für eine in Österreich **„Diplomierte Legasthenie- und Dyskalkulie-** 925

[2640] EuGH Urt. v. 31.3.1993 – C-19/92, EuZW 1993, 322 – Kraus.
[2641] Vgl. zB § 34a BerlHG, § 22 Hessisches HochschulG; Art. 68 BayHschG. Siehe auch LG Bochum WRP 2004, 259: Irreführende Werbung durch Verwendung eines Diplom-Titels einer nicht anerkannten ausländischen Einrichtung. Hierzu umfassend *Hailbronner* EuZW 2007, 39 ff.
[2642] OLG Stuttgart GRUR-RR 2014, 454; die Verfassungsbeschwerde gegen diese Entscheidung wurde als offensichtlich unbegründet zurückgewiesen, StGH Baden-Württemberg GRUR 2016, 1198.
[2643] KG NJW 2012, 3589 (3590).
[2644] KG NJW 2012, 3589 (3590).
[2645] § 34a Abs. 1 S. 3 BerlHG, § 22 Abs. 1 S. 3 Hessisches HochschulG.
[2646] BVerwGE 105, 336.
[2647] ZB § 22 Abs. 1 S. 1 Hessisches HochschulG.
[2648] Vgl. LG Bochum WRP 2004, 259 – Ausländischer Diplom-Titel.

Trainerin".[2649] Das Hinzufügen eines abgekürzten Zusatzes der privaten Ausbildungsstätte, der weder auf eine im Inland erworbene noch im Inland anerkannte akademische Ausbildung hinweist, kann den zutreffenden Eindruck des Fehlens der akademischen Ausbildung sogar unterstützen.[2650] Der Umstand, dass eine private Akademie, deren Lehrinhalte nicht staatlich reglementiert waren und bei deren Ausbildungsabschlüssen auch keine amtliche Stelle mitwirkt, ihr Zeugnis als „Diplom" bezeichnet, berechtigt somit nicht, sich in Deutschland als *„diplomierter Atlas Spezialist"* zu bezeichnen.[2651]

926 Bei der Verwendung von **Professortiteln** in der Produktwerbung[2652] erwartet der durchschnittlich verständige und informierte Durchschnittsverbraucher nach der bisherigen Rechtsprechung des BGH, dass die sachlichen Anforderungen erfüllt werden, die der Verkehr mit einem (deutschen) Professorentitel verbindet.[2653] Da er die zumindest teilweise Erfüllung der herkömmlichen Merkmale eines Professorentitels erwarte, seien Veröffentlichungen oder Ausbildungen in Deutschland nicht als Erfüllung der Lehrtätigkeit an einer ausländischen Hochschule anzusehen.[2654] Es komme nicht darauf an, ob der Titelträger von den üblicherweise erwarteten Pflichten befreit worden sei. Auch komme es nicht darauf an, ob der Titel im Ausland rechtmäßig verliehen wurde. Andererseits gehe der Verkehr nicht davon aus, dass ein in Deutschland verliehener Professorentitel einem im Ausland verliehenen Titel automatisch überlegen sei.[2655] Diese Rechtsprechung wird zunächst auch noch auf der Basis der **neueren Landeshochschulgesetze** Bestand haben, die nicht nur für akademische Grade, sondern auch für Hochschultätigkeitsbezeichnungen gelten sollen.[2656] Denn bei der Prüfung der Irreführung iSd § 5 UWG ist nicht auf die öffentlich-rechtliche Befugnis zur Führung des Professorentitels, sondern auf die von dem Titel ausgelösten Erwartungen der im geschäftlichen Verkehr angesprochenen Verkehrskreise abzustellen.[2657] Und dabei kommt es auch darauf an, für welche Dienstleistung bzw. für welches Produkt geworben wird. Es geht also nicht allein darum, ob man irgendwie zur Führung dieser Berufsbezeichnung berechtigt ist. Diese Erwartungen können sich aber in Zukunft möglicherweise ändern, da es nach den Landeshochschulgesetzen vor allem auf die rechtmäßige Verleihung im Ausland, also die Kompetenz der zuständigen Stelle und die Vergabe in Übereinstimmung mit den Vorschriften des Herkunftslandes ankommt, nicht aber auf die inhaltliche Vergleichbarkeit.[2658] Je bekannter diese Rechtslage wird, desto mehr wird das die Erwartung der angesprochenen Verkehrskreise beeinflussen. Ebenso wie heute in der Rechtsprechung auch **nicht mehr auf das klassische Professorenbild abgestellt** wird und dies damit begründet wird, dass die zwischenzeitlichen Veränderungen im Hochschulrecht, die teilweise die Anforderungen für ein Professorenamt herabgesetzt haben, auch im außerwissenschaftlichen Bereich die entsprechenden

[2649] BGH GRUR 2014, 494 Rn. 15 – Diplomierte Trainerin. Das LG Frankfurt a. M. WRP 2007, 109 (111) hatte hingegen die Bezeichnung als „diplomierter Atlas Spezialist" aufgrund einer Ausbildung in der Schweiz für unzulässig gehalten.

[2650] BGH GRUR 2014, 494 Rn. 15 – Diplomierte Trainerin. Das LG Frankfurt a. M. WRP 2007, 109 (111) hatte hingegen der Hinzufügung der Ausbildungsstätte „Atlas Academy Switzerland" keine Bedeutung zugemessen.

[2651] LG Frankfurt a. M. WRP 2007, 109 (111).

[2652] Entsprechendes gilt in der Werbung für Dienstleistungen.

[2653] BGH GRUR 1987, 839 (840) – Professorentitel in der Arzneimittelwerbung; GRUR 1989, 445 (446) – Professorenbezeichnung in der Arztwerbung I; GRUR 1992, 525 (526) – Professorenbezeichnung in der Arztwerbung II; GRUR 1998, 487 (488) – Professorenbezeichnung in der Arztwerbung III; OLG München NJW-RR 1989, 1439 (1441).

[2654] BGH GRUR 1992, 525 (527) – Professorenbezeichnung in der Arztwerbung II.

[2655] BGH GRUR 1992, 525 (526) – Professorenbezeichnung in der Arztwerbung II.

[2656] Die Vorschriften über das Führen der akademischen Grade gelten jeweils entsprechend; § 31 Abs. 3 HochSchG-Rheinland-Pfalz setzt zusätzlich voraus, dass der ausländische Professorentitel auf der Grundlage besonderer wissenschaftlicher Leistungen verliehen wurde.

[2657] BGH GRUR 1987, 839 (840) – Professorentitel in der Arzneimittelwerbung.

[2658] Allerdings scheidet damit eine Unlauterkeit nach § 3a UWG regelmäßig aus und zwar unabhängig von der Frage, ob es sich bei den Landeshochschulgesetzen überhaupt um Marktverhaltensregelungen handelt.

Vorstellungen des Verkehrs verändert haben.[2659] Noch geringere Anforderungen gelten bei der Verwendung von **Ehrentiteln** (zB „Dr. h. c." oder „Prof. h. c."), die auch als solche erkennbar sind. Diese können häufig genehmigungsfrei geführt werden. Auch hier wird sich bei der Verwendung in einer bestimmten, produkt- oder dienstleistungsbezogenen Werbung aber im Regelfall die Erwartung des Verkehrs ergeben, dass der Inhaber auch durch **besondere Leistungen** auf dem Gebiet, auf dem der Titel verliehen ist, ausgewiesen ist.[2660] Zudem ist anzugeben, welche Hochschule den Ehrengrad verliehen hat.[2661]

Das Führen der **Übersetzung einer ausländischen Berufsbezeichnung,** die einer in Deutschland geschützten Berufsbezeichnung entspricht, kann ebenfalls irreführend sein. Das gilt allerdings nicht für Bezeichnungen wie „griechischer Wirtschaftsprüfer", wenn weder eine Bestellung zum (deutschen) Wirtschaftsprüfer vorliegt noch in Griechenland die Berufsbezeichnung „Wirtschaftsprüfer" geführt werden darf.[2662] 927

6. Architekt/Architektur. Als „Architekt" darf sich nach den Regelungen in den Landes-Architektengesetzen nur bezeichnen, wer **in die Architektenliste der Architektenkammern eingetragen** ist.[2663] Diese Eintragung kann auch nicht dadurch ersetzt werden, dass ein in dem jeweiligen Bundesland niedergelassener Architekt bereits in die Architektenliste eines anderen EU-Mitgliedstaates eingetragen ist. Eine solche Anforderung berührt zwar die Niederlassungsfreiheit des Architekten, ist aber nach Art. 4 Abs. 1 der Richtlinie 2005/36/EG über die Anerkennung von Berufsqualifikationen erlaubt.[2664] Auch die Werbung mit **„Innenarchitektur"** als Berufs- oder Tätigkeitsbezeichnung ist nur demjenigen erlaubt, der in die Architektenliste eingetragen ist.[2665] Entsprechendes gilt für **Gesellschaften,** die das Wort „Architekt" oder „Architektur" **in ihrer Firma** zur Kennzeichnung ihrer eigenen Tätigkeit führen wollen, wenn sie nach den maßgeblichen Bestimmungen der Länder **als solche in die Architektenliste eingetragen** werden können.[2666] Ob die Eintragung eines oder aller Geschäftsführer dieses Unternehmens genügt[2667] bzw. ob die Eintragung eines prägenden Gesellschafters[2668] ausreicht, ist in der Rechtsprechung umstritten. Hierauf kommt es aber auch nicht an, wenn die Gesellschaft als solche eingetragen werden kann. Dann ist allein maßgeblich, ob sie eingetragen ist, wobei ein maßgeblicher Einfluss von eingetragenen Architekten auf die Geschäfte der Gesellschaft dafür eine Voraussetzung sein kann. Die Sach- und Rechtslage ist insoweit anders als bei Verwendung eines Doktortitels in der Firma eines Unternehmens (→ Rn. 916 ff.), denn dort weiß der durchschnittlich informierte und verständige Verbraucher, dass die Gesellschaft als solche nicht Trägerin des Dr.-Titels sein kann. Allerdings kann eine nicht in die Architektenliste eingetragene Gesellschaft auch dadurch auf die (zutreffende) Tätigkeit von Architekten hinweisen, indem sie in der Werbung ihrer Firma, in der sie nicht als Architektengesellschaft bezeichnet wird (sondern zB als Ingenieurgesellschaft mbH), **Zusätze** 928

[2659] BGH GRUR 1987, 839 (840) – Professorentitel in der Arzneimittelwerbung.

[2660] Vgl. LG Stuttgart MD 2007, 512 f.

[2661] OLG Stuttgart GRUR-RR 2014, 454 – Akademischer Ehrengrad zur Zulässigkeit des Führens ausländischer Ehrentitel.

[2662] OLG Düsseldorf GRUR-RR 2011, 10 (11) – Griechischer Wirtschaftsprüfer.

[2663] Vgl. etwa § 1 Abs. 1 Sächsisches Architektengesetz in der Fassung der Bekanntmachung vom 7.3.2017 (SächsGVBl. S. 102, ber. S. 237), § 2 Abs. 1 Baden-Württembergisches Architektengesetz idFv 28.3.2011 (GBl. S. 152); § 2 Abs. 1 und 2 NRWBauKAG v. 16.12.2003 (GBl. 2003 S. 786).

[2664] BGH GRUR 2010, 1115 Rn. 15 – Freier Architekt.

[2665] Vgl. BGH GRUR 1980, 855 (856 f.) – Innenarchitektur (Verstoß gegen § 1 UWG aF). Entsprechendes gilt für *„Garten und Landschaftsarchitekt"* sowie *„Stadtplaner"* je nach Landesrecht, Köhler/Bornkamm/Feddersen/*Bornkamm/Feddersen* UWG § 5 Rn. 4.171.

[2666] OLG Nürnberg GRUR 1983, 453. Diese Möglichkeit besteht zB in Rheinland-Pfalz bei der GmbH, vgl. § 3 Abs. 4 Rheinland-Pfälzisches Architektengesetz v. 16.12.2005 (GVBl. S. 505); ebenso § 8 NRWBauKaG.

[2667] Ablehnend: OLG Nürnberg GRUR 1983, 453; OLG Hamm WRP 2002, 1103 (1105); dafür OLG Düsseldorf GRUR 1996, 370 (371 f.).

[2668] Dafür: OLG Hamm WRP 2002, 1103 (1105). Dagegen: OLG Nürnberg GRUR 1983, 453.

beifügt wie zB *„Beratende Ingenieure und Architekten"*.[2669] Denn auch wenn die Gesellschaft als solche nicht in die Architektenliste eingetragen ist, muss es ihr möglich sein, auf die berufliche **Qualifikation ihrer Mitarbeiter** hinzuweisen.[2670]

929 **Weitergehende Anforderungen** können sich aus den **Architektengesetzen der Länder** ergeben. Mittlerweile sehen die Landes-Architektengesetze besondere Regeln über die Führung von Berufsbezeichnungen in Gesellschaften vor. Oftmals werden bei den Architektenkammern besondere Verzeichnisse über Berufsgesellschaften geführt.[2671] Im Einzelnen bestehen hier je nach Landesrecht aber erhebliche Unterschiede. Sehen die Gesetze nur die Billigung durch einen Architekten vor (zB für die Einreichung genehmigungspflichtiger Bauvorlagen), ist eine Werbung mit einer entsprechenden Tätigkeit durch ein Unternehmen selbst dann nicht rechtswidrig, wenn dort zwar kein Architekt in relevanter Stellung beschäftigt ist, wohl aber die Billigung eines auswärtigen Architekten vorliegt.[2672] Ein nicht in die Architektenliste eingetragenes Unternehmen darf für ein **„Architektenhaus"** werben, wenn dieses Haus von einem Architekten geplant wird. Denn „Architekt" wird dann nicht als Berufsbezeichnung, sondern als Produktbezeichnung verwendet.[2673] Auch die Bezeichnung **„Dipl-Ing. Architektur"** stellt keine Berufsbezeichnung dar, sondern nur den Hinweis auf einen akademischen Grad, was nach den maßgeblichen Landesgesetzen erlaubt sein kann.[2674]

930 **7. Handwerker, handwerkliche Leistungen, Meister, Meisterbetrieb.** Irreführend handelt, wer sich besonderer handwerklicher Fähigkeiten berühmt, indem er für eine handwerkliche Tätigkeit wirbt, die nur von einem **zulassungspflichtigen Handwerksbetrieb iSd § 1 Abs. 1 HwO** erbracht werden darf, obwohl er nicht als Inhaber in die Handwerksrolle eingetragen ist[2675] oder indem er nicht alle Leistungen anbietet, die von einem entsprechenden Handwerker erbracht werden.[2676] Dazu zählt beispielsweise die Bezeichnung eines Betriebs als **„Gebäudereinigung"**, obwohl der Inhaber nicht in die Handwerksrolle eingetragen ist[2677] oder die Werbung eines Automobilbetriebs mit Leistungen wie *„Abgastest, Autoglaserei, Karosserie, Lackiererei, Werkstatt"*.[2678] Dabei kommt es heute, nach **Abschaffung des sog. Inhaberprinzips,** für die Eintragung als Inhaber nicht mehr darauf an, dass der Inhaber des Betriebs in seiner Person die handwerksrechtliche Befähigung besitzt. Stattdessen kommt es auf die Person des **Betriebsleiters** an, was auch Personengesellschaften die Eintragung als Inhaber ermöglicht. Davon zu unterscheiden ist die Frage, wer die relevante Leistung erbringt. Bei der Auftragsvergabe an einen „Handwerker" oder „Handwerkerservice" geht der Verkehr in der Regel davon aus, dass die Leistungen von dem beauftragten Handwerker / Handwerksbetrieb und nicht von einem Subunternehmer erbracht werden. Geschieht dies nicht, etwa weil nicht ausreichend Meister vorhanden sind, kann die Werbung mit diesen Leistungen irreführend sein. Das gilt selbst dann, wenn es sich bei den eingeschalteten Dritten ebenfalls um (selbständige) Handwerker handelt.[2679] Etwas anderes gilt allerdings für KfZ-Werkstätten und Angaben zur

---

[2669] BVerfG 14.8.2004 – 1 BvR 2338/03, BeckRS 2004, 16885 Rn. 22.

[2670] BVerfG NJW-RR 2008, 909 Rn. 24. Anders natürlich, wenn die Gesellschaft keinen Architekten beschäftigt, OLG Hamm WRP 2019, 1588 – Architekturleistung.

[2671] Vgl. etwa neben dem bereits genannten NRWBauKaG, §§ 2a, 2b Baden-Württembergisches Architektengesetz idFv 28.3.2011 (GBl. S. 152) für Partnerschaften und GmbH; Art. 8, 9 Bayerisches Baukammerngesetz v. 9.5.2007 (GVBl. S. 308); § 7 Brandenburgisches Architektengesetz v. 11.1.2016 (GVBl. I Nr. 2); §§ 2 Abs. 4, 4 Abs. 1 Bremisches Architektengesetz v. 2.2.1990 idF vom 25.2.2003 (GBl. S. 53).

[2672] OLG Frankfurt a. M. GRUR 1991, 779 f. – Bauberatung.

[2673] OLG München NJW-RR 1991, 621.

[2674] OLG Frankfurt a. M. OLG-Rp 1999, 243.

[2675] BGH GRUR 1993, 397 (398) – Trockenbau; GRUR 1989, 432 (433) – Kachelofenbauer I; GRUR 1992, 123 (124) – Kachelofenbauer II.

[2676] BGH GRUR 2017, 418 Rn. 19 – Optiker-Qualität.

[2677] OLG Stuttgart WRP 1986, 358; OLG Koblenz WRP 1988, 555; damals war noch auf den Inhaber abzustellen; nach neuem Recht ist der Betriebsleiter maßgebend.

[2678] LG Halle/Saale WRP 2016, 1437 f.

[2679] KG WRP 2017, 1495 Rn. 39 ff., 42.

Durchführung der HU / AU. Insoweit ist dem durchschnittlich informierten Verbraucher bekannt, dass die Untersuchungen zwar in den Räumen der Werkstatt (als sog. Prüfstützpunkt), aber durch eine dafür zuständige, externe Überwachungsorganisation (TÜV oder Dekra) durchgeführt werden.[2680]

Bei der relevanten Tätigkeit muss es sich um eine **wesentliche Handwerkstätigkeit** 931
handeln, die den **Kernbereich** eines Handwerks ausmacht und ihm sein **essentielles Gepräge** gibt. Fallen in einem Betrieb hingegen lediglich Tätigkeiten an, die ohne Beherrschung in handwerklicher Schulung erworbener Kenntnisse und Fähigkeiten einwandfrei und gefahrlos ausgeführt werden können, so liegt nur ein **Minderhandwerk** vor, das dem Anwendungsbereich der HwO nicht unterfällt.[2681] Abzugrenzen von der Werbung für einen zulassungspflichtigen Handwerksbetrieb sind außerdem die Werbung für einen **Nebenbetrieb,** der ebenfalls ausnahmsweise nicht in die Handwerksrolle eingetragen werden muss, wenn eine handwerkliche Tätigkeit nur in unerheblichem Umfang[2682] ausgeübt wird oder es sich um einen Hilfsbetrieb handelt (§ 3 HwO).

Außerdem gilt es zu unterscheiden, ob eine einzelne Person oder ein Betrieb bezeichnet 932
werden sollen. Anfällig für eine Irreführungsgefahr ist in der Praxis insbesondere die Werbung mit der Ausbildungs-Qualifikation als **„Meister".** Diese Aussage ist im Regelfall **personenbezogen.**[2683] Die personenbezogene Bezeichnung „Meister" in Verbindung mit einem zulassungspflichtigen Handwerk darf nur führen, wer in seiner Person für dieses zulassungspflichtige Handwerk die Meisterprüfung bestanden hat, § 51 HwO. Ein Verstoß dagegen kann nach § 3a UWG geahndet werden, ist in der Regel zugleich aber auch irreführend iSv § 5 UWG. Dabei kommt es nicht darauf an, ob der vermeintliche Meister die Qualifikation überhaupt nicht hat oder ob er sie für eine andere handwerkliche Tätigkeit erworben hat als die beworbene. Die Bezeichnung als **„Meisterbetrieb"** hingegen stellt **nicht auf die einzelne Person** ab. Diese Bezeichnung ist nach Aufhebung des § 7 Abs. 4–6 HwO zumindest dann nicht (mehr) irreführend, wenn der Betriebsleiter die Meisterqualifikation für das ausgeübte Handwerk oder für ein diesem verwandtes Handwerk besitzt.[2684] Denn mittlerweile erlaubt § 7 Abs. 1 HwO jeder natürlichen oder juristischen Person und jeder Personengesellschaft einen zulassungspflichtigen Handwerksbetrieb zu eröffnen, wenn es einen entsprechend qualifizierten Betriebsleiter gibt. Aber auch insoweit darf ohne klarstellenden Hinweis nicht für eine umfangreichere Tätigkeit geworben werden als die Qualifikation erlaubt. So darf ein einzelner Tischlermeister, dessen berufliche **Qualifikation** (als Inhaber und Betriebsleiter) auch/nur den Trockenbau im Innenbereich umfasst, nicht ohne Beschränkung mit „Trockenbau" werben, wenn dadurch der Eindruck entsteht, auch für Trockenbauarbeiten im Außenbereich beruflich qualifiziert zu sein.[2685]

8. Weitere Einzelfälle.[2686] Mit der Bezeichnung **„AdvoGarant"** für eine Kooperation 933
von Rechtsanwälten und Notaren verbindet der verständige Verbraucher nicht die Erwartung einer Gewähr für besondere Güte oder Qualität.[2687] Ebenso ist dem durchschnittlich informierten und verständigen Verbraucher bekannt, dass Gattungsbegriffe als Domainnamen registriert werden können.

[2680] OLG Frankfurt a. M. GRUR-RR 2016, 519 Rn. 22 – HU/AU.

[2681] BGH GRUR 1989, 432 (434) – Kachelofenbauer I; BVerwGE 58, 217 (222); BVerwG GewArch 1984, 96 (97).

[2682] Eine handwerkliche Tätigkeit ist nach § 3 Abs. 2 HwO „unerheblich", wenn sie während eines Jahres die durchschnittliche Arbeitszeit eines ohne Hilfskräfte Vollzeit arbeitenden Betriebs des betreffenden Handwerkszweigs nicht übersteigt.

[2683] Entsprechendes gilt für den Gewinn einer „Meisterschaft" als Sieg in einem bestimmten Wettbewerb, OLG Dresden WRP 2010, 1285.

[2684] So im Ergebnis schon OLG Köln NJW-RR 1987, 1325 (1326).

[2685] BGH GRUR 1993, 397 (398) – Trockenbau.

[2686] Siehe zur Zulassung auch *Dreyer* → § 5 Rn. 964.

[2687] OLG Köln MD 2003, 565 – „AdvoGarant".

934 Die Bezeichnung **„Akademie"** ist heutzutage mehrdeutig; der Verkehr hat über deren Inhalt heute **keine klaren Vorstellungen** mehr.[2688]

935 Bei der Angabe von Tätigkeitsgebieten von **Ärzten** auf Briefköpfen und Praxisschildern sind insbesondere die Regelungen in den Berufsordnungen zu beachten. Danach sind Hinweise auf allgemeine Behandlungsmethoden und apparative Ausstattungen verboten, wenn sie fälschlich eine besondere Qualifikation für einen bestimmten Bereich vorspiegeln.[2689] Erlaubt sind hingegen Angaben zu bestimmten Richtungen, die es allgemein gibt und über die der Patient sich daher erkundigen kann, mögen sie auch noch nicht von der Schulmedizin anerkannt sein.[2690] Im Ausland approbierte Ärzte dürfen sich in Deutschland nur dann als Arzt bezeichnen, wenn sie nach § 2 BÄrzteO im Inland als Arzt arbeiten dürfen. Wer **Heilpraktiker** ist, darf nicht den Eindruck erwecken, er erbringe ärztliche Leistungen. Dementsprechend darf auch ein Verband, der (nur) die berufsständischen Interessen von freien Heilpraktikern vertritt, im Vereinsnamen nicht die Bezeichnung **„Naturärzte"** führen.[2691] Zu „med." nachfolgend → Rn. 945.

936 Als **„Buchhalter"** darf (muss aber nicht) sich bezeichnen, wer nach Bestehen der Abschlussprüfung in einem kaufmännischen Ausbildungsberuf oder nach Erwerb einer gleichwertigen Vorbildung mindestens drei Jahre auf dem Gebiet des Buchhaltungswesens in einem Umfang von mindestens 16 Wochenstunden praktisch tätig gewesen ist, §§ 8 Abs. 4, 6 Nr. 4 StBerG. Nach Erwerb eines entsprechenden Abschlusses darf auch unter der Bezeichnung **„geprüfter Bilanzbuchhalter/geprüfte Bilanzbuchhalterin"** oder **„Steuerfachwirt/Steuerfachwirtin"** geworben werden, § 8 Abs. 4 S. 2 StBerG. Allerdings darf dies im Einzelfall nicht irreführend wirken, § 8 Abs. 4 S. 3 StBerG. Damit hat sich die frühere Gesetzeslage (wieder einmal) geändert, was in den letzten Jahren häufig der Fall war und bei der Beurteilung der jeweiligen Gerichtsentscheidungen zu berücksichtigen ist. Nach altem Recht durfte jemand, der (nur, aber auch immerhin) zum Buchen laufender Geschäftsvorfälle, zur laufenden Lohnabrechnung oder zum Fertigen der Lohnsteuer-Anmeldungen iSv § 6 Nr. 4 StBerG befugt war, sich trotz des damit verbundenen hohen Irreführungspotenzials[2692] als „Buchhalter" oder als **„Buchführungsbüro"** oder (bei entsprechendem Abschluss) gar als „Geprüfter Bilanzbuchhalter" oder „Steuerfachwirt" bezeichnen; allerdings musste er zugleich angeben, welche der in § 6 Nr. 4 StBerG genannten Tätigkeiten er konkret erbringt.[2693] Dieses Erfordernis wurde durch den Gesetzgeber gestrichen, um eine Liberalisierung zu ermöglichen.[2694] Damit ist die Bezeichnung als „Buchhalter" oder **„Lohnsteuerhilfeverein"** ohne Angabe der einzelnen Tätigkeiten nicht mehr per se irreführend.[2695] Im Einzelfall kann die Werbung aufgrund weiterer Angaben aber dennoch irreführend sein.[2696] Bei der Bezeichnung **„Buchhaltungsservice"** ist dies der Fall, da bei den angesprochenen Verkehrskreisen der unzutreffende Eindruck erweckt wird, es könnten auch solche Tätigkeiten erbracht werden, die Steuerberatern vorbehalten sind. Eine Irreführung kann durch einen unmissverständlichen Hinweis ausgeräumt werden, wobei ein schlichter Verweis auf die gesetzliche Regelung des § 6 StBerG jedoch nicht ausreichend ist.[2697] Hinzu kommt, dass die Freistellung in § 8 Abs. 4 StBerG nur für bestimmte Ausdrücke und nur für die Tätigkeiten nach § 6 Nr. 4 StBerG

[2688] OLG Düsseldorf GRUR-RR 2003, 49 (50) – Akademie; KG OLG Report KG 2005, 274 (275).
[2689] OLG Düsseldorf GRUR 1989, 120 – Praxisschild; NJW 1997, 1644 (1645) – Praxiskauf; OLG Hamm GRUR-RR 2002, 140; 2008, 434 zur irreführenden Bezeichnung *„Männerarzt"*.
[2690] OLG Hamm GRUR-RR 2002, 140 (141) *(„Praxis für Ganzheitliche Zahnmedizin")*.
[2691] OLG Köln MD 2006, 1062.
[2692] BGH NJW 2008, 2590 – Buchführungsbüro unter Verweis auf die (damalige) Gesetzesbegründung, BT-Drs. 14/2667, 28.
[2693] BGH NJW 2008, 2590 – Buchführungsbüro.
[2694] BT-Drs. 16/7867, 39; hierzu BGH MD 2011, 488 – Lohnsteuerhilfeverein Preußen.
[2695] OLG Brandenburg DStR 2010, 2215 (2216).
[2696] OLG Jena GRUR-RR 2009, 149.
[2697] BGH WRP 2015, 1102 Rn. 20 – Mobiler Buchhaltungsservice; OLG Jena GRUR-RR 2009, 149 (151).

gilt. Dementsprechend darf sich jemand, der nur zur Durchführung mechanischer Arbeitsgänge bei der Führung von Büchern zugelassen ist (§ 6 Nr. 3 StBerG) auch weiterhin nicht als „Buchhalter" oder „Buchführungsbüro" bezeichnen. Ein Unternehmer, dem nur das Buchen laufender Geschäftsvorfälle erlaubt ist, darf nicht mit einer **„lfd. Finanzbuchhaltung", „laufende Lohn- und Finanzbuchhaltung"** oder **„offene Posten Buchhaltung"**[2698] werben oder gar durch Ausdrücke wie **„Finanzbuchführung", „Finanzbuchhaltung", „Einrichtung der Buchführung"** oder **„Lohnabrechnung"** den Eindruck erwecken, er sei uneingeschränkt zur Übernahme von Buchhaltungsaufgaben berechtigt.[2699] Entsprechendes gilt für datenverarbeitende Unternehmen, die nur vorkontierte Belege maschinell verarbeiten und nicht zur Hilfe in Steuersachen zugelassen sind und daher nicht für Buchungs- oder Buchhaltungsaufträge werben dürfen.[2700]

Das Führen der Domain **„www.steuererklärung.de"** durch einen **Lohnsteuerhilfeverein** ist irreführend, weil der Verein dadurch den Eindruck erweckt, dass er umfassend Steuererklärungen anfertigen darf, mithin auch für Einkunftsarten, für die er in Wirklichkeit keine Berechtigung besitzt.[2701] Zeitungsanzeigen eines solchen Vereins, in denen nur die Kontaktdaten angegeben und ansonsten keine Angaben über seine Tätigkeit oder Beratungsbefugnis gemacht werden, sind hingegen nicht irreführend; das gilt selbst bei Verwendung des Wortes ***„Beratungsstelle"***.[2702] Etwas anderes kann sich allerdings dann ergeben, wenn sich aus dem Kontext, in dem die Werbung steht, eine Gleichstellung mit der Tätigkeit von Steuerberatern ergibt. 937

Bei einem Wirtschaftsunternehmen, das im Wettbewerb zu anderen Betrieben steht und in seiner Firma den Bestandteil **„Bundes"** führt, erwartet der Verkehr im Allgemeinen, dass die **Bundesrepublik Deutschland zumindest Mehrheitsgesellschafterin** ist.[2703] Entsprechendes gilt für den Ausdruck **„staatlich"**[2704] und für Hinweise auf die Beteiligung von Kommunen, etwa durch den Begriff **„Stadtwerke"**[2705] oder durch entsprechende Abkürzungen.[2706] Etwas anderes gilt bei offensichtlich rein privaten Organisationen und Interessenverbänden, wie zB dem Bundesverband der Industrie sowie in Fällen, in denen das Unternehmen auf einem Spezialmarkt tätig ist, in dem die Marktteilnehmer im Allgemeinen Kenntnis von den Unternehmensstrukturen der Gesellschaft haben. Auch von einem solchen **„Bundesverband"** erwartet der Verkehr allerdings eine Organisation, die bundesweit tätig ist und eine gewisse Bedeutung hat; hingegen wird nicht erwartet, dass es sich um eine Dachorganisation handelt, die sich in Landesverbände untergliedert.[2707] 938

Bei einer Verwendung des Wortes **„Fach"** (zB **Facharzt, Fachanwalt, Fachtherapeut**) erwartet der Verkehr grundsätzlich eine – ua durch besondere Ausbildung erlangte – besondere Fachkunde der den Zusatz verwendenden Person auf dem jeweiligen Gebiet[2708] bzw. bei Einrichtungen eine besondere Ausstattung.[2709] Ohne Weiteres irreführend ist daher die Werbung mit einem Fachanwaltstitel, den es so gar nicht gibt,[2710] allerdings muss in solchen Fällen stets auch die Relevanz einer Irreführung sorgfältig geprüft werden. Wer sich als „erster Fachanwalt" bezeichnet, behauptet damit nicht nur, *zeitlich* als erster die entsprechende Qualifizierung erlangt zu haben, sondern auch einen *qualitativen* Vorsprung 939

[2698] OLG Brandenburg DStR 2010, 2215 (2216).
[2699] BGH GRUR 2002, 77 (79) – Rechenzentrum.
[2700] BGH GRUR 1973, 320 (321) – Buchhaltungskraft; GRUR 1987, 444 – Laufende Buchführung.
[2701] OLG Nürnberg GRUR 2002, 460 (461) – steuererklärung.de.
[2702] BGH MD 2011, 488 (490 f.) – Lohnsteuerhilfeverein Preußen; in Abgrenzung zu BGH GRUR 1990, 1024 – Lohnsteuerhilfeverein IV.
[2703] BGH GRUR 2007, 1079 (1082) – Bundesdruckerei.
[2704] BGH GRUR 2004, 162 (163) – Mindestverzinsung.
[2705] BGH GRUR GRUR 2012, 1273 Rn. 7, 18 – Stadtwerke Wolfsburg.
[2706] OLG Bremen GRUR-RR 2010, 218 („swb" – Stadtwerke Bremen).
[2707] OLG Düsseldorf GRUR-RR 2004, 308.
[2708] LG Bamberg GRUR-RR 2006, 64 (65).
[2709] BGH GRUR 1988, 841 – Fachkrankenhaus.
[2710] LG Frankfurt a. M. K&R 2010, 430 – „Fachanwalt für Markenrecht". Zum *„Fachanwalt im Marken-, Wettbewerbs- und Urheberrecht"*: AnwG Köln WRP 2018, 633 Rn. 17.

gegenüber und eine herausragende Befähigung im Vergleich zu anderen Fachanwälten;[2711] ist dies unzutreffend (was meistens der Fall sein dürfte), so ist die Werbung irreführend. Anders als bei Handwerksbetrieben lässt bei Ärzten und Anwälten der Hinweis auf eine Tätigkeit, für die eine Facharzt/-anwaltsausbildung in Frage kommt, nicht zwingend den Rückschluss auf einen Facharzt/-anwaltstitel zu; jedenfalls dann nicht, wenn die Tätigkeit auch ohne Facharzt/-anwaltsausbildung ausgeübt werden darf. Anders kann es hingegen aussehen, wenn eine Bezeichnung gewählt wird, die im Verständnis des Durchschnittsadressaten einem (tatsächlich bestehenden) Fachanwaltstitel sehr nahe kommt, zB indem ein Rechtsanwalt sich als *„RA für Bau- und Architektenrecht"* bezeichnet[2712] oder indem sich eine Zahnärztin in einem Telefonbuch unter der Rubrik *„Zahnärzte für Kieferorthopädie"* eintragen lässt, obwohl sie keine Fachzahnärztin für Kieferorthopädie ist.[2713] Beschäftigt eine **überörtliche Anwaltssozietät** nicht an jedem Standort Fachanwälte, darf auf den Praxisschildern und auf dem Briefkopf trotzdem der Zusatz „Fachanwälte" verwendet werden, wenn die Sozietät insgesamt mehrere Fachanwälte beschäftigt und überall dort, wo die Mitglieder namentlich aufgeführt sind, die (Zusatz-)Qualifikationen jedes einzelnen Sozietätsmitglieds benannt werden,[2714] so dass kein Zweifel an der jeweiligen Qualifikation der einzelnen benannten Berufsträger auftreten kann.[2715] Wirbt eine private **Fachhochschule** mit dem Hinweis auf einen *„international und national bekannten Abschluss"*, so wird dadurch der Eindruck erweckt, dass es sich um einen staatlich anerkannten Abschluss handelt. Ist das nicht der Fall, ist die Werbung irreführend und der mit ihr geschlossene Ausbildungsvertrag kann sogar angefochten werden.[2716] Ebenso dürfen Titel von Fachhochschulen im Ausland, die als solche in Deutschland nicht anerkannt sind, nicht geführt werden.

940 **Heilpraktiker** müssen eine entsprechende Erlaubnis besitzen, § 1 Abs. 1 **HeilpraktikerG,** wobei jedoch eine eigene staatliche Ausbildungs- und Prüfungsordnung nicht besteht. Der Heilpraktiker im Humanbereich muss vielmehr nur gewisse persönliche und sachliche Anforderungen erfüllen. Auch dem durchschnittlich informierten und verständigen Verbraucher sind Einzelheiten zur beruflichen Qualifikation eines Heilpraktikers nicht bekannt, sondern er erwartet nur die Ausübung des Berufs **im Rahmen einer gesetzlichen bzw. behördlichen Erlaubnis,**[2717] die eher den Charakter einer Unbedenklichkeitsbescheinigung hat.[2718] Irreführend kann es allerdings wirken, wenn ein Heilpraktiker zugleich mit dem Begriff **„Medizin"** oder gar „Intern-Medizin" (konkret: „Heilpraktiker – prakt. Psychologe – Intern-Medizin") wirbt, weil dann auch der durchschnittlich informierte und verständige Verbraucher einen Berufsträger erwartet, der ähnlich einem praktischen Arzt eine akademische Ausbildung hat.[2719] Wird die Erlaubnis zur Ausübung der Heilkunde nur mit einer Beschränkung erteilt, so ist auch darauf hinzuweisen.[2720] Erfolgt hingegen die behördliche Zulassung unter einer bestimmten (möglicherweise irreführenden) Berufsbezeichnung, so darf deren Verwendung im Regelfall nicht nach § 5 UWG verboten werden.[2721] Der Ausdruck **„Tierheilpraktiker"** hingegen ist noch nicht einmal gesetzlich geschützt. Von einem Tierheilpraktiker erwartet der durchschnittlich informierte und verständige Verbraucher daher nicht, dass er/sie bestimmte gesetzliche Zugangsvoraussetzungen erfüllen. Erwartet wird vielmehr nur, dass es sich um den Angehörigen eines

---

[2711] OLG Bremen GRUR-RR 2007, 209 – Erster Fachanwalt.
[2712] OLG Bamberg BRAK-Mitt. 2009, 244 (245).
[2713] OLG Karlsruhe GRUR-RR 2010, 63 (Ls.).
[2714] BGH GRUR 1994, 736 (737) – Intraurbane Sozietät.
[2715] BGH GRUR 2007, 807 (808) – Fachanwälte.
[2716] OLG Frankfurt a. M. NJW-RR 2005, 1145.
[2717] BGH GRUR 2000, 73 (74) – Tierheilpraktiker; GRUR 1985, 1064 (1065) – Heilpraktikerbezeichnung.
[2718] BGH GRUR 2000, 73 (75) – Tierheilpraktiker; OLG Celle NJW-RR 1996, 1388.
[2719] BGH GRUR 1985, 1064 f. – Heilpraktikerbezeichnung.
[2720] OLG Düsseldorf GRUR-RR 2017, 280 Rn. 19 – Heilpraktiker für Psychotherapie.
[2721] OLG Düsseldorf GRUR-RR 2017, 280 Rn. 24 – Heilpraktiker für Psychotherapie.

Berufes handelt, der – ohne Arzt zu sein – bei der Behandlung von Tieren Naturheilverfahren anwendet.[2722] Dementsprechend ist auch die Bezeichnung **„Naturheilpraxis für Tiere"** nicht allein deshalb irreführend, weil dort kein Tierarzt tätig wird.[2723] Behauptet eine Hunde-Physiotherapeutin in ihrem werblich herausgestellten Lebenslauf, sie habe ein **„Studium der Tiernaturheilkunde"** absolviert, so erwartet der Verkehr hingegen den Studienabschluss einer staatlichen oder staatlich anerkannten Hochschule.[2724] Die Bezeichnung eines Fachgeschäfts für Tiernahrung als **„Tier-Apotheke"** erweckt außerdem beim Verbraucher den unzutreffenden Eindruck, der Werbende betreibe eine Apotheke im Sinne des Apothekengesetzes.[2725] Auch darf der Tierheilpraktiker nicht Tätigkeiten ausüben (oder einen entsprechenden Eindruck erwecken), die ausschließlich dem Tierarzt vorbehalten sind, insbesondere durch arzneimittelrechtliche, tierseuchenrechtliche, tierschutzrechtliche oder betäubungsmittelrechtliche Vorschriften. Auch darf er nicht durch weitere Angaben den Eindruck einer langandauernden Ausbildung und einer staatlichen Prüfung erwecken, wenn beides nicht gegeben ist. Dementsprechend ist es auch irreführend, für einen Matratzenverkäufer eine Art Gütesiegel zu verwenden und diesen dort als **„Ergopraktiker"** und **„ärztlich geprüfter Schlafberater"** zu bezeichnen, da ein solches Zeichen zumindest in der Kombination seiner Elemente Assoziationen an einen Heilpraktiker und den (falschen) Eindruck einer langen Ausbildung und staatlichen Prüfung erweckt.[2726]

Eine Apotheke mit Versandhandelserlaubnis darf sich nicht **„Homecare Apotheke Deutschland"** nennen. Denn auch wenn die Verwendung des Wortes „Deutschland" lediglich ein Hinweis auf den Sitz des Unternehmens ist, erweckt der Namensbestandteil „Homecare" den unzutreffenden Eindruck, es bestehe ein Zusammenhang mit Einrichtungen der ambulanten Pflege.[2727] **941**

Die Berufsbezeichnung **„Ingenieur"** ist in den Ingenieurgesetzen der Länder geschützt.[2728] Im Regelfall setzt die Führung dieses Titels den erfolgreichen Abschluss eines entsprechenden Studiums voraus. Gleiches gilt für die Bezeichnung „ingenieurmäßig".[2729] Bei einer **„Ingenieurgesellschaft"** muss ein aktiver Gesellschafter auch tatsächlich Ingenieur sein.[2730] Von einem **„Ingenieurbüro"** erwartet der Verkehr, dass dort auch Ingenieure hauptberuflich arbeiten und die erbrachten technischen Leistungen von Ingenieuren erbracht werden.[2731] **942**

Wer nicht als geeignete Stelle nach § 305 Abs. 1 Nr. 1 InsO anerkannt ist, kann keine umfassende **Insolvenzberatung** anbieten und darf daher auch nicht pauschal damit werben *„Entschuldungsmöglichkeiten sind unsere Beratungsthemen"*, weil solche Entschuldungsmöglichkeiten auch Fragen der Rechtsberatung umfassen.[2732] Auch hier sind somit Umfang der Tätigkeit und mögliche Befähigung eng miteinander verknüpft. **943**

Eine Zahnärztin, der von einer österreichischen Universität nach berufsbegleitendem Studium der akademische Grad **„Master of Science Kieferorthopädie"** verliehen wur- **944**

[2722] BGH GRUR 2000, 73 (74) – Tierheilpraktiker.

[2723] AA OLG München WRP 1996, 603 (604); Köhler/Bornkamm/Feddersen/*Bornkamm/Feddersen* UWG § 5 Rn. 4.167.

[2724] OLG Düsseldorf WRP 2012, 340 Rn. 12.

[2725] OLG Stuttgart WRP 2009, 1580 – Tier-Apotheke.

[2726] LG Braunschweig WRP 2009, 1303.

[2727] OLG Düsseldorf WRP 2008, 1270.

[2728] Baden-Württemberg v. 23.2.2016 (GBl. S. 136 (143)), Bayern v. 12.7.2016 (BayRS 702-2-W), Berlin v. 1.11.2011 (GVBl. S. 690), Brandenburg v. 29.6.2004 (GVBl. I S. 326), Bremen v. 25.2.2003 (GBl. S. 67), Hamburg v. 10.12.1996 (GVBl. S. 219), Hessen, v. 30.11.2015 (GVBl. I S. 457), Mecklenburg-Vorpommern v. 21.7.2016 (GVOBl. S. 630), Niedersachsen v. 25.9.2017 (GVBl. S. 322), Nordrhein-Westfalen v. 16.12.2003 (GV NRW S. 786), Rheinland-Pfalz v. 9.3.2011 (GVBl. S. 47); Saarland v. 17.12.2009 (ABl. S. 1826), Sachsen v. 10.2.2017 (GVBl. S. 50), Sachsen-Anhalt v. 22.1.2009 (GVBl. S. 6), Schleswig-Holstein v. 14.6.2016 (GVOBl. S. 386), Thüringen v. 14.12.2016 (GVBl. S. 821). Teilweise gibt es auch noch den sog. „Beratenden Ingenieur", jedoch setzt dies die Eintragung in eine kammergeführte Liste voraus.

[2729] LG Bonn GRUR-RR 2015, 21 (25) – State-certified-Engineer.

[2730] OLG Hamm DB 1997, 1222 (1223). Vgl. auch LG Düsseldorf NJW-RR 1990, 105 (106).

[2731] OLG Frankfurt a. M. WRP 1972, 328 (329).

[2732] OLG Oldenburg GRUR 2006, 605 (606) – Entschuldungsmöglichkeiten.

de, darf diesen in Deutschland führen, auch wenn es zu Verwechslungen mit der Fachgebietsbezeichnung ***„Fachzahnärztin für Kieferorthopädie"*** oder **„Kieferorthopädin"** kommen kann.[2733] Etwaige Fehlvorstellungen von Verbrauchern sind hinzunehmen, da es um wahre Aussagen geht und die Verbraucher sich bei Bedarf näher informieren können. Etwas anderes kann im Einzelfall allerdings gelten, wenn sich solche Fehlvorstellungen nicht allein aus dem Führen des Grades, sondern zB aus dessen besonderer Präsentation ergeben.

Zur Werbung von **Lohnsteuerhilfevereinen** → Rn. 936, 937.

945 Unter **„medizinisch"** erwartet der durchschnittlich verständige Verbraucher im Regelfall eine therapeutische Tätigkeit, so dass die Verwendung des Zusatzes „med." für den Betrieb eines Augenoptikers irreführend ist, wenn dieser nicht therapeutisch tätig wird, mag er im Übrigen auch eine hochqualifizierte Beratung für Sehbehinderte erbringen.[2734] Ebenso kann es irreführend sein, die Behandlung erkrankter Tiere mit den Begriffen „medizinisch", „medizinische Notfallversorgung" oder „medizinische Erstversorgung" zu bewerben, wenn die Versorgung nicht von einem Tierarzt durchgeführt oder unmittelbar angeleitet wird.[2735] Auch bei der Bezeichnung „para med." erwartet der Verkehr eine medizinische Behandlung.[2736] Ebenso ist die Bezeichnung ***„exam. med. Fußpfleger"*** irreführend, weil sie den Eindruck erweckt, der Werbungtreibende habe eine Ausbildung nach einer staatlichen Ausbildungsordnung mit Examen absolviert.[2737] Dementsprechend darf auch ein Physiotherapeut seine Leistungen nicht als *„1. Klasse Medizin"* bezeichnen und damit den Eindruck erwecken, er erbringe medizinische Leistungen, die besser seien als die eines Arztes.[2738] Zulässig kann es aber sein, ein Angebot als ***„medizinische Fußpflege"*** zu bewerben, obwohl keine Ausbildung im Sinne von § 1 PodG absolviert wurde.[2739] Bei einem „Dr. med. XY Therapiezentrum" und einem Logo in Gestalt eines Aeskulap-Stabes erwartet der durchschnittliche Verbraucher ebenfalls, dass die Behandlungen von oder unter Aufsicht von Ärzten durchgeführt werden; die nur stundenweise Beschäftigung eines Arztes genügt dafür nicht.[2740] Zur Verwendung von „med." als wirkungsbezogene Aussage auch → § 5 Rn. 538.

946 Zur Verwendung der Bezeichnung **„Meister"** → Rn. 932. Ein „Meister" muss für das betroffene Handwerk die Meisterprüfung bestanden haben, § 51 HwO.

Vom Handwerksbegriff des „Meisters" zu unterscheiden ist der Gewinn einer **Meisterschaft,** also der Sieg in einem bestimmten Wettbewerb. Auch hier ist die damit verbundene Qualifikation personen- bzw. unternehmensbezogen und bezieht sich nur auf denjenigen, der die Meisterschaft konkret gewonnen hat. Hat etwa ein Mitarbeiter eines Betriebs eine Meisterschaft (persönlich) gewonnen, so darf nur er sich „Deutscher Meister" nennen, nicht aber auch das Unternehmen.[2741]

947 **Mitgliedschaft in Branchen- oder Berufsverbänden:** Mitglied in einer Vereinigung ist jemand, der selbst dieser Vereinigung beigetreten ist und entsprechend ihrer Satzung eigene Rechte und Pflichten hat. Die Mitgliedschaft muss unmittelbar in dem Verband bestehen, der angegeben wird. Die Werbung mit der Mitgliedschaft in einem Bundesverband ist daher irreführend, wenn nur eine Mitgliedschaft in einem Landesfachverband besteht. Allerdings kann es an der erforderlichen Relevanz fehlen, wenn der Bundesverband allein aus Landesverbänden besteht und die einzelnen Mitglieder auch nur diesen Landesverbänden beitreten können.[2742] Ein Hyperlink ist zunächst nur der Hinweis auf eine weitere Fundstelle im WWW und erleichtert somit nur den Zugang zu einer bestimmten

[2733] BGH GRUR 2010, 1024 Rn. 28 – Master of Science Kieferorthopädie.
[2734] OLG München WRP 2003, 914.
[2735] LG Oldenburg GRUR-RS 2020, 9369 – Medizinische Notfallversorgung.
[2736] LG Heilbronn WRP 2017, 1532 Rn. 17.
[2737] OLG Frankfurt a. M. NJWE-WettbR 1996, 13.
[2738] LG Bremen WRP 2010, 1073.
[2739] BGH GRUR 2013, 1252 Rn. 18 – Medizinische Fußpflege.
[2740] OLG München WRP 2019, 379 Rn. 19.
[2741] OLG Dresden WRP 2010, 1285.
[2742] OLG Köln GRUR-RR 2006, 287 (288) – Mitglied im Bundesverband.

Veröffentlichung.[2743] Ein **Hyperlink zu einem Branchenverband** auf der Website eines Unternehmens suggeriert daher auch nicht automatisch, dass dieses Unternehmen Mitglied des Branchenverbandes ist. Jedenfalls gilt das dann, wenn der Hyperlink in einer gesonderten Rubrik erscheint, in der kommentarlos Links zu zahlreichen anderen Fundstellen bereitgehalten werden.[2744] Anders ist es, wenn der Link in engem räumlichen und sachlichen Zusammenhang mit konkreten Dienstleistungen oder Eigenschaften des Unternehmens gesetzt wird.

Wer damit wirbt, **„Partner"** einer bestimmten Automarke zu sein, suggeriert zugleich das Vorliegen bestimmter vertraglicher Vereinbarungen; der durchschnittlich informierte und verständige Verbraucher erwartet eine solche Werbung daher nur von einem autorisierten Vertragshändler.[2745] 948

Die Verwendung der Domain **„presserecht.de"** durch einen Rechtsanwalt, der auf dieser Website allgemeine, presserechtlich relevante Informationen mit zusätzlichen Informationen über seine Kanzlei und seine Tätigkeitsschwerpunkte gibt, ist nicht irreführend.[2746] 949

Der Begriff **„Psychologe"** ist sprachlich verwandt mit einer Reihe ähnlich gebildeter Begriffe, die – wie etwa der des **Philologen, Theologen, Pathologen, Sinologen** usw – für akademische Berufe gebräuchlich sind.[2747] Der durchschnittlich informierte und verständige Verbraucher erwartet daher ein abgeschlossenes Hochschulstudium bzw. einen vergleichbaren **akademischen Abschluss.** Wer nur eine private Ausbildung, ohne abgeschlossenes Hochschulstudium hat, darf sich nicht als *„Fachtherapeut für Psychotherapie"* bezeichnen, zumal dies auch mit dem Beruf des Psychotherapeuten verwechselt werden kann.[2748] Ebenso ist die Berufsbezeichnung **„Fachexperte für Psychologie"** irreführend, wenn dem keine qualifizierten theoretischen Kenntnisse auf dem Gebiet der Psychologie zu Grunde liegen, die einer akademischen Ausbildung entsprechen.[2749] Bietet jemand eine berufsbegleitende Weiterbildung an, an deren Ende die Teilnehmer ein Zertifikat mit dem Titel „Betriebspsychologe (FH)" erhalten, so kann das zu einer Irreführung derjenigen Absolventen oder Interessenten führen, die noch kein Psychologiestudium absolviert haben und die daher diese Berufsbezeichnung nicht führen dürfen. Eine solche Irreführung muss allerdings konkret festgestellt werden. Davon zu unterscheiden ist die Frage, ob der Anbieter des Kurses auch dafür haftet, dass Absolventen ohne Psychologiestudium später tatsächlich den Titel führen und damit die Endverbraucher in die Irre führen.[2750] 950

Wenn eine Krankenkasse damit wirbt die **„offizielle Krankenkasse** der Deutschen-Olympiamannschaft" zu sein, so versteht der Verkehr das nur als Hinweis auf ein maßgebliches **Sponsoring** dieser Kasse. Angesichts der Vielzahl von Versicherungsmöglichkeiten und Krankenkassen, wird er nicht auch erwarten, dass zumindest ein erheblicher Teil der gesetzlich versicherten Mitglieder der deutschen Olympianationalmannschaft bei dieser Krankenkasse versichert ist.[2751] 951

Wer mit Hinweisen auf eine **„öffentliche Bestellung und Vereidigung"** wirbt – insbesondere als „vereid." oder „öff. best." Sachverständiger – muss seine Werbung **auf das Gebiet seiner Bestellung** beschränken.[2752] Denn der Verkehr erwartet, dass die Bestellung (auch) für das Fachgebiet erfolgte, in dem der Unternehmer seine Leistungen konkret anbietet.[2753] Wer „nur" als Sachverständiger für das Maurer- und Betonhandwerk 952

[2743] BGH GRUR 2003, 958 (962) – Paperboy.
[2744] OLG Jena WRP 2003, 1141 (1142).
[2745] AA OLG Naumburg OLG Report 2006, 263 (264).
[2746] BGHZ 153, 61 (66) – presserecht.de.
[2747] BGH GRUR 1985, 1064 – Heilpraktikerbezeichnung.
[2748] LG Bamberg GRUR-RR 2006, 64 (65).
[2749] OLG Karlsruhe GRUR-RR 2008, 179 (180).
[2750] BGH GRUR 2018, 203 Rn. 20 ff. – Betriebspsychologe.
[2751] AA OLG Düsseldorf BeckRS 2011, 04393.
[2752] Zur Werbung nur mit „Sachverständiger" siehe den nachfolgenden Text.
[2753] BGH GRUR 1985, 56 (57) – Bestellter Kfz-Sachverständiger; OLG Hamm GRUR 1983, 673.

öffentlich bestellt und vereidigt wurde, darf daher nicht für eine Tätigkeit als „Bausachverständiger" werben.[2754] Ebenso kann der an sich zutreffende Hinweis auf eine Bestellung als Sachverständiger irreführend sein, wenn in dem konkreten Sachverständigengutachten auch Ausführungen gemacht werden, die über den Umfang der Bestellung hinausgehen und der Verkehr glaubt, dass sämtliche Ausführungen in das Fachgebiet der Bestellung fallen. Das war beispielsweise der Fall bei einem Sachverständiger für das Kraftfahrzeugmechanikerhandwerk – daneben gibt es auch Sachverständige für das Kraftfahrzeugwesen –, der in einem Gutachten über KfZ-Unfallschäden auch Feststellungen über die Art und Unfallbedingtheit der Schäden und den Minderwert des Fahrzeugs getroffen hatte und sich für das Gutachten insgesamt auf seine Bestellung berief, obwohl diese die weitergehenden Feststellungen nicht umfasste.[2755] Ebenso ist die Werbung für eine Sachverständigentätigkeit von der Werbung für eine andere Tätigkeit, die der Sachverständige ausübt, zu trennen. So dürfen beide Tätigkeiten nicht in einer Anzeige verbunden werden, wohl aber ist ein nicht besonders hervorgehobener Link auf eine gesonderte Homepage erlaubt.[2756] Der irreführende Eindruck eines öffentlich bestellten und vereidigten Sachverständigen kann auch dadurch erweckt werden, dass man Stempel verwendet, die mit den üblichen **Rundstempeln** öffentlich bestellter und vereidigter Sachverständiger verwechselt werden können.[2757] Die bloße Verwendung eines Stempels in runder Form genügt dafür allerdings nicht, wenn eine Verwechslung durch zusätzliche Angaben oder Gestaltungen vermieden wird.[2758] Die Bezeichnung „Deutsche Sachverständigenkammer" für eine private Vereinigung ist ebenfalls irreführend, weil dadurch der Eindruck erweckt wird, es handele sich um eine öffentlich-rechtliche Einrichtung mit hoheitlichen Befugnissen.[2759]

953 Wird mit dem Hinweis auf eine **„Prüfung"** oder mit dem Zusatz **„geprüft"** geworben, erwartet der Verkehr mangels anders lautender Erläuterung eine staatliche oder staatlich anerkannte Prüfung.[2760] Zur Werbung mit Prüfzeichen auch → § 5 Rn. 692 ff.

954 Die Werbung eines **Rechtsanwalts** mit der Angabe *„auch zugelassen am OLG"* auf seinem Briefkopf ist nach Auffassung des OLG Köln und des OLG Bremen irreführend, da dies selbstverständlich sei.[2761] Anders will dies der BGH sehen und hat das Urteil des OLG Köln aufgehoben mit der Begründung, die Werbung mit der Zulassung an einem Oberlandesgericht sei solange nicht irreführend, wie potenzielle Mandanten nicht um die Selbstverständlichkeit dieser Tatsache wüssten.[2762] Diese Begründung ist deshalb zweifelhaft, weil die Unkenntnis der angesprochenen Verkehrskreise, dass es sich um eine Selbstverständlichkeit handelt, gerade den Irreführungsvorwurf begründet. Ebenso ist es irreführend, wenn Rechtsanwälte auf dem Briefkopf ihrer Sozietät unter Bezugnahme auf Rechtsgebiete, die Fachanwaltstiteln zugänglich sind, mit *„Rechtsanwälte für …"* werben, ohne konkrete Zu-

[2754] OLG Stuttgart WRP 2008, 151 (153) – Bausachverständiger.

[2755] BGH GRUR 1985, 55 (57) – Bestellter Kfz-Sachverständiger.

[2756] Gutachten des Gutachterausschusses für Wettbewerbsfragen September 2011, WRP 2012, 188.

[2757] OLG München WRP 1981, 483; OLG Bamberg WRP 1982, 158; OLG Düsseldorf WRP 1988, 278 (279); OLG Köln MD 1999, 66 (68); OLG Naumburg GewA 1998, 421; *Helm/Sonntag/Burger* in Gloy/Loschelder/Danckwerts HdbWettbR § 59 Rn. 433; Ohly/Sosnitza/*Sosnitza* § 5 Rn. 595; vgl. auch OLG Frankfurt a. M. NJW-RR 1988, 103 – irreführend, sofern der unzutreffende Eindruck eines Gütesiegels hervorgerufen wird. Zur Werbung mit Gütesiegeln → § 5 Rn. 692 ff.

[2758] OLG Stuttgart NJW-RR 1987, 619 (620); OLG Hamm GRUR 1987, 57 (59).

[2759] LG Traunstein WRP 2016, 1438 Ls.

[2760] OLG Saarbrücken GRUR-RR 2018, 257 Rn. 22 – Geprüfter Massagepraktiker; Köhler/Bornkamm/Feddersen/*Bornkamm/Feddersen* UWG § 5 Rn. 4.177.

[2761] OLG Köln WRP 2012, 1454 (1455) (nicht rechtskräftig); OLG Bremen GRUR-RR 2013, 333 f. – Zulassung OLG, LG, AG; ähnlich AGH Nordrhein-Westfalen NJOZ 2020, 1437 – Rechtsanwalt am Oberlandesgericht, der darauf abstellt, dass die dort verwendete Bezeichnung „Rechtsanwalt am OLG" nicht von der BRAO gedeckt ist; im Grundsatz auch KG NJW-RR 2013, 1308 f., aber nicht bei einer Angabe in kleiner Schrift am unteren Rand einer Homepage. AA OLG Saarbrücken GRUR-RR 2008, 176; vgl. auch BGH (AnwZ) BeckRS 2012, 04738.

[2762] BGH GRUR 2013, 950 Rn. 7 – auch zugelassen am OLG Frankfurt a. M.; für eine Werbung mit einer Selbstverständlichkeit.

ordnungen der Fachgebiete zu einzelnen Anwälten vorzunehmen und so den Eindruck erwecken, dass alle im Briefkopf angegebenen Rechtsanwälte berechtigt seien, einen der genannten Fachanwaltstitel zu führen,[2763] ebenso wenig wie eine kleine Kanzlei mit nur einem Fachanwalt mit der Aussage „unsere Fachanwälte" werben darf.[2764] Im Zusammenhang mit der Vertretung individueller Rechte wird der Verkehr den Begriff **„Anwalt"** im Regelfall als Hinweis auf die Tätigkeit eines Rechtsanwalt verstehen, während das bei der Wahrnehmung öffentlicher Belange oder der Vertretung größerer Gruppen (zB „Anwältin der Armen", „Umweltanwalt", „Anwalt der Toten") nicht unbedingt der Fall ist. Bedenklich ist daher die Verwendung der Bezeichnung „Kundenanwalt" (ohne weitere Aufklärung) für einen erfahrenen Mitarbeiter einer Versicherungsgesellschaft, der individuelle Kundeninteressen wahrnehmen soll, der aber kein Rechtsanwalt ist.[2765]

Die Bezeichnung **„Sachverständiger"** allein ist als solche **nicht gesetzlich geschützt.** 955
Wirbt der Sachverständige nicht damit, „vereidigt" oder „anerkannt"[2766] zu sein, so erwartet der Verkehr von einem (bloßen) „Sachverständigen" auch nicht, dass er von einer amtlichen Stelle bestellt wurde. Als „Sachverständige" können daher auch Personen auftreten, die von privaten Organisationen anerkannt wurden oder sich selbst als solche ernannt haben.[2767] Allerdings müssen sie **längere Zeit auf dem jeweiligen Fachgebiet tätig** gewesen sein und über ein **uneingeschränkt fundiertes Fachwissen** verfügen, das **auf nachprüfbare Weise erworben** wurde.[2768] Im Regelfall erfordert das eine Berufsausbildung mit förmlicher Abschlussprüfung. Ausnahmsweise kann aber auch schon die langjährige Tätigkeit bei einem Sachverständigen oder ein autodidaktisches Studium mit anschließender nachweislich umfangreicher und ordnungsgemäßer Tätigkeit genügen, durch die ein vergleichbarer Kenntnis- und Erfahrungsstand erworben wurde.[2769] Auch in anderen Fällen, in denen mit einer Anerkennung durch eine dritte Stelle geworben wird, kann der Verkehr dies so verstehen, dass der Unternehmer damit über ein überdurchschnittliches und durch formelle Prüfung nachgewiesenes Fachwissen verfügt. Die dritte Stelle braucht dabei keine staatliche Stelle zu sein,[2770] muss einer solchen Stelle aber im Hinblick auf Sachkompetenz, Unabhängigkeit und Objektivität entsprechen.[2771] Allerdings ist es nicht irreführend, mit dem Ausdruck „von der **IHK zertifizierter Sachverständiger**" zu werben, wenn der Werbende an einem 150-stündigen Lehrgang einer IHK teilgenommen und ein entsprechendes Zertifikat dafür erhalten hat.[2772] Wird hingegen eine **gesetzlich zwingende behördliche Zulassung,** zB nach der Gewerbeordnung, **als Besonderheit dargestellt,** ist das als Werbung mit Selbstverständlichkeiten **irreführend.**[2773] Dasselbe gilt für Hinweise auf Eintragungen in Verzeichnissen. Irreführend kann es sein, wenn durch die Angabe bestimmter Tätigkeiten der Eindruck erweckt wird, man sei ein neutraler Sachverständiger. Ob dafür schon die Werbung mit der Erstellung von „EDV-Gutachten" genügt,[2774] ist fraglich.

[2763] OLG Köln GRUR-RR 2012, 288.

[2764] OLG Köln GRUR-RS 2020, 17234 – „unsere Fachanwälte".

[2765] OLG Düsseldorf MMR 2015, 388 Rn. 28 ff. – Der Kundenanwalt.

[2766] Hierzu LG Koblenz DS 2017, 69.

[2767] BGH GRUR 1997, 758 (759) – Selbsternannter Sachverständiger.

[2768] BGH GRUR 1997, 758 (759) – Selbsternannter Sachverständiger; OLG Hamm WRP 1997, 972 (974) – Sachverständige für Kfz; OLG Stuttgart WRP 2008, 151 (153) – Bausachverständiger. AA OLG Naumburg OLG Report 2008, 1035 (1036 f.).

[2769] BGH GRUR 1997, 758 (759 f.) – Selbsternannter Sachverständiger; OLG Stuttgart WRP 2008, 151 (153) – Bausachverständiger.

[2770] Es sei denn, es wird ein anderer Eindruck erweckt, was nach dem LG Kiel bei der Bezeichnung als „geprüfter Sachverständiger" bereits der Fall sein soll, LG Kiel GRUR-RR 2009, 184 (185).

[2771] BGH GRUR 1978, 368 (370) – Gemmologe DGemG; 1984, 740 (741) – Anerkannter Kfz-Sachverständiger; OLG Hamm NJW-RR 1987, 233; WRP 1997, 972 (974) – Sachverständige für Kfz.

[2772] LG Kiel GRUR-RR 2009, 184 (185). Dazu kritisch *Weglage* Der Sachverständige 2009, 106 (109).

[2773] LG Stuttgart WRP 1983, 185 (186) – Amtlich zugelassener Auktionator; LG München WRP 1985, 113 – Behördlich zugelassener Vermögensanlagenvermittler.

[2774] So OLG Hamm MMR 2012, 538 (539).

956 Wirbt ein **Softwarehersteller** für seine Partner unter Angabe von deren Namen und Adressen mit der Aussage „**Beratungskompetenz** vor Ort", dann erwartet der Verkehr nicht, dass der Fachhändler die gleiche Kompetenz hat wie der Software-Hersteller.[2775]

957 Die Werbung mit der Bezeichnung als **„Spezialist"** hat insbesondere nach dem sog. „Spezialistenbeschluss" des Bundesverfassungsgerichts aus dem Jahr 2004[2776] und einer Entscheidung des Bundesgerichtshofs aus dem Jahr 2014[2777] an Bedeutung und Aufmerksamkeit gewonnen. Die Bezeichnung als „Spezialist" löst beim Publikum **hohe Erwartungen** aus. Von einem „Spezialisten" erwartet der Verkehr besondere, **den Durchschnitt weit übersteigende praktische Kenntnisse und Erfahrungen** auf dem angegebenen Gebiet.[2778] Wer sich „spezialisiert" ist hingegen erst auf dem Weg dorthin. Die allgemeine Existenz von Fachanwälten oder die Möglichkeit zur Werbung mit Interessen- und Tätigkeitsschwerpunkten stehen einer Werbung eines Rechtsanwalts als „Spezialist" nicht grundsätzlich entgegen;[2779] dies gilt insbesondere, wenn es für das betroffene Spezialgebiet einen entsprechenden Fachanwaltstitel nicht gibt.[2780] Aber auch wenn ein entsprechender Fachanwaltstitel für ein Rechtsgebiet existiert, ist die Werbung als „Spezialist" nach der jüngsten Rechtsprechung des BGH nicht schlechthin ausgeschlossen. In diesem Fall werden von dem „Spezialisten" allerdings zumindest die gleichen theoretischen Kenntnisse und praktische Erfahrungen erwartet wie von einem Fachanwalt, wofür der Werbende beweispflichtig ist.[2781] Hinzu kommt, dass ein „Spezialist" sich in erheblichem Umfang,[2782] wenn nicht gar ausschließlich **auf sein Fachgebiet konzentriert** und daher andere Gebiete nicht in gleichem Umfang bearbeitet.[2783] Nicht ausgeschlossen ist es, dass ein Fachanwalt zugleich auch ein Spezialist für ein Untergebiet seines Fachbereiches ist.[2784] Noch strengere Anforderungen sollen nach Auffassung des LG Freiburg für einen **„Experten"** gelten, der zusätzlich zu den Anforderungen an einen Spezialisten auch in der Lage sein soll, sehr schwierige und komplexe Rechtsfälle zu lösen.[2785] Dies dürfte allerdings zu weit gehen; der Verkehr unterscheidet nicht zwischen einem „Spezialisten" und einem „Experten".

958 Eine **Steuerberatungsgesellschaft,** die sich *„JUS-Steuerberatungsgesell-schaft"* nennt, erweckt damit den Eindruck einer allgemeinen oder besonders qualifizierten rechtswissenschaftlichen Ausrichtung sowie einer Spezialisierung der Steuerberatung auf Angehörige juristischer Berufe.[2786] Trifft dies nicht zu, ist die Werbung irreführend. Es kommen auch Verstöße gegen das Berufsrecht in Betracht. Unzulässig ist auch die Werbung einer Rechtsanwaltskanzlei mit dem Logo „XY **Rechtsanwälte Wirtschaftsprüfer Steuerberater**" wenn mit Steuerberatern und Wirtschaftsprüfern lediglich eine **Bürogemeinschaft** oder

---

[2775] BGH GRUR 1997, 229 – Beratungskompetenz.

[2776] BVerfG NJW 2004, 2656.

[2777] BGH GRUR 2015, 286 Rn. XX – Spezialist für Familienrecht.

[2778] OLG Stuttgart GRUR-RR 2008, 177 (178) – Spezialist für Mietrecht; OLG Karlsruhe GRUR-RR 2009, 431 (433) – Spezialist für Zahnarztrecht. LG Freiburg NJOZ 2010, 2071. Vgl. auch BGH GRUR 2012, 215 Rn. 16 – zertifizierter Testamentsvollstrecker.

[2779] AA OLG Nürnberg NJW 2007, 1984 (1985) („Versicherungsspezialist"); der EGMR hat den Antrag auf Entscheidung hierüber als unzulässig zurückgewiesen, Entscheidung vom 23.10.2007 zu Antrag Nr. 2357/05.

[2780] BVerfG NJW 2004, 2656 (2658) – „Spezialist für Verkehrsrecht" –, wobei die Eigenschaft des Klägers als „Spezialist" nicht weiter hinterfragt wurde, sondern es allein darum ging wie ein solcher Spezialist werben darf.

[2781] BGH GRUR 2015, 286 Rn. 25 – Spezialist für Familienrecht; OLG Frankfurt a. M. WRP 2015, 884 Rn. 13; vgl. auch LG Dortmund NJW-RR 2006, 345 (346); LG Kiel NJW 2006, 2496 (2497); LG Regensburg NJW-RR 2004, 1044 (1045); *Remmertz* NJW 2008, 266 (268); offen gelassen in OLG Stuttgart GRUR-RR 2008, 177 (178); überholt damit LG München GRUR-Prax 2010, 135; *Huff* ZAP 2010, 893.

[2782] BGH GRUR 2015, 286 Rn. 21, 22 – Spezialist für Familienrecht.

[2783] BVerfG NJW-RR 2006, 345 (346); OLG Karlsruhe GRUR-RR 2009, 431 (433).

[2784] *Remmertz* NJW 2008, 266 (269 f.).

[2785] LG Freiburg NJOZ 2010, 2071 (2072).

[2786] BGH GRUR 1985, 930 (931) – JUS-Steuerberatungsgesellschaft; vgl. auch BGH GRUR 1985, 596 – Apotheken-Steuerberatungsgesellschaft.

Kooperation, nicht aber eine haftungsrechtliche Einheit besteht.[2787] Die Bezeichnung eines Rechtsanwalts als **„Rechtsanwaltskanzlei Steuerbüro"** soll hingegen zulässig sein, auch wenn es sich beim Betroffenen nicht um einen Steuerberater oder einen Fachanwalt für Steuerrecht handelt, er jedoch zu einem überwiegender Teil Hilfeleistungen in Steuersachen erbringt.[2788] Als „Steuerberater" darf er sich hingegen nicht bezeichnen und auch nicht in entsprechenden Kategorien listen lassen, zB im Telefonbuch.

Die Bezeichnungen **„Taxen-Mietwagen"** oder „SmaTax" für die Personenbeförderung im Mietwagen ist wegen der Verwechslung mit Taxen irreführend.[2789] 959

Die Verwendung von **Titeln,** die nach Maßgabe des Gesetzes über Titel, Orden und Ehrenzeichen v. 26.7.1957 (BGBl. I S. 844) vom Bundespräsidenten verliehen werden, ist irreführend, wenn keine Berechtigung zum Führen des Titels vorliegt und der Titel den verständigen und durchschnittlich informierten Durchschnittsverbraucher auf eine besondere tätigkeitsbezogene Qualifikation schließen lässt. 960

Von einem Rechtsanwalt, der sich als **„zertifizierter Testamentsvollstrecker"** bezeichnet, erwartet der Verkehr nicht nur besondere Kenntnisse sondern auch praktische Erfahrungen auf dem Gebiet der Testamentsvollstreckung.[2790] 961

Spricht eine **Unternehmensgruppe** in Stellenanzeigen Bewerber für Tätigkeiten in den unterschiedlichen – namentlich nicht genannten – Unternehmen dieser Gruppe an, gehen die Angesprochenen grundsätzlich nicht davon aus, dass jede der in der Anzeige genannten Tätigkeiten von jedem Unternehmen der Gruppe angeboten wird. Der Bewerber weiß, dass seine Bewerbung nur bei einem Unternehmen Erfolg haben kann, so dass für ihn im Regelfall auch nur wichtig ist, ob ein Unternehmen der Gruppe die entsprechende Tätigkeit (hier: Rechtsberatung) erbringt.[2791] 962

Unter einem **„Wirtschaftsjuristen"** erwartet der Verkehr einen auf dem Gebiet der Wirtschaft tätigen Volljuristen. Zumindest gilt dies dann, wenn auf einem Briefbogen, der bereits äußerlich an den eines Rechtsanwalts erinnert, der Ausdruck „Wirtschaftsjurist" oder „Wirtschaftsjuristenkanzlei" hervorgehoben wird. Ein **Diplomjurist** bzw. Absolvent einer Fachhochschule, der keine rechtsberatende und anwaltliche Tätigkeit ausüben darf, hat daher zur Vermeidung einer Irreführung einen klarstellenden Zusatz, wie zB „Diplom" oder „FH" zu verwenden.[2792] 963

Gesetzlich geschützt sind außerdem „Apothekerassistent, Diätassistent, Hebamme, (Gesundheits- und) Krankenpfleger, Krankenschwester, Krankenpflegehelfer, Masseur, Med. Bademeister, Krankengymnast, Med. Fußpfleger,[2793] Med.-technischer Laboratoriumsassistent, Med.-technischer Radiologieassistent, Vet.-med.-technischer Assistent, Pharmazeutisch-technischer Assistent, Rettungsdienstassistent, Wochenpflegerin, Prüfingenieur für Baustatik", aber nicht „Rechtsbeistand".[2794] 964

9. Relevanz. Auch bei Irrtümern über die Befähigung des Werbungtreibenden ist stets sorgfältig die Relevanz zu prüfen. So ist ein Irrtum darüber, ob ein Titel im Inland oder im Ausland verliehen wurde, irrelevant, solange der durchschnittlich verständige Verbraucher dem ausländischen Titel dieselbe Wertschätzung entgegenbringt, wie einem im Inland verliehenen Titel. Anders wäre es hingegen, wenn der Verkehr meint, nur ein in Deutschland verliehener Titel würde den sachlichen Anforderungen genügen, die üblicherweise an einen solchen Titel gestellt werden. Davon ist bei einem durchschnittlich verständigen und 965

[2787] BGH GRUR 2014, 496 Rn. 12 f. – Kooperation mit Wirtschaftsprüfer.

[2788] BGH GRUR 2013, 409 Rn. 30 ff. – Steuerbüro. Unzulässig ist allerdings eine Eintragung im Telefonbuch unter der Rubrik „Steuerberatung".

[2789] OLG Hamm WRP 2012, 1430 (1432).

[2790] BGH GRUR 2012, 215 Rn. 16 – zertifizierter Testamentsvollstrecker; ebenso AnwG Niedersachsen BeckRS 2009, 09378 und AnwG NRW BeckRS 2011, 07886.

[2791] BGH NJW 2003, 1814 (1815) – Stellenanzeige.

[2792] OLG Hamm NJW 2007, 2191 (2192 f.).

[2793] LG Kassel MD 2004, 826 (827).

[2794] LG Berlin NJW 2004, 1250 (1251).

informierten Verbraucher im Regelfall aber nicht auszugehen.[2795] Ebenso kann es an der Relevanz einer Fehlvorstellung fehlen, wenn ein Unternehmen den Eindruck vermittelt, bestimmte Leistungen (wie zB die Durchführung von Hauptuntersuchungen für Pkw) selbst durchzuführen, während es tatsächlich diese Leistungen nur vermittelt, wenn dies auf die Durchführung und das Ergebnis der Untersuchung keinen Einfluss hat und es dem Verkehr allein auf dieses Ergebnis ankommt.[2796]

V. Status des Unternehmers

966 Auch unwahre oder zur Täuschung geeignete Angaben über den „Status" (die engl. Richtlinienfassung spricht von „status", die frz. von „Statut"), also die Stellung des Unternehmers im Wettbewerb, können iSd § 5 Abs. 1 S. 2 Nr. 3 UWG, Art. 6 Abs. 1 lit. f UGP-Richtlinie irreführen. Angaben über den Status des Unternehmers sind alle Informationen, die über die **Rolle des Unternehmens im Wettbewerb** informieren, sei es in allgemeiner Form (zB „Größtes Unternehmen der Branche"), sei es konkret im Hinblick auf einen bestimmten Vorgang (zB: Hersteller des beworbenen Produkts). Eine **weite Auslegung** des Begriffs ist auch im Hinblick auf den Umstand geboten, dass es sich bei der Irreführung über den Status des Unternehmers nur um einen Beispielsfall der Irreführung über die Person, die Eigenschaften oder die Rechte des Gewerbetreibenden bzw. seines Vertreters handelt, und die Aufzählung nicht abschließend ist.

1. Alleinstellungs- und Spitzenstellungswerbung

Schrifttum: *Abel,* Generische Domains – Geklärte und ungeklärte Fragen zur Zulässigkeit beschreibender second-level-Domains nach dem Urteil des BGH vom 17.5.2001 – mitwohnzentrale.de, WRP 2001, 1426; *Arras,* Superlativwerbung im Wandel der Zeit, NJW 1954, 1910; *Cyrus,* Die Grenzen der Zulässigkeit einer Alleinstellungswerbung, GRUR 1961, 11; *Droste,* Wann sind Alleinstellungen unzulässig?, GRUR 1953, 16; *ders.,* Grenzen der Superlativ-Werbung, DB 1954, 736; *Ernst,* Internetadressen – Der Stand der Rechtsprechung, MMR 2001, 368; *Esser,* Beweislastverteilung und Beweiswürdigung in der Alleinstellungswerbung, WRP 1963, 43; *Haberkorn,* Kann die künftige Entwicklung des Betriebes bereits als Firmenzusatz berücksichtigt werden?, WRP 1969, 261; *Haberkorn,* Zur Abgrenzung zwischen Handwerksbetrieb und Industriebetrieb, WRP 1966, 332; *Haberkorn,* Zur Zulässigkeit diverser Firmenzusätze, WRP 1967, 204; *Haselmann,* Alleinstellungswerbung und vergleichende Werbung, 1960; *Honig,* Die Werbung für unzulässige Handwerkstätigkeit, WRP 1971, 204; *ders.,* Werbung mit dem guten Ruf des Handwerks, WRP 1995, 568; *Joetze,* Die sogenannte „Superlativreklame" in der Dogmatik des Werberechts, 1962; *Lederle,* Anmerkung zur Stellungnahme der Industrie- und Handelskammer für München und Oberbayern, ebenda, BB 1960, 958; *Lux,* Alleinstellungsberühmung als Vergleichende Werbung? – Zugleich Besprechung des Urteils des OLG Hamburg vom 20.7.2000 – 3 U 191/99, GRUR 2002, 682; *Nägele,* Die Rechtsprechung des Bundesgerichtshofs zu Internet-Domains, WRP 2002, 138; *Olenhusen,* Das „Institut" im Wettbewerbs-, Firmen-, Standes-, Namens- und Markenrecht, WRP 1996, 1079; *Pauly,* Zur Problematik der Alleinstellungswerbung unter besonderer Berücksichtigung von BGH WRP 1976, 729 – Der meistverkaufte Europas, WRP 1997, 691; *Saria,* „Der größte …" im österreichischen Lauterkeitsrecht zwischen unternehmensbezogener Alleinstellungswerbung, Werturteil und reklamehafter Übertreibung, GRUR Int. 2005, 130; *Schmidt-Bogatzky,* Die Verwendung von Gattungsbegriffen als Internetdomains – Zur „Mitwohnzentrale.de" – Entscheidung des BGH, GRUR 2002, 941; *Schulze,* Anmerkung zu BGH Sparvorwahl, MMR 2003, 259; *Schulze zur Wiesche,* Zum Problem Verbände und Wettbewerbsrecht, GRUR 1973, 355; *Spengler,* Alleinstellung in der Werbung, DB 1963, 574; *Sternitzky/Goldammer,* „Der Beste, der Schnellste, der Günstigste" – Superlativwerbung und Rechtsfolgen irreführender Werbung in Deutschland und dem Baltikum, GRUR Int. 2018, 332; *Thiele/Rohlfing,* Gattungsbezeichnungen als Domain-Namen, MMR 2000, 591; *Weyhenmeyer,* Fachgeschäft und Fachhandel als Begriffe des Wettbewerbsrechts, WRP 1982, 443.

967 Über die sonstigen Unternehmensverhältnisse täuscht der Unternehmer, der in anderer Weise als durch die Irreführung über die Identität, das Vermögen, die Befähigung, die gewerblichen Rechte und die Auszeichnungen bzw. Ehrungen einen Irrtum über seine – des Unternehmers – Person oder sein Unternehmen (Art, Eigenschaften, Rechte) erweckt. Maßgeblich ist auch hier die **Sicht des durchschnittlich informierten, aufmerksamen**

[2795] BGH GRUR 1992, 525 (526) – Professorenbezeichnung in der Arztwerbung II. AA OLG München NJW-RR 1989, 1439 (1441).

[2796] OLG Hamm NJOZ 2009, 4033.

und verständigen Umworbenen in der jeweiligen Werbesituation,[2797] wobei die Werbung so, wie sie sich präsentiert, also in ihrer **Gesamtheit,** auf eine etwaige Irreführungsgefahr hin zu untersuchen ist.[2798]

Über die sonstigen Unternehmensverhältnisse kann **in den unterschiedlichsten For-** 968
men getäuscht werden. Jede Angabe, die geeignet ist, beim durchschnittlich aufmerksamen, verständigen und informierten Umworbenen in der jeweiligen Werbesituation einen wettbewerbsrechtlich relevanten falschen Eindruck über die Art, die Eigenschaften oder die Rechte des Unternehmers zu erwecken und die in der Aufzählung der Unterfallgruppen des § 5 Abs. 1 S. 2 Nr. 3 UWG nicht genannt ist, wird erfasst. So täuscht zB über die Größe des Unternehmens, wer sich in Zeitungsanzeigen, auf Briefbögen, in Drucksachen, in der Beschriftung der Front des Geschäftshauses, seiner Firmenwagen und seiner Geschäftsräume eine Bezeichnung gibt, die beim Durchschnittsumworbenen einen falschen Eindruck über die Unternehmensgröße erweckt.[2799]

Als **Alleinstellungs- oder Spitzenstellungswerbung** bezeichnet man Aussagen, mit 969
denen der Unternehmer behauptet, in bestimmter oder in jeder Hinsicht einen **Vorrang vor sämtlichen Mitbewerbern** zu haben.[2800] Der Vorrang kann sich beziehen auf das Unternehmen selbst (wie zB *„Der beste Anbieter"*, *„Europas größter Onlinedienst"*), auf die von ihm angebotenen Waren und Dienstleistungen (*„Der schnellste Rechner"*, *„Kein anderes Produkt ist leichter zu bedienen"*) oder auf die Produktgruppe, der die beworbene Ware angehört (zB *„Linoleum hat die führende Stellung unter Fußbodenbelägen"*, *„Europas größtes People Magazin"*),[2801] und zwar in allgemeiner Hinsicht oder für spezielle Kriterien wie zB Größe, Umsatz, Marktstellung, Verkaufsfläche, Reichweite, Auflage. Die Allein- und Spitzenstellungswerbung wird im Katalog möglicher irreführender Angaben **nicht ausdrücklich erwähnt.** Am ehesten lässt sie sich noch unter **Angaben über Eigenschaften des Unternehmers** subsumieren, soweit sich die Alleinstellungsbehauptung auf den Unternehmer bezieht. In der Praxis lässt sich die Angabe über das Unternehmen jedoch häufig nicht von der Angabe über die **Ware** trennen, so zB wenn mit der Alleinstellung für ein Unternehmen auch eine Alleinstellung der von ihm produzierten Waren in Anspruch genommen wird. Auch in der bisherigen Rechtsprechung galten für die Beurteilung von Alleinstellungswerbung **einheitliche Kriterien,** unabhängig davon, ob sich die behauptete Alleinstellung auf das Unternehmen oder die Ware bezog. Da die Merkmale in § 5 Abs. 1 S. 2 Nr. 1 UWG nicht abschließend aufgeführt werden („wie"), gelten die nachfolgenden Grundsätze sowohl für die Alleinstellungswerbung für Waren als auch für den Unternehmer.

a) Abgrenzung. Wesentlich für die **Alleinstellung** ist, dass sie eine Gleichrangigkeit 970
eines Mitbewerbers ausschließt. Abzugrenzen ist die Alleinstellungswerbung daher von der **Spitzengruppenwerbung** (vgl. → Rn. 999), für deren Beurteilung allerdings ähnliche Grundsätze gelten. Bei der Spitzengruppenwerbung nimmt der Unternehmer nicht in Anspruch, dass er allein alle anderen Mitbewerber übertrifft; er behauptet nur, Teil einer Gruppe zu sein, die einen Vorrang vor den übrigen Mitbewerbern hat. Auch die Spitzenstellung kann sich beziehen auf das werbende Unternehmen oder auf die von ihm angebotenen Waren.

Bei der Werbung mit einer Allein- oder Spitzenstellung geht es zumeist um eine **Selbst-** 971
einschätzung des werbenden Unternehmens. Davon zu unterscheiden ist die Werbung mit Testergebnissen (hierzu → § 5 Rn. 670 ff.) oder mit Auszeichnungen, die von Dritten vergeben wurden (hierzu → Rn. 1140 ff.), für die andere Maßstäbe gelten.[2802] So ist eine Werbung mit einem tatsächlich errungenen „Testsieg" zB auch dann erlaubt, wenn der Sieg mit einem anderen Unternehmen zu teilen ist und auch ein stetiger Vorrang nicht geklärt

[2797] Näher → § 5 Rn. 145 ff., 237.
[2798] Näher → § 5 Rn. 238.
[2799] Näher → Rn. 978 ff.; vgl. LG Münster WRP 1971, 143.
[2800] Vgl. *Helm/Sonntag/Burger* in Gloy/Loschelder/Danckwerts HdbWettbR § 59 Rn. 174.
[2801] BGH GRUR 1964, 33 (35 f.) – Bodenbeläge.
[2802] BGH GRUR 2003, 800 (802) – Schachcomputerkatalog.

ist.[2803] Zudem muss in solchen Fällen, in denen das Ergebnis eines Dritten **unverändert** übernommen wird, der Unternehmer **keinen eigenen Qualitätsnachweis** führen. Eine unveränderte Übernahme liegt allerdings nicht vor, wenn die drei bestplatzierten Unternehmen nicht ausdrücklich zum „Testsieger" erklärt wurden, jedoch mit dem Testsieg geworben wird.

972 Abzugrenzen ist die Alleinstellungswerbung außerdem von Aussagen über die sehr gute Qualität einer Ware (hierzu → § 5 Rn. 465 ff.; Spitzenqualität) sowie von rein **subjektiven Meinungsäußerungen,** bei denen der Verkehr erkennt, dass hinter der Aussage kein nachprüfbarer Tatsachenkern steckt;[2804] dasselbe gilt für bloße Kaufappelle, reklamehafte Übertreibungen oder **Slogans,** die der Adressat der Aussage nicht ernst nimmt (vgl. auch Art. 5 Abs. 3 S. 2 der UGP-Richtlinie).[2805] Nimmt eine Aussage überhaupt nicht auf Wettbewerber Bezug, sondern behauptet nur einen Vorsprung gegenüber den **eigenen Produkten** *(„Das beste Persil aller Zeiten"),* so stellt das ebenfalls keine für § 5 UWG relevante Alleinstellungswerbung dar.[2806] Auch hier kommt es aber auf die gesamte Formulierung an. Wenn etwa die *„weltweit gründlichste ABC-Rasur" „garantiert"* wird, dann wird ein beachtlicher Teil der angesprochenen Verbraucher die Aussage nicht nur auf ABC-Produkte beziehen, sondern auf Nassrasierer überhaupt.[2807]

973 Für die Abgrenzung zur vergleichenden Werbung gilt: Jeder **Werbevergleich** muss sich am Verbot der irreführenden Werbung nach § 5 UWG messen lassen (siehe § 5 Abs. 3 UWG)[2808] und **irreführende vergleichende Werbung ist allein nach § 5 UWG zu beurteilen,** obwohl die gemeinschaftsrechtlich geprägten Regelungen zur vergleichenden Werbung eigentlich abschließend sind.[2809] Es ist daher unerheblich, ob bei einer Alleinstellungswerbung zugleich eine vergleichende Werbung iSv § 6 UWG vorliegt, was voraussetzen würde, dass ein oder mehrere bestimmte Mitbewerber oder die von ihnen angebotenen Waren oder Dienstleistungen unmittelbar oder mittelbar erkennbar gemacht werden.[2810] Das wird ohnehin nur in Ausnahmefällen vorkommen. Werden durch eine Alleinstellungsbehauptung Mitbewerber **pauschal herabgesetzt,** ist die Werbung ebenfalls in jedem Fall verboten, ohne dass es der genauen Abgrenzung zu § 6 UWG bedarf. Allerdings genügen die mit jedem Vergleich verbundenen negativen Wirkungen allein dafür nicht. Es müssen vielmehr besondere Umstände hinzutreten, die den Vergleich in unangemessener Weise abfällig, abwertend oder unsachlich erscheinen lassen.[2811]

974 **b) Beurteilungsmaßstab.** Die Alleinstellungswerbung ist unzulässig, wenn ihr Aussageinhalt **nicht den tatsächlichen Verhältnissen entspricht.** Ob eine Alleinstellungsbehauptung vorliegt und welchen Aussageinhalt sie hat, beurteilt sich nach der **Auffassung des durchschnittlich informierten und verständigen Durchschnittsverbrauchers.**[2812] Er wird eher als der angesprochene Verbraucher erkennen, ob es sich zB um

[2803] Anders hingegen, wenn es 3 bestplatzierte Unternehmen gibt und daher kein „Testsieger" gekürt wurde, ein Unternehmen aber dennoch mit der Stellung als „Testsieger" wirbt, OLG Hamburg GRUR-RR 2013, 437 (438) – Spitzentrio.

[2804] BGH GRUR 2002, 182 (183) – Das Beste jeden Morgen. Auch → Rn. 975.

[2805] OLG Frankfurt a. M. GRUR-RR 2015, 247 Rn. 16.

[2806] OLG Köln ZUM-RD 2002, 214 (216).

[2807] OLG Hamburg MD 2005, 521 (522) – Die gründlichste Rasur.

[2808] Bisweilen auch an § 5a UWG, vgl. BGH GRUR 2018, 541 Rn. 38 – Knochenzement II.

[2809] Vgl. EuGH Urt. v. 8.4.2003 – C-44/01, GRUR 2003, 533 (536) – Pippig Augenoptik/Hartlauer. Ausführlich zum Verhältnis zwischen vergleichender Werbung und (allgemeiner) irreführender Werbung → § 5 Rn. 1346 ff.

[2810] BGH WRP 1997, 182 (183) – Aussehen mit Brille; GRUR 1961, 85 (90) – Pfiffikus-Dose; vgl. auch OLG Karlsruhe MD 1999, 44 (45) – „Wo bessere Produkte weniger kosten".

[2811] BGH WRP 1999, 414 (416) – Vergleichen Sie; GRUR 1987, 49 (50) – Cola-Test; EuGH Urt. v. 8.4.2003 – C-44/01, GRUR 2003, 533 (538) – Pippig Augenoptik/Hartlauer; bejaht in KG WRP 1999, 339 (340) – Werbevergleich; OLG Köln NJWE-WettbR 1999, 277; OLG Köln MD 1998, 92 (93) – Herkömmlicher Rasierer; OLG Köln MD 1997, 1219 (1220); OLG München MD 1996, 896 (900) – „Der Scheiß des Monats".

[2812] BGH GRUR 2002, 182 (183) – Das Beste jeden Morgen; GRUR 2003, 361 (362) – Sparvorwahl.

bloß reklamehafte Übertreibungen handelt.[2813] Was der Unternehmer sagen will, ist unerheblich. Entscheidend ist, wie die Werbung verstanden wird. Will der Unternehmer die Alleinstellung in bestimmter Hinsicht beschränken, kommt das aber nicht hinreichend klar zum Ausdruck, muss er sich an dem weiten Verständnis messen lassen.[2814] Maßgeblich ist dann, ob der Unternehmer einen Vorsprung **in jeder** für die angesprochenen Verkehrskreise **bedeutenden Hinsicht** und gegenüber allen Mitbewerbern besitzt. Der Verkehr kann im Einzelfall aber auch Aussagen in ihrem Bedeutungsgehalt abschwächen oder relativieren, obwohl sie streng philologisch eine Alleinstellung behaupten.[2815]

aa) Angabe. Nach Auffassung der angesprochenen Verkehrskreise bestimmt sich zunächst, ob überhaupt eine **Angabe** im Sinne von § 5 UWG vorliegt, dh ob die Werbung als Aussage mit einem objektiv nachprüfbaren Tatsachenkern verstanden wird (hierzu → § 5 Rn. 182 ff.). Erforderlich sind inhaltlich nachprüfbare Aussagen über geschäftliche Verhältnisse.[2816] Grundsätzlich nimmt der Verkehr Werbeaussagen bekannter und angesehener Unternehmen ernst, und zwar auch, wenn sie Alleinstellungsbehauptungen enthalten.[2817] Das gilt nicht nur für die Werbung von Großunternehmen, sondern mit Ausnahme reiner Marktschreier für jeden Gewerbetreibenden. **Ausnahmen** gelten jedoch: 975

- in Fällen, in denen der Durchschnittsverbraucher erkennt, dass es sich um einen originellen Slogan und eine reklamehafte, **nicht ernst gemeinte Übertreibung** handelt;[2818] Art. 5 Abs. 3 S. 2 der UGP-Richtlinie erwähnt sogar ausdrücklich die *„übliche und rechtmäßige Werbepraxis, übertriebene Behauptungen oder nicht wörtlich zu nehmende Behauptungen aufzustellen"*.[2819]
- bei der Verwendung von Schlagwörtern, die heute **Allgemeingut der Werbesprache** sind und denen über die Andeutung guter Qualität hinaus im Regelfall kein konkreter Bedeutungsgehalt zukommt wie zB *„mega"*, *„einmalig"*,[2820] *„optimal"*,[2821] *„spitze"*, *„super"*, *„klasse"*, *„sensationell"*, *„wunderbar"* oder *„exklusiv"*;[2822]
- bei **umgangssprachlichen Redewendungen** wie *„Ich bin doch nicht blöd"*;[2823]
- bei Aussagen, die erkennbar nur **reine Werturteile** enthalten, weil sie zB rein subjektive Geschmacksfragen ansprechen oder andere Aspekte, die erkennbar objektiv nicht erfassbar sind oder die so allgemein gehalten sind, dass der Bezug der Alleinstellung offen bleibt

---

[2813] KG GRUR-RR 2011, 192 – Bester Powerkurs aller Zeiten; ähnlich BGH GRUR-RR 2011, 7 Rn. 5 – steuerberater-suedniedersachsen.de.

[2814] Vgl. BGH GRUR 1963, 34 – Werkstatt und Betrieb; GRUR 2004, 786 (788) – Größter Online-Dienst: Verboten wurde „Europas größter Onlinedienst", erlaubt hingegen „mit mehr als … Kunden ist T-Online Europas Größter Online-Service".

[2815] BGH GRUR 1965, 438 (439) – Sinnbild und Maßstab; ebenso *Helm/Sonntag/Burger* in Gloy/Loschelder/Danckwerts HdbWettbR § 59 Rn. 57 für *„Inbegriff"* oder *„Symbol"*.

[2816] BGH GRUR 2018, 541 Rn. 35 – Knochenzement II.

[2817] BGH GRUR 1965, 365 (367) – Lavamat II; GRUR 1971, 365 (367) – Wörterbuch; GRUR 1973, 78 (80) – Verbraucherverband; GRUR 1973, 534 (535) – Mehrwert II; GRUR 1975, 141 (142) – Unschlagbar; GRUR 1981, 910 (911) – Der größte Biermarkt der Welt.

[2818] OLG Frankfurt a. M. NJW-RR 1999, 770 – Radio Diehl the best deal; OLG Düsseldorf K&R 1999, 566 (567) – „You can't beat the FIRST"; OLG Schleswig 5.2.2002 – 6 U 64/01, BeckRS 2002, 30237763 – „… die größte Auswahl der Welt. Mindestens"; OLG Frankfurt a. M. NJWE-WettbR 1997, 2 (3) – Die Ersten sollen die Besten sein; KG BeckRS 2010, 19135 – Der beste Powerkurs aller Zeiten. Verneint (und damit Irreführung bejaht) hingegen für „Das sicherste Auto aller Zeiten", OLG Schleswig MD 2010, 884 (885) und „hier kommt die beste Alternative", OLG Hamburg BeckRS 2009, 86281.

[2819] Ebenso Ewgr. 48 der sog. Omnibus-Richtlinie zum EU-Verbraucherrecht (Richtlinie (EU) 2019/2161 des Europäischen Parlaments und des Rates vom 27. November 2019 zur Änderung der Richtlinie 93/13/EWG des Rates und der Richtlinien 98/6/EG, 2005/83/EG und 2011/83/EU des Europäischen Parlaments und des Rates zur besseren Durchsetzung und Modernisierung der Verbraucherschutzvorschriften der Union).

[2820] OLG Nürnberg WRP 1960, 185 (186); OLG Koblenz WRP 1986, 168 – Einmaliges Angebot.

[2821] BGH WRP 2002, 71 (74) – Anwaltsrundschreiben; MMR 2005, 449 (450) – Optimale Interessenvertretung.

[2822] AA OLG Köln MD 2000, 222 (223 f.) – exklusive Ledergarnituren.

[2823] OLG Karlsruhe WRP 1997, 865 (866) – „Ich bin doch nicht blöd".

– so wurde für Fertigbrei die Aussage *„Mutti gibt mir immer nur das Beste"*[2824] als nicht irreführend angesehen, bei Frühstücks-Cerealien die Aussage *„Das Beste jeden Morgen"*,[2825] bei einem Einrichtungshaus die Aussage *„Deutschlands bestes Einrichtungshaus"*;[2826] bei der Bewerbung des Immobilienteils einer Tageszeitung die Aussage *„Beste Auswahl, beste Lage, beste Übersicht"*;[2827] bei einer Zeitschrift die Aussage *„profiliertestes People-Magazin Europas"*,[2828] bei einem Kosmetikunternehmen die Aussage *„um Ihnen für jeden Hautzustand stets die … gemäß der herstellerunabhängigen Fachliteratur verträglichsten und wirksamsten Kosmetikpräparate anbieten zu können"*,[2829] bei einem Telekommunikationsunternehmen die Aussage *„Meine Nr. 1"*.[2830] Allerdings kann sich hinter einem vermeintlich subjektiven Werturteil auch eine objektive Aussage verstecken, wie etwa bei dem Slogan *„der beliebteste Anbieter"* die Aussage, dass dieser Anbieter objektiv die meisten Kunde habe,[2831] bei der Aussage *„Spitzenmediziner"*[2832] oder bei der Aussage *„die besten Fenster"*, bei der das „Beste" auch auf die objektiven Eigenschaften Wärmedämmung, Schallschutz und Sicherheit bezogen werden kann. Es ist aber umso wahrscheinlicher, dass der Verkehr diese Tatsachenbehauptung nicht ernst nimmt, wenn und je mehr subjektive Einschätzungen erkennbar der Werbeaussage zu Grunde liegen.[2833] Ob solche subjektiven Einschätzungen der Aussage zu Grunde liegen, ist auch von der Art der beworbenen Ware oder Dienstleistung abhängig. So unterliegt die Bewertung von Lehrmitteln für Sprachkurse stark subjektiven Wertungen, sodass der Verkehr die Aussage *„der beste Powerkurs aller Zeiten"* als reklamehafte Übertreibung erkennt.[2834]

– Bei **bloßen Kaufappellen,** in denen die angesprochenen Verkehrskreise keine im Kern nachprüfbare Tatsachenbehauptung sehen *(„den und keinen anderen")*.[2835]

976 Maßgeblich sind jeweils der Einzelfall und die Gesamtumstände der Werbung. Ob der Verkehr Aussagen **ernst nimmt,** hängt auch davon ab, ob und welche Aussagen für Produkte derselben Gattung es bereits gibt und ob der Eindruck einer Angabe durch weitere Umstände unterstützt oder aufgehoben wird. Allgemeine Hinweise auf die Größe eines Unternehmens oder andere, allgemein nachprüfbare Aussagen werden im Regelfall ernst genommen.[2836] Auch ein ***„einzigartiges Geschäftsmodell"*** versteht der Verkehr umso eher als objektive Angabe, je konkreter dies mit nachprüfbaren weiteren Angaben verknüpft wird und umso mehr als bloße Reklame, je konturloser die Aussage bleibt.[2837] Hingegen führt eine offensichtliche Vielzahl von Alleinstellungsangaben für Waren einer Produktgruppe dazu, dass der Verkehr diese Angaben weniger ernst nimmt.[2838] Wer behauptet, *„Standards gesetzt zu haben"* behauptet damit ebenfalls keine Alleinstellung. Dem steht bereits der Wortsinn des Begriffs **„Standard"** entgegen. Wohl aber wird die Zugehörigkeit zur Spitzengruppe behauptet.[2839] Die Behauptung, eines der *„wichtigsten* Unternehmen" zu sein, liegt ebenfalls regelmäßig im Grenzbereich. Im Zusammenhang mit einem Meinungs-

---

[2824] BGH GRUR 1965, 363 (365) – Fertigbrei.
[2825] BGH GRUR 2002, 182 (184) – Das Beste jeden Morgen.
[2826] OLG Bamberg GRUR-RR 2003, 344 – Deutschlands bestes Einrichtungshaus; anders allerdings für „Deutschlands größtes Einrichtungshaus".
[2827] KG GRUR 1999, 1021 (1022) – Beste Auswahl, beste Lage, beste Übersicht.
[2828] OLG Hamburg GRUR-RR 2006, 170 (172), wobei das OLG in der Aussage eine reklamehafte Übertreibung sah, was aber zu demselben Ergebnis führt.
[2829] OLG Köln MD 2006, 762 (766 f.).
[2830] OLG Bremen BeckRS 2010, 23054.
[2831] OLG Hamburg MMR 2010, 331 (333) – Der beliebteste Anbieter II.
[2832] OLG Karlsruhe WRP 2012, 1131 (1133).
[2833] KG GRUR-RR 2011, 192 (193) – Bester Powerkurs aller Zeiten.
[2834] KG GRUR-RR 2011, 192 (193) – Bester Powerkurs aller Zeiten.
[2835] BGH GRUR 1965, 365 (366) – Lavamat II; OLG Hamburg MD 2010, 18 (22).
[2836] OLG Bamberg GRUR-RR 2003, 344 – Deutschlands bestes Einrichtungshaus.
[2837] LG Konstanz WRP 2017, 242 Rn. 16.
[2838] BGH GRUR 1965, 363 (365) – Fertigbrei; vgl. auch BGH GRUR 1965, 438 (439) – Sinnbild und Maßstab.
[2839] OLG Hamburg NJW-RR 2005, 188 (190).

forschungsinstitut wurde es als Spitzengruppenbehauptung verstanden.[2840] Das kann man aber durchaus auch anders sehen.

977 **bb) Singgehalt.** Nach dem Verständnis des durchschnittlich informierten und verständigen Verbrauchers bestimmt sich auch, welcher **inhaltliche Sinngehalt** einer Aussage beizumessen ist und wie weit der **räumliche und sachliche Umfang** der behaupteten Alleinstellung reicht. Dabei ist im Regelfall vom Wortsinn der Aussage auszugehen,[2841] es sind allerdings auch die **Adressaten** und die **Gesamtumstände der Werbung** zu berücksichtigen. So stellt die Aussage *„immer der günstigste Preis"* für sich allein genommen eine Alleinstellungsbehauptung dar. In Verbindung mit einer Preisgarantie kann sich aber ergeben, dass der Werbende auch günstigere Preise für möglich hält und daher die Aussage nur als Berühmung zur Spitzengruppenzugehörigkeit zu verstehen ist.[2842] Der Slogan *„the best way to brew"* ist als solcher nur eine subjektive Wertung, in Zusammenhang mit weiteren Aussagen kann sich aber ergeben, dass damit zB die umweltfreundlichste Methode zur Kaffeezubereitung und damit eine Alleinstellungsbehauptung gemeint ist.[2843] Ebenso kann sich die Alleinstellung bei einer Werbung gegenüber Frauen für Rasierer auf Frauen-Rasierer beschränken, so dass Rasierer für Männer nicht zu berücksichtigen sind.[2844] Umgekehrt **können aber auch nicht beliebig scheinbare Teilmärkte geschaffen werden,** für die dann eine Alleinstellung behauptet werden kann. Sind beispielsweise Anbieter aus Sicht des Kunden austauschbar, und haben daher bestimmte individuelle Merkmale aus Sicht des Kunden keine maßgebliche Bedeutung, so kann es irreführend sein, für einen auf solchen Merkmalen beruhenden scheinbaren Teilmarkt die Marktführerschaft zu behaupten.[2845] Und je geringer der Kreis der relevanten Vergleichsobjekte ist, desto eher wird der Verkehr bei vergleichenden Aussagen zu einer Gesamtschau neigen und daher nicht weiter differenzieren.[2846] Die Werbung mit dem **negativen Komparativ** *(„kein besseres Produkt als")* bringt in der Regel nur die Zugehörigkeit zu einer Spitzengruppe zum Ausdruck, kann in Verbindung mit anderen Aussagen *(„das hat X zur Nr. 1 gemacht")* aber als Alleinstellungsbehauptung verstanden werden.[2847] Eine Spitzenstellungsbehauptung kann sich auch aus einem Blick in die Vergangenheit ergeben, wie etwa dem Slogan *„Zurück an die Spitze"*. Damit wird keine aktuelle Spitzenstellung behauptet, wohl aber eine Spitzenstellung in der Vergangenheit. Wurde diese Spitzenstellung allerdings nicht allein durch eigene Leistung bei der Produktentwicklung erzielt, sondern unter Verletzung von Betriebsgeheimnissen, so kann das Verschweigen dieses Umstands eine Irreführung nach § 5a Abs. 1 UWG bewirken, denn mit der Spitzenstellung eines Produkts in der Vergangenheit wird der Verkehr auch eine Aussage über die Leistungsfähigkeit des Unternehmens verbinden.[2848]

978 **(a) Sachlicher Umfang.** Auch das Verständnis des sachlichen Umfangs beurteilt sich nach den Angaben und den Umständen im Einzelfall. Bei Aussagen über die **Größe**[2849] oder die **Marktstellung** können einzelne aber auch mehrere Faktoren maßgeblich sein. Liegt die behauptete Alleinstellung bei nur einem dieser (relevanten) Faktoren nicht vor, ist

[2840] OLG Köln GRUR-RR 2016, 515 Rn. 30 – eines der wichtigsten Meinungsforschungsinstitute.

[2841] BGH GRUR 2012, 1053 Rn. 22 – Marktführer Sport; GRUR 2018, 541 Rn. 34 – Knochenzement II.

[2842] OLG Hamburg MD 2010, 18 (22) – Immer der günstigste Preis. Garantiert; OLG Bremen WRP 2004, 505, 506 – die tiefsten Preise; OLG Hamburg MD 2006, 706 (708) – Tiefpreisgarantie; im Ansatz auch LG Stuttgart WRP 2009, 1314 (Ls.).

[2843] LG Hamburg BeckRS 2009, 28227.

[2844] Vgl. OLG Köln MD 2001, 861.

[2845] OLG Köln GRUR-RR 2016, 515 Rn. 41 ff. für bloße politische Meinungsforschung gegenüber Marktforschung an sich; KG MD 2004, 983.

[2846] OLG Köln GRUR-RR 2005, 324 – Führendes deutsches Fachmagazin zur Unterscheidung zwischen „Zeitung" und „Magazin" für die Lebensmittelbranche.

[2847] OLG Köln MD 2002, 1039 (1040 f.).

[2848] BGH GRUR 2018, 541 Rn. 42 – Knochenzement II.

[2849] Zur Irreführung über die Unternehmensgröße auch → Rn. 932 ff.

die Werbung irreführend. So kommt es bei **Produktionsbetrieben** mangels anderslautender Aussagen in der Werbung oder anderer Umstände auf die Produktionszahlen[2850] oder den Umsatz an.[2851] Das schließt nicht aus, dass *auch* anderen Kriterien, wie den Produktionsflächen oder der Mitarbeiterzahl eine Bedeutung zukommen kann; aber diese Kriterien sind selten allein entscheidend. Erzielen andere Produktionsunternehmen mehr Umsatz, so ist die Behauptung, das „Größte" zu sein, im Regelfall irreführend. Bei **Handelsbetrieben** erwartet der Verkehr vom „Marktführer" und „Größten" ebenfalls den größten Marktanteil (gegenüber vergleichbaren Unternehmen) gemessen am Umsatz,[2852] ggf. aber – je nach Werbung und Branche – auch einen Vorsprung in der Breite des Sortiments, in der Leistungsfähigkeit und der Vertriebsorganisation,[2853] der Größe der Geschäftsräume/Verkaufsfläche[2854] und der Zahl des Personals[2855] sowie – bei Filialunternehmen – der Anzahl an Filialen.[2856] Bei **Handwerksbetrieben** kann die Anzahl, die Qualifikation oder die Leistungsfähigkeit des Personals entscheidend sein.[2857] Die Aussage *„Größter Schuhmarkt Deutschlands"* wird ohne weitere Angaben als Vergleich mit allen **Schuheinzelhandelsgeschäften** in Deutschland verstanden und nicht nur mit **Selbstbedienungsgeschäften.**[2858] *„Das größte **Teppichhaus** der Welt"* umfasst mindestens den Vergleich mit allen Spezialhäusern dieser Branche[2859] und kann sich bei einem **Filialunternehmen** nicht nur auf das gesamte Unternehmen beziehen, sondern auf eine einzelne Filiale. Bei **Kinos** kommt es auf Filmangebot, Auswahl, Sitzplätze und Anzahl der Kinosäle an, bei **Restaurants** auf die Qualität der angebotenen Speisen und Getränke und des Service. Bei **Partnervermittlungsdiensten** ist insbesondere die Zahl der registrierten, tatsächlich vermittelbaren Mitglieder relevant, um zu beurteilen wer *„Deutschlands größte Partnervermittlung"* ist;[2860] wie viele Mitglieder jemals registriert waren, ist hingegen irrelevant, ebenso die Zahl der Neuregistrierungen, weil sich daraus nur das Wachstum beurteilen lässt, aber nicht die Größe.

979 Bei **Zeitungen** und **Zeitschriften** beziehen sowohl der durchschnittlich verständige Leser als auch der Werbungtreibende die Aussage man sei die *„Größte"* in erster Linie auf die verkaufte Auflage.[2861] Dasselbe gilt bei der Werbung mit der *„Marktführerschaft"* bei Zeitungen. Die Unterscheidung zwischen Reichweite und verkaufter Auflage ist hingegen einer Vielzahl der durchschnittlich verständigen und informierten Leser nicht ohne weiteres bekannt. Wer deshalb die Größe allein auf die Reichweite beziehen will, muss dies unmissverständlich deutlich machen. Das gilt insbesondere dann, wenn zwischen Reichweite und verkaufter Auflage große Unterschiede bestehen.[2862] Ebenso muss bei einem Auflagenvergleich zwischen herkömmlichen Tageszeitungen einerseits und Anzeigeblättern andererseits

---

[2850] OLG Karlsruhe WRP 1984, 635 (636) – Weltweit Schlepperhersteller Nr. 1.

[2851] ZB OLG Köln MD 2002, 1192 (1193) – Nr. 1 im Lakritzmarkt; OLG Frankfurt a. M. WRP 2015, 113 Rn. 18 – Deutschlands Nummer 1 für Werbeartikel.

[2852] BGH GRUR 2018, 541 Rn. 34 – Knochenzement II; GRUR 2012, 1053 Rn. 22 – Marktführer Sport.

[2853] BGH GRUR 1985, 140 (141)– Größtes Teppichhaus der Welt; GRUR 1981, 910 (911) – Der größte Biermarkt der Welt; OLG Düsseldorf WRP 1985, 266 (269) – Nr. 1; OLG Hamm WRP 1992, 250 (251) – Größtes Spezialhaus („Das größte Spezialhaus für Oberbekleidung in Deutschland").

[2854] OLG Hamm WRP 1992, 399 (401) – Westdeutschlands größtes Einrichtungsunternehmen; OLG Köln MD 2003, 360 (362) – Eines der größten Möbelhäuser in Deutschland.

[2855] LG Köln WRP 1955, 23 (24) – Kölns größtes Fachgeschäft.

[2856] GKUWG/*Lindacher/Peifer* § 5 Rn. 222.

[2857] *Helm/Sonntag/Burger* in Gloy/Loschelder/Danckwerts HdBWettbR § 59 Rn. 194 mwN.

[2858] BGH GRUR 1983, 780 – Schuhmarkt.

[2859] BGH GRUR 1985, 140 – Größtes Teppichhaus der Welt; der BGH ließ offen, ob die Aussage auch eine Alleinstellungsbehauptung gegenüber Kaufhausabteilungen enthält.

[2860] OLG München K&R 2019, 47 Rn. 64 – Deutschlands größte Partnervermittlung.

[2861] BGH GRUR 2004, 244 (246) – Marktführerschaft; GRUR 1968, 433 (436) – Westfalenblatt II; OLG Hamburg GRUR-RR 2006, 170 (171); vgl. auch BGH GRUR 1988, 951 (953) – Die große deutsche Tages- und Wirtschaftszeitung.

[2862] BGH GRUR 2004, 244 (246) – Marktführerschaft; vgl. auch OLG Hamburg ZUM-RD 1998, 86 zur Reichweiten- und Auflagenermittlung.

klargestellt werden, dass es sich um eine Gratiszeitung handelt.[2863] Bei der Werbeangabe *„Die größte deutsche **Fachzeitschrift** ihrer Art für Maschinenbau und Fertigung"* gegenüber der Werbung treibenden Wirtschaft kommt es darauf an, welche Zeitschriften als Werbeträger vergleichbar sind, während Unterschiede im Inhalt und im Leserkreis irrelevant sein können.[2864] Die Werbung für eine Zeitung als *„Die große deutsche **Tages- und Wirtschaftszeitung**"* beschränkt den sachlichen Markt auf deutsche Tageszeitungen mit bedeutendem Wirtschaftsteil. Sind hingegen auf einem bestimmten Markt (hier: Lebensmittelhandel) insgesamt nur vier Fachveröffentlichungen mit zudem ähnlicher Erscheinungsweise vorhanden, wird der Verkehr bei der Aussage *„seit Jahrzehnten das führende deutsche Fachmagazin"* nicht noch weiter zwischen Magazinen und Zeitungen unterscheiden sondern eher zu einer Gesamtbetrachtung neigen, auch wenn ihm sonst diese Unterscheidung geläufig ist.[2865] Wirbt man mit der Aussage *„Die größte unabhängige deutsche Luftfahrt-Fachzeitschrift"*, so kann dies auch einen Vergleich mit Organen eines **Vereins** erfordern, wenn dieser Umstand nach der Verkehrsauffassung nicht die Unabhängigkeit berührt.[2866] Besitzen zwei große Verlagsgruppen jeweils 40 % der Geschäftsanteile eines Pressevertriebs, ist die Bezeichnung als „größter unabhängiger Nationalvertrieb" irreführend.[2867]

Bei **Wörterbüchern** stellt der durchschnittliche Leser zur Beurteilung der Größe vor allem darauf ab, welches Lexikon am umfangreichsten und ausführlichsten ist. Das bemisst sich in erster Linie nach der Anzahl der Stichworte, aber auch nach dem Umfang der einzelnen Erläuterungen zu den Stichwörtern. Handelt es sich um **wissenschaftliche Werke** und wird eine allgemeine Alleinstellung behauptet, kommt es zusätzlich auch auf den wissenschaftlichen Rang, die Ausführlichkeit und die Zuverlässigkeit des Werkes an.[2868] **980**

Die Werbung mit *„XY ist schon heute eines der weltweit größten Internet-Unternehmen"* ist nach Ansicht des BGH so zu verstehen, dass sich der Unternehmer mit den größten **Internet-Unternehmen** der Welt messen könne, was auch eine weltweite Präsenz voraussetze; sei diese in den USA und in Asien nicht gegeben, sei die Aussage irreführend.[2869] Bei einer Werbung mit dem *„größten **Onlinedienst**"* oder der Stellung als *„Spitzenreiter"* erwartet der Verkehr nach Ansicht des BGH nicht nur, dass der Anbieter die meisten **Kunden** hat, sondern auch, dass er den größten **Nutzungsumfang** aufweist, dh dass die Kunden den Dienst auch am häufigsten und umfangreichsten nutzen und zwar mit erheblichem Abstand zum jeweils nachfolgenden Onlinedienst. Die Aussage *„… im Internet liegen ungeahnte Chancen für alle – T-Online ist Europas gefragtester Zugang zu dieser neuen Welt"* sieht der BGH hingegen nur als geschickt formulierte Aussage, dass der Unternehmer den Internet-Zugang mit den meisten Kunden in Europa betreibe.[2870] Unter dem *„größten Provider im Internet"* ist nicht allein der Access-Provider mit den meisten Kunden zu verstehen.[2871] Maßgeblich ist aber stets das aktuelle Verständnis einer Aussage, so dass sich auch Wandlungen ergeben können. Dazu zählt auch, dass sich eine ursprünglich als Qualitätsbezeichnung gedachte Aussage zum Herkunftshinweis wandelt.[2872] Ähnliches gilt für Ausdrücke wie *„führend"*: Auch hier sind je nach Einzelfall verschiedene Gewichtungen möglich. Mangels anderslautender Angaben oder Umstände bezieht der Verkehr den behaupteten Vorsprung im Regelfall sowohl auf die **Qualität** als auch auf den **Umsatz.**[2873] Behauptet ein **Software-** **981**

2863 OLG Köln MD 2007, 493 (499).
2864 BGH GRUR 1963, 34 (35 f.) – Werkstatt und Betrieb.
2865 OLG Köln GRUR-RR 2005, 324 – Führendes deutsches Fachmagazin.
2866 BGH GRUR 1968, 440 ff. – Luftfahrt-Fachzeitschrift.
2867 OLG Köln WRP 2013, 1504 Rn. 14 ff.
2868 BGH GRUR 1971, 365 (366 f.) – Wörterbuch.
2869 BGH GRUR 2004, 786 (788) – Größter Online-Dienst.
2870 BGH GRUR 2004, 786 (788) – Größter Online-Dienst; OLG Hamburg K&R 2003, 142 (143) – Zweitgrößter Onlinedienst der Welt überhaupt.
2871 BGH GRUR 2004, 786 (786) – Größter Online-Dienst.
2872 BGH GRUR 1957, 285 (286) – Erstes Kulmbacher.
2873 BGH GRUR 1964, 33 (35 f.) – Bodenbeläge; OLG Hamburg MD 2003, 863 (865) (hinsichtlich Spitzengruppenstellung).

unternehmen eine ***„Technologieführerschaft"*,** so muss es bei allen wesentlichen und nicht nur bei einzelnen Technologiemerkmalen der Branche mit bedeutenden Neuentwicklungen vorangehen und andere Unternehmen müssen sich hieran orientieren.[2874] *„Das führende Informations- und Suchportal"* muss jedenfalls auch im Hinblick auf Besucherzahlen die Spitzenstellung innehaben.[2875]

982 Die Werbung mit einer **„Sparvorwahl"** für **Telefontarife** ist ohne Bezugnahme auf sämtliche Wettbewerber nicht so zu verstehen, dass der Unternehmer preisgünstiger sei als die gesamte Konkurrenz. Die Aussage ist deshalb **zulässig,** wenn der beworbene Tarif des Unternehmers nahezu durchgängig (also noch nicht einmal in jeder Hinsicht) günstiger ist als die Tarife der Marktführerin.[2876] Ähnliches gilt für die Aussage *„im Vergleich einfach billig"*. Auch dies versteht der durchschnittlich aufmerksame und informierte Verbraucher nicht so, dass der Werbungtreibende auf allen Gebieten günstiger sei als ein oder gar alle Wettbewerber.[2877] Die Aussage *„Oddset, die Sportwette mit festen Quoten, nur bei* ***Lotto****"* wird selbst der Werbeadressat, der kein Vorverständnis des Begriffs „Oddset" hat, nicht so verstehen, dass es „Oddset" nur beim Lottoblock gebe, sondern vielmehr so, dass nur der Lottoblock Anbieter von Sportwetten mit festen Quoten sei.[2878]

983 **(b) Räumlicher Umfang.** Bei Werbeaussagen **deutscher Unternehmen** erwartet der durchschnittlich informierte und verständige Verbraucher, dass sich die in Alleinstellung beworbenen Eigenschaften räumlich auf *Deutschland* beziehen. Das gilt erst recht, wenn das Unternehmen ausdrücklich damit wirbt, der beliebteste Anbieter Deutschlands zu sein. Hier erwartet der Verkehr dann auch deutschlandweite Angebote.[2879] Etwas anderes gilt, wenn der relevante Markt **eingeschränkt** *(„Die größte Zeitung Berlins"; „älteste Porzellanmanufaktur auf westdeutschem Boden", „Bayerische Bank", „der beste Preis der Stadt")* wird – wobei sich der Aussage *„Die Nr. 1 zwischen Aachen und Berlin"* allerdings keine räumliche Beschränkung entnehmen lässt[2880] – oder erweitert wird (*„Die meistverkaufte Elektrorasierermarke Europas"; „Europas Nr. 1", „Europas größter Onlinedienst",*[2881] *„Europas unbegrenzter Karrieremarkt",*[2882] *„der zweitgrößte Onlinedienst der Welt",*[2883] *„weltweit Schlepperhersteller Nr. 1"*,[2884] *„weltweit die Nr. 1"*,[2885] *„eines der weltweit größten Internet-Unternehmen"*[2886], *„Surfen im schnellsten Netz der Stadt"*[2887]). Die Werbung mit **größeren Märkten** kann in zwei Richtungen problematisch sein: Erstens ist im Einzelfall zu prüfen, ob die Alleinstellung **nur für den Gesamtmarkt** gelten muss oder ob das Produkt **nicht auch in Deutschland** die behauptete Alleinstellung oder zumindest einen erheblichen Erfolg haben muss. Während der BGH früher eine Alleinstellung **auch** in Deutschland forderte,[2888] stellt er heute im Hinblick auf die fortgeschrittene Integration im Gemeinsamen Markt und der internationalen konzernmäßigen Verflechtung großer inländischer Unternehmen zumindest bei europabezogenen Aussagen auf den **europäischen Gesamtmarkt** ab. Zugleich dürfen die Umsatzerfolge in Deutschland aber auch nicht unbedeutend

---

[2874] OLG Hamburg GRUR-RR 2002, 71 (72) – Technologieführerschaft.
[2875] LG Hamburg GRUR-RS 2017, 122169 Rn. 19.
[2876] BGH MMR 2003, 258 (259) – Sparvorwahl; im Ergebnis ebenso LG Düsseldorf MMR 2003, 341 („bundesweit... vorwählen und schon haben Sie gespart"); LG Köln MMR 2002, 556 („Die einfachste Art, Telefonkosten zu sparen").
[2877] Vgl. OLG Hamburg MD 2006, 183 (185) (dort im Ergebnis allerdings offengelassen).
[2878] BGH GRUR 2005, 176 (177) – Nur bei Lotto.
[2879] OLG Hamburg MMR 2010, 331 (332).
[2880] OLG Frankfurt a. M. WRP 2007, 697 f.
[2881] BGH GRUR 2004, 786 (788) – Größter Online-Dienst.
[2882] OLG Hamburg MD 2002, 136 (137 f.).
[2883] OLG Hamburg K&R 2003, 142 (143) – Zweitgrößter Onlinedienst der Welt überhaupt.
[2884] OLG Karlsruhe WRP 1984, 635 – Weltweit Schlepperhersteller Nr. 1.
[2885] OLG Frankfurt a. M. MD 2003, 730 – Weltweit die Nr. 1.
[2886] BGH GRUR 2004, 786 (788) – Größter Online-Dienst.
[2887] OLG Köln GRUR-RR 2017, 441 – Surfen im schnellsten Netz der Stadt.
[2888] BGH GRUR 1972, 129 – Der Meistgekaufte der Welt. Ebenso OLG Karlsruhe WRP 1984, 635 (636) – Weltweit Schlepperhersteller Nr. 1.

sein.[2889] Die gemeinsame Währung in „Euroland" festigt diese Rechtsprechung weiter. Zweitens ist zu prüfen, ob sich allein aus einer Spitzenstellung in Deutschland eine Spitzenstellung in Europa belegen lässt.[2890] Das ist grundsätzlich nicht der Fall. Eine andere Frage ist, ob mit einer **Allein- oder Spitzenstellung in Europa** geworben werden darf, wenn das werbende Unternehmen nicht in allen oder zumindest nicht in allen wesentlichen Ländern in Europa präsent ist. Hier muss je nach Einzelfall unterschieden werden, ob der Verkehr eine europaweite Präsenz erwartet. Wer als Unternehmen mit einer Alleinstellung oder Spitzenstellung in Europa wirbt, muss in wesentlichen Teilen von Europa präsent sein.[2891] Geht es hingegen um konkrete Produkte oder Dienstleistungen, kann dem durchschnittlich verständigen Verbraucher durchaus bekannt sein, dass eine Verbreitung in allen Ländern Europas nur schwer möglich ist. Dann kann es genügen, wenn die beworbenen Kennzahlen (zB Nutzer, Leser, Umsatz etc) europaweit bemessen die größten sind.[2892] Ob dies allerdings die Werbung mit *„Europas größtes People Magazin"* rechtfertigt, wenn ein Magazin nur in Deutschland oder im deutschsprachigen Raum die größte Auflage hat, aber nicht in anderen Ländern präsent ist oder dort nur an Flughäfen oder in Hotels verkauft wird,[2893] ist zweifelhaft. Das gilt erst recht, wenn ein anderes Magazin in einem anderen Land eine höhere Auflage hat. Es mag sein, dass der Verkehr die sprachliche Begrenztheit von Zeitschriften kennt. Umgekehrt gibt es aber auch bei Magazinen Lizenzausgaben in anderen Ländern. Es kommt somit auf den Einzelfall an. Wer im Internet für *„Europas unbegrenzter Karrieremarkt"* wirbt, weckt beim Interessenten nicht nur die Erwartung, dass eine erhebliche Anzahl Stellenanzeigen von europäischen Unternehmen außerhalb Deutschlands stammt, sondern auch für Positionen außerhalb Deutschlands gilt.[2894] Entsprechendes gilt bei einer Werbung mit einer **„weltweit"** führenden Stellung. Auch hier erwartet der Verkehr nicht, dass der Unternehmer in jedem Land vertreten ist oder gar in jedem Land der Größte ist. Allerdings muss er über eine internationale Bedeutung verfügen, in den wichtigsten Märkten der Welt für die angebotene Ware/Dienstleistung vertreten sein und insgesamt die Spitzenstellung innehaben.[2895] Wird in Deutschland mit einem weltweiten Umsatz für ein Produkt geworben, so erfordert das, dass dieses Produkt weltweit vertrieben wird. Beziehen sich hingegen die als weltweiter Umsatz für ein bestimmtes Auto genannten Zahlen auch auf andere Modelle, so ist die Werbung irreführend.[2896]

cc) Zutreffender Sinngehalt. Ist der Sinngehalt einer Aussage nach dem Verkehrsverständnis bestimmt, so hängt die Rechtmäßigkeit der Werbung davon ab, ob dieser Sinngehalt **zutreffend** ist. Das setzt zunächst voraus, dass es überhaupt einen abgrenzbaren Markt gibt, für den die Alleinstellung behauptet werden kann. Die Behauptung eines Ghostwriters „einer der Marktführer" im Bereich des wissenschaftlichen Ghostwritings zu sein, ist daher schon deshalb unzulässig, weil das Angebot **rechtlich missbilligte** Dienstleistungen betrifft.[2897] Bezieht sich die Alleinstellung auf Waren, müssen die diesem Markt zuzuordnenden Waren **vergleichbar** sein. Vor allem darf es keine wesentlichen Systemunterschiede bei den Waren zu Lasten desjenigen geben, der die Alleinstellung behauptet. 984

[2889] BGH GRUR 1996, 910 (912) – Der meistverkaufte Europas.

[2890] BGH GRUR 2004, 786 (789) – Größter Online-Dienst.

[2891] BGH GRUR 2004, 786 (788) – Größter Online-Dienst. AA OLG Hamburg CR 2005, 521 – Führender Internet Provider Europas.

[2892] Vgl. OLG Hamburg CR 2005, 521 – Führender Internet Provider Europas; OLG Hamburg GRUR-RR 2006, 170 (171) – Europas größtes People Magazin. Vgl. auch BGH GRUR 2004, 786 (788) – Größter Online-Dienst, wo die Aussage „Ist Europas gefragtester Zugang zu dieser neuen Welt" für einen Online-Zugang trotz Präsenz des werbenden Unternehmens in nur wenigen europäischen Ländern nicht beanstandet wurde.

[2893] So OLG Hamburg GRUR-RR 2006, 170 (171) – Europas größtes People Magazin.

[2894] OLG Hamburg MD 2002, 136 (137 f.).

[2895] OLG Frankfurt a. M. MD 2003, 730 (734 f.) – Weltweit die Nr. 1; OLG Hamburg K&R 2003, 142 (143) – Zweitgrößter Onlinedienst der Welt überhaupt.

[2896] OLG Köln GRUR 1999, 360 (361) – „Meistverkaufter Mini-Van".

[2897] OLG Düsseldorf GRUR-RR 2011, 474.

Weist die Konkurrenzware **systemimmanente Besonderheiten** auf, die das beworbene Produkt nicht hat, ist die Inanspruchnahme einer Alleinstellung daher nicht zulässig.[2898] Geht es hingegen um die Alleinstellung eines Unternehmens in Bezug auf bestimmte Waren, so können Systemunterschiede in den vertriebenen Waren unbeachtlich sein. Zumindest gilt das für das Fehlen einzelner Merkmale, die dem Verkehr nur wenig bedeutend erscheinen und gegenüber anderen Eigenschaften oder Vorzügen des beworbenen Produkts zurücktreten.[2899] Bestehen hingegen Unterschiede in wesentlichen Aspekten, die vom Verkehr in einer Gesamtgewichtung unterschiedlich gewertet werden können, so muss hierauf zur Vermeidung einer Irreführungsgefahr hingewiesen werden.[2900] Ebenso kommt es bei der Behauptung der Marktstellung (Marktführer) eines **Unternehmens** auf einen Vergleich mit vergleichbaren Unternehmen an. Somit sind Einzelhandelsunternehmen grundsätzlich mit anderen Einzelhandelsunternehmen zu vergleichen und mit Unternehmen einer Gruppe nur, wenn die einzelnen Mitglieder jeweils wie ein Unternehmen auftreten.[2901] Umgekehrt ist bei einer Werbung für Online-Partnervermittlungen nicht ausgeschlossen, dass der Verkehr die Aussage „größte Partnervermittlung" auch auf einen Vergleich mit sog. Single-Börsen bezieht, weil es bei beiden Gruppen um langfristige Partnerbeziehungen, aber auch bloße Flirts gehen kann und die Begriffe im täglichen Sprachgebrauch nicht scharf getrennt werden.[2902] Konzernverbundene Unternehmen sind in einem Vergleich nur dann gemeinsam zu berücksichtigen, wenn sie vom Verkehr auch als wirtschaftliche Einheit mit einheitlichem Angebot verstanden werden.[2903]

985 **dd) Deutlichkeit der Spitzenstellung.** Für die Zulässigkeit der Alleinstellungsbehauptung **genügt nicht irgendeine temporäre Spitzenstellung.** Erforderlich ist vielmehr, dass der Unternehmer in der Hinsicht, für die eine Alleinstellung behauptet wird, einen **deutlichen Vorsprung** vor seinen Mitbewerbern aufweist und der Vorsprung die **Aussicht auf eine gewisse Stetigkeit** bietet.[2904] Die Alleinstellung muss **nach Umfang und Dauer erheblich** sein.[2905] Ein nur geringfügiger Vorsprung oder die jederzeitige Möglichkeit des Wechsels der Alleinstellung genügt nicht für die Zulässigkeit der Aussage. So rechtfertigt beispielsweise ein Gründlichkeitsvorsprung von 0,0143mm bei einem Bartwuchs von 0.27mm innerhalb von 24 Stunden nicht die Werbung mit *„der gründlichsten Rasur"*.[2906] Erst recht ist es irreführend, wenn bereits zum Zeitpunkt der Werbung feststeht, dass die behauptete Alleinstellung nicht weiter bestehen wird und die Werbung bis dahin auch nachwirken wird, zB weil das beworbene Produkt nicht kurzfristig gekauft wird.[2907] Etwas anderes kann allerdings gelten, wenn der Adressat die Werbung ausschließlich als Momentaufnahme versteht. Versteht der Adressat die Alleinstellungsangabe sachlich in einem umfassenden Sinn, muss der Vorsprung **in jeder bedeutsamen Hinsicht** bestehen.[2908] Ein Vorsprung in nur einzelnen Bereichen genügt dann nicht, wenn ein Unternehmen zB behauptet, *„das präziseste Blutzuckermessgerät"* anzubieten, dieses Gerät aber nur

[2898] BGH GRUR 1991, 850 (851) – Spielzeug-Autorennbahn.
[2899] BGH GRUR 1992, 404 (406) – Systemunterschiede.
[2900] OLG Hamburg GRUR-RR 2002, 169 – Speedway.
[2901] BGH GRUR 2012, 1053 Rn. 25 f. – Marktführer Sport.
[2902] OLG München K&R 2019, 47 Rn. 67 – Deutschlands größte Partnervermittlung.
[2903] OLG München K&R 2019, 47 Rn. 75 – Deutschlands größte Partnervermittlung.
[2904] BGH GRUR 2004, 786 (788) – Größter Online-Dienst; GRUR 2003, 800 (802) – Schachcomputerkatalog; GRUR 2002, 182 (183) – Das Beste jeden Morgen; GRUR 1998, 951 (952) – Die große deutsche Tages- und Wirtschaftszeitung; GRUR 1996, 910 (911) – Der meistverkaufte Europas; GRUR 1991, 850 (851) – Spielzeug-Autorennbahn.
[2905] BGH GRUR 1963, 34 (36) – Werkstatt und Betrieb; GRUR 1968, 440 – Luftfahrt-Fachzeitschrift; GRUR 1981, 910 (911) – Der größte Biermarkt der Welt; GRUR 1991, 680 (682) – Porzellanmanufaktur.
[2906] OLG Hamburg MD 2005, 521 (524) – Die gründlichste Rasur I; MD 2005, 526 (527) – Die gründlichste Rasur II.
[2907] OLG Köln GRUR-RR 2017, 441 Rn. 40 – Surfen im schnellsten Netz der Stadt.
[2908] BGH GRUR 1992, 404 (406) – Systemunterschiede; GRUR 1981, 910 (911) – Der größte Biermarkt der Welt; OLG Köln NJWE-WettbR 1998, 105 – Vom Erfinder – das beste Stück; OLG Hamburg NJWE-WettbR 1998, 218 (219) – Die besten aktuellen deutschen Shareware-Programme.

bei der Genauigkeit einzelner Messergebnisse vor Konkurrenzprodukten liegt.[2909] Außerdem ist erforderlich, dass **gegenüber jedem anderen (vergleichbaren) Mitbewerber ein Vorsprung** besteht. Ein Wettbewerber kann die Aussage deshalb nicht nur dann beanstanden, wenn sein Unternehmen oder seine Produkte zumindest gleichrangig sind, sondern er kann auch auf andere Unternehmen oder deren Produkte verweisen. Bei einer Werbung mit der Bewertung als **„Testsieger"** ist allerdings kein deutlicher Vorsprung beim Test gegenüber Konkurrenzprodukten erforderlich. Es genügt daher, wenn die Aussage inhaltlich zutreffend ist.[2910] Hinzu kommt, dass bei der Wiedergabe von Testergebnissen die **Privilegierung der Testergebniswerbung** greift, der zufolge der Unternehmer die richtig ermittelten Testergebnisse Dritter wiedergeben darf ohne selbst einen entsprechenden Nachweis führen zu müssen (hierzu → § 5 Rn. 674).

c) Arten der Alleinstellungswerbung. Alleinstellungswerbung kommt vor allem 986
durch Verwendung von Superlativen, von bestimmten Artikeln, von Positiven, von Komparativen oder durch Verwendung negativer Komparative vor.

aa) Superlativ. Werbung mit Aussagen wie ***„das Beste"***,[2911] ***„das Größte"***,[2912] ***„am*** 987
meisten", ***„meist gelesen"***, ***„meist verkauft"***, ***„schnellster"***,[2913] ***„günstigst"***,[2914] ***„… wo die Preise am Tiefsten sind"***,[2915] ***„das derzeit Einzige"***,[2916] ***„die gründlichste Rasur"***,[2917] ***„das sicherste Auto"***[2918], ***„das präziseste Blutzuckermessgerät"***[2919], ***„das schnellste Netz"***[2920], ***„die besten Fenster"***[2921] stellen den typischen Fall einer Alleinstellungswerbung dar. Aber auch Aussagen wie ***„der zweitgrößte"*** stellen eine Alleinstellung gegenüber allen anderen Anbietern außer dem Marktführer dar.[2922] Stets kommt es auch hier auf den Einzelfall an. So fehlt es bei der Aussage *„Mutti gibt mir immer nur das Beste"* für Fertigbrei an einem nachprüfbaren Tatsachenkern; die Aussage wurde deshalb nicht verboten.[2923] Auch die Angabe *„Das Beste jeden Morgen"* ist bei Verwendung als bloßer Slogan ohne konkreten Bezug auf objektive Produkteigenschaften oder Wettbewerbsprodukte nicht als irreführende Alleinstellungswerbung zu verstehen. Denn was für ihn das Beste ist, kann jeder Verbraucher nur subjektiv für sich entscheiden; mangels Konkretisierung versteht er die Werbung daher nicht als nachprüfbare Behauptung.[2924] Wer *„die gründlichste Rasur"* bietet, lässt sich hingegen objektiv nachmessen.[2925] Auch der Begriff **„optimal"** wird

---

[2909] OLG Frankfurt a. M. GRUR-RR 2018, 251 Rn. 62.

[2910] OLG München GRUR 1990, 134 (135) – Der Testsieger.

[2911] OLG Hamburg NJWE-WettbR 1998, 218 (219) – Die besten aktuellen deutschen Shareware-Programme; BeckRS 2009, 86281 – „Hier kommt die beste Alternative".

[2912] BGH GRUR 2004, 786 – Größter Online-Dienst.

[2913] OLG Karlsruhe GRUR 1994, 134 (135) – Schnellster Ersatzteildienst; KG KG-Report 1998, 43 – das schnellste Suchgerät; OLG Köln GRUR-RR 2017, 441 – Surfen im schnellsten Netz der Stadt.

[2914] Vgl. OLG Hamburg MD 2002, 511 (512) und MD 2004, 73 (76) – „e-Sixt.günstixt"; KG GRUR-RR 2003, 319 – Berliner Zeitung.

[2915] OLG Bremen WRP 1999, 214 unter Hinweis auf den Unterschied zu der Aussage „Tiefstpreise", die lediglich auf eine Spitzengruppenstellung hinweist; ähnlich WRP 2004, 505 (506); vgl. dazu auch OLG Köln GRUR 1990, 131 – Tiefstpreise und OLG Nürnberg GRUR 1991, 857 – Wir zahlen Höchstpreise; OLG Düsseldorf GRUR 1988, 711 – Höchstpreis für Altgerät.

[2916] OLG Köln 13.7.2001 – 6 U 82/01, BeckRS 2001, 160109.

[2917] OLG Hamburg MD 2005, 521 (524) – Die gründlichste Rasur I; MD 2005, 526 (527) – Die gründlichste Rasur II.

[2918] OLG Schleswig MD 2010, 884 (885).

[2919] OLG Frankfurt a. M. GRUR-RR 2018, 251 Rn. 62 – Pharma-Vertriebsbereiche.

[2920] OLG Köln GRUR-RR 2017, 441 – Surfen im schnellsten Netz der Stadt.

[2921] LG Berlin WRP 2016, 1562 Rn. 62.

[2922] OLG Hamburg K&R 2003, 142 (143) – Zweitgrößter Onlinedienst der Welt überhaupt.

[2923] BGH GRUR 1965, 363 (365) – Fertigbrei. Im Ergebnis ebenso OLG Hamburg PharmaR 2000, 134 (135) – („wirksamster Schutz gegen UVA-Strahlen").

[2924] BGH GRUR 2002, 182 (184) – Das Beste jeden Morgen; vgl. auch OLG Bamberg GRUR-RR 2003, 344 – Deutschlands bestes Einrichtungshaus.

[2925] OLG Hamburg MD 2005, 521 (524) – Die gründlichste Rasur I; MD 2005, 526 (527) – Die gründlichste Rasur II.

aufgrund seiner häufigen Verwendung in der Werbung im Regelfall nicht als Superlativ verstanden werden;[2926] entsprechendes gilt für **„ideal"**, allerdings kommt es auch hier auf den Einzelfall an.[2927] Wird der **Superlativ ohne bestimmten Artikel** verwendet *(„Beste Auswahl, beste Lage, beste Übersicht")*, kann die – zutreffende – Aussage nicht als Alleinstellungsbehauptung, sondern nur als **Hinweis auf sehr gute Qualität** verstanden werden.[2928] Anders stellt sich die Rechtslage hingegen dar, wenn zB für Dünger mit den Worten *„Der Beste für den Boden"* unter Angabe konkreter, objektiv nachprüfbarer Produkteigenschaften des eigenen Produkts und eines Wettbewerber-Produkts geworben wird oder bei der Aussage *„die besten Fenster"*, die der Verkehr auch auf objektive Eigenschaften der Fenster wie Wärmedämmung, Schallschutz und Sicherheit beziehen wird.[2929] Auch wenn der Verkehr eine Werbung mit „beste" nicht als Alleinstellungsbehauptung versteht, so wird er doch zumindest eine sehr gute Qualität erwarten. Ist diese nicht gegeben, liegt ebenfalls eine irreführende Werbung vor. Das gilt insbesondere bei Verwendung des Superlativs in Verbindung mit Fragen des Geschmacks, die bekanntlich starker subjektiver Beurteilung unterliegen und daher nur ausnahmsweise als Hinweis auf einen qualitativen Vorsprung, sonst vielmehr als Hinweis auf gute Qualität verstanden werden.[2930] Die Angabe ***„modernste"*** stellt im Zusammenhang mit Technikprodukten eine Alleinstellungswerbung dar,[2931] im Zusammenhang mit Geschmacksfragen bei Modeartikeln hingegen nicht.

988 Die Bezeichnung eines Unternehmens als ***„das Erste"*** kann vom angesprochenen Verkehr nicht nur rein zeitbezogen, sondern auch als Qualitätsbehauptung verstanden werden. Es kommt auf die konkreten Umstände an. Bezeichnet sich ein Unternehmen als *„das Erste"* seiner Branche, behauptet es, das älteste zu sein.[2932] Dagegen wird der angesprochene Verkehr die werbliche Aussage eines Anwalts, er sei ***„Erster Fachanwalt"*** in einer bestimmten Stadt, nicht nur rein zeitbezogen, sondern zumindest auch als Qualitätsbehauptung auffassen.[2933] Wird die Angabe auf ein Produkt oder bestimmte Produkteigenschaften bezogen, ist die Angabe bei neuen Waren/Eigenschaften im Regelfall so zu verstehen, dass nur das beworbene Produkt diese Eigenschaften hat.[2934] Ist dem durchschnittlich verständigen Verbraucher allerdings bekannt, dass es bereits mehrere solche Produkte gibt, wird er die Aussage im Regelfall so verstehen, dass das werbende Unternehmen die entsprechende Ware/Eigenschaft entwickelt und als erstes in dieser Form angeboten oder verwendet hat.[2935] Je nach Bezugsobjekt und Adressatenkreis kann die Aussage aber auch nur rein zeitlich und nur auf den Unternehmer bezogen sein, so zB wenn ein Seminarveranstalter die erste Veranstaltung einer (künftigen) Veranstaltungsreihe in einer Spezialmaterie als „1. Deutscher Insolvenzrechtstag" bezeichnet und den potentiellen Teilnehmern (einem engen Personenkreis) aufgrund der weiteren Angaben in der Werbung bekannt ist, dass dies nicht die erste Veranstaltung überregionaler Bedeutung im Insolvenzrecht ist, sondern nur die erste von diesem Veranstalter so durchgeführte.[2936] Wirbt ein Unternehmen damit, ***„das älteste"*** zu sein, so ist es nur mit denjenigen zu vergleichen, die aktuell noch bestehen.[2937] Die Behauptung, das „älteste" Unternehmen zu sein, stellt zunächst eine bloße Alters-

[2926] BGH MMR 2005, 449 (450) – Optimale Interessenvertretung.

[2927] „Ideale Wahl" als irreführend angesehen vom OLG München PharmaR 2017, 353 Rn. 45.

[2928] KG GRUR 1999, 1021 – Beste Auswahl, beste Lage, beste Übersicht.

[2929] LG Berlin WRP 2016, 1562 Rn. 66.

[2930] OLG Köln MD 2000, 1124 – das am besten schmeckt; GRUR 1983, 135 (136) – König Pilsener („Qualität in reinster Form"). Vgl. aber auch OLG Hamburg WRP 1977, 811 (813) – Es gibt kein besseres Bier. Siehe auch *Helm/Sonntag/Burger* in Gloy/Loschelder/Danckwerts HdbWettbR § 59 Rn. 189: „beste Küche, beste Weine" für die Werbung eines Hotels.

[2931] OLG Hamburg MD 2002, 384 – Industrieentfeuchter.

[2932] BGH GRUR 1957, 285 (287) – Erstes Kulmbacher.

[2933] OLG Bremen GRUR-RR 2007, 209 – Erster Fachanwalt.

[2934] OLG Stuttgart WRP 1992, 55 (57).

[2935] LG Hamburg MD 1997, 794 (796).

[2936] OLG Köln MD 2004, 917 (919) – 1. Deutscher Insolvenzrechtstag.

[2937] BGH GRUR 1991, 680 (682) – Porzellanmanufaktur.

angabe dar.[2938] Darüber hinaus kann damit aber auch eine Spitzenstellung hinsichtlich Tradition und Erfahrung bei der Herstellung der beworbenen Produkte in Anspruch genommen werden. Das gilt insbesondere für hochwertige, langlebige Produkte, wie zB Porzellan, bei denen mit der Vorstellung von langer Tradition und Erfahrung auch eine besondere Wertschätzung von Güte und Leistungskraft des herstellenden Unternehmens einhergeht.[2939] (Zur Alterswerbung auch → Rn. 1046, → § 5 Rn. 509, 523).

Wer mit der Aussage *„Der* ***beste Preis*** *der Stadt"* wirbt, behauptet im Regelfall die Preisführerschaft, dh den niedrigsten Preis und nicht nur die Zugehörigkeit zur Gruppe der niedrigsten Preise.[2940] Allerdings gilt die Alleinstellungsbehauptung nur für den Zeitpunkt, zu dem die Werbung erscheint[2941] und bei Handelsunternehmen in Bezug auf den stationären **Einzelhandel** und nicht auch in Bezug auf **Online-Angebote;** das gilt erst recht, wenn es einen ergänzenden Hinweis gibt *„Alles zum Mitnehmen"*.[2942] Wird die Aussage zudem verbunden mit einer ***„Tiefpreisgarantie"*** und dem Hinweis, dass man bei günstigeren Angeboten den Differenzbetrag erstattet, dann wird daraus deutlich, dass es sich nicht um eine Alleinstellungsbehauptung handelt, sondern es noch niedrigere Preise geben kann – die dann allerdings von dem Unternehmer ebenfalls übernommen werden.[2943] Entsprechendes gilt für die Aussage *„macht den besten Preis"*, die für sich allein genommen irreführend sein kann, wenn es sich nicht um den absolut besten Preis handelt,[2944] in Verbindung mit einer erklärten „Preisgarantie" aber nicht irreführend ist. Entsprechendes muss auch für die Werbung mit dem *„günstigsten"* Preis gelten. Bei Zeitungen ist die Werbung mit *„günstigste Abonnementzeitung"* daher irreführend, wenn der Preis pro Einzelausgabe höher ist als bei den Wettbewerbern, auch wenn aufgrund der geringeren Anzahl von Einzelausgaben der Preis des Abonnements insgesamt geringer ist als bei der Konkurrenz.[2945] Wer seine Preise als ***„unerreicht günstig"*** bezeichnet, behauptet damit ebenfalls, dass er mit seinem preislichen Angebot allein vorne steht.[2946] *„Top Preise"* sind hingegen weder eine Allein- noch eine Spitzenstellungsbehauptung.[2947] 989

Wird der **Plural** verwendet (*„beste Preise"* oder *„günstigste Preise"*) so erwartet der Verkehr, dass der Unternehmer **zumindest im Durchschnitt aller Angebote der Günstigste** ist;[2948] ob er hingegen auch erwartet, dass der Anbieter bei jedem einzelnen Angebot der Günstigste sei, hängt vom Einzelfall ab: Je größer das Angebot der beworbenen Waren ist, je mehr Wettbewerber es gibt und je weiter diese verstreut sind, desto weniger geht der Verkehr von einer Alleinstellung bei jedem einzelnen Angebot aus. Auch bei der Aussage *„Die Konkurrenz versucht jetzt krampfhaft unsere Preise zu unterbieten. Geht nicht."* für einen Elektromarkt erwartet der Verkehr nicht, dass bei jedem Artikel der niedrigste Preis im Verhältnis zu den Konkurrenten eingehalten wird.[2949] Ist es dem Anbieter allerdings aufgrund der Komplexität des Marktes, auf dem er sich bewegt (etwa Immobilien) gar nicht möglich, sein Versprechen von *„Bestpreisen"* verlässlich einzuhalten, handelt er irreführend.[2950] 990

[2938] Zur Werbung mit irreführenden Altersangaben → Rn. 1046 ff.

[2939] BGH GRUR 1991, 680 (682) – Porzellanmanufaktur. Etwas anderes gilt zB für Brauereien, vgl. BGH GRUR 1957, 285 (287) – Erstes Kulmbacher.

[2940] OLG Köln MD 2006, 200 (203) – Der beste Preis der Stadt.

[2941] BGH WRP 2012, 1233 Rn. 6 – Bester Preis der Stadt.

[2942] LG Würzburg WRP 2004, 1516 – Der beste Preis der Stadt.

[2943] BGH WRP 2012, 1233 Rn. 6 – Bester Preis der Stadt; OLG Bremen WRP 2004, 505 (506) – die tiefsten Preise; OLG Hamburg MD 2006, 706 (708) – Tiefpreisgarantie; MD 2010, 18 (22) – „Immer der günstigste Preis. Garantiert."; im Ansatz auch LG Stuttgart WRP 2009, 1314 (Ls.).

[2944] OLG München 13.9.2006 – 6 W 2346/06.

[2945] KG GRUR-RR 2003, 319 – Berliner Zeitung.

[2946] OLG Hamburg NJW-RR 2005, 188 (190).

[2947] OLG Köln WRP 2015, 988 Rn. 14.

[2948] OLG Hamburg MD 2002, 511 (512) und MD 2004, 73 (76) – „e-Sixt.günstixt".

[2949] OLG Hamburg MD 2006, 706 (708) – Tiefpreisgarantie.

[2950] LG Berlin WRP 2018, 1389 Rn. 29 ff. – Zum Bestpreis verkaufen.

991 **bb) Komparativ.** Ausdrücke wie ***„mehr", „more", „besser", „billiger", „schneller", „höher", „weiter"***, können ebenfalls schnell als Alleinstellungsbehauptung verstanden werden. Entscheidend ist nicht die sprachliche oder grammatikalische Form einer Aussage, sondern deren **Sinngehalt.** Zwar zielt die Verwendung eines Superlativs stärker als der Komparativ auf die Behauptung einer Alleinstellung ab, je nach dem konkreten Zusammenhang, in dem die Werbeaussage gebraucht wird, kann sich beim beworbenen Publikum aber der **Schluss aufdrängen, es gäbe keine anderen vergleichbaren Anbieter.**[2951] Das ist insbesondere der Fall, wenn die Bezugsgröße oder das Bezugsobjekt nicht erwähnt werden. So kann die Werbung mit dem Slogan „... *ist billiger*" dahingehend verstanden werden, der Anbieter sei durchweg billiger als die gesamte Konkurrenz.[2952] Die Angabe *„Der bessere Anschluss"* für einen T-ISDN Anschluss wird vom Verkehr als Alleinstellungsbehauptung im Hinblick auf Preis oder Technik verstanden.[2953] Nach einer älteren Entscheidung des BGH stellt die Verwendung des Firmenschlagworts *„Mehrwert"* eine unzulässige Alleinstellungsbehauptung dar, wenn das Angebot an Waren sich entgegen der Vorstellung des Verkehrs im Vergleich zu den Produkten der Wettbewerber nicht insgesamt als preisgünstiger erweist.[2954] Ebenso soll die Anzeige in einer Tageszeitung mit der Überschrift ***„Wir bieten mehr"*** den Eindruck erwecken, es sei ein Leistungsvergleich mit anderen Tageszeitungen gewollt, die weniger böten als das werbende Blatt.[2955] Dabei stellte der BGH jedoch allein auf die Überschrift ab und vernachlässigte Klarstellungen im Text unter Berufung auf die im Verkehr übliche flüchtige Betrachtungsweise. Diese beiden letztgenannten Entscheidungen lassen sich heute unter Berücksichtigung der Entscheidungen *„Sparvorwahl"* und *„Schlafzimmer komplett"*[2956] nicht mehr halten. Zwar mag der Verkehr den Text von Werbeanzeigen situationsadäquat weiterhin flüchtig lesen, andererseits kann vom verständigen Verbraucher erwartet werden, dass er bei Fehlen eines konkreten Hinweises im Text nach Aufklärung sucht, worauf sich das Mehr an versprochener Leistung beziehen soll. Der Slogan ***„Get More"*** ist irreführend, wenn sich das Angebot des so werbenden Anbieters in Umfang und Qualität nicht von den Leistungen anderer Wettbewerber unterscheidet, mag er auch mehr Kunden haben.[2957] Aus dem Zusatz ***„forte"*** für Arzneimittel lässt sich hingegen keine Alleinstellungs- oder Spitzenstellungsbehauptung ableiten.[2958]

992 **cc) Negativer Komparativ.** Bei negativem Komparativ behauptet der Werbende nicht, gegenüber anderen einen Vorsprung zu haben. Er behauptet vielmehr, dass kein Wettbewerber ihm oder seinem Produkt gegenüber einen Vorrang habe. Frei nach *James Bond:* „Nobody does it better." Bei wörtlichem Verständnis geht es somit nicht um eine Alleinstellungsbehauptung, sondern allenfalls um eine **Spitzengruppenbehauptung**[2959] (dazu → Rn. 999). Gehört das beworbene Produkt nicht zu dieser Spitzengruppe, ist die Werbung irreführend. Darüber hinaus werden solche Aussagen vom Verkehr häufig aber auch als **Alleinstellungsbehauptung** verstanden.[2960] Die Rechtsprechung ist insoweit schwankend: Während der BGH der Werbung mit negativem Komparativ noch relativ großzügig

---

[2951] BGH GRUR 1973, 78 (80) – Verbraucherverband.

[2952] OLG Zweibrücken GRUR 1998, 737 – „... ist billiger"; im Ergebnis ebenso OLG Köln WRP 1999, 222 (223) – „Einfach billiger telefonieren". Vgl. auch OLG Hamburg MD 2002, 511 (512) – „e-Sixt.günstixt".

[2953] OLG Hamburg K&R 2002, 200 (201).

[2954] BGH GRUR 1973, 534 (535) – Mehrwert II.

[2955] BGH GRUR 1968, 433 (437) – Westfalenblatt II.

[2956] BGH GRUR 2015, 698 Rn. XX – Schlafzimmer komplett; einschränkend allerdings GRUR 2016, 207 Rn. 18 – All Net Flat.

[2957] OLG Hamburg MD 2003, 1018 (1019); 2005, 539 (544) – „Get More".

[2958] OLG Hamburg GRUR-RR 2008, 100 (101) – „forte".

[2959] So auch BGH GRUR 1970, 425 (426) – Melitta-Kaffee („Es gibt keinen besseren Kaffee für Ihren Melitta-Filter, weil er Melitta-fein gemahlen ist"); OLG Köln MD 2002, 1039 (1041).

[2960] OLG Hamburg WRP 1977, 811 (813) – Es gibt kein besseres Bier; OLG Hamm GRUR 1988, 768 (769) *(„Weit und breit ist keiner günstiger"); Helm/Sonntag/Burger* in Gloy/Loschelder/Danckwerts HdbWettbR § 59 Rn. 186; *Krieger* GRUR 1970, 427.

gegenüberstand, haben nachfolgend einige Oberlandesgerichte strengere Maßstäbe angelegt.[2961] Ob sich dies noch unter dem Leitbild des durchschnittlich informierten und verständigen, situationsangemessen aufmerksamen Verbrauchers halten lässt, erscheint allerdings fraglich. Auch hier kommt es auf den Einzelfall an. Je stärker die Aussage durch subjektive Elemente geprägt ist, desto eher ist sie zulässig. Umgekehrt können weitere Aussagen das Verständnis als Alleinstellungsbehauptung verstärken.[2962]

dd) Bestimmter Artikel. Die Verwendung eines bestimmten Artikels stellt **im Regelfall keine Alleinstellungsbehauptung** dar.[2963] Die Verwendung eines bestimmten Artikels ist heute ein häufig verwendetes Werbemittel; die Rechtsprechung beurteilt es in den letzten Jahren zunehmend weniger kritisch. Es müssen schon besondere Umstände vorliegen, welche die Behauptung einer Spitzenstellung nahelegen. Das kann – muss aber nicht immer – insbesondere der Fall sein, wenn der Akzent durch optische oder sprachliche Hervorhebung erkennbar auf dem Artikel liegt oder der bestimmte Artikel zusammen mit einem Eigenschaftswort verwendet wird, das schon seinem Sinngehalt nach einen Vorrang vor anderen Produkten indiziert,[2964] wie zB „das führende …". Auch die Kombination des bestimmten Artikels mit dem Wort „groß" und einer Ortsangabe (zB *„Der große Schuh-Markt Essen"*) kann leicht zu einem Verständnis im Sinne einer Alleinstellungswerbung führen.[2965] Umgekehrt kann umso weniger aus der bloßen Verwendung des bestimmten Artikels mit einem nicht gesteigerten Eigenschaftswort auf eine Alleinstellungsbehauptung geschlossen werden, je größer der Markt ist, auf welchen sich die Werbeaussage bezieht.[2966] Der BGH hielt die Aussage *„Die große deutsche Tages- und Wirtschaftszeitung"* daher nicht für irreführend. Ebenso kann es trotz Hervorhebung des Artikels an einer Alleinstellungsbehauptung fehlen, wenn nur subjektive Werturteile beworben werden.[2967] Umgekehrt kann das Fehlen eines bestimmten Artikels ebenfalls dazu führen, dass eine Aussage als erkennbare Übertreibung verstanden wird und daher keine Irreführung vorliegt.[2968] Daneben bleibt selbstverständlich eine Irreführung aus anderen Gründen möglich. Irreführend ist zB die Bezeichnung einer Marke als *„die kommende Weltmarke"*, wenn eine weltweite Bekanntheit in absehbarer Zeit nicht zu erwarten ist, ohne dass es insoweit auf eine Spitzenstellung ankommt.[2969] 993

ee) Positive Umschreibungen. Wer sich als die ***„Nr. 1"*** in bestimmter Hinsicht oder auf einem bestimmten Gebiet bezeichnet, behauptet damit häufig eine Alleinstellung, sofern die Aussage nicht ausnahmsweise als Marke bzw. als Herkunftshinweis zu verstehen 994

[2961] OLG Hamburg GRUR 1992, 126 (127) (*„Wer bietet mehr?"*); WRP 1981, 400; OLG München WRP 1981, 340 (341); OLG Frankfurt a. M. GRUR 1981, 603 (604) (*„keine Bausparkasse ist besser"*); OLG Hamm GRUR 1979, 556 (557); OLG Köln WRP 1996, 1210 (1213) (*„In Sachen Dichtheit kann nichts und niemand dem duktilen Gussrohr etwas vormachen."*).

[2962] Vgl. OLG Köln MD 2002, 1039 (1040 f.) für die Aussagen „es gibt kein besseres Produkt als H." und „Das hat H zur Nr. 1 gemacht".

[2963] BGH GRUR 1998, 951 (952) – Die große deutsche Tages- und Wirtschaftszeitung; OLG Düsseldorf WRP 1979, 717 – Der Alt-Meister; OLG Hamm GRUR 1991, 689 („Das Möbelerlebnis im Westen"); OLG München WM 1993, 370 („Der Joker"); OLG Stuttgart WRP 1993, 535 (536) („Der Brillenladen"); OLG Hamburg MD 2000, 10 (12) („Die Innovation"); KG GRUR-RR 2001, 60 („Die Stimme Berlins").

[2964] BGH GRUR 1998, 951 (953) – Die große deutsche Tages- und Wirtschaftszeitung; GRUR 1982, 111 (114) – Original-Maraschino; GRUR 1971, 365 (366) – Wörterbuch; GRUR 1983, 779 (780) – Schuhmarkt; OLG Hamburg MD 2005, 526 (527) – Die gründlichste Rasur II; OLG Köln GRUR 1953, 396 – Das echte Eau de Cologne; OLG Celle WRP 1988, 306 (307); OLG München NJW-RR 2012, 681 (682 f.) – Die faire Milch; KG GRUR-RR 2001, 60 (61) – Die Stimme Berlins; OLG Köln MD 2006, 1069 (1072 f.); anders noch OLG München GRUR 1990, 690 – „Das Original" für einen Rundfunksender (zweifelhaft); OLG Hamm WRP 1990, 841 (843) – Die Zeitung.

[2965] Vgl. auch KG GRUR-RR 2001, 60: *„Die Zeitung Berlins"* sei eine irreführende Alleinstellungsbehauptung; „die Stimme Berlins" hingegen sei zulässig.

[2966] BGH GRUR 1998, 951 (953) – Die große deutsche Tages- und Wirtschaftszeitung.

[2967] OLG Köln BeckRS 2010, 5256 – Der Partner für reibungslosen Goldankauf.

[2968] LG Bochum 22.9.2010 – 13 O 94/10, BeckRS 2010, 26898 (*„günstigste Top Preise"*).

[2969] OLG Hamburg GRUR-RR 2002, 263 – Die kommende Weltmarke.

ist.[2970] Dasselbe gilt für Ausdrücke wie ***„führend"***,[2971] ***„unerreicht"***,[2972] ***„unschlagbar"***,[2973] ***„einzigartig"***,[2974] ***„4-fache Meisterleistung"***,[2975] ***„nur bei"***,[2976] ***„Marktführer"***,[2977] ***„Technologieführer"***[2978] oder ***„Innovationsführer"***.[2979] Auch hier kommt es aber stets auf den Einzelfall an und es ist genau zu prüfen, worauf sich die Stellung beziehen soll.[2980] Eine Marktführerschaft kann in qualitativer oder in quantitativer Hinsicht gegeben sein; was gemeint ist, muss auch unter Berücksichtigung der weiteren Angaben in der Werbung ermittelt werden.[2981] So begründet zB der Hinweis auf Auszeichnungen im Regelfall keine Alleinstellungsbehauptung, solange nicht der Eindruck entsteht, dass andere die Auszeichnung aus sachlichen Gründen nicht erhalten können.[2982] Umgekehrt kann eine Irreführung aber auch vorliegen, wenn ein Produkt bezugslos mit „Nr. 1" beworben und nicht erläutert wird, auf welche Produktmerkmale sich diese Auslobung bezieht.[2983] Wer behauptet, seine Konkurrenten *„abzuhängen"*, nimmt ebenfalls eine Alleinstellung für sich in Anspruch, und zwar mit deutlichem Abstand. Erfolgt die Aussage im Zusammenhang mit Übertragungsgeschwindigkeiten in der Telekommunikation, ist die Aussage auch dann irreführend, wenn sie zwar im Vergleich zu Wettbewerbern für eine bestimmte Übertragungstechnik (zB DSL oder UMTS) zutrifft, es daneben aber noch schnellere Techniken (zB V-DSL oder LTE) gibt.[2984] Wer damit wirbt *„auf dem Weg zur Nr. 1"* zu sein, muss zwar nicht bereits zum Zeitpunkt der Werbung einen Vorsprung gegenüber seinen Konkurrenten haben, es muss aber aufgrund objektiver Tatsachen eine hinreichend sichere Wahrscheinlichkeit dafür bestehen, dass dieses Ziel in absehbarer Zeit erreicht wird. *„Top Preise"* suggerieren weder eine Alleinstellung noch eine Spitzenstellung.[2985]

995 **ff) Geografische Angaben.** Die Verwendung von Bezeichnungen wie **„Deutschland"**, **„deutsch"**, **„euro-„** oder **„europäisch"** begründet allein **im Regelfall keine Alleinstellungsbehauptung,** setzt aber uU eine entsprechende Präsenz des werbenden Unternehmens in den entsprechenden Regionen (→ § 5 Rn. 606 ff.) voraus. Keine Alleinstellungsbehauptung liegt in der Regel auch bei der bloßen Kombination eines **Ortsnamens** oder des Namens einer Region mit einer Gattungsbezeichnung vor.[2986] Anders, dh im Sinne einer Alleinstellung kann es aussehen bei Ergänzung durch Superlative (vgl. → Rn. 987 f.), bestimmte Artikel (vgl. → Rn. 993) oder bei der Behauptung des Werbenden, sein Produkt sei das *„einzige"* in dem genannten Gebiet.[2987] Letzten Endes kommt es

[2970] BGH GRUR 1992, 404 (406) – Systemunterschiede (*„C. Die Nr. 1 auf dem Gebiet der Autorennbahnen")*; OLG Köln MD 2002, 1039 (1040) – Das hat H zur Nr. 1 gemacht; OLG Hamm WRP 1977, 347 – G. Die Nr. 1; OLG Karlsruhe WRP 1984, 635 (636) – Weltweit Schlepperhersteller Nr. 1; OLG Düsseldorf WRP 1985, 266 (268); OLG Frankfurt a. M. WRP 1992, 328; LG Potsdam MD 2003, 121 (122) – Europas Nr. 1; OLG Frankfurt a. M. WRP 2007, 697 f. – Die Nr. 1 zwischen Aachen und Berlin; LG Dessau-Roßlau 16.3.2011 – 3 O 25/10, BeckRS 2011, 12645 – Das kann nur die Nr. 1. Einschränkend (nur Herkunftshinweis): OLG München GRUR-Prax 2016, 197 – „Marke No 1".

[2971] BGH GRUR 1964, 33 (36) – Bodenbeläge; LG Hamburg GRUR-RS 2017, 122169 Rn. 18.

[2972] OLG Frankfurt a. M. WRP 1984, 284 (286); OLG Hamburg NJW-RR 2005, 188 (190) – unerreicht günstige Preise.

[2973] BGH GRUR 1975, 141 (142) – Unschlagbar.

[2974] LG Konstanz WRP 2017, 242 Rn. 14 – Einzigartiges Modell.

[2975] OLG Stuttgart NJW-RR 1987, 359.

[2976] BGH GRUR 2005, 176 – Nur bei Lotto.

[2977] BGH GRUR 2012, 1053 Rn. 23 – Marktführer Sport; OLG Düsseldorf MD 2012, 182 (183) – „Der Marktführer".

[2978] OLG Hamburg GRUR-RR 2002, 71.

[2979] LG Frankfurt a. M. BeckRS 2010, 20841.

[2980] OLG Köln MD 2002, 1192 (1193) – Nr. 1 im Lakritzmarkt.

[2981] BGH GRUR 2012, 1053 Rn. 23 – Marktführer Sport.

[2982] Vgl. BGH GRUR 1991, 550 (551) – Zaunlasur („... ist ausgezeichnet mit dem Blauen Engel").

[2983] OLG Hamburg GRUR-RS 2020, 25200 – Schwangerschaftsvitamine.

[2984] OLG Hamburg RTkom 2001, 178 (180).

[2985] OLG Köln WRP 2015, 988 Rn. 14 – Goldankauf zu top Preisen.

[2986] OLG Hamm GRUR-RR 2013, 222 (223) – Tanzschule Essen unter ausdrücklicher Aufgabe von MMR 2003, 471 – tauchschule-dortmund.de; aA OLG Stuttgart NJW 2006, 2273 (2274) – Bodenseekanzlei.

[2987] OLG Hamm WRP 2014, 220 Rn. 74, 80 – Zahngesundheitsprogramm.

daher auf die Umstände des Einzelfalls an.[2988] Aber auch wenn der durchschnittlich informierte und verständige Verbraucher die Aussage nicht im Sinne einer Alleinstellung versteht, so erwartet er zumindest, dass das Unternehmen in entsprechendem Umfang tätig ist und nach Größe und Bedeutung den Anforderungen des jeweiligen Marktes entspricht[2989] bzw. dass die beworbene Ware entsprechend qualitativ hochwertig ist.[2990] Der kleine Kiosk im Schwarzwald mit lokaler Bedeutung erfüllt zB nicht die Anforderungen eines *„Euro-Unternehmens"*. Je übersichtlicher der Bereich, desto näher liegt der Eindruck, das genannte Unternehmen sei in diesem Bereich führend oder gar als einziges tätig.[2991] Je unbestimmter („Nord", „Süd", „Ost" oder „West") und vager die Angabe („schwäbische", „norddeutsche"), desto weniger wird sie als Alleinstellungsbehauptung verstanden.

gg) Domainnamen. Wählt man als Domainnamen einen **generischen, branchenumfassenden Begriff,** kann das beim Internetnutzer evtl. den Eindruck einer Alleinstellung hervorrufen, indem er glaubt, der Anbieter der Website sei der Einzige oder zumindest der größte Anbieter auf dem jeweiligen Gebiet.[2992] Diese Vermutung liegt nahe – ist aber nicht zwingend –, wenn der **Singular** eines generischen Begriffs verwendet wird.[2993] Für die Beurteilung einer etwaigen Irreführung kommt es nach Auffassung des BGH aber auch auf den **Inhalt der jeweiligen Website** an.[2994] **Verboten** ist daher nicht die Verwendung des Domainnamens schlechthin, sondern **nur die Verwendung ohne Hinweis auf Mitbewerber auf der Homepage des Domaininhabers.**[2995] Außerdem erwartet der Verkehr unter einer generischen Domain **Informationen über das beschriebene Thema.** Werden diese Informationen nicht gegeben, dh besteht **kein unmittelbarer Sachbezug** zwischen dem Inhalt der Homepage und der generischen Bezeichnung im Domainnamen, ist die Verwendung des Domainnamens irreführend.[2996] Entsprechendes galt zunächst auch für **Metatags,** dh für den Nutzer nicht ohne weiteres sichtbare Einträge im Quelltext einer Website, die geeignet sind, Suchmaschinen auf diese Seiten zu führen. Hier wurde durch den BGH die heftig umstrittene Frage entschieden, dass in der Verwendung eines Metatags eine kennzeichenmäßige Nutzung des entsprechenden Begriffes liegt und damit das Markenrecht anwendbar ist.[2997] Insoweit erübrigen sich 996

[2988] BGH GRUR 1973, 486 – Bayerische Bank; OLG Köln MD 2006, 1068 (1072) – Der Online Branchenführer.

[2989] BGH GRUR 1970, 461 (463) – Euro-Spirituosen; GRUR 1978, 251 (252) – Euro-Sport; GRUR 1982, 239 (240) – Allgemeine Deutsche Steuerberatungsgesellschaft; GRUR 1987, 638 (639) – Deutsche Heilpraktiker; OLG Köln MD 2004, 917 (919) – 1. Deutscher Insolvenzrechtstag.

[2990] OLG Köln MD 2004, 917 (919) – 1. Deutscher Insolvenzrechtstag.

[2991] BGH GRUR 1964, 314 – Kiesbaggerei; GRUR 1968, 702 – Hamburger Volksbank; GRUR 1973, 486 – Bayerische Bank; GRUR 1975, 380 – Die Oberhessische; GRUR 1977, 503 (504) – Datenzentrale Nord; OLG Karlsruhe GRUR 1990, 52 – Treuhand Bad Säckingen GmbH Steuerberatungsgesellschaft; OLG Köln MD 2006, 1068 (1073).

[2992] Vgl. BGH GRUR 2001, 1061 (1063) – Mitwohnzentrale; OLG Nürnberg K&R 2002, 155 (156) – steuererklärung.de; OLG Hamm MMR 2001, 237 – sauna.de; LG München 28.9.2000 – 4 HK O 13251/00, BeckRS 9998, 52238 – autovermietung.com.

[2993] Vgl. OLG Hamm MMR 2003, 471 – tauchschule-dortmund.de (Spitzenstellungswerbung wegen Verknüpfung von Name und Ortsangabe). AA jetzt aber BGH GRUR-RR 2011, 7 Rn. 6; OLG Hamm MMR 2009, 50 f. und OLG München MMR 2003, 404 (405) – ra.(ortsname).de. Mit GRUR-RR 2013, 222 (223) – Tanzschule Essen hat das OLG Hamm seine Rechtsprechung aufgegeben.

[2994] BGH GRUR 2001, 1061 (1063) – Mitwohnzentrale; BRAK-Mitt. 2003, 22 (23) – rechtsanwaelte-notar.de; ebenso OLG Hamburg K&R 2003, 405 (406) – Mitwohnzentrale II; LG Duisburg K&R 2002, 612 (613) – anwalt-muehlheim.de; LG Darmstadt MMR 2001, 559 – kueche.de. AA OLG Celle NJW 2001, 2100 – anwalt-hannover.de; sowie LG Berlin CR 2003, 771 (772) – rechtsbeistand.info. Vgl. aber auch BGH GRUR 2002, 622 (624) – shell.de: Zuordnungsverwirrung auch dann gegeben, wenn der Nutzer beim Betrachten der Homepage bemerkt, dass er nicht auf Homepage des Namensträgers gelandet ist.

[2995] Vgl. auch OLG Hamburg GRUR-RR 2007, 93 (94) – DeutschesHandwerk.de, wonach der Irreführung bereits mit einem deutlichen Hinweis auf der Startseite entgegengewirkt werden muss.

[2996] Vgl. OLG Frankfurt a. M. BB 1997, 545 – wirtschaft-online.

[2997] BGH GRUR 2007, 65 (66) – Impuls; GRUR 2007, 784 (785) – Aidol. Davor für Markenverletzung: OLG Karlsruhe MMR 2004, 256 (257); OLG München MMR 2000, 546 (547); LG Köln GRUR-RR

zumeist Überlegungen zu einer etwaigen Irreführung.[2998] Das gilt selbst dann, wenn ein rein beschreibender Ausdruck verwendet wird. Zwar könnte eine solche Verwendung nach § 23 Nr. 2 MarkenG markenrechtlich erlaubt sein als Angabe über Merkmale oder Eigenschaften von Waren oder Dienstleistungen. In diesem Fall wäre aber auch keine Irreführung gegeben. Eine Irreführung würde vorliegen, wenn das Metatag gerade keinen Bezug zum Inhalt der Website hat; dann wäre aber auch § 23 MarkenG nicht einschlägig. Bei Adwords kommt es ua darauf an, ob ein beschreibender Begriff verwendet wird und ob Verwechslungsgefahr besteht.[2999]

997 Ob der Verkehr auch erwartet, dass die jeweiligen Informationen von einem entsprechenden **Berufsträger** angeboten werden, hängt vom Einzelfall ab.[3000] Die Rechtsprechung ist insoweit noch nicht einheitlich: Nach Auffassung des OLG Frankfurt a. M. erwartet der Verkehr bei der Domain *„drogerie.de"* nicht, dass die entsprechende Website von einem Drogisten gestaltet oder kontrolliert wird.[3001] Unter der Domain *„steuererklärung.de"* erwartet der Verkehr Informationen über Steuererklärungen; nach Ansicht des OLG Nürnberg erwartet er aber auch, dass der Anbieter uneingeschränkt in der Lage ist, Steuererklärungen anzufertigen; die Nutzung der Domain durch einen Lohnsteuerhilfeverein sei daher irreführend.[3002] Werden gesetzlich geschützte Berufsbezeichnungen verwendet, wie zB Rechtsanwalt (vgl. § 132a StGB), wird der Verkehr im Regelfall davon ausgehen, dass die entsprechende Website maßgeblich von einem Berufsträger oder einer Standesvertretung verantwortet wird. Irreführend ist daher die Verwendung der Domain *„rechtsanwalt.com"* durch eine Aktiengesellschaft, die lediglich rechtliche Informationen bereitstellt, aber keine Anwaltstätigkeit leistet.[3003]

998 Werden **generische Bezeichnungen** im ***Plural*** verwendet, ist die Vermutung einer Alleinstellungsbehauptung eher fernliegend.[3004] Eine Irreführungsgefahr kann sich in solchen Fällen allerdings daraus ergeben, dass der Verkehr unter dieser Domain ein Verzeichnis von allen oder zumindest den meisten Anbietern auf diesem Gebiet erwartet; das kann insbesondere der Fall sein, wenn eine Berufsbezeichnung mit einer **Ortsangabe** verknüpft wird und der relevante räumliche Bereich nicht zu groß ist. Bejaht wurde die Irreführungsgefahr für die Domainnamen *„rechtsanwaelte-dachau.de"*,[3005] und *„rechtsanwaelte-koeln.de"*.[3006] Insoweit ist nach der Rechtsprechung des BGH aber auch zu berücksichtigen, ob eine solche Erwartung auf der jeweiligen Homepage sofort korrigiert wird.[3007] Verneint wurde die Irreführung für „Kanzlei-Niedersachsen".[3008] Unter dem Domainnamen *„rechtsanwaelte-notar.de"* erwartet der durchschnittlich informierte und verständige Internet-Nutzer hingegen nicht einen Überblick über das gesamte Angebot anwaltlicher und notarieller Dienstleistungen.[3009] Auch werde durch die Verwendung der Pluralform nicht über die

2001, 41 (42) – Der Prozessfinanzierer; dagegen: OLG Düsseldorf GRUR-RR 2003, 48. Differenzierend: OLG Hamburg MMR 2005, 186.

[2998] Der EuGH entschied jedenfalls, dass in der Verwendung von Metatags eine Werbung iSv Art. 2 Abs. 1 der Richtlinie 84/450/EWG und Art. 2a der Richtlinie 2006/114/EG zu sehen ist, EuGH Urt. v. 11.7.2013 – C-657/11, GRUR-Int. 2013, 937 Rn. 57 – Belgian Electronic Sorting Technology/Bert Peelaers.

[2999] BGH I ZR 30/07, ZUM 2009, 562; I ZR 139/07, NJW 2009, 2384; vgl. auch OLG Braunschweig WRP 2007, 435; OLG Dresden K&R 2007, 269; OLG Stuttgart WRP 2007, 269; OLG Frankfurt a. M. WRP 2008, 830.

[3000] Verneint von OLG Frankfurt a. M. MMR 2002, 811 (812) – drogerie.de; bejaht von OLG Nürnberg K&R 2002, 155 (156) – steuererklärung.de; OLG Hamburg K&R 2002, 610 (611) – rechtsanwalt.com. Offen gelassen vom LG Berlin MD 2003, 378 (380) – deutsches-anwaltsverzeichnis.de.

[3001] OLG Frankfurt a. M. MMR 2002, 811 (812) – drogerie.de.

[3002] Bejaht vom OLG Nürnberg K&R 2002, 155 (156) – steuererklärung.de.

[3003] OLG Hamburg K&R 2002, 610 (611) – rechtsanwalt.com.

[3004] BGH GRUR-RR 2011, 7 – steuerberater-suedniedersachsen.de.

[3005] OLG München NJW 2002, 2113 – rechtsanwaelte-dachau.de.

[3006] LG Köln 7.9.1998 – 31 O 723/98 – rechtsanwaelte-koeln.de.

[3007] BGH GRUR-RR 2011, 7 – steuerberater-suedniedersachsen.de.

[3008] OLG Celle GRUR-RR 2012, 362.

[3009] BGH BRAK-Mitt. 2003, 22 (23) – rechtsanwaelte-notar.de.

Bedeutung und Größe der Kanzlei getäuscht, solange in der Kanzlei mindestens zwei Rechtsanwälte tätig sind, von denen einer Anwaltsnotar ist. Zudem sei bei der Beurteilung auch der Inhalt der Homepage zu berücksichtigen.[3010] Ebenso wenig wird bei Verwendung des Singulars eine Liste erwartet.[3011] Hier ist allenfalls eine Alleinstellungsbehauptung zu prüfen[3012] und auch dort kommt es auf den Inhalt der Homepage an.

d) Spitzengruppenwerbung. Bei der Spitzengruppenwerbung behauptet der Werbende keinen deutlichen Vorsprung vor den Konkurrenten, sondern lediglich, dass er **gemeinsam mit anderen Mitbewerbern an der Spitze** liegt. Häufiges Ausdrucksmittel ist der **negative Komparativ** (→ Rn. 992). Weitere typische Ausdrucksformen sind Wendungen wie *„Eine der Größten"*, *„Eines der Führenden"*,[3013] *„gehört zu den wachstumsstärksten Unternehmen der Branche"*,[3014] *„einer der Marktführer"*,[3015] *„Spitzenmediziner"*,[3016] aber auch die Werbung mit *„Schneller kann keiner"*,[3017] *„Keiner ist schneller"*,[3018] *„unübertroffene Wirksamkeit"*,[3019] *„Höchstpreisen"*[3020] bzw. *„Tiefstpreisen"*[3021] wird nicht als Alleinstellungsbehauptung verstanden, sondern als Behauptung einer Spitzengruppenzugehörigkeit. Das gilt insbesondere zu Zeiten, in denen der Verkehr eine aggressive Werbung gewohnt ist, zB kurz vor Schlussverkäufen. Auch von einer *„Tiefstpreisgarantie"* erwartet der Verbraucher nur, dass andere Angebote nicht günstiger sind, nicht aber, dass weitere Anbieter mit deutlichem Abstand unterboten werden. Auch die Werbung mit einem *„Testergebnis gut"* wird vom Verkehr so verstanden, dass das entsprechende Produkt hinsichtlich seiner Qualität zur Spitzengruppe der getesteten Erzeugnisse gehört.[3022] Wer mit der Aussage wirbt *„Geld zurück, wenn dies nicht die besten Scheiben sind, die Sie je im Einsatz hatten"*, behauptet ebenfalls nur eine Zugehörigkeit zur Spitzengruppe, nicht aber eine Alleinstellung, denn andernfalls würde das Geld-zurück-Versprechen keinen Sinn machen.[3023] Allerdings wäre die Werbung irreführend, wenn die Geld-zurück-Garantie so hohe Anforderungen stellt, dass kaum ein Verbraucher sie erfüllen kann. 999

Spitzengruppenwerbung ist **zulässig,** wenn der Werbende einer für den Verkehr erkennbaren Spitzengruppe angehört, die gegenüber den sonstigen Mitbewerbern einen **deutlichen Abstand** aufweist.[3024] Gibt es hingegen nur die Spitzengruppe, der sich der Werbende selbst oder sein Produkt zuordnet, nicht aber vergleichbare Konkurrenten/Konkurrenzprodukte mit deutlichem Abstand, ist die Spitzengruppenwerbung unzulässig.[3025] Auch hier ist eine **gewisse Stetigkeit** erforderlich. Wer damit wirbt, *„heute zu den wachstumsstärksten Unternehmen einer Branche zu gehören"*, muss über längere Zeit eine der höchsten Wachstumsraten aufweisen; hohe Wachstumsraten für nur ein Jahr genügen nicht.[3026] Wird mit 1000

[3010] BGH BRAK-Mitt. 2003, 22 (23) – rechtsanwaelte-notar.de.

[3011] OLG München 10.5.2001 – 29 U 1594/01 – rechtsanwalt-kempten.de; vgl. auch OLG Hamm MMR 2001, 237 – sauna.de und OLG München Mitt. d. dt. Patentanwälte 2003, 188 (191) – autovermietung.com. AA OLG Celle NJW 2001, 2100 – „www.anwalt-hannover.de"; LG Berlin MD 2003, 378 (380) – deutsches-anwaltsverzeichnis.de.

[3012] Vgl. LG Köln 23.9.1998 – 31 O 765/98 – anwalt-arbeitsrecht.de.

[3013] OLG Zweibrücken NJW-RR 2002, 1066 (1067).

[3014] OLG Köln MD 2006, 762 (766).

[3015] OLG Düsseldorf MDR 2011, 557.

[3016] OLG Karlsruhe WRP 2012, 1131 (1133).

[3017] OLG Frankfurt a. M. GRUR-RR 2014, 159 – Schneller kann keiner.

[3018] OLG Düsseldorf WRP 2017, 586 Rn. 12 ff. – „Keiner ist schneller".

[3019] OLG Düsseldorf GRUR-RR 2017, 411.

[3020] OLG Nürnberg GRUR 1991, 857 (858) – Wir zahlen Höchstpreise; OLG Düsseldorf GRUR 1988, 711 – Höchstpreis für Altgerät; OLG Köln WRP 1986, 425; 2015, 988 Rn. 13.

[3021] OLG Köln GRUR 1990, 131 – Tiefstpreise; aA noch OLG Köln WRP 1986, 425.

[3022] BGH GRUR 1982, 437 – Test Gut.

[3023] OLG Hamburg MD 2005, 790 (792).

[3024] BGH GRUR 1969, 415 (416) – Kaffeerösterei.

[3025] OLG Düsseldorf GRUR-RR 2017, 411 Rn. 13 – Unübertroffene Wirksamkeit im 10. Jahr, mit der weiteren Aussage, dass bei Wirksamkeitsaussagen für Arzneimittel der deutliche Abstand wissenschaftlich gesichert sein müsse.

[3026] OLG Köln MD 2006, 762 (766).

dem negativen Komparativ geworben, ist zusätzlich erforderlich, dass der Werbende hinsichtlich der für die angesprochenen Verkehrskreise relevanten Tatsachen tatsächlich von keinem Mitbewerber übertroffen wird.

1001 **e) Beweislast.** Die Darlegungs- und Beweislast für die Irreführung trägt grundsätzlich **derjenige, der die Werbung angreift.**[3027] Er muss darlegen, wie der Verkehr die Aussage versteht und muss beweisen, dass dieser Aussageinhalt falsch ist. Dabei darf er jedoch nicht nur auf die eigenen Produkte oder das eigene Unternehmen zurückgreifen. Die Alleinstellungswerbung ist vielmehr auch schon dann irreführend, wenn andere Unternehmen zu dem Unternehmer gleichrangig sind oder zumindest kein deutlicher Vorsprung mit Aussicht auf eine gewisse Stetigkeit besteht. Eine **Umkehr der Darlegungs- und Beweislast** kommt ausnahmsweise in Betracht, wenn der Kläger die Tatsachen, die die Allein- oder Spitzenstellung begründen, entweder überhaupt nicht oder nur mit erheblichen Schwierigkeiten aufklären kann.[3028] Das gilt insbesondere, soweit es um **Tatsachen aus dem Verantwortungsbereich des Unternehmers** geht oder um **Behauptungen in einem Ausmaß, das der Kläger nicht überblicken kann** (zB weltweite Alleinstellung).[3029] Geht es hingegen um Umstände, die der Kläger genauso gut beurteilen und belegen kann, so kommt eine Umkehr der Darlegungs- und Beweislast nicht in Betracht.[3030] So liegt der Fall etwa bei einer preisbezogenen Alleinstellungs- oder Spitzenstellungswerbung, bei der es dem Kläger in der Regel zuzumuten sein wird, **Testkäufe oder -anfragen** vorzunehmen.[3031] Wird mit der Alleinstellungsbehauptung nur das Ergebnis eines von einem Dritten neutral und zutreffend durchgeführten Tests wiedergegeben, so gilt die **Privilegierung der Testergebniswerbung:** Der Werbende muss keinen Qualitätsnachweis führen (vgl. → § 5 Rn. 674).[3032]

2. Unternehmensziele

Schrifttum: *Armbrüster,* Der Dritte Sektor als Teilnehmer am Markt: Zur Privilegierung gemeinnützigen Handelns im Privatrecht, Non Profit Law Yearbook 2002, 87; *Krause,* gGmbH als unzulässiger Rechtsformzusatz?, NJW 2007, 2156; *Olenhusen,* Das „Institut" im Wettbewerbs-, Firmen-, Standes-, Namens- und Markenrecht, WRP 1996, 1079; *Otto,* Die strafrechtliche Bekämpfung unseriöser Geschäftstätigkeit, 1990.

1002 Auch durch unwahre oder täuschende Angaben über die **Unternehmensziele** kann über die Stellung des Unternehmers im Wirtschaftsverkehr irregeführt werden. Die Relevanz derartiger Angaben liegt auf der Hand, wenn sich der Verkehr von ihnen Vorteile im Hinblick auf das Preis-Leistungs-Verhältnis oder die Qualität der Leistungen verspricht. Der Gebrauch des Begriffs **„gemeinnützig"** in der Firma eines auf Gewinnerzielung ausgerichteten Unternehmens kann daher relevant täuschend sein,[3033] ebenso eine die besondere Ausrichtung des Unternehmens auf **Verbraucherinteressen** vorspiegelnde Firma.[3034]

1003 **Akademie.** Die Firma „Akademie für praktische Betriebswirtschaft Gesellschaft mit beschränkter Haftung" wurde als irreführend angesehen, weil der Durchschnittsumworbene den Begriff „Akademie" mit einer Fortbildungsstätte verbinde, bei der die berufliche oder künstlerische Förderung der Besucher oder Mitglieder Selbstzweck und nicht Mittel der Gewinnerzielung sei.[3035]

[3027] BGH GRUR 2015, 186 Rn. 10 – Wir zahlen Höchstpreise; GRUR 1985, 140 (142) – Größtes Teppichhaus; GRUR 1963, 270 (271) – Bärenfang; OLG Düsseldorf WRP 1985, 266 (268); vgl. auch OLG Hamburg GRUR-RR 2002, 362 (363).

[3028] BGH GRUR 2015, 186 Rn. 10 – Wir zahlen Höchstpreise.

[3029] BGH GRUR 1985, 140 (142) – Größtes Teppichhaus; GRUR 2003, 800 (802) – Schachcomputerkatalog; Ohly/Sosnitza/*Sosnitza* § 5 Rn. 654. Abgelehnt von OLG Köln GRUR 1990, 131 – Tiefstpreise.

[3030] BGH GRUR 2015, 186 Rn. 6 – Wir zahlen Höchstpreise; WRP 2010, 636 (640) – Hier spiegelt sich Erfahrung.

[3031] BGH GRUR 2015, 186 Rn. 11 – Wir zahlen Höchstpreise.

[3032] BGH GRUR 2003, 800 (802) – Schachcomputerkatalog.

[3033] BGH GRUR 2003, 448 – Gemeinnützige Wohnungsgesellschaft.

[3034] Vgl. BGH GRUR 1997, 927 (928 f.) – Selbsthilfeeinrichtung.

[3035] Vgl. OLG Bremen NJW 1972, 164 f.; s. auch OLG Düsseldorf GRUR-RR 2003, 49.

Gemeinnützig. Relevant irreführend kann es sein, dem Verkehr die Gemeinnützigkeit des Unternehmens vorzuspiegeln. Ob sie vorliegt, richtet sich nach den Vorschriften der AO. Die erforderlichen Voraussetzungen muss das Unternehmen selbst erfüllen; eine unterstützende Tätigkeit zu Gunsten der Gesellschafter reicht nicht.[3036] Die Firma **„Gemeinnützige Wohnungsgesellschaft H."** kann dem Durchschnittsumworbenen eine Anerkennung als gemeinnütziges Unternehmen iSv § 52 AO vorspiegeln.[3037] Zugleich besteht die Gefahr der Irreführung über die Höhe des Entgelts für die gelieferten Waren bzw. erbrachten Dienste.[3038] Selbst wenn ein Unternehmen steuerrechtlich als „gemeinnützig" anerkannt ist, berechtigt es dies nicht, den Begriff „gemeinnützig" in der Werbung in irreführender Art und Weise zu verwenden.[3039] Verbindet der durchschnittlich informierte, aufmerksame und verständige Verbraucher mit dem Begriff die Vorstellung, dass alle Preise des Unternehmens nur kostendeckend seien, während die Preise tatsächlich auf einer Mischkalkulation beruhen, so dass für einige Produkte auch Preise mit Aufschlag verlangt werden, kann darin eine relevante Irreführung liegen.[3040] 1004

Selbsthilfeeinrichtung. Mit der Bezeichnung **„Selbsthilfeeinrichtung der Beamten"** verbindet auch der durchschnittlich informierte, aufmerksame und verständige Verbraucher noch die Vorstellung einer lediglich kostendeckenden Tätigkeit, so dass er getäuscht wird, wenn tatsächlich Gewinne erwirtschaftet werden sollen.[3041] 1005

Verbraucherinteressen. Wer seine besondere Ausrichtung auf Verbraucherinteressen herausstellt, kann dadurch den Eindruck erwecken, es handele sich bei ihm um eine einer Verbraucherschutzorganisation ähnliche Einrichtung.[3042] Die Bezeichnung **„Betreuungsverbund Verbraucherorientierter Finanzpartner"** für einen privatwirtschaftlichen Vermittler von Finanzdienstleistungen ist irreführend.[3043] 1006

3. Unternehmensgröße und -bedeutung

Schrifttum: *Altendorfer/Heppekausen,* Der Zentrumsbegriff – die Maßstäbe der Rechtsprechung außerhalb der Krankenhausfinanzierung, PKR 2011, 7; *Gröner/Köhler,* Der SB-Großhandel zwischen Rechtszwang und Wettbewerb, 1986; *Herb,* Spezialisierungshinweise und irreführende Werbung nicht markenbezogener Reparaturwerkstätten, WRP 1991, 699; *Hereth,* Großhandel und Wettbewerbsrecht, WRP 1989, 352; *Lindemann/Bauer,* Fabrikverkauf, Lagerverkauf, Hersteller-Direkt-Verkauf und Factory Outlet – Werbung am Rande der Legalität, WRP 2004, 45; *Müller,* Zur Führung des Firmenzusatzes „Deutsch", GRUR 1971, 141; *Okonek,* Faktory Outlet Center: Eine neue Chance durch E-Commerce?, K&R 2001, 91; *Schmitz-Temming,* Wettbewerbsrecht contra Factory Outlet Center – Fangschuss oder untauglicher Versuch?, WRP 1998, 580; *Schricker,* Funktionstreue des Großhandels – ein Rechtswert?, GRUR 1990, 567; *Schricker/Lehmann,* Der Selbstbedienungsgroßhandel, 2. Auflage, 1987; *Schulze zur Wiesche,* Zur Bedeutung des Wortes „Center" in der Firmenbezeichnung, GRUR 1986, 904; *Weyhenmeyer,* Der wettbewerbsrechtliche Großhandelsbegriff, WRP 1988, 141.

a) Allgemein. Unwahre oder täuschende Angaben über die Unternehmensgröße oder -bedeutung können eine relevante Irreführung über den Status des Unternehmens begründen. Der Verkehr verspricht sich von der Größe oder Bedeutung des Unternehmens uU bestimmte Vorteile: **wirtschaftliche Leistungsfähigkeit, Bonität,** ein **Netz von Zweigstellen, Kulanz** bei der Regulierung von Gewährleistungsansprüchen, **dauerhafter Bezug von Zubehör und Ersatzteilen** uÄ. Bei Unternehmen, die ihre Tätigkeit erst aufnehmen bzw. ausweiten wollen, kann naturgemäß nicht erwartet werden, dass sie bereits über die dem geplanten Tätigkeitsbereich entsprechende Bedeutung auf dem Markt verfügen. Es muss aber zumindest der Unternehmenszuschnitt (Kapitalausstattung, Umsatz, Warenangebot, Lieferantengeschäftsbeziehungen, Abnehmer, usw) erkennen lassen, dass 1007

[3036] Vgl. näher zur Abgrenzung BFH 7.3.2007 – I R 90/04, BB 2005, 1888.

[3037] BGH GRUR 2003, 448 – Gemeinnützige Wohnungsgesellschaft.

[3038] BGH GRUR 2003, 448 – Gemeinnützige Wohnungsgesellschaft.

[3039] BGH GRUR 1981, 670 (671) – Gemeinnützig.

[3040] Vgl. den Sachverhalt bei BGH GRUR 1981, 670 (671) – Gemeinnützig, für den allerdings eine Irreführung im konkreten Fall verneint wurde.

[3041] Vgl. BGH GRUR 1997, 927 (928 f.) – Selbsthilfeeinrichtung.

[3042] Köhler/Bornkamm/Feddersen/*Bornkamm/Feddersen* § 5 Rn. 4.104.

[3043] LG Leipzig WRP 2006, 1268.

das Unternehmen in einen den Verkehrserwartungen entspr. Rahmen in Kürze hineinwächst.[3044] Sind diese Voraussetzungen nicht erfüllt, so schließt die bloße **Erwartung,** dass das werbende Unternehmen die fragliche Größe später erreichen wird, eine Irreführungsgefahr im Zeitpunkt der geschäftlichen Handlung nicht aus.

1008 Weist ein Unternehmen die für die Verwendung einer bestimmten Bezeichnung in der Firma erforderliche Größe und Bedeutung auf, darf es den Begriff in aller Regel auch für seine **Zweigstellen** verwenden.[3045]

1009 **b) Einzelne Fallgestaltungen. „Anstalt".** Der Begriff deutet auf einen größeren Betrieb hin. Aus Zusätzen und dem Zusammenhang der Werbung kann sich aber Gegenteiliges ergeben. „Justizvollzugsanstalt" beispielsweise sagt nichts über die Größe aus.

1010 **& Associates.** Der Zusatz deutet jedenfalls bei Rechtsanwälten auf mehrere Berufsträger hin.[3046]

1011 **Auflage.** Ihre Höhe spielt für die Marktbedeutung von Zeitungs- und Zeitschriftenverlagen eine Rolle, die wiederum ein entscheidendes Kriterium bei der Inserentenwerbung ist. Die Auflagenhöhe lässt Rückschlüsse auf die Größe und Kompetenz der Redaktion, die Arbeitsweise, die Aktualität und Schnelligkeit der Berichterstattung, die Wertschätzung und die Kapitalausstattung zu.[3047] Der Begriff der Auflage ist kein einheitlicher. Von der „verkauften Auflage" unterscheidet sich die „verbreitete Auflage" dadurch, dass neben Verkäufen über Einzelhandel und Abonnement auch die kostenlos abgegebenen Exemplare darin enthalten sind. Wenn die Angaben nicht näher konkretisiert werden, wird sie der Anzeigenkunde im Zweifel im Sinne von „verkaufte Auflage" verstehen.[3048] Kenntlich gemacht werden muss, wenn die Auflagenhöhe starken Schwankungen unterliegt und die genannte Zahl nur an bestimmten Tagen erreicht wird,[3049] oder wenn das Anzeigenvolumen unbestellte oder unbezahlte Füllanzeigen enthält.[3050]

1012 **Baubetreuung.** Die Werbung eines Baubetreuers mit „Alles in einer Hand" erweckt nicht den Eindruck, dass einer der Mitarbeiter des Unternehmens ein Architekt oder Ingenieur ist. Es reicht aus, dass eine Billigung durch einen externen Architekten vorliegt.[3051]

1013 **Beauftragte.** Der Verweis auf die Existenz von „Beauftragten" bzw. auf eine bes. ausgefeilte Organisation innerhalb des Unternehmens kann Vorstellungen besonderer Unternehmensgröße erwecken. Wer damit wirbt, dass sein Unternehmen über **„Controller", „Datenschutzbeauftragte", „Sicherheitskräfte", „Berater", „Assistenten"** pp. verfügt, während tatsächlich alle Aufgaben vom einzigen Angestellten des Unternehmens erfüllt werden, erweckt den falschen Eindruck eines großen Betriebs. Der Unternehmer kann sich zur Rechtfertigung dieser Werbung auch nicht darauf berufen, zur Benennung eines Datenschutzbeauftragten usw gesetzlich verpflichtet zu sein, da es nicht um die Rechtmäßigkeit der Benennung des Beauftragten, sondern um die der werbenden Hervorhebung derselben geht.

1014 **Beziehungen.** Unwahre oder täuschende Angaben über Geschäftsbeziehungen zu anderen können einen falschen Eindruck über die Größe oder Bedeutung des Unternehmens erwecken. Sie werden zudem gesondert unter → § 5 Rn. 1109 ff. behandelt.

1015 **„Börse".** Der Begriff ist nicht mehr ausschließlich dem Wertpapiermarkt vorbehalten, sondern wird unter Verwendung von Zusätzen auch für die Veräußerung anderer Waren

3044 Vgl. BGH GRUR 1979, 716 (718) – Kontinent-Möbel.

3045 Vgl. OLG Stuttgart WRP 1976, 794; Köhler/Bornkamm/Feddersen/*Bornkamm/Feddersen* UWG § 5 Rn. 4.52.

3046 BGH AnwBl 2009, 451; OLG Karlsruhe GRUR-RR 2012, 287; vgl. auch BGH NJW 2005, 1170 – Associates.

3047 BGH GRUR 1968, 433 (436) – Westfalenblatt II.

3048 OLG Hamm WRP 1991, 328 (329).

3049 Köhler/Bornkamm/Feddersen/*Bornkamm/Feddersen* UWG § 5 Rn. 2.170.

3050 Vgl. BGH GRUR 1997, 380 (381) – Füllanzeigen; OLG Hamm GRUR 1980, 312; OLG Frankfurt a. M. GRUR 1988, 847 (848); NJW-RR 2001, 550.

3051 OLG Frankfurt a. M. GRUR 1991, 779.

verwandt[3052] (**„Briefmarkenbörse“, „Praktikums-Börse“, „Arbeitsplatz-Börse“, „Notarzt-Börse“, „Schmuck-Börse“).** Seiner ursprünglichen Bedeutung nach bezeichnet der Begriff einen Marktplatz, auf dem sich mehrere Verkäufer mit einem entsprechend weitgespannten, idR allerdings auf ein bestimmtes Marktsegment beschränkten Angebot treffen. Je nach Gebrauch kann der Begriff aber auch für ein **einziges Unternehmen** stehen, dessen Warenumschlag einen börsengleichen Umfang erreicht und das eine börsenähnliche Absatzstruktur hat,[3053] zB **„Job-Börse“** für eine Arbeitsplatzvermittlung;[3054] **„Schnäppchen-Börse“** für eine umgekehrte Versteigerung,[3055] **„Mitfahrbörse“** für eine Vermittlung von Mitfahrgelegenheiten. In bestimmten Zusammenhängen wird der Begriff vom Verkehr noch auf seine ursprüngliche Bedeutung zurückgeführt; so wurde die Werbung eines privaten „B ....-Münzkontors“ in einem **„Börsen-Blatt“**, in dem Formulierungen wie „offizielle Ausgabe ...“, (befristete) „Gültigkeit“, „offizielles Forum für Sammler“, „Börsen-Regeln“ und „Orderscheine“ sowie ein stilisiertes Wappen verwandt wurden, untersagt.[3056]

„Center“. Unter einem „Center“ hat man ursprünglich ebenso wie unter einer „Zentrale“ einen kapitalkräftigen Großbetrieb verstanden, der innerhalb eines Bezirks die Handelsbeziehungen einer bestimmten Branche zusammenfasst und über den Durchschnitt von Unternehmen dieses Umfangs herausragt.[3057] Der Begriff hat aber eine Wandlung erfahren und wird heute in verschiedenen Zusammensetzungen verwandt, wie etwa **„Garten-Center“, „Möbel-Center“, „Teppich-Center“,**[3058] **„Fitness-Center“, „Service-Center“** oder **„Buch-Center“.**[3059] Je nach Gebrauch erweckt er uU noch die Vorstellung eines kapital- oder marktstarken Unternehmens, das seine Mitbewerber oder zumindest normale Fachgeschäfte überragt, oder wird nur iS eines Unternehmens verstanden, das ein größeres Angebot führt.[3060] Zur Bedeutung von „Zentrum“ s. unter diesem Stichwort **(→ § 5 Rn. 1044).** 1016

„Euro-“/„Europäisch“ deutet darauf hin, dass das Unternehmen nach Angebot, Größe, Bedeutung und Marktstellung auf den europäischen Markt zugeschnitten ist, also insbesondere auch über das Kapital, die Ausstattung und die Beziehungen verfügt, die erforderlich sind, um auf dem europäischen (und nicht bloß dem inländischen) Markt tätig zu werden.[3061] Welche Anforderungen zu stellen sind, hängt iE von den Gegebenheiten des betreffenden Marktes ab. In überschaubaren Märkten können auch kleinere Unternehmen, die Waren auf dem Versandweg absetzen, über einen europäischen Zuschnitt verfügen.[3062] Je nach dem Sinn, den der Verkehr der Aussage entnimmt, ist nicht einmal erforderlich, dass das Unternehmen in ganz Europa oder auch nur einem wesentlichen Teil der Staaten Europas tätig wird. Die Abbildung der **Europaflagge** in der Werbung für Kaffeefilter kann einen Absatz in wesentlichen Teilen der Staaten Europas suggerieren,[3063] die Werbung mit **„Europas größter Onlinedienst“** Omnipräsenz nahe legen.[3064] Bei Unternehmen, die eine Tätigkeit auf dem europäischen Markt erst aufnehmen wollen, kann naturgemäß nicht 1017

[3052] OLG Köln Magazindienst 2000, 467.
[3053] Vgl. *Haberkorn* WRP 1967, 204.
[3054] Vgl. OLG Frankfurt a. M. NJW-RR 2001, 550; LG Hamburg Magazindienst 2001, 1054.
[3055] OLG Hamburg GRUR-RR 2001, 113.
[3056] OLG Köln Magazindienst 2000, 467.
[3057] BGH GRUR 1986, 903 (904) – Küchen-Center; siehe auch LG Berlin BB 1968, 311.
[3058] BGH GRUR 1986, 903 (904) – Küchen-Center.
[3059] BGH GRUR 1986, 903 (904) – Küchen-Center.
[3060] S. BGH GRUR 1986, 903 (904) – Küchen-Center; OLG Stuttgart WRP 1986, 242; KG GRUR-RR 2002, 79.
[3061] Vgl. BGH GRUR 1970, 461 (463) – Euro-Spirituosen; GRUR 1978, 251 (252) – Euro-Sport; GRUR 1994, 120 (121) – Euro-Consult; Ohly/Sosnitza/*Sosnitza* § 5 Rn. 611.
[3062] BGH GRUR 1997, 669 (670) – Euromint.
[3063] OLG Hamburg NJWE-WettbR 1999, 172.
[3064] OLG Hamburg GRUR-RR 2002, 73 (74). Der BGH hatte bei der Entscheidung über die gegen das Urteil des OLG Hamburg gerichtete Revision nicht mehr entscheidend auf diesem Punkt abgestellt, vgl. BGH GRUR 2004, 786 – Größter Online-Dienst.

erwartet werden, dass sie bereits über eine gewisse Bedeutung oder Marktstellung auf dem europäischen Markt verfügen. Es muss aber zumindest der Unternehmenszuschnitt nach Kapitalausstattung, Umsatz, Warenangebot, Lieferantengeschäftsbeziehungen und Abnehmer erkennen lassen, dass das Unternehmen in einen den Verkehrserwartungen entspr. Rahmen in Kürze **hineinwächst.**[3065]

1018 Zur Allein- und Spitzenstellungswerbung ausführlich → § 5 Rn. 967 ff.

1019 **„Fabrik"** kann je nach den Umständen des Einzelfalls eine unterschiedliche Bedeutung haben,[3066] spricht aber im Allgemeinen neben einer bestimmten Fertigungsart für eine nicht nur unerhebliche Unternehmensgröße. Demgegenüber bedeutet **„Fabrikation"** nichts anderes als „Herstellung"; dieser Begriff darf deshalb idR auch von kleineren Unternehmen als Firmenzusatz oder Geschäftsbezeichnung verwandt werden.[3067]

1020 **Gebäude.** Die Abbildung einer Fabrikanlage kann irreführend sein, wenn sie den Eindruck erweckt, der Werbende verfüge über ein größeres Werk als tatsächlich der Fall, oder wenn der Verkehr sogar fälschlich annimmt, es gebe ein Unternehmenswerk, während der Werbende in Wahrheit gar keine eigene Produktion besitzt.[3068]

1021 **Geografische Firmenzusätze** sind dann zur Irreführung geeignet, wenn sie – ggf. neben einer Täuschung über die geografische Herkunft der Ware[3069] – auf eine Größe oder Bedeutung des Unternehmens schließen lassen, die ihm in Wirklichkeit nicht zukommt.[3070] Die Bezeichnung **„Kiesbaggerei Rinteln"** ist irreführend, wenn der Verkehr daraus den falschen Schluss zieht, es handele sich um das einzige oder doch bedeutungsvollste Unternehmen der fraglichen Branche.[3071] Von den **„Oldenburger Klinkerwerken"** erwartet der Verkehr nicht nur eine Zugehörigkeit zum Oldenburger Land, sondern auch eine gewisse wirtschaftliche Bedeutung.[3072] Zu **Länderzusätzen** s. näher unter „Ländername" → **Rn. 1027. Euro-** bzw. **europäisch-** deutet darauf hin, dass das Unternehmen auf den europäischen Markt zugeschnitten ist;[3073] s. ausführlich hierzu unter „Euro". Zur Allein- bzw. Spitzenstellungswerbung durch geografische Angaben ausführlich → § 5 Rn. 995.

1022 **„Großhandel".** Bezeichnet sich ein Unternehmen als „Großhandel", erwartet der Verkehr wie bei einem „Supermarkt" zusätzlich zu bestimmten Preisvorteilen eine gewisse Größe des Unternehmens.[3074]

1023 **„Halle"** deutet ebenso wie **„Magazin"** und **„Markt"** idR auf einen Treffpunkt mehrerer Unternehmen oder ein großes Unternehmen mit entsprechend weit gespanntem Angebot hin, va wenn der Begriff im Plural verwandt wird **(„Markthallen", „Spielhallen", „Einkaufshallen X").**[3075] Oft erwartet man beim Einkauf von/in einer „Halle" Selbstbedienung, niedrige Preise und ein breites Angebot.

1024 **„Haus".** Die Bezeichnung besagt nach heutigem Begriffsverständnis häufig nichts mehr über die Größe des Unternehmens des Werbenden.[3076] Der Begriff hat seit längerem eine Ausweitung erfahren und wird heute auch für kleine Geschäfte verwandt **(„Reformhaus", „Blumenhaus", „Bekleidungshaus").** Je nach Gebrauch kann er auch bedeu-

---

[3065] BGH GRUR 1979, 716 (718) – Kontinent-Möbel.

[3066] OLG Karlsruhe BB 1962, 387.

[3067] Köhler/Bornkamm/Feddersen/*Bornkamm/Feddersen* UWG § 5 Rn. 4.13; GroßKommUWG/*Lindacher,* 2. Aufl. 2013, § 5 Rn. 923.

[3068] OLG Kassel GRUR 1937, 1109; OLG Nürnberg WRP 1961, 272 (273 f.); OLG Stuttgart WRP 1982, 547 (548).

[3069] Dazu näher → **§ 5 Rn. 616 ff.**

[3070] *Haberkorn* WRP 1966, 245; OLG Frankfurt a. M. DB 1980, 1641.

[3071] BGH GRUR 1964, 314 – Kiesbaggerei.

[3072] LG Oldenburg BB 1962, 386 (387).

[3073] Vgl. BGH GRUR 1970, 461 (463) – Euro-Spirituosen; GRUR 1978, 251 (252) – Euro-Sport; GRUR 1994, 120 (121) – Euro-Consult; Ohly/Sosnitza/*Sosnitza* § 5 Rn. 611.

[3074] *Haberkorn* WRP 1967, 204.

[3075] Vgl. *Haberkorn* WRP 1967, 204.

[3076] BGH GRUR 2001, 73 (74) – Stich den Buben; Köhler/Bornkamm/Feddersen/*Bornkamm/Feddersen* UWG § 5 Rn. 4.26; Götting/Nordemann/*A. Nordemann* § 5 Rn. 3.65; aA noch BGH GRUR 1980, 60 – 10 Häuser erwarten Sie.

ten, dass in einem Gebäude mehrere unterschiedliche Unternehmen vertreten sind **(„Ärztehaus", „Gesundheitshaus").**[3077] Auch ein kleines **„Reformhaus"** muss deshalb nicht auf diese Bezeichnung verzichten. Ebenso wenig ist ein kleines **„Warenhaus"**, das seinem Sortiment nach mit anderen Warenhäusern mithalten kann, zur Wahl einer anderen Bezeichnung verpflichtet. Zu Recht für zulässig erachtet wurde auch der Firmenzusatz **„Süßwaren-Haus"** eines nur durchschnittlich großen, allerdings Massenware vertreibenden Süßwarengeschäfts.[3078] Hingegen löst die Werbung mit Angeboten eines **„Autohauses"** nach wie vor die Vorstellung aus, dass hier in größerer Anzahl neue Pkw zur Besichtigung bereitstehen. Die Bezeichnung **„Haus der Anwälte"** deutet zwar auf mehrere Anwaltskanzleien bzw. Anwälte hin, erweckt aber entgegen LG Osnabrück[3079] nicht die Vorstellung, dass die in dem so bezeichneten Gebäude ansässigen Rechtsanwaltskanzleien in bestimmter Weise kooperieren. Die Annahme, der Begriff in Verbindung mit einem Warenspektrum (zB **„Möbelhaus"**) löse die Vorstellung eines Fachgeschäfts aus,[3080] ist in dieser Pauschalität nicht gerechtfertigt. In Verbindung mit Zusätzen, zB als **„unser Haus führt nur X-Moden"**, steht der Begriff nicht für Größe, sondern für Exklusivität.

„International". Der Zusatz deutet darauf hin, dass das Unternehmen **auf den internationalen Markt zugeschnitten** ist, also über das entspr. Kapital, die Größe und Marktstellung, die Beziehungen und die Ausstattung verfügt, um dort tätig zu werden. Welche Anforderungen iE zu stellen sind, hängt aber von den Gegebenheiten des Marktes und der Situation der Angabe ab; bei bestimmten Märkten kann schon ein **Versandhandel** ausreichen.[3081] Je nach der Situation, in der die Angabe gebraucht wird, kann sie im Sinne einer Tätigkeit des Unternehmens an bestimmten **Orten** (zB auf bedeutenden Welthandelsplätzen oder in einem wesentlichen Teil der Staaten) oder im Sinne eines **Größenvergleichs** zu anderen international tätigen Unternehmen verstanden werden und muss dann auch nur diesen Anforderungen genügen. Einem Autoglasbetrieb wurde untersagt, in seiner **Internet-Domain** und seiner **Firma** den Bestandteil „International" zu verwenden, wenn die Geschäftstätigkeit des Betriebs ausschließlich auf das Bundesgebiet beschränkt ist.[3082] Die Verwendung der Bezeichnung „**Internationale Sozietät** von Rechtsanwälten und Attorneys-at-Law" auf dem Briefkopf einer aus sechs Rechtsanwälten bestehenden inländischen Kanzlei wurde als irreführend angesehen, weil der US-amerikanischen anwaltlichen **„Partnership"**, mit der die Kanzlei zusammenarbeitete, nur einer dieser Rechtsanwälte angehörte.[3083] Demgegenüber ist dem internationalen Bezug, der aus der Kurzbezeichnung **„K-Associates"** einer Anwaltskanzlei auf dem Briefkopf folgt, ausreichend dadurch Rechnung getragen, dass einer der Anwälte seinen Sitz in New York hat.[3084] 1025

„Kontor". Der Begriff steht ursprünglich für das Büro bzw. die Niederlassung von Kaufleuten und wird in diesem Sinne heute noch von traditionellen Handelsfirmen verwandt. Der Verkehr verbindet ihn aber idR nicht mit einer bestimmten Unternehmensgröße. 1026

Ländername. Die Verwendung eines Ländernamens in der Firma eines Unternehmens **(„Allgemeine Deutsche Steuerberatungsgesellschaft", „American Express")** ist irreführend, wenn das Unternehmen nicht nach Ausstattung und Umsatz auf den betr. Markt zugeschnitten ist.[3085] Vorstellungen über die Beispielhaftigkeit oder Wichtigkeit des Unternehmens für die Wirtschaft des betreffenden Landes sind mit dem Zusatz als solchem 1027

[3077] Vgl. BGH GRUR 1988, 458 – Ärztehaus. Anders noch BGH WRP 1982, 409 (410) – Möbel-Haus.
[3078] OLG Celle NJW 1963, 1064.
[3079] LG Osnabrück GRUR-RR 2011, 222.
[3080] So OLG Köln WRP 1978, 472.
[3081] Vgl. zur vergleichbaren Situation bei der Werbung mit „Euro-" BGH GRUR 1997, 669 (670) – Euromint.
[3082] OLG Dresden WRP 2010, 1285.
[3083] BGH GRUR 1996, 917 – Internationale Sozietät.
[3084] BGH NJW 2005, 1770 – Associates.
[3085] Vgl. BGH GRUR 1982, 239 (240) – Allgemeine Deutsche Steuerberatungsgesellschaft; GRUR 1987, 638 (639) – Deutsche Heilpraktiker.

meist nicht verbunden;[3086] anders, wenn er in Verbindung mit „größte/r/s" steht. Der Verkehr nimmt nicht an, dass einem **„Deutsche Heilpraktiker e. V."** alle deutschen Heilpraktiker angehören.[3087] Ebenso wenig leitet er aus der Bezeichnung her, dass der Verein die einzige Standesorganisation oder ein Zusammenschluss aller deutschen Heilpraktiker sei.[3088] Infolge der zunehmenden internationalen Wirtschaftsverflechtungen insbesondere innerhalb der EG wird der Länderzusatz zwangsläufig häufiger auch zur Kennzeichnung der in dem fraglichen Land tätigen Tochtergesellschaften ausländischer Unternehmen oder im Ausland tätiger Unternehmen mit Sitz im fraglichen Land verwendet.[3089] Erkennt der Durchschnittsumworbene, dass es sich bei dem fraglichen Unternehmen um das Tochterunternehmen einer großen, länderübergreifend tätigen Gesellschaft handelt, wird er den Länderzusatz in der Firma nur als Hinweis darauf nehmen, dass es sich um die in eben diesem Lande tätige Tochtergesellschaft bzw. Niederlassung des Großunternehmens handele. Deshalb wird er den **Zusatz „deutsch" in den Firmen** „Deutsche Shell AG", „Deutsche Fiat AG", „Allgemeine Deutsche Philips Industrie GmbH" nicht als Hinweis auf einen nach Ausstattung und Umsatz auf den gesamten deutschen Markt zugeschnittenen Betrieb, sondern im Sinne einer deutschen Tochter bzw. der deutschen Herkunft verstehen. **„Immobilienverband Deutschland"** erweckt nach Auffassung des LG Hamburg den Eindruck, es handele sich um eine Art Dachorganisation aller immobilienrelevanten Marktteilnehmer.[3090] Die Verwendung der Bezeichnung und der Domain **„Deutsches-Handwerk.de"** für ein Internetportal, auf dem Handwerksbetrieben die Möglichkeit der Eintragung von Daten gegen Entgelt angeboten wird, kann den unrichtigen Eindruck erwecken, es handele sich um den Internetauftritt einer offiziellen und berufsständischen Organisation des deutschen Handwerks.[3091] **„Anstalt des deutschen Beamtenwirtschaftsbundes"** erweckt neben Vorstellungen zur Betriebsgröße den Eindruck, als sei der Bund Inhaber oder beherrsche den Betrieb zumindest.[3092] Die Benutzung der Abkürzung **„BDB"** auf dem Praxisschild eines Psychologen, der psychotherapeutische Behandlung anbietet, ist nach einer Entscheidung des OLG Karlsruhe irreführend, weil sie beim Verkehr den Eindruck einer zusätzlichen Qualifikation oder der Mitgliedschaft in einem namhaften Berufsverband erwecke, während der mit „BDB" bezeichnete **„Bund Deutscher Berufspsychologen"** in Psychologenkreisen gänzlich unbekannt sei.[3093] S. ferner auch unter **„Euro"** und **„international"**. Zur Täuschung über eine **Allein- oder Spitzenstellung** ausführlich → § 5 Rn. 967 ff.

1028 **„Lager"**. Die Bezeichnung deutet auf das Vorhandensein eines großen Vorrats von Waren hin.[3094] Wer so wirbt, ohne dauerhaft einen entsprechenden Warenbestand vorhalten zu können, führt den Verkehr irre. Ein **„Zentrallager"** oder **„Verkaufslager"** soll anders als **„Fabriklager"**, „Fabrikauslieferungslager", **„Auslieferungslager"** und „Spezialauslieferungslager" vom Verbraucher auch im Sinne eines Großhandels verstanden werden.[3095] An alle Bezeichnungen kann je nach den Umständen der Werbung die Erwartung einer besonders engen Verbindung des Werbenden zum Hersteller und darauf aufbauend die Vorstellung besonders günstiger Preise geknüpft sein,[3096] so zB bei der Werbung mit einem **„Lagerverkauf"**.

[3086] Vgl. BGH GRUR 1982, 239 (240) – Allgemeine Deutsche Steuerberatungsgesellschaft; GRUR 1987, 638 (639) – Deutsche Heilpraktiker.

[3087] BGH GRUR 1987, 638 (639) – Deutsche Heilpraktiker.

[3088] BGH GRUR 1987, 638 (640) – Deutsche Heilpraktiker.

[3089] BGH GRUR 1982, 239 (240) – Allgemeine Deutsche Steuerberatergesellschaft.

[3090] LG Hamburg Grundeigentum 2006, 649.

[3091] OLG Hamburg GRUR-RR 2007, 93 – Deutsches-Handwerk.de.

[3092] Vgl. RG MuW 33, 122.

[3093] OLG Karlsruhe Magazindienst 2000, 448.

[3094] Vgl. *Haberkorn* WRP 1967, 204; OLG Köln GRUR 1961, 43 (44); LG Hamburg WRP 1974, 288 (290). Ebenso Götting/Nordemann/*A. Nordemann* § 5 Rn. 3.73.

[3095] BGH GRUR 1974, 225 (226) – Lager-Hinweiswerbung. – Krit. bzgl. „Verkaufslager" GroßKommUWG/*Lindacher,* 2. Aufl. 2013, § 5 Rn. 940.

[3096] BGH GRUR 1974, 225 (226) – Lager-Hinweiswerbung.

Leseranalysen. Die Werbung mit „Leseranalysen" spielt im Anzeigengeschäft eine Rolle. Unter dem Begriff versteht der Verkehr eine Untersuchung der Leser und nicht nur der Empfänger der Zeitschrift.[3097] Alleine durch die Verwendung der Begriffe „Leser" oder „Leserschaft" wird aber nicht notwendig der Eindruck einer Leseranalyse erweckt.[3098] Leseranalysen müssen auf verlässlich festgestellten Leserzahlen beruhen und auch sonst aussagekräftig sein.[3099] S. auch unter **„Auflage"**. Zur Werbung mit **Konsumentenumfragen, Kundenempfehlungen und Referenzschreiben näher → § 5 Rn. 1154 ff. und → § 5 Rn. 1357.** 1029

„Markt". Die Bedeutung des Begriffs variiert je nach Verwendung. Während sich der Verbraucher unter einem **„Wochenmarkt"** eine größere Ansammlung von Verkaufsständen unterschiedlicher Anbieter va aus dem Lebensmittel- und Blumenbereich vorstellt, versteht er unter einem **„Supermarkt"** das Geschäft eines einzelnen Anbieters mit großer Auswahl und Verkaufsfläche, günstigen Angeboten und (ggf. abgesehen von einzelnen Frischetheken) Selbstbedienung. Der Begriff **„Möbelmarkt"** wird meist für größere Verkaufsstätten eines einzigen Anbieters verwandt, die sich durch ein vielfältiges Angebot und günstige Preise auszeichnen. Demgegenüber benutzen nicht nur gewerbliche Händler die Bezeichnung **„Automarkt"** für ihre Verkaufsstätten, sondern man bezeichnet so auch Orte, an denen an bestimmten Tagen private Verkäufer (häufig Firmenangehörige) mit dem Ziel des Verkaufs von Gebrauchtwagen zusammentreffen. Ergibt sich aus den Umständen nichts anderes, handelt es sich bei einem **„Flohmarkt"** um das zeitlich und räumlich beschränkte Angebot gebrauchter Waren vorwiegend durch Private und Kleinhändler. 1030

Mitgliederzahl. Falsche oder ungenaue Mitgliederzahlen können eine tatsächlich nicht gegebene Größe oder Bedeutung vortäuschen. Als irreführend wurde die Werbung einer Buchgemeinschaft, die unter 1,8 Millionen Mitglieder hatte, mit „fast 2 Millionen Mitgliedern" angesehen.[3100] 1031

Mitgliedschaft. Unwahre oder täuschende Angaben über die Mitgliedschaft in einem **Verband** können irreführend sein. Die Werbung eines Lohnsteuerhilfevereins darf nicht den unrichtigen Eindruck erwecken, dass der Verein auch Nichtmitglieder unterstütze und dass die Beratungsbefugnis unumschränkt bestehe und nicht auf bestimmte Einkunftsarten beschränkt sei.[3101] Weist ein **Lohnsteuerhilfeverein** in einer Werbeanzeige nur auf sein Bestehen hin, muss er aber nicht zugleich erklären, dass eine Beratung nur im Rahmen einer Mitgliedschaft bei ihm möglich und er auch lediglich in eingeschränktem Umfang zur geschäftsmäßigen Hilfeleistung in Steuersachen befugt ist; die frühere Entscheidung des BGH „Lohnsteuerhilfeverein IV" ist überholt.[3102] 1032

S. näher auch unter „Verband", → § 5 Rn. 1040.

Plural. Die Verwendung des Plural für den Betrieb bzw. dessen Verkaufsstätten kann den Eindruck besonderer Größe erwecken **(„Kaufhallen", „Automobilwerke").** Die in Singular und Plural gleiche Berufsbezeichnung **„Winzer"** kann auf einen Zusammenschluss mehrerer Weinbauern hindeuten (zB „Winzergenossenschaft", uU auch „Winzerhaus").[3103] Verneint wurde eine Irreführungsgefahr betr. der Größe des Unternehmens für die Werbung eines Fahrlehrers mit der Bezeichnung **„Fahrschulen"** für seine Fahrschule mit insgesamt fünf Zweigstellen.[3104] 1033

[3097] Köhler/*Bornkamm/Feddersen* § 5 Rn. 2.173.
[3098] Köhler/*Bornkamm/Feddersen* § 5 Rn. 2.173.
[3099] LG Düsseldorf WRP 1971, 82; Ohly/*Sosnitza* § 5 Rn. 674.
[3100] BGH GRUR 1961, 282 (287) – Werbung mit Mitgliederzahlen.
[3101] BGH GRUR 2008, 186 Rn. 26 ff. – Telefonaktion.
[3102] BGH GRUR 2011, 535 Rn. 16 f. – Lohnsteuerhilfeverein Preußen. Soweit in der Entscheidung GRUR 1990, 1024 – Lohnsteuerhilfeverein IV ein strengerer Maßstab angewandt worden sei, habe dem noch das inzwischen aufgegebene traditionelle Verbraucherleitbild zugrunde gelegen.
[3103] BGH GRUR 2001, 73 (74) – Stich den Buben.
[3104] OLG Stuttgart WRP 1982, 666 ff.

1034 **„Schloss“.** Verneint wurde eine Irreführung durch die Bezeichnung eines alten Herrenhauses und Fachwerkgehöfts als „Schloss G.“, weil sich die Werbung (für Brautpaare, Firmenveranstaltungen und Familienfeste) vornehmlich an Interessenten aus der Umgebung richte, denen sie als feststehender Begriff für das Herrenhaus bekannt sei.[3105]

1035 **„Speicher“** dient zur Kennzeichnung der Lagerung großer Warenmengen[3106] bzw. der Kapazität von Datenträgern. Hingegen geht es bei diesem Begriff nicht um eine bestimmte Vertriebsform, sondern zB um die Abgrenzung des Einzelhandels vom Großhandel.[3107]

1036 **Standort.** Die Werbung eines Unternehmens für Dachbeschichtungen mit einem „Standort“ in einem bestimmten Ort kann unzulässig sein, wenn dort tatsächlich eine Lagerhalle vorhanden ist, aber keine Niederlassung mit eigenem Büro und Personal mit der Möglichkeit einer persönlichen Kontaktaufnahme besteht.[3108]

1037 **„Studio“** wird heutzutage in vielen Zusammenhängen auch für kleine Unternehmen verwandt (**„Fitness-Studio“, „Sonnenstudio“, „Kosmetik-Studio“**).[3109] In bestimmten Zusammenhängen kann der Begriff aber auch auf eine gewisse Größe und Bedeutung hinweisen **(„X-Filmstudios“).**

1038 **„Supermarkt“.** Bezeichnet sich ein Unternehmen so, erwartet der Verkehr neben Selbstbedienung und niedrigen Preisen auch eine gewisse Größe des Unternehmens.[3110]

1039 **Umsatz und Vermögen.** Unwahre oder täuschende Angaben über Umsatz und Vermögen werden gesondert unter → § 5 Rn. 891 ff. behandelt.

1040 **„Verband“.** Verbände sind meist freiwillige Zusammenschlüsse von Personen oder Körperschaften, die über eine feste Organisationsstruktur verfügen. Inwieweit der Verkehr darüber hinaus von Verbänden eine gewisse Größe erwartet oder ihnen eine Spitzen- oder Alleinstellung zuschreibt, kommt auf die Umstände des Einzelfalls an. Unter einem **„Gesamtverband“** versteht man eine Spitzen- oder Dachorganisation mehrerer Verbände; wer sich so bezeichnet, dem wird der Verkehr deshalb auch eine besondere Bedeutung zuschreiben.[3111] Von einem **„Bundesverband“** spricht man, wenn die Organisation bundesweit tätig ist und innerhalb der Berufs- bzw. Wirtschaftsgruppe, auf die sie sich bezieht, herausgehobene Größe und Bedeutung hat.[3112] Daran fehlt es bei einem „Bundesverband Deutscher Heilpraktiker e. V.“, dem nur 7,5 % der praktizierenden Heilpraktiker angehören.[3113] **„Wirtschaftsverbände“** kommen idR auf freiwilliger Basis zustande.[3114] Stets sind die Umstände des Einzelfalls zu berücksichtigen. So wird von einem **„Verbraucherverband“** oder **„Verband der Einzelhändler“** niemand erwarten, dass ihm sämtliche Verbraucher oder Einzelhändler der Bundesrepublik oder eines bestimmten örtlichen Gebiets angehören. Enthält der Verbandsname den Gegenstand der Tätigkeit, darf dadurch kein falscher Eindruck entstehen. Einem Verband, der im Wesentlichen Makler und nur in untergeordnetem Maße auch Immobilieneigentümer als Mitglieder hat, wurde daher die Werbung mit **„Immobilienverband Deutschland“** untersagt, weil der unzutreffende Eindruck hervorgerufen werde, es handele sich um eine Art Dachorganisation aller immobilienrelevanten Marktteilnehmer.[3115] Die Benutzung der Abkürzung **„BDB“** auf dem Praxisschild eines Psychologen, der psychotherapeutische Behandlung anbietet, ist nach einer Entscheidung des OLG Karlsruhe irreführend, weil sie den Eindruck einer zusätzlichen **Qualifikation** oder der Mitgliedschaft in einem namhaften Berufsverband

---

[3105] LG Wuppertal 19.7.2011 – 11 O 51/11, BeckRS 2011, 19108.
[3106] Vgl. *Haberkorn* WRP 1967, 204.
[3107] Vgl. OLG Hamburg WRP 1968, 119.
[3108] OLG Celle GRUR-RR 2015, 481.
[3109] OLG Hamm WRP 1979, 320.
[3110] *Haberkorn* WRP 1967, 204.
[3111] BGH GRUR 1973, 371 (373) – Gesamtverband; GRUR 1984, 457 (460) – Deutsche Heilpraktikerschaft.
[3112] BGH GRUR 1984, 457 (460) – Deutsche Heilpraktikerschaft.
[3113] BGH GRUR 1984, 457 (460) – Deutsche Heilpraktikerschaft.
[3114] BGH GRUR 1973, 371 (373) – Gesamtverband.
[3115] LG Hamburg Grundeigentum 2006, 649.

erwecke, während der mit „BDB" bezeichnete **„Bund Deutscher Berufspsychologen"** in Psychologenkreisen gänzlich unbekannt sei.[3116] Ferner auch → § 5 Rn. 887.

„Weingut". Für die Werbung und den Handel mit Wein bestehen in weitem Umfang unionsrechtliche Sonderregelungen,[3117] sodass stets geprüft werden muss, inwieweit diese bei der Auslegung vorgehen **(näher → § 5 Rn. 72).** Unter einem „Weingut" versteht man den landwirtschaftlichen Betrieb eines einzelnen Winzers, während die im Singular und Plural identische Berufsbezeichnung „Winzer" eher auf einen Zusammenschluss mehrerer Weinbauern hindeutet (zB „Winzergenossenschaft", uU auch „Winzerhaus").[3118] Der Begriff „Weingut" weist va auf die Eigenproduktion hin. So wurde die Bezeichnung **„Weingut"** als irreführend angesehen, wenn mehr als 20 % der jährlichen Gesamtproduktion aus fremderzeugten Weintrauben oder aus Erzeugnissen aus solchen hergestellt wurden.[3119] Bestimmte Größenvorstellungen verbinden sich mit der Bezeichnung „Weingut" insoweit, als sich die Produktion von Wein aus eigenem Anbau zwangsläufig nur verwirklichen lässt, wenn der Unternehmer über größere Anbauflächen und einen entsprechenden Betrieb verfügt. 1041

„Werk". Darunter versteht der Verkehr im Allgemeinen einen industriellen Großbetrieb mit eigenen großen Fabrikräumen, größeren Maschinenanlagen und einer größeren Arbeiterzahl;[3120] das „Werk" übertrifft dann an Größe noch die Fabrik. Je nach Gebrauch kann sich ein anderes Verständnis ergeben; so bezeichnet der Begriff **„Sägewerk"** nur die Produktionsweise, so dass auch kleine Sägewerke so genannt werden können. Auch bei anderen Betrieben der **Holz-, Erden- und Steinindustrie** gilt „Werk" nur als gebräuchliche Bezeichnung der Geschäftstätigkeit.[3121] Bei einer Verwendung im **Plural** („Oldenburger Klinkerwerke") gelten uU strengere Anforderungen;[3122] meist werden dann mehrere Betriebsstätten erwartet. 1042

„Zentrale". Die Bezeichnung eines Unternehmens als „Zentrale" deutet auf einen Großbetrieb hin, der innerhalb eines bestimmten Bezirks die Handelsbeziehungen eines bestimmten Geschäftszweigs ganz oder zumindest in erheblichem Umfang in sich derart vereinigt, dass ein geschäftlicher Verkehrsmittelpunkt vorliegt, der in seiner Bedeutung eindeutig über den Durchschnitt der am Ort befindlichen Betriebe gleicher Art hinausragt und in dem vor allen Geschäften gleicher Art die Käuferwünsche bevorzugt befriedigt werden können.[3123] „Möbel-**Großeinkaufs-Zentrale**" für ein Möbelgeschäft wurde als irreführend angesehen, weil die Vorstellung von einer Einkaufsorganisation hervorgerufen werde, die einerseits als Großhändler den Großeinkauf zum Geschäftsgegenstand habe, also für mehrere Wiederverkäufer zentral den Einkauf besorge, und die andererseits in dem von ihr gleichzeitig betriebenen Einzelhandelsgeschäft diese Vorteile auch dem Letztverbraucher in Form besonders günstiger Preise zukommen lasse.[3124] Unter **zentralen Fachbibliotheken** versteht man Bibliotheken, die der überregionalen Literatur- und Informationsversorgung im Bereich der Wissenschaft und Forschung dienen und über einen im Wesentlichen vollständigen Bestand von Publikationen im In- und Ausland verfügen, den sie ua per Fernleihe zur Verfügung stellen. **Zentrale Bußgeldstellen** sind für die Ahndung von Verkehrsordnungswidrigkeiten für größere Verwaltungseinheiten (meist Landesebene) 1043

[3116] OLG Karlsruhe Magazindienst 2000, 448.

[3117] Insbes. die Verordnung (EG) Nr. 607/2009 der Kommission betr. Weinbauerzeugnisse und die Verordnung (EG) Nr. 1308/2013 über eine gemeinsame Marktorganisation für landwirtschaftliche Erzeugnisse (GMO). Die LMIV findet mit den darin geregelten Ausnahmen grundsätzlich auch auf Weinbauerzeugnisse Anwendung, speziellere Vorschriften der VO (EG) Nr. 1308/2013 für die Kennzeichnung und Aufmachung gehen ihr jedoch vor, näher → § 5 Rn. 72.

[3118] BGH GRUR 2001, 73 (74) – Stich den Buben.

[3119] BayObOLG WRP 1977, 524.

[3120] OLG Hamm BB 1960, 958; 1968, 311.

[3121] LG Mannheim BB 1962, 387.

[3122] OLG Oldenburg BB 1962, 386 (387); aA RG JW 1937, 2983.

[3123] BGH GRUR 1977, 503 – Datenzentrale; GRUR 1986, 903 (904) – Küchen-Center; LG Oldenburg BB 1960, 958; LG Düsseldorf BB 1968, 312; *Haberkorn* WRP 1966, 306.

[3124] LG Münster WRP 1971, 143.

zuständig. Ein Taxi-Einzelunternehmen darf nicht mit dem Begriff **„Taxi-Zentrale"** werben, da der angesprochene Verkehrskreis darunter einen organisatorischen Zusammenschluss mehrerer selbständiger Taxiunternehmen erwartet, der eine gewisse Größe und Bedeutung aufweist.[3125]

1044 **„Zentrum".** Der Begriff wird im Grundsatz als Charakterisierung für ein Unternehmen nach Größe und Bedeutung verstanden oder jedenfalls vom Verkehr auf einen entsprechenden Tatsachenkern zurückgeführt, wobei allerdings auf die jeweiligen Einzelfallumstände abzustellen ist.[3126] Der Begriff **„Neurologisch/Vaskuläres Zentrum"** für eine Klinik ohne überdurchschnittliche Ausstattung oder Erfahrung auf dem Gebiet der neurologischen Erkrankungen ist daher irreführend.[3127] Hingegen ist der Begriff **„Zentrum für Kleintiermedizin"** für eine große Tierarztpraxis mit zwei Tierärzten angesichts des Umstandes, dass Tierärzte im Allgemeinen alleine praktizieren,[3128] nicht irreführend.[3129] Erwogen wird ein Bedeutungswandel des Begriffs „Zentrum" im Zusammenhang mit Dienstleistungslokalitäten.[3130] Insoweit kommt es stets auf den Gesamtkontext an; so erweckt zB die plakative Darstellung des Namens **„Gesundheitszentrum"** im Eingangsbereich eines Gebäudes auch weiterhin die Vorstellung, dass sich dort neben Arztpraxen und Apotheken auch die dazugehörigen Fachgeschäfte befinden; sie ist daher unlauter, wenn dort nur einzelne Praxen untergebracht sind.[3131] Mit einem **„Hörzentrum"** bzw. einem **„Kinderhörzentrum"** verbindet der Verkehr mehr als nur ein von einem Inhaber betriebenes Hörgeräteakustik-Geschäft üblicher Größenordnung, welches lediglich über die in diesem Bereich zu erwartende allgemeine, auch von anderen Hörakustikern gebotene fachliche Kompetenz verfügt.[3132] Von einem **„Brustzentrum"** erwartet der Verkehr koordinierte und konzentrierte Fachkompetenz in all denjenigen Disziplinen, die bei der Behandlung des Mamakarzinoms involviert sind.[3133] **„Bildungszentrum** für EDV-Lehrgänge und Schulungen" wird idR im Sinne eines über den Durchschnitt gleichartiger Unternehmen hinausragenden Anbieters verstanden.[3134] Der für ein Einzelhandelsunternehmen benutzte Begriff des **„Handelszentrums"** begründet nach wie vor die Erwartung, dass in zentraler Zusammenfassung im Wesentlichen alle Waren des täglichen Bedarfs angeboten werden, wie es in ähnlicher Weise bei einem großen Kaufhaus oder einem Verbrauchermarkt üblich ist.[3135] Zur Bedeutung von **„Center"** dort → § 5 Rn. 1016.

4. Stellung im Herstellungs- bzw. Vertriebsverfahren

Schrifttum: *Bleutge,* Rundstempel-Verbot für selbsternannte Sachverständige, WRP 1979, 777; *Herb,* Spezialisierungshinweise und irreführende Werbung nicht markenbezogener Reparaturwerkstätten, WRP 1991, 699; *Lindemann/Bauer,* Fabrikverkauf, Lagerverkauf, Hersteller-Direkt-Verkauf und Factory Outlet – Werbung am Rande der Legalität –, WRP 2004, 45; *Müller,* Zur Führung des Firmenzusatzes „Deutsch", GRUR 1971, 141; *Nassall,* Anm. zu BGH Urt. v. 20.1.2005, I ZR 96/02 – Direkt ab Werk, jurisPR-BGHZivilR 6/2005 Anm. 2; *v. Olenhusen,* Das „Institut" im Wettbewerbs-, Firmen-, Standes-, Namens-

[3125] LG Stuttgart 24.11.2010 – 39 O 71/10 KfH, BeckRS 2011, 3014; OLG Karlsruhe 9.8.2012 – 4 U 35/12, BeckRS 2012, 18425 Irreführung allerdings im konkreten Fall verneint.

[3126] BGH GRUR 2012, 942 – Neurologisch/Vaskuläres Zentrum; OLG München GRUR-RR 2005, 59; OLG Köln MD 2008, 807; OLG Hamburg GRUR-RR 2012, 479; OLG Frankfurt a. M. GRUR-RR 2018, 197 (198).

[3127] BGH GRUR 2012, 942 (943) Rn. 19 ff. – Neurologisch/Vaskuläres Zentrum.

[3128] So die im Auftrag der Bundestierärztekammer erstellte Statistik „Tierärzteschaft in der Bundesrepublik Deutschland", Std. 31.12.2017, abrufbar auf der Website der Bundestierärztekammer http://www.bundestieraerztekammer.de.

[3129] Vgl. BVerfG NVwZ 2005, 683; dazu Köhler/Bornkamm/Feddersen/*Bornkamm/Feddersen* UWG § 5 Rn. 4.51.

[3130] BVerfG NVwZ 2005, 683; anders BGH GRUR 2012, 942 Rn. 15 ff. und Ls. – Neurologisch/Vaskuläres Zentrum; OLG München GRUR-RR 2005, 59; OLG Köln MD 2008, 807.

[3131] LG Cottbus NJW 1997, 2459 f.

[3132] OLG Frankfurt a. M. GRUR-RR 2018, 197 (198) („Hörzentrum"); OLG Hamburg GRUR-RR 2012, 479 („Kinderhörzentrum"); GroßKommUWG/*Lindacher,* 2. Aufl. 2013, § 5 Rn. 959.

[3133] OLG München GRUR-RR 2005, 59.

[3134] OLG Koblenz WRP 1990, 125.

[3135] OLG Düsseldorf WRP 1982, 224.

und Markenrecht, WRP 1996, 1079; *Schmitz-Temming,* Wettbewerbsrecht contra Factory Outlet Center – Fangschuss oder untauglicher Versuch?, WRP 1998, 680.

Zum Status des Unternehmers gehört auch seine Stellung im Herstellungs- bzw. Vertriebsverfahren. Fehlvorstellungen über den **Vertriebsweg** begründen zwar meist keinen Irrtum über die betriebliche Herkunft des Produkts. In unwahren oder täuschenden Angaben über die Stellung des Unternehmers im Herstellungs- bzw. Vertriebsverfahren kann aber eine **unternehmensbezogene** Irreführung liegen. Bezeichnet sich der Unternehmer zB als „Großhändler", liegt darin zugleich die Behauptung, Waren im Großhandel abzusetzen. Die Irreführung über die Stellung des Unternehmers im Herstellungs- bzw. Vertriebsverfahren wird deshalb im Zusammenhang mit der Irreführung über die Art des Vertriebs behandelt; auf die dortige Kommentierung **(→ § 5 Rn. 1174 ff.)** wird verwiesen. 1045

5. Unternehmensalter und -tradition

Schrifttum: *Paefgen,* Zur Frage der Irreführung über geschäftliche Verhältnisse bei der Traditionswerbung, EWiR 1994, 611; *Sosnitza,* Zur Verwendung des Begriffs Kloster im Zusammenhang mit einem Bier, ZLR 2003, 482; *Teplitzky,* Bezeichnung nach 150 Jahren irreführend? – Klosterbrauerei und Kloster Pilsner, LMK 2003, 130.

a) Hohes Alter. aa) Allgemeines. Unzutreffende oder täuschende Altersangaben in der Werbung können nach § 5 irreführen. An ein hohes Unternehmensalter bzw. eine lange Unternehmenstradition können sich Vorstellungen von **Güte** und **Zuverlässigkeit,** von erworbenen **Fähigkeiten** und **Erfahrungen,** von wirtschaftlicher **Leistungsfähigkeit** und dauerhafter **Wertschätzung** knüpfen.[3136] Altersangaben enthalten daher – je nach Ausmaß – eine versteckte Qualitätsbehauptung.[3137] Nach der Rechtsprechung des BGH lassen sich auch verständige Verbraucher von solchen versteckten Qualitätssignalen leiten, selbst wenn sie sich im Klaren sein mögen, dass die konkrete Ware nicht mehr in der ursprünglichen Form hergestellt wird und im Übrigen das ursprüngliche Herstellungsverfahren auch nicht notwendig für eine besondere Güte der Ware sprechen muss.[3138] So ist dem Publikum zB beim Kauf wertvollen und künstlerischen Haushaltsporzellans das Alter des Herstellungsbetriebs nicht gleichgültig.[3139] Es gilt der Gesichtspunkt, dass gerade weil es bei diesen Erzeugnissen stark auf den persönlichen Geschmack ankommt, die Verbraucher, denen es an Erfahrung fehlt, geneigt sein werden, ihren Kaufentschluss am Alter des Herstellungsunternehmens auszurichten, aus dem sie Rückschlüsse auf die Güte der Ware ziehen.[3140] 1046

bb) Unmittelbare und mittelbare Altersangaben. Mit dem hohen Alter des Unternehmens kann durch unmittelbare (direkte) oder mittelbare (indirekte) Altersangaben geworben werden. Eine unwahre und irreführende Alterswerbung mit **direkten Altersangaben** liegt in der werbenden Herausstellung eines **falschen Gründungsjahrs.**[3141] Angaben, die **indirekt** auf das Alter bzw. die Tradition des Unternehmens hinweisen, können zB Abbildungen von bedeutenden geschichtlichen Ereignissen oder die Verwendung von Sütterlin in der Schriftsprache sein. Maßgebend ist, ob ein durchschnittlich (angemessen) aufmerksames, verständiges und informiertes Mitglied des angesprochenen Verkehrs die Angabe als Hinweis auf das Alter bzw. die Tradition des Unternehmens versteht. Unter Zugrundelegung dieses europäischen Verbraucherleitbildes kann nicht mehr davon ausgegangen werden, dass sich dem Leser bei Angabe der Lebensdaten des Firmengründers in der Werbung das **Geburtsjahr** stärker als das Todesjahr einprägt und er 1047

[3136] Vgl. BGH GRUR 1984, 457 (458) – Deutsche Heilpraktikerschaft; GRUR 1992, 66 (69) – Königl.-Bayerische Weisse; GRUR 2003, 628 (630) – Klosterbrauerei; KG GRUR 1976, 640 (641).
[3137] BGH GRUR 2003, 628 – Klosterbrauerei; OLG Hamm GRUR-RR 2012, 293 (295).
[3138] Vgl. BGH GRUR 2003, 628 (629 f.) – Klosterbrauerei; OLG München WRP 2014, 327 Rn. 32.
[3139] BGH GRUR 1991, 680 (681 f.) – Porzellanmanufaktur; KG GRUR 1976, 640 (641).
[3140] KG GRUR 1976, 640 (641).
[3141] Vgl. BGH NJW 1960, 1856 – Sektwerbung; GRUR 1981, 69 – Alterswerbung für Filialen; GRUR 1991, 680 (681 f.) – Porzellanmanufaktur.

deshalb davon ausgeht, es sei schon früher als tatsächlich der Fall mit der Produktion begonnen worden.[3142] Demgegenüber wird eine **Produktions(wieder)aufnahme** durch ein neues Unternehmen nach Abwicklung und Liquidation des alten uU als Anknüpfung an die Tradition des früheren Produzenten verstanden, so wenn der Betrieb auf dem Betriebsgelände eines in Konkurs bzw. Insolvenz geratenen und anschließend liquidierten Unternehmens durch ein anderes Unternehmen wieder aufgenommen wird;[3143] auch → Rn. 1052.

1048 Die werbende Anführung der Tradition versteht der Durchschnittsumworbene im Zweifel als Hinweis auf die **Unternehmenstradition** und nicht bloß auf die Tradition des Unternehmers oder des Handwerks.[3144] Wirbt eine Porzellanmanufaktur mit dem Gründungsjahr, versteht der verständige Durchschnittsverbraucher darunter das Jahr der tatsächlichen **Produktionsaufnahme.**[3145] Auch die **Namensfortführung** des Gründers oder eines Unternehmens(mit)inhabers nach dessen Ausscheiden bzw. nach Erlöschen des Unternehmensträgers kann auf die Unternehmenstradition hinweisen;[3146] sie ist aber nicht irreführend, wenn die Unternehmenskontinuität trotz Inhaberwechsel erhalten geblieben ist (näher sogleich → Rn. 1049 ff.).

1049 **cc) Unternehmenskontinuität.** Unmittelbare oder mittelbare Angaben zum Alter bzw. der Tradition des Unternehmens sind irreführend, wenn sie in relevanter Weise unwahr oder zur Täuschung des Verkehrs geeignet sind. Entscheidend ist, ob der unrichtige **Eindruck einer Unternehmenstradition** erweckt wird, die es nicht gegeben hat oder die jedenfalls nicht erhalten geblieben ist. Das hängt davon ab, ob das gegenwärtige Unternehmen trotz aller im Laufe der Zeit eingetretenen Änderungen aus Sicht des Verkehrs noch mit dem früheren Unternehmen **wesensgleich** ist.[3147] Erforderlich ist also grundsätzlich eine **Geschäftskontinuität,** nicht lediglich eine Namenskontinuität. Es kommt auf die **wirtschaftliche Fortsetzung** des in der Werbung dargestellten Geschäftsbetriebes an.[3148]

1050 Mängel des **Gründungsaktes** des Unternehmens werden den Verkehr dabei idR nicht interessieren, denn ihm geht es nur um die Tradition der Produktion. Solange das Unternehmen nicht (mit Wirkung *ex nunc*) gelöscht ist, sind Gründungsmängel für § 5 UWG unbeachtlich.[3149] Zu Recht wurde daher einem im Jahre 1933 trotz seiner ausschließlich öffentlich-rechtlichen Natur als privater Verein ins Vereinsregister eingetragenen und nicht gelöschten Verein erlaubt, sich auf dieses Gründungsjahr zu berufen.[3150]

1051 Die **Einstellung** oder **dauerhafte Unterbrechung** des Geschäftsbetriebs unterbricht idR auch die Unternehmenskontinuität. Für durch äußere Ereignisse wie Krieg oder Naturkatastrophen **erzwungene Unterbrechungen** soll dies nicht gelten, selbst wenn sie von längerer Dauer sind.[3151] Eine nur vorübergehende Einstellung des Betriebs, zB wegen Umbauarbeiten, schadet auch in anderen Fällen nicht.

1052 Ein **Inhaberwechsel,** eine **Rechtsnachfolge,** die **Umfirmierung** oder eine **Änderung der Rechtsform** unterbrechen für sich genommen die Unternehmenskontinuität

[3142] So noch BGH GRUR 1962, 310 – Gründerbildnis.

[3143] OLG Celle OLGR Celle 1999, 142; vgl. auch OLG Oldenburg 22.4.2010 – 1 W 16/10, BeckRS 2010, 15803; zweifelnd aber GroßKommUWG/*Lindacher,* 2. Aufl. 2013, § 5 Rn. 906.

[3144] OLG Hamburg GRUR 1984, 290.

[3145] OLG Jena Magazindienst 2010, 177.

[3146] Vgl. BGH GRUR 1958, 367 – Traditionswerbung bei Ostenteignung; GRUR 2002, 703 (705) – Vossius & Partner; OLG München GRUR-RR 2014, 300; NJWE-WettbR 1999, 52 ff.; OLG Hamm OLGR Hamm 1992, 318.

[3147] Vgl. OLG Frankfurt a. M. 7.9.2015 – 6 U 69/15, MMR 2015, 810 Rn. 12; OLG Hamm GRUR-RR 2012, 293 (295); Köhler/Bornkamm/Feddersen/*Bornkamm/Feddersen* UWG § 5 Rn. 4.62.

[3148] OLG Frankfurt a. M. 15.10.2015 – 6 U 167/14 Rn. 45, GRUR-Prax 2016, 513; OLG München WRP 2014, 327 Rn. 27.

[3149] Vgl. BGH GRUR 1984, 457 (458) – Deutsche Heilpraktikerschaft.

[3150] Vgl. BGH GRUR 1984, 457 (458) – Deutsche Heilpraktikerschaft.

[3151] Vgl. Köhler/Bornkamm/Feddersen/*Bornkamm/Feddersen* UWG § 5 Rn. 4.66.

idR nicht.[3152] Der Übergang von Betrieben auf Rechtsnachfolger ist heute schon im Hinblick auf die vom UmwG gebotenen Möglichkeiten der Rechtsnachfolge kein ungewöhnliches Ereignis mehr. Ein Inhaberwechsel spielt häufig für das Vertrauen des Verkehrs in das Unternehmen keine bedeutende Rolle.[3153] Es entscheidet aber immer die konkrete Situation der geschäftlichen Handlung. Gewahrt bleibt die Unternehmenstradition zB, wenn eine Patentanwaltskanzlei nach dem Ausscheiden eines namensgebenden Sozius ohne sonstige organisatorische Änderungen von den übrigen Sozien fortgeführt wird.[3154] Anders aber dann, wenn die Produktion aus Sicht des Verkehrs in besonderem Maße **durch den Unternehmensinhaber geprägt** wird,[3155] zB weil es sich bei dem fraglichen Sozius um den einzigen erfahrenen Patentanwalt der Kanzlei handelt, oder wenn der Inhaberwechsel mit Veränderungen einhergeht, die aus Sicht des Verkehrs darauf schließen lassen, dass der neue Betriebsinhaber an der Unternehmenstradition nicht festhalten will. An der Wesensgleichheit der Unternehmen kann es fehlen, wenn wesentliche **Betriebsbereiche geschlossen** oder **neu hinzuerworben** werden, wenn die **Struktur** oder **Organisation** des Unternehmens entscheidend verändert[3156] oder wenn der **Geschäftsgegenstand** gegen einen ganz anderen ausgetauscht wird. Die Benutzung seines Namens darf dem **Namensinhaber** aber nicht verwehrt werden. Ein aus einem alten Unternehmen ausgeschiedenes Familienmitglied darf daher bei Neugründung eines branchengleichen Geschäfts auf die Tradition des Familiennamens hinweisen, **wenn** eindeutig zum Ausdruck gebracht wird, dass es sich lediglich um eine Namens- und nicht etwa um eine Geschäftstradition handelt.[3157]

Ob die **Insolvenz und Liquidation** des Unternehmens die Unternehmenskontinuität unterbricht, wenn der Geschäftsbetrieb oder ein wesentlicher Teil desselben nach Erwerb aus der Masse fortgeführt wird, wird unterschiedlich gesehen. Eine Auffassung sieht für eine an die Tradition des Ursprungsunternehmens anknüpfende Alterswerbung idR keinen Raum mehr, weil Alterswerbung gerade auf das Vertrauen in die wirtschaftliche Kontinuität, Zuverlässigkeit und Solidität ziele, das indes mit der Insolvenzeröffnung und Liquidation entfallen sei.[3158] Nach der Gegenauffassung kommt es auch hier maßgeblich darauf an, ob im Auftreten nach außen eine Geschäftsfortführung angenommen werden kann, namentlich ob der Verlauf des Insolvenzverfahrens den Unternehmenscharakter verändert habe.[3159] Zur Hinweispflicht des **Insolvenzverwalters → § 5a Rn. 71.** 1053

Werden hinsichtlich bestimmter **Unternehmensteile** Alters- oder Traditionsangaben gemacht, müssen diese Unternehmensteile bzw. Zweigstellen Teil der Unternehmenstradition sein. Irreführend ist daher die Werbung für eine Filialkette mit dem Alter des Stammhauses, wenn die betr. Filialen nicht wie vom Verkehr erwartet aus der Tradition des Stammhauses hervorgegangen sind, sondern erst geraume Zeit später hinzuerworben wurden.[3160] 1054

dd) Relevanz. Ein hohes Alter bzw. eine lange Tradition kann für den Verkehr ein Signal für dauerhafte wirtschaftliche Leistungsfähigkeit und Wertschätzung durch Kunden sein und lässt so uU auch Rückschlüsse auf **Qualität** und **Güte** der Produkte, auf vorhandenes **Zubehör** und **Ersatzteile** sowie auf **Kulanz, Fähigkeiten** und **Erfahrungen** 1055

[3152] Vgl. BGH GRUR 1960, 563 (565) – Sektwerbung; GRUR 1981, 69 (70) – Alterswerbung für Filialen; GRUR 1991, 680 (681 f.); OLG Dresden GRUR 1998, 171 (172); OLG München LMRR 2013, 129, unter B.3.

[3153] Vgl. OLG Dresden GRUR 1998, 171 (172); OLG Düsseldorf OLG-Report 2001, 446.

[3154] Vgl. BGH GRUR 2002, 703 (705) – Vossius & Partner.

[3155] BGH GRUR 2002, 703 (705) – Vossius & Partner; OLG München NJWE-WettbR 1999, 52 (54).

[3156] Vgl. OLG Hamm GRUR 1972, 94 (95); LG Stuttgart WRP 2001, 189.

[3157] BGH GRUR 1951, 412 – Graphia; OLG München GRUR-RR 2014, 300 (301).

[3158] Vgl. OLG Celle OLGR 1999, 142; LG Arnsberg GWR 2011, 427; jurisPK/UWG/*Diekmann* § 5 Rn. 608; im Ansatz auch GroßKommUWG/*Lindacher* § 5 Rn. 906, der jedoch das Berufen auf eine bloße Fertigungstradition noch für zulässig erachtet.

[3159] OLG Frankfurt a. M. 7.9.2015 – 6 U 69/15, MMR 2015, 810; OLG München LMRR 2013, 129; OLG Dresden GRUR 1998, 171.

[3160] Vgl. BGH GRUR 1981, 69 – Alterswerbung für Filialen.

des Unternehmensinhabers zu.[3161] Während der BGH in der Entscheidung ***„Erstes Kulmbacher"*** aus dem Jahre 1957 noch davon ausgegangen war, dass die Alterswerbung bei **Brauereierzeugnissen** idR keine entscheidende Rolle für die Vorstellung des Publikums von der Güte der Erzeugnisse spiele, weil es an einem objektiven Maßstab für die Güte eines Bieres fehle,[3162] sind nach der ***„Klosterbrauerei"***-Entscheidung des BGH auch Erwägungen des Verkehrs zu berücksichtigen, die sich einer rationalen Überprüfung entziehen.[3163]

1056 Entscheidend ist stets, wer die Angaben macht und in welcher Situation dies geschieht. So spielen das Alter bzw. die Tradition des Unternehmens bei Produkten, die als **Statussymbole** herhalten (zB Pkw, Whisky, Zigarren), typischerweise eine eher große Rolle. Im **Lebensmittel- oder Gesundheitsbereich** (Medizin, Brot, Getränke) sowie bei **teuren und langlebigen Produkten** (Pkw, Küchen) legt der Verbraucher ebenfalls häufig großes Gewicht auf die Unternehmenstradition; sie steht hier für **Sicherheit** und Durchsetzbarkeit von **Gewährleistungsansprüchen.** Auch bei Handwerksbetrieben (Maler, Verputzer, Elektriker) ist das Alter des Unternehmens traditionell von Bedeutung, da es auf **Bonität, Zuverlässigkeit, fachliche Kompetenz** und Durchsetzbarkeit von Gewährleistungsansprüchen schließen lässt.

1057 **ee) Verhältnismäßigkeit.** Für die **Verhältnismäßigkeit des Irreführungsverbots** gelten keine Besonderheiten. Als unverhältnismäßig angesehen wurde das Verbot der Bezeichnung *„Klosterbrauerei"* bzw. *„Kloster Pilsner"* als Bier- und Unternehmensbezeichnung eines Unternehmens, das sich auf eine über 160-jährige, unbeanstandete Verwendung der Begriffe berufen konnte.[3164]

1058 **ff) Beispiele. Geburtstagswerbung** für ein Unternehmen muss zutreffend sein und darf nicht den Eindruck erwecken, als sei das Unternehmen älter als tatsächlich der Fall. So kann die Werbung **„100 Jahre berufliche Tradition"** irreführend sein, wenn nicht das Unternehmen, sondern die Branche über 100 Jahre Tradition verfügt.[3165] Der zusammen mit der Firma verwandte Hinweis **„Familientradition seit 1910"**, der sich darauf stützt, dass auch Großvater und Vater des Werbenden Goldschmiedemeister waren, ist – ohne erläuternde Zusätze – geeignet, irreführende Vorstellungen iSd § 5 UWG über das Alter des Unternehmens zu wecken, wenn Letzteres erst 1981 gegründet worden ist.[3166] Der Verkehr versteht die Werbung als Hinweis auf eine Unternehmenstradition, nicht als Hinweis auf eine unabhängig von einem Unternehmen bestehende Familientradition im Sinne einer generationenlang ausgeübten Handwerkstätigkeit.[3167] Der Begriff **„Original Patienten-Aufklärungsbögen von Dr. S."** suggeriert, dass es sich in Abgrenzung zu anderen, nicht authentischen Produkten um diejenigen Aufklärungsbögen handelt, die unter Wahrung einer von Dr. S. begründeten Unternehmenstradition hergestellt werden. Hat der Mitgründer Dr. S. eines Unternehmens, das Patienten-Aufklärungsbögen herstellt, die Gestaltung dieser Bögen nicht mitgeprägt, darf er deshalb Aufklärungsbögen, die er nach seinem Ausscheiden aus dem Unternehmen – nunmehr erstmals – selbst gestaltet, nicht als „Original Patienten-Aufklärungsbögen" bewerben.[3168] Das KG war davon ausgegangen, dass der Begriff **„Porzellan-Manufaktur"** vom Verkehr im Sinne einer alten Betriebsstätte aufgefasst wird, in der in alter Tradition weitgehend von Hand gefertigt und insbesondere Handdekormalerei ausgeführt wird.[3169]

[3161] Vgl. BGH GRUR 1984, 457 (458) – Deutsche Heilpraktikerschaft; GRUR 1992, 66 (69) – Königl.-Bayerische Weisse; GRUR 2003, 628 (630) – Klosterbrauerei; KG GRUR 1976, 640 (641).

[3162] BGH GRUR 1957, 285 (287) – Erstes Kulmbacher.

[3163] BGH GRUR 2003, 628 (630) – Klosterbrauerei.

[3164] BGH GRUR 2003, 628 (630 f.) – Klosterbrauerei.

[3165] OLG Stuttgart WRP 1978, 480.

[3166] OLG Hamburg GRUR 1984, 290.

[3167] OLG Hamburg GRUR 1984, 290.

[3168] OLG Hamburg OLGR Hamburg 2005, 794.

[3169] KG GRUR 1976, 640 (641).

Eine **Unterbrechung** der Unternehmenstradition wurde angenommen bei einem ursprünglich *Käthe Kruse* gehörenden Betrieb, den sie bei ihrer Flucht 1950 zurückgelassen hatte. Die Werbung des Nachfolgers: „Seit dem Weggang der berühmten Puppengestalterin konzentrierte sich das Unternehmen auf die Herstellung von Plüschtieren. … Doch *Käthe Kruses* Ideen und Ideale wurden bewahrt ..." wurde daher als irreführend angesehen, denn die Tradition sei gerade nicht fortgeführt, sondern durch die Einstellung der Puppenproduktion und Aufnahme der Produktion von Stofftieren und Plastikspielzeug unterbrochen worden.[3170] Den Schluss auf Unternehmenskontinuität rechtfertigt es schließlich auch nicht, wenn der musikalische Leiter und Solist eines vor Jahren aufgelösten Chors einen neuen Chor gleicher Stilrichtung maßgebend und leitend führt.[3171] 1059

b) Junges Alter. Nicht nur die Werbung mit einem hohen, sondern auch jene mit einem niedrigen Alter des Unternehmens kann irrtumserregend und zur Beeinflussung der Kaufentscheidung des Verkehrs geeignet sein. Weist der Unternehmer werbend darauf hin, dass es sich bei ihm um ein besonders junges Unternehmen handelt oder dass es jedenfalls vor Kurzem Neuerungen (Umbau, **Neustrukturierung** oÄ) erfahren habe, kann das ebenfalls eine Irreführungsgefahr begründen, wenn die Angaben nicht zutreffen. Der Hinweis kann beim Durchschnittsumworbenen Vorstellungen von **Dynamik** und **Tatkraft,** von **Innovationsbereitschaft** und **Aktualität,** von **Preisgünstigkeit** und **Leistungsbereitschaft** begründen, die den Kaufentschluss beeinflussen können. Mit der Umstrukturierung des Unternehmens, der Verlegung des Firmensitzes, der Renovierung der Betriebsräume uÄ können Vorstellungen günstiger Preise oder eines verbesserten Sortiments verbunden sein. Insbesondere die Werbung mit einer Neu- oder Wiedereröffnung oder mit dem Geburtstag des Unternehmens kann Anlass zum Schluss auf besonders günstige Einführungspreise geben. Angaben über das Alter des Unternehmens sowie über dessen Umstrukturierung oder andere Neuerungen, die es erfahren habe, müssen deshalb zutreffen. Maßgeblich ist der Eindruck eines durchschnittlich aufmerksamen, informierten und verständigen Mitglieds des Verkehrskreises, auf den die geschäftliche Handlung zielt, in der konkreten Situation. Den Hinweis auf Neuerungen im Unternehmen wird eine solche Person regelmäßig dahin auffassen, dass diese **kürzlich** stattgefunden haben. Haben zwar tatsächlich Veränderungen stattgefunden, liegen diese aber schon längere Zeit zurück, begründet das daher meist eine Irreführungsgefahr. Worauf sich der Begriff, aus dem der Verkehr die Neuheit schlussfolgert, bezieht, ist ebenfalls aus der Sicht des Durchschnittsumworbenen festzustellen. 1060

Nicht irreführend ist die Werbung eines Optikers „Neu nach Umbau" aus Anlass der Wiedereröffnung einer Filiale, die tatsächlich in zeitlichem Zusammenhang stattfindet, die aber nicht zu neuen Preisen oder einem neuen Warensortiment geführt hat, weil der Verkehr den Begriff „Neu" nicht auf die Preise oder das Warensortiment, sondern auf die Eröffnung bezieht.[3172] 1061

6. Überwachung und Kontrolle des Unternehmers. Zu Prüfzeichen/Gütesiegeln/Gütezeichen → § 5 Rn. 692; zur Zulassung des Unternehmers → § 5 Rn. 1070. 1062

Die Stellung des Unternehmers im Wettbewerb wird dadurch mitbestimmt, ob bzw. in welchem Umfang er einer Überwachung bzw. Kontrolle unterliegt. Der Verkehr sieht eine solche Überwachung und Kontrolle, vor allem wenn sie staatlicherseits erfolgt, oft als **Qualitätssicherung** an und folgert daraus eine besondere Güte und Qualität der Produkte bzw. Dienstleistungen. Die werbende Hervorhebung einer **„Unternehmer-Selbstkontrolle"** ist daher unzulässig, wenn die so werbenden Unternehmen tatsächlich keinem unabhängigen Kontrollorgan unterstehen, das die Qualität, den Preis oder die Zusammen- 1063

[3170] OLG München NJWE-WettbR 1999, 52 (54).
[3171] OLG Köln NJWE-WettbR 1998, 272.
[3172] BGH GRUR 1993, 563 (564) – Neu nach Umbau.

setzung der Waren überwacht.[3173] **„Geprüft"** deutet auf eine staatliche oder staatlich anerkannte Prüfung hin.[3174] Der Begriff **„autorisierte Goldverwertungsagentur"** weckt die Vorstellung, dass das beworbene Unternehmen gewisse Standards in Bezug auf Qualität, Kontrolle und Ausbildung einhält und insofern einer Kontrolle der autorisierenden Stelle unterliegt.[3175] Die Bezeichnung **„Institut für physikalische Therapie"** für einen von zwei Masseuren und medizinischen Bademeistern geführten Betrieb hat das OLG Düsseldorf als irreführend angesehen, da der Begriff „Institut" auf eine öffentliche oder unter öffentlicher Aufsicht stehende wissenschaftliche Einrichtung hindeute, wenn ihm eine Tätigkeitsangabe hinzugefügt werde, die normalerweise Gegenstand wissenschaftlicher Forschung oder Behandlung sei.[3176] Ebenso für unzulässig angesehen wurde die Bezeichnung **„Institut für Zelltherapie Düsseldorf"** bzw. **„Frischzelleninstitut Düsseldorf"** für ein Unternehmen, in dem sich Interessierte einer Zellenimplantation unterziehen konnten, ohne dass hierfür eine behördliche Genehmigung erwirkt worden war.[3177] Die Gestaltung eines Testsiegels eines privaten Testveranstalters unter der Verwendung des Begriffs **„Deutsches Institut"** ist irreführend, wenn der Eindruck erweckt wird, dass es sich um eine öffentliche oder unter öffentlicher Aufsicht stehende Einrichtung handelt.[3178]

1064 Zur Irreführung im Zusammenhang mit **Verhaltenskodizes** s. § 5 Abschn. H sowie die Kommentierung zu Nummer 1 und 3 des Anhangs zu § 3 Abs. 3.

1065 **7. Personal und Mitarbeiter. a) Voraussetzungen.** Zur Irreführung durch Angaben über **Dritte** allgemein → § 5 Rn. 233 f. Unwahre oder täuschende Angaben zu Personal und Mitarbeitern können den Verkehr in mehrfacher Hinsicht über die Person, die Eigenschaften oder die Rechte des Unternehmers irreführen.

1066 Es kann der Eindruck erweckt werden, der Unternehmer verfüge über eigenes Personal, während tatsächlich Fremdpersonal zum Einsatz kommt. Ob der Werbende **eigenes Personal** bzw. eigene Mitarbeiter einsetzt oder ob es sich um **Leiharbeitnehmer, Subunternehmer** oÄ handelt, ist dem Verkehr in der Regel nicht gleichgültig. Im Regelfall wird in die Ausbildung und Überwachung eigener Mitarbeiter mehr investiert und sind die Möglichkeiten der Einflussnahme auch größer, als wenn Fremdarbeiter oder gar Subunternehmer eingesetzt werden. Auch für die Frage, wer bei **Mängeln** oder im **Schadensfall** in Anspruch genommen werden kann und welche Voraussetzungen dafür dargetan und bewiesen werden müssen, spielt die Unterscheidung zwischen eigenem Personal und Fremdkräften uU eine Rolle.

1067 Eine Irreführung kann sich auch daraus ergeben, dass der Unternehmer suggeriert, er sei von der **Größe** seines Betriebs und seiner Bekanntheit her auf einen größeren Markt ausgerichtet als dies tatsächlich der Fall ist. Mit dieser Begründung hat das OLG Zweibrücken die Verwendung des Firmenzusatzes „Deutschland" durch einen Postanbieter, der Zustellleistungen lediglich in drei Postleitzahlenbereichen selbst erbrachte und im Übrigen durch **Subunternehmer** tätig wurde, als irreführend angesehen.[3179]

1068 Wer mit besonderen **Fachkenntnissen von Mitarbeitern** wirbt, die in Wahrheit nicht vorliegen, verstößt ebenfalls gegen § 5 UWG. Es darf deshalb nicht behauptet werden, man habe **„Spezialarbeiter"**, wenn tatsächlich Arbeiter ohne jede Vorbildung eingesetzt werden.[3180] Die Werbung mit einer „Spezialisierung" kann auch den Eindruck erwecken, es seien nicht nur ursprünglich Mitarbeiter mit besonderen Kenntnissen eingestellt worden, sondern diese würden auch laufend durch **Fortbildungen** auf dem aktuellen Stand gehal-

[3173] LG Braunschweig WRP 1971, 339 (340).
[3174] Vgl. OLG Karlsruhe WRP 1981, 225; OLG Köln WRP 1994, 130; LG Hannover WRP 1982, 173.
[3175] OLG Brandenburg 13.7.2010 – 6 U 58/09, BeckRS 2010, 17189.
[3176] OLG Düsseldorf WRP 1977, 796 f.; siehe auch OLG Düsseldorf WRP 1976, 317.
[3177] OLG Düsseldorf WRP 1976, 317 ff.
[3178] OLG Brandenburg WRP 2012, 1123.
[3179] OLG Zweibrücken GRUR-RR 2007, 89 (90).
[3180] Köhler/Bornkamm/Feddersen/*Bornkamm/Feddersen* UWG § 5 Rn. 4.145.

ten.[3181] Der Begriff **„autorisierte Goldverwertungsagentur"** weckt die Vorstellung, dass das beworbene Unternehmen gewisse Standards in Bezug auf Qualität, Kontrolle und Ausbildung einhält und insofern einer Kontrolle der autorisierenden Stelle unterliegt.[3182]

b) Beispiele. Als irreführend angesehen wurde die Werbung einer (Auto-)Reparatur- **1069**
werkstatt mit der Angabe, sie sei **spezialisiert auf die (Auto-)Marke X,** weil die Mitarbeiter dieser Werkstatt nicht auf Grund vom Hersteller herausgegebenen Informationsmaterials und auf Grund von vom Hersteller veranstalteten Fortbildungskursen über die fortlaufende Entwicklung dieses (Fahrzeugs-)Typs auf dem Laufenden gehalten wurden.[3183] Eine Irreführung über die Größe und Leistungsfähigkeit des Mitarbeiterstamms kann es sein, einen Rechtsanwalt als **„neuen Kollegen"** der Anwaltssozietät vorzustellen, wenn dieser nicht als Sozius oder anwaltschaftlicher Mitarbeiter in die Anwaltsgemeinschaft eingebunden ist, sondern lediglich auf Anfrage für eine bestimmte Rechtsberatung zur Verfügung steht.[3184] Der Bauunternehmer, der werbend auf die Qualifikation seiner **„Mitarbeiter"** hinweist, die in Wahrheit Subunternehmer sind, verstößt gegen § 5 UWG. Wer mit einer „**Rollladen-Montage durch Fachpersonal**" wirbt, suggeriert damit, es handele sich bei den Monteuren um eigene Mitarbeiter und nicht um Fachkräfte anderer (= Sub-) Unternehmer.[3185]

VI. Zulassung des Unternehmers

Schrifttum: *Brenncke,* Nomen est Omen? – Zur Europarechtskonformität des Bezeichnungsschutzes für Sparkassen, ZBB 2007, 1; *Edenfeld,* Anwaltliche Beratung über die Telefon-Hotline?, MDR 1999, 532; *Flohr,* Mediation als Rechtsberatung, DStR 2001; *Hönn,* Akademische Grade, Amts-, Dienst- und Berufsbezeichnungen sowie Titel (Namensattribute) in der Firma in firmen- und wettbewerbsrechtlicher Sicht, ZHR 153 (1989), 386; *Hörle,* Apotheken, Berufsordnung und Werbung, WRP 1983, 596; *Hösch,* „Internationale Apotheke" oder vom Versuch der Selbstentlastung mittels § 522 Abs. 2 ZPO, WRP 2003, 344; *Honig,* Werbung mit dem guten Ruf des Handwerks, WRP 1995, 568; *Horn,* Anwaltliche Werbung mit dem Titel Mediator, NJW 2007, 1413; *Horn/Fischer,* Rechtsfragen der Werbung für privat veranstaltete Sportwetten, GewArch 2005, 217; *Koch,* Zur unerlaubten Rechtsberatung durch nicht-anwaltliche Mediation, EWiR 2002, 165; *Kollmann,* Technische Normen und Prüfzeichen im Wettbewerbsrecht, GRUR 2004, 6; *Lettl,* Die Zulässigkeit von Werbung mit der Einlagensicherung nach UWG und KWG, WM 2007, 1345; *Mankowski,* Mediation – Erlaubnispflichtig nach dem RBerG?, EWiR 2000, 1119; *Peifer,* Anm. zu OLG Frankfurt, Urt. v. 15.10.2009, Az. 6 U 178/08, GewArch 2010, 459; *Römermann,* Rechtsberatung durch Banken bei Testamentserrichtung, ZERB 2007, 52; *Spalckhaver,* Mediation als Dienstleistungsangebot der Justiz, IDR 2004, 80; *Vogel,* Schutz der Bezeichnung „Sparkasse" und europäische Grundfreiheiten, ZBB 2007, 130; *Wolf,* Anwaltliche Werbung, Diss. 2011.

1. Allgemein. a) Abgrenzung. Irreführend können unwahre oder täuschende Anga- **1070**
ben über die Zulassung des Unternehmers sein. Die Formulierung beruht auf Art. 6 Abs. 2 lit. f UGP-Richtlinie, der denselben Begriff verwendet; in der engl. Richtlinienfassung ist von „approval", in der frz. von „agrément" die Rede. Nach Art. 3 Abs. 8 UGP-Richtlinie bleiben alle Niederlassungs- und Genehmigungsbedingungen, berufsständische Verhaltenskodizes und andere spezifischen **Regeln für reglementierte Berufe**[3186] **unberührt,** damit die strengen Integritätsstandards, welche die Mitgliedstaaten den in dem Beruf tätigen Personen nach Maßgabe des Gemeinschaftsrechts auferlegen können, gewährleistet bleiben. Dementsprechend ist die Anwendung des UWG trotz der Vollharmonisierung der UGP-Richtlinie auf berufsrechtliche Bestimmungen, die das Marktverhalten in gemeinschaftsrechtskonformer Weise regeln (zB HandwO, Berufsordnungen), auch nach dem UWG

3181 OLG Karlsruhe WRP 1980, 574 (575).
3182 OLG Brandenburg 13.7.2010 – 6 U 58/09, BeckRS 2010, 17189; auch → § 5 Rn. 1063.
3183 OLG Karlsruhe WRP 1980, 574 (575).
3184 BGH GRUR 1991, 917 – Anwaltswerbung.
3185 Vgl. OLG Nürnberg WRP 1985, 447.
3186 Darunter sind nach der Legaldefinition des Art. 2 lit. l der RL berufliche Tätigkeiten zu verstehen, bei der die Aufnahme oder Ausübung oder eine der Arten der Ausübung direkt oder indirekt durch Rechts- oder Verwaltungsvorschriften an das Vorhandensein bestimmter Berufsqualifikationen gebunden ist.

2008 weiter zulässig.[3187] Wegen **berufsspezifischer Besonderheiten** wird auf die Kommentierungen von ***v. Jagow* → § 3a Rn. 52 ff.** verwiesen.

1071 Geschäftliche Handlungen **gegenüber Verbrauchern** sind nach **Nr. 4 des Anhangs zu § 3 Abs. 3** unzulässig, wenn sie unwahre Angaben ua über die Genehmigung des Unternehmers enthalten. Die Irreführung über die Zulassung des Unternehmers kann unter **§ 5 Abs. 1 S. 2 Nr. 4** fallen, sowie dann, wenn eine Zulassung zur Führung eines Titels berechtigt, mit der Irreführung über den **Titel** (→ § 5 Rn. 915 ff.) zusammentreffen. Da die Zulassung meistens eine bestimmte Befähigung voraussetzt bzw. suggeriert, besteht ein enger Zusammenhang mit der Irreführung über die **Befähigung** des Unternehmers, dazu → § 5 Rn. 911 ff. Täuscht ein zugelassener Unternehmer durch eine unzutreffende Berufsbezeichnung über seine fachliche Qualifikation, liegt keine Irreführung über die Zulassung, wohl aber uU aber eine solche über die Befähigung des Unternehmers vor.[3188]

1072 Bislang wurden Sachverhalte im Zusammenhang mit einer nicht erfolgten Zulassung von Unternehmen vorwiegend in Hinblick auf die Vereinbarkeit mit **§ 3a (§ 4 Nr. 11 aF)** geprüft. Dabei kann allerdings im Anwendungsbereich der UGP-Richtlinie ein Verstoß gegen nationale Informationspflichten eine Unlauterkeit nach § 3a nur dann begründen, wenn die dort aufgestellten Informationspflichten eine Grundlage im Unionsrecht haben.[3189] Abweichende Regelungen für berufsrechtliche Bestimmungen, die das Marktverhalten in gemeinschaftsrechtskonformer Weise regeln, sind nach Art. 3 Abs. 8 UGP-Richtlinie allerdings auch hier möglich.[3190]

1073 **b) Unwahre oder täuschende Angabe über Zulassung.** Über die Zulassung kann mittels **ausdrücklicher** und mittels **konkludenter** unwahrer oder täuschender Angaben irregeführt werden, zB durch Angabe eines berufsrechtlich **unzulässigen Unternehmensgegenstandes in der Firmierung.**[3191] Wenn der Unternehmer für Dienste wirbt, für die eine **Zulassung notwendig** ist, bringt er damit häufig zum Ausdruck, dass er **die Zulassung erhalten hat** und die **Bedingungen** für die Zulassung auch erfüllt.[3192] Maßgeblich ist jedoch stets, inwieweit der Verkehr mit dem entsprechenden Begriff überhaupt ein Zulassungserfordernis verbindet und auf wen er es im Gesamtkontext aufgrund des **Gesamteindrucks** der Werbung bezieht. So kann die Verwendung des Begriffs „diplomiert" in einem Zusammenhang, in dem der angesprochene Verkehr an sich mit der Verwendung des Begriffs „Diplom" oder – abgekürzt – „Dipl." rechnet, je nach den Umständen nicht auf das Vorliegen einer solchen Qualifikation, sondern im Gegenteil eher auf deren Fehlen hinweisen.[3193] Ist dem Verkehr weitgehend **unbekannt,** dass der Begriff (im konkreten Fall: Versicherungsberater) eine **gesetzliche Ausprägung** mit bestimmten Anforderungen erfahren hat, kann er insoweit auch keiner Fehlvorstellung unterliegen und scheidet eine Irreführung aus.[3194]

1074 Wird ein Begriff verwendet, der im Grunde für das Unternehmen bzw. dessen Tätigkeit passt, der aber **zu weit** ist, weil er auch Bereiche einbezieht, für die keine Zulassung erteilt wurde, kommt es darauf an, ob ein durchschnittlich (angemessen) aufmerksamer, verständiger und informierter **Adressat** der geschäftlichen Handlung dies in der **konkreten**

[3187] BGH GRUR 2009, 886 Rn. 18 – Die clevere Alternative; GRUR 2009, 977 Rn. 12 – Brillenversorgung I; GRUR 2009, 1077 Rn. 21 – Finanz-Sanierung; GRUR 2011, 539 Rn. 23 – Rechtsberatung durch Lebensmittelchemiker; GRUR 2012, 79 Rn. 11 – Rechtsberatung durch Einzelhandelsverband.

[3188] S. zur Abgrenzung auch BGH GRUR 2009, 970 Rn. 22 ff. – Versicherungsberater.

[3189] BGH GRUR 2010, 852 Rn. 15 – Gallardo Spyder; GRUR 2011, 82 Rn. 16 – Preiswerbung ohne Umsatzsteuer; GRUR 2011, 742 Rn. 23 – Leistungspakete im Preisvergleich; GRUR 2012, 647 f. Rn. 11 – INJECTIO, näher → § 5 Rn. 32 ff.

[3190] BGH GRUR 2009, 1077 Rn. 21 – Finanz-Sanierung; GRUR 2011, 539 Rn. 23 – Rechtsberatung durch Lebensmittelchemiker; GRUR 2012, 79 Rn. 11; 2012, 79 Rn. 11 – Rechtsberatung durch Einzelhandelsverband.

[3191] BGH GRUR 2016, 292 Rn. 12, 21 ff. – Treuhandgesellschaft.

[3192] Vgl. BGH GRUR 2016, 292 Rn. 21 ff. – Treuhandgesellschaft.

[3193] BGH GRUR 2014, 494 Rn. 15 – Diplomierte Trainerin.

[3194] BGH GRUR 2009, 970 Rn. 23– Versicherungsberater.

Situation erkennt. Im Allgemeinen ist eine nähere Beschäftigung mit den Voraussetzungen und dem Umfang einer Zulassung des Unternehmens nicht zu verlangen; denn es handelt sich um eine der Tätigkeit vorgelagerte und in den **Risikobereich** des Unternehmers fallende Aufgabe. Werden Dienstleistungen **üblicherweise zusammenhängend** erbracht, unterstellt der Verbraucher idR eine entspr. umfassende Zulassung, so dass nicht noch ein zweiter Unternehmer eingeschaltet werden muss.

Welche Kenntnisse und Fähigkeiten bei dem angesprochenen Verkehr unterstellt werden **1075** können, hängt von der konkreten Situation der geschäftlichen Handlung ab. Bei beratenden und unterstützenden Tätigkeiten ist uU aus dem Umstand, dass der Verbraucher eine entsprechende Beratung bzw. Unterstützung benötigt, auf eine gegenüber dem **„Normalverbraucher"** eingeschränkte Aufmerksamkeit, Informiertheit und/oder Verständigkeit zu schließen. Wer sich mit seiner geschäftlichen Handlung an den „typischen Schuldner" wendet, muss berücksichtigen, dass es häufig gerade mangelnde Aufmerksamkeit und übermäßige Risikobereitschaft sind, die Personen in eine derartige Lage geraten lassen. Er muss zudem in Rechnung stellen, dass sein potentieller Kundenkreis angesichts der bestehenden Notlage dazu neigen wird, nach dem „letzten Strohhalm" zu greifen.[3195]

Verfügt der Unternehmer nicht über die erforderliche Zulassung, um bestimmte Tätig- **1076** keiten zu erbringen, stellt sich schon deren **Bewerbung** als irreführend dar, unabhängig davon, ob der Unternehmer die Tätigkeiten tatsächlich **ausführt.**[3196]

c) Relevanz. Zulassungserfordernisse dienen zumeist auch dem Verbraucherschutz. Sie **1077** gewährleisten, dass der Unternehmer den Nachweis von Fachwissen, Erfahrung, Seriosität, Finanzkraft oder anderer für den Verbraucher wichtiger Umstände erbringen musste, und stehen damit für die **Qualifikation** des Zugelassenen. Die Behauptung einer tatsächlich nicht oder nicht fehlerfrei erteilten Zulassung ist deshalb idR auch geeignet, die geschäftliche Entscheidung des Verbrauchers zu beeinflussen. Die Relevanz der täuschenden geschäftlichen Handlung entfällt dann auch nicht dadurch, dass das Unternehmen im fraglichen Zeitpunkt alle Voraussetzungen erfüllt, um zugelassen zu werden. Die **Zulassungsfähigkeit** des Unternehmens wird für den Verkehr häufig schon deshalb nicht ausreichend sein, weil er mit der erfolgten Zulassung (anders als mit bloßer Zulassungsfähigkeit) eine anschließende dauerhafte Überwachung verbindet. Darüber hinaus kann sich die Relevanz der Täuschung auch unter dem Gesichtspunkt des Anlockens von Kunden zum Nachteil von Mitbewerbern ergeben (näher → § 5 Rn. 361 ff.).

d) Interessenabwägung bei fehlerhaftem oder irreführendem Verwaltungsakt? **1078** Die Entscheidung über die Zulassung erfolgt meist durch **Verwaltungsakt.** Solange eine wirksam erteilte Zulassung nicht durch die zuständigen Behörden widerrufen wurde, ist die betr. Person zur Ausübung der Tätigkeit, zu der sie zugelassen wurde, berechtigt.[3197] Der Umstand, dass der Verwaltungsakt tatsächlich ergangen und der Hinweis darauf deshalb richtig ist, schließt eine Irreführung allerdings nicht aus, denn auch eine **objektiv richtige Angabe („Zulassung erfolgt") kann irreführen,** wenn der Verkehr, für den sie bestimmt ist, ihr in relevanter Weise etwas Unrichtiges entnimmt.[3198] Das kommt insbesondere dann in Betracht, wenn er aus der erteilten Zulassung darauf schließt, dass die Bedingungen für die Zulassung (noch) erfüllt sind, oder über die Zulassungsvoraussetzungen irrt. Für die Verwendung der gesetzlich nicht geschützten Berufsbezeichnung „Tierheilpraktiker" nach Maßgabe der geltenden gesetzlichen Vorschriften, die bei Teilen des Verkehrs die Fehlvorstellung hervorrief, der sich so Bezeichnende sei ebenso behördlich geprüft wie ein Heilpraktiker, hat der BGH deshalb Fehlvorstellungen des Verkehrs in Betracht gezogen, einen Verstoß gegen das Irreführungsverbot jedoch im Wege einer **Interessenabwägung** im Hinblick auf das an der Benutzung der an sich richtigen Bezeichnung bestehende

[3195] OLG Oldenburg GRUR 2006, 605.
[3196] BGH GRUR 1987, 444 (445) – Laufende Buchführung; GRUR 2002, 77 (79) – Rechenzentrum.
[3197] Vgl. BGH MDR 1993, 540; OLGR Zweibrücken 2005, 759 f.
[3198] BGH GRUR 1998, 1043 (1044) – GS-Zeichen.

Interesse verneint.[3199] Für eine derartige „ausgelagerte" Interessenabwägung besteht auf der Grundlage des geltenden normativen Verbraucherleitbilds jedoch nur eingeschränkt Raum, näher → § 5 Rn. 372 ff. Die Interessen an der Benutzung der an sich richtigen Bezeichnung berücksichtigt das Gesetz bereits, indem nicht auf tatsächliche Fehlvorstellungen einer Verbraucherminderheit, sondern darauf abgestellt wird, welches Verständnis der Angabe der Unternehmer bei einem Durchschnittsverbraucher in der Situation der geschäftlichen Handlung **erwarten darf,** und dem Unternehmer die Möglichkeit aufklärender Hinweise eröffnet wird.

1079 Eine wichtige Bedeutung kommt dem Inhalt der Fehlvorstellung zu; entscheidend ist insbes., ob der Verkehr bloß annimmt, dass der Unternehmer überhaupt **über eine Zulassung verfügt,** oder ob er darüber hinaus erwartet, dass die Zulassung **zu Recht erteilt** wurde bzw. die **Zulassungsbedingungen (noch) erfüllt** werden. Für die Abgrenzung sind sowohl die dem Verkehr bekannten Einfluss- und Einsichtsmöglichkeiten des Unternehmers in das Verfahren als auch die konkrete Form der Benutzung der Bezeichnung von Bedeutung.[3200] Der ohne Zusatz verwendeten Bezeichnung „Mediator" ebenso wie der Bezeichnung „Rechtsanwalt" kann nur entnommen werden, dass der Betreffende die für diese Tätigkeit vorausgesetzte Qualifikation erfüllt.[3201] Dagegen vermittelt das zugestellte Adjektiv „zertifiziert" den Eindruck einer Überprüfung im Rahmen eines Zertifizierungsverfahrens und besonderen Qualifikation.[3202]

1080 Zu beachten ist ferner, dass ein durchschnittlich (angemessen) aufmerksamer, verständiger und informierter Verbraucher bzw. sonstiger Marktteilnehmer bei Tätigkeiten, deren **Zulassungspflicht er nicht sicher beurteilen kann,** nur erwarten wird, dass „eine etwa erforderliche Zulassung" erteilt und nicht widerrufen wurde und dass dem Unternehmer auch keine Umstände bekannt sind, die zum Widerruf führen können. Der Verweis auf eine wirksam erteilte und nicht widerrufene Zulassung kann dann idR nicht als irreführend iSd § 5 angesehen werden, selbst wenn die Voraussetzungen für die Zulassung nicht vorlagen.[3203]

1081 **2. Beispiele. Akademie.** Die Bezeichnung **„Business-Akademie"** für ein Unternehmen, das Weiterbildung in den Bereichen „Musik, Medien, Events und Kultur" anbietet, erweckt nicht den Eindruck, das Unternehmen sei eine behördlich anerkannte Ausbildungsstätte.[3204]

1082 **Apotheke.** Nach § 1 Abs. 2 des Gesetzes über das Apothekenwesen (Apothekengesetz) bedarf eine Erlaubnis, wer eine Apotheke betreiben will. Bezeichnet der Unternehmer sein Geschäft als „Apotheke", ohne über die erforderliche Erlaubnis zu verfügen, kann darin eine relevante Täuschung des Verkehrs liegen,[3205] denn dieser legt bei der Arzneimittelabgabe Wert auf Sicherheit und häufig auch auf ergänzende Beratung und Information;[3206] dem trägt das Zulassungserfordernis Rechnung. Eine ausländische Versandapotheke darf nicht den Eindruck erwecken, in Deutschland ansässig zu sein.[3207]

[3199] BGH GRUR 2000, 73 – Tierheilpraktiker.

[3200] Vgl. *Kollmann* GRUR 2004, 6 ff.

[3201] BGH GRUR 2012, 215 Rn. 19 – Zertifizierter Testamentsvollstrecker.

[3202] BGH GRUR 2012, 215 Rn. 13 – Zertifizierter Testamentsvollstrecker.

[3203] Ebenso im Ergebnis, aber mit anderer Begr. BGH GRUR 2000, 73 – Tierheilpraktiker: Fehlvorstellung über das Erfordernis einer nicht bestehenden Erlaubnispflicht unbeachtlich; OLG Zweibrücken OLGR Zweibrücken 2005, 759 f.: Führung der Bezeichnung „Bestattermeister" durch eine Person nicht zu beanstanden, die diesen Titel nur im Rahmen einer Fortbildungsmaßnahme iSv § 42 Abs. 1 HWO, jedoch im Einklang mit den hierzu von der zuständigen Handwerkskammer erlassenen Rechtsvorschriften erworben hat. BGH GRUR 1998, 1043 (1044) – GS-Zeichen: Werbung mit GS-Zeichen begründet die Erwartung, dass das Produkt keine zum Widerruf der Erteilung des Zeichens führenden Mängel aufweist.

[3204] OLG Düsseldorf 9.7.2002 – I-20 U 154/01, BeckRS 9998, 19075.

[3205] OLG Stuttgart WRP 2009, 1580: Die Werbung mit „Ihre 24h Internet Tierapotheke" ist irreführend, weil ein nicht zu vernachlässigender Teil des Verkehrs annehmen wird, er habe es mit einer zugelassenen Apotheke zu tun.

[3206] Vgl. BVerfG NJW 2003, 1027 (1029).

[3207] Vgl. BGH WRP 2013, 479 – Pharmazeutische Beratung über Call-Center; OLG Stuttgart WRP 2011, 644.

„Architekt". → § 5 Rn. 928. 1083

„Arzt". Zur Ausübung einer Tätigkeit als Arzt sind Personen nur nach den für diesen Beruf geltenden Vorschriften befugt. IdR setzt das eine Approbation als Arzt voraus (§ 2 Abs. 1 BÄrzteO, § 1 ZHG). Wer sich als „Arzt" bezeichnet, ohne die entspr. Voraussetzungen zu erfüllen, täuscht den Verkehr in relevanter Weise. Lässt sich eine Zahnärztin in einem Telefonbuch unter der Rubrik „Zahnärzte für Kieferorthopädie" eintragen, so kann dies irreführend sein, wenn die Zahnärztin zwar im Bereich der Kieferorthopädie tätig, aber nicht berechtigt ist, die Gebietsbezeichnung „Fachzahnärztin für Kieferorthopädie" zu führen.[3208] Zum **Doktortitel** näher → § 5 Rn. 915 ff. 1084

„Bank", „Bankier". Diese Begriffe oder eine Bezeichnung, in der das Wort „Bank" oder „Bankier" enthalten ist, dürfen abgesehen von best. Ausnahmen für Altfälle nach § 39 Abs. 1 KWG in der Firma, als Zusatz zu ihr, zur Bezeichnung des Geschäftszwecks oder zu Werbezwecken nur Kreditinstitute führen, die eine Erlaubnis nach § 32 KWG besitzen, oder Zweigniederlassungen von Unternehmen nach § 53b Abs. 1 S. 1 und 2 oder Abs. 7 KWG sowie Unternehmen, die bei In-Krafttreten des KWG eine solche Bezeichnung befugter Weise geführt haben. Der Verkehr nimmt daher, wenn sich aus der jeweiligen Werbesituation nichts anderes ergibt, an, dass sich hinter einem mit diesen Begriffen werbenden Unternehmen auch ein „Bankier" in diesem Sinne verbirgt. Der Irrtum hierüber ist für ihn relevant, weil er mit der Zulassung Vorstellungen geprüfter Zuverlässigkeit und finanzieller Sicherheit verbindet. 1085

Buchhaltung. Die in § 6 Nr. 4 StBerG bezeichneten Personen sind nach § 8 Abs. 4 S. 3 StBerG in der ab 12.4.2008 geltenden Fassung berechtigt, sich als Buchhalter zu bezeichnen.[3209] Sie dürfen auch andere Bezeichnungen verwenden und in sonstiger Weise auf ihre Befugnis zur Hilfsleistung hinweisen, die Verwendung derartiger Hinweise oder Bezeichnungen darf jedoch nicht gegen das UWG verstoßen und insbesondere nicht irreführend iSd § 5 UWG sein.[3210] Die in § 6 Nr. 3 und 4 StBerG bezeichneten Personen sind auch nicht verpflichtet, die von ihnen angebotenen Tätigkeiten im Einzelnen aufzuführen, wenn sie auf ihre Befugnisse zur Hilfeleistung in Steuersachen hinweisen und sich als Buchhalter bezeichnen oder unter Verwendung von Begriffen wie „Buchhaltungsservice" werben. Sie müssen aber eine durch solche Angaben hervorgerufene Gefahr der Irreführung des angesprochenen Verkehrs über die von ihnen angebotene Tätigkeit auf andere Weise ausräumen.[3211] Auch → § 5 Rn. 131 **und → § 5 Rn. 388** sowie unten zum Stichwort **„Steuerberater".** 1086

„Diplom". Der Begriff weist im Allgemeinen nicht auf eine Zulassung, sondern darauf hin, dass die Person, die diese Berufsbezeichnung führt, über eine entsprechende, durch eine akademische Hochschulausbildung erworbene Qualifikation verfügt, näher → § 5 Rn. 923. 1087

Glücksspiele. Nach dem 9. Erw.grd. der UGP-Richtlinie sind von ihrem Anwendungsbereich nationale Vorschriften ausgenommen, die sich im Einklang mit dem Unionsrecht auf Glücksspiele beziehen. Letzteres hat die Rechtsprechung bei § 284 StGB[3212] und § 4 GlüStV (2008) bejaht.[3213] Die Erlaubnispflicht dient ua dazu, durch staatliche Kontrolle einen geregelten Spielbetrieb zu gewährleisten und einer übermäßigen Ausnutzung der 1088

[3208] OLG Karlsruhe OLGR Karlsruhe 2009, 750.

[3209] BGH WRP 2015, 1102 Rn. 30 – Mobiler Buchhaltungsservice.

[3210] BGH WRP 2015, 1102 Rn. 30 – Mobiler Buchhaltungsservice.

[3211] BGH WRP 2015, 1102 Rn. 30 – Mobiler Buchhaltungsservice; OLG Jena GRUR-RR 2009, 149 (150 ff.); OLG Brandenburg GRUR-RR 2009, 152 (153); DstR 2010, 2215 f.

[3212] BGH MMR 2010, 547 – Internet-Sportwetten vor 2008.

[3213] BGH WRP 2012, 201 Rn. 30, 33 ff. – Sportwetten im Internet II: Der Glücksspielstaatsvertrag und insbesondere § 4 GlüStV stehen formell und materiell mit dem Verfassungsrecht und dem Unionsrecht in Einklang. Der EuGH (C-98/14, EU:C:2015:386 Rn. 56 ff., 63 mwN – Berlington Hungary ua) geht davon aus, dass ein staatliches Glücksspielmonopol aufgrund zwingender Gründe des Allgemeininteresses zulässig sein kann, allerdings nur, wenn die Regelung dazu beiträgt, die Spieltätigkeit in kohärenter und systematischer Weise zu begrenzen; die Beurteilung im Einzelfall war den nationalen Gerichten überlassen worden.

Spielsucht entgegen zu wirken.[3214] Wenn Glücksspiele ohne die erforderliche Erlaubnis betrieben werden, kommt nicht nur ein Rechtsbruch nach § 3a in Betracht,[3215] sondern der Verkehr kann auch in relevanter Weise darüber irregeführt werden, dass der Unternehmer über eine entsprechende Erlaubnis verfügt.[3216] Es kann aber umgekehrt auch die Bezeichnung einer Spielhalle, die dem Verbraucher suggeriert, dass die üblichen Beschränkungen für Spielhallen nicht gelten, mit einer Anreizwirkung für den Verbraucher verbunden und als unzulässigen Irreführung zu qualifizierten sein.[3217] Für die Bezeichnung **„Casino"** wurde dies vom LG Frankfurt a. M. verneint.[3218]

1089 **Fahrlehrer.** Wer Personen ausbildet, die eine Erlaubnis zum Führen von Kraftfahrzeugen nach § 2 des Straßenverkehrsgesetzes erwerben wollen (Fahrschüler), bedarf nach § 1 FahrlehrerG der Fahrlehrerlaubnis. Spiegelt der Unternehmer wahrheitswidrig deren Vorliegen vor, kann darin eine relevante Täuschung liegen. Dem Verkehr ist bewusst, dass die Erlaubnispflicht ua dem Schutz von Leben und Gesundheit der Fahrschüler dient;[3219] er wird sich daher im Allgemeinen nur an zugelassene Unternehmen wenden wollen.

Handwerk. Unter den in § 1 Abs. 2 Handwerksordnung geregelten Voraussetzungen bedarf der Betrieb eines Handwerks als Gewerbe der Zulassung. Darüber hinaus sind Zulassungserfordernisse anderer Gesetze zu beachten. Wer mit handwerklichen Begriffen, Bezeichnungen oder Hinweisen wirbt, die auf ein Handwerk hindeuten und geeignet sind, den Verkehr in relevanter Weise über die Zulassung des Werbenden zu täuschen, handelt unlauter im Sinne von § 5. Eine der HandwO unterliegende handwerkliche Tätigkeit setzt voraus, dass es sich um wesentliche Handwerkstätigkeiten handelt, die den Kernbereich eines Handwerks ausmachen und ihm sein essentielles Gepräge geben; sonst liegt nur ein Minderhandwerk vor, das der HandwO nicht unterliegt.[3220] Nicht als Handwerk sind Tätigkeiten einzuordnen, die ohne die in handwerklicher Schulung erworbenen Kenntnisse und Fähigkeiten einwandfrei und gefahrlos ausgeübt werden können.[3221] Nur wenn die beworbene handwerkliche Tätigkeit einem Handwerksbetrieb im Sinne von § 1 Abs. 1 HandwO vorbehalten ist, ist eine irreführende Berühmung besonderer handwerklicher Tätigkeiten nach § 5 unzulässig.[3222]

1090 **„Heilpraktiker".** Wer die Heilkunde ausüben will, ohne als Arzt bestellt zu sein, bedarf nach § 1 HeilprG der Erlaubnis. Dies dient dem Schutz der Volksgesundheit.[3223] Wer sich als „Heilpraktiker" bezeichnet, ohne über die erforderliche Erlaubnis zu verfügen, kann den Verkehr dadurch in relevanter Weise irre führen, denn der Verbraucher verbindet mit der Zulassung eine bes. Fachkunde der betr. Person, die aus seiner Sicht bei nicht zugelassenen Unternehmern nicht in gleicher Weise gewährleistet ist; näher → § 5 Rn. 1071.

1091 **Investment, Kapitalanlagegesellschaft.** Der Betrieb einer Kapitalanlagegesellschaft bedarf nach § 7 Abs. 1 InvG der Erlaubnis. Kapitalanlagegesellschaften sind gemäß § 6 Abs. 1 InvG Unternehmen, deren Geschäftsbereich darauf gerichtet ist, inländische Investmentvermögen iSd § 1 S. 1 Nr. 1 InvG zu verwalten und Dienstleistungen oder Nebendienstleistungen nach § 7 Abs. 2 InvG zu erbringen. Die Verwendung der Bezeichnungen „Kapitalanlagegesellschaft", „Investmentfonds" bzw. „Investmentgesellschaft" alleine oder

---

3214 BGH GRUR 2002, 269 (270) – Sportwetten.

3215 BGH WRP 2012, 201 Rn. 19 ff. – Sportwetten im Internet II.

3216 LG Köln 25.2.2010 – 81 O 126/09, BeckRS 2010, 12874; LG Hamburg 19.12.2008 – 408 O 178/07, BeckRS 2009, 13216.

3217 OVG Münster 15.10.2015 – 4 B 822/15 BeckRS 2015, 54026.

3218 LG Frankfurt a. M. 10.12.2007 – 3-11 O 149/07, DE:LGFFM:2007:1210.3.3110149.07.0A; zweifelnd OVG Münster 15.10.2015 – 4 B 822/15 BeckRS 2015, 54026.

3219 Vgl. BGH GRUR 1991, 768 – Fahrschulunterricht.

3220 BGH GRUR 1992, 123 (124) – Kachelofenbauer II; OLG Jena NJW-RR 2009, 975; OLG Frankfurt a. M. GewArch 2010, 458 mit Anm. *Peifer* GewArch 2010, 459; LG Arnsberg WRP 2011, 937 ff.

3221 BGH GRUR 2001, 352 (354) – Kompressionsstrümpfe.

3222 Vgl. BGH GRUR 1989, 432 (433) – Kachelofenbauer I; GRUR 1992, 123, 124 – Kachelofenbauer II; OLG Dresden WRP 1995, 731; OLG Zweibrücken WRP 1997, 795 (797).

3223 BVerfG NJW 2000, 2736.

in Zusammensetzung mit anderen Wörtern ist nach § 3 InvG den dort genannten Gesellschaften vorbehalten. Ihre unbefugte Verwendung durch andere Gesellschaften kann geeignet sein, den Verkehr in relevanter Weise zu täuschen, weil dieser mit der erteilten Erlaubnis Vorstellungen von Seriosität, Zuverlässigkeit und Überwachung verbindet. **§ 4 Abs. 1 InvG** hält in Form eines speziellen Irreführungsverbots fest, dass die Bezeichnung eines Investmentfonds oder der InvestmentAG nicht irreführen darf.

„Mediator". Als solcher darf sich gemäß § 7a BORA bezeichnen, wer durch geeignete Ausbildung nachweisen kann, dass er die Grundsätze des Mediationsverfahrens beherrscht. 1092
§ 2 Abs. 3 Nr. 4 RDG nimmt die Mediation und alle vergleichbaren Formen der alternativen Streitbeilegung ausdrücklich vom Begriff der Rechtsdienstleistung aus, sofern die Tätigkeit nicht durch rechtliche Regelungsvorschläge in die Gespräche der Beteiligten eingreift. Die von einem Rechtsanwalt im Briefkopf geführte Bezeichnung „Mediator" ist nicht zu beanstanden, wenn der Anwalt über eine entsprechende Zusatzausbildung verfügt.[3224] S. auch unter „Rechtsbesorgung", → § 5 Rn. 1099.

„Meister". Darunter versteht man den nach den Bestimmungen der Handwerksordnung erlangten Meistertitel. An ihn können sich Vorstellungen besonderer Kompetenz knüpfen. In der Bezeichnung einer Person als „Meister", die nicht über diesen Titel verfügt, kann daher eine Irreführung liegen. Entscheidend ist der konkrete Gebrauch; Zusätze sind zu beachten. So ist die Führung des Titels **„Bestattermeister"** nicht ohne Weiteres irreführend, wenn der Titel (nur) im Rahmen einer Fortbildungsmaßnahme iSv § 42 Abs. 1 HWO, jedoch im Einklang mit den hierzu von der zuständigen Handwerkskammer erlassenen Rechtsvorschriften erworben wurde.[3225] 1093

„Notar". Als Notar darf nur tätig werden, wer nach den geltenden Vorschriften hierzu bestellt wurde (§§ 1 ff. BNotO). An den Begriff knüpfen sich Vorstellungen besonderer Seriosität, Fachkunde und Überwachung. 1094

„Optiker". Die Berufsausbildung zum Optiker ist in der AugOptAusbVO geregelt. Einer besonderen Zulassung bedarf der Optiker nicht. Für die berührungslose Augeninnendruckmessung (Tonometrie) bedarf der Optiker, der die Kunden zuvor darauf hinweist, dass nur eine Untersuchung durch den Augenarzt zuverlässig einen krankhaften Befund ausschließen kann, schon keiner Zulassung nach § 1 HeilprG.[3226] 1095

Personenbeförderung. Die entgeltliche oder geschäftsmäßige Personenbeförderung mit Straßenbahnen, Obussen, Kraftfahrzeugen im Linien- oder Gelegenheitsverkehr bedarf gemäß § 2 PBefG der Genehmigung. Werden derartige Leistungen ohne entspr. Genehmigung angeboten, kann darin eine relevante Täuschung des Verkehrs liegen, der aus dem Betrieb auf die erforderliche Genehmigung schließt. Die Relevanz der Fehlvorstellung ist vor dem Hintergrund von an die Zulassung geknüpften Sicherheits- und Zuverlässigkeitsvorstellungen zu sehen.[3227] 1096

„Podologe". Wer die Berufsbezeichnung „Podologin" oder „Podologe" bzw. **„Medizinische Fußpflegerin"** oder „Medizinischer Fußpfleger" führen will, bedarf nach § 1 Podologengesetz[3228] der Erlaubnis. Die in § 1 PodG geregelte Erlaubnispflicht gilt nur im Hinblick auf die Führung dieser konkreten Berufsbezeichnung und verbietet nicht die Werbung für rechtlich erlaubnisfreie Tätigkeiten einer medizinischen Fußpflege mit dem Namen und dem Zusatz „medizinische Fußpflege".[3229] Der BGH hat mit Blick auf die Berufsfreiheit in der Entscheidung **„Medizinische Fußpflege"** ein Verbot der Werbung für die erlaubnisfreie Tätigkeit einer medizinischen Fußpflege mit dem Tätigkeitszusatz „medizinische Fußpflege" als unverhältnismäßig angesehen.[3230] 1097

[3224] BGH NJW 2002, 2948 – Zertifizierter Testamentsvollstrecker.
[3225] OLG Zweibrücken OLGR Zweibrücken 2005, 759.
[3226] Vgl. BVerfG NJW 2000, 2736 (2737) – Tonometrie und Perimetrie durch Optiker.
[3227] Vgl. § 13 Abs. 1 Nr. 1, Nr. 3 PBefG.
[3228] BGBl. 2001 I S. 3320.
[3229] BGH GRUR 2013, 1252 Rn. 13 – Medizinische Fußpflege.
[3230] BGH GRUR 2013, 1252 Rn. 13 – Medizinische Fußpflege.

1098 **„Rechtsanwalt".** Rechtsanwälte müssen nach § 4 BRAO zur Anwaltschaft zugelassen worden sein. S. auch unter „Rechtsbesorgung" → § 5 Rn. 1099. Die Werbung mit „Prädikatsanwalt" kann irreführend sein, wenn der unzutreffende Eindruck erweckt wird, dass die praktische Tätigkeit des Anwalts bestimmte qualitative Anforderungen erfüllt, die vom Vermittlungsservice auch überprüft werden.[3231] S. auch unten **„Treuhand"**, → § 5 Rn. 1104.

1099 **Rechtsbesorgung.** Die selbständige Erbringung außergerichtlicher Rechtsdienstleistungen ist nach § 3 **RDG** nur in dem Umfang zulässig, in dem sie durch das RDG oder aufgrund anderer Gesetze erlaubt wird. Ein Verstoß ist nach § 3a UWG iVm § 3 RDG unlauter. Die Vollharmonisierung durch die UGP-Richtlinie steht nicht entgegen, denn nach Art. 3 Abs. 8 bleiben alle spezifischen Integritätsstandards gewährleistet, die die Mitgliedstaaten den in dem Beruf tätigen Personen nach Maßgabe des Gemeinschaftsrechts auferlegen können. Dementsprechend ist die Anwendung des UWG auf berufsrechtliche Bestimmungen, die das Marktverhalten in gemeinschaftsrechtskonformer Weise regeln, auch nach Umsetzung der UGP-RL weiter zulässig.[3232] Neben § 3a bleibt § 5 anwendbar. Verbraucher verknüpfen mit einer Befugnis zur Rechtsbesorgung häufig die Vorstellung von Qualität und Fachkunde. Unwahre oder täuschende Angaben über eine tatsächlich nicht vorliegende Erlaubnis können mithin geeignet sein, den Verbraucher **in relevanter Weise irrezuführen.** Wer durch seine Werbung für eine „Finanz-Sanierung" beim Durchschnittsverbraucher den Eindruck erweckt, er sei berechtigt und in der Lage, für seine Kunden umfassende Finanz-Sanierungen durchzuführen, obwohl er **zur Rechtsberatung nicht berechtigt** ist, sondern sich selbst eines Rechtsberaters bedienen muss, wirbt relevant irreführend.[3233] Die geschäftsmäßig betriebene **Mediation** (vgl. § 7a BORA) wurde als Rechtsbesorgung iSv § 1 RBerG angesehen,[3234] erfüllt unter den in § 2 Abs. 3 Ziff. 4 RDG genannten Voraussetzungen nach neuem Recht hingegen nicht mehr den Begriff der Rechtsdienstleistung. In der Werbung eines Unternehmens, das keine zugelassene Stelle für **Verbraucherinsolvenzen** nach § 305 InsO war und keine Erlaubnis nach dem Rechtsberatungsgesetz besaß, in einem Angebot zur Finanz- und Wirtschaftsberatung mit **„Entschuldungsmöglichkeiten"** wurde ein Verstoß gegen § 5 UWG gesehen.[3235] Demgegenüber wurde die Beratung über **Fördermittel der öffentlichen Hand** schon nach altem Recht nicht als Rechtsberatung angesehen[3236] (s. jetzt § 5 Abs. 2 Ziff. 3 RDG). Der Verkehr entnimmt der Werbung eines Finanzdienstleisters mit einer **„Umschuldung"** idR nur, dass ein Kredit abgelöst werden soll; liegen keine Besonderheiten vor, wird der Begriff daher nicht im Sinne einer rechtsberatenden Tätigkeit aufgefasst werden.[3237] Die Übersendung einer Postwurfsendung eines **Mietervereins** an Mieter einer Wohnanlage, unter denen auch Nichtmitglieder des Vereins sind, mit konkreten Informationen zu einer möglichen Mietminderung und der Beifügung von Mustern, wurde schon unter der Geltung des RBerG nicht als „geschäftsmäßige Besorgung fremder Rechtsangelegenheiten einschließlich der Rechtsberatung" iSd § 1 Abs. 1 S. 1 RBerG angesehen.[3238] Die **Gemeinschaftswerbung** einer Unternehmensgruppe mit Stellenanzeigen, in der Informationen über die Leistungen der Unternehmen zusammen gefasst mitgeteilt werden, um geeignete Personen zu einer Kontaktaufnahme zu veranlassen, versteht der Verkehr im Allgemeinen nicht dahingehend, dass jedes der Mitglieder der Unternehmensgruppe auch alle in der Anzeige genannten Leistungen anbietet.[3239] Die Organisation einer **Anwalts-**

3231 OLG Nürnberg NJW-Spezial 2009, 558 (red. Ls., Kurzwiedergabe).

3232 BGH GRUR 2009, 1077 Rn. 21 – Finanz-Sanierung; GRUR 2011, 539 Rn. 23 – Rechtsberatung durch Lebensmittelchemiker; GRUR 2012, 79 Rn. 11 – Rechtsberatung durch Einzelhandelsverband.

3233 BGH GRUR 2009, 1077 Rn. 29 – Finanz-Sanierung.

3234 OLG Rostock BB 2001, 1869; LG Hamburg NJW-RR 2000, 1514; LG Leipzig NJW 2004, 3784.

3235 OLG Oldenburg GRUR 2006, 605.

3236 BGH GRUR 2005, 605 – Fördermittelberatung.

3237 OLG Hamburg GRUR-RR 2007, 20 (22).

3238 OLG Hamburg NJW 2005, 3431.

3239 BGH GRUR 2003, 540 – Stellenanzeige.

Hotline ist nur rechtsberatende Tätigkeit, wenn der Betreiber die Beratung als eigene Leistung anbietet; davon ist im Zweifel nicht auszugehen, sondern von einer bloßen Vermittlung des Vertragsschlusses mit dem jeweils beratenden Anwalt.[3240] Berufsmäßige **Betreuer** dürfen trotz der Gefahr einer Fehlvorstellung der Verbraucher, dass es sich um eine umfassende Rechtsberatung handelt, mit der im Gesetz (Überschrift zu §§ 1896 ff. BGB) vorgesehenen Angabe „Rechtliche Betreuung" jedenfalls dann werben, wenn in der Werbung gleichzeitig ein nicht auf die Erbringung einer umfassenden Rechtsberatung hindeutender Berufsabschluss mitgeteilt wird.[3241]

„Sparkasse", „Bausparkasse". Die Bezeichnung „Sparkasse" versteht der Durch- 1100
schnittsumworbene wegen §§ 32, 40 Abs. 1 KWG, nach denen nur öffentlich-rechtliche Sparkassen diese Bezeichnung in der Firma führen dürfen, die eine Erlaubnis nach § 32 KWG besitzen, oder andere Unternehmen, die bei In-Krafttreten der Neufassung des KWG vom 22.1.1996 eine solche Bezeichnung nach den bisherigen Vorschriften befugt geführt haben, idR in eben diesem Sinne. **„Bausparkasse"** versteht der Umworbene im Allgemeinen so, dass hinter dem Unternehmen ein Kreditinstitut iSd § 1 des Gesetzes über Bausparkassen steht (§ 40 Abs. 2 KWG). Als **„Spar- und Darlehenskasse"** betrachtet er idR eingetragene Genossenschaften, die einem Prüfungsverband angehören (§ 40 Abs. 2 KWG).

„Steuerberater", „Steuerbevollmächtigte". Zur Werbung der in **§ 6 Nr. 3 und 4** 1101
StBerG genannten Personen näher oben unter **„Buchhaltung"**, → § 5 Rn. 1086. Überschreitet der Steuerberater die Grenzen berufsrechtlich zulässiger Werbung, kommt ein Anspruch aus § 3a UWG iVm § 57a StBerG § 10 Abs. 2 BOStB in Betracht. Unabhängig davon darf die Werbung des Steuerberaters nicht irreführend sein.[3242] Die individuelle Betreuung ist selbstverständlicher Bestandteil einer Steuerberatung. Die Werbung mit „Bietet Ihnen ihr EKW-Steuerberater keine Standardlösungen, sondern individuelle Betreuung?" stellt aber dann keine irreführende Werbung mit Selbstverständlichkeiten dar, wenn sie im Kontext der Werbung zum Ausdruck bringt, dass der Steuerberatungsbedarf der einzelnen Tankstellenpächter im Zusammenhang mit dem EWK-Abrechnungssystem unterschiedlich sein kann, und im Hinblick darauf individuelle Lösungen in Aussicht stellt.[3243] Mit zusätzlichen Nebenleistungen wie einem Abhol- und Bringdienst für die Buchführung darf der Steuerberater werben.[3244] Steuerberater müssen gemäß §§ 32 ff. StBerG als solche bestellt werden. Gehört einer Kanzlei kein Steuerberater an, darf die Kanzlei nicht als **„Anwalts- und Steuerkanzlei"** bezeichnet werden.[3245] Die Täuschungseignung bzw. die Relevanz kann aber entfallen, wenn auf dem Briefbogen die Kanzleimitglieder und deren berufliche Qualifikation im Einzelnen aufgeführt werden.[3246] Die Werbung eines Lohnsteuerhilfevereins darf nicht den unrichtigen Eindruck erwecken, dass der Verein auch Nichtmitglieder betreue, die Beratungsbefugnis unumschränkt bestehe und nicht auf bestimmte Einkunftsarten beschränkt sei;[3247] weist ein **Lohnsteuerhilfeverein** in einer Werbeanzeige aber nur auf sein Bestehen hin, so muss er nicht zugleich erklären, dass eine Beratung nur im Rahmen einer Mitgliedschaft bei ihm möglich und er auch lediglich in eingeschränktem Umfang zur geschäftsmäßigen Hilfeleistung in Steuersachen befugt ist.[3248] Das Führen der Domain **„www.steuererklärung.de"** durch einen Lohnsteuerhilfeverein hat das OLG Nürnberg als irreführend angesehen, weil der Verein dadurch den Eindruck erweckt, dass er umfassend Steuererklärungen anfertigen darf, mithin

[3240] BGH GRUR 2003, 349 (351) – Anwaltshotline.
[3241] OLG Frankfurt a. M. BtPrax 2010, 239.
[3242] Vgl. BGH GRUR 2010, 349 Rn. 40 – EKW-Steuerberater; GRUR 2011, 535 – Lohnsteuerhilfeverein Preußen.
[3243] BGH GRUR 2010, 349 Rn. 13 – EKW-Steuerberater mit Anm. *Kleine-Cosack* NJW 2010, 1921 ff.
[3244] BGH GRUR 2010, 349 Rn. 15 – EWK-Steuerberater.
[3245] BGH NJW 2001, 3193 (3194) – Anwalts- und Steuerkanzlei.
[3246] Vgl. BGH NJW 2001, 3193 (3194) – Anwalts- und Steuerkanzlei.
[3247] BGH GRUR 2008, 186 Rn. 27 ff. – Telefonaktion.
[3248] BGH GRUR 2011, 535 Ls. – Lohnsteuerhilfeverein Preußen.

auch für Einkunftsarten, für die er in Wirklichkeit keine Berechtigung besitzt.[3249] Auch → § 5 Rn. 131 **und → § 5 Rn. 388.**

1102 **Testamentsvollstrecker.** Die Tätigkeit des **Testamentsvollstreckers** ist keine erlaubnispflichtige Tätigkeit.[3250] Wer sich aber als „zertifizierter Testamentsvollstrecker" bezeichnet, erweckt den Eindruck, nicht nur über besondere Kenntnisse, sondern auch über praktische Erfahrung auf diesem Gebiet zu verfügen.[3251]

1103 **„Tierheilpraktiker".** Bei dem Begriff des Heilpraktikers handelt es sich nicht um eine geschützte Berufsbezeichnung. Personen, die – ohne Arzt zu sein – bei der Behandlung von Tieren Naturheilverfahren anwenden und eine entspr. Ausbildung abgeleistet haben, werben daher nicht irreführend, wenn sie sich als „Tierheilpraktiker" bezeichnen.[3252]

1104 **„Treuhand".** Da die Treuhandtätigkeit seit jeher zum Berufsbild der Rechtsanwälte gehört, kann eine untergeordnete Treuhandtätigkeit auch ohne eine ausdrückliche gesetzliche Gestattung Unternehmensgegenstand einer Rechtsanwaltsgesellschaft sein.[3253]

1105 **Verbraucherinsolvenz.** In der Werbung eines Unternehmens, das keine zugelassene Stelle für Verbraucherinsolvenzen nach § 305 InsO war und keine Erlaubnis nach dem Rechtsberatungsgesetz besaß, in einem Angebot zur Finanz- und Wirtschaftsberatung mit **„Entschuldungsmöglichkeiten"** hat das OLG Oldenburg einen Verstoß gegen § 5 gesehen.[3254]

1106 **„Versicherungsberater".** Die Bezeichnung „(Vorsorge- und) Versicherungsberater" war im Jahr 2005 weder durch das RBerG noch durch ein anderes Gesetz geschützt und, soweit sie für Mitarbeiter einer Versicherung verwendet wurde, auch nicht irreführend.[3255]

1107 **„Volksbank".** Diese oder eine Bezeichnung, in der dieses Wort enthalten ist, dürfen nur Kreditinstitute neu aufnehmen, die in der Rechtsform einer eingetragenen Genossenschaft betrieben werden und einem Prüfungsverband angehören (§ 39 Abs. 2 KWG). Der Verbraucher verbindet mit der Zulassung die Vorstellung besonderer Zuverlässigkeit und Überwachung. IdR irreführend handeln deshalb Unternehmen anderer Rechtsform, die ohne eine entsprechende Erlaubnis Volksbankgeschäfte betreiben.

1108 Zu **Aussagen und Symbolen,** die sich auf eine **Zulassung** des Unternehmers oder der Waren oder Dienstleistungen beziehen, näher → § 5 Rn. 692 ff.

VII. Mitgliedschaften oder Beziehungen des Unternehmers

Schrifttum: *Heermann,* Ambush-Marketing anlässlich Sportgroßveranstaltungen – Erscheinungsformen, wettbewerbsrechtliche Bewertung, Gegenmaßnahmen, GRUR 2006, 359; *Herb,* Spezialisierungshinweise und irreführende Werbung nicht markenbezogener Reparaturwerkstätten, WRP 1991, 699; *Huth,* Auffassungswandel beim Firmenzusatz „deutsch"?, GRUR 1965, 290; *Nassal,* Irreführung im Kfz-Handel („Ford-Vertragspartner"), jurisPR-BGHZivilR 20/2011 Anm. 2; *Niebling,* Werkstätten als Vertragspartner oder scheinbare Vertragshändler, WRP 2011, 1416; *v. Olenhusen,* Das „Institut" im Wettbewerbs-, Firmen-, Standes-, Namens- und Markenrecht, WRP 1996, 1079; *P. Ulmer,* Wettbewerbsrechtliche Schranken für die Händlerwerbung mit bekannten Herstellermarken?, WRP 1987, 299.

1109 **1. Allgemein. a) Abgrenzung.** Eine geschäftliche Handlung ist gemäß § 5 Abs. 1 S. 2 Nr. 3 irreführend, wenn sie in Bezug auf die Mitgliedschaften oder Beziehungen des Unternehmers in relevanter Weise unwahre oder täuschende Angaben enthält. Der Bezugspunkt wurde in Umsetzung von Art. 6 Abs. 1 lit. f Richtlinie unlautere Geschäftspraktiken neu in § 5 Abs. 1 S. 2 eingefügt, der die gleichen Begriffe verwendet. In der engl. bzw. frz. Richtlinienfassung ist von „affiliation or connection" bzw. „son affiliation ou ses liens" die

---

[3249] OLG Nürnberg GRUR 2002, 460 (461) – steuererklärung.de; vgl. auch LG Leipzig MD 2003, 1074 (1078).

[3250] BGH GRUR 2005, 355 (356) – Testamentsvollstreckung durch Steuerberater; BGH GRUR 2005, 353 (354 f.) – Testamentsvollstreckung durch Banken.

[3251] BGH GRUR 2012, 215 Rn. 16 – Zertifizierter Testamentsvollstrecker.

[3252] BGH GRUR 2000, 73 (74) – Tierheilpraktiker.

[3253] BGH GRUR 2016, 202 Ls. 2. – Treuhandgesellschaft.

[3254] OLG Oldenburg GRUR 2006, 605.

[3255] BGH GRUR 2009, 970, Ls. – Versicherungsberater.

Rede; ohnehin handelt es sich nur um einen der nicht abschließenden Beispielsfälle für die Irreführung über die Person, die Eigenschaften oder die Rechte des Gewerbetreibenden bzw. seines Vertreters. Schon bislang war anerkannt, dass täuschende Angaben über Mitgliedschaften oder Beziehungen eine Irreführung begründen können. Auch Negativangaben unterfallen § 5, so die falsche oder täuschende Angabe, nicht zu einem bestimmten Konzern zu gehören.[3256]

Unterlässt der Unternehmer Angaben über seine Beziehungen zu anderen Unterneh- 1110
men, kann § 5a einschlägig sein. So wird nach § 5a Abs. 4 iVm Art. 12 RL 2002/92/EG über Versicherungsvermittlungen die Wesentlichkeit der Information, dass der **Versicherungsvermittler** vertraglich verpflichtet ist, Versicherungsvermittlungsgeschäfte ausschließlich mit einem oder mehreren Versicherungsunternehmen zu tätigen, von Gesetzes wegen vermutet; zu der sich daraus ergebenden Informationspflicht näher → § **5a** Rn. **201.**

Mitgliedschaften oder Beziehungen können die Identität oder den Status des Unterneh- 1111
mers beeinflussen; dann kommt eine Irreführung auch im Hinblick auf diese Bezugspunkte in Betracht. Bislang ging die Rechtsprechung davon aus, dass § 5 auf derartige Irrtümer nur unter Beachtung des **Vorrangs des Kennzeichenrechts** anwendbar sei. Dies kann nach neuem Recht nicht mehr gelten, **näher → § 5 Rn. 1278 ff.** Für die **vergleichende Werbung** hat der EuGH entschieden, dass die Benutzung fremder Kennzeichen keinen falschen Eindruck über die Beziehungen zwischen dem Werbenden und dem Zeicheninhaber erwecken darf.[3257]

b) Mitgliedschaften oder Beziehungen. Unter der **„Mitgliedschaft"** iSd § 5 Abs. 1 1112
S. 2 Nr. 3 ist die mit Rechten und Pflichten verbundene Stellung des Unternehmers in einem Verband zu verstehen. Dazu gehören auch „gemittelte Mitgliedschaften" dergestalt, dass der Unternehmer Mitglied eines Verbandes ist, dem wiederum die Mitgliedschaft in einem anderen Verband zusteht. Darüber hinaus werden auch alle anderen **Beziehungen** des Unternehmers erfasst, also seine geschäftlichen Verbindungen.

c) Unwahre oder zur Täuschung geeignete Angabe. Darunter fallen alle Informa- 1113
tionen über Mitgliedschaften oder Beziehungen, die nicht den objektiven Tatsachen entsprechen oder geeignet sind, den Verkehr zu täuschen. Sowohl durch unmittelbare als auch durch konkludente Angaben lässt sich täuschen. So kann die Benutzung fremder **Kennzeichen** den Eindruck von Verbindungen zum Kennzeicheninhaber erwecken. Ist ein Rechtsanwalt aus der Kanzlei ausgeschieden, darf sein Name im Briefkopf nicht mehr ohne entspr. Hinweis als Partner aufgeführt werden. Die Verwendung fremder Marken kann beim Verkehr die Vorstellung hervorrufen, der Benutzer sei **Kommissionär, Handelsvertreter, Vertriebspartner** oÄ dieses Unternehmens. In der Bezeichnung einer Software zur Lohn- und Gehaltsabrechnung, die ua der Übermittlung von Daten zwischen Arbeitgebern und gesetzlichen Krankenkassen dient, unter der Bezeichnung „Praxis Aktuell Lohn & Gehalt", die wegen des **Zeitschriftentitel eines Publikationsorgans der AOK** „Praxis Aktuell" bei den angesprochenen Verkehrskreisen den Eindruck erwecke, es handele sich bei der Software um ein von der AOK oder in enger Zusammenarbeit mit ihr hergestelltes Produkt das schon deshalb für die Kommunikation der Arbeitgeber mit der AOK besonders geeignet sei, liegt nach Auffassung des BGH keine wettbewerbsrechtlich relevante Irreführung gemäß § 5 Abs. 1 S. 2 Nr. 3, sondern nach § 5 Abs. 1 S. 2 Nr. 1 UWG.[3258] Auch unwahre oder täuschende Angaben über die Art oder die Intensität von Mitgliedschaften oder Beziehungen können den Verkehr irreführen.

d) Relevanz. Angaben über Mitgliedschaften und Beziehungen des Unternehmers 1114
können das Verhalten des Verkehrs aus unterschiedlichen Gründen beeinflussen. Das

[3256] Vgl. LG Darmstadt 18.11.2010 – 16 O 284/10, DE:LEDARMS:2010:1118.160284.10.0A.
[3257] EuGH C-112/99, GRUR 2002, 354 (356) – Toshiba; GRUR 2006, 345 (346) – Siemens/VIPA.
[3258] BGH GRUR 2011, 85 Rn. 14 – Praxis aktuell; anders die Vorinstanz OLG Hamburg MarkenR 2008, 282 – Praxis aktuell: Irreführung nach § 5 Abs. 2 Nr. 3 UWG 2004, § 5 Abs. 1 S. 2 Nr. 3 UWG 2008.

Wissen um eine Beteiligung des Kreditvermittlers an bestimmten kreditgebenden Unternehmen kann den Ausschlag dafür geben, einen anderen **(unabhängigen)** Vermittler zu beauftragen. Von einem Händler, der vertraglich in das Vertriebsnetz eines Automobilherstellers eingebunden ist, erwartet der Verkehr ein besonders **geschultes Fachpersonal,** mithin eine besondere **Qualität** bei der Beratung, beim Service und bei Werkstattleistungen.[3259] Zudem liegt es nicht fern, dass sich die Verbraucher von einem **Vertragshändler** eine besondere Nähe zum Hersteller und damit bessere tatsächliche und rechtliche Möglichkeiten bei der Regelung von **Garantie- und Kulanzfällen** versprechen als bei einem Betrieb, der mit dem Hersteller lediglich als Servicepartner verbunden ist.[3260] Der Hinweis des Rechtsanwalts auf eine Vielzahl zufriedener (tatsächlich nicht existierender) Geschäftspartner kann den Ausschlag geben, ihm als vermeintlich **Fachkundigerem** den Fall zu übertragen. Beziehungen zum Staat fasst der Verkehr oft iS einer besonderen **Zuverlässigkeit** und **Autorität** auf. Auch vermeintliche Beziehungen zu (quasi) öffentlichen Institutionen wie der AOK können vertrauensschaffende Umstände sein. So hat das OLG Hamburg die Relevanz der vom Gericht in der Verwendung des Titels eines ihrer Publikationsorgane als Bestandteil der Bezeichnung einer Software zur Übermittlung von Daten zwischen Arbeitgebern und gesetzlichen Krankenkassen erkannten Täuschung des Verkehrs darin gesehen, dass sich der Unternehmer das in die AOK gesetzte **besondere Vertrauen** des Verkehrs zu Nutze mache.[3261] Irrelevant sind demgegenüber Fehlvorstellungen über Umstände, die für die geschäftliche Entscheidung des Verkehrs keine Rolle spielen. Dazu kann der Irrtum des Verbrauchers gehören, der Unternehmer sei selbst Mitglied eines Verbandes, während er tatsächlich nur Mitglied eines Mitglieds des Verbandes ist.[3262]

1115 **2. Beispiele. „Abteilung".** Wer mit dem Begriff **„Opel-Kunden"** und **„Abt. Opel"** wirbt, kann dadurch den irrigen Eindruck hervorrufen, ein Opel-Händler oder eine autorisierte Opel-Werkstatt zu sein.[3263]

1116 **„Akademie".** Der Begriff wird heute nicht mehr nur für staatliche, sondern auch für private Einrichtungen verwendet. Ob beim Verkehr der Eindruck entsteht, der Inhaber oder Träger der „Akademie" habe Beziehungen zum Staat, kommt deshalb immer auf die konkrete Verwendung an.[3264] Die Bezeichnung **„Akademie für praktische Betriebswirtschaft GmbH"** einer privaten Gesellschaft soll nach einer Entscheidung des OLG Bremen aus den 70ger Jahren den Eindruck von Beziehungen zur öffentlichen Hand erwecken.[3265] Demgegenüber soll der Verkehr erkennen, dass sich hinter der Bezeichnung **„Manager-Akademie"** ein privates Unternehmen verbirgt.[3266] Die Bezeichnung **„Business-Akademie"** für ein Unternehmen, das Weiterbildung in den Bereichen „Musik, Medien, Events und Kultur" anbietet, ist nicht deshalb irreführend, weil das bezeichnete Unternehmen keine öffentlich-rechtliche oder behördlich anerkannte Ausbildungsstätte ist und auch keine akademischen Strukturen hat.[3267]

1117 **Ambush-Marketing.** Dabei geht es um an den guten Ruf einer (Sport)Veranstaltung angelehnte Werbung von Unternehmen, die nicht als offizieller Sponsor fungieren.[3268] Ambush-Marketing kann den unrichtigen Eindruck hervorrufen, der Werbende stehe in einer **Sponsor-Beziehung** zu Veranstaltern oder Teilnehmern der Veranstaltung.[3269] Hier

[3259] BGH GRUR 2011, 1050 Rn. 27 – Ford-Vertragspartner.
[3260] BGH GRUR 2011, 1050 Rn. 27 – Ford-Vertragspartner.
[3261] Vgl. OLG Hamburg MarkenR 2008, 282 – Praxis aktuell, iE bestätigt durch BGH GRUR 2011, 85 – Praxis aktuell.
[3262] OLG Köln 17.3.2006 – 6 U 176/95.
[3263] BGH GRUR 1970, 467 ff. – Vertragswerkstatt.
[3264] Vgl. OLG München WRP 1985, 446 (447); OLG Düsseldorf GRUR-RR 2003, 49.
[3265] Vgl. OLG Bremen NJW 1972, 164.
[3266] LG Frankfurt a. M. NJWE-WettbR 1998, 244.
[3267] OLG Düsseldorf 9.7.2002 – I-20 U 154/01, GRUR-RR 2003, 49.
[3268] S. näher *Heermann* GRUR 2006, 359 ff.
[3269] Vgl. BGH GRUR 2010, 642 Rn. 45, 47 – WM-Marken (Irreführung im konkreten Fall verneint; *Heermann* GRUR 2006, 359 ff.

kommt neben § 5 Abs. 1 S. 2 Nr. 3 auch § 5 Abs. 1 S. 2 Nr. 4 in Betracht, s. auch **§ 5 Abschn. G → § 5 Rn. 1234 ff.**

Auftrag. Irreführend ist die unrichtige Behauptung, der Vertrieb erfolge im Auftrag eines anderen Unternehmens.[3270] 1118

„Bund". Bei mit anderen Betrieben in Wettbewerb stehenden Wirtschaftsunternehmen, die in der **Firmenbezeichnung** den Bestandteil „Bundes" führen (zB: **„Bundesdruckerei"**), ist nach allgemeiner Lebenserfahrung davon auszugehen, dass der Verkehr im Allgemeinen annehmen wird, dass die Bundesrepublik Deutschland zumindest Mehrheitsgesellschafter des Unternehmens ist.[3271] Die Bezeichnung einer Buchhandlung als **„Anstalt des deutschen Beamtenwirtschaftsbundes"** erweckt neben Vorstellungen zur Betriebsgröße den Eindruck, als sei der Bund Inhaber oder beherrsche den Betrieb zumindest.[3272] Der Begriff **„Bundeszentrale für Fälschungsbekämpfung"** deutet auf hoheitliche Befugnisse hin.[3273] Die Benutzung der Abkürzung **„BDB"** auf dem Praxisschild eines Psychologen, der psychotherapeutische Behandlung anbietet, ist nach einer Entscheidung des OLG Karlsruhe irreführend, weil sie beim Verkehr den Eindruck einer zusätzlichen Qualifikation oder der Mitgliedschaft in einem namhaften Berufsverband erwecke, während der mit „BDB" bezeichnete „Bund Deutscher Berufspsychologen" in Psychologenkreisen gänzlich unbekannt sei.[3274] 1119

„Deutsch". Bezeichnet sich eine gesetzliche Krankenkasse als „offizielle Krankenkasse der Deutschen Olympiamannschaft", kann dies den Eindruck erwecken, dass zumindest ein erheblicher Teil der gesetzlich versicherten Mitglieder der deutschen Olympiamannschaft seien bei ihr versichert und zudem als Angliederung an den deutschen Olympischen Sportbund verstanden werden.[3275] Auch → § 5 Rn. 606, → § 5 Rn. 983. 1120

„Fachschule". Nach einer Entscheidung des LG Düsseldorf aus dem Jahre 2003 liegt in der Verwendung des Begriffs **„Fachschule"** in Nordrhein-Westfalen keine Irreführung, denn der Verkehr nehme weder an, es handele sich um eine staatliche Schule, noch schließe er auf staatliche Aufsicht oder die Erfüllung staatlicher Zulassungsvoraussetzungen als Lehranstalt.[3276]

Firma. S. unter „Kennzeichen". 1121

Geografische Bezeichnungen. Geografische Bezeichnungen weisen zwar in erster Linie auf die Herkunft des Produkts bzw. des Unternehmens hin, können aber auch im Sinne der Existenz anders gestalteter Beziehungen (**Kontrolle, anteilsmäßige Beteiligung, finanzielle Unterstützung** uÄ) des Unternehmens zum Staat verstanden werden. So kann die Bezeichnung einer Buchhandlung als **„Anstalt des deutschen Beamtenwirtschaftsbundes"** die Vorstellung erwecken, der deutsche Staat sei Inhaber oder beherrsche den Betrieb zumindest.[3277] Wirbt der Inhaber einer privaten Jagdfortbildungsstätte unter der Bezeichnung **„Jagdschule Saarland"** bzw. **„Jagdschule Mecklenburg"**, soll nach Auffassung des OLG Saarbrücken eine Irreführung vorliegen, da der Begriff Jagdschule in Verbindung mit dem geografischen Zusatz den Eindruck einer amtlichen Einrichtung erwecke.[3278] Die Verwendung des Titels **„Oberpfälzer Bierkönigin"** durch und für eine von mehreren ortsansässigen Brauereien wurde hingegen nicht beanstandet.[3279] Zur Irreführung durch **geografische Angaben** → § 5 Rn. 592 ff. 1122

Grüner Punkt. Der Aufdruck des „Grünen Punktes" auf **Verpackungen** kann den Eindruck einer Wiederverwertbarkeit durch das Duale System Deutschland erwecken.[3280] 1123

3270 OLG Karlsruhe 12.11.2008 – 6 U 111/08, BeckRS 2008, 141864.
3271 BGH WRP 2007, 1346 – Bundesdruckerei.
3272 Vgl. RG MuW 33, 122.
3273 Vgl. BGH GRUR 1980, 794; OLG Köln WRP 1979, 73.
3274 OLG Karlsruhe Magazindienst 2000, 448.
3275 OLG Düsseldorf NJOZ 2011, 1481.
3276 LG Düsseldorf EzB-VjA UWG §§ 1 ff. Nr. 23.
3277 Vgl. RG MuW 33, 122.
3278 OLG Saarbrücken OLG Saarbrücken 2001, 207.
3279 OLG Nürnberg NJW-RR 2011, 1186.
3280 BGH GRUR 2004, 613 – Schlauchbeutel.

1124 **„Haus der Anwälte".** Die Bezeichnung **„Haus der Anwälte"** deutet zwar auf mehrere Anwaltskanzleien bzw. Anwälte hin, erweckt aber entgegen LG Osnabrück[3281] nicht die Vorstellung, dass die in dem so bezeichneten Gebäude ansässigen Rechtsanwaltskanzleien in bestimmter Weise kooperieren.

1125 **„Institut".** Der Begriff kann auf besondere Beziehungen des Unternehmers zu staatlichen Organisationen hindeuten, → § 5 Rn. 1203 unter „Institut".

1126 **Kennzeichen.** Die Benutzung eines Namens, einer Firma oder von Kennzeichen eines anderen kann den Eindruck vertraglicher oder sonstiger Beziehungen der Unternehmen erwecken. Wer damit wirbt, sich **auf Opel-Fahrzeuge spezialisiert** zu haben, suggeriert seine Eigenschaft als **Vertragshändler** oder **Vertragswerkstatt.**[3282] Es bedarf daher regelmäßig des Vorliegens zusätzlicher Hinweise, wenn festgestellt werden soll, dass das Publikum einen Opel-Spezialisten nicht als Vertragshändler ansieht.[3283] Dieser Grundsatz gilt auch fort, nachdem auf den durchschnittlich informierten, aufmerksamen und verständigen Umworbenen in der jeweiligen Situation der Werbung abzustellen ist. Wer mit dem Begriff **„Opel-Kunden"** und **„Abt. Opel"** wirbt, kann dadurch den irrigen Eindruck hervorrufen, ein Opel-Händler oder eine autorisierte Opel-Werkstatt zu sein.[3284] Die Bezeichnung als **„Ford-Vertragspartner"** kann eine relevante Irreführung begründen, wenn aufgrund der konkreten Umstände der unzutreffende Eindruck entsteht, der Werbende sei „Vertragshändler" des Automobilherstellers.[3285] Immer kommt es aber auf die Umstände der jeweiligen Werbesituation an.[3286] Während das OLG Hamm die Werbung **„Kfz-Meisterbetrieb speziell für Mercedes-Benz"** als zulässig angesehen hat, weil einer spezialisierten Werkstatt nicht schlechthin verboten werden könne, mit der Spezialisierung zu werben,[3287] wurde die Bezeichnung **„Porsche-Spezial-Werkstatt"** einer freien Werkstatt vom KG als irreführend angesehen, weil der Verkehr nicht hinreichend zwischen „Vertragswerkstätten" und „Spezialwerkstätten" für Porsche-Fahrzeuge unterscheide.[3288] Bei Hausgeräten wird der Kundendienst im Allgemeinen von den Herstellern organisiert, die dafür sorgen, dass entweder eine eigene Werkstatt und/oder eine Vertragswerkstatt die Gewährleistungs- und/oder Garantiearbeiten, aber auch andere Reparaturen durchführen.[3289] Wer mit dem Hinweis wirbt, er führe an Hausgeräten allein oder unter anderem der **Marke/Firma Bosch den „Kundendienst"** durch, kann deshalb dadurch den Eindruck erwecken, dass es sich um den vom Hersteller organisierten Kundendienst handelt.[3290] Beim Verkehr kann der Eindruck entstehen, die sich in ihrer Werbung als „Bettenhaus" bezeichnende Bettfedernreinigung sei die **Zweigstelle** eines großen Bettengeschäfts, das unter der gleichen Bezeichnung bekannt ist.[3291] Der **Zusatz „sen."** in der 1953 gegründeten Firma „Hubert Gottfried Underberg" verstößt gegen das Irreführungsverbot, weil dadurch der unrichtige Eindruck entsteht, es handle sich um das Stammunternehmen der altbekannten Underberg-Produktion.[3292] Schon das RG ging davon aus, dass die Firmierung **Vereinigung Deutscher Pumpenfabriken Borsig-Hall** durch den Verlust der **Beziehung** zu Borsig unzulässig wurde.[3293] Die Verwendung der Bezeichnung und der Domain **„Deutsches-Handwerk.de"** für ein Internetportal, auf dem Handwerksbetrieben die Möglichkeit der Eintragung von Daten gegen Entgelt angeboten wird, kann den

3281 LG Osnabrück GRUR-RR 2011, 222.
3282 BGH GRUR 1970, 467 (469) – Vertragswerkstatt; OLG Hamm GRUR 1989, 285.
3283 BGH GRUR 1970, 467 (469) – Vertragswerkstatt.
3284 BGH GRUR 1970, 467 ff. – Vertragswerkstatt.
3285 BGH GRUR 2011, 1050, Ls. – Ford-Vertragspartner.
3286 OLG Hamm GRUR 1989, 285.
3287 OLG Hamm GRUR 1989, 285.
3288 KG WRP 1978, 54.
3289 OLG Hamburg GRUR 1993, 488.
3290 OLG Hamburg GRUR 1993, 488.
3291 OLG Karlsruhe WRP 1955, 19.
3292 BGH GRUR 1957, 342 – Underberg.
3293 RG GRUR 1935, 982.

unrichtigen Eindruck erwecken, es handele sich um den Internetauftritt einer offiziellen und berufsständischen Organisation des deutschen Handwerks.[3294] Werden Tanzdarbietungen eines Balletts, das nicht das original Bolshoi Ballett ist, auf Werbeplakaten mit **„Bolshoi Balett Gala"** und Ankündigungen wie „das große russische Festivalballett" präsentiere die „Bolshoi Ballett Gala" beworben, so ist diese Werbung irreführend iSd § 5, weil sie den Eindruck erweckt, es trete entweder das weltberühmte Staatliche Ballett des Bolshoi Theaters in Moskau auf oder jedenfalls ein Ballett, das künstlerische, organisatorische oder wirtschaftliche Beziehungen zu dem original Bolshoi Ballett unterhält und deshalb Ballettdarbietungen auf höchstem künstlerischen Niveau biete.[3295]

Öffentlich-rechtliche Befugnisse. Es darf nicht der unrichtige Eindruck erweckt 1127 werden, das Unternehmen verfüge infolge entsprechender Beziehungen über öffentlich-rechtliche Befugnisse. Die werbende Herausstellung der Rechtsnachfolge eines eingetragenen Vereins ist irreführend, wenn sie zur Täuschung des Verkehrs über das Fortbestehen tatsächlich jedoch erloschener öffentlich-rechtlicher Befugnisse geeignet ist.[3296] Ein an kaufmännische Adressaten gerichtetes Erinnerungsschreiben betreffend die Verlängerung einer registrierten Marke durch einen privaten Dienstleister, das sich nach seinem Gesamteindruck an das Anmeldeformular des DPMA anlehnt und eine objektiv nicht vorhandene Bezeichnung des Dienstleisters zur offiziellen registerführenden Stelle suggeriert, ist auch dann in wettbewerblich relevanter Weise zur Irreführung geeignet, wenn nur ein kleiner Teil der Angesprochenen den wahren Inhalt des Schreibens verkennt.[3297]

„Original". Bezeichnungen, die für sich genommen nicht an Beziehungen oder Mit- 1128 gliedschaften des Unternehmers denken lassen, können durch den Zusatz „Original" eine andere Bedeutung erhalten. Der Begriff **„Original Patienten-Aufklärungsbögen von Dr. S."** suggeriert, dass es sich in Abgrenzung zu anderen, nicht authentischen Produkten um diejenigen Aufklärungsbögen handelt, die unter Wahrung einer von Dr. S. begründeten Unternehmenstradition hergestellt werden.[3298]

„Polizei". Der Begriff weist auf eine Zugehörigkeit zur Polizei hin. Der Zeitschriften- 1129 titel einer privaten Publikation mit Abbildung des Polizeisterns auf dem Titelblatt wurde daher als irreführend angesehen, weil der Eindruck entstehe, es handele sich um ein offizielles Organ der Polizei.[3299]

Rabatt-Coupons. Die Werbung einer Drogeriemarktkette, dass in ihren Filialen Kun- 1130 den 10%-Rabatt-Coupons von anderen Drogeriemärkten vorlegen und einen entsprechenden Rabatt auf den Einkauf erhalten können, impliziert nicht, dass es sich um eine gemeinsame Werbemaßnahme mehrerer Unternehmen handelt, und ist nicht irreführend.[3300]

Rechtsanwalt. Auch wenn Rechtsanwälten mittlerweile zahlreiche Rechtsformen für 1131 die gemeinschaftliche Berufsausübung zur Verfügung stehen, hat der Verkehr die berechtigte Erwartung, dass sich die **unter einer einheitlichen Kurzbezeichnung auftretenden Berufsträger** unter Aufgabe ihrer beruflichen und unternehmerischen Selbständigkeit zu gemeinschaftlicher Berufsausübung in einer haftungsrechtlichen Einheit verbunden haben.[3301] Eine **Bürogemeinschaft** oder **Kooperation** unternehmerisch eigenständiger Berufsträger wird der Verkehr unter einer einheitlichen Kurzbezeichnung nur bei hinreichend deutlichen Hinweisen erkennen.[3302] Werden in der Kopfleiste des Briefbogens einer Anwaltskanzlei blickfangmäßig die Namen oder eine Kurzbezeichnung der Sozietätsmitglieder zusammen mit den Berufsbezeichnungen Rechtsanwälte, **Steuerberater** und **Pa-**

[3294] OLG Hamburg GRUR-RR 2007, 93 – Deutsches-Handwerk.de.
[3295] OLG Hamm ZUM 2005, 661.
[3296] BGH GRUR 1984, 457 (459) – Deutsche Heilpraktikerschaft.
[3297] OLG Köln GRUR-RR 2011, 274.
[3298] OLG Hamburg OLGR Hamburg 2005, 794.
[3299] LG Frankfurt a. M. WRP 1977, 519.
[3300] BGH GRUR 2017, 92 Rn. 32 ff. – Fremdcoupon-Einlösung; ebenso die Vorinstanzen OLG Stuttgart WRP 2015, 1128; LG Ulm WRP 2015, 491.
[3301] BGH GRUR 2014, 496 Rn. 10 – Kooperation mit Wirtschaftsprüfer; vgl. BGH NJW 2003, 345.
[3302] BGH GRUR 2014, 496 Rn. 12 – Kooperation mit Wirtschaftsprüfer; vgl. BGH NJW 2003, 345.

tentanwalt bzw. **Wirtschaftsprüfer** herausgestellt, ist dies irreführend, wenn nicht zumindest ein Sozietätsmitglied, sondern nur ein Kooperationspartner über diese Zusatzqualifikation (Steuerberater und Patentanwalt bzw. Wirtschaftsprüfer) verfügt, und wird die Gefahr der Irreführung nicht dadurch ausgeräumt, dass die Berufsbezeichnungen Steuerberater und Patentanwalt bzw. Wirtschaftsprüfer am rechten Rand des Briefkopfes durch Namensnennung der Kooperationspartner unter Hinzufügung ihrer beruflichen Stellung erläutert werden.[3303] Der mit der Kurzbezeichnung **„K-Associates"** in Kanzleibriefbögen verbundenen Vorstellung einer gewissen Internationalität der Kanzlei ist nach einer Entscheidung des BGH ausreichend dadurch Rechnung getragen, dass einer der Anwälte in New York tätig ist und dort seinen Sitz hat.[3304] Demgegenüber wurde die Verwendung der Bezeichnung **„Internationale Sozietät von Rechtsanwälten und Attorneys-at-Law"** auf dem Briefkopf einer aus sechs Rechtsanwälten bestehenden inländischen Kanzlei als irreführend angesehen, wenn der US-amerikanischen anwaltlichen „Partnership", mit denen die Kanzlei zusammenarbeitet, nur einer dieser Rechtsanwälte angehörte.[3305]

„Staatlich". Staatliche Trägerschaft oder Förderung eines Unternehmens werden im Verkehr als Zeichen besonderer Autorität und Seriosität angesehen weshalb diesbezügliche Angaben, mit denen die wahren geschäftlichen Verhältnisse verschleiert werden, unabhängig von der handelsrechtlichen (Fort)Führung einer Firma regelmäßig irreführend sind.[3306] Der Begriff „staatlich" wird, insbes. wenn er im Gegensatz zu „privat" verwandt wird, als Hinweis auf eine fiskalische Zugehörigkeit und nicht bloß im Sinne einer staatlichen Überwachung verstanden.[3307] **„Staatl. Selters"** darf ein Mineralwasser daher dann nicht genannt werden, wenn nur 5 % des Stammkapitals des Unternehmens vom Staat gehalten werden.[3308] Die Bezeichnung eines Vereins als **„Standesorganisation der staatlichen Lotterieteilnehmer"** ist irreführend, wenn es sich um eine reine Interessenvertretung ohne öffentliche Funktion handelt.[3309] Ein an kaufmännische Adressaten gerichtetes Erinnerungsschreiben über die Verlängerung einer registrierten Marke durch einen privaten Dienstleister, das sich nach seinem Gesamteindruck an das Anmeldeformular des **DPMA** anlehnt und eine objektiv nicht vorhandene Beziehung des Dienstleisters zur offiziellen registerführenden Stelle suggeriert, ist nach einer Entscheidung des OLG Köln auch dann in wettbewerblich relevanter Weise zur Irreführung geeignet, wenn nur ein kleiner Teil der Angesprochenen den wahren Inhalt des Schreibens verkennt.[3310]

1132 **„Stadt" bzw. „städtisch".** Ein solcher Zusatz deutet eine Inhaberschaft oder zumindest Beziehung zur Stadt an („Städtische Werke", „Stadtreiniger", „Stadtwerke"[3311]). Aber auch auf andere Weise kann der unrichtige Eindruck einer solchen Beziehung erweckt werden. So wurde zB die Verwendung einer Abkürzung in der Firmierung eines ehemals kommunalen, jetzt privaten Energieversorgungsunternehmens „swb" (Assoziation: Stadtwerke Bremen) als unlauter angesehen.[3312] Weite Teile der Bevölkerung assoziieren mit einem kommunalen Unternehmen die Vorstellung besonderer Verlässlichkeit, Seriosität und Bonität, woraus sich idR die **Relevanz** der Irreführung ergibt.[3313]

[3303] BGH NJW 2003, 345; vgl. BGH GRUR 2014, 496 Rn. 10 ff. – Kooperation mit Wirtschaftsprüfer.

[3304] BGH NJW 2005, 1770 – Associates.

[3305] BGH GRUR 1996, 917 – Internationale Sozietät.

[3306] Köhler/*Bornkamm/Feddersen* § 5 Rn. 4.96; OLG Köln GRUR-RR 2011, 274; vgl. BGH GRUR 2003, 448 – Gemeinnützige Wohnungsgesellschaft; GRUR 2007, 1079 – Bundesdruckerei.

[3307] BGH GRUR 1986, 316 (318) – Urselters.

[3308] BGH GRUR 1986, 316 (318) – Urselters.

[3309] OLG Frankfurt a. M. WRP 1982, 97.

[3310] OLG Köln GRUR-RR 2011, 274.

[3311] BGH GRUR 2012, 1273 Rn. 18 – Stadtwerke Wolfsburg; OLG Hamm 8.12.2009 – 4 U 128/09, BeckRS 2010, 1137; OLG Frankfurt a. M. 24.11.2011 – 6 U 277/10, BeckRS 2012, 8971.

[3312] Vgl. OLG Bremen OLGR Bremen 2009, 907 (908). – Anders im Ergebnis aufgrund besonderer Umstände des Einzelfalls OLG Frankfurt a. M. 24.6.2010 – 6 U 65/10, BeckRS 2012, 8971, und 24.11.2011 – 6 U 277/10, BeckRS 2012, 8971.

[3313] BGH GRUR 2012, 1273 Rn. 26 – Stadtwerke Wolfsburg; vgl. OLG Bremen OLGR Bremen 2009, 907 (908).

„Unfallversorgung Deutscher Ärzte und Zahnärzte-Versicherungsgesellschaft-mbH". Diese Firma versteht der Verkehr so, dass es sich bei dem Unternehmen um eine berufsständische, jedenfalls aber von berufsständischen Organisationen getragene oder unter deren Einfluss stehende Versorgungseinrichtung handelt.[3314] **1133**

„Unabhängig". Die Werbung mit der „Unabhängigkeit" eines Finanzdienstleistungen vermittelnden Unternehmens ist irreführend, wenn 97 % der Aktien dieses Finanzvermittlers von einem Unternehmen gehalten werden, dessen Finanzprodukte vermittelt werden.[3315] **1134**

„Universität". Der Zusatz weist auf Beziehungen zur Universität hin. Welcher Art diese sind, kommt auf die konkrete Verwendung des Begriffs an. So erwartet der Verkehr von einer „Universitätsbuchhandlung" nur, dass diese sich in der Nähe der Universität befindet und Studienliteratur anbietet. Dass eine „Universitätscafeteria" sich in der Hand der Universität befindet, wird nicht erwartet, wohl aber, dass durch Vereinbarungen für auf die Bedürfnisse der Universitätsangehörigen und Studenten abgestimmte Angebote, Öffnungszeiten und Preise gesorgt wird. **1135**

Vergleichende Werbung. Die Benutzung fremder Kennzeichen darf keinen falschen Eindruck über die Beziehungen zwischen dem Werbenden und dem Zeicheninhaber erwecken.[3316] **1136**

Versicherungsvertreter. Lässt sich ein Versicherungsvertreter, der seine Agenturbindung gegenüber dem Versicherungsnehmer offenlegt, für die Beratung und die Vermittlung einer Netto-Police vom Versicherungsnehmer eine eigenständige Vergütung versprechen, ist mit einer solchen Vereinbarung nicht ohne weiteres eine Irreführung über den Status des Versicherungsvertreters (**Makler** statt Versicherungsvertreter) und den damit verbundenen Pflichtenkreis verbunden.[3317] Fehlende **Pflichtangaben** gem. Art. 12 und 13 der Richtlinie 2002/92/EG über Versicherungsvermittlung, ua darüber, ob der Versicherungsvertreter vertraglich verpflichtet ist, Versicherungsgeschäfte ausschließlich mit einem oder mehreren Versicherungsunternehmen zu tätigen, können gem. § 5a Abs. 4 eine Irreführung durch Unterlassen begründen. **1137**

Vertragspartner. Die Bezeichnung als **„Ford-Vertragspartner"** kann eine relevante Irreführung begründen, wenn aufgrund der konkreten Umstände der unzutreffende Eindruck entsteht, der Werbende sei **„Vertragshändler"** des Automobilherstellers und diesem nicht nur als Servicepartner verbunden.[3318] **1138**

Zusammenschluss. Die unwahre Behauptung in Verkaufsgesprächen, das betreffende Stromversorgungsunternehmen habe sich mit einem anderen Stromversorger zusammengeschlossen, so dass nunmehr alle Stromverbraucher mit dem erstgenannten Unternehmen kontrahieren müssten, begründet eine Irreführung iSd § 5.[3319] Gleiches gilt für die Angabe von Kundenwerbern eines Stromversorgungsunternehmens, dieses habe das Stromnetz eines anderen Stromlieferanten übernommen.[3320] **1139**

VIII. Auszeichnungen oder Ehrungen

1. Bedeutung und Abgrenzung. Bereits § 3 UWG aF erwähnte als Anwendungsfall irreführende Angaben über den Besitz von Auszeichnungen. Der Begriff ist **weit zu verstehen.** Eine Auszeichnung ist **alles, was das ausgezeichnete Objekt für das Publikum als etwas Besonderes darstellt.** Nunmehr ist in § 5 Abs. 1 S. 2 Nr. 3 UWG auch von „Ehrungen" die Rede. Ehrungen sind **äußere Zeichen des Geehrtwerdens, der Hochachtung.** Jede Ehrung ist auch eine Auszeichnung, während nicht jede Aus- **1140**

[3314] BGH GRUR 1968, 431 (432) – Unfallversorgung.
[3315] OLG Frankfurt a. M. GRUR-RR 2011, 220.
[3316] EuGH C-112/99, GRUR 2002, 354 (356) – Toshiba; GRUR 2006, 345 (346) – Siemens/VIPA.
[3317] BGH NJW-RR 2014, 669 Rn. 32 – Vermittlung von Netto-Policen.
[3318] BGH GRUR 2011, 1050 Rn. 27 – Ford-Vertragspartner.
[3319] OLG Karlsruhe 12.11.2008 – 6 U 111/08, BeckRS 2008, 141864.
[3320] OLG Hamm 23.11.2010 – 4 U 138/10, BeckRS 2011, 783.

zeichnung etwas Ehrenhaftes haben muss. Ausgezeichnetes bzw. geehrtes Objekt können dabei sowohl das werbende Unternehmen als auch seine Ware oder Dienstleistungen sein. Aus diesem Grund ist es unglücklich, wenn § 5 Abs. 1 S. 2 Nr. 3 UWG Auszeichnungen und Ehrungen nur mit Bezug auf den Unternehmer erwähnt. Die Fallgruppe hat für Waren und Dienstleistungen dieselbe praktische Bedeutung. Die Maßstäbe zur Beurteilung sind dieselben.

1141 Der Werbung mit Ehrungen gleichzustellen sind **Empfehlungen Dritter** (nachfolgend unter → Rn. 1154). Zwar sind solche Empfehlungen keine förmlichen Auszeichnungen; auch hierbei handelt es sich aber um positive Äußerungen Dritter, denen der Verkehr wegen ihrer vermeintlichen Objektivität oder gar Fachkunde eine besondere Bedeutung beimisst. Sie werden zwar weder in Art. 6 der UGP-Richtlinie noch in § 5 UWG ausdrücklich erwähnt, sind aufgrund der offenen Formulierungen („wie") bei den produkt- und unternehmerbezogenen Eigenschaften aber dennoch zu berücksichtigen.

1142 Aufgrund des weiten Verständnisses von „Auszeichnungen" sind **Überschneidungen** mit anderen Fallgruppen unvermeidlich. So haben Auszeichnungen mit **Prüfzeichen und Gütezeichen** (hierzu → § 5 Rn. 692 ff.) gemeinsam, dass der Verkehr ihnen eine positive Äußerung durch einen Dritten entnimmt, der er eine besondere Bedeutung beimisst, sei es weil er von dem Dritten eine besondere Sachkunde oder Erfahrung und/oder auch nur ein neutrales Urteilsvermögen erwartet. Die Vergabe eines Gütezeichens wird vom Verkehr im Regelfall auch als Auszeichnung verstanden.[3321]

1143 In jedem Fall **vorrangig** zu prüfen sind die Tatbestände in **Nr. 2 und Nr. 4 im Anhang zu § 3 Abs. 3 UWG.** Nr. 2 verbietet die Verwendung von Gütezeichen, Qualitätskennzeichen oder Ähnlichem ohne die erforderliche Genehmi_gung, Nr. 4 die unwahre Angabe, ein Unternehmer oder ein Produkt sei von einer öffentlichen oder privaten Stelle bestätigt, gebilligt oder genehmigt worden.

1144 Auszeichnungen gehen im Regelfall auch **Untersuchungen** oder **Tests** voraus, so dass Überschneidungen zu dieser Fallgruppe in § 5 Abs. 1 S. 2 Nr. 1 UWG bestehen.[3322] Soweit mit Testergebnissen auch eine Art Auszeichnung verbunden ist (zB als „Testsieger") ist die Regelung zur Werbung mit Testergebnissen einschließlich der dort möglichen Privilegierung vorrangig zu beachten (→ § 5 Rn. 663 ff.). Häufig ist mit Angaben zu Auszeichnungen auch eine Aussage über die Beschaffenheit einer Ware (hierzu → § 5 Rn. 434 ff.) oder die Qualifikation des Werbungstreibenden (hierzu → Rn. 911 ff.) verbunden.

1145 Besonders strenge Maßstäbe gelten bei der Werbung mit Äußerungen Dritter, insbesondere mit **Dank-, Anerkennungs- oder Empfehlungsschreiben** oder mit Hinweisen auf solche Äußerungen für **Heilmittel.** Das betrifft insbesondere auch sog. **Patientengeschichten** über die Erfolge von bestimmten Heilmitteln (während die allgemeine Imagewerbung eines Unternehmens oder einer Branche[3323] vom HWG nicht erfasst wird). Außerhalb der Fachkreise sind solche Äußerungen gemäß § 11 Abs. 1 S. 1 Nr. 11 HWG untersagt, sofern diese in missbräuchlicher, abstoßender oder irreführender Weise erfolgen. Erfasst wird von diesem Verbot auch die Werbung mit inneren Tatsachen, die der Unternehmer nur von einem Dritten erfahren haben kann, so dass dies einer Äußerung eines Dritten gleichsteht.

1146 **2. Beurteilungsmaßstab.** Für die Werbung mit Auszeichnungen oder Ehrungen gelten grundsätzlich dieselben Maßstäbe. Ein Unterschied besteht nur insoweit, als einer **Ehrung** häufig ein **subjektiveres Element** anhängt als einer Auszeichnung. Die nachfolgenden Ausführungen gelten daher für die Werbung mit Ehrungen entsprechend, soweit nicht ausdrücklich etwas anderes ausgeführt wird. Maßstab für die Beurteilung ist **nicht der**

[3321] Vgl. BGH GRUR 1991, 550 (551) – Zaunlasur („Ausgezeichnet mit dem blauen Engel").
[3322] Wobei § 5 Abs. 1 S. 2 Nr. 1 nur „Tests" erwähnt, Art. 6 Abs. 1 lit. b hingegen auch „Untersuchungen", was im Wege richtlinienkonformer Auslegung zu berücksichtigen ist.
[3323] Wie zB „die forschenden Pharmaunternehmen".

interne Sprachgebrauch des Auszeichnenden oder des Ausgezeichneten, sondern das Verständnis des angesprochenen, durchschnittlich informierten und verständigen Verbrauchers auf Grund der Gesamtumstände der Werbung. Maßgeblich für den tatsächlichen Umfang der Werbung sind der Wortlaut und der Sinn der Auszeichnung bzw., soweit gegeben, einer etwaigen Verleihungsurkunde.[3324]

3. Einzelfragen. Irreführend ist es insbesondere, über den Bestand (das Ob) einer Auszeichnung zu täuschen, über das ausgezeichnete Objekt, über die auszeichnende Stelle, über Anlass, Auszeichnungskriterien und -verfahren, über den Zeitpunkt und die Aktualität einer Auszeichnung oder über die Bedeutung einer Auszeichnung. **1147**

a) Bestand. Typische Symbole für Auszeichnungen sind **Urkunden, Medaillen, Münzen, Zertifikate**[3325] und je nach Gestaltung auch **Siegel,**[3326] bei Hotels aber auch **Sterne,**[3327] bei Restaurants **Kochmützen,** nicht aber Bewertungen von Privatpersonen auf Internetportalen.[3328] Ob der Verkehr eine Angabe überhaupt als Behauptung einer Auszeichnung versteht, beurteilt sich nach den Umständen des Einzelfalls. Wer mit einer Auszeichnung wirbt, die er nicht erhalten hat, deren Zertifizierungszeitraum **bereits abgelaufen ist** oder die es gar **nicht gibt,** verstößt gegen § 5 UWG, es sei denn die behauptete Auszeichnung ist so offensichtlich erdichtet, dass sie bereits keine Angabe im Sinne von § 5 UWG ist. Aus welchem Grund die behauptete Auszeichnung nicht erfolgte, ist egal. Ebenso kommt es nicht darauf an, ob eine bestimmte Auszeichnung hätte erteilt werden müssen. Umgekehrt kommt es für die Beurteilung einer Irreführung nach § 5 Abs. 1 S. 2 UWG aber auch nicht darauf an, ob eine tatsächlich verliehene Auszeichnung **zu Recht vergeben** wurde.[3329] Sofern die Auszeichnung nicht erschlichen und in einem seriösen Verfahren durch einen seriösen Auszeichnenden vergeben wurde, muss der Ausgezeichnete keinen eigenen Qualitätsnachweis führen.[3330] Insoweit gelten dieselben Maßstäbe wie bei der Werbung mit Testergebnissen (→ § 5 Rn. 663 ff.). **1148**

b) Ausgezeichnetes Objekt. Die Auszeichnung muss dem Objekt erteilt worden sein, dem der durchschnittlich verständige und informierte Verbraucher es auf Grund der Gesamtumstände der Werbung zuschreibt. Die Auszeichnung kann einem **Unternehmen** als solchem, dem **Unternehmensinhaber** persönlich, einer konkreten **Ware oder Dienstleistung** oder einer ganzen **Produktgruppe** erteilt worden sein; sie kann sich beziehen auf unternehmensbezogene Tätigkeiten oder auf persönliche Aktivitäten des Ausgezeichneten. Irreführend ist es, mit einer Auszeichnung zu werben, die nicht dem Objekt erteilt wurde, dem der durchschnittlich informierte und verständige Verbraucher die Auszeichnung zuschreibt.[3331] Wird eine Auszeichnung auf einer Ware (zB einer Weinflasche) angebracht, geht der Verkehr zunächst davon aus, dass auch diese konkrete Ware (der konkrete Wein dieses Jahrgangs) ausgezeichnet wurde.[3332] Ist das nicht der Fall, weil zB das Weingut ausgezeichnet wurde, ist das deutlich zu machen. Wurde die Auszeichnung einem Unternehmen als solchem erteilt (wie zB *„Fondsgesellschaft des Jahres"*, *„Bester Internet-Provider"*), nicht aber einem bestimmten Produkt (zB einem DSL-Internet-Zu- **1149**

[3324] BGH GRUR 1961, 193 (196) – Medaillenwerbung.

[3325] KG WRP 2012, 992 Rn. 67 f. – Deutsches Hygienezertifikat (Zertifikat in Form eines Siegels).

[3326] Vgl. LG Berlin WRP 2014, 487 Rn. 21 – Deutscher Anbieter zu einem in den Farben Schwarz Rot Gold gestalteten Siegel.

[3327] Vgl. OLG Celle WRP 2014, 1216 f. LG Koblenz BeckRS 2013, 16530. Zur Werbung mit Hotel Sternen siehe auch *Stenzel* GRUR-Prax 2015, 291.

[3328] *Schulte-Franzheim/Tyra* FS Bornkamm, 2014, 489 (490).

[3329] Es ist aber (sogar vorrangig) zu prüfen, ob nicht ohnehin ein Fall der Nr. 4 des Anhangs zu § 3 Abs. 3 UWG vorliegt.

[3330] BGH GRUR 2003, 800 (802) – Schachcomputerkatalog; *Helm/Sonntag/Burger* in Gloy/Loschelder/Danckwerts HdbWettbR § 59 Rn. 175.

[3331] BGH GRUR 1961, 193 (196) – Medaillenwerbung; OLG München GRUR 1983, 339 (340) – Eder-Alt; OLG München GRUR 1989, 123 (124) – Premium Pils.

[3332] BGH GRUR 1961, 193 (196) – Medaillenwerbung.

gangstarif), darf dieses Produkt nicht als *„Produkt des Jahres"* beworben werden.[3333] Ein neuer Unternehmensinhaber kann in der Regel mit der Auszeichnung des Unternehmens werben, es sei denn, die Auszeichnung wurde dem Inhaber persönlich erteilt. Wurde die Auszeichnung einem konkreten Produkt erteilt, darf auch ein **Lizenznehmer,** der dieses Produkt vertreibt, damit werben. Jedoch darf die Auszeichnung nicht auf andere Produkte bezogen werden. Das gilt auch für Nachfolgermodelle; allerdings ist hier die Relevanz einer etwaigen Irreführung sorgfältig zu prüfen (→ Rn. 988).

1150 **c) Person des Auszeichnenden.** Irreführend ist auch die Täuschung über die Person des Auszeichnenden. Wird mit einer Auszeichnung geworben, erwartet der Verkehr bei Fehlen anderslautender Angaben, dass die Auszeichnung von einer **kompetenten und neutralen Stelle** nach einem **objektiven und sachbezogenen Prüfverfahren** vergeben wurde.[3334] Irreführend ist es aber auch, den Anschein zu erwecken, dass eine Auszeichnung von einer *amtlichen Stelle* vergeben wurde, während es sich tatsächlich um eine *Privatperson* handelt oder umgekehrt. Das bedeutet jedoch nicht, dass Auszeichnungen nur von staatlichen Stellen vergeben werden dürfen. Auch private Vereinigungen, die sachlich hinreichend qualifiziert, unabhängig und objektiv sind, kommen als Auszeichnende in Betracht.[3335] Auch dann darf aber nicht über die (fehlende) staatliche Anerkennung einer Auszeichnung getäuscht werden. Irreführen kann ebenso, wer eine Auszeichnung durch eine größere Organisation vortäuscht, während sie tatsächlich durch eine Einzelperson erfolgte. Auch hier ist allerdings die Relevanz sorgfältig zu prüfen. Dasselbe gilt in Fällen, in denen eine Auszeichnung durch eine inländische Stelle vorgetäuscht wird im Gegensatz zu einer ausländischen Vergabestelle und umgekehrt.[3336]

1151 **d) Anlass, Auszeichnungskriterien, Verfahren.** § 5 UWG verbietet auch die Irreführung über den **Anlass** für die Auszeichnung, über die **Kriterien,** nach denen eine Auszeichnung vergeben wurde, über das **Verfahren der Vergabe** und den **Zweck** der Nutzung. Wirbt ein Unternehmen ohne weitere Angaben damit, von einem Berufsverband ausgezeichnet worden zu sein, so erwartet der Verbraucher, dass die Auszeichnung wegen der Fachkompetenz des Unternehmens erfolgte und nicht nur wegen eines Jubiläums (zB 100-jähriges Bestehen).[3337] Soweit sich aus der Werbung nichts anderes ergibt, erwartet der durchschnittlich informierte und verständige Verbraucher zudem, dass die Auszeichnung nicht nur zum Schein oder aus Gefälligkeit oder aufgrund rein subjektiver Kriterien (wie zB Meinungen von Nutzern), sondern **nach Durchführung eines neutralen, sachbezogenen Prüfungsverfahrens** vergeben wurde. Die Werbung mit einer Auszeichnung, die ohne sachliche Prüfung **erkauft** wurde, ist daher verboten.[3338] Die Zahlung einer angemessenen Gebühr für die Durchführung einer sachlichen Prüfung und die Verleihung einer Auszeichnung steht der rechtmäßigen Werbung jedoch nicht entgegen.[3339] Irreführend ist auch die Klassifizierung von Schiffen mit (Hotel-)Sternen ohne dass dem ein eigenes Bewertungssystem zugrunde liegt[3340] oder die Werbung mit Sternen auf einer Plakette an der Außenfassade eines Hotelbetriebs, ohne Hinweis darauf, dass es sich nicht um die offizielle DEHOGA-Sterne-Klassifizierung handelt.[3341] Zwar darf nicht allein die DEHOGA Klassifizierungen mit Sternen vornehmen, jedoch wird der Verkehr mangels anders-

---

[3333] OLG Hamburg MD 2006, 179 (182) – Produkt des Jahres.

[3334] KG WRP 2012, 992 Rn. 65, 69 – Deutsches Hygienezertifikat.

[3335] BGH GRUR 1984, 740 (741) – Anerkannter Kfz-Sachverständiger.

[3336] Vgl. BGH GRUR 1992, 525 (526) – Professorenbezeichnung in der Arztwerbung II (zum Titel einer Universität im Ausland).

[3337] OLG Köln GRUR-RR 2006, 287 (289) – Mitglied im Berufsverband.

[3338] BGH GRUR 1991, 552 (554) – TÜV-Prüfzeichen; OLG Düsseldorf WRP 2007, 357 (358) – Auszeichnung zum „1a Augenoptiker".

[3339] BGH GRUR 1991, 550 (551) – Zaunlasur; GRUR 1991, 552 (554) – TÜV-Prüfzeichen.

[3340] KG WRP 2012, 480 (481).

[3341] LG Koblenz WRP 2014, 364; LG Aurich BeckRS 2014, 03937. AA OLG Celle WRP 2014, 1216. Offen gelassen von *Stenzel* GRUR-Prax 2015, 291 (292).

lautender Angaben bei Angaben von Sternen auf einer Plakette am Eingang eines Hotels im Regelfall von einer DEHOGA Klassifizierung ausgehen. Bei der Vergabe von Sternen auf Internet-/Reise- oder Hotel-Portalen besteht dieses Verständnis hingegen nicht.

e) Zeitpunkt und Aktualität. Es darf auch nicht über den Zeitpunkt der Auszeichnung 1152
und deren Aktualität getäuscht werden. Die Werbung mit einer Auszeichnung wie *„Unternehmen/Produkt des Jahres"* muss sich dabei jedoch nicht auf das Kalenderjahr beschränken, in dem die Vergabe erfolgte. Solange ein Nachfolger nicht bestimmt wurde bzw. turnusmäßig hätte bestimmt werden müssen, ist die Werbung allein wegen des Jahreswechsels nicht irreführend.[3342] Das gilt erst recht, wenn die Werbung in den ersten Tagen des neuen Jahres geschaltet wird, in denen der Verkehr noch keine Neuwahl eines Nachfolgers erwartet oder wenn das Jahr der Verleihung ausdrücklich angegeben wird. Wird umgekehrt auf dem Etikett einer Ware mit lange zurückliegenden Auszeichnungen geworben, geht der Verkehr davon aus, dass es sich um ein altbewährtes Produkt handelt, dass seit langem vertrieben wird; für ein neues Produkt ist diese Werbung daher irreführend.[3343] Der Verkehr erwartet wegen der sich regelmäßig ändernden Rahmenbedingungen nicht, dass eine **in der Vergangenheit vergebene Auszeichnung** heute noch einmal so vergeben würde.

f) Sonstiges. Der Verkehr erwartet, dass das ausgezeichnete Produkt/Unternehmen **die** 1153
für die Auszeichnung relevanten Eigenschaften weiterhin aufweist. Ob der Verkehr bei einer Werbung mit einer Auszeichnung davon ausgeht, dass die beworbene Ware/der Unternehmer besser sei als alle anderen ohne diese Auszeichnung, hängt vom Einzelfall ab. Wenn etwa ein Juwelier mit der Aussage *„geprüfter Diamantfachmann"* oder *„Gemmologe DGemG"* wirbt, dann erwartet der Verkehr ein durch staatliche oder staatlich anerkannte Prüfung nachgewiesenes Fachwissen, das den Standard anderer Juweliere deutlich überragt.[3344] Entsprechendes gilt, wenn ein Kfz-Sachverständiger wirbt mit der Aussage *„anerkannt von der FIEA und dem BVSK"*.[3345] Auch die Werbung eines Rechtsanwalts mit einem DEKRA-Prüfsiegel zur Zertifizierung seiner Büroorganisation kann irreführend sein, wenn hierdurch der Eindruck erweckt wird, auch die Qualität der anwaltlichen Beratung sei zertifiziert worden.[3346] Wird eine Auszeichnung hingegen für persönliches Engagement verliehen und wird dies nach außen deutlich, erwartet der Verkehr keine überragende Kompetenz.

4. Empfehlungen. Wird mit Danksagungen oder Empfehlungen geworben, geht der 1154
Verkehr davon aus, dass diese Äußerungen von einem **neutralen Dritten** und primär aus den Gründen gemacht wurden, die in der Empfehlung erwähnt werden. Irreführend ist die Werbung daher, wenn solche Äußerungen allein aus Freundschaft erfolgten, oder wenn sie erkauft[3347] oder sonst wie vom Unternehmer in Auftrag gegeben wurden oder wenn sie Voraussetzung für eine Teilnahme an einem Gewinnspiel sind[3348] und das in der Werbung nicht hinreichend deutlich zum Ausdruck kommt. Wird mit der Empfehlung einer **bekannten Person,** eines **renommierten Verbandes** oder einer sonstigen Organisation geworben, von welcher der Verkehr eine besondere Kompetenz zur Beurteilung des beworbenen Produkts erwartet, so versteht er die Empfehlung im Regelfall als **Qualitätshinweis.** Er geht deshalb davon aus, dass die Empfehlung nicht bloß gekauft, sondern aus sachlichen Erwägungen ausgesprochen wurde, nachdem man sich von der Qualität des Produkts überzeugt hat.[3349] Dass der Experte für die Verwendung seines Namens zusätzlich

[3342] OLG Hamburg MD 2003, 143 (144) – Webhoster des Jahres.
[3343] BGH GRUR 1961, 193 (196) – Medaillenwerbung.
[3344] BGH GRUR 1978, 368 (369) – Gemmologe DGemG.
[3345] BGH GRUR 1984, 740 – Anerkannter Kfz-Sachverständiger.
[3346] OLG Hamm GRUR-RR 2012, 285 (286) – Wir sind zertifiziert.
[3347] Zu erkauften Käuferbewertungen in Meinungsportalen OLG Hamm GRUR-RR 2011, 473.
[3348] AA LG Hamburg WRP 2013, 679 Rn. 21.
[3349] OLG Hamburg WRP 1985, 649 (650) – „Vom DFB empfohlen".

ein **Entgelt** erhält, ist dem Verkehr bekannt; dieser Umstand steht der Werbung mit einer Empfehlung daher nicht entgegen. Entsprechendes muss aber auch für andere Organisationen gelten, deren guter Ruf sich vermarkten lässt, zB Sportverbände oder -vereine.[3350] Allerdings bedeutet das umgekehrt nicht, dass in jeder Werbung eines Prominenten zugleich eine Empfehlung für das jeweilige Produkt liegt, und zwar insbesondere dann nicht, wenn das Produkt keinen Bezug hat zur Expertise des Prominenten. Ebenso wenig liegt in einer bloßen Nutzung bereits eine Empfehlung.[3351] Selbstverständlich muss sich die Werbung auf das Produkt beziehen, für das eine Empfehlung konkret ausgesprochen wurde. Irreführend ist daher die Werbung für ein konkretes Erzeugnis mit einer Empfehlung eines Dritten, wenn sich die Empfehlung nur allgemein auf Produkte des Unternehmers bezogen hat.[3352] Einer **„Gefällt-mir"-Angabe** bei Facebook kommt hingegen angesichts der vielfältigen Möglichkeiten, warum etwas gefällt, nicht die Funktion einer Empfehlung zu. Es handelt sich vielmehr um eine rein unverbindliche Gefallensäußerung, nicht um eine auf eigenen Erfahrungen beruhende Äußerung der besonderen Wertschätzung eines Unternehmensangebotes.[3353] Wohl aber erwartet der Verkehr, dass diese Angabe von einem Facebook User aus Überzeugung gemacht wurde und nicht, um nur an einem Gewinnspiel teilnehmen zu können.[3354] Eine bloße **Trikotwerbung** versteht der Verkehr ohne weitere Angaben ebenfalls nicht als Empfehlung. Wird allerdings für einen speziellen Fußballschuh mit der Abbildung zahlreicher bekannter Fußballprofis geworben, so geht der Verkehr davon aus, dass alle abgebildeten Spieler Schuhe der beworbenen Marke nutzen.[3355]

1155 Wird mit einem **Sachverständigengutachten** geworben, dem ein **Auftrag** des Unternehmers zugrunde liegt, muss das ebenfalls erwähnt werden.[3356]

1156 Bei der Werbung mit **Referenzlisten** erwartet der Verkehr, dass die genannten Unternehmen Kunden des Unternehmers sind oder es zumindest vor nicht allzu langer Zeit waren. Wie lange der Zeitraum der letzten Kundenbeziehung her sein kann, hängt von den Umständen des Einzelfalls ab, insbesondere von der Art der Kundenbeziehung, der erbrachten Leistungen und der gelieferten Waren. Bei langlebigen Gütern sind längere Zeiträume gerechtfertigt als bei Waren, die schnell ersetzt werden.

1157 Bei der Werbung mit Empfehlungen für **Heilmittel** sind die speziellen Verbote in § 11 Abs. 1 S. 1 Nr. 11 HWG zu beachten.

1158 **5. Relevanz.** Insbesondere bei der Werbung mit **Auszeichnungen, die Vorgängermodellen verliehen wurden,** ist die Relevanz einer etwaigen Irreführung sorgfältig zu prüfen. Wird für ein Produkt mit Auszeichnungen geworben, geht der Verkehr beim Fehlen anderslautender Angaben im Regelfall davon aus, dass die Auszeichnung dem aktuell beworbenen Produkt verliehen wurde. Wurde die Auszeichnung einem Vorgängermodell verliehen, so bewirkt das daher zunächst eine Irreführung. Allerdings kann es an der erforderlichen Relevanz fehlen, wenn das aktuelle Modell in seiner Leistungsfähigkeit und in den Kriterien, die für die Auszeichnung maßgeblich waren, nicht hinter der Vorgängerversion zurückbleibt.[3357]

IX. Beweggründe für die geschäftliche Handlung

1159 **1. Herkunft und Abgrenzung.** Die Fallgruppe der Irreführung über die Beweggründe des Unternehmers für die geschäftliche Handlung wurde im Hinblick auf eine entsprechen-

[3350] AA OLG Hamburg WRP 1985, 649 (650) – „Vom DFB empfohlen"; KG ZLR 1990, 651 (653).
[3351] OLG Frankfurt a. M. WRP 2013, 385 Rn. 7.
[3352] OLG Hamburg WRP 1985, 649 – „Vom DFB empfohlen".
[3353] LG Hamburg WRP 2013, 679 Rn. 20 (nicht rechtskräftig; Berufung wird beim OLG Hamburg unter dem Az. 5 U 36/13, geführt).
[3354] AA LG Hamburg WRP 2013, 679 Rn. 21.
[3355] OLG Hamburg GRUR-RR 2015, 250 Rn. 56 – Bist du bereit für die Elite?
[3356] BGH GRUR 1961, 189 (191) – Rippenstreckmetall; GRUR 1962, 45 (49) – Betonzusatzmittel.
[3357] BGH GRUR 2003, 800 (803) – Schachcomputerkatalog; aA OLG Koblenz WRP 2013, 922 Rn. 8.

de Vorgabe in **Art. 6 Abs. 1 lit. c der UGP-Richtlinie** ergänzt. Diese Fallgruppe wurde in der Richtlinie selbst erst relativ spät ergänzt, nämlich durch den vom Rat festgelegten Gemeinsamen Standpunkt.[3358] Neue Fälle, die zuvor nicht bereits durch das Verbot in § 5 UWG erfasst waren, wurden dadurch allerdings nicht geschaffen. Nach der Begründung des Gesetzentwurfes der Bundesregierung erfolgte die Übernahme aus Gründen der „Klarstellung".[3359] Durch welches frühere Tatbestandsmerkmal des § 5 Abs. 1 S. 2 Nr. 3 UWG diese Gruppe bereits erfasst sein sollte, blieb dabei allerdings offen.

Grundsätzlich kann es dem Kunden egal sein, aus welchen Gründen ein Unternehmer **1160** eine geschäftliche Handlung vornimmt. Das geht den Kunden grundsätzlich auch nichts an. Allerdings können sich aus der Kundgabe seiner Beweggründe durch den Unternehmer auf Seiten des Kunden **Erwartungen** ableiten, die möglicherweise irreführend sind. Dem soll die Regelung entgegenwirken. Ein prägnantes Beispiel ist die Ankündigung eines **Schein-Räumungsverkaufs** wegen Geschäftsaufgabe. Einer solchen Ankündigung entnimmt der Verbraucher, dass der Unternehmer sein Geschäft aufgeben will und erwartet daher Preise, die günstiger sind als bei normalem Geschäftsbetrieb. Ein anderes Beispiel wäre der als solcher angekündigte **Lager-Räumungsverkauf.** Ein anderes Beispiel könnten **mildtätige Zwecke** des Unternehmers sein. Dabei hängt der „Beweggrund" häufig eng zusammen mit einem bestimmten „Anlass". Anlass ist ein objektives Ereignis, der Beweggrund hingegen eine subjektive Motivation, die sich allerdings häufig aus einem bestimmten objektiven Ereignis ableiten lässt. Es hätte daher nahe gelegen, die Fälle, die in den Vorgängerfassungen des UWG noch unter der Fallgruppe **„Anlass des Verkaufs"** gefasst waren, nunmehr unter der Gruppe „Beweggründe für die geschäftliche Handlung" zu subsumieren. Denn Art. 6 der UGP-Richtlinie kennt eine Fallgruppe „Anlass des Verkaufs" nicht, wohl aber „Beweggründe für die Geschäftspraxis". Diesen Weg ist der deutsche Gesetzgeber aber leider nicht gegangen. Stattdessen erwähnt er „Anlass des Verkaufs" im Zusammenhang mit der Irreführung über das Vorhandensein eines bestimmten Preisvorteils in § 5 Abs. 1 S. 2 Nr. 2 UWG[3360] und die „Beweggründe des Unternehmers" in § 5 Abs. 1 S. 2 Nr. 3 UWG. Beide Fallgruppen sollen daher auch gesondert kommentiert werden.

Dabei beschränken sich die Beweggründe nicht nur auf den Anlass eines Verkaufs, **1161** sondern beziehen sich auf die **„geschäftliche Handlung".** Nach der Definition in § 2 Abs. 1 Nr. 1 UWG erfasst der Begriff der „geschäftlichen Handlung" jedes Verhalten, das unmittelbar mit der Förderung des Absatzes oder der Lieferung von Waren oder Erbringung von Dienstleistungen zusammenhängt. Unter das Verbot fällt daher insbesondere auch die Irreführung über eine beabsichtigte Geschäftsanbahnung (nachfolgend unter Punkt 3), die Verwendung rechnungsähnlicher Formulare (nachfolgend Punkt 4) oder die Irreführung über den gewerblichen Charakter eines Angebots (s. u. Punkt 5).

Zumindest im Geschäftsverkehr mit Verbrauchern **vorrangig zu prüfende Sonderregelungen** zur Irreführung über die Beweggründe des Unternehmers für die geschäftliche Handlung finden sich in Nr. 6, Nr. 15, Nr. 22 und Nr. 23 der Schwarzen Liste im Anhang zu § 3 Abs. 3 UWG. **Nr. 6** regelt den Fall, dass statt der angebotenen Ware/Dienstleistung **eine andere Ware/Dienstleistung** abgesetzt werden soll. **Nr. 15** verbietet die unwahre Angabe, dass der Unternehmer demnächst sein **Geschäft aufgeben** oder seine Geschäftsräume verlegen will, bei **Nr. 22** geht es um die **Übermittlung rechnungsähnlicher Werbung** und bei **Nr. 23** um die **Verschleierung der Identität des Gewerbetreibenden.** Da die Regelungen im Anhang zu § 3 Abs. 3 UWG in jedem Fall unlauter sind, müssen diese vorrangig geprüft werden. Ist ihr Tatbestand nicht erfüllt, kann allerdings auf die Regelungen in § 5 UWG zurückgegriffen werden. **1162**

Zur Irreführung durch Aussagen im Zusammenhang mit Sponsoring siehe § 5 Abs. 1 **1163** S. 2 Nr. 4 UWG. Zur Irreführung über die Art des Vertriebs als solche → § 5 Rn. 1174 ff.

[3358] Gemeinsamer Standpunkt (EG) Nr. 6/2005 vom Rat festgelegt am 15.11.2004, ABl. 2005 C 38 E, S. 1.

[3359] Amtl. Begründung des Gesetzentwurfes der Bundesregierung, BR-Drs. 345/08, 47.

[3360] Zu rechtssystematischen Bedenken → § 5 Rn. 714, 720; → Anh. § 3 Abs. 3 Nr. 15 Rn. 3, 11.

1164 Im **UWG aF** (G. v. 7.6.1909) gab es außerdem noch zahlreiche **Sonderregelungen** zu besonderen Verkaufsveranstaltungen, nämlich in § 6 (Konkurswarenverkauf), § 7 (Sonderveranstaltungen) und § 8 (Räumungsverkäufe). Das Verbot irreführender Werbung war jedoch stets von der Existenz dieser Sonderregelungen unabhängig, so dass der **Wegfall der** entsprechenden **Spezialgesetze** auch das Verbot irreführender Werbung über den Anlass des Verkaufs **unberührt** ließ. Entsprechendes gilt heute für die Irreführung über die Beweggründe des Unternehmers. Allerdings wirken sich der Wegfall der Sonderregelungen und die dadurch bewirkte Möglichkeit, zB häufiger mit Sonderveranstaltungen zu werben, immer mehr auf das Verständnis des durchschnittlich informierten und verständigen Verbrauchers aus. So war der Durchschnittsverbraucher in Zeiten der gesetzlich regulierten Sommer- und Winterschlussverkäufe, zB an die Ankündigung vollmundiger Preissenkungen gewöhnt, so dass er während dieses Zeitraums die Werbung mit „Tiefstpreisen" anders verstand als außerhalb der Schlussverkaufsphasen.[3361] Das fällt heute weitgehend weg.

1165 **2. Bedeutung des Verbots; Unternehmerbezogenheit.** Das Verbot verknüpft **ein subjektives Element** (Beweggründe des Unternehmers) mit **zwei objektiven Elementen** (geschäftliche Handlung und Art des Vertriebsverfahrens). Die Bedeutung von Angaben über die Beweggründe für die geschäftliche Handlung oder die Art des Vertriebsverfahrens liegt darin, dass der Durchschnittsverbraucher bei Angabe eines besonderen Anlasses im Regelfall von einer **besonders preisgünstigen Einkaufsgelegenheit** ausgeht.[3362] Aus diesem Grund wurde die Fallgruppe „Anlass des Verkaufs" vom deutschen Gesetzgeber auch mit dem Punkt „Vorhandensein eines besonderen Preisvorteils" verknüpft. Allerdings ist das nicht alles. Denn Beweggrund kann zB auch sein, dass der Unternehmer bestimmte Organisationen durch Spenden fördern will. Dann erwartet auch der Verbraucher keine besonders günstigen Preise, denn je geringer der Gewinn des Unternehmers, desto geringer wird im Regelfall seine Spendenbereitschaft sein. Dennoch ist die Irreführung über eine solche Motivation verboten. Für das Verbot irreführender oder unwahrer Angaben über den Beweggrund des Unternehmers kommt es somit **nicht darauf an, ob** im Einzelfall auch **tatsächlich günstige Preise** oder andere besondere Preisvorteile geboten werden (wenn sich der Beweggrund auf ein anderes Motiv bezieht).

1166 In jedem Fall kommt es aber immer nur auf die Beweggründe des **Unternehmers** an bzw. über die Aussagen hierzu gegenüber dem Werbeadressaten. Die Beweggründe des Werbeadressaten oder anderer Personen, die nicht dem Unternehmer zuzurechnen sind, sind daher unerheblich. Auch muss es sich bei den relevanten Beweggründen **nicht um die einzigen Beweggründe** handeln, sie dürfen allerdings auch **nicht nur eine untergeordnete Bedeutung** haben.

1167 **3. Irreführung über Geschäftsanbahnung/-fortsetzung.** Wer ein Geschäft anbahnen will, dies aber gegenüber dem Kunden verschleiert, täuscht ebenfalls über die Beweggründe für seine geschäftliche Handlung und verstößt damit gegen § 5 Abs. 1 S. 2 Nr. 3 UWG (zur Verwendung rechnungsähnlicher Formulare → Rn. 1168 f.). **Vorrangig** ist allerdings **Nr. 23 im Anhang zu § 3 Abs. 3 UWG** zu prüfen. Danach ist es in jedem Fall unlauter, gegenüber einem Verbraucher unwahr zu behaupten oder auch nur den Eindruck zu erwecken, dass der Unternehmer nicht für Zwecke seines Geschäfts, Handels, Gewerbes oder Berufs handele. Das schließt allerdings die Anwendung des § 5 Abs. 1 UWG **gegenüber Unternehmern** nicht aus. Hier soll es nach der jüngeren Rechtsprechung des BGH sogar bereits genügen, dass das äußere Erscheinungsbild eines Schreibens so gestaltet ist, dass die Angesprochenen **den geschäftlichen Charakter nicht klar und eindeutig erkennen können,** indem zB der unzutreffende Eindruck erweckt wird, die beworbene Ware oder Dienstleistung sei bereits bestellt.[3363] Dabei kann es sogar genügen, dass dieser Ein-

[3361] OLG Köln WRP 1990, 131 – Tiefstpreise.
[3362] BGH GRUR 2000, 239 (241) – Last-Minute-Reise; GRUR 1979, 406 (408) – Mords-Preis-; audi; 1979, 474 (475) – 10-Jahres-Jubiläum.
[3363] BGH GRUR 2012, 184 Rn. 18 – Branchenbuch Berg.

druck **bei nur flüchtiger Wahrnehmung** entsteht, wenn das Schreiben gerade auf eine solche flüchtige Wahrnehmung abzielt. Daneben kam ein Verstoß gegen **§ 4 Nr. 3 UWG aF** wegen Verschleierung des Werbecharakters in Betracht. Außerdem kann ein Verstoß gegen **§ 312c iVm 312a Abs. 1 BGB** vorliegen, wonach im Fernabsatz gegenüber Verbrauchern der geschäftliche Zweck eines Vertrags bzw. eines Telefonanrufs anzugeben ist. Irreführend ist es daher, durch **Einwurf einer Benachrichtigungskarte** beim Adressaten den Eindruck zu erwecken, ein Paket habe ihm nicht zugestellt werden können und ihn zur Kontaktaufnahme aufzufordern, während mit dem so bezweckten Anruf tatsächlich ein Gespräch über den Kauf oder Verkauf von Immobilien angebahnt werden soll.[3364] Bei **Ausflugsfahrten,** die auch dem Verkauf von Waren dienen sollen, muss auf den Verkaufscharakter eindeutig und unmissverständlich hingewiesen werden. Die Bezeichnung als **„Werbefahrt"** allein genügt nicht.[3365] Umgekehrt darf dem Kunden allerdings auch nicht eine Verkaufsmöglichkeit vorgespiegelt werden, die tatsächlich nicht besteht. Wird zB ein Verkaufslokal während der gesetzlichen Ladenschlusszeiten ausschließlich zur Besichtigung der Ware und nicht zu Beratung oder Verkauf offen gehalten, muss hierauf in der Werbung deutlich hingewiesen werden.[3366] Ebenso ist darauf hinzuweisen, falls angebotene Waren nicht sofort und direkt erworben werden können, sondern die Käufer in einer vorherigen **Verkaufsverlosung** erst ermittelt werden.[3367]

4. Verwendung rechnungsähnlicher Formulare. Rechnungsähnliche Formulare, mit denen eine bislang nicht bestellte Leistung in Auftrag gegeben werden soll, die beim Adressaten aber den Eindruck einer bestehenden Zahlungspflicht für bereits erbrachte Leistungen (zB Eintragung in bestimmten Registern) hervorrufen, sind ebenfalls **irreführend.**[3368] Auch hier kam zugleich ein Verstoß gegen **§ 4 Nr. 3 UWG aF** wegen Verschleierung des Werbecharakters in Betracht.[3369] Darüber hinaus kann auch die Geltendmachung von Forderungen aus **(Folge-)Verträgen,** die durch entsprechende Formulare zustande kommen, **wettbewerbswidrig** sein.[3370] Früher war fraglich, ob solche Fälle unter § 5 UWG subsumiert werden konnten, da es nicht um den Anlass eines Verkaufs ging, sondern um die Verschleierung, dass überhaupt erst ein Vertrag zustande kommen soll. Die Rechtsprechung leitete die Rechtswidrigkeit in der Vergangenheit daher vor allem aus § 1 UWG aF (heute § 3 UWG) ab.[3371] Heute kommt auch eine Anwendung von § 5 Abs. 1 S. 2 Nr. 3 UWG in Betracht. Dabei geht der BGH sogar so weit, dass er trotz grundsätzlicher Geltung des Leitbilds des verständigen Durchschnittsverbrauchers die **flüchtige Wahrnehmung** des Empfängers für maßgeblich hält (bzw. entsprechende Feststellungen der Vorinstanz akzeptiert), wenn das Schreiben gerade **darauf ausgerichtet** ist, den bei flüchtiger Betrachtung entstehenden Eindruck, die Ware oder Leistung sei bereits bestellt, auszunutzen.[3372] Das mag bei Gewerbetreibenden und deren Mitarbeitern angesichts des heutigen Zeitdrucks im Geschäftsleben häufig sogar noch eher der Fall sein als bei Verbrauchern. Allerdings ist bei Verbrauchern ohnehin **vorrangig** die Regelung in **Nr. 22 im Anhang zu § 3 Abs. 3 UWG** zu berücksichtigen, der die Übermittlung einer Zah- 1168

[3364] OLG Hamm 19.8.2010 – 4 U 66/10, BeckRS 2010, 27688.
[3365] BGH GRUR 1986, 318 (320) – Verkaufsfahrten I; 1988, 829 (830) – Verkaufsfahrten II; 1988, 130 (132) – Verkaufsreisen.
[3366] OLG Köln WRP 1982, 166 (168); OLG Hamburg GRUR 1984, 678; WRP 1992, 572; OLG Düsseldorf WRP 1985, 345 (346); *Zirpel* WRP 1987, 236; *Scholtissek* WRP 1992, 11 (14); aA OLG Oldenburg WRP 1976, 498; KG WRP 1983, 493; OLG Stuttgart WRP 1984, 357 (358).
[3367] OLG Frankfurt a. M. MD 2005, 630 (634) – Verkaufsverlosung.
[3368] BGH GRUR 1994, 126 (127); 1995, 358 (360) – Folgeverträge I, II; 1998, 415 (416) – Wirtschaftsregister; OLG Düsseldorf WRP 1987, 417; OLG Hamburg WRP 1992, 656 (657); OLG Köln GRUR-RR 2011, 274 – Nationales Markenregister AG; WRP 1996, 226 (229); vgl. auch BGH GRUR 1992, 450 (452) – Beitragsrechnung; WRP 2001, 1073 (1075) – Gewinn-Zertifikat; zur Beurteilung als Betrug: BGH DB 2001, 1611; dazu *Solf* WRP 2000, 325; *v. Ungern-Sternberg* WRP 2000, 1057.
[3369] BGH GRUR 2012, 184 Rn. 18 – Branchenbuch Berg.
[3370] BGH WRP 2001, 1073 (1075) – Gewinnzertifikat.
[3371] ZB OLG Frankfurt a. M. MMR 2009, 553.
[3372] BGH GRUR 2012, 184 Rn. 28 – Branchenbuch Berg.

lungsaufforderung an Verbraucher verbietet, wenn damit der unrichtige Eindruck vermittelt wird, die beworbene Ware oder Dienstleistung sei bereits bestellt. Das bedeutet allerdings nicht, dass eine Irreführung nur dann vorliegen kann, wenn dem Anschreiben eine Rechnung oder eine andere Zahlungsaufforderung beiliegt.[3373] Selbst das Erfordernis einer Unterschrift unter den Auftrag steht einer Irreführung nicht zwingend entgegen.[3374]

1169 Erfasst werden somit Schreiben, die zur Prüfung von Angaben für den Eintrag in einem **Branchenbuch** und zur schriftlichen **Bestätigung** der Angaben – und damit zugleich zur Auftragserteilung – auffordern[3375] und Schreiben, mit denen für einen durchschnittlich informierten und verständigen Verbraucher der Eindruck erweckt wird, es solle ein **Beitrag für eine bereits bestehende Versicherung** gezahlt werden, während tatsächlich mit der Zahlung eine Höherversicherung abgeschlossen werden soll.[3376] Das gleiche gilt für Formulare, mit denen eine kostenlose und eine kostenpflichtige Dienstleistung angeboten werden (zB ein Insertionsauftrag), der Adressat zu einer **Korrektur seiner Daten** aufgefordert wird, er die versprochene kostenlose Leistung aber nur erhält, wenn das Formular unterschrieben wird, während die Unterschrift mit der Beauftragung einer kostenpflichtigen Leistung einhergeht.[3377] Das gleiche kann für Schreiben gelten, mit denen angeblich ein **Werbegeschenk angefordert** werden kann und darauf im Blickfang hingewiesen wird, während zugleich eine Mitgliedschaft in einem Buchclub begründet werden soll.[3378]

1170 **5. Irreführung über den gewerblichen Charakter eines Angebots. Nr. 23 im Anhang zu § 3 Abs. 3 UWG** verbietet es, gegenüber Verbrauchern den geschäftlichen Charakter des Handelns zu verschleiern oder den (unwahren) Eindruck zu erwecken, der Werbungstreibende sei Verbraucher. Diese Norm ist im Geschäftsverkehr mit Verbrauchern **vorrangig zu prüfen.**

1171 Darüber hinaus ist es aber auch im Geschäftsverkehr **zwischen Unternehmen** irreführend, den gewerblichen Charakter eines Angebots zu verschleiern, da der Interessent bei Privatangeboten häufig mit besseren Konditionen rechnet als bei geschäftlichen Angeboten.[3379] Beschränkt sich diese Erwartung allerdings allein auf den Preis, so könnte eine etwaige Irreführungsgefahr angesichts fehlender Vorsteuerabzugsmöglichkeit beim Kauf vom Privatmann nicht relevant sein. Ebenso ist es irreführend, wenn Immobilienanzeigen nicht erkennen lassen, dass sie von einem Makler stammen und daher bei Vertragsschluss eine Maklerprovision zu zahlen ist.[3380] Das gilt selbst dann, wenn erkennbar ist, dass es sich um ein gewerbliches Angebot handelt. Ob die Angabe „RDM" (Ring Deutscher Makler) zum Ausschluss einer Irreführungsgefahr ausreicht, ist dabei fraglich.[3381] Etwas anderes (dh keine Irreführungsgefahr) gilt allerdings, wenn Makler ihr eigenes Eigentum provisionsfrei anbieten.[3382]

1172 Zur Irreführung über **Sponsoring** → § 5 Rn. 1229.

1173 **6. Irreführung über Beweggründe des Unternehmers für die Art des Vertriebs?** Sowohl die Richtlinie als auch das UWG verbieten ihrem Wortlaut nach scheinbar nicht

[3373] BGH GRUR 2012, 184 Rn. 29 – Branchenbuch Berg.
[3374] BGH GRUR 2012, 184 Rn. 22 – Branchenbuch Berg.
[3375] BGH GRUR 2012, 184 – Branchenbuch Berg.
[3376] Vgl. BGH GRUR 1992, 450 (452) – Beitragsrechnung. Auch in dieser Entscheidung wurde (wie damals üblich) noch auf den flüchtigen Verbraucher abgestellt.
[3377] OLG Hamburg GRUR-RR 2006, 105 (106 f.) – Insertionsauftrag; OLG Frankfurt a. M. MMR 2009, 553.
[3378] BGH GRUR 1990, 282 (286) – Wettbewerbsverein IV; allerdings erging diese Entscheidung noch unter dem alten Verbraucherleitbild.
[3379] Vgl. BGH GRUR 1987, 748 (749) – Getarnte Werbung II.
[3380] Für den umgekehrten Fall einer Werbung mit der Angabe „provisionsfrei", obwohl bereits ein Vermittlungsauftrag des Vermieters vorliegt und dem Wohnungssuchenden daher § 2 Abs. 1a WoVermG ohnehin keine Zahlungspflichten auferlegt werden dürfen, siehe OLG Brandenburg WRP 2020, 344 – Wohnungsvermietung.
[3381] Offen gelassen in BGH GRUR 1990, 377 – RDM.
[3382] BGH GRUR 1993, 760 – Provisionsfreies Maklerangebot.

nur die Irreführung über die Beweggründe für die geschäftliche Handlung, sondern auch über die **Beweggründe für „die Art des Vertriebs“.**[3383] Zu einem solchen Verständnis könnte man gelangen aufgrund des systematischen Zusammenhangs – Erwähnung in § 5 Abs. 1 S. 2 **Nr. 3** UWG, der sich mit Eigenschaften des *Unternehmers* befasst – und des Satzbaus in der Richtlinie – Erwähnung von geschäftlicher Handlung und Vertriebsverfahren in einem Halbsatz, getrennt von den anderen Fallgruppen durch Kommata. Allerdings ist **unklar,** was mit Beweggründen für die Art des Vertriebs gemeint sein soll. Konkrete Beispiele lassen sich weder den Dokumenten zur Richtlinie noch der deutschen Gesetzesbegründung entnehmen. Eine Erklärung könnte sein, dass der europäische Gesetzgeber damit die Fälle des Schein-Insolvenzverkaufs oder der Schein-Räumungsverkäufe erfassen wollte, die er möglicherweise als besondere Vertriebsverfahren ansah. Dafür spricht auch, dass eine etwaige Irreführung über den „Anlass des Verkaufs“ in der Richtlinie nicht ausdrücklich erwähnt wird. Dieses Verständnis trägt für das deutsche Recht allerdings nicht, denn dort sind sowohl die Beweggründe als auch der Anlass als **eigenständige Irreführungstatbestände** geregelt. Hinzu kommt, dass „geschäftliche Handlung“ bereits sehr weit definiert ist und daher mit den Beweggründen über die geschäftliche Handlung auch die Beweggründe über die Vertriebsart erfasst sind. **Eine eigenständige Bedeutung** kommt der Fallgruppe „Irreführung über die Beweggründe für die Art des Vertriebs“ daher **nicht** zu. Zur Irreführung über die Art des Vertriebs als solche siehe unmittelbar nachfolgend *Dreyer* → § 5 Rn. 1174 ff.

X. Art des Vertriebs

Schrifttum: *Bleutge,* Die öffentliche Bestellung in der Rechtsprechung – Eine Übersicht der letzten 17 Jahre, GewArch 2008, 9; *ders.,* Rundstempel-Verbot für selbsternannte Sachverständige, WRP 1979, 777; *Gröner/Köhler,* Der SB-Großhandel zwischen Rechtszwang und Wettbewerb, 1986; *Herb,* Spezialisierungshinweise und irreführende Werbung nicht markenbezogener Reparaturwerkstätten, WRP 1991, 699; *Hereth,* Spezialisierungshinweise und irreführende Werbung nicht markenbezogener Reparaturwerkstätten, WRP 1991, 699; *Lindemann/Bauer,* Fabrikverkauf, Lagerverkauf, Hersteller-Direkt-Verkauf und Factory Outlet – Werbung am Rande der Legalität –, WRP 2004, 45; *Müller,* Zur Führung des Firmenzusatzes „Deutsch“, GRUR 1971, 141; *Nassall,* Anm. zu BGH Urt. v. 20.1.2005, I ZR 96/02 – Direkt ab Werk, jurisPR-BGHZivilR16/2005 Anm. 2; *ders.,* Irreführung im Kfz-Handel („Ford-Vertragspartner“), jurisPR-BGHZivilR 20/2011 Anm. 2; *Niebling,* Werkstätten als Vertragspartner oder scheinbare Vertragshändler, WRP 2011,1416; *Okonek,* Factory Outlet Center: Eine neue Chance durch E-Commerce?, K & R 2001, 91; *v. Olenhusen,* Das „Institut“ im Wettbewerbs-, Firmen-, Standes-, Namens- und Markenrecht, WRP 1996, 1079; *Schartel,* Der wettbewerbsrechtliche Schutz vor qualitativ geringwertigen Ersatz- und Nachbauteilen, WRP 1995, 901; *Schmitz-Temming,* Wettbewerbsrecht contra Factory Outlet Center – Fangschuss oder untauglicher Versuch?, WRP 1998, 680; *Schricker,* Funktionstreue des Großhandels – Ein Rechtswert?, GRUR 1990, 567; *Tietgen,* Die Unterschiede zwischen Fabrik- und Händlermarken in warenzeichen- und wettbewerblicher Sicht, 1975; *Weyhenmeyer,* Fachgeschäft und Fachhandel als Begriffe des Wettbewerbsrechts, WRP 1982, 443.

1. Abgrenzung. Anders als die übrigen in § 5 Abs. 1 S. 2 Nr. 3 geregelten Bezugspunkte entstammt die Irreführung über das **Vertriebsverfahren** nicht Art. 6 Abs. 1 lit. f UGP-Richtlinie, sondern deren lit. c. Das ist va im Hinblick auf die abschließende Natur der dort enthaltenen Liste von Bezugspunkten wichtig. Zugleich macht die Systematik des Art. 6 Abs. 1 UGP-Richtlinie deutlich, dass es nicht um einen Irrtum über den Unternehmer geht, sondern um Umstände im Zusammenhang mit der konkreten geschäftlichen Handlung. 1174

Art. 6 Abs. 1 lit. c spricht von der „Art des Vertriebsverfahrens“; in der **engl.** bzw. **frz.** Richtlinienfassung ist von „the nature of the sales process“ bzw. „la nature du processus de vente“ die Rede. Gemeint ist folglich die Natur des Absatzverfahrens, also der Weg, auf dem der Unternehmer die Ware vertreibt bzw. der Kunde sie bezieht, etwa „direkt vom 1175

[3383] Im deutschen Text der Richtlinie ist von „Art des Vertriebsverfahrens“ die Rede, in der englischen Fassung von „nature of the sales process“ und in der französichen von „nature de processus de vente“.

Hersteller" oder „von privat". Damit deckt sich die Fallgruppe im Wesentlichen mit der bislang häufig als Irrtum über die **Bezugsart** Bezeichneten.

1176 Der Irrtum über die Vertriebsart fällt häufig mit der Irreführung über den Status des Unternehmers im Herstellungs- bzw. Vertriebsverfahren (→ § 5 Rn. 1045) zusammen. Bezeichnet sich zB ein Einzelhändler als „Großhändler", wird der Verkehr nicht nur über den Status des Unternehmers (Einzelhändler bzw. Großhändler) getäuscht, sondern auch über die Art des Vertriebsverfahrens (Großhandel statt Einzelhandel). Beide Bezugspunkte werden hier deshalb zusammen kommentiert.

1177 Anders als der Irrtum über das **Herstellungs- bzw. Erbringungsverfahren** ist der Irrtum über die Art des Vertriebs bzw. den Status des Unternehmers im Herstellungs- oder Vertriebsverfahren kein Irrtum über die Ware bzw. Dienstleistung, sondern über das Unternehmen: Wer meint, ein Unternehmen sei Großhändler statt Einzelhändler, hat falsche Vorstellungen über den Betrieb. Wer der Auffassung ist, eine beworbene Ware sei handgefertigt, während sie aus der Massenfabrikation stammt, irrt über das Herstellungsverfahren.

1178 Eine Irreführung über das Unternehmen kann auch durch unrichtige oder irreführende Angaben über den Ort bzw. das Gebiet bewirkt werden, in dem das Unternehmen seinen Sitz hat oder tätig wird. In diesem Zusammenhang kann auch eine Irreführung über die Größe oder Bedeutung des Unternehmens vorliegen, dazu → § 5 Rn. 1007. Unwahre oder täuschende Angaben über die **betriebliche und die geografische Herkunft** der Ware oder Dienstleistung behandeln § 5 Abs. 1 S. 2 Nr. 1 sowie Nr. 13 des Anhangs zu § 3 Abs. 3; s. die dortige Kommentierung. Zu den geschäftlichen Handlungen nach § 3 Abs. 3, die **gegenüber Verbrauchern stets unzulässig** sind, gehören **nach Nr. 19 des Anhangs zu § 3 Abs. 3 unwahre Angaben über die Bezugsquellen** (die RLuG spricht allerdings von den „Möglichkeiten, das Produkt zu finden"), um den Verbraucher zu bewegen, eine Ware oder Dienstleistung zu weniger günstigen Bedingungen als den allgemeinen Marktbedingungen abzunehmen oder in Anspruch zu nehmen, und **nach Nr. 23 fälschliche Behauptungen oder das Erwecken des Eindrucks eines Bezugs „von privat"**. Das relevante Nichtkenntlichmachen des **kommerziellen Zwecks** einer geschäftlichen Handlung begründet gem. **§ 5a Abs. 6** eine Irreführung durch Unterlassen, s. die dortige Kommentierung.

1179 **2. Einzelheiten.** Über die Vertriebsart bzw. den Status des Unternehmers im Herstellungs- bzw. Vertriebsverfahren kann auf unterschiedlichste Weise getäuscht werden. Meistens sind **Unternehmensbezeichnungen** der Grund der Irreführungsgefahr. Aber auch **beschreibende Angaben** wie „Agentur" oder „Akademie" können zur Täuschung geeignet sein.[3384]

1180 Nicht jeder Irrtum über die Vertriebsart bzw. den Status des Unternehmers im Herstellungs- und Vertriebsverfahren ist wettbewerbsrechtlich **relevant.** So hat der BGH die wettbewerbsrechtliche Relevanz eines Irrtums der Kunden darüber, dass die Anzeige vom Hersteller stamme und der gesamte Geschäftsvorgang ohne Einschaltung eines anderen Gewerbetreibenden abgewickelt werde, während tatsächlich der Handelsvertreter inseriert und am Geschäft mitgewirkt hatte, verneint.[3385] Die Annahme der mangelnden Mitwirkung Dritter sei nicht wettbewerbsrechtlich relevant, weil der Vertrag unmittelbar mit dem Hersteller geschlossen werde, alle erwarteten Vorteile in Bezug auf Qualität der Ware, Sorgfalt der Auftragsausführung und Gewährleistung biete und sich etwaige Gewährleistungsansprüche unmittelbar gegen den Hersteller richteten.[3386]

1181 **3. Beispiele. „Agentur".** Der Begriff kann als Hinweis auf eine Vermittlungstätigkeit dienen **(„Versicherungsagentur", „Partnervermittlungsagentur", „Werbeagentur")**, steht aber häufig auch an der Stelle von „Amt", „Anstalt" oder „Behörde" **(„Bun-**

[3384] Ebenso zum früheren Recht KG WRP 1978, 133.
[3385] BGH GRUR 1976, 596 (597) – Aluminiumrollläden.
[3386] BGH GRUR 1976, 596 (597) – Aluminiumrollläden.

desagentur für Arbeit", „Bundesnetzagentur", „Europäische Umweltagentur"). Die Werbung mit **„SEGURA BARGELDAGT"** wurde als irreführend angesehen, weil auch der durchschnittlich informierte, aufmerksame und verständige Umworbene bei dieser Schreibweise den Zusatz **„AGT"** als Abkürzung für „Agentur" nicht erkennt.[3387] Zusätze sind zu beachten, so weckt der Begriff **„autorisierte Goldverwertungsagentur"** die Vorstellung, dass das beworbene Unternehmen gewisse Standards in Bezug auf Qualität, Kontrolle und Ausbildung einhält und insofern einer Kontrolle der autorisierenden Stelle unterliegt.[3388]

„Akademie". → § 5 Rn. 858. 1182

„Anwalts- und Steuerkanzlei". → § 5 Rn. 1211. 1183

„Ärztehaus". Der Begriff soll nach früheren Entscheidungen die Fehlvorstellung hervorrufen können, dass bessere Leistungen angeboten werden als anderswo, etwa weil die dort praktizierenden Ärzte verschiedener Fachrichtungen im Sinne einer Gemeinschaftspraxis bei Diagnose und Therapie zusammen arbeiteten, den Einsatz medizinisch-technischer Geräte optimieren könnten usw.[3389] Heute werden demgegenüber nicht nur Ärzte und Kapitalanleger als Adressaten des Prospekts einer Bauträgergesellschaft,[3390] sondern auch Verbraucher den Begriff so verstehen, dass in dem Gebäude ausschließlich oder vornehmlich und in größerer Zahl Ärzte unterschiedlicher Fachrichtungen praktizieren, so dass Beschwerden unterschiedlichster Art ohne die Notwendigkeit eines Ortswechsels dort behandelt werden können; von einer Zusammenarbeit dieser Ärzte geht man heute nicht mehr aus. Zum Begriff **„Brustzentrum"** → § 5 Rn. 1044 unter „Zentrum". 1184

„Bank", „Bankier", „Sparkasse", „Bausparkasse", „Spar- und Darlehenskasse", „Volksbank". Wer unter diesen Bezeichnungen andere Tätigkeiten als Kreditgeschäfte betreibt, die den Anschein von Bankgeschäften erwecken, täuscht den Verkehr; denn diese Bezeichnungen dürfen nach §§ 39–41 KWG abgesehen von bestimmtem Ausnahmen für Altfälle nur Unternehmen führen, die Bankgeschäfte gewerbsmäßig oder in einem einen kaufmännischen Geschäftsbetrieb erfordernden Umfang betreiben, wobei für die Verwendung der Bezeichnungen „Bank", „Bankier" sowie „Sparkasse" eine Ausnahme gilt, wenn der Anschein eines Bankgeschäfts ausgeschlossen ist. 1185

„Buchhaltung", „Buchungsservice". Damit darf nur werben, wer die nach § 6 Nr. 4 StBerG erforderliche Qualifikation besitzt,[3391] näher → § 5 Rn. 1086. 1186

„Discount". Unter einem „Discount(er)" stellt sich der Verkehr ein Unternehmen des Einzelhandels vor, das Konsumgüter des täglichen Bedarfs vertreibt und sich durch eine kostenreduzierende Warenpräsentation und geringe Auswahl innerhalb der einzelnen Warengruppen auszeichnet.[3392] Von einem „Discounter" erwartet der Verkehr dauerhaft günstige Preise.[3393] Das schließt nicht aus, dass in Discount-Geschäften auch Markenartikel geführt und diese nicht verbilligt verkauft werden.[3394] Als unzulässig wurde die Werbung einer Apotheke mit **„Discountapotheke"** angesehen, da angesichts der Preisbindung für verschreibungspflichtige Medikamente ein großer Teil des Sortiments nicht günstiger als bei anderen Anbietern war.[3395] 1187

„Doktor". Der Begriff ist mehrdeutig, so dass es in besonderem Maße auf die Art seiner Verwendung ankommt. Die Werbung eines Autolackierers mit der Bezeichnung **„Lackdoktor"** ist nicht irreführend.[3396] 1188

3387 Ebenso zum früheren Recht KG WRP 1978, 133.
3388 OLG Brandenburg DE:OLGBB:2010:0713.6U58.09.0A.
3389 BGH GRUR 1988, 458 mwN – Ärztehaus.
3390 Vgl. BGH GRUR 1988, 458 – Ärztehaus.
3391 Vgl. hierzu OLG Brandenburg NJW-RR 2005, 1657.
3392 OLG Hamburg OLGR Hamburg 2007, 71 ff.
3393 BGH NJW 1971, 378 – Dauertiefpreise; OLG Dresden WRP 2012, 230; vgl. *Haberkorn* WRP 1966, 393.
3394 Vgl. *Haberkorn* WRP 1966, 393.
3395 OLG Dresden WRP 2012, 230.
3396 OLG Jena GRUR-RR 2005, 354.

1189 **„Drogerie"** darf der Unternehmer sein Geschäft in der Werbung nur nennen, wenn dort die typischen Drogeriewaren (Körperpflegeartikel pp.) sowie die üblicherweise in Drogerien ebenfalls erhältlichen verwandten Waren (Fotoartikel, Süßwaren pp.) angeboten werden. Den Charakter einer Drogerie verliert das Geschäft, wenn das Angebot durch **drogerieuntypische** Waren (Wurstwaren, Kleidung und Schuhe oÄ) maßgeblich verwässert wird.[3397] Wer einen Internet-Schuhversand betreibt, darf Kunden auch dann nicht durch Schlagworte wie „Meiers Drogerie" auf seine Website locken, wenn er ergänzend auch einige Körperpflegeartikel anbietet. Demgegenüber gehören Naturkostpräparate, Kosmetik, Pflanzenschutzmittel, Haushaltswaren, Chemieartikel, Fotos und freiverkäufliche Arzneimittel heute zum typischen Sortiment einer „Drogerie".[3398] Nicht irreführend ist es, von einer **„Drogerieabteilung"** zu sprechen, wenn sich die typischen Drogeriewaren in einem räumlich abgegrenzten Bereich befinden und dort von einer fachkundigen Person **(„Drogisten")** verkauft werden.

1190 **Ersatzteile und Zubehör.** Die **Benutzung von Kennzeichen des Herstellers** als Hinweis auf die Bestimmung von Zubehör und Ersatzteilen ist unter den durch die RL 2008/95/EG zur Angleichung der Rechtsvorschriften über Marken geregelten Voraussetzungen zeichenrechtlich zulässig.[3399] Eine zeichenrechtlich zulässige Benutzung der Marke stellt keine unzulässige vergleichende Werbung dar, wenn sie unter Beachtung der in der Irreführungsrichtlinie niedergelegten Grundsätze erfolgt und nur eine Unterscheidung der Erzeugnisse und Dienstleistungen des Werbenden von denjenigen seines Mitbewerbers bezweckt, durch die Unterschiede objektiv herausgestellt werden sollen.[3400] Die Schranken der Rechte aus der Marke regelt die MRRL abschließend; auch Art. 14 der RL 98/71/EG und Art. 110 VO (EG) Nr. 6/2002 über das Gemeinschaftsgeschmacksmuster berechtigten den Hersteller von Kraftfahrzeugersatzteilen und -zubehör nicht, auf seinen Waren ein Zeichen, das mit einer von einem Kraftfahrzeughersteller ua für solche Waren eingetragenen Marke identisch ist, ohne dessen Zustimmung mit der Begründung anzubringen, dass die damit vorgenommene Benutzung der Marke die einzige Möglichkeit darstelle, das betr. Fahrzeug zu reparieren und ihm als komplexes Erzeugnis wieder sein ursprüngliches Erscheinungsbild zu verleihen.[3401] Das Irreführungsverbot findet unbeschadet der zeichenrechtlichen Grundsätze Anwendung.[3402] Deshalb dürfen weder der Zubehör- oder Ersatzteilhersteller noch der Hersteller der Hauptware durch die Kennzeichnung der Ware mit fremden Kennzeichen beim Verkehr einen Irrtum über die betriebliche Herkunft oder die Art des Vertriebs erwecken. In vielen Branchen ist eine Verlagerung von Teilen des Produktionsvorgangs in **Zuliefer- und Spezialbetriebe** heutzutage jedoch die Regel. Deshalb kann zB von einem angemessen aufmerksamen, verständigen und informierten Kfz-Besitzer im Allgemeinen erwartet werden, dass er weiß, dass einzelne in der Fertigung eingesetzten Teile von Zulieferern oder Spezialwerkstätten hergestellt werden. Hier setzt der Kunde auch bei als **„Original-Ersatzteil"** bzw. „Original-Zubehör" nachträglich geliefertem Zubehör oder Ersatzteilen nur voraus, dass diese aus derselben Fertigung wie bei der Erstlieferung stammen und der Hersteller des Kfz für sie in ähnlicher Weise wie für die bei der Erstausstattung eingebauten Teile mit seinem Namen und Ruf einstehen wird.[3403] **S. auch unter „Hersteller".**

1191 **„Fabrik".** Kennzeichnend für eine „Fabrik" ist die Neuherstellung von Produkten unter weitgehender Arbeitsteilung und Einsatz von Maschinen. Mit einer „Fabrik" kann der Verkehr auch die Vorstellung einer gewissen Betriebsgröße verbinden. Wird der Begriff im

---

[3397] OLG Bamberg BB 1958, 890. – AA Köhler/*Bornkamm/Feddersen* § 5 Rn. 4.11.

[3398] Vgl. OLG Frankfurt a. M. WRP 2002, 1452 (1457).

[3399] EuGH C-500/14, EU:C:2015:680 Rn. 44 – Ford Motor Company.

[3400] Vgl. EuGH C-112/99, GRUR 2002, 354 – Toshiba; C-59/05 GRUR 2006, 345 (346) – Siemens/VIPA; BGH GRUR 2003, 444 (445) – Ersetzt.

[3401] EuGH C-500/14, EU:C:2015:680 Rn. 44 – Ford Motor Company.

[3402] Vgl. EuGH C-112/99, GRUR 2002, 354 – Toshiba; C-59/05, GRUR 2006, 345 (346) – Siemens/VIPA; näher → § 5 Rn. 1278 ff.

[3403] Vgl. BGH GRUR 1963, 142 (146) – Original-Ersatzteil; GRUR 1966, 211 (212) – Ölfilter.

Zusammenhang mit Warenangeboten verwandt („ab Fabrik", „Fabrikverkauf", „Verkauf direkt ab Fabrik", „vom Fabrikanten direkt zum Verbraucher"), versteht der Verkehr das idR im Sinne einer eigenen Herstellung der beworbenen Ware durch den Werbenden und ihren Vertrieb ohne Einschaltung des Handels;[3404] es gelten die Ausführungen zum Stichwort „Hersteller" entsprechend.

„Fachunternehmen" bzw. „Fachgeschäft". So darf sich nur ein auf ein oder mehrere bestimmte Warengruppen spezialisiertes Geschäft nennen,[3405] wobei zusätzlich zu fordern ist, dass es sich durch eine große Auswahl, fachkundige Beratung und Bedienung sowie den üblichen Service auszeichnet,[3406] also durch eine gewisse Befähigung des Inhabers bzw. seiner Mitarbeiter. Auf ein „Fachgeschäft" bzw. besondere Fachkunde lassen nicht nur entspr. Bezeichnungen schließen, sondern zB auch eine besonders herausgestellte Spezialisierung des Unternehmens („Sanitätshaus X", „Kassel-Huskys-Fanartikel-Shop"). Eine Berühmung als Fachgeschäft kann auch darin liegen, dass der Inhaber seinen Namen mit der Branche verbindet („Leder-Schulze").[3407] Als irreführend wurde die Bezeichnung „größtes Teppichboden- und **Gardinenfachgeschäft** Südostbayerns" für ein Abhollager angesehen, ohne dass es auf die Frage der Zulässigkeit der darin liegenden Alleinstellungswerbung noch ankam.[3408] In der eigenen Bezeichnung als **„Fachwerkstatt"** eines international bekannten Autoherstellers liegt im Allgemeinen die Behauptung einer vertraglichen Beziehung. Besteht diese nicht, ist die Werbung idR unwahr und täuschend.[3409] Eine Klinik darf sich nicht als **„Fachklinik"** bezeichnen, wenn nur ein allgemeines umfassendes Angebot an Krankenbehandlungen besteht.[3410] Die Verwendung der Bezeichnung **„Fachschule"** soll in Nordrhein-Westfalen nicht den Eindruck erwecken, es handele sich um eine staatliche Schule.[3411] Außerdem kann ein Irrtum über die **Befähigung** erweckt werden (→ § 5 Rn. 911 ff.). 1192

„Factory Outlet" bzw. „Outlet". Letztere Bezeichnung fasst der Verkehr als Kurzform der ersteren und beide als synonymes Begriffspaar im Sinne eines Fabrikverkaufs auf.[3412] Er erwartet dort aus der Produktion des Anbieters stammende Waren, die unter Ausschaltung des Groß- und Zwischenhandels besonders preiswert angeboten werden.[3413] Wird ein Geschäft als „Factory Outlet" oder „Outlet" bezeichnet, müssen zwei Bedingungen erfüllt sein, nämlich die Waren sowohl aus eigener Produktion stammen als auch die Preise unter denen des Einzelhandels liegen.[3414] Die Bezeichnung ist deshalb irreführend, wenn die Ware im Fachhandel, von dem die Bezeichnung abgrenzen will, nicht erhältlich ist, sodass es keinen Vergleichspreis des Einzelhandels gibt.[3415] Auch die Abgabe von Ware lediglich zu reduzierten Preisen reicht nicht, wenn diese nicht unmittelbar vom Hersteller stammt, sondern von einem normalen, Restposten anbietenden Handelsunternehmen.[3416] Die erforderliche „Herstellereigenschaft" des Anbieters erfordert jedoch nicht, dass er sämtliche Fertigungsschritte in seinem Unternehmen vollzieht. Vor allem bei serienmäßig hergestellten Massenwaren steht ihr nicht entgegen, dass die angebotenen Waren teilweise 1193

[3404] Vgl. OLG München GRUR 1979, 159.
[3405] Vgl. OLG München WRP 1979, 156.
[3406] BGH GRUR 1997, 141 – Kompetenter Fachhändler; OLG Koblenz WRP 1982, 45; *Weyhenmeyer* WRP 1982, 443 ff.
[3407] Köhler/*Bornkamm/Feddersen* § 5 Rn. 4.17.
[3408] Vgl. OLG München WRP 1979, 156.
[3409] OLG Hamm WRP 1983, 169.
[3410] BGH GRUR 1988, 841 – Fachkrankenhaus.
[3411] LG Düsseldorf EzB-VjA UWG §§ 1 ff. Nr. 23.
[3412] BGH GRUR 2013, 1254 (1256) – Matratzen Factory Outlet; OLG Stuttgart DE:OLGSTUT:2014:0724.2U34.14.0A Rn. 27.
[3413] BGH GRUR 2013, 1254 (1256) – Matratzen Factory Outlet.
[3414] Köhler/*Bornkamm/Feddersen* § 5 Rn. 4.15; OLG Stuttgart DE:OLGSTUT:2014:0724.2U34.14.0A Rn. 31.
[3415] BGH GRUR 2013, 1254 Rn. 30 – Matratzen Factory Outlet.
[3416] OLG Stuttgart DE:OLGSTUT:2014:0724.2U34.14.0A Rn. 35; OLG Hamburg GRUR-RR 2001, 42; OLG Nürnberg MDR 2002, 286.

in fremden Betrieben gefertigt oder zugekauft werden.[3417] Als irreführend wurden bspw. angesehen: Die Bezeichnung eines Augenoptikergeschäfts mit umfassendem Angebot als „factory outlet";[3418] die Werbung eines Handelsunternehmens mit „Designer Outlet";[3419] die Werbung eines Onlinehändlers, der zahlreiche Markenartikel als reine Händlerin vertrieb, ohne insofern mit dem jeweiligen Hersteller verbunden zu sein, mit dem Begriff „Outlet".[3420]

1194 **„Finanz", „Kredit".** Die Begriffe suggerieren eine Tätigkeit auf dem Gebiet der Bankgeschäfte.[3421] Der Verkehr schließt außerdem auf das Vorliegen einer etwa erforderlichen **Zulassung, → § 5 Rn. 1070 ff.** Bestimmte in § 1 Abs. 3 KWG als „Finanzunternehmen" bezeichneten Unternehmen (Anlageberater, Geldmakler usw) benötigen für ihre im Zusammenhang mit finanziellen Transaktionen stehende Tätigkeit uU (vgl. § 2 Abs. 6 Nr. 8 KWG) keine Erlaubnis nach § 32 KWG; sie dürfen aber gleichwohl keinen falschen Eindruck über Art oder Umfang ihrer Geschäftstätigkeit erwecken. Durch den Gebrauch des Wortes „Finanz" in der Geschäftsbezeichnung eines Finanzmaklers **„Wall-Finanz H. + Partner"** wird nicht der Eindruck erweckt, der so Werbende sei selbst Kreditgeber und nicht lediglich Kreditvermittler.[3422] Demgegenüber hat das OLG Stuttgart die Bezeichnung **„Finanz-Agentur"** als Hinweis darauf angesehen, dass der Unternehmer selbst Kredite vergebe.[3423]

1195 **„Gesundheitsforschung".** Eine Irreführung durch die Verwendung der Bezeichnung hat der BGH im konkreten Einzelfall verneint.[3424]

1196 **„Geografische Angaben".** Sie können, va wenn sie in der Firma oder in Kennzeichen auftauchen, zur Täuschung des Verkehrs über den Sitz oder das Tätigkeitsgebiet des Unternehmens geeignet sein. Entscheidend für die Täuschungseignung ist die Sicht eines durchschnittlich aufmerksamen, verständigen und informierten Mitglieds des Verkehrskreises, an den sich die geschäftliche Handlung richtet. Ob eine solche Person einer geschäftlichen Handlung Orts- oder Gebietsangaben entnimmt und eine unrichtige Verbindung zwischen ihnen und dem Unternehmen herstellt, hängt von den Umständen des Einzelfalls ab. So sind im Hotel- und Restaurantbereich geografische Bezeichnungen weit verbreitet **(„Eisdiele Venedig"; „Pizzeria Italiana", „Frankfurter Hof").** Eine Irreführung über die geografische Herkunft des Unternehmens oder dessen Tätigkeitsgebiet liegt hier fern.[3425] Demgegenüber erwartet der Verbraucher, dass eine **„Meiers Frankfurter Finanzvermittlung"** in Deutschland und nicht auf den Bahamas ansässig ist, und dass eine **„Hamburger Versandunternehmen GmbH"** in Deutschland tätig ist und die Ware nicht erst aus Überland verschickt werden muss. Die **Relevanz** derartiger Irrtümer über die geografische Herkunft bzw. das Tätigkeitsgebiet des Unternehmens ergibt sich dann daraus, dass der Verbraucher mit der geografischen Herkunft des Unternehmens bzw. dessen räumlichen Tätigkeitsgebiet Erwartungen wie die schnelle(re) Belieferung, niedrige(re) Versandpreise, vereinfachter(e) Durchsetzung von Verbraucherrechten, großer (größere) Seriosität und Zuverlässigkeit bzw. hoher (höhere) wirtschaftliche Leistungsfähigkeit verbindet. Bei einem Umzugsunternehmen wurde die Vorstellung des Verbrauchers, dieses habe an einem bestimmten Ort seinen Sitz oder eine Niederlassung, als relevant angesehen, weil die Verbraucher ein ortsansässiges Unternehmen wegen einer optimalen Betreuung „vor Ort" bevorzugten.[3426] Unabhängig von der Irreführung über die geografische Herkunft des

---

[3417] BGH GRUR 2013, 1254 Rn. 21 – Matratzen Factory Outlet.
[3418] OLG Nürnberg MDR 2002, 286.
[3419] OLG Hamburg GRUR-RR 2001, 42.
[3420] OLG Stuttgart DE:OLGSTUT:2014:0724.2U34.14.0A Rn. 14; vgl. auch LG Stuttgart 31.3.2015 – 43 O 1/15 KfH, MMR 2015, 672.
[3421] OLG Köln WRP 1980, 439; AG Oldenburg BB 1968, 312.
[3422] OLG Bremen WRP 1977, 267.
[3423] OLG Stuttgart ZIP 1993, 1494. – Dagegen Köhler/*Bornkamm/Feddersen* § 5 Rn. 4.19.
[3424] BGH GRUR 2000, 616 – Auslaufmodell III.
[3425] Köhler/*Bornkamm/Feddersen* § 5 Rn. 4.105.
[3426] OLG Koblenz K& R 2008, 383.

Unternehmers kann die Angabe auch zur Täuschung über die Größe und Bedeutung des Unternehmens geeignet sein (→ § 5 Rn. 1007 f.) oder sogar eine Allein- oder Spitzenstellung erwarten lassen (→ § 5 Rn. 967 ff.).

„Großhandel", „Großhändler", „direkt vom Großhändler" uä. Mit dem Begriff des „Großhändlers" verbindet der Verkehr idR ein Unternehmen, das ausschließlich oder überwiegend an Wiederverkäufer liefert und entsprechend auch über einen hierauf zugeschnittenen Geschäftsbetrieb verfügt.[3427] Ein Unternehmen, das in großem Umfang an Endverbraucher verkauft, führt den Verkehr deshalb im Allgemeinen irre, wenn es sich „Großhändler" nennt, ohne darauf hinzuweisen, dass es auch den Einzelhandel betreibt.[3428] Da der Begriff des „Großhandels" dessen Funktion im Verteilungsnetz kennzeichnet, ist nicht erforderlich, dass das Unternehmen eine besondere Größe aufweist. Ein Betrieb, der kaum etwas umsetzt, der keine Geschäftsbeziehungen zu in- und ggf. auch ausländischen Herstellern und Großabnehmern besitzt und den für den Großhandel erforderlichen finanziellen Hintergrund nicht hat, ist aus der Sicht des Durchschnittsverbrauchers aber kein „Großhändler", selbst wenn er ausschließlich an Wiederverkäufer liefert. Die Bewerbung von Waren unter dem Hinweis auf eine (auch angebliche) Stellung des Werbenden als „Großhändler" oder **„Großimporteur"** kann den Eindruck erwecken, die Ware besonders günstig, nämlich ohne Abzug der auf die Zwischenhändler entfallenden Gewinne, oder aus einem besonders umfassenden Sortiment zu erhalten.[3429] Die Täuschung ist idR wettbewerbsrechtlich relevant, weil für den Fachhandel das Angebot eines Großhändlers, der in bedeutendem Umfang unmittelbar an Letztverbraucher zu demselben Preis wie an den Fachhandel liefert, nicht dasselbe Interesse haben wird wie eine alleinige Belieferung des Fachhandels;[3430] denn er wird die bezogene Ware durch die ihm vom „Großhändler" gemachte Konkurrenz kaum zu einem seinem Interesse genügenden Zwischenpreis absetzen können.[3431] Mit den Begriffen des „Großhändlers" bzw. „Großimporteurs" kann im Übrigen auch die Erwartung einer bestimmten Größe des Unternehmens einhergehen. 1197

Gutachter. Unlauter handelt, wer den Eindruck erweckt, **Gutachten** für jedwede Dritte erstellen zu können, während seine Bestallung tatsächlich auf die Erstellung von Gutachten für eine bestimmte Gesellschaft, zB die Gesellschaft der Havariekommissare mbH, beschränkt ist.[3432] S. zum „Sachverständigen" auch unter diesem Stichwort. 1198

„Händler" ist, wer im eigenen Namen und für eigene Rechnung tätig wird. Die Unterscheidung zwischen dem Händler und dem Vermittler, dem Handelsvertreter oder dem Kommissionär ist für den Verkehr idR von Bedeutung, weil wesentliche Elemente des Vertrags (Person bzw. Liquidität des Vertragspartners) betroffen sind. 1199

Handwerk. Unter einem **„Handwerksbetrieb"** versteht man einen Betrieb, der in der Herstellung tätig und handwerksmäßig organisiert ist. Typisch für einen Handwerksbetrieb sind die tätige Mitarbeit des Inhabers und die Verwendung gelernter Hilfskräfte.[3433] 1200

„Hersteller", „Produzent", „Fabrikant" uä. Diese Begriffe bezeichnen Unternehmen, welche die angebotenen Waren im Wesentlichen selbst herstellen. Werden derartige Begriffe im Zusammenhang mit dem Absatz von Waren verwandt, zB bei der Werbung mit **„aus eigener Produktion", „aus eigener Fabrikation"** oder **„direkt vom Hersteller"**, versteht der Verkehr darunter idR den Verkauf direkt vom Hersteller ohne Zwischenschaltung des Handels; desgleichen bei Begriffen wie **„Factory Outlet"**[3434] oder **„Designer Outlet"**;[3435] → **Rn. 1193.** Der gleiche Eindruck kann entstehen, wenn beim 1201

3427 Vgl. BGH GRUR 1968, 595 (598) – Wiederverkäufer.
3428 Vgl. BGH GRUR 1968, 595 (598) – Wiederverkäufer.
3429 Vgl. BGH WRP 1996, 1102 (1104) – Großimporteur.
3430 BGH GRUR 1968, 595 (599) – Wiederverkäufer.
3431 BGH GRUR 1968, 595 (599) – Wiederverkäufer.
3432 OLG Dresden WRP 1996, 1168 (1171).
3433 Köhler/*Bornkamm/Feddersen* § 5 Rn. 4.13.
3434 OLG Nürnberg MDR 2002, 286.
3435 Vgl. BGH GRUR 2013, 1254 (1256) – Matratzen Factory Outlet; OLG Hamburg GRUR-RR 2001, 42.

Verkauf **Marken** des Herstellers zum Einsatz kommen; allerdings werden heutzutage Marken nicht ohne weiteres als Herstellermarke aufgefasst.[3436] Die Behauptung einer Eigenproduktion kann auch **konkludent** erfolgen. So wurde die Bezeichnung **„Weingut"** als irreführend angesehen, wenn mehr als 20 % der jährlichen Gesamtproduktion aus fremderzeugten Weintrauben oder aus Erzeugnissen aus solchen hergestellt wurden;[3437] allerdings sind hier bei der Auslegung § 25 WeinG, die VO (EG) Nr. 607/2009 und die VO (EG) Nr. 1308/2013 zu beachten; → § 5 Rn. 72. Verbindet der Verkehr mit der Bezeichnung einen Bezug direkt vom Hersteller, darf dieser nicht tatsächlich in großem Umfang Fremdprodukte absetzen. **Stückware,** die mit „aus eigener Herstellung" beworben wird, darf überhaupt nicht zugekauft sein. In welchem Umfang es sich beim **Gattungskauf** (Mischware) um eigene Produktion handeln muss, damit der Begriff noch verwandt werden darf, hängt von der angebotenen Ware und den Umständen der geschäftlichen Handlung ab. So erwartet der Verbraucher bei Eiern, Fleisch oder Getreide „aus eigener Produktion" idR, dass der gesamte Inhalt der Verpackung aus dem landwirtschaftlichen Betrieb des Anbieters stammt.[3438] Demgegenüber ist bei Bekleidung meist selbstverständlich, dass die Stoffe zugekauft wurden; anders ggf., wenn der Verkauf durch einen Naturladen oder einen landwirtschaftlichen Betrieb erfolgt. Wer allerdings ein Drittel des Sortiments zukauft, soll sich nach Auffassung des BGH nicht **„Bekleidungswerk"** nennen dürfen.[3439] Hinsichtlich des für die Anfertigung der Produkte erforderlichen **Materials,** von **Teilen** oder **Zubehör** kommt es auf den Branche an. Der Verbraucher weiß zB, dass serienmäßig hergestellte Möbel oder Bekleidung meist aus zugekauftem Material hergestellt werden. Ihm ist auch bekannt, dass der Pkw-Hersteller seine **„Original-Ersatzteile"** uU in Spezialwerkstätten oder von Zulieferern herstellen lässt, und erwartet nur, dass der Hersteller mit seinem Namen und Ruf für die Qualität und Güte derartiger Ersatzteile einsteht,[3440] **s. näher unter „Ersatzteile".** Ob die **Auslagerung von Produktionsbereichen** die Werbung mit der Hersteller-/Produzenteneigenschaft ausschließt, hängt von den Umständen des Einzelfalls ab. Von Bedeutung sind insbes. die Bedeutung der ausgelagerten Produktionsbereiche und das Maß der Kontrollmöglichkeiten des Unternehmers. So soll ein kosmetisches **„Produktionsunternehmen"** nach Auffassung des OLG Köln noch gegeben sein, wenn Anrühren und Abfüllen der Kosmetika ausgelagert sind, sofern die Entwicklung der Rezepturen, die Bestimmung der Rohstoffe und die Durchführung der Endkontrolle selbst vorgenommen werden.[3441] Die **Relevanz** der Täuschung über den Direktbezug kann sich aus der Erwartung von Preisvorteilen, aber auch von hoher Qualität, von Kulanz, Bonität, Durchsetzbarkeit von Gewährleistungsansprüchen oder von der Möglichkeit vereinfachten Bezugs von Zubehör und Ersatzteilen ergeben. Entscheidend sind immer die Umstände des Einzelfalls. So sollen die Angaben „Fabrikverkauf" und „Matratzenfabrik" nicht schon deshalb irreführend sein, weil die Preise nicht den Wiederverkäuferpreisen entsprechen.[3442]

1202 **„Importeur".** Darunter versteht man einen Händler, der selbst im Import-Geschäft tätig ist. Die Angabe ist daher unzutreffend und täuschend, wenn der Unternehmer tatsächlich aus zweiter Hand bezieht.[3443]

1203 **„Institut".** In bestimmten Zusammenhängen deutet der Begriff auf einen wissenschaftlichen Tätigkeitsbereich oder auf eine besondere Verbindung bzw. Überwachung durch staatliche Stellen hin. Die Bezeichnung **„Institut für physikalische Therapie"** für einen von zwei Masseuren und medizinischen Bademeistern geführten Betrieb hat das OLG Düsseldorf als irreführend angesehen, da der Begriff „Institut" auf eine öffentliche oder

[3436] Köhler/*Bornkamm/Feddersen* § 5 Rn. 5.206; strenger noch BGH GRUR 1957, 438 – Klasen-Möbel.
[3437] Bayerisches Oberstes Landesgericht WRP 1977, 524.
[3438] Vgl. RG GRUR 1940, 585 – Trockengemüse.
[3439] Vgl. BGH GRUR 1986, 676 – Bekleidungswerk.
[3440] BGH GRUR 1963, 142 (146) – Original-Ersatzteile; GRUR 1966, 211 f. – Ölfilter; Köhler/*Bornkamm/Feddersen* § 5 Rn. 5.208.
[3441] OLG Köln GRUR-RR 2006, 237.
[3442] OLG München GRUR-RR 2004, 81.
[3443] Vgl. OLG Hamburg GRUR 1939, 81; Köhler/*Bornkamm/Feddersen* § 5 Rn. 4.94.

unter öffentlicher Aufsicht stehende wissenschaftliche Einrichtung hindeute, wenn ihm eine Tätigkeitsangabe hinzugefügt werde, die normalerweise Gegenstand wissenschaftlicher Forschung oder Behandlung sei.[3444] Ebenso für unzulässig angesehen wurde die Bezeichnung **„Institut für Zelltherapie Düsseldorf"** bzw. **„Frischzelleninstitut Düsseldorf"** für ein Unternehmen, in dem sich Interessierte einer Zellenimplantation unterziehen konnten, ohne dass hierfür eine behördliche Genehmigung erwirkt worden war.[3445] Wird dem Begriff eine Tätigkeitsangabe hinzugefügt, die auf eine gewerbliche Tätigkeit hinweist, erkennt der Verkehr, dass er eine private Einrichtung vor sich hat, so zB bei **„Beerdigungsinstitut"**,[3446] **„Kreditinstitut"**,[3447] **„Institut für Schönheitspflege"**,[3448] **„Ehevermittlungsinstitut"**,[3449] **„Bewachungsinstitut"**,[3450] **„Fremdspracheninstitut"**[3451] oder **„regioplan Institut für Strukturanalyse"**.[3452] Immer sind die Besonderheiten der jeweiligen Werbesituation zu beachten. So kann in Universitätsstätten oder Städten mit großem Klinikbetrieb der Schluss auf ein wissenschaftliches Tätigkeitsgebiet des „Instituts" näher liegen als in ländlichen Gebieten.[3453]

„Klinik", „Krankenhaus". Nach § 2 Nr. 1 KHG sind „Krankenhäuser" Einrichtun- 1204
gen, in denen durch ärztliche und pflegerische Hilfeleistung Krankheiten, Leiden oder Körperschäden festgestellt, geheilt oder gelindert werden sollen oder Geburtshilfe geleistet wird und in denen die zu versorgenden Personen untergebracht und verpflegt werden können. Ob der Verkehr eine Einrichtung als „Klinik" bzw. „Krankenhaus" einordnet, hängt neben der konkreten Situation der geschäftlichen Handlung und dem angesprochenen Verkehrskreis vom Zusammenspiel mehrerer Faktoren ab, so vom zahlenmäßige Verhältnis der stationären und der ambulanten Behandlungen, deren Art und Umfang, der personellen Ausstattung mit Ärzten und Pflegepersonal sowie der apparativen und sonstigen sächliche Ausstattung, von Art und Umfang der Möglichkeiten zur stationären Aufnahme und Durchführung von Behandlungen auch zur Nachtzeit und in Notfällen. Da ambulante Behandlungen idR in relativ kurzer Zeit ausgeführt werden, stationäre Behandlungen dagegen häufig einer wesentlich zeitaufwändigeren und intensiveren ärztlichen Behandlung, Nachbehandlung und pflegerischen Betreuung bedürfen, können letztere das Erscheinungsbild auch dann bestimmen, wenn die ambulanten Behandlungen der Zahl nach zwar weit überwiegen, aber für den Verkehr in ihrer medizinischen Bedeutung hinter der stationärer Behandlungen zurücktreten.[3454] Ein Verständnis des Begriffs „Klinik" dahingehend, dass eine Klinik wie ein Krankenhaus vorrangig dafür geschaffen sei, besonders schwere Erkrankungen zu heilen und insbesondere aufwändige operative Eingriffe durchzuführen, ist zu eng.[3455] Besteht der Eindruck eines **anstaltsmäßig** organisierten Krankenhauses, dürfen die ärztlichen Leistungen nicht im Wesentlichen von **Belegärzten** erbracht werden,[3456] außer wenn dies für den Verkehr deutlich wird.[3457] Je nach Gebrauch können die Begriffe eine andere oder eingeschränkte Bedeutung erhalten. So erwartet der Verkehr von einer **„Tagesklinik"** nur eine ambulante bis teilstationäre Versorgung, während von einem **„Akutkrankenhaus"** eine Tag- und Nach-Aufnahmebereitschaft für Akutfälle und ein breites Spektrum akuter Behandlungsfälle erwartet wird. Zum Begriff „Ärztehaus" s. dort.

3444 OLG Düsseldorf WRP 1977, 796 f.; siehe auch OLG Düsseldorf WRP 1976, 317.
3445 OLG Düsseldorf WRP 1976, 317 ff.
3446 OLG Düsseldorf WRP 1976, 317 (318).
3447 OLG Düsseldorf WRP 1976, 317 (318).
3448 OLG Düsseldorf WRP 1976, 317 (318).
3449 *Olenhusen* WRP 1996, 1079 (1081).
3450 *Olenhusen* WRP 1996, 1079 (1081).
3451 *Olenhusen* WRP 1996, 1079 (1080).
3452 LG Berlin BB 1968, 312 mAnm *George* BB 1968, 313.
3453 Vgl. *Olenhusen* WRP 1996, 1079 (1082) mwN.
3454 Vgl. BGH GRUR 1996, 802 (803) – Klinik.
3455 Vgl. BGH GRUR 1996, 802 (804) – Klinik.
3456 BGH GRUR 1990, 606 (607) – Belegkrankenhaus; OLG Nürnberg NJW-RR 1998, 113.
3457 Vgl. den Sachverhalt bei BGH GRUR 2003, 353 – Klinik mit Belegärzten.

1205 **„Kundendienst".** Unter einem Kundendienst ist ein vom Hersteller unterhaltenes Netz von Reparatur- und Wartungsbetrieben zu verstehen, die für die Abwicklung von Garantiefällen, für Reparaturen und für die Beschaffung von Ersatz- und Zubehörteilen zuständig sind.[3458] Ist es nicht vorhanden oder entspr. es nicht diesen Voraussetzungen, darf nicht mit dem Begriff geworben werden. Zur Irreführung über die Sprache, in welcher der Kundendienst erbracht wird, s. **Nr. 8 Anh. zu § 3 Abs. 3 → Anh. § 3 Rn. 186 ff.**

1206 **„Lohnsteuerhilfeverein".** Zur Werbung von Lohnsteuerhilfevereinen → § 5 Rn. 1032.

Makler. Der Verbraucher rechnet idR nicht damit, dass zu dem Preis noch eine Maklerprovision hinzukommt. Es muss deshalb darauf hingewiesen werden, dass es sich um das Angebot eines Maklers handelt bzw. dass bei Vertragsschluss eine Maklerprovision anfällt.[3459] Hingegen braucht ein (als solcher auftretender) Makler nicht darauf hinzuweisen, dass eine Provision verlangt wird,[3460] weil dies der Regelfall ist. Daran ändert auch § 5a Abs. 6 nichts. Bietet ein Immobilienverwalter in Zeitungsinseraten Wohnungen mit dem herausgestellten Hinweis „Ohne Maklergebühr" an, war dies bislang keine irreführende Werbung mit Selbstverständlichkeiten;[3461] aufgrund des zum 1.6.2015 in Kraft getretenen Bestellerprinzips dürfte dies bei Mietwohnungen nunmehr anders zu bewerten sein.

1207 **„Manufaktur".** Der Begriff weist in erster Linie auf die Herstellungsstätte hin und kann die Vorstellung traditioneller Handfertigung erwecken,[3462] so zB die Bezeichnung **Porzellan-Manufaktur.**[3463]

1208 **Marke.** Der Eindruck eines Bezugs vom Hersteller kann entstehen, wenn beim Verkauf **Marken** des Herstellers zum Einsatz kommen. Umgekehrt kann auch die Benutzung einer **Händlermarke** durch den Hersteller einen Irrtum über die Bezugsart bzw. -quelle bewirken. Allerdings kann von einem angemessen aufmerksamen, verständigen und informierten Durchschnittsverbraucher im Allgemeinen die Kenntnis erwartet werden, dass in vielen Bereichen sowohl Hersteller- als auch Händlermarken verwandt werden, so dass ein solcher Verbraucher stärker auf die Umstände des Einzelfalls achten oder uU sogar überhaupt keine Verbindung zur Bezugsquelle herstellen wird.[3464]

1209 **„Privat", „Von Privat", „private …", „aus Privathand" uä.** Im Verkehr gegenüber Verbrauchern sind die unwahren Angaben oder das Erwecken des unzutreffenden Eindrucks, der Unternehmer sei Verbraucher oder nicht für Zwecke seines Geschäfts, Handels oder Berufs tätig, nach **Nr. 23 des Anhangs zu § 3 Abs. 3 unzulässig.** Der **kommerzielle Zweck** gilt zudem nach **§ 5a Abs. 6** als wesentliche Information, deren Nichtkenntlichmachen eine Irreführung durch Unterlassen begründen kann. Der Verkehr versteht Begriffe wie „Privat", „von Privat", „private …", „aus Privathand" in der kommerziellen Kommunikation in aller Regel im Sinne einer Nichtgewerblichkeit des Angebots. Auch aus den Umständen einer geschäftlichen Handlung (Gestaltung, Ort, Medium) kann sich der Eindruck ergeben, es handele sich um das Angebot eines Privaten, zB wenn eine Werbeanzeige unter der Rubrik „von privat" geschaltet wird. Handelt es sich tatsächlich um ein gewerbliches Angebot, und wird dies nicht durch Hinweise oder Zusätze ausreichend kenntlich gemacht, ist die Angabe unwahr und darüber hinaus uU auch zur Täuschung geeignet.[3465] Die Gewerblichkeit des Angebots entfällt nicht schon deshalb, weil der Anbieter nicht über einen in kaufmännischer Weise eingerichteten Gewerbebetrieb verfügt, sofern er nur planmäßig und dauerhaft am Markt Leistungen gegen Entgelt

---

[3458] Köhler/*Bornkamm/Feddersen* § 5 Rn. 5.240; vgl. OLG Hamburg GRUR 1993, 488.
[3459] Vgl. BGH GRUR 1991, 324 – Finanz- und Vermögensberater.
[3460] OLG Celle WRP 1996, 910.
[3461] OLG Hamburg GRUR-RR 2001, 170; Köhler/*Bornkamm/Feddersen* § 5 Rn. 1.120.
[3462] Köhler/*Bornkamm/Feddersen* § 5 Rn. 4.13.
[3463] Vgl. KG GRUR 1976, 640; Köhler/*Bornkamm/Feddersen* § 5 Rn. 4.13.
[3464] Vgl. Köhler/*Bornkamm/Feddersen* § 5 Rn. 4.206; strenger noch BGH GRUR 1957, 438 – Klasen-Möbel.
[3465] Vgl. BGH GRUR 1987, 748 (749) – Getarnte Werbung II.

anbietet.[3466] Von einer gewerblichen Tätigkeit eines **Power-Sellers** bei **eBay** ist deshalb auszugehen, wenn die betr. Person während der vier Jahre seit ihrer Registrierung 3.767 Bewertungen erhalten hat und selbst mit dem Hinweis wirbt, wöchentlich neue Waren aus Nachlässen und Haushaltsauflösungen zu erhalten.[3467] Entscheidend ist, in welcher Weise die betr. Person im konkreten Fall auftritt. Deshalb wird der Verkauf eines Grundstücks, das im Privateigentum steht und außerhalb der gewerblichen Tätigkeit verkauft wird, nicht dadurch zum gewerblichen Verkauf, dass der Grundstückseigentümer zufällig auch Makler ist.[3468] Eine Täuschungseignung der Angaben kann durch geeignete **Hinweise** vermieden werden, zB durch „kostenlose Info Tel.: ... **Geb. n. V.**" in einer Kleinanzeige.[3469] Bei Kontaktanzeigen nach Art von „Asia-Thong, Neu" oder „Sabine, sexy & gut" unter Angabe einer Telefonnummer bestehen keine konkreten Anhaltspunkte dafür, dass der Verkehr davon ausgeht, die Anzeigen stammten in jedem Fall von privat werbenden Prostituierten.[3470] Für Partnervermittlungsanzeigen hat das *OLG München* einen eindeutigen Hinweis auf den gewerblichen Charakter des Angebots für erforderlich angesehen; der Zusatz „AG. L. u. P." genüge dem nicht.[3471] Die **Relevanz** ergibt sich bei an Verbraucher gerichteten „Privatverkäufen" aus der Annahme des Durchschnittsverbrauchers, bei einem Verkauf von privat entfalle die Händlerspanne.[3472] Diese Grundsätze sollen nach teilweise vertretener Auffassung für Werbung gegenüber Unternehmern nicht eingreifen, weil es diesen idR gleichgültig sei, ob die Anzeige von Privaten oder Gewerbetreibenden ausgehe.[3473]

Produktion. S. Stichwort „Hersteller" (→ Rn. 1201). **1210**

Rechtsanwälte, Steuerberater. Die für eine Unternehmensgruppe von Rechtsanwälten, Steuerberatern pp. geschaltete Anzeige darf unabhängig von der Frage der Qualifikation der einzelnen Unternehmen nicht den falschen Anschein erwecken, dass jedes Unternehmen der Gruppe alle in der Anzeige genannten Dienstleistungen, also auch Rechtsberatung, anbietet, weil dadurch über das Tätigkeitsgebiet der Unternehmen getäuscht wird.[3474] **1211**

„Sachverständiger". Der Beruf des „Sachverständigen" bezeichnet keinen geschützten Beruf. Nach Auffassung des OLG Naumburg ist es einem Kfz-Unternehmer, der Gutachtenerstellungen anbietet, deshalb nicht untersagt, mit **„Kfz-Sachverständigenbüro"** zu werben.[3475] Es ist auch nicht ohne weiteres irreführend, wenn Sachverständige mit einer **Anerkennung** werben, die sie von privaten Verbänden und nicht von der IHK erhalten haben.[3476] Es darf aber nicht der Eindruck entstehen, es liege eine öffentliche Bestellung vor. Wer nicht (mehr) von der IHK öffentlich bestellt und vereidigt ist, darf nicht mit der Bezeichnung **„öffentlich bestellter und vereidigter Sachverständiger"** werben.[3477] **1212**

„Selbstbedienungsgeschäft" versteht der Verkehr in dem Sinne, dass bis auf das Kassieren keine Bedienung stattfindet. Irreführend ist die Werbung mit diesem Begriff, wenn eine Selbstbedienung nicht möglich ist, weil die Waren nicht entsprechend entnommen werden können oder nicht mit Preisen ausgezeichnet sind.[3478] Eine Irreführungsgefahr **1213**

3466 OLG Frankfurt a. M. GRUR 2004, 1043 (1044); GRUR-RR 2005, 310 (320).

3467 OLG Frankfurt a. M. GRUR-RR 2005, 319 (320).

3468 Vgl. BGH GRUR 1993, 760 – Provisionsfreies Maklerangebot; GRUR 1993, 761 – Makler-Privatangebot.

3469 OLG Frankfurt a. M. OLGR Frankfurt 2006, 81.

3470 Vgl. BGH GRUR 2006, 1042 (1044) – Kontaktanzeigen.

3471 OLG München Magazindienst 2007, 973.

3472 Vgl. OLG München WRP 1977, 278; OLG Frankfurt a. M. WRP 1979, 468; Köhler/*Bornkamm*/*Feddersen* § 5 Rn. 4.191; GroßKommUWG/*Lindacher*, 2. Aufl. 2013, § 5 Rn. 777.

3473 Köhler/*Bornkamm*/*Feddersen* § 5 Rn. 4.192.

3474 Vgl. BGH GRUR 2003, 540 (541) – Stellenanzeigen.

3475 OLG Naumburg OLGR Naumburg 2006, 1035.

3476 Ohly/Sosnitza § 5 Rn. 591, 597.

3477 OLG Dresden WRP 1996, 1170 f.; VG Oldenburg WRP 1979, 166; zu weiteren Entscheidungen s. *Bleutge* GewArch 2008, 9, unter Punkt 10.

3478 BGH GRUR 1970, 515 – Selbstbedienung.

wird auch bewirkt, wenn potenziellen Kunden in „Selbstbedienungsgeschäften" eine Beratung aufgedrängt wird.[3479]

1214 **„Spezialgeschäft"** wird vom Verkehr als Synonym für „Fachgeschäft" verstanden, daher genügt nicht die Beschränkung auf bestimmte Ware oder Warengruppen, sondern erwartet der Verkehr darüber hinaus eine besondere Fachkunde und eine fachkundige Beratung.[3480] Zu der Bezeichnung als **„Spezialist" näher → § 5 Rn. 957.**

1215 **Sprache.** An die in der geschäftlichen Handlung verwandte Sprache können sich Erwartungen eines bestimmten **geografischen Sitzes bzw. Tätigkeitsgebiets** des Unternehmens knüpfen. **Werbung in deutscher Sprache** erweckt zwar meist nicht die Vorstellung von einem Unternehmenssitz in Deutschland, wohl aber, dass die Belieferung auf deutschem Gebiet unproblematisch erfolgen kann. Die Erbringung von **Kundendienstleistungen** ohne entspr. Hinweis vor Vertragsschluss an Verbraucher in einer anderen Sprache als derjenigen, in der die Vertragsverhandlungen geführt worden sind, ist gemäß **§ 3 Abs. 3 UWG iVm Nr. 8 des Anhangs** stets unzulässig, wenn die ursprünglich verwandte Sprache nicht Amtssprache des Mitgliedsstaates ist, in dem der Unternehmer niedergelassen ist.

1216 **„Supermarkt".** Bezeichnet sich ein Unternehmen als „Supermarkt", erwartet der Verkehr zusätzlich zu einer gewissen Größe und einem bestimmten Umsatz des Unternehmens sowie einem speziellen Organisations- und Vertriebssystem mit großem Warenangebot auch noch Preisvorteile.[3481]

1217 **Tätigkeitsbereich.** Es darf nicht der unrichtige Eindruck erweckt werden, das Unternehmen werde auf einem Gebiet tätig, auf dem es in Wahrheit nicht in Erscheinung tritt. Der Bestandteil „Rettungsflug" im Namen eines Vereins kann daher irreführend sein, wenn Rettungsflüge zu den Kernleistungen des Vereins nicht gehören und dieser nicht selbst über Rettungsgerätschaften mit einer fachlich ausgebildeten Begleitmannschaft verfügt.[3482]

1218 **„Vertragshändler", „Vertragswerkstatt".** Zu diesen Begriffen → § 5 Rn. 1126 unter „Kennzeichen".

1219 **„Weingut".** Die Bezeichnung eines Unternehmens als „Weingut" ist irreführend, wenn mehr als 20 % der jährlichen Gesamtproduktion aus fremderzeugten Weintrauben oder aus Erzeugnissen aus solchen hergestellt werden.[3483]

1220 **„Werk".** Die Werbung mit **„Direkt ab Werk! Kein Zwischenhandel!"** lässt sich je nach den Umständen sowohl als Direktverkauf des Herstellers als auch bloß als Ausschluss des Zwischenhandels zwischen Hersteller und Einzelhändler verstehen;[3484] s. auch unter „Hersteller".

F. § 5 Abs. 1 S. 2 Nr. 4 (Aussagen im Zusammenhang mit Sponsoring)

Eine geschäftliche Handlung ist irreführend, wenn sie unwahre Angaben enthält oder sonstige zur Täuschung geeignete Angaben über folgende Umstände enthält:

4. Aussagen oder Symbole, die im Zusammenhang mit direktem oder indirektem Sponsoring stehen oder sich auf eine Zulassung des Unternehmers oder der Waren oder Dienstleistungen beziehen;

[3479] BGH GRUR 1970, 515 – Selbstbedienung.

[3480] Gloy/Loschelder/Erdmann/*Helm* 4. Aufl. Handbuch WettbR § 59 Rn. 429; GroßKommUWG/*Lindacher,* 2. Aufl. 2013, § 5 Rn. 946; Köhler/*Bornkamm/Feddersen* § 5 Rn. 4.17. – **AA** Baumbach/*Hefermehl,* 22. Auflage, § 3 Rn. 377; OLG Hamm WRP 1992, 250.

[3481] *Haberkorn* WRP 1967, 204 f.

[3482] OLG Stuttgart ZIP 2006, 798.

[3483] Bayerisches Oberstes Landesgericht WRP 1977, 524 f.

[3484] Köhler/*Bornkamm/Feddersen* § 5 Rn. 4.204; offengelassen bei BGH GRUR 2005, 442 – Direkt ab Werk.

Übersicht

Schrifttum: *Becker,* Der Schutz von Veranstaltungszeichen über § 5 Abs. 1 S. 2 Nr. 4 UWG, WRP 2015, 139; *Federhoff-Rink,* Social Sponsoring in der Werbung – Zur rechtlichen Akzessorietät der Werbung mit Umweltsponsoring, GRUR 1992, 643; *Hartwig,* Meinungsfreiheit und lauterer Wettbewerb, GRUR 2003, 924; *Heermann,* Ambush Marketing durch Gewinnspiele, WRP 2012, 1035; *Heermann,* Wann verstößt die Verwendung olympischer Bezeichnungen gegen § 3 II OlympSchG?, GRUR 2014, 233; *Kollmann,* Technische Normen und Prüfzeichen im Wettbewerbsrecht, GRUR 2004, 6; *Knickenberg,* Programmfreiheit contra Sponsoring; *Lindacher,* Gefühlsbetonte Werbung nach BVerfG GRUR 2002, 455 – Tier- und Artenschutz, in FS Tilmann, 2003, 195; *Nordemann/Dustmann,* Gefühlsbetonte Werbung – Quo Vadis?, in: FS Tilmann, 2003, 207.

I. Herkunft, Abgrenzung und Bedeutung

§ 5 Abs. 1 S. 2 Nr. 4 UWG wurde zur Umsetzung von **Art. 6 Abs. 1 lit. c** der UGP-Richtlinie in das UWG eingefügt. Hiernach gilt eine Geschäftspraxis als irreführend, wenn sie **1221**

„in irgendeiner Weise, einschließlich sämtlicher Umstände ihrer Präsentation, selbst mit sachlich richtigen Angaben den Durchschnittsverbraucher in Bezug auf einen oder mehrere der nachstehend aufgeführten Punkte täuscht oder ihn zu täuschen geeignet ist: den Umfang der Verpflichtungen des Gewerbetreibenden, die Beweggründe für die Geschäftspraxis und die Art des Vertriebsverfahrens, die Aussagen oder Symbole jeder Art, die im Zusammenhang mit direktem oder indirektem Sponsoring stehen oder sich auf eine Zulassung des Gewerbetreibenden oder des Produkts beziehen."

Die Richtlinie enthält in Art. 6 Abs. 1 lit. c somit zahlreiche Fallgruppen (Umfang der Verpflichtungen, Beweggründe, Art des Verfahrens). Umso erstaunlicher ist es, dass diese im UWG **nicht entsprechend einheitlich umgesetzt** wurden. So sind die Verpflichtungen des Unternehmers, seine Zulassung, die Beweggründe für die geschäftliche Handlung und die Art des Vertriebs in § 5 Abs. 1 S. 2 Nr. 3 UWG geregelt, Sponsoring und Zulassung hingegen in § 5 Abs. 1 S. 2 Nr. 4 UWG. Was dabei Sponsoring einerseits und Zulassung andererseits miteinander zu tun haben sollen und warum die Trennung von den anderen Fallgruppen erfolgte, bleibt ungewiss. Der Gesetzentwurf der Bundesregierung zum UWG 2008 enthält keine Begründung. Sponsoring und Beweggründe des Unternehmers stehen zumindest noch insoweit in einem Zusammenhang, als es in beiden Fällen um Motive gehen kann – die des Kunden bzw. die des Handelnden. Man kann auch nicht sagen, dass es bei der einen Gruppe (Nr. 3) um Eigenschaften des Unternehmers geht, während die andere Gruppe auch Waren betreffen kann (Nr. 4), denn die Art des Vertriebs ist nicht unternehmerbezogen, wird aber dennoch in Nr. 3 erwähnt. **1222**

II. Abgrenzung des Begriffs „Sponsoring"

Sponsoring ist kein modernes Phänomen. Das Mäzenatentum ist schon seit der Antike bekannt. Aber angesichts des zunehmenden Rückzugs staatlicher Institutionen sind heute immer mehr Veranstaltungen – von Sportveranstaltungen, Kunstausstellungen, Musikkonzerten etc bis hin zu Schulfesten und Kindergartenveranstaltungen etc – auf private „Sponsoren" angewiesen, die häufig auch gern unter dem Motto „tue Gutes und rede darüber" auf ihr Engagement hinweisen. „Sponsoring" ist nach der weithin akzeptierten Definition **1223** in den **ICC-Verhaltensregeln zum Sponsoring** vom 6.10.2003[3485] jede Form der Kommunikation, bei der ein Sponsor eine vertraglich vereinbarte finanzielle oder sonstige Unterstützung leistet, um einen positiven Zusammenhang zwischen seinem Erscheinungsbild, seinem Namen, seiner Marke, seinen Waren oder Dienstleistungen und der geförderten Veranstaltung, Aktion, Organisation oder Einzelperson herzustellen. **Art. 2 lit. c der Richtlinie 2003/33/EG**[3486] definiert „Sponsoring" im Zusammenhang mit Tabakerzeugnissen als jede Art von öffentlichem oder privatem Beitrag zu einer Veranstaltung oder Aktivität oder jede Art von Unterstützung von Einzelpersonen mit dem Ziel oder der direkten oder indirekten Wirkung, den Verkauf eines Tabakerzeugnisses zu fördern.

1224 **Sonderregelungen** zum Sponsoring im Bereich des Rundfunks (Radio und Fernsehen) des Fernsehtextes und der Teleshoppingkanäle finden sich in **§§ 10, 22 Abs. 2 MStV** (Medienstaatsvertrag): Danach dürfen Nachrichtensendungen und Sendungen zum politischen Zeitgeschehen nicht gesponsert werden. Bei gesponserten Sendungen muss zu Beginn oder am Ende auf die Finanzierung durch den Sponsor in vertretbarer Kürze und in angemessener Weise deutlich hingewiesen werden. Inhalt und Programmplatz einer gesponserten Sendung dürfen vom Sponsor nicht in der Weise beeinflusst werden, dass die Verantwortung und die redaktionelle Unabhängigkeit des Rundfunkveranstalters beeinträchtigt werden. Nachrichtensendungen und Sendungen zur politischen Information dürfen nicht gesponsert werden, in Kindersendungen dürfen keine Sponsorenlogos gezeigt werden. Auch dürfen gesponserte Sendungen nicht zum Verkauf, zum Kauf oder zur Miete oder Pacht von Erzeugnissen oder Dienstleistungen des Sponsors oder eines Dritten, vor allem durch entsprechende besondere Hinweise, anregen. Der übermäßige Genuss alkoholischer Getränke darf nicht gefördert werden. Für rundfunkähnliche Telemedien, sowie für Angebote nach § 2 Abs. 3 MStV und für sonstige linear verbreitete fernsehähnliche Telemedien erklärt § 74 MStV dem § 10 MStV für entsprechen anwendbar. Eine aber bereits ähnliche, verweisende Regelung fand sich für Mediendienste zuvor in **§ 13 Abs. 3 MDStV,** der im Februar 2007 allerdings aufgehoben und durch das TMG ersetzt wurde. Dort ist Sponsoring nicht mehr ausdrücklich geregelt; zu beachten ist aber insbesondere **§ 6 Abs. 1 Nr. 1 TMG.** Zugunsten von Tabakerzeugnissen ist jegliches Sponsoring verboten, **Art. 5 Abs. 1, 2 Richtlinie 2003/33/EG, § 19 Abs. 4, 5 TabakerzG.** Zur Werbung für Rechtsanwälte durch Sponsoring siehe BVerfG 17.4.2000 – 1 BvR 721/99.[3487] In wettbewerbsrechtlicher Hinsicht stellen sich neben einem möglichen Verstoß gegen § 3a UWG iVm den vorgenannten Sonderregelungen vor allem die Fragen, ob Sponsoring zu einer unangemessenen unsachlichen Einflussnahme auf Marktteilnehmer führt – was nach § 4 Nr. 1 UWG zu beurteilen ist – und in welchem Umfang den Unternehmer eine Aufklärungspflicht trifft – was am Maßstab des § 5a UWG zu messen ist.

III. Abgrenzung der „Zulassung"

1225 Bei den Hinweisen auf **Zulassungen** bestehen Überschneidungen zu den Tatbeständen im **Anhang zu § 3 Abs. 3 UWG,** insbesondere zu **Nr. 4,** der die unwahre Aussage verbietet, ein Unternehmer oder seine Waren oder Dienstleistungen seien gebilligt oder genehmigt, und zu **Nr. 9,** der die unwahre Angabe verbietet, eine Ware oder Dienstleistung sei verkehrsfähig. Diese Regelungen sind entsprechend dem allgemeinen Rangverhältnis zwischen § 5 und dem Anhang zu § 3 Abs. 3 UWG **vorrangig** zu prüfen. Da eine Zulassung in der Regel eine Genehmigung durch einen Dritten erfordert, ist die Bedeutung des Verbots in § 5 Abs. 1 S. 2 Nr. 4 UWG deutlich eingeschränkt. Im Wesentlichen kommt eine Anwendung in Betracht außerhalb des Verkehrs mit Verbrauchern,

[3485] Eine ähnliche Definition findet sich in § 2 Abs. 2 Nr. 9 RStV.

[3486] Richtlinie 2003/33/EG des Europäischen Parlaments und des Rates vom 26.5.2003 zur Angleichung der Rechts- und Verwaltungsvorschriften der Mitgliedstaaten über Werbung und Sponsoring zugunsten von Tabakerzeugnissen, ABl. 2003 L 152, S. 16.

[3487] BVerfG NJW 2000, 3195.

wenn über die Zulassung nicht durch eine ausdrückliche, unwahre Angabe (siehe Anhang zu § 3 Abs. 3 Nr. 4) getäuscht wird, sondern auf *irgendeine* andere Weise, einschließlich der Präsentation, sowie in Fällen, bei denen nicht das Ob oder der Umfang einer Erlaubnis in Frage stehen. Soweit die Zulassung den Unternehmer als solchen trifft, findet sich eine überflüssige doppelte Regelung in **§ 5 Abs. 1 S. 2 Nr. 3 UWG** (hierzu *Dreyer* → § 5 Rn. 839 ff.), die auf die ebenfalls doppelte Regelung in Art. 6 Abs. 1 lit. f der UGP-Richtlinie zurückgeht. Die Zulassung ist dort neben der Befähigung geregelt, was auch sinnvoll ist, weil vielfach die Zulassung des Unternehmers zu einem bestimmten Beruf auch den Nachweis einer bestimmten Qualifikation voraussetzt. Allerdings bezieht sich die Regelung dort „nur" (aber immerhin) auf die Zulassung des Unternehmers, während es bei der Nr. 4 auch um die Zulassung der Waren und Dienstleistungen geht. Daneben kann es zu Überschneidungen mit **§ 3a UWG** kommen, wenn durch die Tätigkeit ohne eine erforderliche Zulassung gegen ein gesetzliches Verbot verstoßen wird (zu *berufsspezifischen Besonderheiten* siehe auch *v. Jagow* → § 3a Rn. 52 ff.). Art. 3 Abs. 8 der UGP-Richtlinie sieht ausdrücklich vor, dass alle Niederlassungs- und Genehmigungsbedingungen, berufsständische Verhaltenskodizes oder andere spezifische **Regeln für reglementierte Berufe**[3488] **unberührt** bleiben sollen, so dass insoweit auch strengere nationale Regelungen möglich sind. Sofern die Zulassung an eine bestimmte Qualifikation anknüpft oder bestimmte Tests voraussetzt, kann eine entsprechende Tätigkeit auch zu einer Irreführung über diese Qualifikation bzw. Tests führen (→ § 5 Rn. 663 ff.).

IV. Aussagen oder Symbole

1226 Die ausdrückliche Erwähnung von „Aussagen oder Symbolen" zeigt, dass die Begriffe **weit zu verstehen** sind. Eigentlich wäre dies nicht erforderlich gewesen – es ist sogar sprachlich verfehlt – denn bereits im Obersatz von § 5 Abs. 1 UWG ist die Rede von „Angaben", was sowohl Aussagen als auch Symbole erfasst. Die Richtlinie geht sogar noch einen Schritt weiter und erwähnt Aussagen oder Symbole „jeder Art". Erfasst werden daher sowohl **direkte** als auch **indirekte** Aussagen oder Hinweise auf ein Sponsoring oder eine Zulassung sowie die Verwendung von Symbolen aller Art, seien es Logos, Abzeichen, Marken etc. Nicht ausreichend ist demgegenüber allein die Benennung eines Dritten bzw. seiner Waren oder Dienstleistungen, ohne dass diese werblich herausgestellt werden.[3489]

V. Im Zusammenhang mit direktem oder indirektem Sponsoring

1227 Auch hier zeigt die Wortwahl, dass die Regelung weit auszulegen ist. Es genügt **jede Aussage, die in irgendeinem Zusammenhang mit Sponsoring steht.** Daher kommt es nicht darauf an, worauf sich das Sponsoring bezieht, sei es soziales, kulturelles, religiöses, sportliches, ökologisches oder sonstiges Engagement. Erfasst werden somit sowohl unwahre Aussagen über das **eigene Engagement** des Unternehmers – also die Behauptung oder das Erwecken des Eindrucks, dass ein Unternehmer Sponsor einer bestimmten Veranstaltung/ Person oder eines bestimmten Vereins ist, obwohl er nicht, nicht mehr oder noch nicht Sponsor ist – und irreführende Aussagen über die **Art** oder den **Umfang** des Engagements. Erfasst sein kann auch das sog. **Ambush-Marketing,** bei dem Nicht-Sponsoren durch mehr oder weniger subtile Anlehnung an ein Ereignis (oftmals sind Sportgroßereignisse wie etwa die Fußballweltmeisterschaft betroffen) Aufmerksamkeit und Image des Ereignisses auf sich übertragen wollen.[3490] Teilweise ist das mittlerweile in Spezialgesetzen geregelt, wie zB

[3488] Darunter sind nach der Legaldefinition des Art. 2 lit. l berufliche Tätigkeiten zu verstehen, deren Aufnahme oder Ausübung direkt oder indirekt durch Rechts- oder Verwaltungsvorschriften an das Vorhandensein bestimmter Berufsqualifikationen gebunden ist.

[3489] OLG Frankfurt a. M. WRP 2014, 215 Rn. 11 f.; LG Stuttgart WRP 2012, 1154 Rn. 19 ff., 24 – Tickets EURO 2012; in diese Richtung auch BGH GRUR 2014, 1215 Rn. 44 f. – Olympia-Rabatt.

[3490] Im konkreten Fall abgelehnt von BGH GRUR 2010, 642 Rn. 45 f. – WM-Marken; zurückhaltend daher MüKoUWG/*Busche* § 5 Rn. 619.

dem OlympSchG, wobei es vor allem um die Vermeidung einer Verwechslungsgefahr geht. Ob bei der Erwähnung von Großereignissen eine Irreführung vorliegt, ist nach dem Grad der Anlehnung und dem hierdurch bei den angesprochenen Verkehrskreisen hervorgerufenen Eindruck zu entscheiden,[3491] womit auch klar ist, dass nicht jede Erwähnung eines solchen Großereignisses in der Werbung sofort irreführend ist. Allein wegen der Werbung mit *„Olympischen Preisen"* oder *„**Olympia**-Rabatten"* wird der Verbraucher zB nicht ohne weiteres Rückschlüsse auf ein Sponsoring der Olympischen Spiele ziehen und dies stellt als solches auch keine unlautere Ausnutzung der Wertschätzung dar.[3492] Gleiches gilt, wenn ein Unternehmen in einem Gewinnspiel Tickets für eine bestimmte Veranstaltung verspricht. Allerdings ist hier genau auf die Umstände des Einzelfalls zu achten: Erfolgt eine solche Werbung im großen Stil und in einem Umfang, der vermuten lässt, dass die Tickets nicht auf normalem Weg erworben wurden oder verspricht man besondere Vorteile, wie zB eine *„VIP-Behandlung"*, so *kann* das für ein Sponsoring sprechen.[3493] Ebenso, wenn Tickets bereits zu einem Zeitpunkt angeboten werden, zu dem der normale Verkauf noch nicht begonnen hat: auch das kann, muss aber nicht zwingend auf eine besondere Beziehung zwischen Anbieter und Veranstalter schließen lassen. Wird eine Vielzahl von Fußballprofis im Kontext einer Werbung für einen bestimmten Fußballschuh abgebildet und als elitär dargestellt („Bist du bereit für die Elite?"), geht der Verkehr davon aus, dass jeder dieser Spieler einen Sponsoring-Vertrag mit dem werbenden Sportartikelhersteller besitzt.[3494]

1228 Erfasst werden aber auch irreführende Angaben bei einer **Verknüpfung von Absatzgeschäften** mit einem weiteren Engagement, zB darüber, was der Kunde mit seinem Kauf bewirken kann und zu welchen Zwecken oder in welchem Umfang Gelder aus dem beworbenen Geschäft verwendet werden sollen.

1229 Grundsätzlich gilt nach der Rechtsprechung, dass zwischen dem Absatzgeschäft und dem Sponsoring **kein sachlicher Zusammenhang** bestehen muss.[3495] Außerdem gibt es im UWG weiterhin **kein allgemeines Transparenzgebot** und nach der bisherigen Rechtsprechung des BGH dementsprechend auch **keine Pflicht zu einer umfassenden allgemeinen Aufklärung über die Art und Weise der Unterstützung,** die ergriffenen Maßnahmen oder die Höhe bzw. den Wert einer Zuwendung. Erst wenn die Werbung konkrete, für die Kaufentscheidung relevante irrige Vorstellungen hervorruft, besteht nach der bisherigen Rechtsprechung eine Verpflichtung des werbenden Unternehmers zu aufklärenden Hinweisen.[3496] Man könnte daher denken, je allgemeiner die Angaben zu dem jeweiligen Sponsoring sind, desto weniger kritisch seien sie im Hinblick auf eine etwaige Irreführungsgefahr. Das stimmt allerdings nicht. Denn **maßgeblich** muss immer sein, **wie der Adressat die Werbung jeweils versteht und welche Erwartung er damit konkret verbindet.** Insoweit können ungenaue Angaben zu Fehlvorstellungen führen. Hat der Unternehmer jedoch erkennbar keine nach Art oder Umfang näher bestimmte Leistung versprochen (und versteht der durchschnittlich verständige Verbraucher die Werbung auch so), dann ist nur erforderlich, dass der Unternehmer zeitnah überhaupt eine nennenswerte Unterstützungsleistung erbringt.[3497] Die Angabe eines konkreten Betrages ist daher nicht zwingend erforderlich. Rechtmäßig ist es daher zB für jeden eingehenden Auftrag bei einem Elektronikhändler die Überweisung eines festen (nicht genannten) Betrags an

---

[3491] Vgl. hierzu *Heermann* WRP 2012, 1035 (1041 f.).

[3492] BGH GRUR 2014, 1215 Rn. 25 – Olympia-Rabatt; für eine Zusammenfassung der Rechtsprechung siehe auch *Heermann* GRUR 2014, 233 (234 ff.).

[3493] Vgl. OLG Frankfurt a. M. WRP 2014, 215 Rn. 5; LG Stuttgart WRP 2012, 1154 Rn. 20, 22 – Tickets EURO 2012.

[3494] OLG Hamburg GRUR-RR 2015, 250 Rn. 56 – Bist du bereit für die Elite?

[3495] → Rn. 1227.

[3496] BGH GRUR 2007, 247 Rn. 23 f. – Regenwaldprojekt I; GRUR 2007, 251 Rn. 20 f. – Regenwaldprojekt II.

[3497] BGH GRUR 2007, 247 Rn. 25 – Regenwaldprojekt I; GRUR 2007, 251 Rn. 22 – Regenwaldprojekt II; OLG Hamburg GRUR-RR 2003, 51 (52) – Bringt die Kinder durch den Winter.

UNICEF[3498] oder für jede gesammelte Druckerpatrone die Unterstützung von WWF-Deutschland mit einem (nicht genannten) Betrag anzukündigen und dies jeweils auch entsprechend umzusetzen.[3499] Wirbt ein Unternehmer dagegen damit, dass mit dem Kauf eines bestimmten Produktes ein Quadratmeter Regenwald in einer bestimmten Region geschützt werde bzw. versteht der durchschnittlich verständige Verbraucher die Werbung so, dann kann es irreführend sein, wenn der entsprechende Betrag „nur" an eine Organisation gespendet wird, die sich ua für den Schutz des Regenwaldes einsetzt.[3500]

VI. Zulassung des Unternehmers oder der Waren oder Dienstleistungen

Zur mehrfachen Regelung der Zulassung in § 5 UWG bzw. Art. 6 UGP-Richtlinie → Rn. 1222. 1230

Bestimmte Waren sind aus Gründen der Verkehrssicherheit nur verkehrsfähig, wenn sie zuvor geprüft und zugelassen wurden, wie zB Autos. Auch bedürfen bestimmte Dienstleistungen, wie zB ärztliche Leistungen oder Rechtsberatung der Zulassung. Wer eine entsprechende Ware vertreibt oder einen entsprechenden Beruf ausübt, suggeriert damit zugleich, dass die dafür erforderliche Zulassung vorliegt. Dies allein verwirklicht aber noch nicht den Tatbestand des § 5 Abs. 1 S. 2 Nr. 4 UWG. Die Frage, ob eine Aufklärung über eine fehlende Zulassung erforderlich ist, beurteilt sich vielmehr nach **§ 5a UWG,** zumal die fehlende Zulassung auch ein wesentliches Merkmal der Ware im Sinne von § 5a Abs. 3 Nr. 1 UWG ist. Man muss § 5 Abs. 1 S. 2 Nr. 4 UWG somit so auslegen, dass es um die Verwendung von Aussagen oder Symbolen geht, die **aktiv**[3501] eine Zulassung suggerieren. Wer etwa in einem Angebot zur Finanz- und Wirtschaftsberatung mit *„Entschuldungsmöglichkeiten"* wirbt, ohne eine zugelassene Stelle für Verbraucherinsolvenzen nach § 305 Abs. 1 Nr. 1 InsO zu sein und keine Erlaubnis nach dem Rechtsberatungsgesetz besitzt, handelt irreführend iSv § 5 Abs. 1 S. 2 Nr. 4 UWG. Denn bei einer Entschuldung erwartet der Verbraucher auch eine rechtliche Beratung und deren Umsetzung im Außenverhältnis zu den Gläubigern.[3502] Etwas anderes gilt, wenn zugleich in unmittelbarer räumlicher Nähe darüber aufgeklärt wird, dass das Angebot allein die Vermittlung günstiger Anschlussfinanzierungen betrifft.[3503] Ebenso kann eine Zulassung suggerieren, wer als Sachverständiger mit der Aussage *„öffentlich bestellt und vereidigt"* wirbt.[3504] Der irreführende Eindruck eines öffentlich bestellten und vereidigten Sachverständigen kann auch dadurch erweckt werden, dass man Stempel verwendet, die mit den üblichen **Rundstempeln** öffentlich bestellter und vereidigter Sachverständiger verwechselt werden können.[3505] Die bloße Verwendung eines Stempels in runder Form genügt dafür allerdings nicht, wenn eine Verwechslung durch zusätzliche Angaben oder Gestaltungen vermieden wird.[3506] 1231

Die praktische Bedeutung der Regelung wird aber – zumindest im Geschäftsverkehr mit Verbrauchern – gering sein. Denn **vorrangig** ist **Nr. 4 im Anhang zu § 3 Abs. 3 UWG** zu prüfen. Nr. 4 verbietet die unwahre Behauptung, ein Produkt oder der Unternehmer sei genehmigt, wenn dies nicht der Fall ist oder wenn den Bedingungen für die Genehmigung nicht entsprochen wird. 1232

[3498] OLG Hamburg GRUR-RR 2003, 51 (52) – Bringt die Kinder durch den Winter.

[3499] OLG Köln NJW-RR 2002, 336.

[3500] BGH GRUR 2007, 247 Rn. 31 – Regenwaldprojekt I; GRUR 2007, 251 Rn. 27 – Regenwaldprojekt II; OLG Hamburg GRUR-RR 2003, 51 (52) – Bringt die Kinder durch den Winter.

[3501] Was nicht gleichzusetzen ist mit ausdrücklich.

[3502] OLG Oldenburg GRUR 2006, 605 (606) – Entschuldungsmöglichkeiten.

[3503] OLG Hamburg MD 2007, 471 (474).

[3504] BGH GRUR 1985, 56 (57) – Bestellter Kfz-Sachverständiger; OLG Hamm GRUR 1983, 673 – Kfz-Meister; OLG Stuttgart WRP 2008, 151 (153) – Bausachverständiger.

[3505] OLG Köln MD 1999, 66 (68); OLG Naumburg GewA 1998, 421; *Helm/Sonntag/Burger* in Gloy/Loschelder/Danckwerts HdbWettbR § 59 Rn. 433; Ohly/Sosnitza/*Sosnitza* § 5 Rn. 582; vgl. auch OLG Frankfurt a. M. NJW-RR 1988, 103 – irreführend, sofern der unzutreffende Eindruck eines Gütesiegels hervorgerufen wird. Zur Werbung mit Gütesiegeln → § 5 Rn. 692 ff.

[3506] OLG Stuttgart NJW-RR 1987, 619 (620); OLG Hamm GRUR 1987, 57 (59) – Rundstempel.

VII. Darlegungs- und Beweislast

1233 Die Darlegungs- und Beweislast für das Vorliegen einer Irreführungsgefahr liegt grundsätzlich beim **Kläger.** Hat er allerdings über bloße Verdachtsmomente hinaus Tatsachen vorgetragen und unter Beweis gestellt, die für eine Irreführungsgefahr sprechen, so kann den Unternehmer nach **§ 242 BGB** eine **prozessuale Erklärungspflicht** (sekundäre Darlegungs- und Beweispflicht) treffen. Der Unternehmer hat dann beispielsweise darzulegen, welche Sponsoringleistungen er konkret erbracht hat, dh welche Beträge an wen wann abgeführt wurden.[3507]

G. § 5 Abs. 1 S. 2 Nr. 5 (Die Notwendigkeit einer Leistung)

Eine geschäftliche Handlung ist irreführend, wenn sie unwahre Angaben enthält oder sonstige zur Täuschung geeignete Angaben über folgende Umstände enthält:

5. die Notwendigkeit einer Leistung, eines Ersatzteils, eines Austauschs oder einer Reparatur;

Übersicht

I. Herkunft, Abgrenzung

1234 Die Regelung entspricht wörtlich **Art. 6 Abs. 1 lit. e der UGP-Richtlinie.** Sie verbietet die Irreführung über die Notwendigkeit bestimmter Leistungen oder Waren. Damit soll vor allem einer Ausnutzung der geschäftlichen Unerfahrenheit von Verbrauchern entgegengewirkt und sollen diese vor unnötigen oder überteuerten Anschaffungen geschützt werden. Insoweit entspricht der Schutzzweck auch der Regelung in **§ 4 Nr. 2 UWG** aF, ohne sich jedoch wie diese Bestimmung auf den Schutz besonders schutzwürdiger Verbraucher (Minderjähriger etc) zu beschränken.[3508] Nicht erfasst, sondern nach § 5 Abs. 1 S. 2 Nr. 1 UWG bzw. nach der Schwarzen Liste im Anhang zu § 3 Abs. 3 UWG zu beurteilen sind irreführende Angaben über die Zusammensetzung oder die Qualität von Ersatzteilen.

1235 Die Regelung zielt somit vor allem auf eine **Irreführung durch aktives Tun** in Form falscher Aussagen ab. Daneben kommt auch eine **Irreführung durch Unterlassen** in Betracht, indem die Fehlvorstellung eines Kunden, der glaubt, dass ein Austausch, eine Reparatur etc erforderlich seien, nicht aufgeklärt wird. Dabei muss jedoch sorgsam geprüft werden, ob eine solche Aufklärungspflicht besteht. Das beurteilt sich nunmehr nach **§ 5a UWG.** Eine Irreführung durch Verschweigen kommt ferner in Betracht, wenn eine reparaturbedürftige Ware ohne Hinweis auf diese Notwendigkeit einer Reparatur verkauft wird. Und schließlich sind auch noch die Fälle denkbar, in denen einem Dienstleistungskunden die Notwendigkeit einer Reparatur oder eines Austausches verschwiegen wird.

[3507] BGH GRUR 2007, 247 Rn. 33 – Regenwaldprojekt I; GRUR 2007, 251 Rn. 31 – Regenwaldprojekt II; OLG Hamburg GRUR-RR 2003, 51 (52) – Bringt die Kinder durch den Winter.

[3508] So auch die amtl. Begr. des Gesetzentwurfes der Bundesregierung vom 23.5.2008, BR-Drs. 345/08, 47.

II. Inhalt der Regelung

Eine Irreführung kommt vor allem in Betracht, indem dem Kunden suggeriert wird, er benötige die beworbene Leistung, ein bestimmtes Ersatzteil etc, obwohl dies tatsächlich nicht der Fall ist. Das Verbot erfasst aber nicht nur das **Ob,** sondern auch irreführende Aussagen über das **Wann** und das **Wie,** sowie über den **Umfang** und die **Person,** die solche Leistungen erbringen muss. Verboten sind daher irreführende Aussagen, dass eine Reparatur in Kürze erfolgen muss, während es tatsächlich nicht eilt; dass Reparaturen in einem bestimmten Umfang oder auf eine bestimmte Art und Weise erbracht werden müssen, während es tatsächlich auch anders geht; dass bestimmte Ersatzteile oder Ersatzteile bei einem bestimmten Unternehmer gekauft werden müssen, obwohl gleichwertige Teile auch von anderen angeboten werden etc. 1236

Versteht man die Regelung der Nr. 7 wörtlich, so könnte sie zu einem Anwendungsbereich führen, der über das hinausgeht, was zum Verbraucherschutz erforderlich ist. Denn da es für den Unterlassungsanspruch nicht auf ein Verschulden ankommt, könnte jede objektiv falsche Aussage über die etwaige Notwendigkeit einer Reparatur zu Unterlassungsansprüchen führen. Das ist bedenklich, wenn man berücksichtigt, dass Fehler häufig nur schwer zu diagnostizieren sind und selbst der Fachmann daher nicht immer im Voraus weiß, ob ein Teil wirklich ersetzt werden muss. Im Laufe des Gesetzgebungsverfahrens zur Richtlinie war daher vorgesehen einen Halbsatz zu ergänzen, der auf die berufliche Sorgfalt iSv Art. 2 lit. h der UGP-Richtlinie abstellt.[3509] Dieser Vorschlag hat sich aber nicht durchgesetzt. Wenn der Unternehmer daher eine Irreführungsgefahr vermeiden will, muss er etwaige Zweifel an der Notwendigkeit einer Reparatur oder des Austausches eines bestimmten Teils offenlegen. 1237

Aus der Regelung ergibt sich **keine Verpflichtung** des Werbenden, entsprechende Leistungen oder Reparaturen **selbst anzubieten** oder zu erbringen oder bestimmte Ersatzteile vorzuhalten. Auch ist es nicht verboten, die Vorteile des eigenen Produkts im Vergleich zu anderen anzupreisen, so zB durch Werbung für Original-Ersatzteile im Vergleich zu anderen, nachgebauten Ersatzteilen. Existieren gleichwertige Alternativen, so müssen diese nicht mitbeworben werden. Es darf dann aber auch nicht der Eindruck entstehen, dass nur und allein die beworbenen Teile in Betracht kommen. 1238

H. § 5 Abs. 1 S. 2 Nr. 6 (Die Einhaltung eines Verhaltenskodex)

Eine geschäftliche Handlung ist irreführend, wenn sie unwahre Angaben enthält oder sonstige zur Täuschung geeignete Angaben über folgende Umstände enthält:

6. die Einhaltung eines Verhaltenskodexes, auf den sich der Unternehmer verbindlich verpflichtet hat, wenn er auf diese Bindung hinweist.

Übersicht

[3509] 1. Bericht an das Europäische Parlament, Dok. Endg. A5–0188/2004.

Schrifttum: *Alexander,* Verhaltenskodizes im europäischen und deutschen Lauterkeitsrecht, GRUR Int. 2012, 965; *Balitzki,* Werbung mit ökologischen Selbstverpflichtungen, GRUR 2013, 670; *Birk,* Corporate Responsibility, unternehmerische Selbstverpflichtungen und unlauterer Wettbewerb, GRUR 2011, 196; *Busch,* DIN-Normen für Dienstleistungen – Das Europäische Normkomitee produziert Musterverträge; NJW 2010, 3061; *Dreyer,* Verhaltenskodizes im Referentenentwurf eines Ersten Gesetzes zur Änderung des Gesetzes gegen unlauteren Wettbewerb – Wird das Wettbewerbsrecht zum Motor für die Durchsetzung vertraglicher Verpflichtungen?, WRP 2007, 1294; *Halfmeier/Herbold,* Zur lauterkeitsrechtlichen Beurteilung von Nachhaltigkeitswerbung bei Kooperation mit einem nicht nachhaltig handelnden Unternehmen, WRP 2017, 1430; *Henning-Bodewig,* Der „ehrbare Kaufmann", Corporate Social Responsability und das Lauterkeitsrecht, WRP 2011, 1014; *Hoeren,* Das neue UWG und dessen Auswirkungen auf den B2B-Bereich, WRP 2009, 789; *Jergolla,* Die britische Werbeselbstkontrolle anhand des Advertising Code – eine Gegenüberstellung mit der Rechtslage in Deutschland, WRP 2003, 431; *Kocher,* Unternehmerische Selbstverpflichtungen im Wettbewerb, GRUR 2005, 647; *Köhler,* Die „Wettbewerbsrichtlinien der Versicherungswirtschaft" – heute noch zeitgemäß?, FS für Egon Lorenz, 2014, S. 831; *Koppe/Zagouras,* Rechtsprobleme der Testwerbung, WRP 2008, 1035; *Lamberti/Wendel,* Verkäufe außerhalb von Vertriebsbindungssystemen, WRP 2009, 1479; *Leister/Fröhlich,* Kein Verstoß gegen UGP-RL durch Einschränkung des gerichtlichen Prüfungsmaßstabs in Hypothekenvollstreckung, GRUR-Prax 2018, 533; *A. Lehmann,* Werbeselbstkontrolle in Italien und Deutschland – Vor- und Nachteile der Systeme freiwilliger Selbstregulierung im Vergleich, GRUR Int. 2006, 123; *Mees,* Normwidrigkeit und § 1 UWG, WRP 1985, 373; *Meessen,* Internationale Verhaltenskodizes und Sittenwidrigkeitsklauseln, NJW 1981, 1131; *Oechsler* Die Schwarze Liste im Wettbewerbsrecht als negativer Safe Harbor, GRUR 2019, 136; *Pfister,* Sportverbandsregeln als Verhaltenskodizes im Sinne des Wettbewerbsrechts, GRUR 2017, 1091; *Schmidhuber,* Verhaltenskodizes im neuen UWG, WRP 2010, 593; *Spindler,* Codes of Conduct im UWG – de lege lata und de lege ferenda, FS Fezer, 2016, 849; *Vander,* Verhaltenskodizes im elektronischen Geschäftsverkehr, K&R 2003, 339; *Zetzsche/Preiner,* Zur Einordnung der Best Principles for Shareholder Voting Research & Analysis, AG 2014, 685.

I. Europäischer und nationaler Kontext

1239 Die Vorschrift beruht auf Art. 6 Abs. 2 lit. b UGP-RL und ist demgemäß **richtlinienkonform auszulegen.** Mit § 5 Abs. 1 S. 2 Nr. 6 hat der deutsche Gesetzgeber **Neuland** betreten. Vergleichbare Regelungen fehlten bis dahin im UWG aF. Nach std. Rechtsprechung stellt ein Verhalten, das gegen einen Verhaltenskodex eines Unternehmensverbandes verstößt, nicht bereits deshalb eine unlautere Handlung dar.[3510] Dies gilt auch im Anwendungsbereich des Art. 6 Abs. 2 lit. b UGP-RL, den die Vorschrift ins nationale Recht umsetzt.[3511] Ein Verhaltenskodex kann bei der Beurteilung der Lauterkeit bzw. Unlauterkeit von geschäftlichen Handlungen nur einen Anhaltspunkt dafür geben, wie die Wettbewerber selbst bestimmte Verhaltensweisen werten,[3512] etwa durch Festsetzung von Durchschnittswerten für Nikotin und Trockenkondensat für die Bewerbung einer Zigarette als „mild"[3513] oder durch Preishöchstgrenzen bei Abgabe an Minderjährige.[3514] Eine indizielle Bedeutung des Verstoßes gegen die Selbstverpflichtung kommt überdies auch nur in Betracht, wenn sich der verklagte Unternehmer der Selbstverpflichtung selbst unterworfen hat,[3515] und wenn sich die aus dem festgestellten Kodexverstoß abgeleitete Regelwidrigkeit des betreffenden Verhaltens gerade auch als eine wettbewerbsbezogene, dh von den Schutzzwecken des UWG erfasste Unzulässigkeit erweist.[3516] Das gilt auch nach Umsetzung der UGP-RL, die nämlich ebenfalls nicht den Schluss zieht, dass Verstöße gegen Verhaltenskodizes bereits als solche unlauter sind, sondern lediglich fallbezogen (in Art. 6 Ab. 2 lit. b UGP-RL/§ 5 Abs. 1 S. 2 Nr. 6 UWG, Nr. 1 und 3 der „Schwarzen Liste"/**§ 3 Abs. 3 Anh. Nr. 1 und 3 (→ § 3 Anh. Rn. 32 ff. und Rn. 62 ff.)** bestimmte Regelungen trifft.[3517]

[3510] BGH 2006, 772 – Probeabonnement; GRUR 2006, 953 (954) – Warnhinweise II; GRUR 2011, 431 Rn. 15 – FSA-Kodex (zu § 3 nF).

[3511] EuGH 19.9.2018 – C-109/17, EU:C:2018:735 Rn. 56 – Bankia SA/Merino ua.

[3512] BGH GRUR 1977, 257 (259) – Schaufensteraktion; GRUR 2006, 953 (954) – Warnhinweise II; GRUR 2006, 773 (775) – Probeabonnement; GRUR 2011, 431 (432) – FSA-Kodex; OLG Hamburg GRUR-RR 2003, 317 (318).

[3513] Vgl. BGH NJW-RR 1993, 617 – Mild-Abkommen.

[3514] OLG Hamburg GRUR-RR 2003, 317.

[3515] BGH GRUR 2006, 953 (954) – Warnhinweise II.

[3516] BGH GRUR 2011, 431 Rn. 14 – FSA-Kodex.

[3517] BGH GRUR 2011, 431 Rn. 15 – FSA-Kodex; OLG München WRP 2012, 347 (349) – Arzt-Seminare.

Die UGP-RL verpflichtet die Mitgliedstaaten lediglich sicherzustellen, dass geeignete und wirksame Mittel zur Bekämpfung der in Art. 6 Abs. 2 lit. b UGP-RL geregelten unlauteren Geschäftspraktiken vorhanden sind, nimmt aber keinen Einfluss auf das Vertragsrecht.[3518] 1240

II. Gesetzeszweck und Systematik

Die durch die UGP-RL den Verhaltenskodizes eingeräumte **Rolle** besteht darin, es den Gewerbetreibenden zu ermöglichen, die Grundsätze dieser Richtlinie in spezifischen Wirtschaftsbranchen selbst wirksam anzuwenden, die Anforderungen an die berufliche Sorgfalt einzuhalten und die Inanspruchnahme der Verwaltungsbehörden und Gericht zu vermeiden.[3519] Art. 6 Abs. 2 lit. b UGP-RL, auf dem § 5 Abs. 1 S. 2 Nr. 6 UWG beruht, ist ebenso wie Nr. 1 und 3 des Anhangs I zur Richtlinie, den **Nr. 1 und Nr. 3 des Anhangs zu § 3 Abs. 3** umsetzen, das **Relikt** einer ursprünglich geplanten umfassenderen Regelung. Im Grünbuch der Europäischen Kommission zum Verbraucherschutz in der Europäischen Union war noch vorgeschlagen worden, im Interesse einer EU-weiten Selbstregulierung jede Nichterfüllung freiwilliger Selbstverpflichtungen als unlautere Handlung anzusehen.[3520] Nach Anhörung der beteiligten Kreise war die Kommission von diesen Vorstellungen abgerückt. Schon in der Mitteilung zu Folgemaßnahmen zum Grünbuch hatte man sich auf die Forderung beschränkt, sicherzustellen, dass in Verhaltenskodizes eingegangene Verpflichtungen eingehalten werden.[3521] Diesem Zweck dient § 5 Abs. 1 S. 2 Nr. 6. **Er schützt das Vertrauen des Verkehrs in die Einhaltung der Verpflichtungen aus Verhaltenskodizes,** auf die der Unternehmer hingewiesen hat. 1241

III. Einzelheiten

1. Verhaltenskodex. Eine im Verhältnis zu § 2 Nr. 5 UWG noch genauere Legaldefinition des „Verhaltenskodex" (engl.: Code of Conduct) enthält Art. 2 lit. f UGP-RL, der im Wege **richtlinienkonformer** Auslegung heranzuziehen ist.[3522] Danach ist unter einem Verhaltenskodex eine Vereinbarung oder ein Vorschriftenkatalog zu verstehen, die bzw. der nicht durch die Rechts- oder Verwaltungsvorschriften eines Mitgliedstaats vorgeschrieben ist und das Verhalten der Gewerbetreibenden definiert, die sich in Bezug auf eine oder mehrere spezielle Geschäftspraktiken oder Wirtschaftszweige auf diesen Kodex verpflichtet haben. Ungeschriebene Voraussetzung ist, dass es um die **Definition des lauteren Verhaltens der Unternehmen im Wettbewerb** geht.[3523] Dies ergibt sich aus dem **20. Erwägungsgrund** der Richtlinie, nach dem die Möglichkeit von Verhaltenskodizes es Gewerbetreibenden ermöglichen soll, die Grundsätze der Richtlinie in spezifischen Wirtschaftsbranchen wirksam anzuwenden.[3524] 1242

Verhaltenskodizes in diesem Sinne sind zB der Pressekodex des deutschen Presserats, die Verhaltensregeln des Deutschen Werberats (ZAW), Wettbewerbsrichtlinien der Versicherungswirtschaft,[3525] der Verhaltenskodex der Anbieter von Telefonmehrwertdienstleistungen (FST), der Freiwilligen Selbstkontrolle für die Arzneimittelindustrie (FSA),[3526] der Freiwilligen Selbstkontrolle Film (FSK), Fernsehen (FSF) und der Multimedia-Diensteab-

[3518] EuGH C-109/17, EU:C:2018:735 Rn. 43, 58 – Bankia/Juan Carlos Marí Merino.

[3519] 20. Erwgrd.; EuGH C-109/17, EU:C:2018:735 Rn. 57 – Bankia/Juan Carlos Marí Merino.

[3520] Vgl. Grünbuch zum Verbraucherschutz in der Europäischen Union, KOM/2001/0531 endg., Ziff. 4.4.

[3521] Ziff. III.28 der Mitteilung der Kommission zu den Folgemaßnahmen zum Grünbuch über den Verbraucherschutz in der EU, KOM/2002/0289endg.

[3522] EuGH 19.9.2018 – C-109/17, EU:C:2018:735 Rn. 56 – Bankia SA/Merino ua.

[3523] *Dreyer* WRP 2007, 1294 (1296); *Birk* GRUR 2011, 196 (199 f.).

[3524] *Dreyer* WRP 2007, 1294 (1296).

[3525] Instruktiv *Köhler* FS Egon Lorenz, 2014, 831.

[3526] Vgl. BGH GRUR 2011, 631 – FSA-Kodex I; OLG München WRP 2012, 347 Rn. 26 ff.

bieter (FSM),[3527] die Best Practice Principles for Shareholder Voting Research & Analysis (BPP),[3528] uU auch Rechtsregeln der Sportverbände,[3529] **nicht** aber DIN-Normen[3530] oder die „Allgemeinen Vertragsbedingungen" des „Logo-Lizenzvertrags" zur Werbung mit Testergebnissen der „Stiftung Warentest".[3531] Stark umstritten ist, ob über die Fälle der Wettbewerbsregeln nach **§ 24 GWB** und der von Branchenverbänden erarbeiteten Regelwerke hinaus weitere Fälle erfasst werden.[3532]

1243 **2. Auf den sich der Unternehmer verbindlich verpflichtet hat.** Erforderlich ist eine verbindliche Verpflichtung des Unternehmers auf den Verhaltenskodex. Verhaltenskodizes, die nur dazu verpflichten, sich um bestimmte gemeinsame Wertvorstellungen zu bemühen (sog. **Absichtserklärungen**), werden zwar von Nr. 1 und 3 des Anhangs zu § 3 Abs. 3 erfasst **(→ § 3 Anh. Rn. 39, 68),** fallen aber nicht unter § 5 Abs. 1 S. 2 Nr. 6.[3533] Das folgt im Wege der richtlinienkonformen Auslegung aus Art. 6 Abs. 2 lit. b i) UGP-RL, der zwischen Absichtserklärungen und eindeutigen, nachprüfbaren Verpflichtungen unterscheidet und erstere aus dem Anwendungsbereich der Vorschrift ausschließt. Die für die Werbung mit Warentests von der **„Stiftung Warentest"** aufgestellten Bedingungen sind daher keine Verhaltenskodizes iSd § 5 Abs. 1 S. 2 Nr. 6.[3534]

1244 **3. (Nicht-)Einhaltung des Verhaltenskodex trotz Hinweises auf die Bindung.** Anknüpfungspunkt des Irreführungsverbots ist die Erwartung des Verkehrs, dass der Unternehmer sich entsprechend seiner Ankündigung an den Verhaltenskodex halten wird.[3535] Das setzt voraus, dass der Unternehmer auf seine Bindung an den Kodex **hingewiesen** hat. Ob dies zu Zwecken der Werbung oder in Erfüllung einer gesetzlich vorgeschriebenen oder freiwillig übernommenen Informationspflicht geschieht, ist ohne Belang. Eine **Verpflichtung** des Unternehmers, den Kunden über Verhaltenskodizes zu informieren, denen sich der Unternehmer unterworfen hat, ergibt sich zB bei Verträgen im elektronischen Geschäftsverkehr aus **Art. 246c Nr. 5 EGBGB.**

1245 **Die Bindung** des Unternehmers an den Verhaltenskodex **muss tatsächlich bestehen.**[3536] Dafür spricht neben dem Wortlaut des Art. 6 Abs. 2 lit. b UGP-RL, der eine „eindeutige Verpflichtung" fordert, auch der Sinn und Zweck der Vorschrift, das Vertrauen in die Einhaltung von Verhaltenskodizes zu stärken; denn das Vertrauen des Verkehrs in die Einhaltung des Verhaltenskodex ist nur berechtigt, wenn eine Bindung des Unternehmers an einen Verhaltenskodex tatsächlich besteht. Ist der Verhaltenskodex etwa wegen Gesetzesverstoßes oder Sittenwidrigkeit nichtig, kann weder der Verkehr ein schützenswertes Interesse an dessen Einhaltung haben noch dem Unternehmer aus seiner Nichteinhaltung ein Lauterkeitsverstoß nach Art. 6 Abs. 2 lit. b UGP-RL gemacht werden. Demgegenüber knüpfen **Nr. 1 und Nr. 3 des Anh. zu § 3 Abs. 3 UWG** an das Vertrauen in die Bindung an, das auch enttäuscht wird, wenn der Kodex unwirksam ist, s. näher die Kommentierung zu Nr. 1 und Nr. 3.

1246 Die bei **§ 5 Abs. 1 S. 2 Nr. 6** erforderliche Bindung des Unternehmers an den Kodex besteht nur, wenn sowohl der Verhaltenskodex als auch die Verpflichtung des Unternehmers auf diesen wirksam sind. Die **unwahre Angabe, an einen Verhaltenskodex**

[3527] *Birk* GRUR 2011, 196 (198); *Dreyer* WRP 2007, 1294 (1295); *Köhler*/Bornkamm/Feddersen § 2 Rn. 113c.

[3528] *Zetzsche/Preiner* AG 2014, 685 (686).

[3529] *Pfister* GRUR 2017, 1091 (1092 ff.).

[3530] Ohly/*Sosnitza* § 2 Rn. 84; *Köhler*/Bornkamm/Feddersen § 2 Rn. 113d; aA *Busch* NJW 1010, 3061 (3065).

[3531] *Köhler*/Bornkamm/Feddersen § 6 Rn. 213; vgl. *Koppe/Zagouras* WRP 2008, 1035 (1044 f.).

[3532] S. dazu die Kommentierung zu § 2 Nr. 5 sowie *Birk* GRUR 2011, 196 ff.; *Dreyer* WRP 2007, 1294 ff.

[3533] Näher *Dreyer* WRP 2007, 1294 (1297 f., 1300); ebenso *Birk* GRUR 2011, 196 (198). Ende 2011 hat die Europäische Kommission beanstandet, dass diese Abgrenzung nicht ausdrücklich im Wortlaut des § 5 Abs. 1 Nr. 6 nachvollzogen wurde.

[3534] Vgl. *Koppe/Zagouras* WRP 2008, 1035 (1045).

[3535] *Dreyer* WRP 2007, 1294 (1300).

[3536] *Dreyer* WRP 2007, 1294 (1301); vgl. ausf. Amtl. Begr., BT-Drs. 16/10145, 24.

gebunden zu sein, der tatsächlich nicht existiert oder der unwirksam ist, wird ebenso wenig erfasst wie das Vortäuschen einer tatsächlich nicht bestehenden Bindung an einen wirksamen Verhaltenskodex. Hier können aber unter den Voraussetzungen der **Nr. 1 des Anhangs zu § 3 Abs. 3** oder unter dem Gesichtspunkt einer Irreführung iSd **§ 5 Abs. 1 S. 2 Nr. 1–5, 7** Ansprüche bestehen. Auch die **Täuschung über den Inhalt eines wirksamen Kodex,** an den der Unternehmer gebunden ist, fällt nicht unter § 5 Abs. 1 S. 2 Nr. 6.

4. Relevanz. Der Unlauterkeitsvorwurf stützt sich bei § 5 Abs. 1 S. 2 Nr. 6 auf das **1247** enttäuschte Vertrauen des Verkehrs in die Einhaltung des Verhaltenskodex. Hierauf muss sich auch das Relevanzerfordernis beziehen. Dementsprechend liegt ein relevanter Irrtum vor, wenn die Fehlvorstellung des Verkehrs, der Unternehmer werde der herausgestellten Bindung an den Verhaltenskodex nachkommen, geeignet ist, seine geschäftliche Entscheidung zu beeinflussen oder aus diesem Grund einen Mitbewerber zu schädigen (schon näher → § 5 Rn. 331 ff.). Das liegt bei geschäftlichen Handlungen gegenüber Verbrauchern auf der Hand, wenn der Verhaltenskodex, auf den hingewiesen wurde, Regelungen enthält, die eine besondere **Qualität oder Güte** der Produkte gewährleisten. Je nach den Umständen der geschäftlichen Handlung kann sich die Relevanz aber auch daraus ergeben, dass der Verhaltenskodex Bestimmungen zum **Schutz besonderer Personengruppen** enthält. So kann für den zwischen mehreren Anbietern von Telefonmehrdienstleistungen auswählenden Familienvater durchaus von Bedeutung sein, ob der Anbieter an den Verhaltenskodex der Anbieter von Telefonmehrwertdienstleistungen gebunden ist, der zB bei Mehrwertdiensten, die Kinder und Jugendliche sittlich schwer gefährden oder in ihrem Wohl beeinträchtigen können, zu bestimmten Zugangskontrollen verpflichtet.[3537] Die **Art der Werbung** mit der Bindung an die Selbstverpflichtung kann dabei Hinweise auf die Bedeutung geben, die der Verkehr der Selbstverpflichtung beimisst.

5. Rechtsfolgen. Eine relevante Irreführung begründet unter den Voraussetzungen des **1248** § 8 Abs. 1 UWG Abwehr- und des § 9 UWG Schadenersatzansprüche; uU kommt auch Gewinnabschöpfung nach § 10 UWG in Betracht.[3538] Unmittelbare vertragsrechtliche Auswirkungen hat Art. 6 Abs. 2 lit. b UGP-RL hingegen nicht. Die UGP-RL statuiert in Art. 6 Abs. 2 lit. b UGP-RL zwar die Unlauterkeit, verpflichtet die Mitgliedstaaten aber nicht dazu, unmittelbare Rechtsfolgen für Gewerbetreibende nur aus dem Grund vorzusehen, dass sie einen Verhaltenskodex nicht eingehalten haben.[3539]

I. § 5 Abs. 1 S. 2 Nr. 7 (Rechte des Verbrauchers)

Eine geschäftliche Handlung ist irreführend, wenn sie unwahre Angaben enthält oder sonstige zur Täuschung geeignete Angaben über folgende Umstände enthält:

7. Rechte des Verbrauchers, insbesondere solche auf Grund von Garantieversprechen oder Gewährleistungsrechte bei Leistungsstörungen.

Übersicht

[3537] Der Verhaltenskodex ist abrufbar auf der Website der FST Freie Selbstkontrolle Telefonmehrwertdienste eV, http://www.fst-ev. org.

[3538] *Pfister* GRUR 2017, 1091 (1094).

[3539] EuGH 19.9.2018 – C-109/17, EU:C:2018:735 Rn. 41 ff. – Bankia SA/Merino ua; s. *Leister/Fröhlich* GRUR-Prax 2018, 533.

I. Herkunft, Abgrenzung und Bedeutung

1249 Die Regelung des § 5 Abs. 1 S. 2 Nr. 7 UWG wurde zur Umsetzung von **Art. 6 Abs. 1 lit. g der UGP-Richtlinie** in das UWG eingefügt. Die Richtlinie verbietet irreführende Angaben über die Rechte des Verbrauchers einschließlich des Rechts auf Ersatzlieferung oder Erstattung gemäß der Richtlinie 1999/44/EG.

1250 Diese Regelungen zeigen deutlich die **verbraucherschützende Zielsetzung der UGP-Richtlinie.** Sie sind zugleich Ausdruck dafür, dass sowohl der nationale als auch der europäische Gesetzgeber den **Informationspflichten** des Unternehmers gegenüber Verbrauchern **zunehmend größere Bedeutung** beimessen. Entsprechende Informationspflichten haben in den letzten Jahren stark zugenommen.[3540]

1251 In früheren Entwurfs-Fassungen der Richtlinie wurde zunächst nur von den „Rechten des Verbrauchers" gesprochen. Der Hinweis auf die Richtlinie 1999/44/EG wurde erst später ergänzt, um „in diesem spezifischen Zusammenhang das Recht des Verbrauchers auf eine auf Information beruhende Auswahl" zu bekräftigen.[3541] Es ist daher zu erwarten, dass zukünftig Streitigkeiten über Allgemeine Geschäftsbedingungen nicht nur nach dem UKlaG oder über § 3a UWG (str.),[3542] sondern auch nach § 5 Abs. 1 S. 2 Nr. 7 UWG ausgetragen werden, soweit es um Rechte des Verbrauchers geht. Leider finden sich jedoch jetzt an zahlreichen Stellen Regelungen über die Rechte von Kunden, so dass die Systematik des Gesetzes nur schwer zu überblicken ist.

1252 **Abzugrenzen** sind die Angaben über die Rechte des Verbrauchers im Sinne von § 5 Abs. 1 S. 2 Nr. 7 UWG von Angaben über Kundendienst und Beschwerdeverfahren, die in **§ 5 Abs. 1 S. 2 Nr. 1 UWG** geregelt sind und die sich auf alle nachvertraglichen Serviceleistungen[3543] beziehen, wie den „klassischen" Kundendienst – zB Vorortservice – oder einen Hotlineservice. Dabei geht es allerdings nur um die Existenz und Ausgestaltung dieser Verfahren, nicht um die rechtlichen Voraussetzungen.

1253 **§ 5a Abs. 3 Nr. 4 UWG** regelt das Unterlassen der Aufklärung des Verbrauchers über ein Abweichen der Zahlungs- oder Leistungsbedingungen von wesentlichen Grundgedanken der gesetzlichen Regelung. Außerdem muss nach **§ 5a Abs. 4 UWG** über Informationen aufgeklärt werden, die dem Verbraucher aufgrund unionsrechtlicher Vorschriften für kommerzielle Kommunikation nicht vorenthalten werden dürfen (siehe *Dreyer* → § 5a Rn. 180 ff.).[3544] Dazu gehören nach Anhang II der UGP-Richtlinie auch Regelungen der Verbraucherrechterichtlinie (RL 2011/83/EU), die erst jüngst durch Art. 4 der sog. Omnibus-Richtlinie zum EU-Verbraucherrecht[3545] umfangreich erweitert und zB auf digitale Waren und digitale Dienstleistungen erstreckt wurde und die in Art. 6 Abs. 1 lit. l Hinweise

[3540] Für das deutsche Recht siehe zB §§ 312a, 312d BGB iVm Art. 246 EGBGB ff. sowie §§ 5, 6 TMG. Für das EU-Recht siehe zuletzt die sog. Omnibus-Richtlinie zum EU-Verbraucherrecht.

[3541] Änderungsantrag 7 in der Empfehlung für die zweite Lesung des Europäischen Parlaments vom 7.2.2005, Dok. Nr. PE 350.077 v. 03-00; AS-0027/2005.

[3542] Jeweils mit Bezug auf § 4 Nr. 11 UWG aF. Dafür KG MMR 2005, 284; OLG Hamm GRUR-RS 2016, 18361 Rn. 57; dagegen OLG Köln WRP 2007, 1111 ff. (wobei die konkrete Begründung nach der Erweiterung des Begriffs der „geschäftlichen Handlung" auf nachvertragliches Verhalten teilweise nicht mehr passt); *Ullmann* GRUR 2003, 817 (823); auch → Rn. 1259.

[3543] Im englischen Text der Richtlinie ist von „after-sale customer assistance" die Rede.

[3544] Dazu OLG Hamm GRUR-RS 2016, 18361.

[3545] Richtlinie (EU) 2019/2161 des Europäischen Parlaments und des Rates zur Änderung der Richtlinie 91/13/EWG des Rates und der Richtlinien 98/6/EG, 2005/29/EG und 2011/83/EU des Europäischen Parlaments und des Rates zur besseren Durchsetzung und Modernisierung der Verbraucherschutzvorschriften der Union.

auf das Bestehen eines gesetzlichen Gewährleistungsrechts für die Waren, digitalen Inhalte und digitalen Dienstleistungen und in Art. 6 Abs. 1 lit. m Hinweise auf das Bestehen und die Bedingungen von Kundendienst, Kundendienstleistungen und gewerblichen Garantien fordert. Hier kommt es zu Überschneidungen mit § 5a Abs. 3 Nr. 4 UWG. Die neu geschaffene Pflicht aus Art. 6 Abs. 1 lit. 1 der (geänderten) Verbraucherrechterichtlinie wird nun durch Art. 246a § 1 Abs. 1 S. 1 Nr. 11 EGBGB-E[3545a] umgesetzt, der einen Hinweis auf das Bestehen eines gesetzlichen Mängelhaftungsrechts für die Waren oder die digitalen Produkte fordert.

Die Irreführung über den Umfang der Verpflichtungen des Unternehmers ist in **§ 5 Abs. 1 S. 2 Nr. 3 UWG** geregelt, wobei es zu Überschneidungen kommen kann soweit Pflichten des Unternehmers einhergehen mit Rechten des Verbrauchers; das wird häufig der Fall sein, ist aber nicht zwangsläufig so, zB bei Gestaltungsrechten (Widerruf, Anfechtung, Gewährleistungsrechte), die keine Verpflichtungen des Gegenübers begründen, solange sie nicht ausgeübt wurden. Die genaue Zuordnung zu einer Fallgruppe kann daher schwierig sein, ist letzten Endes aber auch nicht erforderlich. **Nr. 10 im Anhang zu § 3 Abs. 3 UWG** verbietet es, gesetzlich bestehende Rechte als Besonderheit herauszustellen. 1254

§ 5 Abs. 1 S. 2 Nr. 2 UWG schließlich regelt die Irreführung bei den Bedingungen, unter denen die Ware geliefert oder die Dienstleistung erbracht wird. Die Regelung wurde zur Umsetzung der Richtlinie 84/450/EWG[3546] geschaffen, deren Anwendungsbereich sich nach Art. 14 der UGP-Richtlinie nunmehr auf den Verkehr zwischen Unternehmern beschränken soll, so dass sich diese Regelung auch im deutschen UWG vor allem auf Liefer- und Leistungsbedingungen im unternehmerischen Verkehr bezieht. 1255

Abzugrenzen sind irreführende Angaben über Rechte – insbesondere in Form von „Garantien" – auch vom irreführenden Versprechen eines Leistungserfolgs, den man *tatsächlich* nicht leisten kann *(„schlank in 3 Tagen")*, was § 5 Abs. 1 S. 2 Nr. 1 UWG unterfällt und dem *Verschweigen* des Nicht-Bestehens von Garantien, die der Verbraucher erwartet. 1256

Zur Werbung mit „Preisgarantien" → § 5 Rn. 816.

Falsche Angaben über Rechte von Verbrauchern können darüber hinaus auch einen Verstoß gegen **§ 3a UWG** begründen (str.)[3547] oder iSv **§ 4a Abs. 2 S. 1 Nr. 3, S. 2 UWG** unlauter sein, zB in Fällen, in denen der Unternehmer einen Verbraucher falsch über dessen Widerrufsrechte informiert. 1257

II. Angaben, gegenüber einem konkreten Verbraucher

Gegenstand des Verbots sind irreführende **Angaben** über Rechte, **nicht** aber die Gewährung der **Rechte als solche.** Langjährige oder umfangreiche Garantieversprechen sind als solche wettbewerbsrechtlich grundsätzlich nicht zu beanstanden, solange die Garantie nicht für einen Zeitraum versprochen wird, der die Lebenserwartung der Ware bei normaler Verwendung übersteigt und bei denen der durchschnittlich informierte und verständige Verbraucher über die Lang-/Kurzlebigkeit der Ware und somit über wesentliche Merkmale der Ware iSv § 5 Abs. 1 S. 2 Nr. 1 UWG getäuscht wird. Eine „Angabe" in diesem Sinn kann allerdings auch darin liegen, dass der Unternehmer eine ihm nachteilige **Gerichtsentscheidung** unrichtig wiedergibt oder negiert.[3548] 1258

„Angaben" sind, wie auch sonst im Rahmen des § 5 UWG abzugrenzen von bloßen Rechtsmeinungen. Grundsätzlich muss es einem Unternehmer möglich sein, bei unklarer Rechtslage eine ihm günstige Meinung zu vertreten. Auch muss er Kunden nicht über die 1259

[3545a] BT-Drs. 19/27655, 11, 34.

[3546] Die Richtlinie 84/450/EWG wurde durch die Richtlinie 2006/114/EG (ABl. 2006 L 376, S. 21) ersetzt, nach deren Art. 10 Abs. 2 Verweisungen auf die aufgehobene Richtlinie jedoch als Verweisungen auf die neue Richtlinie gelten.

[3547] Siehe Fn. 3499.

[3548] OLG Frankfurt a. M. GRUR-RR 2012, 161; Köhler/Bornkamm/Feddersen/*Bornkamm/Feddersen* UWG § 5 Rn. 1.18.

gesetzlich geforderten Informationsgebote hinaus informieren oder beraten.[3549] Dagegen erfasst § 5 Abs. 1 UWG Äußerungen, in denen der Unternehmer gegenüber Verbrauchern eine eindeutige, tatsächlich aber nicht bestehende Rechtslage behauptet, sofern der angesprochene Kunde die Aussage nicht als Äußerung einer Rechtsansicht, sondern als Feststellung versteht.[3550] Die Grenzen bloßer Rechtsmeinung sind ferner überschritten, wenn eine Aussage wider besseren Wissens erfolgt, indem zB gegenüber Kunden, die von einem Kündigungsrecht Gebrauch machen wollen, wider besseren Wissens erklärt wird, ein solches Recht stünde Ihnen nicht zu;[3551] ebenso wenn der Werbende den Eindruck erweckt, eine höchst umstrittene Rechtsfrage sei in seinem Sinne geklärt,[3552] oder wenn über die vermeintliche Rechtsfrage nicht ernsthaft gestritten werden kann. Angaben können neben Aussagen in individuellen Schreiben an Kunden auch Angaben auf Informationsseiten im Internet[3553] und auch **Allgemeine Geschäftsbedingungen** sein, die gegenüber einem Verbraucher verwendet werden und in denen unwirksam Rechte des Verbrauchers beschränkt werden.[3554] Das ergibt sich aus der Definition von „Geschäftspraktiken" in Art. 2 lit. d UGP-Richtlinie bzw. „geschäftliche Handlung" in § 2 Abs. 1 Nr. 1 UWG, die jede Erklärung im unmittelbaren Zusammenhang mit dem Verkauf an Verbraucher erfassen, sowie aus der Definition von „geschäftliche Entscheidung" in Art. 2 lit. k UGP-Richtlinie bzw. § 2 Abs. 1 Nr. 9 UWG, die jede Entscheidung eines Verbrauchers darüber erfasst, ob und unter welchen Bedingungen er einen Kauf tätigen oder ein vertragliches Recht im Zusammenhang mit dem Produkt ausüben will. Da sich der Verwender von Allgemeinen Geschäftsbedingungen nicht zu seinem Vorteil auf die Unwirksamkeit von rechtswidrigen Klauseln berufen kann,[3555] sind unwirksame Klauseln vor allem im Hinblick auf die Geltendmachung von Rechten *nach* Vertragsschluss relevant. Denn eine Klausel, die rechtswidrig Rechte des Kunden beschränkt, ist zunächst nicht geeignet, dessen Kaufentscheidung positiv zu beeinflussen, wohl aber kann sie den Kunden später von der Geltendmachung von Rechten abhalten.

1260 Verboten sind unwahre oder zur Irreführung geeignete Angaben über die Rechte des Verbrauchers. Erfasst werden daher nur Angaben gegenüber **einem Verbraucher,** an den sich ein **bestimmtes Angebot richtet** oder dem berechtigte Ansprüche zustehen. Unwahre Angaben über die Rechte von Verbrauchern im Allgemeinen werden daher nicht erfasst. Was aber nicht ausschließt, dass allgemeine Aussagen, zB in Allgemeinen Geschäftsbedingungen, sich jeweils auf ein bestimmtes Angebot/Geschäft und damit auch auf einen einzelnen Verbraucher beziehen können.

1261 Gegenüber **Unternehmern** ergibt sich das Verbot irreführender Angaben über die Vertragsbedingungen aus § 5 Abs. 1 S. 2 Nr. 2 UWG.

III. Zeitpunkt

1262 Die UGP-Richtlinie bezieht sich auf wettbewerbsrelevantes Verhalten sowohl **vor** als auch **nach** Vertragsschluss, so dass zukünftig auch die wahrheitswidrige Beantwortung einer Anfrage des Verbrauchers nach dem Umfang seiner Rechte nach Erwerb der Ware relevant sein kann. Erfasst wird somit nicht nur ein **im Vorfeld** eines Vertragsschlusses **abgegebenes Versprechen,** das den Verbraucher in den Glauben versetzt, er habe weitergehende als die tatsächlich gegebenen Rechte. Abgedeckt wird ebenso das **„Kleinre-**

3549 OLG München MMR 2019, 119 Rn. 24; OLG Düsseldorf GRUR-RR 2018, 295 Rn. 25.

3550 BGH GRUR 2019, 754 Rn. 32 – Prämiensparverträge.

3551 BGH GRUR 1986, 816 Rn. 39 – Widerrufsbelehrung bei Teilzahlungskauf; OLG Hamburg GRUR-RR 2017, 270 Rn. 37 – Reuegeld.

3552 OLG München MMR 2019, 119 Rn. 23, dort allerdings abgelehnt.

3553 OLG Düsseldorf GRUR-RR 2018, 295 Rn. 23 ff.

3554 Vgl. auch BGH GRUR 2017, 1144 Rn. 16 – Reisewerte, zu einem individuellen Brief, mit dem Erläuterungen zu einem Standardhinweis in Schreiben an Kunden gegeben werden.

3555 BGH NJW-RR 1998, 594.

den" tatsächlich bestehender Rechte, aufgrund dessen der Verbraucher möglicherweise Rechte, die ihm zustehen, nicht geltend macht.

IV. Rechte des Verbrauchers

1263 Die Regelung erfasst dem Wortlaut nach **sämtliche Rechte** des Verbrauchers. Garantieversprechen und Gewährleistungsrechte werden nur exemplarisch („insbesondere") genannt. Art. 6 Abs. 1 lit. g der UGP-Richtlinie erwähnt ausdrücklich noch das Recht auf **Ersatzlieferung** oder **Erstattung** gemäß der Richtlinie 1999/44/EG zum Verbrauchsgüterkauf,[3556] allerdings ist auch dies nur beispielhaft („einschließlich"). Erfasst werden von der Regelung daher auch Angaben über **Lieferansprüche, Widerrufsrechte** (vgl. auch § 5a Abs. 3 Nr. 5 UWG), **Kündigungsrechte** (zB bei Darlehen), **Sonderkündigungsrechte** (zB bei TK-Verträgen),[3557] Ansprüche auf **Schadensersatz, Aufwendungsersatz oder Ersatzvornahme, Angaben über die Verjährung von Verbraucheransprüchen**[3558] uÄ.[3559] Eine Beschränkung der Norm nur auf Gewährleistungsrechte (oder gar nur auf Gewährleistungsrechte beim Verbrauchsgüterkauf) wäre nicht sachgerecht, weil erstens andere Rechte für den Verbraucher genauso wichtig sein können und es zweitens nicht zu verstehen wäre, dass gegenüber Unternehmern solche irreführenden Angaben verboten wären (vgl. § 5 Abs. 1 S. 2 Nr. 2 UWG „Bedingungen, unter denen die Ware geliefert oder die Dienstleistung erbracht wird"), gegenüber Verbrauchern hingegen nicht. In der Praxis werden Garantien und Gewährleistungsrechte allerdings am wichtigsten sein.

1264 Erfasst werden außerdem nicht nur irreführende Angaben über die **Existenz** bestimmter Rechte, sondern auch über deren **Inhalt, Umfang** und **Dauer** sowie etwaige **Voraussetzungen für die Geltendmachung.** Erfasst wird zudem der Fall, dass der Verbraucher über seine **Pflichten** irregeführt wird, indem zB gegenüber dem Verbraucher ein Zahlungsanspruch behauptet wird, der von Gesetzes wegen ausgeschlossen ist.[3560]

1265 **1. Garantien. Garantieversprechen** können irreführend sein, wenn sie entweder **inhaltlich unzutreffend,** für den Kunden **praktisch wertlos** oder **rechtlich nicht durchsetzbar** sind oder der Unternehmer eine angekündigte Garantie auf Wunsch des Kunden **nicht verbindlich vereinbaren** oder (ohne Vereinbarung) zumindest **im Kulanzwege erfüllen** will.[3561] Irreführend ist daher die Werbung mit einer langjährigen Garantie, wenn sich die Voraussetzungen für den Garantiefall mit zunehmendem Alter der betroffenen Ware kaum noch belegen lassen oder wenn die Realisierung einer Garantie vorhersehbar mit erheblichen Schwierigkeiten verbunden ist.[3562] Erlaubt ist hingegen eine langjährige Garantieübernahme, wenn sich die Gewährleistung auf die Haltbarkeit eines Materials oder Werks bezieht, das bei normaler Abnutzung eine entsprechend lange Lebensdauer besitzt und die Garantiezusage für den Besteller nicht **praktisch bedeutungslos** ist.[3563] Praktisch wertlos und damit irreführend ist eine Garantie eines **Gebrauchtwagenhändlers,** die jegliche Art von **Verschleißschäden** ausschließt und damit noch hinter den gesetzlichen Gewährleistungsrechten zurückbleibt.[3564] Irreführend ist auch die Werbung mit einer **über**

[3556] ABl. 1999 L 171, S. 12.

[3557] Vgl. OLG Düsseldorf GRUR-RR 2018, 295 ff.; OLG München MMR 2019, 119 ff.

[3558] BGH GRUR 2017, 1144 Rn. 16 – Reisewerte.

[3559] Siehe OLG Frankfurt a. M. GRUR-RR 2012, 161 f. – Flugverspätungsentschädigung.

[3560] LG Stuttgart GRUR-RR 2017, 153 (154) zur Forderung eines Maklers auf Zahlung einer Gebühr für die erstmalige Wohnungsbesichtigung. Vgl. auch OLG Frankfurt a. M. GRUR-RR 2018, 23 Rn. 13: Inrechnungstellung eines erhöhten Entgelts, auf das nicht vertragsgemäß hingewiesen wurde, als irreführende Handlung.

[3561] BGH GRUR 2000, 1106 (1108) – Möbel-Umtauschrecht.

[3562] KG WRP 1997, 31 für „bankgarantierte Rückzahlung einer Einlage", die nur innerhalb eines sehr kurzen Zeitraumes und unter erschwerten Bedingungen geltend gemacht werden konnte.

[3563] BGH GRUR 1958, 455 (457) – Federkernmatratzen: 25 Jahre für die Haltbarkeit von Federkernmatratzen; BGH GRUR 1976, 146 (147) – Kaminisolierung: 15 Jahre für die Innenbearbeitung gebrauchter Hausschornsteine.

[3564] OLG Saarbrücken NJW-RR 1996, 1325 (1326).

30 Jahre hinausreichenden Garantiezusage eines *Händlers,* weil eine solche Verpflichtung gegen das Verbot des rechtsgeschäftlichen Ausschlusses der Verjährung verstößt (§ 202 Abs. 2 BGB) und daher unwirksam ist.[3565] Bezieht sich die Verjährung hingegen auf eine von den gesetzlichen Gewährleistungsansprüchen unabhängige, selbständige Garantie eines *Herstellers* zur Haltbarkeit eines bestimmten Materials, so ist dies wettbewerbsrechtlich nicht zu beanstanden, sofern dieses Material bei normaler Abnutzung eine entsprechend lange Lebensdauer besitzt. Denn ein selbständiger Garantievertrag ist als solcher unverjährbar. Nicht verboten wurde daher vom BGH die Werbung eines Herstellers von Aluminiumdächern mit einer Haltbarkeitsgarantie von 40 Jahren.[3566] Irreführend ist es aber, über den **Umfang** der Garantieleistungen zu täuschen, wobei allerdings grundsätzlich davon auszugehen ist, dass der durchschnittlich informierte und verständige Verbraucher auch das Kleingedruckte liest; das gilt insbesondere dann, wenn das herausgestellte Garantieversprechen als solches substanzarm ist, zB weil eine **„Gefällt-Nicht-Garantie"** versprochen wird.[3567] Auch eine **„Geld-zurück-Garantie"** ist per se nicht unlauter. Etwas anderes gilt jedoch, wenn die Garantie für billigere Konkurrenzangebote ausgesprochen wird, es solche Angebote aufgrund des Exklusivvertriebs des Unternehmers aber nicht gibt.[3568] Für eine reine Reparaturkosten-Versicherung bei einem Dritten darf ein Händler hingegen nicht mit dem Begriff „Garantie" werben.[3569] Eine **„Nirgendwo günstiger Garantie"** eines Vergleichsportals ist irreführend, wenn es anderswo günstigere Tarife anderer Versicherungsunternehmen gibt, weil der Verkehr von einem Vergleichsportal eine Marktübersicht erwartet und nicht nur, dass er den angezeigten Tarif dieses einen Unternehmens nirgendwo günstiger bekommt.[3570] Wird eine Tiefstpreisgarantie an **schwerwiegende bürokratische Hindernisse** geknüpft und auf wenige Vergleichsangebote begrenzt und so praktisch in ihr Gegenteil verkehrt, kann das ebenfalls irreführend sein.[3571] Wird allerdings im unmittelbaren Zusammenhang mit der Werbung „Wir garantieren den niedrigsten Preis" auf Einschränkungen **hingewiesen,** so kann eine Irreführung vermieden werden. Insbesondere eine Beschränkung auf Vergleichsangebote **„autorisierter Händler"** ist zulässig.[3572]

1266 Selbst der angemessen gut unterrichtete, aufmerksame und kritische Verbraucher wird nicht jede „Garantie" im Sinne eines Garantieversprechens nach § 443 BGB verstehen. Vielmehr ist er daran gewöhnt, dass heute häufig von „Garantie" gesprochen wird, obwohl **„Gewährleistung/Mängelansprüche"** gemeint sind. Er wird daher die Aussage „2 Jahre Garantie" als solche nicht so verstehen, dass über die Mängelansprüche hinaus eine Garantie iSv § 443 BGB gegeben wird. Irreführend ist es jedoch, wenn durch solche Aussagen der falsche Eindruck erweckt wird, als gebe es neben der Verpflichtung des Händlers zusätzlich noch eine Herstellergarantie, obwohl diese tatsächlich nicht besteht.

1267 Irreführend ist es auch, den Anschein einer **Herstellergarantie** zu erwecken, wenn tatsächlich nur eine Händlergewährleistung oder -garantie gewährt werden soll. Der Ausdruck **„Vollgarantie"** genügt dafür allein nicht,[3573] der Hinweis **„mit Garantiekarte"** beim Gebrauchtwagenkauf hingegen schon.[3574] Die Werbung eines KfZ-Händlers mit einer **„Herstellergarantie"** kann zudem unlauter sein, wenn sich diese Garantie auf eine Nachbesserung beschränkt und daher bei irreparablen Mängeln leer läuft. Allerdings wird es angesichts der bestehenden Händlergewährleistung an der erforderlichen Relevanz feh-

---

[3565] BGH GRUR 1994, 830 – Zielfernrohr.
[3566] BGH WRP 2008, 1326 (1327) – 40 Jahre Garantie.
[3567] BGH GRUR 2000, 1106 (1108) – Möbel-Umtauschrecht.
[3568] BGH GRUR 1994, 57 (58) – Geld-zurück-Garantie.
[3569] OLG Frankfurt a. M. NJW-RR 1996, 1386.
[3570] LG Köln BeckRS 2018, 25944 Rn. 23.
[3571] OLG Köln GRUR-RR 2010, 293 (294).
[3572] OLG Hamm K&R 2011, 805 Rn. 27 ff.
[3573] KG WRP 1981, 99; aA OLG Düsseldorf WRP 1977, 193 (194).
[3574] OLG Köln WRP 1979, 887; aA Köhler/Bornkamm/Feddersen/*Bornkamm/Feddersen* UWG § 5 Rn. 8.11.

len.[3575] Häufig erwartet der Verkehr auch ohne weitere Angaben eine Herstellergarantie, so zB beim Kauf eines „EU-Neuwagens".[3576] Fraglich ist, ob dann das **Verschweigen,** dass keine Herstellergarantie besteht, irreführend ist. Ein Recht auf eine Herstellergarantie gibt es nicht. Nach bisherigem Recht war es dennoch irreführend, wenn eine solche Garantie nicht gewährt wurde und der Händler dies verschwieg. Ebenso konnte es irreführend sein, wenn ein nicht unerheblicher Zeitraum der Garantie bereits verstrichen war. Bei reimportierten Kraftfahrzeugen war deshalb darauf hinzuweisen, wenn diese im Ausland bereits zugelassen wurden und sich dadurch die Herstellergarantie nicht unerheblich verkürzt hatte.[3577] Das galt unabhängig von einer daneben bestehenden Händlergarantie. Ein Zeitraum von nur wenigen Tagen oder Wochen genügte dabei allerdings noch nicht.[3578] Auch eine Tageszulassung durch einen deutschen Händler stand der Werbung als Neufahrzeug nicht entgegen, sofern die Tageszulassung nur wenige Tage dauerte und das Fahrzeug nicht im Straßenverkehr genutzt wurde.[3579]

In Zukunft beurteilen sich solche Aufklärungspflichten bzw. eine etwaige Irreführung durch Unterlassung grundsätzlich nach § 5a UWG. In **§ 5a Abs. 3 Nr. 4 UWG** werden Garantien allerdings nicht mehr ausdrücklich erwähnt. Erwähnt wird nur das Abweichen von wesentlichen Grundgedanken der gesetzlichen Regelung zu Liefer- und Leistungsbedingungen. Dazu gehört eine Herstellergarantie beim Neuwagenkauf jedoch nicht, da sie gesetzlich nicht vorgeschrieben ist. Auf der anderen Seite ist die Auflistung in § 5a Abs. 3 UWG nicht abschließend, so dass es auch insoweit zu keiner Änderung kommt. **1268**

Irreführend sind auch „Garantien" im Sinne eines **Erfolgs,** den man verspricht oder als sicher hinstellt, den der Unternehmer tatsächlich aber **nicht leisten kann,** wie zB der Eintritt eines bestimmten Erfolgs bei einer Schlankheitskur innerhalb kurzer Fristen *(„bis zu 20 Pfund schlanker in nur 23 Tagen")*[3580] oder die Werbung mit einer *„Geld-zurück-Garantie"* für Nachhilfeunterricht, bei dem ein bestimmter Erfolg nicht garantiert werden kann.[3581] Dass der Nachhilfeschüler sich bei einem solchen Angebot wirtschaftlich möglicherweise nicht schlechter stellt, ist nicht entscheidend. Maßgeblich ist allein, dass er sich einen bestimmten Erfolg erhofft und sich daher eher den Instituten zuwendet, die einen solchen Erfolg als sicher hinstellen ohne dies mehr garantieren zu können als andere.[3582] Ob man diese Fälle unter § 5 Abs. 1 S. 2 Nr. 7 UWG subsumiert oder als Irreführung über die Wirkung eines Produkts („von der Verwendung zu erwartende Ergebnisse") iSv § 5 Abs. 1 S. 2 Nr. 1 UWG, ist unerheblich. **1269**

In dem Angebot, den beworbenen Gegenstand für ein paar Tage zur **Probe zu überlassen,** kann heutzutage hingegen keine Behauptung mehr gesehen werden, die einen bestimmten Erfolg als sicher hinstellt und damit „garantiert".[3583] Denn der Verkehr ist mittlerweile, nicht zuletzt auch aufgrund der Widerrufsrechte beim Fernabsatz von Produkten, daran gewöhnt, dass er häufig Waren innerhalb kurzer Frist wieder zurückschicken kann. **1270**

2. Widerrufsrechte. Auch über das Bestehen von **Widerrufsrechten** (zB nach §§ 312g, 485, 495 BGB) und deren Ausübung, einschließlich der Bedingungen, zu denen die gelieferte Ware zurückgesendet werden kann (vgl. §§ 355 ff. BGB), muss zutreffend aufgeklärt werden. Wird überhaupt nicht aufgeklärt, so gilt § 5a Abs. 3 Nr. 5 UWG. Nach § 5a Abs. 2 S. 2 Nr. 2 UWG steht das Bereitstellen der Information auf unklare, unver- **1271**

[3575] BGH GRUR 1997, 929 – Herstellergarantie.
[3576] BGH GRUR 1999, 1122 (1123) – EG-Neuwagen I. Zur Neuheitswerbung für Kfz → § 5 Rn. 527 ff.
[3577] Offen gelassen in BGH GRUR 1986, 615 (618) – Reimportierte Kraftfahrzeuge; GRUR 1983, 661 (663) – Sie sparen 4000,– DM.
[3578] BGH GRUR 1999, 1122 (1123 f.) – EG-Neuwagen I; GRUR 1999, 1125 (1126) – EG-Neuwagen II; GRUR 2000, 724 (727) – Außenseiteranspruch II.
[3579] BGH GRUR 2000, 914 – Tageszulassung II.
[3580] OLG Hamm GRUR 1984, 140 (141).
[3581] BGH GRUR 1983, 255 – Nachhilfeunterricht.
[3582] AA Köhler/Bornkamm/Feddersen/*Bornkamm/Feddersen* UWG § 5 Rn. 8.12.
[3583] AA noch BGH GRUR 1972, 663 (664) – Vibrations-Massagekissen.

ständliche oder zweideutige Weise dem Vorenthalten gleich. Wird (objektiv) falsch aufgeklärt, so gilt hingegen § 5 Abs. 1 S. 2 Nr. 7 UWG.[3584]

1272 Falsche oder ungenügende Belehrungen über Widerrufsrechte sind geeignet, den Verbraucher über sein Widerrufsrecht irrezuführen.[3585] Dabei kann eine falsche Erklärung in diesem Sinn auch eine an sich richtige Erklärung sein, die der Verbraucher jedoch falsch versteht, wie zB die an sich zutreffende Aussage, dass es bei Versteigerungen kein Widerrufs-/Rückgaberecht gibt, die jedoch im Zusammenhang mit **eBay-„Auktionen"** falsch verstanden wird, weil der durchschnittlich informierte und verständige Verbraucher hier meint, eine eBay-Auktion sei eine „Versteigerung" im Rechtssinn. Irreführend ist es auch, wenn widerrufswilligen Kunden planmäßig erzählt wird, ihnen stünde ein solches Recht nicht zu.[3586]

V. Risiken

1273 Art. 6 Abs. 1 lit. g der UGP-Richtlinie erwähnt neben den Rechten auch noch „die **Risiken,** denen er [der Verbraucher] sich möglicherweise aussetzt". § 5 Abs. 1 S. 2 Nr. 7 UWG übernimmt diese Formulierung nicht. Stattdessen werden die „Risiken" in § 5 Abs. 1 S. 2 Nr. 1 ausdrücklich aufgeführt. Was mit dieser Regelung in der Richtlinie gemeint ist, ist unklar. Denn die Kategorie „Risiko" passt dem Wortsinn nach nicht zu „Rechten". Risiken bestehen mehr auf der tatsächlichen Ebene, Rechte hingegen auf rechtlicher Ebene. Ein Verschweigen von Risiken kann nicht gemeint sein, denn diese wären in Art. 7 der Richtlinie bzw. § 5a UWG zu regeln.

1274 Gemeint sein kann beispielsweise die **Verharmlosung von Risiken.** Zu denken ist an Risiken eines finanziellen Verlusts bei der Anlage in bestimmte Wertpapiere. Wobei es nicht darauf ankommt, ob das jeweilige Risiko tatsächlich besteht oder sich verwirklicht. Es genügt bereits, dass es **„möglicherweise"** besteht. Das kann jedoch nicht bedeuten, dass jedes noch so unbedeutende Risiko erwähnt werden muss. Maßgeblich ist auch hier die **Eignung, das Verhalten des Durchschnittsverbrauchers wesentlich zu beeinflussen.**

VI. Rechtsfolgen, Konkurrenzen

1275 Berücksichtigt man den weiten Umfang des Begriffs „geschäftliche Handlung", der nunmehr auch nachvertragliches Verhalten erfasst, und die Reichweite des Begriffs „Rechte" (von den möglichen „Risiken" ganz zu schweigen), so ergibt sich hieraus für Unternehmen ein erhebliches Gefahrenpotenzial, könnte doch jede falsche Angabe eines Mitarbeiters gegenüber einem Verbraucherkunden über etwaige Rechte des Kunden zu Unterlassungsansprüchen von Wettbewerbern führen. Das Problem verschärft sich, wenn man bedenkt, dass in bestimmten verbraucherschützenden Bereichen selbst die normativen Vorgaben bedenklich sind, wie der Streit über die Rechtmäßigkeit einer früheren Version der Musterbelehrung über die Widerrufsrechte beim Fernabsatz gezeigt hat.[3587]

1276 Soweit Rechte in Allgemeinen Geschäftsbedingungen irreführend dargestellt werden, kommen auch Unterlassungsansprüche nach **UKlaG** in Betracht. Die Regelungen des

---

[3584] LG Kiel K&R 2011, 136; LG Dortmund GWF/Recht und Steuern 2010, 39.

[3585] BGH GRUR 1986, 816 (818) – Widerrufsbelehrung bei Teilzahlungskauf; GRUR 1986, 819 (820) – Zeitungsbestellkarte; GRUR 1990, 46 (47) – Heizgeräte-Vertrieb; GRUR 1990, 534 – Abruf-Coupon; GRUR 1990, 1015, – Order-Karte; GRUR 1990, 1016 – Sprachkurs; 1990, 1020 – Freizeitveranstaltung; WRP 1991, 97 (99); WM 1993, 589; WRP 1993, 747 (749) – Empfangsbestätigung; GRUR 1995, 68 (70) – Schlüssel-Funddienst; WRP 1996, 202 (203) – Widerrufsbelehrung II; WRP 1996, 204 (205) – Widerrufsbelehrung III; *Kruse* WRP 2001, 1132.

[3586] BGH GRUR 1977, 498 (500) – Aussteuersortimente; GRUR 1986, 816 (818) – Widerrufsbelehrung bei Teilzahlungskauf.

[3587] Für Nichtigkeit der früheren Musterbelehrung nach Anlage 2 zu § 14 Abs. 1 BGB-InfoV (am 1.7.2018 außer Kraft getreten), jedenfalls soweit sie hinter den Anforderungen des BGB zurückblieb, zB OLG Schleswig OLGR 2007, 929 (931); LG Koblenz ZIP 2007, 638; LG Halle BB 2006, 1818.

UKlaG bzw. der Richtlinie 2009/22/EG über Unterlassungsklagen zum Schutz der Verbraucherinteressen[3588] haben sogar grundsätzlich **Vorrang,** Art. 3 Abs. 4 der Richtlinie. Das bedeutet allerdings nicht, dass Unterlassungsansprüche nur durch die im UKlaG genannten qualifizierten Einrichtungen geltend gemacht werden können. Denn die Richtlinie 2009/22/EG erfasst auch irreführende Werbung iSd Richtlinie 2006/114/EG, ohne dass dadurch die Klagebefugnis der Mitbewerber in Frage gestellt wurde. Andernfalls wäre auch Art. 11 Abs. 1 der UGP-Richtlinie sinnlos, der ausdrücklich eine Klagebefugnis von Mitbewerbern vorsieht. Daneben kommen bei unwirksamen Klauseln in Allgemeinen Geschäftsbedingungen auch Ansprüche nach § 3a UWG in Betracht (str., → Rn. 1251).

J. § 5 Abs. 2 (Irreführung durch Herbeiführung einer Verwechslungsgefahr)

(2) Eine geschäftliche Handlung ist auch irreführend, wenn sie im Zusammenhang mit der Vermarktung von Waren oder Dienstleistungen einschließlich vergleichender Werbung eine Verwechslungsgefahr mit einer anderen Ware oder Dienstleistung oder mit der Marke oder einem anderen Kennzeichen eines Mitbewerbers hervorruft.

Übersicht

Schrifttum: *Alexander,* Der Verwechslungsschutz gem. § 5 Abs. 2 UWG, in: FS Köhler, 2014, S. 23; *ders.,* Grundstrukturen des Schutzes von Geschäftsgeheimnissen durch das neue GeschGehG, WRP 2019, 673; *ders.,* Überblick und Anmerkungen zum Referentenentwurf eines Gesetzes zur Stärkung des Verbraucherschutzes im Wettbewerbs- und Gewerberecht, WRP 2021, 136; *Bärenfänger,* Symbiotische Theorie zum Kennzeichen- und Lauterkeitsrecht, WRP 2011, 160; *Becker, M.,* Der Schutz von Veranstaltungszeichen über § 5 Abs. 1 S. 2 Nr. 4 UWG, WRP 2015, 139; *Berlit,* Das neue Gesetz gegen den unlauteren Wettbewerb: Von den guten Sitten zum unlauteren Verfälschen, WRP 2003, 563; *Bornkamm,* Das Wettbewerbsverhältnis und die Sachbefugnis des Mitbewerbers, GRUR 1996, 527; *ders.,* Die Schnittstellen zwischen gewerblichem Rechtsschutz und UWG – Grenzen lauterkeitsrechtlichen Verwechslungsschutzes, GRUR 2011, 1; *ders.,* Kennzeichenrecht und Irreführungsverbot – Zur wettbewerbsrechtlichen Beurteilung der irreführenden Kennzeichenbenutzung, in: FS Mühlendahl, 2005, S. 9; *ders.,* Markenrecht und wettbewerbsrechtlicher Kennzeichenschutz – Zur Vorrangthese der Rechtsprechung, GRUR 2005, 97; *Bornkamm/Kochendörfer,* Verwechslungsgefahr und Irreführungsgefahr – Konvergenz der Begriffe?, FS 50 Jahre Bundespatentgericht, 2011, S. 533; *Böttcher/Siebert,* Abgrenzung zum Markenrecht und ergänzendem Leistungsschutz. Eine kritische Beschäftigung mit der aktuellen BGH-Rechtsprechung, in: FG Säcker, 2006, S. 233; *Brandner,* Bedeutungsgehalt und Bedeutungswandel bei Bezeichnungen im geschäftlichen Wettbewerb, FS Piper, 1996, S. 95; *Büscher,* Neuere Entwicklung der Rechtsprechung des Europäischen Gerichtshofs und des Bundesgerichtshofs zu den geografischen Herkunftsangaben, GRUR Int. 2005, 801; *ders.,* Schnittstellen zwischen Markenrecht und Wettbewerbsrecht, GRUR 2009, 230; *Deutsch A.,* Barcode-Label hat neben Marke keine Herkunftsfunktionen, GRUR-Prax 2015, 186; *Deutsch V.,* Anspruchskonkurrenzen im Marken- und Kennzeichenrecht, WRP 2000, 854; *Dorndorf,* Schutz vor Herkunftstäuschung und Rufausbeutung – Zugleich zum Anwen-

[3588] Vom 23.4.2009, ABl. 2009 L 110, S. 30.

dungsbereich des ergänzenden wettbewerbsrechtlichen Leistungsschutzes in Anbetracht des markenrechtlichen Schutzes, 2005; *Eckel,* Markenrechtliche Zulässigkeit vergleichender Werbung in Deutschland und Großbritannien, GRUR Int. 2015, 438; *Ekey/Klippel/Bender,* Markenrecht, Bd. 1, 2. Auflage 2009; *Engeländer,* Der ergänzende Schutz von Marken durch das Wettbewerbsrecht, 2005; *Fachausschuss für Wettbewerbs- und Markenrecht,* Protokoll der Sitzung vom 29.9.2005, GRUR 2005, 1017; *Fassbender/Herbrich,* Geografische Herkunftsangaben im Spannungsfeld von nationalem und europäischem Recht, GRUR Int. 2014, 765; *Feddersen,* Erster, Bester oder nur Erstbester? Über die Irreführung mit Testergebnissen, WRP 2019, 1255; *Fezer,* Imitationsmarketing als irreführende Produktvermarktung, GRUR 2009, 451; *ders.,* Kumulative Normenkonkurrenz im Kennzeichenrecht. Ein Beitrag zur autonomen Anwendung des MarkenG, des UWG und des BGH nach § 2 MarkenG, WRP 2000, 863; *ders.,* Markenrecht, 4. Aufl. 2009; *ders.,* Normenkonkurrenz zwischen Kennzeichenrecht und Lauterkeitsrecht: Ein Beitrag zur kumulativen und subsidiären Normenkonkurrenz im Immaterialgüterrecht – Kritik der Vorrangthese des BGH zum MarkenG, WRP 2008, 1; *ders.,* Kumulative Normenkonkurrenz zwischen Markenrecht und Lauterkeitsrecht – Schutzzweckkompatibilität zwischen Immaterialgüterrecht als Funktionseigentum und Wettbewerbsrecht, GRUR 2010, 953; *ders.,* der Funktionalität der Immaterialgüterrechte als geistiges Eigentum – Zugleich eine rechtstheoretische Grundlegung zum Vorabentscheidungsverfahren „Ford/Wheeltrims", GRUR 2016, 30; *Glöckner,* Der Schutz vor Verwechslungsgefahr im Spannungsfeld von Kennzeichenrecht und verbraucherschützendem Lauterkeitsrecht, in: Geistiges Eigentum und Gemeinfreiheit, Ansgar Ohly, Diethelm Klippel (Hrsg.), 2007, S. 145; *Glöckner/Kur,* Herausforderungen für das Marken- und Lauterkeitsrecht, GRUR-Beilage 2014, 29; *Goldmann,* Lauterkeitsrechtlicher Schutz gegen mittelbare Verwechslungsgefahr?, GRUR 2012, 857; *ders.,* Unternehmenskennzeichen, 4. Aufl. 2019; *Harte-Bavendamm,* Wettbewerbsrechtlicher Verbraucherschutz in der Welt der „look-alikes", FS Loschelder 2010, 111; *Henning-Bodewig,* Relevanz der Irreführung, UWG-Nachahmungsschutz und die Abgrenzung Lauterkeitsrecht/IP-Rechte, GRUR Int. 2007, 986; *Ingerl,* Der wettbewerbsrechtliche Kennzeichenschutz und sein Verhältnis zum MarkenG in der neueren Rechtsprechung des BGH und in der UWG-Reform, WRP 2004, 809; *Ingerl/Rohnke,* MarkenG, 3. Aufl. 2010; *Jänich,* Zur Herkunftstäuschung bei Handtuchklemmen – Ergänzender wettbewerbsrechtlicher Leistungsschutz nur bei gewissem Bekanntheitsgrad, LMK 2005, II, 47; *Jonas/Hamacher,* „Mac Dog" und „shell" ade?, WRP 2009, 535; *Kianfar,* Anm. zu BGH, Urt. v. 30.4.2014, – I ZR 224/12 –, GRUR 2014, 785, GRUR 2014, 790; *Kiethe/Groeschke,* Erweiterung des Markenschutzes vor Verwechslungen durch das neue Lauterkeitsrecht, WRP 2009, 1343; *Knaak,* Störungen kennzeichenrechtlicher Gleichgewichtslagen: Was ist hinzunehmen?, GRUR-Prax 2013, 171; *Köhler,* Das Verhältnis des Wettbewerbsrechts zum Recht des geistigen Eigentums – Zur Notwendigkeit einer Neubestimmung auf Grund der Richtlinie über unlautere Geschäftspraktiken, GRUR 2007, 548; *ders.,* Der Schutz vor Produktnachahmungen im Markenrecht, Geschmacksmusterrecht und neuen Lauterkeitsrecht, GRUR 2009, 445; *ders.,* Irreführende vergleichende Werbung, GRUR 2013, 761; *Körner,* Das allgemeine Wettbewerbsrecht des UWG als Auffangtatbestand für fehlgeschlagenen oder abgelaufenen Sonderrechtsschutz, in: FS Ullmann, 2006, 701; *Kur,* Die gemeinschaftliche Markenbenutzung – Markenlizenzen und verwandte Tatbestände, GRUR Int. 1990, 1; *dies.,* Die Schnittstellen zwischen Marken- und Wettbewerbsrecht bei nationalen und Gemeinschaftsmarken, MarkenR 2001, 137; *dies.,* Verwechslungsgefahr und Irreführung – zum Verhältnis von Markenrecht und § 3 UWG, GRUR 1989, 240; *Lindacher,* Geografische Herkunftsangaben im Kennzeichen- und Lauterkeitsrecht. Gedanken zur Neujustierung des einschlägigen Koordinatensystems, in: Festschrift Müller-Graff, 2015, S. 649; *Loschelder/Dörre,* Das Verhältnis des wettbewerbsrechtlichen zum kennzeichenrechtlichen Schutz vor Verwechslungen, KSzW 2010, 242; *Lubberger,* Alter Wein in neuen Schläuchen – Gedankenspiele zum Nachahmungsschutz, WRP 2007, 873; *A. Nordemann,* Ergänzender wettbewerbsrechtlicher Leistungsschutz im Spannungsfeld zwischen geistigem Eigentum und Irreführung durch Produktverwechslung, FS Dieter Stauder, 2011, S. 173; *Nussbaum/Ruess,* Irreführung durch Marken – Die Neuregelung der Imitationswerbung in § 5 Abs. 2 n. F., MarkenR 2009, 233; *Ohly,* Geistiges Eigentum und Wettbewerbsrecht – Konflikt oder Symbiose?, in: Oberender (Hrsg.), Wettbewerb und geistiges Eigentum, 2007, 47; *ders.,* Hartplatzhelden.de oder: Wohin mit dem unmittelbaren Leistungsschutz?, GRUR 2010, 487; *ders.,* Urheberrecht und UWG, GRUR Int. 2015, 693; *Peukert,* hartplatzhelden.de – Eine Nagelprobe für den wettbewerbsrechtlichen Leistungsschutz, WRP 2010, 316; *Sack,* Die Verletzung abstrakter Farbmarken, WRP 2001, 1022; *ders.,* Die Verwechslungsgefahr im Marken- und Wettbewerbsrecht – einheitliche Auslegung?, WRP 2013, 8; *ders.* Herkunftstäuschung durch Produktnachahmung und die UGP-RL 2205/29/EG, WRP 2017, 650; *ders.,* Schranken des Irreführungsverbots, FS Köhler, 2014, S. 555; *ders.,* Markenrechtliche Probleme vergleichender Werbung, GRUR 2008, 201; *ders.,* Produktnachahmung und betriebliche Herkunftstäuschung nach § 4 Nr. 9 Buchst. a UWG, GRUR 2015, 442; *Sambuc,* Was heißt „Verwechslungsgefahr mit einer anderen Ware oder Dienstleistung" in § 5 Abs. 2 UWG?, Festschrift Köhler zum 70. Geburtstag, 2014, S. 577; *Scherer,* Das Verhältnis des lauterkeitsrechtlichen Nachahmungsschutzes nach § 4 Nr. 9 UWG zur europarechtlichen Vollharmonisierung der irreführenden oder vergleichenden Werbung, WRP 2009, 1446; *M. Schmidt,* Verschiebung markenrechtlicher Grenzen lauterkeitsrechtlicher Ansprüche nach Umsetzung der UGP-RL, GRUR-Prax 2011, 159; *Schmidt-Gaedke/Arz,* Das Recht der Gleichnamigen und seine Grenzen, GRUR 2012, 565; *Schmidtchen,* Die Beziehung zwischen dem Wettbewerbsrecht und dem Recht des geistigen Eigentums – Konflikt, Harmonie oder Arbeitsteilung?, in: Oberender (Hrsg.), Wettbewerb und geistiges Eigentum, 2007, S. 9; *Schork,* Imitationsmarketing: Die irreführende Produktvermarktung nach Art. 6 Abs. 2 lit. a) UGP-RL, 5 Abs. 2 UWG, 2011; *Schreiber,* Wettbewerbsrechtliche Kennzeichenrechte?, GRUR 2009, 113; *Schricker,* Schutz des Allgemeininteresses im Markenrecht und Koexistenz verwechselbarer Marken verschiedener Inhaber, GRUR

1967, 634; *Sosnitza,* „Apple Store“, 3-D-Marken und materielle Vorrangthese, MarkenR 2015, 1; *ders.,* Das Internet als Rahmenbedingung und neue Handlungsform im Marken- und Lauterkeitsrecht, GRUR-Beilage 2014, 93; *ders.,* Die Richtlinie über unlautere Geschäftspraktiken – Voll- oder Teilharmonisierung?, WRP 2003, 1186; *ders.,* Fake-Werbung, GRUR 2010, 106; *ders.,* Markenrecht und Verbraucherschutz – Verbraucherschutz im Markenrecht, ZGE/IPJ Bd. 5, 176 (2013); *ders.,* Obligatorische Herkunftskennzeichnung im Lebensmittelrecht, GRUR 2016, 347; *Starck,* Bemerkungen zum Regelungsumfang von § 2 MarkenG, in: FS Erdmann, 2002, S. 485; *Steinbeck,* Richtlinie über unlautere Geschäftspraktiken: Irreführende Geschäftspraktiken – Umsetzung in das deutsche Recht, WRP 2006, 632; *dies.,* Zur These vom Vorrang des Markenrechts, in: FS Ullmann, 2006, 409; *Stieper,* Das Verhältnis von Immaterialgüterrechtsschutz und Nachahmungsschutz nach neuem UWG, WRP 2006, 291; *Strepp,* Irreführung und Verwechslungsgefahr. Einige dogmatische Aspekte des Verhältnisses von Wettbewerbs- und Markenrecht, 2000; *Teplitzky,* Die markenrechtliche Verwechslungsgefahr in der Rechtsprechung des BGH und des EuGH, WRP 2003, 415; *Thress,* die irreführende Produktvermarktung: zur Auslegung des Art. 6 Abs. 2 lit. a der Richtlinie 2005/29/EG über unlautere Geschäftspraktiken und des § 5 Abs. 2 UWG, 2011; *Ullmann,* Das Koordinatensystem des Rechts des unlauteren Wettbewerbs im Spannungsfeld von Europa und Deutschland, GRUR 2003, 817; *Weis,* Betriebliche Herkunftstäuschung und ergänzender Schutz nach § 1 UWG, 1981.

S. darüber hinaus die Schrifttumsnachweise zu § 5 Abschn. A.

I. Überblick

Der im Zuge der Gesetzesreform zur Umsetzung der UGP-RL neu eingefügte § 5 Abs. 2 regelt, dass eine geschäftliche Handlung auch irreführend ist, wenn sie im Zusammenhang mit der Vermarktung von Waren oder Dienstleistungen einschließlich vergleichender Werbung eine Verwechslungsgefahr mit einer anderen Ware oder Dienstleistung oder mit der Marke oder einem anderen Kennzeichen eines Mitbewerbers hervorruft. **Die Vorschrift setzt Art. 6 Abs. 2 lit. a UGP-RL um.** Sie betrifft sowohl das umstrittene Verhältnis zwischen kennzeichenrechtlichen und lauterkeitsrechtlichen Ansprüchen als auch das Verhältnis zwischen § 4 Nr. 3 und § 5 Abs. 1 S. 2 Nr. 1 und 3, § 5a. Der Gesetzgeber ist davon ausgegangen, dass der Anwendungsbereich des 4 Nr. 9 aF (§ 4 Nr. 3) im Hinblick auf seinen leistungsschutzrechtlichen Charakter durch Art. 6 Abs. 2 lit. a UGP-RL unberührt bleibt. Die Klärung der Frage nach einem Vorrang des Markenrechts nach Umsetzung des Art. 6 Abs. 2 lit. a UGP-RL sollte der Rechtsprechung vorbehalten bleiben.[3589] **1277**

Die **RL 2019/2161** hat in die UGP-RL eine Irreführungsregelung zu eine **„Dual quality“**-Vertrieb eingefügt. Der Anfang **2021** vorgelegte **Entwurf** eines **Gesetzes** zur Stärkung des Verbraucherschutzes im Wettbewerbs- und Gewerberecht sieht daher vor, § 5 Abs. 2 in einen neuen Absatz 3 zu verlagern und neu zu fassen, s. → **§ 5a Rn. 3 f.** und ***Keller*** **→ Einl. Rn. 78.** **1277a**

II. Anwendungsbereich und Konkurrenzen

1. Verhältnis zum Kennzeichenrecht. Der individualrechtliche Schutz aus dem Markenrecht und der lauterkeitsrechtliche Irreführungsschutz stehen seit Umsetzung der UGP-RL nebeneinander.[3590] Allerdings darf dem Zeicheninhaber über das Lauterkeitsrecht keine Schutzposition eingeräumt werden, die ihm nach dem Kennzeichenrecht nicht zukommt; daher sind die Wertungen des Markenrechts zu berücksichtigen.[3591] **1278**

[3589] Amtl. Begr. zum RegE, BT-Drs. 16/10145, 24.

[3590] BGH GRUR 2013, 1161 Rn. 60 – Hard Rock Café; OLG Düsseldorf 5.9.2011 – I-20 U 98/10, DE: OLGD:2011:0905, 20498.10.0A, Rn. 61; *Bornkamm* GRUR 2011, 1 ff.; Köhler/*Bornkamm/Feddersen* § 5 Rn. 9.10; *Büscher* GRUR 2009, 230 (236); *Fezer*/Büscher/Obergfell Einl. E Rn. 96; *Fezer* WRP 2006, 781 (789 ff.); GRUR 2010, 953 ff. (962); GroßKommUWG/*Lindacher,* Bd. 2, 2. Aufl. 2013, § 5 Rn. 564; Götting/Nordemann/*A. Nordemann* § 5 Rn. 8.10; *Goldmann* GRUR 2012, 857 (859); *Harte-Bavendamm* FS Lohschelder, 2010, 111 (118); *Ingerl/Rohnke* § 2 Rn. 8 und Vor §§ 128 ff. Rn. 9; *Köhler* GRUR 2007, 548 ff.; Loschelder/*Dörre* KSzW 2010, 242 (246). – AA Ohly/*Sosnitza* § 5 Rn. 709 ff. Vgl. auch *Glöckner* Einl. Rn. 451 ff.

[3591] BGH, Urt. v. 23.6.2016 – I ZR 241/14, MDR 2017, 225 – Baumann II; v. 15.2.2018 – I ZR 138/16, GRUR 2018, 924 Rn. 65 – ORTLIEB I; v. 15.10.2020 – I ZR 2010/18, GRUR 2020, 1311, 1316 Rn. 57 mwN – Vorwerk.

1279 Der **BGH** hat die zuvor in stRspr, die in weiten Teilen der Literatur auf Zustimmung gestoßen war,[3592] vertretene **Vorrangthese** zwischenzeitlich in der „Hard Rock Café„-Entscheidung vom 15.8.2013[3593] aufgrund der ins deutsche Recht umgesetzten Bestimmung des Art. 6 Abs. 2 lit. a UGP-RL **jedenfalls für § 5 Abs. 1 S. 2 Nr. 1 aufgegeben.** Sie besagte, dass mit dem Inkrafttreten des MarkenG am 1.1.1995 an die Stelle verschiedener kennzeichenrechtlicher Regelungen eine umfassende, in sich geschlossene kennzeichenrechtliche Regelung getreten sei, die im Allgemeinen den aus den Generalklauseln hergeleiteten Schutz verdränge.[3594] Die „Hard Rock Café„-Entscheidung befasst sich zwar ausdrücklich lediglich mit der Herkunftstäuschung nach § 5 Abs. 1 S. 2 Nr. 1, die Ausführungen des BGH sind jedoch allgemein formuliert und gelten ebenso auch für § 5 Abs. 2 UWG; teilweise werden sie generell als Aufgabe der Vorrangthese verstanden.[3595]

1280 Auch in den Bereichen außerhalb von § 5 Abs. 1 S. 2 Nr. 1, Abs. 2 sowie Nr. 13 des Anhangs zu § 3 Nr. 3 kann die Vorrangthese **nicht** aufrechterhalten bleiben.[3596] Auf Unionsebene handelt es sich bei dem lauterkeitsrechtlichen Irreführungsschutz und dem individualrechtlichen Zeichenschutz um **autonome Schutzsysteme, die** unterschiedliche Aspekte regeln und **sich wechselseitig ergänzen und tolerieren.** Dies folgt aus **Art. 6 Abs. 1 lit. b, Abs. 2 lit. a** und **Nr. 13** des Anhangs I sowie **Erwägungsgrund 9** der UGP-RL sowie aus Erwägungsgrund 13–15 der Werberichtlinie 2006/114/EG, die sich nicht lediglich als punktuelle Bewertung bestimmter Einzelfallkonflikte verstehen lassen. Auf Grundlage eines solchen konzeptionellen Verständnisses besteht zwischen dem lauterkeitsrechtlichen und dem kennzeichenrechtlichen Schutz grundsätzlich **Gesetzeskonkurrenz.** Beide Schutzsysteme kommen kumulativ und unabhängig voneinander zur Anwendung, wenn ihre jeweiligen tatbestandlichen Voraussetzungen vorliegen.[3597] Bei der Anwendung des Lauterkeits- bzw. des Kennzeichenrechts sind die Wertungen des jeweils anderen Rechtsgebiets zu berücksichtigen. Inzwischen sichern für den Bereich der vergleichenden Werbung **Art. 9 Abs. 3 lit. f UMV, Art. 10 Abs. 3 lit. f MRRL nF** und **§ 14 Abs. 3 Nr. 7 MarkenG idF ab 15.1.2019** diesen Gleichlauf zusätzlich ab.

1281 Denkbare Konflikte sind nicht im Sinne einer externen Begrenzung der Anwendungsbereiche, sondern im Wege einer **Auslegung** zu lösen, die darauf zu achten hat, dass die verschiedenen durch die Unionsrechtsordnung geschützten Grundrechte und berechtigten Ziele von allgemeinem Interesse, insbes. der Schutz des **Geistigen Eigentums** und das hohe **Verbraucherschutzniveau,** miteinander in Einklang gebracht werden und zwischen ihnen ein **angemessenes Gleichgewicht** besteht, dazu → § 5 Rn. 24 f.

1282 Danach bildet das Kennzeichenrecht keine externe Schranke des Anwendungsbereichs des wettbewerblichen Irreführungsverbots, weil die **Zeichenbenutzung nur in den durch die Irreführungsrichtlinie bzw. Richtlinie unlautere Geschäftspraktiken, die ihrerseits zeichenrechtsfreundlich auszulegen sind, gezogenen Grenzen zulässig ist.**

[3592] S. nur Ströbele/*Hacker/Thiering* § 2 Rn. 16, 18; *Ingerl* WRP 2004, 809 (815 f.); *Ingerl/Rohnke,* 2. Auflage, § 2 Rn. 2 ff. (zum alten Recht, anders jetzt im Hinblick auf die Umsetzung der UGP-RL *Ingerl/Rohnke,* 3. Auflage 2010, § 2 Rn. 2); *Sack* WRP 2001, 1022 (1033); *Sambuc* FS Hertin, 2000, 439 (444); *Sosnitza* WRP 2003, 1186 (1187); *Starck* FS Erdmann, 2002, 485 (489 f.); *Teplitzky* WRP 2003, 415 (416).

[3593] BGH GRUR 2013, 1161 Rn. 60 – Hard Rock Café.

[3594] BGH GRUR 2002, 622 (623) – Shell.de; GRUR 2002, 703 (705) – VOSSIUS & PARTNER; GRUR 2008, 160 (163) – CORDARONE; WRP 2008, 1196 Rn. 26 f. – Rillenkoffer. Ausführlich dazu und zur Kritik an der Vorrangthese Harte/Henning/*Dreyer,* 3. Aufl. → § 5 Abschn. J Rn. 1 ff.

[3595] Vgl. zB OLG Düsseldorf WRP 2015, 365 (369); *Deutsch* GRUR-Prax 2015, 186; s. jetzt auch BGH DE:BGH:2016:230616UIZR241.14.0 Rn. 20 – Baumann II.

[3596] OLG Düsseldorf GRUR 2015, 158 (162); *Ohly* GRUR Int. 2015, 693 (699); *Fassbender/Herbrich* GRUR Int. 2014, 765 (772); *Lindacher* FS Müller-Graff, 2015, 649 (652 ff.).

[3597] Vgl. EuGH C-35/13, EU:C:2014:306 Rn. 37 – ASSICA und Krafts Foods Italia (zu geographischen Angaben und Ursprungsbezeichnungen); EuGH C-59/05, GRUR 2006, 345 f. – Siemens/VIPA; C-48/09, GRUR 2010, 1008 (1010) – Roter Lego-Stein. EuGH C-112/99, GRUR 2002, 354 – Toshiba; GRUR 2008, 698 (709) – O2; GRUR 2009, 756 (761 f.) – L'Oréal SA./Bellure NV.

Eine **nicht vermeidbare Herkunftstäuschung** kann folglich nicht iSd §§ 3, 5 unlauter sein, weil sie keinen Verstoß gegen die berufliche Sorgfalt begründet.[3598] 1283

Bei der Anwendung der wettbewerbsrechtlichen Irreführungsvorschriften sind nach der Rspr. **Wertungswidersprüche** zum Markenrecht zu vermeiden.[3599] Der BGH erachtet daher jedenfalls für die neue Fallgruppe der Irreführung über die betriebliche Herkunft gem. § 5 Abs. 1 S. 2 Nr. 1 UWG eine **Übertragung des Instituts der Verwirkung** für geboten,[3600] wobei die dafür maßgeblichen Aspekte auch bei der **Verhältnismäßigkeit** zu berücksichtigen sind[3601] (dazu näher → § 5 Rn. 392 f.). Scheidet aufgrund des **Prioritätsgrundsatzes** ein zeichenrechtlicher Anspruch wegen Verwechslungsgefahr aus, kann sich weiterhin der Inhaber des prioritätsjüngeren Kennzeichenrechts grundsätzlich nicht mit Erfolg auf den lauterkeitsrechtlichen Schutz vor Irreführung über die betriebliche Herkunft stützen.[3602] 1284

Vorgeschlagen wurde inzwischen, darüber hinaus bei (bloß) **beschreibender Benutzung** (§ 23 Nr. 2 MarkenG),[3603] **Erschöpfung** (§ 24 Nr. 1 MarkenG),[3604] **mangelnder Benutzung** (§ 25 Abs. 1 MarkenG)[3605] und **ausgelaufenen, verfallenen oder sonst löschungsreifen Marken**[3606] die kennzeichenrechtlichen Schutzschranken in die Auslegung des § 5 Abs. 1 S. 2 Nr. 1 und Abs. 2 dergestalt einzubeziehen, dass sie auch die wettbewerbsrechtliche Vorschrift einschränken. 1285

Bei der Auslegung des § 5 Abs. 2 ist ein angemessenes Gleichgewicht zwischen dem Verbraucherschutzniveau und den individualrechtlichen Schutz des Kennzeicheninhabers herzustellen. Eine solche „1 : 1“-Übertragung der Schutzschranken des Markenrechts auf das Lauterkeitsrecht ist jedoch abzulehnen. Dies liefe im Ergebnis doch wieder auf einen – nunmehr auf Teilbereiche beschränkten – Vorrang des Markenrechts hinaus, der aus den og Gründen nicht besteht. Der Problematik der Durchsetzung individualrechtlicher Ansprüche von Zeicheninhabern auf dem Wege des verbraucherschützenden Lauterkeitsrechts darf nicht durch eine Einschränkung des lauterkeitsrechtlichen Verbraucherschutzrechts Rechnung getragen werden – dies wäre unionsrechtswidrig; vielmehr bietet sich hier die Möglichkeit von Beschränkungen der Aktivlegitimation an. Bei der Ausgestaltung des Sanktionensystems belässt das Unionsrecht den Mitgliedstaaten entsprechenden Gestaltungsspielraum. Das europäische Recht geht nicht von einem wie auch immer gearteten Vorrang des Markenrechts aus, sondern wählt den Weg über eine zeichenrechtsfreundliche Auslegung des Irreführungsrechts. Diese lässt sich über den hier vertretenen normativen Irreführungsbegriff verwirklichen: **Vorzugswürdig** gegenüber einer Übertragung der starren Schutzschranken des Markenrechts, die das Markenrecht als absolutes Recht erfordert, die aber schlecht zu dem flexiblen Lauterkeitsrecht passen, erscheint es, **normativ** unter Berücksichtigung der möglichen und zumutbaren Maßnahmen zur Vermeidung einer Irreführung (aufklärende Hinweise, Kennzeichnung uä) **abwägend festzustellen,** 1286

[3598] Vgl. *Steinbeck* WRP 2006, 632 (639); ferner → § 5 Rn. 1317.

[3599] BGH GRUR 2013, 1161 Rn. 64 – Hard Rock Café; GRUR 2016, 965 Rn. 23 – Baumann II; DE: BGH:2016:151216UIZR197.15.0 Rn. 23 – Bodendübel; MMR 2018, 673 Rn. 58 – goFit.

[3600] BGH GRUR 2013, 1161 Rn. 64 – Hard Rock Café; vgl. *Eckel* GRUR Int. 2015, 438 (439).

[3601] BGH GRUR 2013, 1161 Rn. 79 – Hard Rock Café.

[3602] BGH GRUR 2016, 965 Rn. 23 – Baumann II.

[3603] *Bornkamm* GRUR 2011, 1 (6) *Büscher* GRUR 2009, 230 (236); *Loschelder/Dörre* KSzW 2010, 242 (246). Der BGH hat diese Frage in der *„AMARULA/Marulablu“*-Entscheidung (GRUR 2013, 631 Rn. 73) zwar angesprochen, aber offen lassen können.

[3604] *Bornkamm* GRUR 2011, 1 (5 ff.); *Loschelder/Dörre* KSzW 2010, 242 (246). Vgl. auch Köhler/*Bornkamm*/Feddersen § 5 Rn. 9.20: Bei der Schutzschranke des § 24 MarkenG sei ein Konflikt bereits ausgeschlossen, weil in den Fällen der Benutzung eines erschöpften Kennzeichens nicht über die betriebliche Herkunft getäuscht werde. Dies erscheint mir zweifelhaft, weil der Verkehr über die markenrechtlich relevante Sach- und Rechtslage keine (zutreffende) Kenntnis haben muss und daher ungeachtet der markenrechtlich eingetretenen Erschöpfung einem Irrtum über die betriebliche Herkunft unterliegen kann, → § 5 Rn. 1315.

[3605] *Bornkamm* GRUR 2011, 1 (5 ff.); *Loschelder/Dörr* KSzW 2010, 242 (246).

[3606] *Bornkamm* GRUR 2011, 1 (5 ff.).

ob eine Irreführung vorliegt (vgl. dazu auch *Glöckner* → Einl. Rn. 483 ff., *Ahrens* → Einl. Rn. 1053 ff., und *Sambuc* → § 4 Nr. 3 Rn. 162 ff.).

1287 Erst diese Sichtweise führt zu interessengerechten Lösungen. Entscheidet sich der Verbraucher im Supermarkt für ein Produkt, das mit der Marke oder dem Unternehmenskennzeichen des ihm bekannten Herstellers X gekennzeichnet ist, weil er annimmt, das Produkt stamme aus dessen Betrieb, während es tatsächlich von einem anderen Unternehmen Y produziert und vertrieben wurde, spielt es für den Verbraucher keine Rolle, ob Letzterer im Verhältnis zu X befugt war, das Kennzeichen zu benutzen. Ebenso wie **vertragliche** Ansprüche des Verbrauchers gegen den Supermarktinhaber, der auf seine Nachfrage die Herkunft von X „bestätigt" hat, nicht dadurch entfallen, dass das fragliche Zeichen kennzeichenrechtlich schutzfähig ist, wird auch der wettbewerbliche **Verbraucherschutz** und **Mitbewerberschutz** dadurch nicht entbehrlich. Schutzwürdige Interessen des Kennzeicheninhabers oder der anderen stehen nicht entgegen. Ein schutzwürdiges Interesse des Unternehmers, ein Zeichen in irreführender Weise zu verwenden, kann sich aus dem Kennzeichenrecht jedenfalls dann nicht ergeben, wenn das verwandte Zeichen kennzeichenrechtlich nicht geschützt ist. Selbst wenn aber ein Kennzeichenrechtsschutz besteht, fließt aus ihm **nicht die Befugnis, ein kennzeichenrechtsverletzendes Verhalten mit Wirkung für andere zu dulden.** Die Vorrangthese lässt sich dann auch nicht mit dem Argument rechtfertigen, das Wettbewerbsrecht dürfe dem Unternehmer, der es versäumt habe, die kennzeichenrechtlichen Schutzvoraussetzungen zu schaffen, nicht als Notanker dienen. Der wettbewerbliche **Irreführungsschutz ist kein „kleiner Kennzeichenrechtsschutz".** Er schafft keine Ausschließlichkeitsrechte, sondern ermöglicht es nur, gegen geschäftliche Handlungen vorzugehen, die sich im konkreten Fall als irreführend erweisen. Er gewährt den getäuschten Verbrauchern keinen Individualrechtsschutz und untersteht zudem dem Relevanzerfordernis.[3607] Es bleibt damit als Argument für einen Vorrang des Kennzeichenrechts nur das Interesse an einer möglichst uneingeschränkten **Handelbarkeit** der Zeichenrechte. Dieses Interesse rechtfertigt es aber nicht, den Verbraucherschutz im Sinne eines generellen Vorrangs des Kennzeichenrechts den Schutzinteressen der Kennzeichenberechtigten hintanzustellen oder in deren Hand zu legen. Nicht in jeder Benutzung des Zeichens durch einen Lizenznehmer liegt auch eine Täuschung über die betriebliche Herkunft, denn wer über den Hersteller irrt, unterliegt nicht notwendig auch einem Irrtum über die betriebliche Herkunft.[3608] Im Übrigen kann es dem Zeichenbenutzer nach dem **labelling approach** des EuGH[3609] zumutbar sein, relevante Irrtümer durch zumutbare **Hinweise** oder andere zumutbare Maßnahmen auszuräumen.

1288 §§ 5, 5a sind deshalb richtlinienkonform dahingehend auszulegen, dass ungeachtet etwaiger kennzeichenrechtlicher Ansprüche jede in relevanter Weise irreführende Kennzeichenbenutzung eine Irreführung begründen kann, außer wenn diese Irreführungsgefahr nicht durch **zumutbare Maßnahmen** ausgeräumt werden kann und daher die Zeichenbenutzung bei zeichenrechtsfreundlicher Auslegung schon keine irreführende Geschäftspraxis darstellt.

1289 Auch die Regelungen zum Schutz **geografischer Herkunftsangaben und Ursprungsbezeichnungen** (iE → **§ 5 Rn. 592 ff.**) gehen dem wettbewerblichen Irreführungsschutz nicht vor.[3610] Geografische Herkunftsangaben zählen auf europäischer Ebene zum gewerblichen und kommerziellen Eigentum,[3611] so dass im Grundsatz nichts anderes gelten kann als für das Verhältnis zwischen Wettbewerbs- und Zeichenrecht. Bei dem Schutz nach der **VO (EG) Nr. 1151/12** und dem Irreführungsschutz der Werberichtlinie

---

[3607] Näher *Glöckner* in Europäisches Lauterkeitsrecht, S. 145 ff.; *Steinbeck* WRP 2006, 632 (637).
[3608] Vgl. EuGH C-259/04, GRUR 2006, 416 (418) – Emanuel; näher → § 5 Rn. 629.
[3609] Näher → § 5 Rn. 173.
[3610] *Fezer,* Markenrecht, 4. Aufl. 2009, § 126 Rn. 3; *Lindacher* FS Müller-Graff, 2015, 649 (653); s. auch Ströbele/*Hacker/Thiering* MarkenG § 126 Rn. 9; *Ingerl/Rohnke* MarkenG § 2 Rn. 8 und Vor §§ 126 ff. Rn. 9. – AA OLG Hamm GRUR-RR 2011, 72 (73): §§ 126 ff. MarkenG ist lex specialis.
[3611] Näher → § 5 Rn. 592.

bzw. UGP-RL handelt es sich auf Unionsebene um zwei verschiedene Schutzsysteme, die unterschiedliche Ansätze verfolgen und nebeneinander anwendbar sind. Ein Vorrang des Schutzes nach der VO (EU) Nr. 1151/12 besteht daher auch nach einer Anmeldung und für in das bei der Kommission geführte Register eingetragene **g. g. A.** bzw. **g. U.** nicht,[3612] **→ § 5 Rn. 592 ff.**

Ansprüche aus §§ 14, 15 MarkenG wegen kennzeichenrechtlicher Verwechslungsgefahr **1290** und Ansprüche auf Grund eines Verstoßes gegen das Irreführungsverbot nach § 5 Abs. 2 UWG im Hinblick auf eine Verwechslungsgefahr mit einem Kennzeichen eines Mitbewerbers bilden **unterschiedliche Streitgegenstände** (→ § 5 Rn. 1391).

Klagebefugt und aktivlegitimiert sind bei § 5 Abs. 2 alle in § 8 Abs. 3 Nr. 1–4 genann- **1291** ten Unternehmen und Verbände. Damit sind die Eingriffsmöglichkeiten gegenüber dem Kennzeichenrecht deutlich erweitert.[3613]

Zu beachten sind die im Verhältnis zum wettbewerbsrechtlichen Leistungsschutz (§ 4 **1292** Nr. 3) und dem Markenrecht **unterschiedlichen Rechtsfolgen.** § 5 Abs. 1 S. 2 Nr. 1, Abs. 2 gewähren nicht die Möglichkeit, den Schaden nach den Grundsätzen der **dreifachen** Schadensberechnung zu berechnen.[3614]

2. Verhältnis zu § 6 Abs. 2 Nr. 3. Nach **Art. 4 lit. a der Werberichtlinie** 2006/ **1293** 114/EG, den § 5 Abs. 3 UWG gestrafft umsetzt (dazu → § 5 Rn. 1340), darf vergleichende Werbung nicht irreführend iSd Art. 2 lit. b, Art. 3 und Art. 8 Abs. 1 der Werberichtlinie *oder* im Sinne der Art. 6 und Art. 7 der UGP-RL sein. **Art. 6 Abs. 2 lit. a UGP-RL** stellt im 2. Hs. klar, dass der dortige Schutz der Verbraucher vor Herbeiführung einer Verwechslungsgefahr auch für die vergleichende Werbung gilt.

Gemäß **Art. 4 lit. h Werberichtlinie** darf vergleichende Werbung zudem keine Ver- **1294** wechslungsgefahr bei den Gewerbetreibenden zwischen dem Werbenden und einem Mitbewerber oder zwischen den Warenzeichen, Warennamen, sonstigen Kennzeichen, Waren oder Dienstleistungen des Werbenden begründen.

Die Anforderungen der Werberichtlinie an zulässige irreführende und an zulässige ver- **1295** gleichende Werbung sind unabhängig voneinander zu beachten,[3615] sodass die Vorgaben aus Art. 6 Abs. 2 lit. a UGP-RL und Art. 4 Werberichtlinie unabhängig voneinander und **kumulativ** einzuhalten sind. Auf **europäischer** Ebene besteht daher kein Konkurrenzproblem.

Für das Konkurrenzverhältnis auf **nationaler** Ebene werden unterschiedliche Ansätze **1296** vertreten. Eine Auffassung nimmt an, dass § 5 Abs. 2 für **vergleichende Werbung gegenüber Verbrauchern** die speziellere Regelung darstellt, während bei **Verwechslungsgefahr im B2B-Bereich** nur § 6 Abs. 2 Nr. 3 anwendbar ist.[3616] Die Gegenauffassung geht von einer parallelen Anwendbarkeit beider Vorschriften aus.[3617]

§ 5 Abs. 2 setzt Art. 6 Abs. 2 lit. a UGP-RL und § 6 UWG setzt Art. 4 Werberichtlinie **1297** um, sodass § 5 Abs. 2 unproblematisch jedenfalls auf das Verhältnis B2C zur Anwendung kommt und § 6 Abs. 2 Nr. 3 auf das Verhältnis B2C. Fest steht auch, dass § 5 seit der UWG-Reform 2015 nicht mehr die Irreführung *von* Mitbewerbern erfasst **(→ § 5 Rn. 139),** sodass das Begründen einer Verwechslungsgefahr bei Mitbewerbern seit dem 10.12.2015 nur noch nach § 6 Abs. 2 Nr. 3 und nicht mehr über § 5 Abs. 2 verfolgt

3612 Überzeugend *Lindacher* FS Müller-Graff, 2015, 649 (654 ff.); enger aber *Fassbender/Herbrich* GRUR Int. 2014, 765 (772 f.), der für den Fall einer Eintragung den lauterkeitsrechtlichen Irreführungsschutz für entbehrlich hält und von einem Vorrang der VO (EU) Nr. 1151/2012 ausgeht. Dazu näher → § 5 Rn. 592 ff.

3613 *Harte-Bavendamm* FS Loschelder, 2010, 120 (121); Ohly/*Sosnitza* § 5 Rn. 715.

3614 *Sosnitza* ZGE 2013, 176 (189); offengelassen in BGH DE:BGH:2015:191115UIZR149.14.0 Rn. 31 – Pippi-Langstrumpf-Kostüm II. Vgl. dazu auch *Goldmann* → § 9 Rn. 232 ff.

3615 Vgl. EuGH C-52/13, EU:C:2014:150 Rn. 28 f. – Posteshop.

3616 *Köhler* GRUR 2013, 761 (766); WRP 2008, 109 (115); GRUR 2009, 445 (448 f.); *Köhler*/Bornkamm/Feddersen § 6 Rn. 28 und 142; vgl. dazu dauch *Sack* → § 6 Rn. 258; *Schork* S. 116 f.

3617 MüKoUWG/*Menke* § 6 Rn. 226; jurisPK-UWG/*Müller-Bidinger* § 6 Rn. 175; *Glöckner* in Teplitzky/Peifer/Leistner GroßKommUWG § 6 Rn. 432.

werden kann. Potentielle Überschneidungsbereiche verbleiben jedoch auch nach der Reform 2015 weiterhin: Erstens nämlich im Verhältnis B2C, sofern man § 6 Abs. 2 Nr. 3 auch auf das Herbeiführen einer Verwechslungsgefahr bei Verbrauchern anwenden will. Zweitens auch bei der Begründung einer Verwechslungsgefahr bei sonstigen Marktteilnehmern, wenn man § 5 Abs. 2 über Art. 6 Abs. 2 lit. a UGP-RL hinaus (aufgrund Art. 3, 4 lit. a Werberichtlinie) auch auf sonstige Marktteilnehmer erstrecken will.

1298 Das **UWG (2015)** zielt auf eine stärkere Trennung der lauterkeitsrechtlichen Erfassung geschäftlicher Handlungen im Verhältnis B2B und B2C. Vorzugswürdig erscheint daher jedenfalls für den Zeitraum nach dem 10.12.2015 eine Auslegung, nach welcher der Regelungsbereich des § 6 Abs. 2 Nr. 3 dem Anwendungsbereich des Art. 4 lit. h Werberichtlinie entspricht, somit nur im Verhältnis B2B eröffnet ist. Dies führt § 6 Abs. 2 Nr. 3 auf seinen eigentlichen Anwendungsbereich, die Umsetzung von Art. 4 lit. h Werberichtlinie, zurück, und vereinfacht so erheblich die Abgrenzung, weil hierfür auf das Verhältnis der Werberichtlinie zur UGP-RL zurückgegriffen werden kann. **Das Herbeiführen einer Verwechslungsgefahr bei Verbrauchern (B2C) wird daher seit dem 10.12.2015 nur noch von § 5 Abs. 2 und nicht mehr von § 6 Abs. 2 Nr. 3 erfasst.**

1299 Für das Bewirken einer Verwechslungsgefahr gegenüber sonstigen Marktteilnehmern liegt aus den gleichen Erwägungen heraus nahe, § 5 Abs. 2 auf den Anwendungsbereich des Art. 6 Abs. 2 lit. a UGP-RL zu beschränken, somit das Bewirken einer Verwechslungsgefahr sonstiger Marktteilnehmer auszuklammern. Dies entspräche der auf Unionsebene getroffenen Abgrenzung und führte zu einer konsistenten und einfach zu handhabenden Grenzziehung. Der Gesetzgeber hat diese klare Trennung jedoch bei der **Reform 2015** für die übrigen Anwendungsbereiche des § 5 ausdrücklich nicht vollzogen, sondern sich aufgrund der vergleichbaren Interessenlage im Gegenteil für die Einbeziehung sonstiger Marktteilnehmer in § 5 entschieden (vgl. § 5 Abs. 1 S. 2: „…die geeignet ist, den Verbraucher oder sonstigen Marktteilnehmer …").[3618] Diese legislative Intention ist zu respektieren, sodass **§ 5 Abs. 2 (2015) insgesamt** (auch für vergleichende Werbung) **auf das Verhältnis zu sonstigen Marktteilnehmern anzuwenden** ist; soweit dies zu einer Überschreitung des durch Art. 4 Werberichtlinie vorgegebenen Schutzmaßes führen würde, ist dies durch unionskonforme Auslegung des § 5 Abs. 2 zu korrigieren. Die im Bereich der vergleichenden Werbung erreichte Vollharmonisierung[3619] **verpflichtet nicht zu einer restriktiven Auslegung des § 5 Abs. 2, weil innerhalb des durch Art. 4** lit. h Werberichtlinie 2006/114/EG abgedeckten Bereichs der Irreführungsschutz des § 5 Abs. 2 aufgrund des den nationalen Mitgliedstaaten bei der Festlegung der Sanktionen eingeräumten Spielraums auf das Verhältnis Unternehmer-sonstiger Marktteilnehmer in Umsetzung des Art. 4 lit. h erstreckt werden kann.[3620] **§ 6 Abs. 2 Nr. 3 bleibt in diesem (über Art. 6 Abs. 2 lit. a UGP-RL hinausgehenden) Bereich neben § 5 Abs. 2 anwendbar,** sodass es zu einer Unterschreitung des Schutzniveaus des Art. 4 Werberichtlinie nicht kommen kann. Soweit die Einbeziehung sonstiger Marktteilnehmer im konkreten Fall zu einer Überschreitung des durch Art. 4 Werberichtlinie vorgegebenen Schutzniveaus führen würde, ist § 5 Abs. 2 durch richtlinienkonforme Auslegung auf das durch Art. 4 lit. h der Werberichtlinie 2006/114/EG vorgegebene Schutzmaß zurückführen.[3621]

1300 **3. Verhältnis zu § 4 Nr. 3a.** Ansprüche aus § 5 und § 4 Nr. 3a (§ 4 Nr. 9a aF) stellen bei einer gegen die konkrete Verletzungsform gerichteten Unterlassungsklage einen einheitlichen **Streitgegenstand** dar.[3622]

1301 Hinsichtlich des **Konkurrenzverhältnisses** von § 5 und § 4 Nr. 9a aF wurde bis zur Reform 2008 unter dem Einfluss der Vorrangthese mit unterschiedlicher Begründung

---

[3618] Amtl. Begr., BT-Drs. 18/6571, 13.
[3619] EuGH C-44/01, EU:C:2003:205 Rn. 44 – Pippig Augenoptik; näher → § 5 Rn. 30.
[3620] Vgl. *Glöckner* in Teplitzky/Peifer/Leistner GroßKommUWG § 6 Rn. 431.
[3621] Vgl. *Ohly*/Sosnitza § 6 Rn. 57.
[3622] *Kianfar* GRUR 2014, 790.

überwiegend davon ausgegangen, dass zumindest die Verneinung des Anspruchs aus **§ 4 Nr. 9a aF** zur Unanwendbarkeit des § 5 führt.[3623] Daran war für das UWG (2008) jedenfalls **soweit der Schutz des Verbrauchers betroffen** war, nicht mehr festzuhalten, weil nach der Intention des Gesetzgebers der von der UGP-RL vorgesehene Irreführungsschutz des Verbrauchers, insbesondere Art. 6 Abs. 2 UGP-RL (§ 5 Abs. 2 UWG) nur durch §§ 5, 5a umgesetzt werden sollte, sodass **§ 4 Nr. 9a aF nach den Vorstellungen des Gesetzgebers außerhalb des Anwendungsbereichs der Richtlinie lag.**[3624]

Das am **10.12.2015** in Kraft getretene Zweite Änderungsgesetz hat diese Konzeption **1302** trotz der bekannten Problematik und anhaltend geführten Kontroverse letztlich unverändert übernommen. Das UWG (2015) enthält unverändert nebeneinander tretende Regelungen für den Schutz der Mitbewerber vor unlauterer Nachahmung (§ 4 Nr. 3a nF bzw. § 4 Nr. 9a aF) und den Schutz von Verbrauchern bzw. sonstigen Marktteilnehmern vor Irreführung bzw. Verwechslung (§§ 5 Abs. 1 S. 2 Nr. 1, Abs. 2 sowie Nr. 13 des Anh. zu § 3 Abs. 3). Ausgeklammert wurde lediglich aus §§ 5, 5a die **Irreführung *von*** Mitbewerbern; der mitbewerberschützende Schutzzweck der §§ 5, 5a blieb jedoch ebenso wie die Aufspaltung der betrieblichen Herkunftstäuschung auf unterschiedliche Normenkomplexe unberührt (dazu → § 5 Rn. 139 f.).

Die darin zum Ausdruck kommende **legislatorische Grundsatzentscheidung** des **1303** Gesetzgebers, den Schutz der Mitbewerber vor unlauterer Nachahmung in einer eigenen (nationale) Vorschrift (§ 4 Nr. 3) unabhängig vom Eingreifen der § 5 Abs. 1 S. 2 Nr. 1, Abs. 2 sowie Nr. 13 des Anh. zu § 3 Nr. 3 zu gewährleisten, ist zu respektieren. Auf **nationaler Ebene** besteht hiernach im Anwendungsbereich des UWG (2015) bei Vorliegen der tatbestandlichen Voraussetzungen beider Normen zwischen § 4 Nr. 3a und § 5 Abs. 1 S. 2 Nr. 1, Abs. 2 und Nr. 13 des Anh. zu § 3 Nr. 3 grundsätzlich **Gesetzeskonkurrenz.**

Auf **Unionsebene** ist der Verbraucherschutz vor betrieblicher Herkunftstäuschung durch **1304** die UGP-RL vollharmonisiert, sodass § 5 Abs.: 2 unionskonform anhand Art. 6 Abs. 2 lit. a UGP-RL auszulegen ist.

4. Verhältnis zum GeschGehG. Der lauterkeitsrechtliche Schutz vor Irreführung ver- **1305** folgt eine andere Zwecksetzung und hat andere Tatbestandsvoraussetzungen und Rechtsfolgen als der Geheimnisschutz des zum 26.4.2019 in Kraft getretenen GeschGehG.[3625] Beide Sanktionensysteme bestehen daher grundsätzlich neben und unabhängig voneinander.[3626] Die **Wertungen** der durch das GeschGehG umgesetzten Richtlinie **(EU) 2016/ 943** sind jedoch zu beachten. So darf der lauterkeitsrechtliche Irreführungsschutz nicht dazu führen, dass das nach § 3 Abs. 1 Nr. 2 GeschGehG nunmehr grundsätzlich zulässige **Reverse Engineering** auf lauterkeitsrechtlichem Wege generell untersagt wird. Der **Labelling Approach** ermöglicht hier einen angemessenen Ausgleich der Wertungen des GeschGehG einerseits und der durch § 5 UWG geschützten Verbraucherinteressen andererseits.

[3623] Hefermehl/Köhler/*Bornkamm,* UWG, 26. Auflage 2008, § 5 Rn. 1.72; *Piper*/Ohly/Sosnitza, 5. Aufl. 2010, § 5 Rn. 410.

[3624] Amtl. Begr. zum RegE, BT-Drs. 16/10145, 17; ebenso die hM, vgl. BGH WRP 2010, 94 Rn. 17 – LIKEaBIKE; GRUR 2012, 1155 Rn. 15 – Sandmalkasten; GRUR 2013, 951 Rn. 13 – Regalsystem; *Alexander* WRP 2013, 425; MüKoUWG/*Busche,* 2. Aufl. 2014, § 5 Rn. 674; *Köhler* WRP 2014, 1410; Götting/Nordemann/*A. Nordemann,* 2. Aufl., § 4 Nr. 9 Rn. 9.10; aA *Henning-Bodewig* GRUR Int. 2007, 986 (988); *Köhler* GRUR 2007, 548 (554); GroßKommUWG/*Leistner,* Bd. 2, § 4 Nr. 9 Rn. 9; *Sack* GRUR 2015, 442 (443); *Scherer* WRP 2009, 1446 (1448); zweifelnd im Vorfeld der UWG-Reform 2015 *Ohly* GRUR Int. 2015, 693 (697). Ausführlich hierzu *Sambuc* Kommentierung zu § 4 Nr. 3 UWG.

[3625] Zur Neuordnung des Schutzes von Geschäftsgeheimnissen s. Teil 3 dieses Kommentars *(Harte-Bavendamm)* und Harte-Bavendamm/Ohly/Kalbfus GeschGehG, 2020.

[3626] Vgl. *Alexander* WRP 2019, 673 (677).

III. Begründung einer Verwechslungsgefahr durch Produktvermarktung iE

1306 **1. Allgemeines.** Nach § 5 Abs. 2 ist eine geschäftliche Handlung auch irreführend, wenn sie im Zusammenhang mit der **Vermarktung** von Waren oder Dienstleistungen einschließlich vergleichender Werbung eine **Verwechslungsgefahr** mit einer anderen Ware oder Dienstleistung oder mit der Marke oder einem anderen Kennzeichen eines **Mitbewerbers** hervorruft. Eine solche geschäftliche Handlung ist gemäß § 5 Abs. 1 S. 1 unlauter; unzulässig ist sie nach allgemeinen Grundsätzen (→ § 5 Rn. 331 ff.) nur im Falle der **Relevanz** bzw. Erheblichkeit der Irreführung. Gegenüber Verbrauchern stets, also unabhängig von ihrer Relevanz, unzulässig ist aber nach **Nr. 13 des Anhangs zu § 3 Abs. 3** die Werbung für ein Produkt, das dem eines „Mitbewerbers" ähnlich ist, in der Absicht, über seine betriebliche Herkunft zu täuschen, s. näher die dortige Kommentierung. Neben § 5 Abs. 2 kann **§ 5 Abs. 1** eingreifen. Häufig wird die Vorschrift mit der Irreführung über die **Identität des Unternehmers** oder über die **betriebliche Herkunft** des Produkts zusammentreffen.

1307 **2. Geschäftliche Handlung im Zusammenhang mit der Vermarktung.** § 5 Abs. 2 setzt eine geschäftliche Handlung im Zusammenhang mit der Vermarktung von Waren oder Dienstleistung voraus. Das kann jegliche Art der Vermarktung eines Produkts sein (Art. 6 Abs. 2 lit. a UGP-RL), etwa die **Produktbeschreibung,** die **Werbung** oder die **Produktgestaltung.**[3627]

1308 Vergleichende Werbung ist auch „Vermarktung" des Produkts bzw. der Dienstleistung.

1309 Eine Maßnahme **im Anschluss an den Geschäftsabschluss** steht zumeist nicht mehr im Anschluss mit der Produktvermarktung, außer wenn sie dem Absatz weiterer Produkte dient.[3628]

1310 § 5 Abs. 2 gilt sowohl für geschäftliche Handlungen, die sich an **Verbraucher** richten, als auch für geschäftliche Handlungen gegenüber **sonstigen Marktteilnehmern,** → Rn. 1299.

1311 **3. Verwechslungsgefahr mit einem anderen Produkt, einer Marke oder einem Kennzeichen eines Mitbewerbers.** Entscheidend ist, ob die geschäftliche Handlung die **Gefahr einer Verwechslung** hervorruft. Zu einer nachgewiesenen Täuschung muss es nicht kommen. Dies war für § 6 Abs. 2 Nr. 3, der die Unzulässigkeit vergleichender Werbung regelt, bislang umstritten, ist inzwischen aber durch eine entsprechende Gesetzesänderung des § 6 Abs. 2 Nr. 3 für die vergleichende Werbung klargestellt worden und ergibt sich unmittelbar aus dem Wortlaut des § 5 Abs. 2 UWG/Art. 6 Abs. 2 lit. a UGP-RL.

1312 Der Begriff der Verwechslungsgefahr ist **im Marken- und im Wettbewerbsrecht einheitlich** zu bestimmen.[3629] Entscheidend ist bei § 5 Abs. 2 UWG, Art. 6 Abs. 2 lit. a UGP-RL allerdings der konkrete Fall unter Berücksichtigung aller tatsächlichen Umstände (Art. 6 Abs. 2 lit. a UGP-RL). Eine Verwechslungsgefahr liegt vor, wenn im konkreten Kontext der Benutzung der Vermarktung die Gefahr besteht, dass der angesprochene Verkehr die Waren oder Dienstleistungen, die Marken oder andere Kennzeichen der Mitbewerber verwechselt bzw. annimmt, dass sie aus wirtschaftlich verbundenen Unterneh-

[3627] *Schork* S. 150.

[3628] Ebenso *Alexander* FS Köhler, 2014, 23 ff.

[3629] Vgl. EuGH C-533/06, GRUR 2008, 698 (700) – O2; BGH WRP 2013, 778 Rn. 72 ff. – Amarula/Marulablu; GRUR-RR 2014, 201 Rn. 47 ff. – Peek & Cloppenburg IV; zur Tendenz des EuGH, für den Begriff der Verwechslungsgefahr auf Kategorien zurückzugreifen, die für den Begriff der Irreführung entwickelt worden sind, *Ohly* GRUR 2010, 776 (780). Wie hier *Büscher* GRUR 2009, 230 (236); Götting/Nordemann/*A. Nordemann* § 5 Rn. 8.17; *Köhler* GRUR 2009, 445 (450); *Lehmler* in Büscher/Dittmer/Schiwy UWG § 5 Rn. 289; *Sack* GRUR 2015, 445 f.; aA OLG Frankfurt a. M. 10.6.2010 – 6 U 53/10; *Goldmann* GRUR 2012, 857 (861); s. auch Köhler/*Bornkamm*/*Feddersen* § 5 Rn. 9.6, die insbesondere daran festhalten, dass es sich bei dem lauterkeitsrechtlichen anders als bei dem markenrechtlichen Begriff der Verwechslungsgefahr nicht um einen Rechtsbegriff handele.

men stammen.[3630] Dafür reicht aus, dass der Verkehr aufgrund der Verwendung von Kennzeichen des Mitbewerbers des Werbenden zu der Annahme gelangen kann, dass dieser dem Werbenden eine **Lizenz** erteilt habe oder mit dieser **kooperiere** oder deren Produkte **autorisiert** habe.[3631] Eine **Nachahmung oder Bekanntheit des Originals setzt § 5 Abs. 2 nicht voraus.**[3632]

Eine wichtige Bedeutung kommt **aufklärenden Hinweisen** zu, durch die eine Ver- 1313
wechslungsgefahr ausgeschlossen werden kann. Die Anforderungen dürfen nicht überdehnt werden. Ausreichend, aber auch erforderlich ist, dass der in Rede stehende Hinweis geeignet ist, Fehlvorstellungen der Verbraucher im vorgenannten Sinne entgegen zu wirken.[3633]

Es entscheidet die Sicht des Durchschnittsverbrauchers. Ein **„gespaltenes Verkehrs-** 1314
verständnis" kommt nur ausnahmsweise unter den in → § 5 Rn. 147 ff. näher dargestellten Voraussetzungen in Betracht.[3634] Nur die Gefahr der Verwechslung mit dem Produkt oder dem Kennzeichen eines **Mitbewerbers** macht die geschäftliche Handlung iSd § 5 Abs. 2 unlauter. Zum Begriff des Mitbewerbers näher die Kommentierung zu § 2 Abs. 1 Nr. 3 → *Keller* § 2 Rn. 121 ff.

Die Verwechslungsgefahr kann **Waren oder Dienstleistungen, Marken** oder sonstige 1315
Kennzeichen betreffen. Der Begriff des **„Kennzeichens"** ist **weit auszulegen.** Er umfasst nicht nur Marken, Warennamen,[3635] geschäftliche Bezeichnungen und geografische Herkunftsangaben, sondern auch markenrechtlich nicht geschützte Zeichen, die der Verkehr dahingehend versteht, dass die damit gekennzeichneten Produkte von einem bestimmten Unternehmen stammen.[3636] Der Umstand, dass es sich bei der beanstandeten Bezeichnung um ein markenrechtlich geschütztes Kennzeichen handelt, spielt für die wettbewerbsrechtliche Beurteilung keine Rolle und ist insbesondere kein Indiz dafür, dass es unter den konkreten Umständen nicht irreführend benutzt worden ist.[3637]

Eine **wettbewerbliche Eigenart** des Produkts ist, anders als nach hM[3638] bei § 4 Nr. 3, 1316
für § 5 Abs. 2 nicht erforderlich.[3639] Die Verwechslungsgefahr kann sich auch aus anderen Umständen ergeben, zB daraus, dass die Werber des Unternehmers versichern, es handele sich bei dem in keiner Weise mit dem Originalprodukt ähnlichen Produkt um eben dieses.

Eine **nicht vermeidbare Herkunftstäuschung** kann nicht iSd §§ 3, 5 unlauter sein, 1317
weil sie keinen Verstoß gegen die unternehmerische Sorgfalt begründet.[3640] Die Vermeid-

---

[3630] Vgl. EuGH C-533/06, GRUR 2008, 698 (700) – O2. Ebenso Götting/Nordemann/*A. Nordemann* § 5 Rn. 8.17.

[3631] BGH GRUR 2011, 1158 Rn. 25 – Teddybär.

[3632] *Ohly* GRUR Int. 2015, 693 (793).

[3633] Vgl. BGH GRUR 2013, 397 Rn. 25 ff. – Peek & Cloppenburg III; WRP 2013, 778 Rn. 72 – AMARULA/Marulablu; GRUR-RR 2014, 201 Rn. 51 – Peek & Cloppenburg IV; WRP 2015, 1336 Rn. 22–24 – Staubsaugerbeutel im Internet; näher *Alexander* FS Köhler, 2014, 23 ff.

[3634] Vgl. BGH WRP 2013, 778 Rn. 64, 73 – AMARULA/Marulablu.

[3635] Die Europäische Kommission hat mit Schreiben vom 12.12.2011 die Umsetzung des Art. 6 Abs. 2a UGP-RL ua deshalb als problematisch angesehen, weil in § 5 Abs. 2 UWG der Warenname eines Mitbewerbers nicht (ausdrücklich) genannt werde.

[3636] Vgl. EuGH C-112/99, GRUR 2002, 354 (356) – Toshiba; *Harte-Bavendamm* FS Loschelder, 2010, 114.

[3637] BGH GRUR 1955, 251 – Silberal; GRUR 1984, 737 (738) – Ziegelfertigstütze; GRUR 2011, 85 Rn. 18 – Praxis aktuell.

[3638] HM, vgl. BGH GRUR 2002, 86 (89 f.) – Laubhefter; GRUR 2005, 600 (602) – Handtuchklemmen; GRUR 2010, 80 Rn. 22 ff. – LIKEaBIKE; GRUR 2012, 58 Rn. 43 – Seilzirkus; GRUR 2012, 1155 Rn. 19 – Sandmalkasten; GRUR 2013, 951 Rn. 19 – Regalsystem; GRUR 2013, 1052 Rn. 18 – Einkaufswagen III. Kritisch *Ohly*/Sosnitza § 4.9 Rn. 9/33; *Sack* GRUR 2015, 442 (447 ff.).

[3639] *Köhler* GRUR 2009, 445 (450); jurisPK/*Diekmann* § 5 Rn. 805; *Ohly* GRUR Int. 2015, 69 (3, 79)3; *Sack* FS Köhler, 2014, 555, 562 f.; GRUR 2015, 442 (446 f., 451). – AA OLG Frankfurt a. M. 10.6.2010 – 6 U 53/10, BeckRS 2010, 18066: Erforderlich sei abweichend vom Markenrecht eine tatsächlich bestehende Verwechslungsgefahr, die nur gegeben sein könne, wenn das betroffene Kennzeichen eine gewisse Bekanntheit genieße.

[3640] Vgl. *Bornkamm* FS Loschelder, 2010, 31 (45); Ohly/*Sosnitza* § 5 Rn. 706; *Steinbeck* WRP 2006, 632 (639); *Sambuc* → § 4 Rn. 56 ff. (zu § 4 Nr. 3a); aA *A. Nordemann* FS Stauder, 2011, 173.

barkeit einer Herkunftstäuschung bemisst sich nach den zu § 4 Nr. 9 aF entwickelten Kriterien. Eine Herkunftstäuschung ist vermeidbar, wenn sie durch geeignete und zumutbare Maßnahmen verhindert werden kann. Ob und welche Maßnahmen Wettbewerbern zur Verhinderung einer Herkunftstäuschung zugemutet werden können, ist anhand einer umfassenden Interessenabwägung zu beurteilen. Bei dieser Abwägung sind ua das Interesse des Herstellers des Originalerzeugnisses an der Vermeidung einer Herkunftstäuschung, das Interesse der Wettbewerber an der Nutzung nicht unter Sonderrechtsschutz stehender Gestaltungselemente sowie das Interesse der Abnehmer an einem Preis- und Leistungswettbewerb zwischen unterschiedlichen Anbietern zu berücksichtigen.[3641] Hinsichtlich **ästhetischer Gestaltungselemente** des Originalerzeugnisses, mit denen die angesprochenen Verkehrskreise Herkunftsvorstellungen verbinden, ist ein Ausweichen auf andere Gestaltungsformen im Allgemeinen zumutbar.[3642] Dagegen kann die Übernahme von Merkmalen, die mangels Sonderrechtsschutzes dem **freizuhaltenden Stand der Technik** angehören und unter Berücksichtigung des Gebrauchszwecks, der Verkäuflichkeit der Ware sowie der Verbrauchererwartung der angemessenen Lösung einer technischen Aufgabe dienen, grundsätzlich zwar nicht als wettbewerbsrechtlich unlauter angesehen werden,[3643] dem Wettbewerber kann es aber zuzumuten sein, dieser Gefahr durch eine **(unterscheidende) Kennzeichnung seines Produkts** entgegenzuwirken.[3644]

1318 Auch Fehlvorstellungen des Verkehrs, die sich in einer **Übergangszeit** nach einer Gesetzesänderung bilden, müssen ggf. hingenommen werden, weil andernfalls die alte Rechtslage mittels des Irreführungsverbots perpetuiert würde,[3645] ebenso Fehlvorstellungen, die darauf beruhen, dass der Verkehr noch nicht daran gewöhnt ist, dass eine Dienstleistung außer von dem früheren Monopolunternehmen auch von Wettbewerbern angeboten wird;[3646] auch insoweit wird es dem Unternehmer in aller Regel aber zuzumuten sein, dem durch geeignete Hinweise oder Kennzeichnungen soweit als möglich entgegenzutreten.

1319 Die Wertungen des **Rechts der Gleichnamigen** sind zu berücksichtigen, wenn sich die Frage stellt, ob die Gefahr der Verwechslung mit dem Kennzeichen eines Mitbewerbers zu einer unlauteren Handlung iSd § 5 Abs. 2 führt.[3647] Die Grundsätze des Gleichnamigenrechts wurden ursprünglich für Sachverhalte entwickelt, in denen ein aus einem bürgerlichen **Namen** gebildete prioritätsjüngere Firma mit einem älteren Kennzeichen kollidiert. Der BGH wendet die Grundsätze jedoch auch in **anderen Gleichgewichtslagen** an, in denen die Rechte an verwechslungsfähigen Unternehmensbezeichnungen jahrelang unbeanstandet nebeneinander bestanden haben.[3648] Die Verwendung eines Eigennamens ist hierbei nicht Voraussetzung, auch bei Kennzeichen, die aus Phantasiebezeichnungen oder aus beschreibenden Angaben entstehen, kann eine Gleichgewichtslage bestehen.[3649] Ist der Anwendungsbereich der Grundsätze des Rechts der Gleichnamigen eröffnet, kann der Inhaber des prioritätsälteren Kennzeichenrechts dem Inhaber des prioritätsjüngeren Kennzeichenrechts die Nutzung des Zeichens nicht allein unter Berufung auf seinen zeitlichen

---

[3641] BGH GRUR 2013, 951 Rn. 36 – Regalsystem; GRUR 2015, 909 Rn. 33 – Exzenterzähne (jeweils zu § 4 Nr. 9).
[3642] BGH GRUR 2013, 951 Rn. 38 – Regalsystem; GRUR 2015, 909 Rn. 34 – Exzenterzähne (jeweils zu § 4 Nr. 9 aF).
[3643] BGH GRUR 2015, 909 Rn. 34 – Exzenterzähne (zu § 4 Nr. 9 aF).
[3644] BGH GRUR 2012, 58 Rn. 46 – Seilzirkus; GRUR 2015, 909 Rn. 35 – Exzenterzähne (jeweils zu § 4 Nr. 9 aF).
[3645] BGH GRUR 2008, 1114 (1115) – Räumungsfinale; GRUR 2011, 166 Rn. 23 – Rote Briefkästen; näher → § 5 Rn. 246.
[3646] BGH GRUR 2011, 166 Rn. 23 – Rote Briefkästen; vgl. (zu § 4 Nr. 9 aF), BGH GRUR 2005, 166 (168) – Puppenausstattung.
[3647] BGH GRUR 2013, 397 Rn. 44 und Ls. – Peek & Cloppenburg III; GRUR-RR 2014, 201 Rn. 51 – Peek & Cloppenburg IV; OLG Hamburg GRUR-RS 2018, 22040 Rn. 42; vgl. *Bornkamm* FS Loschelder, 2010, 31 (37).
[3648] Vgl. BGH GRUR 1991, 475 (478) – Caren Pfleger; GRUR 2010, 738 Rn. 19 – Peek & Cloppenburg I; GRUR 2011, 623 Rn. 36 – Peek & Cloppenburg II.
[3649] *Knaak* GRUR-Prax 2013, 171; *Schmitt-Gaedke/Arz* GRUR 2012, 565 jeweils mwN.

Vorrang untersagen und damit in dessen redlich erworbenen Besitzstand eingreifen, sondern muss die Nutzung des Zeichens durch den Inhaber des prioritätsjüngeren Kennzeichenrechts trotz bestehender Verwechslungsgefahr grundsätzlich dulden. Der Inhaber eines Kennzeichenrechts muss es allerdings in aller Regel nur dann hinnehmen, dass der Inhaber eines anderen Kennzeichenrechts die Verwechslungsgefahr erhöht und damit die **Gleichgewichtslage stört,** wenn dieser ein **schutzwürdiges Interesse** an der Benutzung hat und **alles Erforderliche und Zumutbare** tut, um einer Erhöhung der Verwechslungsgefahr weitestgehend entgegenzuwirken.[3650] Danach sind nicht nur im Marken-, sondern auch im Lauterkeitsrecht **gering ins Gewicht fallende Fehlvorstellungen** des Verkehrs im Hinblick auf eine langjährige redliche Koexistenz der Unternehmenskennzeichen (zB aufgrund getroffener Abgrenzungsvereinbarungen) hinzunehmen, wenn der Verwechslungsgefahr ausreichend durch **aufklärende Hinweise** entgegengewirkt wurde.[3651] Der BGH hat sich mit der Frage, welche Maßnahmen erforderlich und zumutbar sind, insbesondere in mehreren Entscheidungen zu bundesweiter Werbung der beiden Unternehmen „Peek & Cloppenburg" befasst.[3652]

4. Relevanz. Das Relevanzerfordernis gilt auch im Bereich des § 5 Abs. 2. Dies ergibt 1320
sich eindeutig aus **Art. 6 Abs. 2 lit. a UGP-RL,** der formuliert, dass die Geschäftspraxis (nur) als irreführend gilt, wenn sie „im konkreten Fall unter Berücksichtigung aller tatsächlichen Umstände einen Durchschnittsverbraucher **zu einer geschäftlichen Entscheidung veranlasst oder zu veranlassen geeignet ist, die er ansonsten nicht getroffen hätte**". Das setzt voraus, dass die Herkunft der Ware oder Dienstleistung, die Marke oder das Kennzeichen für die geschäftliche Entscheidung des Durchschnittsverbrauchers in der konkreten Situation der geschäftlichen Handlung eine Bedeutung besitzt. Diese Bedeutung kann sich daraus ergeben, dass er mit ihr eine besondere **Qualität** oder **Güte** des Produkts verbindet. Die Annahme, es handele sich um das Produkt, die Marke oder ein anderes Kennzeichen eines Mitbewerbers, kann die geschäftliche Entscheidung des Verkehrs aber auch dadurch beeinflussen, dass der Verkehr mit diesen Produkten bzw. Kennzeichen des **Mitbewerbers** besondere **vertragliche Rechte** (zB **Garantie**) verbindet. Schließlich können auch andere Umstände die Relevanz begründen, so zB **Prestigevorstellungen,** die der Verkehr mit einem bestimmten Kennzeichen verbindet.

5. Beispiele. Abteilung. Ein selbstständiger Frisiersalon verstößt gegen das Irreführungsverbot, 1321
wenn er seine Werbung so mit der Marke bzw. dem Namen des Mitbewerbers ausstattet, dass für den Durchschnittsbetrachter der Eindruck einer unselbständigen, zum Mitbewerber gehörenden Abteilung entsteht.[3653]

Ad Words. Inzwischen ist – nach Vorlage an den EuGH[3654] wegen der kennzeichenrechtlichen Problematik – höchstrichterlich geklärt, dass die Benutzung von fremden Kennzeichen als Schlüsselwörtern dann, wenn beim Erscheinen der Werbung in einem mit „Anzeigen" überschriebenen gesonderten Bereich nach Eingabe des dem Schlüsselworts entsprechenden Suchworts der Suchbegriff in der Suchzeile sichtbar bleibt, weder eine Irreführung nach § 5 UWG noch (insoweit anders als Meta-Tags) eine Kennzeichenrechtsverletzung bewirkt.[3655]

[3650] BGH GRUR 2010, 738 Rn. 19 – Peek & Cloppenburg I; GRUR 2011, 623 Rn. 36 – Peek & Cloppenburg II.

[3651] BGH GRUR 2013, 397 Rn. 44 und Ls. – Peek & Cloppenburg III; GRUR-RR 2014, 201 Rn. 51 – Peek & Cloppenburg IV; vgl. ferner (zum Markenrecht) BGH GRUR 1984, 738 – Hotel Krone; GRUR 1987, 182 (183) – Stoll; GRUR 1991, 780 (872) – TRANSATLANTISCHE; GRUR 1995, 754 – Altenburger Spielkartenfabrik.

[3652] BGH GRUR 2013, 397 Rn. 44 und Ls. – Peek & Cloppenburg III; GRUR-RR 2014, 201 Rn. 51 – Peek & Cloppenburg IV.

[3653] Vgl. BGH GRUR 1989, 211 – Shop in the Shop II.

[3654] EuGH C-91/09 GRUR 2010, 641 – Eis.de auf Vorlage des BGH GRUR 2009, 498 – Bananabay I.

[3655] BGH GRUR 2011, 828 – Bananabay II.

1322 **Anschrift, E-Mail-Adresse, Telefonnummer, Faxnummer** und ähnliche Kontaktdaten. Schließt der Verkehr aus diesen Zeichen auf einen bestimmten (anderen) Unternehmer, kann § 5 Abs. 2 erfüllt sein. Irreführend kann es zB sein, unter der E-Mail-Adresse eines Mitbewerbers eigene Produkte abzusetzen.

1323 **Artikelnummer.** Durch die Verwendung fremder Artikelnummern, die der Verkehr als Unterscheidungszeichen für die von einem Mitbewerber hergestellten Produkte erkennt, kann eine Verwechslungsgefahr bewirkt werden.[3656]

1324 **Bestellnummern.** Werden in einem Produktkatalog die eigenen Bestellnummern den vergleichbaren des namentlich benannten Herstellers gegenüber gestellt und schließt der Verkehr aus der Namensnennung irrig darauf, dass es sich beim Werbenden um den namentlich bekannten Originalhersteller handele, kann dadurch eine Verwechslungsgefahr bezüglich der Kennzeichen der Unternehmen hervorgerufen werden.[3657]

1325 **Bild, Fotografie.** Abbildungen wie das **Bildnis** des Unternehmers oder eine Fotografie des **Unternehmensgebäudes** können Kennzeichen des Unternehmens sein.

1326 **Briefkopf.** Irreführend ist die Verwendung einer falschen Firma im Briefkopf.

1327 **Domain. Auch → § 5 Rn. 201.** Auch durch die Verwendung von Internetadressen und E-Mail-Adressen kann eine Verwechslungsgefahr begründet werden.[3658] Ist der Anwendungsbereich des Rechts der Gleichnamigen eröffnet (näher → Rn. 1319), kann die durch eine **Internetadresse** bewirkte Irreführungsgefahr dadurch ausgeräumt werden, dass auf der ersten sich öffnenden Website ein aufklärender Hinweis erfolgt, der das werbende Unternehmen klar und eindeutig von dem Gleichnamigen abgrenzt und so eine Verwechslungsgefahr mit diesem weitgehend ausschließt;[3659] gleiches gilt bei Gattungsbezeichnungen. Für andere Fälle irreführender Domains gilt dieses Privileg nicht.[3660] Wird die gleichnamige Unternehmensbezeichnung in **über die Website ausdruckbaren Werbebeilagen** verwendet, die selbständig verbreitet werden können, müssen ebenfalls aufklärende Hinweise angebracht werden.[3661] Werden unter einer aus dem bekannten Namen eines großen Unternehmens gebildeten Domain Waren oder Dienstleistungen von einem Mitbewerber abgesetzt, kann dies eine Verwechslungsgefahr zwischen den Waren oder Dienstleistungen der Unternehmen begründen. Als irreführend wurde die Verwendung der Domainnamen „bayerischespielbank.de", „bayerischespielbanken.de" und „bayerische-spielbank.de" angesehen, da der Verkehr diese dahingehend verstehen, dass die den Domainnamen zugehörigen Webseiten – was nicht der Fall war – von dem Betreiber der Spielbanken in Bayern und damit von Staatsbetrieben unterhalten werden.[3662] Keine Verwechslungsgefahr besteht bei Verwendung beschreibender Domains wie „mitwohnzentrale.de", „sauna.de" oder „rechtsanwaelte.de", wenn der Domaininhaber Waren oder Dienstleistungen aus eben diesem Bereich anbietet. Die Domainbenutzung kann im Einzelfall auch als irreführende Spitzen- oder Alleinstellungswerbung unlauter sein.[3663]

1328 **Farben, Slogans, Zeichen.** Sie können Kennzeichen eines Unternehmens sein. Ausgehend von der Vorrangthese hat der BGH einen wettbewerbsrechtlichen Irreführungsschutz für die **Farbgestaltung** grau/magenta verneint, weil dessen kennzeichenrechtliche Schutzfähigkeit nicht feststand; es wurde aber ausnahmsweise ein Anspruch aus § 1 aF (§ 4 Nr. 4 nF) bejaht.[3664] Die Vorrangthese ist jedoch aufzugeben, → § 5 Rn. 1278 ff.

[3656] Vgl. EuGH C-112/99, GRUR 2002, 354 (355 f.) – Toshiba; C-59/05, GRUR 2006, 345 (346) – Siemens/VIPA; BGH GRUR 2003, 444 (445) – Ersetzt.

[3657] EuGH C-112/99, GRUR 2002, 354 (356) – Toshiba; C-59/05, GRUR 2006, 345 (346) – Siemens/VIPA; BGH GRUR 2003, 444 (445) – Ersetzt.

[3658] Vgl. BGH GRUR 2010, 738 Rn. 29 – Peek & Cloppenburg I; *Knaak* GRUR-Prax 2013, 171 (174 f.).

[3659] Vgl. BGH GRUR 2002, 706 (708) – vossius.de; GRUR 2010, 738 Rn. 37 – Peek & Cloppenburg I; *Knaak* GRUR-Prax 2013, 171 (173 f.).

[3660] OLG München MMR 2011, 243 (244); vgl. Köhler/Bornkamm/Feddersen § 5 Rn. 2.135.

[3661] Vgl. BGH GRUR 2010, 738 Rn. 37 – Peek & Cloppenburg I; *Knaak* GRUR-Prax 2013, 171 (172 f.).

[3662] OLG München MMR 2011, 243.

[3663] BGH GRUR 2001, 1061 ff. – Mitwohnzentrale.de.

[3664] BGH GRUR 1997, 754 ff. – grau/magenta.

Firma, Name. Die Verwendung einer mit der Firma eines anderen Unternehmens identischen oder ähnlichen Firma oder Bezeichnung, etwa in der Internetadresse,[3665] auf der Website[3666] oder in der Werbung,[3667] kann eine Verwechslungsgefahr iSd § 5 Abs. 2 begründen. Eine als solche nicht ohne weiteres erkennbare Anzeige eines Mietwagenunternehmens, die in einem **Telefonbuch** unter dem Buchstaben „T", aber nicht unmittelbar unter der Rubrikenüberschrift „Taxi" platziert ist, bewirkt aber noch keine Verwechslung mit dem Taxenverkehr und verstößt daher nicht gegen § 5 Abs. 1 S. 2 Nr. 3 oder Abs. 2.[3668] Kann sich der Werbende auf ein Recht am bürgerlichen Namen berufen oder besteht zwischen den betroffenen Unternehmen eine langjährige redliche Koexistenz, sind die Wertungen des **Rechts der Gleichnamigen** zu berücksichtigen, sodass gering ins Gewicht fallende Fehlvorstellungen des Verkehrs im Hinblick auf eine langjährige redliche Koexistenz der Unternehmenskennzeichen auch lauterkeitsrechtlich hinzunehmen sein können, wenn der Verwechslungsgefahr ausreichend durch **aufklärende Hinweise** entgegengewirkt wurde,[3669] näher → Rn. 1319. Der BGH hat sich mit dieser Frage in mehreren Entscheidungen zu bundesweiter Werbung der beiden Unternehmen „Peek & Cloppenburg" befasst.[3670] 1329

Form. In bestimmten Fällen (Coca-Cola-Flasche, Ferrero-Rocher-Bällchen usw) schließt der Verkehr aus der Warenform auf die betriebliche Herkunft. Bislang musste ein wettbewerbsrechtliches Irreführungsverbot meist an der Vorrangthese scheitern. Allerdings ließ die Rechtsprechung den Rückgriff auf § 4 Nr. 3a unabhängig von der Eintragung einer Formmarke zu. Die Frage nach dem Vorrang des Kennzeichenrechts war bei § 4 Nr. 3 bislang offen gelassen worden.[3671] Demgegenüber handelt es sich nach der hier vertretenen Auffassung (näher → § 5 Rn. 1286 ff.) beim wettbewerblichen Irreführungsschutz des § 5 um einen eigenständigen und vom Kennzeichenrecht losgelösten Schutz, so dass Formen unabhängig von ihrer kennzeichenrechtlichen Schutzfähigkeit grundsätzlich eine Verwechslungsgefahr hinsichtlich der Produkte oder der Kennzeichen begründen können, wenn der Verkehr sie als Herkunftshinweis ansieht. Der Schutz kann auch bei einer Produktnachahmung greifen. Je **wichtiger** die betriebliche Herkunft für den Verkehr ist, umso eher wird er auch die Form der Ware daraufhin untersuchen, ob sie Rückschlüsse auf den Herstellerbetrieb zulässt. Kommt es dem Verbraucher, wie beim Erwerb von **Luxusgütern,** gerade darauf an, Ware eines bestimmten Herstellers zu kaufen, wird er auf **Details** wie eingenähte Schildchen oder Aufdrucke auf dem T-Shirt, die Herstellerangabe auf der Verpackung, die Gravur auf der Uhr oder die genaue Form der Handtasche[3672] achten, anhand derer sich die betriebliche Herkunft feststellen lässt. Das gilt insbesondere in Fällen bereits **bekannter Produktnachahmungen.**[3673] Oftmals wird allerdings in der konkreten Situation „echte" Ware als Vergleich fehlen. Der Verkehr ist dann auf sein **Erinnerungsbild** angewiesen. Eine in der konkreten Situation eintretende betriebliche Herkunftstäuschung, der **durch zumutbare Maßnahmen nicht begegnet werden** 1330

[3665] Vgl. (zum Markenrecht) BGH GRUR 2010, 738 – Peek & Cloppenburg I.
[3666] Vgl. (zum Markenrecht) BGH GRUR 2010, 738 – Peek & Cloppenburg I.
[3667] BGH GRUR 2013, 397 Rn. 44 und Ls. – Peek & Cloppenburg III; GRUR-RR 2014, 201 Rn. 51 – Peek & Cloppenburg IV; vgl. ferner (zum Markenrecht) BGH GRUR 2010, 738 Rn. 19 – Peek & Cloppenburg I; GRUR 2011, 623 Rn. 36 – Peek & Cloppenburg II.
[3668] BGH WRP 2012, 817 Rn. 15 – Mietwagenwerbung.
[3669] BGH GRUR 2013, 397 Rn. 44 und Ls. – Peek & Cloppenburg III; GRUR-RR 2014, 201 Rn. 51 – Peek & Cloppenburg IV; vgl. ferner (zum Markenrecht) BGH GRUR 1984, 738 – Hotel Krone; GRUR 1987, 182 (183) – Stoll; GRUR 1991, 780 (872) – TRANSATLANTISCHE; GRUR 1995, 754 – Altenburger Spielkartenfabrik; GRUR 2010, 738 Rn. 19 – Peek & Cloppenburg I; GRUR 2011, 623 Rn. 36 – Peek & Cloppenburg II.
[3670] BGH GRUR 2013, 397 Rn. 44 und Ls. – Peek & Cloppenburg III; GRUR-RR 2014, 201 Rn. 51 – Peek & Cloppenburg IV.
[3671] Vgl. BGH GRUR 2007, 795 – Handtaschen.
[3672] Vgl. BGH GRUR 2007, 795 – Handtaschen.
[3673] Vgl. BGH GRUR 2007, 795 – Handtaschen.

kann, stellt allerdings keine unlautere Wettbewerbshandlung dar und ist daher auch nicht geeignet, eine Irreführung iSv § 5 zu begründen, ausführlich → § 5 Rn. 1287.

1331 **Hyperlinks. → § 5 Rn. 205, 292.**

1332 **Kennzeichen.** Die Verwendung fremder Kennzeichen kann eine Verwechslungsgefahr iSd § 5 Abs. 2 begründen.[3674] Der Umstand, dass es sich bei der beanstandeten Bezeichnung um markenrechtlich geschützte Kennzeichen handelt, spielt für die wettbewerbsrechtliche Beurteilung keine Rolle und ist insbesondere kein Indiz dafür, dass das Kennzeichen unter den konkreten Umständen nicht irreführend benutzt worden ist.[3675] Für Zeichen mit großer Bekanntheit wie das **AEG-Zeichen,**[3676] den Namen **„Liebig"**[3677] oder die Bezeichnung **„White Horse"** für Whisky[3678] hatte die Rechtsprechung schon nach bisherigem Recht einen wettbewerblichen Schutz bejaht. Da die Vorrangthese der Rechtsprechung bei richtlinienkonformer Auslegung für § 5 nF keine Geltung mehr hat, kann eine Irreführung aber auch durch Verwendung anderer identischer oder verwechslungsfähiger Kennzeichen eines Mitbewerbers bewirkt werden; die Wertungen des Zeichenrechts – sind aber zu berücksichtigen → **Rn. 1284.** § 5 Abs. 2 liegt auch vor, wenn der Verkehr aufgrund der Verwendung von Kennzeichen des Mitbewerbers des Werbenden zu der Annahme gelangen kann, dass dieser dem Werbenden eine **Lizenz** erteilt habe oder mit dieser **kooperiere** oder deren Produkte **autorisiert** habe.[3679] Eine Verwechslungsgefahr ist bei dem Aufdruck von Kfz-Marken oder -Logos auf originalgetreu nachgebauten Fahrzeugen idR nicht anzunehmen, der Käufer und Sammler derartiger **Modelle** versteht derartige Kennzeichen insbesondere nicht dahingehend, dass Hersteller der Modellautos der Marken- bzw. Logoinhaber ist.[3680] Die Wertungen des Rechts der **Gleichnamigen** aus dem Kennzeichenrecht sind zu berücksichtigen, dazu → Rn. 1319. Auch bei einer **Printwerbung** kann ein schutzwürdiges Interesse eines in mehreren Bundesländern tätigen Handelsunternehmens an Werbemaßnahmen in bundesweit vertriebenen Medien in aller Regel nicht verneint werden.[3681] Der Unternehmer ist jedoch verpflichtet, eine Verwechslungsgefahr durch einen geeigneten Hinweis, der deutlich macht, welchem Unternehmen die Werbung zuzuordnen ist, möglichst zu begrenzen. Der Hinweis muss leicht erkennbar, deutlich lesbar und inhaltlich zutreffend, seinen Sinn nach ohne weiteres erfassbar und geeignet sein, dem unzutreffenden Verkehrsverständnis in ausreichendem Maße zu begegnen.[3682] Nach der vom BGH insoweit bestätigten[3683] Entscheidung des OLG Düsseldorf kann im Hinblick auf die sonst auftretenden Wertungswidersprüche zum Markenrecht der iSd **§ 23 Nr. 2 MarkenG** lediglich beschreibende (Bezugnahme auf die auf dem Etikett mit dem Zusatz „Marula Geschmack" abgebildete Marula-Frucht) Zeichenbestandteil „Marula" bei der Vermarktung eines Likörs unter der Bezeichnung „Marulablu" keine Verwechslungsgefahr im Sinne von § 5 Abs. 2 UWG zu den durch ua für Liköre eingetragenen Marken „Amarulä begründen.[3684] Nach einer Entscheidung des BGH soll ein selbstständiger Frisiersalon gegen das Irreführungsverbot verstoßen, wenn er seine Werbung mit dem Namen bzw. der Marke des Kaufhauses, in dem er seinen **„Shop in the Shop"** hat, so gestaltet, dass der Eindruck entsteht, es handele sich bei ihm um eine zum Kaufhaus gehörende Abteilung.[3685]

[3674] Vgl. EuGH C-112/99, GRUR 2002, 354 (356) – Toshiba; C-59/05, GRUR 2006, 345 – Siemens/VIPA; BGH WRP 2013, 1465 Rn. 60 ff. – Hard Rock Cafe; GRUR-RR 2014, 201 – Peek & Cloppenburg IV; OLG Hamburg 24.2.2011 – 3 U 63/10, BeckRS 2011, 7059 Rn. 49.

[3675] Zur Marke: BGH GRUR 1955, 251 – Silberal; GRUR 1984, 737 (738) – Ziegelfertigstütze; GRUR 2011, 85 (86) – Praxis aktuell.

[3676] RG GRUR 1939, 806 (808) – AEG; BGH GRUR 1966, 267 (270) – White Horse.

[3677] RG GRUR 1942, 432 (435 f.) – Liebig; BGH GRUR 1966, 267 (270) – White Horse.

[3678] BGH GRUR 1966, 267 (270) – White Horse.

[3679] BGH WRP 2012, 318 Rn. 25 – Teddybär.

[3680] Vgl. EuGH C-48/05, GRUR 2007, 318 – Opel-Logo; BGH GRUR 1996, 57 – Spielzeugautos.

[3681] BGH GRUR 2013, 397 Rn. 22 – Peek & Cloppenburg III.

[3682] BGH GRUR 2013, 397 Rn. 22 – Peek & Cloppenburg III.

[3683] BGH GRUR 2013, 631 Rn. 69 ff. – Amarula/Marulablu.

[3684] OLG Düsseldorf GRUR-RR 2011, 317.

[3685] BGH GRUR 1989, 211 – Shop in the Shop II.

Marke. Zu bejahen sein kann eine Irreführung über die betriebliche Herkunft, wenn durch die Verwendung von Marken eines Mitbewerbers der Eindruck entsteht, das Produkt stamme aus dem Betrieb des Markeninhabers, s. näher unter „Kennzeichen". Der Umstand, dass es sich bei der beanstandeten Bezeichnung um eine eingetragene Marke handelt, spielt für die wettbewerbsrechtliche Beurteilung keine Rolle und ist insbesondere kein Indiz dafür, dass die Marke unter den konkreten Umständen nicht irreführend benutzt worden ist.[3686] 1333

Zur Werbung mit den Begriffen **„Markenware" bzw. „Markenqualität"** → **§ 5 Rn. 462 ff., 465 ff.** 1334

Meta-Tags. Sie und vergleichbare Zeichenverwendungsformen beeinflussen den durch Eingabe des Suchworts ausgelösten Suchvorgang in der Weise, dass das Angebot des Verwenders in der Liste der Suchergebnisse erscheint. Die Rechtsprechung sieht in der Verwendung eines fremden Kennzeichens als Meta-Tag eine **Kennzeichenverletzung.**[3687] Eine Irreführung iSv § 5 UWG wird idR ausscheiden, weil der verständige Internetnutzer um die Problematik der Meta-Tags weiß, näher → § 5 Rn. 300. 1335

Name. S. dazu oben unter **„Firma".** 1336

„Shop in the Shop". Zum alten Recht hat der BGH entschieden, ein selbstständiger Frisiersalon verstoße gegen das Irreführungsverbot, wenn er seine Werbung mit dem Namen bzw. der Marke des Kaufhauses, in dem er seinen „Shop in the Shop" hat, so gestaltet, dass der Eindruck entsteht, es handele sich bei ihm um eine zum Kaufhaus gehörende Abteilung.[3688] Für § 5 Abs. 2 wird es allerdings häufig an der Mitbewerbereigenschaft fehlen. 1337

Vergleichende Werbung. Die Bezugnahme auf einen Mitbewerber, dessen Produkte oder Unterscheidungszeichen im Rahmen vergleichender Werbung darf keinen falschen Eindruck über die betriebliche Herkunft der Produkte erwecken.[3689] In der Vorlageentscheidung O2 Holdings Lt. vs. Hutchison 3G,[3690] in der es um die Verwendung der für **O2** als Marke geschützten Abbildung einer Blase in einem vergleichenden Werbespot eines Konkurrenten ging, führte der EuGH aus, ein genereller Vorrang der Marken-RL bzw. der Irreführungs-RL im Bereich der vergleichenden Werbung bestehe nicht. Weise der Mitbewerber eine Verwechslungsgefahr mit seinem geschützten Zeichen nicht nach, sei er nicht berechtigt, die Benutzung in einer vergleichenden Werbung auf der Grundlage des Art. 5 Abs. 1 und 2 Marken-RL zu verbieten. Weise er das Bestehen einer Verwechslungsgefahr nach, könne der Werbende einem Verbot in Anwendung von Art. 3a Abs. 1 Irreführungs-RL nichts entgegenhalten, da die in Rede stehende Werbung nicht alle dort genannten Voraussetzungen erfülle. 1338

Verzeichnis. Die in einem Telefonverzeichnis unter dem Buchstaben „T" veröffentlichte Anzeige eines Mietwagenunternehmens führt jedenfalls dann nicht zu einer Verwechslungsgefahr im Sinne von § 5 mit dem **Taxenverkehr,** wenn in der Anzeige ein deutlicher Hinweis erfolgt.[3691] 1339

[3686] BGH GRUR 1955, 251 – Silberal; GRUR 1984, 737 (738) – Ziegelfertigstütze; GRUR 2011, 85 Rn. 18 – Praxis aktuell; OLG Hamburg 24.2.2011 – 3 U 63/10, BeckRS 2011, 7059.

[3687] BGH GRUR 2007, 65 – Impuls; NJW-RR 2010, 465 Rn. 14 – Partnerprogramm; NJW-RR 2010, 1273 Rn. 25 – POWER BALL; GRUR 2011, 828 Rn. 28 – Bananabay.

[3688] BGH GRUR 1989, 211 – Shop in the Shop II.

[3689] EuGH C-112/99, GRUR 2002, 354 (356) – Toshiba; GRUR 2006, 345 (346) – Siemens/VIPA; GRUR 2008, 698 Rn. 57 ff., 69 – O2; BGH WRP 2012, 318 Rn. 25 – Teddybär.

[3690] EuGH C-533/06, GRUR 2008, 698 ff. – O2 Holdings Limited vs. Hutchison 3G.

[3691] BGH WRP 2012, 817 Rn. 15 – Mietwagenwerbung; OLG Frankfurt a. M. GRUR-RR 2011, 140.

K. § 5 Abs. 3 (Angaben im Rahmen vergleichender Werbung, bildliche Darstellungen und sonstige Veranstaltungen)

„Angaben im Sinne von Absatz 1 Satz 2 sind auch Angaben im Rahmen vergleichender Werbung sowie bildliche Darstellungen und sonstige Veranstaltungen, die darauf zielen und geeignet sind, solche Angaben zu ersetzen."

Übersicht

I. Vergleichende Werbung

Schrifttum: *H.-J. Ahrens,* Die Veröffentlichung vergleichender Werbeträgeranalysen, 1974; *ders.,* Wettbewerbshandlungen von Testinstituten – Irreführungsgefahr und maßgebliche Verkehrsauffassung, WRP 1977, 14; *ders.,* Vergleichende Bewertung von Universitätsdienstleistungen, FS Ullmann, 2006, S. 565; *Andresen,* Warentest und Pressefreiheit, Tübingen 1973; *Berlit,* Der irreführende Werbevergleich, WRP 2010, 1105; *Borck,* Die Interessenabwägung bei irreführender Werbung, WRP 1985, 63; *Bullinger/Emmerich,* Irreführungsgefahr durch selektive Produktauswahl bei Preisvergleichen, WRP 2002, 608; *Droste,* Warentest in Zukunft, GRUR 1965, 219; *Eck/Ikas,* Neue Grenzen Vergleichender Werbung, WRP 1999, 251; *Eckel,* Die Kohärenz lauterkeitsrechtlicher Vollharmonisierung vergleichender Werbung nach Art. 4 lit. a) RL 2006/114/EG, GRUR Int. 2016, 726; *Feddersen,* Erster, Bester oder nur Erstbester? Über die Irreführung mit Testergebnissen, WRP 2019, 1255; *Fezer,* Testwerbung, GRUR 1976, 472; *Franz,* 50 Jahre Stiftung Warentest, GRUR 2014, 1051; *Franz,* Werbung mit Testergebnissen, WRP 2016, 439; *Fröndhoff,* Irreführung durch vergleichende Werbung – Deutsche Rspr. auf dem Telekommunikationsmarkt nach „Pippig Augenoptik/Hartlauer", ZUM 2004, 451; *Funke,* Lieber Angleichen als Zersplittern – Zum Richtlinienvorschlag über vergleichende Werbung, WM 1997, 1472; *Gloy/Bruhn,* Die Zulässigkeit von Preisvergleichen nach der Richtlinie 97/55/EG – Kehrtwende oder Kontinuität?, GRUR 1998, 226; *Gräbig,* Werbung mit Bewertungen, Rezensionen und Erfahrungsberichten, GRUR-Prax 2019, 197; *Hart,* Warentest, Preisvergleich und Testwerbung – Zur neueren delikts- und wettbewerbsrechtlichen Entwicklung in der Rechtsprechung, WRP 1986, 515; *Hart/Silberer,* Werbung mit Testergebnissen der Stiftung Warentest, GRUR 1983, 691; *Hefermehl,* Der Warentest in rechtlicher Sicht, GRUR 1962, 611; *Henning-Bodewig,* Vergleichsportale, UWG und Befugnisse des Bundeskartellamts, WRP 2019, 537; *Himmelsbach,* Die neuen Werbe-Bedingungen der Stiftung Warentest, K&R 2008, 335; *Huber,* Vergleichender Warentest und unlauterer Wettbewerb, 1970; *Keßler/Müller,* Testwerbung und Markttransparenz zur Werbung mit Veröffentlichungen der Stiftung Warentest, WRP 1981, 495; *Köhler,* Irreführende vergleichende Werbung, GRUR 2013, 761; *ders.,* Ranking als Rechtsproblem, FS Sonnenberger, 2004, S. 249; *Köhler/Bornkamm/Henning-Bodewig,* Vorschlag für eine Richtlinie zum Lauterkeitsrecht und eine UWG-Reform, WRP 2002, 1317; *Koppe/Zagouras,* Haftung für Produktkritik, GRUR 2005, 1011; *dies.,* Rechtsprobleme der Testwerbung, WRP 2008, 1035; *Kotthoff,* Neue Maßstäbe für vergleichende Werbung, BB 1998, 2217; *Kühhorn,* Zur Irreführung bei Werbung mit älteren Testergebnissen, VuR 2010, 235; *Leible/Sosnitza,* Richtlinienkonforme Auslegung vor Ablauf der Umsetzungsfrist und vergleichende Werbung, NJW 1998, 2507; *Menke,* Die vergleichende Werbung in Deutschland nach der Richtlinie 97/55/EG und der BGH-Entscheidung „Testpreis-Angebot", WRP 1998, 811; *Messer,* Der unvollständige Testbericht, GRUR 1996, 647; *Ohly,* Irreführende vergleichende Werbung – Anmerkungen zu EuGH „Pippig Augenoptik/Hartlauer", GRUR 2003, 641; *Paschke,* Verbraucherinformation in der Marktwirtschaft – Rechtliche Grenzen der Publikationstätigkeit der Stiftung Warentest im Spannungsfeld zwischen Verbraucheraufklärung und Pressemarktschutz, AfP 1991, 683; *Plaß,* Die gesetzliche Neuregelung der vergleichenden Werbung, NJW 2000, 3161; *Plassmann,* Vergleichende Werbung im Gemeinsamen Markt,

GRUR 1996, 377; *Sack,* Die Bedeutung der EG-Richtlinien 84/450/EWG und 97/55/EG über irreführende und vergleichende Werbung für das deutsche Wettbewerbsrecht, GRUR Int. 1998, 263; *ders.,* Die Toshiba-Entscheidung des EuGH zur vergleichenden Werbung, WRP 2002, 363; *ders.,* Irreführende vergleichende Werbung, GRUR 2004, 89; *ders.,* Vergleichende Werbung und Markenrecht nach der europäischen Markenrechtsreform von 2015, GRUR 2017, 664; *Scherer,* Partielle Verschlechterung der Verbrauchersituation durch die europäische Rechtsvereinheitlichung bei vergleichender Werbung?, WRP 2001, 89; *Tilmann,* Richtlinie vergleichende Werbung, GRUR 1997, 790; *ders.,* Anwendungsbereich und Bindungswirkung der Richtlinie vergleichende Werbung, GRUR 1999, 546; *Voigt,* Händler-Haftung für fehlerhafte Angaben in Preissuchmaschinen, K&R 2010, 793; *Wieddekind,* Praktische Hinweise zur Werbung mit Testergebnissen, GRUR-Prax 2013, 440.

Siehe zudem die Nachweise in der Kommentierung zu § 6.

1. Europäischer Kontext. § 5 Abs. 3 Alt. 1 setzt **Art. 4 lit. a der Werberichtlinie** 2006/114/EG um,[3692] der regelt, dass vergleichende Werbung nicht irreführend iSd Art. 2 lit. b, Art. 3 und Art. 8 Abs. 1 der Werberichtlinie *oder* im Sinne der Art. 6 und Art. 7 der UGP-RL sein darf. Dem Wortlaut nach bleibt § 5 Abs. 3 hinter diesen Vorgaben zurück, fehlt doch der in Art. 4 lit. a Werberichtlinie enthaltene ausdrückliche Verweis auf die **Irreführung durch Unterlassen** (Art. 7 UGP-RL/**§ 5a UWG**) und eine Differenzierung zwischen dem Verhältnis B2B und B2C.[3693] Diese Abweichungen, deren praktische Bedeutung unterschiedlich gesehen wird,[3694] sind im Wege der unionskonformen Auslegung der §§ 5, 5a anzugleichen,[3695] nachdem eine sprachliche Anpassung an Art. 4 lit. a Werberichtlinie auch im Zuge der Reform 2015 nicht erfolgt ist; § 5 Abs. 3 war von ihr nur insoweit betroffen, als generell die Irreführung von Mitbewerbern aus § 5 ausgeklammert worden ist. 1340

Das Erfordernis der unionskonformen Auslegung der §§ 5, 5a gilt auch und insbesondere im Bereich der vergleichenden Werbung, wobei zu beachten ist, dass aufgrund der für die vergleichende Werbung erreichten **Vollharmonisierung** hier ein strengerer Schutz als unionsrechtlich vorgegeben auch im Verhältnis B2B nicht zulässig ist (vgl. Erwägungsgrund 8 Abs. 1 UAbs. 2 Werberichtlinie, näher → § 5 Rn. 30 ff.).[3696] Bei der Auslegung ist zu berücksichtigen, dass die in Art. 4 lit. a–h Werberichtlinie aufgeführten Bedingungen **kumulativ** gelten[3697] und es sich bei der irreführenden und der unzulässigen vergleichenden Werbung um zwei unterschiedliche Zuwiderhandlungen handelt.[3698] Eine vergleichende Werbung gilt daher als unzulässig, wenn sie irreführend im Sinne der Werberichtlinie oder der UGP-RL ist, ohne dass zugleich der Tatbestand des § 6 ganz oder teilweise erfüllt sein muss. 1341

Neben dem allgemeinen Irreführungsschutz der Art. 6, Abs. 7 UGP-RL und des Art. 2 lit. b, 3, 8 Abs. 1 Werberichtlinie sowie den Voraussetzungen zulässiger vergleichender Werbung in Art. 4 Werberichtlinie gelten für vergleichende Werbung teilweise **unionsrechtliche Sondervorschriften** (→ § 5 Rn. 65 ff.), so werden die Anforderungen an zulässige **vergleichende Werbung** (Art. 4 Werberichtlinie/§ 6 UWG) durch **Art. 9 HCVO** im **Lebensmittelbereich verschärft.** 1342

§ 5 Abs. 3 verweist vollumfänglich auf § 5 Abs. 1 S. 2. Die Differenzierung des Art. 4 lit. a Werberichtlinie zwischen dem Verhältnis B2B (Art. 2 lit. b, Art. 3 UGP-RL) und 1343

[3692] BGH GRUR 2013, 1058 Rn. 16 – Kostenvergleich bei Honorarfactoring.

[3693] Grundlegend dazu *Köhler* GRUR 2013, 761 ff.; *Eckel* GRUR Int. 2016, 726 ff.

[3694] Vgl. *Köhler* GRUR 2013, 761 ff.; *Köhler*/Bornkamm/Feddersen § 6 Rn. 23, 27: andere Maßstäbe; *Ohly*/Sosnitza § 6 Rn. 11: minimale Abweichungen. Nach Ansicht des BGH (GRUR 2013, 1058 Rn. 16 – Kostenvergleich bei Honorarfactoring) steht § 5 Abs. 3 als solches in Einklang mit dem Unionsrecht, zur Frage der Unvollständigkeit liegt noch keine höchstrichterliche Entscheidung vor.

[3695] *Köhler* GRUR 2013, 761 (763); GroßKommUWG/*Glöckner,* 2. Aufl. 2013, § 6 Rn. 72 ff.; *Ohly*/Sosnitza § 6 Rn. 11; s. *Eckel* GRUR Int. 2016, 726 ff.

[3696] EuGH C-44/01, EU:C:2003:205 Rn. 44 – Pippig Augenoptik; C-159/09, C:2010:696 Rn. 22 – Lidl; BGH GRUR 2015, 1136 Rn. 18 – Staubsaugerbeutel im Internet; *Köhler* GRUR 2013, 761 (763); *Ohly*/Sosnitza § 6 Rn. 8.

[3697] EuGH C-487/07, EU:C:2009:378 Rn. 67 – L'Oréal ua; C-159/09, C:2010:696 Rn. 16 – Lidl; C-52/13, EU:C:2014:150 Rn. 25 – Posteshop.

[3698] EuGH C-52/13, EU:C:2014:150 Rn. 28 f. – Posteshop.

B2C (Art. 6, Art. 7 UGP-RL) wurde nicht eigens übernommen. Hieraus ergeben sich in **zweierlei Hinsicht Bedenken,** die bei der unionskonformen Auslegung zu berücksichtigen sind:

1344 Zum einen darf durch die Übernahme des abschließenden Katalogs von **Bezugskriterien** auf das Verhältnis B2B der **Mindestschutzstandard** der Irreführungsrichtlinie **nicht unterschritten** werden,[3699] ausführlich → § 5 Rn. 256 f.

1345 Zum anderen bildet der Mindestschutzstandard der Irreführungsrichtlinie im Bereich der vergleichenden Werbung zugleich die **Obergrenze des Schutzes** der Gewerbetreibenden, so dass der **Schutzstandard** der Irreführungsrichtlinie insoweit auch nicht überschritten werden darf,[3700] näher → § 5 Rn. 65 ff. **und → § 5 Rn. 256.** Zu den Folgen für das Verhältnis zu **§ 6 Abs. 2 Nr. 3 → § 5 Rn. 1293 ff.** In der Erstreckung des Irreführungsschutzes auf geschäftliche Handlungen, die keine „Werbung" sind, liegt für vergleichende Werbung freilich keine derartige Überschreitung, da der Begriff der vergleichenden Werbung zugleich auch den Geltungsbereich der Richtlinie beschränkt.

1346 **2. Begriff.** Nach § 5 Abs. 3 gilt das Irreführungsverbot auch für **vergleichende Werbung.**[3701] Was „vergleichende Werbung" ist, bestimmt § 6 Abs. 1, s. hierzu die ausführliche Kommentierung bei *Sack* → § 6 Rn. 35 ff. Nach der Rechtsprechung des BGH setzt vergleichende Werbung nicht nur voraus, dass ein Mitbewerber oder die von ihm angebotenen Produkte erkennbar gemacht werden, sondern muss sich darüber hinaus aus der Werbung ergeben, dass sich unterschiedliche, aber hinreichend austauschbare Produkte des Werbenden und des Mitbewerbers gegenüberstehen.[3702] Da das Irreführungsverbot sowohl für vergleichende Werbung als auch für andere geschäftliche Handlungen gilt, hat die Unterscheidung für § 5 keine praktische Relevanz (→ § 5 Rn. 1341).

1347 **3. Unwahre oder zur Täuschung geeignete Angaben in vergleichender Werbung.** Unwahre oder zur Täuschung geeignete Angaben in vergleichender Werbung sind irreführend, wenn sie geeignet sind, die geschäftliche Entscheidung des Verkehrs zu beeinflussen oder aus diesen Gründen einen Mitbewerber zu schädigen. Neben dem Irreführungsverbot sind **zusätzlich die Anforderungen des § 6** zu beachten.[3703] Vergleichende Werbung unterliegt insbesondere bereits nach § 6 Abs. 2 Nr. 2 einem Objektivitätserfordernis.[3704] Aber auch ein sachlich zutreffender Vergleich kann irreführend sein, beispielsweise wenn er auf Grund einseitiger Auswahl der verglichenen Eigenschaften bei den Adressaten einen unzutreffenden Eindruck erweckt.[3705]

1348 Die Beurteilung, ob eine vergleichende Werbung irreführend ist, ist nach den auch für andere Werbeformen geltenden Grundsätzen vorzunehmen (zu diesen **näher → § 5 Rn. 229**), insbesondere gilt ebenfalls das **europäische Verbraucherleitbild**[3706] und ist auf den Gesamteindruck der Werbung abzustellen.[3707] Für die **Unwahrheit** von Angaben ist deren objektive Unrichtigkeit maßgeblich. IE → § 5 Rn. 229.

3699 Ebenso GroßKommUWG/*Glöckner,* 2. Aufl. 2013, § 6 Rn. 77; vgl. *Köhler* GRUR 2013, 761 (765).

3700 EuGH C-44/01, EU:C:2003:205 Rn. 44 – Pippig Augenoptik; BGH GRUR 2015, 1136 Rn. 18 – Staubsaugerbeutel im Internet; vgl. BGH GRUR 2011, 1158 Rn. 21, 26 – Teddybär.

3701 BGH GRUR 2013, 1058 Rn. 16 – Kostenvergleich bei Honorarfactoring. Ausführlich zur vergleichenden Werbung § 6 UWG *(Sack).*

3702 BGH WRP 2012, 82 – Coaching-Newsletter.

3703 Vgl. EuGH C-52/13, EU:C:2014:150 Rn. 28 f. – Posteshop; BGH GRUR 2013, 1058 Rn. 15 f. – Kostenvergleich bei Honorarfactoring; BGH GRUR 2015, 1136 Rn. 18 – Staubsaugerbeutel im Internet.

3704 BGH GRUR 2013, 1058 Rn. 15 f. – Kostenvergleich bei Honorarfactoring; GRUR 2015, 1136 Rn. 21 – Staubsaugerbeutel im Internet.

3705 BGH GRUR 2013, 1058 Rn. 16 – Kostenvergleich bei Honorarfactoring.

3706 Vgl. EuGH C-44/01, EU:C:2003:205 Rn. 55 – Pippig Augenoptik; C-356/04, EU:C:2006:585 Rn. 78 – Lidl Belgium; C-159/09, EU:C:2010:696 Rn. 48 – Lidl; BGH GRUR 2005, 172 (175) – Stresstest; GRUR 2015, 906 Rn. 22 – TIP der Woche.

3707 Vgl. BGH GRUR 2013, 1058 Rn. 18 – Kostenvergleich bei Honorarfactoring.

Der Unlauterkeitsvorwurf knüpft an die Unwahrheit bzw. Täuschungseignung an. Die Irreführungseignung kann deshalb nicht darauf gestützt werden, dass für einen Vergleich der Produkte ein **sachlich gerechtfertigter Anlass gefehlt** habe.[3708] Damit trägt das Gesetz dem Umstand Rechnung, dass vergleichende Werbung nach den Vorgaben der für sie geltenden Richtlinie[3709] grundsätzlich zulässig ist.[3710] Die Möglichkeit des Werbevergleichs soll dazu beitragen, die Vorteile der verschiedenen vergleichbaren Erzeugnisse objektiv herauszustellen und so den Wettbewerb zwischen den Anbietern von Waren und Dienstleistungen im Interesse der Verbraucher zu fördern.[3711] Wegen der **Einzelheiten** der Irreführung durch unwahre oder täuschungsgeeignete Angaben wird auf die Kommentierung in § 5 Abschn. B verwiesen. Das **Relevanzerfordernis** gilt auch für unwahre bzw. täuschungsgeeignete Angaben im Rahmen vergleichender Werbung. **1349**

Irreführend kann eine vergleichende Werbung auch sein, wenn **Informationen verschwiegen** werden.[3712] Allerdings ist dem Durchschnittsverbraucher klar, dass vergleichende Werbung regelmäßig dazu dient, die Vorteile der Erzeugnisse des Werbenden herauszustellen. Er geht deshalb nicht davon aus, dass ein von einem Wettbewerber angestellter Werbevergleich ebenso wie ein von einem unabhängigen Testveranstalter vorgenommener Waren- oder Dienstleistungsvergleich auf einer **neutral** durchgeführten Untersuchung beruht. Deshalb begegnet es unter dem Gesichtspunkt des Irreführungsverbots grundsätzlich keinen Bedenken, wenn ein Werbevergleich sich nur auf bestimmte Gesichtspunkte bezieht, ohne andere Eigenschaften der miteinander verglichenen Produkte anzusprechen.[3713] Die Grenze zur Irreführung ist jedoch überschritten, wenn ein Werbevergleich den **falschen Eindruck vermittelt, es seien im Wesentlichen alle relevanten Eigenschaften in den Vergleich einbezogen** worden.[3714] Dementsprechend ist ein im Rahmen einer vergleichenden Werbung vorgenommene **Preisvergleich** als irreführend zu beurteilen, wenn sich die für den Preis maßgeblichen Konditionen der Wettbewerber nicht unwesentlich unterscheiden und der Wettbewerber auf diese Unterschiede nicht deutlich und unmissverständlich hinweist,[3715] oder wenn ein falscher Eindruck über das **allgemeine Preisniveau** entsteht.[3716] Bei einer Werbung für Waren in **Preisvergleichslisten** einer Preissuchmaschine dürfen die zum Kaufpreis hinzukommenden Versandkosten nicht erst auf der eigenen Internetseite des Werbenden genannt werden, die mit dem Anklicken der Warenabbildung oder des Produktnamens erreicht werden kann.[3717] **1350**

Auch kann unter besonderen Umständen, die von den nationalen Gerichten zu prüfen sind und die durch die Bedeutung der Marke für die Entscheidung des Käufers und durch den deutlichen Unterschied zwischen den jeweiligen Marken der verglichenen Produkte hinsichtlich ihrer Bekanntheit gekennzeichnet sind, nach der Rechtsprechung des EuGH die **Nichtangabe einer fremden Marke** irreführend sein.[3718] Auch das Verschweigen anderer wesentlicher Umstände der miteinander verglichenen Leistungen kann irreführen, wenn hierdurch beim Verbraucher ein **„schiefes Bild“** entsteht.[3719] Gerade bei einem **1351**

3708 BGH GRUR 2003, 444 (445) – „Ersetzt“.

3709 Richtlinie 2006/114/EG des Europäischen Parlaments und des Rates vom 12.12.2006 über irreführende und vergleichende Werbung (kodifizierte Fassung), ABl. 2006 L 376, S. 21.

3710 BGH GRUR 2003, 444 (445) – „Ersetzt“.

3711 BGH GRUR 2003, 444 (445) – „Ersetzt“.

3712 EuGH C-44/01, GRUR 2003, 533 (536) – Pippig Augenoptik; BGH 24.1.2019, DE: BGH:2019:240119UIZR200.17.0 Rn. 71 – Das beste Netz.

3713 BGH GRUR 2010, 658 Rn. 15 f. – Paketpreisvergleich.

3714 EuGH C-44/01, GRUR 2003, 533 – Pippig Augenoptik; GRUR 2011, 159 (161) – Lidl/Vierzon Distribution; BGH GRUR 2010, 658 (660) – Paketpreisvergleich.

3715 EuGH C-44/01, GRUR 2003, 533 – Pippig Augenoptik; GRUR 2011, 159 (161) – Lidl/Vierzon Distribution; BGH GRUR 2010, 658 (660) – Paketpreisvergleich; GRUR 2011, 742 (746) – Leistungspakete im Preisvergleich.

3716 EuGH C-159/09, GRUR 2011, 159 – Lidl/Vierzon Distribution.

3717 BGH GRUR 2010, 251 – Versandkosten bei Froogle I.

3718 EuGH C-44/01, GRUR 2003, 533 (536) – Pippig Augenoptik.

3719 OLG Hamburg Magazindienst 2006, 183.

Vergleichstest unter **extremen Bedingungen** liegt die Gefahr einer Irreführung über die Eigenschaften der verglichenen Produkte im Normalbetrieb nicht fern.[3720]

1352 **Bezugspunkt** der unwahren oder täuschenden Angabe können alle in § 5 Abs. 1 S. 2 genannten Umstände sein; zur Frage der Irreführung über nicht in der Liste genannte Bezugspunkte → § 5 Rn. 393 ff. So darf zB die Verwendung von Zeichen, die mit **Unterscheidungszeichen** eines Mitbewerbers identisch oder verwechslungsfähig sind, in vergleichender Werbung keinen unzutreffenden Eindruck über die **Identität** des Werbenden, über die **Beziehungen** zwischen ihm und dem Mitbewerber oder über die **betriebliche Herkunft** der Produkte erwecken.[3721] Irreführend kann unter besonderen Voraussetzungen auch das Verschweigen der betrieblichen Herkunft des Produkts oder von Produktteilen sein.[3722] Ein Irrtum des angesprochenen Verkehrs über die **Vertriebswege,** auf denen die beworbene Ware beschafft wurde, begründet für sich genommen keine Irreführung im Sinne von § 5, denn die „Vertriebswege" sind in Art. 4 Irreführungsrichtlinie nicht aufgeführt, und eine Verpflichtung zur Kenntlichmachung der Vertriebswege liefe auch den Zielen sowohl des Binnenmarkts als auch der Irreführungsrichtlinie zuwider.[3723] **Allein- oder Spitzenstellungsbehauptungen** in vergleichender Werbung können nach allgemeinen Grundsätzen irreführend sein.[3724]

1353 Irreführend kann ein **Preisvergleich** zB dann sein, wenn er beim Verkehr den unrichtigen Eindruck erweckt, dass alle Produkte des Werbenden berücksichtigt worden seien, um das in der Werbung herausgehobene allgemeine Preisniveau und die dort herausgestrichene Ersparnis zu berechnen.[3725] Eine Werbung, die bei einem aus mehreren Preisbestandteilen bestehenden Angebot mit der besonderen Preiswürdigkeit eines Preisbestandteils wirbt und die übrigen Preisbestandteile **verschweigt** oder in der Darstellung untergehen lässt, enthält zur Täuschung geeignete Angaben über den Preis, weil sie einen unzutreffenden Eindruck von der Preiswürdigkeit des Angebots vermittelt.[3726] Ist eine besondere Preiswürdigkeit eines Preisbestandteils **blickfangmäßig** herausgestellt, kann eine irrtumsausschließende Aufklärung nach höchstrichterlicher Rechtsprechung nur durch einen klaren und unmissverständlichen Hinweis auf die anderen Preisbestandteile erfolgen, der am Blickfang teilhat und dadurch eine Zuordnung der übrigen Preisbestandteile zu den herausgestellten Preisangaben wahrt.[3727] Wird ein Teil eines **gekoppelten** Angebots in der Werbung blickfangmäßig oder in anderer Weise als besonders preisgünstig herausgestellt, ist es daher wettbewerbswidrig, wenn Hinweise auf Belastungen, die den herausgestellten günstigen Preis unmittelbar relativieren, weder am Blickfang teilnehmen noch sonst hervorgehoben dargestellt sind.[3728] Bei einer Blickfangwerbung mit einem Sternchenhinweis braucht der aufklärende Hinweis allerdings nicht zwingend in der Fußzeile der Werbung enthalten zu sein, wenn das Sternchen – und das ist erforderlich – am Blickfang teilhat;[3729] näher → § 5 Rn. 262 ff. Irreführend ist zB ein **Paketpreisvergleich** ohne Hinweis auf eine teilweise fehlende Maßbeschränkung des Tarifsystems, die zur Folge hat, dass die Paketbeförderung des klagenden Mitbewerbers zwar bei kleineren, aber schwereren Paketen regelmäßig teurer, bei größeren, aber leichteren Paketen und Päckchen aber billiger ist als bei dem

[3720] BGH GRUR 2005, 172 (175) – Stresstest.
[3721] EuGH C-112/99, GRUR 2002, 354 (356) – Toshiba; C-59/05, GRUR 2006, 345 (346) – Siemens/VIPA.
[3722] Vgl. EuGH C-44/01, GRUR 2003, 533 (536) – Pippig Augenoptik. Zur Irreführung über die Art des Vertriebs → § 5 Rn. 1174 ff.
[3723] EuGH C-44/01, GRUR 2003, 533 (537) – Pippig Augenoptik.
[3724] OLG Hamburg GRUR-RR 2005, 286; OLG Köln GRUR-RR 2005, 324.
[3725] EuGH WRP 2006, 1351 (1356) – Lidl Belgium.
[3726] BGH GRUR 2011, 742 Rn. 34 – Leistungspaket im Preisvergleich.
[3727] BGH GRUR 2011, 742 Rn. 34 – Leistungspaket im Preisvergleich; vgl. BGH WRP 2012, 1233 Rn. 6 – Bester Preis der Stadt.
[3728] BGH GRUR 2011, 742 Rn. 34 – Leistungspaket im Preisvergleich; vgl. BGH GRUR 2010, 744 Rn. 35 – Sondernewsletter.
[3729] BGH WRP 2012, 1233 Rn. 6 – Bester Preis der Stadt.

verklagten Paketbeförderungsdienst.[3730] Bei einer Werbung für Waren in Preisvergleichslisten einer Preissuchmaschine dürfen die zum Kaufpreis hinzukommenden Versandkosten nicht erst auf der eigenen Internetseite des Werbenden genannt werden, die mit dem Anklicken der Warenabbildung oder des Produktnamens erreicht werden kann.[3731]

Bei **Preisvergleichen von Unternehmern** gilt ein **Aktualitätserfordernis.**[3732] Wer- 1354
den in einem Werbevergleich Preise gegenüber gestellt, die bereits **nicht oder nicht mehr aktuell** sind, ist dies auch dann irreführend im Sinne von § 5 Abs. 3, wenn auf einen bestimmten Vergleichszeitpunkt hingewiesen wird.[3733] Wirbt der Unternehmer mit **Preisersparnissen,** müssen diese zutreffen und darf nicht der unzutreffende Eindruck erweckt werden, der Verkehr könne die in der Werbung angegebene Ersparnis unabhängig von Art und Menge der beim Werbenden bezogenen Produkte erzielen, der Werbende sei stets und ausnahmslos billiger als seine Mitbewerber.[3734]

Vergleichende Werbung darf nicht über die **Beschaffenheit** der verglichenen Produkte 1355
irreführen. Irreführend ist eine vergleichende Werbung, wenn die dafür ausgewählten Nahrungsmittel in Wirklichkeit **objektive Unterschiede** aufweisen, die die Entscheidung des Käufers spürbar beeinflussen können, ohne dass diese Unterschiede aus der Werbung hervorgehen.[3735] Gleiches gilt, wenn die Werbung einen unrichtigen Eindruck über das **allgemeine Preisniveau** im Verhältnis zum Mitbewerber erweckt.[3736] Irreführend ist die Werbung mit Testergebnissen, wenn sie bei dem angesprochenen Verkehr den **Eindruck einer umfassenden Überprüfung erweckt,** während es bei dem Test tatsächlich nur um die ökologische und gesundheitliche Unbedenklichkeit der Produkte ging.[3737] Behauptet ein Anbieter von Saugeinlagen für die Verpackung von frischem Fleisch, Fisch und Geflügel in einem Schreiben an eine Abnehmerin seines Mitbewerbers mit Blick auf dessen Waren, es mache „keinen Sinn, weitgehend unbelastetes Fleisch vom Erzeuger zu verlangen, um es dann mit der Verpackung zu kontaminieren", liegt darin ein Verstoß gegen das Irreführungsverbot, wenn die Saugeinlagen tatsächlich nicht gegen lebensmittelrechtliche Vorschriften verstoßen und gesundheitlich unbedenklich sind.[3738]

4. Waren- und Preistests. a) Begriff und Bedeutung. Waren- und Preistests können 1356
sowohl von den Herstellern bzw. Anbietern selbst („eigene Waren- und Preistests") als auch von Dritten stammen („Waren- und Preistests Dritter"). Am bekanntesten sind die von der **„Stiftung Warentest",** einer von der Bundesrepublik errichteten Stiftung bürgerlichen Rechts, durchgeführten und in den Zeitschriften „test" bzw. „FINANZtest" veröffentlichten Tests. Die Werbung mit Testergebnissen wickelt seit Juli 2013 die **RAL gGmbH** über ein **„Logo Lizenzsystem"** ab.

b) Selbst veranstaltete Waren- und Preistests. Vergleichen die **Unternehmer** ihre 1357
Produkte oder deren Preise selbst mit denen von **Mitbewerbern,** liegt darin eine geschäftliche Handlung und, wenn die Mitbewerber erkennbar werden, darüber hinaus vergleichende Werbung.[3739] Fehlt den Unternehmern, die verglichen werden, die **Mitbewerber**eigenschaft, liegt demgegenüber zwar keine vergleichende Werbung vor. Die geschäftliche Handlung darf aber trotzdem nicht irreführend sein, denn § 5 gilt für irreführende

---

[3730] BGH GRUR 2010, 658 Rn. 17 – Paketpreisvergleich.
[3731] BGH GRUR 2010, 251, Ls. – Versandkosten bei Froogle I.
[3732] Zur Werbung mit älteren Testergebnissen der Stiftung Warentest → § 5 Rn. 1362/24.
[3733] BGH GRUR 2011, 742 Rn. 36 – Leistungspakete im Preisvergleich mAnm v. *d. Decken/Heim,* GRUR 2011, 746; GRUR 2010, 1110 Rn. 35 ff. – Versandkosten bei Froogle II.
[3734] EuGH WRP 2006, 1351 (1356) – Lidl Belgium.
[3735] EuGH C-159/09, GRUR 2011, 159, Ls. 2 und Rn. 51, 56 – Lidl/Vierzon Distribution.
[3736] EuGH C-159/09, GRUR 2011, 159, Ls. 2 und Rn. 56 – Lidl/Vierzon Distribution.
[3737] Vgl. OLG Frankfurt a. M. OLGR Frankfurt 2006, 1047.
[3738] BGH GRUR 2008, 443 Rn. 29 – Saugeinlagen.
[3739] Vgl. BGH GRUR 2005, 172 – Stresstest; GRUR 2011, 742 Rn. 15 ff. – Leistungspakete im Preisvergleich mAnm *v. d. Decken/Heim,* GRUR 2011, 746; OLG Hamburg GRUR 2000, 530 (532); OLG München 8.2.2007 – 29 U 4430/06.

geschäftliche Handlungen jeder Art. Wirbt der Unternehmer mit dem Ergebnis „sehr gut" eines selbst veranstalteten **Konsumententests,** ist dies irreführend, wenn die befragten Kunden überhaupt keine Möglichkeit hatten, differenzierte Noten als „sehr gut" zu vergeben, sondern **suggestiv** nur vor die Wahl zwischen einem positivem und einem negativen Urteil gestellt wurden, was Gefälligkeitsantworten provozieren musste.[3740] Wer im Internet bei einer Werbung mit einer Kundenbewertung mit **„garantiert echten Meinungen"** wirbt, erweckte beim Kunden den Eindruck, dass positive wie negative Meinungen grundsätzlich ungefiltert veröffentlicht werden und in die Ermittlung der durchschnittlichen **Kundenbewertung** eingehen. Ist diese Kundenerwartung unbegründet, weil die Möglichkeit eines Schlichtungsverfahrens zu einer die Berücksichtigung negativer und neutraler Anbieterbewertung einschränkenden Filterung führen kann, muss zur Vermeidung einer Irreführung deutlich über das **Schlichtungsverfahren** aufgeklärt werden.[3741] Wird mit **Kundenempfehlungen oder Referenzschreiben** geworben, darf das Urteil des Kunden nicht **erkauft** sein.[3742] Das gilt auch für gekaufte „Fans", **„Likes"** oder „Gefällt mir"-Angaben auf Facebook.[3743] Die Verwendung bezahlter Zuschriften ist unzulässig, wenn auf die Bezahlung nicht ausdrücklich hingewiesen wird.[3744] Zur Werbung mit **Danksagungen** und **Empfehlungen** näher → § 5 Rn. 1154 ff. Irreführend ist es, wenn ein pharmazeutisches Unternehmen sein verschreibungspflichtiges Hormonpräparat für Frauen in und nach der Menopause unter Bezugnahme auf eine den **wissenschaftlichen Anforderungen nicht genügende** Vergleichsstudie bewirbt, in der das Ergebnis einer Testreihe betr. Präparate mit den jeweiligen Zusammensetzungen und Wirkstoffen wie die Produkte der Parteien geschildert wird.[3745] Es darf nicht verschwiegen werden (sonst § 5a), dass als Basis des im Blickfang mitgeteilten **Prozentsatzes** nicht die Zahl der in einer Vorbefragung ermittelten Teilnehmer, denen das Produkt gratis zu Testzwecken mitgeteilt wurde, sondern nur die Zahl der zurückgeschickten Fragebögen genommen wurde.[3746]

1358 **c) Werbung von Unternehmen mit Waren- und Preistests neutraler Dritter.** Beziehen sich Unternehmer zu Absatzförderungszwecken auf Waren- oder Preistests neutraler Dritter, etwa der **Stiftung Warentest,** in denen ihre Produkte mit denen (erkennbarer) Mitbewerber verglichen werden, machen sie sich diese **zu Eigen.** Handelt es sich um vergleichende Werbung, sind die Anforderungen des **§ 6** zusätzlich zu beachten.[3747] Zur Frage, ob **Nr. 2 des Anhangs zu § 3 Abs. 3** einschlägig ist, *Weidert* → Anh. § 3 Rn. 48. Nach **§ 5 Abs. 1 S. 2 Nr. 1** kann Bezugspunkt der Irreführung auch das Ergebnis oder ein wesentlicher Bestandteil von Tests sein, näher → § 5 Rn. 687 ff.

1359 Die Werbung mit **aktuellen** Testergebnissen für Produkte, die den getesteten entsprechen und die auch nicht technisch überholt sind, ist **grundsätzlich nicht irreführend, wenn die von einem Dritten vergebene Auszeichnung in einem seriösen Verfahren vergeben und nicht erschlichen worden ist.**[3748] Der Werbende darf sich in diesen Fällen mit der Auszeichnung schmücken und braucht keinen eigenen Qualitätsnachweis zu führen; insbesondere unterliegt er nicht den Zulässigkeitsanforderungen der Allein-

---

3740 OLG Köln GRUR 1988, 556; Magazindienst 2011, 640 ff.

3741 BGH 21.1.2016, DE:BGH:2016:210116UIZR252.14.0 Rn. 37 f., Ls. – Kundenbewertung im Internet.

3742 OLG Frankfurt a. M. MMR 2019, 313 (316); OLG Hamm GRUR-RR 2011, 473; Köhler/*Bornkamm/Feddersen* § 5 Rn. 1.166.

3743 *Gräbig* GRUR-Prax 2019, 197.

3744 OLG Hamburg GRUR 1979, 246 (248). Es stellt aber keine „Werbung mit Testergebnissen" dar, wenn ein Unternehmen in einer Werbeanzeige ohne Fundstellenangabe auf eigene, offenkundig von ihr selbst bezahlte Umfragen zu eigenen Produkten hinweist, OLG Bremen GRUR-RR 2011, 147.

3745 BGH GRUR 2002, 633 – Hormonersatztherapie.

3746 OLG Köln Magazindienst 2011, 640 ff.

3747 Vgl. EuGH C-52/13, EU:C:2014:150 Rn. 28 f. – Posteshop. Zum Verhältnis irreführender und vergleichender Werbung auch → Rn. 1343 und → § 5 Rn. 38, → § 5 Rn. 256.

3748 BGH DE:BGH:2019:240119UIZR200.17.0 Rn. 68 mwN – Das beste Netz.

stellungs- oder Spitzengruppenwerbung.[3749] Die Werbung mit einem Testsiegel darf allerdings auch über den **Rang** des beworbenen Produkts im Kreise der getesteten Produkte nicht irreführen.[3750]

Unberührt bleibt die aus **§ 5a Abs. 2** folgende Pflicht des Werbenden, bei der Werbung mit einem Testsiegel wesentliche Informationen – etwa die Testfundstelle oder Hinweise auf Prüfkriterien – mitzuteilen.[3751] Unzulässig ist die Werbung mit Testergebnissen Dritter, wenn keine **Fundstelle** für den Test angegeben[3752] oder eine Fundstelle zwar genannt wird, diese aber für den Verbraucher **nicht leicht auffindbar**[3753] oder **nicht hinreichend lesbar** ist;[3754] **näher → § 5a Rn. 91.**

Irreführend kann die Werbung mit Testergebnissen Dritter sein, wenn die Werbung **1360**
aufgrund der **Art der Darstellung** einen **falschen Eindruck über die Reichweite oder Aussagekraft des Testergebnisses** erweckt,[3755] so wenn der Verbraucher aufgrund der konkreten Anordnung des Logos der **„Stiftung Warentest"** in der Werbung dieses auch auf nicht getestete Produkte bezieht.[3756] Eine Werbung, mit der der Werbende das Testergebnis nicht in der wörtlich verliehenen Form nutzt, sondern **mit eigenen Worten umschreibt,** ist (nur) irreführend, wenn der Werbende die Aussage des Testergebnisses zu seinen Gunsten verändert. [3757] Ausnahmsweise kann die Werbung mit einem Testsiegel irreführend sein, wenn dem Testsiegel aufgrund besonderer Umstände – etwa wegen des **Fehlens von objektiven Kriterien für die Prüfung** der untersuchten Dienstleistung – **nur eine begrenzte Aussagekraft** zukommt.[3758]

Irregeführt werden kann auch über die **Umstände des Zustandekommens des** **1361**
Tests.[3759] Der Verkehr erwartet, dass die Bewertung **in einem seriösen Verfahren vergeben und nicht erschlichen** wurde.[3760] Das setzt voraus, dass die Bewertung in dem Bemühen um ein richtiges Testergebnis **neutral, objektiv, sachkundig** und mit **vertretbarem Ergebnis** durchgeführt und der **Rang** nicht erschlichen wurde.[3761] Hingegen liegt eine relevante Irreführung in aller Regel nicht schon deshalb vor, weil sich ein in einem seriösen Verfahren vergebener und nicht erschlichener Rang als **objektiv unrichtig** erweist.[3762] Die Werbung mit Testergebnissen der **„Stiftung Warentest"** und ähnlicher Organisationen versteht der Verkehr nämlich in aller Regel nicht im Sinne einer objektiven Richtigkeit, sondern dahin, dass der Rang in einem neutralen, objektiven und sachkundi-

---

[3749] BGH GRUR 2003, 800 (802) – Schachcomputerkatalog; DE:BGH:2019:240119UIZR200.17.0 Rn. 68 – Das beste Netz. OLG Stuttgart GRUR 2018, 1066, mit dem ausdrücklichen Hinweis, dass der Beurteilungsspielraum der StiWa auch dem mit dem Ergebnis werbenden Unternehmen zugute kommt.

[3750] BGH 24.1.2019, DE:BGH:2019:240119UIZR200.17.0 Rn. 68 – Das beste Netz.

[3751] BGH 24.1.2019, DE:BGH:2019:240119UIZR200.17.0 Rn. 71 – Das beste Netz.

[3752] BGH GRUR 1991, 679 – Fundstellenangabe; GRUR 2010, 248 Rn. 30/31 – Kamerakauf im Internet; OLG Karlsruhe 13.10.2011 – 4 U 141/11, DE:OLGKARL:2011:1013.4K141.11.0A; KG GRUR-RR 2011, 278 (279); krit. dazu *Franz* WRP 2016, 439 (445).

[3753] BGH GRUR 2010, 248 Rn. 30 – Kamerakauf im Internet (zu § 5a Abs. 2); OLG Oldenburg Magazindienst 2015, 1049, Rn. 28. – Ebenso bereits zum alten Recht BGH GRUR 1982, 437 (438) – Test Gut; GRUR 1991, 679 – Fundstellenangabe.

[3754] KG Magazindienst 1993, 198; 2011, 342; OLG Celle GRUR-RR 2011, 278; OLG Stuttgart Magazindienst 2011, 436; OLG Oldenburg Magazindienst 2015, 1049, Rn. 31.

[3755] Vgl. BGH GRUR 2005, 877 (879) – Lohnsteuerhilfeverein; GRUR 2015, 906 Rn. 18 – TIP der Woche.

[3756] BGH GRUR 1991, 679 – Fundstellenangabe; GRUR 2010, 248 Rn. 30/31 – Kamerakauf im Internet; OLG Karlsruhe 13.10.2011 – 4 U 141/11, DE:OLGKARL:2011:1013.4K141.11.0A; KG GRUR-RR 2011, 278 (279).

[3757] BGH 24.1.2019, DE:BGH:2019:240119UIZR200.17.0 Rn. 69 – Das beste Netz.

[3758] BGH 24.1.2019, DE:BGH:2019:240119UIZR200.17.0 Rn. 70 – Das beste Netz; WRP 2005, 1242 (1245 ff.) – Werbung mit Testergebnis; OLG Frankfurt a. M. OLGR Frankfurt 2006, 1047; GRUR-RR 2014, 410.

[3759] GroßKommUWG/*Glöckner,* 2. Aufl. 2013, § 6 Rn. 637; *Ohly*/Sosnitza § 6 Rn. 79.

[3760] BGH 24.1.2019, DE:BGH:2019:240119UIZR200.17.0 Rn. 82 – Das beste Netz.

[3761] BGH GRUR 1961, 189 (190) – Rippenstreckmetall.

[3762] BGH GRUR 2003, 800 (802) – Schachcomputerkatalog; OLG Frankfurt a. M. GRUR 2003, 85; OLG Köln GRUR-RR 2011, 275 (277); *Köhler*/Bornkamm/Feddersen § 6 Rn. 199.

gen Verfahren verliehen und nicht erschlichen wurde. Es darf aber nicht der Eindruck erweckt werden, dass es sich bei dem Testveranstalter um ein unabhängiges Testinstitut handelt, zB eine öffentliche oder unter öffentlicher Aufsicht stehende Einrichtung, wenn das nicht zutrifft.[3763] Spiegelt der Test nur die **subjektive** Einschätzung der Verbraucher wieder, muss zum einen das subjektive Element des Tests in der Werbung deutlich gemacht werden; zum anderen darf die Bewertung der Verbraucher ausschließlich auf Eigenschaften des Produkts beruhen und muss von äußeren Umständen unbeeinflusst sein.[3764]

1362 Wer seine Ware mit dem Aufdruck **„Stiftung Warentest: gut"** versieht, suggeriert ein zumindest überdurchschnittliches Abschneiden seines Produkts; die Werbung ist daher irreführend, wenn alle anderen getesteten Produkte mit „sehr gut" benotet wurden,[3765] oder wenn das Erzeugnis mit dieser Note unter dem Noten-Durchschnitt der getesteten Waren geblieben ist und der Werbende die Zahl und die Noten der besser beurteilten Erzeugnisse nicht angibt.[3766] **„Sieger der Stiftung Warentest"** darf sich nur nennen, wer unter Berücksichtigung sämtlicher Beurteilungskriterien insgesamt am besten abgeschnitten hat.[3767] Die Verbrauchererwartung geht dahin, dass jeweils das Ergebnis des jüngsten Tests angegeben wird, so dass irreführend wirbt, wer einen älteren **(„veralteten") Test** verwendet, in dem sein Produkt besser abgeschnitten hat, ohne dies für den durchschnittlich informierten, verständigen und aufmerksamen Umworbenen deutlich zu machen.[3768] Für ein technisch fortentwickeltes Produkt darf nicht mit einem Test geworben werden, der sich auf das **Vorgängermodell** bezieht.[3769] Die wettbewerbsrechtliche Relevanz der Irreführung entfällt auch nicht dadurch, dass das aktuelle Produkt dem früheren überlegen ist,[3770] wohl aber möglicherweise, wenn es nur darum geht, dass das Produkt in einer anderen, über schlechtere Umwelteigenschaften verfügenden Verpackung getestet wurde.[3771]

1363 Hingegen ist die Werbung mit Testergebnissen der Stiftung Warentest nicht deshalb irreführend, weil der Zeitpunkt der Testveröffentlichung schon längere Zeit zurückliegt, wenn **noch kein jüngeres Testergebnis** vorliegt. Dem Verbraucher ist klar, dass Tests der Stiftung Warentest in größeren zeitlichen Abständen durchgeführt werden. Die Werbung mit **älteren Testergebnissen der Stiftung Warentest** ist grundsätzlich unbedenklich, wenn der Zeitpunkt ihrer Veröffentlichung erkennbar gemacht wird, für die Produkte keine neueren Prüfungsergebnisse vorliegen und die angebotenen Produkte mit den seinerzeit geprüften gleich und auch nicht durch neuere Entwicklungen überholt sind.[3772]

1364 Die Werbung mit dem Testergebnis der Stiftung Warentest ist auch nicht bereits deshalb irreführend, weil das Unternehmen ohne eine **„RAL Logo Lizenz"** oder unter Verstoß gegen die Allgemeinen Vertragsbedingungen im **„Logo-Lizenzvertrag"** der RAL gGmbH zur Werbung mit Testergebnissen der Stiftung Warentest wirbt.[3773] Insbesondere ergibt sich dies nicht daraus, dass die Werbung nur das **Testergebnis eines Einzelmerkmals** angibt, nicht aber das Gesamturteil,[3774] sofern hierdurch kein unrichtiger oder ver-

---

3763 OLG Brandenburg WRP 2012, 1123; GroßKommUWG/*Glöckner,* 2. Aufl. 2013, § 6 Rn. 636; Gloy/Loschelder/Danckwerts/*Hasselblatt/Leister* HdbWettbR § 60 Rn. 94.

3764 OLG Köln WRP 2011, 362.

3765 BGH GRUR 1991, 679 – Fundstellenangabe.

3766 BGH GRUR 1982, 437 – Test Gut.

3767 LG Bielefeld 14.4.2011 – 12 O 16/11, BeckRS 2011, 14069.

3768 BGH GRUR 1985, 932 – Veralteter Test; vgl. BGH 24.1.2019, DE:BGH:2019:240119UIZR200.17.0 Rn. 68 – Das beste Netz.

3769 BGH GRUR 1985, 932 – Veralteter Test; vgl. BGH 24.1.2019, DE:BGH:2019:240119UIZR200.17.0 Rn. 68 – Das beste Netz.

3770 Näher zur Relevanz → § 5 Rn. 331 ff.

3771 OLG Köln GRUR-RR 2011, 275.

3772 BGH GRUR 1985, 932 – Veralteter Test; WRP 2014, 67 – Testergebnis-Werbung für Kaffee-Pads. Demgegenüber gilt bei Preisvergleichen von Unternehmern ein Aktualitätserfordernis, s. BGH GRUR 2011, 742 Rn. 36 – Leistungspakete im Preisvergleich mAnm *v. d. Decken/Heim,* GRUR 2011, 746; GRUR 2010, 1110 Rn. 36 ff. – Versandkosten bei Froogle II.

3773 *Köhler*/Bornkamm/Feddersen § 6 Rn. 210.

3774 OLG Celle GRUR-RR 2005, 286; *Köhler*/Bornkamm/Feddersen § 6 Rn. 210.

zerrender Eindruck entsteht. Der BGH war früher zwar davon ausgegangen, dass die **Empfehlungen der Stiftung Warentest** zur „Werbung mit Testergebnissen" zu berücksichtigen sind.[3775] Diese Rechtsprechung ist inzwischen im Hinblick auf die Notwendigkeit richtlinienkonformer Auslegung der §§ 5, 5a, 6 UWG überholt. Etwas anderes ergibt sich auch nicht aus dem 10. Erwägungsgrund der Richtlinie 2006/114/EG,[3776] nach dem die innerstaatlichen Bestimmungen über vertragliche und außervertragliche Haftung unberührt bleiben, denn dabei geht es nur um das Verhältnis zwischen Vertragsrecht und Recht des unlauteren Wettbewerbs. Das Bemühen des europäischen Gesetzgebers um europaweite Einheitlichkeit des Schutzes (vor) vergleichender Werbung würde durchkreuzt, wenn nationale Institutionen und Verbände über ihre Empfehlungen für die Werbewirtschaft einen – regional begrenzten – Einfluss auf den Schutzstandard nehmen könnten.

Das UWG entbindet nicht von **urheberrechtlichen bzw. vertraglichen Verpflichtungen.** Wer einen fremden Test in einer das Urheberrecht des Testveranstalters berührenden Weise benutzen will, muss daher die Zustimmung des Urhebers einholen, wenn die Verwertung nicht durch eine der Schranken des UrhG gedeckt ist.[3777] 1365

d) Testveröffentlichung durch den Testveranstalter. Werden Waren- oder Preistests von neutralen Dritten wie der „Stiftung Warentest", von Verbraucherverbänden, von Wissenschaftlern oder von den Medien. durchgeführt und veröffentlicht, **werben die Testveranstalter dadurch idR nicht selbst vergleichend** iSd §§ 5 Abs. 3, 6 UWG, weil ihre Tätigkeit nicht darauf zielt, den Absatz der Produkte eines der am Test beteiligten Mitbewerber zu fördern, sondern wettbewerbsfremde Ziele im Vordergrund stehen. 1366

Gleiches gilt für die Veröffentlichung von **Ranking-Listen** durch Verlage, in denen gegliedert nach Reputation, Kompetenz oÄ Unternehmer bestimmter Branchen aufgeführt werden. Wie der BGH in seiner das JUVE-Handbuch betreffenden Entscheidung aus dem Jahre 2006 entschieden hat, stellt die Veröffentlichung von Ranglisten, in denen Rechtsanwälte nach Recherchen des **Verlags** in einer Reihenfolge auf Grund der subjektiven Einschätzung ihrer Reputation aufgeführt werden, **idR keine vergleichende Werbung** dar.[3778] In der Durchführung bzw. Veröffentlichung derartiger Tests durch **neutrale** Dritte liegt, selbst wenn die Veröffentlichung in eigenen Blättern geeignet ist, deren Absatz zu fördern, im Allgemeinen auch **keine geschäftliche Handlung,** s. näher die Kommentierung zu § 2, so dass wettbewerbsrechtliche Ansprüche wegen Veröffentlichung des Tests gegen den Testveranstalter zumeist nicht gegeben sind.[3779] 1367

Eine einseitige oder verzerrende **Darstellung der Testergebnisse** kann allerdings ein Indiz dafür sein, dass es dem Verlag oder sonstigen Dritten in Wahrheit darum geht, den Absatz bzw. Wettbewerb eines anderen zu fördern.[3780] Auch eine personelle oder wirtschaftliche Verflechtung mit dem für die Erstellung der Studie verantwortlich zeichnenden Institutsleiter kann Anlass für diese Annahme geben.[3781] Auch wenn die Veröffentlichung des Tests keine geschäftliche Handlung ist, ist denkbar, dass der Testveranstalter im Zusammenhang mit der **Vermarktung des Tests** iSd § 2 Nr. 1 handelt. Schließt der 1368

[3775] BGH GRUR 1991, 679 – Fundstellenangabe.

[3776] So aber *Köhler*/Bornkamm/Feddersen § 6 Rn. 210, der allerdings im Einklang mit der hier vertretenen Auffassung eine Verpflichtung zur Angabe des Gesamt-Testergebnisses verneint.

[3777] Der 10. Erwgr. der Richtlinie 2006/114/EG über irreführende und vergleichende Werbung hält ausdrücklich fest: „Werden in der vergleichenden Werbung die Ergebnisse der von Dritten durchgeführten vergleichenden Tests angeführt oder wiedergegeben, so gelten die internationalen Vereinbarungen zum Urheberrecht und die innerstaatlichen Bedingungen über vertragliche und außervertragliche Haftung."

[3778] BGH GRUR 2006, 875 (876) – Anwaltsranking.

[3779] Vgl. BGH GRUR 1997, 942 ff. – Druckertest; GRUR 1998, 167 – Restaurantführer; OLG München GRUR-RR 2006, 208.

[3780] OLG Frankfurt a. M. Magazindienst 2006, 1000 Rn. 53 ff.; LG München 24.10.2007 – 1 HK O 17240/07, MMR 2008, 491 mit Anm. *Huff* EWiR 2008, 61; vgl. BGH GRUR 2006, 875 (877) – Anwaltsranking; *Ahrens* FS Ullmann, 2006, 565, 773.

[3781] LG München 24.10.2007 – 1 HK O 17240/07, MMR 2008, 491 mit Anm. *Huff* EWiR 2008, 61.

Testveranstalter zB über die Benutzung der Tests zur Werbung **Gestattungsverträge,** kann darin eine geschäftliche Handlung zu sehen sein.

1369 Gegen die Veröffentlichung durch den Testveranstalter kann, wenn es an einer geschäftlichen Handlung fehlt, nur nach **§§ 823, 824, 826, 1004 BGB** vorgegangen werden.[3782] Nach ständiger Rechtsprechung ist die Veröffentlichung von Waren- und Preistests in diesem Fall zulässig, wenn die dem Bericht zugrunde liegenden Untersuchungen **neutral, sachkundig und objektiv** – letzteres im Sinne des Bemühens um objektive Richtigkeit[3783] – durchgeführt worden sind und **sowohl die Art des Vorgehens bei der Prüfung als auch die aus den Untersuchungen gezogenen Schlüsse vertretbar, dh diskutabel,** erscheinen.[3784] Die erforderliche Neutralität der Untersuchung ist nicht gewährleistet, wenn zur Durchführung Mitarbeiter[3785] oder Geräte[3786] von Herstellern oder Anbietern der geprüften Produkte eingesetzt werden. An der Objektivität des Tests fehlt es, wenn die Darstellung missverständlich ist.[3787] Um eine sachkundige Durchführung der Untersuchung zu gewährleisten, müssen qualifizierte, erfahrene und unparteiliche Prüfer eingesetzt werden, die mit der entsprechenden Sorgfalt vorgehen.[3788]

1370 Genügt der Test den genannten Anforderungen, ist dem Testveranstalter im Hinblick auf die Grundrechte der Meinungs- und Pressefreiheit[3789] für die Darstellung seiner Ergebnisse ein erheblicher **Ermessensfreiraum** einzuräumen.[3790] Nicht mehr hinzunehmen ist die Veröffentlichung eines Testberichts erst, wenn in ihm unter Verstoß gegen § 824 Abs. 1 BGB **unwahre** Tatsachen behauptet werden,[3791] die Darstellung auf **Schmähkritik** hinausläuft[3792] oder wenn durch eine als Werturteil anzusehende Testaussage rechtswidrig in den nach § 823 Abs. 1 BGB geschützten eingerichteten und ausgeübten Gewerbebetrieb des betroffenen Unternehmers eingegriffen wird.[3793] An der für § 823 Abs. 1 BGB erforderlichen **Betriebsbezogenheit** des Eingriffs fehlt es dabei idR, wenn Konkurrenzprodukte zu gut bewertet oder schlechtere Produkte nicht erwähnt werden, denn dies berührt die Bewertung des betroffenen Produkts nur am Rande.[3794]

1371 Zur Irreführung durch Verwendung von **Prüf- und Gütezeichen** näher → § 5 Rn. 692 ff. sowie Nr. 2 und 4 des Anh. zu § 3 Abs. 3 → Anh. § 3 Rn. 45 ff. und 73 ff.

Zur Irreführung dadurch, dass man sich **fremde Angaben zueigen macht,** → § 5 Rn. 230 ff., zu **Angaben zugunsten Dritter** und **Angaben über Dritte → § 5 Rn. 232 ff.**

1372 **5. Allgemein gehaltener Vergleich.** Ein Vergleich, der Systeme, Warenarten uä vergleicht, die Anbieter dieser Produkte oder Dienstleistungen aber nicht erkennen lässt, ist keine „vergleichende Werbung". Ebenso wenig werden vom Begriff der vergleichenden Werbung Waren- und Preistests erfasst, die lediglich allgemein einen Überblick über die Marktstruktur geben, ohne einzelne Mitbewerber erkennbar zu machen. Solche allgemein

---

[3782] BGH GRUR 1976, 268 (269) – Warentest II; GRUR 1999, 69 (70) – Preisvergleichsliste II; vgl. OLG Hamburg WRP 2012, 485: Vorgehen eines Hotelbetreibers gegen Bewertungen auf einem Hotelbewertungsportal.

[3783] BGH GRUR 1987, 468 (469) – Warentest IV.

[3784] BGHZ 65, 325 (328, 334 f.); BGH VersR 1987, 783 f.; GRUR 1997, 942 ff. – Druckertest; OLG München GRUR-RR 2006, 208; OLG Stuttgart GRUR 2018, 1066.

[3785] OLG Frankfurt a. M. GRUR 2003, 85.

[3786] OLG München NJW-RR 1997, 1330.

[3787] OLG Karlsruhe NJW-RR 2003, 177.

[3788] BGH GRUR 1997, 942 (944) – Druckertest.

[3789] Siehe BVerfG WRP 2003, 69 ff. – Anwalts-Ranglisten; so auch schon nach altem Recht BGH WRP 1998, 1065 (1067) – Preisvergleichsliste II.

[3790] BGH GRUR 1997, 942 – Druckertest; OLG München GRUR-RR 2006, 208.

[3791] BGHZ 65, 325 (328 f.); BGH VersR 1986, 368 f.; 1989, 521 f.; GRUR 1997, 942 ff. – Druckertest; GRUR 1998, 167 – Restaurantführer.

[3792] Vgl. BGH GRUR 1986, 812 (814) – Gastrokritiker; GRUR 1998, 167 – Restaurantführer; s. auch BVerfG GRUR 2008, 81 ff. – Pharmakartell (zur vergleichenden Werbung).

[3793] BGHZ 65, 325 (328 ff.); BGH VersR 1987, 785; GRUR 1997, 942 ff. – Druckertest.

[3794] BGH GRUR 1987, 468 (469) – Warentest IV.

gehaltenen Vergleiche fallen nicht unter §§ 5 Abs. 3, 6 UWG; ihre Zulässigkeit bemisst sich nach den allgemeinen Grundsätzen.[3795] Nach Sinn und Zweck der Richtlinie vergleichende Werbung, die Anforderungen an vergleichende Werbung zu liberalisieren, dürfen an den allgemein gehaltenen Vergleich aber **keine strengeren Anforderungen als an die vergleichende Werbung** gestellt werden.[3796]

Allgemeine Vergleiche dienen der Information der Verbraucher und fördern die Markttransparenz.[3797] Ein schützenswertes Interesse an ihrer Durchführung besteht aber nur, wenn der Vergleich **wahr** ist und beim Umworbenen **keinen unzutreffenden Eindruck** über die verglichenen Produkte oder Dienstleistungen erweckt. Besteht die Gefahr, dass der Durchschnittsverbraucher, der der Werbung situationsangemessen aufmerksam gegenüber tritt, durch die Werbung mit einem allgemein gehaltenen Vergleich irregeführt wird, verstößt diese gegen § 5 UWG.[3798] Es dürfen nicht **einseitig** bestimmte Eigenschaften der Waren bzw. Dienstleistungen herausgestellt werden, wenn dadurch das Gesamtbild verzerrt und ein insgesamt falscher Eindruck hervorgerufen wird.[3799] Der Vergleich muss außerdem **sachlich** gehalten und **nachprüfbar** sein und darf die Konkurrenzerzeugnisse oder Wettbewerber nicht pauschal abwerten.[3800] Die Werbung mit einem Preistest, in dem die Preise sechs verschiedener, für den Verbraucher nicht identifizierbarer Verbrauchermärkte miteinander verglichen wurden mit dem Ergebnis, dass die Wettbewerber des Werbenden „um 2,56 bis 6,37 % teurer" seien, hat der BGH deshalb als unlauter angesehen.[3801] Die hiergegen gerichtete Verfassungsbeschwerde hat das BVerfG nicht zur Entscheidung angenommen.[3802] 1373

II. Bildliche Darstellungen und sonstige Veranstaltungen

Auch eine bildliche Darstellung kann irreführende geschäftliche Handlung und sogar „Aufforderung zum Kauf" iSd Art. 2 lit. i UGP-RL (vgl. § 5a Abs. 3 UWG) sein.[3803] § 5 Abs. 3 hat letztlich nur klarstellenden Charakter. 1374

Eine Angabe in Form einer **bildlichen Darstellung** enthalten beispielsweise die Abbildung eines hochpreisigen Geräts nebst Preisangabe[3804] wie auch die bildliche Darstellung eines Snacks „zum Probierpreis von nur 1,99 €".[3805] Ebenso genügt die Angabe einer aus Zeichen oder Zahlen bestehenden Internetadresse.[3806] Der Aufdruck des „Grünen Punktes" auf Verpackungen kann den Eindruck einer Wiederverwertbarkeit durch das Duale System Deutschland erwecken.[3807] 1375

Eine Angabe in Form einer **„sonstigen Veranstaltung"** kann das **Hühnergegackere** in der Werbung für Pasta sein,[3808] oder das Abspielen des **Hochzeitsmarsches** als Hinweis auf die Verwendbarkeit des Kleides als Hochzeitskleid. Es können **Formen der Ware oder Verpackung** sein, zB die Mengenangabe durch Überdimensionierung der Verpackung oder die eine bestimmte Herkunft aus einem lokalen Gebiet symbolisierende Form der Weinflasche. Denkbar sind auch **Farben,** etwa die Abbildung der Flagge als Hinweis auf 1376

3795 So zum alten Recht BGH WRP 1999, 1141 (1144) – Generika-Werbung; Piper/*Ohly*/Sosnitza § 6 Rn. 79 mwN.

3796 *Plaß* in HK-WettbR § 1 Rn. 522.

3797 *Plaß* in HK-WettbR § 1 Rn. 522.

3798 BGH NJW 1986, 319 – Großer Werbeaufwand.

3799 OLG München WRP 2015, 104 (111); *Köhler*/Bornkamm/Feddersen § 6 Rn. 199.

3800 BGH NJW 1986, 319 – Großer Werbeaufwand; WRP 1988, 525 (526) – Krankenkassen-Fragebogen; NJW 1996, 3153 – Preistest; WRP 1999, 1141 (1144) – Generika-Werbung; *Plaß* in HK-WettbR § 1 Rn. 522.

3801 BGH NJW 1996, 3153 – Preistest.

3802 BVerfG GRUR 2003, 349 – Preistest.

3803 EuGH C-122/10, EU:C:2011:299 Rn. 42 ff., 49 – Ving Sverige.

3804 BGH GRUR 2002, 715 ff. – Scanner-Werbung.

3805 OLG Hamm GRUR-RR 2014, 404 ff.

3806 Vgl. BGH GRUR 2001, 1061 (1064) – Mitwohnzentrale.de.

3807 BGH GRUR 2004, 613 – Schlauchbeutel.

3808 Vgl. BGH GRUR 1961, 544 – Hühnergegacker.

die geographische Herkunft der Ware,[3809] die zugleich bildliche Darstellung ist. **Gerüche,** zB der künstlich erzeugte Frischegeruch als Hinweis auf die besondere Frische des beworbenen Gemüses, und **Gefühlseindrücke** wie die Weiche des Testhandtuchs, die dem potentiellen Kunden einen Eindruck davon verschaffen soll, wie weich das beworbene Waschmittel angeblich wäscht, sind ebenfalls „sonstige Veranstaltungen".

L. § 5 Abs. 4 (Irreführende Werbung mit Preisherabsetzungen)

„Es wird vermutet, dass es irreführend ist, mit der Herabsetzung eines Preises zu werben, sofern der Preis nur für eine unangemessen kurze Zeit gefordert worden ist. Ist streitig, ob und in welchem Zeitraum der Preis gefordert worden ist, so trifft die Beweislast denjenigen, der mit der Preisherabsetzung geworben hat."

Übersicht

I. Einführung

1377 § 5 Abs. 4 UWG enthält eine Sonderregelung für die **Preissenkungswerbung.** Die mit deutlichem Abstand **beliebteste Form des Preisvergleichs** – und damit auch die wichtigste Variante der Eigenpreisvergleiche – ist die Werbung mit Preisherabsetzungen. Bekanntlich übt die Vorstellung, eine Ware oder Dienstleistung von einem Anbieter günstiger als bisher erhalten zu können, auf das Publikum eine starke Anlockwirkung aus. Eine solche Werbung mit Preisherabsetzungen – sei es in Form der Gegenüberstellung der eigenen Alt- und Neupreise oder in sonstiger Weise (zB durch Prozentangaben) – ist wettbewerbsrechtlich grundsätzlich zulässig; sie darf den Verkehr allerdings nicht über die herausgestellte Sparwirkung und die besondere Preisgünstigkeit, die ihn zum Kauf veranlassen soll, irreführen.[3810] Ferner handelt es sich bei Preisnachlässen um Verkaufsförderungsmaßnahmen iSv § 4 Nr. 4 UWG aF, weshalb die Bedingungen für die Inanspruchnahme des Preisnachlasses im Sinne dieser Vorschrift klar und eindeutig angegeben werden mussten. Mit der UWG-Reform 2015 ist § 4 Nr. 4 aF zwar weggefallen, der Gesetzgeber ging dabei aber davon aus, dass sich eine entsprechende Informationspflicht aus §§ 5, 5a UWG ergibt,[3811] so dass es in der Sache im Ergebnis keine Änderungen geben soll.

1378 Die Rechtsprechung zu § 3 UWG aF hatte bereits differenzierte Grundsätze für die Beurteilung der Preissenkungswerbung entwickelt, die im Grundsatz auch fortgelten.[3812] Die tatsächliche Vermutung in § 5 Abs. 4 S. 1 UWG und die Beweislastregel in Abs. 4 Satz 2 bilden keine abschließende Spezialregelung zum allgemeinen Irreführungsverbot. Vielmehr sind sie als **flankierende Bestimmungen** ergänzend zu berücksichtigen. Ziel dieser ergänzenden Regelung ist es vor allem, dem im Zusammenhang mit dem Wegfall des früheren Verbots für Sonderveranstaltungen befürchteten gesteigerten Irreführungspotenzial bei der Werbung mit Preisherabsetzungen entgegenzuwirken.

Weitere Änderungen sind aufgrund der Neuregelung in Art. 6a der Preisangabenrichtlinie (RL 98/6/EG) durch die sog. Omnibus-Richtlinie zum EU-Verbraucherrecht[3813] zu

[3809] Vgl. BGH GRUR 1982, 685 – Ungarische Salami II; OLG Köln GRUR-RR 2006, 286.
[3810] BGH GRUR 2000, 337 (338) – Preisknaller.
[3811] Beschlussempfehlung zum UWG 2015, BT-Drs. 18/6571, 14.
[3812] → Rn. 1379 ff.
[3813] Richtlinie (EU) 2019/2161 des Europäischen Parlaments und des Rates vom 27. November 2019 zur Änderung der Richtlinie 91/13/EWG des Rates und der Richtlinien 98/6/EG, 2005/29/EG und 2011/83/

erwarten. Danach ist bei jeder Bekanntgabe einer Preisermäßigung der vorherige Preis anzugeben, den der Händler vor der Preisermäßigung über einen bestimmten Zeitraum angewandt hat (Abs. 1). „Vorheriger Preis" scheint entgegen dem natürlichen Begriffsverständnis nicht zwingend der letzte, unmittelbar vor der jetzt angekündigten Preisherabsetzung geforderte Preis zu sein. Denn nach Abs. 2 ist darunter der niedrigste Preis zu verstehen, den der Händler innerhalb eines Zeitraums von mindestens 30 Tagen vor der Anwendung der Preisermäßigung angewandt hat. Gemeint ist damit (Abs. 1 und Abs. 2) wohl der niedrigste, für einen bestimmten produkt- und branchenabhängigen Zeitraum (Abs. 1) vom Händler im Referenzzeitraum der letzten 30 Tage vor der Preisermäßigung (Abs. 2) geforderte Preis, auch wenn das nicht unbedingt der zuletzt geforderte Preis ist. Durch die Formulierung „mindestens" (in der englischen Sprachfassung „not shorter than 30 days") erscheint es jedoch auch nicht ausgeschlossen, dass die Regelung auf die Angabe des niedrigsten, vor der Preisermäßigung für eine Dauer von mindestens 30 Tagen geforderten Preises abzielt. Damit würde sich der neue Art. 6a Abs. 2 der Preisangabenrichtlinie als Definition bzw. Präzisierung des gesamten Abs. 1 und entgegen dem Wortlaut nicht als Begriffsdefinition allein des „vorherigen Preises" darstellen. Gegen diese Lesart spricht jedoch die Verwendung einer von Abs. 1 abweichenden Präposition in Abs. 2 („*innerhalb* eines Zeitraums" statt „*über* …" bzw. im Englischen „*during* a period of time" statt „*for* …"). Die Erwägungsgründe schweigen zur Auslegung von Art. 2 Nr. 1 Abs. 2 der Omnibus-Richtlinie. Für schnell verderbliche Waren oder Waren mit kurzer Haltbarkeit können die Mitgliedstaaten abweichende Regelungen treffen, ebenso für Produkte, die erst seit weniger als 30 Tagen auf dem Markt sind. Die konkrete Umsetzung durch den deutschen Gesetzgeber bleibt abzuwarten. Es bietet sich eine Regelung in § 5 Abs. 4 UWG an.

II. Rechtsprechungsgrundsätze für Werbung mit Preisherabsetzungen

Die Werbung mit Preisherabsetzungen verstößt seit jeher gegen § 5 UWG, wenn der 1379
frühere Preis vorher entweder **überhaupt nicht**[3814]**, nicht in letzter Zeit** oder jedenfalls **nicht ernsthaft gefordert wurde,** wenn **überhöhte Preise** angesetzt werden, um eine Preissenkung vortäuschen zu können, wenn der Preis andere Waren oder Dienstleistungen betrifft oder wenn sonst über das **Ausmaß der Preissenkung irregeführt** wird.[3815] Zudem muss der frühere Preis von demselben Unternehmen und für die konkret angebotenen Waren gefordert worden sein und es darf auch nicht zu lange mit einer Preissenkung geworben werden (Aktualität). Beruht die Preissenkung auf **besonderen,** für die Kaufentscheidung relevanten **Umständen** (zB beschädigte oder unmodische Ware, Auslaufmodelle etc), muss dies nach allg. Meinung zur Vermeidung einer Irreführung durch Unterlassen in der Preissenkungswerbung **verdeutlicht** werden.[3816]

Der frühere höhere Preis muss grundsätzlich von dem mit der Preissenkung werbenden 1380
Unternehmen bzw. **in der beworbenen Verkaufsstelle** gefordert werden. Wird hingegen in einer neuen Filiale mit einer Preissenkung im Vergleich zu alten Preisen der bereits vorhandenen Filialen geworben, verstößt dies nicht gegen § 5 UWG, wenn die alten Preise dort ernsthaft gefordert und nunmehr generell herabgesetzt werden.[3817] Der frühere Preis muss zudem **für die konkret angebotenen Waren** – bei nach Gattung beworbener Ware

---

EU des Europäischen Parlaments und des Rates zur besseren Durchsetzung und Modernisierung der Verbraucherschutzvorschriften der Union (ABl. 2019 L 328, 7).

[3814] Für einen Sonderfall siehe OLG München WRP 2019, 791 Rn. 53 ff.: Zusätzliche Rabatte, die bereits in einen Endpreis eingerechnet wurden und so an einem Preisvergleich teilnahmen.

[3815] ZB BGH GRUR 2000, 337 (338) – Preisknaller; GRUR 1999, 507 (508) – Teppichpreiswerbung; GRUR 1975, 78 f. – Preisgegenüberstellung I; GRUR 1995, 165 (166) – Kosmetikset; GRUR 1996, 796 ff. – Setpreis; OLG Bremen WRP 1994, 212; LG Frankfurt/ Oder MD 2001, 94 (96).

[3816] ZB BGH GRUR 1987, 45 (47) – Sommerpreiswerbung; OLG München MD 1995, 218; OLG Düsseldorf WRP 2010, 1551 f.; Köhler/Bornkamm/Feddersen/*Bornkamm/Feddersen* UWG § 5 Rn. 3.125.

[3817] Vgl. OLG Hamm WRP 1977, 348 f.

bzw. vertretbaren Sachen zumindest für andere Waren derselben Gattung, Art und Güte –[3818] verlangt werden. Bei einer allgemein gehaltenen bzw. **sortimentsbezogenen** Preissenkungswerbung muss klar erkennbar sein, auf welche konkreten Waren/Leistungen bzw. auf welche Teile des Sortiments sich die angekündigte Preissenkung bezieht;[3819] wenn sich daher eine Rabattaktion auf die an diesem Tag **vorrätigen Waren** beschränkt, so muss das klar und eindeutig angegeben werden, und zwar auch, wenn die Aktion nur für einen Tag gelten soll.[3820] Ebenso muss bei einer Werbung mit prozentualer Preissenkung („-20 %") die Ausgangsgröße hinreichend erkennbar und darf nicht kompliziert zu finden sein.[3821] Bei einer solchen auf **Prozentbasis** beworbenen (und damit zu berechnenden) Preissenkung ist grundsätzlich der unmittelbar vor Wirksamwerden der Preissenkung geltende Preis als Berechnungsgrundlage zugrunde zu legen. Wird tatsächlich ein (angeblich) höherer Altpreis als Berechnungsbasis benutzt, ist dies selbstverständlich irreführend und nach Lage des Falls auch das Vortäuschen eines „besonderen Preisvorteils" iSv § 5 Abs. 1 S. 2 Nr. 2.[3822] Wenn daher mit dem Slogan **„20 % auf alles"** geworben wird, dann bezieht der Verkehr dies dem Wortsinn entsprechend auf alle zuvor verlangten Preise, es sei denn ein zuvor angekündigter Sonderpreis wurde erkennbar nur für einen bestimmten Zeitraum vor Beginn der Rabattaktion gewährt.[3823]

1381 Preissenkungswerbung ist stets **Neuheitswerbung,** bei der **Aktualität** der Änderung erwartet wird.[3824] Welche Aktualität der Preissenkung erwartet wird bzw. wie lange ein Hinweis auf sie zulässig ist, hängt von den Umständen, namentlich der Art der Waren/Leistungen, der Wettbewerbssituation, den Verhältnissen des Betriebs und der Art der Ankündigung ab.[3825] Soweit Preisänderungen für die betreffende Ware/Leistung allgemein oder jedenfalls bei dem anbietenden Unternehmen häufig sind, wird die Zeitspanne zulässiger Preissenkungswerbung kurz sein;[3826] ebenso sind Ankündigungen einer soeben erfolgten Preissenkung (zB ***„ab sofort im Preis reduziert"***) irreführend, wenn die Preissenkung bereits vor Erscheinen der Werbung erfolgte.[3827] Auch die beliebte Werbung mit ***„Jetzt… (reduziert usw.)"*** suggeriert eine besondere Aktualität, allerdings nicht in demselben Maß wie *„ab sofort"*,[3828] man wird sie daher für einige Tage zulassen können. Dagegen erweckt die bloße Bezugnahme auf einen *„ehemaligen Preis"* in einer Anzeige nicht notwendig die Verkehrserwartung, dass die Preissenkung exakt zum Zeitpunkt des Erscheinens dieser Anzeige erfolgt ist.[3829] Der Umstand, dass für die Ware schon einmal mit dem neuen Preis geworben worden ist (auch wenn dies ohne Hinweis auf die Preisherabsetzung geschah), schließt für sich genommen nicht die Zulässigkeit der Werbung mit der Preisherabsetzung aus;[3830] der Verkehr hat sich an die zeitlich gestaffelte, **mehrfache Bewerbung** aus Anlass eines aktuellen Ereignisses gewöhnt.[3831]

3818 Vgl. BGH GRUR 1999, 507 (508) – Teppichpreiswerbung; OLG Karlsruhe WRP 1979, 225 f.

3819 LG Leipzig WRP 2014, 1362 Rn. 14 ff. – „Jetzt 35 % auf alle Möbel"; vgl. OLG Köln WRP 2018, 1000 Rn. 18 – „30 % RABATT auf fast alles"; LG München I WRP 2015, 511 Rn. 52 f., 59 – Jetzt 50 % sparen.

3820 BGH GRUR 2010, 649 Rn. 20 – Preisnachlass für Vorratsware; ebenso die Vorinstanz OLG Stuttgart WRP 2008, 517 (519 f.) – Rabatt auf vorrätige Artikel sowie in anderem Fall GRUR-RR 2007, 361 – Abholpreise; aA OLG Karlsruhe GRUR-RR 2007, 363.

3821 KG GRUR-RS 2016, 08752 Rn. 29.

3822 Im Ergebnis wie hier: OLG Karlsruhe WRP 2007, 819 ff.

3823 BGH GRUR 2009, 788 Rn. 22 – 20 % auf alles; *Usselmann/Seichter* WRP 2007, 1291.

3824 Vgl. allg. BGH GRUR 1968, 433 (437) – Westfalenblatt II.

3825 Vgl. BGH GRUR 1999, 507 (508) – Teppichpreiswerbung; GRUR 2000, 337 (338) – Preisknaller; OLG Hamburg MD 1999, 559 (560 f.).

3826 Vgl. OLG Hamm MA 1990, 556 für Frischerzeugnisse.

3827 OLG Nürnberg GRUR 1979, 558.

3828 OLG Nürnberg GRUR 1979, 558; GKUWG/*Lindacher/Peifer* § 5 Rn. 667; vgl. auch BGH GRUR 2000, 337 (338) re. Sp. – Preisknaller.

3829 AA LG Berlin MD 1998, 561 (562).

3830 BGH GRUR 2000, 337 (338) – Preisknaller.

3831 AA LG Berlin MD 1998, 561 (562).

Ob der frühere Preis **ernsthaft** gefordert wurde, ist nach den Umständen des Einzelfalls zu beurteilen. Dabei sind insbesondere die **Art der Werbung,** die **betreffende Branche** und ihre Usancen, die Wettbewerbssituation, das allgemeine Preisniveau, die **Art der Ware** und deren Preis usw zu berücksichtigen.[3832] Zudem kann auch die **Höhe der Preisherabsetzung** ein Indiz gegen die Ernsthaftigkeit des behaupteten früheren Preises sein.[3833] Demgegenüber kommt es grundsätzlich nicht auf die **Vertriebsform** (zB stationärer Handel vs. Internethandel) an.[3834] Auch wenn stets auf den Einzelfall abzustellen ist, kann man dennoch gewisse Differenzierungen treffen: Für langlebige Wirtschaftsgüter wie Möbel oder Teppiche gilt etwas anderes als für Waren des täglichen Bedarfs und insbesondere leicht verderbliche Lebensmittel.[3835] Bei einer Preissenkung nach **lange gleich bleibendem Preis** und bei **Luxusartikeln,** bei denen nicht gleich nach der ersten Ankündigung der Preissenkung mit einem Verkauf zu rechnen ist, können **längere Perioden** zulässig sein (zB bei Pelzwaren). Bei **kurzlebigen Verbrauchsgütern** des täglichen Bedarfs wird die zulässige Zeitspanne in der Regel kürzer anzusetzen sein.[3836] Konkret sah der BGH bei Markenspirituosen im Einzelhandel **zwei Monate** als ausreichend an;[3837] dies wird man bei Konsumgütern mit vergleichbaren Preisen und Vertriebsformen als grobe Richtschnur für den Mindestzeitraum zugrunde legen können. Drei Wochen sind in der Regel zu kurz,[3838] eine Woche ohnehin.[3839] Je höherwertig das beworbene Produkt ist, desto länger muss der Zeitraum sein, in dem ein herabgesetzter Preis angeboten wird. In seiner Entscheidung *Teppichpreiswerbung* stellte der BGH allerdings klar, dass es auch bei höherwertigen Gütern übertrieben wäre, eine Geltung des bisherigen Preises für einen Zeitraum von 6 Monaten zu verlangen;[3840] nach der erwähnten Entscheidung steht es einer zulässigen Preissenkungswerbung auch nicht unbedingt entgegen, dass der herabgesetzte Preis in dem halben Jahr vor der Werbung schon einmal für die betreffende Ware (mit anschließender Preiserhöhung) verlangt wurde.[3841] Geschieht das systematische Herauf- und Herabsetzen eines Preises allerdings zu häufig, liegt eine Preisschaukelei und damit eine Irreführung vor.[3842] 1382

Die Darlegungs- und Beweispflicht für die frühere Preisgestaltung traf bereits nach bisheriger Rechtsprechung den Werbenden.[3843] 1383

III. Vermutung der Irreführung (§ 5 Abs. 4 S. 1 UWG)

Aus dieser umfangreichen Rechtsprechung greift Abs. 4 Satz 1 einen Fall heraus, indem **vermutet** wird, dass es irreführend ist, mit der Herabsetzung eines Preises zu werben, wenn dieser Preis nur für eine **unangemessen kurze Zeit** gefordert worden ist.[3844] Diese Sonderregelung beschränkt sich also nur auf einen Fall der nicht ernsthaften Preisherab- 1384

[3832] Vgl. BGH GRUR 1975, 78 f. – Preisgegenüberstellung I.
[3833] Vgl. LG München I WRP 2000, 248 f. zur Teppichbranche.
[3834] Vgl. BGH GRUR 2016, 521 Rn. 17 – Durchgestrichener Preis II.
[3835] BGH GRUR 2000, 337 (338) – Preisknaller; in diese Richtung auch OLG Stuttgart WRP 1996, 469 (473) – Werbung mit Preisreduzierung.
[3836] Vgl. GKUWG/*Lindacher/Peifer* § 5 Rn. 667: maximal ein Monat; OLG Frankfurt a. M. NJW-RR 1996, 945: vier Wochen bei Lebensmitteln und drei Monate bei sonstigen Waren; gegen starre Fristen Köhler/Bornkamm/Feddersen/*Bornkamm/Feddersen* UWG § 5 Rn. 3.112.
[3837] BGH GRUR 1978, 652 (654) – mini-Preis; OLG Hamburg MD 1998, 626 (629) lässt auch sechs Wochen ausreichen.
[3838] Vgl. OLG Hamm WRP 1977, 814 f. zu rasch geänderten „Testpreisen" bei schwer absetzbaren Waren; großzügiger bei Kaffeepreisen OLG Düsseldorf WRP 1987, 250 ff. – Preisschaukelei.
[3839] OLG Stuttgart WRP 1996, 791 (796). AA Büscher/*Büscher* § 5 Rn. 497, wonach bei Produkten des täglichen Bedarfs eine Woche und bei Bekleidung ein Zeitraum von über zwei Wochen ausreichen kann.
[3840] BGH GRUR 1999, 507 (508 f.) – Teppichpreiswerbung.
[3841] Anders für den Bereich der Unterhaltungselektronik noch KG GRUR 1999, 769.
[3842] BGH GRUR 2003, 626 (628) – umgekehrte Versteigerung II; LG Essen WRP 2019, 257 Rn. 57 – Preisschaukelei; Ohly/Sosnitza/*Sosnitza* § 5 Rn. 454; vgl. auch bereits BGH NJW 1974, 461 (462) – Campagne; OLG Düsseldorf WRP 1987, 250 (251 f.) – Preisschaukelei.
[3843] BGH GRUR 1975, 78 f. – Preisgegenüberstellung I; allerdings kein Auskunftsanspruch für Mitbewerber und Verbände, BGH GRUR 1978, 54 f. – Preisauskunft; vgl. nunmehr § 5 Abs. 4 S. 2 und → Rn. 1386.
[3844] Näher → Rn. 1382.

setzung. § 5 Abs. 4 S. 1 enthält eine **tatsächliche Vermutung** für das Vorliegen einer Irreführung bei einer Preissenkungswerbung, wenn der alte Preis nur für eine **unangemessen kurze Zeit** gefordert worden ist. Dabei ist der alte Preis derjenige, der **unmittelbar vor der Ankündigung** der Preissenkung verlangt wurde. Nicht ausreichend ist, dass der alte Preis zwar lange Zeit in der Vergangenheit gefordert wurde, aber eben nicht unmittelbar vor der jetzigen Preissenkungswerbung.[3845] Wann der Zeitraum, in welchem der alte Preis gefordert wurde, als **unangemessen kurz** angesehen werden muss, ist daher eine nach den **Umständen des Einzelfalls** zu entscheidende Wertungsfrage. Den Ausgangspunkt können dabei die bisherigen Kriterien aus der Rechtsprechung zu der Frage bilden, unter welchen Voraussetzungen der Zeitraum des bislang geforderten Preises dessen Ernsthaftigkeit indizierte. Danach gibt es keinen einheitlichen Mindestzeitraum, der stets Ernsthaftigkeit (und nunmehr Angemessenheit) indiziert.[3846] Maßgeblich ist vielmehr der **Einzelfall.**

1385 Die Regelung in Abs. 4 ist allerdings nicht etwa so misszuverstehen, dass nur in diesem Fall eine Irreführung durch eine Werbung mit Preisherabsetzungen in Betracht kommt. Vielmehr werden die oben unter II. dargestellten Rechtsprechungsgrundsätze durch diese Vermutungsregelung lediglich ergänzt und flankiert. Außerdem ist eine Preissenkungswerbung nicht allein schon deshalb in jedem Fall zulässig und nicht irreführend, wenn der Zeitraum, in welchem der alte Preis gefordert wurde, nicht im Sinne dieser Bestimmung „unangemessen kurz" ist. Entscheidend ist vielmehr, ob die Werbung nach den Gesamtumständen den oben dargestellten Maßstäben genügt.

IV. Beweislastregelung (§ 5 Abs. 4 S. 2 UWG)

1386 Für einen Angreifer (zB Mitbewerber), der eine Werbung mit Preisherabsetzungen als irreführend beanstandet, ist häufig nicht leicht feststellbar, ob und gegebenenfalls wie lange und wann der vom Werbenden behauptete frühere Preis von diesem tatsächlich verlangt wurde. Demgegenüber sind diese Tatsachen dem werbenden Unternehmen selbstverständlich in aller Regel bekannt; es kann in einem Konflikt leicht die erforderlichen Aufklärungen zu diesen Fragen geben. Daher bejahte der BGH bereits früher eine **Darlegungs- und Beweispflicht des werbenden Unternehmens** dafür, dass dieses seine herabgesetzten Preise vorher überhaupt und ernsthaft gefordert hat.[3847] Diese Beweislastregel ist nunmehr ausdrücklich in Abs. 4 Satz 2 enthalten. Ist zwischen den Parteien also streitig, ob der beworbene herabgesetzte Preis überhaupt gefordert wurde, wann er gefordert wurde oder wie lange er gefordert wurde (das Tatbestandsmerkmal des „Zeitraums" erfasst beide Aspekte), trifft das beklagte werbende Unternehmen die Beweislast für die von ihm behauptete Sachverhaltsversion. Allerdings besteht nach wie vor **kein Anspruch** von Verbänden oder Mitbewerbern gegen das werbende Unternehmen, darüber **Auskunft** zu erteilen, wann bzw. bis zu welchem Zeitpunkt oder in welchem Zeitraum die beworbenen alten Preise gefordert wurden.[3848] Auch künftig verbleibt daher bei einem Angreifer, der den relevanten Sachverhalt nicht vollständig kennt, ein gewisses Prozessrisiko. In der Praxis empfiehlt sich in solchen Fällen auch aus diesem Grund eine vorprozessuale Abmahnung, um die Sachverhaltsdarstellung des werbenden Unternehmens möglichst frühzeitig zu erfahren (und gegebenenfalls einen unnötigen Prozess bzw. dessen Verlust zu vermeiden). Für eine erweiternde Auslegung der Vorschrift in dem Sinne, dass sie auch die **Darlegungslast** (zu Lasten des beklagten Unternehmen) regelt,[3849] besteht hingegen kein Anlass:

[3845] OLG München WRP 2018, 1007 Rn. 38 – Jahrhundert-Feier unter Hinweis auf die Gesetzesbegründung, BT-Drs. 15/1487, 20.

[3846] BGH GRUR 1999, 507 (508) – Teppichpreiswerbung; Beispiele bei *Schramm/Schrade* WRP 1970, 204 (206).

[3847] BGH GRUR 1975, 78 (79) – Preisgegenüberstellung I.

[3848] BGH GRUR 1978, 54 f. – Preisauskunft.

[3849] So OLG Düsseldorf WRP 2007, 819 (820) – Heute zahlt Deutschland keine MwSt; Büscher/*Büscher* § 5 Rn. 497; Köhler/Bornkamm/Feddersen/*Bornkamm/Feddersen* UWG § 5 Rn. 3.119.

Jeder Marktteilnehmer hat die Möglichkeit, durch Markt- und Konkurrenzbeobachtung den relevanten Sachverhalt vor einem Angriff mit hinreichender Sicherheit zu klären; wer meint, bereits „auf Verdacht" klagen zu müssen, soll das damit verbundene Risiko tragen.

Wie jede Vermutung ist auch die in Abs. 4 Satz 1 **widerleglich.** In der Praxis dürfte dies dem beklagten Unternehmen jedoch selten gelingen, wenn der alte Preis tatsächlich nur für einen „unangemessen kurzen" Zeitraum gefordert wurde (weil es dann in aller Regel auch an der Ernsthaftigkeit der früheren Preisstellung im Sinne der oben dargestellten Rechtsprechung fehlen wird). Praktisch könnte die Vermutung wohl am ehesten widerlegt werden, indem durch ein demoskopisches Gutachten (Verkehrsbefragung) nachgewiesen wird, dass bei den angesprochenen Verkehrskreisen durch die relativ kurze Forderung des alten Preises keine Fehlvorstellungen über dessen Ernsthaftigkeit entstanden sind. Das käme zB dann in Betracht, wenn im Rahmen der Preissenkungswerbung auch die Geltungsdauer des alten Preises ausdrücklich erwähnt wird. 1387

M. Prozessuales

Übersicht

Schrifttum: *Ahrens,* Beweis im Zivilprozess, 2015; *Alexander,* Anm. zu BGH GRUR 2018, 431 – *Tiegelgröße,* GRUR 2018, 436; *ders.,* Die Sanktions- und Verfahrensvorschriften der Richtlinie 2005/29/EG über unlautere Geschäftspraktiken im Binnenmarkt – Umsetzungsbedarf in Deutschland?, GRUR Int. 2005,

809; *Beutel,* Wahrnehmungsbezogene richterliche Erfahrungssätze im Marken- und Lauterkeitsrecht, Diss Jena 2011; *Böhm,* Die Beweiswürdigung demoskopischer Gutachten im Rahmen von § 3 UWG, GRUR 1986, 290; *Bornkamm,* Das Wettbewerbsverhältnis und die Sachbefugnis des Mitbewerbers, GRUR 1996, 527; *ders.,* Die Feststellung der Verkehrsauffassung im Wettbewerbsprozess, WRP 2000, 830; *Eichmann,* Gegenwart und Zukunft der Rechtsdemoskopie, GRUR 1999, 939; *Fritze,* Die Umkehr der Beweislast, GRUR 1975, 61; *Gloy,* Verkehrsauffassung – Rechts- oder Tatfrage, FS Erdmann, 2002, 811; *Gottwald,* Die Rückkehr zum klassischen Streitgegenstandsbegriff – dank „Biomineralwasser", FS Köhler, 2014, S. 173; *Kemper,* Beweisprobleme im Wettbewerbsrecht, 1992; *Köhler,* Die Auswirkungen der Unternehmensveräußerung auf gesetzliche und vertragliche Unterlassungsansprüche, WRP 2000, 921; *ders.,* UWG-Reform und Verbraucherschutz, GRUR 2003, 265; *ders.,* Zur „geschäftlichen Relevanz" unlauterer geschäftlicher Handlungen gegenüber Verbrauchern, WRP 2014, 259; *Kur,* Beweislast und Beweisführung im Wettbewerbsprozess, 1981; *dies.,* Irreführende Werbung und Umkehr der Beweislast, GRUR 1982, 663; *Leisse/Traub,* Schadensschätzung im unlauteren Wettbewerb, GRUR 1980, 1; *Lindacher,* Beweisrisiko und Aufklärungslast der nicht risikobelasteten Partei in Wettbewerbssachen, WRP 2000, 950; *Musielak,* Die Beweislastverteilung nach Gefahrbereichen, AcP 176 (1976), 465; *Nassal,* Beweislastverteilung bei Alleinstellungsbehauptung („Hier spiegelt sich Erfahrung"), jurisPR-BGHZivilR 8/2010, Anm. 2; *Nirk/Kurtze,* Verletzungshandlung und Verletzungsform bei Wettbewerbsverstößen, GRUR 1980, 645; *Pflüger,* Rechtsforschung in der Praxis: Der demoskopische Nachweis von Verkehrsgeltung und Verkehrsdurchsetzung – Teil I, GRUR 2004, 652; *Reese,* Beweisanforderungen bei gesundheitsbezogener Werbung – Wann liegt eine hinreichend gesicherte wissenschaftliche Erkenntnis vor?, PharmR 2018, 380; *Risthaus,* Erfahrungssätze im Kennzeichenrecht, 2007; *Sack,* Deliktsrechtlicher Verbraucherschutz gegen unlauteren Wettbewerb, NJW 1975, 1303; *Schricker,* Schadenersatzansprüche wegen täuschender Werbung, GRUR 1975, 111; *Schröler,* Wettbewerbsrechtliche Fragestellungen bei der Verlängerung und dem Abbruch von zeitlich befristeten Rabattaktionen, GRUR 2013, 564; *Stieper,* Klagehäufung im Gewerblichen Rechtsschutz – alternativ, kumulativ, eventuell?, GRUR 2012, 5; *Teplitzky,* Zu Anforderungen an Meinungsforschungsgutachten, WRP 1990, 145; *ders.,* Wie weit führt der erste Schritt? Anmerkungen zur Streitgegenstandserweiterung im BGH-Urteil „Branchenbuch Berg", WRP 2012, 261; *Tilmann,* Die Verkehrsauffassung im Wettbewerbs- und Warenzeichenrecht – Möglichkeiten und Grenzen der demoskopischen Wahrheitsfindung im Prozess, GRUR 1984, 716; *Tilmann/Ohde,* Die Mindestirreführungsquote im Wettbewerbsrecht und im Gesundheitsrecht – Teil 1 und 2, GRUR 1989, 229 und 301; *Ulrich,* Beweisführung und Beweislast im Wettbewerbsprozess, WRP 1986, 589; *Westermann,* Bekämpfung irreführender Werbung ohne demoskopische Gutachten, GRUR 2002, 403; *Wieser,* Empirische und normative Auslegung, JZ 1985, 407.

S. auch die Schrifttumshinweise zu § 5 Abschn. B.
Siehe ausführlich die Kommentierung von Brüning Vor § 12.

I. Antrag, Streitgegenstand

1388 **1. Klageantrag. a) Konkrete Verletzungsform.** Der auf die konkrete Verletzungsform abstellende Unterlassungsantrag muss nicht unter die Bedingung des Fehlens (ausreichender) Hinweise gestellt werden.[3850] Es ist vielmehr Sache des Beklagten, Wege zu finden, die aus dem Verbot herausführen.[3851] Eine diesen Grundsatz nicht beachtende **Überbestimmung,** insbesondere in Form **erläuternder Hinweise,** die den gesetzlichen Verbotstatbestand direkt oder in geringfügig abgewandelter Form im Klageantrag wiedergeben, ist allerdings unschädlich und führt nicht dazu, dass der Klageantrag als unbestimmt anzusehen ist.[3852] Die Bejahung der Bestimmtheit setzt in solchen Fällen allerdings grundsätzlich voraus, dass zwischen den Parteien kein Streit darüber besteht, dass das beanstandete Verhalten das fragliche Tatbestandsmerkmal erfüllt. Eine auslegungsbedürftige Antragsformulierung kann jedoch dann hinzunehmen sein, wenn dies zur Gewährung des Rechtsschutzes im Hinblick auf eine bestimmte Methode erforderlich erscheint.[3853]

1389 **b) Verallgemeinert abstrakt gefasstes Verbot.** Ein **von der konkreten Verletzungsform losgelöstes** generelles Verbot darf nicht auch erlaubte Sachverhalte erfas-

[3850] BGH GRUR 2011, 340 Rn. 24 – Irische Butter.

[3851] BGH GRUR 2010, 749 Rn. 25 – Erinnerungswerbung im Internet; GRUR 2011, 340 Rn. 27 – Irische Butter; GRUR 2012, 945 Rn. 24 – Tribenuronmethyl; WRP 2015, 1102 Rn. 12 – Mobiler Buchhaltungsservice.

[3852] Vgl. BGH GRUR 2011, 433 Rn. 10 – Verbotsantrag bei Telefonwerbung; GRUR 2012, 407 Rn. 15 – Delan; GRUR 2012, 945 Rn. 24 – Tribenuronmethyl; GRUR 2015, 403 Rn. 42 – Monsterbacke II; WRP 2015, 1102 Rn. 12 – Mobiler Buchhaltungsservice.

[3853] Vgl. BGH GRUR 2011, 433 Rn. 10 – Verbotsantrag bei Telefonwerbung; GRUR 2012, 407 Rn. 15 – Delan.

sen.[3854] Ist der Antrag über die konkrete Verletzungsform hinaus verallgemeinert abstrakt gefasst, müssen daher entsprechende Einschränkungen in den Tenor aufgenommen werden; denn das Verbot erfasste andernfalls auch erlaubte Verhaltensweisen.[3855] Dementsprechend müssen, wenn der Klageantrag nicht auf die konkrete Verletzungsform beschränkt ist, die Umstände, die nach Auffassung des Klägers für die Erfüllung des Ausnahmetatbestandes sprechen, so genau umschrieben werden, dass im Vollstreckungsverfahren erkennbar ist, welche konkreten Handlungen von dem Verbot ausgenommen sind.[3856] Bei einem **zu weit gefassten Klageantrag** ist im Allgemeinen anzunehmen, dass jedenfalls die mit der Klage konkret beanstandeten Verletzungshandlungen untersagt werden sollen.[3857] Verfehlt der Klageantrag auf Grund seiner zu weiten Fassung jedoch auch die vom Kläger geltend gemachte konkrete Verletzungsform, weil er auch erlaubte Verhaltensweisen erfasst, ist er unbegründet.[3858] Darauf ist der Kläger hinzuweisen und ihm ist Gelegenheit zu geben, diesen Bedenken durch eine angepasste Antragsfassung Rechnung zu tragen.[3859]

c) Fehlende Pflichtangaben. Ist die angegriffene Werbung nicht generell unzulässig, 1390
sondern **fehlen „nur" Pflichtangaben** (zB nach § 2 Nr. 5 und 6 Pkw-EnVKV[3860] oder Art. 10 Abs. 2 HCVO[3861]), so wird der Kläger den Antrag darauf richten, es zu unterlassen, in der beanstandeten Form zu werben, ohne in dieser Werbung die entsprechenden Angaben zu machen. Dieser Antrag kann kein Verbot wegen irreführender Angaben (zB zur Pkw-Laufleistung oder im Zutatenverzeichnis) rechtfertigen, weil er an das Fehlen der Pflichtangaben anknüpft.[3862] Hingegen umfasst der Antrag, es zu unterlassen, mit den Begriffen „LTE-Geschwindigkeit" und „LTE-Highspeed" zu werben, obwohl tatsächlich eine Geschwindigkeit von bis zu 21,6 MB/s angeboten werde, zumindest dann **neben einer Irreführung nach § 5 auch einen Verstoß gegen § 5a,** wenn auf die Werbeanzeigen Bezug genommen und der Antrag (auch) mit § 5a begründet wird.[3863] Wird die Klage im Verlaufe des Rechtsstreits auf Letzteres gestützt, ist der Kläger darauf gemäß § 139 ZPO hinzuweisen; ihm ist Gelegenheit zu geben, den Antrag anzupassen bzw. einen Hilfsantrag zu stellen.[3864]

2. Streitgegenstand. S. näher *Brüning* → Vorb. § 12 Rn. 18 ff., 25 ff. 1391
Nach zwischenzeitlich geänderter Rspr. bildet bei der wettbewerbsrechtlichen Unterlassungsklage die **konkrete Verletzungsform** grundsätzlich den **Streitgegenstand,** wenn mit der Klage ein entsprechendes Unterlassungsbegehren verfolgt wird.[3865] Darauf, dass Unlauterkeitstatbestände einen **unterschiedlichen Tatsachenvortrag** erfordern, kommt es nicht an.[3866] Entscheidet das Gericht über einen Streitgegenstand, der vom Kläger nicht zur Entscheidung gestellt wurde, begründet dies einen Verstoß gegen **§ 308 Abs. 1 ZPO.**[3867] **Unterschiedliche Streitgegenstände** liegen vor, wenn die Klage zum einen darauf gestützt wird, dass auf einem Beleg eine Angabe **unterlassen** wird wird, und zum

[3854] BGH GRUR 2014, 393 Rn. 24 – wetteronline.de.

[3855] BGH GRUR 2004, 605 (607) – Dauertiefpreise; GRUR 2010, 749 Rn. 26 – Erinnerungswerbung im Internet.

[3856] GRUR 2010, 749 (751) – Erinnerungswerbung im Internet.

[3857] BGH GRUR 2007, 987 Rn. 19 – Änderung der Voreinstellung I.

[3858] BGH GRUR 2007, 987 Rn. 19 – Änderung der Voreinstellung I; GRUR 2013, 409 Rn. 21 – Steuerbüro; GRUR 2013, 1161 Rn. 53 – Hard Rock Café; GRUR 2014, 393 Rn. 47 – wetteronline.de.

[3859] GRUR 2014, 393 Rn. 49 – wetteronline.de; GRUR 2015, 403 Rn. 41 – Monsterbacke II.

[3860] BGH WRP 2015, 1087 Rn. 3, 16 – Neue Personenkraftwagen II.

[3861] Vgl. dazu BGH GRUR 2015, 403 Rn. 38 ff. – Monsterbacke II.

[3862] Vgl. BGH WRP 2015, 1087 Rn. 3, 16 – Neue Personenkraftwagen II; GRUR 2015, 403 Rn. 38 – Monsterbacke II.

[3863] BGH, Urt. v. 25.6.2020, I ZR 96/19, GRUR 2020, 1226, 1228 Rn. 20 ff. – LTE-Geschwindigkeit.

[3864] Vgl. BGH GRUR 2015, 403 Rn. 41 – Monsterbacke II.

[3865] BGHZ 194, 314 Rn. 24 – Biomineralwasser; GRUR-RR 2014, 201 Rn. 13 – Peek & Cloppenburg IV; BGH GRUR 2018, 203 Rn. 18 – Betriebspsychologe.

[3866] BGHZ 194, 314 Rn. 24 – Biomineralwasser; GRUR-RR 2014, 201 Rn. 13 – Peek & Cloppenburg IV; BGH DE:BGH:2020:200220UIZR5.19.0 Rn. 14 – Sofort-Bonus II.

[3867] BGH GRUR 2018, 203, Leitsatz – Betriebspsychologe.

anderen darauf, dass eine entsprechende **Offenlegung** erfolgt.[3868] Wenn die Klage darauf gestützt wird, dass die Werbung gegenüber potentiellen Teilnehmern der Weiterbildungskurse den Eindruck erweckt, die Kursabsolventen dürften die angegebene Berufsbezeichnung auch **ohne** Psychologiestudium führen, darf das Gericht die Verurteilung nicht daraus ableitet, dass Kursteilnehmer die Berufsbezeichnung in einer Art verwenden, die zur Irreführung ihrer Patienten geeignet ist.[3869] **Vertragsschluss** und **nachgelagerte** Aktivierung eines zweiten WLAN-Signals auf dem von einem Telekommunikationsdienstleister dem Kunden zur Verfügung gestellten WLAN-Router stellen unterschiedliche Streitgegenstände dar.[3870] Geht der Kläger sowohl aus einem **Schutzrecht,** zB am Unternehmenskennzeichen, als auch gestützt auf §§ 3, 5 Abs. 2 UWG vor, liegen unterschiedliche Streitgegenstände vor;[3871] der Kläger muss in diesem Fall bei einem einheitlichen Klagebegehren zur Herbeiführung der gem. § 253 Abs. 2 Nr. 2 ZPO erforderlichen Bestimmtheit der Klage eine **Reihenfolge** angeben, in der er seine Ansprüche auf die verschiedenen Streitgegenstände stützt.[3872]

II. Darlegungs- und Beweislast

1392 **1. Grundsatz.** Die Darlegungs- und Beweislast für die anspruchsbegründenden Tatsachen trägt bei irreführenden geschäftlichen Handlungen nach allgemeinen, jedoch durch eine Vielzahl von **Ausnahmen** durchbrochenen (dazu → § 5 Rn. 1396 ff.) Grundsätzen der **Kläger.**[3873] Der Anspruchsteller muss grundsätzlich auch die **Unrichtigkeit** einer unter diesem Gesichtspunkt angegriffenen Werbeaussage beweisen.[3874] Um seiner primären Darlegungslast zu genügen, muss er grundsätzlich **greifbare Anhaltspunkte** für die Irreführung behaupten und diese im Bestreitensfalle auch beweisen.[3875]

1393 Diese Darlegungs- und Beweislastverteilung gilt grundsätzlich auch bei **negativen** Tatsachen,[3876] für nicht ausreichende bzw. **fehlende Hinweise**[3877] sowie bei irreführender **vergleichender Werbung.**[3878] Die Beweislast bei Verstößen gegen die Impressumspflicht nach § 5 TMG/MDStV für das Nichtbestehen einer Arbeitsgemeinschaft trägt danach der Anspruchsteller.[3879] Den Prozessgegner kann in bestimmten Fällen jedoch eine **sekundäre Darlegungslast** treffen, dazu → Rn. 1399.

1394 **§ 5 Abs. 4** trifft für die Werbung mit eigenen früheren Preisen eine Sonderregelung, setzt diesen allgemeinen Grundsatz, dass der Kläger als Verletzer die rechtsbegründenden Tatsachen darzulegen hat, jedoch ebenfalls voraus,[3880] näher → § 5 Rn. 1384.

[3868] BGH DE:BGH:2020:200220UIZR5.19.0 Rn. 15 – Sofort-Bonus II.

[3869] BGH GRUR 2018, 203, Leitsatz – Betriebspsychologe.

[3870] BGH GRUR 2019, 750 Rn. 30 ff. – WiFiSpot.

[3871] BGH GRUR 2013, 397 Rn. 14 – Peek & Cloppenburg III; GRUR-RR 2014, 201 Rn. 13 – Peek & Cloppenburg IV.

[3872] Vgl. BGH GRUR 2013, 397 Rn. 12 ff. – Peek & Cloppenburg III; BGH GRUR-RR 2014, 201 Rn. 13 – Peek & Cloppenburg IV; WRP 2015, 1487 Rn. 38 – Sparkassen-Rot/Santander-Rot; s. näher *Brüning* Vorb. zu § 12 Rn. 18 ff., 25 ff.

[3873] BGH GRUR 1963, 270 (271) – Bärenfang; GRUR 1991, 848 (849) – Rheumalind II; GRUR 2013, 1058 Rn. 22 – Kostenvergleich bei Honorarfactoring; GRUR 2014, 578 Rn. 13 ff. – Umweltengel für Tragetaschen; BGH MMR 2019, 618 Rn. 10.

[3874] BGH WRP 2013, 1333 Rn. 22 – Kostenvergleich bei Honorarfactoring.

[3875] BGH GRUR 2014, 578 Rn. 16 – Umweltengel für Tragetaschen.

[3876] Vgl. zur Novel-Food-Verordnung: BGH GRUR 2008, 627 – Fruchtextrakt; WRP 2015, 1332 Rn. 22 – Bohnengewächsextrakt.

[3877] Vgl. BGH GRUR 2010, 248 Rn. 21 – Kamerakauf im Internet.

[3878] BGH GRUR 2007, 605 Rn. 33 – Umsatzzuwachs; GRUR 2008, 443 Rn. 30 – Saugeinlagen; GRUR 2013, 1058 Rn. 22 – Kostenvergleich bei Honorarfactoring.

[3879] BGH MMR 2019, 618 Rn. 10.

[3880] BGH GRUR 1997, 229 (230) – Beratungskompetenz; GRUR 2004, 246 (247) – Mondpreise?; Köhler/*Bornkamm/Feddersen* § 5 Rn. 1.240; Ohly/*Sosnitza* § 5 Rn. 467. Näher dazu *Weidert* → § 5 Rn. 1384 ff.

Mit **Art. 7 lit. a Werberichtlinie 2006/114/EG** und **Art. 12 UGP-RL** ist diese Darlegungs- und Beweislastverteilung vereinbar. Diese sehen zwar vor, dass die Mitgliedstaaten den Gerichten Befugnisse übertragen, die sie ermächtigen, vom Gewerbetreibenden den Beweis der Richtigkeit von Tatsachenbehauptungen im Zusammenhang mit einer Geschäftspraxis zu verlangen. Dies gilt jedoch nur, wenn ein solches Verlangen unter Berücksichtigung der berechtigten Interessen des Gewerbetreibenden und anderer Verfahrensbeteiligter im Hinblick auf die Umstände des Einzelfalls angemessen erscheint. Art. 7 Irreführungsrichtlinie und Art. 12 UGP-RL ist daher hinreichend Rechnung getragen, wenn in bestimmten Fällen **Ausnahmen** von der Darlegungs- und Beweislastverteilung gelten.[3881] 1395

2. **Ausnahmen.** Die dargestellte Darlegungs- und Beweislastverteilung ist durch **vielfältige Ausnahmen** durchbrochen. Die wohl wichtigsten sind: 1396

a) **Preiswerbung. § 5 Abs. 4** enthält eine Vermutung und Beweislastregelung im Zusammenhang mit der Werbung mit **Preisen,** s. dazu *Weidert* → § 5 Rn. 1384 ff. 1397

b) **§ 5a Abs. 3 und 4, Abs. 6:** Im Zusammenhang mit einer **Irreführung durch Unterlassen** gelten nach **§ 5a Abs. 3 und 4, Abs. 6** in an Verbraucher gerichteten geschäftlichen Handlungen bestimmte Informationen als wesentlich im Sinne von § 5a Abs. 1, dazu → § **5a** Rn. **118 ff.** 1398

c) **Sekundäre Darlegungslast bei mangelnder eigener Aufklärungsmöglichkeit.** Geht es um die Aufklärung von Tatsachen, die in den **Verantwortungsbereich** des Anspruchsgegners fallen und über die der Anspruchsteller keine hinreichenden Kenntnisse besitzt oder hinsichtlich derer ihm die Beweismittel (Urkunden, Namen von Mitarbeitern etc) fehlen, so können dem Anspruchsteller im Einklang mit Art. 7 lit. a der Werberichtlinie 2006/114/EG Darlegungs- und Beweiserleichterungen zu Gute kommen.[3882] 1399

Wenn der Anspruchsteller bezüglich bestimmter Umstände wie insbesondere **innerbetrieblicher Vorgänge** über keine genaue Kenntnis verfügt und es ihm auch nicht möglich ist, den Sachverhalt aufzuklären, während der Anspruchsgegner über diese Kenntnis verfügt und die Aufklärung ohne Weiteres leisten könnte, bedarf der Grundsatz der vollen Darlegungslast des Anspruchsstellers einer Einschränkung und trifft den Anspruchsgegner eine **sekundäre Darlegungslast.**[3883] Kommt er dieser nicht nach, kann die Behauptung gemäß § 138 Abs. 3 ZPO als zugestanden angesehen[3884] oder es kann auch im Wege der freien Beweiswürdigung auf eine Irreführung geschlossen werden.[3885] Die sekundäre Darlegungslast führt in aller Regel **nicht zu einer Umkehr der Darlegungs- und Beweislast,** sondern schränkt die volle Darlegungs- und Beweislast des Klägers nur ein.[3886] Die sekundäre Darlegungslast greift daher erst ein, wenn der Kläger seine **primäre Darlegungslast** erfüllt hat. Dazu muss der **Kläger greifbare Anhaltspunkte** für die geltend gemachte Irreführung, soweit ihm dies möglich ist, nicht nur **darlegen,** sondern bei Bestreiten durch den Beklagten sowohl die **Tatsachen, denen Indizwirkung zukommen soll, als auch die Indizwirkung selbst beweisen.**[3887] 1400

3881 Vgl. BGH GRUR 2013, 1058 Rn. 22 – Kostenvergleich bei Honorarfactoring; *Alexander* GRUR Int. 2005, 809 (814); Köhler/*Bornkamm/Feddersen* § 5 Rn. 1.242.

3882 BGH GRUR 2013, 1058 Rn. 23 – Kostenvergleich bei Honorarfactoring; GRUR 2014, 578 Rn. 13 ff. – Umweltengel für Tragetaschen.

3883 BGH GRUR 1978, 249 (250) – Kreditvermittlung; GRUR 2013, 1058 Rn. 23 – Kostenvergleich bei Honorarfactoring; GRUR 2014, 578 Rn. 14 – Umweltengel für Tragetaschen.

3884 BGH GRUR 1961, 85 (90) – Pfiffikus-Dose; GRUR 1978, 249 (250) – Kreditvermittlung; zum Markenrecht: BGH GRUR 2012, 626 Rn. 28 – Converse I.

3885 BGH GRUR 1970, 461 (463) – Euro-Spirituosen; GRUR 1978, 249 (250) – Kreditvermittler.

3886 BGH NJW 1997, 357; WRP 2014, 851 Rn. 18 – BearShare; WRP 2016, 73 Rn. 37 – Tauschbörse III; *Ahrens,* Der Beweis im Zivilprozess, 11. Kap. Rn. 38.

3887 BGH GRUR 2014, 578 Rn. 16 – Umweltengel für Tragetaschen; vgl. BGH GRUR 1997, 229 (230) – Beratungskompetenz; GRUR 2007, 251 (253) – Regenwaldprojekt II.

1401 Eine sekundäre Darlegungslast besteht nur im Rahmen des Zumutbaren, weshalb **Betriebsgeheimnisse** grundsätzlich nicht offengelegt zu werden brauchen.[3888] Aus einem **Geheimhaltungsinteresse** kann der Anspruchsgegner aber jedenfalls insoweit **keine** Einschränkung seiner prozessualen Erklärungspflichten herleiten, als es gerade um die Richtigkeit von Werbebehauptungen geht, die er in der Öffentlichkeit **selbst preisgegeben** hat.[3889] Ein verständliches und verständiges einschlägiges Interesse kann dazu führen, dass er den Vortrag ohne detaillierte Angaben bestreiten kann und die Informationen im Rahmen der Beweisaufnahme unter **Zwischenschaltung eines zur Verschwiegenheit verpflichteten Sachverständigen** zu leisten hat.[3890] Ist im Rahmen der **Beweisaufnahme** ein **Betriebsversuch** beim Beklagten erforderlich und widerspricht der Beklagte zum Schutze von Betriebsgeheimnissen der Anwesenheit des Klägers, so kann dieser sich beim Betriebsversuch durch einen öffentlich bestellten und vereidigten Sachverständigen vertreten lassen, der vom Gericht ausdrücklich zur Verschwiegenheit auch gegenüber der eigenen Partei verpflichtet worden ist.[3891]

1402 **d) Vergleichende Werbung.** Den vergleichend Werbenden kann dann, **wenn** der Anspruchsteller keine genaue Kenntnis besitzen kann, ob die Angaben in der Werbung richtig sind, während der Werbende über diese Kenntnis verfügt und die Aufklärung ohne Weiteres leisten kann, eine Verpflichtung treffen, im Prozess die entsprechenden Tatsachen aufzudecken.[3892] Der Werbende muss die durch die Werbung angesprochenen Verkehrskreise darüber informieren, auf welche Art sie die Bestandteile des Werbevergleichs leicht in Erfahrung bringen können, um die **Richtigkeit des Werbevergleichs** nachprüfen zu können, und er muss in der Lage sein, die Richtigkeit seiner Werbung in einem Prozess kurzfristig nachzuweisen.[3893] Das wurde zB angenommen für die Frage, ob das vom Verkehr hinsichtlich **Art und Umfang des Engagements** einer mit Unterstützungsleistungen für den Schutz des Regenwalds werbenden Brauerei angenommene Engagement mit den Leistungen übereinstimmte, die tatsächlich erbracht wurden.[3894]

1403 **e) Negative Tatsache.** An den Beweis **negativer Tatsachen** dürfen keine unerfüllbaren Anforderungen gestellt werden.[3895] Auch daraus kann sich eine sekundäre Darlegungslast des Anspruchsgegners ergeben.[3896]

1404 **f) Spitzenstellungsbehauptungen.** Auch bei der Spitzenstellungs- oder Alleinstellungswerbung trifft die Darlegungs- und Beweislast für die Irreführung grundsätzlich denjenigen, der die Werbung angreift.[3897] Jedoch besteht hier grundsätzlich eine **prozessuale Aufklärungspflicht** des Werbenden hinsichtlich der Richtigkeit der von ihm aufgestellten Alleinstellungsbehauptung, wenn der Kläger auf die Beweiserleichterung angewiesen ist.[3898] **Der Werbende muss daher darlegen und erforderlichenfalls beweisen,** wie es sich mit seiner Vorrangstellung verhält, wenn der Prozessgegner nicht oder nur mit

[3888] BGH GRUR 2013, 1058 Rn. 31 – Kostenvergleich bei Honorarfactoring; vgl. BGH GRUR 2012, 626 Rn. 28 – Converse I (zum Markenrecht).

[3889] Vgl. BGH GRUR 2013, 1058 Rn. 31 – Kostenvergleich bei Honorarfactoring.

[3890] Vgl. BGH GRUR 2005, 1059 (1061) – Quersubventionierung von Laborgemeinschaften; GroßKommUWG/*Lindacher,* 2. Aufl. 2013, § 5 Rn. 1113; *Lindacher* WRP 2000, 950 (953); MüKoUWG/*Ehricke* vor § 12 Rn. 113.

[3891] BGH GRUR 2014, 578 Rn. 26 ff. – Umweltengel für Tragetaschen.

[3892] BGH GRUR 2013, 1058 Rn. 23 – Kostenvergleich bei Honorarfactoring; vgl. BGH GRUR 2007, 605 (606) – Umsatzzuwachs.

[3893] EuGH C-356/04, GRUR 2007, 69 (75) – Lidl Belgium/Colruyt; BGH GRUR 2007, 605 (606) – Umsatzzuwachs.

[3894] BGH GRUR 2007, 247 (251) – Regenwaldprojekt I; GRUR 2006, 251 (253) – Regenwaldprojekt II.

[3895] BGH GRUR 2008, 625 (627) – Fruchtextrakt.

[3896] BGH GRUR 2008, 625 (627) – Fruchtextrakt; WRP 2015, 1332 Rn. 22; vgl. EuGH WRP 2005, 863 Rn. 88 – HLH Warenvertrieb und Orthica.

[3897] BGH GRUR 1973, 594 (596) – Ski-Sicherheitsbindung; GRUR 1985, 140 (142) – Größtes Teppichhaus; GRUR 1963, 270 (271) – Bärenfang; GRUR 2010, 352 – Hier spiegelt sich Erfahrung.

[3898] *BGH GRUR* 2010, 352 – Hier spiegelt sich Erfahrung.

erheblichen Schwierigkeiten klären kann, wie groß die Wettbewerber nach Art und Umfang des Geschäftsbetriebs sind.[3899] Dies gilt dann nicht, wenn der Kläger selbst über die erforderlichen Kenntnisse verfügt, etwa weil die als erfahren beworbenen Mitarbeiter der Beklagten zuvor bei der Klägerin beschäftigt waren.[3900] Die Darlegungs- und Beweislastverteilung gilt nicht nur für die Vorrangstellung des Werbenden, sondern auch für **produktbezogene Spitzenstellungsbehauptungen.**[3901]

g) Ungesicherte Angaben. Wird – was zunächst der Kläger darlegen und beweisen 1405
muss[3902] – mit einer **fachlich umstrittenen** Meinung geworben, ohne die Gegenmeinung zu erwähnen, kommt es sogar zu einer echten **Umkehr der Beweislast;** der Beklagte muss dann die objektive Richtigkeit beweisen.[3903] Gleiches gilt, wenn der Kläger darlegt und erforderlichenfalls beweist, dass nach der wissenschaftlichen Diskussion die vom Werbenden zur Stützung seiner Aussage herangezogenen **Grundlagen die Aussage nicht rechtfertigen**[3904] oder sogar jede tragfähige wissenschaftliche Grundlage für die Behauptung fehlt.[3905] Diese Rechtsprechung wurde zwar in erster Linie für Werbeangaben auf dem Gebiet des Gesundheitswesens entwickelt, beansprucht jedoch auch für andere fachlich umstrittene, wissenschaftlich nicht abgesicherte Behauptungen Geltung.[3906] Die Irreführung liegt hier bereits darin begründet, dass der Verkehr die Aussage dahin verstehen wird, dass niemand sie ohne qualifizierte Grundlage aufstellen wird, die Aussage mithin **wissenschaftlich abgesichert** ist, und in der streitgegenständlichen Werbung nicht richtig über den fehlenden wissenschaftlichen Nachweis informiert wird.[3907] Dann **muss** die **gesicherte wissenschaftliche Erkenntnis** für die Werbeaussage **bereits in dem Zeitpunkt vorliegen, in dem sie aufgestellt** wird; der erst im Prozess angebotene Beweis, dazu ein **Sachverständigengutachten** einzuholen, das den Nachweis der behaupteten Wirkungsweise überhaupt erst ergeben soll, genügt nicht und ist nicht zu erheben.[3908]

h) Nährwert- und gesundheitsbezogene Angaben, Kosmetika. Die meisten nähr- 1406
wert- und gesundheitsbezogenen Angaben sind inzwischen nach der **Health-Claims-Verordnung** in der Werbung nur noch zulässig, wenn sie durch wissenschaftliche Nachweise abgesichert ausdrücklich zugelassen sind;[3909] s. zur HCVO näher *v. Jagow* → § 3a Rn. 90e und → § 5 Rn. 66f. Diesen Wirksamkeitsnachweis hat gem. Art. 5 Abs. 1, **6**

[3899] BGH GRUR 1983, 779 (780 f.) – Schuhmarkt; GRUR 2009, 744 (749) – Sondernewsletter.

[3900] BGH GRUR 2010, 352 – Hier spiegelt sich Erfahrung; WRP 2012, 1233 (1234) – Bester Preis der Stadt.

[3901] Vgl. BGH GRUR 2010, 744 (749) – Sondernewsletter.

[3902] BGH GRUR 2013, 649 Rn. 32 – Basisinsulin mit Gewichtsvorteil.

[3903] BGH GRUR 1958, 485 (486) – Odol; GRUR 1965, 368 (372) – Kaffee C; GRUR 1971, 153 (155) – Tampax; 1991, 848 (849) – Rheumalind II; GRUR 2013, 649 Rn. 32 – Basisinsulin mit Gewichtsvorteil; BeckRS 2013, 08444 Rn. 3 – Elektromagnetisches Wechselfeld.

[3904] BGH GRUR 2013, 649 Rn. 32 – Basisinsulin mit Gewichtsvorteil.

[3905] BGH GRUR 2013, 649 Rn. 32 – Basisinsulin mit Gewichtsvorteil.

[3906] OLG Dresden Magazindienst 2011, 905 ff.; OLG Naumburg 29.5.2009 – 10 U 56/08, BeckRS 2009, 22016; LG Stuttgart Magazindienst 2012, 469 (472).

[3907] Vgl. BGH GRUR-RR 2013, 496 (Ls.); BeckRS 2013, 08444 Rn. 4 – Elektromagnetisches Wechselfeld; GRUR 2016, 418 Rn. 16 – Feuchtigkeitsspendendes Gel-Reservoir; OLG Dresden Magazindienst 2011, 905 ff.; OLG Oldenburg GRUR-RR 2006, 243; OLG Hamburg GRUR-RR 2004, 88; Groß KommUWG/*Lindacher,* 2. Aufl. 2013, § 5 Rn. 1115.

[3908] BGH BeckRS 2013, 08444 Rn. 4 – Elektromagnetisches Wechselfeld; OLG Hamburg 21.6.2012 – 3 U 97/11, LMRR 2012, 72; OLG Düsseldorf MDR 2015, 848; vgl. auch BGH GRUR 2016, 418 Rn. 29 – Feuchtigkeitsspendendes Gel-Reservoir.

[3909] Das Vorliegen der Voraussetzungen für die Zulässigkeit von auf spezifische Vorteile bezogenen gesundheitsbezogenen Angaben, die in der insoweit zentralen Bestimmung des Art. 10 Abs. 1 VO (EG) Nr. 1924/2006 genannt sind, muss vom Verwender dargelegt und im Bestreitensfall auch bewiesen werden (BGH GRUR 2013, 958 Rn. 18 – Vitalpilze). Soweit diese Voraussetzungen gem. den Übergangsregelungen in Art. 28 Verordnung (EG) Nr. 1924/2006 ganz (vgl. BGH GRUR 2013, 189 Rn. 11 – Monsterbacke I) oder immerhin teilweise (vgl. dazu BGH GRUR 2013, 189 Rn. 11 ff. – Monsterbacke I; BGH GRUR 2013, 958 Rn. 15 – Vitalpilze) zunächst noch nicht zu erfüllen sind oder waren, bleibt die beschriebene Verteilung der Darlegungs- und Beweislast davon unberührt.

Abs. 1 HCVO der Verwender zu führen, wobei die behauptete positive Wirkung der jeweiligen Substanz auch hier bereits zu dem Zeitpunkt anhand anerkannter wissenschaftlicher Erkenntnisse nachgewiesen gewesen sein muss, zu dem die Angabe gemacht wird.[3910] Der Verwender einer gesundheitsbezogenen Angabe gem. Art. 2 Abs. 2 Nr. 5 HCVO ist in einem Prozess über ihre Zulässigkeit nicht erst dann gehalten, ihre Richtigkeit zu belegen, wenn der Kläger diese substantiiert in Frage stellt.[3911] Der Unionsgesetzgeber hat die Verwendung nährwert- und gesundheitsbezogener Angaben in der VO (EG) Nr. 1924/2006 einem grundsätzlichen Verbot unterworfen. Das Vorliegen der Voraussetzungen für die Zulässigkeit von auf spezifische Vorteile bezogenen gesundheitsbezogenen Angaben, die in **Art. 10 Abs. 1 HCVO** genannt sind, muss deshalb von dem Verwender dargelegt und bewiesen werden.[3912] Er trägt auch die Darlegungs- und Beweislast, dass Informationen nach **Art. 10 Abs. 2 HCVO** im Einzelfall verzichtbar sind.[3913]

1407 Die Darlegungs- und Beweislast für **Kosmetika** ist nach Maßgabe der **VO (EG) Nr. 1223/2009** über **kosmetische Mittel**[3914] und der **VO (EU) Nr. 655/2013 (Kosmetik-Claims-VO)** zu bemessen, die besondere Aspekte unlauterer Geschäftspraktiken regeln und Art. 6 UGP-Richtlinie daher vorgehen.[3915] Die maßgeblichen Grundsätze sind durch die BGH-Entscheidung „Feuchtigkeitsspendendes Gel-Reservoir"[3916] geklärt.

1408 **i) Befristete Aktionen.** Beruft sich der Unternehmer darauf, die Verlängerung der in der Ankündigung von Rabatten oder Sonderaktionen angegebenen zeitliche Grenzen sei aus Umständen erfolgt, die bei der Planung der befristeten Aktion und der Gestaltung der Werbung nicht vorhersehbar gewesen seien (**dazu → § 5 Rn. 281 ff.**), so ist es Sache des Unternehmers die Umstände darzulegen, die für die Unvorhersehbarkeit der Verlängerungsgründe und für die Einhaltung der fachlichen Sorgfalt sprechen.[3917]

1409 **j) Relevanz.** Gesondert behandelt unter **→ § 5 Rn. 1429 ff.**

1410 **k) Schaden.** IdR besteht **keine** Vermutung dergestalt, dass eine irreführende Werbung auch zu einem Schaden führt.[3918] Geht von der Werbung aber eine **starke preisliche Anlockwirkung** aus, macht das einen Schaden zumindest bei einem Konkurrenten wahrscheinlich, der im selben Markt größere Mengen der gleichen Warenart absetzt.[3919]

III. Ermittlung der Verkehrsauffassung für die Irreführungsgefahr

1411 **1. Empirisches oder normatives Verständnis als Ausgangspunkt. a) Die Rechtsprechung des EuGH.** Nach der Rspr. des **EuGH** ist es Sache der nationalen Gerichte, das Verkehrsverständnis zu beurteilen.[3920] Der EuGH hat den nationalen Gerichten hierzu keine näheren Vorgaben gemacht. Er geht davon aus, dass die **Gerichte die Verkehrsauffassung idR ohne Beweisaufnahme feststellen könnten,** hält die Einholung eines Sachverständigengutachtens oder einer Verbraucherumfrage aber zumindest bei Vorliegen besonderer Umstände für möglich.[3921] Allerdings entspricht es dem üblichen Vorgehen des EuGH, das Vorliegen einer Irreführungsgefahr selbst zu beurteilen.[3922]

[3910] BGH GRUR 2013, 958 Rn. 20/21 – Vitalpilze.
[3911] Vgl. BGH GRUR 2013, 958 Rn. 18 – Vitalpilze.
[3912] BGH GRUR 2013, 958 Rn. 18 – Vitalpilze.
[3913] BGH GRUR 2015, 403 Rn. 45 – Monsterbacke II.
[3914] ABl. 2009 L 342, S. 59, zuletzt geändert durch die Verordnung (EU) Nr. 358/2014 vom 9.4.2014, ABl. 2014 L 107, S. 5.
[3915] BGH GRUR 2016, 418 Rn. 12 – Feuchtigkeitsspendendes Gel-Reservoir.
[3916] BGH GRUR 2016, 418 Rn. 12 – Feuchtigkeitsspendendes Gel-Reservoir.
[3917] BGH GRUR WRP 2012, 316 (317) – Frühlings-Special; *Schröler* GRUR 2013, 564 (567).
[3918] BGH GRUR 2002, 715 (717) – Scanner-Werbung.
[3919] BGH GRUR 2002, 715 (717) – Scanner-Werbung.
[3920] EuGH C-428/11, GRUR 2012, 1269 Rn. 57 – Purely Creative ua.
[3921] EuGH C-210/96, GRUR Int. 1998, 795 (798) – Gut Springenheide; vgl. EuGH C-220/98, GRUR Int. 2000, 354 (356) – Lifting.
[3922] Vgl. EuGH C-315/92, GRUR 1994, 303 – Clinique; GRUR Int. 2000, 756 – naturrein; EuGH C-428/11, GRUR 2012, 1269 Rn. 53 und 57 – Purely Creative ua.

b) Die Rechtsprechung des BGH. Unter dem **Einfluss der Rechtsprechung des EuGH** wurden die früheren Grundsätze des BGH zur Notwendigkeit der Beweisaufnahme über das Verkehrsverständnis zunehmend aufgeweicht. Der BGH geht inzwischen unter Aufgabe seiner früheren Rechtsprechung, nach der das Verkehrsverständnis traditionell als eine dem Beweis zugängliche Tatsache verstanden wurde,[3923] davon aus, dass die **Ermittlung des Verkehrsverständnisses keine Tatsachenfeststellung,** sondern **Anwendung eines speziellen Erfahrungswissens** sei.[3924] Dieses Erfahrungswissen könne das Gericht grundsätzlich auch dann haben, wenn die entscheidenden Richter nicht zu den angesprochenen Verkehrskreisen zählten.[3925] Die Frage, wie die angesprochenen Verkehrskreise eine bestimmte Werbung verstehen, könne hingegen **nicht iSv § 291 ZPO offenkundig** sein, weil § 291 ZPO nur Tatsachen und nicht Erfahrungssätze betreffe.[3926] 1412

Dementsprechend kommt zur Klärung der Verkehrsauffassung nach Auffassung des BGH als Beweismittel idR nur ein **Sachverständigengutachten** in Betracht. Mittels **Zeugenbeweises** hingegen könnte nur geklärt werden, wie Personen eine Angabe verstanden haben, nicht hingegen, wie sie diese Angabe voraussichtlich verstehen werden.[3927] Aus den gleichen Gründen reicht ein **Meinungsforschungsgutachten** für sich genommen nicht aus. **Auskünften** von Kammern und Verbänden, die der Klärung des Verständnisses von Fachkreisen dienen und nach § 377 Abs. 3 ZPO ins Verfahren eingeführt werden können, steht die Rechtsprechung traditionell skeptisch gegenüber.[3928] 1413

Ob der Richter das **Verständnis des Verkehrs ohne sachverständige Hilfe ermitteln** darf, soll sich nach Auffassung des BGH auf der Grundlage der allgemeinen Regeln danach richten, ob er selbst **aufgrund eigenen Erfahrungswissens ausreichend sachkundig** ist.[3929] Es lasse sich kein Rechtssatz des Inhalts aufstellen, dass eine beantragte Beweiserhebung stets geboten sei, wenn die **Richter von der Werbung nicht angesprochen** seien.[3930] Zur Beurteilung der Sichtweise des normal informierten, angemessen aufmerksamen und verständigen Durchschnittsverbrauchers bedarf es nach neuerer Rspr. des BGH **im Regelfall keines Gutachtens.**[3931] Eine Beurteilung durch das Tatsachengericht ohne Beweisaufnahme ist nach dieser Rspr. auch wenn kein Mitglied des Gerichts zu den angesprochenen Verkehrskreisen gehört jedenfalls dann möglich, wenn sich das Gericht auf die **allgemeine Lebenserfahrung** stützen kann und **nicht** ersichtlich ist, dass die mit der Werbung angesprochenen Verkehrskreise regelmäßig über **besondere Kenntnisse** und Erfahrungen verfügen, die eine von der Werbung ausgehende Irreführungsgefahr ausschließen können. Dabei ist zu berücksichtigen, dass das allgemeine Sprachverständnis ein grundsätzlich für das allgemeine Publikum und für Fachkreise gleichermaßen gültiger Maßstab ist, wenn kein abweichendes Verständnis dargetan ist.[3932] Erst recht soll eine Beurteilung durch das Tatsachengericht möglich sein, wenn zu dem angesprochenen Verkehrskreis in nicht unerheblichem Umfang Personen gehören, bei denen **keine nähere Sachkunde erwartet** werden kann, wie insbesondere Kleingewerbetreibende und Existenzgründer.[3933] Zuweilen lasse sich die Frage der Irreführung – beispielsweise der Irreführung über den geforderten 1414

[3923] BGH GRUR 1957, 123 (124) – Lowitz; GRUR 1967, 600 (603) – Rhenodur.

[3924] BGHZ 156, 250 (254) – Marktführerschaft; GRUR 2010, 1125 Rn. 50 – Femur-Teil; GRUR 2014, 1211 Rn. 19 – Runes of Magic II; Urt. v. 23.4.2020 – I ZR 85/19, GRUR 2020, 886, 890 Rn. 48 – Preisänderungsregelung.

[3925] BGH WRP 2007, 1346 (1350) – Bundesdruckerei; GRUR 2004, 244 (245) – Marktführerschaft; GRUR 2012, 942 Rn. 12 und 18 – Neurologisch/Vaskuläres Zentrum; GRUR 2014, 1211 Rn. 20 – Runes of Magic II.

[3926] BGH GRUR 2004, 244 (245) – Marktführerschaft.

[3927] Vgl. auch Köhler/*Bornkamm/Feddersen* § 5 Rn. 1.231.

[3928] Vgl. BGH GRUR 1957, 553 (556) – Tintenkuli; GRUR 1997, 669 (670) – Euromint.

[3929] BGH GRUR 2004, 244 (245) – Marktführerschaft; GRUR 2014, 1211 Rn. 21 – Runes of Magic II.

[3930] BGH GRUR 2004, 244 (245) – Marktführerschaft; WRP 2007, 1346 (1350) – Bundesdruckerei; GRUR 2014, 1211 Rn. 21 – Runes of Magic II.

[3931] BGH GRUR-RR 2014, 201 Rn. 49 – Peek & Clopenburg IV.

[3932] BGH GRUR 2012, 647 Rn. 20 – INJECTIO.

[3933] BGH GRUR 2002, 77 (79) – Rechenzentrum; GRUR 2004, 244 (245) – Marktführerschaft.

Preis eines Konsumartikels – auch von Personen beurteilen, welche den in Rede stehenden Artikel im Allgemeinen nicht nachfragten.[3934] Schließlich könnten **Gerichte, die ständig mit Wettbewerbssachen befasst seien,** auf Grund ihrer besonderen Erfahrung selbst in der Lage sein, eigenständig zu beurteilen, wie bestimmte Verkehrskreise, zB Fachkreise oder Kinder, eine bestimmte Werbeaussage verstünden.[3935] Schließlich sollen auch **Privatgutachten** die Sachkunde des Gerichts uU so erhöhen können, dass dieses sich ohne die Hilfe eines Gerichtssachverständigen ein Urteil bilden könne.[3936]

1415 **Wird ein erforderliches Gutachten nicht eingeholt,** begründet dies nach der Rechtsprechung einen mit der Revision angreifbaren **Verfahrensfehler.**[3937] Deshalb **muss das Gericht darlegen,** weshalb es meint, über die zur Beurteilung des Verkehrsverständnisses erforderliche Sachkunde zu verfügen. Ein Begründungserfordernis besteht insbesondere, wenn die von dem Gericht angenommene Verkehrsauffassung nicht in Einklang mit der Verkehrsauffassung steht, wie sie Entscheidungen anderer Gerichte zugrunde liegt, weil das Gericht zu einer Verkehrsgewöhnung gelangt.[3938] Eine Beweisaufnahme soll, so der BGH, erforderlich sein, wenn sich trotz eigener Sachkunde Zweifel am Ergebnis aufdrängen.[3939]

1416 Die Rspr. hat danach zwar den Wandel von einem empirischen Verkehrsverständnis hin zu einem normativen nicht vollständig vollzogen, sondern geht von einem Verkehrsverständnis aus, das auf Grund aufgrund eigenen Erfahrungswissens der Gerichte beurteilt werden kann und in das wertende Elemente einfließen können. Aufgrund einer insbesondere in den letzten Jahren zu beobachtenden extensiven Ausdehnung der den ständig mit Wettbewerbssachen befassten Gerichten zuerkannten Kompetenzen, dieses Verkehrsverständnis anhand ihrer Erfahrungen selbst zu beurteilen, ergeben sich inzwischen jedoch kaum noch Unterschiede zu einem normativen Verkehrsverständnis. Einen weiteren Schritt auf diesem Weg stellt die in eng umgrenzten Einzelfällen anerkannte **Kompetenz des Revisionsgerichts zur eigenen primären Beurteilung der Verkehrsauffassung** auf Grundlage des unstreitigen oder festgestellten Sachverhaltes dar,[3940] dazu → § 5 Rn. 1423 f.

1417 **c) Eigene Auffassung.** Nach hier vertretener Auffassung ist das Verkehrsverständnis ein normatives und handelt es sich bei der Sicht eines Durchschnittsverbrauchers um eine **Rechtsfrage (ausführlich dazu → § 5 Rn. 149 ff.)**. Die Rechtsprechung des BGH zur Feststellung der Verkehrsauffassung weist Parallelen zur Auslegung von Individualvereinbarungen auf, für die ebenfalls sowohl empirische als auch normative Faktoren eine Rolle spielen.[3941] **Anders als bei der Auslegung von Willenserklärungen** geht es bei der Feststellung der Verkehrsauffassung aber nicht darum, das wirkliche Verständnis der Verbraucher festzustellen und ggf. normativ zu korrigieren, sondern einen **Verstoß gegen die „beruflichen Sorgfaltspflichten"** festzustellen, welche die Marktbeteiligten nach Art. 5–7 UGP-RL bei ihren Geschäftspraktiken einhalten müssen. Normative Korrekturen bei der Auslegung individueller Willenserklärungen mögen deshalb eine Grenze in einem festgestellten einvernehmlichen Verständnis der Vertragsparteien finden;[3942] hingegen spielt es für den in Art. 5, 6 UGP-RL aufgestellten Sorgfaltsmaßstab keine Rolle, ob der angesprochene Verkehr in der konkreten Situation den Schutz benötigt oder die geschäftliche Handlung „richtig" versteht, denn es geht insoweit nicht um Individualschutz, sondern um Funktionenschutz (Art. 1 UGP-RL). Im **Erwägungsgrund 18** UGP-RL heißt es inso-

---

3934 BGH GRUR 2004, 244 (245) – Marktführerschaft.

3935 BGH GRUR 2004, 244 (245) – Marktführerschaft; GRUR 2012, 942 Rn. 12 und 18 – Neurologisch/Vaskuläres Zentrum; GRUR 2014, 1211 Rn. 20 – Runes of Magic II.

3936 BGH GRUR 2004, 244 (245) – Elternbriefe.

3937 BGH GRUR 2004, 244 (245) – Marktführerschaft; vgl. BGH GRUR 2001, 420 (421 f.) – SPA.

3938 BGH GRUR 2015, 698 Rn. 14 – Schlafzimmer komplett.

3939 BGH GRUR 2002, 550 (552) – Elternbriefe; GRUR 2004, 244 (245) – Marktführerschaft.

3940 Vgl. BGH GRUR 2013, 397 Rn. 42 f. – Peek & Cloppenburg; GRUR 2014, 686 Rn. 34 – Goldbärchenbarren; GRUR 2014, 1211 Rn. 21 – Runes of Magic.

3941 Vgl. nur BGH NJW 2004, 2751 (2753).

3942 So die hM, vgl. BGH WM 1972, 1422 (1424); NJW 2004, 2751 (2753); MüKoBGB/*Busche* § 157 Rn. 2; Staudinger/*Singer* § 133 Rn. 6; *Wieser* JZ 1985, 407.

weit unmissverständlich: „Der Begriff des Durchschnittsverbrauchers beruht dabei nicht auf einer statistischen Grundlage. **Die nationalen Gerichte** und Verwaltungsbehörden **müssen sich bei der Beurteilung** der Frage, wie der Durchschnittsverbraucher in einem gegebenen Fall typischerweise reagieren würde, **auf ihre eigene Urteilsfähigkeit** unter Berücksichtigung der **Rechtsprechung des Gerichtshofs verlassen.**" Der 7. Erwägungsgrund UGP-RL macht deutlich, dass dabei alle Umstände des Einzelfalls umfassend gewürdigt werden müssen, so dass insbesondere auch die **Auswirkungen auf die Marktverhältnisse** und die **Möglichkeit irrtumsausschließender Hinweise** zu berücksichtigen sind. Die Schutzbedürftigkeit einzelner Marktteilnehmer kann allenfalls iRd Anspruchsdurchsetzung Bedeutung gewinnen.

Aus der **Situationsbezogenheit des Verkehrsverständnisses** folgt, dass dieser Begriff 1418
als **unbestimmter Rechtsbegriff** in der Anwendung auf den konkreten Fall der **Ausfüllung** bedarf. Das Tatsachengericht hat tatsächliche Feststellungen zu treffen, wenn es diese für seine Wertung benötigt, wie ein Durchschnittsverbraucher in der konkreten Situation der geschäftlichen Handlung diese verstehen würde. **Tatsächliche Feststellungen** sind insbesondere im Hinblick auf den angesprochenen **Verkehrskreis** und die **Situation** der geschäftlichen Handlung erforderlich. Darüber hinaus muss das Tatsachengericht die Umstände klären, auf deren Grundlage es beurteilen kann, welche **Eigenschaften** der Unternehmer in der betreffenden Situation angemessener Weise beim angesprochenen Verkehrskreis voraussetzen darf. Da der Durchschnittsverbraucher den **Wortsinn** einer Angabe berücksichtigen wird, dh den allgemeinen Sprachgebrauch und das allgemeine Sprachverständnis,[3943] können auch insoweit tatsächliche Feststellungen erforderlich sein. Eine Beweisaufnahme darüber, wie eine geschäftliche Handlung vom angesprochenen Verkehr **tatsächlich verstanden** wird, kommt nach der hier vertretenen Auffassung hingegen nur **ausnahmsweise** in Betracht, da die ermittelte Verbraucherauffassung unmittelbar keinen Rückschluss darauf zulässt, welches Verständnis des angesprochenen Verkehrs der Unternehmer voraussetzen ***darf.*** Auch in den **meisten anderen europäischen Mitgliedsstaaten** wird das Vorliegen einer Irreführungsgefahr von den Gerichten überwiegend ohne Einholung eines Sachverständigengutachtens oder einer Verkehrsumfrage beurteilt.[3944]

2. Keine unterschiedlichen Anforderungen bei Bejahung bzw. Verneinung der 1419
Irreführungsgefahr. Ursprünglich hatte der BGH zwischen der Bejahung und der Verneinung der Irreführungsgefahr unterschieden. Er war nach der sog. **Bärenfang-Doktrin** davon ausgegangen, dass eine Feststellung auf Grund eigener Sachkunde und Lebenserfahrung im Hinblick auf die Zugehörigkeit zu dem angesprochenen Verkehrskreis eher möglich sei, wenn es um die Bejahung einer Irreführungsgefahr gehe, als dann, wenn diese verneint werden solle.[3945] Entsprechend kam nach früherer Rechtsprechung des BGH die auf die eigene Sachkunde gestützte Feststellung, dass kein rechtlich relevanter Teil des Verkehrs getäuscht werden kann, jedenfalls dann nicht in Betracht, wenn Umstände vorlagen, die eine solche Feststellung als bedenklich erscheinen ließen.[3946]

Diese Rechtsprechung hat der BGH zu Recht **aufgegeben.**[3947] Da inzwischen für das 1420
Verkehrsverständnis die Vorstellung eines situationsadäquat aufmerksamen Durchschnittsverbrauchers maßgeblich ist und es folglich auf möglicherweise abweichende Anschauungen einer Minderheit von Verbrauchern nicht ankommt, macht es **keinen Unterschied, ob der Tatrichter seine Sachkunde und Lebenserfahrung zur Bejahung oder zur Verneinung einer Irreführungsgefahr einsetzen möchte.**[3948]

[3943] BGH GRUR 2003, 247 (248) – THERMAL BAD; GRUR 2012, 647 (648) – INJECTIO.

[3944] *Ulbrich* WRP 2005, 940 (943) mwN; s. auch die Länderberichte in der Einl. Abschn. F.

[3945] BGH GRUR 1963, 270 (273) – Bärenfang; GRUR 1987, 45 (47) – Sommerpreiswerbung; GRUR 1992, 406 (407) – Beschädigte Verpackung I.

[3946] BGH GRUR 1992, 406 (407) – Beschädigte Verpackung I.

[3947] BGH GRUR 2002, 550, Ls. – Elternbriefe.

[3948] BGH GRUR 2002, 550 (552) – Elternbriefe; GRUR 2003, 247 (248) – THERMAL BAD; GRUR 2004, 244 (245) – Marktführerschaft.

1421 **3. Maßgeblicher Zeitpunkt für die tatsächlichen Feststellungen.** Soweit es um tatsächliche Feststellungen geht, ist maßgeblicher Zeitpunkt die **letzte mündliche Verhandlung der Tatsacheninstanz.** Dies gilt insbesondere für die Umstände, unter denen die geschäftliche Handlung stattgefunden hat und die wegen der Situationsgebundenheit des Verkehrsverständnisses (näher → § 5 Rn. 171 f.) klärungsbedürftig sind. Das Verständnis eines durchschnittlich informierten, verständigen und aufmerksamen Verbrauchers ist **wandelbar.** So kann das Maß an Informiertheit, das der Unternehmer angemessener Weise bei einer durchschnittlichen Zielperson erwarten darf, durch Berichterstattung zunehmen. Medienwirksame Prozesse über die fragwürdige geschäftliche Handlung können das Problembewusstsein des Verbrauchers schärfen und seine Aufmerksamkeit bei diesen oder ähnlichen geschäftlichen Handlungen steigern. Deshalb kann auf frühere Entscheidungen in ähnlichen Fällen nicht ohne weiteres zurückgegriffen werden. Abgesehen davon ist zu beachten, dass älteren Entscheidungen ua noch ein anderes Verkehrsverständnis zugrunde lag (näher → § 5 Rn. 149 ff.).

1422 **4. Revisibilität. a) Die Rechtsprechung des BGH.** Die Beurteilung der Verkehrsauffassung liegt nach der Rspr. des BGH im Wesentlichen auf tatrichterlichem Gebiet und ist im Revisionsverfahren nur daraufhin zu überprüfen, ob das **Berufungsgericht einen unzutreffenden rechtlichen Maßstab zu Grunde gelegt, bei seiner Würdigung gegen Denkgesetze oder Erfahrungssätze verstoßen oder wesentliche Umstände unberücksichtigt** gelassen hat.[3949]

1423 Vereinzelt hat sich der BGH in neueren Entscheidungen nicht darauf beschränkt zu prüfen, ob die Bewertung des Verkehrsverständnisses durch das Berufungsgericht erfahrungswidrig war, sondern diese **Bewertung selbst vorgenommen.**[3950] Die „Runes of Magic II"-Entscheidung verweist dazu auf Erwägungsgrund 18 S. 6 der UGP-RL, wonach die Gerichte sich bei der Beurteilung der Frage, wie der Durchschnittsverbraucher typischerweise reagieren würde, auf ihre eigene Urteilsfähigkeit unter Berücksichtigung der Rspr. des EuGH verlassen müssen, und das Vorgehen des EuGH, der bei der Beurteilung der Irreführung regelmäßig auf die mutmaßliche Erwartung eines Durchschnittsverbrauchers abstelle, ohne Beweis zu erheben.[3951] Der BGH urteilt, dass die nationalen Gerichte in der Regel in gleicher Weise verfahren könnten.[3952] Dies gelte auch für die Beurteilung des Verkehrsverständnisses durch das Revisionsgericht sowohl in dem Fall, dass es rechtsfehlerhafte Feststellungen des Berufungsgerichts zur Auffassung eines durchschnittlichen Angehörigen einer Verbrauchergruppe auf Grund eigener Sachkunde ersetze[3953] als **auch in dem Fall, dass es die Verkehrsauffassung aufgrund eigenen Erfahrungswissens auf Grundlage des unstreitigen oder festgestellten Sachverhalts erstmals beurteile,** ohne dass insoweit Feststellungen des Berufungsgerichts ersetzt würden.[3954]

1424 Grundsätzlich dürfte es sich bei der zuletzt angeführten Möglichkeit des Revisionsgerichts, das Verkehrsverständnis erstmals zu bewerten, allerdings um **eng umgrenzte Ausnahmen** handeln, die wie im Markenrecht[3955] (näher → Rn. 1428) **voraussetzen,**

[3949] BGH GRUR 1999, 1097 (1099) – Preissturz ohne Ende; GRUR 2003, 361 (362) – Sparvorwahl; GRUR 2012, 215 Rn. 13 – Zertifizierter Testamentsvollstrecker; GRUR 2013, 401 – Biomineralwasser; GRUR 2013, 1254 Rn. 16 – Matratzen-Factory Outlet; GRUR 2014, 88 Rn. 31 – Vermittlung von Netto-Policen; GRUR 2015, 906 Rn. 19 – TIP der Woche.

[3950] BGH GRUR 2013, 397 Rn. 42 f. – Peek & Cloppenburg III; GRUR-RR 2014, 201 Rn. 47 – Peek & Cloppenburg IV; GRUR 2014, 686 Rn. 34 – Goldbärchenbarren; GRUR 2014, 1211 Rn. 21 – Runes of Magic II; Urt. v. 23.4.2020 – I ZR 85/19, GRUR 2020, 886, 890 Rn. 48 – Preisänderungsregelung.

[3951] BGH GRUR 2014, 1211 Rn. 21 – Runes of Magic II.

[3952] BGH GRUR 2014, 1211 Rn. 21 – Runes of Magic II.

[3953] BGH GRUR 2012, 942 Rn. 12 und 18 – Neurologisch/Vaskuläres Zentrum; GRUR 2013, 644 Rn. 20 und 23 – Preisrätselgewinnauslobung; GRUR 2014, 1211 Rn. 21 – Runes of Magic II.

[3954] BGH GRUR 2013, 397 Rn. 42 f. – Peek & Cloppenburg III; GRUR 2014, 686 Rn. 34 – Goldbärchenbarren; GRUR 2014, 1211 Rn. 21 – Runes of Magic II; BGH GRUR-RR 2014, 201 Rn. 46 – Peek & Cloppenburg IV.

[3955] Vgl. BGH GRUR 2009, 1055 Rn. 62 – airdls; WRP 2015, 1219 Rn. 59 – IPS/ISP.

dass der für die Beurteilung des Verkehrsverständnisses erforderliche Sachverhalt feststeht und weiterer Sachvortrag der Parteien nicht zu erwarten ist. Eine grundsätzliche Erweiterung des o.g Prüfungsmaßstabs auch für den Fall, dass diese Voraussetzungen nicht vorliegen, ergibt sich daraus nicht. Spätere Entscheidungen betonen erneut den eingeschränkten Prüfungsmaßstab im Revisionsverfahren und kommen auf die erweiternde Formulierung der „Runes of Magic II"-Entscheidung nicht mehr zurück.[3956]

Nach Maßgabe der vorstehenden Grundsätze der Rspr. des BGH kann mit der Revision 1425 grundsätzlich nur angegriffen werden, dass die **Nichteinholung eines Sachverständigengutachtens** ermessensfehlerhaft war oder dass zumindest nicht hinreichend dargelegt wurde, weshalb ein Sachverständigengutachten im Hinblick auf die eigene gerichtliche Sachkunde entbehrlich war, oder dass die vom Gericht angenommene Verkehrsauffassung **gegen Erfahrungssätze verstoße.**[3957] Erfahrungssätze sind bislang zB aus dem Kennzeichenrecht bekannt.[3958] Verfahrensrechtlich werden diese § 293 ZPO zugeordnet und sind von Amts wegen heranzuziehen.[3959] Demgegenüber entwickelt die Rechtsprechung für die Feststellung der Irreführungsgefahr im Wettbewerbsrecht erst in jüngerer Zeit Erfahrungssätze.[3960] So hat der BGH es als erfahrungswidrig angesehen, dass der Verbraucher bei einer Werbung für Schlafzimmereinrichtungen mit den hervorgehobenen Angaben „**KOMPLETT** …" und der Abbildung eines funktionsgerecht ausgestatteten Bettes auch ohne einen aufklärenden Hinweis annehmen werde, das Angebot umfasse nicht den Lattenrost und die Matratze.[3961] In der „Bundesdruckerei"-Entscheidung hat der BGH einen Erfahrungssatz dergestalt angenommen, dass der Verkehr bei Firmenbezeichnungen, die den **Bestandteil „Bundes"** enthalten, idR annehmen wird, die Bundesrepublik Deutschland sei zumindest Mehrheitsgesellschafter.[3962] Hinsichtlich der Gestaltung eines **Kontoauszuges** wurde angenommen, es entspreche der Lebenserfahrung, dass zumindest ein erheblicher Teil der verständigen Bankkunden nicht erkenne, dass sie zur Ermittlung des Betrags, über den sie zinsfrei verfügen können, eine Rechenoperation vornehmen müssen.[3963] Zu den anerkannten Erfahrungssätzen gehört auch, dass für die Feststellung der Irreführungsgefahr auf den **Gesamteindruck** abzustellen ist (→ § 5 Rn. 238). Auch für die Blickfangwerbung hat der BGH bestimmte Grundsätze herausgearbeitet (näher → § 5 Rn. 262 ff.).[3964] Bzgl. der Abkürzung **„UVP"** für „Unverbindliche Preisangabe" hat es der BGH als erfahrungswidrig angesehen, dass der Verkehr die darin liegende Preisempfehlung nicht dem Hersteller, sondern einem anderen Unternehmen zuordne, und in der **verbreiteten und ständigen Verwendung dieser Abkürzung in der Werbung** anderer Unternehmer einen hinreichenden Nachweis dafür gesehen, dass dem Verkehr die Bedeutung der Abkürzung entgegen der Auffassung des Berufungsgerichts bekannt sei.[3965] Auch für die **Händlerwerbung für besonders herausgestellte einzelne Angebote** gelten Erfahrungssätze hinsichtlich der Liefermöglichkeit und Lieferbereitschaft.[3966] **Verneint** wurde ein Erfahrungssatz, dass Verbraucher immer alles generalisierend verstünden.[3967] Auch gibt es keinen allgemeinen Erfahrungssatz dahingehend, dass der Verkehr hinter einer allgemeinen Redewendung grundsätzlich schon dann eine ernstlich gemeinte Aussage über bestimmte geschäftliche Verhältnisse vermutet, wenn sie in der Werbung eines besonders

---

[3956] BGH GRUR 2015, 906 Rn. 19, 23 – TIP der Woche; GRUR 2015, 403 Rn. 21 – Monsterbacke II.
[3957] Vgl. BGH GRUR 1999, 264 – Handy für 0,00 DM.
[3958] Näher *Beutel,* Wahrnehmungsbezogene richterliche Erfahrungssätze im Marken- und Lauterkeitsrecht, 2011; *Risthaus,* Erfahrungssätze, 2007.
[3959] Näher hierzu *Omsels* GRUR 2005, 548 (555 ff.).
[3960] Vgl. noch *Omsels* GRUR 2005, 548 (555 ff.): keine ausreichende Zahl von Erfahrungssätzen.
[3961] BGH GRUR 2015, 698 Rn. 13 – Schlafzimmer komplett.
[3962] BGH WRP 2007, 1346 (1350) – Bundesdruckerei.
[3963] BGH GRUR 2007, 805 (897) – Irreführender Kontoauszug.
[3964] Vgl. *Omsels* GRUR 2005, 548 (555).
[3965] BGH GRUR 2007, 603 (605) – Unverbindliche Preisempfehlung.
[3966] Vgl. BGH WRP 2007, 1351 (1353) – Weltreiterspiele.
[3967] OLG Hamburg ZUM-RD 2005, 440.

bekannten und geachteten Unternehmens verwendet werden.[3968] Für erfahrungswidrig hat es das OLG Hamburg erachtet, dass der Verkehr im Zusammenhang mit Geräten zur Anreicherung von Trinkwasser mit Kohlensäure feinsinnige Unterscheidungen zwischen „Wassersprudlern", „Sprudelautomaten" uä vornehme.[3969]

1426 **b) Eigene Auffassung.** Ein empirisches Verkehrsverständnis wird den Bedürfnissen der Rechtspraxis auch im Hinblick auf die damit verbundene, weitgehende Aberkennung der Revisibilität nicht gerecht. Das bestehende **Bedürfnis nach einer stärkeren Vereinheitlichung der Rechtsprechung** durch umfassendere Überprüfung der Verkehrsauffassung zeigt sich daran, dass die Rechtsprechung zunehmend Erfahrungssätze anerkennt, die für die Beurteilung der Irreführung gelten sollen. Da bei der Arbeit mit Erfahrungssätzen häufig nicht maßgeblich ist, wie der Verkehr eine Angabe tatsächlich versteht, sondern wie er sie nach höchstrichterlicher Rechtsprechung verstehen darf,[3970] verschafft sich der BGH über das **Einfalltor der Erfahrungssätze** die Möglichkeit einer wertenden Abgrenzung des Irreführungsbegriffs. Zugleich kann so verhindert werden, dass eine geschäftliche Handlung im Bezirk eines OLG als zulässig, im Nachbarbezirk hingegen als unzulässig angesehen wird.[3971]

1427 Ein **normatives** Verständnis der Verkehrsauffassung vermeidet diese Nachteile, zu denen ein empirisches oder normativ-empirisches Verkehrsverständnis führt. Es weist den Begriff des Verkehrsverständnisses bzw. der Irreführung **statt dem Bereich der Willenserklärungen dem der unbestimmten Rechtsbegriffe** zu und öffnet ihn so der notwendigen weitergehenden Überprüfung durch das Revisionsgericht darauf hin, ob der Tatrichter den unbestimmten Rechtsbegriff verkannt hat. Ergeben die Feststellungen des Tatsachengerichts zu den Anknüpfungstatsachen des unbestimmten Rechtsbegriffs ein **abgeschlossenes Tatsachenbild,** so kann das Revisionsgericht die Beurteilung der Verkehrsauffassung bzw. Irreführung **selbst vornehmen;**[3972] entsprechend ist der BGH zuletzt in einigen wenigen Fällen auch verfahren.[3973] Die Feststellung der tatsächlichen Voraussetzungen des Rechtsbegriffs, etwa zum angesprochenen Verkehrskreis, ist als tatsächliche Würdigung mit der Revision hingegen nur eingeschränkt überprüfbar. Im Hinblick auf die **enge Verknüpfung von Rechtsfrage und Tatsachengrundlage,** auf welcher das Tatsachengericht die Bewertung vornimmt, und dem bei der Auslegung unbestimmter Rechtsbegriffe dem Tatsachengericht zu verbleibenden **Beurteilungsspielraum** kann das Revisionsgericht nur überprüfen, ob der Tatrichter den Rechtsbegriff verkannt hat und ob ihm im konkreten Fall mit der Revision gerügte Verfahrensfehler unterlaufen sind, es etwa bei der Tatsachenfeststellung wesentliche Umstände übersehen oder nicht vollständig gewürdigt oder Erfahrungssätze verletzt hat.[3974] Dadurch bleibt auch bei einem normativen Verständnis der Verkehrsauffassung bzw. Irreführung gewährleistet, dass es Zweck und Aufgabe des Revisionsverfahrens bleibt, **Leitentscheidungen für künftige Fälle über den Einzelfall hinaus** zu treffen.[3975]

1428 Vergleichbare Maßstäbe gelten auch für die Beurteilung der **markenrechtlichen Verwechslungsgefahr** und haben sich dort als praktikabel erwiesen. Ein normatives Verständnis vermeidet daher zudem **Wertungswidersprüche,** die insbesondere dann auftreten können, wenn die Klage nicht nur auf lauterkeitsrechtliche Ansprüche wegen einer Ver-

---

3968 BGH GRUR 1965, 365 (367) – Lavamat II.

3969 OLG Hamburg OLGR Hamburg 2006, 450.

3970 Vgl. *Risthaus* Rn. 1210 ff.

3971 Vgl. Köhler/*Bornkamm/Feddersen* Rn. 1.236.

3972 BGH NJW 1993, 2178 (zum unbestimmten Rechtsbegriff „Verwirkung"); NJW 1994, 2093 (2094) (zur „groben Fahrlässigkeit"); GRUR 2013, 833 Rn. 67 – Culinaria/Villa Culinaria; WRP 2015, 1219 Rn. 58 – IPS/ISP (jeweils zur markenrechtlichen „Verwechslungsgefahr").

3973 BGH GRUR 2013, 397 Rn. 42 f. – Peek & Cloppenburg III; GRUR 2014, 686 Rn. 34 – Goldbärchenbarren; GRUR 2014, 1211 Rn. 21 – Runes of Magic II; BGH GRUR-RR 2014, 201 Rn. 46 – Peek & Cloppenburg IV.

3974 Vgl. BGH NJW 1990, 2889 (2890); WM 2006, 1915; Musielak/*Ball* § 546 Rn. 12.

3975 Vgl. BGH NJW 2004, 2751 (2754); MüKoZPO/*Wenzel* § 546 Rn. 3.

wechslungsgefahr gemäß § 5 Abs. 2 UWG gestützt wird, sondern der Kläger deswegen auch aus seinem Kennzeichenrecht vorgeht.[3976] Ob eine Verwechslungsgefahr vorliegt, ist im Markenrecht eine **Rechtsfrage,** die grundsätzlich auch das Revisionsgericht beantworten kann.[3977]

IV. Feststellung der wettbewerbsrechtlichen Relevanz

1429 **1. Darlegungs- und Beweislast.** Im Zuge der Gesetzesreform 2015 ist das Relevanzerfordernis in **§ 5 Abs. 1 S. 1 aE** und **§ 5a Abs. 2 S. 1 Nr. 2** ausdrücklich geregelt worden. Die dortigen Formulierungen machen deutlich, dass es sich bei der Eignung zur nicht nur unerheblichen Beeinträchtigung des Wettbewerbs zum Nachteil der Mitbewerber, der Verbraucher oder der sonstigen Marktteilnehmer im deutschen Recht wie schon bislang auch weiterhin um eine **Anspruchsvoraussetzung** handelt. Auch nach europäischem Recht hängt die Annahme einer unlauteren Geschäftspraxis von zwei Voraussetzungen ab: dem Verstoß gegen die Erfordernisse der beruflichen Sorgfaltspflicht (hier: falsche oder täuschende Angabe), und der Relevanz des Verstoßes.

1430 Die **Relevanz** der unwahren bzw. täuschenden Angabe für die geschäftliche Entscheidung **ist somit nach deutschem Recht im Grundsatz vom Anspruchsteller darzutun und zu beweisen.** Dies gilt insbesondere für die tatsächlichen Umstände, die das Gericht als Grundlage seiner normativen Feststellung benötigt. Auch **Art. 7 Werberichtlinie** und **Art. 12 UGP-RL** sehen keine generelle Beweislastumkehr vor, sondern lediglich die Befugnis der Gerichte, in bestimmten Einzelfällen, in denen sich dies im Hinblick auf die Umstände des Falles als angemessen erweist, Nachweise für die Richtigkeit der Tatsachenbehauptungen zu verlangen und bei unzureichend erachteten Beweisen diese Behauptungen als unrichtig anzusehen.

1431 Nach der Rechtsprechung des BGH können sich allerdings **Beweiserleichterungen** ergeben. So soll insbesondere **aus dem Hervorrufen einer Fehlvorstellung idR auf die wettbewerbsrechtliche Relevanz** der Irreführung geschlossen werden können.[3978] Eine Ausnahme komme in Betracht, wenn über Umstände getäuscht wurde, die für das Marktverhalten nur eine unwesentliche Bedeutung haben.[3979] Ob an dieser Beweislastverteilung nach Umsetzung der Vorgaben der UGP-RL 2008 festgehalten werden kann, wird in der Literatur unterschiedlich beurteilt. Die wohl hL bejaht dies.[3980] Nach der **Gegenmeinung** ist es mit der ausdrücklichen Regelung des Relevanzkriteriums zur Präzisierung der Generalklausel unvereinbar, die Relevanz der Irreführung bei Vorliegen von Fehlvorstellungen mehr oder minder automatisch zu bejahen.[3981] Zu **§ 5a** hat der BGH inzwischen entschieden, dass den Unternehmer, der geltend macht, dass – abweichend vom Regelfall – der Verbraucher eine ihm vorenthaltene wesentliche Information nicht benötigt und das Vorenthalten dieser Information den Verbraucher nicht zu einer anderen Kaufentscheidung veranlassen kann, eine **sekundäre Darlegungslast** trifft.[3982]

1432 **Die Relevanz ist als eigenständige Anspruchsvoraussetzung einer irreführenden Handlung oder Unterlassung gesondert zu prüfen und festzustellen.** Die Annahme, dass die Feststellung einer unwahren bzw. täuschenden Angabe, deren Relevanz für die geschäftliche Entscheidung der Verbraucher **indiziert,** ist mit **Art. 6, 7 UGP-RL** nicht vereinbar. Die bei richtlinienkonformer Auslegung nur erforderliche Feststellung, dass eine

---

[3976] Vgl. etwa BGH GRUR-RR 2014, 201 Rn. 46 – Peek & Cloppenburg IV.
[3977] Vgl. BGH GRUR 2009, 1055 Rn. 62 – airdls; WRP 2015, 1219 Rn. 59 – IPS/ISP.
[3978] BGH GRUR 2016, 406 Rn. 22 –Piadina-Rückruf; GRUR 2007, 247 (251) – Regenwaldprojekt I; GRUR 2006, 251 (253 f.) – Regenwaldprojekt II.
[3979] BGH GRUR 2007, 1079 (1081) – Bundesdruckerei; GRUR 2008, 443 Rn. 29 – Saugeinlagen (zum UWG 2004).
[3980] *Köhler* WRP 2008, 10 (12); *Köhler* WRP 2014, 261 (262); Köhler/*Bornkamm*/*Feddersen* § 5 Rn. 1.181.
[3981] *Henning-Bodewig* GRUR Int. 2007, 986 (989); GroßKommUWG/*Lindacher,* 2. Aufl. 2013, § 5 Rn. 249; *Ohly* GRUR 2016, 3 (5 f.) (zu § 5a).
[3982] BGH GRUR 2019, 82 Rn. 31 – Jogginghosen; GRUR 2019, 746 Rn. 27 –Energieeffizienzklasse III.

unwahre oder täuschende Angabe überhaupt geeignet ist, die geschäftliche Entscheidung des Verbrauchers zu beeinflussen, ist nach Art. 6, 7 UGP-RL positive und **eigenständige Anspruchsvoraussetzung** eines Wettbewerbsverbots. Sie kann daher nicht dadurch indiziert sein, dass überhaupt unwahre oder täuschende Angaben gegenüber dem Verbraucher gemacht werden. Nach Art. 6 und Art. 7 UGP-RL im Lichte der Rspr. des **EuGH** müssen stets die **konkreten Auswirkungen** der in Rede stehenden irreführenden Handlung oder Unterlassung auf das geschäftliche Verhalten des Verbrauchers **im Einzelfall geprüft** werden, bevor die betreffende Geschäftspraxis als „unlauter" eingestuft werden kann.[3983] Das gilt auch für die Irreführung durch **Vorenthalten von Informationen** (Art. 7 UGP-RL, § 5a UWG).[3984] Diese unionsrechtlichen Voraussetzungen wurden im Zuge der UWG-Novelle nunmehr auch sprachlich ausdrücklich übernommen (§ 5 Abs. 1 S. 2 aE und § 5a Abs. 2 S. 1 Nr. 2). **Die Feststellung des Vorliegens einer unwahren oder täuschenden Angabe vermag daher als solche keine Darlegungs- und Beweiserleichterungen hinsichtlich ihrer Relevanz zu begründen.** Hingegen kommen Darlegungs- und Beweiserleichterungen nach **allgemeinen Grundsätzen** in Betracht, etwa soweit Anknüpfungstatsachen, die das Gericht zur Feststellung der Relevanz benötigt, im Verantwortungsbereich des Anspruchsgegners liegen.

1433 **2. Einzelheiten der Feststellung der Relevanz.** Entscheidend kommt es auf das Verhalten eines angemessen aufmerksamen, verständigen und informierten Durchschnittsverbrauchers in der konkreten Situation der geschäftlichen Handlung an. Daher handelt es sich nach der hier vertretenen Auffassung bei dem Begriff der Relevanz aus den gleichen Gründen wie bei der Irreführungsgefahr um eine **Rechtsfrage** (→ § 5 Rn. 1417).

N. UWG 2022

1434 § 5 wurde mit Geltung ab 28.5.2022 geändert durch das UWG 2022, siehe dazu die Kommentierung im Anhang ab Seite 3083.

§ 5a Irreführung durch Unterlassen

(1) **Bei der Beurteilung, ob das Verschweigen einer Tatsache irreführend ist, sind insbesondere deren Bedeutung für die geschäftliche Entscheidung nach der Verkehrsauffassung sowie die Eignung des Verschweigens zur Beeinflussung der Entscheidung zu berücksichtigen.**

(2) [1]**Unlauter handelt, wer im konkreten Fall unter Berücksichtigung aller Umstände dem Verbraucher eine wesentliche Information vorenthält,**

1. **die der Verbraucher je nach den Umständen benötigt, um eine informierte geschäftliche Entscheidung zu treffen, und**
2. **deren Vorenthalten geeignet ist, den Verbraucher zu einer geschäftlichen Entscheidung zu veranlassen, die er andernfalls nicht getroffen hätte.**

[2]**Als Vorenthalten gilt auch**

1. **das Verheimlichen wesentlicher Informationen,**
2. **die Bereitstellung wesentlicher Informationen in unklarer, unverständlicher oder zweideutiger Weise,**
3. **die nicht rechtzeitige Bereitstellung wesentlicher Informationen.**

[3983] Vgl. EuGH C-122/10, GRUR 2011, 930 Rn. 68 und 69 – Ving Sverige; GRUR Int. 2015, 1140 Rn. 39–41 – Cdiscount.

[3984] *GA Mengozzi* Schlussanträge vom 16.12.2015, BeckRS 2015, 82065 Rn. 76 mwN.

(3) **Werden Waren oder Dienstleistungen unter Hinweis auf deren Merkmale und Preis in einer dem verwendeten Kommunikationsmittel angemessenen Weise so angeboten, dass ein durchschnittlicher Verbraucher das Geschäft abschließen kann, gelten folgende Informationen als wesentlich im Sinne des Absatzes 2, sofern sie sich nicht unmittelbar aus den Umständen ergeben:**

1. alle wesentlichen Merkmale der Ware oder Dienstleistung in dem dieser und dem verwendeten Kommunikationsmittel angemessenen Umfang;
2. die Identität und Anschrift des Unternehmers, gegebenenfalls die Identität und Anschrift des Unternehmers, für den er handelt;
3. der Gesamtpreis oder in Fällen, in denen ein solcher Preis auf Grund der Beschaffenheit der Ware oder Dienstleistung nicht im Voraus berechnet werden kann, die Art der Preisberechnung sowie gegebenenfalls alle zusätzlichen Fracht-, Liefer- und Zustellkosten oder in Fällen, in denen diese Kosten nicht im Voraus berechnet werden können, die Tatsache, dass solche zusätzlichen Kosten anfallen können;
4. Zahlungs-, Liefer- und Leistungsbedingungen sowie Verfahren zum Umgang mit Beschwerden, soweit sie von Erfordernissen der unternehmerischen Sorgfalt abweichen, und
5. das Bestehen eines Rechts zum Rücktritt oder Widerruf.

(4) **Als wesentlich im Sinne des Absatzes 2 gelten auch Informationen, die dem Verbraucher auf Grund unionsrechtlicher Verordnungen oder nach Rechtsvorschriften zur Umsetzung unionsrechtlicher Richtlinien für kommerzielle Kommunikation einschließlich Werbung und Marketing nicht vorenthalten werden dürfen.**

(5) **Bei der Beurteilung, ob Informationen vorenthalten wurden, sind zu berücksichtigen:**

1. räumliche oder zeitliche Beschränkungen durch das für die geschäftliche Handlung gewählte Kommunikationsmittel sowie
2. alle Maßnahmen des Unternehmers, um dem Verbraucher die Informationen auf andere Weise als durch das Kommunikationsmittel nach Nummer 1 zur Verfügung zu stellen.

(6) **Unlauter handelt auch, wer den kommerziellen Zweck einer geschäftlichen Handlung nicht kenntlich macht, sofern sich dieser nicht unmittelbar aus den Umständen ergibt, und das Nichtkenntlichmachen geeignet ist, den Verbraucher zu einer geschäftlichen Entscheidung zu veranlassen, die er andernfalls nicht getroffen hätte.**

Übersicht

Schrifttum: *Alexander,* Bedarf § 5a einer Korrektur?, WRP 2013, 716; *ders.,* Das Vorenthalten wesentlicher Informationen im Regelungssystem des UWG, in: Festschrift Bornkamm, 2014, S. 297; *ders.* Die Neufassung von § 5a UWG, WRP 2016, 139; *ders.,* Die „Aufforderung zum Kauf" im Lauterkeitsrecht, WRP 2012, 125; *ders.,* Die Informationspflichten gemäß § 40 Abs. 1 und 2 EnWG und ihre Durchsetzung nach Energiewirtschafts-, Lauterkeits- und Vertragsrecht, WRP 2012, 660; *ders.,* Die Umsetzung von Art. 7 der Richtlinie 2005/29/EG über unlautere Geschäftspraktiken in Deutschland und Österreich, GRUR Int. 2012, 1; *ders.,* Neue Transparenzanforderungen im Internet – Ergänzung der UGP-RL durch den „New Deal for Costumers“, WRP 2019, 1235; *ders.,* Überblick und Anmerkungen zum Referentenentwurf eines Gesetzes zur Stärkung des Verbraucherschutzes im Wettbewerbs- und Gewerberecht, WRP 2021, 136; *ders.,* Vertragsrecht und Lauterkeitsrecht unter dem Einfluss der Richtlinie 2005/29/EG über unlautere Geschäftspraktiken, WRP 2012, 515; *Apostolopoulos,* Das europäische Irreführungsverbot: Liberalisierung des Marktgeschehens oder Einschränkung für die Anbieterseite?, GRUR Int. 2005, 292; *Augenhofer,* Die Reform des Verbraucherrechts durch den „New Deal“ – ein Schritt zu einer effektiven Rechtsdurchsetzung?, EuZW 2019, 5; *A. Bergmann,* Richtlinienkonforme Auslegung im Unlauterkeitsrecht am Beispiel der Irreführung durch Unterlassen nach § 5a UWG, FS Krämer 2009, 163; *Blasek,* Kostenfallen im Internet ein Dauerbrenner, GRUR 2010, 396; *Böhler,* Die wesentliche Information in § 5a Abs. 2 UWG, GRUR 2018, 886; *ders.,* Verbraucherschützende Informationspflichten im Lauterkeitsrecht, 2017; *Bornkamm,* Irrungen, Wirrungen – Der Tatbestand der Irreführung durch Unterlassen, WRP 2012, 1; *Buchmann,* Die Angabe von Grundpreisen im Internet, K&R 2012, 90; *Büscher,* Das Regel-Ausnahme-Verhältnis und die sekundäre Darlegungslast bei der geschäftlichen Entscheidung des Verbrauchers, WRP 2019, 1249; *ders.,* Soziale Medien, Bewertungsplattformen & Co., GRUR 2017, 433; *Busch,* Informationspflichten im Wettbewerbs- und Vertragsrecht, 2008; *v. d. Decken/Heim,* Anm. zu BGH GRUR 2011, 742 – Leistungspakete im Preisvergleich; *Deutsch,* Preisangaben und „Opt-out“-Versicherungen bei Flugbuchungen im Internet, GRUR 2011, 187; *Dreher/Ballmeier,* Die Werbung mit der Rechtsform durch Versicherungsvereine auf Gegenseitigkeit, VersR 2011, 1087; *Emmerich,* Wettbewerbsrecht: Irreführung durch Unterlassen, JuS 2012, 651; *Ernst,* Noch mehr Informationspflichten – Die DL-InfoV, CR 2010, 481; *Evers,* VVG-Verstöße eines Vermittlers begründen Abmahnungsgefahr, VW 2012, 131; *Fezer,* Lebensmittelimitate, gentechnisch veränderte Produkte und CSR-Standards als Gegenstand des Informationsgebots im Sinne des Art. 7 UGP-RL, WRP 2010, 577; *ders.,* Plädoyer für eine offensive Umsetzung der Richtlinie über unlautere Geschäftspraktiken in das deutsche UWG, WRP 2006, 781; *Franz,* Werbung mit Testergebnissen, WRP 2016, 439; *Fritzsche,* Überlegungen zum Referentenentwurf eines Zweiten Gesetzes zur Änderung des UWG, WRP 2014, 1392; *Gamerith,* UWG-Novelle mit Konzept und Konsequenz, WRP 2014, 1399; *Glöckner,* Rechtsbruchtatbestand oder … The Saga Continues!, GRUR 2013, 568; *Glöckner/Henning-Bodewig,* EG-Richtlinie über unlautere Geschäftspraktiken, WRP 2005, 1311; *Glöckner/Kur,* Herausforderungen für das Marken- und Lauterkeitsrecht, GRUR-Beilage 2014, 29; *Große-Wilde/Fleuth,* Reform der Verbraucherrechte – Erweiterung der Informationspflichten für Rechtsanwälte, MDR 2014, 1425; *Hamacher,* MeinPaket.de II – Zum Verhältnis des Vorenthaltens wesentlicher Informationen zur geschäftlichen Entscheidung im Rahmen von Art. 7 I UGP-Richtlinie, WRP 2018, 161; *Heermann,* Lauterkeitsrechtliche Informationspflichten bei Verkaufsförderungsmaßnahmen, WRP 2005, 141; *ders.,* Prämien, Preise, Provisionen – Zur lauterkeitsrechtlichen Beurteilung von Absatzförderungsmaßnahmen im Handel gegenüber Nichtverbrauchern, WRP 2006, 8; *Henning-Bodewig,* Richtlinienvorschlag über unlautere Geschäftspraktiken und UWG-Reform, GRUR Int. 2004, 183; *dies.,* Relevanz der Irreführung, UWG-Nachahmungsschutz und die Abgrenzung Lauterkeitsrecht/IP-Rechte, GRUR Int. 2007, 986; *dies.,* Vergleichsportale, UWG und Befugnisse des Bundeskartellamts, WRP 2019, 537; *Hetmank,* Im Korsett der UGP-Richtlinie, GRUR 2015, 323; *Hoeren,* Das neue UWG – der Regierungsentwurf im Überblick, BB 2008, 1182; *Jäger,* Schleichwerbung, Produktplatzierung und Sonderverträge, GRUR-Prax 2017, 372; *Jahn/Schäfer,* Digital is(s)t besser? Lebensmittelhandel 2.0 und das Dilemma der richtigen Verbraucherinformation, ZLR 2011, 593; *Keßler,* Vom Recht des unlauteren Wettbewerbs zum Recht der Marktkommunikation – Individualrechtliche und institutionelle Aspekte des deutschen und europäischen Lauterkeitsrechts, WRP 2005, 1203; *Kessler/Micklitz,* BB-Europareport: Der Richtlinienvorschlag über unlautere Praktiken im binnenmarktinternen Geschäftsverkehr, BB 2003, 2073; *Keyssner,* Täuschung durch Unterlassen – Informationspflichten in der Werbung, 1986; *Kiethe/Groeschke,* Die Mogelpackung – Lebensmittel- und wettbewerbsrechtliche Risiken der Produkteinführung – Rechtsschutzmöglichkeiten der Wettbewerber, WRP 2003, 962; *Kisseler,* Preiswahrheit und Preisklarheit in der Werbung, FS Traub, 1994, 163; *Koch,* Reform der Verbraucherrechte – Die neuen Informationspflichten für den Handel, MDR 2014, 1421; *Köhler,* Alternativentwurf (UWG-AE) zum Regierungsentwurf (UWG-E) eines 2. Gesetzes zur Änderung des Gesetzes gegen den unlauteren Wettbewerb, WRP 2015, 1311; *ders.,* Das neue UWG 2015: Was ändert sich für die Praxis? NJW 2016, 593; *ders.* Die „Citroen“-Entscheidung des EuGH und ihre Folgen, GRUR 2016, 891; *ders.* „Fachliche Sorgfalt“ – Der weiße Fleck auf der Landkarte des UWG, WRP 2012, 22; *ders.,* Irreführende vergleichende Werbung, GRUR 2013, 761; *ders.,* Neue Maßstäbe für Informationspflichten für Unternehmer, WRP 2017, 1; *ders.,* Preisinformationspflichten, FS Loschelder, 2010, 127; Verbraucherinformation im Spannungsfeld von Lebensmittelrecht und Lauterkeitsrecht, WRP 2014, 637; *ders.,* Zum Vorenthalten wesentlicher Informationen am Beispiel der Impressumsangaben, WRP 2013, 1419; *Köhler/Lettl,* Das geltende europäische Lauterkeitsrecht, der Vorschlag für eine EG-Richtlinie über unlautere Geschäftspraktiken und die UWG-Reform, WRP 2003, 1019; *Körber/Heinlein* Informationspflichten und neues UWG, WRP 2009, 780; *Koch/Schmidt-Hern,* Alexa, wo bitte geht es hier zum BGH? WRP 2018, 671; *Kolb,* Rechtsfolgen von Verstößen gegen Informationspflichten nach der Institutsvergütungsverordnung, WRP 2015, 31; *Laue,* „Like Button“ von Facebook: Risiken und Handlungsempfehlungen, DSB 2011, Nr. 6, 11; *Leible,* Auswirkungen der UWG-Reform 2008 auf die Durchsetzung wettbewerbsrechtlicher Ansprüche im Gesundheitsbereich – Die Bedeutung der „black list“, GRUR 2010, 183; *ders.,* Internet-Werbung (Online-Werbung), FS Köhler zum 70. Geburtstag, 2014, S. 403; *Leible/Schäfer,* Proaktive Informationspflichten aus Art. 7 UGP-RL – eine wettbewerbsrechtliche Allzweckwaffe?, WRP 2012, 32; *Lettl,* Die geschäftliche Relevanz nach §§ 3 Abs. 2, 3a, 4a Abs. 1, 5 Abs. 1 S. 1 und 5a Abs. 1, Abs. 2 S. 1 Nr. 2 UWG, WRP 2019, 1265; *Lichtnecker,* Ausgewählte Werbeformen im Internet unter

Berücksichtigung der neuen Rechtsprechung, GRUR 2014, 523; *Lindacher,* Allgemeines Irreführungsverbot und konditioniertes Informationsgebot – Doppelgleisiger lauterkeitsrechtlicher Schutz materialer Privatautonomie, FS Spellenberg, 2010, S. 43; *ders.,* Lockvogel- und Sonderangebote, 1979; *Loewenheim,* Aufklärungspflichten in der Werbung, GRUR 1980, 14; *Lorenz,* Die Wettbewerbswidrigkeit einer mangelhaften Anbieterkennzeichnung, WRP 2010, 1224; *Metz,* Verbraucherschützende Informationspflichten in der Werbung – Eine Analyse rechtlicher und ökonomischer Rahmenbedingungen, 2007; *Metzger,* Die Entwicklung des Rechtsbruchtatbestands nach der Umsetzung der UGP-Richtlinie – ein Zwischenbericht, GRUR Int. 2015, 687; *Micklitz/Schirmbacher,* Distanzkommunikation im europäischen Lauterkeitsrecht, WRP 2006, 148; *Möslein/Mittwoch,* Der Europäische Aktionsplan zur Finanzierung nachhaltigen Wachstums, WM 2019, 481, 485.; *Müller,* Abenteuer online: Informationspflicht des Anbieters nach § 5a Abs. 3 Nr. 2 UWG, GRURPrax 2011, 118; *Münker,* Stellungnahme der Wettbewerbszentrale zum Referentenentwurf eines Zweiten Gesetzes zur Änderung des Gesetzes gegen den unlauteren Wettbewerb, WRP 2014, 1434; *ders.,* Verbraucherschutz durch Informationspflichten – Angaben zur Anbieteridentität in der Printwerbung, NJW 2011, NJW-aktuell Nr. 27, 16; *Mulch,* Internet – Konkrete Anforderungen an Informationspflichten der Anbieter, MDR 2007, 309; *Nippe,* Werbung mit der unverbindlichen Preisempfehlung des Herstellers, WRP 2004, 1397; *v. Oelffen,* § 5a UWG – Irreführung durch Unterlassen – ein neuer Tatbestand im UWG, 2012; *Ohly,* Das neue UWG im Überblick, GRUR 2016, 3; *ders.,* Der Schutz der unternehmerischen Interessen im Lauterkeitsrecht, Gutachten im Auftrag des Bayerischen Industrie- und Handelskammertages e. V., 2015, abrufbar über die Website der IHK München und Oberbayern, www.muenchen.ihk.de (zuletzt besucht 22.5.2016; *ders.,* Nach der Reform ist vor der Reform – Anmerkungen zum Referentenentwurf eines Zweiten Gesetzes zur Änderung des UWG, GRUR 2014, 1137; *ders.,* UWG-Rechtsschutz bei Verstößen gegen die Datenschutz-Grundverordnung?, GRUR 2019, 686; *Peifer,* Aufräumen im UWG – Was bleibt nach der Kodifikation zum irreführenden Unterlassen für § 4 Nr. 1, 4, 5 und 6 UWG?, WRP 2010, 1432; *ders.,* Die Zukunft der irreführenden Geschäftspraktiken, WRP 2008, 556; *ders,* Lauterkeitsrechtliche Informationspflichten – Dogmatik und Verhältnis zu (lebensmittelrechtlichen) Kennzeichnungsgeboten, ZLR 2011, 161; *Rathke,* Die Auswirkungen der Richtlinie 2005/29/EG über unlautere Geschäftspraktiken und ihr Verhältnis zu bestehenden rechtlichen Vorgaben im Verkehr mit Erzeugnissen im Sinne des LFGB, ZLR 2006, 555; *Raue,* „Kostenpflichtig bestellen" – ohne Kostenfalle? Die neuen Informations- und Formpflichten im Internethandel, MMR 2012, 438; *Redeker/Pres,* UWG-Novelle 2015: Kursorische Betrachtung des Gesetzgebungsverfahrens, GRURPrax 2015, 99; *Rehart,* Werbung mit im Ausland erzielten Testergebnissen, MMR 2017, 594; *Rohnke,* Die Preisangabenverordnung und die Erwartungen des Internetnutzers – Plädoyer für eine lebensnahe Handhabung, GRUR 2007, 381; *Sack,* Anmerkungen zur geplanten Änderung des UWG, WRP 2014, 1418; *Schabenberger/Amschewitz,* (Keine) Pflicht zur Angabe von Kraftstoffverbrauchs- und CO_2-Werten in Werbeschriften für Automarken und Baureihen, WRP 2012, 669; *Scherer,* Die Problematik des Medienbruchs – Bruchloses System oder unsystematische Regellosigkeit, WRP 2018, 659; *Schlingloff,* Keine Änderungen für die Rechtspraxis? Ein erster Blick auf den Referentenentwurf zur Änderung des UWG, WRP 2014, 1424; *Schünemann,* „Warentypische Eigenschaften" in Vertrags-, Produkthaftungs- und Wettbewerbsrecht, BB 1997, 2061; *Schulte/Schulte,* Informationspflichten im elektronischen Geschäftsverkehr – wettbewerbsrechtlich betrachtet, NJW 2003, 2140; *Seichter,* Der Umsetzungsbedarf der Richtlinie über unlautere Geschäftspraktiken, WRP 2005, 1087; *Sosnitza,* Der Gesetzentwurf zur Umsetzung der Richtlinie über unlautere Geschäftspraktiken, WRP 2008, 1014; *ders.,* Der Regierungsentwurf zur Änderung des Gesetzes gegen den unlauteren Wettbewerb, GRUR 2015, 318; *Steinbeck,* Chaos beim Räumungsverkauf, Festschrift für Köhler zum 70. Geburtstag, 2014, S. 715; *dies.,* Irrwege bei der Irreführung durch Unterlassen, WRP 2011, 1221; *Steingass/Teworte,* Stellung und Reichweite des Transparenzgebots im neuen UWG, WRP 2005, 676; *Stenzel,* Informationspflichten der Reiseveranstalter bei Reiseangeboten im Internet, RRa 2011, 162, *Tilmann,* Irreführende Werbeangaben und täuschende Werbung, GRUR 1976, 544; *Torka,* Die Pkw-Energieverbrauchskennzeichnungsverordnung: Rechtsprechung und Reform, WRP 2012, 419; *Trinkaus/Schlee/Bhatti/Heckt-Harbeck,* Rechtsentwicklungen im Kredit- und Kapitalmarktrecht 2018, DB-Beilage 2018, Nr. 04, 42 ff.; *v. Walter/Kluge,* Identitätsangaben nach § 5a Abs. 3 Nr. 2 UWG – Ein Plädoyer gegen das Impressumsdenken, WRP 2013, 866; *Würtenberger/Loschelder,* Stellungnahme der Deutschen Vereinigung für gewerblichen Rechtsschutz und Urheberrecht zum Entwurf eines Zweiten Gesetzes zur Änderung des Gesetzes gegen den unlauteren Wettbewerb, GRUR 2014, 1185; *Woitkewitsch/Pfitzer,* Einmonatiges Widerrufsrecht bei Versandgeschäften im Internet, MDR 2007, 61; *Würtenberger/Loschelder,* Stellungnahme der Deutschen Vereinigung für gewerblichen Rechtsschutz und Urheberrecht zum Entwurf eines Zweiten Gesetzes zur Änderung des Gesetzes gegen den unlauteren Wettbewerb, GRUR 2014, 1185; *Wunderle,* Verbraucherschutz im Europäischen Lauterkeitsrecht, 2010; *Wuttke,* Die Bedeutung der Schutzzwecke für ein liberales Wettbewerbsrecht (UWG), WRP 2007, 119; *Zecca-Jobst,* Informationspflichten im Lauterkeits- und Vertragsrecht, 2015.

Siehe auch die Schrifttumsnachweise zu § 5 A, B und J.

A. § 5a Abs. 1–5. Verschweigen, Vorenthalten

I. Europäischer und nationaler Kontext

1 **1. Europäischer Kontext.** Durch die UGP-Richtlinie wurde das Lauterkeitsrecht im Verhältnis B2C weitestgehend **vollharmonisiert** → § 5 Rn. 30 ff. Die Richtlinie regelt die wettbewerbsrechtlichen Pflichten von Unternehmern gegenüber Verbraucher und insbesondere die diesen gegenüber bestehenden Informationspflichten in ihrem Anwendungsbereich abschließend.[1] Die Umsetzung von Art. 7 UGP-Richtlinie erfolgte durch den im Rahmen der UWG-Novelle 2008 neu in das UWG eingefügten § 5a. Durch das am **10.12.2015** in Kraft getretene Zweite Änderungsgesetz wurde § 5a sprachlich enger an Art. 7 UGP-Richtlinie angepasst. Es handelt sich lediglich um eine gesetzessystematische Klarstellung,[2] da § 5a schon bislang unionskonform anhand von Art. 7 UGP-Richtlinie auszulegen war.

2 **§ 4 Nr. 3 a. F.** ist im Zuge der Gesetzesreform 2015 entfallen, da der Regelungsgehalt sich nunmehr in § 5a und dort zum Schutz von Verbrauchern insbesondere in **§ 5a Abs. 6** findet.[3]

§ 4 Nr. 4 und 5 a. F. wurden mit Wirkung zum 10.12.2015 gestrichen, da diese Fälle durch §§ 5, 5a erfasst sind.[4] Die zuvor in § 4 Nr. 4 und 5 geregelten Informationspflichten unterliegen der vollharmonisierenden Wirkung der UGP-Richtlinie. Im Online-Bereich basieren sie auf dem durch Art. 7 Abs. 5 UGP-Richtlinie (§ 5a Abs. 4) integrierten Art. 6 Abs. 1 lit. c) und lit. d) E-Commerce-Richtlinie. Für Offline-Sachverhalte greifen die allgemeinen Grundsätze nach Art. 7 UGP-Richtlinie (§ 5a Abs. 2–6 UWG) ein. S. dazu näher **§ 5a Rdn. 196.**

3 MWz **7.1.2020** traten die **Änderungen der UGP-RL** durch die **RL (EU) 2019/2161 („Omnibus-RL")** in Kraft (**näher *Glöckner* → Einl. Rdn. 193 ff.**). Die Änderungen sind bis 28.11.2021 umzusetzen und spätestens ab dem **28.3.2022** anzuwenden. Erst ab diesem Zeitpunkt ist auch die Richtlinie in der geänderten Fassung für die **richtlinienkonforme Auslegung** maßgeblich. Die Änderungen betreffen neben dem (durch § 5 umgesetzten) Art. 6 UGP-RL (→ **§ 5 Rdn. 3**) auch den – durch § 5a umgesetzten – Art. 7 UGP-RL:

– In **Art. 7 Abs. 4 lit. d) UGP-RL** (umgesetzt durch **§ 5a Abs. 3 Nr. 4**) wurde das *„Verfahren zum Umgang mit (Verbraucher)Beschwerden"* als wesentliche Information, über die in Aufforderungen zum Kauf stets zu informieren ist, gestrichen. Dies beruht auf der Erwägung, dass diese Information in der vorvertraglichen Phase am relevantesten sei, diese aber in der Verbraucherrechterichtlinie 2011/83/EG geregelt sei (40. Erw.grd.).

Ein wesentlicher Beanstandungspunkt im Rahmen des REFIT-Verfahrens waren intransparente Vertriebsausgestaltungen bei Online-Plattformen gewesen;[5] hierauf wurde durch neue Informationspflichten reagiert:

– Der neu eingefügte **Art. 7 Abs. 4 lit. f) UGP-RL (2019)** ergänzt den Katalog der Informationspflichten bei Aufforderungen zum Kauf für **Angebote auf Online-Marktplätzen.** Danach gelten im Falle der Aufforderung zum Kauf auch folgende Informatio-

---

[1] Ausführlich dazu *Glöckner* → Einl. Rdn. 237 ff.; EuGH, Urt. v. 14.1.2010, Plus Warenhandelsgesellschaft, C-304/08, EU:C:2010:12, Rdn. 41; Beschl. v. 30.6.2011, Wamo, C-288/10, EU:C:2011:443, Rdn. 33; Urt. v. 9.11.2010, Mediaprint, C-540/08, EU:C:2010:660, Rdn. 30; Urt. v. 10.7.2014, Kommission/Belgien, C-421/12, EU:C:2014:2064, Rdn. 55; EuGH, Beschl. v. 8.9.2015, Cdiscount, C-13/15, ECLI:EU:C:2015:560 Rdn. 38 ff., 41; BGH GRUR 2011, 742 (745) – Leistungspakete im Preisvergleich.

[2] Vgl. Beschlussempfehlung des 6. Ausschusses, BT-Drucks. 18/6571, S. 1.

[3] Beschlussempfehlung und Bericht des Ausschusses für Recht und Verbraucherschutz zum Gesetzentwurf der Bundesregierung, BT-Drucks. 18/6571, S. 15. Vgl. dazu auch *Hetmank* GRUR 2015, 323.

[4] Vgl. Beschlussempfehlung und Bericht des Ausschusses für Recht und Verbraucherschutz zum Gesetzentwurf der Bundesregierung, BT-Drucks. 18/6571, S. 15; vgl. bereits *Köhler* WRP 2014, 1410, 1413; *Sack* WRP 2014, 1418 (1421); *Würtenberger/Loschelder* GRUR 2014, 1185 (1187).

[5] *Glöckner,* Einl. Rdn. 193.

nen als wesentlich, sofern sie sich nicht unmittelbar aus den Umständen ergeben: *„für Produkte, die auf Online-Marktplätzen angeboten werden, ob es sich bei dem Dritten, der die Produkte anbietet, um einen Gewerbetreibenden handelt oder nicht, auf der Grundlage der Erklärung dieses Dritten gegenüber dem Anbieter des Online-Marktplatzes*".

- Der neu eingefügte **Art. 7 Abs. 4a UGP-RL (2019)** enthält eine neue Informationspflicht über die für **Rankings auf Online-Suchmaschinen** verantwortlichen Parameter: „*Wenn Verbrauchern die Möglichkeit geboten wird, mithilfe eines Stichworts, einer Wortgruppe oder einer anderen Eingabe nach Produkten zu suchen, die von verschiedenen Gewerbetreibenden oder von Verbrauchern angeboten werden, gelten … allgemeine Informationen, die die Hauptparameter für die Festlegung des Rankings der dem Verbraucher im Ergebnis der Suche vorgeschlagenen Produkte, sowie die relative Gewichtung dieser Parameter im Vergleich zu anderen Parametern, betreffen und die in einem bestimmten Bereich der Online-Benutzeroberfläche zur Verfügung gestellt werden, der von der Seite, auf der die Suchergebnisse angezeigt werden, unmittelbar und leicht zugänglich ist, als wesentlich.*" Dies **gilt nicht für Anbieter von Online-Suchmaschinen** iSv Art. 2 Nr. 6 der VO (EU) 2019/1150, d. h. für natürliche oder juristische Personen, die Verbrauchern Online-Suchmaschinen bereitstellen oder zur Bereitstellung anbieten, Art. 7 Abs. 4a S. 2 UGP-RL (2019).
- Ein neuer **Art. 7 Abs. 6 UGP-RL (2019)** regelt eine neue Informationspflicht, nach der „*(w)enn ein Gewerbetreibender Verbraucherbewertungen von Produkten zugänglich macht, … Informationen darüber, ob und wie der Gewerbetreibende sicherstellt, dass die veröffentlichten Bewertungen von Verbrauchern stammen, die die Produkte tatsächlich verwenden oder erworben haben, als wesentlich*" gelten.

2. Reform 2021. Ein Anfang 2021 vorgelegter **Entwurf eines „Gesetzes zur Stärkung des Verbraucherschutzes im Wettbewerbs- und Gewerberecht"** sieht in **Umsetzung der „Omnibus-RL" 2019/2161** (→ Rn. 3) erhebliche Umstrukturierungen des § 5a und die Einfügung eines **neuen § 5b und § 5c** vor, s. *Keller* → **Einl. Rn. 78.** 3a

3. Aufbau und Systematik des § 5a. § 5a Abs. 1 gilt für Verbraucher und sonstige Marktteilnehmer,[6] s. dazu unten **Rdn. 45.** Seit dem 10.12.2015 werden **Mitbewerber nicht** mehr erfasst, s. → **§ 5 Rdn. 138 und § 5a Rdn. 24.** 4

§ 5a Abs. 2 bis 6 setzen Art. 7 UGP-Richtlinie für das Verhältnis B2C in nationales Recht um. Sie **gelten nur im Verhältnis zwischen Unternehmern und Verbrauchern (B2C);**[7] für **Abs. 6** wird allerdings teilweise eine analoge Anwendung auf sonstige Marktteilnehmer erwogen.[8] Der Gesetzgeber ging demgegenüber davon aus, dass sich derartige Fälle über § 5a **Abs. 1** erfassen lassen.[9] Um den Geschäftsverkehr nicht übermäßig mit Informationspflichten zu belasten, wurde bereits bei der Reform 2008 davon abgesehen, den Anwendungsbereich von Abs. 2–5 auf das Verhältnis B2B zu erstrecken. Dieses Konzept hat der Gesetzgeber auch bei der Reform 2015 beibehalten wollen.[10] 5

§ 5a Abs. 2–6 ist daher **enger als § 5,** da er geschäftliche Handlungen gegenüber **sonstigen Marktteilnehmern (Vertikalverhältnis) nicht erfasst.** Relevant kann dies insbesondere für vormals unter **§ 4 Nr. 3, Nr. 4 und Nr. 5 UWG a. F.** fallende Sachverhalte sein, da die dortigen Informationspflichten auch gegenüber sonstigen Marktteilnehmern galten. Da der Anwendungsbereich der UGP-Richtlinie bei Verhalten gegenüber sonstigen Marktteilnehmern nicht eröffnet ist, lassen sich denkbare **Schutzlücken aber über § 5a** 6

---

[6] H. M., vgl. Amtl. Begr. BT-Drucks. 16/10145, S. 25; BGH GRUR 2011, 846 Rdn. 14 (21) – *Kein Telekom-Anschluss nötig;* Urt. v. 16.11.2017, *Knochenzement II,* DE:BGH:2017:161117UIZR160.16.0, Rdn. 38; Fezer/*Peifer,* UWG, 2. Auflage, § 5a Rdn. 5; jurisPK-UWG/*Seichter,* § 5a Rdn. 14. Zur Kritik an dieser Regelungsstruktur s. näher *Alexander* WRP 2013, 716 (718 ff.)

[7] *Alexander* WRP 2016, 139 (140); *Köhler*/Bornkamm/Feddersen, § 5a Rdn. 3.7; MüKo-UWG/*Alexander,* § 5a Rdn. 107.

[8] *Köhler* NJW 2016, 593, 596 f.; *Köhler*/Bornkamm/Feddersen, § 5a Rdn. 7.9.

[9] Vgl. BT-Drucks. 18/6571, S. 15.

[10] Vgl. BT-Drucks. 18/6571, S. 15.

Abs. 1 schließen, → § 5a Rdn. 46, 59; teils wird für das **Nichtkenntlichmachen des kommerziellen Zwecks** (§ 4 Nr. 3 a. F.) auch eine analoge Anwendung des § 5a Abs. 6 erwogen, **→ § 5a Rdn. 5.**

7 Zentrale Vorschrift ist **§ 5a Abs. 2 S. 1.** Er basiert auf Art. 7 Abs. 1 UGP-Richtlinie, der die **allgemeinen Anspruchsvoraussetzungen** der Irreführung durch Vorenthalten von Informationen regelt. Die **speziellen** Regelungen in **§ 5a Abs. 2–5** setzen Art. 7 Abs. 2–5 UGP-Richtlinie um. Sie enthalten in unionskonformer Auslegung keine eigenständigen Irreführungsverbote, sondern konkretisieren und ergänzen § 5a Abs. 2 S. 1.

8 **§ 5a Abs. 2** spezifiziert die tatbestandlichen Voraussetzungen eines „Vorenthaltens" von Informationen.

9 **§ 5a Abs. 3 und 4** postulieren in Umsetzung von Art. 7 Abs. 4 und 5 UGP-Richtlinie bestimmte Wesentlichkeitsvermutungen. Im Falle einer Aufforderung zum Kauf und soweit das Unionsrecht Informationspflichten für kommerzielle Kommunikation an anderer Stelle festlegt, gelten danach verschärfte Informationspflichten. Die Wesentlichkeitsvermutungen in Art. 7 Abs. 4 und 5 UGP-Richtlinie sollen die Rechtsstellung der Verbraucher ausschließlich verbessern; sie verdrängen daher Art. 7 Abs. 1 und 2 UGP-Richtlinie nicht. Das Nichtvorliegen der Voraussetzungen der Art. 7 Abs. 3 und 4 UGP-Richtlinie (§ 5a Abs. 3 und 4 UWG) schließt folglich nicht aus, dass sich das Vorenthalten von Pflichtinformationen **im konkreten Fall** unter Berücksichtigung aller Umstände nach allgemeinen Grundsätzen **(Art. 7 Abs. 1 und 2 UGP-Richtlinie)** als irreführend erweist. **Ein Vorrang der § 5a Abs. 3 und 4 vor § 5a Abs. 2 oder Abs. 6 besteht nach alledem nicht,**[11] auch neben **Abs. 6** bleiben § 5a Abs. 3 und 4 anwendbar. Das Vorenthalten von Pflichtinformationen aus anderen Harmonisierungsmaßnahmen i. S. d. § 5a Abs. 4 kann, sofern die Sondervorschrift nichts Abweichendes regelt, **im konkreten Fall unter Berücksichtigung aller Umstände** auch nach Maßgabe des **Art. 7 Abs. 1 und 2 UGP-Richtlinie** (§ 5a Abs. 2, 5, 6 UWG) irreführend sein.[12] Auf diese Weise ist zugleich sichergestellt, dass im Bereich der vertraglichen oder nachvertraglichen Informationsanforderungen aus anderen Harmonisierungsmaßnahmen, die nicht kommerzielle Kommunikation betreffen und daher nicht unter die Wesentlichkeitsvermutung des Art. 7 Abs. 5 UGP-Richtlinie/§ 5a Abs. 4 fallen, in jedem Fall trotzdem noch der **Basisschutz** der Richtlinie gewährleistet ist und **keine Schutzlücke** entsteht.

10 Ferner werden die Informationsanforderungen des **§ 5a Abs. 3 durch § 5a Abs. 4 nicht verdrängt.**[13] Art. 7 UGP-Richtlinie/§ 5a UWG ist allerdings im Anwendungsbereich europäischer Sondervorschriften **unionskonform anhand dieser Sondervorschriften** auszulegen, so dass von Art. 7 Abs. 1 und 2 UGP-Richtlinie abweichende oder diese ausschließende Regelungsinhalte der europäischen Sondervorschriften (nicht: nationaler Vorschriften in überschießender Umsetzung einer Mindestklausel, **→ § 5 Rdn. 53**) vorrangig sind.

Die fehlende Kenntlichmachung des kommerziellen Zwecks wurde auf Empfehlung des Rechtsausschusses in einem eigenen Absatz **(§ 5a Abs. 6)** geregelt, um klarzustellen, dass es sich insofern nicht um einen Unterfall des „Vorenthaltens" von Informationen handele.[14]

---

[11] EuGH, Urt. v. 26.10.2016, C-611/14, GRUR 2016, 1307, 1312 Rdn. 72 – Canal Digital Danmark/AS; BGH, Urt. v. 21.7.2016, LGA tested, I ZR 26/15, DE:BGH:2016:210716UIZR26, Rdn. 50 ff.

[12] Ebenso OLG Düsseldorf, GRUR-RR 2015, 158, 160; vgl. auch *Bergmann* in: FS Krämer, S. 163, 168 f.; *Körber/Heinlein* WRP 2009, 780, 785; Ohly/*Sosnitza,* 6. Aufl. 2014, § 5a Rdn. 31. – A. A. *Köhler,* WRP 2009, 109, 116 rSp., der jedenfalls für den Fall der „Aufforderung zum Kauf" den Katalog der Informationsanforderungen in § 5a Abs. 3 als abschließend ansieht; wieder anders *Zecca-Jobst,* Informationspflichten im Lauterkeits- und Vertragsrecht, 2015, S. 53 f.: Sperrwirkung des Art. 7 Abs. 5 UGP-Richtlinie für überschießende Umsetzung von Mindestklauseln und Informationspflichten, die sich nicht auf kommerzielle Kommunikation beziehen.

[13] EuGH, Urt. v. 26.10.2016, C-611/14, GRUR 2016, 1307, 1312 Rdn. 72 – Canal Digital Danmark/AS.

[14] Beschlussempfehlung und Bericht des Ausschusses für Recht und Verbraucherschutz zum Gesetzentwurf der Bundesregierung, zu Nummer 7 (§ 5a UWG-E), BT-Drucks. 18/6571, S. 16; dies entspricht dem Vorschlag *Köhlers,* WRP 2015, 1311, 1317.

Denn anders als beim Verheimlichen oder unklaren, unverständlichen, zweideutigen oder nicht rechtzeitigen Bereitstellen ist nach **Art. 7 Abs. 2 UPG-Richtlinie** beim Nichtkenntlichmachen des kommerziellen Zwecks die Voraussetzung der wesentlichen Information nicht zusätzlich zu prüfen.[15]

Nach dem 10. Erwägungsgrund der UGP-Richtlinie gilt diese Richtlinie nur insoweit, als keine **spezifischen Vorschriften des Gemeinschaftsrechts** vorliegen, die spezielle Aspekte unlauterer Geschäftspraktiken regeln, wie etwa Informationsanforderungen oder Regeln darüber, wie dem Verbraucher Informationen zu vermitteln sind. Im Anwendungsbereich solcher europäischer Sondervorschriften ist **§ 5a deshalb ausschließlich nach Maßgabe der Sondervorschriften unionskonform auszulegen,**[16] s. dazu näher → **§ 5 Rdn. 63.** Aufgrund der durch die UGP-Richtlinie bewirkten Vollharmonisierung müssen die Informationspflichten des deutschen Rechts jedoch seit Ablauf der Übergangsfrist am **12.6.2013** im Anwendungsbereich der UGP-Richtlinie genau dem europäischen Standard entsprechen.[17] Haben die Mitgliedstaaten auf der Grundlage von **Mindestklauseln** Informationsanforderungen eingeführt, die über das hinausgehen, was im Gemeinschaftsrecht geregelt ist **(überschießende Umsetzung),** so kommt das Vorenthalten dieser Informationen einem irreführenden Unterlassen nach der UGP-Richtlinie nicht gleich (vgl. Erwägungsgrund 15, S. 5 UGP-Richtlinie; näher → **§ 5 Rdn. 56**). Dies gilt auch in Bereichen mit Bezug zum Vertragsrecht, hier können die Mitgliedstaaten seit dem 13.6.2013 ebenfalls kein anderes Verbraucherschutznivau mehr durch eine überschießende Umsetzung von Mindestklauseln einführen oder aufrechterhalten, sondern lediglich Regelung zur Stärkung der individuellen vertraglichen Rechte treffen (vgl. Erwägungsgrund 15 UGP-Richtlinie, Art. 4 Verbraucherrechterichtlinie), → **§ 5 Rdn. 46, 53 ff.** 11

Das Verschweigen der betr. Tatsachen kann jedoch im konkreten Fall unter Berücksichtigung aller Umstände nach den **allgemeinen Grundsätzen in Art. 7 Abs. 1 und 2 UGP-Richtlinie**/§ 5a Abs. 1 und 2 UWG irreführend sein. 12

4. Konkurrenzen. a) Innerhalb des § 5a und zu § 5 UWG. Zum Verhältnis der einzelnen Tatbestände des § 5a zueinander s. oben **Rdn. 4 ff.** Zur **Abgrenzung zwischen § 5 und § 5a** ausführlich → **§ 5a Rdn. 39 ff.** 13

b) PAngV, LMIV u. a. Sondervorschriften. Im Anwendungsbereich besonderer Irreführungsverbote ist § 5a **unionskonform anhand dieser Sondervorschriften** auszulegen, s. näher → § 5a Rdn. 10 ff. und → **§ 5 Rdn. 63.** Die **Preisangabenrichtlinie** 98/6/EG regelt besondere Aspekte unlauterer Geschäftspraktiken im Sinne von Art. 3 Abs. 4 UGP-Richtlinie.[18] **Wenn nach der Preisangabenrichtlinie 98/6/EG keine Verpflichtung zur Angabe eines Verkaufspreises besteht, liegt** daher ein Vorenthalten von Informationen nach **§ 5a Abs. 2, 5 nicht darin, dass** in der Werbung **kein Verkaufspreis genannt wird.**[19] Ob der Unternehmer den Verbraucher mit der **Aufmachung** des Lebensmittels hinreichend über dessen Merkmale aufgeklärt hat, ist im Anwendungsbereich der LMIV ausschließlich nach den dortigen Regelungen zu beurteilen; denn die **sektorspezifischen Vorschriften der LMIV gehen der UGP-Richtlinie vor.** Nach der Rspr des BGH ist für eine ergänzende Anwendung des § 5a Abs. 3 Nr. 1 UWG/Art. 7 Abs. 4 UGP-Richtlinie hier daher kein Raum.[20] Für mögliche sonstige Aspekte der Geschäfts- 14

[15] *Köhler,* WRP 2014, 1410, 1412; *Ohly,* GRUR 2014, 1137, 1144.

[16] Vgl. EuGH, Urt. v. 23.1.2003, *Kommission/Österreich,* C-221/00, EU:C:2003:44; Urt. v. 8.11.2007, *Gintec,* C-374/05, EU:C:2007:654, Rdn. 38 f.; Urt. v. 16.7.2015, *Abcur,* C-544/13 und C-545/13, EU:C:2015:481, Rdn. 45 ff., 80 ff.; BGH GRUR 2002, 1091, 1092 – Bodensee-Tafelwasser; GRUR 2003, 628, 629 – Klosterbrauerei; GRUR 2008, 830, 831 – L-Carnitin II; GRUR 2010, 359, 361 – Vorbeugen mit Coffein; Urt. v. 2.12.2015, Himbeer-Vanille-Abenteuer II, I ZR 45/13, DE:BGH:2015:021215UIZR45.13.0, Rdn. 23.

[17] *Köhler* WRP 2013, 723 ff.; *v. Oelffen,* Rdn. 790 f.; *Ohly*/Sosnitza, 6. Aufl. 2014, § 4.11 Rdn. 11/7a.

[18] EuGH, Urt. v. 7.7.2016, C-476/14, GRUR 2016, 945, Rdn. 44 f. – Citroën.

[19] BGH, Urt. v. 10.11.2016, I ZR 29/15, GRUR 2017, 286 Rdn. 15 – Hörgeräteausstellung; *Köhler*/Bornkamm/Feddersen, Vorb PAngV Rdn. 11a.

[20] BGH, Urt. v. 2.12.2015, Himbeer-Vanille-Abenteuer II, I ZR 45/13, DE:BGH:2015:021215 UIZR45.13.0, Rdn. 23.

praktiken, die nicht unter die sektorspezifischen Vorschriften fallen, kann die UGP-Richtlinie hingegen in aller Regel **ergänzend** angewendet werden; sie fungiert insoweit als Sicherheitsnetz.[21]

15 **c) Vergleichende Werbung, § 6 UWG.** § 5a ist auch auf vergleichende Werbung i. S. d. § 6 anwendbar. Bei der irreführenden Werbung und der unzulässigen vergleichenden Werbung handelt es sich um zwei unterschiedliche Zuwiderhandlungen.[22] § 5 Abs. 3 verweist anders als Art. 4 lit. a) Werberichtlinie zwar nicht ausdrücklich auf die Vorschriften über die Irreführung durch Unterlassen. Dies folgt jedoch aus einer unionskonformen Auslegung des § 5a,[23] → § 5 Rdn. 1340. Für die Werberichtlinie ist seit langem anerkannt, dass eine vergleichende Werbung auch unter dem Gesichtspunkt der Unterlassung irreführend sein kann.[24]

16 **d) § 3a UWG.** Der **BGH** sieht § 5a und **§ 3a** nicht als Verhältnis von Spezialität und Subsidiarität, sondern wendet **§ 3a** bei Verstößen gegen Informationspflichten gleichrangig neben § 5a an und legt beide Anspruchsgrundlagen unionskonform aus.[25]

Vorzugswürdig erscheint es, § 5a als vorrangig anzusehen.[26] Erachtet man den Rückgriff auf § 3a für zulässig, darf dies nicht dazu führen, dass die differenzierten Vorgaben unterlaufen werden, die Art. 7 UGP-Richtlinie für die Irreführung durch Unterlassung aufstellt,[27] → **§ 5 Rn. 109.** Die neuere Rspr. trägt dem Rechnung: Wenn der Verstoß gegen eine Marktverhaltensregelung darin besteht, dass dem Verbraucher Informationen vorenthalten werden, ist er nur dann im Sinne des § 3a **spürbar,** wenn der Verbraucher die ihm vorenthaltene Information benötigt, um eine informierte Entscheidung zu treffen, und deren Vorenthalten geeignet ist, den Verbraucher zu einer geschäftlichen Entscheidung zu veranlassen, die er andernfalls nicht getroffen hätte; den Unternehmer trifft allerdings eine sekundäre Darlegungslast.[28]

17 **e) Datenschutzrecht.** Das Verhältnis zur **DSGVO** ist noch nicht abschließend geklärt.[29] Zu der im Mai 2018 aufgehobene Datenschutz-RL 95/46/EG hat der EuGH entschieden, dass diese einer nationalen Regelung nicht entgegen steht, die es Verbänden zur Wahrung von Verbraucherinteressen erlaubt, gegen den mutmaßlichen Verletzer zum Schutz personenbezogener Daten Klage zu erheben.[30] Nach hier vertretener Auffassung entfaltet die DSGVO keine Sperrwirkung und können Verstöße gegen Informationspflichten der DSGVO daher bei Vorliegen der Voraussetzungen des § 5a UWG auch von

[21] Vgl. Bekanntmachung der Kommission zur Anwendung des EU-Lebensmittel- und Verbraucherschutzrechts auf Fragen der Produkte von zweierlei Qualität – Der besondere Fall der Lebensmittel, ABL. C 327 v. 29.9.2017, S. 1–7; BGH, Urt. v. 2.12.2015, Himbeer-Vanille-Abenteuer II, I ZR 45/13, DE:BGH:2015:021215UIZR45.13.0, Rdn. 23.

[22] EuGH, Urt. v. 13.3.2014, Posteshop, C-52/13, EU:C:2014:150, Rdn. 25.

[23] *Köhler* GRUR 2013, 761, 763; GroßKommUWG/*Glöckner,* 2. Aufl. 2013, § 6 Rdn. 80; jurisPK-UWG/*Müller-Biding,* 3. Aufl. 2013, § 6 Rdn. 215; *Ohly*/Sosnitza, UWG, 7. Aufl. 2016, § 6 Rdn. 11.

[24] EuGH, Urt. v. 8.4.2003, Pippig Augenoptik, C-44/01, EU:C:2003:205, Rdn. 83.

[25] BGH, Urt. v. 14.1.2016, Wir helfen im Trauerfall, DE:BGH:2016:140116UIZR61.14.0, Rdn 10 ff.; Urt. v. 2.12.2015, Himbeer-Vanille-Abenteuer II, DE:BGH:2015:021215UIZR45.13.0, LS 3 und Rdn. 23; Urt. v. 28.3.2019, Kaffeekapseln, DE:BGH:2019:280319UIZR85.18.0.

[26] Ebenso OLG Frankfurt WRP 2017, 339 Rdn. 12; *Alexander* GRUR-Prax 2019, 289; *Köhler* GRUR 2016, 891, 897; *Köhler*/Bornkamm/Feddersen, § 3a Rdn. 1.19 und § 5a Rdn. 5.5; *Lettl* WRP 2019, 1265, 1274 f.; MüKo-UWG/*Alexander,* § 5a Rdn. 69; *Ohly*/Sosnitza, § 3a Rdn. 8a; *Steinbeck* WRP 2011, 1221 ff.; → § 5 Rdn. 108.

[27] Kritisch z. B. *Steinbeck* WRP 2011, 1221 ff.; s. auch *v. d. Decken/Heim* GRUR 2011, 745, 746.

[28] BGH, Urt. v. 31.10.2018, Jogginghosen, DE:BGH:2018:311018UIZR73/17.0, LS b) und Rdn. 30 ff.; BGH, Urt. v. 7.3.2019, I ZR 184/17, GRUR 2019, 746, 749 Rdn. 27 – Energieeffizienzklasse III; Urt. v. 28.3.2019, Kaffeekapseln, DE:BGH:2019:280319UIZR85.18.0, Rdn. 30 ff.; Urt. v. 24.9.2020, I ZR 169/17, GRUR 2021, 84, 87 f. Rn. 33 f. – Verfügbare Telefonnummer; s. auch *Büscher* WRP 2019, 1249 ff.

[29] S. dazu *Diercks* CR 2019, 95; *Ohly* GRUR 2019, 686, 693; *Splittka,* GRUR-Prax 2019, 272; *Uebele* GRUR 2019, 694, 703.

[30] EuGH, v. 29.7.2019, C-40/17, GRUR 2019, 977 Rdn. 63 – Fashion ID. Vgl. auch das noch anhängige Verfahren BGH, Beschl. v. 11.4.2019, I ZR 186/17 – BVZV./. Facebook.

Mitbewerber verfolgt werden. Verbraucherinformationspflichten der DSGV können, soweit sie die kommerzielle Kommunikation (→ **§ 5a Rdn. 184 ff.**) betreffen, insbesondere als wesentliche Informationsanforderungen über **§ 5a Abs. 4** UWG/Art. 7 Abs. 5 UGP-Richtlinie zur Durchsetzung über die Basisrichtlinie zu integrieren sein; → **§ 5 Rdn. 110 und § 5a Rdn. 184 ff.**

f) Sonstiges. Zum nationalen und europäischen Kontext und zu weiteren **Abgrenzungsfragen** → **§ 5 Rdn. 18 ff.** Zum Konkurrenzverhältnis und zur Frage der Durchsetzbarkeit von **Informationsanforderungen auf anderer Rechtsgrundlage** → **§ 5 Rdn. 53 ff. und für das Vertragsrecht** → **§ 5 Rdn. 83 ff.** 17a

II. Geschichte und Gesetzeszweck

1. Geschichte. Zur Historie des Irreführungsverbots allgemein s. die **Kommentierung zu** → **§ 5 Rdn. 5 ff.** 18

Die **Rechtsprechung** ging seit langem davon aus, dass Schweigen irreführend sein könne, wenn Umstände verschwiegen würden, über die der Werbende **aufklärungspflichtig** sei.[31] Eine Aufklärungspflicht bestehe jedoch nur, wenn das Publikum bei Unterbleiben des Hinweises in einem wesentlichen Punkt **getäuscht** werde, der den Kaufentschluss zu beeinflussen geeignet sei, und wenn dies zum Schutze des Verbrauchers auch unter Berücksichtigung der berechtigten Interessen des Werbenden **unerlässlich** sei.[32] In den Entscheidungen *„Haferschleim"*, *„Eis-Pralinen"* und *„Grobdesign"* wurde deshalb eine irreführende Unterlassung wegen des Fehlens gesetzlich vorgeschriebener Kennzeichnungen von einer dadurch bewirkten **Fehlvorstellung** des Verkehrs über die Eigenschaften oder die Herstellungsart der Ware abhängig gemacht.[33] In seiner Entscheidung *„Gesamtpreisangebot"* stellte der BGH klar, dass auch bei Koppelungsangeboten eine Irreführung nur angenommen werden könne, wenn der Verkehr über den Wert des Produkts getäuscht werde und eine allgemeine Verpflichtung zu aufklärenden Hinweisen nicht bestehe.[34] 19

An dieser Rechtsprechung hielt der BGH auch nach der **UWG-Reform 2004** fest. Aus § 5 Abs. 2 S. 2 a. F. ergebe sich keine Pflicht zu einer umfassenden Aufklärung; eine solche werde von einem verständigen Verbraucher auch nicht erwartet. Die Verpflichtung zu aufklärenden Angaben besteht vielmehr nur dann, wenn andernfalls die Gefahr drohe, dass der Verbraucher entweder durch unzureichende Information[35] oder durch Täuschung über den tatsächlichen Wert des Angebots, insbesondere über den Wert einer angebotenen Zusatzleistung, in unlauterer Weise beeinflusst werde.[36] Zur Begründung verwies der BGH darauf, dass Informationspflichten nur in den (vormaligen) § 4 Nr. 5 und Nr. 6 für bestimmte Verkaufsförderungsmaßnahmen normiert worden seien und der Gesetzgeber von der Einführung eines allgemeinen Transparenzgebots ausdrücklich abgesehen habe.[37] 20

Durch die UWG-Reform 2008 ist die Irreführung durch Unterlassen für das Verhältnis B2C **grundlegend reformiert** worden. Abweichend von der früheren Rechtslage haben 21

[31] BGH GRUR 1985, 450, 451 – Benzinverbrauch; GRUR 1999, 1122, 1123 – EG-Neuwagen I; GRUR 1999, 1125, 1126 – EG-Neuwagen II; GRUR 2000, 616, 618 – Auslaufmodelle III; GRUR 2002, 182, 185 – Das Beste jeden Morgen.

[32] BGH GRUR 1999, 1122, 1123 – EG-Neuwagen I; GRUR 1999, 1017, 1018 – Kontrollnummernbeseitigung; GRUR 1999, 1125, 1126 – EG-Neuwagen II; GRUR 2000, 616, 618 – Auslaufmodelle III; GRUR 2002, 182, 185 – Das Beste jeden Morgen; GRUR 2003, 538, 539 – Gesamtpreisangebot.

[33] BGH GRUR 1958, 32, 33 – Haferschleim; GRUR 1958, 492, 496 – Eis-Pralinen; GRUR 1964, 269, 271 – Grobdesin.

[34] BGH GRUR 2003, 538, 539 – Gesamtpreisangebot.

[35] BGH GRUR 2008, 729, 731 – Werbung für Telefondienstleistungen; vgl. BGH GRUR 2002, 976 – Koppelungsangebot I.

[36] BGH GRUR 2008, 729, 731 – Werbung für Telefondienstleistungen; vgl. BGH GRUR 2003, 538 – Gesamtpreisangebot; GRUR 2006, 161, 163 – Zeitschrift mit Sonnenbrille.

[37] *BGH* GRUR 2006, 161, 163 – Zeitschrift mit Sonnenbrille; GRUR 2007, 247, 250 – Regenwaldprojekt I; GRUR 2007, 251, 252 – Regenwaldprojekt II.

Informationspflichten gegenüber dem Verbraucher in das UWG Einzug gehalten. An die frühere Spruchpraxis kann nur noch angeknüpft werden, soweit es um den geschäftlichen Verkehr mit anderen Marktteilnehmern und Unternehmern geht.

22 **UWG-Reform 2015.** Aufgrund von Beanstandungen der Europäischen Kommission, die eine unzureichende Umsetzung der UGP-Richtlinie gerügt hatte, wurde der Wortlaut des § 5a in der Fassung der Bekanntmachung vom **3.3.2010** (BGBl. I S. 254), zuletzt geändert durch Art. 6 des Gesetzes vom **1.10.2013** (BGBl. I S. 3714), durch das zum 10.12.2015 in Kraft getretene Zweite Gesetz zur Änderung des UWG stärker an die unionsrechtlichen Vorgaben angepasst. Hierbei wurden die Absätze 5 und 6 eingefügt und Abs. 2 umformuliert und ergänzt. **§ 4 Nr. 3** ist entfallen, da der Regelungsgehalt sich nunmehr in § 5a und dort zum Schutz von Verbrauchern insbesondere in Abs. 6 findet.[38]

23 **§ 4 Nr. 4 und 5** wurden gestrichen, da diese Fälle durch §§ 5, 5a geregelt seien.[39] Inhaltliche Veränderungen gehen mit der Novellierung für § 5a nicht einher, da die Vorschrift schon bislang unionskonform auszulegen war.

24 **2. Gesetzeszweck.** Wie § 5 **bezweckt** auch § 5a den Schutz der Verbraucher, der Mitbewerber und sonstiger Marktteilnehmer vor unlauterem Wettbewerb. Die Irreführung ***von* Mitbewerbern** wird allerdings aufgrund der Änderung des § 5 Abs. 1 durch das Zweite Änderungsgesetz bei Sachverhalten nach dem 10.12.2015 von § 5 nicht mehr erfasst. Das gilt trotz fehlender ausdrücklicher Klarstellung im Wortlaut auch für § 5a Abs. 1, **s. → § 5 Rdn. 139.** Die **Irreführung *von* Mitbewerbern wird daher von § 5a Abs. 1 UWG (2015) nicht mehr erfasst.**[40]

25 Eine Verkürzung des durch das Verbot der Irreführung von Verbrauchern und sonstigen Marktteilnehmern ***mittelbar* mitbezweckten Schutzes der Mitbewerber ist mit der Gesetzesänderung hingegen nicht verbunden,**[41] s. **näher → § 5 Rdn. 140.**

III. Informationspflichten in § 5a im Überblick und Grundsatz

26 **1. Strukturelle Änderungen durch das UWG (2008).** Durch das UWG (2008) wurde erstmals mit dem neu in das UWG eingefügten § 5a UWG eine eigenständige Regelung der „Irreführung durch Unterlassen" geschaffen. Bereits das UWG (2008) unterschied zwischen dem Verschweigen (§ 5a Abs. 1) und dem Vorenthalten (§ 5a Abs. 2 bis 4) von Informationen;[42] diese Differenzierung behält der im Zuge der Reform 2015 um zwei neue Absätze (Abs. 5 und 6) ergänzte § 5a UWG (2015) bei.[43] Als Irreführung durch **Verschweigen** (§ 5a Abs. 1) bezeichnet das Gesetz die früher in § 5 Abs. 2 S. 2 geregelten Fälle einer Aufklärungspflichtverletzung. Demgegenüber stellt die Art. 7 UGP-Richtlinie umsetzende Irreführung durch **Vorenthalten** von Informationen in § 5a Abs. 2 bis 6 ein Novum im deutschen Wettbewerbsrecht dar. Nach Umsetzung der UGP-Richtlinie stellt sich deshalb die Frage nach Informationspflichten im UWG neu, und zwar umso drängen-

[38] Beschlussempfehlung und Bericht des Ausschusses für Recht und Verbraucherschutz zum Gesetzentwurf der Bundesregierung, BT-Drucks. 18/6571, S. 15.

[39] Beschlussempfehlung und Bericht des Ausschusses für Recht und Verbraucherschutz zum Gesetzentwurf der Bundesregierung, BT-Drucks. 18/6571, S. 15.

[40] Der Schutz **sonstiger Marktteilnehmer** bleibt durch die Gesetzesänderung unberührt. Sonstige Marktteilnehmer werden durch § 5a Abs. 1 UWG (2015) weiterhin geschützt. Hier liegt der zentrale Anwendungsbereich der Vorschrift, da Verbraucher durch § 5a Abs. 2–6 UWG (2015) geschützt sind.

[41] Auf das Erfordernis der strengen Differenzierung zwischen der Irreführung von Mitbewerbern und dem durch das Verbot der Irreführung von Verbrauchern und sonstigen Marktteilnehmern mitbezweckten Schutz der Mitbewerber weist *Köhler* in seiner Stellungnahme zum RefE bereits ausdrücklich hin (WRP 2014, 1410, 1416 Rn. 57 Fn. 48).

[42] Köhler/*Bornkamm,* 33. Aufl. 2015, § 5a Rn. 4; Götting/Nordemann/*Nordemann,* 2. Aufl. 2013, § 5a Rn. 1 ff. und 11 ff.; Fezer/*Peifer,* 2. Aufl. 2010, § 5a Rn. 5; MüKo-UWG/*Alexander,* 3. Aufl. 2019, § 5a Rn. 43 ff.; jurisPK-UWG/*Seichter,* 3. Aufl. 2013, § 5a Rn. 15; Ohly/*Sosnitza,* 6. Aufl. 2014, § 5a Rn. 1 ff. – AA Großkommuwg/*Lindacher,* 2. Aufl. 2013, § 5a Rn. 3 ff.: einheitliches Regelungskonzept.

[43] *Alexander,* WRP 2016, 139, 140.

der, als in diesem Punkt schon hinsichtlich der Auslegung der Richtlinie selbst bislang kein Konsens erzielt werden konnte.[44]

2. Verletzung von Aufklärungspflichten als irreführendes Unterlassen (§ 5a Abs. 1). Der sowohl im Verhältnis B2B als auch im Verhältnis gegenüber sonstigen Marktteilnehmern geltende § 5a Abs. 1[45] **knüpft an die alte Rechtslage an.** Echte Informationspflichten werden durch die Vorschrift nicht geschaffen.[46] Vielmehr ist wie zuvor nach § 5 Abs. 2 S. 2 UWG 2004 Schweigen auch nach § 5a Abs. 1 n. F. nur irreführend, wenn der Verkehr dadurch in einem **wesentlichen** Punkt, der die geschäftliche Entscheidung zu beeinflussen geeignet ist, **getäuscht** wird und die **Aufklärung** zum Schutze des Verkehrs auch unter Berücksichtigung der berechtigten Interessen des Unternehmers **unerlässlich** ist. Nach der Rechtsprechung des **BGH** ist es deshalb nicht erforderlich, im Anwendungsbereich des § 5a Abs. 1 UWG 2008 und § 5 UWG 2004 zwischen der vor und der nach dem 30.12.2008 geltenden Rechtslage zu unterscheiden.[47] 27

§ 5a Abs. 1 ist jedoch in einer Hinsicht **weiter als § 5 Abs. 2 S. 2 2004.** Anders als dieser schützt er nicht nur vor irreführender Werbung, sondern vor irreführenden Geschäftspraktiken jeder Art. Dementsprechend ist für die Irreführungseignung von Schweigen insbesondere die Bedeutung der verschwiegenen Information für die „geschäftliche Entscheidung" des Verkehrs zu beachten. **„Geschäftliche Entscheidung"** ist dabei nach der Legaldefinition in Art. 2 lit. k UGP-Richtlinie nicht nur die Entscheidung darüber, ob ein Geschäft getätigt wird, sondern auch darüber, ob eine **Zahlung insgesamt oder teilweise geleistet, ein Produkt behalten oder abgegeben oder ein vertragliches Recht im Zusammenhang mit dem Produkt ausgeübt** wird oder nicht. Schweigen kann folglich auch irreführend sein, wenn Umstände verschwiegen werden, welche – wie Widerrufsrechte oder Vertragsbedingungen – die **Vertragsabwicklung** oder die **Beendigung des Vertrags** betreffen. 28

3. Irreführung durch Verletzung echter Informationspflichten (§ 5a Abs. 2 bis 6). § 5a Abs. 2 bis 6 gelten nur im geschäftlichen Verkehr gegenüber Verbrauchern. Das Vorenthalten von Umständen konnte nach der bis 2008 geltenden Rechtslage eine Irreführung nur begründen, wenn Umstände „verschwiegen" wurden, also eine in der konkreten Situation erwartete Information unterlassen wurde und dies geeignet war, den **Verkehr zu täuschen,** s. → § 5a Rn. 19 ff. Die „bloße" Nichterteilung von Informationen, deren Fehlen zu keiner Fehlvorstellung des Verkehrs führte, wurde nicht erfasst. Demgegenüber lässt § 5a Abs. 2 bis 4 für die Irreführung durch Unterlassen unter bestimmten Voraussetzungen schon ein „Vorenthalten" von Informationen ausreichen.[48] 29

a) Die Wesentlichkeitsvermutungen in § 5a Abs. 3 und 4. Zumindest § 5a Abs. 3 und 4 enthalten **abweichend vom bisherigen Recht echte Informationspflichten.**[49] Irreführend kann in ihrem Anwendungsbereich nicht mehr nur sog. **„sprechendes Schweigen"** sein, bei dem die fehlende Information eine konkrete Fehlvorstellung hervorruft (zB dass Zubehör nicht erforderlich ist, weil der Unternehmer auf diese Notwen- 30

[44] S. nur *Apostolopoulos* GRUR Int. 2005, 292, 296 ff.; *Fezer* WRP 2006, 781, 787 ff.; *Gamerith* WRP 2005, 391, 422; *Glöckner/Henning-Bodewig* WRP 2005, 1311, 1332 ff.; Hefermehl/Köhler/*Bornkamm,* § 5 Rn. 1.26; *Keßler* WRP 2005, 1203, 1211 f.; *ders.* WRP 2007, 714, 715 ff.; *Seichter* WRP 2005, 1087, 1092 ff.; *Steinbeck* WRP 2006, 632, 635 f.

[45] H. M., vgl. Amtl. Begr. BT-Drucks. 16/10145, S. 25; BGH GRUR 2011, 846 Rn. 14, 21 – Kein Telekom-Anschluss nötig; Urt. v. 16.11.2017, Knochenzement II, DE:BGH:2017:161117UIZR160.16.0, Rn. 38; Ohly/*Sosnitza,* § 5a Rn. 3; *Köhler*/Bornkamm/Feddersen, § 5a Rn. 2.4; jurisPK-UWG/*Seichter,* § 5a Rn. 14. Zur Kritik an dieser Regelungsstruktur s. näher *Alexander* WRP 2013, 716, 718 ff.

[46] Ebenso *Bornkamm* WRP 2012, 1, 2.

[47] BGH GRUR 2011, 846 – Kein Telekom-Anschluss nötig.

[48] Ebenso *Köhler*/Bornkamm/Feddersen, § 5a Rn. 3.23 f.; *Zecca-Jobst,* Informationspflichten im Lauterkeits- und Vertragsrecht, 2015, S. 55.

[49] So auch die Amtl. Begr. zum RegE, BT-Drucks. 16/10 145, S. 25; BGH GRUR 2012, 1275, 1277 Rn. 36 – Zweigstellenbriefbogen; *Köhler*/Bornkamm/Feddersen, § 5a Rn. 3.24. – AA *Böhler* S. 126 ff.

digkeit nicht hingewiesen hat), sondern auch **„echtes Schweigen",** dh das bloße Fehlen von Informationen, über die sich der Verkehr überhaupt keine Gedanken macht, bzgl. derer er also auch keiner konkreten Fehlvorstellung unterliegt (z. B.: Hinweis auf ein bestehendes Widerrufsrecht fehlt).

31 Ganz deutlich wird dieses Verständnis bei dem auf Art. 7 Abs. 5 UGP-Richtlinie beruhenden § 5a Abs. 4, der postuliert, dass **die im Unionsrecht für kommerzielle Kommunikation geregelten Informationspflichten** bei geschäftlichen Handlungen gegenüber Verbrauchern als wesentlich gelten. Den dort geregelten Informationspflichten geht es nicht um das Ausräumen konkreter Fehlvorstellungen, sondern um eine Versorgung des Verbrauchers mit bestimmten **Mindestinformationen,** die er für eine informierte geschäftliche Entscheidung benötigt.

32 Aber auch der auf Art. 7 Abs. 4 beruhende § 5a Abs. 3 führt Informationspflichten in das Irreführungsverbot ein. Nach der dortigen Regelung wird, wie bei § 5a Abs. 4, die **Wesentlichkeit bestimmter Informationen vermutet,** ohne dass es darauf ankommt, ob ihr Fehlen beim Verbraucher eine Fehlvorstellung bewirkt.[50] Dabei erstreckt § 5a Abs. 3 Nr. 5 den Anwendungsbereich der Vermutung auch auf Informationen über Umstände, über die sich der Verbraucher beim Fehlen entsprechender Informationen, wie über **Rücktritts- und Widerrufsrechte,** idR gar keine Gedanken macht.

33 **b) Ausweitung des Irreführungsverbots in den Bereich der Verletzung echter Informationspflichten hinein durch § 5a Abs. 2.** Zweifelhaft ist, ob über den von § 5a Abs. 3 und 4 begründeten Umfang hinaus auch durch § 5a Abs. 2, der Art. 7 Abs. 1 bis 3 UGP-Richtlinie umsetzt, „echte" Informationspflichten geschaffen werden. Während eine Auffassung dies bejaht,[51] bleibt es nach der Gegenmeinung hinsichtlich der allgemeinen Regelungen über die Irreführung durch Unterlassung bei der deutschen Praxis.[52]

34 Die Formulierung in Art. 7 Abs. 1 UGP-Richtlinie, eine Geschäftspraxis gelte als irreführend, wenn sie dem Verbraucher die Informationen vorenthalte, die er für eine **„informierte Entscheidung"** benötige, spricht bei der gebotenen richtlinienkonformen Auslegung für eine **Vorverlagerung des irreführenden Unterlassens** in den Bereich hinein, in dem im konkreten Fall **Fehlvorstellungen nicht entstehen, weil der Verbraucher nicht weiß, dass er eine Information benötigt.** Ein Beispiel: Die Teilnehmer einer Verkaufsfahrt machen sich über etwaige Widerrufsrechte gar keine Gedanken; sie unterliegen deshalb auch nicht dem Irrtum, derartige Widerrufsrechte bestünden nicht. Entscheidend ist dem Wortlaut des Art. 7 Abs. 1 UGP-Richtlinie nach nicht, ob der Verbraucher einer Fehlvorstellung unterliegt, sondern ob er über die für eine informierte geschäftliche Entscheidung erforderlichen Informationen verfügt, seine Entscheidung also auf einer tragfähigen Grundlage treffen kann. Dieser Gedanke kommt auch im **8. Erwägungsgrund** der UGP-RL zum Ausdruck, nach dem die Richtlinie **unmittelbar die wirtschaftlichen Interessen der Verbraucher schützt.** Wirtschaftliche Interessen der Verbraucher werden nicht nur verletzt, wenn der Verbraucher im Hinblick auf ihm für eine informierte geschäftliche Entscheidungen fehlende Informationen einer relevanten Fehlvorstellung unterliegt (z. B.: verspätete Ausübung des Widerrufsrechts, weil Widerrufsbelehrung fehlerhaft ist), sondern gleichermaßen auch dann, wenn der Verbraucher bestimmte Fakten bei dieser Entscheidung nicht berücksichtigen kann, weil er sich über sie weder selbst Gedanken macht noch auf sie hingewiesen wird (z. B.: unterlassene Ausübung des Widerrufsrechts, weil Widerrufsbelehrung ganz fehlt). Eine irreführende Unterlassung lässt sich dann auch nicht mit dem Argument verneinen, die Informationen, die der Durchschnittsverbraucher nicht erwarte, würden ihm nicht **„vorenthalten".** Das Vorenthalten einer

[50] BGH GRUR 2012, 943, 944 Rn. 13 – Call by Call GRUR 2020, 1226 Rn. 37 – LTE-Geschwindigkeit; *Lindacher,* FS Spellenberger, 2010, S. 43, 46 f.; Ohly/*Sosnitza,* § 5a Rn. 10.

[51] In diesem Sinne *Apostolopoulos* GRUR Int. 2005, 292 ff., 299; *Fezer* WRP 2006, 781, 787; *ders.* WRP 2007, 1021, 1026 ff.; *Keßler* WRP 2005, 1212; MüKo-UWG/*Micklitz* Einl. F 200; *Peifer* WRP 2008, 556, 559.

[52] *Seichter* WRP 2005, 1087, 1093.

Information setzt schon begrifflich anders als das Verschweigen von Umständen (§ 5a Abs. 1) gerade nicht voraus, dass sich der Durchschnittsverbraucher über die vorenthaltene Information konkrete Vorstellungen macht, sondern nur, dass das Maß an Information hinter dem zurückbleibt, was **erwartet werden darf.**

Ein solch weites Verständnis von Art. 7 Abs. 1 UGP-Richtlinie, § 5a Abs. 2 UWG steht **35** nicht in Widerspruch zu der Eingliederung des Art. 7 Abs. 1 in den mit **„Irreführende Geschäftspraktiken"** überschriebenen Abschnitt 1 des Kap. 2. Die Annahme, es bedürfe für eine irreführende Geschäftspraxis einer Fehlvorstellung des Verkehrs über den betreffenden Umstand, ist typisch deutsch und wurzelt im überkommenen empirischen Verbraucherverständnis. Dieses setzt bei der **nachgewiesenen** Täuschung an und tut sich deshalb verständlicherweise schwer mit der Einordnung von Verhaltensweisen als „Irreführung", die zu keiner nachgewiesenen Fehlvorstellung des Verkehrs führen. Das europäische Recht wählt jedoch einen anderen Ansatz. Nach dem ihm zu Grunde liegenden normativen Verbraucherbegriff **liegt das Irreführungspotential einer geschäftlichen Handlung darin, dass der Verbraucher nicht die Information erhält, die er in der entsprechenden Situation erwarten darf.** Von diesem Standpunkt aus lässt sich ein Verständnis der „Irreführung durch Vorenthalten von Informationen", das auch die Nichterteilung von Informationen erfasst, die ein Durchschnittsverbraucher für eine informierte Entscheidung benötigt, **gerade weil er sich über den betr. Umstand selbst keine Gedanken macht,** ohne Weiteres mit dem Irreführungsverbot in Einklang bringen. Die Aufklärungspflichten, die hinsichtlich der für eine informierte geschäftliche Entscheidung erforderlichen Informationen bestehen, bilden dann gewissermaßen das **Pendant für die Absenkung des Schutzstandards,** der mit der Anknüpfung des Irreführungsbegriffs an die Sicht des angemessen verständigen, informierten und aufmerksamen „Durchschnittsverbrauchers" verbunden ist.

Hierdurch werden die in Art. 7 Abs. 4 und Abs. 5, § 5a Abs. 3 und 4 UWG enthaltenen **36** Rechtsvermutungen nicht überflüssig. Dem europäischen Gesetzgeber ging es nach dem **14. Erwägungsgrund** der Richtlinie darum, durch sie eine bestimmte Anzahl von **Basisinformationen** festzulegen, die der Verbraucher benötigt, um eine informierte geschäftliche Entscheidung zu treffen. Die Anerkennung darüber hinausgehender Informationspflichten unter den in Art. 7 Abs. 1 geregelten Voraussetzungen wird dadurch nicht ausgeschlossen. Die noch im Richtlinienentwurf enthaltene Formulierung des Art. 7 Abs. 3, bei Geschäftspraktiken vor einer kommerziellen Transaktion könne ein irreführendes Unterlassen nur auftreten, falls der Gewerbetreibende zur Abgabe eines Angebots auffordere,[53] findet sich in der endgültigen Fassung der UGP-Richtlinie nicht mehr. Auch birgt die Möglichkeit einer von konkreten Fehlvorstellungen losgelösten Auslegung des Irreführungsbegriffs nicht die Gefahr, dass die nach der Wertung des Gesetzgebers gegebene Beschränkung des § 5a Abs. 4 UWG, Art. 7 Abs. 5 UGP-Richtlinie auf die im *Gemeinschaftsrecht* vorgesehenen Informationsanforderungen entwertet wird.[54] Die Gefahr, dass die abschließende Liste gemeinschaftlicher Informationspflichten, die durch § 5a Abs. 4 UWG, Art. 7 Abs. 5 UGP-Richtlinie in das Irreführungsverbot einfließen, im nationalen Alleingang ausgeweitet und dadurch das Harmonisierungsziel gefährdet wird, besteht nicht, weil Art. 7 Abs. 1, § 5a Abs. 2 einerseits und Art. 7 Abs. 5, § 5a Abs. 4 andererseits einen unterschiedlichen Ansatz wählen: Während die im Gemeinschaftsrecht enthaltenen Informationsanforderungen in Bezug auf kommerzielle Kommunikation stets als wesentlich gelten, entscheidet nach Art. 7 Abs. 1, § 5a Abs. 2 eine **situationsbezogene Betrachtung** über die Wesentlichkeit der betr. Informationen. Nach Art. 7 Abs. 1, § 5a Abs. 2 bestehen Informationspflichten außerhalb der Wesentlichkeitsvermutungen immer nur im

[53] Art. 7 Abs. 3 des Vorschlags für eine RLuG, KOM/2003/0356 endg. – COD 2003/0134.

[54] Nach dem 15. Erwägungsgrund der RL werden nur die nach dem Gemeinschaftsrecht vorgesehenen Informationsanforderungen nach Art. 7 Abs. 5 als wesentlich angesehen. Nationale Informationsanforderungen stehen ihnen nicht gleich.

konkreten Einzelfall, wenn ein für die informierte Entscheidung des Verbrauchers im konkreten Einzelfall erforderlicher Umstand vorenthalten wird.

37 Wortlaut und Gesetzesgeschichte des § 5a Abs. 2 bis 4 machen deutlich, dass für Verbraucher mittels dieser Vorschrift eine einheitliche und umfassende Umsetzung von Art. 7 erfolgen sollte. Die vormals nur vereinzelt an anderer Stelle (§ 4 Nr. 1–6 UWG a. F.) im UWG enthaltenen Informations- und Transparenzgebote waren ohnehin im Hinblick auf ihren durchweg begrenzten Anwendungsbereich nicht geeignet, Art. 7 Abs. 1 UGP-Richtlinie umfassend zur Wirksamkeit zu verhelfen. Daraus folgt die Notwendigkeit einer **richtlinienkonformen Auslegung des § 5a Abs. 2 bis 4** im genannten Sinne.

38 **Nach § 5a Abs. 2–4** kommt es für die Irreführung durch Unterlassen folglich **nicht** mehr auf eine **konkrete Fehlvorstellung** des Verbrauchers über den nicht offengelegten Umstand an,[55] sondern darauf, dass ein für die geschäftliche Entscheidung wesentlicher Umstand in relevanter Weise vorenthalten wird. **„Echtes Schweigen"**, also die unterlassene Information des Durchschnittsverbrauchers über Umstände, die für eine informierte geschäftliche Entscheidung zwar bedeutsam sind, über die sich der Durchschnittsverbraucher aber keine Gedanken macht, kann eine Irreführung durch Unterlassen i. S. v. § 5a Abs. 2 nicht nur begründen, wenn die Wesentlichkeit der vorenthaltenen Information nach Abs. 3 oder 4 vermutet wird, sondern auch dann, wenn andere i. S. d. § 5a Abs. 2 wesentliche Umstände nicht offenbart werden. Angesichts der umfassenden Regelungen in § 5a Abs. 3 und 4 und der Beschränkung des Anwendungsbereichs des § 5a Abs. 2 auf das Verhältnis B2C wird dem aber kaum große praktische Bedeutung zukommen.[56]

IV. Abgrenzung zwischen irreführenden Angaben und irreführendem Unterlassen

39 § 5 und § 5a haben eigenständige Anwendungsbereiche, so dass hinsichtlich ein und derselben Information, anders als wenn mehrere Angaben betroffen sind, immer nur entweder § 5 oder § 5a einschlägig ist.[57] Daraus folgt die Notwendigkeit der Abgrenzung beider Vorschriften.

40 **Bloßes Schweigen** im Sinne eines Nichtoffenbarens einer Information kann keine Angabe i. S. d. § 5 sein, weil ihm der Verkehr keine Information entnimmt. Hier kann nur § 5a einschlägig sein.

41 Entnimmt der Verkehr einer unterlassenen Information hingegen eine **„sprechende Bedeutung"**, kommt grundsätzlich sowohl § 5 als auch § 5a in Betracht. Art. 7 Abs. 2 UGP-Richtlinie stellt klar, dass trotz des Ansatzes des Irreführungsverbots durch Unterlassen bei der Informationspflichtverletzung des Unternehmers auch durch erteilte Informationen i. S. d. Norm irregeführt werden kann, wenn die Informationen auf unklare, unverständliche oder zweideutige Weise bereitgestellt werden.[58] Für die Abgrenzung zwischen der Irreführung durch Handlung und durch Unterlassen ist entscheidend, ob der durchschnittlich (angemessen) aufmerksame, verständige und informierte Verbraucher in der konkreten Situation die Aussage des Unternehmers nur um die **Lücke schließt,** die eine vermeintlich fehlende Information lässt (dann § 5a), oder ob er aus den gegebenen Angaben falsche Schlüsse zieht (dann § 5, selbst wenn korrigierende bzw. aufklärende Hinweise die

---

[55] *Alexander,* WRP 2013, 716, 718; *v. Oelffen* Irreführung durch Unterlassen – Ein neuer Tatbestand im UWG, 2012, Rdn. 64 ff.; a. A. *Seichter* WRP 2005, 1087, 1093.

[56] Ebenso *Zecca-Jobst,* Informationspflichten im Lauterkeits- und Vertragsrecht, 2015, S. 55; a. A. *Bornkamm* WRP 2012, 1, 4.

[57] Ebenso *Blasek* GRUR 2010, 396, 400; *Emmerich* JuS 2012, 651, 652; *Steinbeck* WRP 2011, 1221, 1222; Gloy/Loschelder/Danckwerts/*Helm/Sonntag/Burger,* HdbWettbR, § 59 Rdn. 92; a. A. *Bornkamm* WRP 2012, 1, 3; *Köhler*/Bornkamm/Feddersen, § 5a Rdn. 1.16, der die hier in Rdn. 28 vertretene Auffassung zur Abgrenzung zwar teilt (Rdn. 1.14), sich jedoch in Anbetracht der praktischen Abgrenzungsschwierigkeiten dafür ausspricht, §§ 5, 5a nebeneinander anzuwenden.

[58] BGH, Urt. v. 4.2.2016, *Fressnapf,* DE:BGH:2016:040216UIZR194.14.0, Rdn. 23 sowie LS; vgl. EuGH, Urt. v. 26.10.2016, C-611/14, GRUR 2016, 1307 – Canal Digital Danmark/AS; BGH GRUR 2018, 199, 202 Rdn. 33 – 15 % MwSt. GESCHENKT.

Täuschungseignung beseitigen könnten).[59] Zu fragen ist folglich: **Ergänzt der Verkehr die geschäftliche Handlung nur im negativen Sinne um scheinbar fehlende Bestandteile?** Dann liegt Verschweigen oder Vorenthalten von Informationen im Sinne des § 5a vor. **Oder ist die Fehlvorstellung durch die gemachten Angaben entstanden und besteht das „Unterlassen" nur darin, dass sie nicht ausgeräumt wird?** Dann ist § 5 einschlägig, denn die Irreführung ist auf positives Tun des Unternehmers zurückzuführen.[60]

Ein Beispiel: Verschweigt der Werbende, dass für die Verwendungsmöglichkeit der Ware Zubehörteile erforderlich sind, die gesondert erworben werden müssen, so führt er den Verkehr durch Unterlassen irre (§ 5a).[61] Bewirbt er das Produkt als „Komplettangebot" und versteht der Durchschnittsumworbene dies dahin, dass Zubehör im Preis enthalten ist, liegt ein Fall der Irreführung durch positive (konkludente) Angaben vor (§ 5). Den Prüfungsrahmen **(Streitgegenstand)** bestimmt der Kläger durch seinen **Klageantrag und die Klagebegründung;**[62] s. näher → **§ 5 Rn. 1390.** 42

Eine ausführliche Abgrenzung findet sich → § 5 Rdn. 209 ff. 43

Wegen des Sachzusammenhangs werden einzelne Fallgruppen der Irreführung durch Unterlassen zusätzlich auch in § 5 erörtert; **auf die Kommentierung der einzelnen Bezugspunkte des § 5 wird verwiesen.** 44

V. Der Irreführungstatbestand des § 5a Abs. 1

1. Anwendbarkeit auf Verbraucher und sonstige Marktteilnehmer. Die bereits für § 5a Abs. 1 UWG (2008) teils angenommene oder geforderte klare Trennung der Bereiche B2B und B2C hat der Gesetzgeber auch bei der UWG-Novelle 2015 für § 5a Abs. 1 nicht vollzogen. 45

Allerdings wurde die Irreführung von **Mitbewerbern** im Zuge der Gesetzesreform 2015 **ausgeklammert** und fällt nicht mehr unter § 5a Abs. 1 UWG (2015), s. → **§ 5a Rdn. 24** und **§ 5 Rdn. 139.** 46

Der Anwendungsbereich des § 5a Abs. 1 ist jedoch nach der UWG-Novelle unverändert auch für die Irreführung von Verbrauchern eröffnet. Dies folgt aus dem Wortlaut, der unverändert blieb und im Gegensatz zu § 5a Abs. 2 nicht zwischen Verbrauchern und sonstigen Marktteilnehmern differenziert, und der deutlichen Positionierung der Gesetzesbegründung.[63] **§ 5a Abs. 1 gilt somit für Verbraucher und sonstige Marktteilnehmer.**[64] Die Anwendung auf sonstige Markteilnehmer ist durch Art. 8 Abs. 1 S. 1 der Werberichtlinie 2006/114/EG unionsrechtlich gerechtfertigt.[65] Im vollharmonisierten Bereich B2C ist der Irreführungsschutz durch Art. 6, Art. 7 UGP-Richtlinie abschließend vorgegeben und Art. 7 UGP-Richtlinie inzwischen durch § 5a Abs. 2–6 korrekt umgesetzt, sodass sich über § 5a Abs. 1 kein anderes Ergebnis als nach § 5a Abs. 2–6 ergeben kann;[66] **praktische Bedeutung kommt dem unionskonform auszulegenden § 5a** 47

[59] Ähnlich OLG Hamm GRUR-RR 2011, 189; Fezer/*Peifer,* § 5 Rdn. 246.

[60] Ebenso *Blasek* GRUR 2010, 396, 400. Ebenso auch *Köhler*/Bornkamm/Feddersen, § 5a Rdn. 1.14, der sich im Hinblick auf praktische Abgrenzungsschwierigkeiten jedoch dafür ausspricht, §§ 5, 5a nebeneinander anzuwenden (Rdn. 1.16).

[61] BGH GRUR 1999, 1011, 1013 – Werbebeilage.

[62] BGH, Urt. v. 25.6.2020, I ZR 96/19, GRUR 2020, 1226, 1228 Rn. 20 ff., 27 – LTE-Geschwindigkeit.

[63] Amtl. Begr. BT-Drucks. 16/10145, S. 25. Die UWG-Novelle 2015 ist hiervon nicht abgerückt, so wird etwa die Streichung des § 4 Nr. 3 damit begründet, dass „der Regelungsgehalt sich nunmehr in § 5a und dort zum Schutz von Verbrauchern *insbesondere* in Absatz 6 findet", BT-Drucks. 18/6571, S. 15.

[64] H. M., vgl. Amtl. Begr. BT-Drucks. 16/10145, S. 25; BGH GRUR 2011, 846 Rdn. 14, 21 – Kein Telekom-Anschluss nötig; Urt. v. 16.11.2017, Knochenzement II, DE:BGH:2017:161117UIZR160.16.0, Rdn. 38; Fezer/*Peifer,* § 5a Rdn. 5; *Köhler*/Bornkamm/Feddersen, § 5a Rdn. 2.1; jurisPK-UWG/*Seichter,* § 5a Rdn. 14; Ohly/*Sosnitza,* § 5a Rdn. 3. Zur Kritik an dieser Regelungsstruktur s. näher *Alexander* WRP 2013, 716, 718 ff.

[65] BGH Urt. v. 16.11.2017, Knochenzement II, DE:BGH:2017:161117UIZR160.16.0, Rdn. 38; *Köhler*/Bornkamm/Feddersen, § 5a Rdn. 2.1

[66] Vgl. *Köhler*/Bornkamm/Feddersen, § 5a Rdn. 2.5.

Abs. 1 im Verhältnis B2C aufgrund der inzwischen auch im Wortlaut vollständigen Umsetzung der Art. 6 und 7 UGP-Richtlinie durch §§ 5, 5a Abs. 2–6 daher nicht mehr zu.

48 Die Rechtsprechung zu **§ 5 Abs. 2 S. 2 UWG 2004** kann m. E. wie schon bislang zu § 5a Abs. 1 a. F.[67] auch für § 5a Abs. 1 UWG (2015) weitgehend herangezogen werden. Allerdings ist das Erfordernis der unionskonformen Auslegung zu berücksichtigen. Im Bereich **B2B** gibt die Werberichtlinie jedoch nur einen Mindeststandard vor, sodass § 5a Abs. 1 auch über den Schutz der Werberichtlinie hinausgehen kann. Im Verhältnis **B2C** ist der Schutz der Verbraucher vor Irreführung zwar vollharmonisiert und abschließend durch Art. 6, Art. 7 UGP-Richtlinie vorgegeben. Dass sich vormals als Irreführung durch Unterlassen i. S. d. § 5 Abs. 2 S. 2 UWG (2004) qualifizierte geschäftliche Handlungen gegenüber Verbrauchern nicht auch als irreführend i. S. d. Art. 6, Art. 7 UGP-Richtlinie erweisen, erscheint in Anbetracht der erheblichen Ausweitung der Informationspflichten durch Art. 7 UGP-Richtlinie jedoch kaum denkbar, und den Rückgriff auf § 5a Abs. 2–6 schließt § 5a Abs. 1 auch im Falle seiner Verneinung nicht aus. Die Irreführung von **Mitbewerbern** wurde aus § 5a Abs. 1 UWG (2015) ausgeklammert und fällt nicht mehr unter § 5a Abs. 1, s. → **§ 5a Rdn. 24** und **§ 5 Rdn. 139.**

49 **2. Einbeziehung vormals unter § 4 Nr. 3–5 UWG (2008) fallender Sachverhalte.** Die zuvor in den Anwendungsbereich der **§ 4 Nr. 3, Nr. 4 und Nr. 5 UWG a. F.** einbezogenen geschäftlichen Handlungen gegenüber **sonstigen Marktteilnehmern** fallen nicht unter § 5a Abs. 2-Abs. 6, aber auch nicht in den vollharmonisierten Bereich und lassen sich daher über § 5a Abs. 1 erfassen, s. → **§ 5a Rdn. 6, 46, 59.**

50 **3. Tatbestandliche Voraussetzungen des § 5a Abs. 1. a) Die Voraussetzungen im Überblick.** Eine Irreführung nach § 5a Abs. 1 setzt eine **Aufklärungspflicht** des Wettbewerbers voraus.[68] Maßgebend für die Aufklärungspflicht ist, inwieweit der angesprochene Verkehr auf die Mitteilung der Tatsache **angewiesen** und dem Unternehmer eine Aufklärung **zumutbar** ist.[69] Eine Aufklärungspflicht besteht, wenn der angesprochene Verkehr bei Unterbleiben der Aufklärung **in einem wesentlichen Punkt getäuscht wird, der seine geschäftliche Entscheidung zu beeinflussen geeignet ist, und eine Aufklärung unter Berücksichtigung der berechtigten Interessen des Wettbewerbers zumutbar** ist.[70]

51 **b) Aufklärungspflicht.** Notwendig ist also zunächst, dass der Verkehr überhaupt eine **Aufklärung erwarten** darf; eine **generelle** Aufklärungspflicht, alle – auch weniger vorteilhafte oder negative – Eigenschaften des eigenen Angebots offenzulegen, besteht auch im Rahmen von § 5a Abs. 1 nicht.[71] § 5a Abs. 1 ist auch nicht einschlägig, wenn der Verbraucher durch das Unterbleiben von Informationen nicht getäuscht wird, weil er sich über die entsprechenden Umstände gar keine Gedanken macht;[72] hier kann nur § 5a Abs. 2 eingreifen, dessen Anwendungsbereich sich aber nur auf geschäftliche Handlungen gegenüber Verbrauchern bezieht.

52 **c) Verkehrsauffassung.** Die maßgebliche Verkehrsauffassung entspricht der des § 5, auf die Kommentierung in **§ 5 Rdn. 149 ff. wird Bezug genommen.** Der **EuGH** hat

---

67 BGH GRUR 2011, 846 – Kein Telekom-Anschluss nötig; GRUR 2011, 85, 86 Rdn. 16 – Praxis Aktuell.

68 BGH GRUR 2018, 541, 544, Rdn. 38 – Knochenzement II.

69 BGH GRUR 2018, 541, 544, Rdn. 38 – Knochenzement II.

70 So (zu § 5a) BGH MMR 2010, 184, 185, Rdn. 7; GRUR 2011, 846, 847, Rdn. 21 – Kein Telekom-Anschluss nötig; GRUR 2018, 541, 544, Rdn. 38 – Knochenzement II; ebenso bereits zum alten Recht BGH GRUR 1982, 374, 375 – Ski-Auslaufmodelle; GRUR 1999, 1122, 1123 – EG-Neuwagen I; GRUR 2000, 76 – Shareware-Version und std. Rspr.

71 BGH GRUR 2018, 541, 544, Rdn. 38 – Knochenzement II; Gloy/Loschelder/Danckwerts/*Helm/Sonntag/Burger,* HdbWettbR, § 59 Rdn. 98; GroßKommUWG/*Lindacher,* § 3 Rdn. 199 f.; Götting/Nordemann/*A. Nordemann,* § 5a Rdn. 81; *Köhler*/Bornkamm/Feddersen, § 5a Rdn. 2.7.

72 BGH GRUR 2018, 541, 544, Rdn. 38 – Knochenzement II.

bereits entschieden, dass die nationalen Gerichte auch im Anwendungsbereich des Art. 7 UGP-Richtlinie auf die Wahrnehmung des normal informierten und angemessen aufmerksamen und verständigen Durchschnittsverbrauchers abstellen müssen.[73]

Je **wichtiger** die Information für den Verkehr ist, umso eher erwartet er diese auch. 53
Hingegen besteht eher keine Aufklärungspflicht über Selbstverständlichkeiten und Umstände von untergeordneter Bedeutung.[74] Auch die Art der Werbung und des Kommunikationsmediums spielen eine Rolle. Dem Verkehr ist z. B. in der Regel bewusst, dass reine Aufmerksamkeitswerbung vor allem die Vorteile des Produkts herausstellt, zumal wenn wie in der Radio- oder Fernsehwerbung schon aus **Platzgründen** keine umfangreichen Hinweise möglich sind. Hinzu kommt noch ein u. U. begrenzter **Zeitrahmen,** um die Informationen zu erfassen und zu bewerten. **Je näher eine mögliche geschäftliche Entscheidung bevorsteht,** umso eher muss der Unternehmer auch über negative Eigenschaften aufklären.[75]

d) Relevanz. Erforderlich ist bei § 5a Abs. 1 weiter, dass das Unterlassen der Informati- 54
on geeignet ist, die geschäftliche Entscheidung des angesprochenen Verkehrskreises zu beeinflussen.[76] Bewirbt ein Unternehmer ein neues Produkt unter Hinweis auf die in der Vergangenheit mit einem anderen Produkt erworbene Marktführerschaft, ist das Verschweigen dessen, dass der Unternehmer diese Spitzenstellung nicht allein durch Leistung, sondern auch unter Verletzung von Betriebsgeheimnissen erlangt hat, in aller Regel geeignet, eine unrichtige Vorstellung über die Leistungsfähigkeit des Unternehmers herbeizuführen und damit die Entschließung des Publikums über den Erwerb des beworbenen Nachfolgeprodukts im Sinne von § 5a Abs. 1 in unlauter Weise zu beeinflussen.[77]

e) Interessenabwägung. Schließlich kommt es auf eine **Interessenabwägung** an. Das 55
Interesse des Verkehrs an der Aufklärung ist abzuwägen mit dem Interesse des Unternehmers, der nicht nur auf das Herausstellen der positiven Eigenschaften seines Produkts Wert legt, sondern auch ein Interesse an einer einfachen, plakativen Werbeaussage haben kann.[78] Für den **B2B-Bereich** gelten die Wesentlichkeitsvermutungen nicht, so dass die Wesentlichkeit einer Information im Rahmen des § 5a Abs. 1 für den konkreten Fall festgestellt werden muss. Dabei besteht das gesetzgeberische Anliegen der Unterscheidung zwischen Verbrauchern und Unternehmer darin, den Geschäftsverkehr im B2B-Bereich nicht übermäßig mit Informationspflichten zu belasten.[79] Auch Kosteninteressen des Werbenden sind daher im Bereich B2B zu berücksichtigen.[80]

f) Bezugspunkte. § 5a Abs. 1 ist dem Wortlaut nach nicht auf die Irreführung über 56
Umstände beschränkt, die in den Katalog der **Bezugspunkte** des § 5 Abs. 1 S. 2 fallen; eine dahingehende Auslegung ist jedoch nach Sinn und Zweck der Vorschrift geboten, s. näher → **§ 5a Rdn. 57.**

4. Kasuistik. Die Praxis wird im Wesentlichen durch **Fallgruppen** bestimmt. Letztlich 57
bedarf es jedoch jeweils einer Prüfung im Einzelfall, ob bestimmte Sachverhalte von § 5a

---

[73] EuGH, Urt. v. 12.5.2011, *Ving Sverige,* C-122/10, EU:C:2011:299, Rdn. 23.

[74] Vgl. jurisPK-UWG/*Seichter,* § 5a Rdn. 35; Götting/Nordemann/*A. Nordemann,* § 5a Rdn. 82, 84.

[75] Vgl. EuGH, Urt. v. 26.10.2016, C-611/14, GRUR 2016, 1307 Rdn. 60 – Canal Digital Danmark/AS; jurisPK-UWG/*Seichter,* § 5a Rdn. 35.

[76] BGH GRUR 2018, 541, 544, Rdn. 38 – Knochenzement II; Köhler/Bornkamm/Feddersen, § 5a Rdn. 2.17.

[77] BGH GRUR 2018, 541, 545, Rdn. 42 – Knochenzement II; vgl. auch BGH, Urt. v. 7.3.2019, Knochenzement III, DE:BGH:2019:070319UIZR254.16.0, Rdn. 20.

[78] BGH GRUR 1999, 1122, 1124 – EG Neuwagen I; GRUR 1999, 1125, 1126 ff. – EG-Neuwagen II; Köhler, WRP 2009, 109, 116.

[79] Amtl. Begr. zum RegE, BT-Drucks. 16/10 145, S. 25.

[80] Hingegen hat sich der europäische Gesetzgeber im Bereich **B2C** im Grundsatz für eine Belastung der Unternehmer mit (im Rahmen des Üblichen liegenden) Informationskosten entschieden, s. *Apostolopoulos* GRUR Int. 2005, 292, 299 sowie → **§ 5a Rdn. 109.**

Abs. 1 erfasst werden, wobei das Erfordernis der unionskonformen Auslegung zu beachten ist.

58 **a) Nichtkenntlichmachen des kommerziellen Zwecks. S. dazu die Kommentierung zu § 5a Abs. 6 → 5a Rdn. 237 ff.,** zu **§ 16 Abs. 1 und** zu **Anh. § 3 Nr. 22 und** 23 (→ Anh. § 3 Rn. 417 ff.).

58a Eine **Verschleierung** liegt vor, wenn das äußere Erscheinungsbild einer geschäftlichen Handlung so gestaltet wird, dass die Marktteilnehmer den geschäftlichen Charakter nicht klar und eindeutig erkennen.[81] Die früher von **§ 4 Nr. 3 a. F.** erfasste Fallgruppe des „Nichtkenntlichmachen des kommerziellen Zwecks" wurde **für das Verhältnis B2C in § 5a Abs. 6** eingegliedert und wird dort kommentiert, **§ 5a Rdn. 237 ff.**

59 Für die Irreführung gegenüber **sonstigen Marktteilnehmern** ist der Anwendungsbereich des § 5a Abs. 6 UWG (2015), der Art. 7 Abs. 2 UGW-Richtlinie umsetzt, nicht eröffnet, s. § 5a Rdn. 5. Hier kann jedoch auf § 5a Abs. 1 zurückgegriffen werden;[82] teils wird in Anbetracht der dort präziser formulierten Kriterien auch eine analoge Anwendung des § 5a Abs. 6 erwogen.[83]

60 **b) Weitere Sachverhalte. aa) Hinweispflicht besteht:** Nach der **„Pippig"-Entscheidung** des EuGH kann unter besonderen Umständen, die von den nationalen Gerichten zu prüfen sind und die durch die Bedeutung der Marke für die Entscheidung des Käufers und durch den deutlichen Unterschied zwischen den jeweiligen Marken der verglichenen Produkte hinsichtlich ihrer Bekanntheit gekennzeichnet sind, die **Nichtangabe einer fremden Marke** in einem Werbevergleich irreführend sein.[84]

60a Bewirbt der Anbieter ein neues Produkt unter Hinweis auf eine in der Vergangenheit mit einem anderen Produkt erworbene **Marktführerschaft,** stellt es in aller Regel eine relevante Irreführung im Sinne des § 5a Abs. 1 dar, wenn er nicht darauf hinweist, dass er diese nicht allein durch eigene Leistung, sondern unter Verletzung von Betriebsgeheimnissen eines Wettbewerbers erreicht hat.[85]

61 Wirbt ein Rechtsanwalt für eine telefonische Rechtsberatung mit einem **Minutenpreis,** muss er darauf hinweisen, dass in die Preisberechnung auch Gesprächsunterbrechungen in Form von Recherchen und Rückfragen einfließen.[86] Verschweigt ein Unternehmer, dass sich die Übermittlung einer pro Minute der Übermittlung zu bezahlenden Information per Telefax mit **deutlich gegenüber der Üblichen verminderter** Geschwindigkeit vollzieht, liegt darin eine Täuschung über die Preisberechnung.[87] Auch auf erforderliches **Zubehör** muss u. U. hingewiesen werden. Wer einen neuartigen Mobilfunkdienst betreibt, kann gehalten sein darauf hinzuweisen, dass die Nutzung nur mit einem besonderen Handygerät möglich ist.[88] Um eine Irreführung der Verbraucher zu vermeiden, kann es erforderlich sein, darauf hinzuweisen, dass die beworbene **DSL**-Internetzugangs-Dienstleistung nur mit Hilfe eines Telefonanschlusses eines **bestimmten Anbieters** erbracht werden kann; der allgemeine Hinweis darauf, dass ein Telefonanschluss erforderlich sei, wurde als nicht ausreichend angesehen.[89]

62 Eine Irreführung durch ein Produktangebot ohne den nach Landesrecht erforderlichen Hinweis auf die **Giftigkeit** des Produkts wurde bejaht.[90]

[81] BGH WRP 2011, 194, 197 Rdn. 18 – Branchenbuch Berg; LG Saarbrücken, WRP 2015, 1161, 1162 mit Anm. *Junker,* jurisPR-ITR 2/2016 Anm. 5.
[82] Vgl. BT-Drucks. 18/6571, S. 15: „§ 4 Nr. 3 entfällt, da der Regelungsgehalt sich nunmehr in § 5a und dort zum Schutz von Verbrauchern insbesondere in Absatz 6 findet."
[83] *Köhler,* NJW 2016, 593, 596 f.; *Köhler*/Bornkamm/Feddersen, § 5a Rdn. 2.16 und 7.95.
[84] EuGH, Urt. v. 8.4.2003, Pippig Augenoptik, C-44/01, EU:C:2003:205, Rdn. 83.
[85] BGH GRUR 2018, 541, 545, Rdn. 43 – Knochenzement II.
[86] BGH GRUR 2005, 433, 435 – Telekanzlei.
[87] LG Frankfurt a. M. GRUR 2002, 269, 271 – Werbefax ohne Pflichtangaben.
[88] OLG Köln GRUR-RR 2003, 118.
[89] OLG Hamburg OLGR Hamburg 2006, 530; s. zur PAngV auch BGH GRUR 2009, 73 – Telefonieren für 0 Cent.
[90] BGH GRUR 1964, 269, 271 f. – Grobdesign.

Lebensmittelrechtliche Kennzeichnungsvorschriften prägen häufig die Verbrauchererwartung, so dass bei nicht ordnungsgemäßer oder ganz fehlender Kennzeichnung § 5a Abs. 1 einschlägig sein kann. Häufig werden § 5a Abs. 3 und 4 anwendbar sein. Ein gleichzeitig gegebener Verstoß gegen lebensmittelrechtliche Vorschriften schließt den Rückgriff auf § 5a nicht aus. Im Anwendungsbereich der zugrundeliegenden unionsrechtlichen Sondervorschriften sind §§ 5, 5a jedoch ausschließlich nach Maßgabe der Sondervorschriften **unionskonform** auszulegen,[91] → **§ 5 Rdn. 49, 63.** 63

Die Bewerbung eines **Neuwagens** ohne Hinweis darauf, dass die einjährige **Herstellergarantie** schon zu wesentlichen Teilen abgelaufen ist, sah der BGH als irreführend an.[92] Bei Abweichungen in der Serienausstattung und einer nur geringfügigen Verkürzung der Garantiezeit wurde mit Blick auf Art. 34 AEUV eine Aufklärungspflicht verneint.[93] Der Verkäufer eines **nur im Ausland erstausgelieferten Kfz** muss den Käufer darauf hinweisen, dass die Erstauslieferung nicht im Inland erfolgte und infolgedessen inländische Vertragswerkstätten die vom Hersteller zugesagte Gratisinspektion nur gegen Berechnung ausführen.[94] Die Aufklärungspflichten des Parallelimporteurs über nachteilige Eigenschaften seines Angebots können aber unter Berücksichtigung der Warenverkehrsfreiheit zurücktreten, wenn einerseits die beim Verbraucher hervorgerufenen, nicht als besonders gravierend erscheinenden Fehlvorstellungen regelmäßig vor der Kaufentscheidung ausgeräumt werden und andererseits ein Verbot die Tätigkeit von Parallelimporteuren nicht unerheblich beeinträchtigen würde.[95] Dem Werbenden ist eine Aufklärung über (negative) wesentliche Abweichungen eines Pkw von der **Serienausstattung** zumindest dann zuzumuten, wenn sich aus der Werbung nicht ergibt, dass es sich um einen sog. EG-Neuwagen handelt.[96] Wer im Internet Fahrzeuge als **Jahreswagen** mit nur einem Vorbesitzer anbietet, muss auf den Einsatz des Kfz als Mietwagen hinweisen.[97] 64

Über die Eigenschaft einer Ware als **Auslaufmodell,** also Gerät, welches der Hersteller nicht mehr produziert und nicht mehr im Sortiment führt oder selbst als Auslaufmodell bezeichnet,[98] ist i. d. R. jedenfalls dann zu informieren, wenn es sich um ein langlebiges Gerät mit einem verhältnismäßig hohen Preis handelt und das Folgemodell wesentliche Änderungen aufweist.[99] Bei Elektrohaushaltsgroßgeräten wurde nach dem bis zur UWG-Reform 2008 geltenden Recht grundsätzlich eine Hinweispflicht des Handels bejaht,[100] ebenso bei hochwertigen Geräten der Unterhaltungselektronik.[101] So muss der Betreiber eines Fachmarktes für elektrische und elektronische Geräte, wenn er für eine hochwertiges Gerät der Unterhaltungselektronik (hier: für einen Mini DV Digital Camcorder) in einer 65

[91] Vgl. EuGH, Urt. v. 23.1.2003, *Kommission/Österreich,* C-221/00, EU:C:2003:44; Urt. v. 8.11.2007, *Gintec,* C-374/05, EU:C:2007:654, Rdn. 38 f.; Urt. v. 16.7.2015, *Abcur,* C-544/13 und C-545/13, EU:C:2015:481, Rdn. 45 ff., 80 ff.; Urt. v. 16.7.2015, *Abcur,* C-544/13 und C-545/13, EU:C:2015:481, Rdn. 45 ff., 80 ff.; BGH GRUR 2002, 1091, 1092 – Bodensee-Tafelwasser; GRUR 2003, 628, 629 – Klosterbrauerei; GRUR 2008, 830, 831 – L-Carnitin II; GRUR 2010, 359, 361 – Vorbeugen mit Coffein.

[92] BGH GRUR 1999, 1122, 1124 – EG-Neuwagen I.

[93] BGH GRUR 1999, 1122, 1124 – EG-Neuwagen I; GRUR 1999, 1125, 1126 – EG-Neuwagen II. Götting/Nordemann/*A. Nordemann,* § 5a Rdn. 59 und Fn. 47 sehen im Hinblick auf § 5a die Notwendigkeit, diese Rechtsprechung nunmehr zu überdenken.

[94] KG WRP 1984, 406.

[95] EuGH GRUR Int. 1993, 951 f. – Nissan; BGH GRUR 1999, 1122, 1124 – EG-Neuwagen I.

[96] BGH GRUR 1999, 1125, 1127 – EG-Neuwagen II.

[97] OLG Oldenburg MDR 2011, 250; OLG Hamm GRUR-RR 2011, 189.

[98] BGH NJW 1999, 2190, 2191 – Auslaufmodell I; NJW 1999, 2193 – Auslaufmodelle II; GRUR 2000, 616 – Auslaufmodelle III; siehe auch OLG München WRP 1979, 157.

[99] OLG Düsseldorf WRP 2010, 1551 (gestützt auf § 5a Abs. 2); Gloy/Loschelder/Danckwerts/*Helm/Sonntag/Burger,* Handbuch WettbR, § 59 Rdn. 99, 103. So schon zum alten Recht: BGH GRUR 1982, 374, 375 f. – Ski-Auslaufmodelle; GRUR 1987, 45, 47 – Sommerpreiswerbung; GRUR 2000, 616, 618 – Auslaufmodell III.

[100] BGH GRUR 2000, 616 – Auslaufmodelle III; siehe auch OLG München WRP 1979, 157.

[101] OLG Düsseldorf WRP 2010, 1551 (für Mini DV Digital Camcorder und gestützt auf § 5a Abs. 2); so schon zum alten Recht BGH NJW 1999, 2190 – Auslaufmodelle I; NJW 1999, 2193, 2194 – Auslaufmodelle II.

Zeitungsbeilage wirbt, darauf hinweisen, wenn es sich um ein **Auslaufmodell** handelt.[102] Hat ein Händler ein Gerät aus der laufenden Produktion erworben, sollte der Hinweis auf die erfolgte Modelländerung nach bisheriger Rspr. allerdings so lange unterbleiben dürfen, bis das Nachfolgemodell im Handel ist oder, wenn es kein Nachfolgemodell gibt, bis die Ware im üblichen Warenumschlag abgesetzt ist.[103] Die Erklärung des Herstellers, dass es sich bei einem bestimmten Gerät um ein Auslaufmodell handelt, kann sich auch **konkludent** daraus ergeben, dass das entsprechende Gerät im aktuellen Katalog durch ein Nachfolgemodell ersetzt ist.[104] Beim Kauf von **modischer Kleidung** besteht i. d. R. ein schützenswertes Interesse des Verkehrs, darauf hingewiesen zu werden, dass es sich um **Vorjahresmodelle** handelt,[105] wenn sich nicht aus der Jahreszeit des Verkaufs schon ergibt, dass die Mode aus dem Vorjahr stammt.

66 Auf **wesentliche Nutzungseinschränkungen und Verwendungsbeschränkungen,** mit denen der Verkehr nicht rechnet, muss i. d. R. hingewiesen werden. Stellt ein Unternehmer Interessierten z. B. eine Software zum Download zur Verfügung, die es ermöglicht, Musiktitel aus Drittquellen aufzufinden und in MP3-Dateien umzuwandeln, so muss er den Umworbenen darauf hinweisen, dass dieser damit noch keine **Nutzungsrechte** an den betreffenden Werken erlangt.[106] Gleiches gilt, wenn der Musiktitel dem Käufer nach seiner Auswahlentscheidung nur kurze Zeit tatsächlich zur Verfügung steht,[107] oder die Software nach 25-maligem Aufruf gesperrt wird.[108] Der Verkehr rechnet beim Erwerb eines gegen Entgelt angebotenen Datenträgers, auf dem sich neben einer Datenbank Anwendungsprogramme befinden, nicht ohne weiteres damit, dass diese im Preis enthaltenen Programme in einer in erster Linie Wettbewerbszwecken dienenden Fassung geliefert werden, die der Hersteller lediglich als eine Art **Demonstrations- oder Prüfversion** ansieht und die er daher den Interessenten im Allgemeinen kostenlos oder gegen ein ganz geringes Entgelt zur Verfügung stellt; eine Aufklärung darüber, dass es sich um funktionseingeschränkte **Shareware-Versionen** handelt, ist dem Verkäufer auch zumutbar.[109] Wird im Internet ein Tonträger angeboten, auf dem sich nach dem Inhalt des Angebots „Nr. 1 Hits" aus einer bestimmten Zeitperiode befinden, muss das Angebot erkennen lassen, dass einzelne Titel als sog. Re-Recordings zu einem anderen Zeitpunkt und zu einer anderen Zeit als der zum Zeitpunkt ihres großen Erfolges verbreiteten Version eingespielt worden sind.[110] Gibt es für die beworbenen Techniken bzw. Methoden (im konkreten Fall: Trockenlegung von Mauerdurchfeuchtungen mittels Elektroosmose) noch gar keinen wissenschaftlichen **Wirkungsnachweis,** muss der Unternehmer hierauf im Allgemeinen hinweisen.[111] Die Werbung für Fernmeldeanlagen, deren Betrieb im Inland verboten ist, ohne entspr. Hinweis ist irreführend.[112] Ist für den Verbraucher beim Erwerb von im normalen Sortiment angebotenen Lebensmitteln nicht erkennbar, dass die **Mindesthaltbarkeitsfrist** bereits abgelaufen ist, kann darin eine Irreführung liegen, selbst wenn das Produkt noch nicht qualitätsgemindert ist.[113] Ist das Produkt, etwa stark salmiakhaltiger Lakritz, im Hinblick auf seine

---

[102] BGH GRUR 2000, 616 – Auslaufmodelle III; OLG Düsseldorf WRP 2010, 1551.

[103] BGH NJW 1999, 2190 – Auslaufmodelle I; NJW 1999, 2193 – Auslaufmodelle II; GRUR 2000, 616, 619 – Auslaufmodelle III.

[104] BGH GRUR 2000, 616 – Auslaufmodelle III.

[105] OLG Hamm GRUR 1983, 593; *Loewenheim* GRUR 1980, 14, 17; Gloy/Loschelder/Danckwerts/*Helm/Sonntag/Burger,* Handbuch WettbR, § 59 Rdn. 103.

[106] KG Berlin GRUR-RR 2011, 425, 426; OLG Düsseldorf WRP 2011, 789.

[107] Vgl. KG Berlin GRUR-RR 2011, 425, 427.

[108] OLG München GRUR 2001, 1184 (LS) – Programmsperre; Götting/Nordemann/*A. Nordemann,* § 5a Rdn. 91.

[109] Vgl. BGH GRUR 2000, 76, 77 – Shareware-Version.

[110] OLG Hamburg Urt. v. 12.7.2012, Az. 3 U 65/10.

[111] Vgl. OLG Naumburg Magazindienst 2009, 678.

[112] OLG München GRUR 1987, 181; s. Nr. 9 Anh. § 3 → Anh. § 3 Rdn. 197 ff.

[113] OLG Köln GRUR 1988, 920; OLG Hamm GRUR 1992, 714; OLG Hamburg WRP 2001, 423; GroßKommUWG/*Lindacher,* § 3 Rdn. 535; Gloy/Loschelder/Erdmann/Danckwerts/*Helm/Sonntag/Burger* § 59 Rdn. 100.

Beschaffenheit in Deutschland nicht **verkehrsfähig** und darf nur aufgrund einer Ausnahmegenehmigung vertrieben werden, muss hierauf i. d. R. deutlich hingewiesen werden.[114]

Der Importeur muss einen **Öffnungshinweis** erteilen, wenn die äußere Verpackung des reimportierten **Arzneimittels** willkürlich geöffnet wurde, außer wenn die Öffnung im Hinblick auf den Vertrieb der Ware im Inland rechtlich geboten und im Umfang angemessen ist und nicht den Gebräuchen des redlichen Geschäftsverkehrs widerspricht.[115] Beim Verkauf an Wiederverkäufer oder wenn die **Herstellernummer** dem Verbraucher besondere Vorteile verschafft, etwa weil sie für die Garantie oder für Kundendienstleistungen wichtig ist, muss auf die Entfernung der **Kontrollnummern** hingewiesen werden.[116] 67

Über eine ganz ungewöhnlich kurze Dauer eines **Ausverkaufs** muss der Werbende aufklären.[117] 68

Häufig geht der Verbraucher davon aus, dass eine bestimmte **Leistung im angebotenen Preis** enthalten ist. Wird abweichend hiervon eine zusätzliche Vergütung verlangt, muss hierauf hingewiesen werden.[118] Im B2C-Bereich ergibt sich dies schon aus § 5a Abs. 3 Nr. 3. 69

Siehe ferner die Kasuistik → § 5 Rdn. 91. 70

bb) Keine Hinweispflicht nach § 5a Abs. 1: Der Insolvenzverwalter, der das Unternehmen des Gemeinschuldners fortführt, braucht in Werbeanzeigen für das laufende Geschäftsjahr i. d. R. nicht auf die **Insolvenzeröffnung** hinzuweisen, außer wenn dies besonders schutzwürdige Interessen der Verbraucher, etwa eine für sie mit der Insolvenz verbundene deutliche Erhöhung des Risikos aus Geschäftsabschlüssen, erforderlich machen.[119] 71

Das Anbieten von **Telefonendgeräten** und Telefonanschlussdienstleitungen wurde nicht deshalb als irreführend angesehen, weil in der Werbeanzeige der Wert der beim Erwerb des Telefonanschlusses versprochenen 50 kostenlosen SMS-Nachrichten nicht genannt wurde.[120] Nicht beanstandet wurde, dass bei der Bewerbung einer Telefon-Flatrate nicht über die fehlende Möglichkeit der Inanspruchnahme von **Preselection-Angeboten** aufgeklärt wurde, da für den Nutzer einer Telefon-Flatrate die Kombination mit einer Preselection-Schaltung wirtschaftlich nicht sinnvoll sei.[121] 72

Siehe ferner die Kasuistik → § 5 Rdn. 91. 73

VI. Irreführung durch Vorenthalten wesentlicher Informationen, § 5a Abs. 2

1. Überblick und Systematik, Konkurrenzen. § 5a Abs. 2 regelt (nur) die Irreführung durch das Vorenthalten von Informationen im geschäftlichen Verkehr mit Verbrauchern (B2C); **auf sonstige Marktteilnehmer ist die Vorschrift nicht anwendbar.**[122] 74

Ein Verhalten, das nach einer Rechtsvorschrift der EU, die **besondere Aspekte** unlauterer Geschäftspraktiken regelt, zulässig ist, darf nicht nach § 5a Abs. 2 untersagt werden.[123] (→ **§ 5 Rn. 52).** Hinsichtlich eines in der **Preisangabenrichtlinie 98/6/EG** geregelten speziellen Aspekts eines in der Werbung angegebenen oder anzugebenden Verkaufspreises 74a

---

[114] BGH GRUR 2006, 82, 86 – Betonstahl; OLG Köln GRUR-RR 2005, 94.

[115] BGH GRUR 1982, 115, 118 – Öffnungshinweis.

[116] BGH GRUR 1988, 461 f. – Radio-Recorder; GRUR 1989, 110, 113 – Synthesizer.

[117] Vgl. BGH GRUR 2004, 605 – Dauertiefpreise; OLG Stuttgart MDR 2007, 1088, 1089 – Totalausverkauf. – A. A. OLG Oldenburg Urt. v. 15.3.2007, Az. 1 U 109/06, BeckRS 2007, 8839.

[118] OLG Hamburg WRP 2008, 149: Gepäcktransportkosten bei Billigflügen; OLG Karlsruhe WRP 2009, 107: Duschenbenutzung im Fitnessstudio.

[119] BGH WRP 1989, 655 – Konkursvermerk.

[120] BGH GRUR 2008, 729, 731 – Werbung für Telefondienstleistungen.

[121] BGH MMR 2012, 184; GRUR 2011, 846; GRUR 2012, 943, 945 – Call-by-Call.

[122] *Alexander*, WRP 2016, 139, 140; *Köhler*/Bornkamm/Feddersen, § 5a Rdn. 3.7; MüKo-UWG/*Alexander*, § 5a Rdn. 107; → § 5a Rdn. 6.

[123] EuGH C-476/14, GRUR 2016, 945 Rn. 44 f. – Citroën/ZLW; BGH GRUR 2020, 1002 Rn. 47 – Zigarettenausgabeautomat.

kommt die UGP-Richtlinie nicht zur Anwendung.[124] **Wenn nach der Richtlinie 98/6/EG keine Verpflichtung zur Angabe eines Verkaufspreises besteht, liegt** daher ein Vorenthalten von Informationen nach **§ 5a Abs. 2 nicht darin, dass** in der Werbung **kein Verkaufspreis genannt wird.**[125]

74b Voraussetzung für einen Verstoß gegen das Irreführungsverbot sind die **Wesentlichkeit** der **Information,** deren **„Vorenthalten"** und die **Relevanz** dieses Umstandes für die geschäftliche Entscheidung des Verbrauchers; das Relevanzerfordernis gilt auch im Anwendungsbereich der „Wesentlichkeitsvermutungen" des **§ 5a Abs. 3 und 4.**[126]

75 Die Wesentlichkeit einer Information und die Feststellung, ob sie i. S. d. Gesetzes „vorenthalten" wird, stehen dabei in einem **Spannungsverhältnis** zueinander. Je bedeutsamer eine Information für den Verbraucher ist, umso größere Anstrengungen sind dem Unternehmer i. d. R. zuzumuten, um dem Verbraucher diese Information zu verschaffen. Zweifelhaft ist, ob eine Unterscheidung zwischen Wesentlichkeit und Vorenthalten der Information deshalb aufzugeben und über das Vorenthalten wesentlicher Informationen durch umfassende Interessenabwägung zu entscheiden ist. Diese Sichtweise scheint dem deutschen Recht zugrunde zu liegen, da nach § 5a Abs. 2 alles auf eine allgemeine Interessenabwägung anzukommen scheint. Das im Rahmen der gebotenen richtlinienkonformen Auslegung heranzuziehende Unionsrecht äußert sich demgegenüber differenzierter. Eine einzelfallbezogene Betrachtung unter Berücksichtigung der Beschränkungen des Kommunikationsmittels hat zwar auch nach Art. 7 Abs. 1 UGP-Richtlinie zu erfolgen. **Die Notwendigkeit der Unterscheidung zwischen der Wesentlichkeit und dem Vorenthalten einer Information wird durch sie jedoch nicht entbehrlich,** wie Art. 7 Abs. 2 und 3 UGP-Richtlinie deutlich machen. Die dort erfolgenden Konkretisierungen betreffen nämlich ausschließlich die Frage, ob eine Information „vorenthalten" wird. Dies ergibt sich für Art. 7 Abs. 2 daraus, dass die Wesentlichkeit der Information vorausgesetzt wird, damit die Bestimmung zum Tragen kommt („... wenn ein Gewerbetreibender wesentliche Informationen ..."), und folgt für Art. 7 Abs. 3 aus dem Wortlaut, der nur von der Beurteilung spricht, „ob Informationen vorenthalten wurden". Die Wesentlichkeit und das Vorenthalten einer Information sind folglich nach europäischem Recht zwei voneinander zu unterscheidende Fragen.

76 Wichtig ist diese Erkenntnis in zweierlei Hinsicht:

Zum einen spielt der Umstand, dass eine Information im Hinblick auf Einschränkungen des Kommunikationsmittels i. S. d. Art. 7 Abs. 3 UGP-Richtlinie **„anderweitig" mitgeteilt wird, für die Wesentlichkeit der Information keine Rolle.** Die Beschränkung der Konkretisierung des Art. 7 Abs. 3 UGP-RL auf die Beurteilung, ob Informationen „vorenthalten" wurden, erklärt sich nur, wenn die anderweitige Bereitstellung von Informationen für die Beurteilung der Wesentlichkeit einer Information ohne Bedeutung ist. Der Art. 7 Abs. 1 UGP-RL zugrunde liegende Ansatz, nach dem über wesentliche Umstände im Grundsatz zu informieren ist, würde durch eine so weitgehende Verlagerung der die Wesentlichkeit ausmachenden Umstände in die Hand des Unternehmers gefährdet.

77 *Zum anderen* macht die in Art. 7 Abs. 1 bis 3 zum Ausdruck kommende **Unterscheidung zwischen der „Wesentlichkeit" und dem „Vorenthalten" von Informationen** sachliche **Grenzen der „Wesentlichkeitsvermutungen"** in § 5a Abs. 3 und 4 UWG, Art. 7 Abs. 4 und 5 UGP-Richtlinie deutlich: **Diese betreffen nur die Wesentlichkeit der Information, nicht hingegen die Frage, ob die betreffende Information auch „vorenthalten" wird.**[127] Auch wenn die Wesentlichkeit einer nicht erteilten Information

---

[124] BGH, Urt. v. 10.11.2016, I ZR 29/15, GRUR 2017, 286, Rdn. 15 – Hörgeräteausstellung.

[125] *Köhler*/Bornkamm/Feddersen, Vorb PAngV Rdn. 11a.

[126] EuGH, C-611/14, GRUR Int. 2017, 65 (68), Rdn. 58 – Canal Digital Danmark; BGH GRUR 2017, 922 LS b) und Rdn ff. – Komplettküchen; GRUR 2019, 746 (749), Rdn. 28 – Energieeffizienzklasse III.

[127] Vgl. *Alexander*, WRP 2013, 716, 719 f.; MüKo-UWG/*Alexander*, § 5a Rdn. 196; *Köhler*, GRUR 2012, 1073, 1076 ff.; *ders.*, WRP 2014, 1410, 1412. Die noch im Regierungsentwurf der Bundesregierung zu einem Zweiten Änderungsgesetz vorgesehene Regelung, nach der eine auf die Wesentlichkeit bezogene Einzelfall-

nach § 5a Abs. 3 oder 4 von Rechts wegen vermutet wird, ist folglich stets noch zu prüfen, ob die Information dem Verbraucher auch i. S. d. Gesetzes „vorenthalten" wird; hierfür (nicht hingegen für die Wesentlichkeit) kommt es entscheidend darauf an, ob der Verbraucher die Information **an anderer Stelle auffinden** kann.

§ 5a Abs. 3, 4 und 6 normieren kein eigenständiges Irreführungsverbot, sondern regeln lediglich, unter welchen Voraussetzungen die nach § 5a Abs. 2 erforderliche Wesentlichkeit einer unterlassenen Information vermutet wird. Deshalb sind abgesehen von der Wesentlichkeit der Information alle anderen Voraussetzungen des § 5a Abs. 2, 5 auch im Anwendungsbereich der § 5a Abs. 3, 4 und 6 zu prüfen, insbesondere auch die **Relevanz.** Für § 5a **Abs. 6** ergibt dies jedenfalls die unionskonforme Auslegung.[128] 78

Die **Wesentlichkeit** der Information (und nur diese) ist hingegen nicht mehr zu prüfen. Es handelt sich bei § 5a Abs. 3, 4 und 6 um **Rechtsvermutungen,** die nicht widerleglich sind („... gelten als ..."). Es kommt hier daher nur noch auf das Vorliegen der weiteren Voraussetzungen, insbesondere darauf an, ob die entsprechende Information auch **„vorenthalten"** wurde und dies im Sinne von § 5a Abs. 2, S. 1 Nr. 2 **relevant (→ § 5a Rdn. 113 ff.)** ist. 79

Die Rechtsvermutungen sollen die Rechtsstellung des Verbrauchers aber ausschließlich verbessern. Deshalb **können auch Umstände, die in § 5a Abs. 3 nicht genannt sind, „wesentlich" i. S. d. § 5a Abs. 2 sein.**[129] Für dieses Verständnis spricht auch der 14. Erwägungsgrund der UGP-Richtlinie, der von „Basisinformationen" spricht.[130] Unabhängig von dem Eingreifen einer Wesentlichkeitsvermutung bedarf es stets der Prüfung, ob das Unterbleiben der Information ein „Vorenthalten" bzw. „Verschweigen" i. S. d. Gesetzes ist.[131] 80

2. Anwendungsbereich, Verhältnis B2C. § 5a Abs. 2 bis 6 gelten nur für geschäftliche Handlungen gegenüber **Verbrauchern.**[132] Nach Teilen der Lit. erfassen § 5a Abs. 2, 5 (nicht aber Abs. 3, 4) aufgrund der weiteren Definition des § 2 Abs. 1 Nr. 1[133] auch geschäftliche Handlungen gegenüber Verbrauchern in ihrer Eigenschaft als **Anbieter.**[134] Von der unionsrechtlich grundsätzlich möglichen Einbeziehung des Verhältnisses B2B hat der Gesetzgeber abgesehen, um den **kaufmännischen Verkehr nicht mit Informationsanforderungen zu belasten, die in erster Linie dem Verbraucherschutz dienen.**[135] Im Zuge der Gesetzesreform 2008 wurde zwar der Unternehmerbegriff der UGP-Richtlinie übernommen (§ 2 Abs. 1 Nr. 6), an dem deutschen **Verbraucherbegriff** aber festgehalten (§ 2 Abs. 2 UWG i. V. m. § 13 BGB). Dieser ist im Verhältnis zu dem europäischen Verbraucherbegriff evtl. weiter. § 5a Abs. 2 schützt dann Verbraucher i. S. d. § 13 BGB, die nicht unter den Verbraucherbegriff der Richtlinie fallen. Zum Verbraucherleitbild → **§ 5a Rdn. 89 ff.** und **§ 5 Rdn. 149 ff.** 81

---

prüfung vorzunehmen sei, stand mit diesen unionsrechtlichen Vorgaben nicht in Einklang, s. dazu die berechtigte Kritik *Köhlers*, WRP 2015, 1311, 1317, sie wurde in der Beschlussempfehlung des Rechtsausschusses wieder gestrichen.

128 *Alexander*, WRP 2016, 139, 145, Rdn. 64 ff., 67; *Köhler*/Bornkamm/Feddersen, § 5a Rdn. 7.28.

129 Ebenso OLG Düsseldorf, GRUR-RR 2015, 158, 160; vgl. auch *Bergmann* in: FS Krämer, 2009, S. 163, 168 f.; *Körber/Heinlein*, WRP 2009, 780, 785; Ohly/*Sosnitza*, § 5a Rdn. 69. – A. A. *Köhler*, WRP 2009, 109, 116 rSp., der jedenfalls für den Fall der „Aufforderung zum Kauf" den Katalog der Informationsanforderungen in § 5a Abs. 3 als abschließend ansieht.

130 OLG Düsseldorf, GRUR-RR 2015, 158, 161; vgl. Ohly/*Sosnitza*, § 5a Rdn. 69.

131 Ebenso OLG Düsseldorf, GRUR-RR 2015, 158, 161.

132 *Alexander*, WRP 2016, 139, 140; *Köhler*/Bornkamm/Feddersen, § 5a Rdn. 3.7; MüKo-UWG/*Alexander*, § 5a Rdn. 107; → § 5a Rdn. 6 und 74.

133 Vgl. BGH WRP 2014, 1058, 1059 f. Rdn. 13 – GOOD NEWS II.

134 *Köhler*/Bornkamm/Feddersen, § 5a Rdn. 3.7; MüKo-UWG/*Alexander*, § 5a Rdn. 81.

135 Amtl. Begr. zum RegE, BT-Drucks. 16/10145, S. 25; s. in diesem Sinne auch schon OLG Hamburg, Urt. v. 3.4.2008, Az. 3 U 282/06, Tz. 92 ff. zur Information über die Verwendung eines falschen Namens im Verhältnis B2B.

82 **3. Information.** Nur das Vorenthalten von „Informationen" vermag eine Irreführung im lauterkeitsrechtlichen Sinne zu begründen. Als „Information" kommt jede **Tatsache,** also jeder dem Beweis zugängliche Umstand, in Betracht. Da **§ 5a nicht auf den abschließenden Katalog von Bezugspunkten in § 5 Abs. 1 S. 2 verweist,** könnte sich eine Irreführung prinzipiell auch aus Umständen ergeben, die dort nicht aufgeführt sind. Der Grund für den unterbliebenen Verweis liegt in der noch nicht abgeschlossenen Rechtsvereinheitlichung der auf europäischer Ebene bestehenden Informationspflichten. Nach § 5a Abs. 4 UWG/Art. 7 Abs. 5 UGP-Richtlinie gelten gemeinschaftsrechtliche Informationspflichten stets als wesentlich unabhängig davon, auf welche Bezugspunkte sie sich beziehen. Ein Verweis des § 5a, Art. 7 Abs. 1 auf die abschließende Liste der Bezugspunkte in § 5 Abs. 1 S. 2, Art. 6 Abs. 1 **hätte die widerspruchsfreie Einbeziehung derartiger Informationspflichten in das wettbewerbliche Irreführungsverbot gefährdet.**

83 Die Aufzählung der Umstände, die im Falle der Aufforderung zum Kauf nach § 5a Abs. 3 UWG, Art. 7 Abs. 4 UGP-Richtlinie als wesentlich vermutet werden, zeigt jedoch, dass der europäische Gesetzgeber grundsätzlich **um einen Gleichklang der Bezugspunkte bemüht** war, aus denen sich eine Irreführung herleiten lässt. Bei der Liste in § 5a handelt es sich um einen Ausschnitt der wichtigsten Umstände aus dem Katalog des § 5 Abs. 1 S. 2, Art. 7 Abs. 1. Die Nichtgeltung der Bezugspunkte für die Irreführung darf unter Berücksichtigung der darin zum Ausdruck kommenden gesetzgeberischen Wertung deshalb **nicht dazu führen, dass sich Unternehmer im Einzelfall bei einer bloß irrtümlich unterlassenen Information schlechter stehen als bei einer bewussten Fehlinformation.** Informationen, die in der Liste der Bezugspunkte in § 5 Abs. 1 S. 2, Art. 6 Abs. 1 nicht genannt sind, werden daher, soweit nicht § 5a Abs. 3 oder 4 einschlägig ist, auch nicht als „wesentlich" im Sinne von § 5a Abs. 2 angesehen werden können.

84 **4. Wesentlichkeit der Information, § 5a Abs. 2.** Die vorenthaltene Information muss „wesentlich" sein. Wesentlich sind Informationen, die **für die geschäftliche Entscheidung erhebliches Gewicht haben und deren Angabe unter Berücksichtigung der beiderseitigen Interessen vom Unternehmer erwartet werden kann.**[136] Die Beschränkung trägt dem Umstand Rechnung, dass ein **Übermaß an Informationen** genauso ein Problem darstellen kann wie unzureichende Angaben.[137]

85 **a) Notwendigkeit der Information für eine informierte geschäftliche Entscheidung.** Der Verbraucher (→ **§ 5a Rdn. 89**) muss die Information „je nach den Umständen" (→ **§ 5a Rdn. 90**) benötigen, um eine informierte geschäftliche Entscheidung zu treffen. Bereits nach § 5a UWG (2008) war die Wesentlichkeit einer Information danach zu bemessen, ob sie für eine informierte **„geschäftliche Entscheidung"** des Verbrauchers benötigt wurde.[138] Nicht benötigt werden Informationen z. B. dann, wenn der Verbraucher über sie aufgrund eines früheren Geschäftskontakts mit diesem Unternehmer bereits verfügt oder sie nach der Art des Geschäfts für seine geschäftliche Entscheidung bedeutungslos sind.[139] Wenn der angesprochene Durchschnittsverbraucher einen Begriff der **englischen Sprache bereits richtig versteht** (z. B. den Begriff **„Cotton"** als „Baumwolle"), benötigt er diese Information für eine informierte Kaufinformation nicht (mehr zusätzlich) in deutscher Sprache.[140] Bei **Aufmerksamkeitswerbung,** die zwar nicht unter § 5a Abs. 3 fällt, wohl aber von § 5a Abs. 2 erfasst wird, benötigt ein aufmerksamer, informierter und verständiger Durchschnittsverbraucher häufig noch keine präzisen Informationen; ein sol-

---

136 BGH WRP 2013, 57 – Zweigstellenbriefbogen; Urt. v. 21.7.2016, LGA tested, DE:BGH:2016:210716UIZR26; v. 15.12.2016, GRUR 2017, 295, 296 Rdn. 16 – Entertain; v. 25.6.2020, I ZR 96/19, GRUR 2020, 1226 Rdn. 35 – LTE-Geschwindigkeit.

137 Vgl. 65. Erwägungsgrund des Richtlinienvorschlags KOM/2003/0356 endg. – COD 2003/0134.

138 Vgl. OLG Frankfurt Beschluss v. 13.1.2011, Az.: 6 W 177/10, GRURPrax 2011, 127 (Kurzwiedergabe).

139 *Alexander,* WRP 2015, 139, 143 Rdn. 41.

140 BGH, Urt. v. 31.10.2018, Jogginghosen, DE:BGH:2018:311018UIZR73/17.0, Rdn. 33.

cher Verbraucher erkennt, dass es dem Unternehmer nur darum geht, das Interesse von Verbrauchern zu erwecken, und wird deshalb weitere Informationen einholen, bevor er eine geschäftliche Entscheidung trifft. Anders kann es sich verhalten, wenn Aufmerksamkeitswerbung den **Anschein der Vollständigkeit der Informationen** erweckt, etwa weil im Rahmen eines **Werbevergleichs** scheinbar alle wichtigen Eigenschaften der Produkte der Mitbewerber gegenüber gestellt werden, ohne dabei wesentliche Unterschiede zu erwähnen. So kann unter besonderen Umständen, die von den nationalen Gerichten zu prüfen sind und die durch die Bedeutung der Marke für die Entscheidung des Käufers und durch den deutlichen Unterschied zwischen den jeweiligen Marken der verglichenen Produkte hinsichtlich ihrer Bekanntheit gekennzeichnet sind, nach der Rechtsprechung des EuGH die **Nichtangabe einer fremden Marke** irreführend sein.[141]

Nur Informationen, die für eine **„informierte"** geschäftliche Entscheidung benötigt 86
werden, sind „wesentlich" i. S. d. Gesetzes. Dies sind alle Informationen, die der angesprochene Verkehr benötigt, **um das Für und Wider seiner geschäftlichen Entscheidung angemessen abwägen zu können.**

Die UGP-Richtlinie und – ihr folgend – das UWG schützen nicht etwa allein die 87
wirtschaftlichen Interessen des Verbrauchers, sondern – wie sich aus Art. 2 lit. e der Richtlinie ergibt – ohne Beschränkung auf diesen Bereich schlechthin seine Fähigkeit, geschäftliche Entscheidungen auf informierter Grundlage zu treffen. Dementsprechend kann die Unlauterkeit einer geschäftlichen Handlung nicht mit der Begründung verneint werden, diese Handlung beeinträchtige lediglich **ideelle Interessen** des Verbrauchers, etwa solche auf dem Gebiet des **Umweltschutzes.**[142]

Für den B2C-Bereich enthalten **§ 5a Abs. 3 und 4** eine (nicht abschließende) Aufzäh- 88
lung der Umstände, die in einer Aufforderung zum Kauf kraft Gesetzes als wesentlich gelten. Umstände, die der Verkehr bereits **kennt** oder denen der Verkehr für seine Entscheidung **keine signifikante Bedeutung** beimisst, sind nicht i. S. d. § 5a Abs. 2 „wesentlich". Versteht z. B. der angesprochene Durchschnittsverbraucher den verwendeten Begriff „Cotton" ohne weiteres als „Baumwolle", **benötigt** er diese Information für eine informierte Kaufinformation nicht in deutscher Sprache.[143] Offenbart der Betreiber eines Kaufhauses bei der Bewerbung von Kosmetika und Schreibwaren aus dem unteren Preissegment die ihm drohende Insolvenz nicht, wird kein **wesentlicher** Umstand vorenthalten, weil die drohende Insolvenz angesichts der konkreten Umstände des Einzelfalls (Bargeschäft, geringer Preis, Gewährleistungsfall unwahrscheinlich) die Entscheidung für bzw. gegen einen Kauf nicht beeinflusst.

b) Europäisches Verbraucherleitbild. Die Beurteilung der Wesentlichkeit der unter- 89
lassenen Information erfolgt auf der Grundlage des unionsrechtlich vorgegebenen Verbraucherleitbildes. **Wegen der Einzelheiten des Verbraucherleitbildes → § 5 Rdn. 149 ff.** Nach hier vertretener Auffassung ist ein normatives Verkehrsverständnis vorzugswürdig (→ **§ 5 Rdn. 149 ff.,** anders aber *Frank* s. u. Rdn. 281). Maßgeblich ist nicht, ob bestimmte angesprochene Verbraucher tatsächlich auf die Information angewiesen sind, sondern ob ein durchschnittlich (angemessen) aufmerksamer, verständiger und informierter Verbraucher des Personenkreises, an den sich die geschäftliche Handlung richtet, die Information benötigt und sie deshalb **als notwendig ansehen *darf*** und der **Unternehmer ihre Bereitstellung als erforderlich ansehen *muss.*** Zu den dieses Verständnis bestimmenden **Eigenschaften eines Durchschnittsverbrauchers** ausführlich **→ § 5 Rdn. 159 ff.**

c) Situationsbezogene Betrachtung. Es entscheidet eine situationsbezogene Betrach- 90
tung. Je nach **Art und Gegenstand der geschäftlichen Entscheidung,** Eigenschaften

[141] EuGH, Urt. v. 8.4.2003, Pippig Augenoptik, C-44/01, EU:C:2003:205, Rdn. 83.
[142] BGH GRUR 2010, 852, 854 – Gallardo Spyder.
[143] Vgl. BGH, Urt. v. 31.10.2018, Jogginghosen, DE:BGH:2018:311018UIZR73/17.0.

des **angesprochenen Verkehrskreises** und den weiteren Umständen können unterschiedliche Informationen für eine informierte geschäftliche Entscheidung benötigt werden. Auch der Kenntnisstand, den der Unternehmer angemessener Weise beim angesprochenen Verkehr voraussetzen darf, spielt eine Rolle. Wendet sich der Unternehmer mit seiner Werbung für eine eigene Homepage an Personen, die über **keine oder nur marginale Kenntnisse** über das Internet verfügen, werden detailreichere Informationen benötigt als wenn „gewiefte" Internetnutzer angesprochen werden.[144] I. S. d. § 5a Abs. 2 „anderweitig mitgeteilte" Angaben spielen allerdings erst für Beurteilung eine Rolle, ob benötigte Informationen „vorenthalten" werden (→ § 5a Rdn. 75 ff.). Bei **ungewöhnlichen** und vom **Üblichen** abweichenden Konditionen oder Umständen bedarf der Verbraucher eher der Aufklärung.[145] Je nach **Bedeutung und Tragweite** der in Frage stehenden geschäftlichen Entscheidung benötigt der Verkehr für eine informierte Entscheidung mehr oder weniger Informationen. Je langfristiger sich der Verbraucher binden soll, je kostspieliger das Geschäft für ihn sein wird, je größer die daraus resultierenden Gefahren sein können, desto so umfassender und detailreicher müssen auch die Informationen sein, die er zur Vorbereitung seiner Entscheidung erhält. So kann nach der „Pippig"-Entscheidung des **EuGH** unter besonderen, von den nationalen Gerichten zu prüfenden Umständen die **Nichtangabe einer fremden Marke** irreführend sein.[146] Der Hinweis auf das Fehlen der **„Call-by-Call"**-Option stellt auch dann eine Information dar, die dem Verbraucher nicht vorenthalten werden darf, wenn ein Flatrate-Tarif angeboten wird, der sich auf Gespräche ins deutsche Festnetz bezieht.[147] Schließlich können, wie § 5a Abs. 3 und 4, Art. 7 Abs. 4 und 5 UGP-Richtlinie zeigen, auch an anderer Stelle **gesetzlich geregelte Informationspflichten** sowie das bereits in Bezug auf die betr. geschäftliche Entscheidung erreichte **Maß an „geschäftlicher Nähe"** zwischen Unternehmer und Verbraucher für die Wesentlichkeit einer Information von Bedeutung sein. Je unmittelbarer die geschäftliche Entscheidung bevorsteht, umso höhere Anforderungen sind an eine umfassende Verbraucherinformation zu stellen. Unterbreitet der Unternehmer dem Verkehr ein **Angebot,** das dieser nur noch annehmen muss, bleibt für eine anderweitige oder weitergehende Information im Allgemeinen kein Raum. Je **konkreter** der Unternehmer zum Abschluss des Geschäfts auffordert, desto genauere Informationen benötigt der Verkehr. Demgegenüber bestehen bei einer bloßen Aufmerksamkeitswerbung, soweit diese überhaupt als Grundlage für eine geschäftliche Entscheidung dienen kann (→ § 5a Rdn. 85), geringere Informationspflichten.[148] Hier reicht es in aller Regel aus, dem Verbraucher unter Berücksichtigung der räumlichen und zeitlichen Beschränkungen des verwendeten Werbemediums die Informationen zu geben, für die bei ihm nach den Umständen des Einzelfalls schon zum Zeitpunkt der Werbung ein aktuelles Aufklärungsbedürfnis besteht.[149]

91 Irreführend ist die Werbung mit **Testergebnissen,** z. B. der Stiftung Warentest, wenn **keine Fundstelle** für den Test angegeben wird.[150] Für den Verbraucher ist wesentlich im Sinne von § 5a Abs. 2, wie sich die Bewertung in das Umfeld der anderen Teilnehmer einfügt.[151] Fehlt es an der Angabe der Fundstelle, beeinträchtigt dies die Möglichkeit des

---

[144] Vgl. OLG Hamburg Magazindienst 2006, 1361 ff.

[145] Vgl. BGH GRUR 2011, 638, 639 – Werbung mit Garantie; GRUR 2004, 605 – Dauertiefpreise; OLG Hamm GRUR-RR 2010, 243 f.; *Köhler* NJW 2008, 177, 179 f.

[146] EuGH, Urt. v. 8.4.2003, Pippig Augenoptik, C-44/01, EU:C:2003:205, Rdn. 83.

[147] BGH GRUR 2012, 943, 945 – Call-by-Call.

[148] *Steinbeck* WRP 2006, 632, 635.

[149] BGH GRUR 2008, 724, 725 – Urlaubsgewinnspiel.

[150] BGH GRUR 1991, 679 – Fundstellenangabe; GRUR 2010, 248, 251 Rdn. 30/31 – Kamerakauf im Internet; OLG Karlsruhe Urt. v. 13.10.2011, Az. 4 U 141/11, BeckRS 2011, 27212; KG GRUR-RR 2011, 278, 279.

[151] BGH, Urt. v. 21.7.2016, LGA tested, I ZR 26/15, DE:BGH:2016:210716UIZR26; GRUR 2010, 248, 251 – Kamerakauf im Internet; OLG Frankfurt, Beschluss v. 13.1.2011, Az.: 6 W 177/10, GRUR-Prax 2011, 127 (Kurzwiedergabe); vgl. bereits BGH GRUR 1982, 727 – Test gut.

Verbrauchers, die testbezogene Werbung zu prüfen und in den Gesamtzusammenhang des Tests einzuordnen. Dadurch wird die Möglichkeit des Verbrauchers, eine informierte geschäftliche Entscheidung zu treffen, spürbar beeinträchtigt.[152] Dem Fehlen der Fundstelle steht gleich, wenn eine Fundstelle zwar genannt wird, diese aber für den Verbraucher **nicht leicht auffindbar**[153] oder **nicht hinreichend lesbar** ist.[154] Irreführend ist es, wenn der **Rang des Testergebnisses** nicht mitgeteilt wird, selbst wenn das Testergebnis des beworbenen Erzeugnisses (gerade noch) überdurchschnittlich bewertet wurde.[155] Wird in der Werbung auf positive Teilergebnisse hingewiesen, die ein Erzeugnis bei der Stiftung Warentest erzielt hat, ohne auch auf das – demgegenüber schlechtere – Gesamtergebnis hinzuweisen, liegt hingegen regelmäßig ein Verstoß nach § 5 vor.[156] Als gemäß § 5a Abs. 2 irreführend wurden auch die Werbung für ein Haarentfernungsgerät unter Hinweis auf die **Siegel „LGA tested** Quality" und „LGA tested safety" ohne Fundstellenangabe[157] und die Werbung einer Versandapotheke auf ihrer Website mit der Aussage **„TÜV-geprüft" ohne Angabe der Fundstelle**[158] angesehen. **Siehe ferner → § 5a Rdn. 106 und die Kasuistik → § 5a Rdn. 57 ff.**

5. Vorenthalten, § 5a Abs. 2 i. V. m. Abs. 5. a) Allgemeines. Nicht jedes Unterlassen wesentlicher Informationen in der geschäftlichen Handlung ist schon ein irreführendes **„Vorenthalten"** im Sinne des Gesetzes. Vielmehr muss die Entscheidung darüber, ob Informationen „vorenthalten" wurden, **unter Berücksichtigung aller Umstände einschließlich der Beschränkungen des verwandten Kommunikationsmittels durch Abwägung der Interessen des Verbrauchers und des Unternehmers** getroffen werden.[159] Die **„Medienklausel"**[160] des Art. 7 Abs. 3 UGP-Richtlinie wird durch den neu eingefügten § 5a Abs. 5 (2015) nunmehr ausdrücklich umgesetzt und war schon bislang im Wege der unionskonformen Auslegung zu berücksichtigen. Die **Wesentlichkeitsvermutungen entbinden folglich nicht von der im Einzelfall erforderlichen Interessenabwägung, ob die Information i. S. v. § 5a Abs. 2 „vorenthalten" wird (→ § 5a Rdn. 77).** In diesem Sinne hat auch der **EuGH** entschieden, dass es nicht per se als irreführende Unterlassung angesehen werden kann, wenn wesentliche Informationen im Sinne des § 5a Abs. 3 lit. c UWG/Art. 7 IV lit. c UGP-Richtlinie fehlen, weil nur ein „ab"-Preis angegeben wird. Vielmehr habe das nationale Gericht zusätzlich die Beschränkungen des verwendeten Kommunikationsmediums, die Beschaffenheit und die Merkmale des Produkts sowie die übrigen Maßnahmen zu berücksichtigen, die der Gewerbetreibende tatsächlich getroffen habe, um dem Verbraucher die Informationen zur Verfügung zu stellen, und zu prüfen, ob die Auslassung der Einzelheiten der Berechnung des Endpreises den Verbraucher nicht daran hindere, eine informierte geschäftliche Entscheidung zu treffen.[161] 92

[152] BGH GRUR 2010, 248, 251 Rdn. 31 – Kamerakauf im Internet; OLG Oldenburg Magazindienst 2015, 1049, juris-Rdn. 31.

[153] BGH GRUR 2010, 248, 251 Rdn. 30 – Kamerakauf im Internet (zu § 5a Abs. 2); OLG Oldenburg Magazindienst 2015, 1049, juris-Rdn. 28. – Ebenso bereits zum alten Recht BGH GRUR 1982, 437, 438 – Test Gut; GRUR 1991, 679 – Fundstellenangabe.

[154] KG Berlin Magazindienst 1993, 198; Magazindienst 2011, 342; OLG Celle GRUR-RR 2011, 278; OLG Stuttgart Magazindienst 2011, 436; OLG Oldenburg Magazindienst 2015, 1049, juris-Rdn. 31.

[155] OLG Frankfurt, Beschluss v. 13.1.2011, Az.: 6 W 177/10, GRUR-Prax 2011, 127 (Kurzwiedergabe).

[156] Vgl. OLG Frankfurt, v. 20.9.2018, Az.: 6 U 127/17, GRUR-RR 2019, 316.

[157] BGH, Urt. v. 21.7.2016, LGA tested, I ZR 26/15, DE:BGH:2016:210716UIZR26; Vorinstanz: OLG Düsseldorf GRUR-RR 2015, 158.

[158] OLG Düsseldorf WRP 2015, 762; a. A. aber *Franz*, WRP 2016, 439, 445 f.

[159] Vgl. EuGH, Urt. v. 30.3.2017, C-146/16, VSW/DHL Paket, EU:C:2017:243; BGH, Urt. v. 14.9.2017, MeinPaket.de II, DE:BGH:2017:140917UIZR231.14.0; v. 25.6.2020, I ZR 96/19, GRUR 2020, 1226 Rdn. 35 – LTE-Geschwindigkeit.

[160] Vgl. *Fezer* WRP 2006, 781, 787.

[161] EuGH, Urt. v. 12.5.2011, Ving Sverige, C-122/10, EU:C:2011:299, Rdn. 71; ebenso *GA Mengozzi*, Schlussanträge v. 16.12.2015, Rs. C-476/14, Citroën Commerce GmbH, Rdn. 74 ff.

93 **b) „Vorenthalten": Unterbleiben im erforderlichen Zusammenhang, § 5a Abs. 2 S. 1 Nr. 1.** Das „Vorenthalten" einer Information setzt *zum einen* voraus, dass sie **zum Geschäfts- und Verantwortungsbereich des Unternehmers gehört oder** dieser sie sich **mit zumutbarem Aufwand beschaffen** kann.[162]

93a *Zum anderen* ist erforderlich, dass der **Verbraucher die Information nicht oder nicht so erhält,** dass er sie bei seiner geschäftlichen Entscheidung berücksichtigen kann.[163] Die Entscheidung des Verbrauchers, sich mit einem beworbenen Angebot in einer Werbeanzeige näher zu befassen, stellt zwar für sich gesehen mangels eines unmittelbaren Zusammenhangs mit einem Erwerbsvorgang noch keine geschäftliche Entscheidung dar.[164] Kann der Durchschnittsverbraucher, wie bei einer als „all-inclusive-Angebot" zu einem günstigen Festpreis in einem Prospekt beworbenen Küche, aber über den Erwerb **ohne vorherige Beratung** oder Planung durch einen Verkäufer und ohne Kenntnis sämtlicher Details des Angebots entscheiden, ist mangels anderweitigen Vortrags des **Unternehmers** nichts dafür erkennbar, dass er eine in der Werbung fehlende Information vor seiner geschäftlichen Entscheidung noch erhält.[165]

Der Begriff „geschäftliche Entscheidung" erfasst außer der Entscheidung über den Erwerb oder Nichterwerb eines Produkts aber auch damit unmittelbar zusammenhängende Entscheidungen wie insbesondere das **Betreten eines Geschäfts.**[166]

Ohne Bedeutung ist, ob die Information ganz unterbleibt oder nur an einer für den Durchschnittsverbraucher unerwarteten Stelle bzw. in einer für ihn überraschenden Art und Weise erteilt wird. Auch → § 5a Rdn. 94, 99.

94 **c) Verheimlichen, Bereitstellen in unklarer, unverständlicher oder zweideutiger Weise, nicht rechtzeitige Bereitstellung, § 5a Abs. 2 S. 2.** Art. 7 Abs. 2 UGP-Richtlinie stellt klar, dass als Vorenthalten auch das **Verheimlichen** von Informationen, eine Darstellung in **unklarer, unverständlicher** oder **zweideutiger** Weise sowie die **verspätete** Bereitstellung gelten, aufgrund derer der Durchschnittsverbraucher die Information nicht bzw. nicht rechtzeitig erlangen kann.[167] Durch die Gesetzesänderung zum 10.12.2015 wurde durch Einfügung des neuen § 5a Abs. 2 S. 2 der Wortlaut des § 5a stärker an Art. 7 UGP-Richtlinie angepasst, nachdem seitens der Kommission eine unzureichende Umsetzung beanstandet worden war.[168] Eine Änderung der Rechtslage ist damit nicht verbunden.[169] Das ebenfalls in Art. 7 Abs. 2 UGP-Richtlinie geregelte Nichtkenntlichmachen des kommerziellen Zwecks hat in § 5a Abs. 6 eine gesonderte Regelung gefunden, s. dazu näher **§ 5a Rdn. 237 ff.**

95 § 5a Abs. 2 S. 2 **konkretisiert** lediglich, dass wesentliche Informationen auch dann im Sinne des § 5a Abs. 2 vorenthalten werden, wenn sie zwar bereitgestellt werden, dies aber auf unklare, unverständliche oder zweideutige Weise geschieht.[170] Die **Prüfung der weiteren Tatbestandsvoraussetzungen des § 5a Abs. 2 wird dadurch nicht entbehr-**

---

162 BGH, Urt. v. 21.7.2016, LGA tested, DE:BGH:2016:210716UIZR26, Rdn. 27; GRUR 2017, 922 Rdn. 27 – Komplettküchen.

163 BGH, Urt. v. 21.7.2016, LGA tested, DE:BGH:2016:210716UIZR26, Rdn. 27; GRUR 2017, 922 Rdn. 27 – Komplettküchen.

164 BGH GRUR 2017, 922 Rdn. 27 – Komplettküchen.

165 BGH GRUR 2017, 922 Rdn. 28 – Komplettküchen.

166 EuGH, GRUR 2014, 196 Rdn. 36 ff. – Trento Sviluppo; BGH, Urt. v. 21.7.2016, LGA tested, DE:BGH:2016:210716UIZR26, Rdn. 29; GRUR 2017, 922 Rdn. 28 – Komplettküchen.

167 *Sosnitza* WRP 2008, 1014, 1031; *Blasek* GRUR 2010, 396, 400; Götting/Nordemann/*A. Nordemann*, § 5a Rdn. 55.

168 Die Europäische Kommission hatte beanstandet, dass dieses Kriterium nicht ausdrücklich in den Wortlaut des § 5a UWG aufgenommen wurde, und Zweifel an der ordnungsgemäßen Umsetzung der UGP-RL geäußert.

169 BGH, Urt. v. 4.2.2016, *Fressnapf*, DE:BGH:2016:040216UIZR194.14.0 Rdn. 23; MüKo-UWG/*Alexander*, § 5a Rdn. 192; Fezer/*Peifer*, 2. Aufl., § 5a Rdn. 30; GroßKommUWG/*Lindacher*, 2. Aufl. 2013, § 5a Rdn. 34; jurisPK-UWG/*Seichter*, 3. Aufl., § 5a Rdn. 42; Ohly/*Sosnitza*, 6. Aufl. 2014, § 5a Rdn. 9.

170 Vgl. BGH, Urt. v. 4.2.2016, Fressnapf, DE:BGH:2016:040216UIZR194.14.0, Rdn. 23 und 29.

lich,[171] wie sich aus Art. 7 Abs. 2 UGP-Richtlinie ergibt, der auf die konkreten Umstände abstellt und das Relevanzerfordernis betont. Auch in den Fällen des § 5a Abs. 2 S. 2 muss daher stets noch geprüft werden, ob sich das Verheimlichen der Information bzw. deren intransparente oder nicht rechtzeitige Bereitstellung **im konkreten Fall unter Berücksichtigung aller Umstände und der Beschränkungen des Kommunikationsmittels** als Vorenthalten wesentlicher Informationen darstellt und die **geschäftliche Relevanz besteht.**

Für die **Klarheit** kommt es auch auf die grafische Gestaltung des Hinweises und den 96
Kontext an.[172] Deshalb werden dem Verbraucher wesentliche Informationen über den Preis auch dann vorenthalten, wenn bestimmte Preisangaben herausgestellt, die Angaben über die weiteren (nachteiligen) Preisbestandteile aber in derart kleiner Schrift dargestellt werden, dass der Hinweis in der Werbung untergeht.[173]

Ein Verheimlichen liegt auch vor, wenn Informationen so auf Unterseiten **versteckt** 97
werden, dass sie nur mit großem Aufwand nach Durchklicken vieler Seiten und Untermenüs zu finden sind.[174] Bei der Werbung mit Testergebnissen steht eine nicht hinreichend lesbare Fundstellenangabe einer gänzlich fehlenden gleich,[175] ebenso eine nicht leicht und eindeutig auffindbare.[176] An einer hinreichend klaren und eindeutigen Erkennbarkeit fehlt es auch, wenn der Werbeadressat zur Annahme eines vom Unternehmer unterbreiteten Angebots verleitet werden soll, dessen Werbecharakter dadurch getarnt wird, dass der unzutreffende Eindruck vermittelt wird, das beworbene Produkt sei **bereits bestellt.**[177] Die Übermittlung von **Werbematerial unter Beifügung einer Zahlungsaufforderung,** mit welcher der unrichtige Eindruck vermittelt wird, die beworbene Ware oder Dienstleistung sei bereits bestellt, ist bereits nach **Nr. 22 Anh. zu § 3 Abs. 3** (→ Anh. § 3 Rn. 417 ff.) gegenüber Verbrauchern stets unlauter. Wichtige Fälle des Verschleierns finden sich auch in **§ 5a Abs. 6** (§ 4 Nr. 3 a. F.); **auf die dortige Kommentierung (→ § 5a Rdn. 237 ff.) wird verwiesen.**

Auch eine **nicht rechtzeitige** Bereitstellung kann eine Irreführung durch Unterlassen 98
begründen. Ob ein Hinweis auf **weiterführende Informationen** ausreichend ist, muss **unter Berücksichtigung des Einzelfalls** entschieden werden.[178] Unerwartete Beschränkungen sowie sonstige überraschende Teilnahmebedingungen müssen in der Werbung stets unmittelbar offenbart werden.[179] So genügt es auch bei einer zentral organisierten Werbung für mehrere einem Franchisesystem angeschlossene selbständigen Märkte nicht, wenn sich der Verbraucher durch einen Telefonanruf bei den im Prospekt aufgeführten Märkten informieren kann, ob diese an der beworbenen Verkaufsaktion teilnehmen und die beworbenen Produkte zu den angegebenen Preisen anbieten, sondern ist dies bereits im Prospekt anzugeben.[180]

d) Besonderheiten des Kommunikationsmittels und anderweitige Mitteilung, 99
§ 5a Abs. 5. aa) Grundsätzliches. Bei der Beurteilung, ob das Unterbleiben der Information ein irreführendes „Vorenthalten" ist, sind die **Besonderheiten des Kommunikationsmittels** zu berücksichtigen, und ob die Information in einem solchen Fall **anderwei-**

[171] Vgl. *Köhler*/Bornkamm/Feddersen, § 5a Rdn. 3.26.
[172] BGH WRP 2009, 1229, 1234 – Geld-Zurück-Garantie II.
[173] EuGH, Urt. v. 26.10.2016, C-611/14, GRUR 2016, 1307 – Canal Digital Danmark/AS; BGH GRUR 2009, 1180, 1182 f. – 0,00 Grundgebühr.
[174] *Alexander*, WRP 2016, 139, 144.
[175] KG Magazindienst 1993, 198; Magazindienst 2011, 342; OLG Celle GRUR-RR 2011, 278; OLG Stuttgart Magazindienst 2011, 543.
[176] Vgl. BGH GRUR 2010, 248, 251 – Kamerakauf im Internet.
[177] BGH WRP 2011, 194, 197 Rdn. 18 – Branchenbuch Berg; LG Saarbrücken, WRP 2015, 1161, 1162 mit Anm. *Junker,* jurisPR-ITR 2/2016 Anm. 5.
[178] Vgl. BGH GRUR 2009, 1064, 1068 Rdn. 27 ff., 38 – Geld-Zurück-Garantie II.
[179] BGH GRUR 2008, 724 Rdn. – Urlaubsgewinnspiel; GRUR 2009, 1064, 1068 Rdn. 27 ff., 39 – Geld-Zurück-Garantie II.
[180] BGH, Urt. v. 4.2.2016, Fressnapf, DE:BGH:2016:040216UIZR194.14.0 Rdn. 24.

tig mitgeteilt wird. Das Erfordernis ergibt sich aus der **Medienklausel des Art. 7 Abs. 3 UGP-Richtlinie** (Text: Rdn. 3), die schon bislang im Wege der richtlinienkonformen Auslegung heranzuziehen war. Diese Tatbestandsvoraussetzungen wurden im Zuge der UWG-Reform 2015 nunmehr ausdrücklich in **§ 5a Abs. 5** geregelt und werden entsprechend dieser Systematik **dort kommentiert.** § 5a Abs. 5 stellt jedoch **nicht isoliert** zu sehende Voraussetzungen auf, sondern die Begrenzungen des Kommunikationsmittels und die Maßnahmen des Unternehmers, diese anderweitig zur Verfügung zu stellen, sind bei der Beurteilung, ob Informationen i. S. d. § 5a Abs. 2 vorenthalten wurden, zu berücksichtigen, sodass **§ 5a Abs. 2 und Abs. 5 im Zusammenhang zu prüfen** sind.

100 Die Kommentierung dieser Tatbestandsvoraussetzungen erfolgt der Systematik des neuen § 5a folgend in Abs. 5.

101 **Wegen der Einzelheiten wird auf die Kommentierung zu § 5a Abs. 5 verwiesen (→ § 5a Rdn. 224 ff.).**

102 Die Formulierung in Art. 7 Abs. 3 UGP-Richtlinie, **„anderweitig zur Verfügung gestellte"** Informationen seien bei der Abwägung, ob eine Information vorenthalten werde, zu berücksichtigen, ist missverständlich. Eine Information, die dem Verkehr zwar nicht mitgeteilt wird, die einem durchschnittlich aufmerksamen, verständigen und informierten Verbraucher aber bekannt ist, kann schon nach allgemeinen Grundsätzen kein Verschweigen wesentlicher Informationen sein. Erkennt der Kaufinteressent z. B., dass er Informationen über die auf der Eingangsseite der **Internet**-Offerte präsentierte Ware erst auf Webseiten des Unternehmers erhält, zu denen er durch Verweise aufgrund einfacher elektronischer Verknüpfungen oder durch klare und unmissverständliche Hinweise geleitet wird, wird er diese Seiten auch aufrufen und die Informationen zur Kenntnis nehmen.[181] Selbst bei Pflichtangaben gem. § 4 HWG ist nicht zu verlangen, dass diese in einer Google-Adword-Anzeige selbst enthalten sind, sondern ist ein als solcher klar erkennbarer elektronischer Verweis in der Anzeige als ausreichend anzusehen, wenn dieser zu einer Internetseite führt, auf der die Pflichtangaben unmittelbar, d. h. ohne weitere Zwischenschritte leicht lesbar wahrgenommen werden können.[182] **S. näher zu den Anforderungen bei Verlinkung von Informationen → § 5 Rdn. 205.** Neues bringt die Medienklausel nur für den Fall, dass ein durchschnittlich aufmerksames, verständiges und informiertes Mitglied des angesprochenen Verkehrskreises eine benötigte Information **nicht in dem erforderlichen Zusammenhang erhält, um diese für eine informierte Entscheidung berücksichtigen zu können.** Nach Art. 7 Abs. 3 liegt hier abweichend von der Art. 7 Abs. 1 und 2 zu Grunde liegenden Risikoverteilung, die dem Unternehmer die Informationslast für „wesentliche" Informationen aufbürdet, kein irreführendes „Vorenthalten" im rechtlichen Sinne vor, wenn eine **Interessenabwägung** ergibt, dass die verkürzte Darstellung auf die Besonderheiten des verwandten Kommunikationsmediums zurückzuführen ist, und der Unternehmer ausreichende Maßnahmen ergriffen hat, um die Information anderweitig, also außerhalb des eigentlich zu fordernden Zusammenhangs mit der geschäftlichen Handlung, zur Verfügung zu stellen.

102a Nach Art. 7 Abs. 1 und 2 **sind die durch das verwendete Kommunikationsmedium bedingten räumlichen oder zeitlichen Beschränkungen gegen die Beschaffenheit und die Merkmale des betreffenden Produkts abzuwägen,** um festzustellen, ob es dem Gewerbetreibenden tatsächlich unmöglich war, die in Rede stehende Information einzubeziehen oder sie klar, verständlich und eindeutig in der ursprünglichen Kommunikation bereitzustellen.[183] Wenn es unter Berücksichtigung der dem Produkt innewohnenden Eigenschaften und der Beschränkungen des verwendeten Kommunikationsmittels **unmöglich ist, sämtliche wesentlichen Informationen** zu diesem Produkt bereitzustellen, ist

---

[181] BGH GRUR 2003, 889, 890 – Internet-Reservierungssystem; GRUR 2005, 438 – Epson-Tinte; GRUR 2005, 690, 692 – Internet-Versandhandel; GRUR 2007, 159, 160 – Anbieterkennzeichnung im Internet; GRUR 2008, 84 ff. – Versandkosten; vgl. *Alexander*, WRP 2015, 139, 144 f.

[182] BGH GRUR 2014, 94, 95 Rdn. 18 – Pflichtangaben im Internet.

[183] EuGH, Urt. v. 26.10.2016, C-611/14, GRUR 2016, 1307 Rdn. 62 – Canal Digital Danmark/AS.

es zulässig, im Rahmen einer Geschäftspraxis nur **bestimmte** dieser Informationen anzugeben und **für die übrigen Informationen auf die Website des Unternehmers zu verweisen.**[184]

bb) Besonderheiten des Kommunikationsmittels. Unter dem für die geschäftliche Handlung verwandten **Kommunikationsmittel** ist das Medium zu verstehen, das zur Übermittlung der in der geschäftlichen Handlung enthaltenen Information verwandt wird, also z. B. das Internet, die Radio- oder Fernsehwerbung, die (papierne) Zeitung usw. 103

Inwieweit Informationen infolge **räumlicher oder zeitlicher Beschränkungen des Kommunikationsmediums** dort nicht erteilt werden können, hängt zunächst von dem Medium selbst ab.[185] Wenig Raum für Information lassen z. B. die Internet-Domain, die Film- und Fernsehwerbung, SMS- und Telefonwerbung sowie Anzeigen in Zeitungen. Darüber hinaus spielen aber auch Art, Umfang und Zusammensetzung der Informationen eine Rolle. 104

Ist infolge dieser Besonderheiten des Mediums kein Raum, alle wesentlichen Informationen darzustellen, muss der Unternehmer eine **Auswahl** treffen und im Übrigen im Sinne von Art. 7 Abs. 3 UGP-Richtlinie **auf seine Website** verweisen.[186] Für die Auswahl wird es v. a. auf die **Wesentlichkeit** der Informationen ankommen. Informationen, die auf der Skala der im konkreten Fall wesentlichen Informationen ganz oben stehen, sind i. d. R. unmittelbar im Kommunikationsmedium darzustellen, während weniger wesentliche Informationen zwar nicht vorenthalten werden dürfen, auf sie aber verwiesen werden kann.

Die erforderlichen Informationen müssen **rechtzeitig** und so zur Verfügung gestellt werden, dass der Verkehr sie **tatsächlich zur Kenntnis nehmen** kann. Das erfordert im **Internetvertrieb,** dass die nach § 5a Abs. 3 Nr. 3 erforderlichen Angaben zum Preis einschließlich Umsatzsteuer grundsätzlich vor Einlegen der Ware in den virtuellen Warenkorb gemacht werden.[187] Hinsichtlich der Liefer- und Versandkosten ist jedoch zu beachten, dass deren Höhe häufig vom Umfang der Gesamtbestellung des Kunden oder der Art der ausgewählten Ware abhängen wird. Es reicht deshalb aus, unmittelbar bei der Werbung für das einzelne Produkt den Hinweis „zzgl. Versandkosten" aufzunehmen, wenn sich bei Anklicken oder Ansteuern dieses Hinweises ein Fenster mit einer übersichtlichen und verständlichen Erläuterung der allgemeinen Berechnungsmodalitäten für die Versandkosten öffnet und außerdem die tatsächliche Höhe der für den Einkauf anfallenden Versandkosten jeweils bei Aufruf des virtuellen Warenkorbs in der Preisaufstellung gesondert ausgewiesen wird.[188] Bei einer Werbung für Waren in **Preisvergleichslisten** einer Preissuchmaschine dürfen die zum Kaufpreis hinzukommenden Versandkosten nicht erst auf der eigenen Internetseite des Werbenden genannt werden, die mit dem Anklicken der Warenabbildung oder des Produktnamens erreicht werden kann.[189] Für Preise in Preissuchmaschinen gelten hohe Aktualitätsanforderungen.[190] 105

Die Informationen müssen **lesbar** bzw. in angemessener anderer Art und Weise (z. B. akustisch) wahrnehmbar sein. Bei der Werbung für ein Produkt mit einem **Testergebnis** muss im Internet die Fundstelle entweder bereits deutlich auf der ersten Bildschirmseite dieser Werbung angegeben werden oder jedenfalls ein deutlicher Sternchenhinweis den Verbraucher ohne weiteres zu der Fundstellenangabe führen.[191] S. ferner → § 5a Rdn. 91. 106

---

[184] EuGH, Urt. v. 26.10.2016, C-611/14, GRUR 2016, 1307 Rdn. 63 – Canal Digital Danmark/AS.
[185] Vgl. Götting/Nordemann/*A. Nordemann,* 2. Aufl. 2013, § 5a Rdn. 60.
[186] EuGH, Urt. v. 26.10.2016, C-611/14, GRUR 2016, 1307 Rdn. 62 f. – Canal Digital Danmark/AS.
[187] BGH GRUR 2010, 248, 251 – Kamerakauf im Internet.
[188] BGH GRUR 2010, 248, 251 – Kamerakauf im Internet.
[189] BGH GRUR 2010, 251 – Versandkosten bei Froogle I.
[190] BGH GRUR 2010, 936 – Espressomaschine; GRUR 2010, 1110, 1112 – Versandkosten bei Froogle II.
[191] BGH GRUR 2010, 248, 251 – Kamerakauf im Internet; OLG Oldenburg, MMR 2016, 37, 39; jurisPK-VWG/*Müller-Bidinger,* § 6 Rdn. 273; kritisch aber *Franz* WRP 2016, 439, 446 f.

107 **cc) Anderweitige Mitteilung.** Wenn eine Information infolge der Besonderheiten des Mediums nicht im Zusammenhang mit der geschäftlichen Handlung selbst gegeben werden kann, liegt gleichwohl kein Vorenthalten von Informationen im Sinne des Gesetzes vor, wenn der Unternehmer alle zumutbaren und erforderlichen Maßnahmen getroffen hat, um dem Verkehr die Information zugänglich zu machen, Art. 7 Abs. 3 UGP-Richtlinie. Dabei handelt es sich um eine Weiterentwicklung der Grundsätze der **labelling doctrin** (→ § 5 Rdn. 173), nach der eine trotz aufklärender Hinweise verbleibende Gefahr, dass Mitglieder des angesprochenen Verkehrs irregeführt werden können, hinzunehmen ist und keine i. S. d. Gesetzes beachtliche Irreführungsgefahr begründet.

108 Von einer „anderweitigen Mitteilung" kann nicht schon dann die Rede sein, wenn die Information nur überhaupt irgendwo auffindbar ist. Vielmehr muss die Bereitstellung der Informationen so geschehen, dass der **Verkehr sie mit dem ihm im konkreten Fall zumutbaren Aufwand auffinden kann.** Die Information muss also für ein durchschnittlich (angemessen) aufmerksames, verständiges und informiertes Mitglied des Verkehrskreises, an den sich die geschäftliche Handlung richtet, **zugänglich** sein. Wirbt der Unternehmer bspw. für die Inanspruchnahme eines Internet-Anschlusses, kann er nicht auf seine Informationsdatenbank im Internet verweisen. Darüber hinaus muss für eine solche Person **erkennbar** sein, wo die Informationen zu finden sind. Dies kann etwa dadurch gewährleistet werden, dass die „Fundstelle" ausführlicher Informationen in der verkürzten Darstellung genannt wird. Außerdem muss gewährleistet sein, dass der Verkehr die Informationen **rechtzeitig** erlangt.[192] Der Verkehr muss sich die Informationen auch mit **zumutbarem Aufwand beschaffen** können. Die Abrufbarkeit im Rahmen einer Hotline, für die mehr als nur die üblichen Telefon- oder Internetkosten gezahlt werden müssen, dürfte daher nicht ausreichen.

109 **e) Interessenabwägung.** Ob die fragliche Information im konkreten Fall „vorenthalten" wurde, ist unter Berücksichtigung der genannten Kriterien durch Abwägung aller Umstände des Einzelfalls (vgl. Art. 7 Abs. 1 UGP-RL sowie deren 7. Erwägungsgrund) für die konkrete Situation der geschäftlichen Handlung zu beurteilen.[193] **Ausgangspunkt der Abwägung ist das Interesse des Verkehrs, über wesentliche Umstände auch informiert zu werden.** Der europäische Gesetzgeber hat mit dem Art. 7 UGP-Richtlinie zu Grunde liegenden Modell eine wirtschaftspolitische Abwägung vorgenommen und sich **im Grundsatz für eine Belastung der Unternehmer mit den Informationskosten für „wesentliche" Informationen** entschieden;[194] Informationskosten können die Nichterteilung wesentlicher Informationen im Verhältnis B2C daher nur im Ausnahmefall rechtfertigen, z. B. wenn sie ungewöhnlich hoch sind (→ Rdn. 110). Machen nicht Besonderheiten des Kommunikationsmittels im konkreten Fall eine Einschränkung des Informationsinteresses des angesprochenen Verkehrs erforderlich, soll der Verkehr die für eine informierte Entscheidung erforderlichen Informationen im Interesse des Verbraucherschutzes erhalten. Soweit Besonderheiten des Kommunikationsmittels dem nicht entgegenstehen, wird daher im Rahmen der Interessenabwägung im Allgemeinen das Interesse des Verkehrs daran überwiegen, über Umstände informiert zu werden, die ein Durchschnittsverbraucher in der konkreten Situation der geschäftlichen Handlung für eine informierte geschäftliche Entscheidung benötigt.[195]

110 **Besondere Umstände, die dem Interesse des Unternehmers Gewicht verleihen können, eine wesentliche Information nicht zu erteilen,** die unter Berücksichtigung der Besonderheiten des Kommunikationsmediums erteilt werden könnte, können z. B. sein: **Ungewöhnlich hohe Informationskosten,** etwa im Hinblick auf eine erforderliche Übersetzung in eine wenig gebräuchliche Sprache; die **Unkenntnis und fehlende Möglichkeit**

---

192 BGH GRUR 2010, 248, 251 – Kamerakauf im Internet.
193 EuGH, Urt. v. 30.3.2017, C-146/16, VSW/DHL Paket, EU:C:2017:243, Rdn. 28 f.
194 *Apostolopoulos* GRUR Int. 2005, 292, 299.
195 *Apostolopoulos* GRUR Int. 2005, 292, 299 spricht sogar von einem Entlastungsbeweis des Unternehmers.

des Unternehmers, sich die Information zumutbar selbst zu beschaffen, etwa wenn die Zahlungs-, Liefer- und Leistungsbedingungen erst noch ausgehandelt werden sollen; auch ein **Geheimhaltungsinteresse** des Unternehmers kann zu berücksichtigen sein,[196] etwa wenn die Information über wesentliche Produkteigenschaften darauf hinausliefe, technisches Know-How preiszugeben, an dessen Schutz vor der Konkurrenz das Unternehmen ein berechtigtes Interesse hat. Umgekehrt können Mitbewerber und Verbraucher ein schutzwürdiges Interesse an der Information haben, dass der Unternehmer das von ihm beworbene Produkt unter widerrechtlicher Verwendung von Rezepturen und Betriebsgeheimnissen des Mitbewerbers entwickelt und hergestellt hat.[197] Zu berücksichtigen ist auch, ob die Werbung erforderlich ist, um einer **Marktabschottung** Vorschub zu leisten.[198]

Ein gesteigertes Informationsinteresse kann z. B. im Hinblick auf die für den Unternehmer erkennbare und schützenswerte **Erwartung, vollständig informiert zu werden,** anzuerkennen sein. Je mehr Informationen aus der Werbung **ersichtlich** sind, desto eher glaubt der Kunde z. B., „vollständig informiert" zu sein.[199] Das gilt aber auch umgekehrt: Weist ein Lohnsteuerhilfeverein in einer Zeitungsanzeige nur auf sein Bestehen hin, erwartet der Verkehr keine Einzelheiten.[200] **111**

Sind Hinweise auf eine bestimmte Eigenschaft im Wettbewerb **üblich,** deutet das auf eine entsprechende Verkehrserwartung hin,[201] was für ein schutzwürdiges Interesse des Werbenden und die Zumutbarkeit der Aufklärung zur Meidung eines Irrtums spricht. Gleiches gilt, wenn das Produkt **Besonderheiten** aufweist, mit denen der Verkehr nicht rechnet. Ist das Produkt, etwa stark salmiakhaltiger Lakritz, im Hinblick auf seine Beschaffenheit in Deutschland nicht **verkehrsfähig** und darf nur aufgrund einer Ausnahmegenehmigung vertrieben werden, muss hierauf i. d. R. deutlich hingewiesen werden.[202] Ist der Verzehr bzw. der Gebrauch eines Produktes mit **gesundheitlichen Risiken** behaftet, ist der Verkehr in besonderem Maße auf die Information angewiesen und deshalb jedenfalls im Zusammenhang mit einem konkreten Angebot ein Hinweis erforderlich. Geht es um Waren, die einen verhältnismäßig hohen **Preis** und eine lange **Lebensdauer** haben, sind die Interessen des Verkehrs schützenswerter als bei billigen Verbrauchsartikeln.[203] Dem Werbenden ist hier eine Aufklärung auch eher zumutbar als bei Massenkleinartikeln. Wird die Kaufentscheidung erst nach Einholung von Informationen und einiger **Überlegung** getroffen, spricht das gleichfalls für eine Verpflichtung zur Aufklärung.[204] Das Bestehen **vertraglicher oder verbraucherschutzgesetzlicher Aufklärungspflichten** kann ebenso eine Rolle spielen wie eine durch **vorangegangenes Verhalten** des Unternehmers, etwa die werbende Herausstellung bestimmter Umstände, die sich dann jedoch geändert haben,[205] selbst geschaffene Erwartungshaltung. **112**

6. Relevanz, § 5a Abs. 2 S. 1 Nr. 2. Das **Relevanzerfordernis ist zu beachten.**[206] Dies folgt für den Anwendungsbereich des **UWG (2015)** nunmehr **ausdrücklich aus der neu eingefügten „Relevanzklausel" des § 5a Abs. 2 S. 1 Nr. 2,**[207] nach der das Vor- **113**

[196] BGH, Urt. v. 21.7.2016, LGA tested, I ZR 26/15, DE:BGH:2016:210716UIZR26, Rdn. 33.

[197] BGH, Urt. v. 16.11.2017, Knochenzement II, DE:BGH:2017:161117UIZR160.16.0, Rdn. 38; Urt. v. 7.3.2019, Knochenzement III, DE:BGH:2019:070319UIZR254.16.0, LS c) und Rdn. 20.

[198] Vgl. BGH GRUR 1999, 1017, 1019 – Kontrollnummernbeseitigung; GRUR 1999, 1122, 1124 – EG-Neuwagen I; GRUR 1999, 1125, 1126 – EG-Neuwagen II.

[199] *Steinbeck* WRP 2006, 632, 635.

[200] BGH GRUR 2011, 535 – Lohnsteuerhilfeverein Preußen.

[201] BGH GRUR 2000, 76, 77 – Shareware-Version.

[202] OLG Köln GRUR-RR 2005, 94.

[203] Vgl. BGH GRUR 2000, 616 (618) – Auslaufmodelle III; Urt. v. 17.3.2011, Az. I ZR 170/08, GRUR 2011, 1050 (1052) Rdn. 24 – Ford-Vertragspartner.

[204] Vgl. BGH GRUR 2000, 616 (618) – Auslaufmodelle III.

[205] BGH GRUR 1958, 30, 31 – Außenleuchte.

[206] EuGH, Urt. v. 26.10.2016, C-611/14, GRUR 2016, 1307 Rdn. 53 f. – Canal Digital Danmark/AS; BGH GRUR 2017, 922 Rdn. 31 – Komplettküchen; BGH, Urt. v. 18.10.2017, Kraftfahrzeugwerbung, DE:BGH:2017:181017UIZR84.16.0, Rdn. 24; *Alexander,* WRP 2016, 139, 143, 145; *Ohly* GRUR 2016, 3, 5 f.

[207] *Köhler*/Bornkamm/Feddersen, § 5a Rdn. 3.43 f.

enthalten der wesentlichen Information geeignet sein muss, den Verbraucher zu einer geschäftlichen Entscheidung zu veranlassen, die er anderenfalls nicht getroffen hätte.[208] Die Voraussetzungen der § 5a Abs. 2 S. 1 Nr. 1 und 2 stellen selbständige Tatbestandsmerkmale dar, die deshalb – auch im Anwendungsbereich des § 3a – selbständig zu prüfen sind.[209]

114 Jedoch ist, sofern im konkreten Fall keine besonderen Umstände vorliegen, grundsätzlich davon auszugehen, dass das Vorenthalten einer wesentlichen Information, die der Verbraucher nach den Umständen benötigt, um eine informierte Entscheidung zu treffen, geeignet ist, den Verbraucher zu einer geschäftlichen Entscheidung zu veranlassen, die er bei der geboten gewesenen Information nicht getroffen hätte.[210] **Den Unternehmer, der geltend macht, dass** – abweichend vom Regelfall – **der Verbraucher eine ihm vorenthaltene wesentliche Information nicht benötigt und das Vorenthalten dieser Information den Verbraucher nicht zu einer anderen Kaufentscheidung veranlassen kann, trifft eine sekundäre Darlegungslast.**[211]

Das Relevanzerfordernis gilt nach geänderter neuer Rspr. jedenfalls seit dem **UWG (2015)** auch im Anwendungsbereich der „Wesentlichkeitsvermutungen" der **§ 5a Abs. 3 und 4.**[212]

115 **Vor der UWG-Novelle 2015** war die Geltung eines Relevanzerfordernisses umstritten; s. näher Harte/Henning/*Dreyer,* 4. Aufl., § 5a **Rdn. 114.**

Inzwischen hat der Meinungsstreit nur noch für Altfälle Bedeutung, da der **BGH** das **Relevanzerfordernis im Anwendungsbereich des UWG (2015) ausdrücklich anerkennt.**[213] Für **Altfälle** scheint er hingegen an der früheren Rspr. festhalten zu wollen.[214]

116 Eine über das Relevanzerfordernis des Art. 7 UGP-Richtlinie hinausgehende ***besondere* Spürbarkeit** nach § 3 a. F. ist – und war bereits im Anwendungsbereich des UWG (2008) – hingegen **nicht** erforderlich,[215] s. **näher § 5 B Rdn. 197 ff.**

117 **Entscheidend für die Relevanz ist i. R. d. § 5a,** ob das Unterlassen der Information geeignet ist, einen Durchschnittsverbraucher zu einer **geschäftlichen Entscheidung** zu veranlassen, die er sonst nicht getroffen hätte. Das ist jedenfalls dann der Fall, wenn die unzureichende Information den Verbraucher zu einer **falschen Vorstellung** und deshalb zu einer geschäftlichen Entscheidung veranlassen kann, die er bei richtiger Information nicht getroffen hätte.[216] Nach hier vertretener Auffassung ist aber auch ausreichend, dass aus anderen vom Schutzzweck der UGP-Richtlinie erfassten Gründen **die geschäftliche Entscheidung eines Durchschnittsverbrauchers anders ausgefallen wäre, wenn er die Information in der gebotenen Weise erhalten hätte → § 5a Rdn. 29 ff., 34, 38.**

117a Für den Begriff der **„geschäftlichen Entscheidung"** gilt die Legaldefinition des **§ 2 Abs. 1 Nr. 9.**[217] Der Begriff umfasst außer der Entscheidung über den Erwerb oder Nichterwerb auch damit zusammenhängende Entscheidungen wie insbesondere das **Betreten eines Geschäfts**[218] oder den **Zugang zu einem im Internet angebotenen**

---

[208] EuGH, Urt. v. 26.10.2016, C-611/14, GRUR 2016, 1307 Rdn. 58 f. – Canal Digital Danmark/AS.

[209] BGH, Urt. v. 31.10.2018, Jogginghosen, DE:BGH:2018:311018UIZR73/17.0, Rdn. 30; Urt. v. 7.3.2019, I ZR 184/17, GRUR 2019, 746 Rdn. 27 ff. – Energieeffizienzklasse III.

[210] BGH, Urt. v. 18.10.2017, Kraftfahrzeugwerbung, DE:BGH:2017:181017UIZR84.16.0, Rdn. 26; BGH GRUR 2016, 403 Rdn. 25 – Fressnapf; GRUR 2017, 922 Rdn. 34 – Komplettküchen.

[211] BGH, Urt. v. 31.10.2018, Jogginghosen, DE:BGH:2018:311018UIZR73/17.0, Rdn. 31; Urt. v. 7.3.2019, I ZR 184/17, GRUR 2019, 746 – Energieeffizienzklasse III, Rdn. 27.

[212] BGH, Urt. v. 31.10.2018, Jogginghosen, DE:BGH:2018:311018UIZR73/17.0, Rdn. 30 ff.

[213] BGH GRUR 2017, 922 Rdn. 31 – Komplettküchen; BGH, Urt. v. 18.10.2017, Kraftfahrzeugwerbung, DE:BGH:2017:181017UIZR84.16.0, Rdn. 24.

[214] BGH, Urt. v. 4.2.2016, Fressnapf, DE:BGH:2016:040216UIZR194.14.0 Rdn. 25.

[215] Vgl. *Köhler* WRP 2012, 22, 30; BGH GRUR 2010, 852, 854 Rdn. 20 – Gallardo Spyder; GRUR 2012, 842, 844 Rdn. 25 – Neue Personenkraftwagen I; GRUR 2013, 1169, 1170 Rdn. 19 – Brandneu von der IFA; GRUR 2014, 584, 587 Rdn. 23 – Typenbezeichnung.

[216] BGH, Urt. v. 21.7.2016, LGA tested, DE:BGH:2016:210716UIZR26.15.0, Rdn. 55.

[217] BGH GRUR 2019, 746, Rdn. 29 – Energieeffizienzklasse III.

[218] Vgl. EuGH, Urt. v. 19.12.2013, GRUR 2014, 196 Rdn. 36 – Trento Sviluppo; BGH GRUR 2019, 746, Rdn. 29 – Energieeffizienzklasse III.

Produkt über eine Übersichtsseite, um sich mit dem Produkt im Detail zu beschäftigen.[219]

Der Verbraucher wird eine wesentliche Information, die ihm vorenthalten wird, im Allgemeinen für eine informierte Entscheidung auch benötigen, insbesondere in den Fällen des § 5a Abs. 3 Nr. 1.[220] Nach **BGH** und **hL trifft den Unternehmer daher eine sekundäre Darlegungslast,** soweit er geltend macht, dass – abweichend vom Regelfall – der Verbraucher eine ihm vorenthaltene wesentliche Information für eine Kaufentscheidung nicht benötigt und das Vorenthalten dieser Information den Verbraucher nicht zu einer anderen Kaufentscheidung veranlassen kann.[221] Dieser sekundären Darlegungslast genügt der Unternehmer nicht dadurch, dass er lediglich geltend macht, die Angabe einer unterbliebenen Typen- oder Markenbezeichnung von Elektrogeräten einer als „all-inclusive-Angebote" zu einem günstigen Festpreis angebotenen Komplettküche sei nicht geeignet, einen Vergleich der Einbauküchen zu ermöglichen, da sämtliche weiteren für einen Küchenkauf relevanten Parameter fehlten. Da die Küchen ausschließlich in Kombination mit den Elektrogeräten angeboten würden, wäre ein zuverlässiger Preisvergleich auch bei zusätzlicher Angabe der Marken und Typenbezeichnung der Elektrogeräte nicht möglich.[222] 117b

VII. Vermutung der Wesentlichkeit bei Angeboten an Verbraucher, § 5a Abs. 3

1. Allgemein. Nach § 5a Abs. 2 ist das Vorenthalten eines Umstandes irreführend, wenn dieser Umstand für die geschäftliche Entscheidung wesentlich ist. Bei Angeboten an Verbraucher gelten die in § 5a Abs. 3 genannten Umstände von Rechts wegen als wesentlich **(Rechtsvermutung).** Die Wesentlichkeit eines Umstands für die informierte Entscheidung des Verbrauchers darf unter den Voraussetzungen des § 5a Abs. 3 selbst dann nicht verneint werden, wenn das Gericht die betr. Information im konkreten Fall nicht als wichtig erachtet. 118

Hingegen muss auch bei Bestehen der Rechtsvermutung jeweils für den Einzelfall geprüft werden, ob der Umstand **„vorenthalten"** wurde **(→ Rdn. 74b)** und ob dies für die geschäftliche Entscheidung des Verbrauchers **relevant** ist,[223] **→ Rdn. 113 ff., 117a.** So sorgt insbes. die **Medienklausel** in Art. 7 Abs. 3 UGP-Richtlinie dafür, dass nicht jede in der geschäftlichen Handlung selbst unterlassene Information aus dem in § 5a Abs. 3 genannten Katalog schon ein irreführendes „Vorenthalten" ist, so inzwischen auch der **EuGH,** s. näher **→ Rdn. 74b, 77.** 119

Verschiedene europäische Richtlinien und Verordnungen enthalten spezielle Vorgaben zu Informationsanforderungen. Die Informationsanforderungen aus § 5a Abs. 3 werden **durch § 5a Abs. 4 nicht verdrängt.**[224] Im Anwendungsbereich europäischer Sondervorschriften ist **§ 5a Abs. 3 jedoch ausschließlich nach Maßgabe der Sondervorschriften unionskonform auszulegen,**[225] s. dazu näher → § 5a Rdn. 9 f. und → § 5 Rdn. 56 ff. So lassen sich z. B. bei **Lebensmitteln** aus Art. 7 Abs. 4 lit. a UGP-Richtlinie/ § 5a Abs. 3 Nr. 1 UWG keine Informationspflichten ableiten, die über die Informations- 120

[219] BGH GRUR 2019, 746 Rdn. 29 – Energieeffizienzklasse III.

[220] BGH GRUR 2017, 922 Rdn. 31 – Komplettküche

[221] BGH GRUR 2017, 922 Rdn. 31 – Komplettküche; GRUR 2019, 746 Rdn. 28 – Energieeffizienzklasse III; vgl. *Alexander*, WRP 2016, 139, 143; *Köhler*/Bornkamm/Feddersen, § 5a Rdn. 3.44.

[222] BGH GRUR 2017, 922 Rdn. 36 – Komplettküchen.

[223] BGH GRUR 2017, 922 Rdn. 31 – Komplettküchen; Urt. v. 18.10.2017, Kraftfahrzeugwerbung, DE: BGH:2017:181017UIZR84.16.0, Rdn. 24.

[224] Vgl. BGH GRUR 2015, 1240 (1242) Rdn. 29 f. – Der Zauber des Nordens; vgl. EuGH, Urt. v. 12.5.2011, Ving Sverige, C-122/10, EU:C:2011:299, Rdn. 60 ff.

[225] Vgl. EuGH, Urt. v. 23.1.2003, Kommission/Österreich, C-221/00, EU:C:2003:44; Urt. v. 8.11.2007, Gintec, C-374/05, EU:C:2007:654, Rdn. 38 f.; Urt. v. 16.7.2015, Abcur, C-544/13 und C-545/13, EU: C:2015:481, Rdn. 45 ff., 80 ff.; BGH GRUR 2002, 1091, 1092 – Bodensee-Tafelwasser; GRUR 2003, 628, 629 – Klosterbrauerei; GRUR 2008, 830, 831 – L-Carnitin II; GRUR 2010, 359, 361 – Vorbeugen mit Coffein.

pflichten nach der VO (EU) Nr. 1169/2011 betreffend die Information der Verbraucher über Lebensmittel **(LMIV)** hinausgehen, → **§ 5 Rn. 65.**[226]

120a Ein unterschiedliches **Schutzniveau für elektronischen und nichtelektronischen Geschäftsverkehr** ist nicht zu rechtfertigen.[227]

120b **Strengere Anforderungen gelten allerdings beim Fernabsatz,** d. h. insbes. nach **§ 312d, 312g BGB i. V. m. Art. 246a, Art. 246b EGBGB,** da § 5a Abs. 5 hier richtlinienkonform anhand der **Verbraucherrechterichtlinie 83/2011/EU** auszulegen ist, s. näher → **§ 5a Rdn. 190.**

121 **2. Angebot von Waren oder Dienstleistungen an Verbraucher, § 5a Abs. 3 HS 1.** **a) Verbraucher.** Die Rechtsvermutung betrifft nur Angebote von Waren oder Dienstleistungen an Verbraucher. Sie ist **unanwendbar auf an Unternehmer gerichtete geschäftliche Handlungen.** Die Gesetzesmaterialien betonen, dass es sich um eine Ausnahme von dem sonst geltenden Grundsatz der einheitlichen Anwendung des Gesetzes auf Mitbewerber, Verbraucher und sonstige Marktteilnehmer handele, die erforderlich gewesen sei, um den kaufmännischen Verkehr nicht mit Informationspflichten zu belasten, die – entsprechend der Wurzel dieser Pflichten in der Richtlinie unlautere Geschäftspraktiken – in erster Linie dem Verbraucherschutz dienten.[228]

122 Maßgeblich ist der **deutsche Verbraucherbegriff i. S. v. § 2 Abs. 2 UWG i. V. m. § 13 BGB.** Zwar ist dieser im Verhältnis zu dem der Richtlinie unlautere Geschäftspraktiken zu Grunde liegenden Verbraucherbegriff möglicherweise umfassender, s. näher die Kommentierung zu § 2 Abs. 2. Da der europäische Verbraucherbegriff jedoch zugleich den Anwendungsbereich der UGP-Richtlinie begrenzt und die im Übrigen einschlägige Irreführungsrichtlinie nur einen Mindest-, aber keinen Höchstschutz vorgibt, war der deutsche Gesetzgeber in der Beibehaltung des dem BGB entlehnten Verbraucherbegriffs frei; hiervon hat er Gebrauch gemacht.[229]

123 **b) Angebot von Waren oder Dienstleistungen unter Hinweis auf deren Merkmale und Preis in einer dem verwendeten Kommunikationsmittel angemessenen Weise, sodass der Verbraucher das Geschäft abschließen kann.** Die Formulierung in § 5a Abs. 3 ersetzt den in Art. 7 Abs. 4 UGP-Richtlinie verwandten Begriff der „Aufforderung zum Kauf", ohne inhaltlich von ihr abzuweichen. Die verstärkten Informationspflichten in Art. 7 Abs. 4 UGP-Richtlinie gelten daher nur bei der „Aufforderung zum Kauf". Eine **„Aufforderung zum Kauf"** ist nach der **Legaldefinition in Art. 2 lit. i UGP-Richtlinie** jede kommerzielle Kommunikation, die die Merkmale des Produkts und den Preis in einer Weise angibt, die den Mitteln der verwendeten kommerziellen Kommunikation angemessen ist und den Verbraucher dadurch in die Lage versetzt, einen Kauf zu tätigen.

124 § 5a Abs. 3 umfasst in richtlinienkonformer Auslegung „Angebote" für **Waren und Dienstleistungen**[230] **einschließlich Immobilien, Rechten und Verpflichtungen.**[231]

125 Hinsichtlich des Begriffs **„kommerzielle Kommunikation"** kann auf die Legaldefinition in Art. 2 lit. f der Richtlinie über den elektronischen Geschäftsverkehr[232] zurückgegriffen werden.[233] Erfasst werden jedoch nicht nur Äußerungen, sondern auch tatsäch-

---

[226] BGH, Urt. v. 2.12.2015, Himbeer-Vanille-Abenteuer II, I ZR 45/13, DE:BGH:2015:021215UIZR45.13.0, LS 3 und Rdn. 23.

[227] BGH GRUR 2018, 199, 202 Rdn. 30 – 15 % MwSt. GESCHENKT; vgl. BGH GRUR 2009, 1064 Rdn. 19 – Geld-zurück-Garantie II.

[228] Amtl. Begr. zum RegE, BT-Drucks. 16/10145, S. 25.

[229] Vgl. Amtl. Begr. zum RegE, BT-Drucks. 16/10145, S. 12.

[230] Vgl. BGH GRUR 2015, 1240 (1241) Rdn. 20 – Der Zauber des Nordens; BGH, Urt. v. 14.1.2016, Wir helfen im Trauerfall, I ZR 61/14, DE:BGH:2016:140116UIZR61.14.0, Rdn. 28.

[231] EuGH Urt. v. 12.5.2011, Ving Sverige, C-122/10, EU:C:2011:299, Rdn. 43.

[232] Richtlinie 2000/31/EG des Europäischen Parlaments und des Rates vom 8.6.2000 über bestimmte rechtliche Aspekte der Dienste der Informationsgesellschaft, insbes. des elektronischen Geschäftsverkehrs, im Binnenmarkt, ABl. EG Nr. L 178/1 v. 17.7.2000.

[233] Ebenso *Lettl* WRP 2008, 155, 157.

liche Verhaltensweisen.[234] Angaben, die direkten Zugang zur Tätigkeit des Unternehmens bzw. der Organisation oder Person ermöglichen, wie insbes. ein Domain-Name oder eine Adresse der elektronischen Post, und Angaben in Bezug auf Waren oder Dienstleistungen oder das Erscheinungsbild eines Unternehmens, einer Organisation oder Person, die unabhängig und insbes. ohne finanzielle Gegenleistung gemacht werden, stellen als solche keine Form der kommerziellen Kommunikation dar.

Ein **Angebot** im vorgenannten Sinne, d. h. „Aufforderung zum Kauf", ist die kommer- 126
zielle Kommunikation nach **Art. 2 lit. i) UGP-Richtlinie** nur, wenn sie die **Merkmale des Produkts und den Preis in einer den Mitteln der verwendeten Kommunikation angemessenen Weise angibt, und den Verbraucher dadurch in die Lage versetzt, einen Kauf zu tätigen.** Dafür ist eine Werbung erforderlich, aber auch ausreichend, durch die der Verbraucher so viel über das Produkt und dessen Preis erfährt, dass er sich für den Kauf entscheiden kann, **ohne dass er** durch die Art der kommerziellen Kommunikation **schon die tatsächliche Möglichkeit zum Kauf erlangt oder die Auswahl anderer Ausführungen des Produkts aufgegeben haben muss.**[235]

Einzelheiten: Eine „Aufforderung zum Kauf" kann auch in einer **bildlichen** Dar- 127
stellung liegen,[236] z. B. in einer Abbildung des offerierten Produkts mit Preisangabe.[237]

Der Begriff des „Angebots" im Sinne des § 5a Abs. 3 erfordert keine **vertragstypologische** Einordnung, insbesondere ist er **nicht restriktiv im Sinne eines Kaufvertrags** auszulegen. Vielmehr werden allgemein „geschäftliche Entscheidungen" in Bezug auf den **Erwerb von Waren bzw. die Inanspruchnahme von Dienstleistungen** erfasst unabhängig von der vertragsrechtlichen Einordnung.[238] Ziel ist es, die unterschiedlichen Informationserfordernisse im Fall allgemeiner marken- oder produktbezogener Aufmerksamkeitswerbung von konkreten vorvertraglichen Aufklärungspflichten abzugrenzen.[239]

Die Formulierung ist auch nicht wörtlich in dem Sinne zu verstehen, dass von einem 128
„Angebot zum Kauf" nur die Rede sein kann, wenn ein Angebot alle nach **§ 5a Abs. 3 Nr. 1** erforderlichen Angaben enthält; diese Auslegung wäre sinnwidrig, da Nr. 1 keinen eigenen Anwendungsbereich hätte.[240] Vielmehr setzt eine „Aufforderung zum Kauf" („Angebot") nur voraus, dass der **Verkehr hinreichend über das beworbene Produkt und dessen Preis informiert ist, um eine geschäftliche Entscheidung treffen zu können, ohne** dass die kommerzielle Kommunikation auch eine **tatsächliche Möglichkeit** bieten muss, das **Produkt zu kaufen** oder dass sie im Zusammenhang mit einer solchen Möglichkeit stehen muss.[241] Bei der gebotenen Auslegung im Lichte des mit der UGP-Richtlinie verfolgten Ziels, ein hohes Verbraucherschutzniveau zu erreichen, handele es sich bei dem Merkmal „den Verbraucher dadurch in die Lage zu versetzen, einen Kauf zu tätigen", nämlich nicht um eine zusätzliche Voraussetzung für die Einstufung als Aufforderung zum Kauf, sondern als Hinweis auf den **Zweck** der Erfordernisse, die in Bezug auf die Merkmale und den Preis der Produkte festgelegt worden sind, **damit der Verbraucher über ausreichende Information verfügt, um in der Lage zu sein, einen Kauf zu tätigen.**[242]

---

[234] *Köhler/Lettl* WRP 2003, 1019, 1034; *Lettl* WRP 2008, 155, 157.

[235] EuGH, Urt. v. 26.10.2016, C-611/14, GRUR 2016, 1307 Rdn. 52 – Canal Digital Danmark/AS; BGH, Urt. v. 18.10.2017, Kraftfahrzeugwerbung, DE:BGH:2017:181017UIZR84.16.0, Rdn 15; GRUR 2017, 922 Rdn. 28 – Komplettküchen; GRUR 2020, 1226 (1229), Rdn. 33 f. – LTE-Geschwindigkeit.

[236] EuGH, Urt. v. 12.5.2011, Ving Sverige, C-122/10, EU:C:2011:299, Rdn. 42 ff., 49.

[237] OLG Hamm, GRUR-RR 2014, 404 ff.

[238] Vgl. BGH, Urt. v. 14.1.2016, Wir helfen im Trauerfall, I ZR 61/14, DE: BGH:2016:140116UIZR61.14.0, Rdn. 28.

[239] Zustimmend *Alexander*, WRP 2013, 716, 722; vgl. auch *Gamerith* WRP 2005, 391, 423; *Köhler/Lettl* WRP 2003, 1019, 1042.

[240] BGH, Urt. v. 18.10.2017, Kraftfahrzeugwerbung, DE:BGH:2017:181017UIZR84.16.0, Rdn. 16.

[241] EuGH, Urt. v. 12.5.2011, Ving Sverige, C-122/10, EU:C:2011:299, Rdn. 33; BGH GRUR 2013, 1169 Rdn. 10 – Brandneu von der IFA; Urt. v. 14.1.2016, Wir helfen im Trauerfall, I ZR 61/14, DE: BGH:2016:140116UIZR61.14.0, Rdn. 28.

[242] EuGH, Urt. v. 12.5.2011, Ving Sverige, C-122/10, EU:C:2011:299, Rdn. 33.

129 Ein „Angebot“ liegt jedenfalls dann vor, wenn ein durchschnittlicher Verbraucher das Geschäft abschließen kann, weil ihm die wesentlichen Vertragsbestandteile bekannt sind.[243] Eine „Aufforderung zum Kauf“ setzt aber nicht voraus, dass eine kommerzielle Mitteilung unbedingt die Möglichkeit des Kaufs bietet oder im Zusammenhang mit einer solchen Möglichkeit stehen muss.[244] Es reicht aus, dass die Werbung den Verbraucher veranlassen kann, das **Geschäft zu betreten oder über das vorhandene Internetportal die beworbenen Produkte zu bestellen.**[245] Ein abweichender **subjektiver Wille** ist unerheblich: Der Qualifizierung als „Angebot“ steht nicht entgegen, dass der Verbraucher die Auswahl anderer Ausführungen des Produkts noch nicht aufgegeben hat[246] oder der Werbende gar nicht an Letztverbraucher veräußern will.[247]

130 Ob der Verbraucher in diesem Sinne hinreichend über das beworbene Produkt und dessen Preis informiert ist, um eine geschäftliche Entscheidung treffen zu können, ist vom Gericht **anhand der Beschaffenheit und der Merkmale des Produkts sowie des verwendeten Mediums der kommerziellen Kommunikation zu prüfen.**[248]

131 Maßgeblich die **konkret angebotene Leistung,** also bei der Werbung eines Anbieters von Geschenkgutscheinen nicht die Leistung, auf die sich der Gutschein bezieht, sondern deren Vermittlung.[249] Die für einen **Gutschein** bezeichnende Flexibilität des Kunden bei der Wahl, wann und bei welchem Anbieter er den Gutschein einlöst, steht der Annahme eines hinreichend bestimmten Angebots daher nicht entgegen.[250] Ferner sind auch nur im Hinblick auf dieses insoweit qualifizierte Geschäft (Gutscheinleistung) mit dem Vertragspartner die Identität und Anschrift nach § 5a Abs. 1 Nr. 1 anzugeben.[251]

132 Ein Angebot von Waren oder Dienstleistungen unter Hinweis auf deren **Merkmale und den Preis** setzt nicht zwangsläufig exakte Beschaffenheits- bzw. Preisangaben voraus.[252] Ein bindendes Angebot oder eine *invitatio ad offerendum* ist nicht erforderlich,[253] auch müssen nicht alle *essentialia negotii* vorliegen, um die Informationspflichten nach § 5a Abs. 3 auszulösen.[254] Ausreichend ist, dass der Verbraucher hinreichend über das beworbene Produkt und dessen Preis informiert ist, um einen Kaufentschluss fassen zu können. Je nach den Umständen des Einzelfalls kann daher bereits die **Bezugnahme auf das Produkt in Wort oder Bild ohne nähere Beschreibung** und die Angabe eines **„Ab“-Preises** ausreichend sein.[255] Das gilt selbst dann, wenn wie bei einer Anzeige für Flugreisen ein und dieselbe Bezugnahme in Wort oder Bild verwendet wird, um ein in **verschiedenen Ausführungen** angebotenes Produkt zu bezeichnen, sodass es das beworbene Produkt oder die beworbenen Produktgruppen zugleich auch in anderen Ausführungen oder mit anderen Merkmalen zu Preisen gibt, die nicht angegeben werden, sofern der Verbraucher im konkreten Fall trotzdem in der Lage ist, eine geschäftliche Entscheidung

---

[243] BGH GRUR 2011, 82, 85 – Preiswerbung ohne Umsatzsteuer; GRUR 2014, 580, 581 Rdn. 12 – Alpenpanorama im Heißluftballon.

[244] EuGH, Urt. v. 26.10.2016, C-611/14, GRUR 2016, 1307 Rdn. 52 – Canal Digital Danmark/AS; BGH GRUR 2015, 638 Rdn. 20 – Schlafzimmer komplett; GRUR 2017, 922 Rdn. 23 – Komplettküchen.

[245] EuGH, Urt. v. 19.12.2013, C-281/12, GRUR 2014, 196 Rdn. 36 – Trento Sviluppo und Centrale Adriatica; BGH GRUR 2017, 1269 Rdn. 17 und 19 – Mein-Paket.de II; GRUR 2020, 1226 (1229), Rdn. 33 f. – LTE-Geschwindigkeit.

[246] BGH GRUR 2014, 403 Rdn. 8 – Der Neue.

[247] BGH GRUR 2011, 82, 85 – Preiswerbung ohne Umsatzsteuer.

[248] EuGH Urt. v. 12.5.2011, Ving Sverige, C-122/10, EU:C:2011:299, Rdn. 45.

[249] BGH GRUR 2014, 580, 581 Rdn. 14 – Alpenpanorama im Heißluftballon.

[250] BGH GRUR 2014, 580, 581 Rdn. 14 – Alpenpanorama im Heißluftballon.

[251] BGH GRUR 2014, 580, 581 Rdn. 19 – Alpenpanorama im Heißluftballon.

[252] BGH WRP 2012, 450, 453 – Treppenlift.

[253] BGH GRUR 2014, 580, 581 Rdn. 12 – Alpenpanorama im Heißluftballon.

[254] OLG München WRP 2012, 736, 738; OLG Celle Becks 2013, 21845; OLG Dresden BeckRS 2014, 188825; OLG Nürnberg GRUR-RR 2015, 117; OLG Düsseldorf GRUR-RR 2015, 347 f.; *Köhler*/Bornkamm/Feddersen, § 5a Rdn. 4.19; *Alexander* WRP 2012, 125, 130.

[255] EuGH, Urt. v. 12.5.2011, Ving Sverige, C-122/10, EU:C:2011:299, Rdn. 40; BGH GRUR 2015, 1240, 1242, Rdn. 37 – Der Zauber des Nordens; OLG München WRP 2012, 736, 738; *Alexander* WRP 2012, 125, 130.

zu treffen.[256] Dahinter steht u. a. der Gedanke, dass sich der Gewerbetreibende nicht durch Angabe unscharfer Angaben den Informationserfordernissen des § 5a Abs. 3/Art. 7 Abs. 4 soll entziehen können.[257]

Nach inzwischen gefestigter Rspr. kann ein „Angebot zum Kauf" bereits in einer **Prospektwerbung,**[258] **Werbeanzeigen**[259] oder **Internetinseraten/-angeboten**[260] liegen, wenn die Werbung die Kaufentscheidung ermöglicht. 133

Etwas anderes gilt aber dann, wenn eine **individuelle Einzelanfertigung** in Rede steht, bei der **vor** einem Vertragsabschluss in der Regel zunächst ein **Beratungsgespräch** erfolgen muss, bevor konkrete Einzelangebote abgegeben werden können.[261] Ist dem Verbraucher z. B. bekannt, dass vor Vertragsschluss noch ein Beratungsgespräch stattfinden muss, in dem der für den beworbenen individuell anzufertigenden Treppenlift zu zahlende Preis überhaupt erst festgelegt wird, ist die Angabe des Listenpreises eines Treppenliftes in einem Wertgutschein, der einen Preisvorteil von 500 EUR bei Kauf eines neuen Treppenlifts in Aussicht stellt, keine „wesentliche Angabe" im Sinne des § 5a Abs. 2, Abs. 3 Nr. 2, weil ein verlässlicher Preisvergleich überhaupt erst nach Einholung des **Einzelangebots** möglich ist.[262] Ebenso kann es bei Gemeinschafts-Werbeanzeigen von Kfz-Händlern für **neue Sondermodelle** liegen, wenn lediglich allgemein unter Hinweis auf die unverbindliche Preisempfehlung des Herstellers ohne Angabe individueller Einzelpreise inseriert wird.[263] 134

c) Abgrenzung. Damit werden insbesondere **folgende Bereiche nicht von § 5a Abs. 3 erfasst:** 135

- Angebote an **Unternehmer;**
- **Aufmerksamkeitswerbung** und Werbung gegenüber Verbrauchern, die nicht hinreichend konkret ist, um schon eine geschäftliche Entscheidung zuzulassen,[264] insbesondere Image- und Erinnerungswerbung;[265]
- geschäftliche Handlungen nach Abschluss des Geschäfts, also insbes. im Rahmen der **Vertragsdurchführung und Vertragsabwicklung;**[266]
- geschäftliche Handlungen, die den **nicht-vertraglichen Bereich** betreffen, z. B. das Zusenden von Scheinrechnungen ohne Mechanismen zum Vertragsschluss.

Soweit die Informationspflicht der unmittelbaren oder mittelbaren Förderung des Produktabsatzes oder des Erscheinungsbildes des Unternehmens dient, kann aber **§ 5a Abs. 4** eingreifen. So wird z. B. bei Wertpapierdienstleistungen vermutet, dass es sich bei bestimmten **Marketing-Mitteilungen** von Wertpapierfirmen für ihre Kunden oder potentiellen Kunden um einen wesentlichen Umstand handelt. 136

3. Katalog der als wesentlich geltenden Umstände. a) Abschließender Katalog. 137
Der in § 5a Abs. 3 enthaltene Katalog ist bei der gebotenen unionskonformen Auslegung

[256] EuGH, Urt. v. 12.5.2011, Ving Sverige, C-122/10, EU:C:2011:299, Rdn. 41.

[257] Vgl. EuGH, Urt. v. 12.5.2011, Ving Sverige, C-122/10, EU:C:2011:299, Rdn. 45.

[258] BGH GRUR 2013 1169 – Brandneu von der IFA; GRUR 2017, 922 Rdn. 16 ff. – Komplettküchen.

[259] BGH GRUR 2014, 584 – Typenbezeichnung; OLG Celle BeckRs 2013, 21845; OLG Dresden BeckRs 2014, 18825; OLG Nürnberg GRUR-RR 2015, 117; OLG Düsseldorf GRUR-RR 2015, 347.

[260] BGH GRUR 2011, 18 – Preiswerbung im Internet; GRUR 2014, 580, 581 Rdn. 10 – Alpenpanorama im Heißluftballon.

[261] BGH WRP 2012, 450, 453 – Treppenlift; Urt. v. 14.1.2016, Wir helfen im Trauerfall, I ZR 61/14, DE:BGH:2016:140116UIZR61.14.0, Rdn. 28.

[262] BGH WRP 2012, 450, 453 – Treppenlift.

[263] BGH GRUR 2014, 403, Rdn. 8 ff., 19 – Der Neue.

[264] Vgl. BGH GRUR 2014, 403 Rdn. 8 ff., 19 – Der Neue; BGH GRUR 2020, 1226 (1229), Rdn. 34 – LTE-Geschwindigkeit.

[265] BGH GRUR 2020, 1226 (1229), Rdn. 34 – LTE-Geschwindigkeit; *Köhler*/Bornkamm/Feddersen, § 5a Rdn. 4.20.

[266] A. A. *Alexander* WRP 2012, 125, 129.

entgegen der Amtl. Begr. zum RegE[267] **abschließend,** weil Art. 7 Abs. 4 UGP-Richtlinie eine entsprechende Erweiterung nicht vorsieht.[268]

Eine nicht in § 5a Abs. 3 genannte Information kann jedoch nach § 5a Abs. 2 wesentlich sein. [269]

138 § 5a Abs. 3 Nr. 1–5 schließen sich untereinander nicht aus, sondern können **auch nebeneinander eingreifen.** So können Informationen über das Beschwerdeverfahren sowohl nach Nr. 1 als auch nach Nr. 4 wesentlich sein.

139 **b) Wesentliche Produktmerkmale, § 5a Abs. 3 Nr. 1.** Als wesentlich für die geschäftliche Entscheidung des Verbrauchers gelten in Angeboten über Waren oder Dienstleistungen alle wesentlichen Merkmale der Waren oder Dienstleistungen in dem für das Kommunikationsmittel und die Ware oder Dienstleistung angemessenen Umfang. Die zuletzt genannte Einschränkung („... in dem ... angemessenen Umfang ...") wurde vor allem mit Blick auf **Produkte des täglichen Bedarfs** eingefügt, wo eine solche Information vom Verkehr allgemein nicht erwartet wird.[270]

§ 312d Abs. 1 BGB i. V. m. Art. 246a Abs. 1 Nr. 1 EGBGB enthält dem Wortlaut nach ähnliche Regelungen. Die **Informationspflichten im Fernabsatz sind jedoch strenger,** weil hier in richtlinienkonformer Auslegung anhand Artt. 6 Abs. 1 lit. a), 8 Abs. 4 der Verbraucherrechterichtlinie 83/2011/EU auch für ein Vorenthalten nach § 5a Abs. 3, 5 UWG die **20 %-Grenze** gilt, s. → **§ 5a Rdn. 190.**

140 „**Wesentliche Merkmale** der Ware oder Dienstleistung" iSd § 5a Abs. 3 Nr. 1 **sind Eigenschaften des Produkts, hinsichtlich derer ein Durchschnittsverbraucher eine Information billigerweise erwarten darf, um eine informierte Entscheidung treffen zu können.**[271] Für die Beurteilung der Frage, welche Merkmale „wesentlichen Merkmale der Ware oder Dienstleistung" sind, ergeben sich Hinweise aus dem Katalog in **§ 5 Abs. 1 S. 2 Nr. 1.**[272] Zu den wesentlichen Merkmalen der Waren bzw. Dienstleistungen gehören daher: Verfügbarkeit, Art, Ausführung, Vorteile, Risiken, Zusammensetzung, Verfahren oder Zeitpunkt der Herstellung, Lieferung oder Erbringung, Zwecktauglichkeit, Verwendungsmöglichkeit,[273] Menge, Beschaffenheit,[274] Kundendienst und Beschwerdeverfahren, geografische oder betriebliche Herkunft, von der Verwendung zu erwartende Ergebnisse oder Ergebnisse oder wesentliche Bestandteile von Tests der Waren oder Dienstleistungen. Die Aufzählung ist **nicht abschließend** („wie").[275] Die **Typenbezeichnung** eines Haushaltsgeräts stellt ein wesentliches Merkmal dar,[276] auch die Verkehrsfähigkeit[277] und die Notwendigkeit von Zubehör können wesentliche Merkmale des Produkts sein.[278]

141 Die wesentlichen Merkmale der Waren oder Dienstleistungen müssen jedoch nur in dem **für das Kommunikationsmittel und die Ware oder Dienstleistung angemessenen Umfang** angegeben werden. Diese Einschränkung ist in Verbindung mit Art. 7 Abs. 1 UGP-Richtlinie zu lesen, wonach die Geschäftspraxis unter Berücksichtigung aller tatsächlichen Umstände und der Beschränkungen des Kommunikationsmediums zu beurteilen ist,[279] und ist keine bloße Wiederholung der ohnehin zu beachtenden „Medienklausel" des

[267] BT-Drucks. 16/10145, S. 25.
[268] EuGH, Urt. v. 26.10.2016, C-611/14, GRUR 2016, 1307 – Canal Digital Danmark/AS.
[269] EuGH, Urt. v. 26.10.2016, C-611/14, GRUR 2016, 1307 – Canal Digital Danmark/AS.
[270] *Seichter* WRP 2005, 1087, 1093.
[271] BGH, v. 15.12.2016, GRUR 2017, 295, 286 Rdn. 17 – Entertain; OLG München GRUR-RR 2018, 299, 300.
[272] BGH GRUR 2014, 584, 585 Rdn. 12 – Typenbezeichnung; Götting/Nordemann/*A. Nordemann,* § 5a Rdn. 128.
[273] Vgl. z. B. KG Berlin GRUR-RR 2011, 425, 426.
[274] Vgl. z. B. OLG Düsseldorf WRP 2010, 1551; LG Oldenburg MDR 2011, 250.
[275] BGH GRUR 2014, 584, 585 Rdn. 12 – Typenbezeichnung.
[276] BGH GRUR 2014, 584 LS – Typenbezeichnung.
[277] *Leible* GRUR 2010, 183, 185.
[278] Vgl. zu § 5 a. F.: OLG Köln GRUR-RR 2003, 118; OLG Hamburg OLGR Hamburg 2006, 530.
[279] EuGH, Urt. v. 12.5.2011, Ving Sverige, C-122/10, EU:C:2011:299, Rdn. 50 ff.

Art. 7 Abs. 3 UGP-Richtlinie. Kann der Verbraucher eine Information im Hinblick auf das angebotene Produkt und das für das Angebot verwandte Kommunikationsmittel angemessener Weise nicht verlangen, greift die Wesentlichkeitsvermutung nicht. Lässt sich die Wesentlichkeit der Information auch nicht nach § 5a Abs. 2 durch Interessenabwägung feststellen, liegt schon aus diesem Grund kein irreführendes Unterlassen vor mit der Folge, dass es nicht darauf ankommt, ob der Unternehmer die Information verschweigt oder sie in einer den Anforderungen des Art. 7 Abs. 3 genügenden Weise „anderweitig" zur Verfügung stellt.

Welcher **Umfang von Informationen gemessen am Medium und am Produkt angemessen** ist, lässt sich nur einzelfallbezogen für die konkrete geschäftliche Handlung sagen.[280] Dabei ist der **Umfang der zu erteilenden Information anhand der Umstände der Aufforderung zum Kauf, der Beschaffenheit und der Merkmale des Produkts sowie des verwendeten Kommunikationsmittels zu beurteilen.**[281] Nach der Rechtsprechung des **EuGH** kann es ausreichen, nur bestimmte Produktmerkmale anzugeben, wenn der Gewerbetreibende im Übrigen auf seine **Website verweist,** sofern sich dort alle wesentliche Informationen über das Produkt, dessen Preis und die übrigen Erfordernisse gemäß Art. 7 befinden. Es obliegt dann den nationalen Gerichten, im Einzelfall unter Berücksichtigung der Umstände der Aufforderung zum Kauf, der Beschaffenheit und der Merkmale des Produkts sowie des verwendeten Kommunikationsmediums zu beurteilen, ob der Verbraucher in die Lage versetzt wird, eine informierte geschäftliche Entscheidung zu treffen, wenn nur einzelne das Produkt kennzeichnende Merkmale genannt werden.[282] Nach *Peifer* soll es etwa ausreichen, wenn in der Fernsehwerbung ein **leicht erreichbares Zusatzinformationsmedium** angegeben wird, oder wenn die Anschrift und Identität des Anbieters eines im Schaufenster zum Verkauf gestellten Kleides anhand der Frontbeschilderung und der Ortslage erkennbar sind.[283] Wer Ballonfahrten vermittelt, muss auch nicht schlechthin im Vorfeld schon vor Einlösung des Gutscheins über die Identität und Anschrift auch derjenigen Unternehmer informieren, durch die die von ihm vermittelte Leistung erbracht werden soll.[284] Gleichermaßen besteht keine allgemeine Verpflichtung, stets auch über die Produktgarantie und die Bedingungen für den Kundendienst vollständig zu informieren.[285] Die Kennzeichnung von Textilerzeugnissen mit „Cotton" statt „Baumwolle" genügt zwar nicht den Anforderungen aus Art. 5 Abs. 1 und Art. 16 Abs. 3 **Textil-KennzVO,** ein Lauterkeitsverstoß nach §§ 5, 5a oder auch § 3a UWG liegt jedoch nicht vor, weil der Verbraucher „Cotton" als „Baumwolle" versteht und daher die Information „Baumwolle" nicht benötigt.[286] 142

c) Identität und Anschrift des Unternehmers und desjenigen Unternehmers, für den er handelt, § 5a Abs. 3 Nr. 2. aa) Allgemeines. Nach § 5a Abs. 3 Nr. 2 ist in Angeboten zum Kauf **(→ § 5a Rdn. 123 ff.)** über die Identität und Anschrift des anbietenden Unternehmers **(→ § 5a Rdn. 145 ff.)** und ggf. des Unternehmers, für den er handelt **(→ § 5a Rdn. 147)** zu informieren. Ähnliche Informationspflichten wie in § 5a Abs. 3 Nr. 2 UWG „Impressumspflicht" finden sich u. a. in § 312c Abs. 1 und Abs. 2 BGB i. V. m. Art. 246 §§ 1, 2 EGBGB, **§ 312d Abs. 1 BGB i. V. m. Art. 246a § 1 Nr. 1 EGBGB** und in § 5 Nr. 1 TMG. Die **Informationspflichten im Fernabsatz sind jedoch strenger,** weil § 5a hier richtlinienkonform anhand Artt. 6 Abs. 1 lit. a), 8 Abs. 4 der Verbraucherrechterichtlinie 83/2011/EU auszulegen ist, sodass für ein Vorenthalten die **20 %-Grenze** gilt, s. **→ § 5a Rdn. 190.** 143

[280] BGH GRUR 2014, 584, 585, Rdn. 12 – Typenbezeichnung.
[281] EuGH, Urt. v. 12.5.2011, Ving Sverige, C-122/10, EU:C:2011:299, Rdn. 55; BGH GRUR 2014, 580, 583 Rdn. 28 – Alpenpanorama im Heißluftballon.
[282] EuGH, Urt. v. 12.5.2011, Ving Sverige, C-122/10, EU:C:2011:299, Rdn. 58.
[283] *Peifer* WRP 2008, 556, 560.
[284] BGH GRUR 2014, 580, 583 Rdn. 28 ff. – Alpenpanorama im Heißluftballon.
[285] S. die entspr. Forderung im in erster Lesung am 20.4.2004 festgelegten Standpunkt des Europäischen Parlaments, P5_TC1-COD(2003)0134, der die endgültige Richtlinienfassung nicht folgt.
[286] BGH, Urt. v. 31.10.2018, Jogginghosen, DE:BGH:2018:311018UIZR73/17.0, Rdn. 26 ff.

144 **bb) Normzweck. Zweck** der **Informationspflicht** aus § 5a Abs. 3 Nr. 2 ist, dem Verbraucher in Angeboten auf klare und unmissverständliche Weise[287] **(→ § 5a Rdn. 152)** Angaben darüber zu verschaffen, **mit wem er in geschäftlichen Kontakt tritt,** um mit ihm räumlich und brieflich in Kontakt treten oder ihn ggf. im Falle der Rechtsverfolgung erreichen zu können.[288] Die Mitteilung der **Identität des Vertragspartners** gilt für die geschäftliche Entscheidung des Verbrauchers als wesentlich, weil sie diesen in die Lage versetzt, den Ruf des Unternehmers im Hinblick auf die Qualität und Zuverlässigkeit der von ihm angebotenen Waren oder Dienstleistungen sowie seine wirtschaftliche Bonität und Haftung einzuschätzen.[289]

145 **cc) Identität und Anschrift des Anbieters.** Nach § 5 Abs. 3 Nr. 2 ist in Aufforderungen zum Kauf **(→ § 5a Rdn. 123 ff.)** zunächst über die Identität und Anschrift des **anbietenden Unternehmers** zu informieren. Die Verpflichtung, die in § 5a Abs. 3 Nr. 2 UWG/Art. 7 Abs. 4 Nr. 2 UGP-Richtlinie genannten Angaben bei einer Aufforderung zum Kauf zu machen, hängt nicht davon ab, ob der Anbieter der betroffenen Produkte oder ein Dritter Verfasser dieser Werbung ist.[290] Zur Erfüllung der Informationspflicht aus § 5a Abs. 3 Nr. 2 müssen die Angaben über die Identität und die Anschrift des Unternehmers und des Unternehmers, für den er handelt, daher in der Weise erteilt werden, dass der Verbraucher mit diesen Angaben in ihrem Gesamtkontext, in dem sie erteilt werden, zugleich auch die Information darüber erlangt, **welche(r) Unternehmer** das **Angebot zum Kauf unterbreitet.**[291] Die **Informationspflicht trifft** den für das Angebot („Aufforderung zum Kauf") **verantwortlichen Unternehmer,**[292] also denjenigen, der die Werbung selbst geschaltet oder in Auftrag gegeben hat.

146 Zu informieren ist nach § 5a Abs. 3 Nr. 2 über die **Identität** und die **Anschrift** dieses **verantwortlichen Unternehmers.** Unter **„Identität"** ist der Name des Unternehmers zu verstehen, unter dem er im Geschäftsverkehr auftritt.[293] Nach § 5 Abs. 3 Nr. 2 hat der **Kaufmann** (§ 1 Abs. 1 und 2 HGB) seine **Firma** und **Rechtsform**[294] anzugeben.[295] Der eingetragene **Einzelkaufmann** muss die Rechtsformbezeichnung „eingetragener Kaufmann" oder eine allgemein verständliche Abkürzung dieser Bezeichnung angeben.[296] In diesem Zusammenhang kommt es nicht darauf an, ob im Einzelfall konkrete Umstände dafür sprechen, dass es zu einer Verwechslung mit einem tatsächlich existierenden Unternehmen kommen könnte.[297] Der **Nichtkaufmann** muss seinen **Vornamen** und **Zunamen** angeben.[298]

Die **Anschrift** soll es dem Verbraucher ermöglichen, persönlich oder schriftlich Kontakt zu dem Unternehmer aufzunehmen. Anzugeben ist die **ladungsfähige Anschrift,** d. h. die geographische Adresse (Ort, Straße und Hausnummer). Die Angabe der **Postleitzahl** kann entbehrlich sein, wenn die Anschrift aufgrund der übrigen Angaben feststeht.[299] Ein

[287] Vgl. Art. 7 Abs. 2 UGP-Richtlinie; EuGH, Urt. v. 26.10.2016, C-611/14, GRUR 2016, 1307 Rdn. 62 – Canal Digital Danmark/AS; BGH GRUR 2013, 1160, 1170 Rdn. 13 – Brandneu von der IFA; GRUR 2018, 199, 202 Rdn. 33 – 15 % MwSt. GESCHENKT.

[288] BGH GRUR 2014, 580, 582 Rdn. 21, 25 – Alpenpanorama im Heißluftballon; GRUR 2013, 1160, 1170 Rdn. 13 – Brandneu von der IFA.

[289] BGH GRUR 2013, 1160, 1170 Rdn. 13 – Brandneu von der IFA; Urt. v. 18.10.2017, Kraftfahrzeugwerbung, DE:BGH:2017:181017UIZR84.16.0, Rdn. 18.

[290] EuGH, Urt. v. 30.3.2017, C-146/16, Verband Sozialer Wettbewerb/DHL Paket, EU:C:2017:243, Rdn. 31.

[291] Vgl. BGH, Urt. v. 4.2.2016, Fressnapf, DE:BGH:2016:04021UIZR194.14.0, Rdn. 21 ff.

[292] BGH, Vorlagebeschluss v. 28.1.2016, MeinPaket.de, DE:BGH:2016:280116BIZR231.14.0, Rdn. 30.

[293] *Köhler*/Bornkamm/Feddersen, § 5a Rdn. 4.33.

[294] BGH GRUR 2013, 1169 Rdn. 11 – Brandneu von der IFA.

[295] BGH, Urt. v. 18.10.2017, Kraftfahrzeugwerbung, DE:BGH:2017:181017UIZR84.16.0, Rdn. 20.

[296] BGH, Urt. v. 18.10.2017, Kraftfahrzeugwerbung, DE:BGH:2017:181017UIZR84.16.0, Rdn. 21.

[297] BGH GRUR 2013, 1169 Rdn. 15 – Brandneu von der IFA; Urt. v. 18.10.2017, Kraftfahrzeugwerbung, DE:BGH:2017:181017UIZR84.16.0, Rdn. 21; Büscher/Fezer/*Obergfell,* § 5a Rdn. 140 f.

[298] BGH, Urt. v. 18.10.2017, Kraftfahrzeugwerbung, DE:BGH:2017:181017UIZR84.16.0, Rdn. 20.

[299] BGH, Urt. v. 18.10.2017, Kraftfahrzeugwerbung, DE:BGH:2017:181017UIZR84.16.0, Rdn. 20.

Postfach genügt nicht,[300] ebenso wenig die Angabe einer bloßen **Internet-Adresse, E-Mail-Adresse, Telefon- oder Telefaxnummer.**[301] Im Unterschied zu § 312a Abs. 2 BGB i. V. m. Art. 246 Nr. 2 EGBGB und § 312d Abs. 1 BGB i. V. m. Art. 246a § 1 Nr. 2 EGBGB müssen diese Kontaktdaten aber nicht zusätzlich genannt werden.[302]

Die in § 5a Abs. 3 Nr. 2 genannten Angaben zu Anschrift und Identität des Gewerbetreibenden müssen zwar grundsätzlich **in der Aufforderung zum Kauf** gemacht werden, dies muss nach **§ 5a Abs. 5 UWG/**Art. 7 Abs. 3 UGP-Richtlinie aber nicht zwingend geschehen, wenn durch das für die Geschäftspraxis verwandte **Kommunikationsmedium räumliche Beschränkungen** auferlegt werden, sofern die Verbraucher, die die beworbenen Produkte über die in der Werbeanzeige genannte Website des dafür werbenden Unternehmens kaufen können, diese Informationen auf einfachere Weise auf dieser oder über diese Website erhalten können. Es ist Sache der nationalen Gerichte, in jedem Einzelfall unter Berücksichtigung der Umstände der Aufforderung zum Kauf und des verwendeten Kommunikationsmittels zu beurteilen, ob diese Voraussetzung erfüllt ist.[303] S. dazu und zur Problematik eines **Medienbruchs → § 5a Rdn. 234b, 224 ff.** 146a

dd) Identität und Anschrift des Unternehmers, für den er handelt. Darüber hinaus **erweitert** § 5a Abs. 3 Nr. 2 die Informationspflicht auf die Identität und die Anschrift desjenigen Unternehmers, für den der Unternehmer handelt, d. h. **auf den Unternehmer, für den der für die Werbung verantwortliche Unternehmer tätig wird.** Auf diese Weise wird sichergestellt, dass dem Verbraucher auch dann die Identität und die Anschrift seines Vertragspartners offenbart werden, wenn dieser bei dem Abschluss des Geschäfts nicht selbst in Erscheinung tritt, sondern **ein Dritter dem Verbraucher das Geschäft anbietet.**[304] 147

Tritt der Unternehmer in **offener Stellvertretung** für einen anderen auf, muss er deshalb neben der eigenen Identität und Anschrift auch die des Vertretenen nennen. 148

Über die Fälle der offenen Vertretung hinaus werden von § 5a Abs. 3 Nr. 2 auch alle anderen Fälle erfasst, in denen der Werbende **aus Sicht der angesprochenen Verkehrskreise für einen (oder mehrere) anderen Unternehmer handelt.**[305] Daher müssen in einer **zentral organisierten Werbung** einer Franchisegeberin für mehrere dem **Franchisesystem** angeschlossene selbständige Märkte in dem Werbeprospekt diejenigen Märkte, die an der Werbeaktion teilnehmen, im Sinne des § 5a Abs. 3 Nr. 2 identifizierbar benannt sein; es genügt nicht, einfach alle dem Franchisesystem angeschlossenen Märkte aufzulisten.[306] Nicht erforderlich ist, dass das Angebot bereits eine vertragliche Bindung an diesen Dritten vorsieht. Es muss auch kein Fall der offenen Stellvertretung oder eine vergleichbare Fallgestaltung gegeben sein. Nach dem Sinn und Zweck der Informationspflicht aus § 5a Abs. 3 Nr. 2, dem Verbraucher in Angeboten auf klare und unmissverständliche Weise[307] Angaben darüber zu verschaffen, **mit wem er in geschäftlichen Kontakt tritt,** um zu ihm räumlich und brieflich Kontakt aufnehmen oder ihn ggf. im Falle der Rechtsverfolgung erreichen zu können,[308] geht es bei der Informationspflicht darum, dass der Verbraucher die Anschrift und Identität **desjenigen Unternehmers** erhält, für dessen Waren oder Dienstleistungen er sich auf Grundlage des Angebots ent- 149

[300] *Köhler*/Bornkamm/Feddersen, § 5a Rdn. 4.34.
[301] OLG Schleswig, WRP 2013, 1366 Rdn. 21.
[302] *Köhler*/Bornkamm/Feddersen, § 5a Rdn. 4.35.
[303] EuGH, Urt. v. 30.3.2017, C-146/16, EU:C:2017:243, Rdn. 30; nachfolgend BGH GRUR 2017, 1269 – MeinPaket.de II).
[304] BGH GRUR 2014, 580, 582 Rdn. 21 – Alpenpanorama im Heißluftballon; BGH, Vorlagebeschluss v. 28.1.2016, MeinPaket.de, I ZR 231/14, DE:BGH:2016:280116BIZR231.14.0, Rdn. 30; Fezer/*Peifer*, § 5a Rdn. 51.
[305] BGH, Urt. v. 4.2.2016, Fressnapf, DE:BGH:2016:040216UIZR194.14.0.
[306] BGH, Urt. v. 4.2.2016, Fressnapf, DE:BGH:2016:040216UIZR194.14.0.
[307] BGH GRUR 2013, 1160, 1170 Rdn. 13 – Brandneu von der IFA.
[308] BGH GRUR 2014, 580, 582 Rdn. 21, 25 – Alpenpanorama im Heißluftballon; GRUR 2013, 1160, 1170 Rdn. 13 – Brandneu von der IFA; Köhler/Bornkamm/Feddersen, § 5a Rdn. 4.32.

scheiden kann.[309] Dies hängt nicht vom Bestehen eines Vertretungsverhältnisses oder einer vergleichbaren Konstellation ab. Deshalb ist über Identität und Anschrift anderer Unternehmer, auf deren Produkte sich das Angebot bezieht, immer schon dann zu informieren, wenn der Werbende aus Sicht der angesprochenen Verkehrskreise **für diese auftritt.**[310]

149a **Keine** Informationspflicht besteht hinsichtlich handelnder Personen, die **nicht Unternehmer** sind. Die Informationspflicht des § 5a Abs. 3 Nr. 2 erstreckt sich nur auf Identität und Anschrift des **Unternehmers** selbst und ggf. des Unternehmers, für den dieser handelt.[311] Identität und Anschrift des **handelnden Mitarbeiters, der selbst nicht Unternehmer ist, müssen nicht offengelegt werden;** eine solche Verpflichtung folgt auch nicht aus § 312a Abs. 1 BGB.[312]

150 **Kein** Fall, in dem kumulative Angaben über den für die Werbung verantwortlichen Unternehmer und einen dritten Unternehmer gemacht werden müssen, liegt auch dann vor, wenn der werbende Unternehmer eine **eigene Leistung** (z. B. Gutschein für eine Ballonfahrt) bewirbt, die er lediglich zur Erfüllung seiner eigenen Vertragspflichten durch **Subunternehmer, Auftragnehmer oder andere Dritte** ausführen lassen will.

151 Bietet der für die Werbung verantwortliche Unternehmer eine eigene **Vermittlungsleistung** dergestalt an, dass der Kunde von ihm einen **Geschenkgutschein** erhält, der nach Buchung bei einem dieser Unternehmer eingelöst werden kann, ohne dass er diese Leistung selbst schuldet, sind Identität und Anschrift deshalb nur im Hinblick auf das insoweit qualifizierte Geschäft mit dem Vermittler als Vertragspartner anzugeben und nicht auch in Bezug auf die Unternehmer, bei denen der Gutschein eingelöst werden kann.[313] Das Interesse des Verbrauchers daran, die Eignung und Zuverlässigkeit des die vermittelte Ballonfahrt durchführenden Unternehmers zu überprüfen, ist durch § 5a Abs. 3 Nr. 2 nicht geschützt, sondern betrifft die Qualität der Dienstleistung, somit Merkmale der Ware i. S. d. § 5a Abs. 3 Nr. 1,[314] über die nur unter den Voraussetzungen der letztgenannten Vorschrift zu informieren ist. Eine generelle Verpflichtung zur Mitteilung von Identität und Anschrift dieses Unternehmers folgt jedoch auch aus § 5a Abs. 3 Nr. 1 nicht **(→ § 5a Rdn. 141 f.).**[315]

152 **ee) Transparenzgebot.** Die Pflicht zur Information besteht hinsichtlich **Anschrift** und **Identität (→ § 5a Rdn. 145).** Die Angaben müssen dem **Transparenzgebot** genügen, dürfen also nicht unklar, unverständlich oder zweideutig sein.[316] Sie müssen dem Verbraucher die Information verschaffen, **welcher Unternehmer** dieses Angebot zum Kauf unterbreitet, mit wem er also gegebenenfalls in geschäftlichen Kontakt tritt,[317] s. bereits → § 5a Rdn. 144.

Die erforderlichen Informationen müssen in Anbetracht ihres Zwecks **leicht erkennbar** sein.[318] Das scheitert bei Angeboten im **Internet** allerdings nicht zwangsläufig daran, dass sie nicht auf der Homepage enthalten sind. Die Kenntnis von den Möglichkeiten der Verlinkung können bei Internetnutzern als bekannt vorausgesetzt werden. I. d. R. reicht bei einer **Internetwerbung** daher aus, dass die Anbieterkennzeichnung über die Links „Kontakt" und „Impressum" erreichbar ist.[319] In der **Printwerbung** müssen die Angaben i. d. R.

309 BGH, Urt. v. 4.2.2016, Fressnapf, DE:BGH:2016:040216UIZR194.14.0, Rdn. 18.
310 BGH, Urt. v. 4.2.2016, Fressnapf, DE:BGH:2016:040216UIZR194.14.0, Rdn. 20 f.
311 BGH, Urt. v. 19.4.2018, Namensangabe, DE:BGH:2018:190418UIZR244.16.0, Rdn. 38 ff.
312 BGH, Urt. v. 19.4.2018, Namensangabe, DE:BGH:2018:190418UIZR244.16.0, LS und Rdn. 38 ff.
313 BGH GRUR 2014, 580, 582 Rdn. 22 ff. – Alpenpanorama im Heißluftballon.
314 BGH GRUR 2014, 580, 582 Rdn. 25. – Alpenpanorama im Heißluftballon.
315 BGH GRUR 2014, 580, 583 Rdn. 28 – Alpenpanorama im Heißluftballon.
316 BGH, Urt. v. 4.2.2016, Fressnapf, I ZR 194/14, DE:BGH:2016:04021UIZR194.14.0, Rdn. 21 ff.
317 BGH, Urt. v. 4.2.2016, Fressnapf, I ZR 194/14, DE:BGH:2016:04021UIZR194.14.0, Rdn. 21 ff.
318 OLG Hamm Magazindienst 2011, 809; OLG München Urt. v. 31.3.2011, Az.: 6 U 3517/10, WRP 2011, 1213; vgl. BGH Urt. v. 4.2.2016, Fressnapf, I ZR 194/14, DE:BGH:2016:04021UIZR194.14.0, Rdn. 21 ff.
319 Vgl. BGH GRUR 2007, 159 ff. – Anbieterkennzeichnung im Internet.

bereits in dieser enthalten sein.[320] Wenn in einem Printmedium für eine Online-Plattform geworben wird und insbesondere wenn darin eine große Anzahl von Kaufmöglichkeiten bei verschiedenen Gewerbetreibenden angeboten werden, können räumliche Beschränkungen im Sinne von § 5a Abs. 5 UWG/Art. 7 Abs. 3 URP-Richtlinie bestehen und kann es daher ausreichend sein, auf die Website des Unternehmens zu verweisen,[321] zur Problematik eines solchen **„Medienbruchs" → § 5a Rdn. 234b, 224 ff.** Probleme werfen insoweit insbes. die Fälle des Vertriebs über Filialen oder Zweigestellen auf. Nach OLG München müssen Lebensmittelhandelsketten in ihren Werbeprospekten über die Identität der Inhaber der einzelnen **Filialen** informieren; einen Verweis auf den Filial-Finder im Internet und Identitätsnachweise (erst) in der Filiale sah das OLG München als nicht ausreichend an.[322] Geht aus der Prospektwerbung nicht mit der gebotenen Transparenz hervor, welche der darin genannten Märkte an der Verkaufsaktion teilnehmen und die Produkte zu diesen Preisen anbieten, reicht jedenfalls nicht, dass der Verbraucher dies telefonisch bei dem jeweiligen Markt erfragen kann.[323]

Für **Rechtsanwälte** gilt § 37a Abs. 1 HGB nicht. Gegen fehlende Hinweise auf andere **153**
Kanzleistandorte kann nicht nach § 5a Abs. 2 vorgegangen werden.[324]

Die Angabe bezieht sich auf Identität und Anschrift des **Unternehmers *und*** desjenigen **154**
Unternehmers, für den er handelt. Beide Angaben sind **kumulativ** geschuldet, sodass bei einem Auseinanderfallen dieser Personen unter den o. g. Voraussetzungen sowohl über das für die Werbung verantwortliche Unternehmen als auch das Unternehmen, auf dessen Produktangebot sich die Werbung bezieht, zu informieren ist.

d) Preis, Zusatzkosten, Preis- und Kostenberechnung, § 5a Abs. 3 Nr. 3. **155**
aa) Konkurrenzen. Der Preis ist für den Verbraucher grundsätzlich ein bestimmender Faktor, wenn er eine geschäftliche Entscheidung zu treffen hat, und daher als eine Information anzusehen, die der Verbraucher benötigt, um eine solche Entscheidung in informierter Weise treffen zu können.[325] **Preisinformationspflichten** finden sich neben § 5a Abs. 3 Nr. 3 UWG u. a. auch in der **PAngV** und für den Fernabsatz in **§ 312d Abs. 1 BGB i. V. m.** Art. 246a § 1 Abs. 1 Nr. 4 EBGB. § 5a bleibt daneben anwendbar, ist jedoch richtlinienkonform anhand der jeweiligen spezielleren Richtlinie (**Preisangabenrichtlinie 98/6/EG** bzw. **Verbraucherrechterichtlinie 83/2011/EU**) auszulegen. Deshalb sind die **Informationspflichten im Fernabsatz strenger,** weil § 5a hier richtlinienkonform anhand Artt. 6 Abs. 1 lit. a), 8 Abs. 4 der Verbraucherrechterichtlinie 83/2011/EU auszulegen ist, sodass für ein Vorenthalten die **20 %-Grenze** gilt, näher **→ § 5a Rdn. 190. Im Warensektor** ist die zusätzliche Informationspflicht des **Art. 3 Abs. 4 RL 98/6/EG** zu beachten und muss in dem Fall, dass in einer Werbung, die der Durchschnittsverbraucher als Angebot zum Kauf zu den in der Werbung genannten Konditionen versteht, ein Preis genannt wird, der aus der Sicht des Durchschnittsverbrauchers einem **„Verkaufspreis" i. S. d. Art. 2 lit. a RL 98/6/EG** gleichkommt, dieser Preis auch den Anforderungen der RL 98/6/EG genügen, sodass sich in diesem Fall nach der RL 98/6/EG und nicht nach Art. 7 Abs. 4 lit. c UGP-Richtlinie bemisst, welche Bestandteile ein solcher Preis enthalten muss;[326] s. zum **Konkurrenzverhältnis → § 5a Rdn. 193.**

---

[320] Vgl. BGH GRUR 2013, 1169, 1170 Rdn. 19 – Brandneu von der IFA; Urt. v. 4.2.2016, Fressnapf, I ZR 194/14, DE:BGH:2016:04021UIZR194.14.0, Rdn. 24.

[321] EuGH, Urt. v. 30.3.2017, C-146/16, VSW/DHL Paket, EU:C:2017:243, Rdn. 30; BGH, Urt. v. 14.9.2017, MeinPaket.de II, DE:BGH:2017:140917UIZR231.14.0, Rdn. 25.

[322] OLG München Urt. v. 31.3.2011, Az. 6 U 3517/10, WRP 2011, 1213; s. hierzu *Münker* NJW 2011, NJW-aktuell Nr. 27, 16. Zur Angabe des Mutterunternehmens s. OLG Hamm Urt. v. 2.2.2012, Az. I-4 U 168/11; LG Dortmund, Urt. v. 1.2.2012, Az. 10 O 92/11.

[323] BGH, Urt. v. 4.2.2016, Fressnapf, I ZR 194/14, DE:BGH:2016:040216UIZR194/14, Rdn. 24.

[324] BGH WRP 2013, 57, 59 – Zweigstellenbriefbogen.

[325] EuGH, Urt. v. 13.9.2018, C-54/17, C-55/17, GRUR 2018, 1156, Rdn. 47 – AGCM/Wind u. Vodafone.

[326] EuGH, Urt. v. 7.7.2016, Citroën Commerce, C-476/14, EU:C:2016:527, 30 f.

156 Ferner bestehen auf Grundlage verschiedener **europäischer Richtlinien und Verordnungen,** z. B. nach Art. 3 Abs. 4 **Preisangabenrichtlinie** 98/6/EG und Art. 23 **Abs. 1 VO (EG) Nr. 1008/2008** für Luftverkehrsdienste, **Preisinformationspflichten, die § 5a Abs. 4 integriert.** Sich stellende **Konkurrenzfragen** sind im Wege richtlinienkonformer Auslegung auf Unionsebene zu lösen. In aller Regel handelt es sich um Sonderregelungen, die besondere Aspekte unlauterer Geschäftspraktiken regeln und § 5a lediglich ergänzen. § 5a Abs. 3 Nr. 3 bleibt dann **anwendbar,** soweit seine Voraussetzungen vorliegen, ist im Anwendungsbereich der speziellen Informationsanforderungen **jedoch nach Maßgabe der Sondervorschriften richtlinienkonform auszulegen,**[327] s. **näher → § 5 Rdn. 113 und § 5a Rdn. 193.**

157 **bb) Abgestufte Informationsverpflichtung.** Es besteht nach § 5a Abs. 3 Nr. 3 eine abgestufte Informationsverpflichtung:

(1) Grundsätzlich ist in an Verbraucher gerichteten **Angeboten** (näher **→ § 5a Rdn. 121 ff.**) der **Preis** anzugeben. Darunter ist der für die **Ware oder Dienstleistung**[328] zu zahlende **Endpreis einschließlich Steuer und Abgaben** zu verstehen, obligatorische **Überführungskosten für Kfz** sind einzupreisen.[329] Es muss der **aktuelle** Preis angegeben werden.[330] Eine Verpflichtung, über den Preis der unmittelbar beworbenen bzw. angebotenen Produkte hinaus auch die Preise von Produkten zu benennen, die **nicht angeboten** bzw. beworben wurden, aber im Falle der Verwendung der angebotenen Produkte benötigt werden, besteht wie nach § 1 PAngV nicht.[331] Der Preis ist einschließlich **Steuer** anzugeben. Wer in einer an die Allgemeinheit gerichteten Werbung **Gebrauchtfahrzeuge** anbietet, muss mithin den Preis einschließlich Umsatzsteuer angeben;[332] hingegen liegt bei **Gemeinschafts-Werbeanzeigen** mehrerer Kfz-Händler für **neue Fahrzeugmodelle** lediglich allgemein unter Hinweis auf eine unverbindliche Preisempfehlung **(UVP)** des Herstellers ohne Angabe individueller Endpreise der Händler u. U. noch gar kein „Angebot" i. S. d. § 5a Abs. 3 vor.[333] Zum Preis gehören auch **nutzungsabhängige Preisbestandteile** der angebotenen Ware bzw. Dienstleistung, so bei DSL-Leistungspaketen die Kosten, die bei einer Überschreitung des angebotenen Paketvolumens anfallen,[334] und bei Telefondienstleistungen auch das Bereitstellungsentgelt und der monatliche **Grundpreis.**[335] Bei einer Ferienwohnung beinhaltet der Endpreis die Pauschale für Strom, Wasser, Bettwäsche u. Ä.[336] Auch die Kosten der Duschenbenutzung in einem Fitnessstudio sind nutzungsabhängige Preisbestandteile.[337] Werden mehrere Waren zu einem einheitlichen Preis abgegeben, ist dieser anzugeben. Die Angabe der **Einzelpreise** ersetzt die Angabe des Gesamtpreises nicht.[338]

---

[327] Vgl. EuGH, Urt. v. 16.7.2015, Abcur, C-544/13 und C-545/13, EU:C:2015:481, Rdn. 45 ff., 80 ff.; BGH GRUR 2002, 1091, 1092 – Bodensee-Tafelwasser; GRUR 2003, 628, 629 – Klosterbrauerei; GRUR 2008, 830, 831 – L-Carnitin II; GRUR 2010, 359, 361 – Vorbeugen mit Coffein.

[328] Art. 7 Abs. 4 lit c. UGP-Richtlinie, den § 5a Abs. 3 Nr. 3 UWG umsetzt, bezieht sich nach Art. 2 lit. c UGP-Richtlinie nicht nur auf Waren, sondern auch auf Dienstleistungen, BGH GRUR 2020, 1240 (1241), Rdn. 20 – Der Zauber des Nordens.

[329] EuGH, Urt. v. 7.7.2016, Citroën Commerce, C-476/14, EU:2016:527, Rdn. 37.

[330] Vgl. BGH GRUR 2010, 1110, 1112 – Versandkosten bei Froogle II sowie GRUR 2010, 936 – Espressomaschine: Hohe Aktualitätsanforderungen bei Preisangaben in Suchmaschinenwerbung.

[331] Offengelassen von BGH GRUR 2009, 690, 692 – XtraPac mit Anm. *Peifer,* jurisPR-WettbR 7/2009 Anm. 3; hierzu näher sogleich.

[332] BGH GRUR 2011, 82, 84 – Preiswerbung ohne Umsatzsteuer.

[333] BGH GRUR 2014, 403/405 Rdn. 8 ff., 19 – Der Neue; vgl. zur PAngV bereits BGH GRUR 1983, 658 – Hersteller-Preisempfehlung in der Kfz-Händlerwerbung.

[334] Vgl. schon OLG Hamburg GRUR-RR 2007, 169.

[335] Vgl. BGH GRUR 2009, 73, 75 – Telefonieren für 0 Cent!; OLG Düsseldorf GRUR-RR 2005, 87; vgl. auch OLG Frankfurt GRUR-RR 2007, 165, 166. Zur Grundpreisangabe nach § 5a Abs. 4 s. OLG Hamm MMR 2012, 377 sowie → § 5a Rdn. 193.

[336] BGH GRUR 1991, 845, 846 – Nebenkosten.

[337] Vgl. hierzu OLG Karlsruhe WRP 2009, 107 (zu § 5).

[338] BGH WRP 2015, 1464, 1467 f. – Der Zauber des Nordens; OLG Braunschweig, Beschl. v. 8.4.2016, DE:OLGBS:2015:0408:2U50.14.0A; OLG Hamm, v. 21.3.2017, WRP 2017, 1126, 1128.

Fracht-, Liefer- und Zustellkosten sind ebenfalls zu nennen,[339] müssen aber **anders als Überführungskosten**[340] nicht in den Endpreis hinein gerechnet werden. Dies ergibt sich daraus, dass sie in Art. 7 Abs. 4 lit. c, § 5a Abs. 3 Nr. 3 gesondert aufgeführt werden und anders als bzgl. der Steuern und Abgaben die Einberechnung nicht angeordnet wird.[341] Bei einer Werbung für Waren in Preisvergleichslisten einer Preissuchmaschine dürfen die zum Kaufpreis hinzukommenden Versandkosten (daher) nicht erst auf der eigenen Internetseite des Werbenden genannt werden, die mit dem Anklicken der Warenabbildung oder des Produktnamens erreicht werden kann.[342] Für zulässig erachtet wurde es, beim Internetvertrieb unmittelbar bei der Werbung für das einzelne Produkt den Hinweis **„zzgl. Versandkosten"** aufzunehmen, wenn sich bei Anklicken oder Ansteuern dieses Hinweises ein Bildschirmfenster mit einer übersichtlichen und verständlichen Erläuterung der allgemeinen Berechnungsmodalitäten für die Versandkosten öffnet und außerdem die tatsächliche Höhe der für den Einkauf anfallenden Versandkosten jeweils bei Aufruf des virtuellen Warenkorbs in der Preisaufstellung gesondert ausgewiesen wird.[343] 158

Nicht zum Preis gehören **andere Zusatzkosten,** die im Zusammenhang mit dem Bezug der Ware bzw. Dienstleistung anfallen können, wie etwa für **Verbrauchsmaterialien, Zubehör- und Ersatzteile, Kundendienstleistungen** und Leistungen, die mittels der angebotenen oder beworbenen Produkte in Anspruch genommen werden können, für die Verwendung der angebotenen oder beworbenen Produkte erforderlich oder mit diesen kompatibel sind.[344] Auch **Notar- und Grundbuchkosten, Maklergebühren, Kurtaxe** und **Kfz-Zulassungskosten** sind nicht Bestandteil des Endpreises.[345] Das Nichtoffenbaren derartiger Kosten kann aber ungeachtet dessen, dass § 5a Abs. 3 nicht einschlägig ist, nach § 5a Abs. 2 irreführend sein, wenn es sich bei diesen Kosten um eine für den Verbraucher wesentliche Information handelt. 159

Die Angabe hat so **rechtzeitig** zu erfolgen, dass der durchschnittliche Verbraucher eine informierte geschäftliche Entscheidung treffen kann; **s. dazu näher → § 5a Rdn. 98, 105, 108 ff.** Für den Internetvertrieb hat der BGH entschieden, dass die Informationen schon vor Einlegen der Ware in den virtuellen Warenkorb zur Verfügung gestellt werden müssen, selbst wenn zur endgültigen Bestellung noch weitere Schritte zu vollziehen sind.[346] Hinsichtlich der Frachtkosten ist allerdings zu beachten, dass deren Höhe häufig vom Umfang der Gesamtbestellung abhängt, sodass gilt: 160

(2) **Können die Fracht-, Liefer- bzw. Zustellkosten nicht im Voraus berechnet** werden, z. B. weil sie vom Wohnort des Käufers abhängen, ist der Endpreis einschließlich Steuern und Abgaben anzugeben und ist darauf hinzuweisen, dass zusätzliche Fracht-, Liefer- bzw. Zustellkosten anfallen. Es reicht in diesem Fall auch bei elektronischen Bestellungen aus, unmittelbar bei der Werbung für das einzelne Produkt den Hinweis „zzgl. Versandkosten" aufzunehmen, wenn sich bei Anklicken oder Ansteuern dieses Hinweises ein Fenster mit einer übersichtlichen und verständlichen Erläuterung der allgemeinen Berechnungsmodalitäten für die Versandkosten öffnet und außerdem die tatsächliche Höhe der für den Einkauf anfallenden Versandkosten jeweils bei Aufruf des virtuellen Warenkorbs 161

339 BGH GRUR 2010, 248, 250 – Kamerakauf im Internet; GRUR 2011, 1110, 1112 – Versandkosten bei Froogle II; GRUR 2010, 251, 252 – Versandkosten bei Froogle I; OLG München WRP 2012, 736, 739.

340 → § 5a Rdn. 157; EuGH, Urt. v. 7.7.2016, Citroën Commerce, C-476/14, EU:C:2016:527, LS und Rdn. 30 f.

341 OLG München WRP 2012, 736, 739; GA Mengozzi, Schlussantrag v. 16.12.2015, C-476/14, Rdn. 70 ff.; diese Entscheidung legt auch der BGH seinem der „Citroën"-Entscheidung vorangehenden Vorabentscheidungsersuchen „Preis zuzüglich Überführung" zugrunde, vgl. BGH GRUR 2014, 1208, 1210, Rdn. 16 – Preis zuzüglich Überführung.

342 BGH GRUR 2010, 251 – Versandkosten bei Froogle I.

343 BGH GRUR 2010, 248 – Kamerakauf im Internet.

344 So ständige Rspr. zu § 1 PAngV, s. nur BGH GRUR 2008, 729 – Werbung für Telefondienstleistungen; GRUR 2009, 690 ff. – XtraPac mit Anm. *Peifer* jurisPR-WettbR 7/2009 Anm. 3.

345 BGH GRUR 1983, 665, 666 – qm-Preisangaben; KG Berlin WRP 1980, 414, 416; *Ernst* jurisPR-WettbR 7/2008 Anm. 5.

346 BGH GRUR 2010, 248, 250 – Kamerakauf im Internet.

in der Preisaufstellung gesondert ausgewiesen wird.[347] Die genaue Angabe der Fracht-, Liefer- bzw. Zustellkosten ist nur insoweit entbehrlich, als diese vernünftigerweise nicht im Voraus berechnet werden können.[348] Spalten sie sich in einen fixen und einen vom Wohnort des Verbrauchers abhängigen Bestandteil auf, ist ersterer deshalb anzugeben und darauf hinzuweisen, dass zusätzliche, noch nicht berechenbare Kosten hinzukommen.

162 (3) **Wenn der Endpreis aufgrund der Beschaffenheit der Ware oder Dienstleistung vernünftigerweise nicht im Voraus berechnet werden kann,** z. B. weil diese Kosten zeit- oder verbrauchsabhängig sind,[349] tritt an seine Stelle die Angabe **der Art der Preisberechnung.** Der Begriff „Art der Preisberechnung" entspricht dem in § 5 Abs. 1 S. 2 Nr. 2 UWG/Art. 6 Abs. 1 lit. d UGP-Richtlinie verwandten.

163 Anfallende **Fracht-, Liefer- und Zustellkosten** müssen auch in diesem Fall zusätzlich angegeben werden. Lassen sie sich vernünftiger Weise nicht im Voraus berechnen, ist wie unter (2) dargestellt ein Hinweis darauf zu erteilen, dass derartige Kosten anfallen werden.

164 Die Unmöglichkeit der Bildung eines Endpreises muss **auf der Beschaffenheit der Ware bzw. Dienstleistung beruhen.** Der Begriff der „Beschaffenheit" der Ware bzw. Dienstleistung deckt sich jedoch nicht mit dem des § 5 Abs. 1 S. 2 Nr. 1, wie der Vergleich der verschiedenen Richtlinienfassungen zeigt. Während in der deutschen Textfassung des Art. 7 Abs. 4 lit. c wie in Art. 6 Abs. 1 lit. b von „Beschaffenheit" des Produkts die Rede ist, sprechen die **englische und französische Richtlinienfassung** in Art. 6 Abs. 1 lit. b UGP-Richtlinie von „specification" bzw. „spécifications", in Art. 7 Abs. 4 lit. c hingegen wie in Art. 6 Abs. 1 lit. a von „nature" bzw. „nature" des Produkts. Nach Sinn und Zweck der Beschränkung geht es darum, dem Unternehmer den Einwand abzuschneiden, er könne den Endpreis infolge von Umständen nicht angeben, die mit dem konkreten Geschäft nichts zu tun haben. Der Begriff der Beschaffenheit der Ware bzw. Dienstleistung ist deshalb **weit auszulegen.** So kann die Verpflichtung zur Endpreisangabe bei Dienstleistungen entfallen, wenn dem Unternehmer eine Preisberechnung nicht möglich ist, weil sich sein Angebot an eine Vielzahl von Personen richtet, für die unterschiedliche Endpreise gelten. Mangelnde Buchhaltung, fehlende Computerprogramme, unzureichende Organisation o. Ä. haben mit dem Geschäft hingegen nichts zu tun und befreien den Unternehmer nicht von der Verpflichtung zur Endpreisangabe.

165 Enthält die Aufforderung zum Kauf nur einen **„Ab"-Preis, nicht aber die Einzelheiten der Berechnung des Endpreises** und ggf. die Zusatzkosten oder einen Hinweis darauf, dass solche zusätzlichen Kosten anfallen, kann dies nach der Rspr. des **EuGH** nicht per se als irreführende Unterlassung angesehen werden.[350] In den „ab"-Preis müssen jedoch alle obligatorisch anfallenden, der Höhe nach bereits berechenbaren (Teil-)Entgelte eingerechnet werden, zu denen bei der Werbung für eine Kreuzfahrt auch ein für jede beanstandungsfrei an Bord verlangtes Service-Entgelt zählt, welches in Höhe des nach der Gesamtreisezeit berechneten Betrags ohne Abschlag einzupreisen ist.[351]

166 Hingegen liegt bei einer gemeinsamen Werbeanzeige von Kfz-Händlern ohne konkrete Preise lediglich mit dem Hinweis auf die unverbindliche Preisempfehlung **(UVP)** des Herstellers u. U. noch kein „Angebot" i. S. d. § 5a Abs. 3 vor.[352]

167 Für **Verkaufsförderungsmaßnahmen** im **elektronischen Geschäftsverkehr** sind in **Art. 6 lit. c und d der E-Commerce-Richtlinie 2000/31/EG** spezielle Informationspflichten für Diensteanbieter geregelt, welche über § 5a Abs. 4 auch lauterkeitsrechtlich durchgesetzt werden können. Nach Art. 6 lit. c, d ECRL müssen **Angebote** zur Verkaufs-

---

[347] BGH GRUR 2010, 248, 250 – Kamerakauf im Internet.

[348] Vgl. KG Urt. v. 26.1.2012, Az.: 23 W 2/12, NJOZ 2013, 318.

[349] Vgl. BGH, Urt. v. 14.1.2016, Wir helfen im Trauerfall, I ZR 61/14, DE: BGH:2016:140116UIZR61.14.0, Rdn. 34 (zur PAngV, jedoch in richtlinienkonformer Auslegung anhand von Art. 7 Abs. 4 lit. c UGP-Richtlinie).

[350] EuGH, Urt. v. 12.5.2011, Ving Sverige, C-122/10, EU:C:2011:299, Rdn. 69.

[351] BGH GRUR 2015, 1240 (1243) Rdn. 41 – Der Zauber des Nordens.

[352] Vgl. BGH GRUR 2014, 403 Rdn. 8 ff., 19 – Der Neue.

förderung wie Preisnachlässe, Zugaben und Geschenke (lit. c) sowie Preisausschreiben und Gewinnspiele (lit. d) jeweils klar als solche erkennbar sein, und die Bedingungen für ihre Inanspruchnahme müssen leicht zugänglich sein sowie klar und unzweideutig angegeben werden.

Für **Offline-Verkaufsförderungsmaßnahmen** gelten die Informationspflichten aus Art. 5, 6 ECRL nach hier vertretener Auffassung nicht, sondern nur die allgemeinen Grundsätze aus Art. 7 Abs. 1–3 UGP-Richtlinie (§ 5a Abs. 1–3, 5–6). **näher → § 5a Rdn. 196.** 168

Die Informationspflicht aus § 5a Abs. 3 Nr. 3 setzt auch bei Verkaufsförderungsmaßnahmen ein „Angebot zum Kauf" voraus. Bei einer Werbung dergestalt, dass an Verbraucher „Wertgutscheine" mittels Postwurfsendung verteilt werden, in denen allen Käufern eines neuen Treppenlifts ein Preisvorteil in Höhe von 500 EUR bei Vorlage des Wertgutscheins angezeigt wird, liegt ein solches noch nicht vor, sodass § 5a Abs. 3 Nr. 3 nicht greift.[353] 169

Eine generelle Verpflichtung, bei Gesamtpreisangeboten stets auch die **Einzelpreise,**[354] den **bisherigen Normalpreis**[355] **oder den Wert der Zugabe**[356] anzugeben, besteht bei Verkaufsförderungsmaßnahmen nicht und ergibt sich auch nicht aus § 5a Abs. 3 Nr. 3. Das Fehlen dieser Angaben oder eine intransparente Darstellung kann aber eine Irreführung i. S. d. § 5 oder § 5a Abs. 2, 5, 6 begründen. Dabei ist der gegenüber anderen Werbemaßnahmen in aller Regel gesteigerte Anlockeffekt von Verkaufsförderungsmaßahmen zu berücksichtigten, der dazu führen kann, dass anderweit zur Verfügung gestellte Informationen nicht mehr zur Kenntnis genommen werden. Nach der Rspr. des BGH zu § 4 Nr. 4 a. F., die bereits das Erfordernis der unionskonformen Auslegung anhand von Art. 7 UGP-Richtlinie berücksichtigt, müssen den Verbrauchern daher dann, wenn die Werbung zur Inanspruchnahme der Verkaufsförderungsmaßnahme auffordert, die Informationen über die **Bedingungen der Inanspruchnahme** einer Verkaufsförderungsmaßnahme grundsätzlich schon im Rahmen der Werbung zur Verfügung stehen.[357] Ob ein Hinweis auf **weiterführende Informationen** ausreichend ist, muss unter Berücksichtigung des Einzelfalls entschieden werden.[358] Unerwartete Beschränkungen sowie sonstige überraschende Teilnahmebedingungen müssen in der Werbung stets unmittelbar offenbart werden.[359] Ferner sind die Grundsätze der **Blickfangwerbung** zu beachten,[360] **→ § 5 Rdn. 262 ff.** So ist es bspw. unzulässig, im Angebot nur das Versprechen unentgeltlicher **Zugaben** oder **Teilleistungen** oder den günstigen Preis einer Teilleistung herauszustellen, den Preis des anderen Teils des Koppelungsangebots und damit die Gesamtbelastung aber zu verschweigen,[361] oder hinsichtlich der von der Rabattierung ausgenommenen Waren und der näheren Bedingungen in einer Fußnote auf die Website zu verweisen.[362] 170

---

353 BGH GRUR 2012, 402, 404 Rdn. 32 – Treppenlift.

354 EuGH, v. 7.9.2016, GRUR 2016, 1180, LS und Rdn. 52 – Deroo-Blanquart/Sony; *Köhler*/Bornkamm/Feddersen, § 5a Rdn. 4.44.

355 MüKo-UWG/*Heermann,* 4 Nr. 4 Rdn. 37.

356 Fezer/*Steinbeck,* § 4–4 Rdn. 16; *Steinbeck* WRP 2008, 1046; *Köhler*/Bornkamm, 33. Aufl. 2015, § 4 Rdn. 4.103, Rdn. 4.107; Ohly/*Sosnitza,* 6. Aufl. 2014, § 4 Rdn. 4.5. Vgl. BGH GRUR 2014, 576, 577 Rdn. 26 ff., 27 – 2 Flaschen GRATIS; so schon zur Rechtslage vor der UWG-Reform 2008: BGH GRUR 2002, 976, 978 – Koppelungsangebot I; GRUR 2003, 77, 78 – Fernwärme für Börnsen; GRUR 2003, 976, 978 – Gesamtpreisangebot; GRUR 2008, 729, 731 – Werbung für Telefondienstleistungen.

357 BGH GRUR 2008, 724 Rdn. 9 – Urlaubsgewinnspiel; GRUR 2009, 1064, 1067 Rdn. 27 ff., 37 – Geld-Zurück-Garantie II.

358 BGH GRUR 2009, 1064, 1068 Rdn. 27 ff., 38 – Geld-Zurück-Garantie II.

359 BGH GRUR 2008, 724 Rdn. – Urlaubsgewinnspiel; GRUR 2009, 1064, 1068 Rdn. 27 ff., 39 – Geld-Zurück-Garantie II.

360 BGH GRUR 2009, 1064, 1067 Rdn. 27 ff., 38 – Geld-Zurück-Garantie II.

361 Vgl. schon bislang BGH GRUR 1999, 261, 264 – Handy-Endpreis; GRUR 2002, 979, 981 f. – Koppelungsangebot II; GRUR 2003, 890, 891 – Buchclub-Koppelungsangebot; GRUR 2006, 164, 166 Aktivierungskosten II; GRUR 2009, 73, 75 – Telefonieren für 0 Cent!

362 OLG Bamberg, NJW-RR 2015, 934; OLG Karlsruhe, Urt. v. 17.7.2015, Az. 4 U 49/15, BeckRS 2015, 16281.

171 **e) Zahlungs-, Liefer- und Leistungsbedingungen, Beschwerdeverfahren, § 5a Abs. 3 Nr. 4. aa)** In Angeboten an Verbraucher gelten nach § 5a Abs. 3 Nr. 4 als wesentlich auch die Zahlungs-, Lieferungs- und Leistungsbedingungen sowie das Verfahren zum Umgang mit Beschwerden, sofern sie von den Erfordernissen der fachlichen Sorgfalt abweichen. Die Bestimmung beruht auf Art. 7 Abs. 4 lit. d UGP-Richtlinie, die zwar in der seit dem 7.1.2020 geltenden Fassung die Informationspflicht hinsichtlich des Beschwerdeverfahrens nicht mehr enthält, bei der richtlinienkonformen Auslegung aber (vorbehaltlich einer früheren Umsetzung) noch bis zum Ablauf der Übergangsfrist am 28.3.2022 in der alten Fassung anzuwenden ist **(→ § 5a Rdn. 3).** § 5a Abs. 3 Nr. 4 findet **unabhängig von der zivilrechtlichen Wirksamkeit und einem etwaigen Eingreifen von § 3a, § 5 Anwendung.** Ähnliche Informationsanforderungen enthält u. a. § 312d Abs. 1 BGB i. V. m. Art. 246a § 1 Abs. 1 Nr. 7 EGBGB, neben dem § 5a Abs. 3 Nr. 4 anwendbar bleibt. Im Anwendungsbereich der Verbraucherrechterichtlinie 83/2011/EU ist § 5a richtlinienkonform anhand dieser Richtlinie auszulegen, sodass im **Fernabsatz strengere Informationsanforderungen** gelten können → **§ 5a Rdn. 190.**

Die Informationspflicht des Unternehmers entfällt deshalb nicht dadurch, dass eine von ihm verwandte AGB wegen Verstoßes gegen §§ 305 ff. BGB unwirksam und ihr Gebrauch nach § 3a unlauter bzw. gemäß § 5 irreführend ist.[363] Dafür spricht neben dem Sinn und Zweck der Vorschrift, den Schutz der Verbraucher zu verstärken, dass die Wirksamkeit bzw. Unwirksamkeit einer Bedingung häufig nicht zweifelsfrei feststeht und erst aufwendig im Gerichtsverfahren geklärt werden müsste.[364] Streitig ist, ob der Unternehmer in diesem Fall auch darauf hinweisen muss, dass die betreffenden Geschäftsbedingungen gegen die Erfordernisse der fachlichen Sorgfalt verstoßen.[365]

172 **bb)** Der Begriff des **„Beschwerdeverfahrens"** entspricht dem des § 5 Abs. 1 S. 2 Nr. 1; auf die dortige Kommentierung wird Bezug genommen.

173 Der Begriff der **„Liefer- und Leistungsbedingungen"** entspricht inhaltlich dem in § 5 Abs. 1 S. 2 Nr. 1 enthaltenen mit der Maßgabe, dass die Bedingungen bei § 5a Abs. 3 Nr. 4 in an Verbraucher gerichteten Angeboten enthalten sein müssen. Zwar beruht die dortige Formulierung auf der Irreführungsrichtlinie, während § 5a Abs. 3 Nr. 4 UWG Art. 7 Abs. 4 lit. d UGP-RL umsetzt, die wiederum eine vergleichbare Formulierung in Art. 6 Abs. 1 nicht enthält. Bei den „Liefer- und Leistungsbedingungen" in § 5 Abs. 1 S. 2 Nr. 2 handelt es sich jedoch um einen Ausschnitt aus den „Verpflichtungen des Unternehmers". Gemeint sind in an Verbraucher gerichteten Angeboten enthaltene **Angaben über die vertraglichen Bedingungen, unter denen die Ware geliefert bzw. die Dienstleistung erbracht werden.** Dazu hören auch Garantieankündigungen nach § 477 BGB.[366] Wegen der Einzelheiten → **§ 5 Rdn. 822 ff.** Bedingungen über die **Vertragsabwicklung** gehören nicht dazu.

174 Darüber hinaus werden auch die **Zahlungsbedingungen** erfasst, also die Bedingungen, unter denen **Zahlung(en) zu leisten sind.**

175 **cc)** Angaben über die Zahlungs-, Liefer- und Leistungsbedingungen sowie das Beschwerdeverfahren **gelten nur als wesentlich, wenn sie von Erfordernissen der fachlichen Sorgfalt abweichen.** Die Beurteilung, ob Bedingungen bzw. das Beschwerdeverfahren im Sinne von § 5a Abs. 3 Nr. 4 „von Erfordernissen der fachlichen Sorgfalt abwei-

---

[363] Ebenso *Köhler* NJW 2008, 177, 181; WRP 2012, 22, 30; Fezer/*Peifer,* § 5a Rdn. 61 f.; s. auch EuGH, Urt. v. 15.3.2012, Pereničová und Perenič, C-453/10, EU:C:2012:144, Rdn 1 ff.; vgl. schon BGH GRUR 2008, 532 – Umsatzsteuerhinweis.

[364] Ebenso *Köhler* NJW 2008, 177, 181.

[365] Während Köhler/*Bornkamm,* 33. Aufl. 2015, § 5a Rdn. 35 eine Pflicht zur Aufklärung über die Unwirksamkeit verneint, soll der Unternehmer nach *Köhler* WRP 2012, 22, 30 dann verpflichtet sein, auf die Unwirksamkeit bestimmter Geschäftsbedingungen hinzuweisen, wenn von ihm billigerweise zu erwarten sei, dass er die Unwirksamkeit kenne, diese Kenntnis also zu den „Fachkenntnissen in seinem Tätigkeitsbereich" gehöre, sodass letztlich schon ein „Kennenmüssen" die Hinweispflicht auslöse. Für eine Hinweispflicht bei Verwendung missbräuchlicher Klauseln auch *Alexander* WRP 2012, 515, 521.

[366] BGH GRUR 2011, 638, 639 – Werbung mit Garantie.

chen", richtet sich danach, welche Bedingungen bzw. welches Verfahren der angesprochene Verkehrskreis in der konkreten Situation der geschäftlichen Handlung **angemessener Weise erwarten darf.** Will der Unternehmer von diesem Standard abweichen, ist dies für die geschäftliche Entscheidung des Verkehrs wesentlich, so dass der Unternehmer über die Einzelheiten informieren muss. Laut **BGH** setzt eine Abweichung von den Erfordernissen der fachlichen Sorgfalt regelmäßig eine Abweichung vom Üblichen voraus, mit welcher der Verbraucher nicht ohne weiteres rechnet.[367] Daher wurde eine Internet-Werbung für Druckerpatronen und Kartuschen als Ersatz für Originalerzeugnisse von Markenherstellern nicht vor dem Hintergrund als irreführend angesehen, dass die Wirkungen und Bedingungen der in der Werbung herausgestellten dreijährigen Garantie auf der Internetseite nicht genannt wurden.[368]

176 **f) Rücktritts- und Widerrufsrechte, § 5a Abs. 3 Nr. 5.** Nach dieser Bestimmung gelten in Angeboten an Verbraucher Informationen über Widerrufs- und Rücktrittsrechte als wesentlich. Dabei kommt es anders als bei § 5a Abs. 3 Nr. 4 nicht darauf an, ob die vom Unternehmer angestrebte Regelung dieser Rechte von den Erfordernissen der fachlichen Sorgfalt abweicht.[369] Angaben über im Falle des Abschlusses des angebotenen Rechtsgeschäfts bestehende Rücktritts- oder Widerrufsrechte sind stets erforderlich; nach § 5a Abs. 3 Nr. 5 wird das Fehlen der entspr. Information daher von Rechts wegen als für die geschäftliche Entscheidung des Verbrauchers wesentlich vermutet. Gleiches gilt auch für das Fehlen der erforderlichen Belehrung darüber, dass *kein* Widerrufsrecht besteht.[370] Nach gefestigter Rechtsprechung ist das Fehlen der in § 355 BGB vorgesehenen Belehrung überdies unlauter im Sinne von § 4 Nr. 11 a. F. (§ 3a n. F.).[371] Ähnliche Informationspflichten regeln § 312d Abs. 1 BGB i. V. m. Art. 246a Abs. 2 EGBGB, § 312g BGB, neben denen § 5a anwendbar bleibt. Im **Fernabsatz gelten aber strengere Informationspflichten,** weil § 5a hier richtlinienkonform anhand der Verbraucherrechterichtlinie 83/2011/EU auszulegen ist → **§ 5a Rdn. 190.**

177 § 5a Abs. 3 Nr. 5 bezieht sich nur auf **Rücktritts- und Widerrufsrechte.** Dem Vorschlag, **Umtausch- und Kostenerstattungsrechte** mit aufzunehmen,[372] ist der europäische Gesetzgeber nicht gefolgt.

178 Eine Informationspflicht über Widerrufsrechte wie auch über Preise und Kosten, kann sich z. B. im **Fernabsatz** oder bei **Pauschalreisen,** auch aus § 5a Abs. 4 ergeben → **§ 5a Rdn. 190 f.** Dabei ist zu beachten, dass **im Fernabsatz strengere Informationspflichten** gelten,[373] was insbes. bei der Beurteilung der Frage relevant wird, ob Informationen iSd § 5a Abs. 5 vorenthalten werden → **§ 5a Rdn. 190.**

179 Wegen der Einzelheiten bestehender Rücktritts- und Widerrufsrechte des Verbrauchers ***Weidert*** → **§ 5a Rdn. 1249 ff.** verwiesen.

---

367 BGH GRUR 2011, 638, 639 – Werbung mit Garantie; s. auch *Köhler* NJW 2008, 177, 179 f.

368 BGH GRUR 2011, 638, 639 – Werbung mit Garantie. – A. A. gestützt auf § 4 Nr. 11 a. F. die Vorinstanz OLG Hamm MMR 2010, 28.

369 Amtl. Begr. zum RegE, BT-Drucks. 16/10 145, S. 26; Köhler/*Bornkamm*, 33. Aufl. 2015, § 5a Rdn. 35; Fezer/*Peifer*, § 5a Rdn. 61 f.; *Köhler* NJW 2008, 177, 179 f.; Piper/Ohly/*Sosnitza*, § 5a Rdn. 31.

370 So zu § 4 Nr. 11 a. F. BGH GRUR 2012, 188, 192, Rdn. 40 – Computer-Bild.

371 BGH GRUR 2012, 188, 192, Rdn. 40 – Computer-Bild; BGHZ 121, 52, 57 – Widerrufsbelehrung I; GRUR 1986, 816, 818 – Widerrufsbelehrung bei Teilzahlungskauf; OLG Hamm GRUR-RR 2005, 285 – Internet-Widerrufsbelehrung; OLG Jena GRUR-RR 2006, 283 – Pflichtbelehrung; KG NJW 2006, 3215; OLG Karlsruhe WRP 2006, 1039, 1042; OLG Frankfurt GRUR 2007, 56, 57 – Sprechender Link; OLG Köln GRUR-RR 2008, 88 – „Sofort-Kaufen" Option.

372 Vgl. Art. 7 Abs. 3 lit. e des Vorschlags, Dokument P5_TC1-COD(2003)0134.

373 BGH WRP 2019, 1176, 1179 Rdn. 42 – Werbeprospekt mit Bestellpostkarte II.

VIII. Vermutung der Wesentlichkeit gemeinschaftsrechtlicher Informationsanforderungen (§ 5a Abs. 4)

180 **1. Allgemein.** Im Verkehr B2C gelten nach § 5a Abs. 4 als wesentlich im Sinne von § 5a Abs. 2 auch die Informationen, die dem Verbraucher auf Grund gemeinschaftsrechtlicher Verordnungen oder nach Rechtsvorschriften zur Umsetzung gemeinschaftsrechtlicher Richtlinien für kommerzielle Kommunikation einschließlich Werbung und Marketing nicht vorenthalten werden dürfen. Es handelt sich um eine **Rechtsvermutung.** Sie ist nicht widerleglich.

181 Vermutet wird nach § 5a Abs. 4 nur die „Wesentlichkeit" der Informationen, die nach Gemeinschaftsrecht in Bezug auf kommerzielle Kommunikation zu geben sind. Hingegen entfällt nicht die Notwendigkeit, jeweils unter Beachtung der **Medienklausel** des Art. 7 Abs. 3 UGP-Richtlinie für den konkreten Fall zu prüfen, ob die Information auch tatsächlich **„vorenthalten"** wurde (**→ § 5a Rdn. 75 ff.**). Das **Relevanzerfordernis gilt auch für § 5a Abs. 4 → § 5a Rdn. 113 ff.**

182 **2. Verhältnis B2C.** Wie schon § 5a Abs. 3 gilt auch die in § 5a Abs. 4 enthaltene Rechtsvermutung nur im geschäftlichen Verkehr gegenüber Verbrauchern.[374] Verbraucher als Anbieter werden hier nicht erfasst.[375] Maßgeblich ist der **deutsche Verbraucherbegriff i. S. v. § 2 Abs. 2 UWG i. V. m. § 13 BGB.** Zwar ist dieser im Verhältnis zu dem der UGP-Richtlinie zu Grunde liegenden Verbraucherbegriff möglicherweise umfassender, s. näher die Kommentierung zu § 2. Da der europäische Verbraucherbegriff jedoch zugleich den Anwendungsbereich der UGP-Richtlinie begrenzt und die im Übrigen einschlägige Irreführungsrichtlinie nur einen Mindest-, aber keinen Höchstschutz vorgibt, war der deutsche Gesetzgeber in der Beibehaltung des dem BGB entlehnten Verbraucherbegriffs frei; hiervon hat er Gebrauch gemacht.[376] Zum **Verbraucherleitbild → § 5a Rdn. 89.**

183 **3. Unionsrechtliche Informationsanforderungen in Bezug auf kommerzielle Kommunikation einschließlich Werbung und Marketing. a) Informationsanforderungen.** Als wesentlich i. S. d. § 5a Abs. 2 gelten auch Informationen, die dem **Verbraucher** auf Grund unionsrechtlicher Verordnungen oder nach Rechtsvorschriften zur Umsetzung unionsrechtlicher Richtlinie für kommerzielle Kommunikation einschließlich Werbung und Marketing nicht vorenthalten werden dürfen. Nur Informationsanforderungen in Bezug auf **kommerzielle Kommunikation** einschließlich **Werbung und Marketing** werden erfasst. Dies folgt aus dem Wortlaut des Art. 7 Abs. 5 sowie Erwägungsgrund 15 UGP-Richtlinie. Informationsanforderungen sind Bestimmungen, die den Unternehmen bestimmte **Informationspflichten** auferlegen. Unionsrechtliche Vorgaben, die eine Werbung oder andere geschäftliche Handlung ganz **verbieten,** stehen ihnen nicht gleich. Das gilt auch dann, wenn der Grund für das Verbot im Irreführungspotential derartiger geschäftlicher Handlungen liegt. Der entscheidende Unterschied zu „Informationsanforderungen" liegt darin, dass das verbotene Verhalten auch dann nicht erlaubt ist, wenn umfassende Informationen über etwaige Gefahren erteilt werden. Das in Art. 3 Abs. 1 der Richtlinie 2003/33/EG vorgesehene Verbot von Werbung für Tabakerzeugnissen in der Werbung für Endverbraucher fällt daher nicht unter § 5a Abs. 4.

184 **b) Kommerzielle Kommunikation einschließlich Werbung und Marketing.** Hinsichtlich des Begriffs **„kommerzielle Kommunikation"** kann auf die dort im Zusammenhang mit ähnlichen Pflichtangaben wie in Art. 7 Abs. 4 UGP-Richtlinie zur Anwendung kommende und in der Dienstleistungsrichtlinie 2006/123/EG erneut verwandte

[374] Ganz hM, anstelle vieler nur Gloy/Loschelder/Erdmann/*Helm*, HdbWettbR, 4. Aufl. § 5a Rdn. 115; Köhler/Bornkamm/Feddersen, § 5a Rdn. 3.7.
[375] *Köhler*/Bornkamm/Feddersen, § 5a Rdn. 3.7.
[376] Amtl. Begr., BT-Drucks. 16/10 145, S. 12.

Legaldefinition in Art. 2 lit. f Richtlinie 2001/31/EG über den elektronischen Geschäftsverkehr zurückgegriffen werden.[377] Die Annahme, der Unionsgesetzgeber habe den Begriff in der UGP-Richtlinie abweichend und weiter verstehen wollen,[378] ohne diese neue Definition in den Katalog der Legaldefinitionen in Art. 2 UGP-Richtlinie aufzunehmen, überzeugt nicht. In Ermangelung präziser Anhaltspunkte für eine Neudefinition wäre der Anwendungsbereich des Art. 7 Abs. 5 nahezu beliebig ausweitbar.

Maßgeblich ist somit die gesetzliche Legaldefinition in Art. 2 lit. f der EC-Richtlinie. **185**
Danach umfasst „kommerzielle Kommunikation" alle Formen der Kommunikation, die **der unmittelbaren oder mittelbaren Förderung des Absatzes** von Waren und Dienstleistungen oder des **Erscheinungsbilds eines Unternehmens,** einer Organisation oder einer natürlichen Person dienen, die eine Tätigkeit in Handel, Gewerbe oder Handwerk oder einen reglementierten Beruf ausübt. Angaben, die direkten Zugang zur Tätigkeit des Unternehmens bzw. der Organisation oder Person ermöglichen, wie insbes. ein Domain-Name oder eine Adresse der elektronischen Post, und Angaben in Bezug auf Waren oder Dienstleistungen oder das Erscheinungsbild eines Unternehmens, einer Organisation oder Person, die unabhängig und insbes. ohne finanzielle Gegenleistung gemacht werden, stellen als solche keine Form der kommerziellen Kommunikation dar. Erfasst werden jedoch nicht nur Äußerungen, sondern auch tatsächliche Verhaltensweisen.[379] **„Werbung",** d. h. nach der Legaldefinition in Art. 2 lit. a der Irreführungsrichtlinie jede Äußerung bei der Ausübung eines Handels, Gewerbes, Handwerks oder freien Berufs mit dem Ziel, den Absatz von Waren oder die Erbringung von Dienstleistungen einschließlich unbeweglicher Sachen, Rechte und Verpflichtungen zu fördern, ist inbegriffen, ebenso **„Marketing",** also jede Vermarktung von Produkten oder des Unternehmens.

Unter § 5a Abs. 4 fallen damit nur Informationspflichten in Zusammenhang mit der **186**
unmittelbaren oder mittelbaren Förderung des Produktabsatzes oder Erscheinungsbilds eines Unternehmens. **Informationspflichten, die zu anderen Zwecken oder erst im Zuge des Vertragsschlusses oder bei der Vertragsabwicklung zu erfüllen sind, gehören nicht zu ihnen.**[380] So wird die Wesentlichkeit der nach **Art. 246c EGBGB** bei Verträgen im elektronischen Geschäftsverkehr bestehenden Informationspflichten (Angabe der Schritte, die zum Vertragsschluss führen, zur Speicherung von Daten und zur Korrektur, zu den zur Verfügung stehenden Sprachen, über die Verhaltenskodizes, denen sich der Unternehmer unterworfen hat) **nicht** nach § 5a Abs. 4 vermutet, denn diese Pflichten sind **nicht der Absatzförderung** zuzurechnen. Dies folgt auch daraus, dass Art. 10 EC-Richtlinie, den Art. 246c EGBGB umsetzt, systematisch nicht Kap. 2 Abschnitt 2 der EC-Richtlinie zugeordnet ist, der die „Kommerzielle Kommunikation" regelt, sondern dessen Abschnitt 3 „Abschluss von Verträgen" → **§ 5a Rdn. 206 ff.;** zum Rückgriff auf § 5a Abs. 2, 5 → **§ 5a Rdn. 188.**

c) Im Unionsrecht festgelegt. Nur Informationsanforderungen, die das Unionsrecht **187**
aufstellt oder die auf seiner Grundlage ergangen sind, lösen die Vermutung aus. **Nationale Informationsanforderungen stehen dem nicht gleich** (vgl. den **15. Erwägungsgrund**). Das gilt jedenfalls seit dem Ablauf der Übergangsfrist am 12.6.2013 auch, wenn sie auf Grundlage von **Mindestanpassungsklauseln** aufgestellt worden sind; andernfalls wäre die Liste der Informationspflichten beliebig erweiterbar, so dass der abschließende Standard der Richtlinie unterlaufen würde → **§ 5a Rdn. 208.**

---

377 Ebenso GroßKommUWG/*Lindacher,* 2. Aufl., § 5a Rdn. 69; *Köhler*/Bornkamm/Feddersen, § 5a Rdn. 5.3; vgl. auch EuGH, Urt. v. 14.7.2016, InnovaVital, C-19/15, EU:C:2016:563, Rdn. 25 ff., 29.

378 So *Zecca-Jobst,* S. 71, die sich für einen von der Dienstleistungsrichtlinie und E-Commerce-Richtlinie abweichenden, weiteren Begriff der „kommerziellen Kommunikation" ausspricht (S. 67 ff.).

379 *Köhler/Lettl* WRP 2003, 1019, 1034; *Lettl* WRP 2008, 155, 157.

380 GroßKommUWG/*Lindacher,* 2. Aufl., § 5a Rdn. 70. A. A. *Zecca-Jobst,* S. 71, die sich für einen von der Dienstleistungsrichtlinie und E-Commerce-Richtlinie abweichenden, weiteren Begriff der „kommerziellen Kommunikation" ausspricht (S. 67 ff.).

188 **Schutzlücken** entstehen dadurch **nicht,** denn Art. 7 Abs. 5 UGP-Richtlinie/§ 5a Abs. 4 soll die Rechtsstellung des Verbrauchers ausschließlich verbessern und **schließt den Rückgriff auf die allgemeinen Grundsätze in Art. 7 Abs. 1 und 2 UGP-Richtlinie/ § 5a Abs. 2 und 5 UWG nicht aus.** Das Vorenthalten von Pflichtangaben kann sich daher auch wenn es die Voraussetzungen des Art. 7 Abs. 5 UGP-Richtlinie/§ 5a Abs. 4 UWG nicht erfüllt, im konkreten Fall unter Berücksichtigung aller Umstände trotzdem noch nach allgemeinen Grundsätzen (Art. 7 Abs. 1 und 2 UGP-Richtlinie/**§ 5a Abs. 2 und 5 UWG**) als irreführende Unterlassung erweisen, **sofern** die Vorschrift **nicht ausnahmsweise ein abweichende (vorrangige) Sonderregelung** trifft.[381] Auf diese Weise stellt die UGP-Richtlinie sicher, dass auch hinsichtlich der Pflichtangaben in **jedem Fall der Basisschutz** besteht → **§ 5a Rdn. 9.**

188a In unionskonformer Auslegung anhand Art. 7 Abs. 5 UGP-Richtlinie kommt es auf die **im Unionsrecht festgelegten** Verbraucherinformationsanforderungen und nicht auf das diese umsetzende nationale Recht an.[382] Eine **unterbliebene oder unzureichende Umsetzung** der Verbraucherinformationspflicht **in nationales Recht ist unschädlich.**[383] Immobilienmakler sind deshalb nach § 5a Abs. 2, 4 UWG i. V. m. Art. 12 Abs. 4 RL 2010/31/EG zur Angabe des Energieverbrauchs von Gebäuden in Immobilienanzeigen verpflichtet, wenn ein Energieausweis vorliegt, obwohl der nationale Gesetzgeber Immobilienmakler in §§ 16, 16a EnVK ausgenommen hat.[384]

189 **4. Unionsrechtliche Informationsanforderungen i. S. d. § 5a Abs. 4 im Einzelnen. a) Anhang II der UGP-Richtlinie.** Der Anhang enthält eine **nicht abschließende**[385] **Liste** der betroffenen Informationsanforderungen. Soweit im Anhang genannte Richtlinien aufgehoben und ersetzt wurden, gelten die Verweise auf die aufgehobenen Richtlinien als solche auf die aufhebenden Richtlinien (so z. B. ausdrücklich Art. 31 der Verbraucherrechterichtlinie 2011/83/EU samt **Entsprechungstabelle** in deren Anh. II; Art. 18 der die RL 94/47/EG aufhebenden RL 2008/122/EG). Im Anhang sind genannt:

190 – Art. 4 und 5 der Richtlinie **97/7/EG** (Fernabsatzrichtlinie), mit Wirkung zum 13.6.2014 aufgehoben und ersetzt durch die **Verbraucherrechterichtlinie 2011/83/EG** und Art. 3 und 4 der Richtlinie **2002/65/EG** (Fernabsatzfinanzdienstleistungsrichtlinie) regeln jeweils Informationspflichten gegenüber Verbrauchern vor Abschluss eines Fernabsatzvertrags.

Nach der Vorstellung des Richtliniengebers sind Verbraucher bei Fernabsatzverträgen wegen des vor Abgabe einer Vertragserklärung fehlenden Kontakts zum Unternehmer in besonderem Maße auf vollständige Informationen angewiesen. Daher **gelten im Fernabsatz strengere Informationspflichten** als im allgemeinen Wettbewerbsrecht, was namentlich für die Beurteilung relevant wird, ob Pflichtinformationen iSd **§ 5a Abs. 5 vorenthalten** werden:[386] Nach Art. 8 der Richtlinie 83/2011/EU, die besondere Aspekte unlauteren Wettbewerbs iSd Art. 3 Abs. 4 UGP-Richtlinie regelt und Art. 7 Abs. 3 UGP-Richtlinie daher vorgeht, gilt für die Frage, ob Pflichtinformationen nach Art. 6 Abs. 1 der Verbraucherrechterichtlinie über **wesentliche Eigenschaften** oder den **Preis** der Waren oder Dienstleistungen, die **Identität des Unternehmers, Widerrufsrechte** oder die **Vertragsbedingungen** vorenthalten werden, nicht die Einzelfallabwägung des Art. 7 Abs. 3 UGP-Richtlinie, sondern eine **20 %-Grenze.** Regelmäßig müssen Pflicht-

[381] Ebenso OLG Düsseldorf, GRUR-RR 2015, 158, 160; *Köhler*/Bornkamm/Feddersen, § 5a Rdn. 5.2a; vgl. auch *Bergmann* in: FS Krämer, 2009, S. 163, 168 f.; *Körber/Heinlein*, WRP 2009, 780, 785. – A. A. noch *Köhler*, WRP 2009, 109, 116 rSp.: jedenfalls für den Fall der „Aufforderung zum Kauf" abschließender Katalog der Informationsanforderungen in § 5a Abs. 3.

[382] BGH GRUR 2018, 438, Rdn. 28 – Energieausweis; s. 15. Erw.grd. UGP-Richtlinie.

[383] BGH GRUR 2018, 438, Rdn. 28 – Energieausweis.

[384] BGH GRUR 2018, 438 LS – Energieausweis

[385] BGH GRUR 2015, 1240, Rdn. 23, 25 – Der Zauber des Nordens; GRUR 2019, 746 Rdn. 28 – Energieeffizienzklasse III.

[386] BGH WRP 2019, 1176, 1179 Rdn. 42 – Werbeprospekt mit Bestellpostkarte II.

informationen in der Werbebotschaft selbst mit angegeben werden, solange sie nicht mehr als ein Fünftel des vom Unternehmer ausgewählten Werbeträgers einnehmen. **Nur wenn für die verpflichtenden Informationen nach Art. 6 Abs. 1 der Verbraucherrechterichtlinie 83/2011/EU bei Verwendung einer für den durchschnittlichen Adressaten der Werbung angemessenen Schrifttype mehr als 20 % des für eine konkrete Werbung verfügbaren Raums benötigt würde, kann ihr Inhalt auf andere Weise in klarer und verständlicher Sprache mitgeteilt werden;** dabei gilt wiederum die 20 %-Grenze.[387]

In Umsetzung der Verbraucherrechterichtlinie, auf die sich der Verweis gemäß **Art. 31** der Richtlinie 83/2011/EU nach Maßgabe der **Entsprechungstabelle im Anh. II der RL 83/2011/EU** stattdessen bezieht, gelten nach den mit Wirkung zum **13.6.2014** geänderten **§§ 312 ff. BGB** für **Verbraucherverträge** erweiterte Informationspflichten.[388] Nach §§ 312 ff. BGB müssen Unternehmer vorbehaltlich bestimmter Ausnahmen grundsätzlich bei allen Verbraucherverträgen die Informationsanforderungen aus § 312a BGB i. V. m. Art. 246 EGBGB beachten. Für **außerhalb von Geschäftsräumen geschlossene Verträge** und **Fernabsatzverträge** gelten nach **§ 312d Abs. 1 BGB i. V. m. Art. 246a EGBGB** und für Fernabsatzverträge über **Finanzdienstleistungen** nach **§ 312d Abs. 2 BGB i. V. m. Art. 246b EGBGB** spezielle Informationsanforderungen, die sowohl im Hinblick auf die 20 %-Grenze für die Beurteilung des „Vorenthaltens" als auch inhaltlich über die Informationspflichten in § 5a Abs. 3 Nr. 2 hinausgehen, da nach § 5a Abs. 3 Nr. 2 keine Verpflichtung besteht, ggf.[389] auch die Telefonnummer und weitere Verbindungsdaten bereitzustellen. Für den **elektronischen Geschäftsverkehr** sind in Umsetzung der Richtlinie 2000/31/EG über den elektronischen Geschäftsverkehr in **§ 312i, 312j i. V. m. Art. 246a und Art. 246c EGBGB** weitere Informationsanforderungen geregelt → **§ 5a Rdn. 196.** Soweit die in §§ 312 ff. BGB auf nationaler Ebene kodifizierten Informationsanforderungen, wie die Unterrichtungspflicht über die Speicherung und Zugänglichmachung des Vertragstextes in § 312i Abs. 1 Nr. 2 BGB i. V. m. Art. 246c Nr. 2 EGBGB, nicht auf unionsrechtlichen Vorgaben beruhen, auf die im Anh. II der UGP-Richtlinie ausdrücklich verwiesen wird, stellt sich die Frage, ob **weitere Informationspflichten mit Vertragsbezug** aus der Verbraucherrechterichtlinie und der Richtlinie über den elektronischen Geschäftsverkehr über § 5a Abs. 4 UWG/Art. 7 Abs. 5 UGP-Richtlinie integriert werden. Dies ist zu verneinen, da es sich nicht um Informationsanforderungen in Bezug auf Werbung, kommerzielle Kommunikation oder Marketing handelt, sodass diese Informationsanforderungen nur unter den Voraussetzungen des § 5a Abs. 2, 5 durchgesetzt werden können **→ § 5a Rdn. 207 f.**

– Art. 3 der Richtlinie **90/314/EWG** über **Pauschalreisen,**[390] abgelöst durch die **RL 2015/2302/EU.**[391] Nach Art. 5 Abs. 1 der Richtlinie 2015/2302/EU stellen die Mitgliedstaaten sicher, dass dem Reisenden vorvertraglich durch das Formblatt bestimmte Informationen zur Verfügung gestellt werden, u. a. über wesentliche Eigenschaften der Reiseleistungen sowie Firma und Anschrift des Reiseveranstalters mit Telefonnummer und ggf. E-Mail, den Gesamtpreis, die Zahlungsmodalitäten sowie Pass- und Visumserfordernisse. Die Informationen sind klar, verständlich und deutlich mitzuteilen und 191

---

387 BGH, Urt. v. 11.4.2019, I ZR 54/16, WRP 2019, 1176 Rdn. 40 ff. – Werbeprospekt mit Bestellpostkarte II.

388 S. dazu *Koch,* MDR 2014, 1421 ff.; *Große-Wilde/Fleuth,* MDR 2014, 1425 ff.

389 Die von Art. 6 Abs. 1 lit. c RL 2001/83/EG abweichende Umsetzung in § 312d BGB i. V. m. Art. 246a § 1 Abs. 1 S. 1 Nr. 2 EGBGB, die den Unternehmer verpflichtet, dem Verbraucher i. R. d. Abschlusses von Fernabsatzverträgen vor Abgabe von dessen Vertragserklärungen (nicht nur ggf., sondern) stets seine Telefonnummer zur Verfügung zu stellen, ist nicht europarechtskonform, vgl. EuGH, Urt. v. 10.7.2019, C-649/17, EU:C:2019:576 (auf Vorlage BGH, Beschl. v. 5.10.2017, I ZR 163/16, GRUR 2018, 100 – Rückrufsystem.

390 RL 90/314/EWG v. 13.6.1990 über Pauschalreisen, ABl. EG Nr. L 158/59 v. 23.6.1990.

391 Richtlinie 2015/2302/EU v. 25.11.2015, ABL. EU 2015 Nr. L 326/1.

müssen bei schriftlicher Mitteilung lesbar sein (Art. 5 Abs. 3 RL 2015/3202/EU). Die Umsetzung erfolgt seit dem **1.7.2018** durch **§ 651d BGB und Art. 250, Art. 251 EGBGB** (zuvor: § 4 BGB-InfoV).

192 – Richtlinie **2008/122/EG** über den Schutz der Verbraucher im Hinblick auf bestimmte Aspekte von Teilzeitnutzungsverträgen[392] die an die Stelle der Teilzeitnutzungsrechterichtlinie 94/47/EWG[393] getreten ist. Danach ist in jeder Werbung für die betr. Immobilien anzugeben, dass ein **Schriftstück** mit einer kurzen Beschreibung der Immobilie und bestimmten weiteren Informationen **erhältlich** ist. Die Umsetzung ist in **§ 482 BGB** (Prospektpflicht bei Teilzeit-Wohnrechteverträgen) i. V. m. Art. 242 § 1 EGBGB erfolgt.

193 – Art. 3 Abs. 4 der Richtlinie **98/6/EG** über den Schutz der Verbraucher bei der Angabe der Preise der ihnen angebotenen Erzeugnisse **(Angabe des Preises je Maßeinheit);** die förmliche Umsetzung der **Preisangabenrichtlinie** ist durch **§ 2 PAngV** erfolgt. Die Richtlinie 98/6/EG regelt besondere Aspekte unlauterer Geschäftspraktiken i. S. d. Art. 3 Abs. 4 UGP-Richtlinie. Unter welchen Voraussetzungen der Verkaufspreis von Erzeugnissen in Warenangeboten und in der Werbung anzugeben ist, bemisst sich daher nach der Preisangabenrichtlinie 98/6/EG; die entsprechende Preisinformationsverpflichtung wird durch Art. 7 Abs. 5 UGP-Richtlinie/§ 5a Abs. 4 UWG integriert, weshalb ein Vorenthalten nur unter den weiteren Voraussetzungen des Art. 7 Abs. 1–3 UGP-Richtlinie/§ 5a Abs. 2, 5 UWG eine Irreführung durch Unterlassen darstellt.[394] Abgesehen von Art. 3 Abs. 4 werden keine weiteren Informationsverpflichtungen aus der Richtlinie 98/6/EG in der Liste im Anhang II der UGP-Richtlinie genannt, die Preisangabenrichtlinie gilt zudem nur für Waren („Erzeugnisse"), während Preisinformationsanforderungen für Dienstleistungen u. a. in **Art. 22 der Richtlinie 2006/123/EG** über Dienstleistungen geregelt sind,[395] der in der Liste im Anhang II nicht aufgeführt ist. Da die Auflistung im Anh. II der UGP-Richtlinie nicht abschließend ist, stellt sich die Frage, ob über Art. 3 Abs. 4 der Richtlinie 98/6/EG hinaus auch andere Preisinformationsanforderungen aus der Richtlinie 98/6/EG über § 5a Abs. 4 und/oder Informationsanforderungen aus der Dienstleistungsrichtlinie 2006/123/EG über § 5a Abs. 4 in den Anwendungsbereich der Irreführung durch Unterlassen einbezogen werden können. Der EuGH hat diese Frage in der **„Citroën Commerce"**-Entscheidung entgegen dem ersten Anschein nicht bejaht, sondern im Gegenteil ausgeführt, dass Art. 3 Abs. 4 Preisangabenrichtlinie 98/6/EG **keine** allgemeine Verpflichtung zur Angabe des **Verkaufspreises** der Erzeugnisse vorsehe.[396] Daher kann die UGP-Richtlinie hinsichtlich des in der Preisangabenrichtlinie 98/6/EG geregelten Aspekts eines in der Werbung angegebenen oder anzugebenden Verkaufspreises nicht zur Anwendung kommen.[397] **Wenn nach der Richtlinie 98/6/EG keine Verpflichtung zur Angabe eines Verkaufspreises besteht, liegt** daher ein Vorenthalten von Informationen nach **§ 5a Abs. 2 nicht darin, dass** in der Werbung **kein Verkaufspreis genannt wird.**[398] Nach Auffassung des EuGH muss allerdings dann, *wenn* der Unternehmer in Angebotswerbung einen Preis *nennt,* den der Verbraucher als *„Verkaufspreis"* i. S. d. Art. 2 lit. a RL 98/6/EG versteht, dieser Preis unter bestimmten Umständen auch den Anforderungen der RL 98/6/EG genügen,[399] m. a. W. den Erwartungen des Verbrauchers entsprechend auch „Verkaufspreis" i. S. d. RL 98/6/

[392] Richtlinie 2008/122/EG des Europäischen Parlaments und des Rates vom 14.1.2009 über den Schutz der Verbraucher im Hinblick auf bestimmte Aspekte von Teilzeitnutzungsverträgen, Verträgen über langfristige Urlaubsprodukte sowie Wiederverkaufs- und Tauschverträge, ABl. L 33 vom 3.2.2009, S. 10.

[393] Richtlinie 94/47/EG v. 26.10.1994 zum Schutze der Erwerber von Teilzeitnutzungsrechten an Immobilien, ABl. EG Nr. L 280/83 v. 29.10.1994.

[394] → § 5a Rdn. 77 und 119. Ebenso *Köhler*/Bornkamm/Feddersen, Vorb PAngV, Rdn. 11a.

[395] BGH GRUR 2015, 1240 Rdn. 23, 25 – Der Zauber des Nordens; BGH, Urt. v. 14.1.2016, Wir helfen im Trauerfall, DE:BGH:2016:140116UIZR61.14.0, Rdn. 18.

[396] EuGH, Urt. v. 7.7.2016, Citroën Commerce, C-476/14, EU:C:2016:527, 30.

[397] BGH GRUR 2017, 286, Rdn. 15 – Hörgeräteausstellung.

[398] *Köhler*/Bornkamm/Feddersen, Vorb PAngV Rdn. 11a.

[399] EuGH, Urt. v. 7.7.2016, Citroën Commerce, C-476/14, EU:C:2016:527, 30.

EG sein. Zur **Informationsverpflichtung** nach UGP-RL **s. näher auch oben Rdn. 155 ff. sowie → § 5 Rdn. 116 ff.** Aufgrund der durch die Richtlinie eingeführten Vollharmonisierung gelten für Zwecke des Art. 7 Abs. 5 der Richtlinie nur die nach dem Unionsrecht **vorgeschriebenen** Informationen als wesentlich im Sinne des § 5a Abs. 4 UWG/Art. 7 Abs. 5 UGP-Richtlinie. Haben die Mitgliedstaaten auf der Grundlage von Mindestklauseln Informationsanforderungen eingeführt, die über das hinausgehen, was im Unionsrecht geregelt ist, kommt das Vorenthalten dieser Informationen jedenfalls seit Ablauf der Übergangsfrist am 12.6.2013 einem irreführenden Unterlassen nach § 5a Abs. 4 nicht gleich (vgl. Erwägungsgrund 15 Satz 5 der UGP-Richtlinie → **§ 5a Rdn. 208**). Eine Integration zusätzlicher Informationsanforderungen aus der Richtlinie 98/6/EG scheitert somit ungeachtet der Frage der Sperrwirkung des Art. 7 Abs. 5 UGP-Richtlinie **(→ § 5 Rdn. 53 ff.)** bereits an dem durch **Art. 10 der Richtlinie 98/6/EG** eröffneten Umsetzungsspielraum. Denn nach Art. 10 der Preisangabenrichtlinie hindert die Richtlinie die Mitgliedstaaten nicht, unbeschadet ihrer Verpflichtungen aus dem Vertrag für die Unterrichtung der Verbraucher und den Preisvergleich günstigere Bestimmungen zu erlassen oder beizubehalten. Auch **Art. 22 der RL 2006/123/EG** fällt nicht in den Anwendungsbereich des § 5a Abs. 4 UWG/Art. 7 Abs. 5 UGP-Richtlinie. Er enthält keine verpflichtenden Vorgaben zu Informationen in Bezug auf Werbung, kommerzielle Kommunikation oder Marketing, sondern verpflichtet die Mitgliedstaaten als Mindestklausel **(Art. 22 Abs. 5)** lediglich dazu, sicherzustellen, dass Dienstleistungserbringer rechtzeitig vor Vertragsschluss **(Art. 22 Abs. 4)** bestimmte Informationen zur Verfügung stellen. Allerdings bestehen in einigen Bereichen für Dienstleistungen Preisinformationsanforderungen aufgrund spezieller unionsrechtlicher Vorgaben, die durch § 5a Abs. 4 integriert werden, so z. B. **Art. 23 Abs. 1** der **VO (EG) Nr. 1008/2008** für Luftverkehrsdienste **(→ § 5a Rdn. 221).** Solche europäischen Verordnungen (und auch Richtlinien), die spezielle Aspekte unlauterer Geschäftspraktiken regeln, gehen als **Sonderregelungen** auch bei der unionskonformen Auslegung der §§ 5, 5a vor (s. dazu → **§ 5 Rdn. 52, 63**).[400] Darüber hinaus müssen (auch) Dienstleistungserbringer die Informationsanforderungen aus Art. 7 Abs. 4 lit. c) UGP-Richtlinie/**§ 5a Abs. 3 Nr. 3 beachten,** soweit sich aus Sonderregelungen wie Art. 23 Abs. 1 VO (EG) Nr. 1008/2008, die bei der richtlinienkonformen Auslegung vorrangig zu berücksichtigen sind, nichts anderes ergibt.[401]

Zu dem Verhältnis zu § 5a Abs. 3 Nr. 3 und dem Verhältnis zwischen § 5a und der PAngV s. → **§ 5 Rdn. 116 ff.** **194**

– Art. 86 bis 100 der Richtlinie **2001/83/EG** zur Schaffung eines Gemeinschaftskodexes für Humanarzneimittel. Sie enthalten ausführliche Regelung über **Herstellung, In-Verkehrbringen, Vertrieb und Einsatz von Humanarzneimitteln.** Die Umsetzung ist durch die Vorschriften des Heilmittelwerbegesetzes **(HWG)** erfolgt. Bei deren Auslegung ist zu berücksichtigen, dass die RL 2001/83 in ihrem Anwendungsbereich[402] eine Vollharmonisierung bewirkt hat.[403] Der EuGH versteht allerdings die in Art. 89 Abs. 1 lit. b der RL 2001/83/EG aufgeführten Pflichtangaben nicht als abschließend, sondern geht davon aus, dass er den Mitgliedstaaten Spielraum lässt, welche Angaben die Öffent- **195**

---

[400] Vgl. EuGH, Urt. v. 23.1.2003, Kommission/Österreich, C-221/00, EU:C:2003:44; Urt. v. 8.11.2007, Gintec, C-374/05, EU:C:2007:654, Rdn. 38 f.; Urt. v. 16.7.2015, Abcur, C-544/13 und C-545/13, EU:C:2015:481, Rdn. 45 ff., 80 ff.; BGH GRUR 2002, 1091, 1092 – Bodensee-Tafelwasser; GRUR 2003, 628, 629 – Klosterbrauerei; GRUR 2008, 830, 831 – L-Carnitin II; GRUR 2010, 359, 361 – Vorbeugen mit Coffein.

[401] BGH GRUR 2015, 1240 (1242), Rdn. 29 f. – Der Zauber des Nordens; vgl. EuGH, Urt. v. 12.5.2011, Ving Sverige, C-122/10, EU:C:2011:299, Rdn. 60 ff.

[402] Art. 2 Abs. 1, Art. 3 RL 2001/83/EG; s. dazu BGH, Urt. v. 9.2.2017, I ZR 130/13, GRUR 2017, 833 – Weihrauch-Extrakt-Kapseln II: Bei Defekturarzneimitteln, bei deren Zubereitung oder Herstellung kein industrielles Verfahren zur Anwendung kommt, ist bereit der Anwendungsbereich nicht eröffnet.

[403] EuGH, Urt. v. 8.11.2007, Gintec, C-374/05, EU:C:2007:654, Rdn. 39; BGH GRUR 2012, 647, 649 – INJECTIO; BGH GRUR 2015, 705, 706 Rdn. 14 – Weihrauch-Extrakt-Kapseln; GRUR 2012, 647, 649 Rdn. 27 – INJECTIO; GRUR 2010, 749, 752 Rdn. 31 – Erinnerungswerbung im Internet.

lichkeitswerbung für ein Arzneimittel enthalten muss.[404] Zudem erlaubt es Art. 89 Abs. 2, von Abs. 1 abzuweichen, indem er bestimmt, dass die Mitgliedstaaten vorsehen können, dass die Öffentlichkeitswerbung für ein Arzneimittel nur den Namen des Arzneimittels oder ggf. seinen internationalen Freinamen oder das Warenzeichen enthalten muss, wenn ihr Zweck ausschließlich darin besteht, an diese zu erinnern.[405] Das deutsche Pflichtangabenkonzept dürfte danach gemeinschaftsrechtskonform sein.[406] Bei Google-AdWords-Anzeigen für Arzneimittel müssen die Pflichtangaben gem. § 4 HWG nicht in der Anzeige selbst enthalten sein, sondern ist ein elektronischer Verweis (Link) auf die Pflichtangaben in der Anzeige ausreichend, wenn dieser durch die Verwendung „Pflichtangaben" oder eine entsprechende eindeutige Formulierung als solcher klar erkennbar ist und zu einer Internetseite führt, auf der die Pflichtangaben ohne weitere Zwischenschritt leicht lesbar wahrgenommen werden können.[407]

196 – Art. 5 und 6 der Richtlinie **2000/31/EG** über den **elektronischen Geschäftsverkehr.** Art. 5 regelt allgemeine Informationspflichten der Diensteanbieter im elektronischen Geschäftsverkehr, Art. 6 besondere Informationspflichten für kommerzielle Kommunikationen. Die Umsetzung erfolgte in **§§ 5 und 6 TMG,** die über § 5a Abs. 4 auch lauterkeitsrechtlich durchsetzbar sind.[408] Nach Art. 6 lit. c ECRL/§ 6 Abs. 1 Nr. 3 TMG müssen **Angebote zur Verkaufsförderung** wie Preisnachlässe, Zugaben und Geschenke klar als solche erkennbar sein, und die Bedingungen für ihre Inanspruchnahme müssen leicht zugänglich sein sowie klar und unzweideutig angegeben werden. **Preisausschreiben oder Gewinnspiele mit Werbecharakter** müssen nach Art. 6 lit. d) RCRL/§ 6 Abs. 1 Nr. 4 TMG klar als solche erkennbar und die Teilnahmebedingungen leicht zugänglich sein sowie klar und unzweideutig angegeben werden.[409] Die Impressumspflicht nach § 5 TMG gilt auch für **ebay-Anbieter, Nutzer von Kleinanzeigenportalen.**[410] Auch **Nutzer von „Social Media"** wie **Facebook**-Accounts müssen eine eigene Anbieterkennung vorhalten, wenn der Account zu Marketingzwecken benutzt wird und nicht nur eine reine private Nutzung vorliegt.[411]

Offline-Werbung wird nicht von **Art. 6 ECRL** geregelt, jedoch ebenfalls von der UGP-Richtlinie erfasst[412] und ist daher am Maßstab des Art. 7 Abs. 1–3 UGP-Richtlinie zu messen.[413] Teilweise wird erwogen, insoweit die Kriterien des Art. 6 lit. c und d ECLR für Verkaufsförderungsmaßnahmen im Offline-Bereich entsprechend heranzuziehen, um unterschiedliche Bewertungsmaßstäbe zu vermeiden.[414] Für **Verkaufsför-**

---

[404] EuGH, Urt. v. 8.11.2007, Gintec, C-374/05, EU:C:2007:654, Rdn. 22; vgl. BGH GRUR 2010, 749, 752 Rdn. 31 – Erinnerungswerbung im Internet.

[405] EuGH, Urt. v. 8.11.2007, Gintec, C-374/05, EU:C:2007:654, Rdn. 22.

[406] Vgl. *Gröning,* jurisPR-WettbR 2/2008 Anm. 1; *Bülow/Ring,* Einf. Rdn. 3. – Anders noch *Gröning,* Heilmittelwerberecht, Art. 4 RL 92/28/EWG Rdn. 5 f.

[407] BGH GRUR 2014, 94, 95 Rdn. 18 – Pflichtangaben im Internet.

[408] BGH, Urt. v. 25.2.2016, Mehrwertdienstenummer, I ZR 238/14, DE:BGH:2016:250216UIZR238.14.0, Rdn. 34; OLG Frankfurt, GRUR-RR 2015, 17; *Alexander,* FS Bornkamm, 2014, S. 297, 304 ff.; *Köhler,* WRP 2014, 1410, 1413; Ohly/*Sositza,* § 5a Rdn. 86.

[409] Vgl. zu den Anforderungen der Abrufbarkeit der nach § 6 TDG, § 10 Abs. 2 MDStV a. F. erforderlichen Informationen im Internet BGH GRUR 2007, 159 – Anbieterkennzeichnung im Internet. Vgl. ferner zum Inhalt der Informationspflicht die EuGH-Vorlage, BGH GRUR 2007, 723 – Internet-Versicherung, und Urt. v. 16.10.2008, deutsche internet versicherung, C-298/07, EU:C:2008,572 Rdn. 1 ff.

[410] Vgl. *Glöckner/Kur,* GRUR-Beilage 2014, 29, 50.

[411] OLG Düsseldorf, CR 2014, 202; OLG München, Urt. v. 14.11.2013, Az. 6 U 1888/13; LG Aschaffenburg, WM 2011, 2340; *Lichtnecker,* GRUR 2014, 523, 524; vgl. auch OLG Düsseldorf, Urt. v. 18.1.2007, Az. I-20 U 17/07; LG Köln, Urt. v. 28.12.2010, Az. 28 O 402/10.

[412] Vgl. EuGH, Urt. v. 14.1.2010, *Plus Warenhandelsgesellschaft,* C-304/08, EU:C:2010:12, Rdn. 33; *Köhler,* WRP 2014, 1410, 1413; *Köhler* NJW 2016, 593, 597; *Peifer,* WRP 2010, 1432, 1436; *Steinbeck,* FS Köhler, 2014, 715, 718.

[413] Vgl. BGH GRUR 2009, 1064, 1066 Rdn. 18 – Geld-zurück-Garantie II; GRUR 2012, 402, 404 Rdn. 29 ff. – Treppenlift; *Köhler,* WRP 2014, 1410, 1413; *Peifer,* WRP 2010, 1432, 1436; *Steinbeck,* FS Köhler, 2014, 715, 718.

[414] So *Köhler,* NJW 2016, 593, 597; *Köhler*/Bornkamm, § 5a Rdn. 5.29; vgl. auch *Heermann,* WRP 2011, 688, 689; Ohly/*Sosnitza* § 5a Rdn. 27.

derungsmaßnahmen lag zum Zeitpunkt des Erlasses der UGP-Richtlinie noch der Entwurf einer Verordnung über Verkaufsförderungsmaßnahmen vor, die eine Liberalisierung des Rechts der Wertreklame verbunden mit der Einführung bestimmter Informationspflichten vorsah,[415] der erst am 27.9.2005 von der Kommission offiziell zurückgezogen wurde.[416] Für eine **analoge** Anwendung der Vorgaben der ECRL besteht angesichts der auf Unionsebene bewusst getrennten Regelungsbereiche m. E. kein Raum, zumal auch die Interessenlage nicht stets ohne weiteres vergleichbar ist. Interessengerechte Ergebnisse lassen sich im **Offline-Bereich** jedoch ohne weiteres auch auf Grundlage des allgemeinen Transparenzgebots des Art. 7 Abs. 2 UGP-Richtlinie (§ 5a Abs. 2 S. 2, Abs. 6) gewinnen, nach dem als Vorenthalten auch das Verheimlichen, auf unklare, unverständliche, zweideutige oder nicht rechtzeitige Bereitstellen von Informationen oder mangelnde Kenntlichmachen des kommerziellen Zwecks gilt, wobei. Der **BGH** legte das Tatbestandsmerkmal „Bedingung für die Inanspruchnahme" der Verkaufsförderungsmaßnahme in § 4 Nr. 4 und 5 a. F. im Einklang mit Art. 7 Abs. 1 UGP-Richtlinie in der Weise aus, dass es nur Bedingungen erfasst, die für die Entscheidung des Verbrauchers, ob er sich um den im Rahmen der Verkaufsförderungsmaßnahme ausgelobten Vorteil bemühen will, wesentlich sind.[417]

Weitere Informationspflichten im elektronischen Geschäftsverkehr ergeben sich aus **§ 312i BGB i. V. m. Art. 246c EGBGB,** der Art. 10 der Richtlinie 2000/31/EG umsetzt, der allerdings im Anh. der UGP-Richtlinie nicht aufgelistet ist. Da die Liste nicht abschließend ist (Erwägungsgrund 15 der UGP-Richtlinie), stellt sich die Frage, ob diese Informationspflichten trotz ihres **Vertragsbezugs** „wesentliche Informationspflichten" nach § 5a Abs. 4 darstellen können → **§ 5a Rdn. 190.** 197

Zur Informationspflichten im Fernabsatz und bei außerhalb von Geschäftsräumen geschlossenen Verträgen → § 5a Rdn. 190. 198

– Art. 1 lit. 2 der Richtlinie 98/7/EG zur Änderung der Richtlinie 87/102/EWG zur Angleichung der Verwaltungsvorschriften der Mitgliedstaaten über den **Verbraucherkredit.** Die Richtlinie wurde aufgehoben und ersetzt durch die Richtlinie 2008/48/EG. Die dort vorgeschriebenen Informationen betreffen u. a. die Angabe des **effektiven Jahreszinses bei Krediten bzw. Kreditvermittlungen.** Umsetzung: **§ 6a PAngV.** 199

– Art. 1 Nr. 9 der Richtlinie **2001/107/EG** zur Änderung der RLG 85/611/EWG, ersetzt durch Richtlinie **2009/65/EG** zur Koordinierung der Rechts- und Verwaltungsvorschriften betreffend bestimmte Organismen für gemeinsame Anlagen in **Wertpapieren (OGAW).** Danach müssen **Prospekte** bestimmte Angaben enthalten, die erforderlich sind, damit sich die Anleger über die ihnen vorgeschlagene Angabe und die damit verbundenen **Risiken** ein fundiertes Bild machen können. Die Vorgaben der RL 2001/107/EG wurden umgesetzt durch das **KAGB.** 200

– Art. 12 und 13 der Richtlinie **2002/92/EG** über **Versicherungsvermittlung.** Sie enthalten Regelungen über die vom Versicherungsvermittler zu erteilenden Auskünfte und die Einzelheiten der Auskunftserteilung. Danach hat der Versicherungsvermittler vor Abschluss jedes ersten Versicherungsvertrags und ggf. bei Änderung oder Erneuerung des Vertrags Angaben über seine **Identität,** Registrierung und **Beteiligung** zu machen, ferner ob er vertraglich verpflichtet ist, Versicherungsgeschäfte **ausschließlich mit einem oder mehreren Versicherungsunternehmen** zu tätigen. Außerdem sind bestimmte Angaben zur **Grundlage des Angebots** zu machen, so ob der Unternehmer den Rat auf eine ausgewogene Untersuchung stützt, sowie zu den Wünschen und 201

---

[415] Geänderter Vorschlag der Kommission für eine Verordnung des Europäischen Parlaments und des Rates über Verkaufsförderung im Binnenmarkt, KOM (2002) 585.

[416] KOM (2005), 462, S. 10; vgl. BGH GRUR 2009, 1064, 1066 Rdn. 18 – Geld-zurück-Garantie II; *Busch,* Informationspflichten im Wettbewerbs- und Vertragsrecht, S. 56; *Köhler,* GRUR 2008, 841, 844; *Wunderle,* Verbraucherschutz im Europäischen Lauterkeitsrecht, S. 104.

[417] BGH GRUR 2009, 1064, 1065 Rdn. 20 – Geld-zurück-Garantie II; GRUR 2012, 402, 404 Rdn. 32 – Treppenlift.

Bedürfnissen des Kunden und den Gründen des Rates des Versicherungsvermittlers. Die Umsetzung der Informationspflichten ist in **§ 59 VVG** i. V. m. der **VVG-InfoV** erfolgt.

202 – Art. 36 der Richtlinie **2002/83/EG** über **Lebensversicherungen,** die mit Wirkung zum 1.11.2012 aufgehoben und ersetzt wird durch die RL **2009/138/EG** (dort Art. 183 ff.). Danach sind dem Versicherungsnehmer vor Abschluss des Versicherungsvertrags bestimmte Informationen mitzuteilen und ist er während der gesamten Vertragsdauer über bestimmte Angaben auf dem Laufenden zu halten.[418] Die Umsetzung ist durch die **VVG-InfoV** erfolgt. Auf den Vermittler sind die Informationspflichten aus § 1 VVG-InfoV nicht anwendbar.[419]

203 – Art. 19 der Richtlinie **2004/39/EG** über Märkte für Finanzinstrumente, die mit Wirkung zum **3.1.2017** aufgehoben und ersetzt wurde durch die RL 2014/65/EU **(MiFID II).** Die Umsetzung der an die Stelle von Art. 19 RL 2004/28/EG getretenen Artt. 24, 25 RL 2014/65/EU erfolgt in **§ 64 Abs. 3 WpHG** (vormals Art. 31 WpHG).[420]

204 – Art. 31 und 43 der Richtlinie **92/49/EWG** über **Direktversicherungen.** Danach sind dem Versicherungsnehmer vor Vertragsschluss bestimmte Informationen zur Verfügung zu stellen. Die Umsetzung ist in der **VVG-InfoVO** erfolgt.

205 – Art. 5, 7, 8 der Richtlinie **2003/71/EG** betreffend **Wertpapierprospekte,** geändert durch die RL **2010/73/EU.** Die dort geregelten Informationspflichten wurden durch **§§ 5 bis 8, 12 und 15 WpPG** umgesetzt. Mit Wirkung zum 21.7.2019 wird die Prospektrichtlinie 2003/71/EG, die in Dt. v. a. durch das WpPG umgesetzt wurde, durch die **Prospekt-VO 2017/1129** abgelöst.[421]

206 **b) Sonstige.** Die im Anhang II der UGP-Richtlinie enthaltene Liste ist **nicht abschließend.**[422] Deshalb gelten auch andere Informationsanforderungen **in Bezug auf kommerzielle Kommunikation einschließlich Werbung oder Marketing** auf unionsrechtlicher Grundlage als wesentlich im Sinne des § 5a Abs. 4 UWG.[423] Im Sinne eines Pendants zu dem Leitbild des mündigen Verbrauchers sind auf Unionsebene die Informationspflichten stetig ausgeweitet und verstärkt worden, um die Voraussetzungen für eine informierte Entscheidung des Verbrauchers zu schaffen. Nicht alle Informationspflichten mit unionsrechtlicher Grundlage unterfallen allerdings § 5a Abs. 4. Einschränkungen ergeben sich vor allem in zweierlei Hinsicht:

207 Die Integration über § 5a Abs. 4 setzt *erstens* voraus, dass es sich um Informationsanforderungen in Bezug auf **Werbung, kommerzielle Kommunikation oder Marketing** handeln. Nur Informationspflichten in Zusammenhang mit der unmittelbaren oder mittelbaren Förderung des Produktabsatzes oder Erscheinungsbilds eines Unternehmens, **nicht** aber Informationspflichten, die zu anderen Zwecken oder erst im Zuge des Vertragsschlusses oder bei der **Vertragsabwicklung** zu erfüllen sind, stellen „wesentliche Informationen" nach § 5a Abs. 4 dar → **§ 5a Rdn. 184 ff., 186.** So werden z. B. Informationspflichten der **Richtlinie 2014/57/EU (Marktmissbrauchsrichtlinie)** und aus der **VO (EU) Nr. 596/2014** über den Marktmissbrauch **(Marktmissbrauchsverordnung),** die mit Wirkung ab dem 3.7.2016 gültig ist und die Richtlinien 2003/6/EG und weitere Richtlinien aufhebt und ersetzt, nicht über § 5a Abs. 4 UWG integriert. Gleiches gilt für die Informationspflichten aus der **Richtlinie 2013/36/EU,** umgesetzt durch die Instituts-

---

[418] Zur Vorgängervorschrift (Art. 31 Abs. 3 RL 92/96/EWG) s. EuGH, Urt. v. 29.4.2015, Nationale-Nederlanden Levensverzekering Mij, C-51/13, EU:C:2015:286.

[419] OLG Frankfurt GRUR-RR 2016, 274 (276) Rdn. 27. S. zu Bestrebungen der Kommission nach einer kohärenteren und übergreifenden Regelung der Informationspflichten für Anleger und Vermögensberater den Aktionsplan COM (2018) 97 final; vgl. auch *Möslein/Mittwoch,* WM 2019, 481, 485.

[420] Vgl. dazu *Möslein/Mittwoch,* WM 2019, 481, 485.

[421] Näher *Trinkaus/Schlee/Bhatti/Heckt-Harbeck,* DB-Beilage 2018, Nr. 04, 42 ff.

[422] BGH GRUR 2011, 638, 639 – Werbung mit Garantie; GRUR 2015, 1240 (1241), Rdn. 23, 25 – Der Zauber des Nordens; OLG Köln, MMR 2016, 321 (323) Rdn. 23.

[423] Vgl. BGH GRUR 2015, 1240 (1241), Rdn. 23, 25 – Der Zauber des Nordens.

VergV.[424] Der Rückgriff auf § 5a Abs. 2, 3 und 6 UWG bleibt möglich (vgl. auch → § 5a **Rdn. 355**), irreführende **ad-hoc-Meldungen** oder andere **Kapitalmarktinformationen** können auch nach § 5 UWG unlauter sein.[425]

Zweitens **integriert § 5a Abs. 4 nur Informationsanforderungen des nationalen Rechts auf unionsrechtlicher Grundlage, die dem europäischen Standard exakt entsprechen.**[426] Die Mitgliedstaaten können zwar, sofern dies nach den gemeinschaftsrechtlichen Mindestklauseln zulässig ist, im Einklang mit dem Unionsrecht strengere Vorschriften aufrechterhalten oder einführen, um ein höheres Schutzniveau für die individuellen vertraglichen Rechte der Verbraucher zu gewährleisten (Erwägungsgrund 15, S. 6). Aufgrund der durch die UGP-Richtlinie eingeführten vollständigen Angleichung werden jedoch nur die nach dem Gemeinschaftsrecht **vorgeschriebenen** Informationen als wesentlich für die Zwecke des **Art. 7 Abs. 5** dieser Richtlinie betrachtet **(Erwägungsgrund 15, S. 4).** Haben die Mitgliedstaaten auf der Grundlage von Mindestklauseln Informationsanforderungen eingeführt, die über das hinausgehen, was im Unionsrecht geregelt ist, so kommt das Vorenthalten dieser Informationen einem irreführenden Unterlassen daher jedenfalls nach Ablauf der Übergangsfrist am 12.6.2013[427] **nicht** mehr gleich (vgl. **Erwägungsgrund 15 S. 5** UGP-Richtlinie), und zwar auch nicht bei Informationsanforderungen in Bezug auf das Vertragsrecht → **§ 5 Rdn. 83 ff.** Zwar gehen nach Art. 3 Abs. 4 UGP-Richtlinie speziellere Informationsanforderungen des Unionsrechts dieser Richtlinie vor. Art. 3 Abs. 5 UGP-Richtlinie ermöglichte die Aufrechterhaltung strengerer nationaler Vorschriften, die in Umsetzung von Mindestangleichungsklauseln erlassen wurden, jedoch nur für eine **Übergangsfrist bis 12.6.2013 (Art. 3 Abs. 5).** Diese Vorschrift liefe leer, wenn sich Richtlinien mit Mindestklauseln insgesamt gegenüber der UGP-Richtlinie durchsetzen. Daraus folgt, dass die Informationspflichten des deutschen Rechts, jedenfalls seit dem Ablauf der Übergangsfrist am 12.6.2013, im Anwendungsbereich der UGP-Richtlinie genau dem europäischen Standard entsprechen müssen.[428] Die Richtigkeit dieses Ergebnisses wird durch das weitere Argument bestätigt, dass die Integration von Informationspflichten auf Grundlage von Mindestklauseln auch praktisch kaum durchsetzbar wäre. Von der ihnen durch Mindestklauseln eingeräumten Kompetenz haben die Mitgliedstaaten in ganz unterschiedlicher Weise Gebrauch gemacht, überdies ist auch das Konkurrenzverhältnisses der Mindestklauseln zueinander vielfach zweifelhaft und ungeklärt, weshalb die Integration nationaler Pflichtangaben auf unionsrechtlicher Grundlage erhebliche Abweichungen des Schutzstandards in den einzelnen Mitgliedstaaten und bei ihrem Zusammentreffen im Unionsraum potentiell konfligierende Regelungen zur Folge hätte, was dem Ziel der Richtlinie zuwiderläuft. 208

Zur Frage der Durchsetzbarkeit auf anderer Rechtsgrundlage s. näher → § 5 Rdn. 100 ff. und für das Vertragsrecht → § 5 Rdn. 83 ff. 209

Im Anhang II der UGP-Richtlinie nicht ausdrücklich genannte Informationsanforderungen mit unionsrechtlicher Grundlage sind z. B.: 210

– **Pflichtangaben** bei der **Etikettierung** aufgrund der **VO (EU) Nr. 1169/2011 betreffend die Information der Verbraucher über Lebensmittel.** Nach der Rspr. des BGH enthalten z. B. die VO (EU) Nr. 1169/2011 (LMIV) und die zeitlich voran- 211

---

[424] Vgl. dazu *Kolb*, WRP 2015, 31 ff.

[425] OLG Hamburg GRUR-RR 2006, 377; Köhler/*Bornkamm/Feddersen,* § 5 Rdn. 4.123; *Lettl* ZGR 2003, 853, 856; *Köndgen* FS Druey, 2002, S. 791, 812.

[426] Vgl. *Köhler,* WRP 2013, 723 ff.; *v. Oelffen,* Rdn. 790 f.; *Ohly*/Sosnitza, 6. Aufl. 2014, § 4.11 Rdn. 11/7a; *Zecca-Jobst,* Informationspflichten im Vertrags- und Lauterkeitsrecht, S. 59.

[427] Für den Zeitraum bis zum Ablauf der Übergangsfrist wird von der wohl überwiegenden Meinung eine Durchsetzbarkeit auf Grundlage des § 4 Nr. 11 UWG a. F. bejaht, vgl. *Seichter* WRP 2005, 1087, 1094; *Köhler*/Bornkamm, 33. Aufl., 2015, § 4 Nr. 11 Rdn. 11.6c; *Zecca-Jobst,* Informationspflichten im Vertrags- und Lauterkeitsrecht, S. 59.

[428] *Köhler,* GRUR 2008, 841, 844; *ders.,* WRP 2013, 723 ff.; *v. Oelffen,* Rdn. 790 f.; *Ohly*/Sosnitza, 6. Aufl. 2014, § 4.11 Rdn. 11/7a; *Zecca-Jobst,* Informationspflichten im Lauterkeits- und Vertragsrecht, 2015, S. 53 f.

gehende RL 2000/13/EG abschließende Regelungen dazu, ob der Unternehmer den Verbraucher mit der Aufmachung eines Lebensmittels hinreichend über dessen Merkmale aufgeklärt hat und ist daher für eine ergänzende Anwendung des § 5a Abs. 3 Nr. 1 UWG/Art. 7 Abs. 4 UGP-Richtlinie hier kein Raum.[429] Die Durchsetzung der Pflichtangaben erfolgt jedoch mit den Mitteln des Art. 7 Abs. 5 UGP-Richtlinie/§ 5 Abs. 4 UWG.[430]

212 – Die Durchsetzung der VO (EG) Nr. 1924/2006 (**Health-Claims-VO**/HCVO) erfolgt demgegenüber auf Basis des § 3a, → § 5 Rdn. 66.

213 – Nach Anh. I B Nr. 8 Unterabs. 6 der **RL 98/79/EG über In-vitro-Diagnostika** müssen zur Eigenanwendung bestimmte In-vitro-Diagnostika eine Gebrauchsanweisung und eine Etikettierung in der/den Amtssprache(n) des Mitgliedstaates/der Mitgliedstaaten enthalten in dem/in denen der Endverbraucher das Produkt zur Eigenanwendung erhalten.[431] In-vitro-Diagnostika zur Eigenanwendung, die als **Medizinprodukte** nach dem MPG mit einer **CE-Kennzeichnung** versehen sein müssen, dürfen im Inland deshalb nur in den Verkehr gebracht werden, wenn sie eine **Gebrauchsanweisung** und eine **Etikettierung** in deutscher Sprache enthalten, die vorab in einem (erneuten oder ergänzenden) Konformitätsbewertungsverfahren nach dem MPG überprüft worden sind.[432] Die Pflicht zur Durchführung des Konformitätsbewertungsverfahrens gilt allerdings nur für Hersteller.[433]

214 Hingegen enthalten die **RL 90/396/EWG** und **2009/142/EG über Gasverbrauchseinrichtungen** keinen entsprechenden Vorbehalt für die Bedienungs- und Aufstellanleitung. **Gas-Heizkesseln,** die aus einem anderen Mitgliedstaat der EU nach Deutschland (re)importiert werden, fehlt daher nicht schon deshalb die erforderliche CE-Zulassung, weil sie nicht vom Hersteller mit deutschsprachigen Typenschildern und deutschsprachigen Bedienungs- und Aufstellanleitungen versehen worden sind.[434] Der Verstoß gegen § 7 S. 1 ElektroG kann nicht über § 5a Abs. 4, sondern nur über § 3a verfolgt werden, **→ § 5a Rdn. 220.**

215 – Informationspflichten aus **§§ 40 ff. EnWG** können aufgrund der Vollharmonisierung durch die UGP-Richtlinie keine „wesentliche Information" im Sinne des § 5a Abs. 4 darstellen, **soweit** sie über die Vorgaben des Unionsrechts hinausgehen,[435] **→ § 5a Rdn. 208.** Die Informationspflichten aus § 5a Abs. 3 bleiben unberührt,[436] **→ § 5a Rdn. 9.**

216 – **Wesentlich** im Sinne von § 5a Abs. 4 sind auch die Informationen, die nach Art. 6 i. V. m. Anl. IV der RL **1999/94/EG** und den die dortigen Vorgaben umsetzenden Bestimmungen der **§ 1 Abs. 1 und § 5 Abs. 1 i. V. m. Anl. 4 Pkw-EnVKV** über den offiziellen Kraftstoffverbrauch, die offiziellen spezifischen CO_2-Emissionen sowie den Stromverbrauch von neuen Personenkraftwagen zu machen sind.[437] Die Informationspflicht besteht auch für **Luxusfahrzeuge.**[438] Anders als bei **Rundfunkwerbung** sind in Werbevideos und in Werbung auf einem Werbekanal des Unternehmers bei **YouTube**

---

[429] BGH, Urt. v. 2.12.2015, Himbeer-Vanille-Abenteuer II, I ZR 45/13, DE:BGH:2015:021215UIZR45.13.0, Rdn. 23.

[430] Ebenso *Köhler*, WRP 2014, 637, 639 ff.

[431] BGH GRUR 2008, 922, 923 – In-vitro-Diagnostika; GRUR 2010, 756 – One Touch Ultra; GRUR 2010, 1122, 1124 – Gas-Heizkessel.

[432] BGH GRUR 2010, 756 – One Touch Ultra.

[433] EuGH, Urt. v. 13.10.2016, C-277/15, WRP 2017, 161 – Servoprax/Roche Diagnostics Deutschland; BGH, Urt. v. 1.6.2017, DE:BGH:2017:010617UIZR153.13.0 – Teststreifen zur Blutzuckerkontrolle II.

[434] BGH GRUR 2010, 1122 – Gas-Heizkessel.

[435] Vgl. zu § 4 Nr. 11 OLG Frankfurt, Urt. v. 12.4.2011, Az. 11 U 5/11, NJOZ 2012, 647.

[436] S. hierzu und zu einem Verstoß gegen § 4 Nr. 11 ausf. *Alexander*, WRP 2012, 660 ff.

[437] BGH GRUR 2010, 852 – Gallardo Spyder; OLG Düsseldorf, WRP 2015, 1240; OLG Frankfurt Urt. v. 10.5.2012, Az. 6 U 81/11; Magazindienst 2010, 522; der BGH zieht häufig **§ 3a** heran und geht auf § 5a nur ergänzend ein, s. BGH, Urt. v. 24.7.2014, Az. I ZR 119/13, GRUR 2015, 339 – Der neue SLK; Urt. v. 5.3.2015, Az. I ZR 164/13, GRUR 2015, 1017 – Neue Personenkraftwagen II.

[438] BGH GRUR 2010, 852, 855 – Gallardo Spyder; OLG Frankfurt Magazindienst 2010, 522.

Angaben nach § 5 Abs. 1 Pkw-EnVKV erforderlich; die Ausnahme für **audiovisuelle Mediendienste** in § 5 Abs. 2 Nr. 1 Pkw-EnVKV greift hier nicht.[439] Bei der Auslegung, ob es sich um einen **„neuen Personenkraftwagen"** handelt, kommt es bei der gebotenen **unionskonformen Auslegung** nicht auf das zu Werbezwecken auf einer Messe ausgestellte Fahrzeug, sondern auf den **Gegenstand des beworbenen Verkaufs** an; maßgeblich ist allein, ob mit dem ausgstellten Fahrzeug für den Kauf eines neuen Fahrzeugs dieses Modells geworben wird.[440] Dabei kann nicht auf die zum deutschen Gewährleistungsrecht herausgearbeiteten Kriterien abgestellt werden, sondern ist die Motivlage des Händlers bei der Anschaffung des Fahrzeugs maßgeblich.[441] **„Neu"** ist das Fahrzeug, wenn es noch nicht zu einem anderen Zweck als dem des Weiterverkaufs oder der Auslieferung verkauft worden ist.[442] Dabei kommt es aber nicht auf die konkreten Vorstellungen des Händlers an, sondern auf **objektivierbare Umstände,** aus denen sich ergibt, dass das Fahrzeug alsbald verkauft werden soll, ohne dass damit eine kurzfristige Zwischennutzung im Betrieb des Händlers, etwa als Vorführwagen, ausgeschlossen wäre.[443] Als objektiver Umstand eignet sich **in erster Linie die Kilometerleistung (bis 1000 km), in zweiter Linie die Dauer der (ununterbrochen andauernden) Zulassung (im konkreten Fall: 10 Monate**). Bietet ein Händler ein Fahrzeug mit einer geringen Kilometerleistung (bis 1000 km) an, ist im Allgemeinen davon auszugehen, dass er dieses Fahrzeug zum Zwecke des Weiterverkaufs erworben hat. Liegt die Kilometerleistung darüber, spricht dies dafür, dass der Händler das Fahrzeug auch zu einem anderen Zweck als dem des Weiterverkaufs, nämlich für eine nicht ganz unerhebliche Eigennutzung erworben hat.[444] Darauf, dass ein entsprechender Eindruck in der Werbung aufgrund der Laufleistung erweckt wird, kommt es nicht an.[445] Gleichermaßen ist auch der Fahrzeugzustand nicht maßgeblich.[446] Wird ein Personenkraftwagen vom Händler **erst längere Zeit nach der Erstzulassung** zum Verkauf angeboten, kann dies – sofern es sich nicht um eine Tageszulassung für einen oder wenige Tage, sondern um eine ununterbrochen andauernde Zulassung handelt[447] – den Schluss rechtfertigen, dass der Händler das Fahrzeug (auch) für eine nicht ganz unerhebliche Eigennutzung erworben hat und die Zwischennutzung im Betrieb des Händlers nicht nur ganz kurzfristiger Natur war.[448] Dies hat der BGH bei einer ununterbrochen andauernden Zulassung für **zehn Monate** bejaht.[449]

Zur Auslegung des Begriffs **„Modell"** hat der BGH in dem „Der neue SLK"-Urteil 217
entschieden, dass „Modell" i. S.d § 5 Abs. 1 Pkw-EnVKV nach § 2 Nr. 15 Pkw-EnVKV die Handelsbezeichnung eines Fahrzeugs, bestehend aus **Fabrikmarke, Typ** sowie ggf. **Variante** und **Version** eines Pkw ist.[450] Eine Verpflichtung zur Angabe der gem. § 5 Abs. 1 und Abschn. I der Anl. 4 der Pkw-EnVKV zu machenden Angaben besteht nach dieser Rspr., wenn es von dem beworbenen Pkw (z. B. „Mercedes-Benz SLK") mehrere Varianten bzw. Versionen und damit auch mehrere Modelle gibt (z. B. „SLK 200", „SLK 250" und „SLK 350"), erst wenn ein bestimmtes Modell beworben wird (z. B. „Merce-

[439] BGH, Urt. v. 13.8.2018, I ZR 117/15, GRUR 2018, 1258 – YouTube-Werbekanal II.

[440] BGH, Beschl. v. 28.5.2020, I ZR 170/19, DE:BGH:2020:280520BIZR170.19.0.

[441] BGH Urt. v. 23.12.2011, Az. I ZR 190/10, GRUR 2012, 842, 843 f. – Neue Personenkraftwagen I; Urt. v. 5.3.2015, Az. I ZR 164/13, NJW 2015, 3309, Rdn. 15 – Neue Personenkraftwagen II.

[442] BGH, Urt. v. 5.3.2015, Az. I ZR 164/13, NJW 2015, 3309, Rdn. 15 – Neue Personenkraftwagen II; OLG Stuttgart GRUR-RR 2009, 347, 348.

[443] BGH, Urt. v. 5.3.2015, Az. I ZR 164/13, NJW 2015, 3309, Rdn. 15 – Neue Personenkraftwagen II.

[444] BGH GRUR 2012, 842, 843 f. – Neue Personenkraftwagen I; BGH, Urt. v. 5.3.2015, Az. I ZR 164/13, NJW 2015, 3309, Rdn. 15 – Neue Personenkraftwagen II.

[445] BGH, Urt. v. 5.3.2015, Az. I ZR 164/13, NJW 2015, 3309, Rdn. 16 – Neue Personenkraftwagen II.

[446] Köhler/*Bornkamm*, 33. Aufl. 2015, § 4 Rdn. 11.131a.

[447] BGH, Urt. v. 5.3.2015, Az. I ZR 164/13, NJW 2015, 3309, Rdn. 19 – Neue Personenkraftwagen II.

[448] BGH, Urt. v. 5.3.2015, Az. I ZR 164/13, NJW 2015, 3309, Rdn. 19 und LS – Neue Personenkraftwagen II.

[449] BGH, Urt. v. 5.3.2015, Az. I ZR 164/13, NJW 2015, 3309, Rdn. 19 – Neue Personenkraftwagen II.

[450] BGH, Urt. v. 24.7.2014, Az. I ZR 119/13, GRUR 2015, 339 – Der neue SLK.

des-Benz SLK 200“), und nicht bereits bei der Werbung allgemein nur für das Fahrzeug (nicht ausreichend daher: für „Mercedes-Benz SLK“).[451]

218 Ist der **Klageantrag** nur darauf gerichtet, es zu unterlassen, zu werben ohne in der Werbung Angaben über den offiziellen Kraftstoffverbrauch und die CO2-Emission zu machen, kann der Klage nicht mit der Begründung stattgegeben werden, der Beklagte habe über die Laufleistung getäuscht und in irreführender Weise einen Gebrauchtwagen als Neuwagen beworben.[452]

219 – Verschiedene unionsrechtliche Vorgaben zu **Energieverbrauchskennzeichnungspflichten** werden über § 5a Abs. 4 in das Lauterkeitsrecht integriert:

Nach **Art. 12 Abs. 4 der RL 2010/31/EG** über die Gesamtenergieeffizienz von Gebäuden, umgesetzt durch §§ 16, 16a EnEV, haben **Vermieter und Verkäufer von Immobilien** in Inseraten die in § 16a Abs. 1 Nr. 1–5 EnEV statuierten Pflichtangaben zu machen.[453] Immobilienmakler hat der deutsche Gesetzgeber zwar ausgenommen. Aufgrund der Vollharmonisierung der Irreführung durch Unterlassen in Art. 7 UGP-Richtlinie ist die Pflicht aus Art. 12 Abs. 4 der RL 2010/31/EG für **Immobilienmakler** aber im Wege unionskonformer Auslegung des § 5a Abs. 4 UWG in das Lauterkeitsrecht zu integrieren.

Nach **Art. 6 lit. a) VO (EU) 2017/1369** zur Festlegung eines Rahmens für die **Energieverbrauchskennzeichnung** in Verbindung mit Art. 3 Nr. 1 lit. 2), f) und Art. 4 Abs. 1 S. 2 lit. c), d) der Delegierten Verordnung 2019/1805 müssen Lieferanten und Händler in visuell wahrnehmbarer Werbung oder in technischem Werbematerial für ein bestimmtes Modell auf die Energieeffizienzklasse des Produkts und das Spektrum der auf dem Etikett verfügbaren Effizienzklassen gemäß dem einschlägigen delegierten Rechtsakt hinweisen. Die Pflicht wird über § 5a Abs. 4 in das Lauterkeitsrecht integriert.[454]

220 Hingegen bezweckt die Pflicht zur Angabe des Herstellers nach **§ 7 S. 1 ElektroG** weiterhin **nicht** den Schutz von Verbraucherinteressen, sondern schützt Mitbewerber vor einer Belastung mit höheren Entsorgungskosten infolge nicht gekennzeichneter Elektrogeräte durch andere Hersteller;[455] Verstöße können jedoch über § 3a verfolgt werden.[456]

221 – Nach Art. 23 Abs. 1 S. 2 der **VO (EG) Nr. 1008/2008** über gemeinsame Vorschriften für die Durchführung von **Luftverkehrsdiensten** in der Gemeinschaft ist der zu zahlende Endpreis stets auszuweisen, ohne dass zwischen dem Zeitpunkt, zu dem dieser Preis erstmalig angezeigt wird, dem Zeitpunkt, zu dem der Kunde einen bestimmten Flug auswählt, oder dem Zeitpunkt des verbindlichen Vertragsschlusses unterschieden wird.[457] Der Endpreis ist bei jeder Angabe von Preisen für Flugdienste und damit auch

[451] BGH, Urt. v. 24.7.2014, Az. I ZR 119/13, GRUR 2015, 339, 394 Rdn. 16 – Der neue SLK; im Ergebnis ebenso, aber mit abweichender Begründung OLG Frankfurt, Urt. v. 10.5.2012, Az. 6 U 81/11, NJOZ 2013, 435, das die Grenzen einer richtlinienkonformen Auslegung erreicht sieht; vgl. dazu auch Schabenberger/Amschewitz WRP 2012, 669 f. Der BGH ist (insoweit abweichend von der Auffassung des OLG Frankfurt, a. a. O., NJOZ 2013, 435 juris-Rdn. 13 f.) hingegen davon ausgegangen, dass sich § 2 Nr. 6 Pkw-EnVKV i. V. m. Art. 2 Nr. 6 RL 1999/94/EG aufgrund von § 2 Nr. 16 Pkw-EnVKV i. V. m. Art. 2 Nr. 12 RL 1999/94/EG nur auf die RL 70/156/EWG zur Angleichung der Rechtsvorschriften der Mitgliedstaaten über die Betriebserlaubnis für Kraftfahrzeuge und Kraftfahrzeuganhänger bezieht, sodass sich von diesem Ansatz aus die Frage der Grenzen der richtlinienkonformen Auslegung nicht stellt.

[452] BGH, Urt. v. 5.3.2015, Az. I ZR 164/13, NJW 2015, 3309, Rdn. 16 – Neue Personenkraftwagen II.

[453] BGH, v. 5.10.2017, I ZR 232/16, GRUR 2018, 438 – Energieausweis.

[454] Vgl. BGH, Urt. v. 7.3.2019, I ZR 184/17, GRUR 2019, 746, 749 Rdn. 28 – Energieeffizienzklasse III (noch zur vormaligen Delegierten VO 874/12).

[455] BGH GRUR 2015, 1021, 1022 Rdn. 15 – Kopfhörer-Kennzeichnung; vgl. EuGH, Urt. v. 16.7.2015, Sommer Antriebs- und Funktechnik, C-369/14, ECLI:EU:C:2015:491 Rdn. 52.

[456] Vgl. BGH GRUR 2015, 1021, 1022 – Kopfhörer-Kennzeichnung; OLG Celle, GRUR-RR 2014, 152; OLG Hamm, BeckRS 2014, 22054; OLG Hamm, GRUR-RR 2015, 60; *Metzger,* GRUR Int. 2015, 687, 692.

[457] EuGH, Urt. v. 15.1.2015, Air Berlin, C-573/13, EU:C:2015:11, Rdn. 33; BGH, Urt. v. 30.7.2015, Buchungssystem II, I ZR 29/12, DE:BGH:2015:300715UIZR29.12.0, Rdn. 18.

bei ihrer erstmaligen Angabe vor Beginn des Buchungsvorgangs und in Angeboten für mehrere Flugdienste in tabellarischer Form auszuweisen.[458] Luftfahrtunternehmen, die die Flugpreise für innergemeinschaftliche Flugdienste nicht in Euro ausdrücken, sind verpflichtet, für deren Angabe eine mit dem angebotenen Dienst objektiv in Verbindung stehende **Landeswährung** zu wählen, was insbesondere bei der Landeswährung am Abfahrt- oder Ankunftsort der Fall ist.[459] Der Endpreis muss den anwendbaren Flugpreis bzw. die anwendbare Luftfrachtrate sowie alle anwendbaren Steuern und Gebühren, Zuschläge und Entgelte, die **unvermeidbar** und zum Zeitpunkt der Veröffentlichung **vorhersehbar** sind, einschließen; dazu gehören auch Kerosinzuschläge, eine Flughafengebühr und eine eventuelle **Servicecharge.**[460] Entgelte sind nicht nur dann unvermeidbar, wenn jeder Kunde sie aufzuwenden hat, sondern grundsätzlich schon dann, wenn nicht jeder Kunde sie vermeiden kann, wie eine Servicepauschale, die dem Kunden nur im Falle der Wahl eines von mehreren Zahlungsmitteln erlassen wird.[461] Diese Posten sind außerdem gem. Art. 23 Abs. 1 S. 3 der VO zwingend stets neben dem Endpreis auszuweisen.[462] Denn aus Art. 23 Abs. 1 S. 3 der VO ergibt sich, dass die Pflicht, mindestens den Flugpreis sowie die Steuern, die Flughafengebühren und die sonstigen Gebühren, Zuschläge und Entgelte – soweit sie zum Flugpreis hinzugerechnet wurden – auszuweisen, die aus Art. 23 Abs. 1 S. 2 resultierende Pflicht zur Angabe des Endpreises ergänzt.[463] Art. 23 Abs. 1 S. 4 der VO betrifft allein **fakultative Zusatzkosten;** diese sind auf klare, transparente und eindeutige Art und Weise **am Beginn jedes Buchungsvorgangs mitzuteilen.**[464] Fakultative Zusatzkosten betreffen Dienste, die den Luftverkehrsdienst als solchen ergänzen, aber für die Beförderung des Fluggastes oder der Luftfracht weder obligatorisch noch unerlässlich sind und durch den Kunden auf „opt-in"-Basis angenommen werden können,[465] etwa zusätzliche **Gepäckkosten.**[466] Zu den fakultativen Kosten gehören auch im Zusammenhang mit Flugreisen stehende Kosten von Leistungen wie einer **Reiserücktrittsversicherung,** die von einer anderen Person als dem Luftverkehrsunternehmen erbracht und von dem Vermittler dieser Reise in einem Gesamtpreis gemeinsam mit dem Flugpreis von dem Kunden erhoben werden.[467]

Außerhalb des Anwendungsbereichs der VO (EG) Nr. 1008/2008 gelten die allgemeinen Regelungen, sodass es auch insoweit beim Verbot irreführender Werbung (dann allerdings ohne § 5a Abs. 4) bleibt.[468] Unlauter ist es, dem Kunden im Wege des „opt-out"-Prinzips beim Buchungsvorgang eine Reiserücktrittsversicherung „unterzuschie- 222

---

[458] EuGH, Urt. v. 15.1.2015, Air Berlin, C-573/13, EU:C:2015:11, Rdn. 39 und 45; BGH, Urt. v. 30.7.2015, Buchungssystem II, I ZR 29/12, DE:BGH:2015:300715UIZR29.12.0, Rdn. 18.

[459] EuGH, Urt. v. 15.11.2018, C-330/17, NJW 2019, 985 – Verbraucherzentrale Baden-Württemberg e. V./Germanwings GmbH.

[460] BGH, Urt. v. 30.7.2015, Buchungssystem II, I ZR 29/12, DE:BGH:2015:300715UIZR29.12.0, Rdn. 19; OLG Frankfurt, GRUR-RR 2012, 392, 395; KG MMR 2012, 813, 814; OLG Dresden GRUR 2011, 248 – Flugendpreis, Nichtzulassungsbeschwerde zurückgewiesen durch BGH Beschluss v. 17.8.2011, Az.: I ZR 168/10; LG Düsseldorf MMR 2010, 620; vgl. BGH, Urt. v. 7.5.2015, Az. I ZR 158/14, GRUR 2015, 1240 (1242) Rdn. 44 – Der Zauber des Nordens (zu Art. 7 Abs. 4 lit. c UGP-Richtlinie).

[461] BGH, Urt. v. 29.9.2016, I ZR 160/15, GRUR 2017, 283 – Servicepauschale.

[462] Vgl. EuGH, Urt. v. 15.1.2015, Air Berlin, C-573/13, EU:C:2015:11, Rdn. 44; OLG Dresden GRUR 2011, 248 – Flugendpreis, Nichtzulassungsbeschwerde zurückgewiesen durch BGH Beschluss v. 17.8.2011, Az.: I ZR 168/10; LG Düsseldorf Urt. v. 2.2.2010, Az.: 12 O 173/09; *Deutsch,* GRUR 2011, 187 ff.; Götting/Nordemann/*A. Nordemann,* § 5a Rdn. 102.

[463] EuGH, Urt. v. 15.1.2015, Air Berlin, C-573/13, EU:C:2015:11, Rdn. 44; Urt. v. 6.7.2017, C-290/16, EuZW 2017, 766, 767 Rdn. 23 – Air Berlin/Bundesverband.

[464] EuGH, Urt. v. 15.1.2015, Air Berlin, C-573/13, EU:C:2015:11, Rdn. 17; BGH, Urt. v. 30.7.2015, Buchungssystem II, I ZR 29/12, DE:BGH:2015:300715UIZR29.12.0, Rdn. 18.

[465] EuGH, Urt. v. 19.7.2012, ebookers.com Deutschland, C-112/11, EU:C:2012:487, Rdn. 14.

[466] EuGH, Urt. v. 18.9.2014, C-487/12, EuZW 2014, 837 Rdn. 39 – Vueling Airlines.

[467] EuGH, Urt. v. 19.7.2012, ebookers.com Deutschland, C-112/11, EU:C:2012:487, LS; BGH, Beschl. v. 25.10.2012, Az. I ZR 81/11, MMR 2013, 238 Rdn. 10 – „Opt-out"-Verfahren.

[468] OLG Hamburg Magazindienst 2010, 1212.

ben".[469] Dem „opt-in"-Erfordernis wird allerdings nach OLG Frankfurt grundsätzlich bereits dadurch genügt, dass der Kunde den eingeleiteten Buchungsvorgang nur fortsetzen kann, wenn er sich für oder gegen die Zusatzleistung entscheidet,[470] sofern nach der konkreten Ausgestaltung des Buchungsvorgangs dem Nutzer sowohl die Möglichkeit, sich für die Zusatzleistung zu entscheiden, als auch die Möglichkeit, die Buchung ohne Inanspruchnahme der Zusatzleistung fortzusetzen, im Sinne einer klaren und gleichwertigen Entscheidungsalternative vor Augen geführt wird.[471]

223 Noch nicht vollständig geklärt, nach hier vertretener Ansicht aber jedenfalls nach Ablauf der Übergangsfrist am 12.6.2013 zu verneinen, ist die Frage, ob abgesehen von den Informationspflichten aus Art. 3 Abs. 4 der **Preisangabenrichtlinie 98/6/EG,** der im Anh. II ausdrücklich genannt wird, auch andere Preisinformationsverpflichtungen für Waren („Erzeugnisse") aus der Richtlinie 98/6/EG bzw. für Dienstleistungen aus **Art. 22 der Richtlinie 2006/123/EG** über § 5a Abs. 4 integriert werden; **s. dazu näher → § 5a Rdn. 193 ff.** Der BGH hat dies bislang mit der Begründung offengelassen, dass diese Informationsanforderungen die allgemeinen Informationspflichten aus § 5a Abs. 3 Nr 3 (Art. 7 Abs. 4 lit. c UGP-Richtlinie) jedenfalls nicht verdrängen, sodass Unterlassungsansprüche schon dann begründet sind, wenn die in Rede stehende Werbung – was jeweils der Fall war – gegen § 1 Abs. 1 S. 1 PAngV verstößt, soweit dieser der Umsetzung von Art. 7 Abs. 4 lit. c UGP-Richtlinie dient.[472]

IX. Berücksichtigung von Beschränkungen des Kommunikationsmittels und „anderweitige" Mitteilung, § 5a Abs. 5

224 **1. Kontext und Zweck.** Bei der Beurteilung, ob das Unterbleiben der Information ein irreführendes „Vorenthalten" ist, sind die **Besonderheiten des Kommunikationsmittels** zu berücksichtigen, und ob die Information in einem solchen Fall **anderweitig mitgeteilt** wird.[473] § 5a Abs. 5 setzt die **Medienklausel des Art. 7 Abs. 3 UGP-Richtlinie** um, die unverhältnismäßigen Beschränkungen der durch Art. 16 der Charta gewährleisteten Werbefreiheit der Unternehmen entgegenwirken soll,[474] und ist unionskonform auszulegen.[475]

225 Die Vorgaben des Art. 7 Abs. 3 UGP-Richtlinie wurden im Zuge der UWG-Reform 2015 ausdrücklich in dem neugeschaffenen **§ 5a Abs. 5** geregelt. § 5a Abs. 5 (Art. 7 Abs. 3 UGP-Richtlinie) stellt jedoch keine isoliert zu betrachtenden Voraussetzungen auf, sondern ist **im Zusammenhang mit § 5a Abs. 2** (Art. 7 Abs. 1 UGP-Richtlinie) zu lesen, nach dem bei der Prüfung, ob eine wesentliche Information vorenthalten wurde, auf den konkreten Fall unter Berücksichtigung aller tatsächlichen Umstände und der Beschränkung des Kommunikationsmittels und die Maßnahmen des Unternehmers, diese anderweitig zur Verfügung zu stellen, abzustellen ist.[476] Die Begrenzungen des Kommunikationsmittels und die Maßnahmen des Unternehmers, diese anderweitig zur Verfügung zu stellen (§ 5a Abs. 5), sind daher bei der Beurteilung, ob Informationen i. S. d. § 5a Abs. 2 vor-

---

[469] OLG Thüringen, Magazindienst 2011, 651 ff. (gestützt auf § 5); die Revision wurde auf den Hinweisbeschluss des BGH v. 25.10.2012, Az. I ZR 81/11 zurückgenommen, ob das beanstandete Verhalten gegen §§ 5, 5a verstieß, hat der BGH im Hinblick auf den gegebenen Verstoß gegen §§ 3, 4 Nr. 11 UWG i. V. m. Art. 23 Abs. 1 S. 4 der VO offengelassen.

[470] OLG Frankfurt, Urt. v. 9.4.2015, Az. 6 U 33/14, WRP 2015, 888 (betr. Reiserücktrittsversicherung); MMR 2016, 112.

[471] OLG Frankfurt, Urt. v. 9.10.2014, Az. 6 U 148/13, GRUR 2015, 400 – Opt-In Buchung über Drop Down-Box (im konkreten Fall verneint); MMR 2016, 112.

[472] BGH, Urt. v. 7.5.2015, Az. I ZR 158/14, GRUR 2015, 1240 Rdn. 29 – Der Zauber des Nordens; Urt. v. 14.1.2016, Wir helfen im Trauerfall, I ZR 61/14, DE:BGH:2016:140116UIZR61.14.0, Rdn. 22 f., 25; vgl. EuGH, Urt. v. 12.5.2011, Ving Sverige, C-122/10, EU:C:2011:299, Rdn. 60 ff.

[473] § 5 Abs. 2 UWG/Art. 7 Abs. 3 UGP-Richtlinie; vgl. EuGH, Urt. v. 30.3.2017, C-146/16, Verband Sozialer Wettbewerb/DHL Paket, EU:C:2017:243, Rdn. 27 ff.

[474] BGH, Urt. v. 14.9.2017, MeinPaket.de II, DE:BGH:2017:140917UIZR231.14.0, Rdn. 27.

[475] BGH GRUR 2018, 199 Rdn. 28 – 15 % MwSt. GESCHENKT.

[476] *Köhler*/Bornkamm/Feddersen, § 5a Rdn. 6.2.

enthalten wurden, zu berücksichtigen, sodass **§ 5a Abs. 2 und Abs. 5 im Zusammenhang zu prüfen** sind.

Wegen der Einzelheiten des § 5a Abs. 2 wird auf die dortige Kommentierung verwiesen (→ § 5a Rdn. 92 ff.). 226

Die Formulierung in Art. 7 Abs. 3 UGP-Richtlinie, **„anderweitig zur Verfügung gestellte"** Informationen seien bei der Abwägung, ob eine Information vorenthalten werde, zu berücksichtigen, ist missverständlich. Eine Information, die dem Verkehr zwar nicht mitgeteilt wird, die einem durchschnittlich aufmerksamen, verständigen und informierten Verbraucher aber bekannt ist, kann schon nach allgemeinen Grundsätzen kein Verschweigen wesentlicher Informationen sein. Erkennt der Kaufinteressent z. B., dass er Informationen über die auf der Eingangsseite der **Internet**-Offerte präsentierte Ware erst auf Unterseiten des Unternehmers erhält, zu denen er durch Verweise aufgrund einfacher elektronischer Verknüpfungen oder durch klare und unmissverständliche Hinweise geleitet wird, wird er diese Seiten auch aufrufen und die Informationen zur Kenntnis nehmen.[477] 227

Gemeint ist vielmehr, dass zu prüfen ist, ob ein durchschnittlich aufmerksames, verständiges und informiertes Mitglied des angesprochenen Verkehrskreises eine benötigte Information **nicht in dem erforderlichen Zusammenhang erhält, um diese für eine informierte Entscheidung berücksichtigen zu können.** Hier liegt nach Art. 7 Abs. 3 abweichend von der Art. 7 Abs. 1 und 2 zu Grunde liegenden Risikoverteilung, die dem Unternehmer die Informationslast für „wesentliche" Informationen aufbürdet, kein irreführendes „Vorenthalten" im rechtlichen Sinne vor, wenn eine **Interessenabwägung** ergibt, dass die verkürzte Darstellung auf die Besonderheiten des verwandten Kommunikationsmediums zurückzuführen ist, und der Unternehmer ausreichende Maßnahmen ergriffen hat, um die Information anderweitig, also außerhalb des eigentlich zu fordernden Zusammenhangs mit der geschäftlichen Handlung, zur Verfügung zu stellen. 228

2. Berücksichtigung der Beschränkungen des Kommunikationsmittels, § 5a Abs. 5 Nr. 1. Nach Art. 7 Abs. 3 UGP-Richtlinie kommt es darauf an, ob dem Gewerbetreibenden durch das Kommunikationsmittel räumliche oder zeitliche **Beschränkungen „auferlegt"** werden. Ist es dem Unternehmer, der für die geschäftliche Kommunikation auf ein bestimmtes Kommunikationsmittel zurückgreift, unmöglich, dem Verbraucher iR dieser Kommunikation alle wesentlichen Informationen zu erteilen, ist er nicht verpflichtet, dem Verbraucher alle Pflichtinformationen zeitgleich und in demselben räumlichen Kontext zur Verfügung zu stellen, sondern kann ihm einen Teil der Pflichtinformationen auf andere Weise zur Verfügung stellen. Räumliche oder zeitliche Beschränkungen des Kommunikationsmittels sind nicht erst dann anzunehmen, wenn es objektiv unmöglich ist, die fraglichen Angaben schon bei der Aufforderung zum Kauf zu machen. Vielmehr ist die Frage, inwieweit der Unternehmer im Rahmen der Aufforderung zum Kauf informieren muss, anhand der Umstände dieser Aufforderung, der Beschaffenheit und der Merkmale des Produkts sowie des verwendeten Kommunikationsmediums zu beurteilen.[478] Erforderlich ist danach eine Prüfung des Einzelfalls; dabei ist zu berücksichtigen, dass Art. 7 Abs. 1 und 3 UGP-Richtlinie unverhältnismäßigen Beschränkungen der durch Art. 16 der Charta gewährleisten Werbefreiheit der Unternehmen entgegenwirken sollen. Dafür kommt es insbes. auf die vom Unternehmer gewählte **Gestaltung des Werbemittels** und den **Umfang der insgesamt erforderlichen Angaben** an.[479] Andererseits ist die Entscheidung des Gesetzgebers zu beachten, bestimmte **Angaben als wesentlich** anzusehen.[480] 229

[477] BGH GRUR 2003, 889, 890 – Internet-Reservierungssystem; GRUR 2005, 438 – Epson-Tinte; GRUR 2005, 690, 692 – Internet-Versandhandel; GRUR 2007, 159, 160 – Anbieterkennzeichnung im Internet; GRUR 2008, 84 ff. – Versandkosten; vgl. *Alexander*, WRP 2015, 139, 144 f.

[478] EuGH, GRUR 2011, 930 Rdn. 53 – Ving Sverige; Urt. v. 30.3.2017, C-146/16, VSW/DHL Paket, EU:C:2017:243 Rdn. 29; BGH, Urt. v. 14.9.2017, MeinPaket.de II, DE:BGH:2017:140917UIZR231.14.0 Rdn. 27.

[479] BGH, Urt. v. 14.9.2017, MeinPaket.de II, DE:BGH:2017:140917UIZR231.14.0 Rdn. 27.

[480] BGH, Urt. v. 14.9.2017, MeinPaket.de II, DE:BGH:2017:140917UIZR231.14.0 Rdn. 27.

Schließlich sind auch die **Umstände der Aufforderung zum Kauf** zu berücksichtigen, insbesondere der Grad der Anlockwirkung[481] bzw. der Nähe zu einem (potentiellen) Vertragsschluss. Nach der Rspr. des EuGH obliegt es dem nationalen Gericht, **im Einzelfall unter Berücksichtigung der Umstände der Aufforderung zum Kauf, des verwendeten Kommunikationsmediums sowie der Beschaffenheit und Merkmale des Produkts** zu beurteilen, ob der Verbraucher in die Lage versetzt wird, eine informierte geschäftliche Entscheidung zu treffen, wenn nur bestimmte maßgebliche Merkmale des Produkts genannt werden.[482]

230 Unter dem für die geschäftliche Handlung verwandten **Kommunikationsmittel** ist das Medium zu verstehen, das zur Übermittlung der in der geschäftlichen Handlung enthaltenen Information verwandt wird, also z. B. das **Internet,** die **Radio**- oder **Fernseh**werbung, die (papierne) **Zeitung** usw. Typischerweise wenig Raum für Information lassen z. B. die **Internet-Domain,** die Film- und Fernsehwerbung, **SMS**- und **Telefon**werbung sowie Anzeigen in Zeitungen. Darüber hinaus spielen aber auch Art, Umfang und Zusammensetzung der Informationen eine Rolle. Ist infolge dieser Besonderheiten des Mediums kein Raum, alle wesentlichen Informationen darzustellen, muss der Unternehmer eine **Auswahl** treffen und im Übrigen im Sinne von Art. 7 Abs. 3 UGP-Richtlinie verweisen. Hier wird es v. a. auf die **Wesentlichkeit** der Informationen ankommen. Informationen, die auf der Skala der im konkreten Fall wesentlichen Informationen ganz oben stehen, sind i. d. R. unmittelbar im Kommunikationsmedium darzustellen, während weniger wesentliche Informationen zwar nicht vorenthalten werden dürfen, auf sie aber verwiesen werden kann. So ist selbst bei Pflichtangaben gem. § 4 HWG nicht zu verlangen, dass diese in einer **Google-Adword-Anzeige** selbst enthalten sind, sondern ist ein als solcher klar erkennbarer elektronischer Verweis in der Anzeige als ausreichend anzusehen, wenn dieser zu einer Internetseite führt, auf der die Pflichtangaben unmittelbar, d. h. ohne weitere Zwischenschritte leicht lesbar wahrgenommen werden können.[483] **S. näher zu den Anforderungen bei Verlinkung von Informationen → § 5 Rdn. 205.**

230a Die Frage, ob **in einem konkreten Fall nur begrenzter Raum bzw. begrenzte Zeit** auf dem Kommunikationsmittel für die Darstellung der Informationen zur Verfügung steht, ist unter Berücksichtigung sämtlicher **technischer Eigenschaften der Werbebotschaft** des Unternehmers zu beurteilen. Hierbei ist zu prüfen, ob unter Berücksichtigung des Raumes und der Zeit, die von der Botschaft eingenommen werden, und der Mindestgröße des Schrifttyps, der für einen durchschnittlichen Verbraucher, an den diese Botschaft gerichtet ist, angemessen ist, alle wesentlichen Pflichtinformationen objektiv in dieser Werbebotschaft dargestellt werden könnten. Hingegen sind die **vom betreffenden Unternehmer getroffenen Entscheidungen hinsichtlich der Aufteilung und der Nutzung des Raumes und der Zeit,** über die er gemäß dem Kommunikationsmittel verfügt, für das er sich entschieden hat, für diese Beurteilung **irrelevant.**[484]

230b **Beim Fernabsatz gelten strengere Anforderungen** als im allgemeinen Wettbewerbsrecht, da nicht nur die entsprechenden Vorschriften, insbes. **§ 312d, 312g BGB i. V. m. Art. 246a, Art. 246b EGBGB,** sondern auch § 5a Abs. 5 UWG hier richtlinienkonform anhand der **Verbraucherrechterichtlinie 83/2011/EU** auszulegen sind, s. näher **→ § 5a Rdn. 190.** Die Bereitstellung von Pflichtinformationen in einer Internet-Werbung durch einen klaren und eindeutigen Link auf einer Unterseite des Internetauftritts ist zwar häufig zulässig.[485] Ein **Wechsel des Fernkommunikationsmittels („Medienbruch"),** um

---

[481] jurisPK/*Seichter,* § 5a Rdn. 94.

[482] Vgl. EuGH, GRUR 2011, 930 Rdn. 55, 58 – Ving Sverige; Urt. v. 30.3.2017, C-146/16, VSW/DHL Paket, EU:C:2017:243 Rdn. 26–28; BGH, Urt. v. 14.9.2017, MeinPaket.de II, DE:BGH:2017:140917 UIZR231.14.0 Rdn. 31; OLG Bamberg, GRUR-RR 2016, 348, 351 Rdn. 44.

[483] BGH GRUR 2014, 94, 95 Rdn. 18 – Pflichtangaben im Internet.

[484] EuGH, Urt. v. 23.1.2019, C-430/17, NJW 2019, 1363, 1364 Rdn. 39 – Walbusch/Zentrale (zu Art. 6 Abs. 1 lit. h), Art. 8 Abs. 4 RL 83/2001/EG).

[485] Vgl. BGH GRUR 2014, 94, 95 Rdn. 18 – Pflichtangaben im Internet; GRUR 2016, 954 Rdn. 24 – Energieeffizienzklasse; *Scherer* WRP 2018, 659, 665; *Köhler*/Bornkamm/Feddersen, § 5a Rdn. 6.8.

Kenntnis von den Pflichtangaben zu erlangen, ist dem Verbraucher jedoch regelmäßig unzumutbar. Grundsätzlich kann nicht vorausgesetzt werden, dass der Verbraucher über ein anderes Fernkommunikationsmittel verfügt und es beherrscht als dasjenige, dessen er sich zur Kenntnisnahme des Fernabsatzangebots des Unternehmers bereits bedient hat. Ein solcher **„Medienbruch" ist ausnahmsweise dann zulässig, wenn** die **Pflichtinformationen mehr als ein Fünftel der Werbefläche – unter Berücksichtigung eines für einen durchschnittlichen Adressaten der Werbung angemessenen Schrifttyps – in Anspruch nehmen.**[486] Wird die **20%-Grenze** überschritten, kann der Unternehmer verpflichtende Informationen in **klarer und verständlicher Sprache** auch in anderer Weise als in dem Fernkommunikationsmittel, dessen er sich für seine Werbung bedient hat, zur Verfügung stellen; [487] dabei gilt wiederum die Grenze von einem Fünftel im Verhältnis zum Werbeinhalt. Die Richtlinie 83/2011/EU regelt besondere Aspekte unlauteren Wettbewerbs iSd Art. 3 Abs. 4 UGP-Richtlinie und geht der UGP-Richtlinie hinsichtlich der formalen Anforderungen bei Fernabsatzverträge vor;[488] § 5a ist in ihrem Anwendungsbereich daher richtlinienform anhand dieser Richtlinie auszulegen.

Außerhalb des Fernabsatz gilt diese weitgehend starre 20%-Grenze für einen „Medienbruch" nicht. Inwieweit Informationen infolge **räumlicher oder zeitlicher Beschränkungen des Kommunikationsmediums** nicht erteilt werden können, ist hier immer durch eine Interessenabwägung im konkreten Einzelfall festzustellen und hängt zum einen von dem Medium selbst ab. Zum anderen ist die legislatorische Entscheidung zu berücksichtigen, bestimmte Informationen als wesentlich zu bewerten, und ist durch Abwägung im konkreten Einzelfall unter Berücksichtigung der Gestaltung und der Umstände der Werbung, insbesondere des Grades der Anlockwirkung und der Nähe zu einem Vertragsschluss, festzustellen. Die wirtschaftliche Entscheidung des Unternehmers u. a. bezüglich Dauer und Raum der Werbebotschaft ist dabei grundsätzlich zu respektieren, während es für die Prüfung nicht auf die Vorstellungen des Unternehmers zur Aufteilung und Nutzung dieses bei dem von ihm gewählten Kommunikationsmittels verfügbaren Raumes ankommt.[489] **230c**

Die erforderlichen Informationen müssen **rechtzeitig** und so zur Verfügung gestellt werden, dass der Verkehr sie **tatsächlich zur Kenntnis nehmen** kann. Das erfordert im **Internetvertrieb,** dass die nach § 5a Abs. 3 Nr. 3 erforderlichen Angaben zum Preis einschließlich Umsatzsteuer grundsätzlich vor Einlegen der Ware in den virtuellen Warenkorb gemacht werden.[490] Hinsichtlich der Liefer- und Versandkosten ist jedoch zu beachten, dass deren Höhe häufig vom Umfang der Gesamtbestellung des Kunden oder der Art der ausgewählten Ware abhängen wird. Es reicht deshalb aus, unmittelbar bei der Werbung für das einzelne Produkt den Hinweis „zzgl. Versandkosten" aufzunehmen, wenn sich bei Anklicken oder Ansteuern dieses Hinweises ein Fenster mit einer übersichtlichen und verständlichen Erläuterung der allgemeinen Berechnungsmodalitäten für die Versandkosten öffnet und außerdem die tatsächliche Höhe der für den Einkauf anfallenden Versandkosten jeweils bei Aufruf des virtuellen Warenkorbs in der Preisaufstellung gesondert ausgewiesen wird.[491] Bei einer Werbung für Waren in Preisvergleichslisten einer Preissuchmaschine dürfen die zum Kaufpreis hinzukommenden Versandkosten nicht erst auf der eigenen Internetseite des Werbenden genannt werden, die mit dem Anklicken der Waren- **231**

---

[486] Vgl. BGH, Urt. v. 11.4.2019 – I ZR 54/16, WRP 2019, LS und Rdn. 40 – Werbeprospekt mit Bestellpostkarte II.

[487] Vgl. EuGH, Urt. v. 23.1.2019 – C-430/17, NJW 2019, 1363 Rdn. 46 – Walbusch/Zentrale (zu Art. 6 Abs. 1 lit. h, Art. 8 Abs. 4 Verbraucherrechterichtlinie 83/2011/EG).

[488] BGH, Urt. v. 11.4.2019 – I ZR 54/16, WRP 2019 Rdn. 42 – Werbeprospekt mit Bestellpostkarte II.

[489] EuGH, GRUR 2019, 296 Rdn. 39 – Walbusch/Zentrale; BGH, Urt. v. 11.4.2019 – I ZR 54/16, WRP 2019 Rdn. 29 – Werbeprospekt mit Bestellpostkarte II (jeweils zu Art. 6 Abs. 1 lit. h, Art. 8 Abs. 4 Verbraucherrechterichtlinie 83/2011/EG).

[490] BGH GRUR 2010, 248, 251 – Kamerakauf im Internet.

[491] BGH GRUR 2010, 248, 251 – Kamerakauf im Internet.

abbildung oder des Produktnamens erreicht werden kann.[492] Für Preise in Preissuchmaschinen gelten hohe Aktualitätsanforderungen.[493]

232 Die Informationen müssen **lesbar** bzw. in angemessener anderer Art und Weise (z. B. akustisch) wahrnehmbar sein. Bei der Werbung für ein Produkt mit einem **Testergebnis** muss im Internet die Fundstelle entweder bereits deutlich auf der ersten Bildschirmseite dieser Werbung angegeben werden oder jedenfalls ein deutlicher Sternchenhinweis den Verbraucher ohne weiteres zu der Fundstellenangabe führen.[494]

232a **3. Maßnahmen der Zur-Verfügungstellung in anderer Weise, § 5a Abs. 5 Nr. 2.** Auf **Maßnahmen,** die der Gewerbetreibende getroffen hat, um den Verbrauchern **die Informationen anderweitig zur Verfügung zu stellen, kommt es** bei der Prüfung, ob Informationen vorenthalten werden **nur an, wenn** das für die Werbung benutzte **Kommunikationsmedium** überhaupt **räumliche oder zeitliche Beschränkungen** für die erforderlichen Angaben **aufweist.**[495] Bei einer **Printwerbung** kommt z. B. eine zeitliche Beschränkung der Darstellmöglichkeit von vornherein nicht in Betracht.[496]

233 Wenn eine Information infolge der Besonderheiten des Mediums nicht im Zusammenhang mit der geschäftlichen Handlung selbst gegeben werden kann, liegt gleichwohl kein Vorenthalten von Informationen im Sinne des Gesetzes vor, wenn der Unternehmer alle zumutbaren und erforderlichen Maßnahmen getroffen hat, um dem Verkehr die Information zugänglich zu machen, Art. 7 Abs. 3 UGP-Richtlinie. Dabei handelt es sich um eine Weiterentwicklung der Grundsätze der **labelling doctrin (→ § 5 Rdn. 173),** nach der eine trotz aufklärender Hinweise verbleibende Gefahr, dass Mitglieder des angesprochenen Verkehrs irregeführt werden können, hinzunehmen ist und keine i. S. d. Gesetzes beachtliche Irreführungsgefahr begründet.

233a Erforderlich ist **dann** im Rahmen der Prüfung, inwieweit der Unternehmer bei einer Aufforderung zum Kauf informieren muss, eine einzelfallbezogene Abwägung unter Berücksichtigung des Zwecks der Art. 7 Abs. 1, Abs. 3 UGP-Richtlinie/§ 5a Abs. 2, Abs. 5 UWG, unverhältnismäßige Beschränkungen der durch Art. 16 der Charta gewährleisteten Werbefreiheit zu vermeiden.[497] Dafür kommt es **insbesondere** auf die vom Unternehmer gewählte **Gestaltung des Werbemittels** und den Umfang der insgesamt erforderlichen Angaben an.

233b Diese Abwägung hat allerdings schon dann zu erfolgen, wenn medienimmanente Beschränkungen räumlicher oder zeitlicher Art vorliegen. Nicht erforderlich ist, dass es infolge räumlicher oder zeitlicher Beschränkungen des Kommunikationsmittels unmöglich ist, die Information (dort) zu erteilen. Vielmehr ist jede räumliche oder zeitliche Beschränkung im Rahmen der Abwägung, ob Informationen „vorenthalten“ werden, zu berücksichtigen. Durch das Tatbestandsmerkmal sollen unverhältnismäßige Beschränkungen der Werbefreiheit ausgeschlossen werden.[498]

234 Von einer „anderweitigen Mitteilung“ kann nicht schon dann die Rede sein, wenn die Information nur überhaupt irgendwo auffindbar ist. Vielmehr muss die Bereitstellung der Informationen so geschehen, dass der **Verkehr sie mit dem ihm im konkreten Fall zumutbaren Aufwand auffinden kann.** Die entspr. Information muss also für ein durchschnittlich (angemessen) aufmerksames, verständiges und informiertes Mitglied des Verkehrskreises, an den sich die geschäftliche Handlung richtet, **zugänglich** sein. Wirbt

---

492 BGH GRUR 2010, 251 – Versandkosten bei Froogle I.

493 BGH GRUR 2010, 936 – Espressomaschine; GRUR 2010, 1110, 1112 – Versandkosten bei Froogle II.

494 BGH GRUR 2010, 248, 251 – Kamerakauf im Internet; OLG Oldenburg, MMR 2016, 37, 398; jurisPK-UWG/*Müller-Bidinger,* § 6 Rdn. 273; kritisch aber *Franz,* WRP 2016, 439, 446 f.

495 BGH GRUR 2018, 199, LS und Rdn. 29 – 15 % MwSt. GESCHENKT.

496 BGH, Urt. v. 11.4.2019 – I ZR 54/16, WRP 2019 Rdn. 27 – Werbeprospekt mit Bestellpostkarte II (jeweils zu Art. 6 Abs. 1 lit. h, Art. 8 Abs. 4 Verbraucherrechterichtlinie 83/2011/EG).

497 BGH, Urt. v. 14.9.2017, MeinPaket.de II, DE:BGH:2017:140917UIZR231.14.0, Rdn. 27.

498 *BGH GRUR* 2017, 1269 Rdn. 27 – MeinPaket.de II; *Büscher* GRUR 2018, 113, 124.

der Unternehmer bspw. für die Inanspruchnahme eines Internet-Anschlusses, kann er nicht auf seine Informationsdatenbank im Internet verweisen. Darüber hinaus muss für eine solche Person **erkennbar** sein, wo die Informationen zu finden sind. Dies kann etwa dadurch gewährleistet werden, dass die „Fundstelle“ ausführlicher Informationen in der verkürzten Darstellung genannt wird. Außerdem muss gewährleistet sein, dass der Verkehr die Informationen **rechtzeitig** erlangt.[499] Der Verkehr muss sich die Informationen auch mit **zumutbarem Aufwand beschaffen** können. Die Abrufbarkeit im Rahmen einer Hotline, für die mehr als nur die üblichen Telefon- oder Internetkosten gezahlt werden müssen, dürfte daher nicht ausreichen.

Grundsätzlich sind Informationen bei räumlichen oder zeitlichen Beschränkungen des Kommunikationsmittels durch einen **Wechsel der Informationsquelle innerhalb desselben Mediums** zu erteilen, also z. B. bei einer Internetwerbung durch Verlinkung auf eine Unterseite,[500] s. schon → **§ 5a Rdn. 230b.** 234a

Ein – davon zu unterscheidender – **„Medienbruch“, d. h. die Erteilung der Informationen in einem anderen Medium, z. B. bei einer Printwerbung durch Verweis auf die Webseite des Unternehmers,** ist nach der Rspr. im Fernabsatz **nur ausnahmsweise zulässig,** wenn es unter Berücksichtigung der Eigenart der Verkaufsförderungsmaßnahme und der Beschränkung des verwendeten Kommunikationsmediums **unmöglich** ist, sämtliche wesentlichen Informationen zu der in Rede stehenden Aktion in diesem Kommunikationsmedium bereitzustellen.[501] Grundsätzlich kann nicht vorausgesetzt werden, dass der Verbraucher über ein anderes Fernkommunikationsmittel verfügt und es beherrscht als dasjenige, dessen er sich zur Kenntnisnahme des Fernabsatzgebots des Unternehmers bereits bedient hat.[502] Ist es dem Unternehmer aber unmöglich, alle wesentlichen Pflichtinformationen in dem gewählten Werbemedium zu erteilen, kann er auch für **wesentliche Informationen** auf ein anderes Kommunikationsmittel zurückgreifen.[503] Der Terminus **„unmöglich“ ist dabei nicht im technischen Sinne, sondern im Sinne einer durch Interessenabwägung festzustellenden Unzumutbarkeit zu verstehen.**[504] Der Unternehmer darf dann eine Auswahl treffen und einen Teil der wesentlichen Informationen in klarer und verständlicher Sprache in einem anderen Werbemedium zur Verfügung stellen. Im **Fernabsatz** gelten dabei strengere Anforderungen als im allgemeinen Wettbewerbsrecht; hier ist ein solcher **„Medienbruch“ nur ausnahmsweise insoweit zulässig, als** die **Pflichtinformationen** unter Verwendung eines für einen Durchschnittsverbraucher angemessenen Schrifttyps **mehr als 20 %** der Werbefläche einnehmen würden,[505] → **§ 5a Rdn. 230b.** 234b

X. Anträge und Beweislast

Siehe näher § 5 Rdn. 1388 ff. und ausführlich die Kommentierung von *Brüning* Vorb zu § 12. 235

1. Anträge. Ist die angegriffene Werbung nicht generell unzulässig, sondern **fehlen „nur“ Pflichtangaben** (z. B. nach § 2 Nr. 5 und 6 Pkw-EnVKV[506] oder Art. 10 Abs. 3

[499] BGH GRUR 2010, 248, 251 – Kamerakauf im Internet.

[500] Vgl. *Scherer* WRP 2018, 659, 665.

[501] BGH GRUR 2018, 199, 202 Rdn. 33 – 15 % MwSt. GESCHENKT unter Verweis auf EuGH, Urt. v. 26.10.2016, C-611/14, GRUR 2016, 1307 Rdn. 63 – Canal Digital Danmark/AS; OLG München WRP 2019, 791, 794.

[502] BGH, Urt. v. 11.4.2019, I ZR 54/16, WRP 2019, 1176, 1179 Rdn. 24 – Werbeprospekt mit Bestellpostkarte II.

[503] EuGH, Urt. v. 23.1.2019, C-430/17, NJW 2019, 1363, 1364 Rdn. 38 – Walbusch/Zentrale (zu Art. 6 Abs. 1 lit. h), Art. 8 Abs. 4 der Verbraucherrechte-Richtlinie 83/2011/EG).

[504] Vgl. EuGH, Urt. v. 23.1.2019, C-430/17, NJW 2019, 1363, 1364 Rdn. 38 – Walbusch/Zentrale (zu Art. 6 Abs. 1 lit. h), Art. 8 Abs. 4 RL 83/2001/EG); BGH, Urt. v. 14.9.2017, MeinPaket.de II, DE: BGH:2017:140917UIZR231.14.0, Rdn. 27.

[505] Vgl. BGH, Urt. v. 11.4.2019 – I ZR 54/16, WRP 2019, LS und Rdn. 40 – Werbeprospekt mit Bestellpostkarte II.

[506] BGH, Urt. v. 5.3.2015, Az. I ZR 164/13, NJW 2015, 3309, Rdn. 3, 16 – Neue Personenkraftwagen II.

HCVO[507]), wird der Kläger den Antrag darauf zu richten haben, es zu unterlassen, in der beanstandeten Form zu werben, **ohne in dieser Werbung die entsprechenden Angaben bzw. Informationen zu machen.** Ein **solcher Antrag** knüpft an das **Fehlen** der Pflichtangaben an und kann daher kein Verbot wegen irreführender Angaben nach **§ 5** (z. B. zur Pkw-Laufleistung oder im Zutatenverzeichnis) rechtfertigen.[508] Wird die Klage im Verlaufe des Rechtsstreits auf Letzteres gestützt, liegt eine Klageänderung vor und ist der Kläger ggf. gemäß § 139 ZPO darauf hinzuweisen, dass er den Antrag entsprechend anpassen bzw. einen Hilfsantrag stellen muss.[509] Eine unberechtigte Abmahnung verpflichtet nicht zur Aufklärung über den wirklichen Sachverhalt.[510] Dem Kläger steht daher auch kein materiell-rechtlicher Kostenerstattungsanspruch hinsichtlich der Mehrkosten zu, wenn er die Klage zunächst auf den „falschen" Sachverhalt stützt. Hingegen umfasst der Antrag, es zu unterlassen, mit den Begriffen „LTE-Geschwindigkeit" und „LTE-Highspeed" zu werben, obwohl tatsächlich lediglich eine Geschwindigkeit von bis zu 21,6 MB/s angeboten werde, zumindest durch **neben einer Irreführung nach § 5 auch einen Verstoß gegen § 5a,** wenn auf die Werbeanzeigen Bezug genommen und der Antrag (auch) mit § 5a begründet wird.[511]

236 **2. Beweislast.** Die Darlegungs- und Beweislast für die anspruchsbegründenden Tatsachen trägt nach allgemeinen Grundsätzen auch bei einer Irreführung durch Unterlassen der Anspruchsteller. Im Zusammenhang mit einer **Irreführung durch Unterlassen** gelten nach **§ 5a Abs. 3 und 4, Abs. 6** in an Verbraucher gerichteten geschäftlichen Handlungen bestimmte Informationen als wesentlich im Sinne von § 5a Abs. 1, s. dazu **§ 5a Rdn. 118 ff.**

B. § 5a Abs. 6. Verschleierung

XI. Verschleierung des kommerziellen Zwecks einer geschäftlichen Handlung, § 5 Abs. 6

Schrifttum: *Abeltshauser,* Redaktionelle Presseäußerungen im Lichte von § 1 UWG, WRP 1997, 1143; *Ahrens,* Redaktionelle Werbung – Korruption im Journalismus, GRUR 1995, 307; *Abeltshauser,* Influencer Marketing – Regulierungsrahmen und Konsequenzen seiner Anwendung (Teil 1), GRUR 2018, 1211; *Ahrens/Richter,* Fingierte Belobigungen im Internet, WRP 2011, 814; *Alexander,* Neue Transparenzanforderungen im Internet – Ergänzungen der UGP-RL durch den „New Deal for Consumers", WRP 2019, 1235; *Asche,* Product Placement im Kinospielfilm, 1996; *Baerns,* Schleichwerbung lohnt sich nicht! Plädoyer für eine klare Trennung von Redaktion und Werbung in den Medien, 1996; *Becker,* Anruf in Abwesenheit!? Der Ping-Anruf – Ein „Klassiker" neu aufgelegt, WRP 2011, 808; *Bente,* Product Placement und Wettbewerbsrecht – Zu den Grenzen „medialer" Fernsehwerbung, GRUR 1988, 264; *Beute,* Der Sponsorhinweis beim Ereignissponsoring, ZUM 1988, 322; *Beute,* Product Placement – Entscheidungsrelevante Aspekte in der Werbepolitik, 1990; *Benz,* Werbung vor Kindern unter Lauterkeitsgesichtpunkten, WRP 2003, 1160; *Bodewig,* Vorrang wirtschaftlicher Interessen im Medienrecht? Zur Auslegung der Fernsehrichtlinie durch den EuGH, JZ 2000, 659; *Boehme-Neßler,* Rechtsprobleme der Internet-Werbung, ZUM 2001, 547; *Borck,* Abschied von den ZAW-Richtlinien?, AfP 1986, 115; *Borck,* Werbung im Programm: Zur wettbewerbsrechtlichen Haftung der Fernsehanbieter für unzulässige Fernsehwerbung im Fernsehprogramm, 1988; *Borck,* Product Placement und Wettbewerbsrecht – Zu den Grenzen „medialer" Fernsehwerbung, GRUR 1988, 264; *Bornemann/Schleyer,* Schleichwerbung für Glücksspiel im Fernsehen: eine Fortsetzungsgeschichte; ZfWG 2016, 174; *Bosmann,* Rundfunkrechtliche Aspekte der Trennung von Werbung und Programm, ZUM 1990, 545; *Braun,* Redaktionelle Hinweise in Zeitungen und Zeitschriften, WRP 1983, 600; *Bruhn/Mehlinger,* Rechtliche Gestaltung des Sponsoring, 1992; *Bülow,* Product Placement und Freiheit der Kunst, WRP 1991,

---

[507] Vgl. dazu BGH GRUR 2015, 403, 407 Rdn. 38 – Monsterbacke II.

[508] Vgl. BGH, Urt. v. 5.3.2015, Az. I ZR 164/13, NJW 2015, 3309, Rdn. 3, 16 – Neue Personenkraftwagen II; GRUR 2015, 403, 407 Rdn. 38 – Monsterbacke II.

[509] Vgl. BGH GRUR 2015, 403, 407 Rdn. 41 – Monsterbacke II.

[510] BGH, Urt. v. 30.7.2015, Piadina-Rückruf, I ZR 250/12, DE:BGH:2015:300715UIZR250.12.0, Rdn. 43; GRUR 1995, 167, 168 – Kosten bei unbegründeter Abmahnung; OLG Hamburg, Beschl. v. 24.11.2008, – 5 W 117/08, BeckRS 2009, 04374.

[511] BGH, Urt. v. 25.6.2020, I ZR 96/19, GRUR 2020, 1226, 1228 Rn. 20 ff. – LTE-Geschwindigkeit.

9; *Bülow,* Themen-Sponsoring im Fernsehen – Zulässigkeit einer innovativen Werbeform neben Spotwerbung und Product Placement, CR 1999, 105; *Busch,* Restriktion des rundfunkrechtlichen Trennungsgrundsatzes im Unterhaltungsbereich?, MMR 2003, 714; *Büscher,* Soziale Medien, Bewertungsplattformen & Co, GRUR 2017, 433; *Castendyk,* Werbeintegration im TV-Programm – wann sind Themen Placements Schleichwerbung oder Sponsoring?, ZUM 2005, 857; *Castendyk,* Die Neuregelung der Produktplatzierung im Fernsehen – Definition, Systematik, Prinzipien und Probleme, ZUM 2010, 29; *von Danwitz,* Zur Regulierung von „Product Placement" bei der Novellierung der EU-Fernsehnrichtlinie, AfP 2005, 417; *Detmering/Schonhofen,* #AD #SPONSOREDBY #SCHLEICHWERBUNG – Die rechtlichen Voraussetzungen des Influencer-Marketings und ihre Umsetzung in der Praxis, WRP 2018, 1171; *Deutsch,* Virtuelle Werbung im U.S.-amerikanischen Recht, GRUR Int. 2001, 400; *Dörfler,* Product Placement im Fernsehen, 1993; *Dörr/Zorn,* Die Entwicklung des Medienrechts, NJW 2003, 3020; *Draheim/Lehmann,* Facebook & Co: Aktuelle rechtliche Entwicklungen im Bereich Social Media – Marken und Lauterkeitsrecht, GRUR-Prax 2014, 401; *Dreßler / Voigt,* Lauterkeitsrechtliche Offenlegungspflicht bei redaktioneller Berichtserstattung über verbundene Unternehmen?, AfP 2005, 154; *Dröge,* Der „New Deal for Consumers" – ein Paradigmenwechsel im deutschen UWG, WRP 2019, 160; *Duisberg,* Gezielt und preiswert – Die Soap im Internet; *Engel,* Reihen aus Kinofilmen – Die Regeln des Rundfunkstaatsvertrages über die Unterbrechung zur Ausstrahlung von Werbung, ZUM 2003, 85; *Eckert /. Freudenberg,* Schleichwerbung mit Fantasieprodukten, GRUR 2012, 343; *Engels/Giebel,* Das neue Fernsehwerberecht, ZUM 2000, 265; *Engels/Semrau,* Aktuelle Fragen des Rundfunkwerberechts, ZUM 2014, 946; *Epping/Heimhalt/Spies,* Die Nutzung von Social Media durch die pharmazeutische Industrie, A&R 2012, 51; *Ernst/Seichter,* „Heimliche" Online Werbeformen, CR 2011, 62; *Fezer (Hrsg.),* Lauterkeitsrecht: UWG, 2. Auflage 2010; *Folkel,* Product Placement aus Sicht der Werbebranche und seine rechtliche Einordnung, ZUM 1992, 55; *Frank,* Neue U.S. Werberichtlinien für Empfehlungen und Testimonials, GRUR Int. 2012, 125; *Franz,* Digitales Fernsehen: Herausforderung für TV-Forschung und TV-Werbung, Media Perspektiven 2003, 463; *Fuchs,* Die wettbewerbsrechtliche Beurteilung redaktioneller Werbung in Presseerzeugnissen unter besonderer Berücksichtigung von entgeltlicher Anzeige und redaktioneller Berichterstattung, GRUR 1988, 736; *Gerecke,* Kennzeichnung von werblichen Beiträgen im Online-Marketing, GRUR 2018, 153; *Glockzin,* „Product Placement" im Fernsehen – Abschied vom strikten Trennungsgebot zwischen redaktionellem Inhalt und Werbung, MMR 2010, 161; *Glöckner/Henning-Bodewig,* EG-Richtlinie über unlautere Geschäftspraktiken: Was wird aus dem „neuen" UWG?, WRP 2005, 1311; *Göres,* Transparenzgebote bei öffentlichen Auftritten von Wertpapieranalysten, ZBB 2004, 210; *Görlitz,* Tabakwerbung und Europa: Im zweiten Anlauf endlich am Ziel?, ZUM 2002, 97; *Götting/Nordemann,* UWG, 2. Aufl. 2013; *Gounalakis,* Werbung im Rundfunkprogramm – Zwischen Trennungsgrundsatz und Schleichwerbungsverbot, WRP 2005, 1476; *Gounalakis/Wege,* Product Placement und Schleichwerbungsverbot – Widersprüche im neuen Fernsehrichtlinien-Entwurf, K & R 2006, 97; *Gräbig,* Werbung mit Bewertungen, Rezensionen und Erfahrungsberichten, GRUR-Prax 2019, 197; *Greffenius/Fikentscher,* Werbeformen bei Sportübertragungen im Fernsehen und ihre wettbewerbsrechtliche Zulässigkeit, ZUM 1992, 526; *Grewenig,* Die Umsetzung der Werbebestimmungen der EU-Richtlinie über audiovisuelle Mediendienste in deutsches Recht aus Sicht des privaten Rundfunks, ZUM 2009, 703; *Gröning,* Hintertüren für redaktionelle Werbung?, WRP 1993, 685; *Gröning,* Kostenlose Entgeltlichkeit? Wettbewerbskonforme Wettbewerbswidrigkeit? Werbende Nicht-Werbung – Anmerkung zum Urteil des BGH vom 7.7.1994 – I ZR 162/92, WRP 1995, 181 – Preisrätselgewinnauslobung II; *Gummig,* Rechtsfragen bei Werbung im Internet, ZUM 1996, 573.; *Hackbarth,* Titelsponsoring im Fernsehen, ZUM 1998, 974; *Binder/Vesting,* Beck'scher Kommentar zum Rundfunkrecht, 4. Auflage 2018; *Hartel,* Werbung im Kinofilm, ZUM 1993, 592; *Hartel,* Werbung im Kinofilm, ZUM 1996, 129; *Hartel,* Product Placement, ZUM Sonderheft 1996, 1033; *Hartstein/Ring/Kreile/;,Dörr/Stettner/Cole/Wagner,* Kommentar zum Rundfunkstaatsvertrag; Stand Oktober 2019 (zitiert als Hartstein/Kreile/ua); *Hartwig,* Zur Zulässigkeit produktbezogener Sponsoring-Werbung, WRP 1999, 744; *Hauschka,* Product Placement und Wettbewerbsrecht – Ein Lösungsversuch, DB 1988, 165; *Heermann,* Manipulierte Produktbewertungen im Lichte des Lauterkeitsrechts, WRP 2014, 509;; *Henning-Bodewig,* Das „Presseprivileg" in § 13 Abs. 2 Nr. 1 UWG, GRUR 1985, 258; *Henning-Bodewig,* Product Placement und andere Arten der „absatzfördernden" Kommunikation – Die neuen Formen der Schleichwerbung?, BB 1986, Beilage 18 zu Heft 33; *Henning-Bodewig,* Die Trennung von Werbung und Programm im deutschen und europäischen Rundfunk- und Wettbewerbsrecht, GRURInt. 1987, 583; *Henning-Bodewig,* Product Placement im Kino, ZUM 1988, 263; *Henning-Bodewig,* Product Placement und Sponsoring, GRUR 1988, 867; *Henning-Bodewig,* Sponsoring, AfP 1991, 487; *Henning-Bodewig,* Die Tarnung von Werbung, GRURInt. 1991, 858; *Henning-Bodewig,* Werbung im Kinospielfilm – Die Situation nach „Feuer, Eis und Dynamit", GRUR 1996, 321; *Henning-Bodewig,* Neuere Entwicklungen im Sponsoring, ZUM 1997, 633; *Henning-Bodewig,* Influencer-Marketing – der „Wilde Westen des Werbens"?, WRP 2017, 1415; *Henning-Bodewig,* Vergleichsportale, UWG und Befugnisse des Bundeskartellamts, WRP 2019, 537; *Henssler/Michel,* Anmerkung zu BVerfG EWiR 2003, 995; *Herkströter,* Neue elektronische Werbeformen, Glaubwürdigkeit des Programms gefährdet?, Media Perspektiven 1998, 106; *Hetmank,* Im Korsett der UGP-Richtlinie, GRUR 2015, 323; *Heuking,* Werbung im Zusammenhang mit Kunst – Eine wettbewerbsrechtliche Untersuchung von Product Placement in Kunstwerken, 2003; *Himmelsbach,* Schleichwerbung in den Medien, GRUR-Prax 2013, 78; *Hoeren,* Werbung im WWW – aus der Sicht des neuen UWG, MMR 2004, 643; *Holzgraefe,* Werbeintegration in Fernsehsendungen und Videospielen. Product Placement und verwandte Formen im Spiegel des Medien- und Wettbewerbsrechts, 2010; *Holznagel/Stenner,* Die Zulässigkeit neuer Werbeformen – Von der Splitscreentechnik zu den neuen interaktiven Werbestrategien im Fernsehen, ZUM 2004, 617; *Hörle,* Werbung in redaktioneller Form aus rechtlicher Sicht, AfP 1973, 361; *Jäger,* Schleichwerbung, Produktplatzierung und Senderverträge, GRUR-Prax 2017, 372; *Janal,* Lauterkeitsrechtliche Betrachtungen zum Affiliate-Marketing, CR 2009, 317; *Jarass,* Fernsehwerbung im deutschen und europäischen Recht, ZUM 1997, 769; *Johansen,* Product Placement in Film und Fernsehen, 2001; *John,* Das rundfunkrechtliche Trennungsgebot im Lauterkeitsrecht unter Geltung der UGP-Richtlinie, WRP 2011, 1357; *Kaufmann,* Click-Spamming – ein Fall für das reformierte UWG?, MMR 2005, Heft 2 S. XV; *Kiethe/Groschke,* Die Ubiquität des europäischen Verbraucherleitbildes – der europäische Pass des informierten und verständigen Verbrauchers, WRP 2001, 230; *Knickenberg,* Programmfreiheit contra Sponsoring, 1999; *Koch,* GOOD NEWS aus Luxemburg? Förderung fremden Wettbewerbs ist keine Geschäftspraktik, FS Köhler, 2014, 359; *Kohl,* Wettbewerbsrechtliche Schranken für Presseberichterstattung und Pressekritik, AfP 1984, 201; *Köhler,* Redaktionelle Werbung, WRP 1998, 1; *Köhler,* Ranking als Rechtsproblem, FS Sonnenberger, 2004, 429; *Köhler,* Die „Bagatellklausel" in § 3 UWG, GRUR 2005; *Köhler/Lettl,* Das geltende europäische Lauterkeitsrecht, Der Vorschlag für eine EG-Richtlinie über unlautere Geschäftspraktiken und die UWG-Reform, WRP 2003, 1019; *Köhler, Sandra,* Influencer-Marketing: Kennzeichnungspflichten nach UWG, GRUR-Prax 2019, 343; *Köndgen,* Die Ad hoc-Publizität als Prüfstein informationsrechtlicher Prinzipien, FS Druey, 2002, 791; *Körner/Lehment,* Allgemeines Wettbewerbsrecht; in: Hoeren/Sieber (Hrsg.), Multimedia Recht, Kapitel 11.1; *Kreile,* Die Neuregelung der Werbung im 4. Rundfunkänderungsstaatsvertrag, ZUM 2000, 194; Die Umsetzung der EU Richtlinie über audiovisuelle Mediendienste ins deutsche Recht aus Sicht der Produzenten, ZUM 2009, 709; *Kröner,* Rechtsfragen der Eigenwerbung von Printmedien, K & R 2005, 440; *Kröner,* Verantwortung für Verstöße gegen das Rundfunkwerberecht – Die Haftung des Veranstalters und Dritter für Ordnungswidrigkeiten, ZUM 2001, 643; *Ladeur,* Neue Werbeformen und der Grundsatz der Trennung von Werbung und Programm, ZUM 1999, 672; *Leeb/Maisch,* Social-Media-Stars und -Sternchen im rechtsfreien Raum?, ZUM 2019, 29; *Leitgeb,* Virales Marketing – Rechtliches Umfeld für Werbefilme auf Internetportalen wie YouTube, ZUM 2009, 39; *Lettl,* Die wettbewerbswidrige Ad hoc-Mitteilung, ZGR 2003, 853; *Lettl,* Gemeinschaftsrecht und neues UWG, WRP 2004, 1079; *Lettl,* Lauterkeitsrechtliche Haftung von Presseunternehmen für „Rankings", GRUR 2007, 936; *Lettmann,* Schleichwerbung durch Influencer Marketing – Das Erscheinungsbild der Influencer, GRUR 2018, 1206; *Leupold,* „Push und Narrow Casting" Im Lichte des Medien und Urheberrechts, ZUM 1998, 99; *Leupold/Bräutigam/;,Pfeiffer,* Von der Werbung zur kommerziellen Kommunikation: Die Vermarktung von Waren und Dienstleistungen im Internet, WRP 2000, 575; *Lichtnecker,* Die Werbung in sozialen Netzwerken und mögliche hierbei auftretende Probleme, GRUR 2013, 135; *Lichtnecker,* Neues aus dem Social Media-Marketing, MMR 2018, 512; *Lichtnecker,* Ausgewählte Werbeformen im Internet unter Berücksichtigung der neueren Rechtsprechung, GRUR 2014, 523; *Lindacher,* Zur wettbewerbsrechtlichen Unterlassungshaftung der Presse im Anzeigengeschäft, WRP 1987, 585; *Lindloff/Fromm,* Ist gekennzeichnete redaktionelle Werbung auf Webseiten strafbar? Strafrechtliche Relevanz des Verschleierung von Werbehandlungen, MMR 2011, 359; *Lober,* Spielend Werben: Rechtliche Rahmenbedingungen des Ingame-Advertising, MMR 2006, 643; *Löffler,* Presserecht, 6. Auflage 2015; *Löwenheim,* Suggestivwerbung, unlauterer Wettbewerb, Wettbewerbsfreiheit und Verbraucherschutz, GRUR 1975, 99; *Lüdighausen,* Aktuelle Probleme der Werbung in Online-Games, K&R 2011, 458; *Lutz,* Redaktionell gestaltete Anzeigen und Schleichwerbung, AfP 1969, 832; *Mach,* Influencer-Marketing: „Raus aus der Grauzone – hinein in die rechtliche Problemzone", WRP 2018, 1166; *Mallick,* Product Placement in den Massenmedien. Rechtstatsachen und Rechtsgrundlagen, 2009; *Mann,* Werbung auf CD-ROM-Produkten mit redaktionellem Inhalt, NJW 1996, 1241; *Meier,* § 9 MDStV; in Roßnagel (Hrsg.), Recht der Multimediadienste; *Meyer-Harport,* Neue Werbeformen im Fernsehen – Eine Untersuchung besonderer Werbeformen anhand deutschen und europäischen Rundfunk- und Medienrechts, 2000; *Ohly,* Keyword-Advertising auf dem Weg von Karlsruhe nach Luxemburg; *Paschke/Reuter,* Neues Werberecht für Kinospielfilme – Kritik der „Feuer, Eis und Dynamit I"-Entscheidung des BGH aus der Sicht des UWG und des europäischen Rechts, DZWiR 1996, 45; *Peifer,* Influencer Marketing – Rechtlicher Rahmen und Regulierungsbedürfnis (Teil 2), GRUR 2018, 1218; *F. Petersen,* Virtuelle Werbung und Split-Screening – Medien- und wettbewerbsrechtliche Probleme neuer Werbeformen im Fernsehen, 2002; *J. Petersen,* Fußball im Rundfunk- und Medienrecht, 2001; *Teplitzky/Peifer/Leistner,* UWG, 2. Aufl. 2013; *Pießkalla/Leitgeb,* Product Placement im Fernsehen – Schleichwerbung ohne Grenzen?, K & R 2005, 433; *Piper,* Zur wettbewerbsrechtlichen Beurteilung von Werbeanzeigen und redaktionellen Beiträgen werbenden Inhalts insbesondere in der Rechtsprechung des Bundesgerichtshofs, FS Vieregge, 1995; *Piper,* Cross-Promotion in TV-Senderfamilien, MMR 2002, 21; *Platho,* Werbung nichts als Werbung – und wo bleibt der Trennungsgrundsatz?, ZUM 2000, 46.; Die Systematik von Schleichwerbung und Produktplatzierung und ihre Verfehlung in der AVMD Richtlinie, MMR 2008, 582; *Pluskat,* Die Tücken von „Kaffeefahrten" – Zugleich Besprechung des Urteils des BGH vom 15.8.2002 – 3 StR 11/02, WRP 2003, 18; *Pöchhacker,* Suggestivwerbung und unlauterer Wettbewerb, 1990; *Potthast,* Die Umsetzung der EU Richtlinie über audiovisuelle Mediendienste aus Ländersicht, ZUM 2009, 698; *Puff,* Product Placement: Die rechtlichen Aspekte der Produktplatzierung, 2009; *Rath-Glawatz,* Rechtsfragen der Eigenwerbung von Printmedien, K & R 2005, 440; *Rodekamp,* Wettbewerbsrechtliche Beurteilung redaktioneller Werbehinweise, GRUR 1980, 271; *Rüggeberg,* Product Placement und Sponsorship – Neue Formen der Werbung im Rundfunk?, GRUR 1998, 873; *Ruhl/Bohner,* Vorsicht Anzeige! Als Information getarnte Werbung nach der UWG Reform 2008, WRP 2011, 375; *Sack,* Zur wettbewerbsrechtlichen Problematik des Product Placement im Fernsehen; ZUM Sonderheft 1987, 103; *Sack,* Wer erschoss Boro?, WRP 1990, 791; *Sack,* Neue Werbeformen im Fernsehen – Rundfunk und wettbewerbsrechtliche Grenzen, AfP 1991, 704; *Sack,* Die Durchsetzung unlauter zustande gebrachter Verträge als unlauterer Wettbewerb?, WRP 2002, 396; *Säcker,* Das UWG zwischen den Mühlsteinen europäischer Harmonisierung und grundrechtsgebotener Liberalisierung, WRP 2004, 1199; *Schaar,* Programmintegrierte Fernsehwerbung in Europa, 2001; *Schaar,* Rechtliche Grenzen des „In-Game-Advertising", GRUR 2005, 912; *Schaar,* In Game Advertising, CR 2006, 619; *B. Scherer,* „Product Placement" im Fernsehprogramm – Die werbewirksame Einblendung von Markenartikeln als wettbewerbswidriges Handeln der Rundfunkanstalten, 1990; *Scheuch,* Eigenproduktionen der Filmwirtschaft und Product Placement – Schranken wettbewerbsrechtlicher Kontrolle. Anmerkungen zu BGH I ZR 58/93 und I ZR 2/94, – Feuer, Eis & Dynamit, FS Piper, 1996, 439; *Scheuer,* EU: Kommission veröffentlicht Diskussionspapiere zur Revision der Fernseh-Richtlinie, MMR 2005, Heft 9 S. XXI; *Schröder,* Rechtliche Grenzen von Marketing, Öffentlichkeitsarbeit und Eigenwerbung der öffentlich-rechtlichen Rundfunkanstalten, ZUM 2000, 6; *Schulze,* Product Placement im Spielfilm – Grenzen zulässiger Produktabbildung im Rundfunkprogramm, 2001; *Schwarz,* Entgeltliches Product Placement in Kinofilmen: Umfang der Hinweispflicht für Produzenten, Verleiher und Kinotheaterbesitzer, AfP 1996, 31; *Sedelmeier,* Rechtsgutachten zu der Frage, wann die redaktionelle Berichtserstattung über Unternehmen und/oder deren Waren und gewerbliche Leistungen als unzulässige redaktionelle Werbung einzustufen ist und wie die Mitwirkung der Unternehmen, über die berichtet wird, rechtlich zu beurteilen ist, Pharma Recht 1992, 34; *Solf,* Adressbuchschwindel – Neue Entwicklungen zu einer alten Masche, WRP 2000, 325; *Spindler/Schuster,* Recht der elektronischen Medien, 4. Aufl. 2019; *v. Strobl-Albeg,* Versteckte redaktionelle Werbeäußerungen, in Burkhardt/ Gamer/v. Strobl-Albeg: Das Recht der Wort- und Bilderstattung, 3. Auflage 2003, 298; *Suwelack,* Schleichwerbung als Boombranche?, MMR 2017, 661; *Terhaag/Schwarz,* Influencer – Die Wundertüte des Online-Marketings; K&R 2019, (612–616); *Troge,* Herausforderung: Influencer-Marketing, GRUR-Prax 2018, 87; *Ullmann,* Spenden – Sponsoren – Werben, FS Traub, 1994, S. 411; *v. Ungern-Sternberg,* Kundenfang durch rechnungsähnlich aufgemachte Angebotsschreiben, WRP 2000, 1057; *Völkel,* Product Placement aus der Sicht der Werbebranche und seine rechtliche Einordnung, ZUM 1992, 55; *Völkel,* Rechtsprobleme des Product Placement, MA 2005, 70; *Volpers/Herkströter/Schnier,* Die Trennung von Werbung und Programm – Programmliche und werbliche Entwicklungen im digitalen Zeitalter und ihre Rechtsfolgen, 1998; *Weng,* Rechtsprobleme der indirekten Werbung durch Sponsoring und Product Placement im Kinospielfilm, 1999; *Wieben,* Die Trennung von Werbung und redaktionellem Programm, 2001; *Wollemann,* Redaktionell gestaltete Anzeigen, WRP 1979, 679; *Zurth/Pless,* Transparenz: Die Kennzeichnung nutzergenerierter Werbung in sozialen Netzwerken unter der neuen AVMD-Richtlinie – Teil 1, ZUM 2019, 414.

1. Überblick. a) Normativer Hintergrund. § 5a Abs. 6 ist die Nachfolgeregelung zu § 4 Nr. 3 UWG 2004. Letzterer enthielt das Verbot der verdeckten Werbung als Beispielsfall der Generalklausel in § 3 des UWG 2004. Die Verschleierung des kommerziellen Zwecks von Wettbewerbshandlungen wurde zuvor als täuschender Kundenfang bzw. unlautere Kundenwerbung durch Irreführung iSv von § 1 UWG 1909 behandelt.[512] Ein Teil der Rechtsprechung und Literatur nahm seinerzeit darüber hinaus regelmäßig einen Verstoß gegen § 3 UWG 1909 an.[513] Das Verbot der Verschleierung des Charakters einer Werbemaßnahme wurde von der höchstrichterlichen Rechtsprechung seit Anfang der sechziger Jahre des vergangenen Jahrhunderts immer weiter konkretisiert.[514] 237

An dieser Rechtslage hat das UWG 2004 nichts geändert. Der Klarheit wegen wurde das Verbot der verdeckten Werbung in den Beispielkatalog unlauterer Werbung in § 4 UWG 2004 aufgenommen.[515] Der Gesetzesbegründung von 2004 zufolge sollte durch § 4 Nr. 3 das medienrechtliche Trennungsgebot auf alle Formen der Werbung ausgedehnt werden.[516] Während der Anwendungsbereich der EU-Richtlinien auf den Schutz der Verbraucher 238

---

512 Vgl. etwa Baumbach/*Hefermehl,* Fallgruppe Kundenfang/Täuschung/Tarnung von Werbemaßnahmen, UWG 1909 § 1 Rn. 27 ff.; *Köhler*/Piper, Fallgruppe Unlautere Kundenwerbung/Wettbewerbswidrige Irreführung/Schleichwerbung, UWG 1909 § 1 Rn. 38 ff.; Fallgruppe Irreführung durch das Verschweigen wesentlicher Umstände, UWG 1909 § 3 Rn. 163 ff.; v. Gamm UWG 1909 § 1 Rn. 188. Darüber hinaus kam auch eine Qualifikation als „Vorsprung durch Rechtsbruch" in Frage, sofern etwa gegen besondere Kennzeichnungsgesetze verstoßen wurde; vgl. etwa BGH GRUR 1990, 611 (615) – Werbung im Programm; *Henning-Bodewig* GRUR 1991, 858 (863) mwN.

513 Vgl. etwa die Nachweise bei *Köhler*/Piper UWG 1909 § 3 Rn. 165.

514 Vgl. die ersten Entscheidungen des BGH GRUR 1962, 461 (464) – Werbeveranstaltung mit Filmvorführung; GRUR 1962, 315 (318) – Deutsche Miederwoche; GRUR 1961, 189 ff. – Rippstreckenmetall.

515 Die zuvor unter verschiedenen Fallgruppen der §§ 1 und 3 UWG 1909 subsumierten Fallgestaltungen wurden in dieser Regelung konzentriert. In Rechtsprechung und Literatur wurde vor der Reform 2004 der Anwendungsbereich der beiden Normen in der Regel nicht genau abgegrenzt; vgl. etwa *Köhler*/Piper UWG 1909 § 3 Rn. 13 ff., Baumbach/*Hefermehl* UWG 1909 § 3 Rn. 4 und UWG 1909 § 1 Rn. 3 aE.

516 Vgl. BT-Drs. 15/1487, 17. Dies entsprach bereits der zuvor geltenden Rechtsprechung, so dass hierdurch keine inhaltliche Änderung eingetreten ist; vgl. etwa BGH GRUR 1990, 611 (615) – Werbung im Programm.

zugeschnitten ist, fanden die Bestimmungen des deutschen UWG gerade auch im Rechtsverkehr zwischen Unternehmen Anwendung.[517]

239 § 5a Nr. 6 dient vornehmlich der Umsetzung der letzten Variante aus **Art. 7 Abs. 2 der Richtlinie 2005/29/EG über unlautere Geschäftspraktiken** (nachfolgend auch „UGP-Richtlinie" ausführlich dargestellt in → Einl. B Rn. 237 ff.), geändert durch die Richtlinie EU 2019/2161. Die Reform 2015 schränkt den Anwendungsbereich von § 5a Abs. 6 auf den **Verbraucherschutz** ein; vgl. hierzu im Einzelnen auch Rn. 242.

240 Das Verbot der Schleichwerbung wurde in die **verbraucherschützenden Bestimmungen** gegen Irreführung durch Unterlassen eingeordnet. Es war im ursprünglichen Gesetzesentwurf als Beispielsfall eines Vorenthaltens von Informationen in Abs. 2 S. 2 Nr. 4 enthalten.[518] Der Gesetzesbegründung zufolge sollte sich die Neufassung stärker an Art. 7 Abs. 2 UGP-Richtlinie orientieren, was weder sprachlich noch inhaltlich besonders geglückt erschien.[519] Voraussetzung der Unlauterkeit sollte ausdrücklich sein, dass die Tatbestandsmerkmale des dortigen Abs. 2 S. 1 Nr. 2 und 3 ebenfalls erfüllt sind, was von den Vorgaben in Art. 7 Abs. 2 UGP-Richtlinie abgewichen wäre.[520] Der Ausschuss für Recht und Verbraucherschutz hat im weiteren Gesetzgebungsverfahren vorgeschlagen, die fehlende Kenntlichmachung des kommerziellen Zwecks in einem eigenen Absatz zu regeln. Er wollte klarstellen, dass es sich insofern nicht um einen Unterfall des „Vorenthaltens von Informationen" handelt.[521] Im Zuge der erneuten Neuverortung und Umformulierung ist dann das Tatbestandsmerkmal aus dem jetzigen Abs. 2 S. 1 Nr. 2 als letzter Halbsatz aufgenommen worden. Systematisch ist die letzte Neuverortung zumindest nicht selbsterklärend: Das eigentliche Ziel, die engere Anbindung des Schleichwerbungsverbotes an Art. 7 Abs. 2 der UGP-Richtlinie, ist nicht durchgehalten worden: Dessen Umsetzung befindet sich nun zum Teil in § 5a Abs. 2 S. 1 Nr. 1–3 und eben auch im neuen Abs. 6. Art. 7 Abs. 2 listet Varianten unzureichender Informationen auf: Beim „Verheimlichen" fehlt die Information gänzlich („ob"), „unklar, unverständlich und zweideutig" beschreiben unzureichende Darstellungsarten („wie"), „nicht rechtzeitig" betrifft das „Wann" der Information und die unzureichende Kenntlichmachung des kommerziellen Zwecks das „Wieso" der Information. Die Notwendigkeit einer Abtrennung und eigenständigen Regelung allein des letzten Aspekts leuchtet nicht ein. Allerdings hat die Neufassung die sprachliche und inhaltliche Klarheit der Regelung im Vergleich zum Entwurf deutlich verbessert.

241 § 5a Abs. 6 erfasst **jede unzureichende Kenntlichmachung des kommerziellen Zwecks** einer geschäftlichen Handlung gegenüber Verbrauchern. **Mittbewerber** werden wettbewerbsrechtlich vor Schleichwerbung nunmehr nur über § 3a iVm mit einem Verstoß gegen eine andere gesetzliche Bestimmung mit einem ähnlichen Regelungsgehalt geschützt. Die Rechtsprechung zu den nach §§ 1 und 3 UWG 1909 und § 4 Nr. 3 UWG 2004 entschiedenen Konstellationen der Schleichwerbung kann dennoch weitgehend übernommen werden. Soweit sich die Entscheidungen auf Konstellationen beziehen, in denen nicht ein Verbraucher das Opfer einer Schleichwerbung gewesen ist, wird sich die Ratio der Begründung im Regelfall durch ein *argumentum a maiore ad minus* übertragen lassen.

---

[517] Dahinter stand der Gedanke, dass das UWG das Marktverhalten der Unternehmen im Interesse aller Marktteilnehmer – Mitbewerber und Verbraucher – und damit zugleich das Interesse der Allgemeinheit an einem unverfälschten Wettbewerb regeln soll.

[518] Gesetzesentwurf vom 1.4.2015, BT-Drs. 18/4535, 7: „Als Vorenthalten gilt auch … 4. die Bereitstellung wesentlicher Informationen in einer Weise, die den kommerziellen Zweck einer geschäftlichen Handlung nicht kenntlich macht, sofern sich dieser nicht unmittelbar aus den Umständen ergibt."

[519] „Als *Vorenthalten* gilt auch das *Bereitstellen* wesentlicher Informationen" baut auf einer Fiktion auf, die einem Nicht-Juristen kaum in den Sinn gekommen wäre. Art. 7 Abs. 2 Var. 4 UGP-Richtlinie ist weniger um die Ecke gedacht formuliert („wenn er den kommerziellen Zeck der Geschäftspraxis nicht kenntlich macht") und stellt inhaltlich weder auf ein „Bereitstellung" noch auf „wesentliche Informationen" ab, vgl. hierzu *Dreyer* § 5a Rn. 74 ff.

[520] Der Wortlaut von Art. 7 Abs. 2 UGP-Richtlinie hätte allein ein Abstellen auf Nr. 3 erfordert.

[521] Beschlussempfehlung und Bericht, BT-Drs. 18/6571, 15.

b) Die per se Verbote der Schwarzen Liste. Die Vorgaben aus der Richtlinie sind im **Anhang zu § 3 Abs. 3** UWG umgesetzt. Sie enthalten stets unzulässige geschäftliche Handlungen und betreffen seit jeher nur das Auftreten gegenüber Verbrauchern. In der Begründung zum Regierungsentwurf wurde ein Umsetzungsbedarf bejaht, weil die im Anhang geleisteten Handlungen auch unlauter und damit unzulässig sind, wenn die Erheblichkeitsschwelle des § 3 Abs. 2 UWG 2004 nicht überschritten war.[522] Die Reform hat die Prüfungssystematik insoweit verändert, als dass § 5a Abs. 6 den Erheblichkeitstest durch das zweite Tatbestandsmerkmal (die Eignung, den Verbraucher zu einer anderenfalls nicht getroffenen geschäftlichen Entscheidung zu veranlassen) nunmehr inkorporiert hat. Im Übrigen hat die Aufnahme der „schwarzen Liste" im UWG-Anhang vor allem zu einer geänderten Prüfungsreihenfolge geführt (→ Rn. 50). 242

Im Zusammenhang mit § 5a Abs. 6 sind vor allem die per se-Verbote aus Ziffer 11 **(„Advertorial")**, Ziffer 22 **(Werbung als Rechnung)** und Ziffer 23 **(verdecktes Auftreten)** von Bedeutung, da sie verwandte Fallgestaltungen erfassen. § 5a Abs. 6 UWG ist aber etwa weitergehend als die Regelung zu Advertorials in Ziffer 11, da er auch Konstellationen erfasst, in denen die Schleichwerbung vom Gewerbetreibenden nicht bezahlt worden ist. 243

c) Andere europäische Regelungen mit vergleichbaren Zielen. Die systematische Einordnung in die Irreführungstatbestände des § 5a bedingt zudem, bei der Auslegung der Bestimmung auch die Vorgaben aus der **Richtlinie 2006/114/EG vom 12.12.2006 über irreführende und vergleichende Werbung** zu berücksichtigen. Die tatsächliche Relevanz ist allerdings eher übersichtlich: Bedeutung kann aber etwa die Definition der irreführenden Werbung in Art. 2 lit. (b) Richtlinie 2006/114/EG bekommen. 244

Die Fassung von § 6 Abs. 1 Ziff. 1 TMG geht auf den insoweit wortgleichen Art. 6a der **E-Commerce Richtlinie** zurück.[523] Die **Richtlinie „Fernsehen ohne Grenzen" 89/352/EWG** wurde lange Zeit überarbeitet. Der Entwurf der **Richtlinie „Audivisuelle Mediendienste ohne Grenzen"** sah eine Liberalisierung der Bestimmungen zu Produktplatzierung vor und wurde in der Öffentlichkeit rege und kontrovers diskutiert. Die **Richtlinie 2007/65/EG** vom 11.12.2007 hat die Fernsehrichtlinie entsprechend geändert. Sie wurde durch die **Richtlinie 2010/13/EU** vom 10.3.2010 zur Koordinierung bestimmter Rechts- und Verwaltungsvorschriften der Mitgliedstaaten über die **Bereitstellung audiovisueller Mediendienste** (nachfolgend auch „AVMD-Richtlinie") aus Gründen der Klarheit und Übersichtlichkeit aufgehoben und die bestehenden Vorschriften mit zusammengefassten Erwägungsgründen in durchgängiger Nummerierung neu kodifiziert. Das ist eine schlichte Neubekanntmachung, inhaltlich waren hiermit keine Änderungen verbunden. Die AVMD-Richtlinie wurde ihrerseits durch die Richtlinie EU 2018/1808 über audiovisuelle Mediendienste geändert.[524] Maßgebliches Ziel war hierbei ua, bestimmte audiovisuelle Regeln auf Videosharing-Plattformen und auf audiovisuelle Inhalte auszuweiten, welche über soziale Medien geteilt werden.[525]. Die Richtlinie enthält ua 245

- das Gebot der leichten Erkennbarkeit audiovisueller kommerzieller Kommunikation[526] in Art. 9 Abs. 1 lit. a S. 1;

---

[522] So der Referentenentwurf vom 20.8.2008, BT-Drs. 16/10145, 27.

[523] Richtlinie 2000/31/EG des Europäischen Parlaments und des Rates vom 8.6.2000 über bestimmte rechtliche Aspekte der Dienste der Informationsgesellschaft, insbesondere des elektronischen Geschäftsverkehrs, im Binnenmarkt („Richtlinie über den elektronischen Geschäftsverkehr"), ABl. 2000 L 178, S. 1–16.

[524] ABl. 2018 L 303, S. 69. Sie ist zum 18.12.2018 in Kraft getreten und muss von den Mitgliedstaaten bis zum 19.9.2020 umgesetzt werden,

[525] Vgl. Art. 28a und 28b Richtlinie 2018/1808; die Einbindung sozialer Medien ist in ErwG 4 und 5 näher dargelegt. Zu den Folgen für die Kennzeichnung nutzergenerierter Werbung vgl. *Zurth/Pless* ZUM 2019, 414 ff. und 457 ff.

[526] Definiert in Art. 1 Abs. 1 lit. h *„Bilder mit oder ohne Ton, die der unmittelbaren oder mittelbaren Förderung des Absatzes von Waren und Dienstleistungen oder des Erscheinungsbilds natürlicher oder juristischer Personen, die einer wirtschaftlichen Tätigkeit nachgehen, dienen. Diese Bilder sind einer Sendung gegen Entgelt oder eine ähnliche Gegenleistung oder als Eigenwerbung beigefügt oder darin enthalten. Zur audiovisuellen kommerziellen Kommunikation zählen unter anderem Fernsehwerbung, Sponsoring, Teleshopping und Produktplatzierung."*

- das Verbot von Schleichwerbung[527] in audiovisueller kommerzieller Kommunikation in Art. 9 Abs. 1 lit. a S. 2;
- das Verbot subliminaler Werbung (Art. 9 Abs. 1b),
- Regeln für das Sponsoring audiovisueller Mediendienste (Art. 10) sowie
- das Gebot, dass Fernsehwerbung und Teleshopping als solche leicht erkennbar und vom redaktionellen Inhalt unterscheidbar und von diesen getrennt sein müssen in Art. 19.[528]

246 Produktplatzierung ist seit der Neufassung der Richtlinie nicht mehr grundsätzlich verboten und nur in Ausnahmefällen zulässig,[529] sondern nunmehr in allen audiovisuellen Mediendiensten gestattet, außer in Nachrichtensendungen und Sendungen zur politischen Information, Verbrauchersendungen, Sendungen religiösen Inhalts und Kindersendungen: Allerdings sind die Anforderungen an Sendungen mit Produktplatzierungen neugefasst worden.

247 Aus unionsrechtlicher Sicht haben die **Bestimmungen der AVMD-Richtlinie** in ihrem Anwendungsbereich als spezielle Regelung **Vorrang vor denjenigen der UGP-Richtlinie.**[530] Andere Unionsvorschriften gehen letzterer nämlich vor, wenn diese mit ihr kollidieren und für „besondere Aspekte" maßgebend sind. Entsprechendes findet sich in der AVMD-Richtlinie.[531]. Die Änderungs-Richtlinie aus 2018 impliziert in ihrem Erwägungsgrund 46 demgegenüber zwar kein Vorrangverhältnis zwischen den beiden Richtlinien, lässt den Erwägungsgrund 82 der AVMD-Richtlinie aber unberührt.

248 Nachdem der EuGH die **Tabakwerberichtlinie 98/43/EG** aufgehoben hatte,[532] wurde die Richtlinie 2003/33/EG vom 23.5.2003 zur Angleichung der Rechts und Verwaltungsvorschriften der Mitgliedsstaaten über Werbung und Sponsoring von Tabakerzeugnisse verabschiedet.[533] Diese verbietet es Tabakunternehmen, Rundfunkprogramme und Veranstaltungen mit grenzüberschreitender Wirkung zu sponsern, Art. 4 (2) und 5. Bedenken waren bereits gegen den entsprechenden Richtlinienvorschlag geäußert worden.[534]

249 **d) Sonstige Bestimmungen mit ähnlichen Zielen.** Eine Tarnung von Werbung erfolgt häufig (aber nicht zwangsläufig) im Zusammenhang mit Medien. Insofern ist von Bedeutung, dass es für die wichtigsten Medien, insbesondere Presse, Rundfunk und Internet gleichfalls Bestimmungen gibt, die das Verhältnis von redaktionellen Inhalten einerseits und Werbung andererseits regeln. Die verschiedenen **Landespressegesetze** verpflichten Verleger zur Kennzeichnung von Anzeigen.[535] § 8 Abs. 7 S. 1 des Medienstaatsvertrages (MedienStV)[536] erklärt Schleichwerbung, Produkt- und Themenplatzierungen sowie entsprechende Praktiken vorbehaltlich der Regelungen im MedienStV für unzulässig und § 58 Abs. 1 fordert, dass Werbung als solche klar erkennbar und vom übrigen Inhalt der Angebote eindeutig getrennt sein muss. Im MedienStV sind die Vorgaben der AVMD-Richtlinie umgesetzt worden. Die Rechtsprechung stützt die Urteile zu fehlenden bzw.

---

527 Definiert in Art. 1 Abs. 1 lit. j als *„Erwähnung oder Darstellung von Waren, Dienstleistungen, dem Namen, der Marke oder den Tätigkeiten eines Herstellers von Waren oder eines Erbringers von Dienstleistungen in Sendungen, wenn sie vom Mediendiensteanbieter absichtlich zu Werbezwecken vorgesehen ist und die Allgemeinheit über ihren eigentlichen Zweck irreführen kann. Eine Erwähnung oder Darstellung gilt insbesondere dann als beabsichtigt, wenn sie gegen Entgelt oder eine ähnliche Gegenleistung erfolgt."*

528 ABl. 2007 L 332, S. 27–45.

529 Bisheriger Art. 11 Abs. 2 und 3 der AVMD Richtlinie vor dem 18.12.2018.

530 Art. 3 Abs. 4 erklärt sich für subsidiär gegenüber der AVMD-RL.

531 Die UGP-Richtlinie gilt nach dem Einleitungssatz von ErwG 82 nur für irreführende und aggressive Praktiken in audiovisuellen Mediendiensten gelten, die nicht bereits unter die AVMD-Richtlinie fallen.

532 ZUM RD 2000, 523.

533 ABl. 2003 L 152, S. 16–19.

534 Vgl. zu den Bedenken gegen den Entwurf bereits *Görlitz* ZUM 2002, 97 ff.

535 Vgl. etwa § 10 LPG Baden-Württemberg, Bayern, Berlin, Bremen, Hamburg, Niedersachsen, NRW, Rheinland-Pfalz, Schleswig-Holstein, Thüringen, § 8 LPG Hessen, § 9 Sachsen und Sachsen-Anhalt sowie § 11 LPG Brandenburg.

536 Zum 7.11.2020 hat der MedienStV den zuvor bestehenden Staatsvertrag für Rundfunk und Telemedien, zuletzt in der Fassung des Zweiundzwanzigsten Staatsvertrages zur Änderung rundfunkrechtlicher Staatsverträge, in Kraft seit 1.5.2019 abgelöst.

unzulässig verkürzten oder fremdsprachigen und daher für den Verkehrskreis ungeeigneten Kennzeichnungen des kommerziellen Charakters von Beiträgen von Influencern in sozialen Netzwerken wie Instagram, Facebook, WeChat bislang auf § 5a Abs. 6.[537] Es bleibt abzuwarten, ob nach Ablauf der Umsetzungsfrist für die Änderungsrichtlinie 2018, mit welcher der Anwendungsbereich der AVMD Richtlinie auch auf Videosharing-Plattformen und bestimmte Dienste in sozialen Netzwerken ausgedehnt hat, medienrechtliche Aspekte stärker in den Vordergrund treten.

Für Telemedien gilt **§ 6 Abs. 1 Ziff. 1 Telemediengesetz** (TMG), demzufolge kommerzielle Kommunikationen klar als solche erkennbar sein müssen. In Bezug auf E-Mails bestimmt § 6 Abs. 2 TMG, dass in der Kopf- und Betreffzeile weder der Absender noch der kommerzielle Charakter der Nachricht verschleiert oder verheimlicht werden darf. Ein Verschleiern oder Verheimlichen ist nach dessen S. 2 gegeben, wenn die Kopf- und Betreffzeile absichtlich so gestaltet sind, dass der Empfänger vor Einsichtnahme in den Inhalt der Kommunikation keine oder irreführende Informationen über die tatsächliche Identität des Absenders oder den kommerziellen Charakter der Nachricht erhält. 250

Das **Heilmittelwerbegesetz** erfasst Schleichwerbung unter dem Begriff der Irreführung. Nach § 3 S. 2 Nr. 2 lit. c HWG ist eine Irreführung gegeben, wenn fälschlich der Eindruck erweckt wird, dass die Werbung nicht zu Zwecken des Wettbewerbs veranstaltet wird. Zudem verbietet § 11 Abs. 1 S. 1 Nr. 9 HWG, mit Veröffentlichungen, deren Werbezweck missverständlich oder nicht deutlich erkennbar ist, außerhalb der Fachkreise für Arzneimittel, Verfahren, Behandlungen, Gegenstände oder andere Mittel zu werben.[538] 251

Art. 7 der allgemeinen Bestimmungen **ICC-Verhaltenskodex für Marketing und Werbung** enthält das Gebot, das alle Werbemaßnahmen unabhängig von Form und Werbeträger als solche klar erkennbar sein müssen.[539] Die Überarbeitung in 2018 hat sich auch mit Werbung in sozialen Medien befasst. Erscheint Werbung – einschließlich sog. native advertising – in Medien, welche Nachrichten und redaktionelle Inhalte enthalten, müsse sie so dargestellt werden, dass sie leicht als Werbung erkennbar sei und ggf. auch so gekennzeichnet werden. Der kommerzielle Zweck von Werbekommunikation solle transparent sein und nicht falsch dargestellt werden. Folglich sei absatzfördernde Kommunikation nicht etwa als Marktforschung, Verbraucherumfragen, user generated content, privater Blog, privater Post in sozialen Medien oder als unabhängiger Test zu verschleiern. 252

Werden diese Vorschriften missachtet, wird dies häufig ein **Indiz für einen Verstoß** gegen § 5a Abs. 6 sein. Die **Indizwirkung** umfasst allerdings **nur das Tatbestandsmerkmal der unzureichenden Kenntlichmachung.** Daher ist für einen Verstoß gegen § 5a Abs. 6 insbesondere anhand der Umstände des jeweiligen Einzelfalles gesondert festzustellen, ob die weiteren Tatbestandsmerkmale erfüllt sind. Gerade wenn ein offensichtlicher eklatanter Verstoß gegen das Trennungsgebot vorliegt, kann der kommerzielle Zweck aus den Umständen hervorspringen, wenn die Vermengung von Werbung und Inhalt leicht erkennbar ist. In derartigen Fällen scheidet ein Verstoß gegen § 5a Abs. 6 aus. Allerdings kann etwa ein Rechtsbruch iSv § 3a vorliegen, da es sich im Wesentlichen um das Marktverhalten regelnde Vorschriften handelt.[540] In vielen Fällen werden § 5a Abs. 6 und § 3a nebeneinander eingreifen. **Presserechtliche Kennzeichnungsbestimmungen** 253

---

[537] LG Berlin MMR 2018, 543; LG Hagen NJW-RR 2018, 170 und MD 2018; OLG Celle GRUR 2017; 2017, 1158 – Hashtag #ad; LG München WRP 2016, 132 – sponsored by; die Kritik von *Gerecke* GRUR 2018, 153 und *Ritlewski* BeckOK UWG, 6. Aufl., Stand: 15.9.2020, § 5a Rn. 180a) war schon wegen mangels Ablauf der Umsetzungsfrist aber verfrüht.

[538] Vgl. zu den Bestimmungen des HWG die Kommentierung in Dieners/Reese, Handbuch des Pharmarechts.

[539] Vgl. https://cms.iccwbo.org/content/uploads/sites/3/2018/09/icc-advertising-and-marketing-communications-code-int.pdf, abgerufen am 16.11.2019.

[540] So hat der BGH den Verstoß gegen § 10 LPressG BW als Verstoß gegen § 4 Nr. 11 UWG 2004 gewertet; GRUR 2014, 879 – GOOD NEWS II; im Ergebnis aA *Peifer* in Teplitzky/Peifer/Leistner, 2. Aufl. 2013, UWG 2004 § 4 Rn. 32, der medienpluralistische Erwägungen nicht über das Lauterkeitsrecht durchsetzen möchte.

enthalten allerdings **strengere Verbote,** welche die unternehmerischen Freiheiten über den Verbraucherschutz hinaus einschränken.[541] Dies wirkt sich mittelbar auf die Verbraucher aus und beschränkt den Harmonisierungsgedanken der **UGP-Richtlinie** auf den einer **Mindestharmonisierung.**[542]

254 **2. Zweck und Inhalt der Norm. a) Schutzzweck.** Erfolgreiche Werbung kann verführen. Werbung tritt immer dann verstärkt irrational, emotional, prestigebeladen oder ganz allgemein übertrieben in Erscheinung, wenn Qualitäts- und Preisunterschiede konkurrierender Waren und Dienstleistungen abnehmen oder sich die Nachfrage weniger an objektiven Kriterien wie der Erfüllung eines bestimmten Gebrauchszwecks orientiert, sondern darüber hinausgehende ideelle Vorstellungen für die Entscheidung des Nachfragers an Bedeutung gewinnen.

255 Der Appell an das Irrationale zur Förderung des Absatzes steht im Rahmen der wirtschaftlichen Betätigungsfreiheit unter dem Schutz der Rechtsordnung. § 5a Abs. 6 verbietet allein Werbeformen, in denen über den werblichen Charakter einer geschäftlichen Handlung getäuscht wird. Der Adressat soll Werbebotschaften als solche erkennen und sich die Subjektivität und die Absichten ihrer Aussagen bewusst machen können, um so ihre Bedeutung für seine geschäftliche Entscheidung richtig einschätzen zu können. Bleibt der werbliche Charakter dagegen verborgen, glaubt der Adressat an eine Aussage eines objektiven Dritten und wird damit über ihr wahres Ziel getäuscht, den Absatz von Waren und den Bezug von Dienstleistungen zu fördern. Aussagen Dritter wird regelmäßig größeres Vertrauen geschenkt, weil sie vermeintlich kein unmittelbares eigenes Interesse an der Entscheidung des Adressaten haben und hierdurch keinen Vorteil erlangen. Wird der werbliche Charakter einer derartigen Aussage verschleiert, trifft der Adressat der Botschaft seine Entscheidung auf einer falschen Grundlage, da er die Subjektivität der an ihn gerichteten Botschaft nicht erkennen und hinterfragen konnte. § 5a Abs. 6 ist daher ein Unterfall der Täuschung und schützt die **Integrität der Entscheidungsgrundlage.**

256 § 5a Abs. 6 UWG schützt nur unmittelbar nur **Verbraucher** vor Schleichwerbung. Ein wettbewerblicher Schutz für Unternehmen kann sich seit der Reform 2015 allenfalls aus dem Zusammenspiel eines Verstoßes gegen eine spezialgesetzliche Norm iVm § 3a ergeben.[543]

---

[541] BGH GRUR 2012, 1056 Rn. 13 – GOOD NEWS.

[542] Die Begründung des BGH in *GOOD NEWS* ist insofern brillant, als sie den Verstoß gegen das presserechtliche Kennzeichnungsgebot auf ein anderes Abstraktionsniveau zurückverlagert, das vom Anwendungsbereich der UGP-Richtlinie nicht erfasst ist: Neben der Verhinderung der Irreführung der Verbraucher dienen die Bestimmungen der Erhaltung der Objektivität und Neutralität der Presse; und letzteren Aspekt regelt die UGP-Richtlinie eben nicht, GRUR 2012, 1056 Rn. 10 – GOOD NEWS; vgl. hierzu auch *Seichter* in Ullmann jurisPK-UWG, 4. Aufl. 2016, § 5a Rn. 37 f. Die Kongruenz späterer Ausführungen ist hingegen schwer erkennbar: Der EuGH führt in Rn. 39 seines Urteils aus, es sei „*unstreitig, dass die betreffenden Veröffentlichungen – zwei Beiträge mit informativem und darstellendem redaktionellem Inhalt – nicht geeignet sind, das Produkt des Presseverlegers, im vorliegenden Fall ein kostenloses Anzeigenblatt, zu bewerben, sondern die Produkte und Dienstleistungen von Unternehmen, die nicht am Ausgangsverfahren beteiligt sind*"; GRUR 2013, 1245 (1246) – GOOD NEWS. Der BGH selber begründet das Vorliegen einer geschäftlichen Handlung allerdings damit, dass „*derjenige, der das Sponsoring in Anspruch nehme,* [gleichzeitig] *in der Absicht* [handle], *den eigenen Wettbewerb zu fördern, da das Sponsoring nicht oder allenfalls in nur geringem Maße der Information des Lesers diene. Das Sponsoring geschehe vorrangig im eigenen Interesse des Veröffentlichenden, da er sich den Sponsor gewogen mache und dadurch die eigene Wettbewerbslage verbessere*"; GRUR 2014, 879 Rn. 14 aE – GOOD NEWS II. Die Aussagen des EuGH beruhen damit auf einer Tatsachenprämisse, die den Schluss „keine parallele Anwendbarkeit von Art. 7 Abs. 2 UGP-Richtlinie" trägt. Dem scheinen die Feststellungen des BGH zu widersprechen.

[543] In der E-Commerce Richtlinie (2000/31/EG) wird in Erwägungsgrund 29 S. 2 in diesem Zusammenhang bei der Begründung der Transparenzgebote für kommerzielle Kommunikation neben dem Verbraucherschutz auch auf die Lauterkeit des Geschäftsverkehrs abgestellt: „*Im Interesse des Verbraucherschutzes und der Lauterkeit des Geschäftsverkehrs müssen die verschiedenen Formen kommerzieller Kommunikation, darunter Preisnachlässe, Sonderangebote, Preisausschreiben und Gewinnspiele, bestimmten Transparenzerfordernissen genügen.*"

b) Tatbestandliche Voraussetzungen. Ansatzpunkt von § 5a Abs. 6 bleibt eine geschäftliche Handlung iSd § 2 Abs. 1 Nr. 1 (a), deren kommerzieller Zweck (b) unzureichend kenntlich gemacht wird (c). Zudem muss die unzureichende Kenntlichmachung geeignet sein, den Verbraucher zu einer anderenfalls nicht getroffenen geschäftlichen Entscheidung zu veranlassen (d). 257

aa) Geschäftliche Handlung. Der Begriff der „geschäftlichen Handlung" ist definiert in § 2 Abs. 1 Nr. 1; vgl. hierzu zunächst *Keller* § 2 Rn. 21 ff. **Für die Zwecke der Anwendung des § 5a Abs. 6** ist der Begriff der „geschäftliche Handlung" – wegen der gewollten Beschränkung auf den Verbraucherschutz – richtlinienkonform iSd Art. 2 lit. (d) UGP-Richtlinie und damit **einschränkend iSd Geschäftspraktik auszulegen.** 258

Nicht erfasst werden jedenfalls vorrangig anderen Zielen dienende geschäftliche Handlungen. Beispiel hierfür sind etwa Mitteilungen für Investoren in Jahresberichten und Unternehmensprospekten.[544] 259

bb) Kommerzieller Zweck. Mit der geschäftlichen Handlung muß ein kommerzieller Zweck iSe **objektiven Zusammenhangs mit der Förderung des Absatzes von Waren** gegeben sein.[545] Der Begriff des kommerziellen Zwecks ist weit auszulegen. Allerdings erfordert der objektive Zusammenhang mehr als eine objektive Eignung zur Absatzförderung, es muss eine funktionale Beziehung zwischen dem Verhalten, an welches die Handlung angeknüpft wird, und der Absatzförderung bestehen. Dies ist gegeben, wenn die Handlung bei objektiver Betrachtung darauf gerichtet ist, durch Beeinflussung der geschäftlichen Entscheidungen der Verbraucher den Absatz oder Bezug zu fördern.[546] 260

Durch den Wegfall des Erfordernisses einer Wettbewerbsförderungsabsicht könnten **Presseäußerungen** „leichter" unter das Verbot der Schleichwerbung fallen. Vor dem Hintergrund des grundrechtlichen Schutzes der Medien in Art. 5 Abs. 1 S. 1 GG sind bei Presseäußerungen die konkreten Umstände festzustellen, aus sich dieser objektive/unmittelbare Zusammenhang mit einer Absatzförderung ableiten lässt. In der Begründung zum Regierungsentwurf heißt es diesbezüglich, dass eine **geschäftliche Handlung nicht vorliegt,** wenn **redaktionelle Äußerungen** oder eine **Reichweitenforschung** (Forschung über Medienkontakte) nur der Information der Leserschaft oder der Anonymität der befragten Personen wahrenden Markt- und Meinungsforschung dienen.[547] Eine solche ist tendenziell hingegen anzunehmen, wenn etwa neben der publizistischen Aufgabe eine übermäßig werbende Darstellung erfolgt, die den Rahmen einer sachlich veranlassten Information deutlich überschreitet, ohne dass ein publizistischer Anlass hierfür ersichtlich ist. Sponsoring und Image-Werbung können dagegen nach wie vor in den Anwendungsbereich des UWG fallen. Ob dies in der Tat zutrifft, ist ausführlich in der Kommentierung zu § 2 Abs. 1 Nr. 1 UWG (→ § 2 Rn. 80 ff.) erörtert.[548] 261

Wenn ein sog. **Influencer**[549] eine **Gegenleistung für die Veröffentlichung eines konkreten Posts** in sozialen Netzwerken erhält, ist ein objektiver Zusammenhang mit dem Absatz von Waren unwiderleglich gegeben.[549a] 262

In der Vergangenheit haben viele Gerichte es ausreichen lassen, dass ein Influencer in einem Beitrag eine **Product Tags** (Produktmarkierungen) setzt, welche einen Link zu Seiten von Anbietern oder Herstellern des jeweiligen Produktes enthält.[550] Der Begründung strenger 263

---

544 UGP-Richtlinie, ErwG 7.

545 OLG Karlsruhe WRP 2011, 1335 (1336); *John* WRP 2011, 1357 (1360).

546 BGH GRUR 2013, 945 Rn. 17, 18 – Standardisierte Mandatsbearbeitung; BGH MMR 2015, 518 Rn. 22 – Bezugsquellen für Bachblüten; BGH GRUR 2016, 710 Rn. 12 – Im Immobiliensumpf.

547 BT-Drs. 16/10145, 21.

548 *Keller* → § 2 Rn. 80 ff.

549 Vgl. hierzu nachstehend im Einzelnen → Rn. 379 ff. zudem etwa *Henning-Bodewig* WRP 2017, 1415 ff.; *Lettmann* GRUR 2018, 1206.

549a Vgl. zu BGH – *Influencer III* → Rn. 266 aE sowie auch Anh UWG § 5a Rn. 8 ff.

550 Ein Link, der die Nutzer direkt auf deine Website weiterleitet, wo sie das Produkt kaufen können. Der Dienst *Instagram* beschreibt seine entsprechende Funktion aus der Kategorie „Shopping auf Instagram"

auslegender Gerichte zufolge dienen Produktmarkierungen der **Förderung eines fremden/des verlinkten Unternehmens,** und – wenn die die Markierung setzende Person einen gewerblichen Account unterhalte – auch der **Förderung des eigenen Unternehmens.**[551] Auch wenn ein Influencer einen Business Account unterhält und durch Posts teilweise Vergütungen erhält, kann allein daraus dennoch nicht der Schluß gezogen werden, es liege bei *allen* Posts *stets ein kommerzieller Zweck* vor: Die Argumentation, die Posts dienten ja zumindest dem **eigenen Unternehmen,** da die Vermarktung bei gleichzeitiger Aufrechterhaltung der Authentizität eben das Geschäftsmodell der Influencer sei, basiert auf einer **unzulässigen Verallgemeinerung:**[552] Genau so funktioniert nämlich auch die herkömmliche Presse: Die Auflagenstärke einer Zeitung (als Pendant zu den Followern) wirkt sich auf deren Anzeigenpreise aus. Ein Leitartikel zu rein politischen Themen dient damit mittelbar auch dem Unternehmen des Verlegers. Eine entsprechende Argumentation wird im Bereich der Presse nicht vertreten, würde deren wirtschaftliche Grundlagen gefährden und eine Vereinbarkeit mit Art. 5 GG wäre nicht erkennbar. Es ist kein Grund erkennbar, bei Influencern – anders als bei der herkömmlichen Presse – keine Einzelfallprüfung vorzunehmen. Insoweit überzeugt auch das OLG Karlsruhe nicht mit der Auffassung, dass das Kennzeichnungsgebot eine verhältnismäßige Einschränkung der Meinungsäußerungs- und Medienfreiheit sei[553]: Dies trifft nur zu, soweit der konkrete Post einen konkret kommerziellen Inhalt hat. Die dort ebenfalls vertretene Auffassung, jeder Post diene auch dem eigenen Unternehmen der Influencerin, hat dann aber die Konsequenz, dass jeder ihrer Posts als kommerzielle Kommunikation zu kennzeichnen wäre, auch wenn er keine entsprechende Inhalte transportiert. Diese Ausdehnung der Kennzeichnungspflicht ist aber weder erforderlich noch angemessen im engeren Sinne.

264 Ebenfalls wenig geeignet erscheint es, bei der Beurteilung von Influencer Aktivitäten darauf abzustellen, ob es für die Darstellungsweise einen **publizistischen Anlaß** gibt.[554] Diese Frage ist relevant, wenn es um Werbung in der Presse geht. Influencer sind aber nicht Teil der Presse. Es wird nur in Ausnahmekonstellationen einen publizistischen Anlaß dafür geben, seine private Meinung über ein bestimmtes Produkt auf einer Social Media Plattform zu veröffentlichen. Influencer können sich aber auf die ebenfalls in Art. 5 GG geschützte Meinungsfreiheit berufen, so dass eine Meinungsäußerung nicht vom Vorliegen eines publizistischen Anlasses abhängig gemacht werden kann.

265 Wenn aber ein Teil der Posts geschäftlicher Natur ist, ein anderer Teil hingegen eine rein private Meinungsäußerung sein soll, sind an die Einhaltung der Transparenzanforderungen aus § 5a **tendenziell strenge Maßstäbe** anzulegen: Influencer spielen bewußt damit, durch die Unabhängigkeit der privaten Meinung besonders glaubwürdig zu erscheinen.

266 Bei der Beurteilung der Frage, ob Posts mit Produktmarkierungen der **Förderung fremder Unternehmen** diene, hat das KG differenzierter argumentiert und die Auffassung vertreten, dass die Grenze zur Werbung nicht allein deswegen überschritten werde, weil

---

beispielsweise wie folgt: *„Mit Shopping auf Instagram steht deinem Unternehmen ein ansprechendes Schaufenster zur Verfügung, in dem deine besten Produkte ausgestellt sind. Mit Shopping auf Instagram kannst du empfohlene Produkte über deine organischen Beiträge und Stories teilen oder deine Produkte in „Suchen und Entdecken" anbieten. Wenn jemand auf eine Produktmarkierung in deinem Beitrag oder einen Produkt-Sticker in deiner Story tippt, kommt er auf eine Seite mit Produktbeschreibungen, auf der Folgendes zu sehen ist: Ein Bild des Produkts aus deinem Beitrag. Eine Beschreibung des Produkts. Der Preis des Produkts"*, am 20.10.2019 abrufbar unter https://help.instagram.com/337910740093030/?helpref=hc_fnav&bc[0]=Instagram-Hilfebereich&bc[1]=Instagram%20f%C3%BCr%20Unternehmen.

[551] Vgl. etwa KG GRUR 2019, 543 – Produkt Tagging – und MMR 2018, 245; OLG Braunschweig MMR 2019, 467 Rn. 9; OLG Celle GRUR 2017; 1158; OLG Frankfurt a. M. BeckRS 2019, 14246; LG Karlsruhe GRUR-RR 2019, 328 oder LG Hamburg Beck LSK 2019, 10580; LG Hagen NJW-RR 2018, 170 und MD 2018; LG Heilbronn ZUM-RD 2019, 180. OLG Hamburg, MMR, 2020, 767, 768 Rz. 43; OLG Karlsruhe, GRUR 2021, 88, 89, Rz. 54 ff. vgl. hierzu auch *Keller* § 2 Rn. 249.

[552] So ua LG Karlsruhe GRUR-RR 2019, 328 Rn. 33, OLG Frankfurt a. M. BeckRS 2019, 26975; LG Berlin GRUR-RS 2018, 12033; LG Heilbronn GRUR-RS 2018, 18453; *Mallick/Weller* WRP 2018, 1289, 1294.

[553] GRUR 2021, 88, 94 Rz. 128.

[554] So etwa OLG Braunschweig MMR 2019, 467 Rn. 11.

eine **Produktmarkierung einen Link zu den Accounts des Herstellers oder Händlers** enthalte, über welche die Nutzer teilweise auch zu Online Shops gelangen können.[555] Das Herstellen von Verbindungen sei Sinn eines Netzwerkes, der Link nur eine geringfügige Abkürzung zu einem anderenfalls über Suchmaschine erreichbaren Ziel. Aufgrund der Lebenswirklichkeit des Internet sei die Grenze einer als Meinungsäußerung unbedenklichen Markennennung und einer als solchen zu kennzeichnenden Werbung jedenfalls dann nicht das Setzen des Links, wenn dem Verbraucher über den Link nicht unmittelbar der Erwerb des Produktes ermöglicht werde.

Dem OLG München zufolge dienen Posts mit Product Tags dem Informationsbedürfnis der Follower. Es sei ein bloßer Reflex, dass hiermit auch der Absatz der markierten Produkte gefördert werde – die Posts folglich keine geschäftlichen Handlungen, solange die Influencerin kein Entgelt erhalte.[556] Führt der Tag unmittelbar in den Onlineshop, ist der kommerzieller Zweck offensichtlich gegeben. Gleiches gilt erst recht, wenn der Link provisionsbasiert ist **(„Affiliate Link")** oder ein **Rabatt Code** gewährt wird. Führt der Tag hingegen nur zu einer allgemeinen Seite eines Herstellers, ist die Förderung des Absatzes weniger plakativ.[556a]

Aus diesseitiger Sicht kommt es dann auf die konkreten Umstände des Einzelfalles an. Es überzeugt allerdings nicht, eine geschäftliche Handlung nur anzunehmen, wenn die Influencerin vom getaggten Unternehmen eine Leistung oder ein Entgelt erhält. Dann würden für Instragram Posts und vergleichbare Publikationen deutlich laxere Regelungen gelten als in allen anderen Medien. Bei der Einzelfallbetrachtung sind andere Indizien, wie etwa reklamehafte Anpreisungen im jeweiligen Zusammenhang relevant. Hierbei ist auch zu berücksichtigen, dass in elektronischen Medien der „Weg zum Kauf" über Links wesentlich kürzer ist als etwa in Print, Funk und Fernsehen. Dieser Aspekt alleine kann aber nicht den Ausschlag geben. Das KG überzeugt mit der Begründung, dass der Sinn eines sozialen Netzwerks auch darin besteht, Verknüpfungen herzustellen, die Abkürzung im Vergleich zum Weg aber eine Suchmaschine geringfügig sei.[557]

Das KG hat sich ferner in überzeugender Weise mit der Frage des **Nachweises einer Gegenleistung** für den maßgeblichen Post auseinandergesetzt: Da ein Außenstehendender keinen Einblick in den Beziehungen des Influencers zu den Herstellern und Vertreibern der empfohlenen Produkte habe, sei dessen Darlegungs- und Beweislast als Kläger gemildert, in dem den Influencer eine **sekundäre Darlegungslast** hierzu treffe.[558] Ob die Einlassung ausreicht, Produkttags seien in einem Post allen deswegen gesetzt worden, um entsprechenden Anfragen der Besucher des Accounts zuvor zu kommen, ist im jeweiligen Einzelfall zu entscheiden.[559] Es ist jedenfalls zutreffend, dass auch in zahlreichen Publikationen zu Modethemen – auch in der allgemeinen Presse – regelmäßig Produkt- und Markennamen explizite Erwähnung finden.[560] Auch hier müssen gleiche Bewertungsmaßstäbe für elektronische und herkömmliche Medien gelten. 267

cc) Unzureichende Kenntlichmachung. (1) Inhaltliche Anforderungen. Die unzureichende Kenntlichmachung des kommerziellen Zwecks einer geschäftlichen Handlung 268

555 GRUR 2019, 543 Rn. 79 ff.

556 GRUR 2020, 1096, 1097, Rz. 29. A.A. BGH I ZR 126/20 – *Influencer III,* der das Ergebnis aber bestätigt, da sich der kommerzielle Zweck unmittelbar aus den Umständen ergeben habe.

556a BGH I ZR 90/20 – *Influencer I:* Ein „Tap Tags" allein reicht nicht aus; ein Link zum Hersteller des markierten Produkts begründet hingegen regelmäßig einen werblichen Überschuss.

557 GRUR 2020, 543, 547 Rz. 83 f.; zu pauschal hierzu OLG Karlsruhe GRUR 2021, 88, 91, Rz. 79. Obwohl das Ergebnis insoweit überzeugt, da die dortigen Links unmittelbar in den Shop des verlinkten Unternehmens geführt haben. Diese Funktionalität gibt den Ausschlag, diesen Link anders zu bewerten als Herstellernachweise in der Presse und deswegen die Förderung des fremden Unternehmens anzunehmen.

558 GRUR 2019, 543 Rn. 70 ff.: Die Vorlage der Kaufbelege und die Glaubhaftmachung, keine Entgelte erhalten zu haben hat im konkreten Fall ausgereicht, die Darlegungen des Klägers hinreichend zu entkräften.

559 Das KG hat diese Einlassung in GRUR 2019, 543 Rn. 60 ff. für einen Teil der Beiträge als relevant erachtet; aA LG Düsseldorf 12.6.2019 – 12 O 296/18.

560 KG MMR 2019, 114 Rn. 24; OLG Braunschweig MMR 2019, 467 Rn. 15; LG Düsseldorf 12.6.2019 – 12 O 296/18.

enthält ein Element der Täuschung. Dem Beispiel der **UGP-Richtlinie** folgend ist der Tatbestand nun unter der (redaktionellen) Überschrift einer **Irreführung durch Unterlassen** eingeordnet.[561] § 5a Abs. 6 enthält **kein Kennzeichnungsgebot im engeren Sinne.** Die Kenntlichmachung kann nämlich entfallen, wenn sich die geschäftliche Absicht des Gewerbetreibenden unmittelbar aus den Umständen ergibt. Das Regelungsbedürfnis entsteht durch das Ergebnis einer unzulänglichen Kommunikation, welche der Gewerbetreibende verursacht hat durch seine geschäftliche Handlung: Letztere umfasst „jedes Verhalten" nach § 2 Abs. 1 Nr. 1 – also positives Tun und Unterlassen. Infolgedessen hat der Verbraucher das gewerbliche Motiv nicht erkannt. Maßgeblich ist die **unzureichende Kenntlichmachung als Ergebnis,** wodurch ein Regelungsbedürfnis ausgelöst wird: Damit kann die Unterscheidung zwischen einer Einordnung als positives Tun oder als Unterlassen weiterhin dahinstehen.[562] Die Unterscheidung zwischen Handlungs- und Unterlassungsunrecht hat auch im Bereich der sonstigen Irreführung nicht überzeugt.[563]

269 Die unzureichende Kenntlichmachung erfordert vor dem Hintergrund der Regelung in Art. 7 Abs. 2 UGP-Richtlinie allerdings **keine positive Fehlvorstellung der angesprochenen Verbraucher.** Art. 7 Abs. 2 enthält allein eine **widerlegliche Vermutung der Unlauterkeit einer unzureichenden Kenntlichmachung** („*Als irreführende Unterlassung gilt es auch, wenn er den kommerziellen Zweck der Geschäftspraxis nicht kenntlich macht, sofern er sich nicht unmittelbar aus den Umständen ergibt.*"). Folglich muss ein Anspruchsgläubiger allein die unzureichende Kenntlichmachung als solche darlegen. Die **Darlegungs- und Beweislast** für eine mögliche Erkennbarkeit aus den Umständen obliegt dem Anspruchsschuldner. Aus dem eher umgangssprachlich geprägten Begriff der „Schleichwerbung" folgt **keine Voraussetzung der Heimlichkeit.**

270 Wenn der kommerzielle Zweck trotz fehlender Kennzeichnung leicht erkennbar ist, scheidet ein Verstoß gegen § 5a Abs. 6 aus. Dies gilt auch dann, wenn die Werbung nach medienrechtlicher Bewertung unzulässig ist.[564] Eine relevante Täuschung liegt hingegen vor, wenn der Adressat entgegen seiner verobjektivierten Erwartung mit nicht vorhersehbarer Werbung konfrontiert wird, ohne dass der werbliche Charakter eindeutig zu erkennen ist.[565] Der kommerzielle Zweck ist nicht allein schon deswegen offensichtlich, weil ein Social Media Account eine große Zahl von Abonnenten hat, Beiträge professionell gestaltet sind, der Account öffentlich zugänglich ist oder Internetbeiträge häufig durch Werbung finanziert werden.[566] Gerade bei Social Media Beiträgen ist hierbei in der Abwägung zu berücksichtigen, dass bewusst mit der Glaubwürdigkeit und Authentizität eines vermeintlich privaten Beitrags gespielt wird. Insbesondere bei **Influencer-Marketing** Aktivitäten sind hier tendenziell eher strengere Maßstäbe anzulegen sind. Das OLG Hamburg hat in einem Urteil zum Influencer Marketing dargelegt, dass die Kennzeichnung eines Instagram Accounts mit einem blauen Haken den kommerziellen Zweck des Posts hinreichend erkennbar macht.[567] Der Anbieter Instagram gewährt diesen sog. „Personen des öffentlichen Lebens", wenn die Echtheit eines Nutzers hinter einem Instagram Profil entsprechend verifiziert und bestätigt worden war. Zudem verwies der Senat auf die hohe Zahl der Follower, vor allem aber der zu den streitgegenstandlichen Posts geweils gesetzten „Likes"

---

[561] Die vormalige Einordnung war bereits von *John* WRP 2011, 1357 kritisiert worden.

[562] So MüKo/*Heermann,* 2. Aufl. 2014 zur entsprechenden Diskussion im Rahmen von § 4 Nr. 3 UWG aF, dort Rn. 7.

[563] Auch der BGH stützt Irreführungsfälle zum Teil sowohl auf § 5 als auch auf § 5a Abs. 2, GRUR 2011, 82 Rn. 27 – Preiswerbung ohne Umsatzsteuer.

[564] Die Intensität ua der Logo-Einblendungen gab den Ausschlag für den Verstoß gegen § 7 Abs. 7 S. 1 des damaligen RStV, VG München BeckRS 2019, 16512. Eine wettbewerbsrechtlich relevante Täuschung ist hierdurch eher schwer vorstellbar; anders kann dies hingegen in der im Urteil ebenfalls geschilderten Wiedergabe redaktioneller Inhalte in den Farben des werbenden Unternehmens sein.

[565] VG Berlin ZUM-RD 2009, 292 – WOK WM; *Platho* MMR 2008, 582 (585).

[566] So mit überzeugender Begründung das LG Karlsruhe GRUR-RR 2019, 328 Rn. 46; aA LG München I GRUR–RR 2019, 332 – Cathy Hummels.

[567] *MMR 2020,* 767 dort Rn. 51.

von zwischen mehr als 45000 und nahezu 65000. Es ist aus diesseitiger Sicht nicht plausibel, aus der Verwendung des Symbols für einen verifiziert authentischen Nutzer auf einen kommerziellen Zweck zu schließen: Papst Franziskus unterhält einen verifizierten Account, der im März 2021 7,8 Mio. Follower aufweist, Uno Generalsekretär Antonio Guterres folgen rund 280 Tsd Personen auf Instagram und Bundeskanzlerin Merkel 1,7 Mio. Personen. Da die Verifizierung keinen Bezug zu kommerziellen oder anderen Zwecken aufweist, ist die Verwendung des blauen Hakens insoweit ohne jeden Erklärungsgehalt.[568] Aus dem gleichen Grund eignen sich auch die Zahl der Follower eines Accounts oder die Anzahl von Likes unter einem Post nicht dafür. Es ist offensichtlich richtig, dass mehrere zehn- oder hunderttausend Personen nicht private Freunde des Account Betreibers sein können. Wer auch das Anklicken einer Kommentarfunktion wie eines Herzchens bekannt gibt, dass ihm der Post gefallen hat, gibt eine eigene Erklärung ab. Es ist nicht erklärbar, wieso diese dafür maßgeblich sein soll, ob der längst abgeschlossene veröffentlichte Post des Account-Inhabers kommerziellen Charakter hat oder nicht und ab welcher Zahl von „Likes" ein Post in den kommerziellen Bereich kippt. Die offenstichtliche Erkennbarkeit des kommerziellen Zwecks muss sich aus dem Post selber ergeben, nicht aus der Reaktion anderer hierauf.

Die Frage der **Wesentlichkeit** stellt sich bei der Beurteilung nicht: Der Begriff der 271 „wesentlichen Informationen" in Art. 7 Abs. 2 Var. 1–3 UGP-Richtlinie bezieht sich auf das Verheimlichen, die irreführende oder zu späte Bereitstellung entsprechender Informationen, betrifft somit das „Ob", das „Wie" und das „Wann" entsprechender Angaben. § 5a Abs. 6 und Art. 7 Abs. 2 Var. 4 UGP-Richtlinie betreffen das „Wieso" der Geschäftspraxis; hier ist eine Unterscheidung zwischen „wesentlich" und „unwesentlich" weder möglich noch sinnvoll.

§ 5a Abs. 6 erfasst auch **subliminale Werbung,** die letztlich eine extreme Form der 272 Verschleierung des kommerziellen Zwecks darstellt: Dem Zuschauer wird nicht nur der werbliche Charakter einer für ihn im Übrigen erkennbaren geschäftlichen Handlung verschleiert, er kann darüber hinaus die entsprechende Botschaft als solche nicht bewusst wahrnehmen, da sie in einem anderen Zusammenhang für derart kurze Zeit eingeblendet wird, dass sie in diesem eingebetteten Zusammenhang aufgeht.[569]

Eine unzureichende Kenntlichmachung iSv § 5a Abs. 6 setzt **keine zur Täuschung** 273 **geeignete Angabe iSv § 5 Abs. 1 S. 2** voraus: Im Rahmen von § 5 ist eine Aussage erforderlich, die aus Sicht des maßgeblichen Adressatenkreises der geschäftlichen Handlung einen inhaltlich nachprüfbaren Tatsachenkern hat; vgl. hierzu *Weidert,* § 5 Rn. 182, 197 f., 975 ff. **Reine Werturteile** fallen daher nicht unter den Begriff der Angaben iSv § 5 Abs. 2 Nr. 2. Es ist aber hingegen sehr wohl möglich, dass ein reines Werturteil eine unzureichende Kenntlichmachung des kommerziellen Zwecks enthält: Ein Testbericht oder eine Rezension kann offen erkennbar als rein persönliches Werturteil verfasst sein, enthält damit keinen inhaltlich nachprüfbaren Tatsachenkern. War der Bericht oder die Rezension dennoch etwa ein bezahltes, inhaltlich von einem Dritten vorgegebenes oder zumindest entsprechend beeinflusstes Werk, liegt eine Verschleierung des kommerziellen Zwecks vor.[570]

---

[568] Vgl. hierzu auch → Rn. 386 zum Urteil des LG München I vom 29.4.2019.

[569] Ob diese Form der Beeinflussung des Unterbewusstseins überhaupt möglich ist, ist empirisch umstritten. Sie geht zurück auf ein angebliches Experiment von James Vicery in einem Kino in den USA im Jahre 1957, der die Zuschauer durch die sehr kurz (1/3.000 Sek.) eingeblendeten Botschaften „Trink Cola und iss Popcorn" beeinflusst haben will. Diese Frage wurde ua im US-Präsidentschaftswahlkampf 2000 relevant: in einem Wahlspot der Republikaner wurden die Demokraten als „bureaucrats" bezeichnet, der darin enthaltene Wortbestandteil „rats" (dt. = Ratten) wurde kurz nahezu bildfüllend aufgeblendet. Die Frage, ob eine erfolgreiche Beeinflussung des Unterbewusstseins überhaupt möglich ist, ist aus wettbewerbsrechtlicher Sicht irrelevant. Selbst wenn dies nicht der Fall sein sollte, liegt jedenfalls eine Verschleierung des Werbecharakters vor, so zutreffend bereits *Sack* ZUM 1997, 103 (124).

[570] Gegen die vorstehende Abgrenzung lässt einwenden, dass auch bei einer Rezension oder einem subjektiven Testbericht die stillschweigende Tatsachenbehauptung eines eigenen unbeeinflusst erstellten

274 **(2) Relevante Perspektive.** Ob der kommerzielle Zweck einer geschäftlichen Handlung verschleiert wurde, ist nach § 3 Abs. 4 S. 1 Var. 1 aus der Sicht des durchschnittlichen Verbrauchers zu beurteilen; vgl. hierzu zunächst [•].[571]

275 Nicht überzeugend sind hingegen die Ausführungen des BGH in ***Preisrätselgewinnauslobung V:***[572] Die Aufhebung des Berufungsurteils wird damit begründet, dass es nicht allein darauf ankomme, „ob der durchschnittliche Leser erst nach einer – analysierenden – Lektüre des Beitrags die werbliche Wirkung des Beitrags erkenne". Dies schließe es nämlich nicht aus, „dass der Leser auf Grund der Zuordnung des Beitrags zum redaktionellen Teil einer Zeitschrift diesem überhaupt erst eine eingehendere Beachtung schenkt, weil er der irrigen Annahme unterliegt, es handele sich um eine unabhängige Äußerung der Redaktion. Aus diesem Grund muss für den Leser bereits **auf den ersten Blick und ohne jeden Zweifel erkennbar** sein, dass es sich der Sache nach um Werbung für den Hersteller des ausgelobten Produkts handelt. In diesem Zusammenhang genügt es nicht, dass der Verkehr die äußerst positive Beschreibung des Produkts erkennt. Er muss vielmehr sofort und zweifelsfrei erkennen, dass diese Beschreibung der Bewerbung des Produkts dient und nicht von der Redaktion verantwortet wird."[573]

276 Hier scheint er wieder durch, der unkritische, flüchtige Verbraucher, da der Maßstab „der erste Blick" und die Abwesenheit „jedes Zweifels" ist, die Erkennbarkeit „sofort, eindeutig und unmissverständlich" gegeben sein muss.[574] Dies ist vor allem deswegen überraschend, weil ja gerade bei Preisrätseln auch aus Sicht des BGH eher weniger strengere Maßstäbe gelten als bei redaktionellen Beiträgen im engeren Sinne, da diese häufig eine Eigenwerbung für den Verlag darstellen. Die Werbebotschaft in der konkreten Gestaltung aus Bild, Titel, dem abgedruckten Text und der wenig subtilen, auf die Wiederholung des Werbeclaims ausgerichteten Gewinnfrage schleicht nach diesseitiger Auffassung nicht, sondern weist eine ins Auge springende Anlehnung an klassische Werbeformen auf, die den angesprochenen Verbraucherkreisen (Erwachsenen) bei durchschnittlicher Aufmerksamkeit nicht entgehen kann.[575]

277 Richtet sich die geschäftliche Handlung an eine **bestimmte Verbrauchergruppe,** ist die Sicht eines durchschnittlichen Mitglieds dieser Gruppe relevant, § 3 Abs. 4 S. 1 Var. 2.[576] Richtet sich eine Werbung primär, aber nicht nur an Kinder, ist bei der Frage der hinreichenden Kenntlichmachung der kommerziellen Absicht auch die Sicht eines **durchschnittlichen Kindes** zu berücksichtigen, was im Ergebnis zu einem **strengeren Maßstab** führt.[577] Überzeugend ist insofern, bei der Beurteilung eines für Kinder konzipierten Internetportals die altersbedingt vergleichsweise schwächere Aufmerksamkeits- und Lesekompetenz einerseits und den stärkeren Spieltrieb und seine Anfälligkeit für bewegte Bilder

---

Beitrages erhoben wird. Stellt man sich auf diesen Standpunkt, wird die Differenzierung zwischen Werturteilen einerseits und Tatsachenbehauptungen andererseits allerdings im Ergebnis überflüssig.

[571] Im Rahmen der UWG Reform 2008 war der Begriff des Durchschnittsverbrauchers in § 3 Abs. 2 S. 2 aufgenommen worden, um an das von EuGH und BGH entwickelte des informierten, verständigen und angemessen aufmerksamen Durchschnittsverbrauchers anzuknüpfen, so ausdrücklich die Begründung des Regierungsentwurfs, BT-Drs. 16/10145, 22.

[572] BGH GRUR 2013, 644 Rn. 21 – Preisrätselgewinnauslobung V.

[573] BGH GRUR 2013, 644 Rn. 21 – Preisrätselgewinnauslobung V.

[574] *Büscher* GRUR 2013, 969 (972).

[575] Dem Preisrätsel vorangestellt war eine große Abbildung eines Epiliergeräts der (erkennbar wiedergegebenen) Marke Braun,, neben dem Textfeld „Gewinnen Sie ein Epiliergerät von Braun". Der nachfolgende Text enthielt ua die Aussage: *„Der Silk-épil Xpressive Wet&Dry von Braun ist dafür ideal, denn er bietet die sanfteste und hautschonendste Epilation, die es je von Braun gab. Sein Geheimnis ist die Anwendung unter Wasser, denn warmes Wasser wirkt entspannend und beruhigend, das Gefühl auf der Haut wird besser und das Zupfempfinden nimmt merklich ab."* Ihm folgte die Gewinnfrage *„Was ist das Geheimnis des Silk-épil Xpressive WetDry?"*. Im Ergebnis ähnlich *Ritlewski,* BeckOK UWG, 6. Aufl. Stand: 1.10.2018 § 5a Rn. 196.

[576] Diese Differenzierung findet sich in der UGP-Richtlinie unmittelbar nur in Art. 5 Abs. 2 lit. (b), ist dort aber für das ganze zweite Kapitel der „unlauteren Geschäftspraktiken" vor die Klammer gezogen worden,

[577] AA LG München I GRUR-RR 2019, 332 Rn. 50 – Cathy Hummels.

zu berücksichtigen.[578] Dies ist unabhängig von § 3 Abs. 4 S. 2 und Art. 5 Abs. 3 UGP-Richtlinie, die für die nachfolgend zu prüfende Eignung zur Entscheidungsbeeinflussung den jeweils konkretisierten Maßstab gesondert erwähnen.

Nachdem der Konsum von Medien und Internetinhalten in steigendem Maß auch bei Kindern zunimmt, die noch nicht lesen können, stellt sich in der Theorie die Frage, wie diesen gegenüber Werbung als solche gekennzeichnet werden soll. Graphische, inhaltliche und farbliche Gestaltungen unterstützen sicherlich die Unterscheidbarkeit von Inhalten, ohne dass hieraus allein aber der kommerzielle Zweck erkennbar werden muss.[579] Da nicht lesefähige Kinder aber kaum allein eigene geschäftliche Entscheidungen treffen, die durch die unzureichende Kenntlichmachung beeinflusst werden, ist die praktische Relevanz aus Sicht von § 5a Abs. 6 UWG überschaubar. Mittelbar spielt dies allerdings insofern eine Rolle, als dass der Wunsch eines Kindes nach einem bestimmten Produkt durchaus durch Werbung veranlasst worden sein kann, was die die geschäftliche Entscheidung treffenden Eltern mangels Kenntnis der entsprechenden, nicht an sie gerichteten Werbung ggf. nicht erkennen. Die Diskussion kann zudem in rein medienrechtlichen Konstellationen über § 3a in das Wettbewerbsrecht gelangen: § 9 Abs. 1 MedienStV verbietet es etwa, Sendungen für Kinder durch Werbung oder Teleshopping Spots zu unterbrechen. Da die rein medienrechtlichen Wertungen auf einer Berücksichtigung altersbedingter Reife beruhen, liegt es nahe, sie sinngemäß auf wettbewerbsrechtliche Konstellationen zu übertragen. 278

Eine besondere Bedeutung hat Schleichwerbung auch im Bereich des **Wirtschaftsjournalismus** (dazu noch gesondert → Rn. 353 ff.). Rein tatsachlich hat die Zahl von Anlagenempfehlungen in redaktionellen Beiträgen in den letzten Jahren deutlich zugenommen.[580] Unabhängig von der Frage, ob bzw. ab wann in entsprechenden Konstellationen auch gegen andere Bestimmungen, etwa das WpHG verstoßen wird, ist für die lauterkeitsrechtliche Prüfung jedenfalls ein strenger Maßstab anzulegen. Gleiches gilt dann, wenn ein redaktioneller Beitrag explizit als neutraler Bericht gestaltet ist, wie etwa eine „Ratgebersendung“ oder ein entsprechendes Buch.[581] 279

Großzügigere Maßstäbe können angelegt werden, wenn es sich beispielsweise eine ausschließlich an Erwachsene gerichtete Werbeaussage handelt, die etwa in einem redaktionellen Beitrag in einer Kundenzeitschrift enthalten ist und prestigebeladene Güter des täglichen Lebens betrifft; vgl. hierzu [•]. Auch die Besonderheiten des jeweiligen Mediums sind folglich zu berücksichtigen: Die Erwartung, mit Werbung konfrontiert zu werden, dürfte etwa in einem kostenlos verteilten Kundenmagazin, in welchem neben Prämien und neuen Kooperationspartnern diverse redaktionelle Beiträge über prestigebeladene Produkte Dritter einschließlich umfassender Herstellernachweise veröffentlicht werden, deutlich höher sein als bei großen überregionalen Tageszeitungen. 280

(3) Empirische oder normative Ermittlung. Von Bedeutung ist allerdings die Frage, ob die Verkehrsauffassung rein **normativ** ermitteln wird, also in rein richterlicher Wertung auf einen idealtypischen Verbraucher als Messlatte für eine mögliche Irreführung abgestellt wird, oder ob sie **empirisch,** also durch Verbraucherbefragungen und Sachverständigengutachten festzustellen ist; vgl. hierzu zunächst *Glöckner* → Einl. B Rn. 282. 281

Gerade wenn es um die Verschleierung des kommerziellen Zwecks einer geschäftlichen Handlung geht, sollten die Grundlagen der Verkehrsauffassung aus diesseitiger Sicht **empi-** 282

---

[578] KG GRUR RR 2013, 223 (224).

[579] Vgl. OLG Köln MMR 2014, 51 (52 f.) zu entsprechenden (unzureichenden) Gestaltungsformen.

[580] Vgl. hierzu die Untersuchung „Wirtschaftsberichtserstattung in den Programmen von n-tv. N24 und Bloomberg TV“ der Forschungskooperation Wirtschaftsberichtserstattung im Auftrag der Direktorenkonferenz der Landesmedienanstalten vom 14.12.2006, abrufbar über www.alm.de, dort unter „Medienforschung/Publikationen“, oder Berichte über entsprechende Schleichwerbung SAT 1, vgl. etwa Berichte der Süddeutschen Zeitung vom 14.10.2005, „20000,00 Euro für einen Beitrag mit Experten-Auftritt“ und vom 28.9.2005, „Die Tessin-Connection“.

[581] Vgl. etwa den Bericht „Reiseapotheke: Das perfekte Drehbuch für Arzneien“ in der Süddeutschen Zeitung vom 28.9.2005; LG München I BeckRS 2008, 07079.

risch festgestellt werden: Eine Täuschung oder Irreführung angesprochener Verkehrskreise findet in der Realität statt. Hierauf sollten Urteile gestützt werden, nicht auf hypothetische, vom Richter in freier Rechtsschöpfung erschaffene Sollvorstellungen eines nicht existierenden Idealmenschen.[582] Dennoch stützt sich in der Praxis die überwiegende Zahl der Urteile allein auf die eigene Urteilsfähigkeit der Richter. Die empirische Feststellung der Verkehrsauffassung entbindet die Gerichte selbstverständlich nicht von einer rechtlichen Bewertung des Ergebnisses, in welche normative Gesichtspunkte immer einfließen werden und einfließen müssen. Dies betrifft ua den anzuwendenden Bewertungsmaßstab:

283 **dd) Eignung zur Beeinflussung einer anderenfalls nicht getroffenen Entscheidung.** Die unzureichende Kenntlichmachung muss geeignet sein, den Verbraucher zu einer anderenfalls nicht getroffenen Entscheidung zu veranlassen, was gesondert festzustellen ist. Da im Rahmen vom § 5a Abs. 6 keine Wesentlichkeitsprüfung stattfindet, ist sie **nicht entbehrlich.** Anderenfalls würde die Grenze zu den unter allen Umständen als unlauter geltenden Geschäftspraktiken der „schwarzen Liste" aus dem Anhang zu § 3 Abs. 3 verwischt, welche in Nr. 11 einen Sonderfall der unzureichenden Kenntlichmachung von Werbung regeln.

284 Beurteilungsmaßstab ist gem. § 3 Abs. 4 S. 2 ggf. die Sicht eines durchschnittlichen Mitglieds des jeweiligen Adressatenkreises unter Einbeziehung einer ggf. bestehenden besonderen Schutzbedürftigkeit.[583] Beispiel hierfür sind geschäftliche Handlungen in einem gesundheitsbezogenem Kontext, wie etwa das Stimulieren und Ausnutzen von Ängsten vor Krankheiten oder Alterserscheinungen.[584] Gleiches gilt für geschäftliche Handlungen, die sich gezielt an Kinder und Jugendliche richten, da diesen regelmäßig aufgrund mangelnder Reife die nötige kritische Distanz zu potentiellen Werbeaussagen fehlt, so dass sie leichter verführbar sind und somit schutzbedürftig sind.[585] Dies ist auch der Grund für die Gegenausnahmen bei der Zulassung von Produktplatzierungen (→ Rn. 323).

285 Der Wortlaut von § 3 Abs. 4 S. 2 enthält dem gemeinschaftsrechtlichen Wortlaut folgend scheinbar eine Einschränkung („die für den Unternehmer *vorhersehbar* das wirtschaftliche Verhalten *nur einer eindeutig identifizierbaren* Gruppe von Verbrauchern *wesentlich* beeinflusst"). Eine praktische Relevanz ist allerdings nur schwer vorstellbar, da die bereits **Eignung zur Veranlassung** der Entscheidung ausreicht, den Tatbestand zu erfüllen.[586] Allerdings hat der EuGH ausdrücklich festgestellt, dass ein **nur mittelbarer Zusammenhang nicht geeignet** ist, das wirtschaftliche Verhalten des Verbrauchers bei seiner Entscheidung wesentlich zu beeinflussen, was seiner Systematik zufolge allerdings das Vorliegen einer Geschäftspraktik ausschließt.[587] Das OLG Hamburg hat in einem Urteil zum Influencer Marketing die Eignung der Einflussnahme auf die Verbraucherentscheidung mit der Begründung abgelehnt, das Anklicken der Tags führe zwar zu den Accounts der jeweiligen Hersteller, sei aber nur eine reine Vorbereitungsmaßnahme: Die Verbraucher würden nur undifferenziert über die Looks und die entsprechenden Hersteller informiert.[588] Diese Begründung kann nicht überzeugen: Es kommt darauf an, ob die geschäftliche Handlung **geeignet** ist, den Verbraucher zu einer anderenfalls nicht getroffenen Entscheidung zu beeinflussen. Der Senat selber hat ein Urteil in Rn. 64 anhand des dortigen Beispiels vor Augen geführt, dass das Abbilden von Kleidern einen Kaufrausch ausgelöst hat.

---

582 Vgl. insoweit auch die überzeugenden Ausführungen von *Glöckner* → Einl B. Rn. 471, 483 ff.

583 Zur Rechtslage zuvor bereits BGH GRUR 1986, 318 (320) – Verkaufsfahrten.

584 Vgl. hierzu auch die „Standards für Medizinjournalisten" des Verbands deutscher Medizinjournalisten in der Fassung vom 9.3.2006.

585 Im Bereich des Rundfunks verbietet § 19 Abs. 1 MedienStV Sendungen für Kinder durch Werbung zu unterbrechen, vgl. zur Werbung vor Kindern *Benz* WRP 2003, 1160 ff.

586 *Peifer* in Teplitzky/Peifer/Leistner, 2. Aufl. 2013, UWG 2004 § 4 Nr. 3 Rn. 124 zufolge ist die die geschäftliche Relevanz einer Vorenthaltung und ihr Beeinflussungspotenzial stets zu vermuten.

587 EuGH GRUR 2013, 1245 Rn. 41 – GOOD NEWS.

588 A. a. O. dort Rn. 60 f.

c) Prüfungsreihenfolge und Konkurrenzen. Vor dem Hintergrund der unterschiedlichen Voraussetzungen bietet sich folgende Prüfungsreihenfolge an: Stets zu prüfen ist das Vorliegen einer „geschäftlichen Handlung" iSv § 2 Abs. 1 Nr. 1. Richtet sich der Vorwurf gegen ein Medienunternehmen oder einen anderen Adressaten eines strengeren Kennzeichnungsgebotes, ist ein Verstoß gegen diese spezialgesetzliche Regelung iVm § 3a zu prüfen. Anderenfalls/Anschließend ist zu untersuchen, ob eine geschäftliche Handlung iSd Anhangs zu § 3 Abs. 3 vorliegt, die unter allen Umständen als unlauter gilt. In Betracht kommen insbes. Ziffer 11, 22, 23. Erst danach kommt in gesondert gelagertem Falle eine originäre Anwendung von § 5a Abs. 6 in Betracht, was die praktische Relevanz der Norm deutlich beschränkt. 286

3. Besondere Erscheinungsformen der Verschleierung. a) Verschleierung im Bereich der Presse. Nahezu alle Pressemedien finanzieren sich zu einem erheblichen Teil auch über Werbeeinnahmen. Die verfassungsrechtlich gewünschte Vielfalt der Presseorgane wird daher auch durch die Erzielung von Werbeeinnahmen gesichert, ohne welche die wirtschaftliche Existenz einer Vielzahl von Presseorganen nicht denkbar wäre. Umgedreht benötigen die werbenden Unternehmen die Presseprodukte als Forum für ihre Botschaften, da isolierte Reklame auf wenig Interesse beim Zielpublikum trifft. Diese wirtschaftliche Verknüpfung wird sowohl auf wettbewerbsrechtlicher als auch auf medienrechtlicher Ebene reguliert: 287

aa) Gebot der Trennung von redaktionellem Inhalt und Werbung. Die **Landespressegesetze** verpflichten Verleger ausdrücklich, Veröffentlichungen, für welche sie einen Entgelt erhalten, fordern oder sich versprechen lassen, deutlich mit dem Wort „Anzeige" zu kennzeichnen, soweit diese nicht schon durch die Anordnung und Gestaltung allgemein als Anzeige erkennbar ist **(Kennzeichnungsgebot).**[589] Beispiel für letzteres kann etwa ein seitenausfüllendes Bild eines groß wiedergegebenen bestimmten Markenproduktes innerhalb eines sonst eher textlastigen Magazins sein. Vergleichbare Regelungen enthalten eine Reihe nicht gesetzlicher Kodizes wie etwa Ziffer 7 des **Pressekodex des Deutschen Presserat**[590] oder Ziffern 1–3 der **ZAW-Richtlinien für redaktionell gestaltete Anzeigen.**[591] Die Bedeutung derartiger nichtgesetzlicher Normen liegt in erster Linie darin, eine Kodifizierung lauterer und unlauterer Geschäftspraktiken aus Sicht der entsprechenden beruflichen Vereinigungen darzustellen. Diese können – und werden regelmäßig – Anhaltspunkte für die entsprechende rechtliche Bewertung bieten können. Sie sind aber sicher weder abschließende standesbezogene Regelungen noch für das Gericht in irgendeiner Weise bindend. Neben diesen und anderen spezialgesetzlichen Regelungen des Trennungsgebotes wurde letzteres von der höchstrichterlichen Rechtsprechung auch unmittelbar aus § 1 UWG 1909 abgeleitet.[592] 288

Die freie Bildung der öffentlichen Meinung sowie die Freiheit der Presse sind wesentliche Voraussetzungen für eine freie Willensbildung des Volkes und als solche durch **Artikel 5 GG** geschützt (ausführlich dazu *Ahrens → Einl. F Rn. 1010ff.*). Der grundgesetzliche Schutz der Pressefreiheit und die besondere Bedeutung der freien Berichterstattung für eine moderne Demokratie haben hohe Erwartungen an Objektivität und Neutralität der Berichterstattung geweckt. Schleichwerbung in der Presse ist letztlich eine Täuschung über den wahren Autor des Berichts und eine Ausnutzung des besonderen Vertrauens, welches 289

---

[589] Vgl. etwa § 10 LPG Baden-Württemberg, Bayern, Berlin, Bremen, Hamburg, Niedersachsen, NRW, Rheinland-Pfalz, Schleswig-Holstein, Thüringen, § 8 LPG Hessen, § 9 Sachsen und Sachsen-Anhalt sowie § 11 LPG Brandenburg.

[590] Am 29.3.2021 abrufbar unter https://www.presserat.de/pressekodex.html#ziffer07; welcher Zudem einen Praxis-Leitfaden hierzu veröffentlicht hat, am 29.3.2021 abrufbar unter https://www.presserat.de/presserat-schleichwerbung.html.

[591] In der Fassung vom 9.4.1964, neugefasst 2003, am 16.11.2019 abrufbar unter https://www.vdz.de/fileadmin/vdz/upload/print-digital/Regelwerke/37_ZAW_Richtlinien_redaktionell_gestalteter_Anzeigen.pdf.

[592] Vgl. etwa BGHZ 110, 278.

die Presse auch aufgrund ihres grundgesetzlichen Auftrags in der Bevölkerung genießt. Die **Verschleierung** kann hierbei auf **zwei Ebenen** ansetzen: Erfolgt ein bestimmter Pressebericht deswegen, weil ein werbendes Unternehmen das Presseorgan hierfür etwa bezahlt hat, liegt eine Täuschung über die Veranlassung der Berichterstattung vor, unabhängig davon, wie diese dann im Einzelnen ausfällt **(„Ob“ der Berichterstattung).** Getragen von der Vorstellung der Unabhängigkeit der Presse geht der Leser davon aus, dass das Presseorgan eine selbständige Entscheidung über seine Veröffentlichungen trifft und nicht als verdeckte Presseabteilung eines Unternehmens agiert. Daneben kann die Verschleierung des kommerziellen Zwecks auch durch die Art und Weise der Berichterstattung begründet sein, wenn in dem Bericht Leistungen oder Produkte eines Unternehmens in werblicher Art gepriesen werden **(„Wie“ der Berichterstattung).** Ein Verstoß gegen das Trennungsgebot eines entsprechenden Landespressegesetzes ist nicht automatisch unlauter iSv § 5a Abs. 6, hat aber eine entsprechende Indizwirkung vgl. hierzu bereits vorstehend → Rn. 251. Die **Erscheinungsformen** sind vielfältig und gehen häufig ineinander über. Ausgehend von dem oben skizzierten Trennungsgebot lassen sich vom jeweiligen Ausgangspunkt folgenden Fallgruppen unterscheiden:

290 **bb) Redaktionelle Beiträge. (1) Grundsätze.** Kennzeichnend für redaktionelle Beiträge ist das **Verstecken von Werbebotschaften** in einem redaktionell aufgemachten, von einem Journalisten stammenden Artikel.[593] Durch die **Integration einer Werbebotschaft in dem angeblich redaktionellen Beitrag** oder dessen vollständige Ersetzung durch die Werbung soll der Leser über den werblichen Inhalt der entsprechenden Botschaft getäuscht werden. Dies war bereits unter Geltung des UWG 1909 aufgrund der hiermit verbundenen Täuschung des Adressaten nach übereinstimmender Auffassung in Rechtsprechung und Literatur als Verstoß gegen § 1 UWG 1909 wettbewerbswidrig.[594] Eine derartige Vermischung von Werbung und redaktionellen Inhalten stellt zweifelsohne eine Verschleierung des kommerziellen Zwecks iSv § 5a Abs. 6 dar.

291 So einfach sich dieser Grundsatz abstrakt formulieren lässt, so schwierig ist die Grenzziehung in der konkreten Fallanwendung. Als gesichertes Kriterium der Überschreitung der Grenze zur Schleichwerbung ist die **Bezahlung eines Entgelts** als Gegenleistung für die Veröffentlichung des redaktionellen Beitrags zu betrachten. Dies löst allerdings zugleich die vorrangige Anwendbarkeit der Ziffer 11 des Anhangs zu § 3 Abs. 3 aus. Der Nachweis einer derartigen Zahlung dürfte in der Praxis allerdings nur in extremen Ausnahmefällen gelingen. Ein Verstoß gegen das Verbot getarnter Werbung setzt aber nicht voraus, dass dem Verleger oder Autor hierfür tatsächlich ein Entgelt gezahlt oder versprochen worden ist.[595] Schleichwerbung ist **auch dann wettbewerbswidrig, wenn sie ohne eine entsprechende Gegenleistung** erfolgt. Das verfälschende Element ist darin begründet, dass der Leser einem – vermeintlich unabhängigen – im Gewand einer objektiven Information erscheinenden redaktionellen Beitrag eine wesentlich größere Bedeutung zumisst als einer als subjektive Werbung erkannten Werbeaussage.[596]

292 Bei der Beurteilung, ob die Grenze zur unzulässigen Schleichwerbung in einem redaktionellen Beitrag überschritten worden ist, wird es immer auf die Würdigung aller Umstände des konkreten Einzelfalls ankommen. Wenn ein **Eingriff in redaktionellen Entscheidungen** – und zwar sowohl hinsichtlich des Ob des Berichts als auch hinsicht-

[593] Vgl. Ohly/*Sosnitza* § 5a Rn. 101 ff.; *Köhler*/Bornkamm/Feddersen UWG § 5a Rn. 7.41 ff.

[594] Vgl. etwa zuletzt BGH GRUR 1998, 489 (493) – Unbestimmter Unterlassungsantrag III; GRUR 1998, 471 (473, 475) – Modenschau im Salvatorkeller; GRUR 1997, 914 (915) – Die Besten II; GRUR 1997, 912 (913) – Die Besten I; GRUR 1997, 907 (909) – Emil-Grünberg-Club; GRUR 1997, 541 (543) – Produkt-interview; GRUR 1997, 139 (140) – Orangenhaut; GRUR 1994, 819 (820) – Produktinformation II; GRUR 1993, 561 (562) – Produktinformation I; Baumbach/Hefermehl § 1 Rn. 30 ff., *v. Gamm* Kapitel 29 Rn. 5 ff.; *Henning-Bodewig* GRUR Int. 1991, 858 (861 ff.).

[595] So ausdrücklich zuletzt der EuGH WRP 2011, 1052 zur Auslegung von Art. 1 (d) Richtlinie 89/552/EWG.

[596] Vgl. etwa BGH GRUR 1993, 561 (562) – Produktinformation I – mit Nachweisen aus älterer Rechtsprechung; BGH GRUR 1994, 819 (820) – Produktinformation II.

lich der Art der Berichterstattung – erfolgt, liegt Schleichwerbung vor. Die in den jüngster Zeit enttarnten Fälle von Schleichwerbung belegen, dass die Initiative zu entsprechenden Vereinbarungen auch aus den Medien zu kommen scheint:[597] Neben den bekannten Fällen aus dem Fernsehbereich wirft auch eine Vielzahl **redaktioneller Sonderbeilagen** im Pressebereich die Frage auf, ob deren Konzeption nicht von vorn herein auf die Generierung und Einbindung redaktioneller Werbung ausgerichtet war.[598] Aus der Tatsache, dass in einer Sonderbeilage Anzeigen und redaktionelle Inhalte zueinander „passen", folgt aber nicht zwangsläufig ein Verstoß gegen das Schleichwerbungsverbot.[599] Wird in einer Sonderbeilage zu Ausbildungsmöglichkeiten, in der auch Stellenanzeigen abgedruckt sind, in den redaktionellen Teilen zu Ausbildungskapazitäten der regionalen Wirtschaft berichtet, ist allein die Erwähnung des Namens eines Unternehmens in der Überschrift der jeweils besprochenen Ausbildungsstätte kein Verstoß gegen das Trennungsgebot.[600]

In der Rechtsprechung wurde eine Reihe von **Indizien** herausgearbeitet, die in den jeweiligen Einzelfällen den Ausschlag für die Annahme einer unzulässigen Werbung gegeben haben.[601] Deren alleiniges Vorliegen muss in anderen Konstellationen jedoch nicht zu einem gleichen Ergebnis führen, da die Unlauterkeit sich aus der Gesamtschau verschiedener Elemente ergibt. Folgende Auflistung kann daher allein als Anhaltspunkt für eine genaue Betrachtung des jeweiligen Einzelfalles gelten, dessen Bewertung jedoch in keinem Fall ersetzen. Für die Annahme einer unzulässigen Schleichwerbung sprechen ua 293

- die Beschreibung von Waren und Leistungen eines bestimmten Unternehmens in einer reklamehaften Sprache;[602] insbesondere wenn positive Schilderungen in keinem Zusammenhang mit weitergehenden Produktinformationen stehen, die eine entsprechende Bewertung rechtfertigen könnten;[603]
- die Übernahme von Bildmaterial im Rahmen von Geschenkempfehlungen verbunden mit der Nennung bestimmter Endverkäufer und der Beschreibung einer Ware in reklamehaftem Stil;[604]
- die Übernahme von Produkt- oder Markenslogans oder das Vorstellen vereinzelter Produkte oder Unternehmen im Rahmen eines angeblich vollständigen, tatsächlich aber selektiven Überblicks;
- die bewusste Verwendung falscher positiver Tatsachenbehauptungen in Bezug auf das Produkt; [605]

---

[597] Vgl. ua OLG Naumburg WRP 2010, 1561.

[598] Vgl. zu Sonderbeilagen auch → Rn. 282; im Fernsehbereich etwa Süddeutsche Zeitung, 28.9.2005 – „Die Tessin-Connection". Ein plakativer Fall etwa bei OLG Karlsruhe WRP 2011, 1335, wo der Verleger das Publikationsformat, in welchem der beanstandete redaktionelle Beitrag veröffentlicht worden war, auf seiner Website selber als „Werbeform" bezeichnet hatte.

[599] OLG München Magazindienst 1998, 967 (971).

[600] BGH NJW-RR 1998, 595 (597) – Azubi' 94.

[601] Entsprechende Feststellungen werden teilweise auch bei der Feststellung der Wettbewerbsabsicht des Presseunternehmens getroffen; rein systematisch wird hier häufig nicht klar unterschieden.

[602] Vgl. etwa OLG Karlsruhe NJWE-WettbR 1996, 6 (8) – Cabriolet Fahrbericht nebst Verkaufsanzeige (*„Bildschön präsentiert sich das Audi Cabriolet. Im dezenten Brillantblau oder blickheischendem Laserrot … Mit fließenden Linien, die eine Audi-typische Frontpartie bzw. ein abgerundetes Heck beinhalten, kommt die sportliche Eleganz zum Ausdruck. Breitreifen unterstreichen die sportive Ausrichtung … Die bewährten Motoren sorgen für beachtliche Fahrleistung. Die Leichtmetallräder im 10-Speichen-Design mit 205/60-Bereifung sowie die vom Audi-Coupé her bekannte Sportabstimmung garantieren Spurstabilität und optimales Kurvenverhalten"*; OLG Hamburg LMRR 2006, 16: *„klingt eher nach Märchen … wurde aber Realität … Wundermittel … mittlerweile für den europäischen Markt zugelassen"* oder OLG München Magazindienst 1998, 967 (971) *„Ein Traumhaus, das bereits alternative Energiequellen nutzt"*; LG Hamburg WRP 2015, 501.

[603] LG Hamburg WRP 2015, 501.

[604] Vgl. OLG München NJWE-WettbR 1996, 218 (219) – Bezahlte Sammelwerbung in redaktionellem Tageszeitungsbeitrag – *Geschenke in letzter Minute („Nicht nur Taucher stehen auf die „Scuba" von Swatch und das „Tobian" von Blancpain. Schlicht und zeitlos schön", die „federleichte Casio und die Zipfelmütze mit vielen lustigen Bommeln").*

[605] BGH NJW-RR 1995, 42 (43) – Bio-Tabletten.

- wenn sich ein Redakteur in einem Interview darauf beschränkt, dem Interviewten allein geeignete Stichworte zu liefern, um dessen Unternehmen und die entsprechenden Aktivitäten lobend darzustellen;[606]
- der Bericht einen Kaufappell enthält;[607] oder
- die Angabe der Telefonnummer des Unternehmens, über das redaktionell berichtet wird, welche für vertriebliche Zwecke genutzt wird.[608]

In sprachlicher Hinsicht wird man häufig die Verwendung des Komparativs oder Superlativs sowie die auffällige Einfügung anpreisender, reklametypische Adjektive und Adverbien antreffen.[609] Hingegen reicht die Tatsache, dass eine Anzeige nicht nur inhaltlich, sondern überwiegend sogar wörtlich mit einem zuvor erschienenen redaktionellen Beitrag übereinstimmt, nicht aus, einen **Anscheinsbeweis** dafür zu begründen, dass bereits der redaktionelle Beitrag als getarnte Werbung in Auftrag gegeben worden sei.[610]

294 **(2) Übernahme vorgefertigter Texte oder Bilder.** Viele Unternehmen verfügen über Abteilungen für Pressearbeit und Öffentlichkeitsarbeit (Public Relations), die umfangreiche Informationsbroschüren für Presse, Funk und Fernsehen bereitstellen, die Problemstellungen aufbereiten, Informationen zu Sachfragen, Lösungen und Produkten ihres Unternehmens liefern. Die Darstellung in derartigen Pressemappen, die Auswahl und Vollständigkeit der Informationen erfolgt regelmäßig – einseitig – aus der Sicht des sie verteilenden Unternehmens, so dass die Übernahme derartiger Informationen in redaktionelle Beiträge wettbewerbsrechtlich bedenklich sein kann.

295 Die Übernahme von Textpassagen oder Bildern – auch aus zur Verfügung gestellten Pressemappen – reicht allein allerdings nicht aus, um eine Verschleierung des kommerziellen Zwecks anzunehmen: Hierdurch mag eine Täuschung über die Urheberschaft begründet sein. Dies ist jedoch für eine Beurteilung nach § 5a Abs. 6 irrelevant, wenn die übernommene Passage etwa reine Tatsachen aber eben *keine* werbliche Herausstellung des entsprechenden Produktes oder der entsprechenden Leistung enthält.[611] Genau dies, die **werbliche Herausstellung eines bestimmten Produktes über das für eine sachliche Information bedingte Maß** hinaus, ist aber nach der höchstrichterlichen Rechtsprechung **Indiz für eine Verletzung des Trennungsgebotes.**[612]

296 Wird ein von einem Unternehmen an die Redaktion übersandter druckfertiger Artikel als redaktioneller Beitrag übernommen, folgt hieraus allein kein Verstoß gegen § 5a Abs. 6, auch wenn eine Täuschung über die Urheberschaft vorliegen mag. Es ist in derartigen Fällen sicherlich vorstellbar, dass sich das Unternehmen nicht allein auf die Zusendung eines druckfertigen Artikels beschränkt hat, um eine entsprechende Veröffentlichung zu erreichen. Nur müssen dann entsprechende Umstände, die eine Beeinflussung der Redaktion belegen, auch festgestellt werden, auch wenn dies in der Praxis im Einzelfall schwierig sein mag. Ein Verstoß gegen § 5a Abs. 6 kann etwa darauf gestützt werden, dass die **Schaltung von Anzeigen an die Veröffentlichung des übersandten Artikels gekoppelt** worden ist: In diesem Fall liegt dann eine Täuschung über das „Ob" der Berichterstattung vor. Die Zusendung eines druckfertigen Artikels allein stellt jedoch auch dann keine unzulässige Schleichwerbung dar, wenn dem entsprechenden Presseunternehmen auch Anzeigenaufträge erteilt werden, so lange es an einem Unlauterkeitsmoment der vorstehend skizzierten Art fehlt. Werden in einem vermeintlich redaktionellen Beitrag und

---

[606] OLG München Magazindienst 1998, 967 (971).
[607] OLG Hamburg ZUM-RD 1999, 284 (286 f.).
[608] OLG München Magazindienst 1998, 967 (972).
[609] LG Ravensburg WRP 2015, 922: Das *„echte Wohlfühlprogramm auf der Haut", „edler Schimmer", „wunderbar weich", „göttliche Beine."*
[610] BGH GRUR 1997, 681 (683) – Produktwerbung.
[611] BGH WRP 1993, 478 (479) – Faltenglätter; BGHZ 81, 247 (251) – getarnte Werbung.
[612] So der BGH in nahezu wortgleicher Passage, vgl. Produktinformation I und II aaO Rn. 846; einen derartigen Fall abgelehnt hat das OLG Hamm in BeckRS 2012, 02582.

in einer daneben als solche gekennzeichneten Anzeige nahezu identische Fotos verwendet, unterstützt dies den Eindruck eines Verstoßes gegen das Trennungsgebot.[613]

297 Die Übernahme entsprechender Texte oder Bilder kann ferner einen Verstoß gegen § 5a Abs. 6 darstellen, wenn die **inhaltliche Darstellung als solche unzutreffend** ist bzw. eine Schleichwerbung darstellt: Beispiel hierfür ist etwa die übertriebene Schilderung eines tatsächlich existierenden Problems zur Stimulation eines nicht existierenden Bedürfnisses, welches durch die unmittelbar folgende Beschreibung des problemlösenden Produktes des entsprechenden Unternehmens „lösbar" erscheint, die Übernahme reklamehafter Anpreisungen oder die Übernahme inhaltlich falscher Eigenschaftsbeschreibungen. Das Unlauterkeitselement liegt dann in der Art und Weise der Berichterstattung („wie") begründet.

298 Hinsichtlich der wettbewerbsrechtlichen Zulässigkeit von Firmenporträts ist die Rechtsprechung derzeit uneinheitlich: Einige Presseorgane bieten die Veröffentlichung von **Unternehmensportraits** an, die auf einem unabhängigen redaktionellen Bericht auf der Grundlage eines entsprechenden Interviews beruhen, wobei das porträtierte Unternehmen für die Veröffentlichung von Bildern im entsprechendem Beitrag allerdings an das Presseorgan ein Entgelt bezahlen muss. Das OLG Hamm lehnte einen Verstoß gegen den vormaligen § 4 Nr. 3 ab, das Porträt selber sei ein redaktioneller Beitrag, dessen Veröffentlichung nicht vom Abdruck zu bezahlender Bilder abhängig gemacht werde. Die Forderung der Bezahlung der Bilder sei ein Prinzip der Finanzierung der Zeitschrift, welches von Art. 5 GG gedeckt sei.[614] Zum selben Ergebnis kommt das OLG Hamm in Bezug auf die regelmäßige Veröffentlichung der Adresse und Telefonnummer eines bestimmten privaten Notdienstes, zu dem sich verschiedene Tierarztpraxen zusammengeschlossen haben, im Serviceteil eines Anzeigenblatts.[615] Demgegenüber sieht das OLG Düsseldorf in der gleichen Konstellation einen Verstoß gegen § 4 Nr. 3 UWG 2004 für gegeben: Das Presseorgan diene sich dem Unternehmen an, täusche somit über den publizierten Anlass der Veröffentlichung. Text und Bilder seien als einheitliche Veröffentlichung anzusehen, somit eine bezahlte redaktionelle Werbung.[616]

299 **(3) Testberichte.** Die Annahme eines Verstoßes gegen § 5a Abs. 6 ist zutreffend, wenn in einem redaktionellen Artikel suggeriert wird, einen informativen Überblick über einen bestimmten Produktbereich zu liefern, während tatsächlich aus einer Vielzahl vergleichbarer Produkte nur bestimmte Einzelprodukte oder ein einziges Erzeugnis besprochen werden. Die Täuschung liegt darin begründet, dass der **Anschein eines vollständigen Marktüberblicks** erweckt wird, während in Wahrheit nur ein einzelnes oder ausgewählte Produkt(e) wohlwollend herausgestellt werden.[617]

300 Deutlich schwieriger ist die Feststellung allerdings, wenn sich der redaktionelle Beitrag von vornherein nur mit einem einzigen Unternehmen oder einem einzigen Produkt beschäftigt. Dies ist insbesondere in Testberichten über einzelne Produkte wie etwa in Autotests, Restaurant- oder Hoteltests etc häufig der Fall, kann aber auch auftreten, wenn im Rahmen eines redaktionellen Beitrags ein **einzelnes Unternehmen als „Beispiel"** herangezogen wird[618] Bei der Auslegung der wettbewerbsrechtlichen Grenzen von

---

[613] LG Ravensburg WRP 2015, 922, das sein Urteil zudem aber auf reklamehafte Wortpassagen gestützt hat.

[614] OLG Hamm 1.8.2006 – 4 U 19/06.

[615] OLG Hamm BeckRS 2008, 24006.

[616] OLG Düsseldorf ZUM-RD 2007, 119.

[617] Der BGH hat in NJW 1981, 2573 ff. – Getarnte Werbung einen Verstoß gegen § 1 UWG 1909 vor allem damit begründet, dass der dort verklagte Kaffeeröster einen druckfertigen Artikel mit getarnter Werbung an Kurzeitungen versandt hatte, welchen zugleich auch Anzeigenaufträge erteilt wurden. Hierdurch entstehe die Gefahr, dass der Redakteur die Entscheidung, ob der vorbereitete Artikel einschließlich des darin enthaltenen Werbehinweises veröffentlicht werden soll, gerade nicht unbeeinflusst in eigener allein durch seine redaktionellen Aufgaben bestimmter Verantwortlichkeit träfe, vgl. aaO, 2574.

[618] Zu letzterem OVG Berlin-Brandenburg NVwZ-RR 2007, 681; BGH GRUR 1997, 541 – Produkt-Interview zu einer lediglich beispielhaften Erwähnung eines Produktes.

§ 5a Abs. 6 muss hierbei auch die grundgesetzlich verankerte Meinungsfreiheit der Presse berücksichtigt werden: Der Autor eines redaktionellen Beitrags muss nicht nur informieren, er darf auch eine subjektive Meinung vertreten. Im Bereich der politischen Berichterstattung sind die Leser daran gewöhnt, zwischen objektiver Berichterstattung und subjektiven Kommentaren zu unterscheiden. Dieser Erfahrungswert muss auch bei der wettbewerbsrechtlichen Beurteilung von redaktionellen Beiträgen berücksichtigt werden. Befasst sich etwa ein Artikel erkennbar nur mit einem einzigen Produkt, etwa im Rahmen eines entsprechenden Tests oder einer Glosse, wird für den Leser ein subjektiver Ansatz des Autors leicht erkennbar. Die **Pressefreiheit aus Art. 5 Abs. 1 S. 2 GG** umfasst vom Grundsatz her auch eine subjektiv gefärbte Berichterstattung über neue oder sich auf dem Markt befindliche Produkte.[619] Für das Vorliegen einer Täuschung über den kommerziellen Zweck müssen daher in derartigen Fällen strengere Maßstäbe angelegt werden als bei einem Bericht, der scheinbar eine objektiv vollständige Marktübersicht zu bieten scheint.

301 Ein Verstoß ist sicher anzunehmen, wenn der Autor für die Publikation ein Entgelt oder einen sonstigen geldwerten Vorteil entgegengenommen hat, da der Leser dann über das „Ob" der Berichterstattung getäuscht wird. § 5a Abs. 6 bietet aus diesseitiger Sicht jedoch keine Grundlage, etwa eine erkennbar subjektive Produktkritik daran zu messen, ob die Beurteilung „noch vertretbar" erscheint:[620] Eine Restaurantkritik darf auch verreißen oder loben, solange für den Leser erkennbar ist, dass es sich hierbei um die subjektive Meinung des Autors handelt. Die Grenze zur Verschleierung des kommerziellen Zwecks wird aber überschritten, wenn der Autor seine Beurteilung auf vermeintlich objektivierbare Anhaltspunkte stützt oder tatsächlich Geld oder geldwerte Leistungen gerade für die Konzentrierung auf ein bestimmtes Produkt, eine bestimmte Leistung oder für die Art und Weise der Darstellung genommen hat. Die kostenlose Überlassung eines Testexemplars wie etwa eines Rezensionsexemplars, das kostenlose Verleihen eines Testautos oder die kostenlose Bewirtung eines Restaurant- oder Hotelkritikers reicht allein allerdings regelmäßig nicht aus, um eine unlautere Beeinflussung des Artikels anzunehmen: Solange die Gewährung des entsprechenden Vorteils allein zur Ermöglichung des Tests erfolgt, ist die Unabhängigkeit des Autors in der Regel nicht übermäßig strapaziert. Hierauf wird in der Praxis inzwischen am Ende des Artikels häufig ausdrücklich hingewiesen. Wird aber beispielsweise einem Hotelkritiker statt einer Wochenendübernachtung, über welche etwa im Rahmen einer Artikelserie berichtet werden soll, ein zweiwöchiger Gratisurlaub offeriert, fehlt es am angemessenen Verhältnis zwischen Vorteilsgewährung und Testzweck.

302 **(4) Rankings und Bestenlisten.** Die geringere Gefahr einer Täuschung durch Meinungsäußerungen, welche solche erkennbar sind, ist auch bei der wettbewerbsrechtlichen Beurteilung der Veröffentlichung von **Rankings und Bestenlisten** zu berücksichtigen. Das Bundesverfassungsgericht hat durch das Urteil vom 7.11.2002[621] eine Entscheidung des OLG München aufgehoben, welche die Veröffentlichung eines Kanzleienrankings in einem Handbuch als eine sachlich nicht gerechtfertigte Herausstellung der genannten Kanzleien und Rechtsanwälte gesehen hatte.[622] Eine Einschränkung der Meinungsfreiheit wegen eines Verstoßes gegen das Verbot der Tarnung von Werbung setzt die konkrete Feststellung der Gefährdung des Leistungswettbewerbs durch sittenwidriges Verhalten voraus. Selbst wenn in der entsprechenden Publikation auch Anzeigen derjenigen Unternehmen veröffentlicht worden sind, welche Gegenstand der Erörterung im redaktionellen Teil sind, kann das allgemeine Interesse des Verlegers an der Akquisition von Anzeigenaufträgen nicht ausreichen, um einen Wettbewerbsverstoß zu begründen, da anzeigenfinanzierte Medien regelmäßig darauf angewiesen sind, zur Schaltung von Anzeigen zu

[619] Vgl. LG München AfP 2007, 61 (62 f.).
[620] So *Köhler* WRP 1998, 349 (356).
[621] NJW 2003, 277 ff.
[622] OLG München NJW 2001, 1950 ff., die dagegen eingelegte Revision war vom BGH nicht angenommen worden, 21.2.2002 – ZR 155/01.

motivieren.[623] Im nachfolgenden Verfahren haben das OLG München und der BGH eine „übermäßig anpreisende Darstellung“ abgelehnt, zumal der hiermit verbundene Werbeeffekt durch Erläuterungen und den ausdrücklichen Hinweis auf die Subjektivität der Einschätzung relativiert werde.[624] Vor dem Hintergrund der Entscheidung des Bundesverfassungsgerichts lassen sich wohl auch die Entscheidungen des BGH *Die Besten I*[625] und *Die Besten II*[626] nicht mehr mit der dort gegebenen Begründung aufrechterhalten, da es an einer hinreichenden Auseinandersetzung mit der grundgesetzlich geschützten Meinungsfreiheit fehlt.

Zur lauterkeitsrechtlichen Bewertung der Manipulation von **Rankings im Internet** und der **geplanten Änderung der UGP Richtlinie** vgl. → Rn. 373 f. 303

(5) Anzeigenblätter und Kundenzeitschriften. Anzeigenblätter sind Zeitschriften, die in erster Linie der Publikation von Anzeigen dienen, jedoch einen redaktionellen Teil enthalten können. Sie werden kostenlos an Haushalte in zumeist regional begrenzten Gebieten verteilt. Maßgebliches Unterscheidungskriterium zu Tages-, Wochen- oder Fachzeitschriften ist die geringe Bedeutung des redaktionellen Inhaltes: Dieser ist lediglich Beiwerk; die Leser sollen angelockt und auf das eigentliche Hauptthema, die Inserate, umgelenkt werden. 304

Der Grundsatz des Verbots der Verschleierung des kommerziellen Zwecks von Werbehandlungen gilt auch für **Anzeigenblätter und Kundenzeitschriften,** soweit diese einen entsprechenden redaktionellen Teil enthalten.[627] Die anzulegenden Maßstäbe mögen im konkreten Einzelfall großzügiger sein, da die Erwartung der Leser an die journalistische Neutralität derartiger, in der Regel rein werbefinanzierter und kostenlos abgegebener Publikationen deutlich geringer sind als etwa bei überregionalen Tageszeitungen.[628] Dies bedeutet aber sicher nicht, dass deswegen jedwede Werbung in redaktionellem Gewand allein aufgrund der Kostenlosigkeit der Publikation zulässig ist, weil keine entsprechende Lesererwartung bestehe.[629] 305

(6) Preisrätsel. Das Gebot der Trennung von redaktionellem Inhalt und Anzeige gilt grundsätzlich auch für die Auslobung von Preisrätselgewinnen.[630] Der BGH hatte in älteren Entscheidungen zutreffend darauf hingewiesen, dass hierbei jedoch **großzügigere Maßstäbe** anzulegen seien, da der Leser regelmäßig erkenne, dass ihm das Preisrätsel als Anreiz für den Kauf der Zeitschrift geboten wird, ihn damit auch als eine Form der Werbung für diese Zeitschrift entgegentrete. Diese Linie ist durch die Kriterien Entscheidung *Preisrätselgewinnauslobung V* in Frage gestellt, da dort ein deutlich strengerer Maßstab angelegt wird.[631] Nicht jede positive Vorstellung der ausgelobten Preise kann somit als verdeckte redaktionelle Werbung für den namentlich genannten Hersteller angesehen werden. Ein Verstoß gegen das Verschleierungsgebot ist jedoch gegeben, wenn durch eine besonders hervorgehobene Darstellung beim Leser der Eindruck erweckt wird, die Rätselredaktion habe in einem vermeintlich objektiven Auswahlverfahren ein **Erzeugnis ausgesucht, das vergleichbaren käuflichen Produkten deutlich überlegen** 306

[623] Das OLG München hat in der nachfolgenden Entscheidung vom 27.3.2003, GRUR 2003, 719 ff., einen Wettbewerbsverstoß abgelehnt, da die Veröffentlichung vom Recht auf freie Meinungsäußerung gedeckt sei.

[624] GRUR 2006, 875 – Rechtsanwalts-Ranglisten.

[625] GRUR 1997, 912 ff.

[626] NJW 1997, 2681 ff.

[627] OLG Düsseldorf NJW-RR 1986, 1432 f.; OLG Naumburg WRP 2010, 1561 (1563); *Köhler*/Bornkamm/Feddersen, 37. Aufl. 2019, UWG § 5a Rn. 7.46.

[628] *Köhler*/Bornkamm/Feddersen, 37. Aufl. 2019, UWG § 5a Rn. 7.46; OLG Hamm 27.9.2011 – 4 U 102/11.

[629] Zutreffend LG Ravensburg WRP 2015, 922.

[630] BGH GRUR 1994, 821 ff. – Preisrätselgewinnauslobung I; GRUR 1994, 823 ff. – Preisrätselgewinnauslobung II.

[631] BGH GRUR 2013, 644 Rn. 265 – Preisrätselgewinnauslobung V. Ähnlich streng nun OLG Karlsruhe GRUR-RR 2013, 515 – Aufenthalt im Schloß.

sei.[632] Ein Verstoß kann auch durch einen, das Preisrätsel „thematisch begleitendenden" redaktionellen Artikel begangenen werden.[633]

307 Das Fehlen der Angabe, dass die ausgelobten Preise unentgeltlich zur Verfügung gestellt worden sind von namentlich genannten oder in anderer Weise in der Auslobung zum Preisrätselgewinn erkennbaren Hersteller, stellt dagegen keinen Verstoß gegen das Verschleierungsverbot des kommerziellen Zwecks von geschäftlichen Handlungen dar:[634] Der Leser hat den werblichen Charakter der Preisrätselgewinnauslobung zutreffender Weise ja bereits erkannt, er wird ja durch die lobende Herausstellung des Preisrätselgewinns nicht mehr über den werblichen Charakter getäuscht. Eine Irreführung könnte allein dann anzunehmen sein, wenn aufgrund konkreter Angaben in der Auslobung der – unzutreffende – **Eindruck einer objektiven Auswahl und eines käuflichen Erwerbs des Preisrätselgewinns** erzeugt wird.

308 Auch die **inhaltliche Gestaltung** des Rätsels kann der Rechtsprechung zufolge getarnte Werbung darstellen, wenn etwa zur Beantwortung der Gewinnfrage die Lösung aus einem Werbetext herausgearbeitet werden muss, welcher die Waren oder Dienstleistungen des genannten Rätselsponsors in werbetypischer Weise anpreist.[635] Es wird in derartigen Konstellationen aber auf eine genaue Feststellung der jeweiligen Einzelumstände ankommen, welche insbesondere die Verschleierung begründen: es dürfte dem aufgeklärten Durchschnittsverbraucher nämlich durch die Vielzahl entsprechender Gewinnrätsel durchaus bekannt sein, dass die Rätselsponsoren die Gewinne in der Regel zumindest teilweise finanzieren, so dass die Intention naheliegt, den Absatz eigener Waren hierdurch zu fördern.[636]

309 Nach diesseitiger Sicht ist fraglich, ob tatsächlich eine allgemeine Auffassung existiert, derzufolge vermutet wird, dass Verlage Preisrätselgewinne immer objektiv aussuchen und käuflich erwerben.[637] Hierüber ist gegebenenfalls Beweis zu erheben.

310 **cc) Redaktionell aufgemachte Anzeigen.** Anzeigen sind nach den Bestimmungen der **Landespressegesetze** zufolge deutlich mit dem Wort **„Anzeige"** zu kennzeichnen, soweit sie nicht schon durch die Anordnung und Gestaltung allgemein als Anzeige erkennbar sind.[638] Eine anderweitig gestaltete Kennzeichnung etwa als „PR-Anzeige", „Public Relations", „Werbereportage" oder der Hinweis „sponsored by" wird von der Rechtsprechung im Regelfall als unzureichend erachtet.[639]

311 Dieser den Leser aufklärende Hinweis kann durch eine redaktionelle Gestaltung der Werbung derart konterkariert werden, dass der Leser über den werblichen Charakter der Anzeige getäuscht wird. In diesen Konstellationen kommt auch ein Verstoß gegen Ziffer 11 des Anhangs zu § 3 Abs. 3 in Betracht.[640] Indiz für eine entsprechende Verschleierung kann ua sein, dass Autoren aus dem redaktionellen Teil der Publikation namentlich auch

---

[632] BGH GRUR 1994, 821 (822 f.) – Preisrätselgewinnauslobung I.

[633] OLG Hamburg BeckRS 2014, 16138, wo die Verlosung von Sonnenbrillen von einem zusätzlichen redaktionellen Artikel begleitet wurde, in welchem ein vermeintlich objektiver Artikel über richtigen Sonnenschutz vor allem der Bewerbung des die Preisrätselgewinne stiftenden und im Artikel mehrfach erwähnten Optikers diente.

[634] So aber BGH GRUR 1994, 823 (824 f.) – Preisrätselgewinnauslobung II, zu § 1 UWG 1909.

[635] LG Freiburg 17.1.2011 – 12 O 78/10.

[636] Insoweit kann die Begründung des vorgenannten Urteils des LG Freiburg nicht vollständig überzeugen, sie bleibt farblos.

[637] Das LG Freiburg hat in GRUR Prax 2011, 480 ein Preisrätsel mit der Begründung beanstandet, der Verleger habe sich als Veranstalter des Preisrätsels dargestellt, welches tatsächlich eine Werbung des kooperierenden Herstellers sei. Der Sachverhalt der Entscheidung ist nicht klar, hier stellt sich allerdings die Frage, ob nicht ein Verstoß gegen § 5 dem Kern des Falles näher kommt.

[638] Ein Beispiel für eine zu unauffällige Verwendung des Wortes Anzeige findet sich in LG Düsseldorf BeckRS 2014, 14843.

[639] Vgl. etwa BGH GRUR 1975, 75 – Wirtschaftsanzeigen/Public Relations; OLG München NJW-RR 1996, 32, Baumbach/Hefermehl § 1 aF Rn. 31 mit Nachweisen zur älteren Rechtsprechung, BGH GRUR 2014, 879 Rn. XX – GOOD NEWS II.

[640] Vgl. hierzu im einzelnen *Frank* Anhang zu § 3 Abs. 3 Nr. 11.

für Aussagen der Anzeige selber verantwortlich zeichnen, oder dass die graphische Gestaltung und Gliederung von den echten redaktionellen Beiträgen einerseits und den redaktionell aufgemachten Anzeigen andererseits erhebliche Übereinstimmungen aufweisen, sich zusätzlich aber gegenüber sonstiger Werbung in derselben Veröffentlichung wiederum abheben.[641] Gleiches gilt, wenn eine Anzeige in zwei gänzlich unterschiedlich gestaltete Hälften (Werbung einerseits, redaktionell erscheinender Teil andererseits) aufgeteilt wird, deren Zusammengehörigkeit nicht erkennbar ist.[642] Derartige Konstellationen treten häufig auch in stark redaktionell aufgemachten **„Sonderbeilagen"** etwa in Tageszeitungen auf, welche diesen im selben Format und im selben Druckbild wie ein entsprechender redaktioneller Teil beigelegt werden. Jedoch folgt allein aus der **Platzierung einer Anzeige in einem passenden redaktionellen Umfeld** einer Sonderbeilage kein Verstoß gegen das Trennungsgebot.[643]

Beim parallelen Abdruck von als solchen erkennbaren Anzeigen und solchen in redaktioneller Gestaltung ist es unzureichend, wenn lediglich die ganze Zeitungsseite mit dem Wort „Anzeige" oder „Anzeigen" gekennzeichnet wird, um deutlich zu machen, dass es sich auch bei dem redaktionell gestalteten Teil um eine bezahlte Anzeige handelt.[644] **312**

An die Kennzeichnung redaktionell aufgemachter Anzeigen sind insofern eher **hohe Anforderungen** zu stellen:[645] Dies ist die Kehrseite zur Begrenzung der Kennzeichnungspflicht für offensichtlich als solche erkennbare Anzeigen, da durch die konkrete Gestaltung der Eindruck eines tatsächlich nicht gegebenen redaktionellen Inhaltes erweckt wird.[646] Beispiel hierfür ist der „Flappe" Fall: Die Wirtschaftswoche hatte einen zusätzlichen Umschlag auf dem Außencover einer Ausgabe angebracht, der ähnlich ihrem üblichen Titelblatt gestaltet war. Darunter befand sich der Text *„Deutschlands Manager: Wir verplempern zu viel Zeit im Auto und an Flughäfen"*, im letzten Drittel in kleinerer Schrift der Text *„Das sehen Sie genauso? Dann drehen Sie die Zeitschrift um, Herr..."* wobei der Name des jeweiligen Abonnementen in den Abonnementausgaben eingefügt war.[647] Auf der Rückseite des Hefts war auf der Flappe eine als solche eindeutig erkennbare Werbung der deutschen Bahn mit einem Bild mit zwei im Zug sitzenden und mit Laptop und Mobiltelefon beschäftigten Männern angebracht. Während das LG Düsseldorf[648] durch die Aufmachung des vermeintlichen Titelblattes eine Irreführungsgefahr, gerade auch aus der Zusammenschau von Vorder- und Rückseite für gegeben sah, verneinten das OLG und der BGH einen Verstoß gegen § 4 Nr. 3 UWG 2004, da der durchschnittliche Leser Vorder- und Rückseite des Vorschaltblatts einheitlich als Werbemaßnahme wahrnehme, wenn er der Aufforderung auf der Vorderseite des Blattes nachkommt, die Zeitschrift umzudrehen. Da er die Zugehörigkeit des Textes der Vorderseite zur Werbung auf der Rückseite erkennt, erliegt er keinen Fehlvorstellungen über die Neutralität der dort vorhandenen Aussagen.[649] **313**

---

641 OLG Karlsruhe 8.10.2009 – 4 U 31/08; vgl. auch LG Erfurt 5.2.2010 – 1 HK O 301/99. Einen Verstoß abgelehnt hat das OLG Schleswig BeckRS 00661, da sich der Werbecharakter aus der Bezeichnung als Anzeigen-Forum sowie überschwänglichen Formulierungen erkennen lasse. Die konkreten Umstände des Einzelfalles gehen aus der Entscheidung nicht hinreichend genug hervor; die angelegten Maßstäbe sind mit dem sonst üblichen strengen Maßstab für die Beurteilung redaktionell aufgemachten Anzeigen kaum zu vereinbaren.

642 LG München I WRP 2010, 431 (432 f.), nachfolgend OLG München WRP 2010, 433 f.

643 OLG München Magazindienst 1998, 967 (971); vgl. auch vorstehend → Rn. 281.

644 OLG Frankfurt a. M. WRP 2007, 111 f.; OLG Karlsruhe WRP 2015, 898.

645 Unzureichende Kennzeichnungen rügten ua das OLG Düsseldorf WRP 2009, 1155 und 1311; OLG Hamburg WRP 2011, 268 und WRP 2012, 476; OLG München WRP 2010, 161; LG Frankfurt a. M. WRP 2010, 157; LG Düsseldorf WRP 2011, 1665; das OLG Schleswig beurteilte die dortige Kennzeichnung als hinreichend, GRUR Prax 2012, 96, im Ergebnis ebenso bereits OLG Jena Magazindienst 2009, 808.

646 OLG Stuttgart MD 2007, 861 (863); OLG München WRP 2010, 431 (434); *Seichter* in Ullmann jurisPK-UWG, 4. Aufl. 2016, § 5a Rn. 153. Das OLG Hamburg hat eine Kennzeichnungspflicht in WRP 2011, 268 hingegen abgelehnt, da im dortigen Fall die Werbung in Farbgebung, Gestaltung und auch thematisch deutlich von dem darum gruppierten redaktionellen Inhalt abgewichen sei.

647 Mit Bildern abgedruckt in BGH ZUM-RD 2011, 69.

648 LG Düsseldorf WRP 2009, 751.

649 BGH ZUM-RD 2011, 69; zuvor OLG Düsseldorf AfP 2009, 607.

314 **dd) Kopplung von Berichterstattung und Anzeigenschaltung.** Die Verschleierung des kommerziellen Zwecks eines redaktionellen Beitrags kann sich auch aus einer Kopplung mit als solchen gekennzeichneten Anzeigen ergeben.[650] Dies ist etwa der Fall, wenn *wegen* der Schaltung einer bestimmten Werbeanzeige in einem Presseorgan eine entsprechend positive Darstellung des werbenden Unternehmens im Rahmen eines in der gleichen Ausgabe erscheinenden redaktionellen Beitrags erfolgt. Nachdem die Tatsache des **parallelen Erscheinens** eines redaktionellen Beitrags und einer Werbung allein nicht ausreicht, um eine wettbewerbswidrige Kopplung anzunehmen, wird es in derartigen Fällen stets auf eine genaue Untersuchung der Umstände des Einzelfalls ankommen. Indizien hierfür können etwa die Übernahme von reklamehafte Aussagen enthaltenden Textvorschläge des Anzeigenschalters, die Platzierung der Anzeige unmittelbar neben dem redaktionell gestalteten Beitrag oder die inhaltliche Angleichung der Aussagen der Werbeanzeige und des redaktionellen Beitrags sein.[651]

314a **b) Verschleierung im Bereich des Rundfunks. aa) Medienspezifische Regelungen.** Ähnliche Erscheinungen sind im Rahmen von Rate- und Quizsendungen etwa hinsichtlich der Bekleidung der Moderatoren oder bei der ausführlichen Darstellung und Beschreibung der zu gewinnenden Sachpreise festzustellen. Der Unterschied von Product Placement zur redaktionell aufgemachten Werbung besteht im Wesentlichen in einem unterschiedlichen Ausgangspunkt. Der Ausgangspunkt beim Product Placement ist ein redaktioneller Beitrag, in welchen Werbung eingefügt wird, während bei redaktionell aufgemachter Werbung eine Werbesendung mit redaktionellem Inhalt soweit angereichert wird, dass ihr werbender Charakter nicht mehr in Erscheinung treten soll. Die Grenzen können durchaus fließend sein, etwa wenn der Beitrag selber das Jubiläum eines bestimmten Markenartikels zum Gegenstand hat. Die extensive Einbindung von Markenartikeln in Filme, etwa durch Wortbeiträge der Schauspieler, Nachaufnahmen von Markenartikeln oder filmische Sequenzen, die aus Werbespots entnommen sein könnten, sind bekannt. In den vergangenen Jahren sind entsprechende Passagen jedoch auch vermehrt in den literarischen Vorlagen aufgetaucht. In einer markenorientierten Gesellschaft wird auch literarisch das ausgeprägte Verhältnis des Protagonisten zu bestimmten Produkten in überraschender Detailgenauigkeit beschrieben. Wettbewerbsrechtlich wirft dies die Frage einer Verschleierung des Werbecharakters iSv § 5a Abs. 6 auf.

315 **bb) Gebot der Trennung von redaktionellem Inhalt und Werbung.** Das Gebot der Trennung von redaktionellem Inhalt und Werbung findet im Bereich von Hörfunk und Fernsehen seinen spezialgesetzlichen Niederschlag im Medienstaatsvertrag (MedienStV), in den die Fernsehrichtlinie des Rates der Europäischen Union vom 3.10.1989 und die AVMD-Richtlinie[652] umgesetzt wurden und der seit dem 7.11.2020 den seit 1991 geltendem Rundfunkstaatsvertrag abgelöst hat. Die Landesmedienanstalten, die in der ARD zusammengeschlossenen Landesrundfunkanstalten und das ZDF wurden zum Erlass gemeinsamer Richtlinien zur Durchführung unter anderem der Bestimmungen des MedienStV über Werbung und Sponsoring ermächtigt.[653] Diese Richtlinien sind entsprechend den aus dem MedienStV folgenden Abstimmungspflichten inhaltlich weitgehend identisch. Die Richtlinien für ARD und ZDF sind zum Teil detaillierter und strenger als die für den privaten Rundfunk erarbeiteten Richtlinien der Landesmedienanstalten. Der MedienStV hat keine Änderung der maßgeblichen Bestimmungen mit sich gebracht.[654] Die Richtlinien

[650] Vgl. hierzu zuletzt etwa BGH GRUR 2006, 875 (877) – Rechtsanwalts-Ranglisten; wo allerdings betont wird, dass auch ein besonderes Interesse, bestimmte Unternehmen in Rankings aufzunehmen, um deren Bereitschaft zu erhöhen, Anzeigen zu schalten unzureichend ist, um hieraus eine Wettbewerbsabsicht zu folgern.

[651] Vgl. hierzu etwa BGH GRUR 1994, 441 (442) – Kosmetikstudio; OLG Schleswig OLG-R Schleswig 1997, 312 (313).

[652] Umsetzung erfolgte durch den 13. Änderungsvertrag, der am 1.4.2010 in Kraft getreten ist.

[653] Vgl. § 8 Abs. 7, § 45 MedienStV; entsprechende Ermächtigungen enthielten §§ 16 und 46 RStV.

[654] Hierzu mehr unter → Rn. 96.

sind nicht den einschlägigen gesetzlichen Bestimmungen im MedienStV gleichgestellt, konkretisieren diese jedoch in der Praxis.

Die Verletzung staatsvertraglicher Verbote stellt nach herrschender Auffassungen in Rechtsprechung und Literatur einen Verstoß gegen § 3a dar: Der Medienstaatsvertrag und vergleichbare Bestimmungen – etwa im TMG – bezwecken, das Marktverhalten im Interesse der Marktteilnehmer zu regeln, so dass ein Verstoß eine unlautere geschäftliche Handlung darstellt.[655] Ein Verstoß gegen Bestimmungen des Medienstaatsvertrages kann zugleich eine unlautere geschäftliche Handlung iSv § 5a Abs. 6 darstellen, allerdings ist dies nicht zwingend. Ein Verstoß gegen eine rein medienrechtliche Bestimmung hätte nicht auch zwingend einen Verstoß gegen § 5a Abs. 6 zur Folge. Verstößt etwa ein privater Rundfunksender gegen § 9 Abs. 3 MedienStV, indem er in einen Fernsehfilm von weniger als 30 Minuten einen als solchen gekennzeichneten Werbeblock einfügt, liegt ein Verstoß gegen den MedienStV vor, der nicht zwingend auch einen Verstoß iSv § 5a Abs. 6 begründen würde, da dessen Zuschauern der werbliche Charakter des zu Unrecht eingeschobenen Werbeblocks ja nicht verschleiert wird. Sind die **Grenzen der im MedienStV umgesetzten Bestimmungen der AVMD-Richtlinie hingegen eingehalten,** ist ein **Rückgriff auf § 5a Abs. 6 nicht mehr möglich.**[656] **316**

§ 8 MedienStV enthält die Grundsätze zulässiger Werbung im Bereich des Rundfunks. Abs. 1 Nr. 3 enthält ein **allgemeines Irreführungsverbot für Werbung und Teleshopping,** Abs. 2 postuliert das Verbot der inhaltlichen und redaktionellen Beeinflussung **(Beeinflussungsverbot).** § 8 Abs. 3 MedienStV fordert eine leichte Erkennbarkeit von Werbung und Teleshopping als solche und ihre Unterscheidbarkeit von redaktionellen Inhalten. Er enthält zudem ein ausdrückliches Verbot unterschwelliger Beeinflussungstechniken und betont ferner, dass auch beim Einsatz neuer Werbetechniken von Werbung und Teleshopping gegenüber anderen Sendungsteilen erkennbar angesetzt sein müssen **(Trennungsgebot).** Hierdurch soll die Neutralität der Rundfunkanstalt gegenüber dem Wettbewerbsmarkt und die Unabhängigkeit der Programmgestaltung sichergestellt werden.[657] Die Bestimmungen dienen daher mittelbar auch dem Schutz der Presse- und Rundfunkfreiheit aus Art. 5 Abs. 1 S. 2 GG. **317**

Schleichwerbung ist gemäß der Legaldefinition in § 2 Abs. 2 Ziffer 9 MedienStV die Erwähnung oder Darstellung von Waren, Dienstleistungen, Namen, Marken oder Tätigkeiten eines Herstellers von Waren oder eines Erbringers von Dienstleistungen in Sendungen, wenn sie vom Veranstalter absichtlich zu Werbezwecken vorgesehen ist und mangels Kennzeichnung die Allgemeinheit hinsichtlich des eigentlichen Zweckes dieser Erwähnung oder Darstellung irreführen kann. [658] Eine Erwähnung oder Darstellung gilt insbesondere dann als zu Werbezwecken beabsichtigt, wenn sie gegen Entgelt oder eine ähnliche Gegenleistung erfolgt. § 8 Abs. 7 S. 1 MedienStV verbietet ausdrücklich Schleichwerbung und entsprechende Praktiken.

(1) Hörfunk. Preist ein Radiomoderator am Anfang und am Ende des Interviews das Unternehmen werbemäßig an und fordert ausdrücklich zum Besuch des Unternehmens auf; ist die Grenze zur Schleichwerbung offensichtlich überschritten.[659] Gleiches gilt, wenn eine Radiosendung maßgeblich aus einem Interview mit dem Geschäftsführer eines Unternehmens besteht, in dessen Verlauf die Vorzüge einzelner Produkte wiederholt in emotional bewundernder Weise Erwähnung finden, und der Moderator letztlich nur als Stichwortgeber für die unterschiedlichen Werbebotschaften seines Interviewpartners agiert.[660] **318**

---

[655] Vgl. hierzu [•]; *Lettl* WRP 2004, 1079 (1105); *Seichter* in Ullmann juris-PK, 5. Aufl. 2021, Rn. 41; vgl. zur Beurteilung nach § 1 UWG 1909 BGH GRUR 1990, 611 (615) – Werbung im Programm.

[656] Vgl. hierzu bereits → Rn. 249.

[657] Vgl. BGH GRUR 1990, 611 (615) – Werbung im Programm.

[658] Vgl. hierzu auch Ziff. 8 sowie Ziff. 9 der ARD bzw. ZDF-Richtlinien.

[659] KG GRUR-RR 2005, 320 (321).

[660] OLG Celle ZUM-RD 2015, 660; VG Bayreuth ZUM-RD 2019, 295.

319 Beispiel für eine unlautere Verschleierung des kommerziellen Zwecks im Fernseh- oder Hörfunkbereich ist etwa das **„Bezahlen" von Ausstrahlungen** im Rahmen angeblich redaktionell ausgewählter Musiksendungen.[661] In den USA werden derartige Geschäftspraktiken, die Bestechung von Disc Jockeys oder entsprechenden Redakteuren, als **„Payola"** (Pay-for-Play) bezeichnet.[662] In den Jahren 2005 und 2006 kam es nach entsprechenden Ermittlungen der Staatsanwaltschaft in New York zu Vergleichen ua mit verschiedenen großen Plattenlabels. Am 13.4.2007 hat die US *Federal Communications Commission* einen entsprechenden Vergleich mit vier großen Rundfunkunternehmen bekanntgegeben. Entsprechende Fälle in Deutschland sind zwar bislang nicht bekannt geworden. Im Bereich der Produktion von Musikvideos scheint es allerdings eine entsprechende Entwicklung zu geben, → Rn. 337.

320 Auch ein Verstoß gegen das Trennungsgebot aus § 8 Abs. 7 MedienStV ist nur dann unlauter iSv §§ 5a Abs. 6 UWG, wenn der kommerzielle Zweck verschleiert wurde. Werbung in redaktionellen Beiträgen, deren kommerzieller Zweck offensichtlich ist, stellt daher möglicherweise zwar einen Verstoß gegen das Trennungsgebot dar, ist aber mangels Verschleierung nicht unlauter iSv § 5a Abs. 6.

321 Für den Bereich des Hörfunks legt Ziffer 3 Abs. 1 der gemeinsamen Richtlinien der Landesmedienanstalten fest, dass Werbung von anderen Programmteilen durch **akustische Mittel** wie etwa ein Werbejingle oder eine Ansage getrennt werden muss. Die insoweit detaillierten Regelungen der Landesmedienanstalten bestimmen darüber hinaus, dass eine Kennzeichnung der Werbung am Ende oder zwischen einzelnen Spots grundsätzlich nicht erforderlich ist. Eine entsprechende Kennzeichnung am Ende eines Werbeblocks im Radio ist nur dann erforderlich, wenn sie andernfalls vom nachfolgenden Programm nicht eindeutig abgesetzt ist.[663] Die Trennung zwischen Werbung und sonstigen Programmteilen ist dort durch ein **optisches Mittel** wie etwa ein Werbelogo erforderlich, welches mindestens drei Sekunden auf dem gesamten Bildschirm erscheinen und den Schriftzug „Werbung" enthalten muss.[664]

322 **(2) Fernsehen.** Das Thema Schleichwerbung im Rundfunk hat in den vergangenen Jahren eine außerordentliche Aktualität gehabt; insbesondere im Bereich des Fernsehens wurden zahlreiche Fälle von Schleichwerbung aufgedeckt und zumindest medienrechtlich beanstandet.[665] Schwierigkeiten treten in der Praxis häufig im Zusammenhang mit der Frage auf, ob eine **Werbeabsicht iSd § 2 Abs. 2 Nr. 9 S. 2 MedienStV** vorgelegen hat, wenn die Zahlung eines Entgelts bzw. die Erbringung einer Gegenleistung nicht erfolgte bzw. nicht nachweisbar war.[666] Unter Berücksichtigung der Rundfunkfreiheit ist hier eine Einzelfallwertung vorzunehmen.[667] Gemäß Nr. 9 Abs. 1 S. 1 der gemeinsamen Richtlinie

[661] So berichtete etwa der Spiegel im August 2003 über ein angebliches Geschäft zwischen dem Fernsehsender VIVA und dem Plattenlabel Universal: VIVA soll Musikvideos von Universal gegen Zahlung einer erheblichen Pauschalsumme pro Video zuzüglich einer Gewinnbeteiligung am verkauften Tonträger besondere Sendezeiten garantiert haben.

[662] Begrifflich scheint dies eine Ableitung von „Pianola", eigentlich eine Markenbezeichnung des klavierbasierten Selbstspielapparats eines Herstellers zu sein, dessen große Bekanntheit ihm zu einem Synonym für entsprechende Produkte werden ließ, bzw. von „Victrola", der Markenbezeichnung früherer Plattenspielgeräte. Durch die häufige Wiedergabe entsprechender Musikstücke oder Videoclips soll deren Popularität und damit der Absatz entsprechender Tonträger gesteigert werden. Diese angeblich seit den 20iger Jahren verbreitete Geschäftspraxis ist in den USA spezialgesetzlich verboten, sofern der finanzielle Hintergrund der Ausstrahlung nicht offengelegt wird („sponsored airtime") und wurde 1959 in den USA Gegenstand entsprechender Ermittlungen und Anklagen.

[663] Vgl. Ziffer 3 Abs. 1 WerbeRL./. Hörfunk.

[664] Vgl. Ziffer 3 Abs. 1 WerbeRL./. Fernsehen.

[665] Vgl. etwa den Bericht der ARD Clearingstelle „Schleichwerbung Aufklärung, Dokumentation und Konsequenzen" zu den Vorgängen um die Fälle von Schleichwerbung in der Sendung „Marienhof", „In aller Freundschaft" und „Tatort", am 25.9.2007 abrufbar über die „Presseservice" Seiten auf www.ard.de, in welchem detailliert über Produkte, Zahlungen und Art der Umsetzung in den entsprechenden Sendungen berichtet wird.

[666] Kritisch zur Relevanz der Zahlung *Platho* MMR 2008, 582 (585).

[667] Etwa OVG Lüneburg NJW 2000, 96 – ADAC; OVG Berlin-Brandenburg NVwZ-RR 2007, 681.

der Landesmedienanstalten für die Werbung, zur Durchführung der Trennung von Werbung und Programm und für das Sponsoring im Fernsehen („Fernseh-Werberichtlinie") ist die Darstellung von gewerblicher Ware oder deren Herstellern, von Dienstleistern oder deren Anbietern außerhalb von Werbesendungen keine Schleichwerbung, wenn sie aus **überwiegend programmlich-dramaturgischen Gründen sowie zur Wahrnehmung von Informationspflichten** erfolgt. Allerdings ist nach Nr. 9 Abs. 2 auch bei zulässiger Darstellung von Produkten und Dienstleistungen „nach Möglichkeit durch die redaktionelle Gestaltung die Forderung werblicher Interesse zu vermeiden". Maßstab bei der Beurteilung ist hierbei, ob das gewählte redaktionelle Konzept die konkrete Darstellung rechtfertigen kann, nicht, ob eine entsprechende Darstellung vermeidendes alternatives redaktionelles Konzept denkbar gewesen wäre.[668] Die Werbeabsicht soll nicht bereits zu bejahen sein, wenn die Indizien den Schluss darauf zulassen, dass der Rundfunkveranstalter eine objektive Werbewirkung erkannt habe bzw. diese schlicht in Kauf nehme; erforderlich ist die Feststellung einer Absicht im Sinne der zielgerichteten Herbeiführung des Werbeeffekts.[669]

§ 8 Abs. 3–6 enthalten Regelungen für besondere Erscheinungsformen der Werbung: So ist **subliminale Werbung** ist gem. § 8 Abs. 3 S. 2 MedienStV sowohl in der Werbung als auch im Teleshopping unzulässig. Subliminale Werbung zeichnet sich dadurch aus, dass die entsprechenden Werbeeinblendungen nur für Bruchteile von Sekunden erfolgen. Durch die extrem kurze Einblendung werden diese allein vom Unterbewusstsein des Zuschauers aufgenommen, was zu einer erheblich höheren Beeinflussung der Zuschauer führen soll.[670] **Splitscreen-Werbung,** also die Aussendung von Werbung in einem abgetrennten Teil des ausgestrahlten Bildes ist gem. § 8 Abs. 4 MedienStV zulässig, wenn sie vom übrigen Programm eindeutig optisch getrennt und als solche gekennzeichnet ist.[671] **Dauerwerbesendungen** sind zulässig, wenn der kommerzielle Zweck erkennbar im Vordergrund steht, die Werbung wesentlicher Bestandteil der Sendung ist und sie als solche angekündigt und während ihres gesamten Verlaufs als solche gekennzeichnet werden, vgl. § 8 Abs. 5 MedienStV. 323

Gem. § 8 Abs. 6 S. 1 ist die Einfügung **virtueller Werbung** in Sendungen zulässig, wenn hierauf am Anfang und am Ende hingewiesen wird und sie eine am Ort der Übertragung bereits bestehende Werbung ersetzt. Letzteres ist eine ergebnisorientierte Rechtfertigung der Überblendung von Bandenwerbung in Sportstadien zur Erweiterung einer eigentlich nicht mehr haltbaren Begründung. 324

Die **unvermeidbare Wiedergabe von Werbung Dritter** in redaktionellen Beiträgen ist bislang nicht als Verstoß gegen das Trennungsgebot aufgefasst worden. Bekanntestes Beispiel hierfür war und ist die Bandenwerbung in Sportstadien, die etwa bei der Übertragung von Fußballspielen nahezu zwangsläufig Teil der redaktionellen Bildberichterstattung wird.[672] Die nunmehr bestehende – und bei Sportveranstaltungen von den Fernsehsendern auch genutzte – Möglichkeit, bei der Übertragung die Bandenwerbung durch virtuell eingefügte andere Werbung zu überblenden, hat die Regelung notwendig gemacht. Durch diese nunmehr bestehende technische Möglichkeit fällt eigentlich die bisherige Rechtfertigung für die Ausnahme zum Trennungsgebot („Unvermeidbarkeit") weg, dennoch ist ein Verstoß gegen das Trennungsgebot abzulehnen: Die jahrzehntelange Gewöhnung der Zuschauer an Bandenwerbung in Stadien schließt es aus, dass sich diese über die Herkunft der Bandenwerbung täuschen: Diese wird aufgrund der gefestigten Lebenserfah- 325

[668] OVG Berlin-Brandenburg NVwZ-RR 2007, 681.

[669] VG Düsseldorf 28.4.2010 – 27 K 4657/08; Binder/Vesting/*Schulz* RStV, 4. Aufl. 2018 § 2 Rn. 95.

[670] Vgl. etwa *Sack* AfP 1991, 704.

[671] Vgl. hierzu etwa die Entscheidungen des VG Berlin ZUM 1999, 165, oder des OVG Berlin, letztere zitiert nach *Hartstein/Ring/Kreile/Dörr/Stöttner* MedienStV § 8 Rn. 32b.

[672] Vgl. etwa OLG München WRP 1976, 393 (394 f.); OLG Stuttgart WRP 1975, 611, zum Ganzen zuletzt *Ladeur* ZUM 1999, 672 (677) mwN.

rung eindeutig dem werbenden Unternehmen, nicht aber dem berichtenden Fernsehsender zugeschrieben.

326 Vertragliche Gestaltungen, welche das Ziel haben, eine angeblich unvermeidliche Wiedergabe der Werbung Dritter zu konstruieren, haben die Verwaltungsgerichte bei der Beurteilung der rundfunkstaatsvertraglichen Zulässigkeit nicht akzeptiert und dem jeweiligen Fernsehsender das Verhalten der von ihm eingeschalteten Dritten und insbesondere dessen Werbeabsicht zugerechnet. Dies ist etwa dann der Fall, wenn eine eigentliche naheliegende Auftragsproduktion zwischen einem Fernsehsender und einem produzierenden Unternehmen zur Verdeckung redaktioneller Mitwirkungsrechte des auftraggebenden Fernsehsenders durch die Einschaltung vermeintlich unabhängiger Tochtergesellschaften und die künstliche Aufspaltung in Veranstaltung vor Ort einerseits und Fernsehübertragung andererseits aufgeteilt wird.[673]

327 Ein unabhängiges Sportereignis ist nicht anzunehmen, wenn das Sportereignis nicht unabhängig von einer möglichen Fernsehübertragung stattfindet, sondern von vornherein mit Blick auf die Übertragung im Programm eines Fernsehsenders konzipiert, geplant und ausgerichtet wird.[674]

328 Anhaltspunkte für eine Werbeabsicht gem. § 2 Abs. 2 Nr. 9 S. 2 MedienStV lassen sich ferner aus der Höhe der Zahlungen, dem Fluss von „Sponsorengeldern" ziehen sowie der Intensität der Hervorbungen ohne Darlegung einer programmlich-redaktionellen Erforderlichkeit.[675] Es wird in derartigen Fällen echter oder vermeintlicher Kaufproduktionen aber stets auf eine Abwägung aller Umstände des Einzelfalles ankommen.[676]

329 **cc) Sponsoring.** Als Sponsoring wird gemäß § 2 Abs. 2 Nr. 10 MedienStV jeder Beitrag zur direkten oder indirekten Finanzierung einer Sendung verstanden, um den Namen, die Marke, das Erscheinungsbild der Person oder Personenvereinigung, ihre Tätigkeit oder ihre Leistungen zu fördern.[677] Die Norm erfasst daher nur das sog. **Sendesponsoring,** also die Finanzierung einer Sendung, nicht jedoch das sog. Ereignis oder Eventsponsoring, bei welchem der Sponsor nicht die Sendung, sondern das entsprechende Ereignis oder die entsprechende Veranstaltung finanziell unterstützt.[678]

330 Sponsoring wird als solches grundsätzlich von dem Trennungsgebot erfasst. Die Regelungen in § 10 MedienStV sind Ausnahmebestimmungen hierzu, die die Regeln für zulässiges Sendesponsoring festlegen. Ein Teil der Bestimmungen in § 10 MedienStV dient der Festlegung der Grenzen erlaubten Sponsorings vor dem Hintergrund des Trennungsgebotes, im Übrigen werden andere Regelungszwecke verfolgt.[679] Werden die Grenzen der erstgenannten Regelungen überschritten, liegt immer auch ein wettbewerbsrechtlich rele-

[673] VG Berlin ZUM-RD 2009, 292 – WOK WM; OVG Rheinland-Pfalz ZUM 2009, 507 – Jetzt geht's um die Eier – Promi-Oster Show.

[674] VG Berlin ZUM-RD 2009, 292 – WOK WM.

[675] OVG Rheinland-Pfalz ZUM 2009, 507 (510) – Jetzt geht's um die Eier – Promi-Oster Show: Höhe der gezahlten Sponsoringvergütung; VG Berlin ZUM-RD 2009, 292 (299) aE – WOK WM: Zahlung für das Sponsoring der am Wettkampf teilnehmenden Teams flossen nicht an diese, sondern den Veranstalter; VG München BeckRS 2019, 16512: Systematik von Leistung und Gegenleistung und Prominenz der zahlreichen Hervorhebungen.

[676] Einen Verstoß gegen das Schleichwerbungsverbot abgelehnt hat das VG München ZUM 2009, 690 – Schleichwerbung in Kaufproduktionen: Grund für die Beanstandung der Aufsichtsbehörde war die Einblendung des Schriftzugs des Ereignissponsors eines Pokerturniers, welche auf Werbeflächen ähnlich der Banden in Fußballstadien um die Pokertische herum angebracht waren. Auch wenn das Ergebnis des VG München im konkreten Fall überzeugt ist das Argument der Kammer, der Lizenzvertrag habe dem Sendeunternehmen die Bearbeitung und Unkenntlichmachung von Werbung (S. 694 aE) verboten, zumindest nicht verallgemeinerungsfähig. Der VGH München hat das Urteil in der Berufung bestätigt, 15.7.2010 – 7 BV 09.1276.

[677] Vgl. ähnliche Definitionen in Art. 1 lit. d der Fernsehrichtlinie, Art. 2 lit. g Europäisches Fernsehübereinkommen.

[678] Vgl. hierzu auch Ohly/*Sosnitza* § 5a Rn. 127.

[679] So etwa in § 10 Abs. 4 MedienStV: Verbot des Sponsoring von Nachrichtensendungen und Sendungen zur politischen Information.

vanter Verstoß gegen das Trennungsgebot und damit eine Verschleierung des kommerziellen Zwecks vor.[680]

Auf die Finanzierung durch den Sponsor muss gem. § 10 Abs. 1 S. 1 MedienStV zur Information der Zuschauer zu Beginn oder am Ende der Sendung in vertretbarer Kürze hingewiesen werden, um diesen über die finanzielle Unterstützung der Sendung aufzuklären. Der Hinweis kann nunmehr auch durch eine Animation, ein bewegtes Bild erfolgen (Sponsorenhinweis).[681] Gem. S. 2 kann dabei auch neben oder anstelle des Namens des Sponsors dessen Firmenemblem oder eine Marke eingeblendet werden.[682] Aus dem Wortlaut von § 10 Abs. 1 S. 1 MedienStV geht hervor, dass der Hinweis zu Beginn oder am Ende erfolgen muss, dies kann jedoch innerhalb der Sendung erfolgen, etwa im Rahmen einer An- oder Abmoderation. Die Verlagerung des Hinweises in einen eigenen Sponsorentrailer dient einer klareren Trennung von redaktionellem Inhalt und Sponsoring als Werbung, solange der Bezug zwischen Trailer und Sendung eindeutig ist.[683] Durch die Kombination von wiederholten Einblendungen von Logos und Schriftzügen, deren Wiedergabe in Bauchbinden von Moderatoren und zu Spielergebnisse, Mikrofonhülsen, grafischen Trennern und dem Anzeigen redaktioneller Inhalte in unternehmenstypischen Farben des Werbenden kann eine Omnipräsenz entstehen, wodurch die Grenze zur Schleichwerbung überschritten wird.[684] Der Sponsor darf gem. § 10 Abs. 2 MedienStV Inhalt und Programmplatz einer gesponsorten Sendung nicht derart beeinflussen, dass die Verantwortung und die redaktionelle Unabhängigkeit des Rundfunkveranstalters beeinträchtigt werden. § 10 Abs. 3 MedienStV legt die Grenze zwischen Werbung und Sponsoring insoweit fest als, dass gesponsorte Sendungen nicht zum Verkauf, Kauf zur Miete oder Pacht von Erzeugnissen oder Dienstleistungen des Sponsors oder eines Dritten anregen dürfen. Nachrichtensendungen und Sendungen zur politischen Information dürfen nicht gesponsort werden, § 10 Abs. 4 MedienStV. Weitere Regelungen sind in den Richtlinien für ARD und ZDF enthalten[685] (vgl. → Rn. 303 und 333). So ist ein Hinweis auf den Sponsor in Programmtrailern gesponsorter Sendungen untersagt,[686] das Sponsoring durch Pharmaunternehmen unterliegt besonderen Beschränkungen;[687] ferner existieren besondere Regelungen für die Übertragung gesponsorter Ereignisse, um die Unabhängigkeit der Programmgestaltung zu sichern.[688] 331

Titelsponsoring ist die „Unterstützung" einer Sendung ua durch das Überlassen eines Kennzeichnens zum Zweck der Integration in den Titel einer Sendung.[689] Nachdem hiermit in der Regel mit einer finanziellen „Unterstützung" der Sendung verbunden ist, ist Titelsponsoring insoweit unter den Voraussetzungen des § 10 MedienStV zulässig.[690] 332

---

680 Soweit die Grenzen von § 10 MedienStV überschritten werden, mag ein Verstoß gegen § 3 UWG vorliegen, eine Verschleierung des kommerziellen Zwecks iSd § 5a Abs. 6 UWG ist jedenfalls nicht gegeben.

681 Vgl. etwa das Spielfilmsponsoring oder das Wetterberichtsponsoring („Folgende Sendung wird mit freundlicher Unterstützung von X ausgestrahlt").

682 Dies war vor der Neuregelung des Sponsoring in § 8 RStV (nunmehr § 10 MedienStV) noch als Verstoß gegen § 1 UWG 1909 beurteilt worden, vgl. insoweit OLG Frankfurt a. M. NJW-RR 1994, 365 ff. Die gemeinsamen Richtlinien der Landesmedienanstalten für die Trennung zur Durchführung von Werbung und Programm und für da Sponsoring in der Fassung von 10.2.2000 erlauben gem. Ziff. 12 Abs. 4 zudem, dass der Sponsorenhinweis einen eindeutigen Bezug zur gesponsorten Sendung herstellen muss und außer einem image-prägenden Slogans keine zusätzlichen werblichen Aussagen zu Sponsor, Produkten oder Marken beinhalten darf.

683 Eine derartige Auslagerung ist vom Sinn und Zweck der Norm folglich sicher gedeckt, auch wenn die Subsumtion unter den Wortlaut Schwierigkeiten macht („zu Beginn oder am Ende", nicht aber „unmittelbar vor oder nach der Sendung").

684 VG München BeckRS 2019, 16512.

685 Jeweils Ziffer 12–14 der Richtlinien.

686 Vgl. Ziff. 12.4 Richtlinie ARD bzw. ZDF.

687 Vgl. Ziff. 12.9 Richtlinien ARD bzw. ZDF.

688 Vgl. Ziff. 13 Richtlinien ARD bzw. ZDF.

689 Wie beispielsweise der „Warsteiner Fußballstammtisch" oder „Doppelpass – die Krombacher Runde".

690 Vgl. im Einzelnen auch *Engels/Giebel* ZUM 2000, 265 (281).

333 **Ereignissponsoring** unterfällt dagegen den allgemeinen Regeln, da § 10 MedienStV insoweit unanwendbar ist.[691] Probleme werden hier insbesondere im Bereich der Bildberichterstattung auftauchen: Wird etwa über ein gesponsortes Sportereignis berichtet, welches auch noch den Namen des Sponsors in der Bezeichnung führt, ist die Grenze zwischen der unvermeidbare Wiedergabe am Ort der Berichterstattung vorhandener Werbung und der bewussten Integration werblicher Element in die Berichterstattung schwierig zu ziehen: Die Richtlinien von ARD und ZDF enthalten hierzu allgemein gehaltene Regeln, die Nennung des Sponsors im Vor- und Abspann wird ausdrücklich regelt.[692] Ein Verstoß gegen das Trennungsgebot wird etwa bei einer über die Übertragung und Kommentierung des Ereignisses hinausgehenden Bezugnahme auf den Sponsor und seine Produkte oder Leistungen anzunehmen sein, wie etwa durch werbende Bild- oder Wortberichterstattung.[693]

334 Die Praxis ist reich an Gestaltungen, die auf eine Umgehung der entsprechenden Bestimmungen abzustellen scheinen: Bei der Fernsehübertragung etwa eines **Sportereignisses** ließ sich es bis zum Aufkommen digitaler Technik bereits technisch kaum vermeiden, dass etwa Bandenwerbung mit im Bild gezeigt wurde. Dies ist wettbewerbsrechtlich auch nicht zu beanstanden, solange die entsprechende Veranstaltung unabhängig von der Fernsehübertragung stattfindet und die Übertragung selbst unbeeinflusst vom Vorhandensein der entsprechenden Werbung erfolgt.[694] Wird die Veranstaltung dagegen „nur zum Zweck der Sendung" durchgeführt, um dem „Ereignis-Sponsor einen Platz in der Fernsehübertragung zu sichern und ihn damit optisch zu präsentieren" liegt ein Verstoß gegen § 10 Abs. 3 S. 1 MedienStV und gegen § 5a Abs. 6 UWG vor. Ungeklärt ist, ob eine „aufgezwungene Berichterstattung" vorliegt, wenn das Sponsoring davon abhängig gemacht wird, dass der Sponsor in der Sendung in einer bestimmten Weise eingeblendet wird. [695]

335 Ereignisveranstalter werden ihre Werbeverträge häufig auch darauf ausrichten, dass die Werbung nicht nur den Besuchern der Veranstaltung, sondern auch den Fernsehzuschauern optimal präsentiert wird. Dies ist unproblematisch, solange der Ereignisveranstalter **keinen Einfluss auf die Gestaltung der Übertragung** hat. Bedenken aus Sicht von § 5a Abs. 6 können aber entstehen, wenn eine der beiden Parteien von der anderen beherrscht wird, da die Trennung von Werbung und redaktionelle Gestaltung dann über Zurechnungsnormen oder Kontrollmöglichkeiten durchbrochen sein kann.

336 Fraglich ist, ob die **Überlassung von Sachmitteln** für die Produktion ein Fall des Sponsorings darstellt. Der Definition in § 2 Abs. 2 Nr. 9 MedienStV zufolge könnte man derartige Programmbeistellungen durchaus als Beitrag zur indirekten Finanzierung verstehen, da der Sender ja entsprechende Ausgaben spart. Der RStV 1987 ordnete sie in seiner amtlichen Begründung auch ausdrücklich als finanzielle Förderung ein.[696] Die Diskussion hierüber ist aber überflüssig geworden, da Produktionshilfen mit dem 13. RStV gesondert geregelt worden sind, vgl. nun § 38 S. 1 Ziffer 2 MedienStV. Die Förderungsabsicht bezieht sich auf den Namen, die Marke, das Erscheinungsbild, die Person oder Personenvereinigung sowie ihre Tätigkeit oder Leistungen. Ein Unternehmen, welches etwa Luxuslimousinen für einen reinen Fernsehfilm zur Verfügung stellt, will hiermit im Zweifel auch das Image der entsprechenden Marke fördern. Aufgrund der dezidierten Bestimmungen zu Produktplatzierungen und Produktionshilfen in den Richtlinien von 2010 liegen aber vorrangige Spezialregelungen vor, auf wenn eine Klarstellung der Einschränkung von Sponsoring auf finanzielle Beiträge unterblieben ist.

---

691 BGH GRUR 1992, 518 (521) – Ereignissponsorwerbung.

692 Ziff. 12.3 der Richtlinien ARD/ZDF.

693 Ziff. 12.6 der Richtlinien ARD/ZDF verbietet ausdrücklich besondere Hinweise oder Darstellungen, die zum Bezug von Waren oder Dienstleistungen des Sponsors anreizen.

694 HM, vgl. Hartstein/Ring/ua MedienStV B 5 § 10 Rn. 20.

695 Wohl zulässig nach Hartstein/Ring/ua MedienStV B 5 § 10 Rn. 18 f., wohl unzulässig nach BGH ZUM 1993, 93.

696 Vgl. Hartstein/Ring/ua MedienStV B5 § 10 Rn. 22–24.

Die Richtlinie 2007/65/EG vom 11.12.2007 grenzt in Erwägungsgrund 61 Sponsoring von Produktplatzierung ab: Bei Produktplatzierungen werde der Hinweis auf ein Produkt in die Handlung der Sendung eingebaut, während Sponsorenhinweise während eines Sendung gezeigt werden, aber nicht Teil der Handlung seien. 337

Die normative Unsauberkeit zeigt sich letztlich auch an der Behandlung von **Ausstatterhinweisen:**[697] Sie sollen nicht unter das Sponsoring fallen, werden laut Ziff. 12 WerbeRL/ Fernsehen am Ende von Sendungen für zulässig erklärt, so sie „wie Sponsorenhinweise" gestaltet sind. 338

Durch die Aufklärung verschiedener Vorfälle, etwa im Zusammenhang mit der ARD-Sendung „Marienhof", ist die Frage der Zulässigkeit von **Themen Sponsoring** bzw. **Themen-Placement** diskutiert worden.[698] Hierunter wird die beauftragte Einbettung eines bestimmten Themas bzw. einer allgemeinen Aussage zu einem Thema in einem redaktionellen Umfeld verstanden, ohne dass jedoch konkret auf ein bestimmtes Unternehmen, bestimmte Waren oder Leistungen hingewiesen wird. Die Begriffe Themensponsoring oder Themenplacement „verniedlichen" begrifflich den Kern des Anliegens in der Praxis: Es geht häufig nicht um die dramaturgische Einbettung eines beauftragten Themas abstrakt und im Allgemeinen, sondern im Regelfall um eine bestimmte Aussage zu einem Thema – das Publikum soll ja in eine bestimmte Richtung gelenkt werden. *Castendyk* hält eine „Identifizierbarkeit einer Produkt- oder Dienstleistungsgattung" für erforderlich, um überhaupt ein „Generic Placement" annehmen zu können.[699] Dem ist im Ergebnis zuzustimmen, wobei sich das Abgrenzungskriterium aus diesseitiger Sicht eher aus der Förderungsabsicht ergibt. Anknüpfungspunkt für zulässiges Sponsoring ist die Förderung einer Sendung als solche, nicht dagegen die Platzierung einer gewünschten Aussage in redaktionellem Gewand. Zulässiges „Themensponsoring" kann daher nur dann vorliegen, wenn hiermit nicht die dramaturgische Einbettung einer konkreten Aussage zum gesponserten Thema oder sonstige inhaltliche Einflussnahme verbunden ist. 339

Nach Umsetzung der EU Richtlinie 2007/65/EG vom 11.12.2007 durch den 13. RStV enthält § 8 Abs. 7 S. 1 MedienStV in Bezug auf **Themenplatzierung ein klares Verbot,** da sie „sofern sie den Inhalt von Sendungen in der Weise beeinflussen, dass die redaktionelle Verantwortung und Unabhängigkeit des Mediendiensteanbieters beeinträchtigt wird."[700] Die Pauschalität dieses Verbotes kann aus diesseitiger Sicht aus den og Gründen nicht überzeugen. 340

Die Realität mit Fernsehen und die zunehmenden Beanstandungen der Landesmedienanstalten belegen das ungebrochene Interesse der Werbenden an der redaktionellen Integration von Werbung und das Interesse der Sender an zusätzlichen Finanzierungsmöglichkeiten. Bestimmte Sendeformate und Konzepte erwecken den Eindruck, von Beginn an auf die Integration von Werbung ausgerichtet und nicht erst auf Nachfrage von Werbenden entsprechend umgeschrieben worden zu sein. Mit zunehmender Offensichtlichkeit des kommerziellen Zwecks wird der aufgeklärte Verbraucher aber den werblichen Charakter erkennen, wie er im Printbereich eindeutige Werbeanzeigen als solche erkennt, auch wenn sie nicht mit dem Wort „Anzeige" gekennzeichnet sind. In derartigen Fällen kann ein Verstoß gegen § 5a Abs. 6 UWG ausscheiden; der Verstoß gegen Trennungsgebote des MedienStV kann aber einen Verstoß gegen § 3a UWG begründen. 341

Die AVMD-Richtlinie definiert Sponsoring als Finanzierungsbeitrag von Unternehmen oder Personen, die nicht im Bereich der Bereitstellung von audiovisuellen Mediendiensten oder in der Produktion von audiovisuellen Werken tätig sind, mit dem Ziel, ihren Namen, ihre Marke, ihr Erscheinungsbild, ihre Tätigkeiten oder ihre Leistungen zu fördern.[701] Gesponsorte audiovisuelle Mediendienste oder Sendungen müssen die in Art. 3 lit. f 342

---

[697] Etwa der Hinweis, dass die Moderatoren vom Modehaus X ausgestattet wurden.

[698] Etwa *Castendyk* ZUM 2005, 857; zuvor *Bülow* CR 1999, 105.

[699] ZUM 2005, 857 (861).

[700] Erwägungsgrund 63.

[701] Art. 1 lit. k der Richtlinie 2010/13 EU vom 10.3.2010.

genannten drei Voraussetzungen erfüllen: Ihr Inhalt und der Programmplatz von dürfen keinesfalls „so“ beeinflusst werden, dass die redaktionelle Verantwortung und Unabhängigkeit des Mediendiensteanbieters beeinträchtigt wird. Ferner dürfen sie nicht unmittelbar zum Kauf oder ähnlichen anregen. Zudem müssen die Zuschauer müssen eindeutig auf das Bestehen einer Sponsoring-Vereinbarung hingewiesen werden; die Sendungen sind in angemessener Weise zum Beginn, während und/oder zum Ende der Sendung eindeutig zu kennzeichnen.[702]

343 **dd) Produktplatzierung.** Unter Produktplatzierung wird nach der **Definition in § 2 Abs. 2 Ziffer 12 MedienStV** die gekennzeichnete Erwähnung oder Darstellung von Waren, Dienstleistungen, Namen, Marken, Tätigkeiten eines Herstellers von Waren oder eines Erbringers von Dienstleistungen in Sendungen gegen Entgelt oder eine ähnliche Gegenleistung mit dem Ziel der Absatzförderung. Die kostenlose Bereitstellung von Waren oder Dienstleitungen ist Produktplatzierung, sofern die betreffende Ware oder Dienstleistung von bedeutendem Wert ist. Produktplatzierungen sind seit dem 1.4.2010 unter den Voraussetzungen des § 8 Abs. 7 S. 2–5 iVm §§ 15 und 44 MedienStV zulässig: Die redaktionelle Verantwortung und Unabhängigkeit hinsichtlich Inhalt und Sendeplatz müssen unberührt bleiben; es dürfen keine unmittelbaren Aufforderungen zu Kauf, Miete oder Pacht von Waren oder Leistungen enthalten sein und das platzierte Produkt darf nicht zu stark herausgestellt werden.[703] Zudem muss auf Produktplatzierungen eindeutig hingewiesen werden; die Details der Kennzeichnungspflicht ist in den S. 2–6 geregelt. Neben diesen allgemeinen Voraussetzungen bestimmt § 38 MedienStV für den öffentlich-rechtlichen Rundfunk eine **Zulässigkeit von Produktplatzierungen in fremdproduzierten** Kinofilmen, Filmen und Serien, Sportsendungen und Sendungen der leichten Unterhaltung mit Ausnahme von Kindersendungen. In Eigen- und Auftragsproduktionen sind dem öffentlich-rechtlichen Rundfunk Produktplatzierungen damit weiterhin nicht erlaubt. Alternativ sind Produktplatzierungen im Rahmen von Produktionshilfen zulässig, wenn kein Entgelt geleistet wird, wobei neben Kindersendungen auch Nachrichten, politische Sendungen, Verbraucher und Ratgebersendungen sowie Gottesdienstübertragungen ausgenommen sind. Andere Verstöße gegen den MedienStV – auch solche, die das Trennungsgebot betreffen – führen demgegenüber nicht automatisch zu einem Verstoß gegen § 5a Abs. 6.

344 Die **Richtlinien von ARD und ZDF** enthalten hierzu in der Bestimmung über entgeltliche Produktplatzierungen und unentgeltliche Produktionshilfen gesonderte Regelungen. Entgeltliche Produktplatzierungen sind im Rahmen von Ziffer 9.2 S. 2 iVm Ziffer 9.2.1 zulässig, wobei die dortigen Regelungen sich sehr eng am Wortlaut des MedienStV orientieren. Ziffer 9.4 enthält Vorgaben zur entsprechenden Kennzeichnung. Produktionshilfen (die unentgeltliche Bereitstellung von Waren und Dienstleistungen) sind Produktplatzierungen, wenn sie erwähnt oder dargestellt werden und von bedeutendem Wert sind.[704] Für die Beschaffung derartiger Dienst- und Sachleistungen sowie von Rechten an

[702] Das Sponsoring durch Tabakunternehmen ist untersagt. Beim Sponsoring durch Pharma- oder Medizinunternehmen darf nur für den Namen oder das Erscheinungsbild des Unternehmens geworben werden, nicht aber für ein bestimmtes verschreibungspflichtiges Mittel oder eine entsprechende medizinische Behandlung; Art. 3 lit. f Abs. 2 und 3 der Richtlinie 89/552/EWG nach der Änderung durch die Richtlinie 2007/65/EG vom 11.12.2007. Ferner dürfen Nachrichtensendungen und Sendungen zur politischen Bildung nicht gesponsort werden; hinsichtlich des Sponsoring von Kindersendungen, Dokumentarfilmen und religiösen Sendungen dürfen die Mitgliedsstaaten das Zeigen von Sponsorenlogos untersagen; Art. 3 lit. f Abs. 4 der Richtlinie 89/552/EWG nach der Änderung durch die Richtlinie 2007/65/EG vom 11.12.2007. Diese Einschränkungen des Sponsoring brachten inhaltlich nichts Neues, sie entsprachen im Wesentlichen bestehenden und vorstehend dargelegten Regelungen.

[703] Vgl. hierzu die Entscheidungen zum *„Hasseröder Männer-Camp“* des OVG Rheinland-Pfalz ZUM 2013, 980, einerseits und des BVerwG ZUM 2015, 78 andererseits.

[704] Was der Fall ist, wenn sie 1 % der Programmaufwendungen und den Betrag von 1.000,– EUR überschreiten, Ziffer 9.1 S. 3 der Richtlinien ARD/ZDF, wobei im Handel nicht frei erhältlich Gegenstände und Immobilien nicht erfasst werden.

Produktion sind angemessene Entgelte zu vereinbaren (vgl. Ziff. 9.3). Die Entgegennahme von Entgelten oder geldwerten Vorteilen für den Einsatz, die besondere Hervorhebung oder Nennung von Produkten ist unzulässig (vgl. Ziff. 9.4 letzter Satz). Ziffern 9.3 schützt zudem die redaktionelle Verantwortung und Unabhängigkeit. Die Bestimmung zählt auch Indizien für deren Einschränkung auf, wie dass die Initiative zum Bericht nicht von der Redaktion sondern dem Hersteller, Dienstleister oder deren Vermittler ausging, der Name oder Produkte des Produktionshelfers im Beitrag auftauchen, ohne dass dies aus redaktionellen Gründen zwingend erforderlich ist, das Konzept der Sendung ohne redaktionellen Grund auf die Präsentation eines Herstellers oder Dienstleisters zugeschnitten ist oder der Wert der Leistung eine Bedeutung hat, welche die redaktionelle Entscheidungsfreiheit nicht mehr gewährleistet.[705] Inhaltlich vergleichbare, an die liberaleren Bestimmungen für private Sender angepasste Regelungen enthält Ziffer 4 der **WerbeRL/Fernsehen.**[706]

Der BGH hat zudem zutreffend festgestellt, dass nicht jede werbliche Auswirkung einer Fernsehsendung das Trennungsgebot des Staatsvertrags verletzt, die **Grenze zur unzulässigen Schleichwerbung** insoweit **fließend** sei, so dass alle Umstände des Einzelfalls zu berücksichtigen sind. Nachdem Werbung Bestandteil der realen Umwelt ist, kann allein aus dem Trennungsgebot keine Pflicht zur künstlichen Aussparung von Werbung bei Berichten und Darstellungen aus der Realität gefolgert werden. Im Rahmen des Unvermeidbaren ist Werbung im Programm damit für zulässig zu erachten.[707] 345

Für § 5a Abs. 6 kommt es stets auf die Verschleierung an. Ob diese fehlt, wenn dramaturgisch vermeidbar **großflächig Markennamen und Produktbezeichnungen** eingeblendet oder eine **auffallend intensive und häufige bildlich Darstellung** der Produkte erfolgt, darf bezweifelt werden.[708] Das Vorstellungsbild der Zuschauer ist auch von dem Wissen darüber geprägt, dass im Programm Werbung möglichst vermieden werden soll. Die wiederholte bildliche Darstellung eines bestimmten Logos oder die Erwähnung eines Unternehmens führt nicht zwangsläufig zu einer Schleichwerbung, wenn schlicht die Lebenswirklichkeit eines bestimmten Themas anhand eines konkreten Beispiels dargestellt wird und weitere Indizien der Annahme einer Werbeabsicht entgegenstehen.[709] 346

Die **Zahlung einer Vergütung** zum Zweck des Einsatzes einer bestimmten Requisite allein führt zwar nicht zwangsläufig zu einer übersteigerten werblichen Einbindung derselben in die dramaturgische Handlung: Die Regelung in § 2 Abs. 2 Ziff. 9 MedienStV stellt jedoch klar, dass eine Erwähnung oder Darstellung gegen Bezahlung eine zu Werbezwecken erfolgte Schleichwerbung darstellt, da sie die Allgemeinheit hinsichtlich des eigentlichen Zwecks dieser Erwähnung oder Darstellung irreführen kann. Insoweit liegt auch ein Verstoß gegen § 5a Abs. 6 vor. Die Regelungen im MedienStV schließen es jedoch vom Wortlaut her nicht aus, Waren und Dienstleistungen über den Umweg des „Sach-Sponsoring" zur Verfügung zu stellen. Findet eine inhaltliche Einflussnahme iSv § 10 Abs. 2 MedienStV nicht statt, wird die Unterstützung bei den Requisiten entsprechend § 10 Abs. 1 MedienStV offengelegt und die Requisite nicht einer über das dramaturgisch Notwendige hinaus dargestellt, ist aus diesseitiger Sicht ein Verstoß gegen das Verschleierungsverbot des § 5a Abs. 6 nicht gegeben.[710] 347

---

[705] Ziffer 9.3.2 S. 2 Richtlinien ARD/ZDF.

[706] Kritisch zur Umsetzung der Kennzeichnungsvorgaben *Holzgraefe* MMR 2011, 221 (225). Auch dort lassen sich die medienrechtlichen Grenzen einer offengelegten Produktplatzierung überschreiten, wenn ohne weitere Handlung das platzierte Produkt übertrieben verbal durch die Akteure gelobt wird, vgl. etwa VG Hannover ZUM-RD 2016, 624 für die Bewerbung von „Pick-up" Keksen im sog. „Dschungelcamp."

[707] BGH GRUR 1990, 611 (614) – Werbung im Programm.

[708] Vgl. etwa OVG Lüneburg ZUM 1999, 347 ff. – Barbie Puppe; OVG Lüneburg ZUM-RD 1999, 406 f. – ADAC.

[709] Vgl. die gut begründete Entscheidung des VG Düsseldorf 28.4.2012 – 27 K 4657/08, LRE 61, 144 zu einem Fernsehbericht über die Herstellung von Tiefkühlspinat.

[710] Ziff. 8.5 der Richtlinien ARD/ZDF verbieten ausdrücklich die Entgegennahme von Entgelten oder vergleichbarer Vorteile für den Einsatz, die besondere Hervorhebung oder Nennung von Produkten, was gem. Ziff. 8.6 auch beim Einsatz fremdproduzierten Beiträge zu beachten ist.

348 Produktplatzierungen sind zudem in **elektronischen Spielen** (sog. **In-Game-Advertising**)[711] und in **Musikvideoclips**[712] bekanntgeworden. Ob etwa die bezahlte Einbindung eines bestimmten Produktes in ein Computerspiel eine Täuschung darstellt, hängt von den konkreten Einzelfallumständen und der entsprechenden Erwartungshaltung der Adressaten ab. Es ist daher zweifelhaft, ob der Käufer eines Spieles davon ausgeht, dass die Investitionen für die Entwicklung, Marketing und den Vertrieb eines Spieles ausschließlich über die Verkaufserlöse und nicht zusätzlich über Werbeeinnahmen finanziert werden.[713] Hier wird nur eine konkrete empirische Untersuchung im Einzelfall weiterhelfen. Ob ein Durchschnittskonsument einer durch integrierte Werbung **gesteigerten „Spielauthentizität"** positiv gegenübersteht oder nicht, ist für die Beurteilung nach § 5a Abs. 6 irrelevant.[714] Bei elektronischen Spielen, die in erster Linie auf Kinder zugeschnitten werden, wird sicher ein strenger Maßstab anzuwenden sein.[715] Die Realität der zahlreichen **kostenlosen Browser und App Games** legt nahe, dass Produktplatzierungen und Schleichwerbung hier weit verbreitet sind. Es liegt aber nahe, dass dort integrierte Werbung unter den gleichen Umständen als solche erkannt wird wie in der Realität. Entsprechendes gilt auch für reine Unterhaltungsspiele: Wer eine Produktplatzierung in einem Spielfilm als solche erkennt, wird sie wohl auch in einem Computerspiel erkennen, es bedarf hierzu keiner besonderen Transferleistung, die den durchschnittlich informierten und verständigen Verbraucher überfordern würde.[716]

349 In **Kindersendungen** sind Produktplatzierungen allerdings nie zulässig, § 8 Abs. 7 S. 2 MedienStV. In **zeitlicher Sicht** gelten die Regelungen über Produktplatzierung allenfalls für Sendungen, die nach dem 19.12.2009 produziert werden, § 117 MedienStV.

350 **c) Verschleierung im Bereich des Films.** In der Entscheidung „Feuer Eis und Dynamit I" hat der BGH festgestellt, dass der wettbewerbsrechtliche Grundsatz des Verbots getarnter Werbung auch für Kinospielfilme gilt.[717] Die Trennung von Werbung und redaktionellem Teil gilt für alle Fallgestaltungen, bei denen Werbung als Äußerung eines scheinbar objektiven Dritten dargestellt und damit getarnt werde. Jedoch sei bei der Feststellung der Irreführungsgefahr die Erwartungshaltung des Verkehrs zu berücksichtigen. Hierzu gehört, dass das Publikum gegenüber privaten Spielfilmen wegen ihres bekanntermaßen meist kommerziellen Charakters eine andere Erwartungshaltung habe als gegenüber den primär auf Medien- und Meinungsbildung ausgerichteten Medien. Die Toleranzgrenze sei jedoch überschritten, wo über die Verquickung von Herstellern und Werbeinteressen hinaus Zahlungen oder andere geldwerte Leistungen von einigem Gewicht von Unternehmen dafür erbracht werden, dass diese selbst oder ihre Erzeugnisse in irgendeiner Weise im Film in Erscheinungen treten.[718] Das Publikum rechne regelmäßig weder mit solchen Konstellationen noch mit den damit verbundenen Manipulationsmöglichkeiten zum Vorteil der zahlenden Dritten und zum Nachteil der eigenen Erkenntnismöglichkeiten hinsichtlich des Vorliegens von Werbung und der damit verbundenen Entschließungsfreiheit.

351 Konsequenz einer Überschreitung der vom BGH skizzierten Grenzen ist jedoch nicht die Unzulässigkeit der Ausstrahlung eines entsprechenden Films. Der Wettbewerbsverstoß

[711] Vgl. hierzu *Schaar* GRUR 2005, 912; und *Lober* MMR 2006, 643; *Seichter* in Ullmann juris-PK Rn. 171.

[712] Siehe etwa die Beispiele (subliminaler) Werbung in Videoclips, am 18.1.2008 abrufbar unter http://matdonline.free.fr/Product_placement_in_videoclips_subliminal_ads.html oder *Osusky* „Schleichwerbung in Musikvideos auf dem Vormarsch", pressetext austria 2.4.2007, am 18.1.2008 abrufbar unter http://pte.at/pte.mc?pte=070402034.

[713] So *Schaar* GRUR 2005, 912 (914 f.).

[714] Zutreffend *Lober* MMR, 2006, 643 (645); anders *Schaar* GRUR 2005, 912 (915), der aber das Bestehen einer Täuschungsgefahr bejaht.

[715] Ua LG Frankfurt a. M. WRP 2010, 157; LG Berlin GRUR RR 2011, 332 (333).

[716] Die Frage wird letztlich durch empirische Untersuchungen zu klären sein.

[717] BGH GRUR 1995, 744 ff. – Feuer, Eis und Dynamit I.

[718] BGH GRUR 1995, 744 (748) – Feuer, Eis und Dynamit I.

liegt allein im **Unterlassen der Aufklärung des Publikums vor der Vorführung des Films.**[719]

352 Diese Leitlinien sind auch nach der Gesetzesänderung grundsätzlich anwendbar. Allerdings dürfte die Differenzierung nach der Erwartungshaltung der Zuschauer gegenüber kommerziellen privaten Spielfilme einerseits und den primär auf Medien und Meinungsbildung ausgerichteten Medien andererseits mehr als 30 Jahre nach Einführung privater Fernsehsender in Deutschland nicht mehr in die erforderliche Trennschärfe bieten.[720] Wegen der **zunehmenden Konfrontation des Publikums mit Werbung** sind die Grundsätze der Feuer, Eis & Dynamit-Entscheidungen daher nicht starr zu übernehmen: Die insoweit maßgebliche **Erwartungshaltung des Publikums** hat sich weiterentwickelt und wird sich im Laufe der Zeit ständig verändern: So prägt beispielsweise die Berichterstattung der Presse um den Wettbewerb der Unternehmen, bestimmte Requisiten etwa für den jeweils neuesten James Bond Film zur Verfügung stellen zu können, Berichte über umfassende Merchandising- und Lizenzgeschäfte[721] die Erwartungshaltung der Zuschauer und Verbraucher. Den Kinovorführungen des James Bond Films „Spectre" Ende 2015 gingen Werbespots voraus, die die entsprechenden Filmsequenzen, in denen das Produkt zu sehen war, integriert hatten.[722] Bei der Feststellung der Verschleierung, Eignung zur Täuschung des Zuschauers ist daher erhebliche Sorgfalt anzuwenden.[723]

353 **d) Verschleierung im „Wissenschaftsjournalismus". Strengere Maßstäbe** für die Verschleierung von Werbemaßnahmen sind dagegen insbesondere dann anzuwenden, wenn die Werbung für einen bestimmten Bereich einer besonderen Regulierung unterliegt, wie etwa der des Heilwesens (v. Jagow § 3a Rn. 81 ff.) Das Heilmittelwerbegesetz schränkt die Werbemöglichkeit der **Pharmaindustrie** ua deswegen ein, um eine sachgerechte Heilbehandlung zu gewährleisten und eine Ausnutzung der Ängste vor Krankheiten zu unterbinden. Redaktionelle Beiträge zu einem anspruchsvollen wissenschaftlichen Thema wie etwas aus dem Bereich Medizin oder Pharmazie erfordern häufig die vereinfachte Darstellung komplexer Sachverhalte. Die Versorgung der Journalisten mit Informationen von Unternehmen oder eine inhaltliche Zusammenarbeit kann daher schnell zu einer Schleichwerbung führen, die neben der allgemeinen Irreführung des Publikums vor allem deswegen als verwerflich zu betrachten ist, weil sie die **Sorge des Publikums um die eigene Gesundheit** in einer mit den Grundsätzen des Heilmittelwerbegesetzes in unvereinbarer Weise ausnutzen. Bei der Beurteilung derartiger Sachverhalte sind insofern strenge Maßstäbe anzulegen. Der Verband der Medizin- und Wissenschaftsjournalisten eV hat Standards veröffentlichet, die für PR Beiträge Kennzeichnungspflichten enthalten. Sie haben – wie vergleichbare interne Richtlinien – keinen Normcharakter und deswegen für die Beurteilung im Rahmen von § 5a Abs. 6 keine unmittelbare Bedeutung. Sie können im Rahmen der Auslegung aber als Indiz eine Bedeutung haben.[724] Der Verein zur Freiwilligen Selbstkontrolle für die Arzneimittelindustrie hat einen FSA Kodex Fachkreise veröffentlicht,[725] dessen § 8 ein Schleichwerbungsverbot enthält. Ein Verstoß gegen entspre-

719 BGH GRUR 1959, 744 (749) – Feuer, Eis und Dynamit I, vgl. hierzu auch *Schwarz* AfP 1996, 31 (32 ff.).

720 So zutreffend *Henning-Bodewig* GRUR 1996, 321 (327).

721 Vgl. etwa die James Bond bezogene Werbung für verschiedene Uhren der Marke Omega.

722 Dem FAZ Online Artikel „Der längste Werbespot der Welt" vom 26.10.2015 zufolge ist zu vermuten, dass Produktplatzierungen 2/3 der Produktionskosten abdecken; abrufbar am 14.1.2016 unter http://www.faz.net/aktuell/wirtschaft/unternehmen/der-neue-james-bond-film-spectre-ist-der-laengste-werbespot-der-welt-13875557-p2.html?printPagedArticle=true#pageIndex_2.

723 Vgl. auch die Presseberichte über das umfassende Produkt Placement Konzept des zweiten Austin Power Films in der Berliner Zeitung vom 13.11.1999 „Erfolg trotz schlechter Zähne."

724 Am 29.3.2021 abrufbar unter http://www.vmwj.de/fileadmin/data/dokumente/VMWJ_-_Standards.pdf, vgl. zudem – BGH GRUR 1989, 827 (828) – Werbeverbot für Heilpraktiker.

725 Bundesanzeiger vom 22.4.2004, BAnz. Nr. 76, S. 8732; zuletzt geändert am 27.11.2009 (bekannt gemacht im Bundesanzeiger vom 10.2.2010, BAnz. Nr. 22, S. 499).

chende Bestimmungen wird in der Regel auch einen Verstoß gegen § 5a Abs. 6 UWG zur Folge haben.[726]

354 **e) Verschleierung im Zusammen mit Finanzdienstleistungen, Wertpapieren und im Bereich des Wirtschaftsjournalismus.** Empirische Untersuchungen im Bereich des Wirtschaftsjournalismus legen den Verdacht nahe, dass Schleichwerbung häufiger im Zusammenhang mit **Anlageempfehlungen in redaktionellen Beiträgen** vorkommt.[727]

355 § 15 Abs. 2 S. 1 WpHG enthält ein **Verbot überflüssiger Veröffentlichungen als Ad-hoc Meldung,** welches durch das 4. FFG ins Gesetz aufgenommen worden ist.[728] Hintergrund der Regelung war die Erkenntnis, dass Ad-hoc Meldungen zur Pflege der Beziehungen zu tatsächlichen und potenziellen Investoren populär geworden waren und somit unter dem Deckmantel einer gesetzlichen Veröffentlichungspflicht zu Zwecken der Werbung missbraucht worden waren. Verstöße gegen § 15 Abs. 2 S. 1 WpHG werden daher regelmäßig eine Unlauterkeit iSv § 5a Abs. 6 begründen.[729]

356 Im Bereich des Wirtschaftsjournalismus ist ferner das **Verbot der Marktmanipulation** gemäß § 20a WpHG bzw. die Reichweite der Ausnahmeregelung für Journalisten in dessen Abs. 6 von Bedeutung.[730] Reine Werbemaßnahmen oder die Beratung vom Kunden über Anlageentscheidungen werden von der Ausnahmeregelung nämlich nicht erfasst.[731]

357 Von besonderer Bedeutung sind in diesem Zusammenhang auch die Bestimmungen für Finanzanalysten in § 34b WpHG: Diese finden nach Abs. 4 keine Anwendung auf Journalisten die im Rahmen ihrer beruflichen Tätigkeit eine Finanzanalyse erstellen oder bzw. einer vergleichbaren Selbstregulierung einschließlich wirksamer Kontrollmechanismen unterliegen.[732]

358 § 34b Abs. 1 S. 2 Nr. 2 WpHG verpflichtet zur **Offenlegung** von Umständen die einen Interessenkonflikt begründen können, selbst **potenzielle Interessenkonflikte** müssen offengelegt werden.[733] Hierzu gehören nach § 5 Abs. 3 S. 1 FinAV die Offenlegung ua wesentlicher Beteiligungen, die Betreuung der analysierten Papiere oder ein finanzielles Eigeninteresse. Empirische Untersuchungen scheinen zu belegen, dass in der Praxis des Wirtschaftsjournalismus hiergegen häufig verstoßen wird. Derartige Berichte können zugleich unlauter sein, insbesondere wenn etwa unter dem Deckmantel einer objektiven Finanzanalyse ein Papier besprochen oder gar empfohlen wird, tatsächlich eine Werbung für Papiere des entsprechenden Unternehmens erfolgt. Gerichtsentscheidungen zu derartigen Konstellationen sind bislang nicht bekannt.

359 **f) Verschleierung in Telekommunikationsdiensten.** Werbung über einen Telefonanruf beim potentiellen Kunden oder die Zusendung eines Telefax ist ein klassisches Mittel des Direktmarketing. Der besondere Vorteil aus Sicht der Werbetreibenden besteht in der Möglichkeit, Informationen über die individuellen Bedürfnisse der Zielperson zu erfahren und auf sie eingehen zu können, ihn zu einer individuellen, messbaren Reaktion auf die Werbung veranlassen zu können, ggf. sogar zu einer entsprechenden Transaktion bewegen zu können. Direktmarketing dieser Art lässt sich exakt auf eine gewünschte Zielgruppe zuschneiden, verspricht damit im Gegensatz zur Werbung gegenüber der Allgemeinheit

---

[726] Vgl. die Entscheidung der Schiedsstelle des FSA PharmR 2010, 258.

[727] Vgl. hierzu etwa den Bericht „Wirtschaftsberichtserstattung in den Programmen von n-tv, N24 und Bloomberg TV" der Forschungskooperation Wirtschaftsberichterstattung vom 14.12.2006, S. 115, 132 ff.

[728] Vgl. im einzelnen Kölner Kommentar/*Verhegen* WpHG § 15 Rn. 255 ff.

[729] Es wird der unzutreffende Eindruck einer neuen Insiderinformation iSv § 13 WpHG, also einer nicht öffentlich bekannten konkreten Information mit Eignung zur erheblichen Börsen- oder Marktpreisbeeinflussung erweckt, die dem Gesetz nach zu veröffentlichen ist, während in Wahrheit eine reine Werbung vorliegt.

[730] Vgl. im einzelnen Kölner Kommentar/*Mock/Stoff/Eufinger* WpHG § 20a Rn. 396 ff.

[731] Vgl. *Spindler* NGZ 2004, 1138 (1141); Assmann/Schneider/Vogel WpHG § 20a Rn. 107.

[732] Eine vollständige vergleichbare Selbstregulierung liegt bislang noch nicht vor, Journalisten unterliegen folglich vorerst der Kontrolle durch das BaFin, Kölner Kommentar/*Möllers* WpHG § 34b Rn. 227, 235.

[733] Kölner Kommentar/*Möllers* WpHG § 34b Rn. 154.

geringe Streuverluste bei relativ niedrigen Kosten. Telefonmarketing unterliegt strengen Restriktionen: Sowohl von Privatpersonen als von Gewerbetreibenden ist eine vorherige Einwilligung einzuholen.[734] Diese ist als Rechtmäßigkeitsvoraussetzung für die Verarbeitung personenbezogener Daten nach Art. 6 Abs. 1 S. 1 lit. a DS-GVO nur wirksam, wenn sie freiwillig und – bezogen auf einen bestimmten Fall – informiert abgegeben wird. Um den Transparenzanforderungen aus Art. 12 Abs. 1 und Art. 13 Abs. 1 lit. c DS-GVO sowie der bisher insoweit ergangenen Rechtsprechung[735] zu genügen, muss auch die Art der beabsichtigten Werbung (Brief, E-Mail/SMS, Telefon, Fax), die Produkte oder Dienstleistungen, für die geworben werden soll, und die werbenden Unternehmen genannt werden.

In der Praxis werden zum Teil **Kurznachrichten an Mobilfunknummern** versandt, 360
die den Eindruck einer Benachrichtigung über eine angeblich auf der eigenen Mailbox eingegangenen Nachricht enthalten. Die dort angegebene Rückrufnummer führt allerdings nicht zur eigenen Mailbox beim Telekommunikationsanbieter, sondern zu einem Drittanbieter, der Leistungen unter einer **Mehrwertdienstenummer** anbietet, also durch den Rückruf bereits eine Beteiligung an einer erhöhten Anrufgebühr erhält. Da der durch die Verwendung der Mehrwertnummer unmittelbare kommerzielle Charakter der Rückrufaufforderung verschleiert wird, liegt ein Verstoß gegen § 5a Abs. 6 vor.

Im Bereich der Telefonwerbung werden zudem Werbeaktionen über Lockanrufe **(Ping-** 361
Anrufe) durchgeführt. Privatpersonen werde auf ihrem Telefonanschluss angerufen, jedoch wird der Anruf meinst Computer gesteuert sofort wieder abgebrochen, da allein beabsichtigt ist, eine Rückrufnummer auf dem Telefon des Angerufenen zu hinterlassen.[736] Der Angerufene soll zu einem Rückruf veranlasst werden, bei welchem er dann mit Werbung konfrontiert wird. Derartige Praktiken sind sicher unter verschiedenen Gesichtspunkten unlauter bzw. aus anderen Gründen rechtswidrig.[737] Aus diesseitiger Sicht liegt bei einem derartigen Ping-Anruf jedoch **kein Verstoß gegen § 5a Abs. 6 vor, wenn keine Mehrwertnummer** verwendet wird:[738] Der Vorwurf der Verschleierung setzt letztlich voraus, dass eine Kennzeichnungsmöglichkeit als Werbung besteht. Kommt das Gespräch beim ersten Anruf wie beabsichtigt nicht zustande, wird allein eine Telefonnummer hinterlassen. Diese allein kann man aber nicht in einer Weise kennzeichnen, dass sich ein werblicher von einem nicht-werblichen Anruf allein anhand der Nummer unterschieden lässt, will man nicht indirekt eine Pflicht zur Verwendung von Mehrwertnummern schaffen. Kommt das Gespräch (egal ob beim ersten Anruf oder beim Rückruf) zustande, ist es eine Verschleierung des werblichen Charakters natürlich möglich.

g) Verschleierung im Bereich des Internet. aa) Besonderheiten. Der Anteil **wer-** 362
befinanzierter Inhalte im Internet dürfte so **groß sein wie in keinem anderen Medium.** Das Internet bietet Werbenden – rein technisch – Möglichkeiten, Nutzerverhalten zu analysieren und potentiellen Kunden hierauf zugeschnittene Angebote zukommen zu lassen.[739] Erhebliche praktische Bedeutung haben mit der gestiegenen Bedeutung von **Smartphones Apps** gewonnen, die in den jeweiligen App Stores kostenlos oder gegen in der Regel geringe Beträge auf die Geräte heruntergeladen werden. Diese stammen teilweise von offen werbenden Unternehmen, andere, insbesondere viele Spiele enthalten teilweise verdeckte Werbung oder Produktplatzierungen.

[734] Grundlegend BGHZ 54, 188 – Telefonwerbung I; BGHZ 113, 282 – Telefonwerbung IV; Paschke WRP 2002, 1219 mit zahlreichen Nachweisen; vgl. → § 7 Rn. 182 ff. (Schöler).

[735] Etwa BGH ZD 2017, 327.

[736] Die Bundesnetzagentur definiert den sog. Ping-Anruf als Telefonkontakt, bei welchem gezielt durch einen Anruf zu einem bestimmten Anschluss Rufzeichen übertragen werden, vgl. http://www.bundesnetzagentur.de/DE/Verbraucher/RufnummernmissbrauchSpamDialer/AktuelleHinweise/AktHinw2010/20100721Ping-Anrufe.html?nn=64836; *Steffen* WRP 2011, 808.

[737] Ein Verstoß gegen die Bestimmungen des § 7 Abs. 2 Ziffer 2 liegt nahe; zudem kommt ein Verstoß gegen Bestimmungen des TKG und ggf. auch Betrug in Betracht.

[738] AA *Becker* WRP 2011, 808 (810).

[739] Die rechtlichen Grenzen werden insbesondere durch datenschutzrechtliche Bestimmungen gezogen.

363 Für den Bereich des Internet und der Telekommunikationsdienste bestimmt § 6 Abs. 1 Nr. 1 TMG, dass **kommerzielle Kommunikationen klar als solche erkennbar sein müssen.** Ein Verstoß gegen die vorgenannte Bestimmung des TMG stellt zugleich eine Verschleierung des kommerziellen Zwecks iSv § 5a Abs. 6 dar.

364 Für medienähnliche Inhalte im Internet ist die Ablösung des Rundfunkstaatsvertrags von 1991 durch den Medienstaatsvertrag am 8.11.2020 von besonderer Bedeutung. Im Fokus stand die Anpassung der Regelungen an die Digitalisierung und die Anschauung seines Anwendungsbereichs auf sog. Telemedien iSv. § 2 Abs. 1 S. 3 und sog. Medienintermediäre iSv. § 2 Abs. 2 Ziffer 16 MedienStV. Letzerer Begriff umfasst jedes Telemedium, das auch journalistische-redaktionelle Angebote Dritter aggregiert, selektiert und allgemein zugänglich präsentiert, ohne diese zu einem Gesamtangebot zusammenzufassen. Die Änderung zielte somit auf die Einbeziehung von Diensten wie Google, Facebook, Twitter, Instagram etc. Zudem erfasst der MedienStV auch sog. Medienplattformen iSv. § 2 Abs. 2 Ziffer 14, somit Fersehkabelnetze und entsprechende digitale Angebote. Schließlich erfasst § 2 Abs. 2 Ziffer 32 Video-Sharing Dienste. Für Telemedien – also elektronische Informations- und Kommunikationsdienste mit Ausnahme TK Dienste nach § 3 Nr. 24 TKG und der TK gestützten Dienste nach § 3 Nr. 25 TKG enthält § 22 MedienStV die Regelungen zu Werbung, Sponsoring und Gewinnspielen: Werbung muss gem. § 22 Abs. 1 S. 1 MedienStV als solche klar erkennbar und vom übrigen Inhalt der Angebote eindeutig abgetrennt sein: Verstöße hiergegen stellen zugleich einen Verstoß gegen § 5a Abs. 6 und gegen § 3a dar. **Subliminale Werbetechniken** sind nach § 22 Abs. 1 S. 2 MedienStV ausdrücklich **verboten.** Für rundfunkähnliche Telemedien gelten nach § 74 MedienStV u. a. dessen §§ 8, 10 und 11 entsprechend – somit die maßgeblichen Bestimmungen zu Wertung, Produktplatzierungen und Sponsoring, so dass auf die vorstehenden Ausführungen verwiesen wird.[740] Für Video-Sharing Dienste gelten über § 98 MedienStV dessen § 8 Abs. 1, Abs. 3 S. 1 und 2, Abs. 7 und 10, somit ein Großteil des Regelungen zu Wertung und Produktplatzierungen.

365 Die weitgehende Verbreitung werbefinanzierter Inhalte hat Einfluss auf die **Erwartungshaltung des Nutzers,** was bei der Feststellung eines Verschleierungstatbestandes zu berücksichtigen ist. Wenn auch das Trennungsgebot grundsätzlich für alle Werbeformen und Werbeträger gilt, sind medienspezifische Besonderheiten bei der konkreten Anwendung zu beachten.[741]

366 **bb) Werbebanner.** Banner sind digitale Werbeflächen auf einer Website, die einen Hyperlink zur Website des Werbenden enthalten und in verschiedenen Erscheinungsformen auftreten, welche ständig weiterentwickelt werden.[742] Durch die weite Verbreitung und Bekanntheit von **Werbebannern** jedweder Art werden die Banner von den Nutzern regelmäßig allein durch ihre Anordnung und Gestaltung als Werbung erkannt. Die Verwendung von Werbebannern, welche sich aufgrund der graphischen Gestaltung und ihrer Anordnung deutlich vom sonstigen Inhalt der jeweiligen Website unterscheiden, stellt daher keine Verschleierung einer Werbemaßnahme dar.[743]

367 Das LG Berlin hat in einem **Browser Spiel** enthaltene Werbe **Interstitials** und Werbebanner beanstandet. Deren kommerzieller Zweck sei für die maßgebliche Zielgruppe (Kinder) nicht zu erkennen gewesen, die vorhandene Kennzeichnung zu unauffällig ausgestaltet gewesen.[744]

---

740 Vgl. Rn. 315 ff.

741 BGH NJW 1995, 387 ff.

742 Sie können statische Botschaften oder filmähnliche Sequenzen wiedergeben, fest auf einer Position der Website angezeigt werden oder sich bewegen (Floating Banner). Pop Up Banner überlagern in einem eigenen Fenster die eigentlich aufgerufene Seite zunächst, während Pop Under überlagern sich erst beim Schließen der eigentlich aufgerufenen Seite öffnen.

743 So auch *Leupold* ZUM 1998, 99 (105).

744 GRUR RR 2011, 332 (333), mit kritischer Anmerkung Rauda. Die Begründung ist in Teilen wenig überzeugend, da anfangs unterstellt wird, dass lediglich 1% der Nutzer unter 7 Jahre alt und 4% unter

Ob die zunehmende Beliebtheit von Werbeblockerprogrammen als Reaktion auf die Belästigung empfundene Flut von Werbebannern künftig zu einer technisch möglichen Differenzierung zwischen insbesondere Pop-up oder Pop-under Werbebannern einerseits und redaktionellen Inhalten, welche sich der gleichen Technik bedienen andererseits führen wird, bleibt abzuwarten. 368

cc) Hyperlinks. Der Verwendung von **Hyperlinks** zu Internetseiten mit werbenden Inhalten allein stellt kein Verstoß gegen das Trennungsgebot oder eine sonstige Verschleierung des kommerziellen Zwecks dar.[745] Wer innerhalb eines redaktionellen Textes eine Aussage über ein Unternehmen mit einem Hyperlink zu dessen Website unterlegt, verstößt nicht allein hierdurch gegen das Trennungsgebot, solange der Hyperlink eine Funktion erfüllt, die einer Fußnote gleichkommt. Dies gilt auch dann, wenn sich auf der verlinkten Startseite Werbung befinden sollte: Der Nutzer erkennt, dass er durch die von ihm verursachte Aktivierung des Links auf eine andere HTML-Seite weitergeleitet wird, die von einem anderen Verantwortlichen stammt. Er stellt sich damit auf einen von ihm neu zu beurteilenden Inhalt ein. 369

Etwas Anderes kann für Konstellationen gelten, in denen das den Hyperlink enthaltende Bild- oder Text-Element selbst eine gegen das Trennungsgebot verstoßende Werbeaussage enthält, wie etwa eine redaktionelle Empfehlung, oder wenn diese Elemente in einer Weise gestaltet, die den auf der verlinkten Seite folgenden werbenden Inhalt verschleiert. Beispiel hierfür ist der Fall, der den Entscheidungen des LG Berlin vom 26.7.2005 [746] und dem KG vom 30.6.2006 [747] zu Grunde lag.[748] Der Verstoß gegen das Trennungsgebot lag nicht in der Verwendung eines Hyperlinks, der zu einem werblichen Inhalt führt, ohne dass hierauf auf der Ausgangsseite explizit hingewiesen wurde. Die Entscheidungen sind im Ergebnis zutreffend, weil im konkreten Fall auf der Ausgangsseite ein Teil der die Hyperlinks enthaltenen **Schaltflächen** den werblichen Inhalt der Folgeseite ausdrücklich offenbarte, während andere Schaltflächen, die ebenfalls zu werblichen Inhalte führten, nicht nur keine entsprechende Kennung als Anzeige aufwiesen, sondern durch den **textlichen „Anreißer“** der Eindruck eines rein redaktionellen Inhalts erzeugt.[749] Gestaltungselemente wie eine Anordnung am rechte Seitenrand, eine das Verlassen des redaktionellen Teils verdeutlichende Überschrift wie „Partnerangebote“ oder „Promotion“, Nennung der werbenden Unternehmen direkt über einer Themenüberschrift, die Einbettung in ein eindeutig Werbung enthaltenden Bereich einer Internetseite können in der Gesamtschau den kommerziellen Charakter hinreichend kenntlich machen.[750] 370

Bei der Verwendung von **Inline Links/Framing** wird für den Besucher der Seite nicht erkennbar, dass der verlinkte Inhalt nicht auf einer anderen Website öffentlich zugänglich gemacht worden ist, sondern nur mittels entsprechender Verlinkungstechniken in die Inhalte des Verlinkenden inkorporiert wird. *Hierdurch* wird kein Verstoß gegen § 5a Abs. 6 begründet, denn die Inkorporierung eines fremden Inhaltes ist lauterkeitsrechtlich zunächst einmal neutral. Wenn durch den inkorporierten Inhalt allerdings ein kommerzieller Zweck unzureichend kenntlich gemacht wird, kann *hierbei* gegen § 5a Abs. 6 verstoßen werden.[751] 371

dd) Key Word Advertising & Rankings. Der Betreiber einer Suchmaschine, welcher neben den zu einem Suchbegriff gefundenen redaktionellen Hyperlinks auch Werbean- 372

---

10 Jahre alt sind, dann aber das Urteil mit einem mangelnden Leseverständnis der Zielgruppe (überwiegend Kinder) begründet wird.

[745] Zutreffend *Boehme-Neßler* WRP 2001, 547 (554) mwN; *Leupold* ZUM 1998, 99 (105), anders *Hoeren* UFITA-Schriftenreihe Bd. 137, 51; *Körner/Lehment* in Hoeren/Sieber, Multimediarecht, Kap. 11.1 Rn. 173.

[746] MMR 2005, 778.

[747] MMR 2006, 680.

[748] Vgl. auch OLG München WRP 2010, 671; Fezer/*Hoeren,* 2. Aufl. 2010, UWG 2004 § 4 Nr. 3 Rn. 99.

[749] Im Ergebnis ebenso LG Düsseldorf WRP 2011, 1665.

[750] Überzeugend OLG München BeckRS 2014, 16644.

[751] Wohl anders Fezer/*Hoeren,* 2. Aufl. 2010, UWG 2004 § 4 Nr. 3 Rn. 100.

zeigen auf der die Suchresultate anzeigenden Seite wiedergibt, welche etwa über **Keyword Advertising** Werbeanzeigen geschaltet werden, muss für den Nutzer erkennbar zwischen dem redaktionellen Teil (Suchmaschineneinträge) und dem Werbeanteil (Keyword-Anzeigen) trennen. Führt er letztere in einer eigenen, **graphisch anders gestalteten Rubrik** unter der Überschrift „Anzeige" oder einen vergleichbaren, den kommerziellen Hintergrund der Leistung offenbarenden Begriff[752] auf, ist eine Verschleierung des kommerziellen Zwecks im Regelfall ausgeschlossen.[753] Werden **verkaufte Platzierungen** hingegen objektiv generierten Ergebnissen in derselben Aufmachung ohne eine gestalterische Trennung einer Ergebnisliste vorangestellt, wird der kommerzielle Hintergrund der bezahlten Annoncen nicht hinreichend kenntlich gemacht.[754]

Werden im Rahmen von Anstrengungen zur Verbesserung von Ergebnisses bei Suchmaschinen **(Suchmaschinenoptimierung)** gezielt Links auf die zu optimierende Seite gesetzt, liegt hierin kein Verstoß gegen die Pflicht zur Kennzeichnung kommerzieller Kommunikation: Der Nutzer einer Suchmaschine geht nicht davon aus, dass die ihm präsentierten Suchergebnisse tatsächlich in einer streng objektiven Kriterien folgenden Reihenfolge gelistet sind.[755]

373 Die **UGP-Richtlinie** wurde im Rahmen des von der EU Kommission gestarteten Maßnahmenpakets „New Deal for Consumers" durch die Richtlinie 2019/2161 geändert.[756] Der in Art. 7 neu hinzugefügte, sprachlich unglückliche Abs. 4a sieht vor, Verbrauchern **Grundinformationen über das Zustandekommen von der Reihenfolge von Suchergebnissen** zur Verfügung zu stellen. Konkret sind Informationen über die Hauptparameter von Suchergebnissen in Rankings und deren relatives Gewicht im Vergleich zu anderen Parametern als wesentliche Informationen zu betrachten und dürfen folglich nicht vorenthalten werden.[757] Relevant ist dies in Szenarien, in welchen Verbrauchern die Möglichkeit bereitgestellt wird, nach Produkten zu suchen, welche von verschiedenen Händlern oder von Verbrauchern angeboten werden und die Suche hierbei erfolgt, indem der Verbraucher einen Schlüsselbegriff, eine Phrase oder anderen Eingaben einträgt. In diese Richtung ging bereits das Urteil des BGH vom 27.4.2017: Bei einem über das Internet erfolgenden Angebot eines Preisvergleichs für Bestattungsdienstleistungen ist die Information darüber, dass der Preisvergleich nur solche Anbieter erfasst, die sich gegenüber dem Anbieter des Vergleichsportals für den Fall eines Vertragsabschlusses zur Zahlung einer Provision verpflichtet haben, eine wesentliche Information iSd § 5a Abs. 2 UWG.[758] In Erwägungsgrund 23 der Richtlinie 2019/2161 wird aber klargestellt, dass ein Unternehmer nicht verpflichtet ist, die Funktionsweise seines Ranking-Systems im Detail – etwa die Algorithmen – offenzulegen. Die Informationspflicht beschränkt sich zudem auf

[752] Wie „Sponsoren-Links", „Sponsored Links", „gesponserte Suchoptionen", „Sponsor Results", „gesponserte Treffer".

[753] So auch *Hüsch* MMR 2006, 357 (360); Gloy/*Loschelder,* Handbuch des Wettbewerbsrechts, § 66 Rn. 11; *Ohly* GRUR 2009, 709. Ob der Begriff „Partner-Link" einen kommerziellen Hintergrund hinreichend offenlegt, mag dahinstehen, er wird nach der Konzentration des Suchmaschinengeschäfts derzeit nicht mehr verwendet. Für die mangelnde Offenlegung jedenfalls *Hüsch* MMR 2006, 357 (360) und *Rath* WRP 2005, 831.

[754] LG München WRP 2015, 781 mit überzeugender Begründung, wieso in der konkreten Konstellation auch der Hinweis „Premium Partner" nicht mehr für die erforderliche Klarheit sorgen konnte. Vgl. hierzu im Übrigen auch *Henning-Bodewig* WRP 2019, 537 ff.

[755] Vgl. die Schlussanträge des Generalanwalts *Maduro* 22.9.2009 – C-236/08, C-237/08 und C-238/08 Rn. 87 ff. Sammlung der Rechtsprechung 201002417; *Hösch* CR 2004, 283; *Micklitz/Schirmbacher* in Spindler/Schuster, Recht der elektronischen Medien, 4. Aufl. 2019, § 5a Rn. 85.

[756] Richtlinie 2019/2161 vom 27.11.2019, ABl. 2019 L 328, S. 7, vgl. hierzu bereits *Alexander* WRP 2019, 1235 ff. und *Dröge* WRP 2019, 160.

[757] Art. 7 Abs. 2 UGP Richtlinie, § 5a Abs. 2, vgl. hierzu vorstehend → Rn. 74 ff. *(Dreyer).*

[758] GRUR 2017, 1265 – Preisportal. Im Ergebnis ähnlich hat das OLG Köln die Premiumfunktionen des Bewertungsportals „Jameda" teilweise als unzulässig ausgestaltet beurteilt, soweit die Plattform „Basiskunden" und „Premiumkunden" unterschiedlich behandelt. Jameda habe insoweit die zulässige Rolle des „neutralen Informationsmittlers" verlassen und den an die Plattform zahlenden Ärzten auf unzulässige Weise „verdeckte Vorteile" gewährt; 14.11.2019 – 15 U 89/19 ZUM-RD 2020, 198 und 15 U 126/19, MMR 2020, 186.

eine allgemeine Beschreibung der voreingestellten Hauptparameter für das Ranking sowie deren relative Gewichtung im Verhältnis zu anderen Parametern. Der Unternehmer ist aber nicht verpflichtet, diese Beschreibung in einer jeweils auf die einzelne Suchanfrage zugeschnittenen Form bereitzustellen. Ergänzend hierzu wurde die „schwarzen Liste" um eine neue Ziffer 11a ergänzt. Demzufolge ist es unzulässig, Informationen nach einer Online-Suchanfrage eines Verbrauchers bereitzustellen, **ohne bezahlte Anzeigen oder Zahlungen für das Erreichen eines höheren Rankings** der Produkte innerhalb der Suchergebnisse **umfänglich klar offenzulegen.**[759] Die Regelung soll nach den Ausführungen in Erwägungsgrund 20 sowohl unmittelbare als auch mittelbare Zahlungen umfassen. Letztere werden dort durch Beispiele näher erläutert: Erfasst werden etwa zusätzliche Verpflichtungen jeglicher Art, die im konkreten Fall zu einem höheren Ranking führen, oder eine erhöhte Provision pro Transaktion, die gezielt zu einem höheren Ranking führen. Fehlt die Verknüpfung der Zahlung mit der Höhe des Rankings hingegen, wie etwa bei Listungsgebühren oder Mitgliedsbeiträge, die eine breite Palette an Funktionen abdecken, ist Ziffer 11a nicht anwendbar.

ee) E-Mail. Das Trennungsgebot gilt auch im Bereich der E-Mail-Werbung. Verstößt eine Werbe-E-Mail gegen § 6 Abs. 2 TMG, etwa indem in der Kopf- und Betreffzeile bzw. der Absenderkennung der kommerzielle Zweck der Nachricht verschleiert, liegt auch eine unzureichende Kenntlichmachung iSv § 5a Abs. 6 vor.[760] Werden etwa von Push-Diensten per E-Mail oder SMS **Newsletter** versandt, welche durch darin enthaltene Werbeanzeigen finanziert werden, sind die Werbeanzeigen vom redaktionellen Inhalt deutlich zu trennen und als solche zu kennzeichnen. Ein Verstoß gegen das Trennungsgebot ist jedenfalls dann nicht gegeben, wenn die Werbung vom sonstigen redaktionellen Inhalt graphisch abgegrenzt und mit dem Wort „Anzeige" überschrieben ist. Zur Frage der Zulässigkeit der Zusendung unverlangter E-Mails oder SMS vergleiche die Kommentierung zu § 7. 374

ff) Redaktionelle Beiträge. Die Erscheinungsformen von Schleichwerbung im Bereich der Presse treten auch im Medium Internet in mehr oder weniger identischer Form auf. Wird etwa in einem redaktionellen Beitrag en détail über die versteckten Kosten von Billigfliegern aufgeklärt und hierbei der Eindruck eines Überblicks über den Markt in Deutschland gegeben, dann aber tatsächlich ein bedeutender Anbieter vergessen und handelt sich hierbei um einen Werbepartner für den entsprechenden redaktionellen Teil, der darüber hinaus auch noch Werbeanzeigen unmittelbar neben dem Bericht geschaltet hat, liegt der Verdacht der Schleichwerbung doch nahe.[761] In gleichem Maße wie in Fernsehsendungen kann Schleichwerbung in **Webisodes/Webseries** auftreten, also verfilmten Kurzgeschichten, die im Internet über entsprechende Portale zum Abruf bereitgehalten werden[762] 375

gg) Nutzergenerierte Inhalte, Influencer, Blogs und Plattformen. Besondere Erscheinungsformen der Schleichwerbung zeigen sich auch bei **nutzergenerierten Inhalten.** Eine verbindliche Definition für den Begriff gibt es bislang nicht, üblicherweise werden hierunter Inhalte verstanden, die über das Internet öffentlich zugänglich gemacht werden, ein bestimmtes Maß kreativer Leistungen erfordern und außerhalb professioneller Tätigkeit und Routinen geschaffen werden.[763] Nutzergenerierte Inhalte haben insbesonde- 376

[759] Vgl. *Alexander* WRP 2019, 1235 (1239).

[760] Ein Verschleiern oder Verheimlichen ist nach § 6 Abs. 2 S. 2 TMG gegeben, wenn die Kopf- und Betreffzeile absichtlich so gestaltet sind, dass der Empfänger vor Einsichtnahme in den Inhalt der Kommunikation keine oder irreführende Informationen über die tatsächliche Identität des Absenders oder den kommerziellen Charakter der Nachricht erhält.

[761] Vgl. hier etwa den Bericht über den in bild.de am 16.10.2006 erschienenen Artikel „Die versteckten Kosten der Billigflieger" in Bildblog, abrufbar am 15.1.2016 unter http://www.bildblog.de/1750/guenstiger-gehts-nicht/.

[762] Vgl. hierzu *Duisberg* ZUM 2011, 141 (150).

[763] So die Definition in der OECD Studie „Participative Web: User Generated Content", am 4.4.2012 abrufbar unter http://www.oecd.org/dataoecd/57/14/38393115.pdf.

re seit mehr als 10 Jahren an Bedeutung gewonnen. Beispiel hierfür sind etwa das Online-Lexikon Wikipedia, Bilderdienste wie Flickr, Videoportale wie YouTube, Webforen, Kommentar und Bewertungsfunktionen für Nutzer auf Seiten kommerzieller Anbieter wie Onlinehändlern oder Bewertungsportalen oder sogenannte **Weblogs** oder **Blogs**[764] oder **sozial Netzwerke** wie Facebook, Twitter, Xing, LinkedIn und Instant-Messaging Dienste wie Twitter, WhatsApp, Snapchat, Instagram oder TikTok. Auf verschiedenen Videoportalen veröffentlichen Privatpersonen in ihren eigenen Kanälen Filme mit Produkttests, die von der Anmutung her Teleshopping Sendungen nahekommen.

377 Aufgrund der unmittelbaren Beteiligung der Internet-Nutzer und ihrer angeblich starken Rolle und der Gestaltung der Inhalte werden diesen Angeboten eine hohe Authentizität zugesprochen, durch den öffentlich angebotenen Meinungsaustausch wird der **Eindruck großen Vertrauens und Glaubwürdigkeit** erweckt. Vom Prinzip her gibt es in derartigen Internetforen keine vorgegebene redaktionelle Kontrolle: alle Nutzer können Inhalte dort mehr oder weniger ungefiltert veröffentlichen, unterliegen der Selbstkontrolle der Allgemeinheit. Die meisten Portale haben Nutzungsbedingungen, welche auch explizite Regeln über Werbung enthalten.[765]

378 Nach einem Bericht der New York Times vom 7.3.2006 hat ein Warenhausunternehmen in den USA über eine PR-Agentur gezielt Schleichwerbung in entsprechenden Blogs platzieren lassen.[766] Derartige Praktiken werden auch als **Stealth Marketing** bezeichnet.[767] Die US *Federal Trade Commission* hat ihrer Presseerklärung vom 2.9.2015 zufolge ein Verfahren gegen Bezahlung von Bußgeldern eingestellt: Dem betroffenen Unternehmen wurde vorgeworfen, bekannte Blogger dafür zu bezahlen, private Videos auf Plattformen wie YouTube zu veröffentlichen, in denen eine neue Spielekonsole und entsprechende Spiele empfohlen wurden, ohne dass die entsprechen Bezahlung offengelegt wurde.[768] In Deutschland ist hierüber im Zusammenhang mit der Markteinführung eines Parfums,[769] eines E-Book Reader,[770] Fashion Blogs[771]und YouTube Kanälen[772] in der Presse und in Fachbeiträgen berichtet worden.[773] Es gibt Dienste, die Bloggern eine Bezahlung für Schleichwerbung in entsprechenden Beiträgen anbieten.[774] Anleitungen zur Unterwanderung von Blogs und zur Platzierung von Werbeaussagen befinden sich im Internet; die

---

[764] Hierbei handelt es sich um ein im Internet geführtes und damit öffentlich einsehbares Tagebuch oder Forum, in welchem der entsprechende Herausgeber persönliche Gedanken veröffentlicht und im Rahmen des entsprechenden Forums von der Allgemeinheit Informationen, Gedanken und Erfahrungen ausgetauscht werden können.

[765] Vgl. die Werberichtlinien von Facebook https://de-de.facebook.com/policies/ads, Instagram Nutzungsbedingungen Ziffer 11 https://help.instagram.com/478745558852511, das Verbot von Bewertungen bei Interessenkonflikten der Bewertungsportale Yelp http://www.yelp.de/guidelines und Dooyoo (Ziff. 4.2 Qualität und Authentizität) http://www.dooyoo.de/community/_page/dyocom/agb/. Zu Social Media Marketing zudem *Schirmbacher,* Online Marketing und Recht, *Auer-Reinsdorff* ITRB 2011, 81.

[766] *Barbaro,* „Wal-Mart Enlists Bloggers in P.R. Campaign" New York Times, 7.3.2006, am 17.1.2008 abrufbar unter http://www.nytimes.com/2006/03/07/technology/07blog.html.

[767] *Klinger* AnwZert ITR 19/2008 Anm. 4.

[768] „*Xbox One Promoter Settles FTC Charges That it Deceived Consumers With Endorsement Videos Posted by Paid 'Influencers'*„, am 14.1.2016 abrufbar unter https://www.ftc.gov/news-events/press-releases/2015/09/xbox-one-promoter-settles-ftc-charges-it-deceived-consumers.

[769] *Heinz,* „Der Duft der Blogger„, Focus online vom 5.4.2007, am 14.1.2016 abrufbar unter http://www.focus.de/digital/internet/virales-marketing_aid_52781.html.

[770] Vgl. Meldung bei heise online zur Rezension des Tablet WeTab vom 4.10.2010 http://www.heise.de/newsticker/meldung/Ankershoffen-gesteht-WeTab-Rezension-unter-falschem-Namen-1101364.html.

[771] Sendung ZDF Frontal 21 vom 2.6.2015 „Schleichwerbung im Netz – gekaufte Blogger, manipulierte Kids", das Skript der Sendung ist am 13.1.2016 abrufbar gewesen http://www.zdf.de/ZDF/zdfportal/blob/38715120/1/data.pdf.

[772] Spiegel Online vom 26.3.2014, *Product Placement: YouTube-Stars Y-Titty unter Schleichwerbeverdacht.*

[773] *Klinger* AnwZert ITR 19/2008, Anm. 4; *Micklitz/Schirmbacher* in Spindler/Schuster, Recht der elektronischen Medien, 4. Aufl. 2019, § 5a Rn. 71.

[774] „Pay-per-Post", (http://payperpost.com) und vgl. hierzu *Rötzer,* „Ausverkauf der Blogger Seele" Teleopolis vom 3.7.2006, abrufbar am 17.1.2008 unter http://www.heise.de/tp/r4/artikel/23/23016/1.html; *Schirmbacher/Ihmor* CR 2009, 245; *Janal* CR 2009, 317.

entsprechenden Anbieter reagieren bislang hierauf insbesondere durch Verbote im Rahmen der Nutzungsbedingungen der entsprechenden Internetangebote.[775] Beim **Influencer-Marketing** bedienen sich Unternehmen zur Verbreitung ihrer Werbung privater Personen, die durch inhaltliche Beiträge oder schlicht ihre Prominenz ein relevantes Netzwerk von Abonnenten aufgebaut haben. Bei diesen Abonnenten genießen sie Reputation und Ansehen, welches sie durch in die Beiträge integrierte Werbung zur Förderung der Zwecke eines Unternehmens einsetzen sollen und hierfür teilweise auch Zahlungen – häufig in Form von Provisionen – erhalten. Die Unternehmen versprechen sich eine höhere Werbewirkung infolge der vermeintlich privaten Empfehlung des Meinungsmachers und das Vertrauen der Empfänger in deren Authentizität und dessen Ansehen (statt der „platten Reklame" des werbenden Unternehmens).[776]

379 Wer unter dem Deckmantel einer angeblich eigenständigen Aussage als Privatperson Werbebotschaften des ihn beauftragenden Unternehmens verbreitet, betreibt Schleichwerbung im klassischen Sinn.[777] Mit **privaten Blogs, privaten Beiträgen auf Videoplattformen, Kundenbewertungen oder in Messaging Diensten** als Erscheinungsform des User Generated Content werden **Vorstellungen über eine hohe Authentizität** verbunden, da die Inhalte nicht von den vornehmlich ihre Interessen vertretenden Unternehmen stammen, sondern von der (vermeintlich) neutralen Privatperson. Gerade in diesem Bereich wird auch der aufgeklärte Verbraucher nicht davon ausgehen, dass Unternehmen Personen dafür bezahlen, dass diese unter dem Deckmantel ihrer entsprechenden (Web-)Identität statt persönlichen Meinungen oder Erfahrungen Werbebotschaften gegen Bezahlung platzieren. Wegen dieser Erwartungshaltung ist der Verschleierungseffekt der Werbung besonders groß. Gerade deswegen sollten bei der Beurteilung der Kenntlichmachung des kommerziellen Zwecks **tendenziell eher strengere Maßstäbe** angelegt werden.[778] Dies gilt etwa für **Bewertungen in entsprechenden Portalen**[779] oder **Kundenbewertungen und -rezensionen,** blog-ähnlich aufgemachte Werbeseiten, die sich in satirisch überspitzter Form mit dem Konsumverhalten von Käufern konkurrierender Produkte auseinandersetzen,[780] **getarnte Werbung in Videoportalen**[781]**, entsprechend arrangierte Tweets** auf Twitter und einen **vergleichbaren Einsatz des „Like it" Buttons** von Facebook. Die Veröffentlichung von Kundenrezensionen im Internet, für die deren Ersteller eine Zahlung oder einen anderen vermögenswerten Vorteil erhalten hat, ist Schleichwerbung, soweit nicht darauf hingewiesen wird, dass es sich um „bezahlte" Rezensionen handelt. Hierfür haftet auch das Unternehmen, das für den Anbieter derartige „bezahlte" Rezensionen hat verfassen und veröffentlichen lassen.[782]

380 Infolge der Än**derung der UGP-Richtlinie**[783] sollen nach dem neuen Art. 7 Abs. 6 bestimmte **Informationen zu Verbraucherbewertungen** als wesentlich gelten. Macht ein Gewerbetreibender Verbraucherbewertungen von Produkten zugänglich, sind Informationen darüber, ob und wie der Gewerbetreibende sicherstellt, dass die veröffentlichten Bewertungen von Verbrauchern stammen, die die Produkte erworben oder verwendet

[775] Vgl. hierzu etwa die Verbote der Nutzungsbedingungen von ciao.de, dort Ziffer II.4, abrufbar am 14.1.2016 unter http://www.ciao.de/faq/nutzungsbedingungen,14, oder Ziffer 7, 8 der Nutzungsbedingungen von myspace.com, am 14.1.2016 abrufbar unter https://myspace.com/pages/terms#8.

[776] Vgl. hierzu bereits vorstehend Rn. 262–267, 270 und 285.

[777] OLG München MMR 2012, 534 für einen entsprechend nicht gekennzeichneten Beitrag in Wikipedia. Vgl. zum Inhalt eines derartigen Vertrages ua OLG Köln MMR 2011, 377; *Lichtnecker* GRUR 2014, 523 (526); *Micklitz/Schirmbacher* in Spindler/Schuster, Recht der elektronischen Medien, 4. Aufl. 2019, § 5a Rn. 52.

[778] Überzeugend insofern LG Karlsruhe GRUR-RR 2019, 328; KG GRUR 2019, 543.

[779] *Ahrens/Richter* WRP 2011, 814 (816 f.) zu fingierten Belobigungen in Hotelbewertungsportalen.

[780] OLG Köln NJW 2014, 795.

[781] *Leitgeb* ZUM 2009, 39 (45).

[782] OLG Frankfurt a. M. WRP 2019, 643; vgl. hierzu auch *Gräbig* GRUR-Prax 2019, 197; zur Verantwortlichkeit von Plattformen bereits *Büscher* GRUR 2017, 433.

[783] Vgl. Richtlinie 2019/2161 vom 27.11.2019, ABl. 2019 328, S. 7, hierzu vorstehend bereits in → Rn. 137.

haben, als wesentlich zu betrachten.[784] Hintergrund dieser Regelung ist in der Praxis häufig anzutreffenden Manipulation angeblicher Verbraucherbewertungen, da letztere insbesondere im Online Handel einen Einfluss auf geschäftliche Entscheidungen haben, worauf in den Erwägungsgründen 18 und 47 im Einzelnen hingewiesen wird. Ergreift der Gewerbetreibende entsprechenden Maßnahmen, muss er offenlegen, wie die entsprechenden Prüfungen ablaufen, und den Verbrauchern eindeutige Informationen darüber zur Verfügung stellen, wie mit Bewertungen umgegangen wird. Dies umfasst etwa, ob alle Bewertungen – positive wie negative – veröffentlicht werden oder ob diese Bewertungen im Wege eines Vertragsverhältnisses mit einem Gewerbetreibenden gesponsert oder beeinflusst wurden.[785] Auch zu diesen Erscheinungsformen der Praxis wurde die „Schwarze Liste" im Anhang zu § 3 Abs. 3 um eine neue Ziffer 23b ergänzt: Wer erklärt, dass Bewertungen eines Produkts von Verbrauchern stammen, die das Produkt tatsächlich verwendet oder erworben haben, handelt stets unzulässig, wenn er keine sinnvollen und angemessenen Schritte unternommen hat, um zu prüfen, ob die Bewertungen wirklich von Verbrauchern stammen.[786] Bereits **nach aktuellem Recht haftet der Portalbetreiber als mittelbarer Störer,** wenn er seiner Pflicht zur Sachverhaltsaufklärung nach dem Hinweis nicht nachkommt, dass einer konkreten Bewertung jegliche Tatsachengrundlage fehlt.[787]

381 Schließlich sind **Fake Bewertungen** nach Ziffer 23c der „schwarzen Liste" unzulässig: Erfasst ist die Abgabe falscher Bewertungen oder Empfehlungen, sowie die falsche Darstellung von Verbraucherbewertungen oder Empfehlungen in sozialen Medien, um Produkte zu bewerben. Dies betrifft neben der eigenen Abgabe auch, zu diesem Zweck natürliche oder juristische Personen zu beauftragen. Beispiel hierfür ist etwa, gefälschte „likes" in sozialen Medien abzugeben oder Bewertungen und Empfehlungen von Verbrauchern zu manipulieren, indem nur positive Bewertungen veröffentlicht, negative hingegen gelöscht werden.[788] Der Richtliniengeber erwähnt in der Erwägungsgründen ferner die Extrapolation von Empfehlungen, indem die positive Interaktion eines Nutzers mit einem bestimmten Online-Inhalt mit einem anderen, jedoch im Zusammenhang damit stehenden Inhalt verknüpft oder auf diesen übertragen wird, was den Anschein erwecke, der Nutzer befürworte auch den im Zusammenhang damit stehenden Inhalte.[789] Ziffer 23c soll nicht nur Bewertungen von Verbrauchern erfassen, sondern auch von Unternehmen.[790] Es bleibt abzuwarten, welche Auswirkungen dies auf die Praxis des Influencer Marketing haben wird.

382 Die US *Federal Trade Commission* ist bei der Überarbeitung der *„Guidelines concerning the use of endorsements and testimonials in advertising"* Ende 2009 sogar noch weitergegangen, da sie eine Offenbarungspflicht bereits im Vorfeld einer konkreten Werbeaussage verlangt: Es müssen bereits Verbindungen offengelegt werden, die letztlich eine Besorgnis der Neutralität entsprechender Aussagen begründen (vgl. hierzu auch → Rn. 367).[791] Die FTC hat in verschiedenen Publikationen zudem klargestellt, dass die Richtlinien für Endorsements insbesondere auch für Influencer Anwendung finden: Folglich seien diese verpflichtet, etwa

---

[784] Vgl. *Alexander* WRP 2019, 1235 (1237).

[785] Vgl. Erwägungsgrund 47. Interessant könnten in diesem Zusammenhang die – am 15.1.2020 allerdings noch nicht vorliegenden – Entscheidungsgründe des BGH im Verfahren „Yelp" werden, 14.1.2020 – VI ZR 496/18, da im dortigen Verfahren ua relevant war, dass der dortige Betreiber jeweils mehr als 95 % der tatsächlich abgegebenen Bewertungen in der Gesamtbewertung nicht berücksichtigt hatte, ohne dass dies für die Nutzer ohne weiteres erkennbar war und ohne dass die maßgeblichen Gewichtungskriterien vollständig offengelegt wurden. Auf diesen Aspekt hatte das OLG München sein der Klage stattgebendes, vom BGH nun aber aufgehobenes Urteil ua gestützt, vgl. 13.11.2018 – 18 U 1280/16, – PreUrteil BeckRS 2018, 29195 dort Rn. 79.

[786] Vgl. hierzu bereits *Alexander* WRP 2019, 1235 Rn. 58 f.

[787] LG Lübeck ZUM 2019, 74.

[788] Vgl. Erwägungsgrund 49.

[789] Erwägungsgrund 49:

[790] *Alexander* WRP 2019, 1235 Rn. 62 ff.

[791] *Frank* GRUR Int. 2010, 125.

bei Produktreviews in Tutorials offenzulegen, wenn sie die getesteten Produkte kostenlos überlassen bekommen haben.[792]

Postet ein **Influencer** Beiträge mit werbeähnlichen Charakter, **ohne auch nur einen einzigen Auftrag eines werbenden Unternehmens** erhalten zu haben, ist fraglich, ob dies dennoch Schleichwerbung sein kann: Reklamehaft aufgemachte Produktbewertungen mögen geeignet sein, den Absatz dieser Produkte fördern. Die objektive Eignung alleine reicht aber nicht aus; es fehlt deren Finalität hierdurch den Absatz der Produkte dieses Unternehmens zu fördern. Folglich ist der für die Annahme einer geschäftlichen Handlung erforderliche objektive Zusammenhang zwischen der Handlung und der Förderung des Absatzes des fremden Unternehmens nicht gegeben.[793] **Besteht ein derartiges Auftragsverhältnis** zwischen einem Influencer und von ihm beworbenen Unternehmen, betrifft der streitgegenständliche Post allerdings die Produkte eines anderen Unternehmens, zu dem der Influencer kein derartiges Auftragsverhältnis unterhält, kommt es auf die Umstände des konkreten Einzelfalles an: Ein Teil der Instanzgerichte hat hier jüngst zu pauschal damit argumentiert, dass der Influencer zumindest sein eigenes Unternehmen damit fördern wolle.[794] Wird allerdings festgestellt, dass der Influencer durch unaufgeforderte Posts über die Produkte eines Unternehmens es geradezu beabsichtigt, von diesem entsprechend beauftragt zu werden, ist der objektive Zusammenhang gegeben.[795] 383

Die kostenlose endgültige Überlassung von Testgegenständen indiziert kein auftragsgemäßes Handeln, ist allerdings medienrechtlich als „andere Gegenleistung" und wettbewerbsrechtlich als Finanzierungsbeitrag iSv Nr. 11 des Anhangs zu § 3 Abs. 3 zu qualifizieren. Dies gilt auch für die Übernahme von Reisekosten und für Eventeinladungen.[796] Da ein Entgelt oder ein Finanzierungsbeitrag im Rahmen von § 5a Abs. 6 nicht erforderlich ist, kommt es auf das Ergebnis der in der vorangehenden Randziffer dargestellten Bewertung an. 384

Besteht eine Kennzeichnungspflicht, muss der Verbraucher den Hinweis klar und auf den ersten Blick erkennen können. Hierfür ist das „Wo" und das „Wie" der Aufklärung relevant. Aufklärende Hinweise sollten das **Nutzungsverhalten des konkreten Mediums und auch den typischen Nutzerkreis** berücksichtigen: So überzeugt etwa das OLG Köln, demzufolge der deutlich erkennbare Hinweis „Anzeige" am linken oberen Bildschirmrand, der am Browserfenster fixiert ist und so beim Scrollen der Seite „mitwandert", den kommerziellen Zweck hinreichend kenntlich macht.[797] Das OLG Celle hat die Verwendung des **Hashtag „Ad"** für unzureichend gehalten, da er am Ende des Beitrags in einer Reihe mehrerer Hashtags auftauchte, so dass die Kennzeichnung nicht deutlich und auf den ersten Blick erkennbar gewesen sei.[798] Die englischsprachigen Kennzeichnungsbegriffe (etwa „ad", „sponsored by" oder „PR Sample") reichen nach Auffassung der Medienanstalten nicht aus, um Beitrage auf deutschsprachigen Kanälen/Accounts als Werbung zu kennzeichnen.[799] Bei der Beurteilung, ob die Verwendung englischsprachiger Begriffe ausreicht, sollte nicht die dies ablehnende, vor allem ältere Rechtsprechung aus dem Printbereich schlicht übernommen werden.[800] Der Kreis der Nutzer eines interna- 385

---

[792] The FTC's Endorsement Guides: What People Are Asking; am 10.11.2019 abrufbar unter https://www.ftc.gov/tips-advice/business-center/guidance/ftcs-endorsement-guides-what-people-are-asking.

[793] Vgl. hierzu vorstehend → Rn. 262 ff.

[794] Vgl. bereits → Rn. 263.

[795] Entsprechende Feststellungen traf etwa das LG München I MMR 2019, 544 Rn. 39 – Cathy Hummels: *„Unternehmer interessieren sich für sie als Werbeträger; umgekehrt ist auch sie an den Unternehmen interessiert, die für sie als Werbeträger in Betracht kommen. So hat die Beklagte bei ihrer Anhörung z. B. ausgeführt, sie gehöre leider nicht zu den von Valentino als Werbeträger gewählten Influencern."*

[796] KG ZUM-RD 2019, 135 (137); *Zurth/Pless* ZUM 2019, 457 (458).

[797] OLG Köln NJW 2014, 795 (798).

[798] GRUR 2017, 1158 Rn. 12, wobei es ausdrücklich nicht über die grundsätzliche Eignung dieses Hinweises entschieden hat.

[799] Ziffer 3 der Erläuterungen, am 17.11.2019 abrufbar unter https://www.die-medienanstalten.de/fileadmin/user_upload/Rechtsgrundlagen/Richtlinien_Leitfaeden/Leitfaden_Medienanstalten_Werbekennzeichnung_Social_Media.pdf.

[800] Vgl. hierzu → Rn. 70 samt der dortigen Nachweise.

tionalen, vor allem über Smart Phones genutzten Dienstes wie Instagram und seine Gewöhnung an und Vertrautheit mit Begriffen der englischen Sprache im Jahr 2019 unterscheidet sich durchaus von dem der Leser von Printmedien Anfang der 70er Jahre des letzten Jahrhunderts.[801] Allerdings ist hierbei auch zu berücksichtigen, dass derartige Dienste heute in erheblichem Umfang auch von jüngeren Jugendlichen und Kindern genutzt werden, welchen die notwendigen Sprachkenntnisse fehlen könnten. Das Ergebnis mag im Einzelfall ähnlich ausfallen, die seinerzeitige Begründung kann aber kaum übernommen werden. Die Verwendung des **Hashtags „Anzeige“** erfüllt die Anforderungen an das „Wie“ einer hinreichenden Kennzeichnung. Steht diese aber in einer Vielzahl weiterer Hashtags, ist der kommerzielle Zweck nicht hinreichend erkennbar.[802]

386 Das LG München I hat in seiner Entscheidung vom 29.4.2019 angenommen, dass der kommerzielle Zweck eines ganzen Instagram Accounts **aus den Umständen erkennbar** gewesen sei, und das Ergebnis auf folgende Aspekte gestützt:[803] Der Account sei mit einem „blauen Haken“ gekennzeichnet gewesen, den Instagram nur Personen mit einer bestimmten öffentlichen Bekanntheit gewähre. Schützten derartige Personen ihre Privatsphäre ausnahmsweise nicht, würden kommerzielle Interessen dahinterstecken. Der öffentliche Account der Fußballspieler Ehefrau habe eine erhebliche Zahl an Follower, so dass offensichtlich sei, dass es sich hierbei nicht um private Freunde handeln könne, was erneut kommerzielle Zwecke indiziere.[804] Aus diesseitiger Sicht überzeugt diese Begründung nicht. Prominente Personen haben allein aufgrund ihrer Bekanntheit häufig eine große Zahl von Followern und werden diese ggf. auch zur Aufrechterhaltung ihrer eigenen Bekanntheit regelmäßig mit Beiträgen „füttern“. Eine allgemeine Lebenserfahrung oder Vermutung, dass diese stets mit ihren Beiträgen den Absatz von Produkten oder Dienstleistungen anderer fördern wollen, gibt es aus diesseitiger Sicht aber nicht. Gleiches gilt für die Annahme, dass der durchschnittliche Instagram Nutzer den „blauen Haken“ überhaupt wahrnehme und dessen Bedeutung nicht nur als „verifiziert“, sondern als „da verifiziert, prominent und folglich auch kommerziell“ einordne.

387 Nach Auffassung der **Landesmedienanstalten** sind die von YouTube, Instagram und Facebook zur Verfügung gestellten Werbekennzeichnungstools („Enthält bezahlte Promotion“, „Bezahlte Partnerschaft mit …“ bzw. „Bezahlt“) alleine nicht geeignet, den Werbecharakter eines Beitrags hinreichend deutlich zu machen und damit den Anforderungen an das medienrechtliche Trennungsgebot zu genügen.[805] Allerdings könnten diese Tools zusätzlich zur eigentlichen Werbekennzeichnung verwendet werden. Sie empfehlen Bild-, Text- oder Blogbeiträge deutlich lesbar mit „Werbung“ oder „Anzeige“ zu kennzeichnen und dies immer zu Beginn des entsprechenden Beitrags zu platzieren. Spiele in einem Video das Produkt eine Hauptrolle, sei das Video mit der Dauereinblendung „Werbevideo“ oder „Werbung“ zu kennzeichnen.[806] Bei einer untergeordneten Rolle reiche der Hinweis

[801] Letzterer war maßgeblich für die Entscheidung BGH GRUR 1975, 75 – Wirtschaftsanzeigen/Public Relations. Kritisch zur pauschalen Ablehnung der Verwendung englischsprachiger Begriffe ua *Leeb/Maisch* ZUM 2019, 29 (35); *Fuchs/Hahn* MMR 2016, 503 (506 f.); *Latoumai/Heins* MMR 2018, 108 f. oder *Micklitz/Namysłowska* in Spindler/Schuster, Recht der elektronischen Medien, 4. Aufl. 2019, Rn. 52. Auch die Wettbewerbszentrale bezeichnet diese Frage inzwischen als offen, vgl. „Leitfaden zur Kennzeichnung von Werbung auf Instagram“, S. 11, am 17.11.2019 abrufbar unter https://www.wettbewerbszentrale.de/media/getlivedoc.aspx?id=35905.

[802] Die mangelnde Prominenz in einer Reihe von Hashtags hat auch für das OLG Celle den Ausschlag gegeben, GRUR 2017, 1158 Rn. 12.

[803] Vgl. hierzu bereits Rn. 270 zum Urteil des OLG Hamburg MMR 2020, 767.

[804] MMR 2019, 544 Rn. 43 ff. – Cathy Hummels.

[805] Vgl. Ziffer 3 der Erläuterungen zur Kennzeichnungs-Matrix Social Media Stand November 2018, am 16.11.2019 abrufbar unter https://www.die-medienanstalten.de/fileadmin/user_upload/Rechtsgrundlagen/Richtlinien_Leitfaeden/Leitfaden_Medienanstalten_Werbekennzeichnung_Social_Media.pdf; aA *Leeb/Maisch* ZUM 2019, 29 (35).

[806] Weil dieser trotz mehrfacher Hinweise in Videos mit Empfehlungen für Fitnessprodukte unterblieb, verhängte die Medienanstalt Hamburg/Schleswig-Holstein (MA HSH) am 7.6.2017 ein Bußgeld in Höhe von insgesamt 10.500 Euro gegen den YouTuber „Flying Uwe“, vgl. die Pressemeldung vom 8.7.2017, am 17.11.2019 abrufbar unter https://www.ma-hsh.de/infothek/pressemitteilung/medienrat-der-ma-hsh-be-

auf eine Produktplatzierung zu Beginn des jeweiligen Videos.[807] Das KG hat es aus Aufklärungsversuch gewertet, in der Überschrift eines Beitrages den Hinweis „Bezahlte Partnerschaft mit …" aufzunehmen.[808]

Die US *Federal Trade Commission* hat in einem eigens für Social Media Influencer veröffentlichten Ratgeber darauf hingewiesen, dass wenn eine **Produktempfehlung in einem Bild** integriert ist, die entsprechende Aufklärung das Bild überlagern und lange genug sichtbar sein muss, um den Nutzern hinreichend Zeit zu geben, sie zur Kenntnis zu nehmen und zu lesen.[809] Bei Produktempfehlungen in Videos sei eine Aufklärung im Begleittext unzureichend, die Aufklärung müsse auch in Video selber erfolgen; bei Live Streams müsse sie während der Aussendung mehrfach wiederholt werden. In einer Serie von Abmahnungen im Juni 2019 hat die FTC zudem die Auffassung vertreten, dass die Offenbarung **bereits in dem Teaser zu einem Instagram Post** enthalten sein muss: Die Teaser würden auf den Smartphones üblicherweise nur eine Zeile des eigentlichen Posts anzeigen, welcher dann über einen Link („more") zur Gänze abrufbar sei. Folglich müsse die Offenbarung vor dem „more" erfolgen.[810] Zudem hat die Behörde darauf hingewiesen, dass eine hinreichende Offenbarung nicht stets durch die Verwendung des Hashtag „ad" gesichert sei: Werde eine Vielzahl von Hashtags verwendet, sei die Kennzeichnung mit „ad" im konkreten Zusammenhang ggf. nicht mehr klar und unübersehbar.[811] Inhaltlich ist dies erstaunlich nahe an den sich in Deutschland derzeit herauskristallisierenden Meinungen. 388

Virales Marketing ist eine Werbeform, die vor allem soziale Netzwerke und Medien nutzt, um mit häufig unkonventionellen oder hintergründigen Nachricht auf ein Produkt, ein Unternehmen oder dessen Dienstleistungen aufmerksam zu machen. Der Begriff „viral" soll hierbei die Verbreitungsart und -geschwindigkeit umschreiben – von Mensch zu Mensch innerhalb sehr kurzer Zeit.[812] Werden etwa Werbefilme auf Portalen hinterlegt, ohne dass deren kommerzieller Zweck erkennbar ist (es ist beispielsweise absichtlich amateurhaft gefertigt oder der Spot setzt sich kritisch mit dem Produkt auseinander), bedarf es ggf. einer ausdrücklichen Kennzeichnung, sofern der Film nicht auf entsprechenden Unterseiten des Unternehmens hinterlegt ist, so dass die Herkunft leicht erkennbar ist.[813] 389

h) Verschleierung bei Gutachten oder Meinungsumfragen. Wer ein in seinem Auftrag erstelltes **wissenschaftliches Gutachten** in der Werbung so verwendet als sei es ein unabhängig von der Auftragserteilung zustande gekommenes Urteil eines Unbeteiligten, welcher von sich aus die Vorzüge einer bestimmten Ware festgestellt habe, und dessen Ansicht der Verbraucher sich daher umso unbedenklicher anschließen könne, verschleiert 390

schliesst-geldbusse-in-hoehe-von-10–500-euro-gegen-youtuber-flying-uwe-wegen-fehlender-werbekennzeichnung.html.

[807] Vgl. S. 2 des Leitfadens der Landesmedienanstalten zur Werbekennzeichnung bei Social Media-Angeboten, Stand November 2018, am 17.11.2019 abrufbar unter https://www.die-medienanstalten.de/fileadmin/user_upload/Rechtsgrundlagen/Richtlinien_Leitfaeden/Leitfaden_Medienanstalten_Werbekennzeichnung_Social_Media.pdf.

[808] GRUR 2019, 543 Rn. 96 – wobei der Aspekt selber nicht mehr entscheidungsrelevant gewesen ist.

[809] Das Beispiel bezieht sich auf Empfehlungen in Bildern, etwa in Snapchat oder Instagram; vgl. die am 5.11.2019 veröffentlichte Brochüre *„Disclosures 101 for Social Media Influencers"*, am 10.11.2019 abrufbar unter https://www.ftc.gov/system/files/documents/plain-language/1001a-influencer-guide-508_1.pdf.

[810] Die Wettbewerbszentrale vertritt in ihrem „Leitfaden zur Kennzeichnung von Werbung auf Instagram" auf S. 12 eine ähnliche Auffassung, am 17.11.2019 abrufbar unter https://www.wettbewerbszentrale.de/media/getlivedoc.aspx?id=35905.

[811] FTC Presseerklärung vom 7.6.2019, FTC-FDA warning letters: Influential to influencers and marketers, am 10.11.2019 abrufbar über https://www.ftc.gov/news-events/blogs/business-blog/2019/06/ftc-fda-warning-letters-influential-influencers-marketers.

[812] *Leitgeb* ZUM 2009, 39 (45); Gloy/Loschelder/Erdmann/*Bruhn* § 50 Rn. 45; Ohly/*Sosnitza* § 5a Rn. 134; *Epping/Heimhalt/Spies* A&R 2012, 51.

[813] So *Leitgeb* ZUM 2009, 39 (45), *Micklitz/Schirmbacher* in Spindler/Schuster, Recht der elektronischen Medien, 4. Aufl. 2019, Rn. 99 ff.

den kommerziellen Zweck des entsprechenden Gutachtens.[814] Dies gilt auch dann, wenn das Gutachten selbst objektiv richtig ist. Die unsachliche Beeinflussung liegt in diesem Fall in der **Täuschung über die Neutralität des Gutachters.**[815]

391 Die Verwendung von Gutachten kann auch unter anderen Gesichtspunkten wettbewerbswidrig sein: zum Beispiel, wenn über die Person oder den **wissenschaftlichen Ruf des Gutachters** unzutreffende Angaben gemacht werden oder dem **wissenschaftlichen Rang des Gutachtens** ein unzutreffendes Gewicht beigelegt wird, während tatsächlich etwa gewichtige Abweichungen der Ansichten unerörtert bleiben oder Umstände unberücksichtigt bleiben, die nach wissenschaftlichen Maßstäben in das Gutachten hätten einfließen müssen.[816]

392 Werbung kann auch durch eine entsprechend geschickte Gestaltung angeblicher **Meinungs- oder Verbraucherumfragen** getarnt werden. Werden etwa kostenlos Produktproben an Personen abgegeben, die sich an einer angeblichen Verbraucherumfrage beteiligen wollen, ist der beigefügte Umfragebogen aber in einer Art gestaltet, die nicht auf die Erforschung von Erkenntnissen oder Erfahrungen der Teilnehmer abzielt, sondern auf eine subtil geleitete Bestätigung vorgegebener Werbeaussagen, kann bei einer Gesamtbetrachtung eine getarnte Werbeaktion vorliegen[817] Lässt sich beweisen, dass die Teilnehmer der Auffassung sind, eigene Erfahrungen auf der Grundlage eines von ihnen durchgeführten Produkttests zu protokollieren und nicht vom veranstaltenden Unternehmen vorgegebene Werbeaussagen zu bestätigen, liegt eine Verschleierung des kommerziellen Zwecks in einer mit § 5a Abs. 6 unvereinbaren Weise vor. Hierbei sind aber die konkreten Umstände des Einzelfalls genau zu untersuchen. Dem aufgeklärten Verbraucher ist spätestens seit den „Cola-Tests" der 80er Jahre das Werbeschema regelmäßig bekannt. Der Aufwand zur Verschleierung des kommerziellen Zwecks, der bei der Überlassung von Produktproben zunächst naheliegt, muss daher nicht unerheblich sein, um eine Verschleierung desselben annehmen zu können.

393 Ein in der Praxis beliebtes Mittel zur Gewinnung von Adressdaten ist etwa die **Durchführung von Meinungsumfragen oder Preisausschreiben.** Die Gesetzesbegründung des UWG 2004 stellte ausdrücklich darauf ab, dass die Gewinnung von Adressen unter Verschweigen einer kommerziellen Absicht von § 4 Nr. 3 UWG 2004 erfasst wird, was zweifelsohne zutreffend ist.[818] Der hiermit vor allem verfolgte Zweck des Schutzes der Individualsphäre der Verbraucher lässt sich durch entsprechende datenschutzrechtliche Bestimmungen erreichen.[819] Deren tatsächliche Durchsetzung in der Praxis ist jedoch eher unbefriedigend. Kommt ein Unternehmen seiner Pflicht zur Unterrichtung über das Bestehen eines Widerspruchsrechts nach § 28 Abs. 4 S. 2 BDSG nicht nach, folgt hieraus allein jedoch nicht gleichzeitig ein Verstoß gegen § 5a Abs. 6, solange der Betroffene über den kommerziellen Zweck der treffend informiert worden ist. Erfolgt die Datenerhebung jedoch auf der Grundlage einer Einwilligung des Betroffenen nach § 4a BDSG, wird ein Unterlassen der Aufklärung des Betroffenen über den Zweck der Erhebung, Verarbeitung und Nutzung der Daten auch einen Verstoß gegen § 5a Abs. 6 darstellen.

394 **i) Besondere Werbeformen. aa) Unangekündigte Verkaufsveranstaltungen.** Wird bei der Bewerbung von Reiseveranstaltungen verschwiegen, dass diese nicht nur touristischen Zwecken dienen, sondern ferner auch Verkaufsveranstaltungen integriert werden, liegt regelmäßig eine Täuschung über den werblichen Charakter der gesamten

[814] BGH GRUR 1961, 189 ff. – Rippenstreckmetall; Ohly/*Sosnitza* § 5a Rn. 100; *Köhler*/Bornkamm/Feddersen, 37. Aufl. 2019, UWG § 5a Rn. 7.34.

[815] So auch BGH GRUR 1962, 45 (49) – Betonzusatzmittel.

[816] So BGH GRUR 1961, 189 (191) – Rippenstreckmetall; BGH GRUR 2002, 633 (634) – Hormonersatztherapie.

[817] OLG München GRUR-RR 2002, 141 ff.

[818] Zu Meinungsumfragen vgl. BGH GRUR 1973, 268 (269) – Verbraucher-Briefumfrage; OLG Frankfurt a. M. NJW-RR 1989, 1315; LG Berlin NJW-RR 1997, 747.

[819] Vgl. etwa § 28 Abs. 4 BDSG.

Veranstaltung vor. Beispiel hierfür sind etwa entsprechende Ausflugsreisen **unangekündigte Verkaufsveranstaltungen,** beispielsweise im Rahmen von Busreisen oder sonstigen Kaffeefahrten.[820] Entsprechendes gilt für Filmvorführungen, bei welchen der werbliche Charakter der gesamten Veranstaltung verschleiert wird.[821] Ein Fall getarnter Werbung liegt auch vor, wenn ein Lotterieanbieter Verbraucher durch Werbeschreiben zu einem Anruf wegen der Teilnahme an einem kostenlosen Gewinnspiel veranlasst, ohne zuvor offenzulegen, dass er Ihnen im Rahmen dieses Gespräches entgeltliche Glücksspiele anbieten will.[822]

bb) Werbeschreiben in Gestalt einer Rechnung oder eines Gebührenbescheids. 395 Ein Verstoß gegen § 5a Abs. 6 ist gegeben, wenn **Werbeschreiben** so gestaltet werden, dass sie den Eindruck einer Rechnung zu einem bereits erfolgten Vertragsschluss bzw. eines behördlichen Schreibens mit einem entsprechenden Gebührenbescheid erwecken. Während tatsächlich allein eine Werbung bzw. ein Angebot für eine bestimmte Leistung vorliegt, wird beim Empfänger der Eindruck eines bereits zustande gekommenen Vertrages erweckt, auf dessen Grundlage er nun die Bezahlung des ausgewiesenen Betrages schuldet bzw. einer behördlichen Leistung, für welche die Bezahlung einer amtlichen Gebühr geschuldet ist. Dies stellt eine unlauter Verschleierung des werblichen Charakters des Schreibens dar, vgl. hierzu auch die Kommentierung zu Nr. 23 UWG Anhang zu § 3 Abs. 3.[823] Dies gilt auch für Schreiben, mit denen für Dienstleistungen im Zusammenhang mit der Verlängerung von Marken geworben wird, deren äußere (Briefkopf, Logo) und inhaltliche (Bezeichnung Werbenden lehnt sich an Amt an, behördlicher Anschein des Textes,[824] Zahlungsaufforderung mit Fristsetzung) Gestaltung den **Eindruck eines behördlichen Schreibens** erweckt;[825] für solche, mit denen gegenüber Arztpraxen unter der (unrichtigen) Behauptung des Bestehens datenschutzrechtlicher Auskunfts- und Meldepflichten und des Drohens empfindlicher Bußgelder Leistungen als externer Datenschutzbeauftragter angeboten werden,[826] sowie für Schreiben, die den Eindruck erwecken, es werde lediglich innerhalb eines bereits bestehenden Vertragsverhältnisses eine Aktualisierung von Eintragungsdaten für ein Branchenverzeichnis vorgenommen, während tatsächlich ein neuer Vertrag über einen entsprechenden Eintrag abgeschlossen werden soll.[827] Die hierzu ergangenen Entscheidungen sind sehr einzelfallgeprägt: So wird etwa die Verwendung des Wortes „Offerte" teilweise als Begründung für eine hinreichende Kenntlichmachung eines Angebotes angeführt, anderen Urteilen zufolge reicht dies gerade eben nicht aus.[828] Das Ergebnis wird daher immer von der Bewertung aller Umstände des jeweiligen Einzelfalles abhängen. Ob nachfolgende Schreiben wie Mahnungen ebenfalls gegen § 5a Abs. 6 verstoßen, ist gesondert festzustellen.[829]

---

[820] BGH GRUR 1986, 318, 320 – Verkaufsfahrten I; GRUR 1988, 829 (830) – Verkaufsfahrten II; oder GRUR 1990, 1020 (1021 f.) – Freizeitveranstaltung.

[821] BGH GRUR 1962, 461 (464 f.) – Werbeveranstaltung mit Filmvorführung.

[822] OLG Hamburg ZfWG 2009, 262; OLG Hamm ZfWG 2009, 263.

[823] *v. Ungern-Sternberg* WRP 2000, 1057.

[824] LG Braunschweig WRP 2015, 786.

[825] LG Kiel MittdtschPatAnw 2011, 39, LG Berlin MittdtschPatAnw 2011 (41 und 43); LG Berlin WRP 2015, 652; LG Essen BeckRS 2015, 09395, wo ein Verstoß gegen den seinerzeitigen § 4 Nr. 3 UWG 2004 durch ein Schreiben zu einer Firmeneintragung abgelehnt wurde, da die konkrete Gestaltung den Angebotscharakter hinreichend deutlich gemacht habe.

[826] OLG Frankfurt a. M. WRP 2009, 238 (Leitsatz), vollständige Entscheidung bei Juris abrufbar; zuvor LG Kassel WRP 2008, 1396.

[827] BGH GRUR 2012, 184 Rn. 25, 28 – Branchenbuch Berg; in LG Saarbrücken WRP 1161; LG Berlin BeckRS 2013, 13111, und LG Berlin WRP 2014, 1242 geht es um die Aufnahme in ein „Zentrales Ärzte-Register" bzw. „Zentrales Ärzteverzeichnis", in OLG München BeckRS 2015, 00134 um die Aufnahme in ein „Internet-Branchenbuch", in OLG Düsseldorf BeckRS 2013, 21931 um die Aufnahmen in ein Branchenverzeichnis.

[828] LG Essen BeckRS 2015, 09395, einerseits, LG Berlin BeckRS 2013, 13111 andererseits.

[829] Das OLG Düsseldorf hat dies in BeckRS 2014, 21931 zwar für ein Werbeschreiben angenommen, das wie ein Gebührenbescheid einer Behörde zur Aufnahme in ein Register aufgemacht war, für die dort nachfolgenden Schreiben jedoch abgelehnt, da dort der Werbecharakter und die Notwendigkeit, einen

396 Die Versendung eines als solches erkennbares Werbeschreibens ohne Absenderangabe in einem Briefumschlag mit der Aufschrift „persönlich/vertraulich" mag gegen das Belästigungsverbot des § 7 UWG verstoßen. Es überzeugt aber nicht, allein wegen einer derartigen Gestaltung des Umschlags auch einen Verstoß gegen § 5a Abs. 6 UWG anzunehmen.[830] § 5a Abs. 6 UWG soll den Verbraucher nicht davon schützen, dass Werbung an ihn gelangt, sondern davor, dass er eine scheinbar neutrale Äußerung nicht als Werbung erkennt.[831] Folglich stellt auch die unaufgeforderte Zusendung einer bereits auf den Empfänger ausgestellten Kreditkarte keine getarnte Werbung dar.[832]

397 **cc) Ratgeber Publikationen.** Wer unter Bezugnahme auf seine berufliche Expertise ein Sachbuch veröffentlicht, das als Gesundheitsratgeber aufgemacht ist, welches in erheblichen Teilen aber auch Werbung für ein bestimmtes, vom Autor mitentwickeltes Präparat enthält, verstößt gegen das Verschleierungsverbot, wenn dies nicht offengelegt wird: Das Vertrauen des Verbrauchers in einen **objektiven Ratgeber** unter Inanspruchnahme des Vertrauens in die besondere Sach- und Fachkunde des Autors wird ausgenutzt, um Bestellungen eines Präparates zu bewirken.[833] Gleiches gilt bei Vorliegen hinreichender Indizien auch für vergleichbare Zeitschriftenbeiträge.[834]

398 **dd) Vortäuschen eine Kaufberechtigung.** Das **Vortäuschen einer Kaufberechtigung** wurde teilweise als Fall von § 4 Nr. 3 UWG 2004 subsumiert.[835] Es geht in derartigen Fällen um die Missachtung bzw. Umgehung von Verboten eines Vertriebsbindungssystems (Verbot des Verkaufs an Weiterverkäufer), welche insbesondere im Automobilsektor anzutreffen sind. Da der Schwerpunkt der Unlauterkeit in der gezielten Behinderung liegt, ist aus diesseitiger Sicht eine Subsumtion unter § 4 Nr. 4 vorzuziehen.[836]

399 Schaltet eine gewerbliche Partnervermittlung Anzeigen in der Aufmachung einer **privaten Kontaktanzeige** der entsprechenden Rubrik einer Zeitung, wird der kommerzielle Zweck der Annonce nicht hinreichend kenntlich gemacht. Aus der Angabe einer Internetadresse und einer Telefonnummer lässt sich jedenfalls nicht unbedingt erkennen, dass es sich um die Annonce einer gewerblichen Partnervermittlung handelt.[837]

400 **4. Passivlegitimation. a) Verantwortlichkeit des unmittelbar kommunizierenden Unternehmens.** Wird in einem **redaktionellen Beitrag** gegen das Trennungsgebot verstoßen, sind die presserechtlich Verantwortlichen die richtigen Beklagten eines ent-

---

eigenständigen Vertrag abzuschließen, hinreichend deutlich gemacht worden sei: Die ursprüngliche Täuschung sei nicht aufrechterhalten worden.

[830] So aber LG Berlin MD 2008, 820. Es ging konkret um eine Briefwerbung für ein Potenzmittel. Dem werbenden Unternehmen zu gebieten, Werbung für ein der innersten Privatsphäre zuzuordnendes Präparat bereits auf dem Briefumschlag offenzulegen, dürfte derartige Werbung im Ergebnis kaum möglich machen.

[831] So zutreffend OLG Köln BeckRS 2010, 04997; GRUR-RR 2010, 305 – Unser goldenes Dankeschön.

[832] BGH GRUR 2011, 747 – Kreditkartenübersendung.

[833] LG München I MD 2008, 429; BeckRS 2008, 07079.

[834] OLG Düsseldorf WRP 2011, 1085: Dort war in einem redaktionellen Beitrag zur neuen Behandlung bestimmter Gesundheitsbeschwerden allein ein bestimmtes Produkt genannt worden; der Beitrag wurde von der „begleitenden" Schaltung entsprechender Werbeanzeigen ergänzt und in zwei aufeinanderfolgenden Ausgaben abgedruckt, ohne im redaktionellen Inhaltsverzeichnis erwähnt zu sein. Interessant auch ArbG Köln ZUM-RD 2011, 579 zur Kündigung eines Redakteurs, dem als Autor einer Fernsehdokumentation und eines Buches über ein Medikament ein Verstoß gegen die Programmgrundsätze vorgeworfen wurde, da er sich in die Marketing Aktivitäten um die Einführung des Medikaments habe einbinden lassen. In OLG Koblenz BeckRS 2019, 15117 wird die Werbung eines „Fernsehdoktors" und Arztes für Verlagsprodukte als Verstoß gegen § 3 Abs. 1, § 3a iVm § 12 BOÄ-RLP gewertet, weil die Werbung für die ärztliche Tätigkeit vermischt werde mit der Werbung für Verlagsprodukte, letzteres Ziel aber verschleiert werde.

[835] *Köhler*/Bornkamm, 33. Aufl. 2015, UWG 2004 § 4 Nr. 3 Rn. 3.51.

[836] So auch *Seichter* in Ullmann jurisPK-UWG, 3. Aufl. 2013, § 4 Nr. 3 Rn. 59; *Pfeifer* in Teplitzky/Peifer/Leistner, 2. Aufl. 2013, UWG 2004 § 4 Nr. 3 Rn. 69 hielt eine Subsumtion unter § 5 Abs. 1 S. 2 Nr. 3 UWG 2004 für sinnvoller; *Köhler*/Bornkamm/Feddersen ist nunmehr für eine analoge Anwendung von § 5a Abs. 6, 37. Aufl. 2019, § 5a Rn. 7.97; vgl. im Übrigen → *Omsels* § 4 Rn. 433, *Podszun* § 3 Rn. 184.

[837] LG Frankenthal MMR 2015, 527.

sprechenden Unterlassungsbegehrens, also insbesondere der Verleger der entsprechenden Zeitung oder Zeitschrift, der verantwortliche Redakteur, der eigenverantwortlich handelnde Anzeigen- und Abteilungsleiter oder die Verantwortlichen iSd § 6 TMG.[838] Die Passivlegitimation ergibt sich aus der Verantwortlichkeit der betreffenden Personen für den jeweiligen redaktionellen Inhalt. Für Schleichwerbung eines Influencers ist dieser primär verantwortlich.

Grundsätzlich kann ein Presseunternehmen auch richtiger Beklagter für **redaktionell aufgemachte Anzeigen** sein. Um die tägliche Arbeit der Presse jedoch nicht über Gebühr zu erschweren und die Verantwortlichen nicht zu überfordern, lehnt die Rechtsprechung eine umfassende Prüfungspflicht zu Recht ab: Presseunternehmen haften für die Veröffentlichung wettbewerbswidriger Anzeigen nur im Falle grober, unschwer zu erkennender Verstöße.[839] Dieses Haftungsprivileg gilt nicht mehr, sobald dem Presseunternehmen eine Abmahnung vorliegt, in der die entsprechende Anzeige gerügt wird. Der Umfang der Prüfungspflicht ist an der Zumutbarkeit orientiert, er ist bei einer ganzseitigen Anzeige deutlich höher als bei einer Kleinanzeige.[840] Den Verantwortlichen der Presseorgane und den Mitarbeitern von Anzeigenredaktionen können hierbei keine detaillierten Kenntnisse wettbewerbsrechtlicher Vorschriften abverlangt werden: Die Gerichte haben zu Recht auf die besonderen Gegebenheiten des Anzeigengeschäfts, wie den bei Anzeigenaufträgen regelmäßig herrschenden Zeitdruck sowie die wirtschaftliche Bedeutung der einzelnen Anzeige hingewiesen und auf die Erkennbarkeit für die Anzeigenabteilung selber abgestellt.[841] Der Umfang der Prüfungspflicht kann auch nicht davon abhängen, ob das fragliche Presseunternehmen über eine eigene Rechtsabteilung verfügt oder nicht.[842] Bei der Beurteilung der Umstände des Einzelfalles ist auch die Funktion und Aufgabenstellung des als Störer in Anspruch Genommenen zu berücksichtigen sowie die Eigenverantwortung desjenigen, der die rechtswidrige Beeinträchtigung selbst unmittelbar vorgenommen hat oder vornimmt, zu berücksichtigen.[843] Mit Blick auf das Presseprivileg aus Art. 5 GG sind an die Presseorganen obliegende Prüfungspflicht keine zu strengen Anforderungen zu stellen.[844] 401

Ein Rundfunkveranstalter kann sich seiner Passivlegitimation nicht dadurch entziehen, indem das Szenario einer Auftragsproduktion durch die Einschaltung von Tochtergesellschaften und eine künstliche Aufspaltung in Veranstaltung vor Ort einerseits und Fernsehübertragung andererseits umgangen wird, um redaktionelle Mitspracherechte zu umgehen.[845] 402

b) Verantwortlichkeit der werbenden Unternehmen als Auftraggeber und als Presseinformant. Das werbende Unternehmen ist richtiger Beklagter in Bezug auf **redaktionell gestaltete Anzeigen,** die es in Auftrag gegeben hat. Gleiches gilt im Fall bezahlter **redaktioneller Beiträge.** 403

Hat ein Unternehmen der Presse lediglich Informationen zur Verfügung gestellt, etwa in Form der Übersendung von Pressemappen oder im Rahmen eines Interviews, hängt die 404

---

[838] Vgl. BGHZ 39, 124 (129) – Fernsehansagerin; GRUR 1975, 208 – Deutschland-Stiftung; GRUR 1994, 441 (443) – Kosmetikstudio; GRUR 1998, 471 (472) – Modenschau im Salvatorkeller; OLG München GRUR 1994, 835 (836); Ohly/*Sosnitza* § 5a Rn. 144; *Köhler*/Bornkamm/Feddersen, 37. Aufl. 2019, UWG § 5a Rn. 7.58.

[839] BGH GRUR 2001, 529 (531) – Herz-Kreislauf-Studie; GRUR 1995, 751 (752) – Schlussverkaufswerbung II; GRUR 1973, 203 (204) – Badische Rundschau.

[840] So zutreffend BGH GRUR 2001, 529 (531) – Herz-Kreislauf-Studie; BGH GRUR 1995, 751 (752) – WSV-Werbung für Möbel.

[841] BGH GRUR 1995, 751 (753) – WSV-Werbung für Möbel; BGH GRUR 1990, 1012 – Pressehaftung I; OLG München NJW-RR 2001, 1716 (1719).

[842] Vgl. OLG München NJW-RR 2001, 1716, 1718. Die Haftung eines Zeitungsverlegers wurde beispielsweise bejaht vom OLG Köln GRUR-RR 2002, 117 ff. – Konzernmarke T.

[843] BGH GRUR 2006, 875 (877) – Rechtsanwalts-Ranglisten; BGH GRUR 2004, 860 – Internet-Versteigerung; BGH GRUR 2004, 693 – Schöner Wetten; vgl. hierzu auch *Lettl* GRUR 2007; 936.

[844] BGH GRUR 2006, 875 (877) – Rechtsanwalts-Ranglisten.

[845] VG Berlin ZUM RD 2009, 292 – WOK WM; OVG Rheinland-Pfalz ZUM 2009, 607 – jetzt geht's um die Eier – die große Promi-Oster-Show.

Verantwortlichkeit des dann allein als **Presseinformant** fungierenden Unternehmens zunächst einmal davon ab, ob die Informationen für sich betrachtet zutreffend sind. Wer **Informationen** weitergibt, die **täuschend oder inhaltlich falsch** sind, ist hierfür verantwortlich, wenn die Darstellung im Presseartikel auf diesen Angaben beruht.[846]

405 Sind die **Produktinformationen als solche sachlich zutreffend,** kommt eine Haftung des werbenden Unternehmens als Presseinformant nur ausnahmsweise in Betracht: Der Informant muss dem Presseunternehmen die Produktinformation gezielt zur Veröffentlichung oder in einer Weise zukommen lassen, die die Annahme nahe legen, dass über das Produkt in einem redaktionellen Beitrag berichtet wird.[847] Darüber hinaus ist erforderlich, dass der Informant nach den Umständen des konkreten Einzelfalls damit rechnen musste, dass seine zutreffenden Informationen verfälscht oder sonst irreführend oder in einer sonstigen wettbewerbsrechtlich unzulässigen Weise in dem Presseorgan erscheinen. Für diesen Fall trifft ihn die Pflicht, sich eine Überprüfung des Artikels, mit dessen Erscheinen er rechnen musste, vorzubehalten. Unterlässt der Presseinformant einen derartigen Vorbehalt oder kommt seiner Obliegenheit zur Überprüfung des Artikels nicht nach, ist er für die unsachgemäße Gestaltung des redaktionellen Beitrags wettbewerbsrechtlich mitverantwortlich.[848] Allein die Tatsache, dass aufgrund der übersandten Presseinformationen eine wörtliche Übernahme von Textbeitrag oder darin enthaltene Fotos in Frage kommen kann, reicht hierfür somit nicht aus.[849] Die höchstrichterliche Rechtsprechung hält zu Recht am Prinzip der Eigenverantwortung der Presseorgane für ihre Berichterstattung fest, auch um die Unabhängigkeit der Presse insoweit zu stärken.

406 Entsprechende Grundsätze gelten im Hinblick auf die **Haftung bei Interviews.**[850] Eine Kontrollpflicht des Unternehmens für gegebene Interviews ist nur dann anzunehmen, wenn nach Art und Inhalt des Interviews bzw. bei Benachrichtigungen, der Gegebenheiten auf Seite der Adressaten die Möglichkeit eines Berichts mit werbendem Charakter nicht ganz fernliegt.[851] Als Indizien hierfür wurde ua herangezogen, dass das Presseorgan die Umstände der Vermarktung durch das interviewte Unternehmen erfahren hat, der Bericht im zeitlichen Zusammenhang mit einer unmittelbar zuvor erteilten Zulassung erschien und die Information zu technischem Hintergrund und zur kommerziellen Anwendung vom Interviewten stammten.[852]

407 Beim **Influencer-Marketing** haftet ein den Influencer beauftragendes Unternehmen über § 8 Abs. 2 Alt. 2.[853]

C. UWG 2022

408 § 5a wurde mit Geltung ab 28.5.2022 neugefasst durch das UWG 2022; außerdem wurden neue §§ 5b und 5c eingefügt. Siehe dazu die Kommentierung im Anhang ab Seite 3069.

[846] Vgl. BGH GRUR 1964, 392 (395) – Weizenkeimöl; GRUR 1967, 362 (365) – Spezialsalz I; GRUR 1993, 561 (563) – Produktinformation I; GRUR 1994, 819 (820) – Produktinformation II; GRUR 1996, 502 (506) – Energiekosten-Preisvergleich I.

[847] OLG Hamm BeckRS 2012, 02852.

[848] BGH GRUR 1993, 561 (562) – Produktinformation I; GRUR 1964, 392 (393) – Weizenkeimöl; GRUR 1967, 362 (365) – Spezialsalz; GRUR 1994, 819 (821) – Produktinformation II; GRUR 1996, 71 ff. – Produktinformation III.

[849] So zutreffend BGH GRUR 1996, 71 (73) – Produktinformation III; GRUR 1997, 139 (140) – Orangenhaut.

[850] Vgl. OLG Hamburg AfP 2007, 211 (213 f.).

[851] BGH GRUR 1987, 241 (243) – Arztinterview; BGH GRUR 1997, 541 (543) – Produkt-Interview; OLG Hamburg AfP 2007, 211 (213 f.).

[852] OLG Hamburg AfP 2007, 211 (213 f.).

[853] *Gerecke* GRUR 2018, 153 (159); *Leeb/Maisch* ZUM 2019, 29 (31); *Lichtnecker* MMR, MMR 2018, 512 (516); *Reinholz/Schirmbacher* K&R 2017, 753 (758); *Zurth/Pless* ZUM 2019, 414 (423).

§ 6 Vergleichende Werbung

(1) **Vergleichende Werbung ist jede Werbung, die unmittelbar oder mittelbar einen Mitbewerber oder die von einem Mitbewerber angebotenen Waren oder Dienstleistungen erkennbar macht.**

(2) **Unlauter handelt, wer vergleichend wirbt, wenn der Vergleich**

1. **sich nicht auf Waren oder Dienstleistungen für den gleichen Bedarf oder dieselbe Zweckbestimmung bezieht,**
2. **nicht objektiv auf eine oder mehrere wesentliche, relevante, nachprüfbare und typische Eigenschaften oder den Preis dieser Waren oder Dienstleistungen bezogen ist,**
3. **im geschäftlichen Verkehr zu einer Gefahr von Verwechslungen zwischen dem Werbenden und einem Mitbewerber oder zwischen den von diesen angebotenen Waren oder Dienstleistungen oder den von ihnen verwendeten Kennzeichen führt,**
4. **den Ruf des von einem Mitbewerber verwendeten Kennzeichens in unlauterer Weise ausnutzt oder beeinträchtigt,**
5. **die Waren, Dienstleistungen, Tätigkeiten oder persönlichen oder geschäftlichen Verhältnisse eines Mitbewerbers herabsetzt oder verunglimpft oder**
6. **eine Ware oder Dienstleistung als Imitation oder Nachahmung einer unter einem geschützten Kennzeichen vertriebenen Ware oder Dienstleistung darstellt.**

Übersicht

Schrifttum: *S. Ahrens,* Der Irreführungsbegriff im deutschen Wettbewerbsrecht. Zu den Auswirkungen des Urteils des Bundesgerichtshofs vom 5. Februar 1998 – „Testpreis-Angebot" und des Urteils des Gerichtshofs der Europäischen Gemeinschaften vom 16. Juli 1998 – „Gut Springenheide" auf die deutsche Rechtsprechung zur irreführenden Werbung, WRP 1999, 389; *Aigner,* Die Auswirkungen der Richtlinie zur vergleichenden Werbung auf das deutsche Wettbewerbsrecht, Diss. 2001; *Alexander,* Markenschutz und berechtigte Informationsinteressen bei Werbevergleichen, GRUR 2010, 482; *ders.,* Rechtsprechungsbericht: Unlautere Produktionsnachahmungen und verwandte Fälle, Teil 2, WRP 2013, 1553; *ders.,* Anmerkungen zum Referentenentwurf eines Zweiten Gesetzes zur Änderung des UWG, WRP 2014, 1384; *ders.,* Der Verwechslungsschutz gem. § 5 Abs. 2 UWG, in: FS Köhler, 2014, S. 23; *ders.,* Aktuelle lauterkeitsrechtliche Problemfelder von Online-Vergleichsportalen, WRP 2018, 765; *Amschewitz,* Die Nachprüfbarkeit der Werbung mit selbst durchgeführten Studien, WRP 2013, 571; *Augenhofer,* Pippig versus Hartlauer: EuGH klärt offene Fragen hinsichtlich vergleichender Werbung, RdW 2003, 682; *Bärenfänger,* Das Spannungsfeld von Lauterkeitsrecht und Markenrecht unter dem neuen UWG, 2010; *ders.,* Symbiotische Theorie zum Kennzeichen- und Lauterkeitsrecht, WRP 2011, 16 u. 160; *Bastian,* Comparative Advertising in Germany – Present Situation and Implementation of EC Directive, IIC 31 (2000), 151; *Bayreuther,* Anmerkung zum BGH-Urteil vom 5.2.1998 – Testpreis-Angebot, EuZW 1998, 478; *Beater,* Europäisches Recht gegen unlauteren Wettbewerb – Ansatzpunkte, Grundlagen, Entwicklung, Erforderlichkeit, ZEuP 2003, 11; *Berlit,* Vergleichende Werbung – erst jetzt zulässig?, BB 1998, 1; *ders.,* Gesetzentwurf der Bundesregierung zur vergleichenden Werbung und zur Änderung wettbewerbsrechtlicher Vorschriften, BB 2000, 1305; *ders.,* Vergleichende Werbung, 2002; *Blanken,* Wettbewerbsrechtliche und immaterialgüterrechtliche Probleme des Zubehör- und Ersatzteilgeschäftes, 2008; *Blankenburg,* Gespaltenes Verständnis des Mitbewerberbegriffs im UWG?, WRP 2008, 186; *ders.,* Neues zur vergleichenden Werbung, zur Verwechslungsgefahr und zur markenmäßigen Benutzung?, WRP 2008, 1294; *ders.,* Die Markennennung, 2009; *Borck,* Vermutungen über vergleichende Werbung, über Wertreklame und deren weitere Entwicklung, WRP 2001, 1124; *Bornkamm,* Entwicklungen der Rechtsprechung im Wettbewerbsrecht – Vergleichende Werbung, in: Schwarze (Hrsg.), Werbung und Werbeverbote im Lichte des europäischen Gemeinschaftsrechts, 1999, S. 134; *ders.,* Markenrecht und wettbewerbsrechtlicher Kennzeichenschutz, GRUR 2005, 97; *ders.,* Kennzeichenrecht und Irreführungsverbot, in: FS v. Mühlendahl, 2005, S. 9; *ders.,* Die Schnittstellen zwischen gewerblichem Rechtsschutz und UWG – Grenzen des lauterkeitsrechtlichen Verwechslungsschutzes, GRUR 2011, 1; *ders.,* Der lauterkeitsrechtliche Schutz vor Verwechslungen: Ein Kuckucksei im Nest des UWG?, in: FS Loschelder, 2010, S. 31; *Bornkamm/Kochendörfer,* Verwechslungsgefahr und Irreführungsgefahr – Konvergenz der Begriffe?, in: FS 50 Jahre BPatG, 2011, S. 533; *Bottenschein,* Markenrecht versus notwendige Bestimmungshinweise, GRUR 2006, 462; *Brauneck,* EuGH: Neues Tatbestandsmerkmal der Geschäftsgrößenangabe bei vergleichender Werbung?, GRUR Int. 2017, 409; *Buck-Freytag,* Auswirkungen der Richtlinie 97/55/EG über irreführende und vergleichende Werbung auf das nationale Wettbewerbsrecht, Diss. 2002; *Bülow,* Vergleichende Werbung im Heilmittelwerberecht – Ein neuer § 11 Abs. 2 HWG, PharmR 2000, 138; *Büscher,* Schnittstellen zwischen Markenrecht und Wettbewerbsrecht, GRUR 2009, 230; *W. Bullinger/S. Emmerich,* Irreführungsgefahr durch selektive Produktauswahl bei Preisvergleichen, WRP 2002, 608; *Calboli,* Recent Developments in the Law of Comparative Advertising in Italy – Towards an Effective Enforcement of the Principles of Directive 97/55/EC Under the New Regime?, IIC 33 (2002), 415; *Danger,* Die rechtsverletzende Benutzungshandlung im Markenrecht – Abschied von der Herkunftsbezogenheit, 2007; *Dilly,* Das Irreführungsverbot in Art. 3a der Richtlinie über irreführende und vergleichende Werbung, 2001; *Dilly/Ulmar,* Vergleichende Werbung ohne Vergleich?, WRP 2005, 467; *Dittmer,* Rufausbeutung (nicht nur) durch Bestellnummernübernahme, WRP 2005, 955; *Doepner/Hufnagel,* German Courts Implement the EU Directive 97/55/EC – A Fundamental Shift in the Law of Comparative Advertising?, Trademark Reporter 88 (1998), 537; *Dorndorf,* Schutz vor Herkunftstäuschung und Rufausbeutung, 2005; *Dreher,* Rufausbeutungs- und Herabsetzungsverbot im Recht der vergleichenden Werbung, 2016; *Dornis/Wein,* Imitationsbehauptung und Rufausnutzung in vergleichender Werbung, ZGE 2016, 513; *Dreyer* Konvergenz oder Divergenz – Der deutsche und der europäische Mitbewerberbegriff im Wettbewerbsrecht, GRUR 2008, 123; *Dück,* Vergleichende Werbung mit geografischer Herkunft im internationalen Kontext – Warsteiner vs. Beck's/AB Inbev, GRUR Int 2016, 216; *Eckel,* Markenrechtliche Zulässigkeit vergleichender Werbung in Deutschland und Großbritannien, GRUR Int 2015, 438; *ders.,* Harmonisierung irreführender vergleichender Werbung in Deutschland und England, 2015; *ders.,* Die Kohärenz lauterkeitsrechtlicher Vollharmonisierung vergleichender Werbung nach Art. 4 lit. a RL 2006/114/EG, GRUR Int 2016, 726; *Eichhammer,* Die markenmäßige Benutzung, 2008; *Eichholz,* Herabsetzung durch vergleichende Werbung, Eine Untersuchung zum europäischen, deutschen, englischen und österreichischen Recht, 2008; *Engeländer,* Der ergänzende Schutz von Marken durch Wettbewerbsrecht, 2005; *Engisch,* Harmonisierung des Wettbewerbsrechts in der Europäischen Gemeinschaft; Vorschlag für eine Richtlinie des Rates über vergleichende Werbung und zur Änderung der Richtlinie 84/450 EWG über irreführende Werbung, in: Henssler/Kolbeck (Hrsg.), Europäische Integration und globaler Wettbewerb, 1993, S. 215; *Erdogan,* Vergleichende Werbung nach § 6 UWG, 2008; *Faßbender,* Zum Erfordernis einer richtlinienkonformen Auslegung des Begriffs der vergleichenden Werbung, EuZW 2005, 42; *Fassbender/Herbrich,* Geografische Herkunftsangaben im Spannungsfeld von nationalem und europäischem Recht, GRUR Int. 2014, 765; *Fezer,* Imitationsmarketing als irreführende Produktvermarktung, GRUR 2009, 451; *ders.,* Markenschutzfähigkeit der Kommunikationszeichen (§§ 3 und 8 MarkenG) und der Kommunikationsschutz der Marken (§§ 14 und 23 MarkenG), WRP 2010, 165; *ders.,* Kumulative Normenkonkurrenz zwischen Markenrecht und Lauterkeitsrecht – Schutzzweckkompatibilität zwischen Immaterialgüterrecht als Funktionseigentum und Wettbewerbsrecht, GRUR 2010, 953; *Franz,* „Ein bisschen Spaß muss sein!" Ein Überblick über die Rechtsprechung zu Scherzen, Parodien, Ironie und Satire in der Werbung, WRP 2019, 15; *Freund,* Vergleichende Werbung nach der Richtlinie 97/55/EG und der UWG-Novelle, 2001; *Freytag,* Möglichkeiten und Grenzen humorvoller Werbevergleiche – „Gib mal Zeitung!", GRUR-PRax 2009, 1; *Frisch,* Das Freihaltebedürfnis im Markenrecht, 2007; *Fritzsche,* Überlegungen zum Referentenentwurf eines Zweiten Gesetzes zur Änderung des UWG, WRP 2014, 1392; *Fröndhoff,* Die Inhaltsbeschränkungen irreführender und vergleichender Werbung – England und Deutschland im Vergleich, 2002; *Funke,* Lieber Angleichen als Zersplittern – Zum Richtlinienvorschlag über vergleichende Werbung –, WM 1997, 1472; *Gabel,* Die Haftung für Hyperlinks im Lichte des neuen UWG, WRP 2005, 1102; *Gamerith,* Vergleichende Werbung. Auswirkungen der Richtlinie 97/55/EG auf das österreichische Wettbewerbsrecht, ÖBl. 1998, 115; *ders.,* Neue Herausforderungen für ein Europäisches Lauterkeitsrecht, 2. Aufl., 2003; *ders.,* Der Richtlinienvorschlag über unlautere Geschäftspraktiken, WRP 2005, 391; *ders.,* Anm. zu EuGH v. 17.3.2005, ÖBl. 2006, 92; *ders.,* Kommission plant Kodifizierung der RLVerglWerbung, ÖBl. 2006, 204; *ders.,* Wettbewerbsrechtlicher Kennzeichenschutz durch die RL-UGP, ÖBl. 2008, 174; *v. Gamm,* Vorschlag der EG-Kommission für eine Richtlinie des Rates über vergleichende Werbung und zur Änderung der Richtlinie 84/450/EWG über irreführende Werbung, WRP 1992, 143; *Gerschbacher,* Zulässigkeit vergleichender Werbung. Eine Darstellung der in der Praxis häufig auftretenden Rechtsfragen unter Berücksichtigung der Rechtsprechung des EuGH, 2012; *Glöckner,* Äquivalenzbehauptungen in der Werbung nach europäischem Marken- und Lauterkeitsrecht, European Law Reporter (ELR) 2001, 344; *ders.,* Europäisches Lauterkeitsrecht, 2006; *ders.,* Markenschutz durch Art. 3 lit. e UWG, sic! 2011, 273; *ders.,* The Regulatory Framework for Comparative Advertising in Europe – Time for a New Round of Harmonisation, IIC 43 (2012), 35; *ders.,* Einl. C, in diesem Komm.; *ders.,* Komm. zu § 6 UWG, in: GroßKommUWG, 3. Aufl. 2020; *Glöckner/Henning-Bodewig,* EG-Richtlinie über unlautere Geschäftspraktiken: Was wird aus dem „neuen" UWG?, WRP 2005, 1311; *Glöckner/Kur,* Geschäftliche Handlungen im Internet – Herausforderungen für das Marken- und Lauterkeitsrecht, GRUR 2014, Beil 1 zu H. 4, S. 29; *Gloy/Bruhn,* Die Zulässigkeit von Preisvergleichen nach der Richtlinie 97/55/EG – Kehrtwende oder Kontinuität?, GRUR 1998, 226; *Gloy/Loschelder/Danckwerts,* Handbuch des Wettbewerbsrechts, 5. Aufl. 2019; *Goldmann,* Der Schutz des Unternehmenskennzeichens, 3. Aufl., 2014; *Gülbay,* Vergleichende Werbung, Subsidiarität und Europa: Die Richtlinie zur vergleichenden Werbung unter Beachtung des Subsidiaritätsprinzips im Recht der Europäischen Gemeinschaft, 1997; *Guizzardi,* Pubblicità comparativa e autodisciplina pubblicitaria: prospettive dopo la direttiva CEE, Giur. it. 1999, 1344; *Hacker,* Die Benutzung einer Marke „als Marke" als rechtliche Voraussetzung für den Erwerb, die Aufrechterhaltung und die Verletzung von Rechten, GRUR Int. 2002, 502; *ders.,* Komm. zu § 14 MarkenG, in: Ströbele/Hacker/Thiering, MarkenG, 12. Aufl. 2018; *Handig,* EuGH zur vergleichenden Werbung – „Pippig Augenoptik", ecolex 2003, 467; *Hartwich,* Wettbewerb und Recht und Freiheit. Eine Kritik des Rechts des unlauteren Wettbewerbs in Deutschland aus historischer, rechtsvergleichender und ökonomischer Sicht – zusammengeführt am Beispiel der vergleichenden Werbung, Diss. 2004; *F. U. D. Hasselblatt,* Die vergleichende Werbung in der Europäischen Gemeinschaft für die Zeit nach Maastricht und Amsterdam, 2002; *G. N. Hasselblatt/Leister,* Komm. zu § 6 UWG, in: Gloy/Loschelder/Danckwerts, Hdb. des Wettbewerbsrechts, 5. Aufl. 2019, § 60; *Heermann,* Anmerkung zum BGH-Urteil „Hormonersatztherapie" vom 17.1.2002, LMK 2002, 32; *ders.,* Die Erheblichkeitsschwelle i. S. des § 3 UWG-E,

GRUR 2004, 94; *Heister,* Harmonisierung des Rechts der vergleichenden Werbung durch die Richtlinie 97/55/EG?, 2004; *Henn,* Markenschutz und UWG, 2009; *Henning-Bodewig,* Vergleichende Werbung – Liberalisierung des deutschen Rechts?, GRUR Int. 1999, 385; *dies.*, Vergleichende Werbung in Deutschland: die Situation nach der Richtlinie, BIE 1999, 198; *dies.*, Relevanz der Irreführung, UWG-Nachahmungsschutz und die Abgrenzung Lauterkeitsrecht/IP-Rechte, GRUR Int. 2007, 986; *dies.*, Nicht markenmäßiger Gebrauch und Art. 5 Abs. 5 Markenrichtlinie, GRUR 2008, 301; *dies.*, Der Schutzzweck des UWG und die Richtlinie über unlautere Geschäftspraktiken, GRUR 2013, 238; *Hildebrandt,* Marken und andere Kennzeichen, 4. Aufl. 2018; *Hohlweck,* Vom Pflügen mit fremdem Kalbe und anderen anstößigen Verhaltensweisen – Der Schutz bekannter Produkte durch § 4 Nr. 9 lit. b UWG, WRP 2015, 934; *Holtz,* Vergleichende Werbung in Deutschland. Die Zulässigkeit vergleichender Werbung nach der UWG-Novelle, 2008; *Hotz,* Die rechtsverletzende Markenbenutzung in der neueren Rechtsprechung des EuGH und BGH, GRUR 2003, 993; *Howel,* O2 v. Hutchison3G. Comparative Advertising: European Trademark law beyond compare? Communications Law 2008, 155; *Hucke,* Erforderlichkeit einer Harmonisierung des Wettbewerbsrechts in Europa, 2001; *Hünermund,* Analyse der Zulässigkeitsbedingungen für vergleichende Werbung gemäß der Richtlinie 97/55/EG, 2000; *Illing,* Die gesetzliche Neuregelung der vergleichenden Werbung unter Berücksichtigung ihrer Entstehung und ihrer Auswirkungen auf die Werbewirtschaft, 2001; *Ingerl,* Rechtsverletzende und rechtserhaltende Benutzung im Markenrecht, WRP 2002, 861; *ders.*, Der wettbewerbsrechtliche Kennzeichenschutz und sein Verhältnis zum MarkenG in der neueren Rechtsprechung des BGH und in der UWG-Reform, WRP 2004, 809; *Kebbedies,* Vergleichende Werbung. Die europäischen Harmonisierungsbemühungen im deutschen und englischen Lauterkeitsrecht, 2005; *Kießling/Kling,* Die Werbung mit Emotionen, WRP 2002, 615; *Knaak,* Metatags und Keywords als vergleichende Werbung – zum EuGH-Urteil Belgian Electronic Sorting Technology, GRUR Int. 2014, 209; *Köhler,* Ranking als Rechtsproblem, in: FS Sonnenberger, 2004, S. 249; *ders.*, Die „Bagatellklausel" in § 3 UWG, GRUR 2005, 1; *ders.*, Anm. zu BGH v. 30.9.2004 – Stresstest, LMK 2005, 77; *ders.*, Was ist „vergleichende Werbung"?, GRUR 2005, 273; *ders.*, Rechtsprechungsbericht zum Recht des unlauteren Wettbewerbs (Teil 3), GRUR-RR 2006, 73; *ders.*, Rechtsprechungsbericht zum Recht des unlauteren Wettbewerbs VII, GRUR-RR 2007, 129; *ders.*, Zur richtlinienkonformen Auslegung und Neuregelung der „Bagatellklausel" in § 3 UWG, WRP 2008, 10; *ders.*, Die Rechtsprechung des Europäischen Gerichtshofs zur vergleichenden Werbung: Analyse und Kritik, WRP 2008, 414; *ders.*, Die UWG-Novelle 2008, WRP 2009, 109; *ders.*, Der Schutz vor Produktnachahmung im Markenrecht, Geschmacksmusterrecht und neuen Lauterkeitsrecht, GRUR 2009, 445; *ders.*, Der „Mitbewerber", WRP 2009, 499; *ders.*, Was müssen Wertpapierdienstleistungsunternehmen bei der Werbung beachten, WM 2009, 385; *ders.*, „Gib mal Zeitung" – oder „Scherz und Ernst in der Jurisprudenz" von heute, WRP 2010, 571; *ders.*, Richtlinienkonforme Gesetzgebung statt richtlinienkonforme Auslegung: Plädoyer für eine weitere UWG-Novelle, WRP 2012, 251; *ders.*, Anm. zu BGH vom 19.5.2011 – I ZR 147/09 – *Coaching Newsletter,* WRP 2012, 82; *ders.*, Irreführende vergleichende Werbung, GRUR 2013, 761; *ders.*, Zur „geschäftlichen Relevanz" unlauterer geschäftlicher Handlungen gegenüber Verbrauchern, WRP 2014, 259; *ders.*, Richtlinienumsetzung im UWG – eine unvollendete Aufgabe, WRP 2013, 403; *ders.*, Komm. zu § 6 UWG in: Köhler/Bornkamm/Feddersen, UWG, 39. Aufl. 2021; *Köhler/Lettl,* Das geltende europäische Lauterkeitsrecht, der Vorschlag für eine EG-Richtlinie über unlautere Geschäftspraktiken und die UWG-Reform, WRP 2003, 1019; *Kohler,* Persönliche und sachliche Reklame in der Großindustrie, MuW XVI (1916/17) 127; *Koos,* Europäischer Lauterkeitsmaßstab und globale Integration, 1996; *ders.*, Vergleichende Werbung und die Fesseln der Harmonisierung, WRP 2005, 1096; *ders.*, in: Fezer/Koos, Staudinger, Internationales Wirtschaftsrecht, 2019; *Koppe/Zagouras,* Rechtsprobleme der Testwerbung, WRP 2008, 1035; *Koppensteiner,* Markenbenutzung, in: FS Griss, 2011, S. 407; *Kotthoff,* Neue Maßstäbe für vergleichende Werbung, BB 1998, 2217; *Kresbach/Jergolla,* Jüngste OGH-Judikatur zur vergleichenden Werbung von Arzneimitteln, medien und recht 2007, 90; *Krieger,* Das Ersatzteil- und Zubehörgeschäft nach dem Marken- und Wettbewerbsrecht, WRP 2000, 927; *Krings/Dietlein,* Anlehnende bezugnehmende Werbung im Lichte des BVerfG-Urteils „Therapeutische Äquivalenz", in: FS H. Helm, 2002, S. 101; *Kur,* Die Harmonisierung der europäischen Markengesetze. Resultate – offene Fragen – Harmonisierungslücken, GRUR 1997, 241; *dies.*, Markenrecht, Verbraucherschutz und Wettbewerbsrecht, in: Schricker/Beier (Hrsg.), Die Neuordnung des Markenrechts in Europa, 1997, S. 190; *dies.*, Was macht ein Zeichen zur Marke?, MarkenR 2000, 1; *dies.*, Die Schnittstellen zwischen Marken- und Wettbewerbsrecht bei nationalen und bei Gemeinschaftsmarken, MarkenR 2001, 137; *dies.*, Vorrangthese á la Luxemburg? Zu den Auswirkungen der Funktionsrechtsprechung und der Entscheidungen MartinY Paz/Gauquie, in: FS Köhler, 2014, S. 383; *Kur*/v. Bomhard/Albrecht, Markenrecht. Markengesetz, Verordnung über die Unionsmarke(UMV), 2. Aufl. 2018; *P. Lange,* Marken- und Kennzeichenrecht, 2. Aufl. 2012; *Lehment,* Anm. zu BGH v. 15.10.1998 – „Vergleichen Sie", GRUR 1999, 503; *ders.*, Düfte im Vergleich. Anmerkung zum Urteil des BGH „Genealogie der Düfte", GRUR 2004, 657; *Leible/Sosnitza,* Richtlinienkonforme Auslegung vor Ablauf der Umsetzungsfrist und vergleichende Werbung, NJW 1998, 2507; *Lema Devesa,* Die „Duftvergleichslisten" im Lichte des Gemeinschaftsrechts, GRUR Int. 2009, 118; *Lettl,* Besprechung von W. Berlit, Vergleichende Werbung, 2002, GRUR 2004, 224; *ders.*, Gemeinschaftsrecht und neues UWG, WRP 2004, 1079; *ders.*, Der Schutz der Verbraucher nach der UWG-Reform, GRUR 2004, 449; *ders.*, Lauterkeitsrechtliche Haftung von Presseunternehmen für „Rankings", GRUR 2007, 936; *Levin,* Die lauterkeitsrechtlichen Möglichkeiten und Grenzen der humorvollen und satirischen vergleichenden Werbung, 2013; *Lindacher,* Kritisierende vergleichende Werbung, in: FS Brandner, 1996, S. 399; *v. Linstow,* Die Verwendung fremder Zeichen zur Bezeichnung fremder Waren, WRP 2000, 955; *Lobe,* Der Hinweis auf fremde gewerbliche Leistung als Mittel zur Reklame,

MuW XVI (1916/17), 129; *Lolivier,* Vente à distance et publicité comparative: vers une harmonisation des législations européennes, Gaz. Pal. 1998, doctr. 621; *Lopez Ramos,* Komm. zu § 6 UWG, in: Büscher, Gesetz gegen den unlauteren Wettbewerb, 2019; *Lubberger,* Die Verwechslungsgefahr – Rechtsbegriff oder Tatfrage? Und wenn ja – was dann?, FS 50 Jahre Bundespatentgericht, 2011, S. 687; *Lux,* Alleinstellungsberühmung als vergleichende Werbung?, GRUR 2002, 682; *Marx,* Vergleichende Werbung – wie weit reicht die Harmonisierung?, EWS 2001, 353; *Max-Planck-Institut* für ausländisches und internationales Patent-, Urheber- und Wettbewerbsrecht, Stellungnahme zum Referentenentwurf für ein Gesetz zur vergleichenden Werbung und zur Änderung wettbewerbsrechtlicher Vorschriften vom 5. November 1999, GRUR Int. 2000, 265; *Menke,* Die moderne, informationsökonomische Theorie der Werbung und ihre Bedeutung für das Wettbewerbsrecht, dargestellt am Beispiel der vergleichenden Werbung, GRUR 1993, 718; *ders.,* Recht und Ökonomie der kritisierenden vergleichenden Werbung, 1994; *ders.,* Die vergleichende Werbung in Deutschland nach der Richtlinie 97/55/EG und der BGH-Entscheidung „Testpreis-Angebot“, WRP 1998, 811; *ders.,* Komm. zu § 6 UWG, in: MünchKommUWG, Bd. 1, 3. Aufl. 2020; *Möllers/Schmid,* Der EU-Richtlinienentwurf über irreführende und vergleichende Werbung – neue Chancen für Gesundheits- und Umweltschutz?, EWS 1997, 150; *Mühlberger,* Der Begriff der markenmäßigen Benutzung unter besonderer Berücksichtigung des Keyword Advertisings, 2008; *Müller-Bidinger,* Komm. zu § 6 UWG, in: Ullmann jurisPK-UWG, 4. Aufl. 2016; Münchener Kommentar zum Lauterkeitsrecht (MünchKommUWG), Bd. 1, 3. Aufl. 2020; *Münker,* Stellungnahme der Wettbewerbszentrale zum Referentenentwurf eines Zweiten Gesetzes zur Änderung des Gesetzes gegen den unlauteren Wettbewerb, WRP 2014, 1434; *Nägele,* Die rechtsverletzende Benutzung im Markenrecht, 1999; *ders.,* Die Benutzung fremder Marken im Rahmen von Werbevergleichen, MarkenR 1999, 177; *Neu,* Die vergleichende Werbung in Frankreich und Deutschland im Lichte der EG-Richtlinie 97/55, ZEuP 1999, 123; *Nordemann,* Irreführung und vergleichende Werbung in Europa, in: Schwarze (Hrsg.), Werbung und Werbeverbote im Lichte des europäischen Gemeinschaftsrechts, 1999, S. 148; *Nordemann,* Neuere Entwicklungen im Recht der vergleichenden Werbung, GRUR Int. 2002, 297; *Ohly,* Anmerkung zur BGH-Entscheidung vom 5.2.1998 – Testpreis-Angebot, GRUR 1998, 828; *ders.,* Irreführende vergleichende Werbung, GRUR 2003, 641; *ders.,* Das neue UWG – Mehr Freiheit für den Wettbewerb, GRUR 2004, 889; *ders.,* Vergleichende Werbung für Zubehör und Warensortimente, GRUR 2007, 3; *ders.,* Unlautere vergleichende Werbung als Markenverletzung?, in: FS Doepner, 2008, S. 51; *ders.,* Anmerkung zur EuGH-Entscheidung vom 12.6.2008 – O2 und O2, GRUR 2008, 701; *ders.,* Keyword-Advertising auf dem Weg von Karlsruhe nach Luxemburg, GRUR 2009, 709; *ders.,* Die Markenverletzung bei Doppelidentität nach L'Oréal: eine Kritik, in : FS Loschelder, 2010, S. 265; *ders.,* Anm. zu BGH vom 1.10.2009, GRUR 2010, 166; *ders.,* Blaue Kürbiskerne aus der Steiermark. Die Interessenabwägung beim Schutz bekannter Marken gegen die unlautere Ausnutzung von Ruf und Unterscheidungskraft, in: FS Irmgard Griss, 2011, S. 521; *ders.,* Anm. zu EuGH v. 22.9.2011, GRUR 2011, 1131; *ders.,* Nach der Reform ist vor der Reform. Anmerkungen zum Referentenentwurf eines Zweiten Gesetzes zur Änderung des UWG, GRUR 2014, 1137; *ders.,* Komm. zu § 6, in: Ohly/Sosnitza, UWG, 7. Aufl. 2016; *ders.,* Die referierende Benutzung im alten und neuen Markenrecht, in: FS Büscher, 2018, S. 117 ff.; *ders.,* Die markenrechtliche Haftung des Suchmaschinenbetreibers für Trefferlisten, WRP 2018, 131, 137; *Ohly/Sosnitza,* UWG, 7. Aufl. 2016; *Ohly/Spence,* Vergleichende Werbung: Die Auslegung der Richtlinie 97/55/EG in Deutschland und Großbritannien, GRUR Int. 1999, 681; *dies.,* The Law of Comparative Advertising. Directive 97/55/EC in the United Kingdom and Germany, 2000; *Paech,* Der Einfluß der Richtlinie 84/450/EWG auf die Rechtsprechung zur irreführenden und vergleichenden Werbung, Diss. Bonn 2001; *Palanca,* The directive on comparative advertising, R. A. E. – L. E. A. 1998, 195; *Paulus,* Markenfunktionen und referierende Benutzung, 2014; *Peifer,* Vergleichende Werbung und sonst nichts? Überbordender Schutzbereich der Vorschriften zur Vergleichenden Werbung?, WRP 2011, 1; *Plankert,* Marktführerschaft und vergleichende Werbung: Eine Erfolgsfaktorenforschung am Beispiel des deutschen Mobilfunkmarktes, 2008; *Plaß,* Die EG-Richtlinie Vergleichende Werbung, WRP 1999, 766; *dies.,* Die gesetzliche Neuregelung der vergleichenden Werbung, NJW 2000, 3161; *dies.,* Komm. zu § 6 UWG, in: Heidelberger Kommentar Wettbewerbsrecht (HK-WettbR), 2005; *Plassmann,* Vergleichende Werbung im Gemeinsamen Markt – Die geplante EG-Richtlinie über vergleichende Werbung und ihre Auswirkungen auf das deutsche Wettbewerbsrecht, GRUR 1996, 377; *Preisendanz,* Der Humor in der vergleichenden Werbung, 2014; *Riedel,* Das Spannungsverhältnis zwischen markenmäßigem Gebrauch und vergleichender Werbung, 2004; *Rippert/Weimer,* Vergleichende Werbung – eine Gegenüberstellung der Regeln in Deutschland und den USA, K&R 2007, 302; *Ritscher/Beutler,* Vergleichende Werbung – die neue EU-Richtlinie im Vergleich mit dem schweizerischen Recht, sic! 1998, 261; *Römermann/Günther,* Der Werbevergleich – Humorvoll! Sarkastisch! Zulässig?, BB 2010, 137; *Rohnke,* Der eigenständige Anwendungsbereich des § 4 Nr. 9 lit. b UWG, in: FS Bornkamm, 2014, S. 443; *Rohnke/Bott/Joans/Asschenfeldt,* Konflikte zwischen Markenrechten und dem Recht auf freie Meinunsäußerung; GRUR Int 2005, 419; *Sack,* Vergleichende und bezugnehmende Werbung, in: Amann/Jaspers, Rechtsfragen in Wettbewerb und Werbung (RWW) 3.2 Rdn. 580 ff., 1984; *ders.,* Der Schutzzweck des UWG und die Klagebefugnis des „unmittelbar Verletzten“, in: FS v. Gamm, 1990, S. 161; *ders.,* Die wettbewerbsrechtliche Klagebefugnis des „unmittelbar Verletzten“ nach der Neufassung des § 13 Abs. 2 Nr. 1 UWG, BB 1995, 1; *ders.,* Sonderschutz bekannter Marken, GRUR 1995, 81; *ders.,* Staatliche Werbebeschränkungen und die Art. 30 und 59 EG-Vertrag, WRP 1998, 103; *ders.,* Die Berücksichtigung der Richtlinie 97/55/EG über irreführende und vergleichende Werbung bei der Anwendung der §§ 1 und 3 UWG, WRP 1998, 241; *ders.,* Die Bedeutung der EG-Richtlinien 84/450/EWG und 97/55/EG über irreführende und vergleichende Werbung für das deutsche Wettbewerbsrecht, GRUR Int. 1998, 263; *ders.,* Probleme des Markenschutzes im Ähnlichkeitsbereich,

WRP 1998, 1127; *ders.*, Die Präzisierung des Verbraucherleitbildes durch den EuGH, WRP 1999, 399; *ders.*, Vergleichende Werbung nach der UWG-Novelle, WRP 2001, 327; *ders.*, Die Verletzung abstrakter Farbmarken, WRP 2001, 1022; *ders.*, Die Toshiba-Entscheidung des EuGH zur vergleichenden Werbung, WRP 2002, 363; *ders.*, Auswirkungen des europäischen Verbraucherleitbilds auf das Markenrecht, Mitt. 2002, 494; *ders.*, Vergleichende Werbung und die Erheblichkeitsschwelle in § 3 des Regierungsentwurfs einer UWG-Novelle, WRP 2004, 30; *ders.*, Irreführende vergleichende Werbung, GRUR 2004, 89; *ders.*, Personen- und unternehmensbezogene Werbehinweise auf Mitbewerber als vergleichende Werbung nach § 6 UWG, WRP 2004, 817; *ders.*, Zur Anwendbarkeit von § 6 UWG auf Werbung für Ersatzteile und Zubehör, GRUR 2004, 720; *ders.*, Gesetzwidrige Wettbewerbshandlungen nach der UWG-Novelle, WRP 2004, 1307; *ders.*, Markenschutz und UWG, WRP 2004, 1405; *ders.*, Die lückenfüllende Funktion der Generalklausel des § 3 UWG, WRP 2005, 531; *ders.*, Die neue deutsche Formel des europäischen Verbraucherleitbilds, WRP 2005, 462; *ders.*, Das Recht am Gewerbebetrieb, 2007; *ders.*, Vergleichende Werbung ohne Vergleich?, WRP 2008, 170; *ders.*, Markenrechtliche Probleme vergleichender Werbung, GRUR 2008, 201; *ders.*, Ursprungsbezeichnungen in vergleichender Werbung, WRP 2008, 301; *ders.*, Der Mitbewerberbegriff des § 6 UWG, WRP 2008, 1141; *ders.*, Individualschutz gegen unlauteren Wettbewerb, WRP 2009, 1330; *ders.*, Vom Erfordernis der markenmäßigen Benutzung zu den Markenfunktionen bei der Haftung für Markenverletzungen, WRP 2010, 198; *ders.*, Die unlautere Ausnutzung des Rufs von Marken im Marken- und Wettbewerbsrecht, WRP 2011, 155; *ders.*, Unlautere vergleichende Werbung und Markenrecht, WRP 2011, 288; *ders.*, Neuere Entwicklungen der Individualklagebefugnis im Wettbewerbsrecht, GRUR 2011, 953; *ders.*, Die abstrakte Verwechslungsgefahr im Markenrecht, GRUR 2013, 4; *ders.*, Die Verwechslungsgefahr im Marken- und Wettbewerbsrecht – einheitliche Auslegung?, WRP 2013, 8; *ders.*, Anmerkungen zur geplanten Änderung des UWG, WRP 2014, 1418; *ders.*, Reformbedarf bei § 6 UWG, GRUR 2015, 130; *ders.*, Die Erheblichkeitsklauseln der UGP-RL 2005/29/EG und die UWG-Novelle, WRP 2015, 663; *ders.*, Vergleichende Werbung und Markenrecht nach der europäischen Markenrechtsreform von 2015, GRUR 2017, 664; *ders.*, Die Klagebefugnis des „unmittelbar Verletzten" im UWG, WRP 2020, 675; *Säcker,* Das UWG zwischen den Mühlsteinen europäischer Harmonisierung und grundrechtsgebotener Liberalisierung, WRP 2004, 1199; *Sambuc,* Was heißt „Verwechslungsgefahr mit einer anderen Ware oder Dienstleistung" in § 5 Abs. 2 UWG?, in: FS Köhler, 2014, S. 577; *Saßmann,* Das Binnenmarktrecht der vergleichenden Werbung, 2002; *Scherer,* Partielle Verschlechterung der Verbrauchersituation durch die europäische Rechtsvereinheitlichung bei vergleichender Werbung?, WRP 2001, 89; *dies.*, Das Verhältnis des lauterkeitsrechtlichen Nachahmungsschutzes nach § 4 Nr. 9 UWG zur europarechtlichen Vollharmonisierung der irreführenden oder vergleichenden Werbung, WRP 2009, 1446; *dies.*, Kehrtwende bei der vergleichenden Werbung, GRUR 2012, 545; *Schmidt,* Ein Jahrzehnt vergleichende Werbung in Österreich, WRP 2000, 998; *Schmitt,* Das unionsrechtliche Verbraucherleitbild, 2018; *Schotthöfer,* Die vergleichende Werbung in den Mitgliedstaaten der EG, Österreich, Schweiz, RIW 1991, 973; *Schröter,* Der Schutz geographischer Herkunftsangaben nach Marken-, Wettbewerbs- und Registerrecht in Deutschland und der Schweiz, 2011; *Seichter,* Der Umsetzungsbedarf der Richtlinie über unlautere Geschäftspraktiken, WRP 2005, 1087; *Siems,* Die Umsetzung der EU-Richtlinie zu vergleichender Werbung in deutsches Recht, ZEuP 2001, 686; *Somariello,* Vergleichende Werbung in Italien und Deutschland, 2002; *dies.*, Vergleichende und irreführende Werbung in Italien nach Umsetzung der Richtlinie 97/55/EG, GRUR Int. 2003, 29; *Stadelmann,* Die Entwicklung der kritisierenden Werbung in Deutschland und in Frankreich unter Berücksichtigung der einschlägigen EG-Richtlinien, 2000; *Starck,* Markenmäßiger Gebrauch – Besondere Voraussetzung für die Annahme einer Markenverletzung?, GRUR 1996, 688; *Staudinger,* Zur richtlinienkonformen Auslegung der Zulässigkeit vergleichender Werbung, JR 1999, 198; *Stieper,* Das Verhältnis von Immaterialgüterrechtsschutz und Nachahmung nach dem neuen UWG, WRP 2006, 291; *Stier/Schneider,* Komm. zu § 6 UWG, in: Götting/Nordemann, UWG, 3. Aufl. 2016; *Ströbele/Hacker/Thiering,* Markengesetz, 12. Aufl. 2018; *Swennen,* Vergelijkende Werbung in de Wet Handelspraktijken, SEW 2000, 190; *Thress,* Die irreführende Produktvermarktung. Zur Auslegung des Art. 6 Abs. 2 lit. a der Richtlinie 2005/29/EG über unlautere Geschäftspraktiken und des § 5 Abs. 2 UWG, 2011; *Tilmann,* Grenzüberschreitende vergleichende Werbung, GRUR Int. 1993, 133; *ders.*, Richtlinie vergleichende Werbung, GRUR 1997, 790; *ders.*, Anwendungsbereich und Bindungswirkung der Richtlinie Vergleichende Werbung, GRUR 1999, 546; *Traub,* Herabsetzende vergleichende Werbung unter Geldinstituten, in: FS Kümpel, 2003, S. 561; *Traub/Sack,* Pro und contra Umsetzung der RL 97/55/EG über vergleichende Werbung durch den Gesetzgeber, GRUR 1999, 136; *Varlam,* Die Liberalisierung vergleichender Werbung in Deutschland. Erste empirische Befunde und wettbewerbspolitische Beurteilung, 2000; *Veyssiere,* Effet de la directive du 6 octobre 1997 sur le droit français en matière de publicité comparative, Gaz.Pal. 1998, doctr. 627; *Völker,* Die Neuregelung der vergleichenden Werbung, MDR 2000, 136; *Wambach,* Vergleichende Werbung nur durch Mitbewerber?, MDR 1999, 177; *Wamprechtshamer,* Die Neuordnung der vergleichenden Werbung, ÖBl. 2000, 147; *Wehlau,* Äpfel mit Birnen vergleichen. Der rechtliche Rahmen vergleichender Werbung für Lebensmittel, ZLR 1999, 393; *Weiler,* Komm. zu § 2 MarkenG, in: Kur/v. Bomhard/Albrecht, Markenrecht, 2. Aufl. 2018; *Will,* Der Markenschutz nach § 14 Markengesetz, 1996; *Wiltinger,* Vergleichende Werbung – Theoretischer Bezugsrahmen und empirische Untersuchung zur Werbewirkung, 2002; *Zeidler,* Marketing nach MiFiD, WM 2008, 238; *Ziervogel,* Rufausbeutung im Rahmen vergleichender Werbung, 2002.

Zur Rechtslage vor der RL 97/55/EG und der UWG-Novelle 2000 vgl. die Literaturangaben bei *Baumbach/Hefermehl,* Wettbewerbsrecht, 22. Aufl., 2001 § 1 UWG vor Rn. 329 ff.

A. Die Entwicklung der deutschen Rechtsprechung zur vergleichenden Werbung unter Einfluss des europäischen Rechts

1 Die wettbewerbsrechtliche Beurteilung vergleichender Werbung hat sich in den letzten 100 Jahren mehrfach grundlegend geändert.[1] Zu Beginn des letzten Jahrhunderts wurde sie als **grundsätzlich zulässig** angesehen. Nur bei Vorliegen besonderer Umstände, insbesondere bei Irreführungsgefahr, war sie wettbewerbswidrig. Diese Ansicht erfuhr jedoch sehr bald Kritik. Besondere Bedeutung erlangten dabei zwei im selben Jahr und in derselben Zeitschrift, nämlich 1916 in der MuW erschienene Aufsätze von *Lobe* und *J. Kohler. Lobe* hielt vergleichende Werbung für wettbewerbswidrig, da es unlauter sei, **„mit fremdem Kalbe zu pflügen"**. Er missbilligte vergleichende Werbung, weil es unlauter sei, das Ansehen eines Mitbewerbers zu dessen Nachteil auszubeuten.[2] *J. Kohler* hatte Bedenken gegen vergleichende Werbung, da man nicht **Richter in eigener Sache** sein könne.[3] Damit sprach er die besondere Irreführungsgefahr an, die von vergleichender Werbung ausgehen kann. Entgegen einer verbreiteten Deutung leitete er daraus allerdings nicht ab, dass vergleichende Werbung grundsätzlich wettbewerbswidrig sei, sondern nur, dass solche Werbevergleiche nur zulässig seien, wenn äußerste Sicherheit bestehe.[4] Er verlangte, bei vergleichender Werbung auf die Irreführungsgefahr ein besonderes Augenmerk zu richten.

2 Die Gesichtspunkte des **Schmarotzens** und der hohen **Irreführungsgefahr** veranlassten das RG zu einer grundlegenden Änderung seiner Rechtsprechung. In seiner *Hellegold*-Entscheidung von 1931 verkehrte es den ursprünglichen Grundsatz der Zulässigkeit vergleichender Werbung in sein Gegenteil. Nunmehr hielt es vergleichende Werbung für **grundsätzlich sittenwidrig.**[5] Es begründete dies wie folgt: „Die Mitbewerber, auch wenn ihre gewerbliche Leistungsfähigkeit tatsächlich geringer sein sollte, brauchen sich nicht gefallen zu lassen, in fremden Anpreisungen als **Mittel** zur Erhöhung der eigenen Leistungsfähigkeit des Anpreisenden verwendet zu werden".[6] Außerdem falle ein durch solche Vergleichung angemaßtes Richteramt in eigener Sache aus dem Rahmen eines ordnungsmäßigen Wettbewerbs heraus.[7] Den Grundsatz der Sittenwidrigkeit beschränkte das RG allerdings auf die **identifizierende** vergleichende Werbung, die Mitbewerber oder ihre Waren und Dienstleistungen unmittelbar oder mittelbar erkennbar macht. Nur ausnahmsweise billigte es vergleichende Werbung, nämlich **Fortschritts- und Systemvergleiche,** die ohnehin meist nicht identifizierend sind und schon deshalb nicht vom grundsätzlichen Verbot (identifizierender) vergleichender Werbung erfasst wurden, sowie **Auskunftsvergleiche** aufgrund eines Auskunftsverlangens von Kunden und **Abwehrvergleiche.**

3 Diese Rechtsprechung führte der BGH zunächst fort.[8] Im Jahre 1961 erweiterte er jedoch den Katalog von Rechtfertigungsgründen um den des **„hinreichenden Anlasses"** bzw. **„hinreichend begründeten Anlasses"**, der angenommen wurde, wenn die ver-

[1] Zur Entwicklung der Rechtsprechung vgl. *Sack* WRP 2001, 327 f.; *Sack* in Amann/Jaspers RWW 3.2 Rn. 633 ff. (Stand 1983); *Freund* S. 7 ff.; *Hasselblatt/Leister* in Gloy/Loschelder/Danckwerts § 60 Rn. 2 ff.; *Lopez Ramos* in Büscher UWG § 6 Rn. 3 ff.

[2] *Lobe* MuW XVI (1916/17), 129.

[3] *Kohler* MuW XVI (1916/17), 127 (128, 129); ebenso dann RGZ 116, 277 (281) – Preisvergleich.

[4] IdS auch noch RGZ 116, 277 (281) – Preisvergleich; vgl. dazu *Sack* in Amann/Jaspers RWW 3.2 Rn. 648, 650.

[5] RG GRUR 1931, 1299 (1301) – Hellegold; gegenteiliger Ansicht war das RG noch in seiner Entscheidung vom 20.5.1931, GRUR 1931, 983 (984, 986) – Deutsche Normen.

[6] RG GRUR 1931, 1299 (1301) – Hellegold.

[7] RG GRUR 1931, 1299 (1301) – Hellegold; ausführlich zu diesem Argument *Sack* in Amann/Jaspers RWW 3.2 Rn. 646 ff.

[8] Vgl. zB BGH GRUR 1952, 582 – Sprechstunden; aus neuerer Zeit vgl. noch BGH GRUR 1986, 618 (620) – Vorsatz-Fensterflügel; GRUR 1992, 625 (626) – Therapeutische Äquivalenz; GRUR 1996, 502 (506) – Energiekosten-Preisvergleich I; GRUR 1997, 304 (305) (3.b.bb) – Energiekosten-Preisvergleich II; weitere Nachweise bei *Sack* in Amann/Jaspers RWW 3.2 Rn. 637 Fn. 184.

gleichende Werbung „in Wahrnehmung berechtigter Interessen" erfolgte und sich nach Art und Maß im Rahmen des dafür Erforderlichen hielt.[9] Die Kritiker der strengen Beurteilung vergleichender Werbung erhofften sich davon einen grundsätzlichen Wandel in der Beurteilung vergleichender Werbung.[10] Denn vergleichende Werbung diene der Aufklärung der Kunden und ihr Aufklärungsinteresse sei ein berechtigter Grund für vergleichende Werbung. Diese Hoffnung auf einen Wandel der Rechtsprechung trog jedoch. Der BGH sah im **allgemeinen** Aufklärungsinteresse der Kunden keinen berechtigten Grund für vergleichende Werbung. Nur bei Vorliegen besonderer Umstände, insbesondere bei der Aufklärung über betrügerisches Verhalten oder über lebensgefährliche Produktinformationen eines Mitbewerbers, hielt er vergleichende Werbung unter dem Gesichtspunkt des Aufklärungsinteresses der Kunden für gerechtfertigt. So bewertete er zB Äußerungen gegenüber der Presse, dass die Motorjacht eines Mitbewerbers entgegen den Behauptungen nicht hochseetauglich sei oder dass die Persianer-Streifenmäntel eines Mitbewerbers aus Abfallpelzen hergestellt seien, als identifizierende vergleichende Werbung, die jedoch wegen des **besonderen** Aufklärungsinteresses der Allgemeinheit ausnahmsweise gerechtfertigt sei.[11] Nach Ansicht des BGH war also nicht das allgemeine Aufklärungsinteresse der Kunden, sondern nur ein besonders **qualifiziertes** Aufklärungsinteresse ein Rechtfertigungsgrund für identifizierende vergleichende Werbung.[12] An seiner Ansicht hielt der BGH trotz breiter Kritik fest, wenn man von gelegentlichen Irritationen absieht, die vereinzelte Urteile auslösten.[13]

Dieser Rechtsprechung des BGH setzte die **EG-Richtlinie 97/55/EG** vom 6.10.1997 ein Ende, die die Irreführungsrichtlinie 84/450/EWG um Regelungen der vergleichenden Werbung erweiterte. Nach Art. 3a Abs. 1 dieser RL galt vergleichende Werbung, die den Mitbewerber oder seine Leistungen erkennbar macht, soweit es den Vergleich anbelangt, **als zulässig,** wenn die in den Buchstaben a–h dieser Vorschrift genannten Voraussetzungen erfüllt sind. Nur unter den besonderen Voraussetzungen, die in Buchst. a–h von Art. 3a Abs. 1 RL aufgeführt sind, dürfen die Mitgliedstaaten vergleichende Werbung untersagen.[14] 4

Mit geringfügiger Verspätung erfolgte die Umsetzung durch den deutschen **Gesetzgeber** zum 1.9.2000.[15] Der neu geschaffene § 2 UWG enthielt die meisten einschlägigen Regelungen der RL.[16] Außerdem wurde den §§ 3 und 4 Abs. 1 UWG aF jeweils der Satz angefügt: „Angaben über geschäftliche Verhältnisse im Sinne des Satzes 1 sind auch Angaben im Rahmen vergleichender Werbung." 5

Durch Art. 14 der **RL 2005/29/EG** des Europäischen Parlaments und des Rates über unlautere Geschäftspraktiken (sog. UGP-Richtlinie) vom 11.5.2005 wurde der Schutzbereich der RL 84/450/EWG idF durch die RL 97/55/EG geändert. Diese Vorschrift wurde unverändert in die RL 2006/114/EG vom 12.12.2006 (ABl. 2006 L 376, S. 21) übernommen, die eine sog. „kodifizierte Fassung" der RL 84/450/EWG idF durch die RL 97/55/EG und die UGP-Richtlinie 2005/29/EG enthält. Durch Art. 10 Abs. 1 RL 2006/ 6

[9] BGH GRUR 1962, 45 (48) – Betonzusatzmittel; ferner BGH GRUR 1996, 502 (506) – Energiekosten-Preisvergleich I.

[10] Dazu *Sack* in Amann/Jaspers RWW 3.2 Rn. 641 mit ausführlichen Nachweisen.

[11] BGH GRUR 1971, 159 (160) – Motorjacht; BGHZ 50, 1 (5) – Pelzversand.

[12] Vgl. dazu *Sack* in Amann/Jaspers RWW 3.2 Rn. 640, 641.

[13] Vgl. BGH GRUR 1987, 49 – Cola-Test (mit Anmerkung *Sack* GRUR 1987, 51); in dieser Entscheidung verkehrte der BGH den bis dahin geltenden Grundsatz der Unzulässigkeit vergleichender Werbung vorübergehend in sein Gegenteil, kehrte jedoch anschließend wieder zum alten Grundsatz zurück und rechtfertigte diese Entscheidung damit, dass sie einen Sonderfall betroffen habe.

[14] Umfangreiche Kritik an den Regelungen übt *Glöckner,* The Regulatory Framework for Comparative Advertising in Europe – Time for a New Round of Harmonisation, IIC 43 (2012), 35 ff.

[15] BGBl. 2000 I S. 1374 f.; Materialien dazu: Begr. Reg.-Entw. BT-Drs. 14/2959 = BR-Drs. 128/00; Empfehlungen der Ausschüsse, BR-Drs. 128/1/00; Stellungnahme des Bundesrats, BR-Drs. 128/00; Gegenäußerung der B.-Reg. BT-Drs. 14/3433; Beschlussempfehlung und Bericht des Rechtsausschusses, BT-Drs. 14/3418.

[16] Jedoch zB nicht lit. f von Art. 3a Abs. 1 RL 97/55/EG, jetzt Art. 4 lit. e RL 2006/114/EG.

114/EG wurde die RL 84/450/EWG aufgehoben. Verweisungen auf diese RL gelten nach Art. 10 Abs. 2 als Verweisungen auf die RL 2006/114/EG.[17]

7 Der neu gefasste Art. 1 dieser RL lautet jetzt: „Zweck dieser Richtlinie ist der Schutz der Gewerbetreibenden vor irreführender Werbung und deren unlauteren Auswirkungen sowie die Festlegung der Bedingungen für zulässige vergleichende Werbung".

8 Diese Regelung beschränkt nur den Schutzzweck der Vorschriften der RL 84/450/EWG über **irreführende** Werbung auf den Schutz von **Gewerbetreibenden;** den Schutz der **Verbraucher** vor irreführender Werbung und vor verwechslungsfähigen Kennzeichen regelt Art. 6 der UGP-Richtlinie 2005/29/EG. Bei den Regelungen der **vergleichenden** Werbung nimmt die RL 2006/114/EG hingegen – abgesehen von Art. 4 lit.a und lit.h – keine Beschränkung des Schutzes auf Gewerbetreibende vor.[18] Deutlich machen das neben dem Wortlaut von Art. 1 auch Art. 4 lit. a und h, die bei den Regelungen der vergleichenden Werbung ausdrücklich das verbraucherschützende Irreführungsverbot der UGP-Richtlinie nennen bzw. den Schutz vor Verwechslungsgefahr auf Gewerbetreibende beschränken. Auch der Erwägungsgrund Nr. 6 der UGP-Richtlinie und der Erwägungsgrund Nr. 8 der RL 2006/114/EG gehen davon aus, dass die Regelungen der vergleichenden Werbung durch Art. 4 RL 2006/114/EG mit Ausnahme des Tatbestands der Verwechslungsgefahr nicht nur für den B2B-, sondern auch für den B2C-Bereich gelten. Denn nach Erwägungsgrund Nr. 6 der UGP-Richtlinie 2005/29/EG erfasst und berührt diese RL nicht die Bestimmungen der RL 84/450/EWG über vergleichende Werbung. Nach Erwägungsgrund Nr. 8 der RL 2006/114/EG ist vergleichende Werbung „ein zulässiges Mittel zur Unterrichtung der **Verbraucher** …". Weitere Änderungen der Regelungen über vergleichende Werbung waren die (unnötige) Änderung der Reihenfolge der Zulässigkeitsbedingungen für vergleichende Werbung, die Ersetzung des heftig umstrittenen Wortes „Verwechslung" durch das der „Verwechslungsgefahr" sowie die Streichung des Sonderangebotstatbestandes des Art. 3a Abs. 2 der RL 84/450/EWG.

9 In die UWG-Novelle 2004 wurde § 2 nahezu unverändert in § 6 UWG nF übernommen. Durch diese UWG-Novelle sowie durch die UWG-Novelle von 2008 wurde § 6 UWG in drei Punkten geändert: In § 6 Abs. 2 Nr. 3 wurde das Tatbestandsmerkmal „Verwechslungen" durch das der **„Verwechslungsgefahr"** ersetzt, wie es der RL 2006/114/EG entspricht. In § 6 Abs. 2 Nr. 4 UWG wurde das Wort „Wertschätzung" durch das Wort **„Ruf"** ersetzt, um die Vorschrift der Terminologie der Richtlinien 97/55/EG, 2005/29/EG und 2006/114/EG anzupassen (dazu → Rn. 171). Die **Sonderangebotsregelung** des § 6 Abs. 3 UWG wurde in Übereinstimmung mit der Richtlinie 2006/114/EG ersatzlos gestrichen. Außerdem wurde der Begriff „gegen die guten Sitten" in § 2 aF ersetzt durch das Wort „unlauter" in § 6. Abweichend von der früheren Rechtslage waren **unlautere** geschäftliche Handlungen nicht mehr ohne weiteres, sondern nur noch dann **unzulässig,** wenn „sie geeignet sind, die Interessen von Mitbewerbern, Verbrauchern und sonstigen Marktbeteiligten **spürbar** zu beeinträchtigen". Diese sog. Spürbarkeitsschwelle kann die Verbote unlauterer vergleichender Werbung iSv § 6 Abs. 2 einschränken; ob dies mit der RL 2006/114/EG vereinbar ist, ist umstritten (dazu unten E).

Die **UWG-Novelle 2015** hat § 3 Abs. 1 dahingehend geändert, dass unlautere geschäftliche Handlungen nicht mehr erst bei Spürbarkeit, sondern **ohne Weiteres unzulässig** sind. Danach ist auch unlautere vergleichende Werbung nach dem Wortlaut von § 3 Abs. 1 ohne Weiteres unzulässig. Problematisch ist jedoch, ob es Gründe dafür gibt, dass sie dennoch erst bei Spürbarkeit **unzulässig** ist (ausführlich dazu → Rn. 237 ff.).

[17] Zur RL über vergleichende Werbung s. auch *Glöckner* → Einl. Rn. 198 ff.

[18] *Henning-Bodewig* GRUR 2013, 238 (240); aA *Köhler* GRUR 2013, 761 (763) (2.); *Münker* WRP 2014, 1434 Rn. 37; *Ohly* GRUR 2007, 3 (6).

B. Auswirkungen der RL 2006/114/EG, früher RL 97/55/EG, auf die Auslegung des UWG

I. Das Gebot richtlinienkonformer Auslegung

Seit der Umsetzung der RL 97/55/EG (jetzt RL 2006/114/EG) in nationales Recht sind die betreffenden gesetzlichen Regelungen in § 5 und § 6 UWG richtlinienkonform auszulegen. Diese Pflicht ergibt sich sowohl aus dem **nationalen** Recht, nämlich aus dem Zweck der betreffenden UWG-Vorschriften, die RL umzusetzen,[19] als auch aus der EU-rechtlichen Pflicht nach Art. 4 Abs. 3 EUV (früher Art. 10 Abs. 2 EG, zuvor Art. 5 Abs. 2 EGV) zu **EU-freundlichem Verhalten.**[20] In Zweifelsfällen ist nach Maßgabe von Art. 267 AEUV eine Vorabentscheidung des EuGH über die Auslegung der betreffenden Regelungen der RL einzuholen. 10

Die richtlinienkonforme Auslegung von § 6 UWG wird dadurch unnötig erschwert, dass der deutsche Gesetzgeber dem Vorschlag, Art. 3a Abs. 1 lit. a–h der RL 97/55/EG wörtlich in deutsches Recht umzusetzen,[21] nicht gefolgt ist. 11

II. Allgemeine Auslegungskriterien der Richtlinie

1. Der Grundsatz der Zulässigkeit vergleichender Werbung. Nach Art. 4 RL 2006/114/EG ist vergleichende Werbung **zulässig,** wenn sie die in dieser Vorschrift genannten Bedingungen erfüllt. Sie darf von den Mitgliedstaaten grundsätzlich nicht verboten werden, wenn sie sich im Rahmen der Zulässigkeitsbedingungen des Art. 4 RL hält, dh sie muss grundsätzlich als zulässig bewertet werden.[22] Bedenken bestehen allerdings gegen die Ansicht, dass vergleichende Werbung nach der jetzigen Regelung „grundsätzlich zulässig" sei, wenn man den Zulässigkeitskatalog des Art. 4 RL 2006/114/EG mit der hM für **abschließend** und zugleich für einen **Verbotskatalog** hält, wonach vergleichende Werbung immer verboten ist, wenn sie nicht die Zulässigkeitsvoraussetzungen dieser Vorschrift erfüllt (ausführlich dazu → Rn. 18 ff.). 12

2. Abschließende Regelung zulässiger Verbote. Die Art. 4 und 8 RL enthalten außerdem nach ganz hM eine **abschließende** Regelung zulässiger Verbote vergleichender Werbung durch die Mitgliedstaaten[23] bzw. eine abschließende Regelung der Zulässigkeitsbedingungen vergleichender Werbung,[24] dh nur unter den in diesen Vorschriften genannten Voraussetzungen dürfen die Mitgliedstaaten vergleichende Werbung untersagen. Das ergibt sich auch mittelbar aus Art. 8 Abs. 1 UAbs. 2 der RL 2006/114/EG. Das bedeutet für das deutsche Recht, dass vergleichende Werbung nicht mit Hilfe der wettbewerbsrecht- 13

[19] Vgl. BGHZ 63, 261 (264 f.).

[20] Vgl. vor allem EuGH Slg. 1984, 1891 Rn. 26, 28 – Colson und Kamann; EuGH Slg. 1994, I-3325 = NJW 1995, 2473 Rn. 26, 27 – Faccini Dori.

[21] Vgl. Bundesrat in BR-Drs. 128/00 (Beschluss), 3; *Bornkamm* Entwicklungen ..., S. 138.

[22] Vgl. öst. OGH GRUR Int. 2005, 161 (162) – Dan aktuell; *Bornkamm* Entwicklungen ..., S. 137; *Eck/Ikas* WRP 1999, 251 (255); *Freund* S. 64; *Henning-Bodewig* GRUR Int. 1999, 385 (386); *Kotthoff* BB 1998, 221; *Menke* WRP 1998, 811 (817); *Plassmann* GRUR 1996, 377 (381); *Sack* GRUR Int. 1998, 263 (270, 271); *Sack* WRP 2001, 327 (328 f.); *Tilmann* GRUR 1997, 790.

[23] EuGH GRUR 2003, 533 Rn. 44 – Pippig; EuGH GRUR 2011, 159 Rn. 22 – Lidl/Vierzon; BGH GRUR 2015, 1136 Rn. 18, 38, 43 – Staubsaugerbeutel im Internet; öst. OGH GRUR Int. 2005, 161 (162) – Dan aktuell; ebenso *Jestaedt,* Wettbewerbsrecht, Rn. 761; *Köhler*/Bornkamm/Feddersen § 6 Rn. 10, 19, 20; *Lopez Ramos* in Büscher § 6 Rn. 7, 17, 51, 110; *Müller-Bidinger* in Ullmann jurisPK-UWG § 6 Rn. 12; *Sack* WRP 2001, 327 (329) (III.1.).

[24] EuGH Slg. 2003, I-3095 = GRUR 2003, 533 Rn. 44 – Pippig; EuGH Slg. 2010, I-11761 = GRUR 2011, 159 Rn. 22 – Lidl/Vierzon; EuGH GRUR 2017, 280 Rn. 20 – Carrefour Hypermarchés; Begr. Reg.-Entw. BT-Drs. 14/2959, 6; öst. OGH GRUR Int. 2005, 161 (162) – Dan aktuell; *Eckel* GRUR Int. 2016, 726 (733 f.); *Hasselblatt/Leister* in Gloy/Loschelder/Danckwerts HdbWettbR § 60 Rn. 24, 25; *Köhler*/Bornkamm/Feddersen § 6 Rn. 3, 10; *Lettl* WRP 2004, 1079 (1118); *Ohly*/Sosnitza § 6 Rn. 8; *Stier/Schneider* in Götting/Nordemann § 6 Rn. 62.

lichen Generalklausel oder mit sonstigen Vorschriften über die in Art. 4 RL genannten Anforderungen hinaus verboten werden darf. Eine ganz andere Frage ist, ob Art. 4 der RL 2006/114/EG darüber hinaus einen **Verbotskatalog** des Inhalts enthält, dass vergleichende Werbung, die die Voraussetzungen dieser Vorschrift nicht erfüllt, von den Mitgliedstaaten der EU **verboten werden muss** (dazu → Rn. 18 ff.).

14 **3. Weite Auslegung der Zulässigkeitsbedingungen.** Die an vergleichende Werbung gestellten Anforderungen müssen in dem für sie **günstigsten Sinne** ausgelegt werden.[25] Im Zweifel muss daher zugunsten der Zulässigkeit vergleichender Werbung entschieden werden. Das folgt aus dem Zweck der RL, das Recht der vergleichenden Werbung zu liberalisieren. Anhand des weit auszulegenden Art. 4 RL 2006/114/EG sind dann § 6 und § 5 UWG richtlinienkonform auszulegen. So ist es zB mit dem Grundsatz der günstigsten Auslegung der Zulässigkeitsvoraussetzungen zu rechtfertigen, dass es für die Nachprüfbarkeit nach § 6 Abs. 2 Nr. 2 UWG genügt, wenn sie zwar nicht dem Verbraucher, jedoch einem Sachverständigen möglich ist.[26]

15 **4. Vorteile vergleichender Werbung.** Die bisherige Rechtsprechung des EuGH zeigt, dass er in der 2. Begründungserwägung der RL 97/55/EG (jetzt Begründungserwägung Nr. 6, S. 3 u. 4 der RL 2006/114/EG) einen zentralen Auslegungsbehelf sieht, wonach vergleichende Werbung dazu beitragen soll, „die **Vorteile** der verschiedenen vergleichbaren Erzeugnisse objektiv herauszustellen" und „den Wettbewerb zwischen den Anbietern von Waren und Dienstleistungen im Interesse der Verbraucher (zu) fördern".[27] Die Interessen der betroffenen Mitbewerber sollen allerdings nicht mehr beeinträchtigt werden, als dies im Interesse des Werbenden und der Kunden an sachlicher Aufklärung **erforderlich** ist.[28]

16 **5. Das Verbraucherleitbild.** Bei der Beurteilung vergleichender Werbung, die sich an Verbraucher richtet, ist das vom EuGH und EuG entwickelte europäische Verbraucherleitbild zu berücksichtigen.[29] Maßgeblich ist der normal informierte und angemessen aufmerksame und verständige Durchschnittsverbraucher.[30]

---

[25] EuGH Slg. 2001, I-7945 = GRUR 2002, 354 Rn. 36, 37 – Toshiba Europe; EuGH Slg. 2003, I-3095 = GRUR 2003, 533 Rn. 42 – Pippig; EuGH Slg. 2006, I-8501 = GRUR 2007, 69 Rn. 22, 32 – Lidl Belgium; EuGH Slg. 2007, I-3115 = GRUR 2007, 511 Rn. 35, 63 – De Landtsheer Emmanuel; EuGH Slg. 2009, I-5185 = GRUR 2009, 756 Rn. 69 – L'Oréal/Bellure; EuGH GRUR 2011, 159 Rn. 21, 38 – Lidl/Vierzon Distribution; EuGH GRUR 2017, 280 Rn. 21 = WRP 2017, 405 – Carrefour Hypermarchés; BGH GRUR 2005, 607 (611, 612) – Genealogie der Düfte; BGH GRUR 2015, 1136 Rn. 37 – Staubsaugerbeutel im Internet; OLG Hamburg GRUR-RR 2005, 129 (131) – Inlandsferngespräche; OLG Köln MarkenR 2006, 33 (35) – Duftvergleich mit Markenparfums; OLG Hamburg GRUR-RR 2007, 244 (246) – Neuwahlen; ebenso öst. OGH GRUR Int. 2005, 161 (162) – Dan aktuell; ausführlich dazu in diesem Kommentar *Glöckner* → Einl. Rn. 217 ff., 221 ff.

[26] BGH GRUR 2004, 607 (612) – Genealogie der Düfte.

[27] EuGH Slg. 2003, I-3095 = GRUR 2003, 533 Rn. 64 – Pippig; EuGH Slg. 2006, I-2147 = GRUR 2006, 345 Rn. 22, 23 – Siemens; EuGH Slg. 2006, I-8501 = GRUR 2007, 69 Rn. 22, 23, 33, 34, 35, 41, 49 – Lidl Belgium; EuGH Slg. 2007, I-3115 = GRUR 2007, 511 Rn. 34, 62 – De Landtsheer Emmanuel; EuGH Slg. 2008, I-4231 = GRUR 2008, 698 Rn. 38 – O2 und O2; EuGH Slg. 2009, I-5185 = GRUR 2009, 756 Rn. 68 – L'Oréal/Bellure; EuGH GRUR 2011, 159 Rn. 20, 43, 58 – Lidl/Vierzon Distribution; EuGH GRUR 2003, 1049 Rn. 37 – BEST/Visys; EuGH GRUR 2014, 493 Rn. 25 – Posteshop/Autorità; öst. OGH ÖBl. 2011, 228 (Ls. 1), 229 (1.1.) = GRUR Int. 2012, 180 – Velux.

[28] Begr. Reg.-Entw. BT-Drs. 14/2959, 11 re. Sp. zu § 2 Abs. 2 Nr. 2 (jetzt § 6 Abs. 2 Nr. 2).

[29] Vgl. EuGH GRUR 2003, 533 Rn. 33 – Pippig; EuGH GRUR 2004, 69 Rn. 78 – Lidl Belgium; EuGH GRUR 2007, 511 Rn. 23 – De Landtsheer Emmanuel; BGH GRUR 2002, 828 (829) – Lottoschein; BGH GRUR 2007, 605 Rn. 18 – Umsatzzuwachs; öst. OGH MuR 2006, 27 (28 f.) – TikTak Privattarif; vgl. auch *Sack* WRP 2001, 327 (333).

[30] EuGH GRUR Int. 2005, 44 Rn. 24 – SAT 1; EuGH GRUR 2007, 69 Rn. 78 – Lidl Belgium; EuGH GRUR 2007, 511 Rn. 23 – De Landtsheer Emmanuel; EuGH MarkenR 2007, 210 Rn. 62 – Trivastan/Travatan; EuG GRUR Int. 2004, 322 Rn. 30 – El Castillo; im gleichen Sinne Erwägungsgrund Nr. 18 der UGP-RL 2005/29/EG; vgl. dazu *Sack* WRP 2005, 462 mwN; ausführlich dazu in neuerer Zeit *Lennart Schmitt* Das unionsrechtliche Verbraucherleitbild, 2018.

6. Kumulativ zu erfüllende Voraussetzungen. Die Zulässigkeitsvoraussetzungen des Art. 4 RL und dementsprechend des § 6 Abs. 2 UWG müssen **kumulativ** erfüllt sein.[31] Verstößt vergleichende Werbung auch nur gegen eine dieser Regelungen, **darf** sie von den Mitgliedstaaten verboten werden. Versteht man außerdem den Kriterienkatalog des Art. 4 RL nicht nur als Zuläsigkeits-, sondern auch als **Verbotskatalog** (dazu → Rn. 18 ff.), dann **muss** vergleichende Werbung, die gegen eines der Kriterien verstößt, von den Mitgliedstaaten verboten werden.[32] Irreführende und sonstige unzulässige Werbung nach der RL 2006/114/EG sind **selbstständige** Zuwiderhandlungen.[33] 17

III. Art. 4 RL 2006/114/EG: Zulässigkeitskatalog oder auch Verbotskatalog?

1. Das Problem. a) Nach Art. 4 RL ist vergleichende Werbung grundsätzlich „zulässig", wenn die in den Buchstaben a–h genannten Bedingungen erfüllt sind. Ausnahmen enthält Art. 8 RL. Nur unter den in diesen Vorschriften genannten Voraussetzungen dürfen die Mitgliedstaaten vergleichende Werbung untersagen; weiterreichende Verbote wären mit der RL unvereinbar. Die Art. 4 u. 8 RL enthalten also – verkürzt ausgedrückt – einen **Zulässigkeitskatalog.** Das ist unstreitig. 18

b) Umstritten ist hingegen, ob Art. 4 RL darüber hinaus auch einen **Verbotskatalog** enthält, wonach vergleichende Werbung, die die Voraussetzungen dieser Vorschrift **nicht** erfüllt, von den Mitgliedstaaten verboten werden **muss.**[34] Der **Wortlaut** von Art. 4 RL lässt diese Frage offen; er regelt nur, unter welchen Voraussetzungen vergleichende Werbung zulässig ist, während er keine Aussage zu der Frage trifft, ob vergleichende Werbung, die die Zulässigkeitskriterien des Art. 4 RL nicht erfüllt, verboten werden muss. 19

Nach ganz überwiegender Meinung enthält Art. 3a Abs. 1 RL 97/55/EG (jetzt Art. 4 RL 2006/114/EG) nicht nur einen Zulässigkeits-, sondern auch einen Verbotskatalog.[35] Zur Aussagekraft der hM ist allerdings schon hier anzumerken, dass die Mehrzahl ihrer Anhänger auf die bestehenden Bedenken nicht einmal hinweist; zT berufen sie sich sogar auf den Wortlaut der RL,[36] was zweifellos unzutreffend ist. 20

---

[31] Begründungserwägung Nr. 11 der RL 2006/114/EG; EuGH GRUR 2003, 533 Rn. 54 – Pippig; EuGH Slg. 2009, I-5185 = GRUR 2009, 756 Rn. 67 – L'Oréal/Bellure; EuGH GRUR 2011, 159 Rn. 16 – Lidl/Vierzon Distribution; in diesem Kommentar *Glöckner* → Einl. Rn. 204; *Hasselblatt/Leister* in Gloy/Loschelder/Danckwerts UWG § 60 Rn. 49; *Köhler*/Bornkamm/Feddersen § 6 Rn. 3; *Koos* WRP 2005, 1096 (1097); *Lettl* WRP 2004, 1079 (1118); *Stier/Schneider* in Götting/Nordemann § 6 Rn. 62.

[32] So EuGH GRUR 2003, 533 Rn. 54 – Pippig; *Ohly*/Sosnitza § 6 Rn. 8, 39.

[33] EuGH GRUR 2014, 493 Ls. u. Rn. 24 ff., 28 – Posteshop/Autorità Garante della Concorrenza.

[34] Hierzu *Glöckner* → Einl. Rn. 216 ff.; *Lopez Ramos* in Büscher § 6 Rn. 19, 110.

[35] So zu Art. 3a RL 97/55/EG Begr. Reg.-Entw. BT-Drs. 14/2959, 6; EuGH Slg. 2003, I-3095 = GRUR 2003, 533 Rn. 54, 70 – Pippig; EuGH Slg. 2009, I-5185 = GRUR 2009, 756 Rn. 9, 67 – L'Oréal/Bellure; *Aigner* S. 72 f.; *Bornkamm,* Entwicklungen …, S. 134, 139 f.; *Buck-Freytag* S. 123; *Eck/Ikas* WRP 1999, 251 (255 f.); *Eck/Ikas* WRP 1999, 772; *Fröndhoff* S. 108; *Gloy/Bruhn* GRUR 1998, 226 (239); *Henning-Bodewig* GRUR Int. 1999, 385 (386); *Henning-Bodewig* BIE 1999, 198 (199, 202); *Jestaedt,* Wettbewerbsrecht, Rn. 761; *Kebbedies* S. 144 ff.; *Köhler* WRP 2012, 251 (257) (IV. 1); *Köhler*/Bornkamm/Feddersen § 6 Rn. 3, 10; *Koos* WRP 2005, 1096 (1098); *Koos* in Fezer/Büscher/Obergfell § 6 Rn. 6, 14, 15; *Lehmler* § 6 Rn. 8; *Lettl,* Wettbewerbsrecht, S. 320, 321; *Lolivier* Gaz. Pal. 1998 doctr. 621, 625; *Lopez Ramos* in Büscher § 6 Rn. 19, 110; MüKoUWG/*Menke* § 6 Rn. 20; *Müller-Bidinger* in Ullmann jurisPK-UWG § 6 Rn. 12; *Nordemann,* Wettbewerbs- und Markenrecht, Rn. 1111; *Nordmann* GRUR Int. 2002, 297 (299); *Ohly* GRUR 1998, 828 (830); *Ohly* GRUR 2003, 641 (642); *Ohly*/Sosnitza § 6 Rn. 8; *Plaß* WRP 1999, 766 (767); *Plaß* NJW 2000, 3161 (3163); *Plaß* in HK-WettbR § 6 Rn. 9; *Plassmann* GRUR 1996, 377 (381); *Riedel* S. 170 f.; *Saßmann* S. 113 ff., 149 f.; *Scherer* WRP 2001, 89 (90); *Schnorbus* ZgVersWiss 1999, 375 (417); *Siems* ZEuP 2001, 686 (692 f.); *Somariello* S. 95; *Stadelmann* S. 176; *Stier/Schneider* in Götting/Nordemann § 6 Rn. 13 *Tilmann* GRUR 1997, 790 mit Fn. 9, 795; *Tilmann* GRUR 1999, 546 (549); *Ziervogel* S. 93 ff.; ebenso im Ergebnis *Alexander* GRUR 2010, 482 (484 aE.); vgl. auch *Gamerith,* Neue Herausforderungen für ein Europäisches Lauterkeitsrecht, 2. Aufl. 2003, S. 13; **aA** *Baumbach/Hefermehl* UWG § 2 Rn. 17; *Borck* WRP 2001, 1124 (1128); *Sack* GRUR Int. 1998, 263 (270 f.); *Sack* WRP 2001, 327 (329 ff., 333); *Sack* WRP 2002, 363 (365 f.); widersprüchlich Begr. Reg.-Entw. BT-Drs. 14/2959, wo einerseits auf S. 6 betont wird, dass die RL eine abschließende Regelung enthalte, während auf S. 10 angenommen wird, dass der RL-Text die Zulässigkeit unternehmensbezogener Werbung offen lasse; vgl. den zutreffenden Hinweis auf diesen Widerspruch bei *Kießling/Kling* WRP 2002, 615 (625).

[36] Vgl. Begr. Reg.-Entw. BT-Drs. 14/2959, 6 (I.); *F. U. D. Hasselblatt* S. 318, 319.

21 Die Streitfrage ist auch nach der Umsetzung der RL in deutsches Recht in Form eines Verbotskatalogs in § 6 UWG (vor 2004 § 2 UWG) relevant geblieben. Denn wenn Art. 4 RL nur einen **Zulässigkeitskatalog** enthielte, müsste nur bei **Verboten** vergleichender Werbung die RL-Konformität beachtet werden. Enthielte Art. 4 RL hingegen auch einen **Verbotskatalog,** dann könnte auch die **Verneinung** eines Verstoßes gegen § 6 UWG im Einzelfall mit der RL unvereinbar sein. Relevant ist die Streitfrage vor allem für

– **Auskunftsvergleiche,** wenn das Auskunftsverlangen persönliche oder unternehmensbezogene Umstände oder untypische Eigenschaften von Waren oder Dienstleistungen betrifft (→ Rn. 138 f.). Sie können zwar gegen den Wortlaut von § 6 Abs. 1 Nr. 1 und 2 verstoßen. Die gebotene teleologische Reduktion der Verbote dieser Vorschriften auf Vergleiche von **Waren und Dienstleistungen** (dazu → Rn. 139, 140, 165) ist ohne Weiteres mit Art. 4 RL vereinbar, wenn man der Zulässigkeitstheorie zu dieser Vorschrift folgt. Nach der Verbotstheorie zu diesen Vorschriften müsste auch dies teleologisch reduziert werden:
– Abwehrvergleiche;
– Soweit die Werbung für **Ersatzteile, Zubehör und Verbrauchsmaterialien** nach dem Wortlaut von § 6 Abs. 2 Nr. 1 verboten ist, ist diese Vorsachrift teleologisch zu reduzieren (→ Rn. 137). Eine teleologische Reduktion von Art. 4 RL ist nicht erforderlich, wenn man der Zulässigkeitstheorie zu dieser Vorschrift folgt. Nach der Verbotstheorie wäre auch dies Vorschrift teleologisch zu reduzieren.
– Die **Champagnerklausel** des Art. 4 lit. e RL wurde mit einer unzutreffenden Begründung nicht in deutsches Recht umgesetzt (→ Rn. 234 f.). Dies wäre nach der Zulässigkeitstheorie zu Art. 4 RL unerheblich. Nach der Verbotstheorie läge hingegen ein Umsetzungsdefizit vor, das durch die Anwendung der §§ 126 ff. MarkenG und vor allem mit der Generalklausel des § 3 ausgeglichen werden müsste (→ Rn. 236).

22 **2. Argumente *contra* Verbotskatalogtheorie. a) Der Wortlaut von Art. 4 RL 2006/114/EG.** Die RL 2006/114/EG (ebenso zuvor RL 97/55/EG) enthält keine Regelung der Rechtsfolgen vergleichender Werbung, die die Zulässigkeitsvoraussetzungen des Art. 4 **nicht** erfüllt. Diese Vorschrift bestimmt zwar, dass vergleichende Werbung unter den in dieser Vorschrift genannten Voraussetzungen **zulässig** ist und deshalb von den Mitgliedstaaten nicht verboten werden darf, wenn sie die dort geregelten Voraussetzungen erfüllt. Daraus folgt jedoch nicht ohne Weiteres im Umkehrschluss die Unzulässigkeit vergleichender Werbung, die die Voraussetzungen dieser Vorschrift nicht erfüllt. Vielmehr lässt der **Wortlaut** von Art. 4 RL die Frage der Voraussetzungen der **Unzulässigkeit** vergleichender Werbung **offen,** die die Zulässigkeitsvoraussetzungen nicht erfüllt.[37] Hätten die Verf. der RL 97/55/EG und der RL 2006/114/EG vergleichende Werbung, die die Zulässigkeitsvoraussetzungen des Art. 3a Abs. 1 bzw. des Art. 4 nicht erfüllt, verbieten wollen, dann hätten sie dies ohne weiteres klarstellen können, zB durch die Einfügung des Wörtchens „nur", wie sie es in einem früheren RL-Entwurf schon getan hatten, oder durch einen ergänzenden Satz des Inhalts, dass vergleichende Werbung von den Mitgliedstaaten verboten werden muss, wenn sie die Zulässigkeitskriterien von Art. 4 RL 2006/114/EG nicht erfüllt.

23 Obwohl das Problem hinreichend bekannt war, regelte auch Art. 14 der UGP-Richtlinie 2005/29/EG, der nun in Art. 4 der RL 2006/114/EG fortgeführt wird, nur die Voraussetzungen der **Zulässigkeit** vergleichender Werbung, während die Frage der Voraussetzungen der **Unzulässigkeit** weiterhin offen gelassen worden ist. Dies ist ein starkes Indiz gegen die Ansicht, dass die Verf. der betreffenden Richtlinien vergleichende Werbung

[37] Vgl. *Aigner* S. 71; *Bornkamm,* Entwicklungen …, S. 139; *Eck/Ikas* WRP 1999, 251 (255); *Freund* S. 64, 67; *Heister* S. 21; *Kebbedies* S. 136; MüKoUWG/*Menke* § 6 Rn. 20; *Ohly/Spence* GRUR Int. 1999, 681 (687); *Sack* GRUR Int. 1998, 263 (270); *Schnorbus* ZgVersWiss 1999, 375 (415).

untersagen wollten, die die in Art. 4 RL 2006/114/EG genannten Voraussetzungen der Zulässigkeit nicht erfüllt.

b) Die Entstehungsgeschichte von Art. 3a RL 97/55/EG und Art. 4 RL 2006/114/EG. Gegen die Ansicht, dass die genannten Vorschriften einen Verbotskatalog enthalten, spricht vor allem die Entstehungsgeschichte des Art. 3a RL 97/55/EG.[38] Im ersten RL-Vorschlag der Kommission von 1991 hieß es noch: „Vergleichende Werbung ist zulässig, sofern …".[39] Im zweiten RL-Vorschlag der Kommission[40] sowie in dem zuvor vom Europäischen Parlament geänderten Vorschlag von 1992[41] lautete Art. 3a Abs. 1 RL 97/55/EG: „Vergleichende Werbung ist **nur** zulässig, sofern folgende Bedingungen erfüllt sind." Nach dieser Formulierung war der Klauselkatalog zweifellos (auch) ein Verbotskatalog. Das Wörtchen „nur" ist jedoch dann im gemeinsamen Standpunkt[42] und in der endgültigen Fassung der RL wieder gestrichen worden. Wenn dies einen Sinn hatte, dann wohl nur den, dass der Klauselkatalog des Art. 3a Abs. 1 RL 97/55/EG nicht mehr als Verbotskatalog verstanden werden sollte.[43] 24

c) Der Liberalisierungszweck von Art. 3a RL 97/55/EG und Art. 4 RL 2006/114/EG. Die Anhänger der Ansicht, dass Art. 3a RL 97/55/EG bzw. Art. 4 RL 2006/114/EG keinen Verbotskatalog enthalten, berufen sich auf den **Liberalisierungszweck** dieser Richtlinien. Ihr Zweck war es zweifellos, die wettbewerbsrechtliche Beurteilung vergleichender Werbung in den Mitgliedstaaten zu liberalisieren.[44] Würde man hingegen den Klauselkatalog des Art. 4 RL 2006/114/EG auch als **Verbotskatalog** interpretieren, dann wären manche Formen vergleichender Werbung, die zuvor wohl in (fast) allen Mitgliedstaaten zulässig waren, nunmehr wegen der RL zu untersagen.[45] Das gilt vor allem für den Bereich der nach deutschem Recht bisher zulässigen Auskunfts- und Abwehrvergleiche, aber auch für vergleichende Werbung iSd sog. Champagnerklausel des Art. 4 lit. e und der sog. Parfumklausel des Art. 4 lit. g der RL. Deren Beschränkung stünde im Widerspruch zum Liberalisierungszweck der RL. 25

3. Argumente *pro* Verbotskatalogtheorie. Die Gegenansicht, die im Klauselkatalog von Art. 3a RL 97/55/EG bzw. Art. 4 RL 2006/114/EG auch einen Verbotskatalog sieht, rechtfertigt diese Ansicht mit einem Umkehrschluss[46] und beruft sich darauf, dass die RL neben dem Liberalisierungszweck auch einen **Harmonisierungszweck** verfolge.[47] Das Anliegen der Liberalisierung sei hingegen im Laufe der Entstehungsgeschichte der RL in den Hintergrund getreten.[48] 26

Der Harmonisierungszweck der RL ist unstreitig. Die Verbotskatalogtheorie ließe sich darauf nur stützen, wenn die RL eine **Vollharmonisierung** bezweckte. Dies wird von einem Teil der Anhänger der Verbotskatalogtheorie gesehen, die einen Vollharmonisie- 27

---

[38] *Freund* S. 67; *Sack* WRP 2001, 327 (330); *Schnorbus* ZgVersWiss 1999, 375 (417).

[39] ABl. 1991 C 180, S. 14 (15) = GRUR Int. 1991, 634 (635).

[40] ABl. 1994 C 136, S. 4 (7).

[41] ABl. 1992 C 337, S. 137 (139).

[42] ABl. 1996 C 219, S. 14 (16).

[43] Vgl. *Freund* S. 67; *Sack* GRUR Int. 1998, 263 (270); aA *Aigner* S. 77 f.

[44] *Baumbach/Hefermehl* UWG § 2 Rn. 17; *Sack* GRUR Int. 1998, 263 (270); *Sack* WRP 2001, 327 (330); vgl. auch *Eck/Ikas* WRP 1999, 251 (255); *Kießling/Kling* WRP 2002, 615 (625); *Marx* EWS 2001, 353 (354); *Menke* WRP 1998, 811 (817).

[45] Vgl. *Sack* GRUR Int. 1998, 263 (271); *Sack* WRP 2001, 327 (330); *Baumbach/Hefermehl* UWG § 2 Rn. 17; *Glöckner* ELR 2001, 344 (346); *Ohly/Spence* GRUR Int. 1999, 681 (693, 697).

[46] *Köhler* WRP 2012, 251 (257).

[47] So die Begr. Reg.-Entw. BT-Drs. 14/2959, 6; *Beater* ZEuP 1996, 200 (228 f.); *Heister* S. 21; *Kebbedies* S. 137 ff.; *Menke* WRP 1998, 811 (818); *Plaß* NJW 2000, 3161 (3163); *Schnorbus* ZgVersWiss 1999, 375 (417); *Stier/Schneider* in Götting/Nordemann § 6 Rn. 13; *Ziervogel* S. 94 f.

[48] So die Begr. Reg.-Entw. BT-Drs. 14/2959, 6; *Menke* WRP 1998, 811 (817).

rungszweck der RL bejahen[49] bzw. in der RL eine **abschließende** Regelung der vergleichenden Werbung sehen[50] und damit die Verbotskatalogtheorie rechtfertigen.[51]

28 Für die Ansicht, dass die RL 97/55/EG eine Harmonisierung bzw. Vollharmonisierung des Rechts der vergleichenden Werbung bezwecke, beruft man sich auf eine große Anzahl von **Erwägungsgründen,** wobei allerdings auffällt, dass von den verschiedenen Autoren jeweils verschiedene Erwägungsgründe genannt werden. Es sind die Erwägungsgründe 2, 3, 7, 8, 9, 11, 15, 16, 18 der RL 97/55/EG. Aus den meisten der genannten Erwägungsgründe lässt sich allerdings nichts für die Absicht einer Vollharmonisierung ableiten; dazu ausführlich die 1. Auflage dieses Kommentars → Rn. 28 ff. Auf die Absicht einer Vollharmonisierung deuten allenfalls die Erwägungsgründe 7, 9, 11 u. 16 RL 97/55/EG. Davon sind die Erwägungsgründe 9 u. 16 nicht in die jetzt maßgebliche RL 2006/114/EG übernommen worden. Nur die Erwägungsgründe 7 u. 11 RL 97/55/EG finden sich als Erwägungsgründe 9 S. 2 und 11 in der RL 2006/114/EG wieder.

29 Nach **Erwägungsgrund 9 S. 2** soll mit den Bedingungen für zulässige vergleichende Werbung in Art. 4 RL 2006/114/EG festgelegt werden, welche Praktiken der vergleichenden Werbung den Wettbewerb verzerren, die Mitbewerber schädigen und die Entscheidung der Verbraucher negativ beeinflussen können.[52] Dieser Erwägungsgrund geht offenbar davon aus, dass vergleichende Werbung, die die Bedingungen des Art. 4 RL nicht erfüllt, die genannten negativen Auswirkungen hat und deshalb wohl als wettbewerbswidrig zu bewerten ist.

30 In **Erwägungsgrund Nr. 11,** der nahezu unverändert aus der RL 97/55/EG in die RL 2006/114/EG übernommen worden ist, wird ausgeführt, dass „die Bedingungen für vergleichende Werbung... kumulativ sein und uneingeschränkt eingehalten werden" sollten. Diesen Erwägungsgrund kann man zwar so interpretieren, dass vergleichende Werbung, die die Zulässigkeitskriterien nicht erfüllt, verboten werden soll. Man kann ihn jedoch auch so verstehen, dass immer dann, wenn alle Zulässigkeitskriterien kumulativ erfüllt sind, vergleichende Werbung von den Mitgliedstaaten nicht verboten werden darf.

31 Auch wenn die vagen Andeutungen der Erwägungsgründe im Sinne der Verbotskatalogtheorie zu deuten sein sollten, so bleibt dennoch festzuhalten, dass dieser aus den Erwägungsgründen angeblich ableitbare Zweck in den Vorschriften der RL keinen Niederschlag gefunden hat. Würde man der Verbotskatalogtheorie folgen, dann wäre eine in der RL **nicht vorhandene Vorschrift** von den Mitgliedstaaten in nationales Recht umzusetzen – ein interessantes Novum der Reichweite der Pflicht von Mitgliedstaaten, Richtlinien in nationales Recht umzusetzen. In den folgenden Ausführungen soll davon ausgegangen werden, dass Art. 4 RL auch einen **Verbotskatalog** enthält, dem insoweit § 6 entspricht. Die Verbotskatalogtheorie ist in Deutschland nahezu einhellige Meinung.

32 **4. Die Rechtsprechung des EuGH.** Der EuGH hat zu der Streitfrage bisher soweit ersichtlich nur in seiner *Pippig*-Entscheidung vom 8.4.2003 Stellung genommen,[53] ohne allerdings auch nur andeutungsweise auf die Argumente einzugehen. In Rn. 54 stellte er fest, dass die Anforderungen des Art. 3a Abs. 1 RL 97/55/EG kumulativ erfüllt sein müssen, so dass vergleichende Werbung, die gegen eine dieser Anforderungen verstoße, **„gemeinschaftsrechtlich verboten"** sei. Das ist zwar ungenau, da Richtlinien grundsätzlich nicht unmittelbar wirken, sondern von den Mitgliedstaaten in nationales Recht

[49] *Köhler* WRP 2013, 403 Rn. 47; *Köhler*/Bornkamm/Feddersen § 6 Rn. 3, 10, 19; *Lettl* WRP 2004, 1079 Rn. 163, 171, 173; *Lopez Ramos* in Büscher § 6 Rn. 110; MüKoUWG/*Menke* § 6 Rn. 7, 20; in diesem Kommentar *Glöckner* → Einl. Rn. 200 f., 218.

[50] Begr. Reg.-Entw. BT-Drs. 14/2959, 6.

[51] Begr. Reg.-Entw. BT-Drs. 14/2959, 6 (anders S. 10); *Plaß* in HK-WettbR § 6 Rn. 9; vgl. auch *Lettl* WRP 2004, 1079, 1118 Rn. 163.

[52] Auf diese Erwägungsgründe berufen sich die Begr. Reg.-Entw. BT-Drs. 14/2959, 6; *Aigner* S. 80; *Bornkamm* Entwicklungen …, S. 140; *Fröndhoff* S. 108 Fn. 80; *Ohly/Spence* GRUR Int. 1999, 681 (687); *Saßmann* S. 113; *Scherer* WRP 2001, 89 (90); *Tilmann* GRUR 1997, 790 Fn. 9.

[53] EuGH Slg. 2003, I-3095 = GRUR 2003, 533 – Pippig.

umgesetzt werden müssen. Gemeint ist jedoch, dass die Mitgliedstaaten vergleichende Werbung, die eine der in Art. 3a Abs. 1 RL 97/55/EG genannten Bedingungen nicht erfüllt, verbieten **müssen.** Das ist jedoch nur auf der Basis der Verbotskatalogtheorie zutreffend, dh der EuGH hat implizit diese Theorie angewendet.

Ebenso ist auch die Rn. 70 der *Pippig*-Entscheidung zu deuten,[54] wenn es dort heißt: 33
„Da die Richtlinie 84/450/EWG den vom Werbenden bei einem Mitbewerber durchgeführten Testkauf für sich genommen nicht verbietet, ist die Werbeaussage, mit der das Angebot des Werbenden mit dem Angebot des betreffenden Mitbewerbers verglichen wird, **nur dann unzulässig, wenn sie eine der Bedingungen des Art. 3a I dieser Richtlinie nicht erfüllt;** …"

Im Schrifttum wird auch noch → Rn. 44 der *Pippig*-Entscheidung als Beleg für die 34
Ansicht des EuGH genannt, dass die RL auch einen Verbotskatalog enthalte.[55] Dort heißt es: „Mit der Richtlinie 84/450/EWG ist somit eine **abschließende** Harmonisierung der Bedingungen vorgenommen worden, unter denen vergleichende Werbung in den Mitgliedstaaten **zulässig** ist..." Diese Äußerung des EuGH lässt jedoch die entscheidende Frage offen, ob auch die Voraussetzungen der **Unzulässigkeit** abschließend harmonisiert werden sollten. Der EuGH folgerte in Rn. 44 aus dem oben wörtlich zitierten Obersatz nur, dass „strengere nationale Vorschriften zum Schutze gegen irreführende Werbung nicht auf vergleichende Werbung hinsichtlich der Form und des Inhalts des Vergleichs angewendet werden" dürfen. Dh nationales Recht darf **nicht strenger** sein, als es die Richtlinie vorsieht. Bei der Verbotskatalogtheorie geht es jedoch um die umgekehrte Frage, ob nationales Recht **großzügiger** sein darf als die Zulässigkeitskriterien der RL. Dasselbe gilt für Rn. 22 der EuGH-Entscheidung „Lidl/Vierzon". Auch dort hat er unter Hinweis auf die Pippig-Entscheidung seine Feststellung, dass die RL eine abschließende Harmonisierung vorgenommen habe, nur auf die Bedingungen bezogen, unter denen vergleichende Werbung **zulässig** ist.[56]

C. Die „Definition" der vergleichenden Werbung, § 6 Abs. 1 UWG, Art. 2 lit. c RL 2006/114/EG

I. Werbung: die Legaldefinition des Art. 2 lit. a RL 2006/114/EG

Vergleichende Werbung ist nach Art. 6 Abs. 1 UWG und Art. 2 lit. c RL 2006/114/ 35
EG (früher Art. 2 Nr. 2a RL 84/450/EWG) jede **Werbung,** die unmittelbar oder mittelbar einen Mitbewerber oder die von einem Mitbewerber angebotenen Waren oder Dienstleistungen erkennbar macht. **Werbung** ist nach der Legaldefinition des Art. 2 lit. a RL 2006/114/EG (früher Art. 2 Nr. 1 der RL 84/450/EWG), die auch für die Auslegung von Art. 2 lit. c RL maßgeblich ist, „jede Äußerung bei der Ausübung eines Handels, Gewerbes, Handwerks oder freien Berufs **mit dem Ziel,** den Absatz von Waren oder die Erbringung von Dienstleistungen, einschließlich unbeweglicher Sachen, Rechte und Verpflichtungen, **zu fördern**".[57] Die Begriffe „Werbung" und „vergleichende Werbung" in § 6 sind übereinstimmend mit diesen Begriffen in Art. 2 lit.a und c RL 2006/114/EG auszulegen, da es der gesetzgeberische Zweck des § 6 war, die entsprechenden Regelungen der RL in deutsches Recht umzusetzen. Der Begriff „Werbung" umfasst auch die Nutzung eines **Domain-Namens** sowie die Nutzung von Metatags in den Metadaten einer

---

[54] Vgl. *Kebbedies* S. 143.
[55] Vgl. *Kebbedies* S. 143; *Ohly* GRUR 2014, 1137 (1144); *Ohly*/Sosnitza § 6 Rn. 8.
[56] EuGH Slg. 2010, I-11761 Rn. 22 = GRUR 2011, 159 – Lidl/Vierzon.
[57] Vgl. BGH GRUR 2019, 631 Rn. 27 – Das beste Netz; diese Legaldefinition des Begriffs der „Werbung" verkennen die Ausführungen von *Beater* S. 555 f. Rn. 1497 f., nach dessen Ansicht der Werbungsbegriff keine Wettbewerbsförderungsabsicht voraussetzt.

Website, nicht hingegen die Eintragung eines Domain-Namens als solche als rein formaler Akt.[58]

36 Der Begriff der vergleichenden Werbung in Art. 2 lit. c RL 2006/114/EG sowie in § 6 UWG ist in einem **weiten** Sinne zu verstehen, so dass alle Arten vergleichender Werbung abgedeckt sind.[59] Dabei ist es ohne Belang, **welche Form** die betreffende Äußerung aufweist[60] und in welchem Medium sie erfolgt. Auch die Werbung mit Testergebnissen ist Werbung im Sinne von § 6. Unerheblich ist, ob die Werbung sich an Endverbraucher oder an Unternehmen richtet.[61] Auch Äußerungen, die auf die Förderung **fremden** Wettbewerbs zielen, sind Werbung.[62] Ferner sind Produktbezeichnungen und Marken Werbung; § 6 Abs. 1 UWG verlangt nicht, dass die Werbung zum Produkt und seiner Aufmachung hinzutritt.[63]

37 Nach der Legaldefinition des Art. 2 lit. a RL ist nicht erforderlich, dass „Werbung" zumindest Angaben über den Werbenden oder die von ihm angebotenen Waren oder Dienstleistungen enthalten muss.[64] Auch Äußerungen eines Unternehmens, die sich auf negative Angaben über einen Mitbewerber beschränken, können im Sinne der Legaldefinition geeignet sein, „den Absatz von Waren oder die Erbringung von Dienstleistungen... zu fördern". Solche Äußerungen enthalten jedoch keinen ausdrücklichen und häufig auch keinen impliziten **Vergleich.**[65]

38 **Keine Werbung** iSv § 6 UWG sind rein private sowie hoheitliche Äußerungen, denen der Zweck fehlt, eigenen oder fremden Absatz zu fördern.[66]

39 § 6 ist auf vergleichende Werbung eines **Nachfragers** zur Förderung des Bezugs von Waren oder Dienstleistungen nicht unmittelbar anwendbar.[67] Denn mit dieser Regelung will der deutsche Gesetzgeber Art. 4 iVm den Legaldefinitionen der „Werbung" und der „vergleichenden Werbung" in Art. 2 lit.a und b RL 2006/114/EG in deutsches Recht umsetzen. Art. 4 RL 2006/114/EG erfasst nach der Legaldefinition der „Werbung" in Art. 2 lit.a nur die Werbung für „den **Absatz** von Waren oder die **Erbringung** von Dienstleistungen", betrifft also nur absatzbezogene Werbung. Dies bestätigt auch der Erwägungsgrund Nr. 6 dieser RL.[68] Dementsprechend verlangt § 6 Abs. 1 Werbung, die die von Mitbewerbern „angebotenen" Waren oder Dienstleistungen erkennbar macht. Nachfrager machen mit ihren Preis- und Lieferbedingungen kein Angebot von Waren oder Dienstleistungen. Vergleichende Bezugnahmen auf **Angebote von Nachfragern** liegen

---

[58] EuGH GRUR 2015, 1049 Ls. u. Rn. 42 ff., 46, 48, 54 ff. – Belgian Electronic Sorting Technology (BEST)/Bert Peelaers ua mit zust. Anm. von *Rauer/Pfuhl* WRP 2013, 1165; ebenso in Bezug auf Keyword-Advertising und Metatag-Advertising *Knaak* GRUR Int. 2014, 209 (214).

[59] Erwägungsgrund Nr. 8 der RL 2006/114/EG („breit gefasst", „broad concept", „concept général"); EuGH Slg. 2001, I-7945 = GRUR 2002, 354 Rn. 30, 31 – Toshiba Europe; EuGH GRUR 2003, 533 Rn. 35 – Pippig; EuGH, GRUR 2007, 511 Rn. 16, 21 – De Landtsheer Emmanuel; EuGH, GRUR 2008, 698 Rn. 42 – O2 und O2; BGH GRUR 1999, 1100 (1101) – Generika-Werbung; BGH GRUR 2004, 607 (611) (II.2.) – Genealogie der Düfte; BGH GRUR 348 (II.2.) – Bestellnummernübernahme; BGH GRUR 2008, 448 Rn. 15 – Saugeinlagen.

[60] EuGH Slg. 2001, I-7945 = GRUR 2002, 354 Rn. 31 – Toshiba Europe; BGH GRUR 2004, 607 (611) – Genealogie der Düfte; GRUR 2005, 348 – Bestellnummernübernahme.

[61] BGH GRUR 1999, 501 (502) – „Vergleichen Sie"; GRUR 2004, 607 (611) – Genealogie der Düfte; GRUR 2006, 345 (II.2.) – Bestellnummernübernahme; GRUR 2008, 448 Rn. 15 – Saugeinlagen.

[62] BGH GRUR 2006, 875 Rn. 22 ff. – Rechtsanwalts-Ranglisten; GRUR 1997, 912 (913) – Die Besten I; GRUR 1997, 914 (915) – Die Besten II.

[63] BGH GRUR 2008, 628 Rn. 18 – Imitationswerbung; GRUR 2008, 726 Rn. 15 – Duftvergleich mit Markenparfum; GroßKommUWG/*Glöckner* § 6 Rn. 183; aA OLG Köln MarkenR 2006, 33 (35) – Duftvergleich mit Markenparfum.

[64] So jedoch in einem Umkehrschluss aus der og Legaldefinition *Köhler* GRUR 2005, 273 (276 f.).

[65] BGH GRUR 2002, 75 (76) (II.2.a) – „Soooo … Billig!"?

[66] GroßKommUWG/*Glöckner* § 6 Rn. 187; MüKoUWG/*Menke* § 6 Rn. 61.

[67] *Koos* in Fezer/Büscher/Obergfell § 6 Rn. 55; *Müller-Bidinger* in Ullmann jurisPK-UWG § 6 Rn. 70; *Stier/Schneider* in Götting/Nordemann § 6 Rn. 23; zu den Gegnern einer unmittelbaren Anwendung von § 6 zählen auch diejenigen Autoren, die eine analoge Anwendung für geboten halten, vgl. *Köhler*/Bornkamm/Feddersen § 6 Rn. 63; aA *Lopez Ramos* in Büscher § 6 Rn. 63, 69.

[68] *Müller-Bidinger* in Ullmann jurisPK-UWG § 6 Rn. 70.

also außerhalb des Wortlauts von § 6 Abs. 1.[69] Nur das Erkennbarmachen von „Mitbewerbern" ist nach dem Wortlaut von § 6 nicht auf die Anbieterseite beschränkt. Dies ist zwar nach dem Wortlaut von § 6 nicht auf die Anbieterseite beschränkt. Insoweit wäre eine Regelung vergleichender Werbung, die Nachfrager erkennbar macht, zumindest vom Wortlaut des § 6 gedeckt. Das wäre auch mit der RL 2006/114/EG vereinbar, da eine Regelung vergleichender Werbung, die vergleichende Werbung zwischen Nachfragern erfasst, insoweit außerhalb des Regelungsbereichs dieser RL läge.[70] Eine solche Überschreitung des Anwendungsbereichs von Art. 4 RL 2006/114/EG hat der deutsche Gesetzgeber jedoch mit § 6 nicht beabsichtigt. Es gibt keinerlei Anhaltspunkte dafür, dass der deutsche Gesetzgeber über die Umsetzung von Art. 4 iVm Art. 2 lit. a und b RL 2006/114/EG hinaus auch vergleichende Werbung zwischen Nachfragern in § 6 einbeziehen wollte. Auch besteht kein Anlass für die Annahme, dass die europäische Regelung und dementsprechend auch § 6 in Bezug auf vergleichende Werbung zwischen Nachfragern eine **planwidrige Lücke** enthält, die mit einer **analogen** Anwendung von § 6 zu schließen wäre.[71] Gegen wettbewerbsverzerrende vergleichende Werbung **zwischen Nachfragern** sind die betroffenen Mitbewerber de lege lata ausreichend geschützt durch das Irreführungsverbot, durch § 4 Nr. 1–4 sowie durch die Generalklausel des § 3, bei deren Auslegung auch die zu § 6 Abs. 2 entwickelten Kriterien zu berücksichtigen sind.[72] De lege ferenda sollte jedoch § 6 Abs. 1 so formuliert werden, dass er auch vergleichende Werbung zwischen Nachfragern erfasst. Die RL 2006/114/EG steht dem nicht entgegen, weil eine Regelung vergleichender Werbung zwischen Nachfragern außerhalb ihres Anwendungsbereichs liegt.

Zur Werbung iSv § 6 Abs. 1 UWG gehört zweifellos die **öffentliche** Werbung in den Medien, auf Litfassäulen, in Wartehäuschen, auf Verkehrsmitteln sowie in Verkaufsräumen und Verkaufsanlagen. **40**

Streitig ist hingegen, ob auch das Bemühen um Geschäftsabschlüsse bei der **individuellen Verkaufskommunikation** (Verkaufsgespräche; Telefonate; Briefwechsel) zur „Werbung" iSd RL und des § 6 Abs. 1 UWG gehört, oder ob eine Beschränkung auf öffentliche Werbung geboten und gerechtfertigt ist.[73] Problematisch ist vor allem, ob Auskünfte eines Wettbewerbsteilnehmers über Konkurrenzprodukte aufgrund eines **Auskunftsverlangens** von Kunden im persönlichen Gespräch mit diesen vergleichende Werbung im Sinne der Richtlinie und des § 6 Abs. 1 UWG sind. Die Delegation der Bundesrepublik hat dazu folgende **Protokollerklärung** abgegeben: „Die deutsche Delegation erklärt, sie gehe davon aus, dass auf Wunsch der Verbraucher andere Merkmale als die in Art. 3a Abs. 1 Buchstabe c) aufgeführten verglichen werden können, da die Begriffsbestimmung in Art. 2 Nr. 1 der Richtlinie 84/450/EWG Verkaufsgespräche nicht betrifft".[74] Andere Mitgliedstaaten verstehen unter „advertising" bzw. „publicité„ ohnehin nur die **öffentliche Werbung,** dh die Werbung in den Medien und in den Verkaufsauslagen.[75] Deshalb ist **41**

---

[69] *Koos* in Fezer/Büscher/Obergfell § 6 Rn. 55; *Stier/Schneider* in Götting/Nordemann § 6 Rn. 23; aA GroßKommUWG/*Glöckner* § 6 Rn. 211 ff., 214 f.

[70] Vgl. GroßKommUWG/*Glöckner* § 6 Rn. 173 aE, 214.

[71] *Stier/Schneider* in Götting/Nordemann § 6 Rn. 23; aA jedoch *Köhler*/Bornkamm/Feddersen § 6 Rn. 63; *Ohly*/Sosnitza § 6 Rn. 23 aE.

[72] *Koos* in Fezer/Büscher/Obergfell § 6 Rn. 55; *Müller-Bidinger* in Ullmann jurisPK-UWG § 6 Rn. 70; *Stier/Schneider* in Götting/Nordemann § 6 Rn. 23.

[73] Letzteres verneinend BGH GRUR 2004, 607 (612) – Genealogie der Düfte; *Eck/Ikas* WRP 1999, 251 (252 f., 265 f.); *Freund* S. 42 f.; *Köhler*/Bornkamm/Feddersen § 6 Rn. 71; *Koos* in Fezer/Büscher/Obergfell § 6 Rn. 56; *Plaß in* HK-WettbR § 6 Rn. 26; *Kebbedies* S. 159; *Müller-Bidinger* in Ullmann jurisPK-UWG § 6 Rn. 68; *Ohly/Spence* GRUR Int. 1999, 681 (685); *Ohly*/Sosnitza § 6 Rn. 24; *Sack* WRP 2001, 327 (336); *Scherer* WRP 2001, 89 (92); *Wehlau* ZLR 1999, 393 (395); *Ziervogel* S. 96 f.; bejahend *Bornkamm,* Entwicklungen …, S. 141 unter Hinweis auf eine Protokollerklärung der Bundesreg. zum Auskunftsvergleich; kritisch auch *Ohly/Spence* GRUR Int. 1999, 681 (684 f.).

[74] Vgl. *Eck/Ikas* WRP 1999, 251 (265); vgl. auch *Bornkamm,* Entwicklungen …, S. 134, 141.

[75] Vgl. zB für Italien *Somariello* S. 27, 109, 153; *Somariello* GRUR Int. 2003, 29 (30 sub II.1.a; 36 sub VI.1.) mwN; vgl. auch die Länderberichte oben Einl. F.

vorgeschlagen worden, den Begriff der „Werbung" in Art. 2 Nr. 1 RL 84/450/EWG (jetzt Art. 2 lit. a RL 2006/114/EG) in diesem engeren Sinne zu interpretieren.[76] Im gleichen engen Sinne wäre dann auch § 6 Abs. 1 UWG zu interpretieren, da er Art. 2 lit. c RL 2006/114/EG in nationales Recht umsetzen soll.

42 Bedenken dagegen ergeben sich jedoch aus der Definition der **„Werbung"** durch Art. 2 Nr. 1 RL 84/450/EWG = Art. 2 lit. a RL 2006/114/EG, auf der die Regelung des Art. 2 Nr. 2a RL 97/55/EG = Art. 2 lit. c RL 2006/114/EG und deshalb auch die des § 6 Abs. 1 UWG aufbaut.[77] Danach ist „Werbung" „**jede Äußerung** bei der Ausübung eines Handels, Gewerbes, Handwerks oder freien Berufs mit dem Ziel, den Absatz von Waren oder die Erbringung von Dienstleistungen ... zu fördern". Da individuelle Verkaufsberatung auf einen Geschäftsabschluss zielt, ist sie Werbung iSv Art. 2 lit. a RL. Deshalb gehört auch die individuelle Verkaufskommunikation einschließlich der **Auskunftsvergleiche** zur vergleichenden Werbung iSv Art. 2 Nr. 1 iVm Art. 2 Nr. 2a RL 97/55/EG = Art. 2 lit. a iVm lit. c RL 2006/114/EG und § 6 Abs. 1 UWG.[78] Dem stehen weder die abweichende Praxis in einigen Mitgliedstaaten noch die og Protokollerklärung der Bundesrepublik entgegen.[79] Das hätte allerdings zur Folge, dass viele Auskunftsvergleiche, insbesondere wenn sie objektiv keine typischen, wesentlichen oder nachprüfbaren Eigenschaften gegenüberstellen, nach § 6 Abs. 2 UWG unlauter sind. Dieses unerwünschte Ergebnis ließe sich nur vermeiden, wenn man Auskunftsvergleiche aus dem Anwendungsbereich des § 6 Abs. 2 UWG herausnähme. Das wäre allerdings nur möglich, wenn entweder Art. 4 RL 2006/114/EG nur einen Zulässigkeitskatalog und nicht auch einen Verbotskatalog enthielte, oder wenn man einer Literaturmeinung folgt, nach der der Richtliniengeber das Problem nicht gesehen habe, was eine entsprechende **teleologische Reduktion** von Art. 4 lit. b, c, e, g rechtfertige.[80] Dieser Ansicht ist zu folgen, wenn man der herrschenden Verbotskatalogtheorie zustimmt.

II. Das Erkennbarmachen von Mitbewerbern und ihren Waren oder Dienstleistungen

43 **1. Der Mitbewerberbegriff des § 6 UWG.** Vergleichende Werbung iSv § 6 setzt eine Bezugnahme auf **Mitbewerber** voraus. Der Werbende muss in seiner Werbung Mitbewerber oder die Erzeugnisse oder Dienstleistungen von Mitbewerbern erkennbar machen. Die Auslegung des Mitbewerberbegriffs ist problematisch. Der EuGH hat in seiner Entscheidung *„De Landtsheer Emmanuel"* vom 19.4.2007 festgestellt, dass die Einstufung von Unternehmen als „Mitbewerber" im Sinne von Art. 2 Nr. 2a der RL 97/55/EG (jetzt Art. 2 lit. c der RL 2006/114/EG) über vergleichende Werbung ein **Wettbewerbsverhältnis** zwischen den betreffenden Unternehmen voraussetze, das in sachlicher Hinsicht bestehe, wenn die von ihnen angebotenen Waren **substituierbar** seien.[81] Darauf beruhe Art. 3a Abs. 1 lit. b RL 97/55/EG (jetzt Art. 4 lit. b RL 2006/114/EG), wonach es Zulässigkeitsvoraussetzung vergleichender Werbung sei, dass Waren oder Dienstleistungen für den gleichen Bedarf oder dieselbe Zweckbestimmung miteinander verglichen werden.[82]

[76] *Bornkamm,* Entwicklungen …, S. 141; aA *Scherer* WRP 2001, 89 (92).

[77] *Eck/Ikas* WRP 1999, 251 (252 f.) mit Fn. 27, die daraus ableiten, dass man der Protokollerklärung der deutschen Delegation nicht folgen könne.

[78] BGH GRUR 2004, 607 (612) – Genealogie der Düfte; *Eck/Ikas* WRP 1999, 251 (265); *Sack* WRP 2001, 327 (336); *Scherer* WRP 2001, 89 (92); *Ziervogel* S. 175 f.; sehr einschränkend GroßKommUWG/*Glöckner* § 6 Rn. 191 ff., 196 f., 352.

[79] Zutreffend gegen die Relevanz solcher Protokollerklärungen *Eck/Ikas* WRP 1999, 251 (253) Fn. 27; *Aigner* S. 168 f.

[80] Vgl. *Aigner* S. 170 ff., 177; ebenso im Ergebnis GroßKommUWG/*Glöckner* § 6 Rn. 191 ff., 196 mit Ausnahme in Rn. 197.

[81] EuGH Slg. 2007, I-3115 = GRUR 2007, 511 Rn. 28, 32 ff., 47 – De Landtsheer Emmanuel; kritisch *Beater* S. 557 Rn. 1501.

[82] EuGH Slg. 2007, I-3115 = GRUR 2007, 511 Rn. 29 – De Landtsheer Emmanuel.

Im gleichen Sinne hatte bereits der BGH in seinem *Lottoschein*-Urteil von 2002 zu § 2 UWG aF (jetzt § 6 UWG) entschieden. Dort hat er ausgeführt, dass als „Mitbewerber" anzusehen sei, wer in einem tatsächlichen oder doch potentiellen Wettbewerbsverhältnis zum Werbenden stehe. Es komme darauf an, ob aus der Sicht der angesprochenen Verkehrskreise die angebotenen Waren oder Dienstleistungen **austauschbar** seien. Entscheidend sei, ob ein durchschnittlich informierter, verständiger und aufmerksamer Durchschnittsverbraucher eine **Substitution** ernsthaft in Betracht ziehe.[83] 44

Unklare Verhältnisse schuf der deutsche Gesetzgeber mit der Mitbewerberdefinition des § 2 Abs. 1 Nr. 3 in der UWG-Novelle von 2004. Denn nach der Legaldefinition dieser Vorschrift ist „Mitbewerber" jeder Unternehmer, der mit einem oder mehreren Unternehmern als Anbieter oder Nachfrager von Waren oder Dienstleistungen in einem **konkreten Wettbewerbsverhältnis** steht. Der Begrifff „konkretes Wettbewerbsverhältnis" ist jedoch wesentlich unbestimmter als der zu definierende Mitbewerberbegriff. Früher bestimmte man mit dem Begriff „konkretes Wettbewerbsverhältnis" auch nicht die Mitbewerbereigenschaft von Unternehmen, sondern ob sie **„unmittelbar Verletzte"** sind und als solche nach dem UWG klagebefugt sind.[84] 45

Die Rechtsprechung des BGH zu den Voraussetzungen eines konkreten Wettbewerbsverhältnisses ist durch einen Zick-Zack-Kurs gekennzeichnet. (1) Ursprünglich verlangte die Rechtsprechung für ein Wettbewerbsverhältnis, dass die Parteien **miteinander in Wettbewerb stehen.**[85] Das setzte voraus, dass sich die Parteien mit gleichen oder substituierbaren Gütern darum bemühen, **an Stelle** bzw. **auf Kosten** eines anderen Unternehmens mit dessen potenziellen Geschäftspartnern zu Geschäftsabschlüssen zu gelangen.[86] 46

(2) In seiner *Dimple*-Entscheidung von 1984 hat der BGH den Begriff des konkreten Wettbewerbsverhältnisses und damit auch die Klagebefugnis des „unmittelbar Verletzten" ganz erheblich erweitert.[87] Er hat hier „im Interesse eines wirksamen wettbewerbsrechtlichen Individualschutzes keine hohen Anforderungen an das Bestehen eines Wettbewerbsverhältnisses gestellt" und erklärt, es genüge, dass sich der Verletzer durch seine Verletzungshandlung im konkreten Fall in irgendeiner Weise in Wettbewerb zu dem Betroffenen stelle, was auch dadurch geschehen könne, dass der Verletzer sich durch eine ausdrückliche oder bildliche Gleichstellungsbehauptung an Ruf und Ansehen der fremden Ware anhänge und dieses für den Absatz seiner ungleichartigen und **nicht-konkurrierenden** Waren auszunutzen suche.[88] Mit dieser Begründung bejahte der BGH ein Wettbewerbsverhältnis zwischen dem Inhaber der bekannten Whisky-Marke *„Dimple"* und einem Unternehmen, das unter dieser Marke ua Wasch- und Bleichmittel, Parfümerien sowie Mittel zur Körper- und Schönheitspflege herstellen und vertreiben wollte und für diesen Zweck diese Marke hatte eintragen lassen. 47

In gleicher Weise gewährte der BGH in weiteren Fällen Unternehmen UWG-Ansprüche gegen andere Unternehmen, die sich nicht mit gleichartigen oder zumindest substituierbaren Gütern darum bemühten, an Stelle bzw. auf Kosten des Verletzten zu Geschäftsabschlüssen zu gelangen.[89]

Von diesem **weiten** Begriff des Wettbewerbsverhältnisses ist auch die Begr. Reg.-Entw. der UWG-Novelle von 2004 bei der Mitbewerberdefinition des § 2 Abs. 1 Nr. 3 noch

[83] BGH GRUR 2002, 828 (829) (II.1.b) – Lottoschein; ebenso zu § 2 UWG aF *Freund* S. 43 f.; *Riedel* S. 167.
[84] Ausführlich dazu *Sack* FS v. Gamm, 1990, 161; *Sack* GRUR 2011, 953 (954 f.); *Sack* WRP 2020, 675 Rn. 42 ff.
[85] Besonders deutlich BGH GRUR 1978, 367 – Golfrasenmäher; im gleichen Sinne schon GRUR 1959, 182 (186) – Quick; GRUR 1967, 138 (141) – Streckenwerbung; ebenso GRUR 1984, 470 – Frischzellenkosmetik.
[86] BGH GRUR 1967, 138 (141) (B. I.3.) – Streckenwerbung.
[87] BGH GRUR 1985, 550 (552) (II.2.a, aa und 552 aE) – Dimple.
[88] BGH GRUR 1985, 550 (552) (II.2.a, aa) – Dimple.
[89] BGH GRUR 1988, 453 (454) – Ein Champagner unter den Mineralwässern; GRUR 1990, 375 (376) (II.2.b) – Steuersparmodell; GRUR 1991, 465 (II.1.) – Salomon; GRUR 1994, 732 (733) (A.1.) – McLaren; GRUR 1994, 808 (810) – Markenverunglimpfung; GRUR 2004, 877 (878 f.) – Werbeblocker.

ausgegangen.[90] Der BGH ist dem bei der Auslegung der Mitbewerber-Definition von § 2 Abs. 1 Nr. 3 zunächst gefolgt.[91]

48 (3) In seiner Entscheidung *„E-Mail-Werbung II"* vom 20.5.2009 ist der BGH dann jedoch auf eine **besonders enge** Auslegung des Begriffs des konkreten Wettbewerbsverhältnisses umgeschwenkt. Ein besonderes Wettbewerbsverhältnis im Sinne von § 2 Abs. 1 S. 3 hielt er nur für gegeben, wenn beide Parteien Waren oder Dienstleistungen innerhalb desselben Endverbraucherkreises abzusetzen versuchen, mit der Folge, dass das konkret beanstandete Wettbewerbsverhalten des einen Wettbewerbers den anderen beeinträchtigen, dh im Absatz behindern oder stören könne. Er verneinte deshalb ein konkretes Wettbewerbsverhältnis zwischen einer GbR, die eine Rechtsanwaltskanzlei betrieben hat, und einer GmbH und ihrem Geschäftsführer, die per E-Mail für Kapitalanlagen geworben hatten.[92] Diese enge Interpretation bestätigte der BGH in seiner Entscheidung „Werbung für Fremdprodukte" vom 17.10.2013, in der er für ein konkretes Wettbewerbsverhältnis verlangte, dass sich die Parteien „auf **demselben sachlich,** räumlich und zeitlich relevanten Markt betätigen, ohne dass sich der Kundenkreis und das Angebot von Waren oder Dienstleistungen vollständig decken müssen".[93]

49 (4) In seiner Entscheidung *„nickelfrei"* vom 10.4.2014 scheint der BGH nun wieder zum **weiten** Begriff des (konkreten) Wettbewerbsverhältnisses zurückgekehrt zu sein.[94] Ein Wettbewerbsverhältnis bestehe nicht nur dann, wenn zwei Parteien gleichartige Waren oder Dienstleistungen innerhalb desselben Endverbraucherkreises abzusetzen versuchen, sondern auch dann, „wenn zwischen den Vorteilen, die die eine Partei durch eine Maßnahme für ihr Unternehmen oder das eines Dritten zu erreichen sucht, und den Nachteilen, die die andere Partei dadurch erleidet, eine **Wechselwirkung** in dem Sinne besteht, dass der eigene Wettbewerb gefördert und der fremde Wettbewerb beeinträchtigt werden kann". Für diese Ansicht, wonach der weite Begriff des Wettbewerbsverhältnisses maßgeblich ist, bezog sich der BGH auf die Begr. Reg.-Entw. der UWG-Novelle 2004 und ausdrücklich auch auf seine damals grundlegende Dimple-Entscheidung von 1984.[95]

50 Soweit die Auslegung des Mitbewerberbegriffs des § 2 Abs. 1 Nr. 3 **weiter** ist als die Auslegung des Mitbewerberbegriffs der RL 2006/114/EG, ist sie mit dieser durchaus **vereinbar.** Denn eine gesetzliche Regelung der vergleichenden Werbung für „Mitbewerber", die nicht unter den Mitbewerberbegriff der RL fällt, liegt außerhalb des Anwendungsbereichs dieser RL.[96]

51 Allerdings kollidieren zwei Normzwecke des UWG, wenn der Mitbewerberbegriff des § 2 Abs. 1 Nr. 3 über den der RL 2006/114/EG hinausgeht. Denn zum eine wollte der deutsche Gesetzgeber mit § 2 Abs. 1 Nr. 3 für das gesamte UWG einen einheitlichen Mitbewerberbegriff schaffen. Andererseits wollte er speziell mit § 6 die Bestimmungen der RL 2006/114/EG über vergleichende Werbung in deutsches Recht umsetzen. Einen darüber hinausgehenden Zweck verfolgte der deutsche Gesetzgeber mit der Regelung des § 6 nicht.[97] Der zuletzt genannte Zweck hat aus Gründen der Spezialität Vorrang vor dem allgemeinen Zweck des § 2 Abs. 1 Nr. 3, einen einheitlichen Mitbewerberbegriff für das UWG zu schaffen. Deshalb ist der Mitbewerberbegriff des § 6 übereinstimmend mit dem

---

[90] Begr. Reg.-Entw. zur UWG-Novelle 2004, BT-Drs. 15/1487, 16 (zu § 2 Abs. 1 Nr. 3).

[91] Vgl. BGH GRUR 2009, 685 Rn. 40 – ahd.de; GRUR 2009, 845 Rn. 40 – Internet-Videorecorder.

[92] BGH GRUR 2009, 980 Rn. 9 – E-Mail-Werbung II; kritisch dazu *Sack* WRP 2009, 1330 ff.; *Sack* GRUR 2011, 953 (956 ff.); der BGH gewährte jedoch Ansprüche aus § 823 Abs. 1 BGB unter dem Gesichtspunkt eines Eingriffs in das Recht am Gewerbebetrieb; ebenso BGH WRP 2013, 1579 Rn. 20 – Empfehlungs-E-Mail.

[93] BGH GRUR 2014, 573 Rn. 15 – Werbung für Fremdprodukte.

[94] BGH WRP 2014, 1307 Ls. u. Rn. 32 f. – nickelfrei; ebenso GRUR 2015, 1129 Rn. 19 f. – Hotelbewertungsportal.

[95] Begr. Reg.-Entw. zur UWG-Novelle 2004 BT-Drs. 15/1487, 16 (zu § 2 Abs. 1 Nr. 3); BGH GRUR 1985, 550 (552) – Dimple.

[96] AA *Blankenburg* WRP 2008, 186 (191); *Dreyer* GRUR 2008, 123 (128).

[97] *Sack* WRP 2008, 1141 (1146).

des Art. 4 RL 2006/114/EG auszulegen.[98] Der Vorteil einer einheitlichen Auslegung besteht auch darin, dass die vom EuGH gewählte Auslegung sich mit dem **sprachlichen Inhalt** des Mitbewerberbegriffs deckt. Das führt allerdings im Ergebnis zu einem **gespaltenen** Mitbewerberbegriff im UWG.[99]

Deshalb sind Unternehmen dann Mitbewerber iSd § 6, wenn sie sich „auf demselben sachlich, räumlich oder zeitlich relevanten Markt betätigen".[100] In sachlicher Hinsicht müssen die betreffenden Waren oder Dienstleistungen von einem angemessen gut unterrichteten und angemessen aufmerksamen und kritischen Durchschnittsverbraucher im konkreten Einzelfall für gleich oder zumindest austauschbar bzw. **substituierbar** gehalten werden.[101] Substituierbar können in seltenen Fällen auch **ungleichartige** Waren oder Dienstleistungen sein, wenn sie zB in entsprechender Werbung als austauschbar oder substituierbar angepriesen werden,[102] wie in dem bekannten BGH-Fall *„Statt Blumen ONKO-Kaffee"*.[103] Dieser Mitbewerberbegriff erfasst in gleicher Weise den Wettbewerb um denselben Endverbraucherkreis und den Wettbewerb um Geschäftsabschlüsse mit gewerblichen Abnehmern. Er erfasst auch in gleicher Weise den sog. **Stufenwettbewerb** zwischen Unternehmen verschiedener Wirtschaftsstufen. Der **Nachfragewettbewerb** fällt hingegen nicht in den Anwendungsbereich von § 6 (→ Rn. 39). 52

Bei der Feststellung, ob Unternehmen Mitbewerber sind, ist nicht nur auf den augenblicklichen Zustand des Marktes, sondern auch auf die im Rahmen des freien Warenverkehrs auf der Gemeinschaftsebene gegebenen **Entwicklungsmöglichkeiten** und auf neue Anreize für die Substitution von Erzeugnissen, die sich aus einem verstärkten Handel ergeben können, abzustellen.[104] 53

2. Waren und „Erzeugnisse". Nach § 6 UWG muss die Werbung einen Mitbewerber oder die von einem Mitbewerber angebotenen Waren oder Dienstleistungen erkennbar machen. Statt des Wortes **„Waren"** verwendet die RL in Art. 2 lit. c den Begriff **„Erzeugnisse"**; in diesem Sinne ist wegen des Gebots der richtlinienkonformen Auslegung der Begriff „Waren" in § 6 Abs. 1 UWG auszulegen. 54

Zu den Waren bzw. Erzeugnissen gehören alle Güter, die Gegenstand des geschäftlichen Verkehrs, insbesondere von Kaufverträgen, Miet- und Leasingverträgen, Werkverträgen und Lizenzverträgen sein können. Das sind nicht nur bewegliche, sondern nach Art. 2 lit. a RL auch unbewegliche Sachen. Dazu gehören ferner nach Art. 2 lit. c iVm Art. 2 lit. a RL auch **Rechte,** insbesondere gewerbliche Schutzrechte, Nutzungsrechte, Miteigentumsrechte oder gesellschaftsrechtliche Rechte, sowie **Verpflichtungen.** Zu den „Erzeugnissen" gehören außerdem vermögenswerte Immaterialgüter, zB Know-how, Goodwill, Werbeideen und Nachrichten; in diesem Sinne ist wegen des Gebots der richtlinienkonformen Auslegung auch der Begriff „Waren" in § 6 Abs. 1 UWG zu verstehen. 55

3. Dienstleistungen. Dienstleistungen sind **alle dienst- und werkvertraglichen Tätigkeiten** von Unternehmen und Freiberuflern. Auch Dienstleistungen der öffentlichen Hand im erwerbswirtschaftlichen Bereich werden von § 6 Abs. 1 UWG erfasst. 56

---

[98] *Sack* WRP 2008, 1141 (1146); *Blanken* S. 192 f.; *Köhler*/Bornkamm/Feddersen § 6 Rn. 73.

[99] *Sack* GRUR 2011, 953 (958); *Blankenburg* WRP 2008, 186 (191, 192) („divergierende" Auslegung des Mitbewerberbegriffs); GroßKommUWG/*Glöckner* § 6 Rn. 838.

[100] In diesem Sinne zu § 2 Abs. 1 Nr. 3 BGH GRUR 2014, 573 Rn. 15 – Werbung für Fremdprodukte.

[101] EuGH Slg. 2007, I-3115 = GRUR 2007, 511 Rn. 28, 32 ff., 47 – De Landtsheer Emmanuel; BGH GRUR 2002, 828 (829) (II.1.b) – Lottoschein; BGH GRUR 2014, 573 Rn. 15 – Werbung für Fremdprodukte; *Blanken* S. 193; *Blankenburg* WRP 2008, 186 (192); *Hasselblatt/Leister* in Gloy/Loschelder/Danckwerts HdbWettbR § 60 Rn. 32; *Henn* Markenschutz und UWG S. 83; *Köhler*/Bornkamm/Feddersen § 6 Rn. 74 ff.; MüKoUWG/*Menke* § 6 Rn. 80; *Plaß* GRUR 2008, 123 (124, 128 f.); *Römermann/Günther* BB 2010, 137; *Sack* GRUR 2004, 720 ff.; *Sack* WRP 2008, 1141 (1147) (VI.1.); *Sack* GRUR 2011, 953 (958).

[102] *Sack* GRUR 2011, 953 (957 f.).

[103] BGH GRUR 1972, 553 – Statt Blumen ONKO-Kaffee; diese Entscheidung betraf allerdings keine vergleichende Werbung iSv § 6, da keine konkreten Mitbewerber erkennbar gemacht worden sind.

[104] EuGH Slg. 2007, I-3115 = GRUR 2007, 511 Rn. 36–42 – De Landtsheer Emmanuel.

57 **4. Die Bezugnahme auf Mitbewerber und ihre Leistungen; Abgrenzungen. a) Eigenvergleiche.** Das Erkennbarmachen von Mitbewerbern und ihren Leistungen erfordert eine Bezugnahme auf diese. Deshalb gehören mangels Mitbewerberbezugs nicht zur vergleichenden Werbung iSv § 6 Abs. 1 UWG sog. **Eigenvergleiche,** insbesondere Eigenpreisvergleiche, in denen ein Unternehmen seine früheren Preise den jetzigen gegenüberstellt,[105] oder Vergleiche eigener Preise mit Herstellerpreisempfehlungen, Listenpreisen, Katalogpreisen, Normalpreisen uä.[106] Bei Vergleichen eines Händlers zwischen den Preisen für Waren mit Eigenmarken und den von ihm verlangten Preisen für konkurrierende Produkte besteht hingegen der erforderliche Mitbewerberbezug.[107]

58 **b) Werbung für Ersatzteile und Zubehör.** Bei Werbung für Ersatzteile, Zubehör und Verbrauchsmaterialien, die zu einem bestimmten Hauptprodukt passen, ist zwischen drei **Fallgestaltungen** zu unterscheiden.[108] (1) Bietet das Unternehmen, auf dessen Hauptprodukt sich die Werbung bezieht, seinerseits **keine** entsprechenden Ersatzteile, Zubehör oder Verbrauchsmaterialien an, dann fehlt der für vergleichende Werbung iSv § 6 Abs. 1 UWG erforderliche Mitbewerberbezug. (2) Bietet der Hersteller des Hauptprodukts hingegen neben diesem auch Ersatzteile und Zubehör auf dem Markt an und nimmt ein konkurrierender Anbieter von Ersatzteilen und Zubehör in seiner Werbung auf die Artikelnummern **(„OEM-Nummern")** und Artikelbezeichnungen des Anbieters des Hauptprodukts Bezug, dann ist dies vergleichende Werbung iSv § 6 Abs. 1 UWG bzw. Art. 2 lit. c RL.[109] (3) Problematisch ist die Anwendbarkeit von § 6 Abs. 1 UWG auf eine dritte, sehr häufige Fallgestaltung: Ein Unternehmen wirbt für Zubehör, Ersatzteile und Verbrauchsmaterialien, die zum Hauptprodukt eines anderen Unternehmens passen. Der Anbieter des Hauptprodukts bietet seinerseits entsprechendes Zubehör, Ersatzteile und Verbrauchsmaterialien auf dem Markt an. Insoweit steht er mit dem Werbenden in Wettbewerb. Dieser benennt jedoch in seiner Werbung **nur** das Hauptprodukt („passend für XY"). Damit macht er zwar in seiner Werbung einen Mitbewerber erkennbar, jedoch **nicht in dessen Eigenschaft als Mitbewerber** auf dem Ersatzteil- und Zubehörmarkt. Das erfüllt mE nicht die Voraussetzungen des § 6 Abs. 1 UWG (dazu auch → Rn. 80, 119).

59 **c) Werbevergleiche zur Förderung fremden Wettbewerbs.** Problematisch ist, ob § 6 UWG nur anwendbar ist, wenn der Werbende auf **seine** Mitbewerber und ihre Leistungen Bezug nimmt, oder ob es genügt, dass er andere Unternehmen und ihre Leistungen miteinander vergleicht, die nicht mit ihm in Wettbewerb stehen. Letzteres wäre zB der Fall, wenn ein Händler auf Wunsch von Kunden die Waren seiner Lieferanten miteinander vergleicht. Der Wortlaut von § 6 Abs. 1 UWG scheint zunächst dafür zu sprechen, dass diese Vorschrift nur bei Bezugnahmen auf „Mitbewerber" des Werbenden anwendbar ist. Diese enge Auslegung von § 6 Abs. 1 UWG hätte allerdings zur Folge, dass nicht nur der oben genannte Fall der Händlerberatung von Kunden, sondern auch die gezielte Förderung **fremden** Wettbewerbs durch Vergleich der Leistungen des Geförderten und seiner Mitbewerber, zB durch eine Werbeagentur, nicht in den Anwendungsbereich dieser Vorschrift fiele. Für diese Ungleichbehandlung der Förderung **eigenen** und **fremden** Wettbewerbs durch Werbevergleiche gibt es keinen überzeugenden Grund.

60 Eine genaue Analyse von § 6 Abs. 1 UWG zeigt, dass sich auch die Förderung fremden Wettbewerbs durch vergleichende Werbung in den Wortlautgrenzen dieser Vorschrift

[105] *Gloy/Bruhn* GRUR 1998, 226 (229); *Köhler*/Bornkamm/Feddersen § 6 Rn. 58, 78; *Koos* in Fezer/Büscher/Obergfell § 6 Rn. 90; *Nordmann* GRUR Int. 2002, 297 (298); *Stier/Schneider* in Götting/Nordemann § 6 Rn. 53 aA *Faßbender* EuZW 2005, 42 (44 f.); MüKoUWG/*Micklitz* EG F Rn. 285; zu Eigenpreisvergleichen vgl. auch *Sack* BB 1994, 225; *Sack* in Amann/Jaspers RWW 3.2 Rn. 500 ff.

[106] AA *Faßbender* EuZW 2005, 42 (45); vgl. dazu auch *Sack* in Amann/Jaspers RWW 3.2 Rn. 518 ff.

[107] BGH GRUR 2007, 896 Rn. 16, 17 – Eigenpreisvergleich; *Beater* S. 557 Rn. 1502; *Köhler*/Bornkamm/Feddersen § 6 Rn. 58; MüKoUWG/*Menke* § 6 Rn. 79; *Stier/Schneider* in Götting/Nordemann § 6 Rn. 53 aE.

[108] Ausführlich dazu *Sack* GRUR 2004, 720; ebenso *Ohly* GRUR 2007, 3 (4 aE).

[109] EuGH Slg. 2001, I-7945 Rn. 39, 40, 56 – Toshiba Europe; BGH GRUR 2003, 444 – „Ersetzt".

befindet: Die gezielte Förderung fremden Wettbewerbs durch vergleichende Äußerungen ist „Werbung", welche „Mitbewerber" – nämlich die durch den Werbevergleich Geförderten und deren Mitbewerber – erkennbar macht. Deshalb hängt es vom **Sinn und Zweck** des § 6 Abs. 1 UWG ab, ob der weiten oder der engen Auslegung zu folgen ist. Die Tatsache, dass es keinen gerechtfertigten Grund gibt, zwischen Werbevergleichen zur Förderung eigenen und fremden Wettbewerbs zu unterscheiden, spricht für die weite Auslegung von § 6 Abs. 1 UWG. Außerdem ist der Begriff der vergleichenden Werbung nach Erwägungsgrund Nr. 8 RL 2006/114/EG in einem **weiten** Sinne zu verstehen, so dass alle Arten vergleichender Werbung abgedeckt werden (Erw.-Grd. Nr. 8). Gegen die weite Auslegung könnte jedoch eingewendet werden, dass § 6 Abs. 1 UWG nicht für die Fälle der **individuellen Verkaufsberatung** durch Händler, die fremde Waren miteinander vergleichen, gedacht war. Diesem Einwand ist entgegenzuhalten, dass nach Art. 2 lit. a RL 2006/114/EG „Werbung" und folglich auch vergleichende Werbung im Sinne dieser RL nur vorliegt, wenn die betreffende Äußerung das **Ziel** hat, den Absatz bestimmter Waren oder die Erbringung bestimmter Dienstleistungen zu fördern. Deshalb sind zB Vergleiche im Rahmen individueller Verkaufsberatung keine „vergleichende Werbung" iSv § 6, wenn die Verkaufsberatung beim Vergleichen nicht die Förderung des Absatzes bestimmter Waren **bezweckt.**[110] Zielen Werbevergleiche hingegen auf die Förderung fremden Wettbewerbs, dann sind sie vergleichende Werbung iSv § 6.[111] Bei ihnen muss nicht der Werbende, sondern der dadurch Geförderte ein Mitbewerber des in den Vergleich einbezogenen Unternehmens sein.

Vergleichende Werbung iSv § 6 Abs. 1 UWG sind danach Werbevergleiche, die von **Werbeagenturen** für ihre Auftraggeber vorgenommen werden.[112] Auch die **individuelle Verkaufsberatung** durch Handelsunternehmen und ihre Angestellten ist vergleichende Werbung iSv § 6 Abs. 1 UWG, wenn sie auf die Förderung des Absatzes eines bestimmten Produkts zielt, zB weil der betreffende Lieferant dafür „Sonderprovisionen" zahlt.[113] Vergleichende Werbung liegt auch vor, wenn ein Händler im individuellen Verkaufsgespräch Waren, die er als Hersteller oder unter seiner eigenen Handelsmarke anbietet, mit fremden Waren vergleicht.[114] Bemüht sich das Handelsunternehmen hingegen durch Vergleiche der von ihm angebotenen fremden Waren um eine sachliche Information der Kunden, dann sind die Voraussetzungen des § 6 Abs. 1 UWG wegen der gebotenen teleologischen Reduktion nicht erfüllt.[115] Auch Äußerungen von Wirtschaftsverbänden können Werbung für ihre Mitglieder sein.[116] 61

Auch vergleichende **Warentests** und **Dienstleistungstests** sind differenzierend zu beurteilen. Sie sind in hohem Maße geeignet, den Absatz der getesteten Leistungen positiv bzw. negativ zu beeinflussen. Wenn jedoch die Tests neutral und sachkundig sind, sich um 62

---

[110] GroßKommUWG/*Glöckner* § 6 Rn. 196 f.; aA *Ohly/Spence* GRUR Int. 1999, 681 (685); *Scherer* WRP 2001, 89 (91 f.).

[111] Vgl. KG WRP 2000, 103 (106); ebenso die einhellige Meinung im Schrifttum, vgl. statt vieler *Köhler/* Bornkamm/Feddersen § 6 Rn. 64 ff.; *Koos* in Fezer/Büscher/Obergfell § 6 Rn. 57 f.; *Müller-Bidinger* in Ullmann jurisPK-UWG § 6 Rn. 61; *Stier/Schneider* in Götting/Nordemann § 6 Rn. 24; ebenso speziell für Vergleichsaussagen durch Portalbetreiber *Alexander* WRP 2018, 765 Rn. 50; aA jedoch OLG München NJW 2003, 1534 (1535) = GRUR 2003, 719 – Juve Handbuch; MüKoUWG/*Menke* § 6 Rn. 83 aE; soweit aus meinen Ausführungen in WRP 2001, 327 (334 f.) etwas anderes abgeleitet wurde (vgl. *Jestaedt* Rn. 770 mit Fn. 30; *Stier/Schneider* in Götting/Nordemann § 6 Rn. 24 mit Fn. 66), entsprach und entspricht dies nicht meiner Ansicht.

[112] GroßKommUWG/*Glöckner* § 6 Rn. 224.

[113] GroßKommUWG/*Glöckner* § 6 Rn. 197; auch ohne konkrete Wettbewerbsförderungsabsicht wird individuelle Verkaufsberatung hingegen als vergleichende Werbung bewertet von *Ohly/Spence* GRUR Int. 1999, 681 (685); *Scherer* WRP 2001, 89 (91 f.); das hätte allerdings zur Folge, dass die Empfehlung einer konkreten Ware als „besser" oder „schöner" usw immer nach § 6 Abs. 2 Nr. 2 unlauter wäre; so *Ohly/Spence* GRUR Int. 1999, 681 (685) und *Scherer* WRP 2001, 89 (91 f.).

[114] OLG Stuttgart 24.7.2003 – 2 U 205/02, – unveröff.; *Lehmler* § 6 Rn. 22.

[115] *Sack* WRP 2001, 327 (335); *Hasselblatt/Leister* in Gloy/Loschelder/Danckwerts HdbWettbR § 60 Rn. 30; aA *Ohly/Spence* GRUR Int. 1999, 681 (685); *Scherer* WRP 2001, 89 (91 f.) (IV.).

[116] Umfassend dazu *Peter Kurz,* Verbandsäußerungen und Wettbewerbsrecht, 1996.

objektive Richtigkeit bemühen und bezüglich der Prüfungsmethoden, der Auswahl der Objekte und der Schlussfolgerungen vertretbar („diskutabel") erscheinen, dann dienen sie grundsätzlich nicht Wettbewerbs- und Werbezwecken,[117] so dass § 6 UWG schon aus diesem Grunde nicht anwendbar ist. Bezweckt hingegen ein Warentest die Förderung eines bestimmten Unternehmens bzw. des Absatzes bestimmter getesteter Produkte, dann ist § 6 UWG anwendbar. Vergleichende Werbung ist es auch, wenn sich ein in einem Warentest gut beurteiltes Unternehmen diesen zu eigen macht, indem es in der Werbung auf ihn hinweist oder Kopien bzw. Sonderdrucke davon verbreitet.[118] Dieselben Kriterien wie für Warentests gelten auch für **Preisvergleichslisten.**[119] Wer durch die Veröffentlichung von **Ranglisten** und **Rankings** fremden Wettbewerb fördert, betreibt nur dann vergleichende Werbung iSv § 6, wenn er damit nicht nur informieren, sondern **gezielt** den Wettbewerb bestimmter Unternehmen fördern will.[120] Bei der Veröffentlichung im redaktionellen Teil von Zeitschriften und anderen Medien muss die Förderungsabsicht anhand besonderer Umstände nachgewiesen werden. Die Tatsache, dass sich der veröffentlichende Journalist oder Verlag der Förderungswirkung **bewusst** gewesen ist, begründet keine Vermutung einer Förderungsabsicht.[121] In seiner Entscheidung *„Rechtsanwalts-Ranglisten"* von 2006 hatte der BGH zutreffend eine Förderungsabsicht des Verlags, der die Ranglisten veröffentlicht hatte, verneint und deshalb Ansprüche aus § 2 UWG aF abgelehnt.[122] Demgegenüber hatte der BGH 1997, dh vor der Sonderregelung vergleichender Werbung in § 2 UWG aF, in den beiden Entscheidungen *„Die Besten I"* und *„Die Besten II"* bei den in der Zeitschrift FOCUS erschienenen Berichten „Die besten Ärzte Deutschlands" die Absicht einer Förderung fremden Wettbewerbs bejaht und die Veröffentlichungen nach den Grundsätzen der getarnten Werbung als sittenwidrig nach § 1 UWG aF bewertet.[123]

63 **5. Die Voraussetzungen des „Erkennbarmachens". a) Die Unterscheidung zwischen identifizierender und abstrakter Bezugnahme.** Vergleichende Werbung iSv § 6 Abs. 1 UWG und Art. 2 lit. c RL ist jede Werbung, die unmittelbar oder mittelbar einen Mitbewerber oder die von einem Mitbewerber angebotenen Waren oder Dienstleistungen **erkennbar** macht. In Anlehnung an fremdsprachige Formulierungen der RL kann man sie als **identifizierende** vergleichende Werbung bezeichnen.[124] Danach erfasst § 6 Abs. 1 UWG sowohl die **anlehnende** als auch die **kritisierende** vergleichende Werbung, soweit sie einen Mitbewerber oder dessen Waren oder Dienstleistungen erkennbar macht.

64 Das Gegenstück zur identifizierenden vergleichenden Werbung ist die von der RL und § 6 UWG nicht geregelte **abstrakte** vergleichende Werbung, die den konkreten Mitbewerber oder seine Leistungen nicht erkennbar macht; man bezeichnet sie zum Teil auch

[117] Grundlegend BGHZ 65, 325 (333 f.) = GRUR 1976, 268 (271, 2.b.dd; 3.a) – Warentest II; ebenso BGH NJW 1987, 2222 (2223, 2224) – Warentest IV („test Kompass"); BGH GRUR 1989, 539 – Warentest V; BGH GRUR 1997, 942 (943) – Druckertest (PC-Drucker); BGH NJW 1997, 2593 (2594); vgl. auch BGH GRUR 1999, 69 (70) – Preisvergleichsliste II; ferner *Sack,* Das Recht am Gewerbebetrieb, 2007, S. 230.

[118] BGH GRUR 2002, 633 (635) – Hormonersatztherapie.

[119] Vgl. BGH GRUR 1999, 69 – Preisvergleichsliste II; dazu *Gloy* LM UWG § 1 Nr. 777; *Wambach* MDR 1999, 177.

[120] BGH GRUR 2006, 875 Rn. 22 – Rechtsanwalts-Ranglisten.

[121] Vgl. *Köhler* FS Sonnenberger, 2004, 249 (250 f.).

[122] BGH GRUR 2006, 875 Rn. 22 ff. – Rechtsanwalts-Ranglisten; ebenso im Ergebnis als Vorinstanz das OLG München NJW 2003, 1534 (1535) – Juve-Handbuch, jedoch mit der unzutreffenden Begründung, dass der bekl. Verlag, der Rangfolgetabellen von Anwaltskanzleien veröffentlicht hatte, nicht in Wettbewerb zu den in den Rangfolgetabellen herausgehobenen Anwaltskanzleien stand.

[123] BGH GRUR 1997, 912 (913) – Die Besten I; BGH GRUR 1997, 914 (915) – Die Besten II; dazu *Köhler* FS Sonnenberger, 2004, 249 (251 ff.).

[124] Vgl. die englische und französische Fassung der RL 97/55/EG: „Comparative advertising means any advertising which... identifies a competitor..."; „Publicité comparative: tout publicité qui … identifie un concurrent …"; zur Unterscheidung von „identifizierender" und abstrakter vergleichender Werbung vgl. auch schon *Sack* GRUR 1987, 51; *Sack* in Amann/Jaspers RWW 3.2 Rn. 580 f.; vgl. auch *Freund* S. 4 ff.; *Alexander* GRUR 2010, 482 (484).

als **kollektive** vergleichende Werbung. Dazu gehören zB die **Alleinstellungs-** und **Spitzengruppenwerbung,** wenn sich nicht aus besonderen Umständen ein Bezug auf einzelne, konkrete Mitbewerber ergibt,[125] **System-** und **Fortschrittsvergleiche** sowie **Warenartenvergleiche,** soweit bei ihnen keine konkreten Mitbewerber erkennbar gemacht werden,[126] eine allgemein gehaltene Kritik an bestimmten Werbemethoden[127] oder die **Aufforderung zum Selbstvergleich,** wenn die betreffenden Waren oder Dienstleistungen bestimmter Mitbewerber nicht ausdrücklich oder implizit erkennbar gemacht werden.[128] Die Werbung „Statt Blumen ONKO-Kaffee“[129] begründet zwar ad hoc ein Mitbewerberverhältnis, macht aber keinen konkreten, einzelnen Blumenhändler erkennbar.

Angemerkt sei noch, dass die erste Entscheidung, in der der BGH erklärte, die RL 97/ 65
55/EG bei der Auslegung von § 1 UWG umsetzen zu wollen, entgegen seiner Annahme wohl keine identifizierende vergleichende Werbung iSv Art. 2 Nr. 2a RL 97/55/EG betraf, sondern nicht-identifizierende, die nicht in den Regelungsbereich der RL fällt. Denn geworben wurde von einer Sportartikelherstellerin mit dem Hinweis auf die eigenen Leistungen durch den Spruch: „Billige Composite Rackets (Graphite-Fiberglas) muten wir Ihnen nicht zu“; ein konkreter Mitbewerber wurde damit wohl weder ausdrücklich noch implizit erkennbar gemacht. Die Entscheidung nennt auch keine besonderen Umstände, die auf ein mittelbares Erkennbarmachen konkreter Mitbewerber deuten.[130]

Die Unterscheidung zwischen identifizierender und nicht-identifizierender Werbung lag 66
schon bisher der deutschen Rechtsprechung zugrunde. Sie hielt nur die identifizierende vergleichende Werbung für grundsätzlich wettbewerbswidrig, abstrakte vergleichende Werbung hingegen für grundsätzlich zulässig.[131] Die Bewertung **abstrakter** vergleichender Werbung unterliegt nicht den Maßstäben der RL 2006/114/EG, sondern nach wie vor rein nationalem Recht, insbesondere § 4 Nr. 1, 2 und § 5 UWG.[132] Zur Vermeidung von **Wertungswidersprüchen** darf sie jedoch nicht strenger beurteilt werden als identifizierende vergleichende Werbung.[133]

Eine ganz andere, **rechtspolitische** Frage ist es, ob die Unterscheidung zwischen 67
identifizierender und **nicht-identifizierender** vergleichender Werbung noch gerechtfertigt ist. Sie war notwendig, solange für beide Formen vergleichender Werbung unterschiedliche Grundsätze galten: identifizierende vergleichende Werbung war grundsätzlich unlauter, nicht-identifizierende hingegen grundsätzlich zulässig. Die Notwendigkeit einer Unterscheidung beider Formen vergleichender Werbung ist entfallen, nachdem für beide der Grundsatz der Zulässigkeit gilt.[134] Die Notwendigkeit einer Abgrenzung und die damit verbundenen Abgrenzungsschwierigkeiten beruhen heute nicht mehr auf der Natur der Sache, sondern auf einer insoweit missglückten RL und ihrer gesetzlichen Umsetzung in deutsches Recht.

b) Unmittelbares und mittelbares Erkennbarmachen des Mitbewerbers. Die De- 68
finition der vergleichenden Werbung durch Art. 2 lit. c RL 2006/114/EG und § 6 Abs. 1

[125] Begr. Reg.-Entw. BT-Drs. 14/2959, 10; *Baumbach/Hefermehl* UWG § 2 Rn. 17 aE; *Berlit* Rn. 30, 55, 56, 58, 59, 284, 285, 286; *Eck/Ikas* WRP 1999, 251 (254); *Sack* in Amann/Jaspers RWW 3.2 Rn. 581, 668; *Tilmann* GRUR 1997, 790 (795); aA *Lux* GRUR 2002, 682 (683) mit der unzutreffenden Annahme, dass die hM nicht zwischen dem Tatbestandserfordernis eines Vergleichs und seiner Bewertung unterscheide.

[126] Begr. Reg.-Entw. BT-Drs. 14/2959, 10; BGH GRUR 1986, 548 – Dachsteinwerbung; GRUR 1998, 824 (827) – Testpreis-Angebot; *Berlit* Rn. 30, 55 ff., 262 ff.; *Bayreuther* EuZW 1998, 478; *Eck/Ikas* WRP 1999, 251 (254); *Henning-Bodewig* GRUR Int. 1999, 385 (390 f.); *Lopez Ramos* in Büscher § 6 Rn. 209.

[127] BGH GRUR 2002, 75 – „SOOOO … BILLIG!“?

[128] BGH GRUR 1999, 501 (502) (II.2.) – „Vergleichen Sie“.

[129] BGH GRUR 1972, 553 – „Statt Blumen ONKO-Kaffee“.

[130] BGH GRUR 1998, 824 (826 ff.) – Testpreis-Angebot.

[131] Vgl. zB BGH GRUR 1972, 553 (554) (II.3.) – „Statt Blumen ONKO-Kaffee“.

[132] EuGH Slg. 2007, I-3115 = GRUR 2007, 511 Rn. 53 ff. – De Landtsheer Emmanuel; ebenso zum UWG Begr. Reg.-Entw. BT-Drs. 14/2959, 10; BGH GRUR 1999, 1100 (1102) – Generika-Werbung; GRUR 2001, 752 (753) – Eröffnungswerbung; GRUR 2002, 75 (77) – „SOOOO … BILLIG!“?

[133] *Berlit* Rn. 278; *Lopez Ramos* in Büscher § 6 Rn. 212; *Plaß* WRP 1999, 766 (771).

[134] Vgl. *Sack* in Amann/Jaspers RWW 3.2 Rn. 587, 642 ff., 666 ff.; *Lux* GRUR 2002, 682 (683).

UWG ist **weit** zu interpretieren.[135] Zur vergleichenden Werbung gehören alle **Bestandteile** des Vergleichs, dh die Angaben über das Angebot des Werbenden, die Angaben über das Angebot des Mitbewerbers sowie Aussagen über das Verhältnis der beiden Angebote zueinander.[136]

69 § 6 Abs. 1 UWG erfasst nach seinem Wortlaut nicht nur die unmittelbare Bezugnahme auf Mitbewerber oder ihre Kennzeichen; es genügt auch ein **mittelbares** Erkennbarmachen von Mitbewerbern.[137] Das ist dann der Fall, wenn sie aus der Masse der Mitbewerber bzw. der konkurrierenden Leistungen in einer Weise **herausgehoben** werden, dass eine Individualisierung möglich ist.[138] Dabei ist zu berücksichtigen, dass der Begriff der vergleichenden Werbung nach dem Erwägungsgrund Nr. 8 der RL 2006/114/EG „**breit** gefasst" werden soll. Entscheidend dafür ist das Verständnis der angesprochenen Verkehrskreise. Bei verbraucherbezogener vergleichender Werbung hängt es vom **Verbraucherleitbild** ab, ob der maßgebliche Verbrauchertyp eine Werbung als Bezugnahme auf einen oder mehrere konkret erkennbare Mitbewerber versteht,[139] dh entscheidend ist die mutmaßliche Wahrnehmung des normal informierten und angemessen aufmerksamen und verständigen Durchschnittsverbrauchers.[140]

70 Die Erkennbarkeit muss ausreichend **deutlich** sein.[141] Einem **nicht ganz unerheblichen Teil** der angesprochenen Verkehrskreise muss sich nach Ansicht des BGH eine Bezugnahme auf **konkrete** Mitbewerber oder auf **konkrete** Konkurrenzprodukte geradezu „aufdrängen".[142]

71 Demgegenüber liegt Erkennbarkeit iSv § 6 Abs. 1 UWG nicht schon vor, wenn die beanstandete Werbeaussage so allgemein gehalten ist, dass sich den angesprochenen Verkehrskreisen eine Bezugnahme auf **bestimmte** Mitbewerber nicht aufdrängt, sondern diese sich nur **reflexartig** daraus ergibt, dass mit jeder Hervorhebung der eigenen Vorzüge in der Regel unausgesprochen zum Ausdruck gebracht wird, dass nicht alle Mitbewerber die gleichen Vorteile zu bieten haben.[143] Es genügt nicht jede noch so fernliegende „nur um

---

[135] EuGH Slg. 2001, I-7945 = GRUR 2002, 354 Rn. 30, 31 – Toshiba Europe; EuGH Slg. 2003, I-3095 = GRUR 2003, 533 Rn. 35 – Pippig; EuGH Slg. 2007, I-3115 = GRUR 2007, 511 – De Landtsheer Emmanuel; BGH GRUR 1999, 1100 (1101) – Generika-Werbung; GRUR 2004, 607 (611) – Genealogie der Düfte; GRUR 2005, 348 (II.2.) – Bestellnummernübernahme; GRUR 2008, 448 Rn. 15 – Saugeinlagen; GRUR 2008, 628 Rn. 20 – Imitationswerbung; GRUR 2010, 161 Rn. 12 – Gib mal Zeitung; GRUR 2010, 343 Rn. 28 – Oracle; vgl. auch *Sack* WRP 2001, 327 (333).

[136] EuGH Slg. 2003, I-3095 = GRUR 2003, 533 Rn. 36, 37 – Pippig.

[137] EuGH Slg. 2001, I-7945 = GRUR 2002, 354 Rn. 30, 31, 39, 40 – Toshiba Europe; EuGH Slg. 2003, I-3095 = GRUR 2003, 533 Rn. 35 – Pippig; EuGH Slg. 2006, I-8501 = GRUR 2007, 69 Rn. 48 – Lidl Belgium; EuGH Slg. 2007, I-3115 = GRUR 2007, 511 Rn. 16 – De Landtsheer Emmanuel; BGH GRUR 1999, 1100 (1102) – Generika-Werbung; GRUR 2001, 752 (753) – Eröffnungswerbung; GRUR 2002, 75 (76) – „SOOOO … BILLIG!"?; GRUR 2002, 982 (983) – Die „Steinzeit" ist vorbei; GRUR 2003, 444 – „Ersetzt"; GRUR 2008, 448 Rn. 15 – Saugeinlagen; GRUR 2008, 628 Rn. 19 ff. – Imitationswerbung; OLG Frankfurt a. M. GRUR-RR 2005, 137 – Vergleich mit Stachelschwein; OLG Hamburg GRUR-RR 2003, 251 – Müsli-Riegel; OLG Hamburg GRUR-RR 2007, 244 (246) – Neuwahlen; *Baumbach/Hefermehl,* Wettbewerbsrecht, UWG § 2 Rn. 2; *Eck/Ikas* WRP 1999, 251 (253); *Lopez Ramos* in Büscher § 6 Rn. 93 ff.; *Sack* WRP 2001, 327 (335); *Stier/Schneider* in Götting/Nordemann § 6 Rn. 32 ff.

[138] OLG Hamburg GRUR-RR 2007, 244 (246) – Neuwahlen; *Baumbach/Hefermehl* UWG § 2 Rn. 2; *Eck/Ikas* WRP 1999, 251 (253); *Eck/Ikas* ZLR 2000, 956 (958).

[139] EuGH Slg. 2007, I-3115 = GRUR 2007, 511 Rn. 23 – De Landtsheer Emmanuel; *Eck/Ikas* WRP 1999, 251 (253); *Sack* WRP 2001, 327 (333).

[140] EuGH Slg. 2007, I-3115 = GRUR 2007, 511 Rn. 23 – De Landtsheer Emmanuel; zu diesem Verbraucherleitbild vgl. auch EuGH Slg. 2006, I-8501 = GRUR 2007, 69 Rn. 78 – Lidl Belgium; ferner *Sack* WRP 2005, 462.

[141] BGH GRUR 1999, 1100 (1101) – Generika-Werbung; GRUR 2001, 752 (753) – Eröffnungswerbung; GRUR 2002, 982 (983) – Die „Steinzeit" ist vorbei; *Sack* WRP 2001, 327 (333 aE).

[142] BGH GRUR 2001, 752 (753) – Eröffnungswerbung; GRUR 2002, 75 (76) – „SOOOO … BILLIG!"?; GRUR 2002, 982 (983) – Die „Steinzeit" ist vorbei; vgl. auch GRUR 1999, 1100 (1101, 1104) – Generika-Werbung; NJW-RR 1997, 424 (425) – Energiekosten-Preisvergleich II; GRUR 1997, 539 (540) – Kfz-Waschanlagen.

[143] BGH GRUR 1999, 1100 (1101) – Generika-Werbung; GRUR 2002, 75 (76) – „Soooo… billig!"?; MüKoUWG/*Menke* § 6 Rn. 96, 98.

zehn Ecken herum gedachte" Bezugnahme.[144] Je größer der Kreis der in den Vergleich einbezogenen Mitbewerber ist, desto geringer wird die Neigung des Publikums sein, die Werbung auf konkrete einzelne Mitbewerber zu beziehen.[145]

Eine ausreichende **mittelbare** Erkennbarkeit kann beruhen[146] auf der Erwähnung der 72
Initialen eines Mitbewerbers,[147] auf einem engen **zeitlichen** Zusammenhang einer Werbemaßnahme mit anderer Werbung oder bestimmten konkreten Ereignissen,[148] auf den besonderen **örtlichen** Verhältnissen,[149] zB bei Hinweisen auf die Preise von Anbietern leitungsgebundener Energien mit örtlicher Monopolstellung,[150] oder auf den besonderen **Marktverhältnissen,** insbesondere auf der (geringen) Anzahl der Mitbewerber.[151] Diese Konstellationen zeigen, dass die erforderliche Erkennbarkeit nicht schon dann fehlt, wenn die angesprochenen Verkehrskreise den Bezug zwischen dem beworbenen Produkt und dem Produkt des Mitbewerbers allein aufgrund von Umständen herstellen, die **außerhalb der angegriffenen Werbung** liegen.[152] Der Werbespruch „C. – Entfernt signifikant mehr Plaque als jede andere führende Handzahnbürste!" ist vergleichende Werbung iSv § 6 Abs. 1 UWG, wenn erkennbar ist, welcher konkrete Mitbewerber mit dem Begriff „führende Handzahnbürste" angesprochen ist.[153] Wirbt ein Unternehmen damit, dass es in Bayern das **größte** Unternehmen seiner Branche sei, dann ist dies isoliert betrachtet zwar keine identifizierende Bezugnahme auf Mitbewerber. Wenn jedoch von dieser Werbung aufgrund der besonderen Umstände für die Werbeadressaten erkennbar nur ein einziger Mitbewerber betroffen ist, weil der Werbende in Bayern nur einen Mitbewerber hat, dann liegt eine erkennbare Bezugnahme auf einen konkreten Mitbewerber vor; so der BGH zutreffend in seiner *Pfiffikus-Dose*-Entscheidung von

---

[144] Diese von der hM übernommene griffige Formulierung stammt von *Henning-Bodewig* GRUR Int. 1999, 381 (391); ebenso BGH GRUR 1999, 1100 (1101) – Generika-Werbung; GRUR 2002, 75 (76) – „Soooo... billig!"?; GRUR 2002, 982 (983) – Die „Steinzeit" ist vorbei; GRUR 2008, 628 Rn. 29 – Imitationswerbung; OLG Hamburg GRUR-RR 2003, 251 – Müsli-Riegel; OLG Frankfurt a. M. GRUR-RR 2005, 137 – Vergleich mit Stachelschwein; *Freund* S. 49 f.; GroßKommUWG/*Glöckner* § 6 Rn. 243; *Lux* GRUR 2002, 682 (683); MüKoUWG/*Menke* § 6 Rn. 96; *Plaß* NJW 2000, 3161 (3163); *Sack* WRP 2001, 327 (333, aE). *Stier/Schneider* in Götting/Nordemann § 6 Rn. 32.

[145] BGH GRUR 2001, 752 (753) – Eröffnungswerbung; GRUR 2002, 982 (983) – Die „Steinzeit" ist vorbei; OLG Hamburg GRUR-RR 2003, 251 (252) – Müsli-Riegel; OLG Frankfurt a. M. GRUR-RR 2005, 137 – Vergleich mit Stachelschwein.

[146] Vgl. die Beispiele bei *Freund* S. 48 ff.; *Köhler*/Bornkamm/Feddersen § 6 Rn. 84 ff.; *Sack* in Amann/Jaspers RWW 3.2 Rn. 580 mit ausführlichen Nachweisen in Fn. 2.

[147] BGH GRUR 1999, 501 (502) – „Vergleichen Sie"; Freund S. 60 f.; *Sack* WRP 2001, 327 (333 f.).

[148] Vgl. BGH GRUR 1952, 582 (584) – Sprechstunden; OLG Frankfurt a. M. GRUR 1968, 320; *Freund* S. 48; *Lindacher* FS Brandner, 1996, 399 (413 aE); *Lux* GRUR 2002, 682 (683); *Sack* WRP 2001, 327 (334); *Stier/Schneider* in Götting/Nordemann § 6 Rn. 37.

[149] Vgl. RGZ 131, 75 = GRUR 1931, 165 (166) – Chlorodont; BGH GRUR 1997, 304 (305) – Energiekosten-Preisvergleich II; GRUR 1996, 502 (506) – Energiekosten-Preisvergleich I; *Freund* S. 48; *Lindacher* FS Brandner, 1996, 399 (413) aE; *Sack* WRP 2001, 327 (334); vgl. auch das Vorbringen der Kl. im BGH-Fall „*SOOOO... BILLIG!*"?, GRUR 2002, 75.

[150] BGH GRUR 1996, 502 (506) – Energiekosten-Preisvergleich I; GRUR 1997, 304 (305) – Energiekosten-Preisvergleich II.

[151] BGH GRUR 1961, 81 (90) – Pfiffikus-Dose; GRUR 1987, 49 – Cola-Test (mit Anmerkung *Sack* GRUR 1987, 51); GRUR 1992, 625 (626, 2. a) – Therapeutische Äquivalenz; GRUR 2001, 752 (753) – Eröffnungswerbung; GRUR 2002, 982 (983) (II.1.b) – Die „Steinzeit" ist vorbei; OLG Frankfurt a. M. GRUR-RR 2005, 137 – Vergleich mit Stachelschwein; OLG Hamburg MDR 2001, 331; OLG Hamm GRUR 1977, 38 – Möbelhaus; *Dilly/Ulmar* WRP 2005, 469 (472); *Eck/Ikas* WRP 1999, 251 (253); *Freund* S. 48; *Hasselblatt/Leister* in Gloy/Loschelder/Danckwerts HdbWettbR § 60 Rn. 43; *Henning-Bodewig* GRUR Int. 1999, 385 (391); *Hudelmaier,* Die neuere Praxis zur vergleichenden Werbung in Deutschland, Belgien, Frankreich, Großbritannien und USA, 1991, S. 11; *Köhler* GRUR 2005, 275 (278); *Lindacher* FS Brandner, 1996, 399 (414); *Rippert/Weimer* K&R 2007, 302 (303); *Sack* WRP 2001, 327 (334); *Stier/Schneider* in Götting/Nordemann § 6 Rn. 33; idS wohl auch GRUR 1998, 824 – Testpreis-Angebot; OLG Frankfurt a. M. WRP 1971, 31 – „Es gibt keinen vornehmeren Sekt"; vgl. dazu *Aigner* S. 26, 66; *Kilian* S. 11 f.

[152] So jedoch BGH GRUR 2008, 628 Rn. 20 – Imitationswerbung; *Beater* S. 558 Rn. 1503; *Lopez Ramos* in Büscher § 6 Rn. 94, 98; *Stier/Schneider* in Götting/Nordemann § 6 Rn. 43.

[153] Dies bejahend OLG Hamburg MDR 2001, 331; *Berlit* Rn. 40.

1960.[154] Im Fall „*Cola-Test*" bezog sich die Werbung von Pepsi-Cola auch ohne ausdrückliche Nennung eindeutig auf Coca-Cola.[155] Versendet ein Pharmaunternehmen zu Werbezwecken Sonderdrucke einer wissenschaftlichen Studie, in der Medikamente in der Weise miteinander verglichen werden, dass nur die Wirkstoffzusammensetzung genannt wird, liegt (identifizierende) vergleichende Werbung vor, wenn dadurch für die angesprochenen Fachkreise die Namen der Hersteller erkennbar werden.[156] Der Werbespruch „Stärken ist besser" wurde vom BGH als Vergleich mit dem „Steifen" von Wäsche mit Hilfe synthetischer Wäschesteifemittel verstanden, der sich für einen nicht unerheblichen Teil der Verkehrskreise auf Evidur-Wäschesteife bezog;[157] heute wäre es vergleichende Werbung iSd Definition des § 6 Abs. 1 UWG. Bei einem Preisvergleich von Telekommunikationsdienstleistungen macht der Hinweis auf den „Kaffeeröster-Tarif" die Fa. Tchibo erkennbar;[158] hinter dem Begriff „Volkstarif" erkennen die Verkehrskreise nach Ansicht des OLG Hamburg das gleichnamige Angebot des Anbieters Payback.[159] Die bloße Tatsache, dass der **Kreis der Konkurrenten begrenzt** ist, zB der privaten Fernsehsender, genügt jedoch noch nicht ohne weiteres den Voraussetzungen der „Erkennbarkeit" eines konkreten Mitbewerbers iSv § 6 Abs. 1 UWG.[160]

73 Mittelbar erkennbar kann ein konkreter Mitbewerber im Einzelfall bei Vorliegen besonderer Umstände durch Kritik an ihm oder seinen Leistungen, durch Rufausbeutung oder durch die Aufforderung von Kunden zum Vergleich gemacht werden.

74 **c) Fehlende Erkennbarkeit konkreter Mitbewerber.** Für die „Erkennbarkeit" iSv § 6 Abs. 1 UWG reicht es **nicht** aus, dass sich Werbung „unmissverständlich auf **alle**" (deutschen) Mitbewerber bezieht und sie auf diese Weise erkennbar macht.[161] Nach dem Richtlinien- und Gesetzeswortlaut genügt es nicht, dass „die" Mitbewerber erkennbar gemacht werden;[162] es muss **„ein" Mitbewerber** bzw. eine **kleine, aus den Mitbewerbern herausgehobene Gruppe** von Mitbewerbern sein. Man spricht deshalb zutreffend von „individualisierender" Erkennbarmachung,[163] im Gegensatz zu einer pauschalen Bezugnahme auf Mitbewerber.[164] Deshalb begründet zB die bloße Anpreisung eigener Waren oder Dienstleistungen nicht ohne Weiteres eine identifizierende Bezugnahme auf Mitbewerber.[165]

75 Auch die bloße **Kritik** an Waren, Dienstleistungen oder Werbemethoden von Mitbewerbern enthält nach zutreffender Ansicht des BGH nicht ohne Weiteres einen Ver-

---

[154] BGH GRUR 1961, 81 (B.) – Pfiffikus-Dose; vgl. auch *Sack* WRP 2001, 327 (334); *Sack* in Amann/Jaspers RWW 3.2 Rn. 580; GroßKommUWG/*Glöckner* § 6 Rn. 250; ein weiteres Beispiel aus der englischen Rechtsprechung nennen *Ohly/Spence* GRUR Int. 1999, 681 (685).

[155] BGH GRUR 1987, 49 f. – Cola-Test (mit Anmerkung *Sack* GRUR 1987, 51); *Eck/Ikas* WRP 1999, 251 (253); *Freund* S. 48 f.; GroßKommUWG/*Glöckner* § 6 Rn. 250; *Ohly* GRUR 1998, 828 (829) (Anm.); *Tilmann* GRUR 1999, 546 (547 aE, 548).

[156] BGH GRUR 2002, 633 (635) – Hormonersatztherapie.

[157] BGH GRUR 1963, 371 (374) – Wäschestärkemittel.

[158] OLG Hamburg GRUR-RR 2007, 244 (246) – Neuwahlen.

[159] OLG Hamburg GRUR-RR 2007, 244 (246) – Neuwahlen.

[160] AA OLG Frankfurt a. M. WRP 1996, 25; *Berlit* Rn. 41, 42, 44, 45, 267.

[161] OLG Hamburg GRUR-RR 2006, 170 (172) (2.) – Europas größtes People-Magazin; *Eck/Ikas* ZLR 2000, 956 (957, 958); *Eck/Ikas* WRP 1999, 251 (254); *Freund* S. 55 f.; *Plaß* WRP 1999, 766 (767); *Sack* GRUR Int. 1998, 263 (270); *Sack* WRP 2001, 327 (334); *Tilmann* GRUR 1997, 790 (795); *Tilmann* GRUR 1999, 546 (547 f.); *Wamprechtshamer* ÖBl. 2000, 147 (154); ebenso wohl BGH GRUR 1999, 1100 (1101) – Generika-Werbung; aA OLG München ZLR 2000, 949 (954) – Münchner Trinkwasser; *Lux* GRUR 2002, 682 (683 f.); *Plassmann* GRUR 1996, 377 (378, 382); aA wohl auch noch BGH GRUR 1998, 824 (828) (3.a) – Testpreis-Angebot; OLG Hamburg GRUR-RR 2001, 84 (85, 2.a, b) – Handzahnbürste.

[162] AA *Lux* GRUR 2002, 682 (684).

[163] *Baumbach/Hefermehl* UWG § 2 Rn. 2.

[164] *Lux* GRUR 2002, 682 (683) hält dies unzutreffend für eine sprachliche Tautologie, wie seine eigene Interpretation des Begriffs „erkennbar machen" deutlich zeigt.

[165] BGH GRUR 1999, 1100 (1101) – Generika-Werbung; GRUR 2002, 75 (76) – „SOOOO ... BILLIG!"?; GRUR 2002, 982 (983) – Die „Steinzeit" ist vorbei; Nordmann GRUR Int. 2002, 297 (298); *Sack* WRP 2001, 327 (334); vgl. auch GRUR 1997, 539 (541) – Kfz-Waschanlage; Lindacher FS Brandner, 1996, 399 (413 f.).

gleich.[166] In dem vom BGH entschiedenen Fall *„Soooo … billig!"?* wurden in der Werbung keine Namen oder Marken von Mitbewerbern genannt; vielmehr bezog sich die Werbung ganz allgemein auf (alle) Mitbewerber und deren Waren, so dass es am Erfordernis der Erkennbarkeit fehlte.[167]

Für die Erkennbarkeit iSv § 6 Abs. 1 UWG reicht es auch nicht generell, dass die 76
Mitbewerber **produktmäßig** definiert werden.[168] Deshalb fallen **Fortschritts- und Systemvergleiche** sowie **Warenartenvergleiche** nur dann unter die RL und § 6 UWG, wenn sie einen konkreten Mitbewerber oder seine Leistungen ausreichend erkennbar in den Vergleich einbeziehen; dies hängt vom Einzelfall ab.[169] So ist zB die Werbeaussage „billige Composite Rackets (Graphite-Fiberglas) muten wir ihnen nicht zu" **nicht ohne weiteres** vergleichende Werbung, es sei denn, sie bezog sich aufgrund der besonderen Tatumstände erkennbar auf einen oder sehr wenige spezielle Mitbewerber.[170] Eine Werbeaussage, die lediglich auf eine **Warengattung,** nicht aber auf ein bestimmtes Unternehmen oder Produkt Bezug nimmt, kann vergleichende Werbung sein, wenn aus ihr ein Mitbewerber oder die von ihm angebotenen Produkte „als die erkennbar werden, auf die die Werbeaussage – auch nur mittelbar – konkret Bezug nimmt".[171] Dabei ist es unerheblich, ob die Bezugnahme nach den Umständen des Einzelfalles und insbesondere der Struktur des betreffenden Marktes **mehrere** konkrete Mitbewerber oder die von ihnen angebotenen Waren oder Dienstleistungen erkennbar macht. Eine Beschränkung des § 6 UWG auf das Erkennbarmachen eines **einzigen** Mitbewerbers wäre mit der weit zu verstehenden Definition der vergleichenden Werbung unvereinbar.[172]

Grundsätzlich keine vergleichende Werbung iSv § 6 und § 5 Abs. 3 UWG sind **Allein-** 77
stellungs- und **Spitzengruppenwerbung**[173] oder die pauschale Aufforderung an Verbraucher, selbst zu vergleichen, wenn damit noch kein konkreter Mitbewerber unmittelbar oder mittelbar erkennbar gemacht wird.[174] Auch **pauschale Kritik** an namentlich nicht

---

[166] BGH GRUR 2002, 75 (76) – „Soooo … billig!"?; aA wohl noch GRUR 1998, 824 (828) – Testpreis-Angebot.

[167] Zutreffend BGH GRUR 2002, 75 (76) – „Soooo … billig!"?; aA wohl noch GRUR 1998, 824 (828) – Testpreis-Angebot.

[168] EuGH Slg. 2007, I-3115 = GRUR 2007, 511 Rn. 18, 19 – De Landtsheer Emmanuel; OLG Hamburg GRUR-RR 2006, 170 (172, 2.) – Europas größtes People-Magazin; *Sack* WRP 2001, 327 (334); aA *Tilmann* GRUR 1999, 546 (548); *Faßbender* EuZW 2005, 42 (43 f.).

[169] EuGH Slg. 2007, I-3115 = GRUR 2007, 511 Rn. 18, 19 – De Landtsheer Emmanuel; Begr. Reg.-Entw. BT-Drs. 14/2959, 10; BGH GRUR 2002, 982 – Die „Steinzeit" ist vorbei; OLG Hamburg GRUR-RR 2003, 251; *Dilly/Ulmar* WRP 2005, 467 (472); *Freund* S. 57 f.; *Gamerith* ÖBl. 1998, 115 (119); *Plaß* WRP 1999, 766 (767); *Plaß* in HK-WettbR § 6 Rn. 37–39; *Sack* GRUR Int. 1998, 263 (270); *Tilmann* GRUR 1999, 546 (547); *Ziervogel* S. 98; vgl. auch BGH GRUR 1996, 721 – Energiekosten-Preisvergleich I; BGH GRUR 1997, 304 – Energiekosten-Preisvergleich II.

[170] Zutreffend *Eck/Ikas* WRP 1999, 251 (254); *Kotthoff* BB 1998, 2217; *Sack* WRP 2001, 327 (334); aA, da produktmäßig definierte Mitbewerber, *Tilmann* GRUR 1999, 546 (548); vgl. auch *Faßbender* EuZW 2005, 42 (43 f.); mangels näherer Angaben zur Marktstruktur bedenklich BGH GRUR 1998, 824 (827 f., 3.a) – Testpreis-Angebot, wo diese Werbung als vergleichende Werbung bezeichnet wurde, allerdings ohne eindeutige Festlegung, ob sie als (identifizierende) „vergleichende Werbung" iSd RL oder abstrakte vergleichende Werbung verstanden wurde; dies war im praktischen Ergebnis unbedenklich, da sie unnötig herabsetzend und deshalb sowohl als identifizierende als auch als abstrakte vergleichende Werbung wettbewerbswidrig war.

[171] So EuGH Slg. 2007, I-3115 = GRUR 2007, 511 Rn. 19, 24, 50 ff. – De Landtsheer Emmanuel.

[172] EuGH Slg. 2007, I-3115 = GRUR 2007, 511 Rn. 20, 21, 24 – De Landtsheer Emmanuel.

[173] OLG Hamburg GRUR-RR 2006, 170 (172, 2.) – Europas größtes People-Magazin; *Berlit* BB 2000, 1305 (1306); *Dilly/Ulmar* WRP 2005, 467 (472) (8.3.); *Eck/Ikas* WRP 1999, 251 (254); *Fröndhoff* S. 104 f.; *Gamerith* ÖBl. 1998, 115 (119); GroßKommUWG/*Glöckner* § 6 Rn. 247; *Köhler*/Bornkamm/Feddersen § 6 Rn. 18; *Lopez Ramos* in Büscher § 6 Rn. 100; *Marx* EWS 2001, 353 (354 f.); *Nordmann* GRUR Int. 2002, 297 (299); *Sack* GRUR Int. 1998, 263 (270); *Tilmann* GRUR 1997, 790 (795); *Ziervogel* S. 98; aA *Faßbender* EuZW 2005, 42 (44).

[174] BGH GRUR 1999, 501 (502) – „Vergleichen Sie"; *Bornkamm,* Entwicklungen …, S. 134, 141 f.; *Dilly/Ulmar* WRP 2005, 467 (473); *Gabel* WRP 2005, 1102 (1114); *Hasselblatt/Leister* in Gloy/Loschelder/Danckwerts § 60 Rn. 48; *Nordmann* GRUR Int. 2002, 297 (299); ebenso auch schon vor der RL 97/55/EG BGH GRUR 1961, 237 (240) – TOK-Band; BGH GRUR 1974, 280 (281) – Divi; GRUR 1987, 49 (50) – Cola-Test.

genannten Mitbewerbern, ihren Produkten oder Werbemethoden macht diese in der Regel nicht erkennbar iSv § 6 Abs. 1 UWG.[175] Diese Formen der Werbung werden auch nicht dadurch zur identifizierenden vergleichenden Werbung iSv § 6 Abs. 1 UWG, dass sie letztlich behaupten, der Werbende bzw. seine Leistungen seien **jedem** einzelnen feststellbaren Mitbewerber bzw. Konkurrenzprodukt überlegen.[176] Entgegen dem OLG München ist der von den Stadtwerken München zur Werbung für ihr Trinkwasser benutzte Werbespruch „Hängen Sie noch an der Flasche?" keine vergleichende Werbung iSd RL und des § 6 Abs. 1 UWG. Dafür genügt nicht, dass sich der Werbevergleich „unmissverständlich auf alle Anbieter von in Flaschen abgefülltem Mineralwasser" bezieht.[177]

78 Erkennbarkeit iSv § 6 Abs. 1 UWG besteht auch nicht schon dann ohne weiteres, wenn sich vergleichende Werbung auf eine **überschaubare Gruppe von Mitbewerbern** bezieht.[178] Dies gilt auch bei „produktmäßig definierten Mitbewerbern".[179] Deshalb ist zB die Werbebehauptung „Es gibt keinen vornehmeren Sekt in der Konkurrenz" nicht schon deshalb identifizierende vergleichende Werbung iSv § 6 Abs. 1 UWG, weil sie sich „erkennbar auf die übersehbare Gruppe der Hersteller vornehmer Sekte bezieht".[180]

79 Aus dem Gesagten folgt, dass auch Werbehinweise auf die Qualität oder den Preis der **eigenen** Produkte nicht ohne Weiteres eine mittelbar erkennbare Bezugnahme auf Mitbewerber enthalten.[181] Auch die an Kunden gerichtete Aufforderung, Angebote zu vergleichen, ist keine vergleichende Werbung iSv § 6, wenn keine konkreten Produkte von Mitbewerbern genannt werden.[182]

80 **d) Erkennbarmachen von Mitbewerbern in ihrer Eigenschaft als Mitbewerber.** Ein „Erkennbarmachen von Mitbewerbern" iSv § 6 UWG ist nur gegeben, wenn in vergleichender Werbung Mitbewerber **in ihrer Eigenschaft als Mitbewerber** erkennbar gemacht werden.[183] Der Wortlaut von § 6 Abs. 1 UWG steht dieser einschränkenden Auslegung nicht entgegen; der Zweck dieser Vorschrift spricht für diese Auslegung,[184] vor allem, wenn man die Anwendbarkeit nicht von einem Vergleich abhängig macht. Ob Werbung einen konkreten Mitbewerber und diesen in seiner Eigenschaft als Mitbewerber erkennbar macht, hängt von der mutmaßlichen Wahrnehmung des normal informierten und angemessen aufmerksamen und verständigen Durchschnittsadressaten der Werbung ab.[185] Von praktischer Bedeutung ist diese Auslegung des Begriffs „Erkennbarmachen von Mitbewerbern" bei der Werbung für **Zubehör, Ersatzteile** und **Verbrauchsmaterialien,** wenn der Werbende zwar das Hauptprodukt nennt, zu dem seine Waren passen

[175] BGH GRUR 2002, 75 – „SOOOO ... BILLIG!"?

[176] Vgl. BGH GRUR 1978, 249 (251) (III.) – Kreditvermittlung; *Sack* in Amann/Jaspers RWW 3.2 Rn. 581.

[177] *Sack* WRP 2001, 327 (334); GroßKommUWG/*Glöckner* § 6 Rn. 249; *Köhler*/Bornkamm/Feddersen § 6 Rn. 91; *Stier/Schneider* in Götting/Nordemann § 6 Rn. 34; *Eck/Ikas* ZLR 2000, 956 (957) in ihrer insoweit ablehnenden Anmerkung zum OLG München ZLR 2000, 949 (954).

[178] So schon zur alten Rechtslage BGH GRUR 1969, 415 (416) – Kaffeerösterei; GRUR 1965, 365 – Lavamat II; OLG Düsseldorf BB 1963, 164 – Lavamat; OLG Düsseldorf GRUR 1960, 439; *Sack* in Amann/Jaspers RWW 3.2. Rn. 580; anders hingegen BGH GRUR 1964, 208 – Fernsehinterview; OLG Celle GRUR 1962, 101 f.

[179] AA *Tilmann* GRUR 1999, 546 (548).

[180] Vgl. jedoch OLG Frankfurt a. M. WRP 1971, 33 f., das diese Werbebehauptung deshalb nach der alten Rechtslage als grundsätzlich sittenwidrig bewertete; kritisch dazu *Sack* in Amann/Jaspers RWW 3.2 Rn. 580 zu Fn. 8; *Sack* WRP 2001, 327 (334); *Henning-Bodewig* GRUR Int. 1999, 385 (392).

[181] BGH GRUR 1999, 1100 (1101) – Generika-Werbung; GRUR 1997, 539 (541) – Kfz-Waschanlage; *Borck* WRP 1986, 365 (367); *Lindacher* FS Brandner, 1996, 399 (413 f.); *Sack* WRP 2001, 327 (334).

[182] BGH GRUR 1999, 501 (502) (II.2.); *Köhler*/Bornkamm/Feddersen § 6 Rn. 56; *Sack* WRP 2008, 170 (176, vor 4.).

[183] *Sack* GRUR 2004, 720 (723); *Sack* WRP 2008, 170 (176); *Köhler* GRUR 2005, 273 (277, 280, 4.); *Köhler*/Bornkamm/Feddersen § 6 Rn. 79; aA *Blanken* S. 194 f.; MüKoUWG/*Menke* § 6 Rn. 81.

[184] AA HK-WettbR/*Plaß* § 6 Rn. 33.

[185] *Köhler* GRUR 2005, 273 (278); zur Anwendung dieses sog. Verbraucherleitbilds auf vergleichende Werbung EuGH Slg. 2006, I-8501 = GRUR 2007, 69 Rn. 78 – Lidl Belgium; EuGH GRUR 2007, 511 Rn. 23 – De Landtsheer Emmanuel.

(„passend für XY"), jedoch weder unmittelbar noch mittelbar darauf hinweist, dass der Anbieter des Hauptprodukts seinerseits entsprechendes Zubehör, Ersatzteile und Verbrauchsmaterialien anbietet (dazu auch → Rn. 58, 118).[186]

III. Vergleichende Werbung ohne Vergleich?

1. Probleme einer weiten Auslegung von § 6 Abs. 1 UWG bzw. Art. 2 lit. c RL. 81
Nach Art. 2 lit. c RL 2006/114/EG bedeutet „vergleichende Werbung jede Werbung, die unmittelbar oder mittelbar einen Mitbewerber oder die Erzeugnisse oder Dienstleistungen, die von von einem Mitbewerber angeboten werden, erkennbar macht". Übereinstimmend damit scheint Art. 6 Abs. 1 den Begriff der vergleichenden Werbung zu verstehen. Nach dem **Wortlaut** von § 6 Abs. 1 UWG gehören zur vergleichenden Werbung nicht nur **Vergleiche,** sondern auch identifizierende Bezugnahmen auf Mitbewerber, ihre Leistungen oder ihre Werbemethoden **ohne Vergleich,** dh ohne Gegenüberstellung von Waren, Dienstleistungen oder sonstigen Umständen.[187] Das Erkennbarmachen von Mitbewerbern und Ihren Produkten impliziert nicht ohne weiteres einen Vergleich.[188] „Vergleichende" Werbung iSv § 6 Abs. 1 UWG wären nach dem Wortlaut von Art. 2 lit. c RL 2006/114/EG und § 6 Abs. 1 UWG auch

- die sog. **persönliche** Werbung,[189] dh Hinweise auf persönliche Umstände eines Mitbewerbers, zB auf seine Religion, Staatsangehörigkeit, Rasse, Parteizugehörigkeit, Familienstand, aber auch auf Vorstrafen, Krankheiten, familiäre und finanzielle Probleme;
- die **unternehmensbezogene** Werbung,[190] zB auf Mitbewerber bezogene Hinweise auf geschäftliche Misserfolge, „Gewinnwarnungen", Liquiditätsprobleme oder drohende Insolvenz, Hinweise auf Testergebnisse oder Rankings, Hinweise auf das Unternehmensalter, die Anzahl der Beschäftigten, auf Schwarzarbeiter, auf die Ausgaben für Forschung, Eigenschaften des Vertriebs, Auszeichnungen usw;
- Werbehinweise auf fragwürdige **Geschäfts- und Werbemethoden** eines Mitbewerbers;[191]
- die Werbung für **Ersatzteile, Zubehör und Verbrauchsmaterialien,** zB „passend für das Gerät XY";[192] vgl. die Differenzierungen in → Rn. 58;
- nach einer Mindermeinung auch (fast) alle **Produktnachahmungen** iSv § 4 Nr. 9 UWG (jetzt § 4 Nr. 3 UWG).[193]

Gegen diese weite Auslegung des Begriffs der vergleichenden Werbung wurden erhebliche Bedenken vorgebracht. Sie ergeben sich zum einen aus dem in § 6 Abs. 1 UWG definierten **Begriff** „vergleichende Werbung", der auf das Erfordernis eines Vergleichs deutet. Auch nach dem **Zweck** des § 6 UWG und der RL 2006/114/EG sollten an sich nur **vergleichende** Bezugnahmen auf Mitbewerber und ihre Leistungen erfasst werden. Außerdem erscheint es – zumindest auf den ersten Blick – wenig sinnvoll, mit der Legalde- 82

[186] Vgl. als Beispiel aus der neueren Rechtsprechung BGH GRUR 2005, 163 (165) – Aluminiumräder; vgl. auch *Sack* GRUR 2004, 720 (723).

[187] Vgl. EuGH Slg. 2001, I-7945 Rn. 31 – Toshiba Europe; *Alexander* GRUR 2010, 482 (484); *Gamerith* ÖBl. 1998, 115 (119 f.); GroßKommUWG/*Glöckner* § 6 Rn. 255; *Plassmann* GRUR 1996, 397 (398); *Sack* GRUR Int. 1998, 263 (270); *Sack* WRP 2001, 327 (335); *Saßmann* S. 107, 162.

[188] Vgl. BGH GRUR 2002, 75 (76) – „SOOOO ... BILLIG!"?; *Alexander* GRUR 2010, 482 (484); *Sack* GRUR Int. 1998, 263 (270); *Sack* WRP 2001, 327 (335); aA *Köhler*/Bornkamm/Feddersen § 6 Rn. 50.

[189] Begr. Reg.-Entw. BT-Drs. 14/2959, 10; BGH GRUR 1999, 1100 (1101) – Generika-Werbung; GRUR 2002, 75 (76) – „SOOOO ... BILLIG!"?; *Baumbach/Hefermehl* UWG § 2 Rn. 2; *Berlit* Rn. 11, 29; *Marx* EWS 2001, 353 (354, 355 f.); *Plassmann* GRUR 1996, 377 (378); *Sack* GRUR Int. 1998, 263 (270); *Saßmann* S. 192; *Tilmann* GRUR 1997, 790 (795); *Tilmann* GRUR 1999, 546 (547); *Ziervogel* S. 101.

[190] So Begr. Reg.-Entw. BT-Drs. 14/2959, 10; *Berlit* Rn. 48, 49; *Freund* S. 52, 54; *Gamerith* ÖBl. 1998, 115 (119 f.); *Gloy/Bruhn* GRUR 1998, 226 (233); *Henning-Bodewig* GRUR Int. 1999, 385 (386, 392); *Marx* EWS 2001, 353 (356, 357); *Sack* GRUR Int. 1998, 263 (270); *Sack* WRP 2001, 327 (336).

[191] Vgl. BGH GRUR 2002, 75 – „SOOOO ... BILLIG!"?

[192] GA *Léger* in den Schlussanträgen zu *Toshiba Europe,* Slg. 2001, I-7945 Rn. 38.

[193] *Scherer* WRP 2009, 1446 (1451, 1453).

finition des § 6 Abs. 1 UWG bzw. des Art. 2 lit. c RL 2006/114/EG auch identifizierende Bezugnahmen **ohne** Vergleich von Waren oder Dienstleistungen zu erfassen, um sie anschließend generell nach § 6 Abs. 2 Nr. 1 und 2 UWG zu untersagen, weil sie keine Waren oder Dienstleistungen miteinander vergleichen.[194] Ferner gelangt man bei dieser weiten Auslegung von § 6 Abs. 1 UWG, wenn man nicht bei § 6 Abs. 2 Nr. 1 und 2 UWG nachkorrigiert, teilweise zu strengeren Ergebnissen als vor der Neuregelung der vergleichenden Werbung, was in Anbetracht des Liberalisierungszwecks der RL 2006/114/EG auf Bedenken stößt. Deshalb wurde angenommen, die weite Fassung von Art. 2 lit. c RL, der durch § 6 Abs. 1 UWG in deutsches Recht umgesetzt wird, beruhe auf einem Redaktionsversehen.[195]

83 Speziell bei der Werbung für **Ersatzteile, Zubehör, Verbrauchsmaterialien** uä kann es mE keine berechtigten Zweifel geben, dass sie mit dem Hinweis „passend für XY", „OEM-kompatibel" oÄ grundsätzlich zulässig ist, mit welcher Begründung auch immer.[196] Nach dem Wortlaut von § 6 UWG wäre sie jedoch grundsätzlich unzulässig, wenn – was sehr häufig ist – der Hersteller des Hauptprodukts mit dem Werbenden bei Ersatzteilen, Zubehör oder Verbrauchsmaterialien in Wettbewerb steht. Denn wegen der Bezugnahme auf ein namentlich benanntes Hauptprodukt ist solche Werbung ein Erkennbarmachen eines Mitbewerbers und damit nach dem Wortlaut von § 6 Abs. 1 UWG vergleichende Werbung. Der bloße Hinweis „passend für XY" enthält jedoch **keinen Vergleich,** auch keinen impliziten Vergleich von Waren, und wäre daher nach dem Wortlaut von § 6 Abs. 2 Nr. 1 und 2 UWG iVm Art. 2 lit. c RL 2006/114/EG unlauter, es sei denn, man folgt der oben zu → Rn. 80, 108 ff. vorgeschlagenen einschränkenden Auslegung von § 6 Abs. 1 UWG, wonach der Mitbewerber in seiner Eigenschaft als Mitbewerber erkennbar gemacht werden muss.

84 **Persönliche** und **unternehmensbezogene** vergleichende Werbung war vor der Neuregelung im Jahre 2000 nur grundsätzlich wettbewerbswidrig;[197] Hinweise auf die Parteizugehörigkeit,[198] auf die ethnische Zugehörigkeit,[199] auf Vorstrafen,[200] auf angebliche Schutzrechtsverletzungen[201] oder auf einen bevorstehenden Konkurs werden häufig nicht leistungsbezogen und deshalb wettbewerbswidrig sein.[202] Ausnahmsweise waren sie jedoch gerechtfertigt, wenn ein hinreichender Anlass dafür besteht.[203] Ein hinreichender Anlass, der unternehmensbezogene Werbung rechtfertigt, wurde zB bejaht, wenn ein Unternehmen Kunden in sachlicher Form über den Stand und Ausgang eines mit einem Mitbewerber geführten Rechtsstreites informiert.[204] Nach dem Wortlaut von § 6 UWG wäre

---

194 Gegen dieses Ergebnis Begr. Reg.-Entw. BT-Drs. 14/2959, 10; *Tilmann* GRUR 1999, 546 (547).

195 Stellungnahme des MPI GRUR Int. 2000, 265 (3).

196 Vgl. aus der früheren Rechtsprechung BGH GRUR 1958, 343 (344 ff.) – Bohnergerät; GRUR 1968, 49 (51) – Zentralschlossanlagen; GRUR 1996, 781 (782, 785 f.) – Verbrauchsmaterialien; vgl. ferner *Sack* in Amann/Jaspers RWW 3.2 Rn. 907 ff.

197 Vgl. *Sack* GRUR Int. 1998, 263 (270); *Sack* in Amann/Jaspers RWW 3.2 Rn. 680, 921 ff.; *Baumbach/Hefermehl* UWG § 1 Rn. 432 ff.; *Freund* S. 99; *Funke* WM 1997, 1472 (1473); *Schnorbus* ZgVersWiss 1999, 375 (408).

198 *Baumbach/Hefermehl* UWG § 1 Rn. 432; *Sack* in Amann/Jaspers RWW 3.2 Rn. 923; *Ulmer/Reimer,* Unlauterer Wettbewerb, III Rn. 429, S. 294; OLG Wien GRUR 1928, 368.

199 RGZ 163, 164 (171) = GRUR 1940, 301 (304) – Coramin; OLG Köln GRUR 1934, 202; *Baumbach/Hefermehl* UWG § 1 Rn. 433; *Sack* in Amann/Jaspers RWW 3.2 Rn. 926.

200 RGZ 115, 416; RG JW 1928, 1211; GRUR 1933, 504 (505 f.) – Opernumbau; RG GRUR 1938, 923 (924) – Devisenvergehen; *Baumbach/Hefermehl* UWG § 1 Rn. 434; *Sack* in Amann/Jaspers RWW 3.2 Rn. 924.

201 RG GRUR 1943, 292 (294 f.) – Luftförderanlagen; BGH GRUR 1962, 34 (35) – Torsana; BGH GRUR 1967, 596 (597) – Kuppelmuffenverbindung; OLG Koblenz GRUR 1953, 534 (536); *Baumbach/Hefermehl* UWG § 1 Rn. 434; *Sack* in Amann/Jaspers RWW 3.2 Rn. 924.

202 Weitere Beispiele bei *Sack* in Amann/Jaspers RWW 3.2 Rn. 924 ff.; *Freund* S. 107.

203 Begr. Reg.-Entw. BT-Drs. 14/2959, 10; *Baumbach/Hefermehl* UWG § 1 Rn. 431, 436; *Henning-Bodewig* GRUR Int. 1999, 385 (392); *Tilmann* GRUR 1999, 546 (547); OLG Saarbrücken NJW-WettbR 1998, 30 (31).

204 OLG Saarbrücken NJW-WettbR 1998, 30 (31); *Baumbach/Hefermehl* UWG § 1 Rn. 436; öOGH WBl. 2003, 144 – Schirmbar.

jedoch persönliche und unternehmensbezogene Werbung mangels Vergleichs von Waren oder Dienstleistungen ausnahmslos unzulässig.[205]

Ferner wäre ein Werbehinweis auf fragwürdige **Werbemethoden** eines konkreten Mit- 85
bewerbers unlauter; denn dies wäre vergleichende Werbung iSv § 6 Abs. 1 UWG iVm Art. 2 lit. c RL 2006/114/EG, da ein Mitbewerber erkennbar gemacht wird. Da jedoch keine Waren oder Dienstleistungen miteinander verglichen werden, ja nicht einmal eine Bezugnahme auf Waren oder Dienstleistungen eines Mitbewerbers vorliegt, wäre die werbemäßige Kritik an den Werbemethoden eines Mitbewerbers nach dem Wortlaut von § 6 Abs. 2 Nr. 1 und 2 UWG verboten.[206] Demgegenüber wurde es im Ergebnis zutreffend für zulässig gehalten, wenn ein Unternehmen wettbewerbswidrige Werbung eines Mitbewerbers unter Nennung seines Namens richtig stellt.[207]

2. Die Rechtsprechung des EuGH. Der deutsche Gesetzgeber wollte mit der Vor- 86
schrift des § 6 UWG die entsprechende Regelung des Art. 2 Nr. 2a RL 84/450/EWG (jetzt Art. 2 lit. c RL 2006/114/EG) in deutsches Recht umsetzen. Deshalb ist § 6 UWG richtlinienkonform auszulegen, so dass **in erster Linie die Rechtsprechung des EuGH** zur Auslegung dieser Richtlinien über die Auslegung von § 6 UWG **entscheidet.**[208]

a) In seiner Entscheidung *„Toshiba Europe"* vom 25.10.2001 hat der EuGH erstmals zur 87
Anwendbarkeit der RL 84/450/EWG idF durch die RL 97/55/EG auf die Werbung für Ersatzteile und Verbrauchsmaterialien Stellung genommen.[209] Der Vorlagebeschluss des LG Düsseldorf betraf entgegen einer im Schrifttum verbreiteten Behauptung nicht die Zulässigkeit eines Werbehinweises auf die Marke des Herstellers der Hauptprodukte, dh der Kopiergeräte von Toshiba; darauf hat der EuGH in Rn. 33 ausdrücklich hingewiesen. Vielmehr wendete sich Toshiba dagegen, dass der Werbende in seinem Werbekatalog die Artikelnummern des Originalherstellers (sog. OEM-Nummern) zur Kennzeichnung seiner konkurrierenden Ersatzteile und Verbrauchsmaterialien benutzte (Rn. 21), ohne einen ausdrücklichen Vergleich vorzunehmen.

In Rn. 31 der Entscheidung „Toshiba Europe" erklärte der EuGH, es sei nach Art. 2 88
Nr. 2a RL 85/450/EWG „ohne Belang, ob ein **Vergleich** zwischen den vom Werbenden angebotenen Erzeugnissen oder Dienstleistungen und denjenigen des Mitbewerbers vorliegt". Das scheint mit der Legaldefintion der „vergleichenden Werbung" in Art. 2 Nr. 2a RL 84/450/EWG (jetzt Art. 2 lit. c RL 2006/114/EG) übereinzustimmen.

Bei dieser Feststellung handelt es sich allerdings nur um ein **obiter dictum.** Denn im zu 89
entscheidenden Fall kam es nicht darauf an, weil er eine bezugnehmende Werbung **mit Vergleich** betraf.

b) In seiner Entscheidung *„Pippig Augenoptik/Hartlauer"* vom 8.4.2003[210] hat der EuGH 90
in Rn. 36 ausgeführt: „**Jede** vergleichende Werbung soll die Vorteile der vom Werbenden angebotenen Waren oder Dienstleistungen gegenüber denjenigen eines Mitbewerbers herausstellen. Um dies zu erreichen, muss die Aussage **notgedrungen die Unterschiede zwischen den verglichenen Waren oder Dienstleistungen** hervorheben, indem sie ihre Haupteigenschaften beschreibt."

Diese Ausführungen des EuGH bereiteten zwar seine Auslegung von Art. 7 Abs. 2 RL 91
84/450/EWG (jetzt Art. 8 Abs. 1 S. 2 RL 2006/114/EG) vor, knüpften jedoch in Rn. 34

[205] *Freund* S. 99; *Funke* WM 1997, 1472 (1473); vgl. auch *Gloy/Bruhn* GRUR 1998, 226 (233, 237); *Menke* WRP 1998, 811 (825); *Plassmann* GRUR 1996, 377 (379); *Sack* GRUR Int. 1998, 263 (270); *Scherer* GRUR 2012, 545 (548 f.); *Schnorbus* ZgVersWiss 1999, 375 (408); *Tilmann* GRUR 1997, 790 (795); *Tilmann* GRUR 1999, 546 (547); vgl. auch *Peifer* WRP 2011, 1 (5 f.).

[206] Zur Fallgestaltung vgl. BGH GRUR 2002, 75 (76 f.) – „SOOOO … BILLIG!"?

[207] Vgl. OLG München WRP 1996, 236 (237); *Baumbach/Hefermehl* UWG § 1 Rn. 436.

[208] → Rn. 10; der deutsche Gesetzgeber wäre allerdings durch die RL und das europarechtliche Gebot der RL-konformen Auslegung nicht gehindert gewesen, den Anwendungsbereich des § 6 UWG weiter zu fassen als den Anwendungsbereich der RL.

[209] EuGH Slg. 2001, I-7945 = GRUR 2004, 354 – Toshiba Europe; vgl. hierzu auch *Glöckner* → Einl. Rn. 214 ff.

[210] EuGH Slg. 2003, I-3095 = GRUR 2003, 533 Rn. 36 – Pippig.

an die „Definition" der vergleichenden Werbung in Art. 2 Nr. 2a RL 84/450/EWG an. Man wird deshalb davon auszugehen haben, dass der EuGH in der *Pippig*-Entscheidung für vergleichende Werbung iSd RL 84/450/EWG einen – unmittelbaren oder zumindest mittelbaren – Vergleich für erforderlich gehalten hat.[211] Dieser Deutung der *Pippig*-Entscheidung steht nicht entgegen, dass die Ausführungen des EuGH die Regelung des Art. 7 Abs. 2 RL 84/450/EWG (jetzt Art. 8 Abs. 1 S. 2 RL 2006/114/EG) betrafen, die einen „Vergleich" erfordert.[212] Denn auch Art. 3a Abs. 1 RL 840/450/EWG (jetzt Art. 4 RL 2006/114/EG, der an Art. 2 lit. c anknüpft), verlangt einen „Vergleich".

92 c) In weiteren Entscheidungen zur vergleichenden Werbung[213] hat der EuGH nicht zu der Frage Stellung genommen, ob Art. 4 RL einen Vergleich erfordert. Seine Entscheidungen erlauben auch keine mittelbaren Rückschlüsse auf seine Ansicht zu dieser Frage.[214] Die Erwähnung der „anständigen Gepflogenheiten" iSv Art. 6 MarkenRL in den Rn. 42–50 erlaubt keine Rückschlüsse auf das Erfordernis eines Vergleichs.[215]

93 In seiner Entscheidung *„Gillette Company/LA Laboratories"* vom 17.3.2005, die einen Fall vergleichender Werbung betraf, hat der EuGH nur die Frage der Anwendbarkeit der **MarkenRL** geprüft.[216]

94 d) **Zwischenergebnis:** Die Rechtsprechung des EuGH, insbesondere seine Entscheidung *„Pippig Augenoptik/Hartlauer"*, lässt den Schluss zu, dass er für vergleichende Werbung iSv Art. 2 Nr. 2a RL 84/450/EWG (jetzt Art. 2 lit. c RL 2006/114/EG) einen **Vergleich** für **erforderlich** hält.[217] Wenn diese Deutung der Rechtsprechung des EuGH zutrifft, dann enthalten allerdings Art. 2 lit. c RL 2006/114/EG bzw. § 6 Abs. 1 keine umfassende Definition der vergleichenden Werbung, sondern nur eine **Präzisierung** dahingehend, dass die Regelungen der vergleichenden Werbung nur auf solche Bezugnahmen anwendbar sind. die den betroffenen Mitbewerber unmittelbar oder mittelbar erkennbar machen.

95 **3. Die Rechtsprechung des BGH.** Die Rechtsprechung des BGH zum Begriff der vergleichenden Werbung ist durch einen **mehrfachen Wechsel der Ansichten** gekennzeichnet. Dabei fällt auf, dass er seine divergierenden Entscheidungen meist jeweils mit eigenen Entscheidungen, die Entscheidung *Bestellnummernübernahme* außerdem mit EuGH-Entscheidungen belegte.

96 a) In seinen Entscheidungen *„SOOOO … BILLIG!"?* vom 21.6.2001 und *„Die Steinzeit ist vorbei"* vom 5.4.2002 verneinte er vergleichende Werbung iSv § 2 Abs. 1 UWG (jetzt § 6 Abs. 1 UWG), weil es an einem „Vergleich" bzw. einer „Gegenüberstellung" fehle.[218]

97 b) Den gegenteiligen Standpunkt vertrat dann der BGH in seiner Entscheidung *„Genealogie der Düfte"* vom 5.2.2004; dort heißt es, dass der Begriff der vergleichenden Werbung in § 2 Abs. 1 UWG (jetzt § 6 Abs. 1 UWG) in einem weiten Sinne zu verstehen sei und es dabei ua ohne Belang sei, ob ein Vergleich zwischen den vom Werbenden angebotenen Waren und Dienstleistungen und denen des Mitbewerbers vorliege.[219]

---

[211] *Sack* WRP 2008, 170 (171); *Scherer* GRUR 2012, 545 (546) (2.); aA *Köhler* GRUR 2005, 273 (274 f.); *Müller-Bidinger* in Ullmann jurisPK-UWG § 6 Rn. 115 aE; *Plaß* in HK-WettbR § 6 Rn. 44.

[212] Vgl. jedoch *Dilly/Ulmar* WRP 2005, 467 (469).

[213] EuGH Slg. 2005, I-2337 = GRUR 2005, 509 – Gillette Company/LA-Laboratories; EuGH Slg. 2007, I-3115 = GRUR 2007, 511 – De Landtsheer Emmanuel; EuGH Slg. 2006, I-8501 = GRUR 2007. 69 – Lidl Belgium/Colruyt; EuGH Slg. 2008, I-4231 = GRUR 2008. 698 – O2/Hutchinson; EuGH Slg. 2009, I-5185 = GRUR 2009, 756 – L'Oréal/Bellure; EuGH Slg. 2010, I-11761 = GRUR 2011, 159 – Lidl/Vierzon.

[214] Ausführlicher dazu *Müller-Bidinger* in Ullmann jurisPK-UWG § 6 Rn. 102 ff.

[215] Vgl. jedoch *Gamerith* ÖBl. 2006, 92.

[216] EuGH Slg. 2005, I-2337 = GRUR 2005, 509 – Gillette Company/LA-Laboratories.

[217] *Scherer* GRUR 2012, 545 (546) (2.); aA *Köhler* GRUR 2005, 273 (275); *Peifer* WRP 2011, 1 (3); *Rippert/Weimer* K&R 2007, 302 (303); nach GroßKommUWG/*Glöckner* § 6 Rn. 269 schreibt die RL 2006/114/EG den Verzicht auf das Vergleichserfordernis nicht zwingend vor.

[218] BGH GRUR 2002, 75 (76) (II. 2. a) – „SOOOO … BILLIG!"?; GRUR 2002, 982 (983) (II. 1. a) – Die „Steinzeit" ist vorbei; ebenso wohl auch schon BGH GRUR 1999, 1100 (1101) – Generika-Werbung.

[219] BGH GRUR 2004, 607 (611, 2.) – Genealogie der Düfte, unter unzutreffender Berufung auf die EuGH-Entscheidung „Toshiba Europe".

c) Zum Erfordernis eines Vergleichs kehrte der BGH in seiner *Aluminiumräder*-Entscheidung vom 15.7.2004 zurück.[220] Der I. ZS habe „wiederholt entschieden, dass die Bezugnahme auf einen Mitbewerber, die zwar alle Merkmale des § 2 I UWG a. F. (= § 6 I UWG n. F.), nicht aber die eines Vergleichs erfüllt, keine vergleichende Werbung darstellt (BGH, GRUR 1999, 1100, 1101 – *Generika-Werbung;* GRUR 2002, 75, 76 – *„SOOOO … BILLIG!"?*)". Dementsprechend liege in der bloßen Bezugnahme auf die Waren eines Mitbewerbers, auch wenn sie mit dem Ziel einer Anlehnung an den guten Ruf erfolge, **keine vergleichende Werbung,** weil keine Kaufalternativen gegenübergestellt werden. 98

d) Nur wenige Monate später, am 2.12.2004, vertrat der I. ZS in seiner *Bestellnummernübernahme*-Entscheidung unter unzutreffender Bezugnahme auf die Rechtsprechung des EuGH wieder den gegenteiligen Standpunkt.[221] Vergleichende Werbung iSv § 6 Abs. 1 UWG liege „immer dann vor, wenn eine Äußerung – auch nur mittelbar – auf einen Mitbewerber oder die von ihm angebotenen Waren oder Dienstleistungen Bezug nimmt (vgl. EuGH, Slg. 2001, I-7945 Rn. 30 f. = GRUR 2002, 354 – *Toshiba/Katun;* Slg. 2003, I-3095 Rn. 35 = GRUR 2003, 533 – *Pippig Augenoptik/Hartlauer;* BGHZ 158, 26, 32 = GRUR 2004, 607 – *Genealogie der Düfte*)". Dabei sei ohne Belang, welche Form die Äußerung aufweise und **ob ein Vergleich** zwischen den vom Werbenden angebotenen Waren oder Dienstleistungen und denen des Mitbewerbers vorliege. 99

e) In seiner Entscheidung *„Coaching Newsletter"* vom 19.5.2011 ist der BGH wieder zu der Ansicht zurückgekehrt, dass vergleichende Werbung iSv § 6 „**neben** dem Erkennbarmachen konkreter Wettbewerber **zwingend einen Vergleich** der von diesen angebotenen, hinreichend austauschbaren Produkte" voraussetze.[222] Soweit er in früheren Entscheidungen anders entschieden habe, halte er daran nicht fest. 100

4. Lösungsvorschläge des Schrifttums. a) Nach herrschender Lehre regeln § 6 UWG bzw. Art. 2 Nr. 2a RL 84/450/EWG (jetzt Art. 2 lit. c RL 2006/114/EG) **nur** bezugnehmende Werbung **mit Vergleich,** dh mit der Gegenüberstellung der eigenen Leistungen und der von Mitbewerbern.[223] 101

b) Eine noch weiter reichende Ansicht will vor allem wegen § 6 Abs. 2 Nr. 1 u. 2 UWG den Anwendungsbereich von § 6 Abs. 1 UWG auf Vergleiche von **Waren und Dienstleistungen** beschränken.[224] Aus § 6 Abs. 2 Nr. 5 UWG und der entsprechenden Vorschrift des Art. 4 lit. c RL 2006/114/EG ergibt sich jedoch, dass die Regelung vergleichender Werbung außer Bezugnahmen auf Waren und Dienstleistungen auch Bezugnahmen auf Tätigkeiten und (geschäftliche oder persönliche) Verhältnisse eines Mitbewerbers erfassen 102

[220] BGH GRUR 2005, 163 (165) – Aluminiumräder.

[221] BGH GRUR 2005, 348 (II.2.) – Bestellnummernübernahme.

[222] BGH GRUR 2012, 74 Rn. 18 – Coaching Newsletter; BGH GRUR 2018, 924 Rn. 66 – ORTLIEB; BGH GRUR 2019, 644 Rn. 15 – Knochenzement III; BGH GRUR 2019, 631 Rn. 27 – Das beste Netz; unionsrechtliche Bedenken gegen die Ansicht des BGH, dass sich der Vergleich aus der Werbung selbst und nicht lediglich aus den äußeren Umständen ergeben muss, äußert *Ohly* WRP 2018, 131 Rn. 46.

[223] Begr. Reg.-Entw. BT-Drs. 14/2959, 10 f. = WRP 2000, 555 (560); *Alexander* WRP 2018, 765 Rn. 47; *Bärenfänger* WRP 2011, 160 (166); *Beater* S. 559 Rn. 1507; *Bottenschein* GRUR 2006, 462 (465, 466); *Dilly/Ulmar* WRP 2005, 467 (471 f.); *Fröndhoff* S. 101; *Gabel* WRP 2005, 1102 (1114); *Gamerith* ÖBl. 1998, 115 (119, c); *Hasselblatt/Leister* in Gloy/Loschelder/Danckwerts HdbWettbR § 60 Rn. 31, 34; GroßKomm-UWG/*Glöckner* § 6 Rn. 277 ff., 282; *Henn,* Markenschutz und UWG, S. 82; *Kebbedies* S. 172 ff.; *Köhler/* Bornkamm/Feddersen § 6 Rn. 50 f.; *Köhler* GRUR 2005, 273 (278 f., 280, 5.); *Köhler* GRUR-RR 2006, 73 (74); *Köhler* WRP 2008, 414 (415 ff.); *Köhler* WRP 2012, 82 (83); *Koos* in Fezer/Büscher/Obergfell § 6 Rn. 75; *Lehmler* § 6 Rn. 23, 25; *Lopez Ramos* in Büscher § 6 Rn. 101, 105; *Nordmann* GRUR Int. 2002, 297 (298); *Ohly*/Sosnitza § 6 Rn. 36; *Ohly* GRUR 2007, 3 (5, 10) (IV.1.); *Ohly/Spence* GRUR Int. 1999, 681 (686); *Peifer* WRP 2011, 1 (3); *Plaß* NJW 2000, 3161 (3162); *Riedel* S. 165 f., 188 (3.); *Scherer* GRUR 2012, 545 (546); *Tilmann* GRUR 1999, 546; *Stier/Schneider* in Götting/Nordemann § 6 Rn. 40; ebenso OLG Frankfurt a. M. WRP 2015, 122 Rn. 15 – Sprayender Waschbär; ebenso im Ergebnis die Stellungnahme des MPI GRUR Int. 2000, 265; **aA** OLG Köln MarkenR 2006, 33 (35) (II.2.a) – Duftvergleich mit Markenparfum; OLG Hamburg GRUR-RR 2007, 244 (246) – Neuwahlen; *Alexander* GRUR 2010, 482 (485); *Borck* WRP 2001, 1124 (1126 f.); *Faßbender* EuZW 2005, 42 (44); *Freund* S. 53; MüKoUWG/*Menke* § 6 Rn. 113 ff., 148; *Plaß* in HK-WettbR § 6 Rn. 9.

[224] Dagegen *Marx* EWS 2001, 353 (355); *Sack* WRP 2001, 327 (336); *Sack* WRP 2002, 363 (367).

soll. Ferner nennt § 6 Abs. 1 UWG neben Bezugnahmen auf Waren oder Dienstleistungen **ausdrücklich** auch Bezugnahmen auf Mitbewerber.[225]

103 c) Es wird ferner die Ansicht vertreten, dass ein Erkennbarmachen von Mitbewerbern iSv § 6 Abs. 1 UWG nur vorliege, wenn diese **in ihrer Eigenschaft als Mitbewerber** erkennbar gemacht werden.[226] An dieser Auslegung von § 6 Abs. 1 UWG scheitert ein erheblicher Teil der Bezugnahmen auf Mitbewerber ohne Vergleich.

104 d) Eine weitere Ansicht leitet aus den Worten „wer vergleichend wirbt" in § 6 Abs. 2 UWG ab, dass diese Vorschrift – dh § 6 Abs. 2 UWG – nur auf Vergleiche im eigentlichen Sinne, dh auf Gegenüberstellungen, anzuwenden sei.[227] Begrifflich und systematisch verfehlt wäre es jedoch, den Begriff der vergleichenden Werbung in § 6 Abs. 1 anders als in § 6 Abs. 2 zu interpretieren, dh in § 6 Abs. 1 UWG auf einen (echten) Vergleich zu verzichten, jedoch einen solchen bei § 6 Abs. 2 UWG zu fordern.

105 e) Erfasst man mit § 6 Abs. 1 UWG auch bezugnehmende Werbung ohne Vergleich, würde dies zu den unbefriedigenden Ergebnissen führen, dass Ersatzteil- und Zubehörwerbung sowie persönliche und unternehmensbezogene Werbung, soweit kein Vergleich vorgenommen wird, bei wörtlicher Auslegung dieser Vorschrift **generell** gegen § 6 Abs. 2 Nr. 1 u. 2 UWG verstößt. Diesem Ergebnis kann man allerdings durch eine restriktive Auslegung bzw. teleologische Reduktion dieser Regelungen begegnen, indem man ihren Anwendungsbereich auf Vergleiche von Waren und Dienstleistungen beschränkt.[228]

106 f) Nach *Köhler* ist die Frage ob es eine „vergleichende Werbung ohne Vergleich" gibt, ein „Scheinproblem".[229] Denn das Erfordernis eines Vergleichs ergebe sich bereits aus der Definition des Begriffs „Werbung" durch Art. 2 lit. a RL 2006/114/EG, die einen Bezug zum Angebot des Werbenden haben müsse. Darüber hinaus müsse vergleichende Werbung einen Mitbewerber oder die von ihm angebotenen Waren oder Dienstleistungen erkennbar machen. Im letzteren Fall sei **ohne Weiteres** ein Vergleich, nämlich eine Gegenüberstellung der beiden Angebote gegeben.[230] Dem ist entgegenzuhalten, dass Werbung, die Mitbewerber oder ihre Leistungen erkennbar macht, nicht ohne Weiteres einen Vergleich enthält. Das zeigen vor allem die oben genannten Beispiele der persönlichen und unternehmensbezogenen Werbung,[231] der Werbung für Ersatzteile und Zubehör sowie der Werbehinweise auf fragwürdige Werbe- und Geschäftsmethoden eines Mitbewerbers (→ Rn. 83 ff.). Das Erkennbarmachen von Mitbewerbern als Mitbewerber wird zwar häufig, aber keineswegs immer einen Vergleich implizieren (→ Rn. 80, 103, 118).

107 **5. Eigene Meinung.** Die vorangegangenen Ausführungen haben gezeigt, dass eine **wörtliche** Auslegung der RL 2006/114/EG bzw. des § 6 UWG zu keinen sachgerechten Ergebnissen führt. Denn Art. 2 lit. c RL 2006/114/EG ist **mehrdeutig.**

108 **a) Das Erfordernis eines Vergleichs.** Vergleichende Werbung iSv § 6 und § 5 Abs. 3 UWG erfordert neben dem Erkennbarmachen von konkreten Mitbewerbern und ihren Leistungen aus folgenden Gründen auch einen **Vergleich** der betreffenden Waren, Dienstleistungen oder sonstigen Umstände:

109 aa) Sowohl nach dem normalen **Wortsinn**[232] als auch nach der herkömmlichen wettbewerbsrechtlichen Terminologie der Mitgliedstaaten der EG ist vergleichende Werbung

---

225 *Sack* WRP 2004, 817 (818 aE).

226 *Sack* GRUR 2004, 720 (723); *Sack* in diesem Kommentar → § 6 Rn. 58, 80, 119; *Köhler* GRUR 2005, 273 (277, 280).

227 *Kebbedies* S. 172 f.

228 Vgl. *Marx* EWS 2001, 353 (355); *Sack* WRP 2001, 327 (336); *Sack* WRP 2002, 363 (367); ob dies noch als restriktive Auslegung oder schon als teleologische Reduktion zu bewerten wäre, kann hier offen bleiben, da es im praktischen Ergebnis unerheblich ist.

229 *Köhler*/Bornkamm/Feddersen § 6 Rn. 48; kritisch dazu GroßKommUWG/*Glöckner* § 6 Rn. 275 f.

230 *Köhler*/Bornkamm/Feddersen § 6 Rn. 50.

231 *Scherer* GRUR 2012, 545 (548) (IV.2.a).

232 Vgl. *Dilly/Ulmar* WRP 2005, 467 (471); *Riedel* S. 166.

durch einen **Vergleich** gekennzeichnet, bei dem Waren, Dienstleistungen oder sonstige Umstände des Werbenden und eines Mitbewerbers einander gegenübergestellt werden.

bb) **Zweck** der RL 97/55/EG (jetzt RL 2006/114/EG) war die Regelung der vergleichenden Werbung in diesem wettbewerbsrechtlichen Sinne. Nicht feststellbar ist, warum der Wortlaut von Art. 2 Nr. 2a RL 97/55/EG (jetzt Art. 2 lit. c RL 2006/114/EG) über diesen Zweck hinausreicht, indem er auch identifizierende Bezugnahmen auf Mitbewerber ohne einen Vergleich im eigentlichen Wortsinne, dh ohne vergleichende Gegenüberstellung, erfasst. Wahrscheinlich hatte diese Vorschrift nur den Zweck klarzustellen, dass die RL und ihre Zulässigkeitsbedingungen nur auf **identifizierende** Bezugnahmen anwendbar sein sollen, während **abstrakte** Vergleiche, zB Alleinstellungswerbung oder die Benennung konkurrierender Warengattungen, außerhalb ihres Anwendungsbereichs liegen. Wenn diese Deutung zutrifft, enthalten § 6 Abs. 1 UWG und Art. 2 lit. c RL 2006/114/EG **keine umfassende Legaldefinition,** sondern nur eine Klarstellung und Beschränkung des Anwendungsbereichs der Regelungen auf **identifizierende** Bezugnahmen auf Mitbewerber und ihre Leistungen. 110

cc) **Erwägungsgrund 6** der RL 2006/114/EG bzw. früher Erwägungsgrund 2 der RL 97/55/EG nennt als Zweck der Harmonisierung des Rechts der vergleichenden Werbung, „die **Vorteile** der verschiedenen vergleichbaren Ergebnisse objektiv herauszustellen".[233] Bloße Bezugnahmen auf konkrete Mitbewerber und ihre Leistungen reichen hierfür nicht aus. 111

dd) Der eben genannte **Zweck der RL** hat in ihrer Überschrift und in der häufigen Verwendung des Wortes „vergleichend" in den Regelungen der RL, insbesondere in Art. 3a Abs. 1 RL 84/450/EWG (jetzt Art. 4 RL 2006/114/EG), aber auch in Art. 7 Abs. 2 bzw. Art. 8 Abs. 1 S. 2 dieser Richtlinien seinen deutlichen Ausdruck gefunden. Kein ausreichendes Argument für das Erfordernis eines Vergleichs ist hingegen die Annahme, dass die Satzteile „wer vergleichend wirbt, wenn der Vergleich" in § 6 Abs. 2 UWG und „was den Vergleich anbelangt" in Art. 4 RL 2006/114/EG sowie die entsprechende Formulierung in Erwägungsgrund 9 RL 2006/114/EG (früher Erwägungsgrund 7 RL 84/450/EWG) überflüssig würden, wenn man für vergleichende Werbung keinen Vergleich im eigentlichen Wortsinne für erforderlich hielte.[234] Denn wenn der Begriff der vergleichenden Werbung nach § 6 Abs. 1 UWG und Art. 2 lit. c RL 2006/114/EG alle identifizierenden Bezugnahmen auf Mitbewerber und ihre Leistungen – auch ohne Vergleich im Wortsinne des allgemeinen Sprachgebrauchs – umfasste, dann wäre der Begriff des Vergleichs ebenso in § 6 Abs. 2 UWG bzw. in Art. 4 RL 2006/114/EG auszulegen. 112

ee) Wenn man für vergleichende Werbung nach § 6 UWG keinen Vergleich im Sinne einer Gegenüberstellung verlangt und auch nicht bei den Verbotstatbeständen des § 6 Abs. 2 UWG nachkorrigiert, dann gelangt man teilweise zu **strengeren Ergebnissen** als das vor der Neuregelung als zu streng angesehene deutsche Recht. Das stößt in Anbetracht des Liberalisierungszwecks der RL 97/55/EG auf Bedenken. 113

ff) Einige Zulässigkeitskriterien des Art. 4 RL 2006/114/EG bzw. des § 6 Abs. 2 UWG setzen Vergleiche im eigentlichen Wortsinne voraus.[235] Das gilt insbesondere für § 6 Abs. 2 Nr. 1 u. 2 UWG. Daraus folgt allerdings nicht zwingend, dass **alle** Regelungen des § 6 UWG einen Vergleich erfordern. 114

gg) Für eine Beschränkung des Anwendungsbereichs der RL auf echte Vergleiche sprechen auch Probleme der Abgrenzung zum europäischen **Markenrecht,** auf die der EuGH in seiner *Toshiba*-Entscheidung vom 25.10.2001 hingewiesen hat. Denn die Vor- 115

---

[233] Vgl. *Dilly/Ulmar* WRP 2005, 467 (471).

[234] So jedoch *Kebbedies* S. 172 f.; gegen einen Rückschluss von den Zulässigkeitsvoraussetzungen des § 6 Abs. 2 bzw. des Art. 4 RL 2006/114/EG auf den Anwendungsbereich des § 6 Abs. 1 bzw. Art. 2 lit. c RL 2006/114/EG GroßKommUWG/*Glöckner* § 6 Rn. 279 f.

[235] Begr. Reg.-Entw. BT-Drs. 14/2959, 10 f.; *Dilly/Ulmar* WRP 2005, 467 (471 f.); *Ohly* GRUR 2007, 3 (5); *Riedel* S. 166.

schriften über vergleichende Werbung und das Markenrecht überschneiden sich zwar ganz erheblich, regeln jedoch die betreffenden Sachverhalte nicht übereinstimmend. Dabei reichen die markenrechtlichen Verbote des § 14 Abs. 2 MarkenG wesentlich weiter als die Verbote des § 6 UWG. Das gilt vor allem für den Tatbestand der **„Doppelidentität"** des § 14 Abs. 2 Nr. 1 MarkenG. Ausführlich zum Verhältnis von § 6 zum Markenrecht → Rn. 264 ff.

116 **hh) Folgerungen.** In in der Regel liegt keine vergleichende Werbung iSv § 6 Abs. 1 vor in den in → Rn. 83 ff. genannten Fällen der **persönlichen** und **unternehmensbezogenen** Werbung, in Werbehinweisen auf fragwürdige Geschäfts- und Werbemethoden eines Mitbewerbers sowie in der Werbung für **Ersatzteile, Zubehör** und **Verbrauchsmaterialien,** wenn kein Vergleich mit den entsprechenden Waren des Herstellers des Hauptprodukts vorgenommen wird. Auch die bloße Kritik an Waren oder Dienstleistungen eines Mitbewerbers oder die Ausnutzung des guten Rufs eines Konkurrenzprodukts beinhaltet nicht notwendig einen (impliziten) Vergleich.

117 **b) Vergleich von Waren oder Dienstleistungen.** § 6 Abs. 1 erfasst nach seinem Wortlaut nicht nur Bezugnahmen auf Waren oder Dienstleistungen, sondern auch auf persönliche und geschäftliche Verhältnisse von Mitbewerbern. Letztere wären nach dem Wortlaut von § 6 Abs. 2 Nr. 1 u. 2 UWG generell unlauter, da sie keine Waren oder Dienstleistungen im Sinne dieser Regelungen vergleichen.[236] Ein generelles Verbot persönlicher und unternehmensbezogener Werbung ist jedoch abzulehnen.[237] Denn es gibt Fälle, in denen unternehmensbezogene und persönliche vergleichende Werbung gerechtfertigt sein kann,[238] zB bei Abwehr- und Auskunftsvergleichen,[239] bei Informationen über den Ausgang eines Rechtsstreits, der auch Kundeninteressen berührt,[240] oder wenn ein Unternehmen wettbewerbswidrige Werbung eines Mitbewerbers unter Nennung seines Namens kritisiert oder richtig stellt.[241] Außerdem wären § 6 Abs. 2 Nr. 5 UWG und die entsprechende Regelung des Art. 4 lit. d RL 2006/114/EG überflüssig, soweit sie die **Herabsetzung** oder **Verunglimpfung** von „Tätigkeiten oder (persönlichen oder geschäftlichen) Verhältnissen" von Mitbewerbern betreffen.[242] Diese Vorschriften setzen jedoch voraus, dass auch (vergleichende) Bezugnahmen auf persönliche oder geschäftliche Verhältnisse von Mitbewerbern in den Anwendungsbereich des § 6 Abs. 1 UWG fallen. Deshalb wäre es mit § 6 Abs. 2 Nr. 5 UWG und Art. 4 lit. c RL 2006/114/EG unvereinbar, den Anwendungsbereich von § 6 Abs. 1 UWG auf Vergleiche von **Waren oder Dienstleistungen** zu beschränken.[243] Gegen eine solche Beschränkung spricht ferner, dass § 6 UWG neben Bezugnahmen auf Waren oder Dienstleistungen ausdrücklich auch Bezugnahmen auf Mitbewerber nennt.[244] Die notwendige Korrektur ist bei § 6 Abs. 2 Nr. 1 u. 2 UWG vorzunehmen. Der Anwendungsbereich dieser Regelungen ist aus den genannten Gründen auf **Vergleiche von Waren oder Dienstleistungen** zu beschränken. Gegen persönliche und unternehmensbezogene vergleichende Werbung bieten die Verbote der

[236] Vgl. *Tilmann* GRUR 1997, 790 (795); MüKoUWG/*Menke* § 6 Rn. 145; aA *Koos* in Fezer/Büscher/Obergfell § 6 Rn. 127, wo angenommen wird, dass ein persönlicher oder unternehmensbezogener Vergleich regelmäßig auch Waren oder Dienstleistungen miteinander vergleiche; vgl. auch *Ohly/Spence* GRUR Int. 1999, 681 (686), nach denen mitbewerberbezogene Werbung als Bezugnahme auf Dienstleistungen zu verstehen sei.

[237] Begr. Reg.-Entw. BT-Drs. 14/2959, 10; MüKoUWG/*Menke* § 6 Rn. 145, 146; *Ohly*/Sosnitza § 6 Rn. 38, 41; *Sack* WRP 2001, 327 (332, 336, 344); *Sack* WRP 2002, 363 (364, 367); *Tilmann* GRUR 1997, 790 (796); aA *Köhler*/Bornkamm/Feddersen § 6 Rn. 180 (Unzulässigkeit nach § 6 Abs. 2 Nr. 1).

[238] Vgl. *Sack* WRP 2004, 817 (820); *Ohly/Spence* GRUR Int. 1999, 681 (686).

[239] Vgl. *Sack* WRP 2004, 817 (820).

[240] OLG Saarbrücken NJW-WettbR 1998, 30 (31); öst. OGH WBl. 2003, 144 – Schirmbar; *Baumbach/Hefermehl* UWG § 1 Rn. 436; *Sack* WRP 2004, 817 (820).

[241] Vgl. OLG München WRP 1996, 236 (237); *Baumbach/Hefermehl* UWG § 1 Rn. 436; *Sack* WRP 2004, 817 (820).

[242] Vgl. *Sack* WRP 2002, 363 (364, 367, b); *Ohly*/Sosnitza § 6 Rn. 38.

[243] Vgl. *Sack* WRP 2002, 363 (367); *Sack* WRP 2004, 817 (818); *Ohly*/Sosnitza § 6 Rn. 38.

[244] Vgl. *Marx* EWS 2001, 353 (356); *Sack* WRP 2004, 817 (818 aE).

Irreführung und der unlauteren Herabsetzung und Rufausnutzung ausreichenden Schutz.[245]

c) Weite Auslegung des Begriffs der vergleichenden Werbung; implizite Vergleiche. Gegen die hier vertretene Ansicht spricht nicht, dass nach Erwägungsgrund 6 der RL 97/55/EG (jetzt Erwägungsgrund 8 der RL 2006/114/EG) der Begriff der vergleichenden Werbung „breit gefasst werden (sollte), so dass alle Arten der vergleichenden Werbung abgedeckt" werden.[246] Denn das Gebot einer breiten Auslegung kann sich ebenso auch auf vergleichende Werbung **mit Vergleich** beziehen. Das bedeutet vor allem, dass nicht nur ausdrückliche Vergleiche, sondern auch **mittelbare (implizite) Vergleiche** von § 6 UWG erfasst werden.[247] So enthält zB die Werbung für **Zubehör, Ersatzteile** und **Verbrauchsmaterialien** unter Benutzung der **OEM-Nummern** des konkurrierenden Herstellers der Hauptware nicht nur eine **Kompatibilitätsaussage,** sondern auch eine **Äquivalenzbehauptung,** dh die implizite Behauptung der **funktionalen Gleichwertigkeit** der Produkte des Werbenden mit denen des Herstellers des Hauptprodukts, also einen Vergleich.[248] Kein Vergleich, auch nicht in Form einer Gleichwertigkeitsbehauptung, liegt hingegen vor, wenn in einem Briefmarkenkatalog auf die Briefmarken-Klassifizierungsnummern eines konkurrierenden (führenden) Briefmarkenkatalogs hingewiesen wird.[249] Die Anpreisung eigener Leistungen ist ebenfalls nicht ohne Weiteres zugleich auch ein Vergleich mit den Leistungen von Mitbewerbern.[250] Auch ein kritischer Hinweis auf Mitbewerber oder ihre Leistungen ist nicht ohne Weiteres ein mittelbarer Vergleich mit entsprechenden Eigenschaften der Leistungen des Werbenden. Es genügt nicht, dass Kritik an Mitbewerbern in aller Regel die Behauptung impliziert, bei den eigenen Leistungen und sonstigen Umständen bestehe kein Anlass für diese Kritik.[251] Bei kritischen Bezugnahmen auf Mitbewerber ist deshalb ein Werbevergleich – so der BGH – „grundsätzlich zu verneinen, wenn eine Werbeaussage so allgemein gehalten ist, dass sich den angesprochenen Verkehrskreisen eine Bezugnahme auf den Werbenden **nicht aufdrängt,** sondern diese sich nur **reflexartig** daraus ergibt, dass mit jeder Kritik an Mitbewerbern in der Regel unausgesprochen zum Ausdruck gebracht wird, dass diese Kritik den Werbenden selbst nicht betrifft".[252] Ebenso wie die Kritik an Mitbewerbern ist auch die Anlehnung an den Ruf von Mitbewerbern nicht ohne Weiteres ein impliziter Vergleich. Ferner ist die bloße **Aufforderung zum Vergleich** noch nicht ohne Weiteres ein Vergleich.[253]

---

[245] Zurückhaltender *Köhler* GRUR 2005, 273 (279, 280, 6.), der zwar nicht § 6 Abs. 2 Nr. 1 UWG, jedoch Nr. 2 analog anwenden will; ähnlich *Ohly*/Sosnitza § 6 Rn. 38, 41; aA *Faßbender* EuZW 2005, 42 (44).

[246] *Dilly/Ulmar* WRP 2005, 467 (471).

[247] EuGH Slg. 2001, I-7945 = GRUR 2002, 345 Rn. 38, 39 – Toshiba Europe; EuGH Slg. 2006, I-2147 = GRUR 2006, 345 Rn. 17 – Siemens; BGH GRUR 2004, 607 (611) (II.2.) – Genealogie der Düfte; BGH GRUR 2005, 348 (II.2.) – Bestellnummernübernahme; *Dilly/Ulmar* WRP 2005, 467 (472); *Hasselblatt/Leister* in Gloy/Loschelder/Danckwerts HdbWettbR § 60 Rn. 33; *Kebbedies* S. 166 ff.; *Koos* in Fezer/Büscher/Obergfell § 6 Rn. 75, 76, 80; *Ohly* GRUR 2007, 3 (6); *Sack* WRP 2004, 817 (818) (II.1.).

[248] EuGH Slg. 2001, I-7945 = GRUR 2002, 354 Rn. 38–40 – Toshiba Europe; EuGH Slg. 2006, I-2147 = GRUR 2006, 345 – Siemens; *Bottenschein* GRUR 2006, 462 (465); *Dilly/Ulmar* WRP 2005, 469 (473); *Lettl* WRP 2004, 1079 (1118); diese Werbung ist hingegen nicht ohne weiteres als Behauptung der *qualitativen* Gleichwertigkeit zu verstehen, vgl. EuGH Slg. 2005, I-2337 = GRUR 2005, 509 Ls. 2 – Gillette Company/LA-Laboratories; BGH GRUR 2003, 444 (445) (I.1.a) – Ersetzt; BGH GRUR 2005, 172 (175) – Stresstest; BGH GRUR 2005, 348 (II.2.) – Bestellnummernübernahme; *Koos* in Fezer/Büscher/Obergfell § 6 Rn. 76; *Ohly* GRUR 2007, 3 (5); *Sack* GRUR 2004, 720 (721) (III.); *Scherer* GRUR 2012, 545 (547).

[249] BGH WRP 2011, 51 Rn. 33 – Markenheftchen.

[250] BGH GRUR 1999, 1100 (1101) – Generika-Werbung.

[251] BGH GRUR 2002, 75 (76) – „SOOOO … BILLIG!"?

[252] BGH GRUR 2002, 75 (Ls. a), 76 (2.a) – „SOOOO … BILLIG!"?; ebenso GRUR 2012, 74 Rn. 19 – Coaching Newsletter; aA *Koos* in Fezer/Büscher/Obergfell § 6 Rn. 80.

[253] BGH GRUR 1999, 501 (502) (II.2.) – Vergleichen Sie; ebenso schon vor der RL 97/55/EG BGH GRUR, 1961, 237 (240) – TOK-Band; GRUR 1974, 280 (281) – Divi; GRUR 1987, 49 (50) – Cola-Test (mit Anm. *Sack* GRUR 1987, 51); *Sack* WRP 2008, 170 (176); *Köhler*/Bornkamm/Feddersen § 6 Rn. 56.

119 **d) Erkennbarmachen von Mitbewerbern in ihrer Eigenschaft als Mitbewerber.** Fordert man mit der hier vertretenen Ansicht über den Wortlaut des § 6 Abs. 1 UWG hinaus außer einem Erkennbarmachen von Mitbewerbern und ihren Leistungen einen **Vergleich** im Sinne einer Gegenüberstellung, dann verliert das Erfordernis eines Erkennbarmachens von Mitbewerbern in ihrer Eigenschaft als Mitbewerber an praktischer Bedeutung, vgl. → Rn. 80, 103.

D. Die Unlauterkeitstatbestände des § 6 Abs. 2 UWG

120 § 6 Abs. 2 UWG regelt, unter welchen Voraussetzungen vergleichende Werbung „unlauter" ist. Die Unlauterkeitstatbestände des § 6 Abs. 2 UWG setzen – mit Ausnahme der verbraucherbezogenen Irreführungs- und Verwechslungsgefahr iSv Art. 6 der UGP-Richtlinie 2005/29/EG – Art. 4 RL 2006/114/EG in deutsches Recht um.

I. § 6 Abs. 2 Nr. 1: gleicher Bedarf oder dieselbe Zweckbestimmung

121 Nach § 6 Abs. 2 Nr. 1 UWG ist vergleichende Werbung unlauter, wenn sie sich nicht auf Waren oder Dienstleistungen für den gleichen Bedarf oder dieselbe Zweckbestimmung bezieht. Diese Vorschrift setzt die entsprechende Regelung des Art. 4 lit. b RL 2006/114/EG in deutsches Recht um. Trotz der inhaltlichen Ähnlichkeit der Kriterien haben diese eine andere Funktion als die Definition der vergleichenden Werbung in § 6 Abs. 1 UWG bzw. in Art. 2 lit. c RL 2006/114/EG. Die Kriterien für die Feststellung, ob die verglichenen Waren oder Dienstleistungen „den gleichen Bedarf" decken sollen oder „dieselbe Zweckbestimmung" haben, sind nicht identisch mit den Kriterien eines Mitbewerberverhältnisses zwischen den Parteien, auch wenn sie sehr ähnlich sind.[254] Während die Definition der vergleichenden Werbung erfordert, dass die verglichenen Waren oder Dienstleistungen **in allgemeiner Weise** einen gewissen Grad an Substituierbarkeit aufweisen, erfordert § 6 Abs. 2 Nr. 1 UWG bzw. Art. 4 lit. b RL 2006/114/EG eine **individuelle und konkrete** Beurteilung der speziellen Waren oder Dienstleistungen, um festzustellen, ob sie wirklich untereinander substituierbar sind.[255] Andernfalls, dh bei Identität der genannten Kriterien, verlören § 6 Abs. 2 Nr. 1 UWG und Art. 4 lit. b RL jede praktische Wirksamkeit, da Werbung, die als vergleichende Werbung zu bewerten wäre, nicht gegen diese Vorschriften verstoßen könnte.[256] Für die individuelle und konkrete Prüfung der **Austauscbarkeit** sind die nationalen Gerichte zuständig.[257]

122 **1. Der Schutzzweck von § 6 Abs. 2 Nr. 1 UWG.** Zum Schutzzweck dieser Regelung bieten weder die Begründung zum Regierungsentwurf noch die Begründungserwägungen zur Präambel der RL verwertbare Hinweise. Sie dürften sich jedoch trotz unterschiedlicher gesetzlicher Ausgestaltung im Wesentlichen mit denjenigen von § 6 Abs. 2 Nr. 2 UWG decken, zu denen die amtlichen Begründungen Anhaltspunkte enthalten. Danach verfolgt § 6 Abs. 2 Nr. 1 UWG **mehrere Schutzzwecke,** die einander überschneiden und ergänzen.

123 Dies ist zum einen der **Irreführungsschutz;** es soll verhindert werden, dass die vergleichende Werbung einen verzerrten Gesamteindruck erweckt.[258] Außerdem verfolgt § 6 Abs. 2 Nr. 1 UWG – unabhängig vom Irreführungsschutz – einen **Informations-**

[254] EuGH Slg. 2007, I-3115 = GRUR 2007, 511 Rn. 46 – De Landtsheer Emmanuel; EuGH GRUR 2011, 159 Rn. 31 – Lidl/Vierzon Distribution.

[255] EuGH Slg. 2007, I-3115 = GRUR 2007, 511 Rn. 43 ff., 47 – De Landtsheer Emmanuel; EuGH GRUR 2011, 159 Rn. 33 – Lidl/Vierzon Distribution.

[256] EuGH Slg. 2007, I-3115 = GRUR 2007, 511 Rn. 45 – De Landtsheer Emmanuel; EuGH GRUR 2011, 159 Rn. 36 ff. – Lidl/Vierzon Distribution.

[257] EuGH GRUR 2011, 159 Rn. 33, 40 – Lidl/Vierzon Distribution.

[258] So zu § 2 Abs. 2 Nr. 2 UWG Begr. Reg.-Entw. BT-Drs. 14/2959, 11.

zweck.[259] Die Verbraucherinformation zählt aufgrund mehrerer EG-Programme sowie in der Rechtsprechung des EuGH zu den fundamentalen gemeinschaftsrechtlichen Verbraucherrechten.[260] Rationale Verbraucherentscheidungen, die ausreichende Informationen erfordern, sind Voraussetzung eines funktionsfähigen Wettbewerbs. Ein dritter Schutzzweck des § 6 Abs. 2 Nr. 1 UWG ist der **Sachlichkeitsgrundsatz.**[261] Ferner beruht § 6 Abs. 2 Nr. 1 UWG noch auf dem **Verhältnismäßigkeitsprinzip;**[262] die Interessen des durch vergleichende Werbung erkennbar gemachten Mitbewerbers sollen nicht mehr beeinträchtigt werden, als dies im Interesses des Werbenden und der angesprochenen Verbraucher an sachlicher Aufklärung erforderlich ist.[263] Schließlich ist § 6 Abs. 2 Nr. 1 UWG nach seinem Schutzzweck nur auf Vergleiche von Waren oder Dienstleistungen anwendbar.

Diese Schutzzwecke können **Ausnahmen** vom Verbot des § 6 Abs. 2 Nr. 1 UWG 124
rechtfertigen, wenn eine bestimmte Form vergleichender Werbung zwar im Widerspruch zum Wortlaut dieser Vorschrift steht, jedoch mit den genannten Schutzzwecken vereinbar ist. Außerdem regelt § 6 Abs. 2 Nr. 1 UWG nach seinem **Schutzzweck** nur Vergleiche von Waren oder Dienstleistungen (→ Rn. 117, 123). Insoweit ist dieser Unlauterkeitstatbestand teleologisch zu reduzieren. Deshalb erfasst er nicht die **persönliche und unternehmensbezogene** vergleichende Werbung, zB einen Vergleich der Ladenöffnungszeiten oder der Dichte des Händlernetzes[264] oder einen Vergleich von Werbemethoden.[265] Ferner stünde ein **generelles** Verbot dieser Formen vergleichender Werbung im Widerspruch zu den anderen oben genannten Schutzzwecken.

2. Gleicher Bedarf oder dieselbe Zweckbestimmung. Die Begriffe **„gleicher Bedarf"** und **„dieselbe Zweckbestimmung"** sind **weit auszulegen,**[266] damit die Möglichkeiten 125
vergleichender Werbung nicht zu sehr eingeschränkt werden. Ein **enges** Verständnis ist nicht wegen der Interessen der Mitbewerber geboten, denn ihren Belangen wird durch die weiteren Zulässigkeitserfordernisse der vergleichenden Werbung hinreichend Rechnung getragen.[267] Notwendig und ausreichend ist, dass die angebotenen Waren oder Dienstleistungen „vergleichbar" sind[268] und einen hinreichenden Grad an Austauschbarkeit aufweisen.[269] Das sind letztlich nur Waren oder Dienstleistungen, mit denen ein Wettbewerbsteilnehmer im Wettbewerb mit dem Mitbewerber steht, auf den sich der Vergleich bezieht.[270]

Eine völlige Identität der verglichenen Waren oder Dienstleistungen ist deshalb 126
nicht erforderlich.[271] Es können auch Produkte sein, die (nur) **funktionsidentisch**

---

[259] So zu Art. 3a Abs. 1 lit. c RL = § 2 Abs. 2 Nr. 2 UWG die Begründungserwägung Nr. 5 der RL; vgl. auch BGH GRUR 1999, 501 (502) (II.3.b) – „Vergleichen Sie"; *Ziervogel* S. 90 f., 125 f.

[260] Vgl. EuGH Slg. 1990, I-667 Rn. 14–18 – GB-Inno-BM; EuGH Slg. 1993, I-2361 Rn. 17 = GRUR 1993, 747 – Yves Rocher; ausführlicher dazu *Sack* BB 1994, 225 (232 ff.).

[261] So zu § 2 Abs. 2 Nr. 2 UWG aF Begr. Reg.-Entw. BT-Drs. 14/2959, 11.

[262] So zu § 2 Abs. 2 Nr. 2 UWG aF Begr. Reg.-Entw. BT-Drs. 14/2959, 11; ebenso GroßKommUWG/*Glöckner* § 6 Rn. 343 aE.

[263] So zu § 2 Abs. 2 Nr. 2 UWG aF Begr. Reg.-Entw. BT-Drs. 14/2959, 11.

[264] Vgl. *Köhler*/Bornkamm/Feddersen § 6 Rn. 96.

[265] Offen gelassen vom BGH GRUR 2002, 75 (76) – „SOOOO … BILLIG!"?

[266] BGH GRUR 1999, 501 (502) – „Vergleichen Sie"; GRUR 2005, 172 (175) – Stresstest; OLG Frankfurt a. M. AfP 2006, 166 f.; OLG Hamburg GRUR-RR 2003, 219 – Frankfurt-Hahn.

[267] BGH GRUR 1999, 501 (502) – „Vergleichen Sie"; GRUR 2005, 172 (175) – Stresstest.

[268] Begründungserwägung Nr. 2 der RL; Begr. Reg.-Entw. BT-Drs. 14/2959, 7.

[269] EuGH Slg. 2006, I-8501 = GRUR 2007, 69 Rn. 26 – Lidl Belgium; EuGH Slg. 2007, I-3115 = GRUR 2007, 511 Rn. 44 – De Landtsheer Emmanuel; EuGH GRUR 2011, 159 Rn. 25, 28, 32, 39, 40 – Lidl/Vierzon Distribution; *Jestaedt,* Wettbewerbsrecht, Rn. 777.

[270] Begr. Reg.-Entw. BT-Drs. 14/2959, 7.

[271] Begr. Reg.-Entw. BT-Drs. 14/2959, 11; EuGH GRUR 2011, 159 Rn. 25, 28, 32, 39 – Lidl/Vierzon Distribution; BGH GRUR 1999, 501 (502) (II.3.b) – „Vergleichen Sie"; GRUR 2012, 75 Rn. 18 – Coaching Newsletter; OLG Frankfurt a. M. GRUR-RR 2001, 89 – Komfortanschluss; OLG München MMR 2003, 533 (534) = GRUR-RR 2003, 373 – Branchentelefonbuch; *Eck/Ikas* WRP 1999, 772 (773); *Plassmann* GRUR 1996, 377 (379).

sind[272] beziehungsweise die aus der Sicht der Verbraucher als **Substitutionsprodukte** ernsthaft in Betracht kommen;[273] zur nur teilweisen Funktionsidentität bzw. Substituierbarkeit vgl. → Rn. 131 ff. Für ein weites Verständnis iSv Vergleichbarkeit, die einen Werbevergleich grundsätzlich auch bei nicht-identischen Produkten zulässt, wenn sie funktionsidentisch sind oder aus der Sicht der Verbraucher als Substitutionsprodukte in Betracht kommen, sprechen sowohl der Wortlaut von § 6 Abs. 2 Nr. 1 UWG, wonach es nur auf den gleichen Bedarf oder dieselbe Zweckbestimmung ankommt, sowie das **Informationsinteresse** der Abnehmer.[274] Das Substitutionsverhältnis kann auch durch die Art der Werbung begründet werden, die dazu auffordert, für einen bestimmten Zweck statt der Warengattung A der Marke X die Warengattung B der Marke Y zu kaufen.[275]

127 **Funktionsidentisch** sind zB Modeschmuck und echter Schmuck,[276] Markenartikel, No-Name-Produkte und Waren mit Hausmarken, wenn sie in sachlicher Hinsicht funktionsgleich sind,[277] unterschiedliche Gebindegrößen einer Ware,[278] Wasser und Mineralwasser,[279] Müsli- und Schokoriegel[280] oder eine Wochenzeitung (ZEIT) und eine Tageszeitung (FAZ), soweit es die Reichweite ihrer Anzeigenwerbung betrifft.[281] Dem gleichen Bedarf und derselben Zweckbestimmung dienen auch Nahrungsmittel der gleichen Gattung, auch wenn sie sich hinsichtlich der Essbarkeit und des Genusses, den sie dem Verbraucher bereiten, je nach den Bedingungen und dem Ort ihrer Herstellung, den enthaltenen Zutaten und der Identität ihres Herstellers voneinander unterscheiden.[282] Eine andere Frage ist, ob Vergleiche, die nicht auf Qualitätsunterschiede der verglichenen Waren hinweisen, **irreführend** sind.[283]

---

[272] Begr. Reg.-Entw. BT-Drs. 14/2959, 11; BGH GRUR 1999, 501 (502) – „Vergleichen Sie"; GRUR 2005, 172 (175) – Stresstest; OLG Frankfurt a. M. GRUR-RR 2001, 89 – Komfortanschluss; OLG Frankfurt a. M. AfP 2006, 166 (167); OLG München MMR 2003, 533 (534); LG Bochum WRP 2000, 230 (231); *Berlit* Rn. 67, 70; *Beater* S. 563 Rn. 1515; *Bornkamm,* Entwicklungen …, S. 145; *Hasselblatt/Leister* in Gloy/Loschelder/Danckwerts HdbWettbR § 60 Rn. 51; *Köhler* GRUR-RR 2006, 73 (75); *Lopez Ramos* in Büscher § 6 Rn. 115 f.; *Menke* WRP 1998, 811 (822); *Sack* WRP 2001, 327 (341); ausführlicher dazu *Eck/Ikas* WRP 1999, 772 (773 f.).

[273] EuGH Slg. 2006, I-8501 = GRUR 2007, 69 Rn. 26 – Lidl Belgium; EuGH Slg. 2007, I-3115 = GRUR 2007, 511 Rn. 44 – De Landtsheer Emmanuel; EuGH GRUR 2011, 159 Rn. 25, 28, 32, 39, 40 – Lidl/Vierzon Distribution; BGH GRUR 1999, 501 (502) – „Vergleichen Sie"; GRUR 2002, 828 – Lottoschein; GRUR 2005, 172 (175) – Stresstest; OLG Düsseldorf NJOZ 2003, 2954 (2956); OLG Frankfurt a. M. GRUR-RR 2001, 89 – Komfortanschluss; OLG Hamburg GRUR-RR 2003, 219 – Frankfurt-Hahn; OLG München GRUR-RR 2003, 373 – Branchentelefonbuch; *Baumbach/Hefermehl* UWG § 2 Rn. 4; *Beater* S. 563 Rn. 1515; *Fröndhoff* S. 109; *Gamerith* ÖBl. 1998, 115 (117, 120 aE); *Gloy/Bruhn* GRUR 1998, 226 (235); *Henning-Bodewig* GRUR Int. 1999, 385 (387); *Jestaedt,* Wettbewerbsrecht, Rn. 777; *Kotthoff* BB 1998, 2217 (2218); *Menke* WRP 1998, 811 (822); *Ohly* GRUR 2007, 3 (6); *Ohly/Spence* GRUR Int. 1999, 681 (691 aE); *Ohly*/Sosnitza § 6 Rn. 43; *Plaß* WRP 1999, 766 (768); *Plaß* NJW 2000, 3161 (3164); *Plaß* in HK-WettbR § 6 Rn. 64; *Sack* WRP 2001, 327 (341); *Saßmann* S. 129; *Scherer* WRP 2001, 89 (91); *Schnorbus* ZgVersWiss 1999, 375 (407); *Somariello* S. 74 ff.; *Ziervogel* S. 125 f.

[274] BGH GRUR 1999, 501 (502) – „Vergleichen Sie"; *Menke* WRP 1998, 811 (822); *Plassmann* GRUR 1996, 377 (379).

[275] *Baumbach/Hefermehl* UWG § 2 Rn. 4; *Eck/Ikas* WRP 1999, 251 (261); *Sack* WRP 2001, 327 (341); aA *Fröndhoff* S. 109 f.; nicht hierher gehört allerdings der oft in diesem Zusammenhang erwähnte BGH-Fall *„Statt Blumen ONKO-Kaffee",* BGH GRUR 1972, 553, da ONKO keine konkreten Mitbewerber unter den Blumenfilialisten erkennbar gemacht hat, wie es § 6 Abs. 1 UWG verlangt.

[276] LG Bochum WRP 2000, 230 (231) – „Die Zeit des Modeschmucks ist vorbei!".

[277] Vgl. OLG Stuttgart AfP 1999, 168 (170) = NJW-WettbR 1999, 98; *Koos* in Fezer/Büscher/Obergfell § 6 Rn. 135; *Saßmann* S. 129; vgl. auch KG GRUR 1985, 228 (229 f.).

[278] Vgl. OLG Frankfurt a. M. GRUR 2001, 358.

[279] OLG München NJWE-WettbR 2000, 177 = ZLR 2000, 949 – „Hängen Sie noch an der Flasche?".

[280] OLG Hamburg GRUR-RR 2003, 251 (252).

[281] OLG Frankfurt a. M. AfP 2006, 166 (167).

[282] EuGH GRUR 2011, 159 Rn. 39 – Lidl/Vierzon Distribution.

[283] Ausführlich dazu EuGH GRUR 2011, 159 Rn. 41 ff. – Lidl/Vierzon Distribution; vgl. auch EuGH Slg. 2003, I-3095 = GRUR 2003, 533 Rn. 52 f., 55 – Pippig.

Auch dürfen im Verkehr angebotene Kombinationen von **Waren** und **Dienstleistungen** miteinander verglichen werden; dem steht nicht entgegen, dass § 6 Abs. 2 Nr. 1 einen Vergleich von Waren **oder** Dienstleistungen fordert.[284] 128

Vergleichende Werbung muss zwar letztlich auf dem **Vergleich von Produktpaaren** beruhen, die dem Erfordernis der Austauschbarkeit untereinander genügen. Das schließt jedoch nicht aus, dass auch konkurrierende **Gesamtsortimente,** insbesondere ihre Preise, miteinander verglichen werden, soweit diese Sortimente beiderseits aus einzelnen Produkten bestehen, die sich **paarweise betrachtet** auf den gleichen Bedarf oder dieselbe Zweckbestimmung iSv § 6 Abs. 2 Nr. 1 UWG bzw. Art. 4 lit. b RL 2006/114/EG beziehen.[285] Der Wortlaut dieser Bestimmungen erlaubt diese Auslegung. Er ist in dem für vergleichende Werbung günstigsten Sinne auszulegen. Auch Vergleiche von Gesamtsortimenten, insbesondere Preisvergleiche, bieten den Verbrauchern nützliche Informationen.[286] 129

Nach § 6 Abs. 2 Nr. 1 UWG müssen nicht nur **Waren mit Waren** oder Dienstleistungen mit Dienstleistungen verglichen werden. Es kann auch genügen, dass **Waren mit Dienstleistungen** verglichen werden, wenn sie denselben Bedarf decken sollen, zB Medikamente und Heilbehandlungen. Unerheblich ist auch, ob die verglichenen Waren derselben Produktgattung angehören (zB Öl, Gas und Strom als Energiequellen) oder ob sie über dieselben Vertriebswege angeboten werden (Fachgeschäfte/Discountläden; Vertragshändler/Außenseiter). 130

Problematisch ist, ob ein Vergleich nach § 6 Abs. 2 Nr. 1 UWG verboten ist, wenn nur eine **teilweise** Funktionsidentität besteht, insbesondere zwischen Luxusartikeln und Billigwaren, zB zwischen Luxusuhren und Billiguhren. Der gemeinsame **Grundnutzen** ist hier die Zeitangabe; bei Luxusuhren kommt jedoch als erheblicher **Zweitnutzen** die „Aura von Luxus" hinzu. Der Wortlaut von § 6 Abs. 2 Nr. 1 UWG ist insoweit nicht eindeutig. Denn einerseits besteht bei den übereinstimmenden Funktionen „der gleiche Bedarf oder dieselbe Zweckbestimmung"; bezüglich der nicht übereinstimmenden Funktionen fehlt es hingegen daran. Letzteres rechtfertigt jedoch mE kein Verbot nach § 6 Abs. 2 Nr. 1 UWG. Denn anderenfalls wäre vergleichende Werbung immer dann unzulässig, wenn vergleichende Hinweise auf unterschiedliche Funktionen für den Verbraucher besonders wertvoll sind. Deshalb bezieht sich vergleichende Werbung auch dann auf Waren für den „gleichen Bedarf oder dieselbe Zweckbestimmung" iSv § 6 Abs. 2 Nr. 1 UWG, wenn nur ein übereinstimmender Grundnutzen besteht, zB zwischen Luxusartikeln und entsprechenden Billigwaren.[287] Der BGH hat daher mit Recht den Vergleich von billigem Modeschmuck und teurem Designerschmuck für zulässig nach § 6 Abs. 2 Nr. 1 UWG gehalten.[288] Mit § 6 Abs. 2 Nr. 1 UWG vereinbar ist ferner der Vergleich von zwei unterschiedlichen ISDN-Komfortanschlüssen, von denen der eine zusätzlich einen Anrufbeantworter im Netz enthält,[289] oder der Vergleich einer Internetstandleitung mit einem ISDN-Anschluss, der auch Faxversand und Sprachtelefon anbietet.[290] 131

Ein gleicher Bedarf kann auch bei **unterschiedlichen Hauptfunktionen** bestehen, wenn Nebenfunktionen zu Werbezwecken ins Zentrum des Vergleichs gerückt werden,[291] 132

---

[284] GroßKommUWG/*Glöckner* § 6 Rn. 344; *Hasselblatt/Leister* in Gloy/Loschelder/Danckwerts § 60 Rn. 51; *Köhler*/Bornkamm/Feddersen § 6 Rn. 97; *Ohly*/Sosnitza § 6 Rn. 42.

[285] EuGH Slg. 2006, I-8501 = GRUR 2007, 69 Ls. 1 u. Rn. 27 ff., 39 – Lidl Belgium; *Beater* S. 562 Rn. 1513.

[286] EuGH Slg. 2006, I-8501 = GRUR 2007, 69 Rn. 32 ff. – Lidl Belgium.

[287] BGH GRUR 1999, 501 (502) – „Vergleichen Sie"; *Aigner* S. 96 ff.; *Beater* S. 563 Rn. 1515; *Freund* S. 104; *F. U. D. Hasselblatt* S. 328 f.; *Koos* in Fezer/Büscher/Obergfell § 6 Rn. 134 *Menke* WRP 1998, 811 (822); *Plaß* NJW 2000, 3161 (3164); *Sack* WRP 2001, 327 (341); *Scherer* WRP 2001, 89 (91); aA *Eck/Ikas* WRP 1999, 251 (262); *Saßmann* S. 129; differenzierend *Kebbedies* S. 186.

[288] BGH GRUR 1999, 501 (502) – „Vergleichen Sie".

[289] OLG Frankfurt a. M. GRUR-RR 2001, 89; *Berlit* Rn. 69.

[290] *Berlit* Rn. 68.

[291] *Eck/Ikas* WRP 1999, 772 (773); *Sack* WRP 2001, 327 (341).

wie zB in dem – allerdings einen abstrakten, nicht von § 6 Abs. 1 UWG erfassten Vergleich betreffenden – Fall „Statt Blumen ONKO-Kaffee" der Geschenkzweck.[292]

133 Bei **nur teilweiser Identität** genügt es, eventuellen Fehlvorstellungen der Kunden durch entsprechende Hinweise entgegenzuwirken.[293] Auf Waren für den gleichen Bedarf bezieht sich ein Preisvergleich trotz unterschiedlicher Größen, auch wenn mit diesen Gebrauchsvorteile und -nachteile verbunden sind (Gebindegrößen für Energie-Drinks).[294]

134 Nach § 6 Abs. 2 Nr. 1 UWG ist es **nicht** erforderlich, dass sich der Vergleich **auf einzelne konkrete Waren** bezieht. Es genügt auch ein Vergleich zwischen Warengattungen.[295] Mit § 6 Abs. 2 Nr. 1 UWG vereinbar sind ferner Preisvergleiche zwischen ganzen Warensortimenten von Supermärkten, soweit diese Sortimente beiderseits aus einzelnen Produkten bestehen, die paarweise betrachtet jeweils dem in dieser Bestimmung aufgestellten Erfordernis der Vergleichbarkeit genügen (→ Rn. 129).[296]

135 Weder funktionsidentisch noch substituierbar sind ein Lottoschein und eine Wirtschaftszeitschrift, auch wenn sie beide der Geldvermehrung dienen können.[297]

136 Betreffen verglichene Waren **nicht** denselben Bedarf oder dieselbe Zweckbestimmung, dann ist der Vergleich nicht ohne weiteres nach § 6 Abs. 2 Nr. 1 UWG unlauter. Denn in solchen Fällen stellt sich natürlich immer **zuvor** die Frage, ob überhaupt vergleichende Werbung iSv § 6 Abs. 1 UWG vorliegt, dh ob die betreffende Werbung **Mitbewerber** oder die von Mitbewerbern angebotenen Waren oder Dienstleistungen erkennbar macht. Fehlt ein solcher Mitbewerberbezug iSv § 6 Abs. 1 UWG, dann liegt schon keine vergleichende Werbung iSv § 6 UWG vor, so dass § 6 Abs. 2 Nr. 1 UWG aus diesem Grunde nicht anwendbar ist. Es gelten die allgemeinen Grundsätze des Wettbewerbsrechts.

137 **3. Teleologische Reduktionen des § 6 Abs. 2 Nr. 1 UWG. a) Ersatzteil- und Zubehörwerbung.** Für die Anwendbarkeit von § 6 Abs. 2 Nr. 1 UWG auf die Werbung für Zubehör und Ersatzteile sind, wie bereits oben (→ Rn. 58) erwähnt, drei Fallgestaltungen voneinander zu unterscheiden:[298] (1) Ein Unternehmen, das Zubehör und Ersatzteile anbietet, nimmt auf das Hauptprodukt Bezug („passend für XY"), dessen Hersteller **keine** entsprechenden Ersatzteile und Zubehör im Sortiment führt. In diesem Fall macht die Ersatzteil- und Zubehörwerbung keinen Mitbewerber erkennbar, so dass die Bezugnahme keine vergleichende Werbung iSv § 6 Abs. 1 UWG darstellt und deshalb auch § 6 Abs. 2 Nr. 1 UWG nicht anzuwenden ist. (2) Der Hersteller des Hauptprodukts bietet ebenfalls die betreffenden Zubehör- und Ersatzteile an. Der Werbende behauptet ausdrücklich oder implizit, dass seine Zubehör- oder Ersatzteile denen des Mitbewerbers funktional gleichwertig sind.[299] Das ist vergleichende Werbung iSv § 6 Abs. 1 UWG, die die Voraussetzungen des § 6 Abs. 2 Nr. 1 UWG erfüllt. (3) Besondere Probleme bereitet die dritte Fallgruppe: Ein Anbieter von Ersatzteilen und Zubehör nimmt in seiner Werbung Bezug auf ein Hauptprodukt, nicht jedoch darauf, dass der Anbieter des Hauptprodukts ebenfalls funktional gleichwertige Zubehör- und Ersatzteile anbietet. Nach der hier vertretenen Ansicht liegt keine vergleichende Werbung iSd § 6 Abs. 1 UWG vor. Zwar sind beide Parteien **Mitbewerber** auf dem Zubehör- bzw. Ersatzteilmarkt. **In dieser Eigenschaft** wird jedoch der Mitbewerber nicht erkennbar gemacht (dazu → Rn. 58, 80, 119); außerdem nimmt der Werbende **keinen Vergleich** im Sinne einer Gegenüberstellung vor (dazu → Rn. 81 ff.,

---

[292] BGH GRUR 1972, 553 – Statt Blumen ONKO-Kaffee; *Sack* WRP 2001, 327 (341) aE; *Stier/Schneider* in Götting/Nordemann § 6 Rn. 64; vgl. auch *Ohly/Spence* GRUR Int. 1999, 681 (692); aA *Aigner* S. 100 f.

[293] Vgl. OLG Hamburg GRUR-RR 2002, 169 (171 f.) – Speedw@y; OLG Frankfurt a. M. GRUR-RR 2001, 89 f.

[294] OLG Frankfurt a. M. GRUR 2001, 358 – Preisvergleich.

[295] BGH GRUR 1999, 501 (502 f.) (II.2.b, c) – „Vergleichen Sie"; *Berlit* Rn. 68; *Nordmann* GRUR Int. 2002, 297 (300).

[296] EuGH GRUR 2007, 69 Ls. 1 u. Rn. 27 ff., 39 – Lidl Belgium.

[297] *Berlit* Rn. 70, 71, 78; aA OLG Hamburg GRUR 2000, 243.

[298] Ausführlich dazu *Sack* GRUR 2004, 720 (721 f.); *Ohly* GRUR 2007, 3 (4 aE).

[299] Vgl. EuGH Slg. 2001, I-7945 = GRUR 2002, 354 – Toshiba Europe; EuGH Slg. 2006, I-2147 = *GRUR 2006, 345 – Siemens*; BGH GRUR 2005, 348 – Bestellnummernübernahme.

107 ff.). Verzichtet man hingegen auf diese beiden Einschränkungen des Anwendungsbereichs von § 6 Abs. 1 UWG, dann ist diese dritte Fallgestaltung vergleichende Werbung. Da bei wörtlicher Anwendung die Voraussetzungen des § 6 Abs. 2 Nr. 1 UWG nicht erfüllt sind, wäre diese Werbung unlauter. Dieses Ergebnis ist zweifellos nicht hinnehmbar. Denn es werden – wenn keine besonderen Umstände hinzutreten – keine schützenswerten Interessen verletzt. Mit dem Schutzzweck des § 6 Abs. 2 Nr. 1 UWG ist diese Form der Ersatzteil- und Zubehörwerbung vereinbar. Ein Verbot würde auch dem Zweck der **Liberalisierung** des Rechts der vergleichenden Werbung zuwiderlaufen, den Verbraucher besser zu informieren und die Regelungen der vergleichenden Werbung in dem für den Verbraucher günstigsten Sinne auszulegen. Deshalb ist, wenn man bei dieser Fallgestaltung vergleichende Werbung iSv § 6 Abs. 1 UWG für gegeben hält, § 6 Abs. 2 Nr. 1 UWG dahingehend **teleologisch zu reduzieren,** dass er wegen seines Schutzzwecks auf diese Fallgestaltung der Ersatzteil- und Zubehörwerbung nicht anwendbar ist,[300] sofern man nicht bereits – wie hier vertreten – vergleichende Werbung iSv § 6 Abs. 1 UWG verneint.

b) Persönliche vergleichende Werbung. Werbung mit Hinweisen auf die Religion, Konfession, Nationalität, Rasse, Parteizugehörigkeit, aber auch auf Vorstrafen, ungenügende berufliche Qualifikation, Krankheiten, problematische Familienverhältnisse usw eines Mitbewerbers stellt nicht ohne weiteres vergleichende Werbung dar. Soweit jedoch der Werbende ausdrücklich oder implizit (dazu → Rn. 118) einen Vergleich dahingehend vornimmt, dass die betreffenden Umstände bei ihm nicht vorliegen, erfüllt er bei wörtlicher Auslegung die Tatbestandsvoraussetzungen des § 6 Abs. 2 Nr. 1 UWG. Denn er vergleicht keine **Waren oder Dienstleistungen.** Persönliche vergleichende Werbung kann jedoch ausnahmsweise durchaus **gerechtfertigt** sein,[301] zB als Abwehrvergleich oder als Auskunftsvergleich aufgrund des Auskunftsverlangens eines Kunden, soweit es sich dabei um „Werbung" handelt. Dem kann man nur durch eine **teleologische Reduktion** des § 6 Abs. 2 Nr. 1 UWG Rechnung tragen.[302] Zum gleichen Ergebnis gelangt eine andere Ansicht bei Abwehrvergleichen unter dem Gesichtspunkt der Notwehr.[303] Diese Vorschrift erfasst nach ihrem Schutzzweck nur Vergleiche von **Waren oder Dienstleistungen** und ist deshalb auf solche Vergleiche zu beschränken (vgl. → Rn. 117 aE, 123 aE). Dem rechtspolitischen Bedürfnis, persönliche vergleichende Werbung grundsätzlich zu untersagen,[304] kann mit dem Irreführungsverbot sowie dem Verbot der unlauteren Herabsetzung nach § 6 Abs. 2 Nr. 5 UWG ausreichend Rechnung getragen werden. 138

c) Unternehmensbezogene Werbung. Sie weist auf Unternehmensdaten und Unternehmensbeziehungen hin. Soweit sie sich auf Mitbewerber bezieht, jedoch weder ausdrücklich noch implizit einen **Vergleich** enthält, ist sie nach der hier vertretenen Ansicht schon keine vergleichende Werbung iSv § 6 Abs. 1 UWG, so dass auch § 6 Abs. 2 Nr. 1 UWG nicht anwendbar ist. Der bloße Hinweis auf Unternehmensverhältnisse eines Mitbewerbers impliziert nicht ohne weiteres einen Vergleich mit den eigenen Unterneh- 139

[300] Nach *Blanken,* Wettbewerbsrechtliche und immaterialgüterrechtliche Probleme des Zubehör- und Ersatzteilgeschäftes, 2008, S. 209, 225 ergibt sich die Rechtfertigung der Einschränkung von § 6 aus einer Analogie zu § 23 Nr. 3 MarkenG. Die Analogie von § 23 Nr. 3 MarkenG als Schrankenregelung für § 6 UWG mache eine Auslegung der RL 2006/114/EG entgegen ihrem Wortlaut entbehrlich.

[301] Vgl. Begr. Reg.-Entw. BT-Drs. 14/2959, 10; OLG Saarbrücken NJW-WettbR 1998, 30 (31); *Baumbach/Hefermehl* UWG § 1 Rn. 431, 436; *Henning-Bodewig* GRUR Int. 1999, 385 (392); *Ohly/Spence* GRUR Int. 1999, 681 (686); *Sack* WRP 2004, 817 (819 f.); *Tilmann* GRUR 1999, 546 (547); aA *Jestaedt,* Wettbewerbsrecht, Rn. 776; *Kebbedies* S. 179.

[302] Vgl. *Sack* WRP 2004, 817 (820); *Lopez Ramos* in Büscher Rn. 113; gegen eine teleologische Reduktion, jedoch im Ergebnis ebenso bei Abwehrvergleichen unter dem Gesichtspunkt der Notwehr Groß KommUWG/*Glöckner* § 6 Rn. 352 aE.

[303] So GroßKommUWG/*Glöckner* § 6 Rn. 352 aE.

[304] Vgl. *Baumbach/Hefermehl* UWG § 1 Rn. 432 ff.; *Freund* S. 99; *Funke* WM 1997, 1472; *Sack* GRUR Int. 1998, 263 (270); *Sack* in Amann/Jaspers RWW 3.2 Rn. 680 ff., 921 ff.; *Schnorbus* ZgVersWiss 1999, 375 (408); *Ulmer/Reimer,* Unlauterer Wettbewerb III, S. 294.

mensverhältnissen des Werbenden. Wenn unternehmensbezogene Werbung hingegen ausdrücklich oder implizit einen Vergleich enthält, ist sie bei wörtlicher Anwendung des § 6 Abs. 2 Nr. 1 UWG unlauter, wenn nicht implizit **Waren oder Dienstleistungen** miteinander verglichen werden.[305] Dasselbe gilt, wenn man für vergleichende Werbung iSv § 6 Abs. 1 UWG nur einen **Bezug** auf konkrete Mitbewerber, jedoch keinen **Vergleich** verlangt. In den beiden zuletzt genannten Alternativen ist jedoch ein **generelles** Verbot nicht gerechtfertigt. Das gilt insbesondere bei Abwehr- und Auskunftsvergleichen. Der Sache nach wettbewerbsrechtlich unbedenklich ist es grundsätzlich auch, wenn ein Unternehmen Kunden in sachlicher Form über den Stand und Ausgang eines mit einem Mitbewerber geführten Rechtsstreits informiert[306] oder wenn ein Unternehmen wettbewerbswidrige Werbung eines Mitbewerbers unter Nennung seines Namens kritisiert oder richtigstellt.[307] In diesen Fällen wäre ein generelles wettbewerbsrechtliches Verbot nicht mit dem Zweck der Neuregelung des Rechts der vergleichenden Werbung durch die RL 97/55/EG (jetzt RL 2006/114/EG) vereinbar, die Transparenz der Märkte und die Information der Verbraucher zu verbessern. Ein generelles Verbot wäre auch mit dem Schutzzweck speziell des § 6 Abs. 2 Nr. 1 UWG unvereinbar. Danach ist § 6 Abs. 2 Nr. 1 nur auf **Vergleiche von Waren oder Dienstleistungen** anwendbar.[308] Deshalb ist diese Vorschrift **teleologisch zu reduzieren.**[309] Unternehmensbezogene Werbung, die keine Waren oder Dienstleistungen vergleicht, liegt außerhalb des Regelungsbereichs dieser Vorschrift.

II. § 6 Abs. 2 Nr. 2 UWG: die verglichenen Eigenschaften

140 Nach § 6 Abs. 2 Nr. 2 UWG ist vergleichende Werbung unlauter, wenn sie sich nicht objektiv auf eine oder mehrere wesentliche, relevante, nachprüfbare und typische Eigenschaften oder den Preis dieser Waren oder Dienstleistungen bezieht. Diese Kriterien müssen **kumulativ** erfüllt sein,[310] dh wenn vergleichende Werbung gegen eines dieser Kriterien verstößt, ist sie unlauter. Ob die Kriterien erfüllt sind, ist aus der Sicht der angesprochenen Verkehrskreise zu beurteilen. § 6 Abs. 2 Nr. 2 UWG setzt Art. 4 lit. c RL 2006/114/EG (früher Art. 3a Abs. 1 lit. c RL 97/55/EG) in deutsches Recht um.

141 **1. Der Schutzzweck von § 6 Abs. 2 Nr. 2 UWG.** Die Vorschrift des § 6 Abs. 2 Nr. 2 UWG verfolgt verschiedene Schutzzwecke, die sich überschneiden und ergänzen. Sie bezweckt in erster Linie einen typisierten **Irreführungsschutz.**[311] Sie will verhindern, dass durch den Vergleich unwesentlicher, irrelevanter, untypischer und nicht nachprüfbarer Eigenschaften ein **unrichtiger Gesamteindruck** entsteht.[312] Außerdem verfolgt § 6 Abs. 2 Nr. 2 UWG einen **Informationszweck,** dh eine Verbesserung der Verbraucher-

[305] BGH GRUR 2019, 644 Rn. 20 – Knochenzement III; *Köhler*/Bornkamm/Feddersen § 6 Rn. 97.

[306] Vgl. OLG Saarbrücken NJW-WettbR 1998, 30 (31); *Baumbach/Hefermehl* UWG § 1 Rn. 436; *Sack* WRP 2004, 817 (820).

[307] OLG München WRP 1996, 236 (237); *Baumbach/Hefermehl* UWG § 1 Rn. 436; *Sack* WRP 2004, 817 (820).

[308] Vgl. *Stier/Schneider* in Götting/Nordemann § 6 Rn. 45, 63; ebenso im Ergebnis *Beater* S. 562 Rn. 1514.

[309] *Ohly*/Sosnitza § 6 Rn. 38, 41; *Sack* WRP 2004, 817 (820); gegen eine teleologische Reduktion, jedoch im Ergebnis ebenso mit Hilfe einer Auslegung im Sinne des Günstigkeitsprinzips GroßKommUWG/*Glöckner* § 6 Rn. 354.

[310] EuGH Slg. 2006, I-8501 = GRUR 2007, 69 Rn. 44 – Lidl Belgium; BGH GRUR 2004, 607 (611, 4.) – Genealogie der Düfte.

[311] Begr. Reg.-Entw. BT-Drs. 14/2959, 11, *Baumbach/Hefermehl* UWG § 2 Rn. 5; *Koos* WRP 2005, 1096 (1097); *Sack* WRP 2001, 327 (342); *Tilmann* GRUR 1999, 546 (549); aA *Köhler*/Bornkamm/Feddersen § 6 Rn. 102.

[312] Begr. Reg.-Entw. BT-Drs. 14/2959, 11; *Beater* S. 566 Rn. 1526; *Freund* S. 114; *Gamerith* ÖBl 1998, 115 (121, 126); *Gloy/Bruhn* GRUR 1998, 226 (236); *Menke* WRP 1998, 811 (823); *Sack* WRP 2001, 327 (342, 343); aA *Eck/Ikas* WRP 1999, 251 (264), weil der Irreführungsschutz durch Art. 3a Abs. 1 lit. a RL 97/55/EG vollständig abgedeckt werde.

information durch Erhöhung der Markttransparenz;[313] es sollen im Interesse der Funktionsfähigkeit des Wettbewerbs rationale Verbraucherentscheidungen ermöglicht werden. Ferner ist § 6 Abs. 2 Nr. 2 Ausdruck des **Sachlichkeitsgrundsatzes;**[314] unsachliche Vergleiche verfälschen den **Leistungswettbewerb.**[315] Vor allem das Tatbestandsmerkmal „objektiv" ist Ausdruck dieses Grundsatzes.[316] Ferner beruht § 6 Abs. 2 Nr. 2 UWG auf dem **Verhältnismäßigkeitsgrundsatz;**[317] die Interessen des in Bezug genommenen Mitbewerbers sollen nicht stärker beeinträchtigt werden, als dies im Interesse des Werbenden und der mit der Werbung angesprochenen Verkehrskreise an sachlicher Aufklärung geboten ist.[318] Ferner ist § 6 Abs. 2 Nr. 2 UWG nach seinem Schutzzweck – ebenso wie § 6 Abs. 2 Nr. 1 UWG – nur auf Vergleiche von **Waren oder Dienstleistungen** anwendbar (→ Rn. 107, 113, 114).

Auch für § 6 Abs. 2 Nr. 2 UWG gilt – wie schon für § 6 Abs. 2 Nr. 1 UWG –, dass aufgrund der genannten Schutzzwecke im Einzelfall Ausnahmen vom Verbot dieser Vorschrift gerechtfertigt sein können, wenn eine bestimmte Form vergleichender Werbung zwar mit dem Wortlaut unvereinbar ist, jedoch in Übereinstimmung mit den genannten Schutzzwecken steht. So stünde zB ein generelles Verbot **persönlicher** und **unternehmensbezogener** vergleichender Werbung, wie es dem Wortlaut des § 6 Abs. 2 Nr. 2 UWG entspräche, im Widerspruch zu den Schutzzwecken dieser Vorschrift. Denn solche Werbung kann im Einzelfall gerechtfertigt sein (vgl. → Rn. 165). 142

2. Eigenschaften und Preise. Nach § 6 Abs. 2 Nr. 2 UWG muss der Vergleich auf bestimmte Eigenschaften oder auf Preise von Waren oder Dienstleistungen bezogen sein. Damit weicht der Wortlaut dieser Vorschrift von dem der RL ab, die den Preis ausdrücklich als einen **Unterfall** der Eigenschaften nennt. Diese Abweichung des UWG von der RL ist eine Konzession an die Begrifflichkeit der BGB-Dogmatik, die zB in § 119 Abs. 2 BGB klar zwischen dem Wert und den wertbildenden Faktoren unterscheidet und nur Letztere den Eigenschaften zurechnet.[319] Weiter sollte allerdings die Verknüpfung mit der Begrifflichkeit des BGB nicht gehen. Der Eigenschaftsbegriff des § 6 UWG und der RL ist nicht mit dem des BGB identisch. Er ist ein **autonom europarechtlich** iSd RL auszulegender Begriff.[320] Die Auslegung des Begriffspaars „Preise/Eigenschaften" in § 6 Abs. 2 Nr. 2 muss sich daher wegen des Gebots der richtlinienkonformen Auslegung an der Auslegung des Begriffs „Eigenschaften" in Art. 4 lit. c RL orientieren. 143

Der Begriff **„Eigenschaften"** in § 6 Abs. 2 Nr. 2 UWG ist **weit** auszulegen.[321] Er umfasst alle Informationen, die geeignet sein können, die Entscheidung der angesproche- 144

---

[313] Begr.Erw. Nr. 5 der RL; *Köhler*/Bornkamm/Feddersen § 6 Rn. 102; *Lopez Ramos* in Büscher § 6 Rn. 123; *Ziervogel* S. 90 f., 126, 128 f.

[314] Vgl. Begr. Reg.-Entw. BT-Drs. 14/2959, 11; BGH GRUR 1999, 69 (71) – Preisvergleichsliste II; KG NJW-RR 2001, 408 (410); OLG Hamburg GRUR-RR 2001, 84 (85) – Handzahnbürste; OLG Hamburg GRUR-RR 2003, 219 – Frankfurt-Hahn; OLG Hamburg VersR 2002, 1120 (1121) – Versicherungen; OLG Hamburg GRUR-RR 2002, 398 (Ls.); OLG Saarbrücken NJW-RR 1999, 1424; *Berlit* Rn. 79 ff.; *Bullinger/Emmerich* WRP 2002, 608 (610); *Fröndhoff* S. 111; *Gloy/Bruhn* GRUR 1998, 226 (237); *F. U. D. Hasselblatt* S. 330; *Henning-Bodewig* GRUR Int. 1999, 385 (387); *Koos* WRP 2005, 1096 (1097); *Menke* WRP 1998, 811 (823 f.); MüKoUWG/*Menke* § 6 Rn. 187; *Plaß* NJW 2000, 3161 (3164); *Plassmann* GRUR 1996, 377 (379 f.); *Saßmann* S. 131; *Somariello* S. 82, 83; *Ziervogel* S. 129; aA GroßKommUWG/*Glöckner* § 6 Rn. 384 ff.

[315] Öst. OGH WBl. 2003, 394 (395) – Tausend-Auflage-Preis.

[316] BGH GRUR 1999, 69 (71) – Preisvergleichsliste II; *Somariello* S. 83.

[317] Begr. Reg.-Entw. BT-Drs. 14/2959, 11; *Koos* WRP 2005, 1096 (1097); MüKoUWG/*Menke* § 6 Rn. 198; *Ohly*/Sosnitza § 6 Rn. 46.

[318] Begr. Reg.-Entw. BT-Drs. 14/2959, 11.

[319] Begr. Reg.-Entw. BT-Drs. 14/2959, 11; vgl. auch *Sack* WRP 2001, 327 (342).

[320] *Freund* S. 110; GroßKommUWG/*Glöckner* § 6 Rn. 394; *Koos* in Fezer/Büscher/Obergfell § 6 Rn. 142; *Lopez Ramos* in Büscher § 6 Rn. 123; *Plaß* in HK-WettbR § 6 Rn. 74; *Sack* WRP 2001, 327 (342); *Ziervogel* S. 127.

[321] BGH GRUR 2004, 607 (611) (II.2.a, aa) – Genealogie der Düfte; BGH GRUR 2005, 172 (174, 2.a) – Stresstest; BGH GRUR 2007, 605 Rn. 30 – Umsatzzuwachs; BGH GRUR 2010, 161 Rn. 27 – Gib mal

nen Verkehrskreise über einen Vertragsabschluss zu beeinflussen.[322] Zu den Eigenschaften iSv § 6 Abs. 2 Nr. 2 UWG gehören nicht nur die physischen Beschaffenheitsmerkmale von Waren, sondern auch sonstige **wertbildende Faktoren** von Waren oder Dienstleistungen, dh ihre tatsächlichen, wirtschaftlichen, sozialen oder rechtlichen Beziehungen zur Umwelt, soweit diese nach der **Verkehrsauffassung** für deren Brauchbarkeit und deren Wert von Bedeutung sind,[323] zB das Herstellungsjahr, die geografische Herkunft, ferner ob sie im Inland oder Ausland hergestellt worden sind,[324] bestehende Schutzrechte an einer Ware, außerdem wie sich die verglichenen Waren auf die Umwelt oder auf die Gesundheit auswirken,[325] ob und wie schnell die betreffenden Waren geliefert werden können[326] usw.

145 Außer den physischen Eigenschaften und sonstigen wertbildenden Faktoren können auch sonstige Umstände „Eigenschaften" iSv § 6 Abs. 2 Nr. 2 UWG sein. Da der Eigenschaftsbegriff des § 6 Abs. 2 S. 2 UWG in Übereinstimmung mit Art. 4 lit. c RL **weit** auszulegen ist, umfasst er mE auch **sonstige Umstände,** die aus der Sicht der Abnehmer bei der Auswahl von Waren oder Dienstleistungen von Bedeutung sein können.[327] Ein Argument für diese weite Auslegung des Eigenschaftsbegriffs der RL liefert wiederum die Tatsache, dass sie in Art. 4 lit. c ausdrücklich auch den **Preis** einer Ware oder Dienstleistung zu den Eigenschaften zählt.

146 Eigenschaften können danach auch sein: Verkaufszahlen von Waren bzw. Zahlen der Neuzulassungen von Kraftfahrzeugen,[328] Leserzahlen einer Zeitung oder Zeitschrift,[329] die Struktur der Leserschaft einer Zeitung,[330] Umsatzzahlen und Umsatzzuwächse von Waren,[331] der Bekanntheitsgrad und Markenwert einer Marke,[332] Meinungsumfragen,[333] die Umweltverträglichkeit,[334] positive bzw. negative gesundheitliche Auswirkungen eines Produkts,[335] ferner subjektive Bewertungen,[336] zB Schlussfolgerungen aus einem Vergleich,[337] oder **geschmacksabhängige** Aussagen über ein Produkt;[338] solche Aussagen werden jedoch in der Regel am weiteren Tatbestandsmerkmal der Nachprüfbarkeit scheitern,[339] wonach Wertungen nur nachprüfbar sind, wenn sie einen hinreichenden Tatsachenkern

---

Zeitung; OLG München GRUR-RR 2003, 373 – Branchentelefonbuch; *Beater* S. 564 Rn. 1521; *Köhler*/Bornkamm/Feddersen § 6 Rn. 104.

322 Vgl. BGH GRUR 2004, 607 (611) – Genealogie der Düfte; BGH GRUR 2005, 172 (174) – Stresstest; BGH GRUR 2007, 605 Rn. 30 – Umsatzzuwachs; BGH GRUR 2010, 161 Rn. 27 – Gib mal Zeitung; *Beater* S. 564 Rn. 1521; *Köhler*/Bornkamm/Feddersen § 6 Rn. 104.

323 BGH GRUR 2004, 607 (611) (II.2.a, aa) – Genealogie der Düfte; BGH GRUR 2005, 172 (174, 2.a) – Stresstest; BGH GRUR 2007, 605 – Umsatzzuwachs; OLG München WRP 1999, 692 (694) – Satte Mehrheit; OLG München GRUR-RR 2003, 373 – Branchentelefonbuch; OLG Hamburg AfP 2004, 549 (550) – Männerzeitschriften; GroßKommUWG/*Glöckner* § 6 Rn. 394; *Lopez Ramos* in Büscher § 6 Rn. 124; *Ohly*/Sosnitza § 6 Rn. 48; *Nordmann* GRUR Int. 2002, 297 (300); *Saßmann* S. 130; *Somariello* S. 78.

324 *Köhler*/Bornkamm/Feddersen § 6 Rn. 105.

325 *Köhler*/Bornkamm/Feddersen § 6 Rn. 105.

326 *Köhler*/Bornkamm/Feddersen § 6 Rn. 105.

327 BGH GRUR 2004, 607 (611) – Genealogie der Düfte; BGH GRUR 2005, 172 (174) – Stresstest.

328 BGH GRUR 2007, 605 Rn. 30 – Umsatzzuwachs; *Wehlau* ZLR 1999, 393 (405); aA *Saßmann* S. 131.

329 OLG Hamburg GRUR-RR 2004, 259 (260); aA *Saßmann* S. 130.

330 BGH GRUR 2010, 161 Rn. 27 – Gib mal Zeitung.

331 BGH GRUR 2007, 605 Rn. 30 – Umsatzzuwachs.

332 Öst. OGH GRUR Int. 2005, 161 (162) – Dan aktuell; *Ohly*/Sosnitza § 6 Rn. 48 aE.

333 *Wehlau* ZLR 1999, 393 (404); aA OLG München WRP 1999, 692 (693 f.) – Satte Mehrheit; *Eck/Ikas* WRP 1999, 251 (263); *Somariello* S. 78; offen gelassen vom öst. OGH GRUR Int. 2005, 161 (162) – Dan aktuell.

334 AA *Aigner* S. 119.

335 AA *Aigner* S. 119.

336 AA KG NJW-RR 2001, 409 (410); OLG München WRP 1999, 692 (693 f.) – Satte Mehrheit; OLG München MMR 2003, 533 f.; *Aigner* S. 106 ff.; *Hasselblatt/Leister* in Gloy/Loschelder/Danckwerts HdbWettbR § 60 Rn. 53.

337 AA KG NJW-RR 2001, 409 (410); *Aigner* S. 109.

338 AA OLG München WRP 1999, 692 (693 f.) – Satte Mehrheit; OLG München MMR 2003, 533 f.; *Saßmann* S. 130.

339 Vgl. *Nordmann* GRUR Int. 2002, 297 (300); *Hasselblatt/Leister* in Gloy/Loschelder/Danckwerts HdbWettbR § 60 Rn. 53; *Koos* in Fezer/Büscher/Obergfell § 6 Rn. 145; *Ohly*/Sosnitza § 6 Rn. 48.

aufweisen. Auch prozentuale Umfrageergebnisse eines Geschmacksvergleichs zwischen Lebensmitteln – Big Mäc im Vergleich mit Whopper – nennen Eigenschaften.[340] Wären solche Daten keine Eigenschaften, dann wären identifizierende Hinweise auf sie nach § 6 Abs. 2 Nr. 2 UWG immer unlauter. Schon dieses Ergebnis rechtfertigt Zweifel an der abweichenden, engen Auslegung des Eigenschaftsbegriffs durch die herrschende Meinung.

3. Die Nachprüfbarkeit. Das Erfordernis der Nachprüfbarkeit bezweckt die Überprüf- 147
barkeit des Vergleichs auf seine sachliche Berechtigung.[341] Es grenzt die Tatsachenbehauptungen von den Werturteilen und von sonstigen Meinungsäußerungen ab.[342] Zu den nachprüfbaren Eigenschaften iSv Art. 4 lit. c RL 2006/114/EG gehören auch Preise einschließlich des Gesamtpreisniveaus von Gesamtsortimenten.[343] Bei Preisvergleichen eines Gesamtsortiments setzt die Nachprüfbarkeit voraus, dass die verglichenen Waren hinreichend genau erkennbar gemacht werden.[344] **„Nachprüfbar"** ist ein Werbevergleich nur, wenn er sich auf Tatsachen beschränkt, die **beweisbar** sind.[345] Erforderlich ist allerdings nicht, dass die Nachprüfung dem Werbeadressaten, insbesondere dem **Verbraucher,** oder dem in den Vergleich einbezogenen **Mitbewerber** ohne Weiteres und ohne Aufwand möglich ist[346] oder von ihm mit zumutbarem Aufwand durchgeführt werden kann.[347] Es genügt, dass die Behauptung „dem Nachweis zugänglich, nachweisbar, beweisbar",[348] dh einer kompetenten Instanz, zB Sachverständigen oder Behörden, möglich ist.[349] Gerade auf technischem Gebiet wird dem Verbraucher häufig die Sachkunde für eine Überprüfung

---

[340] *Müller-Bidinger* in Ullman jurisPK-UWG § 6 Rn. 134; aA OLG München WRP 1999, 692 (693 f.) – Satte Mehrheit; *Lettl* GRUR 2007, 936 (942 f.).

[341] BGH GRUR 1999, 69 (71) – Preisvergleichsliste II; BGH GRUR 1999, 501 – „Vergleichen Sie"; BGH GRUR 2005, 172 (175) – Stresstest:

[342] Begr. Reg.-Entw. BT-Drs. 14/2959, 11; BGH GRUR 1999, 69 (71) – Preisvergleichsliste II; KG NJW-RR 2001, 409 (410); OLG Hamburg GRUR-RR 2001, 84 (85 f.) – Handzahnbürste; OLG München GRUR-RR 2003, 373 – Branchentelefonbuch; GroßKommUWG/*Glöckner* § 6 Rn. 408; *Gloy/Bruhn* GRUR 1998, 226 (236); *Koos* in Fezer/Büscher/Obergfell § 6 Rn. 187, 192; *Ohly*/Sosnitza § 6 Rn. 55; *Plassmann* GRUR 1996, 377 (379); *Sack* WRP 2001, 327 (342); *Ziervogel* S. 129.

[343] EuGH Slg. 2006, I-8501 = GRUR 2007, 69 Rn. 55 ff. – Lidl Belgium; EuGH GRUR 2011, 159 Rn. 59 ff. – Lidl/Vierzon Distribution.

[344] EuGH Slg. 2006, I-8501 = GRUR 2007, 69 Rn. 61 – Lidl Belgium; EuGH GRUR 2011, 159 Rn. 60, 62 – Lidl/Vierzon Distribution.

[345] Begr. Reg.-Entw. BT-Drs. 14/2959, 11; BGH GRUR 1999, 69 (71) – Preisvergleichsliste II; BGH WRP 1997, 549 (551) – Dauertiefpreise; OLG Saarbrücken EuZW 1999, 575 f. (576); *Eck/Ikas* WRP 1999, 251 (266); *Eck/Ikas* WRP 1999, 772 (774); *Henning-Bodewig* GRUR Int. 1999, 385 (387); *Menke* WRP 1998, 811 (824); *Nordmann* GRUR Int. 2002, 297 (300); *Ohly*/Sosnitza § 6 Rn. 55; *Sack* WRP 2001, 327 (342); *Tilmann* GRUR 1997, 790 (796); *Tilmann* GRUR 1999, 546 (549) aE.

[346] EuGH Slg. 2006, I-8501 = GRUR 2007, 67 Rn. 63 ff., 70, 73, 74 – Lidl Belgium; Begr. Reg.Entw. BT-Drs. 14/2959, 11; GRUR 1998, 69 (71) – Preisvergleichsliste II; BGH GRUR 1999, 501 (503) – „Vergleichen Sie"; GRUR 2004, 607 (612) – Genealogie der Düfte; GRUR 2007, 605 – Umsatzzuwachs; GRUR 2010, 161 Rn. 28 – Gib mal Zeitung; KG NJW-RR 2001, 409 (410); OLG Hamburg GRUR-RR 2001, 84 (86) – Handzahnbürste; OLG München GRUR-RR 2003, 373 – Branchentelefonbuch; OLG Saarbrücken NJW-RR 1999, 1424; OLG Hamburg AfP 2004, 549 (550); *Aigner* S. 120; *Fröndhoff* S. 112; *Henning-Bodewig* GRUR Int. 1999, 385 (387); *Kotthoff* BB 1998, 2217 (2219); *Ohly/Spence* GRUR Int. 1999, 681 (683); *Sack* WRP 2001, 327 (342); *Saßmann* S. 133 f.; *Tilmann* GRUR 1997, 790 (796); *Tilmann* GRUR 1999, 546 (549 ff.).

[347] BGH GRUR 2004, 607 (612) – Genealogie der Düfte; ebenso im Ergebnis auch GRUR 2003, 444 (445) – Ersetzt; EuGH Slg. 2001, I-7945 = GRUR 2002, 354 Rn. 39 – Toshiba Europe; aA früher BGH GRUR 1999, 501 (503, 2. c) – Vergleichen Sie.

[348] Begr. Reg.-Entw. BT-Drs. 14/2959, 11; *Baumbach/Hefermehl* UWG § 2 Rn. 10; *Berlit* Rn. 112; *Fröndhoff* S. 112 f.; *Sack* WRP 2001, 327 (342); *Saßmann* S. 133 f.; aA *Plaß* in HK-WettbR § 6 Rn. 86.

[349] EuGH Slg. 2006, I-8501 = GRUR 2005, 69 Rn. 73 – Lidl Belgium; BGH GRUR 2004, 607 (612) – Genealogie der Düfte; GRUR 2005, 172 (175) – Stresstest; GRUR 2010, 161 Rn. 28 – Gib mal Zeitung; *Beater* S. 570 Rn. 1541; GroßKommUWG/*Glöckner* § 6 Rn. 411; *Köhler*/Bornkamm/Feddersen § 6 Rn. 135; *Köhler* WRP 2008, 414 (419); *Sack* WRP 2001, 327 (342); *Tilmann* GRUR 1997, 790 (796); vgl. auch MüKoUWG/*Menke* § 6 Rn. 217 aE, 218; BGH GRUR 2007, 605 Rn. 31 – Umsatzzuwachs; etwas strenger noch BGH GRUR 1996, 983 (984) – Preisvergleichsliste I; BGH WRP 1996, 1097 (1098) – Preistest; WRP 1997, 549 (551) – Dauertiefpreise; BGH GRUR 1999, 501 (503) – „Vergleichen Sie"; OLG Frankfurt a. M. AfP 2006, 166 (167).

von Werbeangaben fehlen. Dennoch soll gerade auch hier vergleichende Werbung möglich sein.[350] Es reicht die Möglichkeit der Überprüfung des Wahrheitsgehalts durch einen **Sachverständigen.**[351] Für die Richtigkeit trägt allerdings der Werbende die **Beweislast.**[352] Dies deckt sich im praktischen Ergebnis mit der Ansicht des BGH, der zwar dem Kl. zunächst die Darlegungspflicht auferlegt, jedoch schließlich dem Bekl. die „sekundäre Darlegungslast" aufbürdet, wenn der Kl. über keine genaueren Kenntnisse darüber verfügt, ob die Angaben in der Werbung nachprüfbar sind, und er auch keine Möglichkeit hat, den Sachverhalt aufzuklären, während der Bekl. über diese Kenntnis verfügt und die Aufklärung ohne Weiteres leisten kann.[353] Nach Art. 6 lit. a RL sind die Beweise **kurzfristig** vorzulegen.[354] Gelingt dies nicht, ist die Werbung mangels kurzfristiger Nachprüfbarkeit nach § 6 Abs. 2 Nr. 2 UWG unlauter. Darüber hinaus ist nach Ansicht des EuGH dem Erfordernis der Nachprüfbarkeit nur dann genügt, wenn der Werbende insbesondere für die Adressaten der Werbeaussage angibt, wo und wie sie die Bestandteile eines Werbevergleichs „leicht in Erfahrung bringen können, um deren Richtigkeit und die der betreffenden Eigenschaften nachzuprüfen, oder, falls sie nicht über die dafür erforderliche Sachkenntnis verfügen, nachprüfen zu lassen".[355]

148 Genügen kann auch der **Verweis auf eine zugängliche Quelle,** die die Nachprüfung mit zumutbarem Aufwand ermöglicht, zB „Vergleichen Sie einmal mit dem Katalog von P. L.".[356]

149 Nachprüfbar ist zB bei der Übernahme fremder Bestellnummernsysteme in der Werbung für Ersatzteile und Zubehör die damit verbundene implizite Behauptung der funktionalen Gleichwertigkeit der konkurrierenden Waren.[357] Nicht nachprüfbar sind Vergleiche, die rein **subjektive Wertungen** zum Gegenstand haben.[358] Das gilt grundsätzlich für **Werturteile** im Gegensatz zu Tatsachenbehauptungen.[359] Bei Werturteilen ist allerdings zu berücksichtigen, dass sie einen nachprüfbaren **Tatsachenkern** haben können.[360] Ist das Werturteil die normale Folge aus zugrunde gelegten Tatsachen, dann ist auch dieses nachprüfbar, dh auch die aus Tatsachenbehauptungen abgeleiteten Werturteile sind nachprüfbar iSv § 6 Abs. 2 Nr. 2 UWG;[361] ihnen setzt allerdings das Erfordernis der Objektivität Grenzen.[362]

---

[350] OLG Hamburg GRUR-RR 2001, 84 (86) – Handzahnbürste; *Aigner* S. 120; *Eck/Ikas* WRP 1999, 251 (266); *Freund* S. 119 f.; *Menke* WRP 1998, 811 (820); *Sack* WRP 2001, 327 (342); *Schnorbus* ZgVersWiss 1999, 375 (410 f.).

[351] OLG Frankfurt a. M. WRP 2017, 96 Rn. 19.

[352] EuGH Slg. 2006, I-8501 = GRUR 2007, 69 Rn. 70 – Lidl/Colruyt; *Sack* WRP 2001, 327 (342); vgl. auch *Tilmann* GRUR 1997, 790 (796).

[353] BGH GRUR 2007, 605 – Umsatzzuwachs.

[354] EuGH Slg. 2006, I-8501 = GRUR 2007, 69 Rn. 70 – Lidl Belgium; BGH GRUR 2007, 605 Rn. 34 – Umsatzzuwachs; *Kotthoff* BB 1998, 2217 (2219); *Sack* WRP 2001, 327 (342).

[355] EuGH Slg. 2006, I-8501 = GRUR 2007, 69 Rn. 74 – Lidl Belgium.

[356] BGH GRUR 1999, 501 – „Vergleichen Sie"; vgl. auch OLG Hamburg AfP 2004, 549 (550); *Nordmann* GRUR Int. 2002, 297 (300).

[357] EuGH Slg. 2006, I-2147 = GRUR 2006, 345 Rn. 17 – Siemens.

[358] KG NJW-RR 2001, 409 (410); *Baumbach/Hefermehl* UWG § 2 Rn. 11; *Beater* S. 570 Rn. 1538; *Sack* WRP 2001, 327 (342); *Somariello* S. 82; kritisch Glöckner → Einl. Rn. 224 f.

[359] BGH GRUR 1999, 69 (71) – Preisvergleichsliste II; GRUR 2010, 161 Rn. 28 – Gib mal Zeitung; *Sack* WRP 2001, 327 (342).

[360] BGH GRUR 1999, 69 (71) – Preisvergleichsliste II; GRUR 2004, 607 (612) – Genealogie der Düfte; GRUR 2005, 172 (175) – Stresstest; GRUR 2010, 161 Rn. 28 – Gib mal Zeitung; KG NJW-RR 2001, 409 (410); OLG München GRUR-RR 2003, 373 – Branchentelefonbuch; OLG Saarbrücken EuZW 1999, 575 (576); OLG Hamburg AfP 2004, 549 (550) – Männerzeitschriften; OLG Frankfurt a. M. AfP 2006, 166 (167); *Eck/Ikas* WRP 1999, 772 (774); *Gamerith* ÖBl. 1998, 115 (121); GroßKommUWG/*Glöckner* § 6 Rn. 408, 420; *Henning-Bodewig* GRUR Int. 1999, 385 (387, 391); *Köhler*/Bornkamm/Feddersen § 6 Rn. 133; *Lopez Ramos* in Büscher § 6 Rn. 132; *Menke* in MüKoUWG § 6 Rn. 210, 217; *Ohly*/Sosnitza § 6 Rn. 55; *Sack* WRP 2001, 327 (342); *Wamprechtshamer* ÖBl. 2000, 147 (151).

[361] *Sack* WRP 2001, 327 (342).

[362] KG WRP 2000, 103 (106).

Nicht nachprüfbar und deshalb unlauter sind **pauschale** Gleichstellungen bzw. Gleichwertigkeitsbehauptungen,[363] zB „ebenso gut wie" oder „Ersatz für...".[364] Meist werden solche pauschalen Vergleiche Werturteile ohne Tatsachenkern sein. Ein Vergleich der Preise eigener und fremder Waren enthält nicht ohne Weiteres die Behauptung **qualitativer** Gleichwertigkeit.[365] 150

Nicht nachprüfbar und deshalb unlauter sind auch reine **Geschmacksvergleiche,**[366] zB „unser Bier X schmeckt besser als das Bier Y".[367] Nachprüfbar sind hingegen Vergleiche zwischen Duftnoten eines Produkts in **Duftvergleichslisten.**[368] 151

4. Wesentliche, relevante und typische Eigenschaften. Der Vergleich muss sich nach § 6 Abs. 2 Nr. 2 UWG auch auf wesentliche, relevante und typische Eigenschaften beziehen. 152

Diese Tatbestandsmerkmale erfordern nicht, dass der Werbende **sämtliche** Eigenschaften der verglichenen Angebote in seine Werbung aufnimmt.[369] Er darf vielmehr eine gewisse **Auswahl** treffen,[370] sofern die übrigen Voraussetzungen des § 6 Abs. 2 Nr. 2 UWG erfüllt sind und die Auswahl der in der Werbung genannten Eigenschaften keine Irreführungsgefahr begründet.[371] So darf sich zB bei der Werbung für ein Hormonpräparat für Frauen der Werbende darauf beschränken, die Auswirkungen auf die Mammographiediagnostik darzustellen.[372] 153

a) Wesentliche und relevante Angaben. Die Begriffe „wesentlich" und „relevant" sind **weit** auszulegen.[373] Sie haben einen großen Überlappungsbereich.[374] Außerhalb dieses Überlappungsbereichs haben diese Begriffe jedoch eine selbständige Bedeutung.[375] Der Unterschied zwischen wesentlichen und relevanten Eigenschaften dürfte allerdings sehr gering sein. Eine beworbene Eigenschaft ist **wesentlich,** wenn ihre Bedeutung aus der Sicht des jeweils angesprochenen Adressatenkreises im Hinblick auf die vorgesehene Verwendung des Produkts **nicht völlig unerheblich** ist.[376] Das Kriterium der **Wesentlichkeit** soll verhindern, dass durch den Vergleich unwesentlicher oder irrelevanter Eigenschaften ein unzutreffender Gesamteindruck erweckt wird.[377] Wesentlich ist eine Eigenschaft, wenn 154

---

[363] *Fröndhoff* S. 112; *Gloy/Bruhn* GRUR 1998, 226 (236); *Kotthoff* BB 1998, 2217 (2219); *Plassmann* GRUR 1996, 377 (379); *Somariello* S. 82; *Tilmann* GRUR 1997, 790 (795); *Ziervogel* S. 130 f., 160 ff.

[364] RGZ 86, 123 ff. – Garlock-Ersatz.

[365] BGH GRUR 2007, 896 Rn. 22 – Eigenpreisvergleich.

[366] OLG München WRP 1999, 692 – Satte Mehrheit; WRP 2001, 820 – Duft-Vergleichslisten; GRUR-RR 2003, 373 – Branchentelefonbuch; einhellige Meinung im Schrifttum; vgl. auch öst. OGH ÖBl. 1981, 119 – Österreichs bestes Bier.

[367] Streitig ist hier, ob Geschmacksvergleiche auch wegen Irreführungsgefahr wettbewerbswidrig sind; bejahend OLG Hamburg WRP 1977, 811 (813 f.); verneinend OLG Köln WRP 1983, 174.

[368] BGH GRUR 2004, 607 (611 f.) – Genealogie der Düfte.

[369] *Aigner* S. 114; *Henning-Bodewig* GRUR Int. 1999, 385 (387); *Koos* in Fezer/Büscher/Obergfell § 6 Rn. 152; *Kotthoff* BB 1998, 2217 (2218); *Menke* WRP 1998, 811 (824).

[370] BGH GRUR 2002, 633 (635) – Hormonersatztherapie; OLG Hamburg GRUR-RR 2003, 219 f. – Frankfurt-Hahn.

[371] *Koos* in Fezer/Büscher/Obergfell § 6 Rn. 152; *Saßmann* S. 132; zur irreführenden Werbung mit wahren Angaben ausführlich *Sack* GRUR 1996, 461 ff.

[372] BGH GRUR 2002, 633 (635) – Hormonersatztherapie.

[373] Vgl. öst. OGH WBl. 2003, 394 (395) – Tausend-Auflage-Preis.

[374] Begr. Reg.-Entw. BT-Drs. 14/2959, 11; OLG München GRUR-RR 2003, 373 – Branchentelefonbuch; *Beater* S. 568 Rn. 1532; *Freund* S. 113; *Gamerith* ÖBl. 1998, 115 (121); GroßKommUWG/*Glöckner* § 6 Rn. 405; *Hasselblatt/Leister* in Gloy/Loschelder/Danckwerts HdbWettbR § 60 Rn. 56; *Köhler*/Bornkamm/Feddersen § 6 Rn. 131; nach *Siems* ZEuP 2001, 686 (690 f.) hätte es genügt, die vier Begriffe wesentlich, relevant, typisch und nachprüfbar mit dem Wort „erheblich" wiederzugeben.

[375] *Freund* S. 113; *Köhler*/Bornkamm/Feddersen § 6 Rn. 126; *Plaß* WRP 1999, 760 (769); *Somariello* S. 80; *Stier/Schneider* in Götting/Nordemann § 6 Rn. 70, 75; aA *Aigner* S. 112 f.; *Gloy/Bruhn* GRUR 1998, 226 (236); *Kotthoff* BB 1998, 2217 (2218); *Menke* WRP 1998, 811 (824).

[376] BGH GRUR 2004, 607 (612) – Genealogie der Düfte; GRUR 2005, 172 (175) – Stresstest; GRUR 2010, 161 Rn. 29 – Gib mal Zeitung.

[377] OLG Hamburg GRUR-RR 2003, 219; *Plassmann* GRUR 1996, 377 (379); *Saßmann* S. 132; *Schnorbus* ZgVersWiss 1999, 375 (408).

sie die Verwendbarkeit, Zweckbestimmung, Brauchbarkeit oder Wertschätzung einer Ware oder Dienstleistung bestimmt.[378] Dazu gehören nicht nur Eigenschaften, die objektiv Hauptmerkmale eines Produkts sind;[379] vielmehr entscheidet die mutmaßliche Sicht der angesprochenen Verkehrskreise, welche Eigenschaften als wesentlich erscheinen.[380] „Wesentlich" ist zB die Behauptung funktionaler Gleichwertigkeit in der vergleichenden Werbung für Ersatzteile und Zubehör.[381] Wenn die Sache mehrere **wesentliche** Eigenschaften hat, kann sich der Werbende auf **eine** der Eigenschaften beschränken.[382]

155 **Relevanz** besteht nach der Rechtsprechung des BGH, wenn die Eigenschaft geeignet ist, die wirtschaftliche Entscheidung eines nicht völlig unerheblichen Teils der angesprochenen Verkehrskreise zu beeinflussen.[383] Jedoch kommt es bei vergleichender Werbung, die sich an **Verbraucher** wendet, nicht darauf an, ob sie die wirtschaftliche Entscheidung eines nicht unerheblichen Teils der angesprochenen Verbraucher beeinflussen kann,[384] sondern darauf, ob die betreffende Eigenschaft geeignet ist, die wirtschaftliche Entscheidung des angemessen gut unterrichteten und angemessen aufmerksamen und kritischen Durchschnittsverbrauchers zu beeinflussen.[385] Ist eine verglichene Eigenschaft wesentlich, so wird sie allerdings in der Regel auch für die Kunden relevant sein.[386]

156 Eigenschaften einer Sache, die sich bei Tests außerhalb der regelmäßigen oder der empfohlenen Betriebsbedingungen zeigen, sind relevant iSv § 6 Abs. 2 Nr. 2 UWG, soweit es für den angesprochenen Verkehr von Bedeutung ist zu wissen, inwieweit die Sache auch außerhalb der regelmäßigen oder der empfohlenen Betriebsbedingungen verwendet werden kann, oder soweit der Verkehr hieraus Rückschlüsse auf die Tauglichkeit der Sache unter normalen oder empfohlenen Betriebsbedingungen ziehen kann.[387] Unwesentlich und nicht relevant sind Hinweise auf Umstände, die nicht geeignet sind, zur Information der angesprochenen Verkehrskreise über einen für ihr Marktverhalten wesentlichen Umstand beizutragen,[388] zB ein an der Auflagenhöhe von Zeitungen orientierter Vergleich der Insertionskosten in einer Gratiszeitung und in einer Kaufzeitung, wenn die Auflagenhöhe bei diesen beiden Typen von Zeitungen für die maßgebliche Leserzahl nicht aussagekräftig ist.[389] Unzulässig ist auch eine **pauschal** gleichstellende oder abwertende Werbung, zB dass die angebotene Ware A ebenso gut sei wie die Konkurrenzware B.[390] Anders ist es, wenn zutreffend darauf hingewiesen wird, dass die angepriesene Ware identisch sei mit einer unter einer anderen Marke angepriesenen, zB umgepackte und mit anderer Marke versehene Medikamente; die **Behauptung der Identität** bezieht sich auf wesentliche, relevante, typische und nachprüfbare Eigenschaften.[391] Auch die Behauptung **funktionaler**

[378] *Tilmann* GRUR 1997, 790 (796); *Saßmann* S. 132.

[379] So jedoch *Nordmann* GRUR Int. 2002, 297 (300).

[380] BGH GRUR 2004, 607 (612) – Genealogie der Düfte; OLG München MMR 2003, 533 (534); öst. OGH WBl 2003, 394 (395) – Tausend-Auflage-Preis; *Baumbach/Hefermehl* UWG § 2 Rn. 7; *Beater* S. 800 Rn. 2190; *Sack* WRP 2001, 327 (343); *Stier/Schneider* in Götting/Nordemann § 6 Rn. 74.

[381] EuGH Slg. 2006, I-2147 = GRUR 2006, 345 Rn. 17 – Siemens.

[382] BGH GRUR 2002, 633 (635) – Hormonersatztherapie; *Lopez Ramos* in Büscher § 6 Rn. 128 f.

[383] BGH GRUR 2004, 607 (612, 2.a, cc) – Genealogie der Düfte; GRUR 2005, 172 (174) – Stresstest; GRUR 2010, 161 Rn. 29 – Gib mal Zeitung; *Nordmann* GRUR Int. 2002, 297 (300); *Plaß* in HK-WettbR § 6 Rn. 81; *Stier/Schneider* in Götting/Nordemann § 6 Rn. 75; *Tilmann* GRUR 1997, 790 (796); enger *Berlit* Rn. 103.

[384] BGH GRUR 2004, 607 (612) – Genealogie der Düfte; *Gamerith* ÖBl 1998, 115 (121); MüKoUWG/*Menke* § 6 Rn. 199 aE; *Ohly/Spence* GRUR Int. 1999, 681 (692).

[385] *Köhler*/Bornkamm/Feddersen § 6 Rn. 131.

[386] Öst. OGH WBl. 2003, 394 (395) – Tausend-Auflage-Preis; *Baumbach/Hefermehl* UWG § 2 Rn. 8; *Nordmann* GRUR Int. 2002, 297 (300).

[387] So BGH GRUR 2005, 172 (Ls. 1) – Stresstest.

[388] Öst. OGH WBl. 2003, 394 (395) – Tausend-Auflage-Preis.

[389] Öst. OGH WBl. 2003, 394 – Tausend-Auflage-Preis; zustimmend *Kern* Anm. in Medien und Recht 2003, 176 f.

[390] *Tilmann* GRUR 1997, 790 (795); *Sack* WRP 2001, 327 (343), *Plaß* in HK-WettbR § 6 Rn. 70; *Wamprechtshamer* ÖBl. 2000, 147 (150); vgl. auch KG WRP 1999, 339 (340) („Die beste Werbung für S. sind die Angebote der Konkurrenz").

[391] *OLG* Frankfurt a. M. GRUR Int. 2002, 397 (398) – Tiapridex.

Gleichwertigkeit in der vergleichenden Werbung für Ersatzteile und Zubehör vergleicht relevante sowie wesentliche, typische und nachprüfbare Eigenschaften.[392]

Soweit man auch den **Auskunfts- und Nachfragevergleich** als vergleichende Werbung iSv § 6 Abs. 1 UWG bewertet (dazu → Rn. 41 f.), bestimmt der Kunde, welche Eigenschaften für ihn wesentlich und relevant sind.[393] Dies kann im Einzelfall von den allgemeinen Verkehrserwartungen abweichen.[394] 157

b) Typische Eigenschaften. Während zwischen „wesentlichen" und „relevanten" Eigenschaften kaum ein Unterschied besteht, können sich diese im Einzellfall erheblich von **„typischen"** Eigenschaften unterscheiden.[395] Dieses Tatbestandsmerkmal bezieht sich auf **charakteristische** Merkmale der Gattung, der die beworbenen Waren oder Dienstleistungen angehören.[396] Typisch für ein Produkt sind Eigenschaften, die seine **Eigenart prägen** und damit für dessen Wert als Ganzem repräsentativ und aussagekräftig sind.[397] Die Behauptung funktionaler Gleichwertigkeit von konkurrierenden Ersatzteilen und Zubehör in vergleichender Werbung vergleicht typische sowie relevante, wesentliche und nachprüfbare Eigenschaften.[398] Kein Vergleich typischer Eigenschaften liegt hingegen zB vor, wenn das eigene Produkt mit einem fehlerhaften Konkurrenzprodukt verglichen wird, dessen Mangel auf einem „Ausreißer" beruht.[399] 158

Das Erfordernis eines Vergleichs typischer Eigenschaften dürfte die vergleichende Werbung mehr behindern, als dies von den Verfassern der RL beabsichtigt war. Denn **wesentliche Innovationen,** die von den im Zeitpunkt der Werbung typischen Gattungsmerkmalen einer Ware oder Dienstleistung abweichen, dürften nach § 6 Abs. 2 Nr. 2 UWG nicht durch identifizierende vergleichende Werbung bekannt gemacht werden. Sie wären, wenn sie (noch) untypische Eigenschaften betreffen, nach dem Wortlaut von § 6 UWG unlauter. Dennoch kann kein vernünftiger Zweifel daran bestehen, dass im praktischen Ergebnis ein **Fortschrittsvergleich** mit (noch) untypischen Eigenschaften einer Produktgattung zulässig sein muss.[400] Begriffliche Bedenken bestehen jedoch, dieses Ergebnis durch eine weite Auslegung des Begriffs „typisch" zu begründen,[401] oder die Erwartung, dass die betreffenden Eigenschaften in Zukunft typisch sein können, genügen zu lassen.[402] 159

Auch bei **Auskunftsvergleichen** wäre die Beantwortung einer Verbraucherfrage nach untypischen Eigenschaften nach § 6 Abs. 2 Nr. 2 UWG an sich unlauter, selbst wenn die Antwort inhaltlich völlig korrekt ist.[403] Auch in diesen Fällen können im Ergebnis keine 160

---

[392] EuGH Slg. 2006, I-2147 = GRUR 2006, 345 Rn. 17 – Siemens.

[393] Begr. Reg.-Entw. BT-Drs. 14/2959, 11; *Beater* S. 574 Rn. 1557; *Eck/Ikas* WRP 1999, 251 (264); *Köhler*/Bornkamm/Feddersen § 6 Rn. 129; *Koos* in Fezer/Büscher/Obergfell § 6 Rn. 167; *Lehmler* § 6 Rn. 49, 51; MüKoUWG/*Menke* § 6 Rn. 208; *Ohly/Spence* GRUR Int. 1999, 681 (692); *Ohly*/Sosnitza § 6 Rn. 53; *Sack* WRP 2001, 327 (343); *Scherer* WRP 2001, 89 (93); *Tilmann* GRUR 1999, 546 (549); aA *Freund* S. 117; *Plaß* NJW 2000, 3161 (3164 f.); *Plaß* WRP 1999, 766 (768).

[394] Begr. Reg.-Entw. BT-Drs. 14/2959, 11.

[395] *Sack* WRP 2001, 327 (343); *Plaß* in HK-WettbR § 6 Rn. 90; aA *Aigner* S. 117; *Menke* WRP 1998, 811 (824).

[396] *Kotthoff* BB 1998, 2217 (2219); *Plaß* WRP 1999, 766 (769); *Plaß* NJW 2000, 3161 (3165); *Sack* WRP 2001, 327 (343); *Scherer* WRP 2001, 89 (93); *Tilmann* GRUR 1997, 790 (796).

[397] BGH GRUR 2004, 607 (612) – Genealogie der Düfte; GRUR 2005, 172 (175) – Stresstest; GRUR 2010, 161 Rn. 29 – Gib mal Zeitung; OLG München MMR 2003, 533 (534); *Berlit* BB 2000, 1305 (1307); GroßKommUWG/*Glöckner* § 6 Rn. 412; *Tilmann* GRUR 1997, 790 (796).

[398] EuGH Slg. 2006, I-2147 = GRUR 2006, 345 Rn. 17 – Siemens.

[399] *Nordmann* GRUR Int. 2002, 297 (300); aA GroßKommUWG/*Glöckner* § 6 Rn. 415 f., der jedoch einen solchen Vergleich für irreführend hält.

[400] *Eck/Ikas* WRP 1999, 251 (265); GroßKommUWG/*Glöckner* § 6 Rn. 414; *Köhler*/Bornkamm/Feddersen UWG § 6 Rn. 140; *Koos* in Fezer/Büscher/Obergfell § 6 Rn. 184; *Lopez Ramos* in Büscher § 6 Rn. 131; *Sack* WRP 2001, 327 (343); vgl. auch *Fröndhoff* S. 115; *Heister* S. 77.

[401] Vgl. *Plaß* WRP 1999, 766 (769 sub 3.f); *Sack* WRP 2001, 327 (343); *Völker* MDR 2000, 1360 (1361).

[402] Vgl. AA *Eck/Ikas* WRP 1999, 251 (265); *F. U. D. Hasselblatt* S. 332; *Köhler*/Bornkamm/Feddersen § 6 Rn. 140; *Müller-Bidinger* in Ullmann jurisPK-UWG § 6 Rn. 143.

[403] *Scherer* WRP 2001, 89 (93 f.); aA *Berlit* BB 2000, 1305 (1307).

ernsthaften Zweifel bestehen, dass solche Vergleiche zulässig sein müssen;[404] ihre Begründung – zB mit dem Argument, dass der Begriff „typisch" weit auszulegen sei oder dass die Sicht des einzelnen Kunden für die Typizität maßgeblich sei[405] – bereitet jedoch erhebliche begriffliche Schwierigkeiten. Nach Ansicht der EG-Kommission und der Bundesregierung ist es „selbstverständlich", den **Nachfragevergleich** (Vergleich auf Auskunftsverlangen) nicht auf objektiv typische Eigenschaften zu beschränken. Deshalb sei es zulässig, auf Nachfrage des Verbrauchers auch andere als „typische" Eigenschaften zu vergleichen.[406] Diese Auffassung wäre unbedenklich, wenn der Kriterienkatalog des Art. 4 RL ein **Zulässigkeitskatalog** wäre. Denn dann wäre jede Entscheidung mit der RL vereinbar, die vergleichende Werbung für zulässig erklärt.[407] Nach ganz hM ist jedoch Art. 4 RL auch ein **Verbotskatalog,** der in lit. c Vergleiche untypischer Eigenschaften verbietet. Nur eine **teleologische Reduktion** von § 6 Abs. 2 Nr. 2 UWG bzw. Art. 4 lit. c RL führt zu einem brauchbaren Ergebnis; denn solche Auskunftsvergleiche verstoßen gegen keinen der Schutzzwecke des § 6 Abs. 2 Nr. 2 UWG bzw. des Art. 4 lit. c RL. ME macht die Sicht des einzelnen Kunden beim Auskunftsvergleich aus einer Eigenschaft, die von den Verkehrskreisen als untypisch angesehen wird, noch keine typische iSv § 6 Abs. 2 Nr. 2 UWG.[408]

161 **5. Objektivität des Vergleichs.** Nach § 6 Abs. 2 Nr. 2 UWG müssen Eigenschaften, die den vier Kriterien „wesentlich", „relevant", „typisch" und „nachprüfbar" genügen, **objektiv** verglichen werden.[409] In seiner Entscheidung *„Lidl Belgium"* vom 19.9.2006 hat der EuGH die Ansicht vertreten, dass das Erfordernis der **Objektivität** Vergleiche ausschließen soll, die sich aus einer **subjektiven Wertung** des Werbenden und nicht aus einer objektiven Feststellung ergeben.[410] Diese Ansicht wäre abzulehnen, wenn sie dahingehend zu verstehen wäre, dass alle Werbevergleiche am Erfordernis der Objektivität scheitern, die auf subjektiven Wertungen des Werbenden beruhen. Denn so verstanden wäre das Kriterium der **Objektivität** neben dem der **Nachprüfbarkeit** überflüssig, da subjektive Wertungen des Werbenden schon nicht als nachprüfbar iSv Art. 4 lit. c RL 2006/114/EG bzw. § 6 Abs. 2 Nr. 2 UWG gelten.[411] Außerdem enthalten viele Fälle vergleichender Werbung, die nach Ansicht des EuGH als zulässig gelten, durchaus subjektive Wertungen.[412] So erfordert zB die Auswahl der **Eigenschaften** der verglichenen Produkte zwangsläufig subjektiv wertende Entscheidungen. Bei einem Sortimentsvergleich ist die Auswahl der verglichenen **Produkte** ebenfalls eine subjektiv wertende Entscheidung. Dennoch hatte der EuGH in seiner oben genannten Entscheidung *„Lidl Belgium"*[413] offenbar keine Bedenken gegen die Zulässigkeit eines Vergleichs der Preise eines Warensortiments, das auf einer vom Werbenden (subjektiv) getroffenen **Auswahl** der miteinander verglichenen Waren beruhte. Es ist also unklar, was der EuGH genau unter „subjektiven Wertungen" versteht, die nach seiner

---

404 Vgl. Begr. Reg.-Entw. BT-Drs. 14/2959, 11; *Baumbach/Hefermehl* UWG § 2 Rn. 8; *Berlit* S. 108; *Berlit* BB 2000, 1305 (1307); *Eck/Ikas* WRP 1999, 251 (265); *Ohly*/Sosnitza § 6 Rn. 56; *Scherer* WRP 2001, 89 (93 f.); *Somariello* S. 81.

405 GroßKommUWG/*Glöckner* § 6 Rn. 413; *Scherer* WRP 2001, 89; *Somariello* S. 81; *Stier/Schneider* in Götting/Nordemann § 6 Rn. 76; *Tilmann* GRUR 1997, 790 (796).

406 Begr. Reg.-Entw. BT-Drs. 14/2959, 11.

407 Vgl. *Sack* WRP 2001, 327 (343).

408 So jedoch MüKoUWG/*Menke* § 6 Rn. 208 aE.

409 EuGH GRUR 2007, 69 Rn. 45 – Lidl Belgium; EuGH GRUR 2017, 280 Rn. 25 f. – Carrefour Hypermarchés; BGH GRUR 2019, 631 Rn. 51 f. – Das beste Netz.

410 EuGH Slg. 2006, I-8501 = GRUR 2007, 69 Rn. 46 – Lidl Belgium; ebenso BGH GRUR 2007, 896 Rn. 17 – Eigenpreisvergleich; OLG Karlsruhe WRP 2013, 1386 Rn. 16; *Beater* S. 571 Rn. 1542; *Köhler* WRP 2008, 414 (419, 420, aE); *Ohly*/Sosnitza § 6 Rn. 50; *Stier/Schneider* in Götting/Nordemann § 6 Rn. 85; vgl. auch BGH GRUR 2010, 658 Rn. 12 – Paketpreisvergleich.

411 *Lopez Ramos* in Büscher § 6 Rn. 127; nach *Köhler*/Bornkamm/Feddersen § 6 Rn. 118 soll das Objektivitätserfordernis nicht für die Angaben über die jeweiligen Produkte, sondern nur für die Vergleichsaussage als solche gelten.

412 *Beater* S. 571 Rn. 1544.

413 EuGH Slg. 2006, I-8501 = GRUR 2007, 69 – Lidl Belgium.

Ansicht gegen das Objektivitätserfordernis des Art. 4 lit. c RL 2006/114/EG verstoßen. Auch vergleichende **Schlussfolgerungen** (die Vergleichsaussage als solche), die aus mitgeteil ten Tatsachen gezogen werden, zB die Behauptung der **Gleichwertigkeit,** enthalten häufig subjektive Wertungen.[414] Deshalb ist vorgeschlagen worden, bei der Beurteilung von Gleichwerigkeitsbehauptungen das Objektivitätskriterium **restriktiv** auszulegen.[415] Die Äußerungen des EuGH in seiner Entscheidung *„Lidl Belgium"* sind so **ungenau**[416] und wohl auch in sich **widersprüchlich,**[417] dass bis zu einer weiteren Klärung durch den EuGH nach wie vor davon ausgegangen werden sollte, dass eine Bezugnahme auf Mitbewerber und ihre Leistungen nur dann „objektiv" ist, wenn sie sich auf **sachliche** Informationen beschränkt (sog. **Sachlichkeitsgebot**)[418] und durch das **Bemühen um Richtigkeit** gekennzeichnet ist. Objektive Richtigkeit ist hingegen nicht erforderlich.[419] Nach dem Sachlichkeitsgebot sind rein subjektive Wertungen unzulässig.[420] Danach wird die Werbebehauptung, das angepriesene Produkt sei **billiger** als das Konkurrenzprodukt, dem Objektivitätserfordernis ebenso gerecht[421] wie die Behauptung, es sei mit dem Konkurrenzprodukt **gleichwertig.**[422]

Objektivität setzt also nicht voraus, dass **alle** wesentlichen, relevanten und typischen **162**
Eigenschaften der verglichenen Produkte genannt werden; vielmehr darf sich der Werbende auch auf den **Vergleich einzelner Eigenschaften** beschränken.[423] Die **Unvollständigkeit** oder **Einseitigkeit** eines Preisvergleichs berührt nicht ohne weiteres dessen Objektivität iSv § 6 Abs. 2 Nr. 2 UWG.[424] Eine unvollständig oder einseitige Auswahl der Tatsachen, auf die ein Vergleich gestützt wird, nimmt diesem also nicht ohne weiteres die nach § 6 Abs. 2 Nr. 2 erforderliche Objektivität.[425] Bei **Preisvergleichen** mangelt es nicht schon dann an der erforderlichen Objektivität, wenn diese **lückenhaft** sind und preisgünstigere Anbieter nicht benannt werden[426] Die Auswahl nur eines bestimmten Angebots für den Preisvergleich verletzt nicht das Objektivitätserfordernis.[427] Beim Vergleich der Preise von Supermarktketten fehlt es nicht an der notwendigen Objektivität, wenn nur die Gesamtpreise miteinander verglichen werden, während die einzelnen in den Vergleich einbezogenen Produkte und Preise nicht ausdrücklich genannt werden.[428] Denn **Preise** können nicht Gegenstand einer subjektiven Wertung sein, und die fehlende **Benennung**

---

[414] Vgl. *Beater* S. 571 Rn. 1544; *Köhler*/Bornkamm/Feddersen § 6 Rn. 118.

[415] *Hasselblatt/Leister* in Gloy/Loschelder/Danckwerts HdbWettbR § 60 Rn. 77.

[416] Betrifft das Objektivitätserfordernis den gesamten Vergleich einschließlich der dazu mitgeteilten Tatsachen oder nur die Schlussfolgerungen daraus? Wendet es sich nur gegen rein subjektive Wertungen, die nicht nachprüfbar sind?

[417] Der Werbende darf bei Sortimentsvergleichen nach Ansicht des EuGH eine Produktauswahl treffen, obwohl diese Auswahl zwangsläufig subjektiv ist.

[418] So Begr. Reg.-Entw. zur UWG-Novelle 2000, BT-Drs. 14/2959, 11 = WRP 2000, 555 (560); BGH GRUR 1999, 69 (71) – Preisvergleichsliste II; BGH GRUR 2010, 658 Rn. 12 – Paketpreisvergleich.

[419] *Beater* S. 572 Rn. 1548; *Lehmler* § 6 Rn. 43; *Ohly* GRUR 2007, 3 (7).

[420] BGH GRUR 2010, 658 Rn. 12 – Paketpreisvergleich.

[421] So Generalanwalt *Tizzano* zu den Erfordernissen „objektiv" und „nachprüfbar" in Nr. 45 seiner Schlussanträge im Verfahren *Lidl Belgium,* Slg. 2006, I-8501; ebenso *Köhler*/Bornkamm/Feddersen § 6 Rn. 118.

[422] *Hasselblatt/Leister* in Gloy/Loschelder/Danckwerts HdbWettbR § 60 Rn. 77; *Köhler*/Bornkamm/Feddersen § 6 Rn. 118.

[423] EuGH Slg. 2006, I-8501 = GRUR 2007, 69 Rn. 47 – Lidl Belgium; OLG Hamburg NJWE-WettbR 1999, 278; *Beater* S. 572 Rn. 1546; *Heister* S. 73; *Köhler*/Bornkamm/Feddersen § 6 Rn. 119; *Ohly*/Sosnitza § 6 Rn. 50.

[424] BGH GRUR 2010, 658 Rn. 12 – Paketpreisvergleich.

[425] BGH GRUR 2010, 658 Rn. 12, 13, 15 – Paketpreisvergleich; *Köhler*/Bornkamm/Feddersen § 6 Rn. 119; *Ohly*/Sosnitza § 6 Rn. 50.

[426] Vgl. BGH GRUR 2010, 658 Rn. 12 – Paketpreisvergleich (in dieser Entscheidung werde ich unzutreffend für die gegenteilige Ansicht zitiert); *Bullinger/Emmerich* WRP 2002, 608 (610); *Koos* in Fezer/Büscher/Obergfell § 6 Rn. 161; *Ohly*/Sosnitza § 6 Rn. 50.

[427] BGH GRUR 2013, 1058 Rn. 15 – Kostenvergleich beim Honorarfactoring; vgl. auch EuGH Slg. 2003, I-3095 = GRUR 2003, 533 Rn. 81 f. – Pippig Augenoptik.

[428] EuGH Slg. 2006, I-8501 = GRUR 2007, 69 Rn. 24 ff., 47, 54 – Lidl Belgium.

der verglichenen Produkte und Preise kann keinen Einfluss auf die Objektivität oder Subjektivität des Vergleichs haben.[429] Außerdem würde die **Praktikabilität** solcher vergleichender Werbung beeinträchtigt, wenn in der Werbung alle verglichenen Produkte und Preise genannt werden müssten, was mit den Zielen der Regelung der vergleichenden Werbung in Widerspruch stünde.[430] Bei solchen Vergleichen genügen die Nachprüfbarkeit und das Irreführungsverbot den Interessen der Verbraucher und Mitbewerber. Objektiv iSv § 6 Abs. 2 Nr. 2 UWG sind auch Vergleiche zwischen Preisen, die ein Händler für Hausmarken und für fremde Markenartikel verlangt; die Tatsache, dass er für beide Warengruppen die Preise nach eigenem Gutdünken selbst festlegt, macht sie nicht zu „Werturteilen", die nach § 6 Abs. 2 UWG unzulässig wären.[431] Die erforderliche Objektivität des Vergleichs ist ferner nicht ausgeschlossen, wenn die verglichenen Leistungen erhebliche Qualitätsunterschiede aufweisen.[432] Grenzen setzt jedoch in diesen Fällen das Verbot **irreführender Werbung,**[433] vor allem in Form der Irreführung mit wahren Angaben.[434] Wenn in einem Vergleich von Flugpreisen ohne näheren Hinweis Angebote vom Flughafen Frankfurt-Hahn und vom Rhein-Main-Flughafen Frankfurt gegenübergestellt werden, verstößt dies trotz der für den Kunden erheblichen Leistungsunterschiede nicht gegen das Tatbestandsmerkmal der Objektivität,[435] sondern allenfalls gegen das Irreführungsverbot.[436]

163 An der erforderlichen Objektivität fehlt es jedoch bei **bewussten Fehlurteilen** und **bewussten Verzerrungen,** insbesondere wenn die gezogenen Schlüsse als sachlich nicht mehr vertretbar erscheinen.[437] Gegen das Gebot der Objektivität und das Irreführungsverbot verstoßen Vergleiche von Geschäften, die zu Handelsgruppen gehören, die jeweils über eine Reihe von Geschäften unterschiedlicher Art und Größe verfügen, und der Werbende die Preise, die in den Geschäften größeren Umfangs oder größerer Art seiner Handelsgruppe verlangt werden, mit den Preisen vergleicht, die in Geschäften kleineren Umfangs oder kleinerer Art konkurrierender Handelsgruppen ermittelt wurden. Etwas anderes gilt, wenn die Verbraucher über diese Umstände informiert werden.[438] Gegen das Objektivitätserfordernis verstoßen auch **rein subjektive** Werbebehauptungen, die für jedermann unterschiedlich ausfallen können, zB die Behauptung, das beworbene Produkt sei **schöner und eleganter** als das Konkurrenzprodukt;[439] sie scheitern allerdings auch schon am Erfordernis der **Nachprüfbarkeit** (→ Rn. 147). Auch vergleichende Werbung mit Humor oder Ironie kann gegen das Erfordernis der Objektivität verstoßen.[440] Sehr zweifelhaft ist zB, ob der Werbespot „Gib mal Zeitung" den Anforderungen des § 6 Abs. 2 Nr. 2 entspricht.[441]

---

[429] EuGH Slg. 2006, I-8501 = GRUR 2007, 69 Rn. 47 – Lidl Belgium; BGH GRUR 2007, 896 Rn. 17 – Eigenpreisvergleich.

[430] EuGH Slg. 2006, I-8501 = GRUR 2007, 69 Rn. 49 – Lidl Belgium.

[431] BGH GRUR 2007, 896 Rn. 17 – Eigenpreisvergleich.

[432] AA OLG Hamburg GRUR-RR 2003, 219 (220) – Frankfurt-Hahn.

[433] Vgl. EuGH Slg. 2006, I-8501 = GRUR 2007, 69 Rn. 75 ff. – Lidl Belgium; Generalanwalt *Tizzano* in Nr. 65 ff. seiner Schlussanträge im Verfahren *Lidl Belgium,* Slg. 2006, I-8501; BGH GRUR 2010, 658 Rn. 13 – Paketpreisvergleich; *Köhler*/Bornkamm/Feddersen § 6 Rn. 119 ff.; *Ohly*/Sosnitza § 6 Rn. 51.

[434] Vgl. dazu *Sack* GRUR 1996, 461 ff.

[435] AA OLG Hamburg GRUR-RR 2003, 219 (220) – Frankfurt-Hahn.

[436] Vgl. OLG Hamburg GRUR-RR 2003, 219 (220) – Frankfurt-Hahn; dazu einschränkend EGMR ÖJZ 2004, 397 (399) – Krone Verlag.

[437] OLG Frankfurt a. M. GRUR 2003, 85 (86) – Finanztest; aA offenbar BGH GRUR 2010, 658 Rn. 12 – Paketpreisvergleich.

[438] EuGH GRUR 2017, 280 Rn. 36, 38 – Carrefour Hypermarchés.

[439] Vgl. Generalanwalt *Tizzano* zu den Erfordernissen „objektiv" und „nachprüfbar" in Nr. 45 seiner Schlussanträge im Verfahren *Lidl Belgium,* Slg. 2006, I-8501; ebenso *Köhler*/Bornkamm/Feddersen § 6 Rn. 118.

[440] Nach *Peifer* WRP 2011, 1 (6) scheitert humorvolle Kritik oft am Objektivitätserfordernis; sehr zurückhaltend hingegen *Ohly* GRUR 2010, 166 (3.).

[441] Bejaht wurde dies vom BGH GRUR 2010, 161 Rn. 26 – Gib mal Zeitung; zustimmend *Ohly* GRUR 2010, 166 (3.); kritisch hingegen *Köhler* WRP 2010, 571 (574) („höchst subjektive Einschätzung" der Leserschaft der BILD-Zeitung in dem beanstandeten Werbespot).

Es wird die Ansicht vertreten, zwischen den Tatbestandsmerkmalen „objektiv" und „nachprüfbar" bestehe ein enger Zusammenhang.[442] Fehle es an objektiven nachprüfbaren Kriterien, zB bei Geruchsvergleichen zwischen Parfums, sei ein objektiver Vergleich nicht möglich.[443] Dem entspricht die Ansicht, dass für die Prüfung des Objektivitätskriteriums – ebenso wie für das Kriterium der Nachprüfbarkeit – die Abgrenzung zwischen Werturteilen und Tatsachenbehauptungen maßgeblich sei.[444] **164**

6. Teleologische Reduktionen des § 6 Abs. 2 Nr. 2 UWG. In bestimmten Fällen sind bei § 6 Abs. 2 Nr. 2 UWG teleologische Reduktionen vorzunehmen. Das gilt zB, wie bereits erwähnt, bei **Auskunftsvergleichen,** wenn sich das Auskunftsverlangen des Kunden auf untypische oder unwesentliche Eigenschaften bezog;[445] vgl. → Rn. 160. In Werbevergleichen darf auch auf – **noch** – **untypische Produktinnovationen** hingewiesen werden, vgl. → Rn. 159. Bei persönlicher und unternehmensbezogener vergleichender Werbung ist eine analoge Anwendung von § 6 Abs. 2 Nr. 2 UWG, wie es im Schrifttum vorgeschlagen worden ist,[446] abzulehnen; denn **persönliche Bezugnahmen auf einen Mitbewerber** fallen nach der hier vertretenen Ansicht schon nicht in den Anwendungsbereich des § 6 Abs. 2 Nr. 2 UWG, da sie keine **Waren** oder **Dienstleistungen** miteinander **vergleichen** (→ Rn. 141). Lehnt man diese Einschränkung des § 6 Abs. 2 Nr. 2 UWG ab, dann können persönliche Bezugnahmen als Auskunfts- oder Abwehrvergleiche zulässig sein, soweit sie außerhalb der in → Rn. 141 genannten Schutzzwecke liegen. Dasselbe wie für persönliche vergleichende Werbung gilt für **unternehmensbezogene** vergleichende Werbung;[447] es fehlt an einem Vergleich von **Waren oder Dienstleistungen,** wie er nach der hier vertretenen Ansicht nach § 6 Abs. 2 Nr. 2 UWG erforderlich ist. Bei **Ersatzteil- und Zubehörwerbung,** die nur auf das Hauptprodukt verweist („passend für XY"), nicht jedoch auf die vom Anbieter des Hauptprodukts ebenfalls angebotenen Zubehör- und Ersatzteile, liegt nach der hier vertretenen Ansicht schon keine vergleichende Werbung iSv § 6 Abs. 1 UWG vor, da weder der Anbieter des Hauptprodukts **in seiner Eigenschaft als Mitbewerber** auf dem Zubehör- und Ersatzteilmarkt genannt noch ein **Vergleich** vorgenommen wird. Bejaht man hingegen in diesem Fall entgegen der hier vertretenen Ansicht vergleichende Werbung iSv § 6 Abs. 1 UWG, fehlt zwar ein Vergleich zwischen Waren und Dienstleistungen, wie ihn der **Wortlaut** von § 6 Abs. 2 Nr. 2 UWG fordert; da jedoch die genannte Fallgruppe der Ersatzteil- und Zubehörwerbung ohne Hinzutreten besonderer Umstände nicht gegen die Schutzzwecke des § 6 Abs. 2 Nr. 2 UWG verstößt, ist diese Vorschrift entsprechend **teleologisch zu reduzieren.** Sie ist nur bei Vergleichen zwischen Waren und Dienstleistungen anwendbar. Nach *Glöckner* ist § 6 Abs. 2 Nr. 2 de lege lata nur anzuwenden, wenn eine konkrete Gefahr einer Wettbewerbsverfälschung oder Herabsetzung besteht.[448] **165**

III. § 6 Abs. 2 Nr. 3 UWG, Verwechslungsgefahr

1. Der Kennzeichenbegriff. Nach § 6 Abs. 2 Nr. 3 UWG ist vergleichende Werbung unlauter, wenn sie im geschäftlichen Verkehr zu einer Verwechslungsgefahr zwischen dem Werbenden und einem Mitbewerber oder zwischen den von diesen angebotenen Waren oder Dienstleistungen oder den von ihnen verwendeten **Kennzeichen**[449] führt. Diese **166**

[442] Begr. Reg.-Entw. BT-Drs. 14/2959, 11; BGH GRUR 1999, 69 (71) – Preisvergleichsliste II; KG NJW-RR 2001, 409 (410); OLG München WRP 2001, 820 (828) – Duft-Vergleichslisten.
[443] OLG München WRP 2001, 820 (828) – Duft-Vergleichslisten.
[444] *Koos* in Fezer/Büscher/Obergfell § 6 Rn. 156 ff.
[445] Vgl. GroßKommUWG/*Glöckner* § 6 Rn. 406; *Tilmann* GRUR 1999, 946 (949).
[446] *Köhler* GRUR 2005, 273 (279).
[447] *Ohly*/Sosnitza § 6 Rn. 38, 41; aA, dh in Bezug auf unternehmensbezogene Vergleiche Unlauterkeit bejahend, *Köhler*/Bornkamm/Feddersen § 6 Rn. 103; vgl. dazu auch *Scherer* GRUR 2012, 545 (550).
[448] GroßKommUWG/*Glöckner* § 6 Rn. 392.
[449] Zum Verhältnis zum Markenrecht vgl. → Rn. 264 ff.

Regelung entspricht Art. 4 lit. h RL 2006/114/EG und Art. 6 Abs. 2 lit. a der UGP-Richtlinie 2005/29/EG.

167 Zu den Kennzeichen iSv § 6 Abs. 2 Nr. 3 UWG gehören in erster Linie **Marken und Handelsnamen.** Der Begriff des Kennzeichens umfasst jedoch auch **„andere Unterscheidungszeichen".** Denn der deutsche Gesetzgeber wollte mit dem Begriff des Kennzeichens in § 6 Abs. 2 Nr. 3, 4 UWG das Tatbestandsmerkmal „Marken, Handelsnamen oder andere Unterscheidungszeichen" in Art. 3a Abs. 1 lit. d, e, g RL 97/55/EG (jetzt Art. 4 lit. d, f, g RL 2006/114/EG) in deutsches Recht umsetzen. Ein von einem Unternehmen verwendetes Zeichen ist ein „Unterscheidungszeichen" iSd RL und folglich auch ein Kennzeichen iSv § 6 Abs. 2 Nr. 3, 4, „wenn es vom Verkehr **als von einem bestimmten Unternehmen** stammend identifiziert wird".[450] Der Verbraucher muss die Zeichen auch bei **isolierter** Betrachtung ohne Angabe der Marke des Herstellers oder des Produkts, für die sie bestimmt sind, als Bezeichnung eines von einem bestimmten Unternehmen stammenden Erzeugnisses erkennen.[451] Ob ein Zeichen als von einem bestimmten Unternehmen stammend identifiziert wird, hängt auch davon ab, an welche Verkehrskreise sich die Werbung richtet, zB an Verbraucher oder an Fachhändler.[452] Bei Werbung, die sich an die Allgemeinheit wendet, ist auf normal informierte und angemessen aufmerksame und verständige Durchschnittsverbraucher abzustellen;[453] es ist das sog. europäische Verbraucherleitbild maßgeblich.[454] „Andere Unterscheidungszeichen" iSd RL und folglich auch Kennzeichen iSd § 6 Abs. 2 Nr. 3 UWG sind ua immaterialgüterrechtlich nicht geschützte Unterscheidungszeichen, die bisher zum Teil jedoch mit § 1 UWG aF geschützt worden sind, zB nicht eingetragene Marken ohne Verkehrsgeltung **(„Ausstattungsanwartschaften").**[455] Als Kennzeichen können von den maßgeblichen Verkehrskreisen auch verstanden werden unternehmenstypische **Farb- und Formgestaltungen**[456] oder bestimmte **Farbangaben.**[457] Kennzeichen können auch **Bildmotive** sein, die auf Waren aufgebracht werden.[458] Sie können auch dann herkunftshinweisend sein, wenn es sich um Allerweltsmotive (Teddybär, Sonnenschirm, Badeentchen) in einer einfachen und neutralen Grundform handelt.[459]

168 Ob zu diesen Unterscheidungszeichen mit Herkunftsfunktion auch **Artikel-Nummern (Typenbezeichnungen; OEM-Nummern)** eines Herstellers gehören, hängt von den Umständen des Einzelfalles ab.[460] Ihre primäre Funktion ist es zwar, verschiedene Erzeugnisse desselben Anbieters voneinander zu unterscheiden. In dieser Funktion sind sie (noch) keine Unterscheidungszeichen iSv Art. 4 lit. d u. f RL[461] und damit auch keine Kennzeichen iSv § 6 Abs. 2 Nr. 3, 4 UWG. Denn es handelt sich um Folgen von Zahlen oder von Buchstaben und Zahlen, die nicht sicher als Artikelnummern eines **bestimmten**

---

[450] So EuGH Slg. 2001, I-7945 = GRUR 2002, 354 Rn. 49, 50, 52 – Toshiba Europe; BGH GRUR 2005, 348 (349) – Bestellnummernübernahme; BGH GRUR 2011, 1158 Rn. 13, 15 – Teddybär.

[451] EuGH Slg. 2001, I-7945 = GRUR 2002, 354 Rn. 50 – Toshiba Europe; BGH GRUR 2011, 1158 Rn. 15, 16, 17 – Teddybär.

[452] EuGH Slg. 2001, I-7945 = GRUR 2002, 354 Rn. 52, 57 – Toshiba Europe.

[453] Vgl. EuGH Slg. 2001, I-7945 Rn. 52 – Toshiba Europe, wo allerdings das europäische Verbraucherleitbild nicht ganz zutreffend referiert wird.

[454] Ausführlich dazu *Sack* Mitt. 2002, 494 ff.; *Sack* WRP 1999, 399 ff.; *Sack* WRP 2004, 521 (522 ff.).

[455] *Aigner* S. 131 f.; *Berlit* Rn. 150 f.; GroßKommUWG/*Glöckner* § 6 Rn. 444; *Koos* in Fezer/Büscher/Obergfell § 6 Rn. 207; *Sack* WRP 2001, 327 (345); *Sack* WRP 2002, 363; aA *Plaß* WRP 1999, 766 (770).

[456] BGH GRUR 1988, 385 (386) – Wäsche-Kennzeichnungsbänder; *Berlit* Rn. 150; *Eck/Ikas* WRP 1999, 251 (268); GroßKommUWG/*Glöckner* § 6 Rn. 444; *Sack* WRP 2001, 327 (345); GA Léger im Fall *Toshiba Europe,* Slg. 2001, I-7945 Rn. 70.

[457] BGH GRUR 1985, 445 (446) – Amazonas („Farbtonserie"); *Berlit* Rn. 150; *Eck/Ikas* WRP 1999, 251 (268); *Sack* WRP 2001, 327 (345).

[458] BGH GRUR 2011, 1158 Rn. 16 – Teddybär.

[459] BGH GRUR 2011, 1158 Rn. 16 – Teddybär.

[460] EuGH Slg. 2001, I-7945 = GRUR 2002, 354 Rn. 50, 52 – Toshiba Europe; EuGH Slg. 2006, I-2147 = GRUR 2006, 345 Rn. 12 ff. – Siemens; BGH GRUR 2005, 348 (349) (III.3.a) – Bestellnummernübernahme.

[461] EuGH Slg. 2001, I-7945 Rn. 49, 50 – Toshiba Europe.

Geräteherstellers erkannt würden, wenn sie nicht in Verbindung mit anderen Unterscheidungszeichen des Geräteherstellers verwendet werden. Zu Unterscheidungszeichen iSd RL bzw. zu Kennzeichen iSv § 6 Abs. 2 UWG werden sie jedoch, wenn sie von durchschnittlich informierten und angemessen aufmerksamen und verständigen Personen, für deren Orientierung die Artikelnummern bestimmt sind, zugleich auch **als betrieblicher Herkunftshinweis** verstanden werden.[462] Ob letzteres zutrifft, ist von den **nationalen** Gerichten zu prüfen.[463] Als Unterscheidungszeichen sind Artikelnummern bzw. OEM-Nummern eines Mitbewerbers anzusehen, wenn sie im Zusammenhang mit seinen Marken, Handelsnamen oder sonstigen herkunftshinweisenden Unterscheidungszeichen genannt werden.[464]

Streitig ist, ob zu den „Kennzeichen" iSv § 6 Abs. 2 Nr. 3 UWG außer den oben genannten Marken, Unternehmenskennzeichen und sonstigen „Unterscheidungszeichen" auch **Ursprungsbezeichnungen bzw. geografische Angaben** gehören. Das Problem beruht vor allem darauf, dass der deutsche Gesetzgeber in Nr. 3, 4 und 6 des § 6 Abs. 2 den Begriff „Kennzeichen" einheitlich verwendet, während die entsprechenden Regelungen in Art. 4 lit. d, f, g und h der RL 2006/114/EG zwischen verschiedenen Arten von Kennzeichen differenzieren. Diese Regelungen unterscheiden sich vor allem darin, dass nur ein Teil von ihnen auch **Ursprungsbezeichnungen** erfasst. 169

a) Weite Auslegung des Kennzeichenbegriffs. Der Begriff „Kennzeichen" in den genannten Regelungen des § 6 Abs. 2 ist nach einer Ansicht in der Weise weit auszulegen, dass er außer Marken und geschäftlichen Bezeichnungen auch **Ursprungsbezeichnungen** bzw. **geografische Angaben** umfasst.[465] Diese Ansicht stützt sich vor allem auf die Definition des § 1 MarkenG.[466] Diese weite Auslegung des Kennzeichenbegriffs führt jedoch zu Ergebnissen, die mit einem Teil der Regelungen des Art. 4 der RL 2006/114/EG unvereinbar sind.[467] Denn die RL unterscheidet klar zwischen Marken, Handelsnamen und anderen Unterscheidungszeichen einerseits und Ursprungsbezeichnungen andererseits. Das zeigt vor allem Art. 4 lit. f RL 2006/114/EG deutlich. Wenn es, wie hier vertreten, zutrifft, dass Ursprungsbezeichnungen nicht zu den „anderen Unterscheidungszeichen" im Sinne von Art. 4 RL 2006/114/EG gehören, dann verstoßen § 6 Abs. 2 Nr. 3, der Beeinträchtigungstatbestand des § 6 Abs. 2 Nr. 4 (nicht der Ausnutzungstatbestand!) sowie § 6 Abs. 2 Nr. 6 mit einem weiten Kennzeichenbegriff gegen diese RL, weil diese keine entsprechend weiten Verbote kennt. Denn in der RL 2006/114/EG betrifft die Regelung der Verwechslungsgefahr in Art. 4 lit. h nur Marken, Unternehmenskennzeichen und sonstige Unterscheidungszeichen.[468] Dasselbe gilt für das Verbot der Rufbeeinträchtigung in Art. 4 lit. d (anders jedoch ausdrücklich der Tatbestand der Rufausnutzung in Art. 4 lit. f). Die Regelung des Art. 4 lit. g betrifft sogar nur geschützte Marken und Handelsnamen.[469] 170

462 EuGH Slg. 2001, I-7945 Rn. 49, 50, 52 – Toshiba Europe; BGH GRUR 2005, 348 (349) – Bestellnummernübernahme; *Ohly* GRUR 2007, 3 (8).

463 EuGH Slg. 2001, I-7945 Rn. 52 – Toshiba Europe.

464 EuGH Slg. 2001, I-7945 Rn. 52 ff. – Toshiba Europe; *Berlit* Rn. 150; *Eck/Ikas* WRP 1999, 251 (268).

465 Begr. Reg.-Entw. eines Gesetzes zur vergleichenden Werbung, BT-Drs. 14/2959, 11 zu § 2 Abs. 2 Nr. 3 (jetzt § 6 Abs. 2 Nr. 3) = WRP 2000, 555 (560); *Köhler*/Bornkamm/Feddersen § 6 Rn. 146; *Koos* in Fezer/Büscher/Obergfell § 6 Rn. 206, 214, 276; *Müller-Bidinger* in Ullmann jurisPK-UWG § 6 Rn. 168, 174; *Ohly*/Sosnitza § 6 Rn. 58; *Stier/Schneider* in Götting/Nordemann § 6 Rn. 95.

466 Begr. Reg.-Entw zum Gesetz über vergleichende Werbung BT-Drs. 14/2959, 11 = WRP 2000, 555 (560); *Köhler*/Bornkamm/Feddersen § 6 Rn. 146; *Lehmler* UWG § 6 Rn. 64.

467 Vgl. *Sack* GRUR 2015, 130 (132); GroßKommUWG/*Glöckner* § 6 Rn. 445.

468 Die Formulierung „Warenzeichen, Warennamen, sonstige Kennzeichen" in der deutschen Fassung von Art. 4 lit. g beruht auf einer missglückten Übersetzung der englischen Worte „trade marks, trade names, other distinguishing marks" bzw. der französischen Worte „marques commerciaux, noms commerciaux, autres signes distincives"; so zutreffend schon *Gamerith* WRP 2005, 391 (425); *Gamerith* ÖBl. 2006, 204 (205 f.) mit Fn. 12; *Gamerith* ÖBl. 2008, 174 (177); ebenso *Sack* WRP 2008, 301 (304 mit Fn. 34); *Sack* GRUR 2015, 130 (132) Fn. 19; GroßKommUWG/*Glöckner* § 6 Rn. 440 f., 443; anders jedoch die Deutung durch *Müller-Bidinger* in Ullmann jurisPK-UWG § 6 Rn. 181.

469 Ausführlicher dazu *Sack* GRUR 2015, 130 (132 f.).

171 Wenn man den weiten Kennzeichenbegriff für zutreffend hielte, wäre eine richtlinienkonforme **Reduktion** des § 6 Abs. 2 Nr. 3, des Beeinträchtigungstatbestandes des § 6 Abs. 2 Nr. 4 sowie des § 6 Abs. 2 Nr. 6 geboten.[470] Dies wäre jedoch kaum mit der Rechtsprechung des EuGH zu den Grenzen richtlinienkonformer Auslegung vereinbar.[471] Außerdem überzeugt es nicht, den Kennzeichenbegriff zunächst weit auszulegen, um anschließend bei drei der vier einschlägigen Regelungen mit Hilfe einer richtlinienkonformen Reduktion die Ursprungsbezeichnungen auszuklammern.[472]

172 **b) Enge Auslegung des Kennzeichenbegriffs.** Legt man hingegen den Kennzeichenbegriff des § 6 Abs. 2 in der Weise **eng** aus, dass er Ursprungsbezeichnungen bzw. geografische Herkunftsangaben nicht umfasst,[473] dann fehlt insoweit eine ausreichende Umsetzung des **Ausnutzungstatbestands** des Art. 4 lit.f RL 2006/114/EG in deutsches Recht. Denn diese Regelung schützt ausdrücklich auch gegen die unlautere Ausnutzung des Rufs der **Ursprungsbezeichnungen** von Konkurrenzerzeugnissen.[474] Diese Lücke könnte durch eine entsprechende Auslegung von § 127 Abs. 3 MarkenG[475] und/oder durch eine richtlinienkonforme Auslegung der Generalklausel des § 3 geschlossen werden.[476] Es ist allerdings nach der Rechtsprechung des EuGH zu den Grenzen richtlinienkonformer Auslegung fraglich, ob dies eine ausreichende Umsetzung der RL 2006/114/EG in deutsches Recht wäre. Denn nach Ansicht des EuGH kann „eine etwaige nationale Rechtsprechung, die innerstaatliche Rechtsvorschriften in einem Sinne auslegt, der als den Anforderungen einer Richtlinie entsprechend angesehen wird, nicht die Klarheit und Bestimmtheit aufweisen, um dem Erfordernis der Rechtssicherheit zu genügen".[477] Gegen diese Ansicht bestehen allerdings erhebliche Bedenken.[478]

173 **c) Differenzierende Auslegung des Kennzeichenbegriffs.** Um die oben genannten Verstöße gegen die RL 2006/114/EG zu vermeiden, könnte man noch erwägen, den Kennzeichenbegriff in den verschiedenen Regelungen des § 6 Abs. 2 nach den Vorgaben der Richtlinie **unterschiedlich auszulegen,** nämlich **weit** im Rufausnutzungstatbestand des § 6 Abs. 2 Nr. 4, **eng** hingegen im Verwechslungstatbestand des § 6 Abs. 2 Nr. 3, im Beeinträchtigungstatbestand des § 6 Abs. 2 Nr. 4 und im Nachahmungstatbestand des § 6 Abs. 2 Nr. 6. Zu den differenzierenden Theorien gehört im praktischen Ergebnis auch die Ansicht, welche in § 6 Abs. 2 Nr. 6, im Beeinträchtigungstatbestand des § 6 Abs. 2 Nr. 4 sowie in § 6 Ab s. 2 Nr. 6 die **Ursprungsbezeichnungen** mit Hilfe einer **richtlinienkonformen Reduktion** ausklammert. Eine unterschiedliche Auslegung ein und desselben Rechtsbegriffs in verschiedenen Vorschriften ist zwar nichts Ungewöhnliches. Man denke an den Begriff „Eigentum" in Art. 14 GG und in § 823 Abs. 1 BGB oder an den Begriff „Sache" in § 90, § 119 Abs. 2 und § 433 Abs. 1 BGB. In ein und derselben Vorschrift, wie hier in § 6 Abs. 2 Nr. 4, ist eine unterschiedliche Auslegung ein und desselben Tatbestandsmerkmals „Kennzeichen" jedoch zweifelhaft, auch wenn der Gesetzgeber an dieses eine Tatbestandsmerkmal zwei unterschiedliche Regelungen –

[470] So zu § 6 Abs. 2 Nr. 3, 4 (Beeinträchtigungstatbestand) und Nr. 6 MüKoUWG/*Menke* § 6 Rn. 235, 241; so zu § 6 Abs. 2 Nr. 6 *Fassbender/Herbrich* GRUR Int. 2014, 765 (774); *Koos* in Fezer/Büscher/Obergfell § 6 Rn. 200, 267; *Müller-Bidinger* in Ullmann jurisPK-UWG § 6 Rn. 221; *Ohly*/Sosnitza § 6 Rn. 69; vgl. auch → Rn. 228.

[471] EuGH Slg. 2001, I-3541 Rn. 21 – Komm./Niederlande; EuGH GRUR Int. 2014, 964 Rn. 46 – Komm./Belgien.

[472] Vgl. *Sack* WRP 2008, 301 (305, vor 2.); *Sack* GRUR 2015, 130 (133).

[473] So GroßKommUWG/*Glöckner* § 6 Rn. 447 f.; *Lopez Ramos* in Büscher § 6 Rn. 142; *Sack* WRP 2008, 301 (304); *Sack* GRUR 2015, 130 (133).

[474] Vgl. *Sack* WRP 2008, 301 (304); *Sack* GRUR 2015, 130 (133).

[475] Vgl. GroßKommUWG/*Glöckner* § 6 Rn. 448; *Sack* WRP 2008, 301 (305); *Sack* GRUR 2015, 130 (133).

[476] Vgl. *Sack* WRP 208, 301 (304); *Sack* GRUR 2015, 130 (133).

[477] EuGH Slg. 2001, I-3541 Rn. 21 – Komm./Niederlande; EuGH GRUR Int. 2014, 964 Rn. 46 – Komm./Belgien.

[478] Vgl. *Siems* ZEuP 2002, 750.

das Beeinträchtigungs- und das Ausnutzungsverbot – anknüpft. Eine solche differenzierende Auslegung stünde auch im Widerspruch zum Willen des deutschen Gesetzgebers, der in § 6 Abs. 2 Nr. 4 einen einheitlichen Kennzeichenbegriff wollte. Es ist deshalb auf jeden Fall abzulehnen, in § 6 Abs. 2 Nr. 4 ein und dasselbe Tatbestandsmerkmal „Kennzeichen" beim Ausnutzungstatbestand anders auszulegen als beim Beeinträchtigungstatbestand.[479]

d) Zwischenergebnis. Die vorangegangenen Ausführungen haben gezeigt, dass gegen alle drei dort genannten Lösungsansätze Bedenken bestehen. Eine völlig unbedenkliche Lösung des vom deutschen Gesetzgeber unnötig verursachten Problems ist bisher nicht ersichtlich. **De lege lata** ist trotz der oben genannten Rechtsprechung des EuGH zu den Grenzen richtlinienkonformer Auslegung, die erheblichen Zweifeln begegnet, der **engen Auslegung** des Kennzeichenbegriffs in § 6 Abs. 2 Nr. 3, 4 und 6, der keine Ursprungsbezeichnungen bzw. geografische Herkunftsangaben umfasst, der Vorzug zu geben. **De lege ferenda** sollte jedoch in den genannten Vorschriften der Begriff „Kennzeichen" durch die entsprechenden Begriffe des Art. 4 lit.d, f, g und h der RL 2006/114/EG ersetzt werden.[480] 174

2. Verwechslungsgefahr. Nach Art. 3a Abs. 1 lit. d RL 97/55/EG gehörte zu den Zulässigkeitsbedingungen vergleichender Werbung, dass sie auf dem Markt keine **„Verwechslungen"** verursacht. Dementsprechend erklärte § 2 Abs. 2 Nr. 3 UWG aF und nach der UWG-Novelle 2004 § 6 Abs. 2 Nr. 3 vergleichende Werbung für unlauter, wenn sie zu „Verwechslungen" führt. Diese Formulierung löste die Streitfrage aus, ob wirklich Verwechslungen erforderlich seien oder ob die **Gefahr** von Verwechslungen genüge. Diese Streitfrage hat sich erledigt, nachdem Art. 14 der RL 2005/29/EG und die RL 2006/114/EG in Art. 4 lit. h für vergleichende Werbung im B2B-Bereich und Art. 6 Abs. 2 lit. a RL 2005/29/EG für den B2C-Bereich eine **Verwechslungsgefahr** genügen lassen und § 6 Abs. 2 Nr. 3 durch die UWG-Novelle entsprechend geändert worden ist (BT-Drs. 16/10145, 19, 28). Auffallend ist allerdings, dass in der englischen und französischen Version der Richtlinien 2005/29/EG und 2006/114/EG keine entsprechenden Änderungen vorgenommen worden sind. Dort heißt es, wie schon in der RL 97/55/EG: „... it does not create confusion ..." bzw. „... elle n'est pas source de confusion ...", während in der MarkenRL und in der GMV dem deutschen Begriff der Verwechslungsgefahr die Formulierungen „likelihood of confusion" und „risque de confusion" entsprechen. 175

Eine Verwechslungsgefahr kann nach § 6 Abs. 2 Nr. 3 bestehen 176

- zwischen dem Werbenden und einem Mitbewerber,
- zwischen den von diesen angebotenen Waren oder Dienstleistungen
- oder zwischen den von ihnen verwendeten „Kennzeichen", zu denen Marken, Handelsnamen und sonstige Unterscheidungszeichen gehören.

a) Eine Verwechslungsgefahr besteht, wenn die angesprochenen Verkehrskreise glauben könnten, dass die in Frage stehenden Waren oder Dienstleistungen aus demselben Unternehmen oder gegebenenfalls aus wirtschaftlich miteinander verbundenen Unternehmen stammen. Dies entspricht der Rechtsprechung des EuGH. Diese Formel ist für den Anwendungsbereich des § 6 Abs. 2 Nr. 3 dahingehend zu präzisieren, dass die Gefahr der Herkunftstäuschung bei den von der vergleichenden Werbung angesprochenen **Gewerbetreibenden** verursacht wird. Unerheblich für § 6 Abs. 2 Nr. 3 ist hingegen, ob auch bei **Verbrauchern** eine Verwechslungsgefahr begründet wird. Denn aus dem Verhältnis von § 6 Abs. 2 Nr. 3 zu § 5 Abs. 2 (dazu → Rn. 256 ff.) ergibt sich, dass § 6 Abs. 2 Nr. 3 in Übereinstimmung mit Art. 4 lit. h RL 2006/114/EG nur den **B2B-Bereich** regelt, während die Herkunftstäuschung von Verbrauchern durch vergleichende Werbung (nur) von § 5 Abs. 2 geregelt wird, der Art. 6 Abs. 2 lit. a der UGP-RL 2005/29/EG in 177

[479] *Sack* WRP 2008, 301 (304); *Sack* GRUR 2015, 130 (133).
[480] *Sack* GRUR 2015, 130 (133).

deutsches Recht umsetzt.[481] Begründet vergleichende Werbung sowohl bei Gewerbetreibenden als auch bei Verbrauchern eine Verwechslungsgefahr, dann sind § 6 Abs. 2 Nr. 3 und § 5 Abs. 2 nebeneinander anwendbar. Hält man hingegen – abweichend von der hier vertretenen Meinung – § 6 Abs. 2 Nr. 3 auch für anwendbar, wenn vergleichende Werbung bei **Verbrauchern** eine Verwechslungsgefahr verursacht, dann ist bei der Anwendung dieser Vorschrift entsprechend dem europäischen Verbraucherleitbild der normal informierte und angemessen aufmerksame und verständige Verbraucher maßgeblich.

178 Die vom EuGH ursprünglich **zum Markenrecht** entwickelte Definition, wonach eine Verwechslungsgefahr dann besteht, wenn die betreffenden Verkehrskreise glauben oder glauben könnten, dass die in Frage stehenden Waren oder Dienstleistungen aus demselben Unternehmen (Verwechslungsgefahr im **engeren** Sinne) oder aus wirtschaftlich miteinander verbundenen Unternehmen (Verwechslungsgefahr im **weiteren** Sinne) stammen,[482] gilt nach seiner Entscheidung „O2 und O2" vom 12.6.2008 **übereinstimmend** auch für den **lauterkeitsrechtlichen** Begriff der Verwechslungsgefahr bei vergleichender Werbung nach Art. 3a Abs. 1 lit. d der RL 84/450/EWG (jetzt Art. 6 Abs. 2 lit. a UGP-RL 2005/29/EG für den **B2C-Bereich** und Art. 4 lit. h RL 2006/114/EG für den B2B-Bereich).[483] Der EuGH hat seine Ansicht, dass der Begriff der „Verwechslung" im Verletzungstatbestand des Markenrechts und im Recht der vergleichenden Werbung **einheitlich** auszulegen sei, aus den Erwägungsgründen 13–15 der RL 97/55/EG (jetzt Erwägungsgründe 13–15 der RL 2006/114/EG) abgeleitet, vor allem aus Erwägungsgrund 15, wonach vergleichende Werbung, die die in der RL 97/55/EG aufgestellten Zulässigkeitsbedingungen erfüllt, keine Ausschließlichkeitsrechte Dritter an Marken, Handelsnamen und anderen Unterscheidungszeichen des Mitbewerbers verletzt. Offenbar sieht der EuGH kein Hindernis für eine einheitliche Auslegung darin, dass der Verwechslungstatbestand des Art. 3a Abs. 1 lit. d der RL 84/450/EWG den Schutz des **Kunden** bezweckt, an den sich die Werbung richtet, während der markenrechtliche Verwechslungstatbestand des Art. 5 Abs. 1 lit. b der RL 89/1004/EWG auf den Schutz des **Markeninhabers** zielt.

179 Diese Ansicht weicht allerdings von der bisher in Deutschland herrschenden Meinung ab. Nachdem der EuGH zu Art. 4 Abs. 1 lit.b MarkenRL entschieden hat, dass das **gedankliche Inverbindungbringen** in dieser Vorschrift keine Alternative zur Verwechslungsgefahr ist, sondern den Umfang der Verwechslungsgefahr genauer bestimmen soll,[484] umfasst auch der Begriff der Verwechslungsgefahr in § 6 Abs. 2 Nr. 3 bei einer **einheitlichen Auslegung** dieses Begriffs im Marken- und Lauterkeitsrecht das gedankliche Inverbindungbringen iSv § 14 Abs. 2 Nr. 2 MarkenG und Art. 5 Abs. 1 S. 2 lit.b MarkenRL. An der Unterscheidung zwischen **abstrakter** Verwechslungsgefahr im Markenrecht und konkreter Verwechslungsgefahr im Lauterkeitsrecht kann nach der Rechtsprechung des EuGH nicht mehr festgehalten werden.[485] Außerdem berücksichtigte die deutsche Dogmatik bei der Auslegung des **markenrechtlichen** Begriffs der Verwechslungsgefahr außer der Gefahr einer Herkunftstäuschung auch das sonstige **Schutzbedürf-**

[481] *Lopez Ramos* in Büscher § 6 Rn. 24, 138.

[482] EuGH Slg. 1998, I-5507 = GRUR Int. 1998, 875 Rn. 29 – Canon; EuGH Slg. 1999, I-3819 = GRUR Int. 1999, 734 Rn. 17 – Lloyd; EuGH Slg. 2005, I-8551 = GRUR 2005, 1042 Rn. 26 – Thomson Life (Medion); EuGH Slg. 2007, I-7333 = GRUR Int. 2007, 1009 Rn. 63 – II Ponte Finanziaria; EuGH Slg. 2008, I-4231 = GRUR 2008, 698 Rn. 59 – O2 und O2; EuGH Slg. 2008, I-8823 = GRUR 2009, 56 Rn. 57 – Intel Corporation; EuGH GRUR 2011, 915 Rn. 53 – UNI; BGH GRUR 2012, 64 Rn. 26 – Maalox/Melox-GRY.

[483] EuGH Slg. 2008, I-4231 = GRUR 2008, 698 Rn. 49 iVm Rn. 59 – O2 und O2; ebenso öst. OGH ÖBl. 2011, 173 (175) – Jungle Man; ebenso im Schrifttum *Alexander* WRP 2013, 1553 Rn. 5; *Alexander* FS Köhler, 2014, 23 (28); *Köhler*/Bornkamm/Feddersen § 6 Rn. 143 aE; *Sack* WRP 2013, 8 Rn. 12 ff., 61; aA *Bornkamm* FS Loschelder, 2010, 31 (35); *Steinbeck* WRP 2006, 632 (637); *Steinbeck* FS Ullmann, 2006, 409 (417).

[484] EuGH Slg. 1997, I-6191 Rn. 18 – Sabel/Puma.

[485] Ausführlich dazu *Sack* WRP 2013, 8 Rn. 41 ff.; *Sack* GRUR 2013, 4 ff.

nis des Markeninhabers, insbesondere bei den empirisch fragwürdigen Ansichten,[486] dass die Verwechslungsgefahr generell umso größer sei, je **bekannter** die angeblich verletzte Marke ist[487] und je **länger** sie benutzt worden ist. Wegen des Gebots der **einheitlichen** Auslegung des Begriffs der Verwechslungsgefahr im Markenrecht und im Recht der vergleichenden Werbung stellt sich die Frage, ob die bisherigen markenrechtlichen Kriterien der Verwechslungsgefahr fortgelten. Vorzuziehen ist mE die Ansicht, dass (nur) die Gefahr einer **Herkunftstäuschung** vorliegen muss und ein darüber hinausgehendes Schutzbedürfnis des Markeninhabers bei der Feststellung einer Verwechslungsgefahr nicht zu berücksichtigen ist. Diese Ansicht entspricht dem Begriff der Verwechslungsgefahr, die eine Herkunftstäuschung voraussetzt; ein darüber hinausgehendes Schutzbedürfnis des Markeninhabers liegt außerhalb der – auch im Markenrecht – anerkannten Definition der Verwechslungsgefahr; außerdem wird es ausreichend durch § 14 Abs. 2 Nr. 3 MarkenG bzw. Art. 9 Abs. 2 lit. c UMV befriedigt. Auch dem Tatbestand des Art. 6 Abs. 2 lit. a UGP-RL 2005/29/EG entspricht ein **konkreter** Irreführungsschutz gegen Herkunftstäuschungen besser als eine zusätzliche Berücksichtigung von Schutzinteressen des Markeninhabers. Außerdem regelt § 6 Abs. 2 Nr. 3 auch die Verwechslungsgefahr außerhalb von Kennzeichenkonflikten; hierbei geht es unstreitig um eine **konkrete** Irreführungsgefahr. Mit einer **einheitlichen** Auslegung des Begriffs der Verwechslungsgefahr wird allerdings das aus dem Erwägungsgrund 15 abgeleitete Ziel einer deckungsgleichen Anwendung von § 6 Abs. 2 Nr. 3 UWG und des Verwechslungstatbestandes des Art. 5 Abs. 1 Markenrechtsrichtlinie nicht vollständig erreicht. Denn § 6 Abs. 2 Nr. 3 UWG ist jedenfalls im B2C-Bereich wegen Art. 6 Abs. 2 lit. a Richtlinie 2005/29/EG **enger** als die markenrechtlichen Verletzungstatbestände, weil er – wie auch die anderen Irreführungstatbestände – nur eingreift, wenn die Verwechslungsgefahr geeignet ist bzw. war, die geschäftliche Entscheidung der **Verbraucher** zu beeinflussen,[488] während das Markenrecht eine solche Einschränkung nicht kennt. Außerdem ist der Anwendungsbereich von § 6 Abs. 2 Nr. 3 im praktischen Ergebnis auch dann **enger,** wenn man auch nach der UWG-Novelle von 2015 noch – entgegen der hier vertretenen Ansicht (→ Rn. 237 ff.) – annimmt, dass die Verursachung einer Verwechslungsgefahr im Sinne dieser Vorschrift nur verboten ist, wenn sie die Interessen der Marktbeteiligten **spürbar** beeinträchtigt, während die markenrechtlichen Verwechslungstatbestände grundsätzlich[489] keine Spürbarkeitsschwelle kennen.

Ebenso wie im Markenrecht ist auch bei § 6 Abs. 2 Nr. 3 zwischen der Verwechslungs- **180**
gefahr im **engeren** Sinne und der Verwechslungsgefahr im **weiteren** Sinne zu unterscheiden, der in der Rechtsprechung des EuGH die Unterscheidung zwischen unmittelbarer und mittelbarer Verwechslungsgefahr entspricht (→ Rn. 178). Eine **Verwechslungsgefahr ieS** liegt vor, wenn aufgrund der Identität oder Ähnlichkeit der kollidierenden Zeichen der Eindruck erweckt wird, die betreffenden Waren oder Dienstleistungen stammten aus dem Unternehmen des Markeninhabers. Diese Form von Verwechslungsgefahr wird bei vergleichender Werbung allerdings sehr selten sein. Denn der Werbende wird sich mit vergleichender Werbung von seinem Mitbewerber abzugrenzen versuchen.[490] Eher besteht die Gefahr, dass durch vergleichende Werbung im Einzelfall eine **Verwechslungsgefahr iwS,** dh der unzutreffende Eindruck rechtlicher, wirtschaftlicher oder organisatorischer Verbindungen zum Mitbewerber erweckt wird.

---

[486] Ausführlicher dazu *Sack* GRUR 1995, 81 (87); *Sack* WRP 1998, 1127 (1132 f., 1133 f.); *Sack* WRP 2001, 1022 (1028, 1029).

[487] Ebenso für das europäische Recht der Erwägungsgrund Nr. 11 der Markenrechtsrichtlinie 2008/95/EG und Erwägungsgrund Nr. 8 der GMV Nr. 207/2009/EG.

[488] Vgl. BGH GRUR 2007, 247 Rn. 34 – Regenwaldprojekt I; BGH GRUR 2008, 448 Rn. 29 – Saugeinlagen; *Sack* WRP 2005, 521.

[489] Ausnahmen uU bei Internetwerbung, vgl. BGH GRUR 2005, 431 (432 f.) – Hotel Maritime.

[490] *Eck/Ikas* WRP 1999, 251 (268); *Lange,* Marken- und Kennzeichenrecht, Rn. 3475; vgl. auch OLG Frankfurt a. M. GRUR 2000, 621 (622) – Magentafarbener Pfeil.

181 Der Markenschutz nach § 6 Abs. 2 Nr. 3 erfordert nach *Bornkamm* eine **bestandskräftige** Marke. Er ist ausgeschlossen, wenn die Markenrechte **erschöpft** sind oder wenn sie wegen **mangelnder Benutzung** der betreffenden Marke nicht geltend gemacht werden können.[491]

182 **b)** Neben Herkunftstäuschungen, die durch die Ähnlichkeit der von den Parteien in vergleichender Werbung benutzten **Kennzeichen** verursacht werden, erfasst § 6 Abs. 2 Nr. 3 auch die Gefahr von Verwechslungen wegen der **Produktgestaltung**[492] oder **Warenverwechslungen.**[493] Für diese Form der Verwechslungsgefahr genügt nicht schon eine starke Ähnlichkeit der Produkte, die bei konkurrierenden Produkten sehr häufig bestehen wird. Vielmehr erfordert eine Verwechslungsgefahr im Vergleich zu Konkurrenzprodukten eine wettbewerbliche Eigenart und eine gewisse Bekanntheit der betreffenden Produkte. Die Gefahr einer Verwechslung von Waren und Dienstleistungen infolge vergleichender Werbung lässt sich durch ausreichend deutliche Marken oder Unternehmenskennzeichen einschränken.

183 **c)** Eine Verwechslungsgefahr besteht zB, wenn in vergleichender Werbung **Ersatzteile** oder **Zubehör** preisgünstig angeboten werden und dabei der unzutreffende Eindruck erweckt wird, es handle sich um Originalersatzteile des Herstellers des Hauptprodukts oder um von ihm autorisierte Teile.[494]

184 **d)** Eine Verwechslungsgefahr iSv § 6 Abs. 2 Nr. 3 UWG besteht grundsätzlich **nicht,**
- wenn in einem Lampenkatalog neben den OEM-Nummern des Mitbewerbers die eigenen Bestellnummern des Werbenden genannt werden,[495]
- wenn der Werbende in seiner Werbung für Modeschmuck die Werbeadressaten auffordert, sie sollten einmal einen Vergleich mit dem Katalog seines Konkurrenten P.L. vornehmen,[496]
- wenn in Duft-Vergleichslisten die Parfums des Werbenden denen von Mitbewerbern gegenübergestellt werden.[497]

185 Bei der Anwendung von § 6 Abs. 2 Nr. 3 auf vergleichende Werbung, die durch den Hinweis auf Kennzeichen eines Mitbewerbers eine Verwechslungsgefahr begründet, sind bestimmte zeichenrechtliche Maßstäbe zu berücksichtigen. So ist zB § 6 Abs. 2 Nr. 3 nicht anwendbar, wenn das Kennzeichen des Werbenden **prioritätsälter** ist als das des betroffenen Mitbewerbers.[498] Bei der Kollision von Kennzeichen **Gleichnamiger** gelten die im Gleichnamigenrecht entwickelten Maßstäbe.[499]

186 In besonders gelagerten Fällen kann eine Herkunftstäuschung **unvermeidbar** sein. In diesen Fällen besteht kein Verwechslungsschutz.[500] Bei **verbraucherbezogener** Verwechslungsgefahr iSv § 5 Abs. 2 lässt sich dies damit rechtfertigen, dass kein Verstoß gegen die berufliche Sorgfalt iSv Art. 5 Abs. 2 lit. a RL 2005/29/EG vorliegt.[501] Aber auch bei der Gefahr einer Herkunftstäuschung von **Gewerbetreibenden** begründet deren Unvermeidbarkeit eine immanente Schranke des Verwechslungsschutzes nach § 6 Abs. 2 Nr. 3.

---

491 *Bornkamm* GRUR 2011, 1 (5 f.).
492 Begr. Reg.-Entw. BT-Drs. 14/2959, 11.
493 Ausführlich dazu *Sambuc* FS Köhler, 2014, 577 ff.
494 Vgl. *Koos* in Fezer/Büscher/Obergfell § 6 Rn. 205, 208.
495 EuGH Slg. 2001, I-7945 – Toshiba Europe; BGH GRUR 2001, 350 – OP-Lampen; *Sack* WRP 2002, 363.
496 BGH GRUR 1999, 501 – „Vergleichen Sie".
497 OLG München WRP 2001, 820 – Duft-Vergleichslisten; *Berlit* Rn. 144.
498 *Bornkamm* FS Loschelder, 2010, 31 (37); *Bornkamm* GRUR 2011, 1 (4).
499 *Bornkamm* FS Loschelder, 2010, 31 (37); *Bornkamm* GRUR 2011, 1 (4).
500 So zu § 5 Abs. 2 *Bornkamm* FS v. Mühlendahl, 2005, 31 (45, 46); *Sack* WRP 2014, 1130 Rn. 36; *Steinbeck* WRP 2006, 632 (639); vgl. auch BGH GRUR 2011, 167 Rn. 23 – Rote Briefkästen.
501 *Steinbeck* WRP 2006, 632 (639).

IV. Die unlautere Ausnutzung oder Beeinträchtigung des Rufs von Kennzeichen, § 6 Abs. 2 Nr. 4 UWG

1. Der Kennzeichenbegriff. Der Begriff des Kennzeichens in § 6 Abs. 2 Nr. 4 UWG deckt sich mit dem des Kennzeichens in § 6 Abs. 2 Nr. 3 UWG (→ Rn. 166 ff.). Zu den Kennzeichen iSv § 6 Abs. 2 Nr. 4 UWG gehören außer geschützten Marken und geschäftlichen Bezeichnungen iSd §§ 4, 5 MarkenG auch sonstige Unterscheidungszeichen, dh Marken, die mangels Verkehrsgeltung noch nicht geschützt sind, nicht jedoch Ursprungsbezeichnungen (vgl. → Rn. 169 ff.; anders noch die 1. Auflage dieses Kommentars in → Rn. 130). 187

2. „Ruf" und „Wertschätzung". § 6 Abs. 2 Nr. 4 UWG ist durch die UWG-Novelle 2008 geändert worden. In seiner früheren Fassung schützte er die „Wertschätzung" von Kennzeichen gegen unlautere Ausnutzung und Beeinträchtigung. Mit dem Begriff der **„Wertschätzung"** wich das UWG von der Terminologie der RL ab, die den **„Ruf"** fremder Kennzeichen schützt; stattdessen übernahm § 6 UWG die zeichenrechtliche Terminologie aus § 14 Abs. 2 Nr. 3 und § 15 Abs. 3 MarkenG. Der **europäische Gesetzgeber** unterscheidet jedoch begrifflich zwischen dem „Ruf" und der „Wertschätzung" nicht nur in der deutschen, sondern auch in den entsprechenden englischen und französischen Formulierungen. Dem Begriff „Ruf" in der RL über vergleichende Werbung entsprechen im Englischen und Französischen die Begriffe „reputation" und „notoriété„; dem Begriff „Wertschätzung" in der MarkenRL (und in der GMV bzw. jetzt UMV) entsprechen hingegen die englischen und französischen Begriffe „repute" und „renommée". Deswegen äußerte der Bundesrat mit Recht Zweifel, ob die Verwendung des Begriffs „Wertschätzung" in § 2 Abs. 2 Nr. 4 (jetzt § 6 Abs. 2 Nr. 4) den Vorgaben der RL 97/55 entsprach, die stattdessen den Begriff „Ruf" verwendet. Die Gegenäußerung der Bundesregierung zur Stellungnahme des Bundesrats, dass sich die Regelung des § 2 Abs. 2 Nr. 4 (jetzt § 6 Abs. 2 Nr. 4) durch Anlehnung an die im MarkenG verwendete Terminologie in das System des gewerblichen Rechtsschutzes einpasse und dass die Rechtspraxis den im MarkenG verwendeten Begriff der „Wertschätzung" mit dem in der RL 97/55 verwendeten Begriff des „Rufs" gleichsetze,[502] ist in Anbetracht der begrifflichen Differenzierung durch den europäischen Gesetzgeber nicht überzeugend. Deshalb hat der Gesetzgeber mit der UWG-Novelle 2008 den Begriff „Wertschätzung" durch den Begriff „Ruf" ersetzt. Dieser ist inhaltlich **nicht identisch** mit dem kennzeichenrechtlichen Begriff der „Wertschätzung".[503] 188

Im Gegensatz zur „Wertschätzung" erfordert der „Ruf" iSv Art. 4 lit. f RL keine **Gütevorstellungen.**[504] Deshalb ist § 6 Abs. 2 Nr. 4 UWG richtlinienkonform dahingehend auszulegen, dass auch die Ausnutzung der **Aufmerksamkeitsvorstellungen** des Publikums genügt.[505] 189

In seiner Entscheidung *„L'Oréal/Bellure"* vom 18.6.2009 hat der EuGH die Ansicht vertreten, dass der Begriff **„unlauteres Ausnutzen"** des Rufs sowohl in Art. 3a Abs. 1 lit. g der RL 84/450/EWG (jetzt Art. 4 lit. f der RL 2006/114/EG) als auch in Art. 5 Abs. 2 der MarkenRL 89/1004/EWG (jetzt Art. 5 Abs. 2 der kodifizierten Fassung der MarkenRL 2008/95/EG) im Lichte der Erwägungsgründe 13–15 der RL 97/55/EG **grundsätzlich einheitlich** auszulegen ist.[506] Dies steht nicht im Widerspruch zu der hier ver- 190

---

[502] Gegenäußerung der BReg. BT-Drs. 14/3433, 7.

[503] *Sack* WRP 2001, 327 (345); *Sack* WRP 2011, 155 (156 f.); vgl. auch Begr. Reg.-Entw. BT-Drs. 16/10145, 28; aA *Köhler*/Bornkamm/Feddersen § 6 Rn. 40 aE (etwas anders Rn. 150: Unterschiede sind marginal); MüKoUWG/*Menke* § 6 Rn. 246; *Riedel* S. 177.

[504] *Aigner* S. 155 f.; *Freund* S. 149 f., 155; *Kebbedies* S. 224; *Sack* WRP 2001, 327 (345); zweifelnd *Plassmann* GRUR 1996, 377 (380); aA *Plaß* NJW 2000, 3161 (3166).

[505] *Bärenfänger* WRP 2011, 160 (166); *Koos* in Fezer/Büscher/Obergfell § 6 Rn. 217; *Lehmler* § 6 Rn. 66; vgl. auch *Büscher* GRUR 2009, 230 (235); aA *Ohly* FS Griss, 2011, 521 (532).

[506] EuGH Slg. 2009, I-5185 = GRUR 2009, 756 Rn. 77 – L'Oréal/Bellure; ebenso *Alexander* GRUR 2010, 482 (486).

tretenen Ansicht, dass die Begriffe „Ruf" und „Wertschätzung" unterschiedlich auszulegen seien. Denn der EuGH hat keine einheitliche Auslegung dieser beiden Begriffe gefordert, sondern eine einheitliche Auslegung des Begriffs **„unlauteres Ausnutzen"** des Rufs in den beiden genannten Vorschriften des Markenrechts und des Rechts der vergleichenden Werbung.[507] Den Begriff „unlauteres Ausnutzen" des Rufs kennt allerdings Art. 5 Abs. 2 MarkenRL nicht, sondern nur das Recht der vergleichenden Werbung in Art. 4 lit. f RL 2006/114/EG (entspr. § 6 Abs. 2 Nr. 4 UWG). Beide Vorschriften enthalten jedoch gemeinsam den Begriff „unlauteres Ausnutzen". Der EuGH hat diesen Begriff in Anführungszeichen gesetzt, was darauf schließen lässt, dass sich die von ihm geforderte einheitliche Auslegung unmittelbar nur auf diese Worte beziehen sollte. Die unklare Formulierung des EuGH lässt jedoch darüber hinaus vermuten, dass sich der einheitlich auszulegende Begriff „unlauteres Ausnutzen" auf den **Ruf** einer Marke beziehen sollte. Seine Ausführungen sind nur dann folgerichtig, wenn man den Begriff „Ruf" in Art. 4 lit. f RL 2006/114/EG (entspr. § 6 Abs. 2 Nr. 4 UWG) und das Begriffspaar „Unterscheidungskraft und Wertschätzung" übereinstimmend auslegt.[508] Nur dann ist eine einheitliche Auslegung gerechtfertigt. Denn beide Vorschriften bezwecken den Schutz der berechtigten Interessen des Markeninhabers. Darin liegt ihre Gemeinsamkeit.[509] Ein Unterschied bleibt jedoch: das Erfordernis der **Bekanntheit** in den betreffenden markenrechtlichen Vorschriften. Art. 4 lit. f RL 2006/114/EG bzw. § 6 Abs. 2 Nr. 4 UWG verlangen rechtlich keine Bekanntheit der geschützten Marke iSd zeichenrechtlichen Vorschriften der §§ 9 Abs. 1 Nr. 3, 14 Abs. 2 Nr. 3, 15 Abs. 3 MarkenG bzw. des Art. 9 Abs. 2 lit. c UMV.[510] Freilich wird eine Ausnutzung des Rufs eines Kennzeichens rein tatsächlich eine gewisse Bekanntheit voraussetzen.[511]

191 **3. Unlautere Ausnutzung des Rufs. a) Rufausnutzung.** Die Benutzung von Kennzeichen eines Mitbewerbers in anlehnender vergleichender Werbung ist eine **Ausnutzung** des Rufs dieser Kennzeichen, wenn über eine bloße Assoziation hinaus ihr **Ruf auf die Erzeugnisse des Werbenden übertragen** wird.[512] Ob vergleichende Werbung, die Kennzeichen eines Mitbewerbers erkennbar macht, eine Ausnutzung des Rufs dieser Kennzeichen darstellt, hängt ua davon ab, an welche Verkehrskreise sie sich wendet.[513] Richtet sie sich an jedermann, dann ist der normal informierte und angemessen aufmerksame und verständige **Durchschnittsverbraucher** iSd europäischen Verbraucherleitbilds maßgeblich (→ Rn. 16). Bei vergleichender Werbung, die sich an Fachhändler wendet, ist eine Assoziation zwischen dem Ruf der Erzeugnisse des Werbenden und dem der Konkurrenzerzeugnisse wesentlich weniger wahrscheinlich als bei Werbung für Endverbraucher.[514]

192 **b) Grundsätzliche Zulässigkeit.** Nach der bereits oben (→ Rn. 190) erwähnten Ansicht des EuGH ist der Begriff „unlauteres Ausnutzen" in Art. 4 lit. f RL 2006/114/EG und in Art. 5 Abs. 2 MarkenRL grundsätzlich **einheitlich** auszulegen. Der Wortlaut dieser Vorschriften unterscheidet sich jedoch insoweit: Art. 4 lit. f verlangt ein Ausnutzen des Rufs **„in unlauterer Weise"**, während nach Art. 5 Abs. 2 MarkenRL die Unter-

507 *Sack* WRP 2011, 155 (156).

508 Ausführlicher dazu *Sack* WRP 2011, 155 (156 f.).

509 Dazu *Sack* WRP 2011, 155 (156) (3.).

510 Begr. Reg.-Entw. BT-Drs. 14/2959, 8; *Bornkamm* GRUR 2005, 97 (101); *Köhler*/Bornkamm/Feddersen § 6 Rn. 151; *Sack* WRP 2001, 327 (345); *Sack* WRP 2004, 1405 (1417); aA *Plaß* WRP 1999, 766 (770); *Plaß* NJW 2000, 3161 (3166).

511 *Freund* S. 150; *Eck/Ikas* WRP 1999, 251 (271); *Ohly*/Sosnitza § 6 Rn. 61.

512 Vgl. EuGH Slg. 2001, I-7945 = GRUR 2002, 354 Rn. 54; 57 – Toshiba Europe; EuGH Slg. 2003, I-3095 = GRUR 2003, 533 Rn. 49 – Pippig; BGH GRUR 2005, 348 (349) – Bestellnummernübernahme; vgl. auch BGH GRUR 1996, 781 (782 f.) – Verbrauchsmaterialien; OLG Frankfurt a. M. GRUR-RR 2002, 397 (398) – Tiapridex; Sack GRUR Int. 1998, 263 (272); *Ziervogel* S. 64 ff.

513 EuGH Slg. 2001, I-7945 = GRUR 2002, 354 Rn. 52, 57, 58, 60 – Toshiba Europe.

514 EuGH Slg. 2001, I-7945 = GRUR 2002, 354 Rn. 52, 57 – Toshiba Europe; EuGH Slg. 2006, I-2147 = GRUR 2006, 345 Rn. 17 – Siemens; BGH GRUR 2004, 607 (611) – Genealogie der Düfte.

scheidungskraft oder die Wertschätzung der betreffenden Marke **„ohne rechtfertigenden Grund in unlauterer Weise"** ausgenutzt werden muss. Im Markenrecht wurde aus der Formulierung „ohne rechtfertigenden Grund in unlauterer Weise" gefolgert, dass die Ausnutzung des Rufs einer Marke grundsätzlich unlauter ist, wenn nicht Rechtfertigungsgründe vorliegen.[515] Auch der EuGH scheint in seiner Entscheidung *„L'Oréal/Bellure"* vom 18.6.2009 davon ausgegangen zu sein, dass das Ausnutzen der Unterscheidungskraft oder der Wertschätzung einer bekannten Marke **ohne Weiteres unlauter sei.**[516] Daraus folgt jedoch trotz der vom EuGH geforderten einheitlichen Auslegung des Begriffs „unlauteres Ausnutzen" nicht, dass auch das Ausnutzen des Rufs einer Marke in vergleichender Werbung ohne Weiteres unlauter ist. Nach den Begründungserwägungen Nr. 6 und 8 der RL 2006/114/EG sollen die Regelungen über vergleichende Werbung dazu beitragen, dass Mitbewerber die Verbraucher über die Vorteile der verschiedenen Waren oder Dienstleistungen unterrichten können. Außerdem kann vergleichende Werbung den Wettbewerb zwischen den Anbietern von Waren oder Dienstleistungen im Interesse der Verbraucher fördern.[517] Nach den Begründungserwägungen Nr. 14 und 15 kann es für eine wirksame vergleichende Werbung unerlässlich sein, die Leistungen eines Mitbewerbers durch Bezugnahme auf seine Marke, seinen Handelsnamen oder andere Unternehmenskennzeichen erkennbar zu machen. Eine solche Benutzung von Marken, Handelsnamen oder anderen Unterscheidungszeichen verletze – so die Begründungserwägungen der RL – nicht die Ausschließlichkeitsrechte eines Mitbewerbers, wenn sie unter Beachtung der in dieser RL ausgestellten Bedingungen erfolge und nur eine Unterscheidung bezwecke, durch die Unterschiede objektiv herausgestellt werden sollen. Daraus folgt, dass vergleichende Werbung, die den Ruf einer Marke oder eines sonstigen Unterscheidungszeichens ausnutzt, **grundsätzlich zulässig** ist, wenn der Hinweis auf solche Zeichen Voraussetzung für einen wirksamen Wettbewerb auf dem in Rede stehenden Markt ist.[518] Deshalb ist vergleichende Werbung, die den Ruf einer Marke oder eines anderen Unterscheidungszeichens ausnutzt, nur unlauter, wenn **besondere Umstände** hinzutreten.[519] Dies ist nicht schon der Fall, wenn für die Rufausnutzung keine Rechtfertigungsgründe vorliegen;[520] denn sonst wäre anlehnende vergleichende Werbung letztlich doch grundsätzlich unlauter.

---

[515] Vgl. *Sack* GRUR 1995, 81 (82) (II.1.a); *Sack* WRP 2010, 1000 (1002, 3.); *Sack* WRP 2011, 155 (157) mit ausführlichen Nachw. in den Fn. 11 ff.; nach aA ist eine umfassende Interessenabwägung erforderlich, vgl. *Fezer,* Markenrecht, MarkenG § 14 Rn. 810, 811; *Ohly* FS Griss, 2011, 521 (529 ff., 533, 540).

[516] EuGH Slg. 2009, I-5185 = GRUR 2009, 756 Rn. 49, 50 – L'Oréal/Bellure.

[517] Früher Begründungserwägung Nr. 2 der RL 97/55/EG.

[518] EuGH Slg. 2001, I-7945 = GRUR 2002, 354 Rn. 54 – Toshiba Eirope; EuGH Slg. 2006, I-2147 = GRUR 2006, 345 Rn. 15 – Siemens; BGH GRUR 2015, 1136 Ls. u. Rn. 18 – Staubsaugerbeutel im Internet; *Ohly* FS Büscher, 2017, 117 (124).

[519] EuGH Slg. 2001, I-7945 = GRUR 2002, 354 Rn. 54 – Toshiba Europe; EuGH Slg. 2003, I-3095 = GRUR 2003, 533 Rn. 49 – Pippig; EuGH Slg. 2009, I-5185 = GRUR 2009, 756 Rn. 44–50 – L'Oréal/Bellure; GA Léger zum *Toshiba-Fall,* Slg. 2001, I-7945 Rn. 76 ff., 79; BGH GRUR 1999, 501 (503) (e) – „Vergleichen Sie"; GRUR 2002, 828 (830) (3.) – Lottoschein; GRUR 2003, 444 (445) – „Ersetzt"; GRUR 2004, 607 (611) (II.3.) – Genealogie der Düfte; GRUR 2007, 896 Rn. 24 – Eigenpreisvergleich; GRUR 2010, 161 Rn. 32 – Gib mal Zeitung; GRUR 2011, 1158 Rn. 22 – Teddybär; GRUR 2015, 1136 Rn. 26 f. – Staubsaugerbeutel im Internet; GRUR 2019, 631 Rn. 43 –– Das beste Netz; OLG Frankfurt a. M. GRUR-RR 2002, 397 (398) – Tiapridex; OLG Frankfurt a. M. WRP 2017, 96 Rn. 9; KG MarkenR 2006, 122 – eye-catcher; öst. OGH ÖBl. 2011, 313 (316) – Relax/Relaxx; *Blanken* S. 206, 213 f.; *Gabel* WRP 2005, 1102 (1114); *F. U. D. Hasselblatt* S. 339; *Henning-Bodewig* GRUR Int. 1999, 385 (388, 393); *Lopez Ramos* in Büscher § 6 Rn. 151; *Menke* WRP 1998, 811 (825); *Ohly* GRUR 2007, 3 (9); *Plaß* in HK-WettbR § 6 Rn. 112; *Rippert/Weimer* K&R 2007, 302 (304); *Sack* GRUR Int. 1998, 263 (272); *Sack* WRP 2001, 327 (345); *Sack* WRP 2004, 1405 (1417); *Saßmann* S. 139 f.; *Ziervogel* S. 115 f., 120 f.; vgl. auch schon vorübergehend BGH GRUR 1987, 49 f. (50) – Cola-Test (mit Anm. *Sack* GRUR 1987, 51); unklar BGH GRUR 2005, 348 (349) (II.3.b) – Bestellnummernübernahme; aA noch vor der Neuregelung der vergleichenden Werbung BGH GRUR 1996, 781 (783) – Verbrauchsmaterialien.

[520] So zu Art. 5 Abs. 2 MarkenRL und Art. 9 Abs. 1 S. 2 lit. c GMV der EuGH GRUR 2011, 1124 Rn. 89 – Interflora; aA *Wamprechtshamer* ÖBl. 2000, 147 (150).

193 **c) Interessenabwägung.** Ob hinzutretende besondere Umstände eine Rufausnutzung unlauter machen, ist durch eine **Interessenabwägung** festzustellen.[521] Bei der Interessenabwägung stehen sich gegenüber die Interessen des Werbenden, einen Vergleich vorzunehmen und dabei die Leistungen des Mitbewerbers zu benennen, und das Interesse des Mitbewerbers, nicht als Mittel der Anpreisung von Konkurrenzprodukten benutzt zu werden.[522] Maßgebliches Kriterium der Abwägung ist der in der Begründungserwägung Nr. 2 genannte Zweck der RL, dem Verbraucher den Binnenmarkt durch vergleichende Werbung besser zu erschließen und den Wettbewerb zwischen Anbietern von Waren und Dienstleistungen im Interesse der Verbraucher zu fördern. Hinweise auf Kennzeichen eines Mitbewerbers, die Voraussetzung für einen wirksamen Wettbewerb auf dem relevanten Markt sind, sind nicht per se unlauter.[523] Der Hinweis auf Kennzeichen eines Mitbewerbers muss aber für den Werbevergleich **geeignet** und **erforderlich** sein.[524] Unlauter ist daher rufausbeutende vergleichende Werbung, wenn sie über das zur Darstellung der Vorteile des eigenen Angebots gegenüber dem konkurrierenden Angebot erforderliche Maß hinausgeht.[525] Denn die Interessen der betroffenen Mitbewerber sollen nicht stärker beeinträchtigt werden, als dies im Interesse des Werbenden und der Kunden an sachlicher Aufklärung erforderlich ist.[526] Dabei ist jedoch zu berücksichtigen, dass die an vergleichende Werbung gestellten Anforderungen in dem für sie **günstigsten** Sinne ausgelegt werden müssen (→ Rn. 14), dh im Zweifel ist zugunsten der Zulässigkeit vergleichender Werbung zu entscheiden.[527] Dementsprechend ist der EuGH in seiner Entscheidung *„Siemens"* vom 23.2.2006 verfahren, in der er die Bezugnahme auf Bestellnummern eines Mitbewerbers in vergleichender Werbung als lauter bewertet hat, wenn sie den Vergleich erleichtert,[528] während sie der BGH in diesem Verfahren in seinem Vorlagebeschluss noch als „zwar nützlich, aber nicht erforderlich" bezeichnet hatte.[529]

194 Außerdem muss ein **angemessenes** Verhältnis zwischen dem Nutzen der Abnehmer und dem Nachteil der betroffenen Mitbewerber bestehen.[530] Auch bei der Feststellung der Angemessenheit sind die Anforderungen im günstigsten Sinne zugunsten der Zulässigkeit vergleichender Werbung auszulegen.

195 Unlauterkeit der Rufausbeutung erfordert weder eine **Verwechslungsgefahr** noch eine **Beeinträchtigung** des betreffenden Kennzeichens.[531] Das schließt allerdings nicht aus, dass

[521] EuGH Slg. 2009, I-5185 = GRUR 2009, 756 Rn. 44, 45, 48 – L'Oréal/Bellure; EGMR ÖJZ 2004, 397 (399) – Krone Verlag; BGH GRUR 2011, 1158 Rn. 23 – Teddybär; BGH GRUR 2015, 1136 Rn. 28 – Staubsaugerbeutel im Internet; *Aigner* S. 157; *Eck/Ikas* WRP 1999, 251 (271); *Fröndhoff* S. 120; *Henning-Bodewig* GRUR Int. 1999, 385 (393 f.); *Köhler*/Bornkamm/Feddersen § 6 Rn. 157; *Koos* in Fezer/Büscher/Obergfell § 6 Rn. 225; *Müller-Bidinger* in Ullmann jurisPK-UWG § 6 Rn. 193; *Sack* WRP 2001, 327 (345); *Sack* WRP 2004, 1405 (1417); *Somariello* S. 89; *Ziervogel* S. 121 f., 150 f.; zu den relevanten Kriterien ausführlicher *Keller,* Der Schutz eingetragener Marken gegen Rufausbeutung nach deutschem und europäischem Recht, 1994; *Lopez Ramos* in Büscher § 6 Rn. 155; *Mayrhofer,* Rufausbeutung im Recht des unlauteren Wettbewerbs, 1994; *Thomasberger,* Rufausbeutung im Wettbewerbsrecht, 1993, S. 199 ff.

[522] *Aigner* S. 157.

[523] EuGH Slg. 2001, I-7945 = GRUR 2002, 354 Rn. 54 – Toshiba Europe; EuGH Slg. 2006, I-2147 = GRUR 2006, 345 Rn. 15 – Siemens; *Sack* WRP 2004, 1405 (1417).

[524] Vgl. öst. OGH ÖBl. 2011, 228 (Ls. 4 und sub 2.2) = GRUR Int. 2012, 180 – Velux; *Sack* WRP 2011, 155 (159).

[525] EuGH Slg. 2001, I-7945 = GRUR 2002, 354 Rn. 34 – Toshiba Europe; EuGH Slg. 2003, I-3095 = GRUR 2003, 533 Rn. 50 – Pippig; EuGH Slg. 2006, I-2147 = GRUR 2006, 345 Rn. 15 – Siemens; BGH GRUR 2005, 348 (349) – Bestellnummernübernahme; *Eck/Ikas* WRP 1999, 251 (271); *Ohly* GRUR 2007, 3 (9 f.); *Sack* WRP 2011, 155 (159); *Steinbeck* FS Ullmann, 2006, 409 (418) aE.

[526] Begr. Reg.-Entw zum Gesetz über vergleichende Werbung, BT-Drs. 14/2959, 11 re. Sp.; *Sack* WRP 2011, 155 (159 f.).

[527] Vgl. *Sack* WRP 2011, 155 (159 f.); GroßKommUWG/*Glöckner* § 6 Rn. 485.

[528] EuGH Slg. 2006, I-2147 = GRUR 2006, 345 Rn. 22 ff., 26, 27 – Siemens.

[529] BGH GRUR 2005, 348 (349) – Bestellnummernübernahme.

[530] BGH GRUR 2011, 1158 Rn. 23 – Teddybär; *Köhler*/Bornkamm/Feddersen § 6 Rn. 157; *Müller-Bidinger* in Ullmann jurisPK-UWG § 6 Rn. 179; *Ohly* GRUR 2007, 3 (9); *Sack* WRP 2011, 155 (159); andeutungsweise auch EuGH Slg. 2006, I-2147 = GRUR 2006, 345 Rn. 24 – Siemens.

[531] EuGH Slg. 2009, I-5185 = GRUR 2009, 756 Rn. 43, 50 – L'Oréal/Bellure (eine insoweit untreffende Übersetzung enthält Rn. 41, wie die englische und französische Sprachfassung zeigen; dazu *Sack* WRP 2011, 155 (158, vor 2.); vgl. auch EuGH GRUR 2011, 1124 Rn. 74 – Interflora.

bei der umfassenden Interessenabwägung zur Feststellung der Unlauterkeit der Ausnutzung des Rufs auch berücksichtigt werden kann, ob die Gefahr einer Verwechslung, einer Verwässerung oder der Beeinträchtigung des Rufs der betreffenden Marke besteht.[532]

aa) Deshalb ist Rufausnutzung durch vergleichende Werbung **zulässig,** wenn der Hinweis auf das fremde Kennzeichen ausschließlich dazu dient, Unterschiede bzw. Gemeinsamkeiten der Konkurrenzprodukte im Interesse eines wirksamen Wettbewerbs deutlich zu machen.[533] Die für einen Vergleich **sachlich gebotene** Bezugnahme ist auch dann hinzunehmen, wenn sie zwangsläufig mit einer Anlehnung an den Ruf und Verkaufserfolg der fremden Ware verbunden ist.[534] Daher darf zB in der Werbung für **Ersatzteile** und **Zubehör** auf die Hauptware Bezug genommen werden, wenn dies zur Aufklärung der angesprochenen Verkehrskreise über die bestimmungsgemäße Verwendung der angebotenen Waren **sachlich geboten** ist.[535] Dies gilt unabhängig davon, ob es sich bei der Bezugnahme um vergleichende Werbung handelt. Das Unterscheidungskriterium der sachlichen Gebotenheit ist unabhängig vom Bekanntheitsgrad des Unterscheidungszeichens des Mitbewerbers. Ein hoher Bekanntheitsgrad des Unterscheidungszeichens des Mitbewerbers ist deshalb kein Indiz für eine unlautere Rufausnutzung.[536] Versucht jedoch ein Dritter, sich durch die Verwendung einer fremden Marke in den Bereich ihrer **Sogwirkung** zu begeben, um von ihrer Anziehungskraft, ihrem Ruf und ihrem Ansehen zu profitieren, und ohne jede finanzielle Gegenleistung und ohne dafür eigene Anstrengungen machen zu müsse, die wirtschaftlichen Anstrengungen des Markeninhabers zur Schaffung und Aufrechterhaltung des Images dieser Marke auszunutzen, ist der sich aus dieser Verwendung ergebende Vorteil als **unlautere Ausnutzung** des Rufs der Marke anzusehen.[537] Unlauter ist es, den Ruf der Erzeugnisse eines Mitbewerbers durch vergleichende Werbung auf die eigenen Erzeugnisse zu **übertragen („Imagetransfer").**[538] Jedoch setzt eine unlautere Rufausnutzung einen Imagetransfer nicht in jedem Fall voraus,[539] dh ein Imagetransfer ist zwar eine hinreichende, jedoch keine notwendige Voraussetzung für eine unlautere Rufausnutzung. Unklar ist allerdings, ob der Begriff „Imagetransfer" von den Vertreten der konträren Meinungen in derselben Bedeutung verwendet wird. 196

Der Werbehinweis auf **Artikelnummern, OEM-Nummern und OEM-Bezeichnungen** eines Mitbewerbers ist, auch sofern diese von den angesprochenen Verkehrskreisen als Unterscheidungszeichen verstanden werden und der Ruf der mit ihnen gekennzeichneten Waren ausgenutzt wird, nicht ohne Weiteres unlauter.[540] Auch wenn der Werbende nicht nur auf Bestellnummern eines Mitbewerbers Bezug nimmt, sondern maßgebliche 197

---

[532] So zum Markenrecht EuGH Slg. 2009, I-5185 = GRUR 2009, 756 Rn. 45 – L'Oréal/Bellure; BGH GRUR 2015, 1136 Rn. 28 – Staubsaugerbeutel im Internet.

[533] RL 97/55/EG, 15. Begr.-Erw.; GA *Léger* zum *Toshiba*-Fall, Slg. 2001, I-7945 Rn. 81; BGH GRUR 1996, 781 (782 f.) – Verbrauchsmaterialien; BGH GRUR 2011, 1158 Rn. 22 – Teddybär.

[534] EuGH Slg. 2001, I-7945 = GRUR 2002, 354 Rn. 53, 54 – Toshiba Europe; EuGH Slg. 2006, I-2147 = GRUR 2006, 345 Rn. 15 – Siemens; BGH GRUR 2010, 161 Rn. 32 – Gib mal Zeitung.

[535] BGH GRUR 2005, 163 (165) – Aluminiumräder; BGH GRUR 2011, 1158 Rn. 22 – Teddybär.

[536] *Hasselblatt/Leister* in Gloy/Loschelder/Danckwerts HdbWettbR § 60 Rn. 70.

[537] So EuGH Slg. 2009, I-5185 = GRUR 2009, 756 Rn. 49, 50 – L'Oréal/Bellure; BGH GRUR 2011, 1158 Rn. 23 – Teddybär; BGH GRUR 2015, 1136 Rn. 28 – Staubsaugerbeutel im Internet; *Alexander* GRUR 2010, 484 (486); *Köhler*/Bornkamm/Feddersen § 6 Rn. 156.

[538] EuGH Slg. 2001, I-7945 = GRUR 2002, 354 Rn. 57 – Toshiba Europe; BGH GRUR 2004, 607 (611) – Genealogie der Düfte; GRUR 2005, 348 (349) – Bestellnummernübernahme; GRUR 2010, 161 Rn. 33 – Gib mal Zeitung; *Rippert/Weimer* K&R 2007, 302 (304); *Ohly* GRUR 2010, 166 (167).

[539] AA *Ohly* GRUR 2010, 166 (167); *Rippert/Weimer* K&R 2007, 302 (304); aA wohl auch EuGH Slg. 2001, I-7945 = GRUR 2002, 354 Rn. 57 – Toshiba Europe; BGH GRUR 2010, 161 Rn. 33 – Gib mal Zeitung.

[540] EuGH Slg. 2001, I-7945 Rn. 60 – Toshiba Europe; EuGH Slg. 2006, I-2147 = GRUR 2006, 345 Rn. 26 – Siemens/VIPA; BGH GRUR 2015, 1136 Rn. 29, 32 – Staubsaugerbeutel im Internet; GRUR 2003, 444 (445) – „Ersetzt"; GRUR 2005, 348 (349) – Bestellnummernübernahme; GRUR 2011, 1158 Rn. 24 – Teddybär; aA noch vor der RL 97/55/EG BGH GRUR 1996, 781 (783, 784) – Verbrauchsmaterialien.

Teile der fremden Bestellnummern („Bestellnummernkerne") seinen eigenen einverleibt, ist dies noch keine unlautere Rufausnutzung.[541] Denn dies erspart es dem Verbraucher, anhand von Vergleichslisten die entsprechenden Produkte des Mitbewerbers des Werbenden herauszusuchen.[542] Auch wenn mit einem Werbehinweis auf OEM-Nummern eines Mitbewerbers implizit die funktionale **Gleichwertigkeit** der Konkurrenzprodukte behauptet wird,[543] ist der Hinweis nicht schon aus diesem Grunde ohne weiteres unlauter. Ferner ist eine unlautere Rufausnutzung nicht schon dann anzunehmen, wenn ein namenloses oder unbekanntes Produkt mit einem bekannten Markenartikel verglichen wird, solange zum Vergleich keine weiteren besonderen Umstände hinzutreten.[544]

198 **bb)** Eine **unlautere** Rufausnutzung liegt hingegen vor, wenn ein Werbevergleich **sachlich nicht notwendig** ist, um den Inhalt und die Vorteile des eigenen Angebots gegenüber den konkurrierenden Angeboten ausreichend deutlich zu machen, dh wenn er über das dazu erforderliche Maß hinausgeht[545] bzw. wenn der Vergleich keine ausreichende Verbraucherinformation enthält, so dass sich sein Zweck im Wesentlichen auf die Rufausnutzung reduziert.[546] Die Benutzung von Marken und anderen Unterscheidungszeichen eines Mitbewerbers kann nicht geduldet werden, solange nicht feststeht, dass für den so Werbenden keine andere praktikable Möglichkeit besteht, die Eigenschaften und den Verwendungszweck seines Produkts im Wirtschaftsverkehr ausreichend deutlich zu machen.[547]

199 Eine unlautere Rufausnutzung ist es auch, wenn der Herausgeber eines Telefonverzeichnisses dieses mit den Farben „grau/magenta" und „grau/weiß/magenta" versieht. Durch diese **Farben** wird der Mitbewerber Telekom mittelbar erkennbar gemacht, so dass vergleichende Werbung iSv § 6 Abs. 1 UWG vorliegt. Wenn der Werbende diese Farben nur verwendet, um den Ruf von Telekom zu nutzen, dann ist dies unlauter.[548] Unlautere Rufausnutzung liegt auch vor, wenn das Unterscheidungszeichen eines Mitbewerbers als sog. **eye-catcher,** zB in der für die Suchfunktion der Internet-Interessenten wesentlichen Artikelbezeichnung, verwendet wird, dessen Zweck es in erster Linie ist, die Aufmerksamkeit der Verbraucher auf den Werbenden zu lenken, hinter dem der Informationszweck in den Hintergrund tritt.[549] Das OLG Frankfurt a. M. bewertete die Werbung für ein Schmuckstück mit dem Hinweis „Cartier-Stil" als unlautere Rufausbeutung.[550]

200 Eine unlautere Ausnutzung des Rufs einer Marke ist auch gegeben, wenn beim Verkehr ein **falscher Eindruck** über die Beziehungen zwischen dem Werbenden und dem Mar-

[541] EuGH Slg. 2006, I-2147 = GRUR 2006, 345 Rn. 21 ff., 27 – Siemens (aA im selben Fall die Vorlageentscheidung des BGH GRUR 2005, 348 (349) – Bestellnummernübernahme); ebenso wie der EuGH GroßKommUWG/*Glöckner* § 6 Rn. 501.

[542] EuGH Slg. 2006, I-2147 = GRUR 2006, 345 Rn. 26 – Siemens; BGH GRUR 2011, 1158 Rn. 24 – Teddybär; aA noch BGH GRUR 2005, 348 (349) – Bestellnummernübernahme: die Übernahme der Bestellnummernkerne eines Mitbewerbers sei für den Werbenden zwar nützlich, aber nicht erforderlich.

[543] Vgl. EuGH Slg. 2001, I-7945 = GRUR 2002, 354 Rn. 39, 40, 56 – Toshiba Europe; EuGH Slg. 2006, I-2147 = GRUR 2006, 345 Rn. 17, 27 – Siemens.

[544] *Aigner* S. 160 ff.; vgl. jedoch auch *Ohly/Spence* GRUR Int. 1999, 681 (694); *Tilmann* GRUR 1997, 790 (797).

[545] Vgl. EuGH Slg. 2001, I-7945 = GRUR 2002, 354 Rn. 54 – Toshiba Europe; EuGH Slg. 2006, I-2147 = GRUR 2006, 345 Rn. 15 – Siemens; BGH GRUR 2005, 348 (349) – Bestellnummernübernahme; KG MarkenR 2006, 122 – eye-catcher; *Aigner* S. 157, 160; *Eck/Ikas* WRP 1999, 251 (271); *Gabel* WRP 2005, 1102 (1114); *Kebbedies* S. 227; *Menke* WRP 1998, 811 (825); *Ohly* GRUR 2007, 3 (9 f.); *Plaß* WRP 1999, 766 (770); *Wehlau* ZLR 1999, 393 (412); *Ziervogel* S. 150; GA *Léger* im EuGH-Fall *Toshiba Europe,* Slg. 2001, I-7945 Rn. 85, 87, 93, 94, 99, 101, 102, 105, 110; so schon früher die Rechtsprechung des RG und BGH zur Ersatzteil- und Zubehörwerbung, vgl. BGH GRUR 1958, 343 (344 ff.) – Bohnergerät; GRUR 1968, 698 (700) – Rekordspritzen; GRUR 1996, 781 (782 f., 784) – Verbrauchsmaterialien; RG GRUR 1928, 394 (396) – Alpha-Separatoren.

[546] *Ziervogel* S. 151.

[547] GA *Léger* im EuGH-Fall *Toshiba Europe* Slg. 2001, I-7945 Rn. 101, 102, 105.

[548] BGH WRP 1997, 748 (750) – grau/magenta.

[549] KG MarkenR 2006, 122 – „eye-catcher".

[550] OLG Frankfurt a. M. GRUR 2004, 1043 – Cartier-Stil.

keninhaber erweckt wird.[551] Unlauterkeit erfordert jedoch nicht generell eine **Verwechslungsgefahr.**[552] Denn das Vorliegen einer Verwechslungsgefahr wird bereits in Art. 4 lit. h RL 2006/114/EG bzw. § 6 Abs. 2 Nr. 3 UWG erfasst; wäre Verwechslungsgefahr erforderlich, dann wäre der Tatbestand der Rufausnutzung überflüssig.

Art. 4 lit. f RL rechnet zu den Zulässigkeitsbedingungen vergleichender Werbung auch, dass der Ruf von **Ursprungsbezeichnungen** nicht unlauter ausgenutzt wird. Wenn man mit der Begründung zum Reg.-Entw. annimmt, dass der Begriff des **Kennzeichens in § 6 Abs. 2** auch Ursprungsbezeichnungen umfasst, dann ist Art. 4 lit. f RL durch § 6 Abs. 2 Nr. 4 in deutsches Recht umgesetzt. Folgt man hingegen der oben ausführlich begründeten Ansicht (→ Rn. 166 ff.), dass Ursprungsbezeichnungen nicht zu den Kennzeichen iSv § 6 Abs. 2 gehören, und folgt man außerdem der Verbotskatalogtheorie zu Art. 4 RL, wonach die Zulässigkeitsbedingungen der RL von den nationalen Gesetzgebern als Verbote umgesetzt werden **müssen** (→ Rn. 19 ff.), dann fehlt in Bezug auf Ursprungsbezeichnungen eine ausdrückliche Umsetzung des Art. 4 lit. f RL in deutsches Recht, so dass eine entsprechende richtlinienkonforme Auslegung der §§ 126 ff. MarkenG und der Generalklausel des § 3 geboten ist. 201

4. Unlautere Beeinträchtigung des Rufs. Das Verbot der **unlauteren Beeinträchtigung** des Rufs von Kennzeichen eines Mitbewerbers nach § 6 Abs. 2 Nr. 4 UWG entspricht der Regelung des Art. 4 lit. d RL, der zu den Zulässigkeitsbedingungen vergleichender Werbung ua zählt, dass durch sie keine fremden Kennzeichen **herabgesetzt oder verunglimpft** werden. Diese Regelungen unterscheiden sich jedoch begrifflich. § 6 Abs. 2 Nr. 4 erfordert eine Beeinträchtigung des Rufs von Kennzeichen, während Art. 4 lit. d RL von deren Herabsetzung oder Verunglimpfung spricht. Die richtlinienkonforme Auslegung von § 6 Abs. 2 Nr. 4 UWG gebietet es, dass nur Beeinträchtigungen des Rufs von Kennzeichen **durch Herabsetzung oder Verunglimpfung** untersagt werden dürfen, während ein weiterreichendes Beeinträchtigungsverbot, z. B das Verbot einer Beeinträchtigung der Unterscheidungskraft („Verwässerung"), die vergleichende Werbung mehr einschränken würde, als dies die RL zulässt.[553] Insoweit ist eine richtlinienkonforme Auslegung von § 6 Abs. 2 Nr. 4 UWG durch die Gerichte möglich und geboten. Im Bereich der „vergleichenden Werbung" iSv § 6 Abs. 1 UWG verdrängt die Regelung des § 6 Abs. 2 Nr. 4 UWG als **lex specialis** die Regelung des § 4 Nr. 1 UWG, soweit die Regelungsbereiche sich decken (→ Rn. 260). 202

§ 6 Abs. 2 Nr. 4 UWG untersagt nicht jede Beeinträchtigung des Rufs eines Kennzeichens eines Mitbewerbers, sondern nur die Beeinträchtigung **„in unlauterer Weise".** Der Wortlaut der RL enthält demgegenüber in der entsprechenden Regelung des Art. 4 lit. d keine derartige Einschränkung, sondern untersagt die Herabsetzung oder Verunglimpfung. Die vom deutschen Gesetzgeber vorgenommene Beschränkung des Beeinträchtigungstatbestandes auf Beeinträchtigungen „in unlauterer Weise" ist jedoch gerechtfertigt und sachlich geboten und entspricht dem Verbot der Herabsetzung oder Verunglimpfung iSv Art. 4 lit. d RL.[554] Denn anderenfalls wäre letztlich jede **kritisierende vergleichende** Werbung verboten. Dies entspräche jedoch nicht dem Zweck der RL.[555] Deshalb hat auch 203

[551] EuGH Slg. 2001, I-7945 = GRUR 2002, 354 Rn. 55, 59 – Toshiba Europe; EuGH Slg. 2006, I-2147 = GRUR 2006, 345 Rn. 20 – Siemens; vgl. auch EuGH Slg. 1999, I-905 Rn. 40, 64 – BMW/Deenik; kritisch zur Verortung in § 6 Abs. 2 Nr. 4 GroßKommUWG/*Glöckner* § 6 Rn. 495.

[552] BGH GRUR 2005, 348 (349) (II.3.b) – Bestellnummernübernahme.

[553] Empfehlungen der Ausschüsse, BR-Drs. 128/1/00, 3; Stellungnahme des Bundesrats BR-Drs. 128/00, 2; BGH GRUR 2011, 1158 Rn. 21 – Teddybär; GRUR 2015, 1136 Rn. 38 – Staubsaugerbeutel im Internet; *Sack* WRP 2001, 327 (345 f.); *Kebbedies* S. 213; *Lopez Ramos* in Büscher § 6 Rn. 167; für eine Streichung des Tatbestandes der unlauteren Rufbeeinträchtigung in § 6 Abs. 2 Nr. 4 *Köhler* WRP 2012, 251 (258); vgl. auch → Rn. 265.

[554] Vgl. Begr. Reg.-Entw. BT-Drs. 14/2959, 12; *Dück* GRUR Int. 2016, 216 (223) (4.); *Freund* S. 150; *Ohly* FS Büscher, 2017, 117 (124); *Sack* GRUR Int. 1998, 263 (271); *Sack* WRP 2001, 327 (346); *Ziervogel* S. 121; vgl. auch BGH GRUR 1999, 501 (503) – „Vergleichen Sie".

[555] Begr. Reg.-Entw. BT-Drs. 14/2959, 12; *Baumbach/Hefermehl* UWG § 2 Rn. 13; *Sack* WRP 2001, 327 (346).

die deutsche Rechtsprechung im Hinblick auf den Zweck der RL in der parallelen Regelung des § 6 Abs. 2 Nr. 5 UWG, die ebenfalls auf Art. 3a Abs. 1 lit. e RL 97/55/EG (jetzt Art. 4 lit. d RL 2006/114/EG) zurückgeht, nicht die Herabsetzung genügen lassen, sondern eine **unlautere** Herabsetzung gefordert (→ Rn. 207 f.).

204 Eine **unlautere** Beeinträchtigung des Rufs fremder Kennzeichen liegt deshalb (vgl. → Rn. 203) nicht schon ohne Weiteres darin, dass auf sie in vergleichender Werbung Bezug genommen wird, da andernfalls jede **kritisierende** vergleichende Werbung verboten wäre, was dem Zweck der RL 2006/114/EG widerspräche.[556] Vielmehr müssen besondere Umstände hinzukommen.[557] Die Unlauterkeit der Beeinträchtigung ist durch eine **Interessenabwägung** festzustellen.[558] Die Gefahr einer unlauteren Beeinträchtigung kann sich insbesondere daraus ergeben, dass die von Dritten angebotenen Waren oder Dienstleistungen Merkmale oder Eigenschaften aufweisen, die sich negativ auf das Bild einer bekannten älteren Marke auswirken können.[559]

V. Verunglimpfung oder Herabsetzung, § 6 Abs. 2 Nr. 5

205 Vergleichende Werbung ist nach § 6 Abs. 2 Nr. 5 außerdem unlauter, wenn der Vergleich die Waren, Dienstleistungen, Tätigkeiten oder die persönlichen oder geschäftlichen Verhältnisse eines Mitbewerbers **herabsetzt** oder **verunglimpft.** Diese Regelung beruht auf Art. 3a Abs. 1 lit. e RL 97/55/EG (jetzt Art. 4 lit. d RL 2006/114/EG). § 6 Abs. 2 Nr. 5 UWG ist im Bereich der „vergleichenden Werbung" iSv § 6 Abs. 1 UWG **lex specialis** gegenüber § 4 Nr. 1 UWG (→ Rn. 260).

206 **1. Verunglimpfung.** Verunglimpfung ist eine **gesteigerte Form der Herabsetzung.** Dazu gehört vor allem das Verächtlich- und Lächerlichmachen von Mitbewerbern und ihren Leistungen.[560] Eine Verunglimpfung von Mitbewerbern und ihren Marken liegt auch vor, wenn sie in einen anstößigen oder geschmacklosen Zusammenhang gestellt werden.[561]

207 **2. Herabsetzung. a) Das Erfordernis der Unlauterkeit.** Nach dem Wortlaut von § 6 Abs. 2 Nr. 5 UWG ist ein Werbevergleich auch dann wettbewerbswidrig, wenn er **herabsetzend** ist.[562] Unter einer Herabsetzung ist die Verringerung der Wertschätzung eines Mitbewerbers, seiner Waren oder seiner Dienstleistungen zu verstehen.[563] Es genügt jedoch nach einhelliger Meinung nicht jede Herabsetzung.[564] Denn kritisierende vergleichende Werbung enthält zwangsläufig und wesensimmanent eine Herabsetzung des Konkurrenzangebots.[565] Eine nach § 6 Abs. 2 Nr. 5 UWG und Art. 4 lit. d RL relevante Herabsetzung liegt daher nach einhelliger Meinung erst vor, wenn über die sachliche Kritik hinaus **besondere Umstände hinzukommen.**[566] Die Einschränkung des Herabsetzungsverbots

[556] Vgl. BGH GRUR 1999, 501 (503) – „Vergleichen Sie"; GRUR 2007, 896 Rn. 25 – Eigenpreisvergleich.

[557] BGH GRUR 2019, 631 Rn. 43 – Das beste Netz.

[558] GroßKommUWG/*Glöckner* § 6 Rn. 478; *Koos* in Fezer/Büscher/Obergfell § 6 Rn. 234.

[559] EuGH Slg. 2009, I-5185 = GRUR 2009, 756 Rn. 40 – L'Oréal/Bellure.

[560] Vgl. *Köhler*/Bornkamm/Feddersen § 6 Rn. 166; *Koos* in Fezer/Büscher/Obergfell § 6 Rn. 246; *Müller-Bidinger* in Ullmann jurisPK-UWG § 6 Rn. 202; *Stier/Schneider* in Götting/Nordemann § 6 Rn. 107.

[561] Vgl. BGH GRUR 1995, 57 – Markenverunglimpfung II; *Berlit* Rn. 207.

[562] Für eine Gleichsetzung der Begriffe „verunglimpfen" und „herabsetzen" *Aigner* S. 142 f.

[563] Vgl. *Köhler*/Bornkamm/Feddersen § 6 Rn. 166; *Ohly*/Sosnitza § 6 Rn. 66.

[564] Vgl. BGH GRUR 1999, 501 (503) – „Vergleichen Sie"; BGH GRUR 2019, 644 Rn. 23 = WRP 2019, 743 – Knochenzement III; OLG Saarbrücken EuZW 1999, 575 (576); *Aigner* S. 143; *Baumbach/Hefermehl* UWG § 2 Rn. 14; *Eck/Ikas* WRP 1999, 251 (269 f.); *Nordmann* GRUR Int. 2002, 297 (302); *Plaß* in HK-WettbR § 6 Rn. 123; *Sack* GRUR Int. 1998, 263 (271 f.); *Sack* WRP 2001, 327 (346); *Saßmann* S. 135.

[565] EuGH Slg. 2003, I-3095 = GRUR 2003, 533 Rn. 80 – Pippig; BGH GRUR 1999, 501 (503) – „Vergleichen Sie"; GRUR 2002, 72 (73) – Preisgegenüberstellung im Schaufenster; GRUR 2002, 633 (635) – Hormonersatztherapie.

[566] EuGH Slg. 2003, I-3095 = GRUR 2003, 533 Rn. 80 – Pippig; BGH GRUR 1998, 824 (828) – Testpreis-Angebot; GRUR 1999, 501 (503) – „Vergleichen Sie"; GRUR 2002, 72 (73) – Preisgegenüberstellung im Schaufenster; GRUR 2002, 633 (635) – Hormonersatztherapie; GRUR 2008, 448 Rn. 18 –

wird auch damit gerechtfertigt, dass § 6 Abs. 2 Nr. 5 UWG und die RL die Herabsetzung und die Verunglimpfung nebeneinander nennen.[567]

Aus der Begründung zum Regierungsentwurf ist nicht zu ersehen, warum nur der auf Art. 3a Abs. 1 lit. e RL 97/55/EG (jetzt Art. 4 lit. d RL 2006/114/EG) beruhende Tatbestand des § 2 Abs. 2 Nr. 4 (jetzt § 6 Abs. 2 Nr. 4), nicht jedoch der ebenfalls auf Art. 3a Abs. 1 lit. e RL beruhende Tatbestand des § 2 Abs. 2 Nr. 5 (jetzt § 6 Abs. 2 Nr. 5) auf **unlautere** Herabsetzungen beschränkt worden ist. 208

b) Interessenabwägung. Ob herabsetzende vergleichende Werbung unlauter ist, muss durch eine **Interessenabwägung** festgestellt werden.[568] Dabei ist auch hier (vgl. → Rn. 193 f.) einerseits das Interesse des Werbenden, einen Vergleich vorzunehmen, und andererseits das Interesse des Mitbewerbers, nicht unnötig herabgesetzt zu werden, zu berücksichtigen. 209

aa) Eine unlautere Herabsetzung liegt deshalb noch **nicht** vor, solange sich vergleichende Werbung **in den Grenzen einer sachlich gerechtfertigten Darstellung** hält.[569] Auch unwahre oder nicht erweislich wahre Tatsachenbehauptungen über einen Mitbewerber sind nicht ohne weiteres eine wettbewerbswidrige Herabsetzung iSv § 6 Abs. 2 Nr. 5 UWG, zB unzutreffende Hinweise auf dessen Nationalität, Religion oder Parteizugehörigkeit; sie verstoßen allerdings gegen § 4 Nr. 2 UWG (früher § 4 Nr. 8, zuvor § 14 UWG).[570] 210

Mit Recht haben der EuGH und der BGH angenommen, dass ein **Preisvergleich** für sich genommen einen Mitbewerber, der höhere Preise verlangt, nicht ohne Weiteres iSv Art. 3a Abs. 1 lit. e RL 84/450/EWG (wettbewerbswidrig) herabsetzt oder verunglimpft.[571] Es ist auch nicht schon unlauter herabsetzend, wenn der Werbende in seinem Preisvergleich die Waren so auswählt, dass der Preisunterschied bei diesen Waren über dem durchschnittlichen Preisunterschied der Mitbewerber liegt.[572] Es besteht keine Verpflichtung, jeden Preisvergleich auf die Durchschnittspreise des Werbenden und seines Mitbewerbers zu beschränken.[573] Auch der Preisvergleich von Markenwaren und Handelsmarken bzw. No-name-Produkten ist nicht ohne weiteres (unlauter) herabsetzend.[574] 211

Die Werbung eines Pharmaunternehmens mit einer wissenschaftlichen Studie, in der konkurrierende Medikamente miteinander verglichen werden, ist nicht schon deshalb wettbewerbswidrig, wenn dabei das Konkurrenzprodukt ungünstiger abschneidet.[575] Sie wird auch nicht dadurch zur wettbewerbswidrigen Herabsetzung, dass nicht alle, sondern nur einige ausgewählte typische und wesentliche Eigenschaften der betreffenden Medikamente miteinander verglichen werden.[576] 212

Saugeinlagen; GRUR 2010, 161 Rn. 16 – Gib mal Zeitung; GRUR 2019, 631 Rn. 30 – Das beste Netz; OLG Frankfurt a. M. GRUR-RR 2005, 137 (138) – Vergleich mit Stachelschwein; einhellige Meinung im Schrifttum, vgl. statt vieler *Baumbach/Hefermehl* UWG § 2 Rn. 14; *Freund* S. 135; *Gamerith* ÖBl. 1998, 115 (122); *Henning-Bodewig* GRUR Int. 1999, 385 (388, 392); *Sack* WRP 2001, 327 (346); *Tilmann* GRUR 1997, 790 (797).

[567] BGH GRUR 2002, 72 (73) (III.2.b) – Preisgegenüberstellung im Schaufenster; GRUR 1999, 501 (503) – „Vergleichen Sie".

[568] GroßKommUWG/*Glöckner* § 6 Rn. 519, 522 ff.

[569] BGH GRUR 2002, 633 (635) – Hormonersatztherapie; GRUR 2008, 448 Rn. 18 – Saugeinlagen; BGH GRUR 2019, 644 Rn. 23, 37 – Knochenzement III; OLG Frankfurt a. M. GRUR-RR 2005, 137 (138) – Vergleich mit Stachelschwein; vgl. auch *Dück* GRUR Int. 2016, 216 (224).

[570] Vgl. BGH GRUR 2002, 633 (635) – Hormonersatztherapie; *Sack* WRP 2001, 327 (336, 346).

[571] EuGH Slg. 2003, I-3095 = GRUR 2003, 533 Rn. 80, 84 – Pippig; BGH GRUR 2002, 72 (73) – Preisgegenüberstellung im Schaufenster; vgl. auch EGMR ÖJZ 2004, 397 (399) – Krone-Verlag.

[572] EuGH Slg. 2003, I-3095 = GRUR 2003, 533 Rn. 81, 82 – Pippig; solche Preisvergleiche sind nach Ansicht des EuGH auch nicht ohne Weiteres irreführend.

[573] EuGH Slg. 2003, I-3095 = GRUR 2003, 533 Rn. 81, 82 – Pippig.

[574] BGH GRUR 1999, 501 (502) – „Vergleichen Sie"; Sack GRUR Int. 1998, 263 (272).

[575] BGH GRUR 2002, 633 (635) – Hormonersatztherapie.

[576] BGH GRUR 2002, 633 (635) – Hormonersatztherapie.

213 An einer unlauteren Herabsetzung fehlt es bei einem **Abwehrvergleich,** der sich in den Grenzen der Verhältnismäßigkeit hält, dh gegen rechtswidrige Angriff eines Mitbewerbers kann sich der vergleichend Werbende mit etwas deutlicheren Worten wehren als ohne solche Angriffe.[577] Die Gegenansicht, die in einer Abwehrlage keine Rechtfertigung für eine Herabsetzung oder für deren mildere Beurteilung sieht,[578] beruft sich darauf, dass § 6 Abs. 2 eine abschließende Regelung enthalte und § 6 Abs. 2 Nr. 5 keinen derartigen Beurteilungsspielraum vorsehe. Dem ist entgegenzuhalten, dass – wie bereits in → Rn. 209 ausgeführt – die Unlauterkeit einer Herabsetzung durch eine **Interessenabwägung** festzustellen ist. Dabei kann auch eine Abwehrlage berücksichtigt werden. Diese Ansicht hält sich innerhalb des Beurteilungsspielraums des § 6 Abs. 2 Nr. 5 und innerhalb der abschließenden Regelung der vergleichenden Werbung durch die RL 2006/114/EG und die RL 2005/29/EG bzw. von § 5 Abs. 2 und § 6 Abs. 2 UWG.

214 **bb) Unlauter** ist vergleichende Werbung, wenn sie über das zur sachlichen Information der Kunden erforderliche Maß hinausgeht.[579] Herabsetzende Hinweise, die für eine sachliche Kaufentscheidung des Kunden irrelevant sind, sind unnötig herabsetzend; sie werden außerdem idR auch gegen § 6 Abs. 2 Nr. 2 UWG verstoßen.

215 Demgegenüber meinte der BGH, Unlauterkeit liege nicht schon dann ohne Weiteres vor, wenn das Konkurrenzprodukt **unnötig,** dh mehr als zur sachlichen Information über dessen Nachteile bzw. über Vorteile des eigenen Produkts erforderlich, herabgesetzt wird.[580] Allerdings sei das Kriterium der Erforderlichkeit auch nicht völlig irrelevant. Es sei vielmehr im Rahmen der Abwägung zur Feststellung, ob eine Herabsetzung unlauter ist, zu berücksichtigen.[581]

216 Zutreffend hat der BGH angenommen, dass eine Herabsetzung iSv § 6 Abs. 2 Nr. 5 UWG unlauter sei, wenn kritisierende vergleichende Werbung über die mit der Vergleichung notwendig verbundene Herabsetzung von Konkurrenzprodukten hinaus in unangemessener Weise **abfällig, abwertend oder unsachlich** erscheint.[582] Dies ist nicht nur anhand einer isolierten Betrachtung einzelner Erklärungen, sondern aufgrund des **Gesamtzusammenhangs** der Angaben zu beurteilen.[583] Zu eng erscheint hingegen die Annahme, nur „grob und unverhältnismäßig abwertende Ausdrucksformen" seien unlauter.[584]

217 Unlauter herabsetzend sind Werbevergleiche, zB wenn bestimmte Konkurrenzprodukte als **rückständig** oder als **minderwertig** bezeichnet werden bzw. wenn ein solcher Eindruck vermittelt wird.[585] Unlauter herabsetzend ist zB die Bezeichnung von Konkurrenzprodukten

---

577 *Eck/Ikas* WRP 1999, 251 (270); GroßKommUWG/*Glöckner* § 6 Rn. 533.

578 Vgl. *Köhler*/Bornkamm/Feddersen § 6 Rn. 176; *Nordmann* GRUR Int. 2002, 297 (302); *Plaß* NJW 2000, 3161 (3167); *Plaß* WRP 1999, 766 (770); einschränkend auch *Scherer* WRP 2001, 89 (96).

579 Vgl. BGH GRUR 1999, 1100 (1102) – Generika-Werbung; *Plaß* in HK-WettbR § 6 Rn. 123, 126; *Sack* WRP 2001, 327 (346); ebenso schon BGH GRUR 1970, 465 (466); *Sack* in Amann/Jaspers RWW 3.2 Rn. 677.

580 BGH GRUR 2002, 72 (74) – Preisgegenüberstellung im Schaufenster; OLG Jena GRUR-RR 2003, 254.

581 BGH GRUR 2002, 72 (75) – Preisgegenüberstellung im Schaufenster.

582 BGH GRUR 1999, 501 (503) – „Vergleichen Sie"; GRUR 1999, 1100 (1102) – Generika-Werbung; GRUR 2001, 752 (753) – Eröffnungswerbung; GRUR 2002, 72 (73) – Preisgegenüberstellung im Schaufenster; GRUR 2002, 75 (77) – „Soooo … billig!"?; GRUR 2002, 633 (635) – Hormonersatztherapie; GRUR 2008, 448 Rn. 18 – Saugeinlagen; GRUR 2010, 161 Rn. 16 – Gib mal Zeitung; GRUR 2019, 631 Rn. 30 – Das beste Netz; GRUR 2019, 644 Rn. 23, 27 – Knochenzement III; OLG Frankfurt a. M. GRUR-RR 2001, 89 (90) – Komfortanschluss; OLG Hamburg AfP 1999, 502 (504); GRUR-RR 2002, 112 – Verlierer; OLG München GRUR-RR 2003, 189 (190) – Reichweitenzahlen; OLG Jena GRUR-RR 2003, 254; *Köhler*/Bornkamm/Feddersen § 6 Rn. 170; *Menke* WRP 1998, 811 (816); *Plaß* WRP 1999, 766 (770); *Plassmann* GRUR 1996, 377 (380); *Römermann/Günther* BB 2010, 137 (139); *Sack* GRUR Int. 1998, 263 (267, 271 f.); *Sack* WRP 2001, 327 (345); *Sack* Anm. in LM UWG § 2 Nr. 2.

583 BGH GRUR 2008, 448 Ls. 1 u. Rn. 18 – Saugeinlagen.

584 *Eck/Ikas* WRP 1999, 251 (269 f.); MüKoUWG/*Menke* § 6 Rn. 288; aA OLG Stuttgart NJW-RR 1999, 266 (267); *Plassmann* GRUR 1996, 377 (380).

585 BGH GRUR 1998, 824 (828) – Testpreis-Angebot; OLG Frankfurt a. M. GRUR-RR 2001, 89 (90) – Komfortanschluss; OLG Jena GRUR-RR 2003, 254 – Fremdgehen; öst. OGH GRUR Int. 1982, 204 (205) – Ketchup-Flaschen; OGH ÖBl. 1981, 119 – Österreichs bestes Bier; GroßKommUWG/*Glöckner* § 6

als „Mist“,[586] als „Schwindelmittel“[587] oder als **Nachahmung,** wenn dies nicht zutrifft. Keine unlautere Herabsetzung liegt hingegen vor, wenn von einem Konkurrenzprodukt zutreffend behauptet wird, es beruhe auf der Verletzung von Betriebsgeheimnissen.[588]

Unlauter können **Preisvergleiche** sein, wenn die Preise des Mitbewerbers als nicht mehr akzeptabel, überhöht oder **überteuert** bezeichnet werden.[589] Dies geschieht allerdings nicht schon **implizit** mit dem Hinweis auf die eigenen günstigeren Preise.[590] Deshalb ist die Werbung mit dem Hinweis, dass der Sonderpreis eines bestimmten Mitbewerbers höher sei als der eigene Normalpreis, noch nicht ohne Weiteres unlauter herabsetzend.[591] Als unlauter herabsetzend bewertete hingegen das KG mit Recht einen Preisvergleich in folgender Form: „Die beste Werbung für S. sind die Angebote der Konkurrenz“.[592] 218

Ferner sind Werbevergleiche, die Leistungen von Mitbewerbern **pauschal abwerten** oder **Schmähkritik** enthalten, unlauter herabsetzend,[593] zB in einem Vergleich mit einem konkurrierenden Versicherungsunternehmen, dessen Beratung sei oft einseitig und nicht auf die persönliche Situation der Kunden abgestimmt.[594] In seiner Entscheidung *„Gib mal Zeitung“* vom 1.10.2009 verneinte der BGH den Vorwurf des Kl. (Verleger der TAZ), dass die beanstandete Werbung die gesamte Leserschaft der BILD-Zeitung pauschal als primitiv und dumm abstemple und damit diese Zeitung unlauter herabsetze.[595] Damit wich der BGH von der Beurteilung beider Vorinstanzen ab. 219

Unlauter herabsetzend sind auch Werbevergleiche, die Konkurrenzprodukte **lächerlich** machen.[596] Dies gilt auch dann, wenn hierfür das Stilmittel der **Ironie** eingesetzt wird.[597] Ein anschauliches Beispiel hierfür bietet die *Büffelgras*-Entscheidung des OLG Köln von 220

Rn. 540, 547; *Römermann/Günther* BB 2010, 137 (139); *Sack* WRP 2001, 327 (346); aA *Ohly*/Sosnitza § 6 Rn. 68.

[586] OLG Köln WRP 1985, 233.

[587] BGH GRUR 1964, 392 (394) – Weizenkeimöl.

[588] Vgl. BGH GRUR 2018, 541 Rn. 42 – Knochenzement II; BGH GRUR 2019, 644 Rn. 36, 37 – Knochenzement III.

[589] BGH GRUR 1999, 501 (503) – „Vergleichen Sie“; OLG Hamburg GRUR 1992, 531.

[590] BGH GRUR 1999, 501 (503) – „Vergleichen Sie“.

[591] BGH GRUR 2002, 72 (73) – Preisgegenüberstellung im Schaufenster.

[592] KG WRP 1999, 339 (340); aA *Ohly*/Sosnitza § 6 Rn. 68.

[593] BGH GRUR 1998, 824 (828) (3.b) – Testpreis-Angebot; GRUR 1999, 501 (503) – „Vergleichen Sie“; GRUR 1999, 1100 (1102) – Generika-Werbung; GRUR 2002, 72 (73) – Preisgegenüberstellung im Schaufenster; GRUR 2002, 633 (635) – Hormonersatztherapie; GRUR 2008, 448 Rn. 18 – Saugeinlagen; GRUR 2010, 161 Rn. 16 – Gib mal Zeitung; GRUR 2019, 631 Rn. 30 – Das beste Netz; GRUR 2019, 644 Rn. 23, 28 – Knochenzement III; OLG Hamburg GRUR-RR 2002, 112 – Verlierer; OLG Hamburg VersR 2002, 1120 (1121) – Versicherungen; OLG Frankfurt a. M. GRUR-RR 2005, 137 (138) – Vergleich mit Stachelschwein; OLG Jena GRUR-RR 2003, 254 (255) – Fremdgehen; OLG Koblenz WRP 1983, 289 (290) *(„Bei uns hat Qualität auch Stil“);* öst. OGH ÖBl. 1981, 119 – Österreichs bestes Bier; *Freund* S. 135 f.; *Eck/Ikas* WRP 1999, 772 (775); GroßKommUWG/*Glöckner* § 6 Rn. 532; *Sack* GRUR Int. 1998, 263 (271 f.); *Sack* WRP 2001, 327 (346); *Sack* Anm. in LM UWG § 2 Nr. 2; *Sack* in Amann/Jaspers RWW 3.2 Rn. 676 ff., 678; ebenso zu nicht-identifizierenden Werbevergleichen BGH GRUR 1999, 1100 (1102) – Generika-Werbung; GRUR 2001, 752 (753) – „Soooo … billig!“?; GRUR 2002, 982 – Die „Steinzeit“ ist vorbei; OLG Hamburg GRUR-RR 2003, 50 f. – Tiefpreisgarantie; OLG Hamburg GRUR-RR 2003, 251 (252) – Müsli-Riegel.

[594] OLG Frankfurt a. M. VersR 2002, 1120 (1121) – Versicherungen.

[595] BGH GRUR 2010, 161 Rn. 21 – Gib mal Zeitung; zustimmend *Ohly* GRUR 2010, 166; ebenso im Ergebnis *Köhler* WRP 2010, 571 (572, 576); kritisch *Römermann/Günther* BB 2010, 137 (139 f.); das LG und OLG Hamburg AfP 2008, 387 waren mE mit gutem Grund gegenteiliger Ansicht; nach *Köhler* WRP 2010, 571 (572 f.) sind allerdings die Parteien schon keine „Mitbewerber“ iSv § 6 Abs. 1, sondern nur solche iSv § 4 Nr. 7 (jetzt § 4 Nr. 1); damit seien auch Bedenken gegen die Ansicht des BGH unbegründet, dass der betr. Werbevergleich „objektiv“ iSv § 6 Abs. 2 Nr. 2 gewesen sei.

[596] Vgl. BGH GRUR 2010, 161 Rn. 20 – Gib mal Zeitung; OLG Köln WRP 1980, 715 – Büffelgras; OLG Köln WRP 2016, 646 Rn. 16; OLG Frankfurt a. M. WRP 1972, 91 (92); *Ohly* GRUR 2010, 166 (2.); *Sack* WRP 2001, 327 (346); *Sack* in Amann/Jaspers RWW 3.2 Rn. 678; *Sack* Anm. in LM UWG § 2 Nr. 2; vgl. auch öst. OGH GRUR Int. 1982, 204 – Ketchup-Flaschen; OGH WBl. 2003, 144 – Schirmbar; *Gamerith* ÖBl. 1998, 115 (122); gute Differenzierungen bei *Freund* S. 139 f.

[597] OLG Köln WRP 1980, 715 – Büffelgras; *Sack* WRP 2001, 327 (346 mit Fn. 211); *Sack* in Amann/Jaspers RWW 3.2 Rn. 678; *Freund* S. 139 f.; öst. OGH WBl. 2003, 144 – Schirmbar.

1980.[598] Die Antragstellerin vertrieb polnischen Büffelgraswodka mit einem Büffelgrashalm, der diesem Wodka ein besonderes Aroma verlieh, und sie warb mit dem Slogan: „Der Wodka mit dem echten Büffel-Grashalm aus den Urwäldern Polens". Die Antragsgegnerin vertrieb russischen Büffelgraswodka, jedoch ohne Grashalm; das dem Büffelgras entzogene Aroma war bereits mit dem Wodka vermischt. Sie warb mit dem Spruch: „Echt russischer Büffelgras-Wodka, bei dem Sie Büffelgras schmecken, ohne es kauen zu müssen". Das OLG Köln untersagte diesen Werbespruch mit einer Begründung, die auch nach der Neuregelung der vergleichenden Werbung noch zutreffend ist. Die ersichtlich ironische Form des Produktvergleichs mache diese Werbung nicht zulässig. Das Stilmittel der Ironie, dem uU sogar eine größere Werbewirkung zukommen könne als unrichtigen, herabsetzenden Sachaussagen, werde hier dazu verwendet, einen charakteristischen Teil der Aufmachung des Produkts in bewusster Verkehrung seiner Zweckbestimmung und damit zugleich das Produkt der Antragstellerin selbst **ins Lächerliche zu ziehen,** um auf diese Weise das eigene Produkt als das empfehlenswertere herauszustellen.

221 Allerdings ist zu berücksichtigen, dass **Werbung auch von Humor und Ironie lebt.**[599] Solange mit ironischen Anklängen nur Aufmerksamkeit und Schmunzeln erzielt werden, ohne dass damit eine Abwertung des Konkurrenzprodukts verbunden ist, liegt keine unlautere Herabsetzung vor.[600] Es **fehlt** dann bereits an einer **Herabsetzung.**[601] Sobald jedoch Humor und Ironie dazu eingesetzt werden, Konkurrenzprodukte abfällig abzuwerten oder lächerlich zu machen, liegt eine unlautere Herabsetzung vor.[602] Außerdem kann vergleichende Werbung mit Humor oder Ironie am Objektivitätserfordernis des § 6 Abs. 2 Nr. 2 scheitern (vgl. → Rn. 161 ff.).[603] Bei der Interessenabwägung ist auch zu berücksichtigen, dass mit dem Stilmittel der Ironie manchmal eine größere Werbewirkung erzielt werden kann, als mit unrichtigen herabsetzenden Sachaussagen.[604] Unlauter herabsetzend ist ein Bildmotiv, das einen Waschbär beim Übersprühen einer farbigen Fläche, die einem bestimmten Telekommunikationsunternehmen allgemein zugerechnet wird, mit einer vom Werbenden benutzten Farbe zeigt.[605]

222 Verunglimpfend und unlauter herabsetzend können auch Hinweise auf **persönliche** Umstände von Mitbewerbern sein, auch wenn sie der Wahrheit entsprechen, zB Hinweise auf Vorstrafen, Krankheiten oder familiäre Probleme, wenn diese ohne Relevanz für den Leistungsvergleich sind.

223 Soweit die Herabsetzung auf der Behauptung oder Verbreitung unwahrer oder nicht erweislich wahrer Tatsachen über einen Mitbewerber, sein Unternehmen oder seine Leistungen beruht, ist auch § 4 Nr. 2 UWG anwendbar (vgl. aber auch → Rn. 261).[606]

---

[598] OLG Köln WRP 1980, 715 – Büffelgras; vgl. auch *Sack* in Amann/Jaspers RWW 3.2 Rn. 678; *Lindacher* FS Brandner, 1996, 399 (411).

[599] BGH GRUR 2019, 631 Rn. 30 – Das beste Netz.

[600] So BGH GRUR 2002, 828 (830) – Lottoschein; GRUR 2002, 72 (74) aE – Preisgegenüberstellung im Schaufenster; GRUR 2002, 982 (984) – Die „Steinzeit" ist vorbei; GRUR 2010, 161 Rn. 17, 25 – Gib mal Zeitung; OLG Frankfurt a. M. GRUR-RR 2005, 137 (138) – Vergleich mit Stachelschwein; OLG Frankfurt a. M. GRUR-RR 2005, 355 (356) – „Na … auch T-Aktionär?"; OLG Frankfurt a. M. WRP 2015, 122 Rn. 20 – Sprayender Waschbär; OLG Hamburg GRUR-RR 2003, 251 (253) – Müsli-Riegel; OLG München GRUR-RR 2003, 189 (190) – Reichweitenzahlen; öst. OGH ÖBl. 2015, 66; vgl. auch *Eck*/Ikas WRP 1999, 251 (269, 270); GroßKommUWG/*Glöckner* § 6 Rn. 534, 553; *Hasselblatt/Leister* in Gloy/Loschelder/Danckwerts § 60 Rn. 75; *Köhler* WRP 2010, 571 (575); *Koos* in Fezer/Büscher/Obergfell § 6 Rn. 33, 253; *Ohly* GRUR 2010, 166; *Ohly*/Sosnitza § 6 Rn. 66; *Tilmann* GRUR 1997, 790 (797); zu humorvollen Werbevergleichen vgl. auch *Freytag* GRUR-Prax 2009, 1 ff.

[601] OLG Frankfurt a. M. GRUR-RR 2005, 355 (356) – „Na … auch T-Aktionär?".

[602] BGH GRUR 2010, 161 Rn. 20 – Gib mal Zeitung; GRUR 2019, 631 Rn. 30 – Das beste Netz; OLG Köln WRP 1980, 715 – Büffelgras; OLG Frankfurt a. M. WRP 2015, 122 Rn. 20 – Sprayender Waschbär; MüKoUWG/*Menke* § 6 Rn. 289; *Römermann/Weimer* BB 2010, 137 (139 f.).

[603] Vgl. *Peifer* WRP 2011, 1 (6).

[604] So zutreffend OLG Köln WRP 1980, 715 – Büffelgras; OLG Jena GRUR-RR 2003, 254 (255); *Sack* Anm. in LM UWG § 2 Nr. 2; bedenklich OLG Hamburg GRUR-RR 2003, 249 – „orgelndes" Auto.

[605] OLG Frankfurt a. M. WRP 2015, 122 Rn. 20 f. – Sprayender Waschbär.

[606] *Sack* WRP 2001, 327 (346).

VI. Imitationswerbung, § 6 Abs. 2 Nr. 6 UWG

Schließlich untersagt § 6 Abs. 2 Nr. 6 UWG vergleichende Werbung, wenn der Vergleich eine Ware oder Dienstleistung **als Imitation oder Nachahmung** einer fremden Ware oder Dienstleistung darstellt, die unter einem geschützten **Kennzeichen** vertrieben wird. § 6 Abs. 2 Nr. 6 UWG entspricht Art. 4 lit. g RL, der als geschützte Kennzeichen allerdings nur geschützte Marken und geschützte Handelsnamen nennt. Diese vielfach als **„Parfumklausel"** bezeichnete Regelung ist erst im Europäischen Parlament auf Drängen Frankreichs zum Schutze seiner Parfumindustrie in die RL aufgenommen worden.[607] 224

1. Der Verbotsadressat. Der Wortlaut dieser Regelung ist mehrdeutig: Untersagt sie dem **Originalanbieter,** ein Konkurrenzprodukt als Imitation oder Nachahmung zu bezeichnen,[608] oder untersagt sie – genau umgekehrt – einem **Nachahmer,** sein Produkt als Nachahmung oder Imitation des Originalprodukts anzupreisen?[609] Aus der Entstehungsgeschichte dieser sog. Parfumklausel und dem mit ihr konkret von Frankreich verfolgten Zweck, eine Handhabe gegen Parfum-Konkordanzlisten zu schaffen,[610] folgt, dass sie den Schutz des Originalanbieters bezweckt und Adressat dieses Verbots der **Nachahmer** ist. Wird hingegen das Produkt eines **Mitbewerbers** als Nachahmung bezeichnet, kann eine unlautere Herabsetzung nach § 6 Abs. 2 Nr. 5 vorliegen.[611] 225

2. Geschützte Kennzeichen. § 6 Abs. 2 Nr. 6 UWG schützt nur gegen Werbehinweise auf die Nachahmung von Waren mit einem geschützten **Kennzeichen,** dh – so Art. 4 lit. g RL – mit einer geschützten **Marke** oder einem geschützten **Handelsnamen (Unternehmenskennzeichen).** Geschützte Marken iSv § 6 Abs. 2 Nr. 6 UWG und Art. 4 lit. g RL sind nicht nur eingetragene Marken iSd MarkenRL und UMV, sondern auch sog. **Benutzungsmarken** (früher „Ausstattungen") iSv § 4 Nr. 2 und **notorisch bekannte Marken** iSv § 4 Nr. 3 MarkenG.[612] Dem steht nicht entgegen, dass das europäische Markenrecht, dh die UMV und die MarkenRL, nur den Schutz **eingetragener** Marken regelt. Denn die MarkenRL eröffnet ausdrücklich die Möglichkeit des nationalen Schutzes nicht eingetragener Marken, nämlich von Benutzungsmarken mit Verkehrsgel- 226

[607] Vgl. *Gamerith* ÖBl. 1998, 115 (123), der zugleich die zu weite Fassung dieser Regelung mit Recht kritisiert; GroßKommUWG/*Glöckner* § 6 Rn. 555, 583; *Koos* in Fezer/Büscher/Obergfell § 6 Rn. 275; MüKoUWG/*Menke* § 6 Rn. 301; *Ohly*/Sosnitza § 6 Rn. 69; *Tilmann* GRUR 1997, 790 (795); zu den Duftvergleichslisten vgl. auch *Lehment* GRUR 2004, 657 ff.; zu den markenrechtlichen Problemen ausführlich *Lema Devesa* GRUR Int. 2009, 118 ff.; zur rechtspolitischen Kritik an Art. 4 lit. g RL 2006/114/EG bzw. an § 6 Abs. 2 Nr. 6, insbesondere auch unter Hinweis auf das US-amerikanische Recht und auf die Informationsökonomie, ausführlich *Dornis/Wein* ZGE 2016, 513 (526 ff.).

[608] So *Gloy/Bruhn* GRUR 1998, 226 (238) (h); *Kotthoff* BB 1998, 2217 (2220).

[609] EuGH Slg. 2009, I-5185 = GRUR 2009, 756 Rn. 75 – L'Oréal/Bellure; Begr. Reg.-Entw. BT-Drs. 14/2959, 12; BGH GRUR 2008, 628 Rn. 22 – Imitationswerbung; *Aigner* S. 163, 166; *Baumbach/Hefermehl* UWG § 2 Rn. 15; *Berlit* BB 2000, 1305 (1308); *Blanken* S. 217; *Dück* GRUR Int. 2016, 216 (224); Eck/*Ikas* WRP 1999, 251 (273); *Freund* S. 158 f.; *Gamerith* ÖBl. 1998, 115 (123); *Jestaedt,* Wettbewerbsrecht, Rn. 796; *Kebbedies* S. 229 f.; *Köhler*/Bornkamm/Feddersen § 6 Rn. 183; *Koos* in Fezer/Büscher/Obergfell § 6 Rn. 277; *Lopez Ramos* in Büscher § 6 Rn. 190; *Müller-Bidinger* in Ullmann jurisPK-UWG § 6 Rn. 217; MüKoUWG/*Menke* § 6 Rn. 303; *Ohly*/Sosnitza § 6 Rn. 69; *Plaß* WRP 1999, 766 (771); *Plaß* NJW 2000, 3161 (3167); *Plaß* in HK-WettbR § 6 Rn. 132; *Sack* WRP 2001, 327 (347); *Saßmann* S. 140; *Somariello* S. 90; *Stier/Schneider* in Götting/Nordemann § 6 Rn. 114; *Wamprechtshamer* ÖBl. 2000, 147 (153); *Wehlau* ZLR 1999, 393 (414); *Ziervogel* S. 139 mit Fn. 428.

[610] Vgl. *Berlit* Rn. 235, 238; *Gamerith* ÖBl. 1998, 115 (123); *Plaß* in HK-WettbR § 6 Rn. 132; *Sack* WRP 2001, 327 (347); *Tilmann* GRUR 1997, 790 (795); *Wamprechtshamer* ÖBl. 2000, 147 (153).

[611] *Köhler*/Bornkamm/Feddersen § 6 Rn. 183.

[612] *Freund* S. 157; GroßKommUWG/*Glöckner* § 6 Rn. 561; *Köhler*/Bornkamm/Feddersen § 6 Rn. 184; *Lopez Ramos* in Büscher § 6 Rn. 193; *Sack* WRP 2001, 327 (347); ebenso wegen der Rspr. des EuGH MüKoUWG/*Menke* § 6 Rn. 306 (unter ausdrücklicher Aufgabe der in Rn. 219 der 1. Aufl. vertretenen Gegenansicht, die er jedoch noch immer für dogmatisch vorzugswürdig hält); aA *Kebbedies* S. 234; *Plaß* NJW 2000, 3161 (3168).

tung und notorisch bekannten Marken; der deutsche Gesetzgeber hat hiervon in § 4 Nr. 2 und 3 MarkenG Gebrauch gemacht. Freilich beschränkt dies wegen der nationalen Unterschiede des Markenschutzes das angebliche Anliegen einer **Voll**harmonisierung des Rechts der vergleichenden Werbung.

227 Mit dem geschützten Kennzeichen, auf das in einem Werbehinweis Bezug genommen wird, muss das im Vergleich genannte Produkt versehen gewesen sein. Danach genügt es bei einem Vergleich von **Zubehör** und **Ersatzteilen** nach § 6 Abs. 2 Nr. 6 UWG nicht, wenn nicht diese, sondern nur die dazugehörende Hauptware unter einem geschützten Kennzeichen vertrieben wird.[613]

228 Abweichend von Art. 4 lit. g RL untersagt § 6 Abs. 2 Nr. 6 UWG, wenn mit der Begr. Reg.-Entw. der Kennzeichenbegriff des § 6 UWG dem des § 1 MarkenG entspricht, nicht nur die Imitationswerbung mit geschützten **Marken** und **Handelsnamen,** sondern zB auch mit **geographischen Herkunftsangaben.** Ein solches Verbot vergleichender Werbung würde jedoch weiter reichen, als es die RL zulässt.[614] Das Gebot richtlinienkonformer Auslegung von § 6 Abs. 2 Nr. 6 UWG rechtfertigt es deshalb, zu den „Kennzeichen" in dieser Vorschrift **nicht geographische Herkunftsangaben** zu rechnen.

229 **3. Darstellung als Imitation oder Nachahmung.** Eine Imitations- oder Nachahmungswerbung liegt vor, wenn in irgendeiner Weise erkennbar gemacht wird, dass das in den Vergleich einbezogene Produkt **als Vorlage** gedient hat.[615] § 6 Abs. 2 Nr. 6 gilt nicht nur für gefälschte Waren, sondern für alle Imitationen und Nachahmungen.[616] Unerheblich für die Anwendung des Verbots des § 6 Abs. 2 Nr. 6 UWG ist, ob die nachgeahmte Ware immaterialgüterrechtlichen oder ergänzenden wettbewerbsrechtlichen Leistungsschutz genießt. Auch nach dem Ablauf immaterialgüterrechtlicher Schutzfristen darf eine an sich nun zulässige **Nachahmung** nach § 6 Abs. 2 Nr. 6 UWG nicht in vergleichender **Werbung** als Nachahmung der Originalware angepriesen werden. Unerheblich ist, ob es sich nach der Werbebotschaft um eine umfassende Imitation der Ware mit geschützter Marke handelt oder nur um die Imitation eines **wesentlichen Merkmals** der Ware, zB bei Parfums des Geruchs.[617] Unerheblich ist auch, ob die angepriesene Ware oder Dienstleistung tatsächlich eine Nachahmung oder Imitation ist.[618] Die Anwendung von § 6 Abs. 2 Nr. 6 erfordert auch weder eine Irreführungs- noch eine Verwechslungsgefahr.[619] Nach Ansicht des EuGH ist der durch unlautere Imitationswerbung erzielte Vorteil das Ergebnis unlauteren Wettbewerbs und daher auch als **unlautere Ausnutzung des Rufs** iSv § 6 Abs. 2 Nr. 4 zu betrachten.[620] Bloße Angebote einer Imitation als solcher ohne eine entsprechende Imitationswerbung erfüllen hingegen den Tatbestand des § 6 Abs. 2 Nr. 6 nicht.[621]

230 **Keine** Anpreisung „als Imitation oder Nachahmung" liegt vor, wenn das angepriesene Produkt, vom selben Hersteller stammt wie das Originalprodukt, jedoch unter einer anderslautenden Handelsmarke vertrieben wird.[622]

[613] *Sack* WRP 2001, 327 (347); *Blanken,* Wettbewerbsrechtliche und immaterialgüterrechtliche Probleme des Zubehör- und Ersatzteilgeschäftes, 2008, S. 207.

[614] *Freund* S. 160 f.; GroßKommUWG/*Glöckner* § 6 Rn. 560; *Lopez Ramos* in Büscher § 6 Rn. 192; *Müller-Bidinger* in Ullmann jurisPK-UWG § 6 Rn. 221; *Ohly*/Sosnitza § 6 Rn. 69; *Plaß* NJW 2000, 3161 (3168); *Sack* WRP 2001, 327 (347).

[615] *Sack* WRP 2001, 327 (347); *Lopez Ramos* in Büscher § 6 Rn. 195.

[616] EuGH Slg. 2009, I-5185 = GRUR 2009, 756 Rn. 73 – L'Oréal/Bellure; *Dornis/Wein* ZGE 2016, 513 (519); *Köhler*/Bornkamm/Feddersen § 6 Rn. 185.

[617] EuGH Slg. 2009, I-5185 = GRUR 2009, 756 Rn. 76 – L'Oréal/Bellure; *Alexander* WRP 2013, 1553 Rn. 23; *Dornis/Wein* ZGE 2016, 513 (519); *Köhler*/Bornkamm/Feddersen § 6 Rn. 185.

[618] *Köhler*/Bornkamm/Feddersen § 6 Rn. 186.

[619] EuGH Slg. 2009, I-5185 = GRUR 2009, 756 Rn. 65, 74 – L'Oréal/Bellure.

[620] EuGH Slg. 2009, I-5185 = GRUR 2009, 756 Rn. 79, 80 – L'Oréal/Bellure.

[621] *Dornis/Wein* ZGE 2016, 513 (519); *Köhler*/Bornkamm/Feddersen § 6 Rn. 55a; *Ohly* GRUR 2010, 487 (491).

[622] *Köhler*/Bornkamm/Feddersen § 6 Rn. 185 aE.

§ 6 Abs. 2 Nr. 6 UWG verbietet nur die sog. **offene Imitationswerbung.**[623] Sie liegt allerdings nach hM nicht nur vor, wenn **explizit** die Bezeichnungen „Imitation" oder „Nachahmung" verwendet werden, sondern auch, wenn in Anbetracht der Gesamtdarstellung und des wirtschaftliches Kontextes im konkreten Anwendungsfall die angebotene Ware oder Dienstleistung in der Werbung **implizit** als Imitation oder Nachahmung **erkennbar** gemacht wird.[624] Eine ausdrückliche Nennung der Konkurrenzmarke sei nicht erforderlich, wenn sich aus den Umständen des Einzelfalles ergibt, auf welches Konkurrenzprodukt sich die Imitationswerbung bezieht.[625] Diese Ansicht bedarf jedoch der Präzisierung und Einschränkung. § 6 Abs. 2 Nr. 6 untersagt nicht ohne Weiteres, das eigene Produkt als **gleichwertig** mit einem anderen Produkt darzustellen.[626] Denn sonst wäre **anlehnende** vergleichende Werbung, soweit sie Markenprodukte betrifft, entgegen dem Liberalisierungszweck der RL nahezu vollständig verboten.[627] Die Werbebehauptung, dass das eigene Produkt mit einem bestimmten Konkurrenzprodukt übereinstimme oder diesem gleichwertig sei, impliziert auch nicht ohne weiteres den Hinweis, dass eine Imitation oder Nachahmung vorliege.[628] Eine offene bzw. deutliche Imitationsbehauptung liegt grundsätzlich nicht schon vor, wenn die Verbraucher für die Feststellung, dass die Werbung eine Imitation anpreise, **andere** Erkenntnisquellen benötigen, die **außerhalb** der Gesamtdarstellung der beanstandeten Werbung, des wirtschaftlichen Kontextes und des präsenten Wissens der angesprochenen Verkehrskreise, die normal informiert und angemessen aufmerksam und verständig sind, liegen,[629] zB eine konkrete Unterrichtung bei der Akquisition oder die Verwendung von Vergleichslisten und Duftvergleichen.[630] Wenn sich die Werbung nicht nur an Endverbraucher richtet, sondern auch an Händler, ist nach Ansicht des BGH zu berücksichtigen, dass diese in der betreffenden Branche ein umfassenderes präsentes Wissen haben. Deshalb sei es möglich, dass Händler eine Gleichwertigkeitsbehauptung als implizite Imitationswerbung verstehen, während sie für Endverbraucher keine Imitationswerbung ist.[631] Richte sich die Werbung an **mehrere** Kundenkreise, genüge es für die Unlauterkeit nach § 6 Abs. 2 Nr. 6, wenn nur gegenüber einem dieser Kundenkreise eine Imitationswerbung vorliege.[632] Im Einzelfall kann auch die **Fortwirkung** früherer Imitationswerbung des Werbenden das präsente Wissen der angesprochenen Verkehrskreise so beeinflussen, dass sie die beanstandete Werbung als Imitationsbehauptung verstehen.[633] Häufig wird es sehr schwierig sein zu entscheiden, ob die Behauptung der 231

---

[623] BGH GRUR 2008, 628 Rn. 10, 23, 26 – Imitationswerbung; BGH GRUR 2010, 343 Rn. 36, 42 – Oracle; BGH GRUR 2011, 152 Rn. 49 – Kinderhochstühle im Internet; BGH GRUR 2011, 1153 Rn. 29, 31, 36, 50 – Creation Lamis; GroßKommUWG/*Glöckner* § 6 Rn. 566.

[624] EuGH Slg. 2009, I-5185 = GRUR 2009, 756 Rn. 75, 80 – L'Oréal/Bellure; BGH GRUR 2008, 628 Rn. 26 – Imitationswerbung; BGH GRUR 2010, 343 Rn. 29 – Oracle; BGH WRP 2010, 761 – Darstellung als Imitation; BGH GRUR 2011, 152 Rn. 49 – Kinderhochstühle im Internet; BGH GRUR 2011, 1153 Rn. 26, 27 – Creation Lamis.

[625] BGH GRUR 2008, 628 Rn. 16 – Imitationswerbung.

[626] Begr. Reg.-Entw. BT-Drs. 14/2959, 12; BGH GRUR 2008, 628 Rn. 23, 25, 26 – Imitationswerbung; BGH GRUR 2010, 343 Rn. 29 – Oracle; BGH GRUR 2011, 152 Rn. 49 – Kinderhochstühle im Internet; BGH GRUR 2015, 1136 Rn. 41 f. – Staubsaugerbeutel im Internet; *Baumbach/Hefermehl* UWG § 2 Rn. 15; *Berlit* BB 2000, 1305 (1308); *Blanken* S. 217; GroßKommUWG/*Glöckner* § 6 Rn. 567; *Köhler*/Bornkamm/Feddersen § 6 Rn. 191; *Lehmler* § 6 Rn. 210, 211; *Lopez Ramos* in Büscher § 6 Rn. 196, 198; *Sack* WRP 2001, 327 (347); *Ziervogel* S. 139; aA *Scherer* WRP 2001, 89 (95); zu weitgehend OLG Hamburg MMR 2005, 326, das § 6 Abs. 2 Nr. 6 auf Parfumwerbung anwendete, in der gesagt wurde, dass das angepriesene Parfum für weniger als die Hälfte des Preises des Markenprodukts erhältlich sei.

[627] Begr. Reg.-Entw. BT-Drs. 14/2959, 12; BGH GRUR 2008, 628 Rn. 23 – Imitationswerbung.

[628] BGH GRUR 2011, 1153 Rn. 27 – Creation Lamis.

[629] BGH GRUR 2011, 1153 Ls. u. Rn. 30, 31, 32, 36 – Creation Lamis; BGH GRUR 2010, 343 Rn. 29 – Oracle; *Alexander* WRP 2013, 1553 Rn. 25; *Köhler* GRUR 2009, 445 (449).

[630] BGH GRUR 2011, 1153 Rn. 30 – Creation Lamis.

[631] BGH GRUR 2010, 343 Rn. 30 ff., 35 – Oracle; BGH GRUR 2011, 1153 Rn. 34 ff. – Creation Lamis.

[632] BGH GRUR 2010, 343 Rn. 35 – Oracle; BGH GRUR 2011, 1153 Rn. 34 ff., 38 – Creation Lamis.

[633] BGH GRUR 2011, 1153 Rn. 15 ff. – Creation Lamis; der BGH hat im konkreten Anwendungsfall eine Fortwirkung verneint.

Gleichwertigkeit zugleich eine nach § 6 Abs. 2 Nr. 6 UWG unzulässige implizite Behauptung der Nachahmung umfasst. Bei **Duftvergleichslisten** in der Parfumwerbung wird man von der Behauptung einer Nachahmung ausgehen müssen.[634]

232 Besondere Probleme bereitet die Ansicht, dass die Behauptung der **Gleichwertigkeit** in vergleichender Werbung implizit eine verbotene Identitäts- oder Nachahmungsbehauptung iSv § 6 Abs. 2 Nr. 6 sein könne, bei der Werbung für Ersatzteile, Zubehör und Verbrauchsmaterialien sowie im Arzneimittelbereich bei der Werbung für Generika. § 6 Abs. 2 Nr. 6 sollte nicht nützliche Sachinformationen unterbinden.[635] § 6 Abs. 2 Nr. 6 beschränkt den Liberalisierungszweck der Regelung der vergleichenden Werbung und den vom EuGH mehrfach hervorgehobenen Auslegungsgrundsatz, dass die Anforderungen an vergleichende Werbung in dem für sie **günstigsten Sinne** ausgelegt werden müssen (→ Rn. 14). Deshalb ist § 6 Abs. 2 Nr. 6 **restriktiv** auszulegen.[636]

233 Vor allem in den oben genannten Fällen der vergleichenden Werbung für **Ersatzteile, Zubehör** und **Verbrauchsmaterialien** bzw. im Arzneimittelbereich für **Generika** lässt sich eine Beschränkung des Anwendungsvbereichs von Art. 4 lit. g RL 2006/114/EG und § 6 Abs. 2 Nr. 6 damit rechtfertigen, dass ein Verbot der **impliziten** Behauptung der Identität oder Nachahmung eines Konkurrenzprodukts mit diesen Vorschriften nicht bezweckt war. Aus dem in → Rn. 232 Gesagten folgt für den Bereich der Werbung für **Ersatzteile, Zubehör** und **Verbrauchsmaterialien,** dass sie, zB durch Hinweise auf **OEM-Nummern,** grundsätzlich als **gleichwertig** mit den entsprechenden Produkten des Herstellers des Hauptprodukts bezeichnet werden dürfen.[637] In den betreffenden Wirtschaftsbereichen ist es ohnehin kaum möglich, zwischen Werbehinweisen darauf, dass Originalprodukte als Vorlage gedient haben, und Hinweisen auf die Gleichwertigkeit der verglichenen Waren zu unterscheiden.[638] Auch im **Arzneimittelbereich** ist es nach dem oben in → Rn. 232 Gesagten innerhalb der Fachkreise zulässig, auf die Gleichwertigkeit oder **Bioäquivalenz** der verglichenen Arzneimittel[639] oder auf die Identität der Wirkstoffe der betreffenden Arzneimittel hinzuweisen.[640] Außerhalb der Fachkreise darf allerdings nach § 11 Abs. 2 HeilmittelwerbeG für Humanarzneimittel nicht mit Angaben geworben werden, die nahe legen, dass die Wirkung eines Arzneimittels einem anderen Arzneimittel oder einer anderen Behandlung entspricht oder überlegen ist.[641]

VII. Vergleichende Werbung mit Ursprungsbezeichnungen, Art. 4 lit. e RL 2006/114/EG

234 Nach Art. 4 lit. e RL 2006/114/EG (früher Art. 3a Abs. 1 lit. f RL 84/450/EWG) gilt vergleichende Werbung als zulässig, wenn sie sich bei **Waren mit Ursprungsbezeichnung** auf Waren mit der gleichen Bezeichnung bezieht. Diese Vorschrift wurde nicht in

---

[634] EuGH Slg. 2009, I-5185 = GRUR 2009, 756 Rn. 76 – L'Oréal/Bellure; *Alexander* WRP 2013, 1553 Rn. 23; *Lehment* GRUR 2004, 657 (659).

[635] BGH GRUR 2008, 628 Rn. 25 – Imitationswerbung; *Blanken* S. 218 f.; MüKoUWG/*Menke* § 6 Rn. 301 aE, 308; *Ohly/Spence* GRUR Int. 1999, 681 (695); *Scherer* WRP 2001, 89 (95).

[636] BGH GRUR 2008, 628 Rn. 25 – Imitationswerbung; BGH GRUR 2015, 1136 Rn. 42 – Staubsaugerbeutel im Internet; *Blanken* S. 218 f.; GroßKommUWG/*Glöckner* § 6 Rn. 585; *Koos* in Fezer/Büscher/Obergfell § 6 Rn. 282; *Lopez Ramos* in Büscher § 6 Rn. 200; MüKoUWG/*Menke* § 6 Rn. 301, 308; *Ziervogel* S. 164.

[637] EuGH Slg. 2001, I-7945 = GRUR 2002, 354 Rn. 39 f., 56 ff., 60 – Toshiba Europe; Begr. Reg.-Entw. BT-Drs. 14/2959, 12; *Blanken,* Wettbewerbsrechtliche und immaterialgüterrechtliche Probleme des Zubehör- und Ersatzteilgeschäftes, 2008, S. 217; *Kotthoff* BB 1998, 2217 (2221); MüKoUWG/*Menke* § 6 Rn. 319; *Scherer* WRP 2001, 89 (94).

[638] *Blanken* S. 217 f.

[639] Vgl. *Koos* in Fezer/Büscher/Obergfell § 6 Rn. 282; MüKoUWG/*Menke* § 6 Rn. 317, 318 aE; *Ohly*/Sosnitza § 6 Rn. 70; *Ohly/Spence* GRUR Int. 1999, 681 (685); *Sack* WRP 2001, 327 (347); vgl. auch *Gamerith* ÖBl. 1998, 115 (123).

[640] AA *Ohly*/Sosnitza § 6 Rn. 71.

[641] Zur Vereinbarkeit des § 11 Abs. 2 HWG mit der RL 2006/114/EG vgl. → Rn. 284; vgl. außerdem MüKoUWG/*Menke* § 6 Rn. 330; *Ohly*/Sosnitza § 6 Rn. 12.

deutsches Recht umgesetzt, weil – so die Begründung zum Regierungsentwurf[642] – die Kommission, der Juristische Dienst des Rates und die Mehrheit der Mitgliedstaaten bei der Verabschiedung des Gemeinsamen Standpunkts im Rat die Auffassung vertreten haben, dass diese Vorschrift nicht über die Regelung des Art. 13 VO (EWG) Nr. 2081/92 des Rates vom 14.7.1992 zum Schutz von geographischen Angaben und Ursprungsbezeichnungen für Agrarerzeugnisse und Lebensmittel (jetzt VO 1151/2012/EU) hinausgehe.[643] Art. 13 dieser VO sei ohnehin bereits unmittelbar geltendes Gemeinschaftsrecht. Deswegen habe Deutschland zusammen mit Dänemark, Finnland, den Niederlanden, Österreich und Schweden zur Klarstellung eine Protokollerklärung des Inhalts abgegeben, dass Buchstabe f von Art. 3a Abs. 1 RL 84/450/EWG neben dem bereits geltenden EG-Recht keine eigenständige Bedeutung habe.[644]

Diese Deutung von Art. 13 der VO 2081/92/EWG war nicht haltbar, da der Anwendungsbereich dieser Vorschrift wesentlich enger war als der des Art. 3a Abs. 1 lit. f RL 84/450/EWG.[645] Denn der sachliche Anwendungsbereich dieser VO war auf **Agrarerzeugnisse** und **bestimmte Lebensmittel** beschränkt, während Art. 3a Abs. 1 lit. f RL 84/450/EWG alle Arten von Waren erfasste. Diese Verordnung galt zB nach Art. 1 Abs. 1 nicht für Weinbauerzeugnisse und alkoholische Getränke mit Ausnahme von Bier.[646] Allerdings sind die Ursprungsbezeichnungen dieser Alkoholika in gewissem Umfang durch Art. 108m der VO 1234/2007 für Weinbauerzeugnisse und Art. 16 der VO 110/2008/EG geschützt.[647] Außerdem schützte Art. 13 VO 2081/92/EWG grundsätzlich nur **eingetragene** Ursprungsbezeichnungen, während Art. 3a Abs. 1 lit. f RL 84/450/EWG keine solche Einschränkung kannte.[648] Auch schützte Art. 13 VO 2081/92/EWG im Gegensatz zu Art. 3a Abs. 1 lit. f RL 84/450/EWG nur dann gegen die unbefugte Benutzung von Ursprungsbezeichnungen, wenn eine Irreführungs-, Ausbeutungs- oder Beeinträchtigungsgefahr bestand. Ferner erforderte Art. 13 VO eine ausdrückliche Bezugnahme auf die betreffende Ursprungsbezeichnung, während nach Art. 3a Abs. 1 lit. f RL 84/450/EWG die Bezugnahme auf eine Ware mit Ursprungsbezeichnung genügte; die Bezugnahme auf eine Ware mit Ursprungsbezeichnung konnte auch **ohne Benennung** der Ursprungsbezeichnung erfolgen.[649] **Dasselbe** gilt jetzt für das Verhältnis von Art. 4 lit. e RL 2006/114/EG zu Art. 13 VO 1151/2012/EU über Qualitätsregelungen für Agrarerzeugnisse und Lebensmittel. Der Begriff „Ursprungsbezeichnung" in Art. 4 lit. e RL 2006/114/EG hat dieselbe Bedeutung wie die der Legaldefinition des Art. 5 Abs. 2 VO 1151/2012/EU über Qualitätsregelungen für Agrarerzeugnisse und Lebensmittel.[650] 235

Damit reicht Art. 4 lit. e RL 2006/114/EG (früher Art. 3a Abs. 1 lit. f RL 84/450/EWG) erheblich über Art. 13 VO 510/2006/EG (früher VO 2081/92/EWG) hinaus. Die Regelung des Art. 3a Abs. 1 RL 84/450/EWG idF durch die RL 2005/29/EG ist nicht gemäß Art. 19 dieser RL ab dem 12.12.2007 unmittelbar anwendbar; denn die „kodifizierte" Fassung dieser Regelungen durch die RL 2006/114/EG als lex posterior enthält keine Vorschrift mehr, die eine automatische Geltung der RL ab dem 12.12.2007 vorsieht, wie sie noch Art. 19 für die gesamte RL 2005/29/EG, dh auch für ihre Regelungen der vergleichenden Werbung, vorgesehen hatte. Das **Umsetzungsdefizit** muss deshalb durch die Anwendung der **§§ 126 ff. MarkenG** und vor allem der Generalklausel des **§ 3 UWG** 236

---

642 Begr. Reg.-Entw. BT-Drs. 14/2959, 8.

643 ABl. 1992 L 208, S. 1 ff. = GRUR Int. 1992, 750 ff.

644 Vgl. Begr. Reg.-Entw. BT-Drs. 14/2959, 8.

645 *Sack* WRP 2001, 327 (347); *Sack* WRP 2008, 301 (303); *Sack* GRUR 2015, 130 (134).

646 Vgl. *Sack* WRP 2001, 327 (332, 347); *Aigner* S. 146.

647 Vgl. dazu GroßKommUWG/*Glöckner* § 6 Rn. 321.

648 AA GroßKommUWG/*Glöckner* § 6 Rn. 317 f., 322 mit der Begründung, dass Art. 4 RL 2006/114/EG nur „geschützte" Ursprungsbezeichnungen erfasse.

649 Vgl. *Sack* WRP 2001, 327 (347); *Sack* WRP 2008, 301 (303) (III.1.d); ebenso GroßKommUWG/*Glöckner* § 6 Rn. 323 f., der jedenfalls insoweit ein Umsetzungsdefizit bejaht.

650 Vgl. *Sack* WRP 2001, 327 (347); *Sack* WRP 2008, 301 (302 mwN).

ausgeglichen werden.[651] Dieses Ziel ist nicht zu erreichen mit einer RL-konformen Auslegung von § 6 Abs. 2 Nr. 1 [652] oder mit einer RL-konformen Reduktion des Kennzeichenbegriffs.[653] In Bezug auf Vergleiche von Waren mit Ursprungsbezeichnung und Waren ohne Ursprungsbezeichnung hat der EuGH allerdings in seiner Entscheidung „De Landtsheer Emmanuel“ festgestellt, dass ein Verbot nicht gerechtfertigt und ohne berechtigte Grundlage in Art. 3a Abs. 1 lit.f der RL 84/450/EWG (jetzt Art. 4 lit.e RL 2006/114/EG) sei, wenn alle übrigen Zulässigkeitsvoraussetzungen für vergleichende Werbung eingehalten seien.[654] Konsequenterweise müsste man bei Vergleichen von Waren, die beide Ursprungsbezeichnungen aufweisen, die identisch oder auch unterschiedlich sind, zum selben Ergebnis gelangen.[655] Dazu hat der EuGH keine Feststellungen getroffen.

E. Das Erfordernis der Spürbarkeit

237 Unlautere vergleichende Werbung iSv § 6 Abs. 2 war **vor** der UWG-Novelle von 2015 nach § 3 Abs. 1 nur dann **unzulässig,** wenn sie geeignet war, die Interessen von Mitbewerbern, Verbrauchern oder sonstigen Marktteilnehmern **spürbar** zu beeinträchtigen. Dieses Spürbarkeitserfordernis stand im Widerspruch zu Art. 4 RL 2006/114/EG,[656] wenn man der hM folgt, dass diese Vorschrift nicht nur einen Zulässigkeitskatalog, sondern über ihren Wortlaut hinaus auch einen Verbotskatalog enthält (ausführlich dazu → Rn. 18 ff.). Die hM hat jedoch das Spürbarkeitserfordernis damit zu rechtfertigen versucht, dass es durch den europarechtlichen Grundsatz der Verhältnismäßigkeit, durch Art. 5 Abs. 1 S. 2 RL 2006/114/EG, durch Art. Art. 5 Abs. 2 lit. b UGP-RL 2005/29/EG sowie durch den Erwägungsgrund Nr. 9 S. 1 der RL 2006/114/EG gerechtfertigt sei.[657]

238 Durch die UWG-Novelle von 2015 wurde das Spürbarkeitserfordernis ua für § 6 abgeschafft. Vergleichende Werbung, die gegen Unlauterkeitstatbestände des § 6 Abs. 2 verstößt, ist nach der Neuregelung des § 3 Abs. 1 **ohne Weiteres unzulässig.**[658] Dadurch erledigt sich jedoch nicht die Diskussion darüber, ob unlautere vergleichende Werbung nur bei Spürbarkeit unzulässig ist. Denn ein Teil der Argumente, mit denen das Spürbarkeitserfordernis vor der UWG-Novelle von 2015 gerechtfertigt worden ist, würde es – wenn sie zuträfen – auch nach dieser UWG-Novelle rechtfertigen, unlautere vergleichende Werbung nur bei Spürbarkeit für unzulässig zu erklären.

239 Das Erfordernis der Spürbarkeit für die Unzulässigkeit unlauterer vergleichender Werbung wurde vor allem mit dem **europarechtlichen Grundsatz der Verhältnismäßigkeit** gerechtfertigt.[659] Gegen diese Ansicht spricht jedoch, dass der europarechtliche Grundsatz der Verhältnismäßigkeit bereits bei **Erlass** europäischer Rechtsakte von den zuständi-

651 *Sack* WRP 2001, 327 (348); *Sack* WRP 2008, 301 (305); aA *Lopez Ramos* in Büscher § 6 Rn. 23; *Plaß* NJW 2000, 3161 (3169).

652 So jedoch *Lopez Ramos* in Büscher § 6 Rn. 23; *Ohly*/Sosnitza UWG § 6 Rn. 11, 45.

653 So jedoch *Koos* in Fezer/Büscher/Obergfell UWG § 6 Rn. 206; *Menke* in MüKoUWG § 6 Rn. 235.

654 EuGH Slg. 2007, I-3115 = GRUR 2007, 511 Rn. 70 – De Landtsheer Emmanuel; kritisch dazu GroßKommUWG/*Glöckner* § 6 Rn. 333, 337; *Sack* WRP 2008, 301 (304); *Sack* GRUR 2015, 130 (134).

655 Kritisch dazu jedoch GroßKommUWG/*Glöckner* § 6 Rn. 334 ff.

656 *Alexander* WRP 2014, 1384 Rn. 65; *Fritzsche* WRP 2014, 1392 Rn. 60; *Sack* GRUR 2015, 130 (132); ebenso die Vorauflage → § 6 Rn. 238 f.

657 Gegen diese Argumente ausführlich *Sack* GRUR 2015, 130 (131 f.).

658 Begr. Reg.-Entw. zur UWG-Novelle 2016, BT-Drs. 18/4535, 16 (zu Nr. 7, Änderung des § 6 Abs. 2); ebenso Glöckner → Einl. Rn. 235; kritisch zum Wegfall des Spürbarkeitserfordernisses *Ohly* GRUR 2014, 1137 (1144); *HDE* WRP 2014, 1430 Rn. 9 f.

659 *Dilly/Ulmar* WRP 2005, 467 (468 Fn. 12); *Köhler* GRUR 2005, 1 (7) mit Fn. 69; (ebenso im Ergebnis *Köhler*/Bornkamm/Feddersen § 6 Rn. 21, jedoch mit anderer Begründung); *Koos* WRP 2005, 1096 (1101); *Koos* in Fezer/Büscher/Obergfell § 6 Rn. 13, 37, 320 aE; *Lettl* GRUR 2007, 936 (943); *Müller-Bidinger* in Ullmann jurisPK-UWG § 6 Rn. 36; *Peifer* WRP 2011, 1 (6) (unter d); *Stier/Schneider* in Götting/Nordemann § 6 Rn. 55; aA GroßKommUWG/*Glöckner* § 6 Rn. 593; *Ohly* GRUR 2004, 889 (895 f.); *Ohly*/Sosnitza § 6 Rn. 40; *Sack* WRP 2004, 30 (31); *Sack* GRUR 2015, 130 (131) (I.2.).

gen **europäischen Organen** zu berücksichtigen ist.[660] Es besteht kein berechtigter Grund für die Annahme, dass dieser Grundsatz bei Erlass der RL 97/55/EG und erneut in der RL 2006/114/EG verletzt worden ist.[661] Die RL 2006/114/EG ist eine kodifizierte Fassung der ua bereits in Art. 14 der U/GP-RL 2005/29/EG geregelten vergleichenden Werbung. Die UGP-RL hat in anderen Regelungen sehr genau zwischen Unlauterkeitstatbeständen mit und ohne Erheblichkeits- bzw. Relevanzklauseln unterschieden. Selbst bei den Unlauterkeitstatbeständen mit Erheblichkeitsklauseln hat der europäische Gesetzgeber noch hinsichtlich der Anforderungen an die Erheblichkeit unterschieden.[662] Ein Verbot vergleichender Werbung, die die Zulässigkeitsvoraussetzungen des Art. 4 RL 2006/114/EG nicht erfüllt, hält sich auch ohne eine Einschränkung durch ein Spürbarkeits- oder Erheblichkeitserfordernis noch in den Grenzen des europäischen Verhältnismäßigkeitsgrundsatzes.[663]

240 Selbst der vor der RL 97/55/EG in Deutschland geltende Grundsatz der Unzulässigkeit vergleichender Werbung wurde nicht wegen Unverhältnismäßigkeit, sondern **aus wettbewerbspolitischen Gründen kritisiert.**

241 Auch die Unlauterkeit und Unzulässigkeit vergleichender Werbung nach § 2 UWG aF, der insoweit die RL 97/55/EG in deutsches Recht umgesetzt hat, erforderte vor der UWG-Novelle von 2004 keine Spürbarkeit oder Erheblichkeit der betreffenden Werbevergleiche. Nur die **Klagebefugnis** nach § 13 Abs. 2 Nr. 1–3 UWG aF war auf „wesentliche" Beeinträchtigungen des Wettbewerbs bzw. der Verbraucherbelange beschränkt. Keine Wesentlichkeits- oder Erheblichkeitsschwelle gab es hingegen vor 2004 für UWG-Ansprüche der unmittelbar Verletzten[664] sowie der Industrie- und Handelskammern und der Handwerkskammern nach § 13 Abs. 2 Nr. 4 des damaligen UWG. Dies wurde soweit ersichtlich nicht als Verstoß gegen den Grundsatz der Verhältnismäßigkeit beanstandet. Die Vorschrift des § 2 UWG aF sollte durch den jetzigen § 6 **inhaltsgleich** fortgeführt werden.[665]

242 Die Beschränkung der Reichweite der Verletzungstatbestände des § 6 Abs. 2 durch ein Spürbarkeitserfordernis wird auch damit gerechtfertigt, dass eine Anwendung dieser Verletzungstatbestände auf wettbewerblich unerhebliche Verletzungen gegen die durch Art. 11 GR-Charta und Art. 10 EMRK geschützte **Meinungsfreiheit** verstoße.[666] Gegen diese Ansicht spricht, dass – ebenso wie beim oben schon erörterten europarechtlichen Grundsatz der Verhältnismäßigkeit – die europarechtlich geschützte Meinungsfreiheit bereits vom europäischen Gesetzgeber zu berücksichtigen war. Es besteht kein Grund für die Annahme, dass er das Grundrecht der Meinungsfreiheit bei Art. 4 RL 2006/114/EG übersehen oder missachtet hat, die eine kodifizierte Fassung ua der bereits in Art. 14 der UGP-RL 2005/29/EG geregelten vergleichenden Werbung darstellt. Die RL hat in den anderen Regelungen sehr genau zwischen Unlauterkeitstatbeständen mit und ohne Erheblichkeits- bzw. Relevanzklauseln unterschieden. Gegen eine Verletzung des europarechtlichen Grundrechts der Meinungsfreiheit spricht, dass dieses umso geringer wiegt, je mehr mit einer Meinungsäußerung eigennützige Geschäftsinteressen wirtschaftlicher Art verfolgt werden. Vergleichende Werbung dient vor allem den wirtschaftlichen Interessen des Werbenden.

243 Die Anwendung einer Spürbarkeits- bzw. Erheblichkeitsklausel auf alle Unlauterkeitstatbestände des § 6 Abs. 2 wurde auch mit Art. 5 Abs. 1 S. 2 RL 2006/114/EG (früher Art. 4 Abs. 1 S. 2 RL 97/55/EG) gerechtfertigt.[667] Nach dieser Vorschrift haben die Mitgliedstaaten den Personen oder Organisationen, die nach dem nationalen Recht ein

---

660 *Sack* GRUR 2015, 130 (131).
661 *Sack* GRUR 2015, 130 (131).
662 Vgl. dazu *Sack* WRP 2015, 663 ff.
663 *Sack* GRUR 2015, 130 (131).
664 BGH WRP 1998, 973 (974 f.) – Fotovergrößerungen; BGH WRP 1999, 512 (516) – Aktivierungskosten; *Sack* BB 1995, 1 (2).
665 Begr. Reg.-Entw. zur UWG-Novelle 2004, BT-Drs. 15/1487, 20; BGH GRUR 2005, 172 (174) – Stresstest; einhellige Meinung im Schrifttum.
666 GroßKommUWG/*Glöckner* § 6 Rn. 600.
667 *Köhler* GRUR 2005, 1 (7) Fn. 69.

„berechtigtes Interesse" an der Regelung vergleichender Werbung haben, **geeignete und wirksame Mittel** dafür zur Verfügung zu stellen. Dem ist entgegenzuhalten, dass diese Vorschrift nur den Zweck hat, eine wirksame Durchsetzung der Vorschriften der RL 2006/114/EG zu sichern. Wortlaut und Zweck dieser Vorschrift sind jedoch nicht geeignet, die Ausgangsnorm des S. 1 von Art. 5 Abs. 1 zu beschränken, wonach die Mitgliedstaaten die Einhaltung der Vorschriften über vergleichende Werbung **gewährleisten** müssen.[668]

244 Schließlich wird auch noch auf den Erwägungsgrund Nr. 9 S. 1 der RL 2006/114/EG verwiesen, um ein Spürbarkeitserfordernis gemeinschaftsrechtlich zu rechtfertigen. Nach diesem Erwägungsgrund sollen durch die RL 2006/114/EG „Bedingungen für zulässige vergleichende Werbung vorgesehen werden, …, mit denen festgelegt wird, welche Praktiken der vergleichenden Werbung den Wettbewerb verzerren, die Mitbewerber schädigen und die Entscheidung der Verbraucher negativ beeinflussen können". Daraus glaubt man ableiten zu können, dass vergleichende Werbung, die die Zulässigkeitsbedingungen des Art. 4 RL 2006/114/EG nicht erfüllt, nur dann unlauter und unzulässig sei, wenn sie die Mitbewerber schädigen oder die Entscheidung der Verbraucher negativ beeinflussen könne. Danach ergäbe sich das Spürbarkeitserfordernis unmittelbar aus Art. 4 RL 2006/114/EG. Dementsprechend sei § 6 Abs. 2 richtlinienkonform auszulegen.[669] Gegen diese Ansicht spricht jedoch, dass Art. 4 nur die Voraussetzungen der **Zulässigkeit** vergleichender Werbung regelt, so dass auch Erwägungsgrund Nr. 9 nur insoweit eine Aussage trifft. Erst aus dem (angeblichen) **Vollharmonisierungszweck** des Art. 4 wird gefolgert, dass vergleichende Werbung, die die Zulässigkeitsvoraussetzungen dieser Vorschrift nicht erfüllt, **unlauter und unzulässig** sei. Für diesen Umkehrschluss trifft der Erwägungsgrund Nr. 9 jedoch keine Aussage. Auch hat die in diesem Erwägungsgrund genannte Erwägung im Wortlaut von Art. 4 oder in anderen für die Auslegung dieser Vorschrift relevanten Regelungen der RL 2006/114/EG keinen Niederschlag gefunden.

245 Von der zu verneinenden Frage, ob **alle** Verstöße gegen Tatbestände des § 6 Abs. 2 nur bei Spürbarkeit unlauter und unzulässig sind, muss die zu bejahende Frage unterschieden werden, ob Verstöße gegen **einzelne** Tatbestände des § 6 Abs. 2 nur bei Spürbarkeit bzw. Erheblichkeit unlauter und unzulässig sind. Dies trifft für § 6 Abs. 2 Nr. 4 u. 5 zu.[670] Mit der Realität in Widerspruch stünde hingegen die Unterstellung, **jeder** nach § 6 Abs. 2 unlautere Werbevergleich überschreite die Spürbarkeits- bzw. Erheblichkeitsschwelle.[671]

246 Nach § 6 Abs. 2 Nr. 4 ist es unlauter, das von einem Mitbewerber verwendete Kennzeichen in vergleichender Werbung **in unlauterer Weise** auszunutzen oder zu beeinträchtigen. Die Unlauterkeit ist mit Hilfe einer **Interessenabwägung** festzustellen (→ Rn. 193, 204). Dabei ist zu berücksichtigen, dass der Nutzen des betreffenden Werbevergleichs für die Abnehmer nicht außer Verhältnis für den betroffenen Mitbewerber des Werbenden stehen darf.[672]

247 Für die Unlauterkeit nach § 6 Abs. 2 Nr. 5 genügt nach dem Wortlaut dieser Vorschrift die Herabsetzung oder Verunglimpfung. Man ist sich jedoch mit Recht einig, dass nicht jede Herabsetzung oder Verunglimpfung ohne Weiteres unlauter ist. Es müssen besondere Umstände hinzukommen, die die **Unlauterkeit** begründen. Diese ist durch eine **Interessenabwägung** festzustellen (→ Rn. 209, 213). Dabei ist auch die Spürbarkeit bzw. Erheblichkeit der Herabsetzung oder Verunglimpfung für den betroffenen Mitbewerber zu berücksichtigen.[673]

---

[668] Vgl. GroßKommUWG/*Glöckner* § 6 Rn. 590.

[669] *Köhler*/Bornkamm/Feddersen § 6 Rn. 21; *Köhler* WRP 2014, 259 Rn. 57 f.; *Ohly*/Sosnitza § 6 Rn. 40; vgl. auch *Ohly* GRUR 2014, 1137 (1144).

[670] Vgl. GroßKommUWG/*Glöckner* § 6 Rn. 588 f.; *Ohly*/Sosnitza § 6 Rn. 40; *Sack* GRUR 2015, 130 (132) (I.5.).

[671] Gegen diesen Kunstgriff *Sack* WRP 2004, 30 (31).

[672] *Ohly*/Sosnitza § 6 Rn. 40; *Ohly* GRUR 2007, 3 (9).

[673] *Ohly*/Sosnitza § 6 Rn. 40; ähnlich *Koos* WRP 2005, 1096 (1099).

Verbraucherbezogene vergleichende Werbung, die eine Irreführungs- oder Verwechslungsgefahr begründet, ist nach Art. 6 Abs. 1 und Art. 6 Abs. 2 lit. a RL 2005/29/EG nur unlauter, wenn sie geeignet ist, einen Durchschnittsverbraucher spürbar zu einer geschäftlichen Entscheidung zu veranlassen, die er ansonsten nicht getroffen hätte. Auf diese Regelungen verweist Art. 4 lit. a RL 2006/ 114/EG.[674] Der hier zu erörternde § 6 Abs. 2 ist insoweit nicht einschlägig. 248

Vorschlag **de lege ferenda:** Es sollte auf europäischer Ebene geprüft werden, ob es nicht angebracht wäre, in der RL 2006/114/EG die Unzulässigkeit **aller** Fälle der Unlauterkeit vergleichender Werbung von einer gewissen Spürbarkeit oder Erheblichkeit abhängig zu machen. 249

F. Beweislast

Grundsätzlich gelten die **allgemeinen Beweislastregeln.** Danach trägt der Kläger gundsätzlich die Beweislast dafür, dass es sich bei der beanstandeten Werbung um vergleichende Werbung iSv § 6 Abs. 1 handelt und dass die Voraussetzungen eines Verbotstatbestandes des § 6 Abs. 2 erfüllt sind.[675] Durch die RL 97/55/EG wurde die Beweislastregel des Art. 6 der RL 84/450/EWG jedoch um eine Spezialregelung für vergleichende Werbung erweitert,[676] jetzt Art. 7 RL 2006/114/EG. Nach Art. 7 lit. a RL 2006/114/EG dürfen Gerichte und Verwaltungsbehörden nunmehr „... vom Werbenden Beweise für die Richtigkeit von in der Werbung enthaltenen Tatsachenbehauptungen verlangen, wenn ein solches Verlangen unter Berücksichtigung der berechtigten Interessen des Werbenden und anderer Verfahrensbeteiligter im Hinblick auf die Umstände des Einzelfalls angemessen erscheint, und bei **vergleichender Werbung** vom Werbenden zu verlangen, die entsprechenden Beweise kurzfristig vorzulegen...". 250

Aus dem Vergleich der **allgemeinen** Beweislastregel und der **Sonderregel** für vergleichende Werbung in Art. 7 lit. a RL folgt, dass den **Werbenden** bei vergleichender Werbung **die Beweislast für die Richtigkeit der in der Werbung enthaltenen Tatsachenbehauptungen** auferlegt werden kann, während in allen anderen Fällen irreführender Werbung von den Mitgliedstaaten die Beweislast des Werbenden dahingehend **eingeschränkt** werden darf, dass sie nur besteht, wenn eine Interessenabwägung die Beweislast des Werbenden **angemessen** erscheinen lässt.[677] Auf Bedenken stößt die Ansicht,[678] dass die Beweislastregelung des Art. 6 lit. a RL (jetzt Art. 7) nichts an der üblichen Beweislastverteilung ändere, so dass eine gesetzliche Umsetzung dieser Vorschrift in deutsches Recht nicht erforderlich erschien.[679] 251

G. Klagebefugnis bei vergleichender Werbung

Nach dem Wortlaut von Art. 8 Abs. 3 UWG sind Mitbewerber und bestimmte Verbände bei allen Zuwiderhandlungen gegen § 3 UWG klagebefugt. Verstöße gegen § 6 UWG sind unlauter und nach § 3 UWG unzulässig. Problematisch ist, ob eine Ein- 252

---

[674] Vgl. EuGH Slg. 2003, I-3095 = GRUR 2003, 533 Rn. 53 – Pippig.

[675] Vgl. BGH GRUR 2007, 605 Rn. 33 – Umsatzzuwachs, mit Hinweisen zur sekundären Darlegungslast in Rn. 34, 35.

[676] Vgl. dazu *Freund* S. 166 ff.; *Gamerith* ÖBl. 1998, 115 (124).

[677] ö Öst. OGH WBl. 2002, 584 (585) – Emmi Vollmilch = GRUR Int. 2004, 255 (257) – Länger frische Vollmilch; öst. OGH WBl. 2004, 592 (593) – Nr. 1-Preise.

[678] Vgl. Begr. Reg.-Entw. BT-Drs. 14/2959, 9 Nr. 7; Gegenäußerung der Bundesregierung BT-Drs. 14/3433, 10; OLG Hamburg GRUR-RR 2002, 362 (363) – Beweislast; OLG Jena GRUR-RR 2006, 291 (292) – Stromanbieterwechsel; MüKoUWG/*Menke* § 6 Rn. 323, 324; zutreffend dagegen die Stellungnahme des Bundesrats BT-Drs. 14/3433, 5.

[679] Vgl. jedoch Begr. Reg.-Entw. BT-Drs. 14/2959, 9 (7.).

schränkung der Klagebefugnis geboten ist, wenn die Unlauterkeit auf der Verletzung von **Individualinteressen** beruht, wie sie auch einige Regelungen des § 6 UWG schützen. Der BGH hat Mitbewerbern sowie branchengleichen Gewerbetreibenden iSv § 13 Abs. 2 Nr. 1 UWG aF seit 1988 die Klagebefugnis versagt, wenn die verletzte Verhaltensnorm nur den Individualschutz **anderer** Personen bezweckt; so verneinte der BGH zB beim ergänzenden Leistungsschutz die Klagebefugnis eines Mitbewerbers, wenn nicht dessen Leistungen, sondern die eines anderen nachgeahmt worden waren.[680] Nach dieser Ansicht besteht bei Verstößen gegen § 6 Abs. 2 Nr. 4–6 UWG keine Klagebefugnis von **Verbänden** oder von Mitbewerbern, deren Interessen durch diese Art vergleichender Werbung nicht verletzt worden sind.[681] Diese **Einschränkung der Klagebefugnis** ist jedoch **abzulehnen.** Denn der unlauter Handelnde verletzt auch in diesen Fällen idR nicht nur Individualinteressen, sondern kann sich dadurch zugleich einen ungerechtfertigten **Wettbewerbsvorsprung** vor anderen Mitbewerbern verschaffen, Kundenentscheidungen negativ beeinflussen und den Wettbewerb verfälschen.[682] Deshalb ist es gerechtfertigt, auch bei Verstößen gegen § 6 Abs. 2 Nr. 4–6 UWG **allen** nach § 8 Abs. 3 UWG klagebefugten Mitbewerbern und Verbänden Ansprüche einzuräumen.[683] Auch bei Verstößen gegen § 6 Abs. 2 Nr. 3 und § 5 Abs. 2 durch vergleichende Werbung, die durch den Hinweis auf Kennzeichen eines Mitbewerbers eine **Verwechslungsgefahr** begründet, sind neben dem betroffenen Zeicheninhaber auch weitere Mitbewerber sowie die klagebefugten Verbände nach § 8 Abs. 3 klagebefugt.[684] Höchst umstritten ist, ob über die Regelung des § 8 Abs. 3 hinaus auch sonstige **unmittelbar Verletzte,** insbesondere auch Verbraucher und sonstige Endabnehmer, Ansprüche aus dem UWG haben oder ob § 823 Abs. 1 BGB unter dem Gesichtspunkt eines Eingriffs in das Recht am Gewerbebetrieb[685] oder einer Persönlichkeitsverletzung[686] herangezogen werden kann. Die Richtlinie (EU) 2019/2161 (ABl. 2019 Nr. L 328/7), die bis zum 28.11.2021 in innerstaatliches Recht umzusetzen ist, sieht nun im neuen Art. 119 UGP-RL Schadensersatzansprüche von Verbrauchern vor. Eine entsprechende Regelung enthält Art. 9 Abs. 2 des Ref.-Entw. zum UWG.

---

[680] BGH GRUR 1988, 620 (621) – Vespa-Roller; ebenso BGH GRUR 1991, 223 (225) – Finnischer Schmuck; GRUR 1994, 630 (634) – Cartier-Armreif; GRUR 1999, 325 (326) (IV. 1.) – Elektronische Pressearchive; GRUR 2004, 941 (943) (III.) – Metallbett; GRUR 2005, 519 (520) (IV.2.b) – Vitamin-Zell-Komplex; OLG Köln GRUR 1983, 133 f. – Schallplatten; OLG Hamm GRUR 1984, 539 f. – Videokassetten; *Bornkamm* GRUR 1996, 527 (529); *Ullmann* FS v. Gamm, 1990, 315 (322); aA im Ergebnis noch BGH GRUR 1985, 445 (446 f.) – Amazonas („Farbtonserie"); BGH GRUR 1985, 550 (553) – Dimple.

[681] *Lehmler* § 6 Rn. 99; *Ohly*/Sosnitza § 6 Rn. 73.

[682] EuGH GRUR 2009, 756 Rn. 68 – L'Oréal Bellure; BGH GRUR 2011, 1153 Rn. 51 – Creation Lamis; *Lopez Ramos* in Büscher § 6 Rn. 191, 206; *Müller-Bidinger* in Ullmann jurisPK-UWG § 6 Rn. 246; ähnlich schon *Sack* WRP 2001, 327 (348); *Freund* S. 165; aA *Beater* S. 576 Rn. 1560, der annimmt, das Hervorrufen von Verwechslungsgefahren, das Ausnutzen oder die Beeinträchtigung des Rufs eines Kennzeichens oder die Herabsetzung oder Verunglimpfung von Konkurrenten verletze allein Individualinteressen des betreffenden Mitbewerbers.

[683] BGH GRUR 2011, 1153 Rn. 51 – Creation Lamis; *Sack* WRP 2001, 327 (348); *Bärenfänger* WRP 2011, 160 (166); *Köhler*/Bornkamm/Feddersen § 6 Rn. 194; *Koos* in Fezer/Büscher/Obergfell § 6 Rn. 319; *Müller-Bidinger* in Ullmann jurisPK-UWG § 6 Rn. 246; aA *Beater* S. 576 Rn. 1560; *Ohly*/Sosnitza § 6 Rn. 73.

[684] Vgl. öst. OGH 2011, 173 (175) – Jungle Man; *Bornkamm* FS Loschelder, 2010, 31 (36, 44 f.); *Loschelder* GRUR 2011, 1 aE.

[685] BGH GRUR 2009, 980 – E-Mail-Werbung I; GRUR 2013, 1259 – Empfehlungs-E-Mail; WRP 2017, 700 – Einwilligung in E-Mail-Werbung; GRUR 2017, 748 Rn. 14 – Robinson-Liste; ausführlich zu dieser Anspruchsgrundlage *Sack* GRUR 2011, 953 ff.; *Sack* WRP 2001, 327 (349).

[686] BGH GRUR 2016, 870 – No-reply-E-Mails; WRP 2017, 806 www.klinikbewertungen.de; WRP 2017, 1085 Rn. 36 – Wettbewerbsbezug (betr. Unternehmenspersönlichkeitsrecht); WRP 2018, 1335 – Kundenzufriedenheitsbefragung.

H. Konkurrenzen

I. Das Verhältnis von § 6 zur Generalklausel des § 3 UWG

Der Kriterienkatalog von Art. 4 RL 2006/114/EG ist durch § 6 und § 5 Abs. 3 UWG weitgehend in deutsches Recht umgesetzt worden. Es fehlt nur die sog. Champagner-Klausel des Art. 4 lit. e RL 2006/114/EG. Wegen des Gebots der richtlinienkonformen Auslegung darf vergleichende Werbung nur unter den in Art. 4 dieser Vorschrift genannten Voraussetzungen untersagt werden. **Weiterreichende Einschränkungen** mit Hilfe der Generalklausel des **§ 3 UWG** würden gegen die Richtlinie verstoßen und sind daher **unzulässig;**[687] ausführlicher dazu → Rn. 13. 253

Durch die UWG-Novelle 2015 ist das Erfordernis der Spürbarkeit für die Unzulässigkeit unlauterer vergleichender Werbung weggefallen; ausführlicher dazu → Rn. 237 ff. 254

II. Das Irreführungsverbot des § 5 UWG

Die Regelungen des § 5 und des § 6 überschneiden sich teilweise. Sie stehen jedoch selbständig nebeneinander, dh vergleichende Werbung muss die Voraussetzungen beider Vorschriften erfüllen. Zwischen Ansprüchen aus § 6 iVm § 3 UWG und Ansprüchen aus § 5 iVm § 3 UWG besteht (kumulative) Anspruchskonkurrenz.[688] Eine **Irreführung** über die Herkunft der angebotenen Produkte und eine **Rufanlehnung,** die begrifflich voraussetzt, dass der Verkehr die unterschiedliche Herkunft erkennt, kann gleichzeitig nur bestehen, wenn von einer **gespaltenen Verkehrsauffassung** ausgegangen wird.[689] 255

Völlig ungeklärt ist das Verhältnis von § 5 Abs. 2 zu § 6 Abs. 2 Nr. 3, die beide den Tatbestand der **Verwechslungsgefahr,** die von vergleichender Werbung ausgeht, regeln.

(1) Da der Anwendungsbereich von § 5 Abs. 2 weit über die vergleichende Werbung hinausreicht und diese nur als einen der Anwendungsfälle nennt, könnte man in § 6 Abs. 2 Nr. 3 für vergleichende Werbung die **speziellere** Regelung sehen, die Vorrang vor § 5 Abs. 2 hat. Gegen diese Ansicht spricht jedoch, dass sie die ausdrückliche Einbeziehung von vergleichender Werbung in § 5 Abs. 2 überflüssig machen würde. Nach *A. Nordemann* ist bei vergleichender Werbung neben § 6 Abs. 2 Nr. 3 der Verwechslungsschutz nach § 5 Abs. 2 überflüssig, da er keinen eigenständigen Anwendungsbereich habe.[690] 256

(2) Außerdem wird vertreten, dass zwischen Ansprüchen aus diesen beiden Vorschriften **(kumulative) Anspruchskonkurrenz** bestehe.[691] 257

(3) Eine weitere Ansicht lautet, § 5 Abs. 2 sei in seinem Anwendungsbereich für vergleichende Werbung gegenüber **Verbrauchern die speziellere** Regelung. Diese Ansicht verdient Zustimmung. ME greift § 5 Abs. 2 bei vergleichender Werbung nur ein, wenn sie **bei Verbrauchern** eine Verwechslungsgefahr begründet, während bei Verwechslungsgefahr im **B2B-Bereich** nur § 6 Abs. 2 Nr. 3 anwendbar ist (→ Rn. 177).[692] Im Gegensatz zu § 6 Abs. 2 Nr. 3 erfordert jedoch die Unlauterkeit nach § 5 Abs. 2 UWG iVm Art. 6 Abs. 2 lit. a UGP-RL zusätzlich zur Verwechslungsgefahr auch die Eignung der Verwechslungsgefahr, den Durchschnittsverbraucher zu einer geschäftlichen Entscheidung zu veranlassen. Für die Ansicht, dass § 5 Abs. 2 nur im B2C-Bereich, während im B2B-Bereich 258

[687] GroßKommUWG/*Glöckner* § 6 Rn. 132; *Koos* in Fezer/Büscher/Obergfell § 6 Rn. 28; aA *Lopez Ramos* in Büscher § 6 Rn. 33.

[688] *Ohly*/Sosnitza § 6 Rn. 15.

[689] BGH GRUR 2001, 350 (351) – OP-Lampen; vgl. auch *Fröndhoff* ZUM 2004, 451.

[690] *A. Nordemann* in Götting/A. Nordemann § 5 Rn. 8.37.

[691] *Fezer* GRUR 2009, 451 (455) (IV.1.).

[692] *Bärenfänger* WRP 2011, 160 (166); *Köhler* GRUR 2009, 445 (448 f.); *Köhler* WRP 2012, 251 (258); *Köhler* GRUR 2013, 761 (766); *Köhler*/Bornkamm/Feddersen § 6 Rn. 142; *Stier/Schneider* in Götting/Nordemann § 6 Rn. 90; aA *Alexander* FS Köhler, 2014, 22 (35).

nur § 6 Abs. 2 Nr. 3 anzuwenden ist, spricht, dass § 5 Abs. 2 die Vorschrift des Art. 6 Abs. 2 lit. a UGP-RL 2005/29/EG in deutsches Recht umsetzen soll, die nur den **Verbraucherschutz** regelt, während § 6 Abs. 2 Nr. 3 der Umsetzung von Art. 4 lit. h RL 2006/114/EG dient, der **ausdrücklich** nur die Verwechslungsgefahr bei **Gewerbetreibenden** regelt.[693] Bei den beiden genannten Vorschriften in den Richtlinien besteht kein Konkurrenzproblem, da sie klar abgegrenzte Anwendungsbereiche haben. Diese Einschränkung der Anwendungsbereiche wurde jedoch vom deutschen Gesetzgeber nicht in den Wortlaut von § 5 Abs. 2 und § 6 Abs. 2 Nr. 3 UWG übernommen. Wegen ihres **Zwecks,** die genannten Vorschriften der Richtlinien in deutsches Recht umzusetzen, ist ihr Anwendungsbereich entsprechend einzuschränken: in Bezug auf vergleichende Werbung regelt § 5 Abs. 2 nur den **B2C-**Bereich und § 6 Abs. 2 Nr. 3 nur den **B2B-**Bereich. Wenn man in diesem Sinne § 5 Abs. 2 und § 6 Abs. 2 Nr. 3 **teleologisch reduziert,** besteht **kein echtes Konkurrenzproblem.**

259 (4) **Vorschlag de lege ferenda:** Entweder sollte im Wortlaut von § 5 Abs. 2 und § 6 Abs. 2 Nr. 3 klargestellt werden, dass diese Vorschriften nur die Verbraucher bzw. nur die Gewerbetreibenden schützen, oder – besser, weil praktikabler – in § 5 Abs. 2 wird die Bezugnahme auf vergleichende Werbung gestrichen, so dass § 6 Abs. 2 Nr. 3 seinem jetzigen Wortlaut entsprechend – der allerdings insoweit vom Wortlaut von Art. 4 lit. h der RL 2006/114/EG abweicht – umfassend vor Verwechslungsgefahr schützt.

III. Verstöße gegen § 4 Nr. 1–4 UWG (früher § 4 Nr. 7–10 UWG)

260 **§ 4 Nr. 1 UWG.** Art. 4 lit. d der RL 2006/114/EG stimmt, abgesehen von der Beschränkung auf vergleichende Werbung, inhaltlich mit § 4 Nr. 1 UWG überein. Diese Übereinstimmung ist nicht sofort erkennbar. Denn in der Spezialregelung des § 6 für vergleichende Werbung ist Art. 4 lit. d in § 6 Abs. 2 auf Nr. 4 und Nr. 5 aufgeteilt worden. Soweit sich § 4 Nr. 1 und § 6 Abs. 2 Nr. 4 und 5 überschneiden, verdrängen die Spezialregelungen der vergleichenden Werbung § 4 Nr. 1.[694] Dies gilt auch für den Fall, dass Rechtsprechung und Lehre mit § 4 Nr. 1 einen Schutz bieten, der bei vergleichender Werbung über § 4 lit. d RL 2006/114/EG hinausreichen würde. Denn insoweit wäre der Schutz nach § 4 Nr. 1 durch EG-Recht ausgeschlossen, weil vergleichende Werbung nur unter den in der RL 2006/114/EG und in der UGP-RL 2005/29/EG genannten Voraussetzungen untersagt werden darf.[695]

261 **§ 4 Nr. 2 UWG.** Nach Ansicht des BGH ist vergleichende Werbung, die gegen § 4 Nr. 2 verstößt, **stets irreführend.**[696] Ihr Verbot nach § 4 Nr. 2 iVm §§ 3, 8 ff. ist nach dieser Ansicht durch die entsprechenden Regelungen irreführender vergleichender Werbung in RL 2005/29/EG und RL 2006/114/EG gedeckt.[697] Dem kann allerdings nur mit der Einschränkung gefolgt werden, dass Verstöße gegen § 4 Nr. 2 **nur in der Regel** irreführend im Sinne der genannten Richtlinien sind.[698] Soweit Verbote nach § 4 Nr. 2 über die Irreführungsverbote hinausgehen und auch nicht durch andere Regelungen der RL 2006/114/EG und 2005/29/EG gedeckt sind, ist die Anwendung von § 4 Nr. 2 auf vergleichende Werbung wegen des abschließenden Charakters der Sonderregelungen über

[693] Nach *Scherer* WRP 2009, 1446 (1448) schützen hingegen § 6 und § 5 Abs. 2 sowohl Verbraucher als auch Gewerbetreibende.

[694] BGH GRUR 2012, 74 Rn. 17 – Coaching Newsletter; GRUR-RR 2016, 410 Rn. 18; GRUR 2016, 710 Rn. 37 – Im Immobiliensumpf; GRUR 2019, 631 Rn. 55 – Das beste Netz; GRUR 2019, 644 Rn. 13 – Knochenzement III; *Henn,* Markenschutz und UWG, S. 92; *Köhler*/Bornkamm/Feddersen § 6 Rn. 165; *Koos* in Fezer/Büscher/Obergfell § 6 Rn. 40; *Lopez Ramos* in Büscher § 6 Rn. 46, 171; *Ohly*/Sosnitza § 6 Rn. 17.

[695] *Koos* in Fezer/Büscher/Obergfell § 6 Rn. 40.

[696] BGH GRUR 2002, 633 (635) – Hormonersatztherapie; ebenso *Köhler*/Bornkamm/Feddersen § 6 Rn. 29; *Rippert/Weimer* K&R 2007, 302 (304).

[697] BGH GRUR 2002, 633 (634) (I.1.a) – Hormonersatztherapie.

[698] *Sack* GRUR 2004, 89 (93) (V.3.b); GroßKommUWG/*Glöckner* § 6 Rn. 129; MüKoUWG/*Menke* § 6 Rn. 39.

vergleichende Werbung ausgeschlossen.[699] Sie verdrängen also immer auf § 4 Nr. 2 gestützte Ansprüche. Für das Verhältnis von § 4 Nr. 2 zum allgemeinen Irreführungsverbot des § 5 gilt Folgendes: Nimmt man mit dem BGH an, dass Verstöße gegen § 4 Nr. 2 **immer** irreführend sind, dann liegt es nahe, in § 4 Nr. 2 eine Spezialregelung gegenüber dem allgemeinen Irreführungsverbot des § 5 zu sehen.[700] Aber auch soweit man mit der hier vertretenen Ansicht annimmt, dass unwahre oder nicht erweislich wahre Tatsachenbehauptungen iSv § 4 Nr. 2 **nur in der Regel** irreführend sind, ist diese Vorschrift als Spezialregelung zu verstehen, die insoweit § 5 verdrängt. § 4 Nr. 2 ist hingegen zusätzlich zu den Regelungen des § 6 Abs. 2 anwendbar, da diese andere Schutzziele verfolgen.[701] Die Beweislastumkehr, die § 4 Nr. 2 vorsieht, ist durch Art. 7 RL 2006/114/EG (früher RL 84/450/EWG) gedeckt.[702]

§ 4 Nr. 3 UWG. Soweit das Angebot oder der Vertrieb eines nachgeahmten Produkts vergleichende Werbung ist,[703] die **lauter** ist, dh nicht gegen § 5 Abs. 2 oder § 6 Abs. 2 verstößt, kann sie wegen des Vorrangs dieser Vorschriften nicht nach den **§§ 3, 4 Nr. 3** untersagt werden.[704] Denn für die Voraussetzungen der Unzulässigkeit vergleichender Werbung enthalten § 5 Abs. 2 und § 6 Abs. 2 **abschließende** Regelungen. Auch bei Produktnachahmungen, die nach § 5 Abs. 2 oder § 6 Abs. 2 **unlauter** sind, sind diese Vorschriften **leges speciales,** die die §§ 3, 4 Nr. 3 verdrängen.[705] Unter den Voraussetzungen, unter denen nach § 4 Nr. 3 die **dreifache Schadensberechnungsmethode** anwendbar ist,[706] gilt sie auch bei Verstößen gegen § 6 Abs. 2. 262

§ 4 Nr. 4 UWG. Entsprechendes gilt für das Verhältnis von **§ 4 Nr. 4** zu § 5 Abs. 2 und § 6 Abs. 2. Nicht nur bei **lauterer** vergleichender Werbung, dh die nicht gegen § 5 Abs. 2 oder § 6 Abs. 2 verstößt, ist ein weiterreichender Schutz nach den §§ 3, 4 Nr. 4 ausgeschlossen.[707] Auch bei **unlauterer** vergleichender Werbung, die gegen § 5 Abs. 2 oder § 6 Abs. 2 verstößt, verdrängen diese Vorschriften als **leges speciales** die Vorschrift des § 4 Nr. 4. 263

IV. Das Verhältnis von § 6 UWG zum Markenrecht

1. Unlautere vergleichende Werbung. a) Seit der **Markenrechtsreform** von 2015 gibt es bei den Verletzungstatbeständen des Markenrechts **Sonderregelungen für vergleichende Werbung.** Nach Art. 9 Abs. 3 lit. f der Unionsmarkenverordnung (UMV)[708] bzw. nach § 14 Abs. 3 Nr. 7 des deutschen MarkenG,[709] der auf Art. 10 Abs. 3 lit. f der Markenrechtsrichtlinie (EU) 2015/2436 (MRRL) beruht,[710] kann unter den Voraussetzungen des jeweiligen Abs. 2 verboten werden, das betreffende Zeichen in der vergleichenden Werbung in einer der RL 2006/114/EG über irreführende und vergleichende Werbung 264

[699] AA *Lopez Ramos* in Büscher § 6 Rn. 47, 172.
[700] AA *Köhler*/Bornkamm/Feddersen § 6 Rn. 29.
[701] *Beater* S. 571 Rn. 1542; *Köhler*/Bornkamm/Feddersen § 6 Rn. 29; *Sack* WRP 2001, 327 (346); vgl. auch BGH GRUR 2002, 633 (635) – Hormonersatztherapie.
[702] BGH GRUR 2002, 633 (635) (2.a, bb) – Hormonersatztherapie; *Sack* GRUR 2004, 89 (93) (V.2.).
[703] Nach *Scherer* WRP 2009, 1446 (1454) ist das (fast) immer der Fall.
[704] BGH GRUR 2011, 1158 Rn. 26 – Teddybär; *Bärenfänger* WRP 2011, 160 (167); *Hohlweck* WRP 2015, 934 Rn. 8; *Köhler*/Bornkamm/Feddersen § 6 Rn. 31; *Lopez Ramos* in Büscher § 6 Rn. 48; MüKoUWG/*Menke* § 6 Rn. 40; MüKoUWG/*Wiebe* § 4 Nr. 3 Rn. 166; *Rohnke* FS Bornkamm, 2014, 443; *Scherer* WRP 2009, 1446 (1447, 1454); *Stier/Schneider* in Götting/Nordemann § 6 Rn. 60.
[705] *Stier/Schneider* in Götting/Nordemann § 6 Rn. 60; **aA** (kumulative Normenkonkurrenz) BGH GRUR 2010, 343 Rn. 42 (zu § 4 Nr. 9b) – Oracle; BGH GRUR 2011, 1153 Rn. 50 (zu § 4 Nr. 9b) – Teddybär; *Bärenfänger* WRP 2011, 160 (167); *Fiebig* WRP 2007, 1316 (1319 f.); *Köhler*/Bornkamm/Feddersen § 6 Rn. 149; *Ohly*/Sosnitza § 6 Rn. 18a; *Scherer* WRP 2009, 1446 (1447, 1454).
[706] Darauf weisen Anhänger der Ansicht, dass kumulative Normenkonkurrenz bestehe, hin, vgl. *Scherer* WRP 2009, 1446 (1454); *Köhler*/Bornkamm/Feddersen § 6 Rn. 149.
[707] BGH GRUR 2011, 1158 Rn. 26 – Teddybär; *Lopez Ramos* in Büscher § 6 Rn. 49.
[708] ABl. 2015 L 341, S. 21.
[709] BR-Drs. 148/18.
[710] ABl. 2015 L 336, S. 1.

zuwiderlaufenden Weise zu benutzen. Diese Vorschriften unterscheiden also zwischen vergleichender Werbung, die die Zulässigkeitsvoraussetzungen der RL 2006/114/EG erfüllt, und sonstiger vergleichender Werbung.

265 Zum Verhältnis von lauterkeitsrechtlichen und markenrechtlichen Ansprüchen bei **unlauterer** vergleichender Werbung wurden vor der Markenrechtsreform von 2015 drei verschiedene Theorien vertreten:

(1) § 6 Abs. 2 ist lex specialis gegenüber dem Markenrecht.
(2) Ansprüche aus dem MarkenG verdrängen konkurrierende Ansprüche aus dem UWG.
(3) Zwischen Ansprüchen aus § 6 UWG und markenrechtlichen Ansprüchen besteht (kumulative) Anspruchskonkurrenz.

266 **b)** Die vom Verf. früher bevorzugte Ansicht, dass die lauterkeitsrechtlichen Vorschriften der RL 2006/114/EG bzw. § 6 UWG leges speciales seien,[711] ist wegen der neuen Sonderregelungen in Art. 9 Abs. 3 lit. f UMV bzw. § 14 Abs. 3 Nr. 7 MarkenG nicht mehr vertretbar.[712] Denn diese Vorschriften wären nie anwendbar. Ihre Regelungen im Markenrecht wären überflüssig.

267 **c)** Auch die früher herrschende **Vorrangthese,** nach der lauterkeitsrechtliche Ansprüche von konkurrierenden markenrechtlichen Ansprüchen verdrängt werden, ist bei vergleichender Werbung nicht haltbar.[713] Denn lauterkeitsrechtliche Ansprüche würden fast immer, nämlich bei Doppelidentät, von markenrechtlichen Ansprüchen verdrängt. Die lauterkeitsrechtlichen Sonderregelungen für vergleichende Werbung wären nur ein Auslegungsbehelf für markenrechtliche Ansprüche.

268 **d)** Nach der jetzigen Rechtslage besteht zwischen konkurrierenden Ansprüchen aus § 6 und markenrechtlichen Ansprüchen **(kumulative) Anspruchskonkurrenz.**[714]

269 Gegen diese Ansicht bestehen allerdings erhebliche rechtspolitische Bedenken. Denn unlautere Werbevergleiche verstoßen **fast immer** auch gegen Art. 14 Abs. 2 Nr. 1 MarkenG bzw. Art. 9 Abs. 2 lit. a UMV.[715] Bei unlauterer vergleichender Werbung besteht also nach der neuen Rechtslage fast immer Anspruchskonkurrenz zwischen Ansprüchen aus § 6 und markenrechtlichen Ansprüchen.

270 **e)** In den seltenen Ausnahmefällen, in denen keine Doppelidentität, jedoch die Gefahr einer Herkunftstäuschung besteht, ist der Begriff der Verwechslungsgefahr im Lauterkeitsrecht und im Markenrecht **einheitlich** auszulegen.[716] Vergleichende Werbung, die eine Verwechslungsgefahr iSv § 14 Abs. 2 Nr. 2 MarkenG bzw. Art. 9 Abs. 2 lit. b UMV begründet, erfüllt auch nicht die Zulässigkeitsvoraussetzungen des Art. 4 RL 2006/114/EG, und umgekehrt.[717]

271 Vergleichende Werbung kann auch gegen § 14 Abs. 2 Nr. 3 MarkenG bzw. Art. 9 Abs. 2 lit. c UMV verstoßen. Die Begriffe **„Ruf"** in § 6 Abs. 2 Nr. 4 und **„Wertschätzung"** in § 14 Abs. 2 Nr. 3 MarkenG bzw. Art. 9 Abs. 2 lit. c UMV sind **nicht einheitlich** auszulegen.[718] Die EuGH-Entscheidung „L'Oréal/Bellure steht dieser Ansicht nicht entgegen, da der EuGH in dieser Entscheidung nur eine einheitliche Auslegung des Begriffs „Unlauteres Ausnutzen" gefordert hat. Der Begriff „Ruf" ist weiter als der Begriff „Wertschätzung" (vgl. → Rn. 188).

---

[711] Vgl. *Sack* WRP 2004, 1405 (1408); *Sack* GRUR 2008, 201 (203 f.); *Sack* WRP 2011, 288 (290 f.); ebenso *Mengozzi* in Rn. 34 seiner Schlussanträge im Fall „O2 und O2", EuGH Slg. 2008, I-4231; *Blanken* S. 191 aE; aA ausdrücklich GroßKommUWG/*Glöckner* § 6 Rn. 88; *Ohly* FS Doepner, 2008, 51 (56).

[712] *Sack* GRUR 2017, 664 (666).

[713] Vgl. *Sack* GRUR 2017, 664 (667).

[714] *Sack* GRUR 2017, 664 (666 f.) (I.1.c, bb und c, dd) mit ausführlichen Nachweisen für die Zeit vor der Markenrechtsreform 2015 in Fn. 29.

[715] Vgl. *Sack* WRP 2011, 288 (290); *Sack* GRUR 2017, 664 (667).

[716] Vgl. *Sack* GRUR 2017, 664 (667) mit ausführlichen Nachw. in Fn. 39.

[717] Vgl. *Sack* GRUR 2017, 664 (667).

[718] Vgl. *Sack* GRUR 2017, 664 (668) (I.3.a, cc) mit ausführlichen Nachweisen; aA *Köhler*/Bornkamm/Feddersen § 6 Rn. 40 aE.

2. Lautere vergleichende Werbung. Für lautere vergleichende Werbung enthält das neue Markenrecht keine gesetzliche Regelung. Es besteht jedoch Einigkeit darüber, dass vergleichende Werbung, die die Zulässigkeitsvoraussetzungen des Art. 4 RL 2006/114/EG erfüllt, **niemals** eine Markenverletzung darstellt.[719] Ungeklärt ist allerdings, auf welche Weise dieses Ergebnis zu erzielen ist. 272

Nach einer früher verbreiteten Ansicht war vergleichende Werbung mit einer fremden Marke keine marken- bzw. kennzeichenmäßige Benutzung dieser Marke.[720] Denn der Werbende benutze die fremde Marke nicht für seine eigenen Produkte, sondern zur Abgrenzung von den Produkten des Markeninhabers. 273

Dem steht jedoch inzwischen die EuGH-Entscheidung „O2 und O2" vom 12.6.2008 entgegen, in der er den Hinweis auf eine fremde Marke in vergleichender Werbung als **markenrechtlich relevante „Benutzung" der fremden Marke** iSv Art. 5 Abs. 1 und 2 der MRRL 89/114/EG bewertet hat.[721] Dieser Ansicht ist zuzustimmen. Für sie sprechen vor allem die Regelungen des Art. 9 Abs. 3 lit. f UMV und des Art. 10 Abs. 3 lit. f MRRL 2015/2346, der durch § 14 Abs. 3 Nr. 7 MarkenG in deutsches Recht umgesetzt worden ist.[722] 274

Auch die **in § 23 MarkenG geregelten Einreden** können markenrechtlichen Ansprüchen gegen lautere vergleichende Werbung entgegenstehen.[723] Gegen die „anständigen Gepflogenheiten in Gewerbe oder Handel" iSv § 23 Abs. 2 MarkenG verstößt vergleichende Werbung nur unter den Voraussetzungen von Art. 4 RL 2006/114/EG bzw. § 6 Abs. 2 UWG. Mit § 23 MarkenG lässt sich allerdings nur für einen Teil der vergleichenden Werbung die Anwendung des markenrechtlichen Verbots der doppelidentischen Benutzung vermeiden. 275

---

719 Begr. RegE zum MarkenG BT-Drs. 12/6581, 75; Begr. RegE zum Gesetz zur vergleichenden Werbung BT-Drs. 14/2959, 7 aE; Erw.-Grund Nr. 15 der RL 2006/114/EG; EuGH Slg. 2001, I-7945 Rn. 53 – Toshiba Europe; EuGH Slg. 2003, I-3095 = GRUR 2003, 533 Rn. 83 – Pippig; EuGH GRUR 2006, 345 Rn. 14 – Siemens; EuGH Slg. 2008, I-4231 = GRUR 2008, 698 Rn. 45, 51 – O2 und O2; EuGH Slg. 2009, I-5185 = GRUR 2009, 756 Rn. 54 – L'Oréal/Bellure; BGH GRUR 2004, 607 (612) – Genealogie der Düfte; GRUR 2008, 628 Rn. 15 – Imitationswerbung; BGH GRUR 2010, 161 Rn. 35 – Gib mal Zeitung; GRUR 2015, 1136 Rn. 16 f. – Staubsaugerbeutel im Internet; GRUR 2019, 631 Rn. 43 – Das beste Netz; OLG Köln WRP 2016, 646 Rn. 21; öst. OGH ÖBl. 2011, 228 (Ls. 3) und 230 (1.5.); = GRUR Int. 2012, 180 – Velux; *Alexander* GRUR 2010, 482 (485); *Bärenfänger* WRP 2011, 160 (167); *Blankenburg* WRP 2008, 1294 (1295); *Büscher* GRUR 2009, 230 (235); *Fezer* WRP 2010, 165 (177); *Fezer* Markenrecht § 23 Rn. 86; GroßKommUWG/*Glöckner* § 6 Rn. 15, 81; *Hacker* in Ströbele/Hacker/Thiering MarkenG § 14 Rn. 233; *Henn*, UWG und Markenschutz, S. 99, 100; *Heister* S. 60; *Ingerl/Rohnke* MarkenG § 2 Rn. 12; *Köhler*/Bornkamm/Feddersen § 6 Rn. 34, 143; *Koos* in Fezer/Büscher/Obergfell § 6 Rn. 197; *Lopez Ramos* in Büscher § 6 Rn. 51; MüKoUWG/*Menke* § 6 Rn. 51; *Müller-Bidinger* in Ullmann jurisPK-UWG § 6 Rn. 19, 22 f.; *Ohly* FS Doepner, 2008, 51 (53); *Ohly* WRP 2017, 131 Rn. 42; *Ohly* FS Büscher, 2017, 117 (125); *Ohly* WRP 2018, 131 (138) („keine relevante Benutzung"); *Ohly*/Sosnitza § 6 Rn. 19; *Sack* WRP 2004, 1405 (1418); *Sack* GRUR 2008, 201; *Sack* GRUR 2017, 664 (669) (II.); *Stieper* WRP 2006, 291 (301); *Stier/Schneider* in Götting/Nordemann § 6 Rn. 61, 91; *Weiler* in Kur/v. Bomhard/Albrecht, Markenrecht, § 2 Rn. 28 ff., 104; *Wiebe* in MüKoUWG § 4 Nr. 3 Rn. 166.

720 Vgl. Begr. RegE zum MarkenG BT-Drs. 12/6581, 75; Begr. RegE eines Gesetzes zur vergleichenden Werbung BT-Drs. 14/2959, 7 aE; *Eck/Ikas* WRP 1999, 251 (270); *Ingerl* WRP 2002, 861 (864); *Ingerl* WRP 2004, 809 (816); *Koppensteiner* FS Griss, 2011, 407 (411); *Lehmler* § 6 Rn. 60, 64; *Ohly* FS Doepner, 2008, 51 (59 ff., 61); *Plaß* NJW 2000, 3161 (3169); *Steinbeck* FS Ullmann, 2006, 409 (416).

721 EuGH Slg. 2008, I-4231 = GRUR 2008, 698 Rn. 33, 36, 37 – O2 und O2; ebenso EuGH Slg. 2009, I-5185 = GRUR 2009, 756 Rn. 53, 65 – L'Oréal/Bellure; EuGH GRUR 2010, 445 Rn. 70 – Google und Google France; BGH GRUR 2010, 161 Rn. 35 – Gib mal Zeitung; BGH GRUR 2015, 1136 Rn. 15 – Staubsaugerbeutel im Internet; öst. OGH ÖBl. 2011, 129 (130, sub 1.1.) – Spanische Reitschule II; öst. OGH ÖBl. 2011, 228 (230, sub 1.4.) – Velux; ebenso die nahezu einhellige Meinung im Schrifttum; aus der neueren Lit. vgl. *Lopez Ramos* in Büscher § 6 Rn. 50; *Sack* WRP 2004, 1405 (1418); *Sack* GRUR 2017, 664 mit ausführlichen Nachweisen in Fn. 3; zum Begriff der „Benutzung" in den markenrechtlichen Verletzungstatbeständen ausführlich *Sack* WRP 2010, 198.

722 Vgl. *Sack* GRUR 2017, 664 f.

723 Vgl. zur Rechtslage vor dem MaMoG BGH GRUR 2004, 607 (612) – Genealogie der Düfte; BGH GRUR 2005, 163 (164) – Aluminiumräder; öst. OGH ÖBl. 2011, 228 (229) = GRUR Int. 2012, 180 – Velux.

276 Nach einer weiteren Ansicht steht markenrechtlichen Ansprüchen gegen lautere vergleichende Werbung der **Erschöpfungsgrundsatz** des § 24 MarkenG bzw. des Art. 13 UMV entgegen.[724] Der Erschöpfungsgrundsatz umfasst auch das **Werbehinweisrecht.** Die Erschöpfung des Werbehinweisrechts betrifft allerdings nur die Werbung für Waren, die vom Markeninhaber oder mit seiner Zustimmung in den Verkehr gebracht worden sind oder in den Verkehr gebracht werden sollen, nicht jedoch Werbung, die sich auf andere Produkte bezieht.[725] Die Nennung einer fremden geschützten Marke soll jedoch nicht den Absatz der vom Markeninhaber oder mit seiner Zustimmung in den Verkehr gebrachten Waren fördern, sondern den Absatz der Konkurrenzprodukte. Deshalb erfasst der markenrechtliche Erschöpfungsgrundsatz keine vergleichende Werbung.[726]

277 Eine Markenverletzung setzt nach ständiger Rechtsprechung des BGH und herrschender Lehre voraus, dass das beanstandete Verhalten eine der geschützten **Markenfunktionen** verletzt. Vergleichende Werbung, die die Zulässigkeitsvoraussetzungen von Art. 4 RL 2006/114/EG erfüllt, beeinträchtigt keine der geschützten Markenfunktionen.[727] Mit Recht hat der EuGH zur Investitionsfunktion der Marke festgestellt, dass der Markeninhaber einen Mitbewerber nicht daran hindern darf, seine Marke „unter Bedingungen zu benutzen, die einem **fairen** Wettbewerb entsprechen …, sofern diese Benutzung lediglich zur Folge hat, dass der Inhaber dieser Marke seine Anstrengungen zum Erwerb und zur Wahrung eines Rufs … anpassen muss".[728] Entsprechendes muss für die anderen markenrechtlich geschützten Funktionen der Marke gelten. Nur **unlauterer** Wettbewerb kann die markenrechtlich geschützten Markenfunktionen beeinträchtigen.[729] Vergleichende Werbung, die die Zulässigkeitsvoraussetzungen der RL 2005/29/EG und von Art. 4 RL 2006/114/EG erfüllt, ist nach dem Zweck dieser Regelungen **fairer** Wettbewerb. Sie verletzt nach der markenrechtlichen Funktionenlehre keine markenrechtlichen Verletzungstatbestände.[730]

278 Im **Erw.-Grd. Nr. 15** der RL 97/55/EG bzw. jetzt der RL 2006/114/EG wurde ein selbstständiger markenrechtlicher **Freistellungstatbestand** gesehen.[731] Dem wurde mit Recht entgegengehalten, dass es problematisch sei anzunehmen, ein Erwägungsgrund einer Richtlinie könne die materiellen Vorschriften einer andern Richtlinie ändern.

279 Ferner wird vertreten, Art. 4 RL 2006/114/EG enthalte einen **Erlaubnistatbestand,**[732] einen **Rechtfertigungsgrund**[733] oder eine **ungeschriebene Schranke** des Markenrechts.[734] Die Vorschrift begrenze den Anwendungsbereich der markenrechtlichen Verletzungstatbestände.[735] Daran ist zutreffend, dass Art. 4 RL 2006/114/EG einen Erlaubnistatbestand für lautere vergleichende Werbung enthält. Aus dieser Vorschrift ergibt sich jedoch nicht, dass der europäische Gesetzgeber mit ihr bezweckt habe, die Verletzungstatbestände des Markenrechts einzuschränken.[736]

---

[724] Vgl. *Kur* GRUR 1997, 250 Fn. 109; *Kur* MarkenR 2001, 137 (142 f., 144 f.); *Plaß* in Ekey/Klippel/Kotthoff, Wettbewerbsrecht, 2. Aufl. 1995, § 6 Rn. 9a.

[725] Vgl. BGH GRUR 2007, 784 Rn. 21 – AIDOL; *Sack* GRUR 2017, 664 (670).

[726] *Sack* GRUR 2017, 664 (670).

[727] *Sack* GRUR 2017, 664 (670) (3.).

[728] EuGH GRUR 2011, 1124 Rn. 64 – Interflora; *Hacker* in Ströbele/Hacker/Thiering MarkenG § 14 Rn. 112; *Sack* GRUR 2017, 664 (670).

[729] Vgl. *Glöckner/Kur* GRUR 2014, Beil. 1 zu Heft 4 S. 29 (43); *Kur* FS Köhler, 2014, 383 (388); *Sack* GRUR 2017, 664 (670); kritisch zu einer Einschränkung des Markenschutzes durch einen allgemeinen Fair-use-Rechtfertigungsgrund jedoch *Rohnke/Bott/Jonas/Asschenfeldt* GRUR Int. 2005, 419 (423).

[730] Vgl. *Sack* GRUR 2017, 664 (670 sub II.3. und 671 sub III.10).

[731] Vgl. *Hacker* GRUR Int. 2002, 502 (510); *Hacker* in Ströbele/Hacker/Thiering MarkenG § 14 Rn. 233 f.; *Kebbedies* S. 201, 212; *Müller-Bidinger* in Ullmann jurisPK-UWG § 6 Rn. 21, 25 aE.

[732] *Alexander* GRUR 2010, 482 (485 III.1. und 486 f.); MüKoUWG/*Menke* § 6 Rn. 51.

[733] *Glöckner* sic(!) 2011, 273 (281); kritisch dazu jedoch *Glöckner* im GroßKommUWG § 6 Rn. 82 ff.

[734] *Eckel* GRUR Int. 2015, 438 (452) (V.!.); *Lange,* Marken- und Kennzeichenrecht, Rn. 3690 f., 3695, 3697, 4096; *Ohly* GRUR 2010, 166 (167); *Ohly* FS Büscher, 2017, 117 (127); *Ohly*/Sosnitza § 6 Rn. 196.

[735] *Fezer* WRP 2010, 165 (177); *Müller-Bidinger* in Ullmann jurisPK-UWG § 6 Rn. 23 („Sperrwirkung"); *Stieper* WRP 2006, 291 (301) („Begrenzungsfunktion").

[736] *Sack* GRUR 2017, 664 (671).

Art. 4 der RL 2006/114/EG enthält eine **abschließende** Regelung zulässiger Verbote vergleichender Werbung durch die Mitgliedstaaten der EU (→ Rn. 13). Deshalb darf ein Mitgliedstaat auch **markenrechtlich** vergleichende Werbung nicht untersagen, wenn sie die Zulässigkeitsvoraussetzungen des Art. 4 der RL 2006/114/EG erfüllt, dh wenn sie nach dieser Vorschrift zulässig ist.[737] 280

Nach der europäischen Markenrechtsreform von 2015 rechtfertigen auch die Regelungen des Art. 9 Abs. 3 lit. f UMV bzw. des Art. 10 Abs. 3 lit. f MRRL die Ansicht, dass **lautere vergleichende Werbung keine Markenverletzung** ist. Zwar bestimmen diese Vorschriften nur, dass **unlautere** vergleichende Werbung Markenrechte verletzen kann. Die Beschränkung dieser Vorschriften auf **unlautere** vergleichende Werbung erlaubt jedoch die Annahme, dass lautere vergleichende Werbung keine Markenverletzung darstellt.[738] 281

Zwischenergebnisse: Vergleichende Werbung, die die Zulässigkeitsvoraussetzungen von Art. 4 RL 2006/114/EG erfüllt, ist niemals eine Markenverletzung. Zwar ist die Bezugnahme auf eine fremde Marke in vergleichender Werbung eine markenrechtlich relevante „Benutzung" dieser Marke. Sie verletzt jedoch keine der geschützten Funktionen der Marke, so dass sie aus diesem Grunde keine Markenverletzung ist. Die Beschränkung der Markenverletzungstatbestände des Art. 9 Abs. 3 lit. f UMV und des Art. 10 Abs. 3 lit. f MRRL auf **unlautere** vergleichende Werbung bestätigt, dass lautere vergleichende Werbung nicht als Markenverletzung zu bewerten ist. 282

V. Geschützte Unternehmenskennzeichen

Nach der Begründungserwägung Nr. 15 der RL 2006/114/EG verletzt vergleichende Werbung, die geschützte Handelsnamen oder sonstige Unternehmenskennzeichen eines Mitbewerbers erkennbar macht, diese nicht, wenn die in der RL genannten Zulässigkeitsvoraussetzungen für vergleichende Werbung beachtet werden.[739] Auch in diesen Fällen haben die Regelungen der RL 2006/114/EG bzw. der Vorschriften zu ihrer Umsetzung in nationales Recht als **leges speciales** Vorrang vor den nationalen Regelungen zum Schutze von Handelsnamen und sonstigen Unternehmenskennzeichen (§§ 5, 15 MarkenG). 283

VI. Gesundheitsbezogene vergleichende Werbung für Arznei- und Lebensmittel

1. HeilmittelwerbeG (HWG). Vergleichende Werbung für Arzneimittel **außerhalb der Fachkreise** unterliegt den strengen Regelungen des § 11 Abs. 2 HWG, der es untersagt, außerhalb der Fachkreise für Arzneimittel zur Anwendung bei Menschen mit Angaben zu werben, die nahe legen, dass die Wirkung des Arzneimittels einem anderen Arzneimittel oder einer anderen Behandlung entspricht oder überlegen ist. Dieses Verbot betrifft auch und vor allem vergleichende Werbung. Insoweit geht es über die nach Art. 4 RL 2006/114/EG zulässigen Verbote vergleichender Werbung hinaus. Dies ist jedoch nach Art. 8 Abs. 2 RL 2006/114/EG zulässig.[740] Denn das Werbeverbot des § 11 Abs. 2 HWG beruht auf der Sonderregelung des Art. 5b der RL 92/28/EWG,[741] die inzwischen durch die mehrfach geänderte RL 2001/83/EG zur Schaffung eines Gemeinschaftskodexes für Humanarzneimittel abgelöst worden ist, der diese Art der Werbung in Art. 90 lit. b ver- 284

[737] So im Ergebnis Erwägungsgrund Nr. 15 der RL 2006/114/EG; EuGH GRUR 2002, 354 Rn. 53 – Toshiba Europe; EuGH GRUR 2003, 533 Rn. 83 – Pippig; EuGH GRUR 2006, 345 Rn. 14 – Siemens/VIPA; EuGH GRUR 2008, 698 Rn. 45 – O2 und O2; EuGH GRUR 2009, 756 Rn. 54 – L'Oréal/Bellure; BGH GRUR 2008, 628 Rn. 15 aE – Imitationswerbung, BGH GRUR 2010, 161 Rn. 35 – Gib mal Zeitung; BGH GRUR 2015, 1136 Rn. 18 – Staubsaugerbeutel im Internet; vgl. auch *Lopez Ramos* in Büscher § 6 Rn. 51; *Ohly* GRUR 2010, 166 (167).

[738] *Sack* GRUR 2017, 664 (671) (6.); *Ohly* WRP 2018, 131 Rn. 43.

[739] Ebenso unter Hinweis auf die 15. Begr.-Erw. EuGH GRUR 2003, 533 Rn. 83 – Pippig.

[740] *Ohly*/Sosnitza § 6 Rn. 12.

[741] Vgl. Begr. Reg.-Entw. BT-Drs. 14/2959, 9 u. 13 (zu Art. 2).

bietet. Unklar ist allerdings die Bedeutung von Erwägungsgrund 42 der RL 2001/83/EG, wonach die Anwendung der aufgrund der RL 84/450/EWG über irreführende und vergleichende Werbung getroffenen Maßnahmen durch die RL 2001/83/EWG nicht berührt werden. Verstöße gegen § 11 Abs. 2 HWG sind nach § 4 Nr. 3a UWG unlauter.[742] Vergleichende Werbung für Arzneimittel muss also sowohl die Verbote der §§ 5 u. 6 UWG als auch das Verbot des § 11 HWG einhalten.[743]

285 **2. Lebensmittel- und Futtermittelgesetzbuch (LFGB).** Nach §§ 11 u. 12 LFGB ist irreführende und **krankheitsbezogene** Werbung für Lebensmittel verboten. Das gilt auch für vergleichende Werbung. Das Verbot krankheitsbezogener Werbung durch § 12 LFGB in vergleichender Werbung geht über die nach Art. 4 RL 2006/114/EG zulässigen Verbote vergleichender Werbung hinaus. Das ist jedoch nach Art. 8 Abs. 2 RL 2006/114/EG zulässig. Denn das Verbot krankheitsbezogener Werbung ist gedeckt durch Art. 3, 4 VO 1169/2011.[744]

286 **3. Die Health Claims-VO Nr. 1924/2006/EG (HCVO).** Die Health Claims-VO Nr. 1924/2006/EG vom 20.12.2006 in der berichtigten Fassung (ABl. 2007 L 12, S. 3), die am 19.1.2007 in Kraft getreten ist, enthält in Art. 9 Sonderregelungen über **nährwertbezogene vergleichende** Werbung für Lebensmittel, die zu den Vorschriften der RL 2006/114/EG hinzutreten. Diese Vorschrift schränkt die Voraussetzungen der Zulässigkeit vergleichender Werbung iSd RL 84/450/EWG (jetzt Art. 4 der durch die RL 2006/114/EG kodifizierten Fassung) ein und hat insoweit in ihrem Anwendungsbereich Vorrang vor Art. 4 RL 2006/114/EG.[745] Die Health Claims-VO gilt nach Art. 29 seit dem 1.7.2007. Sie ergänzt nach Erwägungsgrund Nr. 3 die allgemeinen Grundsätze der Lebensmittel-Etikettierungs-RL 2000/13/EG und enthält spezielle Vorschriften für die Verwendung von nährwert- und gesundheitsbezogenen Angaben bei Lebensmitteln, die als solche an den Endverbraucher abgegeben werden. Der Begriff „vergleichende Werbung" in Art. 9 HCVO ist nach Ansicht des BGH nicht identisch mit dem Begriff der vergleichenden Werbung in Art. 4 RL 2006/114/EG bzw. § 6 UWG,[746] sondern wesentlich weiter. In Art. 9 HCVO erfordert er keinen Vergleich mit Produkten eines Mitbewerbers. Es genügt vielmehr auch, dass Produkte des Werbenden miteinander verglichen werden. „Vergleichende Werbung" iSv Art. 9 HCVO liegt danach zB bereits dann vor, wenn sie auf einen erhöhten oder verminderten Nährstoffgehalt hinweist, ohne Vergleichsobjekte zu benennen.

VII. Die Wertpapierdienstleistungs-Verhaltens- und OrganisationsVO

287 Nach § 4 Abs. 3 der VO zur Konkretisierung der Verhaltensregeln und Organisationsanforderungen für **Wertpapierdienstleistungsunternehmen** (Wertpapierdienstleistungs-Verhaltens- und OrganisationsVO),[747] der Art. 27 Abs. 3 der RL 2006/73/EG[748] in deutsches Recht umsetzt, muss bei einem Vergleich von Wertpapierdienstleistungen der Vergleich aussagekräftig und die Darstellung ausgewogen sein; die für den Vergleich herangezogenen Informationsquellen müssen die wesentlichen Fakten und Hypothesen angeben. Insoweit enthält diese Vorschrift strengere Anforderungen als § 6 Abs. 2.[749] Diese sind jedoch mit Art. 4 RL 2006/114/EG und § 6 Abs. 2 vereinbar.

[742] Vgl. MüKoUWG/*Schaffert* § 4 Nr. 11 Rn. 230, 271.
[743] Vgl. Begr. Reg.-Entw. BT-Drs. 14/2959, 13; *Bülow* PharmR 2000, 38; *Ohly*/Sosnitza § 6 Rn. 12.
[744] ABl. 2011 L 304, S. 18.
[745] Diese Vorschrift ist nicht geändert worden durch die Änderungsverordnungen Nr. 1169/2011 (ABl. 2011 L 304, S. 18) und Nr. 1147 u. 1148/2012 (ABl. 2012 L 310, S. 36 u. 38).
[746] BGH GRUR 2017, 1278 Rn. 23 f. – Märchensuppe.
[747] BGBl. 2007 I S. 1432.
[748] ABl. 2006 L 241, S. 26.
[749] GroßKommUWG/*Glöckner* § 6 Rn. 169; *Lopez Ramos* in Büscher § 6 Rn. 29; aA *Zeidler* WM 2008, 238 (241).

§ 7 Unzumutbare Belästigungen

(1) [1]**Eine geschäftliche Handlung, durch die ein Marktteilnehmer in unzumutbarer Weise belästigt wird, ist unzulässig.** [2]**Dies gilt insbesondere für Werbung, obwohl erkennbar ist, dass der angesprochene Marktteilnehmer diese Werbung nicht wünscht.**

(2) **Eine unzumutbare Belästigung ist stets anzunehmen**

1. **bei Werbung unter Verwendung eines in den Nummern 2 und 3 nicht aufgeführten, für den Fernabsatz geeigneten Mittels der kommerziellen Kommunikation, durch die ein Verbraucher hartnäckig angesprochen wird, obwohl er dies erkennbar nicht wünscht;**
2. **bei Werbung mit einem Telefonanruf gegenüber einem Verbraucher ohne dessen vorherige ausdrückliche Einwilligung oder gegenüber einem sonstigen Marktteilnehmer ohne dessen zumindest mutmaßliche Einwilligung;**
3. **bei Werbung unter Verwendung einer automatischen Anrufmaschine, eines Faxgerätes oder elektronischer Post, ohne dass eine vorherige ausdrückliche Einwilligung des Adressaten vorliegt, oder**
4. **bei Werbung mit einer Nachricht,**
   a) **bei der die Identität des Absenders, in dessen Auftrag die Nachricht übermittelt wird, verschleiert oder verheimlicht wird, oder**
   b) **bei der gegen § 6 Absatz 1 des Telemediengesetzes verstoßen wird oder in der der Empfänger aufgefordert wird, eine Website aufzurufen, die gegen diese Vorschrift verstößt, oder**
   c) **bei der keine gültige Adresse vorhanden ist, an die der Empfänger eine Aufforderung zur Einstellung solcher Nachrichten richten kann, ohne dass hierfür andere als die Übermittlungskosten nach den Basistarifen entstehen.**

(3) **Abweichend von Absatz 2 Nr. 3 ist eine unzumutbare Belästigung bei einer Werbung unter Verwendung elektronischer Post nicht anzunehmen, wenn**

1. **ein Unternehmer im Zusammenhang mit dem Verkauf einer Ware oder Dienstleistung von dem Kunden dessen elektronische Postadresse erhalten hat,**
2. **der Unternehmer die Adresse zur Direktwerbung für eigene ähnliche Waren oder Dienstleistungen verwendet,**
3. **der Kunde der Verwendung nicht widersprochen hat und**
4. **der Kunde bei Erhebung der Adresse und bei jeder Verwendung klar und deutlich darauf hingewiesen wird, dass er der Verwendung jederzeit widersprechen kann, ohne dass hierfür andere als die Übermittlungskosten nach den Basistarifen entstehen.**

Übersicht

Schrifttum: *Alexander,* Mehr Verbraucherschutz bei unerwünschter Telefonwerbung?, ZRP 2018, 166; *Alexander,* Überblick und Anmerkungen zum Referentenentwurf eines Gesetzes zur Stärkung des Verbraucherschutzes im Wettbewerbs- und Gewerberecht, WRP 2021, 136; *Apel/Henn,* Automatisch generierte Bestätigungs-E-Mails als unerlaubte Werbung?, K&R 2016, 236; *Becker,* Anruf in Abwesenheit?! Der Ping-Anruf – Ein „Klassiker" neu aufgelegt, WRP 2011, 808; *Berger,* Der Ausschluss gesetzlicher Rückgewähransprüche bei der Erbringung unbestellter Leistungen nach § 241a BGB; *Berlit,* Die Rechtsprechung der Instanzgerichte zum Recht des unlauteren Wettbewerbs XVIII, GRUR-RR 2018, 49; *Bodendorf,* Die Verteilung von Anzeigenblättern gegen den Willen der Adressaten, AfP 1988, 322; *Böhm,* Unerlaubte Telefonwerbung im geschäftlichen Bereich, MMR 1999, 643; *Bösling,* Umsetzung der EuGH-Rechtsprechung zu „Google AdWords" gemahnt zur Vorsicht, GRUR-Prax 2011, 322953; *Brammsen/Leible,* Multi-Level-Marketing im System des deutschen Lauterkeitsrechts, BB 1997, Beilage 10, 1; *Brömmelmeyer,* E-Mail-Werbung nach der UWG-Reform, GRUR 2006, 285; *Buchner,* Facebook zwischen BDSG und UWG, FS Köhler 2014, 51; *ders.,* Die Einwilligung in Werbung, WRP 2018, 1283; *Bunte,* Zusendung unbestellter Waren – Gedanken zu einem alten, neuen Thema, in: FS Gaedertz, 1992, S. 87; *Burmeister,* Belästigung als Wettbewerbsverstoß, 2006; *Busch,* Welche Folgen hat die Umsetzung der Lauterkeitsrichtlinie für das Vertragsrecht? Der Regierungsentwurf zur Umsetzung der Richtlinie 2005/29/EG aus der Perspektive des Gemeinschaftsprivatrechts, GPR 2008, 158; *Busche/Kraft,* Werbung per electronic mail: Eine neue Herausforderung für das Wettbewerbsrecht?, WRP 1998, 1142; *Büscher,* Aus der Rechtsprechung des EuGH und des BGH zum Lauterkeitsrecht seit Ende 2015, GRUR 2017, 105; *Decker,* Ähnlichkeit von Waren und Dienstleistungen im Rahmen der Privilegierung von E-Mail-Werbung nach § 7 III UWG, GRUR 2011, 774; *Deckers,* Zusendung unbestellter Ware, NJW 2001, 1474; *Draheim/Lehmann,* Facebook & Co.: Aktuelle rechtliche Entwicklungen im Bereich Social Media – Marken- und Lauterkeitsrecht, GRUR-Prax 2014, 401; *Eckhardt,* Datenschutzrichtlinie für elektronische Kommunikation – Auswirkungen auf Werbung mittels elektronischer Post, MMR 2003, 557; *ders.,* Neuausrichtung der Einwilligung in Werbung?, K&R 2018, 310; *Ehlers,* Der persönlichkeitsrechtliche Schutz des Verbrauchers vor Werbung, WRP 1983, 187; *Engels,* Europäische Liberalisierung des Direktmarketings gegenüber Verbrauchern, K&R 2006, 59; *Engels/Salomon,* Von Lauterkeitsrecht zum Verbraucherrecht: UWG-Reform 2003, WRP 2004, 32; *Engels/Brunn,* Ist § 7 II Nr. 2 UWG europarechtswidrig, GRUR 2010, 886; *dies.,* Wettbewerbsrechtliche Beurteilung von telefonischen Kundenzufriedenheitsbefragungen, WRP 2010, 687; *Ernst,* Suchmaschinenmarketing (Keyword-Advertising, Doorway pages u. ä.) im Wettbewerbs- und Markenrecht, WRP 2004, 278; *ders.,* Headhunting per E-Mail, GRUR 2010, 963; *ders.* Die Double-opt-in-Bestätigungsmail als Werbung, WRP 2013, 160; *Ernst/Seichter,* Werben mittels E-Cards – Rechtliche Beurteilung als Spamming? MMR 2006, 779; *Faber,* die Versendung unerwünschter E-Mail-Werbung – Widerruf und Privilegierung nach § 7 III UWG, GRUR 2014, 337; *Fezer,* Die Nichtigkeit der Folgeverträge unlauterer Telefonwerbung, WRP 2007, 855; *ders.,* Bestätigungslösung eines telefonischen Vertragsschlusses als Königsweg effektiven Verbraucherschutzes im Telefonmarketing, GRUR-Prax 2011, 321544; *Fikentscher/Möllers,* Die (negative) Informationsfreiheit als Grenze von Werbung und Kunstdarbietung, NJW 1998, 1337; *Franck,* Wettbewerbsverstoß durch Werkseinstellungen – „Gesendet von meinem [Markengerät]", K&R 2017, 226; *Freitag/Busemann,* Zur wettbewerbsrechtlichen Zulässigkeit von elektronischer Post als Mittel des Direktmarketings, AfP 1998, 475; *Fritzsche,* Endlich: Das Gesetz zur Stärkung des fairen Wettbewerbs, WRP 2020, 1367; *Funk,* Wettbewerbsrechtliche Grenzen von Werbung per E-mail, CR 1998, 411; *Gamerith,* Neue Herausforderungen für ein europäisches Lauterkeitsrecht – Studie für den Arbeitskreis „UWG" des Bundesministeriums für Wirtschaft und Arbeit, WRP 2003,

143; *Gilles,* Recht und Praxis des Telemarketing – Werbung und Vertrieb unter Einsatz teletechnischer Kommunikationsmittel und ihre Schranken im Privat- und insbesondere Wettbewerbsrecht, NJW 1988, 2424; *Glöckner,* Lauterkeitsrechtliche Behandlung des Telemarketing – Zur verbraucherschützenden Wirkweise des UWG, JKR 1998, 49; *ders.,* „Cold Calling" und europäische Richtlinie zum Fernabsatz – ein trojanisches Pferd im deutschen Lauterkeitsrecht, GRUR Int. 2000, 29; *ders.,* Über die Schwierigkeit, Proteus zu beschreiben – die Umsetzung der Richtlinie über unlautere Geschäftspraktiken in Deutschland, GRUR 2013, 224; *Gola/Klug,* Die Entwicklung des Datenschutzrechts in den Jahren 2010/2011, NJW 2011, 2484; *Gomille,* Die Verteidigung gegen unerwünschte Werbung, GRUR 2017, 241; *ders.,* „Sex sells" und der lautere Wettbewerb, ZRP 2016, 134; *Gräbig,* Werbung mit Bewertungen, Rezensionen und Erfahrungsberichten, GRUR-Prax 2019, 197; *Gummig,* Rechtsfragen bei Werbung im Internet, ZUM 1996, 573; *Günther,* Erwünschte Regelung unerwünschter Werbung? – Zur Auslegung von Artikel 10 der Fernabsatzrichtlinie 97/7/EG, CR 1999, 172; *Habersack,* Haustürgeschäfterichtlinie und Realkreditverträge, WM 2000, 981; *Hanloser,* „opt-in" im Datenschutzrecht und Wettbewerbsrecht, CR 2008, 713; *Hartlage,* Progressive Kundenwerbung – immer wettbewerbswidrig?, WRP 1997, 1; *Hartwig/Ferschl,* Werbung per Telefon – Kostenlose Telefongespräche dank Werbung?, WRP 1999, 1083; *Hau,* Geschäftsführung ohne Verbraucherauftrag, NJW 2001, 2863; *Haug,* Stellen Anrufe zu Zwecken der Kundenzufriedenheitsermittlung oder der Werbezustellungskontrolle Telefonwerbung dar?, K&R 2010, 767; *Heil,* Einwilligungserklärung für mehrere Werbekanäle?, WRP 2018, 535; *Henning-Bodewig,* Das Europäi-sche Wettbewerbsrecht: Eine Zwischenbilanz, GRUR Int. 2002, 389; *dies.,* Richtlinienvorschlag über unlautere Geschäftspraktiken und UWG-Reform, GRUR Int. 2004, 183; *dies.,* Die Richtlinie 2005/29/EG über unlautere Geschäftspraktiken, GRUR Int. 2005, 629; *Hoeren,* Cybermanners und Wettbewerbsrecht – Einige Überlegungen zum Lauterkeitsrecht im Internet, WRP 1997, 993; *ders.,* Traumjob Fotomodell? – Wie man sich gegen Faxwerbung für 0190-Abrufdienste zur Wehr setzen kann, NJW 2001, 2525; *Hornung/Hofmann,* Die Zulässigkeit der Markt- und Meinungsforschung nach Datenschutz- und Wettbewerbsrecht, WRP 2014, 910; *Isele,* Telefonwerbung: Was ist (noch) erlaubt, GRUR-Prax 2011, 323 611; *Jahn/Gonzalez,* Wettbewerbsvorteil und Gewinnerzielungsinteresse contra personales Selbstbestimmungsrecht – Briefkastenwerbung durch Wurfsendungen vor Gericht, WRP 1991, 1; *Jankowski,* Nichts ist unmöglich! – Möglichkeiten der formularmäßigen Einwilligung in die Telefonwerbung, GRUR 2010, 495; *Klein/Insam,* Telefonische Abwerbung von Mitarbeitern am Arbeitsplatz und im Privatbereich, GRUR 2006, 379; *Köbrich/Froitzheim,* Lass uns quatschen – Werbliche Kommunikation mit Chatbots, WRP 2017, 1188; *Köhler,* Wettbewerbsrechtliche Grenzen des Mitgliederwettbewerbs der gesetzlichen Krankenkassen, WRP 1997, 373; *ders.,* UWG-Reform und Verbraucherschutz, WRP 2003, 265; *ders.,* Vertragsrechtliche Sanktionen gegen unerwünschte Telefonwerbung?, WRP 2007, 866; *ders.,* Zur richtlinienkonformen Auslegung und Neuregelung der „Bagatellklausel" in § 3 UWG, BB 2008, 10; *ders.,* Neue Regelungen zum Verbraucherschutz bei Telefonwerbung und Fernabsatzverträgen, NJW 2009, 2567; *ders.,* Unzulässige geschäftliche Handlungen bei Abschluss und Durchführung eines Vertrags, WRP 2009, 898; *ders.,* Richtlinienkonforme Gesetzgebung statt richtlinienkonforme Auslegung: Plädoyer für eine weitere UWG-Novelle, WRP 2012, 251; *ders.,* Die Umsetzung der Richtlinie über unlautere Geschäftspraktiken in Deutschland – eine kritische Analyse, GRUR 2012, 1073; *ders.,* Ist die Regelung der Telefonwerbung im UWG richtlinienkonform?, WRP 2012, 1329; *ders.,* Unbestellte Waren und Dienstleistungen – neue Normen, neue Fragen. Zugleich Besprechung zu BGH, Urt. V. 17.8.2011 – I ZR 134/10 – Auftragsbestätigung, GRUR 2012, 217; *ders.,* Alternativentwurf (UWG-AE) zum Regierungsentwurf (UWG-E) eines 2. Gesetzes zur Änderung des Gesetzes gegen den unlauteren Wettbewerb, WRP 2015, 1311; *ders.,* UWG-Reform 2015: Im Regierungsentwurf nicht angesprochene Defizite bei der Umsetzung der UGP-RL, WRP 2015, 1037; *ders.,* Richtlinienumsetzung im UWG – eine unvollendete Aufgabe, WRP 2013, 403; *ders.,* Verbandsklagen gegen unerbetene Telefon-, Fax und E-Mail-Werbung: Was sagt das Unionsrecht?, WRP 2013, 567; *ders.,* Zur Neuvermessung der Tatbestände der unzumutbaren Belästigung (§ 7 UWG), WRP 2017, 253; *ders.,* Die Verbote der unerbetenen Telefon-, Fax- und E-Mail-Werbung: Geschützte Personen, Schutzzwecke und Durchsetzung, WRP 2017, 1025; *ders.,* Die Regelung der „unerbetenen Kommunikation" in der ePrivacy-Verordnung und ihre Folgen für das UWG, WRP 2017, 1291; *ders.,* Zum „Bagatellverstoß" im Lauterkeitsrecht, WRP 2020, 1378; *Köhler/Bornkamm/Henning-Bodewig,* Vorschlag für eine Richtlinie zum Lauterkeitsrecht und eine UWG-Reform, WRP 2002, 1317; *Köhler/Lettl,* Das geltende europäische Lauterkeitsrecht, der Vorschlag für eine Richtlinie über unlautere Geschäftspraktiken und die UWG-Reform, WRP 2003, 1019; *Krajewski,* Werbung über das Handy – Zur Zulässigkeit kommerzieller SMS-Nachrichten, MMR 2001, 86; *Kresse/Spinger,* Verbraucherausstellungen – Freizeitveranstaltungen im Sinne des Haustürwiderrufsgesetzes?, WRP 2000, 479; *Kühling/Martini,* Die Datenschutz-Grundverordnung: Revolution oder Evolution im europäischen und deutsches Datenschutzrecht?, EuZW 2016, 448; *Kulka,* Der Entwurf des „Ersten Gesetzes zur Änderung des Gesetzes gegen den unlauteren Wettbewerb", DB 2008, 1548; *Lange,* Neue Marketingstrategien im Internet – ökonomische und rechtliche Analyse, BB 2002, 561; *Leistner/Pothmann,* E-Mail-Direktmarketing im neuen europäischen Recht und in der UWG-Reform, WRP 2003, 815; *Lenz/Rabe,* Telefonwerbung – Eine Betrachtung aus der Praxis der Versicherungswirtschaft, VersR 2010, 1541; *Lettl,* Rechtsfragen des Direktmarketings per Telefon und e-mail, GRUR 2000, 977; *ders.,* Die AGB-rechtliche Relevanz einer Option in der formularmäßigen Einwilligungserklärung zur Telefonwerbung, NJW 2001, 42; *ders.,* Der Schutz der Verbraucher nach der UWG-Reform GRUR 2004, 449; *ders.,* BB-Rechtsprechungsreport zum Wettbewerbsrecht 2015/2016, BB 2016, 2243; *Leupold,* Die massenweise Versendung von Werbe-e-Mails: Innovatives Direktmarketing oder unzumutbare Belästigung des Empfängers?, WRP 1998, 270; *Leupold/Bräutigam/Pfeiffer,* Von der Werbung zur kommerziellen Kommunikation: Die Vermarktung von

Waren und Dienstleistungen im Internet, WRP 2000, 575; *Lober,* Spielend werben: Rechtliche Rahmenbedingungen des Ingame-Advertising, MMR 2006, 643; *L. Lorenz,* Chatbots im praktischen Einsatz: Grundbegriffe, Rechtsfragen und Anwendungsszenarien, K&R 2019, 1; *Mankowski,* Ist die Bagatellklausel des § 3 UWG bei belästigender Werbung (§ 7 UWG) zu beachten?, WRP 2008, 15; *ders.,* Scheibenwischerwerbung und andere belästigende Werbung an Auto und Fahrrad, GRUR 2010, 578; *ders.,* Postwurfsendungen nein danke!, WRP 2012, 269; *Menebröcker,* Telefon- und E-Mail-Werbung nach fünf Jahren Bekämpfung unseriöser Geschäftspraktiken, GRUR-Prax 2017, 369; *Meyer,* Europäischer Binnenmarkt und produktspezifisches Werberecht, GRUR Int. 1996, 697; *J. Meyer,* Briefkastenwerbung in Plastikfolie und Gratiszeitungen, WRP 2012, 788; *ders.,* Inhaltliche Aspekte unzumutbarer Belästigung, WRP 2017, 501; *S. Meyer,* Facebook: Freundefinder und AGB rechtswidrig. Zugleich Kommentar zu LG Berlin, Urt. V. 8.3.2012 – 16 O 551/10, K&R 2012, 309; *Micklitz,* Umsetzung der EG-Fernabsatzrichtlinie, BB 1999, 2093; *Micklitz/Kessler,* Funktionswandel des UWG, WRP 2003, 919; *Möller,* Die Änderung der rechtlichen Rahmenbedingungen des Direktmarketings, WRP 2010, 321; *ders.,* Die aktuellen Entwicklungen im Lauterkeitsrecht, NJW 2018, 3351; *Nemeczek,* Neueste gesetzgeberische Bemühungen um die Bestätigungslösung bei unerlaubter Telefonwerbung, WRP 2011, 530; *Nippe,* Belästigende Wettbewerbshandlungen – Tatbestände, Rechtfertigungsgründe, Rechtsprechung, WRP 2007, 19; *ders.,* Belästigung zwischen Wettbewerbshandlung und Werbung, WRP 2006, 951; *Nordemann,* Telefonwerbung – bald ganz verboten?, AfP 1991, 484; *Ohlenburg,* Die neue EU-Datenschutzrichtlinie 2002/58/EG – Auswirkungen und Neuerungen für elektronische Kommunikation, MMR 2003, 82; *Ohly,* Gegen die Bestätigungslösung bei Folgeverträgen unzulässiger Telefonwerbung, GRUR-Prax 2011, 321 515; *ders.,* Alternativentwurf („Große Lösung“) zum Regierungsentwurf eines 2. Gesetzes zur Änderung des Gesetzes gegen den unlauteren Wettbewerb, WRP 2015, 1443; *ders.,* Nach der Reform ist vor der Reform – Anmerkungen zum Referentenentwurf eines Zweiten Gesetzes zur Änderung des UWG, GRUR 2014, 1137; *ders.,* Das neue UWG im Überblick, GRUR 2016, 3; *ders.,* Das neue UWG im Überblick, GRUR 2016, 3; *Paschke,* Zur Liberalisierung des Rechts des Telefonmarketing, WRP 2002, 1219; *Pauli,* Die Einwilligung in Telefonwerbung per AGB bei der Gewinnspielteilnahme – Trotz verschärfter Gesetze ein „Lichtblick“ für werbende Unternehmen, WRP 2009, 1192; *ders.,* die Einwilligung in Werbung bei Gewinnspielen, WRP 2011, 1232; *Pauly/Jankowski,* Rechtliche Aspekte der Telefonwerbung im B-to-B-Bereich, GRUR 2007, 118; *Pfeifer,* Neue Regeln für die Datennutzung zu Werbezwecken, MMR 2010, 524; *Pflüger,* Deutschland – Beschluss eines Entwurfs zur Änderung des Gesetzes gegen unlauteren Wettbewerb (UWG), GRUR Int. 2008, 628; *Quiring,* Gedanken zur Mitarbeiteranwerbung per Telefon, WRP 2001, 470; *ders.,* Die Abwerbung von Mitarbeitern im Licht der UWG-Reform – und vice versa, WRP 2003, 1181; *Raeschke-Kessler/Schröder,* 25 Jahre Rechtsprechung zur Telefonwerbung – und kein Ende?, in: FS Piper, 1996, S. 399; *Raue,* Haftung für unsichere Software, NJW 2017, 1841; *Reich,* Die neue Richtlinie 97/7/EG über den Verbraucherschutz bei Vertragsabschlüssen im Fernabsatz, EuZW 1997, 581; *Reich,* Die wettbewerbsrechtliche Beurteilung der Haustürwerbung, GRUR 2011, 589; *ders.,* Das UWG nach der UWG-Novelle 2015, VuR 2016, 257; *Reichelsdorfer,* „e-Mails“ zu Werbezwecken – ein Wettbewerbsverstoß?, GRUR 1997, 191; *Remmertz,* Werbebotschaften per Handy, MMR 2003, 314; *Schantz,* Die Datenschutz-Grundverordnung – Beginn einer neuen Zeitrechnung im Datenschutz, NJW 2016, 1841; *Schaub,* Lauterkeitsrechtliche Beurteilung von Werbeempfehlungen und Datennutzung in sozialen Netzwerken, GRUR 2016, 1017; *Scherer,* Privatrechtliche Grenzen der Verbraucherwerbung, 1996; *dies.,* Das Chamäleon der Belästigung – Unterschiedliche Bedeutungen eines Zentralbegriffs des UWG, WRP 2017, 891; *dies.,* Abwehransprüche von Verbrauchern und sonstigen Marktbeteiligten gegen unzulässige geschäftliche Handlungen, GRUR 2019, 361; *Schick,* Rechtliche Aspekte der Internet-Telefonie, NJW-CoR 1998, 486; *Schirmbacher/Schätzle,* Einzelheiten zulässiger Werbung per E-Mail, WRP 2014, 1143; *Schirmbacher,* Unzumutbare Belästigung durch Display-Werbung – wann ist nervig auch wettbewerbswidrig?, K&R 2019, 229; *Schmid,* Freier Dienstleistungsverkehr und Recht des Wettbewerbs, dargestellt am Beispiel der Telefonwerbung, 2000; *Schmittmann,* Rechtliche Aspekte der Short-Message-Service-Werbung, MMR 1998, 346; *ders.,* Überblick über die rechtliche Zulässigkeit von SMS-Werbung, K & R 2004, 58; *Schmitz/Eckhardt,* AGB-Einwilligung in Werbung, CR 2006, 533; *Schneider,* Geltungsdauer einer Einwilligung in die Werbeansprache, K&R 2019, 8; *Schöttle,* Website- und E-Mail-Marketing – ein Überblick, JurPC Web-Dok. 9/2007; *Schomburg,* Schwierige Beweisführung des Verbrauchers in der Praxis, NJW 1995, 111; *Schricker,* Hundert Jahre Gesetz gegen den unlauteren Wettbewerb – Licht und Schatten, GRUR Int. 1996, 473; *ders.,* Zur wettbewerbsrechtlichen Beurteilung der Telefonwerbung im geschäftlichen Bereich, GRUR 1998, 541; *Schricker/Henning-Bodewig,* Elemente einer Harmonisierung des Rechts des unlauteren Wettbewerbs in der Europäischen Union, WRP 2001, 1367; *Schulte-Nölke/Henning-Bodewig/Podszun,* Schlussbericht zur Studie „Evaluierung verbraucherschützender Regelungen im Gesetz gegen unseriöse Geschäftspraktiken“ vom 3. Februar 2017, abrufbar unter https://www.bmjv.de/SharedDocs/Downloads/DE/Service/StudienUntersuchungenFachbuecher/Evaluierung_unserioese_Geschaeftspraktiken_Schlussbericht.pdf?__blob=publicationFile&v=1; *Schulze zur Wiesche,* Kein Freiwurf in Freiburg? – Zum Erfordernis der „Hartnäckigkeit“ von Briefwerbung nach § 7 II Nr. 1 UWG, GRUR-Prax 2016, 121; *Schütz,* Nachahmungsgefahr und Unlauterkeit, WRP 1993, 168; *Schwab,* Denn sie wissen nicht, was sie tun – notwendige wettbewerbsrechtliche Neubewertung des Anreißens bei unaufgefordertem Ansprechen von Passanten in der Öffentlichkeit, GRUR 2002, 579; *Schwarz,* § 241a BGB als Störfall für die Zivilrechtsdogmatik, NJW 2001, 1449; *Sieling/Lachenmann,* Werbung im sozialen Netzwerk Facebook (auch) bei Bring your own Device, ITRB 2012, 156; *Sosnitza,* Das Koordinatensystem des Rechts des unlauteren Wettbewerbs im Spannungsfeld zwischen Europa und Deutschland – Zum Regierungsentwurf zur Reform des UWG vom 9.5.2003, GRUR 2003, 739; *ders.,*

Der Gesetzentwurf zur Umsetzung der Richtlinie über unlautere Geschäftspraktiken, WRP 2008, 1014, *Splittgerber/Zscherpe/Goldmann,* Werbe-E-Mails – Zulässigkeit und Verantwortlichkeit, WRP 2006, 178; *Steckler,* Die wettbewerbsrechtlichen Unlauterkeitskriterien bei Verwendung teletechnischer Kommunikationsmedien im Direktmarketing, GRUR 1993, 865; *Steinmetz,* Lauterkeitsrechtliche Beurteilung von In-App-Werbung, WRP 2018, 1415; *Stuckel,* Zur Einwilligung in Telefon- und E-Mail-Werbung, Der Betrieb 2011, 2421; *Terhaag/Schwarz,* Quo vadis, Freundschaftsempfehlung – Mächtiges PR-Instrument oder wettbewerbswidrige Datenschleuder?, K&R 2012, 377; *Tonner/Reich,* Die Entwicklung der wettbewerbsrechtlichen Beurteilung der Telefonwerbung, VuR 2009, 95; *Ullmann,* Das Koordinatensystem des Rechts des unlauteren Wettbewerbs im Spannungsfeld von Europa und Deutschland, GRUR 2003, 817; *Ulmer,* Direktvertrieb und Haustürwiderrufsgesetz – Zivil- und wettbewerbsrechtliche Probleme, WRP 1986, 445; *Veelken,* Kundenfang gegenüber dem Verbraucher – Bemerkungen zum EG-Richtlinienentwurf; *van Raay/Meyer-van Raay,* Opt-in, Opt-out und (k)ein Ende der Diskussion, VuR 2009, 103; über unlautere Geschäftspraktiken, WRP 2004, 1; *Vehslage,* E-Mail-Werbung – Ein Überblick zum Stand der Rechtsprechung und Literatur mit weitergehenden Lösungsansätzen, DuD 1999, 22; *ders.,* Auswirkungen der Fernabsatzrichtlinie auf die Telefon- und E-Mail-Werbung, GRUR 1999, 656; *Wasse,* Endlich: Unzulässigkeit der Scheibenwischerwerbung nach dem UWG, WRP 2010, 191; *Wassermeyer,* Schockierende Werbung, GRUR 2002, 126; *Weber,* E-Mail-Werbung im geschäftlichen Verkehr, WRP 2010, 462; *Wegmann,* Anforderungen an die Einwilligung in Telefonwerbung nach dem UWG, WRP 2007, 1141; *Weichert,* Datenschutzrechtliche Probleme beim Adressenhandel, WRP 1996, 522; *Weiden,* Aktuelle Berichte – Juni 2011: Studie des BMJ zu unerlaubter Telefonwerbung, GRUR 2011, 505; *Weiler,* Spamming – Wandel des Europäischen Rechtsrahmens, MMR 2003, 223; *Weise,* Briefkastenwerbung als Persönlichkeitsverletzung?, GRUR 1989, 653; *Wendlandt,* Europäische, deutsche und amerikanische Regelungen von E-Mail-Werbung – Überlegungen zum Nutzen des „CAN-SPAM Act", MMR 2004, 365; *Widmann,* Werbliche Meinungsfreiheit in der Bestatterwerbung generell und bei einer Werbung in sakralen oder ähnlich geschützten Bereichen, WRP 2003, 335; *Wieczorek,* Facebook: „Freunde-Finder" und Teile der AGB rechtswidrig, WRP 2012, 539; *Witter/Wichmann,* Dürfen soziale Netzwerke auf die Adressbücher ihrer Nutzer zugreifen? ITRB 2012, 133; *Witzmann/Seichter,* Die Einwilligung in die Telefonwerbung, WRP 2007, 699; *Wolber/Eckhardt,* Zulässigkeit unaufgeforderter E-Mail-Werbung?, DB 2002, 2581; *Zech,* Durchsetzung von Datenschutz mittels Wettbewerbsrecht?, WRP 2012, 1434; *Zehentmeier,* Unaufgeforderte E-Mail-Werbung – Ein wettbewerbswidriger Boom im Internet?, BB 2000, 940; *Ziebarth,* Nutzer von Werbeblockern als Adressaten gezielter Werbung?, VuR 2018, 257; *Ziem,* Spamming – Zulässigkeit nach § 1 UWG, Fernabsatzrichtlinie und E-Commerce-Richtlinienentwurf, MMR 2000, 129; *Zöller,* Telefonwerbung ist nicht grundsätzlich unzulässig, GRUR 1992, 297.

A. Einleitung

I. Einfluss des europäischen Rechts[1]

1 **1. Primärrecht.** Auf primärrechtlicher Ebene kommt im Bereich der unzumutbaren Belästigungen insbesondere den Regelungen der **Warenverkehrs- und Dienstleistungsfreiheit** (Art. 34, 56 AEUV) Bedeutung zu. Dies gilt sowohl unmittelbar für den noch nicht harmonisierten Bereich als auch mittelbar, da auch das gemeinschaftsrechtliche Sekundärrecht im Lichte der primärrechtlichen Vorgaben auszulegen ist.

2 **2. Sekundärrecht.** Auf sekundärrechtlicher Ebene ist im Rahmen des § 7 die **Richtlinie 2002/58/EG zum Datenschutz in der elektronischen Kommunikation** (Datenschutzrichtlinie für elektronische Kommunikation 2002, EK-DSRL),[2] von besonderer Bedeutung. Sie dient dem Schutz der Privatsphäre im Bereich der Telekommunikation und hat die Richtlinie 97/66/EG über die Verarbeitung personenbezogener Daten und den Schutz der Privatsphäre im Bereich der Telekommunikation (TK-Datenschutzrichtlinie 1997, TK-DSRL)[3] ersetzt. Durch § 7 Abs. 2 Nr. 3 und 4 und Abs. 3 wird Art. 13 der EK-DSRL umgesetzt, welcher den Schutz vor unerbetenen Nachrichten und damit die

[1] Umfassend hierzu oben Einl. B *(Glöckner)* und → Einl. Rn. 970–1000 *(Ahrens).*

[2] Richtlinie 2002/58/EG des Europäischen Parlaments und des Rates vom 12.7.2002 über die Verarbeitung personenbezogener Daten und den Schutz der Privatsphäre in der elektronischen Kommunikation (Datenschutzrichtlinie für elektronische Kommunikation), ABl. 2002 L 201, S. 37.

[3] Richtlinie 97/66/EG des Europäischen Parlaments und des Rates vom 15.12.1997 über die Verarbeitung personenbezogener Daten und den Schutz der Privatsphäre im Bereich der Telekommunikation, ABl. 1998 L 24, S. 1.

Fälle belästigender Werbung durch Telekommunikationsmittel zum Gegenstand hat.[4] In Bezug auf Direktwerbung gegenüber natürlichen Personen mittels anderer elektronischer Kommunikationsmittel als automatischer Anrufmaschinen, Faxgeräte oder elektronischer Post sieht Art. 13 Abs. 3 der EK-DSRL ein nationales **Wahlrecht** zwischen einem **Verbot der Werbung ohne vorherige Einwilligung („Opt-in")** oder einer **Erlaubnis mit Widerspruchsvorbehalt („Opt-out")** vor. Nach Art. 13 Abs. 5 EK-DSRL war Deutschland auch berechtigt, die Telefonwerbung gegenüber „anderen Teilnehmern als natürlichen Personen", also insbesondere juristischen Personen, unter den Vorbehalt der Einwilligung zu stellen. Nach Auffassung von *Köhler* ist allerdings fraglich, ob die Unterscheidung in § 7 Abs. 2 Nr. 2 zwischen Verbrauchern („vorherige ausdrückliche Einwilligung") und sonstigen Marktteilnehmern („zumindest mutmaßliche Einwilligung") im Einklang mit Art. 13 Abs. 5 EK-DSRL steht, da auch „sonstige Marktteilnehmer" natürliche Personen iSd Art. 13 Abs. 5 EK-DSRL sein könnten. In Bezug auf natürliche Personen genüge jedoch das Erfordernis einer nur mutmaßlichen Einwilligung nicht den Anforderungen an eine Einwilligung iSd Art. 2 lit. e EK-DSRL.[5]

In Bezug auf die **E-Mail-Werbung** lässt Art. 13 Abs. 1 EK-DSRL eine an sich sachgerecht erscheinende Differenzierung zwischen Verbrauchern und Unternehmern nicht zu, da sie eine Einwilligung aller „natürlichen Personen" fordert, zu denen auch Unternehmer zählen können. Der Vorschlag von *Ohly,*[6] in § 7 insoweit „wenigstens" zwischen natürlichen Personen und juristischen Personen zu unterscheiden, wurde im UWG 2015 nicht umgesetzt.

Erheblichen Einfluss auf die Gestaltung des § 7 hatte schließlich auch die am 11.5.2005 in Kraft getretene Richtlinie 2005/29/EG über unlautere Geschäftspraktiken im binnenmarktinternen Geschäftsverkehr zwischen Unternehmern und Verbrauchern **(UGP-RL).**[7] Die UGP-RL steht ganz im Zeichen eines verstärkten Verbraucherschutzes. Sie zielt im Rahmen ihres Anwendungsbereichs im Verhältnis von Gewerbetreibenden zu Verbrauchern (B2C) auf eine Vollharmonisierung im Bereich der unlauteren Geschäftspraktiken ab.[8] 3

Das in Art. 5 Abs. 1 UGP-RL enthaltene generelle Verbot unlauterer Geschäftspraktiken wird in Art. 5 Abs. 4 lit. b UGP-RL dahingehend konkretisiert, dass insbesondere **aggressive Geschäftspraktiken** als unlauter gelten. Aggressiv ist eine Geschäftspraxis nach Art. 8 UGP-RL dann, wenn sie im konkreten Fall unter Berücksichtigung aller tatsächlichen Umstände die Entscheidungs- oder Verhaltensfreiheit des Durchschnittsverbrauchers in Bezug auf das Produkt durch Belästigung, Nötigung, einschließlich der Anwendung körperlicher Gewalt, oder durch unzulässige Beeinflussung tatsächlich oder voraussichtlich erheblich beeinträchtigt und dieser dadurch tatsächlich oder voraussichtlich dazu veranlasst wird, eine geschäftliche Entscheidung zu treffen, die er andernfalls nicht getroffen hätte. Dem entspricht auch die Definition der aggressiven geschäftlichen Handlung in § 4a des Zweiten Gesetzes zur Änderung des Gesetzes gegen den unlauteren Wettbewerb vom 2.12.2015 **(UWG 2015).**[9] 4

Zu beachten ist, dass die UGP-RL laut ihrem Erwägungsgrund Nr. 7 Geschäftspraktiken betrifft, die im **unmittelbaren Zusammenhang mit der Beeinflussung der geschäft-** 5

---

[4] Zum Verhältnis der EK-DSRL zu der lauterkeitsrechtlichen Regelung des § 7 UWG siehe auch *Glöckner,* → Einl. Rn. 487 ff.

[5] *Köhler* WRP 2012, 1329 (1333); *Köhler* GRUR 2012, 1073 (1080 ff.); *Köhler* WRP 2015, 1311 (1318); *Köhler* WRP 2017, 1025 (1033); aA offenbar *Ohly* WRP 2015, 1443 (1446), der in der Regelung des § 7 Abs. 2 Nr. 2 eine „sachgerechten Unterscheidung zwischen Verbrauchern und Unternehmern" sieht; siehe auch *Scherer* GRUR 2019, 361, 363.

[6] *Ohly* WRP 2015, 1443 (1446); siehe hierzu zustimmend auch *Köhler* WRP 2015, 1311 (1318).

[7] Richtlinie 2005/29/EG des Europäischen Parlaments und des Rates vom 11.5.2005 über unlautere Geschäftspraktiken im binnenmarktinternen Geschäftsverkehr zwischen Unternehmen und Verbrauchern, ABl. 2005 L 149, S. 22 = GRUR Int. 2005, 569.

[8] Allg. Ansicht, vgl. etwa *Sosnitza* WRP 2008, 1014 (1015). Siehe die ausführlichen Kommentierungen von *Keller* → Einl. A. Rn. 18 ff. und von *Glöckner* → Einl. B. Rn. 237 ff.

[9] BGBl. 2015 I S. 2158 ff.

lichen Entscheidung des Verbrauchers in Bezug auf Produkte stehen. Hingegen setzt § 7 eine Beeinträchtigung der Entscheidungsfreiheit nicht voraus.[10] Der Gemeinschaftsgesetzgeber hat es den Mitgliedstaaten jedoch freigestellt, auch solche Geschäftspraktiken zu untersagen, die – etwa aus **kulturellen Gründen** – in bestimmten Mitgliedsstaaten unabhängig von deren Einfluss auf die Entscheidungsfreiheit des Verbrauchers **als unlauter eingestuft** werden.[11] Dabei ist allerdings stets der Rahmen des gemeinschaftsrechtlich Zulässigen zu beachten.

6 Die UGP-RL enthält überdies in Anhang I eine Liste von 31 **per-se-Verboten,** die mit Ausnahme von Nr. 26 als Anhang zu § 3 Abs. 3 umgesetzt wurde (sog. **„Black List"**).[12] Hierbei handelt es sich um Verbote ohne Wertungsmöglichkeit. Die dort aufgeführten Handlungen sind unter allen Umständen als unlauter anzusehen. Aus systematischen Gründen findet **Nr. 26 des Anhangs I,** der das **Direktmarketing über Telefon, Fax, E-Mail** oder **sonstige für den Fernabsatz geeignete Medien** betrifft, seine Umsetzung nicht in § 3 Abs. 3, sondern – soweit der Gesetzgeber dies im Nachgang zu der UWG-Reform von 2004 noch für erforderlich erachtete – in § 7 Abs. 2.[13]

7 Im Zusammenhang mit dem in § 7 Abs. 1 normierten allgemeinen Verbot unzumutbarer Belästigungen stehen des Weiteren die Verbotstatbestände der **Nr. 24, 25 und 29 des Anhangs I zur Richtlinie.** Nr. 24 enthält das Verbot, den Eindruck zu erwecken, der Verbraucher könne den Geschäftsraum erst nach Vertragsschluss verlassen. Nr. 25 behandelt die Aufforderung des Verbrauchers zum Verlassen seiner Wohnung sowie das Verbot der Wiederkehr in diese Wohnung. Nr. 29 erklärt schließlich die Aufforderung gegenüber dem Verbraucher, unbestellte Ware zu bezahlen, zurückzusenden oder zu verwahren, zur unerlaubten aggressiven Geschäftspraktik. Die genannten Verbotstatbestände wurden in den Nr. 25, 26 und 29 des Anhangs zu § 3 Abs. 3 umgesetzt. Die dort aufgeführten Tatbestände sind als Verbote ohne Wertungsmöglichkeit **vorrangig zu § 7 Abs. 1** zu berücksichtigen.

8 Auch die UGP-RL betont, dass die Unlauterkeit eines Verhaltens sich unter Zugrundelegung des Verständnisses eines durchschnittlichen Verbrauchers oder, wenn sich die geschäftliche Handlung an eine bestimmte Gruppe von Verbrauchern wendet, anhand des Verständnisses eines durchschnittlichen Mitglieds dieser Gruppe richtet. Es gilt somit grundsätzlich das **Leitbild des Durchschnittsverbrauchers.**

9 Nach Art. 3 Abs. 4 UGP-RL gehen sämtliche Rechtsvorschriften der Gemeinschaft, „die besondere Aspekte unlauterer Geschäftspraktiken regeln", im Kollisionsfall vor. Damit gilt die UGP-RL nur **subsidiär** für Geschäftspraktiken, die bereits durch andere gemeinschaftsrechtliche Vorschriften erfasst werden, und schafft somit auch im Verhältnis zum Verbraucher keinen einheitlichen Regelungsrahmen.[14]

10 Die Richtlinie 97/7/EG über den Verbraucherschutz bei Vertragsabschlüssen im Fernabsatz **(Fernabsatzrichtlinie 1997, FARL),**[15] die in Artikel 10 Abs. 1 Werbung per Fax und mittels automatischer Telefonsysteme dem so genannten Opt-in-Prinzip unterstellte und die Mitgliedstaaten in Bezug auf die Werbung mit anderen Fernkommunikationsmitteln gemäß Art. 10 Abs. 2 nur verpflichtete, diese bei offenkundiger Ablehnung durch den Verbraucher zu verbieten, ihnen aber die Möglichkeit einer Opt-in-Regelung ließ, ist gemäß Art. 31 der Richtlinie 2011/83/EG[16] zum 13.6.2014 ersatzlos außer Kraft getreten;

---

[10] Differenzierend *Köhler*/Bornkamm/Feddersen § 7 Rn. 3, wonach § 7 Abs. 2 Nr. 1 in richtlinienkonformer Auslegung die Entscheidungsfreiheit der Verbraucher schütze, allerdings keinen Nachweis einer tatsächlichen oder voraussichtlichen Beeinträchtigung der Entscheidungsfreiheit voraussetze.

[11] Vgl. Erwägungsgrund 7 UGP-RL 2005.

[12] Diese Verbote ohne Wertungsvorbehalt sind im Anhang zu § 3 Abs. 3 UWG kommentiert.

[13] Kritisch hierzu *Köhler* GRUR 2012, 1073 (1079).

[14] Siehe hierzu auch *Glöckner* → Einl. Rn. 455.

[15] Richtlinie 97/7/EG des Europäischen Parlaments und des Rates vom 20.5.1997 über den Verbraucherschutz bei Vertragsabschlüssen im Fernabsatz, ABl. 1997 L 144, S. 19.

[16] Richtlinie 2011/83/EU des Europäischen Parlaments und des Rates vom 25.10.2011 über die Rechte der Verbraucher, zur Abänderung der Richtlinie 93/13/EWG des Rates und der Richtlinie 1999/44/EG des

das Verbraucherschutzniveau der Regelung in Art. 13 der Datenschutzrichtlinie für elektronische Kommunikation (EK-DSRL 2002, Richtlinie 2002/58/EG) wird insoweit als ausreichend angesehen.[17]

Artikel 10 der Richtlinie 2002/65/EG über den Fernabsatz von Finanzdienstleistungen 2002 **(FinDL-FARL 2002)**[18] enthält ebenfalls ein **Verbot der Werbung mittels automatischer Anrufmaschinen und Faxgeräte** ohne vorherige Einwilligung des Adressaten. Ein weitergehender Schutz vor unerbetenen Nachrichten durch andere gemeinschaftsrechtliche Regelungen bleibt unberührt. Das in Artikel 13 der EK-DSRL 2002 enthaltene Verbot unerbetener Werbung durch automatische Anrufmaschinen, Faxgeräte oder elektronische Post ohne vorherige Einwilligung geht daher vor.[19] 11

Weiterhin zu nennen ist die Richtlinie 2000/31/EG **(E-Commerce-Richtlinie 2000, ECRL),**[20] die in Artikel 7 Abs. 2 die Mitgliedstaaten verpflichtet sicherzustellen, dass Unternehmen, die Werbung mittels nicht angeforderter kommerzieller Kommunikation betreiben, so genannte Robinson-Listen respektieren.[21] 12

Aufgrund der Richtlinie (EU) 2019/2161 vom 27.11.2019 (hierzu *Glöckner* Einl. B Rn. 193 ff.; Alexander WRP 2021, 136 (141) wird es mit Wirkung ab 28.5.2022) zur Aufhebung des § 7 Abs. 2 Nr. 1 UWG und zu leichten Anpassungen des übrigen Textes des § 7 kommen. Der Tatbestand der Nr. 26 Anhang I UGP-RL wird stattdessen in die „Schwarze Liste" des UWG übernommen. Das Verbot lautet: „Folgende geschäftliche Handlungen sind stets unzulässig: (…) hartnäckiges und unerwünschtes Ansprechen des Verbrauchers mittels Telefonanrufen, unter Verwendung eines Faxgerätes, elektronischer Post oder Sonstiger für den Fernabsatz geeignetes Mittel der kommerziellen Kommunikation, es sei denn, das Verhalten ist zur rechtmäßigen Durchsetzung einer vertraglichen Verpflichtung gerechtfertigt". Verwiesen wird ferner auf den Gesetzentwurf vom 24.3.2011 (BT-Drucksache 19/27873), auf das Gesetz zur Stärkung des Verbraucherschutzes (BGBl. I 2021, S. 3504) und auf den Anhang zum „UWG 2022" (S. 3069 ff.). 12a

II. Hintergrund der Norm

1. Systematik. Während unter dem Begriff der **belästigenden Werbung** bis 2004 eine Reihe von Fallgruppen des § 1 UWG aF zusammengefasst wurden, welche die Rechtsprechung herausgebildet hatte, regelt § 7 seit der **UWG-Reform 2004**[22] die Fälle unzumutbarer Belästigungen in einer eigenen Bestimmung. Mit dem **UWG 2008**[23] wurde der ausdrückliche Hinweis auf die Generalklausel des § 3 gestrichen. Dies geschah im Interesse einer Verdeutlichung, dass die Bagatellschwelle des § 3 UWG aF hier keine Anwendung findet.[24] Die Unzumutbarkeit in § 7 Abs. 1 S. 1 bildet eine eigenständige Bagatellschwelle, die – im Rahmen des § 7 Abs. 1 – zu beachten ist. Für die Unlauterkeitstatbestände des § 7 Abs. 2 gilt das Unzumutbarkeitskriterium dagegen nicht. 13

Europäischen Parlaments und des Rates sowie zur Aufhebung der Richtlinie 85/577/EWG des Rates und der Richtlinie 97/7/EG des Europäischen Parlaments und des Rates, ABl. 2011 L 304, S. 64.

[17] Vgl. Erwägungsgrund 61 der Richtlinie 2011/83/EU.

[18] Richtlinie 2002/65/EG des Europäischen Parlaments und des Rates vom 23.9.2003 über den Fernabsatz von Finanzdienstleistungen an Verbraucher und zur Änderung der Richtlinie 90/619/EWG des Rates und der Richtlinien 97/7/EG und 98/27/EG, ABl. 2002 L 271, S. 16.

[19] *Leistner/Pothmann* WRP 2003, 815; siehe auch *Hecker* WRP 2006, 640 (644); *Henning-Bodewig* GRUR Int. 2005, 629 (630); *Köhler/Lettl* WRP 2003, 1044; *Seichter* WRP 2005, 1087 (1094); vgl. → Rn. 156 ff.

[20] Richtlinie 2000/31/EG des Europäischen Parlaments und des Rates vom 8.6.2000 über bestimmte Aspekte der Dienste der Informationsgesellschaft, insbesondere des elektronischen Geschäftsverkehrs, im Binnenmarkt, ABl. 2000 L 178, S. 1.

[21] Dazu → Rn. 54.

[22] Dazu → Rn. 27.

[23] Dazu → Rn. 31.

[24] Vgl. *Sosnitza* WRP 2008, 1014 (1019); *Kulka* DB 2008, 1548 (1556).

14 In inhaltlicher Hinsicht wurde der Stand der früheren Rechtsprechung zur belästigenden Werbung mit der UWG-Reform 2004 und der UWG-Reform 2008 im Wesentlichen fortgeschrieben. Bewusst **strengeren Regeln unterworfen** wurden jedoch die „für den Fernabsatz geeigneten Mittel der kommerziellen Kommunikation", also insbesondere die **Telefon-, Telefax- und E-Mail-Werbung.** Mit dem Gesetz zur Bekämpfung unerlaubter Telefonwerbung von 2009 sowie dem Gesetz gegen unseriöse Geschäftspraktiken von 2013[25] wurden die Regeln für die Werbung mittels Telefon nochmals verschärft.

15 Ein zentraler Begriff in § 7 Abs. 1 ist der der **„geschäftlichen Handlung"**, der mit der UWG-Reform 2008 die „Wettbewerbshandlung" in § 2 Abs. 1 Nr. 1 als Anknüpfungspunkt abgelöst hat. Hierbei soll es sich jedoch um eine rein terminologische Anpassung handeln, wie der Gesetzgeber ausdrücklich betont hat.[26] Die unzumutbare Belästigung iSd § 7 ist dabei dadurch gekennzeichnet, dass die geschäftliche Handlung – unabhängig von ihrem Inhalt – bereits wegen ihrer **Art und Weise** als Belästigung empfunden wird.

16 Mit der UWG-Reform 2008 hatte § 7 insbesondere in systematischer Hinsicht eine grundlegende Überarbeitung erfahren. Während Abs. 2 Nr. 1 eine Umsetzung der **Nr. 26 des Anhangs I zur UGP-RL** darstellt,[27] bildet Abs. 1 einen Auffangtatbestand für unzumutbare Belästigungen, die unabhängig von der Nutzung eines für den Fernabsatz geeigneten Mittels der kommerziellen Kommunikation erfolgen. Wie § 7 Abs. 1 S. 2 klarstellt, steht hier Werbung, die der angesprochene Marktteilnehmer erkennbar nicht wünscht, im Fokus. Zu den unter § 7 Abs. 1 fallenden Belästigungen zählen insbesondere das **Ansprechen in der Öffentlichkeit** und die **Zusendung unbestellter Waren,** aber auch die **Haustürwerbung.**[28] Allerdings hat im Rahmen des § 7 Abs. 1 stets eine umfassende Würdigung des Einzelfalls zu erfolgen.[29]

17 Letztere entfällt bei den **Unlauterkeitstatbeständen des § 7 Abs. 2;** derartige unzumutbare Belästigungen sind **stets verboten.** Auch innerhalb des § 7 Abs. 2 werden bestimmte Belästigungen wiederum vor die Klammer gezogen und in einer allgemeinen Nr. 1 geregelt. Gegenstand dieser Nr. 1 sind alle für den Fernabsatz geeigneten Mittel der kommerziellen Kommunikation, die keine spezielle Regelung in den Nr. 2–4 erfahren haben. § 7 Abs. 2 Nr. 1 erfasst daher im wesentlichen Katalogwerbung, Brief- und Postwurfwerbung. Werbung, die sich nicht an Verbraucher richtet, fällt nicht in den Anwendungsbereich des § 7 Abs. 2 Nr. 1.

18 Im Gegensatz zu 7 Abs. 2 Nr. 2 und 3 basiert der Unlauterkeitstatbestand der Nr. 1 auf dem so genannten Opt-out-Prinzip. Von einer unzumutbaren Belästigung ist nur auszugehen, wenn erkennbar ist, dass der Verbraucher die werbliche Ansprache nicht wünscht.

19 Die Telefon-, Telefax- und E-Mail-Werbung hatte schon mit der UWG-Reform 2004 eine spezielle Regelung in § 7 Abs. 2 Nr. 2–4 erfahren. Für die Nr. 2 **(Telefonwerbung)** und 3 **(Telefax, E-Mail, MMS, SMS)** gilt das Opt-in-Prinzip. Eine Einwilligung des Adressaten der Werbung muss vorliegen. § 7 Abs. 2 Nr. 2 differenziert hier nochmals zwischen Verbrauchern und sonstigen Marktteilnehmern.

20 Die Rechtsprechung zu § 1 UWG aF zur **Telefonwerbung** wurde mit der UWG-Reform 2004 durch § 7 Abs. 2 Nr. 2 zunächst im Wesentlichen fortgeschrieben. Schon 2004 hatte der Gesetzgeber im Bereich der an Verbraucher gerichteten Telefonwerbung den durch Art. 13 Abs. 3 EK-DSRL 2002[30] eingeräumten Ermessensspielraum restriktiv ausgenutzt und sich für eine Opt-in- und gegen eine Opt-out-Lösung entschieden. Die Einwilligung konnte danach jedoch auch konkludent erklärt werden. Seit Inkrafttreten des

---

[25] BGBl. I S. 3714.

[26] Regierungsentwurf eines Ersten Gesetzes zur Änderung des Gesetzes gegen den unlauteren Wettbewerb, BT-Drs. 16/10145 (RegE-UWG 2008), 18.

[27] Kritisch hierzu *Köhler* GRUR 2012, 1073 (1079).

[28] Dabei ist der Vorrang der *Black List* im Anhang zu § 3 Abs. 2 UWG zu beachten.

[29] Vgl. Erwägungsgrund 7 UGP-Richtlinie.

[30] Richtlinie 2002/58/EG, ABl. 2002 L 201, S. 37.

Gesetzes zur Bekämpfung unerlaubter Telefonwerbung und zur Verbesserung des Verbraucherschutzes bei besonderen Vertriebsformen am 4.8.2009[31] ist nunmehr **stets eine „vorherige ausdrückliche" Einwilligung erforderlich,** soweit sich die Ansprache an einen Verbraucher richtet. Eine konkludente Einwilligung genügt nicht mehr.[32] Die Telefonwerbung gegenüber einem sonstigen Marktteilnehmer ist nur dann unlauter, wenn eine Einwilligung nicht zumindest zu vermuten ist.

Hinsichtlich der **Telefax-, E-Mail-** und **MMS-** bzw. **SMS-Werbung** galt – in Anlehnung an den Wortlaut von Art. 13 Abs. 1 EK-DSRL 2002 – bereits seit 2004 das **Opt-in-Prinzip.** Ohne die ausdrücklich oder konkludent erklärte Einwilligung des Adressaten war die Werbung unter Verwendung von Faxgeräten oder elektronischer Post in der Regel unlauter, unabhängig davon, ob sie sich an einen Verbraucher oder sonstigen Marktteilnehmer richtete. Von der Möglichkeit einer diesbezüglichen Differenzierung hat der Gesetzgeber – trotz des durch Art. 13 Abs. 5 EK-DSRL 2002 eröffneten Freiraums – keinen Gebrauch gemacht.[33] Dies entspricht wiederum der früheren Rechtsprechung zur Faxwerbung.[34] 21

Mit der UWG-Reform 2008 entfiel die Möglichkeit, sich auf eine nur konkludent erklärte Einwilligung zu berufen. Der Gesetzestext fordert nunmehr auch hier – wie bei der Telefonwerbung – eine „vorherige ausdrückliche Einwilligung des Adressaten".[35] 22

§ 7 Abs. 2 Nr. 3 nennt daneben die Werbung mittels **automatischer Anrufmaschinen.** Nach einer vom Bundesministerium der Justiz durchgeführten Umfrage zur Belästigung durch Werbeanrufe gingen bei der Bundesnetzagentur im Untersuchungszeitraum von September 2009 bis Juni 2010 rund 40 000 Beschwerden zu unerlaubter Telefonwerbung nach § 7 Abs. 2 Nr. 3 ein.[36] Etwa ein Drittel des Beschwerdeaufkommens betrifft danach Anrufe unter Verwendung automatischer Anrufmaschinen.[37] Diese Werbeform hat somit in den letzten Jahren auch in Deutschland signifikant an Bedeutung gewonnen. Dem trägt die Ergänzung und **Verschärfung der Bußgeldandrohung in § 20** durch das am 9.10.2013 in Kraft getretene Gesetz gegen unseriöse Geschäftspraktiken[38] Rechnung. 23

§ 7 Abs. 2 Nr. 4 entstammt schließlich ebenfalls der UWG-Reform 2004. Die Regelung, die sich an den Wortlaut des Art. 13 Abs. 4 EK-DSRL 2002 anlehnt und 2008 keine Überarbeitung erfahren hatte, wurde durch das Gesetz gegen unseriöse Geschäftspraktiken von 2013 um § 7 Abs. 4 lit. b ergänzt. Sie verbietet die **Werbung mit Nachrichten ohne Angabe des Absenders.** Der Begriff der Nachricht ist in § 2 Abs. 1 Nr. 4 definiert. Systematisch betrachtet konkretisiert § 7 Abs. 2 Nr. 4 die Lauterkeitsanforderungen an die **Telefax-, E-Mail-** und **MMS-** bzw. **SMS-Werbung** nach § 7 Abs. 2 Nr. 3. Das Transparenzgebot soll die Durchsetzung von Ansprüchen gegen den Werbenden erleichtern und dem Adressaten die Möglichkeit geben, die Einstellung der Nachrichten problemlos verlangen zu können; für die Aufforderung zur Einstellung solcher Nachrichten dürfen wiederum nur die Übermittlungskosten nach den Basistarifen entstehen. 24

§ 7 Abs. 3 enthält einen **Ausnahmetatbestand zu § 7 Abs. 2 Nr. 3.** Dieser geht zurück auf Art. 13 Abs. 2 EK-DSRL 2002. Danach kann ein Unternehmer, wenn er von seinem Kunden im Zusammenhang mit dem Verkauf einer Ware oder einer Dienstleistung dessen elektronische Postadresse erhalten hat, diese zur Direktwerbung für eigene ähnliche 25

---

[31] BGBl. I S. 2413.

[32] Eine entsprechende Änderung, die bereits der RegE-UWG 2008 vorgesehen hatte, war damals bei Verabschiedung des Gesetzes aufgrund einer Beschlussempfehlung des Rechtsausschusses zunächst zurückgestellt worden, Beschlussempfehlung und Bericht des Rechtsausschusses vom 25.11.2008, BT-Drs. 16/11070.

[33] Kritisch hierzu *Ohly* WRP 2015, 1443 (1446), hierzu auch → Rn. 2.

[34] Vgl. BGH GRUR 1996, 208 – Telefaxwerbung.

[35] RegE-UWG 2008, S. 60.

[36] RegE eines Gesetzes gegen unseriöse Geschäftspraktiken, BT-Drs. 17/13075, 16; zur Studie des BMJ zu unerlaubter Telefonwerbung *Weiden* GRUR 2011, 505.

[37] RegE eines Gesetzes gegen unseriöse Geschäftspraktiken, BT-Drs. 17/13075, 27.

[38] BGBl. I S. 3714.

Waren oder Dienstleistungen verwenden. Voraussetzung hierfür ist aber, dass der Kunde der Verwendung nicht widersprochen hat und dass er klar und deutlich die Möglichkeit erhält, einer solchen Verwendung bei deren Erhebung und bei jeder Übertragung problemlos zu widersprechen; für die Übermittlung einer solchen Erklärung dürfen nur die Kosten nach den Basistarifen anfallen.

26 **2. Entwicklung.** Ein kurzer Abriss der Entwicklung des deutschen Lauterkeitsrechts – beginnend mit dem Gesetz zur Bekämpfung des unlauteren Wettbewerbs vom 27.5.1896 bis hin zur UWG-Reform 2015 – findet sich bei *Keller.*[39] Die nachstehenden Ausführungen konzentrieren sich auf die **für § 7 relevanten Änderungen** durch die **Gesetzesnovellen von 2004, 2008, 2009, 2013 und 2015.** Zur künftigen Änderung aufgrund der sog. „Omnibus-Richtlinie" → Rn. 12a.

27 **a) UWG 2004.** Mit der UWG-Reform von 2004 wurden die Fallgruppen unzumutbarer Belästigung erstmals in Gesetzesform gegossen. Die Novelle von 2004 ist für das Verständnis des § 7 damit von grundlegender Bedeutung. Der von Mitgliedern der **Arbeitsgruppe unlauterer Wettbewerb** beim Bundesministerium der Justiz zu Diskussionszwecken vorgelegte Gesetzgebungsvorschlag beschränkte sich noch darauf, die Belästigung von Verbrauchern oder sonstigen Marktteilnehmern in § 4 Nr. 3 des Entwurfes als unlauter zu bezeichnen.[40] Weitere Fragen, soweit diese nicht schon durch das Gemeinschaftsrecht beantwortet wurden, sollten der Klärung durch Gesetzgeber oder Rechtsprechung vorbehalten bleiben.[41]

28 Der **Referentenentwurf**[42] sah detailliertere Regelungen über unzumutbare Belästigungen als Beispiele unlauteren Wettbewerbs unter § 4 Nr. 3 vor. Bei den dort geregelten Fallgruppen beschränkte sich der RefE-UWG 2004 allerdings auf den Bereich der elektronischen Kommunikation, also auf die (teilweise) Umsetzung von Art. 13 EK-DSRL 2002. Im Bereich der Telefonwerbung sah § 4 Nr. 3a) RefE-UWG 2004 eine Opt-in-Lösung nur insoweit vor, als sich diese an Verbraucher richtet; insoweit wurde ein ausdrückliches oder stillschweigendes Einverständnis der Adressaten gefordert. Im gewerblichen Bereich stellte der RefE-UWG 2004 für die Telefonwerbung grundsätzlich auf eine Opt-out-Lösung ab. Jedenfalls sollte nach § 4 Nr. 3c) RefE-UWG 2004 dann von einer Unzulässigkeit auszugehen sein, wenn der sonstige Marktteilnehmer seinen entgegenstehenden Willen erklärt hatte. Bei der Werbung mittels automatischer Anrufmaschinen, Faxgeräte oder elektronischer Post wählte § 4 Nr. 3b) RefE-UWG 2004 ein Opt-in-Modell, wobei auch ein stillschweigendes Einverständnis des Adressaten ausreichen sollte.

29 Der **Bundesrat**[43] empfahl zu dem auf den RefE-UWG 2004 folgenden **Regierungsentwurf,**[44] der für die belästigende Werbung erstmals eine eigenständige Vorschrift in § 7 vorsah, eine Regelung, bei der von einer unzumutbaren Belästigung nur dann auszugehen sein sollte, wenn der Verbraucher oder Marktteilnehmer ausdrücklich einen entgegenstehenden Willen geäußert hatte. Nach Auffassung des Bundesrats führte die im Regierungsentwurf vorgesehene Opt-in-Regelung (Telefonwerbung nur im vorherigen Einverständnis mit dem Empfänger) zu Wettbewerbsnachteilen für deutsche Direktvermarkter, da in den meisten anderen EU-Staaten die liberalere und wirtschaftsfreundlichere Opt-out-Regelung gelte.[45]

---

[39] Siehe *Keller* → Einl. A. Rn. 1 ff.
[40] *Köhler/Bornkamm/Henning-Bodewig* WRP 2002, 1317 (1318).
[41] *Köhler/Bornkamm/Henning-Bodewig* WRP 2002, 1317 (1325).
[42] Referentenentwurf eines Gesetzes gegen den unlauteren Wettbewerb vom 23.1.2003 (RefE-UWG 2003) = GRUR 2003, 298.
[43] Stellungnahme des Bundesrates vom 20.6.2003, BT-Drs. 15/1487, 29, 31.
[44] Regierungsentwurf eines Gesetzes gegen den unlauteren Wettbewerb, BT-Drs. 15/1487 (= RegE-UWG 2003).
[45] Tatsächlich ist die Rechtslage in anderen EU-Staaten, mit Ausnahme von Österreich und Griechenland, weniger restriktiv, vgl. die Länderberichte in Einl. F; *Schricker/Henning-Bodewig* WRP 2001, 1367 (1390); *Paschke* WRP 2002, 1219; *Engels/Salomon* WRP 2004, 32 (40).

Unter Hinweis darauf, dass Abs. 2 Nr. 2 RegE-UWG 2004 nur die Wertung der bisherigen Rechtsprechung übernommen habe und keine Verschärfung des bisherigen Rechts darstelle, hielt die **Bundesregierung** an dem Opt-in-Modell fest.[46] Der **Bundestag** verabschiedete den vom Rechtsausschuss nur geringfügig geänderten RegE-UWG 2004 am 1.4.2004.[47] 30

b) UWG 2008. Das UWG 2008 diente im Wesentlichen der (verspäteten) Umsetzung der **UGP-RL.**[48] Der **Referentenentwurf**[49] sah für § 7 lediglich eine redaktionelle Änderung vor. Eine Anpassung des § 7 Abs. 2 war zunächst nicht vorgesehen. Der RefE-UWG 2007 ging davon aus, dass die Umsetzung der **Nr. 26 des Anhangs I** (Direktmarketing über Telefon, Telefax, E-Mail oder sonstige für den Fernabsatz geeignete Medien) unter Beibehaltung des bisherigen Wortlauts der Norm erfolgen könne.[50] Hiervon wich der **Regierungsentwurf**[51] deutlich ab. Der Hinweis auf § 3 entfiel gänzlich und § 7 erhielt im Zuge der Umsetzung von **Nr. 26 des Anhangs I** insgesamt eine neue Systematik. Die Nr. 26 des Anhangs I zur UGP-RL wurde dabei als einziger Tatbestand nicht in die Black List im Anhang zu § 3 Abs. 3 UWG übernommen.[52] Als Begründung wurde die systematische Nähe zur in § 7 Abs. 2 Nr. 1 geregelten belästigenden Werbung angeführt. Da die per-se-Verbote des Anhangs I zur UGP-RL keinen Wertungsspielraum eröffneten, § 7 Abs. 2 Nr. 1 aF eine solche Wertung aber noch zuließ,[53] wurden die Fallgruppen, in denen eine Wertungsmöglichkeit weiterhin bestehen sollte, also unzumutbare Belästigungen außerhalb der Verwendung von für den Fernabsatz geeigneten Mitteln der kommerziellen Kommunikation, vor die Klammer in den allgemeinen Tatbestand des § 7 Abs. 1 gezogen.[54] § 7 Abs. 2 Nr. 1 aF wurde zu § 7 Abs. 1 S. 2. In § 7 Abs. 2 Nr. 2–4 und Abs. 3 wurde die Möglichkeit, sich als Werbender auf konkludente oder mutmaßliche Einwilligungen des Adressaten zu berufen, verkürzt.[55] 31

c) Gesetz zur Bekämpfung unerlaubter Telefonwerbung 2009. Durch das **Gesetz zur Bekämpfung unerlaubter Telefonwerbung** und zur **Verbesserung des Verbraucherschutzes bei besonderen Vertriebsformen**[56] wurde § 7 Abs. 2 Nr. 2 UWG dahingehend geändert, dass nunmehr nur noch die **„vorherige ausdrückliche“** Einwilligung des Verbrauchers in die Telefonwerbung die unzumutbare Belästigung des Telefonanrufs entfallen lässt. Darüber hinaus wurde in **§ 20** eine **Bußgeldvorschrift** unter ausdrücklicher Bezugnahme auf § 7 Abs. 1 iVm Abs. 2 Nr. 2 UWG eingeführt; die unzulässige Telefonwerbung wird als Ordnungswidrigkeit geahndet. Außerdem wurden außerhalb des UWG das **Widerrufsrecht des Verbrauchers bei Fernabsatzgeschäften** erweitert (§ 312d BGB aF, jetzt § 312g BGB) und ein bußgeldbewehrtes Verbot der **Unterdrückung der Rufnummer** bei Werbeanrufen eingeführt (§ 102 Abs. 2 TKG). 32

d) Gesetz gegen unseriöse Geschäftspraktiken 2013. Durch das am 9.10.2013 in Kraft getretene Gesetz gegen unseriöse Geschäftspraktiken[57] wurde § 7 Abs. 2 Nummer 4 dahingehend ergänzt, dass eine unzumutbare Belästigung zusätzlich zu den genannten 33

[46] Gegenäußerung der Bundesregierung, BT-Drs. 15/1487, 40, 42.
[47] BT-Drs. 15/2795. Das Gesetz trat am 9.7.2004 in Kraft (BGBl. I S. 1414).
[48] Richtlinie 2005/29/EG des Europäischen Parlaments und des Rates vom 11.5.2005, ABl. 2005 L 149, S. 22.
[49] Referentenentwurf eines Ersten Gesetzes zur Änderung des Gesetzes gegen den unlauteren Wettbewerb vom 27.7.2007 (RefE-UWG 2007).
[50] Vgl. RefE-UWG 2007, S. 27.
[51] Vgl. RegE-UWG 2008, S. 7 f.
[52] Kritisch hierzu *Köhler* WRP 2013, 403 (410).
[53] Vgl. RegE-UWG 2008, S. 58.
[54] Vgl. zur Systematik bereits → Rn. 13 ff.
[55] Vgl. RegE-UWG 2008, S. 59 f.
[56] BGBl. I S. 2413; vgl. auch den Referentenentwurf vom 13.3.2008 und den Regierungsentwurf vom 31.10.2008, BT-Drs. 16/10734.
[57] BGBl. I S. 3714.

Fällen auch bei Werbung mit einer Nachricht anzunehmen ist, bei der gegen **§ 6 Abs. 1 des Telemediengesetzes** verstoßen wird oder in der der Empfänger aufgefordert wird, eine **Website aufzurufen,** die gegen diese Vorschrift verstößt. Darüber hinaus wurde die Bußgeldregelung in § 20 ergänzt und verschärft.[58]

34 **e) UWG 2015.** Das Zweite Gesetzes zur Änderung des Gesetzes gegen den unlauteren Wettbewerb vom 9.12.2015[59] (UWG 2015) hat auf die Regelung des § 7 keinen Einfluss genommen.[60] Die insbesondere von *Ohly*[61] und *Köhler*[62] geäußerten Kritikpunkte an der Umsetzung des Art. 13 EK-DSRL in § 7 bleiben damit weiter virulent. Neue Fragen wirft zudem das Verhältnis der Belästigung iSd § 4a UWG 2015 zur unzumutbaren Belästigung nach § 7 auf.[63]

34a **f) Gesetz für faire Verbraucherverträge.** Mit diesem Gesetz werden Unternehmen, die Telefonwerbung betreiben, seit dem 1.10.2021 umfangreiche **Dokumentations-, Aufbewahrungs- und Vorlagepflichten** im Hinblick auf die dazu erforderliche Einwilligung der Verbraucher auferlegt. Diese Pflichten sind in einem neuen **§ 7a** geregelt (näher dort).

35 **g) Weitere Entwicklungen.** Da das Phänomen des **Cold Calling,** also der unerwünschten Telefonanrufe, immer mehr Raum greift,[64] wurde im Rahmen des Entwurfs eines **Gesetzes zur Fortentwicklung des Verbraucherschutzes bei unerlaubter Telefonwerbung**[65] erneut die Einführung der Bestätigungslösung durch einen neuen § 312 BGB erwogen, welche der Bundesrat schon bei den Beratungen zum Gesetz zur Bekämpfung unerlaubter Telefonwerbung von 2009 gefordert hatte.[66] Danach sollte die Wirksamkeit von Verträgen, die bei Gelegenheit unerwünschter Werbeanrufe zustande gekommen sind, von der ausdrücklichen **Bestätigung** des Verbrauchers abhängig sein.[67] Im Gesetzgebungsverfahren 2009 lehnte die Bundesregierung diesen Vorschlag unter anderem unter Verweis auf Wertungswidersprüche zur Systematik des Anfechtungsrechts und der Widerrufsvorschriften ab.[68] Auch der Bundestag lehnte den vom Bundesrat eingebrachten Entwurf am 27.6.2013 erneut ab.[69] Zu den künftigen – in der Sache recht begrenzten – Änderungen aufgrund der sog. **„Omnibus-Richtlinie"** → Rn. 12a und Anhang UWG 2022.

36 **h) Kritik der Europäischen Kommission.** Im Dezember 2011 hatte sich die Europäische Kommission an die Bundesregierung gewandt und eine in Teilen **unzureichende Umsetzung der UGP-RL** beanstandet. Im Hinblick auf § 7 vertrat die Kommission die Auffassung, dass § 7 Abs. 1 S. 1 mit den Artikeln 8 und 9 der UGP-RL unvereinbar sei. Die Vorschrift gehe über die Bestimmungen der Richtlinie hinaus, da sie eine Art per-se-Verbot enthalte und nicht auf die Kausalität zwischen einer erheblichen Beeinträchtigung des Durchschnittsverbrauchers und einer geschäftlichen Entscheidung abgestellt werde.[70] Die Bundesregierung wies diese Kritik zurück. Die Vereinbarkeit des § 7 UWG mit den

---

[58] Siehe hierzu *Schöler* unten § 20.
[59] BGBl. I S. 2158.
[60] Zu den Vorschlägen einer Neufassung des § 7 UWG *Köhler* WRP 2014, 1410, und WRP 2015, 1311 (1317 f.).
[61] *Ohly* WRP 2015, 1443 (1446).
[62] *Köhler* WRP 2012, 1329 ff., *Köhler* WRP 2015, 1311 (1317 f.); *Köhler* WRP 2017, 1025 (1029).
[63] Hierzu *Ohly* GRUR 2016, 3 (5) sowie *Picht* → § 4a, Rn. 20–37.
[64] Vgl. zur Studie des BMJ zu unerlaubter Telefonwerbung *Weiden* GRUR 2011, 505.
[65] Vgl. Bundesratsentwurf eines Gesetzes zur Fortentwicklung des Verbraucherschutzes bei unerlaubter Telefonwerbung, BT-Drs. 17/6482.
[66] BT-Drs. 16/10734, 19 ff.
[67] Siehe hierzu *Fezer* GRUR-Prax 2011, 321533; kritisch *Ohly* GRUR-Prax 2011, 366.
[68] BT-Drs. 16/10734; zustimmend *Ohly* GRUR-Prax 2011, 366; *Köhler* WRP 2007, 866.
[69] Dazu → Rn. 258.
[70] Siehe hierzu *Köhler* GRUR 2012, 1073 (1081 ff.); *Köhler* WRP 2013, 403 (409), wonach § 7 Abs. 1 im Wesentlichen von Erwägungsgrund 7 S. 3–5 UGP-RL gedeckt sei.

Anforderungen der UGP-RL einerseits und der EK-DSRL andererseits bleibt auch nach der Verabschiedung des UWG 2015 offen.[71]

i) ePrivacy-Verordnung. Noch nicht in Kraft getreten ist bisher die Verordnung über Privatsphäre und elektronische Kommunikation („ePrivacy-Verordnung (eP-VO)"), die als lex specialis die Datenschutzgrundverordnung (DSGVO) ergänzen soll und in Art. 16 eine Regelung zur so genannten „unerbetenen Kommunikation" erhält, welche Art. 13 RL 2002/58/EG ersetzen und Vorrang vor § 7 Abs. 2 Nr. 2 und 3, Abs. 3 haben sollen. Ein erster Entwurf der EU-Kommission wurde im Januar 2017 veröffentlicht.[72] Als Verordnung wird die eP-VO unmittelbar nach ihrem Inkrafttreten wirksam sein, nationaler Gesetzgebungsakte bedarf es nicht.

Schutzzweck der eP-VO ist das Recht auf Achtung der Privatsphäre, des Privatlebens und der Kommunikation sowie der Schutz natürlicher Personen bei der Verarbeitung personenbezogener Daten.

Inhaltlich ergeben sich nach dem Entwurf aus der eP-VO keine grundlegenden Änderungen zur derzeitigen Rechtslage in Bezug auf die Zulässigkeit von Direktwerbung über elektronische Kommunikationsdienste.[73]

III. Schutzbereich und widerstreitende Interessen

Der **Schutzzwecktrias** des § 1 entsprechend dient § 7 dem Schutz von Mitbewerbern, 37 Verbrauchern und sonstigen Marktteilnehmern vor unlauteren geschäftlichen Handlungen und schützt damit zugleich das Interesse der Allgemeinheit an der Erhaltung eines unverfälschten und funktionsfähigen Wettbewerbs. Im Vordergrund steht hierbei der Schutz von Verbrauchern und anderen Marktteilnehmern, die als Adressaten belästigender Werbemaßnahmen und anderer Wettbewerbshandlungen in Betracht kommen. Die **Individualsphäre**[74] dieser Personenkreise soll geschützt werden, indem diese vor geschäftlichen Handlungen, deren Art und Weise als besonders aufdringlich anzusehen ist, bewahrt werden.

Zudem geht mit belästigenden Wettbewerbshandlungen häufig eine **Inanspruchnahme der Ressourcen** des Werbeadressaten einher. 38 Zum zeitlichen Aufwand für Entgegennahme, Prüfung und ggf. Beseitigung der Werbemaßnahme kommen häufig finanzielle Beeinträchtigungen hinzu.

Der **Schutz der Entscheidungsfreiheit** der Verbraucher ist von § 7 grundsätzlich nicht 39 bezweckt; eine Ausnahme gilt für § 7 Abs. 2 Nr. 1, welche die Nr. 26 des Anhangs zur UGP-RL umsetzt und damit gemäß Art. 8 UGP-RL auch die Entscheidungsfreiheit des Verbrauchers bewahren soll.[75]

Gerade bei als belästigend empfundenen Werbemaßnahmen besteht allerdings auch die 40 Gefahr einer **unsachlichen Beeinflussung** des Adressaten. Es steht zu befürchten, dass ihm aufgrund des Eindringens in seine Individualsphäre die sachliche Prüfung der angebotenen Waren oder Dienstleistungen unmöglich gemacht oder erschwert wird. Er trifft womöglich eine Kaufentscheidung, um den Werbenden loszuwerden, oder weil er überrumpelt wurde. Dieser Aspekt ist jedoch nicht im Rahmen von § 7, sondern im Rahmen des § 4a UWG 2015 zu berücksichtigen.[76]

---

[71] Siehe hierzu ausführlich *Glöckner* Einl. B Rn. 373 ff.

[72] Vorschlag der Kommission für eine Verordnung über Privatsphäre und elektronische Kommunikation vom 10.1.2017, Com(2017) 10 final.

[73] Siehe aber ausführlich zur Regelung der unerbetenen Kommunikation in der ePrivacy-Verordnung und ihre Folgen für das UWG *Köhler* WRP 2017, 1291 (1296), der angesichts der Regelung der eP-VO Anlass für eine grundlegende Änderung und korrigierte Umsetzung von Nr. 26 S. 1 Anh. 1 UGP-RL sieht.

[74] Vgl. ausführlich *Fikentscher/Möllers* NJW 1998, 1337 (1340); BGH GRUR 1970, 523 (524) – Telefonwerbung I.

[75] Ausführlich hierzu *Köhler*/Bornkamm/Feddersen § 7 Rn. 3,

[76] So ausdrücklich BGH GRUR-Prax 2016, 289 – Lebenskost für § 7 Abs. 2 Nr. 2.

§ 7 betrifft stets nur die Art des Zustandekommens, nicht aber den Inhalt des Rechtsgeschäfts; eine Nichtigkeit des Vertrags ordnet das UWG gerade nicht an.[77]

IV. Verfassungsrechtliche Vorgaben[78]

41 Das Interesse des Werbenden ist durch Art. 5 Abs. 1 GG sowie Art. 12 GG geschützt.[79] Dieser **Grundrechtsschutz** ist auch in Bezug auf einen Mitbewerber einschlägig, dem daran gelegen ist, seine eigene Werbung zur Geltung zu bringen. Der an dem Erhalt von Werbung interessierte Verbraucher kann sich auf Art. 5 Abs. 1 GG sowie auf Art. 2 Abs. 1 GG berufen. Der an Werbung desinteressierte Verbraucher wird durch Art. 2 Abs. 1 GG, Art. 14 GG sowie unter Umständen durch Art. 5 Abs. 1 GG (negative Informationsfreiheit) geschützt. Soweit ein Unternehmer als Werbeadressat betroffen ist, kommt des Weiteren noch Art. 12 GG in Betracht.

B. Verbot unzumutbarer Belästigungen (Abs. 1)

I. Allgemeines

42 **1. Geschäftliche Handlung.** Das Verbot unzumutbarer Belästigungen beschränkt sich nicht auf Werbemaßnahmen, sondern erfasst **jede Form der geschäftlichen Handlung.** Als „geschäftliche Handlung" gilt nach § 2 Abs. 1 Nr. 1 „jedes Verhalten einer Person zugunsten des eigenen oder eines fremden Unternehmens vor, während oder nach einem Geschäftsabschluss, das mit der Förderung des Absatzes oder des Bezugs von Waren oder Dienstleistungen oder mit dem Abschluss oder der Durchführung eines Vertrags über Waren oder Dienstleistungen objektiv zusammenhängt". Als Waren gelten auch Grundstücke, als Dienstleistungen auch Rechte und Verpflichtungen.

43 Dem Umstand, dass es sich bei geschäftlichen Handlungen, die zu einer unzumutbaren Belästigung führen, in der Regel um **Werbung** handelt, trägt § 7 Abs. 1 S. 2 klarstellend Rechnung.[80] Allerdings werden auch andere Handlungen, etwa **Aufforderungen zur Abgabe von Meinungsäußerungen,** für die eine Mehrwertdienstnummer gewählt werden muss, oder die **unaufgeforderte Aufschaltung eines separaten WiFi-Hotspots** von § 7 Abs. 1 erfasst.[81] Werden beispielsweise Marktteilnehmer per Telefax zu einer Stellungnahme zu einer gesellschaftspolitischen Frage aufgefordert und verursacht die Antwort Kosten, die höher sind als die Übermittlungskosten nach den Basistarifen, kann eine unlautere geschäftliche Handlung vorliegen. Die Aufforderung soll in diesem Fall den **Bezug von Dienstleistungen,** nämlich die Inanspruchnahme der Mehrwertdienstnummer, fördern.[82]

44 § 7 Abs. 1 S. 2 drückt dabei den Grundgedanken aus, auf dem das Verbot unzumutbarer Belästigungen fußt. Der angesprochene Marktteilnehmer soll vor geschäftlichen Handlungen geschützt werden, die er – erkennbar artikuliert – nicht wünscht.

45 **2. Belästigung.** Belästigungen können alle geschäftlichen Handlungen darstellen, die bereits wegen ihrer **Art und Weise** von den Adressaten als aufgedrängt empfunden werden.[83] Auf den Inhalt der Handlung kommt es hierbei nicht an.

46 Belästigende Werbung zeichnet sich dadurch aus, dass es nicht der Entscheidung des Adressaten obliegt, ob er sich mit der Werbung auseinandersetzt, sondern dass er diese **ohne**

---

[77] AG Saarlouis BeckRS 2017, 114504; zur Möglichkeit der Anfechtung siehe etwa LG Ulm BeckRS 2017, 112449.
[78] Umfassend hierzu *Ahrens* → Einl. Rn. 1028 ff.
[79] Vgl. BVerfGE 71, 162 (175).
[80] GK-UWG/*Pahlow* § 7 Rn. 29.
[81] BGH GRUR 2019, 750 – WifiSpot; RegE-UWG 2003 S. 43 = BT-Drs. 15/1487, 20.
[82] Vgl. *Sosnitza* GRUR 2003, 739 (744).
[83] RegE-UWG 2003 S. 42 = BT-Drs. 15/1487, 20.

oder gegen seinen Willen erhält. Der Adressat wird zeitlich belastet, indem er die Werbung entgegennehmen, sich mit ihr auseinandersetzen und sie gegebenenfalls beseitigen muss. In verschiedenen Konstellationen muss er zusätzliche Anstrengungen unternehmen, um zu verhindern, auch weiterhin mit ähnlichen Werbemaßnahmen konfrontiert zu werden. Häufig kommt zur **zeitlichen Belastung** noch eine **materielle Belastung** des Umworbenen hinzu. So können seine geschäftlichen Abläufe durch Werbemaßnahmen behindert werden. Die Inanspruchnahme des Papiers bei der Telefaxwerbung oder die Aufforderung zur Einstellung von Werbemaßnahmen kann für den Adressaten Kosten verursachen. Schließlich besteht bei belästigenden Werbemethoden in besonderer Weise die **Gefahr der unsachlichen Beeinflussung.** Der Umworbene fasst eine Entscheidung zum Vertragsschluss womöglich nicht nach gründlicher Überlegung, sondern ist nur deshalb zum Vertragsschluss bereit, weil er die Belästigung beenden möchte. Neue Fragen wirft in diesem Zusammenhang das Verhältnis der Belästigung iSd § 4a Abs. 1 Nr. 1 UWG 2015 zur unzumutbaren Belästigung nach § 7 auf.[84] Die mit der Überrumpelungssituation einhergehende Beeinträchtigung der Entscheidungsfreiheit gehört aber nach jüngster Rechtsprechung des BGH nicht zu den Gefahren, die § 7 Abs. 2 Nr. 2 verhindern soll.[85] Während die Belästigung iSd § 7 Abs. 1 die Art und Weise der als störend empfundenen Kontaktaufnahme zum Umworbenen betrifft, geht es in § 4a Abs. 1 S. 2 Nr. 1 UWG um eine Bedrängung des Betroffenen, welche die geschäftliche Entscheidung des Bedrängten beeinflusst oder beeinflussen kann.[86]

3. Unzumutbarkeit. Durch das Tatbestandsmerkmal der Unzumutbarkeit wird klargestellt, dass **nicht jede geringfügige Belästigung** als unlauter anzusehen ist. Es handelt sich um eine **eigenständige Bagatellschwelle,** die allein bei der Bewertung von Belästigungen iSd § 7 Abs. 1 zu berücksichtigen ist. Die allgemeine Spürbarkeitsschwelle des § 3 Abs. 1 UWG aF, auf welche ein Rückgriff nach bisheriger Rechtslage ohnehin weder als erforderlich noch als zulässig angesehen wurde,[87] existiert im UWG 2015 nicht mehr. Der im Zuge der Einführung des § 7 Abs. 1 durch das UWG 2004 entbrannte Streit[88] um das Verhältnis zwischen der allgemeinen Bagatellklausel und dem Kriterium der Unzumutbarkeit in § 7 Abs. 1 ist damit endgültig obsolet geworden.[89] 47

Mit Blick auf die vielfältigen Erscheinungsformen von belästigenden geschäftlichen Handlungen ist die **Schwelle nicht zu hoch anzusetzen.**[90] Zur Beurteilung der Frage, ob eine belästigende geschäftliche Handlung als (noch) zumutbar oder als unzumutbar anzusehen ist, ist eine umfassende **Abwägung der Interessen** der betroffenen Marktteilnehmer vorzunehmen. Die Interessen der Werbetreibenden und der Werbeadressaten sind in angemessener Weise auszugleichen; auch die Interessen der Werbedienstleister, der Werbeadressaten, die an nützlicher Information interessiert sind, und der Mitbewerber müssen berücksichtigt werden.[91] 48

Auf Seiten der **Werbeadressaten** ist deren Interesse zu berücksichtigen, von Belästigungen und unsachlichen Beeinflussungen, die ein gewisses Maß überschreiten, verschont zu 49

[84] Hierzu *Ohly* GRUR 2016, 3 (5); *Scherer* WRP 2017, 891 (892 ff.).

[85] BGH GRUR-Prax 2016, 289.

[86] *Scherer* WRP 2017, 891 Rn. 49.

[87] RegE-UWG 2008, S. 57.

[88] Vgl. *Mankowski* WRP 2008, 15 ff.; bereits nach dem UWG 2004 die Anwendbarkeit des § 3 ablehnend BGH GRUR 2007, 607 (609) – Telefonwerbung für „Individualverträge"; aA damals OLG Frankfurt a. M. GRUR 2005, 964 (965) – Telefonisches Versicherungsangebot; OLG Hamm GRUR-RR 2006, 379 (380) – Fahrzeugsuche.

[89] So schon zur bisherigen Rechtslage BGH WRP 2013, 1579 Rn. 22 – Empfehlungs-E-Mail; *Sosnitza* WRP 2008, 1014 (1019); zum Verhältnis der allgemeinen Bagatellklausel des § 3aF zur UGP-Richtlinie vgl. *Köhler* WRP 2008, 10 siehe zur Indizwirkung und zum Verhältnis von § 9 Abs. 1 S. 2 und § 7 Abs. 2 Nr. 1 OLG Frankfurt a. M., 7.5.2020 – 6 U 54/19, WRP 2020, 1460 sowie *Köhler* WRP 2020, 1378 (1382).

[90] RegE-UWG 2003, S. 43 = BT-Drs. 15/1487, 20.

[91] BGH GRUR 2019, 750 – WifiSpot; OLG Frankfurt a. M. WRP 2020, 1460; *Köhler* WRP 2020, 1378 (1382); vgl. *Ohly*/Sosnitza § 7 Rn. 25; GroßKommUWG/*Pahlow* § 7 Rn. 36.

bleiben. Der **Grad der Belästigung und Beeinflussung** hängt davon ab, wie tief der Werbende in die **Individualsphäre** des Adressaten eindringt (zu Hause, am Arbeitsplatz, in der Öffentlichkeit), welche **Intensität** die Kontaktaufnahme hat (persönlicher Kontakt, Korrespondenz) und welche **Anstrengungen** der Adressat aufwenden muss, um der Werbung zu entgehen oder sich ihrer zu entledigen (Zeitaufwand, Kosten).[92] Die persönliche Kontaktaufnahme in der Privatsphäre berührt die Interessen des Werbeadressaten in der Regel am stärksten. Auch aus den persönlichen Lebensumständen des Umworbenen kann auf einen hohen Grad der Belästigung geschlossen werden (Werbung im Zusammenhang mit Todesfällen oder am Unfallort). Ein geringeres Maß der Belästigung wird regelmäßig beim persönlichen Kontakt in der Öffentlichkeit erreicht (Ansprechen auf der Straße). Die Übermittlung von Werbekorrespondenz verursacht insbesondere Aufwand bei der Fernhaltung, Erkennung und Entsorgung des Werbematerials und damit verbundene Kosten.

50 Bei der Beurteilung des Grades der Belästigung kommt es nicht auf das subjektive Empfinden des Umworbenen, sondern auf den **durchschnittlich informierten, aufmerksamen und verständigen Durchschnittsadressaten** an.[93]

51 Umstritten ist, ob im Zusammenhang mit der Zumutbarkeit eine etwaige **Nachahmungsgefahr** zu berücksichtigen ist. Die mit einer bestimmten Werbemethode verbundene Belästigung des Umworbenen mag nach ihrer Art und ihren Auswirkungen auf die Einzelperson noch hinnehmbar sein, aber den Keim zu einem immer weiteren Umsichgreifen in sich tragen, weil die Mitbewerber gezwungen werden, die Werbung nachzuahmen. Im Schrifttum wird die Berücksichtigung der Nachahmungsgefahr zum Teil beanstandet.[94] Es wird eingewandt, dass wettbewerbswidriges Verhalten seinen Unwertgehalt allein aus den konkreten Tatumständen beziehe. Sei das Verhalten des Werbenden aber (noch) wettbewerbskonform, so könne es seinen Unwertgehalt nicht erst dadurch gewinnen, dass sich auch andere derart verhielten.[95] Nach der Rechtsprechung sind die Gefahren einer massenweisen Verwendung der betreffenden Werbeart und die damit verbundene Verwilderung der Wettbewerbssitten im Rahmen der Gesamtabwägung zu berücksichtigen.[96] Die Auffassung der Rechtsprechung überzeugt, der Nachahmungseffekt sollte bei der lauterkeitsrechtlichen Beurteilung Berücksichtigung finden.[97] Dafür spricht schon die Zielrichtung des Lauterkeitsrechts, neben dem Schutz des Verbrauchers auch das allgemeine Wettbewerbsverhalten zu regulieren. Zudem hat sich gerade in jüngerer Zeit bei der Verwendung kostengünstiger, für den Fernabsatz geeigneter Mittel der kommerziellen Kommunikation gezeigt, dass deren Einsatz andere Mitbewerber zur Nachahmung veranlasst. Beispielhaft seien hier die ansteigende Zahl der Beschwerden wegen des Einsatzes automatischer Anrufmaschinen[98] oder der Einsatz so genannter Ping-Anrufe genannt.

52 Als Interesse der **Werbetreibenden** ist im Rahmen der Abwägung das Bedürfnis zu berücksichtigen, kostengünstig und effektiv zu werben.

53 **4. Erkennbarkeit des entgegenstehenden Willens.** Nach § 7 Abs. 1 S. 2 liegt insbesondere dann eine unzumutbare Belästigung vor, wenn die werbliche Ansprache erfolgt, obwohl **erkennbar** ist, **dass der angesprochene Marktteilnehmer diese Werbung**

[92] OLG Frankfurt a. M. GRUR-RR 2019, 305 Rn. 22; GroßKommUWG/*Pahlow* § 7 Rn. 38 ff.

[93] BGH GRUR 2011, 747 Rn. 17 – Kreditkartenübersendung; OLG München GRUR-RR 2008, 355 (356); BGH GRUR 2004, 699 (700) – Ansprechen in der Öffentlichkeit I; *Ohly*/Sosnitza § 7 Rn. 25.

[94] Ausführlich gegen eine Berücksichtigung von Folgewirkungen: MüKoUWG/*Leible* § 7 Rn. 50; *Schütz* WRP 1993, 168 ff.; *Hartlage* WRP 1997, 1 (4); *Brammsen/Leible* BB 1997 Beil. 10, 1 (14); differenzierend *Glöckner* JKR 1998, 51 (63).

[95] MüKoUWG/*Leible* § 7 Rn. 50; *Brammsen/Leible* BB 1997, Beil. 10, 1 (15); vgl. *Glöckner* JKR 1998, 51 (64).

[96] BGH GRUR 2004, 517 (518) – E-Mail-Werbung; BGH GRUR 2004, 699 (701) – Ansprechen in der Öffentlichkeit I; BGH GRUR 2005, 443 (445) – Ansprechen in der Öffentlichkeit II; BGHZ 19, 392 (396 f.) – Anzeigenblatt; BGH GRUR 1959, 277 (279) – Künstlerpostkarten; BGH NJW 1960, 1294 – Kfz-Nummernschilder; BGH GRUR 1973, 210 (212) – Telexwerbung.

[97] *Ohly*/Sosnitza § 7 Rn. 25.

[98] Hierzu → Rn. 23.

nicht wünscht. Maßgeblich ist dabei nicht der innere Wille des Angesprochenen, sondern der **für den Werbenden erkennbare Wille.** Dieser kann in jeder beliebigen Weise zum Ausdruck kommen und muss insbesondere nicht ausdrücklich kommuniziert werden. Es genügt auch die konkludent erklärte Ablehnung.[99] Zudem liegt eine Erkennbarkeit des entgegenstehenden Willens in der Regel vor, wenn dem Empfänger das Werbematerial an dafür nicht vorgesehen Stellen förmlich aufgezwungen wird. Der Werbende muss – unter Anlegung der gebotenen Sorgfalt – den entgegenstehenden Willen erkennen können.[100] Es genügt nicht, dass der Marktteilnehmer seine Ablehnung irgendwann einmal gegenüber einem Dritten erklärt hat. Insoweit sind die für empfangsbedürftige Willenserklärungen geltenden Grundsätze heranzuziehen.[101]

Der entgegenstehende Wille kann auch durch den Eintrag in eine sog. **Robinson-Liste** 54 dokumentiert werden. Entsprechende Listen werden von dem Deutschen Direktmarketing-Verband eV (Briefwerbung), und dem Interessenverband Deutsches Internet eV (E-Mail-, SMS-, MMS- und Telefonwerbung) geführt. Bisher ist nicht endgültig entschieden, ob ein solcher Eintrag auch gegenüber Nichtmitgliedern als Ablehnung iSd § 7 Abs. 2 beachtlich ist.[102] Jedoch steht es auch Nichtmitgliedern dieser Verbände offen, sich in die jeweilige Liste einzutragen. Die **Einsichtnahme** in die Robinson-Listen wird – ebenfalls unabhängig von der Mitgliedschaft in dem jeweiligen Verband – als zumutbar angesehen.[103] Auch **Art. 7 Abs. 2 ECRL** sieht eine Konsultation der Robinson-Listen implizit vor.

Im Anwendungsbereich des § 7 Abs. 1 dürfte die Einsichtnahme in Robinson-Listen 55 jedoch regelmäßig nicht in Betracht kommen, da sich diese Listen im Wesentlichen auf Werbeformen im Bereich des **Fernabsatzes** beziehen, auf welche vorrangig die Bestimmungen des **§ 7 Abs. 2** Anwendung finden.

Schwierigkeiten weisen Fälle auf, in denen Verbraucher ihren entgegenstehenden Willen nicht in Form eines generellen Sperrvermerks, sondern durch eine individuelle Mitteilung an das einzelne werbende Unternehmen per Brief oder E-Mail zum Ausdruck bringen. In diesen Fällen stellt sich die Frage der Zumutbarkeit der Beachtung des entgegenstehenden Willens für das werbende Unternehmen. Das LG Lüneburg hat diese Zumutbarkeit bejaht und erklärt, dass das werbende Unternehmen den entgegenstehenden Willen nach dem Wortlaut des Abs. 2 Nr. 1 unabhängig von dem damit verbundenen zeitlichen, finanziellen und organisatorischen Aufwand und der Praktikabilität stets zu beachten habe.[104] Dieses Ergebnis erscheint angesichts der Möglichkeit des Verbrauchers, einen generellen Sperrvermerk anzubringen und dem an der Grenze zur praktischen Unmöglichkeit liegenden erforderlichen Aufwand des werbenden Unternehmens, einen solchen individuellen Widerspruch organisatorisch zu berücksichtigen, zweifelhaft.[105] Im Einzelfall mag der Einwand des Rechtsmissbrauchs gegen ein solches Ansinnen des Verbrauchers erwogen werden.[106]

---

[99] GroßKommUWG/*Pahlow* § 7 Rn. 51.

[100] *Köhler*/Bornkamm/Feddersen § 7 Rn. 37; zur Erklärung eines Werbewiderspruchs in rechtsmissbräuchlicher Weise in einem Massenverfahren s.AG Nürnberg BeckRS 2017, 140318.

[101] *Ohly*/Sosnitza § 7 Rn. 32.

[102] GroßKommUWG/*Pahlow* § 7 Rn. 54.

[103] *Köhler*/Bornkamm/Feddersen § 7 Rn. 115; *Weichert* WRP 1996, 522 (531); *Meyer* WRP 2017, 501 Rn. 15.

[104] LG Lüneburg WRP 2012, 365; ebenso LG Flensburg BeckRS 2011, 15333; vgl. zustimmend auch *Mankowski* WRP 2012, 269, aA aber AG Bonn BeckRS 2013, 198216, das ein entsprechendes Ansinnen eines Verbrauchers als rechtsmissbräuchlich angesehen hat.

[105] Ebenso *Köhler* WRP 2017, 253 Rn. 70, der auf solche Fälle allerdings nicht § 7 Abs. 2 Nr. 1, sondern § 7 Abs. 1 S. 2 UWG anwenden will und den entgegenstehenden Willen des Empfängers hier als nicht in zumutbarer Weise erkennbar gemacht und damit als unbeachtlich bewertet und auf diese Weise zu einer abweichenden Entscheidung kommt.

[106] AG Bonn BeckRS 2013, 198216.

II. Fallgruppen des Abs. 1

56 **1. Übersicht.** Bei **§ 7 Abs. 1 S. 1** handelt es sich um eine **kleine Generalklausel,** die selbständig neben § 3 UWG steht. Die allgemeine Regel des § 7 Abs. 1 S. 1 wird in S. 2 dahingehend konkretisiert, dass ein entgegenstehender Wille des angesprochenen Marktteilnehmers immer zur Unzulässigkeit führt. Während der Anwendungsbereich des § 7 Abs. 1 S. 2 auf Werbung begrenzt ist, enthält S. 1 diese Einschränkung nicht und erfasst damit auch geschäftliche Handlungen, die keine Werbung darstellen. Zu denken ist hier etwa an Handlungen nach Vertragsschluss.

57 Für § 7 Abs. 1 verbleibt als *lex generalis* insoweit nur ein **eingeschränkter Anwendungsbereich,** als die Werbung durch für den Fernabsatz geeignete Kommunikationsmittel vorrangig an Bestimmungen des § 7 Abs. 2 Nr. 1–3 zu messen ist. In den Anwendungsbereich des Abs. 1 fallen somit neben den Fällen geschäftlicher Handlungen, die nicht als Werbung anzusehen sind, vorrangig das Ansprechen in der Öffentlichkeit, die Haustürwerbung oder die Zusendung unbestellter Waren. Aber auch die Scheibenwischerwerbung ist hier zu nennen.[107]

58 **2. Ansprechen in der Öffentlichkeit. a) Beschreibung.** Das Ansprechen in der Öffentlichkeit umfasst das **gezielte, individuelle Ansprechen einer einzelnen Person** ebenso wie das **Ansprechen einer Gruppe von Personen** in der Öffentlichkeit in der Absicht, diese als Kunden zu werben. Es kann sich auf Straßen und Plätzen, in öffentlich zugänglichen Gebäuden und Verkehrsmitteln, auf Messen und Märkten sowie in Ladengeschäften ereignen.

59 Je nach den Umständen des Einzelfalls, insbesondere des **individuellen Bezugs,** der **Intensität** und des **Ortes** der Ansprache, kann der Adressat in eine psychische Zwangslage versetzt werden, aus der er sich womöglich nur dadurch glaubt befreien zu können, dass er sich mit dem Werbenden und seinem Anliegen auseinandersetzt. Aber auch in Fallgestaltungen, in denen dies nicht der Fall ist, kann das Ansprechen aufgrund des Eingriffs in die Individualsphäre unlauter sein.[108]

60 **b) Wettbewerbsrechtliche Beurteilung. aa) Vorbemerkung.** Das Ansprechen von Personen in der Öffentlichkeit kann je nach den Umständen des Einzelfalls eine **unzumutbare Belästigung im Sinne des Abs. 1** darstellen. Von einer Erkennbarkeit im Sinne des Abs. 1 S. 2 wird nicht regelmäßig auszugehen sein. Der Werbende kann einen etwaigen Willen des sich in der Öffentlichkeit bewegenden Werbeadressaten, nicht angesprochen zu werden, nicht ohne weiteres erkennen. Anders ist es allerdings, wenn der Beworbene die Kontaktaufnahme erkennbar abgelehnt hat und der Werbende die Ansprache dennoch weiter fortsetzt.

61 **bb) Individuelles Ansprechen. (a) Ursprünglicher Ansatz.** Lange Zeit hielt die überwiegende Rechtsprechung und Literatur das gezielte, individuelle Ansprechen von Personen in der Öffentlichkeit **grundsätzlich für wettbewerbswidrig.**[109] Begründet wurde die Unlauterkeit vornehmlich mit der subjektiven Zwangslage, der Verstrickung und Überrumpelung des Verbrauchers.[110]

62 **(b) Neuere Rechtsentwicklung.** Im Zuge des **Wechsels des Verbraucherleitbildes** wird das Ansprechen in der Öffentlichkeit seit bereits geraumer Zeit **differenzierter** bewertet. Die Rechtsprechung stellt nunmehr maßgeblich darauf ab, dass das Ansprechen einen belästigenden **Eingriff in die Individualsphäre** des Umworbenen darstellt. Dieser

---

[107] Vgl. RegE-UWG 2008, S. 59.

[108] BGH GRUR 1965, 315 (316) – Werbewagen; BGH GRUR 1960, 431 (433) – Kfz-Nummernschilder.

[109] BGH GRUR 1960, 431 (432) – Kfz-Nummernschilder; BGH GRUR 1965, 315 (316) – Werbewagen; OLG Düsseldorf NJW-RR 1986, 531; OLG Köln CR 2001, 313; GRUR 2002, 641 – Direktmarketing bei Telefondienstleistungen.

[110] BGH GRUR 1965, 315 (316) – Werbewagen.

habe das Recht, auch im öffentlichen Raum weitgehend ungestört zu bleiben. Der BGH geht nicht mehr davon aus, dass sich der durchschnittliche Passant allein durch die persönliche Ansprache in einer subjektiven Zwangslage wähnen könnte, aus der er sich nach eigenem Verständnis nur durch Annahme des beworbenen Angebots befreien kann. Die Verkehrskreise seien vielmehr stärker als früher auf die Wahrung eigener Interessen bedacht.[111]

Jedenfalls zulässig soll das Ansprechen vor diesem Hintergrund dann sein, wenn der Passant durch sein Verhalten hinreichend deutlich erkennen lässt, dass er sich für das Angebot des Werbenden interessiert und gerade mit ihm in ein Gespräch eintreten will.[112] Die hM stellt also auf das Vorliegen einer **konkludenten Einwilligung** ab.[113] Aus dem bloßen Betrachten von Auslagen im Schaufenster oder dem Betreten von Warenhäusern und Einkaufszentren soll aber nach wie vor noch kein Interesse an einem Verkaufsgespräch abgeleitet werden können.[114] Auch das erkennbare Bestehen eines bestimmten Waren- und Dienstleistungsbedarfs reicht nicht aus, da hieraus nicht zu schließen ist, dass der Angesprochene gerade mit dem Werbenden in Kontakt treten will.[115] 63

In Fällen, in denen der Werbende sich von vornherein und eindeutig als solcher zu erkennen gibt, soll die gezielte Ansprache des Passanten auf öffentlichen Straßen und Plätzen – soweit keine anderweitigen Elemente hinzutreten, welche die Ansprache unlauter erscheinen lassen – nicht wettbewerbswidrig sein.[116] Die Rechtsprechung fordert hier allerdings eine eindeutige Erkennbarkeit der **werblichen Absichten.** Der Angesprochene muss „dem Werber gleichsam auf einen Blick ansehen können", dass dieser sich zu Werbezwecken an ihn wendet.[117] Wesentlich ist hierbei die **sofortige Erkennbarkeit.** Nur in diesem Fall hat der Passant die adäquate Möglichkeit, sich durch Nichtbeachtung des Werbenden oder eine kurze abweisende Bemerkung oder Geste ohne große Mühe einem Gespräch zu entziehen. An die Aufmerksamkeit des Passanten sind hierbei keine hohen Anforderungen zu stellen. Für eine eindeutige Erkennbarkeit genügt es danach beispielsweise nicht, dass der Werbende sich in der Nähe eines Werbestandes aufhält.[118] 64

Ist der **werbliche Zweck** der Ansprache für den Angesprochenen also **nicht oder nicht in adäquater Weise erkennbar,** so ist auch weiterhin von einer unzumutbaren Belästigung iSd § 7 Abs. 1 S. 1 auszugehen.[119] Der Werbende soll sich nicht den Umstand zunutze machen können, dass es einem Gebot der Höflichkeit unter zivilisierten Menschen entspricht, einer fremden Person nicht von vornherein ablehnend gegenüberzutreten.[120] Die Frage, inwieweit dem Passanten zivilrechtlich ein Widerrufsrecht zusteht oder nicht, erachtet der BGH in diesem Zusammenhang als unerheblich.[121] 65

Eine unzumutbare Belästigung liegt aber auch dann vor, wenn die **Nichtbeachtung oder Abwehr** des Werbenden nach den gegebenen Verhältnissen (zB in einer engen Straße) **nicht möglich** ist oder wenn der Werbende einen erkennbar entgegenstehenden 66

---

[111] BGH GRUR 2004, 699 – Ansprechen in der Öffentlichkeit I.

[112] *Köhler*/Bornkamm/Feddersen § 7 Rn. 69; ähnlich: *Ohly*/Sosnitza § 7 Rn. 76.

[113] Vgl. etwa *Ohly*/Sosnitza § 7 Rn. 76.

[114] BGH GRUR 1965, 315 (316) – Werbewagen; *Köhler*/Bornkamm/Feddersen § 7 Rn. 69.

[115] BGH GRUR 1960, 431 (432) – Kfz-Nummernschilder.

[116] BGH GRUR 2005, 443 (445) – Ansprechen in der Öffentlichkeit II; gegen eine generelle Wettbewerbswidrigkeit des Ansprechens in der Öffentlichkeit bereits OLG Frankfurt a. M. GRUR 2002, 639 (640) – Direktmarketing bei Telefondienstleistungen; aA noch OLG Köln GRUR 2002, 641 f. – Werbestand II.

[117] OLG Frankfurt a. M. GRUR 2008, 353 (355) – Ansprechen von Passanten.

[118] OLG Frankfurt a. M. GRUR 2008, 353 (355) – Ansprechen von Passanten.

[119] BGH GRUR 2005, 443 (445) – Ansprechen in der Öffentlichkeit II; OLG Frankfurt a. M. GRUR 2008, 353 (355) – Ansprechen von Passanten.

[120] BGH GRUR 2004, 699 – Ansprechen in der Öffentlichkeit I; BGH GRUR 2005, 443 – Ansprechen in der Öffentlichkeit II; OLG Köln GRUR 2002, 641 (642) – Werbestand II.

[121] BGH GRUR 2005, 443 (445) – Ansprechen in der Öffentlichkeit II.

Willen des Angesprochenen missachtet, etwa indem er diesen am Weitergehen hindert oder ihm folgt.[122]

67 **(c) Stellungnahme.** Die vorstehend skizzierte Entwicklung in der Rechtsprechung ist – auch und insbesondere vor dem Hintergrund der UGP-RL – zu begrüßen.

68 Das werbliche Ansprechen von Personen in der Öffentlichkeit kann heute nicht per se als wettbewerbswidrig angesehen werden. Die **Verkehrsgewohnheiten** haben sich in den zurückliegenden Jahrzehnten **maßgeblich verändert.** Werbung durch individuelles Ansprechen von Passanten im öffentlichen Raum prägt inzwischen das Alltagsbild in den Geschäftszonen der Städte. Die Passanten sind mit derartigen Werbeformen vertraut. Hat der Passant die Möglichkeit, sich des Werbenden – wie im Alltag regelmäßig der Fall – ohne größeren Aufwand zu entledigen, so ist die Schwelle der unzumutbaren Belästigung iSd § 7 Abs. 1 nicht überschritten. Eine adäquate Abwehr setzt allerdings voraus, dass der Passant den Werbenden unschwer bereits im Moment der Ansprache als solchen erkennen und so entsprechend reagieren kann. Treten zu einer offenkundigen Ansprache keine **weiteren Umstände** hinzu, welche die Gesamtsituation als eine dem Passanten nicht mehr zumutbare Belästigung erscheinen lassen, so begründet die Ansprache als solche keinen Verstoß gegen § 7 Abs. 1. Als derartige Umstände kommen die Intensität oder die Aufdringlichkeit der Ansprache, die Ansprache durch mehrere Werbende gleichzeitig oder die Ansprache an einem Ort, an dem der Passant nicht oder nur schwer ausweichen kann, in Betracht.[123]

69 Wäre das Ansprechen in der Öffentlichkeit grundsätzlich als unlauter anzusehen, so läge zudem ein **Wertungswiderspruch** zu anderen Belästigungsformen vor. So liegt die belästigende Wirkung eines solchen Ansprechens regelmäßig unterhalb der Belästigung, die etwa von Vertreterbesuchen an der Haustür ausgeht, welche die Rechtsprechung grundsätzlich als wettbewerbsrechtlich unbedenklich ansieht.[124] Hinzu kommt, dass die Gefahr einer Überrumpelung des Verbrauchers in einer (subjektiven) Zwangslage mit der Folge eines unüberlegten Vertragsschlusses wegen der unterschiedlichen Schutzrichtungen der UGP-RL (Schutz des Verbrauchers vor einer Beeinträchtigung der Entscheidungsfreiheit) einerseits und des § 7 Abs. 1 (Schutz des Verbrauchers vor einer unangemessenen Beeinträchtigung ihrer privaten oder geschäftlichen Sphäre) auch unabhängig von einer Beeinträchtigung der Entscheidungsfreiheit) andererseits inzwischen jedenfalls ganz vorrangig am Maßstab des § 4a UWG 2015 zu beurteilen wäre.

70 Der Gesetzgeber hat die Gefahren, die von gezielten und individuellen werblichen Ansprachen von Passanten ausgehen, erkannt und in **§§ 312b, 312g BGB** geregelt. Dem Verbraucher steht bei außerhalb von Geschäftsräumen geschlossenen Verträgen ein **Widerrufsrecht** zu. Grundsätzlich verboten wurden solche Werbeformen dagegen nicht.[125] Allerdings stehen die gesetzlichen Regelungen zur Widerrufbarkeit von außerhalb von Geschäftsräumen geschlossenen Verträgen der Annahme einer Wettbewerbswidrigkeit der in Rede stehenden Werbemethoden nicht generell entgegen.[126]

71 **cc) Allgemeine Aufforderung.** Grundsätzlich ist es nicht wettbewerbsrechtlich zu beanstanden, wenn Waren oder Dienstleistungen durch ein **an die Allgemeinheit ge-**

[122] BGH GRUR 2005, 443 (445) – Ansprechen in der Öffentlichkeit II; zum Sonderfall der Ansprache von Kunden trotz eines seinerseits unlauteren von einem Wettbewerber ausgesprochenen Kontaktverbots siehe OLG Oldenburg GRUR-Prax 2017, 540 sowie OLG Dresden GRUR-Prax 2015, 492 mAnm *Plagemann*.

[123] BGH GRUR 2005, 443 (444) – Ansprechen in der Öffentlichkeit II; OLG Frankfurt a. M. WRP 2001, 554 (556) – Direktmarketing bei Telefondienstleistungen; ebenso *Schwab* GRUR 2002, 579 (582).

[124] Vgl. hierzu → Rn. 85 f.; BGH GRUR 1994, 380 (381) – Lexikothek.

[125] OLG Frankfurt a. M. WRP 2001, 554 (556); – Direktmarketing bei Telefondienstleistungen vgl. BGH GRUR 2000, 235 (236) – Werbung am Unfallort IV; dagegen BGH GRUR 2004, 699 – Ansprechen in der Öffentlichkeit I; OLG Köln GRUR 2002, 641 (643) – Direktmarketing bei Telefondienstleistungen.

[126] BGH GRUR 2005, 443 (445) – Ansprechen in der Öffentlichkeit II; GRUR 2000, 235 f. – Werbung am Unfallort IV.

richtetes Ausrufen in der Öffentlichkeit angeboten werden.[127] Zwar mag auch das Ausrufen – etwa durch einen „Marktschreier" – mit gewissen Belästigungen verbunden sein. Als Teil einer anonymen Gruppe kann aber jeder Adressat das Angebot einfach ignorieren, ohne sich damit auseinandersetzen zu müssen. Er wird daher nicht in eine persönliche Zwangslage gebracht. Eine solche allgemeine Aufforderung liegt etwa bei marktschreierischen Angeboten auf Märkten und Messen oder bei Angeboten von Speisen und Getränken durch einen Kellner im Zug vor.

c) Einzelfälle. aa) Öffentliche und nicht öffentliche Straßen. Für die Beurteilung der Unzumutbarkeit macht es **keinen Unterschied,** ob ein Ansprechen **im öffentlichen oder privaten Verkehrsraum** erfolgt, soweit sie öffentlich zugänglich sind.[128] 72

bb) Bahnhöfe, Flughäfen und öffentliche Verkehrsmittel. Der Grad der Belästigung ist in diesen Bereichen nicht anders zu beurteilen als an anderen öffentlich zugänglichen Orten.[129] 73

cc) Auffordern zum Betreten von Verkaufsstellen. Nach früherem Verständnis galt es als unzulässig, Fußgänger **aufzufordern, ein Ladengeschäft oder einen Werbewagen zu betreten.**[130] Eine Ausnahme konnte bestehen, wenn der Angesprochene erkennbar an den Waren oder Dienstleistungen des Werbenden interessiert war, nicht aber bereits dann, wenn er lediglich vor dem Geschäft oder Werbewagen stehen blieb und die Auslagen betrachtete. Nach zutreffender jüngerer Ansicht wird die Zumutbarkeitsschwelle **erst bei gesteigerter Aufdringlichkeit** oder etwa im Falle eines „Hineinzerrens" überschritten.[131] 74

dd) Warenhäuser und Supermärkte. In **Warenhäusern und Supermärkten** rechnet der Kunde mit einer Ansprache. Auch wenn dort kein Bedienungspersonal tätig ist, ist der Kunde daran gewöhnt, von Propagandisten angesprochen zu werden. Folglich **scheiden eine psychische Zwangslage und eine Überrumpelungsgefahr aus.**[132] Die Ausnutzung einer psychischen Zwangslage wäre zudem ohnehin nach § 4a UWG 2015 zu beurteilen. 75

In Übereinstimmung mit den jüngeren Entscheidungen des BGH ist eine unzumutbare Belästigung jedoch dann anzunehmen, wenn der **Werbende** sich **nicht als solcher zu erkennen** gibt.[133] 76

ee) Ladengeschäfte mit Bedienungspersonal. Ein potentieller Kunde, der einen **Laden mit Bedienungspersonal** betritt, erklärt seine **konkludente Einwilligung,** dort angesprochen zu werden.[134] 77

ff) Märkte und Messen. Der **Besucher von Märkten und Messen** ist daran gewöhnt und darauf vorbereitet, an diesen Orten individuell angesprochen zu werden. Das gezielte Ansprechen ist daher grundsätzlich zulässig.[135] Die Grenze des Unzumutbaren wird überschritten, wenn der **Kunde am Weitergehen gehindert** wird, von dem Ansprechenden verfolgt oder über den wahren Gesprächszweck getäuscht wird.[136] 78

---

[127] *Köhler*/Bornkamm/Feddersen § 7 Rn. 70.

[128] BGH GRUR 2004, 699 – Ansprechen in der Öffentlichkeit I; BGH GRUR 2005, 443 (445) – Ansprechen in der Öffentlichkeit II; *Köhler*/Bornkamm/Feddersen § 7 Rn. 63; *Ohly*/Sosnitza § 7 Rn. 75.

[129] BGH GRUR 2004, 699 – Ansprechen in der Öffentlichkeit I; OLG Hamburg BB 1970, 1275.

[130] BGH GRUR 1965, 315 (316) – Werbewagen; OLG Düsseldorf NJW-RR 1986, 531.

[131] OLG Frankfurt a. M. WRP 2001, 554 (556) – Direktmarketing bei Telefondienstleistungen.

[132] Differenzierend OLG Köln GRUR 2002, 641 (644) – Direktmarketing bei Telefondienstleistungen; OLG Köln CR 2001, 313.

[133] Vgl. BGH GRUR 2005, 443 – Ansprechen in der Öffentlichkeit II.

[134] GroßKommUWG/*Pahlow* § 7 Rn. 93.

[135] BGH GRUR 1965, 315 (317) – Werbewagen; *Ohly*/Sosnitza § 7 Rn. 75; *Köhler*/Bornkamm/Feddersen § 7 Rn. 71; Gloy/Loschelder/Danckwerts/*Hasselblatt*/*Zarn* HdbWettbR § 61 Rn. 49.

[136] GroßKommUWG/*Pahlow* § 7 Rn. 91.

79 **gg) Verteilen von Werbezetteln und geringwertigen Reklamegeschenken.** Das bloße **Verteilen von Werbematerial** ist **nicht zu beanstanden.**[137] Diese vom Verkehr akzeptierte Form der Werbung wird nicht als unzumutbar belästigend empfunden. Es steht dem Passanten frei, ob er das angebotene Werbematerial überhaupt entgegennimmt oder nach der Entgegennahme wegwirft, falls es ihn nicht interessiert. Eine Kommunikation mit dem Werbenden wird von dem Adressaten nicht erwartet.

80 Das Verteilen von Werbezetteln kann aber aus anderen Gründen unlauter sein, etwa wenn es **vor dem Geschäftslokal eines Mitbewerbers** mit dem Ziel geschieht, Kunden abzufangen.[138]

81 **hh) Scheibenwischerwerbung.** Die **Scheibenwischerwerbung** wurde in der Vergangenheit überwiegend als nicht unlauter angesehen. Die Rechtsprechung argumentierte, dass der Werbeadressat in seiner Anonymität verbleibt und das Lösen des Handzettels vom Scheibenwischer nur einen geringen Aufwand erfordert.[139] In jüngerer Zeit hat sich unter der Geltung von § 7 eine abweichende herrschende Meinung gebildet, nach der die Scheibenwischerwerbung als unzulässige belästigende Werbung anzusehen ist, da der Adressat sich der Werbung nicht entziehen kann, die Entsorgung des Werbezettels mit Mühen verbunden ist und sich der Zweckbestimmung des Autos ohne weiteres entnehmen lässt, dass die Werbung unerwünscht ist.[140]

82 **ii) Meinungsumfragen, Übersenden von Informationsmaterial.** Werden Passanten im Rahmen einer **Meinungsumfrage** in der Öffentlichkeit zu bestimmten Themen befragt, ohne dass diese Befragung in Zusammenhang mit der Förderung des Absatzes oder Bezugs eines Produkts oder mit dem Abschluss oder der Durchführung eines Vertrags steht, so ist dies nicht zu beanstanden. Es fehlt bereits an einer geschäftlichen Handlung nach § 7 Abs. 1.[141] Geht es dem Fragenden darum, im Wege der Umfrage Informationen zur Akzeptanz seines Produkts oder zum Verbraucherverhalten zu erlangen, liegt zwar eine Wettbewerbshandlung vor. Die Befragung ist aber zulässig, da hierbei weder die Besorgnis besteht, dass der Befragte in eine unmittelbare Zwangslage gelangen könnte noch eine unzumutbare Belästigung vorliegt. Besondere Umstände können aber zur Unzumutbarkeit derartiger Befragungen führen, etwa dann, wenn **unter dem Deckmantel einer Meinungsumfrage Werbung betrieben** wird. In diesem Fall ist das Ansprechen der Passanten nicht nur nach § 7 Abs. 1, sondern auch nach § 5a Abs. 6 UWG 2015 unlauter.[142] Aus der Übersendung eines Informationsschreibens im Rahmen eines bestehenden Vertragsverhältnisses kann eine unzumutbare Belästigung nicht hergeleitet werden.[143]

83 **jj) Werbung am Unfallort.** Das **Ansprechen eines Unfallbeteiligten** am Unfallort zum Zwecke eines Vertragsabschlusses (Reparaturauftrag, Kfz-Mietvertrag oder Abschleppauftrag) stellt eine unzumutbare Belästigung dar.[144] Im Gegensatz zu Passanten auf öffentlichen Straßen befinden sich Unfallbeteiligte regelmäßig in einer **psychischen Ausnahmesituation.** Aufgrund des vorangegangenen Geschehens sind sie häufig verwirrt und nicht in der Lage, solche Angebote kritisch und distanziert zu beurteilen. Die Gefahr eines

[137] BGH GRUR 1994, 639 (640) – Pinguin-Apotheke; OLG Frankfurt a. M. GRUR-RR 2017, 278 Rn. 19; LG Kiel GRUR 2005, 446 (447).

[138] OLG Frankfurt a. M. GRUR-RR 2017, 278 Rn. 19; KG GRUR 1984, 601 (602); OLG Koblenz WRP 1974, 283 (285) – Werbung mit Handzetteln.

[139] OLG Hamm GRUR 1991, 229 zur Unlauterkeit nach § 1 UWG aF, LG Limberg 24.9.2007 – 5 O 58/07.

[140] LG Hannover 14.7.2008 – 25 O 61/08; Fezer/Büscher/Obergfell/*Mankowski* § 7 Rn. 349, 350; *Ernst* WRP 2009, 1455; *Mankowski* GRUR 2010, 578; *Ohly*/Sosnitza § 7 Rn. 78; *Wasse* WRP 2010, 191.

[141] Vgl. *Köhler*/Bornkamm/Feddersen § 7 Rn. 74; *Ohly*/Sosnitza § 7 Rn. 75.

[142] *Ohly*/Sosnitza § 7 Rn. 75.

[143] BGH GRUR 2019, 750 Rn. 23 – WifiSpot.

[144] Unstr., vgl. BGH GRUR 1975, 264 (265) – Werbung am Unfallort I; BGH GRUR 1975, 266 – Werbung am Unfallort II; BGH GRUR 1980, 790 (791) – Werbung am Unfallort III; BGH GRUR 2000, 235 (236) – Werbung am Unfallort IV.

unüberlegten und übereilten Vertragsschlusses ist daher besonders groß. Die Werbung ist daher sowohl unter dem Gesichtspunkt der Belästigung nach § 7 als auch wegen Ausnutzung einer Zwangslage und der unzulässigen Beeinflussung nach § 4a UWG 2015 unzulässig.[145] Für die wettbewerbsrechtliche Beurteilung ist es unerheblich, dass dem Angesprochenen ein Widerrufsrecht nach § 312g BGB zusteht.[146]

Unbeachtlich ist es auch, dass unter Umständen ein **Bedarf des Unfallbeteiligten** an den angebotenen Dienstleistungen, etwa einem Reparaturauftrag für das beschädigte Auto,[147] einem Kfz-Mietvertrag[148] oder einem Abschleppauftrag[149] besteht. Auch wenn im letztgenannten Fall ein sofortiges Bedürfnis zum Vertragsschluss vorliegen kann, besteht die Gefahr der Überrumpelung. Ob es zulässig ist, in **ausreichender Distanz** zur Unfallstelle auf eine Kontaktaufnahme durch den Unfallbeteiligten zu warten,[150] erscheint angesichts der praktischen Abgrenzungsschwierigkeiten fraglich.[151] 84

3. Haustürwerbung. a) Begriff und wirtschaftliche Bedeutung. Die **Haustürwerbung** zeichnet sich dadurch aus, dass potenzielle Kunden – ohne vorherige Aufforderung – in ihrem häuslichen Bereich aufgesucht werden. Als Mittel des Direktvertriebs von Waren und Dienstleistungen hat die – traditionell verbreitete – Haustürwerbung **erheblich an Bedeutung verloren.** Zu Beginn des 20. Jahrhunderts war der ambulante Handel vor allem für die Bevölkerung in dünn besiedelten Gebieten nahezu lebensnotwendig.[152] Heute werden überwiegend höherwertige Produkte (zB Staubsauger, Kosmetika, Weine, Zeitschriftenabonnements) sowie Dienstleistungen (vor allem Versicherungen) in Form so genannter Vertreterbesuche vertrieben.[153] 85

b) Unionsrecht. Der EuGH hat vor geraumer Zeit entschieden, dass ein Verbot des Verkaufs von Unterrichtsmaterialien und des Abschlusses von Unterrichtsverträgen an der Haustür nicht gegen (jetzt) Art. 34 AEUV verstößt.[154] Dabei stellte der EuGH insbesondere darauf ab, dass die durch diese Werbung angesprochenen Kunden besonders schutzlos gegenüber den Verkäufern seien. Ein **generelles und vollständiges Verbot der Haustürwerbung** dürfte indes **mit Art. 34 AEUV** und mit **der UGP-RL unvereinbar** sein.[155] Die UGP-RL nimmt Haustürgeschäfte vom Ziel der Vollharmonisierung aus.[156] Auch ein **vollständiges Verbot der Haustürwerbung für bestimmte Produkte** wird nur unter engen Voraussetzungen, etwa dem Schutz bestimmter besonders schutzwürdiger Bevölkerungsgruppen, zulässig sein. Der EuGH weist darauf hin, dass es zur Abwehr der Gefahr unüberlegter Haustürgeschäfte in der Regel genüge, den Käufern ein **Rücktrittsrecht** zu gewähren.[157] Einen Sonderfall regelt Nr. 25 des Anhangs I zur UGP-RL, der seine Umsetzung in Nr. 26 des Anhangs zu § 3 Abs. 3 UWG gefunden hat. Danach ist es stets unlauter, bei persönlichen Besuchen in der Wohnung des Verbrauchers dessen Auf- 86

[145] *Köhler*/Bornkamm/Feddersen § 7 Rn. 73; *Ohly*/Sosnitza § 7 Rn. 78a; GK-UWG/*Pahlow* § 7 Rn. 96.
[146] BGH GRUR 2000, 235 (236) – Werbung am Unfallort IV (zur Widerrufsmöglichkeit nach dem Haustürwiderrufsgesetz); zum Widerrufsrecht → Rn. 88.
[147] BGH GRUR 1975, 264 – Werbung am Unfallort I.
[148] BGH GRUR 1975, 266 – Werbung am Unfallort II.
[149] BGH GRUR 1980, 719 – Werbung am Unfallort III.
[150] So *Köhler*/Bornkamm/Feddersen § 7 Rn. 73.
[151] *Ohly*/Sosnitza § 7 Rn. 78a.
[152] So *Ulrich* FS Gaedertz, 577 (578).
[153] Vgl. *Völp* WRP 1973, 63.
[154] EuGH Slg. 1989, 1253 Rn. 17 – Buet; siehe hierzu *Köhler*/Bornkamm/Feddersen § 7 Rn. 39, wonach dieser Entscheidung nicht ohne weiteres im Umkehrschluss zu entnehmen sei, dass die Haustürwerbung in anderen Fällen zulässig sei. In Art. 3 Abs. 5 der geänderten UGP-Richtlinie, die am 7.1.2020 in Kraft getreten ist, wird es den Mitgliedstaaten freigestellt, eigene nationale Regelungen gegen aggressive oder irreführende Praktiken bei Haustürgeschäften zu erlassen, vgl. *Glöckner* Einl. B Rn. 194.
[155] So auch EuGH 10.7.2014 – C-421/12 Rn. 68, 71 ff. – Kommission/Belgien.
[156] Vgl. *Glöckner* Einl. B Rn. 117l.
[157] EuGH Slg. 1989, 1253 Rn. 12 – Buet.

forderung, die Wohnung zu verlassen bzw. nicht zurückzukehren, zu missachten. Auf die Umstände des Einzelfalls kommt es in dieser Fallkonstellation nicht an.

87 **c) Rechtliche Regelungen außerhalb des UWG. aa) Gewerberecht.** Die **Gewerbeordnung** lässt das **Reisegewerbe** in weiten Bereichen zu. Ein Reisegewerbe betreibt nach § 55 Abs. 1 Nr. 1 GewO ua, wer ohne vorhergehende Bestellung außerhalb der Räume seiner gewerblichen Niederlassung oder ohne eine solche zu haben, in eigener Person Waren oder Leistungen anbietet. Das Reisegewerbe bedarf grundsätzlich einer Erlaubnis (Reisegewerbekarte, § 55 GewO). Bestimmte Vertriebstätigkeiten sind im Reisegewerbe verboten (§ 56 GewO), andere von einer Erlaubnis freigestellt (§ 55a GewO). Mit dem Gesetz zur Stärkung des Verbraucherschutzes im Wettbewerb, das am 28.5.2022 in Kraft treten wird, ergeben sich Änderungen der Gewerbeordnung im Hinblick auf die Zulässigkeit von **Kaffeefahrten** (Wanderlager im Sinne des § 56a GewO nF).

88 **bb) Bürgerliches Recht.** Dem Verbraucher, der im Zuge der Haustürwerbung zum Vertragsschluss veranlasst wurde, steht ein **Widerrufsrecht nach §§ 312g, 312b, 312 Abs. 1, 355 BGB**[158] zu, sofern es sich um einen **Verbrauchervertrag** handelt (§ 312 Abs. 1 BGB). Nicht erfasst werden Verträge zwischen zwei Unternehmern. Der Vertrag muss sich auf eine entgeltliche Leistung beziehen und der Vertrag muss außerhalb der Geschäftsräume[159] geschlossen worden sein. [160]

89 Das Widerrufsrecht ist ein **Gestaltungsrecht,** mit dessen Ausübung ein anfangs wirksames Vertragsverhältnis in ein Abwicklungsverhältnis umgewandelt werden kann. Der Widerruf kann **in Textform** (§ 126b BGB) oder **durch Rücksendung der Sache erklärt** werden. Die Widerrufsfrist und die Folgen des Widerrufs das sind in §§ 355, 356, 357 BGB geregelt. Im Übrigen können Hausbesuche gegen den Willen des Besuchten eine **Eigentums- oder Besitzstörung** (§§ 1004, 858 BGB) darstellen und als **deliktisches Verhalten** geahndet werden (§§ 823 Abs. 1, 823 Abs. 2 BGB iVm § 123 StGB).

90 **d) Wettbewerbsrechtliche Beurteilung. aa) Bisherige Rechtsprechung.** Die Rechtsprechung hat die Haustürwerbung in der Vergangenheit grundsätzlich auch ohne vorheriges Einverständnis als **wettbewerbsrechtlich zulässig** angesehen, sofern nicht wegen besonderer Umstände das Risiko einer untragbaren oder sonst unzulässigen Belästigung oder Störung der privaten Lebenssphäre gegeben war.[161] Begründet wurde dies damit, dass der Grad der Belästigung bei einer Haustürwerbung geringer sei als beispielsweise bei einer Telefonwerbung.[162] Während es hinsichtlich der Durchführung einer Telefonwerbung kaum zeitliche Begrenzungen gebe, fänden Hausbesuche normalerweise nur an Werktagen tagsüber statt. Außerdem werde ein Vertreter an der Haustür rasch als solcher erkannt. Das Erkennen könne bei einem Telefonat länger dauern, so dass der Angerufene unter Umständen sich zunächst auf ein Gespräch einlassen müsse. Auch sei wegen des unterschiedlichen Kostenaufwands eher mit einem wiederholten Telefonanruf als mit einem erneuten Besuch zu rechnen. Ferner wurde darauf hingewiesen, dass Besuche durch Vertreter an der Haustür traditionell zulässig seien und die Rechtsordnung auch an anderen

[158] Die neuen Vorschriften zum Verbraucherrecht in §§ 312 ff. BGB wurden durch das am 20.9.2013 beschlossene und am 13.6.2014 in Kraft getretene Gesetz zur Umsetzung der Verbraucherrichtlinie und zur Änderung des Gesetzes zur Wohnungsvermittlung (VerbrRRL-UG) (BGBl. I S. 3642) in das BGB aufgenommen.

[159] Hierzu Palandt/*Grüneberg* § 312b BGB.

[160] Vertiefend Palandt/*Grüneberg* §§ 312 ff. BGB.

[161] Vgl. BGH GRUR 1955, 541 – Bestattungswerbung; BGH GRUR 1970, 523 (524) – Telefonwerbung I; BGH GRUR 1967, 430 (431) – Grabsteinaufträge; BGH GRUR 1971, 317 (318) – Grabsteinwerbungen II; BGH GRUR 1994, 380 (381) – Lexikothek; BGH GRUR 1994, 818 (819) – Schriftliche Voranmeldung; BGH GRUR 2005, 443 (445) – Ansprechen in der Öffentlichkeit II; OLG Hamburg WRP 1992, 728; KG, 1.12.2020, 5 U 26/19; *Ulmer* WRP 1986, 445; *Lehmann* GRUR 1974, 133; siehe auch BGH GRUR 2004, 699 (701) – Ansprechen in der Öffentlichkeit I, wonach Hausvertreterbesuche „seit jeher als zulässig erachtet worden" seien.

[162] Vgl. BGH GRUR 1994, 380 (381) – Lexikothek.

Stellen (§§ 55 ff. GewO, § 312b BGB) von deren Zulässigkeit ausgehe.[163] Bei einer anderen Beurteilung läge ein Eingriff in die **Berufsausübungsfreiheit** nicht nur der werbenden Unternehmen, sondern auch der Vertreter vor. Ein solcher Eingriff ließe sich aber nach Art. 12 GG nur bei Vorliegen ausreichender Gründe des Gemeinwohls und Beachtung des Grundsatzes der Verhältnismäßigkeit rechtfertigen. Hierfür reiche die mit dem Hausbesuch notwendigerweise verbundene Störung aber nicht aus.[164] Auch in seiner jüngsten Rechtsprechung geht der BGH von der grundsätzlichen Zulässigkeit der Haustürwerbung aus.[165]

bb) Schrifttum. Während diese Auffassung von Teilen des Schrifttums geteilt wurde,[166] 91
mehren sich die Stimmen, wonach unerbetene Hausbesuche als **unzulässige Belästigung** anzusehen sind.[167] Es sei geboten, die unerbetene Haustürwerbung ebenso zu unterbinden wie das gezielte Ansprechen in der Öffentlichkeit.[168] Der Angesprochene könne sich eines Vertreters in der Öffentlichkeit sogar durch schlichtes Weitergehen entledigen, während der an der Haustür angesprochene Wohnungsinhaber diese Möglichkeit nicht habe.[169] Auch sei gegenüber der Haustürwerbung der gleiche wettbewerbsrechtliche Schutz einzuräumen, wie dies bei der Telefonwerbung geschehe.[170] Der Grad der Belästigung sei bei einem Vertreterbesuch mindestens ebenso hoch wie bei einem Telefonanruf. So müsse der Wohnungsinhaber zunächst feststellen, wer ihn sprechen wolle. Sobald der wahre Zweck des Besuches erkannt worden sei, müsse er den Vertreter abwimmeln.[171] Dieses bedürfe eines größeren Kraftaktes als das einfache Beenden eines Telefongespräches. Außerdem sei es dem Wohnungsinhaber nicht zumutbar, durch ein (verunzierend wirkendes) Schild seinen ablehnenden Willen kundzutun.[172] Die Regelung in den §§ 55 ff. GewO und in §§ 312b ff. BGB könnten die wettbewerbsrechtliche Beurteilung von Hausbesuchen nicht präjudizieren.[173] Auf schutzwürdige Besitzstände könnten sich nicht gesamte Branchen berufen, sondern allenfalls bestimmte Unternehmen. Insofern sei auch zu berücksichtigen, dass infolge der geänderten wirtschaftlichen und sozialen Verhältnisse nicht mehr die Versorgung der Bevölkerung bei einem Haustürvertrieb im Vordergrund stehe, sondern die Erlangung von Aufträgen. Mit dem Besitzstandsargument sei allenfalls eine Übergangsfrist zu rechtfertigen.[174]

cc) Stellungnahme. Der von weiten Teilen des Schrifttums geübten Kritik an der 92
Rechtsprechung ist zuzustimmen. Die mit unerbetenen Hausbesuchen einhergehende **Belästigung** ist entgegen der Auffassung des BGH[175] **höher als bei unerbetener Telefonwerbung.** Die Tatsache, dass der einzelne Verbraucher nur wenige Haustürbesuche im Jahr erhalte, steht der Bewertung des jeweiligen konkreten Besuchs als unzumutbare Belästigung nicht entgegen.[176] Der Adressat sieht sich von Angesicht zu Angesicht mit dem

---

[163] BGH GRUR 1994, 380 (382) – Lexikothek; BGH GRUR 1994, 818 (819) – Schriftliche Voranmeldung.

[164] BGH GRUR 1994, 818 (819) – Schriftliche Vorankündigung – unter Hinweis auf BVerfGE 61, 291 (312).

[165] BGH GRUR 2014, 883 Rn. 29 – Geschäftsführerhaftung.

[166] *Lehmann* GRUR 1974, 133; *Ulmer* WRP 1986, 445; differenzierend jurisPK-UWG/*Koch* § 7 Rn. 65 ff.

[167] Fezer/Büscher/Obergfell/*Mankowski* UWG § 7 Rn. 311 ff.; *Ohly*/Sosnitza § 7 Rn. 80 ff. mwN; *Köhler*/Bornkamm/Feddersen § 7 Rn. 45 ff.; *Köhler* Anm. zu BGH LM UWG § 1 Nr. 643; *von Hippel* BB 1983, 2024; *Ulrich* FS Vieregge, 1995, 901 (912); *Krüger-Nieland* GRUR 1974, 561; *Reich* GRUR 2011, 589.

[168] *Völp* WRP 1993, 63 (64); *Ulrich* FS Vieregge, 1995, 901 (913).

[169] *Köhler*/Bornkamm/Feddersen § 7 Rn. 47; *Ohly*/Sosnitza § 7 Rn. 80.

[170] *Reich* GRUR 2011, 589; vgl. zur Zulässigkeit der Telefonwerbung → Rn. 217 ff.

[171] *Köhler*/Bornkamm/Feddersen § 7 Rn. 47; GK-UWG/*Pahlow* § 7 Rn. 64.

[172] *Köhler*/Bornkamm/Feddersen § 7 Rn. 47; GK-UWG/*Pahlow* § 7 Rn. 64.

[173] *Ohly*/Sosnitza § 7 Rn. 80; *Köhler*/Bornkamm/Feddersen § 7 Rn. 49, 50; *Ulrich* FS Vieregge, 1995, 901 (915).

[174] Fezer/Büscher/Obergfell/*Mankowski* UWG § 7 Rn. 318; *Köhler*/Bornkamm/Feddersen § 7 Rn. 48; *Paefgen* WRP 1994, 73 (76).

[175] BGH GRUR 1994, 380 – Lexikothek.

[176] Anders aber KG, 1.2.2020, 5 U 26/19.

Werbenden konfrontiert und ist durch seine Adresse und das Klingelschild persönlich identifiziert. In dieser Situation das Gespräch abzubrechen, ohne sich auf den persönlich anwesenden Werbenden einzulassen, ist ungleich schwerer als die Beendigung eines Telefonats mit einem anonym bleibenden Anrufer.[177] Hinzu kommt, dass der Wohnungsinhaber zunächst seine Tätigkeiten unterbrechen und sich zur Haustür oder Sprechanlage begeben muss, wo er den Werbenden unter Umständen nicht ohne weiteres sogleich als solchen erkennen wird. Vielmehr wird der Werbende oftmals zunächst versuchen, seinen Adressaten in ein Gespräch zu verwickeln, um auf diese Weise den Verkauf seiner Waren psychologisch vorzubereiten. In diesen Fällen besteht eine Vergleichbarkeit mit dem überraschenden Ansprechen in der Öffentlichkeit zu einem als solchen nicht erkennbaren werblichen Zweck, das von der Rechtsprechung zu Recht als unzumutbare Belästigung angesehen wird.[178] Die Haustürwerbung stellt indes einen noch intensiveren Eingriff in die Privatsphäre des Adressaten ein und begründet zugleich die Gefahr, dass der Adressat ein eigentlich ungewolltes Geschäft nur abschließt, um die höchst unangenehme Zwangssituation an der Haustür zu beenden. Auch ist es dem Einzelnen nicht zumutbar, Schilder an der Haustür anzubringen, wonach Vertreterbesuche untersagt sind.[179]

93 Haustürwerbung und Vertreterbesuche bei Privatpersonen sollten daher entgegen der bisherigen Rechtsprechung nur nach **tatsächlicher oder mutmaßlicher Einwilligung** zulässig sein.[180] Die Höhe der Anforderungen an den Werbenden zum Nachweis von tatsächlichen Anhaltspunkten für das Bestehen einer nur mutmaßlichen Einwilligung sollte dabei unter Berücksichtigung des Einzelfalls und der jeweiligen konkreten Umstände bemessen werden. Die in der Literatur[181] hierzu angeführten Beispielfälle des in der betreffenden Region üblichen Direktvertriebs insbesondere land- oder forstwirtschaftlicher Erzeugnisse begegnen unter dem Gesichtspunkt des Vorliegens einer mutmaßlichen Einwilligung keinen Bedenken; sie dürften in der Praxis indes auch weniger Probleme aufwerfen. Hingegen werden in den Fällen des weit verbreiteten Direktvertriebs von Zeitschriftenabonnements, Büchern oder Versicherungen in aller Regel keine Umstände vorliegen, die auf eine mutmaßliche Einwilligung des Adressaten schließen lassen.

94 Der **unangekündigte Besuch** bei einem **Unternehmer** ist **grundsätzlich zulässig,** ebenso wie bei Privaten ist aber ein erkennbar entgegenstehender Wille zu beachten.

e) Einzelfälle. In den nachfolgenden Einzelfällen geht auch die Rechtsprechung schon heute von der **Unzulässigkeit der unerbetenen Hausbesuche** aus:

95 **aa) Ausdrücklicher Widerspruch.** Hat der Wohnungsinhaber gegenüber dem Werbenden zu erkennen gegeben, dass er **keine Hausbesuche wünscht,** greift bereits Abs. 1 S. 2. Den entsprechenden Wunsch kann der Wohnungsinhaber entweder durch vorherige Mitteilung an den Werbetreibenden oder durch ein Schild an der Haustür („Keine Vertreter", „Betteln und Hausieren verboten") zum Ausdruck bringen.

96 **bb) Hausbesuch anlässlich eines Todesfalls.** Hausbesuche, die in **besonderen Ausnahmesituationen** erfolgen, wie im Zusammenhang mit einem Todesfall, sind als unzumutbare Belästigung nach Abs. 1 anzusehen.[182] In diesen Situationen besteht zudem eine

[177] *Ohly*/Sosnitza § 7 Rn. 80; *Köhler*/Bornkamm/Feddersen § 7 Rn. 47; vgl. auch *Reich* GRUR 2011, 589.

[178] Vgl. BGH GRUR 2005, 443 – Ansprechen in der Öffentlichkeit II, hierzu → Rn. 58.

[179] Siehe auch *Ohly*/Sosnitza § 7 Rn. 80, der darauf hinweist, dass es dem Werbenden ohne weiteres möglich sei, mit Hilfe einer frankierten Antwortpostkarte die Einwilligung des Adressaten einzuholen.

[180] *Köhler*/Bornkamm/Feddersen § 7 Rn. 51; Fezer/Büscher/Obergfell/*Mankowski* § 7 Rn. 316; MüKoUWG/*Leible* § 7 Rn. 240; noch weitergehend *Reich* GRUR 2011, 589, die sich für das Erfordernis einer vorherigen ausdrücklichen Einwilligung ausspricht siehe aber jüngst KG, 1.12.2020, 5 U 26/19, wonach die geringe Anzahl tatsächlicher Haustürbesuche der Annahme einer unzumutbaren Belästigung entgegenstehe.

[181] Vgl. *Ohly*/Sosnitza § 7 Rn. 80; *Köhler*/Bornkamm/Feddersen § 7 Rn. 51.

[182] BGH GRUR 1971, 317 – Grabsteinwerbungen II; siehe auch BGH GRUR 2010, 1113 Rn. 21 – Grabmalwerbung; zur Rechtslage unter § 1 UWG 1909 vgl. schon BGH GRUR 1955, 541 – Bestattungswerbung.

erhöhte Gefahr, dass der Werbende sich die Ausnahmesituation zu Nutze macht und den trauernden Adressaten der Werbung, der aufgrund der besondere Umstände in seinem Urteilsvermögen beeinträchtigt ist, zu einer eigentlich ungewollten Entscheidung veranlasst.[183] Insoweit wird auch eine Unzulässigkeit der Werbung nach § 4a UWG 2015 anzunehmen sein. Dagegen soll Werbung anlässlich freudiger Ereignisse nach älterer Rechtsprechung zulässig sein.[184]

cc) Erschleichen des Vertreterbesuchs. Wird eine **Erklärung des Adressaten provoziert,** die sodann als **Vorwand** für einen Hausbesuch genutzt wird, so liegt eine unzumutbare Belästigung vor.[185] 97

Ein **erschlichener Hausbesuch** liegt auch vor, wenn der Interessent eine vorgedruckte Antwortkarte ausfüllt, um ein Angebot zugesandt zu bekommen,[186] der Werbende ihm aber daraufhin einen Vertreter nach Hause schickt.[187] Ähnlich liegt der Fall, wenn Anforderungskarten missverständliche Sätze enthalten[188] und zumindest ein Teil der Antwortenden daraufhin von einem Vertreter aufgesucht wird, obwohl ein postalisches Angebot erwartet wurde. Gleiches gilt, wenn der Antwortende an einer Verlosung teilnimmt und zugleich mit der Teilnahmekarte eine Warenpräsentation anfordert, die zu einem Vertreterbesuch führt.[189] 98

dd) Irreführung über den Anlass des Hausbesuchs. Unzulässig ist es, den Kunden zunächst **über den wahren Besuchszweck irrezuführen** und nach erfolgtem Zutritt in die Wohnung den wahren Grund zu nennen.[190] Hier liegt außerdem ein Verstoß gegen § 5a Abs. 6 UWG 2015 vor.[191] 99

ee) Besuchsankündigung. Eine **telefonische Besuchsankündigung** ist nach Abs. 2 Nr. 2 unzulässig.[192] Kündigt der Vertreter seinen Besuch **schriftlich** an und bietet er dem Adressaten die Möglichkeit, den Besuch **mittels einer freigemachten Antwortkarte abzulehnen,** so soll der nachfolgende Hausbesuch nach der Rechtsprechung nicht zu einer unzumutbaren Belästigung der Adressaten führen, die – etwa aus Versehen – von einer Absage abgesehen haben. Zwar werde hier einerseits die Verhandlungsposition des Vertreters gestärkt, weil er dem Besuchten entgegenhalten könne, er habe ihn durch Untätigkeit zu einem vergeblichen Besuch veranlasst. Andererseits **vermindere sich aber das Überrumpelungsmoment,** da der Adressat aufgrund der Ankündigung auf den Hausbesuch vorbereitet sei.[193] Dieser Rechtsprechung ist nicht zuzustimmen. Kündigt der Werbende seinen Besuch ohne vorherige Aufforderung durch den Adresstaten schriftlich an, so ist der darauffolgende Besuch nur dann zulässig, wenn der Adressat schriftlich – etwa mittels einer frankierten Antwortkarte – sein Interesse an einem Besuch bestätigt hat. Dagegen kann die Unzulässigkeit des Besuchs nicht davon abhängen, dass der Adressat dem angemeldeten Besuch schriftlich widerspricht. Dies würde den Verbraucher über die Maßen belasten.[194] 100

---

[183] Vgl. *Köhler*/Bornkamm/Feddersen § 7 Rn. 58, der zusätzlich darauf hinweist, dass es für den Werbenden andere Möglichkeiten der angemessenen Werbung im Trauerfall gibt; siehe hierzu auch *Ohly*/Sosnitza § 7 Rn. 82. der allerdings eine generelle Beschränkung der Werbefreiheit des gesamten Bestattungsgewerbes mit überzeugenden Gründen ablehnt.

[184] KG WRP 1971, 132 f. – Hausbesuche von Hochzeitsfotografen.

[185] *Köhler*/Bornkamm/Feddersen § 7 Rn. 55.

[186] ZB mit der Formulierung „Erbitte unverbindli8.h und kostenlos ihr Farbbildangebot", vgl. BGH GRUR 1968, 648 – Farbbildangebot; *Köhler*/Bornkamm/Feddersen § 7 Rn. 55.

[187] Gloy/Loschelder/Danckwerts/*Hasselblatt*/*Zarn* HdbWettbR § 61 Rn. 67.

[188] ZB „Bitte machen Sie mir ein kostenloses, unverbindliches und persönliches Angebot über …", vgl. BGH GRUR 1971, 320 – Schlankheitskur.

[189] BGH GRUR 1976, 32 (33 f.) – Präsentation; BGH GRUR 1973, 81 (82) – Gewinnübermittlung.

[190] OLG Stuttgart WRP 1976, 400; *Ohly*/Sosnitza § 7 Rn. 81; zur Haftung für Untervertriebspartner siehe OLG Hamm BeckRS 2011, 09375.

[191] *Köhler*/Bornkamm/Feddersen § 7 Rn. 60; GroßKommUWG/*Pahlow* § 7 Rn. 74.

[192] Vgl. BGH GRUR 1994, 380 (381) – Lexikothek.

[193] BGH GRUR 1994, 818 (819) – Schriftliche Voranmeldung.

[194] So auch *Köhler*/Bornkamm/Feddersen § 7 Rn. 54; GroßKommUWG/*Pahlow* § 7 Rn. 76 f.

101 **ff) Nachbearbeitung.** Hat der Kunde von seinem Widerrufsrecht Gebrauch gemacht und wird er im Anschluss daran erneut **aufgesucht** und **nach den Gründen für seinen Widerruf gefragt,** so stellt dies eine unzumutbare Belästigung dar.[195] Durch eine solche Nachbearbeitung wird der Kunde unter einen den Widerrufsbestimmungen zuwiderlaufenden **Rechtfertigungsdruck** gesetzt, dem er womöglich nicht standhält. Anders ist die Situation zu beurteilen, wenn es bei dem Besuch ausschließlich darum geht, etwaige Mängel im Vertriebssystem aufzudecken.[196]

102 **gg) Ausnutzung von Freundschaft und Bekanntschaft.** Der Einsatz von Personen, zu denen der Besuchte **persönliche Beziehungen** unterhält, kann zur Wettbewerbswidrigkeit des Hausbesuchs führen. Zwar ist es nicht zu beanstanden, solche Personen einzuschalten, um mit dem Adressaten in Kontakt zu treten. Unzumutbar belästigend kann es aber sein, wenn Personen, zu denen der Umworbene eine enge Beziehung unterhält, im Rahmen eines Hausbesuchs Verkaufsaktivitäten entfalten. Hier wird der Adressat – je nach Freundschaftsgrad – unter **verstärkten psychologischen Druck** gesetzt. Er mag dem Werbenden einen Gefallen erweisen wollen oder bei Ablehnung eines Angebots eine Verschlechterung der persönlichen Beziehungen befürchten und sich deshalb auf ein Angebot einlassen, das er sonst nicht angenommen hätte.[197]

103 **hh) Rechtsbruch.** Verstößt der Hausbesuch gegen ein **gesetzliches Verbot und handelt es sich bei diesem Verbot** um eine zumindest auch das Marktverhalten regelnde Norm, wie zB § 17 FernUSG, liegt ein unlauteres Verhalten nach § 3a UWG 2015 vor.

104 **4. Zusendung unbestellter Waren. a) Bedeutung.** Der verstärkte Schutz des Verbrauchers durch Gesetzgebung und Rechtsprechung und die hohen Kosten haben dazu geführt, dass die **Zusendung unbestellter Waren als Form des Direktvertriebs** keine allzu große Rolle mehr spielt. Ob sich dies in Anbetracht der Erfassung detaillierter Verbraucherdaten, die eine gezielte Versendung von Büchern und ähnlicher Produkte ermöglichen, ändern wird,[198] bleibt abzuwarten, scheint aber nach den bisherigen Erfahrungen eher unwahrscheinlich. In der Rechtsprechung nehmen wettbewerbsrechtliche Entscheidungen zur Zusendung unbestellter Waren jedenfalls keinen großen Raum mehr ein.[199]

105 **b) Rechtliche Regelungen im Bürgerlichen Recht.** Nach **§ 241a Abs. 1 BGB** werden durch die Lieferung unbestellter Sachen oder durch die Erbringung unbestellter sonstiger Leistungen durch einen Unternehmer an einen **Verbraucher** keine Ansprüche begründet. Dies gilt sowohl für Erfüllungsansprüche als auch für Sekundäransprüche auf Herausgabe, Nutzungsersatz oder Schadensersatz. Durch § 241a BGB werden somit nicht nur vertragliche, sondern auch gesetzliche Ansprüche (§§ 812, 985 ff. BGB) ausgeschlossen.[200]

106 Der Verbraucher ist **berechtigt,** die **unbestellt zugesandte Ware zu benutzen und zu verbrauchen,** ohne dass hierin eine Annahme des Vertragsangebots des Versenders zu sehen wäre. Ein Vertrag kommt nur zustande, wenn der Verbraucher entweder die Ware bezahlt oder die Annahme eindeutig erklärt.[201] Ohne Vertragsschluss kann der Verbraucher nach Belieben mit der Sache verfahren.[202]

---

[195] AA BGH GRUR 1994, 380 (381) – Lexikothek.
[196] OLG Karlsruhe WRP 1992, 125 (127).
[197] Siehe auch Gloy/Loschelder/Danckwerts/*Hasselblatt*/*Zarn* HdbWettbR § 61 Rn. 70.
[198] So die Erwartung von *Bunte* FS Gaedertz, 87 f.
[199] KG GRUR-RR 2001, 189 – Kostenlose Zeitung; OLG Köln NJW-RR 2002, 472; GRUR-RR 2002, 236 – Sonderhefte.
[200] *Ohly*/Sosnitza § 7 Rn. 84.
[201] Palandt/*Grüneberg* § 241a Rn. 6.
[202] Palandt/*Grüneberg* § 241a Rn. 6, 7.

§ 241a BGB setzte ursprünglich **Art. 9 FARL 1997** um,[203] wonach die Mitgliedsstaaten erforderliche Maßnahmen zu ergreifen hatten, um auszuschließen, dass einem Verbraucher ohne vorherige Bestellung Waren geliefert oder Dienstleistungen erbracht werden, wenn mit der Warenlieferung oder Dienstleistungserbringung eine Zahlungsaufforderung verbunden ist. Art. 9 FARL wurde zum 13.6.2014 **durch Art. 27 VerbrRRL (RL 2011/83/EU) ersetzt.** § 241a Abs. 1 und Abs. 3 wurden mit Wirkung vom 13.6.2014 durch das VerbrRRL-UG[204] neu gefasst. Seither wird auch die unbestellte **Ersatzlieferung oder -leistung** von § 241a Abs. 1 erfasst. 107

Für unbestellte Lieferungen an einen **Unternehmer** gelten weiterhin die **allgemeinen Bestimmungen.** Die Zusendung stellt ein Angebot unter Verzicht auf Zugang der Annahmeerklärung dar (§ 151 BGB). Schweigt der Empfänger, so kommt kein Vertrag zustande. Der Unternehmer ist **zur Rücksendung** der Ware **nicht verpflichtet** (auch dann nicht, wenn er darum gebeten wird und Rückporto beigefügt ist). Allerdings muss er sie auf Verlangen an den Absender herausgeben. Im Fall der Verschlechterung oder des Untergangs haftet er gesetzlich nur für Vorsatz und grobe Fahrlässigkeit (§§ 989, 300 Abs. 1 BGB). Bei **geringwertiger Ware** darf der Unternehmer davon ausgehen, dass der Versender an der Abholung nicht interessiert ist. 108

c) Wettbewerbsrechtliche Beurteilung. Ob die Zusendung einer nicht bestellten Ware an einen Verbraucher oder einen Unternehmer erfolgt, ist wettbewerbsrechtlich grundsätzlich unbeachtlich; auch letztere ist dem Grunde nach unzulässig.[205] Nach **Anhang I Nr. 29 UGP-RL** handelt es sich jedoch bei der Aufforderung an einen **Verbraucher** zur sofortigen oder späteren Bezahlung oder zur Rücksendung oder Aufbewahrung von Waren oder Dienstleistungen, die der Gewerbetreibende geliefert, der Verbraucher aber nicht bestellt hat, regelmäßig um eine **aggressive Geschäftspraxis,** die *per se* unzulässig ist. Dieses Verbot wurde durch **Nr. 29 des Anhangs zu § 3 Abs. 3 UWG** umgesetzt, welche vorrangig vor § 7 Abs. 1 und § 4a UWG 2015 zu prüfen ist. Die spezielle Regelung in Nr. 29, Anhang zu § 3 Abs. 3 UWG verdrängt das generelle Verbot unzumutbarer Belästigungen aber nicht, sondern ergänzt dieses.[206] 109

Eigenständige Bedeutung kommt § 7 daher im Wesentlichen bei der Lieferung unbestellter Waren ohne Aufforderung zur Bezahlung, Rücksendung oder Verwahrung sowie bei der Zusendung unbestellter Waren an Unternehmer zu.[207] 110

Zwar begründet die Zusendung nach Einführung des **§ 241a BGB** im Bereich B2C **keinerlei Ansprüche gegen den Verbraucher.** Dieser kann die Waren ohne weitere Aufbewahrung sofort vernichten oder (als Nichtberechtigter) weiterveräußern oder verschenken, ohne sich schadensersatzpflichtig zu machen oder den Erlös herausgeben zu müssen. Dies ist einem Großteil der Verbraucher jedoch nach wie vor nicht oder jedenfalls nicht in dieser Absolutheit bekannt. Zum anderen sind mit der Zusendung **Unannehmlichkeiten für den Empfänger** verbunden. Er sieht der postalischen Sendung nicht ohne weiteres an, ob sie bestellt ist oder nicht. Hierzu muss er sie entgegennehmen, öffnen und sich mit dem Anliegen des Versenders auseinandersetzen. Will er die Ware zurücksenden, muss er sie wieder verpacken und bei der Post aufgeben. Hierin liegt regelmäßig eine 111

[203] Vgl. Gesetz über Fernabsatzverträge und andere Fragen des Verbraucherrechts sowie zur Umstellung von Vorschriften auf Euro vom 27.6.2000, BGBl. 2000 I S. 897, dort Art. 2 Abs. 1 Nr. 2.

[204] BGBl. I S. 3642.

[205] BGH GRUR 1959, 277 (278) – Künstlerpostkarten; BGH GRUR 1960, 382 (383) – Verbandsstoffe; BGH GRUR 1966, 47 (48) – Indicator; BGH GRUR 1977, 157 f. – Filmzusendung; Gloy/Loschelder/Danckwerts/*Hasselblatt/Zarn* HdbWettbR § 61 Rn. 91.

[206] BGH GRUR 2012, 82 (84) – Auftragsbestätigung; *Köhler* GRUR 2012, 217 (223).

[207] Zur Fallkonstellation der bloßen Ankündigung der Zusendung einer angeblich bestellten Ware und der entsprechenden Rechnung siehe BGH GRUR 2012, 82 – Auftragsbestätigung sowie *Köhler* GRUR 2012, 217 (223); siehe auch LG München BeckRS 2018, 32210, wonach die Übersendung einer Bestätigung-R-Mail an einen Verbraucher, ohne dass zuvor das entsprechende Produkt bestellt wurde, eine unzumutbare Belästigung nach Abs. 1 S. 1 darstellt.

unzumutbare Belästigung.[208] Zum anderen besteht die Gefahr der irrigen Annahme des Empfängers, dass er zur Rücksendung oder zumindest zur Aufbewahrung der Ware verpflichtet ist, wenn er sie schon nicht erwerben möchte. Behält er die Ware, sieht er sich womöglich aus rechtlichen oder moralischen Gründen zur Zahlung verpflichtet. Auch kann der Empfänger – gerade bei geringwertigen Waren – dazu geneigt sein, diese zu behalten und zu bezahlen, um sich die **Mühen der Rücksendung** zu ersparen. Der Empfänger kann also durch die unbestellte Zusendung in seiner freien Willensbildung dergestalt beeinflusst werden, dass er Waren nicht wegen ihrer Güte, sondern zumindest auch aufgrund der Belästigung erwirbt, der er sich entziehen möchte. In diesem Fall ergibt sich die Wettbewerbswidrigkeit bereits nach § 4a UWG 2015.

112 Die Wettbewerbswidrigkeit entfällt in der Regel dann, wenn sich der Empfänger mit der Zusendung entsprechender Waren ohne vorherige Bestellung und ohne Bestellpflicht **ausdrücklich oder stillschweigend einverstanden** erklärt hat. In diesem Falle wird die in der Zusendung liegende Belästigung von ihm in Kauf genommen.[209] Die erforderliche Einwilligung darf aber nicht in unlauterer Weise erlangt worden sein.

113 Auch eine **mutmaßliche Einwilligung** kann die Wettbewerbswidrigkeit ausschließen. Dies ist etwa dann der Fall, wenn eine **laufende Geschäftsbeziehung** besteht und der Versender davon ausgehen kann, dass der Empfänger gerade diese Sendung wünscht.[210] Eine mutmaßliche Einwilligung kann jedoch nicht angenommen werden, wenn bei einem auf unbestimmte Zeit vorgesehenen Bezug einer insgesamt unbestimmten Menge von Rezeptkarten die Zahl der monatlich übersandten Exemplare verdreifacht wird.[211] Anders kann es in diesem Fall liegen, in dem eine bestimmte Anzahl an Rezeptkarten bestellt worden ist und deren monatliche Versandzahl erhöht wird, so dass der Kunde die komplette Sammlung schneller erhält.[212]

114 Die dargestellten Grundsätze gelten nach der Legaldefinition der geschäftlichen Handlung in § 2 Abs. 1 Nr. 1 auch bei der **unbestellten Erbringung von Dienstleistungen.**[213] Hier kann der psychische Druck, die Leistung zu bezahlen, sogar noch größer sein, da eine Rückgabe in natura zumeist nicht möglich ist.[214]

115 **d) Einzelfälle. aa) Zusendung der Ware nach Bestellung von Informationsmaterial.** Die Zusendung einer Ware ist auch dann wettbewerbswidrig, wenn der Empfänger zuvor **Informationsmaterial** über sie angefordert hat und der Versender bei der Übersendung des Prospektes die Versendung der Ware per Nachnahme für den Fall ankündigt, dass der Empfänger nicht innerhalb einer bestimmten Frist widerspricht.[215]

116 **bb) Erforderlichkeit einer Reaktion zur Verhinderung einer Zusendung.** Gleichfalls wettbewerbswidrig ist es, eine **bestimmte Reaktion des Kunden zu verlangen,** damit es nicht zu einer Zusendung kommt.[216] So ist es unzulässig, wenn ein Fotohändler seinen Versandtaschen einen roten Hinweiszettel beilegt, der vom Kunden bei der Übersendung eines belichteten Films zur Entwicklung beigefügt werden muss, weil er anderenfalls einen neuen Film gleicher Art erhalte.[217]

---

[208] *Köhler*/Bornkamm/Feddersen § 7 Rn. 84; *Ohly*/Sosnitza § 7 Rn. 87; siehe in diesem Zusammenhang auch LG Frankfurt a. M. BeckRS 2018, 42613 zur Zusendung einer kostenlosen Waschmittelprobe.,

[209] Offengelassen vom OLG Frankfurt a. M. WRP 1990, 765 (766) – Spar-Coupons; wie hier *Ohly*/Sosnitza § 7 Rn. 92.

[210] Vgl. BGH GRUR 2019, 750 Rn. 23 – WifiSpot; BGH GRUR 1960, 382 (384) – Verbandsstoffe; BGH GRUR 1966, 47 (49) – Indicator.

[211] Vgl. KG WRP 1979, 790 (791).

[212] KG WRP 1979, 790 (791).

[213] Vgl. *Ohly*/Sosnitza § 7 Rn. 89, der beispielhaft die Erbringung von Reparaturarbeiten an einem Auto ohne entsprechenden Auftrag anführt; siehe auch *Köhler*/Bornkamm/Feddersen § 7 Rn. 85, wonach bei geringwertigen Dienstleistungen gegebenenfalls etwas anderes gelten soll.

[214] *Köhler*/Bornkamm/Feddersen § 7 Rn. 85; *Ohly*/Sosnitza § 7 Rn. 89.

[215] BGH GRUR 1966, 47 (48 ff.) – Indicator; siehe auch BGH GRUR 2012, 82 – Auftragsbestätigung.

[216] Vgl. *Ohly*/Sosnitza § 7 Rn. 91; Gloy/Loschelder/Danckwerts/*Hasselblatt*/*Zarn* HdbWettbR § 61 Rn. 92.

[217] *BGH GRUR* 1977, 157 f. – Filmzusendung; siehe auch BGH GRUR 2012, 82 – Auftragsbestätigung.

cc) Zusendung von Ergänzungslieferungen nach Anforderung eines Überraschungspakets. Es ist wettbewerbswidrig, eine Werbeschrift für Sammelkarten mit einem Reservierungsticket für ein kostenloses Überraschungspaket auszugeben, wenn nach dessen Anforderung auch Ergänzungslieferungen von Sammelkarten **zur Ansicht zugesandt** werden und deren **Bezahlung oder Rückgabe innerhalb von zehn Tagen verlangt** wird. Dies gilt jedenfalls dann, wenn auf dem Reservierungsticket nicht – auch für den flüchtigen Leser deutlich erkennbar – auf den Versand der Ergänzungslieferungen hingewiesen wird.[218] 117

dd) Beifügung von Umschlag und Rückporto. Die unbestellte Warenzusendung bleibt auch wettbewerbswidrig, wenn der Versender ihr zum Zwecke der erleichterten Rücksendung **Umschlag und Porto beigelegt** hat.[219] 118

ee) Zusendung kostenloser Waren. Bei der unbestellten Ware oder Dienstleistung muss es sich um eine **entgeltliche Leistung** handeln. Die Übersendung kostenloser Gegenstände oder Werbegeschenke ist grundsätzlich zulässig.[220] 119

ff) Unverbindlicher Zahlungsaufforderung. Stellt es der Versender deutlich und ausdrücklich in das **Ermessen** des Empfängers, ob dieser für die zugesandten Waren eine Gegenleistung erbringen will, ist dies grundsätzlich wettbewerbsrechtlich nicht zu beanstanden.[221] Anders mag der Fall zu beurteilen sein, wenn die – unverbindliche – Aufforderung zur Zahlung mit der Übersendung eines **vorbereiteten Überweisungsträgers** verbunden wird.[222] 120

gg) Freistellung von der Zahlungs-, Rückgabe- und Aufbewahrungspflicht. Weist der Versender den Empfänger ausdrücklich darauf hin, dass er weder zur Abnahme und Zahlung noch zur Rücksendung oder Aufbewahrung der zugesandten Ware verpflichtet ist, so liegen in der Regel keine Gefahr der Beeinträchtigung der Entscheidungsfreiheit und auch keine unzumutbare Belästigung vor.[223] Dass sich der Empfänger trotz einer **ausdrücklichen Freistellung von jeglicher Verpflichtung** moralisch zur Zahlung oder Rücksendung verpflichtet sehen könnte, liegt fern und wäre gegebenenfalls wettbewerbsrechtlich unbeachtlich.[224] Wird der Empfänger mit Zusendung der Ware **adäquat über** die Rechtsfolge des **§ 241a BGB aufgeklärt,** so ist daher in der Regel nicht von einer unzumutbaren Belästigung im Sinne des Abs. 1 auszugehen. Etwas anderes kann jedoch gelten, wenn es sich um hochpreisige Waren handelt[225] oder sich aus der übersandten Ware selbst ergibt, dass dem Verbraucher die Weiterveräußerung oder das einfache Entsorgen unzumutbar ist, wenn also **allein der Besitz eine Belästigung darstellt,** der sich der Empfänger nicht ohne Weiteres entziehen kann. 121

Wird zugleich mit der Übersendung der Ware ein **Vertreterbesuch angekündigt,** im Zuge dessen die Rückgabe der Sache ermöglicht werden soll, ist dies unzulässig, da dem Empfänger damit eine Aufbewahrungspflicht suggeriert wird und er sich gezwungen sieht, den Vertreter zu empfangen.[226] 122

---

[218] Vgl. OLG Stuttgart NJWE-WettbR 1996, 38 f.

[219] *Köhler*/Bornkamm/Feddersen § 7 Rn. 84.

[220] Vgl. aber LG Frankfurt a. M. BeckRS 2018, 42613, wonach das unaufgeforderte Einlegen einer Waschmittelprobe in den Briefkasten eine unzumutbare Belästigung nach Abs. 1 darstellen kann.

[221] *Ohly*/Sosnitza § 7 Rn. 90.

[222] Vgl. BGH GRUR 1960, 382 (383) – Verbandsstoffe.

[223] BGH GRUR 1959, 277 (278 f.) – Künstlerpostkarten; zu den Anforderungen an die Freistellung auch BGH GRUR 1960, 382 (384) – Verbandsstoffe.

[224] BGH GRUR 1959, 277 (280) – Künstlerpostkarten; zustimmend *Bußmann* GRUR 1959, 280.

[225] BGH GRUR 1960, 382 (384) – Verbandsstoffe, wonach ein nicht unerheblicher Wert der zugesandten Waren die Unzulässigkeit der Sendung trotz ausdrücklicher Freistellung von jeglicher Verpflichtung begründen soll, da der Empfänger sich in diesem Fall scheute, die Ware zu vernichten oder zu behalten.

[226] Vgl. BGH GRUR 1959, 277 – Künstlerpostkarten.

123 **hh) Anforderung von kostenlosen Probeheften mit anschließendem Abonnement.** Die Zusendung einer Zeitschrift erfolgt nicht unbestellt, wenn deren Empfänger zwei **kostenfreie Probehefte anfordert** und diese Bestellung zugleich deutlich erkennbar den Abschluss eines Abonnements enthält, falls er nicht innerhalb von zwei Wochen nach Zugang des ersten Probeexemplars kündigt.[227]

ii) Gutscheinübersendung nach Einholung eines Reparaturkostenvoranschlags.
124 Erbittet der Kunde unter Einsendung eines reparaturbedürftigen Produkts (zB einer Kamera) einen **Reparaturkostenvoranschlag** und wird ihm daraufhin – unter Hinweis auf die Unmöglichkeit der Reparatur – **ohne Rücksendung des Produkts** zusammen mit Werbeunterlagen ein **Gutschein über einen bestimmten Betrag für die Neubestellung** übersandt, so sollte dies nach früherem Recht wettbewerbsrechtlich unzulässig sein.[228] Der Kunde werde im Ergebnis ebenso belastet wie bei der Zusendung unbestellter Waren. Falls er seine reparaturbedürftige Ware doch zurückhaben wolle, müsse er den Auftragnehmer anschreiben und den Gutschein zurückschicken, was Mühen und Kosten verursache. Er werde sich womöglich in der Zwangslage sehen, von dem Angebot Gebrauch zu machen und ein neues Produkt zu erwerben. Richtigerweise ist diese Verfahrensweise allein unter dem Gesichtspunkt der aggressiven geschäftlichen Handlung nach § 4a UWG 2015 zu beurteilen und **nicht als unzumutbare Belästigung** anzusehen.[229]

125 **jj) Bereitstellung einer anderen als der bestellten Ware (Dienstleistung).** Wenn eine andere als die bestellte Ware oder Dienstleistung zur Verfügung gestellt wird, liegt hierin in der Regel keine wettbewerbswidrige Belästigung des Bestellers und dieser wird sich nicht zur Zahlung der Falschlieferung veranlasst sehen.[230] Seit der Neufassung des § 241a BGB durch das VerbrRRL-UG mit Wirkung vom 13.6.2014 ist auch die unbestellte **Ersatzlieferung oder -leistung** von § 241a Abs. 1 erfasst.

126 **kk) Irrtum des Unternehmers.** Geht der Unternehmer irrtümlich von einer Bestellung aus und hat dieser **Irrtum** seine **Ursache nicht im Verantwortungsbereich des Unternehmers,** so fällt die Zusendung der unbestellten Ware nicht unter Nr. 29 des Anhangs zu § 3 Abs. 3 und ist auch nicht nach § 7 Abs. 1 S. 1 unlauter.[231]

ll) Unaufgeforderte Aufschaltung eines separaten Wifi-Hotspots. In der Aktivierung eines zweiten WLAN-Signals auf dem von einem Dienstleister seinen Kunden zur Verfügung gestellten WLAN-Router liegt keine unzumutbare Belästigung nach Abs. 1 Satz 1, wenn dem Kunden ein Widerspruchsrecht zusteht, die Aktivierung des zweiten Signals den Internetzugang nicht beeinträchtigt und sie auch sonst keine Nachteile für den Kunden mit sich bringt.[232]

127 **5. Werbung im Zusammenhang mit einem Todesfall. a) Allgemeines.** Die Werbung im Zusammenhang mit einem **Todesfall** unterliegt besonders strengen Voraussetzungen. Die Achtung vor den Gefühlen der Hinterbliebenen und der Würde des Todes gebieten es, dem Werbenden im Zusammenhang mit (bevorstehenden oder eingetretenen) Todesfällen eine **besondere Zurückhaltung** aufzuerlegen. In dieser seelischen Ausnahmesituation werden von den Angehörigen auch solche Werbemaßnahmen als in schwerer Weise belästigend empfunden, die ansonsten hinzunehmen sind. Wer durch den Tod einer

---

[227] OLG Düsseldorf DB 1979, 255 f.; vgl. zur unbestellten Zusendung eines Sonderheftes bei Abonnement einer anderen Zeitschrift OLG Köln NJOZ 2001, 971.

[228] BGH GRUR 1992, 855 (856) – Gutscheinübersendung.

[229] *Ohly*/Sosnitza § 7 Rn. 90, lehnt aufgrund der Liberalisierung der Wertreklame die Wettbewerbswidrigkeit ab; zur Abgrenzung zwischen § 7 und § 4a UWG siehe eingehend *Scherer* WRP 2017, 891 (892 ff.).

[230] Anders BGH GRUR 1965, 361 (362) – Taxi-Bestellung, für die Anfahrt eines Mietwagens statt des bestellten Taxis.

[231] BGH GRUR 2012, 82 = WRP 2012, 198 – Auftragsbestätigung; siehe hierzu auch *Köhler* GRUR 2012, 217 (223 f.) sowie differenzierend *Köhler*/Bornkamm/Feddersen § 7 Rn. 95.

[232] BGH GRUR 2019, 750 – WifiSpot.

ihm nahestehenden Person betroffen ist, ist gegen unangemeldete Verkaufsgespräche nicht gewappnet; dies darf vom Werbenden nicht ausgenutzt werden, um zum Vertragsschluss zu gelangen.[233] Dabei geht es nicht darum, die Werbemöglichkeiten bestimmter Branchen – etwa der Branche der Bestattungsunternehmer – grundsätzlich zu beschränken.[234] Dennoch sind die besonderen Umstände eines Todesfalls gerade bei der werblichen Ansprache zu berücksichtigen.

b) Einzelfälle. aa) Hausbesuche. Unerbetene Hausbesuche bei einer im Sterben befindlichen Person oder den Angehörigen eines Verstorbenen mit dem Ziel, einen **Bestattungsauftrag** zu erlangen, sind wettbewerbswidrig.[235] Nicht anders zu beurteilen ist es, wenn Vertreter einer Steinmetzfirma die Angehörigen unaufgefordert aufsuchen, um einen Auftrag für einen **Grabstein** zu erhalten. Während die Rechtsprechung hier zunächst nur Hausbesuche als wettbewerbswidrig angesehen hatte, die vor Ablauf einer vierwöchigen Wartefrist erfolgten,[236] hat sie später auch Vertreterbesuche nach Ablauf dieser Frist als unzulässig erachtet.[237] Es sei nämlich eine höchstpersönliche, auf Gefühlen und Pietät beruhende Entscheidung, ob ein Grabmal gesetzt werden solle oder nicht; diese kaufmännisch nicht rational zu erklärende Entscheidungsfindung solle nicht durch einen Dritten, der aus wirtschaftlichem Gewinnstreben handele, beeinflusst werden.[238] Erst nach Aufforderung durch die Angehörigen ist ein Vertreterbesuch zulässig. 128

Zulässig ist es dagegen, **nach Ablauf einer Wartezeit** von zwei Wochen mit Werbedrucksachen für den Verkauf oder die Bearbeitung von Grabsteinen zu werben.[239] Hierbei können auch Antwortkarten zur Anforderung eines Vertreterbesuchs verschickt werden.[240] Wird hingegen ein Hausbesuch in der Briefwerbung schriftlich angekündigt und muss der Adressat eine beigefügte Rückantwortkarte zurücksenden, wenn der Hausbesuch unerwünscht ist, liegt eine unzumutbare Belästigung vor.[241] 129

bb) Sonstige Werbemaßnahmen. Werbemaßnahmen im Zusammenhang mit einem Todesfall können darüber hinaus auch unter anderen rechtlichen Gesichtspunkten, insbesondere nach **§ 4a Abs. 1 Nr. 3 UWG 2015,** unlauter sein, da es unzulässig ist, die **beeinträchtigte Entscheidungsfreiheit der Trauernden auszunutzen.** In der Vergangenheit wurden – unter dem Gesichtspunkt der Geschmacks- und Pietätlosigkeit – etwa die Werbung für „Grabsteine zu Discount-Preisen"[242] und das Aufstellen eines Werbecontainers in unmittelbarer Nähe zur Grabstelle[243] als wettbewerbsrechtlich unzulässig angesehen. Nicht zu beanstanden ist die Werbung eines Bestattungsunternehmens neben Notrufnummern,[244] mit dem Hinweis „Vertragspartner der Stadt X",[245] in einem persönlich adressierten Werbebrief nach Ablauf einer Wartezeit von zwei Wochen,[246] in der Informationsbroschüre eines Krankenhauses[247] oder mit der Angabe eines „Komplettpreises" für eine Erdbestattung.[248] 130

---

[233] Vgl. *Ohly*/Sosnitza § 7 Rn. 82; Gloy/Loschelder/Danckwerts/*Hasselblatt/Zarn* HdbWettbR § 61 Rn. 72; zur ähnlichen Situation bei der Werbung am Unfallort → Rn. 83.

[234] *Ohly*/Sosnitza § 7 Rn. 82.

[235] BGH GRUR 1955, 541 – Bestattungswerbung; OLG Hamburg GRUR 1988, 144; hierzu → Rn. 96.

[236] BGH GRUR 1967, 430 (431) – Grabsteinaufträge I.

[237] BGH GRUR 1971, 317 (318) – Grabsteinaufträge II; bestätigt: BVerfG NJW 1972, 573 (574) – Grabsteinwerbungen.

[238] So BGH GRUR 1971, 317 (318) – Grabsteinaufträge II.

[239] BGH GRUR 2010, 1113 – Grabmalwerbung; LG Hamburg WRP 1982, 362 (363); ähnlich OLG Düsseldorf WRP 1982, 274 (275) für die Werbung eines Friedhofsgärtners.

[240] OLG Oldenburg GRUR 1987, 300 – Discount-Grabsteine.

[241] OLG Karlsruhe WRP 1973, 231 – Grabsteinwerbung.

[242] OLG Oldenburg GRUR 1987, 300 – Discount-Grabsteine.

[243] OLG München GRUR-RR 2003, 117 (118) – Grabaushubcontainer.

[244] OLG Stuttgart NJWE-WettbR 1996, 35.

[245] OLG Nürnberg NJWE-WettbR 1996, 35.

[246] BGH GRUR 2010, 1113 Rn. 9 – Grabmalwerbung; siehe auch LG Hamburg WRP 1982, 362 (363); OLG Düsseldorf WRP 1982, 274 (275) für die Werbung eines Friedhofsgärtners.

[247] LG Hamburg NJW-RR 1989, 488.

[248] OLG Zweibrücken WRP 1996, 951 (956).

131 **6. Sonstige Belästigungen. a) Pop-Up-Fenster, Werbebanner, Werbefenster, Aufforderung zur Deaktivierung von Werbeblockern.** Weit verbreitet ist die Werbung auf Internetseiten mittels eines sich beim Aufruf einer Website zusätzlich automatisch öffnenden Pop-Up-Fensters, Werbebanners oder Werbefensters **(Interstitials).**[249] Sofern der Nutzer dieses unmittelbar und ohne weiteres schließen kann und sich das Laden der gewünschten Webseite nicht erheblich verzögert, ist diese Form der Werbung nicht zu beanstanden. Sie mag zwar für den Nutzer lästig sein, ist aber vor dem Hintergrund des berechtigten Interesses an der Finanzierung der Webseite hinzunehmen.[250] Ferner sind die Nutzer an diese Art der Werbung gewöhnt, sodass die Verwendung von Pop-Up-Werbung sie nicht in unzumutbarer Weise belästigt.[251] Etwas anderes gilt, wenn sich die Werbeanzeige, das Werbebanner oder das Fenster nicht schließen lässt, wenn sich ein **Pop-Up-Fenster nach dem Schließen wiederum automatisch (unter Umständen mehrfach) öffnet** oder wenn der Nutzer durch das Öffnen immer weiterer Fenster am Verlassen der Webseite oder der beabsichtigten Nutzung des Internets gehindert wird.[252] Unzulässig nach Abs. 2 Nr. 1 ist es auch, wenn der Nutzer gegen seinen ausdrücklichen Willen gezwungen wird, den Kontakt zur besuchten Internetseite aufrecht zu erhalten, indem es ihm trotz Anklicken eines Buttons „Nein" verwehrt wird, die Internetseite zu verlassen **(Exit-Pop-Up-Fenster).**[253] Ebenso stellt es eine Form der unzumutbaren Belästigung dar, wenn der Verbraucher durch ein Pop-Up aufgefordert wird, Werbeblocker zu deaktivieren. Auch jede Werbung, die sich gezielt an Nutzer von Werbeblockern richtet, ist wegen ihrer erkennbaren Unerwünschtheit unzulässig.[254]

132 **b) Metatags.** Zur Erhöhung der **Suchmaschinen-Attraktivität** werden Websites nicht selten mit **Metatags** versehen, die keinen sachlichen Bezug zu den auf der Website angebotenen Inhalten aufweisen. Dies hat zur Folge, dass dem Nutzer, der einen bestimmten Suchbegriff in eine Suchmaschine eingibt, unerwünschte Treffer präsentiert werden. Eine unzumutbare Belästigung liegt hierin nicht, weil der Nutzer gerade nach einer Liste von Angeboten sucht und keine bestimmten Erwartungen an den Inhalt der Trefferliste hat.[255] Allerdings kann die Verwendung fremder Kennzeichen als Metatags unter dem Gesichtspunkt des Abfangens von Kunden (§ 4 Nr. 4 UWG 2015)oder der Irreführung (§ 5, § 5a Abs. 6 UWG 2015) wettbewerbswidrig sein, und sie kann im Einzelfall eine Kennzeichenverletzung darstellen.[256]

133 **c) Slamming.** Das so genannte Slamming, bei dem ein **Endkunden-Telefonanschluss** ohne Wissen oder Einverständnis des Kunden **auf einen neuen Betreiber umgestellt** wird, ist der Erbringung unbestellter Dienstleistungen vergleichbar und stellt

---

[249] Siehe hierzu *Leupold/Bräutigam/Pfeiffer* WRP 2000, 575 (580).

[250] LG Berlin GRUR-RR 2011, 332; *Köhler*/Bornkamm/Feddersen § 7 Rn. 93; *Ohly*/Sosnitza § 7 Rn. 95; siehe hierzu auch *Leupold/Bräutigam/Pfeiffer* WRP 2000, 575 (591).

[251] GK-UWG/*Pahlow* § 7 Rn. 226.

[252] LG Düsseldorf MMR 2003, 486 – Exit-Pop-up-Fenster; LG Berlin GRUR-RR 2011, 332 (334), wonach ein Interstitial, dem sich der Nutzer nach kurzer Zeit (fünf Sekunden) entziehen kann, keine unzumutbare Belästigung darstellt; differenzierend *Rauda* GRUR-RR 2011, 334, der auch ein vom Nutzer nicht zu schließendes Interstitial (Werbefenster), das sich erst nach 20 Sekunden selber schließt, anders als so genannte Exit Pop-up-Fenster, die den Nutzer zum Ausstieg über den Task-Manager zwingen, nicht als unzumutbare Belästigung ansieht.

[253] LG Düsseldorf MMR 2003, 486 – Exit-Pop-up-Fenster; LG Köln 12.3.2004 – 31 O 145/04, MMR 2004, 840.

[254] *Ziebarth* VuR 2018, 257 (260 ff.).

[255] OLG Düsseldorf MMR 2003, 407 (408) – Verwendung sachfremder Metatags; vgl. auch OLG Düsseldorf MMR 2004, 257; *Ernst* WRP 2004, 278 (281); differenzierend jurisPK-UWG/*Koch* § 7 Rn. 126 f.

[256] OLG Frankfurt a. M. BeckRS 2011, 05155; OLG Düsseldorf NJW-RR 2011, 687 – Hapimag-Aktien; BGH MMR 2011, 590 – Bananabay II; EuGH GRUR 2010, 451 – Bergspechte; EuGH GRUR 2010, 445 – Google und Google France.

eine unzumutbare Belästigung dar.[257] Es erfüllt darüber hinaus die Tatbestände der Irreführung (§ 5) und der unlauteren Behinderung (§ 4 Nr. 4 UWG 2015).[258]

d) Ping-Anrufe. So genannte Ping-Anrufe, bei welchen Privatpersonen auf ihrem Festnetz- oder Mobilanschluss kontaktiert werden und der eingehende Anruf nach einmaligem Klingeln abgebrochen wird, so dass der Empfänger veranlasst werden soll, den Anrufer zurückzurufen, stellen eine unzumutbare Belästigung dar.[259] 134

e) Übersendung vorbeugender Unterlassungserklärungen. Eine Sonderkonstellation betrifft eine Entscheidung des OLG Hamburg aus dem Jahr 2012, wonach eine unzumutbare Belästigung iSd § 7 Abs. 1 S. 1 UWG vorliegen soll, wenn ein Anwalt einem anderen Anwalt so genannte vorbeugende Unterlassungserklärungen zusendet, die sich auf urheberrechtlich geschützte Werke beziehen, hinsichtlich derer eine Mandatierung des Empfängers nicht besteht.[260] 135

C. Fallgruppen des Abs. 2

I. Übersicht

§ 7 Abs. 2 regelt die Fälle der **stets unzumutbaren Belästigungen,** die mittels der heutigen Möglichkeiten der **Fernabsatzkommunikation** erfolgen. Die Bestimmung wurde im Rahmen des UWG 2008 in systematischer Hinsicht grundlegend geändert. Mit der Neufassung des Abs. 2 Nr. 1 wird im Wesentlichen **Nr. 26 des Anhangs I** der UGP-RL und damit das auf das Direktmarketing per Fernkommunikation abzielende **per se-Verbot** der sog. **„Black List"** umgesetzt.[261] Die genannten Verbotstatbestände stellen damit unzumutbare Belästigungen dar, ohne dass es einer besonderen Zumutbarkeitsabwägung bedarf. Es handelt sich um Verbote ohne Wertungsmöglichkeit. Daher findet insbesondere die Bagatellschwelle des Abs. 1 S. 1 keine Anwendung auf Abs. 2.[262] Mit Tatbestandsverwirklichung liegt automatisch eine unzulässige geschäftliche Handlung vor.[263] Vor diesem Hintergrund ist im Bereich des B2C, also der werblichen Ansprache von Verbrauchern, **stets zunächst § 7 Abs. 2 zu prüfen,** bevor der zu entscheidende Sachverhalt anhand des Maßstabs des Abs. 1 bewertet wird. 136

Abs. 2 stellt allerdings **keine wortgetreue Übernahme** der Nr. 26 des Anhangs I der UGP-RL dar. Dies gilt sowohl für Nr. 2 **(Telefonwerbung)** als auch für Nr. 3 (**automatische Anrufmaschinen, Faxgeräte** und **elektronische Post**) und Nr. 4 **(anonyme Direktwerbung).** Nach Abs. 2 Nr. 2 ist beispielsweise bereits der erste unerwünschte Telefonanruf zu Werbezwecken als unzumutbare Belästigung zu qualifizieren, während die Richtlinie von hartnäckigem und unerwünschtem Ansprechen über das Telefon spricht. Hierzu weist der **Regierungsentwurf zum UWG 2008**[264] darauf hin, dass der Anhang I zur UGP-RL zwar grundsätzlich abschließend und die Richtlinie auf Vollharmonisierung ausgerichtet sei. Diese Grundsätze werden jedoch nicht in absoluter Weise durchgehalten. Einzelne Verbotstatbestände weisen Öffnungs- bzw. Subsidiaritätsklauseln auf, die es den Mitgliedstaaten erlauben, in gemeinschaftskonformer Weise zusätzliche oder strengere 137

[257] LG Hamburg WRP 2008, 841; *Ohly*/Sosnitza § 7 Rn. 93; differenzierend *Köhler*/Bornkamm/Feddersen § 7 Rn. 95.
[258] Vgl. OLG Frankfurt a. M. WRP 2009, 348; LG Hamburg WRP 2008, 841; *Ohly*/Sosnitza § 7 Rn. 93.
[259] *Becker* WRP 2011, 808 (813).
[260] OLG Hamburg MMR 2012, 460.
[261] Vgl. RegE-UWG 2008, S. 57. Künftig soll der Gehalt von § 7 Abs. 2 Nr. 1 eine Neufassung der Nr. 26 der „Black List" verlagert werden, vgl. → Rn. 12a mwN.
[262] Vgl. RegE-UWG 2008, S. 57. Vgl. hierzu auch *Sosnitza* WRP 2008, 1014 (1033); *Pflüger* GRUR Int. 2008, 628 (629).
[263] Zur Anwendung des Verhältnismäßigkeitsgrundsatzes im Rahmen der Black List *Henning-Bodewig* → Anh. § 3 Vorb. Rn. 17 ff.
[264] Vgl. RegE-UWG 2008, S. 7 f. *(Anhang II.).*

Regelungen zu treffen. Nr. 26 Satz 2 des Anhangs I zur UGP-RL enthält eine solche Klausel. Die Regelung steht solchen nationalen Bestimmungen nicht entgegen, die der Umsetzung anderer Richtlinien und sonstigen gemeinschaftsrechtlichen Verpflichtungen in nationales Recht dienen.[265] Derselbe Gedanke findet sich auch in Erwägungsgrund 14 der UGP-RL wieder. Hier wird insbesondere auf Art. 13 Abs. 3 der EK-DSRL 2002 als gemeinschaftliches Sekundärrecht verwiesen, das von den Bestimmungen der UGP-RL unberührt bleibt.[266]

138 Soweit Abs. 2 Nr. 2 über die Bestimmung der Nr. 26 des Anhangs I der UGP-RL hinausgeht, geschieht dies in Umsetzung des **Art. 13 Abs. 3 der EK-DSRL 2002.**[267] Der überschießende Teil der Regelung in Abs. 2 Nr. 3 geht auf Art. 13 Abs. 1 EK-DSRL 2002 und Abs. 2 Nr. 4 auf Art. 13 Abs. 4 EK-DSRL 2002 zurück. Die Unterscheidung der EK-DSLR zwischen natürlichen und juristischen Personen entspricht allerdings nicht exakt der Unterscheidung zwischen Verbrauchern und sonstigen Marktteilnehmern in § 7 Abs. 2 Nr. 2.[268]

139 Aus systematischer Sicht findet Abs. 2 Nr. 1 als **Auffangtatbestand** auf all jene **Fernkommunikationsmittel** Anwendung, **welche nicht unter die Nr. 2 und 3 fallen.** Hauptanwendungsfall ist damit die Werbung per Brief, Werbeflyer, Prospekt oder Katalog. Telefonwerbung unterfällt Abs. 2 Nr. 2, die Ansprache über automatische Anrufmaschinen, Faxgeräte und E-Mail Abs. 2 Nr. 3. Das Verbot anonymer Direktwerbung findet sich schließlich in Abs. 2 Nr. 4.

II. Werbung mittels Fernabsatzkommunikation (Abs. 2)

140 **1. Unionsrecht. a) Primärrecht.** Die Einflüsse des Unionsrechts auf das nationale Lauterkeitsrecht werden von *Glöckner* in → Einl. Rn. 85 ff. und 132 ff. im Zusammenhang dargestellt. Nachfolgend werden lediglich die im Hinblick auf belästigende Werbung mittels Fernabsatzkommunikation wichtigsten Regelungen aufgegriffen.

141 Den grundlegenden Ansatz bildet hier das gemeinschaftliche Primärrecht, insbesondere die Grundfreiheiten. Eine herausragende Bedeutung kommt dabei der **Warenverkehrsfreiheit** zu, anhand derer der EuGH die heute für alle Grundfreiheiten geltenden Prinzipien vorrangig herausgearbeitet hat. Aber auch die **Dienstleistungsfreiheit** ist im Zusammenhang mit der Werbung mittels Fernabsatzkommunikation zu beachten.[269] Adressaten dieser primärrechtlichen Regelungen sind die Mitgliedstaaten und die Gemeinschaftsorgane.[270] Die **Auslegung des § 7** als hoheitliche Maßnahme muss somit **unter Berücksichtigung der Art. 34, 56 AEUV** erfolgen.

---

[265] BGH WRP 2011, 1153 = BeckRS 2011, 19244 – Double-opt-in-Verfahren; OLG Köln MMR 2012, 535 – Telefonanruf durch Meinungsforschungsinstitut; aA *Engels/Brunn* GRUR 2010, 886, die der Formulierung „unbeschadet" in Nr. 26 S. 2 des Anhangs I entnehmen wollen, dass die UGP-RL den dort genannten Richtlinien vorgehe und die strengere Regelung in § 7 Abs. 2 Nr. 2 daher europarechtswidrig sei. Dass dieses Verständnis unzutreffend ist, ergibt sich indes bereits aus der vergleichbaren Verwendung dieser Formulierung etwa in Art. 7 Abs. 2 iVm Erwägungsgrund 30 der Richtlinie 2000/31/EG über elektronischen Geschäftsverkehr. Der Sinn der Formulierung „unbeschadet" ist danach eindeutig im Sinne eines Vorrangs der jeweils nachfolgend genannten Richtlinien zu verstehen; siehe hierzu auch *Köhler* WRP 2012, 1329 (1331).

[266] Vgl. Erwägungsgrund 14 UGP-RL.

[267] Richtlinie 2002/58/EG des Europäischen Parlaments und des Rates vom 12.7.2002 über die Verarbeitung personenbezogener Daten und den Schutz der Privatsphäre in der elektronischen Kommunikation (Datenschutzrichtlinie für elektronische Kommunikation), ABl. 2002 L 201, S. 37.

[268] Näher hierzu → Rn. 158.

[269] Vgl. *Leistner/Pothmann* WRP 2003, 815 (819 f.), auch unter Hinweis auf die Vereinbarkeit einer Inländerdiskriminierung mit Art. 28 ff. EG (jetzt Art. 34 VAEU); *Ayad* CR 2001, 533 (535); *Schmid,* Freier Dienstleistungsverkehr und Recht des unlauteren Wettbewerbs, dargestellt am Beispiel der Telefonwerbung, S. 105 ff.

[270] von der Groeben/Schwarze/*Müller-Graff* Art. 28 Rn. 15; Schwarze-*Becker* Art. 28 Rn. 83 f.

Welcher der beiden Grundfreiheiten eine Werbebeschränkung unterliegt, richtet sich dabei grundsätzlich nach dem **Produkt,** welches beworben wird.[271] Abgrenzungskriterium ist die Körperlichkeit der Leistung.[272] Darüber hinaus steht Art. 56 AEUV gemäß Art. 57 Abs. 1 AEUV in einem Subsidiaritätsverhältnis zu Art. 34 AEUV. 142

aa) Art. 34 AEUV. Nach der sog. ***Dassonville*-Rechtsprechung** des EuGH ist eine Maßnahme gleicher Wirkung iSd Art. 34 AEUV jede Handelsregelung der Mitgliedstaaten, die geeignet ist, den innergemeinschaftlichen Handel unmittelbar oder mittelbar, tatsächlich oder potentiell zu behindern.[273] Art. 34 AEUV verkörpert somit sowohl ein Diskriminierungs- als auch ein Beschränkungsverbot. 143

Nach Art. 36 S. 1 AEUV sind Eingriffe in den grenzüberschreitenden Warenverkehr gerechtfertigt, sofern sie einem der dort genannten Schutzinteressen dienen und verhältnismäßig sind. Als Ausnahmevorschrift ist Art. 36 S. 1 AEUV eng auszulegen. Seit der Entscheidung ***„Cassis de Dijon"*** hat der EuGH aber tatbestandsimmanente Schranken der „Maßnahmen gleicher Wirkung" anerkannt.[274] Auch diese unterliegen dem Verhältnismäßigkeitsgrundsatz. 144

Infolge der sog. ***Keck*-Rechtsprechung** wird des Weiteren zwischen **produktbezogenen Regelungen** und **Verkaufsmodalitäten** unterschieden. Der EuGH hat in seiner Keck-Entscheidung ausgeführt, dass die Anwendung nationaler Bestimmungen, die bestimmte Verkaufsmodalitäten beschränken oder verbieten, in Bezug auf Erzeugnisse aus anderen Mitgliedstaaten nicht geeignet ist, den Handel zwischen den Mitgliedstaaten im Sinne des Urteils *Dassonville* unmittelbar oder mittelbar, tatsächlich oder potentiell zu behindern, sofern diese Bestimmungen für alle betroffenen Wirtschaftsteilnehmer gelten, die ihre Tätigkeit im Inland ausüben, und sofern sie den Absatz der inländischen Erzeugnisse und der Erzeugnisse aus anderen Mitgliedstaaten rechtlich wie tatsächlich in gleicher Weise berühren.[275] 145

Nach den Grundsätzen der *Keck*-Rechtsprechung ist eine allgemeine Beschränkung einer nicht unmittelbar mit der Ware verbundenen Werbung unabhängig davon, ob hierdurch Werbeformen verboten oder Werbemöglichkeiten begrenzt werden, keine Maßnahme gleicher Wirkung.[276] Ein solcher unmittelbarer Produktbezug fehlt bei der Werbung mittels elektronischer Kommunikation regelmäßig. Daher stellt eine **nationale Beschränkung** dieser Werbeformen im Falle ihrer diskriminierungsfreien Ausgestaltung[277] eine **zulässige Verkaufsmodalität** iSd Keck-Rechtsprechung dar.[278] 146

Zu differenzieren ist hingegen in den Fällen, in denen keine bloße Beschränkung, sondern ein **vollständiges Verbot einer bestimmten Werbeform** vorliegt.[279] Unter bestimmten Umständen berührt ein solches Verbot Importwaren in stärkerem Maße als Inlandswaren, etwa weil den ausländischen Anbietern keine anderen wirksamen Werbemöglichkeiten zur Verfügung stehen. In diesem Fall gilt der Anwendungsbereich des Art. 34 AEUV als betroffen und das nationale Verbot ist auf seine Verhältnismäßigkeit hin zu überprüfen. Die nationale Regelung muss daher zur Erreichung des angestrebten Ziels geeignet und erforderlich sein und das Ziel darf nicht mit Mitteln erreicht werden können, 147

---

271 von der Groeben/Schwarze/*Tiedje/Troberg* Art. 50 Rn. 27 f.

272 Vgl. von der Groeben/Schwarze/*Müller-Graff* Art. 30 Rn. 273 f.

273 EuGH GRUR Int. 1974, 467 (468) – Dassonville. Eingehend zur Entwicklung der EuGH-Rechtsprechung zur Warenverkehrsfreiheit *Glöckner* → Einl. Rn. 91 ff.

274 Vgl. EuGH GRUR Int. 1979, 468 (471) Erw. 8 – Cassis de Dijon.

275 EuGH GRUR Int. 1994, 56 (57) – Keck und Mithouard.

276 Schwarze/*Becker* Art. 28 Rn. 76.

277 Gerade dies ziehen *Leistner/Pothmann* WRP 2003, 815 (819), in Zweifel. Sie erblicken in der Notwendigkeit, verschiedene nationale Rechtsordnungen „mosaikartig" bei der Entwicklung von Direktmarketing-Strategien berücksichtigen zu müssen, eine Diskriminierung international tätiger Wettbewerber.

278 Vgl. *Ohly*/Sosnitza § 7 Rn. 7.

279 Siehe zum vollständigen Verbot einer Fernsehwerbung EuGH GRUR Int. 1997, 913 (917) Erw. 42 f. – De Agostini.

die weniger stark eingreifen. Außerdem muss die Regelung in einem angemessenen Verhältnis zu dem verfolgten Zweck stehen.[280]

148 Das **Verbot** einer unaufgeforderten Telefonwerbung ist – ebenso wie das Verbot anderer Formen des Direkt- oder Dialogmarketings[281] ohne vorherige Einwilligung – aus **zwingenden Gründen des Allgemeininteresses,** nämlich der Lauterkeit des Handelsverkehrs und des Verbraucherschutzes, gerechtfertigt.[282] Der Schutz der privaten wie auch der betriebsinternen Sphäre vor der Belästigung durch unerwünschte Werbekontakte dient dem Verbraucherschutz sowie der Lauterkeit des Handelsverkehrs. Ein adäquater Schutz ist auch nur durch ein Verbot unaufgeforderter Werbung zu erreichen. Ein milderes, ebenso effektives Mittel steht hier also nicht zur Verfügung.

149 Dies ist darin begründet, dass **keine anderweitige Regulierung erfolgversprechend** erscheint. Auch eine denkbare Eintragung von Sperrvermerken in eine von der Werbewirtschaft oder von den Netzbetreibern zu führende Liste würde nicht genügen. Einerseits ist es dem Anschlussinhaber nicht zumutbar, von sich aus die Initiative zu ergreifen. Andererseits ist zu bedenken, dass es immer eine gewisse Anzahl von Anschlussinhabern geben wird, die über derartige Möglichkeiten nicht informiert sein werden und insofern wohl zu einer tendenziell eher schutzbedürftigeren Kategorie von potentiellen Kunden gehören dürften. Anders könnte die Beurteilung lediglich dann ausfallen, wenn bei einer entsprechenden Weiterentwicklung der Kommunikationstechnik der Adressat vor der Entgegennahme der Werbebotschaft erkennen kann, dass es sich um eine solche handelt.

150 **Werbebeschränkungen im Bereich der Telekommunikation** sind somit regelmäßig als Verkaufsmodalitäten anzusehen und somit schon tatbestandlich nicht unter Art. 34 AEUV zu subsumieren. **Werbeverbote** hingegen können grundsätzlich Warenverkehrshindernisse darstellen, sind jedoch im Falle ihrer Verhältnismäßigkeit aus Gründen des Schutzes der Lauterkeit des Handelsverkehrs und des Verbraucherschutzes regelmäßig gerechtfertigt.

151 **bb) Art. 56 AEUV. Art. 56 AEUV** enthält die Legaldefinition der Dienstleistung. Es muss sich um eine **selbständige erwerbswirtschaftliche Tätigkeit** handeln, **die gegen Entgelt** erbracht wird.[283] Im Bereich der Werbung ist als Dienstleistung sowohl die Werbung für eine Dienstleistung als auch die Werbung als Dienstleistung anzusehen.[284] Nationale Regelungen, die derartige Leistungen betreffen, unterliegen ebenfalls einem Diskriminierungs- und Beschränkungsverbot.[285] Im Gegensatz zu Art. 34 AEUV hat der EuGH jedoch eine der Keck-Rechtsprechung entsprechende Einschränkung im Rahmen des Tatbestands der Dienstleistungsfreiheit noch nicht vorgenommen.[286]

152 Gemäß **Art. 62 AEUV iVm Art. 52 Abs. 1 AEUV** ist eine Rechtfertigung diskriminierender mitgliedstaatlicher Maßnahmen möglich. Auch Art. 52 AEUV ist jedoch eng auszulegen und erfasst allein nicht wirtschaftliche Ziele.[287] Darüber hinaus kann aber

[280] EuGH EuZW 1991, 183, Erw. 12 – Pall/Dahlhausen; EuGH GRUR Int. 1995, 804 (805) Erw. 15 – Mars; EuGH EuZW 1997, 245 (247) Erw. 23 – Graffione; EuGH WRP 1997, 706 (707) Erw. 19 – Familiapress.

[281] Der Deutsche Dialogmarketing Verband eV (DDV) definiert diesen Begriff wie folgt: „Dialogmarketing ist der Oberbegriff für alle Marketingaktivitäten, bei denen Medien mit der Absicht eingesetzt werden, eine interaktive Beziehung zu Individuen herzustellen. Ziel ist es dabei, den Empfänger zu einer individuellen, messbaren Reaktion (Response) zu veranlassen", vgl. www.ddv.de.

[282] OLG Köln MMR 2012, 535 – Telefonanruf durch Meinungsforschungsinstitut; *Raeschke-Kessler/Schroeder* FS Piper, 1996, 399 (416 ff.).

[283] EuGH Slg. 1995, I-4165 (4195) Erw. 28 – Gebhard; EuGH Slg. 1984, I-377 (403) Erw. 16 – Luisi und Carbone; EuGH GRUR Int. 1995, 900 (902) Erw. 21 f. – Alpine Investments; Schwarze-*Holoubek* Art. 49 Rn. 44 ff.

[284] *Ohly*/Sosnitza § 7 Rn. 7.

[285] Vgl. EuGH Slg. 1974, 1299 (1309) Erw. 10/12 – van Binsbergen; EuGH EuZW 1991, 542 (543) Erw. 12 – Säger; EuGH GRUR Int. 1997, 913 (917) Erw. 48, 50 – De Agostini.

[286] Schwarze/*Holoubek* Art. 49 Rn. 60 und insbesondere die Begründung des EuGH hierzu in EuGH GRUR Int. 1995, 900 (902) Erw. 33 ff. – Alpine Investments.

[287] EuGH GRUR Int. 1989, 665 (667) Erw. 34 – Bond van Adverteerders; EuGH EuZW 1991, 699 (700) Erw. 11 – Stiching Collectieve Antennenvoorziening Gouda; EuGH EuZW 1992, 56 (57) Erw. 15 – Kommission/Niederlande.

wiederum eine Rechtfertigung durch „zwingende Gründe des Allgemeininteresses" erfolgen.[288] Dies ist nach EuGH jedoch nur bezüglich nicht diskriminierender mitgliedstaatlicher Maßnahmen möglich.[289] Als **zwingende Gründe des Allgemeininteresses** hat der EuGH ebenfalls ua den Verbraucherschutz und die Lauterkeit des Handelsverkehrs anerkannt.[290] Gerechtfertigt sind jedoch nur Regelungen, die auch **verhältnismäßig** sind, die also geeignet sind, die Verwirklichung des mit ihnen angestrebten Zieles zu gewährleisten, und die nicht über das zur Erreichung dieses Ziels Erforderliche hinausgehen.[291]

In der Entscheidung ***Alpine Investments*** hat sich der EuGH erstmals konkret mit dem **Verbot des „Cold Calling"**, also unerbetener Telefonwerbung, von einem Mitgliedstaat in einen anderen auseinandergesetzt. Der EuGH sah ein derartiges Verbot als eine Beschränkung des freien Dienstleistungsverkehrs an, die jedoch in dem konkreten Fall wegen der Komplexität der beworbenen Geschäfte aus zwingender Gründen des Allgemeininteresses, die auch in der Aufrechterhaltung des guten Rufes des nationalen Finanzsektors liegen können, gerechtfertigt sei.[292] Art. 56 AEUV stehe daher einem derartigen nationalen Verbot nicht entgegen.[293] 153

Da der EuGH in dieser Entscheidung nicht auf den **Schutz der Verbraucher** vor Überrumpelung, sondern auf **Aspekte des Konkurrentenschutzes** abgestellt hatte, wurde teilweise bestritten, dass ein generelles Verbot der Telefonwerbung ohne Einwilligung mit Art. 56 AEUV vereinbar sei.[294] Richtigerweise ist jedoch davon auszugehen, dass ein **nationales Verbot der Telefonwerbung ohne vorherige Einwilligung** als **primärrechtskonform** anzusehen ist. Eine mögliche Einschränkung der Dienstleistungs- und Warenverkehrsfreiheit ist aus zwingenden Gründen des Allgemeininteresses zum Schutze der Lauterkeit des Handelsverkehrs und aus Gründen des Verbraucherschutzes gerechtfertigt.[295] 154

b) Sekundärrecht. Der Gemeinschaftsgesetzgeber hat des Weiteren eine ganze Reihe von Sekundärrechtsakten erlassen, die in der einen oder anderen Form die Verwendung von Mitteln der Fernabsatzkommunikation zu Werbezwecken tangieren oder regulieren. Nachfolgend soll ein kursorischer **Überblick über die einschlägigen Sekundärrechtsnormen** die Grundlage für die weitere Kommentierung bilden. 155

aa) Datenschutzrichtlinie für elektronische Kommunikation 2002. Die **EK-DSRL 2002**[296] enthält eine **umfassende Regelung** zur Werbung mittels Telekommunikationsdiensten und dient primär dem Schutz der Privatsphäre im Bereich der Telekommunikation. Den Aspekt unerbetener Nachrichten regelt Art. 13 EK-DSRL 2002. 156

---

[288] EuGH EuZW 1991, 542 (543) Erw. 15 – Säger; EuGH Slg. 1991, I-727 (740) Erw. 18 – Kommission/Griechenland; EuGH GRUR Int. 1995, 900 (902) Erw. 40 ff. – Alpine Investments; EuGH GRUR Int. 1997, 913 (917) Erw. 53 – De Agostini.

[289] EuGH EuZW 1991, 542 (543) Erw. 15 – Säger; EuGH Slg. 1991, I-727 (741) Erw. 18 – Kommission/Griechenland.

[290] EuGH EuZW 1991, 542 (543) Erw. 16 f. – Säger; EuGH GRUR Int. 1995, 900 (902) Erw. 41, 43 – Alpine Investments; EuGH GRUR Int. 1997, 913 (917) Erw. 53 – De Agostini.

[291] EuGH EuZW 1991, 699 (700) Erw. 15 – Stiching Collectieve Antennenvoorziening Gouda; EuGH EuZW 1992, 56 (57) Erw. 19 – Kommission/Niederlande; EuGH GRUR Int. 1995, 900 (903) Erw. 45 – Alpine Investments; EuGH DVBl 2000, 116 (118) Erw. 51 – ARD/Pro Sieben.

[292] EuGH GRUR Int. 1995, 900 (903) Erw. 44 – Alpine Investments.

[293] Vgl. EuGH GRUR Int. 1995, 900 (903) Erw. 56 – Alpine Investments; hierzu *Glöckner* JKR 1998, 49 (60).

[294] Dafür *Raeschke-Kessler/Schroeder* FS Piper, 1996, 399 (416 ff.); dagegen *Leible/Sosnitza* K&R 1998, 283 ff.

[295] So auch *Raeschke-Kessler/Schroeder* FS Piper, 1996, 399 (416 ff.); *Köhler*/Bornkamm/Feddersen § 7 Rn. 120.

[296] Richtlinie 2002/58/EG vom 12.7.2002 über die Verarbeitung personenbezogener Daten und den Schutz der Privatsphäre in der elektronischen Kommunikation, zuletzt geändert durch die Richtlinie 2009/136/EG vom 25.11.2009; sie ersetzt die frühere Richtlinie 97/66/EG vom 15.12.1997 über die Verarbeitung personenbezogener Daten und den Schutz der Privatsphäre im Bereich der Telekommunikation; Verweise auf die RL 97/66/EG gelten nunmehr als Verweise auf die RL 2002/58/EG.

157 Die Regelung knüpft primär an **natürliche Personen als Adressaten** der Werbebotschaft an (Art. 13 Abs. 5 S. 1). Jedoch haben die Mitgliedstaaten nach Art. 13 Abs. 5 S. 2 auch dafür zu sorgen, dass die berechtigten Interessen anderer (Markt-)Teilnehmer ausreichend vor unerbetenen Nachrichten geschützt werden.[297]

158 Nach Art. 13 Abs. 1 EK-DSRL 2002 bedarf die Verwendung automatischer Anrufmaschinen, Faxgeräten und elektronischer Post zum Zwecke der Direktwerbung der **vorherigen Einwilligung** der Adressaten. Eine unerbetene Kontaktaufnahme ist unzulässig. Die Richtlinie schreibt damit zwingend das **Opt-in-Modell** im Sinne einer Vollharmonisierung vor.[298] Der deutsche Gesetzgeber hat dieser Vorgabe mit der UWG-Reform von 2004 durch die Einführung des § 7 Abs. 2 Nr. 3 aF Rechnung getragen, ohne hierbei zwischen natürlichen und juristischen Personen als Adressaten zu unterscheiden.

159 Eine Ausnahme hiervon kommt im Rahmen einer **bestehenden Kundenbeziehung** in Betracht. Nach **Art. 13 Abs. 2 EK-DSRL 2002** kann eine natürliche oder juristische Person ihren Kunden Direktwerbung zusenden, wenn sie die elektronische Kontaktinformation für elektronische Post im Zusammenhang mit dem Verkauf eines Produkts oder einer Dienstleistung gemäß der Datenschutzrichtlinie 1995 (DSRL 1995)[299] erhalten hat. Außerdem müssen die Kunden klar und deutlich die Möglichkeit erhalten, eine solche Nutzung ihrer elektronischen Adresse bei deren Erhebung und bei jeder E-Mail-Werbung gebührenfrei und problemlos abzulehnen, falls sie dies nicht von vornherein abgelehnt haben. In jedem Falle darf die elektronische Adresse nur zur Direktwerbung für eigene ähnliche Produkte oder Dienstleistungen verwendet werden. Elektronische Post ist in Art. 2 S. 2 lit. h EK-DSRL 2002 definiert als jede über ein öffentliches Kommunikationsnetz verschickte Text-, Sprach, Ton- oder Bildnachricht, die im Netz oder im Endgerät des Empfängers gespeichert werden kann, bis sie von diesem abgerufen wird. Die Umsetzung von Art. 13 Abs. 2 der Richtlinie in nationales Recht erfolgte im Rahmen der UWG-Reform 2004 durch Einführung der § 7 Abs. 3. Die Reformen von 2008 und 2015 haben Abs. 3 unberührt gelassen.

160 Nach **Art. 13 Abs. 3 EK-DSRL 2002** stellen die Mitgliedstaaten sicher, dass in anderen als den in Art. 13 Abs. 1, 2 genannten Fällen unerbetene Nachrichten zum Zweck der Direktwerbung, die entweder **ohne Einwilligung** der betreffenden Teilnehmer erfolgen oder an Teilnehmer gerichtet sind, die **keine Nachrichten erhalten möchten,** nicht gestattet sind. Dabei steht es den Mitgliedstaaten frei, welche der beiden Optionen sie wählen, ob sie sich also für das Opt-in-Modell oder das Opt-out-Modell entscheiden. Die Definition der Nachricht in Art. 2 S. 2 lit. d EK-DSRL 2002 umfasst auch Informationen über das Telefonnetz.

161 Der deutsche Gesetzgeber hat bereits im Rahmen der UWG-Reform 2004 – im Einklang mit der bisherigen Rechtsprechung – für die **Telefonwerbung** in Abs. 2 Nr. 2 aF das **Opt-in-Modell** gesetzlich festgeschrieben. Durch das Gesetz zur Bekämpfung unerlaubter Telefonwerbung und zur Verbesserung des Verbraucherschutzes bei besonderen Vertriebsformen vom 29.7.2009[300] wurden die Anforderungen an das Vorliegen einer Einwilligung des Verbrauchers dahingehend **verschärft,** dass nunmehr eine **vorherige ausdrückliche Einwilligung erforderlich** ist, eine konkludente Einwilligung genügt also nicht mehr.

162 **Art. 13 Abs. 4 EK-DSRL 2002** zufolge ist das Versenden elektronischer Nachrichten zu Zwecken der Direktwerbung verboten, wenn die Identität des Absenders, in dessen

---

[297] Zur Kritik an der Umsetzung in § 7 Abs. 2 Nr. 2 *Köhler* WRP 2012, 1329 (1333); siehe auch *Hornung/Hofmann* WRP 2014, 910 (912) sowie dazu → Rn. 2.

[298] Vgl. Erw. 40 EK-DSRL 2002; *Leistner/Pothmann* WRP 2003, 815 (824); vgl. auch *Weiler* MMR 2003, 223 (228).

[299] Richtlinie 95/46/EG des Europäischen Parlaments und des Rates vom 24.10.1995 zum Schutz natürlicher Personen bei der Verarbeitung personenbezogener Daten und zum freien Datenverkehr, ABl. 1995 L 281, S. 31.

[300] BGBl. I S. 2413.

Auftrag die Nachricht übermittelt wird, verschleiert oder verheimlicht wird, oder keine gültige Adresse vorhanden ist, an die der Empfänger eine Aufforderung zur Einstellung solcher Nachrichten richten kann. Dieses spezielle **Transparenzgebot,** das sich nach der Definition der Nachricht in Art. 2 S. 2 lit. d der Richtlinie auf alle genannten Formen der elektronischen Kommunikation bezieht, wurde 2004 durch **Abs. 2 Nr. 4** in deutsches Recht umgesetzt.

Durch das **Gesetz gegen unseriöse Geschäftspraktiken von 2013**[301] wurde Abs. 2 Nr. 4 um lit. b ergänzt und erfasst nunmehr auch Werbung unter Verstoß gegen § 6 Abs. 1 TMG sowie die Aufforderung zum Besuch einer Website, die gegen diese Vorschrift verstößt. Die Regelung des § 7 Abs. 2 Nr. 4 lit. b dient der Umsetzung des Art. 13 Abs. 4 der EK-DSLR, in der durch die RL 2009/136/EG geänderten Fassung. 163

bb) Richtlinie über den Fernabsatz von Finanzdienstleistungen 2002. Die nur zwei Monate nach der EK-DSRL 2002 verabschiedete **FinDL-FARL 2002**[302] behandelt ebenfalls **unerwünschte Mitteilungen an Verbraucher im Wege der Telekommunikation.** Nach Art. 10 Abs. 1 bedarf zwar die Verwendung von Anrufautomaten (Voice-Mail-System) und Telefax der vorherigen Einwilligung des Verbrauchers. Art. 10 Abs. 2 beinhaltet aber hinsichtlich des E-Mail-Verkehrs scheinbar einen Widerspruch zu Art. 13 Abs. 1 EK-DSRL 2002. Während diese Bestimmung zwingend ein vorheriges Einverständnis des Adressaten vorsieht, gewährt Art. 10 Abs. 2 FinDL-FARL 2002 den Mitgliedstaaten bei der Umsetzung ein Wahlrecht zwischen einer Opt-in- und einer Opt-out-Lösung. Dieser Widerspruch wird jedoch durch den Erwägungsgrund Nr. 26 der FinDL-FARL 2002 aufgelöst.[303] Von deren Regelungen bleiben nämlich solche **zusätzlichen Garantien,** die dem Verbraucher aufgrund gemeinschaftlicher Regelungen über den Schutz der Privatsphäre und personenbezogene Daten zustehen, **unberührt.** Eine solche Schutzregelung ist auch Art. 13 Abs. 1 EK-DSRL 2002.[304] 164

cc) Richtlinie über unlautere Geschäftspraktiken 2005[305]. Die **UGP-RL**[306] verbietet in **Art. 8 aggressive Geschäftspraktiken.** Als aggressiv gelten danach jedoch nur solche belästigende Geschäftspraktiken, die geeignet sind, im konkreten Fall die Entscheidungsfreiheit des Verbrauchers in Bezug auf das Produkt erheblich zu beeinträchtigen und den Verbraucher zu einer geschäftlichen Entscheidung zu veranlassen, die er andernfalls nicht getroffen hätte. Der Anhang I der UGP-RL verbietet darüber hinaus im Rahmen von per-se-Verboten die mit einer Zahlungsaufforderung verbundene unbestellte Zusendung von Waren (Nr. 29) und die Missachtung der Aufforderung des Verbrauchers, dessen Wohnung im Falle eines Hausbesuches zu verlassen (Nr. 25). Beide Tatbestände haben ihre Umsetzung im Rahmen der Black List im Anhang zu § 3 Abs. 3 UWG gefunden. Nr. 26 Satz 1 des Anhangs I der UGP-RL nennt als weiteres Beispiel einer unter allen Umständen unlauteren Geschäftspraxis den Fall, dass Verbraucher durch hartnäckiges und unerwünschtes Ansprechen über Telefon, Fax, E-Mail oder sonstige für den Fernabsatz geeignete Medien geworben werden. Das darüber hinaus gehende **Verbot der Telefonwerbung in § 7 Abs. 2 Nr. 2** ohne vorherige ausdrückliche Einwilligung, das auf das Erfordernis eines hartnäckigen, also wiederholten, Ansprechens des Verbrauchers verzichtet, steht **mit der UGP-RL sowie der EK-DSRL im Einklang.**[307] 165

---

[301] BGBl. I S. 3714.

[302] Richtlinie 2002/65/EG des Europäischen Parlaments und des Rates vom 23.9.2003 über den Fernabsatz von Finanzdienstleistungen an Verbraucher und zur Änderung der Richtlinie 90/619/EWG des Rates und der Richtlinien 97/7/EG und 98/27/EG, ABl. 2002 L 271, S. 16.

[303] Vgl. *Leistner/Pothmann* WRP 2003, 815 (824); *Wendlandt* MMR 2004, 365 (367).

[304] Vgl. *Leistner/Pothmann* WRP 2003, 815 (824).

[305] Dazu → Rn. 3 ff., 31 und allgemein *Glöckner,* → Einl. B. Rn. 237 ff.

[306] Richtlinie 2005/29/EG vom 11.5.2005, GRUR Int. 2005, 569.

[307] Vgl. BGH WRP 2011, 1153 – Double-opt-in-Verfahren; *Köhler*/Bornkamm/Feddersen § 7 Rn. 124; *Ohly*/Sosnitza § 7 Rn. 10; aA *Engels/Brunn* GRUR 2010, 886; differenzierend *Köhler* WRP 2012, 1329 (1331 ff.), wonach einerseits die Regelung für sonstige Marktteilnehmer und andererseits die verfahrensrecht-

166 Nach **Erwägungsgrund 7** sollen allerdings die Mitgliedstaaten berechtigt sein, in ihrem Hoheitsgebiet **Geschäftspraktiken aus Gründen der guten Sitten und des Anstands zu verbieten,** auch wenn diese die Entscheidungsfreiheit des Verbrauchers nicht beeinträchtigen. Als Beispiel nennt Erwägungsgrund 7 das Ansprechen von Personen auf der Straße zu Verkaufszwecken, da dieses in manchen Mitgliedstaaten „aus kulturellen Gründen unerwünscht" sein könne. Ob sich diesem Erwägungsgrund eine generelle Befugnis der Mitgliedstaaten zur Schaffung weiterer Verbotstatbestände im Bereich der belästigenden Werbung außerhalb der Definition der aggressiven Geschäftspraktiken in Art. 8 der UGP-RL entnehmen lässt, erscheint vor dem Hintergrund der angestrebten **Vollharmonisierung** und der in Erwägungsgrund Nr. 7 der UGP-RL enthaltenen Beschränkung auf **„aus kulturellen Gründen unerwünschte" Geschäftspraktiken zweifelhaft.** Richtigerweise wird es darauf ankommen, ob Handlungen, welche nicht geeignet sind, den Verbraucher erheblich zu beeinträchtigen und ihn zu andernfalls nicht getroffenen geschäftlichen Handlungen zu veranlassen, dem Schutz der „guten Sitten und des Anstands" im Sinne des Erwägungsgrunds 7 der UGP-RL dienen.[308]

167 **dd) E-Commerce-Richtlinie 2000.** Die ECRL 2000[309] enthält insbesondere Vorgaben zur **E-Mail-Werbung.** Die Richtlinie geht grundsätzlich davon aus, dass unaufgeforderte E-Mail-Werbung zulässig sein kann.[310] Nach Art. 7 Abs. 1 ECRL 2000 muss aber durch die Mitgliedstaaten, die unaufgeforderte E-Mail-Werbung erlauben, sichergestellt werden, dass diese **als solche klar und unzweideutig erkennbar** ist.

168 Am 1.3.2007 trat in Umsetzung der ECRL 2000 das **Gesetz zur Vereinheitlichung von Vorschriften über bestimmte elektronische Informations- und Kommunikationsdienste** in Kraft,[311] welches Bundes- und Landesrecht zu einem einheitlichen **Telemediengesetz (TMG)** zusammenfasst.[312] § 6 Abs. 2 TMG bestimmt, dass kommerzielle Kommunikation, die per elektronischer Post versandt wird, in der Kopf- und Betreffzeile weder den kommerziellen Charakter der Nachricht noch deren Absender absichtlich verschleiern oder verheimlichen darf. Die Versendung von E-Mail-Spam soll durch diese Regelung erschwert werden. Die Zuwiderhandlung stellt nach § 16 Abs. 1 TMG eine Ordnungswidrigkeit dar, die mit einem Bußgeld von bis zu 50 000 EUR geahndet werden kann. Gemäß § 6 Abs. 3 TMG bleiben die Vorschriften des UWG unberührt.

169 Art. 7 Abs. 2 ECRL 2000 sieht ergänzend vor, dass die Mitgliedstaaten sicherzustellen haben, dass Direkt-Marketing-Unternehmen, welche unaufgeforderte E-Mail-Werbung übermitteln, regelmäßig sog. **Robinson-Listen** konsultieren und beachten.[313] Art. 7 Abs. 2 ECRL geht von einem Opt-out-Prinzip aus, wonach unaufgeforderte E-Mail-Werbung zulässig ist, solange der Empfänger nicht widerspricht.

170 Es ist den Mitgliedstaaten jedoch **freigestellt, strengere Regelungen** – insbesondere ein **Opt-in-Modell** – vorzusehen.[314] Berücksichtigt man die einschlägigen Bestimmungen

liche Regelung zur Rechtsdurchsetzung der Ansprüche aus § 7 Abs. 2 Nr. 2 durch Mitbewerber und Verbände nach § 8 Abs. 3 UWG nicht mit Art. 13 der EK-DSRL vereinbar sei; siehe hierzu auch *Zech* WRP 2013, 1434 sowie → Rn. 2.

[308] So auch *Henning-Bodewig* GRUR Int. 2005, 629 (633); siehe hierzu auch *Glöckner* → Einl. Rn. 373 ff. sowie *Köhler* GRUR 2012, 1073 (1081 ff.) und WRP 2012, 251 (275), wonach das Verbot des § 7 „außerhalb des Anwendungsbereichs der UGP-Richtlinie" liege; siehe auch EuGH 10.7.2014 – C-421/12Rn. 68, 71 – Kommission/Belgien.

[309] Richtlinie 2000/31/EG des Europäischen Parlaments und des Rates vom 8.6.2000 über bestimmte rechtliche Aspekte der Dienste der Informationsgesellschaft, insbesondere des elektronischen Geschäftsverkehrs, im Binnenmarkt.

[310] Vgl. *Ohly*/Sosnitza § 7 Rn. 13.

[311] Elektronischer-Geschäftsverkehr-Vereinheitlichungsgesetz – ElGVG, BGBl. 2007 I S. 179.

[312] Dabei handelt es sich im Wesentlichen um die wirtschaftsbezogenen Vorschriften für Telemedien aus Bundesregelungen und aus Landesregelungen (MDStV).

[313] *Weiler* MMR 2003, 223 (225); zu Robinson-Listen auch → Rn. 54 und → Rn. 210.

[314] Vgl. Erwägungsgrund 30 sowie Art. 7 Abs. 2 der Richtlinie 2000/31/EG; siehe auch *Ohly*/Sosnitza § 7 Rn. 13 mwN.

der EK-DSRL 2002, so wird deutlich, dass aus Art. 7 ECLR 2000 in keinem Falle eine grundsätzliche Zulässigkeit unaufgeforderter E-Mail-Werbung abgeleitet werden kann. Das in § 7 Abs. 2 Nr. 3 verankerte Erfordernis der Einwilligung der Adressaten steht also im Einklang mit der ECRL 2000. Bei der Beurteilung der Frage, ob eine Einwilligung nach Abs. 3 ausnahmsweise entbehrlich ist, sind allerdings die Vorgaben von Art. 7 ECRL 2000 zu berücksichtigen.

Hinzuweisen ist schließlich darauf, dass das **Herkunftslandprinzip** nicht für die Beur- **171**
teilung der Zulässigkeit unaufgeforderter E-Mail-Werbung gilt (Art. 3 Abs. 3 iVm dem Anhang zur ECRL 2000). Es bleibt bei der Geltung des Marktortprinzips.

ee) Verbraucherrechterichtlinie 2011. Die **Verbraucherrechterichtline** vom **172**
25.10.2011 **(VRRL)** hat mit Wirkung zum 13.6.2014 die **FARL 1997**[315] abgelöst. Die VRRL enthält detaillierte Bestimmungen zu den formalen Anforderungen für außerhalb von Geschäftsräumen geschlossenen und Fernabsatzverträgen sowie zu Informations- und Widerrufsrechten der Verbraucher im Zusammenhang mit dieser Art von Verträgen. Die entsprechenden Bestimmungen wurden in den §§ 312 ff. BGB umgesetzt. Darüber hinaus enthält die VRRL in Art. 21 eine Vorschrift zur telefonischen Kontaktaufnahme des Verbrauchers durch den Unternehmer sowie in Art. 27 eine Bestimmung zur Lieferung unbestellter Waren und Dienstleistungen.

Während nach Art. 10 Abs. 1 FARL 1997 allein die Kommunikation mittels Voice- **173**
Mail-Systemen und per Telefax der **vorherigen Zustimmung des Verbrauchers** bedurfte, ist eine entsprechende Regelung in der VRRL nicht mehr enthalten.

Der Referentenentwurf eines Gesetzes zur Stärkung des Verbraucherschutzes im Wett- **173a**
bewerbs- und Gewerberecht (RefE) zur Umsetzung der Richtlinie (EU) 2019/2161 vom 27.11.2019 sieht die Aufhebung von § 7 Abs. 2 Nr. 1 vor. Der Tatbestand der Nr. 26 Anhang I UGP-RL soll statt dessen in die „Schwarze Liste" des UWG übernommen werden, vgl. → Rn. 12a.

2. Rechtliche Regelungen außerhalb des UWG. a) Bürgerliches Recht. Bei au- **174**
ßerhalb von Geschäftsräumen geschlossenen Verträgen nach § 312b BGB und bei Fernabsatzverträgen nach § 312c BGB sind gegenüber Verbrauchern die **Informationspflichten nach § 312d BGB iVm Art. 246a EGBGB** zu beachten. Dem Verbraucher steht nach § 312g BGB iVm § 355 BGB ein Widerrufsrecht zu. Eine Verletzung der Hinweispflicht kann zudem zur Unlauterkeit wegen Gesetzesverstoßes nach § 3a UWG 2015 führen. Im **elektronischen Geschäftsverkehr** ist außerdem § 312i BGB sowie Art. 246c EGBGB zu berücksichtigen.

Ein **Verstoß gegen § 7 Abs. 2** führt **nicht** zu einer **automatischen Nichtigkeit des** **175**
Vertrags nach §§ 134, 138 BGB. Die zwischenzeitlich diskutierte Einführung einer schwebenden Unwirksamkeit von Verträgen, die aufgrund unzulässiger Telefonwerbung zustande gekommen sind,[316] wurde nicht umgesetzt.[317]

Unerbetene Werbung mittels elektronischer Kommunikation kann gegenüber Verbrau- **176**
chern einen **Eingriff in das allgemeine Persönlichkeitsrecht** darstellen und Unterlassungs- und Schadensersatzansprüche entsprechend §§ 823, 1004 BGB auslösen.[318] Bei der Telefaxwerbung sowie der Brief- und Briefkastenwerbung kommt auch ein Eingriff in Eigentum oder Besitz in Betracht.[319]

---

[315] Richtlinie 97/7/EG vom 20.5.1997.

[316] Für die Einführung der so genannten Bestätigungslösung bei Folgeverträgen unzulässiger Telefonwerbung: *Fezer* GRUR-Prax 2011, 321544, dagegen *Ohly* GRUR-Prax 2011, 321515; *Nemeczek* WRP 2011, 530; *Alexander* ZRP 2018, 166.

[317] Alexander ZRP 2018, 166 (167); hierzu auch → Rn. 258.

[318] BGH GRUR 1989, 225 – Handzettel-Wurfsendung; vgl. auch LG Hamburg GRUR-RR 2007, 61.

[319] Zur Telefonwerbung: OLG Stuttgart NJW 1988, 2615; *Ohly*/Sosnitza § 7 Rn. 18; zur Telefaxwerbung: OLG Hamm MDR 2008, 25; LG Berlin MMR 2002, 759; zur Werbung per E-Mail/SMS: LG Berlin NJWE-WettbR 2000, 91; siehe aber auch LG Bonn CR 2005, 198 (199); *Köhler*/Bornkamm/Feddersen § 7 Rn. 119; *Fikentscher/Möllers* NJW 1998, 1137, 1342.

177 Gegenüber Unternehmern kann der Einsatz unerwünschter Telekommunikationsmittel nach der Rechtsprechung einen Eingriff in das **Recht am eingerichteten und ausgeübten Gewerbebetrieb** darstellen. Die erforderliche Betriebsbezogenheit des Eingriffs soll etwa bei unverlangt zugesandter E-Mail-Werbung vorliegen.[320]

178 **b) Telemedienrecht.** Das **Telemediengesetz (TMG)** hat mit Inkrafttreten am 1.3.2007 das Teledienste- und Teledienstedatenschutzgesetz (TDDSG) wie auch den Staatsvertrag über Mediendienste (MDStV) abgelöst. § 6 TMG enthält besondere **Informationspflichten** für die kommerzielle Kommunikation, welche im Rahmen der Erbringung von Telemediendiensten erfolgt. Hierzu zählt auch die Bewerbung von Telemediendiensten. Nach § 6 Abs. 1 TMG muss die **kommerzielle Kommunikation klar als solche zu erkennen sein** (Nr. 1), die natürliche oder juristische **Person,** in deren Auftrag kommerzielle Kommunikation erfolgt, muss **klar identifizierbar** sein (Nr. 2), **Angebote zur Verkaufsförderung** müssen klar als solche erkennbar und die **Bedingungen für ihre Inanspruchnahme leicht zugänglich, klar und unzweideutig sein** (Nr. 3) und auch **Preisausschreiben oder Gewinnspiele** mit Werbecharakter müssen klar als solche erkennbar und die **Teilnahmebedingungen leicht zugänglich, klar und unzweideutig** sein (Nr. 4). Soweit die kommerzielle Kommunikation per **elektronischer Post** versandt wird, darf gemäß § 6 Abs. 2 TMG in der Kopf- und Betreffzeile der E-Mail **weder der Absender noch der kommerzielle Charakter** der Nachricht **verschleiert oder verheimlicht** werden.[321] Nach § 6 Abs. 3 TMG bleiben die Regelungen des Lauterkeitsrechts unberührt.[322]

179 **c) Telekommunikationsgesetz.** Nach § 102 Abs. 2 TKG ist Diensteanbietern iSd § 3 Nr. 6 TKG seit 2009 die **Rufnummernunterdrückung,** welche die Identifizierung des Anrufers und damit dessen rechtliche Verfolgung erschwert, untersagt.[323] Verstöße werden nach § 149 Abs. 1 Nr. 17c als Ordnungswidrigkeit mit einer Geldbuße bis zu 100.000 EUR (§ 149 Abs. 2 Nr. 3 TKG) geahndet.

III. Tatbestände des Abs. 2

1. Werbung mit sonstigen Fernkommunikationsmitteln (Abs. 2 Nr. 1). *Die Vorschrift des § 7 Abs. 2 Nr. 1 wird mit Inkrafttreten des UWG 2022 (vgl. dazu Anhang UWG 2022) in eine neue Nr. 26 des Anhangs zu § 3 Abs. 3 verlagert.*

180 **a) Werbung.** Als Werbung gilt jede Äußerung im Geschäftsverkehr mit dem Ziel, den Absatz von Waren oder die Erbringung von Dienstleistungen zu fördern (vgl. Art. 2 lit. a der Richtlinie über irreführende und vergleichende Werbung, RL 2006/114/EG).[324] Auch Mitteilungen, durch die etwa auf ein gemeinnütziges Projekt hingewiesen werden, können Werbung sein, wenn sie zumindest auch eine positive Außendarstellung und damit die Absatzförderung des Absenders zum Ziel haben.[325] Erfasst ist nach der Rechtsprechung jedoch nicht nur die **Absatzwerbung,** sondern auch die **Nachfragewerbung.**[326] Erfasst

[320] BGH WRP 2013, 1579 Rn. 15 – Empfehlungs-E-Mail; OLG München GRUR-RR 2013, 226; zu Fax-Werbesendungen siehe LG München I GRUR-RR 2007, 59; siehe auch KG CR 2002, 759; LG Berlin MMR 2002, 631 (632); *Köhler*/Bornkamm/Feddersen § 7 Rn. 119; jurisPK-UWG/*Koch* § 7 Rn. 153; aA *Böhm* MMR 1999, 643 (644); *Schricker* GRUR Int. 1998, 541 (547); s. auch *Schmittmann* MMR 1998, 346 (349); kritisch auch *Ohly*/Sosnitza § 7 Rn. 19.

[321] Spindler/Schuster/*Micklitz/Schirmbacher,* Recht der elektronischen Medien, TMG § 6 Rn. 19 ff., Rn. 88; kritisch zum TMG *Möller* WRP 2010, 321 (325).

[322] Vgl. hierzu Spindler/Schuster/*Micklitz/Schirmbacher,* Recht der elektronischen Medien, TMG § 6 Rn. 9 ff.

[323] Siehe hierzu Spindler/Schuster/*Eckhardt,* Recht der elektronischen Medien, TKG § 102 Rn. 1 ff.

[324] BGH WRP 2013, 1579 Rn. 17 – Empfehlungs-E-Mail; OLG Dresden GRUR-RS 2017, 114345 Rn. 21.

[325] OLG Frankfurt a. M. GRUR-Prax 2016, 567.

[326] Für die Telefaxwerbung: BGH GRUR 2008, 923 – Faxanfrage im Autohandel; für die E-Mail-Werbung: BGH GRUR 2008, 925 – FC Troschenreuth; *Ohly*/Sosnitza § 7 Rn. 42; *Köhler*/Bornkamm/Feddersen § 7 Rn. 99.

sind auch Handlungen, die der Erweiterung der Vertragsbeziehung dienen.[327] Handlungen nach Vertragsschluss oder Äußerungen, die nicht zu Absatzzwecken erfolgen, sind dagegen nach herrschender Auffassung nicht erfasst.[328] Insoweit ist der Begriff der Werbung enger als der in Abs. 1 verwandte Begriff der geschäftlichen Handlung.[329] Nach dem Wortlaut des Abs. 2 Nr. 1 sollen zudem nur solche Werbehandlungen erfasst werden, die eine Individualwerbung darstellen und also gegenüber bestimmten Personen erfolgen. Fernseh- sowie Radiowerbung und Plakatwerbung fallen daher nicht in den Anwendungsbereich der Norm.[330] Nach Auffassung von *Köhler* erfasst Nr. 26 des Anhangs I zur UGP-RL, deren (Teil-)Umsetzung § 7 Abs. 2 Nr. 1 dient, auch Verhaltensweisen bei und nach Geschäftsabschluss, wie etwa die Aufforderung an den Verbraucher, den vereinbarten Kaufpreis zu zahlen.[331]

b) Fernkommunikationsmittel. Abs. 2 Nr. 1 setzt den Einsatz eines für den Fern- 181
absatz geeigneten Mittels der kommerziellen Kommunikation voraus. Der Begriff des Fernkommunikationsmittels ist in § 312c Abs. 2 BGB legaldefiniert. Danach sind Fernkommunikationsmittel solche Kommunikationsmittel, die **zur Anbahnung oder zum Abschluss eines Vertrags zwischen einem Verbraucher und einem Unternehmer ohne gleichzeitige körperliche Anwesenheit der Vertragsparteien** eingesetzt werden können, insbesondere Briefe, Kataloge, Telefonanrufe, Telekopien, E-Mails, über den Mobilfunkdienst versendete Nachrichten (SMS) sowie Rundfunk und Telemedien.[332] Diese Definition geht – wie die Regelungen der §§ 312b ff. BGBaF insgesamt – ursprünglich auf die inzwischen durch die VRRL abgelöste **FARL 1997**[333] und die **FinDL-FARL 2002**[334] zurück. Die FARL 1997 sprach hier von der sog. „Fernkommunikationstechnik", meinte damit allerdings nichts anderes als Fernkommunikationsmittel. Denn definitionsgemäß bedeutet Fernkommunikationstechnik jedes Kommunikationsmittel, das zum Abschluss eines Vertrags zwischen einem Verbraucher und einem Lieferer ohne gleichzeitige körperliche Anwesenheit der Vertragsparteien eingesetzt werden kann.[335] Anhang I zur FARL 1997 enthält eine beispielhafte Auflistung der Fernkommunikationsmittel iSd Art. 2 Nr. 4 FARL 1997.[336]

Abs. 2 Nr. 1 erfasst nur solche Fernkommunikationsmittel, die nicht durch Abs. 2 Nr. 2 182
und 3 eine besondere Regelung erfahren haben. Da die Telefon-, Telefax- und E-Mail-Werbung in § 7 Abs. 2 Nr. 2 und 3 erfasst ist, verbleibt als **Anwendungsbereich für § 7 Abs. 2 Nr. 1** im Wesentlichen die **Brief- und Briefkastenwerbung.**[337] Während der Adressat bei der Briefwerbung mittels eines persönlich an ihn adressierten Briefes angespro-

[327] OLG Frankfurt a. M. GRUR-RR 2013, 74 (75).

[328] jurisPK-UWG/*Koch* § 7 Rn. 140; *Ohly*/Sosnitza § 7 Rn. 42.

[329] Eingehend zum Begriff der Werbung in § 7 *Hornung/Hofmann* WRP 2014, 910.

[330] GK-UWG/*Pahlow* § 7 Rn. 121.

[331] *Köhler* GRUR 2012, 1073 (1078) unter anderem mit Verweis auf die abweichenden anderen Sprachfassungen der Nr. 26 des Anhangs I; siehe auch *Köhler*/Bornkamm/Feddersen § 7 Rn. 129 f.; zur beabsichtigten Aufhebung des § 7 Abs. 2 Nr. 1 und der entsprechenden Erweiterung der Nr. 26 des Anhangs („black list") → Rn. 12a mwN.

[332] Vgl. dazu Spindler/Schuster/*Micklitz/Schirmbacher,* Recht der elektronischen Medien, BGB § 312b Rn. 42.

[333] Richtlinie 97/7/EG des Europäischen Parlaments und des Rates vom 20.5.1997 über den Verbraucherschutz bei Vertragsabschlüssen im Fernabsatz, ABl. 1997 L 144, S. 19.

[334] Richtlinie 2002/65/EG des Europäischen Parlaments und des Rates vom 23.9.2003 über den Fernabsatz von Finanzdienstleistungen an Verbraucher und zur Änderung der Richtlinie 90/619/EWG des Rates und der Richtlinien 97/7/EG und 98/27/EG, ABl. 2002 L 271, S. 16.

[335] Siehe hierzu auch Erwägungsgrund 20 der VRRL sowie Art. 2 Nr. 7 VRRL.

[336] Siehe hierzu *Köhler* WRP 2012, 939 sowie *Köhler*/Bornkamm/Feddersen § 7 Rn. 106, wonach Fernkommunikationsmittel, die sich an die Allgemeinheit richten, ausscheiden. AA aber BGH WRP 2012, 938 Rn. 6; OLG Hamm WRP 2012, 585 Rn. 17; jurisPK-UWG/*Koch* § 7 Rn. 185, 190, Fn. 260.

[337] Kritisch hierzu *Köhler*/Bornkamm/Feddersen § 7 Rn. 107, der eine Beschränkung des § 7 Abs. 2 Nr. 1 auf die in Abs. 2 und 3 nicht genannten Fernkommunikationsmittel für mit der UGP-Richtlinie nicht vereinbar hält.

chen wird, erfolgt die Briefkastenwerbung durch Einwurf von nicht adressierten Prospekten, Katalogen und Werbeblättern.

183 **c) Erkennbar entgegenstehender Wille.** Abs. 2 Nr. 1 ist nur dann einschlägig, wenn für den Werbenden erkennbar ist, dass der Adressat der werblichen Ansprache diese nicht wünscht. Im Gegensatz zu den Nr. 2 und 3 des Abs. 2 beruht Nr. 1 somit auf dem sog. **Opt-out-Prinzip.**

184 Die Ablehnung muss nicht ausdrücklich erklärt werden. **Es genügt bereits die konkludent erklärte Ablehnung.** Der Werbende muss allerdings – unter Anlegung der gebotenen Sorgfalt – den **entgegenstehenden Willen erkennen** können.[338] Keine hinreichende Ablehnung im Sinne des Abs. 2 Nr. 1 liegt vor, wenn der Adressat seinen entsprechenden Willen irgendwann einmal gegenüber einem Dritten geäußert hat.[339] Hier sind die für empfangsbedürftige Willenserklärungen geltenden Grundsätze heranzuziehen.[340]

Zu den jüngst vermehrt auftretenden Fällen, in denen Verbraucher ihren entgegenstehenden Willen nicht in Form eines generellen Sperrvermerk, sondern durch eine individuelle Mitteilung an das einzelne werbende Unternehmen per Brief oder E-Mail zum Ausdruck bringen, bereits → Rn. **56.**[341]

185 **d) Hartnäckigkeit des Ansprechens.** Das per se-Verbot des Abs. 2 Nr. 1 greift nur ein, sofern die Ansprache in hartnäckiger Art und Weise erfolgt. Fehlt es an der Hartnäckigkeit, so ist die werbliche Ansprache nach Abs. 1 unter Berücksichtigung der Zumutbarkeitsschwelle und damit in **Abwägung der Gesamtumstände des Einzelfalls** zu bewerten.[342] Der Begriff der Hartnäckigkeit wurde aus Nr. 26 des Anhangs I zur UGP-Richtline übernommen. Von einem hartnäckigen Ansprechen wird man in der Regel nur dann ausgehen können, wenn die **Ansprache in wiederholter und insistierender Weise** erfolgt.[343] Dies folgt auch aus dem Wortlaut der italienischen und französischen Fassung, in der auf „ripetute sollecitazioni" bzw. „sollicitations répétées", also die wiederholte Ansprache, abgestellt wird. Das **erstmalige Zusenden** eines Werbebriefs oder das erstmalige Einwerfen eines Werbeflyers erreicht dagegen typischerweise nicht die Grenze der Hartnäckigkeit. Bereits die zweite Zusendung kann jedoch als hartnäckig im Sinne des Abs. 2 Nr. 1 zu bewerten sein. Dies ist insbesondere dann der Fall, wenn der Werbende – unmittelbar nachdem er erkannt hat oder zumindest erkennen konnte, dass der Adressat keine werbliche Ansprache wünscht – die nächste ihm sich bietende Gelegenheit nutzt, um sich erneut an den Adressaten zu wenden.[344] Nicht erforderlich ist eine besondere Intensität der Ansprache.[345]

186 **e) Adressat.** Abs. 2 Nr. 1 erfasst nur die werbliche Ansprache von **Verbrauchern** per Fernkommunikationsmittel. Die Ansprache **sonstiger Marktteilnehmer** bewertet sich – soweit nicht Abs. 2 Nr. 2 oder 3 einschlägig ist – nach den Maßstäben des Abs. 1 unter Berücksichtigung der Zumutbarkeitsschwelle.

---

338 Anders *Köhler*/Bornkamm/Feddersen § 7 Rn. 111; *Köhler* GRUR 2012, 1073 (1079), wonach gerade nicht erforderlich sei, dass das Ansprechen gegen den erkennbaren Willen des Verbrauchers erfolge, sondern es ausreiche, dass der Verbraucher das Ansprechen nicht erbeten oder verlangt habe. Maßgebend sei nicht der erkennbar entgegenstehende Wille, sondern die fehlende Zustimmung des Verbrauchers.

339 Vgl. bereits unter → Rn. 53.

340 Zur Erklärung eines Werbewiderspruchs in rechtsmissbräuchlicher Weise in einem Massenverfahren s. AG Nürnberg BeckRS 2017, 140318.

341 Vgl. LG Lüneburg WRP 2012, 365 sowie *Köhler* WRP 2017, 253 Rn. 70, der auf solche Fälle nicht § 7 Abs. 2 Nr. 1, sondern § 7 Abs. 1 S. 2 UWG anwenden will und den entgegenstehenden Willen des Empfängers hier als nicht in zumutbarer Weise erkennbar gemacht und damit als unbeachtlich bewertet.

342 OLG Frankfurt, WRP 2020, 1460; ebenso etwa *Sosnitza* WRP 2008, 1014 (1034) siehe hierzu auch *Köhler* WRP 2020, 1378 (1382).

343 OLG Hamm WRP 2012, 585; OLG München WRP 2014, 233 Rn. 27; *Köhler* WRP 2017, 253 Rn. 22.

344 Mit diesem Ergebnis zum Begriff der Hartnäckigkeit etwa OLG Nürnberg GRUR 1983, 399 – Hartnäckiger Verstoß; aA *Schulze* GRUR-Prax 2016, 121, wonach stets mindestens zwei Missachtungen des erkennbar entgegenstehenden Verbraucherwillens vorliegen müssen.

345 OLG München WRP 2014, 233; *Ohly*/Sosnitza § 7 Rn. 37; GK-UWG/*Pahlow* § 7 Rn. 125.

Nach Auffassung von *Köhler* kann tatbestandsmäßig im Rahmen des Abs. 2 Nr. 1 nur eine Werbemaßnahme sein, die sich an einen konkreten Adressatenkreis richtet, also eine Individualwerbung, da nur in diesem Fall ein etwaiger entgegenstehender Wille ermittelt werden könne. Hingegen sei bei einer Allgemeinwerbung, die sich an einen unbestimmten Adressatenkreis richtet, nur ein Rückgriff auf Abs. 1 Nr. 1 möglich. Dies gelte etwa für nicht-adressierte Werbesendungen.[346]

f) Briefkastenwerbung. aa) Beschreibung. Briefkastenwerbung umfasst den Einwurf von **nicht adressiertem Werbematerial** in den Briefkasten des Empfängers. Darunter fallen **etwa** Handzettel, Werbeflyer, Prospekte, Kataloge, nicht adressierte Werbebriefe und Anzeigenblätter. Diese Werbe-Wurfsendungen werden entweder durch den Absender selbst sowie dessen Arbeitnehmer oder durch ein beauftragtes Vertriebsunternehmen, wie die Deutsche Post, verteilt. 187

bb) Rechtliche Regelungen im Bürgerlichen Recht. Die Briefkastenwerbung unterfällt – zumindest soweit sie auf das Zustandekommen eines Fernabsatzvertrages gerichtet ist – den Bestimmungen der §§ 312c ff. BGB. Denn wie § 312c Abs. 2 BGB zu entnehmen ist, stellen die klassischen Mittel der Briefkastenwerbung **Fernkommunikationstechniken** dar. § 312c Abs. 2 BGB nennt hier beispielhaft Briefe und Kataloge. 188

Aus bürgerlich-rechtlicher Sicht sind insbesondere die gegenüber Verbrauchern bestehenden Informationspflichten nach **§ 312d BGB iVm Art. 246a des Einführungsgesetzes zum BGB** zu beachten.[347] Dem Verbraucher steht zudem ein **Widerrufsrecht nach § 312g BGB** zu.[348] 189

Die Nichtbeachtung seiner Willensäußerung stellt gegenüber dem **empfangenden Verbraucher** eine rechtswidrige Beeinträchtigung von Eigentum und/oder Besitz sowie eine Verletzung des allgemeinen Persönlichkeitsrechts dar (§§ 1004, 823 Abs. 1, 862, 903 BGB).[349] Er kann daher Unterlassungsansprüche gegen die Briefkastenwerbung geltend machen.[350] 190

cc) Wettbewerbsrechtliche Beurteilung. (a) Grundsatz. Die **Verbreitung von Briefkastenwerbung** ist **nicht per se als unzumutbare Belästigung** im Sinne des Abs. 1 zu qualifizieren. Zwar kann die Zusendung unerwünschten Werbematerials als belästigend empfunden werden; sie hat aber nur eine relativ geringe Beeinträchtigung des persönlichen Bereichs zur Folge. Der **werbende Inhalt ist bei derartigem Werbematerial sofort erkennbar,** weshalb der Adressat sich hiermit nicht inhaltlich auseinandersetzen muss. Auch entstehen ihm keine Kosten. Er muss lediglich die Werbung aus dem Briefkasten nehmen und bei Desinteresse entsorgen. Ein nicht geringer Teil der Empfänger ist an derartigen Informationen über das Leistungsangebot des werbenden Unternehmens interessiert. Außerdem ist das berechtigte Interesse der werbenden Unternehmen, insbesondere lokaler Gewerbetreibender, zu beachten.[351] 191

Abs. 2 Nr. 1 setzt daher voraus, dass ein **Verbraucher hartnäckig angesprochen** wird, was regelmäßig bei wiederholtem Einwurf der Fall sein wird.[352] Richtet sich die Brief- 192

---

[346] *Köhler*/Bornkamm/Feddersen § 7 Rn. 91c; *Köhler* WRP 2017, 253 Rn. 70; ebenso *Steinmetz* WRP 2018, 1415 (1418).

[347] Zum Verhältnis der UGP-Richtlinie zu den Informationspflichten, damals noch geregelt in der BGB-InfoV vgl. *Busch* GPR 2008, 158 ff.

[348] Einzelheiten hierzu unter → Rn. 88.

[349] S. BGH GRUR 1989, 225 (226) – Handzettel-Wurfsendung; BGH GRUR 1992, 617 – Briefkastenwerbung; OLG Karlsruhe NJW-RR 1990, 244; OLG Frankfurt a. M. NJW-RR 1992, 39 (40); LG Lüneburg GRUR-Prax 2012, 327 634; *Weise* GRUR 1989, 653 (654 ff.).

[350] LG Lüneburg GRUR-Prax 2012, 327 634; OLG Frankfurt a. M. NJW-RR 1992, 39 (40).

[351] BGH GRUR 1989, 225 (226) – Handzettel-Wurfsendung; BGH GRUR 1992, 617 – Briefkastenwerbung; OLG Frankfurt a. M. NJW-RR 1992, 39; OLG Karlsruhe GRUR 1991, 940.

[352] GroßKommUWG/*Pahlow* § 7 Rn. 135; aA *Köhler*/Bornkamm/Feddersen § 7 Rn. 91c; *Köhler* WRP 2017, 253 Rn. 70, wonach Werbemaßnahmen, die sich nicht an einen konkreten Adressatenkreis richten und

kastenwerbung dagegen an einen Unternehmer oder erfolgt die Ansprache nicht hartnäckig, so ist eine solche Werbung an § 7 Abs. 1 zu messen.[353]

193 **(b) Unzulässigkeit nach Abs. 1.** § 7 Abs. 1 S. 2 findet neben Abs. 2 Nr. 1 grundsätzlich Anwendung, soweit es um nicht hartnäckige Werbung gegenüber Verbrauchern geht.[354] In Fallkonstellationen, in denen der **entgegenstehende Wunsch des Verbrauchers** für das werbende Unternehmen bzw. den Einwerfenden **nicht erkennbar** ist, dürfte indes auch eine Unzumutbarkeit nach Abs. 1 in der Regel kaum anzunehmen sein, denn ein generelles Verbot der Briefkastenwerbung besteht nach einhelliger Meinung gerade nicht.[355] Unzulässig im Sinne des Abs. 1 ist aber die zwar nicht hartnäckige, aber gleichwohl unzumutbare Briefkastenwerbung gegenüber einem Verbraucher, der hinreichend zu erkennen gegeben hat, dass er die Werbung nicht wünscht.[356] Hier wird man davon auszugehen müssen, dass allein die erkennbare Bekundung des entgegenstehenden Willens bereits zur Unzumutbarkeit führt. Das Selbstbestimmungsrecht des Empfängers setzt sich in solchen Fällen gegenüber dem Interesse des Unternehmens an der Werbung durch. Eine entsprechende **ablehnende Willensbekundung** war und ist – unabhängig von dem damit für das werbende Unternehmen verbundenen Arbeits- und Kostenaufwand – **zu beachten.**[357] Dies kann auch **unterhalb der Schwelle der hartnäckigen Ansprache gelten,**[358] **nicht aber bereits bei einmaliger Übersendung eines Werbebriefes.**[359] Ein Werbetreibender, der die Ablehnung nicht beachtet und die sonst anfallenden Überwachungs- und Kontrollkosten erspart, würde sich hierdurch einen Wettbewerbsvorsprung gegenüber rechtstreuen Wettbewerbern verschaffen.[360]

194 Seinen **entgegenstehenden Willen** kann der Empfänger entweder durch eine entsprechende **Nachricht an den Werbenden** oder durch einen **generellen Hinweis auf dem Briefkasten** (zB einen Aufkleber „Keine Werbung") äußern.[361] Hingegen kann § 7 Abs. 2 Nr. 1 nicht dahingehend ausgelegt werden, dass die Erkennbarkeit des entgegenstehenden Willens des Empfängers auf eine bestimmte Art und Weise, insbesondere durch eine entsprechende Kennzeichnung des Briefkastens, geäußert werden muss. Vielmehr ist das Merkmal der Erkennbarkeit richtlinienkonform einschränkend auszulegen.[362] Es sind die Umstände des Einzelfalls zu berücksichtigen und die Interessen der beteiligten Marktteilnehmer sind unter Beachtung des Grundsatzes der Verhältnismäßigkeit gegeneinander abzuwägen.[363] Erklärt der Empfänger nach dem Erhalt an ihn adressierter Werbebriefe dem Absender, dass er diese Form der Werbung zukünftig nicht mehr wünsche, erfasst der insoweit geäußerte entgegenstehende Wille auch so genannte teiladressierte Werbeschreiben, die von demselben Absender zwar nicht individuell an den Empfänger

---

also keine Individualwerbung darstellen, nicht unter Abs. 2 Nr. 1 fallen können; ebenso *Steinmetz* WRP 2018, 1415 (1418).

[353] Siehe hierzu auch den Regierungsentwurf zum UWG 2008, in dem es zu § 7 Abs. 2 Nr. 1 heißt: „Soweit sich der bisherige Abs. 2 Nr. 1 UWG auf Sachverhalte bezog, die von dem neuen § 7 Abs. 2 Nr. 1 UWG-E nicht mehr erfasst werden, ist die Unzulässigkeit der geschäftlichen Handlung künftig nach § 7 Abs. 1 S. 2 UWG-E in Verbindung mit Satz 1 desselben Absatzes zu beurteilen", RegE-UWG 2008, S. 59.

[354] LG Frankfurt a. M. BeckRS 2019, 3547; *Ohly*/Sosnitza § 7 Rn. 34.

[355] *Köhler*/Bornkamm/Feddersen § 7 Rn. 91b.

[356] Siehe hierzu auch *Köhler*/Bornkamm/Feddersen § 7 Rn. 91e.

[357] BGH GRUR 1989, 225 (226) – Handzettel-Wurfsendung; BGH GRUR 1992, 617 – Briefkastenwerbung.

[358] AA *Köhler*/Bornkamm/Feddersen § 7 Rn. 110, der auch im Rahmen des Abs. 1 stets ein hartnäckiges Ansprechen als Voraussetzung für die Unzumutbarkeit ansieht.

[359] OLG München WRP 2014, 233 (235) – Teiladressierte Werbeschreiben.

[360] OLG Karlsruhe NJW-RR 1990, 244.

[361] Begr. RegE UWG 2004, BT-Drs. 15/1487, 21; *Ohly*/Sosnitza § 7 Rn. 39; zur Erklärung eines Werbewiderspruchs in rechtsmissbräuchlicher Weise in einem Massenverfahren s. AG Nürnberg BeckRS 2017, 140318; siehe hierzu auch *Meyer* WRP 2017, 501 (504).

[362] OLG München WRP 2014, 233 (235) – Teiladressierte Werbeschreiben.

[363] LG Frankfurt a. M. BeckRS 2019, 3547 Rn. 34; *Köhler*/Bornkamm/Feddersen § 7 Rn. 32–32b.

adressiert, aber an „alle Bewohner des Hauses“ gerichtet sind und ihn auf diese Weise erreichen.[364]

Die Briefkastenaufschrift **„Keine Werbung in Plastiktüten“** soll sich dabei nicht gegen Werbung als solche, sondern lediglich gegen deren spezielle Verpackung richten, so dass Ansprüche nach § 7 Abs. 2 ausscheiden. Da die Folie mit einem Handgriff vom – für sich genommen nicht als unerwünscht angesehenen – Inhalt getrennt werden können, sei eine solche Werbung auch nicht unzumutbar nach § 7 Abs. 1.[365] 195

(c) Briefkastenwerbung gegenüber Unternehmen. Die **an Unternehmer gerichtete Briefkastenwerbung** richtet sich nach Abs. 1. Es gelten insoweit die vorstehend genannten Erwägungen. Auch hier ist zu berücksichtigen, dass der Briefkastenwerbung per se ein nur relativ geringer Beeinträchtigungsgrad zukommt. Hat der Unternehmer jedoch zum Ausdruck gebracht, dass er die Briefkastenwerbung nicht wünscht, ist diese unzulässig.[366] 196

dd) Einzelfälle. (a) Postwurfsendungen. Ablehnende Hinweise des Briefkasteninhabers sind auch bei der **Zustellung von Postwurfsendungen** zu beachten.[367] Nach Ziffer 4.6 der Allgemeinen Geschäftsbedingungen der Deutschen Post BRIEF NATIONAL gelten Postwurfsendungen als unzustellbar und werden zum Absender zurückbefördert, wenn deren Annahme verweigert wurde. Als Annahmeverweigerung gilt auch ein Einwurfverbot. Der Hinweis **„Keine Werbung“** lässt dabei den Willen erkennen, keinerlei Werbung – **einschließlich Postwurfsendungen** – erhalten zu wollen.[368] 197

(b) Anzeigenblätter[369]**.** Bei kostenlos verteilten Zeitungen und Zeitschriften, die – neben Werbung – auch einen redaktionellen Teil enthalten, mag zweifelhaft erscheinen, ob der Empfänger deren Einwurf durch seinen Hinweis untersagen will oder nicht. Gibt der Empfänger (durch Aufkleber oder gegenüber dem Herausgeber) klar zu verstehen, dass er **„keine Anzeigenblätter“** wünscht, ist dies zu beachten.[370] Verbietet der Empfänger durch einen Aufkleber am Briefkasten den Einwurf von **„Werbebroschüren und Prospekten“**[371] oder generell von **„Werbung“,**[372] so ist hiervon **nicht auch der Einwurf von Gratisblättern** (Anzeigenblättern, **Gratiszeitschriften etc**) umfasst.[373] Der Begriff „Werbung“ hat keinen allgemein gültigen Erklärungsinhalt und lässt damit für den Werbenden nicht sicher erkennen, ob der Empfänger den Einwurf von Anzeigenblättern ausschließen will oder nicht. Fühlt sich der Empfänger hierdurch belästigt, so ist es ihm zuzumuten, einen deutlicheren Hinweis zu wählen oder sich direkt mit dem Herausgeber in Verbindung zu setzen.[374] 198

---

364 OLG München WRP 2014, 233 (234) – Teiladressierte Werbeschreiben; zur unter dem Aspekt der Behinderung nach § 4 Nr. 4 UWG 2015 unzulässigen Verteilung von Aufklebern mit der Aufschrift „Bitte keine einzelnen Werbeprospekte oder kostenlose Zeitungen zustellen. Nur […]“ siehe OLG Brandenburg GRUR-Prax 2015, 384.

365 OLG Frankfurt a. M. WRP 2012, 844 – Keine Werbung in Plastiktüten!; aA *Meyer* WRP 2012, 788.

366 Vgl. OLG Karlsruhe NJW 1996, 3283 zu § 1 UWG aF (1909).

367 Fezer/Büscher/Obergfell/*Mankowski* UWG § 7 Rn. 344; vgl. *Ohly*/Sosnitza § 7 Rn. 39.

368 Vgl. OLG Frankfurt a. M. NJW 1996, 934; siehe auch *Mankowski* WRP 2012, 269.

369 Zur Frage, ob Anzeigenblätter unter die Definition der Fernkommunikationsmittel fallen siehe – bejahend – BGH WRP 2012, 938 Rn. 6 sowie jurisPK-UWG/*Koch* § 7 Rn. 185, Fn. 260 sowie – ablehnend – *Köhler* WRP 2012, 939.

370 KG NJW 1990, 2824 (2825 ff.).

371 OLG Karlsruhe GRUR 1991, 940 – Anzeigenblatt im Briefkasten.

372 OLG Stuttgart NJW-RR 1994, 502 (503) – Anzeigenblatt mit redaktionellem Teil.

373 BGH WRP 2012, 938 Rn. 6; OLG Hamm GRUR-RR 2011, 469 (470 f.).

374 BGH WRP 2012, 938 Rn. 6 mit Anm. v. *Strauß* in GRUR-Prax 2012, 334355; OLG Hamm GRUR-RR 2011, 469 = WRP 2012, 585; OLG Stuttgart NJW-RR 1994, 502 (503) – Anzeigenblatt mit redaktionellem Teil; *Köhler*/Bornkamm/Feddersen § 7 Rn. 91e; aA OLG Karlsruhe GRUR 1991, 940 – Anzeigenblatt im Briefkasten; *Ohly*/Sosnitza § 7 Rn. 39 mit dem Argument, dass es dem Empfänger im Zweifel darum gehe, jede Verstopfung seines Briefkastens zu vermeiden; *Mankowski* WRP 2012, 269 mwN.

199 **(c) Zeitungsbeilagen.** Der Zeitungsbezieher kann weder von dem Zeitungsverleger, noch von dem Werbenden verlangen, dass die **Beilage von Werbematerialien in eine Zeitung** unterbleibt.[375] Denn im Gegensatz zu den vorstehenden Konstellationen besteht eine **vertragliche Beziehung** zwischen dem Abonnenten als Empfänger der Werbematerialien und dem Zeitungsverleger. Im Rahmen dieses Dauerschuldverhältnisses hat nur der Verleger zu entscheiden, in welcher Art und Weise er Werbung in sein Erzeugnis aufnimmt.[376] Hinzu kommt, dass die Belästigung für den Empfänger gering ist, da die Zeitung ohnehin eingeworfen wird und daher keine Verstopfung des Briefkastens droht.

200 **(d) Werbesendungen im Anwaltsfach.** Auch das **Einlegen von Werbematerial in Anwaltsfächer** stellt nur dann eine unzumutbare Belästigung dar, wenn es entweder vom Fachinhaber durch einen Hinweis am Fach oder vom Gerichtsvorstand durch einen allgemeinen Hinweis untersagt worden ist. Die Gefahr, dass wichtige Sendungen verloren gehen, besteht bei Anwaltsfächern nicht stärker als bei Hausbriefkästen.[377]

201 **(e) Briefkastenwerbung politischer Parteien.** Die Grundsätze zur Briefkastenwerbung sind auch auf den Einwurf von Prospekten politischer Parteien anwendbar.[378] Auch unter Berücksichtigung von **Art. 21** und **Art. 5 Abs. 1 GG** besteht aufgrund der widerstreitenden Grundrechte aus Art. 2 Abs. 1, 14 Abs. 1 GG **kein Anlass zu einer unterschiedlichen Behandlung von Konsumwerbung und politischer Werbung.**

202 **ee) Passivlegitimation.** Für die Missachtung ablehnender Hinweise hat einerseits das **verteilende Unternehmen einzustehen.**[379] Andererseits ist auch das **werbende Unternehmen als mittelbarer Störer** dafür verantwortlich.[380] Diesem ist es zumutbar, durch eine entsprechende Organisation seiner Werbeaktionen dafür zu sorgen, dass eine Ablehnung durch die Briefkasteninhaber beachtet wird.[381] Hierzu kann es entsprechende Regelungen in den Vertrag mit dem verteilenden Unternehmen aufnehmen.[382] Des Weiteren muss es das verteilende Unternehmen anweisen, die Verbreitung entsprechend zu organisieren und zu kontrollieren. Außerdem hat der Werbende Beanstandungen nachzuprüfen und unter Umständen Sanktionen gegenüber dem verteilenden Unternehmen durchzusetzen.[383] Der Werbende hat somit alle rechtlich und wirtschaftlich zumutbaren Maßnahmen zu ergreifen, um die Einhaltung ablehnender Hinweise sicherzustellen.[384]

203 **ff) Ausreißer.** Kommt es bei der **massenhaften Verteilung von Briefkastenwerbung** zu **vereinzelten Verstößen,** so sind diese hinzunehmen, wenn der Werbende den Verteilern die **ernsthafte Anweisung** gegeben hat, den Hinweis „keine Werbung" zu beachten.[385] Von einer Ernsthaftigkeit der Anweisung ist auszugehen, wenn den Austrägern für den Fall der Zuwiderhandlung mit ihrer Entlassung gedroht wird. Ist das Bestreben des Werbenden darauf gerichtet, die Interessen des Einzelnen zu beachten, dann ist eine –

375 *Köhler*/Bornkamm/Feddersen § 7 Rn. 91j; *Ohly*/Sosnitza § 7 Rn. 39.

376 Vgl. OLG Karlsruhe NJW 1991, 2913 (2914); LG Bonn NJW 1992, 1112.

377 OLG Karlsruhe NJW 1996, 3283 – Werbesendungen im Anwaltsfach.

378 KG NJW 2002, 379 (380), bestätigt durch BVerfG NJW 2002, 2938 f.; ebenso bereits LG Bremen NJW 1990, 456; differenzierend OLG Bremen NJW 1990, 2140 (2141); jurisPK-UWG/*Koch* § 7 Rn. 145, der die Zulässigkeit der Werbung politischer Parteien nicht nach § 7, sondern nach den §§ 1004, 903, 862, 823 BGB beurteilen will; aA *Löwisch* NJW 1990, 437.

379 *Köhler*/Bornkamm/Feddersen § 7 Rn. 91 f.

380 Vgl. BGH GRUR 1989, 225 (226) – Handzettel-Wurfsendung; OLG Karlsruhe NJW-RR 1990, 244; OLG Bremen NJW 1990, 2140; *Köhler*/Bornkamm/Feddersen § 7 Rn. 91 f.

381 BGH GRUR 1989, 225 (226) – Handzettel-Wurfsendung; BGH GRUR 1992, 617 (618) – Briefkastenwerbung.

382 BGH GRUR 1989, 225 (226) – Handzettel-Wurfsendung; OLG Frankfurt a. M. NJW-RR 1992, 39 (40).

383 BGH GRUR 1989, 225 (226) – Handzettel-Wurfsendung.

384 BGH GRUR 1989, 225 (226) – Handzettel-Wurfsendung; OLG Bremen NJW 1990, 2140 (2141); OLG Frankfurt a. M. NJW-RR 1992, 39 (40); OLG Stuttgart NJW-RR 1994, 502.

385 GK-UWG/*Pahlow* § 7 Rn. 128.

relativ geringfügige – Belästigung im Einzelfall zu tolerieren.[386] Diese Problematik stellt sich indes nur im Rahmen des Abs. 1, da Abs. 2 Nr. 1 ein hartnäckiges Ansprechen, also eine wiederholte Missachtung des Sperrvermerks voraussetzt und einzelne Ausreißerfälle daher nicht erfasst.[387]

g) Briefwerbung. aa) Beschreibung. Bei der Briefwerbung ist das Werbematerial an den Empfänger **persönlich adressiert.** Dadurch unterscheidet sich die Briefwerbung von der Briefkastenwerbung, die den Einwurf nicht adressierter Werbemittel umfasst. Erscheinungsformen der Briefwerbung sind vor allem **Werbedrucksachen,** die mit der Anschrift des Empfängers versehen werden und **(computermäßig erstellte) individualisierte Werbeschreiben.** Ebenfalls zur Briefwerbung zählt die so genannte **Briefbeilagenwerbung,** bei der einem Geschäftsbrief (etwa einer Rechnung oder einer Kreditkartenabrechnung) ein Werbeblatt beigelegt ist. 204

Für kein anderes Direktwerbemedium wenden deutsche Unternehmen Mittel in vergleichbarer Höhe auf. Im Jahr 2014 betrugen die Aufwendungen der deutschen Wirtschaft für adressierte Werbesendungen 8,6 Mrd. Euro; 15,6 % aller Unternehmen haben dieses Werbemittel eingesetzt.[388] 205

bb) Rechtliche Regelungen im Bürgerlichen Recht. Die Briefwerbung unterfällt ebenfalls den Bestimmungen der **§§ 312b ff. BGB.** Auch diese Werbeform zählt nach § 312c Abs. 2 BGB zu den Fernkommunikationsmitteln. Im Übrigen kann auf die vorstehenden Ausführungen zur Briefkastenwerbung verwiesen werden. 206

cc) Wettbewerbsrechtliche Beurteilung. (a) Verhältnis zu Abs. 1. Mit Blick auf die Briefwerbung stellen sich dieselben **Abgrenzungsfragen zwischen Abs. 1 und Abs. 2 Nr. 1** wie bei der Briefkastenwerbung.[389] Wiederum gilt, dass Abs. 1 insbesondere im Rahmen von an Unternehmer gerichteter Briefwerbung und bei an Verbraucher adressierter Werbung, welche den Grad der Hartnäckigkeit nicht erreicht, zum Tragen kommt. 207

(b) Grundsatz. Ähnlich wie die Briefkastenwerbung ist auch die Briefwerbung **nicht bereits ohne Hinzutreten weiterer Umstände wettbewerbswidrig.** Zwar mag der Grad der Belästigung bei gewissen Gestaltungsformen der Briefwerbung geringfügig höher zu veranschlagen sein als bei der Briefkastenwerbung. Ist der werbende Charakter des Briefs nicht schon dem Umschlag zu entnehmen, muss der Empfänger diesen zunächst nämlich öffnen und den Inhalt prüfen. Dieser Prüfungsaufwand ist aber regelmäßig nur gering und rechtfertigt es nicht, das Informationsinteresse vieler Umworbener und das Interesse der werbenden Wirtschaft zu vernachlässigen.[390] Eine Unzulässigkeit nach Abs. 1 kann im Einzelfall allerdings auch in diesem Fall vorliegen, etwa wenn die Briefwerbung als solche nicht erkennbar ist die Angabe des Absenders fehlt und weitere, eine Dringlichkeit vortäuschende Angaben auf dem Briefumschlag gemacht werden.[391] 208

(c) Briefwerbung gegenüber Verbrauchern. Ist die Briefwerbung hartnäckig und hat der Verbraucher erkennbar den Wunsch geäußert, keine Werbung zu erhalten, ist ein Fall des Abs. 2 Nr. 1 gegeben. Wird der **Grad der Hartnäckigkeit** nicht erreicht, so wird man zumindest dann eine unzumutbare Belästigung im Sinne des Abs. 1 annehmen müssen, wenn der Empfänger der Briefwerbung **zu erkennen gegeben hat, dass er die** 209

[386] So zu § 1 UWG aF BGH GRUR 1992, 617 (618) – Briefkastenwerbung.

[387] Ebenso *Köhler*/Bornkamm/Feddersen § 7 Rn. 110.

[388] Studie 27 Dialogmarketing 2015 der Deutsche Post AG, abrufbar unter https://www.dialogmarketing-shop.de/studien-national/.

[389] → Rn. 193 ff.

[390] BGH GRUR 1973, 552 (553) – Briefwerbung; OLG Hamburg NJW-RR 1989, 873.

[391] KG WRP 2015, 1534. Im konkreten Fall waren auf dem Briefumschlag die Hinweise „Vertraulicher Inhalt", „Nur vom Empfänger persönlich zu öffnen" sowie „Eilige Terminsache" enthalten. Vgl. hierzu auch → *Frank,* § 5a Abs. 6, Rn. 395.

Werbung nicht wünscht. Denn auch hier überwiegt das **Selbstbestimmungsrecht des Empfängers** das Interesse des Unternehmens an der Werbung. Entgegen der früheren Rechtsprechung kommt es dabei auch nicht darauf an, ob nach der Art der Ausgestaltung der Werbeaktion eine Beachtung der Ablehnung oder des Widerspruchs für den Werbenden mit Mühen und Kosten verbunden ist, die in keinem angemessenen Verhältnis zu der Verärgerung und Belästigung des Umworbenen stehen.[392]

210 Problematisch ist, in welchen Fällen der **entgegenstehende Wunsch des Verbrauchers** für den Werbetreibenden **erkennbar** ist. Zweifellos liegt eine erkennbare Willensbekundung vor, wenn der Empfänger dem **werbenden Unternehmen mitgeteilt** hat, dass er von diesem keine Werbebriefe mehr wünscht.[393] Auch bei einem Eintrag in die vom Deutschen Direktmarketing Verband eV (DDV) geführte **Robinson-Liste**[394] liegt ein erkennbarer Hinweis des Empfängers vor.[395] Die Robinson-Liste, die 1971 als freiwillige Einrichtung der Werbewirtschaft eingeführt wurde, ist zwar nur für Mitglieder des DDV nach dessen Satzung verbindlich, wird von diesem aber auch Nichtmitgliedern zum Abgleich angeboten. Die Kenntnisnahme und Beachtung ist daher allen Werbetreibenden möglich und zumutbar.[396]

211 Ein **Hinweis am Briefkasten** (Aufkleber: „Keine Werbung") ist für das werbende Unternehmen dagegen nicht erkennbar; der Verteiler wiederum kann zwar den Hinweis erkennen, weiß aber (je nach Gestaltung des Umschlages) nicht, ob der Brief Werbung beinhaltet oder nicht. Dementsprechend wird die Auffassung vertreten, der Hinweis am Briefkasten sei nur und immer dann beachtlich, wenn der Verteiler wisse, dass er einen Werbebrief zustelle. Nur in diesem Falle sei der Verteiler und – nach § 8 Abs. 2 – auch das Unternehmen selbst verantwortlich.[397] Damit käme ein Wettbewerbsverstoß regelmäßig bei der Einschaltung von Zustellern in Betracht, die von dem werblichen Inhalt Kenntnis haben (also eigene Angestellte), bei der Beauftragung der Post hingegen nur und immer dann, wenn die Werbung äußerlich als solche erkennbar wäre. Um diesen Widerspruch aufzulösen, wird teilweise gefordert, der Werbende habe auch bei der Briefwerbung seine Werbemaßnahme so zu organisieren, dass der ablehnende Hinweis auf dem Briefkasten durch das verteilende Unternehmen beachtet werden könne. Er müsse hierzu ggf. dem Postbediensteten durch entsprechenden Aufdruck auf dem Umschlag deutlich machen, dass er einen Werbebrief austrägt.[398] Selbst wenn für den Postbediensteten der Hinweis am Briefkasten und der werbende Inhalt des Schreibens erkennbar sind, kann er aber nicht beurteilen, ob der Empfänger den Werbebrief wünscht oder nicht. Zum einen erscheint fraglich, ob der Hinweis „Keine Werbung" überhaupt individuell adressierte Werbesendungen erfassen soll; zum anderen ist dem Postbediensteten nicht bekannt, ob der Adressat die Werbesendung nicht womöglich ausdrücklich beim werbenden Unternehmen angefordert hat. Beim **Versand von Briefwerbung per Post reicht ein Hinweis am Briefkasten daher nicht aus,** um den entgegenstehenden Willen erkennbar zu machen.[399]

212 **(d) Briefwerbung gegenüber Unternehmern.** Werden **Werbebriefe an Unternehmer** gerichtet, findet **nur Abs. 1** Anwendung. Hier ist stets anhand der Umstände des Einzelfalls abzuwägen, ob die Briefwerbung eine unzumutbare Belästigung im Sinne des

---

392 So noch BGH GRUR 1973, 552 (553) – Briefwerbung; OLG Hamburg NJW-RR 1989, 873; LG Nürnberg-Fürth NJW 1985, 1642 f.; wie hier *Köhler*/Bornkamm/Feddersen § 7 Rn. 115.

393 *Ohly*/Sosnitza § 7 Rn. 40.

394 www.ddv.de; vergleichbare Listen werden etwa von der Interessengemeinschaft deutsches Internet eV für die Telefon-, SMS- und E-Mail-Werbung geführt (siehe www.robinsonliste. de).

395 Vgl. dazu → Rn. 50.

396 *Weichert* WRP 1996, 522 (531); *Ohly*/Sosnitza § 7 Rn. 33; *Köhler*/Bornkamm/Feddersen § 7 Rn. 115; GroßKommUWG/*Pahlow* § 7 Rn. 136.

397 GK-UWG/*Pahlow* § 7 Rn. 137.

398 So im Ergebnis *Freund* BB 1986, 409 (415); vgl. zur Briefkastenwerbung BGH GRUR 1989, 225 (226) – Handzettel-Wurfsendung; BGH GRUR 1992, 617 (618) – Briefkastenwerbung; → Rn. 66 ff.

399 Im Ergebnis ebenso *Ohly*/Sosnitza § 7 Rn. 40.

Abs. 1 darstellt. Ist der entgegenstehende Wille des Unternehmers für den Werbenden erkennbar, so ist dies regelmäßig der Fall.

dd) Einzelfälle. (a) Briefbeilagenwerbung. Es ist nach Abs. 2 Nr. 1 unzulässig, der geschäftlichen Korrespondenz (zB Abrechnungen, Rechnungen und Kontoauszügen) trotz des erkennbar entgegenstehenden Willens hartnäckig, das heißt wiederholt, **Werbeprospekte beizufügen.** Hat der Adressat gegenüber dem Werbenden mitgeteilt, dass er dies nicht wünscht oder hat er sich in die Robinson-Liste eintragen lassen, muss das werbende Unternehmen ihm gegenüber von der Briefbeilagenwerbung Abstand nehmen. 213

(b) Persönlich adressierte Werbebriefe. Persönlich adressierte Werbebriefe, die äußerlich **nicht als Werbung erkennbar** sind und im Rahmen eines bestehenden Vertragsverhältnisses verschickt werden, stellen eine unzumutbare Belästigung dar, wenn der Verbraucher dieser Form der Werbung widersprochen hat. Im Falle des hartnäckigen Ansprechens liegt ein Verstoß gegen § 7 Abs. 2 Nr. 1 vor. 214

(c) Tarnung als Privatbrief. Ist der Werbebrief **als Privatbrief getarnt** und muss der Empfänger sich erst näher mit ihr auseinandersetzen, um den werblichen Charakter zu erkennen, kann dies nach § 5a Abs. 6 UWG 2015 unlauter sein.[400] Der Versender erlangt durch eine solche Tarnung einen erhöhten Aufmerksamkeitsgrad. Auch wenn sich der Charakter als Werbesendung nicht bereits aus dem Briefumschlag ergeben muss, muss der Werbebrief so aufgemacht sein, dass er sofort nach dem Öffnen als solcher erkannt wird.[401] Unzulässig ist bereits der erste getarnte Werbebrief.[402] 215

(d) Unaufgeforderte Übersendung einer Kreditkarte an Kunden. Die einmalige unaufgeforderte **Übersendung einer bereits auf den Namen des Empfängers ausgestellten Kreditkarte** durch ein Bankunternehmen an seine Kunden stellt keine unzumutbare Belästigung nach § 7 Abs. 1 dar, wenn der Empfänger erkennen kann, dass er eine gesonderte Erklärung abgeben muss, um die Kreditkarte verwenden zu können und die Kreditkarte andernfalls entsorgen kann.[403] 216

h) In-App-Werbung. Innerhalb von kostenlosen Apps dürften nur besonders intensive Formen der **In-App-Werbung** unzulässig sein, wie beispielsweise die Video-Werbung oder die außergewöhnlich lange Einblendung von Werbeanzeigen. Die Äußerung eines erkennbar entgegenstehenden Willens des Verbrauchers ist hingegen angesichts der technisch nicht oder praktisch nicht vorhandenen Möglichkeiten, In-App-Werbung zu unterbinden, kaum möglich.[404]

2. Telefonwerbung (Abs. 2 Nr. 2). a) Beschreibung. Unter dem Begriff der Telefonwerbung versteht man Anrufe eines Marktteilnehmers zu Werbezwecken. 217

Telefonwerbung gilt als die **effektivste Form des Direktmarketings.** Bei der Telefonwerbung kann der Werbende seine Kommunikation individuell auf den Angerufenen abstimmen. Gleichzeitig ist diese Werbemethode verhältnismäßig einfach durchführbar und dabei – auch aufgrund der geringen Telefonkosten – sehr günstig.[405] Des Weiteren können Call Center in strukturschwachen Gebieten mit niedrigen Lohnkosten unterhalten werden. Demgegenüber verursacht ein Hausbesuch verhältnismäßig hohe Kosten. Es besteht daher in besonderem Maße die Gefahr einer massenhaften Durchführung. Allerdings hat sich der 218

[400] BGH GRUR 1973, 552 (553) – Briefwerbung; *Köhler*/Bornkamm/Feddersen § 7 Rn. 114; *Ohly*/Sosnitza § 7 Rn. 15.
[401] Siehe hierzu auch BGH GRUR 2011, 747 Rn. 9 ff. – Kreditkartenübersendung sowie *Frank* → § 5a Abs. 6, Rn. 268 f.
[402] Fezer/Büscher/Obergfell/*Mankowski* § 7 Rn. 335; *Köhler*/Bornkamm/Feddersen § 7 Rn. 114.
[403] BGH GRUR 2011, 747 Rn. 11 – Kreditkartenübersendung.
[404] Ausführlich hierzu *Steinmetz* WRP 2018, 1415 (1418 ff.).
[405] Siehe den Vergleich zwischen den Kosten eines Kundenbesuches und einer Telefonwerbung bei *Raeschke-Kessler/Schroeder* FS Piper, 1996, 399 (404).

Marktanteil des aktiven Telefonmarketings aufgrund der geringen Akzeptanz in der Bevölkerung seit dem Jahr 2007 halbiert und auf diesem Niveau stabilisiert.[406]

219 **b) Telefonanrufe gegenüber Verbrauchern. aa) Wettbewerbsrechtliche Beurteilung.** Mit dem UWG 2004 wurden in Abs. 2 Nr. 2 – in Umsetzung des Art. 13 Abs. 3 EK-DSRL 2002 – zunächst im Wesentlichen die von der Rechtsprechung entwickelten Prinzipien gesetzlich festgeschrieben. Die Werbung mit Telefonanrufen gegenüber Verbrauchern bedurfte damit auch nach dem Gesetzeswortlaut der Einwilligung des Verbrauchers, die jedoch auch konkludent erklärt werden konnte. Seit Inkrafttreten des Gesetzes zur Bekämpfung unerlaubter Telefonwerbung und zur Verbesserung des Verbraucherschutzes bei besonderen Vertriebsformen am 4.8.2009[407] kann, soweit sich die Ansprache an einen Verbraucher richtet, nur noch dessen **„vorherige ausdrückliche" Einwilligung** die unzumutbare Belästigung eines Telefonanrufs zu Werbezwecken entfallen lassen.[408]

220 Der Grund für die Wettbewerbswidrigkeit von Telefonwerbung wird darin gesehen, dass der **Schutz der Privatsphäre des Angerufenen gegenüber dem Interesse des Anrufers, für seine Waren oder Dienstleistungen zu werben, vorrangig** ist.[409] Durch den Anruf wird der Einzelne in seiner geschützten Privatsphäre (Art. 2 Abs. 1 GG; Art. 8 EMRK) gestört. Er weiß zunächst nicht, wer ihn anruft und welchen Zweck der Anrufer verfolgt; daher ist er gezwungen, den Anruf entgegenzunehmen. Sodann wird er sich – aus Gründen der Höflichkeit oder weil er den Zweck des Anrufs nicht erkennt – mit dem Anliegen des Anrufers auseinandersetzen. Ein sofortiger Abbruch des Gesprächs ist ihm häufig auch deshalb nicht möglich, weil er es mit einem psychologisch geschulten Telefonwerber zu tun hat. Dadurch wird nicht nur die Ruhe des Angerufenen gestört und dessen Zeit in Anspruch genommen, sondern auch sein Telefonanschluss für andere– ihn möglicherweise mehr interessierende – Anrufe blockiert. Da der Angerufene auf den Anruf nicht vorbereitet ist und der Werbende ihn individuell ansprechen und gezielt beeinflussen kann, besteht auch die **Gefahr unüberlegter Geschäftsabschlüsse.** Die ebenfalls geschützten Interessen des werbenden Unternehmens (Art. 5, 12 GG) müssen zurücktreten, da ihm auch vielfältige andere Werbemöglichkeiten zur Verfügung stehen, so dass es eines Eindringens in die Individualsphäre des Umworbenen nicht bedarf.[410]

221 Durch das Gesetz zur Bekämpfung unerlaubter Telefonwerbung von 2009 wurde neben der Verschärfung des Einwilligungserfordernisses der **Bußgeldtatbestand des § 20** eingeführt, die Rufnummernunterdrückung verboten (§ 102 Abs. 2 TKG) und das Widerrufsrecht des Verbrauchers erweitert.

Durch das **Gesetz gegen unseriöse Geschäftspraktiken von 2013** wurde der Bußgeldtatbestand des § 20 ergänzt und verschärft sowie die Vorschrift des § 7 Abs. 4 um lit. b ergänzt. Das Gesetz für faire Verbraucherverträge hat mit der Einführung des neuen § 7a weitreichende Dokumentations-, Aufbewahrungs- und Vorlagepflichten im Hinblick auf die dazu erforderliche Einwilligung der Verbraucher eingeführt.

[406] Hierzu sowie zu den vergleichsweise geringen Kosten des Telefonmarketings siehe die Studie 27 Dialogmarketing 2015 der Deutsche Post AG, abrufbar unter https://www.dialogmarketing-shop.de/studien-national/; ausführlich zur rechtlichen Bewertung der Telefonwerbung *Schulte-Nölke/Henning-Bodewig/Podszun,* Evaluierung der verbraucherschützenden Regelungen im Gesetz gegen unseriöse Geschäftspraktiken, Gutachten im Auftrag des BMJV, 2017.

[407] BGBl. I S. 2413; zu den positiven Auswirkungen des Gesetzes auf den Verbraucherschutz *Weiden* GRUR 2011, 505.

[408] Eine entsprechende Änderung, die bereits der RegE-UWG 2008 vorgesehen hatte, war damals bei Verabschiedung des Gesetzes aufgrund einer Beschlussempfehlung des Rechtsausschusses zunächst zurückgestellt worden, Beschlussempfehlung und Bericht des Rechtsausschusses vom 25.11.2008, BT-Drs. 16/11070. Zur Verschärfung des Einwilligungserfordernisses siehe auch *Köhler* NJW 2009, 2567 sowie *Möller* WRP 2010, 321 (327).

[409] Vgl. schon BGH GRUR 1970, 523 – Telefonwerbung I; BGH GRUR 1989, 753 – Telefonwerbung II; BGH GRUR 1990, 280 – Telefonwerbung III; BGH GRUR 1995, 220 – Telefonwerbung V; BGH GRUR 2002, 637 (638) – Werbefinanzierte Telefongespräche.

[410] Vgl. BGH GRUR 1995, 220 – Telefonwerbung V; BGH NJW 1999, 1864 (1865); aA *Engels/Salomon* WRP 2004, 32 (39) unter Bezugnahme auf die Haustürwerbung.

222 **(a) Grundlagen. Telefonanruf** ist eine über einen öffentlich zugänglichen Telefondienst aufgebaute Verbindung, die eine zweiseitige Echtzeit-Kommunikation ermöglicht,[411] also die **fernmündliche Kontaktaufnahme einer Person mit einer anderen Person.** Nicht hierunter fallen Anrufe durch automatische Anrufmaschinen (Voice-Mail) sowie die Versendung von SMS- oder MMS-Nachrichten,[412] die von Abs. 2 Nr. 3 erfasst werden und also auch gegenüber Unternehmern nur im Falle der vorherigen ausdrücklichen Einwilligung zulässig sind. Anrufe, die vom Verbraucher ausgehen und vom Werbenden lediglich genutzt werden, um Werbung zu betreiben, fallen nicht unter § 7 Abs. 2 Nr. 2; dies gilt auch für die Warteschleifenwerbung.[413] Letztere kann unter Umständen nach Abs. 1 unzulässig sein, wenn die Grenze der Zumutbarkeit, etwa wegen einer künstlichen Verlängerung der Dauer der Wartezeit, überschritten ist.

223 **„Ping- oder Lockanrufe"**, bei denen die Verbindung unter Hinterlassung einer teuren Rückrufnummer **(Mehrwertdienstenummer)** nach einmaligem Klingeln unterbrochen wird, und die den Angerufenen zum Rückruf veranlassen sollen, werden in aller Regel von Abs. 2 Nr. 3 erfasst sein, weil dafür automatische Anrufmaschinen benutzt werden. Daneben kommen auch die Tatbestände des § 5a Abs. 6 UWG 2015 sowie des § 7 Abs. 1 in Betracht.[414]

224 **Werbung** ist jede Äußerung im Geschäftsverkehr mit dem Ziel, den Absatz von Waren oder die Erbringung von Dienstleistungen zu fördern.[415] Erfasst ist auch die **Nachfragewerbung,** wobei auch in diesem Fall eine konkludente Einwilligung nach der aktuellen Rechtslage nicht mehr ausreicht.[416] Handlungen nach Vertragsschluss oder Äußerungen, die nicht zu Absatzzwecken erfolgen, sind dagegen, anders als vom Begriff der geschäftlichen Handlung im Sinne von Abs. 1, nicht erfasst.

225 Werbung wird grundsätzlich dann per Telefonanruf betrieben, wenn der Angerufene **unmittelbar zu einem Geschäftsabschluss bestimmt oder wenn eine geschäftliche Verbindung angebahnt oder vorbereitet** werden soll.[417] Anrufe zur Fortsetzung oder Erweiterung bereits bestehender Vertragsbeziehungen[418] fallen ebenso darunter wie die Ankündigung der Versendung von Broschüren oder eines Vertreterbesuchs.[419] Ein Anruf zu Werbezwecken liegt auch dann vor, wenn der Anruf zumindest **mittelbar den Absatz oder Bezug von Waren oder Dienstleistungen fördern** soll.[420] Erfasst sind daher auch Anrufe zum Zwecke der Erfragung der **Kundenzufriedenheit,**[421] zum Zwecke des Einholens der Beurteilung eines bestimmten Produkts oder zur **Erlangung der Einwilligung in Werbeanrufe oder Vertreterbesuche.**[422] Unerbetene Verbraucherumfragen stellen

---

[411] S. Art. 2 S. 2 lit. e EK-DSRL 2002.

[412] Vgl. RegE-UWG 2008, S. 60.

[413] *Köhler*/Bornkamm/Feddersen § 7 Rn. 128a; *Ohly*/Sosnitza § 7 Rn. 45, 60, der die Warteschleifenwerbung zutreffend mit der ebenfalls hinzunehmenden Radio- und Rundfunkwerbung vergleicht.

[414] Siehe hierzu VG Köln NJW 2005, 2786; OLG Düsseldorf GRUR 2005, 523; LG München MMR 2004, 42; *Becker* WRP 2011, 808; wie hier *Köhler*/Bornkamm/Feddersen § 7 Rn. 128b.

[415] Hierzu auch → Rn. 180.

[416] Für die Telefaxwerbung: BGH GRUR 2008, 923 – Faxanfrage im Autohandel; für die E-Mail-Werbung: BGH GRUR 2008, 925 – FC Troschenreuth; *Ohly*/Sosnitza § 7 Rn. 42, der als plastisches Beispiel etwa den Anruf eines Maklers bei einem Verbraucher anführt, der eine Immobilienanzeige aufgegeben hat; hierzu auch → Rn. 192, 211.

[417] LG Ulm BeckRS 2012, 05353.

[418] BGH GRUR 1995, 220 – Telefonwerbung V; BGH GRUR 1994, 380 (382) – Lexikothek; BGH GRUR 2004, 520 (521) – Telefonwerbung für Zusatzeintrag.

[419] BGH GRUR 1989, 753 (754) – Telefonwerbung II; BGH GRUR 1994, 380 (381) – Lexikothek; BGH WRP 2000, 722 (723) – Telefonwerbung VI; BGH VersR 2001, 315 (316); OLG Frankfurt a. M. WRP 2004, 515 (516).

[420] OLG Köln MMR 2009, 267 (268); *Köhler*/Bornkamm/Feddersen § 7 Rn. 131 mit Verweis auf die Definition der kommerziellen Kommunikation in Art. 2 lit. f der Richtlinie 2000/31/EG über den elektronischen Geschäftsverkehr.

[421] OLG Dresden GRUR-Prax 2016, 245; OLG Köln GRUR-RR 2014, 80; MMR 2012, 535; aA *Engels/Brunn* WRP 2010, 687; *Haug* K&R 2010, 767.

[422] OLG Köln MMR 2009, 267 (268); OLG Stuttgart GRUR 2002, 457 (458); *Ohly*/Sosnitza § 7 Rn. 44.

Werbung dar, wenn sie von Marktforschungsunternehmen im Auftrag eines Unternehmers durchgeführt werden und damit **mittelbar der Absatzförderung dienen.**[423] Dies ist insbesondere der Fall, wenn Verbrauchergewohnheiten im Zusammenhang mit den Produkten oder Dienstleistungen des Auftraggebers erfragt werden.

226 Ein **als Meinungsbefragung getarnter Telefonanruf,** durch den der Unternehmer erfahren will, wie der Angerufene eine diesem zuvor übersandte Printwerbung beurteilt, stellt eine unzulässige Belästigung dar. Es soll das Interesse des Angerufenen auf das Produkt gelenkt werden, so dass es tatsächlich nur um Werbung geht.[424]

227 Dagegen fallen Anrufe neutraler **Marktforschungsinstitute,** die nicht, auch nicht mittelbar, der Förderung des Absatzes bestimmter Produkte oder Unternehmen dienen, nicht unter den Begriff der Werbeanrufe im Sinne von Abs. 2 Nr. 2. Eine Absatzförderungsabsicht kann aber bereits vorliegen, wenn Verbraucher konkret zu bestimmten Produkten befragt werden.[425]

228 Dient der Anruf in erster Linie der Erfüllung **vertraglicher Informations- oder Aufklärungspflichten** und führt im Rahmen einer **„werblichen Nebenwirkung"** zu einer Vertragserweiterung, liegt keine Telefonwerbung vor.[426] Anders ist der Fall zu beurteilen, dass der Anrufer während des an sich zulässigen Anrufs zu einer vom Vertrag und vom Zweck des Anrufs unabhängigen Werbung übergeht.[427]

229 **Verbraucher** ist nach § 2 Abs. 2 iVm § 13 BGB jede **natürliche Person, die ein Rechtsgeschäft zu einem Zweck abschließt, der weder ihrer gewerblichen noch ihrer selbständigen beruflichen Tätigkeit zugerechnet werden kann.** Da die Werbung dem Vertragsabschluss vorgelagert ist, muss diese auf den Abschluss eines entsprechenden Rechtsgeschäfts gerichtet sein. Entscheidend ist also die Zweckbestimmung des anvisierten Geschäfts. Zum privaten Bereich gehören etwa Urlaub, Freizeit, Gesundheits- und Altersvorsorge[428] und die Vermögensanlage.[429]

230 **Keine Verbrauchergeschäfte** iSd § 7 Abs. 2 Nr. 2 sind Verträge zur Begründung, Änderung oder Aufhebung eines **Arbeitsverhältnisses,** auch wenn der Arbeitnehmer grundsätzlich unter den Begriff des Verbrauchers iSd § 2 Abs. 2 iVm § 13 BGB fällt.[430] Auch nach Art. 2 lit. a der UGP-RL gilt als Verbraucher jede natürliche Person, die im Geschäftsverkehr zu Zwecken handelt, die nicht ihrer gewerblichen, handwerklichen oder beruflichen Tätigkeit zugerechnet werden können, wobei unter beruflicher Tätigkeit, anders als nach § 13 BGB, auch die unselbständige berufliche Tätigkeit zu verstehen ist.

231 Handelt es sich bei den beworbenen Waren oder Dienstleistungen um solche, die sowohl zu beruflichen als auch zu privaten Zwecken eingesetzt werden können, dürfte maßgeblich sein, wo der **Schwerpunkt des angestrebten Geschäftes** liegt.[431]

232 Ist der **Angerufene auch als Unternehmer (§ 2 Abs. 1 Nr. 6) tätig,** wird er aber unter seiner privaten Rufnummer kontaktiert, so ist dies als Telefonanruf gegenüber einem Verbraucher zu werten. Denn Abs. 2 Nr. 2 stellt gerade deshalb strengere Anforderungen an die Telefonwerbung gegenüber Verbrauchern, weil die Privatsphäre geschützt werden

---

[423] OLG Köln GRUR-RR 2014, 80; OLG Stuttgart GRUR 2002, 457 (458); OLG Oldenburg WRP 2006, 492 (496); OLG Köln MMR 2009, 267; siehe auch OLG Köln MMR 2012, 535; ausführlich hierzu, zum Werbegriff in § 7 und zur Abgrenzung zu reinen Markt- und Meinungsforschungen *Hornung/Hofmann* WRP 2014, 910.

[424] OLG Stuttgart GRUR 2002, 457 (458); siehe zu Anrufen, die zu Werbezwecken veranlasst werden, auch *Frank* → § 5a Abs. 6, Rn. 394.

[425] Vgl. LG Hamburg GRUR-RR 2007, 61; siehe hierzu *Hornung/Hofmann* WRP 2014, 910 sowie *Köhler*/Bornkamm/Feddersen § 7 Rn. 133, wonach in diesem Fall jedenfalls Aufmerksamkeitswerbung betrieben werde.

[426] Begründung zum Gesetz zur Bekämpfung unerlaubter Telefonwerbung und zur Verbesserung des Verbraucherschutzes bei besonderen Vertriebsformen, BT-Drs. 16/10734, 13.

[427] Siehe hierzu OLG Braunschweig GRUR-RR 2009, 182; *Köhler*/Bornkamm/Feddersen § 7 Rn. 134 f.

[428] LG Münster 2005, 639 (640).

[429] BGH NJW 2002, 368.

[430] *Ohly*/Sosnitza § 7 Rn. 46 mwN; *Köhler*/Bornkamm/Feddersen § 7 Rn. 141.

[431] Vgl. *Ohly*/Sosnitza § 7 Rn. 46.

soll.[432] Außerhalb seiner geschäftlichen Tätigkeit genießt auch der Unternehmer diesen Schutz.

Bei einer Telefonnummer, die vom Inhaber gleichermaßen zu gewerblichen/beruflichen und zu privaten Zwecken genutzt wird, wird es darauf ankommen, ob der Anruf **außerhalb oder während der üblichen Geschäftszeiten** erfolgt oder ob der Anruf überwiegend dem geschäftlichen Bedarf des Angerufenen dient.[433] 233

(b) Vorherige Einwilligung. Einwilligung bedeutet das **vorherige Einverständnis** mit dem Anruf. Sie ist nicht mit der vorherigen Zustimmung zu einem Rechtsgeschäft iSd § 183 S. 1 BGB gleichzusetzen. Es handelt sich vielmehr um das Einverständnis mit dem durch den Anruf bewirkten tatsächlichen Eingriff in die Privatsphäre bzw. den Betrieb des Unternehmens.[434] Die Einwilligung kann im Rahmen eines Vertrags oder auch einseitig erteilt werden, wobei eine ausdrückliche Erklärung erforderlich ist. Die Einwilligung bedarf keiner besonderen Form, sie kann insbesondere auch fernmündlich erfolgen.[435] Die **Rechtsnatur** der Einwilligung ist umstritten. Während es sich nach einer Auffassung um eine geschäftsähnliche Handlung handelt,[436] liegt nach anderer Auffassung eine einseitige, empfangsbedürftige Willenserklärung vor.[437] Die Relevanz dieser Frage ist indes gering, da nach beiden Auffassungen die §§ 104 ff. BGB weitgehend analog anzuwenden sind.[438] 234

Adressat der Einwilligung muss gerade der Werbende (oder dessen Mitarbeiter) sein. Der konkrete Zweck und die Reichweite der Einwilligung sind durch Auslegung nach §§ 133, 157 BGB zu ermitteln. 235

Hat ein Mitanschlussinhaber in die Telefonwerbung eingewilligt, verstößt der werbende Anrufer nicht schon durch den Anruf an sich, sondern erst dann gegen Abs. 2 Nr. 2, wenn er nicht sofort klarstellt, dass er nur mit der Person sprechen möchte, welche die Einwilligung erteilt hat.[439]

Erforderlich ist die **vorherige** Einwilligung. Nicht ausreichend ist die nachträgliche Zustimmung,[440] eine Zustimmung während des Anrufs oder gar erst danach.[441] An der erforderlichen vorherigen Einwilligung fehlt es auch, wenn während des an sich zulässigen Gesprächs zu einer weiteren Werbung übergegangen wird, die nicht mehr von der Einwilligung gedeckt ist.[442] 236

(c) Ausdrückliche Einwilligung. Während nach älterer Rechtsprechung[443] eine **konkludente Einwilligung** des Verbrauchers in Anrufe zu Werbezwecken als ausreichend angesehen wurde, reicht eine konkludente Einwilligung nach dem nunmehr eindeutigen Wortlaut des Absatz 2 Nr. 2 nicht mehr aus, erforderlich ist vielmehr eine vorherige 237

---

432 OLG Köln GRUR-RR 2005, 138 (139); KG WM 1988, 1144 (1146); *Steckler* GRUR 1993, 865 (868).

433 Ebenso *Köhler*/Bornkamm/Feddersen § 7 Rn. 140.

434 *Ohly*/Sosnitza § 7 Rn. 48.

435 OLG Köln GRUR-RR 2013, 219 (221).

436 So *Köhler*/Bornkamm/Feddersen § 7 Rn. 143 unter Verweis auf BGH WRP 2010, 916 Rn. 35 – Vorschaubilder; aA *Nemeczek* WRP 2011, 530 (531).

437 So *Ohly*/Sosnitza § 7 Rn. 48.

438 *Ohly*/Sosnitza § 7 Rn. 48 mit Verweis auf BGHZ 29, 33 (36).

439 LG Karlsruhe GRUR-Prax 2017, 89.

440 RegE-UWG 2003 S. 44 = BT-Drs. 15/1487, 21.

441 Dies war auch in der Vergangenheit schon allgemein anerkannt, vgl. BGH GRUR 1994, 380 (381) – Lexikothek; OLG Köln NJW 2005, 2786 (2787); *Ohly*/Sosnitza § 7 Rn. 51.

442 *Köhler*/Bornkamm/Feddersen § 7 Rn. 144; aA *Seichter/Witzmann* WRP 2007, 699 (703).

443 Vgl. BGH GRUR 1970, 523 (524) – Telefonwerbung I; BGH GRUR 1989, 753 (754) – Telefonwerbung II; BGH GRUR 1990, 280 (281) – Telefonwerbung III; BGH GRUR 1991, 764 (765) – Telefonwerbung IV; BGH GRUR 1995, 220 (221) – Telefonwerbung V; BGH WRP 1999, 847 (851) – Private Vorsorge bei Arbeitslosigkeit; BGH WRP 2000, 722 (723) – Telefonwerbung VI; BGH VersR 2001, 315 (316); OLG Stuttgart GRUR 2002, 457 – Telefonische Kundenwerbung durch Meinungsforschungsunternehmen; vgl. die Zusammenfassung der Rspr. bei *Schmid,* Freier Dienstleistungsverkehr und Recht des unlauteren Wettbewerbs, dargestellt am Beispiel der Telefonwerbung, S. 13 ff.

ausdrückliche Einwilligung.[444] Eine bloß **mutmaßliche Einwilligung** wurde im privaten Bereich stets als unzureichend erachtet.[445]

238 Das Vorliegen der nunmehr geforderten **vorherigen ausdrücklichen Einwilligung** und deren konkrete Reichweite muss jeweils im **Einzelfall** ermittelt werden. Der Begriff der Einwilligung ist richtlinienkonform zu bestimmen. Nach Art. 2 lit. h der Richtlinie 95/46/EG zum Schutz natürlicher Personen bei der Verarbeitung personenbezogener Daten und zum freien Datenverkehr, auf welchen in Art. 2 S. 2 lit. f der EK-DSRL verwiesen wird, ist eine Einwilligung „jede Willensbekundung, die ohne Zwang, für den konkreten Fall und in Kenntnis der Sachlage erfolgt".[446] Seit dem 25.5.2018 gilt der Verweis auf Art. 2 lit. h RL 95/46/EG als Verweis auf die DS-GVO, die in Art. 4 Nr. 11 eine Einwilligung definiert als „jede freiwillig für den bestimmten Fall, in informierter Weise und unmissverständlich abgegebene Willensbekundung in Form einer Erklärung oder einer sonstigen eindeutigen bestätigenden Handlung, mit der die betroffene Person zu verstehen gibt, dass sie mit der Verarbeitung der sie betreffenden personenbezogenen Daten einverstanden ist".[447]

239 Erforderlich ist, dass die Einwilligung **im Hinblick auf das konkret werbende Unternehmen** abgegeben wurde oder aber eine Erklärung enthält, wonach die Telefonwerbung auch durch **dritte Unternehmen** erfolgen darf.[448] Liegt eine wirksame Einwilligung vor, ist allerdings unerheblich, ob das Unternehmen selbst oder von ihm eingeschaltete Beauftragte den Werbeanruf ausführen.[449]

240 Die Einwilligung setzt ferner voraus, dass der Adressat konkret um einen Anruf zum Zweck der Werbung für entsprechende Produkte oder Dienstleistungen gebeten oder generell, etwa bei Aufnahme des Geschäftskontakts, erklärt hat, mit einer telefonischen Kontaktaufnahme durch dieses Unternehmen (auch) zu Werbezwecken für bestimmte Produkte einverstanden zu sein.[450] Die Einwilligung kann allerdings auch in der Beantwortung einer für den Durchschnittsverbraucher hinreichend klaren Frage bestehen.[451] Aus der Einwilligung muss im Einzelfall erkennbar sein, welches konkrete Unternehmen für welche konkreten Produkte oder Dienstleistungen telefonisch werben darf; **ausgeschlossen** sind **unbeschränkte Generaleinwilligungen**[452] ebenso wie **vorformulierte Einwilligungserklärungen für eine ganze Liste von Unternehmen,** bei welcher der Verbraucher für jedes Unternehmen, von welchem er keine Telefonwerbung wünscht, aktiv ein Häkchen setzen muss.[453] Ein gegenüber einem anderen Unternehmen der gleichen Branche erklärtes

---

[444] Vgl. Begr. RegE zum Gesetz zur Bekämpfung unerlaubter Telefonwerbung und zur Verbesserung des Verbraucherschutzes bei besonderen Vertriebsformen, BT-Drs. 16/10734, 8, A. II. 2., wonach Werbeanrufe nicht schon dann zulässig sein sollen, wenn sich eine Einwilligung des Verbrauchers schlüssig aus seinem oder ihrem Verhalten ergibt; zur Vereinbarkeit dieses Ausdrücklichkeitserfordernisses mit Art. 13 Abs. 3, Art. 2 lit. f der EK-DSRL iVm Art. Art. 2 lit. h der Datenschutzrichtlinie 95/46/EG vom 24.10.1995 siehe *Tonner/Reich* VuR 2009, 95 (101 ff.); siehe auch VG Saarlouis BeckRS 2019, 29899.

[445] BGH GRUR 1991, 764 (765) – Telefonwerbung IV; BGH GRUR 1994, 380 (382) – Lexikothek; BGH GRUR 1995, 220 (221) – Telefonwerbung V; BGH WRP 2000, 722 (723) – Telefonwerbung VI; siehe auch *Ohly*/Sosnitza § 7 Rn. 50.

[446] Vgl. BGH GRUR 2013, 531 (533) – Einwilligung in Werbeanrufe II.

[447] BGH GRUR 2020, 891, 893 Rn. 29 – Cookie-Einwilligung II.

[448] BGH GRUR 2020, 891, 893 Rn. 31 – Cookie-Einwilligung II; OLG Frankfurt a. M. GRUR-Prax 2016, 457 mAnm *Krupna;* LG Stuttgart WRP 2005, 1041.

[449] BGH GRUR 2013, 531 (533) – Einwilligung in Werbeanrufe II.

[450] BGH GRUR 2013, 531 (533) – Einwilligung in Werbeanrufe II; OLG Karlsruhe NJW-RR 2018, 1263 zur Einwilligung in Anrufe auch von Maklern durch Schalten einer Anzeige unter Angabe der Telefonnummer; BGH GRUR 1989, 753 (754) – Telefonwerbung II; *Ohly*/Sosnitza § 7 Rn. 50; *Meyer* WRP 2017, 501 Rn. 8.

[451] OLG Köln GRUR-RR 2013, 719 (721).

[452] LG Berlin WRP 2012, 610; kritisch zum Erfordernis des konkreten Produkt- bzw. Dienstleistungsbezugs der Einwilligung *Hühner* GRUR-Prax 2013, 190; siehe auch *Buchner* WRP 2018, 1283 (1287); zur Einwilligung in Werbeanrufe in Bezug auf bestimmte Produkte „durch Hilfs- und Wohlfahrtsorganisationen" im Rahmen einer Meinungsumfrage siehe OLG Köln GRUR-RR 2013, 219 = GRUR-Prax 2013, 147 mit Anm. *Meneböcker.*

[453] OLG Koblenz WRP 2014, 876 Rn. 34; OLG Frankfurt MMR 2016, 245; BGH GRUR 2020, 891 – Cookie-Einwilligung II.

Einverständnis genügt nicht, dies gilt auch im Falle des Wechsels eines Mitarbeiters des Unternehmens zu einem anderen.[454]

Die bloße **Eintragung im Telefonbuch** genügt ebenso wenig wie das Bestehen einer **ständigen Geschäftsbeziehung** oder einer **Branchenüblichkeit** für die Annahme einer (auch nur mutmaßlichen) Einwilligung in Werbeanrufe.[455] 241

Die Einwilligung kann auch im Rahmen **allgemeiner Geschäftsbedingungen** erklärt werden, es liegt aber eine unangemessene Benachteiligung vor, wenn die Einwilligung auf weitere Unternehmen erstreckt wird, sofern diese in der Einwilligungserklärung nicht namentlich und unter Angabe ihrer Adresse aufgeführt sind.[456] 242

Eine erteilte Einwilligung ist **grundsätzlich unbefristet,** sofern sie vom Verbraucher nicht befristet erteilt wurde.[457] Ist seit der Erteilung der Einwilligung ein erheblicher Zeitraum vergangen, so ist im Wege der Auslegung zu ermitteln, ob die einmal erteilte Einwilligung ihre Gültigkeit behalten hat oder nicht. Dabei ist zu berücksichtigen, inwieweit auf Seiten des Verbrauchers noch von einem Interesse an einem Anruf auszugehen ist.[458] 243

(d) Wirksamkeit der Einwilligung. Die Erteilung der Einwilligung ist **wirksam,** wenn sie ohne Zwang, für den konkreten Fall und in Kenntnis der Sachlage erfolgt.[459] Andernfalls ist die Einwilligung nach Art. 2 S. 2 lit. f der EK-DSRL iVm Art. 2 lit. h der Richtlinie 95/46/EG[460] nichtig. Für die Frage, ob die Einwilligung in Kenntnis der Sachlage erteilt wurde, ist auf die Sicht des verständigen Durchschnittsverbrauchers abzustellen, wobei ohnehin die Möglichkeit des jederzeitigen Widerrufs besteht. Formvorschriften bestehen nicht. 244

(e) Beweislast. Die **Darlegungs- und Beweislast** für das Vorliegen einer Einwilligung des konkret Angerufenen **trägt der Werbende.**[461] In der Praxis wird der Werbende oftmals Schwierigkeiten haben, das Vorliegen einer wirksamen Einwilligung zu beweisen, so dass er im Streitfall de facto auf eine **schriftliche Einwilligung** des Angerufenen angewiesen sein wird.[462] Die neuen Dokumentationspflichten nach § 7a werden die Beweisführung erleichtern. 245

---

[454] Vgl. BGH GRUR 1994, 380 (381) – Lexikothek.

[455] Vgl. BGH GRUR 1989, 753 (754) – Telefonwerbung II.

[456] BGH GRUR 2013, 531 – Einwilligung in Werbeanrufe II; OLG Koblenz WRP 2014, 876 Rn. 34; siehe auch OLG Frankfurt MMR 2016, 245 zur Unwirksamkeit einer vorformulierten Einwilligungserklärung, die einen Link auf eine ganze Liste von Unternehmen enthält.

[457] BGH GRUR 2018, 545 – Mehrere Werbekanäle; OLG Köln WRP 2013, 659 Rn. 15 = GRUR-RR 2013, 219 (221); OLG Stuttgart MMR 2008, 136; siehe aber LG Berlin WRP 2012, 610 (611), wonach bei einem dazwischenliegenden Zeitraum von eineinhalb Jahren vom Erlöschen der Einwilligung auszugehen sei, da sich das Einverständnis nicht mehr auf den konkreten Fall beziehe; ebenso OLG Köln GRUR-RR 2017, 414 (415).

[458] OLG Köln WRP 2013, 659 Rn. 15 = GRUR-RR 2013, 719 (721); OLG Stuttgart MMR 2008, 136; *Ohly*/Sosnitza § 7 Rn. 51; *Köhler*/Bornkamm/Feddersen § 7 Rn. 148.

[459] Zur Wirksamkeit der Einwilligung Minderjähriger siehe *Ohly*/Sosnitza § 7 Rn. 52.

[460] Richtlinie vom 24.10.1995 zum Schutz natürlicher Personen bei der Verarbeitung personenbezogener Daten und zum freien Datenverkehr.

[461] BGH WRP 2011, 1153 Rn. 31 – Double-opt-in-Verfahren; BGH GRUR 2000, 818 (819) – Telefonwerbung IV; OLG München GRUR 2017, 630 Rn. 17; siehe auch OLG Jena GRUR-RS 2017, 137846, wonach der pauschale Hinweis, dass eine ohne Einwilligung übersandte Werbe-Mail gefälscht worden sein könnte, nicht ausreicht; zu Werbeanrufen durch einen Beauftragten im Rahmen einer so genannten Lead-Vereinbarung siehe LG Frankfurt a. M. BeckRS 2019, 9054; siehe auch LG München BeckRS 2017, 130238.

[462] Vgl. OLG Düsseldorf BeckRS 2018, 13017; *Köhler* NJW 2009, 2567 (2568); *van Raay/Meyer-van Raay* VuR 2009, 103 (106); siehe insbesondere zu der schwierigen Frage der Geltungsdauer einer einmal erteilten Einwilligung *Menebröcker* GRUR-Prax 2017, 369 sowie zu möglichen Lösungsansätzen *Schulte-Nölke/Henning-Bodewig/Podszun,* Schlussbericht zur Studie „Evaluierung verbraucherschützender Regelungen im Gesetz gegen unseriöse Geschäftspraktiken" vom 3.2.2017, TP 1; IV, 3.a.; abrufbar unter https://www.bmjv.de/SharedDocs/Downloads/DE/Service/StudienUntersuchungenFachbuecher/Evaluierung_unserioese_Geschaeftspraktiken_Schlussbericht.pdf?__blob=publicationFile&v=1.

246 Wird der Verbraucher durch den Werbenden aufgefordert, mittels eines **Online-Formulars** seinen Teilnahmewunsch an einem Gewinnspiel zu erklären, willigt zugleich durch Setzen eines gesonderten Häkchens in die Telefonwerbung ein und bestätigt er anschließend seinen Teilnahmewunsch per E-Mail auf Aufforderung, so ist dies für den **Nachweis** der tatsächlichen Einwilligung in die Telefonwerbung nicht geeignet. Es besteht kein notwendiger Zusammenhang zwischen der E-Mail-Adresse, unter welcher der Teilnahmeantrag abgesandt wurde, und der in diesem Antrag angegebenen Telefonnummer, da es zahlreiche Gründe gibt, aus denen eine falsche Telefonnummer in das Online-Teilnahmeformular eingetragen worden sein könnte, etwa gerade den Wunsch, sich selbst durch Angabe einer falschen (fremden) Nummer vor unerwünschten Werbeanrufen zu schützen.[463]

247 **(f) Verhältnis zur datenschutzrechtlichen Einwilligung.** Die Einwilligung in Anrufe zu Werbezwecken nach § 7 Abs. 2 ist zu unterscheiden von der **Einwilligung in die Datenverarbeitung** nach Art. 7 DSGVO. Für Zwecke der Telefon- oder E-Mailwerbung sind stets die Vorschriften des § 7 UWG zu beachten, Ausnahmen vom Einwilligungserfordernis regelt Abs. 3.[464]

248 **bb) Einzelfälle. (a) Angabe der Telefonnummer auf Gewinnspielkarte.** Wenn ein **Teilnehmer eines Gewinnspiels** auf der **Teilnehmerkarte** seine **(geschäftliche) Telefonnummer** angegeben hat, liegt darin noch nicht einmal eine konkludente Einwilligung in Werbeanrufe, weil er damit lediglich die Hoffnung verbindet, telefonisch von seinem Gewinn unterrichtet zu werden. Ebenso reicht es für eine ausdrückliche Einwilligung nicht aus, wenn ein auf der Teilnehmerkarte aufgedruckter Passus „Ich bin damit einverstanden, dass mir die X-AG weitere interessante Angebote macht (ggf. bitte streichen)" nicht gestrichen wurde.[465]

249 Die Einwilligung muss **gesondert** erklärt werden, darf also nicht in Textpassagen enthalten sein, die auch andere Hinweise enthalten.[466]

250 **(b) Einholen der Einwilligung am Telefon.** Ruft der Werbende den Verbraucher zu Werbezwecken an und bittet **erst im Zuge dieses Telefonats** um die Erklärung der Einwilligung, ist bereits dieser (Werbe-)-Anruf mangels vorheriger Einwilligung unzulässig.[467] Bereits der zur Einholung der Einwilligung durchgeführte Anruf stellt eine geschäftliche Handlung iSd § 2 Abs. 1 Nr. 1 dar.[468] Anders ist es, wenn der Verbraucher eine elektronische Einwilligung erklärt hat und der Anruf dem Zweck dient, diese Einwilligung nochmals zu bestätigen bzw. die Übereinstimmung von angegebener E-Mail-Adresse und Telefonnummer zu überprüfen.[469]

---

[463] BGH WRP 2011, 1153 Rn. 39 f. = MMR 2011, 662 Rn. 39 – Double-opt-in-Verfahren; siehe zu den Schwierigkeiten der Beweisführung in diesen Fällen auch LG Ulm BeckRS 2012, 05353; siehe aber zur Beweislast bei der E-Mailwerbung → Rn. 306.

[464] Zum Verhältnis von § 7 UWG und DSGVO siehe auch OLG München GWR 2019, 197; GRUR 2019, 654 sowie *Buchner* WRP 2018, 1283.

[465] Schlussantrag v. 31.3.2019 (GA Szpunar) – C-673/17, BeckRS 2019, 3909; EuGH MMR 2019, 732 – Planet 49; BGH WRP 2011, 863 = GRUR 2011, 629 – Einwilligungserklärung für Werbeanrufe; LG Hamburg MMR 2005, 630: damit würde die gesetzliche Regelung, die dem sog. Opt-in-Modell folgt, in eine Opt-out-Lösung umgekehrt; so auch LG Stuttgart WRP 2005, 1041; vgl. auch KG NJW 2011, 466; siehe auch *vzbv,* Gerichte schränken Telefonwerbung ein, MMR-Aktuell 2011, 322721 sowie *Menebröcker* GRUR-Prax 2017, 369.

[466] Vgl. BGH WRP 2011, 863 = GRUR 2011, 629 – Einwilligungserklärung für Werbeanrufe; ebenso für die Werbung unter Verwendung elektronischer Post: BGH MMR 2011, 248; aA *Pauli* WRP 2011, 1232 (1235).

[467] Zum Wettbewerbsverstoß durch Einholen einer Einwilligung siehe auch *Köhler*/Bornkamm/Feddersen § 7 Rn. 155 ff.

[468] GroßKommUWG/*Pahlow* § 7 Rn. 176.

[469] Vgl. BGH WRP 2011, 1153 Rn. 39 f. – Double-opt-in-Verfahren; zur Zulässigkeit der Übersendung einer Aufforderung zur Bestätigung der Einwilligung per E-Mail im Rahmen des Double-opt-in-Verfahrens siehe OLG Celle WRP 2014, 1218 (1219); aA aber OLG München WRP 2013, 111 mit kritischer

251 **(c) Bitte des Kunden um Informationsmaterial.** Die schriftliche **Bitte um Zusendung von Informationsmaterial** beinhaltet keine, auch **keine konkludente Einwilligung in Werbeanrufe;** dies gilt natürlich erst Recht, wenn der Kunde auf der Karte das Feld für die Angabe der Telefonnummer sogar durchgestrichen hat.[470] Auch nach der Versendung des erbetenen Informationsmaterials darf der Unternehmer den Verbraucher nicht anrufen. Falls ein Verbraucher aber Informationsmaterial anfordert und dabei schriftlich um einen Rückruf bittet, wird von einer ausdrücklichen Einwilligung auszugehen sein.[471] Auch wenn der Kunde bei einem Unternehmen anruft, ist der Rückruf zulässig,[472] nicht jedoch zukünftige Folgeanrufe oder die Ausdehnung der Werbung während des Gesprächs auf weitere Produkte, zu denen der Kunde keine Information erbeten hatte.

252 **(d) Einwilligung in Allgemeinen Geschäftsbedingungen.** Erfolgt die Einholung der Einwilligung in einer vom Verwender formulierten einseitigen Erklärung, die **im Zusammenhang mit einem Vertragsverhältnis** steht, unterliegt die Einwilligungserklärung der **AGB-Kontrolle** nach §§ 305 ff. BGB, auch wenn es sich bei der Einwilligung um eine einseitige, vom zugrundeliegenden Vertrag zu unterscheidende Erklärung handelt, und nicht um eine Vertragsbedingung im Sinne der §§ 305 ff. BGB.[473] Ein Zusammenhang der Erklärung mit einem Vertragsverhältnis besteht etwa im Falle einer Teilnahme an einem Gewinnspiel. Dabei ist es nach der jüngsten Rechtsprechung des BGH unerheblich, ob der am Gewinnspiel interessierte Verbraucher den Eindruck gewinnt, ohne Einwilligung in die Telefonwerbung sei eine Spielteilnahme nicht möglich.[474]

253 Grundsätzlich ist die Einholung der Einwilligung eines Verbrauchers im Wege vorformulierter AGB am **Transparenzgebot** des § 307 Abs. 1 S. 2 BGB zu messen. Ferner darf die Einholung für den Verbraucher nicht **überraschend** iSd § 305c Abs. 1 BGB sein.[475] Unklarheiten hinsichtlich des Inhalts oder der Reichweite der Einwilligung gehen nach § 305c Abs. 2 BGB zu Lasten des Verwenders.[476]

254 Im Rahmen der **Inhaltskontrolle** nach § 307 BGB ist zu differenzieren: Wird dem Verbraucher im Rahmen einer gesonderten, bereits vorformulierten Klausel die Wahl gelassen, ob er seine Einwilligung zu Werbeanrufen in konkret bezeichneten Fällen (etwa durch Ankreuzen eines Kästchens) erklären will **(„Opt-in")** und genügt die Klausel den Anforderungen an das **Transparenzgebot,** liegt keine unangemessene Benachteiligung vor.[477] Dagegen ist von einer unangemessenen Benachteiligung auszugehen, wenn die vorformulierte Klausel bereits die Erklärung des Einverständnisses vorsieht (etwa durch Verwendung eines bereits angekreuzten Kästchens „einverstanden") **(„Opt-out"),** wenn

---

Anmerkung *Gramespacher* WRP 2013, 113; für die Zulässigkeit der Bestätigungsaufforderung in diesem Fall auch *Ohly*/Sosnitza § 7 Rn. 54.

470 BGH GRUR 1990, 280 (281) – Telefonwerbung III; vgl. OLG Düsseldorf WRP 1997, 853 (854); jurisPK-UWG/*Koch* § 7 Rn. 236.

471 KG WM 1988, 1144 (1146).

472 AA *Köhler*/Bornkamm/Feddersen § 7 Rn. 146b, der einen Rückruf nur bei einer entsprechenden ausdrücklichen Bitte des Kunden für zulässig erachten will.

473 BGH GRUR 2008, 1010 – Payback; BGH GRUR 2000, 818 (819) – Telefonwerbung IV; BGH WRP 1999, 660 (661) – Einverständnis mit Telefonwerbung; siehe hierzu auch *Jankowski* GRUR 2010, 495; kritisch *Lettl* NJW 2001, 42; zur grundsätzlichen Zulässigkeit der Einholung der Einwilligung im Rahmen vorformulierter Erklärungen BGH GRUR 2013, 531 – Einwilligung in Werbeanrufe II.

474 BGH GRUR 2013, 531 Rn. 20 – Einwilligung in Werbeanrufe II; so im Ergebnis auch *Köhler*/Bornkamm/Feddersen § 7 Rn. 152, der allerdings bereits in der Aufforderung, eine Einwilligungserklärung für Werbeanrufe abzugeben und in der nachfolgenden Abgabe einer solchen Erklärung einen Vertrag sieht, welcher die Anwendung der §§ 305 ff. BGB rechtfertige; aA KG NJW 2011, 466; siehe hierzu auch BGH MMR 2011, 531 Rn. 25 = GRUR 2011, 629 – Einwilligungserklärung für Werbeanrufe; zustimmend *Pauli* WRP 2011, 1232 (1235 f.); vgl. auch *Isele* GRUR-Prax 2011, 463.

475 OLG Hamm WRP 2011, 941 (943).

476 *Köhler*/Bornkamm/Feddersen § 7 Rn. 153.

477 BGH GRUR 2008, 1010 – Payback; vgl. auch *Ayad*/*Schafft* BB 2002, 1711 ff.; *Köhler*/Bornkamm/Feddersen § 7 Rn. 153c; *Ohly*/Sosnitza § 7 Rn. 53; siehe hierzu auch *Jankowski* GRUR 2010, 495; vgl. auch *Lettl* NJW 2001, 42, der das AGB-Recht auf diesen Fall gar nicht für anwendbar hält.

die Einwilligungserklärung in anderen Textpassagen enthalten ist, wenn sie nicht auf ein bestimmtes Unternehmen und bestimmte Produkte begrenzt ist oder Telefonwerbung betrifft, die über das bestehende Vertragsverhältnis hinausgeht, oder wenn sie in anderer Hinsicht unklar oder unbestimmt formuliert ist.[478]

255 **(e) Schweigen auf schriftliche Ankündigung.** Ein Telefonanruf bei einem Verbraucher ist auch dann wettbewerbswidrig, wenn er zuvor in einem Werbeschreiben angekündigt wurde und der Angerufene auf dieses Schreiben hin nichts unternommen hat. Das **bloße Schweigen** auf eine solche Ankündigung stellt **keine Einwilligung** dar.[479]

256 **(f) Vertragserweiterung und -ergänzung.** Ein **Anruf bei einem privaten Versicherungsnehmer** zu dem Zweck, ihn zur Versicherung eines weiteren Risikos zu veranlassen, setzt seine vorherige Einwilligung voraus.[480] Durch die Angabe einer Telefonnummer in den Versicherungsunterlagen liegt nur die Einwilligung vor, **wegen des schon bestehenden Vertrages** und im Bereich seines Versicherungsschutzes einen Anruf zu erhalten. Es kann hierin keine Einwilligung dahingehend gesehen werden, auch wegen einer Erweiterung oder Ergänzung des Versicherungsschutzes angerufen zu werden. Insbesondere rechtfertigt die Möglichkeit, dass zusätzlicher Versicherungsbedarf gegeben sein könnte, keinen Anruf.[481] Generell erstreckt sich die Einwilligung bei Angabe einer Telefonnummer im Rahmen eines Vertragsverhältnisses nur auf Anrufe zum Zwecke der Abwicklung dieses Vertrags, nicht aber auf Anrufe zum Zwecke der Bewerbung einer Erweiterung des Vertrags oder anderer Produkte des Unternehmens.[482] **Vertragsakzessorische** Anrufe, die der Erfüllung vertraglicher Nebenpflichten dienen, gelten nicht als Werbeanrufe und unterliegen daher auch nicht dem Einwilligungserfordernis.[483]

257 **(g) Telefonische Kundenzufriedenheitsabfrage.** Im Auftrag eines Unternehmens durchgeführte telefonische Befragungen zur **Kundenzufriedenheit** oder so genannte **„Service Calls"** sind Werbeanrufe iSd § 7 Abs. 2 Nr. 2, da sie jedenfalls auch dazu dienen, Kunden zu halten und damit jedenfalls mittelbar dem Zweck der Absatzförderung dienen.[484]

258 **cc) Geplante Verschärfung.** Im Rahmen des Gesetzes zur Fortentwicklung des Verbraucherschutzes bei unerlaubter Telefonwerbung[485] war eine **Verschärfung des Abs. 2 Nr. 2** hinsichtlich der **Anforderungen an die Einwilligung des Verbrauchers** geplant. Nach dem Gesetzentwurf, den der Bundestag am 27.6.2013 abgelehnt hat, sollten in Abs. 2 Nr. 2 nach den Wörtern „ausdrückliche Einwilligung" die Wörter **„in Textform"** im

---

[478] Schlussantrag v. 31.3.2019 (GA Szpunar) – C-673/17, BeckRS 2019, 3909; EuGH MMR 2019, 732 – Planet 49; OLG Frankfurt MMR 2016, 245; BGH GRUR 2000, 818 (819) – Telefonwerbung VI („in Geldangelegenheiten"); BGH WRP 2011, 863 – Einwilligungserklärung für Werbeanrufe („interessante telefonische Angebote … aus dem Abonnementbereich"); OLG Köln WRP 2008, 1130 („Unternehmen des A-Konzerns"); siehe auch BGH GRUR 2008, 1010 – Payback; BGH WRP 1999, 660 (661) – Einverständnis mit Telefonwerbung; BGH WRP 1999, 847 (851) – Private Vorsorge bei Arbeitslosigkeit; LG Leipzig BeckRS 2011, 21264; *Isele* GRUR-Prax 2011, 463; *Seichter/Witzmann* WRP 2007, 699 (705); *Pauli* WRP 2009, 1192 (1194).

[479] BGH GRUR 1989, 753 (754) – Telefonwerbung II.

[480] BGH GRUR 1995, 220 – Telefonwerbung V; ähnlich zur Bewerbung eines Spezialtarifs OLG Köln CR 2002, 196. Vgl. dazu auch OLG Frankfurt a. M. K&R 2005, 519 sowie OLG Frankfurt a. M. GRUR-RR 2013, 74 (75).

[481] BGH GRUR 1995, 220 (221) – Telefonwerbung V.

[482] BGH GRUR 1995, 220 (221) – Telefonwerbung V; OLG Frankfurt a. M. GRUR 2005, 964.

[483] Begründung zum Gesetz zur Bekämpfung unerlaubter Telefonwerbung und zur Verbesserung des Verbraucherschutzes bei besonderen Vertriebsformen, BT-Drs. 16/10734, 13; *Köhler*/Bornkamm/Feddersen § 7 Rn. 134; zur Rechtlage vor der UWG-Reform 2008 *Seichter/Witzmann* WRP 2007, 699 (702 f.).

[484] OLG Düsseldorf GRUR-Prax 2019, 538; OLG Köln GRUR-RR 2014, 80; MMR 2012, 535; 2009, 267; ausführlich zur Abgrenzung zulässiger Markt- und Meinungsforschungen von unzulässiger Telefonwerbung *Hornung/Hofmann* WRP 2014, 910.

[485] Vgl. Bundesratsentwurf eines Gesetzes zur Fortentwicklung des Verbraucherschutzes bei unerlaubter Telefonwerbung, BT-Drs. 17/6482.

Sinne von § 126b BGB eingefügt werden. Darüber hinaus war die Einführung der so genannten **Bestätigungslösung für Folgeverträge** unzulässiger Telefonwerbung vorgesehen. Danach sollte eine neue Vorschrift in das BGB aufgenommen werden, nach der eine telefonisch abgegebene Willenserklärung des Verbrauchers erst wirksam werden sollte, wenn dieser sie gegenüber dem Unternehmer binnen zweier Wochen in Textform bestätigt, sofern nicht der Unternehmer darlegen und beweisen kann, dass das Telefongespräch nicht von ihm veranlasst wurde oder dass der Verbraucher vorher in den Anruf eingewilligt hat.[486] Von der Aufnahme dieser so genannten Bestätigungslösung wurde abgesehen. In der Praxis hätte eine solche voraussichtlich zu nicht unerheblichen Schwierigkeiten und Unsicherheiten über die Wirksamkeit von Verträgen geführt, wenn – wie es häufig der Fall sein dürfte – zwischen Verbraucher und Unternehmer Uneinigkeit darüber bestanden hätte, ob eine vorherige Einwilligung des Verbrauchers in den Telefonanruf vorlag.[487]

**c) Telefonanrufe gegenüber sonstigen Marktteilnehmern. aa) Wettbewerbs- 259
rechtliche Beurteilung.** Mit Blick auf **Werbeanrufe gegenüber Unternehmern** haben weder die UWG-Reform von 2008 noch das Gesetz zur Bekämpfung unerlaubter Telefonwerbung und zur Verbesserung des Verbraucherschutzes bei besonderen Vertriebsformen noch die UWG-Reform von 2015 Veränderungen gebracht.

Die Rechtsprechung[488] hält im Einklang mit der überwiegenden Auffassung der Literatur 260
Telefonwerbung gegenüber einem Unternehmer grundsätzlich für wettbewerbswidrig, sofern dessen Einwilligung in die telefonische Ansprache nicht gegeben ist.

Zwar scheidet im B2B-Bereich das bei der Telefonwerbung gegenüber einem Verbrau- 261
cher im Mittelpunkt stehende Eindringen in die Privatsphäre aus.[489] Die Gefahr der Überrumpelung besteht somit in weit geringerem Umfang. Auch stehen Unternehmer Anrufen durch ihnen bis dahin unbekannte Anrufer in der Regel aufgeschlossener gegenüber als Verbraucher,[490] denn sie **rechnen generell mit Telefonanrufen potenzieller Geschäftspartner und sonstiger Personen,** die mit ihnen im eigenen geschäftlichen Interesse Kontakt aufnehmen wollen.[491] Unternehmer unterhalten ihren Telefonanschluss aber in erster Linie im eigenen Interesse und nicht im Interesse anderer Werbetreibender. Telefonische Werbemaßnahmen können daher sehr wohl zu unzumutbaren Beeinträchtigungen des angerufenen Unternehmers führen, ihn insbesondere in der beruflichen Tätigkeit stören.[492] Außerdem wird während des Anrufes der Telefonanschluss belegt.[493] Es gilt daher auch im B2B-Bereich der Grundsatz, dass eine Einwilligung des Adressaten gegeben sein muss. Neben einer ausdrücklichen Einwilligung kann hier aber auch eine **konkludente** oder

[486] Zu dieser Bestätigungslösung siehe befürwortend *Fezer* GRUR-Prax 2011, 361 sowie ablehnend *Ohly* GRUR-Prax 2011, 366, der insbesondere den Widerspruch zur Systematik des Schuld- und Lauterkeitsrechts rügt; ebenso *Nemeczek* WRP 2011, 530; *Köhler* NJW 2009, 2567 (2569); siehe aber AG Bremen GRUR-Prax 2014, 46, das entgegen der einhelligen Rechtsauffassung die Nichtigkeit eines im Rahmen eines unerbetenen und unzulässigen Telefonanrufs nach § 134 BGB angenommen hat; zur Anfechtungsmöglichkeit eines in Folge eines Telefonanrufs geschlossenen Vertrags siehe LG Ulm BeckRS 2017, 112449 sowie *Alexander* ZRP 2018, 166 (167) mwN.

[487] Kritisch auch *Nemeczek* WRP 2011, 530.

[488] BGH GRUR 1991, 764 (765) – Telefonwerbung IV; BGH WRP 2001, 1068 (1070) – Telefonwerbung für Blindenwaren; OLG Hamburg NJWE-WettbR 1997, 3 (4); OLG Köln CR 1999, 160; OLG Köln GRUR-RR 2002, 237 (238) – Auftragserweiterung; OLG Frankfurt a. M. K&R 2002, 252 (253); GRUR-RR 2003, 320 – Telefonwerbung gegenüber Handwerksbetrieben; BGH GRUR 2004, 520 (521) – Telefonwerbung für Zusatzeintrag.

[489] BGH GRUR 1991, 764 (765) – Telefonwerbung IV; OLG Hamburg NJW-RR 1996, 365 (366); OLG Frankfurt a. M. K&R 2002, 252 (253).

[490] BGH WRP 2001, 1068 (1071) – Telefonwerbung für Blindenwaren.

[491] BGH GRUR 1991, 764 (765) – Telefonwerbung IV; BGH WRP 2001, 1068 (1071) – Telefonwerbung für Blindenwaren; OLG Hamburg NJW-RR 1996, 365 (366); BGH GRUR 2004, 520 (521) – Telefonwerbung für Zusatzeintrag.

[492] BGH WRP 2010, 1249 Rn. 20 – Telefonwerbung nach Unternehmenswechsel.

[493] BGH GRUR 1991, 764 (765) – Telefonwerbung IV; BGH WRP 2001, 1068 (1070) – Telefonwerbung für Blindenwaren.

mutmaßliche Einwilligung zur **Zulässigkeit der Telefonwerbung** führen.[494] Dabei ist auf die objektive Erwartungshaltung der Werbeadressaten abzustellen und zu prüfen, ob ein sachliches Interesse an der telefonischen Werbeansprache vermutet werden kann.[495]

262 **(a) Sonstige Marktteilnehmer. Sonstige Marktteilnehmer** sind alle Personen, die – mit Ausnahme von Verbrauchern – als Anbieter oder Nachfrager von Waren oder Dienstleistungen tätig sind (vgl. § 2 Abs. 1 Nr. 2). Hierunter fallen in erster Linie **Unternehmer** iSd § 2 Abs. 1 Nr. 6, also natürliche oder juristische Personen, die geschäftliche Handlungen im Rahmen ihrer gewerblichen, handwerklichen oder beruflichen Tätigkeit vornehmen, sowie Personen, die im Namen oder Auftrag einer solchen Person handeln. Nach Auffassung von *Köhler* hätte der Gesetzgeber allerdings streng zwischen natürlichen und juristischen Personen unterscheiden müssen, da Art. 13 Abs. 3 und Abs. 5 bei natürlichen Personen nur die Wahl zwischen „Opt-in" und „Opt-out" vorsehe, nicht aber die Möglichkeit einer nur mutmaßlichen Einwilligung für den Fall, dass die natürliche Person kein Verbraucher ist.[496]

Der **Unternehmerbegriff** ist **weit auszulegen.** Auch Freiberufler, Handwerker, Landwirte und Kleingewerbetreibende sind Unternehmer. Ebenso fällt eine nebenberufliche Tätigkeit unter den Unternehmerbegriff.[497]

263 Unter den Begriff der sonstigen Marktteilnehmer fallen auch **Arbeitnehmer,** soweit sie im Zusammenhang mit dem Abschluss, der Änderung oder der Aufhebung eines Arbeitsvertrags, also insbesondere zum Zweck der **Abwerbung,** angesprochen werden. Weiter gelten als sonstige Marktteilnehmer auch alle juristischen Personen des Privatrechts und des öffentlichen Rechts, soweit sie nicht die Anforderungen des § 2 Nr. 6 erfüllen.

264 Maßgeblich ist jeweils die **Zweckbestimmung des beworbenen Geschäfts.** Um einen Telefonanruf gegenüber einem sonstigen Marktteilnehmer handelt es sich auch, wenn die in den aktuellen Telefonbüchern einem gewerblichen Unternehmer zugeschriebene Nummer angewählt, der Anruf aber ohne Kenntnis des Anrufers zu einem privaten Anschluss automatisch umgeleitet wird. In diesem Fall ist davon auszugehen, dass der Adressat ein unternehmerisches Interesse an einem Anruf unter seinem privaten Anschluss hat.[498]

265 **(b) Ausdrückliche oder konkludente Einwilligung.** Zulässig ist die Telefonwerbung gegenüber einem sonstigen Marktteilnehmer jedenfalls, wenn seine ausdrückliche oder konkludente Einwilligung vorliegt. Eine **konkludente Einwilligung** liegt vor, wenn der Wille des Adressaten, einen Anruf zu Werbezwecken zu akzeptieren, seinen Ausdruck zwar nicht explizit in einer Erklärung findet, er aber Handlungen vornimmt, die mittelbar darauf schließen lassen, dass er mit einem solchen Anruf einverstanden ist. Aus bloßem Schweigen des Adressaten kann eine konkludente Einwilligung nicht abgeleitet werden.[499] Entscheidend ist die objektive Erklärungsbedeutung seines Handelns, wobei für den Adressaten erkennbar sein muss, dass sein Verhalten als Einwilligung gedeutet werden könnte.[500] Allein durch die Bekanntgabe seiner Telefonnummer in den Telefonverzeichnissen gibt der Anschlussinhaber nicht seine Bereitschaft zu verstehen, mit jedermann in Kontakt zu treten zu wollen.[501] Auch das Bestehen einer geschäftlichen Beziehung reicht als solches grundsätzlich nicht aus, um ohne weiteres von einer konkludenten Einwilligung in eine telefonische Ansprache beliebigen (werblichen) Inhalts auszugehen.[502]

---

494 Vgl. RegE-UWG 2008, S. 60.

495 OVG Saarlouis BeckRS 2019, 21438 Rn. 8.

496 *Köhler* WRP 2012, 1329 (1333); *Köhler* WRP 2017, 1025 (1033); hierzu schon → Rn. 2.

497 Palandt/*Ellenberger* BGB § 14 Rn. 2.

498 OLG Köln GRUR-RR 2005, 138 – Weinwerbung gegenüber Blumenhandlung; *Ohly*/Sosnitza § 7 Rn. 55.

499 Vgl. BGH GRUR 1989, 753 (754) – Telefonwerbung II.

500 OLG Karlsruhe NJW-RR 2018, 1263 zur Einwilligung in Anrufe auch von Maklern durch Schalten einer Anzeige unter Angabe der Telefonnummer.

501 BGH GRUR 1970, 523 (524) – Telefonwerbung I; LG Münster WRP 2005, 639 (640).

502 BGH GRUR 1989, 753 (754) – Telefonwerbung II; BGH GRUR 1990, 280 (281) – Telefonwerbung III; siehe auch BGH GRUR 2004, 520 (521) – Telefonwerbung für Zusatzeintrag; *Köhler*/Bornkamm/*Feddersen* § 7 Rn. 162; aA OLG Hamburg WRP 1978, 553.

(c) Mutmaßliche Einwilligung. Schließlich führt im B2B-Bereich auch die bloß **mutmaßliche Einwilligung** zum Entfallen einer unzumutbaren Belästigung.[503] 266

Bei der Feststellung, ob von einer mutmaßlichen Einwilligung auszugehen ist, ist auf die **Umstände vor dem Anruf** abzustellen. Hat der Adressat vor dem Anruf seine Ablehnung mit dieser Form der Werbung zum Ausdruck gebracht „kommt es grundsätzlich nicht darauf an, ob der Anruf zum Vertragsabschluss geführt hat.[504] In diesem Fall kann sich der Werbende nicht auf die mutmaßliche Einwilligung des Angerufenen berufen. 267

Eine mutmaßliche Einwilligung liegt vor, wenn aufgrund **konkreter tatsächlicher Umstände ein sachliches Interesse** des Anzurufenden vom Anrufer vermutet werden kann.[505] Eine allgemeine Sachbezogenheit zu dem Geschäftsbetrieb begründet für sich allein kein ausreichendes Interesse. Ansonsten würde dies eine nahezu unbeschränkte Zulässigkeit der Telefonwerbung gegenüber Unternehmern bedeuten.[506] Es muss ein konkreter Grund hinzutreten, der aus dem Interessenbereich des Gewerbetreibenden herzuleiten ist und der diese Art von Werbung rechtfertigen kann.[507] Hierbei kommt es nicht auf die subjektive Sicht des Anrufers an, sondern darauf, ob er bei verständiger Würdigung der Umstände davon ausgehen darf, dass der Angerufene gerade eine telefonische Kontaktaufnahme zu diesem Zweck billigt.[508] Der Werbende muss bei verständiger Würdigung des Einzelfalls annehmen dürfen, der Anzurufende erwarte einen Werbeanruf oder stehe ihm jedenfalls positiv gegenüber.[509] Maßgeblich ist das Empfinden des Durchschnittsmarktteilnehmers.[510] Der Werbende muss also von einem **gegenwärtigen Bedarf** des Unternehmers an der beworbenen Ware oder Dienstleistung ausgehen und des Weiteren annehmen dürfen, dass der Unternehmer außerdem vermutlich mit einer Telefonwerbung einverstanden sein wird. Dass der Werbende von einem aktuellen Bedarf an der angebotenen Ware oder Dienstleistung ausgehen darf, genügt allein nicht. Die mutmaßliche Einwilligung des anzurufenden Unternehmers muss sich nicht nur auf den **Inhalt,** sondern auch auf die **Art** der Werbung erstrecken. Der Unternehmer muss dementsprechend mutmaßlich (gerade) auch mit einer telefonischen Werbung einverstanden sein.[511] Das Risiko der Fehleinschätzung trägt der Anrufer.[512] Allerdings dürfen keine zu hohen Anforderungen gestellt werden.[513] 268

Ein ausreichendes Interesse des anzurufenden Unternehmers, das die Annahme rechtfertigt, er werde mit dem Anruf einverstanden sein, kann insbesondere dann gegeben sein, wenn die telefonische Werbemaßnahme einen sachlichen Zusammenhang zu einer bereits 269

---

[503] Vgl. RegE-UWG 2008, S. 60.

[504] *Ohly*/Sosnitza § 7 Rn. 56.

[505] Vgl. BGH GRUR 1991, 764 (765) – Telefonwerbung IV; BGH GRUR 1995, 220 (221) – Telefonwerbung V; BGH WRP 2001, 1068 (1070) – Telefonwerbung für Blindenwaren; BGH GRUR 2004, 520 (521) – Telefonwerbung für Zusatzeintrag; BGH GRUR 2008, 189 (190) – Suchmaschineneintrag; *Köhler*/Bornkamm/Feddersen § 7 Rn. 164; *Ohly*/Sosnitza § 7 Rn. 56.

[506] BGH GRUR 2007, 607 – Telefonwerbung für Individualverträge; BGH GRUR 1991, 764 (765) – Telefonwerbung IV; BGH WRP 2001, 1068 (1070) – Telefonwerbung für Blindenwaren; OLG Frankfurt a. M. WRP 2005, 140; OLG Hamburg NJWE-WettbR 1997, 3 (4); *Köhler*/Bornkamm/Feddersen § 7 Rn. 165.

[507] Vgl. BGH GRUR 1991, 764 (765) – Telefonwerbung IV; BGH WRP 2001, 1068 (1070) – Telefonwerbung für Blindenwaren.

[508] *Köhler*/Bornkamm/Feddersen § 7 Rn. 165; GK-UWG/*Pahlow* § 7 Rn. 184.

[509] BGH GRUR 2010, 939 (940) – Telefonwerbung nach Unternehmenswechsel; BGH GRUR 2004, 520 (521) – Telefonwerbung für Zusatzeintrag; vgl. auch BGH GRUR 1991, 764 (765) – Telefonwerbung IV; BGH WRP 2001, 1068 (1071) – Telefonwerbung für Blindenwaren; OLG Frankfurt a. M. K & R 2002, 252 (253); OLG Köln GRUR-RR 2002, 237 (238) – Auftragserweiterung; VG Saarlouis BeckRS 2018, 10640 Rn. 48.

[510] BGH GRUR 2010, 939 (940) – Telefonwerbung nach Unternehmenswechsel.

[511] BGH GRUR 2008, 189 (190) – Suchmaschineneintrag; BGH GRUR 2004, 520 – Telefonwerbung für Zusatzeintrag; vgl. auch *Köhler*/Bornkamm/Feddersen § 7 Rn. 166; siehe auch OLG München WRP 2011, 1216 (1217).

[512] Vgl. OLG München WRP 2011, 1216 (1217); OLG Frankfurt a. M. K&R 2002, 252 (253); *Köhler*/Bornkamm/Feddersen § 7 Rn. 167.

[513] OLG Frankfurt a. M. K & R 2002, 252 (254).

bestehenden Geschäftsverbindung aufweist.[514] Dabei dürfte auch genügen, dass eine Geschäftsverbindung zumindest angebahnt wurde. Ergibt sich aus der Geschäftsbeziehung ein hinreichender Grund, der auf eine mutmaßliche Einwilligung schließen lässt, so stellt es für die wettbewerbsrechtliche Beurteilung keinen Unterschied dar, ob der Vertragspartner selbst oder ein Dritter in dessen Auftrag beim Unternehmer anruft.[515] Betrifft der Anruf den eigentlichen Geschäftsgegenstand des anzurufenden Unternehmers, so wird dies häufig für dessen mutmaßliche Einwilligung sprechen; entscheidend kommt es hierauf allerdings nicht an. Eine mutmaßliche Einwilligung kann etwa auch bei einer sinnvollen Erweiterung des bisherigen Vertragsverhältnisses vorliegen.[516] So ist es wettbewerbsrechtlich nicht zu beanstanden, wenn ein ehemaliger Mitarbeiter versucht, die Kunden seines früheren Arbeitgebers telefonisch für den neuen Arbeitgeber zu gewinnen, sofern diese Kontaktaufnahme auf persönlichen Kontakten beruht, welche der Anrufer im Rahmen seiner damaligen Tätigkeit geknüpft hat. Aufgrund des bestehenden persönlichen Kontakts kann in diesem Fall davon ausgegangen werden, dass die angesprochenen Kunden den Anrufen positiv gegenüberstanden.[517] Dabei ist allerdings stets im Einzelfall zu hinterfragen, inwieweit der Adressat Interesse an dem beworbenen Angebot und gerade der konkreten Form der Werbung mittels eines Telefonanrufs hat[518]. So kann eine mutmaßliche Einwilligung nicht angenommen werden, wenn es um die Werbung für einen Eintrag in eine von zahlreichen Internet-Suchmaschinen geht.[519] Ebenso wenig rechtfertigt die Werbung eines Anwalts im Internet einen Anruf zur Bewerbung eines Onlineportals zur Vermittlung von Terminsvertretungen.[520] Dagegen wird eine mutmaßliche Einwilligung in die Telefonwerbung für einen entgeltlichen Eintrag in das Standardwerk „Gelbe Seiten" eher anzunehmen sein.[521] Eine kategorisierende Sichtweise, wonach bei Anrufen, die den **eigentlichen Geschäftsbereich** eines Unternehmers betreffen, regelmäßig ein Interesse zu bejahen ist, während dies in der Regel bei Anrufen, die **bloße Hilfsmittel** der beruflichen Betätigung zum Gegenstand haben, nicht vorliegen soll, wird der Realität nicht gerecht.[522] Maßgebend kann **keine generalisierende Betrachtung** sein, die nicht ausreichend auf das Interesse des Anzurufenden an der jeweiligen Werbung abstellt.[523] Es ist jeweils konkret im Einzelfall zu bestimmen, ob ein rechtfertigender Grund gegeben ist, der aus dem Interessenbereich des Werbeadressaten herzuleiten ist.[524] Ein objektiv günstiges Angebot kann ein Indiz für eine zu vermutende Einwilligung sein.[525] Auch wenn die telefonische Werbemaßnahme gegenüber der schriftlichen Werbung keine Vorzüge aufweist oder ihr sogar einzelne Vorteile fehlen, kann diese im zu vermutenden Interesse des anzurufenden Gewerbetreibenden liegen.[526]

270 Als weitere Indizien für die Annahme einer mutmaßlichen Einwilligung des anzurufenden Unternehmers kommt nach Auffassung des BGH ein **sozial anerkennenswerter Zweck** der Ansprache in Betracht.[527] Allein der Umstand, dass eine Vielzahl von werben-

[514] BGH GRUR 2010, 939 Rn. 27 – Telefonwerbung nach Unternehmenswechsel; BGH GRUR 2008, 189 Rn. 18 – Suchmaschineneintrag; BGH GRUR 2004, 520 (521) – Telefonwerbung für Zusatzeintrag; OLG Hamburg NJW-RR 1996, 365; OLG Düsseldorf MMR 2008, 781.

[515] BGH GRUR 2004, 520 (521) – Telefonwerbung für Zusatzeintrag.

[516] BGH GRUR 2004, 520 – Telefonwerbung für Zusatzeintrag.

[517] BGH GRUR 2010, 939 Rn. 29 f. – Telefonwerbung nach Unternehmenswechsel.

[518] VG Saarlouis BeckRS 2018, 10640 Rn. 48.

[519] BGH GRUR 2008, 189 Rn. 20 – Suchmaschineneintrag.

[520] LG Berlin WRP 2014, 888.

[521] BGH GRUR 2004, 520 – Werbung für Zusatzeintrag.

[522] Vgl. BGH GRUR 1991, 764 (765) – Telefonwerbung IV.

[523] S. BGH GRUR 1991, 764 (765) – Telefonwerbung IV; BGH WRP 2001, 1068 (1071) – Telefonwerbung für Blindenwaren; *Köhler*/Bornkamm/Feddersen § 7 Rn. 165.

[524] BGH GRUR 1991, 764 (765) – Telefonwerbung IV; BGH WRP 2001, 1068 (1070) – Telefonwerbung für Blindenwaren; *Ohly*/Sosnitza § 7 Rn. 57.

[525] BGH GRUR 2007, 607 Rn. 21 – Werbung für „Individualverträge"; OLG Frankfurt a. M. GRUR-RR 2003, 320 (321) – Telefonwerbung gegenüber Handwerksbetrieben.

[526] So zur Datenpflege BGH GRUR 2004, 520 (522) – Telefonwerbung für Zusatzeintrag.

[527] BGH WRP 2001, 1068 (1071 f.) – Telefonwerbung für Blindenwaren; kritisch *Köhler*/Bornkamm/Feddersen § 7 Rn. 174.

den Unternehmen in einer bestimmten **Branche** vom Mittel der Telefonwerbung Gebrauch macht, sagt allerdings über die wettbewerbsrechtliche Zulässigkeit nichts aus.[528] Auch hier kommt es entscheidend auf die Umstände des Einzelfalls an. Eine pauschale Bewertung verbietet sich. So kann eine mutmaßliche Einwilligung etwa naheliegen, wenn die Telefonwerbung in dieser Branche aus Sicht der Durchschnittsmarktteilnehmer mit der Verkehrssitte im Einklang steht.[529]

Unerheblich ist, ob der Angerufene später Interesse an dem Angebot zeigt und es in der Folge möglicherweise sogar zu einem Geschäftsabschluss kommt.[530]

Die bloße **Eilbedürftigkeit des Geschäfts** an sich kann die Telefonwerbung ohne 271 Vorliegen weiter Umstände, insbesondere ohne Anhaltspunkte für ein mutmaßliches Interesse gerade des Angerufenen an diesem Geschäft, grundsätzlich nicht rechtfertigen.[531] Die eingangs skizzierten Belastungen des Unternehmers sind bei eilbedürftigen Telefonanrufen nicht geringer als sonst.

Fehlt es an einer zumindest mutmaßlichen Einwilligung, so ist eine unzumutbare 272 Belästigung nach Abs. 2 Nr. 2 anzunehmen. Einer gesonderten Interessenabwägung bedarf es dann nicht mehr.

bb) Einzelfälle. (a) Headhunting. Wird eine Person von einem **Personalvermittler** 273 unter der privaten Telefonnummer angerufen und auf die Möglichkeit eines Stellenwechsels angesprochen, richtet sich die Zulässigkeit nach 7 Abs. 2 Nr. 2 Alt. 2, da Verträge zur Begründung oder Aufhebung von Arbeitsverhältnissen keine Verbraucherverträge sind.[532] Es genügt also eine mutmaßliche Einwilligung, die in aller Regel vorliegen wird, da der Adressat an dem Angebot einer neuen Arbeitsstelle zu gegebenenfalls besseren Konditionen ein sachliches Interesse hat.[533]

Im Verhältnis zum Arbeitgeber beurteilte der BGH in der Vergangenheit die Zulässigkeit 274 von Telefonanrufen bei einem Arbeitnehmer während der Arbeitszeit nach § 3 Abs. 1.[534] Vorzugswürdig wäre die Anwendung der §§ 4 Nr. 4 UWG 2015 sowie 7 Abs. 1 Nr. 1.[535]

Zulässig ist nach der Rechtsprechung eine **erste Kontaktaufnahme mittels Telefonanruf,** der sich auf die Abfrage des Interesses an einem **Wechsel der Stelle,** eine kurze 275 Beschreibung der Stelle sowie das Angebot eines vertieften Kontakts außerhalb der Arbeitszeiten beschränkt und eine Dauer von etwa zwei Minuten nicht überschreitet.[536] Die hiermit verbundene geringfügige Beeinträchtigung des Arbeitgebers muss vor dem Hintergrund des erheblichen und schutzwürdigen Interesses des Arbeitnehmers an einer Verbesserung seiner beruflichen Situation (Art. 12 GG) hingenommen werden. Die Grenzen des Zulässigen werden jedoch überschritten, wenn das Telefongespräch während der Arbeitszeit über die erste Kontaktaufnahme hinaus ausgedehnt oder wiederholt wird,[537] bei

[528] BGH GRUR 2010, 939 (940) – Telefonwerbung nach Unternehmenswechsel; großzügiger allerdings BGH WRP 2001, 1068 (1071 f.) – Telefonwerbung für Blindenwaren; siehe auch *Ohly*/Sosnitza § 7 Rn. 57, wonach die häufige Annahme ähnlicher Angebote in vergleichbaren Situationen eine mutmaßliche Einwilligung nahelegen kann.

[529] BGH NJW-RR 2002, 326 – Telefonwerbung gegenüber Gewerbetreibenden; so auch *Köhler*/Bornkamm/Feddersen, Wettbewerbsrecht, § 7 Rn. 171.

[530] VG Saarlouis BeckRS 2018, 10640 Rn. 50.

[531] Ebenso *Köhler*/Bornkamm/Feddersen § 7 Rn. 166; beispielhaft wird in diesem Zusammenhang der Kauf leicht verderblicher Ware genannt.

[532] Hierzu → Rn. 263.

[533] OLG Karlsruhe GRUR 2002, 459 – Ausspannen von Beschäftigten; OLG Stuttgart GRUR 2000, 1096; OLG Jena GRUR-RR 2003, 158.

[534] BGH GRUR 2006, 426 Rn. 16 – Direktansprache am Arbeitsplatz II.

[535] Vgl. *Köhler*/Bornkamm/Feddersen § 7 Rn. 175; siehe auch *Ohly*/Sosnitza § 7 Rn. 58, der allerdings neben § 4 Nr. 4 UWG 2015 (§ 4 Nr. 10aF) für eine Anwendung von 7 Abs. 2 Nr. 2 Alt. 2 plädiert.

[536] BGH GRUR 2004, 696 – Direktansprache am Arbeitsplatz I; BGH GRUR 2006, 426 Rn. 16 – Direktansprache am Arbeitsplatz II; BGH GRUR 2008, 262 – Direktansprache am Arbeitsplatz III; hierzu auch *Ernst* GRUR 2010, 963 ff.; GK-UWG/*Pahlow* § 7 Rn. 197.

[537] BGH GRUR 2004, 696 (698 f.) – Direktansprache am Arbeitsplatz I; vgl. auch OLG Stuttgart GRUR 2000, 1096 – Headhunter.

fehlendem Interesse des Arbeitnehmers nicht unverzüglich abgebrochen wird oder wenn es der Ausforschung nach potenziellen Abwerbekandidaten dient.[538]

276 **(b) Arbeitnehmerüberlassung.** Der außerhalb einer bestehenden Geschäftsbeziehung geäußerten Bitte eines Unternehmers an ein **Arbeitnehmerverleihunternehmen,** ein schriftliches Angebot abzugeben, ist in der Regel nicht zu entnehmen, dass dieser mit einem Telefonanruf einverstanden sei. Maßgeblich ist, ob der Anrufer aufgrund der konkreten Umstände davon ausgehen konnte, dass sein Anruf wegen eines akuten Bedarfs erwünscht war. [539] Dies mag insbesondere bei großen Unternehmen mit eigener Personalabteilung der Fall sein, die einen ständigen Bedarf an Fremdpersonal haben. Das bloße Bedürfnis des Überlassers an einer raschen **Vermittlung der Leiharbeitnehmer** reicht nicht zur Rechtfertigung einer telefonischen Werbung aus.[540]

277 **(c) Eintragung in den „Gelben Seiten".** Der bloße Eintrag eines Gewerbetreibenden in den **„Gelben Seiten"** rechtfertigt nicht die Annahme, dieser sei mit Anrufen einverstanden, durch die er als „Partnerunternehmen" geworben werden soll.[541] Auch ein konkretes Interesse an einer telefonischen Kontaktaufnahme wegen einer Eintragung in einem **elektronischen Branchenbuch** ist hieraus nicht abzuleiten.[542]

278 Hingegen wird ein sachliches Interesse an einer Telefonwerbung wegen eines **Zusatzeintrages im Amtlichen Fernsprechbuch** im Rahmen des bestehenden Vertragsverhältnisses vermutet. Insofern ist eine Nachahmung durch Dritte auch nicht zu befürchten.[543]

279 **(d) Hochgeschwindigkeitszugänge ins Internet.** Unterhält ein Unternehmer eine Homepage im Internet und bietet er dort für seine Kunden Dateien zum Herunterladen an, kann nach der Rechtsprechung auch außerhalb einer bestehenden Geschäftsverbindung vermutet werden, dass er an Angeboten für **preisgünstige Hochgeschwindigkeitszugänge ins Internet** als Hilfsmittel der beruflichen Tätigkeit interessiert ist.[544]

280 **(e) Telefonwerbung nach Unternehmenswechsel.** Ruft ein **ehemaliger Mitarbeiter** nach seinem Wechsel zu einem anderen Unternehmen **Kunden seines ehemaligen Arbeitgebers** an, die ihm aus seiner früheren Tätigkeit bekannt sind, um sie über seinen Wechsel zu informieren und greift er hierbei auf Kenntnisse zurück, deren Nutzung ihm nicht untersagt werden kann, ist dies nicht zu beanstanden. Es ist von einer **mutmaßlichen Einwilligung der Kunden** auszugehen, da diese aufgrund der bereits bestehenden Geschäftsbeziehung ein natürliches Interesse daran haben zu erfahren, dass dieser Mitarbeiter nun nicht mehr bei dem bisherigen Unternehmen tätig ist.[545]

281 **(f) Telefonwerbung für Krankenversicherungsverträge.** Von einer mutmaßlichen Einwilligung in Telefonwerbung für **Krankenversicherungsverträge für Arbeitnehmer** kann nicht bereits aufgrund eines Eintrags der Telefonnummer in einem Branchenverzeichnis oder aufgrund der Möglichkeit von Kosteneinsparungen im Bereich der Lohnnebenkosten ausgegangen werden.[546]

282 **d) Bestimmtheit des Unterlassungsantrags.** Ein **Unterlassungsantrag,** der darauf gerichtet ist, es zu **untersagen, unaufgefordert Telefonwerbung zu betreiben,** ohne dass ein vorheriges Einverständnis des Adressaten besteht oder aber zumindest Umstände

[538] Vgl. *Lindacher* FS Erdmann, 2002, 647 (655).
[539] *Köhler*/Bornkamm/Feddersen § 7 Rn. 173; siehe auch *Schricker* GRUR Int. 1998, 541 (550).
[540] Vgl. OLG Düsseldorf WRP 1997, 853 (855) – Telefonwerbung von Arbeitnehmerverleihern.
[541] OLG Frankfurt a. M. GRUR-RR 2003, 320 (321) – Telefonwerbung gegenüber Handwerksbetrieben.
[542] OLG Stuttgart NJW-RR 1998, 184 (186); OLG Köln CR 1999, 160; LG Münster WRP 2005, 639.
[543] BGH GRUR 2004, 520 (522) – Telefonwerbung für Zusatzeintrag; aA die Vorinstanz OLG Köln GRUR-RR 2002, 237 – Auftragserweiterung.
[544] Vgl. OLG Frankfurt a. M. K & R 2002, 252 (253 f.); zu Recht kritisch *Köhler*/Bornkamm/Feddersen § 7 Rn. 172.
[545] BGH GRUR 2010, 939 Rn. 27 ff. – Telefonwerbung nach Unternehmenswechsel.
[546] OLG München WRP 2011, 1216.

vorliegen, auf Grund derer das Einverständnis mit einer solchen Kontaktaufnahme vermutet werden kann, ist **hinreichend bestimmt im Sinne von § 253 Abs. 2 Nr. 2 ZPO,** wenn das Charakteristische der Verletzungshandlung in dem unverlangten Werbeanruf gegenüber einem Verbraucher besteht. Es kommt nicht auf den Gegenstand an, für den geworben wird, da Werbeanrufe häufig von **Callcentern** unternommen werden, bei denen der Gegenstand der Werbung beliebig austauschbar ist. Etwas anderes gilt nur für Gewerbetreibende im Rahmen ihres Geschäftsbetriebs für die von ihnen selbst angebotenen Waren oder Dienstleistungen. In diesem Fall reicht die Wiederholungsgefahr nicht über den Unternehmensgegenstand hinaus.[547] Das Verbot der Telefonwerbung muss sich also im Falle einer fehlenden wirksamen Einwilligung nicht auf die konkret beworbenen Produkte und – sofern es sich gegen das Callcenter selbst richtet, nicht einmal auf den Unternehmensgegenstand – des Unternehmens beschränken, das den Auftrag zur Telefonwerbung erteilt hat.[548]

e) Sonderfälle. aa) Werbefinanzierte Telefongespräche. Hierbei handelt es sich um Telefonverbindungen, die für den Nutzer regelmäßig kostenlos sind und die der Betreiber dadurch finanziert, dass das **Telefongespräch** in regelmäßigen Abständen **durch Werbung unterbrochen** wird. 283

Werbefinanzierte Telefongespräche (präziser: Werbeansagen während solcher Gespräche) stellen keine unzumutbare Belästigung dar.[549] Zwar hat der Angerufene hier zu der Telefonwerbung nicht bereits vor dem Anruf seine Einwilligung erklärt, was grundsätzlich erforderlich ist. Es besteht jedoch die Besonderheit, dass das Telefonat nicht ausschließlich Werbezwecken dient, sondern erst in seinem weiteren Verlauf durch Werbeeinschaltungen unterbrochen wird. Somit ist für den ersten (werbefreien) Gesprächsteil keine Einwilligung des Angerufenen erforderlich. Der Anrufer wird seinen Gesprächspartner regelmäßig gleich zu Beginn auf die folgende Unterbrechung hinweisen, um zu verhindern, dass er bei Einblendung der Werbung auflegt. Durch das **Fortführen des Gespräches und die Hinnahme der Werbeunterbrechung** bringt der Angerufene dann seine Einwilligung zum Ausdruck.[550] Auch nach den Grundsätzen der Laienwerbung sind werbefinanzierte Telefongespräche nicht zu beanstanden.[551] 284

bb) Umgekehrtes Telefonieren/Umgekehrte Telefonwerbung. Hierunter versteht man die – etwa im Fernsehen oder Zeitungsanzeigen verbreitete – **Aufforderung durch den Werbenden, bei ihm anzurufen.** Eine solche Aufforderung stellt keine unzumutbare Belästigung dar, da es dem Werbeadressaten **frei steht,** ob er der – in wettbewerbsrechtlich nicht zu beanstandender Weise – an ihn gerichteten Aufforderung Folge leistet oder nicht.[552] Anders kann die Situation aber zu beurteilen sein, wenn Kinder aufgefordert werden, eine gebührenpflichtige Hotline anzurufen. Insbesondere wegen der zu Lasten der Eltern anfallenden Telefongebühren wurde diese Werbung als wettbewerbswidrig angesehen.[553] Auch ist es irreführend, wenn der Anrufende nicht über die Gebührenpflichtigkeit oder die Höhe der anfallenden Telefongebühren informiert wird. 285

---

547 BGH GRUR 2011, 433 – Verbotsantrag bei Telefonwerbung mwN sowie Anm. *Menebröcker* GRUR-Prax 2011, 176; OLG Frankfurt a. M. GRUR-RR 2013, 74; siehe aber auch BGH GRUR 2007, 607 – Telefonwerbung für „Individualverträge"; OLG Zweibrücken BeckRS 2009, 9160; zu 7 Abs. 2 Nr. 3 vgl. BGH MMR 2010, 183.

548 BGH GRUR 2011, 433 – Verbotsantrag bei Telefonwerbung; OLG Frankfurt a. M. GRUR-RR 2013, 74; *Isele* GRUR-Prax 2011, 463.

549 BGH GRUR 2002, 637 (638 f.) – Werbefinanzierte Telefongespräche; jurisPK-UWG/*Koch* UWG § 7 Rn. 212; *Köhler*/Bornkamm/Feddersen § 7 Rn. 177; *Ohly*/Sosnitza § 7 Rn. 59; aA LG Berlin WRP 1999, 1188 f.

550 BGH GRUR 2002, 637 (639) – Werbefinanzierte Telefongespräche; aA *Hartwig/Ferschl* WRP 1999, 1083.

551 BGH GRUR 2002, 637 (639) – Werbefinanzierte Telefongespräche; vgl. auch *Hartwig/Ferschl* WRP 1999, 1083.

552 jurisPK-UWG/*Koch* § 7 Rn. 211; *Köhler*/Bornkamm/Feddersen § 7 Rn. 176.

553 OLG Frankfurt a. M. WRP 1994, 426 (427).

286 **3. Werbung mittels automatischer Anrufmaschinen, Faxgeräten und elektronischer Post (Abs. 2 Nr. 3). a) Beschreibung. aa) Automatische Anrufmaschinen.**[554] Bei automatischen Anrufmaschinen handelt es sich um **Voice-Mail-Systeme,** die den Werbeadressaten in einem automatisierten Verfahren auf seinem Telefon anrufen. Nachdem der Adressat den Hörer abgenommen hat, wird er mit einem aufgezeichneten Werbespot konfrontiert. Auch hierunter fallen so genannten **Lock- oder Pinganrufe,** bei denen die Verbindung nach einmaligem Klingeln unterbrochen und der Angerufene zum Rückruf einer Mehrwertdienstnummer aufgefordert wird.[555]

287 **bb) Telefax.** Die Telefax-Übertragung erlaubt eine **originalgetreue Wiedergabe von Printwerbung** durch das Empfangsgerät.[556] Aufwand und Kosten sind für den Versender relativ gering. Dieser hat die Möglichkeit, die Werbung in einem automatisierten Verfahren an die in einer Datenbank gespeicherten Adressaten zu Zeiten zu übersenden, in denen die Übertragungskosten möglichst niedrig sind. Da Nachrichten, die per Telefax übertragen werden, noch immer eine stärkere Beachtung finden als andere Mitteilungen, kann er eine erhöhte Aufmerksamkeit erwarten. Die Empfänger der Telefax-Werbung werden jedoch mit Belastungen durch deren Versand konfrontiert. Einerseits haben sie – und nicht der Werbende – die Kosten für Strom, Toner, Papier und Wartung des Empfangsgerätes zu tragen. Andererseits ist das in ihrem Interesse vorgehaltene Telefaxgerät während des Empfangs der Werbemitteilung blockiert. Es können weder eigene Mitteilungen versandt, noch können andere, die Empfänger möglicherweise stärker interessierende Telefaxe empfangen werden.[557] Außerdem muss sich der Empfänger der Telefaxwerbung die Mühe machen, diese auszusortieren. Hierbei ist insbesondere zu berücksichtigen, dass sich der werbliche Charakter – im Gegensatz zu anderen Werbematerialien wie zB Zeitungsbeilagen – nicht immer auf den ersten Blick erkennen lässt. Allerdings werden Telefaxsendungen zunehmend häufig auf einen PC geleitet und gar nicht mehr am Faxgerät ausgedruckt. Auf das Einwilligungserfordernis hat das aber keinen Einfluss.[558]

288 **cc) Elektronische Post.** Der Begriff der **elektronischen Post** ist richtlinienkonform im Einklang mit Art. 2 Abs. 2 lit. h auszulegen und umfasst jede über ein öffentliches Kommunikationsnetz verschickte Text-, Sprach-, Ton- oder Bildnachricht, die im Netz oder im Endgerät des Empfängers gespeichert werden kann, bis sie von diesem abgerufen wird. Neben E-Mails fallen unter den Begriff der elektronischen Post auch SMS (short message service)[559] und MMS (multimedia messaging service) sowie elektronische Nachrichten innerhalb von sozialen Netzwerken wie etwa Xing, Facebook, LinkedIn oder WhatsApp sowie Nachrichten über Chatboxen.[560]

Um elektronische Post iSv Abs. 2 Nr. 3 handelt es sich nur, wenn eine Nachricht an einen bestimmten Adressaten versendet und so lange gespeichert wird, bis der Empfänger sie abruft.[561]

289 Die elektronische Post hat sowohl im privaten als auch im geschäftlichen Kommunikationsverkehr eine **überragende Bedeutung** erlangt. Sie eignet sich insbesondere als **moderne Form des Direktmarketings,** mit der eine große Anzahl von Adressaten schnell, unmittelbar und ohne größeren Kostenaufwand erreicht werden kann. Da die elektronische

---

554 Vgl. die Legaldefinition unter Art. 13 Abs. 1 EK-DSRL 2002.

555 GroßKommUWG/*Pahlow* § 7 Rn. 212.

556 GroßKommUWG/*Pahlow* § 7 Rn. 213.

557 Vgl. OLG Frankfurt a. M. BeckRS 2017, 140006 Rn. 22.

558 BGH GRUR 2007, 164 Rn. 9 – Telefax-Werbung II.

559 OLG Frankfurt a. M. GRUR-Prax 2016, 567.

560 Vgl. Erwägungsgrund 40 der EK-DSRL; OLG Nürnberg MMR 2019, 458 Rn. 59; *Köbrich/Froitzheim* WRP 2017, 1188 Rn. 9.

561 OLG Nürnberg MMR 2019, 458 Rn. 68 ff. in Abgrenzung zur Schaltung von Werbeanzeigen in E-Mail-Postfächern; zur Frage, ob auch sogenannte Inbox-Werbung, Werbeeinblendungen im Postfach eines E-mail-Nutzers, elektronische Post idS darstellen siehe dem Vorlagebeschluss BGH GRUR 2020, 420 – Inbox-Werbung.

Post den Empfänger direkt und individuell erreicht, ist ihr Werbepotential um einiges höher als eine allgemeine Publikumswerbung.[562] Mittels elektronischer Post ist es möglich, in sehr effektiver Weise Produktinformationen einer großen Zahl von potentiellen Kunden zukommen zu lassen.

Aufgrund der geringen Kosten, der einfachen Handhabung und der großen Effektivität birgt die elektronische Post aber auch die Gefahr in sich, dass sie zur **massenweisen Kontaktaufnahme** mit potentiellen Kunden missbraucht wird.[563] Damit ist der Inhaber einer E-Mail-Adresse oder eines Smartphones der Gefahr ausgesetzt, dass ihn nicht nur vereinzelte Werbe-E-Mails erreichen, denen kein größeres Belästigungspotential zu attestieren ist, sondern eine wahre Flut von unerwünschten E–Mails bzw. SMS/MMS seine Mailbox oder seinen Handyspeicher überschwemmt. 290

Die massenhafte Versendung von Werbe-E-Mails (**sog. Spamming** oder Spam-Mails) ist insbesondere bei der online E-Mail-Verwaltung problematisch, da hier nur ein **begrenzter Speicherplatz** zur Verfügung steht. Unter Umständen blockieren die Werbe-E–Mails die Mailbox völlig, so dass andere Nachrichten ihren Adressaten nicht erreichen können.[564] Aber auch bei der offline Verwaltung **erhöhen sich die Download-Zeiten** und damit die Kosten des Empfängers.[565] Hinzu kommt der Zeitaufwand, den der Empfänger der Spam-Mails aufbringen muss, um die Werbe-E-Mails auszusondern.[566] 291

Zwar besteht die Möglichkeit, Filterprogramme (sog. Spam-Filter) zu installieren, um die eigene Mailbox vor Werbe-E-Mails zu schützen, doch ist zum einen nicht gewährleistet, dass ein solches Programm alle Formen der Werbe-E-Mails erfasst, und zum anderen kann nicht ausgeschlossen werden, dass nicht auch andere, wichtige E-Mails ausgesondert werden und somit unter Umständen verloren gehen.[567] Die Installation und der **Einsatz von Filterprogrammen** ist dem Adressaten von Werbe-E-Mails zudem **nicht zuzumuten.** Der Adressat kann nicht darauf verwiesen werden, sich auf seine Kosten vor der Zusendung unverlangter E–Mail–Werbung zu schützen.[568] 292

Mit der Werbung per SMS bzw. MMS kann der **Inhaber eines Mobiltelefons jederzeit und überall erreicht** werden. Insbesondere jüngere und kaufkräftige Personen, die überwiegend SMS nutzen, können mit diesem Medium gezielt umworben werden. Der Versand der SMS-Werbung ist sehr kostengünstig. Der Kreis der Empfänger kann nach speziellen Kriterien ausgesucht werden. Eine SMS erscheint **sofort auf dem Display des Mobiltelefons;** der Empfänger kann vorher nicht entscheiden, ob er sie abrufen möchte. In der Regel wird er zusätzlich durch einen **Signalton** über den Empfang einer SMS informiert. Er wird daher häufig seine momentane Tätigkeit unterbrechen. Aufgrund der persönlichen Benutzung des Mobiltelefons hat der Empfänger nicht die Möglichkeit, eine Selektion der Nachrichten durch Personal vornehmen zu lassen. Üblicherweise kann nur eine begrenzte Anzahl von SMS-Nachrichten gespeichert werden. 293

Die **MMS** ermöglicht neben dem Versand von reinen Textnachrichten die Übertragung von **Multimedia-Dateien** wie etwa Bildern, Musik oder Videos. 294

b) Werbung. Abs. 2 Nr. 3 erfasst in gemeinschaftskonformer Auslegung[569] in erster Linie die sog. **Absatzwerbung,** also das an den Adressaten gerichtete Waren- oder Dienstleistungsangebot.[570] Inwieweit auch die sog. **Nachfragewerbung** unter Abs. 2 Nr. 3 fällt, 295

[562] So schon *Busche/Kraft* WRP 1998, 1142.
[563] Vgl. *Leistner/Pothmann* WRP 2003, 815 (816).
[564] Vgl. OLG Düsseldorf MMR 2006, 681; LG München I MMR 2003, 483, mit Verweis auf LG Berlin MMR 2003, 202.
[565] Vgl. LG Berlin NJW 1998, 3208 f.; LG Berlin MMR 2000, 704.
[566] Vgl. LG Traunstein NJW 1998, 1648; LG Berlin MMR 2003, 202.
[567] Vgl. LG Traunstein NJW 1998, 1648. Grundsätzliche Zweifel an einem effektiven Selbstschutz vor Spam-Mails hegt schon *Leupold* WRP 1998, 270 (272).
[568] LG Dortmund WRP 2005, 1575 (1576); *Leupold* WRP 1998, 270 (272).
[569] Art. 13 Abs. 1 EK-DSRL 2002.
[570] Zu einer mittelbaren Werbung durch Verweis auf gemeinnützige Projekte des Absenders siehe etwa OLG Frankfurt a. M. GRUR-Prax 2016, 567.

war lange Zeit umstritten.[571] Diesem Streit hat der BGH ein Ende gesetzt, indem er entschieden hat, dass sich Abs. 2 Nr. 3 auch auf die Nachfragewerbung bezieht.[572] Der in Art. 13 Abs. 1 EK-DSRL 2002 gebrauchte Begriff der Direktwerbung umfasse gerade nicht nur die (unmittelbare) Absatzwerbung. Zwar verbinde der allgemeine Sprachgebrauch mit dem Begriff der Werbung in erster Linie Maßnahmen eines Unternehmens, die auf die Förderung des Absatzes seiner Produkte oder Dienstleistungen gerichtet sind. Sinn und Zweck des § 7 würden aber gebieten, dass auch Nachfragehandlungen nicht nur von der Generalklausel des § 7 Abs. 1, sondern ebenso von den konkretisierenden Fallgruppen in Abs. 2 erfasst werden. Denn § 7 bezwecke insgesamt, solche Handlungen als unzumutbare Belästigung zu verbieten, die bereits wegen ihrer Art und Weise unabhängig von ihrem Inhalt als Belästigung empfunden werden. In diesem Zusammenhang sei es nicht ersichtlich, dass die für die Beurteilung der unverlangten Zusendung von E-Mails als wettbewerbswidrig maßgeblichen Gefahren bei Nachfragewerbung nicht zu erwarten sind.[573]

296 Den Ausführungen des BGH ist zuzustimmen. Die teleologische Auslegung des Abs. 2 Nr. 3 gebietet es, auch die Nachfragewerbung unter diesen Verbotstatbestand zu fassen.[574] Die Ansprache per Fernkommunikationsmittel ist unabhängig davon, ob es sich um Nachfrage- oder Absatzwerbung handelt, gleichermaßen belästigend. Maßnahmen der Aufmerksamkeitswerbung bzw. Imagewerbung durch Nachfrage stellen Mittel zum Zweck der **indirekten Absatzwerbung** dar. Diese Wertung qualifiziert die „einfache“ Leistungsnachfrage auch nicht als generell verboten ab, denn die konkrete Nachfrage eines Produktes stellt keine Nachfragewerbung dar.

297 **c) Verwendung eines der genannten Fernkommunikationsmittel.** Unter **Verwendung** eines der in Abs. 2 Nr. 3 genannten Fernkommunikationsmittel erfolgt die Werbung auch dann, wenn die Werbung allein beim Empfänger als Fax, E-Mail, SMS oder MMS ankommt. Unerheblich ist es daher beispielsweise, ob der Absender ein Faxgerät verwendet oder ob er die Faxwerbung computergesteuert betreibt.[575]

Keine Werbung unter Verwendung elektronischer Post stellen Werbeanzeigen dar, die als Werbefläche im Postfach eines E-Mail-Dienstes erscheinen, dort mit dem Hinweis Anzeige versehen sind und weggeklickt werden können.[576]

298 **d) Vorherige Einwilligung.** Erforderlich ist in allen Fallvarianten, also bei Werbung unter Verwendung einer automatischen Anrufmaschine, eines Faxgeräts oder elektronischer Post, sowohl gegenüber einem Verbraucher als auch gegenüber einem sonstigen Marktteilnehmer grundsätzlich die **vorherige ausdrückliche Einwilligung** des Adressaten. Schon nach der UWG-Reform 2004 war allein die **vorherige Zustimmung** als hinreichende Einwilligung im Sinne des Abs. 2 Nr. 3 anzusehen.[577] Dies ergibt sich bereits zwingend aus dem Grundsatz der richtlinienkonformen Auslegung. 7 Abs. 2 Nr. 3 beruht auf **Art. 13 Abs. 1 der EK-DSRL,** der vorsieht, dass die Verwendung von automatischen Anrufmaschinen, Faxgeräten oder elektronischer Post für Zwecke der Direktwerbung nur bei vorheriger Einwilligung der Teilnehmer gestattet werden.

299 Mit der UWG-Reform 2004 wurde in Abs. 2 Nr. 3 zunächst im Wesentlichen Art. 13 Abs. 1 EK-DSRL 2002 umgesetzt. Die Werbung unter Verwendung von automatischen

---

571 OLG Naumburg NJOZ 2006, 2795; OLG Düsseldorf MMR 2006, 171 (172); *Klein/Insam* GRUR 2006, 379 (380).

572 BGH GRUR 2008, 923 (924) – Faxanfrage im Autohandel; BGH GRUR 2008, 925 (926) – FC Troschenreuth; siehe hierzu auch *Möller* WRP 2010, 321 (325).

573 BGH GRUR 2008, 923 (924) – Faxanfrage im Autohandel; BGH GRUR 2008, 925 (926) – FC Troschenreuth.

574 Ebenso *Ohly*/Sosnitza § 7 Rn. 62; *Köhler*/Bornkamm/Feddersen § 7 Rn. 129.

575 S. Art. 2 S. 2h) EK-DSRL 2002; zur Reichweite der Definition vgl. *Eckhardt* MMR 2003, 557; *Köhler/Lettl* WRP 2003, 1019 (1026); jurisPK-UWG/*Koch* § 7 Rn. 330.

576 OLG Nürnberg MMR 2019, 458 Rn. 62 ff., wonach diese Form der Werbung auch keine unzumutbare Belästigung nach Abs. 1 Satz 1 darstellen soll.

577 Vgl. RegE-UWG 2003 S. 44 = BT-Drs. 15/1487, 21; auch → Rn. 19.

Anrufmaschinen, Faxgeräten oder elektronischer Post **ohne Einwilligung** des Adressaten stellte demnach „in der Regel" eine unzumutbare Belästigung sei.

In der Begründung des Regierungsentwurfs 2004 hieß es explizit, dass eine Abweichung von der bis dato ständigen Rechtsprechung nicht beabsichtigt sei.[578] In der Rechtsprechung[579] – wie im Übrigen auch in der Literatur[580] – wurde **vor der UWG-Reform 2008** neben einer ausdrücklichen Einwilligung auch eine **konkludente Einwilligung** als ausreichend erachtet. Es wurde regelmäßig die Parallele zur Telefonwerbung gezogen. Zudem wurde auf Erwägungsgrund Nr. 17 der EK-DSRL 2002 verwiesen, wonach die Einwilligung in jeder geeigneten Weise gegeben werden kann. 300

Eine **mutmaßliche Einwilligung** reichte hingegen schon vor der UWG-Reform 2004 nicht aus, um eine unzumutbare Belästigung entfallen zu lassen. Infolge des Fehlens einer Differenzierung zwischen Verbrauchern und Unternehmern stellte die UWG-Reform 2004 jedoch eine **Verschärfung** der Rechtslage gegenüber der bis dato geltenden Rechtsprechung zu Direktmarketingmaßnahmen gegenüber Unternehmern dar.[581] 301

Mit dem UWG 2008 ging eine weitere Verschärfung der bis dato geltenden Rechtslage zu Direktmarketingmaßnahmen einher. Zum einen entfiel die Möglichkeit der Interessenabwägung anhand des Zumutbarkeitskriteriums, die Zumutbarkeitsschwelle des § 7 Abs. 1 findet keine Anwendung auf Abs. 2. Zum anderen fordert Abs. 2 Nr. 3 in seiner jetzigen Fassung die vorherige **ausdrückliche Einwilligung** des Adressaten. Wiederum wird nicht zwischen Verbrauchern und sonstigen Marktteilnehmern differenziert. Das Erfordernis der ausdrücklichen Einwilligung gilt in den Fällen des Abs. 2 Nr. 3 somit für die Werbung **gegenüber Verbrauchern und Unternehmern.**[582] Diese Verschärfung gegenüber der vorherigen Rechtslage und im **Vergleich zur Telefonwerbung** wird teilweise kritisiert.[583] 302

Nach der **Definition** in Art. 2 lit. f der **Richtlinie 2002/58/EG (EK-DSLR)** iVm Art. 2 lit. h der allgemeinen **Datenschutzrichtlinie 95/46/EG**[584] ist die Einwilligung eine „Willensbekundung, die ohne Zwang, für den konkreten Fall und in Kenntnis der Sachlage erfolgt und mit der die betroffene Person akzeptiert, dass personenbezogene Daten, die sie betreffen, verarbeitet werden".[585] Wie bei der Telefonwerbung sind an das Vorliegen einer vorherigen ausdrücklichen Einwilligung strenge Anforderungen zu stellen. Insbesondere muss die Einwilligung stets für den konkreten Fall erteilt sein und von anderen Erklärungen oder Zustimmungen getrennt abgegeben werden.[586] Die Einwilligung erfolgt für den konkreten Fall, wenn klar ist, welche Produkte oder Dienstleistungen welcher Unternehmen sie konkret erfasst.[587] Die Einwilligung kann sich dabei zugleich auf 303

---

[578] RegE-UWG 2003 S. 45 = BT-Drs. 15/1487, 21; RefE-UWG 2003 S. 32 = GRUR 2003, 298 (305).

[579] OLG Hamm GRUR-RR 2006, 379 – Fahrzeugsuche; OLG Naumburg MD 2006, 623. Zur alten Gesetzeslage auch noch BGH GRUR 2008, 925 (926) – FC Troschenreuth.

[580] Vgl. etwa *Brömmelmeyer* GRUR 2006, 285 (291); *Leistner/Pothmann* WRP 2003, 815 (827); *Köhler/Lettl* WRP 2003, 1019 (1025).

[581] Hierzu *Möller* WRP 2010, 321 (325) mit krit. Anmerkungen zu BGH GRUR 2007, 164 (165) – Telefax-Werbung II.

[582] Vgl. RegE-UWG 2008, S. 60; vgl. zur alten Rechtslage dagegen BGH GRUR 2004, 517 (518 f.) – E-Mail-Werbung; BGH GRUR 1996, 208 – Telefax-Werbung; BGH GRUR 2007, 164 Rn. 8 – Telefax-Werbung II; GK-UWG/*Pahlow* § 7 Rn. 220.

[583] *Ohly*/Sosnitza § 7 Rn. 61 mwN; *Ohly* GRUR 2016, 3 (6).

[584] Richtlinie vom 24.10.1995 zum Schutz natürlicher Personen bei der Verarbeitung personenbezogener Daten und zum freien Datenverkehr.

[585] Vgl. hierzu → Rn. 234.

[586] BGH GRUR 2018, 545 Rn. 22 – Wirksame Verbrauchereinwilligung in Kontaktaufnahme zu Werbezwecken – mehrere Werbekanäle; BGH GRUR 2017, 748 – Anforderungen an die Einwilligung in Werbe-E-Mails; vgl. auch LG München BeckRS 2018, 19597 zur Erteilung der Einwilligung im Zusammenhang mit der Erstellung eines Kundenkontos.

[587] BGH GRUR 2018, 545 Rn. 22 – Wirksame Verbrauchereinwilligung in Kontaktaufnahme zu Werbezwecken – mehrere Werbekanäle; BGH GRUR 2017, 748 Rn. 24 – Anforderungen an die Einwilligung in Werbe-E-Mails; OLG Köln GRUR-RR 2017, 414 Rn. 25, 29; OLG Frankfurt a. M. NJW-RR 2018, 887 Rn. 41; siehe auch OLG Frankfurt a. M. MMR 2016, 245 wonach eine Einwilligungserklärung, die einen

Werbung per Telefonanruf und per elektronische Post beziehen, eine gesonderte Einwilligung für jeden Werbekanal soll nach wenig überzeugender Auffassung des BGH nicht erforderlich sein.[588]

304 Die **nur mutmaßliche Einwilligung** gilt **nicht** als Einwilligung in diesem Sinne. Da Art. 13 Abs. 5 EK-DSRL bestimmt, dass Art. 13 Abs. 1 unmittelbar nur für natürliche Personen gilt, hätte es dem Gesetzgeber freigestanden, für juristische Personen auch die mutmaßliche Einwilligung als ausreichend zu erachten; er hat aber von dieser Möglichkeit keinen Gebrauch gemacht.

306 **e) Beweislast.** Der **Werbende** trägt grundsätzlich die **Darlegungs- und Beweislast** für das Vorliegen der Einwilligung des Adressaten nach Abs. 2 Nr. 3.[589] Er hat durch geeignete Maßnahmen sicherzustellen, dass es nicht zu fehlerhaften Zusendungen kommt.[590] Problematisch für den Werbenden ist, dass er zwar häufig beweisen kann, dass eine entsprechende Eintragung auf seiner Website vorgenommen wurde, er aber keinen Beweis dafür erbringen kann, dass diese auch vom Adressaten selbst (und nicht von einem Dritten ohne dessen Kenntnis) vorgenommen wurde. Ist 1die Einwilligung elektronisch übermittelt worden, muss der Werbende sie speichern und in der Lage sein, sie jederzeit auszudrucken.[591]

307 Wird der Verbraucher durch den Werbenden aufgefordert, mittels eines **Online-Formulars** seinen **Teilnahmewunsch an einem Gewinnspiel** zu erklären, willigt zugleich durch Setzen eines gesonderten Häkchens in die E-Mail-Werbung ein und bestätigt anschließend seinen Teilnahmewunsch per E-Mail auf Aufforderung, so ist grundsätzlich hinreichend dokumentiert, dass der Verbraucher in die E-Mail-Werbung an diese Adresse ausdrücklich und freiwillig eingewilligt hat, insbesondere steht der Freiwilligkeit nicht entgegen, dass die Einwilligungserklärung mit der Teilnahme an einem Gewinnspiel verknüpft ist.[592] Der Werbende hat damit ausreichend sichergestellt, dass es nicht auf Grund von Falscheingaben im Online-Formular zu Fehlsendungen kommt. Dies schließt aber nicht aus, dass sich der Verbraucher auch nach der Bestätigung seiner Teilnahme über die angegebene E-Mail-Adresse noch darauf berufen kann, dass er die unter dieser Adresse abgeschickte Einwilligung in E-Mail-Werbung nicht abgegeben habe. Dafür trägt dann allerdings er – anders als im Falle der Telefonwerbung – die Darlegungslast.[593] Die Übersendung der Aufforderung zur Bestätigung stellt nach richtiger Auffassung keine nach § 7 Abs. 2 Nr. 3 unzulässige Werbung dar.[594]

308 Die Beweislast für das Vorliegen der Voraussetzungen der Ausnahmebestimmung des Abs. 3 trägt der werbende Unternehmer. Allerdings muss der Anspruchsteller einen etwaigen Widerspruch gegen die Verwendung der elektronischen Adresse beweisen.[595]

Link auf zahlreiche Unternehmen enthält, aus denen der Verbraucher per Klick diejenigen auswählen muss, von denen er keine Werbung erhalten möchte, unwirksam ist; siehe auch OLG Frankfurt a. M. GRUR-Prax 2016, 457 mAnm *Krupna*.

[588] BGH GRUR 2018, 545 Rn. 22 – Wirksame Verbrauchereinwilligung in Kontaktaufnahme zu Werbezwecken – mehrere Werbekanäle; zu Recht kritisch hierzu *Heil* WRP 2018, 535.

[589] BGH GRUR 2004, 517 (519) – E-Mail-Werbung; OLG Frankfurt a. M. BeckRS 2019, 17820 Rn. 8; KG MMR 2002, 685; LG Berlin CR 2002, 606 (608); MMR 2003, 202; KG CR 2003, 291 (292); LG Berlin MMR 2004, 44.

[590] BGH GRUR 2004, 517 (519) – E-Mail-Werbung.

[591] OLG München GRUR-RR 2013, 226 (227).

[592] Schlussantrag v. 31.3.2019 (GA Szpunar) – C-673/17, BeckRS 2019, 3909 Rn. 66; EuGH MMR 2019, 732 – Planet 49; OLG Frankfurt a. M. BeckRS 2019, 17820 Rn. 12.

[593] BGH WRP 2011, 1153 = MMR 2011, 662 Rn. 37 f. – Double-opt-in-Verfahren; vgl. auch LG Berlin K&R 2007, 430 (431); LG Essen GRUR-RR 2009, 353; siehe hierzu auch *Leistner/Pothmann* WRP 2003, 815 (818).

[594] OLG Celle WRP 2014, 1218; *Ernst* WRP 2013, 160; *Köhler*/Bornkamm/Feddersen § 7 Rn. 189; aA OLG München WRP 2013, 111.

[595] Ebenso *Eckhardt* MMR 2003, 557 (561).

Nach dem Wortlaut des Abs. 2 Nr. 3 liegt bei der Verwirklichung des Verbotstatbestandes **„stets"** eine **unzumutbare Belästigung** vor, sofern nicht der Ausnahmetatbestand des § 7 Abs. 3 greift. Auf eine Würdigung der Umstände des Einzelfalls kommt es nicht an. 309

f) Einzelfälle. aa) Automatische Anrufmaschinen. Rechtsprechung zur Werbung unter Verwendung **automatischer Anrufmaschinen** ist bislang, soweit ersichtlich, nicht vorhanden. Bereits aus Art. 10 Abs. 1 der inzwischen außer Kraft getretenen FARL 1997 folgte jedoch, dass die Verwendung von Voice-Mail-Systemen bei Direktmarketingmaßnahmen gegenüber Verbrauchern nur nach vorheriger Einwilligung zulässig ist. 310

bb) Telefax. Die Zusendung von **Telefax-Werbung** an einen **Verbraucher** ohne dessen **vorherige Einwilligung** wurde überwiegend schon vor der Einführung des § 7 Abs. 2 Nr. 3 aF (UWG 2004) als unzulässig angesehen.[596] Zur Begründung der sich ergebenden unzumutbaren Belästigung wurde und wird insbesondere auf die Belastung beim Aussortieren der als wichtig erachteten Faxnachricht, die Blockade des Geräts während der Übertragung und die dem Empfänger entstehenden Kosten (Papier, Toner, Strom und Wartung) hingewiesen. Allerdings wurde neben der ausdrücklichen auch die **konkludente Einwilligung** als hinreichend erachtet. Die jetzige Formulierung des Abs. 2 Nr. 3 nimmt die konkludente und erst recht die stillschweigende Einwilligung aus.[597] 311

Telefax-Werbung gegenüber **sonstigen Marktteilnehmern,** also insbesondere Unternehmern, wurde ebenfalls seit jeher als grundsätzlich wettbewerbswidrig erachtet. Eine Ausnahme von diesem Grundsatz wurde allerdings nach alter Rechtslage dann angenommen, wenn der Unternehmer seine Einwilligung ausdrücklich oder konkludent erklärt hat oder aufgrund konkreter tatsächlicher Umstände dessen sachliches Interesse und damit dessen Einwilligung vom Versender **vermutet** werden kann.[598] Darüber hinaus ließ der BGH in Ausnahmefällen auch eine **mutmaßliche Einwilligung** des Unternehmers genügen.[599] Dabei betonte der BGH allerdings, dass auch in Zeiten des Computerfaxes und damit der Möglichkeit des papierlosen Faxverkehrs Faxwerbung zu einer erheblichen Belastung des Arbeitsablaufs führen kann. Das Computerfax habe das massenhafte Versenden von Telefaxsendungen nochmals erleichtert. Die belästigende Wirkung eines einzelnen Telefaxes sei zwar in der Regel gering. Auf die einzelne Zusendung komme es aber nicht an. Vielmehr sei auf das **Massenphänomen** abzustellen. Müssten beim Sichten eingegangener Telefaxsendungen, sei es am herkömmlichen Telefaxgerät oder am PC, die interessierenden Zusendungen erst einmal aus einer Fülle unaufgeforderter Werbezusendungen herausgefiltert werden, so könne dies eine erhebliche Belastung des Arbeitsablaufs bedeuten.[600] 312

Nunmehr ist auch bei der Telefax-Werbung gegenüber sonstigen Marktteilnehmern stets die **vorherige ausdrückliche Einwilligung** erforderlich, wobei auch hier eine großzügigere Auslegung erforderlich sein wird, die insbesondere auch die konkludente Einwilligung erfasst. 313

(a) Keine Einwilligung durch Bekanntgabe der Telefaxnummer. Durch die bloße Einrichtung eines Telefax-Anschlusses erklärt sich ein Unternehmer nicht damit einverstanden, jedwede Telefax-Werbung zu erhalten.[601] Auch wenn der Inhaber seine **Telefaxnummer öffentlich bekannt** gegeben hat – zB in Telefonverzeichnissen oder auf Brief- 314

---

[596] LG Frankfurt a. M. GRUR-RR 2002, 269 (270); *Unger/Sell* GRUR 1993, 24 (25); *Ebnet* NJW 1992, 2985 (2991).
[597] Vgl. RegE-UWG 2008, S. 60.
[598] BGH GRUR 1996, 208 (209) – Telefax-Werbung I; OLG Oldenburg NJW 1998, 3208; KG CR 1998, 9; WRP 1992, 652; OLG Zweibrücken BB 1997, 115; OLG Stuttgart WRP 1995, 254; OLG Hamm GRUR 1990, 689; LG Augsburg WRP 2002, 587; LG Bonn WRP 2001, 587; LG Hamburg NJW-RR 1989, 487; LG Frankfurt a. M. NJWE-WettbR 1996, 156.
[599] BGH GRUR 2007, 164 (165) – Telefax-Werbung II.
[600] BGH GRUR 2007, 164 (165) – Telefax-Werbung II.
[601] BGH GRUR 1996, 208 (209) – Telefax-Werbung.

köpfen – liegt hierin **keine Generaleinwilligung** in die Zusendung von Werbeunterlagen. Maßgeblich ist vielmehr, ob der Empfänger – etwa wegen besonderer Eilbedürftigkeit – ausdrücklich damit einverstanden ist, dass ihm die Werbung gerade über Telefax statt mit normaler Post übersandt wird. Die Einwilligung des Empfängers muss sich daher insbesondere gerade auch auf die **Art der Übermittlung** beziehen.[602]

315 Gibt der Unternehmer im Internet oder in der geschäftlichen Korrespondenz seine Faxnummer an, muss dies allerdings als ausdrückliches und wirksames (freiwillig, in Kenntnis der Sachlage und für den konkreten Fall erklärtes) Einverständnis mit der Kontaktaufnahme durch Kunden verstanden werden, die auf diesem Wege Kaufanfragen im Sinne einer **Nachfragewerbung** unterbreiten.[603]

316 **(b) Keine Einwilligung durch Schaltung von Werbeanzeigen.** In der Schaltung von **Werbeanzeigen unter Angabe der Telefaxnummer** liegt keine Einwilligung in Werbung durch Dritte, da sich der Unternehmer hiermit nur an seine eigenen Kunden richtet.[604]

317 **(c) Telefax-Umfrage.** Telefax-Sendungen, die den Empfänger zur **Teilnahme an „Abstimmungen"** unter **Inanspruchnahme einer Mehrwertdienstnummer** auffordern, erfolgen zu Werbezwecken.[605] Dies gilt auch für die von einem Marktforschungsunternehmen im Auftrag eines Unternehmens übermittelten Faxschreiben, die den Adressaten zur **Teilnahme an einer Befragung** veranlassen sollen.[606] Dass der Werbezweck dem Adressaten des Faxschreibens möglicherweise verborgen bleibt, da er in dem verwendeten Faxschreiben nicht erläutert wurde und weder das Produkt noch das auftraggebende Unternehmen genannt wurden, steht einer generellen Einordnung als Werbung nicht entgegen, sondern ist vielmehr als zusätzlicher Umstand zu werten (§ 5a Abs. 6 UWG 2015), der das Vorgehen in diesen Fällen als unlauter erscheinen lässt.

318 **cc) E-Mail.** Ebenso wie die Telefax-Werbung wurde auch die **Werbung per E-Mail gegenüber Verbrauchern** bereits vor der Reform 2004 als **wettbewerbswidrig** angesehen, sofern keine vorherige Einwilligung des Adressaten gegeben ist[607] Allerdings wurde auch hier neben der ausdrücklichen die **konkludente Einwilligung** überwiegend als hinreichend angesehen, um den Vorwurf der Wettbewerbswidrigkeit entfallen zu lassen. Vereinzelt wurde auch ein vermutetes Einverständnis als ausreichend erachtet.[608]

---

[602] OLG Hamm NJOZ 2009, 4029; MMR 2005, 316.

[603] So schon zur alten Rechtslage BGH GRUR 2008, 923 Rn. 17, 18 – Faxanfrage im Autohandel; BGH GRUR 2008, 925 Rn. 22 – FC Troschenreuth; ebenso für die Annahme einer ausdrücklichen Einwilligung in diesem Fall *Köhler*/Bornkamm/Feddersen § 7 Rn. 187; ähnlich für die Bekanntgabe der E-Mail-Adresse *Weber* WRP 2010, 462 (465); siehe auch *Ohly*/Sosnitza § 7 Rn. 66, wonach die Angabe der Faxnummer oder der E-Mail-Adresse im Internet oder im Rahmen geschäftlicher Korrespondenz durch einen Unternehmer regelmäßig als Einwilligung zur Kontaktaufnahme für „übliche geschäftliche Angelegenheiten unter Nutzung der betreffenden Kommunikationsmittel" anzusehen sein soll; noch weitgehender *Möller* WRP 2010, 321 (326), nach dessen Auffassung die Gerichte nicht umhinkämen, das Merkmal „ausdrücklich geflissentlich zu ignorieren"; grundsätzlich zur Behandlung von Nachfragewerbung als Werbung → Rn. 180.

[604] BGH GRUR 1996, 208 (210) – Telefax-Werbung.

[605] OLG Frankfurt a. M. GRUR 2003, 805 – Unverlangte Telefaxsendung; LG Wuppertal MMR 2003, 488; kritisch *Sosnitza* GRUR 2003, 739 (744) zum RegE-UWG 2003.

[606] OLG Oldenburg WRP 2006, 492 (496).

[607] BGH GRUR 2004, 517 – E-Mail-Werbung; LG Traunstein NJW 1998, 1648; LG Berlin NJW 1998, 3208; LG Hamburg WRP 1999, 250; LG Berlin NJWE-WettbR 2000, 91; LG Hannover WRP 2001, 1254; AG Essen MMR 2001, 261; KG MMR 2002, 685; *Ultsch* NJW 1997, 3007; *Hoeren* WRP 1997, 993 (994); *Fikentscher/Möllers* NJW 1998, 1337; *Ernst* NJW-CoR 1997, 494; *Schrick* MMR 2000, 399; *Ayad* CR 2001, 533; aA LG Braunschweig NJW-CoR 2000, 233, demzufolge aufgrund der RL 97/7/EG die E-Mail-Werbung nur dann unzulässig sei, wenn der Empfänger diese offenkundig abgelehnt hat; *Reichelsdörfer* GRUR 1997, 191 (197); *Busche/Kraft* WRP 1998, 1142; *Leupold* WRP 1998, 270 (277); differenzierend *Freitag/Busemann* AfP 1998, 475 (479); *Wolber/Eckhardt* DB 2002, 2582 (2585).

[608] AG Rostock MMR 2003, 345 (346).

Zwar sind die Gründe für das regelmäßige Verbot unerbetener Telefon- und Telefaxwerbung nicht ohne weiteres auf die Werbung per E-Mail übertragbar, da der E-Mail-Empfänger selbst bestimmen kann, wann er an ihn gerichtete E-Mails abrufen will.[609] Gleichwohl verwies die Rechtsprechung schon früh darauf, dass durch die Zusendung von E-Mails zu Werbezwecken eine Belästigung entstehen kann, deren Unzumutbarkeit vor allem in den entgeltpflichtigen Ladezeiten sowie in dem Arbeitsaufwand gesehen wird, der zum Sichten und Aussortieren unerbetener E-Mails erforderlich ist. Insbesondere aber wurde und wird auf den – wegen des geringen Kostenaufwands – zu befürchtenden **Nachahmungseffekt,** die **Überflutung der Anschlussinhaber** mit Werbe-Mails und die damit verbundene Verwilderung der Wettbewerbssitten verwiesen.[610] Filterprogramme, die Werbung automatisch aussondern, helfen nach wie vor nur sehr begrenzt, da sie umgangen werden können; im Übrigen ist es dem Adressaten nicht zumutbar, auf eigene Kosten und Mühen einen derartigen Filter zu installieren.[611] 319

Die E-Mail-Werbung gegenüber **Unternehmern** wurde in der älteren Rechtsprechung weitergehend auch dann für zulässig erachtet, wenn eine **Einwilligung** aufgrund konkreter sachlicher Umstände **lediglich vermutet** werden konnte.[612] Aufgrund des – im Vergleich zur Telefon- und Telefaxwerbung – als weniger gravierend beurteilten Belästigungsgrades wurden hier teilweise geringere Anforderungen gestellt. Es wurde insbesondere für ausreichend erachtet, dass die E-Mail den gewerblichen Interessenbereich des Adressaten tangiert.[613] 320

Zum Teil wurde in der Literatur auch die Auffassung vertreten, eine unverlangte E-Mail-Werbung stelle ungeachtet der Frage einer (mutmaßlichen) Einwilligung dann keine unzumutbare Belästigung dar, wenn der Werbecharakter bereits aus der Betreffzeile **klar und unzweideutig** entnommen werden könne. Denn in diesem Fall sei der Aufwand, die E-Mail ungelesen zu löschen, noch hinnehmbar.[614] Dieser Ansicht hatte sich die Rechtsprechung jedoch zu Recht nicht angeschlossen.[615] Erforderlich ist stets die vorherige ausdrückliche Einwilligung.[616] 321

Nach dem **Wortlaut des § 7 Abs. 2 Nr. 3** muss nach heutiger Rechtslage jedoch auch bei der E-Mail-Werbung **gegenüber Unternehmern** grundsätzlich stets die **vorherige ausdrückliche Einwilligung** des Adressaten vorliegen.[617] 322

Erforderlich ist eine **gesonderte Erklärung;** eine Einwilligung, die in einer auch andere Erklärungen oder Hinweise enthaltenden Textpassage enthalten ist, genügt nicht.[618] 323

(a) Öffentliche Angabe der E-Mail-Adresse. In der **öffentlichen Angabe** der **E-Mail-Adresse durch Verbraucher** liegt keine Einwilligung in die Nutzung dieser Adresse durch gewerbliche Anbieter zu Werbezwecken.[619] 324

---

[609] BGH GRUR 2004, 517 (518) – E-Mail-Werbung.

[610] BGH GRUR 2004, 517 (518 f.) – E-Mail-Werbung.

[611] LG Dortmund WRP 2005, 1575 (1576); *Leupold* WRP 1998, 270 (272).

[612] BGH GRUR 2004, 517 (518) – E-Mail-Werbung.

[613] LG Ellwangen MMR 1999, 675 (676); LG Berlin MDR 2001, 391; LG Hannover WRP 2001, 1254; LG Berlin CR 2002, 606 (607); LG München I MMR 2003, 282.

[614] *Busche/Kraft* WRP 1998, 1142 (1145); *Leupold* WRP 1998, 270 (276); *Lettl* GRUR 2000, 977 (981); *Zehentmeier* BB 2000, 940 (943).

[615] Vgl. etwa BGH GRUR 2004, 517 (519) – E-Mail-Werbung.

[616] BGH GRUR 2009, 980 Rn. 14 – E-Mail-Werbung II; BGH GRUR 2018, 1178 Rn. 23 – Kundezufriedenheitsbefragung; OLG München 21.2.2019 – 29 U 666/18 Rn. 8, BeckRS 2019, 12089.

[617] KG GRUR-RR 2017, 7779 Rn. 36; zur Haftung eines Unternehmers für den Versand unzulässiger E-Mail-Werbung durch ein verbundenes Unternehmen siehe KG BeckRS 2017, 141704.

[618] BGH MMR 2011, 458 – Anforderungen an die Einwilligung in Telefonwerbung.

[619] LG Ulm 30.4.2009 – 10 O 39/09 KfH, BeckRS 2009, 22039; siehe hierzu auch *Weber* WRP 2010, 462 (465), der in der Angabe der E-Mail-Adresse durch Unternehmer eine ausdrückliche Einwilligung in Werbemails sieht, die einen allgemeinen Sachbezug zum Unternehmen des Empfängers aufweisen.

325 **(b) Zusendung eines konkreten Leistungsangebots, Kundenzufriedenheitsbefragungen.** Auch bei einem **unverlangt zugesandten Angebot** auf Abschluss eines Vertrags kann es sich um Werbung im Sinne von Abs. 2 Nr. 3 handeln,[620] Entsprechendes gilt für Kundenzufriedenheitsbefragungen.[621]

326 **(c) Anfrage bzgl. eines E-Mail-Newsletters/Widerruf des Einverständnisses für die Zusendung eines E-Mail-Newsletters.** Die Anfrage an einen Adressaten, ob dieser am **Abonnement eines Newsletters** interessiert sei, stellt bereits Werbung dar.[622] Widerruft ein Empfänger eines E-Mail-Newsletters sein Einverständnis, hat eine weitere Zusendung unverzüglich zu unterbleiben.[623]

327 **(d) Weitergabe der E-Mail-Adresse bei Werbetelefonat.** Die **Weitergabe einer E-Mail-Adresse** im Rahmen eines Werbetelefonats könnte allenfalls als – nicht ausreichende – konkludente Einwilligung des Adressaten in die Übermittlung von Werbemails gewertet werden.[624]

328 **(e) Einwilligung in Allgemeinen Geschäftsbedingungen.** Aus den spezifischen Schutzzweckanforderungen und einer richtlinienkonformen Auslegung folgert der BGH, dass die Einwilligung durch zusätzliche Unterschrift oder Markieren eines entsprechenden Feldes abgegeben werden muss, und die Erklärung **nicht in Textpassagen** enthalten sein darf, die auch **andere Erklärungen oder Hinweise** enthalten.[625]

329 **(f) E-Mail mit angehängtem Werbeslogan.** E-Mail-Diensteanbieter, die diesen Service kostenlos anbieten, hängen häufig an die E-Mails ihrer Kunden einen kurzen Werbeslogan an. Der Kunde des Providers wird – mit seiner Zustimmung – als Vermittler der Werbebotschaft eingesetzt. Eine Übertragung der **Grundsätze zu den durch Werbung unterbrochenen, kostenlosen Telefongesprächen**[626] passt hier nicht.[627] Die Belästigung ist denkbar gering. Die Mitteilung selbst wird nicht einmal unterbrochen, da die Werbebotschaft am Ende angefügt ist. Der erste Teil ist für den Empfänger interessant, ob er den Rest noch liest, obliegt seiner Entscheidung. Insbesondere ist das Ende der privaten Nachricht sofort erkennbar, weshalb kein zusätzlicher Zeit- oder Kostenaufwand entsteht. Dennoch wird man nach dem Wegfall der Zumutbarkeitsschwelle auch hier von einer unzumutbaren Belästigung ausgehen müssen.[628] Zur sogenannten Inbox-Werbung siehe den Vorlagebeschluss BGH GRUR 2020, 420 – Inbox-Werbung.

330 **(g) Einmaliges Zusenden einer E-Mail.** Schon das **einmalige Versenden einer E-Mail** an einen Adressaten, der seine Einwilligung nicht vorher erteilt hat, stellt eine unzulässige Belästigung dar.[629] Abs. 2 Nr. 3 verlangt keine mehrfache oder fortgesetzte

---

[620] Vgl. OLG Dresden GRUR-RS 2017, 114345 Rn. 21; LG Kiel NJW-RR 2001, 412 (414); kritisch *Wolber/Eckhardt* DB 2002, 2582 (2584 f.); siehe auch LG München BeckRS 2018, 32210, wonach die Übersendung einer Bestätigung-R-Mail an einen Verbraucher, ohne dass zuvor das entsprechende Produkt bestellt wurde, eine unzumutbare Belästigung nach Abs. 1 S. 1 darstellt.

[621] BGH GRUR 2018, 1178 Rn. 24 – Eingriff in Persönlichkeitsrecht durch Direktmailing; OLG Dresden GRUR-RR 2016, 462 Rn. 18 mwN; KG GRUR-RR 2017, 245; LG Hannover MMR 2018, 482.

[622] LG Berlin MMR 2003, 202; vgl. auch LG Berlin CR 2002, 219; OLG Koblenz MMR 2003, 590.

[623] LG Braunschweig WRP 2013, 537; LG Duisburg BeckRS 2016, 371.

[624] AG Rostock CR 2002, 613.

[625] BGH MMR 2008, 731 (734) – Payback; kritisch dazu *Hanloser* CR 2008, 713 (717); ausführlich → Rn. 252.

[626] BGH GRUR 2002, 637 (638 f.) – Werbefinanzierte Telefongespräche; vgl. hierzu → Rn. 283.

[627] AA *Remmertz* WRP 2003, 314, 317; *Lange* WRP 2002, 786 (788); *Lange* BB 2002, 561 (567) zur angehängten SMS-Werbung.

[628] *Köhler*/Bornkamm/Feddersen § 7 Rn. 201; *Schmittmann* K & R 2004, 58 (62) für SMS-Anhang; aA *Ohly*/Sosnitza § 7 Rn. 68 für den Fall, dass E-Mail-Text und Werbung für den Empfänger klar unterscheidbar sind.

[629] OLG München MMR 2004, 324; LG Berlin MMR 2004, 44; OLG Düsseldorf MMR 2006, 681; aA AG Dachau NJW 2001, 3488; LG Berlin CR 2003, 219.

Zusendung unverlangter E-Mails. In der Rechtsprechung wurde allerdings teilweise die Annahme eines Verfügungsgrundes bei nur einmaliger Zusendung abgelehnt.[630]

(h) Die Double-opt-in-Bestätigungsmail als Werbung. Strittig in der Instanzrechtsprechung ist die Frage der Zulässigkeit der so genannten **Double-opt-in-Bestätigungsmail,** mit welcher der Empfänger per E-Mail aufgefordert wird, seine zuvor abgegebene Einwilligung in die Werbung des Unternehmens zu bestätigen.[631] Im Ergebnis dürfte der Auffassung des OLG Celle sowie der ganz herrschenden Meinung im Schrifttum zu folgen und die Double-opt-in Bestätigungsmail als zulässig anzusehen sein.[632] 331

(i) Beschränkte Unterlassungserklärung. Eine **Unterlassungserklärung,** die auf die Zusendung von unverlangter Werbung an die im konkreten Fall betroffene E-Mail-Adresse **beschränkt** ist, ist unzureichend. Sie kann regelmäßig nicht dahingehend ausgelegt werden, dass sie auch die Zusendung von Werbe-E-Mails an andere E-Mail-Adressen des Betroffenen erfasst. Kerngleiche Verletzungsformen sind daher von einer solchen beschränkten Unterlassungserklärung nicht erfasst.[633] 332

(j) Bereithalten von E-Mail-Funktionen auf Websites/„Tell-A-Friend"-Funktionen. Wer Dritten die Möglichkeit bietet, mittels einer **E-Card-Funktion** auf seiner Website Werbung via E-Mail unverlangt an einen Empfänger zu senden, ist mittelbarer Störer und damit mitverantwortlich für die Werbe-E-Mail, weil er in der Lage ist, die von ihm gesetzte Ursache zu unterbinden.[634] Die Haftung entfällt nicht dadurch, dass die E-Mails als solche nicht vom Inhaber der Website versendet werden, sondern ein Dritter die Werbe-E-Mail von seiner Homepage aus verbreitet.[635] Bereits die willentliche und adäquat kausale Mitwirkung an der Herbeiführung der unzumutbaren Belästigung per E-Mail ist ausreichend, sofern die rechtliche Möglichkeit zur Verhinderung derselben besteht.[636] 333

Entsprechendes gilt für so genannten Empfehlungs-E-Mails, bei welchen ein Unternehmen auf seiner Website für Nutzer die Möglichkeit schafft, Dritten unverlangt eine Empfehlung per E-Mail zu schicken, die auf den Internetauftritt des Unternehmens hinweist[637] oder bei denen etwa ein **Versandhandelshaus** auf seiner Internetseite einem Dritten, der ein bestimmtes Produkt ausgewählt hat, anbietet, dieses Produkt als Empfehlung per E-Mail direkt von der Internetseite aus an einen vom Dritten benannten Empfänger zu verschicken und diese E-Mail dann über die Kundenempfehlung hinaus weitere Werbung enthält.[638] Diese Art der Werbung ist eine unzulässige E-Mail-Werbung, denn sie hat die gleiche Wirkung, wie wenn der Werbende direkt gegenüber dem Empfänger wirbt, und stellt daher lediglich einen unzulässigen **Umgehungsversuch in Form getarnter persönlicher Empfehlungen** dar.[639] 334

(k) Werbung über Facebook. Besuchen Nutzer von **Facebook,** während sie dort angemeldet sind, Webseiten von Unternehmen und betätigen sie dort den **„Gefällt-mir-Button" („Like-it"),** stellt es keine unzumutbare Belästigung dar, wenn sie infolgedessen **weitere Werbung dieses Unternehmens** erhalten, da der Nutzer durch sein Verhalten 335

---

[630] OLG Koblenz MMR 2003, 590; LG Karlsruhe MMR 2002, 402; aA KG CR 2003, 291 (292).

[631] Als unzulässige Werbung anzusehen laut OLG München WRP 2013, 111; als zulässig anzusehen hingegen nach OLG Celle WRP 2014, 1218; siehe hierzu auch *Ernst* WRP 2013, 160.

[632] Siehe statt aller *Ernst* WRP 2013, 160 sowie *Schirmbacher/Schätzle* WRP 2014, 1143, jeweils mit zahlreichen weiteren Nachweisen.

[633] OLG Celle WRP 2014, 1218.

[634] OLG München MMR 2004, 324; KG MMR 2004, 616; siehe auch OLG Nürnberg GRUR-RR 2006, 26 (27) – Kunden-E.-Mail; LG Nürnberg-Fürth CR 2004, 702; LG München I MMR 2003, 758; LG München I MMR 2003, 483; vgl. auch LG München I MMR 2003, 282; AG Rostock MMR 2003, 345 (346); *Köhler*/Bornkamm/Feddersen § 7 Rn. 201.

[635] OLG München MMR 2004, 324; LG München I MMR 2003, 483 (484).

[636] Vgl. BGH GRUR 1997, 313 (315) – Architektenwettbewerb; jurisPK-UWG/*Koch* § 7 Rn. 395.

[637] BGH WRP 2013, 1579 – Empfehlungs-E-Mail.

[638] OLG Nürnberg GRUR-RR 2006, 26.

[639] Siehe hierzu kritisch auch *Schirmbacher/Schätzle* WRP 2014, 1143 (1144).

gerade zu erkennen gibt, dass er an weiteren Nachrichten und Empfehlungen dieses Unternehmens interessiert ist.[640] Dagegen kann der bloße Umstand, dass der Nutzer die Webseite eines Unternehmens besucht, während er bei Facebook angemeldet ist, ohne dass er den „Like-it"-Button betätigt, nicht als konkludentes Einverständnis mit der Zusendung von Werbung durch dieses Unternehmen an die Facebook-Adresse gewertet werden.[641] Erst recht gilt dies, wenn der Benutzer lediglich die Facebook-Seite eines Unternehmens besucht, ohne hier wiederum den „Gefällt-mir-Button" zu betätigen. Auch das gezielte Einstellen von Werbung auf der Pinnwand eines anderen Nutzers stellt eine nach § 7 Abs. 2 Nr. 3 unzulässige Werbung dar.[642]

336 **(l) Benutzung von E-Mail-Adressen durch Facebook zu Werbezwecken („Freundefinder").** Die Versendung so genannter **Freundschaftsanfragen durch Facebook** an ihrerseits nicht bei Facebook registrierte Dritte ohne vorherige Einwilligung der kontaktierten Verbraucher verstößt gegen § 7 Abs. 2 Nr. 3.[643] Allein die Tatsache, dass der einladende Facebook-Nutzer die Empfänger anhand seiner Kontaktadressen ausgewählt hat, führt nicht zu der erforderlichen Einwilligung der Empfänger in die Zusendung dieser E-Mail. Bei den **Einladungs- und Erinnerungs-Mails** handelt es sich auch um Werbung, da sie der Vergrößerung der Nutzergemeinschaft von Facebook und damit jedenfalls auch der Förderung des Absatzes von Dienstleistungen von Facebook dienen. Bei der Versendung der Einladungs-Mail handeln der Nutzer und Facebook als Mittäter nach § 830 Abs. 1 S. 1 BGB. Während die Nutzer die erforderlichen E-Mail-Adressen noch nicht bei Facebook registrierter Personen zur Verfügung stellen, übernimmt Facebook die Einstellung der E-Mails und deren Versand. Die Einladungs-E-Mails werden vom Empfänger nicht als private Mitteilung des Nutzers, sondern als Werbung von Facebook verstanden.[644] Der Unlauterkeit steht dabei nicht entgegen, dass der soziale Charakter des „Freunde Findens", also das legitime Interesse des Nutzers an der Erweiterung seines „Freundeskreises" bei Facebook, durchaus erheblich erscheint. Im Rahmen des § 7 kommt es allein auf das Interesse des jeweiligen Empfängers der Werbung an. Erforderlich ist eine ausdrückliche Einwilligung dieses Empfängers.[645]

337 Hintergrund der Entscheidung ist der so genannte „Freundefinder" von Facebook, im Rahmen dessen einem bei Facebook registrierten Nutzer die Möglichkeit eingeräumt wird, durch Betätigen eines Textfeldes „Freunde finden" **eigene Kontaktdaten,** insbesondere E-Mail-Adressen, **in den Datenbestand bei Facebook zu importieren** und mit dem bereits bei Facebook registrierten Datenbestand abgleichen zu lassen. Anschließend hat der Nutzer die Möglichkeit, sämtliche oder einzelne seiner noch nicht bei Facebook registrierten Kontakte über Versendung von Einladungs-Mails zur Registrierung aufzufordern. Facebook hat den zugrundeliegenden Registrierungsprozess zwar zwischenzeitlich dahingehend geändert, dass bei Nutzung des „Freunde-Finders" die Kontakte vom Nutzer selbst

[640] Vgl. KG GRUR-RR 2012, 19 zu § 13 Abs. 1 TMG; zu der datenschutzrechtlichen Zulässigkeit der Verwendung des „Like-it-Buttons" durch Dritte siehe *Draheim/Lehmann* GRUR-Prax 2014, 401 (403); zu weiteren rechtlichen Aspekten der Datenverarbeitung durch Facebook siehe *Buchner* FS Köhler, 2014, 51 ff.

[641] Weitergehend offenbar KG GRUR-RR 2012, 19, wonach schon der Besuch des gleichzeitig bei Facebook angemeldeten Nutzers auf einer Unternehmenswebseite, auf welcher ein „Gefällt-mir-Button" installiert ist, den Wunsch und die Bereitschaft zu erkennen gebe, entsprechende Nachrichten und Empfehlungen von „Freunden" zu erhalten.

[642] Siehe hierzu sowie zu weiteren Werbeformen in sozialen Netzwerken *Sieling/Lachenmann* ITRB 2012, 156.

[643] BGH GRUR 2016, 946 – Freunde finden; KG GRUR-RS 2014, 03648 = ZD 2014, 412; LG Berlin VuR 2012, 366; siehe hierzu die Anmerkungen zum erstinstanzlichen Urteil von *Meyer* K&R 2012, 309; *Wieczorek* WRP 2012, 539; *Terhaag/Schwarz* K&R 2012, 377 mit einer „Anleitung" für zulässige „Tell-A-Friend"-Funktionen sowie auch *Wittern/Wichmann* ITRB 2012, 133 mit einer rechtlichen Einschätzung der „Einladungs"-Funktion des Netzwerkes XING; *Schaub* GRUR 2016, 1017 (1018).

[644] Hierzu *Schaub* GRUR 2016, 1017 (1018).

[645] BGH GRUR 2016, 946 – Freunde finden; KG BeckRS 2014, 03648; LG Berlin VuR 2012, 366; siehe auch *MMR-Aktuell* 2012, 329, 977.

aktiviert werden müssen und nicht mehr bereits als Voreinstellung angeklickt sind.[646] Eine etwaige Auswahl der Empfänger durch den Nutzer ändert aber nichts daran, dass Facebook für eine zulässige Übersendung der Werbe-Mails die Einwilligung des Empfängers benötigt.[647]

dd) SMS und MMS. Die ältere instanzgerichtliche Rechtsprechung zur **SMS-Werbung** lehnte sich an die Grundsätze zur Telefonwerbung an.[648] Eine Werbe-SMS ist auch dann unzulässig, wenn dem Werbenden die Nummer des Anschlussinhabers ohne ausdrückliche vorherige Einwilligung des Anschlussinhabers von einem Familienangehörigen desselben mitgeteilt wurde und dieser Familienangehörige der Adressat der SMS ist.[649] 338

Zur Frage unzumutbarer Belästigungen durch den **Versand von MMS** liegt bislang noch keine (veröffentlichte) Rechtsprechung vor. Die Maßstäbe, an denen der MMS-Versand zu messen ist, dürften jedoch nicht nachhaltig von denen der SMS-Werbung abweichen. Zu berücksichtigen ist allerdings, dass MMS regelmäßig mehr Speicherplatz einnehmen als einfache SMS. Der Belästigungsgrad ist somit tendenziell höher einzustufen. 339

4. Aktivlegitimation bei Verstößen gegen § 7 Abs. 2. Während im Schrifttum umstritten ist,[650] ob **Mitbewerber und Verbände** im Falle von Verstößen gegen § 7 Abs. 2 aktivlegitimiert sein können, hat der BGH diese Frage bejaht.[651] Nach Auffassung des BGH sind die Bestimmungen des Art. 13 Abs. 6 S. 1 und der Art. 15 und 15a der EK-DSRL in der durch die Richtlinie 2009/136 EG geänderten Fassung nicht abschließend und schließen die Aktivlegitimation von Mitbewerbern daher nicht aus. Zudem hindere auch die Richtlinie 2009/22/EG[652] (Richtlinie über Unterlassungsklagen zum Schutz der Verbraucherinteressen) nach ihrem Art. 7 die Mitgliedstaaten nicht daran, Bestimmungen zu erlassen oder beizubehalten, die den qualifizierten Einrichtungen sowie sonstigen betroffenen Personen auf nationaler Ebene weitergehende Rechte zur Klageerhebung einräumen.[653] 340

5. Verbot anonymer Direktwerbung (Abs. 2 Nr. 4). a) Beschreibung. Adressaten von Telemarketingmaßnahmen haben häufig nicht die Möglichkeit, sich gegen Belästigungen zu wehren, weil ihnen weder der Werbende noch eine Kontaktadresse, unter der sie die Einstellung verlangen können, bekannt sind. **Mehrwertdienstnummern,** etwa 0190-Fax- und Telefonnummern, werden vereinzelt von Geschäftemachern als einzige Adresse angegeben, um wirtschaftliche Vorteile zu erlangen. Diese Formen der anonymen Direktwerbung gelten als unzulässige unzumutbare Belästigung nach § 7 Abs. 2 Nr. 4. 341

b) Wettbewerbsrechtliche Beurteilung. Auch wenn die erforderliche Einwilligung zur Telefonwerbung vorliegt (Abs. 2 Nr. 2) sowie wenn eine vorherige ausdrückliche Einwilligung zur Werbung mittels automatischer Anrufmaschinen, Faxgeräten oder elektronischer Post erteilt wurde (Abs. 2 Nr. 3) oder gesetzlich vermutet werden kann (Abs. 3), 342

---

[646] *Wittern/Wichmann* ITRB 2012, 133 (134).

[647] Zutreffend *Meyer* K&R 2012, 309 (311).

[648] LG Berlin CR 2003, 339; vgl. *Schmittmann* MMR 1998, 346; *Schmittmann* K & R 2004, 58 (60); *Krajewski* MMR 2001, 86; *Ayad* CR 2001, 533 (544); *Lange* BB 2002, 561; *Remmertz* MMR 2003, 314.

[649] OLG Köln GRUR-RR 2011, 336 = BeckRS 2011, 16412; siehe auch OLG Köln GRUR-RR 2010, 219 zu der Fallkonstellation, dass vom Anschlussinhaber vorher eine Einwilligung zur Zusendung von Werbe-SMS erteilt wurde, unter dem Anschluss aber ein Dritter erreicht wird, der keine entsprechende Erklärung abgegeben hat.

[650] Verneinend *Köhler* WRP 2012, 1329 (1332 ff.); *Köhler* WRP 2013, 567; *Zech* WRP 2013, 1434 Rn. 18.

[651] BGH GRUR 2013, 1170 – Telefonwerbung für DSL-Produkte, siehe auch die zustimmende Anmerkung von *Menebröcker* GRUR-Prax 2013, 451.

[652] Richtlinie des Europäischen Parlaments und des Rates vom 23.4.2009 über Unterlassungsklagen zum Schutz der Verbraucherinteressen, ABl. 2009 L 110, S. 30.

[653] BGH GRUR 2013, 1170 Rn. 17 – Telefonwerbung für DSL-Produkte; ebenso OLG Köln GRUR-RR 2014, 80; 2013, 219; zustimmend *Glöckner* GRUR 2013, 224 (237).

stellt die Direktwerbung bei **Verschleierung oder Verheimlichen der Identität des Absenders** regelmäßig eine unzumutbare Belästigung dar. Das **Transparenzgebot** des Abs. 2 Nr. 4 dient der Umsetzung von Art. 13 Abs. 4 EK-DSRL 2002. Dem Adressaten der Werbung soll ermöglicht werden, sich effektiv gegen unerbetene Werbung zur Wehr zu setzen und Ansprüche gegen den Werbenden durchzusetzen.[654] Die Regelung wurde durch das Gesetz gegen unseriöse Geschäftspraktiken von 2013[655] um § 7 Abs. 4 lit. b ergänzt und erfasst nunmehr auch Werbung unter Verstoß gegen § 6 Abs. 1 TMG sowie die Aufforderung zum Aufruf einer Website, welche gegen diese Vorschrift verstößt.

343 Der Begriff der **Nachrichten** wird in § 2 Abs. 1 Nr. 4 legaldefiniert als „jede Information, die zwischen einer endlichen Zahl von Beteiligten über einen öffentlich zugänglichen elektronischen Kommunikationsdienst ausgetauscht oder weitergeleitet wird."[656] Unter elektronische Kommunikationsdienste im Sinne der Begriffsbestimmung sind insbesondere die Sprachtelefonie, Faxgeräte und die elektronische Post einschließlich SMS und MMS zu fassen.[657] Damit geht der Anwendungsbereich von Abs. 2 Nr. 4 über den des Art. 13 Abs. 4 EK-DSRL 2002 hinaus,[658] der sich ausschließlich auf E-Mail-Werbung beschränkt.[659]

344 Der Begriff der **Werbung** im Sinne des Abs. 2 Nr. 4 umfasst ebenfalls sowohl die Absatz- als auch die Nachfragewerbung.[660]

345 Die **Identität des Absenders,** also des Werbenden, in dessen Auftrag die Nachricht übermittelt wird, ist in der Werbung anzugeben. Hierzu ist es erforderlich, dass der **Name des werbenden Unternehmens** genannt wird. Angaben zur Identität des handelnden Auftragnehmers (zB Call-Center, Agentur) sind weder erforderlich noch ausreichend.

346 **Verheimlicht** wird diese Identität, wenn das werbende Unternehmen nicht genannt wird, sondern beispielsweise lediglich der Produktname in der Werbung Erwähnung findet. Die Identität wird **verschleiert,** wenn eine falsche Identität angegeben wird. Des Weiteren kann dies der Fall sein, wenn in der Werbung zwar Firmenbestandteile des Werbenden genannt werden, der Adressat aufgrund dieser Angabe aber nicht beurteilen kann, welches Unternehmen unter mehreren Gesellschaften einer Unternehmensgruppe oder unter mehreren voneinander unabhängigen Gesellschaften mit ähnlichen Firmenbezeichnungen für die Werbung verantwortlich zeichnet.

347 Trotz Angabe der Identität des Absenders liegt ein Verstoß gegen das Transparenzgebot vor, wenn im Zusammenhang mit der Werbung **keine gültige Adresse** vorgehalten wird, an die der Empfänger eine Aufforderung zur Einstellung solcher Nachrichten richten kann, ohne dass hierfür **andere als die Übermittlungskosten nach den Basistarifen** entstehen. Soweit Abs. 2 Nr. 4 die Gebührenfreiheit über die Übermittlungskosten nach den Basistarifen hinaus fordert, geht die Regelung über die Vorgaben des Art. 13 Abs. 4 EK-DSRL 2002 hinaus. Das Erfordernis der Gebührenfreiheit entspricht Art. 10 Abs. 3 FinDL-FARL 2002. Aus der Bezugnahme auf die Übermittlungskosten dürfte zu schließen sein, dass die Angabe einer E-Mail-Adresse, einer Telefaxnummer oder einer Telefonnummer ausreichend ist; die postalische Anschrift muss nicht zusätzlich erwähnt werden.[661]

---

654 Begr. RegE-UWG 2004, BT-Drs. 15/1487, 21.

655 BGBl. I S. 3714.

656 Vgl. auch Art. 2 S. 2d) EK-DSRL 2002.

657 Ebenso bereits RefE-UWG 2003, S. 28 = GRUR 2003, 298 (305); vgl. zum Anwendungsbereich auch RefE-UWG 2003, S. 33 = GRUR 2003, 298 (305).

658 AA *Eckhardt* MMR 2003, 557 (559).

659 Art. 13 Abs. 4 EK-DSRL 2002 verwendet nämlich in der englischen Fassung den Begriff „electronic mail", der dem deutschen Begriff „elektronische Post" entspricht und in Art. 2 S. 2h) der Richtlinie definiert ist; dieser wurde wohl versehentlich ins Deutsche als „elektronische Nachrichten" übersetzt.

660 Vgl. dazu → Rn. 295.

661 Diese kann aber vor Abschluss eines Fernabsatzvertrags nach § 312d Abs. 1 iVm Art. 246a des Einführungsgesetzes zum BGB rechtzeitig anzugeben sein.

Da Art. 13 Abs. 4 EK-DSRL 2002 für alle Teilnehmer gilt (Art. 13 Abs. 5), bleibt für eine **Interessenabwägung** kein Raum. Bei einem Verstoß gegen Abs. 2 Nr. 4 ist stets von einer unzumutbaren Belästigung auszugehen. 348

Durch das Gesetz zur Bekämpfung unerlaubter Telefonwerbung und zur Verbesserung des Verbraucherschutzes bei besonderen Vertriebsformen vom 4.8.2009[662] wurde in das Telekommunikationsgesetz (TKG) § 102 Abs. 2 eingeführt, wonach der Anrufer bei Werbeanrufen seine **Rufnummer nicht unterdrücken** darf, um seine Identität zu verschleiern.[663] Bei Verstößen gegen das Verbot der Rufnummernunterdrückung droht eine Geldbuße bis zu 100 000 EUR. 349

D. Ausnahme zu Abs. 2 Nr. 3: Werbung im Rahmen bestehender Kundenbeziehung (Abs. 3)

In Umsetzung des **Art. 13 Abs. 2 EK-DSRL 2002** enthält Abs. 3 eine **Ausnahme** vom Erfordernis der vorherigen (ausdrücklichen) Einwilligung. Hat der Unternehmer die elektronische Postadresse im Rahmen einer bestehenden Kundenbeziehung erhalten und wahrt er die Hinweispflichten, ist eine Direktwerbung für ähnliche Waren und Dienstleistungen erlaubt, sofern der Kunde der weiteren Nutzung nicht widersprochen hat. In dogmatischer Hinsicht handelt es sich bei Abs. 3 um den abschließend normierten Fall einer **vermuteten Einwilligung.**[664] Diese führt dazu, dass eine unzumutbare Belästigung zu verneinen ist.[665] 350

Der **Anwendungsbereich** der Ausnahmeregelung erfasst nur die Werbung mittels elektronischer Post.[666] Die Bestimmung stellt daher eine Ausnahme allein für E-Mail-Werbung und SMS-/MMS-Werbung dar. Dementsprechend umfasst der Begriff **elektronische Postadresse** neben der E-Mail-Adresse die Telefonnummer, soweit deren Nutzung zum SMS- bzw. MMS-Versand in Frage steht. Hingegen bezieht sich die Ausnahmebestimmung nicht auf Telefaxwerbung[667] oder Telefonwerbung.[668] 351

Abs. 3 gilt nur für die Verwendung der elektronischen Postadresse durch **Unternehmer** iSd § 2 Abs. 1 Nr. 6. 352

Die elektronische Postadresse muss im Zusammenhang mit dem **„Verkauf" einer Ware oder Dienstleistung** (Abs. 3 Nr. 1) erhalten worden sein, wobei als Verkauf im Sinne von Abs. 3 nicht nur der Kaufvertrag nach § 433 BGB, sondern jeder Austauschvertrag anzusehen ist.[669] Der Ausnahmetatbestand stellt damit auf eine bereits **bestehende Kundenbeziehung** zwischen Versender und Adressat der E-Mail ab.[670] Die Adresse muss der Werbende darüber hinaus vom Kunden selbst erhalten haben, sodass Abs. 3 im Fall der Erlangung der Adresse von einem Dritten nicht greift.[671] Der Vertragsabschluss muss tatsächlich zustande gekommen sein, bloße Verkaufsgespräche genügen für die Bejahung 353

---

662 BGBl. 2009 I S. 2413–2415.

663 Kritisch zur Differenzierung zwischen dem Diensteanbieter in § 102 Abs. 1 S. 1 TKG und dem Anrufenden in § 102 Abs. 2 TKG: *Möller* WRP 2010, 321 (330).

664 Zutreffend *Leistner/Pothmann* WRP 2003, 815 (822, 827); *Stuckel* DB 2011, 2421; aA *Weiler* MMR 2993, 223 (227) („Soft Opt-in"); *Ohlenburg* MMR 2003, 82 (84) („Abmilderung"); *Engels/Salomon* WRP 2004, 32 (39).

665 Vgl. RegE-UWG 2008, S. 60.

666 Zu diesem Begriff s. Art. 13 Abs. 2 iVm Art. 2 S. 2h) EK-DSRL 2002.

667 So auch OLG Stuttgart WRP 2007, 854.

668 Art. 2 S. 2h) EK-DSRL 2002 stellt darauf ab, dass die Nachricht im Netz oder im Endgerät des Empfängers gespeichert werden kann, was nur bei E-Mail und SMS/MMS durchgängig möglich ist; aA *Eckhardt* MMR 2003, 557 (561).

669 OLG München GRUR-RR 2018, 369 Rn. 15.

670 Gemeinsamer Standpunkt des Rates im Hinblick auf den Erlass der Richtlinie des Europäischen Parlaments und des Rates über die Verarbeitung personenbezogener Daten und den Schutz der Privatsphäre in der elektronischen Kommunikation, ABl. 2002 C 113 E, Erw. 41; siehe auch Erw. 41 zur EK-DSRL 2002; *Leistner/Pothmann* WRP 2003, 815 (822).

671 GroßKommUWG/*Pahlow* § 7 Rn. 231.

einer Kundenbeziehung nicht.[672] Erst recht nicht ausreichend ist ein vom Kunden geäußertes generelles Interesse an einem Produkt.[673] Aus dem Verweis in Art. 13 Abs. 2 EK-DSRL auf Art. 7 lit. b RL 95/46/EG wird allerdings teilweise der Rückschluss gezogen, dass die Verwendung der E-Mail-Adresse zu Werbezwecken für ähnliche Waren oder Dienstleistungen durch den Unternehmer dann nicht unzulässig sein soll, wenn der Kunde dem Unternehmer diese im Vorfeld zu Zwecken vom Kunden selbst beantragter, bereits konkreter vorvertraglicher Maßnahmen in Bezug auf den Verkauf einer konkreten Ware oder Dienstleistung zur Verfügung gestellt hatte, wobei diese Anforderungen eng auszulegen seien.[674]

354 Von der Rechtsprechung soweit ersichtlich noch nicht beantwortet ist die Frage, inwieweit ein **Widerruf des zugrunde liegenden Kaufvertrags** die **Zulässigkeit der Versendung einer E-Mail zu Werbezwecken** für ähnliche Waren oder Dienstleistungen an den (widerrufenden) Käufer berührt.[675] Insoweit ist *Köhler* zuzustimmen, wonach in diesem Fall regelmäßig ein hinreichender sachlicher Zusammenhang mit dem Verkauf der zunächst erworbenen Ware oder Dienstleistung bestehen bleiben wird, sofern sich der Vertragsauflösung nicht ein konkludenter oder expliziter Widerspruch im Sine des § 7 Abs. 3 Nr. 3 entnehmen lässt.[676]

355 Davon zu unterscheiden ist der Fall, dass der Unternehmer die E-Mail-Adresse des Kunden erstmals überhaupt durch den Widerruf oder in Verbindung mit der Auflösung des Vertrags erhalten hat, etwa weil der Kunde den Vertrag mittels E-Mail widerrufen oder gekündigt hat; in diesem Fall ist die Verwendung der (allein) auf diese Weise erhaltenen E-Mail-Adresse zu Zwecken der Direktwerbung als unzulässig anzusehen.

356 Die Ausnahme dient dem Interesse des Unternehmers, die bestehende Verbindung zu einem Kunden in wirtschaftlicher Hinsicht wirtschaftlich zu nutzen.[677] Diesen Schutz kann nur derjenige Unternehmer in Anspruch nehmen, der die elektronische Adresse **unmittelbar vom Inhaber** oder von einem Dritten mit Zustimmung des Inhabers erhalten hat.[678] Nur in diesem Falle ist das Überlassen der Adresse dem Inhaber zurechenbar und steht damit im Einklang mit der **DSRL 1995.**[679] Die Beachtung der Vorgaben dieser Richtlinie wird in Art. 13 Abs. 2 EK-DSRL 2002 und in der Gesetzesbegründung[680] ausdrücklich erwähnt.

357 Zwischen dem Abschluss des Vertrags und der Erlangung der elektronischen Adresse muss weiter auch ein gewisser **zeitlicher Zusammenhang** bestehen. Erlangt der Unternehmer erst erheblich nach dem Zeitpunkt des „Verkaufs", etwa im Zuge der Vertragsdurchführung, Kenntnis von der Adresse, ist der Unternehmer nicht berechtigt, diesen Umstand für eine Werbung für seine Produkte zu verwenden.[681]

358 Weitere Voraussetzung ist nach Abs. 3 Nr. 4, dass der Kunde bei der Erhebung der Adresse und bei jeder Verwendung klar und deutlich darauf **hingewiesen** wird, dass er der

---

672 Mitteilung der Kommission an das Europäische Parlament gem. Art. 251 Abs. 2 UAbs. 2 EG betreffend den Gemeinsamen Standpunkt des Rates im Hinblick auf den Erlass der Richtlinie des Europäischen Parlaments und des Rates über die Verarbeitung personenbezogener Daten und den Schutz der Privatsphäre in der elektronischen Kommunikation, v. 30.1.2002, SEK(2002) 124 endg., S. 8; OLG Düsseldorf BeckRS 2018, 23265; *Ohly*/Sosnitza § 7 Rn. 73; Fezer/Büscher/Obergfell/*Mankowski* § 7 Rn. 239; *Köhler/Lettl* WRP 2003, 1019 (1027); *Decker* GRUR 2011, 774 (775); aA *Leistner/Pohlmann* WRP 2003, 817 (822); *Ohlenburg* MMR 2003, 82 (84); *Brömmelmeyer* GRUR 2006, 285 (288); siehe auch *Faber* GRUR 2014, 337 (338).

673 Insoweit zustimmend auch *Leistner/Pothmann* WRP 2003, 815 (822); *Ohly*/Sosnitza § 7 Rn. 73.

674 Vgl. OLG München MMR 2019, 54; *Brömmelmeyer* GRUR 2006, 285 (288); noch weitgehender allerdings *Faber* GRUR 2014, 337 (338), der bereits jedes Stadium der Vertragsanbahnung für die Annahme eines Vertrags iSd § 7 Abs. 3 ausreichen lassen will.

675 Hierzu *Faber* GRUR 2014, 337.

676 *Köhler*/Bornkamm/Feddersen § 7 Rn. 204; im Ergebnis ebenso *Faber* GRUR 2014, 337 (339).

677 *Weiler* MMR 2003, 223 (229).

678 RegE-UWG 2003 S. 46 = BT-Drs. 15/1487, 21.

679 RL 95/46/EG.

680 RegE-UWG 2003 S. 46 = BT-Drs. 15/1487, 21.

681 So auch *Köhler*/Bornkamm/Feddersen § 7 Rn. 204.

Verwendung der elektronischen Adresse jederzeit widersprechen kann.[682] Dieser Hinweis muss also sowohl bei der Erhebung als auch bei jeder einzelnen Versendung von Werbenachrichten erfolgen. Es genügt daher nicht, den Kunden bei Erhebung der Adresse darüber zu belehren, er könne deren Nutzung zu Werbezwecken – etwa durch Klicken auf ein hierzu vorgesehenes Kästchen – untersagen. Vielmehr muss ihm bereits deutlich gemacht werden, dass er auch später jederzeit diese Möglichkeit hat. Der Hinweis muss ferner deutlich machen, dass für die Untersagung ausschließlich **Übermittlungskosten nach den Basistarifen** und keine Kosten für eine Mehrwertdienstrufnummer entstehen. Diese Regelung steht im Einklang mit Art. 13 Abs. 2 EK-DSRL 2002, auch wenn dort von „gebührenfreier“ Übertragung die Rede ist; die Gebührenfreiheit umfasst nach Erwägungsgrund Nr. 41 nämlich nicht die Kosten der Übermittlung der Ablehnung.[683] Selbstverständlich genügt nicht der bloße Hinweis, sondern es dürfen auch tatsächlich nicht höhere Kosten erhoben werden.

Der Kunde darf der Verwendung seiner elektronischen Adresse **nicht widersprochen** 359
haben (Abs. 3 Nr. 3). Ebenso wie die Erteilung einer Einwilligung ist die Untersagung nur ausdrücklich möglich. Als empfangsbedürftige Willenserklärung ist die Untersagung gegenüber dem Unternehmer erforderlich. Dabei ist diese nicht formgebunden und kann daher auf jeglichem Übermittlungsweg schriftlich sowie mündlich erklärt werden.[684]

Die Werbe-E-Mail muss sich auf eine **ähnliche Ware oder Dienstleistung** beziehen 360
(Abs. 2 Nr. 2). Die Ähnlichkeit muss sich auf die bereits gekauften Waren oder Dienstleistungen beziehen und dem gleichen typischen Verwendungszweck oder Bedarf des Kunden entsprechen. Zu deren Bestimmung wird zum Teil auf das kartellrechtliche Kriterium der **Kreuzpreiselastizität** abgestellt.[685] Demnach sind sich zwei Produkte ähnlich, wenn preisliche Veränderungen hinsichtlich des einen Produkts auf die Preisentwicklung des anderen Produktes Einfluss ausüben.[686] Dies ist wiederum dann der Fall, wenn die Produkte aus Sicht des Verbrauchers austauschbar sind oder dem gleichen oder zumindest einem ähnlichen Bedarf oder Verwendungszweck dienen, also eine Funktions- und Bedarfsidentität aufweisen.[687]

Inwieweit **Zubehör** vom Ausnahmetatbestand des § 7 Abs. 3 erfasst wird, ist durch die Rechtsprechung noch nicht geklärt. Anders als noch in der Vorauflage vertreten, erscheint es bei einem *unmittelbaren funktionellen Zusammenhang* zwischen bereits erworbenem Produkt und (notwendigem) Zubehör trotz der gebotenen restriktiven Auslegung der Ausnahmevorschrift vorzugswürdig, Werbung für Letzteres ebenfalls unter § 7 Abs. 3 zu fassen.[688]

Nicht höchstrichterlich geklärt ist bisher auch, inwieweit eine nach dem Kauf eines Produkts durch das Unternehmen versandte **Kundenzufriedenheitsbefragung** nach § 7 Abs. 3 zulässig sein kann. Bei der Versendung einer Kundenzufriedenheitsbefragung handelt es sich um Werbung, da sie zumindest auch auf die Förderung des Absatzes gerichtet ist.[689] In aller Regel wird sich diese Werbung auch auf ähnliche oder identische eigene

---

[682] BGH GRUR 2018, 1178 Rn. 24 – Eingriff in Persönlichkeitsrecht durch Direktmailing; KG GRUR-RR 2017, 246 Rn. 9; zu den Folgen eines Widerspruchs des Verbrauchers in Bezug auf die Verwendung einer E-Mailadresse für die Zulässigkeit der Werbung an eine andere E-Mailadresse bei Vorliegen der Voraussetzungen des Abs. 3 siehe KG MMR 2017, 705 – Widerspruch gegen Werbezusendung an bestimmte Mail-Adresse.

[683] Ebenso *Leistner/Pothmann* WRP 2003, 815 (822); *Eckardt* MMR 2003, 557 (558).

[684] GroßKommUWG/*Pahlow* § 7 Rn. 237.

[685] *Leistner/Pothmann* WRP 2003, 815 (822); *Decker* GRUR 2011, 774 (779); aA *Brömmelmeyer* GRUR 2006, 285 (289); *Köhler/Lettl* WRP 2003, 1019 (1028) und *Eckhardt* MMR 2003, 557 (559), die auf den Verwendungszweck abstellen und die Bewerbung von Zubehör und Ergänzungen gestatten.

[686] Weiterführend *Mestmäcker/Immenga* EG-WbR FKVO Art. 2 Rn. 54; vgl. Fezer/Büscher/Obergfell/*Mankowski* § 7 Rn. 137 f.; vgl. hierzu auch OLG Düsseldorf BeckRS 2018, 23265.

[687] Vgl. OLG München MMR 2019, 54; differenzierend *Decker* GRUR 2011, 774 (779 ff.).

[688] *Köhler*/Bornkamm/Feddersen § 7 Rn. 205; *Brömmelmeyer* GRUR 2006, 285 (289); aA *Decker* GRUR 2011, 774 (779), da Zubehör gerade keine Ähnlichkeit zu den bereits gekauften Waren aufweise.

[689] BGH GRUR 2018, 1178 Rn. 18 – Kundenzufriedenheitsbefragung; hierzu bereits unter → Rn. 325.

Waren beziehen, denn der Unternehmer möchte gerade die Zufriedenheit mit dem abgeschlossenen Geschäft erfragen und den Kunden hierdurch für weitere ähnliche oder gleichartige Geschäftsabschlüsse an sich binden. Es erscheint daher sachgerecht, bei derartigen auf die konkret bereits erworbenen Produkte oder Dienstleistungen beschränken Kundenzufriedenheitsbefragungen das Tatbestandsmerkmal der Werbung für ähnliche Produkte oder Dienstleistungen iSd § 7 Abs. 3 UWG als erfüllt anzusehen.[690] Anders ist etwa der Fall der Übersendung eines Newsletters zu beurteilen, mit dem (auch) ganz andere Waren des Unternehmens beworben werden.[691]

Kritisch und maßgeblich für die Zulässigkeit des Versands derartiger Befragungen dürfte aber regelmäßig das Vorliegen des Hinweises auf das Widerspruchsrechts nach § 7 Abs. 4 UWG sein.[692]

E. Verhältnis zu anderen Tatbeständen

I. Generalklausel

361 § 7 Abs. 1 enthält mit der Zumutbarkeitsgrenze eine eigene Bagatellschwelle.[693] § 7 Abs. 2 enthält in Umsetzung der **Nr. 26 der Black List** per se-Verbote ohne Wertungsmöglichkeit. Ist einer der Verbotstatbestände verwirklicht, liegt „stets" eine unzumutbare Belästigung vor, ohne dass es auf eine Abwägung anhand der Zumutbarkeitsschwelle ankommen könnte.[694]

II. Sonstige Tatbestände

362 Wettbewerbshandlungen, die unter § 7 zu würdigen sind, können auch nach anderen Tatbeständen unlauter sein. Bei § 7 steht die belästigende Art und Weise der Übermittlung im Vordergrund. Daneben sind entsprechende Verhaltensweise insbesondere unter den Gesichtspunkten der **aggressiven geschäftlichen Handlung** (§ 4a UWG 2015) und der **Behinderung** (§ 4 Nr. 4 UWG 2015) zu würdigen.[695] Darüber hinaus kommt auch ein Eingriff in die geschützte Privatsphäre und damit in das allgemeine Persönlichkeitsrecht des Empfängers[696] sowie ein Eingriff in den eingerichteten und ausgeübten Gewerbebetrieb in Betracht.[697]

F. UWG 2022

363 § 7 wurde mit Geltung ab 28.5.2022 geändert durch das UWG 2022, siehe dazu die Kommentierung im Anhang ab Seite 3069, 3106.

[690] So auch BGH GRUR 2018, 1178 Rn. 24 – Kundenzufriedenheitsbefragung; offen gelassen von LG Hannover MMR 2018, 482 Rn. 24; siehe differenzierend hierzu auch *Decker* GRUR 2011, 774 (779 ff.); aA *Köhler*/Bornkamm/Feddersen § 7 Rn. 205.

[691] OLG Jena MMR 2011, 101.

[692] Vgl. BGH GRUR 2018, 1178 Rn. 24 – Kundenzufriedenheitsbefragung; LG Hannover MMR 2018, 482 Rn. 24.

[693] Vgl. RegE-UWG 2008, S. 57.

[694] Vgl. RegE-UWG 2008, S. 57; vgl. auch *Sosnitza* WRP 2008, 1014 (1019).

[695] Zum Verhältnis von § 7 und § 4a siehe → *Picht,* § 4a Rn. 20 ff.

[696] Vgl. hierzu BGH GRUR 2018, 1178 – Eingriff in Persönlichkeitsrecht durch Direktmailing; AG Bonn MMR 2018, 123; siehe zum Eingriff in das allgemeine Persönlichkeitsrecht durch unerwünschte Werbung auch *Gomille* GRUR 2017, 241; *Scherer* GRUR 2019, 361, 365.

[697] BGH GRUR 2017, 748 – Anforderungen an die Einwilligung in Werbe-E-Mails; OLG Frankfurt a. M. BeckRS 2017, 140006; AG Bonn GRUR-RS 2018, 10108; *Scherer* GRUR 2019, 361, 365.

§ 7a Einwilligung in Telefonwerbung

(1) **Wer mit einem Telefonanruf gegenüber einem Verbraucher wirbt, hat dessen vorherige ausdrückliche Einwilligung in die Telefonwerbung zum Zeitpunkt der Erteilung in angemessener Form zu dokumentieren und gemäß Absatz 2 Satz 1 aufzubewahren.**

(2) **Die werbenden Unternehmen müssen den Nachweis nach Absatz 1 ab Erteilung der Einwilligung sowie nach jeder Verwendung der Einwilligung fünf Jahre aufbewahren. Die werbenden Unternehmen haben der nach § 20 Absatz 3 zuständigen Verwaltungsbehörde den Nachweis nach Absatz 1 auf Verlangen unverzüglich vorzulegen.**

A. Allgemeines

Mit dem Gesetz für faire Verbraucherverträge, das am 1.10.2021 in Kraft getreten ist, 1
werden – was die amtliche Überschrift nicht unmittelbar erkennen lässt – Unternehmen, die Telefonwerbung gegenüber Verbrauchern betreiben, umfangreiche Dokumentations-, Aufbewahrungs- und Vorlagepflichten auferlegt. Diese neuen Pflichten beziehen sich auf die nach § 7 Abs. 2 Nr. 2 (§ 7 Abs. 2 Nr. 1 UWG 2022) erforderliche vorherige und ausdrückliche Einwilligung der Verbraucher und zielen darauf ab, die Durchsetzung des Verbots unerlaubter Telefonerwerbung zu verbessern. Hintergrund der Neuregelung ist die vom Gesetzgeber bemängelte hohe Zahl von durch Telefonwerbung untergeschobenen oder aufgedrängten Vertragsabschlüssen.[1] Darauf soll mit einer erleichterten bußgeldrechtlichen Ahndung reagiert werden. Soweit die Bundesnetzagentur nach § 20 Abs. 1 Nr. 1, Abs. 3 in der Vergangenheit versucht hat, Verstöße gegen das Verbot gemäß § 7 Abs. 2 Nr. 2 im Rahmen mit Bußgeldern zu sanktionieren, ist dies vielfach daran gescheitert, dass es ihr – wenn überhaupt – nur durch aufwändigen Zeugenbeweis gelungen ist, den im Ordnungswidrigkeitenrecht ihr obliegenden Nachweis zu führen, dass die in Rede stehende Telefonwerbung tatsächlich ohne eine entsprechende Einwilligung erfolgte. Die Unternehmen konnten sich auf den Standpunkt zurückziehen, die erteilte Einwilligung habe aus Gründen des Datenschutzes nicht länger aufbewahrt werden dürfen und sei vernichtet worden.[2] Diesem Nachweisproblem und dem sich daraus ergebenden Durchsetzungsdefizit will die Regelung des § 7a in Anlehnung an die Nachweispflicht der Einwilligung gemäß Art. 7 Abs. 1 DSGVO Rechnung tragen.

B. Dokumentationspflicht (Abs. 1)

§ 7 Abs. 1 regelt die Anforderungen an die **Dokumentation** der Einwilligungserklärung 2
des Verbrauchers. Das Gesetz bleibt insofern vage: die Dokumentation soll **in angemessener Form** erfolgen. Hier baut der Gesetzgeber darauf, dass die Bundesnetzagentur als zuständige Behörde Hinweise veröffentlicht, wie der unbestimmte Rechtsbegriff auszufüllen ist.[3] Da für die Erteilung der Einwilligung keine bestimmte Form vorgeschrieben ist, wird die Dokumentation von der Form der Erklärung abhängen. Wird sie – wie vielfach – mündlich erteilt, so wird vor allem eine Tonaufzeichnung in Betracht kommen. Wird sie schriftlich erteilt, wird die Erklärung selbst oder eine (digitale) Kopie archiviert werden müssen. Da die Dokumentation Beweiszwecken dient, ist selbstverständlich, dass sich aus der Dokumentation sowohl Inhalt als auch Umfang der Einwilligung entnehmen lassen. Daneben müssen ebenso selbstverständlich die erklärende Person sowie der konkrete Weg

[1] Ausweislich der Gesetzesbegründung gingen bei der Bundesnetzagentur im Jahr 2018 über 60.000 Beschwerden ein, BT-Drucks. 19/26915, S. 14.
[2] BT-Drucks. 19/26915, S. 14.
[3] BT-Drucks. 19/26915, S. 33.

erkennbar sein, auf dem die Einwilligung erteilt worden ist. Wie der Gesetzesbegründung zu entnehmen ist, müssen sich diese Umstände aus der Dokumentation **mit Wahrscheinlichkeit** erkennen lassen[4], d. h. es muss wahrscheinlich sein, dass die angegebene Person auch tatsächlich die Einwilligung abgegeben hat und dass die Einwilligung sowie die personenbezogenen Daten auch wirklich auf dem angegebenen Weg erteilt worden sind.

C. Aufbewahrungs- und Vorlagepflicht (Abs. 2)

3 Die Dokumentation der Einwilligung nach Abs. 1 muss, wie Abs. 2 Satz 1 vorschreibt, mindestens für fünf Jahre ab dem Zeitpunkt der Erteilung aufbewahrt werden. Wird die Einwilligung für eine Telefonwerbung „verwendet", beginnt die Frist erneut zu laufen, was sehr lange Aufbewahrungsfristen nach sich ziehen kann. Das entspricht aber dem Umstand, dass die Einwilligung der Verbraucher grundsätzlich unbefristet ist (→ § 7 Rn. 243). Neben der Aufbewahrungspflicht nach Abs. 2 Satz 1 verpflichtet Abs. 2 Satz 2 die werbenden Unternehmen, die Nachweise nach Abs. 1 auf Verlangen der Bundesnetzagentur als zuständiger Behörde (§ 20 Abs. 3) unverzüglich vorzulegen. Diese Vorlagepflicht dient dazu, die Beweisführungsschwierigkeiten der Bundesnetzagentur im Ordnungswidrigkeitenverfahren (→ Rn. 1) zu beheben. Der Gesetzgeber sieht auf diese Weise die Unternehmen weniger belastet als durch etwaige in Betracht kommende – aber wohl auch eher fernliegende – Durchsuchungen und Beschlagnahmen.[5]

[4] BT-Drs. 19/26915, S. 33.
[5] BT-Drs. 19/26915, S. 33.

Kapitel 2. Rechtsfolgen

Vorbemerkungen zu §§ 8 ff.

Übersicht

A. Wettbewerbsrechtliche Ansprüche

Schrifttum: *Ahrens* (Hrsg.), Der Wettbewerbsprozess, 8. Aufl. 2017; *Alexander,* Die Sanktions- und Verfahrensvorschriften der Richtlinie 2005/29/EG über unlautere Geschäftspraktiken im Binnenmarkt – Umsetzungsbedarf in Deutschland?, GRUR Int. 2005, 809; *Amschewitz,* Die Durchsetzungsrichtlinie und ihre Umsetzung im deutschen Recht, 2008; *Augenhofer,* Die Reform des Verbraucherrechts durch den „New Deal" – ein Schritt zu einer effektiven Rechtsdurchsetzung?, EuZW 2019, 5; *Dröge,* Der „New Deal for Consumers" – ein Paradigmenwechsel im deutschen UWG, WRP 2019, 160; *Greipl,* Ansprache des Präsidenten der Wettbewerbszentrale, in: FS 100 Jahre Wettbewerbszentrale, 2012, S. 33; *Henning-Bodewig,* Enforcement im deutschen und europäischen Lauterkeitsrecht, WRP 2015, 667; *dies.,* Paradigmenwechsel im Lauterkeitsrecht? Neue Herausforderungen für das UWG, in: FS Harte-Bavendamm, 2020, S. 319; *Köhler,* Die wettbewerbsrechtlichen Abwehransprüche (Unterlassung, Beseitigung, Widerruf), NJW 1992, 137; *ders.,* Behördliche Durchsetzung des Lauterkeitsrechts – eine Aufgabe für das Bundeskartellamt?, WRP 2018, 519; *ders.,* Behördliche Rechtsdurchsetzung – Auch im Lauterkeitsrecht?, WRP 2020, 803; *Melullis,* Handbuch des Wettbewerbsprozesses, 3. Aufl. 2000; *Münkler,* Helmut Köhler und das Lauterkeitsrecht: Über 20 Jahre wissenschaftlich fundierte Einfluss auf Rechtsprechung und Gesetzgebung. Vom Vorschlag für ein reformiertes UWG 2004 über Europa zum „Behördenmodell"? Aufruf für eine vertiefte Untersuchung praktische Auswirkungen möglicher Änderungen in der Rechtsdurchsetzung, WRP 2019, 1275; *Pastor,* Das wettbewerbsrechtliche Unterlassungs- und Schadensersatzrecht, 4. Aufl. des von *Reimer* begründeten Werks, 1971; *Podszun,* Verbraucherrechtsdurchsetzung im Mix aus öffentlichem Recht und Zivilrecht: Die reformierte CPC-Verordnung, in: FS Harte-Bavendamm, 2020, S. 417; *ders./Busch/Henning-Bodewig,* Die Durchsetzung des Verbraucherrechts: Das BKartA als UWG-Behörde?, GRUR 2018, 1004; *Teplitzky,* Wettbewerbsrechtliche Ansprüche und Verfahren (Hrsg. v. *Bacher*), 12. Aufl. 2019; *Wolf,* Behördliche Durchsetzung des Lauterkeitsrechts zur Optimierung des Wettbewerbsschutzes, WRP 2019, 283; *Wünsche,* Rechtsfolgen von Wettbewerbsverstößen: Prävention und Kompensation, 2013.

I. Einführung

1 **1. Rechtsdurchsetzung durch zivilrechtliche Ansprüche.** Es ist eines der kennzeichnenden Merkmale des deutschen Wettbewerbsrechts, dass die Einhaltung der Wettbewerbsregeln weitgehend mit zivilrechtlichen Sanktionen bewirkt werden soll. Der Gesetzgeber hatte sich schon bei Einführung des UWG 1896 für ein sehr liberales Ordnungssystem entschieden und die **Durchsetzung** fairen Wettbewerbs **in die Hände der Marktteilnehmer,** dh der Wettbewerber selbst und ihrer Verbände, **gelegt** und ihnen zu diesem Zweck zivilrechtliche Ansprüche eingeräumt.[1] Staatliche Eingriffe in den Wettbewerb waren vor dem Hintergrund der Gewerbefreiheit eher negativ bewertet worden.[2] Dieses System blieb unter Geltung des UWG 1909 unberührt, hat sich bewährt und wurde auch im Rahmen der UWG-Novellen von 2004, 2008 und 2015 beibehalten.

2 Im Sinne eines fairen Wettbewerbs müssen lauterkeitsrechtliche Regelungen eingehalten und Verstöße effektiv sanktioniert werden.[3] Die **Effektivität der Durchsetzung des Lauterkeitsrechts** in Deutschland beruht traditionell auf mehreren Faktoren, die ineinandergreifen und aus denen auf der Grundlage eines gut funktionierenden Zivilprozessrechts eine **vielschichtige und lebendige Rechtskultur** erwachsen ist. Hierzu zählen: der verschuldensunabhängige Unterlassungsanspruch und seine einfache Durchsetzbarkeit im Wege der einstweiligen Verfügung,[4] das Rechtsinstitut der Abmahnung,[5] spezialisierte Richter, sachkundige Anwälte, motivierte Mitbewerber und engagierte Verbände als Kläger sowie ein generell hohes sachliches Interesse am Lauterkeitsrecht und seiner Fortentwicklung bei allen Akteuren.[6] Eine solche in über 100 Jahren gewachsene Rechtskultur ist mehr als die Summe ihrer einzelnen Bestandteile. Sie lässt sich einerseits nicht einfach durch Harmonisierung in andere Mitgliedstaaten der EU verpflanzen. Sie ist andererseits ein fein auszisiliertes, in sich stimmiges, wohltariertes und sich stets weiterentwickelndes System, das man seinerseits nur mit großer Vorsicht den Einflüssen einer Harmonisierung aussetzen darf, die es in seiner Komplexität wohl kaum je wird erfassen können.

3 Damit hat sich, überspitzt formuliert, sogar der deutsche Gesetzgeber überfordert gezeigt, ist das am 2.12.2020 in Kraft getretene **„Gesetz zur Stärkung des fairen Wettbewerbs"** doch in Wahrheit ein Gesetz, das durch eine Fülle von einschränkenden Regelungen der Zulässigkeit von Abmahnungen und der Erstattung ihrer Kosten sowie der weitgehenden Abschaffung des fliegenden Gerichtsstands zwar Möglichkeiten und Anreize für eine missbräuchliche Geltendmachung von Ansprüchen nimmt, aber gleichzeitig die effektive Rechtsdurchsetzung, insbesondere bei Online-Verstößen gegen verbraucherschützende Informationspflichten und Kennzeichnungspflichten, gehörig erschwert und dadurch den **fairen,** rechtskonformen **Wettbewerb** und den durch das Lauterkeitsrecht intendierten Verbraucherschutz im Ergebnis nicht stärken, sondern **schwächen wird.** Es ist ein schwer aufzulösender Widerspruch, das verbraucherschützende Lauterkeitsrecht durch eine Fülle von formalen Informationspflichten auf materiellrechtlicher Ebene immer weiter auszubauen und dessen Durchsetzung dann einerseits in die Hand von Privaten zu legen, diesen aber andererseits die Rechtsdurchsetzung möglichst unattraktiv zu machen.

[1] *Greipl* FS 100 Jahre Wettbewerbszentrale, 2012, 33 (35 f.); *Köhler* WRP 2018, 519.

[2] *Beater,* Unlauterer Wettbewerb, Rn. 52; *Greipl* FS 100 Jahre Wettbewerbszentrale, 2020, 33 (35); *Podszun* FS Harte-Bavendamm, 2012, 417 (418).

[3] BT-Drs. 19/12084, 1.

[4] *Pastor* Kap. 3 II.

[5] BT-Drs. 19/12084, 1: *„Abmahnungen dienen dabei der schnellen und kostengünstigen Geltendmachung von Unterlassungsansprüchen, die eine teure und unter Umständen langwierige gerichtliche Auseinandersetzung vermeiden können"*; *Dröge* WRP 2019, 160 Rn. 31: *„Die meisten Wettbewerbsstreitigkeiten werden auf diese Weise erledigt"*.

[6] Vgl. auch *Münker* WRP 2019, 1275 Rn. 16.

2. Rechtsdurchsetzung durch Behörden. Für Ansätze, das Lauterkeitsrecht wie in anderen Mitgliedstaaten der EU (zusätzlich) **durch Behörden durchzusetzen,** sah der deutsche Gesetzgeber weder bei der Neuregelung von 2004[7] noch in den Jahren 2008 und 2015 einen Anlass. Die Idee einer Lauterkeitsbehörde ist in der deutschen Rechtskultur an sich ein **Fremdkörper.** Sie steht auch in Widerspruch zum modernen wirtschaftspolitischen Ansatz, wonach der Staat im Wirtschaftsleben nur dann eingreifen sollte, wenn die Betroffenen hierzu nicht selbst in der Lage sind.[8] Im Bereich der Rechtsfolgen wurde deshalb bislang grundsätzlich an der Durchsetzung des Lauterkeitsrechts mit Hilfe von **zivilrechtlichen Ansprüchen** festgehalten, die hinsichtlich der Aktivlegitimation und der Anspruchsgrundlagen im UWG grundsätzlich abschließend geregelt sind.[9] Die zivilrechtlichen Rechtsfolgen werden bislang nur in Fällen mit besonders hohem Gefährdungspotential durch die Straf- und Bußgeldvorschriften der §§ 16–20 ergänzt. 4

In letzter Zeit haben sich allerdings die rechtspolitischen Vorschläge gemehrt, Verstöße gegen das UWG zusätzlich auch durch Behörden verfolgen zu lassen. Die Befürworter dieses von ihnen so genannten **„public enforcement“** nehmen Defizite im traditionellen System der Rechtsdurchsetzung mittels zivilrechtlicher Ansprüche wahr. Diese sollen etwa darin liegen, dass bestimmte UWG-Verstöße – aus ganz unterschiedlichen Gründen der Opportunität (zB „Krähentheorie“[10]) von den Aktivlegitimierten nicht verfolgt werden.[11] Teilweise wird deshalb vorgeschlagen, *de lege ferenda* dem BKartA zusätzliche Kompetenzen zur Verfolgung von UWG-Verstößen zu übertragen.[12] Das BMJV favorisiert demgegenüber dem Vernehmen nach eine behördliche Durchsetzung durch das BfJ.[13] Eine Schwächung des in aller Regel effizienten zivilrechtlichen Durchsetzungssystems ist hierbei zwar von keiner Seite gewollt.[14] Dennoch ist die Gefahr nicht von der Hand zu weisen, dass die bewährten Mechanismen privater Rechtsdurchsetzung über die Zivilgerichte durch eine parallele behördliche Durchsetzung des Lauterkeitsrechts nachhaltig beeinträchtigt werden.[15] Unter dem Einfluss des europäischen Rechts besteht nun Handlungsbedarf für den deutschen Gesetzgeber (→ Rn. 12 ff.). Und: Je stärker der Gesetzgeber die Möglichkeiten und Anreize für eine private Rechtsdurchsetzung einschränkt, wie zuletzt durch das sog. „Gesetz zur Stärkung des fairen Wettbewerbs“ (→ Rn. 3), desto drängender stellt sich in der Tat die Frage, ob die sich dann zwangsläufig auftuenden Rechtsdurchsetzungslücken nicht durch eine behördliche Rechtsdurchsetzung geschlossen werden müssen. 5

3. Einfluss europäischen Rechts. a) Bisherige Rechtslage. Art. 13 Abs. 1 der UGP-Richtlinie 2005/29/EG in ihrer ursprünglichen Fassung[16] (nachfolgend: UGP-Richtlinie 2005) verpflichtete die Mitgliedstaaten, **Sanktionen** festzulegen, die bei Verstößen gegen die nationalen Vorschriften zur Umsetzung der Richtlinie anzuwenden sind, und alle geeigneten Maßnahmen, um ihre Durchsetzung sicherzustellen. Nach Art. 13 Abs. 1 der UGP-Richtlinie 2005 mussten die Sanktionen **wirksam, verhältnismäßig** 6

[7] Vgl. BT-Drs. 15/1487, 22; zu Behördensystemen anderswo, etwa in den USA und dem Vereinigten Königreich, vgl. *Beater,* Unlauterer Wettbewerb, Rn. 60 ff., 63 f., und mit kursorischem Überblick über die Mitgliedstaaten der EU *Henning-Bodewig* WRP 2015, 667 ff.

[8] *Henning-Bodewig* WRP 2015, 667 Rn. 45.

[9] Begründung zum RegE zum UWG 2004, BT-Drs. 15/1487, 22.

[10] *Köhler* WRP 2020, 803 Rn. 18 mit Beispielen: unbeanstandetes Product Placement im Fernsehen und Kinofilmen; Vorgehen staatliche Lottounternehmen nur gegen Verstöße privater Lottoanbieter; Unterbleiben eines Vorgehens von Mitbewerbern gegen ein Unternehmen, weil sie selbst keine weiße Weste haben, also ihrerseits Abmahnungen und Klagen von diesem Unternehmen als Reaktion befürchten müssen.

[11] *Henning-Bodewig* FS Harte-Bavendamm, 2020, 319 (325).

[12] *Köhler* WRP 2018, 519; *Podszun/Busch/Henning-Bodewig* GRUR 2018, 1004 ff.; *Wolf* WRP 2019, 283 ff.

[13] Vgl. hierzu den Bericht bei *Münker* WRP 2019, 1275 Rn. 10.

[14] *Henning-Bodewig* FS Harte-Bavendamm, 2020, 319 (325).

[15] *Münker* WRP 2019, 1275 Rn. 12 ff., 19.

[16] Richtlinie 2005/29/EG des Europäischen Parlaments und des Rates vom 11.5.2005 über unlautere Geschäftspraktiken im binnenmarktinternen Geschäftsverkehr, ABl. 2005 L 149, S. 22.

und abschreckend sein. Diesen Anforderungen genügte das deutsche Sanktionensystem.[17] Die wettbewerbsrechtlichen Abwehransprüche (zum Begriff → Rn. 15) wurden in Art. 11 Abs. 2 der UGP-Richtlinie 2005 ausdrücklich als geeignete und wirksame Mittel zur Bekämpfung unlauterer Geschäftspraktiken benannt. Diese Vorschrift gab den Mitgliedstaaten nämlich auf, Regelungen zu schaffen, die die Anordnung der Einstellung einer unlauteren Geschäftspraxis oder für den Fall, dass die unlautere Geschäftspraxis noch nicht angewandt wurde, ihre Anwendung jedoch bevorsteht, die Anordnung eines Verbots dieser Praxis ermöglichen. Dazu gehört nach Art. 11 Abs. 2 UAbs. 1 UGP-Richtlinie 2005 die Befugnis der Gerichte, die Einstellung der unlauteren Geschäftspraktiken anzuordnen. Es unterliegt insbesondere keinen unionsrechtlichen Zweifeln, dass die Annahme von Handlungspflichten infolge eines Unterlassungsanspruchs im Rahmen des nach Art. 11 UAbs. 1 und 2 der UGP-Richtlinie 2005vorzusehenden Unterlassungsanspruchs ein geeignetes und wirksames Mittel zur Bekämpfung unlauterer Geschäftspraktiken iSd Art. 11 Abs. 1 dieser Richtlinie sowie eine wirksame, verhältnismäßige und abschreckende Sanktion iSd Art. 13 S. 2 dieser Richtlinie darstellt.[18]

7 Auch mit dem Anspruch auf Schadensersatz und dem Gewinnabschöpfungsanspruch **genügt das deutsche Recht den Vorgaben der UGP-Richtlinie 2005.**

8 Die **weitere Ausgestaltung der Mittel** zur Bekämpfung unlauterer Geschäftspraktiken war **den Mitgliedstaaten überlassen,** insbesondere auch die Wahl zwischen zivilrechtlichen, vor den Zivilgerichten durchsetzbaren Ansprüchen und einem Verfahren vor Verwaltungsbehörden.[19]

9 Durch die UGP-Richtlinie 2005 war eine Änderung dieses traditionellen, grundsätzlich ganz auf die Rechtsdurchsetzung durch Private zugeschnittenen Systems noch nicht veranlasst. Art. 11 Abs. 1 der UGP-Richtlinie 2005 gab den Mitgliedstaaten nur auf, gem. Art. 13 Abs. 1 der UGP-Richtlinie 2005 **geeignete und wirksame Mittel zur Bekämpfung unlauterer Geschäftspraktiken** im Interesse der Verbraucher zur Verfügung zu stellen, und schrieb weiter vor, dass diese Mittel Rechtsvorschriften umfassen müssen, die interessierten Personen und Organisationen, einschließlich Mitbewerbern, ein Vorgehen gegen unlautere Geschäftspraktiken ermöglichen. Eine Rechtsdurchsetzung (auch) durch Behörden war nicht vorgeschrieben Diesen Anforderungen genügt das deutsche Sanktionensystem dadurch, dass es für alle in der Richtlinie Genannten in § 8 Abs. 3 Nr. 1–4 die Aktivlegitimation und Klagebefugnis zur Geltendmachung der wettbewerbsrechtlichen Abwehransprüche vorsieht, so dass es insoweit auch keiner Umsetzungsmaßnahmen bedurfte.

10 Ebenso brauchten nach der UGP-Richtlinie 2005 **bislang keine** besonderen **individuellen Klagerechte für Verbraucher** geschaffen zu werden, da die Richtlinie nach ihrem 9. Erwägungsgrund individuelle Klagen von Personen, die durch eine unlautere Geschäftspraxis geschädigt wurden, nicht berührte.[20] Beides wird sich künftig ändern:

11 **b) Künftiger Änderungsbedarf. aa) Einführung individueller Rechtsbehelfe für Verbraucher.** Die sog. **„Omnibus-Richtlinie“**[21], mit der ua die UGP-Richtlinie 2005 geändert wurde, fügt dort einen Art. 11a UGP-Richtlinie 2019 ein. Dieser verpflichtet gem. Abs. 1 die Mitgliedstaaten im Zuge des sog. **„New Deal for Consumers“**,[22] **Verbrauchern,** die durch unlautere Geschäftspraktiken geschädigt wurden, **Zugang zu angemessenen und wirksamen Rechtsbehelfen** zu gewähren, einschließlich Ersatz des

[17] Begründung zum RegE zum UWG 2008, BT-Drs. 16/10145, 18 f.; *Alexander* GRUR-Int 2005, 809 (812 ff.); *Büscher* in Fezer/Büscher/Obergfell § 8 Rn. 4.

[18] BGH GRUR 2020, 548 Rn. 23 – Diätische Tinnitusbehandlung.

[19] Zu unterschiedlichen Ansätzen in den Mitgliedstaaten *Henning-Bodewig* WRP 2015, 667 Rn. 19 ff.

[20] *Alexander* GRUR-Int 2005, 809 (813).

[21] Richtlinie (EU) 2019/2161 des Europäischen Parlaments und des Rates vom 27.11.2019 zur Änderung der Richtlinie 93/13/EWG des Rates und der Richtlinien 98/6/EG, 2005/29/EG und 2011/83/EU des Europäischen Parlaments und des Rates zur besseren Durchsetzung und Modernisierung der Verbraucherschutzvorschriften der Union, ABl. 2019 L 328, S. 7.

[22] Hierzu *Augenhofer* EuZW 2019, 5.

dem Verbraucher entstandenen Schadens sowie ggf. Preisminderung oder Beendigung des Vertrags. Die Mitgliedstaaten können die Voraussetzungen für die Anwendung und die Folgen der Rechtsbehelfe festlegen und ggf. die Schwere und Art der unlauteren Geschäftspraktik, den dem Verbraucher entstandenen Schaden sowie weitere relevante Umstände berücksichtigen.[23] Gem. Art. 11a Abs. 2 der durch die „Omnibus-Richtlinie" neugefassten UGP-Richtlinie berühren diese neu einzuführenden Rechtsbehelfe nicht die Anwendung anderer Rechtsbehelfe, die den Verbrauchern nach dem Unionsrecht oder dem nationalen Recht zur Verfügung stehen. Die Änderungen der UGP-Richtlinie traten gem. Art. 8 der „Omnibus-Richtlinie" am 7.1.2020 in Kraft und sind gem. Art. 7 Abs. 1 S. 1 der „Omnibus-Richtlinie" von den Mitgliedstaaten bis zum 28.11.2021 umzusetzen. Die umgesetzten Vorschriften sind gem. Art. 7 Abs. 1 S. 3 der „Omnibus-Richtlinie" spätestens ab dem 28.3.2022 anzuwenden (ausf. und mwN *Glöckner* → Einl. Rn. 193, 387 ff.). Der Regierungsentwurf für ein „Gesetz zur Stärkung des Verbraucherschutzes im Wettbewerbs- und Gewerberecht", mit dem die Richtlinie umgesetzt werden soll, sieht in **§ 9 Abs. 2 UWG-E** einen **Schadensersatzanspruch für Verbraucher** vor (näher *Goldmann* → § 9 Rn. 18). Andere individuelle Rechtsbehelfe für Verbraucher sind nicht vorgesehen, weil die Richtlinie sie nach Ansicht des Gesetzgebers nicht zwingend erfordere.[24]

bb) Rechtsdurchsetzung durch Behörden. Seit dem 17.1.2020 gilt außerdem die VO (EU) 2017/2394 über Zusammenarbeit der Verbraucherschutzbehörden.[25] Sie greift ein, wenn bei Verstößen gegen bestimmte verbraucherschützende Richtlinien, darunter die UGP-Richtlinie 2019, grenzüberschreitende Sachverhalte das Tätigwerden eines anderen Mitgliedstaats erfordern (ausf. und mwN *Glöckner* → Einl. Rn. 407 ff.).[26] Die VO (EU) 2017/2394 schreibt in Art. 9 bestimmte Mindestbefugnisse der zuständigen **Behörden** fest zu denen gem. Art. 9 Abs. 3 Ermittlungsbefugnisse und gem. Art. 9 Abs. 4 Durchsetzungsbefugnisse gehören. Die Durchsetzungsbefugnisse gem. Abs. 4 gestatten es den zuständigen Behörden etwa, vorläufige Maßnahmen zur Vermeidung der Gefahr einer schwerwiegenden Schädigung der Kollektivinteressen von Verbrauchern zu ergreifen (lit. a), zu versuchen, von dem für den Verstoß verantwortlichen Unternehmer Zusagen zur Einstellung des Verstoßes zu erhalten (lit. b), die Einstellung von Verstößen durch den Unternehmer schriftlich anzuordnen (lit. e), Inhalte aus dem Internet zu entfernen (lit. g) sowie Sanktionen wie beispielsweise Bußgelder oder Zwangsgelder für Verstöße zu verhängen. Bei einem weitverbreiteten Verstoß oder einem **weitverbreiteten Verstoß mit Unions-Dimensionen** müssen gem. Art. 21 Abs. 1 der VO (EU) 2017/2394 **Geldbußen** oder Zwangsgelder verhängt werden können. Mit dem neugefassten EU-VSchDG[27] wird als **zuständige Behörde** bei Verstößen gegen die UGP-Richtlinie das **BfJ** bestimmt (§ 2 Nr. 1 lit. a EU-VSchDG). 12

Gem. Art. 13 Abs. 3 der UGP-Richtlinie 2019 haben die Mitgliedstaaten zudem sicherzustellen, dass im Rahmen der Verhängung von Sanktionen nach Artikel 21 der VO (EU) 2017/2394 entweder **Geldbußen im Verwaltungsverfahren** verhängt werden können oder gerichtliche Verfahren zur Verhängung von Geldbußen eingeleitet werden können oder beides erfolgen kann, wobei sich der Höchstbetrag solcher Geldbußen auf mindestens 4 % des Jahresumsatzes des Gewerbetreibenden in dem (den) betreffenden Mitgliedstaat(en) beläuft. Soweit keine Informationen über den Jahresumsatz verfügbar sind, müssen die Mitgliedstaaten gem. Art. 13 Abs. 4 UGP-Richtlinie 2019 die Möglichkeit der Verhän- 13

[23] Krit. hierzu *Dröge* WRP 2019, 160 Rn. 24 ff.

[24] Regierungsentwurf eines Gesetzes zur Stärkung des Verbraucherschutzes im Wettbewerbs- und Gewerberecht v. 20.1.2021, S. 8, 41 f.

[25] Verordnung (EU) 2017/2394 des Europäischen Parlaments und des Rates vom 12.12.2017 über die Zusammenarbeit zwischen den für die Durchsetzung der Verbraucherschutzgesetze zuständigen nationalen Behörden und zur Aufhebung der Verordnung (EG) Nr. 2006/2004 (ABl. 2017 L 345, S. 1), die durch die Verordnung (EU) 2018/302 (ABl. 2018 L 601, S. 1) geändert worden ist.

[26] Hierzu *Podszun* FS Harte-Bavendamm, 2020, 417 (420 ff.).

[27] Gesetz zur Änderung des EG-Verbraucherschutzdurchsetzungsgesetzes v. 26.6.2020, BGBl. 2020 Nr. 30, S. I-1474.

gung von Geldbußen mit einem Höchstbetrag von mindestens 2 Millionen EUR vorsehen (zur Bewertung und den Konsequenzen ausf. und mwN *Glöckner* → Einl. Rn. 419 ff.).

14 Dies **erfordert zwingend eine behördliche Ausgestaltung** des mitgliedstaatlichen Regimes der Verbraucherrechtsdurchsetzung und wird den deutschen Gesetzgeber vor die Herausforderung stellen, einerseits bis zum 28.11.2021 dem Umsetzungsbedarf nachzukommen und andererseits in dieser knappen Zeit dennoch die Kohärenz mit dem privatrechtlich ausgerichteten Durchsetzungsmodell zu wahren.[28] Der Richtlinienvorgabe zur behördlichen Ahndung weitverbreiteter Verstöße oder weitverbreiteter Verstöße mit Unions-Dimension will der Regierungsentwurf für ein „Gesetz zur Stärkung des Verbraucherschutzes im Wettbewerbs- und Gewerberecht" durch den neu einzuführenden **§ 19 UWG-E** Rechnung tragen,[29] der das bewährte System privater Rechtsdurchsetzung ansonsten unangetastet lässt.

II. Überblick über die spezialgesetzlich geregelten Ansprüche

15 **1. Abwehransprüche. a) Begriff.** Der Unterlassungs- und der Beseitigungsanspruch werden gemeinsam unter den Oberbegriff des **wettbewerblichen Abwehranspruchs** gefasst.[30] § 8 Abs. 1 regelt die wettbewerblichen Abwehransprüche einheitlich. Die Abwehransprüche sind **verschuldensunabhängig;** sie setzen weder ein vorsätzliches noch ein fahrlässiges Verhalten voraus.[31] Es handelt sich um rein objektive Ansprüche. Diese Sonderstellung macht ihre **überragende Bedeutung** aus. Der Grundsatz, dass niemand für ein Tun oder Unterlassen einzustehen hat, wenn es nicht auf Verschulden beruht (§ 276 BGB), bringt in anderen Bereichen für den Gläubiger das Risiko mit sich, dass er das Verschulden nicht nachweisen oder der Schuldner eine gesetzliche Vermutung schuldhaften Handelns widerlegen kann. Diese Problematik fällt bei den wettbewerbsrechtlichen Abwehransprüchen weg.[32]

16 **b) Unterlassungsanspruch.** Im Vordergrund steht dabei der auf das Verbot künftiger Verletzungshandlungen gerichtete **Unterlassungsanspruch.** Sein Wesen besteht in der in die Zukunft gerichtete Unterbindung der Wiederholung von bereits begangenen (§ 8 Abs. 1 S. 1 Alt. 2) oder in naher Zukunft konkret drohenden (§ 8 Abs. 1 S. 2) Wettbewerbsverstößen.[33] Die Details zum Unterlassungsanspruch sind in der Kommentierung zu § 8 dargestellt (*Goldmann* → § 8 Rn. 1 ff.). Unterlassungsansprüche können sich ferner als **vertragliche Unterlassungsansprüche** auch aus einer Vereinbarung ergeben (hierzu *Brüning* → § 13 Rn. 120 ff.).

17 **c) Beseitigungsanspruch.** Der gleichfalls in § 8 Abs. 1 S. 1 als Alt. 1 geregelte **Beseitigungsanspruch** soll die Fortwirkung bereits eingetretener Beeinträchtigungen unterbinden (*Goldmann* → § 8 Rn. 205 ff.).[34] Auf die Beseitigung eines fortwirkenden Störungszustandes ist auch der Anspruch auf die **Bekanntmachung von Urteilen** (§ 12 Abs. 2) gerichtet (hierzu *Brüning* → § 12 Rn. 519 ff.).

18 **2. Schadensersatzanspruch.** Zu den im UWG ebenfalls ausdrücklich geregelten Ansprüchen gehört weiter der **Schadensersatzanspruch** (§ 9). Er setzt Verschulden voraus. Fahrlässigkeit reicht aus.

19 **3. Gewinnabschöpfungsanspruch.** Durch das UWG 2004 eingeführt wurde der **Gewinnabschöpfungsanspruch** (§ 10). Er greift nur bei vorsätzlicher Begehung ein.

---

[28] Ausführlich *Podszun* FS Harte-Bavendamm, 2020, 417 (438 ff.); vgl. auch *Henning-Bodewig* FS Harte-Bavendamm, 2020, 319 (328 f.).

[29] Regierungsentwurf eines Gesetzes zur Stärkung des Verbraucherschutzes im Wettbewerbs- und Gewerberecht v. 20.1.2021, S. 8 f., 44 ff.

[30] BGH GRUR 1974, 99 (101) – Brünova.

[31] BGH GRUR 2016, 392 Rn. 16 – Buchungssystem II.

[32] *Pastor* Kap. 3 I 1.

[33] BGH GRUR 2018, 423 Rn. 25 – Klauselersetzung.

[34] BGH GRUR 1998, 415 (416); 2018, 423 Rn. 19 – Klauselersetzung.

III. Nicht spezialgesetzlich geregelte Ansprüche

Dagegen sind die weiteren wettbewerbsrechtlichen Ansprüche, nämlich der **Bereicherungsanspruch** (§ 812 BGB hierzu → Rn. 14 ff.), der im Gegensatz zum Schadensersatzanspruch nicht verschuldensabhängig ist, sowie der **Anspruch auf Auskunft** (§ 242 BGB hierzu → Rn. 42 ff.), nach wie vor im UWG nicht ausdrücklich geregelt. Es besteht allerdings Einigkeit, dass trotz des an sich abschließenden Charakters der Regelung der Rechtsfolgen im UWG[35] diese auf die allgemeinen zivilrechtlichen Normen gestützten Ansprüche auf Auskunft und Rechnungslegung[36] sowie auf Bereicherungsausgleich[37] weiterhin geltend gemacht werden können, wenn aufgrund eines Verstoßes gegen das UWG ihre Voraussetzungen gegeben sind. Diese Ansprüche werden nachfolgend dargestellt. 20

IV. Bereicherungsanspruch

Schrifttum: *Baumbach,* Das gesamte Wettbewerbsrecht, 2. Aufl. 1931; *Brandner,* Die Herausgabe von Verletzervorteilen im Patentrecht und im Recht gegen den unlauteren Wettbewerb, GRUR 1980, 359; *Bruchhausen,* Bereicherungsausgleich bei schuldloser Patentverletzung, in: FS Wilde, 1970, S. 23; *Büsching,* Der Anwendungsbereich der Eingriffskondiktion im Wettbewerbsrecht, 1992; *v. Caemmerer,* Bereicherung und unerlaubte Handlung, in: FS Rabel, 1954; *Delahaye,* Die Bereicherungshaftung bei Schutzrechtsverletzungen, GRUR 1985, 856; *Ellger,* Bereicherung durch Eingriff: Das Konzept des Zuweisungsgehalts im Spannungsfeld von Ausschließlichkeitsrecht und Wettbewerbsfreiheit, 2002; *Enzinger,* Die Eingriffskondiktion als Rechtsbehelf im gewerblichen Rechtsschutz, GRUR Int. 1997, 96; *Falk,* Zu Art und Umfang des Bereicherungsanspruchs bei Verletzung eines fremden Patents, GRUR 1983, 488; *Fournier,* Bereicherungsausgleich bei Verstößen gegen das UWG, 1999; *Götz,* Schaden und Bereicherung in der Verletzerkette, GRUR 2001, 295; *Haines,* Bereicherungsansprüche bei Warenzeichenverletzungen und unlauterem Wettbewerb, 1970; *Holzapfel,* Zur Haftung einer Mehrheit von Verletzern GRUR 2012, 242; *Jestaedt,* Bereicherungsausgleich bei unwirksamen Lizenzverträgen, WRP 2000, 899; *Kaiser,* Die Eingriffskondiktion bei Immaterialgüterrechten, insbesondere Warenzeichenrechten, GRUR 1988, 501; *Kellmann,* Grundsätze der Gewinnhaftung, 1969; *Köhler,* Der Schadensersatz-, Bereicherungs- und Auskunftsanspruch im Wettbewerbsrecht, NJW 1992, 1477; *ders.,* Zur Bereicherungshaftung bei Wettbewerbsverstößen, in: 2. FS Lorenz, 2001, S. 167; *König,* Gewinnhaftung, in: FS v. Caemmerer, 1978, S. 179; *Kraßer,* Schadensersatz für Verletzungen von gewerblichen Schutzrechten und Urheberrechten nach deutschem Recht, GRUR Int. 1980, 259; *Loewenheim,* Bereicherungsansprüche im Wettbewerbsrecht, WRP 1997, 913; *Redant,* Bereicherungsansprüche und Schadensersatz bei Ausbeutung guten Rufs, 2000; *Sack,* Die Lizenzanalogie im System des Immaterialgüterrechts, in: FS Hubmann, 1985, S. 373; *Schrage,* der Schadensersatz im gewerblichen Rechtsschutz und Urheberrecht, 2011; *Ullmann,* Die Verschuldenshaftung und die Bereicherungshaftung des Verletzers im gewerblichen Rechtsschutz und Urheberrecht, GRUR 1978, 615.

1. Die Rolle des Bereicherungsanspruchs bei UWG-Verstößen. a) Bereicherungsausgleich bei Verletzung von Immaterialgüterrechten. Bei einem Eingriff in Immaterialgüterrechte wird ein Bereicherungsausgleich im Wege der **Eingriffs- bzw. Nichtleistungskondiktion** nach § 812 Abs. 1 S. 1 Alt. 2 BGB gewährt.[38] Voraussetzung ist, dass in eine Rechtsposition eingegriffen wird, die dem Berechtigten zu dessen ausschließlicher Verfügung und Verwertung zugewiesen ist.[39] Dies muss nicht ein dem 21

[35] Begründung zum RegE zum UWG 2004, BT-Drs. 15/1487, 22.

[36] *Büscher* in Fezer/Büscher/Obergfell § 8 Rn. 307 ff.; MüKoUWG/*Fritzsche* § 9 Rn. 136 f.; Teplitzky/*Büch* Kap. 39 Rn. 1; *Ohly*/Sosnitza § 9 Rn. 40; GroßKommUWG/*Paal* § 9 Rn. 113 ff.

[37] *Büscher* in Fezer/Büscher/Obergfell § 8 Rn. 351 f.; MüKoUWG/*Fritzsche* § 9 Rn. 123.

[38] Grdl. BGH GRUR 1977, 250 (253 ff.) – Kunststoffhohlprofil I sowie GRUR 1982, 301 (302 f.) – Kunststoffhohlprofil II (Gebrauchsmusterrecht); GRUR 1987, 520 (523) – Chanel No. 5 I (Warenzeichenrecht); GRUR 1996, 271 (275) – Gefärbte Jeans; GRUR 2001, 1156 (1158) – Der Grüne Punkt; GRUR 2009, 515 Rn. 41 – Motorradreiniger (Markenrecht); *Haines* S. 89 ff., 108 ff.; aA (abschließende Regelung der Rechtsfolgen in den Spezialgesetzen des gewerblichen Rechtsschutzes) zB noch RGZ 15, 121 (132) – Drahtbügel für Flaschenverschlüsse (Patentrecht); RGZ 121, 258 (261 ff.) – Frauenberufe (Bereicherungsausgleich nur bei Verletzung des Urheberrechts, aber nicht von gewerblichen Schutzrechten).

[39] BGH GRUR 1977, 250 (253) – Kunststoffhohlprofil I; GRUR 1981, 846 (848) – Carrera/Rennsportgemeinschaft; GRUR 1982, 301 – Kunststoffhohlprofil II mAnm Pietzcker GRUR 1982, 304; BGH GRUR 1987, 520 – Chanel No. 5 (I); GRUR 1990, 997 (1002) – Ethofumesat; GRUR 1990, 221 – Forschungskosten; GRUR 2000, 685 (686) – Formunwirksamer Lizenzvertrag; GRUR 2001, 1156 (1158) – Der Grüne Punkt; GRUR 2006, 143 (145) – Catwalk; GRUR 2009, 515 Rn. 41 – Motorradreiniger; GRUR 2014, 73 Rn. 23 f. – Altenwohnanlage.

Gläubiger zustehendes absolutes Recht sein, sondern kann auch eine über eine bloße Chance hinausgehende vermögensrechtlich nutzbare Position, deren Schutz gegenüber Dritten die Rechtsordnung zugunsten des Gläubigers vorsieht, aber nach Inhalt und/oder Umfang in weniger vollkommener Weise bemisst.[40]

22 **b) Bereicherungsausgleich bei UWG-Verstößen.** Seit jeher wird im Schrifttum vertreten, dass bei Verstößen gegen das UWG ein Bereicherungsanspruch gem. § 812 BGB möglich ist.[41] Es ist aber immer noch nicht abschließend höchstrichterlich geklärt, ob und in welchem Umfang im Lauterkeitsrecht ein Bereicherungsanspruch unter dem Gesichtspunkt der Eingriffskondiktion gegeben sein kann. Der BGH hat diese Frage bislang offengelassen.[42] Nach den allgemeinen zivilrechtlichen Regeln kommt es darauf an, ob der Vermögensvorteil in der Hand des Schuldners auf Kosten des Gläubigers erlangt wurde. Die entscheidende Frage ist also die nach dem **wirtschaftlichen Zuweisungsgehalt** (hierzu → Rn. 29 ff.).[43]

23 **c) Verhältnis zu anderen Ansprüchen.** Der Bereicherungsanspruch steht **unabhängig neben** einem eventuellen **Schadensersatzanspruch** nach § 9. Er unterscheidet sich dadurch vom Schadensersatzanspruch, dass er nicht von einem Verschulden des Schuldners abhängt und nicht auf einen Ersatz von Nachteilen des Verletzten als solchen gerichtet ist.[44] Vielmehr geht es um die **Herausgabe des** vom Verletzer auf Kosten des Verletzten **rechtsgrundlos Erlangten,** gleichgültig, ob die Vermögensverschiebung schuldhaft geschah oder nicht.[45] Voraussetzung eines Bereicherungsanspruchs ist daher, dass nicht bloß eine Beeinträchtigung der geschützten Rechtsposition vorliegt, sondern der Schuldner in der Weise in diese eingegriffen hat, dass er zB durch Nutzung eines geschützten Leistungsergebnisses selbst etwas ohne rechtlichen Grund erlangt hat.[46] Vom Gewinnabschöpfungsanspruch gem. § 10 unterscheidet sich der Bereicherungsanspruch dadurch, dass ein vorsätzliches Handeln nicht verlangt wird und der Anspruch nicht auf den Gewinn des Verletzers als solchen gerichtet ist.

24 **d) Bedeutung.** Die praktische Bedeutung des Bereicherungsanspruchs bei UWG-Verstößen ist äußerst **gering.** Soweit ersichtlich, gibt es keine veröffentlichten Entscheidungen, in denen ein Anspruch wegen eines UWG-Verstoßes ausschließlich auf § 812 Abs. 1 S. 1 Alt. 2 BGB gestützt und vom Gericht zugebilligt worden wäre. Ganz im Vordergrund steht in der Praxis der Anspruch auf Schadensersatz gem. § 9. Das hierfür erforderliche Verschulden wird in den meisten Fällen zu bejahen sein, da die Anforderungen an die im Verkehr erforderliche Sorgfalt äußerst streng sind (*Goldmann* → § 9 Rn. 72 ff.). In der Sache geht der Anspruch auf Schadensersatz weiter, da nicht nur eine angemessene Lizenzgebühr, sondern auch Herausgabe des Verletzergewinns verlangt werden kann (*Goldmann* → § 9 Rn. 265 ff.).

25 **2. Schuldner und Gläubiger des Anspruchs. a) Schuldner.** Als Schuldner des Bereicherungsanspruchs passivlegitimiert ist, wer nach allgemeinen Grundsätzen in eigener Person als **Täter, Anstifter oder Gehilfe** den Wettbewerbsverstoß verwirklicht und dadurch etwas ohne Rechtsgrund erlangt.[47] Dies ist bei unlauterem Wettbewerb durch eine

[40] BGH GRUR 2010, 817 Rn. 27 – Steuervorrichtung (zum Erfinderrecht).

[41] *Baumbach* S. 99; *Callmann* S. 123 f.; *Lobe* S. 359 ff.; *Rosenthal* S. 121.

[42] Vgl. BGH GRUR 1960, 554 (557) – Handstrickverfahren; GRUR 1991, 914 (917) – Kastanienmuster; GRUR 1999, 751 (754) – Güllepumpen.

[43] Ahrens/*Bacher* Kap. 70 Rn. 2, 6; MüKoUWG/*Fritzsche* § 9 Rn. 126; *Koos* in Fezer/Büscher/Obergfell § 9 Rn. 33 f.; GroßKommUWG/*Paal* § 9 Rn. 88.

[44] BGH GRUR 1956, 427 (430) – Paul Dahlke; GRUR 1977, 250 (253 f.) – Kunststoffhohlprofil I; GRUR 1981, 846 (848) – Carrera/Rennsportgemeinschaft.

[45] BGH GRUR 1977, 250 (253 ff.) – Kunststoffhohlprofil I; GRUR 1978, 492 (495) – Fahrradgepäckträger II.

[46] Vgl. *Köhler*/Bornkamm/Feddersen § 9 Rn. 3.2.

[47] Vgl. BGH GRUR 2009, 515 Rn. 45 – Motorradreiniger; *Haines* S. 61 mwN.

Gesellschaft in aller Regel nur die Gesellschaft selbst. Das handelnde Organ, sofern es daneben als Verletzer auf Unterlassung (*Goldmann* → § 8 Rn. 647 ff.) und bei Verschulden auch auf Schadensersatz in Anspruch genommen werden kann, hat nämlich selbst in aller Regel nichts erlangt und ist nicht bereichert.[48]

Kondiktionsschuldner ist auch der **Geschäftsherr,** der einen Verrichtungsgehilfen objektiv mangelhaft ausgewählt, angeleitet oder überwacht hat, falls dieser Verrichtungsgehilfe seinerseits rechtswidrig handelt **(§ 831 BGB)** und wenn der Geschäftsherr durch das Handeln des Gehilfen etwas erlangt.[49] Kondiktionsschuldner ist schließlich, wer durch das Handeln eines Angestellten oder Beauftragten etwas erlangt und gem. § 8 Abs. 2 für dieses Handeln einzustehen hat.[50] 26

b) Gläubiger. Aktivlegitimiert ist als Gläubiger des Bereicherungsanspruchs der von der unlauteren geschäftlichen Handlung **konkret betroffene Mitbewerber,** der früher als **der „unmittelbar Verletzte"** bezeichnet wurde (näher *Goldmann* → § 8 Rn. 341), und auf dessen Kosten der Schuldner gem. § 812 Abs. 1 S. 1 Alt. 2 BGB etwas erlangt hat.[51] 27

3. Voraussetzungen. a) Etwas erlangt. Der Schuldner muss einen **Vermögensvorteil** erlangt haben.[52] Ein Vermögensvorteil wird an sich schon mit jeder Steigerung der Gewinnchancen erzielt, die mit einer unlauteren geschäftlichen Handlung einhergeht. Allerdings besteht das Erlangte bei der Eingriffskondiktion wegen UWG-Verstößen nur im tatsächlichen Gebrauch der ihrem Inhaber ausschließlich zugewiesenen und durch das UWG geschützten Rechtsposition (näher → Rn. 35). 28

b) Auf Kosten des Gläubigers. Der Vermögensvorteil muss nach allgemeinen Regeln des Bereicherungsrechts gerade auf Kosten des Gläubigers erworben worden sein. Dies ist die entscheidende einschränkende Anspruchsvoraussetzung. Rechtlicher Anknüpfungspunkt für einen Bereicherungsanspruch nach § 812 Abs. 1 S. 1 Alt. 2 BGB ist nämlich die Verletzung einer Rechtsposition, die nach der Rechtsordnung gerade dem Berechtigten zu dessen ausschließlicher Verfügung und Verwertung zugewiesen ist. Der erlangte Vermögensvorteil in der Hand des Schuldners muss dem **Zuweisungsgehalt** der verletzten Rechtsposition widersprechen. Dieser entspricht bei der Verletzung von Immaterialgüterrechten dem Verbotsanspruch des Rechtsinhabers, in dessen Macht es steht, die Nutzung des Rechtsguts einem sonst ausgeschlossenen Dritten zur wirtschaftlichen Verwertung zu überlassen. Der Eingriffskondiktion gem. § 812 Abs. 1 S. 1 Alt. 2 BGB unterliegt demnach ein vermögensrechtlicher Vorteil, den der Erwerber nur unter Verletzung einer geschützten Rechtsposition und der alleinigen Verwertungsbefugnis des Rechtsinhabers erlangen konnte.[53] 29

Im Schrifttum wird ein Bereicherungsausgleich bei UWG-Verstößen zumindest für solche Rechtspositionen anerkannt, die für den Inhaber einen durch die Kombination von **Verbietungsrecht und Verwertungsrecht** geprägten **wirtschaftlichen Zuweisungsgehalt** haben. Dabei handelt es sich um diejenigen Rechtspositionen, die einem Immaterialgüterrecht angenähert sind, also insbesondere üblicherweise nur gegen Zahlung einer Lizenz übertragen werden, und bei denen die Rspr. – wie im Sonderschutzrecht – die **Möglichkeit der dreifachen Schadensberechnung** gewährt. Neben den Rechtsgütern des **Geheimnisschutzes**[54], wie sie bis zum Inkrafttreten des GeschGehG durch die §§ 17, 30

[48] BGH GRUR 2009, 515 Rn. 46 – Motorradreiniger.
[49] *Haines* S. 62.
[50] *Haines* S. 63.
[51] *Haines* S. 65.
[52] BGH GRUR 2014, 73 Rn. 23 – Altenwohnanlage.
[53] Vgl. BGH GRUR 1990, 221 (222) – Forschungskosten; GRUR 2012, 417 Rn. 40 – gewinn.de; GRUR 2014, 73 Rn. 23 – Altenwohnanlage; GroßKommUWG/*Paal* § 9 Rn. 92; Teplitzky/*Schaub* Kap. 40 Rn. 3.
[54] MüKoUWG/*Fritzsche* § 9 Rn. 125; *Koos* in Fezer/Büscher/Obergfell § 9 Rn. 34; aA *Ellger* S. 842 ff., 850: kein bereicherungsrechtlich relevanter Zuweisungsgehalt beim Geheimnisschutz.

18 UWG aF geschützt waren, sind dies die Schutzgegenstände des **wettbewerbsrechtlichen Nachahmungsschutzes (§ 4 Nr. 3).**[55]

31 **Bloß schuldrechtlich begründete Ansprüche** besitzen **keinen bereicherungsrechtlich relevanten Zuweisungsgehalt.** Sie geben dem Anspruchsinhaber im Verhältnis zu Dritten keine alleinige Verwertungsbefugnis. Die Nicht- oder Schlechterfüllung eines vertraglich begründeten Anspruchs kann Rechtsfolgen nach dem Recht der Leistungsstörungen nach sich ziehen; sie stellt aber – auch im Verhältnis der Vertragsparteien zueinander – keinen Eingriff in eine Rechtsposition des Anspruchsinhabers mit Zuweisungsgehalt dar.[56]

32 Auch die bloße **Beeinträchtigung von Erwerbs- und Gewinnchancen** – selbst wenn sie wie beim Recht am eingerichteten und ausgeübten Gewerbebetrieb mit einem deliktisch geschützten Rechtsgut verknüpft sind – hat eine bereicherungsrechtliche Ausgleichspflicht nicht zur Folge.[57] Ebenfalls ist ein Bereicherungsanspruch ausgeschlossen bei der Abwerbung von Arbeitskräften oder Kunden oder einer bloßen Behinderung von Mitbewerbern gem. § 4 Nr. 4, weil es hier am wirtschaftlichen Zuweisungsgehalt fehlt.[58]

33 **c) In sonstiger Weise.** Die Nutzung der durch das UWG geschützten fremden Rechtsposition darf nicht aufgrund einer Leistung des Gläubigers erfolgt sein.[59] Es gilt der allgemeine Grundsatz des **Vorrangs der Leistungskondiktion** vor der Nichtleistungskondiktion.[60] Dieser Grundsatz, dessen besondere Bedeutung in Dreipersonenverhältnissen zum Tragen kommt, spielt im Zweipersonenverhältnis, das bei UWG-Verstößen typischerweise Grundlage der Beziehung zwischen Gläubiger und Schuldner ist, kaum eine praktische Rolle. Denn in aller Regel findet die Benutzungshandlung „in sonstiger Weise", nämlich im Wege eines Eingriffs durch die Benutzungshandlung des Verletzers statt.[61] Der Vorrang der Leistungskondiktion vor der Nichtleistungskondiktion wirkt sich jedoch in den seltenen Fällen aus, in denen zwischen den Parteien ein unwirksamer Lizenzvertrag vorliegt.[62] Allerdings erschöpft sich die Bedeutung des Vorrangs in der Wahl der Anspruchsgrundlage (§ 812 Abs. 1 S. 1 Alt. 1 BGB statt § 812 Abs. 1 S. 1 Alt. 2 BGB).[63] Materiell gelten dieselben Grundsätze wie bei der Eingriffskondiktion.[64]

34 **d) Ohne rechtlichen Grund.** Die Nutzung der durch das UWG geschützten fremden Rechtsposition muss ohne einen rechtlichen Grund erfolgt sein.[65] Dies ist typischerweise der Fall, wenn **keine Gestattung** durch den Inhaber vorliegt und auch sonst **kein Rechtfertigungsgrund** ihm gegenüber eingreift.[66] Die Nutzung aufgrund gesetzlicher Vorschriften oder durch (rechtmäßiges) Handeln Dritter, auch staatlicher Hoheitsträger, kann einen Rechtsgrund zwischen Gläubiger und Schuldner im Kondiktionsverhältnis nicht begründen.[67]

---

[55] Ahrens/*Bacher* Kap. 70 Rn. 7; *Köhler*/Bornkamm/Feddersen § 9 Rn. 3.2; *Koos* in Fezer/Büscher/Obergfell § 9 Rn. 34; *Sack* FS Hubmann, 1985, 373 (379) mwN; krit. zur Einbeziehung des wettbewerbsrechtlichen Leistungsschutzes MüKoUWG/*Fritzsche* § 9 Rn. 126; GroßKommUWG/*Paal* § 9 Rn. 92; differenzierend *Ellger* S. 829 ff., 850: Zuweisungsgehalt nur, wo es sich bei dem nachgeahmten Gegenstand um ein Gut handelt, das durch ein Immaterialgut geschützt werden könnte, eine Schutzerlangung durch Anmeldung und Eintragung aber unverschuldet unmöglich oder unzumutbar ist.

[56] BGH GRUR 2014, 73 Rn. 24 – Altenwohnanlage.

[57] BGH GRUR 1990, 221 (222) – Forschungskosten; Teplitzky/*Schaub* Kap. 40 Rn. 3.

[58] *Ellger* S. 841; *Koos* in Fezer/Büscher/Obergfell § 9 Rn. 34; GroßKommUWG/*Paal* § 9 Rn. 92.

[59] MüKoUWG/*Fritzsche* § 9 Rn. 129; GroßKommUWG/*Paal* § 9 Rn. 93.

[60] Vgl. BGHZ 40, 272 (278); 56, 228 (240 f.); 69, 186 (189); BGH NJW 1999, 1393 (1394); 1999, 2890 (2892); 2005, 60 f.

[61] MüKoUWG/*Fritzsche* § 9 Rn. 129.

[62] MüKoUWG/*Fritzsche* § 9 Rn. 129 unter Berufung auf BGH GRUR 2000, 685 (686) – Formunwirksamer Lizenzvertrag.

[63] BGH GRUR 2000, 685 f. – Formunwirksamer Lizenzvertrag; MüKoUWG/*Fritzsche* § 9 Rn. 131.

[64] GroßKommUWG/*Paal* § 9 Rn. 93 unter Hinweis auf BGH GRUR 2000, 685 (686) – Formunwirksamer Lizenzvertrag.

[65] BGH GRUR 1990, 221 – Forschungskosten.

[66] MüKoUWG/*Fritzsche* § 9 Rn. 131; GroßKommUWG/*Paal* § 9 Rn. 94.

[67] BGH GRUR 1990, 221 – Forschungskosten; MüKoUWG/*Fritzsche* § 9 Rn. 131.

4. Umfang des Bereicherungsanspruchs. a) Das Erlangte. Der Umfang des Bereicherungsanspruches bestimmt sich nach §§ 818 ff. BGB. Zum Erlangten zählt nach hM in Rspr. und Literatur bei Eingriffen in Immaterialgüterrechte nur der **tatsächliche Gebrauch** des immateriellen Schutzgegenstandes.[68] Nicht dazu gehören die Gebrauchsmöglichkeit als solche,[69] die Ersparnis von Aufwendungen (etwa Lizenzgebühren),[70] Marktchancen[71] oder der **Verletzergewinn.**[72] Diese Abgrenzung ist in gleicher Weise auch bei lauterkeitsrechtlichen Rechtspositionen mit Zuweisungsgehalt (§ 4 Nr. 3 sowie §§ 17–18 UWG aF) vorzunehmen. Praktisch hat die fehlende Möglichkeit einer Gewinnabschöpfung im Wege des Bereicherungsausgleichs jedoch nur in den seltenen Fällen Bedeutung, in denen selbst ein fahrlässiges Verschulden des Verletzers nicht nachgewiesen und deshalb nicht der Verletzergewinn als Schadensersatz nach § 9 herausverlangt werden kann. 35

b) Wertersatz. Da die **Herausgabe des Erlangten** (§ 818 Abs. 1 BGB) wegen der Natur der hier in Rede stehenden Rechtspositionen wie auch sonst im gewerblichen Rechtsschutz regelmäßig ausscheiden wird, weil der tatsächliche Gebrauch nicht herausgegeben werden kann, ist **Wertersatz** zu leisten (§ 818 Abs. 2 BGB).[73] Der nach § 818 Abs. 2 BGB zu ersetzende Wert ist **objektiv zu bestimmen.** Dies kann nur im Wege der Berechnung ersparter Lizenzgebühren erfolgen. Der Verletzer schuldet die für die Nutzung **übliche** bzw. **angemessene Lizenzgebühr**[74] zuzüglich ersparter Zinsen.[75] Für die Berechnung galten traditionell dieselben Grundsätze wie bei der dreifachen Schadensberechnung im Rahmen des Schadensersatzanspruches (Lizenzanalogie).[76] Hieran kann grundsätzlich festgehalten werden. Auf die Darstellung beim Schadensersatzanspruch wird verwiesen (*Goldmann* → § 9 Rn. 235 ff.). 36

c) Wegfall der Bereicherung? Umstritten ist, ob und inwieweit der Schuldner eine **Entreicherung (§ 818 Abs. 3 BGB)** einwenden kann.[77] Er kann sich jedenfalls dann nicht auf einen Wegfall der Bereicherung berufen, wenn und soweit er nach § 818 Abs. 4, § 819 Abs. 1 BGB verschärft haftet.[78] Außerdem muss sich der Verletzer an der Sachlage, 37

[68] BGH GRUR 1982, 301 (303) – Kunststoffhohlprofil II; GRUR 1987, 520 – Chanel No. 5 (I); GRUR 2000, 685 (686) – Formunwirksamer Lizenzvertrag; GRUR 2001, 1156 (1158) – Der Grüne Punkt.

[69] MüKoUWG/*Fritzsche* § 9 Rn. 132; *Köhler*/Bornkamm/Feddersen § 9 Rn. 3.4.

[70] MüKoUWG/*Fritzsche* § 9 Rn. 132; GroßKommUWG/*Paal* § 9 Rn. 92; aA BGH GRUR 1981, 846 (848) – Carrera/Rennsportgemeinschaft.

[71] BGH GRUR 1982, 301 (303) – Kunststoffhohlprofil II; MüKoUWG/*Fritzsche* § 9 Rn. 132; GroßKommUWG/*Paal* § 9 Rn. 92; aA *Kraßer* GRUR-Int 1980, 259 (268 ff.).

[72] BGH GRUR 1982, 301 (303) – Kunststoffhohlprofil II; GRUR 1987, 520 – Chanel No. 5 (I); GRUR 2010, 237 Rn. 22 – Zoladex; *Jestaedt* WRP 2000, 899 (901 f.); Ahrens/*Bacher* Kap. 70 Rn. 11; *v. Caemmerer* FS Rabel, 1954, 333 (356 ff.); *König* FS v. Caemmerer, 1978, 179 (206 f.); *Sack* FS Hubmann, 1985, 373 (380 ff.) mwN auch zur Gegenauffassung; Teplitzky/*Schaub* Kap. 40 Rn. 9; *Schrage* S. 160 ff., 163 f.; aA (für Herausgabe des Verletzergewinns) etwa *Bruchhausen* FS Wilde, 1970, 23 (26); *Kaiser* GRUR 1988, 501 (503 ff.).

[73] BGH GRUR 1982, 301 (303) – Kunststoffhohlprofil II; GRUR 2000, 685 (686) – Formunwirksamer Lizenzvertrag; GRUR 2009, 515 Rn. 41 – Motorradreiniger; GRUR 2010, 237 Rn. 22 – Zoladex; Ahrens/*Bacher* Kap. 70 Rn. 10; MüKoUWG/*Fritzsche* § 9 Rn. 133; *Ohly*/Sosnitza § 9 Rn. 32.

[74] BGH GRUR 1981, 846 (848) – Carrera/Rennsportgemeinschaft; GRUR 1982, 301 (303) – Kunststoffhohlprofil II; GRUR 1987, 520 (523) – Chanel No. 5 (I); GRUR 1997, 781 (783) – Sprengwirkungshemmende Bauteile; GRUR 2000, 685 (686) – Formunwirksamer Lizenzvertrag; GRUR 2009, 515 Rn. 41 – Motorradreiniger; GRUR 2010, 237 Rn. 22 – Zoladex; Ahrens/*Bacher* Kap. 70 Rn. 10; *Ohly*/Sosnitza § 9 Rn. 31; *Enzinger* GRUR-Int 1997, 96 (101); *Jestaedt* WRP 2000, 899 (901); *Ullmann* GRUR 1978, 615 (620).

[75] BGH GRUR 1982, 286 (289) – Fersenabstützungsvorrichtung; GroßKommUWG/*Paal* § 9 Rn. 97; Teplitzky/*Schaub* Kap. 40 Rn. 10.

[76] BGH GRUR 1982, 286 (289) – Fersenabstützvorrichtung; GRUR 1987, 520 (523) – Chanel No. 5 (II); BGH NJW-RR 1992, 1078 – Windsurfingausstattungen; GRUR 1992, 599 (600) – Teleskopzylinder; GRUR 1997, 482 – Magic Print; GRUR 1997, 781 (783) – Sprengwirkungshemmende Bauteile; GRUR 1998, 838 (840) – Lizenz- und Beratungsvertrag; GRUR 2000, 685 (686 ff.) – Formunwirksamer Lizenzvertrag; Jestaedt WRP 2000, 899 (901); *Schrage* S. 105; *Ullmann* GRUR 1978, 615 (620).

[77] Vgl. Teplitzky/*Schaub* Kap. 40 Rn. 11 ff.; *Ullmann* GRUR 1978, 615 (620 f.).

[78] Teplitzky/*Schaub* Kap. 40 Rn. 11; *Schrage* S. 108; *Wünsche* S. 257.

die er selbst geschaffen hat, festhalten lassen und kann daher nicht einwenden, er habe nichts erspart, weil er sich bei Kenntnis der Rechtslage anderweitig beholfen hätte[79] oder weil ihm keine Lizenz erteilt worden wäre.[80] Es kommt nur darauf an, ob der Verletzte ein Entgelt hätte beanspruchen können.[81] Denn der Bereicherungsanspruch soll nicht eine Vermögensminderung auf Seiten des Verletzten, sondern den rechtsgrundlosen Vermögenszuwachs auf Seiten des Bereicherten ausgleichen. Der Verletzer kann deshalb einwenden, er hätte die Lizenz billiger als üblich erlangt, wenn er um sie nachgesucht hätte.[82] Nach einer im Schrifttum verbreiteten Auffassung soll ein Wegfall der Bereicherung vor allem dann in Betracht kommen, wenn der Verletzer nachweist, dass er keinen Gewinn erzielt und nicht einmal Kostendeckungsbeiträge für eine Lizenzgebühr erwirtschaftet hat.[83] Nach richtiger Ansicht ist dieser Umstand allerdings unbeachtlich, da er nichts daran ändert, dass der Schuldner jedenfalls tatsächlich die Lizenzgebühren erspart hat und insofern der Entreicherungseinwand faktisch ausscheidet.[84] Eine Entreicherung ist auch bei einer wirtschaftlich erfolglosen Verwertung der geschützten Rechtsposition nicht anzuerkennen, da das Erlangte – also gerade der Gebrauch der geschützten Rechtsposition – nachträglich nicht entfallen kann.[85]

38 Die **Darlegungs- und Beweislast** für den Wegfall der Bereicherung trüge der **Schuldner.**[86]

39 **d) Bedeutung des Verschuldens bzw. Mitverschuldens.** Auf ein **Verschulden** des Verletzers oder einen **Schaden** des Verletzten kommt es nicht an. § 254 BGB ist im Rahmen der Bereicherungshaftung nicht anwendbar; das schließt allerdings die Berücksichtigung eines schuldhaften Verhaltens des Verletzten bei der Bemessung des Bereicherungsausgleichs nach § 242 BGB nicht aus.[87]

40 **5. Mehrheit von Verletzern.** Bei einer **Mehrheit von Verletzern** haftet jeder nur auf das von ihm selbst Erlangte.[88] Die haftungsrechtlichen Grundsätze, nach denen mehrere für einen Schaden Verantwortliche gesamtschuldnerisch zum Ersatz verpflichtet sind, sind auf das Recht der ungerechtfertigten Bereicherung nicht zu übertragen. Mehrere an einer rechtsgrundlosen Vermögensverschiebung Beteiligte haben als Bereicherungsschuldner nicht für die gesamte Entreicherung des Gläubigers, sondern nur für dasjenige einzustehen, was sie selber auf Kosten des Entreicherten erlangt haben. Eine **gesamtschuldnerische Haftung** nach § 421 BGB kommt insoweit **nicht** in Betracht.[89]

41 **6. Verjährung.** Der auf § 812 BGB gestützte Bereicherungsanspruch unterliegt der **gesetzlichen Regelverjährung** und verjährt gem. **§§ 195, 199 BGB** nach **drei** bzw. zehn Jahren (*Schulz* → § 11 Rn. 20).[90] In den Fällen des § 852 BGB (Restschadensersatz) bzw. der auf ihn verweisenden Vorschriften verjährt der Anspruch nach zehn bzw. 30 Jahren.[91]

---

[79] RGZ 97, 310 (312) – Zweiggleisanlage; BGH GRUR 1956, 427 (430) – Paul Dahlke; *Falk* GRUR 1983, 488 (491); MüKoUWG/*Fritzsche* § 9 Rn. 134; GroßKommUWG/*Paal* § 9 Rn. 99; *Schrage* S. 109.

[80] Ahrens/*Bacher* Kap. 70 Rn. 12; *Brandner* GRUR 1980, 359 (360); MüKoUWG/*Fritzsche* § 9 Rn. 134; GroßKommUWG/*Paal* § 9 Rn. 92; Teplitzky/*Schaub* Kap. 40 Rn. 12; *Schrage* S. 108.

[81] BGH GRUR 1981, 846 (848) – Carrera/Rennsportgemeinschaft.

[82] *Kraßer* GRUR-Int 1980, 259 (268); Teplitzky/*Schaub* Kap. 40 Rn. 12.

[83] *Büscher* in Fezer/Büscher/Obergfell § 8 Rn. 356; *Köhler*/Bornkamm/Feddersen § 9 Rn. 3.6; *Ohly*/Sosnitza § 9 Rn. 32; *Wünsche* S. 257.

[84] MüKoUWG/*Fritzsche* § 9 Rn. 134 unter Berufung auf BGH GRUR 1971, 522 (534) – Gasparone II und GRUR 2012, 715 Rn. 41 – Bochumer Weihnachtsmarkt; *Schrage* S. 108, der an die Möglichkeit des Rückgriffs auf § 242 BGB zur Vermeidung von unbilligen Ergebnissen im Einzelfall erinnert.

[85] BGH GRUR 2012, 715 Rn. 41 – Bochumer Weihnachtsmarkt.

[86] BGHZ 118, 383 (387 f.); Teplitzky/*Schaub* Kap. 40 Rn. 15; *Schrage* S. 110.

[87] Vgl. BGHZ 57, 137 (152), mwN; Teplitzky/*Schaub* Kap. 40 Rn. 17.

[88] BGH GRUR 2009, 515 Rn. 45 – Motorradreiniger; Teplitzky/*Schaub* Kap. 40 Rn. 18.

[89] BGH GRUR 1979, 732 (734) – Fußballtor; GRUR 2009, 515 Rn. 45 ff. – Motorradreiniger; *Holzapfel* GRUR 2012, 242 (243); GroßKommUWG/*Paal* § 9 Rn. 101; Teplitzky/*Schaub* Kap. 40 Rn. 18.

[90] *Köhler*/Bornkamm/Feddersen § 11 Rn. 1.13; *Büscher* in Fezer/Büscher/Obergfell § 11 Rn. 18 mwN.

[91] Teplitzky/*Schaub* Kap. 40 Rn. 19.

V. Anspruch auf Auskunft

Schrifttum: *Abel,* Gegenstand des Auskunftsanspruches im deutschen gewerblichen Rechtsschutz und Urheberrecht, in: FS Pagenberg, 2000, S. 221; *Amschewitz,* Selbständiger und akzessorischer Auskunftsanspruch nach Umsetzung der Durchsetzungsrichtlinie, WRP 2011, 301; *Asendorf,* Auskunftsansprüche nach dem Produktpirateriegesetz und ihre analoge Anwendung auf Wettbewerbsverstöße, in: FS Traub, 1994, S. 21; *Banzhoff,* Der Auskunftsanspruch, 1989; *Brändel,* Die Problematik eines Anspruchs auf ergänzende Rechnungslegung bei Schutzrechtsverletzungen, GRUR 1985, 616; *Büscher,* Aus der Rechtsprechung des EuGH und des BGH zum Wettbewerbsrecht seit Ende 2013, GRUR 2015, 5; *Eichmann,* Die Durchsetzung des Anspruchs auf Drittauskunft, GRUR 1990, 575; *Falk,* Zu Art und Umfang des Bereicherungsanspruchs bei Verletzung eines fremden Patents, GRUR 1983, 488; *v. Gamm,* Zur sog. Drittauskunft bei Wettbewerbsverletzungen, in: FS Vieregge, 1995, S. 261; *Gniadek,* Die Beweisermittlung im gewerblichen Rechtsschutz und Urheberrecht, 2011; *Gräfin v. Merveldt,* Der Auskunftsanspruch im gewerblichen Rechtsschutz, 2007; *Jestaedt,* Auskunfts- und Rechnungslegungsanspruch bei Sortenschutzverletzung, GRUR 1993, 219; *Knieper,* Mit Belegen gegen Produktpiraten, WRP 1999, 1116; *Köhler,* Die Begrenzung wettbewerbsrechtlicher Ansprüche durch den Grundsatz der Verhältnismäßigkeit, GRUR 1996, 82; *Lorenz,* Auskunftsansprüche im Bürgerlichen Recht, JuS 1995, 569; *Lücke,* Der Informationsanspruch im Zivilrecht, JuS 1986, 2; *Nieder,* Zur Bekanntgabe von Abnehmern, Abnahmemengen, Lieferdaten und -preisen im Kennzeichenrecht, GRUR 1999, 654; *v. Olenhusen/Crone,* Der Anspruch auf Auskunft gegenüber Internet-Providern bei Rechtsverletzungen nach Urheber- bzw. Wettbewerbsrecht, WRP 2002, 164; *Oppermann,* Der Auskunftsanspruch im gewerblichen Rechtsschutz und Urheberrecht, 1997; *Osterloh-Konrad,* Der allgemeine vorbereitende Informationsanspruch, 2007; *Pietzner,* Auskunft, Rechnungslegung und Schadensersatz bei wettbewerbswidrigen Eingriffen in fremdes Firmenrecht, GRUR 1972, 151; *Stauder,* Umfang und Grenzen der Auskunftspflicht im gewerblichen Rechtsschutz; GRUR Int. 1982, 226; *Steinbeck,* „Windsor Estate" – Eine Anmerkung, GRUR 2008, 110; *Stjerna,* Pflicht des Schuldners zur Vorlage von Belegen im Rahmen der Auskunft und Rechnungslegung, GRUR 2011, 789; *Stürner,* Die Aufklärungspflicht der Parteien des Zivilprozesses, 1976; *Tilmann,* Der Auskunftsanspruch, GRUR 1987, 251; *ders.,* Zum Anspruch auf Auskunftserteilung wegen Warenzeichenverletzung II, GRUR 1990, 160; *v. Ungern-Sternberg,* Auskunftsanspruch bei Verwendbarkeit der Auskunft zur Begründung von Vertragsstrafeansprüchen oder Anträgen auf Verhängung von Ordnungsmitteln?, WRP 1984, 55; *Ulrich,* Die Geltendmachung von Ansprüchen auf Erteilung einer Auskunft im Verfahren der einstweiligen Verfügung, WRP 1997, 135.

1. Bedeutung und Terminologie. a) Bedeutung. Um bestehende Ansprüche gerichtlich durchsetzen zu können, muss der richtige Beklagte benannt, der richtige Antrag gestellt und der Anspruch substantiiert dargelegt und ggf. bewiesen werden. Das setzt allerdings ein Wissen voraus, das vielfach nur der Verletzer und nicht der Verletzte besitzt.[92] Hier hilft der **Anspruch auf Auskunft.** Man nennt ihn deshalb einen **Hilfsanspruch.** Er **bereitet** die Durchsetzung des **Hauptanspruchs vor** und zwingt den Auskunftspflichtigen zur Preisgabe der benötigten Informationen. **42**

Hilfsansprüche auf Auskunft haben im Wettbewerbsrecht eine **sehr große Bedeutung.** Sie sind stets an das Vorliegen der Voraussetzungen des Hauptanspruchs gekoppelt. Als Hauptanspruch kommen folgende Ansprüche in Betracht: Schadensersatzanspruch, Gewinnabschöpfungsanspruch, Bereicherungsanspruch, Widerrufsanspruch und allgemeiner Beseitigungsanspruch. Auch der Unterlassungsanspruch kommt als Hauptanspruch in Betracht, wenn er im Ergebnis den gleichen Inhalt hat wie ein Beseitigungsanspruch (zu diesen Fällen *Goldmann* → § 8 Rn. 47) oder, wenn ein Unterlassungsanspruch gegen einen Dritten vorbereitet werden soll. **43**

Die Geltendmachung von Ansprüchen auf Auskunft dient einem echten Informationsinteresse des Gläubigers. Allerdings ist nicht zu verkennen, dass die Auskunftserteilung für den Schuldner in vielen Fällen mit einem ganz erheblichen Aufwand verbunden ist. Der Anspruch auf Auskunft ist deshalb für den Gläubiger in der Praxis gleichzeitig auch ein **probates Druckmittel,** um den Verletzer von der Sinnhaftigkeit einer gütlichen Gesamteinigung zur Abwicklung eines Verletzungsfalls zu überzeugen. Hier wird dann häufig zugunsten einer nicht zu vernachlässigenden Pauschalzahlung oder auch nur um den Preis der endgültigen Anerkennung des Unterlassungsanspruchs auf die Geltendmachung des Anspruchs auf Auskunft verzichtet. **44**

---

[92] *Beater* Rn. 2798; *Köhler*/Bornkamm/Feddersen § 9 Rn. 4.1.

45 **b) Terminologie.** Herkömmlicherweise wird danach unterschieden, ob der Auskunftspflichtige der Schuldner des letztlich durchzusetzenden Hauptanspruchs ist oder ob der Auskunftsanspruch zur Vorbereitung des Vorgehens gegen einen Dritten dient. Der Anspruch, der sich auf die Erlangung von Informationen über Dritte richtet, wird heute allgemein als **Anspruch auf Drittauskunft** bezeichnet. Die treffende Bezeichnung wäre allerdings „Anspruch auf Namensnennung".[93] Denn er läuft regelmäßig auf die Offenbarung der Identität eines Dritten hinaus, nämlich der Lieferanten und gewerblichen Abnehmer.[94] Eine verschärfte und **erweiterte Variante des Auskunftsanspruchs** ist der Anspruch auf **Rechnungslegung.**

46 Der Auskunftsanspruch gegen den Schuldner des Hauptanspruchs als Auskunftsverpflichteten soll hier nur als **„Anspruch auf Auskunft"** bezeichnet werden. Vielfach bezeichnet man ihn durchaus zutreffend als **„akzessorischen"** Auskunftsanspruch, weil er als Hilfsanspruch an das Bestehen des Hauptanspruchs anknüpft. Soweit man ihn als **„unselbständigen"** und den Anspruch auf Drittauskunft als **„selbständigen"** Auskunftsanspruch bezeichnet, soll damit zum Zwecke der Kategorisierung ein Gegensatzpaar gebildet werden. Inhaltlich ist diese Unterscheidung im UWG (anders als in den immaterialgüterrechtlichen Spezialgesetzen, → Rn. 47) nicht sinnvoll. Denn der Anspruch auf Auskunft ist als vorbereitender Hilfsanspruch zwar gegenüber dem Hauptanspruch – meist einem Schadensersatzanspruch – akzessorisch. Er dient ihm und ist kein Selbstzweck. Dennoch bleibt dieser vorbereitende Anspruch seinerseits ein in sich selbständiger und selbständig erfüllbarer Anspruch.[95] Die Erhebung einer auf Schadenersatz gerichteten Klage einerseits und einer Klage auf Auskunftserteilung oder Rechnungslegung bilden unterschiedliche Streitgegenstände.[96] Außerdem steht im UWG auch ein sog. „selbständiger" Auskunftsanspruch nicht für sich, sondern setzt wie jeder Auskunftsanspruch aus § 242 BGB das Bestehen eines Schuldverhältnisses zwischen den Parteien voraus.[97]

47 **c) Spezielle Regelungen.** Von einer gesetzlichen Regelung des Anspruchs auf Auskunft und des Anspruchs auf Drittauskunft hat der Gesetzgeber 2004 abgesehen. Auch im UWG 2020 ist weder der eine noch der andere Anspruch gesetzlich geregelt, so dass nach wie vor beide „akzessorisch" gegenüber dem Hauptanspruch und auf § 242 BGB gestützt sind. Das UWG 2020 enthält nämlich nur eine Auskunftsverpflichtung nach § 8 Abs. 5 iVm § 13 UKlaG und einen in § 10 Abs. 4 geregelten Anspruch des BfJ auf Auskunft über die Geltendmachung von Gewinnabschöpfungsansprüchen durch Verbraucherverbände. In die **Spezialgesetze** zum Schutze des geistigen Eigentums sind anders als im UWG durch das Produktpirateriegesetz vom 7.3.1990[98] echte „selbständige" Ansprüche auf Drittauskunft aufgenommen worden, die mittlerweile in Umsetzung der Durchsetzungsrichtlinie[99] beträchtlich erweitert worden sind (§ 140b PatG; § 24 GebrM; §§ 19, 128 Abs. 1, 135 Abs. 1 MarkenG; § 9 Abs. 2 HalblSchG; § 101 UrhG; § 46 DesignG; § 37b SortSchG).[100] Ein selbständiger Anspruch auf Auskunft ist auch in § 8 GeschGehG vorgesehen. Eine unmittelbare oder analoge Anwendung der spezialgesetzlichen Auskunftsansprüche ist im Lauterkeitsrecht jedenfalls dann nicht geboten, wenn hier über § 242 BGB auch in ihrem Umfang – unter Beachtung der unterschiedlichen Schutzzwecke – gleichwertige Ansprüche auf Auskunftserteilung gewährt werden.[101] Allerdings wird eine Analogie oder eine

---

[93] Vgl. *Pastor* Kap. 43.

[94] *v. Gamm* FS Vieregge, 1995, 261.

[95] OLG Dresden MuW XXXII, 423 – „Bremsit" und „Autofren".

[96] OLG Düsseldorf 20.12.2007 – 2 U 40/07 – Calluna-Knospenblüher.

[97] Vgl. BGH GRUR 2010, 343 Rn. 35 – Oracle.

[98] Gesetz zur Stärkung des Schutzes des geistigen Eigentums und zur Bekämpfung der Produktpiraterie v. 7.3.1990, BGBl. I S. 422.

[99] Richtlinie 2004/48/EG des Europäischen Parlaments und des Rates vom 29.4.2004 zur Durchsetzung der Rechte des geistigen Eigentums, ABl. 2004 L 195, S. 16.

[100] Hierzu *Amschewitz* S. 360 ff.

[101] BGH GRUR 1994, 630 (632) – Cartier-Armreif; GRUR 1994, 635 (637) – Pulloverbeschriftung; GRUR 2008, 360 Rn. 17 – EURO und Schwarzgeld, mwN.

Auslegung des § 242 BGB im Lichte der spezialgesetzlichen Regelungen beim Anspruch auf Auskunft dort in Betracht kommen, wo auch das Schadensersatzrecht demjenigen der gewerblichen Schutzrechte angenähert wurde, also im wettbewerbsrechtlichen Nachahmungsschutz und, soweit die §§ 17, 18 UWG aF in Altfällen noch anwendbar sind, im Geheimnisschutz. Insofern haben die spezialgesetzlichen Ausprägungen **mittelbaren Einfluss** auf die Ausgestaltung der wettbewerbsrechtlichen Auskunftsansprüche, zumal auch der UGP-Richtlinie 2005 das Gebot zu entnehmen ist, geeignete und wirksame Mittel zur Bekämpfung unlauterer Geschäftspraktiken zur Verfügung zu stellen (Art. 11 Abs. 1) und bei Verstößen wirksame, verhältnismäßige und abschreckende Sanktionen festzulegen (Art. 13). Zur wirksamen Durchsetzung der durch die UGP-Richtlinie 2005 geforderten Maßnahmen wird man auch hinreichende Ansprüche auf Auskunftserteilung einräumen müssen.

2. Anspruch auf Auskunft. a) Allgemeines zum Anspruch auf Auskunft. aa) Rechtsgrundlage. Das deutsche Recht kennt keine allgemeine Auskunftspflicht. Der **Anspruch auf Auskunft** wird als **Hilfsanspruch,** der die Durchsetzung eines gegen den Auskunftspflichtigen gerichteten Hauptanspruchs vorbereiten soll, gewohnheitsrechtlich aus dem **Grundsatz von Treu und Glauben** (§ 242 BGB) hergeleitet.[102] Er besteht grundsätzlich in jedem Rechtsverhältnis, in dem der Berechtigte in entschuldbarer Weise über Bestehen und Umfang seines Rechts im Ungewissen und der Verpflichtete unschwer zur Auskunftserteilung in der Lage ist.[103] Ursprünglich hatte die Rspr. einen derartigen Anspruch nur bei Verletzung von Patent-, Gebrauchsmuster- oder Urheberrechten zugebilligt. Später dehnte sie ihn auf Warenzeichenverletzungen[104] und schließlich auch auf Wettbewerbsverstöße aus.[105] 48

bb) Gläubiger und Schuldner. Aktivlegitimiert für den Anspruch auf Auskunft als Hilfsanspruch ist derjenige, dem auch der Hauptanspruch zusteht. 49

Passivlegitimiert ist der Schuldner des Hauptanspruchs.[106] Der **Gesellschafter einer OHG** oder einer GbR haftet persönlich auf Auskunft wegen Verstößen der Gesellschaft unabhängig davon, ob er an der Verletzungshandlung selbst als Täter oder Teilnehmer beteiligt war.[107] Der gegen einen **Geschäftsführer** oder Vorstand persönlich bestehende Anspruch auf Auskunft erlischt nicht mit seinem **Ausscheiden** aus der Geschäftsleitung.[108] Eine Begrenzung des Anspruchs tritt lediglich insoweit ein, als das ausgeschiedene Organ nur nach seinen Kenntnissen zur Auskunft verpflichtet ist. Dieser Umstand berührt aber nicht den Anspruch dem Grunde nach, sondern nur den Umfang der zu erteilenden Auskunft.[109] Da die zu erteilende Auskunft nicht auf das präsente Wissen des Auskunftsverpflichteten beschränkt ist und ihm gewisse Nachforschungspflichten auferlegt werden,[110] muss sich der ausgeschiedene Geschäftsführer oder Vorstand – soweit für die Erteilung der Auskunft erforderlich – um Aufklärung bei der Gesellschaft bemühen, für die er tätig war.[111] 50

---

[102] BGH GRUR 1965, 313 (314) – Umsatzauskunft; GRUR 1980, 227 (232) – Monumenta Germaniae Historica; GRUR 1987, 647 f. – Briefentwürfe; GRUR 1992, 176 (178) – Abmahnkostenverjährung; GRUR 1994, 630 (632) – Cartier-Armreif; OLG Köln GRUR-RR 2015, 215 f. Rn. 15 f. – Innovation Award Burgenland.

[103] StRspr, vgl. BGH GRUR 1992, 62 (64) – Preisvergleichsliste; GRUR 1999, 1025 (1029) – Preisbindung durch Franchisegeber; GRUR 2001, 841 (842) – Entfernung der Herstellungsnummer II; GRUR 2010, 623 Rn. 43 – Restwertbörse; *Ohly*/Sosnitza § 9 Rn. 35; Teplitzky/*Büch* Kap. 38 Rn. 8.

[104] RGZ 108, 1 (5 ff.) – Dauerschmierung.

[105] RG MuW XXVI, 342 (343) – Sanoskopgläser III; GRUR 1931, 1299 (1302) – Hellegold.

[106] Vgl. OLG Frankfurt a. M. GRUR-RR 2015, 408 – Zwangsgeld gegen Geschäftsführer.

[107] OLG Frankfurt a. M. WRP 2014, 1484 Rn. 21.

[108] BGH GRUR 2000, 605 (608) – comtes/ComTel; GRUR 2013, 638 Rn. 69 – Völkl.

[109] BGH GRUR 2000, 605 (608) – comtes/ComTel; GRUR 2013, 638 Rn. 69 – Völkl.

[110] BGH GRUR 2003, 433 (434) – Cartier-Ring; GRUR 2006, 504 Rn. 50 – Parfümtestkäufe; GRUR 2013, 638 Rn. 69 – Völkl.

[111] BGH GRUR 2013, 638 Rn. 69 – Völkl.

51 **cc) Allgemeine Anspruchsvoraussetzungen. (a) Hauptanspruch als Sonderverbindung.** Voraussetzung für den Anspruch auf Auskunft als Hilfsanspruch ist zunächst, dass zwischen dem Berechtigten und dem Verpflichteten eine **besondere rechtliche Beziehung (Sonderverbindung)** besteht, aus der sich der durch das Auskunftsverlangen vorzubereitende Hauptanspruch ergeben kann.[112] Die Rechtsbeziehung kann in einem Vertragsverhältnis bestehen, namentlich in einem Unterwerfungsvertrag.[113] IdR ergibt sich die Rechtsbeziehung aber schon aus dem **durch den Wettbewerbsverstoß begründeten gesetzlichen Schuldverhältnis.**[114] Der Anspruch kann dagegen nicht zu dem Zweck gewährt werden, durch die Auskunft erst festzustellen, ob der auf Auskunft in Anspruch Genommene überhaupt einen Wettbewerbsverstoß begangen hat, aus dem gegen ihn Ansprüche erwachsen können.[115] Ebenso besteht kein Anspruch auf Auskunft darüber, ob ein Verletzer zusätzlich zu dem bereits festgestellten Wettbewerbsverstoß ähnliche Handlungen begangen hat, die weiter gehende Ansprüche rechtfertigen könnten.[116]

52 Der Hauptanspruch muss, wie aus der Akzessorietät des Anspruchs auf Auskunft folgt, **dem Grunde nach** bestehen. Das bedeutet insbesondere, dass die konkrete Verletzungshandlung, aus welcher der durch die Auskunft vorzubereitende Hauptanspruch hergeleitet wird, in ihren anspruchsbegründenden Tatbestandsmerkmalen bereits vorliegen muss. Auf deren Ermittlung kann sich das Auskunftsbegehren nicht richten. Die Einzelheiten sind bezogen auf die jeweiligen Hauptansprüche gesondert darzustellen (→ Rn. 72 ff.).

53 **Weitere Voraussetzungen** für den Anspruch auf Auskunft sind die unverschuldete Unkenntnis des Gläubigers und die Möglichkeit des Schuldners, unschwer Auskunft zu erteilen:

54 **(b) Unverschuldete Unkenntnis des Gläubigers.** Die Ungewissheit des **Gläubigers** ist **unverschuldet,** wenn es ihm **unmöglich oder unzumutbar** ist, eigene Auskünfte einzuholen. Der Gläubiger hat zunächst alle ihm zur Verfügung stehenden (rechtlich zulässigen) Mittel zu nutzen, die benötigten Informationen selbst zu beschaffen. Die eigene Kenntnisverschaffung kann für ihn unzumutbar sein, wenn der für ihn damit verbundene Aufwand unverhältnismäßig groß ist, während der Schuldner die Auskunft ohne weiteres erteilen kann.[117] Auf eigene Informationsquellen, von denen verlässliche Auskünfte nicht zu erwarten sind, darf der Gläubiger gleichfalls nicht verwiesen werden. Ein Anspruch auf Auskunft besteht dagegen nicht, wenn der Gläubiger in schuldhafter Weise anderweitige, erfolgversprechende Informationsmöglichkeiten nicht genutzt hat.[118]

55 **(c) Möglichkeit der Erteilung der Auskunft durch den Schuldner.** Dem **Schuldner** muss die **Auskunftserteilung unschwer möglich** sein. Das bedeutet jedoch nicht, dass er sich auf Auskünfte beschränken darf, die er ohne weiteres aus seinem präsenten Wissen erteilen kann. Er muss vielmehr in zumutbarem Umfang Nachforschungen anstellen, um die begehrte Auskunft erteilen zu können. Dazu hat der Schuldner ggf. alle rechtlichen und tatsächlichen Möglichkeiten auszuschöpfen, um seinerseits die nötigen Informationen von Dritten zu erhalten und diese zur Mitwirkung zu bewegen.[119]

56 Verfügt nicht die zur Auskunftserteilung verurteilte Konzerngesellschaft, sondern **ein anderes Konzernunternehmen** über die Kenntnisse, die zur Erteilung der geschuldeten Auskunft benötigt werden, so hat die verurteilte Konzerngesellschaft alles ihr Zumutbare zu tun, um sich diese Kenntnisse zu verschaffen, und muss notfalls ihrerseits den Rechtsweg beschreiten.[120]

---

[112] BGH GRUR 1978, 54 (55) – Preisauskunft; GRUR 1987, 647 f. – Briefentwürfe; GRUR 2008, 360 Rn. 17 – EURO und Schwarzgeld; Teplitzky/*Büch* Kap. 38 Rn. 7.
[113] Vgl. BGH GRUR 1992, 62 (64) – Preisvergleichsliste.
[114] BGH GRUR 1959, 31 (33) – Feuerzeug als Werbegeschenk.
[115] BGH GRUR 1978, 54 (55) – Preisauskunft.
[116] BGH GRUR 2006, 426 Rn. 24 – Direktansprache am Arbeitsplatz II, mwN.
[117] Vgl. BGH GRUR 2010, 623 Rn. 47 – Restwertbörse.
[118] BGH NJW 1980, 2463 (2464); *Ohly*/Sosnitza § 9 Rn. 37.
[119] BGH GRUR 2009, 794 Rn. 21 – Auskunft über Tintenpatronen; Teplitzky/*Büch* Kap. 38 Rn. 8.
[120] BGH GRUR 2009, 794 Rn. 21 – Auskunft über Tintenpatronen.

dd) Allgemeines zu Inhalt und Umfang. (a) Wissenserklärung. Inhalt des Anspruchs auf Auskunft ist die Mitteilung von **Tatsachen** in Form einer **Wissenserklärung.**[121] Die Auskunftserteilung ist als Wissenserklärung höchstpersönlicher Natur und als **nach § 888 ZPO zu vollstreckende unvertretbare Handlung** vom Verpflichteten in Person zu erfüllen.[122] Die erteilte Information muss vom Auskunftspflichtigen selbst stammen, der sich zur Erfüllung seiner Auskunftspflicht jedoch Hilfspersonen bedienen darf. Die Auskunft hat grundsätzlich **schriftlich** zu erfolgen.[123] Die Einhaltung der gesetzlichen Schriftform (§ 126 BGB) ist nicht erforderlich. Wird die Auskunft in fremder **Sprache** erteilt, ist der Auskunftsanspruch dann erfüllt, wenn es sich beim Auskunftsgläubiger um ein international tätiges Unternehmen handelt und es sich bei der fremden Sprache um eine übliche Arbeitssprache handelt; letzteres ist für die englische Sprache zu bejahen, für die chinesische Sprache zu verneinen.[124] 57

(b) Mitzuteilende Tatsachen. Die **mitzuteilenden Tatsachen richten sich nach dem Hauptanspruch.** Der Schuldner muss Auskunft nur über solche Tatsachen erteilen, deren Kenntnis zur Vorbereitung oder Durchsetzung des Hauptanspruches **geeignet** und **erforderlich** ist.[125] Die Einzelheiten werden bezogen auf die jeweiligen Ansprüche gesondert dargestellt (→ Rn. 72 ff.). 58

(c) Umfang des Anspruchs. Die begehrte Auskunft muss dem Schuldner nach Treu und Glauben **zumutbar** sein.[126] Welcher Arbeits- und Zeitaufwand vom Auskunftsverpflichteten verlangt werden kann und wie weitreichend Auskunft erteilt werden muss, ist durch eine **Abwägung der beiderseitigen Interessen** zu bestimmen.[127] Diese Interessenabwägung ist unter Berücksichtigung der Umstände des Einzelfalles bei Beachtung des **Verhältnismäßigkeitsgrundsatzes** (vgl. auch § 19 Abs. 1 MarkenG; Art. 3 Abs. 2, Art. 8 Abs. 1 der Durchsetzungsrichtlinie) vorzunehmen, wobei Art und Schwere der Rechtsverletzung von Bedeutung sind.[128] Neben seinem **Arbeitsaufwand** können etwaige **Geheimhaltungsinteressen** des Schuldners zu beachten sein (→ Rn. 55 ff.). Auch grundrechtliche Wertungen (insbesondere Art. 5 GG bei Presseunternehmen) können ggf. zu beachten sein.[129] 59

Der **Umfang** des Anspruchs auf Auskunft einschließlich der Pflicht des Schuldners, **„Kontrolltatsachen"**[130] beizubringen, die eine Überprüfung der erteilten Auskünfte ermöglichen (vgl. § 259 Abs. 2 BGB), ist unter Berücksichtigung der Interessen des Gläubigers und des Schuldners sowie der Art und Schwere der Zuwiderhandlung zu bestimmen.[131] 60

Der Schuldner hat in zumutbarem Umfang alle ihm zur Verfügung stehenden Informationsmöglichkeiten auszuschöpfen, insbesondere seine **Geschäftsunterlagen** durchzusehen 61

---

[121] BGH GRUR 1994, 630 (632) – Cartier-Armreif; GRUR 2006, 504 Rn. 40 – Parfümtestkäufe.

[122] BGH GRUR 1994, 630 (633) – Cartier-Armreif.

[123] BGH GRUR 1994, 630 (632) – Cartier-Armreif.

[124] OLG Frankfurt a. M. GRUR-RR 2018, 222 Rn. 12, 14 und Ls. – Internationales Automobilunternehmen.

[125] BGH GRUR 1973, 375 (377 f.) – Miss Petite; GRUR 1991, 921 (924) – Sahnesiphon; GRUR 1995, 349 (352) – Objektive Schadensberechnung; GRUR 1999, 1025 (1030 f.) – Preisbindung durch Franchisegeber.

[126] RG GRUR 1936, 747 (752) – Waterproof; BGH GRUR 1994, 630 (633) – Cartier-Armreif; GRUR 2001, 841 (843) – Entfernung der Herstellungsnummer II.

[127] Teplitzky/*Büch* Kap. 38 Rn. 8; *Ohly*/Sosnitza § 9 Rn. 38.

[128] BGH GRUR 1978, 52 (53) – Fernschreibverzeichnisse; GRUR 1994, 630 (633) – Cartier-Armreif; OLG Köln GRUR-RR 2015, 215 f. Rn. 16 – Innovation Award Burgenland.

[129] BGH GRUR 1987, 647 (648) – Briefentwürfe; GRUR 1995, 427 (429) – Schwarze Liste; *Ohly*/Sosnitza § 9 Rn. 38.

[130] Vgl. BGH GRUR 1958, 346 (348) – Spitzenmuster; *Köhler*/Bornkamm/Feddersen § 9 Rn. 4.14.

[131] BGH GRUR 1978, 52 (53) – Fernschreibverzeichnisse; GRUR 1976, 367 (369) – Ausschreibungsunterlagen; GRUR 1994, 630 (633) – Cartier-Armreif; GRUR 2001, 841 (843) – Entfernung der Herstellungsnummer II.

und sich ggf. bei seinen Lieferanten oder Kunden um Aufklärung zu bemühen.[132] Er kann sogar zur **Heranziehung von Sachverständigen** verpflichtet sein, wenn er bestimmte Tatsachen, zu deren Mitteilung er verpflichtet ist, mangels Sachkunde nicht selbst ermitteln kann.[133] Die Beifügung von **Belegen** und Nachweisen soll – anders als beim Anspruch auf Rechnungslegung (→ Rn. 66 ff.) und beim Anspruch auf Drittauskunft (→ Rn. 107 ff.), wo allgemein eine Verpflichtung zur Vorlage von Belegen besteht[134] – beim Anspruch auf Auskunft nach der Rspr. **grundsätzlich nicht** erforderlich sein und eine Vorlagepflicht nur dann bestehen, wenn der Gläubiger die Belege benötigt, um die Verlässlichkeit der Auskunft überprüfen zu können.[135]

62 **(d) Geheimhaltungsinteressen und Wirtschaftsprüfervorbehalt.** Der Auskunftspflicht des Schuldners steht es nicht von vornherein entgegen, dass er sich selbst oder einen Dritten durch die Auskunft der Gefahr einer strafrechtlichen Verfolgung aussetzt.[136] Geschäftliche **Geheimhaltungsinteressen** des Schuldners können aber zu beachten sein, etwa das Interesse, Kundendaten nicht an einen unmittelbaren Wettbewerber gelangen zu lassen.[137] So kann bei der Erfüllung der Pflicht zur Vorlage von Belegen einem berechtigten Geheimhaltungsinteresse des Schuldners dadurch Rechnung getragen werden, dass – ggf. beglaubigte – Kopien vorgelegt werden dürfen, bei denen geheimhaltungsbedürftige Daten abgedeckt oder geschwärzt sind.[138]

63 Ein Vorrang etwaiger Geheimhaltungsinteressen des Schuldners kann ferner durch einen sog. **Wirtschaftsprüfervorbehalt** berücksichtigt werden. Er ermöglicht dem Schuldner, Angaben, deren Offenbarung gegenüber dem Gläubiger als seinem Mitbewerber ihm nicht zumutbar ist, nach seiner Wahl statt gegenüber dem Verletzten selbst gegenüber einer zur Verschwiegenheit verpflichteten Person, idR einem Wirtschaftsprüfer, zu machen, der seinerseits ermächtigt ist, bestimmte Anfragen des Verletzten zu beantworten.[139] Ein solcher Wirtschaftsprüfervorbehalt, aufgrund dessen der Auskunftsberechtigte die zur Durchsetzung seines Anspruchs erforderlichen Angaben nicht selbst erhält und sie nur in einem beschränkten Umfange nachprüfen kann, kommt **nur ganz ausnahmsweise** in Betracht und setzt ein gegenüber dem Interesse des Gläubigers an der Durchsetzung seines Anspruchs deutlich überwiegendes Geheimhaltungsinteresse des Schuldners voraus.[140] In solchen Fällen ist er ggf. auch ohne Antrag von Amts wegen zu gewähren.[141] Die Umstände, die die höhergewichtigen Belange begründen, hat der **Schuldner** aber **darzulegen** und zu **beweisen.**[142]

64 Wird einem (unbeschränkt gestellten) **Auskunftsantrag nur mit einem Wirtschaftsprüfervorbehalt stattgegeben,** so liegt darin **keine Teilabweisung,** die zu einer Kostenbelastung des Klägers führt; es handelt sich insoweit nicht um ein Minus gegenüber dem normalen Auskunftsbegehren, sondern lediglich um eine nach § 242 BGB gebotene Modi-

---

[132] Vgl. BGH GRUR 2006, 504 Rn. 40 – Parfümtestkäufe.

[133] Vgl. BGH GRUR 1982, 723 (727) – Dampffrisierstab I; *Köhler*/Bornkamm/Feddersen § 9 Rn. 4.17.

[134] BGH GRUR 2002, 709 (713) – Entfernung der Herstellungsnummer III.

[135] BGH GRUR 2001, 841 (845) – Entfernung der Herstellungsnummer II.

[136] BGH GRUR 1994, 630 (633) – Cartier-Armreif; OLG Stuttgart 8.10.2015 – 2 U 25/15; Teplitzky/*Büch* Kap. 38 Rn. 22 f.

[137] BGH GRUR 1978, 52 (53) – Fernschreibverzeichnisse.

[138] BGH GRUR 2002, 709 (712) – Entfernung der Herstellungsnummer III.

[139] Vgl. BGH GRUR 1958, 346 (348) – Spitzenmuster; 25.3.1958 – I ZR 45/57 – Tilona; GRUR 1979, 807 – Schlumpfserie; GRUR 1978, 52 (53) – Fernschreibverzeichnisse; GRUR 1981, 535 – Wirtschaftsprüfervorbehalt; Teplitzky/*Büch* Kap. 38 Rn. 28 mwN.

[140] BGH GRUR 1999, 1025 (1029) – Preisbindung durch Franchisegeber; OLG Bamberg 12.10.2005 – 3 U 151/04; OLG Schleswig NJOZ 2015, 1515 Rn. 95 – Pfand für SIM-Karten; Teplitzky/*Büch* Kap. 38 Rn. 28 mwN.

[141] BGH GRUR 1978, 52 (53) – Fernschreibverzeichnisse; OLG Schleswig NJOZ 2015, 1515 Rn. 95 – Pfand für SIM-Karten; Teplitzky/*Büch* Kap. 38 Rn. 31 mwN.

[142] BGH GRUR 1981, 535 – Wirtschaftsprüfervorbehalt; OLG Schleswig NJOZ 2015, 1515 Rn. 95 – Pfand für SIM-Karten.

fizierung.[143] Nimmt der Kläger einen Wirtschaftsprüfervorbehalt ausdrücklich in seinen Klageantrag auf, kann die Auslegung ergeben, dass er nur einen Anspruch auf Auskunft und keinen Anspruch auf Drittauskunft geltend machen will, weil ein solcher Vorbehalt mit einem Anspruch auf Drittauskunft nicht vereinbar ist.[144]

(e) Datenschutz. Soweit im Rahmen der Auskunft Angaben über Namen und Adressen von Abnehmern geschuldet sind, steht der Erteilung der Auskunft grundsätzlich **nicht Art. 6 Abs. 1 S. 1 DS-GVO entgegen.** Denn der Gesichtspunkt des Schutzes der Daten der jeweiligen Abnehmer des Auskunftsverpflichteten kann nicht höhergestellt werden als das Interesse des Gläubigers, der die Informationen zur Durchsetzung seines Hauptanspruchs (zB Schadensersatzanspruch) benötigt.[145] Art. 6 Abs. 1 lit. c und f DS-GVO bestimmen, dass die Übermittlung personenbezoger Daten ua dann möglich ist, wenn dies zur Erfüllung einer rechtlichen Verpflichtung des Verantwortlichen erforderlich ist. Die Erforderlichkeit ergibt sich aus § 242 BGB.[146] 65

ee) Rechnungslegung. Der Anspruch auf **Rechnungslegung** ist kein gesonderter Anspruch, sondern nur eine besondere, **gesteigerte Form** des **Anspruchs auf Auskunft.**[147] Ein Wesensunterschied besteht nicht.[148] Wie der Anspruch auf Auskunft wird der Anspruch auf Rechnungslegung bei Wettbewerbsverstößen auf **§ 242 BGB** gestützt.[149] 66

Rechnungslegung erfolgt durch eine den Anforderungen des § 259 BGB entsprechende Abrechnung, also durch eine **geordnete Zusammenstellung** der Einnahmen und Ausgaben. Unter einer geordneten Zusammenstellung ist eine zweckmäßige Aufgliederung in Abrechnungsposten zu verstehen, die sowohl hinsichtlich der Einzelangaben als auch hinsichtlich der Abrechnung insgesamt klar, übersichtlich und aus sich heraus verständlich ist.[150] Die Angaben müssen ferner eine **Nachprüfung ermöglichen.** Denn die Rechnungslegung dient nicht allein der Berechnung der Höhe des Anspruchs, sondern auch der Nachprüfung der Richtigkeit der erteilten Rechnung.[151] Es sind deshalb, ohne dass es eines besonderen Verlangens bedarf, auch **Belege** beizufügen, soweit solche erteilt zu werden pflegen (§ 259 Abs. 1 BGB).[152] Um dem Gläubiger die Nachprüfung der Rechnungslegung zu ermöglichen, ist der Schuldner zudem verpflichtet, die ihm bekannten **Namen** und Anschriften seiner **Abnehmer** anzugeben.[153] 67

Maßgeblich für die Verpflichtung zur Vorlage von **Belegen** im Rahmen der Auskunft ist, dass, soweit der Auskunftsschuldner verpflichtet ist, die Namen der Lieferanten und gewerblichen Abnehmer zu offenbaren, der Gläubiger erst durch die Vorlage der Belege die Möglichkeit erhält, die Verläßlichkeit der Auskunft zu überprüfen und sich Klarheit darüber zu verschaffen, ob ein Anspruch auf Abgabe der eidesstattlichen Versicherung besteht.[154] Soweit die Belege Daten enthalten, auf die sich die geschuldete Auskunft nicht bezieht und hinsichtlich deren ein berechtigtes Geheimhaltungsinteresse der Beklagten 68

---

[143] BGH GRUR 1978, 52 (53) – Fernschreibverzeichnisse; Teplitzky/*Büch* Kap. 38 Rn. 31 mwN.

[144] Vgl. BGH GRUR 2002, 709 (713) – Entfernung der Herstellungsnummer III.

[145] OLG München GRUR-RR 2019, 137 Rn. 29 ff. – Vertragshändlervertrag.

[146] LG Berlin 29.5.2019 – 97 O 13/18 – ALBA (zu § 19 MarkenG).

[147] RGZ 108, 1 (7) – Dauerschmierung; *Gräfin v. Merveldt* S. 94 (auch mit weiteren Umschreibungen); *Ohly*/Sosnitza § 9 Rn. 40.

[148] OLG München GRUR 1995, 275 (277) – Parka-Modell; *Gräfin v. Merveldt* S. 94.

[149] BGH GRUR 1980, 227 (233) – Monumenta Germaniae Historica.

[150] Vgl. BGH NJW 1982, 573 (574); vgl. auch OLG Frankfurt a. M. GRUR-RR 2018, 222 Rn. 13 – Internationales Automobilunternehmen.

[151] RG GRUR 1936, 943 (945) – Triolith u. Thanalith; BGH GRUR 1958, 346 (348) – Spitzenmuster; GRUR 1980, 227 (233) – Monumenta Germaniae Historica.

[152] BGH GRUR 2002, 709 (712) – Entfernung der Herstellungsnummer III (zu § 19 MarkenG) unter Hinweis auf BGH GRUR 2001, 841 (845) – Entfernung der Herstellungsnummer II (zu § 242 BGB); *Gräfin v. Merveldt* S. 94; *Köhler*/Bornkamm/Feddersen § 9 Rn. 4.31; *Stjerna* GRUR 2011, 789 (793 f.).

[153] BGH GRUR 1958, 288 (290) – Dia-Rähmchen I; GRUR 1958, 346 (348) – Spitzenmuster; GRUR 1963, 640 (642) – Plastikkorb; GRUR 1980, 227 (233) – Monumenta Germaniae Historica.

[154] Vgl. BGH GRUR 2002, 709 (713) – Entfernung der Herstellungsnummer III; KG 23.6.2020 – 5 W 1032/20 (zu § 19 MarkenG).

besteht, ist dem dadurch Rechnung zu tragen, dass Kopien vorgelegt werden, bei denen die entsprechenden Daten abgedeckt oder geschwärzt sind.[155] Nicht geschwärzt werden dürfen die Namen des Rechnungsempfängers und des Belieferten bzw. des Vorlieferanten, weil nur so eine Überprüfung der Angaben möglich ist. Das Interesse des Auskunftsschuldners daran, seine Lieferwege und Vertriebsketten gegenüber Dritten nicht offenzulegen, ist im Rahmen eine Auskunft, auch einer Drittauskunft, gerade nicht schutzwürdig.[156]

69 Der Anspruch auf Auskunft ist in allen Fällen der **objektiven Schadensberechnung** (Lizenzanalogie und Herausgabe des Verletzergewinns) zum Anspruch auf Rechnungslegung gesteigert. Im Rahmen des UWG beschränkt sich seine Bedeutung deshalb auf den **wettbewerbsrechtlichen Nachahmungsschutz**[157] und für Altfälle auf Ansprüche wegen Verletzung von Geschäfts- und Betriebsgeheimnissen (§§ 17 ff. UWG aF).[158] Ist nur eine **Schadensschätzung** möglich, weil entgangener Gewinn beansprucht wird, besteht regelmäßig kein Anspruch auf Rechnungslegung, weil der Anspruch auf Auskunft als ausreichend angesehen wird.[159]

70 In Fällen des **Nachahmungsschutzes** und ist Rechnungslegung auch im Rahmen eines Anspruchs auf Auskunft geschuldet, der zur Berechnung eines **Bereicherungsanspruchs** helfen soll.

71 Auch im Rahmen der Auskunft, die für die Berechnung bzw. Schätzung des **Gewinnabschöpfungsanspruchs** benötigt wird, ist Rechnungslegung geschuldet.[160]

72 **b) Anspruch auf Auskunft als Hilfsanspruch zum Schadensersatzanspruch. aa) Spezielle Zielrichtung.** Der Anspruch dient zur Vorbereitung der Bezifferung eines Schadensersatzanspruchs gem. § 9.[161]

Eine Auskunftspflicht ist nicht gegeben, wenn der Gläubiger seinen (ggf. zu schätzenden Mindest-)Schaden auch bei Erteilung der gewünschten Auskunft nicht beziffern oder konkret schätzen könnte.[162] Der Anspruch auf Auskunft kann sogar vollständig entfallen, wenn nur ein sehr beschränkter Schadensersatz in Betracht kommt.[163]

73 Im Übrigen sind die Grundsätze anzuwenden, die auch für den Umfang eines aus einer konkreten Verletzungshandlung abgeleiteten Unterlassungsanspruchs gelten. Auskunft kann somit auch zur Geltendmachung von Schadensersatzansprüchen verlangt werden, die auf den Ersatz von Schadensfolgen durch **kerngleiche Handlungen** gerichtet sind.[164] Ein Anspruch auf Auskunftserteilung darüber, ob der Verletzer ähnliche Handlungen begangen hat, die neue Schadensersatzansprüche rechtfertigen könnten, besteht demgegenüber nicht.[165]

74 **Zeitlich** kann Auskunft sowohl hinsichtlich weiterer (kerngleicher) Handlungen nach der (ersten) nachgewiesenen Verletzungshandlung als auch hinsichtlich früher begangener Handlungen verlangt werden.[166]

---

[155] Vgl. BGH GRUR 2002, 709 (713) – Entfernung der Herstellungsnummer III; KG 23.6.2020 – 5 W 1032/20 (zu § 19 MarkenG).

[156] Vgl. KG 23.6.2020 – 5 W 1032/20 (zu § 19 MarkenG).

[157] BGH GRUR 1973, 478 (480) – Modeneuheit; GRUR 1981, 517 (520) – Rollhocker; GRUR 1982, 305 (308) – Büromöbelprogramm; Teplitzky/*Büch* Kap. 39 Rn. 4.

[158] BGH GRUR 1977, 539 (541) – Prozeßrechner.

[159] BGH GRUR 1969, 292 (294) – Buntstreifensatin II; GRUR 1978, 52 (53) – Fernschreibverzeichnisse.

[160] OLG Stuttgart GRUR 2007, 435 – Veralteter Matratzentest; OLG Naumburg 27.6.2008 – 10 U 77/07 – CONVENT-Kredit; OLG Schleswig MMR 2013, 579 (584) – Rücklastschriften I; OLG Schleswig NJOZ 2015, 1515 Rn. 70 – Pfand für SIM-Karten.

[161] Vgl. BGH GRUR 1959, 31 (33) – Feuerzeug als Werbegeschenk.

[162] *Köhler* GRUR 1996, 82 (88); Teplitzky/*Büch* Kap. 38 Rn. 11.

[163] BGH GRUR 1991, 921 (924) – Sahnesiphon.

[164] BGH GRUR 1996, 502 (507) – Energiekosten-Preisvergleich; GRUR 2000, 907 (910) – Filialleiterfehler; GRUR 2006, 504 Rn. 34 – Parfümtestkäufe.

[165] BGH GRUR 1980, 1105 (1111) – Das Medizinsyndikat III; GRUR 2000, 907 (910) – Filialleiterfehler.

[166] BGH GRUR 2007, 877 Rn. 24 – Windsor Estate; GRUR 2010, 623 Rn. 54 – Restwertbörse; den gegenteiligen Standpunkt seiner *„Gaby"*-Entscheidung (GRUR 1988, 307 (308)) hat der I. ZS des BGH in der zitierten Entscheidung *„Windsor Estate"* aufgegeben; hierzu *Steinbeck* GRUR 2008, 110.

bb) Spezielle Voraussetzungen. Der Schadensersatzanspruch muss, wie aus der Akzessorietät des Anspruchs auf Auskunft folgt, **dem Grunde nach** bestehen.[167] Das bedeutet insbesondere, dass die konkrete Verletzungshandlung, aus welcher der durch die Auskunft vorzubereitende Hauptanspruch hergeleitet wird, in ihren anspruchsbegründenden Tatbestandsmerkmalen bereits vorliegen und vollendet sein muss.[168] Beim **Schadensersatzanspruch** setzt die Auskunftspflicht folglich ein Verschulden des auf Auskunft in Anspruch Genommenen voraus.[169] 75

An sich setzt ein Schadensersatzanspruch auch die Entstehung eines konkreten Schadens voraus, den der Geschädigte zu beweisen hat. Dieses Erfordernis muss zum Zwecke der Begründung und Durchsetzung eines Anspruchs auf Auskunft jedoch entfallen.[170] Denn der Anspruch auf Auskunft wird gem. § 242 BGB ja gerade deshalb gewährt, weil sich der Schaden ohne die Auskunft nicht konkretisieren lässt. Als Anspruchsvoraussetzung und zur Begründung eines Rechtsschutzinteresses an der Verfolgung des Anspruchs auf Auskunft wird lediglich gefordert, dass die **Wahrscheinlichkeit eines Schadenseintritts** dargelegt ist.[171] Diese Voraussetzung entspricht exakt den Anforderungen an das Interesse auf Feststellung der Schadensersatzpflicht gem. § 256 Abs. 1 ZPO (hierzu *Goldmann* → § 9 Rn. 120 ff.). 76

cc) Spezieller Inhalt. (a) Differenzierung zwischen Schadensberechnung und Schadensschätzung. Der Anspruch auf Auskunft ist in seinem Umfang auf diejenigen zur Anspruchsdurchsetzung **erforderlichen Informationen** begrenzt, die der Gläubiger selbst nicht anders erlangen kann und deren Erteilung dem Schuldner unschwer möglich und zumutbar ist.[172] Für den Inhalt und Umfang der Auskunft kommt es deshalb entscheidend darauf an, ob sie den Schaden **im Wege der objektiven Schadensberechnung bezifferbar** machen kann (vgl. *Goldmann* → § 9 Rn. 220 ff.) oder ob sie lediglich **Grundlagen für eine Schätzung** des Marktverwirrungsschadens oder des entgangenen Gewinns nach §§ 252 S. 2, 287 ZPO liefern soll (vgl. *Goldmann* → § 9 Rn. 201 ff.). Die **Bezifferung** eines Schadens setzt regelmäßig genauere und weitaus **detailliertere Angaben** über Berechnungsgrundlagen voraus als eine Schadensschätzung.[173] Dabei ist die zur Bezifferung führende **objektive Schadensberechnung** bei Wettbewerbsverstößen nicht die Regel, sondern eine auf wenige Fallgestaltungen beschränkte **Ausnahme,** die die Rspr. bislang außer bei der Verletzung gewerblicher Ausschließlichkeitsrechte nur beim Nachahmungsschutz und früher auch im UWG-Geheimnisschutz zugelassen hat (*Goldmann* → § 9 Rn. 232). Geringer sind die Regelanforderungen an die Auskunft bei einem Schadensersatzanspruch wegen solcher Wettbewerbsverletzungen, bei denen eine abstrakte Schadensberechnung überhaupt nicht zulässig und somit allein eine ganz allgemeine Schätzung des entstandenen Schadens möglich ist.[174] 77

(b) Objektive Schadensberechnung. Mit der Möglichkeit der objektiven Schadensberechnung geht ein **Anspruch auf Rechnungslegung** (hierzu → Rn. 66 ff.) einher, womit alle Auskünfte in einem geordneten Verzeichnis zu erteilen sind,[175] das grundsätzlich 78

[167] BGH GRUR 1954, 457 (459) – Irus/Urus; GRUR 1957, 219 (222) – Bierbezugsvertrag; GRUR 1959, 31 (33) – Feuerzeug als Werbegeschenk.

[168] BGH GRUR 1959, 31 (33) – Feuerzeug als Werbegeschenk.

[169] BGH GRUR 2006, 504 Rn. 45 – Parfümtestkäufe; GRUR 2010, 623 Rn. 55 – Restwertbörse.

[170] RG GRUR 1931, 1299 (1302) – Hellegold.

[171] RG GRUR 1931, 1299 (1302) – Hellegold; BGH GRUR 1957, 219 (222) – Bierbezugsvertrag; GRUR 1954, 457 (459) – Irus/Urus; GRUR 1959, 31 (33) – Feuerzeug als Werbegeschenk.

[172] RGZ 108, 1 (7) – Dauerschmierung; BGH GRUR 1965, 313 (314) – Umsatzauskunft; GRUR 1972, 558 (560) – Teerspritzmaschinen; GRUR 1995, 349 (352) – Objektive Schadensberechnung; GRUR 1999, 1025 (1029) – Preisbindung durch Franchisegeber; GRUR 2000, 907 (910) – Filialleiterfehler.

[173] OLG Köln GRUR-RR 2015, 215 Rn. 17 – Innovation Award Burgenland; Teplitzky/*Büch* Kap. 38 Rn. 12.

[174] OLG Köln GRUR-RR 2015, 215 Rn. 17 – Innovation Award Burgenland; Teplitzky/*Büch* Kap. 38 Rn. 16.

[175] BGH GRUR 1981, 517 (520) – Rollhocker; OLG München GRUR 1995, 275 (277) – Parka-Modell.

auch Namen und Anschriften der dem Verletzer bekannten Abnehmer enthalten muss.[176] Der Anspruch auf Auskunft in Form der Rechnungslegung soll dem Verletzten eine **Berechnung seines Schadens nach jeder der drei möglichen Berechnungsarten,** nämlich, konkrete Schadensberechnung, einschließlich des entgangenen Gewinns; entgangene angemessene Lizenzgebühr; Herausgabe des Verletzergewinns – und die Auswahl der für ihn günstigsten Berechnungsart – ermöglichen.[177] Der Verletzte braucht sich daher zunächst noch nicht für eine der Berechnungsarten zu entscheiden; er kann vielmehr alle Angaben verlangen, die notwendig sind, um seinen Schaden nach jeder der drei Berechnungsarten zu errechnen bzw. schätzen zu lassen und darüber hinaus die Richtigkeit der Rechnung nachzuprüfen.[178] Ist dem Verletzten der Weg zur objektiven Schadensberechnung eröffnet, so steht ihm bis zum Ende der letzten mündlichen Tatsachenverhandlung im Betragsverfahren die neben der (praktisch kaum je getroffenen) **Wahl** der Schätzung seines entgangenen Gewinns auch die Wahl zwischen den beiden objektiven Berechnungsalternativen Lizenzanalogie und Abschöpfung des Verletzergewinns offen (*Goldmann* → § 9 Rn. 291 ff.). Deshalb kann der Verletzte grundsätzlich alle Informationen verlangen, die er entweder für die eine oder für die andere Berechnungsart benötigt.[179] Ausnahmsweise können nur die für eine Berechnungsart erforderlichen Informationen verlangt werden, wenn aufgrund der Umstände des Einzelfalls die jeweils andere Berechnungsart ausscheidet.[180]

79 Für die Berechnung nach der **Lizenzanalogie** sind **im wettbewerbsrechtlichen Nachahmungsschutz** in aller Regel zumindest folgende Informationen erforderlich: Netto-Verkaufspreise, Menge der Produkte und Lieferzeiten (letzteres, damit der Schadensersatzanspruch auch zeitlich konkretisiert wird und die Möglichkeit der Nachprüfung der Richtigkeit gewährleistet ist).[181] Diese Informationen ergeben zusammengenommen den **Netto-Umsatz des Verletzers** in einem bestimmten Zeitraum. In aller Regel wird – wie es auch der vertraglichen Lizenzpraxis entspricht – eine **geordnete Aufstellung nach Monaten** (oder zumindest Kalendervierteljahren) verlangt werden können. Neuerdings möchte der **BGH** dem Gläubiger auch **Auskunft über den Gewinn des Verletzers** zubilligen. Ausgangspunkt ist der vom BGH entwickelte Grundsatz, dass die Höhe des Lizenzsatzes durch die branchenübliche Umsatzrendite begrenzt ist.[182] Diese dürfte allerdings idR auch dem Gläubiger als Wettbewerber bekannt sein. Der BGH verlangt nunmehr weit über das bisher Erforderliche hinaus für die Bestimmung der Lizenzhöhe durch das Gericht im Wege der Schätzung ausdrücklich Auskünfte über den Verletzergewinn.[183] Damit würde sich der Inhalt der Auskunft weitgehend mit derjenigen decken, die für die Berechnungsart der Abschöpfung des Verletzergewinns verlangt werden kann:

80 Für die Berechnung nach der **Abschöpfung des Verletzergewinns** kann eine nach Kalendermonaten aufgeschlüsselte Auskunft verlangt werden über den Zeitraum und Umfang der unlauteren Handlung, den damit erzielten Umsatz, Angaben über die Gestehungskosten (ggf. Einkaufspreise, Abgaben, Umsatzsteuer), die variablen Betriebskosten für den Zeitraum der unlauteren Handlung (Material-, Werbe-, Lohnkosten usw), soweit sie nicht auch ohne die Zuwiderhandlung angefallen wären (Gemeinkosten). Zu den abzugsfähigen variablen Kosten vgl. im Einzelnen *Goldmann* → § 9 Rn. 271 ff.

---

[176] BGH GRUR 1963, 640 (642) – Plastikkorb; 1958, 346 (348) – Spitzenmuster; 1958, 288 (290) – Dia-Rähmchen I; GRUR 1980, 227 (233) – Monumenta Germaniae Historica.

[177] BGH GRUR 1974, 53 – Nebelscheinwerfer; GRUR 1980, 227 (232) – Monumenta Germaniae Historica.

[178] BGH GRUR 1980, 227 (232) – Monumenta Germaniae Historica.

[179] BGH GRUR 1995, 349 (350) – Objektive Schadensberechnung.

[180] BGH GRUR 1995, 349 (350) – Objektive Schadensberechnung.

[181] BGH GRUR 1958, 346 (348) – Spitzenmuster; GRUR 1978, 52 (53) – Fernschreibverzeichnisse; GRUR 1980, 227 (232 f.) – Monumenta Germaniae Historica.

[182] BGH GRUR 2009, 239 Rn. 49 – BTK.

[183] BGH ZUM 2013, 406 Rn. 30 – Jürgen Möllemanns Sprung.

(c) Schadensschätzung. Wo eine objektive Schadensberechnung ausscheidet (*Goldmann* → § 9 Rn. 233), soll der Anspruch auf Auskunft dem Verletzten die **Grundlage für eine Schätzung des Schadens** insbesondere als entgangener Gewinn liefern, die er selbst vornimmt oder die das Gericht gem. § 287 ZPO durchführt. Eine vernünftige und sachgerechte Schadensschätzung wird nämlich vielfach erst durch die gegebenen Auskünfte ermöglicht.[184] Welche Informationen zur Schätzung des Schadens erforderlich sind, hängt in besonderem Maße von den jeweiligen Umständen des Einzelfalls ab.[185] Notwendig ist die Kenntnis von **Art und Umfang des** begangenen **Wettbewerbsverstoßes,** weil sich nur danach die Auswirkungen bestimmen lassen.[186] Dazu gehören Angaben über Anzahl, Art, Umfang, Zeitpunkt, Dauer und Intensität der Verletzungshandlungen.[187] So kann es bei irreführenden Werbeaussagen wesentlich sein, wann, bei welchen Gelegenheiten, in welchem Umfang und auch wem gegenüber sie gemacht worden sind.[188] Bei Wettbewerbsverstößen wegen **irreführender Werbung** wird daher regelmäßig ein Anspruch auf **Auskunft über Art, Zeit und Umfang der Verletzungen** zugebilligt.[189] Geschuldet sind auch Angaben über die **Werbemedien** und deren Nutzung und Verbreitung, wozu bei Anzeigenwerbung in Zeitschriften Auflagenhöhe, Verbreitungsgebiet und angesprochene Verkehrskreise gehören.[190] Kann ein Internethändler von geschäftsschädigend wirkenden Äußerungen eines Herstellers auf dessen Internetseite besonders betroffen sein, so kann zur Bezifferung des Ausmaßes der Verletzungshandlung der Betroffene die Auskunft über die Anzahl der Anrufe der geschäftsschädigenden Internetseite verlangen.[191] Ist der Gläubiger ein nur lokal oder regional tätiger Einzelhändler, müssen in die Auskunft nur Werbemaßnahmen einbezogen werden, die in dessen Einzugsbereich wahrnehmbar waren.[192] 81

Geschäftsinterna müssen regelmäßig nicht offenbart werden.[193] In aller Regel kann mit Blick auf die Schätzung eines entgangenen Gewinns die Nennung der **Namen von Adressaten oder Käufern nicht verlangt** werden.[194] Nur ausnahmsweise ist auch die Kenntnis der Adressaten einer irreführenden Werbung für die Schadensschätzung bedeutsam, so dass eine Offenlegung der Namen der Adressaten oder Käufer verlangt werden kann,[195] so zB, wenn der Kreis der Abnehmer und/oder der Anbieter sehr klein ist und deshalb die Wahrscheinlichkeit gegeben ist, dass ohne irreführende Werbung der betroffene Mitbewerber das Geschäft gemacht oder jedenfalls Chancen darauf gehabt hätte. Die Angabe der Abnehmer bzw. der Empfänger des wettbewerbswidrigen Werbematerials kann auch erforderlich sein, um den Marktverwirrungsschaden einerseits einzuschätzen oder andererseits durch eine Gegenaufklärung möglichst gering zu halten. 82

Nicht erforderlich sind **meist Umsatzangaben des Verletzers,** da sie als Schätzungsgrundlage für den dem Verletzten entstandenen Schaden idR nicht hilfreich sind.[196] **Ausnahmsweise** kann allerdings der gestiegene Umsatz des Verletzers eine indizielle Bedeutung für entgangene Umsätze des Verletzten sein, nämlich dann, wenn es sich um 83

---

184 RG MuW XXVI, 342 (343) – Sanoskopgläser III; BGH GRUR 1965, 313 (314) – Umsatzauskunft.

185 OLG Köln GRUR-RR 2015, 215 Rn. 19 – Innovation Award Burgenland; Teplitzky/*Büch* Kap. 38 Rn. 16.

186 BGH GRUR 1965, 313 (314) – Umsatzauskunft; GRUR 1978, 52 (53) – Fernschreibverzeichnisse; OLG Köln GRUR-RR 2015, 215 Rn. 17 – Innovation Award Burgenland.

187 OLG Hamm GRUR-RR 2010, 295 (297) – Warnhinweis.

188 BGH GRUR 1965, 313 (314) – Umsatzauskunft; OLG Köln GRUR-RR 2015, 215 Rn. 18 – Innovation Award Burgenland.

189 BGH GRUR 1978, 52 (53) – Fernschreibverzeichnisse; OLG Hamm GRUR-RR 2010, 295 (297) – Warnhinweis; OLG Köln GRUR-RR 2015, 215 Rn. 19 – Innovation Award Burgenland.

190 BGH GRUR 1987, 647 (648) – Briefentwürfe.

191 OLG Hamm GRUR-RR 2010, 295 (297) und Ls. – Warnhinweis.

192 BGH GRUR 2000, 907 (911) – Filialleiterfehler.

193 BGH GRUR 1987, 647 (648) – Briefentwürfe.

194 BGH GRUR 1987, 647 (648) – Briefentwürfe.

195 BGH GRUR 1976, 367 (369) – Ausschreibungsunterlagen; GRUR 1987, 647 (648) – Briefentwürfe.

196 BGH GRUR 1965, 313 (314) – Umsatzauskunft; OLG Köln GRUR-RR 2015, 215 Rn. 19 – Innovation Award Burgenland.

einen sachlich und räumlich engen Markt mit nur wenigen Anbietern handelt (vgl. *Goldmann* → § 9 Rn. 133). Der **Gewinn des Verletzers** ist regelmäßig **kein Kriterium für die Schätzung des Schadens** des Verletzten. Herstellungskosten oder Einkaufspreise brauchen daher regelmäßig auch dann nicht genannt zu werden, wenn der Schaden aus wettbewerbswidrigen Verkäufen bestimmter Waren hergeleitet wird.[197] Nach der Rspr. des BGH soll auch die **Angabe von Verkaufspreisen in aller Regel nicht erforderlich** sein, es sei denn, die Mitteilung ist ausnahmsweise für die zumindest schätzweise Ermittlung der Schadenshöhe notwendig oder jedenfalls zur Kontrolle der sonstigen Auskünfte sinnvoll und nützlich.[198] Die Angabe der Verkaufspreise des Verletzers ist etwa dann erforderlich, wenn damit für die Schadensschätzung Anhaltspunkte dafür gewonnen werden können, ob und inwieweit das Erzeugnis des Verletzers nach Güte und Preiswürdigkeit an sich (un)geeignet gewesen ist, Käufer vom Erwerb des Erzeugnisses des Verletzten abzuhalten.[199]

84 **(d) Naturalrestitution.** Angesichts der **geringen Bedeutung** der Naturalrestitution als Schadensersatz im UWG wird der Anspruch auf Auskunft mit Bezug auf sie weniger erörtert. Es bietet sich an, auf die Grundsätze zurückzugreifen, die für den Anspruch auf Auskunft im Zusammenhang mit dem Beseitigungsanspruch gelten (hierzu → Rn. 94 ff.).

85 **c) Anspruch auf Auskunft als Hilfsanspruch zum Bereicherungsanspruch. aa) Spezielle Zielrichtung.** Der Anspruch dient zur **Vorbereitung der Bezifferung** eines Bereicherungsanspruchs gem. § 812 BGB und soll dem Verletzten die Grundlage für eine Berechnung der angemessenen Lizenzgebühr ermöglichen. Ebenso wie beim Anspruch auf Auskunft als Hilfsanspruch für den Schadensersatzanspruch gilt: Auskunft kann auch im Zusammenhang mit **kerngleichen Handlungen** begehrt werden. Ein Anspruch auf Auskunftserteilung darüber, ob der Verletzer ähnliche Handlungen begangen hat, die neue Bereicherungsansprüche rechtfertigen könnten, besteht nicht. **Zeitlich** kann Auskunft sowohl hinsichtlich weiterer (kerngleicher) Handlungen nach der (ersten) nachgewiesenen Verletzungshandlung als auch hinsichtlich früher begangener Handlungen verlangt werden.

86 **bb) Spezielle Voraussetzungen.** Der Bereicherungsanspruch muss, wie aus der Akzessorietät des Anspruchs auf Auskunft folgt, **dem Grunde nach** bestehen. Das bedeutet insbesondere, dass die konkrete Verletzungshandlung, aus welcher der durch die Auskunft vorzubereitende Hauptanspruch hergeleitet wird, in ihren anspruchsbegründenden Tatbestandsmerkmalen bereits vorliegen muss. In Betracht kommen nur Fälle des wettbewerbsrechtlichen Leistungsschutzes und (für Altfälle) des Geheimnisschutzes (→ Rn. 30). Beim **Bereicherungsanspruch** setzt die Auskunftspflicht **kein Verschulden** des auf Auskunft in Anspruch Genommenen voraus.

87 **cc) Spezieller Inhalt.** Inhalt des Bereicherungsanspruchs ist die **Zahlung einer angemessenen Lizenzgebühr** (→ Rn. 36). Daher müssen diejenigen Informationen gegeben werden, die auch für die Berechnung des Schadensersatzes nach der Methode der Lizenzanalogie benötigt werden (→ Rn. 79).

88 Ebenso wie bei der objektiven Schadensberechnung ist dem Gläubiger ein Anspruch auf **Rechnungslegung** zuzubilligen.

89 **d) Anspruch auf Auskunft als Hilfsanspruch zum Gewinnabschöpfungsanspruch. aa) Spezielle Zielrichtung.** Dient der Anspruch auf Auskunft zur Bezifferung eines Anspruchs auf Gewinnabschöpfung nach § 10 Abs. 1, so soll er dem klagenden Verband eine Grundlage zur Berechnung jedenfalls des **Gewinns des Verletzers** bieten.

[197] OLG Köln GRUR-RR 2015, 215 Rn. 19 – Innovation Award Burgenland.
[198] BGH GRUR 2001, 84 (85) – Neu in Bielefeld II.
[199] BGH GRUR 1978, 52 (53) – Fernschreibverzeichnisse; aA wohl OLG Köln GRUR-RR 2015, 215 Rn. 19 – Innovation Award Burgenland.

Zusätzlich zielt er nach der herrschenden Auffassung, die den Gewinnabschöpfungsanspruch als einen Anspruch auf **Mehrerlösabschöpfung** begreift (hierzu *Goldmann* → § 10 Rn. 116 ff.), darauf ab, Tatsachen als Schätzgrundlagen dafür beizubringen, welcher Mehrerlös gerade auf der Unlauterkeit einer geschäftlichen Handlung beruht.[200] Weiter soll ermittelt werden, ob vom Schuldner Leistungen erbracht worden sind, die gem. § 10 Abs. 2 anzurechnen sind. All diese Tatsachen sind dem klagenden Verband regelmäßig schuldlos unbekannt, womit gem. § 242 BGB ein Anspruch auf Auskunft gegeben ist.[201]

Der Anspruch ist nicht auf den Zeitraum nach der Abmahnung beschränkt, sondern die **gesamte Zeit, in der der vorsätzliche Wettbewerbsverstoß,** der den Anspruch auf Gewinnabschöpfung begründet, **angedauert** hat.[202] 90

bb) Spezielle Voraussetzungen. Der Gewinnabschöpfungsanspruch muss, wie aus der Akzessorietät des Anspruchs auf Auskunft folgt, **dem Grunde nach** bestehen.[203] Das bedeutet insbesondere, dass die konkrete Verletzungshandlung, aus welcher der durch die Auskunft vorzubereitende Hauptanspruch hergeleitet wird, in ihren anspruchsbegründenden Tatbestandsmerkmalen bereits vorliegen muss. Hierfür muss zum einen ein **vorsätzliches Handeln** feststehen.[204] Zum anderen muss zumindest wahrscheinlich sein, dass der in Anspruch Genommene einen Gewinn erwirtschaftet hat, und zwar zu Lasten einer Vielzahl von Abnehmern. Denn für den Anspruch auf Auskunft kann nicht verlangt werden, dass ein Gewinn bereits feststeht. Hier gelten ähnliche Erwägungen wie für den Anspruch auf Auskunft bei einem noch nicht feststehenden, aber wahrscheinlichen Schaden (→ Rn. 76). 91

cc) Spezieller Inhalt. Der Schuldner eines Gewinnabschöpfungsanspruchs nach § 10 Abs. 1 ist verpflichtet, dem Gläubiger gem. § 242 BGB die Auskunft zu erteilen, die dieser zur **sinnvollen Bezifferung und Begründung des Zahlungsantrags** benötigt. Da gem. § 10 Abs. 1 UWG der Gewinn herauszugeben ist, ist dieser in prüfungsfähiger Weise mitzuteilen. Dies umfasst notwendig die gesonderte Mitteilung von Erlösen und gewinnschmälernden Ausgaben nach kaufmännischen Grundsätzen, wobei die Kosten getrennt nach den einzelnen verschiedenen Kostenpositionen aufzuschlüsseln sind.[205] Denn nur so kann zunächst der Kläger in die Lage versetzt werden zu prüfen, welche Kostenpositionen er als abzugsfähig anerkennt und welche nicht. So wird ihm die Bezifferung des von ihm rechnerisch für richtig gehaltenen herauszugebenden Gewinnbetrags in der Zahlungsstufe ermöglicht, und es kann bei einem Streit der Parteien über die Abzugsfähigkeit einzelner Posten eine gerichtliche Entscheidung über die Höhe des herauszugebenden Gewinns vorbereitet werden. Es ist insoweit nämlich bei einem Streit der Parteien, welche Kosten abzugsfähig sind, nicht Sache des Schuldners, sondern des Gerichts zu entscheiden, welche Kostenpositionen im Rahmen des § 10 Abs. 1 UWG gewinnschmälernd zu berücksichtigen sind und welche nicht.[206] Evident unzureichend ist deshalb die Nennung eines Mitteilung eines bloßen Gesamtbetrags, von dem nicht bekannt wäre, wie er hergeleitet worden ist.[207] 92

---

[200] LG München I GRUR-RR 2015, 255 (256) – Zahnreinigung für 39 EUR.

[201] OLG Stuttgart GRUR 2007, 435 – Veralteter Matratzentest; OLG Naumburg 27.6.2008 – 10 U 77/07 – CONVENT-Kredit; OLG Frankfurt a. M. GRUR-RR 2009, 265 (267) – Abo-Fallen; OLG Frankfurt a. M. GRUR-RR 2010, 482 – heute gratis; OLG Schleswig NJOZ 2015, 1515 Rn. 70 – Pfand für SIM-Karten.

[202] OLG Frankfurt a. M. GRUR-RR 2009, 265 (267) – Abo-Fallen.

[203] OLG Düsseldorf 7.2.2017 – I-20 U 139/15.

[204] Vgl. nur OLG Hamm GRUR-RR 2008, 435 (436) – Zulassung in EU-Mitgliedstaat.

[205] BGH GRUR 2018, 219 Rn. 32 – Rechtskraft des Zwangsmittelbeschlusses; OLG Schleswig 14.2.2019 – 2 U 4/18 Rn. 117.

[206] OLG Schleswig 14.2.2019 – 2 U 4/18 Rn. 117.

[207] BGH GRUR 2018, 219 Rn. 24 ff. – Rechtskraft des Zwangsmittelbeschlusses; OLG Schleswig 10.3.2016 – 2 U 7/15 – Rücklastschriften II; 14.2.2019 – 2 U 4/18 Rn. 117.

93 Der Anspruch auf Auskunft als Hilfsanspruch zur Realisierung des Gewinnabschöpfungsanspruchs ist zum Anspruch auf **Rechnungslegung** gesteigert.[208] Nach Kalendermonaten aufgeschlüsselte[209] Auskunft kann verlangt werden über den Zeitraum[210] und Umfang der unlauteren Werbung/Handlung,[211] die Anzahl der auf die konkrete unlautere Werbung/Handlung bezogenen Vertragsabschlüsse,[212] den damit konkret erzielten Umsatz,[213] die Gestehungskosten (ggf. Einkaufspreise, Abgaben,[214] Umsatzsteuer),[215] die variablen Betriebskosten für den Zeitraum der unlauteren Werbung/Handlung (Material-, Werbe-, Lohnkosten usw), soweit sie nicht auch ohne die Zuwiderhandlung angefallen wären (Gemeinkosten),[216] sowie diejenigen Leistungen, die auf Grund der Zuwiderhandlung an Dritte oder den Staat geleistet wurden.[217] Bei Verträgen, bei denen dem Schuldner der Vertragspartner regelmäßig namentlich bekannt ist (zB Mobilfunkverträge, Kreditverträge), wird – als Kontrolltatsache – auch ein Anspruch auf Nennung von Namen und Anschriften der Vertragspartner gewährt.[218] Die Pflicht zur Nennung der jeweiligen Vertragspartner ergibt sich aber bereits schon daraus, dass die Pflicht zur Auskunft zur Rechnungslegungspflicht gesteigert ist.[219] Soweit der Schuldner geltend macht, dass das berechtigte Interesse des Gläubigers an der Nachprüfbarkeit der Angaben des Schuldners mit dessen berechtigtem Interesse kollidieren, seine Kundenbeziehung nicht ausforschen zu lassen, kommt ein **Wirtschaftsprüfervorbehalt** (→ Rn. 63) in Betracht.[220]

94 **e) Anspruch auf Auskunft als Hilfsanspruch zum Beseitigungsanspruch. aa) Spezielle Zielrichtung.** Aus den gleichen Erwägungen, aus denen zur Vorbereitung eines Schadensersatzanspruchs eine Auskunftsverpflichtung des Verletzers anerkannt, ist auch zur **Vorbereitung und Durchsetzung eines Beseitigungsanspruchs** ein Anspruch auf Auskunft über den Umfang der Verletzungshandlungen zuzubilligen, wenn andernfalls die zu einer Beseitigung der Quelle der fortwirkenden Störung erforderlichen Maßnahmen praktisch nicht verwirklicht werden können.[221]

95 Ebenso wie beim Anspruch auf Auskunft als Hilfsanspruch für den Schadensersatzanspruch kann Auskunft kann auch im Zusammenhang mit **kerngleichen Handlungen** begehrt werden, nicht aber über nur ähnliche oder andere bislang unbekannte Handlungen, die ihrerseits Beseitigungsansprüche gegen denselben Schuldner auslösen könnten.[222] **Zeit-**

[208] OLG Stuttgart GRUR 2007, 435 – Veralteter Matratzentest; OLG Naumburg 27.6.2008 – 10 U 77/07 – CONVENT-Kredit; OLG Schleswig MMR 2013, 579 (584) – Rücklastschriften I; NJOZ 2015, 1515 Rn. 70 – Pfand für SIM-Karten; 10.3.2016 – 2 U 7/15 – Rücklastschriften II.

[209] LG Hanau 17.9.2008 – 1 O 569/08.

[210] OLG Naumburg 27.6.2008 – 10 U 77/07 – CONVENT-Kredit.

[211] OLG Stuttgart 2.11.2006 – 2 U 58/06 (insoweit nicht abgedruckt in GRUR 2007, 435 – Veralteter Matratzentest).

[212] OLG Stuttgart 2.11.2006 – 2 U 58/06 (insoweit nicht abgedruckt in GRUR 2007, 435 – Veralteter Matratzentest).

[213] OLG Naumburg 27.6.2008 – 10 U 77/07 – CONVENT-Kredit; OLG Schleswig 10.3.2016 – 2 U 7/15 – Rücklastschriften II; LG Hanau 17.9.2008 – 1 O 569/08; LG Darmstadt 31.1.2009 – 16 O 366/07; LG Kiel 14.5.2014 – 4 O 95/13 (insoweit nicht abgedruckt in MMR 2015, 43).

[214] LG Kiel 14.5.2014 – 4 O 95/13 (insoweit nicht abgedruckt in MMR 2015, 43).

[215] LG Hanau 17.9.2008 – 1 O 569/08; LG Darmstadt 31.1.2009 – 16 O 366/07.

[216] OLG Stuttgart 2.11.2006 – 2 U 58/06 (insoweit nicht abgedruckt in GRUR 2007, 435 – Veralteter Matratzentest); OLG Naumburg 27.5.2008 – 10 U 77/07 – CONVENT-Kredit; LG Hanau 17.9.2008 – 1 O 569/08; LG Darmstadt 31.1.2009 – 16 O 366/07.

[217] OLG Stuttgart 2.11.2006 – 2 U 58/06 (insoweit nicht abgedruckt in GRUR 2007, 435 – Veralteter Matratzentest); OLG Naumburg 27.6.2008 – 10 U 77/07 – CONVENT-Kredit; LG Darmstadt 31.1.2009 – 16 O 366/07.

[218] OLG Naumburg 27.6.2008 – 10 U 77/07 – CONVENT-Kredit.

[219] OLG Schleswig 10.3.2016 – 2 U 7/15 – Rücklastschriften II.

[220] BGH GRUR 2018, 219 Rn. 26 – Rechtskraft des Zwangsmittelbeschlusses; OLG Schleswig 10.3.2016 – 2 U 7/15 – Rücklastschriften II.

[221] RG GRUR 1939, 494 (500) – Wegengagieren; BGH GRUR 1972, 558 (560) – Teerspritzmaschinen; GRUR 1987, 647 f. – Briefentwürfe; GRUR 1995, 427 (429) – Schwarze Liste; OLG Brandenburg GRUR-RR 2020, 315 Rn. 20 f. – Lügen Airline.

[222] BGH GRUR 1987, 647 (648) – Briefentwürfe.

lich kann Auskunft sowohl hinsichtlich weiterer (kerngleicher) Handlungen nach der (ersten) nachgewiesenen Verletzungshandlung als auch hinsichtlich früher begangener Handlungen verlangt werden.

bb) Spezielle Voraussetzungen. Der Beseitigungsanspruch muss **dem Grunde nach** bestehen. Die konkrete Verletzungshandlung muss in ihren anspruchsbegründenden Tatbestandsmerkmalen bereits vorliegen. Ein Verschulden ist nicht erforderlich. 96

cc) Spezieller Inhalt. Welche Auskünfte zur Verwirklichung des Beseitigungsanspruches nötig sind, hängt in besonderem Maße von den jeweiligen Umständen des Einzelfalls ab. Der Anspruch auf Auskunft erstreckt sich auf **Art und Umfang der Verletzungshandlungen,** weil sich nur danach die Auswirkungen und damit das **Ausmaß und die Beschaffenheit des zu beseitigenden Störungszustandes** bestimmen lassen.[223] Zuzubilligen ist eine Auskunft über Art, Zeit und Umfang der Verletzungen. Besteht der Störungszustand in den Fortwirkungen von Äußerungen, sind auch Angaben über die Verbreitungsmedien und deren Nutzung und Verbreitung nötig, wozu bei Anzeigenwerbung in Zeitschriften Auflagenhöhe, Verbreitungsgebiet und angesprochene Verkehrskreise gehören. Sind individuelle Abnehmer oder Adressaten bekannt, müssen diese nur dann namentlich genannt werden, wenn andernfalls die Herstellung eines störungsfreien Zustandes nicht möglich ist.[224] Dies ist dann der Fall, wenn herabsetzende Äußerungen gegenüber einem bestimmten Adressatenkreis erfolgt sind, weil nur durch die Namhaftmachung der Adressaten bestimmbar wird, wem gegenüber ein Widerruf zu erfolgen hat.[225] Auch wenn ein Unternehmer im Rahmen der unwirksame AGB-Klauseln verwendet oder **irreführende Angaben** über den Vertragsinhalt macht, muss er Namen und Anschrift der **Kunden nennen,** die einer **Fehlvorstellung über den Vertragsinhalt** erlegen sind und etwa geforderte Beträge bezahlt oder einer Vertragsänderung nicht widersprochen haben, so dass klar ist, wem gegenüber im Wege der Beseitigung die irreführenden Behauptungen zu berichtigen oder die missbräuchlichen Klauseln zu korrigieren sind.[226] 97

f) Anspruch auf Auskunft als Hilfsanspruch zum Unterlassungsanspruch. aa) Spezielle Zielrichtung. Weniger erörtert wird, ob auch dem Unterlassungsanspruch ein Anspruch auf Auskunft als Hilfsanspruch zur Seite stehen kann. Dies ist für alle Fälle zu bejahen, in denen die Unterlassungspflicht **nur durch positive Handlungen erfüllt** werden kann und in denen deshalb der Inhalt des Unterlassungsanspruchs dem Beseitigungsanspruch entspricht (zu diesen Konstellationen *Goldmann* → § 8 Rn. 10 ff. mwN). Auch hier gilt: Auskunft kann auch über kerngleiche Handlungen verlangt werden. 98

bb) Spezielle Voraussetzungen. Der Unterlassungsanspruch muss **dem Grunde nach** bestehen. Die konkrete Verletzungshandlung muss in ihren anspruchsbegründenden Tatbestandsmerkmalen bereits vorliegen. Da der Unterlassungsanspruch verschuldensunabhängig ist, braucht kein Verschulden vorzulegen. 99

cc) Spezieller Inhalt. Der Inhalt des Anspruchs auf Auskunft als Hilfsanspruch zum Unterlassungsanspruch ist identisch mit dem Inhalt des auf den Beseitigungsanspruch bezogenen Anspruchs auf Auskunft (hierzu → Rn. 97). 100

g) Erfüllung des Anspruchs auf Auskunft. Der Schuldner ist verpflichtet, die **Auskunft vollständig und richtig zu erteilen,** und zwar so, dass der Gläubiger durch die erteilten Informationen nicht irregeführt wird. Für Mängel der Auskunft haftet der Schuldner gem. § 280 Abs. 1 BGB auf Schadensersatz.[227] Wird die Pflicht zur korrekten und 101

[223] RG GRUR 1939, 494 (500) – Wegengagieren; BGH GRUR 1972, 558 (560) – Teerspritzmaschinen.
[224] BGH GRUR 1987, 647 (648) – Briefentwürfe.
[225] RG GRUR 1939, 494 (500) – Wegengagieren.
[226] BGH GRUR 2018, 423 Rn. 52 ff. – Klauselersetzung; KG 27.3.2013 – 5 U 112/11 – Flexstrom; LG Stuttgart 7.8.2014 – 11 O 298/13.
[227] BGH GRUR 2016, 526 Rn. 24 – Irreführende Lieferantenangabe.

klaren Erteilung von Auskünften verletzt und wendet der Gläubiger daraufhin Rechtsverfolgungskosten nutzlos auf, liegen diese **nutzlosen Aufwendungen** im Schutzbereich der verletzten Pflicht und sind als Schaden zu ersetzen.[228] Dies gilt auch für die Belastung mit Gerichtskosten und gerichtlichen oder außergerichtlichen Anwaltskosten eines Dritten, der aufgrund der fehlerhaft erteilten Auskunft vom Gläubiger zu Unrecht verfolgt wird. Durch Erteilung einer vollständigen Auskunft ist der Anspruch **erfüllt.** Wenn die Auskunft nicht von vornherein unglaubhaft oder nicht ernstgemeint und daher zur Erfüllung des Anspruchs auf Auskunft ungeeignet ist,[229] kann der Gläubiger, der die Auskunft des Schuldners für unrichtig hält, daher keine andere verlangen, sondern nur die Abgabe einer **eidesstattlichen Versicherung** der Richtigkeit (§ 259 Abs. 2 BGB).[230] Ob eine zum Zwecke der Auskunft abgegebene Erklärung zur Erfüllung des Anspruchs auf Auskunft genügt, richtet sich nach einem objektiven Maßstab. Es kommt nicht darauf an, ob der Anspruchsteller die erteilte Auskunft für wahr und vollständig erachtet. Auch eine **negative Erklärung** kann zu einer Erfüllung des Auskunftsbegehrens führen.[231] Ist die erteilte Auskunft unvollständig, kann der Gläubiger deren Ergänzung fordern.[232]

102 **h) Verjährung.** Die **Verjährung** des Anspruchs auf Auskunft richtet sich nach der Regelverjährungsfrist der §§ 195, 199 BGB (*Schulz* → § 11 Rn. 26).[233] Der akzessorische Charakter des Anspruchs auf Auskunft hat lediglich zur Folge, dass der Hilfsanspruch idR mangels Erforderlichkeit der Auskunftserteilung nicht mehr gegeben ist, sobald der Hauptanspruch verjährt ist. Da gem. § 215 BGB unter bestimmten Voraussetzungen die **Verjährung die Aufrechnung nicht ausschließt,** kann im Einzelfall jedoch auch bei Verjährung des Hauptanspruchs noch ein berechtigtes Interesse des Gläubigers an einer Auskunftserteilung bestehen.

103 **i) Mehrere Schuldner.** Mehrere Schuldner haften grundsätzlich **nicht als Gesamtschuldner.**[234] In Ausnahmefällen können aber die Voraussetzungen des § 420 BGB erfüllt sein.

104 **j) Kosten.** Die **Kosten** der Auskunft hat der Schuldner zu tragen,[235] auch die durch Einschaltung eines **Wirtschaftsprüfers** anfallenden Kosten.[236]

105 **k) Prozessuales.** Der Anspruch auf Auskunft wird durch **Auskunfts- oder Stufenklage** (§ 254 ZPO) durchgesetzt und **nach § 888 ZPO vollstreckt** (ausführlich hierzu *Brüning* → Vor § 12 Rn. 347 ff.).

106 **l) Einstweilige Verfügung.** Der Anspruch auf Auskunft kann im Grundsatz nicht Gegenstand einer einstweiligen Verfügung sein, weil mit der Erteilung der gewünschten Informationen die Hauptsache regelmäßig vorweggenommen wird. Eine Ausnahme ist dann zu machen, wenn die Auskunft der Vorbereitung eines wettbewerbsrechtlichen Beseitigungsanspruches dient, der seinerseits Gegenstand eines einstweiligen Verfügungsverfahren sein kann und die gebotene Interessenabwägung nicht zu einem Überwiegen der Belange des Antragsgegners führt.[237]

---

[228] BGH GRUR 2016, 526 Rn. 38 – Irreführende Liferantenangabe.
[229] Vgl. BGH GRUR 1994, 630 (631) – Cartier-Armreif; GRUR 2001, 841 (844) – Entfernung der Herstellungsnummer II.
[230] BGH GRUR 1994, 630 (632) – Cartier-Armreif; *Köhler*/Bornkamm/Feddersen § 9 Rn. 4.36.
[231] BGH GRUR 1958, 149 (150) – Bleicherde; GRUR 1994, 630 (632) – Cartier-Armreif.
[232] BGH GRUR 1974, 53 (54) – Nebelscheinwerfer; GRUR 1994, 630 (632) – Cartier-Armreif.
[233] Ebenso Ahrens/*Bornkamm* Kap. 34 Rn. 21; *Büscher* in Fezer/Büscher/Obergfell § 11 Rn. 17; *Köhler*/Bornkamm/Feddersen § 9 Rn. 4.42; Teplitzky/*Büch* Kap. 38 Rn. 37 mwN; vgl. auch BGH GRUR 1988, 533 (536) – Vorentwurf II; aA BGH GRUR 1972, 558 (560) – Teerspritzmaschinen; GRUR 1974, 99 (101) – Brünova.
[234] BGH GRUR 1981, 592 (595) – Championne du Monde.
[235] BGHZ 84, 31 (32 f.); *Köhler*/Bornkamm/Feddersen § 9 Rn. 4.34; Teplitzky/*Büch* Kap. 38 Rn. 36.
[236] BGH GRUR 1957, 336 – Rechnungslegung; OLG Bamberg 12.10.2005 – 3 U 151/04.
[237] OLG Brandenburg GRUR-RR 2020, 315 Rn. 21 f. – Lügen Airline.

3. Anspruch auf Drittauskunft. a) Zielrichtung. Der Anspruch auf Drittauskunft soll dem Anspruchsteller bei UWG-Verstößen die **Rechtsverfolgung gegenüber Dritten** ermöglichen. Zumeist zielt er auf die Nennung **gewerblicher Abnehmer,** um einen wettbewerbswidrigen Weitervertrieb der Waren durch die Abnehmer des auf Drittauskunft in Anspruch Genommenen zu unterbinden.[238] Der Anspruch auf Drittauskunft kann sich auch auf **Lieferanten** beziehen[239] oder der Ermittlung der Adressaten geschäftsschädigender Äußerungen dienen.[240] Er ist auf die Durchsetzung eines Anspruchs gegen einen Dritten (gewerblicher Abnehmer, Lieferant, Geheimnisverräter, Adressaten geschäftsschädigender Äußerungen) gerichtet, dessen Namen und Adresse der Auskunftspflichtige angeben soll.[241] Seinen Anwendungsbereich findet er im UWG in erster Linie bei der Produktnachahmung,[242] wettbewerbswidrige Äußerungen[243] und bei der Bekämpfung von Verletzungen geschützter Vertriebsbindungssysteme[244] sowie früher im Geheimnisschutz.[245] Aus einer unlauteren Handlung nach § 17 Abs. 2 Nr. 2 UWG aF etwa konnte ein Anspruch auf Drittauskunft gegen den Schädiger erwachsen, mit dem auch Auskunft darüber verlangt werden kann, durch wen und auf welche Weise der Schädiger an die Geschäftsgeheimnisse gelangt ist.[246] 107

Im Wege des Anspruchs auf Drittauskunft kann von einer juristischen Person bei jeder Art von Wettbewerbsverstoß auch verlangt werden, den Namen des für einen Wettbewerbsverstoß **ressortverantwortlichen Organs** zu nennen, wenn mehrere Organe vorhanden sind und deshalb nicht auf Anhieb klar ist, in wessen Verantwortungsbereich ein Wettbewerbsverstoß fällt.[247] 108

b) Rechtsgrundlage. Der Anspruch auf Drittauskunft hat ebenso wie der Anspruch auf Auskunft seine Grundlage im Grundsatz von **Treu und Glauben** (§ 242 BGB).[248] 109

c) Voraussetzungen. Die Voraussetzungen des Anspruchs auf Drittauskunft sind weitgehend denen des Anspruchs auf Auskunft (→ Rn. 51 ff.) angeglichen.[249] Wie der Anspruch auf Auskunft besteht auch der Anspruch auf Drittauskunft, wenn der Gläubiger in entschuldbarer Weise über Bestehen und Umfang seines Rechts im Ungewissen und der Verpflichtete unschwer zur Auskunftserteilung in der Lage ist. Unter diesen Voraussetzungen ist ein Anspruch auf Auskunftserteilung auch dann gegeben, wenn gar nicht der in Anspruch Genommene, sondern nur ein Dritter Schuldner eines Hauptanspruchs ist, dessen Durchsetzung der Hilfsanspruch auf Auskunftserteilung ermöglichen soll.[250] 110

d) Inhalt und Umfang. Der Inhalt der Auskunft ist gerichtet auf die Nennung von Namen (Firma) und Adresse des Dritten. Zu den weiteren inhaltlichen Anforderungen wird auf die Darstellung zum Anspruch auf Auskunft verwiesen (→ Rn. 57 ff.). Unterschiede bestehen gegenüber dem Anspruch auf Auskunft insoweit, als der Anspruch auf Drittauskunft grundsätzlich mit der Verpflichtung zur **Vorlage von Belegen** verbunden ist[251] 111

[238] BGH GRUR 2010, 343 Rn. 19 – Oracle.
[239] BGH GRUR 1994, 630 (633) – Cartier-Armreif; GRUR 2001, 841 (842) – Entfernung der Herstellungsnummer II.
[240] Vgl. BGH GRUR 1987, 647 – Briefentwürfe.
[241] OLG Frankfurt a. M. GRUR-RR 2015, 408 – Zwangsgeld gegen Geschäftsführer.
[242] BGH GRUR 1994, 630 (632) – Cartier-Armreif.
[243] BGH GRUR 1987, 647 – Briefentwürfe.
[244] BGH GRUR 2001, 841 (842) – Entfernung der Herstellungsnummer II.
[245] OLG Stuttgart 8.10.2015 – 2 U 25/15; vgl. auch BGH GRUR 2012, 1048 Rn. 27 – MOVICOL-Zulassungsantrag (dort gestützt auf § 249 BGB).
[246] OLG Stuttgart 8.10.2015 – 2 U 25/15.
[247] *Büscher* GRUR 2015, 5 (17).
[248] BGH GRUR 1994, 630 (632) – Cartier-Armreif; GRUR 1994, 435 (437) – Pulloverbeschriftung; GRUR 1995, 427 (428 f.) – Schwarze Liste; GRUR 2001, 841 (843) – Entfernung der Herstellungsnummer II.
[249] BGH GRUR 2001, 841 (842) – Entfernung der Herstellungsnummer II.
[250] BGH GRUR 2001, 841 (842) – Entfernung der Herstellungsnummer II.
[251] BGH GRUR 2002, 709 (713) – Entfernung der Herstellungsnummer III.

und ein **Wirtschaftsprüfervorbehalt** (→ Rn. 63) beim Anspruch auf Drittauskunft nicht gewährt wird.[252] Auch bei der Drittauskunft besteht grundsätzlich ein Anspruch auf Abgabe der eidesstattlichen Versicherung.[253] Um einen besonderen Fall der Drittauskunft handelt es sich bei **§ 8 Abs. 5.**

112 **e) Erfüllung etc.** Zu den Details der Anspruchserfüllung und weiteren Punkten vgl. → Rn. 101 ff.

VI. Anspruchskonkurrenzen

Schrifttum: *Adler,* Fortbildung des Warenzeichenrechts durch das Gesetz gegen unlauteren Wettbewerb, Festgabe zur Feier des 50jährigen Bestehens des Reichspatentamts, 1927, S. 153; *Alexander,* Der Verwechslungsschutz gem. § 5 Abs. 2 UWG, in: FS Köhler, 2014, S. 23; *Bärenfänger,* Symbiotische Theorie zum Kennzeichen- und Lauterkeitsrecht, WRP 2011, 160; *Böxler,* Der Vorrang des Markenrechts, ZGE 2009, 357; *Bokelmann,* Das Recht der Firmen und Geschäftsbezeichnungen, 5. Aufl. 2000; *Bornkamm,* Der lauterkeitsrechtliche Schutz vor Verwechslungen: Ein Kuckucksei im Nest des UWG?, in: FS Loschelder, 2010, S. 31; *ders.,* Die Schnittstellen zwischen gewerblichem Rechtsschutz und UWG – Grenzen des lauterkeitsrechtlichen Verwechslungsschutzes, GRUR 2011, 1; *Büscher,* Schnittstellen zwischen Markenrecht und Wettbewerbsrecht, GRUR 2009, 230; *Bunnenberg,* Das Markenrecht als abschließendes Regelungssystem?, MarkenR 2008, 148; *Deutsch,* Der Schutz von Marken und Firmen außerhalb des Wettbewerbsbereichs, in: FS Gaedertz, 1992, S. 99; *Eichelberger,* Der Schutz von Markenfamilien und Markenbildungsprinzipien, 2004; *Fezer,* Kumulative Normenkonkurrenz im Kennzeichenrecht. Ein Beitrag zur autonomen Anwendung des MarkenG, des UWG und des BGB nach § 2 MarkenG, WRP 2000, 863; *v. Gamm,* Rufausnutzung und Beeinträchtigung bekannter Marken und geschäftlicher Bezeichnungen, in: FS Piper, S. 537; *Goldmann,* Der Schutz von Geschäftsraum- und Produktgestaltungen als Unternehmenskennzeichen, MarkenR 2015, 8; *Gramsch,* Individualbehinderung (§ 4 Nr. 10 UWG) durch Kennzeichenrechte, 2010; *Hafenmayer,* Der lauterkeitsrechtliche Schutz vor Verwechslungen im Konflikt mit den Wertungen des Kennzeichenrechts, 2014; *Harte-Bavendamm,* Wettbewerbsrechtlicher Verbraucherschutz in der Welt der „look-alikes", in: FS Loschelder, 2010, S. 111; *Heinze,* Die Vorbenutzung im Markenrecht, in: FS Büscher, 2018, S. 29; *Henn,* Markenschutz und UWG, 2009; *Ingerl,* Der wettbewerbsrechtliche Kennzeichenschutz und sein Verhältnis zum MarkenG in der neueren Rechtsprechung des BGH in der UWG-Reform, WRP 2004, 809; *Konzal,* Die Vorbenutzung im deutschen, europäischen und internationalen Kennzeichenrecht, 2014; *Lehmann,* Entwicklungsleitlinien G. Schrickers: Wettbewerbs-, Marken- und Urheberrecht, in: FS Schricker, 2006, 77; *Sack,* Probleme des Markenschutzes im Ähnlichkeitsbereich, WRP 1998, 1127; *Sambuc,* Der UWG-Nachahmungsschutz, 1996; *Schladt,* Das Verhältnis von Marken- und Lauterkeitsrecht, 2013, *Schneider,* Verwechslungsgefahr und Herkunftstäuschung, 2014; *Schork,* Imitationsmarketing. Die irreführende Produktvermarktung nach Art. 6 Abs. 2 lit. a UGP-RL, § 5 Abs. 2 UWG, 2011; *Thress,* Die irreführende Produktvermarktung, 2011; *Weber,* UWG- Sanktionen wegen EG-Kartellrechtsverstößen, 1999; *Woger,* Die Schnittstellen zwischen Marken- und Wettbewerbsrecht im Licht der neuen Markenfunktionen, 2015; *Wrage,* UWG-Sanktionen bei GWB-Verstößen?, 1996.

113 **1. Konkurrenzen mehrerer einschlägiger UWG-Normen untereinander.** Soweit ein Lebenssachverhalt die tatbestandlichen Voraussetzungen mehrerer Vorschriften des UWG (zB §§ 3a–6 iVm § 3, § 7) erfüllt, sind diese **idR nebeneinander anwendbar.** Dies gilt auch für § 4 Nr. 3 einerseits und § 5 Abs. 2 andererseits.[254] Nebeneinander anwendbar sind auch UWG-Vorschriften und spezialgesetzliche Unlauterkeitsregelungen außerhalb des UWG, wie etwa des Lebensmittelrechts (vgl. dazu *v. Jagow* → § 3a Rn. 89 ff.). Die wettbewerbsrechtlichen Ansprüche können deshalb auf eine Anspruchsgrundlage wie § 8 Abs. 1 jeweils iVm § 3 und unterschiedlichen Normen gestützt werden, aus denen sich die Unlauterkeit ergibt.

114 **2. Verhältnis zum GWB.** Das **GWB** enthält in §§ 33, 34a eine grundsätzlich **abschließende Regelung** der zivilrechtlichen Ansprüche, die im Falle von Verstößen gegen **kartellrechtliche Verbote** geltend machen können. Dieses abgestufte Regelungssystem mit einer von § 8 Abs. 3 abweichenden Regelung der Aktivlegitimation darf durch lauter-

[252] BGH GRUR 2002, 709 (713) – Entfernung der Herstellungsnummer III (zu § 19 MarkenG); Teplitzky/*Büch* Kap. 38 Rn. 35b.
[253] BGH GRUR 1994, 630 (633) – Cartier-Armreif.
[254] Näher hierzu *Harte-Bavendamm* FS Loschelder, 2010, 111 (117 ff.).

keitsrechtliche Ansprüche gem. §§ 8 ff. nicht unterlaufen werden.[255] Auf §§ 8 ff. iVm § 3 gestützte Ansprüche scheiden deshalb bei GWB-Verstößen idR aus.[256] Allerdings gilt dies nur für Fälle, in denen sich der Vorwurf der Unlauterkeit *allein* aus dem kartellrechtlichen Verstoß speist. Gründet sich die Unlauterkeit dagegen – wie etwa in Fällen des Boykotts – auf einen eigenständigen lauterkeitsrechtlichen Tatbestand (zB auf eine gezielte Behinderung nach § 4 Nr. 4), stehen die zivilrechtlichen Ansprüche, die sich aus dem Kartellrecht und aus dem Lauterkeitsrecht ergeben, gleichberechtigt nebeneinander.[257] Ausführlich *Ahrens* → Einl. Rn. 1077 ff.

3. Verhältnis zum MarkenG. a) Allgemeines. Für das Verhältnis zum Markenrecht gilt: Soweit Vorschriften des MarkenG direkt oder analog eingreifen, sind daneben die individualschützenden Normen des UWG unanwendbar. Dies ergibt sich aus dem gesetzgeberischen Ziel, alle vor der Markenrechtsreform in unterschiedlichen Gesetzen verstreuten Anspruchsgrundlagen in einem Gesetz zu vereinen.[258] Die **Öffnungsklausel des § 2 MarkenG** stellt nur klar, dass im MarkenG ungeregelte Konflikte nach anderen Normen aufgelöst werden können, das MarkenG den Schutz also nicht abschließend regelt und außermarkenrechtlichen Schutz nicht generell abschneidet.[259] Mangels eines Schutzes durch das MarkenG bleibt das UWG theoretisch immer dann anwendbar, wenn entweder überhaupt kein Kennzeichenschutz nach §§ 4, 5 MarkenG besteht, keine bekannte Marke bzw. keine bekannte geschäftliche Bezeichnung vorliegt oder andere, nicht in §§ 14 Abs. 2 Nr. 3, 15 Abs. 3 MarkenG geregelte Behinderungsaspekte hinzutreten. Im Ergebnis kann ein Schutz dennoch nur selten auf das UWG gestützt werden, da stets die **Wertungen des MarkenG zu berücksichtigen** sind. **Besonderheiten** gelten freilich für **§ 5 Abs. 2,** der **nicht die Interessen des Kennzeicheninhabers,** sondern die Interessen der Verbraucher am Schutz vor Irreführung **schützt.** Hieraus ergibt sich folgendes: 115

b) Erweiterter Schutz bekannter Zeichen. §§ 14 Abs. 2 Nr. 3, 15 Abs. 3 MarkenG (ggf. analog bei fehlender markenmäßiger[260] bzw. kennzeichenmäßiger Benutzung[261]) sind hinsichtlich des **erweiterten Schutzes bekannter Marken** und geschäftlicher Bezeichnungen die speziellere Norm. Einen erweiterten Schutz für bekannte Marken und Kennzeichen, wie ihn die Rspr. auf der Grundlage von § 1 UWG 1909 gewährt hatte,[262] kann es nicht mehr geben. Insoweit ist das MarkenG abschließend.[263] 116

c) Ergänzender Schutz von nach MarkenG ungeschützten Zeichen? aa) Allgemeines. § 4 Nr. 3 bietet seinem Wortlaut nach nur eine Handhabe gegen die Nachahmung von Waren bzw. Dienstleistungen. Kennzeichen sind weder Waren noch Dienstleistungen. Damit kommt nach grammatikalischer Auslegung ein **ergänzender wettbewerbsrechtlicher Zeichenschutz nicht** in Betracht. dennoch wird er teilweise in der Instanzrechtsprechung gewährt.[264] Kennzeichen, insbesondere Marken, sind aber weder Waren noch Dienstleistungen, sondern dienen vielmehr der Unterscheidung von Waren 117

---

[255] BGH GRUR 2006, 773 Rn. 13 f. – Probeabonnement.

[256] BGH GRUR 2006, 773 Rn. 11 ff. – Probeabonnement; aA für Verstöße gegen EU-Kartellrecht als Fall des Rechtsbruchs *Weber* S. 93 ff.

[257] BGH GRUR 2006, 773 Rn. 17 – Probeabonnement.

[258] Begr. RegE, BT-Drs. 12/6581, 55.

[259] BGH GRUR 1999, 161 (162) – MAC Dog; GRUR 2001, 1050 (1051) – Tagesschau; GRUR 2001, 1054 (1055) – Tagesreport; GRUR 2000, 71 (73) – SZENE.

[260] Vgl. BGH GRUR 2015, 1201 Rn. 76 – Sparkassen-Rot/Santander-Rot.

[261] Vgl. *Goldmann,* Unternehmenskennzeichen, § 12 Rn. 204 ff.

[262] Vgl. BGH GRUR 1983, 247 (248) – Rolls-Royce; GRUR 1985, 550 (552) – Dimple; GRUR 1991, 465 (466) – Salomon; GRUR 1991, 465 (466) – Salomon; GRUR 1991, 609 (611 f.) – SL; GRUR 1994, 808 (810 f.) – Markenverunglimpfung I.

[263] BGH GRUR 1999, 161 (162) – MAC Dog; GRUR 2000, 70 (73) – SZENE; GRUR 973, 974 – Tupperwareparty.

[264] LG München I 19.5.2016 – 17 HKO 1061/15 – Hollywood-Zeichen; LG Köln 20.3.2018 – 31 O 28/18 – Sonnenlogo (*in concreto* aber wegen Wertung zugunsten bestehender älterer Kennzeichenrechte verneint).

und Dienstleistungen ihrer Herkunft nach.[265] Jedem Markenrechtler ist die Unterscheidung zwischen Waren und Dienstleistungen einerseits und deren Kennzeichen andererseits geläufig. Die Begriffe decken sich nicht, auch nicht teilweise. Sie stehen vielmehr in einem diametralen Gegensatz. Es ist unmöglich, den Begriff des „Kennzeichens" unter den Begriff der „Ware" oder der „Dienstleistung" zu subsumieren. Eine solche Subsumtion würde die Grenze des möglichen Wortsinns der Begriffe „Ware" oder „Dienstleistung" überschreiten. Die Wortlautgrenze gilt nicht nur bei der Auslegung von Strafgesetzen[266], sondern ganz allgemein auch im Zivilrecht.[267] Die Auslegung darf als Ergebnis niemals und unter keinen Umständen das Gegenteil dessen ergeben, was der klare und eindeutige Wortsinn suggeriert (hierzu auch *Sambuc* → § 4 Rn. 133 ff.).

118 Zu denken wäre allenfalls ein Rückgriff auf die früher anerkannte[268] und auch heute zT noch im Schrifttum erwähnte[269] Fallgruppe der Nachahmung von Werbemitteln. Zwar lassen sich auch Werbemittel nicht unmittelbar einem eng interpretierten Begriff von Waren oder Dienstleistungen zuordnen. Es ist aber eine weitherzige Auslegung geboten. Denn durch § 4 Nr. 3 werden im Grundsatz Leistungs- und Arbeitsergebnisse aller Art geschützt.[270] Allerdings ist höchst zweifelhaft, ob für einen – von der Rspr. früher für möglich gehaltenen[271] – ergänzenden wettbewerbsrechtlichen Zeichenschutz nach § 4 Nr. 3 lit. a und b oder direkt nach § 3 Abs. 1 überhaupt Raum ist. Eine parallele Anwendung des MarkenG und des ergänzenden wettbewerbsrechtlichen Leistungsschutzes auf Zeichen aller Art birgt nämlich die Gefahr, dass die Voraussetzungen der Schutzgewährung umgangen werden.[272] Mit der gesetzlichen Festlegung von Schutzvoraussetzungen ist insoweit eine Begrenzungsfunktion verbunden.[273] Das Lauterkeitsrecht hat nicht die Aufgabe, einem Zeichennutzer eine Schutzposition zu verschaffen, die das MarkenG ihm nicht gewährt.[274] Die gesetzgeberische Wertung, dass Zeichen nur durch Eintragung oder durch Verkehrsgeltung zugunsten eines einzelnen Wirtschaftsteilnehmers Schutz erlangen können, ist aber zu respektieren.[275] Das UWG kann nicht dazu dienen, gesetzlich nicht normierte individuelle Kennzeichenrechte zu schaffen.[276] Insoweit gilt – anders als für den verbraucherschützenden und uneingeschränkt neben dem MarkenG anwendbaren § 5 Abs. 2[277] – der **Vor-**

---

[265] *Ohly*/Sosnitza § 4 Nr. 3 Rn. 3/27.

[266] Vgl. BVerfG NJW 2002, 3693 (3694).

[267] BGH GRUR 1967, 158 (159) – Schallplatten mwN.

[268] RG GRUR 1940, 372 (374) – Landkarte; BGH GRUR 1961, 85 (89) – Pfiffikus-Dose; vgl. auch RG MuW XXXIX, 357 (358) – Drei-Kerzen-Leuchter; BGH GRUR 1977, 614 (615 f.) – Gebäudefassade; GRUR 2001, 251 (253) – Messerkennzeichnung; BGH GRUR 2003, 973 (975) – Tupperwareparty; OLG Hamm NJW-RR 1993, 940 f. – Verwendung eines Firmenlogos; OLG Stuttgart 23.3.2001 – 2 U 149/00 – Medi S; LG Köln 7.9.2000 – 31 O 466/00 – Viag-Interkom-Logo; OLG Hamm 4.5.2004 – 4 U 21/04 – Pink (jeweils ergänzender Zeichenschutz über § 1 UWG 1909 befürwortet); OLG Hamburg GRUR 1972, 430 – Prospektblätter; OLG Hamm GRUR 1981, 130 (132) – Preislisten-Druckvorlage; zum Ganzen *Sambuc* Rn. 687 ff.

[269] *Köhler*/Bornkamm/Feddersen § 4 Rn. 3.22a.

[270] BGH GRUR 2012, 1155 Rn. 19 – Sandmalkasten; *Götting/Hetmank* in Fezer/Büscher/Obergfell § 4 Nr. 3 Rn. 72.

[271] BGH GRUR 1977, 614 (615) – Gebäudefassade; GRUR 2001, 251 (253) – Messerkennzeichnung; GRUR 2003, 973 (975) – Tupperwareparty; OLG Hamm NJW-RR 1993, 940 f. – Verwendung eines Firmenlogos.

[272] *Büscher* GRUR 2009, 230 (234).

[273] LG München I 27.3.2018 – 33 O 3757/17 – eventpiloten; *Büscher* GRUR 2009, 230 (231 f.); vgl. BGH GRUR 1999, 161 (163) – MAC Dog (zum Verhältnis von Bekanntheitsschutz gem. §§ 14 Abs. 2 Nr. 3, 15 Abs. 3 MarkenG zum UWG).

[274] BGH GRUR 2016, 965 Rn. 23 – Baumann II; GRUR 2018, 924 Rn. 65 – Ortlieb I; GRUR 2018, 935 Rn. 57 – goFit; LG München I 27.3.2018 – 33 O 3757/17 – eventpiloten; Köhler/*Bornkamm/Feddersen* § 5 Rn. 9.8.

[275] *Götting/Hetmank* in Fezer/Büscher/Obergfell § 4 Nr. 3 Rn. 47 ff., 80 ff.; MüKoUWG/*Wiebe* § 4 Nr. 3 Rn. 40; vgl. auch *Ohly*/Sosnitza § 4 Nr. 3 Rn. 3/27.

[276] BGH GRUR 1967, 315 (317) – skai cubana; GRUR 1969, 190 (191) – halazon; Ströbele/*Hacker*/Thiering MarkenG § 2 Rn. 48.

[277] BGH GRUR 2013, 1161 Rn. 60 – Hard Rock Cafe; OLG Düsseldorf 5.9.2011 – I-20 U 98/10 – Kamps; Köhler/*Bornkamm/Feddersen* § 5 Rn. 9.10.

rang des Markenrechts.[278] Denn der durch das MarkenG gewährte Schutz verdrängt in seinem Anwendungsbereich grundsätzlich den lauterkeitsrechtlichen Schutz.[279] Lauterkeitsrechtliche Ansprüche können nur dann bestehen, wenn sie sich gegen ein wettbewerbswidriges Verhalten richten, das als solches nicht Gegenstand der markenrechtlichen Regelung ist.[280] Der Schutz vor Herkunftstäuschungen im geschäftlichen Verkehr durch Nachahmung fremder Zeichen ist – soweit es um das Verhältnis der Wettbewerber untereinander geht – gerade Gegenstand des Marken- und Kennzeichenrechts und setzt ein durch das MarkenG geschütztes Kennzeichen voraus.[281]

bb) Sonderregeln für 3-D-Zeichen. Für **3-D-Zeichen** gelten demgegenüber allerdings gewisse Sonderregeln. Ein lauterkeitsrechtlicher Nachahmungsschutz nach § 4 Nr. 3 kommt unabhängig davon in Betracht, ob das nachgeahmte Produkt markenrechtlichen Schutz genießt.[282] Es besteht insoweit **Anspruchskonkurrenz.** Dies gilt erst recht, wenn ein Produkt (noch) keinen Schutz als Formmarke genießt.[283] Denn der lauterkeitsrechtliche Nachahmungsschutz und der markenrechtliche Schutz der Formmarke und von Produktgestaltungen haben unterschiedliche tatbestandliche Voraussetzungen und auch unterschiedliche Rechtsfolgen, mögen sie sich auch teilweise decken.[284] Hinzu kommt, dass der Schutz jeweils unterschiedliche Gegenstände betrifft. Während es beim derzeitigen Leistungsschutz um die Nachahmung eines konkreten Produkts in seinem konkreten Wettbewerbsumfeld geht, die nach den Umständen des Einzelfalls zu einer betrieblichen Herkunftstäuschung oder einer Ausnutzung der Wertschätzung führt, betrifft der Schutz der 3-D-Marke eine abstrakte Raumform.[285] 119

cc) Schutz für Markenbildungsprinzipien. Ein ergänzender wettbewerbsrechtlicher Schutz für **Markenbildungsprinzipien** kommt **nicht** in Betracht. Zwar ist ein durch eine Reihe von rechtlich geschützten Zeichen vorgegebenes Markenbildungsprinzip nicht selbst ein Zeichen iSd § 3 MarkenG. Das Markenrecht regelt aber – insoweit abschließend – nur den Schutz bestimmter durch Registereintrag oder Benutzung definierter individueller Zeichen und gewährt gerade kein Schutz für abstrakte Bildungsprinzipien. Diese abschließende Regelung ist zu respektieren. Die fehlende Markenfähigkeit eines Bildungsprinzips darf deshalb nicht durch einen Rückgriff auf das UWG umgangen werden.[286] 120

d) Verhältnis MarkenG zu § 5 Abs. 2. Uneingeschränkt neben den Regelungen des MarkenG anwendbar ist § 5 Abs. 2 der nicht dem Individualschutz des Zeicheninhabers dient, sondern dem Schutz der Verbraucher. Denn es gibt **keinen Vorrang des Markenrechts gegenüber dem verbraucherschützenden Lauterkeitsrecht.**[287] Allerdings sind 121

---

278 *Goldmann* MarkenR 2015, 8 (18 f.); Ströbele/*Hacker*/Thiering MarkenG § 2 Rn. 15, 55.

279 BGH GRUR 2006, 328 Rn. 36 – Gewinnfahrzeug mit Fremdemblem.

280 BGH GRUR 2003, 332 (335) – Abschlussstück; LG Frankfurt a. M. 11.6.2014 – 2-06 O 373/13 – Twin Break.

281 LG Frankfurt a. M. 11.6.2014 – 2-06 O 373/13 – Twin Break (insoweit nicht beanstandet von OLG Frankfurt a. M. 17.9.2015 – 6 U 148/14 – HAVE A BREAK); *Goldmann* MarkenR 2015, 8 (19); Ströbele/*Hacker*/Thiering MarkenG § 2 Rn. 55.

282 EuGH GRUR 2010, 1008 Rn. 61 – Legostein; OLG Hamburg MarkenR 2011, 275 (279) – Klemmbaustein mit Noppenstruktur; *Dorndorf* Rn. 592 ff.; *Hafenmayr* S. 99 f.; *Henn* S. 143 ff.; *Köhler*/Bornkamm/Feddersen § 4 Rn. 3.10; *Schladt* S. 188 f.

283 *Dorndorf* Rn. 592 ff.; *Hafenmayr* S. 99 f.; *Henn* S. 143 ff.; *Köhler*/Bornkamm/Feddersen § 4 Rn. 3.10; *Schladt* S. 188 f.

284 Ausf. *Köhler*/Bornkamm/Feddersen § 4 Rn. 3.10.

285 BGH GRUR 2003, 332 (336) – Abschlussstück; krit. Ströbele/*Hacker*/Thiering MarkenG § 2 Rn. 70 mwN.

286 *Eichelberger* S. 79 f.; Ströbele/*Hacker*/Thiering MarkenG § 2 Rn. 69; aA OLG Köln GRUR-RR 2002, 194 (195) – Kfz-Kennzeichnungssystem.

287 BGH GRUR 2013, 1161 Rn. 60, 84 – Hard Rock Cafe; vgl. auch BGH GRUR 2013, 397 Rn. 41 – Peek & Cloppenburg III; OLG Koblenz NJOZ 2013, 1051 (1054) – Stubbi; *Alexander* FS Köhler, 2014, 21 (26 f.); *Bornkamm* FS Loschelder, 2010, 31 (33 f.); *Büscher* GRUR 2009, 230 (236); *Hafenmayer* S. 93 f.; *Schork* S. 293 ff.; *Schladt* S. 559; *Schneider* S. 111; aA *Böxler* ZGE 2009, 357 (364 f.); differenzierend und für Einbeziehung markenrechtlicher Wertungen bei der Gewährung eines ergänzenden Zeichenschutzes *Woger* S. 301 ff.

nach der Rspr. des BGH die Wertungen des Markenrechts – etwa das Recht der Gleichnamigen – auch im Bereich des § 5 Abs. 2 nachzuvollziehen.[288]

122 e) **Kein Schutz der Verkehrsgeltungsanwartschaft.** Die Rspr. hat in der Vergangenheit einen wettbewerbsrechtlichen Schutz von nicht eingetragenen Zeichen ohne Verkehrsgeltung durchaus anerkannt.[289] Hierzu gehören Fälle von der Art der *„halazon"*-Entscheidung des BGH, in der ein Ausstattungsrecht gem. § 25 WZG noch nicht begründet war, als ein Konkurrent später eine ähnliche Bezeichnung in Benutzung nahm.[290] Nach der Rspr. des BGH sollte das Verhalten des Konkurrenten jedenfalls gegen § 1 UWG 1909 verstoßen, wenn das noch nicht als Benutzungsmarke oder Geschäftsabzeichen geschützte Zeichen in den beteiligten Verkehrskreisen in gewissem Umfang bekannt geworden und seiner Natur nach geeignet war, als betriebliches Unterscheidungsmittel zu dienen und die Zeichenbenutzung durch den Konkurrenten in der Absicht erfolgte, Verwechslungen herbeizuführen oder den schon erworbenen Ruf zu beeinträchtigen oder auszunutzen.[291] Die Grenzen eines kraft Benutzung gewährten kennzeichenrechtlichen Schutzes, die im Interesse der Rechtssicherheit an einem bestimmten Ausmaß der errungenen Verkehrsbekanntheit, eben der Verkehrsgeltung iSd §§ 4 Nr. 2; 5 Abs. 2 MarkenG, gezogen worden sind, sollen aber nicht ohne sorgfältige Beachtung aus wettbewerbsrechtlichen Erwägungen ausgedehnt werden.[292] Eine **faktische Vorverlagerung** des Rechtsschutzes im Sinne einer geschützten „Verkehrsgeltungsanwartschaft" stellt entgegen der Ansicht des BGH eine **unvertretbare Aushöhlung des Erfordernisses der Verkehrsgeltung** bzw. Verkehrsdurchsetzung dar und ist deshalb abzulehnen.[293]

123 **f) Verhältnis zu § 4 Nr. 4.** Ein Schutz nach § 4 Nr. 4 kommt weiterhin in Betracht, wenn sich ein Zeichenerwerb oder eine Zeichenverwendung als **gezielte Behinderung** darstellt.[294] Dies wird angenommen, wenn ein **nur im Ausland geschütztes Zeichen,** das dort eine hervorragende Bekanntheit genießt, an einer Ausdehnung im Inland gehindert wird, indem die mit einem entsprechenden neu eingetragenen oder in Benutzung genommenen Kennzeichen verbundene Sperrwirkung zweckfremd als Mittel des Wettbewerbskampfes benutzt wird.[295] Der Schutz des UWG bleibt auch für alle anderen Fälle des Behinderungswettbewerbs anwendbar, also zB für die verunglimpfende Werbung unter Namhaftmachung eines Konkurrenten mit dessen Unternehmenskennzeichen.

124 Als Fall der gezielten Behinderung kann sich auch die **Entfernung von Marken** und Unternehmenskennzeichen auf gebrauchten Produkten (etwa durch einen Reparaturbetrieb) darstellen, wenn dadurch dem Hersteller und Zeicheninhaber die Möglichkeit genommen wird, mit der Präsenz seiner Zeichen auf den Produkten im Verkehr bekannt zu werden, sich bei den interessierten Kreisen in Erinnerung zu halten und neue Absatzchancen zu eröffnen.[296]

---

[288] BGH GRUR 2013, 397 Rn. 44 – Peek & Cloppenburg III; Köhler/*Bornkamm/Feddersen* § 5 Rn. 9.8; *Bornkamm* FS Loschelder, 2010, 31 (37); *Bornkamm* GRUR 2011, 1 (4).

[289] Vgl. zB RG MuW XXXII, 263 (264) – Speedoil; BGH GRUR 1969, 190 (191) – halazon; GRUR 1997, 754 (755) – grau/magenta.

[290] BGH GRUR 1969, 190 – halazon.

[291] BGH GRUR 1963, 423 (429) – coffeinfrei; GRUR 1969, 190 (191) – halazon; GRUR 1997, 754 (755) – grau/magenta.

[292] So auch BGH GRUR 1997, 754 (755) – grau/magenta.

[293] *Goldmann,* Unternehmenskennzeichen, § 16 Rn. 52; *Ingerl* WRP 2004, 809 (814); *Konzal* S. 167; aA offenbar *Heinze* FS Büscher, 2018, 29 (49 f.).

[294] BGH GRUR 2008, 621 Rn. 21 – AKADEMIKS; ausführlich *Gramsch* S. 71 ff.; *Konzal* S. 159 ff.

[295] Vgl. BGH GRUR 1980, 110 (111) – TORCH; GRUR 1998, 412 (414) – Analgin; GRUR 1998, 1034 (1037) – Makalu; GRUR 2003, 428 (431) – BIG BERTHA; GRUR 2005, 581 (582) – The Colour of Elégance; GRUR 2005, 414 (417) – Russisches Schaumgebäck; GRUR 2008, 621 Rn. 21, 26 – AKADEMIKS; GRUR 2008, 917 Rn. 20 – EROS; GRUR 2016, 378 Rn. 17 – LIQUIDROM; *Heinze* FS Büscher, 2018, 29 (49).

[296] BGH GRUR 1972, 558 (559) – Teerspritzmaschinen; zur Einordnung der Markenentfernung als Markenverletzung EuGH GRUR 2018, 917 – Mitsubishi/Duma.

Ein Schutz von **Markenbildungsprinzipien** kommt gem. § 4 Nr. 4 ebensowenig in Betracht wie gem. § 4 Nr. 3 (→ Rn. 120). 125

g) Erweiterter Schutz nicht bekannter Zeichen? Auch ein nicht bekanntes inländisches Kennzeichen kann theoretisch nach Wettbewerbsrecht vor unlauteren Angriffen geschützt werden.[297] Bei der **Rufausbeutung** werden jedoch für die unlautere Rufübernahme strenge Vorgaben an Bekanntheit und Ruf gestellt, die jedenfalls nicht hinter den Anforderungen der §§ 14 Abs. 2 Nr. 3, 15 Abs. 3 MarkenG zurückbleiben. Eine Rufausbeutung ist deshalb ohne Bekanntheit nicht denkbar. Gleiches gilt für die **Verwässerungsgefahr.**[298] Ein Schutz über das UWG kommt damit im Ergebnis **nicht in Betracht.** Eine Beschränkung des Schutzes vor **Rufschädigung** auf bekannte Kennzeichen ist dagegen nicht sachgerecht.[299] Auch die Beeinträchtigung der Wertschätzung eines nicht bekannten Kennzeichens muss unter dem Aspekt des **Behinderungswettbewerbs** als unlauter gelten.[300] Der Gesetzgeber hat diesem Schutzbedürfnis durch § 4 Nr. 1 Rechnung getragen, der Kennzeichen gegen Verunglimpfung und Herabsetzung schützt.[301] 126

h) Nachgelagerter wettbewerbsrechtlicher Schutz erloschener Zeichenrechte? 127
Es kommt häufig vor, dass Zeichen, auch bekannte, ihren Schutz verlieren, etwa weil im Zuge einer Fusion oder eines Rebrandings die Zeichennutzung aufgegeben oder auch das Unternehmen selbst endgültig eingestellt wird. Marken werden nicht mehr verlängert und erlöschen; der Schutz des Unternehmenskennzeichens erlischt mit der Aufgabe der Benutzung. Deshalb ist an sich jedermann frei, solche nicht mehr geschützten Marken oder Unternehmenskennzeichen anzumelden bzw. in Gebrauch zu nehmen und so für sich selbst einen neuen Schutz mit neuem Zeitrang zu begründen.[302] Allerdings bleibt gerade bei gut eingeführten Marken und Unternehmenskennzeichen die **Erinnerung des Publikums** und damit ein wichtiger Bestandteil des Goodwill erhalten, auch wenn das Kennzeichen durch ein anderes ersetzt oder im Zuge einer Fusion zugunsten des Unternehmenskennzeichens der aufnehmenden Gesellschaft aufgegeben wird.[303] Nimmt ein Wettbewerber das freigewordene Kennzeichen in Benutzung, kann er deshalb den Ruf, der damit verbunden ist, auf sich überleiten. Damit stellt sich die Frage, ob der ehemalige Zeicheninhaber oder sein Rechtsnachfolger hiergegen unter dem Gesichtspunkt einer unlauteren Rufausbeutung vorgehen können. Das RG hat dies auf der Grundlage des § 1 UWG 1909 bejaht.[304] Dies steht im Widerspruch zu der grundlegenden kennzeichenrechtlichen Wertung, dass ein Schutz nur für eingetragene und ggf. verlängerte Marken und nur für benutzte Unternehmenskennzeichen gewährt wird. Ebensowenig wie ein Schutz der Verkehrsgeltungsanwartschaft an noch nicht geschützten Zeichen anzuerkennen ist, kann ein nachgelagerter wettbewerbsrechtlicher Schutz für gelöschte oder nicht mehr benutzte und deshalb nicht mehr geschützte Zeichen anerkannt werden.

Möglich bleiben allerdings **auf § 5 Abs. 1 Nr. 3 bzw. 2 gestützte Ansprüche:** Eine einmal aufgebaute Bekanntheit bleibt einer Marke oder einer geschäftlichen Bezeichnung erfahrungsgemäß lange Zeit erhalten und kann eine Fusion und selbst eine Insolvenz oder 128

---

[297] *v. Gamm* FS Piper, 1996, 537 (541 f.).

[298] *Sack* WRP 1998, 1127 (1138).

[299] *Bunnenberg* MarkenR 2008, 148 (151); *Sack* WRP 1998, 1127 (1138).

[300] *Adler* FS 50 Jahre Reichspatentamt, 1927, 153 (173); *Deutsch* FS Gaedertz, 1992, 99 (109).

[301] *Bärenfänger* WRP 2011, 160 (167 f.); *Bunnenberg* MarkenR 2008, 148 (152); *Köhler*/Bornkamm/Feddersen § 4 Rn. 1.9b ff.

[302] RG MuW XXX, 178 (179) – Fittingswerke Gebr. Inden; KG WRP 1990, 37 (39) – Streichquartett; OLG München ZUM 1999, 159 (160) – Reblaus-Trio.

[303] RG MuW XXX, 178 (179) – Fittingswerke Gebr. Inden; BPatG 7.12.2010 – 33 W (pat) 123/08 – Oppenheim.

[304] RG MuW XXX, 178 (179) – Fittingswerke Gebr. Inden; in der Sache ähnlich EuG GRUR-Int 2014, 1047 Rn. 49 ff. – Simca.

völlige Betriebseinstellung überdauern (zB PanAm, Swissair, Simca,[305] Borgward).[306] Irreführend gem. § 5 Abs. 1 Nr. 3 kann es deshalb sein, ein **nicht mehr benutztes Unternehmenskennzeichen** oder eine erloschene Marke erneut in Gebrauch zu nehmen, **wenn** der Verkehr mit dem Zeichen noch immer eine ganz bestimmte Qualitätsvorstellung verbindet und in dieser Erwartung getäuscht wird, weil der **Eindruck** entsteht, es handele sich bei dem Unternehmen um eine **Fortführung** des altbekannten oder einer der früheren Unternehmensinhaber habe der Verwendung des Kennzeichens zugestimmt.[307] Ein solcher Irrtum entspricht der Konstellation der Verwechslungsgefahr im weiteren Sinne. Er liegt insbesondere dann nahe, wenn das neue Unternehmenskennzeichen zeitnah auf das Erlöschen des alten Unternehmenskennzeichens folgt und das alte Unternehmenskennzeichen einen hohen Bekanntheitsgrad hatte. So kann die Verwendung des Zusatzes „HEIA – Polstermöbelfabrik" in der Öffentlichkeit den Eindruck erwecken, die gelöschte Firma „Heia – Polstermöbelwerkstätten" sei wiederaufgelebt.[308]

129 **4. Verhältnis zum BGB.** Das Verhältnis der Anspruchsgrundlagen des BGB zum UWG wird von *Ahrens* → Einl. Rn. 1090 ff. kommentiert. Hierauf wird verwiesen.

B. Wettbewerbsrechtliche Einwendungen

I. Einleitung

130 Unter einer Einwendung versteht man ein **Verteidigungsmittel,** mit dem der Schuldner Umstände geltend macht, bei deren Vorliegen ein ansonsten gegebener Anspruch nicht wirksam entstanden oder nachträglich beschränkt oder erloschen ist. Man unterscheidet zwischen sog. rechtshindernden, rechtsbeschränkenden (rechtshemmenden) und rechtsvernichtenden Einwendungen. Im Gegensatz zur Einrede (zB der Verjährung) sind im Prozess vorgetragene einwendungsbegründende Tatsachen **von Amts wegen zu berücksichtigen.** Es bedarf anders als bei der Einrede keiner besonderen Rechtsausübung durch den Schuldner. Für Einwendungen gegen wettbewerbsrechtliche Ansprüche gelten grundsätzlich die allgemeinen Regeln. Es sind allerdings einige Besonderheiten (zB bei der Verwirkung und beim Abwehreinwand) entwickelt worden.

II. Einwilligung

131 Die Einwilligung kann im Wettbewerbsrecht die Rechtswidrigkeit oder – wie zB in § 7 – sogar die Tatbestandsmäßigkeit dort ausschließen, wo der Einwilligende allein über die betroffene Rechtsposition verfügen kann und **keinerlei Interessen Dritter oder der Allgemeinheit berührt** werden.[309]

Zu beachten ist, dass eine unlautere geschäftliche Handlung meist Ansprüche mehrerer Gläubiger auslöst und die Einwilligung eines dieser Gläubiger nicht ausreicht.[310] Von Bedeutung ist die Einwilligung deshalb für den Ausschluss der Rechtswidrigkeit nur dort, wo **allein die rechtlich geschützten Interessen des betreffenden Gläubigers verletzt** sind, also bei mitbewerberbezogenen Verstößen; zum Begriff *Goldmann* → § 8 Rn. 352. Es gelten dann die allgemeinen Regeln der §§ 182 ff. BGB.[311]

---

[305] Vgl. EuG GRUR-Int 2014, 1047 Rn. 49 ff. – Simca.

[306] Vgl. RG MuW XXX, 178 (179) – Fittingswerke Gebr. Inden; EuG GRUR-Int 2014, 1047 Rn. 49 ff. – Simca; BPatG 7.12.2010 – 33 W (pat) 123/08 – Oppenheim.

[307] OLG Celle 24.8.1983 – 13 U 94/83 – Physio-Medica (zu § 3 UWG 1909); OLG Jena 5.4.2017 – 2 W 108/17 – Wissenschaftsverlag; *Goldmann,* Unternehmenskennzeichen, § 7 Rn. 184; *Lange* Rn. 1631; ferner OLG Hamburg OLGZ 1987, 191 (192 f.); *Bokelmann* Rn. 98 f. (jeweils zu § 18 HGB).

[308] OLG Hamm OLGZ 1967, 94 (95) – HEIA – Polstermöbelfabrik.

[309] Teplitzky/*Bacher* Kap. 19 Rn. 19; MüKoUWG/*Fritzsche* § 11 Rn. 232 ff.; *Köhler*/Bornkamm/Feddersen § 11 Rn. 2.2; Ahrens/*Jestaedt* Kap. 24 Rn. 17; *Ohly*/Sosnitza § 8 Rn. 168.

[310] MüKoUWG/*Fritzsche* § 11 Rn. 233.

[311] Teplitzky/*Bacher* Kap. 19 Rn. 19; Ahrens/*Jestaedt* Kap. 24 Rn. 17.

III. Üblichkeit

Unlauter iSd UWG sind alle Handlungen, die den **anständigen Gepflogenheiten** in Handel, Gewerbe, Handwerk oder selbständiger beruflicher Tätigkeit zuwiderlaufen.[312] Die Üblichkeit eines Verhaltens, die etwa in Wettbewerbsregeln eines Branchenverbands zum Ausdruck kommt, kann daher allenfalls ein Indiz für die wettbewerbsrechtliche Lauterkeit darstellen.[313] Läuft die Übung des Verkehrs den anständigen Gepflogenheiten zuwider, ist der Einwand, das beanstandete Verhalten sei üblich, dagegen unbeachtlich.[314] 132

IV. Aufbrauchsfrist

Gem. § 242 BGB ist dem Unterlassungspflichtigen eine **Aufbrauchs- oder Umstellungsfrist** zu gewähren, wenn ihm für den Fall der sofortigen Befolgung des Unterlassungsgebots unverhältnismäßige Nachteile entstünden und die befristete Fortsetzung des angegriffenen Verhaltens **für den Verletzten keine unzumutbaren Beeinträchtigungen** mit sich bringt.[315] Es ist im Schrifttum umstritten, ob es sich bei diesem in Rspr. und Lehre im Grundsatz anerkannten Institut um eine materiell-rechtliche Einschränkung des Unterlassungsanspruchs oder um eine vollstreckungsrechtliche Beschränkung des Unterlassungstitels handelt (näher dazu *Brüning* → Vor § 12 Rn. 236 ff.). Zu den Voraussetzungen der Aufbrauchsfrist *Goldmann* → § 8 Rn. 189 ff. 133

V. Verwirkung

Schrifttum: *Alexander-Katz,* Moderne Fälle unlauteren Wettbewerbs, 2. Aufl. 1933; *Baumbach,* Das gesamte Wettbewerbsrecht, 2. Aufl. 1931; *Bornkamm,* Der lauterkeitsrechtliche Schutz vor Verwechslungen – Ein Kuckucksei im Nest des UWG?, in: FS Loschelder, 2010, S. 31; *Brauchbar,* Die Verwirkung im Kennzeichenrecht; unter Berücksichtigung der Regelung in der Europäischen Union, 2001; *Bußmann,* Name, Firma, Marke, 1937; *Cahn,* Verwirkung ohne Verwirrung im Wettbewerb und Zeichenschutz, MuW XXXII, 329; *Droste,* Die Verwirkung von Unterlassungsansprüchen im Warenzeichenrecht, GRUR 1950, 560; *Fikentscher,* Wettbewerb und gewerblicher Rechtsschutz, 1958; *Finger,* Benutzungszwang und Verwirkung, MuW XXXI, 298; *Fritzsche,* Unterlassungsanspruch und Unterlassungsklage, 2000; *Furler,* Besitz, Verkehrsgeltung, Verwirkung im Wettbewerbsrecht, 1932; *Goldmann,* Zur Verwirkung nach § 242 BGB beim Schutz geschäftlicher Bezeichnungen und im Lauterkeitsrecht, GRUR 2017, 657; *Hamburger,* Treu und Glauben im Verkehr, 1930; *Hammann,* Gegen die Normierung von Verwirkungstatbeständen, in: FS vom Stein, 1961, S. 52; *Harmsen,* Der Besitzstand im Wettbewerbs- und Warenzeichenrecht in seinen verschiedenen Erscheinungsformen und Anforderungen an den Bekanntheitsgrad, GRUR 1968, 503; *Herzog,* Der wettbewerbliche Besitzstand, 1934; *Heydt,* Grenzen der Verwirkung im gewerblichen Rechtsschutz und Urheberrecht, GRUR 1951, 182; *Hösl,* Interessenabwägung und rechtliche Erheblichkeit der Irreführung bei § 3 UWG, 1986; *Klaka,* Zur Verwirkung im gewerblichen Rechtsschutz, GRUR 1970, 265; *ders.,* Erschöpfung und Verwirkung im Licht des Markenrechtsreformgesetzes, GRUR 1994, 321; *Kleine,* Zum Einwand der Verwirkung, insbesondere im Wettbewerbs- und Urheberecht, JZ 1951, 9; *Koch,* Muss der EuGH wegen § 21 IV MarkenG angerufen werden?, GRUR 2012, 1092; *Kochendörfer,* Die Verwirkung des Unterlassungsanspruchs im Markenrecht, 2000; *ders.,* Die Verwirkung des Unterlassungsanspruchs nach § 21 Markengesetz, WRP 2001, 1040; *ders.,* Die Rechtsprechung zur Verwirkung nach § 21 Markengesetz, WRP 2005, 157; *Neu,* Die neuere Rechtsprechung zur Verwirkung im Wettbewerbs- und Warenzeichenrecht, 1984; *ders.,* Die Verwirkung im Wettbewerbs- und Warenzeichenrecht, GRUR 1987, 681; *Oppenheim,* Die Verwirkung im gewerblichen Rechtsschutz, 1932; *Palzer/Preisendanz,* Neues zur Verwirkung im Kennzeichenrecht, EuZW 2012, 134; *Reimer,* Normenaufstellung aufgrund der Verwirkungsrechtsprechung des Reichsgerichts im Warenzeichen- und Wettbewerbsrecht, MuW XXXII, 277; *Ruge,* Die Verwirkung im Gebiete der gewerblichen Kennzeichen, 1934; *Salzmann,* Die zivilrechtliche Verwirkung durch Nichtausübung, 2015; *Schluep,* Das Markenrecht als subjektives Recht, 1964; *Schütz,* Zur Verwirkung von Unterlassungsansprüchen aus § 3 UWG, GRUR 1982, 526; *Schwamberger,* Die Grenzen des Verwirkungseinwandes und der Einrede aus

[312] BT-Drs. 15/1487, 16.

[313] BGH GRUR 2006, 773 Rn. 19 – Probeabonnement; GRUR 2006, 953 Rn. 17 – Warnhinweis II.

[314] BGH GRUR 1982, 242 (244) – Anforderungsscheck für Barauszahlungen; GRUR 1999, 515 (517) – Bonusmeilen; GRUR 2001, 256 (257) – Gebührenvereinbarung; GRUR 2006, 773 Rn. 19 – Probeabonnement; Teplitzky/*Bacher* Kap. 19 Rn. 19; Ahrens/*Jestaedt* Kap. 24 Rn. 18; *Ohly*/Sosnitza § 8 Rn. 167.

[315] BGH GRUR 1974, 474 (476) – Großhandelshaus; GRUR 1982, 425 (431) – Brillen-Selbstabgabestellen.

Vertrag im Wettbewerbsrecht, NJW 1958, 1469; *Jul. L. Seligsohn,* Einfluß der Zeit auf den gewerblichen Rechtsschutz, GRUR 1930, 93; *Siebert,* Verwirkung und Unzulässigkeit der Rechtsausübung. Ein rechtsvergleichender Beitrag zur Lehre von den Schranken der privaten Rechte und zur exceptio doli (§§ 226, 242, 826 BGB), unter besonderer Berücksichtigung des gewerblichen Rechtsschutzes (§ 1 UWG), 1934; *Stier,* Laches und equitable estoppel im U. S.-amerikanischen und Verwirkung im deutschen Patent- und Urheberrecht, 2006.

134 **1. Allgemeines und heutige Bedeutung im UWG. a) Vom „Modeeinwand“ zum „Grundbegriff“ des Wettbewerbsrechts.** Das Rechtsinstitut der Verwirkung verdankt sein Entstehen dem Umstand, dass die **Verjährung** von Ansprüchen im Marken- und Wettbewerbsrecht **weitgehend funktionslos** ist: Die gesetzlich geregelte Verjährung dient zum einen dem allgemeinen Interesse an Rechtssicherheit und Rechtsfrieden (*Schulz* → § 11 Rn. 7). Ihr liegt aber auch der Gedanke zugrunde, dass es unbillig ist, weiter zurückliegende Vorgänge zum Gegenstand eines Rechtsstreits zu machen und aus ihnen Verpflichtungen herzuleiten, auf die der Schuldner wegen der inzwischen verstrichenen Zeitspanne nicht mehr eingerichtet zu sein braucht.[316] Die Verjährungsfristen reichen aber jedenfalls mit Blick auf die wettbewerbsrechtlichen Abwehransprüche (Unterlassungsanspruch und Beseitigungsanspruch) trotz ihrer Kürze allein noch nicht aus, um alle Unbilligkeiten die sich aus dem späten Vorgehen des Anspruchsberechtigten ergeben können, zu verhindern.[317] Denn die Verjährungsfristen beginnen nicht etwa einheitlich von dem Zeitpunkt an, in dem der Verletzte von der ersten Verletzungshandlung Kenntnis erhält. Vielmehr beginnt bei Dauerhandlungen die Verjährungsfrist erst mit deren Beendigung zu laufen (*Schulz* → § 11 Rn. 72 ff.). Bei wiederholten gleichartigen Handlungen laufen die Verjährungsfristen sogar ständig von neuem, sowie jeweils der Verletzte von dem sich wiederholenden Verletzungsakt erfährt. Das bedeutet, dass bei wiederholten gleichartigen Handlungen, die sich bis in die Gegenwart fortsetzen, der Unterlassungsanspruch im Ergebnis nicht verjähren kann (aA *Schulz* → § 11 Rn. 76 mwN).[318]

135 Weil man diese Fried- und Schutzlosigkeit eines gutgläubigen Verletzers mit wertvollem Besitzstand als unbillig empfand, wurde im Wettbewerbsrecht das Rechtsinstitut der Verwirkung geschaffen.[319] Der Verwirkungseinwand wurde einst wegen seiner häufigen Heranziehung kritisch als **„Modeeinwand“** des Wettbewerbsrechts bezeichnet.[320] Er konnte sich gleichwohl rasch zu einem jahrzehntelang anerkannten, von der Rspr. klar konturierten Anwendungsfall des allgemeinen Rechtsmissbrauchseinwands aus **Treu und Glauben (§ 242 BGB)** entwickeln[321] und wurde „zu einem der wichtigsten Grundbegriffe des Wettbewerbsrechts“.[322]

136 **b) Bedeutungsverlust im UWG.** Allerdings ist der Verwirkungseinwand im UWG schon seit einiger Zeit **aus der Mode gekommen:** Denn der Hauptanwendungsfall der Verwirkung waren und sind Ansprüche, die aus Marken- und Kennzeichenrechten erhoben werden.[323] Seine besondere Bedeutung erlangte die Verwirkung im Rahmen der Praxis zum UWG deshalb in erster Linie dadurch, dass bis zum Inkrafttreten des MarkenG

[316] *Goldmann* GRUR 2017, 657 f.; *Reimer* Kap. 116 Rn. 1.

[317] *Goldmann* GRUR 2017, 657 (658); *Reimer* Kap. 116 Rn. 1; *Siebert* S. 29.

[318] BGH GRUR 2003, 448 (450) – Gemeinnützige Wohnungsgesellschaft; GRUR 1974, 99 (100) – Brünova; KG MuW XXVI, 156 (157) – Henckels Zwillingszeichen für Weißbier; OLG Düsseldorf GRUR-RR 2011, 10 (12); OLG Hamm GRUR-RR 2010, 216 (217); Teplitzky/*Bacher* Kap. 16 Rn. 13a; *Büscher* in Fezer/Büscher/Obergfell § 11 Rn. 27; MüKoUWG/*Fritzsche* § 11 Rn. 105; *Goldmann* GRUR 2017, 657 (658); *Köhler*/Bornkamm/Feddersen § 11 Rn. 1.21; *Reimer* Kap. 116 Rn. 7; *Schwippert* in Gloy/Loschelder/Danckwerts HdbWettbR § 83 Rn. 13; *Siebert* S. 29; offen gelassen von BGH (V. ZS) NJW-RR 2015, 781 Rn. 9.

[319] *Goldmann* GRUR 2017, 657 (658); *Reimer* Kap. 116 Rn. 1.

[320] *Alexander-Katz* S. 22; *Baumbach* S. 107; noch schärfer *Cahn* MuW XXXII, 329 (332): *„Modekrankheit“*.

[321] Vgl. *Bußmann* S. 279; *Baumbach/Hefermehl* Einl. Rn. 428; zur Entwicklung in der Rechtsprechung des RG und zur Fortsetzung durch den BGH vgl. *Neu* S. 16 ff.

[322] *Baumbach/Hefermehl* Einl. Rn. 428.

[323] *Siebert* S. 191; vgl. hierzu etwa die Nachweise bei *Goldmann,* Unternehmenskennzeichen, § 19 Rn. 971; *Ruge* S. 16 ff.

am 1.1.1995 Ansprüche wegen Verletzung von **Unternehmenskennzeichen** und Werktiteln (heute §§ 5, 15 MarkenG) auf § 16 UWG 1909 gestützt wurden.[324] Seit der Eingliederung des Schutzes der geschäftlichen Bezeichnungen in das MarkenG ist die praktische Bedeutung der Verwirkung als Einwand gegen Ansprüche, die auf das UWG gestützt werden, stark zurückgegangen. Von Bedeutung ist der Verwirkungseinwand noch für den wettbewerbsrechtlichen **Nachahmungsschutz,** er war es nach altem Recht auch für den **Geheimnisschutz.**

Für Tatbestände zum Schutz von **Allgemeininteressen** – etwa § 5 – kann der **Verwirkungseinwand** ohnehin **nicht herangezogen** werden (→ Rn. 177 ff.). Damit ist er für das gesamte verbraucherschützende Lauterkeitsrecht des UWG, das in Umsetzung der UGP-Richtlinie 2005 geschaffen wurde, bedeutungslos. Eine Verwirkung ist im Wettbewerbsrecht daher **nur ganz ausnahmsweise** möglich.[325] Denn die geschützten Verbraucherinteressen gehören zu den Allgemeininteressen. Wie heute noch behauptet werden kann, der Einwand der Verwirkung spiele in Wettbewerbssachen eine große Rolle,[326] erschließt sich nicht. In Wahrheit ist seine **Bedeutung im UWG** heute **marginal.** 137

Ein **weiterer dramatischer Bedeutungsverlust** droht dem Verwirkungseinwand durch die neuere Rspr. des BGH in den Fällen *„Honda-Grauimport"*, *„Hard Rock Cafe"* und *„ConText"*. Hiernach beginnt die für den Eintritt der Verwirkung des Unterlassungsanspruchs erforderliche Zeit bei in sich abgegrenzten Einzelhandlungen (zB das Anbieten eines nachgeahmten Produkts) **für jede einzelne Handlung von neuem** zu laufen.[327] Damit ist die Verwirkung des mit jeder einzelnen Handlung von neuem entstehenden und in die Zukunft gerichteten Unterlassungsanspruchs bis zur Unmöglichkeit erschwert. Sie kommt in der Praxis nur noch für Dauerhandlungen in Betracht (→ Rn. 185 ff.).[328] Die neuere Rspr. des BGH verlässt den historisch gesicherten Boden der Verwirkungsdogmatik. Sie steht mit dem Wesen des Rechtsinstituts nicht in Einklang und verdient deshalb Kritik (hierzu → Rn. 189 ff.). 138

2. Grundlagen. a) Rechtsgrundlage. Die auf § 242 BGB gestützte Verwirkung ist ein Fall der **unzulässigen Rechtsausübung** in der Form eines *„venire contra factum proprium"*, also eines widersprüchlichen Verhaltens, bei dem der Verstoß gegen Treu und Glauben in der Illoyalität der verspäteten Rechtsausübung liegt.[329] Ein schuldhaftes Verhalten ist nicht Voraussetzung dafür, dass eine Rechtsausübung iSv § 242 BGB unzulässig ist. Es kommt lediglich darauf an, ob bei **objektiver Betrachtung** ein Verstoß gegen Treu und Glauben vorliegt.[330] Bei der nötigen Gesamtbewertung spielt allerdings die Kenntnis oder fahrlässige Unkenntnis des Gläubigers eine wichtige Rolle (→ Rn. 155 ff.). 139

b) Beurteilung. Zu berücksichtigen ist ein „Zeitmoment" und ein „Umstandsmoment". Ein Recht ist verwirkt, wenn sich der Verpflichtete wegen der Untätigkeit des Berechtigten über einen gewissen Zeitraum hin **(Zeitmoment)** bei objektiver Beurteilung darauf einrichten durfte und auch eingerichtet hat, dieser werde sein Recht nicht (mehr) 140

[324] Vgl. *Fikentscher* S. 9; MüKoUWG/*Fritzsche* § 11 Rn. 297, 302, 305; *Fritzsche* S. 256.

[325] So bereits zum früheren Recht *Fritzsche* S. 525.

[326] So Ahrens/*Jestaedt* Kap. 24 Rn. 19.

[327] BGH GRUR 2012, 928 Rn. 22 f. – Honda-Grauimport; GRUR 2013, 1161 Rn. 21 – Hard Rock Cafe; GRUR 2016, 705 Rn. 50 – ConText.

[328] LG Düsseldorf 6.11.2014 – 14c O 141/13 – Candice Cooper.

[329] StRspr, vgl. nur RG GRUR 1930, 975 (977) – Johann Maria Farina; RGZ 134, 38 (40 f.) – Hunyadi Janos; BGH GRUR 1951, 159 (162) – Störche; GRUR 2001, 323 (324) – Temperaturwächter; GRUR 2002, 280 (282) – Rücktrittsfrist; GRUR 2012, 928 Rn. 22 – Honda-Grauimport; *Büscher* in Fezer/Büscher/Obergfell § 8 Rn. 357; *Fritzsche* S. 515; *Goldmann* GRUR 2017, 657 (658); Ahrens/*Jestaedt* Kap. 24 Rn. 21; *Neu* S. 40 f.; *Schütz* GRUR 1982, 526 (527); anders nur noch *Nordemann* Rn. 984: Rechtsverzicht durch konkludentes Handeln; zu neueren Theorien *Salzmann* S. 39 ff., der selbst die Verwirkung nicht als Unterfall des *venire contra factum proprium* einstuft, sondern als eine eigenständige Fallkonstellation im Rahmen des § 242 BGB (S. 60 ff.).

[330] Vgl. BGH GRUR 2019, 850 Rn. 24 – Prozessfinanzierer II.

geltend machen, und deswegen die Geltendmachung gegen Treu und Glauben verstößt **(Umstandsmoment).**[331] Zeit- und Umstandsmoment stehen in einer **Wechselwirkung;** maßgeblich ist eine Gesamtbewertung aller zeitlichen und sonstigen Umstände.[332] Dies kann im Einzelfall zu äußerst komplexen Abwägungsvorgängen führen. Die Komplexität zeigt sich auch daran, dass die bestehenden systematischen Darstellungen und Kommentierungen zum UWG die Abwägungsfaktoren in ganz unterschiedlicher Abfolge und Schwerpunktbildung zu systematisieren versuchen.

141 Die Beurteilung der Verwirkung ist grundsätzlich dem **Tatrichter** vorbehalten, der den ihm zur Begründung des Einwands vorgetragenen Sachverhalt eigenverantwortlich zu würdigen hat. Die Beurteilung durch den Tatrichter kann in der Revisionsinstanz nur daraufhin überprüft werden, ob dieser den Prozessstoff verfahrensfehlerfrei ausgeschöpft und seine Beurteilung frei von Widersprüchen mit Denkgesetzen und Erfahrungssätzen vorgenommen hat.[333]

142 **c) Gegenstand. aa) Abwehransprüche und sonstige Ansprüche.** Gegenstand der Verwirkung können grundsätzlich **alle subjektiven Rechte** sein, zB Gestaltungsrechte.[334] Insbesondere unterliegt das Recht, von einem anderen ein Tun oder Unterlassen zu verlangen, also der Anspruch (§ 194 Abs. 1 BGB), der Verwirkung. Nach der vor allem zum Kennzeichenrecht ergangenen Rspr. des BGH ist für die Tatbestandsvoraussetzungen der Verwirkung zu unterscheiden zwischen den wettbewerbsrechtlichen **Abwehransprüchen** (Unterlassungs- und Beseitigungsanspruch) und den anderen Ansprüchen, insbesondere **Schadensersatz- und Bereicherungsansprüchen:**

143 **bb) Abwehransprüche.** Beim **Unterlassungsanspruch** und **Beseitigungsanspruch** kommt Verwirkung in Betracht, wenn der Gläubiger über einen längeren Zeitraum untätig geblieben ist, obwohl er den Verstoß gegen seine Rechte kannte oder bei der gebotenen Wahrung seiner Interessen kennen musste, so dass der Verletzer mit der Duldung seines Verhaltens durch etwaige Berechtigte rechnen durfte und sich daraufhin einen **wertvollen Besitzstand** geschaffen hat.[335] Selbst wenn die genannten Voraussetzungen des Verwirkungseinwandes gegeben sind, ist stets unter Abwägung aller Umstände des Einzelfalles zu prüfen, ob es dem Verletzer zugemutet werden kann, den Ansprüchen des Gläubigers gleichwohl nachzukommen.[336] Es ist daher denkbar, dass nach Lage des Falles vom Verletzer wohl noch Unterlassung verlangt werden kann, nicht aber mehr ein für den Verletzer immer besonders unangenehmer Widerruf in Erfüllung eines Beseitigungsanspruchs.[337]

144 Für die praktische Anwendung ist von entscheidender Bedeutung, ob sich die Verwirkung auf den **individuellen Unterlassungsanspruch**[338] **oder** auf die zu Grunde liegende Rechtsposition, also das aus einem Schutzrecht oder einer wettbewerbsrechtlich geschützten Position ableitbare **Verbietungsrecht**[339] bezieht. Eine Auseinandersetzung soll

[331] StRspr, vgl. BGH GRUR 2001, 323 (325) – Temperaturwächter; NJW 2003, 824; *Fritzsche* S. 517 ff. mwN; *Schütz* GRUR 1982, 526 (528) mwN; *Stier* S. 243, 245 f., 250 f.

[332] StRspr, vgl. RGZ 134, 38 (40 f.) – Hunyadi Janos; BGH GRUR 1992, 45 (48) – Cranpool; GRUR 1993, 151 (154) – Universitätsemblem; NJW-RR 2006, 235 Rn. 10 – Lkw-Fuhrbetrieb; GRUR 2019, 527 Rn. 65 – PUC II; Teplitzky/*Bacher* Kap. 17 Rn. 4.

[333] StRspr, vgl. RG GRUR 1939, 418 (419 f.) – FiTiWi II; BGH GRUR-RR 2010, 205 (208) – Haus & Grund IV; GRUR 2019, 527 Rn. 65 – PUC II.

[334] BGH GRUR 2002, 280 (282) – Rücktrittsfrist.

[335] StRspr, vgl. BGH GRUR 1958, 354 (358) – Sherlock Holmes; GRUR 1988, 776 (778) – PPC; GRUR 1989, 449 (451) – Maritim; GRUR 1990, 1042 (1046) – Datacolor; GRUR 1993, 913 (914) – KOWOG; GRUR 1998, 1034 (1037) – Makalu; GRUR 2004, 783 (785) – NEURO-VIBOLEX/NEURO-FIBRAFLEX.

[336] BGH GRUR 2001, 323 (325) – Temperaturwächter.

[337] *Reimer* Kap. 116 Rn. 25.

[338] So GroßKommUWG/*Paal* § 8 Rn. 292.

[339] So *Baumbach/Hefermehl* Einl. Rn. 442; *Bußmann* S. 279; *Callmann* § 1 Rn. 46; MüKoUWG/*Fritzsche* § 11 Rn. 295.

im Zusammenhang mit der Kritik an den Urteilen *„Honda-Grauimport"*, *„Hard Rock Cafe"* und *„ConText"* erfolgen (→ Rn. 189 ff.).

cc) Schadensersatzanspruch. Auch dem **Schadensersatzanspruch** kann der Einwand der Verwirkung entgegenstehen.[340] Die Verwirkung des Schadensersatzanspruchs **setzt keinen schutzwürdigen Besitzstand voraus.**[341] Beim Schadensersatzanspruch tritt die Verwirkung vielmehr dann ein, wenn der Schuldner auf Grund eines hinreichend lange dauernden Duldungsverhaltens des Gläubigers **darauf vertrauen durfte,** dieser werde **nicht mehr mit Schadensersatzansprüchen** wegen solcher Handlungen **an ihn herantreten,** die er auf Grund des geweckten Duldungsanscheins vorgenommen hat.[342] Statt eines Besitzstands im Sinne der sachlich-wirtschaftlichen Basis für die künftige wirtschaftliche Betätigung des Verletzers, wie er für die Verwirkung des in die Zukunft gerichteten Unterlassungsanspruchs entscheidend ist, genügt für die Verwirkung des Schadensersatzanspruchs, dass sich der Schuldner bei seinen wirtschaftlichen Dispositionen darauf eingerichtet hat und einrichten durfte, keine Zahlung an den Gläubiger (mehr) leisten zu müssen.[343] Andererseits können an die Schutzwürdigkeit des Vertrauens des Schuldners auf diese Leistungsfreiheit je nach den Gegebenheiten des Einzelfalles auch höhere Anforderungen zu stellen sein als an das Vorliegen eines schutzwürdigen Besitzstands beim Unterlassungsanspruch. 145

So sind Fallkonstellationen vorstellbar, in denen es zwar nicht gerechtfertigt erscheint, den Verletzer für die Zukunft zur Unterlassung zu verpflichten, er aber gleichwohl **für die Vergangenheit** noch **zur Zahlung von Schadensersatz verpflichtet** sein kann.[344] Der umgekehrte Fall ist ebenfalls denkbar.[345] Auch mag nach Berechnungsmethoden zu differenzieren sein. Die Abschöpfung des Verletzergewinns mag dem Schuldner eher unzumutbar sein als die Zahlung einer angemessenen Lizenzgebühr, die auch als ungerechtfertigte Bereicherung herausgegeben werden müsste.[346] Je nach Umständen des Einzelfalls kann aber auch die Zahlung einer angemessenen Lizenzgebühr für den Schuldner eine unbillige Belastung sein.[347] Darauf, ob Gewinne ausgeschüttet oder reinvestiert worden sind, kommt es dabei nicht entscheidend an. Ins Gewicht fällt aber, wenn mögliche Ansprüche bei der Preiskalkulation nicht berücksichtigt und keine Rückstellungen gebildet worden sind.[348] 146

dd) Bereicherungsanspruch. Auch gegenüber dem **bereicherungsrechtlichen Anspruch** auf Herausgabe des durch eine Verletzungshandlung Erlangten ist der Einwand der Verwirkung nicht schlechthin oder regelmäßig ausgeschlossen.[349] Er setzt gleichfalls den Erwerb eines wertvollen Besitzstandes nicht voraus.[350] Maßgeblich ist auch hier, ob sich der Schuldner bei seinen wirtschaftlichen Dispositionen darauf eingerichtet hat und einrichten durfte, keine Zahlung an den Gläubiger (mehr) leisten zu müssen.[351] Da der Bereicherungsanspruch seinem Wesen nach von vornherein auf die noch vorliegende ungerechtfertigte 147

[340] RG GRUR 1939, 385 (387) – Pivako/Pavyco II; GRUR 1939, 806 (809) – AEG/AAG; BGH GRUR 1958, 354 (358) – Sherlock Holmes; GRUR 1988, 776 (778) – PCC; GRUR 2001, 323 (325) – Temperaturwächter.

[341] BGH GRUR 1958, 354 (358) – Sherlock Holmes; GRUR 2008, 1104 Rn. 36 – Haus & Grund II.

[342] RG GRUR 1939, 385 (387) – Pivako/Pavyco II; BGH GRUR 1958, 354 (358) – Sherlock Holmes; GRUR 1988, 776 (778) – PPC; GRUR 2004, 783 (785) – NEURO-VIBOLEX/NEURO-FIBRAFLEX; GRUR 2008, 1104 Rn. 36 – Haus & Grund II.

[343] BGH GRUR 2001, 323 (325) – Temperaturwächter.

[344] BGH GRUR 2001, 323 (325) – Temperaturwächter.

[345] KG MuW XXXII, 248 f.; *Reimer* Kap. 116 Rn. 25.

[346] *Goldmann,* Unternehmenskennzeichen, § 19 Rn. 989.

[347] BGH GRUR 2001, 323 (327) – Temperaturwächter; MüKoUWG/*Fritzsche* § 11 Rn. 344.

[348] BGH GRUR 2001, 323 (327) – Temperaturwächter.

[349] BGH GRUR 2001, 323 (325) – Temperaturwächter.

[350] BGH GRUR 2014, 363 Rn. 46 – Peter Fechter; *Ohly*/Sosnitza § 8 Rn. 178; *Köhler*/Bornkamm/Feddersen § 11 Rn. 2.16.

[351] BGH GRUR 2001, 323 (325) – Temperaturwächter; GRUR 2014, 363 Rn. 46 – Peter Fechter.

Bereicherung beschränkt ist und neben der weitergehenden und schärferen Haftung auf Schadensersatz eine Art subsidiäre Billigkeitshaftung darstellt, sind die **sachlichen Voraussetzungen** für eine Verwirkung **streng zu handhaben.** Das Verlangen auf Herausgabe der bloßen ungerechtfertigten Bereicherung in Form einer angemessenen Lizenzgebühr wird deshalb nur selten als unbillig angesehen werden können.[352] Dennoch kommen solche Fälle durchaus vor.[353]

148 **d) Besonderheiten im Marken- und Kennzeichenrecht.** Besondere gesetzliche Verwirkungstatbestände enthalten für das Marken- und Kennzeichenrecht die **§§ 21 und 51 Abs. 2 MarkenG.** Für den Schutz der eingetragenen Marken ist bislang noch nicht ausreichend geklärt, inwieweit § 21 Abs. 1 und 2 MarkenG als Umsetzungsbestimmungen zu Art. 9 MarkenRL abschließende Sonderregelungen enthalten, die gegenüber einem Anspruch aus § 14 MarkenG eine Anwendung der allgemeinen Grundsätze der Verwirkung gem. § 242 BGB entgegen dem an sich klaren Wortlaut des § 21 Abs. 4 MarkenG ausschließen.[354] Der BGH hat diese Frage bislang offengelassen.[355] Der Schutz der geschäftlichen Bezeichnungen (§§ 5, 15 MarkenG) ist allerdings nicht harmonisiert, so dass es in diesem Bereich kein vorrangiges Richtlinienrecht gibt. Damit ist der im klaren Wortlaut von § 21 Abs. 4 MarkenG zum Ausdruck kommende Wille des Gesetzgebers zu respektieren, die allgemeinen Verwirkungsregeln jedenfalls gegenüber Ansprüchen aus § 15 MarkenG uneingeschränkt zur Anwendung kommen zu lassen.[356] Hiervon geht auch der BGH aus.[357]

149 **3. Voraussetzungen der Verwirkung. a) Untätigbleiben über längere Zeit und Vertrauenstatbestand. aa) Untätigbleiben über längere Zeit.** Die Verwirkung erfordert zunächst, dass der Gläubiger über einen längeren Zeitraum hinweg untätig geblieben ist, innerhalb dessen der Schuldner seinem Besitzstand durch Benutzung aufbauen konnte. Relevant ist freilich nur der Zeitraum, in dem der **Gläubiger den Verstoß kannte** oder bei der gebotenen Wahrung seiner Interessen **hätte kennen müssen.**[358] Allein aus dem **Zeitablauf,** während dessen der Berechtigte untätig bleibt, ergibt sich eine Verwirkung aber noch nicht;[359] selbst das Verstreichenlassen eines längeren Zeitraumes vermag allein die Verwirkung von Rechten nicht zu begründen.[360] Die Zeitspanne kann aber für den zusätzlich erforderlichen Duldungsanschein **(Vertrauenstatbestand)** von Bedeutung sein.[361] Je länger der Berechtigte untätig bleibt, obwohl eine Geltendmachung seiner Rechte zu erwarten gewesen wäre, desto mehr wird der Verpflichtete in seinem Vertrauen schutzwürdig, der Berechtigte werde ihn nicht mehr in Anspruch nehmen.[362] Welche Zeitspanne ausreicht, um die Annahme eines verwirkungsrelevanten Zuwartens des Berechtigten und einen sich daraus ergebenden Duldungsanschein zu rechtfertigen, richtet

[352] *v. Gamm* WZG § 24 Rn. 50.

[353] Vgl. BGH GRUR 2001, 323 (327) – Temperaturwächter.

[354] Vgl. OLG München GRUR-RR 2004, 14 – Markbeobachtungslast; *Brauchbar* S. 150; *Kochendörfer* WRP 2001, 1040 (1041); *Ingerl/Rohnke* MarkenG § 21 Rn. 19 ff.; differenzierend *Lange* Rn. 5291 ff.; *Palzer/Preisendanz* EuZW 2012, 134 (139); Ströbele/Hacker/*Thiering* MarkenG § 21 Rn. 86 ff.; zum Streitstand BGH GRUR 2019, 527 Rn. 64 – PUC II; *Koch* GRUR 2012, 1092 ff.

[355] BGH GRUR 2016, 705 Rn. 48 f. – ConText; GRUR 2019, 527 Rn. 64 – PUC II.

[356] *Goldmann,* Unternehmenskennzeichen, § 19 Rn. 970; *Goldmann* GRUR 2017, 657 (659).

[357] BGH GRUR 2016, 705 Rn. 49 – ConText; vgl. zuvor bereits implizit BGH GRUR 2000, 605 (607) – comtes/ComTel; GRUR 2001, 1161 (1163) – CompuNet/ComNet; GRUR 2008, 803 Rn. 29 – HEITEC; GRUR 2008, 1104 Rn. 33 – Haus & Grund II; GRUR 2008, 1108 Rn. 58 – Haus & Grund III; GRUR 2016, 705 Rn. 49 f. – ConText.

[358] BGH GRUR 2001, 323 (325) – Temperaturwächter; *Schwippert* in Gloy/Loschelder/Danckwerts HdbWettbR § 83 Rn. 74.

[359] RG GRUR 1930, 535 (537) – Mitropa/Zentropa; BGH GRUR 2001, 323 (327) – Temperaturwächter; *Callmann* § 1 Rn. 43; *Finger* MuW XXXI, 298 (303).

[360] BGH GRUR 1993, 151 (153) – Universitätsemblem; NJW 2001, 2535 (2537); GRUR 2002, 280 (282) – Rücktrittsfrist.

[361] BGH GRUR 1993, 151 (153) – Universitätsemblem; Teplitzky/*Bacher* Kap. 17 Rn. 5.

[362] BGH GRUR 2001, 323 (327) – Temperaturwächter.

sich nach den **Umständen des Einzelfalles** und steht in Wechselwirkung mit den anderen für die Verwirkung maßgeblichen Faktoren.[363]

Eine feste zeitliche Grenze besteht nicht.[364] In aller Regel ist ein **mehrjähriger Zeitraum** zu verlangen.[365] Kürzere Zeiträume etwa von **anderthalb oder zwei Jahren** sind schon deshalb **kaum** geeignet, einen Duldungsanschein zu erwecken, weil dem Berechtigten eine angemessene Frist zur Beobachtung des Verletzerverhaltens, zur Bewertung der wirtschaftlichen Auswirkungen,[366] zur rechtlichen Überprüfung und zum Bedenken der Vor- und Nachteile einer gerichtlichen Auseinandersetzung zuzubilligen ist.[367] Im Rahmen der Gesamtwürdigung kann im Ergebnis aber schon ein Untätigbleiben über einen Zeitraum von etwa **drei Jahren** genügen, wenn der Rechtsverkehr erwartet, dass Ansprüche in angemessener Frist erhoben werden, und dem Gläubiger dies auch nach Treu und Glauben zugemutet werden kann.[368] Auch das RG hat einen Zeitraum von gut drei Jahren als unter gewöhnlichen Umständen ausreichend betrachtet.[369] Als Begründung dieses ungefähren und unverbindlichen Anhaltspunkts wird häufig angeführt, dass auch die regelmäßige Verjährungsfrist des § 195 BGB drei Jahre betrage,[370] weshalb kürzere Zeiträume bis zum Eintritt der Verwirkung nur ganz ausnahmsweise ausreichend seien.[371] Das überzeugt nicht. Zwar ist auch das Rechtsinstitut der Verjährung eine Konkretisierung der Maxime von Treu und Glauben.[372] Eine wesentliche Zielrichtung der Verjährung ist aber gerade auch, im Interesse des Beklagten den unbefriedigenden Zustand zu vermeiden, dass anspruchshindernde Tatsachen in einem erst nach langer Zeit geführten Rechtsstreit nur noch schwer bewiesen werden können.[373] Das Rechtsinstitut der Verwirkung soll den Schuldner demgegenüber **nicht vor Beweisnot schützen,** sondern die **Zerstörung eines schutzwürdigen Besitzstandes verhindern.** Die für dessen Aufbau und das Vertrauen in seinen ungestörten Fortbestand notwendige Zeitdauer ist aber völlig unabhängig von der Frage, nach welcher Zeitspanne Beweisschwierigkeiten auftreten können. Entsprechend ist in vielen Fällen auch eine Zeitspanne von drei Jahren gerade nicht als ausreichend angesehen worden.[374] **150**

Bestimmte Umstände können dazu führen, dass der Vertrauenstatbestand schon nach einer **relativ kurzen Zeit** entsteht. Dabei ist die erforderliche Dauer um so kürzer, je schneller eine Durchsetzung des Anspruchs nach den **Umständen des Einzelfalles** zu erwarten ist. Eine berechtigte Erwartung, dass der Anspruchsteller alsbald tätig wird, besteht etwa dann, wenn nach Abmahnung und Klageandrohung die geltend gemachten Ansprüche bestritten werden[375] oder wenn Gläubiger und Schuldner durch eine enge oder **151**

---

[363] BGH GRUR 1993, 151 (153) – Universitätsemblem; GRUR 2016, 705 Rn. 50 – ConText; GRUR 2019, 165 Rn. 37 – keine-vorwerk-vertretung; GRUR 2019, 527 Rn. 65 – PUC II; MüKoUWG/*Fritzsche* § 11 Rn. 328; GroßKommUWG/*Paal* § 8 Rn. 308.

[364] Vgl. zum Kennzeichenrecht BGH GRUR 2016, 705 Rn. 50 – ConText; GRUR 2019, 165 Rn. 37 – keine-vorwerk-vertretung; GRUR 2019, 527 Rn. 64 – PUC II.

[365] Teplitzky/*Bacher* Kap. 17 Rn. 5; *Köhler*/Bornkamm/Feddersen § 11 Rn. 2.19; *Ohly*/Sosnitza § 8 Rn. 175.

[366] RG MuW XXX, 128 (130) – Fabisch.

[367] BGH GRUR 1985, 389 (390 f.) – Familienname; GRUR 1992, 329 (333) – AjS-Schriftenreihe; GRUR 1998, 1034 (1037) – Makalu; *Ohly*/Sosnitza § 8 Rn. 175.

[368] Vgl. BGH GRUR 1963, 478 (481) – Bleiarbeiter; OLG München NJWE-WettbR 1996, 180 (182) – aliseo; OLG Koblenz GRUR 2006, 184 (186) – Rosenmondnacht.

[369] RG GRUR 1933, 583 (586) – Farina.

[370] OLG Nürnberg 17.3.2015 – 3 U 603/14 – Gauff; Teplitzky/*Bacher* Kap. 17 Rn. 5; *Ingerl/Rohnke* MarkenG § 21 Rn. 28.

[371] OLG Nürnberg 17.3.2015 – 3 U 603/14 – Gauff; *Ingerl/Rohnke* MarkenG § 21 Rn. 28.

[372] MüKoBGB/*Grothe* Vor § 194 Rn. 6 mwN; *Reimer* Kap. 116 Rn. 1.

[373] MüKoBGB/*Grothe* Vor § 194 Rn. 6 mwN.

[374] RG GRUR 1931, 397 (400) – Gillette; MuW XXXX, 24 (25) – Kathreiner/Kathrein; OLG Hamburg GRUR-RR 2008, 239 (242) – ACRI; OLG Nürnberg 17.3.2015 – 3 U 603/14 – Gauff; LG Frankfurt a. M. 16.2.2015 – 2–03 O 515/13 – Nici/nicy.

[375] RG MuW XXXI, 369 (370) – Rheinblümchen; BGH WM 1976, 620 (621) – Globetrotter.

ständige Geschäftsbeziehung verbunden sind.[376] Auch wenn die Parteien am selben Ort tätig sind und ihre Tätigkeiten auf dem Markt zahlreiche Berührungspunkte aufweisen, darf der Schuldner mit einer schnellen Geltendmachung von Unterlassungsansprüchen rechnen.[377] Ebenso darf der Schuldner davon ausgehen, dass der Gläubiger ihm zustehende Unterlassungsansprüche rasch geltend macht, wenn der Schuldner eine **massive Werbekampagne** veranstaltet.[378]

152 Starre Richtwerte lassen sich auch bei allem Bemühen um einfache Orientierung nicht geben. Dafür ist der Abwägungsprozess von zu vielen Faktoren abhängig und zu komplex. Schematische Lösungsvorschläge verbieten sich.[379] In der Praxis[380] erstreckt sich die als ausreichend angesehene **Spanne** von **acht Monaten**[381] bis hin zu **50 Jahren.**[382] Beim Rückgriff auf ältere Entscheidungen zur Bestimmung der angemessenen Zeitspanne ist Vorsicht geboten. Denn Entscheidungen aus der Zeit vor 2012 unterscheiden nicht zwischen Unterlassungsansprüchen wegen Dauerhandlungen einerseits und wiederholten, gleichartigen Handlungen andererseits. Sie gehen im Ergebnis davon aus, dass die Verwirkung den Unterlassungsanspruch schlechthin betrifft und die Folge der Verwirkung letztlich eine immerwährende Freilizenz ist. Wegen dieser für den Gläubiger besonders gravierenden und einschneidenden Rechtsfolge mussten die Anforderungen an den Verwirkungstatbestand hoch sein. Nach der neueren Rspr. des BGH in den Fällen *„Honda-Grauimport", „Hard Rock Cafe"* und *„ConText"* soll die **Verwirkung künftiger Unterlassungsansprüche** gegen gleichartige wiederholte Verletzungshandlungen – wie etwa das immer wieder erfolgende Anbieten nachgeahmter Produkte – **im Ergebnis nicht mehr möglich** sein.[383] Näher hierzu → Rn. 185 ff.; zur Kritik → Rn. 189 ff. Die praktischen Auswirkungen der Verwirkung sollen insoweit auf Ansprüche aus der Vergangenheit beschränkt sein.[384] Weil also nach dem – fragwürdigem – Konzept des BGH der Besitzstand gar nicht derart groß sein kann, dass der Unterlassungsschuldner auch in Zukunft seine Verletzungshandlungen fortsetzen könnte, lassen sich in Fällen punktueller Verletzungshandlungen bis zum Eintritt der Verwirkung für Ansprüche aus der Vergangenheit kürzere Zeiträume durchaus rechtfertigen. Für Dauerhandlungen bleibt es bei den bisherigen Grundsätzen, so dass auch die ältere Rechtsprechung weiterhin Orientierung bietet.

153 **bb) Vertrauenstatbestand des Duldungsanscheins.** Das lang andauernde Untätigbleiben des Gläubigers muss ein **schutzwürdiges Vertrauen** des Schuldners begründet haben, dass der Anspruch nicht (mehr) geltend gemacht werde, weil der Gläubiger damit einverstanden sei oder sich zumindest mit den bestehenden Verhältnissen **abgefunden** habe.[385] Ob ein solcher **Duldungsanschein** erweckt worden ist, bestimmt sich nach den Umständen des Einzelfalles. Eine beim Schuldner vorhandene optimistische Erwartungshaltung spielt keine Rolle; es ist auf eine objektive Betrachtungsweise abzustellen.[386]

---

[376] BGH GRUR 1970, 308 (310) – Duraflex; GRUR 1988, 776 (778) – PPC; GRUR 2000, 605 (607) – comtes/ComTel; OLG München NJWE-WettbR 1996, 180 (182) – aliseo.

[377] BGH GRUR 2001, 323 (325) – Temperaturwächter.

[378] BGH GRUR 1967, 490 (495) – Pudelzeichen; Teplitzky/*Bacher* Kap. 17 Rn. 7; *Büscher* in Fezer/Büscher/Obergfell § 8 Rn. 359; *Ohly*/Sosnitza § 8 Rn. 175.

[379] *Köhler*/Bornkamm/Feddersen § 11 Rn. 2.29; GroßKommUWG/*Paal* § 8 Rn. 297.

[380] Ausführliche Kasuistik zur Verwirkung im Marken- und Kennzeichenrecht bei *Goldmann*, Unternehmenskennzeichen, § 19 Rn. 998.

[381] RGZ 114, 360 (364) – Grammofox (zur Einschränkung der Durchsetzbarkeit eines Defensivzeichens durch § 1 UWG aF); mit Recht krit. zu derart kurzen Zeiträumen *Grünebaum* MuW XXXII, 124 f.; *Jul. L. Seligsohn* GRUR 1930, 93 (100 f.).

[382] RGZ 134, 38 (40 f.) – Hunyadi Janos; BGH GRUR 1991, 157 (158) – Johanniter-Bier.

[383] BGH GRUR 2012, 928 Rn. 22 f. – Honda-Grauimport; GRUR 2013, 1161 Rn. 21 – Hard Rock Cafe; GRUR 2016, 705 Rn. 50 – ConText.

[384] BGH GRUR 2012, 928 Rn. 23 – Honda-Grauimport.

[385] RGZ 134, 38 (41) – Hunyadi Janos; GRUR 1937, 461 (465) – Osram; BGH GRUR 1988, 776 (778) – PPC; GRUR 1989, 449 (452 f.) – Maritim; GRUR 1993, 151 (153) – Universitätsemblem; OLG München NJWE-WettbR 1996, 180 (182) – aliseo; OLG Köln GRUR-RR 2003, 71 (73) – Fioccini.

[386] *Schwippert* in Gloy/Loschelder/Danckwerts HdbWettbR § 83 Rn. 75.

Grundkonstellation der Verwirkung ist die **positive Kenntnis** des Gläubigers. Hierfür ist zunächst erforderlich, dass der Gläubiger seine eigene Rechtsposition kennt.[387] Hinzu kommt die Kenntnis der Verletzung. Die Grundsätze über die **Wissenszurechnung** gem. § 166 Abs. 1 BGB finden analog Anwendung.[388] Einzelheiten sind bei *Schulz* → § 11 Rn. 92 ff. dargestellt.[389] Wenn der Gläubiger die Beeinträchtigung seiner Rechtsposition kennt und sie tatenlos hinnimmt, entsteht in aller Regel nach und nach der objektive Anschein, er dulde die Verletzung und wolle hiergegen nichts unternehmen.[390] **154/155**

War dem Gläubiger ein **Einschreiten** rechtlich oder tatsächlich **nicht möglich** oder **nicht zumutbar** und ist dies **für den Schuldner zumindest erkennbar,** so hat der Schuldner keinen Anlass, aus dem Untätigbleiben des Gläubigers auf eine Duldung seines Verhaltens zu schließen. Solche Zeitspannen bleiben daher außer Betracht.[391] Rechtlich unmöglich ist dem Gläubiger ein Vorgehen beispielsweise bei einer durch ein zwischenstaatliches Abkommen zugebilligten Aufbrauchfrist.[392] In Zeiten wirtschaftlicher und/oder rechtlicher Unordnung können tatsächliche Hindernisse der Geltendmachung von Ansprüchen entgegenstehen. Sieht der Berechtigte unter dem Zwang solcher Verhältnisse von einem Vorgehen gegen ein Verhalten, das er sichtlich missbilligt, ab, wird ein Vertrauenstatbestand nicht begründet.[393] **156**

Zwar ist die Verwirkung nicht grundsätzlich ausgeschlossen, wenn dem Berechtigten der ihm zustehende **Anspruch unbekannt** war.[394] Es fehlt jedoch an einem Duldungsanschein, wenn der Schuldner davon ausgehen muss, dass der Berechtigte von dem ihm zustehenden Anspruch nichts weiß,[395] etwa weil dieser seinen Sitz im Ausland hat, seine Überwachungsmöglichkeiten deshalb beschränkt sind und die Ware ohne die übliche Werbung ausschließlich in einer Ladenkette vertrieben wird.[396] Ein Vertrauenstatbestand ist ferner zu verneinen, wenn dem Berechtigten gerade wegen eines unredlichen und heimlichen Verhaltens des Verpflichteten der ihm deshalb zustehende Anspruch unbekannt geblieben ist.[397] **157**

Beruht die längere Untätigkeit des Gläubigers auf seiner Unkenntnis, so kann die Geltendmachung des Anspruchs gleichwohl treuwidrig sein. Dies ist etwa dann der Fall, wenn sich dem Gläubiger die rechtswidrigen Handlungen des Schuldners hätten aufdrängen müssen und er sich somit einer offenkundigen Tatsache treuwidrig verschlossen hat.[398] Auf seiner Unkenntnis kann sich der Gläubiger auch nicht berufen, wenn der Schuldner nach der Art und Weise seines Marktauftritts damit rechnen durfte, seine Handlungen seien dem Gläubiger bekannt geworden[399] und wenn der Gläubiger bei einer zur Wahrung eigener Interessen gebotenen und zumutbaren Beobachtung des Marktes oder des „Umfeldes"[400] die Verletzungshandlungen hätte erkennen können.[401] Eine solche **Marktbeobachtungs-** **158**

---

[387] OLG Karlsruhe 26.7.2017 – 6 U 142/15 – BAKTAT.

[388] Vgl. BGH GRUR 2016, 705 Rn. 44 – ConText (zu § 21 Abs. 2 MarkenG).

[389] Zu weiteren Details außerdem Kur/*Goldmann* MarkenG § 20 Rn. 31 ff. mit ausführlicher Kasuistik.

[390] *Goldmann,* Unternehmenskennzeichen, § 19 Rn. 1020; *Neu* S. 87.

[391] Vgl. Teplitzky/*Bacher* Kap. 17 Rn. 6; *Ohly*/Sosnitza § 8 Rn. 176.

[392] Vgl. BGH GRUR 1969, 615 (616) – Champi-Krone.

[393] Vgl. BGH GRUR 1951, 159 (163) – Störche; GRUR 1956, 558 (562) – Regensburger Karmelitengeist; GRUR 1960, 137 (141) – Astra; GRUR 1960, 183 – Kosaken-Kaffee; GRUR 1963, 430 (433) – Erdener Treppchen.

[394] RGZ 134, 38 (41) – Hunyadi Janos; BGH GRUR 2001, 1161 (1163) – CompuNet/ComNet.

[395] BGH GRUR 2000, 144 (146) – Comic-Übersetzungen II; GRUR 2003, 628 (630) – Klosterbrauerei.

[396] BGH GRUR 1951, 159 (163) – Störche; GRUR 1975, 434 (437) – BOUCHET.

[397] BGH GRUR 1963, 430 (433) – Erdener Treppchen.

[398] Vgl. BGH GRUR 2016, 705 Rn. 45 – ConText (zu § 21 Abs. 2 MarkenG).

[399] Vgl. RG GRUR 1939, 385 (387) – Pivako/Pavyco II.

[400] Vgl. BGH GRUR 1993, 151 (153) – Universitätsemblem.

[401] RGZ 134, 38 (41) – Hunyadi Janos; BGH GRUR 1985, 72 (73) – Consilia; GRUR 1989, 449 (452) – Maritim; GRUR 1993, 913 (914 f.) – KOWOG; OLG München GRUR-RR 2004, 14 – Marktbeobachtungslast; OLG Jena GRUR-RR 2012, 113 (117) – Musikveranstaltung; OLG Düsseldorf GRUR-RR 2013, 21 (22) – Charité; *Wachinger* MarkenR 2011, 281 (286 f.).

obliegenheit[402] besteht grundsätzlich in allen Bereichen, in denen der Berechtigte sein Recht durchsetzen will.[403]

159 Eine Marktbeobachtungsobliegenheit setzt jedoch in aller Regel eine **besondere Nähebeziehung** der Parteien voraus wie etwa eine frühere Zusammenarbeit[404] oder sachlich und örtlich nahe beieinander liegende Betätigungsbereiche,[405] auf Grund derer die Tätigkeit des jeweils anderen bei gehöriger Marktbeobachtung nicht verborgen bleiben konnte.[406] Von einer Verletzung der Marktbeobachtungsobliegenheit bzw. von einer positiven Kenntnis ist auszugehen, wenn die vom Gläubiger im Prozess beanstandeten Produkte oder Werbemaßnahmen auf einem eng benachbarten Markt weitesten Verkehrskreisen **seit langen Jahrzehnten** bekannt sind.[407] Eine Verletzung der Marktbeobachtungsobliegenheit wurde zB in einem Fall verneint, in dem der vertriebene Tee des Schuldnersein nicht überall erhältlich und nicht für jedermann erschwingliches **Nischenprodukt** war, das nur in etwa 30 ausgewählten Geschäften vertrieben wurde, auch wenn vereinzelt die Produkte des Gläubigers auch dort erhältlich waren.[408] Ebenso besteht **keine Obliegenheit, jegliche (Fach-)Zeitschriften,** die für die relevanten Branchenbereichen relevant sind, nach Werbeanzeigen von Konkurrenten durchzublättern; etwas anderes kann für (Fach-)Zeitschriften gelten, die hinsichtlich Bedeutung, Verbreitungsgebiet und Auflagenstärke zu den **„Pflichtblättern"** zählen und jedem ernsthaften Marktteilnehmer bekannt sein müssen.[409]

160 Arbeiten zwei Unternehmen etwa durch einen gemeinsamen Vertrieb oder sonst zusammen und besteht deshalb während des Zeitraums der **Zusammenarbeit** kein Anlass des Berechtigten für ein Einschreiten, so ist es eine Frage des Einzelfalles, ob der Verletzte auch von einer Duldung für den Zeitraum nach Beendigung der Zusammenarbeit ausgehen durfte.[410] In aller Regel wird man im Hinblick auf die vorangegangene Duldung von dem Berechtigten erwarten dürfen, dass er seine Ansprüche alsbald nach Beendigung der Zusammenarbeit geltend macht.[411] Das Untätigbleiben in einem solchen kurzen Zeitraum nach Beendigung der Zusammenarbeit kann aber nur dann einen Vertrauenstatbestand begründen, wenn das beanstandete Verhalten in der Zwischenzeit in **Kenntnis des Berechtigten** fortgesetzt wurde.[412]

161 Mit der Geltendmachung seines Anspruchs durch **Abmahnung** bereitet der Gläubiger einem etwaigen Duldungsanschein zunächst ein Ende.[413] Nach der Abmahnung muss erst eine weitere angemessene Frist zur Überlegung und zur Vorbereitung der weiteren Rechtsverfolgung verstreichen, eher ein neuer verwirkungsrelevanter Zeitraum beginnen kann.[414] Geht der Gläubiger unmittelbar im Anschluss gerichtlich gegen den Schuldner vor, so kommt als für die Verwirkung relevante Zeitspanne nur die Zeit bis zur Abmahnung in Betracht. Bleibt der Gläubiger nach Ablauf dieser angemessenen Zeitspanne untätig, so fängt die für die Verwirkung relevante Zeit neu zu laufen an. Weil der Schuldner dann aber in aller Regel nicht mehr gutgläubig ist, verlängert sich in einer solchen Situation die

---

[402] Vgl. BGH GRUR 2016, 705 Rn. 50 – ConText: „Marktbeobachtungspflicht"; OLG Hamburg 30.1.2020 – 5 U 179/18 – Marco Polo Tee: „Marktbeobachtungslast".

[403] BGH GRUR 1989, 449 (452) – Maritim.

[404] Vgl. BGH GRUR 1988, 776 (778) – PPC.

[405] Vgl. BGH GRUR 1993, 913 (915) – KOWOG; OLG Jena GRUR-RR 2012, 113 (117) – Musikveranstaltung.

[406] BGH GRUR 1993, 913 (915) – KOWOG; OLG Jena GRUR-RR 2012, 113 (117) – Musikveranstaltung; OLG Düsseldorf GRUR-RR 2013, 21 (22) – Charité.

[407] RGZ 134, 38 (41) – Hunyadi Janos.

[408] OLG Hamburg 30.1.2020 – 5 U 179/18 – Marco Polo Tee.

[409] Vgl. LG Düsseldorf 6.12.2017 – 2a O 169/16 – teslaplatten.

[410] Weitergehend BGH GRUR 1985, 389 (390) – Familienname.

[411] Vgl. BGH GRUR 1970, 308 (310) – Duraflex; Teplitzky/*Bacher* Kap. 17 Rn. 6.

[412] Bedenklich daher BGH GRUR 2001, 1164 (1166) – buendgens, wo es an einer solchen Feststellung fehlt.

[413] RG GRUR 1939, 385 (387) – Pivako/Pavyco II; BGH GRUR 1963, 478 (480) – Bleiarbeiter: ab diesem Zeitpunkt „Nutzung auf eigene Gefahr"; *Neu* S. 88.

[414] RG GRUR 1939, 385 (387) – Pivako/Pavyco II.

Zeitspanne, innerhalb derer auf der Grundlage eines Duldungsanscheins erneut ein redlicher Besitzstand erworben werden kann (näher → Rn. 160 f.).

b) Schutzwürdiger Besitzstand. Beim Unterlassungs- und beim Beseitigungsanspruch setzt die Verwirkung als weiteres Erfordernis einen schutzwürdigen Besitzstand des Verletzers voraus.[415] Auch wenn der Besitzstand eine besonders bedeutsame Voraussetzung der Verwirkung ist,[416] reicht ein wertvoller Besitzstand für sich genommen selbstverständlich nicht zur Begründung des Verwirkungseinwands aus.[417] Ebenso wie der Zeitablauf fügt er sich in ein **bewegliches System von Beurteilungskriterien** ein, die in Wechselwirkung zueinander stehen. 162

aa) Besitzstand. Der Besitzstand ist ein tatsächlich bestehender Zustand im Wettbewerb, der für den in Anspruch Genommenen wirtschaftlich vorteilhaft ist und der vernichtet würde, wenn der geltend gemachte Anspruch durchdränge.[418] Im Sinne einer **sachlich-wirtschaftlichen Basis für die künftige wirtschaftliche Betätigung des Verletzers**[419] kann er als Goodwill in dem Wert einer Waren-, Unternehmens- oder anderen Kennzeichnung,[420] als Zugkraft einer Werbebehauptung[421] oder in sonstigen „Zuständen"[422] bestehen, die für den Nutzer einen beachtlichen Wert haben können. Dazu gehört beispielsweise ein durch Nachahmung fremder Leistungen geschaffener wirtschaftlicher Wert[423] oder auch die Möglichkeit, bestimmte aufklärende und klarstellende Hinweise nicht anbringen zu müssen.[424] Der Besitzstand muss zwar grundsätzlich im Inland bestehen, jedoch kann bei wirtschaftlicher Verflechtung des ausländischen mit dem inländischen Markt ein besonders großer Besitzstand im Ausland einen im Inland bestehenden Besitzstand ergänzen.[425] 163

bb) Schutzwürdigkeit. Der Besitzstand muss **schutzwürdig** sein. Ein Besitzstand ist schutzwürdig, wenn er für den Verletzer **wertvoll** ist und der Erhaltung dieses Zustandes **keine vorrangigen Interessen** des Verletzten, Dritter oder der Allgemeinheit entgegenstehen. 164

(a) Wert des Besitzstands. Ob der Besitzstand für den Verletzer **wertvoll** ist, richtet sich nach dessen Verhältnissen. Der Wert ist daher nicht nach seiner absoluten Größe, sondern nach seiner **relativen Bedeutung** für den Verletzer im Verhältnis zu Größe und Wirkungskreis seines Unternehmens zu bestimmen.[426] Der Besitzstand muss für den Ver- 165

[415] Grundlegend RGZ 127, 321 (326) – Typenbezeichnungen für Pflüge (zum Nachahmungsschutz, noch ohne den Begriff „Besitzstand"); RGZ 129, 252 (258) – Operettenführer (zum Urheberrecht); BGH GRUR 1957, 228 (231) – Astrawolle; GRUR 1962, 526 – Ribana (zum Warenzeichen- und Wettbewerbsrecht); aus neuerer Zeit BGH GRUR 2000, 605 (607) – comtes/ComTel; GRUR 2001, 1161 (1163) – CompuNet/ComNet I; GRUR 2004, 783 (785) – NEURO-VIBOLEX/NEURO-FIBRAFLEX.

[416] *Siebert* S. 193.

[417] RG GRUR 1939, 385 (387) – Pivako/Pavyco II; GRUR 1941, 475 (480) – Lindbergh.

[418] Vgl. *Neu* S. 107.

[419] BGH GRUR 2001, 323 (325) – Temperaturwächter; MüKoUWG/*Fritzsche* § 11 Rn. 292.

[420] Vgl. RG GRUR 1934, 53 (57) – Valvoline/Valvonit; BGH GRUR 1985, 72 (73) – Consilia; GRUR 1988, 776 (778) – PPC; GRUR 1990, 1042 (1046) – Datacolor; GRUR 1992, 45 (47) – Cranpool; GRUR 1993, 913 (914) – KOWOG; GRUR 2000, 605 (607) – comtes/ComTel; GRUR 2001, 1161 (1163) – CompuNet/ComNet I; GRUR 2004, 783 (785) – NEURO-VIBOLEX/NEURO-FIBRAFLEX; GRUR 2008, 803 Rn. 15, 26 ff. – HEITEC; GRUR 2012, 928 Rn. 22 – Honda-Grauimport.

[421] Vgl. BGH GRUR 1973, 532 (534) – „Millionen trinken …"; GRUR 1985, 140 (141 f.) – Größtes Teppichhaus der Welt; Teplitzky/*Bacher* Kap. 17 Rn. 11; differenzierend *Neu* S. 107 ff.

[422] BGH GRUR 1957, 25 (28) – Hausbücherei.

[423] RGZ 127, 321 (326) – Typenbezeichnungen für Pflüge; OLG Hamm WRP 2015, 137 – Le Pliage; vgl. auch LG Düsseldorf 6.11.2014 – 14c O 141/13 – Candice Cooper.

[424] OLG Frankfurt a. M. 21.3.2013 – 6 U 170/12 – Vorwerk: Hinweis „keine Werksvertretung".

[425] BGH GRUR 1966, 427 (431) – Prince Albert; GRUR 1981, 66 (68) – MAN/G-man; OLG Köln NJWE-WettbR 1999, 60 (63) – Opelblitz; *Goldmann,* Unternehmenskennzeichen, § 19 Rn. 1010; *Schalk* in Büscher/Dittmer/Schiwy MarkenG § 21 Rn. 16.

[426] RG GRUR 1943, 345 (347 f.) – Goldsonne; BGH GRUR 1989, 449 (452) – Maritim; GRUR 1990, 1042 (1046) – Datacolor; GRUR 1993, 151 (154) – Universitätsemblem; GRUR 1993, 913 (915) – KOWOG; Teplitzky/*Bacher* Kap. 17 Rn. 13.

letzer in dem Sinne einen **beachtlichen Wert** haben,[427] als dass seine Entziehung für ihn objektiv eine **spürbare Einbuße** bedeuten würde.[428]

166 Eine in **Liquidation** befindliche und geschäftlich zwar noch tätige, aber nicht mehr werbende Gesellschaft kann keinen wertvollen und schutzwürdigen Besitzstand bilden.[429] Eine vorübergehende Betriebsunterbrechung hat demgegenüber nicht zwingend den Verlust eines einmal erarbeiteten Besitzstands zur Folge; es kommt auf alle Umstände des Einzelfalls an.[430]

167 Für die Bewertung des Besitzstands können die maßgeblichen Kriterien je nach Art des in Rede stehenden „Zustandes" variieren. Reichhaltige Rechtsprechung liegt allerdings nur aus dem Bereich der **Kennzeichen** vor. Hier sind in erster Linie maßgeblich der Grad der Bekanntheit,[431] den die Benutzung der angegriffenen Kennzeichnung verschafft hat, der Kundenstamm[432] sowie der Umsatz[433] und Gewinn,[434] der unter ihrer Verwendung erzielt wurde. Daneben lassen auch Art und Umfang der unter Verwendung des angegriffenen Kennzeichens betriebenen Werbung Rückschlüsse auf den Bekanntheitsgrad der Bezeichnung und den Wert des Besitzstandes zu.[435] Der Wert des erworbenen Besitzstandes bemisst sich dabei weniger nach den getätigten Werbeinvestitionen in Euro und Cent, sondern eher danach, ob diese sich in der Bekanntheit des Zeichens, dem Kundenstamm und den unter dem Zeichen erzielten Umsätzen auswirken konnten bzw. ausgewirkt haben.[436] Nach heute einhelliger Auffassung ist keine Verkehrsgeltung iSd §§ 4 Abs. 2, 5 Abs. 2 S. 2 MarkenG und damit kein (prioritätsjüngeres) Gegenrecht erforderlich.[437]

168 Für **andere „Zustände"** im Wettbewerb, die Grundlage eines wertvollen Besitzstandes sein können, fehlt eine entsprechend ausdifferenzierte Praxis. Bei einem **nachgeahmten Produkt,** gegen das sich ein Originalhersteller wendet, sind Kriterien wie Umsatz, Gewinn und Kundenstamm ebenfalls heranzuziehen. Werbeinvestitionen werden für den Nachahmer für den Ausbau seiner Marktposition wohl nur in seltenen Fällen eine Rolle spielen. Sie können aber ebenso in die Gesamtbetrachtung einfließen wie eine eventuelle Bekanntheit, welche die nachgeahmten Produkte am Markt erlangt haben. Bei **Werbebehauptungen** sind deren Bedeutung für die Vertriebsstrategie, ihre Verbreitung und Bekanntheit und die hierfür getätigten Investitionen zu berücksichtigen.

169 **(b) Schutzwürdigkeit des Besitzstands.** Die Bestimmung des als **schutzwürdig** zu erachtenden Grades des Besitzstandes erfordert regelmäßig eine **Gesamtwürdigung** der Schutzwürdigkeit des Ausmaßes des Vertrauens des Verletzers in die Erhaltung des für ihn wertvollen Zustandes und anderer nach Treu und Glauben zu berücksichtigender Umstände, weil die einzelnen Voraussetzungen des Verwirkungstatbestandes und die Anforderun-

---

[427] BGH GRUR 1989, 449 (451) – Maritim; GRUR 1990, 1042 (1046) – Datacolor; GRUR 1993, 151 (154) – Universitätsemblem.

[428] RG GRUR 1944, 147 (149) – Blendor/Blondor; BGH GRUR 1957, 228 (231) – Astrawolle; GRUR 1960, 560 (566) – Sektwerbung; GRUR 1962, 526 – Ribana; OLG Düsseldorf GRUR-RR 2001, 49 (52) – combit/ComIT; Teplitzky/*Bacher* Kap. 17 Rn. 13; ähnlich bereits RGZ 127, 321 (326) – Typenbezeichnungen für Pflüge.

[429] RG MuW XXXII, 539 (542) – Mannesmann.

[430] RG GRUR 1943, 345 (348) – Goldsonne.

[431] Vgl. BGH GRUR 1992, 329 (333) – AjS-Schriftenreihe.

[432] BGH GRUR 1990, 1042 (1046) – Datacolor; *Hammann* FS vom Stein, 1961, 52 (58).

[433] BGH GRUR 1989, 449 (451) – Maritim; GRUR 1990, 1042 (1046) – Datacolor; GRUR 1993, 151 (154) – Universitätsemblem; GRUR 1993, 913 (915) – KOWOG.

[434] BGH GRUR 1992, 329 (333) – AjS-Schriftenreihe; GRUR 1990, 1042 (1046) – Datacolor.

[435] RG MuW XXXX, 24 (25) – Kathreiner/Kathrein; BGH GRUR 1963, 478 (481) – Bleiarbeiter; GRUR 1989, 449 (451) – Maritim; GRUR 1990, 1042 (1046) – Datacolor; GRUR 1993, 151 (154) – Universitätsemblem; GRUR 1993, 913 (915) – KOWOG; OLG München NJWE-WettbR 1996, 180 (181) – aliseo; ausführlich *Neu* S. 107 ff.

[436] *Goldmann,* Unternehmenskennzeichen, § 19 Rn. 1011; *Hammann* FS vom Stein, 1961, 52 (58).

[437] RG GRUR 1934, 53 (57 f.) – Valvoline/Valvonit; RGZ 171, 159 (163) – Standard; BGH GRUR 1957, 25 (28) – Hausbücherei; *Ohly*/Sosnitza § 8 Rn. 177; aA noch RG MuW XXXI, 494 (497) – Feldberger Hof; GRUR 1932, 308 (310) – Marienbader Mineralwasser.

gen an ihr Vorliegen in einer engen **Wechselwirkungsbeziehung** stehen.[438] Die Schutzwürdigkeit des Besitzstandes hängt dabei auch von der **Gut- oder Bösgläubigkeit** des Schuldners ab:

(α) Redlichkeit. Ein Besitzstand ist nur dann schutzwürdig, wenn der Schuldner **redlich** handelte. Redliches Handeln ist auf zweierlei Weise denkbar: auf der Basis von **Gutgläubigkeit** oder als **Ergebnis einer Interessenabwägung.** 170

Redlich agiert wer die ältere geschützte Rechtsposition des Gläubigers nicht kennt und insoweit **in gutem Glauben** handelt.[439] Für Kennzeichen gilt: Ist ein älteres Zeichen bekannt oder gar berühmt, ist, jedenfalls als Ergebnis freier Beweiswürdigung, von einer Kenntnis des Verletzers auszugehen.[440] Kenntnis kann auch auf früheren Geschäftskontakten,[441] einer Abmahnung[442] oder auf anderen Umständen beruhen. Auch wer vor Aufnahme der Benutzung versäumt hat, sich mit der im Verkehr erforderlichen Sorgfalt zu vergewissern, ob seinem Zeichen nicht ältere Schutzrechte entgegenstanden, handelt bösgläubig im Sinne der Verwirkungslehre.[443] In den für die Verwirkung von auf das UWG gestützten Ansprüchen hauptsächlich noch praktisch relevanten Fällen der §§ 4 Nr. 3 und 17–18 wird der Schuldner meist vorsätzlich und damit bösgläubig handeln. Es kommt auf die Umstände des Einzelfalles an. Bei der Übernahme fremder Leistungsergebnisse, die nicht durch ein Immaterialgüterrecht geschützt sind, kann der Nachahmer durchaus auch im guten Glauben handeln, hierzu berechtigt zu sein.[444] 171

Guter Glaube ist aber keine unabdingbare Voraussetzung für die Verwirkung. **Anfängliche Bösgläubigkeit** schließt eine **spätere redliche Benutzung** nicht aus, wenn der Schuldner aufgrund des späteren Verhaltens des Gläubigers annehmen durfte, dieser wolle eine Beeinträchtigung seiner Position tatenlos hinnehmen.[445] Dabei entsteht zwar kein echter guter Glaube im Sinne der „*bona fides superveniens*",[446] sondern die **Wertung als redliches Handeln** ist Ausdruck eines dem Schuldner günstigen Ergebnisses bei der Interessenabwägung. Die Bösgläubigkeit des Schuldners ist dabei zunächst stark zu seinen Ungunsten zu werten. Die **Interessenabwägung** kann aber allmählich zu einer Verschiebung der Bewertung führen: Bei lang andauernder Untätigkeit des Gläubigers, womöglich sogar in Kenntnis der Verletzung, kann das Interesse des Schuldners schließlich überwiegen, so dass dann der Gläubiger gegen Treu und Glauben verstößt, wenn er nunmehr den Anspruch geltend macht.[447] Die anfängliche **Bösgläubigkeit** des Schuldners **verschärft** dabei **die Anforderungen** daran, ob und ab wann der Benutzer darauf vertrauen darf, gegen die Verwendung des jüngeren Zeichens bestünden keine Einwände oder würden nicht vom Gläubiger geltend gemacht.[448] IdR führt eine anfängliche Bösgläubigkeit zu 172

---

[438] BGH GRUR 1992, 45 (48) – Cranpool; GRUR 1993, 151 (154) – Universitätsemblem; GRUR 1993, 913 (915) – KOWOG.

[439] *Goldmann,* Unternehmenskennzeichen, § 19 Rn. 999.

[440] BGH GRUR 1963, 478 (481) – Bleiarbeiter; GRUR 1966, 623 (626) – Kupferberg (jeweils zum berühmten Zeichen); GRUR 1991, 609 (613) – SL; GRUR 2000, 875 (878) – Davidoff I.

[441] Vgl. BGH GRUR 1985, 389 (390) – Familienname; GRUR 1998, 776 (778) – PPC.

[442] ZB BGH WM 1976, 620 (621) – Globetrotter; OLG Frankfurt a. M. 6.2.1992 – 6 U 169/90 – Menger-Krug.

[443] BGH GRUR 1960, 185 – Kosaken-Kaffee.

[444] RGZ 127, 321 (326) – Typenbezeichnungen für Pflüge.

[445] RG GRUR 1930, 975 (977) – Johann Maria Farina; RGZ 171, 147 (157) – Salamander IV; BGH GRUR 1957, 25 (29) – Hausbücherei; GRUR 1969, 694 (696) – Brillant; GRUR 1970, 308 (309) – Duraflex; GRUR 1989, 450 (452 f.) – Maritim; GRUR 1993, 913 (914) – KOWOG; GRUR 2013, 1161 Rn. 27 – Hard Rock Cafe; unrichtig deshalb BGH GRUR 1999, 161 (163) – MAC Dog, wo formal im Anschluß, aber inhaltlich im Widerspruch zur früheren Rechtsprechung angedeutet wird, bei Kenntnis des Verletzers komme eine redliche Benutzung nicht in Betracht.

[446] So aber BGH GRUR 1960, 183 (186) – Kosaken-Kaffee; Teplitzky/*Bacher* Kap. 17 Rn. 15.

[447] *Siebert* S. 202 f.

[448] BGH GRUR 1957, 25 (29) – Hausbücherei; GRUR 1961, 420 (424 f.) – Cuypers; GRUR 1966, 623 (626) – Kupferberg; GRUR 1981, 60 (62) – Sitex; GRUR 1993, 913 (915) – KOWOG; OLG Jena GRUR-RR 2012, 113 (117) – Musikveranstaltung.

einer deutlichen Verlängerung der für den Erwerb des schutzwürdigen Besitzstandes erforderlichen Dauer.[449]

173 Ein **Besitzstand,** der erst **nach** Einschreiten des Berechtigten (durch **Abmahnung** oder Klageerhebung) entstanden ist, hat als Unterfall der Bösgläubigkeit grundsätzlich **außer Betracht** zu bleiben.[450] Allerdings ist nicht ausgeschlossen, dass auch nach einer Abmahnung als Ergebnis einer Interessenabwägung, in die eine allfällige schwache, zögerliche oder unentschlossene Haltung und Reaktion des Gläubigers einzustellen ist, mit der Zeit nach und nach eine neue Redlichkeit auf Seiten des Schuldners entsteht.[451] Es bleibt aber dabei, dass der Schuldner aus dem Verhalten des Gläubigers den Schluss ziehen können muss, der Gläubiger habe sich mit der Beeinträchtigung seiner Position abgefunden. Hierfür gilt einschränkend: Bleibt der Gläubiger **nach** einer ersten **Abmahnung** längere Zeit **untätig,** kann ein schutzwürdiger Besitzstand nach Verstreichen einer angemessenen Überlegungsfrist innerhalb eines überschaubaren Zeitraums allenfalls dann entstehen, wenn der Schuldner die geltend gemachten Ansprüche mit einer in sich schlüssigen tatsächlichen und rechtlichen Argumentation zurückweist, die nicht ersichtlich höchstrichterlicher Rspr. widerspricht, und der Schuldner infolgedessen darauf vertrauen kann, dass die geltend gemachten Ansprüche nicht durchgesetzt werden.[452]

174 **(β) Allgemeininteressen.** Ein Besitzstand ist ferner nicht schutzwürdig, wenn Interessen der Allgemeinheit entgegenstehen; so ist idR das Interesse der Allgemeinheit, vor Irreführung bewahrt zu werden, grundsätzlich vorrangig[453] (zur Interessenabwägung und zu den Grenzen der Verwirkung allgemein → Rn. 165 f.). An **unwahren Behauptungen** kann niemals ein schutzwürdiger Besitzstand entstehen (näher → Rn. 166).

175 **cc) Darlegungs- und Beweislast.** Die **Darlegungs- und Beweislast** für den schutzwürdigen Besitzstand obliegt dem **Schuldner.**[454] Trägt dieser einen Besitzstand schlüssig vor, wobei ihm etwa bei langjähriger Benutzung einer Kennzeichnung zugute kommt, dass nach der Lebenserfahrung in einem solchen Fall ein schutzwürdiger Besitzstand nahe liegt,[455] hat das Gericht auf etwaige Substantiierungsmängel hinsichtlich einzelner für die Beurteilung der Schutzwürdigkeit des Besitzstandes maßgeblichen Umstände hinzuweisen (§ 139 ZPO).[456]

176 **c) Interessenabwägung.** Die Entscheidung über die Verwirkung erfordert eine umfassende Abwägung der beiderseitigen Interessen.[457] Die einzelnen für die Voraussetzungen des Verwirkungseinwandes bedeutsamen Umstände stehen in einer **Wechselwirkungsbeziehung** und sind in einer Gesamtschau zu würdigen und gegeneinander abzuwägen.[458] Es ist zu prüfen, ob die zeitlichen und sonstigen Umstände des Falles **in ihrer Gesamtheit** die Beurteilung tragen, dass Treu und Glauben dem Gläubiger die Verfolgung des Anspruchs verwehren, mit dessen Geltendmachung der Schuldner nicht (mehr) rechnen musste, oder ob unter Abwägung aller Umstände dem Verletzer zugemutet werden kann,

449 BGH GRUR 1993, 913 (914) – KOWOG; GRUR 2013, 1161 Rn. 29 – Hard Rock Cafe.

450 BGH GRUR 1966, 427 (430) – Prince Albert; GRUR 2004, 783 (785) – NEURO-VIBOLEX/NEURO-FIBRAFLEX.

451 OLG Frankfurt a. M. 6.2.1992 – 6 U 169/90 – Menger-Krug.

452 Vgl. BGH GRUR 1963, 478 (480) – Bleiarbeiter; *Neu* S. 90.

453 BGH GRUR 1985, 140 (141 f.) – Größtes Teppichhaus der Welt.

454 Vgl. RG GRUR 1934, 464 (468) – Presto/Cito; GRUR 1941, 475 (476 f.) – Lindbergh; BGH GRUR 1988, 776 (777) – PPC; GRUR 1993, 576 (578) – Datatel; GRUR 2008, 1104 Rn. 33 – Haus & Grund II.

455 BGH GRUR 1992, 45 (48) – Cranpool; GRUR 1993, 913 (915) – KOWOG; OLG München NJWE-WettbR 1996, 180 (182) – aliseo.

456 BGH GRUR 1990, 1042 (1047) – Datacolor.

457 BGH GRUR 1957, 25 (28) – Hausbücherei; GRUR 1975, 434 (437) – BOUCHET; GRUR 1981, 60 (63) – Sitex; GRUR 1988, 776 (777) – PPC; MüKoUWG/*Fritzsche* § 11 Rn. 358; *Klaka* GRUR 1994, 321 (328, 330); *Köhler*/Bornkamm/Feddersen § 11 Rn. 2.18, 2.29.

458 BGH GRUR 1992, 45 (48) – Cranpool; GRUR 1993, 151 (154) – Universitätsemblem; GRUR 1993, 913 (915) – KOWOG; GRUR 2001, 323 (327) – Temperaturwächter; *Ohly*/Sosnitza § 8 Rn. 179.

den Ansprüchen des Verletzten gleichwohl nachzukommen.[459] Wechselwirkung bedeutet, dass ein Weniger auf der einen Seite durch ein Mehr auf der anderen ausgeglichen werden kann.[460] Daraus folgt beispielsweise, dass an den Umfang und die Bedeutung eines Besitzstandes um so geringere Anforderungen zu stellen sind, je schutzwürdiger das Vertrauen des Verletzers in seine Berechtigung ist,[461] etwa bei einem längeren Untätigbleiben des Gläubigers. Umgekehrt kann auch ein kürzerer Zeitraum des Untätigseins ausreichend sein, je größer das Ausmaß und das Gewicht des erworbenen und schutzwürdigen Besitzstandes sind.[462] Je weniger redlich der Verletzer gehandelt hat, dh je weniger sein Eingriff in das fremde Recht entschuldbar oder verständlich erscheint, desto strenger müssen die Anforderungen an die sonstigen Voraussetzungen der Verwirkung sein.[463]

4. Grenzen der Verwirkung. a) Belange der Allgemeinheit. Der auf § 242 BGB beruhende Einwand der Verwirkung ist seinen Voraussetzungen nach auf das Zweipersonenverhältnis zwischen Verletzer und Verletztem zugeschnitten.[464] Er kann grundsätzlich nur gegenüber Ansprüchen erhoben werden, mit denen allein **individuelle Interessen** verfolgt werden (zB § 4; früher §§ 17–19 UWG aF); er ist dagegen nach nahezu einhelliger Ansicht **ausgeschlossen,** wenn es um **Belange der Allgemeinheit** geht.[465] 177

Auf das **Irreführungsverbot** (§ 5 Abs. 1 und 2) gestützte Ansprüche unterliegen somit grundsätzlich nicht der Verwirkung.[466] Begründen lässt sich dies damit, dass im Falle einer irreführenden Werbung oder Zeichenführung kein schützenswerter Besitzstand im Sinne eines zu erhaltenden wirtschaftlichen Wertes entsteht und es deshalb an der Kernvoraussetzung des Verwirkungstatbestandes fehlt.[467] Gegen Ansprüche, die auf einen **Verstoß gegen die Informationspflichten** des § 5a gestützt werden, kann keine Verwirkung geltend gemacht werden, weil die Informationspflichten im Allgemeininteresse bestehen. Das Gleiche gilt für Ansprüche aus § 3a in Verbindung mit solchen Rechtsvorschriften, die dem Schutz der Allgemeinheit dienen, so zB dem Schutz vor Irreführung,[468] etwa bei gesundheitsbezogener Werbung.[469] Auch bei **aggressiven geschäftlichen Handlungen** gem. § 4a und **unzumutbaren Belästigungen** gem. § 7 ist eine **Verwirkung nicht möglich.** 178

Die Regelungen zur **vergleichenden Werbung** in § 6 dienen sowohl den Individualinteressen des betroffenen Mitbewerbers wie dem – zumeist gegenläufigen – Allgemeininteresse an Markttransparenz. Weil Allgemeininteressen also zumindest mitbetroffen sind, greift auch hier die Verwirkung nicht. 179

---

459 BGH GRUR 1975, 434 (437) – BOUCHET; GRUR 2001, 323 (327) – Temperaturwächter.

460 Vgl. *Fritzsche* S. 516 f.

461 BGH GRUR 1992, 45 (48) – Cranpool.

462 BGH GRUR 1990, 1042 (1047) – Datacolor.

463 BGH GRUR 1963, 478 (481) – Bleiarbeiter; GRUR 1967, 490 (494) – Pudelzeichen; GRUR 1975, 434 (437) – BOUCHET.

464 *Ohly*/Sosnitza § 8 Rn. 180.

465 RG GRUR 1943, 345 (348) – Goldsonne; RGZ 171, 159 (164) – Standard; BGH GRUR 1951, 577 (581) – Fischermännchen-Zwilling-Illing; GRUR 1957, 285 (287) – Erstes Kulmbacher; GRUR 1985, 930 (931) – JUS-Steuerberatungsgesellschaft; GRUR 1991, 848 (850) – Rheumalind II; GRUR 1994, 844 (846) – Rotes Kreuz; GRUR 2002, 550 (554) – Elternbriefe; *Büscher* in Fezer/Büscher/Obergfell § 8 Rn. 358; *Fritzsche* S. 525 f.; GroßKommUWG/*Paal* § 8 Rn. 330; aA *Schütz* GRUR 1982, 526 (531).

466 RG MuW XXXI, 624 (625) – Kaffee Hag; BGH GRUR 1966, 267 (271) – White Horse; GRUR 1985, 140 (141) – Größtes Teppichhaus der Welt; GRUR 1985, 930 (931) – JUS-Steuerberatungsgesellschaft; GRUR 1986, 903 (904) – Küchencenter; WRP 2003, 640 (642) – Gemeinnützige Wohnungsbaugesellschaft; GRUR 2003, 628 (630) – Klosterbrauerei; *Bornkamm* FS Loschelder, 2010, 31 (40 f.); MüKoUWG/*Fritzsche* § 11 Rn. 372; aA BGH GRUR 2013, 1161 Rn. 79, 81 – Hard Rock Cafe für Ansprüche gestützt auf § 5 Abs. 2: Verwirkung soll in Betracht kommen bei ei der Irreführung über die betriebliche Herkunft, um Wertungswidersprüche zum Markenrecht zu vermeiden; ebenso BGH GRUR 2016, 965 Rn. 23 – Baumann II; Büscher/*Büscher* § 5 Rn. 105; *Büscher* in Fezer/Büscher/Obergfell § 8 Rn. 358; hiergegen *Goldmann* GRUR 2017, 657 (659); Kur/*Weiler* MarkenG § 2 Rn. 10.

467 RG MuW XXXI, 624 (625) – Kaffee Hag; GRUR 1933, 246 (248) – Deutsche Beamtenbuchhandlung.

468 BGH GRUR 1985, 930 (931) – JUS-Steuerberatungsgesellschaft.

469 BGH GRUR 1980, 797 (799) – Topfit-Boonekamp; GRUR 1991, 848 (850) – Rheumalind II.

180 **b) Subsidiarität der Verwirkung.** Für die Anwendung der Verwirkung ist außer ihrem Ausnahmecharakter auch der Grundsatz der Subsidiarität zu beachten. Eine Unzulässigkeit der Rechtsausübung kann erst dann in Frage kommen, wenn das Bestehen des Anspruchs oder des sonst geltend gemachten Rechts festgestellt ist. Alle Fragen, die Bestand und Umfang des Anspruchs oder des Rechts „an sich" berühren, gehören nicht in die Verwirkung hinein.[470] Die Verwirkung muss deshalb von ähnlichen, aber dennoch „verwirkungsfremden" Gesichtspunkten deutlich getrennt werden. Das ist gerade im Wettbewerbs- und Kennzeichenrecht wichtig, weil hier der Zeitablauf unterschiedliche Auswirkungen bereits auf die Frage haben kann, ob ein Verwechslung- oder Irreführungstatbestand überhaupt vorliegt.[471]

181 Von der Verwirkung **zu unterscheiden** ist die Konstellation, dass infolge einer langen und unangefochtenen Benutzung einer an sich irreführenden Bezeichnung die tatbestandlichen Voraussetzungen des § 5 oder anderer Irreführungstatbestände entfallen sind,[472] etwa weil der Verkehr der ursprünglich einmal irreführenden Bezeichnung **keine Sachaussage mehr** entnimmt[473] oder weil ein **Bedeutungswandel** stattgefunden hat.[474] Hierher gehören auch die Fälle, in denen sich der Verkehr mit der Zeit daran gewöhnt hat, dass zahlreiche Nachahmungen eines sehr bekannten Produkts auf dem Markt sind, so dass er auf Unterscheidungsmerkmale achtet und deshalb kaum noch einer Herkunftstäuschung unterliegen wird,[475] oder wo der Verkehr gar nicht mehr zwischen Kopie und Original unterscheiden kann, sondern nur noch einen bestimmten Produkttyp wahrnimmt.[476]

182 Wieder andere Konstellationen sind betroffen, wo das **Allgemeininteresse** an der Verhinderung einer Irreführung wegen einer nur geringen Irreführungsgefahr mit der Zeit so weit **geschwunden** ist, dass es ausnahmsweise gegenüber besonderen Belangen, etwa einem zwischenzeitlich erworbenen rechtserheblichen Besitzstand[477] oder dem Interesse, eine nützliche technische Innovation einzusetzen,[478] auf Grund einer Interessenabwägung unter Berücksichtigung des Verhältnismäßigkeitsgrundsatzes zurückzutreten hat.[479]

183 **5. Rechtsfolgen. a) Einwendung.** Die Verwirkung ergibt eine **rechtsbeschränkende** (rechtshemmende) **Einwendung** gegen einen bestimmten Anspruch oder ein sonstiges Recht. Der Anspruch bzw. das Recht wird nicht beseitigt, sondern **besteht weiter** und kann theoretisch wieder geltend gemacht werden, wenn die Voraussetzungen der Verwirkung wegfallen, zB das Bestehen eines schutzwürdigen Besitzstandes bei einem Unterlassungsanspruch.[480] Ein Verwirkungstatbestand im Verhältnis zu einem Gesamtschuldner berührt für sich allein nicht den Anspruch des Gläubigers gegenüber einem anderen Gesamtschuldner (§ 425 BGB).[481] Wo mehrere Schuldner selbständig haften, wie bei Unterlassungsansprüchen,[482] gilt dies ohnehin.

184 Stehen einem **Gläubiger mehrere Arten von Ansprüchen** zu (zB Unterlassungsanspruch, Beseitigungsanspruch, Schadensersatzanspruch und/oder Bereicherungs-

[470] *Siebert* S. 215 f., 249.
[471] *Siebert* S. 215.
[472] BGH GRUR 1957, 285 (287) – Erstes Kulmbacher; *Köhler*/Bornkamm/Feddersen § 11 Rn. 2.34.
[473] BGH GRUR 1957, 285 (287) – Erstes Kulmbacher; *Siebert* S. 315.
[474] *Siebert* S. 215.
[475] Vgl. BGH GRUR 2007, 795 Rn. 39 – Handtaschen.
[476] Vgl. OLG München 22.5.2003 – 29 U 1505/03 – Kelly Bag.
[477] BGH GRUR 1952, 577 (581) – Fischermännchen-Zwilling-Illing; GRUR 1977, 159 (161) – Ostfriesische Teegesellschaft; GRUR 1983, 32 (34) – Stangenglas I; GRUR 1985, 930 (931) – JUS-Steuerberatungsgesellschaft; GRUR 2003, 628 (630) – Klosterbrauerei; *Hösl* S. 246 ff.; *Neu* S. 140 ff.
[478] BGH GRUR 1982, 118 (119) – Kippdeckeldose; hierzu *Beater* Rn. 1427.
[479] *Goldmann* GRUR 2017, 657 (660); *Ohly*/Sosnitza § 8 Rn. 180; Kur/*Weiler* MarkenG § 2 Rn. 10.
[480] *Köhler*/Bornkamm/Feddersen § 11 Rn. 2.35; *Ohly*/Sosnitza § 8 Rn. 181; GroßKommUWG/*Paal* § 9 Rn. 289; *Siebert* S. 175; krit. und differenzierend MüKoUWG/*Fritzsche* § 11 Rn. 364 ff.
[481] BGH NJW-RR 2002, 478 (479) – Vermögensübernahme.
[482] Vgl. → § 8 Rn. 618.

anspruch), so sind die Voraussetzungen der Verwirkung **für jeden gesondert** festzustellen.[483] Die Prüfung kann dabei zu abweichenden Ergebnissen führen, etwa weil die Voraussetzungen wie beim Unterlassungsanspruch (Besitzstandserfordernis) und Schadensersatzanspruch (kein Besitzstand) unterschiedlich sind. Welche Ansprüche verwirkt sind, hängt ferner vom Umfang des die Verwirkung begründenden Sachverhalts ab. So kann ein Vertrauen auf ein Recht zur Benutzung einer Kennzeichnung unter Verwirkungsgesichtspunkten nicht die Eintragung dieser Kennzeichnung rechtfertigen.[484]

b) Besonderheiten beim Unterlassungsanspruch. aa) Wiederholte gleichartige 185 **Verletzungshandlungen.** Die Verwirkung des Unterlassungsanspruchs ist nach der Rspr. des BGH jeweils auf einen konkreten Unterlassungsanspruch bezogen. Dabei muss nach der neueren Rspr. **zwischen Dauerhandlungen** und **wiederholten, gleichartigen Verletzungshandlungen unterschieden** werden. Für Marken- und Kennzeichenrechte gilt dabei nach den BGH-Urteilen in den Fällen *„Honda-Grauimport"*[485], *„Hard Rock Cafe"*[486] und *„ConText"*[487] sowie nach der absolut vorherrschenden Ansicht im Schrifttum[488] und in der Instanzrechtsprechung[489] folgendes:

Bei **wiederholten gleichartigen Verletzungshandlungen** lässt jede Verletzungshand- 186 lung (zB jeder Verkauf einer das Zeichenrecht verletzenden Ware) einen **neuen Unterlassungsanspruch entstehen.**[490] Auch längere Untätigkeit des Zeicheninhabers gegenüber bestimmten gleichartigen Verletzungshandlungen soll kein berechtigtes Vertrauen eines Verletzers dahingehend begründen können, der Zeicheninhaber dulde auch künftig sein Verhalten und werde weiterhin nicht gegen solche – jeweils neuen – Rechtsverletzungen vorgehen.[491] Rechtsfolge der allgemeinen Verwirkung auf der Grundlage des § 242 BGB soll allein sein, dass ein Zeicheninhaber seine Rechte im Hinblick auf bestimmte konkrete, bereits begangene oder noch andauernde Rechtsverletzungen nicht mehr durchzusetzen vermag. Jedes Angebot und jeder Verkauf eines rechtsverletzenden Artikels, jede neue Werbung und jeder neue Internetauftritt sollen für die Frage der Verwirkung daher gesondert zu betrachten sein.[492] Durch jede Verletzung wird ein gesonderter Unterlassungsanspruch begründet, der jeweils selbständig auf eine Verwirkung hin zu untersuchen sein soll.[493] Ein Freibrief für künftige neue, sukzessive Schutzrechtsverletzungen ist mit der Verwirkung nach Ansicht des BGH insoweit nicht verbunden.[494] In der Praxis wird es jedenfalls mit Blick auf die zuletzt begründeten Ansprüche regelmäßig am Zeitmoment, also am Verstreichen einer längeren Zeitspanne, fehlen. Damit ist die Verwirkung des Unterlassungsanspruchs gegen sich wiederholende gleichartige Verletzungshandlungen im Ergebnis ausgeschlossen.

---

[483] BGH GRUR 1966, 427 (432) – Prince Albert; GRUR 1969, 604 (697) – Brillant; GRUR 1970, 315 (319) – Napoleon III; GRUR 1988, 776 (778) – PPC; GRUR 2001, 323 (325) – Temperaturwächter; Teplitzky/*Bacher* Kap. 17 Rn. 25; *Köhler*/Bornkamm/Feddersen § 11 Rn. 2.13; *Ohly*/Sosnitza § 8 Rn. 181; *Neu* S. 151 f.; *Siebert* S. 209.

[484] BGH GRUR 1969, 694 (697) – Brillant; GRUR 1992, 45 (47) – Cranpool.

[485] BGH GRUR 2012, 928 – Honda-Grauimport.

[486] BGH GRUR 2013, 1161 – Hard Rock Cafe.

[487] BGH GRUR 2016, 705 Rn. 50 – ConText.

[488] Teplitzky/*Bacher* Kap. 17 Rn. 3b f., 24; *Köhler*/Bornkamm/Feddersen § 11 Rn. 2.14; GroßKommUWG/*Paal* § 11 Rn. 293 ff.

[489] OLG Hamburg 30.1.2020 – 5 U 179/18 – Marco Polo Tee; LG Hamburg 25.9.2018 – 312 O 630/15 – Culture.

[490] BGH GRUR 2012, 928 Rn. 22 f. – Honda-Grauimport; GRUR 2013, 1161 Rn. 21 – Hard Rock Cafe.

[491] BGH GRUR 2012, 928 Rn. 23 – Honda-Grauimport; GRUR 2013, 1161 Rn. 21 – Hard Rock Cafe.

[492] BGH GRUR 2012, 928 Rn. 23 – Honda-Grauimport; GRUR 2013, 1161 Rn. 21 – Hard Rock Cafe; GRUR 2016, 705 Rn. 50 – ConText.

[493] BGH GRUR 2012, 928 Rn. 23 – Honda-Grauimport; GRUR 2013, 1161 Rn. 21 – Hard Rock Cafe; GRUR 2016, 705 Rn. 50 – ConText.

[494] BGH GRUR 2012, 928 Rn. 23 – Honda-Grauimport.

187 **bb) Dauerhandlungen.** Bei bis in die Gegenwart reichenden **Dauerhandlungen** wird demgegenüber, ohne dass es einzelner neuer Handlungen bedarf, das Recht kontinuierlich verletzt.[495] Eine Dauerhandlung ist eine Handlung, die in der Vergangenheit einen Störungszustand geschaffen hat, der durch die fortdauernde Geschäftstätigkeit aufrechterhalten wird, wodurch das geschützte Recht ununterbrochen und fortlaufend verletzt wird (*Schulz* → § 11 Rn. 72 ff.)[496] Dauerhandlungen sind etwa die Nutzung eines Zeichens als Firma, als besondere Geschäftsbezeichnung,[497] als Geschäftsabzeichen[498] oder als Domainname.[499] Der Unterlassungsanspruch beginnt mit Beginn der Zuwiderhandlung. Hier ist Verwirkung in der Praxis noch möglich.[500] Tritt hier Verwirkung ein, deckt der erworbene schutzwürdige Besitzstand auch die **Fortführung** dieser Benutzung in der Zukunft.[501]

188 **cc) Übertragbarkeit auf das UWG.** Die referierte Rspr. des BGH zu Marken und Kennzeichen kann – wenn man ihr grundsätzlich folgt – ohne weiteres auf das UWG übertragen werden.[502] Der BGH hat dies in der Entscheidung *„Hard Rock Cafe"* – in Rede stand ein Anspruch aus §§ 8, 3, 5 Abs. 1 S. 1 und Abs. 2 (bei dem aber wegen Verletzung von Allgemeininteressen eine Verwirkung von vornherein überhaupt nicht in Betracht kommen sollte,[503] hierzu → Rn. 177 ff.) – auch konsequent getan, weil sich die Wertungen hier wie dort entsprechen sollen.[504] Auch bei UWG-Verstößen lässt sich zwischen wiederholten bzw. gleichartigen Verletzungshandlungen einerseits und Dauerhandlungen andererseits unterscheiden. Zu den wiederholten bzw. gleichartigen Handlungen gehört etwa die Vermarktung nachgeahmter[505] oder irreführend etikettierter Gegenstände.[506] Als Dauerhandlung zu qualifizieren wäre etwa der Betrieb eines Restaurants, dessen Einrichtung eine Nachahmung einer wettbewerblich eigenartigen Einrichtung eines anderen Restaurants darstellt.[507]

189 **dd) Kritik.** Die **Unterscheidung** von Dauerhandlungen einerseits und sich wiederholenden gleichartigen Handlungen andererseits ist für das Rechtsinstitut der Verwirkung allerdings ganz grundsätzlich **nicht sachgerecht** und entschieden abzulehnen.[508] Zwar lässt jede selbständige Verletzungshandlung einen neuen Unterlassungs- und Schadensersatzanspruch entstehen.[509] Das hat jedoch nicht zur Folge, dass nur bei einem längeren Untätigbleiben des Anspruchsberechtigten nach Entstehen des jeweils neuen Anspruchs dessen Verwirkung in Betracht käme.

190 **Gegenstand** der Verwirkung ist im Unterschied zur Verjährung nämlich **nicht** der **individuelle Unterlassungsanspruch,** sondern das Recht bzw. die **geschützte Rechtsposition,** bei deren Verletzung sich Unterlassungsansprüche ergeben.[510] Die Verwirkung

495 *Goldmann,* Unternehmenskennzeichen, § 19 Rn. 865.

496 *Alexander-Katz* S. 22.

497 BGH GRUR 2013, 1161 Rn. 79, 81 – Hard Rock Cafe.

498 Vgl. BGH GRUR 2013, 1161 Rn. 30 – Hard Rock Cafe.

499 BGH GRUR 2013, 1161 Rn. 22 – Hard Rock Cafe.

500 BGH GRUR 2013, 1161 Rn. 29 – Hard Rock Cafe; LG Düsseldorf 6.11.2014 – 14c O 141/13 – Candice Cooper.

501 BGH GRUR 2013, 1161 Rn. 29 – Hard Rock Cafe.

502 LG Düsseldorf 6.11.2014 – 14c O 141/13 – Candice Cooper; *Köhler*/Bornkamm/Feddersen § 11 Rn. 2.14; GroßKommUWG/*Paal* § 9 Rn. 293.

503 *Goldmann* GRUR 2017, 657 (660).

504 BGH GRUR 2013, 1161 Rn. 79, 81 – Hard Rock Cafe.

505 LG Düsseldorf 6.11.2014 – 14c O 141/13 – Candice Cooper.

506 BGH GRUR 2013, 1161 Rn. 79 – Hard Rock Cafe.

507 Zu einer solchen Konstellation vgl. LG Münster 21.4.2010 – 21 O 36/10 – Vapiano; krit. zur Einordnung als Fall des Nachahmungsschutzes *Goldmann* MarkenR 2015, 8 (18 f.).

508 Ausf. *Goldmann,* Unternehmenskennzeichen, § 19 Rn. 980 ff.; *Goldmann* GRUR 2017, 657 (660 ff.); in der Sache ebenso Kur/*Goldmann* MarkenG § 21 Rn. 25.1; *Krüger* WRP 2016, 1214 ff. und neuerdings Ströbele/Hacker/*Thiering* MarkenG § 21 Rn. 50.

509 RGZ 80, 436 (438) – G. & Co. Beerdigungsinstitut; BGH GRUR 1984, 820 (822) – Intermarkt II; GRUR 2013, 1161 Rn. 21, 81 – Hard Rock Cafe; GRUR 2016, 705 Rn. 50 – ConText.

510 *Baumbach/Hefermehl* Einl. Rn. 442; *Callmann* § 1 Rn. 46; MüKoUWG/*Fritzsche* § 11 Rn. 295; *Schluep* S. 210; *Siebert* S. 167, 191 f.; aA GroßKommUWG/*Paal* § 11 Rn. 292.

bezieht sich im Marken- und Wettbewerbsrecht **allgemein** auf die **Ausübung der** aus einem subjektiven Recht oder einer geschützten Rechtsposition **Rechtsmacht zum Verbot** gegenüber einem bestimmten Verletzer und nicht auf den nachgeordneten Gesichtspunkt der Realisierung individueller, ggf. zu unterschiedlichen Zeitpunkten entstehender Unterlassungsansprüche.[511] Die aus Treu und Glauben folgende **Unzulässigkeit der Rechtsausübung** führt im Verhältnis zu einem bestimmten Verletzer zu einem „relativen Rechtsverlust"[512] bzw. einem „partiellen Rechtsverlust".[513] Das Recht ist in seinem Wert durch die Einbußen vermindert, die der Besitzstand des Verletzers hervorruft. Dem relativen Rechtsverlust des Rechtsinhabers steht im Verhältnis zu diesem ein Rechtsgewinn des Verletzers gegenüber.[514] Die Folge ist eine dauerhafte Koexistenz.[515] Wie der **BGH** „jedes Angebot und jeden Verkauf eines rechtsverletzenden Artikels … gesondert zu betrachten",[516] wird dem nicht gerecht, sondern **vermengt die** beiden **gegensätzlichen Rechtsinstitute** der Verjährung und der Verwirkung. Die Differenzierung des BGH zwischen Dauerhandlungen und wiederholten gleichartigen Handlungen wirkt gekünstelt und leuchtet nicht ein. Wieso soll zB der Wirt einer Gaststätte, der lange Jahre eine rechtsverletzende Geschäftsbezeichnung geführt hat, diese weiterhin als Wirtshausschild nutzen dürfen, aber von Tellern, Gläsern oder Tüten für Essenslieferungen entfernen müssen?[517]

Die apodiktische Behauptung des BGH, dass ein berechtigtes Vertrauen allenfalls bei 191
Dauerhandlungen entstehen könne, aber auch eine längere Untätigkeit des Rechtsinhabers gegenüber wiederholten **gleichartigen Verletzungshandlungen** keinen Besitzstand und kein berechtigtes Vertrauen eines Verletzers dahingehend begründen könne, der Rechtsinhaber dulde auch künftig sein Verhalten und werde weiterhin nicht gegen solche – jeweils neuen – Rechtsverletzungen vorgehen.[518] Diese pauschale Wertung widerspricht den Grundwertungen des Rechtsinstituts der Verwirkung, wie es in einer 80-jährigen in sich geschlossenen Rechtsprechungslinie kontinuierlich entwickelt und ausgebaut wurde.[519] Die **Verwirkung zielt** nämlich **gerade auf solche Fälle,** die durch die unzulänglichen Verjährungsvorschriften nicht befriedigend gelöst werden konnten und die der BGH heute durch Entzug des Vertrauensschutzes faktisch von der Verwirkung ausnehmen möchte (→ Rn. 186).[520] Typischer Fall eines schutzwürdigen Besitzstands ist gerade die Aufbringung eines Kennzeichens an der Ware selbst.[521] Hierfür gibt es zahlreiche Beispiele aus der höchstrichterlichen Rspr.[522]

Der Schuldner soll darauf vertrauen dürfen, dass er Umsatzanteile, die er mit rechts- 192
verletzenden Waren erzielt, vom Gläubiger auch künftig nicht entzogen bekommt.[523] Geschützt wird durch die Verwirkung nach dem hierfür vorausgesetzten Zeitablauf *„das*

---

[511] *Baumbach/Hefermehl* Einl. Rn. 442; *Bußmann* S. 279; *Callmann* § 1 Rn. 46; MüKoUWG/*Fritzsche* § 11 Rn. 295 f.; *Fritzsche* S. 521 f.; *Goldmann* GRUR 2017, 657 (661); *Hamburger* S. 91; *Neu* S. 206; *Ruge* S. 29; *Schluep* S. 210; aA GroßKommUWG/*Paal* § 11 Rn. 292.

[512] *Callmann* § 1 Rn. 46; *Ruge* S. 29; ähnlich *Schluep* S. 210: „relative Unwirksamkeit" der geschützten Rechtsposition gegenüber dem Inhaber des wertvollen Besitzstands mit Folge einer Koexistenzlage.

[513] *Siebert* S. 211.

[514] *Callmann* § 1 Rn. 46; *Goldmann* GRUR 2017, 657 (661); *Ruge* S. 29.

[515] *Bußmann* S. 279; *Goldmann* GRUR 2017, 657 (661); *Ruge* S. 29; *Schluep* S. 210.

[516] BGH GRUR 2013, 1161 Rn. 21 – Hard Rock Cafe.

[517] *Goldmann* GRUR 2017, 657 (661).

[518] So BGH GRUR 2012, 928 Rn. 23 – Honda-Grauimport; GRUR 2013, 1161 Rn. 21, 81 – Hard Rock Cafe.

[519] Nachweise von 1930 bis 2008 bei *Goldmann,* Unternehmenskennzeichen, § 19 Rn. 971 Fn. 2217; zur Entwicklung *Neu* S. 16 ff.; *Ruge* S. 17 ff.

[520] Vgl. *Reimer* Kap. 116 Rn. 1.

[521] *Pastor* Kap. 51 III 1.

[522] RGZ 134, 38 (40 f.) – Hunyadi Janos; BGH GRUR 1963, 478 (481) – Bleiarbeiter; GRUR 1991, 157 (158) – Johanniter-Bier; GRUR 1993, 151 (153 f.) – Universitätsemblem; GRUR 1998, 1034 (1037) – Makalu.

[523] Vgl. BGH GRUR 1993, 151 (154) – Universitätsemblem; GRUR 1998, 1034 (1037) – Makalu; *Reimer* Kap. 116 Rn. 1; *Ruge* S. 40.

dadurch begründete Vertrauen in eine kontinuierliche Weiterverwendung der Kennzeichen" schlechthin,[524] und zwar auch bei wiederholten gleichartigen Verletzungshandlungen.[525] **Sinn der Verwirkung** ist es, eine **wirtschaftliche Existenz,** die sich auf eine Zeichenverletzung gründet, **nicht unbillig zu vernichten** oder zu gefährden. Ob sich diese Existenz auf eine Dauerhandlung oder auf wiederholte gleichartige Handlungen gründet, kann keine Rolle spielen.[526] Denn es gilt heute wie vor 80 Jahren: „daß die Verwirkung auf dem das ganze Wettbewerbsrecht beherrschenden Grundsatz von Treu und Glauben beruht, der der Rechtsverfolgung entgegensteht, wenn sie so spät erfolgt, daß der andere Teil seinen inzwischen mit Mühe und Kosten geschaffenen Besitzstand für einen vom Kläger geduldeten und erlaubten ansehen durfte".[527] Der erforderliche **Duldungsanschein** weist in die Zukunft und **unterscheidet nicht** zwischen Dauerhandlungen und wiederholten gleichartigen Handlungen.[528] Hierauf abgestimmt wird für das Bewertungskriterium des wertvollen Besitzstands von der Rspr. gerade mit Blick auf das Vertrauen in die künftige Fortsetzung der Verletzungshandlungen als „sachlich-wirtschaftlichen Basis für die künftige wirtschaftliche Betätigung des Verletzers" definiert und bewertet.[529] Besonders deutlich wird dies in der Entscheidung *„Universitätsemblem"*. Hier wollte die Universität Heidelberg gestützt auf § 12 BGB analog einem örtlichen Souvenirhändler den Vertrieb von T-Shirts mit dem Universitätssiegel verbieten. Für den Besitzstand und seinen Wert kam es darauf an, ob die künftige Entziehung des auf den Vertrieb der mit dem Siegel gekennzeichneten T-Shirts entfallenden Umsatzanteils eine für den Händler spürbare Einbuße darstellen würde.[530]

193 Auch der vom BGH begründungshalber herangezogene Vergleich mit der Situation beim beendeten Lizenzvertrag,[531] nach dessen Auslaufen der Lizenznehmer jede Benutzungsbefugnis verliert, ist nicht tragfähig. Denn die Situation der Verwirkung ähnelt nicht der eines gegenseitigen Lizenzvertrags, sondern der einer einseitigen Gestattung. Für letztere ist anerkannt, dass der Gestattungsempfänger eigene Rechte und damit eine dauernde Benutzungsbefugnis erwirbt, die er ggf. gegenüber dem Gestattenden durchsetzen kann.[532] Ebenso wie der Empfänger einer einseitigen konkludenten Gestattung gegenüber dem Lizenznehmer bevorzugt wird, ist es gerechtfertigt, auch denjenigen Nutzer (Verletzer, Unterlassungsschuldner) zu bevorzugen, der auf der Basis einer einseitigen Untätigkeit des Rechtsinhabers einen schutzwürdigen Besitzstand aufgebaut hat.[533]

194 Die aus dem Gedanken der unzulässigen Rechtsausübung hergeleitete Einwendung ist also auch und gerade dann begründet, wenn und weil der Gläubiger trotz Wiederholung gleichartiger Verletzungshandlungen über einen längeren Zeitraum untätig geblieben ist. Die Begrenzung der Folgen der Verwirkung im Verhältnis zwischen Gläubiger und Schuldner ergibt sich nicht aus der zeitlichen Staffelung von nacheinander entstehenden Unterlassungsansprüchen aufgrund gleichartiger wiederholter Handlungen, sondern aus der **Funktion der Verwirkung,** dem Schuldner den **Erhalt des *status quo*** zu ermöglichen. Der Gläubiger kann ihn deshalb nicht daran hindern – wie bisher – auch künftig die Verletzungshandlungen vorzunehmen. Ausweiten und intensivieren darf der Schuldner sie freilich nicht.

---

[524] BGH GRUR 1993, 151 (154) – Universitätsemblem.

[525] *Reimer* Kap. 116 Rn. 1.

[526] *Goldmann* GRUR 2017, 657 (662); *Reimer* Kap. 116 Rn. 1; vgl. hierzu auch *v. Godin* § 1 Rn. 282.

[527] RGZ 134, 38 (41) – Hunyadi Janos; BGH GRUR 1988, 776 (778) – PPC; GRUR 1989, 449 (452 f.) – Maritim; GRUR 1993, 151 (153) – Universitätsemblem; OLG München NJWE-WettbR 1996, 180 (182) – aliseo; OLG Köln GRUR-RR 2003, 71 (73) – Fioccini.

[528] *Goldmann* GRUR 2017, 657 (662); *Goldmann,* Unternehmenskennzeichen, § 19 Rn. 985.

[529] BGH GRUR 2001, 323 (325) – Temperaturwächter; ebenso Teplitzky/*Bacher* Kap. 17 Rn. 10; MüKoUWG/*Fritzsche* § 11 Rn. 292; *Köhler*/Bornkamm/Feddersen § 11 Rn. 2.25; GroßKommUWG/*Paal* § 8 Rn. 285.

[530] BGH GRUR 1993, 151 (154) – Universitätsemblem.

[531] BGH GRUR 2012, 928 Rn. 25 – Honda-Grauimport.

[532] BGH GRUR 2013, 1150 Rn. 50 – Baumann I; GRUR 2016, 201 Rn. 31 – Ecosoil.

[533] Kur/*Goldmann* MarkenG § 21 Rn. 25.1; *Goldmann,* Unternehmenskennzeichen, § 19 Rn. 983; *Goldmann* GRUR 2017, 657 (661 f.).

ee) Erhalt des status quo. (a) Grundsatz. Die Verwirkung findet grundsätzlich ihre Grenzen in dem Besitzstand, den sich der Verletzer bis zum Einschreiten des Verletzten geschaffen hat.[534] Es besteht ein **Ausdehnungsverbot.**[535] Es gilt der Satz *„quantum possessum, tantum praescriptum"*.[536] Denn der Einwand, der auf einen im Vertrauen auf die Benutzungsberechtigung geschaffenen schutzwürdigen Besitzstand gegründet ist, darf **nicht** dazu führen, neue **zusätzliche Rechtspositionen** des Benutzers zu **schaffen** und damit die Rechtslage des nach Treu und Glauben nur in bestimmten Grenzen (ausnahmsweise) schutzwürdigen Verletzers über diese Grenzen hinaus zu erweitern.[537] Geringfügige Abweichungen von der bisherigen Benutzung, die sich im Rahmen des begründeten Duldungsanscheins halten, sind aber zulässig.[538] Geringfügige Abweichungen sind solche, die nach den Maßstäben des § 890 ZPO kerngleich sind (hierzu *Goldmann* → § 8 Rn. 155 ff.).[539] 195

(b) Räumlich. In **räumlicher Hinsicht** ist der Schuldner auf dasjenige Gebiet beschränkt, auf dem er den schutzwürdigen Besitzstand erworben hat. Eine räumliche Ausdehnung über diese Grenzen hinaus ist vom Verwirkungseinwand nicht gedeckt.[540] 196

(c) Sachlich. Die Beschränkung auf den erreichten *status quo* gilt auch für das **sachliche Tätigkeitsgebiet.**[541] Wer sich etwa gutgläubig einen Besitzstand zur Belieferung von Bäckereien mit Großpackungen Mehls geschaffen hat, dem muss nicht gestattet werden, auch Endverbraucher mit Kleinpackungen zu beliefern.[542] 197

Ebenso ist die aus der Verwirkung fließende Nutzungsmöglichkeit auf die **Verwendungsart** beschränkt, für die der Besitzstand geschaffen wurde.[543] Wem die Benutzung eines Zeichens wegen Verwirkung gem. § 242 BGB nicht untersagt werden kann, darf dieses Zeichen nicht als Marke anmelden und so seine Position ausdehnen und festigen.[544] Auch die Anmeldung des bislang informell benutzten Zeichens als Firma zum Handelsregister ist von der Verwirkung nicht gedeckt.[545] Dagegen geht die Benutzung eines Zeichens auf dem Lastwagen eines Unternehmens nicht über den Besitzstand hinaus, den sich der Inhaber mit der Benutzung dieses Zeichens als Marke und Unternehmenskennzeichen geschaffen hat.[546] 198

(d) Gestalterisch. In **gestalterischer Hinsicht** beschränkt sich die rechtshindernde Wirkung des Verwirkungseinwands auf die konkrete Form des ursprünglich benutzten Zeichens und auf geringfügige Abwandlungen, sofern diese dem verletzten Kennzeichen nicht noch ähnlicher sind.[547] Im Falle des wettbewerbsrechtlichen Nachahmungsschutzes ist 199

[534] RG GRUR 1943, 345 (348) – Goldsonne; BGH GRUR 1955, 406 (409) – Wickelsterne; GRUR 1969, 694 (697) – Brillant; GRUR 1970, 315 (318) – Napoléon III; WM 1976, 620 (621) – Globetrotter; GRUR 1993, 576 (578) – Datatel; GRUR 2008, 803 Rn. 29 – HEITEC; Teplitzky/*Bacher* Kap. 17 Rn. 23; MüKoUWG/*Fritzsche* § 11 Rn. 369; *Goldmann* GRUR 2017, 657 (663); *Ohly*/Sosnitza § 8 Rn. 181.

[535] *Goldmann* GRUR 2017, 657 (663); *Neu* S. 155.

[536] *Jul. L. Seligsohn* GRUR 1930, 93 (104); *Heydt* GRUR 1951, 182 (186).

[537] BGH GRUR 1993, 576 (578) – Datatel; GRUR 2008, 803 Rn. 29 – HEITEC.

[538] BGH GRUR 1963, 478 (481 f.) – Bleiarbeiter.

[539] *Goldmann* GRUR 2017, 657 (663).

[540] RG GRUR 1943, 345 (348) – Goldsonne; BGH GRUR 1955, 406 (409) – Wickelsterne; *Goldmann,* Unternehmenskennzeichen, § 19 Rn. 1034; *Goldmann* GRUR 2017, 657 (663).

[541] BGH GRUR 1969, 694 (697) – Brillant; GRUR 1970, 315 (318) – Napoléon III; WM 1976, 620 (621) – Globetrotter; näher *Goldmann,* Unternehmenskennzeichen, § 19 Rn. 1032 f. mwN; *Goldmann* GRUR 2017, 657 (663).

[542] BGH GRUR 1969, 694 (697) – Brillant.

[543] RG GRUR 1943, 345 (348) – Goldsonne; BGH GRUR 1963, 478 (481) – Bleiarbeiter; GRUR 1969, 694 (697) – Brillant; GRUR 1992, 45 (47) – Cranpool; GRUR 1993, 576 (578) – Datatel.

[544] RG GRUR 1944, 145 (146) – Robuso/Rubor; BGH GRUR 1969, 694 (697) – Brillant; GRUR 1992, 45 (47) – Cranpool; GRUR 1993, 576 (578) – Datatel.

[545] BGH GRUR 1981, 66 (68) – MAN/G-man; GRUR 1993, 576 (578) – Datatel.

[546] BGH GRUR 1963, 478 (481 f.) – Bleiarbeiter.

[547] BGH GRUR 2008, 803 Rn. 29 – HEITEC.

die rechtshindernde Wirkung auf diejenige **konkrete Produktform** beschränkt, für die der Besitzstand erworben wurde. Auch hier sind geringfügige Abwandlungen möglich, solange sie das nachgeahmte Produkt nicht noch dichter an das Original heranführen.

200 **6. Prozessuales. a) Von Amts wegen zu prüfender Einwand.** Der Einwand der Verwirkung stellt **keine Einrede** iSd bürgerlichen Rechts dar, die der Geltendmachung durch den Schuldner bedürfte. Er ist vielmehr, wenn er mit dem zugrundeliegenden **Sachverhalt ordnungsgemäß vorgetragen ist, wie jeder Einwand aus § 242 BGB** von Amts wegen zu prüfen.[548]

201 **b) Maßgeblicher Zeitpunkt.** Der schutzwürdige Besitzstand muss noch im Zeitpunkt der letzten mündlichen Verhandlung bestehen; sonst entfällt der Verwirkungseinwand.

202 **c) Revisibilität.** Die Bejahung oder Verneinung einer Verwirkung und die Bewertung der in die Gesamtabwägung einzustellenden Elemente – so zB die Bewertung des Besitzstandes[549] – ist grundsätzlich dem Tatrichter vorbehalten, der den ihm zur Begründung des Einwands vorgetragenen Sachverhalt eigenverantwortlich zu würdigen hat. Das Revisionsgericht kann nur nachprüfen, ob der Tatrichter alle erheblichen Gesichtspunkte berücksichtigt hat und die Bewertung dieser Gesichtspunkte von den getroffenen tatsächlichen Feststellungen getragen wird.[550]

VI. Weitere, unter dem Aspekt des Rechtsmissbrauchs aus Treu und Glauben hergeleitete Einwendungen

Schrifttum: *Friehe,* „Unclean hands" und lauterer Wettbewerb, WRP 1987, 439; *Fritze,* Der Einwand des Selbstwiderspruchs, insbesondere i. S. der „unclean hands", und das Allgemeininteresse im Wettbewerbsrecht, WRP 1968, 158; *Hamburger,* Treu und Glauben im Verkehr, 1930; *Kiethe/Groeschke,* Die sittenwidrige Markenanmeldung und die Rechtsschutzmöglichkeiten des § 1 UWG, WRP 1997, 269; *Prölss,* Der Einwand der „unclean hands" im Bürgerlichen Recht sowie im Wettbewerbs- und Warenzeichenrecht, ZHR 132 (1969), 35; *Rudloff/Blochwitz,* Das Recht des Wettbewerbs, 1938; *Siebert,* Verwirkung und Unzulässigkeit der Rechtsausübung. Ein rechtsvergleichender Beitrag zur Lehre von den Schranken der privaten Rechte und zur exceptio doli (§§ 226, 242, 826 BGB), unter besonderer Berücksichtigung des gewerblichen Rechtsschutzes (§ 1 UWG), 1934; *Stier,* Laches und equitable estoppel im U. S.-amerikanischen und Verwirkung im deutschen Patent- und Urheberrecht, 2006; *Traub,* Der Einwand der „unclean hands" gegenüber Folgenbeseitigungsansprüchen, in: FS v. Gamm, 1990, S. 213; *Ulrich,* Der Mißbrauch prozessualer Befugnisse in Wettbewerbssachen, in: FS v. Gamm, 1990, S. 223.

203 **1. Allgemeines. a) Treu und Glauben und UWG.** Der allgemeine Grundsatz, dass eine gegen Treu und Glauben (§ 242 BGB) verstoßende **Rechtsausübung missbräuchlich** und damit unzulässig ist, gilt in der gesamten Rechtsordnung[551] und damit im gesamten Privatrecht,[552] also auch im Wettbewerbsrecht.[553] Da das UWG aber generell (auch) Verbraucherinnen und Verbraucher und sonstige Marktteilnehmer (§ 1 S. 1) und das Interesse der Allgemeinheit an einem unverfälschten Wettbewerb schützt (§ 1 S. 2), vermag der Einwand des Rechtsmissbrauchs im Verhältnis zwischen Anspruchssteller und Anspruchsgegner **nur im Ausnahmefall** durchzugreifen.

204 **b) Interessen Dritter und der Allgemeinheit.** Wie bei der Verwirkung sind also auch bei den anderen in Betracht kommenden Fallgruppen des Rechtsmissbrauchs (zB widersprüchliches Verhalten, missbräuchliches Ausnutzen einer formalen Rechtsposition, eigene

[548] BGH GRUR 1966, 623 (625) – Kupferberg.
[549] RG GRUR 1934, 53 (57) – Valvoline/Valvonit.
[550] RG GRUR 1939, 418 (419 f.) – FiTiWi II; BGH GRUR 1994, 597 (601) – Zerlegevorrichtung für Baumstämme; GRUR 2001, 323 (325) – Temperaturwächter; GRUR-RR 2010, 205 (208) – Haus & Grund IV.
[551] BGHZ 12, 154 (157); BGH NJW 1983, 109 (110).
[552] *Hamburger* S. 10 f.; MüKoBGB/*Schubert* § 242 Rn. 98 ff., *Siebert* S. 122 ff., 125 ff., 151 ff.
[553] RGZ 134, 38 (41) – Hunyadi Janos; Teplitzky/*Bacher* Kap. 19 Rn. 4a, 9; MüKoBGB/*Schubert* § 242 Rn. 107; *Siebert* S. 158 ff., 171.

Unlauterkeit) darauf gestützte Einwendungen, die aus den persönlichen Beziehungen zwischen den Beteiligten hergeleitet werden, **unbeachtlich,** sofern die **Interessen Dritter** oder der **Allgemeinheit** berührt werden.[554] Dies ist vor allem bei irreführenden Verhaltensweisen gem. § 5,[555] beim Vorenthalten von Informationen gem. § 5a,[556] bei aggressiven Geschäftspraktiken gem. § 4a und bei unzumutbaren Belästigungen gem. § 7 der Fall. Es gelten dieselben Kriterien wie bei der Verwirkung, die ebenfalls auf § 242 BGB gestützt wird (→ Rn. 177 ff.).

c) Interessen der Beteiligten. Nur wo es ausschließlich um die Interessen der Beteiligten geht (so zB bei § 4; früher §§ 17–19 UWG aF), kann der Einwand rechtsmissbräuchlichen Verhaltens von Bedeutung sein. Auch bei Streitigkeiten um Ansprüche aus Verträgen sind allein die Interessen der beiden Vertragsteile berührt. 205

2. Missbrauch bei Vertragsstrafen. Deshalb kann die Berufung auf einen **Vertragsstrafeanspruch** ausnahmsweise als unzulässige Rechtsausübung verwehrt sein. Es ist beispielsweise als Verstoß gegen Treu und Glauben angesehen worden, wenn ein Vertragsstrafengläubiger Verstöße „sammelt", um so einen möglichst hohen, wirtschaftlich bedrohlichen Vertragsstrafenbetrag entstehen zu lassen. Denn der Sinn der Vertragsstrafe als Sanktionsmittel besteht nicht darin, den Schuldner in wirtschaftliche Schwierigkeiten zu bringen, sondern ihm frühzeitig bewusst zu machen, dass der Gläubiger auf der Einhaltung der Unterlassungsverpflichtung besteht.[557] 206

Rechtsmissbräuchlich ist die Geltendmachung einer Vertragsstrafe ferner, wenn der vertraglich gesicherte Unterlassungsanspruch dem Gläubiger auf Grund einer erfolgten Gesetzesänderung **unzweifelhaft,** dh ohne weiteres erkennbar, **nicht mehr zusteht.**[558]

3. Unclean hands. a) Begriff und praktische Bedeutung. Mit dem in Wettbewerbsprozessen hin und wieder erhobenen Einwand der *„unclean hands"* bzw. des *„tu quoque"* wirft der Beklagte dem Kläger vor, selbst gleiche oder ähnliche Wettbewerbsverstöße begangen zu haben und zieht daraus den Schluss, der Kläger dürfe deshalb keine Ansprüche geltend machen. Angelehnt ist der Einwand an die Maxime *„He who comes into equity must come with clean hands"* der angelsächsischen *„equity"*-Rechtsprechung. Dort gilt: Der Kläger muss sich gegenüber dem Beklagten in der Vergangenheit grundsätzlich korrekt verhalten haben; seine gerichtliche Anspruchsdurchsetzung darf sich nicht als Krönung eines auch im übrigen illegitimen Vorgehens gegen den Beklagten darstellen.[559] Früher wurde im Schrifttum ganz vereinzelt die Auffassung vertreten, der Einwand der *„unclean hands"* sei stets anzuerkennen[560] oder sei zumindest grundsätzlich beachtlich und greife nur bei einem besonders starken Interesse der Allgemeinheit nicht durch.[561] Der Einwand geistert seit Jahrzehnten durch die Kommentarliteratur – sicherlich auch wegen seiner klangvollen Bezeichnung. Er ist aber eher Vor- als Einwand und hat in der **höchstrichterlichen Rspr. niemals grundsätzliche Anerkennung** erfahren oder durchschlagende praktische Bedeutung erringen können. Man sollte ihn in Frieden ruhen lassen: 207

b) Interessen Dritter und der Allgemeinheit. Von vornherein unbeachtlich ist der Einwand der „unclean hands" beim Irreführungsverbot des § 5[562] und wenn sonstige 208

---

[554] BGH GRUR 1984, 457 (460) – Deutsche Heilpraktikerschaft; KG WRP 2010, 129 (138) – JACKPOT!; Teplitzky/*Bacher* Kap. 19 Rn. 9; *Köhler*/Bornkamm/Feddersen § 11 Rn. 2.39; *Melullis* Rn. 365.

[555] Vgl. BGH GRUR 1984, 457 (460) – Deutsche Heilpraktikerschaft; *Traub* FS v. Gamm, 1990, 213 (215); Teplitzky/*Bacher* Kap. 19 Rn. 7.

[556] OLG München WRP 2011, 1213 (1215) – Identitätsangabe in der Prospektwerbung.

[557] BGH GRUR 1998, 471 (474) – Modenschau im Salvatorkeller.

[558] BGHZ 133, 316 (329) – Altunterwerfung I.

[559] *Stier* S. 51 f.

[560] So *Rudloff/Blochwitz* S. 110.

[561] So *Fritze* WRP 1966, 158 (161); noch weiter gehend *Prölss* ZHR 132 (1969), 35 (74 ff.); *Willemer* WRP 1976, 16 (24); *Friehe* WRP 1987, 439 (442 f.).

[562] OLG Düsseldorf GRUR 2015, 217 (218 f.) – Ostsee-Resort; GRUR-RR 2019, 301 Rn. 56 – Anstalt.

Interessen der Allgemeinheit, der Verbraucher oder Dritter betroffen sind,[563] wie beispielsweise das Interesse der Allgemeinheit an einer eindeutig zutreffenden und Missverständnisse ausschließenden Werbung auf dem Gebiet der Nahrungs- und Genussmittel,[564] die durch die PAngV gewährleistete Preistransparenz,[565] der Schutz vor Spielsucht[566] und der Volksgesundheit[567], das Interesse der Allgemeinheit und insbesondere das Interesse aller sonstigen Amazon-Händler, dass Angebote nur von ihrem ursprünglichen Ersteller oder der von ihm autorisierten Personen abgeändert werden können[568] oder das Interesse des Kunden eines Telekommunikationsdienstleisters, einen Portierungsauftrag nicht ohne seinen Willen vorzunehmen.[569]

209 **c) Interessen der Beteiligten.** Aber auch dort, wo nur die Interessen der beiden Beteiligten aufeinanderprallen, greift der Einwand der „unclean hands" für die wettbewerblichen Abwehransprüche auf Unterlassung und Beseitigung nach jahrzehntelang gefestigter Rspr. und der herrschenden Auffassung in der Literatur grundsätzlich nicht.[570] Die Rspr. stützt sich dabei auf die zutreffende Erwägung, dass unlautere Wettbewerbsmaßnahmen nicht allein deshalb bestehenbleiben können, weil einer oder mehrere Mitbewerber sich ihrer in gleicher oder ähnlicher Weise bedienen.[571]

210 In einigen wenigen älteren Entscheidungen hat der BGH den Einwand, der Kläger verhalte sich gleichfalls wettbewerbswidrig, ausnahmsweise für beachtlich angesehen, wenn sich der Kläger bei **wechselseitiger Abhängigkeit** der **beiderseitigen unlauteren Wettbewerbsmaßnahmen** mit seinem eigenen Handeln in Widerspruch setzen würde.[572] Eine wechselseitige Abhängigkeit ist anzunehmen, wo Kläger und Beklagter im Hinblick auf Zeit, Umfang und Tatmodalität im wesentlichen in gleicher Weise wettbewerbswidrig gehandelt haben. Als Beispiel für die Zulässigkeit des Einwands werden beiderseitige Rabattverstöße angeführt,[573] die freilich seit der Aufhebung des RabattG nur noch im HWG eine Rolle spielen.[574]

211 **d) Kritik.** Daran kann nicht festgehalten werden. Der Gedanke, dass unlauterer Wettbewerb nicht allein deshalb bestehenbleiben darf, weil ein oder mehrere Mitbewerber in gleicher oder ähnlicher Weise handeln, ist von allgemeiner Gültigkeit und duldet im Interesse der Rechtssicherheit keine Ausnahme, auch nicht bei wechselseitig abhängigen, in Umfang, Schwere und Tatmodalität gleichgelagerten und aufeinander bezogenen Verstößen.[575] Ein

---

[563] BGH GRUR 1967, 430 (432) – Grabsteinaufträge I; GRUR 1977, 494 (497) – DERMATEX; KG GRUR 2000, 93 (94) – Diddl-Maus-Kalender; OLG Frankfurt a. M. GRUR-RR 2008, 410 – Ökostrom billiger als Atomstrom; OLG Oldenburg GRUR-RR 2009, 67 (69) – Mehrwochenschein vor Urlaub; OLG Hamm GRUR-RR 2011, 17 (19) – Glücksspielverband; OLG München WRP 2011, 1213 (1215) – Identitätsangabe in der Prospektwerbung; OLG Jena GRUR-RR 2014, 294 – Serviceentgelt; OLG Düsseldorf 27.11.2014 – I-15 U 56/14; LG Düsseldorf 9.8.2017 – 2a O 45/17 – TomTrend; Teplitzky/*Bacher* Kap. 19 Rn. 6; MüKoUWG/*Fritzsche* § 11 Rn. 279; *Melullis* Rn. 365.

[564] BGH GRUR 1977, 494 (497) – DERMATEX.

[565] OLG Jena GRUR-RR 2014, 294 – Serviceentgelt.

[566] OLG Oldenburg GRUR-RR 2009, 67 (69) – Mehrwochenschein vor Urlaub.

[567] OLG Oldenburg GRUR-RR 2009, 67 (69) – Mehrwochenschein vor Urlaub.

[568] LG Düsseldorf 9.8.2017 – 2a O 45/17 – TomTrend.

[569] OLG Düsseldorf 27.11.2014 – I-15 U 56/14.

[570] Vgl. RG GRUR 1944, 88 (89) – Gelonida; BGH GRUR 1956, 270 (273) – Rügenwalder Teewurst; GRUR 1964, 325 f. – Toastschnitten; GRUR 1977, 494 (497) – DERMATEX; OLG Karlsruhe GRUR-RR 2008, 350 – Wildes Plakatieren; Teplitzky/*Bacher* Kap. 19 Rn. 7; zu Recht generell ablehnend *Callmann* S. 107; MüKoUWG/*Fritzsche* § 11 Rn. 282; Ahrens/*Jestaedt* Kap. 24 Rn. 20.

[571] RG GRUR 1944, 88 (89) – Gelonida; BGH GRUR 1967, 430 (432) – Grabsteinaufträge; GRUR 1971, 582 (584) – Kopplung im Kaffeehandel; KG GRUR 2000, 93 (94) – Diddl-Maus-Kalender; ebenso Ahrens/*Jestaedt* Kap. 24 Rn. 20; *Traub* FS v. Gamm, 1990, 213.

[572] BGH GRUR 1957, 23 (24) – Bünder Glas; GRUR 1970, 563 (564) – Beiderseitiger Rabattverstoß; GRUR 1971, 582 (584) – Kopplung im Kaffeehandel.

[573] BGH GRUR 1970, 563 (564) – Beiderseitiger Rabattverstoß.

[574] MüKoUWG/*Fritzsche* § 11 Rn. 280.

[575] OLG Stuttgart NJW-RR 1996, 1515 (1516) – Überkleben fremder Plakate; Ahrens/*Jestaedt* Kap. 24 Rn. 20.

plastisches Beispiel bildet die Entscheidung *„Überkleben fremder Plakate"* des OLG Stuttgart. Hier hatten zwei Plakatkleber wechselseitig immer wieder die Plakate des jeweils anderen überklebt und standen sich deshalb als Kläger und Beklagter gegenüber. Das OLG versagte dem Beklagten die Verteidigung mit der eigenen Unlauterkeit des Klägers mit der zutreffenden Erwägung, dass mit der Versagung des Unterlassungsanspruchs ein Kampfzustand perpetuiert und auf Dauer das Faustrecht regieren würde.[576] Wenn der Kläger wie im Beispielsfall selbst wettbewerbswidrig handelt und genau das tut, was er dem Beklagten verbieten lassen will, steht es dem Beklagten frei, im Wege der Widerklage oder in einem gesonderten Verfahren gegen den Kläger vorzugehen.[577] Freilich wird es bei einer Widerklage oder bei einer gesondert anhängig gemachten Klage häufig im Vergleichswege zu einer wechselseitigen Klagerücknahme kommen. Dies ist aber dann Konsequenz der Parteiherrschaft im Zivilprozess, so dass der Grundsatz von Treu und Glauben nicht überstrapaziert werden muss.

e) Auswirkungen wechselseitiger Unlauterkeit auf die Schadensentstehung. In der älteren Rspr. findet sich der Gedanke, dass ein **Schadensersatzanspruch** und ein diesen vorbereitender Auskunftsanspruch zu verneinen sein kann, wenn Geschädigter und Schädiger im Wesentlichen gleichzeitig und in gleicher Weise und in gleichem Umfang gegen die Regeln des lauteren Wettbewerbs verstoßen haben.[578] Diese Folge wird aber nicht aus dem Gesichtspunkt der *„unclean hands"* hergeleitet, sondern damit begründet, es wirke sich der nach Art und Umfang gleiche Verstoß des Verletzers nicht zum Nachteil des Verletzten aus, wenn sich dieser selbst in unzulässiger Weise einen Vorsprung vor anderen Mitbewerbern verschaffe; zumindest erscheine ein Schadenseintritt unwahrscheinlich.[579] Es geht also nicht um die Frage eines Rechtsmissbrauchs, sondern um die Feststellung bzw. Berechnung des Schadens. Bei im Umfang nicht gleichen Verstößen ist dieser Schluss ohnehin nicht gerechtfertigt.[580] 212

4. Missbräuchliches Ausnutzen einer formalen Rechtsposition. a) Illegitime Sperrabsicht. Insbesondere im Kennzeichenrecht ist anerkannt, dass die Berufung auf eine nur formale Rechtsstellung den Grundsätzen von Treu und Glauben widersprechen und daher rechtsmissbräuchlich sein kann [581] Die Ausnutzung einer formalen Rechtsstellung ist in der Rspr. als rechtsmissbräuchlich beurteilt worden, wenn sie ohne sachlich gerechtfertigten Grund zur Erreichung einer dem Kennzeichenrecht fremden und regelmäßig zu missbilligenden Zielsetzung erfolgt, die auf eine unlautere Behinderung eines Zeichenbenutzers und auf eine Übernahme oder jedenfalls Störung seines Besitzstandes hinausläuft.[582] 213

So stellt eine **Markenanmeldung** ein wettbewerbsrechtlich verwerfliches Verhalten dar, wenn der Anmelder die mit der Eintragung einer Marke entstehende Sperrwirkung zweckfremd als Mittel des Wettbewerbskampfes einsetzt (→ Rn. 123).[583] Von einer missbräuchlichen Ausnutzung einer formalen Rechtsstellung ist ferner ausgegangen worden, wenn ein Markeninhaber eine Vielzahl von Marken für unterschiedliche Waren oder Dienstleistungen anmeldet, hinsichtlich derer er keinen ernsthaften Benutzungswillen hat, und die Marken im Wesentlichen zu dem Zweck gehortet werden, Dritte, die identische oder ähnliche Bezeichnungen verwenden, mit Unterlassungs- und Schadensersatzansprüchen zu überziehen.[584] Die Anmeldung einer Marke kann auch dann als wettbewerbswidrig zu 214

---

[576] OLG Stuttgart NJW-RR 1996, 1515 (1516) – Überkleben fremder Plakate.

[577] *Callmann* S. 107; MüKoUWG/*Fritzsche* § 11 Rn. 282; Ahrens/*Jestaedt* Kap. 24 Rn. 20; zur Problematik der eigenen Rechtsverfolgung als Reaktion auf fremde („Retourkutsche") vgl. → § 8c Rn. 96 ff.

[578] RG GRUR 1944, 88 (89) – Gelonida; BGH GRUR 1970, 563 (564) – Beiderseitiger Rabattverstoß und aus jüngerer Vergangenheit wieder LG Mannheim 6.12.2005 – 2 O 241/05 – Thermoroll ®.

[579] BGH GRUR 1970, 563 (564) – Beiderseitiger Rabattverstoß; vgl. *Beater* Rn. 2585.

[580] BGH GRUR 1971, 582 (584 f.) – Kopplung im Kaffeehandel.

[581] Vgl. BGH GRUR 1955, 299 (301) – Koma; GRUR 2001, 242 (244) – Classe E.

[582] BGH GRUR 1967, 298 (301) – Modess; GRUR 1980, 110 (112) – TORCH; GRUR 1984, 210 (211) – AROSTAR.

[583] BGH GRUR 2016, 378 (379) – LIQUIDROM mwN.

[584] BGH GRUR 2001, 242 (244) – Classe E; vgl. dazu ferner *Kiethe/Groeschke* WRP 1997, 269 (273).

beurteilen sein, wenn der Anmelder weiß, dass ein identisches oder verwechslungsfähig ähnliches Zeichen im Ausland bereits für zumindest gleichartige Waren benutzt wird, das ausländische Unternehmen die Absicht hat, das Zeichen in absehbarer Zeit auch im Inland zu benutzen, und sich dem Anmelder diese Absicht zumindest aufdrängen musste.[585] Die Absicht der wettbewerbswidrigen Behinderung braucht nicht der einzige Beweggrund des Anmelders zu sein; es ist ausreichend, wenn sie das wesentliche Motiv für die Anmeldung darstellt. Deshalb schließt allein die etwaig bestehende Absicht, die angemeldete Marke auch tatsächlich zu benutzen, die Annahme der Behinderungsabsicht nicht zwangsläufig aus.[586] Für die Feststellung der **Behinderungsabsicht** ist eine Gesamtabwägung aller Umstände des Einzelfalls vorzunehmen.[587] Der Erwerb eines älteren Zeichens, um Ansprüche aus einem jüngeren nur abzuwehren, ist grundsätzlich kein zweckfremdes Mittel des Wettbewerbskampfes und daher nicht rechtsmissbräuchlich.[588]

215 **b) dolo agit.** Ob Ansprüchen aus der Marke vor dem Hintergrund ihrer missbräuchlichen Eintragung unmittelbar der Einwand des Rechtsmissbrauchs entgegen gehalten werden kann, ist zweifelhaft In diesen Fällen besteht allerdings unter dem Gesichtspunkt der **gezielten Behinderung** gem. §§ 8, 3, 4 Nr. 4 ein Anspruch auf Unterlassen der Geltendmachung von Ansprüchen aus der eingetragenen Marke sowie ein Löschungsanspruch als Folgenbeseitigungsanspruch.[589] Auf diese Ansprüche lässt sich allerdings dann der Einwand der unzulässigen Rechtsausübung gem. § 242 BGB nach dem Grundsatz *„dolo agit, qui petit, quod statim redditurus est"* stützen. Dieser Einwand findet gegenüber Ansprüchen aus Markenrecht uneingeschränkt Anwendung.[590]

216 **5. Widersprüchliches Verhalten.** Rechtsmissbräuchlich kann über den besonderen Fall der Verwirkung hinaus handeln, wer sich **zu seinem eigenen früheren Verhalten in Widerspruch setzt** *(venire contra factum proprium)*. So kann sich auf eine Schmälerung oder Aushöhlung der Verkehrsgeltung der Bezeichnung eines anderen gem. § 242 BGB nicht berufen, wer sie durch rechtswidrige Benutzungshandlungen selbst bewirkt hat.[591] Auch bei vom Kläger **provozierten Wettbewerbsverstößen** kann ein Anspruch gem. § 242 BGB als rechtsmissbräuchlich ausgeschlossen sein.[592]

217 Der bloße **Wechsel in der Rechtsauffassung** oder in dem Vortrag zu einer Rechtsfrage kann für sich allein aber noch nicht den Vorwurf des Rechtsmissbrauchs begründen, weil der Berechtigte grundsätzlich nicht an einer unter anderen Verhältnissen vertretenen Auffassung festzuhalten braucht.[593] Ein solches Verhalten kann erst dann als rechtsmissbräuchlich gewertet werden, wenn der andere Teil nach den gegebenen Umständen auf eine dem einmal eingenommenen Standpunkt entsprechende gleichbleibende Einstellung und demgemäß auf eine bestimmte Rechtslage vertrauen durfte, sich darauf eingerichtet hat und ihm eine Inanspruchnahme mit einer völlig veränderten rechtlichen Begründung nach Treu und Glauben nicht mehr zugemutet werden kann.[594]

218 Unzulässig sind unter dem Gesichtspunkt des Rechtsmissbrauchs auch **Testkäufe** und sonstige Testgeschäfte, wenn mit ihnen lediglich die Absicht verfolgt wird, den Mitbewer-

[585] BGH GRUR 1969, 607 (609) – Recrin; GRUR 1987, 292 (294) – KLINT; GRUR 2008, 621 Rn. 26 – AKADEMIKS.

[586] BGH GRUR 1986, 74 (76 f.) – Shamrock III; GRUR 2000, 1032 (1034) – EQUI 2000.

[587] BGH GRUR 2008, 621 Rn. 32 – AKADEMIKS; GRUR 2008, 917 (918 f.) Rn. 23 – EROS.

[588] BGH GRUR 2002, 967 (970) – Hotel Adlon.

[589] BGH GRUR 2008, 621 Rn. 20 – AKADEMIKS.

[590] Vgl. RGZ 147, 332 (337) – Aeskulap; BGH GRUR 2001, 242 (244) – Classe E; OLG Hamburg NJWE-WettbR 1999, 202 (204) – Greystone/Creenstone; OLG Koblenz GRUR-RR 2006, 184 (186) – Rosenmondnacht; OLG Hamburg 7.7.2016 – 5 U 23/16 – La Sepia; LG München I ZUM-RD 2007, 498 (503 f.) – ERC Ingolstadt; MüKoBGB/*Schubert* § 242 Rn. 445.

[591] BGH GRUR 1957, 25 (29) – Hausbücherei.

[592] BGH GRUR 2012, 407 Rn. 34 – Delan.

[593] RG JW 1906, 15 (16); Recht 1914 Nr. 2387; BGH GRUR 1957, 499 (503) – Wipp; *Köhler/* Bornkamm/Feddersen § 11 Rn. 2.42.

[594] BGH GRUR 1957, 499 (503) – Wipp; vgl. ferner BGH GRUR 2008, 156 (158 f.) – Aspirin II.

ber „hereinzulegen", oder wenn besondere Mittel, zB besondere Verführungskünste, angewendet werden, um ein unzulässiges Geschäft herbeizuführen.[595]

VII. Rechtsmissbräuchliche Geltendmachung von Abwehransprüchen

Eine **gesetzliche Spezialregelung** des Rechtsmissbrauchs bei der Geltendmachung wettbewerbsrechtlicher Abwehransprüche gem. § 8 Abs. 1 enthält **§ 8c** (dazu die Kommentierung von *Goldmann* zu § 8c). Soweit diese Norm nicht anwendbar ist, kann auf **§ 242 BGB** zurückgegriffen werden (dazu *Goldmann* → § 8c Rn. 29 ff.). 219

VIII. Abwehreinwand

Schrifttum: *Droste,* Abwehr im Wettbewerb, WuW 1954, 507; *Erichsen,* Die Rechtsgrundlage des Einwands der Abwehr im Wettbewerb und die Grenzen seiner Anwendbarkeit unter besonderer Berücksichtigung der höchstrichterlichen Rechtsprechung, GRUR 1958, 425; *Koehne,* Die Zulässigkeit von Abwehrmaßnahmen im Wettbewerbskampf, MuW XXXII, 66; *Sekler,* Systematik der Abwehr im Wettbewerbsrecht, 1939; *Walter,* Das Institut der wettbewerblichen Abwehr, 1986.

1. Begriff, Rechtsgrundlage und praktische Bedeutung der Abwehr. a) Begriff. 220
Hinter dem Begriff der Abwehr steht folgender Zusammenhang: Ein an sich wettbewerbswidriges Verhalten kann nach traditioneller Praxis ausnahmsweise wettbewerbsrechtlich zulässig sein, wenn es gewissermaßen als **„Gegenschlag"** bei Vorliegen eines gegenwärtigen rechtswidrigen Angriffs **(Abwehrlage)** zu dessen Abwehr **(Abwehrzweck)** vorgenommen wird und eine nach Inhalt, Form und Begleitumständen gebotene und **notwendige Abwehrmaßnahme** darstellt.[596]

b) Hintergrund. Entwickelt wurde das Rechtsinstitut unter Geltung des UWG 1909 zu einer Zeit, als das Wettbewerbsrecht trotz eines gewissen Schutzes des Allgemeininteresses am Schutz vor Auswüchsen im Wettbewerb[597] noch als hauptsächlich mitbewerberschützendes Sonderdeliktsrecht aufgefasst wurde, anhand von Konstellationen, in denen sich **zwei Unternehmer** in scharfem Wettbewerb **wie Duellanten** gegenüberstanden.[598] Ins Feld geführt wurde der Abwehreinwand vom Beklagten dort, wo die von einem Mitbewerber als unlauter angegriffene Wettbewerbshandlung als Reaktion auf eine ihrerseits als unlauter empfundene Wettbewerbshandlung eben dieses Mitbewerbers erschien. Bemüht wurde er hauptsächlich in Fällen der seinerzeit grundsätzlich verbotenen kritisierenden vergleichenden Werbung[599] oder einer anlehnenden vergleichenden Werbung.[600] Der Abwehreinwand wurde auch herangezogen bei der Verleitung zum Vertragsbruch,[601] beim Boykott[602] und anderen Formen individueller Behinderung eines Mitbewerbers als Reaktion auf dessen Preisbildung[603] oder Behinderungsverhalten[604] bzw. behinderndes Diskriminierungsverhalten,[605] bei der Ausnutzung von Werbemaßnahmen eines Wettbewerbers,[606] 221

[595] BGHZ 43, 359 (367) – Warnschild; GRUR 1965, 607 (609) – Funkmietwagen; GRUR 1985, 447 (450) – Provisionsweitergabe durch Lebensversicherungsmakler; GRUR 1989, 113 (114) – Mietwagen-Testfahrt; GRUR 1999, 1017 (1019) – Kontrollnummernbeseitigung.

[596] Vgl. BGH GRUR 1971, 259 (260) – W. A. Z. mwN; BGH GRUR 1999, 1128 (1130 f.) – Hormonpräparate; Teplitzky/*Bacher* Kap. 18 Rn. 1; MüKoUWG/*Fritzsche* § 11 Rn. 236 ff.

[597] Vgl. RGZ 120, 47 (49) – Markenschutzverband I; 128, 330 (343) – Rundfunknachricht; BGH GRUR 1955, 541 (542) – Bestattungswerbung; *Rosenthal* § 13 Note 2.

[598] Vgl. RG MuW XXX, 174 – Minimax/Total; GRUR 1935, 967 – Viriline; GRUR 1936, 747 – Waterproof; GRUR 1939, 72 – Toschi/Eternit; GRUR 1940, 165 – ID Kaffee.

[599] RG GRUR 1932, 1201 – Flaschenspülmaschinen; GRUR 1935, 55 – Abdampfvorwärmer; GRUR 1936, 747 – Waterproof; BGH GRUR 1954, 337 – Radschutz; GRUR 1961, 288 – Zahnbürsten.

[600] BGH GRUR 1957, 23 – Bünder Glas.

[601] BGH GRUR 1962, 426 – Selbstbedienungsgroßhändler.

[602] BGH GRUR 1959, 244 – Versandbuchhandlung; GRUR 1984, 461 – Kundenboykott.

[603] RG MuW XXIII, 91– Baumwollspedition.

[604] BGH GRUR 1971, 259 – W. A. Z.; OLG Hamm GRUR 1971, 85 – Brautpaar.

[605] OLG Frankfurt a. M. GRUR 1973, 83 – Kunststoffkästen.

[606] RGZ 92, 111 (113) – Vorzugskarten.

bei kritischen oder warnenden Äußerungen gegenüber der Öffentlichkeit[607] und – stets erfolglos – bei Preiskampf und Preisunterbietung.[608] In Einzelfällen konnte auch der Rechtsbruchtatbestand betroffen sein.[609] Eine allgemeine Befugnis, wettbewerbsfremdes Verhalten eines Konkurrenten mit gleicher Münze heimzuzahlen, wurde selbstverständlich nie anerkannt.[610] Die Voraussetzungen der Abwehr wurden minutiös geprüft und streng gehandhabt.[611] Über die genannten Fallgruppen hinaus konnte er aufgrund seiner strengen Voraussetzungen keine Bedeutung gewinnen.

222 **c) Rechtsgrundlage.** Der Abwehreinwand steht von seinen Tatbestandsvoraussetzungen her der **Notwehr iSd § 227 BGB** nahe und wurde früher vereinzelt ausdrücklich[612] oder zumindest dem Rechtsgedanken nach[613] auf diese Vorschrift gestützt. Man ist sich heute allerdings weitgehend einig, dass der Abwehreinwand ein **eigenständiges wettbewerbsrechtliches Institut** ist, für das § 227 BGB keine unmittelbare Anwendung findet.[614] Der BGH zieht als Rechtsgrundlage des Abwehreinwands § 227 BGB analog heran.[615]

223 **d) Tatbestandsausschluss.** Da Abwehrlage, Abwehrzweck und Notwendigkeit der Abwehrmaßnahme nach nahezu einhelligem Verständnis die wettbewerbsrechtliche **Beurteilung des Gesamtverhaltens** betreffen, sind sie bereits bei der Prüfung der Tatbestandsmäßigkeit zu berücksichtigen. Geschäftliche Handlungen, die ohne den Abwehrzweck unlauter wären, können als Abwehrhandlungen lauter sein. Liegen die Voraussetzungen der wettbewerblichen Abwehr vor, ist das Verhalten schon nicht unlauter (früher: nicht sittenwidrig), also **nicht tatbestandsmäßig,** und nicht erst durch Notwehr entsprechend § 227 BGB gerechtfertigt.[616]

224 **e) Heutige Bedeutung.** Damit sind auch die Grenzen des Abwehreinwands in einem UWG vorgezeichnet, das sich 2004 von der Generalklausel mit der Notwendigkeit zu einer wettbewerblichen Gesamtbeurteilung aller Umstände weitgehend verabschiedet und die Unlauterkeit in feste Tatbestände gefasst hat. Denn ein Tatbestandsausschluss unter Berufung auf eine notwendige Abwehrmaßnahme ist **nicht möglich,** wo **keine Gesamtbewertung der Lauterkeit** stattfindet.[617] Dies gilt zunächst für alle Tatbestände der **Schwarzen Liste.**[618] Ein diesen Tatbeständen entsprechendes Verhalten ist gem. § 3 Abs. 3 „stets unzulässig". Auch beim **Rechtsbruch** nach § 3a reicht der objektive Verstoß gegen eine Marktverhaltensregelung für das Unlauterkeitsverdikt aus.[619] Eine Gesamtbewertung findet – anders als vor Inkrafttreten des UWG 2004[620] – nicht mehr statt. Damit scheidet eine Verteidigung mit dem Abwehreinwand aus.[621]

225 Der Abwehreinwand kann **nur noch dort** greifen, wo es zum einen um die Anwendung **offener Tatbestände** mit generalklauselartigen Wertungsmöglichkeiten geht und zum

[607] RG GRUR 1932, 86 – Doppelklappenumschläge; BGH GRUR 1959, 143 – Blindenseife; GRUR 1962, 45 – Betonzusatzmittel; GRUR 1967, 308 – Backhilfsmittel; GRUR 1968, 382 – Favorit II.
[608] BGH GRUR 1990, 371 – Preiskampf; GRUR 1990, 685 – Anzeigenpreis I; GRUR 2003, 363 – Wal*Mart.
[609] BGH GRUR 1999, 1128 – Hormonpräparate.
[610] RG GRUR 1936, 747 (751) – Waterproof.
[611] RG GRUR 1944, 34 (35) – Stahlsaitenbeton.
[612] RG GRUR 1944, 34 (44) – Stahlsaitenbeton; *Koehne* MuW XXXII, 66; *Reimer* Kap. 113 Rn. 2.
[613] *Callmann* § 1 Rn. 21; *Erichsen* GRUR 1958, 425 (430); *Tetzner* Vorb. Rn. 67.
[614] Teplitzky/*Bacher* Kap. 18 Rn. 4; *Ohly*/Sosnitza § 8 Rn. 164; *Walter* S. 11 ff., 68 ff.
[615] BGH GRUR 1971, 259 (260) – W. A. Z.
[616] RGZ 92, 111 (113) – Vorzugskarten; GRUR 1935, 55 (60) – Abdampfvorwärmer; BGH GRUR 1967, 138 (140) – Streckenwerbung; GRUR 1971, 259 (260) – W. A. Z.; GRUR 1999, 1128 (1130) – Hormonpräparate; GRUR 2003, 363 (365) – Wal*Mart; *Köhler*/Bornkamm/Feddersen § 11 Rn. 2.4.
[617] *Schwippert* in Gloy/Loschelder/Danckwerts HdbWettbR § 83 Rn. 85.
[618] MüKoUWG/*Fritzsche* § 11 Rn. 237.
[619] BGH GRUR 2005, 778 (779) – Atemtest.
[620] Vgl. BGH GRUR 1999, 1128 (1130) – Hormonpräparate.
[621] *Schwippert* in Gloy/Loschelder/Danckwerts HdbWettbR § 83 Rn. 85.

anderen nur die Interessen des betroffenen Mitbewerbers und nicht auch – wie zB in §§ 4a und 7 Abs. 1 – Interessen Dritter berührt sind.[622] Hierzu gehören die Tatbestände des § 4 Nr. 1 (Herabsetzung eines Mitbewerbers) und Nr. 4 (gezielte Behinderung eines Mitbewerbers).[623] Auch bei § 4 Nr. 3 lit. b und c findet eine Wertung auf eine „unangemessene" Ausnutzung des Rufes oder eine „unredliche" Erlangung von Vorlagen statt. Selbst wenn eine Nachahmung zu Abwehrzwecken nur schwer vorstellbar erscheint und bisher nur in einem Fall der Behinderung praktisch wurde,[624] kann der Abwehreinwand hier theoretisch greifen. In § 4 Nr. 3 lit. a können auch Interessen der Verbraucher berührt sein. Bei der vergleichenden Werbung gem. § 6 ist eine Bewertung der Gesamtumstände nur noch in § 6 Abs. 2 Nr. 4 vorgesehen. Dennoch wird man hier den Abwehreinwand wohl nicht mehr greifen lassen können, obwohl die vergleichende Werbung früher ein Hauptanwendungsfall war. Denn die ausnahmsweise Freigabe des sog. „Abwehrvergleichs" war früher nur dadurch notwendig geworden, dass Werbevergleiche grundsätzlich als sittenwidrig und unlauter gewertet worden waren.[625] Das harmonisierte Recht der vergleichenden Werbung, wie es sich heute in § 6 findet, geht demgegenüber von einer grundsätzlichen Zulässigkeit der vergleichenden Werbung aus, die nur in abschließend festgelegten Ausnahmefällen eingeschränkt wird. Diese Regelung ist abschließend. Ob hier „Notwehrerwägungen" möglich sind, ist höchst fraglich[626] und abzulehnen.[627]

Insgesamt ist die **Bedeutung** des Abwehreinwands **heute** deshalb **minimal.** Soweit ersichtlich sind nach 2004 keine Entscheidungen mehr ergangen, bei denen sich der Beklagte erfolgreich hat auf den Abwehreinwand berufen können. Rechtsdogmatisch warf und wirft der Abwehreinwand eine Reihe hochinteressanter Fragen auf, die nach komplexen Antworten verlangen. In der Praxis spielt er keine Rolle. 226

2. Voraussetzungen der Abwehr. a) Eingriff ausschließlich in individuelle Belange des betroffenen Mitbewerbers. Das UWG schützt gem. § 1 sowohl die Individualinteressen einzelner Mitbewerber wie Kollektivinteressen. Der Abwehreinwand kommt nur bei **mitbewerberbezogenen Verstößen** zum Zuge, wo sich die als unlauter angegriffene geschäftliche Handlung ausschließlich gegen einen bestimmten Mitbewerber richtet und allein dessen Interessen beeinträchtigt.[628] 227

Der Abwehreinwand kann nur im Verhältnis zum abgewehrten Mitbewerber ihre Wirkung entfalten, nicht aber im Verhältnis zu Dritten.[629] Eine geschäftliche Handlung, die – was gem. § 1 idR der Fall sein wird[630] – in schutzwürdige Belange unbeteiligter Dritter, wie zB der übrigen Wettbewerber,[631] oder der Allgemeinheit[632] eingreift, bleibt deshalb trotz Abwehrabsicht unlauter.[633] Seit Langem ist anerkannt, dass eine **Irreführung iSd § 5 niemals** als berechtigte Abwehr angesehen werden kann.[634] Darüber hinaus scheidet bei 228

622 *Schwippert* in Gloy/Loschelder/Danckwerts HdbWettbR § 83 Rn. 85.

623 MüKoUWG/*Fritzsche* § 11 Rn. 237.

624 OLG Frankfurt a. M. GRUR 1973, 83 – Kunststoffkästen.

625 Vgl. RG GRUR 1931, 1299 (1301) – Hellegold.

626 MüKoUWG/*Fritzsche* § 11 Rn. 242, 265.

627 *Ohly*/Sosnitza § 8 Rn. 164.

628 BGH GRUR 1983, 335 (336) – Trainingsgerät; GRUR 1990, 685 (686) – Anzeigenpreis I; *Köhler*/Bornkamm/Feddersen § 11 Rn. 2.9; aA und gänzlich ablehnend *Sekler* S. 58 f.: Jeder unlautere Wettbewerb, auch gegen einen einzelnen Mitbewerber gerichtete, berührt Allgemeininteressen und kann auch als Abwehrmaßnahme nicht zugelassen werden.

629 MüKoUWG/*Fritzsche* § 11 Rn. 240.

630 *Ohly*/Sosnitza § 8 Rn. 164.

631 BGH GRUR 1957, 365 (368) – SUWA; GRUR 1984, 461 (463) – Kundenboykott; GRUR 1990, 685 (686) – Anzeigenpreis I.

632 BGH GRUR 1955, 541 (542) – Bestattungswerbung.

633 BGH GRUR 1967, 308 (310) – Backhilfsmittel; GRUR 1967, 430 (432) – Grabsteinaufträge; GRUR 1983, 335 (336) – Trainingsgerät; GRUR 1990, 685 (686 f.) – Anzeigenpreis I; GRUR 2008, 530 Rn. 22 – Nachlass bei der Selbstbeteiligung; Teplitzky/*Bacher* Kap. 18 Rn. 8.

634 RG GRUR 1931, 1154 (1155) – Linokitt; GRUR 1933, 578 (580 f.) – Benediktinerssenz; BGH GRUR 1983, 335 (336) – Trainingsgerät; Teplitzky/*Bacher* Kap. 18 Rn. 8; Ahrens/*Jestaedt* Kap. 24 Rn. 15.

sämtlichen verbraucherschützenden Tatbeständen, deren Grundlage die verbraucherschützende UGP-Richtlinie 2005 ist, eine Berufung auf den Abwehreinwand wohl von vornherein aus.

229 Der BGH hat die Berufung auf den Abwehreinwand unter Berufung auf **Art. 5 Abs. 1 GG** in einem Einzelfall zugelassen, wo durch ein sachlich aufklärendes Werbeblatt Belange der Allgemeinheit zwar betroffen waren, allerdings nur ganz marginal und im Rahmen der durchgeführten Interessenabwägung mit dem Aufklärungszweck nicht ins Gewicht fallend.[635] Das Ergebnis ist richtig. Es kann allerdings nicht auf den Abwehreinwand, sondern muss auf die Wahrnehmung berechtigter Interessen analog § 193 StGB gestützt werden.

230 **b) Abwehrlage.** Zulässige Abwehr setzt einen gegenwärtigen, objektiv **rechtswidrigen Angriff** voraus.[636] Gegenwärtig ist der Angriff, solange er andauert, also von seinem unmittelbaren Bevorstehen bis zu dem Zeitpunkt, wo er noch unmittelbare Wirkungen zeitigt.[637] Die Rechtswidrigkeit des Angriffs kann sich aus der Verletzung von beliebigen Normen des Deliktsrechts ergeben.[638] Der Angriff muss nicht unbedingt eine geschäftliche Handlung iSd § 2 Abs. 1 Nr. 1 darstellen.[639] In der Praxis wird es sich bei dem rechtswidrigen Angriff allerdings meist um Verstöße gegen das UWG oder das GWB handeln.[640] Der Angriff braucht nicht schuldhaft zu sein.[641] Da bei einer zulässigen Abwehr die Wettbewerbswidrigkeit des Handelns entfällt, ist die Gegenabwehr unzulässig.[642]

231 **c) Abwehrzweck.** Als Abwehrhandlungen kommen nur Maßnahmen in Betracht, die nach der subjektiven Zielrichtung des Handelnden der Abwehr eines Angriffs dienen sollen **(Abwehrwille).**[643] Die Abwehr muss sich ihrem Inhalt nach als **gezielte Reaktion auf den Angriff** darstellen und genau auf diese bezogen sein.[644] Zwischen dem Angriff und der Abwehrmaßnahme muss ein objektiver Zusammenhang bestehen.[645] Daran fehlt es zB, wenn der Angriff als individuelle Behinderung erfolgt und die vermeintliche Abwehrmaßnahme in einer kreditgefährdenden Äußerung besteht. Werden neben dem Abwehrzweck auch andere Wettbewerbszwecke verfolgt, macht dies die wettbewerbliche Abwehr nicht unbedingt unzulässig.[646] Deshalb kann ein Verhalten nicht bereits deshalb beanstandet werden, weil es neben der mit Verteidigungswillen erfolgenden Abwehr darüber hinausgehende werbliche Elemente enthält.[647] Allerdings darf die Abwehr nicht nur ein bloßer Vorwand für eigene wettbewerbswidrige Angriffe sein.[648] Sie ist „kein Freibrief für Angriffe aller Art".[649] Deshalb dürfen die überschießenden werblichen Elemente nicht ihrerseits wettbewerbswidrig sein. Soweit eine Abwehrhandlung aber neben wettbewerbswidrigen auch wettbewerbskonforme Elemente enthält, können letztere der Annahme der Verfolgung eines Abwehrzwecks nicht entgegenstehen.[650] Eine Maßnahme, die über die Abwehr

[635] BGH GRUR 1999, 1128 (1130) – Hormonpräparate.
[636] BGH WRP 1989, 572 (576) – Bioäquivalenz-Werbung; MüKoUWG/*Fritzsche* § 11 Rn. 245.
[637] Teplitzky/*Bacher* Kap. 18 Rn. 5; *Köhler*/Bornkamm/Feddersen § 11 Rn. 2.5; *Ohly*/Sosnitza § 8 Rn. 165.
[638] Vgl. BGH WRP 1989, 572 (576) – Bioäquivalenz-Werbung; Teplitzky/*Bacher* Kap. 18 Rn. 5.
[639] BGH GRUR 1999, 1128 (1130) – Hormonpräparate; MüKoUWG/*Fritzsche* § 11 Rn. 245.
[640] Teplitzky/*Bacher* Kap. 18 Rn. 5; MüKoUWG/*Fritzsche* § 11 Rn. 250.
[641] BGH GRUR 1967, 308 (311) – Backhilfsmittel; Teplitzky/*Bacher* Kap. 18 Rn. 5.
[642] MüKoUWG/*Fritzsche* § 11 Rn. 267.
[643] Vgl. BGH GRUR 1961, 288 (289) – Zahnbürsten; MüKoUWG/*Fritzsche* § 11 Rn. 252.
[644] BGH GRUR 1999, 1128 (1130) – Hormonpräparate; MüKoUWG/*Fritzsche* § 11 Rn. 252.
[645] RG GRUR 1933, 249 (251) – Paraffinkerzen; BGH GRUR 1954, 337 (341) – Radschutz; GRUR 1957, 23 (24) – Bünder Glas; GRUR 1960, 193 (196) – Frachtenrückvergütung; Teplitzky/*Bacher* Kap. 18 Rn. 7.
[646] BGH GRUR 1962, 45 (48) – Betonzusatzmittel; GRUR 1971, 259 (261) – W. A. Z.; MüKoUWG/*Fritzsche* § 11 Rn. 253.
[647] AA Teplitzky/*Bacher* Kap. 18 Rn. 7; *Köhler*/Bornkamm/Feddersen § 11 Rn. 2.6 unter Berufung auf BGH GRUR 1999, 1128 (1131) – Hormonpräparate.
[648] BGH GRUR 1961, 288 (289) – Zahnbürsten.
[649] RG MuW XXX, 174 – Minimax/Total.
[650] MüKoUWG/*Fritzsche* § 11 Rn. 253.

eines Angriffs des Gegners hinaus auf dessen wirtschaftliche Vernichtung abzielt, ist nicht mehr vom Abwehrzweck legitimiert.[651]

d) Verhältnismäßigkeit der Abwehrmaßnahme. Die Abwehrmaßnahme muss ver- 232
hältnismäßig sein. Dies bedeutet, dass sie zur Abwehr des Angriffs geeignet, erforderlich und angemessen sein muss.[652]

aa) Geeignetheit. Die Abwehrhandlung muss **geeignet** sein, den Angriff abzuwehren. 233
Dieses Kriterium darf nicht mit der Anforderung, dass ein objektiver Zusammenhang zwischen Abwehr und Angriff vorliegen muss, vermengt werden. Eine kreditgefährdende Äußerung ist, wenn sie die Insolvenz und unmittelbare Einstellung des Betriebs des Betroffenen zur Folge hat, durchaus geeignet, eine von ihm zuvor vorgenommene Behinderung zu beenden. Es fehlt aber am objektiven Zusammenhang.

bb) Erforderlichkeit. Ein Abwehrverhalten ist nur dann wettbewerbsrechtlich zulässig, 234
wenn es **erforderlich** und **notwendig** ist.[653] Daran fehlt es, wenn der rechtswidrige Angriff des anderen Wettbewerbsteilnehmers durch **Inanspruchnahme gerichtlicher Hilfe** ausreichend abgewehrt werden kann.[654] Gerichtliche Hilfe gibt dann keine ausreichende Handhabe, wenn durch sie den (andauernden) Wirkungen des rechtswidrigen Angriffs nicht hinreichend begegnet werden kann,[655] wie insbesondere bei Angriffen durch unlautere, an einen unbestimmten Personenkreis gerichtete Werbung,[656] oder wenn zu erwarten ist, dass sich der Angreifer nicht an ein gerichtliches Verbot halten wird.[657] An der Erforderlichkeit des Abwehrverhaltens fehlt es außerdem, wenn der Angegriffene mehrere Mittel zur Auswahl hat und nicht das **schonendste** ihm zur Verfügung stehende **Mittel** wählt.[658]

cc) Angemessenheit. Art und Umfang der Abwehrmaßnahmen müssen auch **an-** 235
gemessen, also nach der **Zweck-Mittel-Relation** verhältnismäßig im engeren Sinne sein. Was angemessen ist, wird auf Seiten des Abwehrenden durch die Stärke des Angriffs und auf Seiten des Verletzten her gesehen durch die Schwere der ihm durch den Angriff drohenden Interessenbeeinträchtigung bestimmt.[659] Dabei kann ein schwerwiegender Angriff auch eine scharfe Abwehr rechtfertigen.[660] Aufklärungsmaßnahmen dürfen aber die Grenzen der Sachlichkeit nicht überschreiten.[661] Verunglimpfungen und Diffamierungen des Gegners sind nicht zulässig.[662] Die Grenzen der angemessenen Verteidigung werden überschritten, wenn die Abwehr die Existenz des Gegners gefährdet.[663]

e) Beurteilung aus objektiver Sicht. Abwehrlage, Abwehrzweck und Verhältnis- 236
mäßigkeit müssen objektiv gegeben sein. Ein Irrtum über die Erforderlichkeit, Tauglichkeit

651 RG GRUR 1938, 269 (271) – Auskunftskalender.
652 Teplitzky/*Bacher* Kap. 18 Rn. 10 ff.; *Ohly*/Sosnitza § 8 Rn. 165.
653 RG GRUR 1933, 249 (251) – Paraffinkerzen.
654 RG GRUR 1933, 249 (251) – Paraffinkerzen; BGH GRUR 1962, 426 (428) – Selbstbedienungsgroßhändler; GRUR 1968, 382 (385) – Favorit II; GRUR 1971, 259 (260) – W. A. Z.; GRUR 1990, 371 (373) – Preiskampf; GRUR 1990, 685 (686) – Anzeigenpreis I; Teplitzky/*Bacher* Kap. 18 Rn. 11.
655 BGH GRUR 1960, 193 (196) – Frachtenrückvergütung; GRUR 1962, 426 (428) – Selbstbedienungsgroßhändler; GRUR 1989, 516 (518) – Vermögensberater.
656 BGH GRUR 1989, 516 (518) – Vermögensberater; GRUR 1999, 1128 (1130 f.) – Hormonpräparate; Teplitzky/*Bacher* Kap. 18 Rn. 11; *Köhler*/Bornkamm/Feddersen § 11 Rn. 2.7.
657 BGH GRUR 1961, 259 (260) – W. A. Z.
658 BGH GRUR 1959, 244 (247) – Versandbuchhandlung; GRUR 1979, 157 (159) – Kindergarten-Malwettbewerb; MüKoUWG/*Fritzsche* § 11 Rn. 258.
659 Vgl. BGH GRUR 1968, 382 (385) – Favorit II.
660 RG GRUR 1932, 86 (88 f.) – Doppelklappenumschläge; BGH GRUR 1962, 45 (48) – Betonzusatzmittel.
661 RG GRUR 1938, 263 (267) – Zur Ehrenrettung des Coffeins.
662 RG GRUR 1932, 86 (88 f.) – Doppelklappenumschläge; GRUR 1941, 125 (130) – Markenräder; GRUR 1941, 378 (382 ff.) – Rundschreiben; Teplitzky/*Bacher* Kap. 18 Rn. 12.
663 RG GRUR 1932, 86 (89) – Doppelklappenumschläge.

und Adäquanz der Abwehrmaßnahme **(sog. Putativabwehr)** ist grundsätzlich nicht geeignet, der Handlungsweise den Charakter der objektiven Wettbewerbswidrigkeit zu nehmen.[664]

237 **3. Rechtsfolgen.** Sind die dargelegten Voraussetzungen der Abwehr erfüllt, stellt sich die Abwehrhandlung als lauter dar. Da es somit an einer unlauteren und damit unzulässigen geschäftlichen Handlung iSd § 3 Abs. 1 fehlt, sind Ansprüche hiergegen nicht gegeben; soweit die Abwehr als geschäftliche Handlung unzulässig ist, ist sie dagegen unlauter iSd § 3 Abs. 1 und löst Ansprüche gem. §§ 8, 9 auf Unterlassung und Schadensersatz aus.[665]

238 **4. Prozessuales.** Die Darlegungs- und Beweislast für die den Abwehreinwand begründenden Tatsachen trägt derjenige, der sich auf die Abwehr beruft, also der angegriffene Beklagte. Dem Abwehreinwand ist mit Vorsicht zu begegnen. Häufig ist er nur ein nachträglich erfundener Vorwand.[666] Die nachträgliche Darstellung des Verhaltens als „Abwehr" nimmt einem Handeln ohne entsprechende Zielrichtung selbstverständlich nicht die Wettbewerbswidrigkeit.[667]

IX. Wahrnehmung berechtigter Interessen

239 Die an sich gegebene Unlauterkeit einer Wettbewerbshandlung kann entfallen, wenn der Wettbewerber zur **Wahrnehmung berechtigter Interessen** gehandelt hat.[668] Anders als der Abwehreinwand kann nach der bisherigen Praxis die Wahrnehmung berechtigter Interessen uU auch dann zu einer Bewertung des Verhaltens als nicht unlauter führen, wenn dieses nicht lediglich die Individualinteressen eines Mitbewerbers, sondern **Belange der Allgemeinheit** beeinträchtigt.[669] Daran ist festzuhalten.

240 Allerdings ist bei der Abwägung zu berücksichtigen, dass den **Allgemeininteressen** grundsätzlich der **Vorrang** gebührt und diese nur aus ganz besonders gewichtigen Gründen zurückstehen.[670] Eine Handlung, die im gegebenen Zusammenhang den strengen Voraussetzungen der Wahrnehmung berechtigter Interessen genügt, verstößt auch nicht gegen die **berufliche Sorgfalt** iSd Art. 5 Abs. 2 lit. a UGP-Richtlinie. Hierbei ist allerdings zu beachten, dass bei der Verwirklichung eines Tatbestands der **Schwarzen Liste** eine Interessenabwägung **nicht** stattfinden kann, da ein diesen Tatbeständen entsprechendes Verhalten gem. § 3 Abs. 3 „stets unzulässig" ist.

241 IdR greift der in Anlehnung an § 193 StGB in der Rspr. über den Anwendungsbereich bei Ehrverletzungen hinaus zu einem allgemeinen Grundsatz entwickelte Rechtsgedanke der Wahrnehmung berechtigter Interessen nur ein, wenn das an sich zu beanstandende Verhalten objektiv nach Inhalt, Form und Begleitumständen das **geeignete** und **notwendige Mittel** zur Erreichung eines rechtlich gebilligten Zweckes in **verhältnismäßiger Weise** bildet.[671] Werden Tatsachen der Wahrheit zuwider behauptet oder verbreitet, so bleibt die Handlung selbst dann unlauter, wenn an der Verbreitung der Tatsache, wäre sie wahr, ein berechtigtes Interesse bestünde, vgl. § 4 Nr. 2 Hs. 2. Dass mit dem beanstandeten Verhalten noch andere Zwecke verfolgt werden, ist unerheblich, wenn die Verfolgung der berechtigten Interessen dahinter nicht ganz zurücktritt.[672]

---

[664] RG GRUR 1932, 86 (89) – Doppelklappenumschläge; BGH GRUR 1960, 193 (197) – Frachtenrückvergütung; Teplitzky/*Bacher* Kap. 18 Rn. 13.

[665] RG GRUR 1932, 86 (89) – Doppelklappenumschläge; MüKoUWG/*Fritzsche* § 11 Rn. 268 f.

[666] *Callmann* § 1 Rn. 23a; *Tetzner* Vorb. Rn. 68; aA *Rosenthal/Leffmann* § 1 Rn. 48.

[667] Ahrens/*Jestaedt* Kap. 24 Rn. 15.

[668] BGH GRUR 1970, 465 (466) – Prämixe; GRUR 1971, 259 (260) – W. A. Z.; GRUR 1999, 1128 (1130) – Hormonpräparate; *Köhler*/Bornkamm/Feddersen § 11 Rn. 2.12; *Ohly*/Sosnitza § 8 Rn. 169.

[669] BGH GRUR 1999, 1128 (1130) – Hormonpräparate.

[670] So *Beater* Rn. 2563 zur parallelen Problematik beim Abwehreinwand.

[671] RG GRUR 1937, 237 (240) – Klischee-Vertrieb; BGH GRUR 1970, 465 (466) – Prämixe.

[672] BGH GRUR 1960, 135 (136) – Druckaufträge.

X. Privilegierung von Äußerungen in rechtsförmigen Verfahren

Schrifttum: *Fritzsche,* Unterlassungsanspruch und Unterlassungsklage, 2000; *Götting,* Anmerkung zu BGH GRUR 2010, 253 – *Fischdosendeckel,* GRUR 2010, 256; *Hanßen,* Schutz der Wettbewerber vor unzutreffenden Äußerungen über den Stand der Technik in Patent- und Gebrauchsmusterschriften, 2012; *Helle,* Die Begrenzung des zivilrechtlichen Schutzes der Persönlichkeit und der Ehre gegenüber Äußerungen in rechtlich geordneten Verfahren, GRUR 1982, 207.

1. Fehlendes Rechtsschutzbedürfnis bei Verfahrensäußerungen. Handelt es sich bei als unlauter angegriffenen Äußerungen um Äußerungen oder Verhaltensweisen einer Partei, eines Rechtsanwalts oder eines sonstigen Beteiligten, die der **Rechtsverteidigung** oder **Rechtsverfolgung** in einem **gerichtlichen oder behördlichen Verfahren** – auch im Vorfeld oder zur Vorbereitung eines künftigen Prozesses[673] – dienen, ist es nicht erforderlich, auf den Gesichtspunkt der Wahrnehmung berechtigter Interessen zurückzugreifen. 242

Für die Geltendmachung eines Abwehranspruches gegenüber solchen im Zusammenhang mit einem **gerichtlichen** oder **behördlichen,** zB patentamtlichen oder standesrechtlichen, **Verfahren abgegebenen Erklärungen fehlt** – grundsätzlich ungeachtet ihres objektiven Wahrheitsgehalts – bereits das **Rechtsschutzbedürfnis.**[674] Auf den Ablauf eines solchen staatlich geordneten Verfahrens darf nämlich nicht dadurch Einfluss genommen und seinem Ergebnis darf nicht dadurch vorgegriffen werden, dass ein Verfahrensbeteiligter durch Unterlassungs- oder Widerrufsansprüche in seiner Äußerungsfreiheit oder sonst in der Ausübung seiner verfahrensmäßigen Rechte eingeengt wird; ihm muss vielmehr die Möglichkeit gegeben werden, dasjenige im Verfahren vorzubringen, was er zur Rechtsverfolgung oder Rechtsverteidigung für erforderlich hält.[675] Die Privilegierung von Verfahrensäußerungen stößt allerdings an gewisse zeitliche, sachliche, personelle und mediale Grenzen: 243

2. Grenzen der Privilegierung. a) Zeitliche Grenzen. In der Rspr. des BGH ist anerkannt, dass das Rechtsschutzbedürfnis für eine Unterlassungsklage auch gegen Äußerungen fehlt, die **im Vorfeld einer gerichtlichen Auseinandersetzung** erfolgen, wenn sie unmittelbar der Vorbereitung dieses Prozesses dienen und derjenige, der die Äußerung macht, am späteren Verfahren beteiligt ist.[676] 244

Angesichts der durchgängigen Gleichbehandlung von gerichtlichen und behördlichen Verfahren durch die Rspr. – auch die des BVerfG[677] – gilt die Privilegierung auch für Äußerungen **im Vorfeld von behördlichen Verfahren,** also etwa für Anzeigen bei Ordnungsbehörden[678] oder einer Beschwerde bei der Rechtsanwaltskammer.[679] 245

---

[673] BGH NJW 1981, 2117 (2118); GRUR 1995, 66 (68) – Konkursverwalter.

[674] StRspr, vgl. BGH GRUR 1987, 568 (569) – Gegenangriff; GRUR 1998, 587 (590) – Bilanzanalyse Pro 7; WRP 2008, 359 Rn. 13 – Unterlassung schriftsätzlicher Äußerungen; GRUR 2010, 253 Rn. 16 – Fischdosendeckel; GRUR 2013, 305 Rn. 16, 20 – Honorarkürzung; GRUR 2013, 647 Rn. 12 – Rechtsmissbräuchlicher Zuschlagsbeschluss; ZUM-RD 2018, 473 Rn. 16; OLG München 10.1.2017 – 6 W 14/17; OLG Köln GRUR-RR 2019, 306 Rn. 32 ff. – Kündigung durch Bausparkasse in Niedrigzinsphase; ausführlich zur Rechtsentwicklung *Hanßen* S. 74 ff.

[675] StRspr, vgl. BGH GRUR 1965, 381 (385) – Weinbrand; GRUR 1998, 587 (589) – Bilanzanalyse Pro 7; WRP 2008, 359 Rn. 13 – Unterlassung schriftsätzlicher Äußerungen; GRUR 2010, 253 Rn. 14 – Fischdosendeckel; GRUR 2013, 305 Rn. 14 – Honorarkürzung; GRUR 2013, 647 Rn. 12 – Rechtsmissbräuchlicher Zuschlagsbeschluss; ZUM-RD 2018, 473 Rn. 17; OLG München 10.1.2017 – 6 W 14/17; OLG Stuttgart 20.12.2018 – 2 W 63/18; OLG Frankfurt a. M. WRP 2020, 628 Rn. 12; *Fritzsche* S. 144; *Hanßen* S. 88 ff.; *Helle* GRUR 1982, 207 (210 f.).

[676] BGH GRUR 1995, 66 (68) – Konkursverwalter; GRUR 2013, 305 Rn. 20 – Honorarkürzung; OLG München 10.1.2017 – 6 W 14/17; OLG Stuttgart 20.12.2018 – 2 W 63/18; OLG Köln GRUR-RR 2019, 306 Rn. 38 – Kündigung durch Bausparkasse in Niedrigzinsphase; str., Überblick über das Meinungsspektrum bei *Hanßen* S. 85 f.

[677] BVerfG 15.12.2008 – 1 BvR 1404/04.

[678] OLG München 10.1.2017 – 6 W 14/17 – Dialyse-Transport.

[679] OLG Frankfurt a. M. WRP 2020, 628 Rn. 13.

246 Für **Abmahnungen** im Vorfeld eines Prozesses um die Verletzung eines Rechts des geistigen Eigentums gilt: Nach Ansicht des GZS des BGH gilt die Privilegierung (vor) prozessualer Erklärungen bei einer **Schutzrechtsverwarnung** nur insoweit, als dem durch eine (unberechtigte) Abnehmerverwarnung Betroffenen nicht das Recht zuzubilligen ist, die gerichtliche Geltendmachung der vermeintlichen Ansprüche gegenüber seinen Abnehmern mit einem hiergegen gerichteten Unterlassungsanspruch zu verhindern; dagegen steht es einem Schadensersatzanspruch des Mitbewerbers wegen eines in der unberechtigten Abnehmerverwarnung liegenden Eingriffs in dessen Recht am eingerichteten und ausgeübten Gewerbebetrieb nicht entgegen.[680]

247 Für Klagen gegen **Äußerungen im Zusammenhang mit Vertragsverhältnissen** kann das Rechtsschutzbedürfnis fehlen, wenn die Äußerungen gleichzeitig Gegenstand des Parteivorbringens des Anspruchsgegners in einem anhängigen Zivilprozess über ein solches Vertragsverhältnis ist.[681] Soll etwa einer Bausparkasse verboten werden, gegenüber ihren Kunden zu behaupten dass der Bausparvertrag aus bestimmten Gründen gekündigt werden könne, so fehlt dem Unterlassungsantrag das Rechtsschutzbedürfnis, wenn in einem anhängigen Zivilprozess mit einem Kunden über die Wirksamkeit einer aus diesen Gründen erfolgten Kündigung gestritten wird und die Frage der Kündbarkeit Gegenstand des Parteivorbringens der Bausparkasse ist; die Klärung diese Rechtsfrage ist diesem Zivilprozess vorbehalten.[682]

248 **Kommt es** gar **nicht zu einem Verfahren,** in dem im Vorfeld der Rechtsverteidigung erfolgte Äußerungen überprüft werden können, so kann das **Bestehen eines Rechtsschutzbedürfnisses** für die gerichtliche Geltendmachung von Abwehransprüchen nicht verneint werden.[683]

249 Das Gleiche galt auch für Äußerungen **nach und außerhalb** eines **abgeschlossenen Verfahrens,** jedenfalls dann, wenn die beanstandete Äußerung in dem vorangegangenen Verfahren nicht überprüft worden ist. Nunmehr hat der BGH entschieden, dass die Privilegierung von Äußerungen in einem rechtlich geordneten Verfahren auch nach dessen Abschluss gilt. Mit dem Anspruch auf rechtliches Gehör (Art. 103 Abs. 1 GG) und dem Rechtsstaatsprinzip (Art. 20 Abs. 3 GG) wäre es nicht vereinbar, wenn redliche Äußerungen in einem Zivilprozess oder Strafverfahren aus Gründen des Ehrenschutzes zu rechtlichen Nachteilen führen könnten, weil die Behauptung sich später als unrichtig oder nicht erweislich wahr herausstellt.[684] Diese Grundsätze sind auf das Wettbewerbsrecht übertragbar.[685] Die praktischen Folgen dieser Rechtsprechungsänderung halten sich aber in Grenzen. Denn häufig werden die in einem Prozess oder Verfahren abgegebenen Erklärungen ohnehin unter dem Gesichtspunkt der Wahrnehmung berechtigter Interessen gerechtfertigt sein. Mangels eines rechtswidrigen Handelns begründen sie dann keine Wiederholungsgefahr, und ohne Hinzutreten besonderer Umstände besteht auch keine Erstbegehungsgefahr einer entsprechenden Rechtsverletzung.

249a **b) Sachliche Grenzen.** In folgenden – seltenen – Fallgruppen ist auch auf der Grundlage der geschilderten Rspr. des BGH ganz ausnahmsweise ein Rechtsschutzbedürfnis gegeben:[686]

250 **aa) Äußerung ohne Zusammenhang mit dem Verfahren.** Privilegiert ist in einem zweiseitigen Verfahren lediglich ein Vortrag, der aus Sicht der Partei als rechts-, einwen-

---

[680] BGH GRUR 2005, 882 (884 f.) – Unberechtigte Schutzrechtsverwarnung; vgl. dazu ferner BGH GRUR 2004, 958 – Verwarnung aus Kennzeichenrecht I; GRUR 2006, 432 – Verwarnung aus Kennzeichenrecht II; GRUR 2006, 433 – Unbegründete Abnehmerverwarnung.

[681] OLG Karlsruhe GRUR 2019, 306 Rn. 40 – Kündigung durch Bausparkasse in Niedrigzinsphase.

[682] OLG Karlsruhe GRUR 2019, 306 Rn. 40 – Kündigung durch Bausparkasse in Niedrigzinsphase.

[683] BGH NJW 1984, 1104 (1105) aE; offen gelassen in BGH GRUR 1995, 66 (68) – Konkursverwalter.

[684] BGH NJW 2012, 1659 Rn. 9.

[685] Teplitzky/*Bacher* Kap. 19 Rn. 18; *Fritzsche* S. 145; weitere Nachweise und Überblick über den Meinungsstand bei *Hanßen* S. 86 f.

[686] BGH WRP 2008, 359 Rn. 14 – Unterlassung schriftsätzlicher Äußerungen; GRUR 2013, 305 Rn. 16 – Honorarkürzung; *Hanßen* S. 80 ff.

dungs- oder einredebegründender Umstand im Prozess erheblich sein kann und nicht lediglich der Stimmungsmache dient.[687] Eine in einem Verfahren oder aus diesem Anlass abgegebene Äußerung dient nicht der Rechtsverfolgung und ist nicht privilegiert, wenn sie **offensichtlich ohne jeden inneren Zusammenhang** mit der Ausführung oder Verteidigung der in dem betreffenden Verfahren verfolgten Rechte steht, also nur „bei Gelegenheit" des Verfahrens erfolgt.[688]

bb) Offensichtlich unwahre Behauptungen. Nicht privilegiert sind auch Äußerungen, die bereits zu dem Zeitpunkt, zu dem sie gemacht werden, **offensichtlich** und **„auf der Hand liegend" falsch** sind.[689] 251

cc) Bewusst wahrheitswidrige und leichtfertige Behauptungen. In der Entscheidung „Bilanzanalyse Pro 7" hat es der BGH dahingestellt sein lassen, ob die Privilegierung von Verfahrensäußerungen so weit reicht, dass Abwehransprüche auch gegenüber einer bewussst unrichtigen falschen Behauptung das Rechtsschutzbedürfnis fehlt.[690] Das BVerfG hält eine derart weitreichende Privilegierung jedenfalls nicht für erforderlich.[691] Richtig ist es, **bewusst unwahren Tatsachenbehauptungen** auch dann die Privilegierung zu versagen, wenn sie in oder im Vorfeld eines rechtlich geordneten Verfahrens aufgestellt werden.[692] Daher ist etwa der Erstatter einer Strafanzeige ebenso wie derjenige, der sich wegen vermeintlicher Missständen an eine Verwaltungsbehörde wendet, vor Unterlassungs- und Schadensersatzansprüchen nur dann geschützt, wenn er in gutem Glauben handelt. Eine Privilegierung von bewusst unwahr aufgestellten Behauptungen, um ein Straf- oder Ordnungswidrigkeitenverfahren herbeizuführen, um einen Mitbewerber zu schaden, ist auch mit der Wertung des § 164 StGB („wider besseres Wissen") nicht in Einklang zu bringen.[693] 252

dd) Leichtfertig aufgestellte unwahre Behauptungen. In der Entscheidung „Bilanzanalyse Pro 7" hat der BGH ebenfalls offengelassen, ob auch bei einer **leichtfertig aufgestellten falschen Behauptung** das Rechtsschutzbedürfnis fehlt.[694] Auch solch Kopf e Behauptungen sind aber vom Ausgenommen vom Äußerungsprivileg nicht gedeckt.[695] Für die Beurteilung, ob man es mit einer „leichtfertig" unwahr aufgestellten Äußerung ist eine umfassende Abwägung zwischen den betroffenen Grundrechtspositionen erforderlich.[696] 253

ee) Schmähkritik. Schmähungen, bei denen nicht die Auseinandersetzung in der Sache, sondern die Diffamierung des Gegners im Vordergrund steht, verdienen ebenfalls keine Privilegierung.[697] Allerdings sind im Lichte der Meinungsfreiheit gem. Art. 5 Abs. 1 GG die Anforderungen an eine diffamierende Schmähkritik hoch. So wurde die Kritik, bei einem Franchisemodell handele es sich um eine „parasitäre Veranstaltung" und es heftete 254

[687] BVerfG 11.4.1991 – 2 BvR 963/30; OLG Stuttgart 20.12.2018 – 2 W 63/18.

[688] BVerfG 15.12.2008 – 1 BvR 1404/04; BGH GRUR 1973, 550 (551) – halbseiden; WRP 2008, 359 Rn. 14 – Unterlassung schriftsätzlicher Äußerungen; GRUR 2013, 305 Rn. 16 – Honorarkürzung; OLG Stuttgart 20.12.2018 – 2 W 63/18; *Hanßen* S. 80 f.

[689] BGH WRP 2008, 359 Rn. 14 – Unterlassung schriftsätzlicher Äußerungen; GRUR 2013, 305 Rn. 16 – Honorarkürzung; OLG Stuttgart 20.12.2018 – 2 W 63/18; *Hanßen* S. 81 f.

[690] BGH GRUR 1998, 587 (590) – Bilanzanalyse Pro 7.

[691] BVerfG 15.12.2008 – 1 BvR 1404/04.

[692] OLG München 10.1.2017 – 6 W 14/17 – Dialyse-Transport; OLG Frankfurt a. M. WRP 2020, 628 Rn. 15.

[693] OLG München 10.1.2017 – 6 W 14/17 – Dialyse-Transport.

[694] BGH GRUR 1998, 587 (590) – Bilanzanalyse Pro 7.

[695] BVerfG 15.12.2008 – 1 BvR 1404/04; OLG Stuttgart 20.12.2018 – 2 W 63/18; OLG Frankfurt a. M. WRP 2020, 628 Rn. 15.

[696] BVerfG 16.3.1999 – 1 BvR 734/98; OLG Stuttgart 20.12.2018 – 2 W 63/18.

[697] BGH WRP 2008, 359 Rn. 14 – Unterlassung schriftsätzlicher Äußerungen; GRUR 2013, 305 Rn. 16 – Honorarkürzung; *Hanßen* S. 82 f.

sich „wie eine Zecke" an die unwissenden Franchisenehmer noch als sicherlich zugespitzte, aber auf die Sache bezogene Kritik gewertet.[698]

255 **c) Personelle Grenzen.** Privilegiert sind grundsätzlich nur Äußerungen von Personen, die **am Verfahren beteiligt** sind. Am Verfahren beteiligt sind neben den Parteien insbesondere deren Prozessvertreter bzw. Vertreter gegenüber der Behörde sowie Zeugen und Sachverständige.[699]

256 **aa) Schutzlosigkeit unbeteiligter Dritter.** Die Privilegierung von Äußerungen in einem rechtlich geordneten Verfahren sollen nach der Rspr. des BGH auch dann gelten, wenn durch die zur Rechtsverfolgung abgegebenen Äußerungen am Verfahren **nicht beteiligte Dritte** betroffen werden,[700] zB wenn in einer veröffentlichten Patentschrift die im Anmeldeverfahren gemachten Angaben zum Stand der Technik und der zu lösenden Aufgabe die Nachteile des Produkts eines bestimmten Mitbewerbers erläutert werden.[701] Sehe ein solches Verfahren eine Beteiligung des Dritten nicht vor, so sei damit eine abschließende gesetzgeberische Interessenabwägung getroffen, die dazu führe, dass dem Dritten das Rechtsschutzbedürfnis für eine Klage gegen herabsetzende Äußerungen in diesem Verfahren fehle.[702] Die ungehinderte Durchführung staatlich geregelter Verfahren dürfe im Interesse der daran Beteiligten und im öffentlichen Interesse nicht mehr als unbedingt notwendig behindert werden. Die Verfahrensbeteiligten müssten, soweit nicht zwingende rechtliche Grenzen entgegenstehen, vortragen können, was sie zur Rechtsverfolgung oder Rechtsverteidigung für erforderlich halten. Dabei müssten, wenn dies der Verfahrensgegenstand rechtfertigt, auch Tatsachenbehauptungen und -bewertungen mit Bezug auf am Verfahren nicht beteiligte Dritte zum Inhalt des Vorbringens gemacht werden können. Es sei dann allein Aufgabe des mit der Entscheidung in dem betreffenden Verfahren befassten Organs, die Erheblichkeit und Richtigkeit des jeweiligen Vorbringens für seine Entscheidung zu beurteilen. Nur so sei eine rechtsstaatliche Verfahrensführung gewährleistet. Die Interessen von Dritten würden dadurch genügend geschützt, dass Äußerungen ohne sachlichen Zusammenhang mit dem Verfahren, offenkundig unrichtige Äußerungen sowie Schmähungen nicht privilegiert seien und dagegen Klagen möglich seien.[703] Könne sich der am Verfahren nicht beteiligte Dritte nicht im Verfahren selbst gegen die jeweiligen Äußerungen wehren, sei aber im Rahmen einer Abwägung der widerstreitenden Interessen besonders sorgfältig zu prüfen, ob es dem Dritten zumutbar sei, die Äußerung im Verfahren hinzunehmen.[704]

257 **bb) Kritik.** Diese Auffassung ist jedoch deshalb **bedenklich,** weil sie dem **Schutz** des durch die Äußerung in seinen Rechten **Betroffenen nicht hinreichend Rechnung** trägt. Die Beschränkung des Rechtsschutzes bei Äußerungen, die der Rechtsverfolgung oder -verteidigung in behördlichen oder gerichtlichen Verfahren dienen, findet ihre Rechtfertigung vor allem darin, dass dem Betroffenen bereits in dem anhängigen Verfahren prozessual oder materiell-rechtlich ausreichende Rechtsgarantien zum Schutze seiner Interes-

[698] BGH WRP 2008, 359 Rn. 24 – Unterlassung schriftsätzlicher Äußerungen.

[699] *Hanßen* S. 79 mwN.

[700] BGH GRUR 1973, 550 (551) – halbseiden; WRP 2008, 359 Rn. 14 – Unterlassung schriftsätzlicher Äußerungen mwN; GRUR 2010, 253 Rn. 16 – Fischdosendeckel; GRUR 2013, 305 Rn. 15 f. – Honorarkürzung; GRUR 2013, 647 Rn. 13 f. – Rechtsmissbräuchlicher Zuschlagsbeschluss; ebenso OLG Stuttgart 20.12.2018 – 2 W 63/18; OLG Köln GRUR-RR 2019, 306 Rn. 34 – Kündigung durch Bausparkasse in Niedrigzinsphase.

[701] BGH GRUR 2010, 253 Rn. 16 – Fischdosendeckel.

[702] BGH GRUR 2010, 253 Rn. 18 ff., 24 – Fischdosendeckel.

[703] BGH GRUR 2010, 253 Rn. 17 – Fischdosendeckel; GRUR 2013, 305 Rn. 16 – Honorarkürzung; GRUR 2013, 647 Rn. 14 – Rechtsmissbräuchlicher Zuschlagsbeschluss.

[704] BGH WRP 2008, 359 Rn. 15 – Unterlassung schriftsätzlicher Äußerungen; GRUR 2010, 253 Rn. 15 – Fischdosendeckel; GRUR 2013, 305 Rn. 15 – Honorarkürzung; GRUR 2013, 647 Rn. 13 – Rechtsmissbräuchlicher Zuschlagsbeschluss; ZUM-RD 2018, 473 Rn. 16; OLG Köln GRUR-RR 2019, 306 Rn. 34 – Kündigung durch Bausparkasse in Niedrigzinsphase.

sen bereitstehen, er den Eingriff in seine Rechte insbesondere zur Nachprüfung durch das Gericht (oder die Behörde) stellen kann.[705] Ist der Betroffene aber nicht am Verfahren beteiligt, so ist in aller Regel nicht gewährleistet, dass er von den ihn beeinträchtigenden Äußerungen Kenntnis erhält und ihm Gelegenheit gegeben wird, sich dagegen zu verteidigen.[706] Mangels einer verfahrensbezogenen Verteidigungsmöglichkeit sind am Verfahren völlig **unbeteiligte Dritte sehr viel schutzwürdiger als Verfahrensbeteiligte.**[707] Die auch für den Dritten mögliche Klage gegen Äußerungen ohne erkennbaren Bezug zum Ausgangsrechtsstreit, auf der Hand liegend falsche Äußerungen und Schmähungen[708] reicht als Rechtsschutz für den unbeteiligten Dritten nicht aus. Auch das sich beständig wiederholende Lippenbekenntnis des BGH, dass, weil der Dritte sich im Verfahren selbst nicht gegen die jeweiligen Äußerungen wehren könne, im Rahmen einer Abwägung der widerstreitenden Interessen besonders sorgfältig zu prüfen sei, ob es dem Dritten zumutbar sei, die Äußerung im Verfahren hinzunehmen,[709] hilft dem Dritten nicht weiter. Denn wenn das Rechtsschutzinteresse versagt wird, steht dem Dritten ja schon kein Rechtsweg offen, auf dem er seinen Interessen Geltung verschaffen könnte. Muss der Dritte damit rechnen, trotz gewichtiger Interessen mit seiner Klage gar nicht zugelassen zu werden, wird ihm der Rechtsschutz übermäßig erschwert. Dies ist mit dem Anspruch auf rechtliches Gehör (Art. 103 Abs. 1 GG) nicht zu vereinbaren.

Zum Schutze seiner Rechte **sollte man daher** ohne Wenn und Aber **ein Klagerecht** 258
des unbeteiligten Dritten **zulassen.**[710] Gegen die Klage kann sich der Verletzer dann unter dem Gesichtspunkt der **Wahrnehmung berechtigter Interessen** verteidigen (→ Rn. 224 f.). Hier kommt es dann ohnehin zu der vom BGH geforderten Interessenabwägung. Die zur Rechtsverteidigung in einem Verfahren abgegebenen Erklärungen dienen, auch wenn sie Dritte betreffen, grundsätzlich der Wahrnehmung gerechtfertigter Interessen, sofern sie nicht der Wahrheit zuwider behauptet worden sind. Auf den Ablauf des anhängigen Verfahrens wird durch die von dem an diesem Verfahren nicht beteiligten Dritten erhobene Abwehrklage gegen einen Verfahrensbeteiligten weder störend eingewirkt noch wird dem Ergebnis des schwebenden Verfahrens vorgegriffen, weil eine Entscheidung, die in dem Rechtsstreit über die Abwehrklage des Dritten ergeht, nur in dessen Rechtsverhältnis zu dem von ihm in Anspruch Genommenen bindende Wirkung hat (§ 325 Abs. 1 ZPO).[711]

d) Mediale Grenzen. Für Behauptungen oder Werturteile, die in Bezug auf ein recht- 259
lich geordnetes Verfahren gemacht, aber nicht im Verfahren selbst, sondern bei anderer Gelegenheit geäußert werden, gilt keine Privilegierung.[712] Dies hat der BGH etwa bei **ehrenrührigen Äußerungen außerhalb der prozessualen Rechtsverfolgung** durch Rundschreiben oder ähnliche an die Öffentlichkeit gerichtete Aktionen angenommen.[713] **Privilegierte Medien** sind also allein die unmittelbar **zum Verfahren gehörenden Schriftstücke** sowie das **in mündlicher Verhandlung gesprochene Wort.** Die Privilegierung der Äußerungen von Verfahrensbeteiligten im Verfahren ist nämlich vor dem Hintergrund zu sehen, dass regelmäßig nur eine geringe Zahl von Personen am Verfahren mitwirken und dem Prozessvortrag gegenüber anderen Verbreitungsmöglichkeiten außerhalb des Verfahrens nur eine geringe Öffentlichkeitswirkung zukommt; berufliche und amtliche Schweigepflichten treten hinzu.[714] Insoweit besteht rein faktisch eine geringe

[705] BGH GRUR 1995, 66 (67) – Konkursverwalter.
[706] Vgl. BGH GRUR 1998, 587 (590) – Bilanzanalyse Pro 7.
[707] *Hanßen* S. 78.
[708] BGH WRP 2008, 359 Rn. 17 – Unterlassung schriftsätzlicher Äußerungen; GRUR 2013, 305 Rn. 16 – Honorarkürzung; GRUR 2013, 647 Rn. 14 – Rechtsmissbräuchlicher Zuschlagsbeschluss.
[709] Nachweise in Fn. 704.
[710] So auch *Hanßen* S. 110.
[711] Vgl. BGH GRUR 2010, 253 Rn. 14 f. – Fischdosendeckel; *Hanßen* S. 76 mwN.
[712] BGH NJW 1992, 1314 (1315) – Kassenarztrundschreiben; *Hanßen* S. 83 f.
[713] BGH NJW 1992, 1314 (1315) – Kassenarztrundschreiben.
[714] *Hanßen* S. 95 mwN.

Streuwirkung von Äußerungen, die in einem rechtlich geordneten Verfahren getätigt werden. Wer die medialen Grenzen des Verfahrens überschreitet, überschreitet auch die Grenzen der Privilegierung von Verfahrensäußerungen.

§ 8 Beseitigung und Unterlassung

(1) **[1]Wer eine nach § 3 oder § 7 unzulässige geschäftliche Handlung vornimmt, kann auf Beseitigung und bei Wiederholungsgefahr auf Unterlassung in Anspruch genommen werden. [2]Der Anspruch auf Unterlassung besteht bereits dann, wenn eine derartige Zuwiderhandlung gegen § 3 oder § 7 droht.**

(2) **Werden die Zuwiderhandlungen in einem Unternehmen von einem Mitarbeiter oder Beauftragten begangen, so sind der Unterlassungsanspruch und der Beseitigungsanspruch auch gegen den Inhaber des Unternehmens begründet.**

(3) **Die Ansprüche aus Absatz 1 stehen zu:***

1. **jedem Mitbewerber, der Waren oder Dienstleistungen in nicht unerheblichem Maße und nicht nur gelegentlich vertreibt oder nachfragt;**
2. **denjenigen rechtsfähigen Verbänden zur Förderung gewerblicher oder selbständiger beruflicher Interessen, die in der Liste der qualifizierten Wirtschaftsverbände nach § 8b eingetragen sind, soweit ihnen eine erhebliche Zahl von Unternehmern angehört, die Waren oder Dienstleistungen gleicher oder verwandter Art auf demselben Markt vertreiben, und die Zuwiderhandlung die Interessen ihrer Mitglieder berührt;**
3. **den qualifizierten Einrichtungen, die in der Liste der qualifizierten Einrichtungen nach § 4 des Unterlassungsklagengesetzes eingetragen sind, oder den qualifizierten Einrichtungen aus anderen Mitgliedstaaten der Europäischen Union, die in dem Verzeichnis der Europäischen Kommission nach Artikel 4 Absatz 3 der Richtlinie 2009/22/EG des Europäischen Parlaments und des Rates vom 23. April 2009 über Unterlassungsklagen zum Schutz der Verbraucherinteressen (ABl. L 110 vom 1.5.2009, S. 30), die zuletzt durch die Verordnung (EU) 2018/302 (ABl. L 60 vom 2.3.2018, S. 1) geändert worden ist, eingetragen sind;**
4. **den Industrie- und Handelskammern oder den nach der Handwerksordnung errichteten Organisationen und anderen berufsständischen Körperschaften des öffentlichen Rechts im Rahmen der Erfüllung ihrer Aufgaben bei der Vertretung selbstständiger beruflicher Interessen sowie den Gewerkschaften im Rahmen der Erfüllung ihrer Aufgaben bei der Vertretung selbständiger beruflicher Interessen.**

(4) **Stellen nach Absatz 3 Nummer 2 und 3 können die Ansprüche nicht geltend machen, solange ihre Eintragung ruht.**

(5) **[1]§ 13 des Unterlassungsklagengesetzes ist entsprechend anzuwenden; in § 13 Absatz 1 und 3 Satz 2 des Unterlassungsklagengesetzes treten an die Stelle des Anspruchs gemäß § 1 oder § 2 des Unterlassungsklagengesetzes die Unterlassungsansprüche nach dieser Vorschrift. [2]Im Übrigen findet das Unterlassungsklagengesetz keine Anwendung, es sei denn, es liegt ein Fall des § 4e des Unterlassungsklagengesetzes vor.**

Zu den wettbewerbsrechtlichen Ansprüchen allgemein → Vor § 8 Rn. 1; davor auch allgemeine Literaturhinweise.

Übersicht

* Abs. 3 in der ab dem 1. Dezember 2021 geltenden Fassung. Text der bis dahin gültigen Fassung auf S. 8.

A. Der Unterlassungsanspruch

Schrifttum: *Ahrens,* Die Entstehung der zivilrechtlichen Sanktionen des UWG, WRP 1980, 129; *ders.* Beseitigung kraft Unterlassungstitels: berechtigter Aufstand gegen den BGH? Zugleich Besprechung von BGH „Produkte zur Wundversorgung", GRUR 2018, 374; *Ausschuss für Wettbewerbs- und Markenrecht der Deutschen Vereinigung für gewerblichen Rechtsschutz und Urheberrecht,* „Zwischenruf", GRUR 2017, 885; *Bacher,* Die Beeinträchtigungsgefahr als Voraussetzung für Unterlassungsklagen im Wettbewerbsrecht und in anderen Gebieten, 1996; *Braun-Goerke,* Was tun? Beseitigungs- und Handlungspflichten des Unterlassungsschuldners, WRP 2019, 1539, *v. Czettritz/Thewes,* Rückrufverpflichtung in einstweiligen Verfügungsverfahren?, PharmR 2017, 92; *A. Dissmann,* Unterlassungsanspruch und Beseitigungsanspruch – Schnittmenge, Teilmenge oder doch gar zwei verschiedene Dinge?, MarkenR 2017, 293; *R. Dissmann,* Unterlassung und Rückruf – die europäische Perspektive, GRUR 2017, 986; *Eltzbacher,* Die Unterlassungsklage. Ein Mittel vorbeugenden Rechtsschutzes, 1906; *Feddersen,* Unterlassen durch beseitigen: Beseitigungshandlung als Bestandteil des Unterlassungsanspruchs, in: FS Büscher, 2018, 471; *Fritzsche,* Unterlassungsanspruch und Unterlassungsklage, 2000; *Köhler,* Die wettbewerbsrechtlichen Abwehransprüche (Unterlassung, Beseitigung, Widerruf), NJW 1992, 137; *Goldmann,* Anmerkung zu BGH GRUR 2016, 720 – Hot Sox, GRUR 2016, 724; *Hermanns,* Der Unterlassungsanspruch als verkappter Rückrufanspruch?, GRUR 2017, 977; *Hofmann,* Der Unterlassungsanspruch als Rechtsbehelf, 2017; *ders.,* Unterlassungsanspruch und Verhältnismäßigkeit – Beseitigung, Löschung und Rückruf, NJW 2018, 1290; *Husemann,* Die aus einem Unterlassungsvertrag resultierenden Handlungspflichten, WRP 2017, 270; *Jung,* Zur Reichweite aktiver Maßnahmen zwecks Vermeidung von Verstößen gegen Unterlassungspflichten im Internet – Spezifische Handlungspflichten bezogen auf Suchmaschinen, Branchendienste & Co., in: Liber amicorum für Manfred Hecker, 2017, S. 153; *Lindacher,* Unterlassungs- und Beseitigungsanspruch, GRUR 1985, 423; *Lubberger,* Zu Risiken und Nebenwirkungen kontaktieren Sie Ihren Anwalt oder Richter. Besprechung von BGH „Produkte zur Wundversorgung", GRUR 2018, 378; *Meinhardt,* Der Drops ist gelutscht – und jetzt? Überlegungen zum Umgang mit der jüngeren BGH-Rechtsprechung zu Beseitigungspflichten des Unterlassungsschuldners in der Praxis, WRP 2018, 527; *Miosga,* Die Ansprüche auf Rückruf und Entfernen im Recht des geistigen Eigentums, 2010; *Oppermann,* Unterlassungsanspruch und materielle Gerechtigkeit im Wettbewerbsprozeß, 1993; *Pastor,* Das wettbewerbsrechtliche Unterlassungs- und Schadensersatzrecht, 4. Aufl. des von *Reimer* begründeten Werks, 1971; *Petersenn/Graber,* Rückrufpflicht des Unterlassungsschuldners: Neue Rahmenbedingungen nach BGH-Urteil, GRUR-Prax 2018, 139; *Rheineck,* Rückrufpflichten des Unterlassungsschuldners? WRP 1992, 753; *Sakowski,* Unterlassen durch Rückruf – „Hot Sox" und „RESCUE-Produkte" und die Folgen, GRUR 2017, 355; *Schmitt-Gaedke/Schmidt;* Vollstreckung des Unterlassungstitels: Was hat der Schuldner zu unterlassen, was muss er tun?, GRUR-Prax 2017, 343; *Voit,* Zur Frage der Rückrufverpflichtung auf der Grundlage eines Unterlassungsanspruchs nach der Rescue-Tropfen-Entscheidung des Bundesgerichtshofs vom 29.9.2016, PharmR 2018, 1; *Wesel,* Zur Frage des materiellen Anspruchs bei Unterlassungsklagen, in: FS v. Lübtow, 1970, S. 787.

I. Allgemeines

1 **1. Bedeutung.** Der Unterlassungsanspruch ist von überragender Bedeutung. Er ist das **wichtigste Instrument der Rechtsdurchsetzung.** In der weit überwiegenden Zahl der Fälle ist das Hauptinteresse des Gläubigers darauf gerichtet, dass der Verletzer zur Unterlassung der beanstandeten Handlung verurteilt wird. Ganz abgesehen davon, dass ein Schadensersatzanspruch nicht einfach zu beziffern ist und selten eine wirtschaftlich vollwertige Kompensation verschafft, tritt der Schadensersatzanspruch in Wert und Bedeutung meist hinter dem Unterlassungsanspruch zurück. In der Praxis des Wettbewerbsrechts geht „Schadensverhütung vor Schadensvergütung".[1]

2 Aus prozessualer Sicht kommt hinzu, dass der Unterlassungsanspruch sich besonders gut und gem. § 12 Abs. 2 unter erleichterten Voraussetzungen im Wege der **einstweiligen Verfügung** geltend machen und schnell durchsetzen lässt. Ist der Unterlassungsanspruch im Verfügungswege erst einmal (vorläufig) gerichtlich tituliert, kommt es in den weitaus meisten Fällen zwischen den Parteien zu einer Gesamteinigung. Der Unterlassungsanspruch ist somit über seine eigene gewichtige Bedeutung hinaus oftmals der **Schlüssel zur umfassenden Streitbeilegung.** Er ist der **wettbewerbsrechtliche Fundamentalanspruch** schlechthin.[2]

3 **2. Charakter.** Wettbewerbsrechtliche Ansprüche gem. § 8 zur Abwehr von Zuwiderhandlungen gegen § 3 oder § 7 sind **vermögensrechtliche Ansprüche.**[3] Sie sind grundsätzlich **höchstpersönlicher Natur.** Die Unterlassungspflicht geht daher nicht auf den Rechtsnachfolger über (näher → Rn. 178 ff.).[4]

4 Neben der Unterscheidung hinsichtlich der **Art der Begehungsgefahr** (Wiederholungsgefahr oder Erstbegehungsgefahr) lassen sich die Unterlassungsansprüche allgemein in **gesetzliche** (§ 8 Abs. 1 S. 1 Alt. 2 und S. 2) und **vertragliche,** im Regelfall durch einen Unterlassungsvertrag begründete Unterlassungsansprüche einteilen. Weitere, vorwiegend im älteren Schrifttum vorgenommene Einteilungen („deliktisch", „quasi-negatorisch" etc)[5] sind praktisch nicht mehr von Bedeutung.[6]

II. Zielrichtung und Inhalt

5 **1. Unterlassen als Nichtbegehen der Zuwiderhandlung.** Der gesetzliche Unterlassungsanspruch (§ 8 Abs. 1 S. 1 Alt. 2 und S. 2) richtet sich **inhaltlich** unmittelbar auf eine **Unterlassung.** Eine Unterlassung ist die **Nichtvornahme einer Handlung.** „Unterlassen" und „Unterlassung" bedeutet das gleiche, wobei „Unterlassen" das geschuldete Verhalten und „Unterlassung" zugleich den darauf beruhenden Erfolg beschreibt.[7] Die Nichtvornahme einer Handlung (welcher?) ist für sich genommen inhaltsleer. Erst im Lichte der konkreten rechtswidrigen Handlung, die nicht vorgenommen werden soll, erhält die Unterlassung einen für das Recht bedeutsamen Inhalt. Beim wettbewerbsrechtlichen Unterlassungsanspruch besteht dieser im künftigen Nichtbegehen gerade der im Klageantrag, dem Urteilstenor bzw. in der Unterwerfungserklärung **konkret umschriebenen Zuwiderhandlung** gegen **§ 3** oder **§ 7,** also einer **konkreten Verletzungshandlung.**[8] Das Wesen des Unterlassungsanspruchs ist nach der Rspr. des BGH die **„in die Zukunft**

[1] *Pastor* Kap. 3 II; ausf. hierzu *Hofmann* S. 337 ff.
[2] *Tetzner* Vorb. Rn. 21; *Ulmer/Reimer* Rn. 137; vgl. auch *Oppermann* S. 26 f. mwN.
[3] OLG Köln 6.8.1999 – 6 U 9/99 – Schaden-Soforthilfe; 18.8.2000 – 6 U 16/00 – Pflegebetten.
[4] BGH GRUR 2006, 879 Rn. 17 – Flüssiggastank; GroßKommUWG/*Paal* § 8 Rn. 189.
[5] Hierzu etwa *Callmann* S. 92 ff.; *Rosenthal/Leffmann* Einl. Rn. 40 ff.; *Pastor* Kap. 2 III; zusf. *Fritzsche* S. 122 ff.
[6] Vgl. *Pastor* Kap. 2 III 3; Teplitzky/*Schaub* Kap. 2 Rn. 11 f. mwN; *Fritzsche* in Gloy/Loschelder/Danckwerts HdbWettbR § 79 Rn. 4.
[7] *Pastor* Kap. 1 I.
[8] Vgl. *Pastor* Kap. 1 I 2.

gerichtete Unterbindung von bereits begangenen oder in naher Zukunft konkret drohenden tatbestandlichen Rechtsverletzung[en]“.[9]

Ein Unterlassungsanspruch kann immer nur auf das Unterlassen der konkreten Verletzungshandlung, also ihre Nichtwiederholung, gerichtet sein, **nicht** aber **auf die Vornahme einer alternativen Handlung.** Für **positive Auflagen** an den Verletzer im Rahmen eines Unterlassungsgebots ist deshalb idR **kein Raum.**[10] Der Unterlassungsanspruch hat nur dasjenige zum Inhalt, was ein Verletzer nicht tun darf.[11] Dementsprechend ist es nicht Sache des Verletzten zu sagen, was der Verletzer tun darf oder im Einzelnen tun muss, damit im Ergebnis kein Verstoß mehr vorliegt. Deshalb lässt bei einem gerichtlich titulierten Unterlassungsgebot die Entscheidungsformel in aller Regel auch nicht erkennen, wenn der Unterlassungsschuldner auch zu einem aktiven Handeln verpflichtet ist, um dem Unterlassungsgebot Genüge zu tun; ergänzende Handlungspflichten werden nicht gesondert tituliert.[12] Es ist vielmehr ausschließlich **Sache des Verletzers,** sein künftiges Verhalten zu bestimmen und zu entscheiden, wie er in Zukunft vorgehen muss um **nicht gegen das Unterlassungsgebot zu verstoßen.** Da sich das Unterlassungsgebot auf das Nichtbegehen einer Zuwiderhandlung beschränkt, bleibt es, wenn es mehrere Möglichkeiten rechtmäßigen Verhaltens gibt, grundsätzlich **dem Schuldner überlassen,** auf welche **Art und Weise** er dem Unterlassungsgebot nachkommt.[13] 6

Wie muss sich also der Verletzer als Unterlassungsschuldner verhalten, um den Unterlassungsanspruch zu erfüllen bzw. dem bereits titulierten Unterlassungsgebot oder einer strafbewehrten Unterlassungserklärung Genüge zu tun? Kann er den Unterlassungsanspruch durch **bloßes Nichtstun** erfüllen, indem er die rechtswidrigen Handlungen einstellt und sie nicht wieder begeht? Oder muss er **aktiv Handlungen** vornehmen, um die Unterlassung zu erreichen? Wenn ja, welche Handlungen sind das? Diese Fragen sind nicht immer leicht zu beantworten und gerade in letzter Zeit Gegenstand einer Kontroverse, die sich insbesondere darum dreht, ob beim Vertrieb rechtswidrig gekennzeichneter oder nachgeahmter Produkte infolge eines Unterlassungsanspruchs ein Produktrückruf erfolgen muss. Hier gilt im einzelnen folgendes: 7

2. Erfüllung der Unterlassungsverpflichtung durch bloßes Nichtstun. In einigen Fällen kann der Schuldner nach einer bereits begangenen Zuwiderhandlung die sich aus § 8 Abs. 1 S. 1 Alt. 2 ergebende Pflicht, etwas zu unterlassen, ganz einfach dadurch erfüllen, dass er die Zuwiderhandlung schlicht nicht weiter oder wieder vornimmt. Das ist dann die Nichtvornahme der Handlung im eigentlichen Sinne. Man kann sie als **schlichtes Unterlassen** bezeichnen.[14] Hat ein Händler etwa in einem Verkaufsgespräch bestimmte irreführende Angaben über wesentliche Merkmale einer Ware gemacht (§ 5 Abs. 1 Nr. 1), geschieht die Unterlassung dadurch, dass er diese irreführenden Angaben in weiteren Verkaufsgesprächen künftig nicht wiederholt. Der Unterlassungsanspruch wird in einem solchen Fall regelmäßig durch ein schlichtes Unterlassen erfüllt, also durch **bloßes Nichtstun.**[15] Nur ganz ausnahmsweise verlangt ein Unterlassen auch den Widerruf falscher Tatsachenbehauptungen (→ Rn. 45). 8

[9] Vgl. BGH GRUR 2018, 423 Rn. 25 – Klauselersetzung; vgl. auch *Pastor* Kap. 1 I 4.

[10] BGH GRUR 1955, 351 (357) – Indeta; GRUR 1963, 539 (541) – echt skai.

[11] *Pastor* Kap. 1 I 2.

[12] Vgl. BGH GRUR 2017, 208 Rn. 23, 26 – Rückruf von RESCUE-Produkten; GRUR 2018, 292 Rn. 22 – Produkte zur Wundversorgung.

[13] StRspr; vgl. RG MuW XXXI, 19 (20) – Älteste Kornbrennerei in Steinhagen; MuW XXXI, 385 (386) – antiseptisch imprägniert; BGH GRUR 1989, 110 (113) – Synthesizer; GRUR 1989, 445 (446) – Professorenbezeichnung in der Arztwerbung I; GRUR 1994, 126 (127 f.) – Folgeverträge I; GRUR 2004, 605 (607) – Dauertiefpreise; GRUR 2018, 292 Rn. 32 – Produkte zur Wundversorgung; *Pastor* Kap. 1 I 2.

[14] Vgl. OLG Düsseldorf GRUR 2018, 855 Rn. 38 – Rasierklingeneinheiten.

[15] Vgl. OLG Frankfurt a. M. GRUR-RR 2018, 122 Rn. 20 – nickelfreie Edelstahlschließen; GRUR 2018, 1085 Rn. 18 – kennzeichnungsfrei.

9 **3. Erfüllung der Unterlassungsverpflichtung durch Vornahme positiver Handlungen. a) Positive Handlungen zur Sicherstellung des schlichten Unterlassens.** In arbeitsteiligen Organisationen bringt bereits das schlichte Unterlassen die Notwendigkeit mit sich, **innerhalb der Organisation aktiv zu werden,** damit kein Glied der Organisation, dessen Handlungen sich der Unterlassungsschuldner gem. § 8 Abs. 2 zurechnen lassen muss, die Zuwiderhandlung wiederholt (also zB eine irreführende Werbebehauptung in einem Verkaufsgespräch nicht wieder aufstellt). Der Unterlassungsschuldner ist deshalb gehalten, alles ihm Mögliche und Zumutbare zur Unterbindung künftiger Verstöße durch **Mitarbeiter oder Beauftragte** zu unternehmen. Dazu kann es gehören, auf die Mitarbeiter durch schriftliche Belehrungen und Anordnungen einzuwirken. Dabei müssen für den Fall eines Verstoßes Sanktionen (zB Kündigung) angedroht werden. Darüber hinaus ist die Einhaltung der Anweisung zu überwachen; ggf. müssen die angedrohten Sanktionen auch verhängt werden.[16] Hier gelten im einzelnen die unter → Rn. 19 f. dargestellten Grundsätze.

10 **b) Positive Handlungen bei Schaffung eines fortdauernden bzw. fortwirkenden Störungszustands.** Nach einer bereits begangenen Zuwiderhandlung kann der Schuldner seiner Pflicht gem. § 8 Abs. 1 S. 2 Alt. 2, die konkrete Verletzungshandlung zu unterlassen, in vielen Fällen überhaupt nur dadurch gerecht werden, dass er – uU neben dem schlichten Unterlassen – **positive Handlungen** vornimmt, die notwendig sind, um den rechtmäßigen Zustand zu erreichen (zB die Abnahme eines Schildes mit irreführenden Angaben[17]). Eine Unterlassungsverpflichtung erschöpft sich also insbesondere dann nicht in einem bloßen Nichtstun, sondern umfasst **im Rahmen des Möglichen und Zumutbaren** auch die Pflicht zur Vornahme von Handlungen zur Beseitigung eines zuvor geschaffenen Störungszustands, wenn dem Unterlassungsgebot allein dadurch entsprochen werden kann.[18] Die Zuwiderhandlung im Sinne der Unterlassungsverpflichtung liegt dann im Unterlassen der **Beseitigung der** zuvor begründeten **Störungsquelle.**[19] In solchen Situationen laufen Unterlassungsanspruch und Beseitigungsanspruch auf dasselbe hinaus, nämlich auf die Beseitigung des Störungszustands (→ Rn. 47). Wenn es mehrere Möglichkeiten rechtmäßigen Verhaltens gibt, ist es grundsätzlich **dem Schuldner überlassen,** auf welche **Art und Weise** er dem Unterlassungsgebot nachkommt (→ Rn. 6). Hier gilt im einzelnen folgendes:

11 **c) Fortdauernder Störungszustand durch Dauerhandlung.** Bei einer **Dauerhandlung** (zum Begriff *Goldmann* → Vor § 8 Rn. 187), wie zB der Führung einer irreführenden Firma oder der Benutzung eines rechtswidrigen Geschäftsabzeichens am Geschäftsgebäude, folgt die Pflicht zur Vornahme positiver Handlungen bereits daraus, dass bei einer Dauerhandlung wegen ihrer unablässigen Fortdauer die Nichtbeseitigung des Störungszustands gleichbedeutend mit der Fortsetzung der Verletzungshandlung ist.[20] Die Benutzung eines Geschäftsabzeichens an der Fassade kann zB nur dadurch unterlassen werden, dass dieses aktiv beseitigt (zB abmontiert oder überstrichen) wird.[21]

---

[16] OLG Hamburg NJW-RR 1993, 1392; OLG Frankfurt a. M. WRP 2018, 245 Rn. 11; KG WRP 2019, 1483 Rn. 9.

[17] Vgl. OLG Düsseldorf GRUR 1970, 376 (377) – Möbellager.

[18] StRspr, vgl. BGH GRUR 1972, 558 (560) – Teerspritzmaschinen; GRUR 1977, 614 (616) – Gebäudefassade; NJW 1993, 1076 (1077) – Straßenverengung; GRUR 2015, 190 Rn. 16 – Ex-RAF-Terroristin; GRUR 2016, 104 Rn. 15 – Artikel auf Internetportal „recht§billig"; GRUR 2017, 208 Rn. 25 – Rückruf von RESCUE-Produkten; GRUR 2018, 292 Rn. 20 – Produkte zur Wundversorgung.

[19] So plastisch OLG Hamm NJW-RR 1990, 1197.

[20] StRspr, vgl. RGZ 148, 114 (123) – Gummiwaren; BGH GRUR 1977, 614 (616) – Gebäudefassade; GRUR 1990, 522 (528) – HBV-Familien- und Wohnungsrechtsschutz; GRUR 2015, 258 Rn. 64 – CT-Paradies; GRUR 2017, 208 Rn. 24 – Rückruf von RESCUE-Produkten; GRUR 2017, 318 f. Rn. 12 – Dügida; GRUR 2017, 823 Rn. 26 ff. – Luftentfeuchter; GRUR 2018, 292 Rn. 20 – Produkte zur Wundversorgung; OLG Dresden MuW XXII, 157 f. – Chemnitzer Pianohaus; OLG Düsseldorf GRUR 1970, 376 (377) – Möbellager; OLG Düsseldorf GRUR-RR 2016, 259 Rn. 60 – TÜV-Sondereintragung; *Fritzsche* S. 208.

[21] Vgl. BGH GRUR 1977, 614 (616) – Gebäudefassade.

d) Fortwirkender Störungszustand nach Einzelhandlung. aa) Grundsatz. Auch wenn die den Unterlassungsanspruch begründende Verletzungshandlung keine Dauerhandlung des Schuldners ist, kann eine Verpflichtung zur Unterlassung oder Duldung einer Handlung die Verpflichtung zur Vornahme von Handlungen umfassen, wenn der Schuldner einen **fortwirkenden Störungszustand geschaffen** hat und seiner Pflicht zur Unterlassung **nur dadurch** gerecht werden kann, dass er neben dem schlichten Unterlassen auch **positive Handlungen** vornimmt.[22] Er hat hier **innerhalb seiner eigenen Betriebsorganisation** zweckentsprechende **Maßnahmen und Anordnungen** zu **treffen und** die Umsetzung und Einhaltung seiner Anordnungen zu **kontrollieren.**[23] 12

Dem Schuldner eines **gerichtlichen Unterlassungsgebots** obliegt es nicht nur, keine weiteren Handlungen vorzunehmen, die eine neuerliche Verletzung des Unterlassungsgebots darstellen. Er muss vielmehr auch aktiv tätig werden, um den **Störungszustand** zu **beseitigen;** die sich hieraus ergebenden Handlungspflichten müssen nicht gesondert tituliert werden.[24] Der Schuldner einer auf Unterlassung lautenden Entscheidung kann also **zu einem aktiven Handeln verpflichtet** sein und daher, wenn er diese Handlungspflicht verletzt, gegen den Unterlassungstitel verstoßen. Abweichend von der Verwendung des Begriffs des „Unterlassens" im allgemeinen Sprachgebrauch ist im Wege der **Auslegung des Unterlassungstitels** zu ermitteln, welche Verhaltensweisen dieser erfasst und ob er den Schuldner zu einem aktiven Handeln verpflichtet.[25] Dabei ist vom Tenor der zu vollstreckenden Entscheidung auszugehen und sind erforderlichenfalls ergänzend die Entscheidungsgründe sowie gegebenenfalls die Antrags- oder Klagebegründung und der Parteivortrag heranzuziehen.[26] Wegen solcher, die titulierte Unterlassungspflicht lediglich ergänzender Handlungspflichten, die sich dem Unterlassungstitel bereits durch Auslegung entnehmen lassen, ist keine gesonderte Titulierung erforderlich.[27] 13

Bei einer **vertraglichen Verpflichtung** zur Unterlassung einer Handlung, durch die ein fortdauernder Störungszustand geschaffen wurde, ergibt mangels abweichender Anhaltspunkte **eine Auslegung nach §§ 133, 157 BGB** (näher hierzu → Rn. 161 ff.) regelmäßig, dass nicht nur die Unterlassung derartiger Handlungen, sondern auch die Vornahme möglicher und zumutbarer Handlungen zur **Beseitigung des Störungszustands** von der Unterlassungspflicht umfasst sind.[28] Auf einen abweichenden Parteiwillen deutet es hin, wenn die Parteien bei ihrer Vereinbarung eindeutig zwischen Unterlassung und Beseitigung unterscheiden.[29] 14

Beispiele für solche Handlungen, die zur Erfüllung des Unterlassungsanspruchs vorgenommen werden müssen, sind: Änderung oder Löschung der eigenen Webseite,[30] Entfernung von Werbemitteln mit wettbewerbswidrigen Angaben, Abnahme von Schildern,[31] Hinzufügung von bislang fehlenden Basisinformationen etc. Weil es dem Schuldner überlassen bleibt, wie er dem Unterlassungsgebot nachkommt (→ Rn. 6), muss er zB eine irreführende Werbetafel nicht vollständig beseitigen, wenn er die Irreführungsgefahr auf andere Weise ausräumen kann, etwa durch Hinzufügen aufklärender Hinweise. Soweit 15

---

[22] BGH GRUR 2017, 208 Rn. 26 – Rückruf von RESCUE-Produkten; GRUR 2018, 292 Rn. 20 – Produkte zur Wundversorgung; GRUR 2018, 1183 Rn. 9 f. – Wirbel um Bauschutt.

[23] OLG Hamm 1.12.2016 – 4 U 92/15 Rn. 108 ff. – Bußgeldanwälte.

[24] BGH GRUR 2017, 208 Rn. 25 – Rückruf von RESCUE-Produkten; GRUR 2018, 292 Rn. 19 f. – Produkte zur Wundversorgung.

[25] BGH GRUR 2018, 292 Rn. 18 – Produkte zur Wundversorgung; GRUR 2018, 1183 Rn. 8 – Wirbel um Bauschutt.

[26] BGH GRUR 2018, 292 Rn. 18 – Produkte zur Wundversorgung.

[27] BGH GRUR 2017, 208 Rn. 26 – Rückruf von RESCUE-Produkten.

[28] BGH GRUR 2015, 190 Rn. 13 ff. – Ex-RAF-Terroristin; GRUR 2015, 258 Rn. 63, 65 – CT-Paradies; GRUR 2017, 823 Rn. 26 ff. – Luftentfeuchter.

[29] BGH MMR 2011, 69 (70); GRUR 2015, 258 Rn. 63, 65 – CT-Paradies.

[30] OLG Hamm 1.12.2016 – 4 U 92/15 Rn. 108 ff. – Bußgeldanwälte; OLG Düsseldorf GRUR 2018, 855 Rn. 36 – Rasierklingeneinheiten.

[31] BGH GRUR 1972, 558 (560) – Teerspritzmaschinen; OLG Düsseldorf GRUR 1970, 376 (377) – Möbellager; OLG Düsseldorf GRUR 2018, 855 Rn. 36 – Rasierklingeneinheiten.

Werbematerial mit rechtswidrigem Inhalt in die Hand von Außendienstmitarbeitern gegeben wurde, muss durch auf den Einzelfall bezogene konkrete Anweisungen an den Außendienst dafür gesorgt werden, dass das Werbematerial vernichtet oder an diesen zurückgegeben wird.[32] Solche Pflichten bestehen unproblematisch für die eigenen Geschäfte und Filialen.[33] Ein derartiges internes Einsammeln von Waren, die mit einem Vertriebsverbot belegt sind, mag man zwar wie im Fall *„Piadina-Rückruf"* umgangssprachlich auch als „Rückruf" bezeichnen.[34] Eine Pflicht zum Rückruf im eigentlichen Sinne liegt aber nur vor, wenn Waren und Werbematerial nicht nur innerhalb der eigenen Vertriebsorganisation, sondern auch **von Kunden als unabhängigen Dritten** zurückgerufen werden müssen (hierzu → Rn. 34 ff.).

16 **bb) Einwirkung auf Dritte.** Nach der Rspr. des BGH gilt folgendes: Für das **Handeln selbständiger Dritter** hat der Unterlassungsschuldner zwar grundsätzlich nicht einzustehen. Er ist jedoch im Rahmen seiner Pflicht zur Verhinderung weiterer Verletzungen gehalten, auf Dritte, **deren Handeln ihm wirtschaftlich zugute kommt, im Rahmen des Möglichen, Erforderlichen und Zumutbaren einzuwirken,** wenn er mit – ggf. weiteren – Verstößen durch diese Dritten ernstlich rechnen muss und zudem **rechtliche oder** auch nur **tatsächliche Einwirkungsmöglichkeiten** auf das Verhalten der Dritten hat.[35] Seine frühere Rspr., wonach (kumulativ) rechtliche und tatsächliche Einwirkungsmöglichkeiten für den Unterlassungsschuldner erforderlich waren,[36] hat der BGH mit der Entscheidung *„Luftentfeuchter"* stillschweigend aufgegeben.[37] Es reicht seitdem aus, wenn dem Unterlassungsschuldner eine tatsächliche Einwirkung auf den Dritten möglich ist.[38] Insoweit kann sich der Unterlassungsschuldner nicht darauf berufen, dass die erneute Verletzung (nämlich durch diesen Dritten) ohne sein Zutun erfolgt ist.[39]

17 Dem Haftungsmodell des BGH liegt die Wertung zugrunde, dass ein Schuldner, der sich **zur Erweiterung seiner Handlungsmöglichkeiten der Hilfe Dritter** bedient, für das hierdurch gesteigerte Risiko von Störungen einstehen muss.[40] Das ist eine ganz ähnliche Wertung, wie sie hinter den §§ 278, 831 BGB, § 8 Abs. 2 UWG steht. Erforderlich ist mithin jedenfalls, dass die Dritten **mit Wissen und Wollen des Unterlassungsschuldners** tätig werden und insoweit rechtliche oder wirtschaftliche Beziehungen zwischen dem Unterlassungsschuldner und dem Dritten bestehen (zB ein Werbeagenturvertrag, ein Anzeigenauftrag, eine Lieferbeziehung etc). Nur mit dieser Einschränkung steht das Haftungsmodell des BGH mit der Rspr. des **EuGH** in den Urteilen ***„Daimler/Együd Garage"***[41] und ***„mk advokaten/MBK Rechtsanwälte"***[42] im Einklang (hierzu → Rn. 31 ff.). Hiernach sind nämlich einem Werbenden selbständige Handlungen anderer Wirtschaftsteilnehmer, mit denen er keine unmittelbare oder mittelbare Beziehung unterhält und die **nicht in seinem Auftrag** und für seine Rechnung, sondern auf eigene Initiative und im eigenen

---

32 OLG Hamburg 31.8.1988 – 3 W 84/88; OLG Düsseldorf 9.11.1992 – 2 W 56/92; LG Frankfurt a. M. 30.12.2016 – 2–03 O I49/16.

33 Vgl. BGH GRUR 2016, 406 Rn. 4, 52 f. – Piadina-Rückruf.

34 So BGH GRUR 2016, 406 Rn. 4, 52 – Piadina-Rückruf.

35 BGH GRUR 2017, 823 Rn. 29 – Luftentfeuchter; GRUR 2018, 292 Rn. 25 – Produkte zur Wundversorgung; GRUR 2018, 1183 Rn. 11 – Wirbel um Bauschutt; GRUR 2020, 548 Rn. 15, 17 – Diätische Tinnitusbehandlung.

36 BGH GRUR 2014, 595 Rn. 26 – Vertragsstrafenklausel; GRUR 2017, 208 Rn. 30 – Rückruf von RESCUE-Produkten.

37 BGH GRUR 2017, 823 Rn. 29 – Luftentfeuchter.

38 BGH GRUR 2017, 823 Rn. 29 – Luftentfeuchter; GRUR 2018, 292 Rn. 25 – Produkte zur Wundversorgung; GRUR 2018, 1183 Rn. 11 – Wirbel um Bauschutt; GRUR 2020, 548 Rn. 17 – Diätische Tinnitusbehandlung.

39 BGH GRUR 2014, 595 Rn. 26 – Vertragsstrafenklausel.

40 BGH GRUR 2018, 1183 Rn. 19 – Wirbel um Bauschutt.

41 EuGH GRUR 2016, 375 Rn. 36 f. – Daimler/Együd Garage.

42 EuGH GRUR 2020, 868 Rn. 22 f. – mk advokaten/MBK Rechtsanwälte.

Namen handeln, **nicht zuzurechnen.**[43] Diese Entscheidungen sind zwar zur rechtsverletzenden Benutzung im Markenrecht ergangen, sie sind aber insoweit verallgemeinerungsfähig, und ihre Grundsätze gelten auch für das UWG (→ Rn. 32).

Die **Pflicht** des Unterlassungsschuldners wird **durch das** ihm **Mögliche und Zumutbare begrenzt.** Der Schuldner darf zwar einerseits nicht untätig bleiben, wenn und soweit die Auslegung des Unterlassungstitels eine Pflicht zum positiven Handeln ergibt. Er muss andererseits aber weder etwas tun, was zur Verhinderung weiterer Verletzungen nichts beiträgt und deswegen nicht erforderlich ist, noch muss er Maßnahmen der Störungsverhinderung oder -beseitigung ergreifen, die ihm – etwa gegenüber seinen Abnehmern, mit denen er in laufender Geschäftsbeziehung steht – in unverhältnismäßiger Weise zum Nachteil seiner gewerblichen Tätigkeit gereichen und deshalb unzumutbar sind.[44] Soweit eine Einwirkung auf Dritte geschuldet ist, gilt: 18

Bei **gerichtlichen Unterlassungstiteln** sind im Rahmen des § 890 Abs. 1 ZPO an den Vollstreckungsschuldner **strenge Anforderungen** in Bezug auf seine organisatorischen Maßnahmen und auf deren Überwachung zu stellen. Dies erfordert auch **mehrfache Kontrollen.** Nicht nur **in Bezug** auf seine **eigenen Leute,** sondern auch in Bezug **auf Dritte,** deren er sich für die Veröffentlichung bedient hatte, ist der Vollstreckungsschuldner zur Anwendung größter Sorgfalt verpflichtet und hat alle Maßnahmen zu treffen, die nach menschlichem Ermessen garantieren, dass die untersagte geschäftliche Handlung nicht durch eine im Verantwortungsbereich des Unterlassungsschuldners stehende Person wiederholt wird.[45] Es reicht nicht aus, die betreffenden Dritten nur über den Inhalt der Unterlassungspflicht zu informieren und sie zu einem entsprechenden Verhalten aufzufordern. Vielmehr muss die Einhaltung der Anordnungen auch überwacht werden, und angedrohte Sanktionen müssen bei Verstößen auch verhängt werden, um ihre Durchsetzung sicherzustellen.[46] 19

Bei einer **vertraglichen Unterlassungsverpflichtung** gilt: Der Unterlassungsschuldner muss sich das Handeln von Erfüllungsgehilfen gem. § 278 BGB zurechnen lassen. Er hat daher die Obliegenheit, Verstöße durch Erfüllungsgehilfen zu verhindern. Er muss deshalb auf seine Erfüllungsgehilfen mit der Zielrichtung einwirken, dass sie dem Unterlassungsgebot in ihrem Verantwortungsbereich Genüge tun. Dazu gehört auch die schriftliche Belehrung über mögliche Folgen für den Unterlassungsschuldner im Falle eines Verstoßes gegen die Unterlassungserklärung. Insoweit reicht etwa die bloße Bitte, Inhalte zu entfernen, nicht aus. Es muss auf die dem Unterlassungsschuldner drohenden Folgen für den Fall hingewiesen werden, dass der Bitte nicht nachgekommen wird **(Folgenwarnung).**[47] 20

Einzelheiten: Wer zur Unterlassung einer Werbung verpflichtet ist, hat Plakate, die der Werbung versehen sind und im Auftrag des Verletzers auf angemietete Werbeflächen geklebt wurden, entfernen zu lassen.[48] Wer es zu unterlassen hat, bestimmte Produkte weiter anzubieten oder bestimmte Äußerungen zu verbreiten, die in mündlichen Verkaufsgesprächen gemacht werden oder auf gedrucktem Werbematerial stehen, der muss selbstverständlich innerhalb seiner **eigenen Vertriebsorganisation** dafür sorgen, dass die Waren aus dem Verkauf genommen und separiert werden, dass das vorhandene Werbematerial eingesammelt und gesichert wird und dass die Werbebehauptungen nicht mehr aufgestellt werden. Die eigene Vertriebsorganisation reicht dabei jedenfalls so weit, wie man von einer Eingliederung sprechen kann, wie sie für die Eigenschaft als **Beauftragter iSd § 8 Abs. 2** 21

---

[43] EuGH GRUR 2016, 375 Rn. 36 f. – Daimler/Együd Garage; GRUR 2020, 868 Rn. 22 f. – mk advokaten/MBK Rechtsanwälte.

[44] BGH GRUR 2018, 292 Rn. 26 – Produkte zur Wundversorgung.

[45] OLG Stuttgart MMR 2016, 606 Rn. 9.

[46] OLG Köln GRUR-RR 2015, 271 Rn. 18 – Werbeanrufe bei Stromkunden; OLG Frankfurt a. M. 22.11.2017 – 6 W 95/17.

[47] LG Baden-Baden 2.2.2016 – 5 O 13/15 KfH.

[48] Vgl. OLG Kiel MuW XIII, 210 (211) – Einzelverkauf an Private zu Fabrikpreisen; *Fritzsche* S. 202; *Rosenthal/Leffmann* Einl. Rn. 164.

verlangt wird (zu den Details → Rn. 711 ff.).[49] Gegenüber Werbeagenturen (die ebenfalls Beauftragte iSd § 8 Abs. 2 sind[50]) und auch gegenüber Presse- oder Rundfunkunternehmen (auch wenn sie in aller Regel nicht Beauftragte iSd § 8 Abs. 2 sind[51]) müssen bereits **plazierte Aufträge** für die Veröffentlichung von Werbemaßnahmen **zurückgenommen bzw. gekündigt** werden.[52] Die Verwendung rechtsverletzender Abbildungen zur Bewerbung von Produkten auf einer Internet-Handelsplattform führt zu einem andauernden Störungszustand. Ein Unterlassen der Verwendung dieser Bilder ist für den Anbieter nur möglich, wenn der Anbieter bei der Internet-Handelsplattform im Rahmen des Zumutbaren darauf hinwirkt, dass diese Abbildungen auch nicht mehr unter der Rubrik „beendete Auktionen" zu sehen sind.[53] Das ist konsequent, denn die Internet-Handelsplattform ist im Verhältnis zum Verkäufer dessen Beauftragter iSd § 8 Abs. 2.[54]

22 Eine Einwirkung auf Dritte ist auch dann ohne weiteres geschuldet, wenn der Dritte nach den Grundsätzen der mittelbaren Täterschaft als **Werkzeug** des Unterlassungsschuldners einzuordnen ist und der Unterlassungsschuldner Tatherrschaft hat (ausführlich zu mittelbaren Täterschaft → Rn. 462 ff.). Hat zB ein Gärtner zu unterlassen, auf Friedhöfen Blumenvasen mit Werbeaufklebern aufzustellen, so muss er, wenn er entsprechende Vasen verkauft, seine Kunden auf dieses Werbeverbot hinweisen. Tut er dies nicht und werden solche Vasen daraufhin von den Kunden auf dem Friedhof aufgestellt, liegt ein Verstoß gegen das Unterlassungsgebot vor.[55]

23 Darüber hinaus ist anerkannt, dass auch irreführende oder sonst rechtswidrige **Einträge in Branchenverzeichnissen** durch Einwirkung auf den Herausgeber oder Verlag verhindert werden müssen.[56] Dies kann allerdings nach den Grundsätzen der Entscheidungen *„Daimler/Együd Garage"* und *„mk advokaten/MBK Rechtsanwälte"* des EuGH nur dann ohne weiteres gelten, wenn die Einträge **im Auftrag des Unterlassungsschuldners** gemacht wurden, weil ihm nicht in seinem Auftrag und für seine Rechnung, sondern auf eigene Initiative und im eigenen Namen des Verlags gemachte Einträge nicht zuzurechnen sind.[57] Hat der Herausgeber oder Verleger eines Branchenverzeichnisses aus eigenem Antrieb gehandelt, ist dem Unterlassungsschuldner ein solcher Eintrag nicht zuzurechnen. Insoweit gelten im Offline-Bereich dieselben Grundsätze wie im Online-Bereich (hierzu → Rn. 31 ff.).

24 Nach der bisherigen Rspr. ist auch die Listung einer Verletzungsform in der **Lauer-Taxe** zu verhindern.[58] Die Lauer-Taxe ist eine privat unterhaltene Datenbank der LAUER-FISCHER GmbH.[59] Sie enthält unter anderem Daten des Artikelstamms der Bundesvereinigung Deutscher Apothekerverbände (ABDA) und Informationen über Fertigarzneimittel, die Pharmaunternehmen der Informationsstelle für Arzneispezialitäten (IFA) melden. Nach den Grundsätzen der zitierten EuGH-Rspr. kommt eine Verpflichtung eines Pharmaunternehmens zur Einwirkung auf den Betreiber der Lauer-Taxe nur dann in Betracht, wenn es um Inhalte geht, die auf Informationen des jeweiligen Pharmaunternehmens zurückgehen.

[49] Vgl. OLG Düsseldorf 22.9.2013 –. I-2 W 37/11 – Telefonkarte; OLG Köln GRUR-RR 2015, 271 – Werbeanrufe bei Stromkunden; OLG Düsseldorf GRUR 2018, 855 Rn. 36 – Rasierklingeneinheiten.

[50] BGH GRUR 1973, 208 (209) – Neues aus der Medizin; GRUR 1991, 772 (774) – Anzeigenrubrik I; GRUR 1994, 219 (220) – Warnhinweis; OLG Stuttgart GRUR-RR 2009, 343 (346) – CO_2-Emission I; LG Köln 29.5.2008 – 31 O 845/07; vgl. ferner BGH GRUR 2008, 186 Rn. 23 – Telefonaktion.

[51] BGH GRUR 1990, 1039 (1040) – Anzeigenauftrag.

[52] Vgl. OLG Düsseldorf GRUR 1970, 376 (377) – Möbellager mwN; OLG Hamm NJW-RR 1990, 1197; *Fritzsche* S. 202.

[53] Vgl. BGH GRUR 2015, 258 Rn. 66 – CT-Paradies.

[54] OLG Hamm 5.3.2013 – 4 U 139/12 – Alsino.

[55] OLG Koblenz 28.1.2019 – 9 W 648/18 Rn. 9.

[56] BGH GRUR 2008, 801 Rn. 10 – Hansen-Bau; GRUR 2014, 595 Rn. 29 – Vertragsstrafenklausel.

[57] EuGH GRUR 2016, 375 Rn. 36 f. – Daimler/Együd Garage; GRUR 2020, 868 Rn. 22 f. – mk advokaten/MBK Rechtsanwälte.

[58] OLG Düsseldorf 21.9.2017 – I-2 W 4/17; GRUR 2018, 855 Rn. 36 – Rasierklingeneinheiten.

[59] Vgl. BGH 10.12.2014 – 5 StR 136/14 Rn. 25.

Mangels Einflussmöglichkeit **nicht** geschuldet ist die **Einwirkung auf einen Hoheitsträger,** der in amtlicher Funktion eine Liste führt, mit dem Ziel, diese Liste zu ändern.[60] 25

26 **cc) Insbesondere Verstöße im Internet. (a) Zur Rspr. des BGH.** Für den **Inhalt von Webseiten** gilt **nach der bisherigen,** aber mit dem Unionsrecht nicht ohne weiteres in Einklang stehenden (→ Rn. 31 ff.) **Rspr.** des BGH und der Instanzgerichte, dass der Unterlassungsschuldner auch auf solche Akteure einzuwirken hat, die nicht seine Beauftragten iSd § 8 Abs. 2 sind. Den Unterlassungsschuldner treffen weitgehende Handlungspflichten. Er hat durch geeignete Maßnahmen sicherzustellen, dass die durch die Unterlassungspflicht betroffenen Inhalte seiner Webseite **nicht mehr im Internet aufgerufen** werden können, weder über seine Webseite direkt noch über eine Internetsuchmaschine.[61]

27 Der **Verantwortungsbereich** des Unterlassungsschuldners für die weitere Auffindbarkeit der von ihm geschaffenen, erstmals im Internet veröffentlichten Inhalte **wird von der bisherigen deutschen Rspr. ausgesprochen weit gezogen.** Begründet wird dies im wesentlichen wie folgt: Mit den grenzenlosen Verbreitungsmöglichkeiten des Internets gehe auch die grenzenlose Verbreitung rechtswidriger Inhalte einher. Wenn ein Unterlassungsschuldner die Vorteile dieser Verbreitungsform nutze, so habe er auch die damit einhergehenden Nachteile zu tragen und die daraus resultierenden Gefahren zu beherrschen.[62] Dass der Unterlassungsschuldner in dieser Weise für Inhalte, die durch unabhängige Dritte weiterverbreitet werden, einstehen müsse, lasse sich durchaus sachlich rechtfertigen. Denn letztlich handele es sich um Inhalte des Unterlassungsschuldners, die durch die Gegebenheiten des Internets auch solchen Dritten zur Weiterverbreitung zur Verfügung stehen, mit denen der Unterlassungsschuldner nicht in Beziehung stehe. Die Weiterverbreitung durch Dritte im Internet sei so gesehen die durch Veröffentlichung durch den Unterlassungsschuldner geschaffene „internettypische Gefahr“.[63] Wenn diese Inhalte weiter im Netz kursierten, so komme das Handeln der jeweiligen Webseiten-Betreiber dem Werbenden wirtschaftlich zugute.[64] Und die fortgesetzte Abrufbarkeit der Inhalte entspreche wertungsmäßig demjenigen Störungszustand, den der Unterlassungsschuldner ursprünglich durch im Rahmen seiner eigenen unlauteren geschäftlichen Handlungen selbst geschaffen habe; die Gefahren weiterer Störungen, die aus der ursprünglichen Störungsquelle resultieren, gehörten also gewissermaßen zu seiner Sphäre.[65] Diesen, seinen von ihm geschaffenen Störungszustand zu beseitigen, ist nach dem bisherigen Stand der deutschen Rspr. Pflicht des Unterlassungsschuldners, auch wenn er dafür auf unabhängige Dritte einwirken muss, die diesen Störungszustand aufrechterhalten. Die in seiner Sphäre entstandenen Gefahren für die Beeinträchtigung fremder Rechte hat er zu beseitigen. Er kann sich demgegenüber grundsätzlich nicht darauf berufen, dies sei mit einem unverhältnismäßigen Aufwand verbunden, und genügt seiner Pflicht nur, wenn es aus der Sicht eines objektiven Dritten an der Stelle des Vollstreckungsschuldners damit zu rechnen ist, dass die ergriffenen Maßnahmen sicher dazu führen, dass sich die in der Vergangenheit gesetzte Gefahr einer erneuten Verbreitung der unlauteren Aussage im Internet nicht verwirklichen wird.[66]

28 Dazu gehört es nach dem bisherigen Stand der deutschen Rspr., nicht nur die betroffenen Inhalte durch Änderung oder Löschung der eigenen Webseite zu entfernen, sondern durch **Einwirkung auf** gängige **Internetsuchmaschinen,** insbesondere Google als die

[60] Vgl. OLG Frankfurt a. M. GRUR-RR 2018, 222 Rn. 12 – Anruf-Linientaxi.

[61] BGH GRUR 2018, 1183 Rn. 13 – Wirbel um Bauschutt; OLG Celle WRP 2015, 475 Rn. 18; OLG Düsseldorf GRUR-RR 2016, 259 Rn. 63 – TÜV-Sondereintragung; KG WRP 2019, 92 Rn. 43 ff. – Hotelsterne auf Google; OLG Frankfurt a. M. 22.8.2019 – 6 U 83/19 Rn. 15 – Garantieerklärung.

[62] OLG Stuttgart MMR 2016, 606 Rn. 8; KG WRP 2019, 92 Rn. 34 – Hotelsterne auf Google.

[63] Vgl. BGH GRUR 2016, 104 Rn. 37 – Artikel auf Internetportal „recht§billig“; krit. *Jung* Liber amicorum Hecker, 2017, 153 (159 ff.).

[64] OLG Frankfurt a. M. 22.8.2019 – 6 U 83/19 Rn. 15 – Garantieerklärung.

[65] Vgl. OLG Stuttgart MMR 2016, 606 Rn. 8, 10; KG WRP 2019, 92 Rn. 34 – Hotelsterne auf Google.

[66] OLG Stuttgart MMR 2016, 606 Rn. 8; KG WRP 2019, 92 Rn. 34 – Hotelsterne auf Google.

am häufigsten genutzte, sicherzustellen, dass ein vom Schuldner selbst gelöschter Inhalt auch sonst nicht mehr auffindbar ist.[67] Wer es etwa zu unterlassen hat, eine bestimmte irreführende Firma zu führen, muss auch dafür sorgen, dass diese Firma aus Einträgen in **elektronischen Branchenbüchern, Adressverzeichnissen** etc. gelöscht wird. Dies gilt nach der bisherigen Rspr. auch dann, wenn diese Einträge nicht vom Unterlassungsschuldner selbst in Auftrag gegeben wurden, sondern auf die **eigene Initiative der Herausgeber dieser Verzeichnisse** zurückgeht, die infolge der Nutzung der Firma durch den Unterlassungsschuldner diese auch in ihre Verzeichnisse aufgenommen haben. Der Unterlassungsschuldner muss nach der bisherigen Rspr. in einem solchen Fall unverzüglich eigene Recherchen über die weitere Verwendung der ihr untersagten Firma durchführen und jedenfalls die Betreiber der gängigsten Dienste wie „gelbeseiten.de", „Google Maps" und „11880.com" veranlassen, die Firmierung aus ihren Verzeichnissen zu entfernen.[68] Dasselbe soll gelten, wenn die Führung einer Berufsbezeichnung untersagt wird, diese aber in Branchenverzeichnissen im Internet noch auftaucht[69] oder wenn eine irreführende Hotelsterne-Klassifikation noch in gängigen Hotelbuchungsportalen oder Suchmaschinen auffindbar ist.[70]

29 Dem Unterlassungsschuldner obliegt es nach der bisherigen Rspr. zu überprüfen, ob die auf der Webseite entfernten Inhalte bzw. die gelöschten Webseiten noch über die Trefferliste dieser Suchmaschine aufgerufen werden können. In diesem Fall muss der Unterlassungsschuldner gegenüber den gängigen Suchmaschinen und insbesondere gegenüber Google den Antrag auf **Löschung im** Speicher von Suchmaschinen (sog. **„Cache"**) bzw. auf Entfernung der von der Webseite bereits gelöschten Inhalte stellen, so dass sich der Unterlassungsschuldner grundsätzlich nicht auf eine regelmäßige Aktualisierung der Datenbanken der Suchmaschinen verlassen darf.[71] Solche Korrekturanfragen bei Google (mit seinem einfach zu bedienenden Webmaster-Tool) und anderen Suchmaschinenbetreibern oder Verzeichnisanbietern sollen dem Unterlassungsschuldner auch ohne weiteres zuzumuten seien, weil sie nicht aufwendig und für den Unterlassungsschuldner ansonsten folgenlos seien und erfahrungsgemäß unproblematisch befolgt würden.[72] Selbstverständlich muss dem Unterlassungsschuldner eine gewisse Zeitspanne zugestanden werden, um Ermittlungen anzustellen, wo die zu unterlassende Aussage sonst noch verwendet wird, und um für deren Entfernung zu sorgen. Dazu ist ein Zeitraum von zwei Tagen – zumal über das Wochenende – nicht ausreichend.[73] Dass aber innerhalb von 13 Tagen eine Überprüfung nicht stattgefunden hat, ist nach den Maßstäben der bisherigen Rspr. pflichtwidrig.[74]

30 Für **eigenständige (Wieder-)Veröffentlichungen Dritter** im Internet haftet der Unterlassungsschuldner auch schon nach der bisherigen Rspr. **nicht.**[75] Auch können insbesondere nach längerer Zeit auftauchende Veröffentlichungen oder solche, die nur über ungewöhnliche Suchwege aufgefunden werden können, nach den Umständen des Einzelfalls als eines schuldhaften Verstoßes gegen das Unterlassungsgebot ausscheiden, sofern nicht

[67] BGH GRUR 2018, 1183 Rn. 13 – Wirbel um Bauschutt; OLG Celle WRP 2015, 475 Rn. 18; OLG Düsseldorf GRUR-RR 2016, 259 Rn. 63 – TÜV-Sondereintragung; KG WRP 2019, 92 Rn. 43 ff. – Hotelsterne auf Google.

[68] BGH GRUR 2014, 595 Rn. 29 – Vertragsstrafenklausel.

[69] LG Bonn 1.6.2016 – 1 O 354/15 – Architekt.

[70] KG WRP 2019, 92 Rn. 36, 43 ff. – Hotelsterne auf Google.

[71] BGH GRUR 2018, 1183 Rn. 13 – Wirbel um Bauschutt; OLG Celle WRP 2015, 475 Rn. 18; OLG Stuttgart MMR 2016, 606 Rn. 20 ff.; OLG Düsseldorf GRUR-RR 2016, 259 Rn. 63 – TÜV-Sondereintragung; OLG Hamm 1.12.2016 – 4 U 92/15 Rn. 111 – Bußgeldanwälte; OLG Frankfurt a. M. 22.8.2019 – 6 U 83/19 Rn. 15 – Garantieerklärung; aA OLG Hamburg 9.9.2002 – 3 W 60/02; OLG Köln NJW-RR 2002, 215; OLG Köln MMR 2008, 120 (121) – Wilde Ticketanbieter; LG Halle 31.5.2012 – 4 O 883/11.

[72] OLG Frankfurt a. M. 22.8.2019 – 6 U 83/19 Rn. 15 – Garantieerklärung; *Lubberger* GRUR 2018, 378 (379).

[73] OLG Frankfurt a. M. GRUR-RR 2018, 387 (388) – Bettwaren „Made in Germany".

[74] AA OLG Zweibrücken MMR 2016, 831 Rn. 20 – Wasserschlauch.

[75] OLG Stuttgart MMR 2016, 606 Rn. 11; vgl. auch BGH GRUR 2018, 1183 Rn. 21 – Wirbel um Bauschutt.

der Unterlassungsschuldner zuvor auf sie hingewiesen worden war und die dadurch begründete Kenntnis nicht genutzt hat, um sie zu unterbinden.[76]

(b) Zur Kritik im Lichte der Rspr. des EuGH. An den strengen Anforderungen der bisherigen deutschen Rspr. kann nach den Grundsätzen der das Markenrecht betreffenden Entscheidungen ***„Daimler/Együd Garage"*** und ***„mk advokaten/MBK Rechtsanwälte"*** des EuGH **nicht festgehalten** werden. Hiernach sind einem Werbenden **selbständige Handlungen anderer Wirtschaftsteilnehmer** wie zB Betreibern von Referenzierungswebsites, mit denen er keine unmittelbare oder mittelbare Beziehung unterhält und die **nicht in seinem Auftrag** und für seine Rechnung, **sondern auf eigene Initiative** und im eigenen Namen handeln, **nicht zuzurechnen.**[77] Eine Haftung für Inhalte, die auf Webseiten abrufbar sind, mit denen der Unterlassungsschuldner nicht in Beziehungen steht, kommt damit nicht in Betracht. 31

Die zitierte EuGH-Rspr. ist, obwohl sie zum Markenrecht und dort zum Begriff der rechtsverletzenden Benutzung entwickelt wurde, **auf UWG-Sachverhalte zu übertragen:** Aus dem Ausdruck „benutzen" in Art. 5 Abs. 1 der Richtlinie 2008/95 hat der EuGH das Erfordernis eines aktiven Verhaltens und einer unmittelbaren oder mittelbaren Herrschaft über die Benutzungshandlung abgeleitet. Hieran fehlt es, wenn die Handlung von einem unabhängigen Wirtschaftsteilnehmer ohne Zustimmung des Werbenden vorgenommen wird.[78] Es kommt nach der Rspr. des EuGH nämlich darauf an, dass die **Herrschaft über die Handlungen des Dritten** den Unterlassungsschuldner tatsächlich in die Lage versetzt, die Benutzung zu beenden und sich damit an das Verbot zu halten; alles andere würde gegen den Grundsatz *„impossibilium nulla obligatio est"* verstoßen.[79] Ein vergleichbares Erfordernis, dass der Unterlassungsschuldner eine unmittelbare oder mittelbare Herrschaft über die Zuwiderhandlung haben muss, lässt sich aus dem Begriff „unlauterer Geschäftspraktiken" herleiten, zu deren Bekämpfung gemäß Art. 11 UGP-Richtlinie die in Art. 13 UGP-Richtlinie erwähnten Sanktionen dienen. Nach der Legaldefinition in Art. 2 lit. d ist **„Geschäftspraxis"** eine „Handlung, Unterlassung, Verhaltensweise oder Erklärung, kommerzielle Mitteilung einschließlich Werbung und Marketing eines Gewerbetreibenden". Eine „Geschäftspraxis" muss dabei – ebenso wie ein „Benutzen" eines Zeichens – grundsätzlich eine **eigene Handlung** sein, wie sich auch bereits aus dem Begriff „Praxis" (gr. *πρᾶξις* für „Tat", „Handlung" oder „Verrichtung") ergibt. Hieraus lässt sich – ebenso wie bei der Benutzung eines Zeichens – das Erfordernis einer **unmittelbaren oder mittelbaren Herrschaft** über die Handlungen eines Dritten ableiten, wenn sie dem Unterlassungsschuldner zugerechnet werden sollen. Eine jedenfalls „mittelbare Herrschaft" iSd Grundsätze der EuGH-Rspr. – die nicht ohne weiteres mit der Lehre von der Tatherrschaft (hierzu → Rn. 449 f.) gleichzusetzen ist – kann sich hierbei nur **aus besonderen Beziehungen** ergeben, wie etwa der Eigenschaft als Mitarbeiter oder Beauftragter iSv § 8 Abs. 2. Nicht im Auftrag des Unterlassungsschuldners gemachte Veröffentlichungen im Internet, die vom Webseiten-Betreiber auf eigene Initiative und im eigenen Namen veröffentlicht werden, sind dem Unterlassungsschuldner darüber hinaus nicht zuzurechnen. 32

Allenfalls käme eine Haftung für ein **Unterlassen in Garantenstellung** in Betracht, die aber **ebenfalls ausscheidet:** Anknüpfungspunkt wäre das Unterlassen von Bemühungen, Inhalte unabhängiger Webseiten-Betreiber (zB Google, Anbietern von Branchenverzeichnissen etc.) entfernen zu lassen. Anders als der Begriff „benutzen" in Art. 5 Abs. 1 der 33

[76] OLG Stuttgart MMR 2016, 606 Rn. 11.

[77] EuGH GRUR 2016, 375 Rn. 36 f. – Daimler/Együd Garage; GRUR 2020, 868 Rn. 22 f. – mk advokaten/MBK Rechtsanwälte.

[78] EuGH GRUR 2016, 375 Rn. 39 – Daimler/Együd Garage; GRUR 2020, 868 Rn. 23 – mk advokaten/MBK Rechtsanwälte.

[79] EuGH GRUR 2016, 375 Rn. 41 f. – Daimler/Együd Garage; ebenso KG 7.9.2018 – 5 U 118/17 – Thierry Mugler und Azzaro.

Richtlinie 2008/95[80] schließt nämlich die Legaldefinition der „Geschäftspraxis" in Art. 2 lit. d ihrem Wortlaut nach auch „jede … Unterlassung" ein. Aber auch hier kann nicht jedes schlichte Unterlassen genügen, um im Rechtssinne eine Geschäftspraxis zu begründen. Erforderlich ist nämlich nach der Legaldefinition weiter, dass die Unterlassung „unmittelbar mit der Absatzförderung, dem Verkauf oder der Lieferung eines Produkts an Verbraucher zusammenhängt". Eine Beziehung der „Unmittelbarkeit" mit Blick auf die Absatzförderung besteht sicherlich nicht in dem Fall, in dem ein Webseiten-Betreiber, mit dem keine unmittelbare oder mittelbare Beziehungen unterhalten werden, nicht im Auftrag und auf Rechnung des Unterlassungsschuldners, sondern auf eigene Initiative und im eigenen Namen handelt. Eine Beziehung der „Unmittelbarkeit" ließe sich bei wertender Betrachtung allenfalls dann herstellen, wenn der Unterlassungsschuldner eine Garantenpflicht dahingehend hätte, alles Mögliche und Zumutbare zu tun, solche Veröffentlichungen zu verhindern. In Betracht käme eine Garantenpflicht aus Ingerenz (hierzu → Rn. 480 ff.). Zu ihrer Begründung ließen sich durchaus diejenigen Gesichtspunkte anführen, die der weitgehenden Haftungszurechnung in der bisherigen deutschen Rspr. zugrunde liegen (→ Rn. 27). Die grundlegende Wertung des EuGH, wie sie in den Urteilen *„Daimler/Együd Garage"* und *„mk advokaten/MBK Rechtsanwälte"* zum Ausdruck kommt, schließt aber die Begründung einer Garantenpflicht aus Ingerenz in diesen Fällen gerade aus.

34 **dd) Insbesondere Rückruf rechtsverletzender Ware oder Werbematerials. (a) Zur Rspr. des BGH.** Nach der mittlerweile stRspr des BGH hat der Unterlassungsschuldner im Rahmen der Erfüllung der Unterlassungspflicht, die im Rahmen des Möglichen, Erforderlichen und Zumutbaren auch die Einwirkung auf Dritte einschließt, grundsätzlich durch einen **Rückruf** dafür zu sorgen, dass bereits ausgelieferte rechtsverletzend gestaltete, gekennzeichnete oder aufgemachte (zB auf der Verpackung mit irreführenden Angaben versehene) Erzeugnisse von seinen gewerblichen Abnehmern nicht mehr vertrieben werden.[81] Dies gilt im Grundsatz für einen gerichtlich titulierten Unterlassungsanspruch[82] ebenso wie für eine strafbewehrte Unterlassungserklärung.[83] Der BGH sieht also den Unterlassungsschuldner in der Pflicht, durch den Rückruf als mögliche, erforderliche und zumutbare Maßnahme konkret **drohende Verletzungshandlungen durch unabhängige Dritte** – nämlich den fortgesetzten Vertrieb durch die Abnehmer des Unterlassungsschuldners – **zu verhindern.**[84] Eine solche Rückrufpflicht soll jedenfalls dann gelten, wenn der fortgesetzte Vertrieb durch den oder die Abnehmer des Schuldners rasch und in erheblichen Mengen zu erwarten ist.[85] Mit „Abnehmern" meint der BGH also offenbar **gewerbliche Wiederverkäufer;** ein Rückruf von den **Endabnehmern** kann **nicht** verlangt werden.[86] Die Verpflichtung des Unterlassungsschuldners, bereits ausgelieferte Produkte zurückzurufen, setzt nicht voraus, dass ihm gegen seine Abnehmer rechtlich durchsetzbare Ansprüche auf Unterlassung der Weiterveräußerung oder auf Rückgabe dieser Produkte zustehen.[87] Der Unterlassungsschuldner ist entsprechend nur verpflichtet, gegen-

[80] Für die Möglichkeit eine Haftung aufgrund von Unterlassen in Garantenstellung auch unter Art. 5 Abs. 1 der Richtlinie 2008/95 *Goldmann,* Unternehmenskennzeichen, § 19 Rn. 31.

[81] BGH GRUR 2016, 720 Rn. 35 – Hot Sox; GRUR 2017, 208 Rn. 30 – Rückruf von RESCUE-Produkten; GRUR 2017, 823 Rn. 29, 32 – Luftentfeuchter; GRUR 2018, 292 Rn. 20, 31 – Produkte zur Wundversorgung; GRUR 2018, 1183 Rn. 19 – Wirbel um Bauschutt; GRUR 2020, 548 Rn. 15, 17 – Diätische Tinnitusbehandlung; OLG Frankfurt a. M. GRUR 2018, 1085 Rn. 17 – kennzeichnungsfrei.

[82] BGH GRUR 2016, 720 Rn. 35 – Hot Sox; GRUR 2017, 208 Rn. 30 – Rückruf von RESCUE-Produkten; GRUR 2018, 292 Rn. 20, 31 – Produkte zur Wundversorgung; GRUR 2018, 1183 Rn. 19 – Wirbel um Bauschutt; GRUR 2020, 548 Rn. 15, 17 – Diätische Tinnitusbehandlung.

[83] BGH GRUR 2017, 823 Rn. 29, 32 – Luftentfeuchter.

[84] BGH GRUR 2018, 292 Rn. 30 f. – Produkte zur Wundversorgung.

[85] BGH GRUR 2018, 292 Rn. 31 – Produkte zur Wundversorgung.

[86] LG Hamburg GRUR-RR 2018, 319 Rn. 10 – Dialysekonzentrat.

[87] BGH GRUR 2017, 823 Rn. 32 – Luftentfeuchter; GRUR 2018, 292 Rn. 25 – Produkte zur Wundversorgung.

über seinen Abnehmern mit Nachdruck und Ernsthaftigkeit sowie unter Hinweis auf den rechtsverletzenden Charakter der Erzeugnisse deren **Rückerlangung zu versuchen.**[88] Einen **Erfolg** des Rückrufs schuldet der Schuldner hingegen **nicht.** In vielen Fällen wird er gegenüber seinen Abnehmern keinen Anspruch auf Rückabwicklung des bereits geschehenen Vertriebs haben. Dann hat es bei dem ernsthaften Bemühen um Rückgabe sein Bewenden.[89]

Ist der Unterlassungsanspruch nur im Wege der **einstweiligen Verfügung** vorläufig 35
tituliert worden, gilt mit Blick auf das Verbot der Vorwegnahme der Hauptsache eine Einschränkung. In aller Regel muss der Schuldner die Ware dann nicht zurückrufen, sondern nur seine Abnehmer auffordern, sie **vorläufig nicht weiterzuvertreiben,**[90] und zwar auch dann, wenn er eine Abschlusserklärung abgegeben hat.[91] Etwas anderes kann nach der Rspr. des BGH nur dann gelten, wenn **ausnahmsweise** die Voraussetzungen einer **Leistungs- bzw. Befriedigungsverfügung** erfüllt sind (hierzu beim Beseitigungsanspruch → Rn. 299 ff.).[92] Dies kann der Fall sein, wenn konkrete Anhaltspunkte dafür sprechen, dass der Schuldner versucht hat, sich seiner Unterlassungspflicht durch die schnelle Weiterveräußerung der fraglichen Waren faktisch zu entziehen, oder wenn ein Fall der Produktpiraterie vorliegt.[93]

Eine Einschränkung der Reichweite des Unterlassungsanspruchs dergestalt, dass er keine 36
Pflichten zum Rückruf auslöst, soll nur **ausnahmsweise** möglich sein. Hierzu muss der Unterlassungsschuldner im Erkenntnisverfahren geltend machen, dass die nach der Lage der Dinge für den Rückruf erforderlichen Handlungen **unmöglich** oder **unzumutbar** sind.[94]

Dieselben Grundsätze gelten nach der Rspr. dann, wenn es nicht um den Rückruf von 37
Waren geht, sondern von bereits an gewerbliche Abnehmer **verteiltes** und zur Abgabe an die Kunden vorgesehenes **Werbematerial.** Dahinter steht die Wertung, solches Werbematerial seien „Druckschriften, die fortgesetzt auf dritte Personen einwirken".[95] Der Unterlassungsschuldner ist gehalten, seine gewerblichen Abnehmer unmissverständlich aufzufordern, das Werbematerial zu entfernen und diese über Folgen, welche die Nichteinhaltung der einstweiligen Verfügung für ihn haben kann, aufzuklären.[96] Im Rahmen dessen kann es auch angezeigt sein, die gewerblichen Abnehmer darüber zu belehren, dass mit einer bestimmten Angabe nicht mehr geworben werden darf.[97]

Zur **Begründung** der bereits im Unterlassungsanspruch enthaltenen Rückrufverpflich- 38
tung beruft sich der BGH zunächst auf den allgemeinen Grundsatz, dass im Rahmen des Unterlassungsanspruchs verhältnismäßige Maßnahmen zur Beseitigung eines fortdauernden Störungszustands verlangt werden können und dass zu diesem Zweck auch auf Dritte eingewirkt werden muss.[98] Sodann trifft der BGH die Wertung, es sei *„regelmäßig ein Rückruf zur Abwehr konkrete drohender weiterer Verletzungshandlungen auf einer nachgeordneten Vertriebsstufe in einem solchen Maß erforderlich, dass das Unterbleiben eines Rückrufs durch den Schuldner der Fortsetzung seiner eigenen Verletzungshandlungen gleichkommt"*.[99] Der BGH ist darüber hinaus der Ansicht, dass *„bei einem weiteren Vertrieb rechtsverletzender Waren durch Dritte der vom Unterlassungsschuldner ausgelöste Störungszustand fortlaufend vertieft wird"*.[100] Schließlich flan-

[88] BGH GRUR 2018, 292 Rn. 32 – Produkte zur Wundversorgung.
[89] Vgl. BGH GRUR 2018, 292 Rn. 33 – Produkte zur Wundversorgung.
[90] BGH GRUR 2018, 292 Rn. 34, 39 – Produkte zur Wundversorgung; OLG Frankfurt a. M. GRUR 2018, 1085 Rn. 17 – kennzeichnungsfrei.
[91] BGH GRUR 2020, 548 Rn. 21 – Diätische Tinnitusbehandlung.
[92] BGH GRUR 2018, 292 Rn. 34 ff. – Produkte zur Wundversorgung.
[93] BGH GRUR 2018, 292 Rn. 36 – Produkte zur Wundversorgung.
[94] BGH GRUR 2017, 208 Rn. 29 – Rückruf von RESCUE-Produkten.
[95] Vgl. RG MuW XXIX, 122 (124) – Eßmann-Waagen.
[96] LG Frankfurt a. M. 30.12.2016 – 2–03 O I49/16.
[97] OLG Frankfurt a. M. GRUR 2018, 1085 Rn. 19 f. – kennzeichnungsfrei.
[98] BGH GRUR 2017, 208 Rn. 30 f. – Rückruf von RESCUE-Produkten; GRUR 2017, 823 Rn. 26 ff. – Luftentfeuchter; GRUR 2018, 292 Rn. 25 – Produkte zur Wundversorgung.
[99] BGH GRUR 2018, 292 Rn. 33 – Produkte zur Wundversorgung.
[100] BGH GRUR 2018, 423 Rn. 24 – Klauselersetzung.

kiert der BGH das von ihm für richtig gehaltene Ergebnis mit der Erwägung, der Rückruf (bei einer Titulierung im Verfügungsverfahren: die dringende Bitte, die Waren einstweilen nicht weiter zu vertreiben) sei für den Unterlassungsschuldner schon deshalb nicht unzumutbar, weil ihn bereits aus dem mit seinem Kunden geschlossenen Kaufvertrag nach Treu und Glauben die Nebenpflicht treffe, seine Abnehmer darauf hinzuweisen, dass diese beim Weitervertrieb der Ware ebenfalls mit rechtlichen Konsequenzen durch den Unterlassungsgläubiger zu rechnen hätten, etwa mit einer einstweilen Verfügung.[101]

39 **(b) Kritik.** Die Rspr. des BGH hat im Schrifttum nur wenige Apologeten gefunden.[102] Sie ist dort überwiegend auf **vehemente Kritik** gestoßen.[103] Hintergrund der Kritik ist, dass der Rückruf von Produkten insbesondere mit Blick auf die stark vermachteten Strukturen des Deutschen Einzelhandels für die Hersteller von Waren sehr belastend ist.[104] In der Sache war die Kritik aber auch damit zu erklären, dass der BGH mit seiner Entscheidung „*Hot Sox*" unvermittelt, überraschend und ganz lapidar eine Rückrufverpflichtung im Rahmen des Unterlassungsanspruchs postuliert hatte, ohne hierfür eine nähere Begründung zu geben und ohne gleichzeitig zu erklären, wo nach den Grundsätzen der Verhältnismäßigkeit die Grenzen der Rückrufpflicht verlaufen und wie zwischen einem im Hauptsacheverfahren titulierten Unterlassungsanspruch und dem Verfügungsverfahren mit seinem grundsätzlichen Verbot der Vorwegnahme der Hauptsache zu differenzieren ist.[105] Viele Unklarheiten hat der BGH mittlerweile durch seine zur UMV ergangene, ausführlich begründete Entscheidung „*Produkte zur Wundversorgung*"[106] beseitigt, so dass die Verpflichtung zum Rückruf im Rahmen des Unterlassungsanspruchs zwar für den Unterlassungsschuldner weiterhin sehr belastend bleibt, aber für die Praxis einigermaßen berechenbar und mit einem Mindestmaß an Rechtssicherheit handhabbar geworden ist.[107] Auch weist die vielfach kritisierte Rspr. des BGH ein solches „Beharrungsvermögen" auf, dass kaum damit gerechnet werden kann, dass sich der BGH kurz- oder mittelfristig eines Besseren besinnt.[108] Dennoch ist die Messe in der Praxis noch nicht gelesen, wie insbesondere die vehemente Gegenwehr des OLG Düsseldorf zeigt.[109] Immerhin kann es in Folge der gegen die Entscheidung „*Produkte zur Wundversorgung*" gerichtete **Verfassungsbeschwerde (1 BvR 369/18)** zu einer Vorlage zum EuGH kommen, der die Karten hinsichtlich des Unterlassungsanspruchs aus Art. 9 Abs. 2 UMV möglicherweise noch einmal neu mischt. Dies hätte dann sicherlich auch Folgen für den Unterlassungsanspruch gemäß § 8 Abs. 1 S. 1 Alt. 2.

40 Hier bleibt es dabei, dass sich aus einem Unterlassungsanspruch die vom BGH angenommenen weitreichenden **Handlungspflichten,** die im Rückruf gipfeln, **nicht ohne weiteres** und vor allem nicht generell **ableiten** lassen. Die Kritik beruht dabei nicht in erster Linie darauf, dass ohne Not die Grenze zwischen dem Unterlassungs- und dem davon wesensverschieden den Beseitigungsanspruch verwischt werden, wie nicht zu Unrecht angemerkt wird.[110] Schwerer wiegt, dass der BGH in seiner Rspr. zum einen Ansprüche

---

[101] BGH GRUR 2018, 292 Rn. 39 – Produkte zur Wundversorgung; zustimmend *Ahrens* GRUR 2018, 374 (377).

[102] ZB *Ahrens* GRUR 2018, 374; *Feddersen* FS Büscher, 2018, 471.

[103] Aus den kaum noch überschaubaren krit. Literaturstimmen vgl. nur *Ausschuss für Wettbewerbs- und Markenrecht der Deutschen Vereinigung für gewerblichen Rechtsschutz und Urheberrecht* GRUR 2017, 885; Köhler/*Bornkamm*/Feddersen § 8 Rn. 1.82 ff.; *v. Czettritz/Thewes* PharmR 2017, 92; *A. Dissmann* MarkenR 2017, 293; *Goldmann* GRUR 2016, 724 ff.; *Hermanns* GRUR 2017, 977; *Lubberger* GRUR 2018, 378; Kur/*Miosga* MarkenG § 18 Rn. 70; *Sakowski* GRUR 2017, 355; *Schmitt-Gaedke/Schmidt* GRUR-Prax 2017, 343; *Voit* PharmR 2018, 1.

[104] Insbesondere *Lubberger* GRUR 2018, 378 (380 f.).

[105] BGH GRUR 2016, 720 Rn. 35 – Hot Sox.

[106] BGH GRUR 2018, 292 – Produkte zur Wundversorgung.

[107] Vgl. *Meinhardt* WRP 2018, 527.

[108] Köhler/*Bornkamm*/Feddersen § 8 Rn. 1.82.

[109] OLG Düsseldorf GRUR 2018, 855 Rn. 37 ff. – Rasierklingeneinheiten; OLG Düsseldorf GRUR-RR 2019, 278 ff. Rn. 13 ff. – Tinnitus-Präparat; hiergegen allerdings wiederum BGH GRUR 2020, 548 Rn. 14 ff. – Diätische Tinnitusbehandlung.

[110] Köhler/*Bornkamm*/Feddersen § 8 Rn. 1.83.

aus UWG und aus Immaterialgüterrecht über einen Kamm schert und vor allem nicht hinreichend danach differenziert, ob und welcher Störungszustand im jeweiligen Einzelfall überhaupt besteht. Diese Differenzierung ist aber notwendig. Allgemein gilt nämlich: Die Pflicht zur Vornahme von Handlungen ist im Rahmen eines Unterlassungsanspruchs von **zwei Voraussetzungen** abhängig. Erstens müssen die Maßnahmen zur **Beseitigung eines** zuvor – vom Unterlassungsschuldner – geschaffenen **Störungszustands** dienen; und zweitens ist es nötig, dass **dem Unterlassungsgebot allein dadurch entsprochen** werden kann.[111] Hier muss nach Fallgruppen differenziert werden:

(c) Differenzierung nach Fallgruppen. (α) Nachgeahmte Produkte: An der zweiten Voraussetzung fehlt es offensichtlich bei der **unlauteren Nachahmung** von Produkten iSd § 4 Nr. 3. Man kann nämlich nicht ernsthaft behaupten, dass zB der Hersteller einem Gebot, ein bestimmtes, iSd § 4 Nr. 3 unlauter nachgeahmtes Produkt nicht anzubieten, allein dadurch entsprechen kann, dass er dieses Produkt von den gewerblichen Abnehmern zurückruft. Selbstverständlich wird dem Unterlassungsgebot durchaus **schon dadurch entsprochen,** dass der Hersteller **aufhört,** dieses Produkt **selbst anzubieten.** Dem Unterlassungsgebot kann also bereits – und zwar in allererster Linie – durch ein schlichtes Unterlassen nachgekommen werden. Der Rückruf ist eine zusätzliche Handlungspflicht, oder, wenn man mit dem BGH so will, lediglich eine weitere, zusätzliche Facette des Unterlassens, aber nicht seine einzige Ausprägung. Der Rückruf ist nicht die einzige Maßnahme, dem Unterlassungsgebot Genüge zu tun. Das unterscheidet die Rückruf-Fälle gerade von den Dauerhandlungen, wo die Beseitigung der Störungsquelle (zB der irreführenden Firmierung) wahrlich die einzige Möglichkeit ist, dem Unterlassungsgebot zu entsprechen, weil nur so die fortdauernde Störung entfällt. Außerdem fehlt es in Nachahmungsfällen überhaupt an einem Störungszustand. Lediglich ein Gefahrenzustand wird hervorgerufen: Die inkriminierte Tathandlung ist gemäß § 4 Nr. 3 das Anbieten. Der Besitz von nachgeahmten Produkten ist nicht verboten. Die Störung ist also beseitigt, wenn der Unterlassungsschuldner aufhört, die nachgeahmten Produkte selbst anzubieten. Einen rechtswidrigen Zustand, den es zu beseitigen gälte, gibt es dann überhaupt nicht.[112] Selbstverständlich ist auch der bloße Besitz der nachgeahmten Produkte in der Hand der gewerblichen Abnehmer des Herstellers keine Störung. Das wäre nur ein Anbieten durch die gewerblichen Abnehmer. Der Rückruf, der ja gerade darauf abzielt, den gewerblichen Abnehmern den Besitz der nachgeahmten Waren zu entziehen, kann deshalb keine Handlung zur Störungsbeseitigung sein. Mit der Übergabe nachgeahmter Waren an seine Abnehmer schafft der Hersteller dieser Waren also **keinen Störungszustand,**[113] weil der Besitz nachgeahmter Ware nicht verboten ist, sondern **nur** einen **Gefahrenzustand:** Er setzt in vorwerfbare Weise eine Gefahr dafür, dass seine Abnehmer eigenverantwortlich in rechtswidriger Weise die nachgeahmten Produkte ihrerseits anbieten und damit eine eigene Verletzungshandlung ohne das weitere Zutun des Herstellers begehen. Hiergegen gibt es selbstverständlich eine Handhabe (hierzu → Rn. 42). Diese Handhabe ist aber nicht der Unterlassungsanspruch, der sich gegen das eigene Anbieten durch den Hersteller richtet. Das Unterlassungsgebot als solches macht ihn aber nicht zum Garanten dafür, dass Dritte, also seine Abnehmer, keine Wettbewerbsverstöße begehen.[114] 41

Die der Begründung einer derartigen Garantenstellung zumindest nahekommende Wertung des BGH, dass der Unterlassungsschuldner mit Blick auf die Handlungen unabhängiger Dritter grundsätzlich alles tun müsse, *„was im konkreten Fall erforderlich und zumutbar ist,* 42

---

[111] Vgl. BGH GRUR 1972, 558 (560) – Teerspritzmaschinen; GRUR 1977, 614 (616) – Gebäudefassade; NJW 1993, 1076 (1077) – Straßenverengung; GRUR 2015, 190 Rn. 16 – Ex-RAF-Terroristin; GRUR 2016, 104 Rn. 15 – Artikel auf Internetportal „recht§billig"; GRUR 2017, 208 Rn. 25 – Rückruf von RESCUE-Produkten; GRUR 2018, 292 Rn. 19 f. – Produkte zur Wundversorgung; GRUR 2018, 1183 Rn. 8 – Wirbel um Bauschutt.

[112] Vgl. hierzu RG MuW XXXI, 537 (540) – Schaltungsanordnung für Fernsprechsysteme.

[113] AA *Feddersen* FS Büscher, 2018, 471 (473).

[114] OLG Frankfurt a. M. 19.9.2016 – 6 W 74/16; *Goldmann* GRUR 2016, 724 (725).

um künftige oder andauernde Verstöße zu verhindern oder rückgängig zu machen",[115] lässt sich also für den Nachahmungsschutz nicht aus dem Gedanken der Störungsbeseitigung ableiten. Denn das künftige eigene Anbieten durch unabhängige Dritte ist kein vom Unterlassungsschuldner hervorgerufener Störungszustand, sondern lediglich die absehbare Folge einer von ihm pflichtwidrig geschaffenen Gefahr: Mit dem Inverkehrbringen nachgeahmter Produkte an gewerbliche Zwischenhändler schafft der Hersteller dieser Produkte adäquat kausal eine Gefahr dafür, dass seine gewerblichen Abnehmer die Produkte gegenüber dem Endverbraucher anbieten und so ihrerseits gegen § 4 Nr. 3 verstoßen. Der Hersteller wird damit aus Ingerenz zum Garanten für die Verhinderung eigenständiger Wettbewerbsverstöße seiner Abnehmer.[116] Ihn trifft dann nach den allgemeinen Regeln über wettbewerbsrechtliche Verkehrspflichten und ihre Verletzung (→ Rn. 474 ff.) die **wettbewerbsrechtliche Verkehrspflicht,** alle möglichen und zumutbaren Maßnahmen zu ergreifen, dass es zu den drohenden Verstößen durch Dritte erst gar nicht kommt.[117] Die Maßnahme der Wahl ist dann in der Tat der Rückruf.[118] Es lässt sich also nur argumentieren, dass das Unterbleiben eines Rückrufs seinerseits **einen eigenständigen,** gegenüber dem aktiven Angebot bzw. Vertrieb **nicht kerngleichen Wettbewerbsverstoß** bildet und einen neuen Unterlassungsanspruch auslöst, der inhaltlich auf zumutbare Rückrufmaßnahmen gerichtet ist. Nur insoweit ist die vom BGH vorgenommene Wertung, es sei „*regelmäßig ein Rückruf zur Abwehr konkrete drohender weiterer Verletzungshandlungen auf einer nachgeordneten Vertriebsstufe in einem solchen Maß erforderlich, dass das Unterbleiben eines Rückrufs durch den Schuldner der Fortsetzung seiner eigenen Verletzungshandlungen gleichkommt*"[119] gerechtfertigt. Die eigene Verletzungshandlung ist aber **nicht das eigene Anbieten** nachgeahmter Produkte, sondern die Verletzung der wettbewerbsrechtlichen Verkehrspflicht, die durch das Inverkehrbringen dieser Produkte begründet wurde, und deren Verletzung darin besteht, dass er diese von ihm in Verkehr gebrachten Produkte nicht von seinen Abnehmern zurückruft. Freilich ist zur **Durchsetzung** des Rückrufs dann eine **inhaltlich anders ausgerichtete Klage** nötig, die sich nicht bloß auf das eigene Anbieten stützt, sondern gerade auf die Verletzung der wettbewerbsrechtlichen Verkehrspflicht. Eine solche Klage hätte einen **anderen Streitgegenstand** als die bloße Unterlassungsklage, die an die eigene Handlung des Anbietens des Herstellers/Unterlassungsschuldners anknüpft.

43 **(β) Rechtswidrig gekennzeichnete und irreführend beschriftete Produkte.** Eine andere Wertung mag angebracht sein, wenn es sich nicht um nachgeahmte Produkte handelt, sondern um solche, die rechtswidrig, etwa irreführend, beschriftet sind oder bei denen öffentlich-rechtliche Normen zur Produktkennzeichnung verletzt wurden. Hier kann man durchaus die Ansicht vertreten, dass die irreführende Beschriftung oder die unzureichende Kennzeichnung des Produkts selbst der vom Verletzer hervorgerufene **Störungszustand** ist, der in seinem **Kommunikationsgehal**t „fortgesetzt auf dritte Personen einwirken" kann.[120] Man kann auch davon sprechen, dass rechtswidrig beschriftete oder gekennzeichnete Produkte Gegenstände sind, **„die den Wettbewerbsverstoß verkörpern"**[121] – anders als bei nachgeahmten Produkten, bei denen der Wettbewerbsverstoß nur im „Anbieten" besteht.

44 **(γ) Werbematerial.** Diese Wertung, dass nämlich der Störungszustand im **fortwirkenden Kommunikationsgehalt** liegt, ist bei **Werbematerial,** das zur Weiterverteilung an

[115] BGH GRUR 2014, 595 Rn. 26 – Vertragsstrafenklausel.
[116] *Goldmann* GRUR 2016, 724 (725).
[117] Vgl. BGH GRUR 2007, 890 Rn. 36 – Jugendgefährdende Medien bei eBay; GRUR 2015, 1129 Rn. 42 – Hotelbewertungsportal.
[118] *Goldmann* GRUR 2016, 724 (725).
[119] BGH GRUR 2018, 292 Rn. 33 – Produkte zur Wundversorgung.
[120] Vgl. RG MuW XXIX, 122 (124) – Eßmann-Waagen; vgl. auch RG GRUR 1932, 810 (814) – Delft.
[121] OLG Frankfurt a. M. GRUR-RR 2018, 122 Rn. 20 – nickelfreie Edelstahlschließen; GRUR 2018, 1085 Rn. 18 – kennzeichnungsfrei.

den Endkunden bestimmt ist, seit jeher getroffen worden.[122] Auch solches Werbematerial muss deshalb zurückgerufen werden.

45 **ee) Insbesondere Widerruf falscher Tatsachenbehauptungen.** Auch ein **Widerruf falscher Tatsachenbehauptungen** kann ausnahmsweise notwendig werden, um den Unterlassungsanspruch zu erfüllen. Dies setzt voraus, dass der durch die falsche Tatsachenbehauptung geschaffene Störungszustand fortbesteht und es deshalb für ein Unterlassen nicht ausreicht, dass der Werbende die Äußerung nicht wiederholt und aus allen Werbemedien entfernt. Wie beim Widerruf im Rahmen des Beseitigungsanspruchs (ausführlich → Rn. 229 ff.) gilt: Die Äußerung muss sich dem Gedächtnis Dritter derartig eingeprägt haben, dass sie in ihnen geistig fortlebt.[123] In der Werbung aufgestellte Tatsachenbehauptungen prägen sich aber in aller Regel nicht dauerhaft ein, sondern sind schnell vergessen, so dass im Regelfall ein auf Widerruf gerichteter Anspruch zu verneinen ist.[124] **Im Ausnahmefall** kommt ein Widerruf falscher und irreführender Tatsachenbehauptungen gegenüber gewerblichen Abnehmern aber in Betracht, zB wenn die falsche Tatsachenbehauptungen als *„unique selling point"* **derart spektakulär** ist, dass sie sich **dauerhaft einprägt** und daher voraussichtlich auch gegenüber dem Endkunden aufgestellt werden wird; zumindest sind die gewerblichen Abnehmer dann auf das Verbot der Werbung hinzuweisen.[125]

III. Verhältnis von Unterlassungsanspruch und Beseitigungsanspruch

46 **1. Selbständige Ansprüche mit unterschiedlicher Zielrichtung.** Hat eine Verletzungshandlung einen andauernden rechtswidrigen Verletzungszustand hervorgerufen, besteht neben dem Unterlassungsanspruch gem. § 8 Abs. 1 Alt. 2 ein Beseitigungsanspruch gem. § 8 Abs. 1 Alt. 1 (näher → Rn. 205 ff.).[126] Dabei handelt es sich um selbständige Ansprüche mit grundsätzlich unterschiedlicher Zielrichtung.[127] Von dem Beseitigungsanspruch unterscheidet sich der Unterlassungsanspruch dem Inhalt nach wie folgt: Er ist grundsätzlich auf ein Unterlassen gerichtet und kann in vielen Fällen auch durch bloßes Nichtstun erfüllt werden (→ Rn. 8); nur im Einzelfall muss, um effektiv unterlassen zu können, auch aktiv gehandelt werden (→ Rn. 9 ff.). Die Erfüllung des **Beseitigungsanspruchs** erfordert **demgegenüber stets** die **Vornahme einer aktiven Handlung.**[128] Die Vollstreckung des Unterlassungstitels bestimmt sich nach § 890 ZPO, das Beseitigungsgebot ist nach den §§ 887 f. ZPO zu vollstrecken.

47 **2. Möglichkeit der Kongruenz. Im Ergebnis** können **Unterlassungs- und Beseitigungsanspruch** jedoch **auf dasselbe hinauslaufen,** nämlich auf die **Beseitigung** des Störungszustandes.[129] So kann die Beseitigung eines störenden Zustands, zB die Entfernung einer Werbetafel mit einer irreführenden Werbung, nicht nur mit dem Beseitigungsanspruch begehrt werden, sondern sie kann auch geboten sein, um einem auf Unterlassung der irreführenden Werbung gerichteten Verbot nachzukommen (→ Rn. 10 ff.). Der Gläu-

[122] Vgl. RG MuW XXIX, 122 (124) – Eßmann-Waagen; BGH GRUR 1963, 539 (541) – echt skai.

[123] OLG Frankfurt a. M. GRUR-RR 2018, 122 Rn. 20 – nickelfreie Edelstahlschließen; GRUR 2018, 1085 Rn. 18 – kennzeichnungsfrei.

[124] OLG Frankfurt a. M. GRUR-RR 2018, 122 Rn. 21 – nickelfreie Edelstahlschließen; OLG Frankfurt a. M. GRUR 2018, 1085 Rn. 19 – kennzeichnungsfrei.

[125] OLG Frankfurt a. M. GRUR 2018, 1085 Rn. 19 – kennzeichnungsfrei; krit. hierzu *Büscher* zit. bei *Braun-Goerke* WRP 2019, 1539 Rn. 8.

[126] BGH GRUR 2015, 258 Rn. 64 – CT-Paradies; GRUR 2017, 208 Rn. 28 – Rückruf von RESCUE-Produkten; GRUR 2017, 823 Rn. 28 – Luftentfeuchter; GRUR 2018, 292 Rn. 28 – Produkte zur Wundversorgung.

[127] BGH GRUR 2015, 258 Rn. 64 – CT-Paradies GRUR 2017, 208 Rn. 28 – Rückruf von RESCUE-Produkten; GRUR 2017, 823 Rn. 28 – Luftentfeuchter; GRUR 2018, 292 Rn. 28 – Produkte zur Wundversorgung.

[128] Vgl. etwa BGH GRUR 2005, 433 (436) – Telekanzlei.

[129] Vgl. BGH GRUR 1977, 614 (616) – Gebäudefassade; GRUR 2015, 190 Rn. 16 – Ex-RAF-Terroristin; GRUR 2015, 258 Rn. 64 ff. – CT-Paradies.

biger hat es in solchen Fällen in der Hand, ob er den einen oder den anderen Anspruch oder aber beide Ansprüche geltend macht.[130] Er kann bei einer solchen Fallgestaltung bereits mit dem Unterlassungsanspruch die Beseitigung des Störungszustands verlangen.[131]

48 **3. Unterschiedliche Streitgegenstände.** Unterlassungs- und Beseitigungsanspruch bilden im Prozess unterschiedliche Streitgegenstände.[132]

IV. Begehungsgefahr und Abwehr drohender Gefahren

Schrifttum: *Feddersen,* Konturen der Erstbegehungsgefahr, in: FS Harte-Bavendamm, 2020, S. 493.

49 **1. Die Begehungsgefahr als einheitliche materielle Anspruchsvoraussetzung.** § 8 Abs. 1 S. 1 Alt. 2 und S. 2 bilden die Anspruchsgrundlage des Unterlassungsanspruchs im UWG. Der Unterlassungsanspruch berechtigt den Gläubiger, vom Unterlassungsschuldner zu fordern, eine nach § 3 oder § 7 unzulässige geschäftliche Handlung nicht zu begehen (→ Rn. 5). Voraussetzung ist, dass jemand eine gegen § 3 oder § 7 verstoßende und damit unzulässige geschäftliche Handlung *„vornimmt"* (Satz 1 Alt. 2) bzw. dass eine solche Zuwiderhandlung *„droht"*. Der Unterlassungsanspruch ist stets **in die Zukunft gerichtet.**[133] Er dient der **Abwehr künftiger Wettbewerbsverstöße.**[134] Aus dieser Zielrichtung ergibt sich die zentrale Tatbestandsvoraussetzung: Es genügt die **drohende Gefahr** der Vornahme einer **unzulässigen geschäftlichen Handlung.** Sie muss nicht etwa gegenwärtig vorgenommen werden. Diese **Begehungsgefahr** ist die **einheitliche materielle Voraussetzung** des Unterlassungsanspruchs.[135] Sie wird ganz allgemein definiert als die **ernsthafte und greifbare Besorgnis,** dass es in Zukunft zu einem bestimmten Wettbewerbsverstoß kommt.[136] Aus systematischen wie praktischen Gründen unterscheidet man **zwei Arten der Begehungsgefahr,** nämlich die **Wiederholungsgefahr** und die **Erstbegehungsgefahr:**

50 **2. Wiederholungsgefahr und Verletzungsunterlassungsanspruch gem. § 8 Abs. 1 S. 1 Alt. 2.** Die **Begehungsgefahr** kann sich daraus ergeben, dass eine Zuwiderhandlung gegen § 3 oder § 7 bereits begangen worden ist und deshalb die Gefahr der Wiederholung des Wettbewerbsverstoßes besteht. Diese sich so bereits aus dem ersten Verstoß ergebende

[130] BGH GRUR 2015, 258 Rn. 64 – CT-Paradies; GRUR 2017, 208 Rn. 28 – Rückruf von RESCUE-Produkten; GRUR 2017, 823 Rn. 28 – Luftentfeuchter; GRUR 2018, 292 Rn. 28 – Produkte zur Wundversorgung; OLG Düsseldorf GRUR-RR 2016, 259 Rn. 60 – TÜV-Sondereintragung.

[131] StRspr, vgl. RGZ 148, 114 (123) – Gummiwaren; BGH GRUR 2015, 258 Rn. 64 – CT-Paradies; GRUR 2017, 208 Rn. 28 – Rückruf von RESCUE-Produkten; GRUR 2017, 823 Rn. 28 – Luftentfeuchter; GRUR 2018, 292 Rn. 28 – Produkte zur Wundversorgung OLG Düsseldorf GRUR-RR 2016, 259 Rn. 60 – TÜV-Sondereintragung.

[132] BGH GRUR 1974, 99 (101) – Brünova; GRUR 1990, 522 (528) – HBV-Familien- und Wohnungsrechtsschutz; *Büscher* in Fezer/Büscher/Obergfell § 8 Rn. 9; *Feddersen* FS Büscher, 2018, 471; Teplitzky/*Kessen* Kap. 22 Rn. 7.

[133] StRspr; vgl. BGH GRUR 1969, 126 (127) – Sternbild; GRUR 1965, 327 (328) – Gliedermaßstäbe; GRUR 1999, 923 (924) – Tele-Info-CD; GRUR 2002, 717 (718) – Vertretung der Anwalts-GmbH; GRUR 2002, 1085 (1086) – Belehrungszusatz; GRUR 2003, 622 (623) – Abonnementvertrag; GRUR 2006, 953 Rn. 14 – Warnhinweis II; GRUR 2010, 1110 Rn. 10 – Versandkosten bei Froogle II; GRUR 2013, 956 Rn. 14 – Glückspäckchen im Osternest; GRUR 2018, 423 Rn. 25 – Klauselersetzung; *Eltzbacher* S. 215; *Fritzsche* S. 28, 38; *Oppermann* S. 26 f.; *Pastor* Kap. 1 I 4.

[134] BGH GRUR 2011, 742 Rn. 22 – Leistungspakete im Preisvergleich.

[135] StRspr; vgl. BGH GRUR 1973, 208 (209) – Neues aus der Medizin; GRUR 1980, 241 (242) – Rechtsschutzbedürfnis; GRUR 1983, 127 (128) – Vertragsstrafeversprechen; GRUR 1992, 318 (319) – Jubiläumsverkauf; GRUR 2010, 455 Rn. 24 – Stumme Verkäufer II; NJOZ 2014, 1524 Rn. 13 – Bonussystem einer Versandapotheke; *Büscher* in Fezer/Büscher/Obergfell § 8 Rn. 55 ff.; GroßKommUWG/*Paal* § 8 Rn. 12.

[136] Allg. Ansicht, vgl. BGH GRUR 1962, 34 (35) – Torsana; GRUR 1991, 764 (765) – Telefonwerbung IV; GRUR 1992, 318 (319) – Jubiläumsverkauf; GRUR 1993, 53 (55) – Ausländischer Inserent; GRUR 1999, 1097 (1099) – Preissturz ohne Ende; GRUR 2002, 360 (366) – H. I. V. POSITIVE II; GRUR 2010, 455 Rn. 24 – Stumme Verkäufer II; *Büscher* in Fezer/Büscher/Obergfell § 8 Rn. 56; Teplitzky/*Kessen* Kap. 6 Rn. 1.

Wiederholungsgefahr begründet den sog. **Verletzungsunterlassungsanspruch** (§ 8 Abs. 1 S. 1 Alt. 2).

51 Der **Verletzungsunterlassungsanspruch** ist **keine Sanktion,** die aufgrund der begangenen Zuwiderhandlung verhängt wird, sondern **steht selbständig** und unabhängig **neben anderen** straf- und zivilrechtlichen **Sanktionen.**[137] Er ergibt sich als Rechtsfolge aus der Wiederholungsgefahr, die aufgrund der begangenen Zuwiderhandlung vermutet wird (→ Rn. 73 ff.). Der Unterlassungsanspruch setzt anders als der Schadensersatzanspruch auch **kein Verschulden** voraus.[138] Durch seinen vorbeugenden Charakter unterscheidet sich der Unterlassungsanspruch von dem – gleichfalls verschuldensunabhängigen – Beseitigungsanspruch, der sich gegen bereits eingetretene Beeinträchtigungen richtet.

52 **3. Erstbegehungsgefahr und vorbeugender Unterlassungsanspruch gem. § 8 Abs. 1 S. 2.** Ein Unterlassungsanspruch ist auch gegeben, wenn die Gefahr der erstmaligen Begehung eines Wettbewerbsverstoßes droht. Positiv geregelt ist dies in § 8 Abs. 1 S. 2. Der durch eine solche **Erstbegehungsgefahr** begründete Unterlassungsanspruch wird als **vorbeugender Unterlassungsanspruch** bezeichnet. Diese Bezeichnung ist ebenso wie die Formulierung des § 8 Abs. 1 S. 2 ungenau, weil auch der auf Wiederholungsgefahr gestützte Verletzungsunterlassungsanspruch (lediglich) der Abwehr zukünftiger Wettbewerbsverstöße dient und daher ebenso vorbeugenden Charakter hat. Demzufolge setzt dieser ebenso wie der auf Erstbegehungsgefahr gestützte vorbeugende Unterlassungsanspruch voraus, dass die Begehung einer zukünftigen Zuwiderhandlung droht. Nur die Begründung ist jeweils unterschiedlich: Ist bereits eine Zuwiderhandlung vorgekommen, wird allein deshalb die Begehungsgefahr als Wiederholungsgefahr vermutet (→ Rn. 73 ff.). Fehlt es (noch) an einer Zuwiderhandlung, muss sich die Begehungsgefahr als Erstbegehungsgefahr aus anderen Umständen ergeben. Typische Konstellationen sind Ankündigungen und Vorbereitungshandlungen (näher → Rn. 123 ff.).

53 **4. Wiederholte Handlungen.** Gleichartige Verletzungshandlungen, die zeitlich **unterbrochen** auftreten, lassen jeweils einen **neuen, eigenständigen Verletzungsunterlassungsanspruch** entstehen, weil jede einzelne Verletzungshandlung zu einer Wiederholungsgefahr führt.[139]

54 In gleicher Weise führen Ankündigungen oder Vorbereitungshandlungen, die zeitlich unterbrochen auftreten, jeweils zu einer neuen Erstbegehungsgefahr und damit zu einem neuen und eigenständigen vorbeugenden Unterlassungsanspruch.

55 **5. Wegfall der Begehungsgefahr.** Der Unterlassungsanspruch gem. § 8 Abs. 1 S. 1 Alt. 2 bzw. S. 2 **erlischt endgültig,** wenn die Begehungsgefahr als materielle Anspruchsvoraussetzung wegfällt.[140] Dabei gelten unterschiedliche Anforderungen: Die Erstbegehungsgefahr entfällt grundsätzlich durch ein entgegengesetztes, von der Gefahr weg weisendes Verhalten (*actus contrarius;* hierzu → Rn. 147 ff.). Die Wiederholungsgefahr wird in aller Regel nur durch eine ernsthafte, uneingeschränkte, unwiderrufliche und ausreichend vertragsstrafebewehrte Unterlassungserklärung (hierzu → Rn. 87 ff.) oder einen rechtskräftigen Unterlassungstitel (hierzu → Rn. 104 f.) ausgeräumt.

---

137 StRspr; vgl. RGZ 116, 151 (152 ff.) – Haushaltungsverein Oberschlesien; BGH GRUR 1957, 558 (560) – Bayern-Expreß; GRUR 2016, 392 Rn. 16 – Buchungssystem II; anders noch RGZ 82, 59 (64) – Anzeigendoppel; 98, 36 (39) – Mörder und Schuft.

138 Allg. Ansicht, vgl. BGH GRUR 1990, 534 – Abruf-Coupon; OLG Düsseldorf 28.4.2009 – 20 U 236/08 – unzulässiger Werbevergleich; *Fritzsche* S. 49; Teplitzky/*Kessen* Kap. 5 Rn. 20; *Oppermann* S. 29.

139 RGZ 80, 436 (438) – G. & Co. Beerdigungsinstitut; BGH GRUR 1984, 820 (822) – Intermarkt II; GRUR 2013, 1161 Rn. 21, 81 – Hard Rock Cafe; *Büscher* in Fezer/Büscher/Obergfell § 11 Rn. 57; Teplitzky/*Bacher* Kap. 16 Rn. 26.

140 BGH GRUR 1987, 640 (642) – Wiederholte Unterwerfung II; GRUR 1990, 534 – Abrufcoupon; zum Markenrecht vgl. BGH GRUR 2008, 912 Rn. 39 – Metrosex; GRUR 2014, 382 Rn. 33 – REAL-Chips; aus der Lit. vgl. Köhler/*Bornkamm*/Feddersen § 8 Rn. 1.11; *Feddersen* FS Harte-Bavendamm, 2020, 493; MüKoUWG/*Fritzsche* § 8 Rn. 24.

56 **6. Maßgeblicher Zeitpunkt. a) Letzte Tatsachenverhandlung.** Weil die Begehungsgefahr eine Tatsachenfrage ist (dazu → Rn. 60), kommt es für die **tatsächlichen Umstände,** die deren Vorliegen begründen, auf den Zeitpunkt der letzten mündlichen Verhandlung in der Tatsacheninstanz an.[141] Fällt die Wiederholungsgefahr aus tatsächlichen Gründen nach Ende der letzten mündlichen Verhandlung in der Tatsacheninstanz weg (zB durch Abgabe einer strafbewehrten Unterlassungserklärung), ist dies gem. § 559 Abs. 1 S. 1 ZPO für die Entscheidung des Revisionsgerichts unerheblich.[142]

57 **b) Entscheidung der Revisionsinstanz.** Der in die Zukunft gerichtete Unterlassungsanspruch kann nur dann zugebilligt werden, wenn zum Zeitpunkt der Entscheidung des Gerichts – gleich ob in der Tatsacheninstanz oder in der **Revisionsinstanz – das geltende Recht die** dem Unterlassungsschuldner vorgeworfene **Handlungsweise überhaupt (noch) verbietet.**[143] Bedeutung erlangt dieser Aspekt vor allem bei den in den letzten Jahren **häufigen Gesetzesänderungen** im Rahmen des Rechtsbruchstatbestands (heute § 3a).[144] Er kann aber auch bei einer Änderung der Rechtslage durch Entscheidungen des BVerfG mit Gesetzeskraft zum Tragen kommen[145] sowie bei Entscheidungen des EuGH, mit der die Unvereinbarkeit nationaler Normen oder deren Auslegung mit dem vorrangigen Gemeinschaftsrecht festgestellt wird.[146]

58 Andererseits muss die inkriminierte Handlung auch bereits zum Zeitpunkt ihrer (drohenden) Vornahme verboten gewesen sein.[147] Letztlich muss die Handlung also **sowohl zum Tatzeitpunkt als auch zum Zeitpunkt der letzten mündlichen Verhandlung** in der Tatsacheninstanz oder, wenn es zu einer Entscheidung des BGH kommt, auch noch zum Zeitpunkt der Entscheidung des Revisionsgerichts unrechtmäßig gewesen sein, damit sich ein Unterlassungsanspruch auf sie stützen lässt.[148]

59 **c) Erledigung.** Stellt sich die zurückliegende oder drohende Handlung des Beklagten nach einer Rechtsänderung im Zeitpunkt der letzten mündlichen Tatsachenverhandlung als rechtmäßig dar, fällt die Begehungsgefahr weg (→ Rn. 107). Das gleiche gilt, wenn nach der Rechtsänderung unzweifelhaft klar ist, dass das Verhalten des Beklagten rechtswidrig ist und er erklärt, sich selbstverständlich an die neue Rechtslage halten zu wollen (→ Rn. 106). Weil es damit an der materiellen Anspruchsvoraussetzung fehlt, muss die Klage abgewiesen

---

[141] RG MuW XXXIX, 350 (351) – Denicotea-Spitze; BGH GRUR 1986, 248 (251) – Sporthosen; GRUR 2010, 455 Rn. 16 – Stumme Verkäufer; Köhler/*Bornkamm*/Feddersen § 8 Rn. 1.11; MüKoUWG/*Fritzsche* § 8 Rn. 23; *Melullis* Rn. 571; *Ohly*/Sosnitza § 8 Rn. 6; GroßKommUWG/*Paal* § 8 Rn. 8.

[142] *Ohly*/Sosnitza § 8 Rn. 6.

[143] StRspr; vgl. BGH GRUR 2001, 348 (349) – Beratungsstellen im Nahbereich; GRUR 2002, 1085 (1086) – Belehrungszusatz; GRUR 2003, 622 (623) – Abonnementvertrag; GRUR 2007, 890 Rn. 18 – Jugendgefährdende Medien bei eBay; GRUR 2008, 438 Rn. 14 – ODDSET; GRUR 2011, 742 Rn. 22 – Leistungspakete im Preisvergleich; GRUR 2013, 956 Rn. 14 – Glückspäckchen im Osternest; GRUR 2015, 1240 Rn. 31 – Der Zauber des Nordens; GRUR 2016, 88 Rn. 20 – Deltamethrin I; GRUR 2017, 922 Rn. 13 – Komplettküchen; GRUR 2018, 438 Rn. 9 – Energieausweis; GRUR 2019, 185 Rn. 24 – Champagner Sorbet II; GRUR 2020, 303 Rn. 19 – Pflichten des Batterieherstellers.

[144] MüKoUWG/*Fritzsche* § 8 Rn. 23.

[145] Vgl. BGH GRUR 2008, 438 Rn. 14, 16 ff. – ODDSET; MüKoUWG/*Fritzsche* § 8 Rn. 23.

[146] Vgl. BGH GRUR 2008, 438 Rn. 24 – ODDSET; MüKoUWG/*Fritzsche* § 8 Rn. 23.

[147] StRspr vgl. BGH GRUR 2006, 953 Rn. 14 – Warnhinweis II; GRUR 2007, 890 Rn. 18 – Jugendgefährdende Medien bei eBay; GRUR 2008, 438 Rn. 14 – ODDSET; GRUR 2012, 193 Rn. 14 – Sportwetten im Internet II.

[148] StRspr; vgl. BGH GRUR 2001, 348 (349) – Beratungsstellen im Nahbereich; GRUR 2003, 622 (623) – Abonnementvertrag; GRUR 2005, 166 (167) – Puppenausstattungen; GRUR 2006, 953 Rn. 14 – Warnhinweis II; GRUR 2007, 890 Rn. 18 – Jugendgefährdende Medien bei eBay; GRUR 2008, 438 Rn. 14 – ODDSET; GRUR 2009, 845 Rn. 32 – Internet-Videorecorder I; GRUR 2011, 742 Rn. 22 – Leistungspakete im Preisvergleich; GRUR 2012, 279 Rn. 16 – Das Große Rätselheft; GRUR 2015, 1240 Rn. 31 – Der Zauber des Nordens; GRUR 2016, 954 Rn. 10 – Energieeffizienzklasse I; GRUR 2017, 922 Rn. 13 – Komplettküchen; GRUR 2018, 438 Rn. 9 – Energieausweis; GRUR 2019, 185 Rn. 24 – Champagner Sorbet II; GRUR 2020, 303 Rn. 19 – Pflichten des Batterieherstellers.

werden, wenn der Kläger nicht die **Hauptsache für erledigt erklärt.** Der Wegfall der Begehungsgefahr stellt ein erledigendes Ereignis dar.[149]

60 **7. Prozessuales. a) Tatsachenfrage.** Die **Beurteilung,** ob eine Begehungsgefahr, sei es in Form der Wiederholungsgefahr[150] oder der Erstbegehungsgefahr,[151] besteht, ist im Wesentlichen **tatsächlicher Natur.** Die tatrichterliche Beurteilung kann damit in der Revisionsinstanz nur in beschränktem Maße darauf überprüft werden, ob der Tatrichter von richtigen rechtlichen Maßstäben ausgegangen ist und alle wesentlichen Tatumstände berücksichtigt hat.[152]

61 **b) Darlegungs- und Beweislast.** Da es sich bei der Begehungsgefahr um eine anspruchsbegründende Tatsache handelt, liegt die Darlegungs- und Beweislast beim Anspruchsteller.[153]

62 Bei der **Wiederholungsgefahr** hilft dem Anspruchsteller die durch die Verletzungshandlung begründete **tatsächliche Vermutung** (→ Rn. 73).[154] Den Fortfall der Wiederholungsgefahr oder ihr anfängliches Nichtbestehen hat dann der **Verletzer darzulegen** und ggf. zu beweisen.[155]

63 Bei der **Erstbegehungsgefahr** gibt es keine tatsächliche Vermutung; hier muss der Anspruchsteller diejenigen tatsächlichen Umstände darlegen und ggf. beweisen, aus denen sich die Erstbegehungsgefahr ergibt (→ Rn. 123).

64 **c) Einheitlicher Streitgegenstand oder unterschiedliche Streitgegenstände?** Hinsichtlich derselben drohenden Zuwiderhandlung kann sowohl ein Verletzungsunterlassungsanspruch als auch ein vorbeugender Unterlassungsanspruch gegeben sein. Wenn ein Unterlassungsanspruch sowohl als Verletzungsunterlassungsanspruch gem. § 8 Abs. 1 S. 1 wie auch als vorbeugender Unterlassungsanspruch nach § 8 Abs. 1 S. 2 in Betracht kommt, bestimmt sich die Frage, ob es sich um einen Streitgegenstand oder um zwei verschiedene Streitgegenstände handelt, **nach den allgemeinen Regeln.**[156] Ist dem Unterlassungsantrag nicht zu entnehmen, ob es sich um einen Verletzungsunterlassungsanspruch oder einen vorbeugenden Unterlassungsanspruch handelt, kommt es auf den Klagegrund, dh darauf an, ob es sich um einen einheitlichen Sachverhalt oder um mehrere den Anspruch möglicherweise rechtfertigende Lebenssachverhalte handelt.[157]

65 Liegt ein **einheitlicher Lebenssachverhalt** vor, hat man es mit einem **einzigen Streitgegenstand** zu tun.[158] Geht einem einheitlichen Unterlassungsantrag sowohl ein als Verletzungshandlung beanstandetes Verhalten als auch eine hiermit **zeitlich und sachlich in**

---

[149] Vgl. zB BGH WRP 2016, 477 Rn. 5 – Erledigterklärung nach Gesetzesänderung.

[150] StRspr, vgl. RGZ 96, 242 (245) – Marlitts Romane; 104, 376 (382) – Ballet; 148, 114 (119) – Gummiwaren; BGH GRUR 1955, 97 (98) – Constanze II; GRUR 1994, 516 (517) – Auskunft über Notdienste.

[151] BGH GRUR 1987, 45 (46) – Sommerpreiswerbung; GRUR 2001, 1174 (1175 f.) – Berühmungsaufgabe.

[152] Vgl. BGH GRUR 1955, 97 (98) – Constanze II; GRUR 1964, 274 (275) – Möbelrabatt; GRUR 1983, 186 – Wiederholte Unterwerfung I; GRUR 1987, 45 (46) – Sommerpreiswerbung; GRUR 1987, 640 (641) – Wiederholte Unterwerfung II.; GRUR 1994, 516 (517) – Auskunft über Notdienste; GRUR 2001, 1174 (1175 f.) – Berühmungsaufgabe.

[153] StRspr, vgl. BGH GRUR 2010, 455 Rn. 24 – Stumme Verkäufer; GRUR 2015, 603 Rn. 17 – Keksstangen; GRUR 2017, 79 Rn. 32 – Segmentstruktur.

[154] StRspr, vgl. nur BGH GRUR 1997, 379 – Wegfall der Wiederholungsgefahr II; GRUR 2016, 946 Rn. 52 – Freunde finden; GRUR 2018, 1258 Rn. 52 – YouTube-Werbekanal II; GRUR 2019, 189 Rn. 64 – Crailsheimer Stadtblatt II.

[155] StRspr, vgl. RG GRUR 1937, 237 (240) – Klischee-Vertrieb; BGH GRUR 1987, 640 (641) – Wiederholte Unterwerfung II; GRUR 1990, 530 (532) – Unterwerfung durch Fernschreiben; GRUR 1998, 1045 – Brennwertkessel.

[156] BGH GRUR 2016, 83 Rn. 41 – Amplidect/ampliteq; GRUR 2016, 1187 Rn. 20 – Stirnlampen.

[157] BGH GRUR 2016, 83 Rn. 41 – Amplidect/ampliteq; GRUR 2016, 1187 Rn. 20 – Stirnlampen; *Feddersen* FS Harte-Bavendamm, 2020, 493 (499).

[158] BGH GRUR 2016, 83 Rn. 41 – Amplidect/ampliteq; GRUR 2016, 1187 Rn. 20 – Stirnlampen; *Feddersen* FS Harte-Bavendamm, 2020, 493 (499).

Zusammenhang stehende Rechtsberühmung voraus, ist nur ein Klagegrund und damit nur ein Streitgegenstand gegeben.[159] Einen einheitlichen Lebenssachverhalt nimmt der BGH etwa dann an, wenn der Klage ein einheitliches Geschehen deshalb zugrunde liegt, weil zum einen eine die Erstbegehungsgefahr für die Markenverwendung begründende Markenanmeldung und zum anderen ein sodann erfolgte Produktvertrieb unter der angemeldeten Marken unter dem Gesichtspunkt der Wiederholungsgefahr angegriffen wird.[160] Ein einheitlicher Lebenssachverhalt wird auch angenommen, wenn mit der Widerklage ein einheitlicher Unterlassungsantrag verfolgt wird, der sich gegen ein bestimmtes vorprozessuales Verhalten und eine nachfolgende Rechtsberühmung im Rahmen einer negativen Feststellungsklage richtet.[161]

66 Unterschiedliche Klagegründe und damit **unterschiedliche Streitgegenstände** liegen vor, wenn ein Unterlassungsantrag zum einen auf Wiederholungsgefahr und zum anderen auf Erstbegehungsgefahr gestützt wird, sofern unterschiedliche Lebenssachverhalte betroffen sind, zwischen denen **kein zeitlicher und sachlicher Zusammenhang** besteht.[162] Dies ist etwa dann der Fall, wenn das betreffende Verhalten sich zum einen als Wiederholung eines bereits begangenen Verstoßes droht und zum anderen aufgrund anderer Umstände, zB einer Berühmung, und insoweit eine (Erst-)Begehungsgefahr begründet wird. In solchen Fällen handelt es sich um voneinander zu unterscheidende Ansprüche, da sie jeweils auf **unterschiedliche Lebenssachverhalte** gestützt sind.[163] Unterschiedliche Lebenssachverhalte und damit unterschiedliche Streitgegenstände liegen auch vor bei einer Rechtsnachfolge im Verhältnis von Verletzungshandlung des ursprünglichen Schuldners einerseits und andererseits besonderen Umständen in der Person des Rechtsnachfolgers, die eine Erstbegehungsgefahr in seiner Person entstehen lassen (→ Rn. 179).

67 **d) Praktische Gesichtspunkte bei der parallelen Geltendmachung.** Im Verletzungsprozess kann der vorbeugende Unterlassungsanspruch neben dem Verletzungsunterlassungsanspruch (und umgekehrt) vom Gericht nur beachtet werden, **wenn der Kläger sich darauf beruft** und einen entsprechenden Antrag stellt (vgl. § 308 ZPO).[164] Dafür besteht insbesondere dann ein praktisches Bedürfnis, wenn zunächst unklar ist, ob die den Verletzungsunterlassungsanspruch begründende Verletzungshandlung nachweisbar ist. Ist das Gericht der Ansicht, dass keine Wiederholungsgefahr besteht, muss es gem. § 139 ZPO dem Kläger einen richterlichen Hinweis und die Gelegenheit geben, seinen Klageantrag auf Erstbegehungsgefahr zu stützen. Dies gilt allerdings nur, wenn das Vorbringen des Klägers einerseits unklar ist, andererseits dafür Anhaltspunkte bietet, dass er auch eine Entscheidung des Gerichts über einen möglichen vorbeugenden Unterlassungsanspruch erwirken will.[165]

68 Davon zu unterscheiden ist die Möglichkeit, mit der **Geltendmachung des vorbeugenden Unterlassungsanspruchs neben dem Verletzungsunterlassungsanspruch** das Unterlassungsbegehren auf solche Verhaltensweisen zu erstrecken, die von letzterem, auch unter dem Gesichtspunkt kerngleicher Handlungen, nicht mehr erfasst werden. Da in diesem Fall Verletzungsunterlassungsanspruch und vorbeugender Unterlassungsanspruch auf das Unterlassen unterschiedlicher Handlungen gerichtet sind, sollte dies nicht nur in der

---

[159] BGH GRUR 2016, 83 Rn. 41 – Amplidect/ampliteq; GRUR 2019, 947 Rn. 28 – Bring mich nach Hause.

[160] BGH GRUR 2016, 83 Rn. 41 – Amplidect/ampliteq.

[161] BGH GRUR 2019, 947 Rn. 30 – Bring mich nach Hause; *Feddersen* FS Harte-Bavendamm, 2020, 493 (499).

[162] BGH GRUR 2016, 83 Rn. 41 – Amplidect/ampliteq; GRUR 2019, 947 Rn. 28 – Bring mich nach Hause; *Büscher* in Fezer/Büscher/Obergfell § 12 Rn. 280.

[163] BGH GRUR 2006, 429 Rn. 20, 22 f. – Schlank-Kapseln; GRUR 2006, 421 Rn. 25 – Markenparfümverkäufe; GRUR 2014, 1013 Rn. 20 – Original Bach-Blüten; GRUR 2019, 947 Rn. 28 – Bring mich nach Hause; *Büch* FS Bornkamm, 2014, 15 (17 ff.); *Büscher* in Fezer/Büscher/Obergfell § 8 Rn. 97; *Götz* GRUR 2008, 401 (403); *Köhler*/Bornkamm/Feddersen § 12 Rn. 2.23l; Teplitzky/*Kessen* Kap. 9 Rn. 5, Kap. 10 Rn. 12; *Ohly*/Sosnitza § 8 Rn. 31.

[164] Vgl. BGH GRUR 2006, 429 (431) – Schlank-Kapseln; Teplitzky/*Kessen* Kap. 9 Rn. 5 mwN.

[165] BGH GRUR 2014, 1013 Rn. 20 – Original Bach-Blüten.

Klagebegründung, sondern nach Möglichkeit auch in der Antragsfassung zum Ausdruck gebracht werden.

Fehlt es an einer Erstbegehungsgefahr, ist die auf einen vorbeugenden Unterlassungsanspruch gestützte **Klage als unbegründet abzuweisen.** Die Rechtskraft dieser Entscheidung steht der Geltendmachung eines auf einen konkreten – späteren – Wettbewerbsverstoß gestützten Verletzungsunterlassungsanspruchs oder eines auf neue sonstige Umstände gestützten vorbeugenden Unterlassungsanspruchs nicht entgegen.[166] 69

V. Wiederholungsgefahr und Verletzungsunterlassungsanspruch

Schrifttum: *Bacher,* Die Beeinträchtigungsgefahr als Voraussetzung für Unterlassungsklagen im Wettbewerbsrecht und in anderen Gebieten des Zivilrechts, 1996; *Berneke/Schüttpelz,* Die einstweilige Verfügung in Wettbewerbssachen, 4. Aufl. 2018; *Borck,* Bestimmtheitsgebot und Kern der Verletzung, WRP 1979, 180; *ders.,* Das Prokrustesbett „Konkrete Verletzungsform", GRUR 1996, 522; *Bornkamm,* Unterlassungstitel und Wiederholungsgefahr in: FS Tilmann, 2003, S. 769; *Gruber,* Der wettbewerbsrechtliche Unterlassungsanspruch nach einem „Zweitverstoß", WRP 1991, 279; *ders.,* Drittwirkung (vor-)gerichtlicher Unterwerfungen?, GRUR 1991, 354; *v. Hellfeld,* Die notariell beurkundete Unterlassungserklärung – Königsweg für den Abgemahnten?, Liber amicorum für Manfred Hecker, 2017, S. 345; *Hess,* Trendy: Die notarielle Unterwerfungserklärung, WRP 2015 Heft 5, Editorial; *Hirtz,* Der Nachweis der Wiederholungsgefahr bei Unterlassungsansprüchen oder: Was vermögen Erfahrungssätze bei der Beweiswürdigung?, MDR 1988, 182; *Köhler,* Zum „Wiederaufleben der Wiederholungsgefahr" beim wettbewerblichen Unterlassungsanspruch, GRUR 1989, 804; *ders.,* Die notarielle Unterwerfungserklärung – eine Alternative zur strafbewehrten Unterlassungserklärung?, GRUR 2010, 6; *ders.,* Wegfall der Erstbegehungsgefahr durch „entgegengesetztes Verhalten"?, GRUR 2011, 879; *Loschelder,* Anspruch aus § 1 UWG, gerichtet auf die Unterlassung einer Unterlassung, WRP 1999, 57; *ders.,* Die Wirkung der Drittunterwerfung bei gesetzlichen Unterlassungsansprüchen, in: FS Harte-Bavendamm, 2020, S. 519; *Metzger,* Vertragsstrafen im Immaterialgüter- und Wettbewerbsrecht im Spiegel der aktuellen Rechtsprechung und Reformvorhaben, GRUR 2019, 1015; *Rödding,* Die Rechtsprechung zur Drittunterwerfung – Ein Irrweg?, WRP 1988, 514; *Schnepel,* Wettbewerbliches Unterwerfungsrecht, 1997; *ders.,* Zum Streit um das „Wiederaufleben der Wiederholungsgefahr" beim wettbewerbsrechtlichen Unterlassungsanspruch, WRP 1994, 467; *Spätgens,* Drittwirkung bei Bewilligung einer Aufbrauchfrist, WRP 1994, 693; *Strömes/Grootz,* Die „veranlasste Initiativunterwerfung" – ein untauglicher Versuch?, WRP 2008, 148; *Tavanti,* Kommentar zu LG Berlin, Urt. v. 4. August 2015, Az. 15 O 56/15, WRP 2015, 1411; *Teplitzky,* Die Rechtsfolgen der unbegründeten Ablehnung einer strafbewehrten Unterlassungserklärung, GRUR 1983, 609; *ders.,* Unterwerfung und „konkrete Verletzungsform", WRP 1990, 26; *ders.,* Zur Frage der überregionalen Drittwirkung einer Unterwerfungserklärung auf Abmahnung eines nur regional tätigen Gläubigers, WRP 1995, 359; *ders.,* Unterwerfung oder Unterlassungsurteil? WRP 1996, 171; *ders.,* Die wettbewerbsrechtliche Unterwerfung heute – Neuere Entwicklung eines alten Streitbeilegungsmittels, GRUR 1996, 696; *ders.,* Probleme der notariell beurkundeten und für vollstreckbar erklärten Unterlassungsverpflichtungserklärung (§ 794 Abs. 1 Nr. 5 ZPO), WRP 2015, 527.

1. Voraussetzungen. Der Verletzungsunterlassungsanspruch gem. § 8 Abs. 1 S. 1 Alt. 2 setzt als Form der Begehungsgefahr **Wiederholungsgefahr** voraus, auch wenn dieses Tatbestandsmerkmal nicht ausdrücklich als Anspruchsvoraussetzung genannt wird. Wiederholungsgefahr ist gegeben, wenn gem. § 8 Abs. 1 S. 1 Alt. 2 bereits eine **Zuwiderhandlung** gegen § 3 oder § 7 begangen wurde und deshalb die Begehung einer erneuten Zuwiderhandlung droht. In diesem Sinne kann auch von **zwei Voraussetzungen des Verletzungsunterlassungsanspruchs** (nämlich zum einen der Wettbewerbsverstoß und zum anderen die Wiederholungsgefahr) gesprochen werden. Es gibt keine Wiederholungsgefahr ohne Wettbewerbsverstoß. Es gibt aber durchaus Wettbewerbsverstöße ohne Wiederholungsgefahr, nämlich zum einen, wenn ausnahmsweise die Möglichkeit einer Wiederholung von vornherein ausgeschlossen ist (hierzu → Rn. 83), und zum anderen, wenn die Wiederholungsgefahr nachträglich wegfällt (hierzu → Rn. 85 ff.). 70

In der weit überwiegenden Zahl der praktischen Fälle sind eine oder mehrere unlautere geschäftliche Handlungen bereits verwirklicht. Deshalb ist die Frage der Wiederholungsgefahr weit wichtiger als die Frage der Erstbegehungsgefahr. Sie ist um so bedeutsamer, als der Beklagte häufig gerade in den für ihn im übrigen aussichtslosen Fällen die Wieder- 71

[166] BGH GRUR 1990, 687 (689) – Anzeigenpreis II.

holungsgefahr leugnet und behauptet, die Möglichkeit einer Wiederholung sei von vornherein ausgeschlossen. Diesem Leugnen gegenüber muss der Richter skeptisch sein.[167]

72 **2. Wiederholungsgefahr. a) Tatbestand.** Die Wiederholungsgefahr ist ein tatsächlicher Umstand, der objektiv nach den Verhältnissen der Person des Zuwiderhandelnden zu beurteilen ist. Die Gefahr der Wiederholung eines schon einmal begangenen Wettbewerbsverstoßes ist gegeben, wenn aufgrund konkreter Anhaltspunkte die **ernsthafte und greifbare Besorgnis** besteht, dass es in Zukunft **erneut** zu demselben oder einem kerngleichen Wettbewerbsverstoß kommt.[168] Hierfür reicht es grundsätzlich aus, dass ein **erneuter Verstoß** objektiv jederzeit oder jedenfalls innerhalb überschaubarer Zeiträume praktisch **möglich** ist und nicht jede Wahrscheinlichkeit einer Wiederholung des Verstoßes ausgeräumt ist.[169]

73 **b) Tatsächliche Vermutung.** Wer bereits einmal eine unzulässige Handlung vorgenommen hat, dem ist im Grundsatz zuzutrauen, dass er später bei sich bietender Gelegenheit wieder in gleicher Weise handelt.[170] Ein einmal erfolgter **Wettbewerbsverstoß** begründet deshalb die **tatsächliche Vermutung für seine Wiederholung.**[171] Davon geht die Rspr. des BGH so gut wie ausnahmslos aus.[172] Mittlerweile spricht der BGH vereinfachend auch davon, dass die Verletzungshandlung die Wiederholungsgefahr **begründet.**[173] Die Wiederholungsvermutung ist von der Schwere des Verstoßes unabhängig. Entgegen vereinzelter Aussagen in der früheren Rspr.[174] kommt es daher auch nicht darauf an, ob der Verletzer in Unkenntnis der Rechtslage gehandelt hat und deshalb sein Verhalten milder beurteilt werden kann, ob der Verstoß in gewisser Weise provoziert worden ist oder ob der Verletzer in Zukunft einer strengeren Kontrolle unterliegen wird.

74 Die durch die Verletzungshandlung begründete tatsächliche Vermutung der Wiederholungsgefahr ist **widerleglich.**[175] Hierfür trägt der Unterlassungsschuldner die Darlegungs- und Beweislast (→ Rn. 62).[176]

75 **3. Zuwiderhandlung. a) Verstoß als vollendete Zuwiderhandlung.** Die eine Wiederholungsgefahr begründende Zuwiderhandlung kann in einer gegen § 3 oder § 7 verstoßenden geschäftlichen Handlung bestehen.[177] Da die Vorschriften der §§ 3a–6 durch ihren Wortlaut („Unlauter handelt …") auf § 3 verweisen, werden die dort genannten Beispiele unlauteren Wettbewerbs einbezogen. Über § 3 iVm § 3a können auch Zuwiderhandlungen gegen gesetzliche Vorschriften außerhalb des UWG einen Unterlassungs-

---

[167] *Reimer* Kap. 107 Rn. 9.

[168] BGH GRUR 1962, 34 (35) – Torsana; GRUR 1991, 764 (765) – Telefonwerbung IV; GRUR 1992, 318 (319) – Jubiläumsverkauf; *Büscher* in Fezer/Büscher/Obergfell § 8 Rn. 56; Teplitzky/*Kessen* Kap. 6 Rn. 1; *Oppermann* S. 31; GroßKommUWG/*Paal* § 8 Rn. 12.

[169] RGZ 98, 267 (269) – Bayernfilms; BGH GRUR 1992, 318 (319) – Jubiläumsverkauf; GRUR 2008, 702 Rn. 56 – Internet-Versteigerung III; vgl. auch BGH GRUR 2000, 605 (608) – comtes/ComTel; GRUR 2013, 638 Rn. 58 – Völkl.

[170] RGZ 98, 267 (269 f.) – Bayernfilms; BGH GRUR 1959, 544 (547) – Modenschau; GRUR 2002, 360 (366) – H. I. V. POSITIVE II; *Melullis* Rn. 574, 580.

[171] Zur Entwicklung *Pastor* Kap. 8 I 2.

[172] StRspr; vgl. BGH GRUR 1955, 342 (345) – Holländische Obstbäume; GRUR 1959, 544 (547) – Modenschau; GRUR 1980, 724 (727) – Grand Prix; GRUR 1997, 379 (380) – Wegfall der Wiederholungsgefahr II; GRUR 1997, 929 (930) – Herstellergarantie; GRUR 2001, 453 (455) – TCM-Zentrum; GRUR 2002, 717 (719) – Vertretung der Anwalts-GmbH; GRUR 2008, 702 Rn. 56 – Internet-Versteigerung III; GRUR 2014, 1120 Rn. 31 – Betriebskrankenkasse II; GRUR 2016, 88 Rn. 51 – Deltamethrin I; GRUR 2016, 946 Rn. 52 – Freunde finden; GRUR 2018, 1258 Rn. 52 – YouTube-Werbekanal II; GRUR 2019, 189 Rn. 64 – Crailsheimer Stadtblatt II.

[173] Vgl. BGH GRUR 2020, 299 Rn. 19 – IVD-Gütesiegel.

[174] Vgl. BGH GRUR 1994, 443 (445) – Versicherungsvermittlung im öffentlichen Dienst.

[175] BGH GRUR 1994, 443 (445) – Versicherungsvermittlung im öffentlichen Dienst.

[176] RG MuW XIV, 15 (16) – Expansit-Korksteinplatten; BGH GRUR 1987, 640 (641) – Wiederholte Unterwerfung II; GRUR 1998, 1045 – Brennwertkessel; Teplitzky/*Kessen* Kap. 6 Rn. 10.

[177] Vgl. BGH GRUR 2007, 890 Rn. 22 – Jugendgefährdende Medien bei eBay.

anspruch nach § 8 Abs. 1 S. 1 begründen. Nach altem Recht führten auch Verstöße gegen die §§ 17 ff. UWG 2004 zu einer Wiederholungsgefahr.[178]

Die Zuwiderhandlung muss **vollendet** sein. Hierdurch unterscheidet sich der Verletzungsunterlassungsanspruch vom vorbeugenden Unterlassungsanspruch, bei dem es an einer vorangegangenen Verletzungshandlung fehlt. Mit Blick auf § 3a gilt für Straftatbestände und Ordnungswidrigkeiten ebenso wie für nicht sanktionsbewehrte Verhaltensnormen: Eine Tat, die im **Stadium des Versuchs** steckengeblieben ist, erfüllt nach der (ggf. entsprechend) anzuwendenden Bestimmung des § 30 Abs. 1 StGB noch **nicht** den Tatbestand einer Zuwiderhandlung iSd § 3a.[179] 76

Zu den Besonderheiten einer vollendeten Zuwiderhandlung bei der Verletzung von **wettbewerbsrechtlichen Verkehrspflichten** vgl. → Rn. 615 ff. 77

Um sich auf eine Wiederholungsgefahr berufen zu können, muss der Kläger eine durch den Beklagten begangene oder ihm gem. § 8 Abs. 2 zuzurechnende **konkrete Verletzungshandlung vortragen** und diese Handlung des Beklagten zum Gegenstand des Klagantrags machen. Es genügt beim Nachahmungsschutz gem. § 4 Nr. 3 etwa nicht, auf die eigenen Originalprodukte des Klägers hinzuweisen, der Unterlassungsantrag muss sich auf das nachgeahmte Produkt beziehen und es muss ein Vertrieb von nachgeahmten Produkten vorgetragen werden.[180] 78

b) Rechtswidrigkeit im Zeitpunkt der Begehung. Die beanstandete Handlung muss dabei zum **Zeitpunkt ihrer Begehung wettbewerbswidrig** bzw. nach einer unter **§ 3a fallenden Norm verboten** gewesen sein, sonst fehlt es überhaupt an einer „Zuwiderhandlung" und damit an einer Wiederholungsgefahr (→ Rn. 58).[181] Denn wenn sich der Beklagte nach der bisherigen Rechtslage **rechtmäßig verhalten** hat, kann nach einer Gesetzesänderung, die ein solches Handeln verbietet, nicht ohne weiteres angenommen werden, dass er nach Eintritt der Rechtsänderung nicht bereit sei, die neue Rechtslage zu beachten.[182] Vergleichbar ist die Situation, wenn eine Handlung während des Laufs einer **Aufbrauchfrist** begangen wird. Dann besteht keine Vermutung einer Wiederholungsgefahr für den Zeitraum nach Ablauf der Aufbrauchfrist.[183] 79

c) Verschulden. Ein Verschulden ist nach allgemeiner Ansicht nicht erforderlich.[184] Deshalb kann zB auch ein geisteskranker Täter oder Teilnehmer einem Unterlassungsanspruch unterworfen sein oder entsprechend § 31 BGB einen Unterlassungsanspruch für die von ihm vertretene Gesellschaft begründen.[185] 80

4. Anfängliches Fehlen der Wiederholungsgefahr trotz Zuwiderhandlung. Fallgestaltungen, in denen trotz eines begangenen Verstoßes die **Vermutung widerlegt** werden kann und ausnahmsweise die Wiederholungsgefahr von Anfang an fehlt, sind **äußerst selten.** 81

a) Kerngleiche Handlungen. Dies liegt zunächst daran, dass sich die **Vermutung auch auf kerngleiche Handlungen erstreckt** (hierzu → Rn. 155 ff.): Das Schalten einer be- 82

---

[178] Vgl. BGH GRUR 2006, 1044 Rn. 17 – Kundendatenprogramm; GRUR 2009, 603 Rn. 22 – Versicherungsvertreter.

[179] BGH GRUR 2015, 1025 Rn. 20 – TV-Wartezimmer.

[180] BGH GRUR 2017, 79 Rn. 28 ff. – Segmentstruktur.

[181] StRspr, vgl. nur BGH GRUR 2006, 82 Rn. 14 – Betonstahl; GRUR 2009, 1180 Rn. 23 – 0,00 Grundgebühr; GRUR 2010, 652 Rn. 10 – Costa del Sol; GRUR 2011, 747 Rn. 13 – Kreditkartenübersendung; GRUR 2012, 184 Rn. 15 – Branchenbuch Berg; GRUR 2012, 188 Rn. 11 – Computer-Bild; GRUR 2015, 504 Rn. 8 – Kostenlose Zweitbrille; GRUR 2016, 88 Rn. 20 – Deltamethrin I; GRUR 2019, 196 Rn. 7 – Industrienähmaschinen.

[182] BGH GRUR 2001, 348 (349) – Beratungsstellen im Nahbereich.

[183] Vgl. OLG Frankfurt a. M. WRP 2015, 1258 (1259).

[184] Vgl. RGZ 109, 272 (276) – Gerbereimaschinen; BGH GRUR 1990, 534 – Abruf-Coupon; OLG Düsseldorf 28.4.2009 – 20 U 236/08 – unzulässiger Werbevergleich; KG WRP 2012, 1562 Rn. 23; OLG Hamburg GRUR-RR 2013, 29 (37) – Nr. 1 Hits; *Fritzsche* S. 49; Teplitzky/*Kessen* Kap. 5 Rn. 20.

[185] RGZ 109, 272 (276) – Gerbereimaschinen; *Callmann* S. 107.

stimmten Anzeige in einer bestimmten Zeitung an einem bestimmten Datum ist zwar nicht wiederholbar, aber die Erweiterung der Wiederholungsgefahr auf kerngleiche Handlungen (an einem anderen Datum, in einer anderen Zeitung und uU mit einem leicht abgewandelten Text) nimmt dem Charakter eines solchen Verstoßes seine Einmaligkeit und Unwiederholbarkeit.[186]

83 **b) Denknotwendig unwiederholbare Handlungen.** In Betracht kommt ein Fehlen der Wiederholungsgefahr deshalb nur bei Handlungen, die denknotwendig ihrer Natur und ihrem Charakter nach nur einmal vorkommen und nicht wiederholt werden können.[187] Es reicht nicht aus, wenn sich die wettbewerbswidrige Handlung zwar als Ausnahme präsentiert, aber bei passender Gelegenheit doch wieder vorkommen kann.[188]

84 **c) Nur in der Theorie wiederholbare Handlungen.** Die frühere Rspr. hat darüber hinaus eine Wiederholungsgefahr in den extrem seltenen Fällen verneint, in denen allenfalls eine „rein theoretische Möglichkeit einer Wiederholung" besteht,[189] praktisch aber eine Vornahme nach Lage der Dinge äußerst unwahrscheinlich ist.[190] So hat das OLG Karlsruhe bei einer grob aufschneiderischen Werbung „nur bei dem einmaligen, sich nicht mehr wiederholenden Anlaß der Geschäftsübernahme" die Wiederholungsgefahr im Rahmen der weiteren Geschäftstätigkeit verneint.[191] Die Annahme eines ungewöhnlich gelagerten Sonderfalls, in dem der Wettbewerbsverstoß ausnahmsweise einmal nicht die aus ihm sonst herzuleitende Vermutung seiner Wiederholung begründete, beruhte in der Entscheidung *„Jubiläumsverkauf"* aus dem Jahre 1992[192] auf der damaligen Gesetzeslage, nach der die Wiederholung des in Rede stehenden Verstoßes gegen die PAngV, der allein aus Anlass eines Jubiläumsverkaufs im Sinne des damaligen § 7 Abs. 3 Nr. 2 UWG 1909 begangen worden war, frühestens 25 Jahre nach der erstmaligen Begehung in Betracht kam. Diese Entscheidung ist fragwürdig, denn Kern der Verletzungshandlung war die – jederzeit wiederholbare – Werbung mit einer pauschalen Herabsetzung wegen einer Sonderveranstaltung.[193] Das Beispiel zeigt: Je weiter man normativ den Bereich kerngleicher Handlungen zieht, desto weniger Raum besteht für die Argumentation, eine solche Handlung sei praktisch nicht wiederholbar.

85 **5. Wegfall der Wiederholungsgefahr. a) Allgemeines.** Die durch die Zuwiderhandlung begründete Wiederholungsgefahr kann nachträglich wegfallen. An den **Wegfall der Wiederholungsgefahr** sind jedoch **strenge Anforderungen** zu stellen.[194] Die Wiederholungsgefahr entfällt nur dann, wenn der Verletzte bei objektiver Betrachtung und vernünftiger Würdigung aller Umstände hinreichend sicher sein kann, dass es zu dem auf Grund der vergangenen Verletzungshandlung vermuteten drohenden neuen Wettbewerbsverstoß doch nicht kommen werde.[195]

86 Da die Wiederholungsgefahr materielle Voraussetzung des auf sie gestützten Verletzungsunterlassungsanspruchs ist, führt der Wegfall der Wiederholungsgefahr zum **Erlöschen des**

---

[186] Teplitzky/*Kessen* Kap. 6 Rn. 14.

[187] Teplitzky/*Kessen* Kap. 6 Rn. 13; *Tetzner* Vorb. Rn. 31.

[188] Vgl. RG GRUR 1937, 237 (240) – Klischee-Vertrieb; *Oppermann* S. 31.

[189] BGH GRUR 1957, 348 (349 f.) – Klasen-Möbel; *Beater* Rn. 2691.

[190] RG JW 1932, 1885 Nr. 3 und *Tetzner* Vorb. Rn. 31: Keine Wiederholungsgefahr für unlautere Werbung im Zusammenhang mit einem Ladenumbau, wenn nicht ersichtlich ist, wann jemals wieder ein solcher Umbau vorgenommen werden könnte.

[191] OLG Karlsruhe MuW XIV, 82 – Courthairdresser (zw.).

[192] BGH GRUR 1992, 318 – Jubiläumsverkauf.

[193] Vgl. Teplitzky/*Kessen* Kap. 6 Rn. 15; *Melullis* Rn. 575; mit dem Wegfall des § 7 Abs. 3 Nr. 2 UWG 1909 ist allerdings auch der Grund für die Annahme eines solchen besonders gelagerten Ausnahmefalls entfallen.

[194] StRspr, vgl. BGH GRUR 1955, 97 (98) – Constanze II; GRUR 1970, 558 (559) – Sanatorium; GRUR 1998, 483 (485) – Der M.-Markt packt aus; GRUR 2002, 180 – Weit-Vor-Winter-Schluss-Verkauf; OLG Köln ZUM-RD 2011, 18; KG GRUR-RR 2013, 335 (336) – Zweifelhafte Drittunterwerfung.

[195] *Melullis* Rn. 580.

gesetzlichen Unterlassungsanspruchs; eine einmal entfallene Wiederholungsgefahr lebt auch nicht wieder auf (→ Rn. 96).[196]

b) Unterwerfungserklärung. aa) Grundsatz. Die Wiederholungsgefahr entfällt im Regelfall nur dadurch, dass der Verletzer **gegenüber dem** anspruchsberechtigten **Gläubiger** eine idR bedingungslose, unwiderrufliche und durch eine **Vertragsstrafe** angemessen strafbewehrte **Unterlassungsverpflichtungserklärung** (sog. Unterwerfungserklärung) abgibt.[197] Die Novellierung des UWG im Jahr 2020 hält hieran ungeachtet der Sonderregelung in § 13a Abs. 2 (hierzu → Rn. 99 ff.) grundsätzlich fest. Denn gem. § 13 Abs. 1 soll der zur Geltendmachung eines Unterlassungsanspruchs Berechtigte den Schuldner vor der Einleitung eines gerichtlichen Verfahrens abmahnen und ihm so Gelegenheit geben, den Streit durch Abgabe einer mit einer angemessenen Vertragsstrafe bewehrten Unterlassungsverpflichtung beizulegen. 87

Um die Wiederholungsgefahr entfallen zu lassen, muss die abgegebene Erklärung der Vermeidung einer gerichtlichen Auseinandersetzung dadurch dienen, dass sie nicht nur **eindeutig,** hinreichend **bestimmt** und durch ein Vertragsstrafeversprechen in angemessener Höhe gesichert ist, sondern auch den gesetzlichen Unterlassungsanspruch **nach Inhalt und Umfang vollständig abdeckt.**[198] Die Wiederholungsgefahr entfällt deshalb nicht, wenn zwar eine strafbewehrte Unterlassungsverpflichtungserklärung abgegeben wird, diese aber hinter dem zurückbleibt, was der Gläubiger verlangt und verlangen kann.[199] Hat der Unterlassungsschuldner eine strafbewehrte Unterlassungserklärung mit **Aufbrauchfrist** abgegeben, entfällt Wiederholungsgefahr erst mit Ablauf der Aufbrauchsfrist.[200] 88

bb) Bedeutung der Vertragsstrafe. Die drohende **Vertragsstrafe** soll in erster Linie ein Sanktionsinstrument sein, das den Verletzer zum rechtskonformen Verhalten veranlasst, und dient in zweiter Linie als pauschalierter Schadensersatz, der dem Gläubiger im (erneuten) Verletzungsfall die Möglichkeit einer erleichterten Schadensdurchsetzung ohne Einzelnachweis eröffnet.[201] Das Risiko, eine Vertragsstrafe zahlen zu müssen, soll den Unternehmer davon abhalten, den Wettbewerbsverstoß zu wiederholen.[202] Von einer Unterwerfungserklärung geht unmittelbar nach ihrer Abgabe eine erhebliche **Abschreckungswirkung** im Sinne einer **Spezialprävention** aus. Die Unterlassungserklärung kann nämlich in aller Regel vom Gläubiger sofort nach Erhalt ohne ausdrückliche Erklärung angenommen werden, so dass der Schuldner stets damit rechnen muss, dass ein Verstoß eine Sanktion auslöst.[203] 89

cc) Bemessung der Vertragsstrafe. Die Frage, **wie hoch eine Vertragsstrafe** bemessen sein muss, um dieser Funktion gerecht zu werden, lässt sich nicht allgemein, 90

---

[196] BGH GRUR 1995, 678 (679) – Kurze Verjährungsfrist; GRUR 2006, 878 Rn. 22 – Vertragsstrafevereinbarung; GRUR 2006, 953 Rn. 14 – Warnhinweis II; aA wohl LG Mannheim 17.3.2017 – 7 O 70/16 – Keyword Resistograph.

[197] StRspr, vgl. nur BGH GRUR 1955, 97 (98) – Constanze II; GRUR 1959, 544 (547) – Modenschau; GRUR 1964, 274 (275) – Möbelrabatt; GRUR 1988, 699 (700) – qm-Preisangaben; GRUR 1996, 290 (291) – Wegfall der Wiederholungsgefahr I; GRUR 1997, 379 (380) – Wegfall der Wiederholungsgefahr II; GRUR 2001, 453 (455) – TCM-Zentrum; GRUR 2002, 180 (181) – Weit-vor-Winterschlussverkauf; GRUR 2008, 815 Rn. 14 – Buchführungsbüro; GRUR 2013, 1259 Rn. 26 – Empfehlungs-E-Mail; GRUR 2014, 1120 Rn. 31 – Betriebskrankenkasse II; GroßKommUWG/*Paal* § 8 Rn. 19; *Teplitzky* GRUR 1983, 609 ff.

[198] StRspr, vgl. BGH GRUR 1993, 677 (679) – Bedingte Unterwerfung I; GRUR 2008, 815 Rn. 14 – Buchführungsbüro; GRUR 2016, 395 Rn. 34 – Smartphone-Werbung; GroßKommUWG/*Feddersen* § 12 B Rn. 113; Teplitzky/*Kessen* Kap. 8 Rn. 16; hierzu auch *Brüning* → § 12 Rn. 170 ff.

[199] OLG Naumburg 17.2.2011 – 1 U 91/10.

[200] OLG Frankfurt a. M. WRP 2015, 1258 Rn. 9.

[201] BGH GRUR 1993, 926 – Apothekenzeitschriften; GRUR 2014, 909 Rn. 11 – Ordnungsmittelandrohung nach Prozessvergleich; *Metzger* GRUR 2019, 1015 (1021).

[202] *Köhler* GRUR 2011, 879 (882).

[203] OLG Köln WRP 2015, 623 Rn. 22 – Notarielle Unterwerfungserklärung; Köhler/*Bornkamm*/Feddersen § 12 Rn. 1.116 ff.

sondern immer nur unter Berücksichtigung der besonderen Umstände des jeweiligen Einzelfalls beantworten.[204] Nach der bisherigen Rspr. war hier auf die Schwere und das Ausmaß der begangenen Zuwiderhandlung, auf deren Gefährlichkeit für den Gläubiger, auf das Verschulden des Verletzers sowie auf Art und Größe des Unternehmens des Schuldners abzustellen.[205] In **§ 13a Abs. 1** sind in Anlehnung an diese Rspr. die **Kriterien zur Bestimmung der Angemessenheit der Vertragsstrafe** positiv geregelt. Zu den Details wird auf die Kommentierung von *Brüning* → § 13a Rn. 6 ff. verwiesen. Gem. **13a Abs. 3** dürfen Vertragsstrafen eine Höhe von 1.000 EUR nicht überschreiten, wenn die Zuwiderhandlung angesichts ihrer Art, ihres Ausmaßes und ihrer Folgen die Interessen von Verbrauchern, Mitbewerbern und sonstigen Marktteilnehmern in nur unerheblichem Maße beeinträchtigt und wenn der Abgemahnte idR weniger als 100 Mitarbeiter beschäftigt.

91 Wenn der **absolute Betrag** der Vertragsstrafe bereits **von Beginn an bestimmt** ist, muss er seiner Höhe nach einen ausreichenden wirtschaftlichen Druck ausüben können, um den Schuldner zur Einhaltung seines Versprechens anzuhalten. Für diesen Zweck muss die Vertragsstrafe so hoch sein, dass sich ein Verstoß für den Verletzer voraussichtlich nicht mehr lohnt.[206] Die hierfür anwendbaren Kriterien gibt **§ 13a Abs. 1** vor, und es gilt die in **§ 13a Abs. 3** geregelte Obergrenze von 1.000 EUR.

92 Ein unbestimmtes Vertragsstrafeversprechen nach sog. **„neuem Hamburger Brauch"**, das die Bestimmung dem Gläubiger überlässt, dessen Ermessen aber als gemäß § 315 Abs. 3 BGB gerichtlich überprüfbar erklärt, ist zur Ausräumung der Wiederholungsgefahr ausreichend.[207] Hier sind sowohl für die Festlegung des Betrags der Vertragsstrafe durch den Gläubiger wie auch für die Nachprüfung durch das Gericht **§ 13a Abs. 1 und 3** zu beachten. Bei der Bemessung der Vertragsstrafe nach „neuem Hamburger Brauch" muss ein für dieselbe Zuwiderhandlung bereits gerichtlich verhängtes Ordnungsgeld berücksichtigt werden.[208] Bei einem Vertragsstrafeversprechen nach „neuem Hamburger Brauch" ist eine **Obergrenze** zulässig. Das bedeutet, dass die Wiederholungsgefahr auch dann entfällt, wenn der Schuldner sein Versprechen, im Fall einer neuen Zuwiderhandlung eine angemessene Vertragsstrafe zu zahlen, betragsmäßig deckelt. Diese Obergrenze musss sich idR auf mindestens das Doppelte des Betrages belaufen, der bei einem Erstverstoß objektiv gerade noch angemessen wäre, um die Wiederholungsgefahr zu beseitigen.[209]

93 **dd) Drittunterwerfung.** Die Wiederholungsgefahr kann auch dann entfallen, wenn sich der Schuldner aus freien Stücken entschließt, eine strafbewehrte Unterlassungserklärung nicht gegenüber dem abmahnenden Unterlassungsgläubiger, sondern **gegenüber einem Dritten,** meist einem anerkannt seriösen Wettbewerbsverband wie der Zentrale zur Bekämpfung des unlauteren Wettbewerbs eV,[210] abzugeben (sog. **„Drittunterwerfung"**).[211] Da die **Wiederholungsgefahr unteilbar** ist, entfällt sie bei Abgabe einer Unterwerfungserklärung nicht nur gegenüber dem durch die strafbewehrte Unterlassungserklärung Begünstigten, sondern auch gegenüber allen anderen nach § 8 Abs. 3 Anspruchsberechtigten.[212] Daher braucht der Schuldner gegenüber einem weiteren Anspruchsberech-

[204] BGH GRUR 2014, 595 Rn. 17 – Vertragsstrafenklausel.

[205] BGH GRUR 2014, 595 Rn. 17 – Vertragsstrafenklausel; OLG München 7.11.2013 – 29 U 2019/13; LG Leipzig 7.10.2009 – 5 O 1508/08.

[206] BGH GRUR 2014, 595 Rn. 17 – Vertragsstrafenklausel.

[207] BGH GRUR 1985, 155 (157) – Vertragsstrafe bis zu …; GRUR 1990, 1051 (1052) – Vertragsstrafe ohne Obergrenze; GRUR 1994, 146 (147) – Vertragsstrafebemessung; GRUR 2010, 355 Rn. 30 – Testfundstelle; GRUR 2014, 595 Rn. 18 – Vertragsstrafenklausel.

[208] BGH GRUR 2010, 355 Rn. 32 – Testfundstelle.

[209] BGH GRUR 1985, 155 (157) – Vertragsstrafe bis zu …; OLG Hamburg 22.12.2014 – 3 W 123/14 – Obergrenze bei Hamburger Brauch.

[210] Vgl. KG GRUR-RR 2013, 335 (337) – Zweifelhafte Drittunterwerfung.

[211] OLG Frankfurt a. M. WRP 1998, 895 (896); KG GRUR-RR 2013, 335 (336) – Zweifelhafte Drittunterwerfung; Köhler/*Bornkamm*/Feddersen § 12 Rn. 1.105, 1.168a.

[212] BGH GRUR 1983, 186 (187) – Wiederholte Unterwerfung I; GRUR 1987, 640 (641) – Wiederholte Unterwerfung II; GRUR 2002, 357 (358) – Missbräuchliche Mehrfachabmahnung; *Loschelder* FS Harte-Bavendamm, 2020, 519 (523 f.).

tigten grundsätzlich keine weitere Unterwerfungserklärung abzugeben.[213] Erfolgt die Unterwerfung gegenüber einem Dritten, der den Schuldner zuvor nicht abgemahnt hat, ist aber besonders gründlich zu prüfen, ob die Unterwerfungserklärung ernstgemeint ist und der Gläubiger, mit dem der Unterlassungsvertrag geschlossen wurde, zukünftige Zuwiderhandlungen auch wirklich verfolgen wird.[214] Denn mangels eigener Abmahnung ist nicht ohne weiteres zu erkennen, dass dieser Gläubiger – ungeachtet seiner rechtlichen Möglichkeit hierzu – ein konkretes Interesse daran hat, das wettbewerbswidrige Verhalten zu unterbinden und folglich bereit ist, das Verhalten des Schuldners zu überwachen und künftige Verstöße zu verfolgen.[215] Es obliegt dem **Schuldner,** die **Ernstlichkeit der Unterwerfung darzulegen** und nachzuweisen.[216]

ee) Öffentlich-rechtliche Körperschaften. Für **öffentlich-rechtliche Körperschaften** gelten dieselben Maßstäbe zur Ausräumung der Wiederholungsgefahr wie für private Unternehmer.[217] Eine gesetzliche Krankenkasse muss daher zur Ausräumung der Wiederholungsgefahr eine strafbewehrte Unterlassungserklärung abgeben; die bloße Erklärung, den Wettbewerbsverstoß nicht zu wiederholen, genügt nicht.[218] 94

ff) Maßgeblicher Zeitpunkt. Der maßgebliche Zeitpunkt für die Beurteilung der Frage, ob die Unterlassungsverpflichtungserklärung die Wiederholungsgefahr beseitigt, ist derjenige der **Abgabe der Erklärung.**[219] 95

gg) Erneute Verstöße. Ein **erneuter Wettbewerbsverstoß** nach Abgabe einer strafbewehrten Unterlassungserklärung führt zum Entstehen eines neuen gesetzlichen Unterlassungsanspruchs.[220] Denn die erneute Zuwiderhandlung begründet die Gefahr der Wiederholung dieses neuen Verstoßes.[221] Die durch den **erneuten Verstoß** begründete **Wiederholungsgefahr** ist **neu** und selbständig; der erneute Verstoß lässt nicht die durch die erste Unterwerfungserklärung ausgeräumte Wiederholungsgefahr wieder aufleben.[222] 96

Die durch einen erneuten Wettbewerbsverstoß trotz vorheriger strafbewehrter Unterlassungserklärung begründete neue Wiederholungsgefahr kann grundsätzlich nur durch eine **weitere Unterwerfungserklärung** ausgeräumt werden. Dabei sind an die Ernstlichkeit der erneuten Unterlassungserklärung besonders strenge Anforderungen zu stellen.[223] Jedenfalls ist ein gegenüber dem ersten erheblich **erhöhtes Vertragsstrafeversprechen** erforderlich.[224] Bei einem Vertragsstrafeversprechen, das nach „neuem Hamburger Brauch" abgegeben wurde, kann die erforderliche Verschärfung durch Versprechen einer Vertragsstrafe „nicht unter einem Betrag von x €" nach Lage des Falls genügen.[225] 97

Ein Gläubiger kann im Falle eines erneuten Verstoßes zum einen eine Klage auf seinen **vertraglichen Unterlassungsanspruch** stützen und daneben – wenn es sich um eine 98

[213] KG GRUR-RR 2013, 335 (336) – Zweifelhafte Drittunterwerfung.
[214] KG GRUR-RR 2013, 335 (336) – Zweifelhafte Drittunterwerfung, mwN.
[215] KG GRUR-RR 2013, 335 (336) – Zweifelhafte Drittunterwerfung.
[216] BGH GRUR 1987, 640 (641) – Wiederholte Unterwerfung II; KG GRUR-RR 2013, 335 (336) – Zweifelhafte Drittunterwerfung.
[217] BGH GRUR 1991, 769 (771) – Honoraranfrage; GRUR 1994, 516 (517) – Auskunft über Notdienste; GRUR 2014, 1120 Rn. 31 – Betriebskrankenkasse II.
[218] BGH GRUR 2014, 1120 Rn. 32 – Betriebskrankenkasse II.
[219] BGH GRUR 1997, 382 (385) – Altunterwerfung I; GRUR 1997, 386 (390) – Altunterwerfung II; GRUR 2016, 395 Rn. 34 – Smartphone-Werbung; GroßKommUWG/*Feddersen* § 12 B Rn. 149.
[220] BGH GRUR 1995, 678 (679) – Kurze Verjährungsfrist; GRUR 2006, 878 Rn. 22 – Vertragsstrafevereinbarung; OLG Celle GRUR-RR 2014, 152 (154) – Klebefähnchen; OLG Köln GRUR 2019, 176 Rn. 51 – Herr Antje.
[221] BGHZ 130, 288 (294) – Kurze Verjährungsfrist; BGH GRUR 1990, 534 – Abruf-Coupon; GRUR 1998, 1043 (1044) – GS-Zeichen.
[222] BGH GRUR 1995, 678 (679) – Kurze Verjährungsfrist; GRUR 2006, 953 (954) – Warnhinweis II.
[223] BGH GRUR 1990, 534 – Abruf-Coupon; *Büscher* in Fezer/Büscher/Obergfell § 8 Rn. 91.
[224] BGH GRUR 1990, 534 – Abruf-Coupon; OLG Köln GRUR 2019, 176 Rn. 51 – Herr Antje.
[225] OLG Köln ZUM 2015, 404 (406) – Parfümfotos bei eBay; GRUR 2019, 176 Rn. 51 – Herr Antje.

schuldhafte Zuwiderhandlung handelt – die versprochene **Vertragsstrafe fordern** und zum anderen die Klage auf den neuen **(gesetzlichen) Unterlassungsanspruch** stützen.[226]

99 **c) Wegfall der Wiederholungsgefahr in Fällen des § 13a Abs. 2 ohne Unterwerfung.** Gem. § 13a Abs. 2 ist für Anspruchsberechtigte nach § 8 Abs. 3 Nr. 1 (Mitbewerber) bei Verstößen nach § 13 Abs. 4 bei einer erstmaligen Abmahnung die **Vereinbarung einer Vertragsstrafe ausgeschlossen,** wenn der Abgemahnte idR weniger als 100 Mitarbeiter beschäftigt. Dies betrifft zum einen gem. 13 Abs. 4 Nr. 1 Verstöße gegen gesetzliche Informations- und Kennzeichnungspflichten im elektronischen Geschäftsverkehr oder in Telemedien. Zum anderen zielt der Ausschluss einer Vertragsstrafe nach einer erstmaligen Abmahnung gem. 13 Abs. 4 Nr. 1 auf sonstige Verstöße gegen die DS-GVO und das BDSG durch Kleinstunternehmen sowie kleine Unternehmen nach Art. 2 des Anhangs zu Empfehlung der Kommission K(2003) 1422 sowie vergleichbare Vereine, soweit sie gewerblich tätig sind. Ob es sich um eine **„erstmalige Abmahnung"** handelt, bemisst sich wegen der Warn- und Wegweiserfunktion der Abmahnung[227] **aus der Sicht des Schuldners,** dem zuvor noch keine entsprechende Abmahnung des gleichen oder eines anderen Unterlassungsgläubigers zugegangen sein darf. Zur umstrittenen Frage, ob bei Verstößen gegen die DS-GVO überhaupt Ansprüche gem. § 8 Abs. 1 iVm 8 Abs. 3 geltend gemacht werden können, → Rn. 306.

100 Mit § 13a Abs. 2 hat der Gesetzgeber die **bewährte Dogmatik des Verletzungsunterlassungsanspruchs durchbrochen.** Konnte bislang die Wiederholungsgefahr generell nur durch eine strafbewehrte Unterlassungserklärung beseitigt werden, ist in den von § 13a Abs. 2 erfassten Sonderfällen eine **einfache,** nicht durch eine Vertragsstrafe bewehrte, aber gleichwohl ernsthafte **Unterlassungserklärung zur Ausräumung der Wiederholungsgefahr ausreichend.**[227a] Damit wird der Verletzungsunterlassungsanspruch in den von § 13a Abs. 2 erfassten Fällen im Ergebnis wie ein vorbeugender Unterlassungsanspruch behandelt; auch dieser lässt sich je nach Fallgestaltung durch eine einfache Unterlassungserklärung ausräumen (→ Rn. 148 f.).

101 Dieser überraschende **Systembruch** ist vom Gesetzgeber offenbar nicht gesehen oder nicht als solcher bewertet worden. Die Systematik des Gesetzes lässt aber keinen Raum für eine andere Auslegung. Gemäß § 13 Abs. 1 soll der zur Geltendmachung eines Unterlassungsanspruchs Berechtigte den Schuldner vor der Einleitung eines gerichtlichen Verfahrens zwar abmahnen und ihm Gelegenheit geben, den Streit gerade durch Abgabe einer mit einer angemessenen Vertragsstrafe bewehrten Unterlassungsverpflichtung beizulegen. Bei der Regelung der Festlegung der Höhe der angemessenen Vertragsstrafe in § 13a hat der Gesetzgeber aber in Abs. 2 in Sonderfällen **davon abgesehen,** dass eine **Vertragsstrafe** vereinbart wird, **allerdings nicht** davon, dass jedenfalls eine **ernsthafte,** wenn auch einfache, also nicht mit einer Vertragsstrafe bewehrte, **Unterlassungserklärung** abgegeben wird. Will man den Systembruch vermeiden, könnte man auch sagen: In den Fällen des § 13a Abs. 2 beträgt die angemessene Vertragsstrafe 0 EUR.

102 Erst bei einem **wiederholten kerngleichen Verstoß,** durch den nach den allgemeinen Regeln eine neue Wiederholungsgefahr und damit ein neuer Unterlassungsanspruch entsteht (→ Rn. 96 ff.), muss die Wiederholungsgefahr durch eine **strafbewehrte Unterlassungserklärung** ausgeräumt werden.

103 **d) Prozessvergleich.** Auch ein Prozessvergleich auf ein Unterlassen, das mit einem Vertragsstrafeversprechen abgesichert ist, lässt selbstverständlich die Wiederholungsgefahr entfallen.[228] Wird kein Vertragsstrafeversprechen in den Prozessvergleich aufgenommen, so entfällt die Wiederholungsgefahr erst, wenn der Gläubiger die Androhung eines Ordnungs-

[226] Vgl. BGH GRUR 1980, 241 (242) – Rechtsschutzbedürfnis; OLG Hamm 1.12.2016 – 4 U 92/15 Rn. 108 ff. – Bußgeldanwälte; Teplitzky/*Kessen* Kap. 8 Rn. 53.

[227] Vgl. BGH GRUR 2010, 354 Rn. 8 – Kräutertee; BeckOK/*Goldmann* § 14 MarkenG Rn. 859, 865a.

[227a] So jetzt auch OLG Schleswig 3.5.2021 – 6 W 5/21.

[228] Vgl. BGH GRUR 2014, 909 Rn. 14 – Ordnungsmittelandrohung nach Prozessvergleich.

mittels beantragt und der Androhungsbeschluss dem Schuldner zugestellt wurde. Die Androhung kann nicht wirksam bereits im Prozessvergleich erfolgen.[229]

e) Rechtskräftiger Hauptsachetitel. Ein rechtskräftiger Unterlassungstitel in einem Hauptsacheverfahren, der mit einer Ordnungsmittelandrohung versehen ist, **lässt** die **Wiederholungsgefahr** in aller Regel **entfallen,** und zwar auch im Verhältnis zu einem Dritten.[230] Denn es ist nach der Lebenserfahrung anzunehmen, dass der Schuldner den Titel ebenso ernst nehmen und für sein künftiges Verhalten bestimmend erachten wird wie eine eigene vertragliche strafbewehrte Unterlassungsverpflichtung.[231] Eine andere Beurteilung ist im Einzelfall ausnahmsweise dann angebracht, wenn der Vollstreckungsgläubiger an der Durchsetzung des Titels nicht interessiert ist oder wenn das Verhalten des Schuldners Zweifel aufkommen lässt, dass er dem ergangenen Titel eine den Streit abschließend regelnde Wirkung beimisst.[232] Um solche Zweifel nicht aufkommen zu lassen, bedarf es weder einer eigenständigen verpflichtenden oder anerkennenden Erklärung, noch einer Abschlusserklärung wie bei im Verfahren der einstweiligen Verfügung erstrittenen Titeln.[233] Genügend, aber auch erforderlich, ist ein Verhalten des Schuldners, mit dem er zum Ausdruck bringt, dass er die gerichtliche Entscheidung als eine den Streit betreffende Regelung versteht.[234] Befindet sich der Verurteilte wegen derselben geschäftlichen Handlung mit einem Dritten in einer wettbewerbsrechtlichen Auseinandersetzung, beseitigt der rechtskräftige Titel die Wiederholungsgefahr gegenüber dem Dritten nur, wenn der Verletzer sich darauf beruft und dadurch zu erkennen gibt, dass der Titel auch diesen Streit regelt.[235] 104

f) Einstweilige Verfügung und Abschlusserklärung. Die Wiederholungsgefahr entfällt ferner durch eine **einstweilige Verfügung,** die der Schuldner durch eine **Abschlusserklärung** als endgültige Regelung anerkannt hat und die damit einem rechtskräftigen Hauptsachetitel gleichwertig geworden ist.[236] Dagegen lassen weder der Erlass noch die gerichtliche Bestätigung der einstweiligen Verfügung als solche die Wiederholungsgefahr entfallen, da beide Titel lediglich vorläufigen Charakter haben und nach einem Hauptsacheverfahren jederzeit wieder aufgehoben werden können.[237] 105

g) Gesetzliche Klärung der Rechtslage. aa) Ausdrückliches Verbot. Die für den Verletzungunterlassungsanspruch erforderliche Wiederholungsgefahr kann auch ohne Abgabe einer hinreichend strafbewehrten Unterlassungserklärung nachträglich wegfallen, wenn die Zuwiderhandlung unter der Geltung einer zweifelhaften Rechtslage erfolgt ist, diese Zweifel aber **durch eine Gesetzesänderung beseitigt** sind und außer Frage steht, dass das beanstandete Verhalten verboten ist.[238] Denn es kann nicht angenommen werden, dass derjenige, der bei zweifelhafter Rechtslage sein Verhalten mit vertretbaren Gründen 106

---

[229] BGH GRUR 2012, 957 Rn. 7 – Vergleichsschluss im schriftlichen Verfahren mwN.

[230] BGH GRUR 2003, 450 (452) – Begrenzte Preissenkung; GRUR 2020, 299 Rn. 19 – IVD-Gütesiegel; OLG Karlsruhe GRUR 1991, 619 (621); WRP 1995, 649 (650); KG WRP 1993, 22 (24 f.); *Bornkamm* FS Tilmann, 2003, 769 ff.; *Büscher* FS Harte-Bavendamm, 2020, 471 (476); *Büscher* in Fezer/Büscher/Obergfell § 8 Rn. 94; Teplitzky/*Kessen* Kap. 7 Rn. 14; aA noch OLG Hamm GRUR 1991, 706 (707).

[231] BGH GRUR 2003, 450 (452) – Begrenzte Preissenkung.

[232] BGH GRUR 2003, 450 (452) – Begrenzte Preissenkung.

[233] BGH GRUR 2003, 450 (452) – Begrenzte Preissenkung.

[234] BGH GRUR 2003, 450 (452) – Begrenzte Preissenkung.

[235] BGH GRUR 2003, 450 (452) – Begrenzte Preissenkung.

[236] BGH GRUR 2020, 299 Rn. 19 – IVD-Gütesiegel; OLG Hamburg GRUR 1984, 889 (890) – Anerkannte Unterlassungsverfügung; OLG Karlsruhe GRUR 1995, 510 (513) – Ginkgo-biloba-Präparat; KG WRP 1998, 71 (72) – Wegfall der Wiederholungsgefahr; OLG Frankfurt a. M. NJWE-WettbR 2000, 259 (260) – Vorstand in U-Haft; OLG Oldenburg MMR 2012, 312 (313) – Abmahnkosten bei Zweitabmahnung; *Büscher* in Fezer/Büscher/Obergfell § 8 Rn. 94; MüKoUWG/*Fritzsche* § 8 Rn. 63 f.; Teplitzky/*Kessen* Kap. 7 Rn. 15; *Ohly*/Sosnitza § 8 Rn. 22; GroßKommUWG/*Paal* § 8 Rn. 30.

[237] OLG Oldenburg MMR 2012, 312 (313) – Abmahnkosten bei Zweitabmahnung; vgl. auch BGH GRUR 1964, 274 (275) – Möbelrabatt (wo es *in concreto* an einer vollständigen Abschlusserklärung fehlte).

[238] BGH NJW-RR 1989, 101 (102) – Brillenpreise; NJW-RR 1997, 950 – Schwerpunktgebiete; GRUR 1998, 591 (592 f.) – Monopräparate; GRUR 2002, 717 (719) – Vertretung der Anwalts-GmbH; GRUR 2014, 1013 Rn. 18 – Original Bach-Blüten; NJOZ 2014, 1524 Rn. 13 – Bonussystem einer Versandapotheke.

gegen den Vorwurf eines Rechtsverstoßes verteidigt, auch dann auf einer Fortsetzung oder Wiederholung seines Handelns besteht, wenn der Gesetzgeber die offene Frage eindeutig im Sinne des zuvor streitigen Verbots entschieden hat.[239] Die **Wiederholungsgefahr entfällt** aber **mit der Änderung der Rechtslage nicht automatisch.** Hinzukommen muss vielmehr, dass der Unterlassungsschuldner sich auch **auf** den **Wegfall der Wiederholungsgefahr beruft** und klar zu erkennen gibt, dass er im Hinblick auf die geänderten rechtlichen Verhältnisse die Verletzungshandlung (selbstverständlich) nicht erneut begehen wird.[240] Denn erst dadurch wird die erforderliche **Klarheit geschaffen,** dass der Unterlassungsschuldner den veränderten rechtlichen Rahmendbedingungen tatsächlich die für die Beseitigung der Wiederholungsgefahr maßgebliche Bedeutung beimisst.[241] Zum Fortbestehen der Wiederholungsgefahr wenn die Klärung der Rechtslage nicht durch Gesetzesänderung, sondern durch höchstrichterliche Rspr. erfolgt, → Rn. 117.

107 **bb) Ausdrückliche Legalisierung.** Führt die Gesetzesänderung dazu, dass das betreffende Verhalten nicht mehr wettbewerbswidrig ist, besteht ein Unterlassungsanspruch schon deshalb nicht, weil insoweit auf das zum Zeitpunkt der Entscheidung geltende Recht abzustellen ist (→ Rn. 30 f.).

108 **h) Tod.** Die Wiederholungsgefahr entfällt, wenn der Unterlassungsschuldner verstirbt.[242] Denn die Widerholungsgefahr ist ein tatsächlicher Umstand, die in der Person des in Anspruch Genommenen begründet ist (→ Rn. 178).[243] Sie geht deshalb nicht auf die Erben über.

109 **i) Andere Fälle, in denen ein Wegfall der Wiederholungsgefahr diskutiert wird. aa) Notarielle Unterwerfung.** Die **notarielle Unterwerfungserklärung** war, ausgehend von einem Aufsatz von *Köhler,*[244] für einige Zeit zu einem ausgesprochenen **Modethema** geworden. In der Praxis hat sie keine nennenswerte Bedeutung erringen können.[245] Sie war aber zuweilen von Schuldnern, die sich für besonders gewitzt halten,[246] **aus der Trickkiste** gegriffen worden und hatte Mitte der letzten Dekade zunehmend die Gerichte beschäftigt. Im einzelnen gilt:

110 Die Wiederholungsgefahr kann auch dann entfallen, wenn der Schuldner sich hinsichtlich des geltend gemachten Anspruchs in einer **notariellen Urkunde gem. § 794 Abs. 1 Nr. 5 ZPO der sofortigen Zwangsvollstreckung** unterwirft.[247] Allerdings reicht die notarielle Urkunde als solche zur Ausräumung der Wiederholungsgefahr nicht aus.[248] Denn die notarielle Urkunde ist anders als ein Vertragsstrafeversprechen nicht aus sich heraus sanktionsbewehrt und hat daher als solches noch keine spezialpräventive Wirkung. Eine drohende Sanktion setzt voraus, dass der Unterlassungsgläubiger zuvor einen **Beschluss über die Androhung von Ordnungsmitteln gem. § 890 Abs. 2 ZPO** erwirkt und dem Unterlassungsschuldner **zustellt.** Vor der Zustellung des Androhungsbeschlusses besteht die Wiederholungsgefahr aber fort, weil der Unterlassungsgläubiger bis dahin keine Sanktionsmöglichkeit hat.[249]

---

[239] BGH GRUR 2002, 717 (719) – Vertretung der Anwalts-GmbH.

[240] BGH WRP 2016, 477 Rn. 5 – Erledigterklärung nach Gesetzesänderung.

[241] BGH NJOZ 2014, 1524 Rn. 13 – Bonussystem einer Versandapotheke; WRP 2016, 477 Rn. 5 – Erledigterklärung nach Gesetzesänderung; OLG Frankfurt a. M. GRUR-RR 2015, 149 Rn. 13 – Scanner-Technologie.

[242] BGH GRUR 1977, 114 (116) – VUS.

[243] BGH GRUR 2006, 879 Rn. 17 – Flüssiggastank; GRUR 2007, 995 Rn. 11 – Schuldnachfolge; GRUR 2010, 536 Rn. 40 – Modulgerüst II.

[244] *Köhler* GRUR 2010, 6.

[245] *Tavanti* WRP 2015, 1411 Rn. 2.

[246] Hierzu *Tavanti* WRP 2015, 1411 Rn. 6.

[247] BGH GRUR 2016, 1316 Rn. 30 – Notarielle Unterlassungserklärung; *Berneke/Schüttpelz* Rn. 100; MüchKommUWG/*Fritzsche* UWG § 8 Rn. 62; *Köhler* GRUR 2010, 6 (8).

[248] BGH GRUR 2016, 1316 Rn. 26 – Notarielle Unterlassungserklärung.

[249] BGH GRUR 2016, 1316 Rn. 33 – Notarielle Unterlassungserklärung; *Berneke/Schüttpelz* Rn. 100; MüKoUWG/*Fritzsche* UWG § 8 Rn. 62; *Köhler* GRUR 2010, 6 (8); LG Berlin WRP 2015, 1407 Rn. 14 – Notarielle Unterlassungserklärung.

Der Unterlassungsgläubiger kann also seinen Unterlassungsanspruch weiter gerichtlich durchsetzen. Der Zugang einer vom Schuldner abgegebenen notariellen Unterlassungserklärung beseitigt nicht das Rechtsschutzbedürfnis des Gläubigers für eine gerichtliche Verfolgung des Unterlassungsanspruchs.[250] Im Ergebnis hat der **Unterlassungsgläubiger** also die **freie Wahl,** ob er sich auf eine notarielle Unterwerfungserklärung einlässt oder ob er stattdessen seinen Anspruch gerichtlich durchsetzt.[251] Damit ist die notarielle Unterwerfungserklärung als Instrument des Unterlassungsschuldners zur Streitbeilegung im wesentlichen entwertet. Dem Unterlassungsgläubiger kann nicht empfohlen werden, sich darauf einzulassen. Denn für ihn besteht die Gefahr, dass sein Antrag auf Androhung von Ordnungsmitteln kostenpflichtig abgewiesen wird.[252] Es ist nämlich umstritten, welches Gericht im Rahmen des § 890 ZPO zuständig ist (AG, in dessen Bezirk der Notar seinen Sitz hat[253] oder, dem Grundgedanken des § 32 ZPO entsprechend und deshalb vorzugswürdig, diejenigen Gerichte bei denen der Unterlassungsanspruch klageweise geltend gemacht werden könnte[254]). Der BGH hat dies offen gelassen und den Streit bislang nicht entschieden.[255] Solange diese Frage nicht höchstrichterlich geklärt ist, besteht die Gefahr, dass sich bereits das Androhungsverfahren zu Lasten des Unterlassungsgläubigers in die Länge zieht und Unterlassungsgläubiger während dieser Zeit nicht geschützt ist.[256] Sofern das Verfahren zur Festsetzung von Ordnungsmitteln vor dem AG, in dessen Bezirk der Notar seinen Sitz hat, durchzuführen ist, bedeutet dies für den Gläubiger einen Verzicht auf richterlichen Spezialsachverstand – etwa zur Reichweite der Kerngleichheit im Lauterkeitsrecht –, der bei ständig mit Wettbewerbsfällen befassten Zivilkammern der Landgerichte in erster Instanz (und auf denjenigen des entsprechend spezialisierten Senats in zweiter Instanz). Wegen dieser Gefahr sind beide Titel nicht gleichwertig. Der Kläger muss sich nicht auf die notarielle Unterlassungserklärungen verweisen lassen. Er kann auf einen gerichtlichen Titel bestehen.[257] 111

bb) Beteuerungen und Versprechen des Verletzers. Das **einfache,** nicht durch eine Vertragsstrafe bei Zuwiderhandlung bewehrte **Versprechen künftiger Unterlassung** genügt **nicht.** Das gilt auch für ein am Geschäftsverkehr teilnehmendes Unternehmen der öffentlichen Hand[258] oder sonstige Schuldner, deren Seriosität und Vertrauenswürdigkeit an sich keinen Zweifel an der Redlichkeit und Ernsthaftigkeit ihrer Absichten aufkommen lassen sollte.[259] Früher hatte es die Rspr. je nach Umständen des Falles im Rahmen einer Gesamtwürdigung und unter Erforschung der Motive des Verletzers bei fahrlässigen Verstößen mitunter als ausreichend zur Ausräumung der Wiederholungsgefahr angesehen, wenn der Verletzer die beanstandeten Handlungen „aus wirklich gewonnener besserer Einsicht" und nicht nur „unter dem Druck des Prozesses" einstellte und ernstlich – wenn auch nicht strafbewehrt – erklärte, nicht wieder so handeln zu wollen.[260] Auch wenn in der Praxis viele Verletzer bis heute meinen, treuherzige Beteuerungen allein ließen die Wieder- 112

---

[250] BGH GRUR 2016, 1316 Rn. 26 – Notarielle Unterlassungserklärung; KG GRUR-RR 2017, 286 Rn. 22 ff. – Vollstreckung der notariellen Unterlassungserklärung.

[251] BGH GRUR 2016, 1316 Rn. 25 – Notarielle Unterlassungserklärung.

[252] BGH GRUR 2016, 1316 Rn. 21 – Notarielle Unterlassungserklärung; LG Berlin WRP 2015, 1407 Rn. 15 – Notarielle Unterlassungserklärung.

[253] So OLG Köln GRUR-RR 2014, 277; OLG Düsseldorf WRP 2015, 71 Rn. 14 u. Ls.; OLG München WRP 2015, 646 Rn. 3.

[254] So LG Paderborn 27.8.2013 – 7 O 30/13; *Nippe* WRP 2015, 532 Rn. 29 ff.; *Tavanti* WRP 2015, 1411 Rn. 6; *Teplitzky* WRP 2015, 527 Rn. 10 ff.

[255] BGH GRUR 2016, 1316 Rn. 21 – Notarielle Unterlassungserklärung.

[256] BGH GRUR 2016, 1316 Rn. 22 – Notarielle Unterlassungserklärung; KG GRUR-RR 2017, 286 Rn. 23 f. – Vollstreckung der notariellen Unterlassungserklärung; LG Berlin WRP 2015, 1407 Rn. 15 – Notarielle Unterlassungserklärung; *Teplitzky* WRP 2015, 527 Rn. 14.

[257] KG GRUR-RR 2017, 286 Rn. 23 f. – Vollstreckung der notariellen Unterlassungserklärung.

[258] BGH GRUR 1991, 769 (771) – Honoraranfrage; GRUR 1994, 516 (517) – Auskunft über Notdienste.

[259] *Köhler* GRUR 2011, 879 (881).

[260] RGZ 98, 267 (269) – Bayernfilms; 148, 114 (119 f.) – Gummi-Waren.

holungsgefahr entfallen, reichen solche Lippenbekenntnisse nach einhelliger und in der Rspr. seit langem fest verankerter Auffassung nicht aus.[261]

113 **cc) Actus contrarius, Richtigstellung.** ZT wurde früher auch vertreten, dass die freiwillige, aus eigenem Antrieb vorgenommene **Richtigstellung** als irreführend erkannter Angaben die Wiederholungsgefahr ausschließe.[262] Dies genügt zur Widerlegung der durch die Zuwiderhandlung begründeten Vermutung einer Wiederholungsgefahr nach richtiger Auffassung nicht.[263]

114 **dd) Nachträgliche Veränderung der objektiven Umstände.** Ebenso wenig reicht eine nachträgliche Veränderung der objektiven Umstände aus, insbesondere eine **Verhaltensänderung des Verletzers** – solange nicht jeweils auch jede Wahrscheinlichkeit für eine Wiederholung des Wettbewerbsverstoßes, etwa nach Wiederaufnahme ähnlicher Tätigkeiten, beseitigt ist.[264] Der **Wegfall** der **Wiederholungsgefahr** wegen veränderter Umstände wird in der Praxis **fast nie** bejaht. Als nicht ausreichend wurden beurteilt: **Aufgabe des Geschäftsbetriebs;**[265] Auflösung oder **Liquidation** der Gesellschaft;[266] **Aufgabe des verletzenden Verhaltens**[267] oder **der Betätigung,** in deren Rahmen die Zuwiderhandlung begangen wurde;[268] **Rückzug ins Privatleben;**[269] **Unternehmensübernahme** durch einen Dritten;[270] **Ausscheiden** oder Kündigung **der** zuwiderhandelnden **Angestellten**[271] oder **Organe; Aufgabe** der Inhaberschaft an einem **Domainnamen;**[272] **Änderung einer** rechtswidrigen **Firmierung;**[273] **Vernichtung des Materials** mit den unlauteren Werbeaussagen;[274] **Abschluss eines Lizenzvertrags** für ein rechtsverletzendes Produkt mit begrenzter Laufzeit;[275] **Einstellung der Produktion;**[276] **Ausverkauf eines Artikels** bzw. **Herausnahme aus dem Sortiment**[277] oder **Wegfall der Verkehrsfähigkeit eines Produkts.**[278]

115 Für den **Geschäftsführer** einer GmbH, der persönlich auf Unterlassung haftet, fällt die Wiederholungsgefahr nicht durch seine **Abberufung** weg; denn es besteht die Möglich-

---

[261] BGH GRUR 1955, 97 (98) – Constanze II; 1955, 342 (345) – Holländische Obstbäume; GRUR 1959, 544 (547) – Modenschau; GRUR 1988, 699 (700) – qm-Preisangaben; Teplitzky/*Kessen* Kap. 7 Rn. 10.

[262] *Tetzner* § 3 Rn. 59.

[263] Köhler/*Bornkamm*/Feddersen § 8 Rn. 1.39.

[264] StRspr, vgl. RGZ 104, 376 (382) – Ballet; BGH GRUR 1955, 97 (98) – Constanze II; GRUR 1988, 38 (39) – Leichenaufbewahrung; GRUR 1992, 318 (319 f.) – Jubiläumsverkauf; GRUR 2000, 605 (608) – comtes/ComTel; GRUR 2001, 453 (455) – TCM-Zentrum; GRUR 2004, 162 (164) – Mindestverzinsung; GRUR 2008, 625 Rn. 23 – Fruchtextrakt; GRUR 2008, 702 Rn. 56 – Internet-Versteigerung III; GRUR 2014, 1120 Rn. 31 – Betriebskrankenkasse II; GRUR 2016, 88 Rn. 51 – Deltamethrin I; GRUR 2020, 299 Rn. 19 – IVD-Gütesiegel.

[265] RG MuW XXI, 211 – Ira/Hyra; RGZ 104, 376 (382) – Ballet; BGH GRUR 1955, 97 (98) – Constanze II; GRUR 1998, 824 (828) – Testpreis-Angebot; OLG Frankfurt a. M. GRUR 2014, 1011 (1012) – Stirnlampen; *Köhler* GRUR 2011, 879 (880).

[266] BGH GRUR 1955, 97 (98) – Constanze II; GRUR 2000, 605 (608) – comtes/ComTel; GRUR 2008, 625 Rn. 23 – Fruchtextrakt; GRUR 2020, 738 Rn. 67 – Internet-Videorecorder.

[267] BGH GRUR 2013, 1259 Rn. 26 – Empfehlungs-E-Mail; GRUR 2019, 189 Rn. 65 – Crailsheimer Stadtblatt II.

[268] BGH GRUR 2001, 453 (455) – TCM-Zentrum; GRUR 2008, 702 Rn. 56 – Internet-Versteigerung III; GRUR 2013, 638 Rn. 58 – Völkl; GRUR 2013, 1259 Rn. 26 – Empfehlungs-E-Mail; GRUR 2014, 1120 Rn. 31 – Betriebskrankenkasse II; GRUR 2016, 88 Rn. 51 – Deltamethrin I; OLG Hamm 1.12.2016 – 4 U 92/15 Rn. 104 – Bußgeldanwälte.

[269] RGZ 104, 376 (382) – Ballet.

[270] RG MuW XXI, 211 – Ira/Hyra.

[271] Vgl. Köhler/*Bornkamm*/Feddersen § 8 Rn. 1.39 mwN.

[272] LG Frankfurt a. M. 8.4.2016 – 2–03 O 125/16 – PRO COOL.

[273] RG MuW XXXIV, 372 (374) – Wilhelm Model; BGH GRUR 2013, 638 Rn. 58 – Völkl.

[274] RG MuW XV, 356 (358) – Fabrikpreise.

[275] Vgl. OLG München WRP 2015, 378 (379).

[276] BGH GRUR 1977, 543 (547) – Der 7. Sinn; GRUR 1989, 673 (674) – Zahnpasta.

[277] LG Düsseldorf 21.12.2011 – 2a O 237/11 – Strellson-Schild.

[278] BGH GRUR 2016, 88 Rn. 51 – Deltamethrin I.

keit, dass die Tätigkeit als Geschäftsführer in dieser oder einer anderen Gesellschaft oder als Einzelkaufmann wiederaufgenommen wird.[279]

116 In **seltenen Ausnahmefällen** kann die **Veränderung tatsächlicher Umstände** mit einem rechtlichen Einschlag der Veränderung der Rechtslage so nahe kommen, dass aus Sicht des Unterlassungsschuldners eine Wiederholung seiner wettbewerbswidrigen Handlung derart zweifelsfrei unzulässig ist, dass man nicht mehr davon ausgehen kann, er würde sich erdreisten, sie jemals zu wiederholen. Eine solche Situation ist dann vergleichbar mit der Klärung einer zuvor unklaren Rechtslage, die dazu führt, dass die nach altem Recht zweifelhafte Frage einer Rechtsverletzung unter Geltung des neuen Rechts eindeutig zu bejahen ist (hierzu → Rn. 106).[280] Das OLG Frankfurt a. M. hat dies in einem Fall angenommen, in dem die Unlauterkeit gerade darin bestand, dass in einer Presseerklärung in irreführender und herabsetzender Weise über eine einstweilige Verfügung berichtet wurde, diese einstweilige Verfügung aber später aufgehoben wurde. Hätte sich in dieser Situation der Unterlassungsschuldner auf den Wegfall der Wiederholungsgefahr berufen und deutlich gemacht, dass er seine Äußerungen angesichts der geänderten Umstände selbstverständlich nicht wiederholen wolle, wäre die Wiederholungsgefahr entfallen.[281]

ee) Nachträgliche Änderung der Verkehrsauffassung. Die Verkehrsauffassung steht nicht ein für alle Mal fest, sondern ist im Wandel unterworfen.[282] Eine **nachträgliche Änderung der Verkehrsauffassung** kann zum Wegfall der Wiederholungsgefahr führen, wenn die Handlung, die ursprünglich ein Wettbewerbsverstoß war, **nach geändertem Verkehrsverständnis nicht mehr zu beanstanden** ist. Ändert sich etwa das Verkehrsverständnis mit der Folge, dass die beanstandete Angabe den tatsächlichen Verhältnissen entspricht, kommt die Annahme einer Irreführung nicht (mehr) in Betracht. Tritt eine solche Änderung nach Vornahme der beanstandeten Handlung, aber vor der gerichtlichen Entscheidung über den auf Wiederholungsgefahr gestützten Unterlassungsanspruch ein, dessen Voraussetzung die Rechtswidrigkeit der Handlung sowohl im Zeitpunkt ihrer Vornahme als auch im Zeitpunkt der gerichtlichen Entscheidung ist (→ Rn. 57 f.), entfällt die Wiederholungsgefahr.[283]

117 **ff) Bessere Einsicht nach Richterspruch.** Der Grundsatz, dass im Wettbewerbsrecht rechtliche Fehlvorstellungen des Verletzers nur unter sehr strengen Anforderungen zu seinen Gunsten zu berücksichtigen sind,[284] kommt auch bei der Wiederholungsgefahr zum Tragen. Hat der Verletzer in **Unkenntnis oder Verkennung der Rechtslage** gehandelt, bleibt die Wiederholungsgefahr auch dann bestehen, wenn die Unlauterkeit seines Verhaltens inzwischen durch (höchst)richterliche Entscheidung festgestellt ist und der Verletzer erklärt, nunmehr rechtstreu sein zu wollen.[285]

118 **gg) Verjährung.** Tritt **Verjährung** des durch den Wettbewerbsverstoß begründeten Unterlassungsanspruchs ein (§ 11), entfällt die Wiederholungsgefahr. Auch eine Erstbege-

[279] BGH GRUR 1976, 579 (582 f.) – Tylosin; GRUR 1986, 248 (251) – Sporthosen; GRUR 2000, 605 (608) – comtes/ComTel; GRUR 2009, 845 Rn. 47 – Internet-Videorecorder; LG München I 4.6.2019 – 33 O 13252/14 – Lighthouse; besonders plastisch LG München I 22.1.2019 – 33 O 8245/17 (abberufener Geschäftsführer erneut berufen); vgl. auch BGH GRUR 2013, 638 Rn. 69 – Völkl (zum fortbestehenden Auskunftsanspruch gegen den ausgeschiedenen Geschäftsführer); aA wohl OLG Frankfurt a. M. 8.8.2019 – 6 W 57/19 – LS Plan/L-Plan.

[280] OLG Frankfurt a. M. GRUR-RR 2015, 149 Rn. 12 ff. – Scanner-Technologie.

[281] OLG Frankfurt a. M. GRUR-RR 2015, 149 Rn. 14 – Scanner-Technologie.

[282] RGZ 156, 16 (20) – Hamburger Kaffeelager.

[283] BGH GRUR 2020, 299 Rn. 11 – IVD-Gütesiegel.

[284] Vgl. BGH GRUR 1999, 923 (928) – Tele-Info-CD; GRUR 2002, 248 (252) – Spiegel-CD-ROM.

[285] Vgl. Köhler/*Bornkamm*/Feddersen § 8 Rn. 1.42; zu weit gehend daher BGH GRUR 1994, 443 (445) – Versicherungsvermittlung im öffentlichen Dienst.

hungsgefahr kann (allein) aus Verletzungshandlungen in verjährter Zeit nicht hergeleitet werden, da ansonsten die Regelung der Verjährung leerlaufen würde.[286]

VI. Erstbegehungsgefahr und vorbeugender Unterlassungsanspruch

Schrifttum: *Baur,* Zu der Terminologie und einigen Sachproblemen der „vorbeugenden Unterlassungsklage“, JZ 1966, 381; *Borck,* Die Erstbegehungsgefahr im Unterlassungsprozeß, WRP 1984, 583; *Büch,* Die Erstbegehungsgefahr und ihre Ausräumung im gewerblichen Rechtsschutz in: FS Bornkamm, 2014, S. 15; *Eikelau,* Unzulässige wettbewerbsrechtliche Unterlassungsansprüche gegen Markenanmeldungen, MarkenR 2001, 41; *Feddersen,* Konturen der Erstbegehungsgefahr, in: FS Harte-Bavendamm, 2020, S. 493; *Götz,* Die Neuvermessung des Lebenssachverhalts – Der Streitgegenstand im Unterlassungsprozess, GRUR 2008, 401; *Köhler,* Wegfall der Erstbegehungsgefahr durch „entgegengesetztes Verhalten“?, GRUR 2011, 879; *v. Linstow,* Die rechtsverletzende Titelschutzanzeige – ein vierstöckiger Hausbesitzer? in: FS Erdmann, 2002; *Schmitt,* Pralinenform und Keksstangen – Ausstellen auf der Fachmesse – Anbieten, Bewerben oder keins von beiden?, WRP 2017, 26 ff.; *Ullmann,* Erstbegehungsgefahr durch Vorbringen im Prozess?, WRP 1996, 1007.

119 **1. Voraussetzungen.** Nach § 8 Abs. 1 S. 2 besteht ein Unterlassungsanspruch bereits dann, wenn eine **Zuwiderhandlung** gegen § 3 oder § 7 zwar noch nicht begangen ist, jedoch aufgrund anderer Umstände **(erstmals) droht.** Der als **vorbeugender Unterlassungsanspruch** bezeichnete (→ Rn. 52) Unterlassungsanspruch setzt als Form der Begehungsgefahr die **Erstbegehungsgefahr** einer Zuwiderhandlung gegen § 3 oder § 7 voraus.

120 **2. Verhältnis zum Verletzungsunterlassungsanspruch.** Der vorbeugende Unterlassungsanspruch stimmt inhaltlich insofern mit dem Verletzungsunterlassungsanspruch überein, als beide auf die Verhinderung eines in der **Zukunft** drohenden Wettbewerbsverstoßes gerichtet sind und jeweils das Vorliegen einer Begehungsgefahr voraussetzen. Die Ansprüche unterscheiden sich lediglich dadurch, dass beim Verletzungsunterlassungsanspruch die Begehungsgefahr als Wiederholungsgefahr aus einem bereits begangenen Verstoß hergeleitet wird, während beim vorbeugenden Unterlassungsanspruch eine (vollendete) Zuwiderhandlung noch nicht begangen wurde und daher die Gefahr der (erstmaligen) Begehung durch andere Umstände begründet wird.

121 **3. Erstbegehungsgefahr. a) Drohen einer Zuwiderhandlung.** Nach § 8 Abs. 1 S. 2 besteht ein Anspruch auf Unterlassung „bereits“ dann, wenn eine Zuwiderhandlung gegen § 3 oder § 7 droht. Tatbestandsvoraussetzung des vorbeugenden Unterlassungsanspruchs ist somit das Vorliegen einer **Erstbegehungsgefahr** eines wettbewerbsrechtlichen Verstoßes.[287] Die Handlung muss zum Zeitpunkt ihrer drohenden Vornahme rechtswidrig sein. Auch zum Zeitpunkt der Entscheidung muss die Rechtsordnung die drohende Handlung verbieten. Ein Verschulden ist nicht erforderlich. Es gelten insoweit die gleichen Grundsätze wie beim Verletzungsunterlassungsanspruch (→ Rn. 80).

122 **b) Objektive Feststellung.** Eine Erstbegehungsgefahr besteht, soweit **objektiv ernsthafte und greifbare tatsächliche Anhaltspunkte** dafür vorhanden sind, der Anspruchsgegner werde sich in naher Zukunft in der näher bezeichneten Weise rechtswidrig verhalten.[288] Dabei muss sich die Erstbegehungsgefahr **auf eine konkrete (zukünftige) Zuwiderhandlung beziehen.** Die drohende Zuwiderhandlung muss sich durch die Umstände so konkret abzeichnen, dass sich für alle Tatbestandsmerkmale zuverlässig beur-

[286] BGH GRUR 1987, 125 – Berühmung; GRUR 1988, 313 – Auto F. GmbH; GRUR 1994, 57 (58) – Geld-zurück-Garantie.

[287] BGH GRUR 2016, 1187 Rn. 13 – Stirnlampen; OLG Hamm GRUR-RR 2020, 161 Rn. 20 – Belastingsadviseur.

[288] StRspr, vgl. BGH GRUR 1992, 318 (319) – Jubiläumsverkauf; GRUR 1994, 57 (58) – Geld-zurück-Garantie; GRUR 1999, 1097 (1099) – Preissturz ohne Ende; GRUR 2001, 1174 (1175) – Berühmungsaufgabe; GRUR 2010, 536 Rn. 41 – Modulgerüst II; GRUR 2011, 1038 Rn. 44 – Stiftparfüm; GRUR 2012, 728 Rn. 25 – Einkauf Aktuell; GRUR 2014, 883 Rn. 35 – Geschäftsführerhaftung; GRUR 2015, 603 Rn. 17 – Keksstangen; GRUR 2016, 1187 Rn. 21 – Stirnlampen; *Büch* FS Bornkamm, 2014, 15 (20); *Feddersen* FS Harte-Bavendamm, 2020, 493.

teilen lässt, ob sie verwirklicht sind.[289] Zur Revisibilität dieser Beurteilung, die im wesentlichen tatsächlicher Natur ist und dem Tatrichter obliegt, → Rn. 60.

c) **Keine tatsächliche Vermutung.** Anders als bei der Wiederholungsgefahr nach einem bereits geschehenen Wettbewerbsverstoß streitet für das Vorliegen einer Erstbegehungsgefahr **keine tatsächliche Vermutung.**[290] Der Unterlassungsgläubiger hat daher die tatsächlichen Umstände, die eine unmittelbar drohende Gefahr erstmaliger Begehung begründen, im Einzelnen darzulegen und ggf. zu beweisen.[291] Eine Erstbegehungsgefahr kann grundsätzlich durch jede Handlung ausgelöst werden, welche die erforderlichen greifbaren tatsächlichen Anhaltspunkte mit sich bringt. Sie kann jedoch nicht aufgrund von Handlungen angenommen werden, die im Zeitpunkt ihrer Vornahme noch rechtmäßig gewesen sind.[292] Die in Frage kommenden Handlungen lassen sich im Wesentlichen in die beiden Fallgruppen der Berühmung und der Vorbereitungshandlungen im weitesten Sinne unterteilen.[293] Diese Fallgruppen sind nicht abschließend, so dass sich eine Erstbegehungsgefahr auch sonst aus der Motivation des mutmaßlichen Verletzers und dem fallbezogenen Grad einer Begehungswahrscheinlichkeit ergeben kann.[294] 123

d) **Berühmung. aa) Allgemeins.** Die Lebenserfahrung legt die Vermutung nahe, dass jemand, der behauptet, zu einer bestimmten Handlung berechtigt zu sein, diese auch vornehmen wird.[295] Eine Erstbegehungsgefahr begründet deshalb, wer sich des Rechts berühmt, **bestimmte Handlungen vornehmen zu dürfen,** wenn bei Würdigung der Einzelumstände des Falles die Bereitschaft zu erkennen ist, sich unmittelbar oder in naher Zukunft in dieser Weise zu verhalten.[296] Bei der Würdigung des Verhaltens des Anspruchsgegners sind alle seine Verhaltensweisen und Aussagen umfassend zu berücksichtigen und nach den Umständen im Einzelnen zu beurteilen. Eine pauschale Bewertung, die sich darin erschöpft, der Beklagte habe durch sein Gesamtverhalten deutlich gemacht, dass er sich zu den beanstandeten Handlungen berechtigt fühle, reicht nicht aus.[297] Aus der bloßen Weigerung, eine strafbewehrte Unterlassungserklärung abzugeben, kann eine Erstbegehungsgefahr nicht hergeleitet werden.[298] 124

bb) Erklärungen im Rahmen der Rechtsverteidigung. Eine Berühmung, aus der die unmittelbar oder in naher Zukunft ernsthaft drohende Gefahr einer Begehung abzuleiten ist, kann grundsätzlich auch in **prozessualen Erklärungen** zu sehen sein. Praktisch relevant wird dies etwa in Verfahren, in denen der Unterlassungsanspruch primär auf das Bestehen von Wiederholungsgefahr gestützt wird, sich ein bereits erfolgter Verstoß aber nicht nachweisen lässt.[299] 125

Allerdings sind an die Begründung der Erstbegehungsgefahr durch Erklärungen, die im Rahmen der **Rechtsverteidigung** oder im Rahmen eines Vergleichsgesprächs in einem 126

---

[289] StRspr, vgl. BGH GRUR 1970, 305 (306) – Löscafé; GRUR 2008, 912 Rn. 17 – Metrosex; GRUR 2010, 1103 Rn. 23 – Pralinenform II; GRUR 2012, 728 Rn. 25 – Einkauf Aktuell; GRUR 2015, 603 Rn. 17 – Keksstangen; GRUR 2016, 1187 Rn. 21 – Stirnlampen; GRUR 2017, 79 Rn. 32 – Segmentstruktur; *Feddersen* FS Harte-Bavendamm, 2020, 493 f.

[290] BGH GRUR 1987, 125 (126) – Berühmung; GRUR 1989, 432 (434) – Kachelofenbauer I; *Feddersen* FS Harte-Bavendamm, 2020, 493; *Melullis* Rn. 603.

[291] BGH GRUR 2010, 455 Rn. 24 – Stumme Verkäufer II; GRUR 2015, 603 Rn. 17 – Keksstangen; *Bacher* S. 287 f.

[292] BGH GRUR 2009, 890 Rn. 18 – Jugendgefährdende Medien bei eBay; LG Düsseldorf 6.12.2017 – 2a O 169/16 – teslaplatten.

[293] *Büch* FS Bornkamm, 2014, 15 (20).

[294] OLG Koblenz NJW-RR 2008, 1259 (1260).

[295] *Büch* FS Bornkamm, 2014, 15 (20).

[296] BGH GRUR 1987, 125 (126) – Berühmung; GRUR 2001, 1174 (1175) – Berühmungsaufgabe; GRUR 2002, 360 (366) – H. I. V.-POSITIVE II; GRUR 2011, 1038 Rn. 44 – Stiftparfüm.

[297] BGH GRUR 1999, 1097 (1099) – Preissturz ohne Ende.

[298] OLG Koblenz NJW-RR 2008, 1259 (1262).

[299] Vgl. zB BGH GRUR 2014, 1013 Rn. 18 – Original Bach-Blüten.

gerichtlichen Verfahren abgegeben werden, **strenge Anforderungen** zu stellen.[300] Die Tatsache allein, dass sich ein Beklagter damit verteidigt, das beanstandete Verhalten sei nicht wettbewerbswidrig, begründet keine Erstbegehungsgefahr.[301] Wenn bereits das Vertreten eines Rechtsstandpunktes eine Erstbegehungsgefahr begründen würde, so wäre der Beklagte in der wirksamen Verteidigung seines Rechts, in einem gerichtlichen Verfahren unter Wahrung seines Anspruchs auf **rechtliches Gehör** (Art. 103 Abs. 1 GG) die Rechtmäßigkeit bestimmter Verhaltensweisen klären zu lassen, beeinträchtigt.[302] Die Tatsache allein, dass sich ein Beklagter gegen die Klage verteidigt und dabei die Auffassung äußert, zu dem beanstandeten Verhalten berechtigt zu sein, ist daher nicht als eine Berühmung zu werten, die eine Erstbegehungsgefahr begründet.[303] Einem Beklagten, der sich gegen einen aus seiner Sicht unbegründeten Unterlassungsanspruch verteidigt, kann nämlich nicht ohne weiteres unterstellt werden, er werde selbst eine gerichtliche Entscheidung, mit der die Rechtslage geklärt wird, nicht beachten.[304] Prozessuale Erklärungen begründen demnach nur dann eine Erstbegehungsgefahr, wenn sie nicht nur der Rechtsverteidigung dienen, sondern ihnen die Bereitschaft zu entnehmen ist, sich unmittelbar oder in naher Zukunft auch in der beanstandeten Weise zu verhalten.[305]

127 Die Annahme einer **Erstbegehungsgefahr** ist insbesondere dann **ausgeschlossen,** wenn der Beklagte eindeutig klarstellt, dass seine Erklärungen **allein der Rechtsverteidigung** dienen und keine Rechtsverletzungen zu besorgen sind.[306] Einer solchen Klarstellung bedarf es jedoch nicht von vornherein, sondern nur in dem Falle, dass sich der Beklagte nicht auf eine bloße Rechtsverteidigung beschränkt, sondern durch sein darüber hinausgehendes prozessuales Verhalten ansonsten eine Erstbegehungsgefahr begründen würde.[307] Die anders lautende frühere Rspr., die von dem Erfahrungssatz ausging, dass die Verteidigung einer bestimmten Handlungsweise jedenfalls auch den Weg zu ihrer beabsichtigten künftigen Fortsetzung eröffnen solle,[308] ist mit der Entscheidung *„Berühmungsaufgabe"* aufgegeben worden.[309] Eine Erstbegehungsgefahr wird deshalb nicht begründet, wenn ein Beklagter unmissverständlich deutlich macht, eine Klärung der Frage in dem Rechtsstreit abwarten und sich an das Ergebnis des Prozesses halten zu wollen, und wenn seine sonstige Handlungsweise damit im Einklang steht.[310]

128 An einer Erstbegehungsgefahr fehlt es deshalb regelmäßig auch im Hinblick auf eine erhobene **negative Feststellungsklage.** Mit der Stellung eines Klageantrags, mit dem die Feststellung begehrt wird, zu einem bestimmten Verhalten berechtigt zu sein bzw. zu einer vom Gegner begehrten Unterlassung nicht verpflichtet zu sein, verfolgt der Feststellungskläger idR den Zweck, sich die Möglichkeit eines bestimmten Verhaltens nach gerichtlicher Klärung offenzuhalten. Daraus kann regelmäßig gefolgert werden, dass der Kläger einer negativen Feststellungsklage die Vornahme des im Feststellungsantrag bezeichneten

---

[300] Vgl. BGH GRUR 1992, 627 (630) – Pajero.

[301] BGH GRUR 2001, 1174 (1175) – Berühmungsaufgabe; GRUR 2006, 429 (431) – Schlank-Kapseln; GRUR 2006, 879 Rn. 18 – Flüssiggastank; GRUR 2008, 438 Rn. 26 – ODDSET; GRUR 2010, 253 Rn. 31 – Fischdosendeckel.

[302] BGH GRUR 2001, 1174 (1175) – Berühmungsaufgabe; *Feddersen* FS Harte-Bavendamm, 2020, 493 (497); *Ullmann* WRP 1996, 1007 (1010).

[303] BGH GRUR 2001, 1174 (1175) – Berühmungsaufgabe; GRUR 2019, 947 Rn. 32 – Bring mich nach Hause.

[304] BGH GRUR 2001, 1174 (1175) – Berühmungsaufgabe; GRUR 2006, 429 (431) – Schlank-Kapseln; GRUR 2006, 879 (880) – Flüssiggastank.

[305] BGH GRUR 2001, 1174 (1175) – Berühmungsaufgabe; GRUR 2003, 890 (892) – Buchclub-Kopplungsangebot; GRUR 2017, 79 Rn. 36 – Segmentstruktur; GRUR 2019, 947 Rn. 32 – Bring mich nach Hause; *Feddersen* FS Harte-Bavendamm, 2020, 493 (497).

[306] BGH GRUR 2006, 429 Rn. 17 ff. – Schlank-Kapseln; GRUR 2015, 1025 Rn. 21 – TV-Wartezimmer.

[307] BGH GRUR 2001, 1174 (1175) – Berühmungsaufgabe.

[308] Vgl. noch BGH GRUR 1999, 1097 (1099) – Preissturz ohne Ende, mwN.

[309] BGH GRUR 2001, 1174 (1175) – Berühmungsaufgabe.

[310] LG Düsseldorf 3.7.2020 – 38 O 126/16 – CWS; aA wohl OLG Köln 21.10.2011 – 6 U 42/11 – Hoflader.

Verhaltens von der gerichtlichen Feststellung seiner Rechtmäßigkeit abhängig machen will. Mithin bringt der Feststellungskläger gerade nicht – wie für die Annahme einer Erstbegehungsgefahr erforderlich – zum Ausdruck, sich unmittelbar oder in naher Zukunft in der beanstandeten Weise verhalten zu wollen.[311]

Die dargelegten Grundsätze sollten für die Rechtsverteidigung im Hauptsacheprozess grundsätzlich auch dann gelten, wenn **zuvor** gegen den Beklagten eine **einstweilige Verfügung ergangen** ist.[312] Denn im summarischen Verfügungsverfahren kann sich der Antragsgegner nur eingeschränkt verteidigen. 129

Jedoch kann trotz aller Zurückhaltung auch der Vortrag im Rahmen der Rechtsverteidigung im Prozess eine Erstbegehungsgefahr begründen, wenn nicht nur der eigene Rechtsstandpunkt vertreten wird, sondern den Erklärungen bei **Würdigung der Einzelumstände des Falles** auch die **Bereitschaft** zu entnehmen ist, **sich** unmittelbar oder in naher Zukunft **in dieser Weise zu verhalten.**[313] Bei der Würdigung des Verhaltens des Beklagten sind **alle seine Verhaltensweisen und Aussagen umfassend zu berücksichtigen.**[314] Wenn ein Presseunternehmen sich zB trotz der offenkundigen Wettbewerbswidrigkeit einer von ihm veröffentlichten Werbeanzeige vorbehaltlos allein damit verteidigt, dass die abgedruckte Anzeige nicht oder jedenfalls nicht grob und leicht erkennbar wettbewerbswidrig sei, ohne zugleich deutlich zu machen, dass es damit nur seine Rechte im anhängigen Rechtsstreit wahren wolle, begründete dies die ernsthafte und greifbare Besorgnis, dass es bei nächster Gelegenheit das beanstandete Inserat erneut oder andere von dem Unterlassungsgebot erfasste Inserate dieser Art veröffentlichen werde.[315] 130

An einer Berühmung fehlt es, wenn der Beklagte wegen Wiederholungsgefahr in Anspruch genommen wurde, er sein Verhalten im Prozess **als rechtmäßig verteidigt,** es aber danach zu einer **Gesetzesänderung** kommt, die ihm sein früheres Verhalten ausdrücklich verbietet (→ Rn. 106).[316] Die Erstbegehungsgefahr ergibt sich in einem solchen Fall auch nicht allein aus dem früheren Verhalten.[317] 131

e) Vorbereitungshandlungen. Eine Erstbegehungsgefahr kann sich ferner aus **Ankündigungen**[318] **oder Vorbereitungshandlungen** des Verletzers ergeben. Wann eine solche Handlung die ernsthafte und greifbare Besorgnis einer rechtswidrigen Handlung in naher Zukunft mit sich bringt, hängt von allen Umständen des Einzelfalls ab. Die Kasuistik ist reichhaltig: 132

aa) Anweisungen an Mitarbeiter. Eine Erstbegehungsgefahr ist zB angenommen worden als Folge einer internen **Anweisung** des Unternehmers **an einen Mitarbeiter,** eine wettbewerbswidrige Werbebehauptung zu verwenden.[319] 133

bb) Werbung. Die Werbung für ein bestimmtes geschäftliches Handeln begründet ebenso wie die Berühmung, zu diesem Verhalten berechtigt zu sein, eine Erstbegehungsgefahr.[320] Wenn ein Hersteller von Waren etwa ein Zeichen in der **Werbung,** in Anzeigen oder seinem Werbe-Poststempel benutzt, so rechtfertigt das im Sinne einer Erstbegehungsgefahr die Befürchtung, dass dieses Zeichen künftig auch auf seinen Waren Verwendung findet.[321] Allerdings kann in einer **Werbung** selbstverständlich bereits eine **vollendete** 134

---

[311] BGH GRUR 2017, 79 Rn. 36 – Segmentstruktur; GRUR 2019, 947 Rn. 35 – Bring mich nach Hause; *Feddersen* FS Harte-Bavendamm, 2020, 493 (497).
[312] Bedenklich weit daher BGH GRUR 2002, 360 (366) – H. I. V.-POSITIVE II.
[313] BGH GRUR 2001, 1174 (1175) – Berühmungsaufgabe; *Büch* FS Bornkamm, 2014, 15 (20).
[314] BGH GRUR 2010, 536 Rn. 46 – Modulgerüst II; LG Düsseldorf 3.7.2020 – 38 O 126/16 – CWS; *Büch* FS Bornkamm, 2014, 15 (20).
[315] BGH GRUR 2002, 63 (66) – H. I. V.-POSITIVE II.
[316] BGH GRUR 2014, 1013 Rn. 18 – Original Bach-Blüten.
[317] BGH GRUR 2014, 1013 Rn. 19 – Original Bach-Blüten.
[318] Vgl. BGH GRUR 1974, 477 (478) – Hausagentur.
[319] BGH GRUR 1971, 119 (120) – Branchenverzeichnis.
[320] BGH GRUR 1989, 432 (434) – Kachelofenbauer; OLG Frankfurt a. M. 3.12.2012 – 6 U 230/12.
[321] RG MuW 70 (73) – Hageda/Hateha I.

Verletzungshandlung liegen, die nicht eine Erstbegehungs-, sondern eine Wiederholungsgefahr auslöst. Typische Fälle sind irreführende Werbemaßnahmen gem. § 5 und die Werbung für nachgeahmte Produkte, weil mit der Werbung bereits der Tatbestand des „Anbietens" iSd § 4 Nr. 3 erfüllt ist.[322]

135 **cc) Markenanmeldung.** Die **Anmeldung einer Marke** beim **DPMA** begründet in aller Regel eine **Erstbegehungsgefahr** der markenmäßigen Benutzung des angemeldeten Zeichens im inländischen geschäftlichen Verkehr.[323] Man kann die Markenanmeldung auch als einen Fall der Berühmung deuten:[324] Wer ein Zeichen als Marke anmeldet, bringt nämlich damit zum Ausdruck, dass er sich für berechtigt hält, es auch als Marke zu nutzen. Im Ausnahmefall sollen zwar nach der Rspr. des BGH die konkreten Umstände des Falles gegen eine Benutzungsabsicht des Anmelders sprechen können.[325] Hier ist jedoch Vorsicht geboten, weil sich die angeblichen oder tatsächlichen Verwendungsabsichten eines Markenanmelders oder -inhabers jederzeit ändern können.[326] Durch die Anmeldung besteht **unabhängig vom subjektiven Beweggrund** des Anmelders die **objektive Gefahr entsprechender Benutzungshandlungen.**[327] Der Anmelder kann sich einer Haftung nicht durch nicht überprüfbare Angaben zur Motivlage bei der Markenanmeldung entziehen.[328] Führt die Anmeldung einer Marke objektiv zu einer Erstbegehungsgefahr, so entfällt diese nicht deswegen, weil der Anmelder die Marke nur angemeldet hat, um vom DPMA ihre Schutzunfähigkeit bescheinigt zu bekommen.[329] Dasselbe gilt bei der Anmeldung von Unionsmarken.[330] Die durch die Anmeldung einer deutschen Marke hervorgerufene Erstbegehungsgefahr erstreckt sich dabei auf alle angemeldeten Waren und Dienstleistungen, so wie sie angemeldet bzw. eingetragen wurden.[331] Die dargestellten Grundsätze gelten auch für die Beantragung der Schutzerstreckung einer IR-Marke auf Deutschland[332] und den Erwerb einer deutschen Marke oder Markenanmeldung von einem Dritten.[333] Nicht einheitlich wird die Frage beantwortet, ob die Anmeldung einer Unionsmarke regelmäßig die Gefahr ihrer Benutzung (auch) in Deutschland begründet[334] oder ob eine Erstbegehungsgefahr nur bei zusätzlichen Anzeichen für eine drohende Verwendung im Inland zu bejahen ist.[335] Der BGH hat diese Frage bislang offengelassen.[336]

136 Die **Anmeldung** einer **Unionsmarke** begründet nach richtiger Auffassung eine Erstbegehungsgefahr **nur** dann, wenn aufgrund der Umstände von einer **künftigen Benut-**

---

[322] KG WRP 2012, 1562 Rn. 24.

[323] StRspr; vgl. BGH GRUR 2004, 600 (601) – d-c-fix/CD-FIX; GRUR 2008, 912 Rn. 28 – Metrosex; GRUR 2009, 1055 Rn. 18 – airdsl; GRUR 2009, 484 Rn. 70 – Metrobus; GRUR 2010, 838 Rn. 24 – DDR-Logo; GRUR 2014, 382 Rn. 30 – REAL-Chips; GRUR 2015, 1201 Rn. 49 – Sparkassen-Rot/Santander-Rot; GRUR 2016, 83 Rn. 34 – Amplidect/ampliteq; *Büch* FS Bornkamm, 2014, 15 (20).

[324] Vgl. OLG Düsseldorf 11.2.2014 – I-20 U 39/13 – POWER HORSE/POWER HORN: *„mehr als eine Berühmung"*.

[325] BGH GRUR 2008, 912 Rn. 28 – Metrosex; GRUR 2009, 1055 Rn. 18 – airdsl; GRUR 2009, 484 Rn. 70 – Metrobus; GRUR 2010, 838 Rn. 24 – DDR-Logo; GRUR 2014, 382 Rn. 30 – REAL-Chips; GRUR 2015, 1201 Rn. 49 – Sparkassen-Rot/Santander-Rot.

[326] BGH 5.2.2009 – I ZR 186/06 Rn. 55 – MVG Metrobus.

[327] BGH GRUR 2015, 1201 Rn. 53 – Sparkassen-Rot/Santander-Rot.

[328] BGH GRUR 2015, 1201 Rn. 53 – Sparkassen-Rot/Santander-Rot.

[329] BGH GRUR 2014, 382 Rn. 31 – REAL-Chips.

[330] BGH GRUR 2015, 1201 Rn. 53 – Sparkassen-Rot/Santander-Rot.

[331] BGH GRUR 2009, 1055 Rn. 18 – airdsl; 5.2.2009 – I ZR 174/06 – BVG MetroBus; 5.2.2009 – I ZR 186/06 Rn. 56 – MVG Metrobus; OLG Hamburg GRUR-RR 2004, 5 (6 f.) – Cellofit/Cellvit; GRUR-RR 2009, 394 Ls. 1 – Solar Scout.

[332] BGH GRUR 1990, 361 (363) – Kronenthaler; GRUR 2003, 428 (431) – BIG BERTHA; OLG München PharmR 2010, 528 (529) – VIAGRA/Viaguara; *Ingerl/Rohnke* MarkenG Vor §§ 14–19d Rn. 118.

[333] OLG München GRUR-RR 2007, 211 (214) – Kloster Andechs; *Ingerl/Rohnke* MarkenG Vor §§ 14–19d Rn. 117.

[334] So *Fezer* MarkenG § 14 Rn. 1007; *Büscher* in *Büscher/Dittmer/Schiwy* MarkenG § 14 Rn. 615.

[335] So OLG München MMR 2005, 608 (611) – 800-FLOWERS; OLG Hamburg 6.3.2014 – 5 U 82/11 – DSGV/Banco Santander; *Ingerl/Rohnke* MarkenG Vor §§ 14–19d Rn. 119.

[336] BGH GRUR 2015, 1201 Rn. 49 – Sparkassen-Rot/Santander-Rot.

zung im Inland auszugehen ist.[337] Denn bei der Vielzahl von Mitgliedstaaten und der schieren Größe der EU kann nicht jedem Anmelder einer Unionsmarke eine konkrete Benutzungsabsicht für jeden einzelnen Mitgliedstaat unterstellt werden, zumal auch der Benutzungszwang der Unionsmarke eine solche flächendeckende Benutzung nicht erfordert.[338] Umstände, die für eine Absicht der Benutzung im Inland sprechen sind etwa eine Berühmung,[339] konkrete Vorbereitungshandlungen,[340] ein inländischer Sitz,[341] eine Tätigkeit oder Niederlassung in Deutschland[342] oder die Tatsache, dass der Anmelder früher bereits im Inland tätig war; letzteres vor allem, wenn er diejenigen Waren oder Dienstleistungen, für welche die Unionsmarke angemeldet ist, bereits in der Vergangenheit unter einem Unternehmenskennzeichen angeboten hat, das der angemeldeten Unionsmarke entspricht.[343]

dd) Anmeldung eines Domainnamens. Die bloße Anmeldung eines **Domainnamens** begründet keine Erstbegehungsgefahr für die Verwendung im geschäftlichen Verkehr, wenn bislang über die Anmeldung der Domain hinaus eine Nutzung nicht erfolgt ist.[344] 137

ee) Titelschutzanzeige. Das Erscheinen einer **Titelschutzanzeige** begründet eine Erstbegehungsgefahr für die Benutzung des Titels im geschäftlichen Verkehr.[345] 138

ff) Eintragung und Anmeldung im Handels-, Partnerschafts- oder Vereinsregister. Die **Eintragung einer Firma** im Handelsregister begründet nicht nur eine Erstbegehungsgefahr, sondern stellt eine **vollendete** kennzeichenmäßige **Benutzung** dar, die eine Wiederholungsgefahr hervorruft.[346] Dasselbe gilt für die Eintragung des Namens einer Partnerschaft im Partnerschaftsregister oder eines Vereins im Vereinsregister. Eine entsprechende Anmeldung schafft eine Erstbegehungsgefahr. 139

Die **Eintragung des Geschäftszwecks** in das Handels- oder Partnerschaftsregister begründet eine tatsächliche Vermutung und damit eine **Erstbegehungsgefahr** dahin, dass ein Anbieten von Leistungen gemäß dem eingetragen Geschäftszweck am Markt in naher Zukunft ebenso bevorsteht wie eine Werbung für diese Leistungen.[347] Bei einem Verein wird durch die Eintragung des Vereinszwecks ebenfalls eine Erstbegehungsgefahr für die Betätigung auf dem Gebiet geschaffen, das dem Vereinszweck entspricht. Dasselbe gilt jeweils bereits für eine entsprechende **Anmeldung.** 140

gg) Messeauftritte. Bei der Präsentation auf **Messen,** zumal internationalen, gilt: Eine Erstbegehungsgefahr kann nicht mit einem allgemeinen Erfahrungssatz begründet werden, wegen der Präsentation eines Produkts oder einer Produktverpackung auf einer Messe im 141

---

337 OLG München MMR 2005, 608 (611) – 800-FLOWERS; OLG Hamburg 6.3.2014 – 5 U 82/11 – DSGV/Banco Santander; *Ingerl/Rohnke* MarkenG Vor §§ 14–19d Rn. 119.

338 OLG Hamburg 6.3.2014 – 5 U 82/11 – DSGV/Banco Santander; *Ingerl/Rohnke* MarkenG Vor §§ 14–19d Rn. 119.

339 OLG Hamburg 6.3.2014 – 5 U 82/11 – DSGV/Banco Santander.

340 OLG Hamburg 6.3.2014 – 5 U 82/11 – DSGV/Banco Santander.

341 OLG München MMR 2005, 608 (611) – 800-FLOWERS; OLG Hamburg 6.3.2014 – 5 U 82/11 – DSGV/Banco Santander; *Ingerl/Rohnke* MarkenG Vor §§ 14–19d Rn. 119.

342 OLG Hamburg 6.3.2014 – 5 U 82/11 – DSGV/Banco Santander; LG Hamburg GRUR-RR 2002, 99 (100) – Foris.

343 OLG Hamburg NJOZ 2008, 2753 (2755) – Navigon/Nav N Go; *Ingerl/Rohnke* MarkenG Vor §§ 14–19d Rn. 119.

344 Vgl. BGH GRUR 2009, 484 Rn. 64 – Metrobus.

345 BGH GRUR 2001, 1054 (1055) – Tagesreport; OLG München GRUR 1989, 356 (357) – Sternstunden des Sports; OLG Hamburg GRUR-RR 2005, 312 (313) – NEWS; krit. und differenzierend Teplitzky/*Kessen* Kap. 10 Rn. 13a; *v. Linstow* FS Erdmann, 2002, 375 (380 ff.).

346 RGZ 22, 58 (60) – A. B. Faber; RGZ 80, 436 (437) – G. & Co. Beerdigungsinstitut; BGH GRUR 1957, 426 (427) – Getränke Industrie; GRUR 2008, 912 Rn. 28 – Metrosex; GRUR 2010, 838 Rn. 22 – DDR-Logo; OLG Düsseldorf GRUR-RR 2013, 21 (22) – Charité; LG München I 12.12.2017 – 33 O 13445/17 – laut von leise/LAUT & leise.

347 OLG Hamm GRUR-RR 2020, 161 Rn. 30 – Belastingsadviseur.

Inland sei auch von einem bevorstehenden Anbieten, Vertreiben und sonstigen Inverkehrbringen im Inland auszugehen. Eine solche Betrachtungsweise würde dem Umstand nicht gerecht, dass es verschiedene Typen von Messen und unterschiedliche Formen der Präsentation von Produkten auf Messen gibt.[348] So gibt es Publikumsmessen, auf denen die **Verbraucher** die ausgestellten Produkte bestellen oder erwerben können. Auf der anderen Seite gibt es Messen, zu denen ausschließlich **Fachbesucher** Zugang haben. Ferner kann ein Hersteller auf einer auch dem allgemeinen Verkehr zugänglichen Messe durch die **eindeutige Gestaltung der Präsentation** deutlich machen, dass er allein ein Fachpublikum ansprechen will.[349] Aus einer Präsentation ausschließlich gegenüber Fachkreisen kann nicht ohne weiteres gefolgert werden, das Produkt werde auch dem Verbraucher angeboten.[350] Da es für die Wahrnehmung von Zeichen, Produktaufmachungen oder Produktformen (§ 4 Nr. 3) auf das Verständnis der angesprochenen Verkehrskreise ankommt, mag die Gefahr einer Herkunftstäuschung iSd § 4 Nr. 3 lit. a zwar gegenüber dem Durchschnittsverbraucher bestehen, gegenüber Fachkreisen aber ausgeschlossen sein. In solchen Fällen kann die Begehungsgefahr zu verneinen sein.

142 Auch wird es regelmäßig an dem für eine Erstbegehungsgefahr erforderlichen, in naher Zukunft bevorstehenden Vertrieb eines Erzeugnisses fehlen, wenn nicht ein vertriebsfertiges Produkt, sondern lediglich ein **Prototyp** oder eine **Designstudie ausgestellt** wird, um die Reaktionen des Marktes auf ein erst im Planungszustand befindliches Produkt zu **testen.**[351]

143 Ob die Ausstellung eines Produkts auf einer inländischen Messe ein hinreichend konkreter Umstand für die Erwartung ist, der Aussteller werde das fragliche Produkt in naher Zukunft in Deutschland anbieten und vertreiben, hängt also von den **Umständen des Einzelfalls** ab.[352] Es besteht **kein Erfahrungssatz** dahingehend, dass ein Aussteller sein Produkt **immer auch am Ausstellungsort** bzw. überhaupt in Deutschland vertreiben wird.[353] Ebenso besteht kein Erfahrungssatz, dass die Präsentation eines Produkts auf einer Messe im Inland die Besucher stets zum Erwerb dieses Produkts im Inland anregen soll.[354] So ist es charakteristisch für international ausgerichtete Fachmessen, dass sich dort Aussteller aus verschiedenen Staaten an in- oder an ausländische Interessenten wenden. Bei internationalen Messen geht es mithin gerade auch um die Anbahnung von Geschäftsbeziehungen zwischen ausländischen Parteien ohne Inlandsbezug.[355] Weiter ist zu berücksichtigen, dass produktspezifische Besonderheiten – wie etwa eine besondere Gestaltungsnähe zu im Inland vertriebenen Konkurrenzprodukten oder andere rechtliche Risiken – einen Hersteller zu einer differenzierten Vertriebsstrategie veranlassen können.[356] Sie können ihn beispielsweise dazu bewegen, das Produkt lediglich im Ausland oder im Inland nur mit einem größeren Gestaltungsabstand zu den Konkurrenzprodukten zu vertreiben.[357] Ein hinreichend konkreter Anhaltspunkt für einen zeitnahen Vertrieb im Inland folgt deshalb nicht ohne weiteres aus der Präsentation eines Produkts auf einer – zumal: internationalen –

---

[348] BGH GRUR 2015, 603 Rn. 21 – Keksstangen; GRUR 2017, 793 Rn. 34 – Mart-Stam-Stuhl. ausf. hierzu *Schmitt* WRP 2017, 26 ff.

[349] BGH GRUR 2015, 603 Rn. 23 – Keksstangen.

[350] BGH GRUR 2015, 603 Rn. 22 – Keksstangen.

[351] BGH GRUR 2015, 603 Rn. 22 – Keksstangen; GRUR 2017, 793 Rn. 25 – Mart-Stam-Stuhl; *Feddersen* FS Harte-Bavendamm, 2020, 493 (494).

[352] BGH GRUR 2015, 603 Rn. 24 – Keksstangen; GRUR 2017, 793 Rn. 34 – Mart-Stam-Stuhl.

[353] BGH GRUR 2015, 603 Rn. 24 – Keksstangen; LG Düsseldorf 28.1.2015 – 2a O 250/14 – Continental/Continental Direct UK.

[354] BGH GRUR 2017, 793 Rn. 25 – Mart-Stam-Stuhl; GRUR 2019, 196 Rn. 13 – Industrienähmaschinen; *Feddersen* FS Harte-Bavendamm, 2020, 493 (495).

[355] BGH GRUR 2015, 603 Rn. 24 – Keksstangen; GRUR 2017, 793 Rn. 25 – Mart-Stam-Stuhl; *Feddersen* FS Harte-Bavendamm, 2020, 493 (495).

[356] BGH GRUR 2015, 603 Rn. 29 – Keksstangen; GRUR 2017, 793 Rn. 25 – Mart-Stam-Stuhl; *Feddersen* FS Harte-Bavendamm, 2020, 493 (495).

[357] BGH GRUR 2017, 793 Rn. 25 – Mart-Stam-Stuhl.

Messe, die in Deutschland stattfindet.[358] Allein die Präsentation eines Erzeugnisses auf einer Messe im Inland rechtfertigt daher nicht in jedem Fall die Annahme, der Aussteller bewerbe das ausgestellte Produkt damit gezielt, um die Messebesucher zu seinem späteren Erwerb im Inland anzuregen.[359] Aus der bloßen Tatsache der Teilnahme an einer Messe ergibt sich für sich genommen noch nicht, dass dort auch ein bestimmtes Produkt präsentiert wurde.[360]

f) Verjährung. Ist der aus einem begangenen Wettbewerbsverstoß folgende Verletzungsunterlassungsanspruch **verjährt,** kann aus diesem Verstoß auch keine Erstbegehungsgefahr hergeleitet werden, weil sonst die Verjährungsregeln ausgehöhlt würden.[361] Es bedarf dann zur Begründung der Erstbegehungsgefahr des Vorliegens neuer Umstände in unverjährter Zeit.[362] 144

g) Rechtsnachfolge. Der auf Wiederholungsgefahr gestützte Unterlassungsanspruch, der nicht auf den **Rechtsnachfolger** des Unterlassungsschuldners übergeht (→ Rn. 178), begründet als solcher in der Person des Rechtsnachfolgers auch nicht die Erstbegehungsgefahr eines entsprechenden Verstoßes. Das Hinzutreten **neuer Umstände** in seiner Person kann allerdings die Annahme einer Erstbegehungsgefahr rechtfertigen.[363] 145

4. Wegfall der Erstbegehungsgefahr. a) Unterschied zur Wiederholungsgefahr. Anders als bei der Wiederholungsgefahr gibt es **keine Vermutung** für den Fortbestand der Erstbegehungsgefahr.[364] An die **Beseitigung** der Erstbegehungsgefahr sind daher grundsätzlich **weniger strenge Anforderungen** zu stellen als an den Fortfall der durch eine Verletzungshandlung begründeten Gefahr der Wiederholung des Verhaltens in der Zukunft, so dass die für den Verletzungsunterlassungsanspruch geltenden Grundsätze nicht übertragbar sind.[365] Nur wer bereits durch eine vorgenommene Rechtsverletzung manifestiert hat, dass er sich nicht rechtstreu verhält, muss durch eine strafbewehrte Unterlassungserklärung dartun, dass er eine entsprechende Handlung nicht wiederholen werde.[366] Deshalb ist die Abgabe einer strafbewehrten Unterlassungserklärung nicht erforderlich.[367] 146

b) actus contrarius. Die Erstbegehungsgefahr kann regelmäßig schon durch ein **entgegengesetztes Verhalten *(actus contrarius)*** ausgeräumt werden.[368] Wenn die Erstbegehungsgefahr entfällt, erlischt der vorbeugende Unterlassungsanspruch.[369] Wenn die Erst- 147

---

[358] BGH GRUR 2015, 603 Rn. 24 – Keksstangen.

[359] BGH GRUR 2017, 793 Rn. 25 – Mart-Stam-Stuhl.

[360] OLG Düsseldorf 2.3.2017 – I-15 U 48/14 – Fußreflexzonenmassage.

[361] BGH GRUR 1988, 313 – Auto F. GmbH; GRUR 1994, 57 (58) – Geld-zurück-Garantie; GRUR 2001, 1174 (1175) – Berühmungsaufgabe; MüKoUWG/*Fritzsche* § 8 Rn. 96; *Ohly*/Sosnitza § 8 Rn. 32; GroßKommUWG/*Paal* § 8 Rn. 41.

[362] BGH GRUR 1988, 313 – Auto F. GmbH; GRUR 2001, 1174 (1175) – Berühmungsaufgabe; OLG München NJOZ 2003, 1097 (1098) – Rangeinstufungen deutscher Anwaltskanzleien; MüKoUWG/*Fritzsche* § 8 Rn. 96; *Ohly*/Sosnitza § 8 Rn. 32; GroßKommUWG/*Paal* § 8 Rn. 41.

[363] BGH GRUR 2007, 995 Rn. 15 – Schuldnachfolge.

[364] StRspr; vgl. BGH GRUR 1987, 125 (126) – Berühmung; GRUR 1989, 432 (434) – Kachelofenbauer; GRUR 2001, 1174 (1176) – Berühmungsaufgabe; GRUR 2008, 912 Rn. 30 – Metrosex; GRUR-RR 2009, 299 Rn. 12 – Underberg II; GRUR 2014, 382 Rn. 33 – REAL-Chips; GRUR 2015, 1201 Rn. 56 – Sparkassen-Rot/Santander-Rot; KG GRUR 2007, 338 – Markenspekulant; *Köhler* GRUR 2011, 879 (880).

[365] StRspr; vgl. BGH GRUR 1992, 116 (117) – Topfgucker-Scheck; GRUR 2008, 912 Rn. 30 – Metrosex; GRUR 2014, 382 Rn. 33 – REAL-Chips; GRUR 2015, 1201 Rn. 56 – Sparkassen-Rot/Santander-Rot; GRUR 2019, 189 Rn. 64 – Crailsheimer Stadtblatt II.

[366] Teplitzky/*Kessen* Kap. 10 Rn. 21 f.; aA *Köhler* GRUR 2011, 879 (882): Wegfall der Begehungsgefahr ebenfalls nur bei Abgabe einer strafbewehrten Unterlassungserklärung.

[367] *Büscher* in Fezer/Büscher/Obergfell § 8 Rn. 108; Teplitzky/*Kessen* Kap. 10 Rn. 21 f.; *Ohly*/Sosnitza § 8 Rn. 33; GroßKommUWG/*Paal* § 8 Rn. 42; aA *Köhler* GRUR 2011, 879 (882).

[368] StRspr; vgl. BGH GRUR 2008, 912 Rn. 30 – Metrosex; GRUR 2009, 841 Rn. 23 – Cybersky; GRUR 2010, 455 Rn. 26 – Stumme Verkäufer II; GRUR 2010, 838 Rn. 27 – DDR-Logo; GRUR 2014, 382 Rn. 33 – REAL-Chips; GRUR 2015, 1201 Rn. 56 – Sparkassen-Rot/Santander-Rot; GRUR 2019, 189 Rn. 64 – Crailsheimer Stadtblatt II.

[369] BGH GRUR 1989, 432 (434) – Kachelofenbauer I; GRUR 2001, 1174 (1176) – Berühmungsaufgabe.

begehungsgefahr auf tatsächlichen Verhältnissen in einem Unternehmen beruht (zB gegebenen Anweisungen, Vorbereitungshandlungen), ist die Übertragung der Inhaberschaft am Unternehmen an einen Rechtsnachfolger ein ausreichender *actus contrarius.* Mit Blick auf den höchstpersönlichen Charakter der Begehungsgefahr auch in Form der Erstbegehungsgefahr (→ Rn. 177) besteht in der Person des alten Unternehmensinhabers dann keine ernstliche Besorgnis einer bevorstehenden Zuwiderhandlung, wenn ihm das Unternehmen nicht mehr untersteht (anders aber im Fall der Wiederholungsgefahr, für deren Ausräumung strengere Maßstäbe gelten → Rn. 114). Was darüber hinaus als entgegengesetztes Verhalten erforderlich ist, richtet sich danach, durch welches Verhalten die Erstbegehungsgefahr begründet wurde und hängt von den **Umständen des Einzelfalles** ab:

148 **aa) Vorbereitungshandlungen einschl. Werbung.** Beruht die Erstbegehungsgefahr für eine unlautere Marketingaktion auf einer bestimmten **Werbung,** so genügt die **Aufgabe** dieser Werbemaßnahme.[370] Wird die Erstbegehungsgefahr durch eine betriebsinterne Anweisung begründet,[371] so genügt als *actus contrarius* die Rücknahme dieser Anweisung verbunden mit der ausdrücklichen Aufforderung, der ursprünglichen Anweisung nicht Folge zu leisten. Im Falle von bereits nach außen gedrungenen Vorbereitungshandlungen entfällt die Erstbegehungsgefahr idR mit deren Rückgängigmachung. Bei **Ankündigungen** genügt eine **einfache, nicht strafbewehrte Unterlassungserklärung** mit dem Versprechen, die angekündigte bzw. vorbereitete Handlung nicht durchzuführen. Wer mit der Werbung für ein bestimmtes Geschäftsmodell eine Begehungsgefahr für dessen Realisierung hervorruft, beseitigt die Begehungsgefahr mit der ernstlichen Erklärung, dass das vorgestellte Geschäftsmodell in Zukunft nicht betreiben wird.[372] Eine Erstbegehungsgefahr liegt regelmäßig auch dann nicht mehr vor, wenn ein Wettbewerber seinen bislang in wettbewerbswidriger Weise betriebenen Handel unter Hinweis auf die Beendigung der Geschäftsbeziehung mit seinem bisherigen Lieferanten sowie darauf ausgesetzt hat, dass er an neuen Produkten arbeite, und zwischen dieser Mitteilung und der Einleitung gerichtlicher Maßnahmen eine geraume Zeit (nahezu anderthalb Jahre) vergangen sind, ohne dass der Wettbewerber wieder auf dem Markt aufgetreten ist oder nach außen erkennbare Vorbereitungshandlungen dafür getroffen hat.[373]

149 **bb) Berühmung.** Eine **Berühmung endet** mit ihrer **glaubhaften Aufgabe.**[374] Diese liegt jedenfalls in der ernstlichen, uneingeschränkten und eindeutigen (Aufgabe- oder Widerrufs-)Erklärung, dass die beanstandete Handlung in der Zukunft nicht vorgenommen werde.[375] Hierzu genügt eine **einfache, nicht strafbewehrte Unterlassungserklärung.**[376] Bei der Berühmung im **Prozess** reicht zum Fortfall der Erstbegehungsgefahr die Erklärung, die beanstandete Handlung während der Dauer des Prozesses nicht und danach nur nach Feststellung ihrer Rechtmäßigkeit vornehmen zu wollen.[377] Auch in anderen Fällen, in denen die Erstbegehungsgefahr auf Äußerungen beruht, kann sie bereits durch deren Widerruf oder die Erklärung des Unterlassungswillens ausgeräumt werden, sofern mit dieser Äußerung von dem ursprünglichen Vorhaben unmissverständlich und ernstlich Abstand genommen wird.[378]

150 **cc) Markenanmeldung und -eintragung.** Bei einer durch **Markenanmeldung** begründete Erstbegehungsgefahr reicht allein die Erklärung, die Markenanmeldung nicht

[370] BGH GRUR 1989, 432 (434) – Kachelofenbauer I; GRUR 1992, 116 (117) – Topfgucker-Scheck.
[371] Vgl. BGH GRUR 1971, 119 (120) – Branchenverzeichnis.
[372] BGH GRUR 2015, 1025 Rn. 21 – TV-Wartezimmer.
[373] BGH GRUR 2016, 1187 Ls. 3 – Stirnlampen.
[374] BGH GRUR 1992, 404 (405) – Systemunterschiede; GRUR 1994, 454 (456) – Schlankheitswerbung.
[375] BGH GRUR 1992, 116 (117) – Topfgucker-Scheck; GRUR 2001, 1174 (1176) – Berühmungsaufgabe.
[376] OLG Frankfurt a. M. 15.2.2001 – 6 U 181/00 – taiwanesische Schreibgeräte.
[377] BGH GRUR 1987, 45 (46 f.) – Sommerpreiswerbung.
[378] BGH GRUR 2010, 455 Rn. 26 – Stumme Verkäufer II.

weiterverfolgen oder das angemeldete Zeichen nicht benutzen zu wollen, nicht aus.[379] Als echter *actus contrarius* gelten hier die **Rücknahme** der Anmeldung,[380] der **Verzicht** auf die Eintragung,[381] die Nichtzahlung der Anmeldegebühr[382] oder die **Einschränkung des Warenverzeichnisses.**[383] Dabei ist es unerheblich, ob die Rücknahme der Anmeldung bzw. der Verzicht auf die Eintragung aus prozessökonomischen Gründen oder aus besserer Einsicht erfolgt ist.[384] Wird allerdings die Anmeldung vom Amt als **schutzunfähig zurückgewiesen** und legt der Anmelder dagegen keine Rechtsmittel ein, liegt darin kein für den Fortfall der Erstbegehungsgefahr ausreichendes entgegengesetztes Verhalten.[385] Die unterbliebene Einlegung einer Beschwerde gegen die die Anmeldung einer Marke zurückweisende Entscheidung steht der Rücknahme der Markenanmeldung nicht gleich. Insoweit fehlt es an einer auf die Erzielung einer bestimmten Rechtswirkung gerichteten positiven Handlung des Anmelders nach außen, die der Annahme entgegensteht, er werde das angemeldete Zeichen markenmäßig nutzen. Die unterbliebene Fortführung des Anmeldeverfahrens lässt nicht unmissverständlich auf die willentliche Entscheidung des Anmelders schließen, die Absicht zur markenmäßigen Benutzung des angemeldeten Zeichens aufzugeben, sondern kann auf vielfältigen Gründen beruhen. Der bloßen Untätigkeit kommt ebensowenig ein Erklärungswert zu wie dem bloßen Schweigen.[386]

dd) Eintragung und Anmeldung im Handels-, Partnerschafts- oder Vereinsregister. Diese Grundsätze gelten entsprechend für Eintragungen und Anmeldungen im Handels-, Partnerschafts- oder Vereinsregister, soweit nicht im Einzelfall (zB Eintragung einer rechtsverletzenden Firma) hierdurch bereits eine Wiederholungsgefahr ausgelöst wird. 151

ee) Titelschutzanzeige. Eine durch Titelschutzanzeige begründete **Erstbegehungsgefahr kann nur dadurch beseitigt werden, dass die Aufgabe des zunächst beanspruchten** Titels in demselben Organ veröffentlicht wird, in dem die Titelschutzanzeige erschienen ist; nur dies ist ein echter *actus contrarius.* Eine einfache Unterlassungserklärung reicht nicht aus.[387] 152

VII. Reichweite des gesetzlichen Unterlassungsanspruchs

Schrifttum: *Berlit,* Zur Frage der Einräumung einer Aufbrauchsfrist im Wettbewerbsrecht, Markenrecht und Urheberrecht, WRP 1998, 250; *Büscher,* Die Auswirkungen der Tatbestände des Umwandlungsgesetzes auf Unterlassungsansprüche und -titel auf der Aktiv- und Passivseite, in: FS Harte-Bavendamm, 2020, S. 471; *Götz,* Die Neuvermessung des Lebenssachverhalts – der Streitgegenstand im Unterlassungsprozess, GRUR 2008, 401; *Köhler,* Die Auswirkungen der Unternehmensveräußerung auf gesetzliche und vertragliche Unterlassungsansprüche, WRP 2000, 921; *Kramer,* Der richterliche Unterlassungstitel im Wettbewerbsrecht. Eine Kritik der „Kerntheorie" und der These von der „konkreten Verletzungshandlung", 1982; *Krüger,* Wiederholungsgefahr – unteilbar?, GRUR 1984, 785; *Lettl,* Kein vorbeugender Schutz des Persönlichkeitsrechts gegen Bildveröffentlichung?, NJW 2008, 2160; *G. Pinzger,* Der Unterlassungsanspruch im Konkurs mit besonderer Rücksicht auf gewerblichen Rechtsschutz und Urheberrecht, 1934; *K. Schmidt,* Gesetzliche, insbesondere wettbewerbsrechtliche Unterlassungsansprüche bei Umstrukturierungen – Diskussion nach den

[379] BGH GRUR 2010, 838 Rn. 28 – DDR-Logo; OLG Düsseldorf 11.2.2014 – I-20 U 39/13 – POWER HORSE/POWER HORN; OLG Hamburg 6.3.2014 – 5 U 82/11 – DSGV/Banco Santander.

[380] BGH GRUR 2008, 912 Rn. 30 – Metrosex; GRUR 2010, 838 Rn. 27 – DDR-Logo; GRUR 2014, 382 Rn. 35 – REAL-Chips; GRUR 2015, 1201 Rn. 56 – Sparkassen-Rot/Santander-Rot; OLG Düsseldorf 11.2.2014 – I-20 U 39/13 – POWER HORSE/POWER HORN.

[381] BGH GRUR 2008, 912 Rn. 31 – Metrosex; GRUR 2015, 1201 Rn. 56 – Sparkassen-Rot/Santander-Rot; OLG Düsseldorf 11.2.2014 – I-20 U 39/13 – POWER HORSE/POWER HORN.

[382] BGH GRUR 2010, 838 Rn. 30 – DDR-Logo; GRUR 2014, 382 Rn. 36 – REAL-Chips.

[383] BGH GRUR 2008, 912 Rn. 29 – Metrosex.

[384] BGH GRUR-RR 2009, 299 Rn. 12 – Underberg II; GRUR 2015, 1201 Rn. 56 – Sparkassen-Rot/Santander-Rot.

[385] BGH GRUR 2014, 382 Rn. 34 – REAL-Chips; GRUR 2015, 1201 Rn. 58 ff. – Sparkassen-Rot/Santander-Rot.

[386] BGH GRUR 2015, 1201 Rn. 58 – Sparkassen-Rot/Santander-Rot.

[387] *Büscher* in Fezer/Büscher/Obergfell § 8 Rn. 108; Köhler/*Bornkamm*/Feddersen § 8 Rn. 1.35.

Urteilen BGHZ 172, 165 = GRUR 2007, 995 „Schuldnachfolge“, BGH GRUR 2008, 1002 „Schuhpark“ und BGHZ 196, 11 = NJW 2013, 859 „UKlaG“ in: FS Köhler, 2014, S. 631; *Spätgens,* Drittwirkung bei Bewilligung einer Aufbrauchfrist, WRP 1994, 693.

153 **1. Sachliche Reichweite. a) Reichweite der Begehungsgefahr.** Die **materielle Reichweite** des gesetzlichen Unterlassungsanspruchs ergibt sich daraus, in welchem Umfang eine Begehungsgefahr besteht.[388] Dabei kann die Begehungsgefahr selbstverständlich niemals weiter gehen, als es die gesetzliche Umschreibung der Zuwiderhandlung vorsieht. Im Rahmen des Nachahmungsschutzes etwa kann nur das Angebot (samt Feilhalten und Bewerben) untersagt werden, weil § 4 Nr. 3 nur verbietet, Nachahmungen anzubieten. Die Unterlassung der Herstellung einer Nachahmung kann nicht verlangt werden.[389] Dasselbe gilt für den Besitz.

154 **b) Reichweite der Wiederholungsgefahr beim Verletzungsunterlassungsanspruch. aa) Genau identische Handlungen.** Die durch einen Wettbewerbsverstoß begründete Wiederholungsvermutung bezieht sich zunächst auf die genau identische Verletzungsform, die man als die **„konkrete Verletzungsform“** bezeichnet.[390] Eine Begriffsbestimmung dessen, was unter einer **„genau identischen“ Verletzung** zu verstehen ist, erübrigt sich für die Praxis, weil auch kerngleiche Handlungen erfasst werden:

155 **bb) Kerngleiche Handlungen. (a) Wesen.** Die durch einen begangenen Verstoß begründete Wiederholungsvermutung beschränkt sich nicht auf die genau identische Verletzungsform, sondern umfasst auch **alle zwar leicht abgewandelten, aber im Kern gleichartigen Verletzungsformen.**[391] Dahinter steht folgender Gedanke: Angesichts der Vielgestaltigkeit der Lebensvorgänge ist kaum zu erwarten, dass es jemals zu einer in allen Einzelheiten identischen Wiederholung eines vergangenen Verhaltens kommt. Ein effektiver Rechtsschutz verlangt deshalb in der Auslegung bzw. Formulierung von Unterlassungsgeboten nach einer gewissen Verallgemeinerung der konkret umschriebenen Verletzungshandlung, die deren Wesen erfasst. Denn ein Verletzer wird erfahrungsgemäß nicht nur in identischer, sondern auch in einer im gewissen Umfang gleicher oder ähnlicher Weise weiter oder wieder handeln.[392] Würde man über die konkrete Verletzungsform hinaus nicht auch kerngleiche Handlungen in die Reichweite des Unterlassungsanspruchs einbeziehen, die von der konkreten Verletzungsform nur geringfügig abweichen, könnte der Unterlassungsanspruch mühelos unterlaufen werden.[393] Um solche unerheblichen Abweichungen handelt es sich dann, wenn der konkrete Wettbewerbsverstoß und die mit diesem nicht identische, aber gleichartige Verletzungshandlung **aus lauterkeitsrechtlicher Sicht gleichwertig** sind und bestehende Unterschiede den **lauterkeitsrechtlich erheblichen Kern der Handlung unberührt** lassen, was zB bei der Abänderung eines Werbetextes ohne inhaltliche Veränderung der Sachaussage, bei einer Änderung der Größe der Werbeanzeige oder einem Wechsel des Werbemediums der Fall ist. Maßgebend dafür, ob sich das Charakteristische der konkreten Verletzungshandlung in der gleichartigen Handlung

[388] Köhler/*Bornkamm*/Feddersen § 8 Rn. 1.52; MüKoUWG/*Fritzsche* § 8 Rn. 103; *Ohly*/Sosnitza § 8 Rn. 35; GroßKommUWG/*Paal* § 8 Rn. 45.

[389] BGH GRUR 2016, 730 Rn. 75 – Herrnhuter Stern.

[390] StRspr; vgl. RG MuW XXXI, 385 (386) – antiseptisch imprägniert; BGH GRUR 1989, 445 (446) – Professorenbezeichnung in der Arztwerbung I; GRUR 1996, 290 (291) – Wegfall der Wiederholungsgefahr I; GRUR 2005, 443 (446) – Ansprechen in der Öffentlichkeit II; GRUR 2013, 857 Rn. 16 – Voltaren.

[391] StRspr; vgl. BGH GRUR 1952, 577 (580) – Fischermännchen-Zwilling-Illing; GRUR 1963, 378 (381) – Deutsche Zeitung; GRUR 1984, 467 (469) – Das unmögliche Möbelhaus; GRUR 1989, 445 (446) – Professorenbezeichnung in der Arztwerbung I; GRUR 2000, 337 (338) – Preisknaller; GRUR 1996, 290 (291) – Wegfall der Wiederholungsgefahr I; GRUR 2005, 443 (446) – Ansprechen in der Öffentlichkeit II; GRUR 2006, 776 (778) – Werbung für Klingeltöne; GRUR 2010, 749 Rn. 42 – Erinnerungswerbung im Internet; GRUR 2011, 433 Rn. 16 – Verbotsantrag bei Telefonwerbung; GRUR 2013, 857 Rn. 16 – Voltaren; GRUR 2014, 706 Rn. 11 – Reichweite des Unterlassungsgebots.

[392] RG MuW XXXVI, 337 (339 f.) – Fahrradreifen; *Kramer* S. 1, 46 ff.; *Oppermann* S. 46 f.

[393] OLG Frankfurt a. M. WRP 2018, 245 Rn. 6.

wiederfindet, ist die **Sicht eines verständigen Durchschnittsverbrauchers.**[394] Die **Abgrenzung** der im Kern gleichartigen zu bloß ähnlichen Handlungen ist **fließend** und in der Praxis nur bezogen auf den **konkreten Einzelfall** unter Berücksichtigung aller erheblichen Umstände des Sachverhalts möglich.

Die danach **zulässige Verallgemeinerung** des Unterlassungsanspruchs erfasst als kerngleich alle Handlungen, in denen das **Charakteristische** der konkreten Verletzungshandlung zum Ausdruck kommt.[395] Diese Verallgemeinerung kann auf zwei unterschiedliche Weisen zum Tragen kommen. 156

Zum einen ist es möglich, auf der Grundlage der konkreten Verletzungshandlung **von vornherein** Unterlassungsantrag, Tenor oder Unterlassungserklärung auf den Kernbereich des geschehenen Verstoßes **zu verallgemeinern** und damit zu erweitern.[396] Dann ist das Verbot „weit" und dessen Auslegung „eng".[397] Dabei gilt, dass eine abstrahierende Verallgemeinerung die Reichweite der durch die konkrete Verletzungshandlung begründeten Wiederholungsgefahr nicht überschreiten, also den **Kernbereich nicht verlassen darf.**[398] 157

Zum anderen ist es möglich, einen seinem Wortlaut nach streng auf den konkreten Verletzungsfall bezogenen Unterlassungsantrag bzw. Unterlassungstenor oder eine derartige Unterlassungserklärung **erweiternd** so **auszulegen,** dass auch kerngleiche Handlungen abgedeckt werden.[399] Dann ist das Verbot „eng" und die Auslegung „weit".[400] Was Reichweite und Grenzen der Auslegung angeht, muss wegen ihres gänzlich unterschiedlichen Charakters zwischen gerichtlichen Unterlassungstiteln und strafbewehrten Unterlassungserklärungen streng unterschieden werden: 158

(b) Erweiterte Auslegung bei gerichtlichen Unterlassungstiteln. Der erweiternden Auslegung des Unterlassungsantrags und dementsprechend auch der Entscheidungsformel eines **gerichtlichen Unterlassungstitels** sind im Hinblick auf den Sanktionscharakter der Ordnungsmittel des **§ 890 ZPO** enge Grenzen gezogen.[401] Bei gerichtlichen Titeln ist mit Blick auf § 890 ZPO zu fordern, „dass die **kerngleichen Verletzungshandlungen in das Erkenntnisverfahren** und die Verurteilung **einbezogen** sind".[402] Das rechtlich Charakteristische der konkreten Verletzungsform, das für die Bestimmung des Kerns der verbotenen Handlung maßgeblich ist, ist deshalb beschränkt auf dasjenige, was bereits Prüfungsgegenstand im Erkenntnisverfahren gewesen ist.[403] Die Reichweite eines Unterlassungstitels ist dabei durch Auslegung unter Berücksichtigung der gesamten Entscheidung, gegebenenfalls auch unter Heranziehung der Klage- oder Antragsbegründung, zu ermitteln.[404] 159

In den Fällen, in denen sich der Unterlassungsantrag allein auf das Verbot einer konkreten Verletzungshandlung richtet, ist **Streitgegenstand allein die konkrete Verletzungshandlung,** die auch die Reichweite des ausgesprochenen Verbots bestimmt. **Zu-** 160

---

[394] OLG Düsseldorf 7.5.2015 – I-15 U 15/15 Rn. 11 – Internet-Flat-Paket.

[395] StRspr, vgl. nur BGH GRUR 1979, 859 (860) – Hausverbot II; GRUR 2000, 436 (437) – Ehemalige Herstellerpreisempfehlung; GRUR 2003, 446 (447) – Preisempfehlung für Sondermodelle; GRUR 2005, 443 (446) – Ansprechen in der Öffentlichkeit II; GRUR 2008, 530 Rn. 23 – Nachlass bei der Selbstbeteiligung; GRUR 2010, 253 Rn. 30 – Fischdosendeckel; GRUR 2010, 855 Rn. 17 – Folienrollos; GRUR 2013, 857 Rn. 16 – Voltaren; GRUR 2013, 1170 Rn. 27 – Telefonwerbung für DSL-Produkte; GRUR 2014, 706 Rn. 11 – Reichweite des Unterlassungsgebots; GRUR 2016, 395 Rn. 38 – Smartphone-Werbung; GRUR 2017, 208 Rn. 35 – Rückruf von RESCUE-Produkten.

[396] Vgl. zB BGH GRUR 1996, 800 (802) – EDV-Geräte; LG Frankfurt a. M. 22.6.2016 – 2–06 O 130/15 – Hudson.

[397] *Oppermann* S. 59.

[398] Vgl. BGH GRUR 2005, 692 (694) – „statt"-Preis.

[399] Vgl. zB BGH GRUR 2010, 749 Rn. 42 – Erinnerungswerbung im Internet.

[400] *Oppermann* S. 59.

[401] BGH GRUR 2010, 454 f. Rn. 12 – Klassenlotterie.

[402] BGH GRUR 2014, 706 Rn. 12 – Reichweite des Unterlassungsgebots.

[403] OLG Frankfurt a. M. WRP 2018, 245 Rn. 7.

[404] StRspr, vgl. BGH GRUR 2010, 855 Rn. 17 – Folienrollos; GRUR 2014, 1211 Rn. 16 – Runes of Magic II; GRUR 2018, 292 Rn. 18 – Produkte zur Wundversorgung.

sätzliche abstrakt formulierten Merkmale im Antrag sind daher eine **unschädliche Überbestimmung,** durch die der Antrag nicht über die konkrete Verletzungsform hinaus erweitert wird, sondern durch die der Kläger lediglich verdeutlicht in welchem Umfang er über die Umstände des konkret beanstandeten Verhaltens hinaus andere Verletzungshandlungen als im Kern gleichartig ansieht.[405] Sie nehmen aber selbstverständlich nicht die später vom Vollstreckungsgericht vorzunehmende Prüfung vorweg, ob der Kern tatsächlich so weit zu ziehen ist.

161 **(c) Erweiterte Auslegung bei strafbewehrten Unterlassungserklärungen.** Im Rahmen der Auslegung der **Unterlassungsvereinbarung** ist zu berücksichtigen, dass die Parteien bei der inhaltlichen Ausgestaltung eines Unterlassungsvertrags frei sind, so dass sich dessen Auslegung nach den allgemeinen für die Vertragsauslegung geltenden Grundsätzen richtet.[406] Maßgebend für die Reichweite einer vertraglichen Unterlassungsverpflichtung ist der wirkliche Wille der Vertragsparteien **(§§ 133, 157 BGB),** zu dessen Auslegung neben dem Inhalt der Vertragserklärungen auch die beiderseits bekannten Umstände, insbesondere die Art und Weise des Zustandekommens der Vereinbarung, ihr Zweck, die Wettbewerbsbeziehung zwischen den Vertragsparteien und ihre Interessenlage heranzuziehen sind.[407] Maßgeblich ist somit in erster Linie der gewählte **Wortlaut** und der diesem zu entnehmende **objektive Parteiwille.**[408] Ein unmittelbarer Rückgriff auf die Grundsätze, die für die Auslegung eines in gleicher Weise formulierten Unterlassungstitels gelten, kommt dagegen nicht in Betracht, weil einem Unterlassungsvertrag der Charakter eines vollstreckbaren Titels fehlt.[409] Den Parteien kann ohne besondere Anhaltspunkte nicht der Wille unterstellt werden, bei der Vereinbarung eines Unterlassungsvertrags eine Regelung gewollt zu haben, die der Rechtslage nach Erlass eines gleichlautenden Unterlassungstitels entspricht.[410]

162 **Zweck** eines Unterlassungsvertrags ist es regelmäßig, nach einer Verletzungshandlung die Vermutung der Wiederholungsgefahr durch eine vertragsstrafebewehrte Unterlassungsverpflichtung auszuräumen und damit die **Einleitung oder Fortsetzung eines gerichtlichen Verfahrens entbehrlich zu machen.**[411] Das Interesse des Gläubigers ist daher typischerweise auf die wirksame Abwehr zukünftiger Verstöße gerichtet und das Interesse des Unterlassungsschuldners darauf, durch die Unterlassungserklärung die durch die Zuwiderhandlung indizierte Wiederholungsgefahr zu beseitigen.[412] Der Umstand, dass sich ein Unterlassungsvertrag seinem Wortlaut nach nur auf eine bestimmte Verletzungsform bezieht, bedeutet nicht, dass sich die vertragliche Unterlassungspflicht auf diese beschränken muss. Die Vermutung der Wiederholungsgefahr gilt nämlich nicht allein für die genau

[405] StRspr, vgl. BGH GRUR 2006, 164 Rn. 14 – Aktivierungskosten II; GRUR 2010, 855 Rn. 17 – Folienrollos; GRUR 2011, 340 Rn. 21 – Irische Butter; GRUR 2011, 1151 Rn. 13 f. – Original Kanchipur; GRUR 2014, 706 Rn. 11 – Reichweite des Unterlassungsgebots; GRUR 2015, 1019 Rn. 12 – Mobiler Buchhaltungsservice; OLG Köln GRUR-RR 2017, 108 (110) – Bestell-Button II; OLG Frankfurt a. M. GRUR-RR 2018, 222 Rn. 11 – Anruf-Linientaxi.

[406] StRspr, vgl. BGH GRUR 1997, 931 (932) – Sekundenschnell; GRUR 2001, 758 (759) – Trainingsvertrag; GRUR 2003, 545 – Hotelfoto; GRUR 2009, 181 Rn. 32 – Kinderwärmekissen; GRUR 2013, 531 Rn. 32 – Einwilligung in Werbeanrufe II; GRUR 2015, 258 Rn. 57 – CT-Paradies; OLG Köln MMR 2017, 842 Rn. 54 – Zauberwaschkugel; Teplitzky/*Kessen* Kap. 8 Rn. 14.

[407] StRspr, vgl. BGH GRUR 1997, 931 (932) – Sekundenschnell; GRUR 2001, 758 (759) – Trainingsvertrag; GRUR 2009, 181 Rn. 32 – Kinderwärmekissen; GRUR 2013, 531 Rn. 32 – Einwilligung in Werbeanrufe II; GRUR 2015, 258 Rn. 57 – CT-Paradies; OLG Köln MMR 2017, 842 Rn. 54 – Zauberwaschkugel; Teplitzky/*Kessen* Kap. 8 Rn. 14.

[408] BGH NJW 1993, 721 (722) – Fortsetzungszusammenhang; GRUR 2003, 545 – Hotelfoto.

[409] StRspr, vgl. BGH GRUR 1992, 61 (62) – Preisvergleichsliste; GRUR 1997, 931 (932) – Sekundenschnell; GRUR 2001, 758 (759) – Trainingsvertrag; OLG Köln MMR 2017, 842 Rn. 55 – Zauberwaschkugel.

[410] BGH GRUR 1987, 648 (649) – Anwalts-Eilbrief; GRUR 2001, 758 (759) – Trainingsvertrag; GRUR 2015, 258 Rn. 58 – CT-Paradies.

[411] BGH GRUR 2003, 899 (900) – Olympiasiegerin; OLG Köln MMR 2017, 842 Rn. 56 – Zauberwaschkugel; OLG Düsseldorf 29.8.2019 – I-2 U 44/18 Rn. 37 – Unterlassungserklärung der Ehefrau.

[412] Vgl. BGH GRUR 2013, 531 Rn. 35 – Einwilligung in Werbeanrufe II.

identische Verletzungsform, sondern umfasst auch alle im Kern gleichartigen Verletzungsformen (→ Rn. 155). Der regelmäßig anzunehmende Zweck eines Unterlassungsvertrags spricht deshalb erfahrungsgemäß dafür, dass die Vertragsparteien durch ihn auch im Kern gleichartige Verletzungsformen erfassen wollten.[413]

Zwingend ist dies aber nicht. Die Auslegung des Unterlassungsvertrags kann auch ergeben, dass dieser bewusst eng auf die bezeichnete konkrete Verletzungsform bezogen ist.[414] Eine besonders eng am Wortlaut orientierte Auslegung des Unterlassungsversprechens kann geboten sein, wenn im Verhältnis zur Bedeutung der Sache eine besonders hohe Vertragsstrafe vereinbart wurde, und dies um so mehr, je höher die Vertragsstrafe ist.[415] Dies gilt nicht, wenn sich der Versprechende nach „neuem Hamburger Brauch" zur Zahlung einer vom Gläubiger nach billigem Ermessen festzusetzenden Vertragsstrafe verpflichtet hat, die im Streitfall auf ihre Angemessenheit zu überprüfen ist.[416] 163

(d) Kasuistik. (α) Irreführende Werbung. Bewirkt eine **irreführende Werbung** eine bestimmte Fehlvorstellung bei den angesprochenen Verkehrskreisen; so kann es vorkommen, dass eine abgewandelte Werbung zu einer nämlichen Verkehrsvorstellung des Verkehrs führt, die aus den gegenüber der vormaligen Werbung gleichbleibenden Gründen unrichtig sein und deshalb eine Fehlvorstellung bewirken kann. Für die Frage der Kerngleichheit ist in solchen Fällen zu **differenzieren:** Kerngleichheit besteht nur dann, wenn sich die abgewandelte Werbung in Wahrheit gar nicht als eine Abwandlung erweist, weil die feststellbaren Abweichungen so unbedeutend sind, dass die charakteristischen Merkmale der vorangegangenen Verletzungshandlung in der neuerlichen Werbung gleichermaßen verwirklicht sind.[417] Wenn sich die **zentrale Werbebotschaft nicht ändert,** dann können auch abweichende Formulierungen der Werbeaussagen nicht aus dem Kernbereich eines auf die konkrete Verletzungsform bezogenen Unterlassungsgebots herausführen.[418] Kerngleichheit besteht demgegenüber nicht, wenn die Werbung tatsächlich so abgewandelt ist, dass bei der Prüfung der durch die Werbung bewirkten Verkehrsvorstellung **auch erstmals** in der neuerlichen Werbung **enthaltene – weitere – Angaben zu berücksichtigen** sind. Zwar kann diese Prüfung ergeben, dass die Werbung trotz der Abwandlungen unverändert die nämliche Verkehrsvorstellung bewirkt.[419] 164

Eine Kerngleichheit wird nicht nur bejaht, wenn **dieselbe Werbebotschaft in einem anderen Gewand** daherkommt,[420] sondern auch, wenn dieselbe oder eine **gleichartige Fehlvorstellung** hinsichtlich anderer, aber **gleichartige Waren oder Dienstleistungen** erzeugt wird.[421] 165

Kerngleichheit bejaht: Die Veröffentlichung einer **Werbebroschüre** mit irreführendem Inhalt **im Internet** begründet eine Wiederholungsvermutung auch für die Verbreitung dieser Broschüre **als Druckwerk.** In diesem Fall beseitigt daher eine strafbewehrte Unterlassungserklärung, die ausdrücklich auf die Werbung im Internet beschränkt ist, die 166

---

[413] BGH GRUR 2003, 899 (900) – Olympiasiegerin; GRUR 1997, 931 (932) – Sekundenschnell; OLG Köln MMR 2017, 842 Rn. 56 – Zauberwaschkugel; OLG Düsseldorf 29.8.2019 – I-2 U 44/18 Rn. 37 – Unterlassungserklärung der Ehefrau.

[414] BGH GRUR 1997, 931 (932) – Sekundenschnell; OLG Köln MMR 2017, 842 Rn. 56 – Zauberwaschkugel; GRUR 2019, 176 Rn. 41 – Herr Antje; GRUR-RR 2020, 227 Rn. 67 – Arzneifamilie.

[415] BGH GRUR 2003, 545 – Hotelfoto; GRUR 2015, 258 Rn. 69 – CT-Paradies; OLG Köln MMR 2017, 842 Rn. 56 – Zauberwaschkugel; GRUR 2019, 176 Rn. 41 – Herr Antje; GRUR-RR 2020, 227 f. Rn. 67 – Arzneifamilie.

[416] BGH GRUR 2015, 258 Rn. 69 – CT-Paradies; OLG Köln MMR 2017, 842 Rn. 56 – Zauberwaschkugel; GRUR 2019, 176 Rn. 41 – Herr Antje; GRUR-RR 2020, 227 Rn. 67 – Arzneifamilie.

[417] OLG Hamburg GRUR-RR 2016, 124 Rn. 10 – DDP-4-Hemmer.

[418] OLG Köln 28.9.2017 – 6 W 96/17 Rn. 5 ff. – Gen-Diät.

[419] OLG Hamburg GRUR-RR 2016, 124 Rn. 12 – DDP-4-Hemmer.

[420] Vgl. OLG Hamburg GRUR-RR 2016, 124 Rn. 12 – DDP-4-Hemmer; OLG Frankfurt a. M. WRP 2016, 630 Rn. 5; OLG Köln MMR 2017, 842 Rn. 59 ff. – Zauberwaschkugel.

[421] Vgl. BGH GRUR 1992, 858 (861) – Clementinen; GRUR 1996, 796 (798) – Setpreis; GRUR 1996, 800 (802) – EDV-Geräte.; GRUR 2000, 337 (338) – Preisknaller; GRUR 2000, 907 (909) – Filialleiterfehler.

Wiederholungsgefahr nicht.[422] Ist die **Werbung** mit dem Hinweis „Spart Waschmittel" **auf der Website** eines Unternehmens irreführend, so sind **Kundenbewertungen** mit Hinweisen „Ich benutze weniger Waschmittel", die auf dieser Website veröffentlicht sind, kerngleich.[423] Wird untersagt, einen **Button** „Online Buchen" und/oder **„Hotelbuchung"** bereitzuhalten, der nicht – wie der Durchschnittsverbraucher erwartet – auf die Website des Hotels, sondern auf die Buchungsmaschine des Drittanbieters X verlinkt ist, so liegt die Bereithaltung eines Buttons „Zimmer reservieren", der auf die Buchungsmaschine des Drittanbieters Y verlinkt ist, im Kernbereich das Unterlassungsgebots.[424] Eine bestimmte irreführende **Werbung für Notebooks** begründet eine Wiederholungsgefahr auch für alle anderen Computer.[425] Die irreführende Werbung für eine **Hi-Fi-Kompaktanlage** nebst Lautsprechern begründet eine Wiederholungsgefahr für eine solche Werbung allgemein für **Gerätesets der Unterhaltungselektronik.**[426] Desgleichen liegt im Kernbereich der irreführenden Werbung für ein **Fernsehgerät** die irreführende Werbung für **sonstige Geräte** der Unterhaltungselektronik.[427] Eine irreführende Eigenpreisgegenüberstellung für eine **Polstergarnitur** ruft eine Wiederholungsgefahr für eine solche Gegenüberstellung auch bei **Teppichen und Möbeln** hervor.[428] Ein **fehlender Vorrat von Waren eines Sonderangebots** führt zu einer Wiederholungsgefahr auch für Sonderangebote gleichartiger Waren, zB bei fehlenden Videokameras und Fernsehern auch für Geräte der Unterhaltungselektronik[429] und bei fehlenden Clementinen auch für Obst oder Gemüse allgemein.[430] Wenn **Smartphones** eines nach Hersteller- und Typenbezeichnung genau spezifizierten Modells in einer Anzeige großformatig als wöchentliche Aktionsangebote beworben werden und zugleich kein deutlicher Hinweis darauf erfolgt, dass die Ware schon am ersten Tag ausverkauft sein könnte, so ist damit eine entsprechende Werbung für ein **anderes Modell** eines Smartphones im Rahmen anderer wöchentlicher Aktionsangebote kerngleich.[431]

167 **Kerngleichheit verneint:** Eine bestimmte irreführende Werbung für **Notebooks** begründet eine Wiederholungsgefahr **nicht** auch für eine entsprechende Werbung für **alle EDV-Waren** schlechthin (wie Software, Disketten, Stecker, EDV-Literatur).[432] Ein fehlender Vorrat von **Waren eines Sonderangebots** führt zu einer Wiederholungsgefahr **nicht** auch für Sonderangebote des **Gesamtsortiments,** so zB bei fehlenden Clementinen nur für Obst und Gemüse, nicht aber für alle anderen Lebensmittel allgemein.[433]

168 **(β) Rechtsbruch. Kerngleichheit bejaht: Fehlende Pflichtangaben** bei der Werbung für ein Medikament führen auch zu einer Wiederholungsgefahr hinsichtlich anderer Arzneimittel.[434] Das Charakteristische eines Verstoßes gegen die **Pflicht zur Angabe des Herstellers gem. § 7 S. 1 ElektroG** beim Vertrieb einer „Energiesparlampe für Strahler" besteht darin, dass ein Beleuchtungskörper ohne die erforderliche Kennzeichnung angeboten wurde, so dass die Gefahr besteht, dass auch andere Beleuchtungskörper ohne die gebotene Herstellerkennzeichnung angeboten werden.[435] Ebenso begründet ein solcher Verstoß im Zusammenhang mit dem Vertrieb von Bügelkopfhörern die Gefahr des Ver-

[422] OLG Frankfurt a. M. WRP 2016, 630 Rn. 5.
[423] OLG Köln MMR 2017, 842 Rn. 59 ff. – Zauberwaschkugel.
[424] OLG Frankfurt a. M. WRP 2018, 245 Rn. 7 f.
[425] BGH GRUR 1996, 800 (802) – EDV-Geräte.
[426] BGH GRUR 1996, 796 (798) – Setpreis.
[427] OLG Frankfurt a. M. WRP 1997, 101; 1998, 895 (896).
[428] BGH GRUR 2000, 337 (338) – Preisknaller.
[429] BGH GRUR 2000, 907 (909) – Filialleiterfehler.
[430] BGH GRUR 1992, 858 (861) – Clementinen.
[431] BGH GRUR 2016, 395 Rn. 39 – Smartphone-Werbung.
[432] BGH GRUR 1996, 800 (802) – EDV-Geräte.
[433] BGH GRUR 1992, 858 (861) – Clementinen; krit. hierzu MüKoUWG/*Fritzsche* § 8 Rn. 105.
[434] BGH GRUR 2010, 749 Rn. 42 ff. – Erinnerungswerbung im Internet.
[435] OLG Hamm GRUR-RR 2015, 60 Rn. 66 – Energiesparlampen für Strahler.

triebs aller Arten von Kopfhörern ohne Herstellerkennzeichnung, also auch sog. „In-Ear“-Kopfhörer.[436] Ein **Verstoß gegen die Buchpreisbindung** zieht eine Wiederholungsgefahr nicht nur für das konkret angebotene Buch, sondern für alle Bücher nach sich.[437] Fehlen **Pflichtangaben nach § 5 TMG** bei einem gewerblichen Angebot auf der Internet-Plattform **Facebook,** ist das Fehlen derselben Pflichtangaben auch auf den **anderen Internet-Plattformen** Google+, YouTube, 123makler.de, Immobilienscout24 und Immonet kerngleich.[438] Bei der Verwendung unzulässiger AGB ist eine **„inhaltsgleiche AGB“** auch kerngleich.[439]

Kerngleichheit verneint: Wurde gerichtlich untersagt, Personenbeförderungen nach 169
§ 49 PBefG mit einer Mobilfunknummer anzubieten und/oder zu bewerben, so liegt die bloße Annahme eines Beförderungsauftrags unter der Mobilfunknummer außerhalb des Kernbereichs.[440] Wird durch den Unterlassungstenor eine konkrete **„Warenkorbansicht“** eines „elektronischen Warenkorbs“ als gegen die Transparenzvorschriften für den E-Commerce verstoßend verboten und wird weder der Urteilsformel noch in den Urteilsgründen dargelegt, welche Angabe fehlte bzw. den gesetzlichen Vorschriften nicht entsprach, ist die Unterlassungspflicht auf die konkrete „Warenkorbansicht“ beschränkt.[441] Besteht bei einem Online-Verkaufsangebot das Charakteristische der beanstandeten Verletzungsform darin, dass sie **keinerlei Angaben über die Versandkosten** enthält, fällt in den Bereich der Kerngleichheit nur ein Angebot, dass Informationen über die Versandkosten vollständig vermissen lässt, aber nicht andere Fälle unzureichender Information über die Versandkosten.[442] Ist dem Schuldner durch den Titel unter Bezugnahme auf eine bestimmte Werbung („wenn dies geschieht wie in Anlage … wiedergegeben“) untersagt, für Kraftfahrzeuge zu werben, ohne näher bezeichnete Angaben zu Verbrauchs- und Emissionswerten zu machen, und ist in der in Bezug genommenen Werbung die **Motorleistung einzelner Fahrzeuge mit „PS“ und „kW“ angegeben,** wird eine neue Werbung, die die Angaben zu Verbrauchs- und Emissionswerten ebenfalls **nicht** enthält, vom Verbotskern dieses Titels nicht erfasst, wenn die Fahrzeuge lediglich mit Modellbezeichnungen beworben werden, die als **Hinweis auf den Hubraum** verstanden werden können („1.2“ bzw. „2.2“).[443]

(γ) Unzumutbare Belästigungen. Kerngleichheit bejaht: Bei **belästigender E-** 170
Mail-Werbung erstreckt sich die Wiederholungsgefahr nicht nur auf die bisherigen, sondern auf alle denkbaren Adressaten.[444] **Unverlangte Werbeanrufe** gegenüber Bestandskunden schaffen eine Wiederholungsgefahr für solche Werbeanrufe auch gegenüber Neukunden.[445] Bei einem unverlangten **Werbeanruf durch ein Callcenter** ist der auf Wiederholungsgefahr gestützte Unterlassungsanspruch nicht auf den Gegenstand des Werbeanrufs beschränkt, weil der Gegenstand der Werbung beliebig austauschbar ist.[446]

Kerngleichheit verneint: Führt ein Gewerbetreibender unverlangte Werbeanrufe selbst 171
durch, so erstreckt sich die durch den unverlangten Anruf begründete Wiederholungsgefahr auf alle Waren oder Dienstleistungen seines Geschäftsbetriebs, aber grundsätzlich nicht über den Unternehmensgegenstand hinaus.[447] Das belästigende Ansprechen von Passanten auf

[436] OLG Hamm GRUR-RR 2014, 498 (499) – Bügelkopfhörer.
[437] LG Hamburg MMR 2010, 413 (414).
[438] OLG Düsseldorf 29.8.2019 – I-2 U 44/18 Rn. 38 – Unterlassungserklärung der Ehefrau.
[439] OLG Schleswig 9.2.2010 – 5 U 156/09; OLG Brandenburg 28.10.2019 – 115/19; OLG Saarbrücken GRUR-RR 2020, 131 Rn. 21 f. – Sekundärklausel; LG Köln NJW-RR 2013, 250 (251) – Coin; LG München I VuR 2016, 470 (472 f.) – „inhaltsgleiche“ Schadenspauschalierungsklausel.
[440] OLG Frankfurt a. M. GRUR-RR 2018, 222 Rn. 15 – Anruf-Linientaxi.
[441] OLG Hamm GRUR-RR 2017, 359 f. Rn. 12 – Warenkorbansicht.
[442] Vgl. OLG Frankfurt a. M. GRUR-RR 2019, 267 Rn. 12 – rechtzeitige Versandkosteninformation.
[443] OLG Frankfurt a. M. 22.11.2017 – 6 W 95/17.
[444] BGH GRUR 2004, 517 (520) – E-Mail-Werbung I.
[445] BGH GRUR 2013, 1170 Rn. 29 – Telefonwerbung für DSL-Produkte.
[446] BGH GRUR 2011, 433 Rn. 26 f. – Verbotsantrag bei Telefonwerbung.
[447] BGH GRUR 2013, 1170 Rn. 27 – Telefonwerbung für DSL-Produkte.

öffentlichen Plätzen begründet keine Begehungsgefahr für eine ähnliche Ansprache in öffentlichen Verkehrsmitteln.[448]

172 **(δ) Sonstiges. Kerngleichheit bejaht:** Eine wettbewerbswidrige **Werbung für die Verlosung von Eintrittskarten** einer Fußball-WM ruft eine Wiederholungsgefahr auch für eine solche Werbung für andere Verlosungen hervor.[449] Bei einem **Verbot der Nutzung eines Domainnamens** zur Kennzeichnung eines bestimmten Internetauftritts liegt die automatische Weiterleitung auf eine andere Website bei Eingabe dieses Domainnamens im Sinne einer Nutzung als sog. „Durchgangsdomain" außerhalb des Kernbereichs.[450]

173 **Kerngleichheit verneint:** Bei einem Verbot der Nutzung eines Domainnamens zur Kennzeichnung eines bestimmten Internetauftritts liegt ein **fortbestehender Internetauftritt,** der nur einen Hinweis auf die gerichtlich erzwungene Umbenennung, den neuen Namen und einen Link zu dem neuen Internetauftritt des Schuldners enthält, außerhalb des Verbotskerns.[451]

174 **cc) Begründung einer Erstbegehungsgefahr bei im Kern unterschiedlichen Handlungen.** Hinsichtlich weiter gehender Verallgemeinerungen, die über den Kern der begangenen Verletzungshandlung hinausgehen, besteht zwar keine Wiederholungsgefahr und daher auch kein Verletzungsunterlassungsanspruch. Insoweit **kann** jedoch durchaus ein vorbeugender Unterlassungsanspruch unter dem Gesichtspunkt der **Erstbegehungsgefahr gegeben sein.** Die begangene Verletzungshandlung allein begründet allerdings keine Erstbegehungsgefahr für über den Kernbereich hinausgehende Handlungen. Es bedarf daher **weitergehender Anhaltspunkte,** die erkennen lassen, dass der Verletzer künftig über den Kernbereich der konkreten Verletzungshandlung hinausgehende wettbewerbswidrige Handlungen vornehmen wird (zB eine dahingehende Berühmung).

175 Wenn neben dem Verletzungsunterlassungsanspruch ein vorbeugender Unterlassungsanspruch wegen Erstbegehungsgefahr weiter reichender Handlungen begründet ist, können beide Ansprüche **in einem einheitlichen Unterlassungsbegehren zusammengefasst** werden. Sie verlieren dabei aber nicht die Eigenständigkeit ihrer Klagegründe und bilden im Prozess – weil für die Erstbegehungsgefahr ein weitergehender Vortrag erforderlich ist als die bloße erste Zuwiderhandlung – zwei selbständige Streitgegenstände (→ Rn. 66).[452]

176 **c) Reichweite der Erstbegehungsgefahr beim vorbeugenden Unterlassungsanspruch.** Der sachliche Umfang des **vorbeugenden Unterlassungsanspruchs** bestimmt sich nach den die Erstbegehungsgefahr begründenden Umständen, welche die drohende Verletzungshandlung so konkret abzeichnen müssen, dass sich für alle Tatbestandsmerkmale zuverlässig beurteilen lässt, ob sie verwirklicht sind (→ Rn. 122).[453] In der Sache wird dies im Ergebnis in aller Regel darauf hinauslaufen, dass auch beim vorbeugenden Unterlassungsanspruch der **Umfang des Verbots** nicht auf eine konkret umschriebene Handlung beschränkt ist, sondern wie beim Verletzungsunterlassungsanspruch **den Bereich kerngleicher Handlungen umfasst.**[454] Der Kreis der kerngleichen Verletzungshandlungen ist aber **tendenziell enger** zu ziehen als beim Verletzungsunterlassungsanspruch, da gerade bei Ankündigungen und Vorbereitungshandlungen ein Umschwenken auf andere Verhaltensweisen nicht ohne weiteres unmittelbar drohend bevorsteht.[455]

---

[448] BGH GRUR 2005, 443 (445 f.) – Ansprechen in der Öffentlichkeit II.
[449] LG Köln 10.8.2006 – 31 O 298/06.
[450] OLG Frankfurt a. M. MMR 2013, 791.
[451] KG MMR 2013, 451 (452) – EURODOG.
[452] BGH GRUR 2006, 429 Rn. 20, 22 f. – Schlank-Kapseln; GRUR 2006, 421 Rn. 25 – Markenparfümverkäufe; GRUR 2014, 1013 Rn. 20 – Original Bach-Blüten; *Büscher* in Fezer/Büscher/Obergfell § 8 Rn. 97; *Götz* GRUR 2008, 401 (403); Teplitzky/*Kessen* Kap. 9 Rn. 5, Kap. 10 Rn. 12; *Ohly*/Sosnitza § 8 Rn. 31.
[453] Vgl. BGH GRUR 1970, 305 (306) – Löscafé; GRUR 2008, 912 Rn. 17 – Metrosex, mwN.
[454] MüKoUWG/*Fritzsche* § 8 Rn. 107; *Lettl* NJW 2008, 2160 (2161).
[455] MüKoUWG/*Fritzsche* § 8 Rn. 107.

2. Persönliche Reichweite. a) Unternehmer. Der Unterlassungsanspruch hat höchstpersönlichen Charakter.[456] Die Begehungsgefahr ist ein tatsächlicher Umstand, der auf Grund des persönlichen Verhaltens des Unternehmers in dessen Person begründet wird und nach den **Verhältnissen in der Person des in Anspruch Genommenen** zu beurteilen ist.[457] Im Falle des **§ 8 Abs. 2** erwächst die Begehungsgefahr zwar aus dem begangenen oder drohenden **Verstoß des Mitarbeiters oder Beauftragten.** Da dessen Verhalten jedoch **dem Unternehmer als eigener Verstoß zugerechnet** wird, gilt die daraus herzuleitende Vermutung einer erneuten Begehung auch ebenso wie eine daraus abzuleitende Erstbegehungsgefahr zu seinen Lasten. Er muss die Wiederholungsgefahr oder Erstbegehungsgefahr daher auch in seiner Person beseitigen (→ Rn. 738 f.). Auch in anderen Fällen der Beteiligung mehrerer an einem Wettbewerbsverstoß wirkt die aus dem Verstoß folgende tatsächliche Vermutung für das Vorliegen einer Wiederholungsgefahr zu Lasten aller Beteiligten.[458] 177

b) Rechtsnachfolge und Inhaberwechsel. Die Begehungsgefahr geht als in der Person des Unterlassungsschuldners begründeter tatsächlicher Umstand **nicht** auf den **Rechtsnachfolger** des Unterlassungsschuldners über.[459] Denn hat der Rechtsvorgänger eine bestimmte Handlung vorgenommen (Wiederholungsgefahr) oder angekündigt (Erstbegehungsgefahr), ist allein deshalb noch keineswegs anzunehmen, dass sich auch der Rechtsnachfolger in dieser Weise verhalten wird.[460] Ein **Inhaberwechsel** bringt für einen Betrieb einen Wechsel in der Leitungs- und Weisungsbefugnis mit sich. Bereits diese tatsächliche Veränderung schließt es in aller Regel aus, allein auf Grund eines früheren Verhaltens von Organen der Betreibergesellschaft oder Mitarbeitern des Betriebs eine in der Person des neuen Inhabers begründete Begehungsgefahr anzunehmen.[461] Mit dem Wechsel des Inhabers eines Unternehmens sind zudem selbst bei Fortführung aller Betriebsteile vielfach weitere erhebliche Veränderungen verbunden, die ebenfalls der Gefahr entgegenwirken, dass der früher vorgekommene Wettbewerbsverstoß erneut begangen werden könnte, so insbesondere Veränderungen in der Art und Weise der Unternehmensführung, in der Aufgabenstellung der Betriebe, im Mitarbeiterstamm und/oder in der Werbekonzeption.[462] 178

Die Rechtsnachfolge begründet für sich genommen in der Person des Rechtsnachfolgers auch keine **Erstbegehungsgefahr** für einen entsprechenden Verstoß. Das Hinzutreten besonderer Umstände in der Person des Rechtsnachfolgers (zB Berühmung, Vorbereitungshandlungen) kann allerdings die Annahme einer Erstbegehungsgefahr rechtfertigen.[463] Die Zuwiderhandlung des ursprünglichen Schuldners, welche die Wiederholungsgefahr begründet hat, und die besonderen Umstände, die in der Person des Rechtsnachfolgers eine Erstbegehungsgefahr neu entstehen lassen, sind unterschiedliche Lebenssachverhalte und damit unterschiedliche Streitgegenstände.[464] 179

Die dargestellten Grundsätze gelten auch bei einer **Verschmelzung** des Unterlassungsschuldners auf den Rechtsnachfolger im Wege der Aufnahme gemäß §§ 2 ff. UmwG und wenn der **Wettbewerbsverstoß** durch Organe **des Rechtsvorgängers** oder Mitarbeiter bzw. Beauftragte seines Unternehmens begangen worden ist.[465] Gegen die übertragende 180

---

[456] OLG Frankfurt a. M. 28.1.2021 – 6 U 181/19.
[457] BGH GRUR 2006, 879 Rn. 17 – Flüssiggastank; GRUR 2007, 995 Rn. 11 – Schuldnachfolge; GRUR 2010, 536 Rn. 40 – Modulgerüst II; GRUR 2019, 746 Rn. 38 – Energieeffizienzklasse III.
[458] Vgl. BGH GRUR 1976, 256 (259) – Rechenscheibe.
[459] BGH GRUR 2006, 879 Rn. 17 – Flüssiggastank; GRUR 2007, 995 Rn. 11 – Schuldnachfolge; GRUR 2010, 536 Rn. 40 – Modulgerüst II; GRUR 2019, 746 Rn. 38 – Energieeffizienzklasse III; OLG Hamburg WRP 2007, 1272 Ls. 1 – DSL-Testpaket.
[460] *Eltzbacher* S. 166 f.; *Lobe* S. 347.
[461] Vgl. BGH GRUR 2007, 995 Rn. 14 – Schuldnachfolge.
[462] BGH GRUR 2007, 995 Rn. 14 – Schuldnachfolge.
[463] BGH GRUR 2007, 995 Rn. 15 – Schuldnachfolge.
[464] *Büscher* FS Harte-Bavendamm, 2020, 471 (475).
[465] BGH GRUR 2007, 995 Rn. 11 – Schuldnachfolge; GRUR 2010, 536 Rn. 40 – Modulgerüst II; GRUR 2019, 746 Rn. 38 f. – Energieeffizienzklasse III.

Gesellschaft kann kein Unterlassungsanspruch bestehen, weil sie nicht mehr existiert.[466] Auf den übernehmenden Rechtsträger geht der gesetzliche Unterlassungsanspruch nicht über. Eine Wiederholungsgefahr besteht auf Seiten des aufnehmenden Rechtsträgers nicht.[467] Die Fortführung des Betriebs des übertragenden Rechtsträgers durch den aufnehmenden Rechtsträger begründet für ihn auch keine Erstbegehungsgefahr.[468]

181 Dasselbe gilt, wenn die Rechtsnachfolge nicht im Wege der Verschmelzung, sondern im Wege der **Anwachsung** erfolgt.[469] Wird das Vermögen der ursprünglichen Verletzerin im Wege der Anwachsung von einer dritten Gesellschaft übernommen, erlischt wegen des höchstpersönlichen Charakters des Unterlassungsanspruchs die Wiederholungsgefahr für den Wettbewerbsverstoß. Dies gilt auch, wenn duch das **Ausscheiden des letzten Mitgesellschafters** dieser das Vermögen ohne Liquidation im Wege der Anwachsung übernommen hat und die ursprüngliche Gesellschaft erloschen ist.[470]

182 Nach diesen Maßstäben führt auch eine **Aufspaltung** nach § 123 Abs. 1 UmwG dazu, dass der gesetzliche Unterlassungsanspruch gegen den übertragenden Rechtsträger erlischt, die durch den übertragenden Rechtsträger begründete Wiederholungsgefahr nicht auf den Rechtsträger, auf den das Vermögen im Wege der Aufspaltung übertragen wird, übergeht und für diesen auch nicht ohne weiteres eine Erstbegehungsgefahr begründet wird.[471]

183 Bei einer **Abspaltung** nach § 123 Abs. 2 UmwG bleibt der übertragende Rechtsträger bestehen; der gesetzliche Unterlassungsanspruch gegen diesen erlischt nicht.[472] Für den aufnehmenden Rechtsträger wird nach den Maßstäben der BGH-Rspr. keine Wiederholungsgefahr begründet, und es besteht auch ohne besondere, in der Person des aufnehmenden Rechtsträgers eine eigenständige Erstbegehungsgefahr begründenden Umstände keine Erstbegehungsgefahr für eine Zuwiderhandlung.[473]

184 Dasselbe gilt bei einer **Ausgliederung** nach § 123 Abs. 3 UmwG.[474]

185 Der **Formwechsel** einer Gesellschaft nach §§ 190 ff. UmwG hat als solcher keine Auswirkungen auf das Fortbestehen einer in ihrer Person begründeten Wiederholungs- oder Erstbegehungsgefahr, da er die Identität der Gesellschaft gem. § 202 Abs. 1 Nr. 1 UmwG unberührt lässt.[475] Dasselbe gilt bei einer **Verschmelzung durch Aufnahme** nach § 2 Nr. 1, §§ 4 ff. UmwG, wenn der Unterlassungsschuldner der aufnehmenden Rechtsträger ist.[476]

186 **c) Insolvenzverwalter.** Wettbewerbswidrige Handlungen des Insolvenzschuldners, seiner Mitarbeiter oder Beauftragten begründen auch in der Person des **Insolvenzverwalters** keine Wiederholungsgefahr, selbst dann nicht, wenn dieser den Betrieb des Insolvenzschuldners fortführt.[477] Der Unterlassungsanspruch ist nur gegen die Person des Insolvenzschuldners gerichtet, weil die Widerholungsgefahr ein Umstand ist, der in der Person des Gemeinschuldners begründet ist. Der Unterlassungsanspruch ist nicht gegen sein Vermögen gerichtet und kann nur vom Insolvenzschuldner selbst und nicht von einem Dritten erfüllt werden. Dasselbe gilt, wenn vor der Insolvenz eine Erstbegehungsgefahr in der Person des Insolvenzschuldners begründet wurde. Da es an einer besonderen insolvenzrechtlichen

---

466 *Büscher* FS Harte-Bavendamm, 2020, 471.

467 BGH GRUR 2007, 995 Rn. 11 – Schuldnachfolge; GRUR 2019, 746 Rn. 38 f. – Energieeffizienzklasse III; *Büscher* FS Harte-Bavendamm, 2020, 471.

468 BGH GRUR 2007, 995 Rn. 14 – Schuldnachfolge; GRUR 2019, 746 Rn. 38 f. – Energieeffizienzklasse III.

469 BGH GRUR 2019, 746 Rn. 36–39 – Energieeffizienzklasse III.

470 OLG Frankfut a. M. 28.1.2021 – 6 U 181/19.

471 *Büscher* FS Harte-Bavendamm, 2020, 471 (478).

472 *Büscher* FS Harte-Bavendamm, 2020, 471 (479).

473 *Büscher* FS Harte-Bavendamm, 2020, 471 (479 f.).

474 *Büscher* FS Harte-Bavendamm, 2020, 471 (480 f.).

475 BGH GRUR 2015, 813 Rn. 17 – Fahrdienst zur Augenklinik; *Büscher* FS Harte-Bavendamm, 2020, 471 (481); *K. Schmidt* FS Köhler, 2014, 631 (640).

476 BGH GRUR 2015, 813 Rn. 17 – Fahrdienst zur Augenklinik.

477 BGH GRUR 2010, 536 Rn. 40 – Modulgerüst II.

Vorschrift fehlt, die in solchen Fällen eine Überleitung der Passivlegitimation vom Insolvenzschuldner auf den Insolvenzverwalter rechtfertigen könnte, ist der **Insolvenzverwalter** für einen vor der Insolvenz begründeten Unterlassungsanspruch **nicht passivlegitimiert.**[478] Durch das Verhalten des Insolvenzverwalters kann allerdings in seiner eigenen Person eine Wiederholungs- oder Erstbegehungsgefahr eines entsprechenden Verstoßes begründet werden.[479]

187 **3. Räumlicher und zeitlicher Umfang. a) Räumlicher Umfang.** In räumlicher Hinsicht erstreckt sich der Unterlassungsanspruch grundsätzlich auf das gesamte deutsche Hoheitsgebiet und kann daher **überall im Bundesgebiet durchgesetzt** werden.[480] Das gilt auch dann, wenn der Gläubiger des Unterlassungsanspruchs selbst lediglich räumlich begrenzt zur Verfolgung berechtigt ist, das beanstandete Verhalten jedoch nicht nur regional, sondern bundesweit als unlauterer Wettbewerb anzusehen ist.[481] Scheidet dagegen, etwa wegen unterschiedlicher landesrechtlicher Regelungen, eine bundesweit einheitliche Beurteilung eines auf § 3a gestützten Anspruchs aus, so steht einem nur regional tätigen Wettbewerber kein bundesweiter Unterlassungsanspruch zu.[482] Eine räumliche Beschränkung des Unterlassungsanspruchs kommt auch in Betracht, wenn wegen eines regional unterschiedlichen Verkehrsverständnisses (zB „Schoppen" in Baden 0,25 l und in der Pfalz 0,5 l) eine Irreführung nur in bestimmten Gebieten in Betracht kommt, in anderen aber nicht.

188 **b) Zeitlicher Umfang.** Der Verletzungsunterlassungsanspruch **entsteht zeitlich** mit der Zuwiderhandlung,[483] der vorbeugende Unterlassungsanspruch mit der die Erstbegehungsgefahr begründenden Handlung.[484] Der gesetzliche Unterlassungsanspruch **erlischt** bei Wegfall seiner tatbestandlichen Voraussetzungen, also insbesondere bei Wegfall der Begehungsgefahr (→ Rn. 55) bzw. der Unlauterkeit der Handlung infolge einer Gesetzesänderung (näher → Rn. 107).

189 **4. Aufbrauchsfrist. a) Allgemeines.** Dem Schuldner eines Unterlassungsanspruchs kann im Rahmen von § 242 BGB aus **Billigkeitsgründen** eine Aufbrauchsfrist gewährt werden.[485] Dadurch erhält der Schuldner einen gewissen Überlegungs- und Organisationszeitraum, um auf das Unterlassungsgebot zu reagieren.[486] Eine solche Beschränkung der Rechtsfolge des Unterlassungsanspruchs kommt aber regelmäßig nur in Betracht, wenn eine **Abwägung der Interessen** ergibt, dass dem Unterlassungsschuldner durch die sofortige uneingeschränkte Beachtung des Verbots **unverhältnismäßige Nachteile** entstehen und die Belange sowohl des Gläubigers als auch der Allgemeinheit durch eine befristete Fortsetzung des Wettbewerbsverstoßes nicht unzumutbar beeinträchtigt werden.[487] Die Gewährung einer Aufbrauchfrist muss auf Ausnahmefälle begrenzt bleiben; hier ist Zurückhaltung geboten.[488]

---

478 OLG Hamburg GRUR-RR 2020, 364 Rn. 55 – siebenmedia; so bereits *G. Pinzger* S. 47 f.

479 OLG Hamburg GRUR-RR 2020, 364 Rn. 55 – siebenmedia.

480 BGH GRUR 1999, 509 (510) – Vorratslücken; GRUR 2000, 907 (909) – Filialleiterfehler.

481 BGH GRUR 1999, 509 (510) – Vorratslücken; GRUR 2000, 907 (909) – Filialleiterfehler.

482 BGH GRUR 2008, 438 Rn. 28 – ODDSET.

483 *Ohly*/Sosnitza § 8 Rn. 7.

484 BGH GRUR 2008, 912 Rn. 17 – Metrosex.

485 StRspr; vgl. RG GRUR 1930, 330 (333) – Loewe; GRUR 1932, 1052 (1055) – Markenschutzverband II; GRUR 1933, 580 (586) – Farina; BGH GRUR 1957, 488 (491) – MHZ; GRUR 1960, 563 (567) – Sektwerbung; GRUR 1967, 355 (359) – Rabe; GRUR 1969, 690 (693) – Faber; GRUR 1982, 420 (423) – BBC/DDC; GRUR 1985, 389 (391) – Familienname; GRUR 1990, 522 (528) – HBV-Familien- und Wohnrechtsschutz; GRUR 2013, 1254 Rn. 44 – Matratzen Factory Outlet; hierzu auch *Retzer* → § 12 Rn. 386.

486 *Ohly*/Sosnitza § 8 Rn. 44.

487 RG GRUR 1933, 580 (586) – Farina; BGH GRUR 1960, 563 (567) – Sektwerbung; GRUR 1990, 522 (528) – HBV-Familien- und Wohnrechtsschutz; GRUR 2007, 1079 Rn. 40 – Bundesdruckerei; OLG Frankfurt a. M. GRUR-RR 2020, 167 Rn. 27 – Haarstylinggeräte.

488 LG Düsseldorf 19.8.2015 – 2a O 173 – Plantahum/PLANTA PREMIUM; *Ohly*/Sosnitza § 8 Rn. 43.

190 **b) Wirkung.** Die Rspr. hat früher in der Gewährung einer Aufbrauchsfrist eine aus § 242 BGB abgeleitete prozessuale Maßnahme gesehen.[489] Mittlerweile wird sie nur noch auf § 242 BGB gestützt, ohne deutlich zu machen, ob es sich um eine prozessuale oder um eine materiell-rechtliche Beschränkung handelt.[490] Im Schrifttum herrscht das Verständnis einer aus dem Verhältnismäßigkeitsgrundsatz folgenden **materiell-rechtlichen Beschränkung** des Unterlassungsanspruchs vor.[491] Die Benutzung während der Aufbrauchsfrist **bleibt** allerdings **schadensersatzpflichtig.**[492] Die Aufbrauchsfrist gilt nur im Zweierverhältnis zwischen Gläubiger und Schuldner. Bei mehreren Beteiligten müssen ihre Voraussetzungen jeweils getrennt nach den einzelnen Betroffenen geprüft werden.

191 **c) Interessenabwägung.** Ist der **Gläubiger** ein Mitbewerber, so fällt zu seinen Gunsten und tendenziell gegen die Gewährung einer Aufbrauchsfrist ins Gewicht, wenn er auch individuell betroffen ist,[493] insbesondere, wenn ihm bei längerem Zuwarten der Eintritt eines Schadens droht, der voraussichtlich trotz der fortbestehenden Schadensersatzpflicht nicht vollständig kompensiert werden kann.[494] Daneben sind in die Abwägung auch die **Interessen** unbeteiligter **Dritter** oder der **Allgemeinheit** einzubeziehen, die ebenfalls nicht unzumutbar gefährdet werden dürfen.[495] Dies gilt insbesondere bei Verstößen gegen §§ 5, 5a.[496]

192 Bei der Abwägung der Interessen stehen **auf der Seite des Schuldners** die Intensität der vom ihm begangenen Zuwiderhandlung sowie die Nachteile, die dem Verletzer bei einer sofortigen Durchsetzung des Unterlassungsanspruchs drohen, im Vordergrund. Eine bedeutende Rolle spielt das **Verschulden.** Fehlt ein Verschulden, kommt die Einräumung einer Aufbrauchsfrist am ehesten in Betracht. Auch bei leichter Fahrlässigkeit kann sie gewährt werden.[497] Dann müssen besondere Umstände vorliegen, die ungeachtet der durch einen Aufbrauch drohenden Erhöhung der Schadensersatzpflicht des Schuldners für ein Aufbrauchinteresse sprechen.[498] Bei grober Fahrlässigkeit und vorsätzlichem Handeln ist die Gewährung einer Aufbrauchfrist grundsätzlich unangemessen.[499] In besonders gelagerten Ausnahmefällen mag jedoch auch bei grober Fahrlässigkeit eine Aufbrauchfrist in Betracht kommen.[500] Ebenso wichtig wie der Verschuldensaspekt ist in der Interessenabwägung das **Gewicht des Verstoßes.** Bei einem Wettbewerbsverstoß, der an der unteren Grenze der Spürbarkeit nach § 3 Abs. 2 anzusiedeln ist, kann eine Aufbrauchsfrist eher in Betracht kommen als bei massiven Verstößen von großem Gewicht.[501] Maßgeblich in die Abwägung einzustellen ist auch, ob dem Schuldner durch die sofortige Beachtung der Unterlassungsverpflichtung **erhebliche wirtschaftliche Nachteile** drohen. Diese Nachteile muss der Schuldner im einzelnen darlegen und beziffern.[502] Dabei ist auch zu berücksichtigen, ob und seit wann der Schuldner Anlass und Gelegenheit hatte, sich **auf das drohende Verbot**

[489] Vgl. BGH GRUR 1960, 563 (567) – Sektwerbung.

[490] Vgl. BGH GRUR 1990, 522 (528) – HBV-Familien- und Wohnrechtsschutz; GRUR 2007, 1079 Rn. 40 – Bundesdruckerei.

[491] Vgl. *Berlit* WRP 1998, 250 (251); Köhler/*Bornkamm*/Feddersen § 8 Rn. 1.59; *Büscher* in Fezer/Büscher/Obergfell § 8 Rn. 165; MüKoUWG/*Fritzsche* § 8 Rn. 121; *Melullis* Rn. 893, jeweils mwN.

[492] BGH GRUR 1974, 735 (737) – Pharmamedan; GRUR 1982, 420 (423) – BBC/DDC; *Berlit* WRP 1998, 250 (251).

[493] LG Düsseldorf 19.8.2015 – 2a O 173 – Plantahum/PLANTA PREMIUM.

[494] Vgl. BGH GRUR 1982, 420 (423) – BBC/DDC; GRUR 1982, 425 (431) – Brillen-Selbstabgabestellen.

[495] BGH GRUR 1982, 425 (431) – Brillen-Selbstabgabestellen.

[496] Büscher/*Hohlweck* § 8 Rn. 90; *Ohly*/Sosnitza § 8 Rn. 42; nicht berücksichtigt von LG Düsseldorf 19.8.2015 – 2a O 173 – Plantahum/PLANTA PREMIUM.

[497] Vgl. BGH GRUR 1960, 563 (567) – Sektwerbung.

[498] Vgl. BGH GRUR 1982, 420 (423) – BBC/DDC.

[499] *Ohly*/Sosnitza § 8 Rn. 41; vgl. aber auch BGH GRUR 2013, 1254 Rn. 44 – Matratzen Factory Outlet, wo der Sache nach bedingter Vorsatz vorlag und dennoch eine Aufbrauchfrist gewährt wurde.

[500] Vgl. RG GRUR 1930, 331 (333) – Loewe.

[501] Vgl. OLG Frankfurt a. M. GRUR-RR 2020, 167 Rn. 28 – Haarstylinggeräte.

[502] Vgl. LG Düsseldorf 19.8.2015 – 2a O 173 – Plantahum/PLANTA PREMIUM.

einzustellen.[503] Deshalb sollte im Hauptsacheverfahren die Gewährung einer Aufbrauchsfrist nur selten in Betracht kommen, da der Beklagte idR spätestens mit Zustellung der Klage jedenfalls bedingt vorsätzlich oder doch stets grob fahrlässig handelt und sich auf die mit Rechtskraft des Urteils eintretenden Beschränkungen während der gesamten Dauer des Prozesses einrichten kann.[504] Eine Aufbrauchfrist mag in solchen Fällen allenfalls dann zu erwägen sein, wenn der Schuldner besonders gute Gründe hatte, sein Verhalten für rechtmäßig zu halten.

Bei Geltendmachung des Unterlassungsanspruchs im **Verfügungsverfahren** kann dem Schuldner im Einzelfall eine sofortige Beachtung des kurzfristig oder sogar überraschend ergehenden Unterlassungsgebots unzumutbar sein.[505] Dies setzt aber jedenfalls voraus, dass er nicht vorsätzlich handelt.[506] Die Gewährung einer Aufbrauchsfrist stellt ohnehin einen Ausnahmefall dar (→ Rn. 132). Im Verfügungsverfahren ist sie daher strikt auf **ganz besonders krasse Ausnahmefälle** zu begrenzen ist, weil sie der Natur des Eilverfahrens tendenziell zuwiderläuft.[507] Ein besonders krasser Ausnahmefall wurde in einem Fall bejaht, in dem aufgrund der Liefer- und Produktionskette die Abänderung einer Bedienungsanleitung in einem Punkt (verpflichtende Nennung von Namen und Anschrift des Garantiegebers gem. § 479 Abs. 1 Nr. 3 BGB, als Verstoß gegen § 3a nur knapp oberhalb der Spürbarkeit gem. § 3 Abs. 2) dem schuldlos handelnden Schuldner nur unter unverhältnismäßig großem Aufwand sofort möglich gewesen wäre.[508] 193

d) Dauer. Die Dauer der Aufbrauchsfrist ist nach den Umständen des Einzelfalls zu bemessen. Eine Regeldauer kann nicht angegeben werden. Der BGH hat in einem Fall der Irreführung gem. §§ 3, 5 Abs. 1 S. 2 Nr. 1 dem (nach den Umständen jedenfalls bedingt vorsätzlich handelnden) Beklagten noch in der Revisionsinstanz eine – übertrieben großzügige – Umstellungsfrist von **sechs Monaten** zur Änderung der irreführenden Geschäftsbezeichnung „Matratzen Factory Outlet" und des darauf basierenden Werbeauftritts zugebilligt.[509] Das RG hat in einem Fall zumindest grobfahrlässiger und lang anhaltender Verletzung der Firma der Klägerin eine großzügige Aufbrauchs- und Umstellungsfrist von **vier Monaten** gewährt und mit den Interessen der Klägerin für vereinbar erklärt.[510] 194

e) Umfang. Der **sachliche Umfang** dessen, was dem Schuldner im Rahmen der Aufbrauchsfrist gestattet werden kann, hängt von den Umständen des Einzelfalls ab. In Betracht kommt, wie der Begriff schon sagt, etwa der Abverkauf von Lagerbeständen beanstandeter Produkte oder der Aufbrauch gedruckten Werbematerials und Briefpapiers. Darüber hinaus kann die Aufbrauchsfrist auch zB zum Wechsel einer irreführenden Firma,[511] zur Umstellung auf eine andere Geschäftsbezeichnung[512] oder Markierung von Waren,[513] zur Abwicklung oder Kündigung von Verträgen, zur Benachrichtigung der Geschäftspartner etc genutzt werden.[514] Der Abverkauf von nachgeahmten Produkten wird idR ausgeschlossen 195

[503] BGH GRUR 1969, 690 (693) – Faber; GRUR 1974, 474 – Großhandelshaus; GRUR 1982, 420 (423) – BBC/DDC; GRUR 1982, 425 (431) – Brillen-Selbstabgabestellen; OLG Frankfurt a. M. GRUR-RR 2020, 167 Rn. 27 – Haarstylinggeräte; LG Düsseldorf 19.8.2015 – 2a O 173 – Plantahum/PLANTA PREMIUM.

[504] *Goldmann,* Unternehmenskennzeichen, § 19 Rn. 448; *Ingerl/Rohnke* MarkenG Vor §§ 14–19d Rn. 385.

[505] OLG Frankfurt a. M. GRUR-RR 2020, 167 Rn. 29 – Haarstylinggeräte; hierzu *Retzer* → § 12 Rn. 386; *Goldmann,* Unternehmenskennzeichen, § 19 Rn. 450.

[506] OLG Frankfurt a. M. WRP 1994, 118 (119) – Deutsche Direktbank.

[507] OLG Frankfurt a. M. WRP 1994, 118 (119) – Deutsche Direktbank; *Goldmann,* Unternehmenskennzeichen, § 19 Rn. 450.

[508] OLG Frankfurt a. M. GRUR-RR 2020, 167 Rn. 28 f. und Ls. – Haarstylinggeräte.

[509] BGH GRUR 2013, 1254 Rn. 44 – Matratzen Factory Outlet.

[510] RG GRUR 1930, 331 (333) – Loewe.

[511] RG GRUR 1930, 331 (333) – Loewe.

[512] BGH GRUR 2013, 1254 Rn. 44 – Matratzen Factory Outlet.

[513] RG GRUR 1930, 331 (333) – Loewe.

[514] *Ohly*/Sosnitza § 8 Rn. 44.

sein. Anders mag es im Einzelfall bei Produkten aussehen, die unzureichend beschriftet sind oder auf denen gewisse Pflichtangaben fehlen, soweit sich aus den fehlenden Angaben keine Gefahr für die Allgemeinheit gibt. Auch bei bereits produzierten Werbespots für Radio, Fernsehen oder Internet ist es regelmäßig nicht interessengerecht, dem Schuldner die verbotswidrige Ausstrahlung noch für eine Übergangszeit zu erlauben. Das gleiche gilt für die erneute Herstellung und Verteilung von Werbematerial.[515]

196 **f) Prozessuales.** Liegen die Voraussetzungen für die Gewährung einer Aufbrauchsfrist durch das Gericht vor, so muss diese **von Amts wegen** gewährt werden.[516] Es besteht kein Ermessen des Gerichts. Eines ausdrücklichen Antrags des Schuldners bedarf es nicht. Es genügt vielmehr schon ein aus dem tatsächlichen Vorbringen erkennbares Interesse des Beklagten.[517] Deswegen ist es angezeigt, als Beklagter für den Fall, dass man ggf. eine Aufbrauchsfrist in Anspruch nehmen möchte, diese jedenfalls **hilfsweise mit zu beantragen** und dazu entsprechend vorzutragen. Fehlt es an einem Vortrag, so besteht für das Gericht keine Amtspflicht, von sich aus der Frage der Aufbrauchsfrist nachzugehen und hierüber zu entscheiden.[518]

197 Auch das **Berufungsgericht** kann eine Aufbrauchsfrist gewähren. In der **Revisionsinstanz** kommt die Gewährung einer Aufbrauchsfrist zwar noch in Betracht,[519] allerdings nur, wenn deren tatsächliche Voraussetzungen unstreitig oder tatrichterlich festgestellt sind.[520]

198 Bei Gewährung einer Aufbrauchsfrist kommt es idR bei einem unbeschränkt gestellten Unterlassungsantrag zu einem Teilunterliegen des Klägers und zu einer **Teilabweisung** der Klage. Allerdings sollte die Kostenfolge nach **§ 92 Abs. 2 ZPO** bemessen werden.[521]

199 Die **weiteren prozessualen Folgen** der Gewährung einer Aufbrauchsfrist hängen davon ab, ob man darin eine materiell-rechtliche Beschränkung des Unterlassungsanspruchs oder lediglich einen prozessualen Vollstreckungsaufschub sieht (vgl. *Brüning* → Vorb. § 12 Rn. 236).[522]

200 **5. Missbräuchliche Geltendmachung von Unterlassungsansprüchen.** Die missbräuchlichen Geltendmachung von Unterlassungsansprüchen ist in § 8c gesondert geregelt (hierzu unten *Goldmann* § 8c).

201 **6. Verjährung.** Unterlassungsansprüche aus § 8 unterliegen der **kurzen Verjährung des § 11 Abs. 1** und verjähren in **sechs Monaten.** Für die früher vertretene Auffassung, vorbeugende Unterlassungsansprüche könnten nicht verjähren,[523] bleibt angesichts der eindeutigen Fassung des § 11 Abs. 1 und 2 anders als im Markenrecht[524] kein Raum mehr. Der vorbeugende Unterlassungsanspruch wird hinsichtlich der Verjährung genauso behandelt wie der Verletzungsunterlassungsanspruch.[525]

202 Die Verjährungsfrist **beginnt** mit der Entstehung des Anspruchs und dem Zeitpunkt, zu dem der Gläubiger von den anspruchsbegründenden Umständen und der Person des Schuldners Kenntnis erlangt oder ohne grobe Fahrlässigkeit erlangen müsste (§ 11 Abs. 2; näher dazu *Schulz* → § 11 Rn. 69 ff.).

---

515 BGH GRUR 1974, 474 (476) – Großhandelshaus.

516 BGH GRUR 1961, 283 (284) – Mon Cheri II.

517 BGH GRUR 1982, 420 (423) – BBC/DDC; GRUR 1985, 930 (932) – JUS-Steuerberatungsgesellschaft; vgl. ferner BGH GRUR 1961, 283 (284) – Mon Chérie II.

518 BGH GRUR 1961, 283 (284) – Mon Chéri II.

519 BGH GRUR 1957, 488 (491) – MHZ; GRUR 1957, 561 (564) – REI-Chemie.

520 BGH GRUR 1957, 488 (491) – MHZ; GRUR 1961, 283 (284) – Mon Chéri II; vgl. auch BGH GRUR 1974, 474 (476) – Großhandelshaus.

521 Köhler/*Bornkamm*/Feddersen § 8 Rn. 1.66.

522 Vgl. ferner Köhler/*Bornkamm*/Feddersen § 8 Rn. 1.66; *Ohly*/Sosnitza § 8 Rn. 39.

523 Vgl. BGH GRUR 1979, 121 (122) – Verjährungsunterbrechung; GRUR 1966, 623 (626) – Kupferberg.

524 Vgl. Kur/*Goldmann* MarkenG § 20 Rn. 6.

525 Ebenso Teplitzky/*Bacher* Kap. 16 Rn. 5; *Köhler*/Bornkamm/Feddersen § 11 Rn. 1.3; *Ohly*/Sosnitza § 8 Rn. 26; eingehend *Schulz* → § 11 Rn. 12 ff.

7. Verwirkung. Zur Verwirkung von Unterlassungsansprüchen *Goldmann* → Vor § 8 Rn. 134 ff. 203

VIII. Vertraglicher Unterlassungsanspruch

Zum vertraglichen Unterlassungsanspruch wird auf die Kommentierung von *Brüning* → § 12 Rn. 173 ff., verwiesen. 204

B. Der Beseitigungsanspruch

Schrifttum: *Baldus/Siedler,* Kompensation von „Streuschäden" im Bankgeschäft nach § 8 UWG?, BKR 2018, 412; *Baumbach,* Das gesamte Wettbewerbsrecht, 2. Aufl. 1931; *Diekmann,* Der Vernichtungsanspruch, 1993; *Ernst-Moll,* Beseitigungsanspruch und Rückruf im gewerblichen Rechtsschutz in: FS Klaka, 1987, S. 16; *Feddersen,* Unterlassen durch beseitigen: Beseitigungs Handlungen als Bestandteil des Unterlassungsanspruchs, in: FS Büscher, 2018, 471; *Fritze,* Die Anordnung von Handlungen, insbesondere Erklärungen, zur Beendigung einer andauernden Beeinträchtigung durch einstweilige Verfügung, in: FS Traub, 1994, S. 113; *Fritzsche,* Der Beseitigungsanspruch im Kartellrecht nach der 7. GWB-Novelle – Zugleich ein Beitrag zur Dogmatik des quasi-negatorischen Beseitigungsanspruchs, WRP 2006, 42; *Gommlich,* Die Beseitigungsansprüche im UWG, 2001; *Köhler,* Die wettbewerbsrechtlichen Abwehransprüche (Unterlassung, Beseitigung, Widerruf), NJW 1992, 137; *ders.,* Die Begrenzung wettbewerbsrechtlicher Ansprüche durch den Grundsatz der Verhältnismäßigkeit, GRUR 1996, 82; *ders.,* Der wettbewerbsrechtliche Beseitigungsanspruch – ein Folgenbeseitigungsanspruch?, WRP 2019, 269; *Kruis,* Beseitigungsanspruch nach § 8 UWG statt Musterfeststellungsklage? – Hard cases make bad law, ZIP 2019, 393; *Lettl,* Der Schutz der Verbraucher nach der UWG-Reform, GRUR 2004, 449; *Lindacher,* Unterlassungs- und Beseitigungsanspruch, GRUR 1985, 423; *Miosga,* Die Ansprüche auf Rückruf und Entfernen im Recht des geistigen Eigentums, 2010; *Piper,* Zur wettbewerbsrechtlichen Beurteilung von Werbeanzeigen, in: FS Vieregge, 1995, S. 715; *Retzer,* Der Vernichtungsanspruch bei Nachahmung, in: FS Piper, 1996, S. 421; *Schilken,* Die Befriedigungsverfügung. Zulässigkeit und Stellung im System des einstweiligen Rechtsschutzes, 1976; *Schünemann,* Die wettbewerbsrechtliche „Störer"-Haftung, WRP 1998, 120; *Singbartl/Zintl,* Ein autonomer Folgenbeseitigungsanspruch im AGB-Recht für Inhaber von Pfändungsschutzkonten mit unwirksamer Gebührenklausel?, VuR 2016, 14; *Teplitzky,* Das Verhältnis des objektiven Berichtigungsanspruchs zum Unterlassungsanspruch im Wettbewerbsrecht, WRP 1984, 365; *Thun,* Der immaterialgüterrechtliche Vernichtungsanspruch, 1998; *ders.,* Haftung für fremde Inhalte, GRUR 2005, 200; *Walchner,* Der Beseitigungsanspruch im gewerblichen Rechtsschutz und Urheberrecht. Widerruf – Vernichtung – Urteilsveröffentlichung, 1998.

I. Grundlagen

1. Wesen und Bedeutung. § 8 Abs. 1 S. 1 regelt neben dem Unterlassungs- auch den Beseitigungsanspruch. Dass dieser im Gesetzestext als § 8 Abs. 1 S. 1 Alt. 1 an erster Stelle genannt wird, folgt aus systematisch-historischen Gründen dem Vorgehen des Gesetzgebers in § 1004 BGB. Beim statischen Sacheigentum ist die Beseitigung einer Eigentumsstörung durchaus wichtiger als die Verhinderung künftiger gleichgelagerter Beeinträchtigungen. Anders liegt es im Wettbewerbsrecht, das ein Marktordnungsrecht ist und das dynamische Wettbewerbsgeschehen betrifft. In der Praxis ganz im Vordergrund steht hier der Unterlassungsanspruch gemäß § 8 Abs. 1 S. 1 Alt. 2, der sich besonders gut und leicht im Wege der einstweiligen Verfügung durchsetzen lässt (→ Rn. 2). Eine ungleich **geringere Bedeutung** hat der Beseitigungsanspruch, der nur ausnahmsweise im Wege der einstweiligen Verfügung durchgesetzt werden kann (→ Rn. 299 ff.). Die Bedeutung des Beseitigungsanspruchs ist in letzter Zeit auch dadurch gemindert worden, dass nach der Rspr. die Beseitigung eines Störungszustandes in vielen Fällen schon als Folge eines Unterlassungsanspruchs geschuldet wird (→ Rn. 10 ff.). 205

Der Beseitigungsanspruch ist **auf ein eigenes Handeln des Schuldners gerichtet,** nicht auf ein bloßes Dulden der Beseitigung. Er zielt auf die Beseitigung fortwährender rechtswidriger Beeinträchtigungen ab, die aus einer in der Vergangenheit liegenden, nach § 3 oder § 7 unzulässigen geschäftlichen Handlung resultieren. Die Beseitigung der Beeinträchtigung **umfasst alle Maßnahmen,** die ein **Fortwirken der Verletzungshandlung verhindern** sollen. Typische Fälle sind: Abnahme von Plakaten, Entfernen von Aufschrif- 206 ten oder Schildern; Löschung von Domainnamen, Firmen oder Branchenbucheinträgen etc. Der allgemeine Beseitigungsanspruch kann auch auf eine richtigstellende Erklärung gerichtet sein.[526]

207 Ein **Unterfall** des Beseitigungsanspruchs ist der **Anspruch auf Widerruf** wettbewerbswidriger Tatsachenbehauptungen.[527] Er findet seine Rechtsgrundlage ebenfalls in § 8 Abs. 1 S. 1 Alt. 1. Der Widerruf einer Tatsachenbehauptung besteht grundsätzlich darin, dass die aufgestellte Behauptung **ausdrücklich als unrichtig erklärt** wird (→ Rn. 237).[528]

208 **2. Entstehungsgeschichte.** Der Beseitigungsanspruch als wettbewerbsrechtlicher Abwehranspruch wurde **in § 8 Abs. 1 S. 1 Alt. 1 UWG 2004 erstmals gesetzlich geregelt.** Im UWG 1909 war er nicht erwähnt. Hier war nur vom Unterlassungsanspruch die Rede. Es bestand aber seit jeher Einigkeit, dass wie in § 1004 BGB auch der Verstoß gegen UWG-Normen als Abwehranspruch sowohl den Unterlassungs- wie den Beseitigungsanspruch nach sich zieht.[529] Als Ergänzung und Weiterführung zum Unterlassungsanspruch war der Beseitigungsanspruch von der Rspr. nicht nur für den unmittelbar Verletzten (zum Begriff → Rn. 341),[530] sondern auch für die nach § 13 Abs. 1 UWG 1909 in der ursprünglichen Fassung klagebefugten Verbände zugebilligt worden.[531] Zuletzt galt der Beseitigungsanspruch **als gewohnheitsrechtlich anerkannt.**[532] Die ausdrückliche gesetzliche Regelung erfolgte nur zur Klarstellung.[533] Eine Änderung der Voraussetzungen sowie des Inhalts und des Umfangs des Beseitigungsanspruchs war nicht bezweckt.[534] Die Rspr. zum wettbewerbsrechtlichen Beseitigungsanspruch aus der Zeit vor 2004 kann deshalb grundsätzlich weiter herangezogen werden.

209 **3. Verhältnis zu anderen Rechtsbehelfen. a) Verhältnis zum Unterlassungsanspruch.** Wie der Unterlassungsanspruch ist auch der Beseitigungsanspruch **von einem Verschulden unabhängig.**[535] Die Tatbestandsvoraussetzungen sind jedoch unterschiedlich: Anders als der Unterlassungsanspruch setzt der Beseitigungsanspruch **keine Begehungsgefahr** voraus, wohl aber einen **gegenwärtigen rechtswidrigen Zustand.**[536] Der Unterlassungsanspruch setzt demgegenüber keinen gegenwärtigen rechtswidrigen Zustand voraus, wohl aber eine Begehungsgefahr (→ Rn. 49).[537] In ihrem Inhalt **überschneiden sich** beide Ansprüche **teilweise.** Denn in denjenigen Fällen, in denen durch eine rechtswidrige Handlung ein fortdauernder Störungszustand geschaffen wurde, ist von der Pflicht zur Unterlassung auch die Vornahme möglicher und zumutbarer Handlungen zur Beseitigung des Störungszustands umfasst.[538] Die Einzelheiten sind im Rahmen des Unterlassungsanspruchs dargestellt (→ Rn. 10 ff.). Hat eine Verletzungshandlung also einen andauernden rechtswidrigen Störungszustand hervorgerufen, besteht neben dem Unterlas-

[526] BGH GRUR 1998, 415 (416) – Wirtschaftsregister; KG GRUR-RR 2002, 337 (338) – T-offline.

[527] KG GRUR-RR 2002, 337 (338) – T-offline.

[528] BGH GRUR 1962, 652 – Eheversprechen.

[529] Vgl. zB RG GRUR 1932, 810 (814) – Delft; *Baumbach* Kap. 11 C; *Callmann* S. 109 f., 112; *Reimer* Kap. 108 Rn. 3; *Rosenthal* S. 95 ff.

[530] RG MuW XXXI, 276 (278) – Ablaßvorrichtung (Widerruf).

[531] RGZ 148, 114 (123 ff.) – Gummiwaren (Widerruf).

[532] BT-Drs. 15/1487, 22 zu Absatz 1; KG GRUR-RR 2002, 337 (338) – T-offline; vgl. zB RGZ 148, 114 (123 ff.) – Gummiwaren; BGH GRUR 1954, 337 (342) – Radschutz; GRUR 1955, 97 (99) – Constanze II; GRUR 1974, 666 (669) – Reparaturversicherung; GRUR 1993, 556 (558) – Triangle; GRUR 2001, 420 (422) – SPA; zu den zuletzt vertretenen Begründungsansätzen *Walchner* S. 209 f.

[533] BT-Drs. 15/1487, 22 zu Abs. 1.

[534] BT-Drs. 15/1487, 22 zu Abs. 1.

[535] Köhler/*Bornkamm*/Feddersen § 8 Rn. 1.69; Teplitzky/*Kessen* Kap. 22 Rn. 3.

[536] RGZ 148, 114 (123) – Gummiwaren; BGH GRUR 2011, 444 Rn. 82 – Flughafen Frankfurt-Hahn.

[537] *Callmann* S. 111; *Rosenthal/Leffmann* Einl. Rn. 164.

[538] StRspr, vgl. RGZ 148, 114 (123) – Gummiwaren; BGH GRUR 1977, 614 (616) – Gebäudefassade; GRUR 1990, 522 (528) – HBV-Familien- und Wohnungsrechtsschutz; NJW 1993, 1076 (1077) – Straßenverengung; GRUR 2015, 190 Rn. 16 – Ex-RAF-Terroristin; GRUR 2015, 258 Rn. 63, 65 – CT-Paradies; GRUR 2016, 104 Rn. 15 – Artikel auf Internetportal „recht§billig“; GRUR 2017, 208 Rn. 25 – Rückruf von RESCUE-Produkten; GRUR 2018, 292 Rn. 20 – Produkte zur Wundversorgung.

sungsanspruch ein Beseitigungsanspruch. Dabei handelt es sich trotz ihres gemeinsam verfolgten Abwehrzwecks um selbständige, **voneinander unabhängige wesensverschiedene Ansprüche** mit grundsätzlich unterschiedlicher Zielrichtung (→ Rn. 46).[539] Der Unterlassungsanspruch zielt auf die Unterbindung zukünftiger Verletzungshandlungen, während der Beseitigungsanspruch die Abwehr einer bereits eingetretenen, aber fortwirkenden Beeinträchtigung zum Gegenstand hat.[540]

Der **Gläubiger** hat es in der Hand, ob er den einen oder den anderen Anspruch oder aber beide Ansprüche geltend macht.[541] Ein verhängtes Unterlassungsgebot nimmt der Beseitigungsklage allerdings ihr **Rechtsschutzbedürfnis,** soweit sich der Beseitigungsanspruch sachlich völlig mit dem Unterlassungsanspruch deckt.[542] Dies gilt auch umgekehrt. Unterlassungs- und Beseitigungsanspruch bilden im Prozess **unterschiedliche Streitgegenstände.**[543] 210

Während der Unterlassungsanspruch in die **Zukunft** gerichtet ist und künftige Beeinträchtigungen abwenden soll (→ Rn. 5, 49), soll sich der Beseitigungsanspruch nach traditioneller[544] und auch heute noch verbreiteter Auffassung[545] insoweit in die **Vergangenheit** richten, als er eine in der Vergangenheit geschaffene, aber noch immer wirksame Störungsquelle verschließen und den Zustand vor ihrer Schaffung wiederherstellen soll. Der BGH geht demgegenüber heute davon aus, dass sich Unterlassungsanspruch und Beseitigungsanspruch gleichermaßen in eine **störungsfreie Zukunft** richten und auf die Abwehr künftiger Rechtsverstöße abzielen.[546] 211

b) Verhältnis zum Schadensersatzanspruch. Der Schadensersatzanspruch gem. § 9 UWG ist gem. § 249 BGB im Grundsatz auf Naturalherstellung gerichtet, also auf die Wiederherstellung desjenigen Zustandes, wie er vor dem rechtswidrigen Eingriff bestand. Insoweit ist der Schadensersatzanspruch vergangenheitsbezogen.[547] Wenn sich der Störungszustand als ein **durch Naturalrestitution ersetzbarer Schaden** darstellt, können beide Ansprüche **parallel** laufen.[548] Dann kann Beseitigung gem. § 249 BGB auch als Schadensersatz gefordert werden (hierzu *Goldmann* → § 9 Rn. 172 ff.). Beide Ansprüche sind jedoch **wesensverschieden** und **unterliegen unterschiedlichen Voraussetzungen.** Der Schadensersatzanspruch ist verschuldensabhängig und richtet sich auf den Ausgleich von Vermögensnachteilen. Der Beseitigungsanspruch setzt kein Verschulden, sondern nur das Fortbestehen eines rechtswidrigen Zustandes voraus und dient dessen Beseitigung. 212

Anders als der Schadensersatzanspruch nach § 249 BGB kann der Beseitigungsanspruch grundsätzlich **nicht durch Geldleistung** des Schuldners **abgelöst** werden.[549] Dies darf aber nicht dazu führen, dass der aufgrund der objektiven Rechtswidrigkeit Beseitigungspflichtige in eine schwierigere Lage kommt als der aufgrund schuldhafter Rechtsverletzung 213

[539] StRspr, vgl. RGZ 148, 114 (123) – Gummiwaren; BGH GRUR 1955, 97 (99) – Constanze II; GRUR 2015, 258 Rn. 64 – CT-Paradies; GRUR 2015, 258 Rn. 64 – CT-Paradies; GRUR 2017, 208 Rn. 28 – Rückruf von RESCUE-Produkten; GRUR 2017, 823 Rn. 28 – Luftentfeuchter; GRUR 2018, 292 Rn. 28 – Produkte zur Wundversorgung; GRUR 2018, 423 Rn. 19 – Klauselersetzung.

[540] BGH GRUR 1998, 415 (416); 2018, 423 Rn. 19 – Klauselersetzung; *Büscher* in Fezer/Büscher/Obergfell § 8 Rn. 6 f.; Köhler/*Bornkamm*/Feddersen § 8 Rn. 1.85.

[541] BGH GRUR 2015, 258 Rn. 64 – CT-Paradies; OLG Düsseldorf GRUR-RR 2016, 259 Rn. 60 – TÜV-Sondereintragung.

[542] BGH GRUR 1955, 97 (100) – Constanze II; aA *Callmann* S. 110.

[543] BGH GRUR 1974, 99 (101) – Brünova; GRUR 1990, 522 (528) – HBV-Familien- und Wohnungsrechtsschutz; *Büscher* in Fezer/Büscher/Obergfell § 8 Rn. 9; *Feddersen* FS Büscher, 2018, 471; Teplitzky/*Kessen* Kap. 22 Rn. 7.

[544] RGZ 148, 114 (123) – Gummiwaren; *Callmann* S. 111; *Pastor* Kap. 1 IV 3; *Rosenthal/Leffmann* Einl. Rn. 164.

[545] *Ohly*/Sosnitza § 8 Rn. 69.

[546] BGH GRUR 2011, 444 Rn. 82 – Flughafen Frankfurt-Hahn; ebenso *Köhler* WRP 2019, 269 Rn. 1, 15; Teplitzky/*Kessen* Kap. 22 Rn. 3.

[547] *Köhler* WRP 2019, 269 Rn. 15.

[548] *Callmann* S. 111; *Köhler* WRP 2019, 269 Rn. 15; *Ohly*/Sosnitza § 8 Rn. 70.

[549] *Callmann* S. 111; *Baldus/Siedler* BKR 2018, 412 (416).

Schadensersatzpflichtige. Eine gerechte Interessenabwägung ist hier unvermeidlich.[550] Der Gläubiger kann deshalb vom Schuldner eine **Geldentschädigung analog §§ 251 Abs. 2 S. 1, 912 Abs. 2 BGB** verlangen, wenn der Anspruch auf Beseitigung wegen Unzumutbarkeit des zu seiner Erfüllung erforderlichen Aufwands ausgeschlossen ist (hierzu → Rn. 236). Dies gilt allerdings nur, wenn die Beseitigung ausschließlich oder jedenfalls ganz überwiegend den Individualinteressen des Gläubigers dient.[551] Dafür kommen nur solche Störungszustände in Betracht, die aus einem mitbewerberbezogenen Verstoß resultieren (zum Begriff → Rn. 352).

II. Voraussetzungen des Beseitigungsanspruchs

214 **1. Überblick.** Der Beseitigungsanspruch setzt nach allgemeiner Ansicht das **rechtswidrige Bestehen eines Störungszustandes** aufgrund eines in der Vergangenheit begangenen Wettbewerbsverstoßes voraus.[552] Dieser rechtswidrige Störungszustand ist die **alleinige materielle Anspruchsvoraussetzung.**[553] Der Wortlaut des § 8 Abs. 1 S. 1 Alt. 1 deckt sich damit nicht. Hier ist als Anspruchsvoraussetzung lediglich davon die Rede, dass eine nach § 3 oder § 7 unzulässige geschäftliche Handlung vorgenommen werden muss. Der unvollkommene Gesetzeswortlaut ist mit Hilfe der Rspr. aus der Zeit vor 2004 auszulegen. In der Amtlichen Begründung zum UWG 2004 wurde klargestellt, dass eine Änderung der bisherigen Rechtslage nicht beabsichtigt war.[554] Voraussetzung soll hiernach wie in der Praxis zum UWG 1909 die Herbeiführung **eines fortdauernden Störungszustands** sein, wobei die von diesem ausgehenden Störungen **rechtswidrig** sein müssen.[555] Der Störungszustand muss **auf eine nach § 3 oder § 7 unzulässige geschäftliche Handlung zurückzuführen** sein. Hieraus ergeben sich insgesamt folgende Voraussetzungen:

215 **2. Unzulässige geschäftliche Handlung.** Wie für den Verletzungsunterlassungsanspruch wird auch für den Beseitigungsanspruch eine nach § 3 oder § 7 unzulässige geschäftliche Handlung vorausgesetzt. Früher ging die Rechtsprechung davon aus, dass es für den Beseitigungsanspruch unerheblich sei, ob die Verletzungshandlung, die den Störungszustand geschaffen hat, rechtswidrig ist. Entscheidend komme es für den Beseitigungsanspruch **nicht auf die Rechtmäßigkeit der Handlung bei ihrer Begehung** an, sondern allein darauf, dass durch sie der Zustand rechtswidrig sei.[556] Auch heute wird einhellig diese Auffassung vertreten.[557]

216 Dem ist grundsätzlich zuzustimmen, soweit es um die Rechtfertigung einer an sich unzulässigen geschäftlichen Handlung, etwa durch das Rechtsinstitut der Wahrnehmung berechtigter Interessen (§ 193 StGB, hierzu *Goldmann* → Vor § 8 Rn. 239 ff.) geht. Der Gesetzeswortlaut setzt nämlich nur eine „unzulässige" geschäftliche Handlung voraus, aber gerade keine „rechtswidrige". Dies schließt eine an sich „unzulässige", weil iSd § 3 Abs. 1 „unlautere", aber wegen außergewöhnlicher Umstände gerechtfertigte Handlung ein. Dies gilt insbesondere unter Berücksichtigung der Absicht des Gesetzgebers, mit der Regelung des Beseitigungsanspruchs in § 8 Abs. 1 Alt. 1 keine Änderung der Anspruchsvoraussetzungen herbeizuführen.

---

550 *Callmann* S. 111.

551 *Fritzsche* in Gloy/Loschelder/Danckwerts HdbWettbR § 79 Rn. 84.

552 BGH GRUR 1995, 424 (426) – Abnehmerverwarnung; GRUR 1998, 415 (416 f.) – Wirtschaftsregister; GRUR 2009, 685 Rn. 39 – ahd.de; GRUR 2011, 444 Rn. 82 – Flughafen Frankfurt-Hahn; OLG Hamburg 9.4.2015 – 3 U 59/15 Rn. 119 – creditsafe.de; *Büscher* in Fezer/Büscher/Obergfell § 8 Rn. 9; *Ohly*/Sosnitza § 8 Rn. 71.

553 BGH GRUR 2011, 444 Rn. 82 – Flughafen Frankfurt-Hahn.

554 BT-Drs. 15/1487, 22 zu Absatz 1.

555 BT-Drs. 15/1487, 22 zu Absatz 1.

556 BGH GRUR 1955, 97 (99) – Constanze II; GRUR 1958, 448 (449) – Blanko-Verordnungen; GRUR 1960, 500 (502) – Plagiatsvorwurf I; GRUR 1995, 424 (426) – Abnehmerverwarnung.

557 Köhler/*Bornkamm*/Feddersen § 8 Rn. 1.78; Teplitzky/*Kessen* Kap. 22 Rn. 14; *Ohly*/Sosnitza § 8 Rn. 76; GroßKommUWG/*Paal* § 8 Rn. 71.

Allerdings lässt es der **klare Gesetzeswortlaut** nicht zu, den rechtswidrigen Störungszustand als Voraussetzung des Beseitigungsanspruchs an eine geschäftliche Handlung anzuknüpfen, die zum Tatzeitpunkt den **Tatbestand des § 3 oder § 7 nicht erfüllt** hat und damit **nicht „unzulässig"** war. Deshalb kann eine geschäftliche Handlung, die durch das Rechtsinstitut der wettbewerblichen Abwehr (Abwehreinwand) gedeckt ist, **keinen Störungszustand** hervorrufen, dem mit dem Beseitigungsanspruch begegnet werden kann. Denn eine durch das Rechtsinstitut der wettbewerblichen Abwehr gedeckte geschäftliche Handlung ist nicht unlauter und damit nicht unzulässig iSd § 3 (näher *Goldmann* → Vor § 8 Rn. 237). 217

Auch bei **Behauptungen, die** zum Zeitpunkt ihrer Aufstellung **richtig waren,** fehlt es an einer unzulässigen Handlung (näher → Rn. 226). 218

3. Störungszustand. a) Allgemeiner Beseitigungsanspruch. Der für den allgemeinen Beseitigungsanspruch erforderliche rechtswidrige Störungszustand ist ein Dauerzustand, dessen Fortwirkung zu einer **fortwährenden Beeinträchtigung der durch § 3 bzw. § 7 geschützten Interessen** führt. Beide Bestimmungen stellt allerdings nur Rahmenregelungen für eine Reihe von unlauteren oder unzulässigen geschäftlichen Handlungen dar, die ihrerseits unterschiedliche Inhalte und Schutzzwecke aufweisen.[558] Über den Störungszustand lassen sich deshalb ebenso wenig allgemeine Aussagen treffen wie über die Maßnahmen zu seiner Beseitigung. Es kommt hier stets auf die verletzte Verhaltensnorm und auf alle **Umstände des Einzelfalls** an. Der Störungszustand kann von ganz unterschiedlicher Gestalt sein: 219

Ein Störungszustand liegt zB vor bei der **Nachwirkung rufschädigender Äußerungen**[559] oder bei **irreführenden Angaben** in einem Kundenrundschreiben;[560] bei der Verwendung **unzulässiger AGB,** wenn gegenüber dem Kunden der **Eindruck** entstanden ist, **er müsse sich an die unzulässigen AGB halten;**[561] beim **Klebenlassen irreführender Plakate;**[562] beim **Hängenlassen irreführender Geschäftsschilder;**[563] bei einer **wettbewerbswidrigen Fassadengestaltung;**[564] bei einem **Domainnamen,** dessen **Registrierung** einen Mitbewerber **gezielt behindert**[565] oder bei einer **ungerechtfertigt aufrechterhaltenen „allgemeinen Markenbeschwerde",** die einen Werbenden daran hindert, bestimmte Kennzeichen im Text von Google-AdWords-Anzeigen zu verwenden.[566] 220

Auch bei **registrierten Firmen,** die gegen Rechtsvorschriften verstoßen, soll nach verbreiteter Auffassung ein Störungszustand vorliegen.[567] Hierauf wird in → Rn. 254 ff. näher eingegangen. Diskutiert wird auch, ob in der **Zahlung oder der Einziehung eines Geldbetrags** ohne Rechtsgrund ein Störungszustand liegen kann, der dann durch Rückzahlung zu beseitigen ist.[568] Hierauf wird in → Rn. 281 ff. näher eingegangen. Schließlich ist ebenso wie im Zusammenhang mit der Reichweite des Unterlassungsanspruchs fraglich, ob und unter welchen Umständen das **Verbleiben von Waren** (etwa gem. § 4 Nr. 3 oder unlauter nachgeahmten) **oder von Werbematerial in den Vertriebswegen** ein Störungszustand liegt.[569] Hierauf wird in → Rn. 271 ff. näher eingegangen. 221

---

[558] *Köhler* WRP 2019, 269 Rn. 17.

[559] BGH GRUR 1966, 272 (274) – Arztschreiber; GRUR 1995, 224 (227) – Erfundenes Exclusiv-Interview; KG GRUR-RR 2002, 337 (339) – T-offline.

[560] OLG Frankfurt a. M. GRUR-RR 2005, 197 (198) – Vertragshändlernetz; KG 27.3.2013 – 5 U 112/11 – Flexstrom; LG Stuttgart 7.8.2014 – 11 O 298/13.

[561] Vgl. BGH GRUR 2018, 423 Rn. 25 – Klauselersetzung; OLG Dresden GRUR-RR 2018, 428 Rn. 35 – Kontobelastung bei Pfändung; *Köhler* WRP 2019, 269 Rn. 39.

[562] OLG Kiel MuW XIII, 210 (211) – Einzelverkauf an Private zu Fabrikpreisen; *Rosenthal/Leffmann* Einl. Rn. 164.

[563] OLG Düsseldorf GRUR 1970, 376 (377) – Möbellager.

[564] BGH GRUR 1977, 614 (616) – Gebäudefassade.

[565] BGH GRUR 2009, 685 Rn. 38 – ahd.de.

[566] Vgl. BGH GRUR 2015, 607 Rn. 29 ff., 35 – Uhrenankauf im Internet.

[567] LG Mannheim 18.7.2008 – 7 O 10/08 – REIT AG.

[568] So OLG Dresden GRUR-RR 2018, 428 Rn. 35 – Kontobelastung bei Pfändung.

[569] Vgl. BGH GRUR 2018, 423 Rn. 24 – Klauselersetzung.

222 **b) Anspruch auf Widerruf. aa) Tatsachenbehauptung, nicht Werturteil.** Beim Anspruch auf Widerruf besteht der Störungszustand in der Behauptung **objektiv nachprüfbarer, dem Beweis zugänglicher und unwahrer Tatsachen.**[570] Die Aussage in einem Testbericht der Stiftung Warentest „Wir haben den chemisch hergestellten Aromastoff Piperonal nachgewiesen" beispielsweise ist eine Tatsachenbehauptung und wird von den Verbrauchern/Lesern so verstanden, dass mittels wissenschaftlicher Untersuchungen sicher und beweisbar festgestellt wurde, dass der in der getesteten Schokolade enthaltene Aromastoff Piperonal künstlich erzeugt worden ist.[571] Dem Widerruf von **Werturteilen** steht **Art. 5 Abs. 1 GG** entgegen. Die Meinungsfreiheit verbietet es, die Aufgabe einer nur wertenden Kritik mit staatlichen Mitteln – sei es auch vor den Gerichten – zu erzwingen.[572] Hier kann nicht Beseitigung, sondern allenfalls – als Ergebnis einer an den Wertvorstellungen des Art. 5 Abs. 1 GG auszurichtenden **Interessenabwägung** – Unterlassung verlangt werden.[573] Sofern eine Äußerung, in der sich **Tatsachen und Meinungen vermengen,** in entscheidender Weise durch die Elemente der Stellungnahme, des Dafürhaltens oder Meinens geprägt sind, wird sie als Werturteil und Meinungsäußerung in vollem Umfang vom genannten Grundrecht geschützt.[574] Dies gilt insbesondere dann, wenn eine Trennung des einerseits wertenden und andererseits auf Tatsachen abstellenden Gehalts der Aussage deren Sinn aufzuheben oder zu verfälschen geeignet wäre und der tatsächliche Gehalt der Äußerung gegenüber der Wertung in den Hintergrund tritt.[575] Ein Werturteil liegt bei der Aussage vor, jemand sei in einen „Skandal" verwickelt oder sei ein „Diktator, dessen Worte nicht mit seinen Handlung übereinstimmen".[576] Besonderes Augenmerk ist geboten, wenn Gegenstand der Aussage eine **Rechtsbehauptung** ist. Eine Tatsachenbehauptung ist etwa die Aussage, jemand sei „pleite" (= „zahlungsunfähig", „finanziell ruiniert").[577] Ein Werturteil liegt demgegenüber bei der Behauptung vor, jemand habe die „Rechte" an einer bestimmten Technologie erworben.[578] Ein Werturteil enthält auch die Aussage „…wegen Irreführung hätte die Nussschokolade nicht verkauft werden dürfen. Juristisch ausgedrückt: Sie ist so nicht verkehrsfähig".[579] Auch die Einstufung eines Vorgangs als „illegal"[580] oder als strafrechtlich relevanter Tatbestand ist prinzipiell keine Tatsachenbehauptung, sondern Werturteil.[581] Denn es ist regelmäßig eine Wertungsfrage, ob ein Sachverhalt eine gesetzliche Norm ausfüllt.[582] Anderes gilt, wenn die Wertung nicht als Rechtsauffassung kenntlich gemacht ist, sondern bei dem Adressaten zugleich die Vorstellung von konkreten, in die Wertung eingekleideten Vorgängen hervorruft.[583] Zu den Einzelheiten vgl. die Kommentierung von *Bruhn* → § 4 Rn. 55 ff.

223 **bb) Unrichtigkeit.** Die Behauptung muss **vollständig unwahr** sein.[584] Der Anspruch auf Widerruf darf sich allein gegen solche Tatsachenbehauptungen richten, deren **Unrich-**

[570] StRspr, vgl. BGH GRUR 1978, 258 (259) – Schriftsachverständiger; GRUR 1982, 631 (632) – Klinikdirektoren; GRUR 1988, 402 (403) – Mit Verlogenheit zum Geld; GRUR 1992, 527 (528) – Plagiatsvorwurf II; OLG Düsseldorf 26.6.2012 – I-20 U 142/10 – Horizontale Schiebetore; OLG Koblenz 25.7.2012 – 9 U 31/12 – Spielabbruch nach Becherwurf.
[571] OLG München GRUR 2014, 1126 Rn. 18 ff. – Ritter Sport Voll-Nuss.
[572] BGH GRUR 1982, 631 – Klinikdirektoren; GRUR 1994, 915 (916 f.) – Börsenjournalist; OLG Karlsruhe NJW-RR 2001, 766 (767) – Skandalöse Behandlung von Fremdfirmenbeschäftigten.
[573] BGH GRUR 1982, 631 – Klinikdirektoren.
[574] BGH GRUR 1994, 915 (916 f.) – Börsenjournalist.
[575] BGH GRUR 1994, 915 (917) – Börsenjournalist.
[576] OLG Frankfurt a. M. WRP 2020, 627 Rn. 9.
[577] BGH GRUR 1994, 915 (917) – Börsenjournalist.
[578] OLG Düsseldorf 26.6.2012 – I-20 U 142/10 – Horizontale Schiebetore.
[579] OLG München GRUR 2014, 1126 Rn. 40 f. – Ritter Sport Voll-Nuss.
[580] BGH GRUR 1982, 631 (632) – Klinikdirektoren.
[581] BGH GRUR 1965, 206 (207) – Volkacher Madonna; GRUR 1982, 631 (632) – Klinikdirektoren.
[582] OLG München GRUR 2014, 1126 Rn. 28 – Ritter Sport Voll-Nuss.
[583] BGH GRUR 1982, 631 (632) – Klinikdirektoren.
[584] BGH GRUR 1962, 652 – Eheversprechen; Teplitzky/*Kessen* Kap. 26 Rn. 8.

tigkeit positiv feststeht.[585] Denn der **Widerruf** einer Tatsachenbehauptung besteht darin, dass die aufgestellte Behauptung **ausdrücklich als unrichtig erklärt** wird (→ Rn. 237). Das Recht kann es aber nicht zulassen, dass jemand durch Richterspruch verpflichtet wird, etwas als unrichtig zu bezeichnen, was möglicherweise wahr ist.[586] Beim Tatbestand des **§ 4 Nr. 2 UWG** liegt die **Beweislast** für die Richtigkeit der Tatsachenbehauptung bei demjenigen, der sie aufstellt.[587] Das gleiche gilt, wenn der Verstoß gegen **§ 3 aus § 3a UWG iVm § 186 StGB** hergeleitet wird. Ansonsten liegt die Beweislast beim Kläger. Ohne Rücksicht auf die Beweislastverteilung gilt allgemein: Verweigert der Beklagte im Prozess eine nähere Substantiierung, obwohl diese ihm nach eigenem Vortrag ohne weiteres möglich ist, kann die Behauptung als unwahr angesehen werden.[588] Ist die Behauptung insgesamt wahr, kann kein Widerrufsanspruch zugebilligt werden, selbst wenn die Behauptung geschäftsschädigend ist.[589]

Ist eine Behauptung **nur zum Teil unwahr,** so steht dem Betroffenen nicht schlechthin ein Anspruch auf Widerruf, sondern nur ein Anspruch auf **eingeschränkten Widerruf** in Form **Berichtigung** bzw. der **Richtigstellung** des unwahren Teils der Behauptung zu.[590] 224

Wenn zwar die Unwahrheit der Behauptung nicht positiv feststeht, andererseits aber nach der Beweisaufnahme auch keine ernstlichen Anhaltspunkte für die Richtigkeit der Behauptung sprechen und es deshalb äußerst **wahrscheinlich** ist, dass die **Behauptung unwahr** ist, kommt ein **eingeschränkter Widerruf** in der Form in Betracht, dass die Behauptung nach dem Ergebnis der Beweisaufnahme **nicht aufrechterhalten** werde.[591] 225

Ein Anspruch auf Widerruf kommt nicht in Betracht, wenn die Behauptung iSd § 4 Nr. 2 **zum Zeitpunkt ihrer Aufstellung zutreffend** und damit nicht gem. § 3 unzulässig war, sondern erst später durch Veränderung der Umstände **unrichtig wird.** Nach früher verbreiteter Auffassung zum UWG 1909 sollte bei solchen Behauptungen, wenn sie in eine Gegenwart hineinwirken, eine ergänzende **klarstellende Mitteilung** verlangt werden können.[592] Nach dem Wortlaut des § 8 Abs. 1 S. 1 Alt. 1 ist in solchen Fällen **keinerlei Anspruch** auf Beseitigung gegeben, weil es an einer nach § 3 unzulässigen Handlung fehlt. Damit fehlt es an einer Rechtsgrundlage für einen Anspruch auf eine klarstellende Mitteilung. 226

4. Bestehen des Störungszustands. a) Kein vorbeugender Beseitigungsanspruch. 227 Der Störungszustand muss bereits bestehen und setzt deshalb einen bereits **vollendeten Verstoß** voraus, aus der sich der Störungszustand ergibt.[593] Einen vorbeugenden Beseitigungsanspruch bei einem nur drohenden Verstoß hatte die Rspr. vor 2004 zwar in Ausnahmefällen anerkannt, nämlich wenn auch ein vorbeugender Unterlassungsanspruch besteht und die einzige in Betracht kommende Beseitigungsmaßnahme auch schon im Rahmen dieses Unterlassungsanspruchs geschuldet ist.[594] Unter Geltung des § 8 Abs. 1 S. 1 Alt. 1 kommt ein solcher vorbeugender Beseitigungsanspruch jedoch nicht mehr in Betracht.[595] Dies ergibt sich aus dem **Wortlaut** der Vorschrift („vornimmt") und aus dem **systematischen Vergleich zum Unterlassungsanspruch.** Hier ordnet § 8 Abs. 1 S. 2 ausdrücklich an, dass der Unterlassungsanspruch als vorbeugender Anspruch bereits dann

---

585 BGH GRUR 1962, 652 – Eheversprechen; GroßKommUWG/*Paal* § 8 Rn. 260.

586 BGH GRUR 1962, 652 – Eheversprechen; Köhler/*Bornkamm*/Feddersen § 8 Rn. 1.103.

587 OLG Koblenz 25.7.2012 – 9 U 31/12 – Spielabbruch nach Becherwurf.

588 BGH GRUR 1975, 36 (38) – Arbeits-Realitäten.

589 BGH GRUR 1970, 254 (256) – Remington.

590 BGH GRUR 1960, 449 (454) – Alte Herren; GRUR 1982, 631 (633) – Klinikdirektoren; GRUR 1987, 397 (399) – Insiderwissen; KG GRUR-RR 2002, 337 (338) – T-offline.

591 BGH GRUR 1962, 652 – Eheversprechen; GRUR 1977, 745 (747) – Heimstättengemeinschaft.

592 Vgl. etwa *Melullis* Rn. 1002; offengelassen von BGH GRUR 1970, 254 (257) – Remington.

593 Köhler/*Bornkamm*/Feddersen § 8 Rn. 1.110; *Ohly*/Sosnitza § 8 Rn. 71.

594 Vgl. BGH GRUR 1990, 687 (689) – Anzeigenpreis II; GRUR 1992, 618 (619) – Pressehaftung II; GRUR 1993, 556 (558) – TRIANGLE.

595 Köhler/*Bornkamm*/Feddersen § 8 Rn. 1.110; MüKoUWG/*Fritzsche* § 8 Rn. 152; *Ohly*/Sosnitza § 8 Rn. 72; aA *Feddersen* FS Büscher, 2018, 471 f.; Teplitzky/*Kessen* Kap. 22 Rn. 14.

besteht, wenn eine Zuwiderhandlung nur droht. Eine solche Erweiterung ist aber für den Beseitigungsanspruch gerade nicht vorgenommen worden. Für einen vorbeugenden Beseitigungsanspruch besteht auch keine praktische Notwendigkeit, weil der vorbeugende Unterlassungsanspruch vollkommen ausreichend ist. Dies gilt insbesondere mit Blick auf nachgeahmte Produkte, die noch nicht gem. § 4 Nr. 3 angeboten worden sind. Hier besteht anders als im Immaterialgüterrecht (vgl. §§ 18 Abs. 1 MarkenG, 140a Abs. 1, Abs. 2 PatG, 98 Abs. 1, 2 UrhG) kein Anspruch auf Vernichtung. Der Besitz solcher nachgeahmten Produkte ist nicht verboten, und gegen das drohende Anbieten schützt ein vorbeugender Unterlassungsanspruch. Einen rechtswidrigen Zustand, den es zu beseitigen gälte, gibt es nicht.[596]

228 **b) Fortdauer. aa) Erlöschen des Anspruchs bei Wegfall des Störungszustands.** Der Störungszustand muss **zum maßgeblichen Beurteilungszeitpunkt,** der letzten mündlichen Tatsachenverhandlung, noch **fortdauern.**[597] Ohne eine fortdauernde Störung bedarf es keiner Beseitigungsmaßnahme mehr.[598] Fällt der Störungszustand weg, so erlischt der Beseitigungsanspruch.[599] Ein **physischer Störungszustand** fällt weg, wenn der **Schuldner oder** ein **Dritter** ihn **behebt** (zB Abnahme oder Überkleben eines Plakats, Überstreichen der wettbewerbswidrig gestalteten Gebäudefassade; Austauschen veralteter Preislisten durch neue;[600] Wiedererlangung des Besitzes von Maschinen durch den Gläubiger, den sich der Schuldner auf unlautere Weise verschafft hat[601]) oder wenn er durch **Natureinwirkung** beseitigt wird (zB Ausbleichen des Plakats durch Sonnenlicht, Einsturz des Gebäudes durch Erdstoß). Ein Störungszustand, der in einer **Irreführung** oder in unlauter hervorgerufenen Missverständnissen besteht, fällt weg, wenn gegenüber den Adressaten eine angemessene **Klarstellung** erfolgt.[602]

229 **bb) Besonderheiten bei Äußerungen.** Mit dem Erfordernis des fortbestehenden Störungszustandes soll insbesondere bei **Äußerungsdelikten** den mit einem Widerrufsanspruch verbundenen **Gefahren** der Prozesssucht, Rechthaberei und übertriebenen Empfindlichkeit sowie den Rückwirkungen auf das Recht der Meinungsfreiheit begegnet werden.[603] Ein Anspruch auf Widerruf setzt voraus, dass sich die Äußerung dem Gedächtnis Dritter derartig eingeprägt hat, dass sie in ihnen geistig fortlebt.[604] Die unrichtigen Behauptungen müssen eine **„fortwirkende Quelle der Schädigung"** bilden.[605] Fehlt es an einer Fortwirkung, kann kein Widerruf mehr verlangt werden.[606]

230 Selbstverständlich fällt der Störungszustand weg, wenn der Verpflichtete den Widerruf bereits vorgenommen und die Störung damit selbst beseitigt hat.[607] Bei gem. § 4 Nr. 2 rufschädigenden oder gem. § 5 irreführenden falschen Tatsachenbehauptungen ist aber ein

[596] Vgl. auch RG MuW XXXI, 537 (540) – Schaltungsanordnung für Fernsprechsysteme.

[597] RG MuW XXXI, 276 (277) – Ablaßvorrichtung für Dampfkessel; BGH GRUR 1973, 203 (204) – Badische Rundschau; GRUR 1977, 614 (615) – Gebäudefassade; KG GRUR-RR 2002, 337 (339) – T-offline; MüKoUWG/*Fritzsche* § 8 Rn. 154.

[598] KG GRUR-RR 2002, 337 (338) – T-offline.

[599] BGH NJW 1993, 1991 (1992) – Maschinenbeseitigung; GRUR 2018, 423 Rn. 71 – Klauselersetzung; KG GRUR-RR 2002, 337 (339) – T-offline; MüKoUWG/*Fritzsche* § 8 Rn. 154, 157; *Ohly*/Sosnitza § 8 Rn. 72; GroßKommUWG/*Paal* § 8 Rn. 70.

[600] RG MuW XXIX, 122 (124) – Eßmann-Waagen.

[601] BGH NJW 1993, 1991 (1992) – Maschinenbeseitigung.

[602] Vgl. BGH GRUR 1995, 424 (426) – Abnehmerverwarnng.

[603] BGH GRUR 1970, 254 (257) – Remington; KG GRUR-RR 2002, 337 (338) – T-offline; ähnl. BGH GRUR 1969, 555 (558) – Cellulitis.

[604] OLG Frankfurt a. M. GRUR-RR 2018, 122 Rn. 20 – nickelfreie Edelstahlschließen; GRUR 2018, 1085 Rn. 18 – kennzeichnungsfrei.

[605] BGH GRUR 1970, 254 (256) – Remington; KG GRUR-RR 2002, 337 (338) – T-offline; OLG Frankfurt a. M. GRUR-RR 2018, 122 Rn. 20 – nickelfreie Edelstahlschließen; GRUR 2018, 1085 Rn. 18 – kennzeichnungsfrei; so bereits *Callmann* S. 112: *„eine stetig sich erneuernde Quelle der Schädigung"*.

[606] KG GRUR-RR 2002, 337 (339) – T-offline; OLG Frankfurt a. M. GRUR-RR 2018, 122 Rn. 20 – nickelfreie Edelstahlschließen; GRUR 2018, 1085 Rn. 18 – kennzeichnungsfrei.

[607] RG MuW XXXI, 276 (278) – Ablaßvorrichtung für Dampfkessel.

Wegfall des Störungszustandes auch **durch Zeitablauf** denkbar. Dies gilt auch mit Blick auf die Zeit, die das Gerichtsverfahren zur Anspruchsdurchsetzung dauert. Der Hinweis, eine Verzögerung des gerichtlichen Verfahrens könne dem Betroffenen nicht angelastet werden, ist wenig überzeugend. Eine – wenn auch unbefriedigend lange – gerichtliche Verfahrensdauer kann keine materielle Anspruchsvoraussetzung ersetzen.[608] Tatsachenbehauptungen im Rahmen des **schnelllebigen Werbegeschäfts** prägen sich idR nicht dauerhaft ein; sie **sind im Allgemeinen schnell vergessen** und rechtfertigen den Anspruch auf Widerruf dann nicht mehr.[609] Es bedarf deshalb konkreter Anhaltspunkte, dass ausnahmsweise die negativen Folgen der falschen Tatsachenangabe nicht allein dadurch aus der Welt geschafft werden können, dass sie aus allen Werbemedien entfernt wird und der Schuldner sie nicht wiederholt. Zudem steht der Anspruch auf Widerruf unter dem Verhältnismäßigkeitsvorbehalt, der eine umfassende Interessenabwägung erfordert. Als Anhaltspunkt reicht nicht aus, wenn vereinzelt von gewerblichen Abnehmern die tatsächlich falsche Werbebehauptung wiederholt wird; dies kann auch ins Blaue hinein geschehen oder andere Ursachen haben.[610] Allerdings kommt ein Widerruf gegenüber den gewerblichen Abnehmern bei einer irreführenden Werbung ausnahmsweise dann in Betracht, wenn die falsche Tatsachenbehauptung als *„unique selling point"* derart spektakulär ist, dass sie sich den Abnehmern dauerhaft einprägt und voraussichtlich auch gegenüber dem Endkunden aufgestellt werden wird.[611]

Rufschädigende Aussagen, vor allem, wenn sie von den Medien verbreitet werden, 231 können sich dem Gedächtnis auf längere Zeit einprägen, wenn sie mit Blick auf Gewicht und Tragweite der erhobenen Vorwürfe **in beträchtlichem Maße Aufsehen** erregt haben. Entscheidend sind die Umstände des Einzelfalles. Kriterien sind die Schwere und Massivität des Vorwurfs, die Person des Betroffenen, die Form und Intensität der Verbreitung und der Grad des Interesses der Allgemeinheit an den geschilderten Vorfällen, der wiederum von allen genannten Faktoren beeinflusst wird.[612] Behauptungen, die mit spektakulären Ereignissen verknüpft werden, die als solche bereits einen breiten Raum in der Medienberichterstattung und der öffentlichen Diskussion gefunden haben, bleiben besonders lange im Gedächtnis verankert.[613]

cc) Erledigung. Ist der Störungszustand **während des Verfahrens** vor der letzten 232 mündlichen Tatsachenverhandlung **weggefallen,** fehlt es an der materiellen Anspruchsvoraussetzung, auch wenn der Gläubiger die Verfahrensdauer nicht zu vertreten hat.[614] Damit muss die Klage abgewiesen werden, wenn der Kläger nicht die **Hauptsache für erledigt** erklärt.[615]

5. Rechtswidrigkeit. Der Störungszustand muss **objektiv rechtswidrig** sein. Es ist 233 hierbei ausreichend, dass der eingetretene Zustand der Störung rechtswidrig ist, auch wenn die zu Grunde liegende Handlung gerechtfertigt war, weil sie zB in Wahrnehmung berechtigter Interessen vorgenommen wurde.[616] Die Handlung muss allerdings zum Zeitpunkt ihrer Begehung eine gem. § 3 oder § 7 unzulässige gewesen sein (→ Rn. 215 ff.).

[608] KG GRUR-RR 2002, 337 (339) – T-offline.

[609] GroßKommUWG/*Paal* § 8 Rn. 85; vgl. auch KG GRUR-RR 2002, 337 (339) – T-offline; OLG Frankfurt a. M. GRUR-RR 2018, 122 Rn. 21 – nickelfreie Edelstahlschließen; OLG Frankfurt a. M. GRUR 2018, 1085 Rn. 19 – kennzeichnungsfrei.

[610] OLG Frankfurt a. M. GRUR-RR 2018, 122 Rn. 21 – nickelfreie Edelstahlschließen.

[611] OLG Frankfurt a. M. GRUR 2018, 1085 Rn. 19 – kennzeichnungsfrei.

[612] BGH GRUR 1962, 315 (318) – Deutsche Miederwoche; GRUR 1969, 555 (558) – Cellulitis; GRUR 1970, 254 (256) – Remington; GRUR 1992, 527 (529) – Plagiatsvorwurf II; KG GRUR-RR 2002, 337 (339) – T-offline; OLG Koblenz 25.7.2012 – 9 U 31/12 – Spielabbruch nach Becherwurf.

[613] Vgl. OLG Koblenz 25.7.2012 – 9 U 31/12 – Spielabbruch nach Becherwurf.

[614] BGH GRUR 2018, 423 Rn. 71 – Klauselersetzung.

[615] RG MuW XXXI, 276 (278) – Ablaßvorrichtung für Dampfkessel; KG GRUR-RR 2002, 337 (339) – T-offline.

[616] BGH GRUR 1955, 97 (99) – Constanze II; GRUR 1958, 448 (449) – Blanko-Verordnungen; GRUR 1960, 500 (502) – Plagiatsvorwurf I; GRUR 1995, 424 (426) – Abnehmerverwarnung.

234 Die Beeinträchtigung ist auch dann nicht rechtswidrig, wenn der Betroffene sie nach der Rechtsordnung hinnehmen muss, etwa weil der Verletzte damit einverstanden ist oder sich aus Rechtsvorschriften die **Duldungspflicht** ergibt,[617] zB aus dem Rechtsinstitut der **Verwirkung.**[618]

III. Inhalt und Umfang des Beseitigungsanspruchs

235 **1. Allgemeiner Beseitigungsanspruch. a) Allgemeines.** Inhalt des wettbewerbsrechtlichen Beseitigungsanspruchs ist die **Beseitigung des fortdauernden rechtswidrigen Störungszustandes.** Es liegt in der Natur des Beseitigungsanspruchs, dass er nicht *per se* auf eine bestimmte Handlung gerichtet ist, sondern dass sich sein **Inhalt** stets **nach der Art der Beeinträchtigung bestimmt.** Der Beseitigungsanspruch nach § 8 Abs. 1 S. 1 Alt. 1 kann alle zur Beseitigung der fortwirkenden Störung geeigneten Maßnahmen umfassen.[619]

236 **b) Verhältnismäßigkeit.** Beseitigende Maßnahmen können vom Schuldner selbstverständlich nur insoweit verlangt werden, als sie ihm überhaupt möglich sind.[620] Der Beseitigungsanspruch wird darüber hinaus durch den Grundsatz der Verhältnismäßigkeit begrenzt.[621] Es sind deshalb nur solche Maßnahmen geschuldet, die **geeignet** und **erforderlich** sind, den noch vorhandene Störungszustand zu beseitigen und die dem Schuldner **zumutbar** sind.[622] Maßnahmen, die dem Schuldner nicht zumutbar sind, können nicht verlangt werden (vgl. § 275 Abs. 2 BGB).[623] Das erfordert in jedem Einzelfall eine **Interessenabwägung** unter Berücksichtigung der schutzwürdigen Belange von Verletztem und Verletzer einerseits und des Gewichts und der Bedeutung der Beeinträchtigung andererseits.[624] Zuweilen erfordert der Grundsatz der Verhältnismäßigkeit, dem Schuldner eine **gewisse Zeitspanne** zur Vornahme der Beseitigung zuzubilligen. Im Fall *„Gebäudefassade"* hat der BGH den Anspruch auf Beseitigung der beanstandeten Bemalung des Geschäftshauses als gegeben angesehen, allerdings eine Frist von 11 Monaten für die Beseitigung zugestanden.[625] Kann der Schuldner die Beseitigung wegen Unzumutbarkeit der Beseitigungsmaßnahmen verweigern, kann an die Stelle des Beseitigungsanspruchs ein **Anspruch auf Geldentschädigung** treten (hierzu → Rn. 213).

237 **2. Anspruch auf Widerruf. a) Allgemeines.** Der Widerruf einer Tatsachenbehauptung besteht grundsätzlich darin, dass die aufgestellte **Behauptung** ausdrücklich **als unrichtig erklärt** wird.[626] Dem Schuldner kann nicht die darüber hinausgehende Erklärung zugemutet werden, dass er sich auch innerlich von seiner Behauptung distanziere.[627] Der Anspruch auf Widerruf wird vielmehr auch dann vollständig erfüllt, wenn bei Abgabe der Widerrufserklärung zum Ausdruck gebracht wird, dass diese nur auf die rechtskräftige

[617] Teplitzky/*Kessen* Kap. 22 Rn. 17; GroßKommUWG/*Paal* § 8 Rn. 71.
[618] *Büscher* in Fezer/Büscher/Obergfell § 8 Rn. 13; Teplitzky/*Kessen* Kap. 22 Rn. 17; GroßKommUWG/*Paal* § 8 Rn. 71.
[619] BGH GRUR 2015, 607 Rn. 35 – Uhrenankauf im Internet; OLG Frankfurt a. M. GRUR-RR 2005, 197 (198) – Vertragshändlernetz; LG Berlin 29.4.2011 – 103 O 198/10 – Flexstrom.
[620] *Ohly*/Sosnitza § 8 Rn. 79.
[621] Begr. RegE UWG 2004, BT-Drs. 15/1487, 22; BGH GRUR 2018, 292 Rn. 28 – Produkte zur Wundversorgung; LG Berlin 29.4.2011 – 103 O 198/10 – Flexstrom; Teplitzky/*Kessen* Kap. 22 Rn. 16; *Ohly*/Sosnitza § 8 Rn. 79.
[622] Begr. RegE UWG 2004, BT-Drs. 15/1487, 22; LG Berlin 29.4.2011 – 103 O 198/10 – Flexstrom; *Ohly*/Sosnitza § 8 Rn. 79.
[623] BGH GRUR 1957, 278 (279) – Evidur; GRUR 1994, 630 (633) – Cartier-Armreif; GRUR 1998, 415 (416) – Wirtschaftsregister.
LG Berlin 29.4.2011 – 103 O 198/10 – Flexstrom; *Ohly*/Sosnitza § 8 Rn. 79.
[624] BGH GRUR 1992, 527 (528) – Plagiatsvorwurf II; LG Berlin 29.4.2011 – 103 O 198/10 – Flexstrom.
[625] BGH GRUR 1977, 614 (616) – Gebäudefassade.
[626] BGH GRUR 1962, 652 – Eheversprechen.
[627] *Ohly*/Sosnitza § 8 Rn. 80.

Verurteilung hin abgegeben wird.[628] Nicht erfüllt wird der Anspruch auf Widerruf dann, wenn der Widerrufende erklärt, dass er weiterhin zu seinen früheren Behauptungen stehe.[629]

238 Die **Einzelheiten,** wie der Widerruf durchzuführen ist, werden **im Urteil bestimmt.**[630] Hierzu gehört auch, wem gegenüber, wie und wann zu widerrufen ist.[631] Grundsätzlich hat ein Widerruf in vergleichbarer Art und Weise zu erfolgen, wie die verletzende Äußerung.[632] Ist diese bestimmten Personen gegenüber gemacht worden, so muss sie denselben Personen gegenüber zurückgenommen werden, auch gegenüber einem „kleinen Kreis".[633] Die Kosten des Widerrufs trägt der Schuldner.

239 **b) Verhältnismäßigkeit.** Steht schon der allgemeine Beseitigungsanspruch unter einem Verhältnismäßigkeitsvorbehalt, gilt dies in besonderem Maße für den Widerrufsanspruch.[634] Der Widerruf muss erforderlich und dazu geeignet sein, den Störungszustand zu beseitigen, also der unrichtigen Behauptung entgegenzuwirken.[635] Der Widerruf darf nach Inhalt und Form nicht über das hinausgehen, was zur Beseitigung der Beeinträchtigung erforderlich ist.[636] Der Widerrufsanspruch folgt inhaltlich deshalb nicht dem Prinzip „Alles oder nichts", sondern kann je nach Intensität des Richtigstellungsbedürfnisses variieren oder eingeschränkt werden (→ Rn. 224 ff.).

240 Es ist **nicht Aufgabe des Widerrufs,** dem Verletzten **„Genugtuung zu verschaffen",**[637] sein „Rechtsgefühl"[638] oder sein „gekränkten Ehrgefühl"[639] wiederherzustellen oder den Schuldner unnötig zu „demütigen".[640] Der Widerruf hat sich in den Grenzen zu halten, die unter Abwägung der beiderseitigen Interessen zu ziehen sind.[641] Ist dem durch eine rufschädigende Behauptung Verletzten durch Urteil die **Befugnis zur Veröffentlichung des Unterlassungsgebots** zuerkannt, so wird in aller Regel die Veröffentlichung des auf Unterlassung der rufschädigenden Äußerung lautenden Urteils geeignet sein, die fortwirkenden schädlichen Folgen für den Verletzten zu beseitigen; es bedarf besonderer Darlegung, dass daneben auch noch ein öffentlicher Widerruf der Behauptung durch den Verletzer erforderlich sei.[642] Im Rahmen der erforderlichen Interessenabwägung ist auch eine vorangegangene öffentliche Herabsetzung der Leistung des Schuldners durch den Gläubiger zu berücksichtigen.[643] Der Widerruf darf nicht geeignet sein, zum Nachteil des Widerrufenden ein unrichtiges Bild vom wirklichen Sachverhalt hervorzurufen.[644]

241 **3. ABC zu Inhalt und Ziel von Beseitigungsansprüchen.** Eine genaue Einteilung oder vollständige Aufzählung von Maßnahmen zur Beseitigung ist weder möglich noch erforderlich. Sie ergeben sich in jedem Einzelfall aus der Art des Verstoßes und seiner Folgen.[645] Zu beseitigen ist der jeweilige Störungszustand. Daher ist in einem ersten Schritt zu fragen, worin der Störungszustand besteht. Dabei ist in jedem Einzelfall sorgfältig zu

---

628 Vgl. BVerfG NJW 1970, 651 (652) – Unheilbar gesund?.
629 *Ohly*/Sosnitza § 8 Rn. 80.
630 Köhler/*Bornkamm*/Feddersen § 8 Rn. 1.109.
631 Köhler/*Bornkamm*/Feddersen § 8 Rn. 1.109; vgl. zur Bestimmung des Adressatenkreises BGH GRUR 1966, 272 (273 f.) – Arztschreiber.
632 *Callmann* S. 113; *Ohly*/Sosnitza § 8 Rn. 77.
633 BGH GRUR 1984, 301 (302) – Aktionärsversammlung; *Callmann* S. 113.
634 Köhler/*Bornkamm*/Feddersen § 8 Rn. 1.99; *Ohly*/Sosnitza § 8 Rn. 80.
635 *Callmann* S. 113.
636 BGH GRUR 1969, 555 (557) – Cellulitis.
637 BGH NJW 1953, 1386 (1387); GRUR 1984, 301 (302) – Aktionärsversammlung.
638 BGH NJW 1953, 1386 (1387).
639 BGH GRUR 1960, 449 (454) – Alte Herren.
640 BGH GRUR 1957, 278 (279) – Evidur; GRUR 1984, 301 (303) – Aktionärsversammlung; GRUR 1998, 415 (417) – Wirtschaftsregister.
641 BGH GRUR 1969, 555 (557) – Cellulitis.
642 BGH GRUR 1966, 272 (274) – Arztschreiber.
643 BGH GRUR 1992, 527 – Plagiatsvorwurf II; Köhler/*Bornkamm*/Feddersen § 8 Rn. 1.102.
644 BGH GRUR 1957, 561 (564) – REI-Chemie.
645 *Callmann* S. 109; Teplitzky/*Kessen* Kap. 24 Rn. 1; *Melullis* Rn. 1002.

prüfen, ob in der vom Anspruchsteller vorgetragenen Sachlage überhaupt einen Störungszustand liegt.[646] Weiter ist einem zweiten Schritt zu fragen, welche Maßnahmen zu seiner Beseitigung zweckmäßig und zumutbar sind.[647]

242 Das folgende, naturgemäß weder vollständige noch überschneidungsfreie ABC der möglichen Beseitigungsfälle erfasst die wichtigsten in der Praxis vorkommenden, diskutierten und zT auch entschiedenen Fälle. Es wurde für die ersten drei Auflagen dieses Kommentars von *Seitz* erarbeitet und soll hier als Alternative zu etablierten Kasuistiken[648] in modifizierter (teils verknappter, teils ausführlicherer) Form fortgeschrieben werden.

243 **(1) Aufhebung eines Verbots.** Als geeignete Maßnahme zur Beseitigung der Störung kann der Beseitigungsanspruch nach § 8 Abs. 1 S. 1 Alt. 1 UWG die ausdrückliche Aufhebung eines rechtswidrigen Verbots umfassen.[649] Hierzu gehört auch die Zustimmung zur Aufhebung von Sperren. Bei einer ungerechtfertigt aufrechterhaltenen **„allgemeinen Markenbeschwerde"**, die einen Werbenden daran hindert, in legitimer Weise bestimmte Kennzeichen im Text von Google-AdWords-Anzeigen zu verwenden, ist die geeignete und erforderliche Maßnahme zur Beseitigung der hierin liegenden gezielten Behinderung die Erteilung der Zustimmung gegenüber Google, dass der Werbende dieses Kennzeichen in Zukunft für AdWords-Anzeigen benutzen darf.[650]

244 **(2) Auskunft.** In besonders gelagerten Fällen kann die Störungsbeseitigung auch durch **Erteilung einer Auskunft** erfolgen, zB dann, wenn die unlautere geschäftliche Handlung in der Verletzung eines geschlossenen Vertriebssystems durch Verleitung zum Vertragsbruch liegt. Der Beitrag des Verletzers zur Beseitigung der Störung des geschlossenen Vertriebssystems besteht dann in der Namhaftmachung der undichten Stelle im Vertriebssystem.[651]

245 **(3) Belieferungsverbot.** Ein Belieferungsverbot kann Folge einer Unterlassungsverpflichtung sein.[652] Sind unlauter **Kunden abgeworben** worden, kann der Verletzer auch als Schadensersatz im Wege der Naturalrestitution (§ 249 BGB) verpflichtet sein, diese zeitweilig nicht zu beliefern (*Goldmann* → § 9 Rn. 174). Ein Belieferungsverbot kann aber ebenso aus dem wettbewerbsrechtlichen Beseitigungsanspruch des § 8 Abs. 1 S. 1 Alt. 1 abgeleitet werden: Ist ein Kundenstamm rechtswidrig entzogen worden, so wird die Störung behoben, wenn der Verletzer mit einem Belieferungsverbot so lange von den Kunden ferngehalten wird, bis die Beziehung erloschen, also der unrechtmäßige Wettbewerbsvorteil aufgehoben ist.[653]

246 **(4) Berichtigende Aufklärung.** Ein Störungszustand kann darin bestehen, dass bei einem Vertragspartner durch eine unlautere geschäftliche Handlung eine Fehlvorstellung von geschäftlicher Relevanz über den Vertragsinhalt entstanden ist. Dann ist der Beseitigungsanspruch auf **die Beseitigung der Fehlvorstellung** gerichtet.[654] Geschuldet ist in diesen Fällen eine berichtigende Aufklärung gegenüber diesen Vertragspartnern. Bezieht ein Unternehmer gegenüber Verbrauchern **unwirksame AGB** in den Vertrag ein, kann es sich unter dem Gesichtspunkt des Rechtsbruchs gem. § 3a um eine unlautere geschäftliche Handlung iSd § 3 Abs. 1 handeln, die zu einem Beseitigungsanspruch nach § 8 Abs. 1 S. 1 Alt. 1 führt.[655] Der Störungszustand besteht darin, dass gegenüber dem Verbraucher das

[646] Vgl. RG MuW XXIX, 122 (124) – Eßmann-Waagen.
[647] Vgl. BGH GRUR 1963, 539 (541 f.) – echt skai.
[648] Vgl. MüKoUWG/*Fritzsche* § 8 Rn. 176 ff.
[649] BGH GRUR 2015, 607 Rn. 35 – Uhrenankauf im Internet.
[650] BGH GRUR 2015, 607 Rn. 35 – Uhrenankauf im Internet.
[651] Vgl. *Pastor* Kap. 43 III 1.
[652] BGH GRUR 1964, 215 f. – Milchfahrer.
[653] BGH GRUR 1970, 182 – Bierfahrer.
[654] Vgl. BGH GRUR 2018, 423 Rn. 25 f., 40 ff. – Klauselersetzung; KG 27.3.2013 – 5 U 112/11 – Flexstrom; *Kruis* ZIP 2019, 393 (397).
[655] BGH GRUR 2018, 423 Rn. 40 ff. – Klauselersetzung; *Kruis* ZIP 2019, 393 (397).

Bestehen einer unzutreffenden Vertragslage behauptet wurde und er deshalb einer **fortdauernden Fehlvorstellung über den Vertragsinhalt** unterliegt.[656] Als Beseitigung iSv § 8 Abs. 1 S. 1 Alt. 1 kann daher verlangt werden, die Vertragspartner **über die Unwirksamkeit** der betreffenden AGB-Klausel und sein Recht auf Rückforderung bereits gezahlter Beträge **zu informieren.**[657] Dasselbe gilt, wenn ohne jegliche vertragliche Grundlage (wenn also die unwirksame AGB-Klausel nicht einmal vereinbart wurde) einfach **eigenmächtig** eine **rechtswidrige Abbuchung** vorgenommen und der Kunde anschließend über diese Belastung unterrichtet wird. In einem solchen Fall müssen die betreffenden Kunden darüber informiert werden, dass die abgebuchten Kosten nicht geltend gemacht und zurückerstattet werden.[658] Selbstverständlich ist eine solche Information als Beseitigung der Fehlvorstellung, die **Abbuchung** sei rechtmäßig und könne nicht zurückverlangt werden, auch dann als Beseitigungshandlung geschuldet, wenn eine derartige **unwirksame AGB-Klausel** als vermeintliche Rechtsgrundlage vertraglich vereinbart wurde.[659] Ebenso kann verlangt werden, Vertragspartner darauf hinzuweisen, wenn ein **Vertrag nicht wirksam zustande gekommen** oder **nach §§ 134, 138 BGB nichtig** ist. Das setzt voraus, dass entweder durch den unterbliebenen Hinweis selbst im Sinne einer Irreführung durch Unterlassen ein Störungszustand besteht oder dass die Unwirksamkeit des Vertrags gerade auf einer gem. § 3 oder § 7 unzulässigen Handlung beruht.[660] **Keine** berichtigende Aufklärung ist geschuldet, wenn die als Beseitigungshandlung verlangte Information den Störungszustand nicht beseitigen kann, sondern im Ergebnis allein darauf hinausläuft, ein **rechtswidriges Verhalten** in der Vergangenheit **einzugestehen.** Ein Energieversorger muss zwar gem. § 41 Abs. 3 EnWG Kunden auch über eine bevorstehende Vertragsübernahme unterrichten. Die Beseitigung des durch eine nicht rechtzeitige Unterrichtung hervorgerufenen Störungszustandes ist aber unmöglich, wenn die Vertragsübertragung faktisch bereits durchgeführt wurde und eine Information darüber nicht mehr nachholbar ist und auch die Rechtsstellung der betroffenen Kunden nicht verbessern kann.[661]

Ein Anspruch auf berichtigende Aufklärung kann sich auch aus **irreführender Werbung** 247 ergeben, die **an individuelle Empfänger** gerichtet ist.[662] Diese Fälle können eine Verwandtschaft zu den soeben erörterten AGB-Konstellationen aufweisen. In einem vom KG entschiedenen Fall hatte ein Energieversorgungsunternehmen seinen Kunden einen Flyer übersandt, der wie eine Werbung aussah und dem nur bei genauem Hinsehen eine Preiserhöhung zu entnehmen war. Der Energieversorger erweckte mit einem irreführenden Hinweis den Eindruck, die Preiserhöhung werde wirksam, wenn der Kunde weiterhin Strom beziehe. Als Beseitigungsmaßnahme wurde dem Energieversorger vom KG aufgegeben, gegenüber den Adressaten **in einem persönlichen Schreiben richtigzustellen,** dass die Tarife nur mit Zustimmung des Kunden hätten geändert werden können, der Weiterbezug von Strom nicht als Zustimmung gelte und dass zu viel gezahltes Geld zurückverlangt werden könne.[663] Ein Versicherer, der im Rahmen der Klauselersetzung Kunden missbräuchliche Klauseln zugesandt und zudem irreführende Angaben über Nachteile der vorzeitigen Vertragsbeendigung gemacht hatte, wurde vom LG Stuttgart dazu verpflichtet, Auskunft über die Adressaten zu erteilen und diesen gegenüber die irreführenden Behauptungen zu berichtigen sowie die missbräuchlichen Klauseln zu korrigieren.[664] Aber auch in anderen Fällen kann zur Beseitigung einer bei individuellen Adressaten hervorgerufenen

---

[656] Vgl. BGH GRUR 2018, 423 Rn. 25 f. – Klauselersetzung; KG 27.3.2013 – 5 U 112/11 – Flexstrom; *Kruis* ZIP 2019, 393 (397).

[657] BGH GRUR 2018, 423 Rn. 40 ff., 70 – Klauselersetzung; Köhler/*Bornkamm*/Feddersen § 8 Rn. 1.108c; *Kruis* ZIP 2019, 393 (397); *Singbartl/Zintl* VuR 2016, 14 (17 f.).

[658] OLG Dresden GRUR-RR 2018, 428 Rn. 35 f. – Kontobelastung bei Pfändung.

[659] *Kruis* ZIP 2019, 393 (397).

[660] AA *Köhler* WRP 2019, 269 Rn. 32.

[661] LG Hagen 18.7.2019 – 21 O 20/19.

[662] BGH GRUR 1998, 415 (416) – Wirtschaftsregister; KG 27.3.2013 – 5 U 112/11 – Flexstrom.

[663] KG 27.3.2013 – 5 U 112/11 – Flexstrom.

[664] LG Stuttgart 7.8.2014 – 11 O 298/13.

Fehlvorstellung eine berichtigende Aufklärung verlangt werden. Wirbt etwa ein Gewerbetreibender für Einträge in sein „Wirtschaftsregister" mit Angeboten, die – allein zum Zweck der Täuschung – rechnungsähnlich ausgestaltet sind, so ruft er durch die Irreführung der Adressaten einen Störungszustand hervor, der dazu führen kann, dass die Adressaten bezahlen, ohne dazu verpflichtet zu sein. Der BGH hat den Absender dieser Angebote verpflichtet, die zahlenden Adressaten schriftlich darauf hinzuweisen, dass es sich lediglich um ein Angebot und nicht um eine Rechnung mit entsprechender Zahlungsverpflichtung gehandelt habe.[665] **Zur** Art und Weise der berichtigenden Aufklärung und der **Formulierung der Klageanträge** näher → Rn. 286.

248 Entsprechendes gilt auch, wenn gegenüber individuellen Adressaten **unzulässig kritisierende Werbung** betrieben worden ist. Hier ist ein Anspruch auf berichtigende Mitteilungen an die individuellen Empfänger dieser unzulässigen Werbung zu bejahen.

249 **(5) Berichtigende Werbung.** Wo von einer unlauteren Werbung nicht individuelle Empfänger, sondern eine Vielzahl von nicht identifizierbaren Adressaten erreicht werden, liegt der Störungszustand in der Fortwirkung des Aussagegehalts der unlauteren Werbung bei den Adressaten (zB die **Fehlvorstellungen der Umworbenen**). Hier kann bei einem fortdauernden Störungszustand verlangt werden, dass eine berichtigende Werbung geschaltet wird, um diese Fehlvorstellung zu beseitigen.[666] Werbung ist allerdings schnelllebig und ihre Effekte häufig rasch vergessen; wenn die Fehlvorstellung deshalb nicht mehr besteht, fehlt es an der Voraussetzung für den Beseitigungsanspruch (ausf. → Rn. 230). Der Grundsatz der Verhältnismäßigkeit ist zu beachten. Es ist ein angemessenes Verhältnis zwischen der Schwere der irreführenden Angaben und dem Aufwand herzustellen, der mit einer solchen berichtigenden Werbung verbunden sein kann. Soweit sich Adressaten der unlauteren Werbung identifizieren und individuell anschreiben lassen (hierzu → Rn. 247), ist eine aufwendige öffentliche berichtigende Werbung nicht geboten.

250 **(6) Berichtigung.** Die sog. Berichtigung ist eine **Sonderform des Widerrufs.** Siehe deshalb dort (→ Rn. 237).

251 **(7) Beschäftigungsverbot.** Ein Beschäftigungsverbot kann auch als Schadensersatzanspruch[667] oder als Unterlassungsanspruch tituliert werden. Wie das Belieferungsverbot kann es aber auch dem Beseitigungsanspruch zugeordnet werden. Wird ein Angestellter auf unlautere Weise abgeworben, so kann der alte Arbeitgeber dem Abwerbenden verbieten lassen, den Abgeworbenen für einen bestimmten Zeitraum (den Zeitraum, der dem wettbewerblichen Vorsprung entspricht, den er andernfalls auf Kosten des Geschädigten durch die Abwerbung erzielt hätte) zu beschäftigen.[668]

252 **(8) Duldung von Eigenmaßnahmen des Gläubigers.** Stellt der unlauter Handelnde trotz Bestehens und Geltendmachung von Beseitigungsansprüchen die Störungsquelle nicht schnell genug ab, so kann es für den Gläubiger erforderlich sein, selbst Maßnahmen zur Störungsbeseitigung zu ergreifen. Dies soll dem Gläubiger in erster Linie ermöglichen, sich von der Störung zu befreien. Der Gläubiger kann sich aber auch durch seine gem. § 254 Abs. 1 BGB bestehende Schadensminderungsobliegenheit (*Goldmann* → § 9 Rn. 162 ff.) gezwungen sehen, seinen Schaden möglichst gering zu halten und zu diesem Zweck die Störungsquelle zügig abzustellen. Eigenmaßnahmen des Gläubigers können alles umfassen, was die durch das wettbewerbswidrige Verhalten verursachte Lage wieder bereinigt. In Betracht kommen insbesondere Maßnahmen der **Gegenwerbung.** Die **Pflicht zur Duldung solcher Maßnahmen** lässt sich durchaus noch unter den Wortlaut des § 8 Abs. 1 S. 1 Alt. 1 fassen. Denn das Dulden der Beseitigung durch den Gläubiger selbst kann sich im Einzelfall als die effektivste Art der Erfüllung der Beseitigungspflicht darstellen, die den

[665] BGH GRUR 1998, 415 (416) – Wirtschaftsregister.
[666] BGH GRUR 1958, 30 (31) – Außenleuchte.
[667] Vgl. BGH GRUR 1971, 358 – Textilspitzen; GRUR 1975, 306 – Baumaschinen.
[668] BGH GRUR 1961, 482 – Spritzgußmaschinen.

Schuldner trifft. Deshalb wird nach einer Interessenabwägung im Einzelfall häufig angenommen werden können, dass sich die Duldung der Beseitigung im Ergebnis als Beseitigungshandlung des Schuldners darstellt und daher von ihm verlangt werden kann. Dies wird zu bejahen sein, wenn bei Fortbestehen der Störung dem Gläubiger oder den von ihm wahrgenommenen Interessen (zB Verbraucherinteressen) ein schwerer Schaden droht und der Gläubiger den Schuldner zuvor aufgefordert hat, selbst tätig zu werden. Wurde etwa wettbewerbsrechtlich unzulässig mit Hilfe einer Pressemitteilung Werbung getrieben, so kann der unlauter Werbende dazu verpflichtet sein, eine **klarstellende Pressemitteilung** eines Wettbewerbers zu dulden, die auf die unlautere erste Pressemitteilung Bezug nimmt und deren Inhalt korrigiert, ohne den Betroffenen unnötig bloßzustellen. Dies gilt jedenfalls dann, wenn der Herausgeber der ersten Pressemitteilung sich weigert, selbst eine solche Mitteilung herauszugeben.[669] Von einer solchen Aufforderung kann im Einzelfall abgesehen werden, wenn größte Eilbedürftigkeit besteht und das Setzen auch einer kurzen Frist nicht zumutbar ist, etwa weil der Schuldner sich auch zuvor unkooperativ gezeigt hat. Bei der Frage des **Kostenersatzes** kommt dem Grundsatz der Verhältnismäßigkeit besonders große Bedeutung zu. Die Rspr. ordnet die Thematik eher dem Schadensersatz- als dem Beseitigungsanspruch zu.[670] Die Einzelheiten werden deshalb im Rahmen des Schadensersatzanspruchs dargestellt (*Goldmann* → § 9 Rn. 178 ff.).

(9) Einwilligung in die Löschung eines Domainnamens. Ein Beseitigungsanspruch 253
nach § 8 Abs. 1 S. 1 Alt. 1 auf Einwilligung in die Löschung des Domainnamens besteht, wenn gerade in der Aufrechterhaltung der Registrierung ein rechtswidriger Störungszustand liegt. Das ist etwa dann der Fall, wenn der Inhaber einen Mitbewerber durch das Halten der Eintragung gezielt unlauter behindert und damit rechtsmissbräuchlich handelt.[671] Ein solcher Rechtsmissbrauch ist insbesondere anzunehmen, wenn der Domaininhaber den Domainnamen ohne ernsthaften Benutzungswillen in der Absicht hat registrieren lassen, sich diesen von dem Inhaber eines entsprechenden Kennzeichen- oder Namensrechts abkaufen zu lassen.[672]

(10) Einwilligung in die Löschung einer Firma. Ist zu Unrecht und wettbewerbs- 254
widrig eine **Eintragung in ein Register** bewirkt worden, kann aus § 8 Abs. 1 S. 1 Alt. 1 als Ausprägung des Beseitigungsanspruchs ein Anspruch auf Einwilligung in die Löschung bestehen.[673] Nach wohl überwiegender Auffassung soll der Beseitigungsanspruch auch dann gegeben sein, wenn im Halten der Registereintragung an sich noch keine unlautere geschäftliche Handlung zu sehen ist; auf das Erfordernis eines Störungszustandes, das die eigentliche materielle Anspruchsgrundlage bildet, soll *de facto* verzichtet werden können.[674] **Dies ist entschieden abzulehnen.** Der Beseitigungsanspruch besteht nicht aus sich selbst heraus, sondern ist vom Vorliegen einer Störung abhängig.

Beim Schutz von Unternehmenskennzeichen ist das Halten einer rechtsverletzenden 255
Firma im Register[675] und sogar deren bloße Anmeldung[676] bereits eine vollendete Verletzung und bewirkt einen Störungszustand. Dies kann jedoch nicht ohne weiteres für das UWG gelten. Voraussetzung ist hier stets eine unlautere geschäftliche Handlung. Hieran

---

669 OLG München WRP 1996, 236 – Computerzeitschrift.

670 BGH GRUR 1982, 489 (490) – Korrekturflüssigkeit.

671 BGH GRUR 2009, 685 Rn. 38 – ahd.de; OLG Hamburg 9.4.2015 – 3 U 59/15 Rn. 109 ff. – creditsafe.de.

672 BGH GRUR 2009, 685 Rn. 43 – ahd.de.

673 OLG Zweibrücken GRUR-RR 2007, 89 (91) – R. Post Deutschland; LG Mannheim 18.7.2008 – 7 O 10/08 – REIT AG; *Ohly*/Sosnitza § 8 Rn. 77.

674 Köhler/*Bornkamm*/Feddersen § 8 Rn. 1.94.

675 Vgl. RG MuW XXI, 81 (82) – Plaut & Sohn; *Goldmann,* Unternehmenskennzeichen, § 12 Rn. 50.

676 Vgl. RGZ 22, 58 (60) – A. B. Faber; 80, 436 (437) – G. & Co. Beerdigungsinstitut; BGH GRUR 1957, 426 (427) – Getränke Industrie; GRUR 2008, 912 Rn. 28 – Metrosex; GRUR 2010, 838 Rn. 22 – DDR-Logo; OLG Düsseldorf GRUR-RR 2013, 21 (22) – Charité; LG München I 12.12.2017 – 33 O 13445/17 – laut von leise/LAUT & leise; *Goldmann,* Unternehmenskennzeichen, § 12 Rn. 51.

wird es beim bloßen Halten einer Firma mit irreführendem Inhalt im Register meist fehlen. Auch wenn die Registereintragung und das Bestehen des Eintrags anders als die Benutzung einer unlauteren Firma an sich keine unlauteren geschäftlichen Handlungen darstellen, soll nach Auffassung des LG Mannheim in dem Registereintrag eine **„latente Dauerstörung"** liegen, weil der Registereintrag einen **Anschein der Rechtmäßigkeit** der Nutzung der Firma setzen soll.[677] Das überzeugt nicht. Ein echter Störungszustand liegt nur vor, wenn die Eintragung ins Register **missbräuchlich** zum **Zwecke der Sperrwirkung** erlangt wurde und sich die Aufrechterhaltung der Eintragung im Handelsregister als eine gezielte unlautere Behinderung darstellt.[678]

256 Wenn ein Löschungsanspruch besteht, darf die Verurteilung zur Beseitigung nicht weiter gehen, als dies zur Beseitigung der Störung erforderlich ist.[679] Liegt die Störung allein in der Eintragung eines bestimmten Firmenbestandteils, so kann auch nur die Löschung dieses Bestandteils (in der konkret eingetragenen Firma) verlangt werden. Die Löschung dieses Firmenbestandteils stellt nämlich einen weniger weitgehenden Eingriff in die Rechtsstellung des Verletzers dar als die Löschung der gesamten Firma; denn die Verurteilung zur Löschung dieses Firmenbestandteils in der konkret eingetragenen Firma steht der Eintragung und Verwendung dieses Bestandteils innerhalb einer anderen Kombination nicht zwingend entgegen.[680] Die Teillöschung kann dazu führen, dass die verbleibenden Bestandteile die Firma nach den §§ 18 ff. HGB unzulässig machen. Dann läuft der Anspruch auf Teillöschung im Ergebnis mittelbar auf eine vollständige Löschung hinaus; hierauf braucht der Kläger aber keine Rücksicht zu nehmen.[681] Ein Anspruch auf isolierte Löschung nicht rechtswidriger Bestandteile besteht nicht.[682] Verletzt nur die Verwendung eines Bestandteils in Alleinstellung, nicht aber die Verwendung im Rahmen der vollständigen Firma Rechtsvorschriften, so besteht kein Anspruch auf Einwilligung in die Löschung.[683] Selbstverständlich kann nur die Löschung einer **deutschen Firma** verlangt werden, niemals die einer ausländischen Firma. Dies ergibt sich aus dem Territorialitätsprinzip sowie dem Grundsatz, dass die Löschung im Ergebnis nur so weit beansprucht werden darf, wie der Störungszustand reicht.[684]

257 Der **Klageantrag** kann unmittelbar auf Beseitigung der Rechtsverletzung, dh auf **Abgabe der Löschungsanmeldung** durch den beklagten Kaufmann, gerichtet werden. Mit Rechtskraft der Entscheidung gilt die Löschungsanmeldung gem. § 894 ZPO als abgegeben; der Kläger kann dann zum Zweck der Löschung der unzulässigen Firma eine Urteilsausfertigung beim Registergericht vorlegen.[685] Die rechtskräftige Verurteilung des Kaufmanns zur Löschung seiner Firma reicht somit für die Eintragung der Löschung im Handelsregister aus. Das rechtskräftige Urteil ersetzt nach § 894 S. 1 ZPO die Abgabe der Willenserklärung, hier also die Anmeldung zur Eintragung im Handelsregister.[686] Dabei wird jede Form ersetzt und gewahrt.[687] Nicht ersetzt wird allerdings der Zugang der Erklärung beim Registergericht; deren Übermittlung hat der Gläubiger zu bewirken.[688]

---

[677] LG Mannheim 18.7.2008 – 7 O 10/08 – REIT AG.

[678] OLG Zweibrücken GRUR-RR 2007, 89 (91) – R. Post Deutschland.

[679] RGZ 95, 292 (294) – Birresborner Mineralbrunnen AG; BGH GRUR 1981, 60 (64) – Sitex.

[680] RGZ 95, 292 (294) – Birresborner Mineralbrunnen AG; BGH GRUR 1974, 162 (164) – etirex; GRUR 1981, 60 (64) – Sitex; GRUR 2013, 833 Rn. 26 – Culinaria/Villa Culinaria.

[681] RGZ 114, 318 (321) – Cohrs & Ammé II.

[682] OLG Frankfurt a. M. MuW XXI, 244 (246) – Deutsche Maschinenbau- und Vertriebsgesellschaft.

[683] BGH GRUR 1982, 420 (422) – BBC/DDC; GRUR 1999, 183 (184) – Ha-Ra/HARIVA (zu einem Anspruch aus § 14 Abs. 2 Nr. 2, Abs. 5 MarkenG).

[684] *Goldmann,* Unternehmenskennzeichen, § 19 Rn. 489.

[685] RGZ 114, 318 (321) – Cohrs & Ammé II; 125, 159 (164) – Scharlachberg; OLG München 10.6.2013 – 31 Wx 172/13 – BAVARIA Haus und Grund Immobilien-Treuhand GmbH.

[686] RG MuW X, 387 (388 f.) – Horch; OLG München 10.6.2013 – 31 Wx 172/13 – BAVARIA Haus und Grund Immobilien-Treuhand GmbH.

[687] OLG München 10.6.2013 – 31 Wx 172/13 – BAVARIA Haus und Grund Immobilien-Treuhand GmbH.

[688] OLG München 10.6.2013 – 31 Wx 172/13 – BAVARIA Haus und Grund Immobilien-Treuhand GmbH; vgl. auch OLG Hamm NJW-RR 2005, 767 (768 f.) – Taco Bell.

(11) Einwilligung in die Löschung einer Marke. Ist bereits die Registrierung und nicht lediglich die Geltendmachung von Markenrechten unter dem Gesichtspunkt der gezielten Behinderung gem. §§ 3, 4 Nr. 4 unzulässig, so folgt daraus als Beseitigungsanspruch aus § 8 Abs. 1 S. 1 Alt. 1 ein Anspruch auf Einwilligung in die Löschung der Marke.[689] Eine gezielte Behinderung liegt vor, wenn die Absicht, die mit der Eintragung eines Zeichens entstehende Sperrwirkung zweckwidrig als Mittel des Wettbewerbskampfes gegen einen Mitbewerber einzusetzen, wesentlicher Beweggrund für die Anmeldung der Marke ist und der Anmelder kein anerkennenswertes eigenes Interesse an der Benutzung der Marke hat.[690] 258

(12) Entfernen von Werbung. Unproblematisch erfasst der Beseitigungsanspruch das Entfernen wettbewerbswidriger Werbung. Wenn der Störungszustand etwa im Klebenlassen irreführender oder sonst wettbewerbswidrig gestalteter Plakate liegt, besteht ein Anspruch auf Beseitigung, der sich insoweit inhaltlich mit dem Unterlassungsanspruch deckt und auf Abnahme der Plakate gerichtet ist.[691] Ein gegenüber dem Abnehmen von Plakaten milderes Mittel zur Störungsbeseitigung kann aber im Einzelfall das vollständige oder teilweise **Überkleben** der Plakate, das **Schwärzen** bestimmter Passagen oder die Ergänzung um klarstellende Hinweise sein. 259

(13) Entfernung unzulässiger Bezeichnungen. Zur Beseitigung eines rechtswidrig bestehenden Störungszustandes kann auch die Entfernung unzulässiger Bezeichnungen führen. Wird für ein Möbeleinzelhandelsgeschäft das unzulässige Ladenschild „Möbellager“ verwendet, so kann die Entfernung dieses Schildes verlangt werden.[692] 260

(14) Entsperrung von Boykottmaßnahmen. Der Beseitigungsanspruch kann sich auf die Beseitigung von Boykottmaßnahmen richten, etwa in Form der **Wiederbelieferung.**[693] 261

(15) Herausgabe von Gegenständen. Sind **Gegenstände in unlauterer Weise erlangt** worden, so kann deren **Rück- oder Herausgabe** im Wege des wettbewerbsrechtlichen Beseitigungsanspruchs erreicht werden. Der Störungszustand besteht in diesen Fällen im Aufrechterhalten des Besitzes, der in unlauterer Weise erlangt oder beibehalten wurde.[694] In Betracht kommen etwa geheime Geschäftsunterlagen, wie Konstruktionspläne, technische Zeichnungen,[695] Kundenlisten, Adresslisten oder Verträge.[696] Wo solche Unterlagen in elektronischer Form gespeichert sind, kann Herausgabe der Speichermedien verlangt werden. 262

Die frühere Rspr. des BGH hat darüber hinaus einen Anspruch auf **Herausgabe von Gegenständen** als Beseitigungsanspruch bejaht, insbesondere von **Druckschriften** und Werbematerial unlauteren Inhalts, dessen weitere Nutzung im geschäftlichen Verkehr zu unterlassen ist, wenn der Wettbewerbsverstoß „recht schwerwiegender Natur ist“, „die noch nicht verbreiteten Exemplare der Druckschrift einen ständigen Anreiz zu weiteren gleichen oder ähnlichen wettbewerbswidrigen Handlungen bieten und andererseits nicht ersichtlich ist, welches berechtigte Interesse der Bekl. noch daran haben könnte, im Besitz dieser Exemplare zu verbleiben.“[697] Ein solcher Beseitigungsanspruch gerichtet auf Heraus- 263

---

689 BGH GRUR 2008, 621 Rn. 20 – Akademiks; LG Hamburg GRUR-RR 2006, 29 f. – Fußballsammelbilder; ebenso bereits zum früheren Recht BGH GRUR 1980, 110 (111) – TORCH; GRUR 1986, 74 (77 f.) – Shamrock III; GRUR 2000, 1032 (1034) – EQUI.

690 BGH GRUR 2008, 621 Rn. 21 – Akademiks.

691 OLG Kiel MuW XIII, 210 (211) – Einzelverkauf an Private zu Fabrikpreisen.

692 OLG Düsseldorf GRUR 1970, 376 (377) – Möbellager.

693 Vgl. *Büscher* in Fezer/Büscher/Obergfell § 8 Rn. 22; Teplitzky/*Kessen* Kap. 26 Rn. 45.

694 BGH GRUR 1956, 284 (287) – Rheinmetall Borsig II.

695 BGH GRUR 1956, 284 (287) – Rheinmetall Borsig II.

696 BGH GRUR 2006, 1044 Rn. 17 – Kundendatenprogramm; GRUR 2009, 603 Rn. 22 – Versicherungsvertreter.

697 BGH GRUR 1954, 163 (165) – Bierbezugsverträge.

gabe war als „Unterstützung des Unterlassungsanspruchs" gedacht, nämlich aus der Befürchtung heraus, der Verletzer werde dem Unterlassungsurteil keine Folge leisten und die bei ihm noch vorhanden Exemplare der Druckschrift weiter zu wettbewerbswidrigen Zwecken verwenden.[698] **Dem ist zu widersprechen.** Der bloße betriebsinterne Besitz von Gegenständen und von Material, dessen Benutzung im geschäftlichen Verkehr rechtswidrig wäre, ist vom Grundsatz her nicht einmal geschäftliche Handlung bzw. eine Handlung im geschäftlichen Verkehr.[699] Der aufrechterhaltene Besitz dringt nicht nach außen, hat keinen gegenüber Dritten wirksamen Kommunikationsgehalt und kann als solcher die vom Wettbewerbsrecht geschützte Interessen Dritter nicht berühren. Insofern liegt, anders als bei bereits verteilten Werbematerial, das zur Abgabe an den Endkunden bestimmt ist (→ Rn. 273), **kein Störungszustand** vor. Die Rechtslage im Wettbewerbsrecht ist auch anders als im Markenrecht. Aus der Einordnung des bloßen Besitzens markierter Waren und der Verwendung markierter Geschäftspapiere als Verletzungshandlung in § 14 Abs. 3 Nr. 2 und 5 MarkenG folgt, dass für die Markenverletzung und – mittelbar – die Verletzung geschäftlicher Bezeichnungen der Begriff des Handelns im geschäftlichen Verkehr im betriebsinternen Bereich für solche Handlungen erweitert werden muss, weil diese Regelung sonst leerliefe.[700] Eine vergleichbare Regelung gibt es im Wettbewerbsrecht nicht. Außerdem besteht, wenn das Unterlassungsurteil rechtskräftig ist, schlicht keine Wiederholungsgefahr, also keine tatsächliche Vermutung dafür, dass der Unterlassungsschuldner etwa nachgeahmte Waren weiter anbietet oder Werbematerial unlauteren Inhalts weiter nutzt. Der Unterlassungsanspruch hat insoweit keine „Unterstützung" nötig.

264 **(16) Kontrahierungszwang.** Beruht eine Liefersperre auf der Handlung eines Dritten und ist diese Handlung im Verhältnis zum Anspruchsteller eine unlautere Behinderung, so ist Inhalt des Beseitigungsanspruchs ein Anspruch auf Kontrahierung.[701]

265 **(17) Kündigung von Verträgen.** In Betracht kommt ein Anspruch auf Kündigung von Verträgen, deren Erfüllung wettbewerbswidrig wäre. Zu denken ist etwa an Verträge, die nicht im Einklang mit berufsrechtlichen Vorschriften stehen und deshalb gem. § 3a unzulässig sind. So kann von einer nicht mehr als Anwalt zugelassenen Person verlangt werden, dass sie vor Entzug oder Rückgabe der Zulassung übernommene anwaltliche Mandate niederlegt und die geschlossenen Anwaltsverträge kündigt.[702] Das Anspruchsziel Mandatsniederlegung deckt sich mit dem entsprechenden Unterlassungsanspruch.

266 **(18) Löschung.** Siehe bei „Einwilligung in die Löschung" (→ Rn. 253 ff.).

267 **(19) Nichtaufrechterhaltung einer Behauptung.** Siehe im Zusammenhang mit dem Widerrufsanspruch → Rn. 225.

268 **(20) Richtigstellung.** Siehe im Zusammenhang mit dem Widerrufsanspruch → Rn. 224.

269 **(21) Rücknahme einer Markenanmeldung.** In den Fallkonstellationen, in denen **Einwilligung in die Löschung der Marke** (→ Rn. 258) verlangt werden kann, wenn die Marke bereits eingetragen ist, kann als Maßnahme der Störungsbeseitigung auch die Rück-

---

[698] BGH GRUR 1954, 163 (165) – Bierbezugsverträge.

[699] Vgl. RG MuW VIII, 298 (299) – Maggiwürze; GRUR 1939, 852 (857) – Zählerersatzteile; BGH GRUR 1959, 240 (241) – Nelkenstecklinge; GRUR 1979, 551 (552) – lamod; vgl. auch BGH GRUR 1969, 479 (480) – Colle de Cologne; GRUR 1971, 119 – Branchenverzeichnis; GRUR 2000, 1067 (1077) – Abgasemissionen; OLG Köln NJWE-WettbR 1997, 181 (182) – Picasso; *Callmann* S. 40; *Reimer* Kap. 75 Rn. 2; *Ulmer/Reimer* Rn. 69.

[700] OLG Düsseldorf GRUR-RR 2005, 281 (282) – ATLAS; *Goldmann,* Unternehmenskennzeichen, § 12 Rn. 16; *Ingerl/Rohnke* MarkenG § 14 Rn. 87, MarkenG § 15 Rn. 26.

[701] *Büscher* in Fezer/Büscher/Obergfell § 8 Rn. 22; Teplitzky/*Kessen* Kap. 26 Rn. 43 ff.

[702] OLG Naumburg NJWE-WettbR 1996, 155 – unzulässige Anwaltstätigkeit.

nahme der Markenanmeldung verlangt werden, wenn die Marke noch nicht eingetragen ist.[703]

(22) Rücknahme einer Markenbeschwerde. Siehe „Aufhebung eines Verbots" (→ Rn. 243). 270

(23) Rückruf von Materialien oder Waren. Inhalt eines Beseitigungsanspruchs kann nach hM auch der Rückruf von Werbematerialien oder Waren sein.[704] Diese Ausprägung des Beseitigungsanspruchs ist in letzter Zeit vom BGH neu konturiert worden, wenn auch nur mittelbar über seine Rspr. zum Rückruf als Inhalt des Unterlassungsanspruchs. Zwischen Unterlassungsanspruch und Beseitigungsanspruch besteht nach Ansicht des BGH insoweit ein Gleichlauf,[705] weshalb auf die Darstellung zum Unterlassungsanspruch verwiesen wird (→ Rn. 34 ff.). 271

Es ist allerdings nicht sachgerecht, in allen Fällen ohne weiteres einen Beseitigungsanspruch gerichtet auf Rückruf anzuerkennen. Insoweit gilt entsprechend, was in der Kritik zum Rückruf im Rahmen des Unterlassungsanspruchs gesagt wurde: Ein Rückruf von gemäß § 4 Nr. 3 **nachgeahmten Produkten** kann deshalb von dem Hersteller oder Importeur nicht verlangt werden, weil nach dieser Vorschrift nicht der Besitz, sondern nur das Anbieten verboten ist. Der Besitz ist für sich genommen kein Störungszustand. Das Anbieten durch die gewerblichen Abnehmer des Herstellers oder Importeurs wäre deren eigenständige Verletzungshandlung, sind aber nicht der vom Hersteller oder Importeur der nachgeahmten Waren durch sein eigenes Angebot hervorgerufene Störungszustand. Eine Rückrufpflicht ergibt sich nicht im Rahmen des Beseitigungsanspruchs, sondern daraus, dass das Unterlassen des Rückrufs eine Verletzung wettbewerbsrechtlicher Verkehrspflichten wäre (→ Rn. 42). 272

Demgegenüber ist bei Waren, die **irreführend beschriftet** oder **unzureichend gekennzeichnet** und zum Weiterverkauf bestimmt sind, ein Rückruf als Beseitigung geschuldet, weil der Störungszustand im **fortwirkenden Kommunikationsgehalt** dieser Produktaufmachung liegt (→ Rn. 43). Dasselbe gilt für **Werbematerial** mit unlauterem Inhalt, das zur Weiterverteilung an die Endkunden bestimmt ist (→ Rn. 44).[706] 273

(24) Unbrauchbarmachung. Siehe bei Vernichtung (→ Rn. 277). 274

(25) Unkenntlichmachung. Als **mildere Form gegenüber einer Vernichtung** ist die Unkenntlichmachung anzusehen. Sie kommt in Betracht, wenn an sich ein Anspruch auf Vernichtung oder Entfernung besteht, diese jedoch im Einzelfall unverhältnismäßig wäre. Denkbar ist etwa ein Überkleben oder die **Schwärzung.** 275

(26) Unterrichtung über mangelnde Rechtskraft. Nach Auffassung des BGH ist die Versendung eines nicht rechtskräftigen **Patentverletzungsurteils** an die gewerblichen Abnehmer der streitigen Vorrichtung als eine der Form nach unzulässige **Abnehmerverwarnung** zu beanstanden, wenn das Verwarnungsschreiben einem nicht unbeachtlichen Teil der Adressaten den Eindruck vermittelt, das Urteil sei rechtskräftig. In einem solchen Fall kann verlangt werden, dass die gewerblichen Abnehmer darüber unterrichtet werden, dass das zugrundeliegende Urteil noch nicht rechtskräftig ist bzw. durch ein Berufungsurteil aufgehoben wurde.[707] 276

[703] LG Hamburg GRUR-RR 2006, 29 f. – Fußballsammelbilder.

[704] RG 1932, 810 (814) – Delft; GRUR 1974, 666 (669) – Reparaturversicherung; GRUR 2018, 292 Rn. 27 ff. – Produkte zur Wundversorgung; OLG Hamburg NJW-RR 1996, 1449 (1450) – „Patienten-Information" mit Werbung; OLG Brandenburg 30.1.2007 – 6 U 48/06 – Sanierputz; vgl. auch BGH GRUR 1963, 539 (541 f.) – echt skai.

[705] Vgl. BGH GRUR 2018, 292 Rn. 27 f. – Produkte zur Wundversorgung.

[706] RG MuW XXIX, 122 (124) – Eßmann-Waagen; BGH GRUR 1963, 539 (541) – echt skai.

[707] Vgl. BGH GRUR 1995, 424 (426) – Abnehmerverwarnung (hier war eine Mitteilung über die Aufhebung des Urteils in der Berufungsinstanz vom Schuldner gemacht worden, weshalb der Beseitigungsanspruch nicht begründet war).

277 **(27) Vernichtung, Zerstörung.** Ein Anspruch auf **Vernichtung von Gegenständen,** wie er in § 18 MarkenG, § 24a DesignG, §§ 98 ff. UrhG und § 140a PatG ausdrücklich geregelt ist, kann sich auch als Ausprägung des wettbewerbsrechtlichen Beseitigungsanspruchs ergeben.[708] Allerdings ist er auf **Ausnahmefälle** beschränkt, in denen nur durch Vernichtung, Zerstörung oder Unbrauchbarmachung von Gegenständen der fortwirkende Störungszustand beendet werden kann.[709] Er ist keineswegs ein nach dem Rechtsgedanken des § 1004 ohne weiteres in allen Fällen gegebener Annexanspruch.[710] Trägt der Anspruchsteller schlüssig vor, dass nur die Vernichtung, Zerstörung oder Unbrauchbarmachung die erforderliche Sicherstellung der Störungsbeseitigung bewirkt, so muss der Verletzer dem konkret entgegentreten; anderenfalls ist ein entsprechender Beseitigungsanspruch gegeben.[711] So kann der Beseitigungsanspruch auf die Zerstörung von Maschinen gerichtet sein, die ein Wettbewerber in unlauterer Weise in Besitz genommen hat.[712] Denkbar waren Ansprüche auf Vernichtung auch beim Geheimnisschutz.[713] Ihren potentiell größten Anwendungsbereich hätten Vernichtungsansprüche im wettbewerbsrechtlichen Nachahmungsschutz. Sie wären dann auf die Vernichtung der nachgeahmten Waren gerichtet. Im Rahmen des **wettbewerbsrechtlichen Nachahmungsschutzes** kann allerdings nur das Anbieten (samt Feilhalten und Bewerben) untersagt werden, weil § 4 Nr. 3 nur verbietet, Nachahmungen anzubieten. Weder die Herstellung noch der Besitz sind verboten und bilden deshalb keinen rechtswidrigen Störungszustand. Deshalb kann nach derzeitiger Rechtslage als Störungsbeseitigung **nicht** die **Vernichtung von nachgeahmten Waren** verlangt werden.[714]

278 **(28) Veröffentlichung einer Unterwerfungserklärung.** Ist ein wettbewerbsrechtlicher Unterlassungsanspruch in der Hauptsache durch ein vom Beklagten abgegebenes Unterlassungsversprechen erledigt, so kann dem Kläger die **Befugnis der Veröffentlichung des Unterlassungsversprechens** unter dem Gesichtspunkt des Beseitigungsanspruchs zuerkannt werden.[715] Entscheidend ist immer, ob die Veröffentlichung zur Beseitigung der Störung erforderlich und ob sie verhältnismäßig ist. Der Anspruch wird durch § 12 Abs. 2 nicht ausgeschlossen.

279 **(29) Veröffentlichung von Urteilen.** Dem Anspruch auf **Urteilsveröffentlichung** liegt der gleiche Gedanke wie dem Anspruch auf Widerruf zu Grunde.[716] Der Anspruch ergibt sich aber nicht aus § 8 Abs. 1, sondern aus **§ 12 Abs. 2** (hierzu *Retzer/Tolkmitt* → § 12 Rn. 519 ff.).

280 **(30) Widerruf von Tatsachenbehauptungen.** Zum Anspruch auf Widerruf unwahrer Tatsachenbehauptungen als Ausprägung des Beseitigungsanspruchs → Rn. 237 ff.

281 **(31) Zahlung bzw. Rückzahlung von Geldbeträgen.** Der Beseitigungsanspruch kann im Ausnahmefall auch auf die Zahlung von Geld gerichtet sein. Dies setzt voraus, dass der rechtswidrige **Störungszustand** gerade darin liegt, **dass der Schuldner über den Geldbetrag verfügt** und nicht der Gläubiger. Denn dann kann die geschaffene Beeinträchtigung nicht anders als durch die Geldzahlung beseitigt werden.[717] Einen solchen

---

[708] BGH GRUR 1963, 539 (542) – echt skai; NJW 1993, 1991 (1992) – Maschinenbeseitigung.
[709] BGH GRUR 1963, 539 (542) – echt skai.
[710] So aber wohl RG GRUR 1930, 535 (537) – Mitropa/Zentropa.
[711] Vgl. BGH GRUR 1963, 539 (542) – echt skai.
[712] Vgl. BGH NJW 1993, 1991 (1992) – Maschinenbeseitigung.
[713] BGH GRUR 2006, 1044 Rn. 17 – Kundendatenprogramm; GRUR 2009, 603 Rn. 22 – Versicherungsvertreter.
[714] BGH GRUR 2012, 1155 Rn. 36 – Sandmalkasten; zu § 1 UWG 1909 ebenso BGH GRUR 1999, 923 (928) – Tele-Info-CD.
[715] BGH GRUR 1967, 362 (366) – Spezialsalz I.
[716] *Callmann* S. 113.
[717] Köhler/*Bornkamm*/Feddersen § 8 Rn. 1.106; *Fritzsche* in Gloy/Loschelder/Danckwerts HdbWettbR § 79 Rn. 83a.

Anspruch hat der BGH in einem Fall bejaht, in dem die (kartellrechtlich) unbillige Behinderung eines Stromerzeugers durch ein Energieversorgungsunternehmen gerade darin lag, dass dem Stromerzeuger die angemessene Vergütung für das Einspeisen von Strom in das Netz des Energieversorgers vorenthalten wurde und die unbillige Behinderung fortdauerte, solange die Vergütung nicht entrichtet wurde. Die Zahlung der angemessenen Vergütung war deshalb als Beseitigung des Störungszustands geschuldet.[718] Das OLG Dresden hat einen **Beseitigungsanspruch gerichtet auf Rückzahlung eigenmächtig abgebuchter Geldbeträge** in einem sehr speziell gelagerten Fall bejaht. Hier hatte eine Bank Kunden, deren Konto gepfändet worden war, für den Aufwand der Drittschuldnererklärung eine Pauschalgebühr in Höhe von 30 EUR abgebucht und ihnen dies anschließend mitgeteilt. Eine vertragliche Grundlage gab es hierfür in den AGB der Bank nicht; hätte es sie gegeben, wäre sie unwirksam gewesen. Dies wurde vom Gericht als Umgehung durch eine anderweitige Gestaltung iSv § 306a BGB gewertet und der Fall so beurteilt, als ob eine entsprechende – unwirksame – AGB-Klausel vereinbart worden wäre.[719] Zuvor hatte bereits das KG in einem ebenfalls besonders gelagerten Fall einen Beseitigungsanspruch gerichtet auf Rückzahlung von Geldbeträgen für möglich gehalten. Hier ging es um Zahlungen, die Kunden eines Stromanbieters deshalb leisteten, weil sie von diesem über das Zustandekommen einer Preisanpassungsvereinbarung in die Irre geführt wurden; eine Zustimmungsfiktion für die Kunden bestand nicht und wäre außerdem auch eine unangemessene AGB gewesen.[720]

Vor allem die Entscheidung des OLG Dresden hat eine **Kontroverse im Schrifttum** 282
ausgelöst. Ganz überwiegend wird ein Beseitigungsanspruch gerichtet auf (Rück-)Zahlung von Geldbeträgen, die aufgrund von unwirksamen AGB-Klauseln gezahlt, abgebucht oder einbehalten wurden, abgelehnt.[721] Der BGH hat sich in einem vergleichbaren Fall, in welchem der Zahlung unwirksame AGB zugrunde lagen, nicht festgelegt, aber den Anspruch offenbar nicht für schlechthin ausgeschlossen gehalten,[722] weil er hinsichtlich des auf § 8 Abs. 1 S. 1 Alt. 1 gestützten Beseitigungsanspruchs insgesamt an das Berufungsgericht zurückverwiesen hat.[723] *Bornkamm* bejaht einen solchen Anspruch.[724]

Richtigerweise muss **differenziert** werden, und zwar danach, **worin im Einzelfall der** 283
Störungszustand besteht. In Fällen, in denen eine unwirksame AGB-Klausel vereinbart wurde oder der Kunde sonst einer Fehlvorstellung über den Vertragsinhalt unterliegt, besteht der Störungszustand gerade in der **Fehlvorstellung über den Vertragsinhalt** als Grundlage für geschäftliche Entscheidungen. Diese Fehlvorstellung beeinträchtigt das vom UWG geschützte Interesse der betroffenen Verbraucher, zutreffend informiert und ohne unlautere Beeinflussung eine geschäftliche Entscheidung treffen zu können, nämlich die Entscheidung zur Zahlung oder Nichtzahlung von Geldbeträgen. In einem solchen Fall ist der Störungszustand dann beendet und wirkt nicht mehr fort, wenn der Kunde über die wahre Vertragslage und sein Recht zur Rückforderung zu viel gezahlter Beträge in Kenntnis gesetzt wird. Der Beseitigungsanspruch ist dann also nur auf eine **berichtigende Aufklärung** gerichtet (→ Rn. 246). Diese Fälle bilden in der Praxis die ganz überwiegende Mehrheit. In den seltenen Fällen, in denen wie im Fall des OLG Dresden ohne jegliche vertragliche Grundlage und deshalb auch ohne eine Fehlvorstellung über den Vertragsinhalt Geld eigenmächtig abgebucht wurde, liegt der Störungszustand jedoch in der **einseitigen Vermögensverschiebung** selbst, mit welcher **der** betroffene **Verbraucher jeglicher Möglichkeit einer informierten geschäftlichen Entscheidung beraubt** wurde. Denn

---

[718] BGH NJW 1996, 3005 f. – Kraft-Wärme-Kopplung I.

[719] OLG Dresden GRUR-RR 2018, 428 Rn. 35 f. – Kontobelastung bei Pfändung.

[720] KG 27.3.2013 – 5 U 112/11 – Flexstrom.

[721] *Baldus/Siedler* BKR 2018, 412 (415 ff.); *Köhler* WRP 2019, 269 Rn. 47 ff.; *Kruis* ZIP 2019, 393 (397 ff.); *Singbartl/Zintl* VuR 2016, 14 (17).

[722] BGH GRUR 2018, 423 Rn. 40 ff. – Klauselersetzung.

[723] Köhler/*Bornkamm*/Feddersen § 8 Rn. 1.108a.

[724] Köhler/*Bornkamm*/Feddersen § 8 Rn. 1.108b ff.

durch die eigenmächtige Abbuchung wurde dem Kunden die Möglichkeit genommen, nicht nur eine informierte, sondern überhaupt eine eigene geschäftliche Entscheidung zu treffen. Würde man auch in solchen Fällen der Beseitigungsanspruch auf eine berichtigende Aufklärung beschränken, so bekäme der Kunde zwar eine neue (erstmalige) Chance zur Fällung einer geschäftlichen Entscheidung, nämlich, ob er sein Geld zurückfordert oder ob er aus Desinteresse, Lethargie, Faulheit, geschäftlicher Unerfahrenheit oder anderen Gründen den Anspruch nicht mehr geltend macht. Diese geschäftliche Entscheidung, die er nunmehr informiert fällen könnte, wäre aber nicht dieselbe wie die ursprüngliche, deren Fällung ihm durch die eigenmächtige Abbuchung unmöglich gemacht wurde. Denn durch die inzwischen verstrichene Zeit können sich die Entscheidungsparameter mittlerweile verändert haben. So kann im Zeitpunkt der Abbuchung – gerade, wenn es um ein Pfändungsschutzkonto geht – die Vermögenssituation des Kunden derart prekär gewesen sein, dass er keinen Aufwand gescheut hätte, um auch einen verhältnismäßig geringen Betrag zu behalten oder wiederzuerlangen. Wenn sich aber die Vermögensverhältnisse des Kunden in der Zwischenzeit entscheidend verbessert haben, mag seine Entscheidung dann eher dahin gehen, einem verhältnismäßig geringen Betrag nicht mehr hinterherzulaufen. Der durch die eigenmächtige Abbuchung hervorgerufene Störungszustand kann also nur durch Rückgängigmachung der Abbuchung, also Rückzahlung des zu Unrecht vereinnahmten Betrages beseitigt werden.

IV. Prozessuale Besonderheiten

284 **1. Klageanträge.** Materielles Recht und Prozessrecht stehen bei der Titulierung des Beseitigungsanspruchs in einem gewissen Spannungsverhältnis: Der allgemeine **Bestimmtheitsgrundsatz des § 253 Abs. 2 Nr. 2 ZPO** gilt auch dann, wenn der Antrag auf Beseitigung oder ihren Unterfall, den (ggf. in Umfang und Inhalt eingeschränkten) Widerruf, gerichtet ist. In den **Klageanträgen** ist also **konkret zu umschreiben,** auf **welche Art und Weise** die **Beseitigung** vorgenommen werden soll. Beim Widerruf ist auch anzugeben, wem gegenüber er zu erklären ist.[725] Diese Fragen dürfen grundsätzlich nicht dem Vollstreckungsverfahren überlassen werden.

285 **Andererseits** ist zu bedenken, dass es **materiell-rechtlich grundsätzlich allein Sache des Schuldners** ist, nach Möglichkeiten zu suchen, die eingetretene Störung zu beseitigen.[726] Ganz konkrete, auf bestimmte Maßnahmen beschränkte Anordnungen legen den Schuldner aber auf diese Maßnahmen fest, obwohl andere Maßnahmen ebenso gut in Betracht kommen. Eine solche Anspruchskonkretisierung wird regelmäßig das Interesse des Schuldners, unter den in Betracht kommenden Möglichkeiten der Beseitigung die für ihn nächstliegende oder günstigste auszuwählen, übermäßig beschneiden, ohne dass dafür eine materiell-rechtliche Grundlage gegeben wäre.[727] Dies erfordert vom klagenden Gläubiger eine sorgfältige Formulierung der Anträge. Er muss darauf bedacht sein, die Anträge so präzise wie nötig, aber für den Beklagten Unterlassungsschuldner so flexibel wie möglich zu formulieren. Dieser **Spagat** ist **in der Praxis schwierig.**

286 Wenn etwa zur Beseitigung eines Störungszustandes ein **Berichtigungsschreiben** an Adressaten einer irreführenden geschäftlichen Handlung zu senden ist, so kann die Verurteilung nur dahingehend lauten, näher umschriebene **richtigstellende Informationen** den betroffenen Kunden **in geeigneter Weise zur Kenntnis zu bringen.**[728] Die Vorgabe eines ganz bestimmten Berichtigungsschreibens im Urteilstenor ist dagegen nicht mög-

[725] BGH GRUR 1966, 272 (273 f.) – Arztschreiber.

[726] OLG Dresden GRUR-RR 2018, 428 Rn. 35 f. – Kontobelastung bei Pfändung; Köhler/*Bornkamm*/Feddersen § 8 Rn. 1.81; *Melullis* Rn. 1005; vgl. zum Unterlassungsanspruch BGH NJW-RR 2006, 235.

[727] OLG Dresden GRUR-RR 2018, 428 Rn. 35 f. – Kontobelastung bei Pfändung; Köhler/*Bornkamm*/Feddersen § 8 Rn. 1.85; *Ohly*/Sosnitza § 8 Rn. 81; vgl. auch *Melullis* Rn. 1005.

[728] Vgl. BGH GRUR 2018, 423 Rn. 25 – Klauselersetzung; LG Stuttgart 7.8.2014 – 11 O 298/13; LG Hagen 18.7.2019 – 21 O 20/19.

lich,[729] ebensowenig die genaue Form der Mitteilung, ihres wesentlichen Inhalts und zuweilen auch ihres Adressatenkreises.[730] Denn es mag zB möglich, angezeigt und ausreichend sein, bestimmte Adressaten per E-Mail zu informieren, während Adressaten, deren E-Mail-Adresse nicht bekannt ist, mit einem Brief angeschrieben werden müssen.

In Fällen, in denen **nur eine einzige Maßnahme** zur Beseitigung der Störung führen kann und Alternativen nicht denkbar sind, können Klageantrag und Urteilstenor diese Maßnahme aber **genau bezeichnen.**[731] 287

Ist für den Kläger nicht eindeutig zu erkennen, welche Form der Beseitigung verlangt werden kann, kommt die Angabe von **Alternativ- oder Hilfsanträgen** in Betracht.[732] Dies kann auch in der Form geschehen, dass dem in Anspruch genommenen **Verletzer eine Wahlmöglichkeit eingeräumt** wird.[733] Dem wird entgegengehalten, solche Alternativanträge seien ihrerseits nicht hinreichend bestimmt und deshalb nicht vollstreckungsfähig; außerdem könne sich der Gläubiger nicht sicher sein, alle denkbaren Alternativen aufgefunden zu haben.[734] Dieser Einwand ist unberechtigt. Das alternative Klagebegehren stellt nichts anderes dar als eine hinreichende Konkretisierung des abstrakten Gebots, das dem Schuldner ebenfalls Alternativen seines Handelns belässt. Kann der Schuldner dartun, dass es noch weitere Möglichkeiten für ihn gibt, die Störung zu beseitigen, kann der Gläubiger entweder diese ebenfalls in seinen Antrag aufnehmen oder – dann freilich mit Kostenrisiko – doch wieder auf eine abstrakte Antragsfassung zurückgreifen.[735] 288

2. Streitgegenstand. Unterlassungs- und Beseitigungsanspruch bilden im Prozess unterschiedliche Streitgegenstände.[736] 289

3. Rechtsschutzbedürfnis. Grundsätzlich können **Unterlassungsanspruch und Beseitigungsanspruch nebeneinander** geltend gemacht werden. Ein verhängtes Unterlassungsgebot nimmt der Beseitigungsklage allerdings ihr **Rechtsschutzbedürfnis,** soweit sich der Beseitigungsanspruch sachlich völlig mit dem Unterlassungsanspruch deckt.[737] Dies gilt auch umgekehrt. 290

Das **Rechtsschutzbedürfnis** kann für den Widerrufsanspruch fehlen, soweit Äußerungen in rechtlich geordneten Verfahren betroffen sind (hierzu *Goldmann* → Vor § 8 Rn. 242 ff.). 291

4. Erledigung der Hauptsache. Maßgeblicher Zeitpunkt für die Frage, ob ein Anspruch auf Störungsbeseitigung besteht, ist der Schluss der mündlichen Verhandlung der Tatsacheninstanz. **Fällt die Störung nach Einreichung der Klage weg,** so führt dies zu einem Erlöschen des Beseitigungsanspruchs, womit der **Beseitigungsantrag unbegründet** wird.[738] Dadurch erledigt sich die Hauptsache.[739] 292

V. Zwangsvollstreckung aus einem Titel auf Beseitigung

1. Vollstreckung gem. §§ 887, 888 ZPO. Der Beseitigungsanspruch ist immer, der Unterlassungsanspruch nur manchmal auf ein aktives Tun der Verletzers gerichtet. Wo der Unterlassungsanspruch auf ein aktives Tun zielt, fallen die Anspruchsziele der beiden 293

[729] LG Stuttgart 7.8.2014 – 11 O 298/13.
[730] OLG Dresden GRUR-RR 2018, 428 Rn. 35 f. – Kontobelastung bei Pfändung.
[731] OLG Hamburg NJW-RR 1996, 1449 (1451) – „Patienten-Information" mit Werbung.
[732] Köhler/*Bornkamm*/Feddersen § 8 Rn. 1.85; *Ohly*/Sosnitza § 8 Rn. 81.
[733] Teplitzky/*Kessen* Kap. 25 Rn. 11.
[734] *Melullis* Rn. 1005.
[735] Köhler/*Bornkamm*/Feddersen § 8 Rn. 1.85 f.
[736] BGH GRUR 1974, 99 (101) – Brünova; GRUR 1990, 522 (528) – HBV-Familien- und Wohnungsrechtsschutz; *Büscher* in Fezer/Büscher/Obergfell § 8 Rn. 9; *Feddersen* FS Büscher, 2018, 471; Teplitzky/*Kessen* Kap. 22 Rn. 7.
[737] BGH GRUR 1955, 97 (100) – Constanze II.
[738] BGH NJW 1993, 1991 (1992) – Maschinenbeseitigung; GRUR 2018, 423 Rn. 71 – Klauselersetzung.
[739] RG MuW XXXI, 276 (278) – Ablaßvorrichtung für Dampfkessel; KG GRUR-RR 2002, 337 (339) – T-offline.

Ansprüche zusammen. Der Unterlassungsanspruch ist gem. § 890 ZPO zu vollstrecken, also mit Hilfe von Ordnungsmitteln. In einem Titel auf Beseitigung einer Störung wird dem Schuldner aber aufgegeben, eine Handlung vorzunehmen. Solche Titel sind **gem. §§ 887, 888 ZPO** zu vollstrecken, also mit Hilfe von Zwangsmitteln (Zwangsgeld und Zwangshaft).[740]

294 **2. Vertretbare und unvertretbare Handlungen.** Die **Abgrenzung zwischen § 887 und § 888 ZPO** erfolgt danach, ob die gebotene Handlung vertretbar ist oder nicht. § 888 ZPO erfasst alle Handlungen, die ein Dritter nicht vornehmen darf oder nicht so vornehmen kann oder darf, wie es dem Schuldner möglich ist.[741] Darüber hinaus setzt die Anwendung des § 888 ZPO nach dessen Wortlaut voraus, dass die gebotene Handlung ausschließlich vom Willen des Schuldners abhängt. Die Ausnahme des § 888 Abs. 3 ZPO kann hier nicht eingreifen. Eine Androhung der Zwangsmittel findet gem. § 888 Abs. 2 ZPO nicht statt.

295 In Betracht kommt die **Vollstreckung über § 887 ZPO** etwa bei Titeln auf berichtigende Aufklärung, berichtigende Mitteilungen, berichtigende Werbung oder bei einer Verurteilung zur Entfernung eines Ladenschildes oder eines unzulässigen Geschäftsabzeichens, bei Verurteilung zur Versendung eines Hinweises an die Partner eines nichtigen Vertrages, auf Abgabe einer Pressemitteilung, auf Unterrichtung über die mangelnde Rechtskraft und bei Verurteilung zur Veröffentlichung einer Unterwerfungserklärung.

296 **3. Herausgabe von Sachen.** Titel über Ansprüche zur **Herausgabe beweglicher Sachen** werden nach **§ 883 ZPO** vollstreckt. Sie sind, wenn die Herausgabe nicht freiwillig erfolgt, dem Schuldner durch den Gerichtsvollzieher wegzunehmen. Dies kommt etwa bei einer Verurteilung zur Herausgabe zum Zweck der Vernichtung in Betracht.

297 **4. Abgabe von Willenserklärungen.** Titel auf **Abgabe von Willenserklärungen** werden gem. § 894 ZPO vollstreckt. Die Erklärung gilt als abgegeben, sobald das Urteil Rechtskraft erlangt hat. Dies gilt etwa für Titel auf Einwilligung in die Löschung eines Eintrags im Handelsregister oder auf Rücknahme einer Markenanmeldung.

298 **5. Widerruf von Äußerungen.** Beim Widerruf handelt es sich um eine **nicht vertretbare Handlung;** die Vollstreckung erfolgt nach **§ 888 Abs. 1 ZPO.**[742] Der Widerruf gilt nicht etwa – wie bei der Verurteilung zur Abgabe einer Willenserklärung nach § 894 ZPO – bereits mit der Rechtskraft des Urteils als abgegeben.[743]

VI. Einstweiliger Rechtsschutz zum Beseitigungsanspruch

299 Die Durchsetzung von Beseitigungsansprüchen im Wege der einstweiligen Verfügung ist **nicht schlechthin ausgeschlossen.**[744] Sogar die Anordnung eines Widerrufs im Wege der einstweiligen Verfügung wird nicht für vollkommen undenkbar gehalten.[745]

300 Allerdings kann auch die vorläufig angeordnete Beseitigung des Störungszustandes leicht zu einer **Vorwegnahme der Hauptsache** führen. Mit der einstweiligen Verfügung können daher dem Schuldner in aller Regel nur solche Maßnahmen aufgegeben werden, die zur vorläufigen Störungsbeseitigung erforderlich sind und **noch keine endgültigen Verhältnisse schaffen** (zB Aufforderung an Abnehmer, an sie verteiltes Werbematerial

740 Köhler/*Bornkamm*/Feddersen § 8 Rn. 1.109.
741 Thomas/Putzo/*Seiler* ZPO § 888 Rn. 1.
742 BGH GRUR 1962, 652 – Eheversprechen; GRUR 1977, 674 (677) – Abgeordnetenbestechung. *Schilken* S. 150.
743 BGH GRUR 1993, 697 (698) – Widerrufsvollstreckung; Köhler/*Bornkamm*/Feddersen § 8 Rn. 1.109.
744 BGH GRUR 2018, 292 Rn. 34 ff. – Produkte zur Wundversorgung (zu Beseitigungsmaßnahmen, die nach einem Unterlassungstitel zu ergreifen sind); OLG Frankfurt a. M. GRUR 1989, 370 – Folgenbeseitigungsanspruch; OLG Hamburg NJW-RR 1996, 1449 (1450) – „Patienten-Information" mit Werbung; *Fritze* FS Traub, 1994, 113 (116 ff.).
745 *Ohly*/Sosnitza § 8 Rn. 84; *Schilken* S. 150 f.

einstweilen nicht zu verwenden[746]), und wenn der Verletzte **auf die sofortige Durchsetzung** des Beseitigungsanspruchs **dringend angewiesen** ist (zB einstweilige Aufhebung von Verboten, Wiederbelieferung nach Sperre)[747] oder sonst ein besonders hohes Interesse an der schnellen Beseitigung des Störungszustands hat.[748] Typischerweise können, wenn sich der Beseitigungsanspruch inhaltlich mit dem Unterlassungsanspruch deckt (zB Abhängen von Plakaten), diejenigen Maßnahmen angeordnet werden, die auch bei einer Titulierung als Unterlassungsanspruch verlangt werden könnten (hierzu → Rn. 10 ff.).

Noch strengere Anforderungen gelten für einen im Verfügungsverfahren zu verhängen- 301
den Titel, der über die bloße Sicherung eines Anspruchs hinausgeht, weil der Gläubiger durch ihn vorläufig oder sogar **endgültig befriedigt** wird. Er darf als **Leistungs- oder Befriedigungsverfügung nur unter strengen Voraussetzungen** ergehen. So wird gefordert, dass – erstens – der Gläubiger dringend die sofortige Erfüllung seines Anspruchs benötigt, dass – zweitens – ein Hauptsacheverfahren nicht sinnvoll möglich ist, weil die Leistung, soll sie nicht ihren Sinn verlieren, dringend erbracht werden muss, und dass – drittens – die dem Gläubiger ohne Erlass eines Titels drohenden Nachteile nicht nur schwer wiegen, sondern darüber hinaus außer Verhältnis zu den dem Schuldner drohenden Schäden stehen.[749]

Die Durchsetzung von **Widerrufsansprüchen** im Wege der einstweiligen Verfügung 302
wird nur in besonders gelagerten Ausnahmefällen in Betracht kommen können. Denkbar ist eine Anordnung dann, wenn eine Entscheidung in der Hauptsache zur Beseitigung der Störung zu spät käme und die Gläubigerinteressen ganz eindeutig überwiegen.[750] Denkbar ist auch die Modifizierung des Inhalts des Widerrufsanspruchs dahingehend, dass die fragliche Behauptung vorläufig, also bis zur endgültigen gerichtlichen Klärung, nicht aufrechterhalten wird.[751]

C. Die Anspruchsberechtigung der Mitbewerber und Verbände (§ 8 Abs. 3) in der ab 1.12.2021 geltenden Fassung*

Schrifttum: *Albrecht,* Die Aktivlegitimation der Verbraucher nach Wettbewerbsverstößen, 2011; *Beater,* Mitbewerber und sonstige unternehmerische Marktteilnehmer, WRP 2009, 768; *Bornkamm,* Das Wettbewerbsverhältnis und die Sachbefugnis der Mitbewerber, GRUR 1996, 529; *Bürglen,* Berufsaufsicht im wettbewerbsrechtlichen Verfahren, in: FS Ullmann, 2006, S. 913; *Büscher,* Die Auswirkungen der Tatbestände des Umwandlungsgesetzes auf Unterlassungsansprüche und -titel auf der Aktiv- und Passivseite, in: FS Harte-Bavendamm, 2020, S. 471; *Büttner,* Anwaltswerbung zwischen Berufsrecht und Wettbewerbsrecht, in: FS Vieregge, 1995, S. 99; *Dieselhorst,* Der „unmittelbar Verletzte" im Wettbewerbsrecht nach der UWG-Novelle, WRP 1995, 1; *Fechner/Kocher,* Mindestlohngesetz und Lauterkeitsrecht, NZA 2017, 755; *Fritzsche,* Endlich: Das Gesetz zur Stärkung des fairen Wettbewerbs, WRP 2020, 1367; *Gloy,* Hat die Einschränkung der Klagebefugnis gewerblicher Verbände sich bewährt?, WRP 1999, 34; *Graf Lambsdorff,* Zur Klagebefugnis von Rechtsanwaltskammern, WRP 1998, 1151; *Greger,* Neue Regeln für die Verbandsklage im Verbraucherschutz- und Wettbewerbsrecht, NJW 2000, 2457; *Greipl,* Ansprache des Präsidenten der Wettbewerbszentrale, in: FS 100 Jahre Wettbewerbszentrale, 2012 S. 33; *Grunewald,* Die Berufsgerichtsbarkeit der freien Berufe, NJW 2002, 1369; *Hefermehl,* Das Prokrustesbett „Wettbewerbsverhältnis" in: FS Kummer, 1980, S. 345; *ders.,* Grenzen der Klagebefugnis der Gewerbetreibenden und Verbände im Recht gegen den unlauteren Wettbewerb, in: FS 75 Jahre Zentrale zur Bekämpfung unlauteren Wettbewerbs, 1987, S. 49 = WRP 1987, 281; *Hohlweck,* Das Gesetz zur Stärkung des fairen Wettbewerbs – Heilmittel oder Placebo?, WRP 2020, 266; *Hösch,* Die Auswirkung des § 24 Abs. 2 S. 2 UWG auf Wettbewerbsvereinigungen, WRP 1996, 849; *D. Jestaedt,* Das Merkmal „auf demselben Markt" im Recht des unlauteren Wettbewerbs und seine Aus-

[746] OLG Hamburg NJW-RR 1996, 1449 (1450) – „Patienten-Information" mit Werbung.
[747] OLG Frankfurt a. M. GRUR 1989, 370 – Folgenbeseitigungsanspruch; *Ohly*/Sosnitza § 8 Rn. 84.
[748] OLG Hamburg NJW-RR 1996, 1449 (1450) – „Patienten-Information" mit Werbung.
[749] Vgl. BGH GRUR 2018, 292 Rn. 35 – Produkte zur Wundversorgung unter Bezugnahme auf *Huber* in Musielak/Voit ZPO § 140 Rn. 14; vgl. auch OLG Celle NJW 2015, 711 f. Rn. 10 f.
[750] *Ohly*/Sosnitza § 8 Rn. 84.
[751] Vgl. OLG Braunschweig MDR 1956, 609; OLG Stuttgart NJW 1962, 2066 (2068); OLG Hamburg AfP 1971, 35; *Ohly*/Sosnitza § 8 Rn. 84.
* Zur bis dahin geltenden Rechtslage Vorauflage § 8 Rn. 242 ff.

wirkungen auf die Klagebefugnis und den Unterlassungsanspruch, 2003; *Köhler,* Der „Mitbewerber". Vom schwierigen Umgang mit einer Legaldefinition, WRP 2009, 499; *ders.,* Funktion und Anwendungsbereich des Mitbewerberbegriffs im UWG. Zugleich Besprechung der Entscheidung „Werbeblocker II" des BGH, GRUR 2019, 123; *ders.,* Stellungnahme zum Entwurf eines Gesetzes zur Stärkung des fairen Wettbewerbs, WRP 2019, 1550; *ders.,* Zur Begrenzung wettbewerbsrechtlicher Schadensersatzansprüche durch den „Schutzzweck der Norm", in: FS Harte-Bavendamm, 2020, S. 355; *ders.,* Einheitlicher, gespaltener oder funktionaler Mitbewerberbegriff im UWG? Zugleich Besprechung der Entscheidung „Zweitmarkt für Lebensversicherungen" des BGH, GRUR 2021, 426; *Lettl,* Der Schutz der Verbraucher nach der UWG-Reform, GRUR 2004, 449; *Mankowski,* Können ausländische Schutzverbände der gewerblichen Wirtschaft „qualifizierte Einrichtungen" im Sinne der Unterlassungsklagenrichtlinie sein und nach § 8 III Nr. 3 UWG klagen?, WRP 2010, 186; *Mees,* Verbandsklagebefugnis in Fällen des ergänzenden wettbewerblichen Leistungsschutzes, WRP 1999, 62; *Müller,* Das Reichsgesetz zur Bekämpfung des unlauteren Wettbewerbes vom 27. Mai 1896, 4. Aufl. 1904; *Münker,* Verbandsklagen im sogenannten ergänzenden wettbewerbsrechtlichen Leistungsschutz, in: FS Ullmann, 2006, S. 781; *ders./Gillner,* 100 Jahre Zentrale zur Bekämpfung unlauteren Wettbewerbs e. V., in: FS 100 Jahre Wettbewerbszentrale, 2012, S. 59; *Pietzcker,* Standesaufsicht durch Wettbewerbsklagen?, NJW 1982, 1840; *Redeker,* Grenzen für Aufgaben und Tätigkeit öffentlich-rechtlicher Zwangsverbände, NJW 1982, 1266; *Reich,* Klageberechtigung einer Handwerksinnung bei Wettbewerbsverstößen, LKV 2016, 357; *Sack,* Der Schutzzweck des UWG und die Klagebefugnis des „unmittelbar Verletzten" in: FS v. Gamm, 1990, S. 161; *ders.,* Die wettbewerbsrechtliche Klagebefugnis des „unmittelbar Verletzten" nach der Neufassung des § 13 Abs. 2 Nr. 1 UWG, BB 1995, 1; *ders.,* Neuere Entwicklungen der Individualklagebefugnis im Wettbewerbsrecht, GRUR 2011, 953; *ders.,* Die Klagebefugnis des „unmittelbar Verletzten" im UWG, WRP 2020, 675; *Schaumburg,* Die Verbandsklage im Verbraucherschutz- und Wettbewerbsrecht: Ansprüche auf Unterlassung, Widerruf, Beseitigung und Gewinnabschöpfung, 2006; *v. Stechow,* Das Gesetz zur Bekämpfung des unlauteren Wettbewerbs vom 27. Mai 1896. Entstehungsgeschichte und Wirkung, 2002; *Traub,* Wettbewerbsrechtliche Nachahmungstatbestände und Klagebefugnis der Wettbewerber, in: FS Quack, 1991, S. 119; *Weiß,* Die Verbandsklagebefugnis nach neuem Recht – wirksames Regulativ oder unüberwindbare Hürde?, WRP 1995, 151.

I. Allgemeines

303 **1. Anwendungsbereich. a) Abwehransprüche. aa) Allgemeines.** Der durch das „Gesetz zu Stärkung des freien Wettbewerbs" neu gefasste und in dieser Neufassung gem. Art. 9 Abs. 2 Nr. 1 dieses Gesetzes am 1.12.2021 in Kraft tretende § 8 Abs. 3 gewährt die Anspruchsberechtigung für die wettbewerbsrechtlichen Abwehransprüche aus Abs. 1, also für Unterlassungs- und Beseitigungsansprüche wegen Zuwiderhandlungen gem. § 3 oder 7; kraft Verweisung sind die Tatbestände der §§ 3a–6 einbezogen.

304 **bb) Besonderheiten bei Verstößen gegen die P2B-Verordnung.** Verstöße gegen die Verordnung (EU) 2019/1150 vom 20.7.2019 zur Förderung von Fairness und Transparenz für gewerbliche Nutzer von Online-Vermittlungsdiensten (sog. **„P2B-Verordnung"**)[752] erfüllen zugleich den Tatbestand des § 3a, da die Regelungen der P2B-Verordnung Marktverhaltensregeln iSd § 3a UWG darstellen.[753] Die Regelungen **der kollektiven Rechtsdurchsetzung** in **§ 8 Abs. 3 Nr. 2–4** sind auf unlautere Handlungen iSd § 3a, die sich aus Zuwiderhandlungen gegen die P2B-Verordnung ergeben, **nicht anwendbar.** Hierfür enthält **§ 8a** eine **abweichende und vorrangige Sonderregelung** in Ergänzung von Art. 14 Abs. 1 und 3 P2B-Verordnung; eine Anwendung der allgemeinen Vorschriften über die kollektive Rechtsdurchsetzung daneben ist ausgeschlossen.

305 Ein von einem Verstoß gegen die P2B-Verordnung konkret betroffener Unternehmer kann hiergegen aber ggf. unter den Voraussetzungen des **§ 8 Abs. 3 Nr. 1 als Mitbewerber** Abwehransprüche geltend machen, sofern ein konkretes Wettbewerbsverhältnis gem. § 2 Abs. 1 Nr. 3 besteht (→ Rn. 341 ff.) und seine geschäftliche Tätigkeit die Erheblichkeitsschwelle überschreitet (→ Rn. 360 ff.). Art. 14 Abs. 9 P2B-Verordnung stellt klar, dass die Sonderregelungen für die kollektive Rechtsdurchsetzung die nach nationalem Recht mögliche individuelle Rechtsdurchsetzung durch individuell betroffene Unternehmer nicht berühren.

---

[752] ABl. 2019 L 186, S. 57.
[753] *BT-Drs. 19/20664*, 8.

cc) Besonderheiten bei Verstößen gegen die DS-GVO und das BDSG. Eine parallele Problematik besteht für die grundsätzlich und bis in kleinste Details hoch umstrittene Frage, ob **Verstöße gegen die DS-GVO** und das BDSG – zweifellos Marktverhaltensregeln iSd § 3a –von den nach § 8 Abs. 3 Anspruchsberechtigten mit Abwehransprüchen gem. § 8 Abs. 1 verfolgt oder allein von Aufsichtsbehörden geahndet werden können.[754] Eine Spezialregelung, wie sie für Verstöße gegen die P2B-Verordnung getroffen wurde, hat der Gesetzgeber nicht angeordnet. Er scheint im Gegenteil ausweislich der Regelung in § 13 Abs. 4 Nr. 1 davon auszugehen, dass eine Geltendmachung von Abwehransprüchen nach den allgemeinen Regeln ohne weiteres möglich ist, denn sonst hätte es einer Regelung zur Einschränkung der Abmahnkostenerstattung in solchen Fällen nicht bedurft. Angesichts des Umstands, dass der BGH just diese hoch umstrittene und allein nach Unionsrecht zu beurteilende Frage kurz vor Abschluss des Gesetzgebungsverfahrens dem EuGH vorgelegt hatte,[755] war dies einigermaßen unüberlegt. Die Antwort des EuGH bleibt abzuwarten. 306

b) Ansprüche auf Auskunft. Die Anspruchsberechtigung gem. § 8 Abs. 3 umfasst auch Ansprüche auf Auskunft, die der Geltendmachung von Ansprüchen nach § 8 Abs. 1 dienen.[756] Solche Ansprüche können sowohl im Zusammenhang mit einem Beseitigungsanspruch gegeben sein (*Goldmann* → Vor § 8 Rn. 94 ff.) als auch mit einem Unterlassungsanspruch (*Goldmann* → Vor § 8 Rn. 98 ff.). 307

c) Keine Einbeziehung weiterer Ansprüche. Durch die Bezugnahme auf Abs. 1 ist die Anspruchsberechtigung für die in § 8 Abs. 3 Nr. 2–4 Genannten auf **wettbewerbsrechtliche Ansprüche** beschränkt. Dazu zählen auch Ansprüche zur Wahrung wettbewerblicher Interessen, die sich aus einem bilateralen Abkommen zum **Schutz ausländischer Herkunftsbezeichnungen** ergeben.[757] Die bisherige Regelung, dass allgemeine bürgerlich-rechtliche Ansprüche nicht erfasst werden, selbst wenn sie im Einzelfall mit wettbewerbsrechtlichen konkurrieren,[758] soll weiter gelten. In der Gesetzesbegründung wird ausdrücklich betont, dass die Regelungen des § 8 zu den zivilrechtlichen Rechtsfolgen sowohl hinsichtlich der Klagebefugnis als auch hinsichtlich der Anspruchsgrundlagen abschließend sein sollen.[759] Schadensersatzansprüche können die in § 8 Abs. 3 Nr. 2–4 Genannten nur geltend machen, wenn sie konkret betroffen sind[760] und in dieser Eigenschaft die Merkmale eines „Mitbewerbers" gem. § 8 Abs. 3 Nr. 1 erfüllen. Dasselbe dürfte für den im Gesetz nicht ausdrücklich geregelten Bereicherungsanspruch gelten.[761] 308

2. Selbstschutz der Mitbewerber in § 8 Abs. 3 Nr. 1. Nach § 8 Abs. 3 steht die Anspruchsberechtigung für die wettbewerbsrechtlichen Abwehransprüche auf Unterlassung und Beseitigung gem. Nr. 1 in erster Linie dem **„Mitbewerber"** zu. Die Nennung des Mitbewerbers an erster Stelle ist eine Reminiszenz an den ursprünglichen Hauptzweck der Gesetze gegen unlauteren Wettbewerb, nämlich den Mitbewerberschutz. 309

3. Kollektive Rechtsdurchsetzung in § 8 Abs. 3 Nr. 2–4. a) Grundlagen. Die Durchsetzung des Lauterkeitsrechts wäre im Lichte der weiteren in § 1 festgeschriebenen Schutzzwecke – Verbraucherschutz, Schutz sonstiger Marktteilnehmer, Schutz des Interesses der Allgemeinheit an einem unverfälschten Wettbewerb – aber nicht gewährleistet, wenn die Verfolgung von Wettbewerbsverstößen ausschließlich den betroffenen Mitbewerbern überlassen bliebe. Deshalb ist in § 8 Abs. 3 die Anspruchsberechtigung auch den 310

[754] Zum Streitstand umfassend BGH GRUR 2020, 896 Rn. 33 ff. – App-Zentrum.
[755] BGH GRUR 2020, 896 – App-Zentrum.
[756] Vgl. BGH GRUR 1972, 538 (560) – Teerspritzmaschinen.
[757] BGH GRUR 1994, 307 (308) – Mozzarella I.
[758] BGH GRUR 1964, 567 (568) – Lavamat I; GRUR 1968, 95 (98) – Büchereinachlaß; GRUR 1997, 669 (671) – Euromint.
[759] BT-Drs. 15/1487, 22.
[760] Vgl. BGH GRUR 1962, 315 (319) – Deutsche Miederwoche.
[761] Vgl. BGH GRUR 1962, 315 (319) – Deutsche Miederwoche.

weiter genannten Verbänden, Einrichtungen und Kammern sowie Gewerkschaften eingeräumt worden. Bereits das UWG 1896 sah in § 1 Abs. 1 S. 2 bei irreführender Werbung eine von der Aktivlegitimation des unmittelbar Verletzten (zum Begriff → Rn. 341) unabhängige Anspruchsberechtigung von **Verbänden zur Förderung gewerblicher Interessen** vor, die in § 13 Abs. 1 UWG 1909 übernommen wurde (in der zuletzt gültigen Fassung: § 13 Abs. 2 Nr. 2). Die den Verbänden eingeräumte Klagebefugnis war seinerzeit im Zivilrecht, das die Rechtsverfolgung ausschließlich an die Verletzung eigener subjektiver Rechte gebunden hatte, ein Novum. Sie beruhte *„auf dem Gedanken, daß die Unterlassungsklage, die an sich nur den Konkurrenten schützen soll, in Wahrheit doch – wie das ganze Wettbewerbsgesetz – den Auswüchsen des Wettbewerbs auch im öffentlichen Interesse entgegentreten und daher die Verfolgung der betreffenden Rechtsverletzungen nicht dem Belieben des unmittelbar Verletzten allein überlassen will"*.[762] Die gem. § 8 Abs. 3 Nr. 2–4 klagebefugten qualifizierten Einrichtungen, Verbände, Kammern, Organisationen und Gewerkschaften üben mittels der ihnen eingeräumten Anspruchsberechtigung eine öffentliche Ordnungsfunktion im Wirtschaftsleben aus, die sie zum **Hüter des Lauterkeitsrechts** macht. Die kollektive Rechtsdurchsetzung hat eine außerordentlich große Bedeutung und hat viel zum hohen Entwicklungsstand des deutschen Lauterkeitsrechts beigetragen.[763]

311 Die Abwehransprüche stehen den nach § 8 Abs. 3 Nr. 2–4 Anspruchsberechtigten als materiell-rechtlicher Anspruch **aus eigenem Recht** zu.[764]

312 Die heute in § 8 Abs. 3 Nr. 3 geregelte Anspruchsberechtigung der **qualifizierten Einrichtungen** zum Schutz der **Verbraucherinteressen** kam in das UWG 1909 erstmals durch Gesetz vom 20.7.1965[765] in Gestalt einer Klagebefugnis der **Verbraucherverbände** als § 13 Abs. 1a hinzu (zuletzt: § 13 Abs. 2 Nr. 3).[766] Der Gesetzgeber wollte hiermit einen gewissen Ausgleich dafür schaffen, dass es einerseits in Deutschland keine Behörde gibt, die – wie etwa die Federal Trade Commission in den USA[767] – die Einhaltung der Wettbewerbsregeln hoheitlich durchsetzt, und dass andererseits auch der einzelne Verbraucher keine Befugnis zur Individualklage hat.[768]

313 **Industrie- und Handelskammern** sowie **Handwerkskammern** waren als Verbände zur Förderung gewerblicher Interessen bereits nach der Urfassung des § 13 Abs. 1 UWG 1909 klagebefugt.[769] In der seit dem 1.1.1987 gültigen Fassung des § 13 UWG 1909 war diese Anspruchsberechtigung ebenso wie in Abs. 2 Nr. 4 UWG 2004 ausdrücklich gesetzlich geregelt worden. Diese Regelung findet sich heute unverändert in § 8 Abs. 3 Nr. 4. Dort ist auch die Anspruchsberechtigung der berufsständischen **Kammern** von Trägern **freier Berufe** geregelt, die früher in § 8 Abs. 2 Nr. 2 UWG 2004 verortet wurde. Neu hinzugekommen ist mit der Reform 2020 eine Klagebefugnis der **Gewerkschaften.**

314 **Entfallen** ist mit dem UWG 2004 die Anspruchsberechtigung der zuletzt in § 13 Abs. 2 Nr. 1 UWG 1909 genannten Gewerbetreibenden. Die Gesetzesbegründung spricht diesen nur **„abstrakt" betroffenen** Mitbewerbern nunmehr ein schutzwürdiges Eigeninteresse an der Geltendmachung von Abwehransprüchen ab und verweist sie auf die Möglichkeit,

---

762 RGZ 120, 47 (49) – Markenschutzverband I; ebenso BGH GRUR 1956, 279, 280 – Olivin; GRUR 1967, 430 (432) – Grabsteinaufträge; zur Entstehungsgeschichte und den Ursprüngen der Verbandsklagebefugnis im UWG 1896 vgl. auch *Greipl* FS 100 Jahre Wettbewerbszentrale, 2012, 33 (35 f.); *Münker/Gillner* FS 100 Jahre Wettbewerbszentrale, 2012, 59 (60); *Hösch* WRP 1996, 849 (850); *Müller* § 1 Anm. III 2; *v. Stechow* S. 222 f.

763 *Loewenheim* FS 75 Jahre Wettbewerbszentrale, 1987, 63 f.

764 BGH GRUR 1964, 567 (568) – Lavamat; GRUR 1966, 445 (446) – Glutamal; GRUR 1967, 430 (432) – Grabsteinaufträge; *Hefermehl* FS 75 Jahre Wettbewerbszentrale, 1987, 49 (50).

765 § 13 Abs. 1a in der Fassung des Gesetzes zur Änderung des Gesetzes gegen den unlauteren Wettbewerb, des Warenzeichengesetzes und des Gebrauchsmustergesetzes vom 21.7.1965, BGBl. I S. 625.

766 Zur Entwicklung ausführlich *Albrecht* S. 30 ff.

767 Hierzu *Beater* Rn. 63.

768 Ausführlich hierzu und mit Auszügen aus der Gesetzesbegründung *Rosenthal/Leffmann* § 13 Rn. 33.

769 RGSt 43, 44 (47) – Totalausverkauf (Handwerkskammern); RG MuW XII, 35 – Nachschieben von Waren; MuW XXIV, 7 – Garantie Solinger Stahl (Handelskammern); *Reimer* Kap. 107 Rn. 19 (S. 808).

einen anspruchsberechtigten Wirtschafts- oder Verbraucherverband zur Bekämpfung von Wettbewerbsverstößen einzuschalten.[770]

b) Sachliche Grenzen der kollektiven Rechtsdurchsetzung. Die Anspruchsberechtigung der Verbände und qualifizierten Einrichtungen gilt nach dem Wortlaut des § 8 Abs. 3 Nr. 2 und 3 unbeschränkt. Nur für die in § 8 Abs. 3 Nr. 4 genannten öffentlich-rechtlichen Kammern und Berufsorganisationen sowie für die Gewerkschaften gilt eine Beschränkung der Anspruchsberechtigung auf deren Aufgabenbereich. Eine kollektive Rechtsdurchsetzung entspricht aber auch für die gem. § 8 Abs. 3 Nr. 2 und 3 Genannten nur dann dem Sinn der eingeräumten Klagebefugnis, wenn neben individuellen Interessen des unmittelbar Betroffenen **zumindest auch schützenswerte Belange der Allgemeinheit** berührt werden.[771] 315

Schützt die verletzte lauterkeitsrechtliche Verhaltensnorm hingegen **allein** die **Individualinteressen** des betroffenen Unternehmers, schießt die nach dem Wortlaut unbeschränkt eingeräumte Klagebefugnis über ihr Ziel hinaus. Ob Ansprüche geltend gemacht werden, soll allein dem betroffenen Mitbewerber überlassen bleiben und nicht von den Verbänden entschieden werden.[772] In den in → Rn. 353 ff. näher dargestellten Fallgruppen sog. **„mitbewerberbezogener Verstöße"** ist **nur** der **betroffene Mitbewerber** aktivlegitimiert. 316

c) Individuelle Verbraucher. Dem **einzelnen Verbraucher** steht eine Klagebefugnis nach nahezu einhelliger Auffassung nicht zu.[773] Die Verbraucher (und die Verbraucherinnen) werden zwar als Schutzsubjekte im Gesetz ausdrücklich genannt (§ 1 S. 1). Die Aufnahme individueller Ansprüche der Verbraucher hat der Gesetzgeber aber abgelehnt. Das 1987 eingeführte Rücktrittsrecht gem. § 13a UWG 1909 wurde wegen seiner praktischen Bedeutungslosigkeit[774] 2004 sogar gestrichen.[775] Als maßgeblich für die **Ablehnung individueller Ansprüche** ist die Befürchtung angeführt worden, eine Vielzahl von Verbraucherklagen wegen „angeblicher" Verstöße würde das hohe Schutzniveau des UWG in Frage stellen, weil sich die mit der befürchteten Klageflut verbundenen wirtschaftlichen Belastungen der Unternehmen nur durch eine Absenkung des Schutzniveaus und der damit verbundenen Verringerung des Prozessrisikos auf ein für die Wirtschaft erträgliches Maß vermindern ließen.[776] 317

Aus Art. 11a Abs. 1 UGP-Richtlinie 2019 ergibt sich allerdings die im Zuge des sog. **„New Deal for Consumers"** eingeführte Verpflichtung der Mitgliedstaaten, **Verbrauchern,** die durch unlautere Geschäftspraktiken geschädigt wurden, **Zugang zu angemessenen und wirksamen Rechtsbehelfen** zu gewähren, einschließlich Ersatz des dem Verbraucher entstandenen Schadens sowie ggf. Preisminderung oder Beendigung des Vertrags. Die Richtlinie ist bis zum 28.11.2021 umzusetzen (*Goldmann* → Vor § 8 Rn. 11 und → § 9 Rn. 18). 318

4. Gläubigermehrheit und Anspruchsmehrheit. a) Gläubigermehrheit. In § 8 Abs. 3 ist geregelt, wem die Abwehransprüche zustehen. Die Regelung sieht eine Anspruchsberechtigung mehrerer Gläubiger (zB ein oder mehrere Mitbewerber, Verbände, Verbraucherschutzorganisationen und Kammern) vor. Diese **Gläubigermehrheit** führt dazu, dass ein und derselbe Verstoß zum Gegenstand mehrerer gerichtlicher Verfahren gemacht werden kann. Denn die Erhebung der Unterlassungsklage durch einen Berechtig- 319

---

[770] BT-Drs. 15/1487, 22 im Anschluss an *Köhler/Bornkamm/Henning-Bodewig* WRP 2002, 1317 (1327).

[771] BGH GRUR 1991, 223 (225) – Finnischer Schmuck; GRUR 1994, 630 (634) – Cartier-Armreif.

[772] BGH GRUR 1994, 630 (634) – Cartier-Armreif; GRUR 2009, 416 Rn. 22 – Küchentiefstpreis-Garantie; GRUR 2011, 543 Rn. 8 – Änderung der Voreinstellung III.

[773] AA *Sack* GRUR 2011, 953 (963) unter Berufung auf die aus BT-Drs. 15/1487, 15 f. zum Ausdruck kommende Zielrichtung, Mitbewerber und Verbraucher „gleichermaßen und gleichrangig" bzw. „gleichberechtigt" zu schützen.

[774] Ausführlich *Albrecht* S. 134 ff., 140 f.

[775] BT-Drs. 15/1487, 14.

[776] BT-Drs. 15/1487, 22; krit. und mit gewichtigen Argumenten *Albrecht* S. 264 ff.; *Sack* BB 2003, 1073 (1078 ff.); *Sack* GRUR 2011, 953 (963).

ten schließt es grundsätzlich nicht aus, dass auch die anderen Gläubiger ihren Anspruch gerichtlich durchzusetzen versuchen.[777]

320 **b) Anspruchsmehrheit.** Jeder der nach § 8 Abs. 3 Anspruchsberechtigten hat einen eigenen Anspruch auf Unterlassung oder Beseitigung.[778] Es besteht deshalb nicht nur Gläubigermehrheit, sondern auch **Anspruchsmehrheit.**[779] Die Unterlassungsansprüche des Mitbewerbers gem. Nr. 1, der qualifizierten Wirtschaftsverbände, qualifizierten Einrichtungen zur Wahrung von Verbraucherinteressen, Kammern, Organisationen und Gewerkschaften (Nr. 2–4) stehen **selbständig nebeneinander.** Einwendungen und Einreden, die nur das Verhältnis des Verletzers zu einem Anspruchsberechtigten betreffen (zB Verzicht, Verwirkung, Verjährung), lassen die Ansprüche der anderen Gläubiger unberührt und umgekehrt.[780]

321 Dagegen hat der **Wegfall der Wiederholungsgefahr** durch rechtskräftigen Unterlassungstitel oder Abgabe einer strafbewehrten Unterlassungserklärung zur Folge, dass diese Anspruchsvoraussetzung hinsichtlich der Ansprüche **aller Unterlassungsgläubiger** entfällt (→ Rn. 93).[781] Dasselbe gilt für einen ausreichenden *actus contrarius,* wenn der Unterlassungsanspruch auf einer **Erstbegehungsgefahr** beruht. Ebenso erlischt der **Beseitigungsanspruch** für alle Gläubiger dann, wenn der Schuldner die Störung auf Verlangen eines der Gläubiger beseitigt hat.

322 Unterschiedliche Ansprüche unterschiedlicher Gläubiger bilden im Prozess **unterschiedliche Streitgegenstände.**[782] Der Verletzer kann einer weiteren Klage daher weder die prozessuale Einrede des fehlenden Rechtsschutzbedürfnisses noch der Rechtshängigkeit oder der Rechtskraft entgegenhalten.[783] Ausnahmsweise kann aber im Einzelfall eine missbräuchliche Geltendmachung nach § 8c gegeben sein (*Goldmann* → § 8c Rn. 78 ff.).

323 **5. Rechtsnatur. a) Anspruchsberechtigung und Prozessführungsbefugnis der Mitbewerber. aa) Mitbewerbereigenschaft.** Die Regelung des **§ 8 Abs. 3 Nr. 1** iVm Abs. 1 ist nach Wortlaut und Systematik als konstitutive Zubilligung von Ansprüchen zu verstehen. Die Vorschrift regelt **nur die** Aktivlegitimation **als materielle Anspruchsberechtigung,** während sich die Prozessführungsbefugnis aus den allgemeinen Vorschriften (§ 51 ZPO) ergibt. Die Mitbewerbereigenschaft iSd § 8 Abs. 3 Nr. 1 (hierzu ausführlich → Rn. 341 ff.) stellt daher keine Voraussetzung der Zulässigkeit, sondern allein der **Begründetheit** der Klage dar.[784]

324 **Maßgeblicher Zeitpunkt** für die Beurteilung der Mitbewerbereigenschaft ist die **letzte mündliche Verhandlung in der Tatsacheninstanz.**[785] Eine im Zeitpunkt der Verletzungshandlung gegebene Aktivlegitimation des Mitbewerbers gem. § 8 Abs. 3 Nr. 1 besteht nicht mehr, wenn der Mitbewerber die unternehmerische Tätigkeit, die diese Anspruchsberechtigung zunächst begründet hatte, vor dem Zeitpunkt der letzten mündlichen Verhandlung aufgegeben hat.[786] Es reicht daher nicht aus, dass der (frühere) Mitbewerber in einem solchen Fall immerhin noch als potentieller Wettbewerber auf dem Markt

[777] BGH GRUR 1960, 379 (380) – Zentrale; GRUR 2000, 1089 (1090) – Mißbräuchliche Mehrfachverfolgung.
[778] BGH GRUR 1960, 379 (380) – Zentrale; GRUR 2000, 1089 (1090) – Mißbräuchliche Mehrfachverfolgung.
[779] Vgl. BGH GRUR 1960, 379 (381) – Zentrale.
[780] *Köhler*/Bornkamm/*Feddersen* § 8 Rn. 3.3.
[781] BGH GRUR 1983, 186 (187) – Wiederholte Unterwerfung I; GRUR 1987, 640 (641) – Wiederholte Unterwerfung II; GRUR 2002, 357 (358) – Missbräuchliche Mehrfachabmahnung.
[782] BGH GRUR 1960, 379 (380 f.) – Zentrale; *Köhler*/Bornkamm/*Feddersen* § 8 Rn. 3.3.
[783] BGH GRUR 1960, 379 (380 f.) – Zentrale; GRUR 1994, 307 (308) – Mozzarella I.
[784] BGH GRUR 2020, 303 Rn. 14 – Pflichten des Batterieherstellers; *Köhler*/Bornkamm/*Feddersen* § 8 Rn. 4.8a; *Büscher* in Fezer/Büscher/Obergfell § 8 Rn. 236; GroßKommUWG/*Paal* § 8 Rn. 195; Teplitzky/*Büch* Kap. 13 Rn. 13.
[785] BGH GRUR 1995, 697 (699) – FUNNY PAPER.
[786] BGH GRUR 2016, 1187 Rn. 16 – Stirnlampen; GRUR 2020, 303 Rn. 22 – Pflichten des Batterieherstellers.

anzusehen ist, etwa weil er diese Tätigkeit jederzeit wieder aufnehmen könnte.[787] Die Anerkennung eines nur potentiellen Wettbewerbsverhältnisses würde die Gefahr einer uferlosen Ausweitung der in § 8 Abs. 3 Nr. 1 UWG geregelten Anspruchsberechtigung des Mitbewerbers begründen.[788] Fällt die Mitbewerbereigenschaft im Laufe des Rechtsstreits weg, führt dies zur Erledigung der Hauptsache.

bb) Überschreiten der Erheblichkeitsschwelle. Das Vorstehende gilt nicht nur für die unternehmerische Tätigkeit, durch welche die **Mitbewerbereigenschaft** begründet wird, sondern sinngemäß auch für das Überschreiten der in § 8 Abs. 3 Nr. 1 neu eingeführten **Erheblichkeitsschwelle** als weitere Voraussetzung für die Anspruchsberechtigung als Mitbewerber (hierzu ausführlich → Rn. 360 ff.). Sinkt die geschäftliche Tätigkeit, die das Wettbewerbsverhältnis begründet, unter die Erheblichkeitsschwelle ab, geht die Aktivlegitimation verloren. Dies ist ein erledigendes Ereignis. **325**

b) Anspruchsberechtigung und Prozessführungsbefugnis der qualifizierten Wirtschaftsverbände, qualifizierten Einrichtungen, Kammern, Handwerksorganisationen und Gewerkschaften. Nach ständiger Rspr. zur Vorläuferbestimmung des § 8 Abs. 3 Nr. 3–4, § 13 Abs. 2 UWG 1909, regelte diese für Verbände, Verbraucherschutzorganisationen und Kammern sowohl die **materielle Anspruchsberechtigung** (Sachbefugnis oder Aktivlegitimation) als auch die **prozessuale Klagebefugnis** (Prozessführungsbefugnis).[789] An dieser **Theorie der Doppelnatur** wird festgehalten.[790] Aus der Anpassung des Wortlautes in § 8 Abs. 3 („... Ansprüche ... stehen zu") ist keine Abkehr von der bisherigen Deutung der Doppelnatur der Klageberechtigung der Verbände herzuleiten. Dafür spricht, dass in der Gesetzesbegründung § 8 Abs. 3 nicht nur als Regelung der Anspruchsberechtigung im Sinne der Aktivlegitimation bezeichnet, sondern auch als Regelung der Klagebefugnis verstanden wird.[791] **326**

Dass § 8 Abs. 3 Nr. 2–4 nicht nur die Aktivlegitimation, sondern zugleich auch die Prozessführungsbefugnis regelt, hat gewichtige prozessuale Folgen: Die Prozessführungsbefugnis ist als **Sachurteilsvoraussetzung** in jeder Lage des Verfahrens, **auch noch in der Revisionsinstanz,**[792] **von Amts wegen zu prüfen.**[793] Das Vorliegen ihrer Voraussetzungen ist im Freibeweisverfahren festzustellen.[794] Im Revisionsverfahren ist der BGH an die tatsächlichen Feststellungen des Berufungsgerichts nicht gebunden, sondern hat die Tatsachen, auf deren Grundlage die Prozessführungsbefugnis zu beurteilen ist, in Abweichung von § 559 Abs. 1 ZPO selbständig festzustellen.[795] Dabei ist grundsätzlich zu ver- **327**

---

[787] BGH GRUR 2020, 303 Rn. 14 – Pflichten des Batterieherstellers; *Köhler*/Bornkamm/*Feddersen* § 8 Rn. 3.29.

[788] BGH GRUR 2020, 303 Rn. 14 – Pflichten des Batterieherstellers.

[789] Vgl. BGH GRUR 1995, 122 f. – Laienwerbung für Augenoptiker; GRUR 1996, 804 (805) – Preisrätselgewinnauslobung III.

[790] StRspr, vgl. BGH GRUR 2005, 689 (690) – Sammelmitgliedschaft III; GRUR 2007, 610 f. Rn. 14 – Sammelmitgliedschaft V; GRUR 2007, 809 f. Rn. 12 – Krankenhauswerbung; GRUR 2012, 415 Rn. 10 Überregionale Klagebefugnis; GRUR 2015, 1240 Rn. 13 – Der Zauber des Nordens; GRUR 2019, 966 Rn. 17 – Umweltilfe; GRUR 2018, 1166 Rn. 12 – Prozessfinanzierer I; GRUR 2019, 850 Rn. 10 – Prozessfinanzierer II; GRUR 2020, 896 Rn. 32 – App-Zentrum.

[791] BT-Drs. 15/1487, 22, 23; vgl. auch *Köhler/Bornkamm/Henning-Bodewig* WRP 2002, 1317 (1327).

[792] BGH GRUR 2005, 689 (690) – Sammelmitgliedschaft III; GRUR 2006, 873 Rn. 14 – Brillenwerbung; GRUR 2007, 610 Rn. 14 – Sammelmitgliedschaft V; GRUR 2012, 415 Rn. 10 – Überregionale Klagebefugnis; GRUR 2015, 1240 Rn. 13 – Der Zauber des Nordens; GRUR 2020, 896 Rn. 32 – App-Zentrum.

[793] StRspr, vgl. BGH GRUR 2006, 873 Rn. 14 – Brillenwerbung; GRUR 2007, 809 Rn. 12 – Krankenhauswerbung; GRUR 2012, 415 Rn. 10 – Überregionale Klagebefugnis; GRUR 2015, 1240 Rn. 13 – Der Zauber des Nordens.

[794] BGH GRUR 1996, 804 (805) – Preisrätselgewinnauslobung III; GRUR 1998, 498 (499) – Fachliche Empfehlung III; OLG Stuttgart GRUR-RR 2009, 343 – CO2-Emission I.

[795] StRspr, vgl. BGH GRUR 2006, 873 Rn. 14 – Brillenwerbung; GRUR 2007, 610 Rn. 14 – Sammelmitgliedschaft V; GRUR 2007, 809 Rn. 12 – Krankenhauswerbung; GRUR 2015, 1240 Rn. 13 – Der Zauber des Nordens.

langen, dass die Tatsachen, aus denen sich die Klagebefugnis ergibt, spätestens im Zeitpunkt der letzten mündlichen Verhandlung in der Tatsacheninstanz vorgelegen haben.[796]

328 Das **Fehlen der Prozessführungsbefugnis** führt zur **Abweisung der Klage als unzulässig.**[797] Aus Gründen der Prozessökonomie lässt es die Rspr. zu, dass die Prüfung der materiell-rechtlichen Anspruchsvoraussetzungen vorgezogen und die Klage als unbegründet abgewiesen werden kann, wenn die Prozessführungsbefugnis zweifelhaft ist.[798]

329 Der Auffassung, die Klagebefugnis fehle, wenn der abgeschlossene und nicht andauernde Wettbewerbsverstoß zu einer Zeit begangen wurde, als der Verband noch nicht anspruchsberechtigt war,[799] kann nicht beigetreten werden. Es genügt, wenn alle Anspruchsvoraussetzungen **im Zeitpunkt der Geltendmachung des Unterlassungsanspruchs** gegeben sind. Wird der Unterlassungsanspruch auf eine Wiederholungsgefahr gestützt, muss nur diese Gefahr als Anspruchsvoraussetzung (§ 8 Abs. 1 S. 1 Alt. 2) im Zeitpunkt der Geltendmachung vorliegen. Auch nach Sinn und Zweck des Verbandsklagerechts ist es bei der Gefahr der Wiederholung einer bereits begangenen Verletzungshandlung nicht erforderlich, dass der Verband schon zum Zeitpunkt der Begehung anspruchs- und klageberechtigt war.

330 **6. Abtretung, Prozessstandschaft und gesetzlicher Forderungsübergang. a) Abtretung. aa) Abtretung durch Mitbewerber.** Die isolierte **Abtretung** von **Abwehransprüchen eines Mitbewerbers** gem. § 8 Abs. 3 Nr. 1 ist ohne gleichzeitige Übertragung des Unternehmens, im Zusammenhang mit dessen Betrieb der Abwehranspruch entstanden ist, grundsätzlich **ausgeschlossen.**[800] Wettbewerbsrechtliche Abwehransprüche sind mit dem Unternehmen, zu dessen Schutz sie dienen, eng verbunden und können nur gemeinsam mit ihm übergehen (Akzessorietät).[801] Die Abtretung des Unterlassungsanspruchs erfordert dann grundsätzlich **die Übertragung des Unternehmens** (→ Rn. 339).[802] Die frühere Rspr. hat den Ausschluss der isolierten Abtretung damit begründet, mit ihr sei für Unterlassungsansprüche als höchstpersönliche Ansprüche eine Veränderung des Inhalts gem. §§ 413, 399 Alt. 1 BGB verbunden.[803]

331 Heute begründet der BGH,[804] wie auch die überwiegende Meinung im Schrifttum,[805] die Unzulässigkeit der isolierten Abtretung auch damit, dass sie zu einer der Regelung des § 8 Abs. 3 widersprechenden **Vermehrung der Klageberechtigten** führe. Deshalb ist auch eine isolierte Abtretung an Mitbewerber oder an einen gem. § 8 Abs. 3 Nr. 2–4 Aktivlegitimierten ausgeschlossen. Wer wegen des Wettbewerbsverstoßes selbst bereits einen eigenen Abwehranspruch hat, benötigt keinen zweiten aus abgetretenem Recht. Ein Interesse könnte nur bestehen, soweit der eigene Anspruch verjährt oder verwirkt ist. Hier würde die Gestattung der Geltendmachung von Ansprüchen aus abgetretenem Recht aber

[796] StRspr, vgl. BGH GRUR 2007, 610 f. Rn. 14 – Sammelmitgliedschaft V; GRUR 2007, 809 Rn. 12 – Krankenhauswerbung; GRUR 2012, 415 Rn. 10 – Überregionale Klagebefugnis; GRUR 2015, 1240 Rn. 13 – Der Zauber des Nordens.

[797] BGH GRUR 1995, 604 (605) – Vergoldete Visitenkarte; GRUR 1996, 217 (218) – Anonymisierte Mitgliederliste.

[798] BGH GRUR 1996, 804 (805) – Preisrätselgewinnauslobung III; GRUR 1996, 1119 (1120) – RUMMS!; GRUR 2003, 804 – Foto-Aktion.

[799] BGH GRUR 2005, 689 (690) – Sammelmitgliedschaft III; GRUR 2015, 1240 Rn. 13 – Der Zauber des Nordens; OLG Hamm GRUR 1991, 692 (693); *Ohly*/Sosnitza § 8 Rn. 91.

[800] StRspr, vgl. RG MuW XXXVII, 377 (378) – Floating Power; BGH GRUR 1993, 151 (152)– Universitätsemblem; GRUR 2001, 1158 (1160) – Dorf MÜNSTERLAND I; GRUR 2002, 248 – SPIEGEL-CD-ROM; GRUR 2007, 978 Rn. 22 – Rechtsberatung durch Haftpflichtversicherer; GRUR 2019, 970 Rn. 18 – Erfolgshonorar für Versicherungsberater.

[801] RG MuW XXXVII, 377 (378) – Floating Power.

[802] RGZ 86, 252 (254); RG MuW XXXVII, 377 (378) – Floating Power; BGH GRUR 1983, 379 (381) – Geldmafiosi.

[803] BGH GRUR 1983, 379 (381) – Geldmafiosi; GRUR 2001, 1158 (1160) – Dorf Münsterland I, mwN; GRUR 2019, 970 Rn. 19 – Erfolgshonorar für Versicherungsberater; OLG Hamburg NJW 1963, 2128.

[804] BGH GRUR 2007, 978 Rn. 33 – Rechtsberatung durch Haftpflichtversicherer.

[805] Vgl. Teplitzky/*Büch* Kap. 15 Rn. 4; *Büscher* in Fezer/Büscher/Obergfell § 8 Rn. 114; *Fritzsche* S. 451; *Köhler*/Bornkamm/*Feddersen* § 8 Rn. 3.18 f., 3.20; *Melullis* Rn. 668; *Ohly*/Sosnitza § 8 Rn. 64.

dem Sinn und Zweck der Rechtsinstitute der Verjährung und Verwirkung zuwiderlaufen.[806] Und soweit kein eigener Abwehranspruch gegeben ist, würde die Abtretung, wollte man sie gestatten, zu einer überschießenden Anspruchsberechtigung führen, die dann Sinn und Zweck des § 8 Abs. 3 Nr. 1 zuwiderliefe.

Die **isolierte Abtretung** wettbewerbsrechtlicher Abwehransprüche auch ohne die Übertragung des Unternehmens kommt allerdings **in Sonderfällen** in Betracht, die der Übertragung des Unternehmens nahekommen. In diesen Sonderfällen werden die Ansprüche nicht an irgendeinen Dritten abgetreten oder im Wege einer Ausgliederung nach § 123 Abs. 3 UmwG übertragen, sondern an ein Unternehmen, das im Wettbewerb **die Stellung des ursprünglichen Gläubigers in vollem Umfang übernommen** hat. In diesem Sonderfall kommt es – wie bei der Übertragung des Unternehmens selbst[807] – durch die Abtretung nicht zu einer Abspaltung des Anspruchs von der Mitbewerberstellung und einer Vermehrung der Anspruchsberechtigten, so dass die Leistung an das aufnehmende Unternehmen ohne eine Veränderung ihres Inhalts iSv § 399 Alt. 1 BGB erfolgen kann.[808] 332

bb) Abtretung bei der kollektiven Rechtsdurchsetzung. Auch die nach § 8 Abs. 3 Nr. 2–4 anspruchsberechtigten qualifizierten Wirtschaftsverbände, qualifizierten Einrichtungen, Kammern, Handwerksorganisationen und Gewerkschaften können ihre **Abwehransprüche nicht isoliert abtreten.** Eine Abtretung an Personen, die nicht zu den Anspruchsberechtigten gem. § 8 Abs. 3 gehören, ist von vornherein nach § 399 Alt. 1 BGB ausgeschlossen, weil sonst der geschlossene Kreis der Anspruchsberechtigten gesprengt würde.[809] Aber auch eine Abtretung an andere gem. § 8 Abs. 3 Anspruchsberechtigte ist ausgeschlossen. Hier greifen dieselben Erwägungen wie bei der Abtretung von Ansprüchen durch Mitbewerber (→ Rn. 330 f.). Hinzu kommt, dass es Sinn und Zweck der Einräumung der Anspruchsberechtigung nach § 8 Abs. 3 Nr. 2–4 krass zuwiderliefe, wenn ein hiernach Anspruchsberechtigter seinen Anspruch nicht selbst geltend macht, sondern versucht, ihn an einen Dritten abzugeben. Der Versuch, sich der eigenen Anspruchsberechtigung zu begeben, würde zu einer Inhaltsänderung gem. §§ 413, 399 Alt. 1 BGB führen. 333

b) Prozessstandschaft. aa) Prozessstandschaft für Mitbewerber. Eine **Prozessstandschaft durch Unternehmer** ist für die Geltendmachung von Abwehransprüchen anderer Unternehmer nach den allgemeinen Regeln **möglich.**[810] Danach kann ein Dritter auf Grund einer Ermächtigung des Anspruchsinhabers aus dessen Recht dann auf Unterlassung klagen, wenn er ein eigenes schutzwürdiges Interesse hat.[811] Eine Ermächtigung zur Prozessführung kann formlos und auch durch konkludentes Handeln erteilt werden. Sie muss sich aber auf einen oder mehrere bestimmte Ansprüche aus einem bestimmten Rechtsverhältnis beziehen und kann nicht allgemein erteilt werden.[812] 334

Das **schutzwürdige Interesse** kann sich aus einer besonderen Rechtsbeziehung zum Anspruchsinhaber ergeben; dabei können auch wirtschaftliche Interessen herangezogen werden.[813] 335

---

[806] *Köhler*/Bornkamm/*Feddersen* § 8 Rn. 3.19.

[807] Vgl. GroßKommUWG/*Paal* § 8 Rn. 199.

[808] BGH GRUR 2019, 970 Rn. 20 – Erfolgshonorar für Versicherungsberater.

[809] *Köhler*/Bornkamm/*Feddersen* § 8 Rn. 3.21.

[810] BGH GRUR 1993, 151 (152) – Universitätsemblem; GRUR 2001, 344 (345 f.) – DB Immobilienfonds; GRUR 2005, 166 (171) – Puppenausstattungen; GRUR 2008, 1108 Rn. 54 – Haus & Grund III; GRUR 2009, 484 Rn. 49 – Metrobus.

[811] Vgl. BGH GRUR 1990, 361 (362) – Kronenthaler; GRUR 1995, 54 (57) – Nicoline; GRUR 2001, 344 (345 f.) – DB Immobilienfonds; GRUR 2008, 1108 Rn. 54 – Haus & Grund III; GRUR 2009, 484 Rn. 49 – Metrobus.

[812] BGH GRUR 2008, 1108 Rn. 52 – Haus & Grund III; LG München I 4.6.2019 – 33 O 13252/14 – *Lighthouse.*

[813] BGH GRUR 1995, 54 (57) – Nicoline; GRUR 2000, 1089 (1092 f.) – Mißbräuchliche Mehrfachverfolgung; GRUR 2001, 344 (346) – DB Immobilienfonds; GRUR 2008, 1108 Rn. 54 – Haus & Grund III; GRUR 2009, 484 Rn. 49 – Metrobus.

336 Das schutzwürdige Interesse wird bejaht, wenn eine **Konzernmutter** von der von ihr beherrschten Konzerntochter ermächtigt wird[814] oder wenn sonst zwischen Klägerin und Anspruchsinhaber eine Konzernverbindung besteht.[815] Für einen **GmbH-Gesellschafter** besteht ein schutzwürdiges Interesse an der Durchsetzung der Ansprüche der GmbH insbesondere dann, wenn er an der Gesellschaft in einem Maße beteiligt ist, dass er an der Durchsetzung von deren Ansprüchen in nahezu demselben Maße interessiert ist wie diese selbst.[816] Bejaht wird das schutzwürdige Interesse auch, wenn ein **Ortsverband** von der ihm übergeordneten Dachorganisation ermächtigt wird,[817] oder wenn zwischen Ermächtigendem und Ermächtigtem ein **Vertriebsvertrag** hinsichtlich derjenigen Produkte besteht, um die es im Rechtsstreit geht.[818] Auch der **Lizenznehme**r hat regelmäßig ein eigenes schutzwürdiges Interesse an der Verfolgung von Verletzungen der lizenzierten Rechtsposition.[819] Das Gleiche gilt für den **Empfänger einer Gestattung.**[820] Der Lizenznehmer oder Gestattungsempfänger hat aber ausnahmsweise **kein** eigenes wirtschaftliches Interesse an der Prozeßführung, wenn er den **Lizenzgegenstand** selbst gar **nicht nutzt.**[821]

337 **bb) Prozessstandschaft bei der kollektiven Rechtsdurchsetzung.** Dagegen können die nach § 8 Abs. 3 Nr. 2–4 anspruchsberechtigten qualifizierten Wirtschaftsverbände, qualifizierten Einrichtungen, Kammern, Handwerksorganisationen und Gewerkschaften grundsätzlich **nicht** in Prozessstandschaft für den anspruchsberechtigten Verletzten klagen, weil sonst die Beschränkungen, die der Gesetzgeber für ihre Anspruchsbefugnis aufgestellt hat, unterlaufen würden.[822] Soweit die Anspruchsberechtigung sich nicht durch § 8 Abs. 3 Nr. 2–4 begründen lässt und damit ohnehin eigene Ansprüche bestehen, hat der Gesetzgeber ein schutzwürdiges Interesse an der Verfolgung von Ansprüchen gerade verneint, so dass auch an der Verfolgung von Ansprüchen Dritter kein schutzwürdiges Interesse bestehen kann.[823]

338 Mit der Anspruchsberechtigung gem. § 8 Abs. 3 Nr. 2–4 im Einklang steht demgegenüber die vielfach geübte Praxis, dass ein **Unternehmer** von seiner eigenen Klagebefugnis als Mitbewerber keinen Gebrauch macht, sondern einer anspruchsberechtigten Organisation. deren Mitglied er idR ist, **zur Rechtsverfolgung anregt** und ggf. auch die Kosten der Rechtsverfolgung übernimmt.[824] Dies erlaubt es dem Unternehmer einerseits, gegenüber dem in Anspruch genommenen Wettbewerber **in der Anonymität** zu bleiben, und andererseits, sich die Spezialisierung, Erfahrung und Ausstattung des Verbands zu Nutze zu machen.[825]

339 **c) Rechtsnachfolge.** In Fällen, in denen **Anspruch und Unternehmen gemeinsam übertragen** werden und der Leistungsinhalt keine Änderung erfährt, ist die Übertragung des Unterlassungsanspruchs eines Mitbewerbers auf einen anderen Rechtsträger im Wege

[814] BGH GRUR 2001, 344 (346) – DB Immobilienfonds; GRUR 2008, 1108 Rn. 54 – Haus & Grund III.

[815] BGH GRUR 2005, 423 (425) – Staubsaugerfiltertüten.

[816] BGH GRUR 1995, 54 (57) – Nicoline; LG Hamburg ZUM-RD 2018, 629 (639).

[817] BGH GRUR 2008, 1108 Rn. 55 – Haus & Grund III.

[818] BGH GRUR 1995, 54 (57) – Nicoline; vgl. auch BGH GRUR 2005, 166 (171) – Puppenausstattungen.

[819] BGH GRUR 1999, 161 (163) – MAC Dog; OLG Düsseldorf 12.1.2010 – I-20 U 54/09 – Kuchenset.

[820] Vgl. LG Hamburg 9.1.2008 – 308 O 735/07 – Denta Brush; *Goldmann,* Unternehmenskennzeichen, § 19 Rn. 16.

[821] Vgl. LG Hamburg 9.1.2008 – 308 O 735/07 – Denta Brush; *Goldmann,* Unternehmenskennzeichen, § 19 Rn. 16.

[822] BGH GRUR 1998, 417 (418) – Verbandsklage in Prozeßstandschaft.

[823] BGH GRUR 1998, 417 (418) – Verbandsklage in Prozeßstandschaft; *Köhler*/Bornkamm/*Feddersen* § 8 Rn. 3.22.

[824] Vgl. BGH GRUR 2001, 178 – Impfstoffversand an Ärzte.

[825] *Loewenheim* FS 75 Jahre Wettbewerbszentrale, 1987, 63.

der Rechtsnachfolge möglich.[826] In Betracht kommen hier neben einer Unternehmensübertragung als Form des gesetzlichen Schuldbeitritts (vgl. § 25 Abs. 1 S. 2 HGB) auch eine Gesamtrechtsnachfolge durch Erbfall (§ 1922 BGB) oder im Wege einer Umwandlung (Verschmelzung, Fusion, §§ 2 ff. UmwG; Spaltung, §§ 123 ff. UmwG; Vermögensübertragung, §§ 174 ff. UmwG).[827]

Voraussetzung ist allerdings auch in diesen Fällen, dass der **Rechtsnachfolger** in seiner 340
Person den Anforderungen an die Geltendmachung des Unterlassungsanspruchs genügt und **gem. § 8 Nr. 3 aktivlegitimiert,** also zB seinerseits Mitbewerber iSd § 8 Abs. 3 Nr. 1 **ist.**[828]

II. Mitbewerber (§ 8 Abs. 3 Nr. 1)

1. Grundlagen. In erster Linie anspruchsberechtigt ist nach dem 2004 formulierten 341
Wortlaut des § 8 Absatz 3 Nr. 1 „jeder Mitbewerber", allerdings nur unter der mit der Novelle 2020 eingeführten weiteren Voraussetzung, dass er Waren oder Dienstleistungen in nicht unerheblichem Maße und nicht nur gelegentlich vertreibt oder nachfragt (→ Rn. 360 ff.). Der Begriff des „Mitbewerbers" soll dem Begriff des „unmittelbar Verletzten" im Sinne der Rspr. zum UWG 1909 entsprechen.[829] Die Sachbefugnis dieses „unmittelbar Verletzten" war nicht ausdrücklich geregelt, sondern ergab sich wegen des durchgehend mitbewerberschützenden Zwecks des UWG 1909 unmittelbar aus der verletzten Norm.[830] Als **unmittelbar Verletzter** war grundsätzlich nur derjenige angesehen worden, der zu dem Verletzer (oder dem von diesem geförderten Unternehmer) in einem konkreten Wettbewerbsverhältnis stand und in dessen geschützte Rechtsposition durch die Verletzungshandlung eingegriffen wurde.[831] Der Gesetzgeber wollte mit der Novelle 2004 die Aktivlegitimation von Mitbewerbern abschließend in § 8 Abs. 3 Nr. 1 regeln,[832] und zwar unter Kodifizierung der bisherigen Dogmatik der Klagebefugnis des unmittelbar Verletzten, so dass ein Rückgriff auf diese Rechtsfigur weder nötig noch möglich ist. Die Anspruchsberechtigung der Mitbewerber ergibt sich daher heute ausschließlich aus § 8 Abs. 3 Nr. 1 und nicht aus der verletzten UWG-Norm.[833]

Gemessen daran ist der **Wortlaut** des § 8 Abs. 3 Nr. 1 **verunglückt** und wesentlich **zu** 342
weit geraten. Denn „unmittelbar Verletzter" im Sinne der früheren Dogmatik ist bei sog. **„mitbewerberbezogenen Verstößen",** also Verstößen gegen mitbewerberschützende Normen, die sich ausschließlich gegen die Interessen eines bestimmten Mitbewerbers richten und allein in dessen geschützte Rechtsposition eingreifen **(zB § 4 Nrn. 1–4),** nämlich **nicht „jeder"** Mitbewerber, sondern nur dieser eine. Deshalb ist die Vorschrift des § 8 Abs. 3 Nr. 1 in diesen Fällen mit Blick auf den Schutzzweck der verletzten Verhaltensnorm **teleologisch zu reduzieren** (→ Rn. 352 ff.).[834]

---

826 BGH GRUR 1983, 379 (381) – Geldmafiosi; GRUR 1995, 817 (818) – Legehennenhaltung; GRUR 2019, 970 Rn. 23 – Erfolgshonorar für Versicherungsberater; *Büscher* FS Harte-Bavendamm, 2020, 471 (483); *Köhler*/Bornkamm/*Feddersen* § 8 Rn. 3.20.

827 *Büscher* FS Harte-Bavendamm, 2020, 471 (483); *Ohly*/Sosnitza § 8 Rn. 65.

828 BGH GRUR 1999, 1100 – Generika-Werbung; GRUR 2016, 1187 Rn. 16 – Stirnlampen; GRUR 2019, 970 Rn. 23 – Erfolgshonorar für Versicherungsberater; *Büscher* FS Harte-Bavendamm, 2020, 471 (483); *Ohly*/Sosnitza § 8 Rn. 65.

829 BT-Drs. 15/1487, S. 22: „In Nummer 1 wird die Anspruchsberechtigung des Mitbewerbers im Sinne der derzeitigen Rechtsprechung zum unmittelbar Verletzten ausdrücklich geregelt".

830 *Sack* FS v. Gamm, 1990, 161 ff., 176 ff.

831 Vgl. RGZ 120, 47 (49) – Markenschutzverband I; BGH GRUR 1960, 144 (146) – Bambi; GRUR 1991, 223 (224 f.) – Finnischer Schmuck; GRUR 1998, 1039 (1040) – Fotovergrößerungen; zum Ganzen *Baumbach/Hefermehl* § 13 Rn. 19, Einl UWG Rn. 214 f., 216 ff., § 1 Rn. 912; *Bornkamm* GRUR 1996, 527 ff.; *Sack* FS v. Gamm, 1990, 161 ff. (176 ff.); *Sack* BB 1995, 1 ff.

832 BT-Drs. 15/1487, S. 23: „Die Regelungen zu den zivilrechtlichen Rechtsfolgen sind sowohl hinsichtlich der Klagebefugnis als auch hinsichtlich der Anspruchsgrundlagen abschließend".

833 AA *Beater* WRP 2009, 768 (779); *Sack* WRP 2008, 1141 (1146 f.); *Sack* WRP 2020, 675 Rn. 43, 49 ff.

834 BGH GRUR 2021, 497 Rn. 43 – Zweitmarkt für Lebensversicherungen.

343 **Ansonsten gilt** nach der Rechtsprechung des BGH: Für **„marktbezogene Verstöße"** (zum Begriff → Rn. 351) gilt ein grundsätzlich einheitlicher Mitbewerberbegriff. Außer bei den erwähnten mitbewerberbezogenen Verstößen (→ Rn. 352 ff.) kommt eine **Einschränkung** allenfalls im Wege der **richtlinienkonformen Interpretation** in Betracht (→ Rn. 347 ff.), nicht aber allgemein bei Verstößen gegen verbraucherschützende Vorschriften (→ Rn. 345 f.; zur **Kritik** → Rn. 350). Zu den **Details des Mitbewerberbegriffs** wird auf die **Kommentierung zu § 2 Abs. 1 Nr. 3** verwiesen (*Keller* → § 2 Rn. 113 ff.).

344 **2. Voraussetzungen der Mitbewerbereigenschaft iSd § 8 Abs. 3 Nr. 1.** Grundvoraussetzung für die Mitbewerbereigenschaft iSd § 8 Abs. 3 Nr. 1 ist zunächst, dass der Anspruchsteller jedenfalls Mitbewerber iSd Legaldefinition des § 2 Abs. 1 Nr. 3 ist. Mitbewerber ist hiernach jeder Unternehmer (zum von § 2 Nr. 6 abweichenden Begriff auch in diesem Zusammenhang→ Rn. 395), der mit einem oder mehreren Unternehmern als Anbieter oder Nachfrager von Waren oder Dienstleistungen in einem **konkreten Wettbewerbsverhältnis** steht.[835] Für das konkrete Wettbewerbsverhältnis gibt es, wie bereits die Gesetzesbegründung im Einklang mit der Rechtslage zum UWG 1909 vorgibt,[836] zwei Anknüpfungspunkte im Sinne einer engen und einer weiten Auslegung.[837] Das enge Verständnis beruht auf der Substituierbarkeit der von den Parteien angebotenen Leistungen. Das weite Verständnis knüpft daran an, dass sich trotz fehlender Substituierbarkeit die Beeinträchtigung des Wettbewerbs der einen Partei als Kehrseite der Förderung des Wettbewerbs der anderen Partei darstellt. Im Sinne der **engen Auslegung** ist ein konkretes Wettbewerbsverhältnis gegeben, wenn beide Parteien gleichartige Waren oder Dienstleistungen innerhalb desselben Endverbraucherkreises abzusetzen versuchen und daher das Wettbewerbsverhalten des einen den anderen beeinträchtigen, d. h. im Absatz behindern oder stören kann.[838] Da im Interesse eines wirksamen lauterkeitsrechtlichen Individualschutzes grundsätzlich keine hohen Anforderungen an das Vorliegen eines konkreten Wettbewerbsverhältnisses zu stellen sind, reicht es hierfür im Sinne einer **weiten Auslegung** auch ohne eine Substituierbarkeit der beiderseitigen Güter und Dienstleistungen aus, dass sich der Verletzer durch seine Verletzungshandlung im konkreten Fall in irgendeiner Weise in Wettbewerb zu dem Betroffenen stellt.[839] Nach der Rspr. des BGH ist daher ein konkretes Wettbewerbsverhältnis anzunehmen, wenn zwischen den Vorteilen, die die eine Partei durch eine Maßnahme für ihr Unternehmen oder das eines Dritten zu erreichen sucht, und den Nachteilen, die die andere Partei dadurch erleidet, eine **Wechselwirkung** in dem Sinne besteht, dass der **eigene Wettbewerb gefördert** und der **fremde Wettbewerb beeinträchtigt** werden kann und die von den Parteien angebotenen Waren oder Dienstleistungen einen wettbewerblichen Bezug zueinander aufweisen.[840] Besondere Bedeutung hat dieses weite Verständnis des Erwerbsverhältnisses bei den mitbewerberschützenden Tatbeständen des § 4 Nrn. 1, 2 und 4. Eine bloße Beeinträchtigung reicht zur Begründung eines Wettbewerbsverhältnisses jedoch nicht aus, wenn es an jeglichem Konkurrenzmoment im Angebots- oder Nachfragewettbewerb fehlt.[841]

[835] BGH GRUR 2014, 573 Rn. 15 – Werbung für Fremdprodukte, GRUR 2018, 1251, 1252 Rn. 17 – Werbeblocker II, jew. m. w. N.

[836] BT-Drs. 15/1487, S. 16; vgl. zur früheren Rechtslage *Baumbach/Hefermehl* Einl Rn. 220 ff. mwN.

[837] Zsf. und krit. *Köhler* GRUR 2021, 526 (427).

[838] StRspr, vgl. BGH GRUR 2006, 1042 Rn. 14 – Kontaktanzeigen; GRUR 2012, 193 Rn. 17 – Sportwetten im Internet II; GRUR 2018, 1251 Rn. 17 – Werbeblocker II; GRUR 2019, 970 Rn. 23 – Erfolgshonorar für Versicherungsberater; GRUR 2019, 189 Rn. 58 – Crailsheimer Stadtblatt II; GRUR 2021, 497 Rn. 15 – Zweitmarkt für Lebensversicherungen.

[839] StRspr, vgl. BGH GRUR 1985, 550 – DIMPLE; GRUR 2004, 877 (878 f.) – Werbelocker I; GRUR 2014, 1114 Rn. 32 – nickelfrei; GRUR 2015, 1129 Rn. 19 – Hotelbewertungsportal; GRUR 2018, 1251 Rn. 17 – Werbeblocker II; GRUR 2019, 189 Rn. 58 – Crailsheimer Stadtblatt II; GRUR 2021, 497 Rn. 15 – Zweitmarkt für Lebensversicherungen.

[840] StRspr, vgl. BGH GRUR 2014, 1114 Rn. 32 – nickelfrei; GRUR 2015, 1129 Rn. 19 – Hotelbewertungsportal; GRUR 2018, 1251 Rn. 17 – Werbeblocker II; GRUR 2019, 970 Rn. 23 – Erfolgshonorar für Versicherungsberater; GRUR 2021, 497 Rn. 15 – Zweitmarkt für Lebensversicherungen.

[841] *BGH GRUR* 2018, 1251 Rn. 17 – Werbeblocker II, mwN.

3. Zur Aktivlegitimation der Mitbewerber auch bei Verstößen gegen verbraucherschützende Vorschriften. a) Grundsätzlich einheitliches, weites Verständnis der Mitbewerbereigenschaft. Gemäß § 8 Abs. 3 Nr. 1 sind die Mitbewerber grundsätzlich umfassend zur Verfolgung von Abwehr- und Folgeansprüchen aktivlegitimiert.[842] Die Anspruchsberechtigung eines jeden Mitbewerbers des Verletzers lässt sich dadurch erklären und rechtfertigen, dass die Mitbewerber bei „marktbezogenen Verstößen" (→ Rn. 351) im Interesse eines wirksamen Schutzes des lauteren Wettbewerbs die Befugnis zugesprochen bekommen haben, in gewisser Weise **fremdnützig zur Wahrnehmung** nicht ausschließlich der eigenen Interessen, sondern jedenfalls auch **von Kollektivinteressen** zu handeln.[843] Dies gilt für alle Vorschriften, die der **Umsetzung der UGP-Richtlinie** dienen, weil diese Vorschriften den Schutz der kollektiven Interessen der Verbraucher und gerade nicht den Schutz eines individuellen Mitbewerbers bezwecken. Dies sind die Unlauterkeitstatbestände der **„Schwarzen Liste" des Anhangs zu § 3 Abs. 3** sowie die Tatbestände der **§§ 3 Abs. 2, 4a, 5 Abs. 1 und 5a.**[844] Die Klagebefugnis aller Mitbewerber besteht dabei auch bei Ansprüchen aus der Verletzung von Normen, die zuvörderst dem Verbraucherschutz dienen oder die Allgemeininteressen schützen. So stehen die Abwehransprüche gem. § 8 Abs. 1 gegen denjenigen, der eine nach § 5 Abs. 1 Nr. 1 unzulässige irreführende geschäftliche Handlung vornimmt, jedem Mitbewerber zu.[845] Der **Rechtsbruchtatbestand** des **§ 3a** schützt immer dann Kollektivinteressen, wenn dies auch die verletzte Marktverhaltensregelung tut. Das wird in aller Regel der Fall sein. Nur ausnahmsweise, nämlich bei den mitbewerberbezogenen Verstößen, bezieht sich der Schutzzweck einer Marktverhaltensregelung im konkreten Fall auf einen ganz bestimmten Mitbewerber (→ Rn. 351 ff.). Jeder Mitbewerber iSd § 2 Abs. 1 Nr. 3 darf auch Verstöße gegen **§ 7 Abs. 2 Nrn. 2–4** und **§ 7 Abs. 3** verfolgen.[846] Bei **§ 6** muss im Wege der richtlinienkonformen Interpretation **differenziert** werden (→ Rn. 348). Bei **§ 5 Abs. 2** ist eine richtlinienkonforme Einschränkung auf die enge Auslegung geboten (→ Rn. 349). Bei den Tatbeständen des **§ 6** stellt sich zusätzlich die Frage, ob wirklich **„jeder"** Mitbewerber aktivlegitimiert sein soll oder nur der **konkret betroffene** (→ Rn. 356 ff.). 345

Für die **weite Auslegung** der Mitbewerbereigenschaft gilt: § 8 Abs. 3 Nr. 1 unterscheidet nach der Rspr. des BGH nicht danach, ob der vom Wettbewerber begangene Wettbewerbsverstoß allein die Interessen der Mitbewerber, deren Interessen und zugleich die Interessen der Verbraucher oder aber allein die Interessen der Verbraucher beeinträchtigt.[847] Der **Begriff des Mitbewerbers iSd § 2 Abs. 1 Nr. 3** ist nach Auffassung des BGH **grundsätzlich im gesamten UWG einheitlich auszulegen**, so dass an eine Mitbewerbereigenschaft bei mitbewerberschützenden Normen grundsätzlich keine anderen Anforderungen zu stellen sind als bei verbraucherschützenden Normen (zur Kritik → Rn. 350).[848] Insbesondere können laut BGH auch diejenigen Mitbewerber, die nicht im Sinne eines Verhältnisses der Substituierbarkeit gleichartige Waren und Dienstleistungen vertreiben wie der Zuwiderhandelnde („enge Auslegung"), sondern nur auf andere Weise konkret in ihrem Wettbewerb benachteiligt werden **(„weite Auslegung"),** Ansprüche gegen die Verletzung verbraucherschützender Vorschriften geltend machen. Der Begriff des Mitbewerbers in § 8 Abs. 3 Nr. 1 ist in Fällen der Verletzung verbraucherschützender Vorschriften nicht deshalb einschränkend auszulegen, weil die Verbände nach § 8 Abs. 3 Nr. 2 die Verletzung verbraucherschützender Normen nur verfolgen können, wenn ihnen eine erhebliche Zahl von Unternehmern angehört, die Waren oder Dienstleistungen gleicher oder verwandter Art auf demselben Markt vertreiben. Sinn und Zweck dieser 346

[842] BGH GRUR 2021, 497 Rn. 32 – Zweitmarkt für Lebensversicherungen.
[843] Vgl. *Köhler* GRUR 2019, 123 (124 f.).
[844] Vgl. *Köhler* FS Büscher, 2018, 333 (334).
[845] BGH GRUR 2014, 1114 Rn. 19 – nickelfrei.
[846] BGH GRUR 2013, 1170 Rn. 10 ff. – Telefonwerbung für DSL-Produkte.
[847] BGH GRUR 2021, 497 Rn. 32 – Zweitmarkt für Lebensversicherungen.
[848] BGH GRUR 2021, 497 Rn. 32 – Zweitmarkt für Lebensversicherungen.

Regelung ist es, die Berechtigung eines Verbands zur Verfolgung von Wettbewerbsverstößen auf die kollektive Wahrnehmung von Mitgliederinteressen zu beschränken (→ Rn. 397). Daraus folgt nicht, dass Unternehmer, die zwar keine Waren oder Dienstleistungen gleicher oder verwandter Art auf demselben Markt vertreiben, durch das Verhalten des Anspruchsgegners aber auf eine Art und Weise Nachteile erleiden, dass zu diesem ein konkretes Wettbewerbsverhältnis entsteht, nicht die Verletzung von Normen geltend machen könnten, die unmittelbar dem Schutz von Verbrauchern dienen. Daraus, dass § 8 Abs. 3 Nr. 1 UWG anders als § 8 Abs. 3 Nr. 2 keine Beschränkung der Anspruchsberechtigung auf Mitbewerber vorsieht, die Waren oder Dienstleistungen gleicher oder verwandter Art auf demselben Markt vertreiben, folgt eher das Gegenteil.[849] Es stellt sich aber die **Frage, ob** – über die vom BGH erkannte Notwendigkeit der richtlinienkonformen Interpretation (→ Rn. 347) hinaus – nicht auch sonst für diejenigen Vorschriften, durch die Vorgaben der **UGP-RL** umgesetzt werden, die **weite Auslegung** des Mitbewerberbegriffs **aufgegeben werden muss** (→ Rn. 350).

347 **b) Enge Auslegung der Mitbewerbereigenschaft als Ergebnis richtlinienkonformer Interpretation. aa) Zur Linie des BGH.** Nach der Rspr. des BGH ist eine Ausnahme vom Grundsatz der einheitlichen weiten Auslegung des Mitbewerberbegriffs nur dann möglich, soweit eine richtlinienkonforme Auslegung dies erfordert. Dies ist nach Auffassung des BGH bei § 6 Abs. 1 und 2 Nrn. 3–5 und möglicherweise auch bei § 5 Abs. 2 der Fall, nicht aber bei den übrigen Tatbeständen des UWG.[850] Der Mitbewerberbegriff des UWG ist daher insoweit **„gespalten"**, wie die **richtlinienkonforme Auslegung** es erfordert.[851]

348 Für die **vergleichende Werbung** gilt: § 6 Abs. 1 und 2 Nrn. 3–5 dienen der Umsetzung von Art. 2 lit. c und Art. 4 lit. d, f und h der Werberichtlinie.[852] In den Richtlinienvorschriften ist jeweils der Begriff „Mitbewerber" enthalten, so dass der in den Umsetzungsvorschriften enthaltenen Begriff „Mitbewerber" im Einklang mit der Richtlinienbestimmung ausgelegt werden muss. Der EuGH betont in seiner Rechtsprechung zur vergleichenden Werbung insbesondere im **Urteil *„De Landtsheer/CIVC"*,** dass das Bestehen eines Wettbewerbsverhältnisses nicht unabhängig von den Waren oder Dienstleistungen festgestellt werden kann, die von den in Rede stehenden Unternehmen angeboten werden.[853] Hiernach beruht die Einstufung von Unternehmen als „Mitbewerber" definitionsgemäß auf der **Substituierbarkeit** der Waren oder Dienstleistungen, die sie auf dem Markt anbieten.[854] Wenn Waren oder Dienstleistungen in gewisser Weise gleichen Bedürfnissen dienen können, kann von einem gewissen Grad der Substitution zwischen ihnen ausgegangen werden.[855] Damit steht der Begriff des Mitbewerbers in der Rechtspraxis des EuGH im Großen und Ganzen im Einklang mit der engen Auslegung des Mitbewerberbegriffs des BGH.[856] Aktivlegitimierter Mitbewerber bei den Tatbeständen des § 6 Abs. 1 und 2 Nrn. 3–5 kann also nur ein Unternehmer sein, der sich mit gleichartigen Waren oder Dienstleistungen an denselben Endverbraucherkreise richtet.[857] Dies unterscheidet § 6 Abs. 1 und 2 Nrn. 3–5 von § 6 Abs. 2 Nrn. 1, 2 und 6. Diese Vorschriften dienen der Umsetzung von Art. 4 lit. b, c und g der Werberichtlinie. Hier kommt der Begriff „Mitbewerber" nicht vor. Daher ergibt sich jedenfalls keine unmittelbare Notwendigkeit einer richtlinienkonformen Interpretation.

---

[849] BGH GRUR 2021, 497 Rn. 33 – Zweitmarkt für Lebensversicherungen.
[850] BGH GRUR 2021, 497 Rn. 40 – Zweitmarkt für Lebensversicherungen.
[851] BGH GRUR 2021, 497 Rn. 42 – Zweitmarkt für Lebensversicherungen, mwN; Ohly/*Sosnitza* § 2 Rn. 56; Büscher/*Wille* § 2 Abs. 1 Nr. 3 Rn. 2; GroßKommUWG/*Peukert* § 2 Rn. 385.
[852] Richtlinie 2006/114/EG des Europäischen Parlaments und des Rates vom 12.12.2006 über irreführende und vergleichende Werbung (kodifizierte Fassung), ABl. 2006 Nr. L 376/21.
[853] EuGH GRUR 2007, 511 Rn. 31 – De Landtsheer/CIVC.
[854] EuGH GRUR 2007, 511 Rn. 28 – De Landtsheer/CIVC.
[855] EuGH GRUR 2007, 511 Rn. 30 – De Landtsheer/CIVC.
[856] *Köhler* GRUR 2019, 123 (124); vgl. auch *Sack* WRP 2020, 675 Rn. 26 ff.
[857] Vgl. BGH GRUR 2021, 497 Rn. 41 f. – Zweitmarkt für Lebensversicherungen.

Für **§ 5 Abs. 2** gilt: Diese Vorschrift dient der Umsetzung von Art. 6 Abs. 2 lit. a UGP-RL, der das Hervorrufen einer Verwechslungsgefahr mit Produkten oder Kennzeichnungsmitteln eines „Mitbewerbers" verbietet. Eine Definition des Mitbewerbers fehlt in der UGP-Richtlinie. Es kann jedoch zur Auslegung auf die Definition des Mitbewerbergriffs in Art. 2 lit. c der Richtlinie 2006/114/EG über irreführende und vergleichende Werbung[858] durch den EuGH zurückgegriffen werden.[859] Demnach gilt auch hier der auf **Substituierbarkeit** beruhende Mitbewerberbegriff des EuGH (→ Rn. 348).[860] 349

bb) Zur Kritik und zur weitergehenden Notwendigkeit einer richtlinienkonformen Interpretation. Die Linie des BGH, allgemein auch für verbraucherschützenden Normen an der weiten Auslegung des Mitbewerberbegriffs festzuhalten, steht **nicht im Einklang mit der UGP-Richtlinie.** Sie will mittelbar über den primären Zweck des Verbraucherschutzes gleichsam **reflexartig** auch die **Interessen der** rechtmäßig handelnden **Mitbewerber schützen,** die durch unlautere Geschäftspraktiken mittelbar beeinträchtigt werden (Erwägungsgrund 6 Satz 1 und Erwägungsgrund 8 Satz 2).[861] Zur Auslegung des Begriffs „Mitbewerber" ist auf die Definition der Werberichtlinie zurückzugreifen (→ Rn. 349). Diese knüpft aber gerade an die **Substituierbarkeit** der angebotenen Waren oder Dienstleistungen an und entspricht der engen Auslegung des Mitbewerberbegriffs durch den BGH (→ Rn. 348). Die richtlinienkonforme Interpretation darf sich dabei nicht auf die Betrachtung der Verletzungstatbestände erschöpfen, sondern muss im Lichte des **Schutzzwecks der UGP-RL** auch die Rechtsdurchsetzung in den Blick nehmen. Art. 11 Abs. 1 der UGP-Richtlinie 2005 verpflichtet die Mitgliedstaaten, im Interesse der Verbraucher sicherzustellen, dass geeignete und wirksame Mittel zur Bekämpfung unlauterer Geschäftspraktiken vorhanden sind, um die Einhaltung der Richtlinie sicherzustellen. Nach **Art. 11 Abs. 1 UAbs. 2 der UGP-Richtlinie 2005** umfassen diese Mittel Rechtsvorschriften, die es Personen oder Organisationen, die nach dem nationalen Recht ein berechtigtes Interesse an der Bekämpfung unlauterer Geschäftspraktiken haben, einschließlich **Mitbewerbern,** gestatten, gerichtlich gegen solche unlauteren Geschäftspraktiken vorzugehen. Im primär verbraucherschützenden Lauterkeitsrecht der UGP-RL Richtlinie, mit der eine Vollharmonisierung angestrebt wird (→ *Keller* Einl A Rn. 19; → *Podszun* § 1 Rn. 23), ist der deutsche Gesetzgeber nicht frei, bei der Zuerkennung eine Anspruchsbefugnis den Begriff des Mitbewerbers nach Gutdünken auszufüllen und ihm einen weiten Inhalt zu geben. Wenn in Art. 11 Abs. 1 UAbs. 2 der UGP-Richtlinie 2005 von „Mitbewerbern" die Rede ist, denen eine Anspruchsbefugnis eingeräumt werden kann, so sind damit nur Mitbewerber iSd **Urteils *„De Landtsheer/CIVC"*** gemeint, also solche, die Waren oder Dienstleistungen anbieten, die mit denen des zuwiderhandelnden in einem Verhältnis der Substituierbarkeit stehen.[862] Zumindest erscheint eine solche Interpretation naheliegend. Die Frage ist, weil es sich nicht um einen *„acte clair"* handelt, ggf. dem **EuGH** zur Vorabentscheidung **vorzulegen.**[863] 350

4. Teleologische Reduktion bei mitbewerberbezogenen Verstößen. a) Erfordernis der persönlichen Betroffenheit. Die nach den dargelegten Grundsätzen zu beurteilende Mitbewerbereigenschaft ist für die Anspruchsberechtigung als Mitbewerber gem. § 8 Abs. 3 Nr. 1 allein maßgeblich, wenn es um sog. **„marktbezogene Verstöße"** geht. Das sind Verstöße gegen UWG-Tatbestände, die nicht ausschließlich den Schutz gerade eines individuellen Mitbewerbers im Auge haben, sondern Verbraucher- oder sonstige 351

---

[858] Richtlinie 2006/114/EG des Europäischen Parlaments und des Rates vom 12.12.2006 über irreführende und vergleichende Werbung (kodifizierte Fassung), ABl. 2006 Nr. L 376/21.

[859] *Köhler* GRUR 2019, 123 (124).

[860] Teplitzky/*Büch* Kap. 13 Rn. 9; GroßKommUWG/*Peukert* § 2 Rn. 389; offen gelassen von BGH GRUR 2021, 497 Rn. 41 – Zweitmarkt für Lebensversicherungen.

[861] *Köhler* FS Harte-Bavendamm, 2020, 355 (360 f.).

[862] *Köhler* GRUR 2021, 426 (429 f.).

[863] *Köhler* GRUR 2021, 426 (430).

Kollektivinteressen schützen und deren **Schutzzweck** sich **reflexartig** auf **alle Mitbewerber** bezieht (→ Rn. 350). Daher ist für die Aktivlegitimation eine **zusätzliche persönliche Betroffenheit** gerade des Anspruchstellers nicht erforderlich.[864] Eine solche Einschränkung ist nicht angezeigt, sie ist vom Gesetzgeber auch nicht gewollt.

352 Eine über die bloße Mitbewerbereigenschaft hinausgehende **persönliche konkrete Betroffenheit** ist aber eine zusätzliche, einschränkende Voraussetzung der Anspruchsberechtigung bei allen Tatbeständen, die in der jeweiligen Fallgestaltung nach ihrem Normzweck **nur einen bestimmten Mitbewerber** schützen (sog. **„mitbewerberbezogene Verstöße"**). Diese Betroffenheit fehlt einem beliebigen Mitbewerber iSd § 2 Abs. 1 Nr. 3 immer dann, wenn sich der Wettbewerbsverstoß ausschließlich gegen die Interessen gerade eines bestimmten anderen Mitbewerbers richtet, nämlich den **konkret betroffenen Mitbewerber,** der früher als der „unmittelbar Verletzte" bezeichnet wurde (→ Rn. 341). Dann ist mit Blick auf den Schutzzweck der verletzten Verhaltensnorm – im Wege einer teleologischen Reduktion des Begriffs des Mitbewerbers in § 8 Abs. 3 Nr. 1 – nur der vom Verstoß unmittelbar betroffene Mitbewerber aktivlegitimiert.[865] Hinzukommen muss bei rein mitbewerberbezogenen Verstößen als **zusätzliches Element** also noch die **persönliche Betroffenheit** durch den Wettbewerbsverstoß.[866] Es handelt sich hierbei um die folgenden Fallgestaltungen:

353 **b) Fallgruppen. aa) Generalklausel.** Soweit die Rspr. aus der **Generalklausel des § 3 Abs. 1 UWG** künftig Verbote ableitet, die nicht in den Beispielen unlauteren Handelns nach §§ 3a ff. aufgeführt sind, können solche Verbote sowohl zum Schutz von Kollektivinteressen formuliert werden als auch zum Schutz der Interessen individueller Mitbewerber.[867] Soweit nur die Interessen individueller Mitbewerber berührt sind, kann auch nur der konkret betroffene Mitbewerber die Abwehransprüche geltend machen. Bisher ist dies noch nicht praktisch geworden.

354 **bb) Rechtsbruch.** Der **Rechtsbruchtatbestand** des § 3a schützt immer dann allein den betroffenen Mitbewerber, wenn dies auch die verletzte Rechtsnorm tut (zB § 187 StGB). Dann ist nur der unmittelbar Verletzte anspruchsberechtigt. Ansonsten – und das wird in aller Regel so sein – hat man es mit einem marktbezogenen Verstoß zu tun, für dessen Verfolgung jeder beliebige Mitbewerber aktivlegitimiert ist.[868]

355 **cc) Mitbewerberschutz des § 4.** Die vom Gesetzgeber mit **„Mitbewerberschutz"** überschriebenen Tatbestände des **§ 4 Nrn. 1–4** haben individualschützenden Charakter und bezwecken nur den Schutz des jeweils konkret betroffenen Mitbewerbers, weshalb es ihm überlassen bleiben muss, ob er einen gegen ihn gerichteten Wettbewerbsverstoß hinnehmen will oder nicht.[869] Anspruchsberechtigt ist deshalb nur der konkret betroffene Mitbewerber. Dies gilt für den **Schutz gegen Herabsetzung** (§ 4 Nr. 1) ebenso wie für den Tatbestand der **Anschwärzung** (§ 4 Nr. 2). Auch alle drei unterschiedlichen Tatbestände des **Nachahmungsschutzes** (§ 4 Nr. 3 lit. a–c) schützen **allein die Interessen der betroffenen Originalhersteller.** Das ist derjenige, der das Erzeugnis in eigener Verantwortung herstellt oder die Dienstleistung erbringt oder von einem Dritten herstellen oder erbringen lässt und über das Inverkehrbringen des Erzeugnisses oder des erbringen der

[864] Ebenso zur Unterscheidung von „marktbezogenen" von „mitbewerberbezogenen" Verstößen im Anschluss an die Vorauflage OLG Karlsruhe GRUR-RR 2019, 166 Rn. 51 – Naturkosmetika.

[865] BGH GRUR 2021, 497 Rn. 43 – Zweitmarkt für Lebensversicherungen; vgl. auch BGH GRUR 2017, 92 Rn. 31 – Fremdcoupon-Einlösung (zu § 4 Nr. 4); *Köhler* GRUR 2019, 123 (124).

[866] Ähnl. *Köhler* GRUR 2019, 123 (125): Mitbewerberbegriff in § 8 Abs. 3 Nr. 1 kann einen anderen Inhalt haben, wenn es sich um eine Verletzung der Verhaltensnormen des § 4 Nrn. 1–4 handelt.

[867] *Köhler* FS Büscher, 2018, 333 (337).

[868] Ebenso jetzt *Köhler* FS Büscher, 2018, 333 (337).

[869] BGH GRUR 2017, 92 Rn. 31 – Fremdcoupon-Einlösung; GRUR 2018, 1251 Rn. 58 – Werbeblocker II; GRUR 2021, 497 Rn. 43 – Zweitmarkt für Lebensversicherungen; *Köhler* FS Büscher, 2018, 333 (335).

Dienstleistung entscheidet (zB ein **Alleinvertriebshändler**).[870] Dies gilt nicht nur für die Alternativen der Rufausbeutung (lit. b) und der unredlichen Erlangung von Kenntnissen und Unterlagen (lit. c), sondern auch für die vermeidbaren Herkunftstäuschung (lit. a).[871] Soweit mit einer Nachahmung zugleich eine relevante Täuschung des Verkehrs einhergeht, ist der Tatbestand des § 5 Abs. 2 eröffnet, für den gem. § 8 Abs. 3 Nr. 1 jeder Mitbewerber sowie die nach § 8 Abs. 3 Nrn. 2–4 Anspruchsberechtigten ohne weiteres aktivlegitimiert sind. Einer ergänzenden Anspruchsberechtigung im Sinne einer kollektiven Rechtsdurchsetzung bedarf es für § 4 Nr. 3 auch nach der Umsetzung der UGP-RL nicht.[872] Bei der **gezielten Behinderung eines Mitbewerbers** (§ 4 Nr. 4) ist nur dieser klagebefugt, wenn nicht auch zugleich die Interessen Dritter, der Verbraucher oder der Allgemeinheit berührt sind.[873]

dd) Mitbewerberschutz im Rahmen der vergleichenden Werbung. Überwiegend 356 wird davon ausgegangen, dass die **Tatbestände des § 6 Abs. 2** jedenfalls auch dem Schutz der kollektiven Interessen der Verbraucher und sonstigen Marktteilnehmern dienen und dass daher nicht nur der konkret betroffene, sondern alle Mitbewerber (zum Mitbewerberbegriff bei der vergleichenden Werbung → Rn. 348) Ansprüche geltend machen können[874] bzw. jedenfalls all jene Mitbewerber die selbst oder deren Waren oder Dienstleistungen in der Werbung als solche erkennbar sind.[875] Begründet wird dies damit, dass die Tatbestände des § 6 Abs. 2 der Umsetzung des Art. 4 der Richtlinie 2006/114/EG über irreführende und vergleichende Werbung dienen. Zum Schutzzweck führe Erwägungsgrund 9 Satz 1 der Richtlinie aus es „sollten Bedingungen für zulässige vergleichende Werbung vorgesehen werden, soweit der vergleichende Aspekt betroffen ist, mit denen festgelegt wird, welche Praktiken der vergleichenden Werbung den Wettbewerb verzerren, die Mitbewerber schädigen und die Entscheidung der Verbraucher negativ beeinflussen können". Erwägungsgrund 16 erläutere, dass „Personen oder Organisationen, die nach dem nationalen Recht ein berechtigtes Interesse an der Angelegenheit haben, […] die Möglichkeit besitzen, vor Gericht […] gegen unzulässige vergleichende Werbung vorzugehen".[876] Diese in der Richtlinie angelegte Unterscheidung zwischen Praktiken, die „den Wettbewerb verzerren, die Mitbewerber schädigen", einerseits und denjenigen, welche „die Entscheidung der Verbraucher negativ beeinflussen können" und die Zubilligung einer Aktivlegitimation („vor Gericht […] gegen unzulässige vergleichende Werbung vorzugehen", spricht aber gerade gegen eine einheitliche Bestimmung des Schutzzwecks.

Vielmehr **ist zu differenzieren:** Die Tatbestände des **Art. 4 lit. a** (irreführende 357 vergleichende Werbung, entspricht **§ 5 Abs. 2 Alt. 2 und Abs. 3 Alt. 1 sowie § 6 Abs. 2 Nr. 3**), **lit. b** (Werbevergleich für Waren oder Dienstleistungen mit derselben Zweckbestimmung, entspricht **§ 6 Abs. 2 Nr. 1**) und **lit. c** (Werbevergleich bezogen auf wesentliche, relevante, nachprüfbare und typische Eigenschaften, entspricht **§ 6 Abs. 2 Nr. 2**) sowie **Art. 4 lit. g** (Präsentation einer Ware oder Dienstleistung als Nachahmung, entspricht **§ 6 Abs. 2 Nr. 6**) bezwecken jedenfalls auch die Sicherung der informierten Verbraucherentscheidung. Sie schützen jedenfalls auch **Kollektivinteressen** der Verbraucher. Ein Verstoß gegen diese Bestimmungen ist ein **marktbezogener Verstoß.** Zur Geltendmachung von Abwehransprüchen ist „jeder" Mitbewerber berechtigt.

---

[870] BGH GRUR 2016, 730 Rn. 21 – Herrnhuter Stern; GRUR 2017, 79 Rn. 37 – Segmentstruktur; vgl. auch BGH GRUR 1994, 630 (634) – Cartier-Armreif; GRUR 2005, 519 (520) – Vitamin-Zell-Komplex.

[871] BGH GRUR 2010, 80 Rn. 17 – LIKEaBIKE; zum UWG 1909 ebenso BGH GRUR 1988, 620 (621) – Vespa-Roller; GRUR 1991, 223 (225) – Finnischer Schmuck; GRUR 1994, 630 (634) – Cartier-Armreif.

[872] *Ohly*/Sosnitza § 4 Rn. 3/84.

[873] BGH GRUR 2009, 416 Rn. 22 – Küchentiefstpreis-Garantie; GRUR 2011, 543 Rn. 8 – Änderung der Voreinstellung III.

[874] So *Köhler* FS Büscher, 2018, 333 (336).

[875] So *Köhler* FS Harte-Bavendamm, 2020, 355 (358).

[876] *Köhler* FS Büscher, 2018, 333 (336).

358 Die Tatbestände des **Art. 4 lit. d** (Herabsetzung oder Verunglimpfung von Unterscheidungszeichen oder Waren, Dienstleistungen, Tätigkeiten oder Verhältnissen eines Mitbewerbers, entspricht **§ 6 Abs. 2 Nr. 4 Alt. 2 und Nr. 5**) und **Art. 4 lit. f** (Ausnutzung des Rufs von Unterscheidungszeichen eines Mitbewerbers, entspricht **§ 6 Abs. 2 Nr. 4 Alt. 1**) schützen **nur Individualinteressen** des betroffenen Mitbewerbers. Ein Verstoß gegen diese Bestimmungen ist ein **mitbewerberbezogener Verstoß.** Abwehransprüche können deshalb nur vom konkret betroffenen Mitbewerber geltend gemacht werden. Betroffener Mitbewerber ist dabei nicht automatisch jeder, der in der vergleichenden Werbung als solche erkennbar ist. Betroffen ist nur derjenige Mitbewerber, der persönlich von der Herabsetzung, Verunglimpfung oder Rufausbeutung betroffen ist. Erkennbarkeit und individuelle Betroffenheit geht zwar bei einem Werbevergleich, der sich nur auf einen bestimmten Mitbewerber bzw. auf seine Waren und Dienstleistungen bezieht, Hand in Hand. Es ist aber denkbar, dass sich eine vergleichende Werbung auf mehrere Wettbewerber bezieht, die konkret erkennbar sind, aber nur ein Mitbewerber Leidtragender einer Herabsetzung, Verunglimpfung oder Rufausbeutung ist.

359 **ee) Geheimnisschutz.** Bei Verstößen gegen die Vorschriften über den Geheimnisschutz (§§ 17 ff. UWG 2004) war **nur derjenige Unternehmer** geschützt, **dessen Geheimnisse verletzt wurden,** so dass auch nur dieser aktivlegitimiert war.[877]

359a **5. Förderung fremden Wettbewerbs.** Für die Annahme eines konkreten Wettbewerbsverhältnisses unter dem Gesichtspunkt der Förderung fremden Wettbewerbs muss das Wettbewerbsverhältnis **zwischen dem geförderten Unternehmen** und dem **Anspruchsteller** bestehen. Dieser kann gegen den Fördernden vorgehen, sofern er durch die Förderung des Dritten Unternehmens in eigenen wettbewerbsrechtlich geschützten Interessen berührt ist.[878]

359b **6. Potentielle Wettbewerber. Keine aktivlegitimierten** Mitbewerber iSd § 8 Abs. 3 Nr. 1 sind potentielle Wettbewerber, die ihre die Mitbewerbereigenschaft begründende geschäftliche Tätigkeit noch nicht aufgenommen oder zwischenzeitlich aufgegeben haben, die sich aber jederzeit (wieder) dahingehend betätigen könnten.[879] Auf der **Passivseite** kann ein Wettbewerbsverhältnis aber durch potentielle Wettbewerber begründet werden, soweit konkrete Vorbereitungshandlungen bereits getroffen wurden und ein Markteintritt unmittelbar bevorsteht.[880] Unerheblich ist, ob die Tätigkeit, die das Wettbewerbsverhältnis begründet, gesetzwidrig oder wettbewerbswidrig ist.[881]

359c **7. Maßgeblicher Zeitpunkt.** An der **Mitbewerbereigenschaft fehlt** es im maßgeblichen **Zeitpunkt der letzten mündlichen Verhandlung** in der Tatsacheninstanz, wenn der Anspruchsteller die **geschäftliche Tätigkeit,** welche die Mitbewerbereigenschaft begründet, **endgültig eingestellt** hat.[882] Ein als Mitbewerber Klagender kann einen Verletzungsunterlassungsanspruch deshalb nur mit Erfolg geltend machen, wenn er seine entsprechende unternehmerische Tätigkeit im Zeitpunkt der Verletzungshandlung bereits aufgenommen hatte und im Zeitpunkt der letzten mündlichen Tatsachenverhandlung noch nicht aufgegeben hat.[883] Eine **Gesellschaft in Liquidation** bleibt auch dann aktivlegiti-

[877] *Köhler* in: FS Büscher, 2018, 333 (343 f.).

[878] BGH GRUR 2014, 573 Rn. 19 – Werbung für Fremdprodukte; GRUR 2021, 497 Rn. 16 – Zweitmarkt für Lebensversicherungen.

[879] BGH GRUR 2020, 303 Rn. 44 – Pflichten des Batterieherstellers.

[880] BGH GRUR 1984, 823 – Charterfluggesellschaften; OLG Hamburg GRUR-RR 2012, 21 (23) – LOTTO guter Tipp; *Köhler*/Bornkamm/*Feddersen* § 2 UWG Rn. 30 u. § 8 Rn. 3.29.

[881] RG GRUR 1929, 354 (356) – Kruschensalz; BGH GRUR 2005, 519 (520) – Vitamin-Zell-Komplex; OLG Hamburg GRUR-RR 2012, 21 (23) – LOTTO guter Tipp; *Köhler*/Bornkamm/*Feddersen* § 8 Rn. 3.27; *Melullis* Rn. 364.

[882] BGH GRUR 1995, 697 (699) – FUNNY PAPER; OLG Köln GRUR-RR 2020, 319 Rn. 37 – Studienplatzvermittlung; 10.7.2020 – 6 U 237/19.

[883] BGH GRUR 2016, 1187 Rn. 16 – Stirnlampen; MünchKommUWG/*Ottofülling* § 8 Rn. 342 f.

mierter Mitbewerber, wenn im Rahmen der Liquidation zwar keine neuen Geschäfte abgeschlossen, aber weiterhin bestehende Verträge betreut werden und die angegriffene geschäftliche Handlung in die bestehenden Kundenbeziehungen eingreifen können.[884] Dies gilt erst recht, wenn sie im Rahmen der Liquidation bereit ist, Neuverträge anzunehmen und abzuwickeln.[885]

8. Überschreiten der Erheblichkeitsschwelle des § 8 Abs. 3 Nr. 1. a) Regelungszweck. Nach der Neuregelung 2020 wird für eine Aktivlegitimation des Mitbewerbers zusätzlich verlangt, dass er Waren oder Dienstleistungen in nicht nur unerheblichem Maße und nicht nur gelegentlich vertreibt oder nachfragt. Diese **Erheblichkeitsschwelle einer ernsthaften und nachhaltigen Marktpräsenz** soll neben der reformierten Vorschrift des § 8c dem Ziel der Eindämmung des Abmahnmissbrauchs dienen, dem sich das sog. „Gesetz zur Stärkung des fairen Wettbewerbs" verschrieben hat.[886] Nach Ansicht des Gesetzgebers waren die Anforderungen, die in der Rspr. bislang an die Aktivlegitimation von Mitbewerbern gestellt wurden, zu gering. So sei es teilweise als ausreichend erachtet worden, dass der Abmahnende nur einige wenige Waren zu überteuerten Preisen auf einem Portal anbietet.[887] In anderen Fällen sollen Mitbewerber eine hohe Anzahl von Abmahnungen ausgesprochen haben, die erst kurze Zeit zuvor ihr Gewerbe angemeldet hatten oder bei denen bereits ein Insolvenzverfahren eröffnet worden war.[888] Das LG Hamburg musste sogar einen Fall entscheiden, in denen sich der klagende Getränkehändler lediglich auf den Vertrieb ganzer drei Kisten Erfrischungsgetränke zu je 20 Flaschen berufen konnte.[889] In solchen Fällen war bei gleichartigen Waren ein konkretes Wettbewerbsverhältnis ohne weiteres anzunehmen und die Aktivlegitimation damit gegeben. Zwar konnten solche Fälle auch bislang über den Missbrauch gem. § 8 Abs. 4 S. 1 UWG 2004 (jetzt § 8c) zugunsten des Anspruchsgegners gelöst werden, wenn dieser in der Lage war, zu den Voraussetzungen einer missbräuchlichen, in keinem vernünftigen Verhältnis zur Geschäftstätigkeit stehenden Abmahnaktivität vorzutragen.[890] Der Anspruchsgegner hatte allerdings in aller Regel nicht nur keine Kenntnis von der Anzahl der bisher gegenüber Dritten angesprochenen Abmahnungen, sondern auch keine Einblicke in die Einzelheiten der geschäftlichen Aktivitäten des Abmahnenden.[891] 360

Nunmehr muss der abmahnende Mitbewerber gem. § 13 Abs. 2 Nr. 2 gleich in der Abmahnung die Voraussetzungen seiner Aktivlegitimation gem. § 8 Abs. 3 Nr. 1 darlegen und sie ggf. im Rechtsstreit auch beweisen. Das Gesetz will also Missbrauchsmöglichkeiten, die sich aus einer nur *pro forma,* aber **nicht ernsthaft und nachhaltig betriebenen Geschäftstätigkeit** ergeben, im Keim ersticken. Es ist abzusehen, dass sich der Einwand, die Erheblichkeitsschwelle sei nicht überschritten, zum Standardvorbringen der Anspruchsgegner entwickeln, seine Beurteilung die Gerichte erheblich belasten und auf Jahre hinaus zu einer beträchtlichen Rechtsunsicherheit führen wird.[892] 361

[884] OLG Köln GRUR-RR 2020, 319 Rn. 38 f. – Studienplatzvermittlung; 10.7.2020 – 6 U 237/19.
[885] OLG Düsseldorf, 13.6.2019 – Az. 2 U 48/18 – Studienplatzvermittlung.
[886] BT-Drs. 19/12084, 1, 26.
[887] BT-Drs. 19/12084, 26; zu einem solchen Fall vgl. LG Würzburg MMR 2009, 200 (201) – Abmahnungen der webdiscount4you Ltd. sowie AG Berlin-Charlottenburg 13.11.2009 – 238 C 171/09 – webdiscount4you Ltd.
[888] BT-Drs. 19/12084, 26.
[889] LG Hamburg 25.5.2012 – 406 HKO 153/11.
[890] Vgl. BGH GRUR 2012, 286 Rn. 13 – Falsche Suchrubrik; GRUR 2019, 199 Rn. 21 – Abmahnaktion II; OLG Hamm MMR 2009, 865 (866); OLG Brandenburg GRUR-RR 2013, 511 – Verweisungsnorm; OLG Nürnberg GRUR-RR 2014, 166 – Facebook-Abmahnwelle; OLG Düsseldorf 9.10.2014 – I-15 U 99/14 Rn. 42 – Fehlende Herstellerangabe bei Elektroartikeln; OLG Hamm 15.9.2015 – 4 U 105/15; OLG Frankfurt a. M. GRUR-RR 2016, 358 Rn. 15 – vorgeschobene Marktbereinigung I; GRUR-RR 2017, 195 Rn. 14 – Flughafen-Taxihalteplatz.
[891] *Hohlweck* WRP 2020, 266 Rn. 24.
[892] *Fritzsche* WRP 2020, 1367 Rn. 10.

362 **b) Regelungsumfang.** Die Erheblichkeitsschwelle **gilt für alle Mitbewerber, auch** für **den** von einem Mitbewerber bezogenen Verstoß **konkret betroffenen,** also den „unmittelbar Verletzten" nach der früheren Terminologie (→ Rn. 341).

363 **c) Einzelfallbetrachtung.** Nach der Gesetzesbegründung sollen keine zu hohen Hürden an Umfang und Dauer der Geschäftstätigkeit gestellt werden.[893] Entsprechend müssen die Tatbestandsmerkmale „in nicht nur unerheblichem Maße" und „nicht nur gelegentlich" mit Augenmaß gehandhabt werden, um seriöse Kleinunternehmer nicht generell ihres Schutzes gegen unlauteren Wettbewerb zu berauben. Dies gilt insbesondere dann, wenn ein Mitbewerber Ansprüche als konkret Betroffener eines mitbewerberbezogenen Verstoßes geltend macht.

364 Dem Gesetzgeber schwebt offenbar eine **Gesamtbetrachtung** vor, die derjenigen im bisherigen Missbrauchstatbestand (§ 8 Abs. 4 S. 1 UWG 2004) nicht unähnlich ist. Nach seiner Vorstellung soll etwa ein Mitbewerber eine größere Anzahl von Abmahnungen durchaus damit rechtfertigen können, dass „entsprechend der Umfang der geschäftlichen Tätigkeit größer" ist.[894] Dies muss dann aber auch umgekehrt gelten: Wird nur eine einzige Abmahnung ausgesprochen, was der Mitbewerber dann darzulegen und ggf. zu beweisen hat, darf der Umfang seiner geschäftlichen Tätigkeit durchaus bescheiden sein. Der nach **Art. 2 Abs. 1 iVm Art. 20 Abs. 3 GG** sowie **Art. 6 Abs. 1 S. 1 EMRK** zu gewährleistende effektive Rechtsschutz bzw. das in **Art. 47 der EU-Grundrechte-Charta** verbürgte Grundrecht auf einen wirksamen Rechtsbehelf verlangen eine Abwägung, die alle Umstände des Einzelfalles einbezieht (vgl. hierzu *Goldmann* → § 8c Rn. 18 ff.). Wie beim Missbrauch kommt es dann im Rahmen einer Gesamtbetrachtung auch auf Art, Umfang und Schwere[895] des Wettbewerbsverstoßes an sowie darauf, wie stark der Wettbewerbsverstoß den Mitbewerber in seinen wirtschaftlichen Interessen beeinträchtigt.

365 So mag ein **Kleinunternehmer** mit minimaler Geschäftstätigkeit im Nebenerwerb (hierzu → Rn. 371) nicht befugt sein, Formalverstöße gegen Kennzeichnungsvorschriften zu verfolgen. Man wird ihm aber nicht die Befugnis absprechen können, sich in einem einzelnen Fall gegen eine schwere und nachhaltige geschäftliche üblen Nachrede eines unmittelbaren Mitbewerbers zu wehren.[896] Mit anderen Worten: Die unseriöse Rechtsverfolgung als Nebenerwerb ist unzulässig, die Rechtsverfolgung zum Schutze des seriösen Nebenerwerbs ist zulässig. Kleinunternehmer und Nebenerwerbler verlieren durch die Neuregelung nicht generell ihre Anspruchsbefugnis.[897] Legt also ein Kleinunternehmer dar, dass seine wirtschaftlichen Interessen im Einzelfall auch im Verhältnis zu seiner geringfügigen geschäftlichen Tätigkeit ein hinreichendes Gewicht haben, darf ihm die Aktivlegitimation gem. § 8 Abs. 3 Nr. 1 nicht abgesprochen werden.

366 In vergleichbarer Weise lässt sich die Problematik von **Neugründungen** und **Unternehmern in der Insolvenz** lösen. Nach Auffassung des Gesetzgebers sollen sie sich „nur in Ausnahmefällen" auf eine Aktivlegitimation nach § 8 Abs. 3 Nr. 1 berufen können.[898] Es spricht also eine **tatsächliche Vermutung gegen die Aktivlegitimation.** Diese Vermutung **kann** vom Mitbewerber aber **entkräftet** werden. Die Anforderungen dürfen nicht überspannt werden. Weder eine erst vor kurzem aufgenommene Geschäftstätigkeit noch ein eröffnetes Insolvenzverfahren schließen aus, dass das Unternehmen Waren oder Dienstleistungen in einem die vorgesehene Erheblichkeitsschwelle übersteigenden Ausmaß ver-

---

[893] BT-Drs. 19/12084, 26.
[894] BT-Drs. 19/12084, 26; krit. hierzu *Fritzsche* WRP 2020, 1367 Rn. 9.
[895] Vgl. zum Missbrauch BGH GRUR 2000, 1089 (1091) – Mißbräuchliche Mehrfachverfolgung; GRUR 2012, 730 Rn. 15 – Bauheizgerät; GRUR 2015, 694 Rn. 16 – Bezugsquelle für Bachblüten; OLG Hamm MMR 2009, 865 (866); OLG Nürnberg GRUR-RR 2014, 166 – Facebook-Abmahnwelle; OLG Düsseldorf GRUR-RR 2015, 306 (307) – Warmwasserland.
[896] Vgl. *Köhler* WRP 2019, 1550 Rn. 48.
[897] AA offenbar *Fritzsche* WRP 2020, 1367 Rn. 10.
[898] BT-Drs. 19/12084, 26.

treibt oder nachfragt.[899] Im Fall der Insolvenz soll der Mitbewerber nach der Gesetzesbegründung aktivlegitimiert sein, wenn „unzweifelhaft" ist, dass die Geschäftstätigkeit weitergeführt wird, im Fall der Neugründung, wenn „unzweifelhaft" ist, dass die Geschäftstätigkeit ausgeweitet werden wird.[900] Gerade im Fall einer Neugründung besteht aber immer das Risiko, dass das Unternehmen scheitert,[901] und in einer Insolvenzsituation das Risiko, dass der Betrieb kurzfristig eingestellt wird. In beiden Situationen werden Unternehmen auch meist andere Herausforderungen zu bewältigen haben, als Wettbewerbsverstöße zu verfolgen.[902] Bei der notwendigen Gesamtbetrachtung (→ Rn. 364) kann ihnen aber nicht die Befugnis abgesprochen werden, sich gegen schwerwiegende, uU existenzbedrohende Wettbewerbsverstöße zu wehren, auch wenn eine Fortsetzung der Geschäftstätigkeit nicht „unzweifelhaft" ist. Es kann für die hier zu treffende **Prognoseentscheidung** nur darauf ankommen, dass die nach außen erkennbare ernstliche Absicht zur Fortsetzung bzw. Ausweitung der Geschäftstätigkeit besteht und die Möglichkeit hierzu faktisch, wirtschaftlich und rechtlich greifbar vorhanden ist. Eine praktisch geringe und fernliegende Möglichkeit zur Fortsetzung oder Ausweitung genügt nicht. Es sind also vom Grundsatz her ähnliche Erwägungen anzustellen wie beim Schutz von Kennzeichen zeitweise ruhender Unternehmen.[903]

d) Waren oder Dienstleistungen. Nach § 8 Abs. 3 Nr. 1 muss ein Mitbewerber, der 367
Unterlassungsansprüche nach § 8 Abs. 1 erhebt, laut Gesetzesbegründung nachweisen, „dass er … **Waren oder Dienstleistungen** vertreibt oder nachfragt wie derjenige, der die unzulässige geschäftliche Handlung vorgenommen hat".[904] Die Waren oder Dienstleistungen (zum Begriff → Rn. 384) müssen also diejenigen sein, **die das** geltend gemachte **konkrete Wettbewerbsverhältnis begründen** (→ Rn. 344). Damit wäre also auch ein Großunternehmen nicht aktivlegitimiert, wenn solche Waren oder Dienstleistungen nur in unerheblichem Maße angeboten oder nachgefragt werden.[905] Dies ist sachgerecht, weil nicht die Unternehmensgröße, sondern das Wettbewerbsverhältnis die Aktivlegitimation begründet.

Nimmt man die Gesetzesbegründung allerdings beim Wort und muss der Mitbewerber 368
„nachweisen, dass er … Waren oder Dienstleistungen vertreibt oder nachfragt wie derjenige, der die unzulässige geschäftliche Handlung vorgenommen hat",[906] so könnten Mitbewerber generell nicht mehr unlauteren Wettbewerb durch Branchenfremde vorgehen, wenn die Parteien **ungleichartige Waren oder Dienstleistungen** vertreiben. Dies betrifft insbesondere **Fälle des Behinderungswettbewerbs,** in denen die Rspr. in weiter Auslegung großzügig ein Wettbewerbsverhältnis und damit eine Mitbewerbereigenschaft annimmt (→ Rn. 344). Im Falle eines werbefinanzierten Fernsehsenders etwa und eines Unternehmens, das ein Gerät mit Werbeblocker-Funktion vertreibt, wird der wettbewerbliche Bezug zwischen den verschiedenartigen Waren und Dienstleistungen – und damit das Wettbewerbsverhältnis und die Mitbewerbereigenschaft des Fernsehsenders – durch deren Einwirkung auf die Wahrnehmbarkeit der Werbesendungen hergestellt.[907] Der Fernsehsender kann aber selbstverständlich nicht nachweisen, dass er selbst Geräte mit Werbeblocker-Funktion vertreibt. Eine Einschränkung der Aktivlegitimation in solchen Fällen ist aber gewiss nicht Ziel der gesetzlichen Regelung, zumal sich solche Fälle des Behinderungswett-

[899] Vgl. Stellungnahme der Bundesrechtsanwaltskammer Nr. 32/2018 (Oktober 2018) zum Referentenentwurf eines Gesetzes zur Stärkung des fairen Wettbewerbs, S. 4.
[900] BT-Drs. 19/12084, 26.
[901] *Köhler* WRP 2019, 1550 Rn. 45 Fn. 12.
[902] Vgl. Stellungnahme der Bundesrechtsanwaltskammer Nr. 32/2018 (Oktober 2018) zum Referentenentwurf eines Gesetzes zur Stärkung des fairen Wettbewerbs, S. 3.
[903] Hierzu ausf. *Goldmann,* Unternehmenskennzeichen, § 10 Rn. 44 f., 57 ff. mwN.
[904] BT-Drs. 19/12084, 26.
[905] Vgl. *Hohlweck* WRP 2020, 266 Rn. 11.
[906] BT-Drs. 19/12084, 26.
[907] BGH GRUR 2004, 877 (879) – Werbeblocker I; GRUR 2018, 1251 Rn. 17 – Werbeblocker II.

bewerbs in der Vergangenheit nicht als missbrauchsträchtig erwiesen haben.[908] Es bleibt dabei, dass ein konkretes Wettbewerbsverhältnis je nach Fallgestaltung auch **beim Vertrieb ungleichartiger Waren oder Dienstleistungen** angenommen werden kann. Dieser Vertrieb begründet dann das konkrete Wettbewerbsverhältnis. Es muss daher genügen, wenn dieser, das Wettbewerbsverhältnis begründende Vertrieb **in nicht nur unerheblichem Maße und nicht nur gelegentlich** stattfindet.

369 **e) Vertreiben oder Nachfragen.** Die das Wettbewerbsverhältnis begründenden Waren oder Dienstleistungen müssen vom Mitbewerber tatsächlich im erforderlichen Umfang vertrieben oder nachgefragt werden. Unter **Vertreiben** ist grundsätzlich jede Tätigkeit zu verstehen, die darauf abzielt, eine Ware oder Leistung dem allgemeinen Handelsverkehr zuzuführen. An einem Vertreiben fehlt es daher, wenn eine konzerneigene Einkaufsgesellschaft sich auf rein konzerninterne Belieferungen beschränkt, bei denen kein Wettbewerb mit konzernfremden Anbietern hinzutritt.[909] Bloße Vorbereitungshandlungen oder die ernstliche Absicht zum Vertrieb fallen gleichfalls noch nicht unter den Begriff des Vertreibens.[910] Es reicht für den Vertrieb nach der Gesetzesbegründung ausdrücklich **nicht** aus, wenn der Mitbewerber Waren oder Dienstleistungen **lediglich anbietet.**[911] Es muss in dem für § 8 Abs. 3 Nr. 1 relevanten Umfang zu tatsächlichen Verkäufen bzw. zu einer tatsächlichen Erbringung von Dienstleistungen gekommen sein. Spiegelbildlich kann es für die Nachfragetätigkeit nicht ausreichen, wenn lediglich Nachfrageofferten gemacht werden. Es muss zu tatsächlichen Geschäftsabschlüssen auf dem Beschaffungsmarkt kommen.

f) In nicht unerheblichem Maße und nicht nur gelegentlich. aa) Allgemeines.
370 Waren oder Dienstleistungen müssen in nicht unerheblichem Maße und nicht nur gelegentlich vertrieben oder nachgefragt werden. Die Kriterien „in nicht unerheblichem Maße" und „nicht nur gelegentlich" stehen als **unbestimmte Rechtsbegriffe** in einem **engen Zusammenhang** miteinander. Sie sind zwar nicht deckungsgleich, bei ihrer Beurteilung können aber jeweils ähnliche und zT auch übereinstimmende Kriterien herangezogen werden. Meist wird eine Angebots- oder Nachfragetätigkeit nur dann als „in nicht unerheblichem Maße" vorgenommen werden können, wenn sie außerdem auch „nicht nur gelegentlich" erfolgt. Beide Kriterien stehen in einer Wechselbeziehung. Erforderlich ist eine **Gesamtbetrachtung,** die der objektiven wirtschaftlichen **Bedeutung und Ernsthaftigkeit** der Geschäftstätigkeit einerseits und ihrer **Stetigkeit und Nachhaltigkeit** andererseits Rechnung trägt. Die Anforderungen hieran müssen in Relation zu dem verfolgten Rechtsschutzziel beurteilt werden (→ Rn. 364). Sie dürfen um so geringer sein, je stärker die unlautere geschäftliche Handlung im konkreten Fall die wirtschaftlichen Interessen des Mitbewerbers berührt. Sie müssen um so größer sein, je schwächer diese Interessen tangiert werden.

371 **bb) In nicht unerheblichem Maße.** Das Merkmal **„in nicht unerheblichem Maße"** zielt auf die **objektive wirtschaftliche Bedeutung** der Vertriebs- oder Nachfragetätigkeit, wie sie sich durch die Anzahl der Verkäufe, die Umsätze, den Marktanteil, die Größe des Kundenstamms etc ausdrücken lässt. Es soll jene Mitbewerber herausfiltern, die als solche **nicht ernsthaft** geschäftlich tätig sind. Der Nachweis des Merkmals „in nicht unerheblichem Maße" kann nach der Gesetzesbegründung durch Größenkategorien der **Zahl der Verkäufe** oder ähnlichem belegt werden. Konkrete Umsatzzahlen oder eine Steuerberaterbescheinigung müssen nicht vorgelegt werden.[912] Der unbestimmte Rechtsbegriff „in nicht unerheblichem Maße" darf nicht so angewandt werden, dass seriöse Kleinunternehmer von der Verfolgung von Wettbewerbsverstößen abgehalten werden.[913]

[908] So auch *Fritzsche* WRP 2020, 1367 Rn. 8.
[909] BGH GRUR 1969, 479 (480) – Colle de Cologne.
[910] AA OLG Schleswig NJW-RR 1997, 292.
[911] BT-Drs. 19/12084, 26.
[912] BT-Drs. 19/12084, 26.
[913] Vgl. *Köhler* WRP 2019, 1550 Rn. 45.

Die Anforderungen hierfür dürfen nicht allzu hoch angesetzt werden.[914] Dies gilt auch für neu gegründete Unternehmen und Unternehmen in der Insolvenz (vgl. → Rn. 366). Es kommt auf **alle Umstände des Einzelfalls** an. Hierzu gehören zB die **Markt- und Anbieterstruktur,** der **Spezialisierungsgrad,** die **Anzahl der Nachfrager,** die **übliche wirtschaftliche Größe** von Wettbewerbern auf dem betreffenden Markt, der **Anschaffungspreis** für die betroffenen Güter, deren **Beschaffungsintervall,** die **Gewinnmarge pro Transaktion** etc. Abstrakte Untergrenzen lassen sich hier schwerlich ziehen. Auch eine Tätigkeit im **Nebenerwerb** kann ausreichen. Sie muss allerdings spürbar zur Erzielung eines zusätzlichen Einkommens beitragen. Das ist **nicht** der Fall, wenn es sich um eine der privaten Lebensführung zuzuordnende **bloße Liebhaberei** ohne Gewinnerzielungsabsicht im steuerrechtlichen Sinne handelt.[915] Von einem nur unerheblichen Maße der Geschäftstätigkeit kann bezogen auf die jeweiligen Waren ausgegangen werden, wenn ein Online-Shop auf einer Plattform wie eBay eine Vielzahl gänzlich verschiedener Waren anbietet, dies aber nur vereinzelt und in geringem Umfang.[916] Dies gilt erst recht, wenn nur einige wenige Waren zu überteuerten Preisen auf einem Portal angeboten werden.[917]

cc) Nicht nur gelegentlich. Das Merkmal **„nicht nur gelegentlich"** zielt auf die **Stetigkeit, Häufigkeit und Dauer** der Vertriebs- oder Nachfragetätigkeit, wie sie sich durch die Anzahl der Geschäftsvorfälle, die seit der Aufnahme verstrichene Zeit sowie das Verhältnis dieser beiden Größen zueinander ausdrücken lässt. Es soll jene Mitbewerber herausfiltern, die als solche **nicht nachhaltig** geschäftlich tätig sind. Das Kriterium geht über die bloße Unternehmereigenschaft iSd § 14 BGB hinaus, die gem. § 2 Abs. 1 Nr. 3, der Definition des Begriffs „Mitbewerber", ohnehin Voraussetzung schon für die Eigenschaft als Mitbewerber iSd § 8 Abs. 3 Nr. 1 ist und „ein selbstständiges und planmäßiges, auf eine gewisse Dauer angelegtes Anbieten entgeltlicher Leistungen am Markt" verlangt. Wenn also für die Aktivlegitimation über die Unternehmereigenschaft hinaus eine „nicht nur gelegentliche" Anbieter- oder Nachfragetätigkeit verlangt, bedeutet dies, dass das „auf eine gewisse Dauer angelegte Anbieten" realisiert und verdichtet haben muss, und zwar in Form eines über eine gewisse Dauer und mit einer gewissen Häufigkeit auch tatsächlich stattfindenden Vertriebs. Die Anforderungen hierfür dürfen nicht allzu hoch angesetzt werden.[918] Bei **Aktionswaren** in einem ansonsten anders ausgerichteten Betrieb (zB Skihelme beim Lebensmitteldiscounter) reicht es aus, wenn solche Waren **regelmäßig** und zugleich **mindestens einmal jährlich** in das Sortiment aufgenommen werden. Es kommt hier wiederum auf **alle Umstände des Einzelfalls** an. Zu diesen zählen jedenfalls **Art, Größe, Zuschnitt, Ausrichtung und Betriebsdauer** des Unternehmens sowie die hierfür getätigten **Investitionen.** Die mit der Schaffung eines klassischen **stationären Einzelhandelsgeschäfts** verbundenen Investitionen und Mühen sprechen für eine gewisse Verstetigung der geschäftlichen Tätigkeit.[919] Hier wird das Tatbestandsmerkmal „nicht nur gelegentlich" in aller Regel zu bejahen sein. Bei **Online-Shops** auf Plattformen wie eBay ist die Eröffnung eines Geschäftsbetriebs demgegenüber ebenso schnell geschehen wie dessen Einstellung, nämlich durch einen Mausklick vom heimischen Wohnzimmer aus.[920] Die Tätigkeit solcher Onlinehändler bietet für sich genommen keine Gewähr für eine nachhaltige geschäftliche Tätigkeit. Hier ist hinsichtlich des Tatbestandsmerkmals „nicht nur gelegentlich" also durchaus eine gewisse Skepsis angebracht. Weitere Kriterien sind ähnlich wie bei der Beurteilung des Tatbestandsmerkmals „in nicht unerheblichem Maße" die **Markt- und Anbieterstruktur,** der **Spezialisierungsgrad,** die **Anzahl der möglichen Nachfrager** und die durchschnittliche **Anzahl an Geschäftsvorfällen in der** 372

[914] BT-Drs. 19/12084, 26.
[915] Vgl. hierzu zB BFH NJW 1998, 3664.
[916] Vgl. OLG Frankfurt a. M. 2.5.2019 – 6 U 58/18.
[917] Vgl. BT-Drs. 19/12084, 26.
[918] BT-Drs. 19/12084, 26.
[919] Vgl. OLG Frankfurt a. M. 2.5.2019 – 6 U 58/18; OLG Koblenz 3.2.2020 – 9 W 356/19.
[920] Vgl. OLG Frankfurt a. M. 2.5.2019 – 6 U 58/18; OLG Koblenz 3.2.2020 – 9 W 356/19.

Branche, der **Anschaffungspreis** für die betroffenen Güter, das **Beschaffungsintervall,** die **Gewinnmarge pro Transaktion** etc. Auch hier lassen sich abstrakte Untergrenzen kaum ziehen. Es gibt Branchen, in denen auch Unternehmer, die zu den Marktführern gehören, trotz kontinuierlicher Anspannung der unternehmerischen Kräfte normalerweise nur alle ein bis zwei Jahre einen, dann allerdings großvolumigen und umfangreichen, Auftrag erhalten (zB Unternehmer, die schlüsselfertige Chemiegroßanlagen projektieren und errichten, Orgelbauer, Akustikspezialisten für Konzertsäle etc). Diese Unternehmer sind sicherlich als Erbringer ihrer Leistungen nachhaltig und „nicht nur gelegentlich" im Rechtssinne tätig, auch wenn sich die Gelegenheit zu deren Erbringung nicht häufig, sondern eben nur gelegentlich bietet. Ist auf dem betreffenden Markt gemeinhin das Beschaffungsintervall klein und die Anzahl der Geschäftsvorfälle hoch, darf es allerdings nicht nur zu ganz vereinzelten Geschäftsvorfällen kommen. Bei Neugründungen kommt es auf das Verhältnis der Betriebsdauer zur Anzahl von Geschäftsvorfällen an. Auch ein neu gegründetes Unternehmen ist „nicht nur gelegentlich" tätig, wenn es in verhältnismäßig kurzer Zeit nach seiner Gründung schon relativ viel absetzen konnte und außerdem absehbar ist, dass die Geschäftstätigkeit weitergeht (hierzu → Rn. 366).

373 **g) Übergangsfragen.** Für bereits anhängige Rechtsstreitigkeiten stellt sich die Frage, wie mit der Aktivlegitimation von Mitbewerbern umzugehen ist, deren geschäftliche Tätigkeit als Mitbewerber **unter der Erheblichkeitsschwelle** liegt, die aber ihre Ansprüche vor Inkrafttreten der Neufassung des § 8 Abs. 3 Nr. 1 am 2.12.2020 geltend gemacht haben, als die Erheblichkeitsschwelle noch nicht galt. Der Gesetzgeber hat diese Frage nicht berücksichtigt. Er hat insbesondere keine Übergangsregelung geschaffen, anders als für die qualifizierten Wirtschaftsverbände (§ 15a). Weil eine solche Übergangsregelung fehlt, **verlieren** solche **Mitbewerber** mit Inkrafttreten der Neuregelung **ihre** materiell-rechtliche **Aktivlegitimation.** Die Rechtsänderung ist ein erledigendes Ereignis.

III. Qualifizierte Wirtschaftsverbände (§ 8 Abs. 3 Nr. 2)

374 **1. Normzweck.** Die Anspruchsberechtigung der **qualifizierten Wirtschaftsverbände** entspricht dem Zweck des UWG, nicht nur Individual-, sondern auch Allgemeininteressen zu schützen (→ Rn. 310). § 8 Abs. 3 Nr. 2 macht die Anspruchsberechtigung der Wirtschaftsverbände davon abhängig, dass sie gem. § 8b in eine **vom BfJ geführten Liste** der qualifizierten Wirtschaftsverbände **eingetragen** sind **(„Listensystem").** Die Anspruchsberechtigung der Wirtschaftsverbände wird damit an die der qualifizierten Einrichtungen nach § 8 Abs. 3 Nr. 3 angeglichen, die gem. § 4 UKlaG ebenfalls in eine vom BfJ geführte Liste eingetragen werden müssen. Die Voraussetzungen der Eintragung und die Anforderungen an die Wirtschaftsverbände sind in § 8b geregelt (hierzu *Goldmann* → § 8b Rn. 5 ff.).[921] In die Liste eingetragen werden können nur rechtsfähige Verbände. Gemeint sind damit nur juristische Personen des Privatrechts. Die bislang gem. § 8 Abs. 3 Nr. 2 UWG 2004 klagebefugten Körperschaften des öffentlichen Rechts – insbesondere die Kammern der freien Berufe – sind weiterhin klagebefugt, aber nicht mehr gem. § 8 Abs. 3 Nr. 2, sondern gem. § 8 Abs. 3 Nr. 4 (*Goldmann* → § 8b Rn. 7 f.).

375 § 8 Abs. 3 Nr. 2 iVm § 8b soll bestehenden Wirtschaftsverbänden, von denen zum Inkrafttreten des Gesetzes am 2.12.2020 selbstverständlich noch keiner in die vom BfJ gem. § 8b geführte Liste eingetragen sein konnte, ihre nach bisherigem Recht bestehende Anspruchsberechtigung **nicht unvermittelt abschneiden.** Die **Übergangsvorschrift** des **§ 15a** bestimmt daher, dass § 8 Abs. 3 Nr. 2 keine Anwendung auf Rechtsstreitigkeiten findet, die zum 1.9.2021 bereits rechtshängig sind (ausf. hierzu *Goldmann* → § 15a Rn. 1 ff.). Den bestehenden Verbänden wird damit ein Übergangszeitraum zugebilligt, um sich eintragen zu lassen. In der Zwischenzeit bleiben sie für neu anhängig gemachte

[921] *BT-Drs.* 19/12084, 26 f.

Verfahren auch ohne Eintragung anspruchsberechtigt, sofern die Voraussetzungen des § 8 Abs. 2 UWG 2004 erfüllt sind (hierzu Vorauflage *Goldmann* → § 8 Rn. 286 ff.).

2. Anspruchsberechtigung qualifizierter Wirtschaftsverbände. a) Eintragung. Notwendige Voraussetzung der Anspruchsberechtigung eines qualifizierten Wirtschafts- 376 verbands ist, dass der Verband nachweist, dass er in die beim BfJ geführte **Liste qualifizierter Wirtschaftsverbände** gem. § 8b Abs. 1 und 2 **eingetragen** ist. Der Nachweis kann durch die vom Bundesamt für Justiz erteilte Bescheinigung (§ 8b Abs. 3 UWG iVm § 4 Abs. 3 S. 2 UKlaG) geführt werden.

b) Maßgeblicher Zeitpunkt. Die Eintragung muss **bei Klageerhebung** bestanden haben **und im Zeitpunkt der letzten mündlichen Verhandlung** noch bestehen. Dagegen ist es nicht erforderlich, dass der Verband schon im Zeitpunkt der Verletzungshandlung eingetragen war.[922]

c) Keine Nachprüfbarkeit der Eintragungsvoraussetzungen durch Prozess- 377 gericht. Die **Eintragung** in die Liste der qualifizierten Wirtschaftsverbände nach § 8b Abs. 1 und 2 hat für die Klagebefugnis **konstitutive Wirkung.** Ihr Nachweis belegt die allgemeine Klagebefugnis. Das **Gericht** der Unterlassungsklage kann das Vorliegen der Eintragungsvoraussetzungen **nicht selbst nachprüfen.** Es kann lediglich das BfJ zur Überprüfung der Eintragung auffordern und das Verfahren bis zu dessen Entscheidung **aussetzen,** wenn sich in einem Rechtsstreit **begründete Zweifel** an dem Vorliegen der Eintragungsvoraussetzungen ergeben (§ 8b Abs. 3 UWG iVm § 4c Abs. 2 UKlaG). An das Vorliegen begründeter Zweifel iSd § 4c Abs. 2 UKlaG sind **strenge Anforderungen** zu stellen, weil andernfalls die effektive Durchsetzung der Ansprüche gefährdet wäre.[923]

d) Aufhebung der Eintragung. Die Eintragung in die beim Bundesamt für Justiz 378 geführte Liste kann gem. § 8b Abs. 3 UWG iVm § 4c UKlaG **mit Wirkung für die Zukunft aufgehoben** werden; die Aufhebung hat den Wegfall der Klagebefugnis zur Folge. Ordnet das Bundesamt für Justiz das **Ruhen der Eintragung** für einen bestimmten Zeitraum von längstens drei Monaten an, weil auf Grund tatsächlicher Anhaltspunkte damit zu rechnen ist, dass die Eintragung zurückzunehmen oder zu widerrufen ist (§ 8b Abs. 3 UWG iVm § 4c Abs. 2 UKlaG), so können gem. **§ 8 Abs. 4** Ansprüche so lange **nicht geltend gemacht werden.** Das Gericht, bei dem die Unterlassungsklage anhängig ist, hat ggf. gem. § 8b Abs. 3 UWG iVm § 4a Abs. 2 UKlaG das **Verfahren** bis zur Entscheidung des BfJ **auszusetzen.**

3. Handeln innerhalb des Satzungszwecks. a) Prüfungsbefugnis und Prüfungs- 379 pflicht des Gerichts. Die Klagebefugnis eines qualifizierten Wirtschaftsverbands folgt im Einzelfall allerdings noch nicht allein daraus, dass der klagende Verband in die Liste qualifizierter Wirtschaftsverbände nach § 8b eingetragen und somit allgemein klagebefugt ist. Das mit der Klage befasste Gericht muss prüfen, ob die **Prozessführung im konkreten Einzelfall vom Satzungszweck des klagenden Verbandes gedeckt** ist.[924] Denn bei der Eintragung eines Verbandes wird nicht geprüft, ob und inwiefern ggf. seine Tätigkeit nach seiner Satzung in örtlicher oder sachlicher Hinsicht beschränkt ist. Ob eine solche Beschränkung der Klagebefugnis entgegensteht, kann vielmehr immer nur unter Berücksichtigung der Umstände des jeweiligen Einzelfalls festgestellt werden.[925] Bereits

[922] AA zur früheren Rechtslage und zur Frage der erforderlichen Rechtsfähigkeit des Verbands *Ohly/ Sosnitza* § 8 Rn. 91.

[923] Vgl. zu qualifizierten Einrichtungen gem. § 8 Abs. 3 Nr. 3 BGH GRUR 2010, 852 Rn. 11 – Gallardo Spyder; GRUR 2019, 966 Rn. 20 – Umweltilfe.

[924] Vgl. zu qualifizierten Einrichtungen gem. § 8 Abs. 3 Nr. 3 BGH GRUR 2012, 415 f. Rn. 11 ff. – Überregionale Klagebefugnis; GRUR 2018, 1166 Rn. 23 – Prozessfinanzierer I; GRUR 2019, 850 Rn. 17 – Prozessfinanzierer II; GRUR 2019, 966 Rn. 28 – Umwelthilfe.

[925] Vgl. zu qualifizierten Einrichtungen gem. § 8 Abs. 3 Nr. 3 BGH GRUR 2012, 415 Rn. 12 ff. – Überregionale Klagebefugnis.

zum UWG 1909 wurde von der Rspr. verlangt, dass die mit dem geltend gemachten Unterlassungsanspruch verfolgte Rechtsverletzung in den satzungsgemäßen Interessenbereich des Verbandes fiel.[926]

380 **b) Prüfungsgrundsätze.** Satzungsbestimmungen, denen körperschaftsrechtliche Bedeutung zukommt, sind grundsätzlich **objektiv auszulegen.**[927] In diesem Zusammenhang kommt neben dem Wortlaut sowie dem Sinn und Zweck der Regelung auch dem systematischen Bezug einer Klausel zu anderen Satzungsvorschriften maßgebliche Bedeutung zu; außerhalb der Satzung liegende Umstände können dann zu berücksichtigen sein, wenn ihre Kenntnis bei denjenigen Personen, für die sich aus der Regelung rechtliche Folgen ergeben können, allgemein vorausgesetzt werden kann.[928] Es gelten dieselben Grundsätze wie bei der Auslegung der Satzungen von qualifizierten Einrichtungen gem. § 8 Abs. 3 Nr. 3 (hierzu → Rn. 426 ff.).

381 **4. Verbandsangehörige. a) Allgemeines.** Dem Verband muss gem. § 8 Abs. 3 Nr. 2 eine **erhebliche Zahl** von **Unternehmern** angehören, die Waren oder Dienstleistungen gleicher oder verwandter Art auf demselben Markt vertreiben. Die Anspruchsbefugnis eines qualifizierten Wirtschaftsverbands nach § 8 Abs. 3 Nr. 2 setzt damit voraus, dass dieser die Interessen einer erheblichen Zahl von Unternehmen wahrnimmt, **die auf demselben Markt tätig sind** wie der Unternehmer, gegen den sich der Anspruch richtet.[929] Ob diese Voraussetzung im konkreten Fall vorliegen, kann nur nach einer Gesamtbeurteilung sämtlicher Umstände des Einzelfalles festgestellt werden und ist vom Prozessgericht in jeder Lage des Verfahrens von Amts wegen zu prüfen (→ Rn. 327). Demgemäß ergibt sich die Befugnis eines qualifizierten Wirtschaftsverbands zur Geltendmachung der Ansprüche nach Abs. 1 nicht schon aus seiner Eintragung.[930] Die Eintragung in die vom BfJ geführte Liste gemäß § 8b Abs. 1 und 2 kann eine solche Prüfung nicht ersetzen.[931]

382 Durch das Merkmal des Vertriebs von Waren gleicher oder verwandter Art auf demselben Markt wird grundsätzlich gefordert, dass zumindest ein sog. **„abstraktes Wettbewerbsverhältnis"** zwischen den Mitgliedern des Verbandes und dem Anspruchsgegner besteht (→ Rn. 388). Darüber hinaus kann aber auch in Anspruch genommen werden, wer – obwohl selbst in einem anderen Markt tätig – den (fremden) Wettbewerb eines mit den Verbandsmitgliedern konkurrierenden Unternehmens fördert[932] oder wer sich an dem Wettbewerbsverstoß eines Dritten beteiligt, der Waren oder Dienstleistungen gleicher oder verwandter Art vertreibt.[933]

383 Dieses Kriterium ist von dem weiteren zu unterscheiden, dass die **Zuwiderhandlung** die **Interessen der Verbandsmitglieder berühren** muss. Erforderlich ist hier, dass der Verband als Kläger im konkreten Fall letztlich an die Stelle von ihrerseits als Mitbewerber anspruchsberechtigten Mitgliedern tritt (→ Rn. 408).

384 **b) Vertrieb von Waren gleicher oder verwandter Art. aa) Waren oder Dienstleistungen.** Mit „Waren" bzw. „Dienstleistungen" sind alle Gegenstände bezeichnet, die als Waren oder Dienstleistungen im Handels- und Geschäftsverkehr vertrieben werden (§ 2 Abs. 1 Nr. 1; auf die Kommentierung von *Keller* → § 2 Rn. 24 wird verwiesen).

385 **bb) Vertrieb.** Unter **Vertreiben** ist jede Tätigkeit zu verstehen, die darauf abzielt, eine **Ware oder Leistung dem allgemeinen Handelsverkehr zuzuführen.** An einem Vertreiben fehlt es daher, wenn eine konzerneigene Einkaufsgesellschaft sich auf rein konzern-

---

926 Vgl. BGH GRUR 1971, 585 – Spezialklinik.
927 StRspr, vgl. RGZ 127, 186 (192); BGH NJW 1956, 1793; 1989, 1212; 1994, 51, jew. mwN.
928 Vgl. zu qualifizierten Einrichtungen gem. § 8 Abs. 3 Nr. 3 BGH GRUR 2012, 415 Rn. 16. – Überregionale Klagebefugnis.
929 BGH GRUR 2015, 1140 Rn. 11 – Bohnengewächsextrakt.
930 Vgl. BGH GRUR 2003, 454 (455) – Sammelmitgliedschaft I.
931 Vgl. BT-Drs. 15/1487, 22 f.
932 BGH GRUR 2001, 529 (530) – Herz-Kreislauf-Studie.
933 *BGH GRUR* 1997, 313 (314) – Architektenwettbewerb; GRUR 1997, 914 (915) – Die Besten II.

interne Belieferungen beschränkt, bei denen kein Wettbewerb mit konzernfremden Anbietern hinzutritt.[934] Der „Vertrieb" umfasst als Oberbegriff das Anbieten und das Inverkehrbringen, aber nach dem klaren Wortsinn nicht Einkauf und Beschaffung.[935] Diese **Ausgrenzung des** reinen **Nachfragemarktes** sollte hinnehmbar sein, weil in diesem Bereich ein Bedürfnis für eine Klagebefugnis von Verbänden neben derjenigen des unmittelbar verletzten Mitbewerbers, der auch Nachfrager sein kann (§ 2 Abs. 1 Nr. 3), nicht bestehen dürfte. Für die teilweise vorgeschlagene analoge Anwendung des § 8 Abs. 3 Nr. 2[936] fehlt es deshalb an einer planwidrigen Regelungslücke.[937]

Bloße **Vorbereitungshandlungen** oder die **ernstliche Absicht des Anbietens** fallen gleichfalls noch nicht unter den Begriff des Vertreibens.[938] Allerdings soll es nach der früheren Rspr. im Sinne einer Eigenschaft der **Mitgliedsunternehmer als potentielle Wettbewerber,** wenn nicht nur konkrete Vorbereitungshandlungen bereits getroffen wurden, sondern ein Markteintritt unmittelbar bevorsteht.[939] Hieran ist festzuhalten, obwohl die Eigenschaft als potentieller Wettbewerber für ein konkretes Wettbewerbsverhältnis und damit die Mitbewerbereigenschaft iSd § 8 Abs. 3 Nr. 1 nicht ausreichend ist (hierzu → Rn. 395b). Denn für das Merkmal des Vertriebs von Waren gleicher oder verwandter Art auf demselben Markt ist ein konkretes Wettbewerbsverhältnis nicht erforderlich; ein abstraktes Wettbewerbsverhältnis mit einer **potentiellen Beeinträchtigung** genügt (→ Rn. 388). 386

Ist eine Vertriebstätigkeit festgestellt, kommt es weiter nicht darauf an, ob die Mitglieder des Verbandes auf **derselben Wirtschafts- oder Handelsstufe** stehen wie der vom Verband in Anspruch Genommene.[940] 387

cc) Gleicher oder verwandter Art. Mit dem Begriff „Waren oder Dienstleistungen **gleicher oder verwandter Art**" wird der **sachlich relevante Markt** umschrieben, auf dem sie vertrieben werden.[941] Der Begriff ist **weit auszulegen.**[942] Die beiderseitigen Waren oder Dienstleistungen müssen sich ihrer Art nach derart gleichen oder nahestehen, dass der Absatz des einen Unternehmers durch irgendein wettbewerbswidriges Handeln des anderen beeinträchtigt werden kann.[943] Es reicht aus, dass eine **nicht gänzlich unbedeutende potentielle Beeinträchtigung** mit einer gewissen, wenn auch nur geringen Wahrscheinlichkeit in Betracht gezogen werden kann.[944] Ein entsprechendes Wettbewerbsverhältnis wird wesentlich durch die gemeinsame **Zugehörigkeit zur selben Branche** oder zu zumindest **angrenzenden Branchen** begründet.[945] Nicht maßgeblich ist, ob ein Anspruchsgegner gerade hinsichtlich derjenigen konkreten Waren oder Dienstleistungen, die mit seinen beanstandeten Wettbewerbsmaßnahmen beworben worden sind, mit den Mitgliedsunternehmen des klagenden Wettbewerbsverbands in einem (konkreten) Wettbewerbsverhältnis steht.[946] So ist zB ein Verband dann gegen den Betreiber eines „Klini- 388

[934] BGH GRUR 1969, 479 (480) – Colle de Cologne.
[935] OLG Stuttgart 23.3.2017 – 2 U 11/14.
[936] So *Köhler*/Bornkamm/*Feddersen* § 8 Rn. 3.37; *Ohly*/Sosnitza § 8 Rn. 100.
[937] OLG Stuttgart 23.3.2017 – 2 U 11/14.
[938] AA OLG Schleswig NJW-RR 1997, 292.
[939] BGH GRUR 1984, 823 – Charterfluggesellschaften; OLG Hamburg GRUR-RR 2012, 21 (23) – LOTTO guter Tipp.
[940] BGH GRUR 1996, 804 (805) – Preisrätselgewinnauslobung III; OLG Hamburg GRUR-RR 2012, 21 (22) – LOTTO guter Tip.
[941] OLG Schleswig 14.5.2020 – 6 U 1/19.
[942] BGH GRUR 1996, 804 (805) – Preisrätselgewinnauslobung III; GRUR 2007, 809 Rn. 14 – Krankenhauswerbung; GRUR 2015, 1140 Rn. 11 – Bohnengewächsextrakt; OLG Hamburg GRUR-RR 2012, 21 (22) – LOTTO guter Tip.
[943] BGH GRUR 1996, 804 (805) – Preisrätselgewinnauslobung III; GRUR 2000, 438 (440) – Gesetzeswiederholende Unterlassungsanträge; GRUR 2007, 809 Rn. 14 – Krankenhauswerbung; GRUR 2015, 1140 Rn. 11 – Bohnengewächsextrakt; OLG Hamburg GRUR-RR 2012, 21 (22) – LOTTO guter Tip.
[944] BGH GRUR 2015, 1140 Rn. 11 – Bohnengewächsextrakt.
[945] BGH GRUR 2015, 1140 Rn. 11 – Bohnengewächsextrakt.
[946] BGH GRUR 2007, 809 Rn. 14 – Krankenhauswerbung; KG 22.11.2016 – 5 U 89/15.

kums" klagebefugt, wenn ihm eine hinreichende Zahl von Krankenhausbetreibern angehört, auch wenn diese eine andere fachliche oder therapeutische Ausrichtung haben.[947] Früher hat die Rspr. diese Beziehung als **„abstraktes Wettbewerbsverhältnis"** bezeichnet,[948] ein Begriff, der in der neueren Judikatur allerdings nicht mehr auftaucht.[949]

389 Dabei ist auf Seiten **des in Anspruch Genommenen nicht** auf dessen **Gesamtsortiment,** sondern grundsätzlich auf den **Branchenbereich** abzustellen, dem die **beanstandete geschäftliche Handlung** zuzurechnen ist.[950] Wird zB eine die Werbung für ein Navigationsgerät und einen CD-Wechsler beanstandet, ist maßgeblich, ob dem klagenden Verband eine genügende Zahl von Mitgliedern angehört, die in der Branche der Unterhaltungselektronik tätig sind, oder in dem Branchenbereich, dem Navigationsgeräte angehören.[951]

Die Zugehörigkeit zu **verschiedenen Wirtschafts- oder Handelsstufen** steht der Annahme einer Warengleichartigkeit oder Warenverwandtschaft nicht entgegen.[952]

390 Die „Art" einer Ware wird im Hinblick auf den Zweck des § 8 Abs. 3 Nr. 2 aber nicht nur durch ihre Branchenzugehörigkeit, sondern unabhängig von der Branchenzuordnung durch ihren **Verwendungszweck** bestimmt. So können **auch branchenverschiedene Waren oder Dienstleistungen,** die dieselben oder ähnliche **Bedürfnisse befriedigen,** als Waren oder Dienstleistungen verwandter Art angesehen werden.[953] Die **Möglichkeit eines künftigen Wettbewerbs** ist zu berücksichtigen.[954] Innerhalb einer Branche liegt die Annahme nicht fern, dass Unternehmen ihr Betätigungsfeld in den Grenzen der Branche erweitern.[955]

391 Insgesamt werden **keine hohen Anforderungen** an die Gleichartigkeit oder Verwandtschaft von Waren oder Dienstleistungen gestellt. Die Rspr. hat beispielsweise als mit Orientteppichen verwandte Waren Teppichböden und sonstige Fußbodenbeläge sowie in gewissem Umfang auch Heimtextilien angesehen, soweit sie in Wettbewerb zu Fußbodenbelägen treten können.[956] Vom einem weiten Begriff der Warenverwandtschaft ist die Rspr. auch im Pharma- und Kosmetikbereich sowie in der Medizintechnik ausgegangen.[957] Als Dienstleistungen verwandter Art gelten ferner die Vermittlung von Schiffskreuzfahrten einerseits und die Vermittlung von Hotelzimmern andererseits, weil der Wettbewerb der Hotelzimmervermittler tangiert ist, wenn Verbraucher anstelle eines Hotelurlaubs eine Kreuzfahrt buchen.[958] Waren oder Dienstleistungen sind aber **nicht bereits deshalb der Art nach verwandt,** weil für sie die **gleiche Vertriebsform oder -methode** verwendet wird.[959] Deshalb sind bei einem Verband, der gegen eine Internet-Plattform vorgeht, auf der Autos versteigert werden, als Mitglieder nicht alle Auktionatoren relevant, sondern nur solche, die gerade auch Kraftfahrzeuge versteigern.[960]

---

[947] Vgl. BGH GRUR 2007, 809 Rn. 14 – Krankenhauswerbung.

[948] Vgl. BGH WRP 1996, 1102 (1103) – Großimporteur; GRUR 1996, 804 (805) – Preisrätselgewinnauslobung III; GRUR 2000, 438 (440) – Gesetzeswiederholende Unterlassungsanträge; GRUR 2006, 778 Rn. 19 – Sammelmitgliedschaft IV.

[949] Vgl. BGH GRUR 2015, 1140 Rn. 11 – Bohnengewächsextrakt.

[950] BGH GRUR 2006, 778 Rn. 19 – Sammelmitgliedschaft IV; GRUR 2007, 610 Rn. 17 – Sammelmitgliedschaft V; GRUR 2015, 1140 Rn. 11 – Bohnengewächsextrakt; OLG Schleswig 14.5.2020 – 6 U 1/19.

[951] BGH GRUR 2007, 610 Rn. 17 – Sammelmitgliedschaft V.

[952] Vgl. BGH GRUR 1957, 342 (347) – Underberg I; GRUR 1998, 955 – Flaschenpfand II.

[953] BGH GRUR 1996, 804 (805) – Preisrätselgewinnauslobung III.

[954] BGH GRUR 1955, 37 (39) – Cupresa-Seide; GRUR 2001, 420 (421) – SPA.

[955] KG 22.11.2016 – 5 U 89/15.

[956] BGH WRP 1996, 1102 (1103) – Großimporteur; GRUR 1998, 417 (418) – Verbandsklage in Prozeßstandschaft; GRUR 2000, 619 (620) – Orient-Teppichmuster.

[957] Vgl. BGH GRUR 1997, 541 (542) – Produkt-Interview; GRUR 1997, 681 (682 f.) – Produktwerbung; GRUR 1998, 498 (499) – Fachliche Empfehlung III; GRUR 1998, 961 (962) – Lebertran I.

[958] OLG Jena GRUR-RR 2014, 292 – Serviceentgelt.

[959] BGH GRUR 1997, 478 – Haustürgeschäft II; aA OLG Dresden GRUR 1995, 444.

[960] BGH GRUR 2004, 251 (252) – Hamburger Auktionatoren.

Die zu § 13 Abs. 2 Nr. 1 UWG 1909 in der zuletzt gültigen Fassung vertretene Ansicht,[961] dass selbst in jeder Hinsicht **ungleichartige Waren** erfasst seien, wenn durch die **Ausnutzung des Rufs** der einen Ware oder des einer Herstellers für die andere, ungleichartige Ware zwischen Rufinhaber und Rufausbeuter ein Wettbewerbsverhältnis begründet wird,[962] hat jedenfalls für die Verbandsklage nach § 8 Abs. 3 Nr. 2 keine Bedeutung (mehr). Eine Anwendung dieser Vorschrift über ihren Wortlaut hinaus ist für diese Fallgestaltung nicht geboten. Es genügt, dass der Mitbewerber, um dessen Ruf es geht, als unmittelbar Verletzter selbst gemäß § 8 Abs. 3 Nr. 1 Unterlassung begehren kann. 392

Ob Waren oder Dienstleistungen gleich oder verwandt sind, richtet sich nach den Vorstellungen des Verkehrs. Es kann daher die Erweckung des **Anscheins eines gleichartigen Waren- oder Dienstleistungsangebots** genügen.[963] Ob im Einzelfall eine praktisch bedeutsame Beeinträchtigung der Mitgliederinteressen gegeben ist oder ob es sich lediglich um eine bloß theoretisch denkbare abstrakte Beeinträchtigungsmöglichkeit handelt,[964] betrifft dann das Erfordernis, dass die Zuwiderhandlung die Interessen der Verbandsmitglieder berühren muss (hierzu → Rn. 408). 393

c) Auf demselben Markt. Der **Begriff desselben Marktes** ist im Sinne der **räumlichen Marktabgrenzung** zu verstehen.[965] Der maßgebliche räumliche Markt wird durch die Reichweite der Geschäftstätigkeit des Anspruchsgegners bestimmt.[966] Es muss möglich sein, dass sich dort Waren oder Dienstleistungen des Anspruchsgegners und Waren oder Dienstleistungen der Mitgliedsunternehmer begegnen können und sich dort an denselben Nachfragerkreis richten. Der Markt kann örtlich oder regional begrenzt sein. Die Marktstellung, die Attraktivität des Angebots und die Reichweite der Werbung können für die Bestimmung der Grenzen des Marktes maßgeblich sein.[967] Derselbe räumliche Markt ist gegeben, wenn sich die Geschäftstätigkeit des in Anspruch Genommenen zumindest auch auf den potentiellen Kundenkreis der Verbandsmitglieder auswirken kann. Es genügt auch hier wie bei der sachlichen Marktabgrenzung die gewisse – sei es auch nur geringe – Wahrscheinlichkeit einer nicht gänzlich unbedeutenden potentiellen Beeinträchtigung.[968] Ob dies der Fall ist, beurteilt sich nach den Umständen des Einzelfalles. 394

d) Erhebliche Zahl von Unternehmern. aa) Unternehmer. Der Begriff des **„Gewerbetreibenden"** in § 13 Abs. 2 Nr. 2 UWG 1909 in der zuletzt gültigen Fassung ist 2004 **durch den des „Unternehmers" ersetzt** worden. Die mit der Verwendung des Begriffs „Unternehmer" bezweckte terminologische Angleichung an § 14 BGB[969] ist mit dem UWG 2008 durch die Legaldefinition in § 2 Nr. 6 wieder verunklart worden. Der Begriff des Unternehmers in § 8 Abs. 3 Nr. 2 entspricht ebenso wie in § 8 Abs. 3 Nr. 1 gerade **nicht** dem der **Legaldefinition.**[970] Denn mit der Auswechslung des Begriffs des Gewerbetreibenden durch denjenigen des Unternehmers durch das UWG 2004 sollte eine inhaltliche Änderung gegenüber dem UWG 1909 nicht verbunden sein.[971] Der **Begriff** 395

---

[961] Vgl. GroßKommUWG/*Erdmann* (1. Aufl.) § 13 Rn. 35.
[962] Vgl. BGH GRUR 1985, 550 (553) – Dimple.
[963] Vgl. BGH GRUR 1981, 529 (530) – Rechtsberatungsanschein; Teplitzky/*Büch* Kap. 13 Rn. 10.
[964] Vgl. BGH GRUR 1981, 529 (530) – Rechtsberatungsanschein; Teplitzky/*Büch* Kap. 13 Rn. 10.
[965] BGH GRUR 1996, 804 (805) – Preisrätselgewinnauslobung III; GRUR 1997, 145 (146) – Preisrätselgewinnauslobung IV; GRUR 1998, 489 (491) – Unbestimmter Unterlassungsantrag III; GRUR 2001, 260 (261) – Vielfachabmahner; *Gloy* WRP 1999, 34 (36); *D. Jestaedt* S. 37 ff., 41.
[966] BGH GRUR 1996, 804 (805) – Preisrätselgewinnauslobung III; GRUR 1998, 170 – Händlervereinigung; GRUR 2001, 260 – Vielfachabmahner; GRUR 2001, 260 (261) – Vielfachabmahner; GRUR 2004, 251 (252) – Hamburger Auktionatoren; OLG Stuttgart GRUR-RR 2009, 343 – CO_2-Emission I.
[967] BGH GRUR 1997, 379 (380) – Münzangebot; GRUR 1998, 170 – Händlervereinigung; vgl. auch OLG Stuttgart GRUR-RR 2009, 343 (344) – CO_2-Emission I.
[968] Vgl. BGH GRUR 1998, 489 (491) – Unbestimmter Unterlassungsantrag III; GRUR 2000, 438 (440) – Gesetzeswiederholende Unterlassungsanträge.
[969] BT-Drs. 15/1487, 23.
[970] AA Teplitzky/*Büch* Kap. 13 Rn. 4.
[971] BT-Drs. 15/1487, 23.

des Unternehmers ist daher wie früher derjenige des Gewerbetreibenden **weit auszulegen** und umfasst jeden, der eine auf Dauer angelegte und auf Erwerb abzielende **selbständige wirtschaftliche Tätigkeit** gegenwärtig ausübt.[972] Darunter fallen sowohl gewerbliche wie andere berufliche Tätigkeiten, also nunmehr ausdrücklich auch die Angehörigen der freien Berufe. Auf eine Kaufmannseigenschaft gemäß §§ 1 ff. HGB kommt es nicht an.[973] Eine Ausweitung auf die in § 2 Nr. 6 den Unternehmern gleichgestellten Personen, die in ihrem Namen oder Auftrag handeln, ist nicht angebracht und ersichtlich auch nicht gewollt. Wer seine gewerbliche oder berufliche Tätigkeit **noch nicht aufgenommen** oder sie **wieder aufgegeben** hat, ist kein Unternehmer.[974] Bloße Vorbereitungshandlungen wie die Beantragung einer behördlichen Genehmigung oder die Ankündigung der Eröffnung eines bereits angemieteten Geschäftslokals genügen noch nicht.[975]

396 **Idealvereine** kann man zu den Unternehmern iSd § 8 Abs. 3 Nr. 2 zählen, wenn ihre Tätigkeit wegen ihrer Stellung im Wettbewerb Auswirkungen auf die wirtschaftliche Betätigung anderer Unternehmer hat.[976]

Vollzieht sich die unternehmerische Tätigkeit in der Rechtsform einer **Gesellschaft** oder **Körperschaft,** kommt es nur darauf an, dass die Gesellschaft oder Körperschaft Unternehmer ist und nicht auf die Unternehmerqualität der Gesellschafter oder Mitglieder.[977]

397 **bb) Erhebliche Zahl.** Das Erfordernis der **erheblichen Zahl** ist nicht im Sinne einer bestimmten Mindestanzahl zu verstehen, sondern verlangt nach einer wirtschaftlichen Gesamtbetrachtung. Zweck des 1994 eingeführten Erfordernisses einer „erheblichen Zahl" in 8 Abs. 3 Nr. 2 UWG 2004 bzw. des § 13 Abs. 2 Nr. 2 UWG 1909 in der zuletzt gültigen Fassung ist es, **Wesen und Legitimationsgrundlage der Verbandsklagebefugnis** Rechnung zu tragen. Es geht dabei nämlich nach Auffassung des Gesetzgebers um die **kollektive Wahrnehmung von Mitgliederinteressen.** Wenn solche Mitgliederinteressen nicht berührt werden können, weil dem Verband keine erhebliche Zahl von betroffenen Mitbewerbern angehört, entfällt nach der Vorstellung des Gesetzgebers auch die innere Berechtigung für die Verfolgung von Wettbewerbsverstößen. Von einer näheren Bestimmung der „Erheblichkeit" der Zahl der Mitglieder ist bewusst abgesehen werden, weil sich dies nicht abstrakt im vorhinein festlegen lässt. Dem Begriff der „Erheblichkeit" lag vielmehr die Vorstellung zugrunde, dass eine für das Wettbewerbsgeschehen **auf dem Markt repräsentative Anzahl von Unternehmern** aus der betroffenen Branche dem Verband angehören muss.[978] „Erheblich" iSd 8 Abs. 3 Nr. 2 ist die Zahl der Mitglieder des Verbands auf dem einschlägigen Markt daher nur dann, wenn diese Mitglieder als Unternehmer – bezogen auf den maßgeblichen Markt – in der Weise nach Anzahl und/oder Größe, Marktbedeutung oder wirtschaftlichem Gewicht repräsentativ sind, dass ein **missbräuchliches Verhalten des Verbands ausgeschlossen** werden kann.[979] Dem wird dann hinreichend Rechnung getragen, wenn das Gericht im Rahmen des Freibeweises die Überzeugung gewinnen kann, dass es dem Verband bei der konkreten Rechtsverfolgung nach der Struktur seiner Mitglieder um die **ernsthafte kollektive Wahrnehmung der Mitgliederinteressen** geht.[980] In Zweifelsfällen ist darauf abzustellen, ob die Zahl und

[972] Vgl. RGZ 74, 169 (171) – Supinator (zu Ärzten als „Gewebetreibende"); 99, 189 (192) – Steueranwalt (zu Rechtsanwälten).

[973] Vgl. Teplitzky/*Büch* Kap. 13 Rn. 4.

[974] Vgl. BGH GRUR 1995, 697 (699) – FUNNY PAPER.

[975] Vgl. Teplitzky/*Büch* Kap. 13 Rn. 4; aA OLG Hamm GRUR 1988, 241.

[976] Vgl. BGH GRUR 1976, 370 (371) – Lohnsteuerhilfevereine.

[977] OLG Stuttgart WRP 1996, 63 (64); OLG Hamburg GRUR-RR 2005, 167; Teplitzky/*Büch* Kap. 13 Rn. 4a.

[978] BT-Drs. 12/7345, 12.

[979] BGH GRUR 2007, 610 Rn. 18 – Sammelmitgliedschaft V; GRUR 2007, 809 Rn. 15 – Krankenhauswerbung; GRUR 2009, 692 Rn. 12 – Sammelmitgliedschaft VI; GRUR 2015, 1240 Rn. 14 – Der Zauber des Nordens; OLG Frankfurt a. M. 2.5.2019 – 6 U 58/18; OLG Koblenz 3.2.2020 – 9 W 356/19.

[980] BGH GRUR 1996, 804 (805 f.) – Preisrätselgewinnauslobung III; vgl. auch LG Bonn 15.5.2018 – 11 O 49/17.

wirtschaftliche Bedeutung der branchenzugehörigen Verbandsmitglieder den Schluss darauf zulässt, dass **nicht lediglich Individualinteressen** Einzelner, sondern objektiv gemeinsame („kollektive") gewerbliche Interessen der Wettbewerber wahrgenommen werden.[981] Dies kann im Einzelfall auch bei einer geringen Zahl entsprechend tätiger Mitglieder anzunehmen sein.[982] Daher ist es nicht erforderlich, dass die Verbandsmitglieder nach ihrer Zahl und ihrem wirtschaftlichen Gewicht im Verhältnis zu allen anderen auf dem Markt tätigen Unternehmen repräsentativ sind.[983]

Für die Frage, ob ein missbräuchliches Verhalten eines Verbandes ausgeschlossen werden kann, kommt es aber durchaus auch darauf an, ob die ihm angehörigen **Unternehmen zumindest eine gewisse wirtschaftliche Bedeutung haben.** Andernfalls könnte ein Verband recht leicht alle Branchen abdecken, indem er gezielt einzelne kleine Online-Händler aus verschiedenen Branchen als Mitglieder wirbt.[984] Dies hat zur Folge, dass etwa **Mitgliedern mit stationären Ladengeschäften,** die schon länger am Markt tätig sind, für § 8 Abs. 3 Nr. 2 UWG **größeres Gewicht** zukommt **als Mitgliedern mit kleinen Online-Shops auf Verkaufsplattformen** wie eBay, die ebenso schnell entstehen wie wieder verschwinden können. Die mit der Schaffung eines klassischen stationären Einzelhandelsgeschäfts verbundenen Investitionen und Mühen sprechen für eine gewisse Verstetigung der geschäftlichen Tätigkeit und damit für eine gewisse wirtschaftliche Bedeutung, während Online-Shops auf Plattformen wie eBay mit geringerem Umsatz nicht dasselbe Gewicht zukommen kann. Die Eröffnung eines Geschäftsbetriebs ist ebenso schnell geschehen wie dessen Einstellung, nämlich durch einen Mausklick vom heimischen Wohnzimmer aus.[985] Gerade wenn ein Verband ganz überwiegend eBay-Verkäufer als Mitglieder hat und hiervon eine nicht geringe Zahl eine Vielzahl gänzlich verschiedener Waren anbietet und die Plattform eBay als „digitalen Flohmarkt" nutzt, auf dem verschiedenste Waren oft nur in kleiner Stückzahl angeboten werden, dann kommt der reinen Zahl an Mitgliedern nach dem Vorstehenden keine gewichtige Bedeutung für Klagebefugnis und Anspruchsberechtigung mehr zu. Vielmehr sind die Kriterien der **Marktbedeutung** und des **wirtschaftlichen Gewichts** in den Vordergrund zu stellen. Beschränkt sich die Mitgliedschaft von Wettbewerbern auf kleine Online-Händler auf eBay, fehlt es an einer wirtschaftlichen Bedeutung der einzelnen Mitglieder, die eine kollektive Rechtsdurchsetzung rechtfertigt.[986] Dies gilt erst recht, wenn die Mitglieder bezogen auf die Waren gleicher oder verwandter Art die **Erheblichkeitsschwelle des § 8 Abs. 3 Nr. 1** unterschreiten (→ Rn. 360 ff.). Denn wenn schon eine individuelle Anspruchsverfolgung nicht zulässig ist, ist eine kollektive Anspruchsverfolgung schon gar nicht zu rechtfertigen. 398

Bei der nötigen Gesamtbetrachtung ist auch die **Marktstruktur** zu berücksichtigen.[987] Gerade in oligopolistisch geprägten[988] oder bei räumlich und/oder sachlich eng begrenzten Märkten[989] würden überhöhte Anforderungen an Zahl und wirtschaftliches Gewicht der Mitgliedsunternehmen zu einer unangemessenen Einschränkung der Klagebefugnis führen. 399

---

[981] OLG Frankfurt a. M. 2.5.2019 – 6 U 58/18; OLG Koblenz 3.2.2020 – 9 W 356/19; *Köhler*/Bornkamm/*Feddersen* § 8 Rn. 3.42a.

[982] BGH GRUR 2007, 610 Rn. 18 – Sammelmitgliedschaft V; OLG Köln GRUR-RR 2018, 292 – Grilled Steaks-Kartoffelsnacks; OLG Frankfurt a. M. 2.5.2019 – 6 U 58/18.

[983] BGH GRUR 2007, 809 Rn. 15 – Krankenhauswerbung; GRUR 2009, 692 Rn. 12 – Sammelmitgliedschaft VI; OLG Frankfurt a. M. GRUR-RR 2010, 301 (302) – LOTTO-MusikDING; 2.5.2019 – 6 U 58/18; OLG Koblenz 3.2.2020 – 9 W 356/19.

[984] OLG Koblenz 3.2.2020 – 9 W 356/19.

[985] Vgl. OLG Frankfurt a. M. 2.5.2019 – 6 U 58/18; OLG Koblenz 3.2.2020 – 9 W 356/19.

[986] OLG Frankfurt a. M. 2.5.2019 – 6 U 58/18; OLG Koblenz 3.2.2020 – 9 W 356/19.

[987] Vgl. BGH GRUR 2009, 692 Rn. 12 – Sammelmitgliedschaft VI; OLG Hamburg GRUR-RR 2012, 21 (22) – LOTTO guter Tip.

[988] BGH GRUR 2009, 692 Rn. 12 – Sammelmitgliedschaft VI; OLG Hamburg GRUR-RR 2012, 21 (22) – LOTTO guter Tip.

[989] Vgl. OLG Nürnberg WRP 1995, 338 (339).

Die Mitgliedschaft einer geringen Zahl,[990] im Einzelfall sogar eines einzelnen[991] oder zweier Unternehmen[992] kann ausreichen, wenn nicht nur Individualinteressen Einzelner wahrgenommen werden.[993] Klagt etwa ein Verband gegen einen Veranstalter von Kreuzfahrten, genügt es, wenn dem Verband sieben Mitglieder angehören, die in der Tourismuswirtschaft tätig sind[994] oder wenn vier Mitglieder ua auch Schiffskreuzfahrten vermitteln.[995]

400 Die Zugehörigkeit eines konzernangehörigen Unternehmens, das in den Vertrieb einer Dienstleistung durch **ein anderes Konzernunternehmen** eingebunden ist, zu einem Verband kann ausreichen, um diesem die Anspruchsberechtigung nach § 8 Abs. 3 Nr. 2 einzuräumen.[996] Gleiches gilt, wenn dieses Unternehmen als mit der Wahrnehmung wettbewerblicher Interessen des die Dienstleistung vertreibenden Konzernunternehmens beauftragt angesehen werden kann.[997]

401 **cc) Mittelbare Mitgliedschaft.** In vielen Fällen wird die erhebliche Zahl von Unternehmern dem klagenden Verband selbst angehören. Unbedingt erforderlich ist das nicht. Die Mitgliedschaft der erforderlichen Anzahl von Unternehmen kann dem klagenden Verband auch **über** ihm angehörende **andere Verbände vermittelt** werden.[998] Es reicht dann aus, dass in den Mitgliedsverbänden eine ausreichende Anzahl von Unternehmen organisiert ist.[999] Stets klagebefugt sind daher Verbände, denen die nach § 8 Abs. 3 Nr. 4 klagebefugten Industrie- und Handelskammern oder Handwerkskammern angehören.[1000] Verbände wie die **Zentrale zur Bekämpfung unlauteren Wettbewerbs eV** schöpfen ihre umfassende, sich über alle Branchen erstreckende Klagebefugnis daraus, dass ihr neben mehr als 1.200 Unternehmern auch über 800 Kammern und Verbände angehören.[1001]

402 Die Erfüllung dieser Voraussetzung für die Klagebefugnis durch Vermittlung über einen anderen Verband muss in einer Weise erfolgen, dass von einer **„kollektiven Wahrnehmung der Mitgliederinteressen"**[1002] **der Angehörigen des vermittelnden Verbandes** durch den klagenden Verband ausgegangen werden kann. Dagegen kommt es nicht darauf an, über welche mitgliedschaftlichen Rechte die – mittelbaren oder unmittelbaren – Mitglieder des klagenden Verbands verfügen.[1003] Auch eine faktische Mitgliedschaft auf der Basis einer fehlerhaften rechtlichen Grundlage (zB Beitrittserklärung durch nicht vertretungsberechtigte Person) kann genügen.[1004]

---

[990] BGH GRUR 2007, 610 Rn. 18 – Sammelmitgliedschaft V; GRUR 2007, 809 Rn. 15 – Krankenhauswerbung; GRUR 2015, 1240 Rn. 14 – Der Zauber des Nordens; OLG Hamburg GRUR-RR 2012, 21 (22) – LOTTO guter Tip; OLG München 17.10.2013 – 6 U 3923/12.

[991] Vgl. OLG Nürnberg WRP 1995, 338 (339); OLG München 17.10.2013 – 6 U 3923/12.

[992] BGH GRUR 1997, 476 – Geburtstagswerbung II einerseits, GRUR 1998, 170 f. – Händlervereinigung andererseits; OLG München 17.10.2013 – 6 U 3923/12; für einen prozentualen Mindestanteil (25 % auf einem räumlich begrenzten Markt, 10 % bundesweit) treten *Derleder/Zänker* GRUR 2002, 490 (491) ein; dagegen *Welzel* GRUR 2003, 762 ff.

[993] BGH GRUR 2007, 610 Rn. 18 – Sammelmitgliedschaft V; OLG Hamburg GRUR-RR 2012, 21 (22) – LOTTO guter Tip.

[994] OLG Jena GRUR-RR 2014, 294 – Serviceentgelt.

[995] BGH GRUR 2015, 1240 Rn. 16 – Der Zauber des Nordens.

[996] OLG Düsseldorf WRP 2016, 617 Rn. 19 – Klagebefugnis einer qualifizierten Einrichtung bei Konzernunternehmen.

[997] OLG Düsseldorf WRP 2016, 617 Rn. 17 f. – Klagebefugnis einer qualifizierten Einrichtung bei Konzernunternehmen.

[998] BGH GRUR 1995, 604 (605) – Vergoldete Visitenkarten; GRUR 2003, 454 (455) – Sammelmitgliedschaft I; GRUR 2007, 610 Rn. 15 – Sammelmitgliedschaft V; GRUR 2009, 692 Rn. 12 – Sammelmitgliedschaft VI.

[999] Instruktiv OLG Hamburg GRUR-RR 2013, 29 (31) – Nr. 1 Hits.

[1000] BGH GRUR 1995, 122 – Laienwerbung für Augenoptiker; GRUR 1997, 758 (759) – Selbsternannter Sachverständiger; GRUR 1997, 933 (934) – EP; OLG Hamburg GRUR-RR 2013, 29 (31) – Nr. 1 Hits.

[1001] Vgl. *Greipl* FS 100 Jahre Wettbewerbszentrale, 2012, 33 (35).

[1002] Vgl. dazu BT-Drs. 12/7345, 12; abgedruckt WRP 1994, 369 (378).

[1003] BGH GRUR 2007, 610 Rn. 21 – Sammelmitgliedschaft V.

[1004] *BGH GRUR* 2006, 873 Rn. 17 – Brillenwerbung.

403 Der die Zugehörigkeit vermittelnde Verband muss selbst den **Zweck** verfolgen, **die gewerblichen oder selbständigen beruflichen Interessen seiner Mitglieder zu fördern.**[1005] Bei bloßen Einkaufs- und Marketinggesellschaften ist dies nicht der Fall.[1006]

404 Der die Mitgliedschaft vermittelnde Verband muss dagegen **nicht selbst** nach § 8 Abs. 3 Nr. 2 **klagebefugt** sein.[1007] So kann ihm zB eine ausreichende Zahl von Unternehmern fehlen, während der klagende Verband mit den vermittelten und den eigenen Mitgliedern über eine erhebliche Zahl verfügt. Es reicht aus, wenn der vermittelnde Verband von seinen Mitgliedern mit der Wahrnehmung ihrer gewerblichen oder selbständigen beruflichen Interessen beauftragt worden ist, sei es, dass er die Interessen seiner Mitglieder selbst wahrzunehmen berechtigt und imstande ist, oder sei es, dass er einen anderen Verband mit der Wahrnehmung der Interessen seiner Mitglieder beauftragt.[1008] Nicht erforderlich ist ferner, dass sich der die Mitgliedschaft vermittelnde Verband von seinen Mitgliedern ausdrücklich hat ermächtigen lassen, die Kompetenz zur Geltendmachung von wettbewerbsrechtlichen Ansprüchen seinerseits auf den klagenden Verband zu übertragen.[1009] Das Einverständnis der Mitglieder kann sich auch schlüssig ergeben,[1010] zB aus der Natur eines Vertragshändlervertrages, wenn der Hersteller zur Wahrnehmung der gewerblichen Interessen seiner Vertragshändler eine Mitgliedschaft in einem Wettbewerbsverband eingeht.[1011] Es kommt für die Anspruchsbefugnis des klagenden Verbands auch nicht darauf an, ob ihn der vermittelnde Verband ausdrücklich mit der Verfolgung von Wettbewerbsverstößen beauftragt hat.[1012]

405 Eine **Ausnahme** soll nur dann gelten, wenn **keine anerkennenswerten Motive** für den Beitritt des anderen Verbandes zu dem klagenden Verband vorgelegen haben. Solche fehlen vor allem dann, wenn die Sammelmitgliedschaft nicht tatsächlich der Bündelung des gemeinsamen Interesses am Schutz des lauteren und unverfälschten Wettbewerbs dient, sondern **künstlich** die Voraussetzungen der Klagebefugnis **geschaffen** werden sollen.[1013]

406 Der für die Voraussetzungen seiner Klagebefugnis darlegungspflichtige Verband hat die erhebliche Zahl der Mitglieder so **nachzuweisen,** dass der anderen Partei eine zumindest **stichprobenartige Überprüfung** möglich ist, ob die bezeichneten Unternehmen (noch) Mitglieder sind und ob die Angaben des klagenden Verbandes zur Branchenzugehörigkeit, zur Marktstärke und zum örtlichen Betätigungsfeld der Mitgliedsunternehmen (noch) Gültigkeit haben. Eine **anonymisierte Mitgliederliste,** bei der die Namen der Mitglieder nicht bekanntgegeben werden, **genügt** daher **nicht.**[1014]

407 **dd) Verhalten der Unternehmer.** Es findet keine Prüfung dahingehend statt, ob die Unternehmer, auf deren Mitgliedschaft die Anspruchsberechtigung im jeweiligen Einzelfall beruht, ihrerseits lauter oder rechtmäßig handeln. Unerheblich ist, ob die Tätigkeit, die das Wettbewerbsverhältnis begründet, gesetzwidrig oder wettbewerbswidrig ist.[1015] Es spielt für

[1005] BGH GRUR 1999, 1116 (1118) – Wir dürfen nicht feiern.

[1006] BGH GRUR 2003, 454 (455) – Sammelmitgliedschaft I.

[1007] BGH GRUR 2005, 689 (690) – Sammelmitgliedschaft III.

[1008] BGH GRUR 1999, 1116 (1118) – Wir dürfen nicht feiern; GRUR 2003, 454 (455) – Sammelmitgliedschaft I; GRUR 2006, 873 Rn. 15 – Brillenwerbung; GRUR 2007, 610 Rn. 21 – Sammelmitgliedschaft V.

[1009] BGH GRUR 2003, 454 (455) – Sammelmitgliedschaft I; GRUR 2007, 610 Rn. 21 – Sammelmitgliedschaft V.

[1010] BGH GRUR 2006, 778 (779) – Sammelmitgliedschaft IV; GRUR 2007, 610 Rn. 21 – Sammelmitgliedschaft V.

[1011] BGH GRUR 2005, 522 (523) – Sammelmitgliedschaft II.

[1012] BGH GRUR 2005, 689 (690) – Sammelmitgliedschaft III.

[1013] BGH GRUR 2005, 689 (690) – Sammelmitgliedschaft III; GRUR 2007, 610 Rn. 21 – Sammelmitgliedschaft V.

[1014] BGH GRUR 1996, 217 (218) – Anonymisierte Mitgliederliste; enger Ahrens/*Jestaedt* Kap. 19 Rn. 31: Erfordernis einer namentlichen Nennung richtet sich nach der Substantiierungspflicht unter Berücksichtigung des Geheimhaltungsinteresses des Verbands.

[1015] BGH GRUR 2005, 519 (520) – Vitamin-Zell-Komplex; OLG Hamburg GRUR-RR 2012, 21 (22) – LOTTO guter Tip.

§ 8 Abs. 3 Nr. 2 auch keine Rolle, wenn diese Mitglieder dieselben Wettbewerbsverstöße begehen wie der vom Verband in Anspruch genommene Unternehmer.[1016] Geht in solchen Fällen der Verband allerdings ausschließlich gegen Nichtmitglieder vor, kann ein Fall des **Missbrauchs** gem. § 8c vorliegen (*Goldmann* → § 8c Rn. 109 ff.).

408 **e) Berührung von Mitgliederinteressen. aa) Mitbewerbereigenschaft von Verbandsmitgliedern.** Das Tatbestandsmerkmal der Berührung von Interessen der **Verbandsmitglieder** war schon in § 8 Abs. 3 Nr. 2 UWG 2004 enthalten. Hierfür war zunächst erforderlich, dass für diese selbst – nämlich als **Mitbewerber** – die Voraussetzungen der Anspruchsberechtigung nach § 8 Abs. 3 Nr. 1 erfüllt sind und sie selbst wegen des Bestehen eines konkreten Wettbewerbsverhältnisses Ansprüche hätten geltend machen können.[1017] Hieran hat die Neuregelung, die das Tatbestandsmerkmal unverändert übernommen hat, nichts geändert. Da der Gesetzeswortlaut für die Anspruchsberechtigung der qualifizierten Wirtschaftsverbände verlangt, dass „die Interessen ihrer Mitglieder" (Plural) berührt sind, reicht es **nicht** aus, wenn lediglich **ein einziger Mitgliedsunternehmer** in einem konkreten Wettbewerbsverhältnis zum Anspruchsgegner steht. Es müssen **mehrere** sein. Dies steht mit Sinn und Zweck der Verbandsklagebefugnis im Einklang, weil die kollektive Rechtsdurchsetzung überindividuellen Interessen dienen soll. Ist nur ein einziger Mitgliedsunternehmer betroffen, ist er auf die individuelle Durchsetzung seines Anspruchs gem. § 8 Abs. 3 Nr. 1 verwiesen.

409 **bb) Überschreiten der Erheblichkeitsschwelle.** Darüber hinaus ist erforderlich, dass die in einem konkreten Wettbewerbsverhältnis mit dem Anspruchsgegner stehende Mitgliedsunternehmer für ihre Geschäftstätigkeit, die das konkrete Wettbewerbsverhältnis begründet, die **Erheblichkeitsschwelle des § 8 Abs. 3 Nr. 1** überschreiten (hierzu → Rn. 360 ff.). Eine kollektive Rechtsdurchsetzung ist nämlich nur dann zu rechtfertigen, wenn sie an die Stelle einer an sich möglichen individuellen Rechtsdurchsetzung tritt.

410 **cc) Spürbarkeit des Verstoßes.** Schließlich ist bei geschäftlichen Handlungen gegenüber Verbrauchern eine **Spürbarkeit** des Verstoßes **iSv 3 Abs. 2 iVm § 2 Abs. 2 Nr. 8** erforderlich.[1018]

IV. Qualifizierte Einrichtungen zum Schutz von Verbraucherinteressen (§ 8 Abs. 3 Nr. 3)

411 **1. Allgemeines.** Die 1965 auf bestimmte Verbraucherverbände erweiterte Verbandsklagebefugnis[1019] wurde in Umsetzung der **Unterlassungsklagen-Richtlinie** im Jahre 2000[1020] dahingehend geregelt, dass die Anspruchsberechtigung von der **Eintragung in eine beim Bundesamt für Justiz geführte Liste** oder in einem **Verzeichnis der Kommission** der Europäischen Gemeinschaften abhängen **(„Listensystem")**.[1021]

412 Die jetzige Fassung **verzichtet** wie auch schon § 8 Abs. 3 Nr. 3 UWG 2004 gegenüber dem früheren Recht auf das für Verstöße gegen § 1 UWG 1909 zusätzliche Erfordernis, dass der Anspruch eine Handlung betreffen muss, durch die **wesentliche Belange der Verbraucher berührt** werden. Nach der Gesetzesbegründung soll diese Einschränkung

[1016] OLG Hamm MuW XXIX, 515 (517) – Süddeutsche Qualitätsmöbel; OLG Jena GRUR-RR 2014, 294 – Serviceentgelt; vgl. auch OLG Hamburg GRUR-RR 2012, 21 (22) – LOTTO guter Tip.

[1017] OLG Schleswig 14.5.2020 – 6 U 1/19; *Köhler*/Bornkamm/*Feddersen* § 8 Rn. 3.51; *Ohly/Sosnitza* § 8 Rn. 108.

[1018] OLG Schleswig 14.5.2020 – 6 U 1/19; *Köhler*/Bornkamm/*Feddersen* § 8 Rn. 3.51; *Ohly/Sosnitza* § 8 Rn. 108.

[1019] § 13 Abs. 1a in der Fassung des Gesetzes zur Änderung des Gesetzes gegen den unlauteren Wettbewerb, des Warenzeichengesetzes und des Gebrauchsmustergesetzes vom 21.7.1965, BGBl. I S. 625.

[1020] Richtlinie 98/27/EG des Europäischen Parlaments und des Rates vom 19.5.1998 über Unterlassungsklagen zum Schutz der Verbraucherinteressen (ABl. 1998 L 166, S. 51).

[1021] Art. 4 Nr. 1 des Gesetzes über Fernabsatzverträge und andere Fragen des Verbraucherrechts sowie zur Umstellung von Vorschriften auf Euro vom 27.6.2000, BGBl. I S. 897.

entbehrlich sein, weil „von vornherein kein Interesse an einer Klage" bestehe, soweit bei einem Wettbewerbsverstoß Belange von Verbrauchern nicht berührt seien.[1022] Eventuelle Missbräuche durch Ausweitung der Anspruchsberechtigung könnten durch Anwendung des Missbrauchstatbestands vermieden werden. Für eine Regelung entsprechend dem alten Recht bestehe auch deshalb kein Anlass, weil die Verbraucherverbände in der Vergangenheit sehr maßvoll von der Anspruchsberechtigung Gebrauch gemacht hätten.[1023]

413 Nach dem Wortlaut des § 8 Abs. 3 Nr. 3 könnten qualifizierte Einrichtungen zum Schutz von Verbraucherinteressen demnach bis zur Grenze des Missbrauchs gem. § 8c berechtigt sein, auch dann Ansprüche geltend zu machen, wenn lediglich Mitbewerber von einer geschäftlichen Handlung betroffen wären. Dies wäre jedoch mit Sinn und Zweck der Norm, qualifizierten Einrichtungen im öffentlichen Interesse die Klagebefugnis gerade zur Gewährleistung eines kollektiven Verbraucherschutzes zuzuerkennen, nicht vereinbar. Dass eine entsprechende Einschränkung im Wortlaut fehlt, zeigt nur, für wie selbstverständlich der Gesetzgeber eine Beschränkung der Klagebefugnis auf die Verfolgung von Verbraucherinteressen gehalten hat. Dem liegt erkennbar die Annahme zu Grunde, dass der relevante Satzungszweck der nach § 4 UKlaG eingetragenen qualifizierten Einrichtungen gerade in der Förderung von Verbraucherinteressen liegt und daher die **Verfolgung sonstiger, keine Verbraucherbelange berührender Verstöße nicht umfasst.**[1024] Deshalb war auch nach der Neufassung 2004 davon auszugehen, dass die Klagebefugnis von Verbraucherverbänden gem. § 8 Abs. 3 Nr. 3 **allein** hinsichtlich solcher **Wettbewerbsverstöße** besteht, die **auch Verbraucherinteressen beeinträchtigen.**[1025] Hieran hat sich durch die Novelle 2020 nichts geändert.

414 Die Verbraucherschutzverbände sind aber **nicht auf** die Verfolgung von Verstößen gegen Verbraucherschutzgesetze iSd **§ 2 Abs. 2 UKlaG beschränkt,** sondern allgemein zur Verfolgung von Wettbewerbsverstößen berechtigt, soweit diese Verbraucherschutzinteressen beeinträchtigen und die Prozessführung im konkreten Einzelfall vom Satzungszweck des klagenden Verbands gedeckt ist.[1026]

415 **2. Anspruchsberechtigung deutscher qualifizierter Einrichtungen. a) Eintragung.** Notwendige Voraussetzung der Anspruchsberechtigung eines deutschen Verbraucherverbands ist, dass der Verband nachweist, dass er in die beim BfJ geführte **Liste qualifizierter Einrichtungen** gem. § 4 UKlaG **eingetragen** ist. Der Nachweis kann durch die vom Bundesamt für Justiz erteilte Bescheinigung (§ 4 Abs. 3 S. 2 UKlaG)[1027] oder auf andere Weise (zB über die Bekanntmachung der Liste im Bundesanzeiger, § 4 Abs. 1 S. 2 UKlaG) geführt werden. Die Liste kann im Internet auf der Homepage des Bundesamts für Justiz abgerufen werden (www.bundesjustizamt.de, Menüpunkt „Bürgerdienste", Untermenü „Verbraucherschutz").

416 In diese **beim BfJ geführte Liste** werden gem. § 4 Abs. 2 UKlaG auf Antrag eingetragene Vereine eingetragen, zu deren satzungsmäßigen Aufgaben es gehört, Interessen der Verbraucher Interessen der Verbraucher durch nicht gewerbsmäßige Aufklärung und Beratung wahrzunehmen, wenn folgende Voraussetzungen kumulativ erfüllt sind: Gem. § 4 Abs. 2 S. 1 Nr. 1 UKlaG wird verlangt, dass der mindestens drei Verbände, die im gleichen Aufgabenbereich tätig sind, oder mindestens 75 natürliche Personen als Mitglieder hat. Gem. § 2 Abs. 2 S. 1 Nr. 2 UKlaG muss der Verein seit mindestens einem Jahr im Vereinsregister eingetragen ist und ein Jahr seine satzungsmäßigen Aufgaben wahrgenommen haben. Gem. § 4 Abs. 2 S. 1 Nr. 3 UKlaG muss zusätzlich auf Grund seiner bisherigen Tätigkeit sowie seiner personellen, sachlichen und finanziellen Ausstattung gesichert

[1022] BT-Drs. 15/1487, 23.
[1023] BT-Drs. 15/1487, 42.
[1024] KG GRUR-RR 2005, 359 – Verbandsantragsbefugnis zum Dosenpfand.
[1025] BGH GRUR 2016, 392 Rn. 17 – Buchungssystem II; KG GRUR-RR 2005, 359 – Verbandsantragsbefugnis zum Dosenpfand; Lettl GRUR 2004, 449 (460); *Ohly*/Sosnitza § 8 Rn. 109.
[1026] BGH GRUR 2016, 392 Rn. 17 – Buchungssystem II.
[1027] Vgl. KG BB 2001, 641 f.

erscheint, dass der Verein gem. lit. a seine satzungsgemäßen Aufgaben auch künftig dauerhaft wirksam und sachgerecht erfüllen wird und gem. lit. b seine Ansprüche nicht vorwiegend geltend machen wird, um für sich Einnahmen aus Abmahnungen oder Vertragsstrafen zu erzielen. Schließlich dürfen gem. § 4 Abs. 2 S. 1 auf Nr. 4 den Mitgliedern keine Zuwendungen aus dem Vereinsvermögen gewährt werden und Personen, die für den Verein tätig sind, nicht durch unangemessen hohe Vergütungen oder andere Zuwendungen begünstigt werden. Es wird unwiderleglich vermutet, dass Verbraucherzentralen und andere Verbraucherverbände, die mit öffentlichen Mitteln gefördert werden, diese Voraussetzungen erfüllen (§ 4 Abs. 2 S. 2 UKlaG).

417 **b) Keine Nachprüfbarkeit der Eintragungsvoraussetzungen durch Prozessgericht.** Die **Eintragung** in die Liste der qualifizierten Einrichtungen nach § 4 UKlaG hat für die Klagebefugnis **konstitutive Wirkung.**[1028] Ihr Nachweis belegt die allgemeine Klagebefugnis. Das **Gericht** der Unterlassungsklage kann das Vorliegen der Eintragungsvoraussetzungen **nicht selbst nachprüfen.** Es kann lediglich das Bundesamt für Justiz zur Überprüfung der Eintragung auffordern und das Verfahren bis zu dessen Entscheidung **aussetzen,** wenn sich in einem Rechtsstreit **begründete Zweifel** an dem Vorliegen der Eintragungsvoraussetzungen ergeben **(§ 4c Abs. 2 UKlaG).**[1029] An das Vorliegen begründeter Zweifel iSd § 4c Abs. 2 UKlaG sind **strenge Anforderungen** zu stellen, weil andernfalls die effektive Durchsetzung der Ansprüche aus § 2 UKlaG gefährdet wäre.[1030] Für die Beurteilung durch das Prozessgericht gilt:

418 Voraussetzung für die Aufnahme eines Verbrauchervereins in die Liste der qualifizierten Einrichtungen ist nach § 4 Abs. 2 S. 1 Nr. 3 lit. a UKlaG, dass aufgrund seiner bisherigen Tätigkeit gesichert erscheint, dass er seine satzungsmäßigen Aufgaben auch künftig dauerhaft wirksam und sachgerecht erfüllen wird. Der Verband muss dafür über eine hinreichende finanzielle, sachliche und personelle Ausstattung verfügen. Die Frage, ob die Voraussetzungen einer Eintragung nach § 4 Abs. 2 S. 1 UKlaG vorliegen (→ Rn. 416), ist in erster Linie mit Blick auf die den qualifizierten Einrichtungen nach diesem Gesetz zugewiesenen Aufgaben zu beurteilen.[1031] In die Liste der qualifizierten Einrichtungen werden nach § 4 Abs. 2 S. 1 UKlaG auf Antrag rechtsfähige Vereine eingetragen, zu deren satzungsmäßigen Aufgaben es gehört, Interessen der Verbraucher durch nicht gewerbsmäßige Aufklärung und Beratung wahrzunehmen. Nach § 3 Abs. 1 S. 1 Nr. 1 UKlaG stehen qualifizierten Einrichtungen die in den §§ 1 und 2 UKlaG bezeichneten **Ansprüche auf Unterlassung, Widerruf und Beseitigung** zu. Zu den Aufgaben der qualifizierten Einrichtungen gehört es also, diese Ansprüche geltend zu machen und gerichtlich durchzusetzen. Nur hierfür muss die finanzielle, sachliche und personelle Ausstattung ausreichen.[1032]

419 Für **Ansprüche auf Gewinnabschöpfung** gilt: Gewinnabschöpfungsklagen nach § 10 gehören nicht zu den Aufgaben, die qualifizierten Einrichtungen nach dem UKlaG zugewiesen sind. Auch setzt die Eintragung qualifizierter Einrichtungen nach § 8 Abs. 3 Nr. 3 nicht voraus, dass sie die Kosten eines Gewinnabschöpfungsprozesses aus eigenem Vermögen aufbringen können.[1033] Soweit ein klagender Verbraucherverein keine ausreichende finanzielle Ausstattung für eine Gewinnabschöpfungsklage haben mag, begründet dies deshalb keine Zweifel am Vorliegen der Eintragungsvoraussetzungen.[1034]

[1028] BGH GRUR 2010, 852 Rn. 11 – Gallardo Spyder; GRUR 2019, 966 Rn. 20 – Umweltilfe.

[1029] BGH GRUR 2010, 852 Rn. 11 – Gallardo Spyder; GRUR 2012, 415 Rn. 11 – Überregionale Klagebefugnis; GRUR 2019, 850 Rn. 12 – Prozessfinanzierer II.

[1030] BGH GRUR 2010, 852 Rn. 11 – Gallardo Spyder; GRUR 2019, 966 Rn. 20 – Umweltilfe.

[1031] BGH GRUR 2018, 1166 Rn. 17 – Prozessfinanzierer I; GRUR 2019, 850 Rn. 13 – Prozessfinanzierer II.

[1032] Vgl. BGH GRUR 2018, 1166 Rn. 17 – Prozessfinanzierer I; GRUR 2019, 850 Rn. 13 – Prozessfinanzierer II.

[1033] BGH GRUR 2018, 1166 Rn. 15 – Prozessfinanzierer I; GRUR 2019, 850 Rn. 13 – Prozessfinanzierer II.

[1034] BGH GRUR 2018, 1166 Rn. 17 – Prozessfinanzierer I; GRUR 2019, 850 Rn. 13 – Prozessfinanzierer II.

Bei Verbraucherzentralen und anderen Verbraucherverbänden, die **mit öffentlichen Mitteln gefördert** werden, dürften wegen der unwiderleglichen Vermutung gem. § 4 Abs. 2 S. 2 UKlaG solche Zweifel kaum je auftreten. Da der klagende Verband der Darlegungs- und Beweislast hinsichtlich seiner Klagebefugnis durch den Nachweis der Eintragung in die Liste genügt, hat der Anspruchsgegner die Umstände darzulegen und ggf. zu beweisen, aus denen sich ernstliche Zweifel am Vorliegen der Eintragungsvoraussetzungen ergeben. 420

c) Aufhebung der Eintragung. Die Eintragung in die beim Bundesamt für Justiz geführte Liste kann gem. § 4c UKlaG **mit Wirkung für die Zukunft aufgehoben** werden; die Aufhebung hat den Wegfall der Klagebefugnis zur Folge. Ordnet das Bundesamt für Justiz das **Ruhen der Eintragung** für einen bestimmten Zeitraum von längstens drei Monaten an, weil auf Grund tatsächlicher Anhaltspunkte damit zu rechnen ist, dass die Eintragung zurückzunehmen oder zu widerrufen ist (§ 4c Abs. 2 UKlaG), so können gem. **§ 8 Abs. 4** Ansprüche so lange **nicht geltend gemacht werden.** Das Gericht, bei dem die Unterlassungsklage anhängig ist, hat ggf. gem. § 4a Abs. 2 UKlaG das **Verfahren** bis zur Entscheidung des BfJ **auszusetzen.** 421

3. Anspruchsberechtigung ausländischer qualifizierter Einrichtungen. Ausländische Verbraucherschutzorganisationen sind anspruchsberechtigt, wenn sie in dem **Verzeichnis der Kommission** gem. Art. 4 Abs. 3 der Unterlassungsklagen-Richtlinie[1035] eingetragen sind, das im Amtsblatt der EU veröffentlicht wird. 422

In das **von der Kommission geführte Verzeichnis** werden diejenigen qualifizierten Einrichtungen eingetragen, die ihr von den Mitgliedstaaten als klageberechtigt mitgeteilt werden (Art. 4 Abs. 2 und 3 der Unterlassungsklagen-Richtlinie). Allein dem jeweiligen Mitgliedstaat obliegt die Prüfung, ob die notwendigen Voraussetzungen vorliegen. 423

Das deutsche Gericht der Unterlassungsklage kann nicht von sich aus nachprüfen, ob die Eintragung in das Verzeichnis der Kommission zu Recht erfolgt ist (vgl. Art. 4 Abs. 1 S. 2 der Unterlassungsklagen-Richtlinie). 424

4. Handeln innerhalb des Satzungszwecks. a) Prüfungsbefugnis und Prüfungspflicht des Gerichts. Die Klagebefugnis einer deutschen oder in einem anderen Mitgliedstaat errichteten qualifizierten Einrichtung iSd § 8 Abs. 3 Nr. 3 folgt im Einzelfall allerdings noch nicht allein daraus, dass der klagende Verband in die Liste qualifizierter Einrichtungen nach § 4 UKlaG oder dem von der Kommission geführten Verzeichnis eingetragen und somit allgemein anspruchsberechtigt ist. Das mit der Unterlassungsklage befasste Gericht muss prüfen, ob die **Prozessführung im konkreten Einzelfall vom Satzungszweck des klagenden Verbandes gedeckt** ist.[1036] Denn bei der Eintragung eines Verbandes wird nicht geprüft, ob und inwiefern gegebenenfalls seine Tätigkeit nach seiner Satzung in örtlicher oder sachlicher Hinsicht beschränkt ist. Ob eine solche Beschränkung der Klagebefugnis entgegensteht, kann vielmehr immer nur unter Berücksichtigung der Umstände des jeweiligen Einzelfalls festgestellt werden. Die unionsrechtlichen Grundlagen sehen eine solche Prüfungskompetenz der nationalen Gerichte ausdrücklich vor.[1037] 425

b) Prüfungsgrundsätze. Satzungsbestimmungen, denen körperschaftsrechtliche Bedeutung zukommt, sind grundsätzlich **objektiv auszulegen.**[1038] In diesem Zusammenhang kommt neben dem Wortlaut sowie dem Sinn und Zweck der Regelung auch dem systematischen Bezug einer Klausel zu anderen Satzungsvorschriften maßgebliche Bedeutung zu; außerhalb der Satzung liegende Umstände können dann zu berücksichtigen sein, 426

[1035] ABl. 2009 L 110, S. 30, zuletzt geändert durch die Verordnung (EU) 2018/302 (ABl. 2018 L 60, S. 1).

[1036] BGH GRUR 2012, 415 f. Rn. 11 ff. – Überregionale Klagebefugnis; GRUR 2018, 1166 Rn. 23 – Prozessfinanzierer I; GRUR 2019, 850 Rn. 17 – Prozessfinanzierer II; GRUR 2019, 966 Rn. 28 – Umwelthilfe.

[1037] BGH GRUR 2012, 415 Rn. 12 ff. – Überregionale Klagebefugnis.

[1038] StRspr, vgl. RGZ 127, 186 (192); BGH NJW 1956, 1793; 1989, 1212; 1994, 51, jew. mwN.

wenn ihre Kenntnis bei denjenigen Personen, für die sich aus der Regelung rechtliche Folgen ergeben können, allgemein vorausgesetzt werden kann.[1039] Diese Grundsätze gelten auch bei der Beurteilung der Frage, ob ein auf Grund der Eintragung in das von der Kommission geführte Verzeichnis oder in die Liste qualifizierter Einrichtungen nach § 4 UKlaG klagebefugter Verband sein ihm dadurch eröffnetes Tätigkeitsfeld im Einzelfall überschritten hat. Es kommt auch in diesem Zusammenhang nicht allein auf den Wortlaut der den Verbandszweck regelnden Satzungsbestimmung an.[1040]

427 Wenn dem Satzungszweck zu entnehmen ist, dass der Verein Verbraucherinteressen bei Rechtsverletzungen gerichtlich durchsetzen kann, ist damit grundsätzlich jeder Anspruch gedeckt, der einem solchen Verein zustehen kann. **Einzelne Anspruchsarten** müssen **nicht ausdrücklich** genannt sein. Entscheidend ist, dass die Zielrichtung des geltend gemachten Anspruchs mit dem Satzungszweck im Einklang steht. Gestattet die Satzung ausdrücklich nur die Durchführung gerichtlicher Verfahren „zur Unterbindung" solcher Verstöße, die Rechte einer Vielzahl von Verbrauchern verletzen können, der einzelne Verbraucher aber üblicherweise aus tatsächlichen oder wirtschaftlichen Gründen nicht wirksam gegen die Verletzung seiner Rechte vorgehen kann oder will (vgl. hierzu *Goldmann* → § 10 Rn. 18), so kann der Verein wegen solcher Verstöße nicht nur Unterlassungs- und Beseitigungsansprüche geltend machen, sondern auch Gewinnabschöpfungsansprüche.[1041]

428 Es ist **nicht** einmal **notwendig,** dass die **Anspruchsdurchsetzung** in der Satzung **ausdrücklich genannt** wird. Wenn der Satzungszweck etwa „Maßnahmen zur Förderung der Erhaltung des nationalen und internationalen Umwelt- und Verbraucherschutzrechts, insbesondere des Umwelt- und Verbraucherschutzrechts der Europäischen Union" vorsieht, ist unschädlich, dass eine außergerichtliche oder gerichtliche Anspruchsdurchsetzung als eine Konkretisierung für diese Maßnahmen nicht genannt wird. Abmahnungen wegen Verstößen gegen verbraucherschützende Normen sowie die nachfolgende gerichtliche Klärung fallen unter die im Satzungszweck genannten Maßnahmen.[1042]

429 Bei einem **in nur einem Bundesland** ansässigen Verband, dessen Mitglieder auch nur dort tätig sind, ist aber **nicht ohne weiteres** von einer **regionalen Beschränkung** auf die Verfolgung von Wettbewerbsverstößen in diesem Bundesland, sondern von einer **überregionalen Klagebefugnis** auszugehen, wenn der Wortlaut der Satzung keine Anhaltspunkte für eine solche Beschränkung bietet.[1043] Es kann nämlich idR nicht angenommen werden, dass ein Verband sich in Grenzfällen mit einer räumlichen Beschränkung selbst die Möglichkeit abschneiden will, Verbraucherinteressen auch überregional zu schützen.[1044]

V. Industrie- und Handelskammern, Handwerksorganisationen, berufsständische Körperschaften des öffentlichen Rechts und Gewerkschaften (§ 8 Abs. 3 Nr. 4)

430 **1. Überblick.** Gem. **§ 8 Abs. 3 Nr. 4** stehen die Ansprüche gem. § 8 Abs. 1 den Industrie- und Handelskammern, den nach der Handwerksordnung errichteten Organisationen und anderen berufsständischen Körperschaften des öffentlichen Rechts im Rahmen der Erfüllung ihrer Aufgaben sowie den Gewerkschaften im Rahmen der Erfüllung ihrer Aufgaben bei der Vertretung selbständiger beruflicher Interessen zu. Damit ist der Anwendungsbereich der Vorschrift **erheblich erweitert** worden:

[1039] BGH GRUR 2012, 415 Rn. 16. – Überregionale Klagebefugnis.
[1040] BGH GRUR 2012, 415 Rn. 17 – Überregionale Klagebefugnis.
[1041] BGH GRUR 2018, 1166 Rn. 23 – Prozessfinanzierer I; GRUR 2019, 850 Rn. 17 – Prozessfinanzierer II.
[1042] BGH GRUR 2019, 966 Rn. 29 – Umwelthilfe.
[1043] BGH GRUR 2012, 415 Rn. 19 ff. – Überregionale Klagebefugnis.
[1044] BGH GRUR 2012, 415 Rn. 21 – Überregionale Klagebefugnis.

Nach § 8 Abs. 3 Nr. 4 UWG 2004 waren nur die **Industrie- und Handelskammern** anspruchsberechtigt. Von der vorgeschlagenen Erweiterung auf alle öffentlich-rechtlichen Kammern[1045] war bei der UWG-Reform 2004 abgesehen worden.[1046] Die in der Rechtsform einer Körperschaft des öffentlichen Rechts verfassten Kammern der freien Berufe waren nämlich schon unter Geltung des UWG 1909 neben den privatrechtlich verfassten Berufsorganisationen zu den gem. § 8 Abs. 3 Nr. 2 Klagebefugten gezählt wurden.[1047] Dass öffentlich-rechtliche Berufsorganisationen der Träger freier Berufe ebenso wie diejenigen der Gewerbetreibenden, namentlich Handwerksinnungen, grundsätzlich anspruchsberechtigt sind, war durch die Ergänzung „oder selbständiger beruflicher Interessen" in § 8 Abs. 3 Nr. 2 UWG 2004 klargestellt worden.[1048] Die Regelung war – auch ohne ausdrückliche Nennung – als hinreichende Grundlage für die Anspruchsberechtigung der Berufskammern angesehen worden, soweit sie gegen Wettbewerbsverstöße Dritter, aber auch soweit sie gegen Wettbewerbsverstöße ihrer Mitglieder, die ihr kraft Zulassung angehören (vgl. etwa § 60 Abs. 1 BRAO), vorgehen.[1049] 431

Durch die Neuregelung 2020 wurde die Anspruchsberechtigung aller **berufsständischen Körperschaften des öffentlichen Rechts** – systematisch stimmig – aus § 8 Abs. 3 Nr. 2 aus- und in § 8 Abs. 3 Nr. 4 eingegliedert.[1050] Ganz neu eingeführt wurde eine Klagebefugnis für **Gewerkschaften,** auch wenn sie sich nach Auffassung des Gesetzgebers schon bislang bereits aus der Regelung des § 8 Abs. 2 Nr. 2 UWG 2004 hätte ergeben sollen.[1051] 432

2. Industrie- und Handelskammern. Wie das Gesetz nunmehr klarstellt, sind die Industrie- und Handelskammern nur anspruchsberechtigt, soweit es um Wettbewerbsverstöße von Unternehmen aus dem Bereich Industrie und Handel geht. Diese früher ungeschriebene Tatbestandsvoraussetzung[1052] ist heute mit dem Merkmal „im Rahmen der Erfüllung ihrer Aufgaben" umschrieben.[1053] Damit ist auch klargestellt, dass die Befugnis zur Verfolgung von Wettbewerbsverstößen auf den jeweiligen Kammerbezirk beschränkt ist und eine Industrie- und Handelskammer nicht gegen außerhalb ansässige Gewerbetreibende vorgehen kann. Außerhalb des eigenen Kammerbezirks kann eine Industrie- und Handelskammer allenfalls dann tätig werden, wenn sie durch den Wettbewerbsverstoß selbst als Mitbewerber iSd § 8 Abs. 3 Nr. 1 betroffen ist, etwa als Anbieter von Seminarveranstaltungen.[1054] Zu einer möglichen Beschränkung bei einem Vorgehen gegen Mitglieder siehe die Ausführungen zu den berufsständischen Kammern (→ Rn. 437). 433

3. Nach der Handwerksordnung errichtete Organisationen. Die nach der Handwerksordnung errichteten Organisationen sind zunächst die als **Körperschaften des öffentlichen Rechts** organisierten Handwerksinnungen, Kreishandwerkerschaften und 434

[1045] Vgl. *Köhler/Bornkamm/Henning-Bodewig* WRP 2002, 1317 (1322, 1327).

[1046] BT-Drs. 15/1487, 23.

[1047] Vgl. BVerfG NJW 2004, 3765 (3766); Rechtsanwaltskammern: BGH GRUR 1997, 914 (915) – Die Besten II; GRUR 2002, 717 (718) – Vertretung der Anwalts-GmbH; GRUR 2003, 886 – Erbenermittler; GRUR 2003, 349 (350) – Anwalts-Hotline; Ärztekammern: BGH GRUR 1999, 504 (505) – Implantatbehandlungen I; GRUR 1999, 1009 – Notfalldienst für Privatpatienten; GRUR 2003, 353 (354) – Klinik mit Belegärzten; Zahnärztekammern: BGH GRUR 2001, 181 (182) – dentalästhetika; GRUR 2004, 164 (165) – Arztwerbung im Internet; Steuerberaterkammern: BGH GRUR 1999, 748 (749) – Steuerberatung auf Fachmessen; GRUR 2001, 348 – Beratungsstelle im Nahbereich; Architektenkammern: BGH GRUR 1997, 313 (314) – Architektenwettbewerb.

[1048] BGH GRUR 2006, 598 Rn. 12 – Zahnarztbriefbogen; GRUR 2015, 1237 Rn. 15 – Erfolgsprämie für die Kundengewinnung; OLG Nürnberg GRUR-RR 2007, 292 (293) – Spezialist; OLG Düsseldorf r + s 2015, 7 – Kundenanwalt.

[1049] Vgl. BVerfG WRP 2005, 83 (86); BGH GRUR 2006, 598 Rn. 13 – Zahnarztbriefbogen; OLG Koblenz WRP 2020, 641 Rn. 18 f.; *Bürglen* FS Ullmann, 2006, 913 (925 f.).

[1050] Vgl. BT-Drs. 19/12084, 24.

[1051] Vgl. BT-Drs. 19/12084, 24.

[1052] Vgl. nur *Köhler*/Bornkamm/*Feddersen* § 8 Rn. 3.64; MüKoUWG/*Ottofülling* § 8 Rn. 442.

[1053] BT-Drs. 19/12084, 24.

[1054] MüKoUWG/*Ottofülling* § 8 Rn. 442.

Handwerkskammern. Da auch für diese Körperschaften die Einschränkung gilt, dass die Anspruchsberechtigung nur „im Rahmen der Erfüllung ihrer Aufgaben" zugebilligt wird, sind Handwerksinnungen bei der Verfolgung von Wettbewerbsverstößen auf die in ihnen vertretenen Gewerke beschränkt. Außerdem gilt eine örtliche Beschränkung auf den jeweiligen Bezirk. Außerhalb des Bezirks ist eine Aktivlegitimation nur dann gegeben, falls ausnahmsweise eine Betroffenheit als Mitbewerber gem. § 8 Abs. 3 Nr. 1 besteht. Zu einer möglichen Beschränkung bei einem Vorgehen gegen Mitglieder siehe die Ausführungen zu den Kammern der freien Berufe (→ Rn. 437).

Nach denselben Maßstäben sind auch die **privatrechtlich organisierten Landes- und Bundesinnungsverbände** des Handwerks anspruchsberechtigt.[1055]

435 **4. Andere berufsständischen Körperschaften des öffentlichen Rechts.** Andere berufsständischen Körperschaften des öffentlichen Rechts sind insbesondere **die Kammern der freien Berufe** wie zB Rechtsanwaltskammern,[1056] Ärzte- und Zahnärztekammern, Steuerberaterkammern, Architektenkammern etc. Erfasst sind außerdem **Landwirtschaftskammern.**[1057] Durch das Merkmal „im Rahmen der Erfüllung ihrer Aufgaben" sind auch die Kammern der freien Berufe bei der Verfolgung von Wettbewerbsverstößen sachlich auf das Tätigkeitsgebiet ihrer Mitglieder und örtlich auf ihren Bezirk beschränkt. Auch hier gilt: Außerhalb des Bezirks können Wettbewerbsverstöße nur verfolgt werden, wenn sie sich ausnahmsweise gegen die Kammer in ihrer Eigenschaft als Mitbewerber gem. § 8 Abs. 3 Nr. 1 richten.

436 Die höchstrichterliche Rspr. hatte die Klagebefugnis von Berufskammern ihren Mitgliedern gegenüber früher damit begründet, sie hätten ungeachtet ihrer **öffentlich-rechtlichen Aufgabenstellung** die beruflichen **Belange ihrer Mitglieder zu wahren** und zu fördern.[1058] Das ist grundsätzlich mit Art. 12 Abs. 1 S. 2 GG vereinbar.[1059]

437 Im Einzelfall ist jedoch zu prüfen, ob das **Vorgehen im Zivilrechtsweg angemessen** ist oder ob es unter Verhältnismäßigkeitsgesichtspunkten erforderlich sein kann, dass die Berufskammern zunächst zur Anwendung **milderer berufsrechtlicher Mittel** gehalten sind.[1060] Demzufolge kann die Zulässigkeit des wettbewerbsrechtlichen Vorgehens zB einer Rechtsanwaltskammer gegen einen kammerangehörigen Rechtsanwalt davon abhängig sein, dass zunächst eine berufsrechtliche Belehrung (§ 73 Abs. 2 Nr. 1 BRAO) oder Rüge (§ 73 Abs. 2 Nr. 4, § 74 Abs. 1 BRAO) ausgesprochen, das beanstandete Verhalten aber gleichwohl fortgesetzt worden ist. Bei Werbemaßnahmen, die möglichst rasch und wirksam unterbunden werden müssen, wie zB irreführende Werbeangaben, wird ein Vorgehen im Zivilrechtsweg nur unter besonderen Umständen als unverhältnismäßig angesehen werden können.[1061]

438 **5. Gewerkschaften.** Gewerkschaften billigt § 8 Abs. 3 Nr. 4 eine Anspruchsberechtigung zur Verfolgung von Wettbewerbsverstößen nur im Rahmen der Erfüllung ihrer Aufgaben bei der Vertretung selbständiger beruflicher Interessen zu. Aktivlegitimiert sind Gewerkschaften deshalb nur, soweit sie **Interessen ihrer selbständig tätigen Mitglieder,** die insoweit keine Arbeitnehmer sind, geltend machen. Einer weitergehenden Forderung, Gewerkschaften auch eine Anspruchsberechtigung im Rahmen ihrer Kernaufgabe, der

---

1055 Vgl. BT-Drs. 19/22238, 17.

1056 BT-Drs. 19/12084, 24.

1057 BT-Drs. 19/12084, 24.

1058 BGH GRUR 2002, 717 (718) – Vertretung der Anwalts-GmbH; GRUR 1997, 313 (314) – Architektenwettbewerb; GRUR 1998, 835 (836) – Zweigstellenverbot; vgl. ferner BGH GRUR 1999, 748 (749) – Steuerberaterwerbung auf Fachmessen; *Graf Lambsdorff* WRP 1998, 1151; *Grunewald* NJW 2002, 1369 (1371).

1059 BVerfG WRP 2005, 83 (86).

1060 BVerfG WRP 2005, 83 (86 f.); BGH GRUR 2006, 598 Rn. 14 – Zahnarztbriefbogen.

1061 BGH GRUR 2006, 598 Rn. 15 – Zahnarztbriefbogen; OLG Karlsruhe 13.5.2009 – 6 U 49/08, insoweit nicht abgedruckt in GRUR-RR 2009, 431 – Spezialist für Zahnarztrecht; OLG Schleswig SchlHA 2011, 449 – doctor filozofie.

Wahrung von Arbeitnehmerinteressen (etwa bei der Einhaltung der gesetzlichen Lohnuntergrenze) zuzubilligen,[1062] ist der Gesetzgeber nicht gefolgt.

VI. Darlegungs- und Beweislast

Da es sich bei den Voraussetzungen der Anspruchsberechtigung nach § 8 Abs. 3 um anspruchsbegründende Tatsachen handelt, liegt die Darlegungs- und Beweislast für die Umstände, welche die Anspruchsberechtigung begründen, beim Anspruchsteller. Zu den prozessualen Folgen einer fehlenden Anspruchsberechtigung → Rn. 327 ff. 439

D. Die Passivlegitimation

Schrifttum: *Ahrens,* Störerhaftung als Beteiligungsform im Deliktsrecht, in: FS Canaris, 2007, S. 3 ff.; *ders.,* 21 Thesen zur Störerhaftung im UWG und im Recht des Geistigen Eigentums, WRP 2007, 1281; *ders.,* Erfolgs- und Verhaltensunrecht in der Rechtsprechung des I. Zivilsenats – Wirkungszusammenhänge mit der Störerhaftung?, in: FS Büscher, 2018, S. 423; *F. Baur,* Der Beseitigungsanspruch nach § 1004 BGB, AcP 160 (1961), 465; *Büscher,* Aus der Rspr. des EuGH und des BGH zum Wettbewerbsrecht seit Ende 2013, GRUR 2015, 5; *Danckwerts,* Neues vom Störer: Was ist ein „von der Rechtsordnung gebilligtes Geschäftsmodell?", GRUR-Prax 2011, 260; *Dorndorf,* Herkunftstäuschung und Rufausbeutung, 2008; *Döring,* Die Haftung für eine Mitwirkung an Wettbewerbsverstößen nach der Entscheidung des BGH „Jugendgefährdende Medien bei eBay", WRP 2007, 1131; *ders.,* Die zivilrechtliche Inanspruchnahme des Access-Providers auf Unterlassung bei Rechtsverletzungen auf fremden Webseiten, WRP 2008, 1155; *Eltzbacher,* Die Unterlassungsklage. Ein Mittel vorbeugenden Rechtsschutzes, 1906; *Esser,* Richterrecht, Gerichtsgebrauch und Gewohnheitsrecht, in: FS v. Hippel, 1967, *Fischer,* Strafgesetzbuch, 67. Aufl. 2020; *Fritzsche,* Unterlassungsanspruch und Unterlassungsklage, 2000; *Gaertner,* Die Haftung der Verlage für den wettbewerbswidrigen Inhalt von Anzeigen, AfP 1990, 269; *v. Gierke,* Grenzen der wettbewerbsrechtlichen Störerhaftung, WRP 1997, 892; *Glöckner,* Good News from Luxembourg? Die Anwendung des Lauterkeitsrechts auf Verhalten zur Förderung eines fremden Unternehmens nach EuGH – RLvS Verlagsgesellschaft mbH, in: FS Köhler, 2014, S. 159; *ders./Kur,* Geschäftliche Handlungen im Internet, GRUR-Beil. 2014, 29; *Glockshuber,* Die Passivlegitimation im deutschen Recht des unlauteren Wettbewerbs, 1997; *Götting,* Die persönliche Haftung des GmbH-Geschäftsführers für Schutzrechtsverletzungen und Wettbewerbsverstöße, GRUR 1994, 6; *Goldmann,* Geschäftsführer „mbH" – Zur Einschränkung der persönlichen Haftung von Organen bei Wettbewerbsverstößen auf aktives Tun und Unterlassen in Garantenstellung, GRUR-Prax 2014, 404; *Gräbig,* Aktuelle Entwicklungen bei Haftung für mittelbare Rechtsverletzungen. Vom Störer zum Täter – ein neues einheitliches Haftungskonzept?, MMR 2011, 504; *Griss,* Wer ist „Störer"? – Eine deutsch-österreichische Begriffsverwirrung, in: FS Bornkamm, 2014, S. 29; *Hackbarth,* Zur Störerverantwortlichkeit für die Inhalte von Internetseiten, CR 1998, 307; *Haedicke,* Die Haftung für mittelbare Urheber- und Wettbewerbsrechtsverletzungen, GRUR 1999, 397; *Hamacher,* „GOOD NEWS II": Hat der EuGH die Vollharmonisierung des Lauterkeitsrechtes in Teilbereichen abgeschafft?, GRUR-Prax 2014, 365; *Harrer,* Die Haftung des Geschäftsführers im Wettbewerbsrecht, in: FS Koppensteiner, 2001, 407; *Hass,* Zur persönlichen Haftung des GmbH-Geschäftsführers bei Wettbewerbsverstößen und Verletzung gewerblicher Schutzrechte, in: FS Schilling, 2007, S. 249; *Henning-Bodewig,* Die wettbewerbsrechtliche Haftung von Massenmedien, GRUR 1981, 867; *dies.,* Prominente und Werbung, in: FS 100 Jahre Wettbewerbszentrale, 2013, S. 107; *dies.,* Haften Privatpersonen nach dem UWG?, GRUR 2013, 26; *Hess,* Das „Aus" in der Parenthese – Zum Abschied des Bundesgerichtshofs von der Störerhaftung bei lauterkeitsrechtlichen Verstößen, GRUR-Prax 2011, 25; *Hofmann,* Lauterkeitsrechtliche Internetangebotssperren, WRP 2020, 1089; *D. Holznagel,* Notice and Take-Down-Verfahren als Teil der Providerhaftung: Untersuchung des rechtlichen Rahmens von Verfahren zur Beanstandung und Verteidigung von Inhalten im Internet, insbesondere auf „User Generated Content" Plattformen, 2013; *Hühner,* Haftet der Geschäftsführer persönlich? – Zur Außenhaftung von Organen bei Wettbewerbsverstößen und Verletzungen gewerblicher Schutzrechte, GRUR-Prax 2013, 459; *H. Isay,* Rechtsnorm und Entscheidung, 1929; *Jahn/Palzer,* Der Intermediär im Spannungsfeld zwischen digitaler Dynamik und Rechtsgüterschutz. Zugleich Kommentar zu BGH, 19.3.2015 – I ZR 94/13, K&R 2015, 737 ff. – Hotelbewertungsportal, K&R 2015, 767; *Jaworski/J. B. Nordemann,* Gehilfenhaftung von Intermediären bei Rechtsverletzungen im Internet: BGH-Rechtsprechung und neueste Entwicklungen in den Instanzen, GRUR 2017, 567; *Klaka,* Persönliche Haftung des gesetzlichen Vertreters für die im Geschäftsbetrieb der Gesellschaft begangenen Wettbewerbsverstöße und Verletzungen von Immaterialgüterrechten, GRUR 1998, 729; *Klatt,* Die Kerngleichheit als Grenze der Prüfungspflichten und der Haftung des Hostproviders, ZUM 2009, 265; *Kloos,* Wettbewerbsrechtliche Verantwortlichkeit für Hyperlinks, CR 1999, 46; *Kniesbeck,* Die Haftung der Konzernobergesellschaft für Wettbewerbsverstöße der Untergesellschaft, 1999; *Koch,* GOOD NEWS aus Luxemburg? Förderung fremden Wettbewerbs ist keine Geschäftspraktik, in: FS Köhler, 2014, S. 359; *Köhler,* Die

[1062] *Fechner/Kocher* NZA 2017, 755 (760 f.).

Beteiligung an fremden Wettbewerbsverstößen, WRP 1997, 897; *ders.*, Redaktionelle Werbung, WRP 1998, 349; *ders.*, „Täter" und „Störer" im Wettbewerbs- und Markenrecht – Zur BGH-Entscheidung „Jugendgefährdende Medien bei eBay", GRUR 2008, 1; *ders.*, „Fachliche Sorgfalt" – Der weiße Fleck auf der Landkarte des UWG, WRP 2012, 22; *Köster/Jürgens*, Anm. zu BGH „Jugendgefährdende Medien bei eBay", MMR 2007, 639; *Kühl*, Strafrecht Allgemeiner Teil, 8. Aufl. 2017; *Larenz*, Methodenlehre der Rechtswissenschaft, 5. Aufl. 1983; *Lehmann/Rein*, eBay: Haftung des globalen Basars zwischen Gemeinschaftsrecht und BGH, CR 2008, 97; *Lehment*, Neuordnung der Täter- und Störerhaftung, WRP 2012, 149; *Leible/Sosnitza*, Haftung von Internetauktionshäusern – reloaded, NJW 2007, 3324; *Leistner*, Störerhaftung und mittelbare Schutzrechtsverletzung, GRUR-Beil 2010, 1; *ders.*, Die Haftung von Kauf- und Buchungsportalen mit Bewertungsfunktion, in: FS Köhler, 2014, S. 415; *ders./Stang*, Die Neuerung der wettbewerbsrechtlichen Verkehrspflichten – Ein Siegeszug der Prüfungspflichten?, WRP 2008, 533; *Leitgeb*, Virales Marketing – Rechtliches Umfeld für Werbefilme auf Internetportalen wie YouTube, ZUM 2009, 39; *Löffler*, Störerhaftung oder Beihilfe durch Unterlassen? Allgemeine strafrechtliche Haftungskategorien als Grundlage für die Konkretisierung der Schuldnerstellung im gewerblichen Rechtsschutz und im Lauterkeitsrecht, in: FS Bornkamm, 2014, S. 37; *Maaßen*, Haftung für Hyperlink auf Startseite nur nach Hinweis auf Rechtsverletzung, GRUR-Prax 2016, 45; *Mees*, Haftung von Aufsichtsräten juristischer Personen im Bereich des Wettbewerbsrechts und verwandten Rechtsgebieten, in: FS Bornkamm, 2014, S. 53; *Meier/Beck*, Täter, Teilnehmer, Störer und Garanten – Über die Gefahren des Umgangs mit Baustoffen oder: Wer haftet für Immaterialgüterrechtsverletzungen?, in: FS Büscher, 2018, S. 543; *Loschelder/Dörre*, Wettbewerbsrechtliche Verkehrspflichten des Betreibers eines realen Marktplatzes, WRP 2010, 822; *Neuhaus*, Sekundäre Haftung im Lauterkeits- und Immaterialgüterrecht, 2011; *J. B. Nordemann*, Verkehrspflichten und Urheberrecht – oder: jugendgefährdende Medien für das Urheberrecht!, in: FS Loewenheim, 2009, S. 215; *ders.*, Haftung von Providern im Urheberrecht – Der aktuelle Stand nach dem EuGH-Urteil v. 12.7.2011 – C-324/09 – L'Oréal/eBay, GRUR 2011, 977; *Ohly*, Die Verantwortlichkeit von Intermediären, ZUM 2015, 308; *ders.*, Der unionsrechtliche Rahmen der Haftung für die Verletzung lauterkeitsrechtliche Verkehrspflichten, in: FS Ahrens, 2016, S. 135; *ders.*, Die lauterkeitsrechtliche Haftung für Hyperlinks, NJW 2016, 1417; *ders.*, Die Haftung von Internet-Dienstleistern für die Verletzung lauterkeitsrechtlicher Verkehrspflichten, GRUR 2017, 441; *Otto*, Grundkurs Strafrecht. Allgemeine Strafrechtslehre, 7. Aufl. 2004; *Pankoke*, Von der Presse- zur Providerhaftung, 2000; *Roxin*, Strafrecht, Allgemeiner Teil. Bd. 2: Besondere Erscheinungsformen der Straftat, 2003; *Ruess/Delpy*, Neues zur Haftung der Geschäftsführer für wettbewerbsrechtliche Verstöße, GWR 2013, 455; *Sambuc*, Folgenerwägungen im Richterrecht. Die Berücksichtigung von Entscheidungsfolgen bei der Rechtsgewinnung, erörtert am Beispiel des § 1 UWG, 1977; *Samwer*, Die Störerhaftung und die Haftung für fremdes Handeln im wettbewerblichen Unterlassungsrecht, WRP 1999, 67; *Schapiro*, Unterlassungsansprüche gegen die Betreiber von Internet-Auktionshäusern und Internet-Meinungsforen. Zugleich ein Beitrag zugunsten einer Aufgabe der Störerhaftung im Urheber-, Marken- und Wettbewerbsrecht, 2011; *Schilling*, Geschäftsschädigende Äußerungen auf Bewertungsportalen im Internet: Wer haftet noch?, GRUR-Prax 2015, 313; *Schneider*, Vom Störer zum Täter? Verantwortlichkeit für mittelbare Wettbewerbs-, Urheber- und Markenrechtsverletzungen im Online-Bereich auf der Grundlage einer täterschaftlichen Haftung aufgrund Verkehrspflichtverletzung, 2012; *Schünemann*, Die wettbewerbsrechtliche „Störer"-Haftung, WRP 1998, 120; *Schramm*, Grundlagenforschung auf dem Gebiete des gewerblichen Rechtsschutzes und Urheberrechtes, 1954; *Schwippert*, Täter oder Störer – alles längst geklärt?, WRP 2018, 1027; *Spindler*, Präzisierung der Störerhaftung im Internet, GRUR 2011, 101; *ders.*, Die Störerhaftung im Internet – (k)ein Ende in Sicht? Geklärte und ungeklärte Fragen, in: FS Köhler, 2014, S. 695; *ders.*, Das Ende der Links: Framing und Hyperlinks auf rechtswidrige Inhalte als eigenständige Veröffentlichung?, GRUR 2016, 157; *ders.*, Das neue Telemediengesetz – WLAN-Störerhaftung endgültig adé?, NJW 2017, 2305; *ders.*, Fortentwicklung der Haftung für Internetanschlüsse, GRUR 2018, 16; *v. Ungern-Sternberg*, Die Rechtsprechung des Bundesgerichtshofs zum Urheberrecht und zu den verwandten Schutzrechten in den Jahren 2010 und 2011 (Teil II), GRUR 2012, 321; *Volkmann*, Der Störer im Internet: Zur Verantwortlichkeit der Internet-Provider im allgemeinen Zivil-, Wettbewerbs-, Marken- und öffentlichen Recht, 2005; *Werner*, Die Haftung des GmbH-Geschäftsführers für Wettbewerbsverstöße und Immaterialgüterrechtsverletzungen durch die Gesellschaft, GRUR 2015, 739; *Wessels/Beulke/Satzger*, Strafrecht Allgemeiner Teil: Die Straftat und ihr Aufbau, 49. Aufl. 2019; *Wick*, Die Außenhaftung des Geschäftsführers im Spannungsfeld zwischen Wettbewerbsrecht und Immaterialgüterrecht in Theorie und Praxis, GRUR 2020, 23; *Wiegand*, Die Passivlegitimation bei wettbewerbsrechtlichen Abwehransprüchen, 1997; *Wimmers/Heymann*, Wer stört? – Zur Haftung der Internetprovider für fremde Inhalte – Anmerkung zu den BGH-Entscheidungen Internet-Versteigerung II und Jugendgefährdende Medien bei eBay, MR-Int 2007, 222.

I. Einleitung

440 **1. Fehlen einer zusammenhängenden Regelung der Passivlegitimation.** Die **Passivlegitimation** war im UWG 1909 nur **fragmentarisch geregelt.** Das UWG 2004 und die Neufassungen 2008, 2015 und 2020 haben daran nichts Wesentliches geändert. Schuldner des Verletzungsunterlassungsanspruchs und des Beseitigungsanspruchs nach § 8 Abs. 1 S. 1 ist nach dem Wortlaut zunächst, wer die nach § 3 oder § 7 unzulässige Handlung (als

Täter) vornimmt. Schuldner des vorbeugenden Unterlassungsanspruchs nach § 8 Abs. 1 S. 2 ist derjenige, der die Erstbegehungsgefahr (als Täter) begründet hat, von dem also die betreffende Zuwiderhandlung gegen § 3 oder § 7 droht.

An der Zuwiderhandlung oder an der die Erstbegehungsgefahr begründenden Handlung können neben dem Täter **mehrere Personen in unterschiedlicher Form** (Mittäter, Gehilfe, Anstifter) **beteiligt** sein. Aus § 8 Abs. 2 folgt, dass Abwehransprüche nach Abs. 1 auch gegen eine andere Person als den (unmittelbar) Zuwiderhandelnden begründet sein können; positiv geregelt ist hier aber nur die Haftung des Unternehmensinhabers für Mitarbeiter und Beauftragte. Daneben tritt als allgemeine deliktische Norm für die Zurechnung fremden Verhaltens § 831 BGB. Das UWG enthält keine eigenständige Regelung von **Täterschaft und Teilnahme.** Die Definition der geschäftlichen Handlung (früher: Wettbewerbshandlung) in § 2 Abs. 1 Nr. 1 hilft insofern nicht weiter,[1063] weil eine geschäftliche Handlung nur dann unlauter ist, wenn sie die (weiteren) Tatbestandsmerkmale einer unlauteren Handlung nach § 3 oder § 7 erfüllt. Fehlt es bei einem Beteiligten daran jedenfalls teilweise, so bedarf es für die Zurechnung des Verhaltens Dritter eines **Zurechnungsgrundes,**[1064] der aus § 2 Abs. 1 Nr. 1 selbst aber nicht hergeleitet werden kann. 441

Da es sich beim UWG um Sonderdeliktsrecht handelt, liegt eine Anwendung der **zivilrechtlichen Grundsätze von Täterschaft und Teilnahme** (§ 830 BGB) nahe, die sich ihrerseits an den **strafrechtlichen Haftungskategorien** der §§ 25–26 StGB ausrichten. Beim Unterlassungs- und beim Beseitigungsanspruch nach § 8 Abs. 1 ist insoweit jedoch zu beachten, dass § 830 BGB in erster Linie die Haftung mehrerer für die gemeinschaftliche Schadensverursachung regelt. Eine Anwendung der deliktsrechtlichen Grundsätze von Täterschaft und Teilnahme kommt bei den wettbewerbsrechtlichen Abwehransprüchen daher nur mit der **Maßgabe** in Betracht, dass den Unterschieden gegenüber dem allgemeinen zivilrechtlichen Schadensersatzanspruch Rechnung zu tragen ist. Das kann insbesondere den **Verzicht auf subjektive Erfordernisse** bei der Begründung der Haftung zur Folge haben, weil die Abwehransprüche grundsätzlich keinen schuldhaften Verstoß voraussetzen und auch sonst das Unlauterkeitsurteil unabhängig von dem Vorliegen subjektiver Voraussetzungen begründet sein kann (näher → Rn. 506 ff.).[1065] 442

2. Hinwendung zu den allgemeinen Haftungskategorien des Strafrechts. Inwieweit darüber hinaus Dritte, die nicht unmittelbar und eigenhändig den Wettbewerbsverstoß begehen, in einen Haftungszusammenhang eingebunden werden können und Schuldner des gesetzlichen Unterlassungs- oder Beseitigungsanspruchs sind, lässt der Gesetzeswortlaut offen. Die Anforderungen an die Passivlegitimation müssen und mussten seit jeher von der Rspr. entwickelt werden. Sie sind in den letzten zehn Jahren stark in Bewegung geraten und bilden Gegenstand einer **dynamischen Judikatur,** die **im Wandel begriffen** ist und deren genaue Linien nicht immer sicher definiert und prognostiziert werden können.[1066] 443

Die gegenwärtige Tendenz des BGH geht dahin, vor langer Zeit im gewerblichen Rechtsschutz eingeschlagene Sonderwege zu verlassen und als Grundlage der Passivlegitimation im Wettbewerbsrecht auf die allgemeinen Haftungskategorien des Strafrechts zurückzugreifen.[1067] Als Konsequenz dieser **Rückbesinnung auf** die **strafrechtlichen Haftungskategorien** unterscheidet der BGH heute weit deutlicher als früher zwischen der Haftung für eigenes Verhalten und für fremdes Verhalten, zwischen Täterschaft und Teilnahme sowie zwischen aktivem Tun und Unterlassen.[1068] 444

[1063] AA *Ohly*/Sosnitza § 8 Rn. 115.

[1064] Vgl. BGH GRUR 2009, 597 f. Rn. 16 – Halzband.

[1065] Vgl. BGH GRUR 2005, 778 – Atemtest; GRUR 2007, 800 Rn. 21 – Außendienstmitarbeiter.

[1066] *Beater* Rn. 2707.

[1067] Vgl. *Löffler* FS Bornkamm, 2014, 37 (39 f.); krit. *Ahrens* FS Büscher, 2018, 423 (431): *„unglückliche Anbindung des zivilen Deliktsrechts an das Strafrecht"*.

[1068] Vgl. BGH GRUR 2014, 883 Rn. 14 ff. – Geschäftsführerhaftung; GRUR 2015, 485 Rn. 35 – Kinderhochstühle im Internet III; GRUR 2015, 1223 Rn. 43 – Posterlounge; GRUR 2019, 813 Rn. 107 – Cordoba II; GRUR 2020, 543 Rn. 30 – Kundenbewertungen bei Amazon.

445 Schuldner der in § 8 Abs. 1 geregelten Abwehransprüche ist nach der in der neueren Rspr. des BGH benutzten Formel „jeder, der durch sein Verhalten den objektiven Tatbestand einer Zuwiderhandlung selbst, durch einen anderen oder gemeinschaftlich mit einem anderen adäquat kausal verwirklicht oder sich als Teilnehmer an der deliktischen Handlung eines Dritten beteiligt".[1069]

446 **3. Gang der Darstellung.** Nachfolgend sollen bei der **Haftung für eigenes Verhalten** (→ Rn. 447 ff.) zunächst als Grundfälle die **klassischen Formen der Täterschaft** vorgestellt werden (→ Rn. 454 ff.). Danach wird auf die **Abgrenzung von Tun und Unterlassen** eingegangen (→ Rn. 469 ff.). Hieran schließen sich Ausführungen zum **Organisationsmangel** (→ Rn. 493 f.) und zur **Teilnahme** an (→ Rn. 495 ff.), ehe auf die **Störerhaftung** (→ Rn. 518 ff.) und die Haftung für die **Verletzung von wettbewerbsrechtlichen Verkehrspflichten** eingegangen wird (→ Rn. 532 ff.) und einige ihrer Fallgruppen vorgestellt werden (→ Rn. 622). Es folgt die Darstellung der Haftung des **Inhabers eines eBay-Accounts** nach den Grundsätzen der Entscheidung *„Halzband"* (→ Rn. 641 ff.). Als **Sonderthemen** der Haftung für eigenes Verhalten werden schließlich die Haftung von **Organen juristischer Personen** für Wettbewerbsverstöße der durch sie vertretenen Körperschaften (→ Rn. 646 ff.) und die **persönliche Haftung von Mitarbeitern und Beauftragten** iSd § 8 Abs. 2 (→ Rn. 660 ff.) im Zusammenhang behandelt. Den Abschluss bildet die Darstellung der **Haftung für fremdes Verhalten** (→ Rn. 670 ff.).

II. Grundfälle der Haftung für eigenes Verhalten

447 **1. Täterschaft. a) Adäquate Kausalität.** Grundvoraussetzung für eine Haftung als Täter (oder Teilnehmer) ist bei einem Verletzungsunterlassungsanspruch, dass der Unrechtserfolg in **adäquat kausaler Weise verursacht** wurde (zum Maßstab der adäquaten Kausalität näher *Goldmann* → § 9 Rn. 144 ff.).[1070] War der Unrechtserfolg objektiv nicht vorhersehbar, scheidet eine Haftung aus.[1071]

448 **b) Abgrenzung von Täterschaft und Teilnahme. aa) Tatherrschaft.** Die Frage, ob jemand als Täter oder Teilnehmer handelt, beurteilt sich wie allgemein im Deliktsrecht[1072] auch im Immaterialgüterrecht[1073] und im UWG[1074] nach den **im Strafrecht entwickelten Rechtsgrundsätzen.** Maßgebliches Kriterium ist die Tatherrschaft.[1075] Täter ist, wer die Tatherrschaft innehat, wer also selbst oder in mittelbarer Täterschaft (vgl. § 25 Abs. 1 StGB) den zum Erfolg hinführenden adäquaten **Kausalverlauf beherrscht** bzw. (beim

[1069] BGH GRUR 2016, 395 Rn. 23 – Smartphone-Werbung; GRUR 2016, 961 Rn. 32 – Herstellerpreisempfehlung bei Amazon.

[1070] BGH GRUR 2016, 395 Rn. 23 – Smartphone-Werbung; GRUR 2016, 961 Rn. 34 – Herstellerpreisempfehlung bei Amazon; OLG Schleswig MMR 2017, 480 Rn. 26 – Wheel Clean Tec; *Schwippert* WRP 2018, 1027 Rn. 19.

[1071] OLG Schleswig MMR 2017, 480 Rn. 26 – Wheel Clean Tec.

[1072] StRspr, vgl. BGH NJW 1975, 49 (50) – Hausbesetzung; NJW 1998, 377 (382) – Gewerbepark; NJW 2005, 3137 (3139); 30.9.2014 – VI ZR 567/13 Rn. 4; GRUR 2020, 738 Rn. 42 – Internet-Radiorecorder; *Löffler* FS Bornkamm, 2014, 37 (39).

[1073] StRspr, vgl. BGH GRUR 2011, 152 Rn. 30 – Kinderhochstühle im Internet I; GRUR 2011, 1018 Rn. 17 – Automobil-Onlinebörse; GRUR 2012, 304 Rn. 44 – Basler Haar-Kosmetik; GRUR 2014, 883 Rn. 13 – Geschäftsführerhaftung; GRUR 2015, 485 Rn. 35 – Kinderhochstühle im Internet III; GRUR 2015, 672 Rn. 80 – Videospiel-Konsolen II; GRUR 2015, 987 Rn. 15 – Trassenfieber; GRUR 2015, 1223 Rn. 43 – Posterlounge; GRUR 2018, 400 Rn. 25 – Konferenz der Tiere; GRUR 2019, 813 Rn. 107 – Cordoba II; GRUR 2020, 738 Rn. 42 – Internet-Radiorecorder; *Löffler* FS Bornkamm, 2014, 37 (39).

[1074] BGH GRUR 2014, 883 Rn. 13 – Geschäftsführerhaftung; GRUR 2015, 485 Rn. 35 – Kinderhochstühle im Internet III; GRUR 2020, 543 Rn. 30 – Kundenbewertungen bei Amazon; *Löffler* FS Bornkamm, 2014, 37 (39).

[1075] BGH GRUR 2015, 1223 Rn. 43 – Posterlounge; GRUR 2016, 493 Rn. 20 – Al Di Meola; GRUR 2019, 813 Rn. 107 – Cordoba II; GRUR 2020, 543 Rn. 30 – Kundenbewertungen bei Amazon; GRUR 2020, 738 Rn. 42 – Internet-Radiorecorder.

vorbeugenden Unterlassungsanspruch) zu beherrschen droht.[1076] Teilnehmer ist, wem die Tatherrschaft fehlt und bei einem mit Tatherrschaft handelnden Dritten entweder als Anstifter den Tatentschluss hervorruft oder diesen als Gehilfe unterstützt.[1077] Diese Grundsätze gelten auch, wenn die Prüfung der Umstände des Einzelfalls ergibt, dass der Schwerpunkt der Vorwerfbarkeit (hierzu → Rn. 474) in einem Unterlassen liegt.[1078] Im einzelnen gilt folgendes:

Das Kriterium der **Tatherrschaft** zur Abgrenzung von Täterschaft und Teilnahme stammt aus den allgemeinen Lehren des Strafrechts. Tatherrschaft hat demnach, wer allein oder arbeitsteilig mit anderen das Ob und Wie der Tatbestandsverwirklichung bestimmt und somit als Zentralgestalt des Geschehens die planvoll lenkende oder mitgestaltende Tatherrschaft besitzt, also die Tatbestandsverwirklichung nach seinem Willen hemmen oder ablaufen lassen kann. Tatherrschaft setzt nicht die Kontrolle über alle einzelnen Aspekte einer Handlung, wie zB die konkrete Ausgestaltung eines Angebots, voraus. Es ist erforderlich, aber auch ausreichend, dass der Täter den Geschehensablauf weiterhin in den Händen hält.[1079] Wer die Tat ohne eigene Tatherrschaft als „Randfigur" veranlasst oder fördert, das Ob und Wie der Tat aber vom Willen eines anderen abhängig macht, ist nur Teilnehmer.[1080] Das Kriterium der Tatherrschaft wurde vom BGH in der Entscheidung *„Posterlounge"* für das Immaterialgüterrecht fruchtbar[1081] und später zum Gegenstand einer mittlerweile ständigen Rspr. gemacht.[1082] Die Instanzrechtsprechung folgt dem.[1083] Die Umschreibung der Tatherrschaft als Herrschaft über den zum Erfolg führenden Kausalverlauf passt natürlich in erster Linie zu den Tatbeständen der Verletzung von Immaterialgüterrechten. Denn diese stuft der BGH als Erfolgsunrecht ein, während er Verstöße gegen das UWG als Verhaltensunrecht qualifiziert.[1084] 449

Tatherrschaft über ein Delikt des Verhaltensunrechts im UWG bedeutet, dass der Täter **durch eigenes oder ihm als Täter zurechenbares Verhalten sämtliche Merkmale der** in der jeweiligen Gesetzesvorschrift beschriebenen oder als Verletzung einer wettbewerbsrechtlichen Verkehrspflicht zu wertenden **unlauteren geschäftlichen Handlung erfüllt,** und er **Herrschaft über den Geschehensablauf** hat. Die Haftung des alle Tatbestandsmerkmale einer unlauteren geschäftlichen Handlung in eigener Person erfüllenden Zuwiderhandelnden ergibt sich unmittelbar aus § 8 Abs. 1 iVm der jeweiligen Verbotsnorm (§ 3 oder § 7). Das Kriterium der **Tatherrschaft** tritt zur Abgrenzung der Täterschaft von der Teilnahme als **ungeschriebenes Tatbestandsmerkmal** hinzu. 450

bb) Geschäftliche Handlung. Die Haftung als Täter setzt nach allgemeiner Auffassung voraus, dass der Unterlassungsschuldner eine **geschäftliche Handlung iSd** § 2 Abs. 1 Nr. 1 vorgenommen hat.[1085] Auch beim Handeln von Mitarbeitern und Beauftragten iSd § 8 Abs. 2 ist stets von einer (eigenen) geschäftlichen Handlung auszugehen, wenn dieselbe 451

[1076] StRspr, vgl. BGH GRUR 2012, 304 Rn. 44 – Basler Haar-Kosmetik; GRUR 2015, 485 Rn. 35 – Kinderhochstühle im Internet III; GRUR 2015, 1223 Rn. 43 – Posterlounge; GRUR 2019, 813 Rn. 107 – Cordoba II; GRUR 2020, 543 Rn. 30 – Kundenbewertungen bei Amazon; GRUR 2020, 738 Rn. 42 – Internet-Radiorecorder.

[1077] BGH GRUR 2019, 813 Rn. 107 – Cordoba II; GRUR 2020, 543 Rn. 30 – Kundenbewertungen bei Amazon; GRUR 2020, 738 Rn. 42 – Internet-Radiorecorder.

[1078] BGH GRUR 2019, 813 Rn. 107 – Cordoba II; GRUR 2020, 543 Rn. 30 – Kundenbewertungen bei Amazon; GRUR 2020, 738 Rn. 42 – Internet-Radiorecorder.

[1079] LG München I 13.12.2016 – 33 O 16840/15 – Mensch ärgere Dich nicht.

[1080] *Roxin* § 25 Rn. 10 ff.; *Wessels/Beulke/Satzger* Rn. 808.

[1081] BGH GRUR 2015, 1223 Rn. 43, 45 – Posterlounge.

[1082] BGH GRUR 2016, 493 Rn. 20 – Al Di Meola; GRUR 2019, 813 Rn. 107 – Cordoba II.

[1083] OLG München GRUR 2017, 619 Rn. 35 – uploaded; LG München I 13.12.2016 – 33 O 16840/15 – Mensch ärgere Dich nicht.

[1084] BGH GRUR 2011, 152 Rn. 48 – Kinderhochstühle im Internet I; krit. zu dieser Differenzierung → Rn. 523 ff. sowie in die andere Richtung gehend *Ohly*/Sosnitza § 8 Rn. 123c: Auch Verletzungen von Rechten des geistigen Eigentums sind Verhaltensunrecht.

[1085] BGH GRUR 2011, 340 Rn. 27 – Irische Butter; GRUR 2020, 543 Rn. 32 – Kundenbewertungen bei Amazon.

Handlung durch den Unternehmensinhaber vorgenommen als geschäftliche Handlung zu werten wäre (→ Rn. 662 ff.).[1086]

452 **cc) Eigenschaft als Normadressat.** Voraussetzung einer Haftung als Täter beim **Rechtsbruchtatbestand** ist, dass der **Handelnde Adressat der** dem Unlauterkeitsvorwurf nach § 3a UWG zu Grunde liegenden **Norm** ist.[1087] Ein Anbieter von Gemeinschaftsverpflegung etwa verstößt durch die Empfehlung, ein steuersparendes Geschäftsmodell anzubieten, nicht gegen § 3a iVm § 57 Abs. 2 StBerG, weil Adressaten dieser Norm nur Steuerberater und Steuerbevollmächtigte sind, aber nicht Caterer.[1088] **Mitarbeiter und Beauftragte** iSd § 8 Abs. 2 sind dann **Normadressat,** wenn der **Unternehmensinhaber** es ist. Fehlt es an einer Eigenschaft als Normadressat, gilt: Selbst wenn das konkrete Verhalten desjenigen, der nicht Normadressat ist, die Voraussetzungen eines über die bloße Teilnahme hinausgehenden täterschaftlichen Beitrags erfüllt, kann nach den im allgemeinen Deliktsrecht und im Lauterkeitsrecht entsprechend geltenden strafrechtlichen Bestimmungen allenfalls als Teilnehmer (Anstifter oder Gehilfe), nicht aber als Täter haften.[1089]

453 **dd) Verkehrspflichtverletzung.** Verstößt der Schuldner nicht selbst gegen eine sich nur an einen speziellen Täterkreis richtende oder ein spezifisches Verhalten voraussetzende Norm, so kann sich seine täterschaftliche Haftung nach § 3 daraus ergeben, dass er eine ihn treffende **wettbewerbsrechtliche Verkehrspflicht** verletzt, weil er keine hinreichenden und zumutbaren Vorkehrungen gegen Rechtsverletzungen durch Dritte getroffen hat.[1090] Auf die Verletzung wettbewerbsrechtlicher Verkehrspflichten als UWG-spezifische, besondere Form der Täterschaft durch Unterlassen in Garantenstellung wird in → Rn. 532 ff. näher eingegangen.

454 **c) Die klassischen Formen der Täterschaft. aa) Unmittelbarer Alleintäter. (a) Allgemeines.** Täter ist, wer durch sein Verhalten unmittelbar selbst (vgl. § 25 Abs. 1 Alt. 1 StGB) der gesetzlichen Verbotsnorm **zuwiderhandelt,** wer also die nach § 3 oder § 7 unzulässige geschäftliche Handlung vornimmt und damit den objektiven Tatbestand einer Zuwiderhandlung adäquat kausal verwirklicht hat[1091] oder zu verwirklichen droht und außerdem **Tatherrschaft**[1092] über das Geschehen hat. Eines Rückgriffs auf weitere Haftungsnormen oder Haftungsgrundsätze bedarf es bei dieser Form der **unmittelbaren Täterschaft** nicht.

455 **(b) Kasuistik. Unmittelbarer Täter** ist, wer als geschäftlich Handelnder eine wettbewerbssteuernde Verhaltensnorm, deren Adressat er ist, bricht.[1093] Wer eine **Werbung schaltet,** ist unmittelbarer Täter. Einem Unternehmen, das sich nach dem äußeren Erscheinungsbild einer Werbung als hierfür verantwortlich geriert, steht allerdings der Nachweis offen, tatsächlich nicht in der Lage gewesen zu sein, auf den Inhalt der beanstandeten Werbung Einfluss zu nehmen.[1094] Täter ist auch, wer **Werbekataloge** für Waren oder Dienstleistungen Dritter mit unlauterem Inhalt mit dem Ziel **auslegt** und verteilt, dass

---

1086 AA BGH GRUR 2011, 340 Rn. 27 – Irische Butter.

1087 StRspr, vgl. BGH GRUR 2003, 807 (808) – Buchpreisbindung; GRUR 2008, 810 Rn. 13 – Kommunalversicherer; GRUR 2015, 1025 Rn. 15 f. – TV-Wartezimmer; OLG Frankfurt a. M. GRUR-RR 2020, 268 Rn. 8 – Essensgutscheine.

1088 OLG Frankfurt a. M. GRUR-RR 2020, 268 Rn. 8 – Essensgutscheine.

1089 StRspr, vgl. BGH GRUR 2008, 810 Rn. 14 – Kommunalversicherer; GRUR 2015, 1025 Rn. 15 f. – TV-Wartezimmer; OLG Frankfurt a. M. GRUR-RR 2020, 268 Rn. 8 – Essensgutscheine; *Büscher* in Fezer/Büscher/Obergfell § 8 Rn. 121; MüKoUWG/*Schaffert* § 4 Nr. 11 Rn. 45.

1090 BGH GRUR 2007, 890 Rn. 22 – Jugendgefährdende Medien bei eBay.

1091 Vgl. BGH GRUR 2008, 530 Rn. 21 – Nachlass bei der Selbstbeteiligung; GRUR 2011, 152 Rn. 30 – Kinderhochstühle im Internet I; GRUR 2014, 883 f. Rn. 13 – Geschäftsführerhaftung; OLG Schleswig MMR 2017, 480 Rn. 26 – Wheel Clean Tec.

1092 Vgl. BGH GRUR 2015, 1223 Rn. 43 – Posterlounge.

1093 Vgl. BGH GRUR 2007, 890 Rn. 21 – Jugendgefährdende Medien bei eBay.

1094 BGH GRUR 2016, 395 Rn. 23 – Smartphone-Werbung; GRUR 2016, 961 Rn. 39 – Herstellerpreisempfehlung bei Amazon.

Kunden diese Waren oder Dienstleistungen bei ihm buchen oder bestellen (z.B Kataloge von Reiseveranstaltern verteilt durch ein Reisebüro).[1095] Beim **viralen Marketing,** das soziale Netzwerke und Medien ausnutzt, um die Aufmerksamkeit auf Marken, Produkte oder Kampagnen zu lenken, indem sich Werbung in privaten Nachrichten epidemisch, vergleichbar einem Virus, ausbreiten sollen,[1096] ist der Werbende unmittelbarer Täter.[1097] Unmittelbarer Täter ist ebenfalls, wer als Betreiber einer Webseite **eigene Inhalte** bereitstellt wie etwa eigene Angebote, die von Dritten übernommen werden.[1098] Für eigene Inhalte gilt gem. § 7 Abs. 1 TMG auch die Privilegierung der §§ 7 Abs. 2; 8–10 TMG nicht.[1099] Eigene Inhalte sind nicht nur selbst geschaffene, sondern auch solche Inhalte, die sich der Betreiber zu eigen gemacht hat.[1100] Unmittelbarer Täter ist deshalb auch, wer sich als Informationsanbieter im Internet eine fremde Information zu eigen macht.[1101] Auf die Einzelheiten wird in → Rn. 562 ff. eingegangen.

Unmittelbarer Täter ist derjenige, der selbst Produkte **im eigenen Namen** und auf eigene Rechnung **anbietet.**[1102] Dies gilt auch dann, wenn er die Produkte – uU unbesehen – im Wege des **Streckengeschäfts** kauft, sie sodann an einen Kunden weiterverkauft und die Waren direkt durch seinen Verkäufer an seinen Abnehmer liefern lässt. Ein **Online-Händler,** der **auf** einer **Internet-Handelsplattform** in seinem Namen ein Verkaufsangebot veröffentlichen lässt, obwohl er dessen inhaltliche Gestaltung nicht vollständig beherrscht, weil dem Plattformbetreiber die Angabe und Änderung der unverbindlichen Preisempfehlung vorbehalten ist, haftet als Täter für den in Folge unzutreffender Angabe der Preisempfehlung irreführenden Inhalt seines Angebots.[1103] Denn ein Online-Händler ist für ein im eigenen Namen auf seiner Internetseite eingestelltes Verkaufsangebot **stets als Täter** verantwortlich, auch wenn er sich bei der Ausgestaltung der Produktpräsentation eines dritten Unternehmers – etwa seines Lieferanten – bedient.[1104] Dies gilt auch dann, wenn sich ein Anbieter auf einer Handelsplattform wie Amazon-Marketplace an das Angebot eines Dritten anhängt und er keinen Einfluss hat, ob der Dritte oder andere die bereits vorhandene Angebotsbeschreibung ändern.[1105] Ein Online-Händler haftet für ein eigenes irreführendes Angebot als Täter auch dann, wenn sein Geschäftsmodell darauf angelegt ist, Ware in großen Mengen ausschließlich im Internet anzubieten und für das **Warenangebot** und dessen Bewerbung allein auf ihm vom Hersteller oder einem Lieferanten zur Verfügung gestellte Informationen zurückzugreifen, **ohne** die Ware selbst einer **gesonderten Überprüfung** unterzogen zu haben.[1106] Der Betreiber einer Internet-Handelsplattform haftet für den Vertrieb von rechtsverletzenden Produkten als Täter, wenn er die Produkte vor der Auslieferung an die Käufer **mit seiner eigenen Marke** kennzeichnen lässt.[1107] Täter ist, wer als Anbieter von Produkten auf Internet-Handelsplattformen **selbst** irreführende oder **gefälschte Kundenbewertungen** abgibt.[1108] 456

Der **Betreiber einer Suchmaschine,** der selbst keine Waren verkauft, bei dem jedoch Anbieter von Waren ein Schlüsselwort buchen können, so dass bei Eingabe eines dem 457

[1095] OLG Frankfurt a. M. GRUR-RR 2018, 351 Rn. 19 – Schiffsreisenkatalog.
[1096] Hierzu *Leitgeb* ZUM 2009, 39 ff.; *Ohly*/Sosnitza § 8 Rn. 137.
[1097] LG Köln GRUR-RR 2009, 154 (155) – Haftung für Virals.
[1098] Vgl. BGH GRUR 2016, 493 Rn. 16–21 – Al Di Meola; OLG Hamburg GRUR-RR 2013, 29 (37) – Nr. 1 Hits.
[1099] OLG Hamburg GRUR-RR 2013, 29 (37) – Nr. 1 Hits; *Leistner* FS Köhler, 2014, 407; *J. B. Nordemann* GRUR 2011, 977; *Ohly*/Sosnitza § 8 Rn. 124; *Schilling* GRUR-Prax 2015, 313 (314).
[1100] BGH GRUR 2010, 616 Rn. 23 – marions-kochbuch.de.
[1101] *Ohly*/Sosnitza § 8 Rn. 115a.
[1102] OLG Hamburg GRUR-RR 2013, 29 (37) – Nr. 1 Hits; LG München I 13.12.2016 – 33 O 16840/15 – Mensch ärgere Dich nicht.
[1103] BGH GRUR 2016, 961 Rn. 33 ff. – Herstellerpreisempfehlung bei Amazon.
[1104] BGH GRUR 2016, 741 Rn. 39 – Himalaya Salz.
[1105] LG München I 13.12.2016 – 33 O 16840/15 – Mensch ärgere Dich nicht.
[1106] OLG Hamburg GRUR-RR 2013, 29 (37) – Nr. 1 Hits.
[1107] LG München I 29.5.2018 – 33 O 8464/17 – REDBUBBLE.
[1108] BGH GRUR 2020, 543 Rn. 41 – Kundenbewertungen bei Amazon.

Schlüsselwort entsprechenden Suchworts eine Werbeanzeige des Anbieters angezeigt wird (sog. Keyword-Advertising), benutzt das Schlüsselwort im geschäftlichen Verkehr **nicht** selbst.[1109] **Täter** einer Kennzeichenverletzung ist aber derjenige, der ein fremdes Zeichen oder einen ähnlichen Begriff als **Keyword** bucht, um unter diesem Begriff im Internet Werbeanzeigen zu plazieren.[1110] **Kein Täter** ist, wer im Rahmen des Keyword-Advertising eine Adword-Kampagne bei Google schaltet und dabei keinerlei Begriffe nutzt, die für sich genommen in irgendeiner Weise verfänglich sind, die aber der zum Einsatz kommende **Algorithmus in** einer **nicht vorhersehbaren Weise** in einen falschen Zusammenhang rückt, der gem. § 5 Abs. 2 UWG irreführend ist; denn hier fehlt es nicht nur an der Tatherrschaft, sondern bereits an einer adäquaten Kausalität.[1111] Der **Betreiber eines Online-Shops,** der in dem Shop selbst Waren anbietet und auf seiner Webseite eine Suchmaschine vorhält, mit der sein Warenangebot erschlossen werden kann, benutzt Kennzeichen im Rahmen der eigenen kommerziellen Kommunikation, wenn er solche **Zeichen als Schlüsselwörter speichert,** so dass bei Eingabe eines diesen Zeichen entsprechenden Suchworts in die Suchmaske der Suchmaschine bestimmte Angebote eingeblendet werden.[1112] Der **Betreiber eines Online-Marktplatzes,** auf dem Dritte ihre Waren anbieten und der durch eine auf der Internetseite vorgehaltene Suchmaschine erschlossen wird, verwendet die Kennzeichen dagegen nicht selbst, wenn er den Warenanbietern **lediglich ermöglicht,** solche Zeichen als Schlüsselwörter auszuwählen, so dass bei Eingabe entsprechender Suchwörter in die Suchmaske der Suchmaschine deren Verkaufsangebote erscheinen; vielmehr sind es die **Anbieter der Waren,** die durch die Auswahl der Schlüsselwörter das als Marke geschützte Zeichen im Rahmen ihrer eigenen kommerziellen Kommunikation benutzen.[1113] Der **Betreiber eines Online-Marktplatzes,** der selbst keine Produkte vertreibt, benutzt aber das geschützte Kennzeichen im Rahmen seiner eigenen kommerziellen Kommunikation, wenn **er** bei dem Betreiber der Suchmaschine mit dem Kennzeichen identische **Schlüsselwörter auswählt,** um für Angebote zum Verkauf von Markenprodukten seiner als Verkäufer auftretenden Kunden zu werben.[1114]

458 **(c) Insbesondere: Geschäftsführer und Vorstände.** Täter eines Wettbewerbsverstoßes können auch die **Organe juristischer Personen** sein, wenn sie den Wettbewerbsverstoß selbst begehen.[1115] Die Einzelheiten zur Haftung von Geschäftsführern und Vorständen werden in → Rn. 646 ff. im Zusammenhang dargestellt.

459 **(d) Insbesondere: Mitarbeiter und Beauftragte.** Täter eines Wettbewerbsverstoßes sind grundsätzlich auch **Mitarbeiter und Beauftragte** iSd § 8 Abs. 2 (ausführlich → Rn. 660 ff.). Nach der neueren **Rspr. des BGH** soll aber die **„unselbständige Hilfsperson"** gerade **keine Tatherrschaft** haben und somit als Täter ausscheiden. Entscheidend ist laut BGH für die Einordnung als „unselbständige Hilfsperson", dass dieser die verletzende Handlung in sozialtypischer Hinsicht nicht als eigene zugerechnet werden kann, weil sie auf Grund ihrer **untergeordneten Stellung keine eigene Entscheidungsbefugnis** hat.[1116] Zu dieser Personengruppe zählen typischerweise Boten, Briefträger, Zusteller, Plakatkleber und Prospektverteiler.[1117]

1109 Vgl. BGH GRUR 2018, 924 Rn. 32 – ORTLIEB I unter Bezugnahme auf EuGH GRUR 2010, 445 Rn. 56–58 – Google France und Google.

1110 Vgl. BGH GRUR 2013, 290 Rn. 16 – MOST-Pralinen; GRUR 2018, 924 Rn. 29 – ORTLIEB I unter Bezugnahme auf EuGH GRUR 2010, 445 Rn. 51, 55–59 – Google France und Google; GRUR 2010, 451 Rn. 18 – BergSpechte/trekking.at Reisen; GRUR 2010, 641 Rn. 17 – Eis.de/BBY; GRUR 2010, 841 Rn. 27 – Portakabin/Primakabin; GRUR 2011, 1124 Rn. 30 – Interflora/M&S Interflora Inc.

1111 OLG Schleswig MMR 2017, 480 Rn. 26 – Wheel Clean Tec.

1112 Vgl. BGH GRUR 2010, 835 Rn. 25– POWER BALL; GRUR 2018, 924 Rn. 30 – ORTLIEB I.

1113 Vgl. BGH GRUR 2018, 924 Rn. 31 – ORTLIEB I.

1114 Vgl. BGH GRUR 2018, 924 Rn. 31 – ORTLIEB I unter Bezugnahme auf EuGH GRUR 2011, 1025 Rn. 91–93 – L'Oréal/eBay.

1115 Vgl. BGH GRUR 2014, 883 Rn. 14 – Geschäftsführerhaftung.

1116 BGH GRUR 2016, 493 Rn. 20 – Al Di Meola (zum Urheberrecht).

1117 BGH GRUR 2016, 493 Rn. 20 – Al Di Meola.

460 Allerdings ist zu bedenken, dass nach der Konzeption des historischen Gesetzgebers die **Entscheidungsbefugnis** für Täterqualität und Haftung eines Untergebenen **keine Rolle spielen** sollte, schon allein, um die Haftungszurechnung nach § 8 Abs. 2 zum Unternehmensinhaber unter allen Umständen sicherzustellen (→ Rn. 683 ff.). Lässt man den Untergebenen nicht als Täter haften und handelt er unvorsätzlich, so dass es auch an einer Gehilfeneigenschaft (§ 27 Abs. 1 StGB) fehlt, so kommt – ganz entgegen dem Sinn und Zweck des § 8 Abs. 2 – eine Zurechnung seiner Handlungen zum Unternehmensinhaber nicht in Betracht. Die hier auftretende Haftungslücke müsste dann – unnötig kompliziert – durch die Anerkennung einer mittelbaren Täterschaft des Unternehmensinhabers geschlossen werden. Dies entspricht nicht dem Willen des historischen Gesetzgebers (→ Rn. 663 ff.).

461 **bb) Nebentäter.** Täter ist schließlich auch, wer nicht auf der Basis eines gemeinsamen Tatplans und auch sonst in keinem Beteiligungsverhältnis zu einem anderen Täter den Tatbestand unabhängig vom täterschaftlichen Handeln eines Dritten verwirklicht oder zu verwirklichen droht und so als **Nebentäter** handelt.[1118]

462 **cc) Mittelbarer Täter.** Täter ist darüber hinaus in Anlehnung an die strafrechtlichen Kategorien (§ 25 Abs. 1 Alt. 2 StGB) der **mittelbare Täter,** der sich für den Wettbewerbsverstoß als Hintermann gezielt eines unmittelbar handelnden Tatmittlers als Werkzeug bedient und so den Wettbewerbsverstoß durch einen anderen begeht.[1119]

463 Die mittelbare Täterschaft erfordert zum einen, dass der Hintermann die durch den Tatmittler vorgenommene Zuwiderhandlung im eigenen Interesse veranlasst hat, und zum anderen, dass der Hintermann die **Kontrolle über das Handeln des Tatmittlers** hat.[1120] Im Hinblick auf die zweite Voraussetzung, nämlich die Kontrolle im Sinne der Tatherrschaft, scheidet eine mittelbare Täterschaft jedenfalls dann aus, wenn der Tatmittler den betreffenden Wettbewerbsverstoß seinerseits täterschaftlich – also mit eigener Kontrolle und Tatherrschaft über den Geschehensablauf – begangen hat oder (im Fall des vorbeugenden Unterlassungsanspruchs) begangen hätte und somit als Täter haftet.[1121] Die Tatherrschaft des unmittelbar Handelnden schließt regelmäßig die Annahme aus, er werde als Tatmittler von einem bloß mittelbar oder tatferner Handelnden beherrscht. In Betracht kommt dann allenfalls Mittäterschaft, die eine gemeinschaftliche Tatbegehung und damit ein bewusstes und gewolltes Zusammenwirken voraussetzt (→ Rn. 466).[1122] Einen **„Täter hinter dem Täter"** gibt es grundsätzlich **nicht.**[1123] Dies wurde in der früheren Rspr.[1124] und Literatur[1125] nicht ausreichend berücksichtigt und wird auch heute nicht immer gesehen.[1126]

464 Im UWG kommt der **mittelbaren Täterschaft** deshalb nur ein potentiell sehr **kleiner Anwendungsbereich** zu. Denn für die Begründung einer eigenen Täterschaft reicht in den allermeisten Fällen der objektive Verstoß gegen eine Norm aus; Verschulden oder gar Vorsatz sind nicht erforderlich. Auch ein vorsatzlos handelnder Vordermann ist deshalb in

---

[1118] LG München I 13.12.2016 – 33 O 16840/15 – Mensch ärgere Dich nicht; MüKoUWG/*Fritzsche* § 8 Rn. 235; *Löffler* FS Bornkamm, 2014, 37 (38).

[1119] BGH GRUR 2011, 1018 Rn. 17 – Automobil-Onlinebörse; GRUR 2012, 304 Rn. 44 – Basler Haar-Kosmetik; GRUR 2012, 1279 Rn. 38 – Das Große Rätselheft; GRUR 2014, 883 f. Rn. 13 – Geschäftsführerhaftung; GRUR 2015, 485 Rn. 35 – Kinderhochstühle im Internet III; OLG Brandenburg 28.4.2015 – 6 U 6/14 – Magnetfeldtherapie.

[1120] BGH GRUR 2012, 1279 Rn. 38 – Das Große Rätselheft; GRUR 2020, 543 Rn. 30 – Kundenbewertungen bei Amazon.

[1121] BGH GRUR 2012, 1279 Rn. 38 – Das Große Rätselheft; GRUR 2019, 813 Rn. 107 – Cordoba II; OLG München GRUR 2016, 612 Rn. 50 – Allegro barbaro; GRUR 2017, 619 Rn. 34 – uploaded; *Löffler* FS Bornkamm, 2014, 37 (50); *Ohly*/Sosnitza § 8 Rn. 116.

[1122] BGH GRUR 2020, 738 Rn. 42 – Internet-Radiorecorder.

[1123] *Löffler* FS Bornkamm, 2014, 37 (50) mwN aus der strafrechtlichen Literatur.

[1124] Vgl. RG MuW XXIX, 445 – Gemeinnütziger Bestattungsverein in Hamburg; BGH GRUR 1952, 410 (413) – Constanze I; GRUR 1958, 487 (488) – Antibiotica.

[1125] Vgl. *Callmann* S. 102 f.; *Reimer* Kap. 107 Rn. 26; *Schramm* S. 320 f., 391.

[1126] Vgl. zB OLG Brandenburg 28.4.2015 – 6 U 6/14 – Magnetfeldtherapie.

aller Regel nicht nur Tatmittler, sondern selbst Täter, so dass der Hintermann nicht seinerseits als mittelbare Täter verantwortlich gemacht werden kann.[1127] Im Strafrecht hingegen ist ein typischer Fall der mittelbaren Täterschaft der, in dem der planvoll handelnde Hintermann das Verhalten eines Vordermanns kontrolliert, dem selbst der zur Tatbestandsverwirklichung nötige Vorsatz fehlt, weil er sich in einem Tatbestandsirrtum befindet (sog. **„vorsatzloses Werkzeug“**).[1128] Das für die mittelbare Täterschaft vorausgesetzte „Defizit“ des Tatmittlers[1129] besteht im UWG deshalb in aller Regel nicht im fehlenden Vorsatz des Vordermanns.[1130] Deshalb erfüllen die allermeisten Konstellationen, bei denen eine mittelbare Täterschaft erörtert wird,[1131] die Voraussetzungen dieser Rechtsfigur nicht. Denkbar sind solche Fälle allenfalls, wo ein **Rechtsbruch** iSd **§ 3a** in Rede steht und die verletzte Verhaltensnorm eine vorsätzliche Begehung voraussetzt, oder wo der unmittelbar Handelnde nicht Normadressat ist und deshalb nicht als Täter handelt (→ Rn. 452). Möglich ist eine Haftung nach den Grundsätzen der mittelbaren Täterschaft auch, wenn der **Tatmittler keine geschäftliche Handlung iSd § 2 Abs. 1 Nr. 1** vornimmt und daher selbst nicht lauterkeitsrechtlich verantwortlich ist **(„tatbestandslos handelndes Werkzeug“).**[1132] In Betracht kommt eine mittelbare Täterschaft zB dann, wenn ein Anbieter von Produkten auf einer Internet-Handelsplattform einen – nicht geschäftlich handelnden – Verbraucher durch Bezahlung oder Druck dazu bringt, dass er für ihn irreführende oder gefälschte Kundenbewertungen abgibt.[1133]

465 An einem „Täter hinter dem Täter“ fehlt es nach der Rspr. des BGH auch dort, wo unmittelbar nur eine **unselbständige Hilfsperson** handelt, der die rechtswidrige Handlung in sozialtypischer Hinsicht nicht als eigene zugerechnet werden kann, weil sie auf Grund ihrer **untergeordneten Stellung keine eigene Entscheidungsbefugnis** und damit **keine Tatherrschaft** hat (etwa Boten, Briefträger, Zusteller, Plakatkleber und Prospektverteiler).[1134] Auch in solchen Konstellationen könnte also der Weg zur mittelbaren Täterschaft offenstehen.[1135] Der historische Gesetzgeber wollte solche Konstellationen allerdings nicht der mittelbaren Täterschaft überantworten. Er wollte auch den streng weisungsgebunden Untergebenen grundsätzlich als Täter haften lassen und dessen Tatbehandlung dem Unternehmensinhaber gem. § 8 Abs. 2 wie eine eigene zurechnen. Dies ist nach wie vor richtig (→ Rn. 663 ff.).

466 **dd) Mittäter.** Täter ist auch der Mittäter, der **gemeinschaftlich** im Wege des **bewussten und gewollten** gemeinschaftlichen **Zusammenwirkens** (§ 25 Abs. 2 StGB) mit einem anderen Mittäter handelt, dessen Tatbeitrag er sich entsprechend § 830 Abs. 1 BGB zurechnen lassen muss.[1136] Passivlegitimiert ist deshalb auch derjenige, der die gesetzlichen Tatbestandsvoraussetzungen zwar nicht vollständig in eigener Person verwirklicht, dessen Verhalten jedoch zusammen mit den Handlungen des anderen **Mittäters** sämtliche Tat-

[1127] *Ohly*/Sosnitza § 8 Rn. 116.

[1128] Vgl. BGH NStZ 1994, 432 (434); *Kühl* § 20 Rn. 52; *Otto* § 21 Rn. 74 ff.

[1129] Vgl. *Fischer* StGB § 25 Rn. 5; *Kühl* § 20 Rn. 45.

[1130] *Ohly*/Sosnitza § 8 Rn. 116.

[1131] Vgl. etwa die Kasuistik bei MüKoUWG/*Fritzsche* § 8 Rn. 236 und bei GroßKommUWG/*Paal* § 8 Rn. 97.

[1132] MüKoUWG/*Fritzsche* § 8 Rn. 236; *Ohly*/Sosnitza § 8 Rn. 116.

[1133] OLG Frankfurt a. M. GRUR-RR 2020, 87 Rn. 23 – gekaufte Kundenbewertungen; vgl. auch BGH GRUR 2020, 543 Rn. 41 – Kundenbewertungen bei Amazon (hier allerdings unspezifisch eine Einordnung als Mittäter ohne Thematisierung der Rechtsfigur des „tatbestandslos handelnden Werkzeugs“).

[1134] BGH GRUR 2016, 493 Rn. 20 – Al Di Meola (zum Urheberrecht); vgl. auch BGH GRUR 2011, 340 Rn. 27 – Irische Butter (geschäftliche Handlung iSd § 2 Abs. 1 Nr. 1 verneint).

[1135] So etwa MüKoUWG/*Fritzsche* § 8 Rn. 236; GroßKommUWG/*Paal* § 8 Rn. 97.

[1136] StRspr, vgl. RG GRUR 1936, 989 (992) – Margarinevertrieb; BGH GRUR 1964, 88 (89 f.) – Verona-Gerät; GRUR 2009, 597 Rn. 14 – Halzband; GRUR 2010, 536 Rn. 65 – Modulgerüst II; GRUR 2011, 152 Rn. 30 – Kinderhochstühle im Internet I; GRUR 2011, 1018 Rn. 17 – Automobil-Onlinebörse; GRUR 2015, 485 Rn. 35 – Kinderhochstühle im Internet III; GRUR 2015, 987 Rn. 15 – Trassenfieber; GRUR 2016, 946 Rn. 10 – Freunde finden; GRUR 2018, 400 Rn. 25 – Konferenz der Tiere; GRUR 2020, 543 Rn. 30 f. – Kundenbewertungen bei Amazon.

bestandsmerkmale der betreffenden unlauteren geschäftlichen Handlung erfüllt. Die jeweiligen Tatbeiträge werden dabei wechselseitig zugerechnet, ohne dass es auf die genaue Kenntnis der Einzelheiten durch einen jeden Mittäter ankommt.[1137] Grundlage der Zurechnung ist ein **gemeinsamer Tatplan.**[1138] Jeder der Mittäter muss **Tatherrschaft** haben und einen bestimmenden Einfluss auf das Tatgeschehen ausüben.[1139] Dieser Einfluss fehlt etwa einem angestellten Rechtsanwalt, wenn es um wettbewerbswidrige Angaben zu seiner Person auf der Homepage der Kanzlei seines Arbeitgebers geht, auch wenn er diese Informationen selbst zur Verfügung gestellt hat und mit deren Veröffentlichung einverstanden war. Für ihn kommt nur eine Haftung als Teilnehmer in Betracht.[1140] Mittäter einer irreführenden Werbung kann demgegenüber sein, wer als Anbieter von Produkten auf einer Internet-Handelsplattform einen anderen Unternehmer dafür bezahlt, dass er zu seinen Gunsten irreführende oder gefälschte Kundenbewertungen abgibt.[1141]

Ohne eine auch nur **allgemeine Kenntnis von konkret drohenden Taten** scheidet ein vorsätzliches Zusammenwirken aus.[1142] Bereits an der Möglichkeit eines bewussten und gewollten Zusammenwirkens kann es dort fehlen, wo die objektive Mitwirkungshandlung durch ein vollständig automatisiertes Verfahren bewirkt wird (zB Anzeige und Verlinkung einer Webseite mit wettbewerbswidrigem Inhalt durch die Suchmaschine Google).[1143] 467

Eine wechselseitige **Zurechnung** der für die täterschaftliche Haftung notwendigen **Eigenschaft als Normadressat** (→ Rn. 452) **findet nicht statt.** Wer nicht Adressat der dem Unlauterkeitsvorwurf nach § 3a zu Grunde liegenden Norm ist, kann ohne Rücksicht auf die Qualität seines Tatbeitrags nicht als Täter, sondern nur als Teilnehmer in Haftung genommen werden.[1144] 468

2. Tun und Unterlassen. a) Bedeutung der Unterscheidung zwischen Tun und Unterlassen. In der neueren Rspr. des BGH bildet die Unterscheidung zwischen positivem Tun und Unterlassen eine wesentliche Weichenstellung innerhalb des Haftungssystems. Als grundlegende Vorfrage muss deshalb zunächst geprüft werden, ob demjenigen, der in Haftung genommen werden soll, ein Tun oder ein Unterlassen zur Last fällt. 469

Unstreitig gibt es eine **Täterschaft durch Unterlassen.**[1145] Auch eine **Beihilfe durch Unterlassen** ist möglich, wenn der Gehilfe als Garant zur Verhinderung des Verstoßes verpflichtet ist.[1146] Die Frage nach aktivem Verhalten oder Unterlassen stellt sich deshalb unabhängig davon, ob der Verletzer den zum Erfolg hinführenden Kausalverlauf beherrscht und daher als Täter verantwortlich ist, ob er lediglich einem mit Tatherrschaft handelnden Dritten Hilfe leistet und daher als Gehilfe handelt, oder aber ob die objektiven oder subjektiven Voraussetzungen einer Täter- oder Gehilfenhaftung fehlen.[1147] 470

Der BGH hält darüber hinaus auch eine **Anstiftung durch Unterlassen** für möglich.[1148] Dies überzeugt **nicht.** Anstiftung iSd § 26 StGB verlangt ein Bestimmen zu Haupttat, also ein Verhalten, mit dem der Anstifter geistig unmittelbar auf den Willen des 471

[1137] Vgl. BGH GRUR 2012, 304 Rn. 44 – Basler Haar-Kosmetik; LG Frankfurt a. M. 12.3.2014 – 2–06 O 16/13 – Brother Tonerkartuschen.

[1138] *Goldmann,* Unternehmenskennzeichen, § 19 S. 43.

[1139] OLG Frankfurt a. M. GRUR-RR 2015, 302 Rn. 15 – Spezialisiert für Arbeitsrecht; GRUR-RR 2020, 87 Rn. 19 – gekaufte Kundenbewertungen.

[1140] OLG Frankfurt a. M. GRUR-RR 2015, 302 Rn. 15 – Spezialisiert für Arbeitsrecht.

[1141] BGH GRUR 2020, 543 Rn. 41 – Kundenbewertungen bei Amazon; OLG Frankfurt a. M. GRUR-RR 2020, 87 Rn. 20 – gekaufte Kundenbewertungen.

[1142] Vgl. BGH GRUR 2015, 485 Rn. 37 – Kinderhochstühle im Internet III.

[1143] Vgl. OLG München ZUM-RD 2012, 344 (346) – Internet-Branchenverzeichnis.

[1144] BGH GRUR 2008, 810 Rn. 14 – Kommunalversicherer; GRUR 2015, 1025 Rn. 15 f. – TV-Wartezimmer; *Büscher* in Fezer/Büscher/Obergfell § 8 Rn. 121.

[1145] BGH GRUR 2014, 883 Rn. 16 – Geschäftsführerhaftung; GRUR 2020, 543 Rn. 34 – Kundenbewertungen bei Amazon; OLG München 18.4.2011 – 29 W 376/11 – Fettreduktion mit Ultraschall.

[1146] BGH GRUR 2011, 152 Rn. 34 – Kinderhochstühle im Internet I; GRUR 2015, 1223 Rn. 43 – Posterlounge; LG München I MMR 2017, 53 (55); *Löffler* FS Bornkamm, 2014, 37 (40).

[1147] BGH GRUR 2015, 1223 Rn. 43 – Posterlounge.

[1148] BGH GRUR 2015, 1223 Rn. 43 – Posterlounge.

Täters beeinflussend einwirkt (→ Rn. 498). Es ist nicht ersichtlich, welche Art von bloßer Unterlassung als gleichwertig zu einer solchen aktiven geistigen Einwirkung beurteilt werden könnte und ihm den gleichen sozialen Sinngehalt gibt. Denkbar ist allenfalls, dass ein Garant nicht verhindert, dass ein aktiver Anstifter bei einem Dritten einen Tatentschluss hervorruft.

472 Die Frage nach einem **aktiven Tun oder bloßen Unterlassen** kann jedenfalls **nicht offen bleiben.**[1149] Denn die Rechtsordnung knüpft an die Unterscheidung von Tun und Unterlassen grundsätzlich unterschiedliche Haftungsvoraussetzungen. Während im Ausgangspunkt jede adäquat kausale und im Rahmen des Schutzzwecks der Norm liegende Rechtsgutsverletzung durch aktives Tun zu Haftung führt, gilt dies für ein Unterlassen nicht.[1150] Grundsätzlich ist derjenige, der das wettbewerbswidrige Verhalten eines anderen lediglich duldet, für die wettbewerbsrechtlichen Abwehransprüche nicht passivlegitimiert, und zwar auch dann nicht, wenn ihm die wettbewerbswidrige Handlung des anderen zugute kommt.[1151]

473 Ein Unterlassen kann positivem Tun nur gleichgestellt werden, wenn der **Täter rechtlich dafür einzustehen** hat, dass der tatbestandliche **Erfolg nicht eintritt,** und das Unterlassen der Verwirklichung des gesetzlichen Tatbestands durch ein Tun entspricht (vgl. § 13 Abs. 1 StGB).[1152] Erforderlich ist eine **Garantenstellung,** die den in Anspruch Genommenen verpflichtet, den deliktischen Erfolg abzuwenden (näher → Rn. 479 ff.).[1153] Voraussetzung ist weiter, dass ihm die **Erfolgsverhinderung** möglich und zumutbar ist[1154] und die Vornahme der gebotenen Handlung die Beeinträchtigung mit an Sicherheit grenzender Wahrscheinlichkeit verhindert hätte.[1155] Eine Garantenpflicht, nämlich die aus **Ingerenz,** bildet den dogmatischen Anknüpfungspunkt für **wettbewerbsrechtliche Verkehrspflichten** (→ Rn. 483).[1156] Denn in der Sache geht es hier um die Haftung für die pflichtwidrige Nichtverhinderung von Verstößen Dritter.

474 **b) Schwerpunkt der Vorwerfbarkeit.** Die Rspr. des BGH in Strafsachen fasst die Abgrenzung zwischen Tun und Unterlassen als **Wertungsfrage** auf, die nicht nach rein äußeren oder formalen Kriterien zu entscheiden ist, sondern eine normative Betrachtung unter Berücksichtigung des sozialen Handlungssinns verlangt.[1157] Diese wertende Schwerpunktbetrachtung kann auf zivilrechtliche Sachverhalte übertragen werden[1158] und wird vom BGH im Wettbewerbs- und Immaterialgüterrecht auch vorgenommen.[1159] Schlagwortartig zusammengefasst entscheidet der **„Schwerpunkt der Vorwerfbarkeit"** darüber, ob ein Tun oder ein Unterlassen vorliegt.[1160]

475 So kommt als Anknüpfungspunkt einer Haftung des Betreibers für rechtsverletzende Angebote auf dem **Internetmarktplatz eBay** zum einen ein aktives Tun in Betracht,

[1149] *Löffler* FS Bornkamm, 2014, 37 (40).
[1150] BGH GRUR 2015, 1223 Rn. 43 – Posterlounge; *Löffler* FS Bornkamm, 2014, 37 (40).
[1151] *Tetzner* Vorb. Rn. 42.
[1152] BGH GRUR 2014, 883 Rn. 16 – Geschäftsführerhaftung, mwN; GRUR 2020, 543 Rn. 34 – Kundenbewertungen bei Amazon; *Hühner* GRUR-Prax 2013, 459 (460); *Löffler* FS Bornkamm, 2014, 37 (40).
[1153] BGH GRUR 2014, 883 Rn. 16 – Geschäftsführerhaftung, mwN; GRUR 2015, 1223 Rn. 43 – Posterlounge; GRUR 2020, 543 Rn. 34 – Kundenbewertungen bei Amazon; *Löffler* FS Bornkamm, 2014, 37 (40).
[1154] BGH GRUR 2011, 152 Rn. 34 – Kinderhochstühle im Internet I; GRUR 2013, 751 Rn. 27 – „Autocomplete"-Funktion.
[1155] *Löffler* FS Bornkamm, 2014, 37 (40).
[1156] BGH GRUR 2014, 883 Rn. 22 – Geschäftsführerhaftung; GRUR 2015, 909 Rn. 45 – Exzenterzähne; GRUR 2016, 209 Rn. 23 – Haftung für Hyperlinks.
[1157] StRspr, vgl. BGH 14.3.2003 – 2 StR 239/02 mwN.
[1158] *Löffler* FS Bornkamm, 2014, 37 (40).
[1159] BGH GRUR 2011, 152 Rn. 34 – Kinderhochstühle im Internet I; GRUR 2013, 751 Rn. 25 – „Autocomplete"-Funktion; *Löffler* FS Bornkamm, 2014, 37 (40).
[1160] BGH GRUR 2011, 152 Rn. 34 – Kinderhochstühle im Internet I; GRUR 2013, 751 Rn. 25 – „Autocomplete"-Funktion; GRUR 2015, 1223 Rn. 43 – Posterlounge; *Löffler* FS Bornkamm, 2014, 37 (40); aus der strafrechtlichen Rspr. vgl. BGH 14.3.2003 – 2 StR 239/02 mwN.

nämlich das Entwickeln und Pflegen der dem Online-Marktplatzes zu Grunde liegenden Software, die Zurverfügungstellung von Speicherplatz für Marktplatzdaten, die Schaffung und Erhaltung der Attraktivität des Marktplatzes durch Werbung für den Marktplatz an sich bzw. für einzelne Angebote, die Betreuung der Mitglieder durch Hilfstools bzw. Mitarbeiter usw. Denn ohne dieses aktive Tun der Betreiber könnte es nicht zu Angeboten und damit auch nicht zu Rechtsverletzungen auf seinem Markplatz kommen. Die Haftung des Betreibers kann auf der anderen Seite aber auch darauf gestützt werden, dass er keine ihm möglichen und zumutbaren Maßnahmen ergriffen hat, die es verhindern, dass rechtsverletzende Angebote von Mitgliedern auf dem Internetmarktplatz eBay erscheinen. Bei einer normativen Betrachtung unter Berücksichtigung des sozialen Handlungssinns liegt hier nach der Rspr. der **Schwerpunkt der Vorwerfbarkeit** in einem **Unterlassen,** weil das aktive Betreiben des Online-Marktplatzes eine durch Art. 2, 14 GG geschützte wirtschaftliche Tätigkeit darstellt, die als **Geschäftsmodell legitim** ist und nicht von vornherein auf Rechtsverletzungen oder Wettbewerbsverstöße abzielt oder ihnen Vorschub leistet.[1161]

Entsprechendes gilt für eigene rechtsverletzende Suchvorschläge des Suchmaschinenbetreibers **Google** im Rahmen seiner **„Autocomplete"-Funktion.** Der Schwerpunkt der Vorwerfbarkeit liegt jeweils nicht in der Zurverfügungstellung der Suchvorschläge als eigene Inhalte, sondern im Unterlassen einer Kontrolle, ob durch die Suchvorschläge Interessen Dritter beeinträchtigt werden.[1162] 476

Ein aktives Tun liegt auch vor, wenn der Betreiber einer Internetseite diese so programmiert, dass sie Suchanfragen Dritter in ihren Quelltext übernimmt und auf diese Weise das **Suchergebnis von Google beeinflusst.** Diese Programmierung tritt hinter dem Umstand zurück, dass die rechtsverletzenden Begriffe erst durch die Nutzer der Seite eingegeben werden, und vermittelt dem Betreiber der Internetseite auch Tatherrschaft über das Geschehen.[1163] 477

Nach Auffassung *Löfflers* soll von einem aktiven Tun auch dann auszugehen sein, wenn ein Geschäftsmodell von vornherein auf Rechtsverletzungen durch die Nutzer seiner Leistung angelegt ist.[1164] Bei einem **auf Rechtsverletzungen** durch die Nutzer **angelegten Geschäftsmodell**[1165] liegt jedoch der Handlungsschwerpunkt nicht bei der Eröffnung einer Gefahrenquelle, sondern bei der Nichteindämmung der hieraus fließenden Gefahren. Die Eröffnung einer Gefahrenquelle dient deshalb typischerweise als Begründung einer Garantenstellung aus Ingerenz, die eine Pflicht zur Abwendung des Erfolgs mit sich bringt, aber nicht die Bedeutung einer ihrerseits auf den Erfolg abzielenden oder objektiv darauf ausgerichteten Handlung hat. Entsprechend geht auch der BGH davon aus, dass derjenige, der ein strukturell auf die Begehung von Rechtsverletzungen angelegtes Geschäftsmodell ins Werk setzt, nicht etwa aktiv die Rechtsverletzung begeht, sondern eine Garantenstellung aus Ingerenz einnimmt.[1166] 478

c) Garantenstellung. aa) Allgemeines. Erforderlich ist für eine Haftung als Täter oder Teilnehmer für eine Unterlassung eine Garantenstellung, die diesen nach einer **wertenden Betrachtung** verpflichtet, den deliktischen Erfolg abzuwenden. Eine Garantenstellung kann sich aus Gesetz, vorangehendem gefährdenden Tun (Ingerenz), Vertrag oder der Inanspruchnahme von Vertrauen ergeben.[1167] Sie muss gerade gegenüber dem außen- 479

1161 OLG Hamburg NJOZ 2008, 4082 (4089 f.) – Kinderstühle; bestätigt von BGH GRUR 2011, 152 Rn. 34 – Kinderhochstühle im Internet I; ebenso *Löffler* FS Bornkamm, 2014, 37 (41 f.).

1162 BGH GRUR 2013, 751 Rn. 25 – „Autocomplete"-Funktion; *Löffler* FS Bornkamm, 2014, 37 (42) Fn. 37.

1163 BGH GRUR 2015, 1223 Rn. 45 f. – Posterlounge.

1164 *Löffler* FS Bornkamm, 2014, 37 (42).

1165 Vgl. hierzu BGH GRUR 2009, 841 Rn. 21 f. – Cybersky; GRUR 2011, 617 Rn. 45 – Sedo; GRUR 2013, 270 Rn. 22 – Alone in the Dark; ZUM-RD 2013, 565 Rn. 26 – Haftung eines Sharehosters als Störer.

1166 Vgl. BGH GRUR 2014, 883 Rn. 31 – Geschäftsführerhaftung; OLG Hamburg GRUR-RR 2015, 110 (114) – Buddy-Bots.

1167 BGH GRUR 2001, 82 (83) – Neu in Bielefeld I; GRUR 2014, 883 Rn. 16 – Geschäftsführerhaftung; GRUR 2020, 543 Rn. 34 – Kundenbewertungen bei Amazon.

stehenden Dritten bestehen, der aus der Verletzung der Pflicht zur Erfolgsabwendung Ansprüche herleitet.[1168] Am wichtigsten ist in der Praxis die Garantenstellung aus Ingerenz:

480 **bb) Garantenstellung aus Ingerenz. (a) Begriff. Ingerenz** ist ein Verhalten, durch das objektiv eine Gefahr geschaffen wird und das nach einer wertenden Betrachtung zur Abwendung oder Eindämmung gerade dieser Gefahr verpflichtet. Mit der Qualifizierung einer Tätigkeit als **vorangegangenes gefahrbegründendes Verhalten**[1169] ist für sich genommen noch kein Unwerturteil verbunden. Auch erlaubte, ja sozial erwünschte oder verfassungsrechtlich besonders geschützte Tätigkeiten können Gefahrenquellen eröffnen und deshalb Pflichten zur Eindämmung oder Abwendung von Gefahren mit sich bringen (→ Rn. 623 ff.).[1170]

481 Der Garant muss trotz seiner Bezeichnung als „Garant" nicht *per se* eine Garantie dafür übernehmen, dass es nicht zur Rechtsverletzung kommt. Eine Garantenstellung ist **nicht gleichzusetzen mit einem automatischen Einstehenmüssen** für jedwede rechtswidrige Handlung Dritter.[1171] Wie weit die jeweilige Garantenpflicht geht, bestimmt sich in einer **wertenden Betrachtung** nach allen Umständen des Einzelfalles. Die konkreten Pflichten zur Abwendung und Eindämmung von Rechtsverletzungen durch denjenigen, der durch sein Geschäftsmodell die Gefahr von Rechtsverletzungen hervorruft oder steigert, hängen insbesondere von der **Interessenlage** und den **konkreten Verantwortungsbereichen der Beteiligten** und der **Möglichkeit und Zumutbarkeit** entsprechender Kontroll- oder Sicherungsmaßnahmen ab.[1172]

482 Was als zumutbar betrachtet wird, ist letztlich das Ergebnis einer **Interessenabwägung** zwischen den Werten und Rechtsgütern, die bei einer Rechtsverletzung auf dem Spiel stehen und den Mühen, Kosten und Erschwernissen, die für den Unternehmer mit der Abwendung oder Minimierung der Gefahr verbunden sind. Damit wird einer unangemessenen Ausdehnung der Haftung für Rechtsverstöße Dritter entgegengewirkt.[1173] Im Rahmen dieser Abwägung können **auch übergeordnete Aspekte** wie die soziale **Nützlichkeit eines Geschäftsmodells** oder **rechtliche Grundwertungen,** wie der Schutz der Presse- und Meinungsfreiheit durch Art. 5 Abs. 1 GG, der Gesundheitsschutz oder die Haftungseinschränkungen nach dem TMG einfließen.[1174]

483 **(b) Wettbewerbsrechtliche Verkehrspflichten als Folge von Ingerenz.** Ihrem Wesen nach sind **wettbewerbsrechtliche Verkehrspflichten** Garantenpflichten aus Ingerenz nach den allgemeinen Grundsätzen des Deliktsrechts.[1175] Denn maßgeblicher Anknüpfungspunkt für die wettbewerbsrechtliche Verkehrspflicht ist der Umstand, dass das handelnde Unternehmen im eigenen geschäftlichen Interesse und in seinem Verantwortungsbereich selbst eine Gefahrenquelle für Wettbewerbsverstöße durch Dritte schafft.[1176] Hieraus ergibt sich die Pflicht, diejenigen zumutbaren Maßnahmen und Vorkehrungen zu treffen, die zur Abwendung der daraus drohenden Gefahren von Wettbewerbsverstößen

---

[1168] BGH GRUR 2001, 82 (83) – Neu in Bielefeld I; GRUR 2014, 883 Rn. 16 – Geschäftsführerhaftung; GRUR 2020, 543 Rn. 34 – Kundenbewertungen bei Amazon.

[1169] So die Umschreibung des BGH GRUR 2001, 82 (83) – Neu in Bielefeld I; GRUR 2014, 883 Rn. 16 – Geschäftsführerhaftung; GRUR 2020, 543 Rn. 34 – Kundenbewertungen bei Amazon.

[1170] BGH GRUR 2020, 543 Rn. 35 – Kundenbewertungen bei Amazon.

[1171] BGH GRUR 2020, 543 Rn. 35 – Kundenbewertungen bei Amazon.

[1172] BGH GRUR 2020, 543 Rn. 35 – Kundenbewertungen bei Amazon; *Löffler* FS Bornkamm, 2014, 37 (47 f.).

[1173] BGH GRUR 2007, 890 Rn. 38 – Jugendgefährdende Medien bei eBay; GRUR 2020, 543 Rn. 35 – Kundenbewertungen bei Amazon; BGH GRUR 2016, 209 Rn. 23 – Haftung für Hyperlink.

[1174] BGH GRUR 2016, 209 Rn. 23 ff. – Haftung für Hyperlink; *Löffler* FS Bornkamm, 2014, 37 (43).

[1175] BGH GRUR 2014, 883 Rn. 22 – Geschäftsführerhaftung; GRUR 2015, 909 Rn. 45 – Exzenterzähne; GRUR 2016, 209 Rn. 23 – Haftung für Hyperlinks; GRUR 2020, 543 Rn. 36 – Kundenbewertungen bei Amazon.

[1176] BGH GRUR 2007, 890 Rn. 36 – Jugendgefährdende Medien bei eBay; OLG Frankfurt a. M. GRUR-RR 2008, 93 (94) – Access-Provider.

notwendig sind.[1177] Wer ein Geschäftsmodell betreibt, dass Dritten Anlass zu Wettbewerbsverstößen geben kann, ist demnach **Garant aus Ingerenz.** Dies gilt auch, wenn es sich um ein von der Rechtsordnung grundsätzlich gebilligtes Geschäftsmodell handelt. Welche Pflichten sich hieraus ergeben, wie weit sie gehen und wie ein Verstoß gegen sie dogmatisch einzuordnen ist, muss der Übersichtlichkeit halber gesondert dargestellt werden (→ Rn. 622 ff.). Eine Garantenstellung aus Ingerenz hat selbstverständlich erst recht derjenige, der ein strukturell auf die Begehung von Rechtsverletzungen durch Dritte angelegtes Geschäftsmodell selbst ins Werk gesetzt hat.[1178] Wer ein solches Geschäftsmodell nicht selbst ins Werk setzt, sondern es vom Gründer übernimmt und weiterführt, tritt in dessen Garantenstellung ein.

(c) Garantenstellung des GmbH-Geschäftsführers. Darüber hinaus kommt für den **Geschäftsführer einer GmbH** eine Garantenstellung aus Ingerenz dann in Betracht, wenn er sich bewusst der Möglichkeit entzieht, von etwaigen Wettbewerbsverstößen überhaupt Kenntnis zu nehmen und dementsprechend Einfluss zu ihrer Verhinderung ausüben zu können, etwa bei dauerhaftem Aufenthalt des Geschäftsführers im Ausland.[1179] 484

(d) Keine Garantenstellung bei Verlagerung der Vertriebstätigkeit auf Dritte. 485
Die Beauftragung eines Subunternehmers bei der Vertriebstätigkeit oder die Einschaltung von erfolgsabhängig vergüteten Hausierern begründet demgegenüber keine Garantenstellung zur Verhinderung von wettbewerbswidrigen Verhaltensweisen im Vertrieb. Eine **Auslagerung von Tätigkeiten auf Dritte** bzw. der Aufbau eines **mehrstufigen Vertriebssystems** ist eine grundsätzlich unbedenkliche Praxis, die nicht *per se* als Gefahrenquelle für Wettbewerbsverstöße angesehen werden kann – jedenfalls wenn nicht von vornherein aufgrund besonderer Umstände mit einem Fehlverhalten auf Seiten des Subunternehmens zu rechnen ist.[1180]

cc) Garantenstellung aus Gesetz. Von der Begründung einer Garantenpflicht zur Verhinderung eines Wettbewerbsverstoßes aus Gesetz zu **unterscheiden** sind UWG-Vorschriften, die **unmittelbar ein Handlungsgebot** enthalten und durch ein Unterlassen, nämlich durch die Nichterfüllung des Handlungsgebots, verletzt werden (zB § 5a). Bei letzteren handelt es sich nach strafrechtlicher Terminologie um **„echte Unterlassungsdelikte"**, während eine Garantenpflicht aus Gesetz zur Verhinderung eines Wettbewerbsverstoßes nach der strafrechtlichen Terminologie die Grundlage eines **„unechten Unterlassungsdelikts"** bilden würde. 486

Von denjenigen Rechtsnormen, die als Grundlage einer **Garantenstellung aus Gesetz** diskutiert werden können (§§ 138, 323c StGB; §§ 1353, 1626 BGB), spielt für den Bereich des UWG keine Vorschrift eine Rolle. Die nach **§ 43 Abs. 1 GmbHG** dem Geschäftsführer einer GmbH obliegende Pflicht zur ordnungsgemäßen Geschäftsführung umfasst zwar auch die Verpflichtung, durch eine entsprechend gestaltete Betriebsorganisation dafür zu sorgen, dass Rechtsverstöße unterbleiben. Diese Pflicht besteht aber grundsätzlich nur gegenüber der Gesellschaft, **nicht** aber **im Verhältnis** zu **außenstehenden Dritten.** Ihnen gegenüber ist die Übernahme von Organpflichten rechtlich neutral[1181] und kann deshalb weder selbst als wettbewerbsrechtliche Verkehrspflicht herangezogen werden, noch im Sinne einer Ingerenz zur Begründung wettbewerbsrechtlicher Verkehrspflichten die- 487

[1177] StRspr, vgl. BGH GRUR 2007, 890 Rn. 36 – Jugendgefährdende Medien bei eBay; GRUR 2013, 301 Rn. 51 – Solarinitiative; GRUR 2014, 883 Rn. 21 – Geschäftsführerhaftung; GRUR 2015, 1129 Rn. 42 – Hotelbewertungsportal.
[1178] BGH GRUR 2014, 883 Rn. 31 – Geschäftsführerhaftung; OLG Hamburg GRUR-RR 2015, 110 (114) – Buddy-Bots.
[1179] BGH GRUR 2014, 883 Rn. 26 – Geschäftsführerhaftung.
[1180] BGH GRUR 2014, 883 Rn. 28 – Geschäftsführerhaftung; aA OLG Stuttgart VuR 2011, 144 (145) – Auftragsbestätigung ohne Bestellung.
[1181] *Goldmann* GRUR-Prax 2014, 404 (406).

nen.[1182] In gleicher Weise begründet auch **§ 93 Abs. 1 AktG,** der ebenso wie § 43 Abs. 1 GmbHG auszulegen ist, keine Garantenstellung für die Mitglieder des Vorstands einer AG.[1183] Dasselbe gilt für die Aufsichtspflicht von Aufsichtsratsmitgliedern, die gem. § 52 GmbHG, §§ 116, 93 Abs. 2 AktG nur im Innenverhältnis wirkt und Dritten gegenüber keine Garantenstellung und keine wettbewerbsrechtlichen Verkehrspflichten zur Wahrung ihrer Interessen auslöst.[1184]

488 Eine Garantenstellung aus Ingerenz zur Verhinderung der **Verletzung von absoluten Rechten Dritter** kann darüber hinaus nach der Rspr. des X. ZS des BGH für Organe von Handelsgesellschaften deshalb bestehen, weil der Schutz von Rechten Dritter vor konkreten, durch die Tätigkeit des Unternehmens der Handelsgesellschaft drohenden Gefahren eine organisatorische Aufgabe ist, zu der zu allererst der gesetzliche Vertreter berufen ist.[1185] Die Haftung des Geschäftsführers oder Vorstands folgt in diesen Fällen nicht aus seiner Organstellung als solcher, sondern aus der – von der Rechtsform des Unternehmens unabhängigen – tatsächlichen und rechtlichen Möglichkeit und Zumutbarkeit der Beherrschung einer Gefahrenlage für absolut geschützte Rechte Dritter.[1186] Diese Rspr. kann nicht auf das UWG übertragen werden, weil es hier nicht um den Schutz absolut geschützter Rechte geht.

489 **dd) Garantenstellung aus Vertrag.** Die theoretisch denkbare **Garantenstellung aus Vertrag** wird in der Praxis **selten** vorkommen, da die Parteien meist nicht in vertraglichen Beziehungen stehen. Selbst dort, wo Verträge bestehen, wird eine daraus abgeleitete Garantenpflicht eher die Ausnahme bleiben. Denn vertragliche Pflichten aus gegenseitigen Rechtsgeschäften reichen zur Begründung einer Garantenpflicht nicht ohne weiteres aus.[1187]

490 **ee) Garantenstellung aus Inanspruchnahme von Vertrauen.** Eine Garantenstellung kann auch dadurch begründet werden, dass gegenüber einem Dritten jedenfalls faktisch eine Erfolgsabwendungspflicht im Sinne einer tatsächlichen Gewährübernahme übernommen wurde **(Garantenstellung aus Inanspruchnahme von Vertrauen).**[1188] Daran wird es indes bei Wettbewerbsverstößen regelmäßig fehlen, da die Parteien im Vorfeld eines Verstoßes vielfach nicht miteinander in Kontakt oder in einer Geschäftsbeziehung stehen, aus der heraus ein besonderes, unter Umständen haftungsbegründendes Vertrauen erwachsen könnte.[1189]

491 **d) Möglichkeit der Erfolgsabwendung.** Erforderlich ist, dass die Vornahme der gebotenen, aber unterlassenen Handlung den Wettbewerbsverstoß mit an Sicherheit grenzender Wahrscheinlichkeit verhindert hätte. Die Erfolgsabwendung muss also möglich gewesen sein.[1190]

492 **e) Zumutbarkeit der Erfolgsabwendung.** Hinzukommen muss, dass die Vornahme der zur Verhinderung des Wettbewerbsverstoßes geeigneten **Handlung dem Schuldner**

1182 Vgl. BGH GRUR 2014, 883 Rn. 23 f. – Geschäftsführerhaftung; KG GRUR-RR 2013, 172 (173 f.) – Haustürwerbung; ebenso bereits OLG Hamburg (3. ZS) GRUR-RR 2013, 464 (465) – Z.Games Abo; *Hühner* GRUR-Prax 2013, 459 (460); *Mees* FS Bornkamm, 2014, 53 (58); ähnlich für die Verletzung von Immaterialgüterrechten BGH GRUR 2016, 257 Rn. 110 – Glasfasern II.

1183 Vgl. BGH NZG 2012, 992 Rn. 22 f.; GRUR 2016, 257 Rn. 110 – Glasfasern II.

1184 *Mees* FS Bornkamm, 2014, 53 (64 ff.).

1185 BGH (X. ZS) GRUR 2016, 257 Rn. 112 ff. – Glasfasern II; ebenso OLG Karlsruhe 25.5.2016 – 6 U 17/15 – Resistograph; ähnlich bereits früher OLG Hamburg (5. ZS) GRUR-RR 2002, 240 (242) – Super Mario; *Hass* FS Schilling, 2014, 249 (259 ff.).

1186 BGH (X. ZS) GRUR 2016, 257 Rn. 112 f. – Glasfasern II; OLG Karlsruhe 25.5.2016 – 6 U 17/15 – Resistograph.

1187 BGH GRUR 2001, 82 (83) – Neu in Bielefeld I; NZG 2012, 992 Rn. 26.

1188 BGH NZG 2012, 992 Rn. 22 f.; GRUR 2014, 883 Rn. 32 – Geschäftsführerhaftung.

1189 BGH GRUR 2014, 883 Rn. 32 – Geschäftsführerhaftung.

1190 Vgl. BGH GRUR 2011, 152 Rn. 34 – Kinderhochstühle im Internet I.

zumutbar ist bzw. gewesen wäre.[1191] Hier gelten die Grundsätze, welche die Rspr. im Rahmen der Störerhaftung bzw. der Haftung für die Verletzung wettbewerbsrechtlicher Verkehrspflichten als Anwendungsfall der Garantenpflicht aus Ingerenz entwickelt hat (hierzu → Rn. 622 ff.).

493 **3. Organisationsmangel.** Eine Haftung für eigenes Verhalten begründet die Doktrin vom Organisationsmangel **(Organisationsverschulden).** Nach allgemeinen deliktsrechtlichen Grundsätzen trifft den Unternehmensinhaber und das leitende Organ die Verkehrspflicht, das Unternehmen insgesamt so zu organisieren, dass Rechtsverletzungen und Vermögensschädigungen Dritter ausgeschlossen sind.[1192] Die Lehre vom Organisationsmangel hatte früher eine gewisse praktische Bedeutung für den Unterlassungsanspruch, weil für eine Wettbewerbshandlung, die gem. § 1 UWG 1909 „gegen die guten Sitten" verstieß, zuweilen auch eine volle Tatsachenkenntnis über die die Sittenwidrigkeit begründenden Umstände des unmittelbar Handelnden verlangt wurde (hierzu *Goldmann* → § 9 Rn. 33). War ein nachgeordneter Angestellter gutgläubig, lag in solchen Fällen kein Wettbewerbsverstoß vor, der dem Geschäftsherrn gem. § 13 Abs. 3 UWG 1909 (heute § 8 Abs. 2) zugerechnet werden konnte. Hier wurde eine Haftung des Geschäftsherrn darauf gestützt, dass sein Betrieb nicht so organisiert war, dass seine Angestellten umfassend informiert sind und nicht unwissend objektiv falsche Informationen geben.[1193]

494 Mit der **Verobjektivierung von Unlauterkeitstatbeständen** durch das UWG 2004 ist die Notwendigkeit für einen Rückgriff auf das Organisationsverschulden für den Unterlassungsanspruch weitestgehend entfallen. Jede objektiv unlautere Handlung, die von einem Mitarbeiter oder Beauftragten als Täter vorgenommen wird, kann gem. § 8 Abs. 2 dem Unternehmensinhaber zugerechnet werden (→ Rn. 682 ff.).

495 **4. Teilnahme (Anstiftung und Beihilfe). a) Allgemeines.** Nach **§ 830 Abs. 2 BGB stehen Anstifter und Gehilfen Mittätern gleich.** Hierin kommt der Gedanke zum Ausdruck, dass für die zivilrechtliche Verantwortlichkeit zwischen dem Täter und dem Teilnehmer hinsichtlich des Unrechtsgehalts ihrer Tatbeiträge nicht unterschieden werden muss. Derjenige, der einen anderen zu einem zivilrechtlich verbotenen Verhalten anstiftet, verletzt die Rechtsordnung nicht weniger als der die Norm missachtende Täter oder Mittäter. Soweit es dadurch zu einem Schaden kommt, ordnet das Gesetz deswegen mit Recht die gesamtschuldnerische Haftung beider Tatbeteiligter an.[1194] Derselbe Gedanke beansprucht Geltung auch für den – der Zufügung eines Schadens vorgelagerten – Unterlassungsanspruch[1195] und den Beseitigungsanspruch. Für die Bestimmung der Teilnahmeformen der Anstiftung und Beihilfe, die im BGB nicht näher geregelt sind, übernimmt die Zivilrechtsdogmatik die **strafrechtlichen Begriffsbestimmungen der §§ 26, 27 StGB.**[1196] Rspr. und Schrifttum folgen dem grundsätzlich für das Immaterialgüter- und Wettbewerbsrecht.[1197]

496 **Grundvoraussetzung** für eine Haftung als Teilnehmer ist eine **rechtswidrige Haupttat.**[1198] Die Haupttat muss vollendet sein. Für die Beihilfe ergibt sich dies aus § 27 Abs. 1

[1191] Vgl. BGH GRUR 2011, 152 Rn. 34 – Kinderhochstühle im Internet I.

[1192] BGH NJW 1990, 976 (978); GRUR 1969, 51 (52) – Glassteine; vgl. auch BGH GRUR 1998, 167 (169) – Restaurantführer; MüKoUWG/*Fritzsche* § 8 Rn. 249; *Ohly*/Sosnitza § 8 Rn. 118.

[1193] BGH GRUR 1969, 51 (52) – Glassteine.

[1194] BGH GRUR 2003, 807 (808) – Buchpreisbindung.

[1195] BGH GRUR 2003, 807 (808) – Buchpreisbindung; vgl. auch BGH GRUR 2020, 543 Rn. 32 – Kundenbewertungen bei Amazon.

[1196] BGH NJW 1953, 499 (500); 1998, 377 (381 f.); 2005, 3137 (3139); Bamberger/Roth/Hau/Poseck/*Förster* BGB § 830 Rn. 5; MüKoBGB/*Wagner* § 830 Rn. 9 mwN.

[1197] StRspr, vgl. BGH GRUR 2008, 810 Rn. 14 – Kommunalversicherer; GRUR 2015, 485 Rn. 35 – Kinderhochstühle im Internet III; GRUR 2015, 1025 Rn. 16 – TV-Wartezimmer; OLG Brandenburg GRUR-RR 2007, 18 (19) – Indiziertes Bildmaterial; MüKoUWG/*Fritzsche* § 8 Rn. 245; *Köhler*/Bornkamm/*Feddersen* § 8 Rn. 2.6; *Ohly*/Sosnitza § 8 Rn. 119.

[1198] Vgl. BGH GRUR 2020, 738 Rn. 45 – Internet-Radiorecorder.

StGB. Für die Anstiftung ergibt sich dies aus § 30 Abs. 1 StGB.[1199] Nach §§ 26, 27 StGB kommt eine Teilnahme nur an einer vorsätzlich begangenen rechtswidrigen Haupttat in Betracht. Abweichend hiervon sind im Rahmen des § 8 Abs. 1 Anstiftung und Beihilfe auch dann möglich, wenn der **Haupttäter nicht vorsätzlich** oder sonst **schuldhaft** handelt.[1200] Denn eine unlautere geschäftliche Handlung liegt **schon** bei einem **objektiven Wettbewerbsverstoß** vor und setzt kein Verschulden und schon gar keinen Vorsatz voraus. Danach steht es einer Haftung als Teilnehmer nicht entgegen, wenn der unmittelbar Handelnde die Bedeutung seines Tuns oder Unterlassens nicht erkennt bzw. seine Handlung für zulässig erachtet. An einem **objektiv rechtswidrigen Verstoß** als Haupttat fehlt es etwa, wenn irreführende Angaben (zB im Rahmen einer Kundenbewertung bei Amazon) von Verbrauchern veröffentlicht werden, die damit keine geschäftliche Handlung iSd § 2 Abs. 1 Nr. 1 vornehmen.[1201]

497 **Teilnehmer** einer nach **§ 3a** unlauteren geschäftlichen Handlung kann auch derjenige sein, **der nicht Adressat** der verletzten Norm ist.[1202] So kann zB jemand, der kein Apotheker ist, zwar nicht Täter eines Verstoßes gegen die Berufsordnung der Apothekerkammer[1203] oder des ApoG[1204] sein; er kann aber durchaus einen Apotheker zu einem solchen Verstoß anstiften[1205] oder ihm Beihilfe leisten.[1206] Im einzelnen:

498 **b) Anstifter.** Auch für den Unterlassungsanspruch aus § 8 Abs. 1 wird als Anstifter jedenfalls angesehen, wer iSd **§ 26 StGB vorsätzlich einen** anderen zu dessen vorsätzlich begangener rechtswidriger Tat bestimmt, also den **Tatentschluss hervorgerufen** hat. Abweichend von § 26 StGB genügt ein objektiv rechtswidriger UWG-Verstoß; Vorsatz ist nicht erforderlich (→ Rn. 496). Im Strafrecht gilt: Die Verursachung des Tatentschlusses durch beliebige Mittel genügt nicht; vielmehr ist eine Willensbeeinflussung im Wege eines offenen geistigen Kontaktes nötig;[1207] zT wird gerade eine „Kommunikation mit Aufforderungscharakter" gefordert.[1208] Ein zur Tat schon fest Entschlossener *(omnimodo facturus)* kann nicht mehr angestiftet werden; hier kommt aber psychische Beihilfe in Betracht.[1209] Diese Grundsätze sind auf das UWG übertragbar. Notwendig für die Annahme einer Anstiftung ist eine bestimmende Einflussnahme zur Tatveranlassung.[1210] Dabei ist zu berücksichtigen, dass bestimmte Berufsgruppen (zB Ärzte) nicht leicht zu einem bestimmten oder gar (berufs)rechtswidrigen Verhalten zu veranlassen sind.[1211] Allerdings kann auch hier eine bloße Werbung als Anstiftungshandlung genügen, wenn sie die Kompetenz für eine (auch) berufsrechtliche Beurteilung in Anspruch nimmt und suggeriert, das beworbene oder vorgeschlagene Verhalten sei zulässig.[1212]

[1199] BGH GRUR 2015, 1025 Rn. 20 – TV-Wartezimmer; OLG Frankfurt a. M. GRUR-RR 2020, 268 Rn. 9 – Essensgutscheine.

[1200] OLG Brandenburg GRUR-RR 2007, 18 (19) – Indiziertes Bildmaterial; MüKoUWG/*Fritzsche* § 8 Rn. 245; *Köhler*/Bornkamm/*Feddersen* § 8 Rn. 2.6; *Ohly*/Sosnitza § 8 Rn. 119.

[1201] BGH GRUR 2020, 543 Rn. 32 – Kundenbewertungen bei Amazon.

[1202] BGH GRUR 2008, 810 Rn. 14 – Kommunalversicherer; GRUR 2015, 1025 Rn. 15 f. – TV-Wartezimmer; OLG Frankfurt a. M. GRUR-RR 2005, 230 (231) – Verkauf in Praxisräumen; OLG Celle WRP 2010, 1565 (1566) – Beratungsprämie für Apotheker; OLG Frankfurt a. M. GRUR-RR 2020, 268 Rn. 8 – Essensgutscheine; *Büscher* in Fezer/Büscher/Obergfell § 8 Rn. 121.

[1203] OLG Celle WRP 2010, 1565 (1566) – Beratungsprämie für Apotheker.

[1204] BGH GRUR 2015, 1025 Rn. 17 – TV-Wartezimmer.

[1205] OLG Celle WRP 2010, 1565 (1566) – Beratungsprämie für Apotheker.

[1206] BGH GRUR 2015, 1025 Rn. 17 – TV-Wartezimmer.

[1207] *Fischer* StGB § 26 Rn. 3; *Wessels/Beulke/Satzger* Rn. 881.

[1208] *Roxin* § 26 Rn. 74; zum UWG ebenso GroßKommUWG/*Paal* § 8 Rn. 129.

[1209] *Kühl* § 20 Rn. 177.

[1210] RG GRUR 1936, 989 (992) – Margarinevertrieb; OLG Frankfurt a. M. GRUR-RR 2005, 230 (231) – Verkauf in Praxisräumen.

[1211] OLG Frankfurt a. M. GRUR-RR 2005, 230 (231) – Verkauf in Praxisräumen; vgl. auch BGH GRUR 2001, 255 (256) – Augenarztschreiben.

[1212] OLG Frankfurt a. M. GRUR-RR 2005, 230 (231 f.) – Verkauf in Praxisräumen.

Anstifter ist zB der **Geschäftsführer,** der eine wettbewerbswidrige Handlung innerhalb seiner Betriebsorganisation in Auftrag gibt.[1213] Der Sache nach als Anstifter hat der BGH auch einen Arzneimittelhersteller behandelt, der seinen Großhändler zu einer gegen § 7 HWG verstoßenden Zugabe veranlasst hatte.[1214] 499

c) Gehilfe. Gehilfe ist jedenfalls, wer iSd **§ 27 Abs. 1 StGB** vorsätzlich einem anderen **zu** dessen vorsätzlich begangener rechtswidriger Tat **Hilfe geleistet** hat. Abweichend von § 27 Abs. 1 StGB genügt ein objektiv rechtswidriger UWG-Verstoß; Vorsatz ist nicht erforderlich (→ Rn. 496). Beihilfe iSv § 830 Abs. 2 BGB setzt weder eine kommunikative Verständigung von Haupttäter und Gehilfen auf einen gemeinsamen Tatplan, noch eine Mitwirkung des Gehilfen bei der Tatausführung voraus; ausreichend ist vielmehr jede bewusste Förderung der fremden Tat.[1215] 500

Physische Beihilfe ist die Erbringung einer irgendwie gearteten äußerlichen Hilfeleistung durch den Gehilfen[1216] (zB die Zurverfügungstellung eines Zugangs zu einem Online-Marktplatz;[1217] Schaffung einer Medieninfrastruktur für den Bruch berufsrechtlicher Werbeverbote[1218]). Der I. ZS des BGH spricht insoweit von einer „objektiven Unterstützung".[1219] 501

Die **psychische Beihilfe** wirkt dagegen auf die Gedankenwelt im Inneren des Täters. Hierbei kann weiter unterschieden werden zwischen kognitiver Beihilfe und voluntativer Beihilfe. Unter den Begriff der kognitiven Beihilfe werden Fälle gefasst, in denen der Gehilfe dem Täter dadurch Hilfe leistet, dass er ihm bestimmte Ratschläge, technische Hinweise oder sonstige Informationen erteilt, die ihn bei der Begehung seiner Tat unterstützen.[1220] Psychische Beihilfe kann als voluntative Beihilfe auch dadurch geleistet werden, dass der Gehilfe den Tatentschluss des Täters bestärkt, bestimmte Hemmungen beseitigt oder bestehende Bedenken hinsichtlich der Tatausführung zerstreut.[1221] 502

Die Mittel der Hilfeleistung, die als Beihilfe in Betracht kommen, sind theoretisch unbegrenzt und lassen sich nicht aufzählen.[1222] Auch von ihrem äußeren Erscheinungsbild her neutrale bzw. berufstypische Handlungen können eine objektive Hilfeleistung darstellen, so dass sich die Qualifizierung neutraler Handlungen als Beihilfehandlungen im wesentlichen als Problem des subjektiven Tatbestandes darstellt.[1223] Zum subjektiven Tatbestand näher → Rn. 506 ff. 503

Eine Beihilfe kann auch **durch Unterlassen** geleistet werden, wenn der **Gehilfe als Garant** zur Verhinderung des Verstoßes verpflichtet ist.[1224] 504

Bei einer sachgerechten Handhabung des **Gehilfenvorsatzes** können, wie zuerst *Löffler* aufgezeigt hat,[1225] viele Konstellationen, die früher über die Störerhaftung gelöst wurden und bei denen heute eine Haftung wegen Verletzung wettbewerbsrechtlicher Verkehrspflichten diskutiert wird, als Fälle der physischen Beihilfe erfasst werden, ggf. als Beihilfe durch Unterlassen. Der BGH hat das Potential der Teilnehmerhaftung erkannt und jüngst 505

1213 Vgl. BGH GRUR 2014, 883 Rn. 14 – Geschäftsführerhaftung (Beteiligungsform nicht näher qualifiziert).

1214 BGH GRUR 2003, 624 (626) – Kleidersack.

1215 BGH NJW-RR 2011, 1193 Rn. 33.

1216 Vgl. *Wessels/Beulke/Satzger* Rn. 899 mwN.

1217 Vgl. BGH GRUR 2004, 860 (863 f.) – Internet-Versteigerung I; GRUR 2007, 708 Rn. 31 f. – Internet-Versteigerung II; GRUR 2011, 152 Rn. 31 – Kinderhochstühle im Internet I; GRUR 2015, 485 Rn. 36 f. – Kinderhochstühle im Internet III (Teilnehmervorsatz jeweils verneint).

1218 BGH GRUR 2015, 1025 Rn. 17 – TV-Wartezimmer.

1219 BGH GRUR 2011, 152 Rn. 34 – Kinderhochstühle im Internet I.

1220 Vgl. *Kühl* § 20 Rn. 225.

1221 BGH NStZ 2002, 139; OLG Düsseldorf NStZ-RR 2005, 336; *Kühl* § 20 Rn. 226 f.

1222 *Kühl* § 20 Rn. 223.

1223 BGH NJW-RR 2011, 551 Rn. 48 – ausländischer Broker; NJW 2014, 1098 Rn. 31; 30.9.2014 – VI ZR 567/13.

1224 BGH GRUR 2011, 152 Rn. 34 – Kinderhochstühle im Internet I; GRUR 2015, 1223 Rn. 43 – Posterlounge; *Löffler* FS Bornkamm, 2014, 37 (40).

1225 *Löffler* FS Bornkamm, 2014, 37 (44 ff.).

deutlich gemacht, dass auch er in ihr eine brauchbare Alternative zur – im UWG freilich aufgegebenen (→ Rn. 521) – Störerhaftung sieht.[1226] Die Instanzrechtsprechung entwickelt sich in diese Richtung.[1227] Offenbar geht die Rspr. hierbei von einem Stufenverhältnis dergestalt aus, dass unmittelbar nach Kenntniserlangung der mittelbar Beteiligte zunächst zum Störer und nach Ablauf weiterer Zeit zum Gehilfen wird, sofern er seinen Beitrag zur Rechtsverletzung des Dritten nicht unterbindet.[1228] Allerdings besteht kein Gleichlauf zwischen Beihilfe und der Störerhaftung: Der Gehilfe haftet gem. § 830 Abs. 2 BGB gleich dem Täter. Somit haften Gehilfen nicht nur auf Unterlassung und Beseitigung, sondern auch auf Schadensersatz.[1229] Der Störer haftet hingegen nur auf Unterlassung und Beseitigung.[1230] Der Störer haftet jedoch auch darauf, gleichartige Verletzungen in Zukunft nicht zu fördern.[1231] Täter und Gehilfe haften hingegen nur für die jeweiligen verletzenden Handlungen auf Unterlassung.[1232]

506 **d) Modifikationen bei vorsätzlicher Haupttat und Handhabung des sog. „doppelten" Teilnehmervorsatzes. aa) Konkretheit des Teilnehmervorsatzes.** Nach §§ 26, 27 StGB setzt eine Teilnahme voraus, dass der Teilnehmer nicht nur hinsichtlich der eigenen Teilnahmehandlung vorsätzlich handelt, sondern dass er auch die rechtswidrige **Haupttat jedenfalls in ihren groben Umrissen kennt** (sog. „doppelter" Teilnehmervorsatz), wobei bedingter Vorsatz ausreicht.[1233]

507 Während der Unterlassungsanspruch für den Täter verschuldensunabhängig ist, hält die Rspr. im Wettbewerbs- und Immaterialgüterrecht für die Haftung des Teilnehmers an dem Erfordernis des **„doppelten" Teilnehmervorsatzes** fest.[1234] Er muss neben der Kenntnis der eigenen Teilnahmehandlung auch die Kenntnis der **konkreten objektiven Tatumstände,** welche die Unlauterkeit der Handlung des Haupttäters als konkrete Haupttat begründen,[1235] und das **Bewusstsein der Rechtswidrigkeit der Haupttat** umfassen.[1236] Bedingter Vorsatz reicht aus.[1237]

508 Das **Bewusstsein der Rechtswidrigkeit** ist grundsätzlich gleichzusetzen mit dem **aktuellen Unrechtsbewusstsein** (hierzu ausf. *Goldmann* → § 9 Rn. 46 ff.). Es setzt voraus, dass der Teilnehmer im Zeitpunkt der Teilnahmehandlung zumindest mit der Möglichkeit rechnet und billigend in Kauf nimmt, dass die Haupttat rechtswidrig ist.[1238] Für die Annahme einer Billigung genügt, dass sich der Teilnehmer um seines eigentlichen Handlungsziels willen mit einem Rechtsverstoß abfindet, auch wenn ihm ein solcher Verstoß an

---

[1226] BGH GRUR 2015, 1025 Rn. 17 – TV-Wartezimmer.

[1227] Vgl. OLG München GRUR 2017, 619 Rn. 37 f. – uploaded; LG Frankfurt a. M. 5.2.2014 – 2–06 O 319/13; LG München I MMR 2017, 53 (59).

[1228] Krit. hierzu *Jaworski/J. B. Nordemann* GRUR 2017, 567 (570).

[1229] *Jaworski/J. B. Nordemann* GRUR 2017, 567 (570).

[1230] BGH GRUR 2002, 618 (619) – Meißner Dekor; GRUR 2015, 1223 Rn. 40 – Posterlounge; OLG München GRUR 2017, 619 Rn. 48 – uploaded.

[1231] BGH GRUR 2011, 1038 Rn. 39 – Stiftparfüm; GRUR 2013, 370 Rn. 29 – Alone in the Dark; GRUR 2013, 1030 Rn. 46 – File-Hosting-Dienst.

[1232] *Jaworski/J. B. Nordemann* GRUR 2017, 567 (570).

[1233] *Kühl* § 20 Rn. 241; *Löffler* FS Bornkamm, 2014, 37 (44 ff.) mwN; *Otto* § 22 Rn. 62.

[1234] BGH GRUR 2011, 340 Rn. 27 – Irische Butter; GRUR 2015, 485 Rn. 35 – Kinderhochstühle im Internet III; GRUR 2015, 1025 Rn. 17 – TV-Wartezimmer; OLG Frankfurt a. M. GRUR-RR 2020, 268 Rn. 9 – Essensgutscheine.

[1235] StRspr, vgl. BGH GRUR 2007, 708 Rn. 32 – Internet-Versteigerung II; GRUR 2007, 890 Rn. 22 – Jugendgefährdende Medien bei eBay mwN; GRUR 2008, 810 Rn. 15 – Kommunalversicherer; GRUR 2010, 536 Rn. 65 – Modulgerüst II; GRUR 2015, 485 Rn. 37 – Kinderhochstühle im Internet III.

[1236] StRspr, vgl. BGH GRUR 2004, 860 (863 f.) – Internet-Versteigerung I; GRUR 2008, 810 Rn. 15, 42 ff. – Kommunalversicherer mwN; GRUR 2009, 597 Rn. 14 – Halzband; GRUR 2010, 536 Rn. 65 – Modulgerüst II; GRUR 2013, 301 Rn. 47 – Solarinitiative; GRUR 2015, 485 Rn. 35 – Kinderhochstühle im Internet III; GRUR 2019, 79 Rn. 25 – TORK; GRUR 2020, 738 Rn. 45 – Internet-Radiorecorder; OLG Frankfurt a. M. GRUR-RR 2015, 302 Rn. 16 – Spezialisiert für Arbeitsrecht.

[1237] StRspr, vgl. BGH GRUR 2003, 624 (626) – Kleidersack; GRUR 2004, 860 (863 f.) – Internet-Versteigerung I; GRUR 2008, 810 Rn. 15 – Kommunalversicherer; GRUR 2010, 536 Rn. 65 – Modulgerüst II; GRUR 2015, 485 Rn. 35 – Kinderhochstühle im Internet III; GRUR 2019, 79 Rn. 25 – TORK.

[1238] *BGH GRUR* 2008, 810 Rn. 45 – Kommunalversicherer, mwN.

sich gleichgültig oder unerwünscht war.[1239] Es reicht aus, dass sich der Teilnehmer einer Kenntnisnahme von der Unlauterkeit des von ihm veranlassten oder geförderten Verhaltens entzieht.[1240] Gemessen an diesen Maßstäben kann das Bewusstsein der Rechtswidrigkeit jedenfalls durch eine – plausibel begründete – Abmahnung herbeigeführt werden.[1241]

In einer bemerkenswerten Ausweitung des Begriffs des „Bewusstseins der Rechtswidrigkeit" lässt es der BGH in seiner Entscheidung *„Internet-Radiorecorder"* in der Sache schon ausreichen, wenn zwar kein aktuelles Unrechtsbewusstsein im Sinne eines bedingten Vorsatzes besteht, aber jedenfalls kein unvermeidbarer Verbotsirrtum vorliegt. Damit lässt der **BGH** ein **potentielles Unrechtsbewusstsein** ausreichen (zur Abgrenzung des aktuellen Unrechtsbewusstseins vom potentiellen *Goldmann* → § 9 Rn. 46 f.). So sollte es für das erforderliche Bewusstsein der Rechtswidrigkeit ausreichen, wenn sich Gehilfen *„erkennbar jedenfalls in einen Grenzbereich des rechtlich Zulässigen bewegt hätten, in dem sie eine von der eigenen Einschätzung abweichende Beurteilung ihres Verhaltens in Betracht ziehen mussten."*[1242] Diese Formel wird sonst zur Abgrenzung eines vermeidbaren Verbotsirrtums vom unvermeidbaren und damit für die Abgrenzung eines fahrlässigen Handelns von einem schuldlosen verwendet (*Goldmann* → § 9 Rn. 79)[1243], und zwar gerade auch in der Entscheidung *„Internet-Radiorecorder"* selbst.[1244] Für die Beurteilung des Gehilfenvorsatzes ist sie nicht sachgerecht. Es bleibt dabei, dass ein **aktuelles Unrechtsbewusstsein** erforderlich ist. 509

In der Rspr. des I. ZS war bislang eine Gehilfenhaftung vor allem deswegen verneint worden, weil es **am erforderlichen Vorsatz hinsichtlich der rechtswidrigen Haupttat fehlte.** So wurde zur Verneinung der Haftung einer Internet-Handelsplattform etwa stets argumentiert, dass eine täterschaftliche Haftung für den Vertrieb deshalb ausscheide, „weil sie selbst die gefälschte Ware nicht anbietet oder in Verkehr bringt". Die Gehilfenhaftung wurde trotz einer objektiven Beihilfehandlung durch Zurverfügungstellung der Infrastruktur deshalb abgelehnt, weil die Internet-Handelsplattform im Rahmen eines automatisierten Verfahrens **keine Kenntnis** von den jeweils eingestellten konkreten Angeboten erhält und es deshalb an einem Vorsatz hinsichtlich einer konkret drohenden Haupttat fehlt.[1245] 510

Diese Position erscheint jedoch **überdenkenswert.**[1246] Die Haftung von Anstiftern und Gehilfen ist nicht nur in der Rechtsfolge derjenigen des Mittäters gleichgestellt (§ 830 Abs. 2 BGB), sondern sie hat wie diese ihren sachlichen Grund darin, dass der Teilnehmer (Anstifter und Gehilfe) einen eigenen Tatbeitrag zur Verwirklichung des Wettbewerbsverstoßes leistet. Er haftet im Rahmen des § 8 (auch nur) für diesen auf Unterlassung. Deshalb kann vom Anstifter nur Unterlassung seiner Anstifterhandlung, vom Gehilfen nur Unterlassung seiner Gehilfentätigkeit verlangt werden.[1247] Ebensowenig wie es beim Mittäter für den Unterlassungsanspruch darauf ankommt, ob er seinen Tatbeitrag vorsätzlich geleistet hat, solange er sich nur innerhalb des gemeinsamen Tatplanes abspielt, ist kein Grund dafür ersichtlich, warum der Teilnehmer nur bei vorsätzlichem Handeln auf Unterlassung in Anspruch genommen werden sollte – den Schutz der legitimen Geschäftsmodelle von Handelsplattformen vor einer rein objektiven Haftung einmal ausgenommen. Jedenfalls hat der BGH, wie *Löffler* mit Blick auf die strafrechtliche Praxis überzeugend herausgear- 511

1239 BGH GRUR 2008, 810 Rn. 45 – Kommunalversicherer, mwN aus der Rspr. zum StGB.

1240 BGH GRUR 2008, 810 Rn. 45 – Kommunalversicherer, mwN aus der Rspr. zum StGB.

1241 BGH GRUR 2008, 810 Rn. 47 – Kommunalversicherer; GRUR 2015, 1025 Rn. 17 – TV-Wartezimmer; *Löffler* FS Bornkamm, 2014, 37 (46); GroßKommUWG/*Paal* § 8 Rn. 130.

1242 BGH GRUR 2020, 738 Rn. 48 – Internet-Radiorecorder.

1243 Vgl. BGH GRUR 1999, 923 (928) – Tele-Info-CD; GRUR 1999, 1011 (1014) – Werbebeilage; GRUR 2010, 623 Rn. 55 – Restwertbörse.

1244 BGH GRUR 2020, 738 Rn. 69 – Internet-Radiorecorder.

1245 StRspr, vgl. BGH GRUR 2004, 860 (863 f.) – Internet-Versteigerung I; GRUR 2007, 708 Rn. 31 f. – Internet-Versteigerung II; GRUR 2011, 152 Rn. 31 – Kinderhochstühle im Internet I; GRUR 2015, 485 Rn. 36 f. – Kinderhochstühle im Internet III.

1246 Ebenso MüKoUWG/*Fritzsche* § 8 Rn. 243.

1247 BGH GRUR 1956, 179 (180) – Ettaler Klosterlikör; GRUR 1957, 352 (353) – Taeschner (Pertussin II); GRUR 1977, 114 (115) – VUS; *Tetzner* Vorb. Rn. 42; zum vorbeugenden Unterlassungsanspruch gegen den Teilnehmer vgl. BGH GRUR 2008, 810 Rn. 44 – Kommunalversicherer.

beitet hat, bislang vielfach **zu strenge Anforderungen an den Teilnahmevorsatz** gestellt.[1248] Wenn man sich auch für den gewerblichen Rechtsschutz, wo es für den Unterlassungsanspruch generell nicht auf Verschulden ankommt, an den §§ 26, 27 StGB orientiert, muss man die dort anerkannten Grundsätze auch konsequent umsetzen. Strengere Anforderungen als im Strafrecht können jedenfalls nicht gestellt werden. Für den Beihilfevorsatz reicht es aber nach der stRspr des BGH in Strafsachen aus, dass der Gehilfe **die wesentlichen Merkmale der Haupttat erkennt** und den **Unrechts- und Angriffsrichtung erfasst** hat; von den Einzelheiten braucht er keine konkrete Vorstellung zu haben.[1249] Kenntnis der Tatumstände in groben Zügen ist notwendig, aber auch ausreichend.[1250] Die Einzelheiten der Tat und ihre genauen Umstände muss der Gehilfe ebenso wenig kennen wie die Person des Haupttäters.[1251] Für den bedingten Vorsatz reicht zudem das sog. „sachgedankliche Mitbewusstsein" als ständiges, wenn auch nicht immer aktualisiertes Begleitwissen.[1252] Eine Beteiligungshandlung kann sich dabei grundsätzlich auch auf eine Mehrzahl von Taten des Haupttäters beziehen, zu denen ein fördernder Beitrag erbracht wird. Allerdings ist dann zu fordern, dass die Teilnehmer wenigstens in Umrissen eine Vorstellung von Anzahl und Zeitraum der Taten haben.[1253]

511a In seiner neuesten Rspr. hat der I. ZS des BGH diese Bedenken berücksichtigt und sich der insoweit **großzügigeren Bejahung des Gehilfenvorsatzes** im Strafrecht angenähert. Nach der Entscheidung *„Internet-Radiorecorder"* reicht es aus, dass der Gehilfe die Tatumstände wenigstens in groben Zügen, die wesentlichen Merkmale der Haupttat kennt; die Einzelheiten der Tat (wann, wo, wem gegenüber und unter welchen Umständen) muss er ebenso wenig kennen wie die Person des Haupttäters.[1254]

512 Der VI. ZS des BGH hat demgegenüber in Fällen **„neutraler" bzw. „berufstypischer" Handlungen** folgende Grundsätze aufgestellt: Zielt das Handeln des Haupttäters ausschließlich darauf ab, eine strafbare Handlung zu begehen und weiß dies der Hilfeleistende, so ist sein Tatbeitrag in jedem Fall als strafbare Beihilfehandlung zu werten.[1255] Denn unter diesen Voraussetzungen verliert sein Tun stets den „Alltagscharakter"; es ist als „Solidarisierung" mit dem Täter zu deuten; anderenfalls kommt straflose Mitwirkung in Betracht.[1256] Weiß der Hilfeleistende nicht, wie der von ihm geleistete Beitrag vom Haupttäter verwendet wird, hält er es lediglich für möglich, dass sein Tun zur Begehung einer Straftat genutzt wird, so ist sein Handeln regelmäßig noch nicht als strafbare Beihilfehandlung zu beurteilen, es sei denn, das von ihm **erkannte Risiko rechtswidrigen Verhaltens** des von ihm Unterstützten war derart hoch, dass er sich mit seiner Hilfeleistung die Förderung eines erkennbar tatgeneigten Täters angelegen sein ließ.[1257] Letztlich scheinen beide Ansätze, der des I. ZS und der des IV. ZS, zu sehr ähnlichen Ergebnissen zu führen.

513 **bb) Konstellationen mit ausreichend konkretem Gehilfenvorsatz.** Nach diesen Maßstäben können bei besonders gefahrgeneigten Geschäftsmodellen, die von vornherein

---

[1248] *Löffler* FS Bornkamm, 2014, 37 (45 ff.); krit. zu einer Lockerung der Anforderungen an den doppelten Gehilfenvorsatz als „eher manipulativ" ohne Begründung *Ahrens* FS Büscher, 2018, 423 (438 f.).

[1249] BGH NJW 1996, 2517 f.; BGH 12.7.2000 – 1 StR 269/00; LG München I MMR 2017, 53 (59); *Fischer* § 27 Rn. 22; *Kühl* § 20 Rn. 242 mwN; *Löffler* FS Bornkamm, 2014, 37 (45).

[1250] BGH 30.9.2014 – VI ZR 567/13 Rn. 4; LG München I MMR 2017, 53 (59); *Goldmann,* Unternehmenskennzeichen, § 19 Rn. 84.

[1251] BGH NStZ 2002, 145 Rn. 4; LG München I MMR 2017, 53 (59); *Kühl* § 20 Rn. 242 mwN; *Löffler* FS Bornkamm, 2014, 37 (45).

[1252] BayObLG NJW 1977, 1974; *Kühl* § 5 Rn. 100; *Wessels/Beulke/Satzger* Rn. 359.

[1253] OLG München GRUR 2017, 619 Rn. 37 – uploaded unter Hinweis auf BGH NStZ 2002, 200 Rn. 10.

[1254] BGH GRUR 2020, 738 Rn. 47 – Internet-Radiorecorder.

[1255] BGH 30.9.2014 – VI ZR 567/13; dem folgend OLG München GRUR 2017, 619 Rn. 37 – uploaded.

[1256] BGH 30.9.2014 – VI ZR 567/13; dem folgend OLG München GRUR 2017, 619 Rn. 37 – uploaded.

[1257] BGH NJW 2014, 1098 Rn. 31; dem folgend OLG München GRUR 2016, 612 Rn. 54 – Allegro barbaro; GRUR 2017, 619 Rn. 37 – uploaded.

auf Rechtsverletzungen durch die Nutzer seiner Leistungen angelegt sind oder die Rechtsverstöße aktiv fördern,[1258] nicht nur die objektiven Voraussetzungen einer physischen Beihilfe durch Zurverfügungstellung der Infrastruktur[1259] bejaht werden. Auch ein hinreichend **konkreter Gehilfenvorsatz in Unrechts- und Angriffsrichtung** ist jedenfalls für die objektiven Umstände der typischerweise vorgenommenen Haupttaten gegeben.[1260] Mit anderen Worten: Kommt es im Rahmen der eigenen wirtschaftlichen Betätigung **zwangsläufig** zu Rechtsverletzungen durch Dritte, ist von einem Vorsatz auszugehen.[1261]

Ob der Gehilfe auch ein **Bewusstsein für die Rechtswidrigkeit** dieser Haupttaten hat, 514 kann je nach den Umständen des Falles unterschiedlich zu beurteilen sein. So ist etwa keinesfalls ausgemacht, dass ein Medienunternehmer, der Apothekern bestimmte Werbedienstleistungen anbietet, weiß, dass die Apotheker mit der Nutzung dieser Dienstleistungen gegen das Berufsrecht verstoßen. Ein entsprechender Hinweis wird regelmäßig zur Folge haben, dass bei Fortsetzung der Verhaltensweise von einem aktuellen Unrechtsbewusstsein (→ Rn. 508) und damit von einem Teilnehmervorsatz auszugehen ist.[1262]

Auch dann, wenn ein Unternehmer durch eigene Maßnahmen die **Gefahr einer** 515 **rechtsverletzenden Nutzung seiner Infrastruktur erhöht,**[1263] leistet er nicht nur einen sachlichen Gehilfenbeitrag, sondern handelt auch mit einem ausreichend konkreten Gehilfenvorsatz für entsprechende rechtswidrige Handlungen.[1264]

Beihilfe durch Unterlassen liegt vor, wenn auf einer **Internet-Handelsplattform** 516 wiederholt gleichartige UWG-Verstöße (Produktimitationen, offene Imitationswerbung iSd § 6 Abs. 2 Nr. 6) vorkommen, der Betreiber dies durch Benachrichtigungen oder Abmahnungen des Berechtigten weiß und er dennoch ihm mögliche und nach den Umständen des Einzelfalls zumutbare Maßnahmen unterlässt, solche Angebote zu unterbinden.[1265]

III. Modelle der Haftung für eigenes Verhalten bei mittelbarer Ermöglichung und Förderung von Wettbewerbsverstößen

1. Interessenlage. Vielfach wirken Dritte ohne Vorsatz und ohne Tatherrschaft an 517 einem Wettbewerbsverstoß mit. Typische Beispiele sind **Informationsmittler** (Medienunternehmer, Betreiber von Internet-Foren), Zugangsvermittler (Internet Service-Provider, Inhaber von Internet-Anschlüssen), **Absatzmittler** (Betreiber von Internet-Versteigerungsplattformen) oder Werbeagenturen.[1266] Diese **Intermediäre**[1267] leisten im Rahmen ihrer eigenen geschäftlichen Tätigkeit nicht nur kausale Beiträge zu Wettbewerbsverstößen, sondern schaffen oftmals gerade die grundlegenden **technischen oder logistischen Voraussetzungen** für den Wettbewerbsverstoß. Es liegt auf der Hand, dass der Gläubiger eines wettbewerbsrechtlichen Unterlassungsanspruchs ein Interesse daran hat, solche Unternehmen in Anspruch zu nehmen. Sie sind häufig leichter zu identifizieren und wirtschaftlich potenter als die eigentlich unlauter Handelnden, welche die Dienstleistung dieser Intermediäre in Anspruch nehmen. Gegen die Intermediäre vorzugehen, ist häufig

[1258] Vgl. hierzu BGH GRUR 2009, 841 Rn. 21 f. – Cybersky; GRUR 2011, 617 Rn. 45 – Sedo; GRUR 2013, 270 Rn. 22 – Alone in the Dark; ZUM-RD 2013, 565 Rn. 26 – Haftung eines Sharehosters als Störer.

[1259] Vgl. BGH GRUR 2015, 1025 Rn. 17 – TV-Wartezimmer.

[1260] OLG München GRUR 2017, 619 Rn. 37 – uploaded (allerdings mit Blick auf § 10 TMG im Ergebnis Gehilfenvorsatz verneint); LG Frankfurt a. M. 5.2.2014 – 2–06 O 319/13 – File-Hosting; *Jaworski/J. B. Nordemann* GRUR 2017, 567 (570); *Löffler* FS Bornkamm, 2014, 37 (47).

[1261] Vgl. BGH GRUR 2020, 738 Rn. 47 – Internet-Radiorecorder.

[1262] BGH GRUR 2015, 1025 Rn. 17 – TV-Wartezimmer.

[1263] Vgl. BGH GRUR 2011, 617 Rn. 45 – Sedo; GRUR 2013, 270 Rn. 22 – Alone in the Dark; ZUM-RD 2013, 565 Rn. 26 – Haftung eines Sharehosters als Störer; GRUR 2015, 1129 Rn. 36 – Hotelbewertungsportal.

[1264] *Löffler* FS Bornkamm, 2014, 37 (47).

[1265] *Löffler* FS Bornkamm, 2014, 37 (47).

[1266] *Ohly*/Sosnitza § 8 Rn. 120; ausführlich *Neuhaus* S. 11 ff.

[1267] Zum Begriff *Ohly* ZUM 2015, 308.

auch wesentlich effektiver, weil man nicht eine Vielzahl von Personen verklagen muss, sondern nur eine.[1268] Andererseits sind die Dienstleistungen dieser Unternehmen als solche meist nicht zu beanstanden. Es gilt daher, das Interesse der Intermediäre an möglichst ungestörter geschäftlicher Tätigkeit und das Allgemeininteresse an hindernisfreier Kommunikation mit dem Interesse von Mitbewerbern, Verbrauchern und der Allgemeinheit an effektivem Schutz vor unlauterem Wettbewerb zu einem gerechten Ausgleich zu bringen.[1269] Diese Problematik ist durch das **Internet** verschärft worden, das einerseits neuartige Angriffsmöglichkeiten schafft, andererseits aber auch innovative Geschäftsmodelle hervorbringt, von denen die Gesellschaft insgesamt profitiert.[1270]

518 **2. Die Haftung des Störers. a) Grundlagen.** Die Haftung des Störers ist ein uraltes Rechtsinstitut und bildete **ursprünglich** anstelle der heute in den Vordergrund gerückten Täterschaft und Teilnahme den elementaren und umfassenden **Grundtatbestand der Passivlegitimation** für die wettbewerbsrechtlichen Abwehransprüche, der nicht zwischen unmittelbarer Täterschaft und mittelbarer Verursachung unterschied.[1271] Die Haftung des Störers hat ihre Grundlage nicht im Deliktsrecht, sondern in der Regelung über die **Besitz- und die Eigentumsstörung** in §§ 862, 1004 BGB.[1272] Zwischen Störer, Täter und Teilnehmer wurde nur unterschieden, wenn es um die Haftung für Schadensersatz ging (vgl. § 830 BGB). Der Begriff des Störers war im Interesse eines möglichst weitreichenden Schutzes vor wettbewerbswidrigem Handeln weit auszulegen.[1273] Er schloss diese Beteiligungsformen ohne weiteres ein und umfasste weit mehr als die mittelbare und unvorsätzliche Mitverursachung von Wettbewerbsverstößen oder Immaterialgüterrechtsverletzungen eines unmittelbar aus eigenem Antrieb und mit Tatherrschaft handelnden Dritten, die man heute meist mit der Rechtsfigur der Störerhaftung verbindet. Die Haftung des Mitverursachers ohne Vorsatz und ohne Tatherrschaft war vom weiten Störerbegriff „auch" erfasst, sie machte ihn aber nicht allein aus.[1274] Der VI. ZS des BGH folgte diesem Konzept im Grundsatz bis in die jüngste Zeit und verwendete den ursprünglichen, weiten und umfassenden Störerbegriff, der Täter und Teilnehmer mit einschloss.[1275] Erst seit 2016 unterscheidet er begrifflich scharf zwischen dem „unmittelbaren Störer" (in der Diktion des I. Zivilsenats „Täter") und dem „mittelbaren Störer", der als Rechtsfigur dem „Störer" in der Diktion des I. ZS des BGH entspricht.[1276] Der I. ZS des BGH war demgegenüber schon seit längerem der Ansicht, dass die Verantwortlichkeit als Täter oder Teilnehmer der (mittelbaren) Störerhaftung grundsätzlich vorgeht.[1277] Er hatte deshalb bei der Störerhaftung nur die mittelbare unvorsätzliche Mitverursachung im Auge und ging in stRspr davon

[1268] BGH GRUR 2016, 268 Rn. 82 – Störerhaftung des Access-Providers; *Ohly* FS Ahrens, 2016, 135 (136).

[1269] *Ohly*/Sosnitza § 8 Rn. 120.

[1270] *Ohly*/Sosnitza § 8 Rn. 120; *Ohly* FS Ahrens, 2016, 135; *Danckwerts* GRUR-Prax 2011, 260.

[1271] Vgl. RG MuW XXXVII/XXXVIII, 53 (55) – Gastwirtsdarlehen; BGH GRUR 1955, 97 (99 f.) – Constanze II; GRUR 1990, 463 (464) – Firmenrufnummer; *Baumbach* S. 119; *Callmann* S. 101, zum Ganzen *Fritzsche* S. 427 f., 429 f.

[1272] BGH GRUR 2002, 618 (619) – Meißner Dekor I.

[1273] BGH GRUR 1990, 463 (464) – Firmenrufnummer.

[1274] BGH GRUR 1955, 97 (99 f.) – Constanze II: *„Störer im Sinn des § 1004 BGB ist auch derjenige, der die unzulässige Wettbewerbshandlung eines aus eigenem Antrieb und selbstverantwortlich handelnden Dritten – sei es auch guten Glaubens – durch die sachlichen und persönlichen Mittel seines Betriebes unterstützt und die rechtliche Möglichkeit hat, den Dritten an der Störungshandlung zu hindern".*

[1275] BGH (VI. ZS) GRUR 2009, 1093 Rn. 13 – Focus Online; GRUR 2013, 751 Rn. 24 – „Autocomplete"-Funktion; zur Abgrenzung der beiden unterschiedlichen Störerbegriffe der beiden Senate voneinander vgl. BGH (I. ZS) GRUR 2015, 1223 Rn. 46 – Polsterlounge; zum Rechtsvergleich mit Österreich vgl. *Griss* FS Bornkamm, 2014, 29 ff.

[1276] BGH GRUR 2016, 855 Rn. 22 – www.jameda.de; GRUR 2017, 844 Rn. 18 – klinikbewertungen.de; GRUR 2018, 642 Rn. 27 ff., 31 – Internetforum.

[1277] Vgl. BGH (I.ZS) GRUR 2013, 1030 Rn. 28 – File-Hosting-Dienst; GRUR 2015, 1223 Rn. 46 – Polsterlounge; GRUR 2016, 268 Rn. 19 – Störerhaftung des Access-Providers.

aus, dass in entsprechender Anwendung von § 1004 BGB[1278] eine Person als Störer auf Unterlassung in Anspruch genommen werden kann, die – ohne Täter oder Teilnehmer zu sein – in zurechenbarer Weise zwar vorsatzlos, aber dennoch willentlich und adäquat kausal an der Herbeiführung einer rechtswidrigen Beeinträchtigung eines anderen mitwirkt und die rechtliche Möglichkeit hat, den Wettbewerbsverstoß zu verhindern.[1279]

Haftungsbegründend war im Grundsatz die **Mitverursachung** eines wettbewerblichen Störungszustandes **durch eine eigene willentliche Handlung.** Das Kriterium der Willentlichkeit diente dabei nur dem Ausschluss unbewusster, nicht vom Willen gesteuerter Handlungen und darf nicht mit dem Vorsatz (Wissen und Wollen gerade der Verwirklichung eines Unlauterkeitstatbestands) gleichgesetzt oder verwechselt werden.[1280] Diese Störerhaftung Dritter, die eine rechtswidrige Beeinträchtigung lediglich objektiv[1281] durch ihr Handeln unterstützen, wurde von der Rspr. zunächst sehr weit verstanden[1282] und war **tendenziell uferlos.**[1283] 519

b) Beschränkung der Störerhaftung auf Verletzung von Prüfungspflichten. Die Haftung des Störers ist vom I. ZS des BGH seit Ende der 1990er Jahre zunächst dahingehend beschränkt worden, dass sie über die bloße Mitverursachung hinaus nunmehr grundsätzlich die **Verletzung von Prüfungspflichten** voraussetzte.[1284] In Urteilen unmittelbar nach der Jahrtausendwende war wiederholt eine gewisse Zurückhaltung gegenüber dem Institut der Störerhaftung im Lauterkeitsrecht zu vernehmen, soweit es um Fälle des Verhaltensunrechts und nicht um die Verletzung absoluter Rechte ging.[1285] 520

c) Aufgabe der Störerhaftung für das UWG. Mit der Entscheidung *„Kinderhochstühle im Internet I"*[1286] hat der BGH in Bezug auf den *wettbewerbsrechtlichen* Unterlassungsanspruch das traditionelle Institut der Störerhaftung – recht beiläufig – aufgegeben. Der aus der Dogmatik der Störerhaftung der späten 1990er Jahre stammende Gedanke, dass die Verletzung zumutbarer Prüfungspflichten die Passivlegitimation auslöst, lebt in der Fallgruppe der Verletzung lauterkeitsrechtlicher Verkehrspflichten fort, die mit der Entscheidung *„Jugendgefährdende Medien bei eBay"* als ein Anwendungsfall der Generalklausel des § 3 UWG 2004 begründet wurde (hierzu ausf. → Rn. 541 ff.).[1287] Im Immaterialgüterrecht wendet der BGH die Grundsätze der Störerhaftung nach wie vor an.[1288] Er bezeichnet sie 521

[1278] BGH GRUR 1997, 313 (315) – Architektenwettbewerb; GRUR 2002, 618 (619) – Meißner Dekor I; GRUR 2006, 875 Rn. 31 – Rechtsanwalts-Ranglisten.

[1279] BGH GRUR 1955, 97 (99 f.) – Constanze II; BGH GRUR 1976, 256 (258) – Rechenscheibe; GRUR 1988, 829 (830) – Verkaufsfahrten II; GRUR 1988, 832 (834) – Benzinwerbung; GRUR 1996, 905 (907) – GmbH-Werbung für ambulante ärztliche Leistungen.

[1280] Vgl. *Goldmann,* Unternehmenskennzeichen, § 19 Rn. 94; *Neuhaus* S. 33.

[1281] BGH GRUR 1996, 905 (907) – GmbH-Werbung für ambulante ärztliche Leistungen.

[1282] Vgl. etwa BGH GRUR 1988, 829 (830) – Verkaufsfahrten II: Busunternehmer haftet für Werbung des Veranstalters einer Kaffeefahrt; einen Überblick über die frühere Reichweite der Störerhaftung liefern *Fritzsche* S. 430 f. und *Teplitzky* (10. Aufl.) Kap. 14 Rn. 7 f., 10d.

[1283] *Ahrens* WRP 2007, 1281 (1284 f.).

[1284] BGH GRUR 1997, 313 (315) – Architektenwettbewerb; GRUR 2002, 618 (619) – Meißner Dekor I; GRUR 2006, 875 Rn. 31 – Rechtsanwalts-Ranglisten; hierzu ausführlich *Neuhaus* S. 24 ff.

[1285] Vgl. BGH GRUR 2003, 969 (970) – Ausschreibung von Vermessungsleistungen; GRUR 2004, 860 (864) – Internet-Versteigerung I; GRUR 2006, 957 – Stadt Geldern; hierzu *Büscher* in Fezer/Büscher/Obergfell § 8 Rn. 130.

[1286] BGH GRUR 2011, 152 Rn. 48 – Kinderhochstühle im Internet I; hierzu *Hess* GRUR-Prax 2011, 25; *Spindler* GRUR 2011, 101; *Teplitzky* (10. Aufl.) Kap. 14 Rn. 4.

[1287] BGH GRUR 2007, 890 Rn. 38 – Jugendgefährdende Medien bei eBay.

[1288] BGH GRUR 2011, 617 Rn. 37 – Sedo (zum Unternehmenskennzeichen und zur eingetragenen Marke); GRUR 2004, 860 (864) – Internet-Versteigerung I; GRUR 2011, 1038 Rn. 20 ff. – Stiftparfüm; GRUR 2015, 485 Rn. 49 – Kinderhochstühle im Internet III (zur eingetragenen Marke); GRUR 2007, 708 Rn. 40, 45 ff. – Internet-Versteigerung II (zur Gemeinschaftsmarke); GRUR 2012, 304 Rn. 49 – Basler Haar-Kosmetik; GRUR 2006, 957 Rn. 13 – Stadt Geldern; GRUR 2012, 651 Rn. 21 – regierung-oberfranken.de (zu § 12 BGB); GRUR 2011, 152 Rn. 45 – Kinderhochstühle im Internet I; GRUR 2013, 370 Rn. 19 – Alone in the Dark; GRUR 2013, 1229 Rn. 34 – Kinderhochstühle im Internet II; GRUR 2015, 672 Rn. 81 – Videospiel-Konsolen II; GRUR 2016, 268 Rn. 74 – Störerhaftung des Access-Providers (zum Urheberrecht).

dort mittlerweile als Richterrecht.[1289] Für das **UWG** hat der BGH demgegenüber die **Abschaffung der Störerhaftung** wiederholt bekräftigt.[1290]

522 **d) Kritik an der Entscheidung „Kinderhochstühle im Internet I".** Entgegen dem durch die Entscheidung *„Kinderhochstühle im Internet I"*[1291] vermittelten Eindruck bleibt das Institut der **Störerhaftung im Lauterkeitsrecht** jedenfalls **in Randbereichen** wohl **unverzichtbar.** Dies gilt jedenfalls so lange, wie der BGH sich zur Begründung von wettbewerbsrechtlichen Verkehrspflichten durchgängig auf die Generalklausel stützt. Denn die verbraucherbezogene Generalklausel des § 3 Abs. 2 kann anders als die alte Generalklausel des § 3 UWG 2004 nicht alle Konstellationen erfassen, die früher von der Störerhaftung abgedeckt wurden (→ Rn. 543 ff.).

523 Da der BGH die Störerhaftung nur in der *„etwas grotesken Form eines Parenthesesatzes mit obiter dictum Charakter"*[1292] verworfen und über eine knappe und lediglich andeutungsweise Berufung auf den **Gegensatz von Verhaltens- und Erfolgsunrecht** hinaus keine weitere Begründung gegeben hat, scheint eine Rückkehr zur Störerhaftung für die verbleibenden Fälle des § 3a zur Schließung von Rechtsschutzlücken nicht völlig unvorstellbar. Dogmatisch vermag die Bildung des Gegensatzpaares von Verhaltensunrecht und Erfolgsunrecht als Grundlage für die Abschaffung der Störerhaftung ohnehin **nicht zu überzeugen.**[1293]

524 Dem Ausgangspunkt, der Differenzierung zwischen dem Wettbewerbsrecht, das Verhaltenspflichten normiere, und dem Recht zum Schutz absoluter Rechte im ursprünglichen Anwendungsbereich des § 1004 Abs. 1 BGB, ist entgegenzuhalten, dass auch das Wettbewerbsrecht letztlich auf die **Verhinderung rechtswidriger Erfolge** abzielt.[1294] Auch und gerade der Bruch einer Marktverhaltensnorm kann durchaus als Unrechtserfolg gedeutet werden. Im Immaterialgüterrecht lässt sich die schematische Trennung von Verhaltens- und Erfolgsunrecht oft nicht konsequent durchhalten. So mag man die Verwirklichung des Tatbestands der Doppelidentität gem. § 14 Abs. 2 Nr. 1 MarkenG bei einer naturalistischen Betrachtung als „Erfolgsunrecht" bewerten. Der erweiterte Schutz bekannter Zeichen gegen unlautere Ausnutzung und Beeinträchtigung der Unterscheidungskraft und Wertschätzung, der heute in § 14 Abs. 2 Nr. 3 und § 15 Abs. 3 MarkenG geregelt ist, entspricht demgegenüber einem traditionell wettbewerbsrechtlichen Tatbestand,[1295] der aus Gründen der äußeren Einheit aller kennzeichenrechtlichen Bestimmungen ins Markenrecht verpflanzt wurde.[1296] Dadurch hat er seinen grundlegenden Charakter als „Verhaltensunrecht" bzw. „Handlungsunrecht" aber nicht verloren.

525 Man kann auch umgekehrt die Verletzung von Rechten des geistigen Eigentums als Handlungsunrecht betrachten,[1297] weil der Verletzer durch das **Eindringen in den Schutzbereich eines Immaterialgüterrechts** nicht einen (zB der Beschädigung einer Sache vergleichbaren) naturalistischen „Erfolg" herbeiführt, sondern lediglich eine Handlung vornimmt, zu der normativ ausschließlich der Rechtsinhaber berechtigt ist.[1298]

526 Die **Grenzen zwischen Verhaltensunrecht und Erfolgsunrecht** sind also **weder klar zu ziehen, noch verlaufen sie exakt an der Grenze zwischen Wettbewerbs- und Sonderschutzrecht.** Die Unterscheidung zwischen Verhaltensunrecht und Erfolgsunrecht führt in der Sache auch mit Blick auf § 1004 BGB nicht weiter. Der Störer haftet nach der Vorschrift des § 1004 BGB dann, wenn sein Verhalten rechtswidrig ist. Ob dies

[1289] BGH GRUR 2016, 268 Rn. 74 – Störerhaftung des Access-Providers.

[1290] BGH GRUR 2013, 301 Rn. 49 – Solarinitiative; GRUR 2014, 883 Rn. 11 – Geschäftsführerhaftung; GRUR 2015, 1025 Rn. 17 – TV-Wartezimmer.

[1291] BGH GRUR 2011, 152 Rn. 48 – Kinderhochstühle im Internet I.

[1292] *Teplitzky* (10. Aufl.) Kap. 14 Rn. 4 Fn. 10.

[1293] Krit. zur Unterscheidung von Erfolgs- und Verhaltensunrecht auch *Ahrens* FS Büscher, 2018, 423 (431 ff.).

[1294] *Haedicke* GRUR 1999, 397 (400).

[1295] Vgl. nur *Baumbach/Hefermehl* WZG § 31 Rn. 182 ff.; grdl. *Rosenthal* (5. Aufl. 1922) § 1 Rn. 56.

[1296] Vgl. Begr. Reg.-Entw., BT-Drs. 12/6581, 55, 72; hierzu *Dorndorf* Rn. 258.

[1297] So *Ahrens* WRP 2007, 1281 (1285 f.); *Ohly*/Sosnitza § 8 Rn. 123c; ausf. *Neuhaus* S. 157 ff.

[1298] *Ohly*/Sosnitza § 8 Rn. 123c.

der Fall ist, richtet sich – wie meist im unmittelbaren Anwendungsbereich des § 1004 Abs. 1 BGB – entweder danach, ob ein bestimmter Erfolg die Rechtswidrigkeit seines Verhaltens indiziert, oder danach, ob der Handelnde gegen ein Verhaltensgebot verstoßen hat und es hierdurch zu einer Verletzung spezifischer Schutzgüter kommt.[1299] In diesem Sinne ist das Verhalten einer Person, das adäquat kausal zu einem Wettbewerbsverstoß führt, dann als rechtswidrig im Sinne von § 1004 Abs. 1 BGB zu betrachten, wenn zu der adäquat kausal zur Verletzung führenden Handlung ein Verstoß gegen die von der Rspr. näher umrissenen Prüfungspflichten hinzukommt.[1300] Weil also einiges dafür spricht, die **Störerhaftung als ergänzendes Instrument der Haftungszurechnung beizubehalten,** wird sie hier noch einmal knapp dargestellt:

e) Voraussetzungen der Störerhaftung. Als eine die Störerhaftung begründende **Mitwirkungshandlung** kann jedes Verhalten ausreichen, durch das ein adäquat kausaler Beitrag zu dem Wettbewerbsverstoß des Dritten geleistet wird. Die **Duldung, Unterstützung oder Ausnutzung** der Handlung eines eigenverantwortlich handelnden Dritten kann genügen, wenn die rechtliche und tatsächliche Möglichkeit zur Verhinderung der Handlung des Dritten bestand.[1301] Ebenso kann die Aufrechterhaltung eines Zustandes, den ein Dritter rechtswidrig geschaffen hat oder der erst nachträglich rechtswidrig geworden ist, eine Haftung als Störer begründen, sofern die Beseitigung des wettbewerbswidrigen Zustandes vom Willen des in Anspruch Genommenen abhängt.[1302] 527

In jedem Fall muss es sich aber um eine Mitwirkungshandlung an einem **Wettbewerbsverstoß eines Dritten** handeln. Es gilt strenge **Akzessorietät.**[1303] Fehlt es an der Wettbewerbswidrigkeit des Handelns des Dritten, scheidet eine Störerhaftung des daran Mitwirkenden aus.[1304] 528

Dagegen ist **nicht erforderlich,** dass der als Störer in Anspruch Genommene selbst in **Wettbewerbsförderungsabsicht** handelt,[1305] oder dass er eine für den in Rede stehenden Verstoß vorausgesetzte **Täterqualifikation** oder Eigenschaft als Adressat einer verletzten Verhaltensnorm iSd § 3a aufweist.[1306] 529

Die Rspr. hat, um die Störerhaftung im UWG nicht ausufern zu lassen, zuletzt die Verletzung zumutbarer Verhaltenspflichten, insbesondere von **Prüfungspflichten** vorausgesetzt. Ob und inwieweit dem als Störer in Anspruch genommenen eine Prüfung zuzumuten ist, richtet sich dabei nach den jeweiligen Umständen des Einzelfalls unter Berücksichtigung der Funktion und Aufgabenstellung des Störers sowie mit Blick auf die Eigenverantwortung desjenigen, der die rechtswidrige Beeinträchtigung selbst unmittelbar vorgenommen hat.[1307] In der Sache gelten **dieselben Grundsätze** wie bei der **Verletzung wettbewerbsrechtlicher Verkehrspflichten** (→ Rn. 593 ff.).[1308] 530

[1299] *F. Baur* AcP 160 (1961), 465 (471 ff.); *Haedicke* GRUR 1999, 397 (401).

[1300] *Haedicke* GRUR 1999, 397 (402).

[1301] Vgl. BGH GRUR 2003, 798 (799) – Sanfte Schönheitschirurgie.

[1302] BGH GRUR 1990, 373 (374) – Schönheits-Chirurgie; GRUR 1991, 540 (541) – Gebührenausschreibung; GRUR 1997, 313 (315) – Architektenwettbewerb; *Teplitzky* (10. Aufl.) Kap. 14 Rn. 6; *Fritzsche* S. 430.

[1303] BGH GRUR 1990, 373 (374) – Schönheits-Chirurgie; GRUR 1997, 313 (315) – Architektenwettbewerb; GRUR 1996, 905 – GmbH-Werbung für ambulante ärztliche Leistungen; GRUR 2000, 613 (615 f.) – Klinik Sansscouci; GRUR 2002, 725 (727) – Haartransplantationen; GRUR 2002, 902 – Vanity-Nummer.

[1304] BGH GRUR 1997, 313 (315) – Architektenwettbewerb; GRUR 1996, 905 – GmbH-Werbung für ambulante ärztliche Leistungen; GRUR 2000, 613 (615 f.) – Klinik Sanssouci; *Fritzsche* in *Gloy/Loschelder/Erdmann* HdbWettbR § 79 Rn. 139 mwN.

[1305] BGH GRUR 1990, 373 (374) – Schönheits-Chirurgie; GRUR 1996, 798 (799) – Lohnentwesungen, mwN; GRUR 1997, 313 (315) – Architektenwettbewerb.

[1306] BGH GRUR 1997, 313 (314) – Architektenwettbewerb; GRUR 2003, 807 (808) – Buchpreisbindung; *Fritzsche* S. 428 f.

[1307] BGH GRUR 2003, 969 (970 f.) – Ausschreibung von Vermessungsleistungen: GRUR 2008, 702 Rn. 50 – Internet-Versteigerung III; GRUR 2009, 1142 Rn. 43 – MP3-Player-Import; GRUR 2013, 1229 Rn. 34 – Kinderhochstühle im Internet II; GRUR 2016, 855 Rn. 22 – www.jameda.de.

[1308] BGH GRUR 2007, 890 Rn. 37 – Jugendgefährdende Medien bei eBay.

531 **f) Rechtsfolge der Störerhaftung.** Der Störer haftet **nur** auf **Unterlassung und Beseitigung** gem. § 8 Abs. 1.[1309] Weil die Störerhaftung ihre Grundlage nicht im Deliktsrecht, sondern in der Regelung über die Besitz- und die Eigentumsstörung in §§ 862, 1004 BGB hat (→ Rn. 518), gibt es auch bei schuldhaftem Handeln keinen Anspruch auf Schadensersatz gem. § 9 gegen den Störer.[1310] Auskunftsansprüche gestützt auf § 242 BGB sind deshalb nur gegeben, soweit sie zur Durchsetzung der Abwehransprüche notwendig sind; darüber hinausgehende Auskünfte, wie sie zur Berechnung des Schadensersatzes dienen können, können nicht verlangt werden.[1311] Auch ein Anspruch auf Gewinnabschöpfung gem. § 10 kommt nicht in Betracht.[1312]

532 **3. Haftung wegen Verletzung wettbewerbsrechtlicher Verkehrspflichten. a) Allgemeine Grundlagen.** Teilweise **an die Stelle der Störerhaftung getreten** ist die Haftung wegen Verletzung wettbewerbsrechtlicher Verkehrspflichten. Mit dem Urteil *„Jugendgefährdende Medien bei eBay"*[1313] zum UWG 2004 hat der BGH das aus der Störerhaftung stammende Konzept einer Haftung bei der Verletzung zumutbarer Prüfungspflichten zu einem **eigenständigen wettbewerbsrechtlichen Haftungsgrund** verdichtet. Der BGH bejahte *in concreto* die Haftung des Betreibers einer Internetplattform für Verstöße seiner Kunden gegen Vorschriften des JuSchG. Daraus folgerte er dem Grunde nach einen Anspruch auf Unterlassung des Anbietens von Schriften, Ton- und Bildträgern, Datenspeichern etc, die nach §§ 18, 24 JuSchG in die Liste der jugendgefährdenden Schriften aufgenommen und im Bundesanzeiger bekannt gemacht worden sind. Ohne auf die Störerhaftung näher einzugehen, sah er den geschäftlich handelnden Betreiber der Internetplattform als **Täter eines eigenen Verstoßes gegen § 3 UWG 2004,** weil er eine wettbewerbsrechtliche **Verkehrspflicht** verletzt habe.[1314] Kernaussage zur Begründung der wettbewerbsrechtlichen Verkehrspflicht ist, dass derjenige, der durch sein Handeln im geschäftlichen Verkehr die ernsthafte **Gefahr** begründet, dass Dritte durch das Wettbewerbsrecht geschützte Interessen von Marktteilnehmern verletzen, dazu verpflichtet ist, diese Gefahr **im Rahmen des Möglichen und Zumutbaren zu begrenzen.**[1315]

533 Das Schrifttum ist dem Konzept des BGH im Grundsatz gefolgt.[1316] Die **Anforderungen** an die Prüfungs-, Überwachungs- und Eingreifpflichten im UWG und die **Maßstäbe** zur Bemessung ihrer Reichweite **entsprechen exakt** denjenigen **der Störerhaftung,** die von der Rspr. für die Verletzung von Immaterialgüterrechten weiter zu Grunde gelegt wird.[1317] Mittlerweile ist aus der Rspr. des BGH und der Instanzgerichte zu beiden Bereichen ein kaum noch überschaubares Geflecht an Kasuistik entstanden, die für die unterschiedlichsten Geschäftsmodelle und mit Blick auf eine breite Vielfalt an möglichen Verstößen die nach den Umständen des Einzelfalles zumutbaren Verkehrspflichten zur Verhinderung von Wettbewerbsverstößen Dritter konkretisiert (hierzu → Rn. 622 ff.).

[1309] BGH GRUR 1998, 167 (168 f.) – Restaurantführer; GRUR 2001, 82 (83) – Neu in Bielefeld I; GRUR 2002, 618 (619) – Meißner Dekor.

[1310] BGH GRUR 2002, 618 (619) – Meißner Dekor; ohne Begründung ebenso BGH GRUR 1998, 167 (168 f.) – Restaurantführer; GRUR 2001, 82 (83) – Neu in Bielefeld I; *Köhler* GRUR 2008, 1 (3).

[1311] BGH GRUR 2001, 82 (83) – Neu in Bielefeld I.

[1312] *Köhler* GRUR 2008, 1 (3).

[1313] BGH GRUR 2007, 890 – Jugendgefährdende Medien bei eBay.

[1314] BGH GRUR 2007, 890 Rn. 36 aE – Jugendgefährdende Medien bei eBay.

[1315] BGH GRUR 2007, 890 Rn. 22, 36 – Jugendgefährdende Medien bei eBay.

[1316] *Ahrens* WRP 2007, 1281; MüKoUWG/*Fritzsche* § 8 Rn. 263 ff.; *Glöckner/Kur* GRUR-Beil. 2014, 29 (51); *Gräbig* MMR 2011, 504 (505 f.); *Leistner* GRUR-Beil. 2010, 1 (3 f.); *Köhler*/Bornkamm/*Feddersen* § 8 Rn. 2.6 ff.; *Köhler* GRUR 2008, 1 (3); *Köhler* WRP 2012, 22 (25); *Neuhaus* S. 134 ff.; 156; *Ohly*/Sosnitza § 8 Rn. 121 ff.; GroßKommUWG/*Paal* § 8 Rn. 107 f.; krit. *Köster/Jürgens* MMR 2007, 639 (640 f.) und auch *Schwippert* WRP 2018, 1027 ff.

[1317] BGH GRUR 2007, 890 Rn. 37 – Jugendgefährdende Medien bei eBay; GRUR 2016, 209 Rn. 14 – Haftung für Hyperlink; *Gräbig* MMR 2011, 504 (506); *Klatt* ZUM 2009, 265 (268); *Leistner* GRUR-Beil. 2010, 1 (17); *Leistner/Stang* WRP 2008, 533 (536, 538); *Loschelder/Dörre* WRP 2010, 822 (826).

b) Täterschaftliche Haftung des Ingerenzgaranten für ein Unterlassen. Die Verletzung wettbewerbsrechtlicher Verkehrspflichten könnte grundsätzlich auch als Beihilfe durch Unterlassen zu einem fremden Wettbewerbsverstoß konstruiert werden, wenn man keine übertriebenen Forderungen an den Gehilfenvorsatz stellt (vgl. hierzu → Rn. 505 und → Rn. 511 f.). Die Rspr. ordnet sie demgegenüber als eine **eigene täterschaftliche Haftung** wegen eines selbst begangenen Wettbewerbsverstoßes ein.[1318] Hieraus folgt selbstverständlich, dass der Täter nicht nur **Abwehransprüchen** aus **§ 8 Abs. 1** ausgesetzt ist, sondern auch gem. **§ 9** auf **Schadensersatz** haftet.[1319] Bei vorsätzlichem Handeln kommt auch eine Haftung auf **Gewinnabschöpfung** gem. **§ 10 UWG** in Betracht.[1320] 534

Wettbewerbsrechtliche Verkehrspflichten sind **Garantenpflichten aus Ingerenz** (näher → Rn. 483).[1321] Grund der Haftung ist ein **Unterlassen,** nämlich die Nichtvornahme derjenigen Handlungen, zu denen die Garantenstellung verpflichtet. Wer diese Handlungen vornimmt, erfüllt seine Garantenpflicht. Wer die Handlung unterlässt, verletzt die in treffenden wettbewerbsrechtlichen Verkehrspflichten. Es ist also zwischen der Entstehung und Reichweite von Prüfungspflichten einerseits und deren objektiver Verletzung andererseits zu differenzieren.[1322] 535

c) Unterschied zur Störerhaftung. Obwohl im Ergebnis die Störerhaftung im Immaterialgüterrecht und die Haftung für die Verletzung wettbewerbsrechtlicher Verkehrspflichten häufig auf das Gleiche hinauslaufen, **unterscheiden** sie sich **strukturell und im Haftungsgrund fundamental:** Anknüpfungspunkt der Störerhaftung ist nach dem gegenwärtigen Stand der Rspr. nicht ein Unterlassen in Garantenstellung, sondern ein aktives Tun, nämlich eine Handlung, die „in irgendeiner Weise willentlich und adäquat-kausal zur Verletzung des geschützten Rechtsgut beiträgt".[1323] Die Einführung von Prüfungs-, Überwachungs- und Eingreifpflichten mit nach den Umständen des Einzelfalls zu begrenzender Reichweite dient nur dazu, diese Haftung für aktives Tun „nicht über Gebühr" auszuweiten, sondern sachgerecht einzuschränken.[1324] Der Störer haftet also nicht wegen der Verletzung dieser Prüfungspflichten, sondern wegen seines Kausalbeitrags zur Rechtsgutsverletzung. Er macht sich aber von der Haftung frei, wenn er seine die Pflichten im Rahmen des Zumutbaren erfüllt. Ganz anders liegt es bei der Verletzung von wettbewerbsrechtlichen Verkehrspflichten. Hier erwachsen aus einer Garantenstellung aus Ingerenz Verhaltenspflichten in Form von Verkehrspflichten. Ihre Verletzung ist Auslöser der Haftung. 536

Deshalb können **beide Rechtsinstitute** zu völlig **unterschiedlichen Ergebnissen** führen. So haftet der Access-Provider nicht für die Verletzung wettbewerbsrechtlicher Verkehrspflichten, weil die Zugangsvermittlung mit Blick auf UWG-Verstöße Dritter nicht als gefahrerhöhendes Verhalten gewertet wird (→ Rn. 592), weil (und soweit) sie nicht im eigenen Verantwortungsbereich eine Gefahrenquelle für Wettbewerbsverstöße eröffnen, sondern nur den Zugang zu etwaigen Wettbewerbsverstößen ermöglichen, die aus einer von einem Dritten eröffneten Gefahrenquelle herrühren.[1325] Der Access-Provider ist damit kein Ingerenzgarant und deshalb von vornherein frei von wettbewerbsrechtlichen Verkehrs- 537

[1318] StRspr, vgl. BGH GRUR 2007, 890 Rn. 36 aE – Jugendgefährdende Medien bei eBay; GRUR 2010, 633 Rn. 13 – Sommer unseres Lebens; GRUR 2011, 1018 Rn. 18 – Automobil-Onlinebörse; OLG Köln LMMR 2010, 87, OLG München ZUM-RD 2012, 334 (337) – Internet-Branchenverzeichnis; OLG Stuttgart 14.3.2013 – 2 U 161/12.

[1319] *Büscher* in Fezer/Büscher/Obergfell § 8 Rn. 124; *Döring* WRP 2007, 1131 (1137); *Gräbig* MMR 2011, 504 (505); *Köhler* GRUR 2008, 1 (3); *Leistner* GRUR-Beil. 2010, 1 (3); *Neuhaus* S. 153; *J. B. Nordemann* FS Loewenheim, 2009, 215 (219); *Ohly*/Sosnitza § 8 Rn. 123a; *Schneider* S. 197 ff.

[1320] *Köhler* GRUR 2008, 1 (3).

[1321] BGH GRUR 2014, 883 Rn. 22 – Geschäftsführerhaftung; GRUR 2020, 543 Rn. 36 – Kundenbewertungen bei Amazon.

[1322] *Neuhaus* S. 157.

[1323] Vgl. zuletzt BGH GRUR 2016, 268 Rn. 21 – Störerhaftung des Access-Providers, mwN.

[1324] Vgl. zuletzt BGH GRUR 2016, 268 Rn. 21 – Störerhaftung des Access-Providers, mwN.

[1325] OLG Frankfurt a. M. GRUR-RR 2008, 93 (94) – Access-Provider; *Köhler*/Bornkamm/*Feddersen* § 8 Rn. 2.29c; *Spindler* FS Köhler, 2014, 695 (704).

pflichten. Zu einer Verletzung von Prüfpflichten kann es deshalb nicht kommen.[1326] § 7 Abs. 4 TMG zeigt darüber hinaus, dass eine Sperranordnung gegenüber dem Access-Provider nur bei der Verletzung von Rechten des geistigen Eigentums, nicht aber bei UWG-Verstößen möglich sein soll.[1327]

538 Unter dem Gesichtspunkt der Störerhaftung für eine **Immaterialgüterrechtsverletzung** ist nach dem gegenwärtigen Stand der Rspr. der Access-Provider aber durchaus als Störer in Betracht zu ziehen, weil er einen adäquat kausalen Beitrag zu Rechtsverletzungen durch Nutzer liefert.[1328] Diese Haftung, die zu einer **Sperranordnung** für die rechtsverletzende Internetseite führen kann, ist zwar an **ganz besonders strenge Anforderungen** gekoppelt und gegenüber der Haftung anderer Beteiligter (Content-Provider, Host-Provider) nachrangig. Wenn aber die Inanspruchnahme dieser Beteiligten scheitert oder ihr jede Erfolgsaussicht fehlt und deshalb andernfalls eine Rechtsschutzlücke entstünde, ist die Inanspruchnahme des Access-Providers als Störer zumutbar.[1329] Geregelt ist diese Haftung heute in § 7 Abs. 4 TMG.

539 **d) Inhalte wettbewerbsrechtlicher Verkehrspflichten.** Wettbewerbsrechtliche Verkehrspflichten können unterschiedliche Gestalt annehmen. Im Zusammenhang mit der Haftung von Betreibern von Internetplattformen für rechtsverletzende fremde Inhalte konkretisiert sich die wettbewerbsrechtliche Verkehrspflicht als **Prüfungspflicht.**[1330] Die Haftung wegen Verletzung wettbewerbsrechtlicher Verkehrspflichten ist aber nicht auf die Verletzung von Prüfpflichten beschränkt. Wettbewerbsrechtliche Verkehrspflichten können sich je nach Fallgestaltung und Geschäftsmodell ebenso als **Überwachungs- und Eingreifpflichten** konkretisieren.[1331]

540 Solche Verkehrspflichten können auch das **Organ einer Gesellschaft** treffen, das in seiner beruflichen Tätigkeit nach der Legaldefinition des § 2 Abs. 1 Nr. 6 UWG als Unternehmer im Sinne des Lauterkeitsrechts behandelt wird.[1332]

541 **e) Rechtsgrundlage. aa) Einordnung unter die Generalklausel.** Geschaffen wurde die Haftung wegen Verletzung wettbewerbsrechtlicher Verkehrspflichten unter Geltung der einheitlichen **Generalklausel des § 3 UWG 2004** als einer ihrer Anwendungsfälle. In der Verletzung der jeweils bestehenden wettbewerbsrechtlichen Verkehrspflichten wurde ein Verstoß gegen die Generalklausel gesehen.[1333]

542 Anders als seinerzeit enthält heute **§ 3 zwei verschiedene Generalklauseln,** nämlich in Abs. 2 eine Generalklausel für geschäftliche Handlungen, die sich an Verbraucher richten oder diese erreichen, und in Abs. 1 eine Generalklausel für alle sonstigen geschäftlichen Handlungen. Die allermeisten geschäftlichen Handlungen werden Verbraucher zumindest auch erreichen. Dies trifft auch für diejenigen Fallkonstellationen zu, in denen die Haftung für die Verletzung wettbewerbsrechtlicher Verkehrspflichten die größte Bedeutung hat, nämlich bei der Haftung von Mittelspersonen für Handlungen, die unmittelbar ein anderer begeht (Haftung von Handelsplattformen im Internet, Haftung für das Setzen eines Hyperlinks auf die Webseite eines Dritten etc). Im Regelfall richtet sich das Verhalten des

---

[1326] AA mit erwägenswerter Begründung *Hofmann* WRP 2020, 1089 Rn. 8 ff.; aA auch Büscher/*Hohlweck* § 8 Rn. 244; *Ohly* FS Ahrens, 2016, 134 (146 f.).

[1327] *Spindler* NJW 2017, 2305 (2306); *Spindler* GRUR 2018, 16 (19); aA und für eine analoge Anwendung *Hofmann* WRP 2020, 1089 Rn. 36 ff.

[1328] BGH GRUR 2016, 268 Rn. 21 ff., 25 – Störerhaftung des Access-Providers; OLG München GRUR 2018, 1050 Rn. 30 ff. – Kinox.to.

[1329] BGH GRUR 2016, 268 Rn. 83 – Störerhaftung des Access-Providers; OLG München GRUR 2018, 1050 Rn. 52 – Kinox.to.

[1330] StRspr, vgl. BGH GRUR 2007, 890 Rn. 22, 36 – Jugendgefährdende Medien bei eBay; GRUR 2014, 883 Rn. 21 – Geschäftsführerhaftung; GRUR 2015, 1129 Rn. 42 – Hotelbewertungsportal; GRUR 2016, 209 Rn. 14 – Haftung für Hyperlink.

[1331] BGH GRUR 2014, 883 Rn. 21 – Geschäftsführerhaftung.

[1332] BGH GRUR 2014, 883 Rn. 22 – Geschäftsführerhaftung.

[1333] BGH GRUR 2007, 890 Rn. 36 aE – Jugendgefährdende Medien bei eBay.

unmittelbar Handelnden an Verbraucher,[1334] und auch die Vermittlungsdienstleistung der Mittelsperson erreicht praktisch immer Verbraucher. Für die Haftung wegen Verletzung wettbewerbsrechtlicher Verkehrspflichten hat diese Zweiteilung erhebliche Folgen:

bb) Lücken des auf die Generalklausel gestützten Haftungskonzepts. Soweit ausnahmsweise eine geschäftliche Handlung **nicht auch Verbraucher** erreicht, greift **§ 3 Abs. 1.** Diese Generalklausel entspricht im Wesentlichen § 3 UWG 2004, zu dem das Urteil *„Jugendgefährdende Medien bei eBay"*[1335] ergangen ist. Die Verletzung wettbewerbsrechtlicher Verkehrspflichten fügt sich nach den Grundsätzen dieser Entscheidung ohne weiteres in diese Bestimmung ein. 543

Soweit aber eine geschäftliche Handlung auch **Verbraucher erreicht,** was in aller Regel der Fall ist, gilt heute **§ 3 Abs. 2** und müssen die Vorgaben der UGP-RL beachtet werden. Das hier verankerte Kriterium der Verbraucherrelevanz bringt Einschränkungen mit sich, die ausschließen, dass die Haftung für die Verletzung von wettbewerbsrechtlichen Verkehrspflichten in vollem Umfang auf die verbraucherbezogene Generalklausel gestützt wird (→ Rn. 546 ff.). Diese Einschränkungen sind allerdings nur zu beachten, soweit die UGP-RL überhaupt anwendbar ist. In seiner Entscheidung ***„GOOD NEWS"*** hat der EuGH klargestellt, dass die UGP-RL mit dem Begriff der „Geschäftspraktiken" iSd § 2 lit. d nur Handlungen erfasst, die der Förderung des eigenen Absatzes dienen und nicht die Konstellation, in der ein Gewerbetreibender als Mittelsperson einen fremden Absatz fördert, ohne dabei im Namen oder im Auftrag gerade desjenigen Gewerbetreibenden zu handeln, dessen Absatz gefördert wird.[1336] Damit ist die reine **Vermittlertätigkeit von Internet-Plattformen im Auftrag privater Verbraucher** (zB eBay) allein nach nationalem Recht zu beurteilen und unterliegt **nicht** den Einschränkungen der **UGP-RL.**[1337] In diesen Fällen, die einen erheblichen Teil der für die Verletzung wettbewerbsrechtlicher Verkehrspflichten relevanten Konstellationen abdecken dürften, kann die Generalklausel des § 3 Abs. 2 herangezogen werden. 544

Für diejenigen Konstellationen, in denen die UGP-RL anwendbar bleibt, gilt folgendes: Die Verletzung wettbewerbsrechtlicher Verkehrspflichten erfüllt idR weder den Tatbestand einer irreführenden noch den einer aggressiven Geschäftspraktik iSd Art. 5 Abs. 4 iVm Art. 6–9 UGP-RL oder iSd Art. 5 Abs. 5 iVm Anh. I.[1338] Die Unzulässigkeit kann sich deshalb nur aus **einer Verletzung der beruflichen Sorgfaltspflicht** iSd Art. 5 Abs. 2 UGP-RL bzw. der unternehmerischen Sorgfalt gem. **§ 3 Abs. 2** ergeben.[1339] Die vom BGH als Haftungsgrund angenommenen **wettbewerbsrechtlichen Verkehrspflichten entsprechen** zwar ohne weiteres den **Anforderungen der unternehmerischen Sorgfalt** iSd § 3 Abs. 2 und § 2 Abs. 1 Nr. 7 bzw. Art. 2 lit. h UGP-RL.[1340] 545

Für einen Verstoß gegen § 3 Abs. 2 hinzukommen muss aber, dass die sorgfaltswidrige Handlung geeignet ist, das wirtschaftliche Verhalten des Verbrauchers wesentlich zu beeinflussen (sog. **„Verbraucherrelevanz"**). Eine „wesentliche Beeinflussung des wirtschaftlichen Verhaltens des Verbrauchers" setzt gem. § 2 Nr. 8 voraus, dass die Handlung darauf abzielt („um … zu"), die Fähigkeit des Verbrauchers, eine informierte Entscheidung zu treffen, spürbar zu beeinträchtigen und damit den Verbraucher zu einer geschäftlichen Entscheidung zu veranlassen, die er andernfalls nicht getroffen hätte. Mit ihrer Forderung nach einer Beeinträchtigung der informierten Entscheidung des Verbrauchers als Ziel- 546

1334 *Ohly* FS Ahrens, 2016, 135 (140).

1335 BGH GRUR 2007, 890 – Jugendgefährdende Medien bei eBay.

1336 EuGH GRUR 2013, 1245 Rn. 37 f. – RLvS/Stuttgarter Wochenblatt [GOOD NEWS]; hierzu BGH GRUR 2014, 879 Rn. 20 – GOOD NEWS II; zu den Folgeproblemen *Glöckner* FS Köhler, 2014, 159 (165 ff.); *Hamacher* GRUR-Prax 2014, 365 (366 f.); *Koch* FS Köhler, 2014, 360 (362 ff.).

1337 *Ohly* FS Ahrens, 2016, 135 (141).

1338 *Köhler*/Bornkamm/*Feddersen* § 8 Rn. 2.8.

1339 *Köhler*/Bornkamm/*Feddersen* § 8 Rn. 2.8; aA offenbar *Neuhaus* S. 145.

1340 So *Köhler*/Bornkamm/*Feddersen* § 8 Rn. 2.8 zur „fachlichen Sorgfalt" des § 3 Abs. 2 UWG 2008; aA *Ohly* FS Ahrens, 2016, 135 (142).

richtung der geschäftlichen Handlung ist die Generalklausel in § 3 Abs. 2 des UWG 2015 wesentlich enger gefasst als die des § 3 UWG 2004.[1341] Eine solche Beeinträchtigung ist idR zu bejahen, wenn der Unternehmer durch Irreführung auf die Überzeugungsbildung des Verbrauchers einwirkt oder ihm Informationen vorenthält.[1342]

547 Schwieriger ist demgegenüber die Einordnung gerade jener Fallgruppe, die zur Begründung der Haftung wegen Verletzung wettbewerbsrechtlicher Verkehrspflichten geführt hat, nämlich **Verstöße** des Anbieters gegen eine **Marktverhaltensregelung iSd § 3a** wie zB das Angebot jugendgefährdender Schriften. Wer einen Marktplatz schafft, der sich auch für illegale Angebote nutzen lässt, handelt der beruflichen Sorgfalt zuwider, wenn jegliche Kontrolle fehlt und Anbieter deshalb mit rechtswidrigen Angeboten auftreten. Die Fähigkeit des Verbrauchers zu einer informierten Entscheidung wird dadurch aber regelmäßig nicht beeinträchtigt. Die Tatbestandsvoraussetzungen des § 3 Abs. 2 bzw. des Art. 5 Abs. 2 UGP-RL sind deshalb nicht erfüllt.

548 Unschädlich ist dies bei Marktverhaltensregelungen, die **„Gesundheits- und Sicherheitsaspekte von Produkten"** betreffen (Art. 3 Abs. 3 UGP-RL) oder **„spezifische Regeln für reglementierte Berufe"** aufstellen (Art. 3 Abs. 8 UGP-RL). Denn hier bezweckt die UGP-RL keine Vollharmonisierung. Deshalb ist es dem nationalen Gesetzgeber möglich, Handlungen dem Verbraucher gegenüber, die der Verletzung solcher Normen Vorschub leisten, als unlauter zu brandmarken. § 3 Abs. 2 S. 1 ist für eine solche Erweiterung offen. Denn unlautere Handlungen sind „jedenfalls" solche, die der beruflichen Sorgfalt zuwiderlaufen und die Entscheidungsfähigkeit der Verbraucher negativ beeinflussen. Dies lässt – durchaus im Einklang mit Art. 3 Abs. 3 UGP-RL – Raum, auch solche Verletzungen der beruflichen Sorgfalt unter § 3 Abs. 2 S. 1 zu subsumieren, die zwar die Entscheidungsfähigkeit der Verbraucher unberührt lassen, dafür aber letztlich zu einer Verletzung von Normen führen, die Gesundheits- und Sicherheitsaspekte von Produkten betreffen oder spezifische Regeln für reglementierte Berufe enthalten.

549 **Normen,** die **nicht dieser Zielrichtung** dienen, fallen **nicht** in den Anwendungsbereich der gemäß dem Ziel der Vollharmonisierung eng auszulegenden **Öffnungsklausel** des Art. 3 Abs. 3 und 8 UGP-RL. Verstöße gegen die berufliche Sorgfalt, die allein einem Bruch solcher Normen Vorschub leisten, aber die Fähigkeit des Verbrauchers zu einer informierten Entscheidung nicht beeinträchtigen, können gegenüber Verbrauchern **nicht** zu einem **Verstoß** gegen die **Generalklausel** des § 3 Abs. 2 führen.

550 Hierzu dürfte auch **das JuSchG** zählen. Jugendschutz ist ein gesondertes Gesetzgebungsziel, das vom **Gesundheitsschutz** und vom Aspekt der **Produktsicherheit** klar unterschieden wird. Auch Art. 36 AEUV unterscheidet zwischen Normen aus Gründen der „öffentlichen Sittlichkeit, Ordnung und Sicherheit", wozu Belange des Jugendschutzes gehören, und andererseits Normen „zum Schutze der Gesundheit und des Lebens von Menschen, Tieren und Pflanzen", wozu alle Gesundheitsschutz- und Produktsicherheitsvorschriften zählen.[1343] Es spricht alles dafür, die Öffnungsklausel des Art. 3 Abs. 3 UGP-RL im Lichte dieser primärrechtlichen Kategorien auszulegen. Damit ist eine extensive Auslegung dieser Ausnahmebestimmung, die den Jugendschutz zu den „Gesundheits- und Sicherheitsaspekte von Produkten" zählt, nicht vereinbar.[1344] Der konkrete Fall, der der Entscheidung ***„Jugendgefährdende Medien bei eBay"***[1345] zugrunde liegt, ist also **nach dem UWG 2015 anders zu beurteilen** und könnte heute nicht mehr in gleicher Weise entschieden werden.[1346]

551 Auch alle anderen Fälle, in denen die **Verkehrspflichtverletzung** des Mittlers **ohne eine Beeinträchtigung der informierten Entscheidung des Verbrauchers** der Ver-

[1341] *Köhler*/Bornkamm/*Feddersen* § 8 Rn. 2.8.
[1342] *Köhler*/Bornkamm/*Feddersen* § 8 Rn. 2.8.
[1343] Vgl. nur Lenz/Borchardt/*Lux* EU-Verträge AEUV Art. 36 Rn. 9 ff. mwN.
[1344] AA offenbar *Köhler*/Bornkamm/*Feddersen* § 8 Rn. 2.8.
[1345] BGH GRUR 2007, 890 – Jugendgefährdende Medien bei eBay.
[1346] AA *Köhler*/Bornkamm/*Feddersen* § 8 Rn. 2.8.

letzung von Marktverhaltensregelungen iSd § 3a Vorschub leistet, die keine berufsständischen Regeln und auch keine Gesundheits- und Produktsicherheitsnormen sind, können nicht mehr unter die Generalklausel subsumiert werden. Hierzu gehören etwa Normen zum **Schutz von Kulturgütern** (§ 16 KultgSchG) oder **religiöser Bekenntnisse** (§ 166 StGB).

cc) Schließung der Lücken durch eine Wiederbelebung der Störerhaftung? Die **Lücken** im Haftungsmodell könnten **teilweise** durch eine **Wiederbelebung der Störerhaftung geschlossen** werden. Dies ist freilich nur dort möglich, wo der Anbieter selbst eine geschäftliche Handlung iSd § 2 Abs. 1 Nr. 1 vornimmt, da die Störerhaftung streng akzessorisch zu einer wettbewerbswidrigen Haupttat ist (→ Rn. 528). Eine Haftung für rechtswidrige Angebote Privater scheidet deshalb in solchen Fällen aus. Insoweit bleibt die Störerhaftung hinter der Haftung für die Verletzung wettbewerbsrechtlicher Verkehrspflichten zurück, weil letztere gerade keine geschäftliche Handlung des unmittelbar Handelnden voraussetzt (→ Rn. 587). 552

dd) Schließung der Lücken durch Konstruktion als Beihilfe? Ohne weiteres zu schließen sind die Lücken auch, wenn man die Handlungen des Unternehmers, die mittelbar zu einer Verletzung von Normen wie dem JSchG oder dem KultgSchG durch einen Anbieter führen, als **Beihilfe** iSd § 27 StGB zu einem Verstoß gegen § 3a qualifiziert und keine strengen Anforderungen an den Gehilfenvorsatz stellt (→ Rn. 511 f.). Das Potential der Gehilfenhaftung als Ersatz für bestimmte Konstellationen der früheren Störerhaftung hat der BGH erkannt.[1347] Ein Ausbau dieser Rechtsfigur durch den I. ZS ist durchaus möglich.[1348] Auch hier muss der unmittelbar Handelnde iSd § 2 Abs. 1 Nr. 1 anders als bei der Haftung für die Verletzung wettbewerbsrechtlichen Verkehrspflichten geschäftlich handeln, weil die Beihilfe ebenso wie die Störerhaftung gegenüber der Haupttat akzessorisch ist. 553

Im Fall einer Internet-Handelsplattform, über die jugendgefährdende Medien gehandelt werden, wird eine ausreichende Beihilfehandlung objektiv in den allermeisten Fällen gegeben sein: Der Schwerpunkt der Vorwerfbarkeit liegt dabei für den Betreiber der Handelsplattform in einem Unterlassen. Da er mit der Einrichtung und dem Betrieb der Handelsplattform eine Gefahrenquelle auch für einen Verstoß gegen Gesetze wie JSchG geschaffen hat, ist er ohne weiteres Garant aus Ingerenz zur Verhinderung solcher Verstöße. Damit sind für ihn objektiv im Rahmen des Möglichen und Zumutbaren Überprüfungs- und Kontrollpflichten verbunden, deren Umfang und Reichweite sich nach den Umständen des Einzelfalls bemessen. Wird die pflichtgemäße Überprüfung unterlassen und kann wegen der fehlenden Prüfung ein gegen das JSchG verstoßendes Video an Minderjährige verkauft oder diesen angeboten werden, liegt im **Unterlassen der Prüfung** die objektive **Beihilfehandlung.** 554

Der **Gehilfenvorsatz** muss **nur die wesentlichen Merkmale der Haupttat** erfassen. Die genauen Einzelheiten der Tat (wann, wo, wem gegenüber und unter welchen Umständen) muss der Gehilfe ebenso wenig kennen wie die Person des Haupttäters (→ Rn. 511a). Ist dem Betreiber der Handelsplattform – etwa aufgrund einer Abmahnung – bekannt, dass der Online-Marktplatz in erheblichem Umfang für das Angebot von pornographischen Videos an Minderjährige benutzt wird, ist der nötige Gehilfenvorsatz gegeben. 555

ee) Neufundierung als Richter- oder Gewohnheitsrecht? Die dargelegten Lücken und Schwächen ließen sich selbstverständlich allesamt vermeiden, wenn man auf die Anknüpfung des Rechtsinstituts der wettbewerbsrechtlichen Verkehrspflichten an eine konkrete Gesetzesnorm verzichtet und die Lehre von den wettbewerbsrechtlichen Ver- 556

[1347] BGH GRUR 2015, 1025 Rn. 17 – TV-Wartezimmer; vgl. auch BGH GRUR 2020, 738 Rn. 47 – Internet-Radiorecorder.
[1348] *Löffler* FS Bornkamm, 2014, 37 (44 ff.).

kehrspflichten und ihrer Verletzung als ein durch **Richterrecht** geschaffenes oder bereits zu **Gewohnheitsrecht** verfestigtes Rechtsinstitut begreift, das nicht auf Tatbestandsebene (§ 3), sondern allein auf Rechtsfolgenebene bei der Passivlegitimation angesiedelt ist (§ 8).[1349] Indem man das Institut von der Tatbestandsebene löst, kann man sich – soweit sie nach *„GOOD NEWS"*[1350] noch bestehen (→ Rn. 546 ff.) – von den Beschränkungen der UGP-RL befreien, die den Mitgliedstaaten für die Ausgestaltung des Anspruchssystems und der Passivlegitimation weitestgehend freie Hand lässt. Es ist auffallend, dass der BGH in seinen jüngsten Entscheidungen zu den wettbewerbsrechtlichen Verkehrspflichten die **Generalklausel** als deren Rechtsgrundlage **nicht mehr** erwähnt oder auch nur zitiert.[1351] Er scheint sich also selbst auch von diesen Beschränkungen lösen zu wollen.

557 Dass es sich bei der Doktrin der wettbewerbsrechtliche Verkehrspflichten um eine an der Billigkeit orientierte, von gesetzgebungsähnlichen Folgenerwägungen geleitete,[1352] systematische und generelle,[1353] richterliche Aufstellung von Normen aus einem allgemein anerkannten Grundsatz handelt, die als solche in keiner Gesetzesvorschrift niedergelegt sind, unterliegt keinem Zweifel. Deshalb erscheint es durchaus diskutabel, diese in stRspr nunmehr seit anderthalb Jahrzehnten angewandten Normen nunmehr als von der (in ihrer Ursprungsform nicht mehr existierenden) Generalklausel losgelöstes, autonomes **Richterrecht** zur Begründung der Passivlegitimation zu sehen, das auf **Lückenlosigkeit** angelegt ist, in der Praxis allgemein akzeptiert und im Schrifttum einhellig unterstützt wird. Auch das Rechtsinstitut der Störerhaftung bei der Verletzung von Immaterialgüterrechten wird in der Literatur[1354] und vom BGH neuerdings als Richterrecht bezeichnet.[1355]

558 Anerkannt ist, dass eine solche stRspr dadurch gesetzesgleiche Verbindlichkeit erlangen kann, dass sie zur Grundlage eines **Gewohnheitsrechts** wird. Hierfür genügt noch nicht die erhebliche Länge der Zeit, über die hin sie sich als konstant erweist. Geltungsgrund des Gewohnheitsrechts ist die **allgemeine Rechtsüberzeugung,** die sich in einer konstanten Übung manifestiert. Dazu genügt es nicht, dass eine bestimmte Judikatur widerspruchslos oder nahezu widerspruchslos hingenommen wird, vielmehr bedarf es der Bildung einer Rechtsüberzeugung in den beteiligten Kreisen, also nicht nur unter Juristen. Unter einer „Rechtsüberzeugung" ist nicht nur die Erwartung zu verstehen, dass die Gerichte nach der entsprechenden Maxime verfahren werden, sondern darüber hinaus die Überzeugung, dass dies so rechtens ist.[1356] Diese Rechtsüberzeugung ist **mittlerweile gewachsen.** In jedem Fall wird man von einem **„Justizgewohnheitsrecht"**[1357] mit gleichem Geltungsanspruch ausgehen können.

559 **f) Verhältnis der wettbewerbsrechtlichen Verkehrspflichten zu §§ 7–10 TMG. aa) Allgemeines zum TMG.** Eine Haftung für die Verletzung wettbewerbsrechtlicher Verkehrspflichten kommt nur in dem Umfang und mit der Reichweite in Betracht, wie gesetzliche Haftungsprivilegierungen es gestatten. Stellt eine Spezialregelung bestimmte Unternehmer von bestimmten Verkehrspflichten (Prüfungs- und Kontrollpflichten) frei, muss diese Privilegierung zum Tragen kommen. Für Betreiber von Webseiten kommt insbesondere die **Privilegierung** der **Telemediendiensteanbieter (Content-Provider)** der **§§ 7–10 TMG** in Betracht. Diese Vorschriften weisen keinen haftungsbegründenden Charakter auf und enthalten **keine Anspruchsgrundlagen,** sondern setzen eine Verant-

---

[1349] Vgl. zu Überlegungen in diese Richtung jetzt auch *Schwippert* WRP 2018, 1027 Rn. 13.

[1350] EuGH GRUR 2013, 1245 Rn. 37 f. – RLvS/Stuttgarter Wochenblatt [GOOD NEWS].

[1351] BGH GRUR 2015, 1129 Rn. 42 – Hotelbewertungsportal; GRUR 2016, 209 Rn. 23 – Haftung für Hyperlink; GRUR 2020, 543 Rn. 35 ff. – Kundenbewertungen bei Amazon; § 3 Abs. 2 zuletzt zitiert in GRUR 2014, 883 Rn. 22 – Geschäftsführerhaftung.

[1352] Vgl. *Sambuc* S. 50 ff.

[1353] Vgl. *H. Isay* S. 240 ff., 244.

[1354] *Ohly* ZUM 2015, 308 (314).

[1355] BGH GRUR 2016, 268 Rn. 74 – Störerhaftung des Access-Providers.

[1356] *Larenz* S. 415 f.

[1357] Vgl. *Esser* FS v. Hippel, 1967, 95 (101).

wortlichkeit nach allgemeinen Vorschriften des Zivil- oder Strafrechts voraus und können diese begrenzen.[1358] Insoweit kommt den §§ 7–10 TMG eine **„Filterfunktion"** zu.[1359]

Es war lange ungeklärt, ob diese Privilegierung der Störerhaftung im Immaterialgüterrecht der Haftung wegen der Verletzung wettbewerbsrechtlicher Verkehrspflichten im UWG vorgeht oder diese ausschließt (→ Rn. 582). Die neuere Rspr. des BGH hat sich mittlerweile auf ein mehr oder weniger klares „sowohl als auch" festgelegt: Sie wendet die Störerhaftung bzw. die Doktrin der Verletzung wettbewerbsrechtlicher Verkehrspflichten nach den **allgemeinen Regeln** an. Bei der Entscheidung darüber, ab welchem Moment Prüfungs- und Kontrollpflichten eingreifen, wie weit sie reichen und welche Kostenbelastung für den Unternehmer zumutbar ist, kommen aber die **Maßstäbe der §§ 7–10 TMG zur Anwendung.** Dabei achtet der BGH genau darauf, dass die von ihm angewandten Maßstäbe im Einklang mit denen auf der einschlägigen EuGH-Rspr. zur E-Commerce-RL stehen, auf der diese Vorschriften des TMG beruhen (→ Rn. 583). 560

Die §§ 7–10 TMG enthalten besondere Regelungen für die Verantwortlichkeit von Anbietern von **elektronischen Informations- und Kommunikationsdiensten** (Telemedien).[1360] Diese Vorschriften sind seit dem 1.3.2007 ohne inhaltliche Änderung an die Stelle der §§ 6–9 MDStV und der §§ 8–11 TDG getreten. Auf die zu den Vorgängervorschriften ergangene Rspr. kann daher nach wie vor zurückgegriffen werden. Die §§ 7–10 TMG setzen Art. 12 ff. der E-Commerce-RL[1361] um und sind daher richtlinienkonform auszulegen. Für Telemediendiensteanbieter gilt grundsätzlich das Herkunftslandsprinzip. Nach § 3 Abs. 2 S. 1 TMG wird der freie Dienstleistungsverkehr ausländischer Diensteanbieter grundsätzlich nicht eingeschränkt. Nur in den in § 3 Abs. 5 TMG geregelten Ausnahmefällen unterliegen sie den Einschränkungen des innerstaatlichen Rechts. **Diensteanbieter** iSd TMG ist jede natürliche oder juristische Person, die eigene oder fremde **Telemedien** (das sind elektronische Informations- und Kommunikationsdienste, § 1 Abs. 1 TMG) **zur Nutzung bereithält** oder den **Zugang zur Nutzung** vermittelt, § 2 Abs. 1 Nr. 1 TMG. Das TMG enthält – wie auch schon das TDG – keine Regelung der Haftung für das Setzen von elektronischen Querverweisen **(Hyperlink oder Link)** auf rechtswidrige Inhalte.[1362] Auch die E-Commerce-RL hat in Art. 21 Abs. 2 S. 1 die Frage der Haftung der Anbieter von Hyperlinks ausgespart. Die Haftung für Links und Hyperlinks richtet sich daher nach den **allgemeinen Vorschriften.**[1363] Allerdings überträgt der BGH die Wertungen der §§ 7–10 TMG auf das Setzen von Hyperlinks und unterscheidet insbesondere auch hier zwischen **eigenen** und **fremden Inhalten.**[1364] 561

bb) Eigene Inhalte. (a) Abgrenzung von eigenen und fremden Inhalten. Das TMG unterscheidet hinsichtlich der Verantwortlichkeit der Anbieter von Telemedien danach, ob die Diensteanbieter eigene oder fremde Informationen zur Nutzung bereithalten. **Für eigene Informationen,** die sie zur Nutzung bereithalten, sind Telemediendiensteanbieter **(Content-Provider)** nach den **allgemeinen Gesetzen** verantwortlich, § 7 Abs. 1 TMG. Für eigene Informationen gibt es **keine Haftungsprivilegierung.**[1365] Ei- 562

[1358] BGH GRUR 2007, 724 Rn. 6 – Meinungsforum; GRUR 2009, 1093 Rn. 10 – Focus Online; *Ohly* NJW 2016, 1417 (1420).

[1359] Vgl. BGH GRUR 2007, 724 Rn. 6 – Meinungsforum, mwN.

[1360] Zu weiteren medienspezifischen Besonderheiten vgl. Einl. H.

[1361] Richtlinie 2000/31/EG des Europäischen Parlaments und des Rates vom 8.6.2000 über bestimmte rechtliche Aspekte der Dienste der Informationsgesellschaft, insbesondere des elektronischen Geschäftsverkehrs, im Binnenmarkt („Richtlinie über den elektronischen Geschäftsverkehr"), ABl. 2000 L 178, S. 1.

[1362] BGH GRUR 2008, 534 Rn. 20 – ueber18.de; GRUR 2016, 209 Rn. 12 – Haftung für Hyperlink.

[1363] BT-Drs. 14/6098, 37; BGH GRUR 2008, 534 Rn. 20 – ueber18.de mwN; GRUR 2016, 209 Rn. 12 – Haftung für Hyperlink.

[1364] BGH GRUR 2016, 209 Rn. 21 f. – Haftung für Hyperlink; *Ohly* NJW 2016, 1417 (1418).

[1365] BGH GRUR 2008, 534 Rn. 20 – ueber18.de; OLG Hamburg GRUR-RR 2013, 29 (37) – Nr. 1 Hits; *Leistner* FS Köhler, 2014, 407; *J. B. Nordemann* GRUR 2011, 977; *Ohly*/Sosnitza § 8 Rn. 124; *Schilling* GRUR-Prax 2015, 313 (314).

gene Inhalte sind nicht nur **selbst geschaffene,** sondern auch solche Inhalte, die sich der Betreiber **zu eigen gemacht** hat.[1366]

563 Der Betreiber einer Internet-Seite macht sich fremde Inhalte zu eigen, wenn er **nach außen erkennbar die inhaltliche Verantwortung** für die auf seiner Internetseite veröffentlichten Inhalte übernommen oder den zurechenbaren Anschein erweckt hat, er identifiziere sich mit den fremden Inhalten so dass sie als eigene erscheinen.[1367] Auch lediglich undistanziert wiedergegebene Äußerungen Dritter können dem Verbreiter zugerechnet werden, wenn er sie sich zu Eigen gemacht hat.[1368] Ob ein **Sich-zu-eigen-Machen** vorliegt, ist aus der **Sicht eines verständigen Durchschnittsnutzers** auf der Grundlage einer Gesamtbetrachtung aller relevanten Umstände zu beurteilen.[1369] Allerdings ist bei der Annahme einer Identifikation mit fremden Inhalten grundsätzlich **Zurückhaltung geboten.**[1370]

564 Dafür, dass der Diensteanbieter sich die fremden Informationen zu Eigen gemacht hat, spricht, wenn der Anbieter die von Dritten hochgeladenen Inhalte **inhaltlich-redaktionell auf Vollständigkeit und Richtigkeit kontrolliert** oder auswählt oder die fremden Informationen in das eigene redaktionelle Angebot einbindet.[1371] Weitere Anhaltspunkte können sein: die Art der **Präsentation**, das **Layout,** die **erläuternde Zuordnung** von Informationen einer Webseite (zB Kennzeichnung von Drittinhalten mit eigenem Logo,[1372] was allerdings kein isoliert zu würdigender Umstand ist und eine gegenteilige Beurteilung nicht ausschließt[1373]), deren **Inhalt** und **Gestaltung** etc.[1374] Ein Sich-zu-eigen-Machen liegt regelmäßig vor, wenn die fremde Äußerung dergestalt **in den eigenen Gedankengang eingefügt** wird, dass die gesamte Äußerung als eigene erscheint.[1375]

565 Andererseits steht es der Haftung des Betreibers einer Webseite **nicht** entgegen, wenn er in seinen Nutzungsbedingungen oder einem separaten **Disclaimer** erklärt, sich veröffentlichte Inhalte nicht zu eigen machen zu wollen. Durch eine solche salvatorische Klausel kann der Diensteanbieter eine Haftung nicht ausschließen, wenn er sich nach den Gesamtumständen die fremde Information zu eigen macht.[1376] Mittlerweile hat sich eine **umfangreiche Kasuistik** entwickelt:

566 **(b) Kasuistik.** Die Suchmaschine **Google** macht in einem vollständig automatisierten Verfahren fremde Inhalte im Internet auffindbar und fasst diese fremden Inhalte wiederum vollständig automatisiert als Orientierungshilfe für den Nutzer verkürzt zusammen, ohne sich durch die Generierung und Anzeige der **Suchergebnisse** diese Inhalte zu eigen zu

---

[1366] BGH GRUR 2010, 616 Rn. 23 – marions-kochbuch.de; GRUR 2015, 1129 Rn. 25 – Hotelbewertungsportal; vgl. auch BGH GRUR 2008, 534 Rn. 20 – ueber18.de.

[1367] BGH GRUR 2009, 1093 Rn. 19 – Focus Online; GRUR 2010, 616 Rn. 24, 27 – marions-kochbuch.de; GRUR 2015, 1129 Rn. 25 – Hotelbewertungsportal; vgl. auch BGH GRUR 2009, 1093 Rn. 19 – Focus Online.

[1368] BGH GRUR 2012, 751 Rn. 11 – RSS-Feeds.

[1369] StRspr, vgl. BGH GRUR 2010, 616 Rn. 23 – marions-kochbuch.de; GRUR 2012, 751 Rn. 11– RSS-Feeds; GRUR 2015, 1129 Rn. 25 – Hotelbewertungsportal; GRUR 2016, 209 Rn. 13 – Haftung für Hyperlink; GRUR 2016, 855 Rn. 17 – www.jameda.de; GRUR 2018, 642 Rn. 28 – Internetforum; GRUR 2020, 543 Rn. 16 – Kundenbewertungen auf Amazon.

[1370] StRspr, vgl. BGH GRUR 2009, 1093 Rn. 19 – Focus Online; GRUR 2015, 1129 Rn. 25 – Hotelbewertungsportal; GRUR 2016, 855 Rn. 17 – www.jameda.de; GRUR 2017, 844 Rn. 18 – klinikbewertungen.de; GRUR 2018, 642 Rn. 28 – Internetforum.

[1371] StRspr, vgl. BGH GRUR 2015, 1129 Rn. 25 – Hotelbewertungsportal; GRUR 2016, 855 Rn. 18 – www.jameda.de; GRUR 2017, 844 Rn. 18 – klinikbewertungen.de; vgl. auch BGH GRUR 2010, 616 Rn. 25 f. – marions-kochbuch.de; GRUR 2012, 751 Rn. 11 – RSS-Feeds; *Ohly*/Sosnitza § 8 Rn. 115a.

[1372] BGH GRUR 2010, 616 Rn. 25 – marions-kochbuch.de; *D. Holznagel* S. 99.

[1373] OLG Hamburg ZUM-RD 2016, 83 (103) – YouTube.

[1374] Vgl. BGH GRUR 2010, 616 Rn. 24 ff. – marions-kochbuch.de; GRUR 2015, 1129 Rn. 28 – Hotelbewertungsportal; GRUR 2016, 209 Rn. 10, 17 ff. – Haftung für Hyperlink.

[1375] BGH GRUR 2010, 458 Rn. 11 – Heute wird offen gelogen; GRUR 2012, 751 Rn. 11 – RSS-Feeds; OLG Dresden ZUM-RD 2017, 272 (273).

[1376] BGH GRUR 2015, 1129 Rn. 27 – Hotelbewertungsportal; aA früher zB LG Potsdam MMR 1999, 739 (740) – Markt für Meinungen im Internet.

machen.[1377] Im Rahmen seiner **„Autocomplete"-Funktion** schafft Google demgegenüber automatisch generierte eigene Inhalte.[1378]

Das Videoportal **YouTube** macht sich die von ihm verbreiteten Beiträge seiner Nutzer nicht zu eigen.[1379] 567

Der Anbieter eines auf der Internet-Handelsplattform **Amazon** angebotenen Produkts macht sich die im Zusammenhang mit dem angebotenen Produkt erscheinenden **Kundenbewertungen** nicht zu eigen, weil diese als solche gekennzeichnet sind, sich getrennt vom Produktangebot befinden und von den Nutzern nicht der Sphäre des Anbieters als Verkäufer zugerechnet.[1380] 568

Der Betreiber eines **Bewertungsportals** macht sich die Bewertung eines Nutzers bereits dann zu eigen, wenn er die von einem Dritten hochgeladenen Inhalte **inhaltlich-redaktionell** auf Vollständigkeit und Richtigkeit kontrolliert oder auswählt oder die fremden Informationen in das eigene redaktionelle Angebot einbindet.[1381] Das ist insbesondere dann der Fall, wenn der Portalbetreiber oder die in das Portal eingestellten Äußerungen eines Dritten auf die Rüge des von der Kritik Betroffenen inhaltlich überprüft und auf sie Einfluss nimmt, indem er selbständig – insbesondere ohne Rücksprache mit dem Dritten – entscheidet, welche Äußerungen er abändert oder entfernt und welche er beibehält.[1382] Der Betreiber eines Bewertungsportals macht sich demgegenüber die Ansammlung der von Dritten in das Portal eingestellten individuellen Äußerungen erkennbar **nicht** als Tatsachenbehauptung zu eigen, wenn er die Beiträge nicht inhaltlich-redaktionell aufbereitet oder ihren Wahrheitsgehalt überprüft, sondern die Anwendung eines automatischen Wortfilters sowie gegebenenfalls eine anschließende manuelle Durchsicht als **Vorabkontrolle** lediglich dem Zweck dienen, gegen die Nutzungsbedingungen verstoßende Einträge (etwa Formalbeleidigungen oder von Hotelbetreibern abgegebene Eigenbewertungen) von der Veröffentlichung auszuschließen.[1383] Eine inhaltlich-redaktionelle Bearbeitung stellt es mangels inhaltlicher Einflussnahme auch nicht dar, wenn die von Nutzern vergebenen „Noten" durch die Angabe von Durchschnittswerten oder einer „Weiterempfehlungsrate" statistisch ausgewertet werden.[1384] 569

Nicht um eigene, sondern um fremde Inhalte handelt es sich, wenn der Betreiber eines **Internet-Auktionshauses** in Folge eines automatisierten Registrierungsverfahrens keine konkrete Kenntnis von den Inhalten bestimmter von Dritten auf seiner Plattform zum Erwerb angebotener Medien hat.[1385] 570

Der **Sharehoster,** der Speicherplatz für den Upload von Dateien bietet, aber die Links zum Download von Dateien nicht sortiert oder durch andere Hilfestellung deren Auffindung erleichtert, macht sich die über den Link herunterzuladenden fremden Inhalte nicht zu eigen.[1386] 571

Beim **Framing** ist in aller Regel von einem Sich-zu-eigen-Machen auszugehen.[1387] 572

Auch wer als natürliche Person im Impressum einer Webseite neben dem Unternehmenskennzeichen des Webseite-Betreibers als **„Ansprechpartner"** erscheint und darüber hi- 573

[1377] BGH GRUR 2018, 642 Rn. 29 – Internetforum; OLG Hamburg ZUM-RD 2011, 670 (676); OLG München ZUM-RD 2012, 344 (346) – Internet-Branchenverzeichnis; LG Hamburg NJW 2015, 796 (800).

[1378] BGH GRUR 2013, 751 Rn. 20 – „Autocomplete"-Funktion.

[1379] OLG Hamburg ZUM-RD 2016, 83 (98 ff., 105) – YouTube.

[1380] BGH GRUR 2020, 543 Rn. 18 ff. – Kundenbewertungen bei Amazon.

[1381] BGH GRUR 2017, 844 Rn. 20 – klinikbewertungen.de; OLG Karlsruhe GRUR-RR 2017, 148 Rn. 32 – Abgewohntes Hotel.

[1382] BGH GRUR 2017, 844 Rn. 20 – klinikbewertungen.de; OLG Dresden ZUM 2018, 445 (446) und Ls. 1.

[1383] BGH GRUR 2015, 1129 Rn. 28 – Hotelbewertungsportal; OLG Karlsruhe GRUR-RR 2017, 148 Rn. 32 f. – Abgewohntes Hotel; *Leistner* FS Köhler, 2014, 415 (425).

[1384] BGH GRUR 2015, 1129 Rn. 28 ff. – Hotelbewertungsportal.

[1385] Vgl. BGH GRUR 2004, 860 (862) – Internet-Versteigerung I; GRUR 2010, 616 Rn. 23 – marions-kochbuch.de; BGH GRUR 2011, 1038 Rn. 22 – Stiftparfüm.

[1386] OLG München GRUR-RR 2016, 619 Rn. 31 f. – uploaded.

[1387] Vgl. *Spindler* GRUR 2016, 157.

naus auch als **„author", „creator"** und **„publisher"** im Quelltext der Webseite erscheint, macht sich die Informationen auf der Webseite zu eigen.[1388]

574 Wird ein Beitrag in einem **sozialen Netzwerk „geteilt"**, macht sich der Nutzer dessen Inhalte erst dann zu eigen, wenn er die Weiterverbreitung mit einer positiven Bewertung verbindet.[1389]

575 Setzt ein Unternehmer von seiner Webseite aus einen **Link auf die Webseite einer Konzerngesellschaft** mit demselben schlagwortartigen Firmenbestandteil und demselben Geschäftszweck, auf der die gemeinsamen Produkte beworben werden, ohne dass die Personenverschiedenheit deutlich erkennbar wird, macht er sich aus Sicht des Nutzers die Inhalte dieser Webseite zu eigen.[1390]

576 Beim Setzen von **Hyperlinks** als elektronischer Verweis auf eine fremde Webseite ist zu differenzieren: **Für** ein Sich-zu-eigen-Machen spricht, wenn über den Hyperlink offen oder versteckt für die eigenen Produkte geworben wird,[1391] wenn der durch den Hyperlink aufrufbare Inhalt erkennbar der Vervollständigung des eigenen Angebots des Linksetzenden dient,[1392] oder wenn die Verlinkung wesentlicher Bestandteil des eigenen Geschäftsmodells ist.[1393] **Gegen** ein Sich-zu-eigen-Machen spricht, wenn es sich bei dem Hyperlink nicht um einen sogenannten Deeplink handelt, der direkt zu den wettbewerbswidrigen Inhalten Dritter führt, sondern nur zur allgemeinen Webseite des Dritten, so dass die problematischen Inhalte nicht durch einfaches Klicken zugänglich sind, sondern erst durch weiteres unabhängiges Navigieren des Nutzers.[1394] Ein Sich-zu-eigen-Machen liegt vor, wenn der Hyperlink so **in einen redaktionellen Beitrag eingebettet** ist, dass er für das weitergehende Verständnis der dort geäußerten Meinungen oder Ansichten erkennbar von Bedeutung und dadurch Bestandteil des Gedankengangs oder der Argumentation des Betreibers der Webseite geworden ist.[1395] Der Linksetzende macht sich den Inhalt, der über den Hyperlink abrufbar ist, **nicht** zu eigen, wenn der Hyperlink am Ende des selbstgeschaffenen Inhalts steht und erkennbar wie ein Hinweis auf weiterführende Literatur dem interessierten Internetnutzer zusätzliche Informationsquellen unabhängiger Dritter zu einem bestimmten Thema zur selbständigen Erschließung bereitstellt und nicht der Eindruck erweckt wird, dass diese **unabhängigen Sekundärinformation** die ungeteilte Zustimmung des Seitenbetreibers finden.[1396]

577 **cc) Fremde Inhalte.** Hinsichtlich **fremder Inhalte** besteht **keine allgemeine Überwachungspflicht.** Nach § 7 Abs. 2 TMG, der Art. 15 Abs. 1 E-Commerce-RL umsetzt, sind Diensteanbieter nicht verpflichtet, die von ihnen übermittelten oder gespeicherten fremden Informationen zu überwachen oder nach Umständen zu forschen, die auf eine rechtswidrige Tätigkeit hinweisen.[1397] Hierzu besteht ein Anlass erst dann, wenn der Diensteanbieter **auf eine klare Rechtsverletzung** durch die fremden Inhalte Dritter **hingewiesen** wird.[1398] Er ist dann nicht nur verpflichtet, das betreffende Angebot unverzüglich zu sperren, sondern muss im Rahmen des Zumutbaren auch Vorsorge dafür treffen, dass es

[1388] OLG Rostock 20.3.2013 – 2 U 4/12 – Romantikhotel Frauenmark.
[1389] OLG Dresden ZUM-RD 2017, 272 (273).
[1390] OLG Frankfurt a. M. GRUR-RR 2017, 298 Rn. 33 f. – Werbefilm.
[1391] BGH GRUR 2016, 209 Rn. 18 – Haftung für Hyperlink.
[1392] BGH GRUR 2016, 209 Rn. 18 – Haftung für Hyperlink.
[1393] BGH GRUR 2016, 209 Rn. 18 – Haftung für Hyperlink.
[1394] BGH GRUR 2016, 209 Rn. 19 – Haftung für Hyperlink.
[1395] BGH GRUR 2012, 74 Rn. 23 f. – Coaching-Newsletter; GRUR 2015, 1129 Rn. 28 ff. – Hotelbewertungsportal.
[1396] BGH GRUR 2016, 209 Rn. 20 – Haftung für Hyperlink.
[1397] StRspr, vgl. BGH GRUR 2004, 860 (864) – Internetversteigerung I; GRUR 2007, 890 Rn. 39, 44 – Jugendgefährdende Medien bei eBay; GRUR 2011, 617 Rn. 39 – Sedo; GRUR 2011, 1038 Rn. 22 – Stiftparfüm; (VI. ZS) GRUR 2012, 311 Rn. 24 – Blog-Eintrag; GRUR 2013, 370 Rn. 28 – Alone in the Dark; GRUR 2013, 1229 Rn. 35 – Kinderhochstühle im Internet II; GRUR 2015, 1129 Rn. 31 – Hotelbewertungsportal; (VI. ZS) GRUR 2018, 642 Rn. 32 – Internetforum.
[1398] BGH GRUR 2007, 890 Rn. 42 – Jugendgefährdende Medien bei eBay.

möglichst nicht zu weiteren Rechtsverletzungen kommt.[1399] Verpflichtungen der Diensteanbieter nach den allgemeinen Vorschriften, bestimmte (fremde) Informationen zu entfernen oder deren Nutzung zu sperren, bleiben unberührt und unterliegen grundsätzlich nicht der Privilegierung (§ 7 Abs. 2 S. 2 TMG). Um die von der Rechtsordnung gebilligte Tätigkeit des Diensteanbieters nicht unverhältnismäßig zu erschweren, ist dieser Löschungsanspruch aber nur gegeben, wenn Kenntnis vorliegt oder zumutbarer Prüfpflichten verletzt werden.[1400] Auch die E-Commerce-RL räumt die Möglichkeit ein, von den Diensteanbietern zu verlangen, dass die Rechtsverletzung abgestellt oder verhindert wird, sobald er davon Kenntnis erlangt (vgl. Art. 12 Abs. 3, Art. 13 Abs. 2, Art. 14 Abs. 3).[1401]

Wenn der Anbieter seine **neutrale Vermittlerposition** verlässt und eine **aktive Rolle** 578 spielt (zB mittels Buchung von Ad-Words bei Google oder durch Hilfestellung bei der Optimierung der Angebotspräsentation), die ihm Kenntnis von bestimmten Daten oder Kontrolle über sie verschaffen konnte, wird er hinsichtlich dieser Daten nicht vom Anwendungsbereich des Art. 14 E-Commerce-RL erfasst[1402] und kann sich deshalb auch nicht auf das Haftungsprivileg des Art. 14 Abs. 1 E-Commerce-RL und des § 7 Abs. 2 TMG berufen.[1403]

dd) Durchleitung. Für die **Durchleitung** von Informationen schließt § 8 TMG eine 579 Haftung aus, wenn der Diensteanbieter **(Access- und Network-Provider)** die Übermittlung nicht veranlasst, den Adressaten der übermittelten Informationen nicht ausgewählt und die übermittelten Informationen weder ausgewählt noch verändert hat. Etwas anderes gilt nach § 8 Abs. 1 S. 2 TMG für den Fall eines kollusiven Zusammenwirkens des Diensteanbieters mit einem Nutzer seines Dienstes.

ee) Zwischenspeicherung. Nach § 9 TMG ist der Diensteanbieter für **automatische** 580 **Zwischenspeicherungen (Proxy-Cache-Server)** dann nicht verantwortlich, wenn er die Informationen nicht verändert, die Bedingungen für den Zugang zu den Informationen und die standardisierten Regeln für die Aktualisierung der Informationen beachtet, die erlaubte und standardisierte Anwendung von Technologien zur Sammlung von Daten über die Nutzung der Informationen nicht beeinträchtigt und unverzüglich handelt, um dermaßen zwischengespeicherte Informationen zu entfernen oder den Zugang zu ihnen zu sperren, sobald er Kenntnis davon erhält, dass die Informationen am ursprünglichen Ausgangsort der Übertragung aus dem Netz entfernt wurden oder der Zugang zu ihnen gesperrt wurde oder die Entfernung oder Sperrung angeordnet worden ist.

ff) Privilegierung vor Kenntnis. Im Falle der Speicherung von Informationen **(Host-** 581 **Provider)** schließt **§ 10 S. 1 Nr. 1 TMG** die Haftung des Diensteanbieters aus, wenn und soweit er keine Kenntnis von der rechtswidrigen Handlung oder Information hat und ihm im Falle von **Schadensersatzansprüchen** auch keine Tatsachen oder Umstände bekannt sind, aus denen die rechtswidrige Handlung oder Information offensichtlich wird. Auf den Punkt gebracht, steht § 10 S. 1 TMG Schadensersatzansprüchen für fremde Inhalte entgegen, wenn der Diensteanbieter diese nicht kennt. Die Privilegierung greift gem. **§ 10 S. 1 Nr. 2 TMG** auch dann noch, wenn er unverzüglich tätig wird, um die betreffende Information zu entfernen oder den Zugang zu ihr zu sperren, sobald er diese Kenntnis erlangt.[1404] Zum **Hosting** gehört nicht nur das Speichern von Daten und das Hosten von Webseiten, sondern jede Situation, in der Informationen gespeichert werden, die von

---

[1399] BGH GRUR 2004, 860 (864) – Internet-Versteigerung I; GRUR 2007, 708 Rn. 45 – Internet-Versteigerung II; GRUR 2007, 890 Rn. 43 – Jugendgefährdende Medien bei eBay.

[1400] BGH GRUR 2011, 1038 Rn. 22 – Stiftparfüm.

[1401] EuGH GRUR 2011, 1025 Rn. 119 – L'Oréal/eBay; BGH GRUR 2011, 1038 Rn. 22 – Stiftparfüm.

[1402] EuGH GRUR 2011, 1025 Rn. 113, 119 – L'Oréal/eBay.

[1403] EuGH GRUR 2011, 1025 Rn. 116 – L'Oréal/eBay; BGH GRUR 2011, 1038 Rn. 23 – Stiftparfüm; GRUR 2013, 1229 Rn. 37 – Kinderhochstühle im Internet II; GRUR 2015, 485 Rn. 55 – Kinderhochstühle im Internet III.

[1404] BGH GRUR 2011, 1038 Rn. 22 – Stiftparfüm.

Dritten stammen. Ein Hosting findet zB statt beim Betrieb von Suchmaschinen,[1405] Online-Marktplätzen,[1406] Schwarzen Brettern (sog. Bulletin Boards), Chatrooms, Plattformen für User Generated Content,[1407] Bewertungsportalen,[1408] Meinungsforen, Sozialen Medien,[1409] bei Cloud-Angeboten, durch Filehoster und Sharehoster[1410] sowie beim Betrieb von Foto- oder Video-Plattformen[1411] und durch Domain-Parking-Dienste.[1412]

582 **gg) Reichweite der Haftungsprivilegierung.** Früher war streitig, ob die **Haftungsprivilegierung** des § 10 S. 1 TMG **auf Unterlassungsansprüche** anwendbar ist. Der BGH hatte ursprünglich die Auffassung vertreten, dass dieses Haftungsprivileg nur auf die strafrechtliche Verantwortlichkeit und die Schadensersatzhaftung, aber nicht auf Unterlassungsansprüche Anwendung findet und dies aus § 7 Abs. 2 S. 2 TMG, Art. 14 und Erwägungsgrund 48 der E-Commerce-RL hergeleitet.[1413] Dies sollte auch für den vorbeugenden Unterlassungsanspruch gelten.[1414] Dem stand die Rspr. des EuGH gegenüber, der bei der Auslegung von Art. 14 Abs. 1, Art. 15 Abs. 1 der E-Commerce-RL, deren Umsetzung §§ 10 S. 1, 7 Abs. 2 TMG dienen, gerade nicht zwischen der Haftung auf Schadensersatz und Unterlassung unterscheidet.[1415] Nachdem der BGH anschließend ebenfalls die Haftungsprivilegierung gem. Art. 14 Abs. 1, Art. 15 Abs. 1 der E-Commerce-RL im Rahmen von Unterlassungsansprüchen bei der Frage des Bestehens und des Umfangs von Prüfungspflichten erörtert hatte,[1416] wurde zum Teil davon ausgegangen, dass der BGH an seiner bisherigen Rspr. nicht mehr festhalten und die Privilegierung des § 10 TMG auch auf Unterlassungsansprüche anwenden wolle.[1417]

583 Inzwischen erkennt der I. ZS des BGH die **Haftungsprivilegierung** nach §§ 7 Abs. 2, 10 S. 1 Nr. 1 TMG auch im Rahmen des wettbewerbsrechtlichen Unterlassungsanspruches an. Er führt dabei aber keine gesonderte Prüfung durch, ob der Unterlassungsanspruch durch diese Normen von vornherein ausgeschlossen oder blockiert wird, sondern lässt deren Wertungen **innerhalb der Anwendung der allgemeinen Grundsätze** zur Geltung kommen. Generelle Überwachungspflichten bestehen für Telemediendiensteanbieter deshalb nicht. Nicht ausgeschlossen sind hingegen **Überwachungspflichten in spezifischen Fällen.** Diensteanbieter, die von Nutzern bereitgestellte Informationen speichern, müssen außerdem nach Erwägungsgrund 48 der E-Commerce-RL die nach vernünftigem Ermessen von ihnen zu erwartende und in innerstaatlichen Rechtsvorschriften niedergelegte Sorgfaltspflicht anwenden, um bestimmte Arten rechtswidriger Tätigkeiten aufzudecken

---

1405 BGH GRUR 2018, 642 Rn. 29 – Internetforum.

1406 EuGH GRUR 2011, 1025 Rn. 107 ff. – L'Oréal/eBay; BGH GRUR 2004, 860 (863) – Internet-Versteigerung I; GRUR 2007, 709 Rn. 45 – Internet-Versteigerung II; MMR 2012, 815 Rn. 4 – Stiftparfüm (Anhörungsrüge).

1407 BGH GRUR 2012, 311 Rn. 19 – Blog-Eintrag; OLG Dresden ZUM-RD 2015, 452 (453).

1408 BGH GRUR 2016, 855 Rn. 23 – www.jameda.de.

1409 EuGH GRUR 2012, 382 Rn. 27 – SABAM/Netlog.

1410 BGH GRUR 2013, 370 Rn. 21 – Alone in the Dark.

1411 OLG Zweibrücken MMR 2009, 541 (542); OLG Hamburg MMR 2011, 49 (50); ZUM-RD 2016, 83 (94) – YouTube.

1412 BGH GRUR 2011, 617 – Sedo.

1413 BGH GRUR 2004, 860 (862 f.) – Internet-Versteigerung I; (VI. ZS) GRUR 2007, 724 Rn. 7 – Meinungsforum; GRUR 2007, 708 Rn. 19 – Internet-Versteigerung II; GRUR 2007, 890 Rn. 20 – Jugendgefährdende Medien bei eBay; (VI. ZS) GRUR 2009, 1093 Rn. 17 – Focus Online; GRUR 2010, 616 Rn. 22 f. – marions-kochbuch.de; GRUR 2011, 152 Rn. 26 – Kinderhochstühle im Internet I; (VI. ZS) GRUR 2012, 311 Rn. 19 – Blog-Eintrag; ebenso OLG Hamburg ZUM 2011, 936 (941) – A&O Hostel; OLG Düsseldorf GRUR-RR 2013, 433 (435) – Internetportal; *Spindler* GRUR 2011, 101 (102).

1414 Vgl. BGH GRUR 2007, 708 Rn. 19 – Internet-Versteigerung II.

1415 Vgl. EuGH GRUR 2010, 445 Rn. 114 ff. – Google France und Google; GRUR 2011, 1025 Rn. 107, 108, 139 – L'Oréal.

1416 Vgl. BGH GRUR 2011, 617 Rn. 38 ff. – Sedo; GRUR 2011, 1038 Rn. 22 – Stiftparfum; GRUR 2013, 370 Rn. 28 – Alone in the Dark; GRUR 2013, 1229 Rn. 35 f. – Kinderhochstühle im Internet II.

1417 So KG ZUM 2013, 886 (889); *v. Ungern-Sternberg* GRUR 2012, 321 (327).

und zu verhindern.[1418] Diese vom BGH aufgestellten Grundsätze stehen, wie er stets betont,[1419] im Einklang mit der Rspr. des EuGH.[1420]

584 **Spezifische Überwachungspflichten** sind also gerade die, die sich aus den **wettbewerbsrechtlichen Verkehrspflichten** als allgemeiner Haftungsgrundsätze ergeben.[1421] Letztlich wird also der materiellen **Privilegierung der §§ 7–10 im Rahmen der Abwägung** Geltung verschafft, die bei der Prüfung der Verletzung wettbewerbsrechtlicher Verkehrspflichten stets stattfindet. Telemediendiensteanbieter sind also nicht *per se* von einer Haftung für wettbewerbsrechtliche Verkehrspflichten ausgenommen. Die sie treffenden Verkehrspflichten können aber nach Maßgabe dieser Vorschriften inhaltlich begrenzt werden.[1422]

585 Eine vergleichbare Handhabung liegt der Rspr. des VI. ZS des BGH zugrunde: Danach ist ein Host-Provider zur Vermeidung einer Haftung als „mittelbarer Störer" grundsätzlich nicht verpflichtet, die von den Nutzern in das Netz gestellten Beiträge vor der Veröffentlichung auf eventuelle Rechtsverletzungen zu überprüfen. Er ist aber verantwortlich, sobald er Kenntnis von der Rechtsverletzung erlangt. Weist ein Betroffener den Hostprovider zB auf eine Verletzung seines Persönlichkeitsrechts durch den Nutzer seines Angebots hin, kann der Host-Provider verpflichtet sein, künftig derartige Störungen zu verhindern, wenn eine Abwägung zwischen dem Recht des Betroffenen auf Schutz seiner Persönlichkeit aus Art. 1 Abs. 1 iVm Art. 2 Abs. 1 GG, Art. 8 Abs. 1 EMRK und dem durch Art. 5 Abs. 1 GG, Art. 10 EMRK geschützten Recht des Providers auf Meinungs- und Medienfreiheit den Ausschlag zugunsten des Betroffenen ergibt.[1423]

586 **g) Voraussetzungen der Haftung für die Verletzung wettbewerbsrechtlicher Verkehrspflichten. aa) Geschäftliche Handlung.** Voraussetzung einer wettbewerbsrechtlichen Haftung als Täter ist gem. § 2 Abs. 1 Nr. 1 stets eine **geschäftliche Handlung.** Eine solche ist ohne weiteres etwa in der Bereitstellung einer **Plattform für Internetauktionen** zu sehen.[1424] **Medien,** Presseorgane und Verlage nehmen nach der grundrechtlichen Wertung des Art. 5 Abs. 1 GG bei der Berichterstattung grundsätzlich keine geschäftlichen Handlungen vor.[1425] Anderes gilt im **Anzeigengeschäft:** Schon auf der Grundlage des UWG 1909 reichte es für die Annahme eines Wettbewerbsverhältnis aus, dass in objektiver Hinsicht ein Verhalten vorliegt, das geeignet ist, den Absatz oder Bezug einer Person zum Nachteil einer anderen zu begünstigen und dass der Handelnde dabei in subjektiver Hinsicht in der Absicht vorgeht, den eigenen oder fremden Wettbewerb zum Nachteil eines anderen, zu fördern, sofern diese Absicht nicht völlig hinter andere Beweggründe zurücktritt.[1426] Im Anzeigengeschäft eines Zeitungsverlags hat der BGH die Förderung fremden Wettbewerbs gesehen, da dieses – neben der Förderung des eigenen Wettbewerbs – stets auch dem Zweck der Unterstützung des Wettbewerbs des Anzeigenkunden dient.[1427] Dieser Grundsatz hat 2004 in § 2 Abs. 1 Nr. 1 eine ausdrückliche Bestätigung erfahren; der Wortlaut „zu Gunsten des eigenen oder eines fremden Unternehmens" stellt

[1418] StRspr, vgl. BGH GRUR 2011, 617 Rn. 40 – Sedo; GRUR 2011, 1038 Rn. 22 ff. – Stiftparfum; GRUR 2015, 485 Rn. 51 – Kinderhochstühle im Internet III; GRUR 2015, 1129 Rn. 31 – Hotelbewertungsportal; GRUR 2016, 268 Rn. 19 – Störerhaftung des Access-Providers.

[1419] Vgl. BGH GRUR 2011, 1038 Rn. 22 – Stiftparfum; GRUR 2013, 370 Rn. 28 – Alone in the Dark; GRUR 2013, 1229 Rn. 35 f. – Kinderhochstühle im Internet II; GRUR 2015, 1129 Rn. 31 – Hotelbewertungsportal.

[1420] EuGH GRUR 2011, 1025 Rn. 109 ff., 139, 144 – L'Oréal/eBay; GRUR 2012, 265 Rn. 36 ff. – Scarlet/SABAM; GRUR 2012, 382 Rn. 34 ff. – SABAM/Netlog.

[1421] Vgl. BGH GRUR 2015, 1129 Rn. 31 – Hotelbewertungsportal.

[1422] Vgl. *Löffler* FS Bornkamm, 2014, 37 (43).

[1423] BGH GRUR 2018, 642 Rn. 32 – Internetforum.

[1424] BGH GRUR 2007, 890 Rn. 23 – Jugendgefährdende Medien bei eBay zum Tatbestandsmerkmal der Wettbewerbshandlung in § 2 Abs. 1 Nr. 1 UWG 2004.

[1425] BGH GRUR 2006, 875 Rn. 23 ff. – Rechtsanwalts-Ranglisten.

[1426] BGH GRUR 1993, 53 (54) – Ausländischer Inserent.

[1427] BGH GRUR 1973, 201 (204) – Badische Rundschau; GRUR 1993, 53 (54) – Ausländischer Inserent; GRUR 1995, 600 (601) – H. I. V. POSITIVE.

klar, dass eine Wettbewerbshandlung nicht nur bei Förderung des eigenen, sondern auch eines fremden Unternehmens vorliegen kann, was beim Anzeigengeschäft typischerweise der Fall ist.[1428] Auch das Bereithalten einer Bewertungsfunktion und das Publizieren der Hotelbewertungen von Kunden auf einem Hotelbuchungsportal stellen geschäftliche Handlungen dar, wenn das Bewertungsportal Teil eines gewerblichen Online-Reisebüros ist.[1429]

587 Ob derjenige Nutzer, der die konkret zu Beanstandungen führende Handlung selbst vornimmt und zB das nachgeahmte Produkt bewirbt, die Hotelbewertung abgibt oder die jugendgefährdende Schrift zum Kauf anbietet etc, eine eigene **geschäftliche Handlung** vornimmt oder im privaten Bereich handelt, ist unerheblich. Der **Mittler** kann auch dann haften, wenn der unmittelbar Handelnde mangels einer eigenen geschäftlichen Handlung nicht selbst für einen UWG-Verstoß zur Rechenschaft gezogen werden kann. Da es sich bei der Verletzung wettbewerbsrechtlicher Verkehrspflichten nach der Rspr. um ein **eigenes Verhaltensunrecht** und nicht um eine bloße Teilnahme oder einen bloßen Verursachungsbeitrag zu einem Störungszustand handelt (→ Rn. 534 f.), besteht gerade **keine Akzessorietät zu einer rechtswidrigen Haupttat.**[1430] Insoweit reicht das neue Haftungsmodell weiter als die alte Störerhaftung (vgl. → Rn. 527 ff.). Wenn in dieser Kommentierung von „Verstößen" durch die Nutzer die Rede ist, ist damit also nicht gemeint, dass die Nutzer zwingend selbst eine unlautere geschäftliche Handlung und damit ein Wettbewerbsverstoß begehen. Gemeint sind solche Handlungen, die geschäftliche Handlung bzw. Wettbewerbsverstöße wären, wenn der in Anspruch genommene Mittler sie vornehmen würde.

588 **bb) Ingerenz: Setzen einer Gefahr der Interessenverletzung durch Dritte. (a) Grundsatz.** Wettbewerbsrechtliche Verkehrspflichten sind **Garantenpflichten aus Ingerenz** (näher → Rn. 480 ff.).[1431] Grund der Haftung ist also ein objektiv gefahrbegründendes oder gefahrerhöhendes Verhalten.[1432] Gefordert wird ein Verhalten, das die Gefahr mit sich bringt, dass Interessen der Marktteilnehmer (vgl. § 1) durch Dritte in stärkerem Maße beeinträchtigt werden als dies ohne das Verhalten der Fall wäre. Verkehrspflichten können sich selbstverständlich immer nur insoweit ergeben, als ein **Verkehr eröffnet** worden ist, der **rechtsverletzende Handlungen Dritter ermöglicht,** also zB von Nutzern einer Online-Vermittlungsplattform.[1433]

589 Anknüpfungspunkt der Verkehrspflichten ist dabei aber in aller Regel nicht ein irgendwie zu beanstandendes Verhalten.[1434] Zu beanstanden ist ein Verhalten nämlich erst, wenn es gegen wettbewerbsrechtliche Verkehrspflichten verstößt. Das gefahrbegründende oder gefahrerhöhende Verhalten, an das die Garantenpflicht aus Ingerenz anknüpft, steht, wenn es der Umsetzung eines von der Rechtsordnung gebilligten Geschäftsmodells dient (zB das des Internet-Auktionshauses eBay[1435]), mit der Rechtsordnung im Einklang und ist als solches gerade nicht zu beanstanden.[1436] Soweit ein Geschäftsmodell gezielt auf Rechtsverletzungen durch die Nutzer angelegt[1437] und deshalb an sich zu beanstanden ist, können

[1428] OLG Düsseldorf GRUR-RR 2013, 433 (434) – Internetportal; *Köhler*/Bornkamm/Feddersen § 2 Rn. 68.

[1429] BGH GRUR 2015, 1129 Rn. 17 – Hotelbewertungsportal; OLG Hamburg ZUM 2011, 936 (939) – A&O Hostel.

[1430] *Köhler* GRUR 2008, 1 (3); *Leistner* GRUR-Beil. 2010, 1 (3 f.); aA *Neuhaus* S. 147 ff.

[1431] BGH GRUR 2014, 883 Rn. 22 – Geschäftsführerhaftung.

[1432] BGH GRUR 2007, 890 Rn. 36 – Jugendgefährdende Medien bei eBay; OLG Frankfurt a. M. GRUR-RR 2008, 93 (94) – Access-Provider.

[1433] Vgl. OLG Hamburg GRUR-RR 2020, 422 Rn. 54 – Hacker-Angriff (zum Urheberrecht).

[1434] AA *Ohly*/Sosnitza § 8 Rn. 126.

[1435] Vgl. BGH GRUR 2004, 860 (864) – Internet-Versteigerung I; GRUR 2007, 708 Rn. 47 – Internet-Versteigerung II; GRUR 2007, 890 Rn. 30 – Jugendgefährdende Medien bei eBay; GRUR 2011, 152 Rn. 42 – Kinderhochstühle im Internet I; OLG Hamburg GRUR-RR 2013, 94 (96) – Kinderhochstühle II.

[1436] So auch *Ohly*/Sosnitza § 8 Rn. 120.

[1437] Vgl. BGH GRUR 2009, 841 Rn. 21 – Cybersky (zum Urheberrecht).

hieraus zwar besonders strenge und umfangreiche Verkehrspflichten erwachsen (→ Rn. 601). Die Garantenpflicht aus Ingerenz ist aber an sich völlig unabhängig von einem Unwerturteil über die gefahrbegründende Tätigkeit (→ Rn. 480). Es genügt deshalb auf einer ersten Stufe der Betrachtung, wenn das Verhalten objektiv **adäquat-kausal** (hierzu *Goldmann* → § 9 Rn. 144) und zurechenbar[1438] die **Gefahr verursacht**[1439] **oder erhöht,**[1440] dass **Dritte** das Verhalten oder den durch das Verhalten hervorgerufenen Zustand dazu nutzen, durch das Wettbewerbsrecht **geschützte Interessen der Marktteilnehmer** zu **beeinträchtigen.**[1441]

Ob aus der Eröffnung einer Gefahrenquelle eine **Garantenpflicht** folgt und wie weit sie geht ist aber auch bei der Verletzung wettbewerblicher Verhaltenspflichten auf einer zweiten Stufe der Betrachtung nach den allgemeinen Regeln von einer **Interessenabwägung im Einzelfall** abhängig, in die auch übergeordnete Aspekte wie die Nützlichkeit eines Geschäftsmodells oder (verfassungs)rechtliche Grundwertungen einfließen (→ Rn. 602 ff.).[1442] Die Gefahr der Verletzung von Immaterialgüterrechten begründet jedenfalls keine wettbewerbsrechtliche Verkehrspflicht, da es sich hierbei um Regelungen ohne Marktbezug handelt. Hier ist die immaterialgüterrechtliche Störerhaftung einschlägig, die nach denselben Maßstäben gehandhabt wird.[1443] Inzwischen hat sich zur Begründung wettbewerbsrechtlicher Verkehrspflichten eine stark ausdifferenzierte **Kasuistik** entwickelt: 590

(b) Kasuistik. (α) Garantenstellung als Grundlage einer wettbewerbsrechtlichen Verkehrspflicht der Sache nach bejaht. Dem Betrieb der **Internet-Handelsplattform eBay** ist die Gefahr immanent, dass sie von Verkäufern zum Vertrieb indizierter jugendgefährdender, volksverhetzender und gewaltverherrlichender der Medien genutzt wird.[1444] Mit dem Betrieb dieser Handelsplattform wird auch die Gefahr einer Verbreitung beliebiger anderer Inhalte und damit allgemein das Risiko für die Verletzung des UWG oder anderer Rechtsnormen geschaffen.[1445] Die Tätigkeit als **Händler auf Amazon-Marketplace** ist birgt die Gefahr von Wettbewerbsverstößen in sich, weil **Dritte die Produktbeschreibung ändern** können; dadurch besteht die Gefahr, das ursprünglich richtige unzulässige Angebote durch Handlungen Dritter in rechtswidriger Weise geändert werden.[1446] Eine Gefahrenquelle für die Verbreitung unwahrer, beleidigender oder sonst unzulässiger Aussagen schafft, wer Internetnutzern auf einer **Bewertungsplattform** die Möglichkeit bietet, sich anonym wertend über die bewerteten Unternehmen und ihre Leistungen zu äußern.[1447] Das Setzen eines **Hyperlinks** erhöht die Gefahr der Verbreitung etwaiger rechtswidriger Inhalte, die sich auf den verlinkten Internetseiten Dritter befinden.[1448] Das Schalten einer **Adword-Kampagne** bringt die Gefahr mit sich, dass der Algorithmus der Suchmaschine in einer nicht vorhersehbaren Weise aus für sich genommen unverfänglichen Adwords irreführende Zusammenhänge konstruiert und in der geschalteten Anzeige ausweist.[1449] Das **Veröffentlichen von** ungeprüften **Anzeigen** durch einen **Zeitschriftenverlag** eröffnet den Inserenten die Möglichkeit, Anzeigen jedweden Inhalts zu schalten, und birgt so die Gefahr der Irreführung der Leser und der Verletzung von 591

1438 BGH GRUR 2007, 890 Rn. 24 – Jugendgefährdende Medien bei eBay.

1439 Vgl. BGH GRUR 2007, 890 Rn. 24 – Jugendgefährdende Medien bei eBay.

1440 Vgl. BGH GRUR 2016, 209 Rn. 23 – Haftung für Hyperlinks.

1441 Vgl. BGH GRUR 2007, 890 Rn. 24 – Jugendgefährdende Medien bei eBay; GRUR 2015, 1129 Rn. 42 – Hotelbewertungsportal; GRUR 2020, 543 Rn. 36 – Kundenbewertungen bei Amazon.

1442 BGH GRUR 2020, 543 Rn. 36 ff. – Kundenbewertungen bei Amazon.

1443 OLG München ZUM-RD 2012, 344 (347 f.) – Internet-Branchenverzeichnis.

1444 BGH GRUR 2007, 890 Rn. 24 f. – Jugendgefährdende Medien bei eBay.

1445 OLG Frankfurt a. M. GRUR-RR 2008, 93 (94) – Access-Provider.

1446 BGH GRUR 2016, 936 Rn. 23 f. – Angebotsmanipulation bei Amazon; OLG Frankfurt a. M. GRUR-RR 2020, 311 Rn. 35 – TomTrend; LG München I 13.12.2016 – 33 O 16840/15 – Mensch ärgere Dich nicht; LG Düsseldorf 9.8.2017 – 2a O 45/17 – TomTrend.

1447 BGH GRUR 2014, 1228 Rn. 34 – Ärztebewertung II; GRUR 2015, 1129 Rn. 42 – Hotelbewertungsportal; GRUR 2016, 855 Rn. 40 – www.jameda.de.

1448 Vgl. BGH GRUR 2016, 209 Rn. 23 – Haftung für Hyperlinks.

1449 Vgl. OLG Schleswig MMR 2017, 480 Rn. 26 – Wheel Clean Tec.

Vorschriften zum Schutz der Verbraucher.[1450] Die Einrichtung und der Betrieb eines **Portals für** kostenlose anonyme **Kleinanzeigen** schafft die Gefahr, dass ein solches Portal für gewerbliche Angebote genutzt wird, deren Anbieter die Impressumspflicht verletzen und entgegen § 5 Abs. 1 Nr. 1 TMG in der Anzeige ihren Namen und ihre Anschrift nicht nennen.[1451] Dies gilt selbstverständlich auch für die Bereitstellung einer **Plattform für gewerbliche Angebote.**[1452] Mit der Überlassung von **Rufnummern** an ihre Nutzer schafft eine Telefongesellschaft die Gefahr, dass die Nutzer unter Zuhilfenahme dieser Rufnummern Wettbewerbsverstöße gem. § 7 Abs. 2 Nr. 2 begehen.[1453]

592 **(β) Garantenstellung als Grundlage einer wettbewerbsrechtlichen Verkehrspflicht der Sache nach verneint.** Da sich Verkehrspflichten immer nur insoweit ergeben können, als ein Verkehr eröffnet worden ist, der rechtsverletzende Handlungen Dritter ermöglicht, haftet der Betreiber einer Webseite nicht für rechtsverletzende Inhalte, die nicht über den mit dem Betrieb der Internetseite eröffneten Verkehr geschehen (wie dies beim Einstellen rechtsverletzender Angebote oder Informationen durch Nutzer einer Online-Vermittlungsplattform der Fall wäre), sondern über eine **von Hackern entdeckte Sicherheitslücke** im so genannten Backend, einem passwortgeschützten Bereich der Internetseite, zu dem Nutzer keinen Zugang haben.[1454] **Keine Gefahrenquelle** für die Begehung von Wettbewerbsverstößen soll eröffnen, wer als Verbindungsnetzbetreiber Telekommunikationsdienstleistungen durch **Wiederverkauf von Sprachdiensten** im Call-by-Call-Verfahren anbietet.[1455] Ein Telekommunikationsunternehmen, das Dritten den Zugang zum Internet bereitstellt **(Access-Provider),** eröffnet ebenfalls nicht im eigenen Verantwortungsbereich eine Gefahrenquelle für Wettbewerbsverstöße, sondern ermöglicht nur den Zugang zu etwaigen Verstößen, die aus einer von einem Dritten eröffneten Gefahrenquelle herrühren.[1456] Das Angebot von Produkten auf **Online-Verkaufsplattformen mit Kundenbewertungssystemen** birgt regelmäßig die Gefahr, dass Produktbewertungen abgegeben werden, die aufgrund von irreführenden Angaben vom Wettbewerbsrecht geschützte Interessen von Marktteilnehmern verletzen können. Ob ein solches Angebot eine wettbewerbsrechtliche Verkehrspflicht begründet, die zu einer Garantenstellung aus Ingerenz führt, und welche Garantenpflichten daraus folgen, hängt von den Umständen des Einzelfalls ab.[1457] Bei der gebotenen **Abwägung** im Rahmen der Beurteilung, ob eine Garantenstellung vorliegt, die Abwendungspflichten auslöst, überwiegen jedoch im Regelfall die Umstände, die **gegen eine Garantenstellung** des Produktanbieters **für Kundenbewertungen** sprechen. Von ausschlaggebender Bedeutung ist dabei neben der Sozialadäquanz von Kundenbewertungssystemen deren grundrechtliche Dimension. Das Interesse von Verbrauchern, sich zu Produkten zu äußern und sich vor dem Kauf über Eigenschaften, Vorzüge und Nachteile eines Produkts aus verschiedenen Quellen, zu denen auch Bewertungen anderer Kunden gehören, zu informieren oder auszutauschen, wird durch die Meinungs- und Informationsfreiheit des Art. 5 Abs. 1 S. 1 GG, Art. 10 Abs. 1 S. 1 EMRK und Art. 11 Abs. 1 EU-Grundrechte-Charta verstärkt. Unter Berücksichtigung dieser grundrechtlichen Wertung trifft den Anbieter keine Rechtspflicht, irreführende Kundenbewertungen zu verhindern.[1458]

593 **cc) Inhalt der wettbewerbsrechtlichen Verkehrspflicht. (a) Stufenverhältnis der Prüfungspflichten.** Wettbewerbsrechtliche Verkehrspflichten können zwar auch in Überwachungs- und Eingreifpflichten bestehen.[1459] In den meisten Fällen konkretisiert sich die

[1450] OLG Köln LMRR 2010, 87 – Schlankheitswerbung.
[1451] OLG Frankfurt a. M. GRUR-RR 2009, 315 – Impressumspflicht.
[1452] OLG Düsseldorf GRUR-RR 2013, 433 (435) – Internetportal.
[1453] LG Hamburg 14.9.2011 – 315 O 375/11 (zw.).
[1454] Vgl. OLG Hamburg GRUR-RR 2020, 422 Rn. 54 – Hacker-Angriff (zum Urheberrecht).
[1455] OLG Frankfurt a. M. MMR 2012, 678 (679) – GSM Gateways.
[1456] OLG Frankfurt a. M. GRUR-RR 2008, 93 (94) – Access-Provider.
[1457] BGH GRUR 2020, 543 Rn. 36 – Kundenbewertungen bei Amazon.
[1458] BGH GRUR 2020, 543 Rn. 36 ff., 40 – Kundenbewertungen bei Amazon.
[1459] BGH GRUR 2014, 883 Rn. 21 – Geschäftsführerhaftung.

Verkehrspflicht als Prüfungspflicht. Über den Umfang und die Intensität der Prüfung entscheiden im Rahmen der Prüfung der Zumutbarkeit in einer **Güter- und Interessenabwägung** die Umstände des Einzelfalles. Man kann zwischen Pflichten unterschiedlicher Reichweite unterscheiden, die zueinander in einem Stufenverhältnis stehen:[1460]

Die Pflicht, einzelne **erkannte Verletzungen** im Sinne eines **„notice and take down"**[1461] des konkret benannten Inhalts abzustellen, trifft grundsätzlich jeden, der im geschäftlichen Verkehr handelt. Hierfür muss entweder ein automatischer Mechanismus eingerichtet oder es müssen Mitarbeiter dazu bestimmt werden, Beanstandungen innerhalb kürzester Zeit zu prüfen und berechtigten Beanstandungen abzuhelfen. Eine Verkehrspflicht zur Prüfung entsteht regelmäßig erst dann, wenn auf eine **klare und eindeutige Rechtsverletzung** bzw. ein klar wettbewerbswidriges Angebot hingewiesen worden ist.[1462] Das Risiko einer schleppenden bzw. einer tatsächlich oder rechtlich fehlerhaften Prüfung trägt der Prüfungspflichtige. Nach der Rspr. ist der Betreiber einer Internetplattform aber idR **nicht gehalten,** komplizierte Beurteilungen im Einzelfall durchzuführen und dazu **rechtlichen Rat einzuholen,** um festzustellen, ob das Angebot des Dritten tatsächlich wettbewerbswidrig ist.[1463] Die Hinzuziehung eines mit der Materie vertrauten Juristen soll nicht zumutbar sein.[1464] 594

Belastender ist die Pflicht, **nach einer Beanstandung gleiche** oder – weiter gehend – **ähnlich gelagerte drohende Verstöße** des gleichen Anbieters oder – noch weiter gehend – anderer Anbieter aufzuspüren und gar nicht erst zuzulassen. Auch hier ist denkbar, dass der Prüfungspflicht bereits durch den Einsatz geeigneter Filtersoftware genüge getan wird. Es ist aber nicht ausgeschlossen, in bestimmten Fällen auch eine manuelle Kontrolle durch eigens dafür eingesetzte und geschulte Mitarbeiter zu verlangen. 595

Noch stärker belastend ist eine **umfassende, anlasslose proaktive Prüfungspflicht,** der zufolge alle rechtsverletzenden Inhalte oder Angebote erkannt und unterbunden werden müssen, und zwar ohne Rücksicht darauf, ob bereits eine Rechtsverletzung vorgekommen ist oder nicht. Eine solche **Pflicht zur anlasslosen Vorabkontrolle** ohne Rücksicht auf deren Kosten und den damit verbundenen Aufwand bürdet die Rspr. keinem Unternehmer auf, der ein von der Rechtsordnung grundsätzlich gebilligtes Geschäftsmodell verfolgt. Unternehmern, deren Geschäftsmodell von vornherein auf Rechtsverletzungen und **Verstöße durch die Nutzer angelegt** ist oder die Rechtsverletzungen und Verstöße durch eigene Maßnahmen fördern, kann eine solche Vorabkontrolle aber zuzumuten sein. Sie können vor die Wahl gestellt werden, entweder eine solche Kontrolle einzuführen oder ihr Geschäft einzustellen.[1465] 596

(b) Faktoren für die Bestimmung der Prüfpflichten. (α) Allgemeines. Welche Maßstäbe anzulegen und welche Maßnahmen zumutbar sind, kann nicht allgemein festgelegt werden, sondern hängt von einer Reihe von Umständen ab und ergibt sich aus einer **Abwägung zahlreicher Faktoren.**[1466] Hierzu gehören – nicht abschließend – die nachfolgend näher dargestellten Kriterien. Für die Beurteilung der Zumutbarkeit nicht ins Gewicht fällt, wie groß der wirtschaftliche Vorteil ist, der mit der Verpflichtung des Schuldners zu bestimmten Kontrollmaßnahmen dem Gläubiger erwächst. Im Rahmen der Zumutbarkeitsbetrachtung kommt es allein darauf an, ob Verstöße auf wirksame Weise abgestellt werden, ohne dass weitere konkrete wirtschaftliche Vorteile auf Seiten des Gläubigers hinzutreten müssten.[1467] 597

[1460] *Ohly*/Sosnitza § 8 Rn. 127; *Neuhaus* S. 209 ff.

[1461] Vgl. OLG Hamburg ZUM-RD 2016, 83 (84) – YouTube; *Ohly* NJW 2016, 1417 (1419).

[1462] BGH GRUR 2007, 890 Rn. 39, 42 – Jugendgefährdende Medien bei eBay; GRUR 2011, 152 Rn. 48 – Kinderhochstühle im Internet I.

[1463] BGH GRUR 2011, 152 Rn. 48–51 – Kinderhochstühle im Internet I.

[1464] BGH GRUR 2011, 152 Rn. 48 – Kinderhochstühle im Internet I.

[1465] Vgl. BGH GRUR 2009, 841 Rn. 21 – Cybersky; GRUR 2016, 268 Rn. 26 – Störerhaftung des Access-Providers.

[1466] Mit ausführlicher Kasuistik *D. Holznagel* S. 106 ff.

[1467] Vgl. BGH GRUR 2016, 268 Rn. 59 – Störerhaftung des Access-Providers.

598 **(β) Unterscheidung zwischen aktiven und neutralen Mittlern.** Wer die **Rolle eines neutralen Vermittlers** verlässt und eine **aktive Rolle** als Unterstützer des wettbewerbswidrigen Angebots übernimmt (zB durch Schaltung von Anzeigen), dem sind erheblich erhöhte Anstrengungen zu deren Verhinderung zuzumuten.[1468] Demgegenüber noch weiter gesteigerte Prüfungspflichten sind demjenigen zuzumuten, der bei seiner Tätigkeit **Verstößen** in erheblichem Umfang **Vorschub leistet** oder sie durch eigene Maßnahmen fördert (zB aktiv durch Werbung auf die Möglichkeit einer rechtswidrigen Nutzung hinweist[1469]).[1470] Als Indiz für eine Förderung von Verstößen fällt zugunsten schärferer Prüfungspflichten ins Gewicht, wenn die Attraktivität für illegale Nutzungen durch die Möglichkeit gesteigert wird, die Dienste des Unternehmens **anonym** in Anspruch zu nehmen, womit gleichzeitig die Verfolgbarkeit der unmittelbar und eigenverantwortlich Handelnden eingeschränkt wird.[1471]

599 **(γ) Art und Bedeutung der Tätigkeit für das Allgemeininteresse.** Es wirkt sich tendenziell erleichternd auf die Prüfpflichten aus, wenn ein Unternehmen **Aufgaben im allgemeinen Interesse bzw. im öffentlichen Interesse wahrnimmt** (zB Domainvergabestelle DENIC).[1472] Überbordende Prüfungspflichten würden die effiziente Aufgabenerledigung erschweren und damit zu Lasten aller gehen.[1473] Ganz gewöhnlichen Unternehmen, die eigennützig tätig sind, kommt diese Vergünstigung nicht zugute.[1474]

600 **(δ) Gewinnerzielungsabsicht.** Für die Frage, welche Prüfungsmaßnahmen zumutbar sind, spielt es eine Rolle, ob der in Anspruch genommene Unternehmen mit **Gewinnerzielungsabsicht** handelt.[1475] Wenn einem Unternehmen ausnahmsweise die Gewinnerzielungsabsicht fehlt, setzt dies Art und Maß der Prüfungspflichten tendenziell herab.[1476] Einem Unternehmen, das eigene erwerbswirtschaftliche Zwecke verfolgt und mit Gewinnerzielungsabsicht handelt, sind demgegenüber weitergehende Prüfungspflichten zuzumuten.[1477]

601 **(ε) Gefahrgeneigtheit.** Bei einer besonderen **Gefahrgeneigtheit des konkreten Geschäftsmodells** sind deutlich strengere Maßstäbe anzulegen. Wer ein gefahrgeneigtes Geschäftsmodell verfolgt, dem sind weitergehende und umfassendere Prüfungspflichten zumutbar. Eine solche Gefahrgeneigtheit ist insbesondere dann gegeben, wenn das Geschäftsmodell von vornherein **auf Rechtsverstöße** durch die Nutzer **angelegt** ist oder der Gewerbetreibende durch eigene Maßnahmen die Gefahr einer rechtsverletzenden Nutzung fördert.[1478] Solche Maßnahmen zur Förderung rechtswidriger Nutzungen können bei einem **Sharehosting-Dienst** im Angebot besonders attraktiver Premium-Accounts, der Vergütung von Downloads, der Löschung unattraktiver Daten sowie der Gewährung von Anonymität bestehen.[1479] Bei einer derartigen Gefahrgeneigtheit können Unternehmer, die keine Diensteanbieter sind und die Privilegierung des § 10 S. 1 TMG nicht in Anspruch nehmen können, schon vor Erlangung der Kenntnis von einer konkreten Verletzung dazu

1468 BGH GRUR 2013, 1229 Rn. 48 – Kinderhochstühle im Internet II.
1469 Vgl. BGH GRUR 2009, 841 Rn. 21 f. – Cybersky.
1470 BGH GRUR 2015, 1129 Rn. 36 – Hotelbewertungsportal.
1471 Vgl. BGH GRUR 2013, 1030 Rn. 40 f. – File-Hosting-Dienst.
1472 BGH GRUR 2001, 1038 (1040) – ambiente.de; GRUR 2012, 651 Rn. 25 – regierung-oberfranken.de.
1473 BGH GRUR 2001, 1038 (1040) – ambiente.de; GRUR 2012, 651 Rn. 25 – regierung-oberfranken.de.
1474 BGH GRUR 2011, 617 Rn. 45 – Sedo.
1475 BGH GRUR 2015, 485 Rn. 50 – Kinderhochstühle im Internet III.
1476 BGH GRUR 2001, 1038 (1040) – ambiente.de; GRUR 2012, 651 Rn. 25 – regierung-oberfranken.de.
1477 BGH GRUR 2011, 617 Rn. 45 – Sedo.
1478 BGH GRUR 2009, 841 Rn. 21 f. – Cybersky; GRUR 2011, 617 Rn. 44 ff. – Sedo; GRUR 2013, 1030 Rn. 44. – File-Hosting-Dienst.
1479 LG München I MMR 2017, 53 (56).

verpflichtet sein, **die Gefahr auszuräumen.**[1480] Diese kann durch eine geeignete Vorabprüfung geschehen. Kann der Unternehmer eine solche Prüfung nicht zu für ihn wirtschaftlich erträglichen Bedingungen leisten, ist es ihm sogar zuzumuten, sein Geschäft einzustellen.[1481] Dies ist der entscheidende Unterschied zu den Geschäftsmodellen, die von der Rechtsordnung gebilligt werden und nicht durch die Auferlegung von Prüfungspflichten „um jeden Preis" in ihrem Bestand gefährdet werden dürfen.[1482]

(ζ) Keine Gefährdung billigenswerter Geschäftsmodelle. Für die Abwägung, welche Prüfungspflichten **zumutbar** sind, kommt in diesem Zusammenhang insbesondere dem zur Störerhaftung im Immaterialgüterrecht entwickelten Aspekt[1483] Bedeutung zu, ob mit der Auferlegung von Prüfungspflichten ein **„von der Rechtsordnung gebilligtes Geschäftsmodell"** in Frage gestellt wird. Solche Geschäftsmodelle dürfen nicht durch die Auferlegung von Kontrollmaßnahmen gefährdet oder unverhältnismäßig erschwert werden.[1484] Die Abgrenzung zwischen gebilligten und missbilligten Geschäftsmodellen erfolgt danach, ob die unlautere bzw. rechtsverletzende Nutzung im Verhältnis zur legalen Nutzung und dem daran bestehenden Allgemeininteresse ein gewisses Gewicht und eine gewisse Häufigkeit aufweist.[1485] 602

Kasuistik: Von der Rechtsordnung gebilligte Geschäftsmodelle betreiben **Access-Provider,**[1486] also Telekommunikationsunternehmen, die Dritten den Zugang zum Internet bereitstellen, wie die **Deutsche Telekom**[1487] ebenso wie Content-Provider, die im Internet Inhalte bereitstellen, wie das Internet-Auktionshaus **eBay.**[1488] Gleiches gilt etwa für Internet-Suchmaschinen wie **Google.**[1489] Ein von der Rechtsordnung gebilligtes Geschäftsmodell verfolgt auch die Domainvergabestelle **DENIC.**[1490] Auch das **Domain-Parking-Programm** Sedo ist ein von der Rechtsordnung gebilligtes Geschäftsmodell, das nicht in erster Linie für Kennzeichenverletzungen, sondern in großem Umfang legal und sinnvoll genutzt werden kann.[1491] **File-Hosting-Dienste** bieten Speicherplatz für den Upload von Dateien beliebigen Inhalts sowie die Möglichkeit, diese Inhalte sodann über einen von der Bekl. zur Verfügung gestellten Download-Link abzurufen sowie auch über diesen Download-Link anderen Nutzern zur Verfügung zu stellen. Sie verfolgen an sich ebenfalls ein von der Rechtsordnung gebilligtes Geschäftsmodell, das nicht von vornherein auf Rechtsverletzungen angelegt ist, sondern für das legale Nutzungsmöglichkeiten, für die ein beträchtliches technisches und wirtschaftliches Bedürfnis besteht, in großer Zahl vorhanden und üblich sind.[1492] Auch **Bewertungsportale** im Internet sind von der Rechtsordnung gebilligte Geschäftsmodelle.[1493] 603

1480 BGH GRUR 2009, 841 Rn. 21 – Cybersky; vgl. auch BGH GRUR 2016, 268 Rn. 26 – Störerhaftung des Access-Providers.

1481 BGH GRUR 2009, 841 Rn. 21 – Cybersky.

1482 BGH GRUR 2016, 268 Rn. 26 – Störerhaftung des Access-Providers.

1483 BGH GRUR 2004, 860 (864) – Internet-Versteigerung I; GRUR 2007, 708 Rn. 47 – Internet-Versteigerung II; vgl. auch BGH GRUR 2001, 1038 (1040) – ambiente.de.

1484 StRspr, vgl. BGH GRUR 2004, 860 (864) – Internet-Versteigerung I; GRUR 2007, 708 Rn. 47 – Internet-Versteigerung II; GRUR 2007, 890 Rn. 30 – Jugendgefährdende Medien bei eBay; GRUR 2011, 617 Rn. 45 – Sedo; GRUR 2013, 1229 Rn. 47 – Kinderhochstühle im Internet II; GRUR 2016, 268 Rn. 19 – Störerhaftung des Access-Providers; instruktiv *Danckwerts* GRUR-Prax 2011, 260.

1485 *Danckwerts* GRUR-Prax 2011, 260 (261); *Leistner* GRUR-Beil. 2010, 1 (31) Fn. 333; *Spindler* GRUR 2011, 101 (108).

1486 BGH GRUR 2016, 268 Rn. 26, 44 – Störerhaftung des Access-Providers; OLG Hamburg ZUM-RD 2009, 439 (448) – Alphaload; OLG München GRUR 2018, 1050 Rn. 52 – Kinox.to.

1487 *Danckwerts* GRUR-Prax 2011, 260 mit weiteren Beispielen.

1488 BGH GRUR 2007, 890 Rn. 30 – Jugendgefährdende Medien bei eBay; vgl. auch BGH GRUR 2004, 860 (864) – Internet-Versteigerung I; GRUR 2007, 708 Rn. 47 – Internet-Versteigerung II.

1489 Vgl. EuGH GRUR 2010, 445 Rn. 94 – Google France und Google.

1490 BGH GRUR 2001, 1038 (1040) – ambiente.de.

1491 BGH GRUR 2011, 617 Rn. 46 – Sedo.

1492 BGH GRUR 2013, 1030 Rn. 34 ff. – File-Hosting-Dienst.

1493 BGH GRUR 2015, 1129 Rn. 37 – Hotelbewertungsportal; GRUR 2016, 855 Rn. 40 – www.jameda.de.

604 **Keine Billigung** durch die Rspr. fand zB das Geschäftsmodell eines Versicherungsvereins, der eine Struktur bereitstellte, die öffentlichen Auftraggebern die **Umgehung von vergaberechtlichen Vorschriften** ermöglichte.[1494]

605 **(η) Grundrechtliche Wertungen. Grundrechtliche Wertungen** haben in die Interessenabwägung zur Bestimmung der Zumutbarkeit einzufließen.[1495] Grundrechte sind zwar primär Abwehrrechte des Bürgers gegenüber dem Staat, die nicht unmittelbar zwischen Privaten gelten, jedoch als Verkörperung einer objektiven Wertordnung **auf die Auslegung des Privatrechts** – insbesondere seiner Generalklauseln – **ausstrahlen** (sog. **mittelbare Drittwirkung der Grundrechte**[1496]). Die betroffenen Grundrechte der Beteiligten sind mithin bei der umfassenden Interessenabwägung zu berücksichtigen, die im Rahmen der Verletzung wettbewerbsrechtlicher Verkehrspflichten bei der lediglich nach Art einer Generalklausel umschriebenen Bestimmung zumutbarer Prüfungspflichten vorzunehmen ist.[1497]

606 Von Bedeutung sind insbesondere die **Meinungs- und Pressefreiheit** des Art. 5 Abs. 1 GG,[1498] **Art. 11 EU-Grundrechte-Charta** und die **Berufsfreiheit** gem. Art. 12 GG bzw. das Recht auf unternehmerische Freiheit gem. Art. 16 EU-Grundrechte-Charta.[1499] Die Rspr. lässt auch andere Grundrechte in die Abwägung mit einfließen, namentlich das **Recht auf den Schutz des Eigentums** gem. Art. 14 GG bzw. Art. 17 EU-Grundrechte-Charta sowie das **Recht auf einen wirksamen Rechtsbehelf** aus Art. 47 EU-Grundrechte-Charta. Wenn es um die Auslegung der E-Commerce-Richtlinie geht, die den §§ 7–10 TMG zu Grunde liegt, kommen nicht die deutschen Grundrechte, sondern die der EU-Grundrechte-Charta zur Anwendung.[1500] Die Mitgliedstaaten haben bei der Umsetzung der E-Commerce-RL darauf zu achten, dass sie ein angemessenes Gleichgewicht zwischen den durch die Unionsrechtsordnung geschützten Grundrechten sicherstellen.[1501] Das nationale Recht ist also unter Beachtung der Grundrechte der Europäischen Union und des Verhältnismäßigkeitsgrundsatzes auszulegen und anzuwenden.[1502]

607 **(θ) Wertungen des TMG.** Für **Telemediendiensteanbieter** sind die **Wertungen der §§ 7–10 TMG** zu berücksichtigen (→ Rn. 559 ff.).[1503] Hier wiederum sind – wie dargelegt – bei der richtlinienkonformen Interpretation nach den Maßstäben der E-Commerce-RL die Grundrechte der EU-Grundrechte-Charta zu beachten.

608 **(ι) Gewicht der gefährdeten Interessen.** Das **Gewicht der gefährdeten Interessen** bzw. die **Intensität der Gefahr,** deren Verwirklichung die Einhaltung der Verkehrspflichten verhindern soll, sind ebenfalls zu berücksichtigen.[1504] Je gewichtiger die geschützten Interessen des Gläubigers sind, desto schärfere Prüfungspflichten können den Schuldner treffen.

[1494] BGH GRUR 2008, 810 Rn. 38 – Kommunalversicherer.

[1495] BGH GRUR 2016, 268 Rn. 31 f. – Störerhaftung des Access-Providers (zur Störerhaftung); *Löffler* FS Bornkamm, 2014, 37 (43).

[1496] Grdl. BVerfGE 7, 198 (205 ff.) – Lüth; zur Störerhaftung vgl. BGH GRUR 2016, 268 Rn. 32 – Störerhaftung des Access-Providers.

[1497] So zur Störerhaftung BGH GRUR 2016, 268 Rn. 32 – Störerhaftung des Access-Providers.

[1498] Vgl. BGH GRUR 2004, 693 (695) – Schöner Wetten.

[1499] BGH GRUR 2016, 268 Rn. 36 f. – Störerhaftung des Access-Providers.

[1500] BGH GRUR 2015, 485 Rn. 64 – Kinderhochstühle im Internet III; GRUR 2016, 268 Rn. 31 ff. – Störerhaftung des Access-Providers (auch zum Verhältnis zwischen deutschem und europäischen Grundrechtsschutz).

[1501] EuGH GRUR 2008, 241 Rn. 68 – Promusicae; GRUR 2014, 468 Rn. 46 – UPC Telekabel; BGH GRUR 2016, 268 Rn. 31 – Störerhaftung des Access-Providers.

[1502] EuGH GRUR 2014, 468 Rn. 45 f. – UPC Telekabel; BGH GRUR 2016, 268 Rn. 31 ff. – Störerhaftung des Access-Providers.

[1503] BGH GRUR 2011, 617 Rn. 40 – Sedo; GRUR 2015, 1129 Rn. 31 – Hotelbewertungsportal; *Löffler* FS Bornkamm, 2014, 37 (43).

[1504] Vgl. BGH GRUR 2007, 890 Rn. 40 – Jugendgefährdende Medien bei eBay; *Ahrens* WRP 2007, 1281 (1289); *Köhler* GRUR 2008, 1 (4).

(κ) Eigenverantwortung des unmittelbar Handelnden. Auch die **Eigenverantwortung** desjenigen, der die rechtswidrige Beeinträchtigung selbst unmittelbar vorgenommen hat, kann einen Einfluss auf die Reichweite der Prüfungspflichten haben.[1505] Je stärker die Verantwortung für einen Verstoß gerade dem unmittelbar Handelnden angelastet werden kann, desto geringer sind die Anforderungen an eine Prüfung durch den Mittler. 609

(λ) Bestehen und Wirksamkeit automatisierter technischer Hilfsmittel. Eine Prüfung fremder Inhalte ist um so eher zumutbar, je stärker sich die **Suche** nach bedenklichen Inhalten **automatisieren** lässt, etwa durch Filtersoftware.[1506] 610

(μ) Kosten denkbarer Prüfungsmaßnahmen. Eine **exorbitante Kostenbelastung** kann zu einer **Begrenzung von Prüfungspflichten** führen. Der Grundgedanke ist, dass von der Rechtsordnung gebilligte Geschäftsmodelle nicht durch eine Überspannung von Prüfungspflichten gefährdet werden dürfen.[1507] Das bedeutet aber nach der hier vertretenen Auffassung nicht, dass die Verantwortlichkeit so weit zurückzuschneiden ist, dass die größte denkbare Gewinnmaximierung ermöglicht wird. Das Geschäft muss nur trotz der auferlegten Prüfungspflichten weiterhin profitabel betrieben werden können, wobei uU auch größere Umschichtungen von Kostenfaktoren zumutbar sein können. 611

(ν) Erkennbarkeit des Verstoßes. Weiter ist darauf abzustellen, ob die durch den unmittelbar handelnden Dritten vorgenommene Handlung **erst nach** eingehender rechtlicher[1508] oder tatsächlicher **Prüfung**[1509] **festgestellt** werden kann oder aber für den auf Unterlassung in Anspruch Genommenen offenkundig und **unschwer zu erkennen** ist (etwa weil ein rechtskräftiger gerichtlicher Titel vorliegt oder wenn der Verstoß derart eindeutig ist, dass er sich aufdrängen muss[1510]).[1511] 612

(ξ) Schutzbedürfnis des Gläubigers. Schließlich kann eine Haftung wegen Verkehrspflichtverletzung dann ausscheiden, wenn der Verletzte nach einer Interessenabwägung letztlich nicht **schutzbedürftig** ist. Eine Schutzbedürftigkeit ist insbesondere zu verneinen, wenn es dem Verletzten zuzumuten ist, ein vorgeschaltetes Prüfungs- und Schlichtungsverfahren zu nutzen oder unmittelbar gegen den Dritten vorzugehen, um den gleichen Rechtschutz zu erhalten.[1512] Wurde der unmittelbar Handelnde bereits selbst in Anspruch genommen und ist die Störung deshalb beseitigt, kann eine Inanspruchnahme des Mittlers rechtsmissbräuchlich sein (§ 242 BGB).[1513] 613

(ο) Darlegungs- und Beweislast. Für die Frage, ob bestimmte **Prüfungsmaßnahmen** praktisch **möglich** sind, trifft den **Gläubiger** die **Darlegungs- und Beweislast.**[1514] Für die Frage, ob diese möglichen Maßnahmen **zumutbar** oder zu aufwendig sind, trifft 614

[1505] Vgl. BGH GRUR 2001, 1038 (1040) – ambiente.de; GRUR 2012, 304 Rn. 51 – Basler Haar-Kosmetik; GRUR 2013, 1229 Rn. 34 – Kinderhochstühle im Internet II; GRUR 2014, 657 Rn. 22 – BearShare; GRUR 2015, 485 Rn. 50 – Kinderhochstühle im Internet III; GRUR 2015, 672 Rn. 81 – Videospiel-Konsolen II.

[1506] BGH GRUR 2011, 152 Rn. 38, 42 – Kinderhochstühle im Internet I; OLG Hamburg GRUR-RR 2013, 94 (98) – Kinderhochstühle II.

[1507] StRspr, vgl. BGH GRUR 2004, 860 (864) – Internet-Versteigerung I; GRUR 2007, 708 Rn. 47 – Internet-Versteigerung II; BGH GRUR 2007, 890 Rn. 30 – Jugendgefährdende Medien bei eBay; GRUR 2011, 617 Rn. 45 – Sedo; instruktiv *Danckwerts* GRUR-Prax 2011, 260.

[1508] Vgl. BGH GRUR 2004, 693 (696) – Schöner Wetten.

[1509] Vgl. BGH GRUR 2011, 152 Rn. 39 ff. – Kinderhochstühle im Internet I.

[1510] BGH GRUR 2001, 1038 (1040) – ambiente.de.

[1511] Vgl. BGH GRUR 2001, 1038 (1039 f.) – ambiente.de; GRUR 2013, 1229 Rn. 34 – Kinderhochstühle im Internet II; GRUR 2015, 485 Rn. 50 – Kinderhochstühle im Internet III.

[1512] Vgl. BGH GRUR 2004, 619 (621) – kurt-biedenkopf.de; Ahrens WRP 2007, 1281 (1288 ff.); *Köhler* GRUR 2008, 1 (4 f.); im BGH-Fall *„Jugendgefährdende Medien bei eBay"* schied ein effektives Vorgehen gegen die Verletzer der Jugendschutzvorschriften wegen der von ihnen verwendeten Pseudonyme aus, GRUR 2007, 890 Rn. 40.

[1513] Vgl. OLG Köln GRUR-RR 2013, 49 (51) – Kirschkerne.

[1514] BGH GRUR 2008, 1097 Rn. 19 – Namensklau im Internet; GRUR 2016, 268 Rn. 43 – Störerhaftung des Access-Providers.

den in Anspruch Genommenen eine **sekundäre Darlegungslast,** da dem Gläubiger die entsprechenden Einblicke in die Betriebsorganisation und das relevante Zahlenwerk regelmäßig fehlen.[1515] Im Rahmen der sekundären Darlegungslast muss der Schuldner durch Vortrag zur administrativen und technischen Ausstattung seines Unternehmens den Gläubiger in die Lage versetzen, zum erforderlichen Aufwand von Kontrollmaßnahmen näher vorzutragen und Beweis anzubieten.[1516] Er hat im Einzelnen vorzutragen, welche Schutzmaßnahmen er ergreifen kann und weshalb ihm – falls diese Maßnahmen keinen lückenlosen Schutz gewährleisten – weitergehende Maßnahmen nicht zuzumuten sind.[1517] Der sekundären Darlegungslast genügt er nicht, wenn er ohne Angabe einer näheren tatsächlichen Grundlage nur eine Kostenschätzung gibt und hieraus die Unzumutbarkeit von Kontrollmaßnahmen herleiten will.[1518] Zudem ist der in Anspruch Genommene im Rahmen der sekundären Darlegungslast verpflichtet, darzulegen, in welcher Höhe er finanzielle Vorteile aus dem Betrieb seines Geschäftsmodells zieht, damit beurteilt werden kann, ob Prüfungs- und Kontrollmaßnahmen die Wirtschaftlichkeit des Geschäftsmodells und damit das Geschäftsmodell selbst in Frage stellen.[1519] Fehlt es an einen solchen Vortrag, kann eine Unzumutbarkeit nicht festgestellt werden.[1520]

615 **dd) Verletzung der wettbewerbsrechtlichen Verkehrspflicht und Wiederholungsgefahr.** Ein auf **Wiederholungsgefahr** gestützter Unterlassungsanspruch wegen der Verletzung wettbewerbsrechtlicher Verkehrspflichten setzt selbstverständlich voraus, dass überhaupt eine Verkehrspflicht besteht.[1521] Hier ist zu differenzieren:

616 **(a) Fremde Inhalte und Angebote im Internet. (α) Gefahrgeneigte Geschäftsmodelle.** Für Unternehmer, deren Geschäftsmodell von vornherein **auf Rechtsverstöße durch die Nutzer angelegt** ist oder das solche **Verstöße in großem Umfang begünstigt,** kann die Pflicht zur Verhinderung von Verstößen bereits vor Erlangung der Kenntnis von einem konkreten Verstoß bestehen.[1522] Kommt dann ein Verstoß durch einen Nutzer dennoch vor, ist er gleichbedeutend mit einem Verstoß gegen die wettbewerbsrechtliche Verkehrspflicht und begründet eine Wiederholungsgefahr.

617 **(β) Von der Rechtsordnung gebilligte Geschäftsmodelle.** Nach stRspr gibt es demgegenüber für Informations- und Absatzmittler im **Internet,** die einem von **der Rechtsordnung gebilligten Geschäftsmodell** folgen, **keine allgemeine Pflicht,** jeden fremden Inhalt oder jedes fremde Angebot anlasslos proaktiv vor der Zugänglichmachung auf mögliche Verstöße hin zu untersuchen.[1523] Erst ein Hinweis auf einen bereits vorgekommenen Verstoß löst Prüfungspflichten aus, mit deren Befolgung künftige Verstöße verhindert werden können.[1524] Daraus ergibt sich, dass eine wettbewerbsrechtliche **Verkehrspflicht** des nicht zur präventiven Kontrolle verpflichteten Betreibers, deren Verletzung eine Wiederholungsgefahr begründen kann, erst **nach** Erlangung der **Kenntnis vom ersten Verstoß** entstehen kann.[1525] In der ersten Zugänglichmachung eines fremden Inhalts oder Angebots liegt also noch keine Verletzung der Prüfungspflicht. Damit fehlt es bei der Ermöglichung des ersten Verstoßes durch einen Nutzer an einer Verletzung wettbewerbs-

[1515] BGH GRUR 2008, 1097 Rn. 19 f. – Namensklau im Internet; GRUR 2016, 268 Rn. 43 – Störerhaftung des Access-Providers; *Ohly*/Sosnitza § 8 Rn. 129.

[1516] BGH GRUR 2008, 1097 Rn. 20 – Namensklau im Internet.

[1517] BGH GRUR 2008, 1097 Rn. 20 – Namensklau im Internet; OLG Hamburg MMR 2009, 631 (635) – Usenet II; OLG Köln GRUR 2014, 1081 (1090) – Goldesel.

[1518] BGH GRUR 2016, 268 Rn. 43 – Störerhaftung des Access-Providers.

[1519] LG München I MMR 2017, 53 (58).

[1520] LG München I MMR 2017, 53 (58).

[1521] BGH GRUR 2015, 1129 Rn. 42 – Hotelbewertungsportal.

[1522] BGH GRUR 2016, 268 Rn. 26 – Störerhaftung des Access-Providers.

[1523] BGH GRUR 2015, 1129 Rn. 42 – Hotelbewertungsportal mwN; GRUR 2016, 268 Rn. 26 – Störerhaftung des Access-Providers.

[1524] BGH GRUR 2015, 1129 Rn. 42 – Hotelbewertungsportal.

[1525] BGH GRUR 2015, 1129 Rn. 42 – Hotelbewertungsportal.

rechtlicher Verkehrspflichten und damit an einer unlauteren geschäftlichen Handlung des Betreibers. Für die Begründung einer Wiederholungsgefahr reicht also ein erster Verstoß durch einen unmittelbar handelnden Nutzer, der den fremden Inhalt oder das Angebot beisteuert, nicht aus. Ein Hinweis auf diesen ersten Verstoß ist nur der Auslöser der Prüfungspflicht. Für die Begründung einer Wiederholungsgefahr ist vielmehr eine vollendete Verletzung der Prüfungspflicht nach deren Begründung erforderlich, die sich im Auftauchen eines weiteren identischen oder kerngleichen Angebots oder Inhalts ausdrückt, sofern dessen Unterbindung möglich und zumutbar gewesen wäre.[1526]

Allerdings kann auch dann, wenn ein solches Angebot oder ein solcher Inhalt noch nicht wieder aufgetaucht ist, eine **Erstbegehungsgefahr** begründet sein. Das setzt eine ernstliche, unmittelbar bevorstehende Gefahr voraus, dass es in Zukunft zu identischen oder kerngleichen Angeboten kommt.[1527] 618

(b) Weitere Fälle des Einsetzens einer Prüfungspflicht nach einer Beanstandung. Die dargelegten Grundsätze gelten sinngemäß auch in anderen Konstellationen, in denen eine **Prüfungspflicht** nicht generell im Vorhinein besteht, sondern **erst nach wettbewerbswidrigen Vorfällen bzw. deren Beanstandung.** Hierzu gehören etwa **mehrstufige Vertriebssysteme** mit umsatzabhängiger Provisionsvergütung für die jeweiligen Vertriebsmittler. Die Einrichtung eines solchen Vertriebssystems kann nicht *per se* als Gefahrenquelle für Wettbewerbsverstöße angesehen werden. Sofern aber aufgrund besonderer Umstände – etwa wiederholte Wettbewerbsverstöße durch Mitglieder des mehrstufigen Vertriebssystems – mit einem Fehlverhalten zu rechnen ist, bildet das mehrstufige Vertriebssystem eine Gefahrenquelle, die wettbewerbsrechtliche Verkehrspflichten zur Eindämmung der Gefahr erzeugt.[1528] 619

(c) Werbung in den Medien. Mit Blick auf die **Haftung** von **Medienunternehmern** für unlautere Werbung durch Anzeigenkunden oder in gebuchten Werbespots gilt eine Prüfungspflicht auch ohne eine erste Beanstandung, die aber auf **grobe, vom Medienunternehmen unschwer zu erkennende Verstöße beschränkt** ist (näher → Rn. 623).[1529] Wird eine grob unlautere Werbung geschaltet, ist damit die Prüfungspflicht verletzt, und es besteht Wiederholungsgefahr wegen des darin liegenden vollendeten Verstoßes. 620

Ist eine unlautere Werbung als solche nicht unschwer zu erkennen gewesen, verstößt ihre Veröffentlichung nicht gegen die dargestellte eingeschränkte Prüfungspflicht des Medienunternehmers. Wird der Medienunternehmer jedoch auf eine Werbung **hingewiesen,** deren Wettbewerbswidrigkeit sich ihm dann auf Grund der in dem Hinweis mitgeteilten oder sonst bekannt gewordenen Umstände unschwer erschließt, unterliegt es einer **erhöhten Kontrollpflicht** und kann für weitere derartige Verstöße verantwortlich sein.[1530] 621

h) Fallgruppen. Zu den wettbewerbsrechtlichen Verkehrspflichten und ihren Verletzungen und zur parallellaufenden Störerhaftung im Immaterialgüterrecht, insbesondere im Urheberrecht, hat sich eine **umfangreiche Kasuistik** entwickelt, die kaum noch überschaubar ist. Aussagen aus den entschiedenen Fällen können allenfalls vorsichtig und unter Berücksichtigung des jeweils entschiedenen Sachverhalts auf andere Konstellationen übertragen, aber kaum verallgemeinert werden.[1531] Nicht alle Lebensbereiche, für die es im Immaterialgüterrecht Rechtsprechung zur Störerhaftung gibt, sind für das UWG relevant. Keine Rolle spielt naturgemäß etwa die Haftung der Inhaber privater Internetanschlüsse,[1532] 622

[1526] Vgl. BGH GRUR 2015, 1129 Rn. 42 – Hotelbewertungsportal.
[1527] BGH GRUR 2007, 890 Rn. 53 – Jugendgefährdende Medien bei eBay.
[1528] Vgl. BGH GRUR 2014, 883 Rn. 28 – Geschäftsführerhaftung.
[1529] BGH GRUR 1999, 418 (419) – Möbelklassiker (zum UrhG); GRUR 2006, 429 Rn. 14 – Schlank-Kapseln (zu § 5 UWG); GRUR 2006, 957 Rn. 14 – Stadt Geldern (zu § 12 BGB).
[1530] OLG Köln GRUR-RR 2012, 296 Ls. 2 – Schlank-Geheimnis.
[1531] OLG Hamburg ZUM-RD 2016, 83 (118) – YouTube; *Ohly*/Sosnitza § 8 Rn. 130.
[1532] Hierzu BGH GRUR 2010, 633 – Sommer unseres Lebens; GRUR 2013, 511 – Morpheus.

die nicht geschäftlich handeln. Nachfolgend werden **einige für das UWG bedeutsame Fallgruppen** vorgestellt:

623 **aa) Presse und Medien.** Im Lichte des Art. 5 Abs. 1 GG folgen **Verlage, Presse, Medien** nicht nur einem von der Rechtsordnung gebilligten, sondern die freiheitliche Verfassungsordnung **„schlechthin konstituierenden"**[1533] und damit die Rechtsordnung maßgeblich prägenden und mitbestimmenden Geschäftsmodell. Hieraus ergeben sich ganz erhebliche Haftungserleichterungen. Soweit im Anzeigen- und Werbegeschäft der Medien überhaupt eine geschäftliche Handlung vorliegt (→ Rn. 586), ist die **Prüfungspflicht** bei der Veröffentlichung von Werbeanzeigen und Werbespots Dritter auf **grobe,** vom Medienunternehmer **unschwer zu erkennende Verstöße** beschränkt.[1534] Der Verstoß muss derart offensichtlich sein, dass er einem juristisch nicht vorgebildeten Redakteur, der in der Hektik des Alltagsgeschäfts keine Zeit hat, sich jede einzelne zu schaltende Werbung genau anzusehen und rechtlich zu prüfen, die Rechtswidrigkeit auch bei flüchtiger Lektüre sofort ins Auge springt.[1535] Diese von Verfassungs wegen gebotene **Privilegierung** hat ihren Grund darin, dass die Pressefreiheit auch den Anzeigenteil eines Presseorgans umfasst,[1536] die Prüfung der Veröffentlichung von Inseraten aber unter dem Gebot einer raschen Entscheidung steht und unter Berücksichtigung der Eigenart ihrer Tätigkeit an Verleger, Redakteure etc keine unzumutbaren Anforderungen gestellt werden dürfen.[1537]

624 Die Privilegierung soll allerdings dann eine **Einschränkung** erfahren, wenn der auf Unterlassung in Anspruch genommene Verleger bereits durch eine obergerichtliche Entscheidung in einem vorangegangenen einstweiligen Verfügungsverfahren zur Unterlassung der beanstandeten Anzeige verpflichtet worden ist. Er soll sich dann nicht mehr darauf berufen können, dass er bei der Veröffentlichung von Anzeigen nur eine eingeschränkte Prüfungspflicht habe, ohne zugleich eine Begehungsgefahr hervorzurufen.[1538]

625 Die Rspr. wendet die großzügigen Maßstäbe der Pressehaftung auch auf die Annahme von Anzeigenaufträgen durch Herausgeber von **Telefonverzeichnissen** an.[1539] In den Schutzbereich der Pressefreiheit sind außerdem nicht nur Presseerzeugnisse im herkömmlichen Sinne einbezogen, sondern auch **Anzeigenblätter,** die hauptsächlich Werbeanzeigen und zu einem geringen Anteil redaktionelle Beiträge enthalten,[1540] **Kundenzeitschriften**[1541] und **Entermercial-Zeitschriften,** die zwischen Kundenzeitschriften und reiner Werbung stehen und neben Werbung zumindest auch unterhaltende Beiträge wie Horoskope, Rätsel oder Prominentenporträts enthalten.[1542] Der Schutzumfang der Pressefreiheit ist aber um so geringer, je weniger ein Presseerzeugnis der Befriedigung eines Informationsbedürfnisses von öffentlichem Interesse oder der Einwirkung auf die öffentliche Meinung dient und je mehr es eigennützige Geschäftsinteressen wirtschaftlicher Art verfolgt.[1543] Danach kann sich ein Presseunternehmen grundsätzlich nicht mit Erfolg auf die Grundsätze der eingeschränkten Haftung der Presse für Werbeanzeigen Dritter berufen,

---

[1533] Zur Pressefreiheit BVerfGE 10, 118 (119) – Berufsverbot I im Anschluss an denselben Befund für die Meinungsfreiheit in BVerfGE 7, 85 (134, 199, 206 f.) – Lüth.

[1534] BGH GRUR 1999, 418 (419) – Möbelklassiker (zum UrhG); GRUR 2006, 429 Rn. 14 – Schlank-Kapseln (zu § 5 UWG); GRUR 2006, 957 Rn. 14 – Stadt Geldern (zu § 12 BGB).

[1535] Vgl. OLG Köln GRUR-RR 2002, 117 (118) – Konzernmarke T.

[1536] BVerfGE 21, 271 (278) – Südkurier; BVerfG GRUR 2001, 172 – Benetton-Werbung; BGH GRUR 2015, 906 Rn. 34 – TIP der Woche.

[1537] BGH GRUR 1992, 618 (619) – Pressehaftung II; GRUR 2006, 429 Rn. 15 – Schlank-Kapseln; GRUR 2015, 906 Rn. 31 – TIP der Woche.

[1538] BGH GRUR 2002, 360 (366) – H. I. V. POSITIVE II.

[1539] BGH GRUR 1994, 841 (842) – Suchwort; GRUR 2006, 957 Rn. 14 – Stadt Geldern; OLG Frankfurt a. M. WRP 2016, 629 Rn. 6.

[1540] StRspr, vgl. BGH GRUR 1969, 287 (290) – Stuttgarter Wochenblatt; GRUR 2006, 429 Rn. 16 – Schlank-Kapseln; GRUR 2015, 906 Rn. 34 – TIP der Woche.

[1541] BGH GRUR 2015, 906 Rn. 34 – TIP der Woche; OLG Hamburg PharmR 2009, 136 (137).

[1542] BGH GRUR 2015, 906 Rn. 34 und Ls. 1 – TIP der Woche.

[1543] BGH GRUR 1969, 287 (290) – Stuttgarter Wochenblatt; GRUR 2015, 906 Rn. 37 – TIP der Woche.

wenn die fragliche Zeitschrift keinen nennenswerten meinungsbildenden Bezug hat, sondern **nahezu ausschließlich Werbung** enthält.[1544] Eine solche Veröffentlichung wird mit Blick auf ihren presserechtlichen Schutz einem (reinen) Werbeprospekt gleichgestellt.[1545] Damit besteht **keine Privilegierung.**

bb) Handelsplattformen im Internet. Dem Betreiber einer Handelsplattform im Internet wie zB eBay ist es grundsätzlich nicht zuzumuten, jedes Angebot vor Veröffentlichung im Internet auf eine mögliche Rechtsverletzung hin zu untersuchen, solange er sich erkennbar darauf beschränkt, den Nutzern lediglich eine Handelsplattform im Sinne einer **neutralen Vermittlung** zur Verfügung zu stellen.[1546] Wird er allerdings auf eine **klare Rechtsverletzung** hingewiesen, muss er nicht nur das konkrete **Angebot** unverzüglich **sperren,** sondern auch **Vorsorge** treffen, dass es möglichst nicht zu **weiteren** derartigen Verstößen kommt.[1547] Der **Hinweis** kann sowohl vorprozessual – etwa durch eine Abmahnung[1548] – als auch durch die Klageerhebung erfolgen.[1549] Er muss so **konkret** gefasst sein, dass der Adressat des Hinweises den Rechtsverstoß unschwer – dh ohne eingehende rechtliche oder tatsächliche Überprüfung – feststellen kann.[1550] Dabei hängt das Ausmaß des Prüfungsaufwands von den Umständen des Einzelfalles ab, insbesondere vom Gewicht der angezeigten Rechtsverletzung auf der einen und den Erkenntnismöglichkeiten des Betreibers auf der anderen Seite.[1551] Der Hinweis muss alle rechtlichen und tatsächlichen Umstände enthalten, um den Plattformbetreiber in die Lage zu versetzen, ohne aufwendige rechtliche oder tatsächliche Wertungen derartige Angebote allein anhand der in den Angebotsbeschreibungen benannten und daher für Kaufinteressenten – und damit auch für den Plattformbetreiber selbst – mittels der Suchfunktion der Plattform auffindbaren Bezeichnungen zu identifizieren.[1552] 626

Ob der Hinweis konkret genug gefasst ist, bemisst sich nach der **Perspektive eines inländischen gewerblichen Adressatenkreises.** Denn wer sich auf dem deutschen Markt betätigt, muss sich an inländischen Verhaltensregeln und der inländischen Verkehrsauffassung messen lassen. Wenn ein Plattformbetreiber die Bearbeitung von Hinweisen nicht durch geschulte inländische Fachkräfte vornehmen lässt, sondern sie ins günstigere Ausland auslagert, fallen dadurch hervorgerufene Verständnis- und Bearbeitungsschwierigkeiten in den Risikobereich des Plattformbetreibers und nicht des Hinweisgebers. Es muss für den Plattformbetreiber eindeutig erkennbar sein, **welches konkrete Angebot gemeint** und was der **Rechtsgrund der Beanstandung** ist.[1553] Der Betreiber einer Internet-Handelsplattform ist allerdings nicht verpflichtet, komplizierte Beurteilungen im Einzelfall durchzuführen, ob ein als rechtsverletzend beanstandetes Angebot ein Schutzrecht tatsächlich verletzt oder sich als wettbewerbswidrig erweist. Dies würde ansonsten die Hinzuziehung eines mit der Materie vertrauten Juristen erfordern, was nicht zuzumuten ist.[1554] Die Prüfungspflicht beschränkt sich auf **klare Rechtsverletzungen.**[1555] 627

1544 BGH GRUR 2015, 906 Rn. 37 und Ls. 1 – TIP der Woche.

1545 BGH GRUR 2015, 906 Rn. 38 – TIP der Woche.

1546 EuGH GRUR 2011, 1025 Rn. 109 ff., 139 – L'Oréal/eBay; GRUR 2004, 860 (864) – Internet-Versteigerung I; GRUR 2013, 1229 Rn. 36 – Kinderhochstühle im Internet II; GRUR 2015, 485 Rn. 57 – Kinderhochstühle im Internet III.

1547 EuGH GRUR 2011, 1025 Rn. 119 – L'Oréal/eBay; BGH GRUR 2004, 860 (864) – Internet-Versteigerung I; GRUR 2007, 708 Rn. 45, 47 – Internet-Versteigerung II; GRUR 2008, 702 Rn. 51 – Internet-Versteigerung III; GRUR 2013, 1229 Rn. 36 – Kinderhochstühle im Internet II.

1548 Vgl. OLG München ZUM-RD 2014, 576 (579).

1549 BGH GRUR 2011, 1038 Rn. 28 – Stiftparfüm.

1550 BGH GRUR 2011, 1038 Rn. 28 – Stiftparfüm.

1551 BGH GRUR 2011, 1038 Rn. 28 – Stiftparfüm.

1552 BGH GRUR 2011, 1038 Rn. 29 – Stiftparfüm.

1553 BGH GRUR 2011, 1038 Rn. 28 – Stiftparfüm; OLG Hamburg ZUM-RD 2016, 83 (118) – YouTube.

1554 BGH GRUR 2011, 152 Rn. 48 – Kinderhochstühle im Internet I.

1555 EuGH GRUR 2011, 1025 Rn. 119 – L'Oréal/eBay; BGH GRUR 2004, 860 (864) – Internet-Versteigerung I; GRUR 2007, 708 Rn. 45, 47 – Internet-Versteigerung II; GRUR 2008, 702 Rn. 51 – Internet-Versteigerung III; GRUR 2013, 1229 Rn. 36 – Kinderhochstühle im Internet II.

628 Zwischen dem für die Entstehung einer Prüfungspflicht erforderlichen Hinweis auf eine klare Rechtsverletzung und dem **Beleg** der dazu im Hinweis mitgeteilten Umstände ist zu unterscheiden. Ein Beleg ist nur dann erforderlich, wenn schutzwürdige Interessen des Plattformbetreibers dies rechtfertigen. Dies kann der Fall sein, wenn er nach den Umständen des Einzelfalles **berechtigte Zweifel** am Bestehen eines Anspruchs des Hinweisenden oder aber am Wahrheitsgehalt der mitgeteilten tatsächlichen Umstände haben darf und deshalb aufwendige eigene Recherchen anstellen müsste, um eine Rechtsverletzung hinreichend sicher feststellen zu können.[1556]

629 Solange **keine Filtersoftware zur Verfügung** steht, welche die relevanten künftigen Verletzungen angemessen zuverlässig und ohne breit angelegte manuelle Nachkontrolle herausfiltern kann, ist nach der Rspr. einer Handelsplattform wie eBay als neutralem Vermittler von Verkaufsgelegenheiten eine rein oder überwiegend manuelle Kontrolle nicht zumutbar, weil sie deren Geschäftsmodell gefährden könnte.[1557] Der Einsatz einer Software, die in relevantem Umfang auch legale Angebote herausfiltert und damit jedenfalls zeitweise bis zu einer Nachkontrolle vom Handel ausschließt, soll dem Betreiber der Handelsplattform als neutralem Vermittler von Angeboten ebenfalls nicht zumutbar sein.[1558]

630 Verlässt der Betreiber der Handelsplattform allerdings seine neutrale Vermittlerposition und leistet den Anbietern von sich später als rechtsverletzend herausstellenden Angeboten Hilfestellung, ist davon auszugehen, dass er zwischen dem als Verkäufer auftretenden Anbietern und den potentiellen Käufern keine neutrale Stellung eingenommen, sondern eine **aktive Rolle** gespielt hat, die ihm eine Kenntnis von den diese Angebote betreffenden Daten oder eine Kontrolle über sie verschaffen konnte.[1559] Insoweit treffen ihn **weitergehende Prüfungspflichten.**[1560]

631 Eine **aktive Förderung** liegt für einen Plattformbetreiber wie eBay zB in der Bewerbung der Angebote durch AdWord-Anzeigen bei Google, wenn eine (automatische) Verknüpfung zwischen der zu seiner Internetplattform führenden **AdWords-Werbung** und von ihm nicht überprüften Angebotslisten besteht.[1561] Diese weitergehenden Prüfungspflichten sind im Falle der Unterstützung durch AdWord-Werbung auf diejenigen Angebote beschränkt, für die der Inhaber der Handelsplattform bei einem Suchmaschinenbetreiber wie Google Anzeigen bucht, die einen elektronischen Verweis enthalten, der unmittelbar zu einer von der Beklagten erzeugten Ergebnisliste führt, die rechtsverletzende Angebote enthält.[1562] Bucht der Inhaber der Handelsplattform entsprechende Suchbegriffe für die Anzeigen, ist es ihm zumutbar, die **Ergebnislisten,** zu denen der Nutzer über die elektronischen Verweise in den Anzeigen gelangt, **einer Überprüfung zu unterziehen.**[1563] Wenn bestimmte Angebote bereits konkret beanstandet wurden, kann der Betreiber der Internethandelsplattform seiner Pflicht zur Prüfung und Verhinderung weiterer gleichgelagerter Verstöße, wenn eine zuverlässige Suchsoftware nicht zur Verfügung steht, nur durch eine **manuelle Kontrolle** genügen.[1564]

1556 BGH GRUR 2011, 1038 Rn. 31 – Stiftparfüm.

1557 BGH GRUR 2011, 152 Rn. 40, 42 f. – Kinderhochstühle im Internet I; OLG Hamburg GRUR-RR 2013, 94 (96) – Kinderhochstühle II.

1558 OLG Hamburg GRUR-RR 2013, 94 (97) – Kinderhochstühle II.

1559 BGH GRUR 2011, 1038 Rn. 23 f. – Stiftparfüm; GRUR 2013, 1229 Rn. 48, 52 – Kinderhochstühle im Internet II; GRUR 2015, 485 Rn. 56 – Kinderhochstühle im Internet III.

1560 BGH GRUR 2013, 1229 Rn. 48, 52 – Kinderhochstühle im Internet II; GRUR 2015, 485 Rn. 56 – Kinderhochstühle im Internet III.

1561 BGH GRUR 2013, 1229 Rn. 48, 52 – Kinderhochstühle im Internet II; GRUR 2015, 485 Rn. 57, 61, 67 – Kinderhochstühle im Internet III.

1562 BGH GRUR 2013, 1229 Rn. 52 – Kinderhochstühle im Internet II; GRUR 2015, 485 Rn. 56, 59 – Kinderhochstühle im Internet III.

1563 BGH GRUR 2013, 1229 Rn. 52 – Kinderhochstühle im Internet II; GRUR 2015, 485 Rn. 56, 59 – Kinderhochstühle im Internet III.

1564 BGH GRUR 2013, 1229 Rn. 52 – Kinderhochstühle im Internet II.

Stellt der Betreiber eines Internetmarktplatzes dem Nutzer hingegen eine Funktion zur automatischen **Unterrichtung** über neue Angebote **durch E-Mails** zur Verfügung, ist dies keine aktive Förderung und löst keine gesteigerten Überwachungspflichten aus, weil es sich bei dieser Werbeform lediglich um eine automatisierte Erweiterung der von der auf der Handelsplattform angebotenen Suchfunktion handelt.[1565] Mit der Bereitstellung eines Systems zur Verkaufsabwicklung einschließlich eines Bezahlsystems verlässt der Plattformbetreiber seine Stellung als neutraler Vermittler ebenfalls nicht.[1566] 632

cc) Verkäufer auf der Handelsplattform Amazon-Marketplace. Händler, die auf der Internet-Verkaufsplattform Amazon-Marketplace Produkte zum Verkauf anbieten, trifft eine **proaktive,** von entsprechenden Hinweisen unabhängige **Überwachungs- und Prüfungspflicht** auf mögliche Veränderungen der Produktbeschreibungen ihrer Angebote, die selbständig von Dritten vorgenommen werden, wenn der Plattformbetreiber derartige Angebotsänderungen zulässt.[1567]Dem Grundsatz der Verhältnismäßigkeit ist im Rahmen der Bestimmung von Häufigkeit und Umfang der erforderlichen Prüfungen Rechnung zu tragen. Eine Überprüfung erst nach fünf Wochen ist jedenfalls zu spät.[1568] 633

dd) Meinungsforen und Bewertungsplattformen. Meinungsforen und **Bewertungsplattformen** ermöglichen Internetnutzern, auf einfache Weise einer sehr großen Zahl interessierter Leser ihre Ansichten mitzuteilen. Es liegt auf der Hand, dass hier eine Gefahr einer Rufschädigung durch falsche Tatsachenbehauptungen geschaffen wird; dies gilt insbesondere angesichts des im Internet mittlerweile üblichen rauhen Tons und um so mehr dann, wenn Nutzer (gem. § 13 Abs. 4 TMG rechtlich zulässig) ihre **Bewertung anonym abgeben** können.[1569] Für die rechtliche Bewertung der Verbreitung rufschädigender Tatsachenbehauptungen gem. § 4 Nr. 1 gilt: Der **Betreiber des Meinungsforums** nimmt eine geschäftliche Handlung gem. § 2 Abs. 1 Nr. 1 vor, wenn sein **Meinungs- oder Bewertungsportal** dazu dient, sein weiteres geschäftliches Angebot bekannt zu machen und seine Attraktivität zu steigern.[1570] Mit der Veröffentlichung einer rufschädigenden Bewertung wird der Wettbewerb des Betroffenen beeinträchtigt und als andere Seite derselben Medaille der Wettbewerb des Betreibers gefördert, so dass ein konkretes Wettbewerbsverhältnis besteht.[1571] Ein Aufstellen einer eigenen Behauptung iSd § 4 Nr. 1 ist aber nur anzunehmen, wenn der Betreiber sich die fremde Bewertung zu eigen macht.[1572] An das Sich-zu-eigen-Machen werden strenge Anforderungen gestellt (näher → Rn. 563 ff.).[1573] Ein Verbreiten einer von einem anderen aufgestellten Tatsachenbehauptung iSd § 4 Nr. 1 soll im Lichte des § 7 Abs. 2 S. 1 TMG nur angenommen werden, wenn spezifische Überwachungspflichten verletzt werden. Denn sonst könnte der Betreiber eines Internet-Bewertungsportals einer Haftung nur durch eine umfassende inhaltliche Überprüfung aller von Nutzern in das Portal eingestellten Beiträge vor deren Veröffentlichung entgehen, was mit § 7 Abs. 2 S. 1 TMG nicht vereinbar wäre.[1574] Dem BGH schwebt also **keine Rechtsfolgenlösung** im Wege einer Einschränkung der Passivlegitimation vor, sondern eine **Tatbestandslösung,** indem er § 4 Nr. 1 im Lichte des § 7 634

[1565] BGH GRUR 2015, 485 Rn. 70 – Kinderhochstühle im Internet III.
[1566] BGH GRUR 2015, 485 Rn. 72 – Kinderhochstühle im Internet III; OLG Hamburg ZUM-RD 2016, 83 (118) – YouTube.
[1567] BGH GRUR 2016, 936 Rn. 24 ff. – Angebotsmanipulation bei Amazon; OLG Frankfurt a. M. GRUR-RR 2020, 311 Rn. 35 – TomTrend; LG München I 13.12.2016 – 33 O 16840/15 – Mensch ärgere Dich nicht; LG Düsseldorf 9.8.2017 – 2a O 45/17 – TomTrend.
[1568] BGH GRUR 2016, 936 Rn. 24 ff. – Angebotsmanipulation bei Amazon; OLG Frankfurt a. M. GRUR-RR 2020, 311 Rn. 35 – TomTrend.
[1569] BGH GRUR 2015, 1129 Rn. 37, 42 – Hotelbewertungsportal; GRUR 2016, 855 Rn. 40 – www.jameda.de.
[1570] BGH GRUR 2015, 1129 Rn. 17 – Hotelbewertungsportal.
[1571] BGH GRUR 2015, 1129 Rn. 19 f. – Hotelbewertungsportal.
[1572] BGH GRUR 2015, 1129 Rn. 25 – Hotelbewertungsportal.
[1573] BGH GRUR 2015, 1129 Rn. 25 – Hotelbewertungsportal.
[1574] BGH GRUR 2015, 1129 Rn. 31 – Hotelbewertungsportal.

Abs. 2 S. 1 TMG einschränkend auslegt. Diese einschränkende Auslegung kommt allerdings nur in Betracht, wenn der Betreiber des Bewertungsportals sich darauf beschränkt, seinen Dienst mittels rein technischer und automatischer Verarbeitung der von seinen Nutzern eingegebenen Daten neutral zu erbringen.[1575] Verlässt der Betreiber dagegen seine neutrale Vermittlerposition und spielt eine **aktive Rolle,** die ihm eine Kenntnis von bestimmten Daten oder eine Kontrolle über sie verschaffen konnte, kann eine Haftung nach § 4 Nr. 1 gerechtfertigt sein.[1576] Eine solche aktive Rolle kann spielen, wer selbst eine Auswahl der veröffentlichten Bewertungen trifft.[1577] Die bloße statistische Auswertung von Bewertungen sowie der Einsatz eines Wortfilters zum Auffinden von rechtsverletzenden Inhalten und die nach ansprechendes Wort für das vorgenommene Überprüfung von Beiträgen begründet keine aktive Rolle, weil eine über die Aussonderung von gegen die Benutzungsrichtlinien verstoßenden Beiträgen hinausgehende inhaltliche Einflussnahme nicht erfolgt.[1578] Die spezifischen Überwachungspflichten des **neutral** bleibenden Betreibers richten sich danach, ob und inwieweit ihm nach den Umständen eine Prüfung zuzumuten ist.[1579] Eine vollständige inhaltliche Vorabkontrolle ist unzumutbar.[1580] Erst wenn der Betreiber der Bewertungsplattform auf eine klare Rechtsverletzung hingewiesen wird, muss er die konkrete Bewertung unverzüglich sperren und Vorsorge treffen, dass es möglichst nicht zu einer weiteren derartigen Beeinträchtigung kommt.[1581] Will der Plattformbetreiber die Bewertung nicht sperren, so muss er eine **Überprüfung durchführen,** die erkennbar zum Ziel haben muss, die Berechtigung der Beanstandung des von der negativen Bewertung Betroffenen zu klären. Der Portalbetreiber muss ernsthaft versuchen, sich hierzu die notwendige Tatsachengrundlage zu verschaffen; er darf sich insbesondere nicht auf eine rein formale „Prüfung" zurückziehen.[1582] Bei einem **Ärztebewertungsportal** etwa muss der Portalbetreiber die Beanstandung des betroffenen Arztes dem Bewertenden übersenden und diesen zur Stellungnahme anhalten mit der Maßgabe, den angeblichen Behandlungskontakt möglichst genau zu beschreiben und den Behandlungskontakt belegende Unterlagen, wie etwa vorhandene Rechnungen, Terminkarten und -zettel, Eintragungen in Bonushefte, Rezepte oder sonstige Indizien möglichst umfassend – soweit vom Bewertenden für nötig erachtet gegebenenfalls teilweise geschwärzt – zu übermitteln. Die bloße Bitte, „die Behandlung in mindestens zwei Sätzen [zu] umschreiben und den Behandlungszeitraum [zu] nennen", reicht hierfür nicht.[1583]

635 **ee) Videoportale.** Das **Videoportal YouTube** macht sich die Beiträge seiner Nutzer nicht zu eigen.[1584] Das Geschäftsmodell von Videoportalen wie YouTube weicht vom Geschäftsmodell einer Internethandelsplattform wie eBay nicht unerheblich ab. Zwar gilt auch hier wie bei Internethandelsplattformen: Der Portalbetreiber muss zunächst auf eine **klare Rechtsverletzung** hingewiesen werden.[1585] Komplizierte Beurteilungen im Einzelfall, die nur von spezialisierten Juristen durchgeführt werden können, sind nicht zumutbar.[1586] Danach muss er nicht nur den konkreten Beitrag unverzüglich sperren, sondern auch Vorsorge treffen, dass es möglichst nicht zu weiteren derartigen Verstößen kommt.[1587]

[1575] BGH GRUR 2015, 1129 Rn. 34 – Hotelbewertungsportal.
[1576] BGH GRUR 2015, 1129 Rn. 34 – Hotelbewertungsportal.
[1577] BGH GRUR 2015, 1129 Rn. 35 – Hotelbewertungsportal.
[1578] BGH GRUR 2015, 1129 Rn. 35 – Hotelbewertungsportal; OLG Karlsruhe GRUR-RR 2017, 148 Rn. 36 – Abgewohntes Hotel.
[1579] BGH GRUR 2015, 1129 Rn. 36 – Hotelbewertungsportal.
[1580] Vgl. BGH GRUR 2015, 1129 Rn. 37 – Hotelbewertungsportal; *Leistner* FS Köhler, 2014, 415 (425).
[1581] Vgl. BGH GRUR 2015, 1129 Rn. 37 – Hotelbewertungsportal.
[1582] BGH GRUR 2016, 855 Rn. 42 – www.jameda.de.
[1583] BGH GRUR 2016, 855 Rn. 43 – www.jameda.de.
[1584] OLG Hamburg ZUM-RD 2016, 83 (98 ff., 105) – YouTube.
[1585] OLG Hamburg MMR 2011, 49 (51); OLG München MMR 2012, 115 (117) – Störerhaftung von YouTube; OLG Hamburg ZUM-RD 2016, 83 (118) – YouTube (alle zum Urheberrecht).
[1586] Vgl. BGH GRUR 2011, 152 Rn. 48 – Kinderhochstühle im Internet I (für Handelsplattformen).
[1587] OLG Hamburg ZUM-RD 2016, 83 (118) – YouTube.

Durch welche konkreten Maßnahmen die Prüfung- und Handlungspflichten erfüllt werden können und müssen, richtet sich aber nach den speziellen Gegebenheiten des Geschäftsmodells. Für den **Hinweis** genügt bei einer Urheberrechtsverletzung die Angabe des Titels und der jeweiligen Interpreten.[1588] Bei Wettbewerbsverstößen wird man den Titel des Videos, das beworbene Produkt, das werbende Unternehmen und, soweit einschlägig, den Namen des werbenden Prominenten ausreichen lassen können. Hinzu kommen muss die mit einer **schlüssigen sachlichen Begründung** untermauerte Behauptung eines Wettbewerbsverstoßes, wobei ein Nachweis des Wettbewerbsverstoßes (etwa durch gerichtlichen Titel gegen denjenigen, der das Video zu Werbezwecken hochgeladen hat) nicht nötig ist.[1589] Wird etwa verlangt, dass eine herabsetzende oder eine irreführende Werbung beseitigt wird, ist erforderlich, dass die konkreten Sätze, Wörter oder Wortkombinationen, deren Entfernung der Betroffene begehrt, benannt werden.[1590] Daraufhin muss der **Portalbetreiber** in eigener Verantwortung die Beiträge **ernsthaft und umfassend** sichten und diejenigen löschen bzw. für künftige Uploads sperren, die auch nach seiner eigenen rechtlichen Analyse rechtswidrig sind.[1591] Dies gilt jedenfalls für offenkundige schwere Verstöße.[1592]

ff) Access-Provider. Ein Telekommunikationsunternehmen, das Dritten den **Zugang zum Internet bereitstellt (Access-Provider),** haftet nicht für die Verletzung wettbewerbsrechtlicher Verkehrspflichten, weil die Zugangsvermittlung nicht als gefahrerhöhendes Verhalten gewertet wird (→ Rn. 537).[1593] Für Immaterialgüterrechtsverletzungen kommt unter engen Voraussetzungen eine Störerhaftung in Betracht (hierzu → Rn. 538). 636

gg) Domainnamen. Die Domainvergabestelle **DENIC** ist im Interesse aller Internetnutzer und ohne Gewinnerzielungsabsicht tätig.[1594] Sie hat in der Phase der automatisch erfolgenden Domainregistrierung grundsätzlich keine eigene Prüfungspflicht.[1595] Wird sie auf eine Rechtsverletzung hingewiesen, trifft sie eine eingeschränkte Überprüfungspflicht.[1596] Sie muss dann die Registrierung einer Domain zurücknehmen, wenn ein rechtskräftiger gerichtlicher Titel vorliegt oder wenn die Rechtsverletzung derart offensichtlich ist, dass sie sich ohne weiteres aufdrängen musste (zB Registrierung des Domainnamens „regierung-oberfranken.de" durch einen in Panama ansässigen Anmelder).[1597] Der inländische administrative Ansprechpartner **Admin-C** eines ausländischen Anmelders einer „.de"-Domain bei der DENIC hat aus seiner Funktion heraus und wegen der Eigenverantwortung des Anmelders an sich keine Pflicht, von sich aus die entsprechenden Domainnamen auf eventuelle Rechtsverletzungen zu überprüfen.[1598] Eine Rechtspflicht zur Prüfung und zur Abwendung einer Rechtsverletzung kann sich jedoch aus dem Gesichtspunkt eines gefahrerhöhenden Verhaltens ergeben.[1599] Solche gefahrerhöhenden Umstände liegen vor, wenn der im Ausland ansässige Anmelder freiwerdende Domainnamen jeweils in einem automatisierten Verfahren ermittelt und registriert und der Admin-C sich dementsprechend pauschal bereit erklärt hat, diese Funktion für eine große Zahl von Registrierun- 637

[1588] OLG Hamburg ZUM-RD 2016, 83 (119) – YouTube.
[1589] Vgl. LG Köln MMR 2008, 778 (779 f.) – Opfer von flirt-cafe (zum Persönlichkeitsrecht und *obiter* auch zum UWG).
[1590] Vgl. OLG Hamburg MMR 2010, 490 (491).
[1591] Vgl. OLG Hamburg ZUM-RD 2016, 83 (120) – YouTube; LG Köln MMR 2008, 778 (779 f.) – Opfer von flirt-cafe.
[1592] Vgl. LG Hamburg MMR 2010, 433 – „Flagging"-System bei Videoportal (zum Persönlichkeitsrecht).
[1593] OLG Frankfurt a. M. GRUR-RR 2008, 93 (94) – Access-Provider.
[1594] BGH GRUR 2001, 1038 (1040) – ambiente.de; GRUR 2012, 651 Rn. 25 – regierung-oberfranken.de.
[1595] BGH GRUR 2001, 1038 (1040) – ambiente.de; GRUR 2012, 651 Rn. 24 – regierung-oberfranken.de.
[1596] BGH GRUR 2012, 651 Rn. 24 – regierung-oberfranken.de.
[1597] BGH GRUR 2012, 651 Rn. 24 – regierung-oberfranken.de.
[1598] BGH GRUR 2012, 304 Rn. 53 ff. – Basler Haar-Kosmetik; GRUR 2013, 294 Rn. 20 – dlg.de.
[1599] BGH GRUR 2012, 304 Rn. 60 – Basler Haar-Kosmetik; GRUR 2013, 294 Rn. 20 – dlg.de.

gen zu übernehmen.[1600] Der Admin-C muss dann prüfen, ob die automatisiert angemeldeten und eingetragenen Domainnamen rechtsverletzend sind.[1601]

638 **hh) Suchmaschinen.** Bei der Haftung von Suchmaschinen wie Google gilt: Einerseits handelt es sich um Unternehmen mit einer ausgeprägten Gewinnerzielungsabsicht, andererseits machen Suchmaschinen Inhalte im Internet erst auffindbar. Sie erfüllen damit eine wichtige Funktion für die Verbreitung von Informationen und Meinungen sowie für das gesamte Wirtschaftsleben und dienen damit reflexartig auch dem Allgemeininteresse. Für die Haftung des Suchmaschinenbetreibers muss im Ansatz einerseits zwischen eigenen und fremden Inhalten und andererseits zwischen Tun und Unterlassen differenziert werden. Um **fremde Inhalte** handelt es sich, wenn Suchergebnisse angezeigt und die aufgefundenen Seiten Dritter verlinkt werden.[1602] Eine Haftung für wettbewerbswidrige Inhalte auf diesen Seiten oder für den **Inhalt der Textvorschau** („Snippets") kann sich nach den allgemeinen Grundsätzen bei der Verletzung einer wettbewerbsrechtlichen Verkehrspflicht ergeben, wenn zumutbare Kontrollmaßnahmen nicht durchgeführt wurden.[1603] Sowohl der Treffer als solcher als auch die Verlinkung oder die Textvorschau[1604] sind geeignet, die Gefahr einer Interessenbeeinträchtigung von Marktteilnehmern zu erhöhen, so dass die für die Begründung von wettbewerbsrechtlichen **Verkehrspflichten** notwendige Ingerenz vorliegt. Bei den Vorschlägen für Suchbegriffe, die Google im Rahmen der **„Autocomplete"-Funktion** anbietet, handelt es sich um **eigene Inhalte.**[1605] Der Schwerpunkt der Vorwerfbarkeit bei wettbewerbswidrigen oder rechtsverletzenden Vorschlägen liegt aber nicht im aktiven Tun (dem Vorschlagen der Suchbegriffe), sondern in einem Unterlassen (der Nichtvornahme einer Kontrolle auf mögliche Verstöße).[1606] Google trifft eine **Garantenpflicht aus Ingerenz,** solche Verstöße im Rahmen des Zumutbaren zu verhindern. Die Folge sind wiederum wettbewerbsrechtliche Verkehrspflichten, die sich in der Pflicht zur Durchführung zumutbarer Kontrollmaßnahmen konkretisieren. Weder für die Suchwortvorschläge der „Autocomplete"-Funktion[1607] noch für Suchergebnisse und Textvorschau[1608] trifft Google eine Pflicht zu einer anlasslosen proaktiven Prüfung im vorhinein.[1609] Eine Prüfungspflicht besteht in beiden Fällen erst, wenn auf einen **Rechtsverstoß hingewiesen** worden ist.[1610] Die Prüfungspflicht ist insoweit aber auf Fälle von klaren Rechtsverstößen beschränkt.[1611] Der Suchmaschinenbetreiber ist nicht verpflichtet, komplizierte Beurteilungen im Einzelfall durchzuführen, ob sich das beanstandete Suchergebnis oder der monierte Suchvorschlag als wettbewerbswidrig erweist.[1612]

639 **ii) Adword-Kampagnen.** Wer eine **Adword-Kampagne** schaltet und dabei keinerlei Begriffe nutzt, die einem fremden Unternehmenskennzeichen ähnlich sind kann gleichwohl die Schaltung einer Anzeige verursachen, die eine Verbindung zu dem fremden Unternehmen suggerieren, wenn der zum Einsatz kommende Algorithmus in einer nicht vorhersehbaren Weise eine Verbindung zu einem fremden Unternehmenskennzeichen herstellt.[1613] In der Schaltung einer solchen Anzeige kann neben einer Verletzung des

[1600] BGH GRUR 2012, 304 Rn. 62 – Basler Haar-Kosmetik.
[1601] BGH GRUR 2012, 304 Rn. 62 – Basler Haar-Kosmetik.
[1602] OLG Hamburg ZUM-RD 2011, 670 (676); OLG München ZUM-RD 2012, 344 (346) – Internet-Branchenverzeichnis; LG Hamburg NJW 2015, 796 (799).
[1603] OLG München ZUM-RD 2012, 344 (347).
[1604] Vgl. LG Hamburg NJW 2015, 796 (799).
[1605] BGH GRUR 2013, 751 Rn. 20 – „Autocomplete"-Funktion.
[1606] BGH GRUR 2013, 751 Rn. 25 – „Autocomplete"-Funktion; *Löffler* FS Bornkamm, 2014, 37 (42) Fn. 37.
[1607] BGH GRUR 2013, 751 Rn. 30 – „Autocomplete"-Funktion.
[1608] OLG München ZUM-RD 2012, 344 (347) – Internet-Branchenverzeichnis.
[1609] LG Hamburg NJW 2015, 796 (799).
[1610] Vgl. LG Hamburg NJW 2015, 796 (799).
[1611] OLG München ZUM-RD 2012, 344 (347) – Internet-Branchenverzeichnis.
[1612] OLG München ZUM-RD 2012, 344 (347) – Internet-Branchenverzeichnis.
[1613] OLG Schleswig MMR 2017, 480 Rn. 26 – Wheel Clean Tec.

Unternehmenskennzeichens gem. §§ 5, 15 Abs. 2 MarkenG auch eine Irreführung gem. § 5 Abs. 2 UWG liegen.[1614] Weil es aber wegen der Wahl von für sich genommen vollkommen **unverfänglicher Adwords** an einer adäquaten Kausalität fehlt, scheidet eine Haftung als Täter aus. Wird der Anzeigenbesteller aber von den rechtswidrigen Anzeigen in Kenntnis gesetzt, haftet er wegen der objektiven Gefahrerhöhung und aufgrund der bewussten Aufrechterhaltung des Störungszustands. Er hat dann den Verstoß zu prüfen und durch eine andersartige Gestaltung der Anzeige zu beseitigen.[1615]

jj) Hyperlinks. Eine Haftung für die Inhalte einer über einen **Hyperlink** erreichbaren Internetseite wird nicht allein dadurch begründet, dass das Setzen des Links eine geschäftliche Handlung des Unternehmers iSd § 2 Abs. 1 Nr. 1 darstellt.[1616] Wer sich fremde Informationen zu eigen macht, auf die er mit Hilfe eines Hyperlinks verweist (hierzu → Rn. 576), haftet dafür wie für eigene Informationen.[1617] Darüber hinaus kann, wer seinen Internetauftritt durch einen elektronischen Verweis mit wettbewerbswidrigen Inhalten auf den Internetseiten eines Dritten verknüpft, aufgrund der Verletzung einer wettbewerbsrechtlichen Verkehrspflicht in Anspruch genommen werden, wenn er zumutbare Prüfungspflichten verletzt hat.[1618] Das Setzen eines Hyperlinks **erhöht** die **Gefahr** der Verbreitung etwaiger rechtswidriger Inhalte, die sich auf den Internetseiten Dritter befinden. Aus dieser Gefahrerhöhung resultieren wettbewerbsrechtliche **Verkehrspflichten** zur Eindämmung und Begrenzung der Gefahr.[1619] Der **Umfang** der Prüfungspflichten richtet sich insbesondere nach dem Gesamtzusammenhang, in dem der Hyperlink verwendet wird, dem Zweck des Hyperlinks sowie danach, welche Kenntnis der den Link Setzende von Umständen hat, die dafür sprechen, dass die Webseite oder der Internetauftritt, auf die der Link verweist, rechtswidrigem Handeln dienen kann, und welche Möglichkeiten er hat, die Rechtswidrigkeit dieses Handelns in zumutbarer Weise zu erkennen.[1620] Auch dann, wenn beim Setzen des Hyperlinks keine Prüfungspflicht verletzt wird, kann eine Haftung begründet sein, wenn ein Hyperlink aufrechterhalten bleibt, obwohl eine nunmehr zumutbare Prüfung, etwa nach einer Abmahnung oder Klageerhebung, ergeben hätte, dass mit dem Hyperlink ein rechtswidriges Verhalten unterstützt wird.[1621] Wenn Hyperlinks nur den Zugang zu ohnehin allgemein zugänglichen Quellen erleichtern, dürfen allerdings im Interesse der **Meinungs- und Pressefreiheit** (Art. 5 Abs. 1 GG) an die nach den Umständen erforderliche Prüfung keine zu strengen Anforderungen gestellt werden.[1622] Dabei ist zu berücksichtigen, dass die sinnvolle Nutzung der unübersehbaren Informationsfülle im Internet ohne den Einsatz von Hyperlinks zur Verknüpfung der dort zugänglichen Dateien weitgehend eingeschränkt wäre.[1623] Ist ein **rechtsverletzender Inhalt der verlinkten Internetseite nicht deutlich erkennbar,** haftet derjenige, der den Link setzt, für solche Inhalte grundsätzlich erst, wenn er von der Rechtswidrigkeit der Inhalte selbst oder durch Dritte Kenntnis erlangt, sofern er sich den Inhalt nicht zu eigen gemacht hat.[1624] Der Unternehmer, der den Hyperlink setzt, ist bei einem Hinweis auf Rechtsverletzungen auf der verlinkten Internetseite zur Prüfung verpflichtet, **ohne** dass es darauf ankommt, ob es sich um eine **klare Rechtsverletzung** handelt.[1625] Auch wenn eine klare Rechtsverletzung

[1614] OLG Düsseldorf GRUR-RR 2011, 94 (95) – Hapimag-Aktien.
[1615] OLG Schleswig MMR 2017, 480 Rn. 26, 29 ff. – Wheel Clean Tec (zur Störerhaftung).
[1616] BGH GRUR 2016, 209 Rn. 15 – Haftung für Hyperlink; zur Haftung für Hyperlinks vgl. auch *Ohly* NJW 2016, 1417 ff.
[1617] BGH GRUR 2016, 209 Rn. 13 – Haftung für Hyperlink.
[1618] BGH GRUR 2016, 209 Rn. 14 – Haftung für Hyperlink.
[1619] BGH GRUR 2016, 209 Rn. 23 – Haftung für Hyperlink.
[1620] BGH GRUR 2016, 209 Rn. 24 – Haftung für Hyperlink.
[1621] BGH GRUR 2016, 209 Rn. 24 – Haftung für Hyperlink.
[1622] BGH GRUR 2016, 209 Rn. 24 – Haftung für Hyperlink.
[1623] BGH GRUR 2016, 209 Rn. 24 – Haftung für Hyperlink.
[1624] BGH GRUR 2016, 209 Rn. 23 ff. – Haftung für Hyperlink.
[1625] BGH GRUR 2016, 209 Rn. 27 – Haftung für Hyperlink.

nicht erforderlich ist, muss der erforderliche Hinweis den beanstandeten Inhalt klar bezeichnen.[1626] Nur wenn eine Äußerung konkret beanstandet und ihr Wortlaut angegeben bzw. ihr Inhalt genau beschrieben wird, kann eine rechtliche Prüfung durch den Verlinkenden überhaupt erfolgen.[1627] Pauschale Hinweise auf ganze Internetauftritte begründen die Haftung des Verlinkenden demnach nicht.[1628]

641 **4. Haftung des Inhabers eines eBay-Accounts. a) Grundsatz.** Ein von Verkehrssicherungs- und Prüfungspflichten unabhängiger und **selbständiger Haftungsgrund für Inhaber von eBay-Accounts** besteht im Bereich des Immaterialgüterrechts wie des Wettbewerbsrechts seit der Entscheidung *„Halzband"* des BGH.[1629] Wenn der Inhaber eines eBay-Accounts wegen eines unlauteren Angebots (zB Irreführung, Verkauf einer unlauteren Nachahmung etc) auf Unterlassung in Anspruch genommen wird, kann er sich nicht damit herausreden, dass nicht er selbst, sondern ein nicht autorisierter Dritter, etwa ein Familienangehöriger, das Angebot eingestellt habe (was in der Praxis ohnehin oft genug eine Schutzbehauptung ist). Denn den Inhaber des Accounts trifft die **Pflicht,** die **Zugangsdaten geheim zu halten** und sie sorgfältig vor dem Zugriff Dritter zu sichern.[1630] Wenn gleichwohl ein Dritter diese Zugangsdaten nutzt, weil der Account-Inhaber sie nicht sorgfältig genug gesichert hat, muss dieser sich so behandeln lassen, wie wenn er selbst gehandelt hätte.[1631] Tatsächlicher Anknüpfungspunkt für diese Haftung des Account-Inhabers als (Neben-)Täter ist die **besondere Identifikationsfunktion** der Zugangsdaten im Rechtsverkehr:[1632] Der Inhaber des nicht übertragbaren eBay Accounts muss nach den AGB von eBay bei der Anmeldung einen Mitgliedsnamen und ein Passwort wählen. Das **Passwort** ist vom Inhaber **geheim zu halten** und wird auch von eBay nicht an Dritte weitergegeben. Die Zugangsdaten und das Passwort ermöglichen demnach als ein besonderes Identifikationsmittel – im vertraglichen wie auch im vorvertraglichen Bereich – ein Handeln unter einem bestimmten Namen nach außen hin. Im Hinblick darauf besteht nach der Rspr. des BGH eine generelle Verantwortung und Verpflichtung des Account-Inhabers, seine Kontaktdaten so unter Verschluss zu halten, dass von ihnen niemand Kenntnis erlangt.

642 **b) Grundlage der Haftung.** Der Grund für die Haftung besteht in der Gefahr, dass für den Verkehr **Unklarheiten** darüber entstehen können, **welche Person unter dem betreffenden Account bei eBay gehandelt** hat. Dadurch werden die Möglichkeiten, den Handelnden zu identifizieren und gegebenenfalls (rechtsgeschäftlich oder deliktisch) in Anspruch zu nehmen, erheblich beeinträchtigt. Die Haftung bei pflichtwidrig mangelhafter Sicherung der Zugangsdaten ist keine Rechtsscheinhaftung[1633] und greift unabhängig davon ein, ob der Account-Inhaber selbst, seine Abnehmer, der Schutzrechtsinhaber oder betroffene Mitbewerber erkennen konnten, dass die Zugangsdaten missbraucht wurden und der wahre Account-Inhaber gar nicht gehandelt hat.[1634] Sie setzt, jedenfalls soweit es um den Unterlassungsanspruch geht, keinen Verstoß gegen weitere Prüfungspflichten voraus. Insbesondere ist die Haftung nicht davon abhängig, ob und ggf. in welchem Umfang eine Pflicht des Account-Inhabers bestanden hat, zu prüfen, ob Dritte über seinen Account unlautere geschäftliche Handlungen vornehmen. Dem Inhaber wird vielmehr bereits der erste auf der unzureichenden Sicherung der Kontaktdaten beruhende Verstoß des Dritten als **eigenes täterschaftliches Handeln zugerechnet.** Das für den Schadensersatzanspruch erforderliche Verschulden wird allerdings im Regelfall nur zu bejahen sein, wenn der

[1626] Vgl. *Maaßen* GRUR-Prax 2016, 45.
[1627] Vgl. OLG Hamburg ZUM-RD 2012, 32 (34).
[1628] *Maaßen* GRUR-Prax 2016, 45.
[1629] BGH GRUR 2009, 597 f. Rn. 16 – Halzband; GRUR 2010, 633 Rn. 14 – Sommer unseres Lebens.
[1630] BGH GRUR 2009, 597 f. Rn. 16 f. – Halzband.
[1631] BGH GRUR 2009, 597 f. Rn. 16 – Halzband.
[1632] BGH GRUR 2010, 633 Rn. 15 – Sommer unseres Lebens; *Leistner* GRUR-Beil. 2010, 1 (8).
[1633] *Leistner* GRUR-Beil. 2010, 1 (6); aA *Neuhaus* S. 232 f.
[1634] BGH GRUR 2009, 597 Rn. 19 – Halzband.

Inhaber des Accounts zumindest **damit rechnen musste,** dass aufgrund des Gebrauchs der Kontaktdaten durch Dritte unlauterer Wettbewerb betrieben werden könnte.[1635]

c) Unterschiede zur Verletzung wettbewerbsrechtlicher Verkehrspflichten. Diese täterschaftliche Haftung wegen Verkehrspflichtverletzung bei der Sicherung der eigenen Zugangsdaten unterscheidet sich von den wettbewerbsrechtlichen Verkehrspflichten dadurch, dass sie nicht im Sinne einer von unmittelbaren Verletzungshandlungen Dritter unabhängigen, selbständigen Verpflichtung zur Eindämmung von Gefahren verdichtet ist. Vielmehr ist die Haftung des Account-Inhabers wie die Störerhaftung **streng akzessorisch.**[1636] Die Verkehrspflicht ist keine selbständige Verpflichtung, die schon unabhängig von der tatsächlichen Verletzungshandlung des Dritten besteht, sondern dient nur der **Zurechnung** der Verletzungshandlung des Dritten im Rahmen des Unrechtstatbestands.[1637] Dem akzessorischen Charakter dieses neuen Zurechnungsgrundes entsprechend wird eine wie auch immer geartete Täterqualifikation auf Seiten des Account-Inhabers für die mittelbare täterschaftliche Haftung gerade nicht vorausgesetzt.[1638] Es muss also keine geschäftliche Handlung iSd § 2 Abs. 1 Nr. 1 seitens des Account-Inhabers vorliegen, sofern nur der unmittelbar Handelnde geschäftlich handelt.[1639] 643

d) Sorgfaltsanforderungen. Nach der späteren Entscheidung *„Sommer unseres Lebens"* des BGH hat diese Zurechnung zum Ziel, den Account-Inhaber „im Wege einer unwiderleglichen Vermutung so zu behandeln, als habe er selbst gehandelt".[1640] Diese „unwiderlegliche Vermutung" greift allerdings erst dann ein, wenn tatsächlich feststeht, dass der Inhaber die Zugangsdaten nicht hinreichend gesichert oder sie bewusst einem Dritten überlassen hat,[1641] und nicht bereits aufgrund der bloßen Tatsache, dass nicht der Inhaber selbst, sondern ein Dritter das Angebot eingestellt hat. Im *„Halzband"*-Fall war offenbar unstreitig, dass der Account-Inhaber die Zugangsdaten nicht sorgfältig gesichert hatte. Wo dies streitig ist, spricht eine tatsächliche Vermutung dafür, dass die Datensicherung nicht ausreichend war. Daraus ergibt sich eine **sekundäre Darlegungslast des Account-Inhabers,** der geltend macht, eine andere Person habe den Verstoß begangen. Er muss darlegen, dass er die Daten physisch oder elektronisch derart „unter Verschluss" bzw. verschlüsselt hatte, dass Dritte davon zuverlässig ausgeschlossen sind. Da die Pflicht zur Missbrauchssicherung auch gegenüber den Mitgliedern des engsten Familienkreises wie dem Ehepartner und den eigenen Kindern gegenüber gilt, muss der Account-Inhaber einen **gesicherten Bereich** schaffen, zu denen selbst diese Personen keinen Zugang haben. Dazu sollte eine **verschlossene Schublade,** zu der es nur einen Schlüssel gibt, allerdings ausreichen. Wird sie aufgebrochen oder geht der Schlüssel verloren, muss der Account-Inhaber die Zugangsdaten ändern lassen. Eigens einen Panzerschrank anzuschaffen oder ein Bankschließfach anzumieten, wäre sicherlich zu viel verlangt. Wo solche Einrichtungen aber ohnehin zur Verfügung stehen, ist ihre Nutzung auch zumutbar. Auf jeden Fall nicht ausreichend gesichert sind Zugangsdaten, die auf einem Zettel in einer unverschlossenen Schublade aufbewahrt werden.[1642] 644

e) Übertragbarkeit auf andere Konstellationen. Das für die Nutzung der Handelsplattform eBay entwickelte **Haftungsmodell** ist auf andere Konstellationen **übertragbar,** in denen dem mit Passwort gesicherten Mitgliedsnamen oder einem ähnlichen Adressdatum eine **vergleichbare Identifikationsfunktion** zukommt. Abgelehnt wurde vom BGH eine Übertragung auf die IP-Adresse des Internetanschlusses, weil der Anschlussinhaber jedem beliebigen Dritten Zugang gewähren kann und die IP-Adresse deshalb bestimmungsgemäß 645

[1635] BGH GRUR 2009, 597 Rn. 20 – Halzband.
[1636] *Leistner* GRUR-Beil. 2010, 1 (7).
[1637] *Leistner* GRUR-Beil. 2010, 1 (7).
[1638] *Leistner* GRUR-Beil. 2010, 1 (7).
[1639] *Leistner* GRUR-Beil. 2010, 1 (7); aA *Köhler*/Bornkamm/*Feddersen* § 8 Rn. 2.14b.
[1640] BGH GRUR 2010, 633 Rn. 15 – Sommer unseres Lebens.
[1641] BGH GRUR 2009, 597 f. Rn. 16 – Halzband.
[1642] LG Köln 30.8.2016 – 81 O 40/16.

keine zuverlässigen Rückschlüsse auf den zu einem bestimmten Zeitpunkt aktiven Nutzer zulässt.[1643] Ebenso hat der BGH eine Übertragung auf den Admin-C abgelehnt.[1644]

646 **5. Die persönliche Haftung von Organen, Mitarbeitern und Beauftragten. a) Grundsatz.** Schuldner der in § 8 Abs. 1 geregelten Abwehransprüche ist jeder, der durch sein Verhalten den objektiven Tatbestand einer Zuwiderhandlung selbst, durch einen anderen oder gemeinschaftlich mit einem anderen adäquat kausal verwirklicht oder sich als Teilnehmer an der deliktischen Handlung eines Dritten beteiligt.[1645] Neben dem Unternehmensinhaber, für den er tätig wird, **haftet** deshalb der **Handelnde selbst,** wenn er persönlich den Unlauterkeitstatbestand verwirklicht. Der Gläubiger kann dann beide Ansprüche unabhängig voneinander verfolgen (→ Rn. 661).[1646] Es gelten folgende Besonderheiten und Einschränkungen:

647 **b) Organe. aa) Allgemeines.** Eine **persönliche Haftung des Geschäftsführers einer GmbH,** des **Vorstands einer AG** oder eines rechtsfähigen Vereins für Immaterialgüterrechtsverstöße ist gesetzlich nirgendwo ausdrücklich geregelt.[1647] Auch für Aufsichtsratsmitglieder, die ebenfalls Organe der jeweiligen Gesellschaften sind, fehlt eine gesetzliche Regelung.[1648] Bei Wettbewerbsverstößen sah man auf der Grundlage des UWG 1909 von Beginn an für eine solche persönliche, selbständige Haftung des Organs neben derjenigen der von ihm vertretenen juristischen Person auch gar kein echtes Bedürfnis.[1649]

648 Der Gläubiger hat aber oftmals ein erhebliches Interesse daran, etwa den Geschäftsführer einer GmbH auch persönlich zur Unterlassung zu verpflichten. So soll sichergestellt werden, dass der Geschäftsführer, der häufig **auch Gesellschafter** oder sogar **Alleingesellschafter** und damit der wirtschaftliche Nutznießer der Gesellschaft ist, sich nicht der Rechtskraft eines gegen die Gesellschaft ergangenen Urteils entzieht und unter dem Deckmantel einer anderen Gesellschaft die Verletzung fortsetzt.[1650] Die Grundsätze der persönlichen Haftung des Geschäftsführers einer GmbH und, parallel gelagert, von Vorständen einer AG sind seit dem Urteil *„Geschäftsführerhaftung"*[1651] zur persönlichen Verantwortlichkeit des Geschäftsführers bei UWG-Verstößen in Bewegung geraten.[1652] Systematischer Anknüpfungspunkt der persönlichen Haftung des Organs einer juristischen Person ist seine Haftung als Täter, Teilnehmer oder – außerhalb des UWG – Störer, die neben die Haftung der juristischen Person treten kann, welche infolge der Haftungszuweisung gem. § 31 BGB ihrerseits für rechtswidrige Handlungen des Organs haftet.[1653]

649 **bb) Haftung für aktives Tun.** Unproblematisch zu bejahen ist die Haftung eines Organs, das im Sinne eines aktiven Tuns als **Täter** die Rechtsverletzung **selbst begangen,** als **Anstifter** in Auftrag gegeben oder als **Gehilfe** wissentlich gefördert hat.[1654]

[1643] BGH GRUR 2010, 633 Rn. 15 – Sommer unseres Lebens.

[1644] BGH GRUR 2012, 304 Rn. 46 – Basler Haar-Kosmetik.

[1645] BGH GRUR 2016, 395 Rn. 23 – Smartphone-Werbung; GRUR 2016, 961 Rn. 32 – Herstellerpreisempfehlung bei Amazon.

[1646] *Fritzsche* in Gloy/Loschelder/Erdmann HdbWettbR § 79 Rn. 158 mwN.

[1647] *Hass* FS Schilling, 2007, 249 (256, 259).

[1648] *Mees* FS Bornkamm, 2014, 53 (54).

[1649] *Finger* UWG § 13 Rn. 85; *Pinner/Eyck* UWG § 13 Anm. C II 4; *Rosenthal/Wehner* § 13 Note 19.

[1650] *Götting* GRUR 1994, 6 (7); *Goldmann* GRUR-Prax 2014, 404; *Hass* FS Schilling, 2007, 249; anerkannt hat dieses rechtspolitische Bedürfnis auch der BGH in GRUR 1986, 248 (251) – Sporthosen.

[1651] BGH GRUR 2014, 883 – Geschäftsführerhaftung.

[1652] Hierzu *Goldmann* GRUR-Prax 2014, 404; *Werner* GRUR 2015, 739 (740 ff.).

[1653] BGH GRUR 1986, 248 (250) – Sporthosen; OLG Hamburg GRUR-RR 2013, 464 (465) – Z.Games Abo.

[1654] BGH GRUR 2014, 883 f. Rn. 13 ff. – Geschäftsführerhaftung; *Ruess/Delpy* GWR 2013, 455 (456); für Aufsichtsräte ebenso *Mees* FS Bornkamm, 2014, 53 (62); vgl. bereits RGZ 28, 238 (242) – Börsenverein; RG GRUR 1935, 99 (101) – Viskoselösung; BGH GRUR 1959, 428 (429) – Michaelismesse; GRUR 1975, 652 (653) – Flammkaschierverfahren I; GRUR 1964, 88 (89) – Verona-Gerät; GRUR 1986, 248 (251) – Sporthosen; GRUR 2015, 672 Rn. 83 – Videospiel-Konsolen II; OLG Hamburg GRUR-RR 2013, 464 (465) – Z.Games Abo.

650 Dabei gilt für die Haftung des Geschäftsführers einer GmbH eine **Beweiserleichterung:** Es genügt, wenn die Verletzung auf einem Verhalten beruht, das nach seinem äußeren Erscheinungsbild und mangels abweichender Feststellungen dem Geschäftsführer anzulasten ist, weil über **sie typischerweise auf Geschäftsführungsebene** entschieden wird.[1655] Zum Aufgabenbereich des Geschäftsführers gehören typischerweise Entscheidungen, die das **Geschäftsmodell** als solches bzw. zentrale Produkt- und Marketingfragen und **nicht lediglich das Tagesgeschäft** betreffen.[1656] Auf Geschäftsführerebene entschieden wird typischerweise über die Nutzung der **Firma**[1657] und der **Dachmarke,**[1658] über die **Aufnahme des Betriebs.**[1659] über die beständig gleichbleibende **Produktpalette,**[1660] über den **Vertrieb** von Produkten **auf Auslandsmärkten,**[1661] über den Vertrieb von Produkten, auf die ein **erheblicher Teil des Umsatzes** des Unternehmens entfällt, und über die Werbung hierfür,[1662] darüber, ob und über welches Medium eine Gesellschaft mit **Werbung** an ihr Publikum tritt,[1663] über das **allgemeine Werbekonzept** eines Unternehmens,[1664] über dessen **allgemeinen Werbeauftritt,**[1665] über dessen **allgemeinen Internetauftritt**[1666] und die **Wahl des verwendeten Domainnamens**[1667] sowie über **Presseerklärungen,** in denen der Geschäftsführer selbst zu Wort kommt.[1668] Je weniger Mitarbeiter eine Gesellschaft hat, desto eher ist anzunehmen, dass der Geschäftsführer selbst entscheidet.[1669] Über die Annahme eines **Großauftrags** für ein kleines Unternehmen, das nur drei Mitarbeiter hat, entscheidet der Geschäftsführer.[1670] Auch über die Reaktion auf eine **Abmahnung** wird typischerweise auf Geschäftsführerebene entschieden, so dass in aller Regel eine persönliche Haftung des Geschäftsführers ab dem Zeitpunkt gegeben ist, an dem auf den Verstoß hingewiesen wurde.[1671]

651 Die **Buchung von Keywords** im Rahmen von Google AdWords-Anzeigen betrifft demgegenüber nicht zwingend eine grundlegende Entscheidung, sondern kann auch eine Maßnahme des Tagesgeschäfts darstellen, die nicht der originären Zuständigkeit bzw. Kontrollobliegenheit eines Geschäftsführers unterfällt, sondern im Rahmen allgemeiner Anweisungen auf Arbeitsebene abgewickelt werden kann.[1672] Ebenso wird über **einzelne Werbemaßnahmen,** die sich innerhalb des typischerweise vom Geschäftsführer verant-

[1655] BGH GRUR 2014, 883 Rn. 19 – Geschäftsführerhaftung; GRUR 2015, 909 Rn. 45 – Exzenterzähne; GRUR 2020, 738 Rn. 58 – Internet-Videorecorder; OLG Hamburg GRUR-RR 2015, 250 Rn. 88 – Bist Du bereit für die Elite?.

[1656] Vgl. BGH GRUR 2020, 738 Rn. 59 – Internet-Videorecorder; OLG Hamburg GRUR-RR 2015, 282 Rn. 103 – partnership.

[1657] BGH GRUR 2014, 883 Rn. 19 – Geschäftsführerhaftung; OLG Hamburg 1.8.2014 – 3 U 189/11 – Europcar/Euro Car; LG Frankfurt a. M. 10.7.2013 – 2–06 O 61/13 – ift; LG Hamburg 15.10.2015 – 327 O 22/15 – MSpeed.

[1658] OLG Hamburg 1.8.2014 – 3 U 189/11 – Europcar/Euro Car.

[1659] Vgl. LG Düsseldorf 3.4.2019 – 2a O 22/19 – Kiesgrube I; 26.6.2019 – 2a O 197/17 – Felgenretter II.

[1660] BGH GRUR 2015, 909 Rn. 45 – Exzenterzähne.

[1661] BGH GRUR 2016, 487 Rn. 35 – Wagenfeld-Leuchte II.

[1662] OLG München GRUR-RR 2017, 256 Rn. 106 – Videospiel-Konsolen.

[1663] KG 3.12.2019 – 5 U 45/19 Rn. 30; LG Düsseldorf 3.4.2019 – 2a O 22/19 – Kiesgrube I; 26.6.2019 – 2a O 197/17 – Felgenretter II.

[1664] BGH GRUR 2014, 883 Rn. 19 – Geschäftsführerhaftung; OLG Hamburg 1.8.2014 – 3 U 189/11 – Europcar/Euro Car.

[1665] BGH GRUR 2016, 487 Rn. 35 – Wagenfeld-Leuchte II; LG Hamburg 15.10.2015 – 327 O 22/15 – MSpeed; LG München I 4.6.2019 – 33 O 13252/14 – Lighthouse.

[1666] BGH GRUR 2014, 883 Rn. 19 – Geschäftsführerhaftung; GRUR 2016, 487 Rn. 35 – Wagenfeld-Leuchte II; LG Hamburg 15.10.2015 – 327 O 22/15 – MSpeed; LG München I 4.6.2019 – 33 O 13252/14 – Lighthouse.

[1667] LG München I 4.6.2019 – 33 O 13252/14 – Lighthouse.

[1668] BGH GRUR 2014, 883 Rn. 19 – Geschäftsführerhaftung.

[1669] *Goldmann,* Unternehmenskennzeichen, § 19 Rn. 189; vgl. hierzu LG Nürnberg-Fürth 18.2.2016 – 19 O 1003/15 – Getränkedosen I; 30.6.2016 – 19 O 5172/15 – Getränkedosen II.

[1670] LG Nürnberg-Fürth 18.2.2016 – 19 O 1003/15 – Getränkedosen I.

[1671] OLG München GRUR-RR 2017, 256 Rn. 109 – Videospiel-Konsolen.

[1672] OLG Hamburg GRUR-RR 2015, 282 Rn. 103 – partnership.

worteten allgemeinen Werbeauftritts halten, typischerweise von den Marketingverantwortlichen, nicht aber vom Geschäftsführer selbst entschieden.[1673]

652 Dem jeweils in Anspruch genommenen Geschäftsführer ist die **Darlegung einer abweichenden Verantwortlichkeit** im Unternehmen nicht verwehrt.[1674] Ihn trifft insoweit eine sekundäre Darlegungslast, da der Gläubiger naturgemäß keinen Einblick in die unternehmensinternen Verhältnisse hat, dem Geschäftsführer aber eine weitere Aufklärung ohne weiteres möglich und zumutbar ist.[1675]

653 **cc) Haftung für Unterlassen.** Nach der bisherigen Rspr. haftet der Geschäftsführer darüber hinaus allerdings auch dann für Wettbewerbsverstöße der Gesellschaft, wenn er von ihnen Kenntnis hatte und es unterlassen hat, sie zu verhindern.[1676] Diese Rspr., in der nicht daran angeknüpft wird, dass der gesetzliche Vertreter der juristischen Person das wettbewerbswidrige Verhalten selbst veranlasst hat, hatte ihre ursprüngliche Grundlage in der Störerhaftung. Nach Aufgabe der Störerhaftung im UWG (→ Rn. 521) hält der BGH an der bisherigen Rspr. in dieser Allgemeinheit nicht mehr fest.[1677] Deshalb kann im UWG eine **Haftung des Geschäftsführers nur über die Grundsätze von Täterschaft und Teilnahme** konstruiert werden, namentlich für ein Unterlassen in Garantenstellung.[1678] Dies gilt auch für Vorstände einer AG.

654 Der Geschäftsführer kann auch für ein bloßes Unterlassen täterschaftliche Verantwortung tragen. Ein Unterlassen kann einem aktiven Tun aber nur gleichgestellt werden, wenn der Täter rechtlich dafür einzustehen hat, dass der tatbestandliche Erfolg nicht eintritt, und das Unterlassen der Verwirklichung des gesetzlichen Tatbestands durch aktives Tun entspricht.[1679] Erforderlich ist deshalb eine **Garantenstellung** des Organs, die es verpflichtet, den deliktischen Erfolg abzuwenden. Diese Garantenstellung kann sich aus Gesetz, vorangehendem gefährdenden Tun (Ingerenz), Vertrag oder der Inanspruchnahme von Vertrauen ergeben; sie muss gerade gegenüber dem außenstehenden Dritten bestehen, der aus der Verletzung der Pflicht zur Erfolgsabwendung Ansprüche herleitet.[1680] Die **schlichte Kenntnis** des Geschäftsführers von bevorstehenden Verletzungen – ohne aktives Zutun – **scheidet** als haftungsbegründender Umstand **aus.**[1681]

655 Eine Garantenstellung aus **Gesetz** trifft das Organ regelmäßig nicht. Die nach § 43 Abs. 1 GmbHG und § 93 Abs. 1 AktG dem Geschäftsführer einer GmbH und den Mitgliedern des Vorstands einer AG obliegende Pflicht zur ordnungsgemäßen Geschäftsführung umfasst zwar auch die Verpflichtung, durch eine entsprechend gestaltete Betriebsorganisation dafür zu sorgen, dass Rechtsverletzungen unterbleiben. Diese Pflicht besteht aber grundsätzlich nur gegenüber der Gesellschaft, nicht aber im Verhältnis zu außenstehenden Dritten.[1682] Sie kann deshalb nicht dazu herangezogen werden, eine Garantenpflicht zur Verhinderung der Verletzung wettbewerbsrechtlich geschützter Interessen Dritter zu begründen. Auch die Aufsichtspflicht der Aufsichtsratsmitglieder gem. § 52 GmbHG, §§ 116, 93 Abs. 2 AktG wirkt nur im Innenverhältnis und kann eine Garantenstellung mit der Folge der Entstehung wettbewerbsrechtlicher Verkehrspflichten zur Wahrung der Interessen Dritter nicht begründen.[1683]

[1673] OLG Hamburg GRUR-RR 2015, 250 Rn. 89 – Bist Du bereit für die Elite?.
[1674] OLG München GRUR-RR 2017, 256 Rn. 109 – Videospiel-Konsolen.
[1675] KG GRUR-RR 2018, 78 Rn. 42 – Spam-Krokodil.
[1676] Vgl. BGH GRUR 1986, 248 (251) – Sporthosen; GRUR 2005, 1061 (1064) – Telefonische Gewinnauskunft.
[1677] BGH GRUR 2014, 883 Rn. 14 – Geschäftsführerhaftung.
[1678] BGH GRUR 2014, 883 Rn. 14, 16 ff. – Geschäftsführerhaftung.
[1679] BGH GRUR 2014, 883 Rn. 16 – Geschäftsführerhaftung.
[1680] Vgl. BGH GRUR 2014, 883 Rn. 16 – Geschäftsführerhaftung.
[1681] BGH GRUR 2014, 883 Rn. 19 – Geschäftsführerhaftung; GRUR 2020, 738 Rn. 58 – Internet-Videorecorder.
[1682] Vgl. BGH GRUR 2014, 883 Rn. 23 f. – Geschäftsführerhaftung; KG GRUR-RR 2013, 172 (173 f.) – Haustürwerbung; ebenso bereits OLG Hamburg GRUR-RR 2013, 464 (465) – Z.Games Abo.
[1683] *Mees* FS Bornkamm, 2014, 53 (54 ff.).

656 Eine Garantenstellung aus **Ingerenz** kommt insbesondere in zwei Fallkonstellationen in Betracht: Entweder das Organ entzieht sich bewusst der Möglichkeit, überhaupt Kenntnis von etwaigen Rechtsverletzungen nehmen und dementsprechend Einfluss zu ihrer Verhinderung ausüben zu können, etwa bei dauerhaftem Aufenthalt des Geschäftsführers im Ausland.[1684] Oder das Organ hat ein strukturell auf die Begehung von Rechtsverletzungen angelegtes Geschäftsmodell selbst ins Werk gesetzt.[1685]

657 Eine Garantenstellung aus **Vertrag** oder **Inanspruchnahme von Vertrauen** kann dadurch begründet werden, dass das Organ – über seine ihm gegenüber der Gesellschaft obliegenden Pflichten hinaus – eine weitere Erfolgsabwendungspflicht Dritten gegenüber persönlich übernommen hat.[1686] Daran wird es bei Wettbewerbsverstößen regelmäßig fehlen. In Betracht kommt eine Garantenstellung allerdings, wenn im Vorfeld eines Verstoßes ein geschäftlicher Kontakt bestanden hat, aus dem heraus das Organ einer Gesellschaft ein besonderes, gerade auf seine Person bezogenes Vertrauen erzeugen oder eine eigene rechtsgeschäftliche Verpflichtung eingehen konnte. Auch dann, wenn sich das Organ bereits **in einer vorangegangenen Unterlassungserklärung persönlich verpflichtet** hat, einen bestimmten Wettbewerbsverstoß zu unterlassen, besteht eine vertraglich begründete deliktische Garantenpflicht zur Verhinderung weiterer strukturell gleichgelagerter Wettbewerbsverstöße.[1687]

658 **dd) Mehrere Organe.** Bei **Co-Geschäftsführern** und Vorständen ist die Haftung des Organs auf Rechtsverstöße innerhalb seines **Zuständigkeitsbereichs** begrenzt.[1688] Denn einen Geschäftsführer oder Vorstand, der aufgrund einer Aufteilung der Verantwortungsbereiche auf mehrere Ressorts keine unmittelbaren Einflussmöglichkeiten auf den konkreten Unternehmensbereich hat, in dem es zu einem Wettbewerbsverstoß gekommen ist, treffen in diesem Ressort gerade keine Prüfungspflichten.[1689] Eine **Abgrenzung der Verantwortungsbereiche** ist nicht vorwerfbar, sondern ein Gebot ordnungsgemäßer Unternehmensführung.[1690] Sie ist auch **nicht** generell **gefahrerhöhend,** sondern setzt eher noch die Gefahr herab, dass durch unsachgemäßes Handeln eines einzigen, allzuständigen, nicht spezialisierten und überforderten Organs rechtlich geschützte Interessen Dritter beeinträchtigt werden. Die Teilnahme an einer Geschäftsleitung, die in mehrere Verantwortungsbereiche aufgeteilt ist, kann deshalb nicht als Ingerenz gewertet werden. Eine Anwendung der Grundsätze der Wissenszurechnung gem. § 166 Abs. 2 BGB ist ausgeschlossen, weil sie auf rechtsgeschäftliches Handeln zugeschnitten ist und auf das Deliktsrecht nicht passt.

659 Soweit dem Gläubiger die Verantwortungsbereiche der Mitglieder der Geschäftsleitungsebene des Unternehmens, dessen Verhalten beanstandet wird, unbekannt sind und er sich die Kenntnis auch nicht mit vertretbarem Aufwand verschaffen kann, trifft die in Anspruch genommenen Organmitglieder im Prozess regelmäßig eine **sekundäre Darlegungslast,**[1691] und im Vorfeld des Prozesses ist die juristische Person zur entsprechenden **Auskunft** verpflichtet.[1692] Ist bei mehreren Geschäftsführern nichts zur individuellen Ressortzuständigkeit vorgetragen, ist davon auszugehen, dass jeder der Geschäftsführer

---

1684 Vgl. BGH GRUR 2014, 883 Rn. 26 – Geschäftsführerhaftung; OLG Frankfurt a. M. GRUR-RR 2001, 198 (199) – Haftung des zweiten Geschäftsführers; OLG Hamburg GRUR-RR 2002, 240 (242 f.) – Super Mario; GRUR-RR 2006, 182 (183) – Miss 17; GRUR-RR 2013, 464 (465) – Z.Games Abo.

1685 Vgl. BGH GRUR 2014, 883 Rn. 31 – Geschäftsführerhaftung; OLG Hamburg GRUR-RR 2015, 110 (114) – Buddy-Bots.

1686 Vgl. BGH GRUR 2014, 883 Rn. 32 – Geschäftsführerhaftung.

1687 Vgl. OLG Hamburg GRUR-RR 2015, 282 Rn. 108, 110 – partnership.

1688 OLG Hamburg GRUR-RR 2013, 464 (465) – Z.Games Abo; vgl. auch KG GRUR-RR 2018, 78 Rn. 42 – Spam-Krokodil; aA OLG Frankfurt a. M. GRUR-RR 2001, 198 (199) – Haftung des zweiten Geschäftsführers.; weitergehende und differenzierte Überlegungen bei *Wicke* GRUR 2020, 23 (26).

1689 OLG Hamburg GRUR-RR 2013, 464 (465) – Z.Games Abo; *Werner* GRUR 2015, 739 (742).

1690 *Werner* GRUR 2015, 739 (742).

1691 KG GRUR-RR 2018, 78 Rn. 42 – Spam-Krokodil.

1692 *Büscher* GRUR 2015, 5 (17).

für den Bereich verantwortlich ist, in dem es zum Wettbewerbsverstoß gekommen ist.[1693]

660 **c) Mitarbeiter und Beauftragte.** Im Grundsatz haftet jedermann auf Unterlassung, der die wettbewerbswidrige Handlung eigenhändig vornimmt und damit Täter ist. Deshalb kommen **seit jeher** auch **Angestellte** (Mitarbeiter) und Beauftragte als **Passivlegitimierte** in Betracht. Denn sie nehmen als Täter die fraglichen Handlungen eigenhändig vor, und *„es gibt keinen Rechtssatz, daß der Arbeiter, der Angestellte durch den Befehl des Herrn geschützt ist."*[1694] Die **persönliche Haftung des Angestellten neben dem Unternehmer** nach § 13 Abs. 3 UWG 1909 (in der Neufassung 1986: Abs. 4) war nach dem Konzept des UWG 1909 eine **bare Selbstverständlichkeit.**[1695] Die persönliche **Haftung des Handelnden** war **Grundlage der Zurechnung** der Haftung **zum Geschäftsherrn** gem. § 13 Abs. 3 UWG 1909 und blieb von dieser unberührt.[1696]

661 Diese Grundsätze sind ohne Änderung in das UWG 2004 übernommen worden.[1697] Dies ergibt sich unmittelbar aus dem mit § 13 Abs. 3 UWG 1909 übereinstimmenden Wortlaut, dass bei Handlungen von Mitarbeitern und Beauftragten der „Unterlassungsanspruch *auch* gegen den Inhaber des Unternehmens begründet" ist.[1698] Dies setzt die grundsätzlich eigene Haftung des Mitarbeiters als mit der Haftung des Geschäftsherrn gleichwertig voraus. Die **Haftung** des Mitarbeiters steht **selbständig neben** der des Unternehmensinhabers und ist nicht etwa als ein subsidiäres Institut ausgestaltet.[1699] § 8 Abs. 2 soll verhindern, dass sich der Inhaber eines Unternehmens hinter von ihm abhängigen Dritten verstecken kann (→ Rn. 683), und begründet daher einen **zusätzlichen** selbständigen Anspruch gegen den Inhaber des Unternehmens.[1700] Der abhängige Dritte bleibt aber in der Haftung, die durch seine täterschaftliche Begehung begründet wird.[1701] Passivlegitimiert können deshalb grundsätzlich **alle Mitarbeiter** sein, so zB der **Verkaufsmitarbeiter,** der ein nachgeahmtes Produkt anbietet[1702] oder der **Mitarbeiter der Werbeabteilung,** der eine irreführende Werbung konzipiert oder schaltet.

662 Es liegt auf der Hand, dass bei der Inanspruchnahme von untergeordneten Mitarbeitern **Härten** auftreten können, vor allem durch die Belastung mit Anwalts- und Verfahrenskosten. Bereits zum UWG 1909 wurde deshalb vereinzelt ohne nähere Begründung gefordert, dass diese persönliche Haftung neben dem Geschäftsherrn auf Angestellte **„in verantwortlicher Position"** beschränkt werden müsse.[1703] Die neuere Rspr. des **BGH** in der Entscheidung ***„Irische Butter"*** geht in dieselbe Richtung und schließt eine eigene Haftung von Angestellten aus, die „nicht entscheidungsbefugt und in völlig untergeordneter Stellung ohne eigenen Entscheidungsspielraum tätig sind".[1704] Der BGH will solche Angestellte – um deren Haftung es in dem zur Entscheidung stehenden Sachverhalt übrigens

---

[1693] KG GRUR-RR 2018, 78 Rn. 42 – Spam-Krokodil.

[1694] *Kahn/Weiß* § 13 Anm. C 2b; ebenso RG MuW XXXI, 378 (381) – Standard; *Callmann* § 13 Rn. 26; *Fuld* § 13 Anm. V 2; *Kuhn* § 13 Anm. II 2; *Rosenthal/Leffmann* § 13 Rn. 25; *Wassermann* § 13 Anm. 12.

[1695] Vgl. *Baer* § 13 (S. 106); *Finger* § 13 Rn. 85; *Kuhn* § 13 Anm. II 2; *Wassermann* § 13 Anm. 12: *„Selbstverständlich kann neben dem Geschäftsherrn der Angestellte selbst verklagt werden."* Nach dem UWG 1896 waren die Angestellten sogar die in erster Linie Passivlegitimierten gewesen; eine Haftungszurechnung zum Geschäftsherrn war nur gemäß § 831 BGB möglich; vgl. hierzu *Müller* § 1 Anm. B IV; *Eltzbacher* S. 165 f.

[1696] RG GRUR 1929, 354 (356) — Kruschensalz; MuW XXXI, 378 (381) – Standard; BGH GRUR 1964, 88 (89) – Verona-Gerät; *v. Gamm* § 13 Rn. 24; *Reimer* Kap. 107 Rn. 29; *Rosenthal/Leffmann* § 13 Rn. 25.

[1697] BT-Drs. 15/1487, 22; Ahrens/*Jestaedt* Kap. 21 Rn. 24, 27, 40.

[1698] RG GRUR 1929, 354 (356) — Kruschensalz; BGH GRUR 1964, 88 (89) – Verona-Gerät; *Kahn/Weiß* § 13 Anm. C 2c: *„Das Wörtchen ‚auch' bedeutet, daß sowohl der Angestellte wie der Geschäftsherr mit der Unterlassungsklage belangt werden können, sowohl gleichzeitig als auch nur einer von ihnen nach der Wahl des Klägers".*

[1699] BGH GRUR 2012, 1279 Rn. 43 – Das große Rätselheft; Ahrens/*Jestaedt* Kap. 21 Rn. 40.

[1700] BGH GRUR 2012, 1279 Rn. 43 – Das große Rätselheft.

[1701] Ahrens/*Jestaedt* Kap. 21 Rn. 40.

[1702] Vgl. OLG Köln 21.10.2011 – 6 U 42/11 – Hoflader – zur Haftung eines Verkaufsleiters.

[1703] ZB *v. Godin* § 13 Rn. 10 aE.

[1704] BGH GRUR 2011, 340 Rn. 27 – Irische Butter.

überhaupt nicht ging – nur bei vorsätzlichem Handeln als Gehilfen gem. § 830 Abs. 2 BGB zur Verantwortung ziehen.[1705] Begründet wird dies mit der pauschalen Erwägung, **es fehle** in derartigen Fällen an einer **geschäftlichen Handlung** iSd § 2 Abs. 1 Nr. 1.

Die Rspr. des BGH **überzeugt weder in der Begründung noch im Ergebnis.** Die Definition der geschäftlichen Handlung § 2 Abs. 1 Nr. 1 knüpft einheitlich an das Handeln einer „Person" an. Die geschäftliche Handlung ist unteilbar. Eine Handlung kann nicht gleichzeitig eine geschäftliche sein, wenn der Unternehmer in Anspruch genommen wird, und eine nicht geschäftliche, wenn sich der Unterlassungsanspruch gegen den Angestellten richtet. Außerdem macht der BGH nicht einmal im Ansatz deutlich, welches der vielen Tatbestandsmerkmale der Definition der geschäftlichen Handlung nicht erfüllt sein soll. Dies kann er auch nicht, weil nach § 2 Abs. 1 Nr. 1 letztlich „jedes Verhalten einer Person zugunsten des eigenen oder eines fremden Unternehmens" eine geschäftliche Handlung ist, wenn es dem Produktabsatz oder –bezug dient und objektiv mit ihm zusammenhängt. Hierunter fällt auch das Handeln eines Subalternen. Damit fehlt es an einer nachvollziehbaren Begründung für die Spaltung des Begriffs der geschäftlichen Handlung. 663

Dieses Begründungsdefizit wiegt um so schwerer, als es das **klare Ziel** des historischen **Gesetzgebers** ist, **auch Angestellte** neben dem Unternehmer **auf Unterlassung haften zu lassen.** Hinzu kommt, dass § 8 Abs. 2 beim Handeln eines Mitarbeiters oder Beauftragten nur eingreift, wenn gegen diesen Mitarbeiter oder Beauftragten selbst ein Unterlassungsanspruch besteht.[1706] Ist ein solcher Anspruch gegen den Mitarbeiter oder Beauftragten nicht entstanden, zB mangels einer geschäftlicher Handlung, greift § 8 Abs. 2 nicht ein.[1707] Damit ist nach der gesetzlichen Systematik aber auch eine Haftungszurechnung zum Unternehmer ausgeschlossen.[1708] 664

Den Angestellten nicht haften zu lassen, hieße deshalb als Resultat der gesetzlichen Systematik, *„auch"* den Unternehmensinhaber nicht haften zu lassen und damit *de facto* den Unterlassungsanspruch schlechthin auszuschließen. Diese Konsequenz wird in der Entscheidung *„Irische Butter"* nicht diskutiert. Es besteht die Gefahr, dass hier eine **Rechtsschutzlücke** gerissen wird, die nur durch die allgemeine Doktrin vom Organisationsverschulden (hierzu → Rn. 493) bzw. wettbewerbsrechtliche Verkehrspflichten oder die Figur der **mittelbaren Täterschaft** geschlossen werden kann. Auf der Grundlage der Entscheidung *„Irische Butter"* lässt sich eine mittelbare Täterschaft des Geschäftsherrn durchaus konstruieren, weil der betroffene Mitarbeiter mangels einer geschäftlichen Handlung iSd § 2 Abs. 1 Nr. 1 bzw. mangels Tatherrschaft[1709] selbst nicht täterschaftlich haften würde. Insoweit besteht ein „Haftungsdefizit" des Mitarbeiters als Tatmittler, das die Möglichkeit einer mittelbaren Täterschaft des Unternehmensinhabers eröffnet (hierzu → Rn. 465). Der Geschäftsherr wäre insoweit nicht „Täter hinter dem Täter". Diese **unnötig komplizierte** und mit Unsicherheiten behaftete Konstruktion – die sich in mehrstufigen Unternehmenshierarchien weiter verkompliziert – widerspricht aber dem Willen des Gesetzgebers, in solchen Konstellationen die Haftungszurechnung zum Unternehmensinhaber über § 8 Abs. 2 vorzunehmen und gerade unabhängig von seiner eigenen täterschaftlichen Haftung auszugestalten. Letzteres gilt auch mit Blick auf eine eigene täterschaftliche Haftung nach den Grundsätzen der Doktrin vom Organisationsverschulden und **wettbewerbsrechtliche Verkehrspflichten.** Diese beiden Rechtsfiguren haben zudem den Nachteil gegen sich, dass sie von Wertungsgesichtspunkten durchsetzt sind. Bei der mittelbaren Täterschaft kommt es auf die konkreten Beziehungen zwischen Hintermann und Tatmittler an. All dies sind Umstände, die ein Unterlassungskläger schwer darlegen kann, weil er keinen Einblick in die inneren Strukturen und Abläufe des Unternehmens des Beklagten hat. Beim Organisationsverschulden und bei den wettbewerbsrechtlichen Verkehrspflichten findet im Rah- 665

[1705] BGH GRUR 2011, 340 Rn. 27 – Irische Butter; zust. *Köhler*/Bornkamm/*Feddersen* § 8 Rn. 2.15b.
[1706] Ahrens/*Jestaedt* Kap. 21 Rn. 24.
[1707] Vgl. BGH GRUR 1962, 45 (48) – Betonzusatzmittel; GRUR 1996, 798 (800) – Lohnentwesungen.
[1708] Vgl. BGH GRUR 1996, 798 (800) – Lohnentwesungen.
[1709] Vgl. BGH GRUR 2016, 493 Rn. 20 – Al Di Meola.

men der Prüfung der Zumutbarkeit zudem eine umfassende Interessenabwägung statt. Dem beklagten Unternehmer bleibt Spielraum für Argumente, um sich der Verantwortlichkeit zu entziehen. Die Rechtsdurchsetzung wäre mit erheblichen Unsicherheiten behaftet. Das ist mit dem gesetzgeberischen Ziel nicht zu vereinbaren, den Unternehmensinhaber für unlautere Handlungen seiner Angestellten und Beauftragten ohne Wenn und Aber und ohne jede Exkulpationsmöglichkeit haften zu lassen (näher → Rn. 683). Wenn das Gesetz seiner Systematik nach diesen Haftungsautomatismus gerade nicht über eine eigenständige Gefährdungs- oder Garantiehaftung des Unternehmers, sondern über eine Zurechnungsnorm wie § 8 Abs. 2 sicherstellt, darf an der Haftungsgrundlage, nämlich dem täterschaftlichen Wettbewerbsverstoß durch Angestellte und Beauftragte, nicht gerüttelt werden.

666 Hintergrund der Rspr. des BGH scheint ein gewisses **sozialpolitisch motiviertes Unbehagen** zu sein, das durchaus berechtigt ist. Denn in den weitaus meisten Fällen ist es für den Gläubiger praktischer und effektiver, sich an den Geschäftsherrn zu halten. Auf den einzelnen Angestellten kommt es dem Gläubiger idR nicht an.[1710] Diesen Bedenken, die bereits bei Entstehung des UWG 1909 bekannt waren und immer wieder artikuliert wurden,[1711] lässt sich aber nicht durch eine Spaltung des Begriffs der geschäftlichen Handlung in § 2 Abs. 1 Nr. 1 Rechnung tragen, die das System des Unterlassungsanspruchs insgesamt gefährdet. Dies gilt um so mehr, als überhaupt kein rechtspolitisches Bedürfnis für einen Schutz von Angestellten vor wettbewerbsrechtlichen Unterlassungsansprüchen besteht. Denn solche Klagen kommen in der Praxis nicht vor.[1712] Sinnvoller erscheint es, in den theoretisch denkbaren Fällen, in denen ein Angestellter ohne Gestaltungsbefugnis in völlig untergeordneter Stellung tatsächlich auf Unterlassung in Anspruch genommen wird, gem. **§ 12 Abs. 3** eine kräftige **Streitwertminderung** vorzunehmen. In krassen Fällen kann gem. **§ 8c** eine **rechtsmissbräuchliche Verfolgung** anzunehmen sein, wenn der Gläubiger kein besonderes Interesse an der Verfolgung gerade des in Anspruch genommenen Angestellten dartun, sich aber ohne weiteres an den Geschäftsherrn halten kann (hierzu *Goldmann* → § 8c Rn. 104).

667 **Keine Einschränkungen** sind auch nach Ansicht des **BGH** angezeigt bei Mitarbeitern und Beauftragten, die in **verantwortlicher, herausgehobener Position** über das Ob und Wie einer geschäftlichen Handlung entscheiden oder sonst eine wichtige und nicht ohne weiteres austauschbare Rolle in der betrieblichen Organisation spielen.[1713] Dies gilt auch für Private, etwa **Prominente,** die im Auftrag eines Unternehmens an einer kommerziellen Werbung in herausgehobener Position mitwirken.[1714]

668 **6. Die persönliche Haftung von Gesellschaftern.** Die Stellung eines **Gesellschafters** einer **Kapitalgesellschaft** (zB GmbH, AG) begründet als solche keine Passivlegitimation.[1715]

669 Auch persönlich haftende Gesellschafter von **Personenhandelsgesellschaft** sind als solche nicht auch gem. §§ 128, 161 Abs. 2 HGB passivlegitimiert, wenn es um den Unterlassungsanspruch[1716] oder den Beseitigungsanspruch geht. Dasselbe gilt für Gesellschafter einer **GbR,**[1717] einer **PartG** oder einer **PartG mbB.** Erforderlich ist vielmehr, dass der jeweilige Gesellschafter selbst den Haftungstatbestand erfüllt. Diese Haftung gründet

[1710] Vgl. bereits *Fuld* § 13 Anm. V 2: *„Der Verkehr hat ein bedeutendes Interesse daran, daß dem Betriebsinhaber der unlautere Wettbewerb untersagt wird und nicht den zumeist ganz unbekannten Angestellten oder Beauftragten."*

[1711] *Callmann* S. 102 (unter dem Gesichtspunkt der Mittäterschaft).

[1712] Ahrens/*Jestaedt* Kap. 21 Rn. 40.

[1713] Vgl. BGH GRUR 2011, 340 Rn. 28 – Irische Butter.

[1714] Ausführlich hierzu *Henning-Bodewig* FS 100 Jahre Wettbewerbszentrale, 2012, 107 ff.; *Henning-Bodewig* GRUR 2013, 26 (29).

[1715] *Köhler*/Bornkamm/*Feddersen* § 8 Rn. 2.21.

[1716] Vgl. OLG Nürnberg GRUR 1996, 206 (208) – Leitungsrohre; OLG Karlsruhe WRP 1998, 898 (899) – Unterrichtskreis; *Fritzsche* S. 446; *Köhler*/Bornkamm/*Feddersen* § 8 Rn. 2.21; aA offenbar OLG Hamburg WRP 1989, 63.

[1717] OLG Karlsruhe WRP 1998, 898 (899) – Unterrichtskreis; *Fritzsche* S. 446.

sich aber nicht auf die Stellung als Gesellschafter, sondern auf das persönliche Handeln.[1718]

IV. Haftung für fremdes Verhalten

1. Allgemeines. Ein wettbewerbsrechtlicher Unterlassungsanspruch braucht nicht zwingend an die Haftung für eigenes Verhalten anzuknüpfen. Schuldner eines Unterlassungsanspruchs kann auch derjenige sein, dem lediglich **das unlautere Verhalten eines anderen zugerechnet** wird. Der in der Praxis häufigste Anwendungsbereich ist die Haftung des Unternehmensinhabers für seine Mitarbeiter und Beauftragte. Sie hat in § 8 Abs. 2 eine besondere gesetzliche Regelung erfahren und wird deshalb gesondert kommentiert (dazu → Rn. 682 ff.). Daneben kommen die allgemeinen Vorschriften uneingeschränkt zur Anwendung.[1719] Hiernach gilt: 670

2. Haftung für das Handeln von Organen gem. §§ 31, 89 BGB. a) Allgemeines. Voraussetzung für das Bestehen eines gesetzlichen Unterlassungsanspruchs gegen eine Gesellschaft ist stets die unerlaubte Handlung einer natürlichen Person, die der Gesellschaft zuzurechnen ist.[1720] 671

b) Haftung für Organe und Repräsentanten. Juristische Personen haften nach §§ 31, 89 BGB für das Handeln ihrer Organe und sonstiger verfassungsmäßig berufener Vertreter. Diese Zurechnungsregeln gelten auch im Lauterkeitsrecht.[1721] Nach §§ 31, 89 BGB haftet eine Organisation im Rahmen der **Repräsentantenhaftung** für einen Wettbewerbsverstoß, der durch eines ihrer **Organe** oder einen verfassungsmäßig berufenen Vertreter in Ausübung der ihm zustehenden Verrichtungen begangen wird. In den Anwendungsbereich fallen neben eingetragenen Vereinen alle sonstigen juristischen Personen des öffentlichen und privaten Rechts (zB AG, GmbH) und Personenverbände (zB nichtrechtsfähiger Verein, OHG, KG, PartG, GbR). Von der Repräsentantenhaftung erfasst werden auch Handlungen von **Führungskräften,** die auf Grund allgemeiner Betriebsregelungen und Handhabung bedeutsame, wesensmäßige Funktionen der Organisation zur selbständigen, eigenverantwortlichen Erfüllung wahrnehmen; auf eine diesbezügliche satzungsmäßige Grundlage oder die Erteilung einer entsprechenden Vertretungsmacht kommt es nicht an.[1722] Hat ein Unternehmen für den fraglichen Aufgabenkreis keinen verfassungsmäßig berufenen Vertreter bestellt, kommt eine Haftung unter Ausschluss des Entlastungsbeweises nach § 31 BGB unter dem Gesichtspunkt des Organisationsmangels in Betracht.[1723] 672

c) Einzelheiten. Die Einzelheiten finden sich bei *Goldmann* → § 9 Rn. 96 ff. 673

3. Die Haftung für das Handeln von Erfüllungsgehilfen. Die **Haftung für Erfüllungsgehilfen** nach § 278 BGB setzt ein bereits bestehendes Schuldverhältnis voraus.[1724] Sie spielt deshalb für eine Haftungszurechnung zur Begründung eines gesetzlichen Unterlassungsanspruchs keine Rolle und kommt allein bei Unterlassungsverpflichtungen aus einem Unterwerfungsvertrag in Betracht. Auch der Schuldner einer vertraglichen Unterlassungsverpflichtung muss grundsätzlich für ein Verhalten seiner Erfüllungsgehilfen einstehen, soweit dieses zu einer Verletzung der vertraglichen Unterlassungspflicht geführt hat.[1725] Ob jemand als Erfüllungsgehilfe eines anderen anzusehen ist, bestimmt sich danach, ob er rein tatsächlich mit dem Willen des Schuldners bei der Erfüllung der diesem 674

[1718] BGH GRUR 1986, 248 (250 f.) – Sporthosen; GRUR 2006, 493 Rn. 22 – Michel-Nummern.

[1719] Vgl. BGH GRUR 2012, 1279 Rn. 28 – Das große Rätselheft (zum Verhältnis von § 831 BGB zu § 8 Abs. 2).

[1720] BGH GRUR 2006, 493 Rn. 22 – Michel-Nummern.

[1721] Vgl. BGH GRUR 1993, 926 (927) – Apothekenzeitschriften.

[1722] BGHZ 49, 19 (21); MüKoUWG/*Fritzsche* § 8 Rn. 252.

[1723] BGHZ 24, 200 (213).

[1724] BGHZ 58, 207 (212).

[1725] BGH GRUR 1985, 1065 (1066) – Erfüllungsgehilfe; GRUR 1988, 561 (562) – Verlagsverschulden I; GRUR 1987, 648 (649) – Anwalts-Eilbrief; GRUR 1998, 963 (964) – Verlagsverschulden II.

obliegenden Verbindlichkeit als eine Hilfsperson tätig wird (zB ein die Werbung abdruckendes Verlagsunternehmen als Erfüllungsgehilfe des werbenden Unterlassungsschuldners).[1726]

675 **4. Die Haftung für das Handeln von Verrichtungsgehilfen.** Die **Haftung für** Verrichtungsgehilfen nach § 831 Abs. 1 S. 1 BGB ist wegen der Sonderregelung des § 8 Abs. 2 (dazu → Rn. 682 ff.) für die wettbewerbsrechtlichen Abwehransprüche praktisch bedeutungslos. **§ 831 BGB** bleibt aber **neben § 8 Abs. 2 UWG** für die Begründung von Abwehransprüchen durchaus **anwendbar.**[1727] Die Bestimmung des § 8 Abs. 2 UWG soll verhindern, dass sich der Inhaber eines Unternehmens hinter von ihm abhängigen Dritten verstecken kann, und begründet daher einen zusätzlichen selbständigen Anspruch gegen den Inhaber des Unternehmens (→ Rn. 733). Die Exkulpationsmöglichkeit des § 831 BGB steht dem Unternehmensinhaber bei § 8 Abs. 2 nicht zur Verfügung. Zweck der Regelung ist es, den Gläubiger im UWG gegenüber den allgemeinen Regeln besser zu stellen und den Unternehmensinhaber verglichen mit den allgemeinen Regeln verschärft haften zu lassen (→ Rn. 683). Dem Gläubiger soll aber eine Berufung auf die allgemeinen Normen der Haftungszurechnung nicht abgeschnitten werden.[1728] Dargestellt wird die Zurechnung über § 831 BGB bei *Goldmann* → § 9 Rn. 104 ff.

V. Haftung mehrerer Schuldner

676 Richtet sich die Haftung **mehrerer Schuldner** für einen Wettbewerbsverstoß inhaltsgleich auf das Unterlassen derselben Handlung, so sind sie **nicht Gesamtschuldner** im Sinne von § 421 BGB.[1729] Vielmehr hat jeder Unterlassungsschuldner selbständig und unabhängig von den anderen das Unterlassungsgebot zu beachten. Es steht dem Gläubiger unter dem Vorbehalt des § 8b frei, gegen mehrere nebeneinander Verantwortliche gemeinsam, getrennt oder nur gegen einzelne von ihnen vorzugehen.[1730] Der Unterlassungsschuldner kann sich nicht auf die Beachtung der Unterlassungspflicht durch die anderen Schuldner mit dem Ergebnis der Schuldbefreiung berufen. Dies gilt auch, wenn ein Unternehmen und das für sie handelnde Organ selbständig nebeneinander in Anspruch genommen werden.[1731] Auch der gegen den unmittelbar handelnden Mitarbeiter oder Beauftragten gerichtete Anspruch und der daraus gem. § 8 Abs. 2 resultierende Anspruch gegen den Inhaber des Unternehmens stehen selbständig nebeneinander.[1732]

VI. Rechtsnachfolge auf Schuldnerseite

677 Beim **gesetzlichen Unterlassungsanspruch** kommt eine **Rechtsnachfolge auf Schuldnerseite nicht** in Betracht. Die Begehungsgefahr ist sowohl als Wiederholungs- als auch als Erstbegehungsgefahr ein tatsächlicher Umstand, der nach den Verhältnissen in der Person des Zuwiderhandelnden zu beurteilen ist und nicht auf den Rechtsnachfolger des Verletzers übergeht (→ Rn. 177 ff.).[1733]

678 Dagegen kann der **vertragliche Unterlassungsanspruch** (*Brüning* → § 13 Rn. 120 ff.) nach den allgemeinen Regeln (Schuldübernahme, Universalsukzession) auf einen Rechtsnachfolger übergehen, wenn nicht die Auslegung des Unterlassungsvertrags ergibt, dass eine rein persönliche Schuld des Verpflichteten begründet werden sollte.[1734]

[1726] BGH GRUR 1998, 963 (964 f.) – Verlagsverschulden II.
[1727] Vgl. BGH GRUR 2012, 1279 Rn. 43 – Das große Rätselheft.
[1728] BGH GRUR 2012, 1279 Rn. 43 – Das große Rätselheft.
[1729] BGH GRUR-RR 2008, 460 Rn. 8 – Tätigkeitsgegenstand, mwN.
[1730] *Köhler*/Bornkamm/*Feddersen* § 8 Rn. 2.30.
[1731] Ahrens/*Jestaedt* Kap. 21 Rn. 44 f.
[1732] BGH GRUR 2012, 1279 Rn. 43 – Das große Rätselheft.
[1733] BGH GRUR 2006, 879 Rn. 17 – Flüssiggastank.
[1734] Vgl. BGH GRUR 1996, 995 (996) – Übergang des Vertragsstrafeversprechens.

VII. Einwendungen

Zu den wettbewerbsrechtlichen **Einwendungen** gegen den Unterlassungsanspruch vgl. *Goldmann* → Vor § 8 Rn. 130 ff. 679

VIII. Unterlassungsklage

Zur Unterlassungsklage vgl. *Brüning* → Vorb. § 12 Rn. 70 ff. 680

IX. Zwangsvollstreckung

Zur Zwangsvollstreckung des Unterlassungstitels gem. § 890 ZPO vgl. *Brüning* → Vorb. 681
§ 12 Rn. 284 ff.

E. Haftung des Unternehmensinhabers für Mitarbeiter und Beauftragte (§ 8 Abs. 2)

Schrifttum: *Ahrens,* Unterlassungsschuldnerschaft beim Wechsel des Unternehmensinhabers – Zur materiellrechtlichen und prozeßrechtlichen Kontinuität des Unterlassungsanspruchs, GRUR 1996, 518; *Foerste,* Umschreibung des Unterlassungstitels bei Betriebserwerb – negatorische Haftung und Betriebsinhaberhaftung nach § 13 Abs. 4 UWG, GRUR 1998, 450; *Hahn,* Die Haftung des Unternehmensinhabers nach § 8 Abs. 2 UWG, 2007; *Henning-Bodewig,* Leitbildwerbung – haftet der „Star" für Wettbewerbsverstöße?, GRUR 1982, 202; *dies.,* Prominente und Werbung in: FS 100 Jahre Wettbewerbszentrale, 2012, S. 125; *dies.,* Haften Privatpersonen nach dem UWG? GRUR 2013, 26; *Klaka,* Persönliche Haftung des gesetzlichen Vertreters für die im Geschäftsbetrieb der Gesellschaft begangenen Wettbewerbsverstöße und Verletzungen von Immaterialgüterrechten, GRUR 1988, 729; *Köhler,* Die Haftung des Betriebsinhabers für Wettbewerbsverstöße seiner Angestellten und Beauftragten (§ 13 IV UWG), GRUR 1991, 344; *Müller,* Das Reichsgesetz zur Bekämpfung des unlauteren Wettbewerbes vom 27. Mai 1896, 4. Aufl. 1904; *Pastor,* Der Unterlassungsanspruch gegen den Betriebsinhaber aus § 13 Abs. 3 UWG, NJW 1964, 896; *Pinner/Eyck,* Gesetz gegen den unlauteren Wettbewerb. Vom 7. Juni 1909, 2. Aufl. 1909; *Reichelsdorfer,* Die Haftung für Dritte im Wettbewerbsrecht, 2001; *Reimer,* Wettbewerbs- und Warenzeichenrecht, Bd. 2, 1. Aufl. 1935; *Siegel,* Die Haftung des Prinzipals für Handlungen der Angestellten nach dem neuen Wettbewerbsgesetze, MuW IX, 183; *Werneburg,* Zur Haftung des Betriebsinhabers für Wettbewerbshandlungen seiner Angestellten und Beauftragten gemäß § 13 Abs. 3 UWG, MuW XXXVIII, 3; *Werner,* Die wettbewerbsrechtliche Konzernhaftung, WRP 2018, 286.

I. Allgemeines

1. Inhalt, Normzweck und Entstehungsgeschichte. § 8 Abs. 2 regelt eine **Erfolgshaftung** des Inhabers eines Unternehmens für wettbewerbswidriges Verhalten seiner Mitarbeiter oder Beauftragten **ohne Entlastungsmöglichkeit.**[1735] Sie ist deckungsgleich mit **§ 14 Abs. 7 MarkenG;** beide Normen müssen im gleichen Sinne ausgelegt werden.[1736] Rechtsprechung aus dem Markenrecht kann deshalb auch zur Auslegung des § 8 Abs. 2 herangezogen werden und umgekehrt. 682

Gem. § 8 Abs. 2 werden alle Zuwiderhandlungen, die in einem Unternehmen von einem **Mitarbeiter oder Beauftragten** begangen werden, automatisch dem Betriebsinhaber zugerechnet, so dass Unterlassungs- und Beseitigungsansprüche auch gegen den **Inhaber des Unternehmens** begründet sind. Diese Regelung, die strengste und am 683

[1735] BGH NJOZ 2013, 863 Rn. 9 – Mehrstufigkeit eines Beauftragungsverhältnisses; MüKoUWG/*Fritzsche* § 8 Rn. 296; *Hahn* S. 81; *Köhler*/Bornkamm/*Feddersen* § 8 Rn. 2.33, *Ohly*/Sosnitza § 8 Rn. 143; GroßKommUWG/*Paal* § 8 Rn. 144; zur Vorgängernorm § 13 Abs. 3 UWG 1909 vgl. BGH GRUR 1980, 116 (117) – Textildrucke; GRUR 1995, 605 (607) – Franchise-Nehmer; GRUR 2000, 907 (909) – Filialleiterfehler; GRUR 2005, 864 (865) – Meißner Dekor II; *Köhler* GRUR 1991, 344 (345); *Werneburg* MuW XXXVIII, 3.

[1736] BGH GRUR 2005, 864 (865) – Meißner Dekor II; GRUR 2009, 1167 Rn. 21 – Partnerprogramm; GRUR 2011, 534 Rn. 11 – Änderung der Voreinstellung III; LG Hamburg 21.8.2014 – 327 O 16/14 – Internetmarketing Bielefeld.

weitesten gehende Haftungszurechnungsnorm im deutschen Recht, **entspricht** nach dem Willen des Reformgesetzgebers der alten Vorschrift **§ 13 Abs. 3 UWG 1909** (in der Neufassung von 1986: § 13 Abs. 4), die es sich zum Ziel gesetzt hatte, unter allen Umständen zu verhindern, *„daß der Prinzipal sich hinter seinen Angestellten verkrieche"*.[1737] Gemeint ist damit, dass kein Unternehmer, der am Wirtschaftsleben teilnimmt, die Verantwortung für Handlungen, die im Zuge seiner Unternehmenstätigkeit begangen werden, auf jemanden abwälzen kann, der zu seiner Betriebsorganisation gehört.[1738] Nach dem UWG 1896 waren nämlich die Angestellten des Unternehmens die in erster Linie Passivlegitimierten gewesen; eine Haftungszurechnung zum Geschäftsherrn geschah über § 831 BGB.[1739] Er hatte dem Geschäftsherrn gem. § 831 Abs. 1 S. 2 die – häufig genutzte – Möglichkeit der Exkulpation durch Nachweis einer sorgfältigen Auswahl oder Anleitung gelassen.[1740] Die Exkulpationsmöglichkeit war als unbefriedigend empfunden worden und wurde mit § 13 Abs. 3 UWG für die wettbewerbsrechtlichen Abwehransprüche abgeschnitten, um den Unterlassungsanspruch effektiver durchsetzbar zu machen.[1741]

684 § 8 Abs. 2 hat denselben Inhalt wie § 13 Abs. 3 UWG 1909 und verfolgt denselben Zweck.[1742] Trotz einiger sprachlicher Abweichungen wollte der Gesetzgeber **keine inhaltlichen Änderungen** vornehmen.[1743] Die Vorschrift ist ihrem Zweck entsprechend **weit auszulegen.**[1744] Das gilt insbesondere für das Tatbestandsmerkmal „in einem Unternehmen", aber auch für das des „Mitarbeiters" und des „Beauftragten".[1745]

685 **2. Haftung für fremdes Verhalten.** § 8 Abs. 2 begründet eine **Haftung** des Unternehmensinhabers für das wettbewerbswidrige Verhalten seines Mitarbeiters, also nicht für eigenes, sondern **für fremdes Verhalten.**[1746] Die Vorschrift setzt allein eine Zuwiderhandlung des Mitarbeiters oder Beauftragten voraus. Es muss sich um Zuwiderhandlungen gegen § 3 oder § 7 handeln. Kraft Verweisung werden ferner die in den §§ 4, 5, 6 und 7 geregelten Wettbewerbsverstöße erfasst.

3. Anknüpfung an Wettbewerbsverstoß des Mitarbeiters oder Beauftragten.

686 Die Haftung gem. § 8 Abs. 2 hat ihre Grundlage nicht in der (unwiderleglich vermuteten) Versäumung einer sorgfältigen Auswahl oder ausreichenden Unterrichtung der Mitarbeiter oder Beauftragten. Vielmehr werden deren **Verstöße** dem **Unternehmensinhaber als eigene zugerechnet,** so als habe er sie selbst begangen.[1747] Eine Anwendung dieser Vorschrift scheidet daher aus, wenn der Mitarbeiter selbst nicht unlauter gehandelt hat.[1748]

1737 OLG Colmar MuW X, 353 – Petroleumbehälter; vgl. auch die Ausführungen des Bundesministers der Justiz in BVerfGE 20, 323 (329) – nulla poena sine culpa; in der Sache ebenso RG GRUR 1937, 389 (392) – Alpina; BGH GRUR 1959, 38 (44) – Buchgemeinschaft II; GRUR 1963, 434 (435) – Reiseverkäufer; GRUR 1963, 438 (439) – Fotorabatt; GRUR 1964, 263 (266) – Unterkunde; GRUR 1973, 208 (209) – Neues aus der Medizin; GRUR 1980, 116 (117) – Textildrucke; GRUR 1990, 1039 (1040) – Anzeigenauftrag; GRUR 2003, 453 (454) – Verwertung von Kundenlisten; GRUR 2007, 995 Rn. 12 – Schuldnachfolge; zur Entstehungsgeschichte vgl. *Callmann* § 13 Rn. 25; *Köhler* GRUR 1991, 344 (345); *Reichelsdorfer* S. 95 ff.; *Reimer* Kapitel 107 Rn. 27; *Teplitzky* (10. Aufl.) Kap. 14 Rn. 17.

1738 *Pastor* Kap. 19 III 1.

1739 *Müller* § 1 Anm. B IV; *Eltzbacher* S. 165 f.

1740 *Baer* § 13 (S. 105 f.); *Fuld* § 13 Anm. V 2; *Köhler* GRUR 1991, 344 (345); *Siegel* MuW IX, 183 (184).

1741 RGZ 116, 28 (33) – Schlesische Feuersozietät I; vgl. auch *Baer* § 13 (S. 105 f.); *Fuld* UWG § 13 Anm. V 2; *Hahn* S. 1; *Köhler* GRUR 1991, 344 (345).

1742 BGH GRUR 2007, 995 Rn. 12 – Schuldnachfolge; GRUR 2012, 1279 Rn. 43, 62 – Das große Rätselheft.

1743 Begr. RegE UWG 2004, BT-Drs. 15/1487, 22.

1744 RG GRUR 1937, 389 (392) – Alpina; BGH GRUR 1959, 38 (44) – Buchgemeinschaft II; *Rosenthal/Leffmann* UWG § 13 Rn. 22; *Ulmer/Reimer* Rn. 150.

1745 RG GRUR 1937, 389 (392) – Alpina; BGH GRUR 1959, 36 (44) – Buchgemeinschaft II; GRUR 1963, 438 (439) – Fotorabatt; GRUR 1995, 605 (607) – Franchise-Nehmer.

1746 Anders *Schünemann* WRP 1998, 120 (123), der den Inhaber als den „eigentlichen" Verletzer ansieht.

1747 RGZ 116, 28 (33) – Schlesische Feuersozietät I; BGH GRUR 1965, 155 – Werbefahrer.

1748 Vgl. BGH GRUR 1969, 51 (52) – Glassteine.

Der Unternehmer haftet aber, ohne dass es eines Rückgriffs auf § 8 Abs. 2 bedarf, als Täter, Teilnehmer oder, sofern diese Rechtsfigur in Randbereichen anwendbar bleiben sollte (dazu → Rn. 522 ff.), als Störer,[1749] wenn sein eigenes Verhalten die tatbestandlichen Voraussetzungen einer unlauteren geschäftlichen Handlung erfüllt. Das ist zB dann der Fall, wenn er einen Mitarbeiter mit einer Tätigkeit gegenüber Marktteilnehmern betraut, obwohl es diesem an den dafür erforderlichen grundlegenden Kenntnissen fehlt.[1750] Die **Haftung des Unternehmensinhabers für eigenes Verhalten** – etwa für die Verletzung wettbewerbsrechtlicher Verkehrspflichten – schließt eine Anwendung des § 8 Abs. 2 allerdings nicht aus und umgekehrt.[1751] 687

4. Rechtfertigung für die verschuldensunabhängige Haftung des Unternehmensinhabers. § 8 Abs. 2 ist in jeder Hinsicht **verschuldensunabhängig** und geht insoweit über die allgemeine zivilrechtliche Haftung des Unternehmensinhabers hinaus, als ihm kein Entlastungsbeweis für ein fehlendes Auswahl- oder Überwachungsverschulden (§ 831 Abs. 1 S. 2 BGB) eingeräumt wird. Er haftet auch für die **ohne sein Wissen** oder sogar **gegen seinen Willen** von einem Mitarbeiter oder Beauftragten begangenen Wettbewerbsverstöße.[1752] Der Unternehmensinhaber kann sich nicht darauf berufen, dass er dem handelnden Mitarbeiter in dem betreffenden Bereich Entscheidungsfreiheit zugestanden hat.[1753] Der **innere Grund** dafür, dass ihm geschäftliche Handlungen Dritter, soweit es um den Unterlassungs- und den Beseitigungsanspruch geht, wie eigene Handlungen zugerechnet werden, wird in erster Linie in einer ihm zugute kommenden **Erweiterung seines Geschäftsbereichs** und einer gewissen **Beherrschung des Risikobereichs** gesehen.[1754] 688

Hinzu kommt die Erwägung, dass ein Kläger, der gegen den Inhaber eines Unternehmens ein Unterlassungsanspruch geltend machen will, in den allermeisten Fällen **keinen Einblick** in die inneren **Strukturen** und Abläufe **des Unternehmens** hat. Er ist als Außenstehender deshalb kaum in der Lage, die Hintergründe des Wettbewerbsverstoßes aufzudecken. Eine Erfolgshaftung des Betriebsinhabers erscheint danach insoweit gerechtfertigt, als es stets nahe liegt, dass der Inhaber des Unternehmens das Handeln des Mitarbeiters oder Beauftragten veranlasst oder geduldet hat. Durch die Erfolgshaftung des Unternehmensinhabers wird dem Kläger jedes Risiko der Beweisführung und Beweislast abgenommen.[1755] Darüber hinaus ist seit jeher als weitere Begründung angeführt worden,[1756] dass letztlich das Interesse des Klägers nicht dahin geht, einen unbedeutenden Angestellten zur Verantwortung zu ziehen, sondern den Unternehmensinhaber effektiv von weiteren Verstößen abzuhalten.[1757] 689

5. Rechtscharakter. Ob darin ein Zurechnungs- oder Haftungsgrund liegt[1758] oder eine **selbständige Anspruchsgrundlage** für einen unmittelbaren eigenen materiellen Anspruch gegen den Inhaber begründet wird,[1759] ist ohne praktische Bedeutung, weil § 8 Abs. 2 besagt, dass „der" gegen den Mitarbeiter begründete Anspruch „auch" gegen den Inhaber begründet ist. 690

6. Anwendungsbereich. § 8 Abs. 2 gilt nach seinem Wortlaut bei Ansprüchen nach § 8 Abs. 1, also bei den **Abwehransprüchen** gerichtet auf **Unterlassung** oder **Beseiti-** 691

[1749] Vgl. BGH GRUR 1994, 441 (443) – Kosmetikstudio.
[1750] BGH GRUR 1969, 51 (52) – Glassteine.
[1751] BGH GRUR 1964, 88 (89) – Verona-Gerät; GRUR 1995, 605 (607) – Franchise-Nehmer.
[1752] BGH GRUR 1995, 605 (607) – Franchise-Nehmer.
[1753] BGH GRUR 2000, 907 (909) – Filialleiterfehler.
[1754] BGH GRUR 2000, 907 (909) – Filialleiterfehler; GRUR 1995, 605 (607) – Franchise-Nehmer; LG Freiburg GRUR-RR 2014, 256 (257) – Einmaliges Glück.
[1755] *Köhler* GRUR 1991, 344 (346).
[1756] *Fuld* § 13 Anm. V 2.
[1757] *Büscher* in Fezer/Büscher/Obergfell § 8 Rn. 169 f.; MüKoUWG/*Fritzsche* § 8 Rn. 294; *Köhler* GRUR 1991, 344 (345); GroßKommUWG/*Paal* § 8 Rn. 144.
[1758] In diesem Sinne wohl Begr. RegE UWG 2004, BT-Drs. 15/1487, 22.
[1759] So GroßKommUWG/*Paal* § 8 Rn. 143.

gung wegen Zuwiderhandlungen gegen § 3 oder § 7 und erfasst nach seinem Sinn und Zweck auch **Auskunftsansprüche,** die der Durchsetzung dieser Abwehransprüche dienen.[1760]

692 Dagegen gilt sie – anders als die mit ihr ansonsten vergleichbaren Regelung in § 13 Abs. 7 MarkenG – **nicht** für **Schadensersatzansprüche** nach § 9 UWG und damit in Zusammenhang stehende Auskunftsansprüche.[1761] Auch für Ansprüche auf **Gewinnabschöpfung** gem. § 10 sowie diesen dienende Auskunftsansprüche gilt § 8 Abs. 2 nicht.

693 Anwendbar sind dagegen die allgemeinen Bestimmungen, insbesondere die §§ 31, 89, 278, 831 BGB[1762] (dazu → Rn. 552 ff.). Selbstverständlich kommt auch im Anwendungsbereich des § 8 Abs. 2 eine Haftung für Verrichtungsgehilfen nach § 831 BGB in Betracht.[1763]

694 **7. Verfassungsrecht.** Das auf § 8 Abs. 2 gegründete Unterlassungs- und Beseitigungsgebot ist **verfassungsgemäß,** weil es nur die für den Unternehmer bereits allgemein bestehende Verpflichtung konkretisiert, auf die Einhaltung der wettbewerbsrechtlichen Schutzbestimmungen durch seine Mitarbeiter und Beauftragten hinzuwirken.[1764] Seine Inanspruchnahme rechtfertigt sich daraus, dass der Rechtsverstoß aus der Sphäre des Unternehmers stammt und er das Risiko weiterer Rechtsverstöße verringern kann.[1765]

II. Zurechnungsvoraussetzungen

695 **1. Einleitung.** Die **Zurechnung einer Zuwiderhandlung** gegen den **Inhaber eines Unternehmens** setzt voraus, dass sie von einem Mitarbeiter oder Beauftragten in seinem Unternehmen begangen worden ist. Sowohl die Begriffe des „Inhabers des Unternehmens" wie auch die des „Mitarbeiters", des „Beauftragten" und der „Zuwiderhandlung in einem Unternehmen" bedürfen der Klärung:

696 **2. Unternehmensinhaber. a) Begriff.** Mit dem nunmehr verwendeten Begriff des **Inhabers eines „Unternehmens"** soll gegenüber dem früher in § 13 Abs. 3 UWG 1909 enthaltenen Begriff des Inhabers eines „geschäftlichen Betriebes" kein unterschiedlicher Bedeutungsgehalt verbunden sein,[1766] so dass die früheren Begriffsbestimmungen weiter gelten können. Auch mit der UGP-Richtlinie ist keine inhaltliche Änderung verbunden. Der Begriff des Inhabers eines Unternehmens hat nichts zu tun mit dem Begriff des „Unternehmers" iSd § 2 Nr. 6. Diese Vorschrift berührt das Verständnis des Begriffs des Unternehmensinhabers im Rahmen des § 8 Abs. 2 nicht.

697 Als Unternehmensinhaber ist folglich wie bisher diejenige **natürliche Person** (zB Einzelkaufmann, Einzelunternehmer, Freiberufler), **juristische Person** oder rechtsfähige **Personengesellschaft** gem. § 14 Abs. 2 BGB anzusehen, in deren Namen und Verantwortung das Unternehmen geführt wird.[1767] **Nicht** Unternehmensinhaber ist, wer lediglich

[1760] Begr. RegE UWG 2004, BT-Drs. 15/1487, 22; BGH GRUR 2012, 1279 Rn. 43 – Das große Rätselheft; *Büscher* in Fezer/Büscher/Obergfell § 8 Rn. 218; MüKoUWG/*Fritzsche* § 8 Rn. 296; *Köhler*/Bornkamm/*Feddersen* § 8 Rn. 2.35; zum UWG 1909 ebenso BGH GRUR 1995, 427 (428) – Schwarze Liste.

[1761] BGH GRUR 2006, 426 Rn. 24 – Direktansprache am Arbeitsplatz II; GRUR 2012, 1279 Rn. 43 – Das große Rätselheft; *Büscher* in Fezer/Büscher/Obergfell § 8 Rn. 218; MüKoUWG/*Fritzsche* § 8 Rn. 296.

[1762] Begr. RegE UWG 2004, BT-Drs. 15/1487, 22, 23; BGH GRUR 2001, 82 (83) – Neu in Bielefeld I; MüKoUWG/*Fritzsche* § 8 Rn. 297.

[1763] BGH GRUR 2012, 1279 Rn. 43 – Das große Rätselheft; *Werneburg* MuW XXXVIII, 3 (6).

[1764] Vgl. BVerfG NJW 1996, 2567.

[1765] BVerfG NJW 1996, 2567.

[1766] Vgl. Begr. RegE UWG 2004, BT-Drs. 15/1487, 7, 22, 32, 42.

[1767] OLG Dresden JW 1933, 1902; OLG Karlsruhe 25.5.2016 – 6 U 17/15 – Resistograph; *Büscher* in Fezer/Büscher/Obergfell § 8 Rn. 227; MüKoUWG/*Fritzsche* § 8 Rn. 312; *Kahn/Weiß* UWG § 13 Anm. C 2a; *Ohly*/Sosnitza § 8 Rn. 151; GroßKommUWG/*Paal* § 8 Rn. 167.

als **Betriebs- oder Filialleiter** der Organisation eines fremden Unternehmens vorsteht.[1768] Im Einzelnen gilt:

Nicht entscheidend ist das **Eigentum an den Betriebsmitteln,** sondern die Frage, ob der in Anspruch Genommene tatsächlich grundsätzlich einen **Einfluss auf die betrieblichen Verhältnisse** und damit auch auf das Verhalten der für das Unternehmen tätigen Personen hat.[1769] Der Inhaber muss nicht der Eigentümer, sondern kann auch **Pächter** oder **Nießbraucher** sein.[1770] Betreibt nach außen hin der Pächter oder Nießbraucher das Unternehmen, ist der Eigentümer nicht mehr Inhaber iSd § 8 Abs. 2.[1771] **698**

Bei einer **Personengesellschaft** (zB GbR, OHG, KG) ist der Inhaber die Gesellschaft als solche, nicht aber die einzelnen Gesellschafter oder deren Gesamtheit.[1772] Auch diejenigen, die für die Gesellschaft handeln (zB gem. §§ 114, 119 HGB für die OHG), sind nicht Unternehmensinhaber.[1773] **699**

Bei **juristischen Personen,** die ihren Willen durch ihre Organe bilden und verwirklichen (vgl. zB §§ 76, 78, 119 AktG für die AG, §§ 35, 45, 46 GmbHG für die GmbH), ist die juristische Person als solche **Unternehmensinhaber.**[1774] Ihre **Organe** sind **nicht Unternehmensinhaber.**[1775] Ebensowenig sind die **Aktionäre** oder Inhaber von **GmbH-Anteilen** Unternehmensinhaber.[1776] Organe oder Gesellschafter haften nicht gem. § 8 Abs. 2, sondern können nur für eigenes Verhalten in Anspruch genommen werden.[1777] Dasselbe gilt für im geschäftlichen Verkehr tätige Genossenschaften. Nur die **Genossenschaft** selbst ist Unternehmensinhaberin, nicht aber deren Genossen oder Vorstandsmitglieder.[1778] **700**

Bei einer treuhänderischen Verwaltung eines Unternehmens ist der **Treuhänder** als Unternehmensinhaber anzusehen.[1779] Soweit der **Testamentsvollstrecker** oder vergleichbare Dritte den bisherigen Unternehmensträger aus eigenem Recht im Rahmen ihrer Verwaltungs- und Verfügungsbefugnis verdrängen und an seine Stelle treten, sind sie den Organen von Personenverbänden, die für den sonst nicht handlungsfähigen Verband dessen Willen bilden und verwirklichen, nicht gleichzusetzen. Bei der Anordnung der Testamentsvollstreckung ist danach zu unterscheiden, ob der Testamentsvollstrecker ein zum Nachlass gehörendes Unternehmen in der Form fortführt, dass er es im eigenen Namen als uneigennütziger Treuhänder unter eigener persönlicher Haftung weiterführt, oder ob er es auf Grund einer besonderen Bevollmächtigung seitens des Erben in dessen Namen und unter dessen persönlicher Haftung betreibt.[1780] Im ersten Fall kann der Testamentsvollstre- **701**

[1768] OLG Dresden JW 1933, 1902; OLG Karlsruhe 25.5.2016 – 6 U 17/15 – Resistograph; *Baumbach/Hefermehl* § 13 Rn. 70; *Callmann* § 13 Rn. 29; *Hahn* S. 122; Ahrens/*Jestaedt* Kap. 21 Rn. 37; *Pinner/Eyck* § 13 Anm. II 4.

[1769] *Tetzner* § 13 Rn. 20.

[1770] *Büscher* in Fezer/Büscher/Obergfell § 8 Rn. 227; *Fuld* § 13 Anm. V 6; MüKoUWG/*Fritzsche* § 8 Rn. 312; *Hahn* S. 121; Ahrens/*Jestaedt* Kap. 21 Rn. 37; *Kahn/Weiß* UWG § 13 Anm. C 2a; *Köhler* GRUR 1991, 344 (352); *Ohly*/Sosnitza § 8 Rn. 151; GroßKommUWG/*Paal* § 8 Rn. 168.

[1771] *Büscher* in Fezer/Büscher/Obergfell § 8 Rn. 227; *Tetzner* § 13 Rn. 20.

[1772] OLG Karlsruhe WRP 1998, 898 (899) – Unterrichtskreis; *Büscher* in Fezer/Büscher/Obergfell § 8 Rn. 227; MüKoUWG/*Fritzsche* § 8 Rn. 313; *Hahn* S. 121 f.; Ahrens/*Jestaedt* Kap. 21 Rn. 37; *Köhler*/Bornkamm/*Feddersen* § 8 Rn. 2.50; GroßKommUWG/*Paal* § 8 Rn. 167.

[1773] Vgl. *Ohly*/Sosnitza § 8 Rn. 151.

[1774] OLG Dresden JW 1933, 1902; *Büscher* in Fezer/Büscher/Obergfell § 8 Rn. 227; *Hahn* S. 122; Ahrens/*Jestaedt* Kap. 21 Rn. 37.

[1775] OLG Dresden JW 1933, 1902; OLG Karlsruhe 25.5.2016 – 6 U 17/15 – Resistograph; Köhler/Bornkamm/*Feddersen* UWG § 8 Rn. 2.50; MüKoUWG/*Fritzsche* UWG § 8 Rn. 313; Ahrens/*Jestaedt* Kap. 21 Rn. 37; *Werneburg* MuW XXXVIII, 3 (5).

[1776] OLG Dresden JW 1933, 1902; OLG Karlsruhe 25.5.2016 – 6 U 17/15 – Resistograph; *Werneburg* MuW XXXVIII, 3 (5).

[1777] BGH GRUR 1964, 88 (89) – Verona-Gerät; MüKoUWG/*Fritzsche* § 8 Rn. 313; Ahrens/*Jestaedt* Kap. 21 Rn. 23; *Köhler*/Bornkamm/*Feddersen* § 8 Rn. 2.50; GroßKommUWG/*Paal* § 8 Rn. 171.

[1778] OLG Dresden JW 1933, 1902.

[1779] *Köhler* GRUR 1991, 344 (352).

[1780] Vgl. BGHZ 12, 100 (102); 35, 13 (15); Palandt/*Weidlich* BGB § 2205 Rn. 7 ff. mwN.

cker, im zweiten der Erbe als Unternehmensinhaber nach § 8 Abs. 2 in Anspruch genommen werden.[1781]

702 Nicht als Unternehmensinhaber anzusehen ist auch die **Erbengemeinschaft.**[1782] Sie ist im Gegensatz zur GbR nicht zur dauerhaften Teilnahme am Rechtsverkehr bestimmt oder geeignet, sondern auf Auseinandersetzung gerichtet.[1783] Sie verfügt nicht über eigene Organe, durch die sie im Rechtsverkehr handeln und damit ein Unternehmen innehaben und leiten könnte.[1784] Die Erbengemeinschaft ist daher kein eigenständiges, handlungsfähiges Rechtssubjekt, das als Unternehmensinhaber in Betracht kommt, sondern lediglich eine gesamthänderisch verbundene Personenmehrheit, der mit dem Nachlass ein Sondervermögen zugeordnet ist.[1785] Unternehmensinhaber sind bei Versterben eines Einzelunternehmers dessen Erben in gesamthänderischer Bindung.[1786] Ihnen fehlt jedoch die Parteifähigkeit iSd § 50 Abs. 1 ZPO.[1787]

703 **b) Rechtliche Möglichkeit der Kontrolle.** Voraussetzung für die Eigenschaft als Unternehmensinhaber ist aber stets die **rechtliche Möglichkeit,** die Geschäftstätigkeit zu bestimmen. Für die Anwendung des § 8 Abs. 2 reicht es nicht aus, dass die betreffende geschäftliche Handlung möglicherweise dem Vermögen des in Anspruch Genommenen zugute kommt. Vielmehr ist seine Haftung für das Verhalten seiner Mitarbeiter oder Beauftragten nach dieser Vorschrift nur gerechtfertigt, wenn er außerdem auf die Einhaltung der betreffenden Wettbewerbsvorschriften durch diese hinzuwirken vermag und so das Risiko von Verstößen verringern kann.[1788] Hieran fehlt es, wenn der Unternehmensinhaber die Verfügungsmacht über sein Unternehmen verloren hat und ein anderer in seine Rechtsstellung eingetreten ist, zB der Insolvenzverwalter mit **Eröffnung des Insolvenzverfahrens** (§ 80 Abs. 1 InsO). Die Auffassung, als Unternehmensinhaber könne auch derjenige in Anspruch genommen werden, dessen rechtliche Entscheidungsfreiheit beeinträchtigt sei, zB durch Anordnung einer Testamentsvollstreckung, Insolvenzeröffnung oder Betreuung,[1789] ist deshalb abzulehnen. Der **Minderjährige** ist Unternehmensinhaber, wenn er gem. § 112 BGB zur selbständigen Führung des Unternehmens ermächtigt ist. Andernfalls ist der gesetzliche Vertreter (Eltern oder Vormund) als Inhaber anzusehen. Für den **Betreuten** gilt dies entsprechend, vgl. § 1903 Abs. 1 S. 2 BGB.

704 Wegen des Fehlens einer rechtlichen Einflussmöglichkeit haftet ferner nicht gem. § 8 Abs. 2, wer **lediglich** nach außen **den Anschein** erweckt, **Unternehmensinhaber zu sein,** ohne tatsächlich die Verantwortung zu haben.[1790] Denn wer nur so tut, als ob er rechtlich einen bestimmenden Einfluss auf ein Unternehmen ausüben kann, dazu aber in Wahrheit nicht in der Lage ist, gegen den ist auch eine Vollstreckung gem. § 890 ZPO nicht möglich, weil ihn für eventuelle Verstöße kein eigenes Verschulden träfe. Dies wäre aber Voraussetzung für die Verhängung von Ordnungsmitteln.[1791] Deshalb ist ein titulierter Unterlassungsanspruch sinnlos. Die vereinzelt vorgeschlagene Haftung nach allgemeinen Rechtsscheinsgrundsätzen[1792] scheidet bei den auf Unterlassung und Beseitigung gerichte-

[1781] Vgl. auch *Köhler* GRUR 1991, 344 (347).
[1782] *Hahn* S. 122; GroßKommUWG/*Paal* § 8 Rn. 168.
[1783] BGH NJW 2002, 3389 (3390); 2006, 3715 (3716).
[1784] Vgl. BGH NJW 2006, 3715 (3716).
[1785] Vgl. BGH NJW 2006, 3715 (3716).
[1786] *Köhler*/Bornkamm/*Feddersen* UWG § 8 Rn. 2.49; GroßKommUWG/*Paal* § 8 Rn. 168.
[1787] BGH NJW 2006, 3715 f.; GroßKommUWG/*Paal* § 8 Rn. 168.
[1788] Vgl. BVerfG NJW 1996, 2567; MüKoUWG/*Fritzsche* § 8 Rn. 311; aA *Köhler* GRUR 1991, 344 (348).
[1789] So *Hahn* S. 122; *Köhler* GRUR 1991, 344 (352); *Ohly*/Sosnitza § 8 Rn. 151.
[1790] OLG Dresden MuW XXXIV, 299 – *Erstes und ältestes Fachgeschäft; Hahn* S. 202 f., 235; *Köhler*/Bornkamm/*Feddersen* § 8 Rn. 2.49; GroßKommUWG/*Paal* § 8 Rn. 169; aA OLG Hamburg MuW XXXI, 573 (574) – Hamburger Pflanzenbutter-Belieferung; *Baumbach/Hefermehl* § 13 Rn. 70; *Büscher* in Fezer/Büscher/Obergfell § 8 Rn. 227.
[1791] BVerfGE 20, 323 (327 f.) – nulla poena sine culpa; 58, 159 (163); *Köhler* GRUR 1991, 344 (345).
[1792] Vgl. *Baumbach/Hefermehl* § 13 Rn. 70; *Büscher* in Fezer/Büscher/Obergfell § 8 Rn. 227.

ten Ansprüchen des § 8 Abs. 2 aus.[1793] Zu erwägen ist eine Rechtsscheinhaftung aber auf den Ersatz unnütz aufgewandter Rechtsverfolgungskosten, wenn der Kläger gegen den materiell nicht passivlegitimierten Scheinunternehmensinhaber vorgeht, aber wegen Fehlens der Voraussetzungen des § 8 Abs. 2 mit seiner Klage kostenpflichtig abgewiesen wird.[1794]

c) Keine Entlastung durch faktischen Kontrollverlust. Eine längere Ortsabwesenheit oder eine schwere Krankheit und ähnliche widrige Umstände, die zu einer **tatsächlichen Unmöglichkeit** führen, die Geschicke des Unternehmens zu bestimmen oder die Mitarbeiter und Beauftragten anzuleiten und zu überwachen, können nach dem Willen des Gesetzgebers und dem klaren Gesetzeswortlaut den Geschäftsherrn nicht entlasten,[1795] auch wenn dies schon zur Entstehungszeit der Norm mitunter als große Härte empfunden wurde.[1796] 705

3. Mitarbeiter. a) Begriff. § 8 Abs. 2 sieht eine Haftung des Unternehmensinhabers für von einem „Mitarbeiter" begangene Verstöße vor. In § 13 Abs. 3 UWG 1909 war nicht vom „Mitarbeiter", sondern vom „Angestellten" die Rede. Der Grund für diese Änderung ist nicht erkennbar, zumal damit eine inhaltliche Änderung nicht einhergehen soll.[1797] Die bisherige Rspr. zum Begriff des „Angestellten" in § 13 Abs. 3 UWG 1909 kann deshalb im Grundsatz weiter herangezogen werden.[1798] Der **Begriff des „Mitarbeiters"** ist – ebenso wie früher der des „Angestellten"[1799] – im Hinblick auf den Normzweck **weit auszulegen.**[1800] 706

b) „Angestellte" im bisherigen Sinne. „Mitarbeiter" sind deshalb jedenfalls all diejenigen, die früher unter den Begriff des „Angestellten" fielen. Dies sind nach der gebotenen weiten Auslegung alle, die auf Grund eines Beschäftigungsverhältnisses **in die Betriebsorganisation eingegliedert** sind und **weisungsgebunden** Dienste zu leisten haben.[1801] Ohne Bedeutung ist, ob es sich um eine dauernde oder nur vorübergehende,[1802] eine entgeltliche oder lediglich unentgeltliche[1803] Beschäftigung handelt.[1804] Sofern ein Entgelt geschuldet wird, ist gleichgültig, ob es als Fixum oder Provision gezahlt werden soll.[1805] Auch auf die Wirksamkeit des zu Grunde liegenden Rechtsverhältnisses kommt es nicht an.[1806] 707

Unter den Begriff des „Mitarbeiters" fallen also nicht nur **Angestellte** im arbeitsrechtlichen Sinne[1807] wie zB **Außendienstmitarbeiter,**[1808] **Reisende,**[1809] **Verkäufer,**[1810] **Be-** 708

1793 *Hahn* S. 202 f., 235; Ahrens/*Jestaedt* Kap. 21 Rn. 29; *Melullis* Rn. 507.

1794 Hierzu *Hahn* S. 219 ff.

1795 Bericht der 35. Kommission über den Entwurf eines Gesetzes gegen den unlauteren Wettbewerb, Reichstagsverhandlungen 12. Legislaturperiode, 1. Session, Bd. 252, Nr. 1390, S. 8438; *Callmann* § 13 Rn. 29; *Finger* § 13 Rn. 85; *Kahn/Weiß* § 13 Anm. C 2c.

1796 *Kahn/Weiß* § 13 Anm. C 2c; *Kuhn* § 13 Anm. II 2.

1797 Begr. RegE UWG 2004, BT-Drs. 15/1487, 22; *Hahn* S. 88.

1798 *Hahn* S. 88; GroßKommUWG/*Paal* § 8 Rn. 156.

1799 BGH GRUR 1959, 28 (44) – Buchgemeinschaft II; GRUR 1990, 1039 (1040) – Anzeigenauftrag; GRUR 1995, 605 (607) – Franchise-Nehmer; *Melullis* Rn. 532.

1800 *Büscher* in Fezer/Büscher/Obergfell § 8 Rn. 221.

1801 Vgl. BGH GRUR 1973, 370 (371) – Tabac; *Büscher* in Fezer/Büscher/Obergfell § 8 Rn. 221; MüKoUWG/*Fritzsche* § 8 Rn. 299; GroßKommUWG/*Paal* § 8 Rn. 156.

1802 *Hahn* S. 88; *Rosenthal/Leffmann* § 13 Rn. 25; *Tetzner* § 13 Rn. 22.

1803 *Büscher* in Fezer/Büscher/Obergfell § 8 Rn. 221; Ahrens/*Jestaedt* Kap. 21 Rn. 32; *Köhler*/Bornkamm/*Feddersen* § 8 Rn. 2.39; *Ohly*/Sosnitza § 8 Rn. 148; *Rosenthal/Leffmann* § 13 Rn. 25.

1804 MüKoUWG/*Fritzsche* § 8 Rn. 299; *Hahn* S. 88; GroßKommUWG/*Paal* § 8 Rn. 156.

1805 *Werneburg* MuW XXXVIII, 3 (5).

1806 *Büscher* in Fezer/Büscher/Obergfell § 8 Rn. 221; MüKoUWG/*Fritzsche* § 8 Rn. 299; Ahrens/*Jestaedt* Kap. 21 Rn. 32; *Köhler*/Bornkamm/*Feddersen* § 8 Rn. 2.39; GroßKommUWG/*Paal* § 8 Rn. 156.

1807 Ahrens/*Jestaedt* Kap. 21 Rn. 33; *Köhler* GRUR 1991, 344 (346); *Melullis* Rn. 532.

1808 BGH GRUR 1965, 155 – Werbefahrer; *Rosenthal/Leffmann* § 13 Rn. 25.

1809 Ahrens/*Jestaedt* Kap. 21 Rn. 33.

1810 LG Freiburg GRUR-RR 2014, 256 (257) – Einmaliges Glück.

triebsleiter,[1811] **Prokuristen**[1812] oder **Filialleiter,**[1813] sondern auch **Arbeiter,**[1814] **Auszubildende,**[1815] **Fahrer,**[1816] **Praktikanten,**[1817] **Volontäre,**[1818] **Redakteure**[1819] und **Beamte.**[1820] Zu den Mitarbeitern zählen auch **Familienmitglieder,** die als **Arbeitnehmer** oder kraft gesetzlicher Verpflichtung (vgl. §§ 1353, Abs. 1 S. 2, 1619 BGB) im Unternehmen eines Angehörigen Dienste leisten.[1821] Die bloße Eigenschaft als Familienmitglied reicht aber für die Zurechnung nicht aus.[1822] Familienmitglieder können in solchen Fällen aber als Beauftragte haften (→ Rn. 714).

709 **Nicht** „Angestellte" und auch nicht Mitarbeiter iSd § 8 Abs. 2 sind die **Organe einer juristischen Person** wie Vorstände einer AG oder Geschäftsführer einer GmbH[1823] oder die gesetzlichen Vertreter der Personengesellschaften.[1824] Für die Haftungszurechnung für das Handeln von Organen gilt nicht § 8 Abs. 2, sondern §§ 31, 89 BGB (ggf. analog).[1825] Denn Organe sind nicht weisungsgebunden, sondern gerade diejenigen, von denen die Weisungen an die Betriebsorganisation ausgehen. Nicht weisungsgebunden und damit keine Mitarbeiter iSd § 8 Abs. 2 sind **Mitglieder des Betriebsrats,** soweit sie in ihrer Eigenschaft als betriebliche Arbeitnehmervertreter handeln.[1826]

710 **c) Begriffserweiterung auf „freie" Mitarbeiter?** Nicht vollständig geklärt ist, ob der Begriff „Mitarbeiter" gegenüber der früheren Handhabung des Begriffs des „Angestellten" eine gewisse Erweiterung darstellt oder nur als redaktionelle Klarstellung aufzufassen ist,[1827] dass nicht nur Angestellte im arbeitsrechtlichen Sinne von der Regelung erfasst sind. Das Kriterium der Weisungsgebundenheit passt beim Mitarbeiter jedenfalls nicht im gleichen Maße, weil der „Mitarbeiter", insbesondere der „freie" Mitarbeiter in einem bloßen Dienstverhältnis stehen kann, das sich von dem Arbeitnehmerverhältnis dadurch unterscheidet, dass der Dienstverpflichtete bei der Ausführung der Dienste nicht weisungsgebunden und nicht in die Betriebsorganisation eingebunden ist.[1828] Andererseits wurde der „freie" Mitarbeiter vielfach bereits unter den früheren Begriff des „Angestellten" subsumiert.[1829] Falls man wegen der gleichen Rechtsfolgen nicht ohnehin von einer klaren Abgrenzung von Mitarbeiter und Beauftragtem absehen will,[1830] bietet es sich an, nach der Stärke der Einflussmöglichkeit des Unternehmensinhabers zu unterscheiden. Als **Mitarbeiter** wären dann die enger in die Unternehmensorganisation eingebundenen, im größeren

---

[1811] *Werneburg* MuW XXXVIII, 3 (5).

[1812] Ahrens/*Jestaedt* Kap. 21 Rn. 33.

[1813] BGH GRUR 2000, 907 (909) – Filialleiterfehler; MüKoUWG/*Fritzsche* § 8 Rn. 299.

[1814] BGH GRUR 1965, 155 – Werbefahrer; *Melullis* Rn. 532; *Köhler* GRUR 1991, 344 (346); *Ohly*/Sosnitza § 8 Rn. 148; *Rosenthal/Leffmann* § 13 Rn. 25.

[1815] MüKoUWG/*Fritzsche* § 8 Rn. 299; *Köhler* GRUR 1991, 344 (346); *Ohly*/Sosnitza § 8 Rn. 148.

[1816] BGH GRUR 1965, 155 – Werbefahrer; Ahrens/*Jestaedt* Kap. 21 Rn. 33.

[1817] MüKoUWG/*Fritzsche* § 8 Rn. 299; *Köhler* GRUR 1991, 344 (346).

[1818] MüKoUWG/*Fritzsche* § 8 Rn. 299; Ahrens/*Jestaedt* Kap. 21 Rn. 33; *Köhler* GRUR 1991, 344 (346); *Melullis* Rn. 532; soweit im Schrifttum hierfür bis heute RG GRUR 1936, 989 – Margarinevertrieb herangezogen wird, gibt diese Entscheidung dafür nichts her. Zum einen betrifft sie nicht einen (Presse-)Volontär nach heutigem Verständnis, sondern einen kaufmännischen Praktikanten; zum anderen geht es um § 831 BGB, nicht um § 13 Abs. 3 UWG 1909.

[1819] *Rosenthal/Leffmann* § 13 Rn. 25.

[1820] MüKoUWG/*Fritzsche* § 8 Rn. 299; *Hahn* S. 89; *Köhler* GRUR 1991, 344 (346); *Köhler*/Bornkamm/*Feddersen* § 8 Rn. 2.40; *Melullis* Rn. 532.

[1821] MüKoUWG/*Fritzsche* § 8 Rn. 299; *Köhler* GRUR 1991, 344 (346).

[1822] OLG Naumburg DStRE 2008, 1044 (1046) – Abwerbung von Mandanten.

[1823] RG MuW XXXVII/XXXVIII, 53 (55) – Gastwirtsdarlehen; *Melullis* Rn. 531; *Rosenthal/Leffmann* § 13 Rn. 25; aA *Tetzner* § 13 Rn. 23.

[1824] *Melullis* Rn. 531.

[1825] RG MuW XXXVII/XXXVIII, 53 (55) – Gastwirtsdarlehen; *Melullis* Rn. 531.

[1826] Ahrens/*Jestaedt* Kap. 21 Rn. 33; *Melullis* Rn. 532 mwN; *Ohly*/Sosnitza § 8 Rn. 148.

[1827] In diese Richtung *Büscher* in Fezer/Büscher/Obergfell § 8 Rn. 221; GroßKommUWG/*Paal* § 8 Rn. 156.

[1828] Vgl. Palandt/*Weidenkaff* BGB Einf. v. § 611 Rn. 10, § 611 Rn. 24.

[1829] *Köhler* GRUR 1991, 344 (346).

[1830] So GroßKommUWG/*Erdmann* (1. Aufl.) § 13 Rn. 152; *Köhler* GRUR 1991, 344 (346).

Umfange dem Weisungsrecht unterliegenden Personen, also die **Arbeitnehmer** im arbeitsrechtlichen Sinne anzusehen, während diejenigen, auf die der Unternehmensinhaber nur in einem geringeren Maße Einfluss nehmen kann, unter den Begriff des Beauftragten fallen können.

4. Beauftragter. a) Begriff. Der Begriff des **Beauftragten** hat seit 1909 eine beträchtliche Ausweitung erfahren. Nach der Gesetzesbegründung waren „Beauftragte" iSd § 13 Abs. 3 UWG 1909 solche Personen, die ohne im Angestelltenverhältnis zu stehen, kraft Auftrages oder auch Werkvertrages in dem betreffenden Geschäftsbetrieb tätig sind.[1831] Der Gesetzgeber von 1909 dachte etwa an selbständige Schaufensterdekorateure.[1832] 711

Der Begriff des Beauftragten ist jedoch nach dem Zweck des § 8 Abs. 2, den Inhaber für Wettbewerbsverstöße haften zu lassen, die ihm zugute kommen und aus seiner Risikosphäre stammen, **weit auszulegen.**[1833] Beauftragter kann eine natürliche oder juristische Person oder eine rechtsfähige Personengesellschaft sein.[1834] Der Begriff des Beauftragten erfasst **alle** Personen, die nicht Mitarbeiter sind, die aber **der betrieblichen Organisation** des Unternehmensinhabers kraft eines Rechtsverhältnisses in der Weise **angegliedert** sind, dass der **Erfolg** ihrer Geschäftstätigkeit dem **Betriebsinhaber zu Gute** kommt und der Betriebsinhaber einen **bestimmenden,** durchsetzbaren **Einfluss** auf diejenige Tätigkeit des Beauftragen hat, in deren Bereich das beanstandete Verhalten fällt, so dass er das Risiko weiterer Rechtsverstöße verringern kann.[1835] Welchen Einfluss sich der Unternehmensinhaber tatsächlich gesichert hat, ist nicht entscheidend, sondern welchen er sich hätte sichern können und müssen (zB durch Vertragsstrafen,[1836] Kündigung[1837] oder Drohung damit).[1838] Auch ob der Unternehmensinhaber von der Möglichkeit Gebrauch macht, diesen Einfluss auszuüben, spielt keine Rolle.[1839] Das Rechtsverhältnis, aufgrund dessen der Beauftragte in die Betriebsorganisation des Unternehmensinhabers angegliedert wird, wird in aller Regel auf einem Vertrag beruhen.[1840] Zwingend ist dies allerdings nicht. Auch ein anderes Rechtsverhältnis kann im Einzelfall zu einer Angliederung an die Betriebsopposition führen, so zB je nach Fallgestaltung die Zugehörigkeit zur Familie des Unternehmensinhabers.[1841] 712

Die Anforderungen der Rspr. gehen weit.[1842] Jedoch müssen die **Voraussetzungen,** unter denen von der Tätigkeit eines Beauftragten auszugehen ist, **objektiv vorliegen,** wobei es ohne Belang ist, in welches rechtliche Gewand die Beteiligten ihre Rechtsbeziehungen gekleidet haben, ob sie ausdrückliche oder stillschweigende Vereinbarungen getroffen haben oder ihre Geschäftsbeziehung nur auf einer ständigen Übung beruht.[1843] Auf einen bestimmenden Einfluss kann auch aufgrund von Indizien geschlossen werden wie etwa gesellschaftsrechtliche Verflechtungen oder die Möglichkeit, auf die von Beauftragten erzielten Einnahmen zuzugreifen.[1844] Es genügt aber **nicht,** dass der Handelnde nur 713

[1831] RGZ 83, 424 (426) – Dünger unter Bezugnahme auf S. 13 der Begründung zum Entwurf der Novelle von 1909.

[1832] Vgl. S. 13 der Begründung zum Entwurf der Novelle von 1909, auszugsweise abgedruckt bei *Pinner/Eyck* UWG § 13 Anm. C I.

[1833] RGZ 83, 424 (426) – Dünger; RG GRUR 1937, 389 (392) – Alpina; BGH GRUR 1959, 28 (44) – Buchgemeinschaft II; GRUR 1990, 1039 (1040) – Anzeigenauftrag; GRUR 1995, 605 (607) – Franchise-Nehmer.

[1834] *Köhler*/Bornkamm/*Feddersen* § 8 Rn. 2.43.

[1835] Vgl. BGH GRUR 1964, 263 (267) – Unterkunde; GRUR 1995, 605 (607) – Franchise-Nehmer; GRUR 2005, 864 (865) – Meißner Dekor II.

[1836] Vgl. RG GRUR 1937, 389 (393) – Alpina.

[1837] Vgl. RG GRUR 1937, 389 (393) – Alpina; BGH GRUR 1995, 605 (608) – Franchise-Nehmer.

[1838] Vgl. BGH GRUR 1959, 38 (44) – Buchgemeinschaft II; GRUR 1995, 605 (607) – Franchise-Nehmer; GRUR 2011, 534 Rn. 11, 13 – Änderung der Voreinstellung III.

[1839] BGH GRUR 2005, 864 (865) – Meißner Dekor II; BGH GRUR 2011, 543 Rn. 11 – Änderung der Voreinstellung III.

[1840] Vgl. OLG Naumburg 17.2.2011 – 1 U 91/10.

[1841] Vgl. OLG Bamberg MuW XV, 54 f. – Zettel in der Kiste.

[1842] Vgl. OLG München 20.5.2009 – 29 W 1405/09 – autorisierte Goldverwertungs-Agentur.

[1843] BGH GRUR 1964, 263 (267) – Unterkunde.

[1844] Vgl. KG 7.9.2018 – 5 U 118/17 – Thierry Mugler und Azzaro.

nach außen den Anschein erweckt, er sei Beauftragter des Unternehmensinhabers (sog. **„Scheinbeauftragter"**).[1845]

714 **b) Unselbständige Dritte.** Die Haftung für das Handeln unselbständiger Dritter setzt weder deren enge Einbindung in die Unternehmensorganisation noch einen besonderen Grad an Weisungsabhängigkeit voraus. In diesem Sinne sind Beauftragte zB auch voll- oder minderjährige **Familienmitglieder** eines Ladeninhabers, **die** während dessen Urlaub oder Krankheit oder auch nur spontan und punktuell im Geschäft **aushelfen.**[1846]

715 **Organe** juristischer Personen und die gesetzlichen Vertreter von Personengesellschaften sind **keine „Beauftragten"** iSd § 8 Abs. 2.[1847] Dies gilt auch für diejenigen Personen, die kraft Amtes anstelle des von der Verwaltung ausgeschlossenen Unternehmensinhabers das Unternehmen führen, zB den **Insolvenzverwalter**[1848] oder **Testamentsvollstrecker.**[1849] Die Zurechnung der Haftung erfolgt gem. §§ 32, 89 BGB (ggf. analog).

716 **c) Selbständige Dritte.** Nach der Rspr. kommen nach den vorstehenden Grundsätzen als Beauftragte nicht nur unselbständige Dritte in Betracht, sondern **auch selbständige Unternehmer.**[1850] Dies gilt auch bei einer nur gelegentlichen und vorübergehenden Tätigkeit.[1851] Voraussetzung ist jedoch, dass der selbständige Unternehmer in die betriebliche Organisation des Betriebsinhabers in einer Weise eingegliedert ist, dass der **Erfolg** seiner Geschäftstätigkeit dem **Unternehmensinhaber zugute kommt** und dieser auf das Unternehmen einen **bestimmenden und durchsetzbaren Einfluss** hat.[1852] Ob der Unternehmensinhaber von der Möglichkeit Gebrauch macht, diesen Einfluss auszuüben, spielt dabei keine Rolle.[1853] Es kommt nicht darauf an, welchen Einfluss sich der Inhaber gesichert hat, sondern darauf, welchen Einfluss er sich sichern konnte und musste.[1854] Die Anforderungen der Rspr. gehen weit.[1855]

717 Im Rahmen des **Produktabsatzes** ist für die Eigenschaft als Beauftragter erforderlich, dass sich – anders als bei den üblichen Lieferbeziehungen zwischen dem Großhandel und dem Einzelhandel – die Einflussmöglichkeiten des Betriebsinhabers auf alle das Vertriebssystem des Vertriebspartners kennzeichnenden wesentlichen Vorgänge erstrecken und zwangsläufig vom Willen des Unternehmensinhabers abhängen.[1856]

718 Beauftragter ist nicht nur derjenige selbständige Unternehmer, der direkt vom Unternehmensinhaber beauftragt wurde. Auch wer mittelbar am Ende einer mehrstufigen Kette von beauftragtem Unternehmer, Subunternehmer, Sub-Subunternehmer etc steht, ist Beauftragter iSd § 8 Abs. 2 UWG. Die **Mehrstufigkeit** des Beauftragungsverhältnisses

---

[1845] BGH GRUR 1963, 438 (440) – Fotorabatt; *Goldmann,* Unternehmenskennzeichen, § 19 Rn. 244.

[1846] OLG Bamberg MuW XV, 54 f. – Zettel in der Kiste.

[1847] Ahrens/*Jestaedt* Kap. 21 Rn. 43; *Melullis* Rn. 531; GroßKommUWG/*Paal* § 8 Rn. 166; aA für das Aufsichtsratsmitglied *Reimer* Kap. 107 Rn. 27 unter Berufung auf RG MuW XXXIV, 99; gänzlich aA und für eine Haftung auch neben § 31 BGB *Köhler* GRUR 1991, 344 (347 f.).

[1848] MüKoUWG/*Fritzsche* § 8 Rn. 304.

[1849] GroßKommUWG/*Paal* § 8 Rn. 166; aA *Köhler* GRUR 1991, 344 (347 f.).

[1850] BGH GRUR 1964, 263 (267) – Unterkunde; GRUR 1995, 605 (607) – Franchise-Nehmer; GRUR 2005, 864 (865) – Meißner Dekor II; GRUR 2011, 534 Rn. 11 – Änderung der Voreinstellung III; GRUR 2012, 1279 Rn. 61 – Das große Rätselheft.

[1851] RGZ 83, 424 (426) – Dünger; RG MuW XXXIX, 64 (66) – Hohlscheren.

[1852] StRspr, vgl. BGH GRUR 2005, 864 (865) – Meißner Dekor II; GRUR 2009, 1167 Rn. 21 – Partnerprogramm; GRUR 2011, 534 Rn. 11 – Änderung der Voreinstellung III; GRUR 2012, 1279 Rn. 61 – Das große Rätselheft.

[1853] BGH GRUR 2005, 864 (865) – Meißner Dekor II; GRUR 2011, 534 Rn. 11 – Änderung der Voreinstellung III.

[1854] StRspr, vgl. BGH GRUR 1995, 605 (607) – Franchise-Nehmer; GRUR 2009, 1167 Rn. 21 – Partnerprogramm; GRUR 2011, 617 Rn. 54 – Sedo; OLG Köln GRUR-RR 2006, 205 (206) – Bluerate Tarif-Wunder; WRP 2014, 202 Rn. 6 – Typosquatting durch Affiliates.

[1855] Vgl. OLG München 20.5.2009 – 29 W 1405/09 – autorisierte Goldverwertungs-Agentur.

[1856] BGH GRUR 2011, 534 Rn. 11 – Änderung der Voreinstellung III im Anschluss an GRUR 1964, 263 (267 f.) – Unterkunde.

schließt die Anwendung dieser Vorschriften auch über mehrere Stufen hinweg nicht aus.[1857] Selbstverständlich haftet der Unternehmensinhaber auch für Handlungen der Mitarbeiter eines Beauftragten.[1858] Dies gilt auch dann, wenn der Mitarbeiter weisungswidrig handelt.[1859]

d) Kasuistik. Nach diesen Grundsätzen ist **Beauftragter** zB ein **Franchisenehmer,** wenn er auf Verlangen des Franchisegebers unter Verwendung von dessen Kennzeichnung (auch) für diesen Werbung macht;[1860] eine **Tochtergesellschaft** im Verhältnis zur Muttergesellschaft, soweit letztere über die Funktion als bloße Holding-Gesellschaft hinaus einen beherrschenden Einfluss auf die Tochtergesellschaft ausübt[1861] oder soweit die Tochtergesellschaft im Interesse der Muttergesellschaft Tätigkeiten für diese ausübt (zB als ausgegliederte Werbeagentur oder Webseitenbetreiber);[1862] ein **Versteigerer;**[1863] ein **Kommissionär;**[1864] ein **Lieferant** und **Zwischenhändler,** der in eine einheitliche **Vertriebsorganisation eingegliedert** ist;[1865] ein Lieferant, der im Wege des **Streckengeschäfts** für den Unternehmensinhaber die Ware an dessen Endabnehmer versendet;[1866] ein zugleich für einen Großhändler **werbender Einzelhändler,** der in dessen Unterkundengeschäft eingeschaltet ist;[1867] ein selbständiger **Handelsvertreter,** der ständig mit Werbe- und Vertriebsaufgaben für das Unternehmen befasst ist;[1868] der Bezahldienst **PayPal** im Verhältnis zu einem Internetversandhändler;[1869] ein **Callcenter,** das im Auftrag des Unternehmensinhabers Kunden telefonisch zum Abschluss von Verträgen zu veranlassen sucht;[1870] der Betreiber einer **Internet-Handelsplattform** gegenüber den dort anbietenden Verkäufern;[1871] der technische Betreiber der Webseite **„www.amazon.de"** im Verhältnis zu der Gesellschaft, die auf dieser Webseite eigene Produkte verkauft („Verkauf und Versand durch Amazon"), und zu der Gesellschaft, die für die sog. „Marketplace-Plattform" verantwortlich und damit Vertragspartnerin der über „www.amazon.de" verkaufenden Drittanbieter ist;[1872] der Betreiber der **Suchmaschine Google** im Verhältnis zum Unternehmer, der im Rahmen des Keyword Advertising ein **AdWord** bucht;[1873] der Betreiber des Dienstes **Google Shopping** im Verhältnis zum Unternehmer, der dort Werbung schaltet lässt;[1874] ein **sog. Affiliate** (Betreiber einer Internetseite der für jedes Anklicken der auf seiner Seite gesetzten Links zur Webseite seines Werbepartners – Hersteller von Produkten oder 719

[1857] BGH GRUR 1959, 38 (44) – Buchgemeinschaft II; GRUR 2012, 82 Rn. 13 – Auftragsbestätigung; NJOZ 2013, 863 Rn. 7– Mehrstufigkeit eines Beauftragungsverhältnisses; LG Hamburg 21.8.2014 – 327 O 16/14 – Internetmarketing Bielefeld.

[1858] OLG Naumburg MuW XXXVI, 31 (32) – Staubsaugervertrieb; LG Karlsruhe GRUR-RR 2017, 155 Rn. 16 – Prüfung des Ansprechpartners.

[1859] LG Karlsruhe GRUR-RR 2017, 155 Rn. 20 – Prüfung des Ansprechpartners.

[1860] BGH GRUR 1995, 605 (607) – Franchise-Nehmer; OLG Köln NJOZ 2012, 1325 (1327) – Online-Katalog; *Ullmann* NJW 1994, 1255 (1262).

[1861] BGH GRUR 2005, 864 (865) – Meißner Dekor II; OLG Frankfurt a. M. WRP 2001, 1111 (1113) – Ratgeber Selbstmedikation; OLG Hamm 2.6.2016 – 4 U 17/15; ausf. *Werner* WRP 2018, 286 (287 ff.).

[1862] OLG München WRP 2012, 579 Rn. 40 – Meisterpräsenz im Ladengeschäft; OLG Karlsruhe 25.5.2016 – 6 U 17/15 – Resistograph; *Hahn* S. 371.

[1863] KG WRP 1973, 642.

[1864] *Kahn/Weiß* UWG § 13 Anm. C 2a; *Köhler* GRUR 1991, 344 (348); vgl. auch BGH GRUR 2014, 573 Rn. 24 – Werbung für Fremdprodukte.

[1865] RG GRUR 1937, 389 (392) – Alpina; BGH GRUR 1959, 38 (44) – Buchgemeinschaft II.

[1866] Vgl. RGZ 83, 424 (426) – Dünger.

[1867] BGH GRUR 1964, 263 (266) – Unterkunde.

[1868] RG MuW XXVI, 147 (148) – Kentucky-Tabak; BGH GRUR 1971, 119 (120) – Branchenverzeichnis.

[1869] LG Hamburg 10.5.2016 – 312 O 393/14 – P&C.

[1870] OLG Frankfurt a. M. K&R 2011, 804 – Beauftragtenhaftung für Call-Center; OLG Hamm 5.4.2011 – I-4 U 193/10 – Telefon-Direktvertrieb; LG Karlsruhe GRUR-RR 2017, 155 Rn. 16 – Prüfung des Ansprechpartners.

[1871] OLG Hamm 5.3.2013 – 4 U 139/12 – Alsino.

[1872] BGH GRUR 2018, 924 Rn. 61 ff. – Ortlieb I.

[1873] BGH GRUR 2009, 502 Rn. 21 – pcb.

[1874] OLG Naumburg MMR 2017, 193 Rn. 24 – Versandkostenangabe auf Preisvergleichsportal.

Anbieter von Dienstleistungen – eine Provision erhält),[1875] **aber nicht Amazon-Affiliates,** die in ihrer Werbung auf ihrer Homepage mit dem Link „Bei Amazon kaufen" im Rahmen des Amazon-Partnerprogramms auf Amazon-Angebote verweisen, und bei einem über den Link erfolgten Verkauf von einer Amazon-Gesellschaft eine Werbekostenerstattung erhalten und nach der Ausgestaltung dieser Vereinbarung und bei wertender Betrachtung selbständig, allein in eigener Verantwortung, für sich und nicht als Beauftragter von Amazon-Gesellschaften handeln;[1876] eine **Werbeagentur** im Verhältnis zum werbetreibenden Unternehmer;[1877] ein **Laienwerber;**[1878] ein **Prominenter,** der in der Werbung eingesetzt wird;[1879] ein Unternehmer, gefälschte und irreführende **Kundenbewertungen** erstellt,[1880] ein **Influencer**[1881] sowie eine **Beraterin,** die in ein mehrstufiges Vertriebssystem eingegliedert ist.[1882] Im Einzelfall mag auch ein **von einer Werbegemeinschaft** mit der Schaltung bundesweiter Werbung **betrauter Dienstleister** als Beauftragter der davon profitierenden Einzelhändler angesehen werden können, wenn diesen die Beobachtung der Werbung oblag und sie Einfluss nehmen konnten.[1883]

720 **Kein Beauftragter** ist dagegen ein **Reisegewerbetreibender,** wenn er rechtlich und tatsächlich selbständig tätig und in jeder Hinsicht **weisungsunabhängig** ist;[1884] ein **unabhängiger Lieferant,** der nur Ware liefert und für das Vertriebssystem des Unternehmensinhabers sonst keine weitere Rolle spielt;[1885] ein **selbständiger Einzelhändler** im Verhältnis zum Hersteller, Großhändler oder Lieferanten[1886], **selbständiger Großhändler** im Verhältnis zu seinem Lieferanten[1887] oder ein **Rechtsanwalt** in seiner Funktion als selbständiges Organ der Rechtspflege, der den Unternehmensinhaber in seinen rechtlichen und geschäftlichen Angelegenheiten berät und vertritt.[1888]

721 Ein **Presseunternehmer,** der die Werbeanzeige eines anderen Unternehmens entgegennimmt und veröffentlicht, ist **nicht** dessen **Beauftragter,** soweit es lediglich solche ausführenden Verrichtungen vornimmt, die wie die Ausführung eines bestimmten Anzeigenauftrags nicht in den betrieblichen Tätigkeitsbereich des Verkaufsunternehmens fallen, und es nicht in die betriebliche Organisation des Auftraggebers eingebunden ist.[1889] Geht die Tätigkeit darüber hinaus, indem der Presseunternehmer ausnahmsweise auch Funktionen übernimmt, die dem werbenden Unternehmen im Regelfall selbst obliegen (etwa Entscheidung über Inhalt, Zeitpunkt und Umfang der Werbung, Verteilung auf verschiedene Medien des beauftragten Unternehmens), kommt eine Beauftragung iSd § 8 Abs. 2 in Betracht.[1890]

[1875] BGH GRUR 2009, 1167 Rn. 21 ff. – Partnerprogramm; OLG Köln WRP 2014, 202 Rn. 7 – Typosquatting durch Affiliates; OLG Hamburg GRUR-RR 2020, 328 Rn. 41 – Affiliate-Link; LG Hamburg 21.8.2014 – 327 O 16/14 – Internetmarketing Bielefeld.

[1876] OLG Karlsruhe GRUR-RR 2020, 386 Rn. 50 ff. und Ls. – Warehouse-Deals.

[1877] BGH GRUR 1973, 208 (209) – Neues aus der Medizin; GRUR 1991, 772 (774) – Anzeigenrubrik I; GRUR 1994, 219 (220) – Warnhinweis I; OLG Stuttgart GRUR-RR 2009, 343 (346) – CO2-Emission I; LG Köln 29.5.2008 – 31 O 845/07; LG Hamburg 2.7.2015 – 327 O 15/14; vgl. ferner BGH GRUR 2008, 186 Rn. 23 –Telefonaktion.

[1878] MüKoUWG/*Fritzsche* § 8 Rn. 302; *Köhler*/Bornkamm/*Feddersen* § 8 Rn. 2.45.

[1879] *Henning-Bodewig* GRUR 1982, 202 (204); *Henning-Bodewig* FS 100 Jahre Wettbewerbszentrale, 2012, 125 (128 f.); *Köhler*/Bornkamm/*Feddersen* § 8 Rn. 2.45.

[1880] OLG Frankfurt a. M. GRUR-RR 2020, 87 Rn. 22 – gekaufte Kundenbewertungen.

[1881] *Goldmann,* Unternehmenskennzeichen, § 19 Rn. 250.

[1882] BGH GRUR 1999, 183 (186) – Ha-Ra/HARIVA.

[1883] OLG Hamburg GRUR-RR 2004, 87 – Einkaufsgemeinschafts-AG; OLG Köln NJOZ 2012, 1325 (1327) – Online-Katalog.

[1884] BGH GRUR 1973, 370 (371) – Tabac.

[1885] RGZ 83, 424 (426) – Dünger.

[1886] RG MuW XXV, 303 (305) – Steinway/Grotrian Steinweg II; BGH GRUR 2011, 534 Rn. 14 – Änderung der Voreinstellung III; OLG Köln GRUR-RR 2006, 205 (206) – Bluerate Tarif-Wunder.

[1887] LG Frankfurt a. M. 22.2.2018 – 2–3 O 276/17 – ÖKO TEST.

[1888] OLG Koblenz NJW-RR 1989, 363; Ahrens/*Jestaedt* Kap. 21 Rn. 38; *Melullis* Rn. 539; aA LG Mönchengladbach 25.1.1989 – 7 O 195/88; differenzierend *Köhler* GRUR 1991, 344 (348).

[1889] BGH GRUR 1990, 1039 (1040 f.) – Anzeigenauftrag.

[1890] BGH GRUR 1990, 1039 (1040 f.) – Anzeigenauftrag.

5. Zuwiderhandlung in einem Unternehmen. a) Zuwiderhandlung. aa) Begründung eines Unterlassungsanspruchs gegen den Mitarbeiter oder Beauftragten. Die Haftung des Unternehmensinhabers nach § 8 Abs. 2 UWG setzt voraus, dass die zu verantwortende Handlung ihrerseits alle Tatbestandsmerkmale einer unlauteren geschäftlichen Handlung erfüllt.[1891] Der Mitarbeiter oder Beauftragte muss eine **Zuwiderhandlung** begangen haben, die einen Unterlassungs- oder Beseitigungsanspruch begründet hat. § 8 Abs. 2 greift nur ein, wenn sich gegen den Mitarbeiter oder Beauftragten auf Grund einer Wiederholungsgefahr (§ 8 Abs. 1 S. 1) oder einer Erstbegehungsgefahr (§ 8 Abs. 1 S. 2) ein Unterlassungsanspruch oder wegen eines zu beseitigenden Störungszustandes ein Beseitigungsanspruch ergibt. Ist ein solcher Anspruch gegen den Mitarbeiter oder Beauftragten nicht entstanden, zB wegen zulässiger Abwehr oder **mangels einer geschäftlichen Handlung, greift § 8 Abs. 2 nicht** ein.[1892] 722

Rundheraus abzulehnen ist deshalb die Ansicht des BGH, bei einem **völlig subalternen Angestellten** ohne Entscheidungsbefugnis sei bereits eine geschäftliche Handlung zu verneinen und Ansprüche gegen ihn seien deshalb ausgeschlossen.[1893] Denn fehlt es an einem Anspruch gegen den Mitarbeiter, lässt sich nach der Konzeption des Gesetzes auch kein Anspruch gegen den Unternehmer begründen (→ Rn. 664 ff.). 723

bb) Wegfall des Unterlassungsanspruchs gegen den Mitarbeiter oder Beauftragten. Fällt ein zunächst entstandener Anspruch gegen den Mitarbeiter oder Beauftragten später weg, so führt dies nur dann auch zum Wegfall des Anspruchs gegen den Unternehmensinhaber, wenn die Voraussetzungen des gegen diesen gerichteten Anspruchs gleichfalls berührt sind, zB **Wegfall des Störungszustandes** beim Beseitigungsanspruch.[1894] Ist dagegen infolge der Zurechnung des Verhaltens des Mitarbeiters wegen der von ihm begangenen Zuwiderhandlung ein Unterlassungsanspruch gegen Inhaber nach § 8 Abs. 2 begründet worden, so bleibt dieser bestehen, wenn später einzelne Anspruchsvoraussetzungen (etwa die Wiederholungsgefahr) nur beim Mitarbeiter, nicht aber beim Inhaber entfallen.[1895] 724

b) Unternehmensbezug. aa) Innerer Zusammenhang mit dem Unternehmen. Das Erfordernis, das die Zuwiderhandlung **„in einem Unternehmen"** begangen worden sein muss, ist **nicht räumlich,** sondern **sachlich-funktional** zu verstehen.[1896] Ob die Zuwiderhandlung in den Geschäftsräumen stattfindet oder von ihnen ausgeht, ist gleichgültig.[1897] In einem Unternehmen ist die Zuwiderhandlung begangen, wenn sie in den Rahmen derjenigen Tätigkeiten fällt, die dem Inhaber des Unternehmens obliegen.[1898] Es muss also ein **innerer Zusammenhang mit dem Unternehmen** bestehen.[1899] Ob der Mitarbeiter oder Beauftragte ohne Wissen oder sogar gegen eine Weisung des Unternehmensinhabers gehandelt oder sich über vertragliche Einschränkungen ihrer Befugnisse hinweggesetzt hat, ist ohne Belang, sofern die Handlung nur in den Geschäftskreis des Unternehmens fällt und dem Inhaber zugute kommen soll.[1900] Entscheidend ist die dem 725

[1891] RGZ 83, 424 (427) – Dünger; LG Freiburg GRUR-RR 2014, 256 (257) – Einmaliges Glück; Ahrens/*Jestaedt* Kap. 21 Rn. 28 f.; vgl. auch BGH GRUR 1962, 45 (48) – Betonzusatzmittel; GRUR 1996, 798 (800) – Lohnentwesungen.

[1892] Vgl. BGH GRUR 1962, 45 (48) – Betonzusatzmittel; GRUR 1996, 798 (800) – Lohnentwesungen; vgl. auch BGH GRUR 1969, 51 (52) – Glassteine.

[1893] So aber BGH GRUR 2011, 340 Rn. 27 – Irische Butter und *Köhler*/Bornkamm/*Feddersen* § 8 Rn. 2.15b.

[1894] Vgl. BGH NJW 1993, 1991 (1992) – Maschinenbeseitigung.

[1895] Ahrens/*Jestaedt* Kap. 21 Rn. 29.

[1896] RG MuW XXXIX, 64 (66) – Hohlscheren; BGH GRUR 1963, 438 (439) – Fotorabatt; *Büscher* in Fezer/Büscher/Obergfell § 8 Rn. 226; *Köhler*/Bornkamm/*Feddersen* § 8 Rn. 2.47; *Melullis* Rn. 539; GroßKommUWG/*Paal* § 8 Rn. 152.

[1897] BGH GRUR 1963, 438 (439) – Fotorabatt.

[1898] RG MuW XXXIX, 64 (66) – Hohlscheren.

[1899] BGH GRUR 2008, 186 Rn. 23 – Telefonaktion.

[1900] BGH GRUR 2009, 1167 Rn. 21 – Partnerprogramm; GRUR 2011, 617 Rn. 54 – Sedo; NJOZ 2013, 863 Rn. 9 – Mehrstufigkeit eines Beauftragungsverhältnisses; OLG Köln WRP 2014, 202 Rn. 6 – Typosquatting durch Affiliates.

Inhaber des Unternehmens abstrakt zugute kommende Erweiterung seines Geschäftsbereichs,[1901] die in der Eingliederung des Handelnden in seine Geschäfts- oder Betriebsorganisation besteht.[1902] Der Begriff der Betriebsorganisation ist seinerseits weit zu verstehen. Dazu gehören auch solche Funktionen, die aus dem Betrieb ausgegliedert und auf andere Unternehmen übertragen sind, zB Einkauf, Vertrieb oder Werbung.[1903]

726 Dabei kommt es nur darauf an, inwieweit der Handelnde **tatsächlich Glied der Organisation** ist, nicht darauf, welchen Anschein er nach außen erweckt.[1904] Werden allerdings zwei rechtlich selbständige Unternehmen in denselben Geschäftsräumen geführt, so werden die Handlungen nur demjenigen zugerechnet, für das der Mitarbeiter im konkreten Fall nach außen hin erkennbar tätig geworden ist, selbst wenn er dem anderen angehört und dieses die Tätigkeit für beide gestattet hat.[1905] Aus dem Vorstehenden ergeben sich gewisse Grenzen für die Haftung des Unternehmensinhabers:

727 **bb) Ausschluss „rein privater Handlungen".** An einem inneren Zusammenhang zum Unternehmen fehlt es, wenn die Handlungen des Mitarbeiters oder Beauftragten nicht gerade betrieblichen Zwecken des Unternehmens, sondern seinen **privaten** oder anderweitigen **Zwecken** dienen.[1906] Anwaltlich vertretene Anbieter von Plagiaten und markenverletzenden Waren verteidigen sich deshalb nicht selten mit dem Argument, solche Waren gehörten nicht zu Sortiment des Geschäfts und seien von **Mitarbeitern** oder **Beauftragten auf eigene Rechnung** beschafft und dort **veräußert** worden, weshalb es bei diesen „rein privaten" Handlungen an einem Unternehmensbezug fehle. Diese Ansicht wird in der Kommentarliteratur unterstützt.[1907] Diese „rein privaten" Handlungen müssen allerdings sehr eng gefasst werden. Ausgangspunkt der Rechtsprechung[1908] ist das von *Reimer* gebildete Beispiel rein privater Äußerungen eines Angestellten.[1909] Klar ist, dass sich zB ein in einem Pharmaunternehmen angestellter Chemiker, der sich in einem wissenschaftlichen Artikel rein privat, unter seinem eigenen Namen und ohne Nennung seines Arbeitgebers kritisch mit einem Konkurrenzprodukt auseinandersetzt, nicht „im Unternehmen" seines Arbeitgebers weil ohne inneren Zusammenhang zu diesem handelt, selbst wenn er etwa zur Erstellung seiner Untersuchung dessen Labor benutzen durfte. Tätigkeiten aber, die ein Mitarbeiter oder Beauftragter **gerade als Glied der** vom Unternehmensinhaber geschaffenen **Betriebsorganisation** verrichtet, fallen gem. § 8 Abs. 2 dem Unternehmensinhaber immer zur Last.[1910] Nicht dazu gehört zB ein vom Unternehmensinhaber eingeschalteter Dolmetscher, der nur zwischen dem Verkaufspersonal und den Kunden übersetzen, aber nicht selbst in die Rolle des Verkäufers schlüpfen soll.[1911] Es kommt insoweit darauf an, inwieweit die Rolle des Handelnden objektiv der vom Unternehmensinhaber bestimmten entspricht. Ob das konkret abgewickelte Geschäft (zB der Verkauf eines Plagiats) tatsächlich dem Unternehmen des Arbeitgebers wirtschaftlich zugute kommt oder der angestellte Verkäufer gemäß seinem geheimen Vorbehalt in die eigene Tasche wirtschaftet, spielt keine

---

1901 Vgl. hierzu BGH GRUR 1995, 605 (607) – Franchise-Nehmer; GRUR 2000, 907 (909) – Filialleiterfehler; OLG Hamm 5.3.2013 – 4 U 139/12 – Alsino.

1902 BGH GRUR 1959, 38 (44) – Buchgemeinschaft II; GRUR 1963, 434 (435) – Reiseverkäufer; GRUR 1990, 1039 (1040) – Anzeigenauftrag; GRUR 2009, 1167 Rn. 21 – Partnerprogramm; GRUR 2011, 617 Rn. 54 – Sedo; OLG Köln GRUR-RR 2006, 205 (206) – Bluerate Tarif-Wunder; WRP 2014, 202 Rn. 6 – Typosquatting durch Affiliates.

1903 OLG Köln GRUR-RR 2006, 205 (206) – Bluerate Tarif-Wunder; *Köhler*/Bornkamm/*Feddersen* § 8 Rn. 2.44.

1904 BGH GRUR 1963, 438 (439) – Fotorabatt.

1905 BGH GRUR 1964, 88 (89) – Verona-Gerät.

1906 RG GRUR 1937, 389 (393) – Alpina; BGH GRUR 1963, 434 (435) – Reiseverkäufer; GRUR 1963, 438 (439) – Fotorabatt; GRUR 1990, 1039 (1040) – Anzeigenauftrag; GRUR 1995, 605 (608) – Franchise-Nehmer; GRUR 2007, 994 Rn. 19 – Gefälligkeit; GRUR 2009, 1167 Rn. 27 – Partnerprogramm.

1907 *Köhler*/Bornkamm/*Feddersen* § 8 Rn. 2.47.

1908 RG GRUR 1937, 389 (393) – Alpina.

1909 *Reimer,* Wettbewerbs- und Warenzeichenrecht Bd. 2, 1. Aufl. 1935, Kap. 138 Rn. 10.

1910 RG GRUR 1937, 389 (393) – Alpina.

1911 BGH GRUR 1963, 438 (439) – Fotorabatt.

Rolle. Entscheidend ist allein die dem Unternehmensinhaber **abstrakt zugute kommende Erweiterung seines Geschäftsbereichs,**[1912] die in der Eingliederung des Angestellten in seine Betriebsorganisation besteht.[1913] Nutzt dieser seine Rolle aus, um gleichermaßen Kunden wie Unternehmensinhaber vorsätzlich entgegen dessen Weisungen zu schädigen, liegt das innerhalb des Risikobereichs, den § 8 Abs. 2 dem Unternehmensinhaber zuweist.

cc) Ausschluss von Handlungen aus fremdem Geschäftskreis. Der Unternehmens- 728
inhaber haftet nicht, wenn der von ihm Beauftragte im konkreten Fall zwar geschäftlich tätig geworden ist, das betreffende geschäftliche Handeln jedoch **nicht der Geschäftsorganisation** des Unternehmensinhabers zugute kommt.[1914] Ein geschäftliches Handeln, mit dem der **Angestellte** oder **Beauftragte** allein **eigene Geschäftszwecke** außerhalb und unabhängig von der Betriebsorganisation des Unternehmensinhabers verfolgt, kommt diesem nicht zugute und ist deshalb diesem auch nicht zuzurechnen (vgl. aber → Rn. 727).[1915] Das Gleiche gilt, wenn das Handeln des Beauftragten allein der **Geschäfts- oder Betriebsorganisation eines Dritten** zugute kommt und deshalb diesem Dritten zuzurechnen ist.[1916]

In jüngerer Zeit hat die Rspr. Die Grenzen der Haftung des Betriebsinhabers gem. § 8 729
Abs. 2 bzw. § 14 Abs. 7 MarkenG noch weiter präzisiert und verneint eine Zurechnung, wenn das Handeln des Beauftragten zwar dem Auftraggeber zugute kommt, sich aber in einem **ganz anderen Geschäftsbereich** abspielt als demjenigen, für den der Auftrag erteilt wurde. Denn insofern ist der Handelnde gerade nicht Glied der Geschäfts- oder Betriebsorganisation: Unterhält der Beauftragte neben dem Geschäftsbereich, mit dem er für den Auftraggeber tätig wird, noch weitere, davon zu unterscheidende Geschäftsbereiche, so beschränkt sich die Haftung des Auftraggebers auf diejenigen geschäftlichen Handlungen des Beauftragten, die dieser im Zusammenhang mit dem Geschäftsbereich vornimmt, der dem Auftragsverhältnis zugrunde liegt. Dies gilt jedenfalls dann, wenn der **Auftrag auf einen bestimmten Geschäftsbereich des Beauftragten beschränkt** ist und der Auftraggeber nicht damit rechnen muss, dass der Beauftragte auch anderweitig für ihn tätig wird. Nur in diesem Umfang ist es im Hinblick auf das vom Auftraggeber beherrschbare Risiko gerechtfertigt, ihn der rigiden Haftung des § 14 Abs. 7 MarkenG bzw. des § 8 Abs. 2 zu unterwerfen.[1917]

dd) Kasuistik. Verneint wurde die Haftung des Unternehmensinhabers für eine eigene 730
Verkaufstätigkeit eines **Dolmetschers,** der vom Geschäftsinhaber gelegentlich und allein für seine Dolmetschertätigkeit herangezogen und dafür honoriert wird, auch wenn er Kunden wie ein angestellter Verkäufer gegenübertritt;[1918] für einen **Handelsvertreter,** der in **die eigene Tasche** wirtschaftet;[1919] für die **Verlinkung von Angeboten Dritter** in deren Auftrag[1920] oder für Werbetätigkeiten auf bestimmten Webseiten, wenn allein eine Werbetätigkeit auf anderen Webseiten gebucht wurde.[1921]

[1912] Vgl. hierzu BGH GRUR 2000, 907 (909) – Filialleiterfehler; GRUR 1995, 605 (607) – Franchise-Nehmer.

[1913] Vgl. nochmals RG GRUR 1937, 389 (393) – Alpina.

[1914] BGH GRUR 2009, 1167 Rn. 27 – Partnerprogramm; NJOZ 2013, 863 f. Rn. 10 – Mehrstufigkeit eines Beauftragungsverhältnisses.

[1915] BGH GRUR 1963, 434 (435) – Reiseverkäufer; GRUR 1963, 438 (440) – Fotorabatt; GRUR 2009, 1167 Rn. 27 – Partnerprogramm; NJOZ 2013, 863 f. Rn. 10 – Mehrstufigkeit eines Beauftragungsverhältnisses.

[1916] BGH GRUR 2009, 1167 Rn. 27 – Partnerprogramm; NJOZ 2013, 863 f. Rn. 10– Mehrstufigkeit eines Beauftragungsverhältnisses; LG Hamburg 21.8.2014 – 327 O 16/14 – Internetmarketing Bielefeld.

[1917] BGH GRUR 2009, 1167 Rn. 27 – Partnerprogramm; NJOZ 2013, 863 Rn. 10 – Mehrstufigkeit eines Beauftragungsverhältnisses; OLG Köln WRP 2014, 202 Rn. 8 – Typosquatting durch Affiliates; LG Hamburg 21.8.2014 – 327 O 16/14 – Internetmarketing Bielefeld.

[1918] BGH GRUR 1963, 438 (440) – Fotorabatt; aA die krit. Anmerkung von *Seydel* GRUR 1963, 440 f.

[1919] BGH GRUR 1963, 434 (435) – Reiseverkäufer.

[1920] LG Hamburg 21.8.2014 – 327 O 16/14 – Internetmarketing Bielefeld.

[1921] BGH GRUR 2009, 1167 Rn. 27 f. – Partnerprogramm (zw., da kein anderer Geschäftsbereich betroffen).

731 Wirbt demgegenüber ein als Verkäufer tätiger **Mitarbeiter eines Autohauses** auf seiner **privaten Facebook-Seite** für den Kauf von Kraftfahrzeugen bei eben jenem namentlich benannten Autohaus unter Hinweis auf seine **dienstliche Telefonnummer,** aber ohne die Pflichtangaben gem. § 1 Pkw-EnVKV, ist ein objektiver Zusammenhang zum Unternehmen gegeben, und der Inhaber des Autohauses haftet, auch wenn er keine Kenntnis von der Handlung des Mitarbeiters hatte.[1922]

III. Beweislast

732 Die **Darlegungs- und Beweislast** für das Vorliegen der Voraussetzungen des § 8 Abs. 2 **trägt** nach den allgemeinen Regeln der **Anspruchsteller.**[1923] Jedoch gelten insoweit die allgemeinen **Einschränkungen** für die Darlegung von Umständen innerhalb des Unternehmens, die sich der Wahrnehmung des Anspruchstellers entziehen. Macht etwa der Unternehmensinhaber geltend, der Mitarbeiter habe die Tätigkeit, aus welcher der Wettbewerbsverstoß resultiert, rein aus Gefälligkeit privat und ohne Zusammenhang mit dem Unternehmen ausgeübt,[1924] trifft ihn insoweit eine sekundäre Darlegungslast.[1925]

IV. Rechtsfolgen

733 **1. Entstehen eines selbständigen Anspruchs gegen den Unternehmensinhaber.** Es entsteht ein **neben den Anspruch gegen den Mitarbeiter oder Beauftragten tretender selbständiger Anspruch** auf Unterlassung bzw. Beseitigung gegen den Unternehmensinhaber, der gesondert geltend gemacht werden kann.[1926] Der Anspruch gegen den Unternehmensinhaber steht selbständig neben demjenigen gegen den Mitarbeiter oder Beauftragten.[1927] Er wird zusätzlich zu diesem gewährt.[1928] Keiner von beiden ist gegenüber dem jeweils anderen subsidiär (näher → Rn. 661 mwN).[1929]

734 **2. Inhalt des Anspruchs. a) Identischer Inhalt.** Daraus folgt, dass beide Ansprüche **inhaltlich identisch** und auf dasselbe gerichtet sind, nämlich der Unterlassungsanspruch auf die Unterlassung der unlauteren geschäftlichen Handlung und der Beseitigungsanspruch auf Beseitigung des (von dem Mitarbeiter oder Beauftragten herbeigeführten) störenden Zustands. Der gegen den Inhaber gerichtete Unterlassungsanspruch hat nicht deshalb einen anderen Inhalt, weil im Vergleich zum Unterlassungsanspruch gegen den Mitarbeiter oder Beauftragten unterschiedliche Anforderungen zur Vermeidung der Zuwiderhandlung bestünden. Auch der Inhaber des Unternehmens genügt dem Unterlassungsgebot bereits dann, aber auch nur dann, wenn weitere Verstöße unterbleiben, ohne dass es darauf ankommt, ob der Unternehmer organisatorische Maßnahmen ergriffen hat, um weitere Verstöße seiner Mitarbeiter zu verhindern.[1930]

735 **b) Urteilstenor.** Nach heute allgemeiner Ansicht muss der Umstand, dass die Verurteilung nicht auf eigener Handlung des Unternehmensinhabers, sondern auf der Handlung eines Dritten beruht, nicht im Tenor zum Ausdruck zu kommen. Die **Urteilsformel** kann

---

[1922] LG Freiburg GRUR-RR 2014, 256 (257) – Einmaliges Glück.

[1923] BGH GRUR 1963, 434 (435) – Reiseverkäufer; GRUR 2007, 994 Rn. 20 – Gefälligkeit; MüKoUWG/*Fritzsche* § 8 Rn. 309; *Köhler*/Bornkamm/*Feddersen* § 8 Rn. 2.51.

[1924] Vgl. BGH GRUR 2007, 994 f. Rn. 18 f. – Gefälligkeit.

[1925] *Büscher* in Fezer/Büscher/Obergfell § 8 Rn. 228; *Köhler*/Bornkamm/*Feddersen* § 8 Rn. 2.51; GroßKommUWG/*Paal* § 8 Rn. 172 f.

[1926] BGH GRUR 1973, 208 (209) – Neues aus der Medizin; GRUR 1995, 605 (608) – Franchise-Nehmer; Ahrens/*Jestaedt* Kap. 21 Rn. 26, 38.

[1927] BGH GRUR 1995, 605 (608) – Franchisenehmer; GRUR 2012, 1279 Rn. 43 – Das große Rätselheft.

[1928] BGH GRUR 2012, 1279 Rn. 43 – Das große Rätselheft.

[1929] BGH GRUR 1995, 605 (608) – Franchisenehmer; Ahrens/*Jestaedt* Kap. 21 Rn. 40; GroßKommUWG/*Paal* § 8 Rn. 176.

[1930] Allg. Ansicht; vgl. RGZ 116, 28 (33) – Schlesische Feuersozietät I; BGH GRUR 2000, 907 (909) – Filialleiterfehler; *Hahn* S. 73 f.; *Köhler* GRUR 1991, 344 (353); GroßKommUWG/*Paal* § 8 Rn. 175.

genauso **wie bei einem eigenen Verstoß** des Unternehmensinhabers lauten, sie darf aber auch (zusätzlich) auf den Verstoß des Dritten zu sprechen kommen („... wird untersagt, unmittelbar oder mittelbar durch...").[1931] Verstöße gegen ein Unterlassungsgebot, in das der Fremdverstoß aufgenommen wird, führen nur dann zu einem Ordnungsmittel nach § 890 ZPO, wenn den Unternehmensinhaber ein eigenes Verschulden trifft.[1932]

c) Reichweite der Wiederholungsgefahr beim Unterlassungsanspruch. Werden Wettbewerbsverstöße in einer unselbständigen Filiale eines Unternehmens begangen, so ist der Unterlassungsanspruch gegen den Inhaber grundsätzlich **ohne räumliche Beschränkung** auf die betreffende **Filiale** gegeben.[1933] Der Grund liegt aber nicht darin, dass der Wettbewerbsverstoß des Mitarbeiters oder Beauftragten (tatsächlich) auch eine Gefahr der Begehung durch den Inhaber des Unternehmens selbst begründet.[1934] Vielmehr erwächst die Wiederholungsgefahr lediglich aus dem Verstoß des Mitarbeiters oder Beauftragten. Da dessen Verhalten dem Inhaber aber gem. § 8 Abs. 2 als eigener Verstoß zugerechnet wird, gilt die daraus herzuleitende Vermutung einer Wiederholungsgefahr auch in dem Sinne zu Lasten des Unternehmensinhabers, dass auch zu prüfen ist, ob das eigene Verhalten des Inhabers weitere Rechtsverletzungen befürchten lässt.[1935] IdR wird die Vermutung, es werde zu gleichartigen Verstößen kommen, nicht räumlich begrenzt sein, wenn nicht ausnahmsweise das Charakteristische des beanstandeten Wettbewerbsgeschehens gerade in dessen örtlichem Bezug liegt. Der bloße Umstand, dass Werbung und Warenvorratshaltung von einer örtlichen Filiale selbständig veranlasst und organisiert werden, stellt allein keine charakteristische Besonderheit in diesem Sinne dar.[1936] 736

3. Eigenständiges rechtliches Schicksal eines jeden Anspruchs. a) Grundsatz. Der gegen den Angestellten oder Beauftragten gerichtete Beseitigungs- oder Unterlassungsanspruch einerseits und der gegen den Unternehmensinhaber gerichtete Beseitigungs- oder Unterlassungsanspruch andererseits sind rechtlich selbständig und können ein getrenntes rechtliches Schicksal nehmen.[1937] 737

b) Unterlassungsanspruch. Beim Unterlassungsanspruch kann sich der Unternehmensinhaber nicht auf die Abgabe einer strafbewehrten Unterlassungserklärung durch seinen Mitarbeiter oder Beauftragten berufen und umgekehrt. Wegen der rechtlichen Selbständigkeit des gegen den Unternehmensinhaber gerichteten Anspruchs muss dieser folglich – unabhängig von dem Verhalten seines Mitarbeiters – selbst die Vermutung der Wiederholungsgefahr ausräumen, etwa durch **Abgabe einer eigenen Unterwerfungserklärung.**[1938] 738

Die Entlassung des Mitarbeiters, der die wettbewerbswidrigen Handlungen begangen hat, genügt jedenfalls dann nicht zur Ausräumung der Wiederholungsgefahr, wenn der Unternehmensinhaber das beanstandete Verhalten seines Mitarbeiters bestreitet und deshalb keine Gewähr besteht, dass er ihn nicht wieder einstellt.[1939] 739

c) Beseitigungsanspruch. Für den Beseitigungsanspruch gilt freilich, dass mit der Beseitigung einer physischen Störung entweder durch den Unternehmensinhaber oder 740

[1931] BGH GRUR 1961, 288 (290) – Zahnbürsten: „wird untersagt, unmittelbar oder mittelbar durch ..."; MüKoUWG/*Fritzsche* § 8 Rn. 316; *Köhler*/Bornkamm/*Feddersen* § 8 Rn. 2.55; GroßKommUWG/*Paal* § 8 Rn. 185.

[1932] Vgl. BVerfG NJW 1996, 2567; BGH GRUR 1973, 208 (209) – Neues aus der Medizin.

[1933] BGH GRUR 2000, 907 (910) – Filialleiterfehler.

[1934] So aber BGH GRUR 2000, 907 (910) – Filialleiterfehler.

[1935] Vgl. BGH GRUR 1964, 263 (269) – Unterkunde; vgl. auch *Foerste* GRUR 1998, 450 (453).

[1936] BGH GRUR 2000, 907 (910) – Filialleiterfehler; weiter wohl BGH GRUR 1987, 371 (373) – Kabinettwein.

[1937] MüKoUWG/*Fritzsche* § 8 Rn. 315; *Köhler*/Bornkamm/*Feddersen* § 8 Rn. 2.52; GroßKommUWG/*Paal* § 8 Rn. 175.

[1938] BGH GRUR 1973, 208 (210) – Neues aus der Medizin.

[1939] BGH GRUR 1965, 155 (156) – Werbefahrer.

durch den Beauftragten bzw. Mitarbeiter der Anspruch auf Beseitigung erfüllt ist und wegfällt.

741 **d) Widerrufsanspruch.** Bei einem Anspruch auf Widerruf kann aber der betroffene Gläubiger ein Interesse daran haben, dass beide Schuldner gleichermaßen widerrufen, so dass der erfolgte Widerruf durch den einen den Anspruch auf Widerruf gegen den anderen unberührt lässt.

742 **4. Inhaberwechsel. a) Auswirkungen des Inhaberwechsels auf den Unterlassungsanspruch.** Bei einem **Inhaberwechsel** sind hinsichtlich der **Haftung des früheren Inhabers** für den bereits vorher begründeten **Unterlassungsanspruch** die strengen Grundsätze zum Wegfall der Wiederholungsgefahr anzuwenden. Die Aufgabe der Inhaberstellung lässt daher als solche regelmäßig den Unterlassungsanspruch nicht entfallen, solange nicht jede Wahrscheinlichkeit eines gleichartigen Wettbewerbsverstoßes nach Wiederaufnahme derselben oder einer ähnlichen Tätigkeit beseitigt ist.[1940]

743 Auf den **neuen Inhaber** geht der vor dem Inhaberwechsel entstandene Unterlassungsanspruch als solcher nicht über, weil Unterlassungspflichten grundsätzlich höchstpersönlicher Natur sind, insbesondere die Voraussetzungen der Wiederholungs- oder Erstbegehungsgefahr in der Person des in Anspruch Genommenen gegeben sein müssen.[1941] Die Entstehung eines neuen Verletzungsunterlassungsanspruchs gegen den neuen Inhaber setzt die Begehung einer neuen Zuwiderhandlung nach dem Inhaberwechsel voraus. Die Zurechnung des früheren Verhaltens der Mitarbeiter scheidet nach dem Sinn und Zweck des § 8 Abs. 2 aus.[1942] In Betracht kommt aber die Haftung wegen eigenen Verhaltens, wenn etwa durch Unterlassen notwendiger organisatorischer Maßnahmen die (Erstbegehungs-) Gefahr zukünftiger ähnlicher Verstöße begründet wird.[1943] Den neuen Unternehmensinhaber kann auch eine originäre Haftung aus § 8 Abs. 2 UWG im Hinblick auf die früher begangenen Wettbewerbsverstöße von Mitarbeitern oder Beauftragten treffen. Dafür muss jedoch **in der Person der betreffenden Mitarbeiter oder Beauftragten** eine **Erstbegehungsgefahr** bestehen. Die bloße Tatsache der Fortführung des Betriebes mit identischem Personal reicht dafür nicht aus.[1944]

744 **b) Auswirkungen des Inhaberwechsels auf den Beseitigungsanspruch.** Entsprechend kann gegen den **neuen Inhaber** ein Beseitigungsanspruch schon deshalb begründet sein, weil er den vor dem Inhaberwechsel geschaffenen rechtswidrigen Störungszustand aufrecht erhält, obwohl die Beseitigung nunmehr von seinem Willen abhängt und ihm möglich und zumutbar ist.[1945]

745 Der **alte Inhaber** kann nur insoweit auf Beseitigung in Anspruch genommen werden, als er nach dem Inhaberwechsel rechtlich und tatsächlich noch in der Lage ist, die dazu erforderlichen Maßnahmen gegenüber dem neuen Inhaber durchzusetzen.[1946] Wird mit der Veräußerung die Störungsbeseitigung unmöglich, erlischt der Anspruch gegen den alten Inhaber.[1947]

746 **5. Arbeitsplatzwechsel.** Auch beim **Arbeitsplatzwechsel** von Mitarbeitern oder bei der Entpflichtung von Beauftragten bleibt die Haftung des Unternehmensinhabers beste-

[1940] Vgl. BGH GRUR 1992, 318 (319 f.) – Jubiläumsverkauf; GRUR 2001, 453 (455) – TCM-Zentrum; aA *Foerste* GRUR 1998, 450 (453): Mit der Verfügungsmacht über den Betrieb entfalle die Unterlassungspflicht.

[1941] BGH GRUR 2007, 995 Rn. 10 – Schuldnachfolge; GRUR 2008, 1002 Rn. 39 – Schuhpark; *Köhler* WRP 2000, 521 (522).

[1942] BGH NJW 2013, 593 Rn. 15; aA *Ahrens* GRUR 1996, 518 (519 f.); *Foerste* GRUR 1998, 450 (453).

[1943] BGH GRUR 2007, 995 Rn. 14 f. – Schuldnachfolge.

[1944] BGH NJW 2013, 593 Rn. 15; OLG Frankfurt a. M. 28.1.2021 – 6 U 181/19.

[1945] *Büscher* in Fezer/Büscher/Obergfell § 8 Rn. 159; MüKoUWG/*Fritzsche* § 8 Rn. 291; *Köhler*/Bornkamm/*Feddersen* § 8 Rn. 2.31; GroßKommUWG/*Paal* § 8 Rn. 191.

[1946] Vgl. BGH GRUR 1974, 666 (669) – Reparaturversicherung.

[1947] MüKoUWG/*Fritzsche* § 8 Rn. 290; *Köhler*/Bornkamm/*Feddersen* § 8 Rn. 2.31; GroßKommUWG/*Paal* § 8 Rn. 191.

hen. Ein aus einer früheren Tätigkeit des Mitarbeiters oder Beauftragten herrührender Verstoß kann dem neuen Arbeit- oder Auftraggeber aber nicht angelastet werden, weil er nicht in der arbeitsteiligen Organisation des neuen Unternehmens begründet ist.[1948]

F. Mitteilung von Namen und Anschrift (§ 8 Abs. 5 S. 1)

I. Regelungswortlaut

Die sich aus der komplizierten Verweisung in § 8 Abs. 5 S. 1 auf § 13 UKlaG ergebende **747**
Regelung lautet **in der Zusammenschau:**

(1) Wer geschäftsmäßig Post-, Telekommunikations- oder Telemediendienste erbringt oder an der Erbringung solcher Dienste mitwirkt, hat

1. qualifizierten Einrichtungen, die nachweisen, dass sie in die Liste gemäß § 4 oder in das Verzeichnis der Kommission der Europäischen Gemeinschaften gemäß Artikel 4 der Richtlinie 98/27/EG eingetragen sind,

2. rechtsfähigen Verbänden zur Förderung gewerblicher oder selbständiger beruflicher Interessen und

3. Industrie- und Handelskammern oder den Handwerkskammern auf deren Verlangen den Namen und die zustellungsfähige Anschrift eines Beteiligten an Post-, Telekommunikations- oder Telemediendiensten mitzuteilen, wenn diese Stellen schriftlich versichern, dass sie die Angaben zur Durchsetzung ihrer Ansprüche gemäß § 8 UWG benötigen und nicht anderweitig beschaffen können.

(2) Der Anspruch besteht nur, soweit die Auskunft ausschließlich anhand der bei dem Auskunftspflichtigen vorhandenen Bestandsdaten erteilt werden kann. Die Auskunft darf nicht deshalb verweigert werden, weil der Beteiligte, dessen Angaben mitgeteilt werden sollen, in die Übermittlung nicht einwilligt.

(3) Der Auskunftspflichtige kann von dem Anspruchsberechtigten einen angemessenen Ausgleich für die Erteilung der Auskunft verlangen. Der Beteiligte hat, wenn der gegen ihn geltend gemachte Anspruch nach § 8 begründet ist, dem Anspruchsberechtigten den gezahlten Ausgleich zu erstatten.

II. Regelungsinhalt

Der in § 13 UKlaG geregelte Auskunftsanspruch, der durch die Verweisung in § 8 **748**
Abs. 5 für das Wettbewerbsrecht übernommen worden ist, dient dem Zweck, den anspruchsberechtigten Stellen und Wettbewerbsverbänden in denjenigen Fällen zur Durchsetzung ihres Klagerechts zu verhelfen, in denen dieses leerzulaufen droht, weil Unternehmen im Geschäftsverkehr lediglich unter Angabe einer Postfachadresse, einer Internetadresse, einer Telefonnummer oder einer Telefaxnummer auftreten.[1949] Die Verweisung in § 8 Abs. 5 S. 1 auf § 13 UKlaG bedeutet, dass die nach Abs. 3 Nr. 3 und 4 klagebefugten qualifizierten Einrichtungen und Kammern von den Post-, Telekommunikations-, Tele- und Mediendiensten die **Mitteilung des Namens** und der zustellungsfähigen **Anschrift** von Teilnehmern an den genannten Diensten verlangen können. Voraussetzung ist lediglich die schriftliche Versicherung, dass sie die Angaben zur Durchsetzung des Unterlassungsanspruchs gemäß § 8 Abs. 1 benötigen und sich diese nicht anderweitig beschaffen können. Die immer noch komplizierte Vorschrift wurde 2009 neu gefasst, um sie verständlicher zu machen und klarzustellen, das Wettbewerbsverstöße nicht über das UKlaG geltend gemacht werden können.[1950]

[1948] BGH GRUR 2003, 453 (454) – Verwertung von Kundenlisten.
[1949] BGH GRUR 2002, 720 (722) – Postfachanschrift; BT-Drs. 14/6857, 39 f., 70 f.
[1950] BT-Drs. 15/1487, 23.

749 **1. Persönlicher Anwendungsbereich.** Auskunftsberechtigt kraft Verweisung gem. § 8 Abs. 5 sind die nach Abs. 3 und 4 Klagebefugten. Wettbewerbsverbände iSd UKlaG sind unmittelbar nach § 13 Abs. 1 S. 1 UKlaG auskunftsberechtigt.

750 Die in der UKlaV bezeichneten Verbände sind nicht als solche gem. § 8 Abs. 3 klagebefugt, sondern müssen in die **Liste nach § 4 UKlaG** oder in dem **Verzeichnis der Kommission eingetragen** sein.[1951]

751 Der **unmittelbar verletzte Mitbewerber** gemäß § 8 Abs. 3 Nr. 1 ist nicht auskunftsberechtigt. Wegen der vom Gesetzgeber gewollten ausdrücklichen Beschränkung auf bestimmte Auskunftsberechtigte ist der Auskunftsanspruch **nicht abtretbar.**[1952]

752 **Anspruchsgegner** ist das betreffende Post-, Telekommunikations-, Tele- oder Mediendiensteunternehmen. Bei einer Telefon- oder Telefaxnummer richtet sich der Auskunftsanspruch gegen das Unternehmen, das dem wettbewerbswidrig Handelnden die Nummer, hinter der sich dieser verbirgt, zur Verfügung stellt. Bei einer Postfachadresse wird sich der Anspruch in aller Regel gegen die Deutsche Post AG richten. Bei einer Internetadresse soll es darauf ankommen, wie sie registriert ist. Lautet sie auf „de", kann Auskunft von der DENIC eG verlangt werden.[1953] Ansonsten richtet sich der Auskunftsanspruch gegen den konkreten Diensteanbieter (Provider). Zur Auskunft verpflichtet sind auch an der Erbringung der genannten Dienste **Mitwirkende.** Damit sind nur beteiligte Unternehmer gemeint, nicht dagegen Arbeitnehmer oder Angestellte eines Diensteanbieters.[1954]

753 **2. Sachlicher Anwendungsbereich.** Der Auskunftsanspruch besteht nur, wenn er zur Durchsetzung eines **Unterlassungsanspruchs** nach § 8 benötigt wird. Wegen dieser ausdrücklichen Beschränkung auf den in § 8 Abs. 1 geregelten Unterlassungsanspruch wird man eine Erstreckung des Auskunftsanspruchs auf den Fall, dass ein Beseitigungsanspruch geltend gemacht werden soll, nicht (mehr) annehmen können.[1955] Ob diese Rechtsfolge gewollt war, ist zweifelhaft.

III. Anspruchsvoraussetzungen

754 Der Auskunftsanspruch setzt zunächst die **schriftliche Versicherung** voraus, dass der Name und die zustellungsfähige Anschrift der betreffenden Person zur Durchsetzung eines Unterlassungsanspruchs nach § 8 benötigt werden und nicht anderweitig beschafft werden können. Nach dem Gesetzeswortlaut genügt folglich die bloße Behauptung eines Unterlassungsanspruchs. Eine Überprüfung der inhaltlichen Richtigkeit der Versicherung ist nicht vorgesehen. Der auf Auskunft in Anspruch Genommene hat lediglich zu überprüfen, ob der Auskunftsbegehrende zu den nach § 8 Abs. 5 S. 1 iVm § 13 UKlaG auskunftsberechtigten Stellen gehört. Der zur Beschränkung dieses sehr weit gehenden Anspruchs in der Literatur vertretenen Ansicht,[1956] dass eine Präzisierung des Unterlassungsanspruchs in gleicher Weise wie bei der Abmahnung zu verfolgen habe, dürften die der gesetzlichen Regelung (auch) zu Grunde liegenden Gesichtspunkte der Praktikabilität entgegenstehen.[1957] In Fällen offenkundiger Unrichtigkeit der schriftlichen Versicherung kann dem Auskunftsanspruch der Einwand des Rechtsmissbrauchs (§ 242 BGB) entgegenstehen.[1958]

755 Der Anspruch besteht nur, soweit die Auskunft ausschließlich anhand der bei dem Auskunftspflichtigen vorhandenen Bestandsdaten erteilt werden kann. Die Auskunft darf nicht deshalb verweigert werden, weil der Beteiligte, dessen Angaben mitgeteilt werden sollen, in die Übermittlung nicht einwilligt.

[1951] BGH GRUR 2003, 454 (455) – Sammelmitgliedschaft I.
[1952] *Ohly*/Sosnitza § 8 Rn. 189.
[1953] BT-Drs. 14/6857, 71.
[1954] BT-Drs. 14/6857, 71.
[1955] *Ohly*/Sosnitza § 8 Rn. 191; aA *Köhler*/Bornkamm/*Feddersen* § 8 Rn. 5.1; MüKoUWG/*Ottofülling* § 8 Rn. 482.
[1956] *Köhler*/Bornkamm/*Feddersen* § 8 Rn. 5.4.
[1957] MüKoUWG/*Ottofülling* § 8 Rn. 492.
[1958] Palandt/*Grüneberg* UKlaG § 13 Rn. 2.

IV. Kosten der Auskunft

Selbst die Mitteilung der aus den vorhandenen Bestandsdaten ersichtlichen Angaben kann bei dem Auskunftspflichtigen einen gewissen Aufwand verursachen. § 13 Abs. 3 S. 1 UKlaG gewährt ihm daher einen Anspruch auf einen **angemessenen Ausgleich.** Die Bemessung des Ausgleichs soll nach den Vorstellungen des Gesetzgebers danach auszurichten sein, dass die Erteilung der Auskünfte einerseits dem öffentlichen Interesse an der effektiven Durchsetzung des Klagerechts und damit letztlich auch dem Interesse der Gemeinschaft aller Unternehmen an der Einhaltung gleicher Wettbewerbsbedingungen dient, andererseits aber der Ermittlungsaufwand je nach Lage des Falles erheblich sein kann.[1959] 756

Die auskunftsberechtigten Verbände sollen die Kosten für den durch die Erteilung der Auskunft entstandenen Aufwand aber nicht endgültig zu tragen haben. Vielmehr hat der **Unterlassungsschuldner,** wenn der gegen ihn geltend gemachte Unterlassungsanspruch begründet ist, dem auskunftsberechtigten Unterlassungsgläubiger auch den an den Auskunftspflichtigen gezahlten Ausgleich zu erstatten, § 13 Abs. 3 S. 2 UKlaG. 757

§ 8a Anspruchsberechtigte bei einem Verstoß gegen die Verordnung (EU) 2019/1150

Anspruchsberechtigt nach § 8 Absatz 1 sind bei einem Verstoß gegen die Verordnung (EU) 2019/1150 des Europäischen Parlaments und des Rates vom 20. Juni 2019 zur Förderung von Fairness und Transparenz für gewerbliche Nutzer von Online-Vermittlungsdiensten (ABl. L 186 vom 11.7.2019, S. 57) abweichend von § 8 Absatz 3 die Verbände, Organisationen und öffentlichen Stellen, die die Voraussetzungen des Artikels 14 Absatz 3 und 4 der Verordnung (EU) 2019/1150 erfüllen.

Übersicht

[1959] BT-Drs. 14/6857, 71.

Schrifttum: *Busch,* Mehr Fairness und Transparenz in der Plattformökonomie?, GRUR 2019, 788; *Höppner/Schulz,* André: Die EU-Verordnung („P2B-Verordnung“) für Fairness und Transparenz von Online-Vermittlungsdiensten 2019/1150, ZIP 2019, 2329; *Kohser/Jahn,* Die P2B-Verordnung – Neue Pflichten für Plattformbetreiber und Suchmaschinenanbieter, GRUR-Prax 2020, 273; *Schneider/Kremer,* P2B-Verordnung: Nachhaltige Veränderung des Plattformökosystems?, WRP 2020, 1128; *Tribess,* P2B-Verordnung zur Förderung von Fairness und Transparenz von Online-Diensten, GWR 2020, 233.

A. Normzweck und Entstehungsgeschichte

1 Die Vorschrift enthält eine **abschließende Sonderregelung der Verbandsklagebefugnis** bei unlauteren geschäftlichen Handlungen gem. § 3a iVm Verstößen gegen die Verordnung (EU) 2019/1150 vom 20.7.2019 zur Förderung von Fairness und Transparenz für gewerbliche Nutzer von Online-Vermittlungsdiensten[1] (sog. **„P2B-Verordnung“**). Der durch das Gesetz zur Änderung des TMG und weiterer Gesetze vom 19.11.2020[2] eingeführte § 8a dient der **Durchführung** dieser Verordnung, die ab dem 12.7.2020 gilt und erstmals einen umfassenden Regelungsrahmen für die Plattformwirtschaft in der EU schafft.[3] Ziel der Verordnung ist die Gewährleistung eines fairen, vorhersehbaren, tragfähigen und vertrauenswürdigen Online-Geschäftsumfelds im Binnenmarkt (Erwägungsgrund 51). Durch Vorgaben für die AGB der Online-Vermittlungsdienste und eine Reihe von Transparenzgeboten, insbesondere zur Offenlegung der Hauptparameter im Rahmen von Rankings der Online-Vermittlungsdiensten oder Suchmaschinen sowie zur Implementierung eines internen Beschwerdemanagement-Systems sollen die idR im Verhältnis zum Betreiber der Online-Vermittlungsdienste schwächeren und häufig von ihm abhängigen gewerbliche Nutzer unfairen Handelspraktiken seitens der Plattformbetreiber geschützt

[1] ABl. 2019 L 186, S. 57.
[2] BGBl. I S. 2456.
[3] BT-Drs. 19/20664, 8.

werden (Erwägungsgründe 2, 4, 5, 7 und 8).[4] Mittelbar soll dadurch auch der Verbraucherschutz auf digitalen Märkten gestärkt werden (Erwägungsgründe 3, 4 und 8).[5]

Art. 15 Abs. 1 P2B-Verordnung bestimmt, dass die Durchsetzung der Verordnung durch die Mitgliedsstaaten erfolgt und ihnen gem. Art. 15 Abs. 2 die Implementierung von Regelungen zu Sanktionen obliegt. Die Mitgliedstaaten werden verpflichtet, für eine angemessene und wirksame Durchsetzung dieser Verordnung zu sorgen. Mit Blick auf die in den Mitgliedstaaten bereits bestehenden Durchsetzungssysteme sollen sie nicht verpflichtet werden, neue nationale Durchsetzungsstellen einzurichten, sondern die Möglichkeit haben, bereits bestehende Behörden, einschließlich Gerichten, mit der Durchsetzung dieser Verordnung zu betrauen (Erwägungsgrund 46). Nach Angaben des Bundesministeriums für Wirtschaft und Energie ist eine behördliche Durchsetzung in Deutschland nicht vorgesehen, vielmehr soll die **Durchsetzung durch zivilrechtliche Instrumente** geschehen.[6] In Deutschland sollen also die **Gerichte** für die Durchsetzung **zuständig** sein. Im Fokus der zivilrechtlichen Instrumente steht das **UWG mit seinem Sanktionensystem.**[7] Gleichwohl berücksichtigt § 8a die Möglichkeit, dass künftig eine behördliche Durchsetzung eingeführt wird und nimmt insoweit Bezug auf Art. 14 Abs. 4 P2B-Verordnung. 2

Ein Verstoß gegen Vorschriften der P2B-Verordnung erfüllt den Tatbestand des § 3a, da die **Regelungen der P2B-Verordnung Marktverhaltensregeln iSd § 3a UWG** darstellen.[8] Die Voraussetzungen der Verbandsklagebefugnis 14 der P2B-Verordnung weichen jedoch von den Voraussetzungen in § 8 ab. Somit ist im UWG eine Klarstellung in Bezug auf die Klagebefugnis bei Verstößen gegen die P2B-Verordnung notwendig.[9] Dabei verweist die Vorschrift als **Umschaltnorm** auf die Verbände, Organisationen und öffentlichen Stellen, welche die Voraussetzungen des Art. 14 Abs. 3 bzw. 4 P2B-Verordnung erfüllen. 3

Art. 14 P2B-Verordnung lautet: 4

Artikel 14 Klageeinreichung vor Gericht durch repräsentative Organisationen oder Verbände und durch öffentliche Stellen

(1) Organisationen und Verbände, die ein berechtigtes Interesse an der Vertretung gewerblicher Nutzer oder von Nutzern mit Unternehmenswebsite haben, sowie in den Mitgliedstaaten eingerichtete öffentliche Stellen haben das Recht, zuständige nationale Gerichte in der Europäischen Union anzurufen, und zwar entsprechend den Rechtsvorschriften des Mitgliedstaats, in dem die Klage gegen einen Anbieter von Online-Vermittlungsdiensten oder von Online-Suchmaschinen wegen der Nichteinhaltung der einschlägigen, in dieser Verordnung festgelegten Bestimmungen mit dem Ziel eingereicht wird, diese Nichteinhaltung zu beenden oder zu untersagen.

(2) Die Kommission ermutigt die Mitgliedstaaten, bewährte Verfahren und Informationen mit anderen Mitgliedstaaten auf der Grundlage von Registern rechtswidriger Handlungen, die Gegenstand von Unterlassungsverfügungen seitens nationaler Gerichte waren, auszutauschen, sofern solche Register von den einschlägigen öffentlichen Stellen oder Behörden eingerichtet wurden.

(3) Organisationen oder Verbände haben das in Absatz 1 genannte Recht nur dann, wenn sie alle folgenden Bedingungen erfüllen:

a) Sie sind nach dem Recht eines Mitgliedstaats ordnungsgemäß errichtet.

---

[4] *Busch* GRUR 2019, 788.

[5] *Busch* GRUR 2019, 788.

[6] Wissenschaftliche Dienste Deutscher Bundestag, Sachstand Az. WD 5 – 3000 – 038/20 „Fragen zur Umsetzung der Verordnung (EU) 2019/1150 des Europäischen Parlaments und des Rates vom 20. Juni 2019 zur Förderung von Fairness und Transparenz für gewerbliche Nutzer von Online-Vermittlungsdiensten" v. 29.4.2020, S. 4.

[7] Vgl. wissenschaftliche Dienste Deutscher Bundestag, Sachstand Az. WD 5 – 3000-038/20 „Fragen zur Umsetzung der Verordnung (EU) 2019/1150 des Europäischen Parlaments und des Rates vom 20. Juni 2019 zur Förderung von Fairness und Transparenz für gewerbliche Nutzer von Online-Vermittlungsdiensten" v. 29.4.2020, S. 4.

[8] BT-Drs. 19/20664, 8.

[9] BT-Drs. 19/20664, 8.

b) Sie verfolgen Ziele, die im kollektiven Interesse der Gruppe gewerblicher Nutzer oder der Nutzer mit Unternehmenswebsite sind, die sie dauerhaft vertreten.

c) Sie verfolgen keine Gewinnerzielungsabsicht.

d) Ihre Entscheidungsfindung wird nicht unangemessen durch Drittgeldgeber, insbesondere durch Anbieter von Online-Vermittlungsdiensten oder Online-Suchmaschinen, beeinflusst.

Zu diesem Zweck veröffentlichen die Organisationen und Verbände alle Informationen darüber, wer ihre Mitglieder sind, und über ihre Finanzierungsquellen.

(4) In Mitgliedstaaten, in denen öffentliche Stellen eingerichtet wurden, sind diese berechtigt, das in Absatz 1 genannte Recht auszuüben, sofern sie nach dem Recht des betreffenden Mitgliedstaats damit beauftragt wurden, die kollektiven Interessen von gewerblichen Nutzern oder von Nutzern mit Unternehmenswebsite wahrzunehmen, oder dafür zu sorgen, dass die in dieser Verordnung festgelegten Bestimmungen eingehalten werden.

(5) Die Mitgliedstaaten können

a) Organisationen oder Verbände mit Sitz in ihrem Mitgliedstaat, die mindestens die Anforderungen des Absatzes 3 erfüllen, auf deren Antrag sowie

b) öffentlichen Stellen mit Sitz in ihrem Mitgliedstaat, die die Anforderungen des Absatzes 4 erfüllen,

benennen, die das in Absatz 1 genannte Recht erhalten. Die Mitgliedstaaten teilen der Kommission Namen und Zweck aller solcher benannten Organisationen, Verbände oder öffentlichen Stellen mit.

(6) Die Kommission erstellt ein Verzeichnis der gemäß Absatz 5 benannten Organisationen, Verbände und öffentlichen Stellen. Dieses Verzeichnis enthält den Zweck dieser Organisationen, Verbände und öffentlichen Stellen. Es wird im Amtsblatt der Europäischen Union veröffentlicht. Änderungen an diesem Verzeichnis werden umgehend veröffentlicht, und ein aktualisiertes Verzeichnis wird alle sechs Monate veröffentlicht.

(7) Die Gerichte akzeptieren die Liste nach Absatz 6 als Nachweis der Berechtigung der Organisation, des Verbands oder der öffentlichen Stelle zur Klageerhebung unbeschadet ihres Rechts zu prüfen, ob der Zweck des Klägers dessen Klageerhebung im Einzelfall rechtfertigt.

(8) Äußert ein Mitgliedstaat oder die Kommission Bedenken hinsichtlich der Erfüllung der in Absatz 3 genannten Kriterien durch eine Organisation oder einen Verband oder der in Absatz 4 genannten Kriterien durch eine öffentliche Stelle, so prüft der Mitgliedstaat, der die Organisation, den Verband oder die öffentliche Stelle nach Absatz 5 benannt hat, die Bedenken und widerruft gegebenenfalls die Benennung, wenn eines oder mehrere Kriterien nicht erfüllt sind.

(9) Das in Absatz 1 genannte Recht gilt unbeschadet des Rechts gewerblicher Nutzer und der Nutzer mit Unternehmenswebsite, vor den zuständigen nationalen Gerichten und entsprechend dem Recht des Mitgliedstaats, in dem die Klage eingereicht wird, eine Klage zu erheben, die auf individuellen Rechten beruht und darauf abzielt, eine Nichteinhaltung der einschlägigen in dieser Verordnung festgelegten Bestimmungen durch Anbieter von Online-Vermittlungsdiensten oder Anbieter von Online-Suchmaschinen zu unterbinden.

B. Reichweite der Anspruchsberechtigung von Organisationen und Verbänden

I. Abwehransprüche

5 § 8a gewährt **Organisationen und Verbänden** iSd Art. 14 Abs. 1 P2B-Verordnung, die ein berechtigtes Interesse an der Vertretung gewerblicher Nutzer oder von Nutzern mit Unternehmenswebsite haben und die Voraussetzungen des Art. 14 Abs. 3 S. 1 P2B-Verordnung erfüllen, eine Anspruchsberechtigung für die **wettbewerbsrechtlichen Abwehransprüche aus § 8 Abs. 1,** also für Unterlassungs- und Beseitigungsansprüche wegen unlauterer geschäftlichen Handlungen **gem. § 3a iVm Zuwiderhandlungen gegen**

Verstöße gegen die P2B-Verordnung. Dies entspricht dem in Art. 14 Abs. 1 P2B-Verordnung vorgesehenen Recht, zuständige nationale Gerichte anzurufen, und zwar entsprechend den Rechtsvorschriften des Mitgliedstaats, in dem die Klage gegen einen Anbieter von Online-Vermittlungsdiensten oder von Online-Suchmaschinen wegen der Nichteinhaltung der einschlägigen, in dieser Verordnung festgelegten Bestimmungen mit dem Ziel eingereicht wird, diese Nichteinhaltung zu beenden oder zu untersagen. Die Nichteinhaltung **„zu untersagen"** entspricht der Geltendmachung eines **Unterlassungsanspruchs** gem. § 8 Abs. 1 S. 1 Alt. 2 und S. 2. Die Nichteinhaltung **„zu beenden"** entspricht der Geltendmachung eines **Beseitigungsanspruchs** gem. § 8 Abs. 1 S. 1 Alt. 1, weil die Beendigung auch die Beseitigung der Beeinträchtigung umfasst und alle Maßnahmen einschließt, die ein Fortwirken der Zuwiderhandlung verhindern sollen (vgl. *Goldmann* → § 8 Rn. 235 ff.). Neben der hier angesprochenen **klageweisen Geltendmachung** besteht nach § 8b auch die Möglichkeit der vorgerichtlichen Geltendmachung von Ansprüchen im Wege der **Abmahnung** sowie die Möglichkeit, einen **Antrag auf Erlass einer einstweiligen Verfügung** zu stellen. Dies dürfte mit Art. 14 Abs. 1 P2B-Verordnung ohne weiteres in Einklang stehen und insgesamt dem *effet utile* dieser Verordnung dienen.

II. Ansprüche auf Auskunft

Aus § 8a ergibt sich nicht eindeutig, ob die Anspruchsberechtigung auch Ansprüche auf 6
Auskunft erfasst, die der Geltendmachung von Abwehransprüchen nach § 8 Abs. 1 dienen. Für die allgemeine Regelung der Anspruchsberechtigung gem. § 8 Abs. 3 ist dies anerkannt, obwohl auch dort Auskunftsansprüche nicht ausdrücklich genannt werden (*Goldmann* → § 8 Rn. 307).[10] Da die Vorschrift nur die Voraussetzungen der Anspruchsberechtigung für die Ansprüche nach § 8 Abs. 1 speziell regelt, aber deren Durchsetzungsmöglichkeiten nicht einschränken will, können auch die nach § 8a Anspruchsberechtigten solche Ansprüche auf Auskunft geltend machen. Dass Ansprüche auf Auskunft in Art. 14 Abs. 1 P2B-Verordnung nicht genannt sind, erscheint unschädlich. Zum einen verweist diese Vorschrift pauschal auf die „Rechtsvorschriften des Mitgliedstaats, in dem die Klage ... mit dem Ziel eingereicht wird, diese Nichteinhaltung zu beenden oder zu untersagen". Diese Rechtsvorschriften können unterstützende verfahrensrechtliche oder materiellrechtliche Auskunftsverpflichtungen einschließen, wenn sie letztlich der Verwirklichung dieses Ziels, nämlich Verstöße zu beenden oder zu untersagen, dienen. Zum anderen erhöht die Möglichkeit, unterstützende Ansprüche aus Auskunft geltend zu machen, den *effet utile* der P2B-Verordnung.

III. Keine Einbeziehung weiterer Ansprüche

Weitere Ansprüche werden nicht einbezogen und können bei Verstoß gegen die P2B- 7
Verordnung von den Verbänden auch nicht geltend gemacht werden.

IV. Abschließende Regelung der Verbandsklagebefugnis

Die Regelung in § 8a ist für die Geltendmachung von Ansprüchen durch Organisationen 8
und Verbände abschließend. Ein Verbandsklagebefugnis auf der Grundlage von § 8 Abs. 3 Nr. 2–4 besteht daneben nicht (*Goldmann* → § 8 Rn. 304).

V. Kein Ausschluss von Individualklagen

Weder § 8a noch Art. 14 P2B-Verordnung schließen die individuelle Verfolgung von 9
Ansprüchen durch die von Verstößen gegen die P2B-Verordnung betroffenen Unternehmer aus. Ihnen können etwa Rechtsbehelfe aus dem allgemeinen bürgerlichen Recht oder

[10] Vgl. BGH GRUR 1972, 538 (560) – Teerspritzmaschinen.

dem Kartellrecht zustehen. Art. 14 Abs. 9 P2B-Verordnung stellt klar, dass die Sonderregelungen für die kollektive Rechtsdurchsetzung die nach nationalem Recht mögliche individuelle Rechtsdurchsetzung durch individuell betroffene Unternehmer nicht berühren. Abwehransprüche gem. §§ 8 Abs. 1, Abs. 3 Nr. 1, 3a iVm Bestimmungen der P2B-Verordnung können geltend gemacht werden, sofern ein konkretes Wettbewerbsverhältnis gem. § 2 Abs. 1 Nr. 3 besteht und der vom Verstoß konkret betroffene Unternehmer deshalb Mitbewerber iSd § 8 Abs. 3 Nr. 1 ist (*Goldmann* → § 8 Rn. 341 ff.) und wenn die geschäftliche Tätigkeit des Mitbewerbers die Erheblichkeitsschwelle überschreitet (*Goldmann* → § 8 Rn. 360 ff.).

C. Anspruchsberechtigung der Organisationen und Verbände mit berechtigtem Interesse an der Vertretung gewerblicher Nutzer oder von Nutzern mit Unternehmenswebsite gem. Art. 14 Abs. 1

I. Normzweck

10 Mit Art. 14 Abs. 1 der P2B-Verordnung soll dem in **Art. 47 EU-Grundrechte-Charta** verankerten Anspruch auf einen **wirksamen Rechtsbehelf** und ein unparteiisches Gericht uneingeschränkte Geltung verschafft und die Anwendung der in **Art. 16 EU-Grundrechte-Charta** verankerten **unternehmerischen Freiheit** gefördert werden (Erwägungsgrund 52). Art. 14 Abs. 9 P2B-Verordnung ermöglicht den von Verstößen gegen die P2B-Verordnung betroffenen Unternehmern zwar eine individuelle Rechtsdurchsetzung. Der Verordnungsgeber misst aber der **kollektiven Rechtsdurchsetzung** eine ungleich größere Bedeutung bei, weil **angesichts des Machtgefälles** zwischen den Online-Vermittlungsdiensten und ihren Nutzern eine individuelle Rechtsdurchsetzung nicht ausreichend effektiv erscheint. Verschiedene Faktoren, wie fehlende finanzielle Mittel, Angst vor Vergeltung und Exklusivbestimmungen für die Wahl des geltenden Rechts und des Gerichtsstands in den AGB, können die Wirksamkeit vorhandener Möglichkeiten des gerichtlichen Rechtsschutzes insbesondere dann einschränken, wenn von gewerblichen Nutzern oder Nutzern mit Unternehmenswebsite verlangt wird, individuell und identifizierbar tätig zu werden (Erwägungsgrund 44). Deshalb sieht Art. 14 P2B-Verordnung eine **Verbandsklagebefugnis** vor: Im Hinblick auf eine wirksame Anwendung der Verordnung sollen Organisationen oder Verbände, die gewerbliche Nutzer oder Nutzer mit Unternehmenswebsite vertreten, die Möglichkeit haben, im Einklang mit den nationalen Rechtsvorschriften, einschließlich der nationalen Verfahrensvorschriften, nationale Gerichte anzurufen. Mit der Klageeinreichung vor nationalen Gerichten wird das Ziel verfolgt, dass Verstöße gegen die in dieser Verordnung festgelegten Bestimmungen eingestellt oder verboten werden und eine künftige Schädigung, die die Tragfähigkeit der Geschäftsbeziehungen in der Online-Plattformwirtschaft beeinträchtigen könnte, vermieden wird (Erwägungsgrund 44).

II. Nutzung des UWG-Sanktionensystems

11 Der deutsche Gesetzgeber setzt zum Zwecke der durch Art. 14 Abs. 1 vorgeschriebenen kollektiven Rechtsdurchsetzung das UWG (§ 3a) und sein Sanktionensystem (§ 8 Abs. 1) ein. **§ 8a** ist eine **Umschaltnorm,** die gewährleistet, dass die in Art. 14 Abs. 3 S. 1 P2B-Verordnung abweichend von § 8 Abs. 3 Nr. 3–4 geregelten Voraussetzungen der Verbandsklagebefugnis für **Organisationen und Verbände** auch im UWG-Sanktionensystem Anwendung finden.

12 § 8a sieht darüber hinaus im Einklang mit Art. 14 Abs. 1 und 4 P2B-Verordnung auch die Möglichkeit einer Anspruchsberechtigung für inländische **öffentliche Stellen** vor. Solche öffentlichen Stellen wurden in Deutschland noch nicht eingerichtet. Daher beschränkt sich die Kommentierung auf die kollektive Rechtsetzung durch Organisationen und Verbände.

D. Voraussetzungen der Anspruchsberechtigung von Organisationen und Verbänden gem. § 8a iVm Art. 14 Abs. 1, 3 P2B-Verordnung

I. Allgemeines

Art. 14 P2B-Verordnung sieht – anders als § 8 Abs. 3 Nr. 2 iVm § 8b – **kein echtes Listensystem** vor und macht die Anspruchsberechtigung nicht von einer behördlichen Eintragung abhängig. Die in Art. 13 Abs. 3 S. 1 P2B-Verordnung geregelten und von § 8a in Bezug genommenen Voraussetzungen sollen aber – in ähnlicher Weise wie die Eintragungsvoraussetzungen des § 8b – sicherstellen, dass die anspruchsberechtigten Organisationen oder Verbände ihre Befugnisse wirksam und angemessen wahrnehmen und die Ad-hoc-Gründung von Organisationen oder Verbänden zum Zweck einer bestimmten Klageeinreichung oder bestimmter Klageeinreichungen oder aus Erwerbszwecken verhindern (vgl. Erwägungsgrund 44). 13

II. Beschränktes Listensystem

1. Das von der Kommission gem. Art. 14 Abs. 6 P2B-Verordnung geführte Verzeichnis. Auch wenn kein echtes Listensystem eingeführt wird, das die Anspruchsberechtigung von der Eintragung in die Liste abhängig macht, ist in **Art. 14 Abs. 6 P2B-Verordnung** vorgesehen, dass die Kommission ein aussagekräftiges **Verzeichnis der** von den Mitgliedstaaten gem. Art. 14 Abs. 5 P2B-Verordnung benannten **klagebefugten Organisationen und Verbänden** führt und veröffentlicht. Gem. Art. 14 Abs. 7 haben die Gerichte des Mitgliedstaats dieses Verzeichnis nach Abs. 6 als Nachweis der Berechtigung der Organisation oder des Verbands zur Klageerhebung zu akzeptieren, allerdings unbeschadet ihres Rechts zu prüfen, ob der Zweck des Klägers dessen Klageerhebung im Einzelfall rechtfertigt. Insoweit hat die **Eintragung** in das Verzeichnis die Wirkung einer **widerlegbaren tatsächliche Vermutung** für die allgemeine Klagebefugnis der Organisation des Verbands (vgl. Erwägungsgrund 45); sie nimmt aber nicht die Einzelfallprüfung vorweg, ob die Klage vom Organisations- oder Verbandszweck gedeckt ist (→ Rn. 24). 14

Allerdings haben auch die Organisationen und Verbände, die nicht von einem Mitgliedstaat benannt wurden und daher nicht in dem Verzeichnis gem. Art. 14 Abs. 6 P2B-Verordnung aufgeführt sind, die Möglichkeit, Gerichtsverfahren vor den nationalen Gerichten anzustrengen, wobei die Berechtigung zur Klageerhebung anhand der in Art. 14 Abs. 3 S. 1 P2B-Verordnung vorgegebenen Kriterien zu prüfen ist (vgl. Erwägungsgrund 45). Weil die Anspruchsbefugnis zwar einerseits nicht von einer Eintragung abhängt, eine bestehende Eintragung aber andererseits das Gericht von der Prüfung der allgemeinen Voraussetzungen der Verbandsklagebefugnis gem. Art. 14 Abs. 3 S. 1 P2B-Verordnung entbindet, sofern nichts Entgegenstehendes vorgetragen ist, kann man von einem **„beschränkten Listensystem"** sprechen. 15

2. Erstellung und Veröffentlichung des Verzeichnisses. Auf den Inhalt des Verzeichnisses haben die Mitgliedstaaten maßgeblichen Einfluss. Um der Kommission die Grundlagen für die Erstellung des **Verzeichnisses gem. Art. 14 Abs. 6 P2B-Verordnung** zur Verfügung zu stellen, sollen die Mitgliedstaaten die Möglichkeit gem. Art. 14 Abs. 5 P2B-Verordnung nutzen, die Identität der Organisationen und Verbände, die nach Auffassung der Mitgliedstaaten qualifiziert sein sollten, nach der P2B-Verordnung Klage zu erheben, der Kommission mitzuteilen (vgl. Erwägungsgrund 45). Im Zuge dieser Mitteilung sollen die Mitgliedstaaten gezielt auf die einschlägigen nationalen Bestimmungen hinweisen, nach denen die Organisation oder der Verband gegründet wurde, und ggf. auf das einschlägige öffentliche Register, in dem die Organisation oder der Verband erfasst ist. Diese zusätzliche Möglichkeit zur Benennung durch die Mitgliedstaaten soll für ein gewisses Maß an Rechtssicherheit und Vorhersehbarkeit sorgen, auf das sich gewerbliche Nutzer 16 und Nutzer mit Unternehmenswebsite verlassen können. Gleichzeitig wird damit **beabsichtigt, Gerichtsverfahren effizienter zu gestalten** und zu beschleunigen, was in diesem Zusammenhang angemessen scheint (Erwägungsgrund 45).

17 Die Kommission hat dann gem. Art. 14 Abs. 6 S. 1 P2B-Verordnung das Verzeichnis der gem. Art. 14 Abs. 6 B2B-Verordnung von den Mitgliedstaaten benannten Organisationen, Verbände und öffentlichen Stellen zu erstellen. Dieses Verzeichnis enthält gem. Art. 14 Abs. 6 S. 2 P2B-Verordnung den Zweck dieser Organisationen, Verbände und öffentlichen Stellen. Gem. Art. 14 Abs. 6 S. 3 P2B-Verordnung wird dieses Verzeichnis im Amtsblatt der EU veröffentlicht. Gem. Art. 14 Abs. 6 S. 4 P2B-Verordnung werden Änderungen an diesem Verzeichnis werden umgehend veröffentlicht, und ein aktualisiertes Verzeichnis wird alle sechs Monate veröffentlicht.

18 **3. Löschung aus dem Verzeichnis.** Bestehen **Bedenken hinsichtlich einer Benennung,** so muss der Mitgliedstaat, der eine Organisation oder einen Verband benannt hat, gem. Art. 14 Abs. 8 P2B-Verordnung diesen Bedenken nachgehen. Hierfür ist folgende Verfahrensweise vorgesehen: Äußert ein Mitgliedstaat oder die Kommission Bedenken hinsichtlich der Erfüllung der in Art. 14 Abs. 3 P2B-Verordnung genannten Kriterien durch eine Organisation oder einen Verband, so **prüft der Mitgliedstaat,** der die Organisation oder den Verband nach Absatz 5 benannt hat, die Bedenken und **widerruft ggf. die Benennung,** wenn eines oder mehrere der Kriterien nicht erfüllt sind. Diese Verfahrensweise ist ihrem Sinn und Zweck nach darauf angelegt, dass nach Widerruf der Benennung die **Eintragung gelöscht** wird.

III. Rechtsnatur

19 **1. Doppelnatur als materielle Anspruchsberechtigung und prozessuale Klagebefugnis.** Ebenso wie § 8 Abs. 3 Nr. 3–4 regelt § 8a iVm Art. 14 P2B-Verordnung für die Organisationen und Verbände sowohl die **materielle Anspruchsberechtigung** (Sachbefugnis oder Aktivlegitimation) als auch die **prozessuale Klagebefugnis** (Prozessführungsbefugnis).[11] Auch hier gilt die **Theorie der Doppelnatur.**[12] Die Anspruchsberechtigung ist denselben Einschränkungen unterworfen wie die Anspruchsberechtigung nach § 8 Abs. 3 Nr. 3–4. Dies gilt für den **Ausschluss der isolierten Abtretung** von Ansprüchen (*Goldmann* → § 8 Rn. 333) ebenso wie für das **Verbot einer Prozessstandschaft,** mit der die gesetzliche Sonderregelung der Anspruchsberechtigung unterlaufen würde (*Goldmann* → § 8 Rn. 337).

20 **2. Von Amts wegen zu prüfende Sachurteilsvoraussetzung.** Dass § 8a iVm Art. 14 P2B-Verordnung nicht nur die Aktivlegitimation, sondern zugleich auch die Prozessführungsbefugnis regelt, führt wie bei § 8 Abs. 3 Nr. 3–4 dazu, dass die Prozessführungsbefugnis als **Sachurteilsvoraussetzung** in jeder Lage des Verfahrens, **auch noch in der Revisionsinstanz,**[13] **von Amts wegen zu prüfen** ist.[14] Das Vorliegen ihrer Vorausset-

---

[11] Vgl. zu § 8 Abs. 3 BGH GRUR 1995, 122 f. – Laienwerbung für Augenoptiker; GRUR 1996, 804 (805) – Preisrätselgewinnauslobung III.

[12] Vgl. zu § 8 Abs. 3 BGH GRUR 2005, 689 (690) – Sammelmitgliedschaft III; GRUR 2007, 610 f. Rn. 14 – Sammelmitgliedschaft V; GRUR 2007, 809 f. Rn. 12 – Krankenhauswerbung; GRUR 2012, 415 Rn. 10 – Überregionale Klagebefugnis; GRUR 2015, 1240 Rn. 13 – Der Zauber des Nordens; GRUR 2019, 966 Rn. 17 – Umwelthilfe; GRUR 2018, 1166 Rn. 12 – Prozessfinanzierer I; GRUR 2019, 850 Rn. 10 – Prozessfinanzierer II; GRUR 2020, 896 Rn. 32 – App-Zentrum.

[13] Vgl. zu § 8 Abs. 3 BGH GRUR 2005, 689 (690) – Sammelmitgliedschaft III; GRUR 2006, 873 Rn. 14 – Brillenwerbung; GRUR 2007, 610 Rn. 14 – Sammelmitgliedschaft V; GRUR 2012, 415 Rn. 10 – Überregionale Klagebefugnis; GRUR 2015, 1240 Rn. 13 – Der Zauber des Nordens; GRUR 2020, 896 Rn. 32 – App-Zentrum.

[14] Vgl. zu § 8 Abs. 3 BGH GRUR 2006, 873 Rn. 14 – Brillenwerbung; GRUR 2007, 809 Rn. 12 – Krankenhauswerbung; GRUR 2012, 415 Rn. 10 – Überregionale Klagebefugnis; GRUR 2015, 1240 Rn. 13 – Der Zauber des Nordens.

zungen ist im Freibeweisverfahren festzustellen.[15] Im Revisionsverfahren ist der BGH an die tatsächlichen Feststellungen des Berufungsgerichts nicht gebunden, sondern hat die Tatsachen, auf deren Grundlage die Prozessführungsbefugnis zu beurteilen ist, in Abweichung von § 559 Abs. 1 ZPO selbständig festzustellen.[16] Dabei ist grundsätzlich zu verlangen, dass die Tatsachen, aus denen sich die Klagebefugnis ergibt, spätestens im Zeitpunkt der letzten mündlichen Verhandlung in der Tatsacheninstanz vorgelegen haben.[17] Das Gericht kann auf die gem. Art. 14 Abs. 3 S. 2 P2B-Verordnung veröffentlichten Informationen über Mitglieder und Finanzierungsquellen zurückgreifen (vgl. Erwägungsgrund 44).

Das **Fehlen der Prozessführungsbefugnis** führt zur **Abweisung der Klage als unzulässig.**[18] Aus Gründen der Prozessökonomie ist es aber zulässig, dass die Prüfung der materiell-rechtlichen Anspruchsvoraussetzungen vorgezogen und die Klage als unbegründet abgewiesen werden kann, wenn die Prozessführungsbefugnis zweifelhaft ist.[19] 21

IV. Umfang der gerichtlichen Prüfung

1. Prüfungsumfang bei Bestehen einer Eintragung. a) Widerlegliche Vermutung der Erfüllung der Voraussetzungen des Art. 14 Abs. 3 S. 1 P2B-Verordnung. Art. 14 Abs. 7 P2B-Verordnung schreibt vor, dass die Gerichte das von der Kommission gem. 14 Abs. 6 P2B-Verordnung geführte Verzeichnis „als Nachweis der Berechtigung der Organisation, des Verbands oder der öffentlichen Stelle zur Klageerhebung" „akzeptieren" allerdings „unbeschadet ihres Rechts zu prüfen, ob der Zweck des Klägers dessen Klageerhebung im Einzelfall rechtfertigt". In Erwägungsgrund 45 heißt es: „Eine Aufnahme in diese Liste sollte als **widerlegbarer Nachweis dafür** dienen, **dass die Organisation, der Verband** oder die öffentliche Stelle **zur Klageerhebung berechtigt ist**". Dies bedeutet im Zusammenhang folgendes: 22

Die Eintragung einer Organisation oder eines Verbandes in das von der Kommission geführte Verzeichnis dient insoweit „als Nachweis der Berechtigung der Organisation, des Verbands oder der öffentlichen Stelle zur Klageerhebung", als dass hierdurch eine **tatsächliche Vermutung** dafür begründet wird, dass sämtliche Voraussetzungen des Art. 14 Abs. 3 S. 1 P2B-Verordnung erfüllt sind. Diese tatsächliche Vermutung kann allerdings für einzelne oder alle Voraussetzungen durch den insoweit **darlegungs- und beweisbelasteten Beklagten erschüttert** werden. Bleibt der Beklagte einen entsprechenden Vortrag schuldig oder kann er ihn nicht beweisen, so „akzeptieren" die Gerichte gem. Art. 14 Abs. 7 P2B-Verordnung die Eintragung. Gelingt dem Beklagten ein solcher Vortrag bzw. dessen Beweis, so muss das Gericht – ebenso wie wenn keine Eintragung bestünde (hierzu → Rn. 26) – **von Amts wegen eine eigenständige Prüfung** der jeweiligen Voraussetzung(en) vornehmen. Es handelt sich also nach Erwägungsgrund 45 nur nicht um eine gesetzliche Vermutung, die gem. § 292 ZPO nur durch den Beweis des Gegenteils zu widerlegen wäre. 23

b) Anspruchsverfolgung innerhalb des Organisations- bzw. Verbandszwecks. aa) Prüfungsbefugnis und Prüfungspflicht des Gerichts. Die Vermutungswirkung der Eintragung gilt für die Gerichte nur „unbeschadet ihres Rechts zu prüfen, ob der 24

[15] BGH GRUR 1996, 804 (805) – Preisrätselgewinnauslobung III; GRUR 1998, 498 (499) – Fachliche Empfehlung III; OLG Stuttgart GRUR-RR 2009, 343 – CO_2-Emission I.

[16] Vgl. zu § 8 Abs. 3 BGH GRUR 2006, 873 Rn. 14 – Brillenwerbung; GRUR 2007, 610 Rn. 14 – Sammelmitgliedschaft V; GRUR 2007, 809 Rn. 12 – Krankenhauswerbung; GRUR 2015, 1240 Rn. 13 – Der Zauber des Nordens.

[17] Vgl. zu § 8 Abs. 3 BGH GRUR 2007, 610f. Rn. 14 – Sammelmitgliedschaft V; GRUR 2007, 809 Rn. 12 – Krankenhauswerbung; GRUR 2012, 415 Rn. 10 – Überregionale Klagebefugnis; GRUR 2015, 1240 Rn. 13 – Der Zauber des Nordens.

[18] Vgl. zu § 8 Abs. 3 BGH GRUR 1995, 604 (605) – Vergoldete Visitenkarte; GRUR 1996, 217 (218) – Anonymisierte Mitgliederliste.

[19] Vgl. zu § 8 Abs. 3 BGH GRUR 1996, 804 (805) – Preisrätselgewinnauslobung III; GRUR 1996, 1119 (1120) – RUMMS!; GRUR 2003, 804 – Foto-Aktion.

Zweck des Klägers dessen Klageerhebung im Einzelfall rechtfertigt". Dies lässt darauf schließen, dass weder die aufgrund der Eintragung vermutete Erfüllung der Voraussetzungen des Art. 14 Abs. 3 S. 1 P2B-Verordnung noch die von einem Gericht in eigener Kompetenz geprüfte und bejahte Erfüllung dieser Voraussetzungen im Einzelfall ausreicht, um die Prozessführungsbefugnis zu begründen. Hinzukommen muss, dass die Rechtsverfolgung sich innerhalb des Organisations- bzw. Verbandszwecks hält. Ähnlich wie bei auf der Anspruchsberechtigung der qualifizierten Wirtschaftsverbände gem. § 8 Abs. 3 Nr. 2 oder der qualifizierten Einrichtungen zum Schutz von Verbraucherinteressen gem. § 8 Abs. 3 Nr. 3 muss das mit der Klage befasste Gericht prüfen, ob die **Prozessführung im konkreten Einzelfall vom Organisations- bzw. Verbandszweck des Klägers gedeckt** ist.[20] Bei der Benennung bzw. Eintragung einer Organisation oder eines Verbandes wird nämlich ebenso wenig wie bei einer selbständigen Prüfung der Voraussetzungen des Art. 14 Abs. 3 S. 1 P2B-Verordnung durch das Gericht bereits geprüft, ob und inwiefern ggf. die Tätigkeit des Klägers nach seiner Satzung in personeller, sachlicher oder örtlicher Hinsicht beschränkt ist. Ob eine solche Beschränkung der Klagebefugnis entgegensteht, kann vielmehr immer nur unter Berücksichtigung der Umstände des jeweiligen Einzelfalls festgestellt werden.[21]

25 **bb) Prüfungsgrundsätze.** Für die **Auslegung von Satzungsbestimmungen** gelten dieselben Grundsätze wie bei der Auslegung der Satzungen von qualifizierten Einrichtungen gem. § 8 Abs. 3 Nr. 3 (hierzu *Goldmann* → § 8 Rn. 426 ff.).

26 **2. Prüfungsumfang ohne Eintragung. a) Umfassende Prüfung der Voraussetzungen des Art. 14 Abs. 3 S. 1 P2B-Verordnung.** Ist die klagende Organisation bzw. der klagende Verband nicht auf der gem. Art. 14 Abs. 6 P2B-Verordnung von der Kommission geführten Liste eingetragen und hat auch noch nie eine Eintragung bestanden, so hat das Prozessgericht sämtliche Voraussetzungen des Art. 14 Abs. 3 S. 1 P2B-Verordnung zu prüfen.

b) Anspruchsverfolgung innerhalb des Organisations- bzw. Verbandszwecks.

27 Ebenso muss eine Prüfung stattfinden, ob die Prozessführung im konkreten Einzelfall vom Organisations- bzw. Verbandszweck des Klägers gedeckt ist (→ Rn. 24 f.). Zwar ist die Notwendigkeit einer solchen Prüfung nur für den Fall einer Eintragung in das von der Kommission geführte Verzeichnis gem. Art. 14 Abs. 7 P2B-Verordnung gesetzlich geregelt. Sie ergibt sich aber auch dann, wenn keine Eintragung besteht und das Gericht die Voraussetzungen des Art. 14 Abs. 3 S. 1 P2B-Verordnung prüft. Denn die hier geregelten allgemeinen Kriterien geben keinen Aufschluss darüber, ob die Prozessführung im Einzelfall vom Organisations- bzw. Verbandszweck des Klägers gedeckt ist oder allfällige personelle, sachliche oder örtliche Beschränkungen überschreitet (→ Rn. 24).

28 **3. Prüfungsumfang bei gelöschter Eintragung.** Wenn gem. Art. 14 Abs. 8 P2B-Verordnung der benennende Mitgliedstaat die Benennung widerruft und die Eintragung in das gem. Art. 14 Abs. 5 P2B-Verordnung von der Kommission geführte Verzeichnis daraufhin gelöscht wird (→ Rn. 18), ergeben sich gegenüber der Situation, in der nie eine Eintragung bestanden hat (→ Rn. 26 f.), keine Besonderheiten. Die Löschung hat keine Tatbestandswirkung in dem Sinne, dass die Prozessführungsbefugnis automatisch zu verneinen wäre. Es wird lediglich die durch die Eintragung begründete **Vermutungswirkung** (→ Rn. 22 f.) **beseitigt.** Damit hat aber die klagende Organisation bzw. der klagende Verband weiterhin die Möglichkeit, die Erfüllung der Voraussetzungen des Art. 14 Abs. 3 S. 1 P2B-Verordnung vor Gericht darzulegen und zu beweisen.

[20] Vgl. zu qualifizierten Einrichtungen gem. § 8 Abs. 3 Nr. 3 BGH GRUR 2012, 415 f. Rn. 11 ff. – Überregionale Klagebefugnis; GRUR 2018, 1166 Rn. 23 – Prozessfinanzierer I; GRUR 2019, 850 Rn. 17 – Prozessfinanzierer II; GRUR 2019, 966 Rn. 28 – Umwelthilfe.

[21] Vgl. zu qualifizierten Einrichtungen gem. § 8 Abs. 3 Nr. 3 BGH GRUR 2012, 415 Rn. 12 ff. – Überregionale Klagebefugnis.

V. Darlegungs- und Beweislast

Da es sich bei den Voraussetzungen der Klagebefugnis gem. § 8a iVm Art. 14 Abs. 3 S. 1 P2B-Verordnung um anspruchsbegründende Tatsachen handelt, liegt die Darlegungs- und Beweislast für die Umstände, welche die Klagebefugnis begründen, beim Anspruchsteller. Zu den prozessualen Folgen einer fehlenden Klagebefugnis → Rn. 21. 29

VI. Die einzelnen Voraussetzungen des § 8a iVm Art. 14 Abs. 1, 3 S. 1 P2B-Verordnung

1. Ordnungsgemäßer Errichtung nach dem Recht eines Mitgliedstaates (Art. 14 Abs. 3 S. 1 lit. a P2B-Verordnung). a) Ordnungsgemäßer Errichtung als Rechtsfähigkeit. Gem. Art. 14 Abs. 3 S. 1 lit. a P2B-Verordnung erfordert die Anspruchsberechtigung gem. Art. 14 Abs. 1 P2B-Verordnung zunächst, dass die Organisation bzw. der Verband „nach dem Recht eines Mitgliedstaats ordnungsgemäß errichtet wurde". „Errichtet" werden gemeinhin nur juristische Personen (vgl. § 64 BGB), sodass die ordnungsgemäße Errichtung gleichbedeutend mit der **Erlangung der Rechtsfähigkeit nach dem Recht eines Mitgliedstaates** ist. Hierauf deuten auch andere Sprachfassungen in (*„op geldige wijze … opgericht", „retmæssigt oprettet"; „régulièrement constituées", „correctamente constituidas", „devidamente constituídas", „debitamente costituite"*). Keine Rolle spielt, nach dem Recht welchen Mitgliedstaats die Rechtsfähigkeit erlangt wurde. 30

Durch die Bezugnahme auf das Recht der Mitgliedstaaten wird **kein einheitlicher unionsrechtlicher Maßstab** für die Rechtsfähigkeit festgelegt, sondern den Mitgliedstaaten überlassen, welche Organisationsformen sie als rechtsfähig anerkennen. Wenn eine Organisation bzw. ein Verband aus einem Mitgliedstaat in einem anderen Mitgliedstaat klagt, müssen dessen Gerichte die Rechtsfähigkeit im Sinne der ordnungsgemäßen Errichtung nach dem Recht desjenigen Mitgliedstaates prüfen, nach dem sie gegründet wurden. Für deutsche Organisationen und Verbände gilt: 31

b) Rechtsfähigkeit mit Blick auf das deutsche Recht. aa) Juristische Person des Privatrechts. Rechtsfähig sind juristische Personen des Privatrechts. Hierzu gehören die **eingetragenen Vereine** (§§ 21–23 BGB) und **Stiftungen** (§ 81 BGB), aber auch teilrechtsfähige Personengesellschaften, so dass auch in der Form einer **Gesellschaft bürgerlichen Rechts** (§ 705 BGB) organisierte Verbände nach § 8a iVm Art. 14 Abs. 3 S. 1 lit. a P2B-Verordnung als „nach dem Recht eines Mitgliedstaats ordnungsgemäß errichtet" gelten können. 32

bb) Juristische Person des öffentlichen Rechts. Rechtsfähig sind auch juristische Personen des öffentlichen Rechts wie zB **Industrie- und Handelskammern, berufsständische Kammern** und Innungen, wie sie gem. § 8 Abs. 3 Nr. 4 anspruchsbefugt sind. Sie gehören zu den Organisationen und Verbänden gem. Art. 14 Abs. 3 S. 1 lit. a P2B-Verordnung und nicht zu den in Art. 14 Abs. 4 P2B-Verordnung angesprochenen öffentlichen Stellen mit einem staatlichen Auftrag zur kollektiven Interessenwahrnehmung von gewerblichen Nutzern oder von Nutzern mit Unternehmenswebsite. Denn sie nehmen, sofern ihr Satzungszweck eine solche kollektiven Interessenwahrnehmung einschließt, diese in eigener Verantwortung für ihre Mitglieder wahr und nicht delegiert in staatlichem Auftrag. 33

2. Kollektive und dauerhafte Interessenverfolgung für die relevanten Marktteilnehmer (Art. 14 Abs. 3 S. 1 lit. b P2B-Verordnung). Art. 14 Abs. 3 S. 1 lit. b P2B-Verordnung knüpft die Anspruchsberechtigung gem. Art. 14 Abs. 1 P2B-Verordnung an das weitere Erfordernis, dass die Organisation bzw. der Verband Ziele verfolgt, die im kollektiven Interesse der Gruppe gewerblicher Nutzer oder der Nutzer mit Unternehmenswebsite sind, die dauerhaft von ihm vertreten werden. Diese **auf Dauer angelegte** 34

Interessenvertretung beider bzw. einer der im konkreten Fall vertretenen Gruppe von Unternehmern muss sich als **Organisations- bzw. Verbandszweck** aus der **Satzung** der klagenden Organisation bzw. des klagenden Verbands ergeben (zur Auslegung von Satzungsbestimmungen *Goldmann* → § 8 Rn. 426 ff.). So bestimmt etwa § 1 Abs. 1 S. 1 der Satzung des Bundesverbandes Onlinehandel eV als Verbandszweck die „Interessendurchsetzung seiner Mitglieder im Bereich des Online-Handels" und in Satz 2 Nr. 1 als Aufgabenbereich die „dauerhafte und flächendeckende Interessenvertretung und Interessendurchsetzung sowie Aufklärung und Beratung der Unternehmer … im Online-Handel". Ob die Mitglieder den Verband ausdrücklich zur Verfolgung von Wettbewerbsverstößen ermächtigt haben, ist unerheblich.

35 Da dem Verordnungsgeber das Leitbild einer gleichgerichteten Interessenvertretung ohne Interessenkonflikte vor Augen steht (Erwägungsgrund 44), ist zu verlangen, dass die Organisation oder der Verband **nicht gleichzeitig auch** die **Interessen** der Betreiber **von Online-Vermittlungsdiensten** oder **Suchmaschinen** wahrnimmt oder sie als Mitglieder aufnimmt.

36 Zusätzlich ist zu verlangen, dass der Satzungszweck auch **tatsächlich verfolgt** wird. Hierzu ist zur bisherigen Tätigkeit vorzutragen. Bei einem jahrelang aktiv tätigen Verband kann im Prozess eine tatsächliche Vermutung für die tatsächliche Zweckverfolgung angenommen werden.[22]

3. Keine Gewinnerzielungsabsicht (Art. 14 Abs. 3 S. 1 lit. c P2B-Verordnung).

37 Gem. Art. 14 Abs. 3 S. 1 lit. c P2B-Verordnung dürfen die gem. Art. 14 Abs. 1 P2B-Verordnung anspruchsberechtigten Organisation und Verbände keine Gewinnerzielungsabsicht verfolgen. Eine Gewinnerzielungsabsicht ist dann zu bejahen, wenn ein unmittelbarer oder mittelbarer wirtschaftlicher Vorteil erwartet wird, der zu einer Überschuss über die Kosten der Tätigkeit führt. Bei einem Verein, der durch Bescheid des Finanzamts von der Körperschaftssteuer und Gewerbesteuer befreit, weil er ausschließlich und unmittelbar steuerbegünstigten gemeinnützigen Zwecken im Sinne der §§ 51 ff. AO dient, ist davon auszugehen, dass er keine Gewinnerzielungsabsicht verfolgt.

38 **4. Keine unangemessene Beeinflussung durch Drittgeldgeber (Art. 14 Abs. 3 S. 1 lit. d P2B-Verordnung).** Gem. Art. 14 Abs. 3 S. 1 lit. d P2B-Verordnung dürfen die gem. Art. 14 Abs. 1 P2B-Verordnung anspruchsberechtigten Organisation und Verbände in ihrer Entscheidungsfindung **nicht unangemessen durch Drittgeldgeber,** insbesondere durch Anbieter von Online-Vermittlungsdiensten oder Online-Suchmaschinen, **beeinflusst werden.** Dies dient der **Vermeidung von Interessenkonflikten** (Erwägungsgrund 44). Die vollständige Offenlegung von Informationen über Mitgliedschaft und Finanzierungsquellen gem. Art. 14 Abs. 3 S. 2 lit. d P2B-Verordnung soll den nationalen Gerichten die Beurteilung der Frage erleichtern, ob diese Auswahlkriterien erfüllt sind (Erwägungsgrund 44).

39 Die Frage der unangemessenen Beeinflussung durch Drittgeldgeber ist ein **unbestimmter Rechtsbegriff,** der den Gerichten einen erheblichen Beurteilungsspielraum zubilligt. Ob eine unangemessene Beeinflussung tatsächlich schon stattfindet, sollte angesichts von Sinn und Zweck der Vorschrift, Interessenkonflikte zu vermeiden, entgegen dem Wortlaut nicht ausschlaggebend sein. Es genügt, wenn die **Gefahr einer unangemessenen Beeinflussung** nicht von der Hand zu weisen ist. Je höher und je regelmäßiger die finanziellen Zuwendungen sind und je stärker die Partikularinteressen des Geldgebers den Interessen der Mehrheit der Mitglieder oder dem Satzungszweck zuwiderlaufen, um so eher besteht eine derartige Gefahr. **„Drittgeldgeber"** sind zunächst solche Geldgeber, die nicht Mitglieder sind. Sie können aber auch Mitglieder sein, die der Organisation oder dem Verband

[22] Vgl. allgemein zu § 13 Abs. 2 Nr. 2 UWG 1909 bzw. § 8 Abs. 3 Nr. 2 UWG 2004 BGH GRUR 1975, 377 (378) – Verleger von Tonträgern; GRUR 1986, 320 (321) – Wettbewerbsverein I; GRUR 1994, 831 – Verbandsausstattung II; GRUR 2000, 1093 (1095) – Fachverband; KG GRUR-RR 2013, 335 (337) – Zweifelhafte Drittunterwerfung; vgl. auch BGH GRUR 1990, 1038 f. – Haustürgeschäft I.

über ihre Mitgliedsbeiträge hinaus erhebliche finanzielle Zuwendungen, etwa durch Spenden, gewähren.

E. Veröffentlichungspflichten gem. Art. 14 Abs. 3 S. 2 P2B-Verordnung

Die in gem. Art. 14 Abs. 3 S. 2 P2B-Verordnung enthaltene Pflicht der Organisationen 40 und Verbände, alle Informationen darüber zu veröffentlichen, wer ihre Mitglieder und welche ihre Finanzierungsquellen sind, ist keine eigenständige Voraussetzung für die Anspruchsbefugnis nach Art. 14 Abs. 1 S. 2 P2B-Verordnung. Denn diese sind in Art. 14 Abs. 3 S. 1 lit. a–d P2B-Verordnung abschließend aufgezählt. Die Versicherungspflicht verfolgt nur den Zweck, den Gerichten die Beurteilung erleichtern, ob eine unangemessene Beeinflussung durch Drittgeldgeber besteht (→ Rn. 38 f.).

§ 8b Liste der qualifizierten Wirtschaftsverbände

(1) **Das Bundesamt für Justiz führt eine Liste der qualifizierten Wirtschaftsverbände und veröffentlicht sie in der jeweils aktuellen Fassung auf seiner Internetseite.**

(2) **Ein rechtsfähiger Verband, zu dessen satzungsmäßigen Aufgaben es gehört, gewerbliche oder selbständige berufliche Interessen zu verfolgen und zu fördern sowie zu Fragen des lauteren Wettbewerbs zu beraten und zu informieren, wird auf seinen Antrag in die Liste eingetragen, wenn**

1. er mindestens 75 Unternehmer als Mitglieder hat,

2. er zum Zeitpunkt der Antragstellung seit mindestens einem Jahr seine satzungsmäßigen Aufgaben wahrgenommen hat,

3. auf Grund seiner bisherigen Tätigkeit sowie seiner personellen, sachlichen und finanziellen Ausstattung gesichert erscheint, dass er;

a) seine satzungsmäßigen Aufgaben auch künftig dauerhaft wirksam und sachgerecht erfüllen wird und

b) seine Ansprüche nicht vorwiegend geltend machen wird, um für sich Einnahmen aus Abmahnungen oder Vertragsstrafen zu erzielen,

4. seinen Mitgliedern keine Zuwendungen aus dem Verbandsvermögen gewährt werden und Personen, die für den Verband tätig sind, nicht durch unangemessen hohe Vergütungen oder andere Zuwendungen begünstigt werden.

(3) **§ 4 Absatz 3 und 4 sowie die §§ 4a bis 4d des Unterlassungsklagengesetzes sind entsprechend anzuwenden.**

Übersicht

Schrifttum: *Derleder/Zänker,* Die Anforderungen an die Struktur von Abmahnvereinen seit der UWG-Novelle 1994, GRUR 2002, 490; *Fritzsche,* Endlich: Das Gesetz zur Stärkung des fairen Wettbewerbs, WRP 2020, 1367; *Greipl,* Ansprache des Präsidenten der Wettbewerbszentrale, in: FS 100 Jahre Wettbewerbszentrale, 2012 S. 33; *Köhler,* Schutzlücken bei der Verbandsklagebefugnis im Kartell- und Wettbewerbsrecht – eine Aufgabe für den Gesetzgeber, WRP 2007, 602; *ders.,* Stellungnahme zum Entwurf eines Gesetzes zur Stärkung des fairen Wettbewerbs, WRP 2019, 1550; *ders./Bornkamm/Henning-Bodewig,* Vorschlag für eine Richtlinie zum Lauterkeitsrecht und eine UWG-Reform, WRP 2002, 1317, 1321, 1327; *Loewenheim,* Die Erstattung von Abmahnkosten der Verbände in der neueren Rechtsentwicklung, in: FS 75 Jahre Wettbewerbszentrale, 1987, S. 63; *v. Ungern-Sternberg,* Verbandsklagebefugnis für Abmahnvereine?, NJW 1981, 2328; *Welzel,* Anforderungen an die Struktur von „Abmahnvereinen" seit der UWG-Novelle 1994 – Entgegnung auf Derleder/Zänker, GRUR 2003, 762.

A. Normzweck und Entstehungsgeschichte

1 Die **Aktivlegitimation der qualifizierten Wirtschaftsverbände** entspricht dem Zweck des UWG, nicht nur Individual-, sondern auch Allgemeininteressen zu schützen (*Goldmann* → § 8 Rn. 310). § 8 Abs. 3 Nr. 2 macht die Anspruchsberechtigung der Wirtschaftsverbände seit der Novelle 2020 davon abhängig, dass sie auf einer vom BfJ geführten Liste der so genannten qualifizierten Wirtschaftsverbände eingetragen sind **(„Listensystem")**. Die Anspruchsberechtigung der Wirtschaftsverbände wird damit durch das „Gesetz zur Stärkung des fairen Wettbewerbs" an die der qualifizierten Einrichtungen zum Schutz von Verbraucherinteressen nach § 8 Abs. 3 Nr. 3 angeglichen, die gem. § 4 UKlaG ebenfalls in eine vom BfJ geführte Liste eingetragen werden müssen. Die Voraussetzungen der Eintragung und die Anforderungen an die Wirtschaftsverbände sind in § 8b geregelt.[1]

2 Bereits im Vorfeld der großen UWG-Reform 2004 hatte es einen entsprechenden Vorschlag gegeben,[2] dem seinerzeit aber nicht gefolgt wurde.[3] Mit der Neuregelung reagiert der Gesetzgeber auf Beschwerden, dass einige Verbände die Anspruchsbefugnis missbrauchen.[4] Dies betraf vor allem leicht feststellbare Verstöße im Internet.[5] Besonders hervorgetan hatte sich hier der im Abmahngeschäft gegenüber Online-Händlern seit 2013 ausgesprochen aktive „IDO Interessenverband für das Rechts- und Finanzconsulting deutscher

[1] BT-Drs. 19/12084, 26 f.
[2] *Köhler/Bornkamm/Henning-Bodewig* WRP 2002, 1317 (1321, 1327).
[3] BT-Drs. 15/1487, 22 f.
[4] BT-Drs. 15/1487, 24.
[5] *Fritzsche* WRP 2020, 1367 Rn. 12.

Online-Unternehmen e. V.", dem zwar in der Vergangenheit in einer Vielzahl von Gerichtsverfahren die Aktivlegitimation gem. § 8 Abs. 3 Nr. 2 UWG 2004 zugesprochen worden war, bei dem aber aufgrund seiner Organisationsstruktur, den geringen Mitgliedsbeiträgen, dem Ausschluss so gut wie aller Mitglieder von der Willensbildung des Verbands, dem Nichtvorgehen gegen Mitglieder und der möglichen Verquickung von privaten mit Verbandsinteressen mehr als zweifelhaft war, ob der Schutz des fairen Wettbewerbs oder die Einnahmeerzielungsabsicht der Vorstandsmitglieder im Vordergrund stand.[6] Presseberichten zufolge soll die Neuregelung maßgeblich auf die Petition einer von diesen Verband 2017 abgemahnten Bonner Kleinunternehmerin[7] an den Bundestag, die fast 25.000 Unterstützer fand, zurückgehen.[8]

3 Unter der bis 2020 geltenden Rechtslage konnten die Gerichte im Rahmen eines Verfahrens oftmals nicht einfach überprüfen, ob die Voraussetzungen der Klagebefugnis eines Wirtschaftsverbandes vorliegen. Insbesondere die Prüfung, ob die Verbände nach ihrer personellen, sachlichen und finanziellen Ausstattung imstande sind, ihre satzungsmäßigen Aufgaben der Verfolgung gewerblicher oder selbständiger beruflicher Interessen tatsächlich wahrzunehmen, kann nach Auffassung des Gesetzgebers nicht wirksam von einem Gericht kontrolliert werden. Diese Prüfung wird nun zentral vom BfJ vorgenommen, wovon sich der Gesetzgeber eine Entlastung der für die Verfahren zuständigen Gerichte erhofft.[9] Durch die Neuregelung wird die Klagebefugnis von Verbänden nicht beeinträchtigt, die auf Grund anderer, zur bisherigen Fassung von § 8 Abs. 3 Nr. 2 gleichlautend formulierten Gesetzen besteht, wie zB § 33 Abs. 4 GWB.[10]

B. Das Bundesamt für Justiz als zuständige Stelle gem. § 8b Abs. 1

4 § 8b Abs. 1 weist dem **BfJ** die Aufgabe zu, die Liste der qualifizierten Wirtschaftsverbände zu führen und diese auf seiner Internetseite in der jeweils aktuellen Fassung zu veröffentlichen.[11]

C. Die Eintragungsvoraussetzungen gem. § 8b Abs. 2

I. Rechtsfähiger Verband zur Förderung selbständiger beruflicher Interessen

5 **1. Rechtsfähiger Verband. a) Regelungszweck.** § 8b Abs. 2 enthält die Voraussetzungen für die Aufnahme in die vom BfJ geführten Liste der **qualifizierten Wirtschaftsverbände.** Als qualifizierter Wirtschaftsverband iSd §§ 8 Abs. 3 Nr. 2, 8b Abs. 1 kann nur ein **rechtsfähiger Verband** in die vom BfJ geführte Liste eingetragen werden. Nur rechtsfähige Verbände sind parteifähig (§ 50 Abs. 1 ZPO). Das Kriterium der Rechtsfähigkeit entspricht dem bisherigen Recht. Dort war die Anspruchsbefugnis der Wirtschaftsverbände gem. § 8 Abs. 3 Nr. 2 UWG 2004 bzw. § 13 Abs. 2 Nr. 2 UWG 1909 in der zuletzt gültigen Fassung auf rechtsfähige Verbände beschränkt.

6 Der Regierungsentwurf hatte noch gefordert, dass es sich um einen eingetragenen Verein handeln müsse, womit ein nach deutschem Recht im Vereinsregister eingetragener Verein gemeint war. Dies sollte eine gewisse Kontinuität und Ernsthaftigkeit sichern und gewähr-

---

[6] Vgl. OLG Koblenz 3.2.2020 – 9 W 356/19; OLG Celle 26.3.2020 – 13 U 73/19; LG Bonn 15.5.2018 – 11 O 49/17; LG Heilbronn 20.12.2019 – 21 O 38/19 KfH).

[7] Zu ihrem Fall LG Bonn 15.5.2018 – 11 O 49/17 (Berufung des Verbands wurde in der mdl. Verhandlung vor dem OLG Köln zurückgenommen).

[8] Vgl. Artikel im Handelsjournal v. 26.6.2018 „Geschäftsmodell Abmahnungen"; Artikel im Bonner Generalanzeiger v. 11.3.2019 „Petition von Vera Dietrich – Wie eine Bonnerin gegen Abmahnmissbrauch kämpft".

[9] BT-Drs. 15/1487, 24.

[10] BT-Drs. 19/12084, 27.

[11] BT-Drs. 19/12084, 28.

leisten, dass qualifizierte Wirtschaftsverbände ideelle Zwecke verfolgen.[12] Nach Sinn und Zweck der Regelung bestand allerdings kein Grund, eine Verband, der nach dem **Recht eines Mitgliedstaats Rechtsfähigkeit erlangt hat,** die Eintragung in die Liste qualifizierter Wirtschaftsverbände zu versagen, wenn die Voraussetzungen der Rechtsfähigkeit dort in vergleichbarer Weise Kontinuität und Ernsthaftigkeit sichert und außerdem gewährleistet, dass bei der Verfolgung von Wettbewerbsverstößen gem. § 8b Abs. 2 Nr. 3 lit. b eine Einnahmeerzielungsabsicht nicht im Vordergrund steht. Im Rechtsausschuss wurde daher beschlossen, es bei dem Kriterium der Rechtsfähigkeit zu belassen. Die Voraussetzung, dass nur im Vereinsregister eingetragen Wirtschaftsverbände Ansprüche nach § 8 geltend machen können, würde die **Niederlassungsfreiheit** aus **Art. 49 AEUV** beeinträchtigen.[13]

7 **b) Rechtsfähigkeit. aa) Juristische Person des Privatrechts.** Rechtsfähig sind juristische Personen des Privatrechts. Hierzu gehören die **eingetragenen Vereine** (§§ 21–23 BGB) und **Stiftungen** (§ 81 BGB), aber auch teilrechtsfähige Personengesellschaften, so dass auch in der Form einer **Gesellschaft bürgerlichen Rechts** (§ 705 BGB) organisierte Verbände eingetragen werden können.[14]

8 **bb) Juristische Person des öffentlichen Rechts.** Rechtsfähig sind zwar auch juristische Personen des öffentlichen Rechts wie **berufsständische Kammern** und Innungen. Gleichwohl ist nach der Systematik des Gesetzes eine Eintragung als qualifizierte Wirtschaftsverband ausgeschlossen. Juristische Personen des öffentlichen Rechts sind nicht gem. § 8 Abs. 3 Nr. 2 iVm § 8b aktivlegitimiert, sondern gem. § 8 Abs. 3 Nr. 4.

9 **cc) Ausländische Verbände.** Nach **ausländischem Recht** rechtsfähige Verbände konnten nach bisherigem Recht gleichfalls gem. § 8 Abs. 3 Nr. 2 UWG 2004 klagebefugt sein.[15] Nach dem ausdrücklichen Willen des Gesetzgebers, wie er in der Beschlussempfehlung des Rechtsausschusses zum Ausdruck kommt und wie er sich im Gesetzeswortlaut durch das Festhalten am Kriterium der Rechtsfähigkeit anstelle des ursprünglich vorgeschlagenen Rechtsqualität als eingetragener Verein niedergeschlagen hat, können auch Wirtschaftsverbände aus anderen Mitgliedstaaten der EU in die Liste der qualifizierten Wirtschaftsverbände eingetragen werden, wenn sie die weiteren Voraussetzungen erfüllen (→ Rn. 6). Der Gesetzeswortlaut ist darüber hinaus auch offen für die Eintragung von Wirtschaftsverbänden, die nach dem Recht von Drittstaaten rechtsfähig sind.

10 **2. Satzungszweck. a) Förderung selbständiger beruflicher Interessen und Beratung zu lauterem Wettbewerb.** Wie bisher muss der Satzungszweck eines qualifizierten Wirtschaftsverbands beinhalten, **gewerbliche oder selbständige berufliche Interessen zu fördern.** Neu hinzugekommen ist das Erfordernis, dass der Satzungszweck zusätzlich darauf gerichtet sein muss, **zu Fragen des lauteren Wettbewerbs zu beraten und zu informieren.**

11 Der Zweck kann aus der **Satzung**[16] oder unmittelbar aus einem die Verbandsaufgaben regelnden **Gesetz** ergeben. Zur Auslegung von Satzungsbestimmungen *Goldmann* → § 8 Rn. 426 ff. Ob die Mitglieder den Verband ausdrücklich zur Verfolgung von Wettbewerbsverstößen ermächtigt haben, ist unerheblich.[17]

---

[12] BT-Drs. 19/12084, 28.

[13] BT-Drs. 19/22238, 17 (Beschlussempfehlung und Bericht des Ausschusses für Recht und Verbraucherschutz).

[14] Vgl. zum früheren Recht BGHZ 146, 341 (347); 151, 204 (206); BGH GRUR 2005, 689 (690) – Sammelmitgliedschaft III.

[15] BGH GRUR 1988, 453 (454) – Ein Champagner unter den Mineralwässern.

[16] Vgl. zum früheren Recht BGH GRUR 1965, 485 (486) – Versehrten-Betrieb.

[17] Vgl. zum früheren Recht BGH GRUR 2005, 689 (690) – Sammelmitgliedschaft III; GRUR 2017, 926 Rn. 19 – Anwaltsabmahnung II; KG GRUR-RR 2013, 335 (337) – Zweifelhafte Drittunterwerfung unter Bezugnahme auf BGH GRUR 1990, 1038 f. – Haustürgeschäft I.

12 **b) Satzungszwecke in der bisherigen Praxis. aa) Fachverbände.** Bei **Fachverbänden** von Unternehmern gehört die Wahrung aller branchen- bzw. berufsspezifischen Belange zu den satzungsgemäß zu erfüllenden Aufgaben. Gewerblichen bzw. selbständigen beruflichen Interessen dient auch die Bekämpfung unlauteren Wettbewerbs.[18] Der Verfolgung von Wettbewerbsverstößen kann daneben eine nur untergeordnete Rolle zukommen.[19] Dasselbe gilt für die Beratung zu lauterem Wettbewerb im Einzelfall (hierzu → Rn. 26). Ob sich bei einem Fachverband aus einer allgemeinen Zielsetzung der Wahrnehmung wirtschaftlicher Interessen seiner Mitglieder nicht schon ohne weiteres die Berechtigung zur Verfolgung von – diese Interessen berührenden – Wettbewerbsverstößen ergibt, hatte der BGH nach früherem Recht offengelassen.[20]

13 **bb) Wettbewerbsvereine.** Auch ein Verband, dessen Satzungszweck gerade die Bekämpfung unlauteren Wettbewerbs ist **(Wettbewerbsverein),** kann nicht nur zu Fragen des lauteren Wettbewerbs informieren und beraten, sondern gleichzeitig die gewerblichen Interessen seiner Mitglieder fördern.[21]

14 **cc) Mischverbände.** Verbände, die gleichrangig sowohl die Interessen der Gewerbetreibenden als auch die der Verbraucher fördern und die beide Gruppen gleichgewichtig in einer Weise vertreten, dass sie weder als Verbände zur Förderung gewerblicher oder selbständige beruflicher Interessen noch als Verbraucherverbände angesehen und bezeichnet werden können (sog. **„Mischverbände"**) entsprechen nicht dem gesetzlichen Leitbild des § 8b. Bei solchen Verbänden bestand schon immer die Gefahr, dass die erklärte Absicht des Gesetzgebers, über den Kreis bestimmter Wettbewerber hinaus unlauteren Wettbewerb auch durch Verbände zur Förderung gewerblicher Interessen einerseits (jetzt § 8 Abs. 3 Nr. 2) und durch Verbraucherverbände andererseits (jetzt § 8 Abs. 3 Nr. 3) zu bekämpfen, infolge **gegenläufiger Interessen** der in einem einheitlichen Verband gleichrangig zusammengeschlossenen Gewerbetreibenden und Verbraucher erschwert oder vereitelt wird.[22] In der Novelle 2020 tritt die Trennung von qualifizierten Wirtschaftsverbände einerseits und qualifizierten Einrichtungen zum Schutz von Verbraucherinteressen andererseits durch Einführung zweier voneinander getrennter Listen noch deutlicher zutage. Mischverbände sind daher nach neuem Recht **von der Eintragung nach § 8b Abs. 2 ausgeschlossen.**

II. Weitere Eintragungsvoraussetzungen

15 **1. Anzahl von 75 Unternehmern als Mitglieder (§ 8b Abs. 3 Nr. 1). a) Allgemeines.** Nach § 8b Abs. 2 Nr. 1 muss der Verband mindestens 75 Unternehmer als Mitglieder haben. Diese können auch aus verschiedenen Branchen stammen. Die Zahl von 75 Mitgliedern orientiert sich an den Voraussetzungen für qualifizierte Einrichtungen nach dem UKlaG und soll sicherstellen, dass der Verband durch eine gewisse Größe seine Aufgaben verantwortlich wahrnimmt. Bei der Mitgliedszahl können auch mittelbare Mitgliedschaften über Verbände berücksichtigt werden.[23]

16 **b) Unternehmer.** Der Begriff des Unternehmers wird so verwendet wie in § 8 Abs. 3 Nr. 2, wonach einem klagebefugten Verband „eine erhebliche Zahl von Unternehmern" angehören muss. (hierzu *Goldmann* → § 8 Rn. 395 ff.).

[18] BGH GRUR 2017, 926 Rn. 18 – Anwaltsabmahnung II.

[19] BGH GRUR 1990, 1038 (1039) – Haustürgeschäft I; GRUR 2000, 1093 (1095) – Fachverband; KG GRUR-RR 2013, 335 (337) – Zweifelhafte Drittunterwerfung.

[20] BGH GRUR 2017, 926 Rn. 18 – Anwaltsabmahnung II; zu § 13 Abs. 2 Nr. 2 UWG 1909 ebenso BGH GRUR 1990, 1038 (1039) – Haustürgeschäft I.

[21] BGH GRUR 1990, 282 (284) – Wettbewerbsverein IV; Bedenken dagegen bei *v. Ungern-Sternberg* NJW 1981, 2328 (2329 f.).

[22] BGH GRUR 1983, 129 (130) – Mischverband I; GRUR 1985, 58 (59) – Mischverband II.

[23] BT-Drs. 19/12084, 28.

17 **c) Mindestanzahl von 75 Unternehmern als Mitglieder.** Die Mindestanzahl von Mitgliedern beträgt 75 Unternehmer. Dies ist eine sehr einschneidende Rechtsänderung. Nach § 8 Abs. 3 Nr. 2 UWG mussten bisher einem aktivlegitimierten Wirtschaftsverband lediglich „eine erhebliche Zahl von Unternehmern" angehören, die Waren oder Dienstleistungen gleicher oder verwandter Art auf demselben Markt vertreiben. Das Erfordernis der erheblichen Zahl war und ist nicht im Sinne einer bestimmten Mindestanzahl zu verstehen. Es kommt dort darauf an, dass dem Verband Unternehmer angehören, die auf dem betreffenden sachlichen und räumlichen Markt nach Anzahl und Gewicht ein gemeinsames Interesse der Angehörigen der betreffenden Branche repräsentieren, so dass ein missbräuchliches Vorgehen des Verbandes ausgeschlossen werden konnte.[24] Ob die Verbandsmitglieder nach ihrer Zahl und ihrem wirtschaftlichen Gewicht im Verhältnis zu allen anderen auf dem Markt tätigen Unternehmen repräsentativ sind, war demgegenüber unerheblich.[25] Die Marktstruktur war zu berücksichtigen.[26] Die Mitgliedschaft einer geringen Zahl von Branchenangehörigen,[27] im Einzelfall sogar eines einzelnen[28] oder zweier Unternehmen[29] konnte bislang ausreichen, sofern nicht nur Individualinteressen Einzelner wahrgenommen werden.[30] Klagte etwa ein Verband gegen einen Veranstalter von Kreuzfahrten, genügt es, wenn dem Verband sieben Mitglieder angehören, die in der Tourismuswirtschaft tätig sind[31] oder wenn vier Mitglieder ua auch Schiffskreuzfahren vermitteln.[32]

18 In der Gesetzgebungsdiskussion wurde deshalb zu Recht gefordert, die Marktbesonderheiten zu berücksichtigen, etwa durch das Erfordernis, dass der Verband mindestens ein Drittel der auf dem relevanten Markt tätigen Unternehmer als Mitglieder haben muss.[33]

19 Der Gesetzgeber hat aber an der Einführung der starren Untergrenze von 75 Unternehmern festgehalten. Dies führt dazu, dass **spezialisierte Branchenverbände** für Sektoren in denen es **nur wenige Marktteilnehmer** und entsprechend wenige Verbandsmitglieder gibt, **künftig nicht mehr anspruchsberechtigt** sind und Wettbewerbsverstöße in der ihnen vertrauten und von ihnen beobachteten Branche nicht mehr abstellen können. Die Schaffung einer zahlenmäßig definierten Hürde schafft damit im Ergebnis rechts(durchsetzungs)freie Räume zum Nachteil der Verbraucher der Allgemeinheit.[34] Ob Unternehmer aus solchen Märkten sich in übergeordneten Wirtschaftsverbänden oder bei der Wettbewerbszentrale, die gemeinhin nur nach einer Kostendeckungszusage des Beschwerdeführers vorgeht, ein hinreichend effektives Gehör verschaffen können, ist fraglich. Es bleibt ihnen aber selbstverständlich, mit offenem Visier im eigenen Namen als Mitbewerber gem. § 8 Abs. 3 Nr. 1 zu klagen.

---

[24] StRspr, vgl. BGH GRUR 1998, 170 – Händlervereinigung; GRUR 2007, 809 Rn. 15 – Krankenhauswerbung; GRUR 2007, 610 Rn. 18 – Sammelmitgliedschaft V; GRUR 2009, 692 Rn. 12 – Sammelmitgliedschaft VI; GRUR 2015, 1240 f. Rn. 14 – Der Zauber des Nordens; OLG Hamburg GRUR-RR 2013, 29 (31) – Nr. 1 Hits; OLG München 17.10.2013 – 6 U 3923/12; BT-Drs. 15/1487, 23.

[25] BGH GRUR 2007, 809 Rn. 15 – Krankenhauswerbung; GRUR 2009, 692 Rn. 12 – Sammelmitgliedschaft VI; GRUR 2015, 1240 f. Rn. 14 – Der Zauber des Nordens.

[26] Vgl. BGH GRUR 2009, 692 Rn. 12 – Sammelmitgliedschaft VI; OLG Hamburg GRUR-RR 2012, 21 (22) – LOTTO guter Tip.

[27] BGH GRUR 2007, 610 Rn. 18 – Sammelmitgliedschaft V; GRUR 2007, 809 Rn. 15 – Krankenhauswerbung; GRUR 2015, 1240 Rn. 14 – Der Zauber des Nordens; OLG Hamburg GRUR-RR 2012, 21 (22) – LOTTO guter Tip; OLG München 17.10.2013 – 6 U 3923/12.

[28] Vgl. OLG Nürnberg WRP 1995, 338 (339); OLG München 17.10.2013 – 6 U 3923/12.

[29] BGH GRUR 1997, 476 – Geburtstagswerbung II einerseits, GRUR 1998, 170 f. – Händlervereinigung andererseits; OLG München 17.10.2013 – 6 U 3923/12; für einen prozentualen Mindestanteil (25 % auf einem räumlich begrenzten Markt, 10 % bundesweit) traten *Derleder/Zänker* GRUR 2002, 490 (491) ein; dagegen *Welzel* GRUR 2003, 762 ff.

[30] BGH GRUR 2007, 610 Rn. 18 – Sammelmitgliedschaft V; OLG Hamburg GRUR-RR 2012, 21 (22) – LOTTO guter Tip.

[31] OLG Jena GRUR-RR 2014, 294 – Serviceentgelt.

[32] BGH GRUR 2015, 1240 Rn. 16 – Der Zauber des Nordens.

[33] *Köhler* WRP 2019, 1550 Rn. 52.

[34] Stellungnahme des Verbands sozialer Wettbewerb eV v. 28.9.2018 zum Referentenentwurf eines Gesetzes zur Stärkung des fairen Wettbewerbs, S. 9 f.

d) Mittelbare Mitgliedschaft. In vielen Fällen wird die Mindestzahl von 75 Unternehmern dem klagenden Verband selbst angehören. Unbedingt erforderlich ist das nicht. Die Mitgliedschaft der erforderlichen Anzahl von Unternehmen kann wie nach früherem Recht dem klagenden Verband auch **über** ihm angehörende **andere Verbände vermittelt** werden.[35] Es reicht dann aus, dass in den Mitgliedsverbänden eine ausreichende Anzahl von Unternehmen organisiert ist.[36] 20

Die Erfüllung dieser Voraussetzung durch Vermittlung über einen anderen Verband muss in einer Weise erfolgen, dass von einer **„kollektiven Wahrnehmung der Mitgliederinteressen"**[37] der Angehörigen des vermittelnden Verbands durch den Verband ausgegangen werden kann, der in die vom BfJ geführte Liste eingetragen werden soll. Dagegen kommt es nicht darauf an, über welche mitgliedschaftlichen Rechte die – mittelbaren oder unmittelbaren – Mitglieder dieses Verbands verfügen.[38] Auch eine faktische Mitgliedschaft auf der Basis einer fehlerhaften rechtlichen Grundlage (zB Beitrittserklärung durch nicht vertretungsberechtigte Person) kann genügen.[39] 21

Der die Zugehörigkeit vermittelnde Verband muss selbst den **Zweck** verfolgen, **die gewerblichen oder selbständigen beruflichen Interessen seiner Mitglieder zu fördern.**[40] Bei bloßen Einkaufs- und Marketinggesellschaften ist dies nicht der Fall.[41] Hinzu kommen muss der verfolgte Zweck, zu Fragen des lauteren Wettbewerbs auch zu beraten und zu informieren. 22

Der die Mitgliedschaft vermittelnde Verband muss dagegen **nicht selbst** in die Liste qualifizierter Wirtschaftsverbände eingetragen sein.[42] So kann ihm zB eine ausreichende Zahl von Unternehmern fehlen, während der klagende Verband mit den vermittelten und den eigenen Mitgliedern über die Mindestzahl von 75 verfügt. Es reicht aus, wenn der vermittelnde Verband von seinen Mitgliedern mit der Wahrnehmung ihrer gewerblichen oder selbständigen beruflichen Interessen und zur Beratung und Information zu Fragen des lauteren Wettbewerbs beauftragt worden ist, sei es, dass er diese Aufgaben selbst wahrzunehmen berechtigt und imstande ist, oder sei es, dass er einen anderen Verband mit der Wahrnehmung der Interessen seiner Mitglieder beauftragt.[43] Nicht erforderlich ist ferner, dass sich der die Mitgliedschaft vermittelnde Verband von seinen Mitgliedern ausdrücklich hat ermächtigen lassen, die Kompetenz zur Geltendmachung von wettbewerbsrechtlichen Ansprüchen seinerseits auf den klagenden Verband zu übertragen.[44] Das Einverständnis der Mitglieder kann sich auch schlüssig ergeben,[45] zB aus der Natur eines Vertragshändlervertrages, wenn der Hersteller zur Wahrnehmung der gewerblichen Interessen seiner Vertragshändler eine Mitgliedschaft in einem Wettbewerbsverband eingeht.[46] Es kommt für die Eintragung des Verbands auch nicht darauf an, ob ihn der vermittelnde Verband ausdrücklich mit der Verfolgung von Wettbewerbsverstößen beauftragt hat.[47] 23

[35] BT-Drs. 19/12084, 28; vgl. zum früheren Recht BGH GRUR 1995, 604 (605) – Vergoldete Visitenkarten; GRUR 2003, 454 (455) – Sammelmitgliedschaft I; GRUR 2007, 610 Rn. 15 – Sammelmitgliedschaft V; GRUR 2009, 692 Rn. 12 – Sammelmitgliedschaft VI.

[36] Zum früheren Recht instruktiv OLG Hamburg GRUR-RR 2013, 29 (31) – Nr. 1 Hits.

[37] Vgl. dazu BT-Drs. 12/7345, 12; abgedruckt WRP 1994, 369 (378).

[38] Vgl. zum früheren Recht BGH GRUR 2007, 610 Rn. 21 – Sammelmitgliedschaft V.

[39] Vgl. zum früheren Recht BGH GRUR 2006, 873 Rn. 17 – Brillenwerbung.

[40] Vgl. zum früheren Recht BGH GRUR 1999, 1116 (1118) – Wir dürfen nicht feiern.

[41] Vgl. zum früheren Recht BGH GRUR 2003, 454 (455) – Sammelmitgliedschaft I.

[42] Vgl. zum früheren Recht BGH GRUR 2005, 689 (690) – Sammelmitgliedschaft III.

[43] Vgl. zum früheren Recht BGH GRUR 1999, 1116 (1118) – Wir dürfen nicht feiern; GRUR 2003, 454 (455) – Sammelmitgliedschaft I; GRUR 2006, 873 Rn. 15 – Brillenwerbung; GRUR 2007, 610 Rn. 21 – Sammelmitgliedschaft V.

[44] Vgl. zum früheren Recht BGH GRUR 2003, 454 (455) – Sammelmitgliedschaft I; GRUR 2007, 610 Rn. 21 – Sammelmitgliedschaft V.

[45] Vgl. zum früheren Recht BGH GRUR 2006, 778 (779) – Sammelmitgliedschaft IV; GRUR 2007, 610 Rn. 21 – Sammelmitgliedschaft V.

[46] Vgl. zum früheren Recht BGH GRUR 2005, 522 (523) – Sammelmitgliedschaft II.

[47] Vgl. zum früheren Recht BGH GRUR 2005, 689 (690) – Sammelmitgliedschaft III.

24 Eine **Ausnahme** kann dann gelten, wenn **keine anerkennenswerten Motive** für den Beitritt des anderen Verbands zu dem in die vom BfJ geführte Liste einzutragenden Verbands vorgelegen haben. Solche fehlen vor allem dann, wenn die Sammelmitgliedschaft nicht tatsächlich der Bündelung des gemeinsamen Interesses am Schutz des lauteren und unverfälschten Wettbewerbs dient, sondern **künstlich** die Voraussetzungen der Anspruchsberechtigung **geschaffen** werden sollen.[48]

25 **2. Wahrnehmung der satzungsgemäßen Aufgaben seit mindestens einem Jahr gem. § 8b Abs. 2 Nr. 2.** Nach § 8b Abs. 2 Nr. 2 muss der Verband außerdem seine satzungsgemäßen Aufgaben mindestens ein Jahr lang wahrgenommen haben. Dies soll verhindern, dass ein Verband nur zur Aussprache von Abmahnungen gegründet wird und keinen anderen Zweck oder alternative Finanzierungsmöglichkeiten besitzt.[49] Schon nach der früheren Rechtsprechung war erforderlich, dass der nach § 8 Abs. 3 Nr. 2 UWG 2004 anspruchsberechtigte Verband den Satzungszweck auch tatsächlich verfolgt.[50]

26 Hieran hält der Gesetzgeber mit dem Erfordernis der Wahrnehmung der satzungsgemäßen Aufgaben fest, wobei er den Zweck der früher allein ausreichenden Wahrnehmung gewerblicher oder selbständiger beruflicher Interessen um den Zweck der Beratung oder Information zu Fragen des lauteren Wettbewerbs erweitert hat. Die Gesetzesbegründung spricht davon, dass der Verband die relevanten **satzungsmäßigen Tätigkeiten tatsächlich ausführen** muss: Der Verband hat nicht nur die ihm gewährten gesetzlichen Ansprüche nach dem UWG, UKlaG und GWB durchzusetzen, sondern muss auch tatsächlich zu Fragen des lauteren Wettbewerbs beraten und informieren. Es reicht aus, dass Information und Beratung nur gegenüber den eigenen Mitgliedern durchgeführt werden. Es muss sich dabei um **konkrete Beratungen wettbewerbsrechtlicher Fragen im Einzelfall** handeln. Nicht ausreichend ist, lediglich auf einer Internetseite Informationen bereit zu stellen oder Flyer oder Broschüren zu veröffentlichen.[51]

27 **Wettbewerbsvereine** (zum Begriff → Rn. 13) mussten nach der bisherigen Rechtsprechung neben der unmittelbaren Verfolgung von Wettbewerbsverstößen **auch andere,** ebenfalls der Bekämpfung unlauteren Wettbewerbs dienliche **Tätigkeiten** entfalten wie etwa die Beobachtung des Wettbewerbsgeschehens, Testkäufe, uU die Teilnahme an wettbewerbspolitischen Veranstaltungen und einen Rundschreibendienst.[52] Diese Rechtsprechung beruhte wohl auf der Erwägung, dass die bloße Inanspruchnahme der Klagebefugnis (nach § 13 Abs. 2 Nr. 2 UWG 1909 in der zuletzt gültigen Fassung) nicht genügen kann, um diese selbst zu begründen.[53] Dient aber, wovon die Rspr. bisher zutreffend ausgegangen ist, die Verfolgung von Wettbewerbsverstößen der Förderung gewerblicher Interessen, so kann eine darüber hinausgehende Tätigkeit (zu der als notwendige Vorbereitungsmaßnahme die Beobachtung des Wettbewerbsgeschehens gehört) **nicht verlangt werden.** Die Gefahr, dass die Klagebefugnis zur Bekämpfung unlauteren Wettbewerbs ohne jeden Zusammenhang mit den wirklichen gewerblichen Belangen der Mitglieder ausgeübt wird,[54] dürfte nach schon deshalb nicht bestehen, weil die Anspruchsberechtigung nach § 8 Abs. 3 Nr. 2 nur gegeben ist, soweit die Zuwiderhandlung die Interessen der Mitglieder berührt

[48] Vgl. zum früheren Recht BGH GRUR 2005, 689 (690) – Sammelmitgliedschaft III; GRUR 2007, 610 Rn. 21 – Sammelmitgliedschaft V.

[49] BT-Drs. 19/12084, 28.

[50] BGH GRUR 2000, 1084 (1085) – Unternehmenskennzeichnung; GRUR 2000, 1093 (1094) – Fachverband.

[51] BT-Drs. 19/12084, 28.

[52] BGH GRUR 1986, 320 (321) – Wettbewerbsverein I; GRUR 1986, 676 (677) – Bekleidungswerk; GRUR 1990, 282 (284) – Wettbewerbsverein IV; OLG Hamburg GRUR-RR 2013, 29 (31) – Nr. 1 Hits; vgl. auch BGH GRUR 2000, 1093 – Fachverband; KG GRUR-RR 2015, 335 (337) – Zweifelhafte Drittunterwerfung.

[53] Vgl. BGH GRUR 1986, 320 (321) – Wettbewerbsverein I; deutlich in diesem Sinne *v. Ungern-Sternberg* NJW 1981, 2328 (2329).

[54] Vgl. BGH GRUR 1990, 282 (284) – Wettbewerbsverein IV.

(hierzu *Goldmann* → § 8 Rn. 408). Etwaigen Missbräuchen kann zudem mit der Anwendung von § 8c begegnet werden.

Bei einem jahrelang aktiv tätigen Verband bestand nach früherem Recht im Prozess eine tatsächliche Vermutung für die tatsächliche Zweckverfolgung.[55] Diese Vermutungswirkung kann im Verwaltungsverfahren nicht gelten. Auch ein seit Langem tätiger Verband, der nach altem Recht ohne Eintragung eine Liste aktivlegitimiert war, hat die tatsächliche Zweckverfolgung nachzuweisen. Bei einem **neu gegründeten Verband** kann für die Eintragung selbstverständlich **nicht** verlangt werden, dass er bereits in der **Verfolgung von Wettbewerbsverstößen** aktiv ist, weil hierfür die erst noch zu erlangende Eintragung Voraussetzung ist. In diesem Fall muss es ausreichen, wenn der Verband seine satzungsgemäßen Zwecke zunächst eine Zeitlang in anderer Weise als durch Geltendmachung von Unterlassungsansprüchen verfolgt hat.[56] Jedenfalls dann, wenn ein junger Verband in der kurzen Zeit seines Bestehens bereits erhebliche Tätigkeiten zur Erfüllung seiner satzungsmäßigen Aufgaben entfaltet hat (zB erfolgreiche Mitgliederwerbung, Versendung von Informationsschreiben oder Broschüren, Durchführung von Seminaren und vor allem Beratung zu wettbewerbsrechtlichen Fragen im Einzelfall), werden diese satzungsgemäßen Aufgaben wahrgenommen. 28

3. Gewähr der künftigen ordnungsgemäßen Aufgabenerfüllung (§ 8b Abs. 2 Nr. 3 lit. a). a) Allgemeines. Nach § 8b Abs. 2 Nr. 3 enthält die Anforderung, dass auf Grund der bisherigen Tätigkeit sowie der personellen, sachlichen und finanziellen Ausstattung es als gesichert erscheinen muss, dass der Verband seine satzungsmäßigen Aufgaben auch künftig **dauerhaft wirksam** und **sachgerecht** erfüllen wird (lit. a) und die Ansprüche, die einem qualifizierten Wirtschaftsverband zustehen, **nicht vorwiegend** geltend machen wird, **um für sich Einnahmen** aus Abmahnungen oder Vertragsstrafen **zu erzielen** (lit. b). Das BfJ hat **eine Prognoseentscheidung** darüber zu fällen, ob diese Voraussetzungen künftig gegeben sein werden. 29

b) Prognoseentscheidung aufgrund der bisherigen Tätigkeit. Grundlage für die Prognoseentscheidung gem. § 8b Abs. 2 Nr. 3 lit. a ist zum einen die **bisherige Tätigkeit.** Gegenstand der Überprüfung ist das **generelle Verhalten** des Verbandes, nicht ein einzelner konkreter Fall.[57] Es muss Gewähr nicht nur für eine dauerhaft wirksame, sondern auch für eine dauerhaft sachgerechte Aufgabenerfüllung bieten. Nicht sachgerecht ist eine gem. § 8c missbräuchliche Anspruchsverfolgung. Nach dem Amtsermittlungsgrundsatz (§ 24 VwVfG) hat das BfJ dabei unter Nutzung aller rechtlichen Erkenntnismöglichkeiten zu untersuchen, inwieweit ein bislang als Kläger aufgetretener Verband durch missbräuchliche Geltendmachung von Ansprüchen aufgefallen ist, wie zB der „IDO Interessenverband für das Rechts- und Finanzconsulting deutscher Online-Unternehmen e. V." (→ Rn. 2).[58] Eine besondere Bedeutung hat hier die Frage, ob von einem missbräuchlichen selektiven Vorgehen gesprochen werden kann (hierzu *Goldmann* → § 8c Rn. 110 f.). Eine negative Beurteilung kann zur Versagung der Eintragung führen. Die positive Beurteilung der bisherigen Tätigkeit des Verbands wird regelmäßig zu der Prognoseentscheidung führen, dass der Verband die Aufgaben auch in Zukunft angemessen erfüllen und die Anspruchsbefugnis nicht missbrauchen wird.[59] Weiter kommt es für die Prognoseentscheidung auf die zum Zeitpunkt der Verwaltungsentscheidung bestehende personelle, sachliche und finanzielle Ausstattung an: 30

---

[55] BGH GRUR 1975, 377 (378) – Verleger von Tonträgern; GRUR 1986, 320 (321) – Wettbewerbsverein I; GRUR 1994, 831 – Verbandsausstattung II; GRUR 2000, 1093 (1095) – Fachverband; KG GRUR-RR 2013, 335 (337) – Zweifelhafte Drittunterwerfung; vgl. auch BGH GRUR 1990, 1038 f. – Haustürgeschäft I.

[56] Vgl. zum früheren Recht BGH GRUR 1973, 78 (79 f.) – Verbraucherverband.

[57] *Fritzsche* WRP 2020, 1367 Rn. 20 unter Bezugnahme auf BGH GRUR 2019, 966 Rn. 37 – Umwelthilfe.

[58] Vgl. LG Heilbronn 20.12.2019 – 21 O 38/19 KfH.

[59] BT-Drs. 19/12084, 28.

31 **c) Ausstattung des Verbands. aa) Personelle Ausstattung.** Eine ausreichende personelle Ausstattung des Verbands liegt vor, wenn er Mitarbeiter beschäftigt, die die Qualifikation zur Information und Beratung im Lauterkeitsrecht besitzen und Verstöße rügen können.[60] Zur **personellen Ausstattung** gehört bei allen Verbänden, die eine Eintragung gem. § 8b Abs. 1 anstreben, dass sie in der Lage sein müssen, eine konkrete Beratung zu wettbewerbsrechtlicher Fragen im Einzelfall zu leisten. Hierfür ist nicht nur juristischer Sachverstand, sondern auch Spezialwissen jedenfalls zum materiellen Recht des UWG, nicht allerdings im Wettbewerbsverfahrensrecht notwendig. Nicht verlangt werden kann dabei jedoch eine Expertise, die derjenigen hochspezialisierter Rechtsanwälte oder Hochschullehrer gleichkommt.

32 **Alle Verbände,** deren Satzungszweck die Verfolgung von Wettbewerbsverstößen abdeckt, müssen nach ihrer personellen Ausstattung auch in der Lage sein, das Wettbewerbsverhalten zu beobachten und zu bewerten, so dass jedenfalls **typische und durchschnittlich schwer zu verfolgende Wettbewerbsverstöße** von ihm selbst erkannt und abgewendet werden können.[61] Sie müssen in der Lage sein, in einfach gelagerten Fällen Abmahnschreiben ohne jede Einschaltung eines Rechtsanwaltes zu fertigen.[62]

33 Bei einem **Fachverband,** bei dem die Wahrung aller branchen- bzw. berufsspezifischen Belange seiner Mitglieder zu den satzungsgemäß zu erfüllenden Aufgaben gehört und der Verfolgung von Wettbewerbsverstößen daneben eine nur untergeordnete Rolle zukommen kann, sind wie nach bisherigem Recht an die personelle Ausstattung **nur geringe Anforderungen** zu stellen. Nicht das gesamte Personal eines solchen Verbandes muss über eine juristische Ausbildung verfügen, sondern es genügt, wenn einzelne Personen ausreichende berufsspezifische Kenntnisse haben, um jedenfalls ihr spezielles Fachgebiet berührende, typische und durchschnittlich schwierige Wettbewerbsverstöße zu erkennen; solche können ihnen auch von Verbandsmitgliedern zur Kenntnis gebracht werden.[63] Ein Fachverband, zu dessen satzungsmäßigen Aufgaben die Verfolgung der in seinem Gebiet auftretenden Wettbewerbsverstöße gehört, muss aber in personeller und sachlicher Hinsicht so ausgestattet sein, dass sich für **typische und durchschnittlich schwierige Abmahnungen** die Einschaltung eines Rechtsanwalts erübrigt.[64] Die Anforderungen an das fachliche Niveau der Expertise dürfen nicht überspannt werden. Die Mindestanforderungen sind aber jedenfalls dann nicht erfüllt, wenn der Verband über gar kein Personal mit einem Mindestmaß an rechtlichen Grundkenntnissen verfügt, das sich mit dem zu fordernden Interesse um wettbewerbsrechtliche Angelegenheiten wie die Verfolgung von Wettbewerbsverstößen kümmert, sondern diese Aktivitäten im Wesentlichen beauftragten Rechtsanwälten überlassen werden.[65] Dass ein Fachverband ggf. einen **Rechtsanwalt** mit der weiteren Prüfung und Verfolgung eines solchen Standardfalls beauftragt, sollte der Eintragung nicht entgegenstehen.[66] Auch muss er Abmahnungen nicht selbst aussprechen. Es steht ihm frei, sich im Einzelfall eines Rechtsanwalts zu bedienen.[67] Soweit ihm durch die Delegation dieser Aufgabe an einen Rechtsanwalt Kosten entstanden sind, sind diese allerdings nicht iSv § 13 Abs. 3 erforderlich und deshalb auch nicht vom Beklagten zu erstatten.[68]

---

[60] BT-Drs. 19/12084, 28.

[61] Vgl. zum früheren Recht BGH GRUR 2017, 926 Rn. 22 – Anwaltsabmahnung II.

[62] Vgl. zum früheren Recht BGH GRUR 1984, 691 (692) – Anwaltsabmahnung I; GRUR 1990, 282 (286) – Wettbewerbsverein IV; *Loewenheim* WRP 1987, 286 (288 f.).

[63] Vgl. zum früheren Recht BGH GRUR 2000, 1093 (1095) – Fachverband.

[64] Vgl. zum früheren Recht BGH GRUR 1984, 691 (692)– Anwaltsabmahnung I; GRUR 2004, 448 – Auswärtiger Rechtsanwalt IV; GRUR 2017, 926 Rn. 13 – Anwaltsabmahnung II.

[65] Vgl. zum früheren Recht BGH GRUR 1991, 684 – Verbandsausstattung I.

[66] Vgl. zum früheren Recht BGH GRUR 1984, 691 (692) – Anwaltsabmahnung I; GRUR 1986, 676 (677) – Bekleidungswerk; GRUR 2000, 1093 (1096) – Fachverband.

[67] Vgl. zum früheren Recht BGH GRUR 2017, 926 Rn. 21 – Anwaltsabmahnung II; zu § 13 Abs. 2 Nr. 2 UWG 1909 BGH GRUR 1991, 684 – Verbandsausstattung I; GRUR 1994, 831 – Verbandsausstattung II; GRUR 2000, 1093 (1094) – Fachverband.

[68] BGH GRUR 2017, 926 Rn. 22 – Anwaltsabmahnung II.

Bei einem Verband, dessen **alleinige oder überwiegende** Aufgabe die Bekämpfung unlauteren Wettbewerbs ist **(sog. Wettbewerbsverein),** darf die wettbewerbsrechtliche Expertise anders als beim Fachverband nicht auf diejenigen Fragen beschränkt sein, die typischerweise in einer bestimmten Branche auftreten. Sie muss universal und breitgefächert sein und ein gesteigertes fachliches Niveau haben. Dies erfordert idR eine **größere Anzahl von Fachjuristen.** 34

bb) Sachliche Ausstattung. Zur **sachlichen Ausstattung** gehört idR eine eigene Geschäftsstelle mit den entsprechenden sachlichen Mitteln (Büroräume, Büroausstattung, Telefon, Fax).[69] Eine bloße Bürogemeinschaft mit einem anderen Verband, von dem außerdem sämtliche Mitarbeiter bezahlt werden, reicht nicht aus.[70] 35

cc) Finanzielle Ausstattung. Die finanzielle Ausstattung muss ausreichend sein, um die Aufgaben des Verbands zu finanzieren. Dazu gehört, lauterkeitsrechtliche Fragen auch gerichtlich über mehrere Instanzen zu klären. Insbesondere die Bemessung des Mitgliedsbeitrags muss den Verband in die Lage versetzen, satzungsgemäß tätig zu werden. Die Mitgliedschaft darf daher nicht kostenlos sein und der Mitgliedsbeitrag darf nicht so niedrig bemessen sein, dass er für die Finanzierung des Verbands unerheblich ist.[71] Nach seiner **finanziellen Ausstattung** muss der Verband imstande sein, seine Kosten für die satzungsgemäße Tätigkeit, insbesondere seine **Fixkosten** aus der Existenz, Grundausstattung und Grundbetätigung, sowie **etwaige gegnerische Kostenerstattungsansprüche** abzudecken.[72] Wie bei den Verbraucherverbänden gilt: Es ist nicht Voraussetzung für die Eintragung, dass die Kosten eines Gewinnabschöpfungsprozesses aus eigenem Vermögen aufgebracht werden können (vgl. *Groldmann* → § 8 Rn. 419). Eine unzureichende finanzielle Ausstattung ist, wenn der Verband in der Vergangenheit seinen Zahlungspflichten für Prozesskosten nachgekommen ist, auch bei einer hohen Zahl laufender Prozesse nur anzunehmen, wenn das bei zurückhaltender Betrachtung realistische Kostenrisiko des Verbands seine dafür verfügbaren Mittel spürbar übersteigt.[73] Die **Finanzmittel** brauchen nicht ausschließlich durch Mitgliedsbeiträge und Spenden aufgebracht zu werden, sondern **können auch durch Einnahmen aus Vertragsstrafen gedeckt** werden. Eingänge aus Vertragsstrafen sind echte Einnahmen, die jedenfalls dann zur Mitfinanzierung der Verbandstätigkeit herangezogen werden können, wenn sie dem Verband in einer Höhe und Regelmäßigkeit zufließen, die eine hinreichend sichere Teilbilanzierung auf der Habenseite auch in den Voranschlägen erlauben.[74] **Einnahmen aus Abmahngebühren** sind gleichfalls grundsätzlich zu berücksichtigen, soweit damit ein Teil der auf die Abmahntätigkeit entfallenden fixen Kosten gedeckt wird.[75] Eine Berücksichtigung der Abmahnpauschalen scheidet nur aus, wenn sie deutlich überhöht sind oder in einem krassen Missverhältnis zu den sonstigen Einnahmen stehen.[76] 36

4. Gewähr, dass Einnahmeerzielungsabsicht nicht im Vordergrund steht (§ 8b Abs. 2 Nr. 3 lit. b). a) Bisherige Tätigkeit. Gem. § 8b Abs. 2 Nr. 3 lit. b muss gesichert sein, dass der Verband seine Ansprüche nicht vorwiegend geltend machen wird, um für sich **Einnahmen aus Abmahnungen oder Vertragsstrafen** zu erzielen. Auch hier muss eine Prognoseentscheidung anhand der **bisherigen Tätigkeit** getroffen werden 37

[69] Vgl. zum früheren Recht KG WRP 1999, 1302 (1306).
[70] Vgl. zum früheren Recht BGH GRUR 1991, 684 (685) – Verbandsausstattung I.
[71] BT-Drs. 19/12084, 28.
[72] Vgl. zum früheren Recht BGH GRUR 1990, 282 (285) – Wettbewerbsverein IV; Ahrens/*Jestaedt* Kap. 19 Rn. 24.
[73] Vgl. zum früheren Recht BGH GRUR 2012, 411 Rn. 14 f. – Glücksspielverband; OLG Celle 26.3.2020 – 13 U 73/19.
[74] Vgl. zum früheren Recht BGH GRUR 1990, 282 (285) – Wettbewerbsverein IV; GRUR 1999, 1116 (1118) – Wir dürfen nicht feiern.
[75] Vgl. zum früheren Recht BGH GRUR 1999, 1116 (1118) – Wir dürfen nicht feiern.
[76] Vgl. zum früheren Recht BGH GRUR 1998, 489 (491) – Unbestimmter Unterlassungsantrag III; GRUR 1999, 1116 (1118) – Wir dürfen nicht feiern.

(vgl. → Rn. 29). Wenn der Verband schon bislang durch ein gemäß § 8c Abs. 2 Nr. 1 missbräuchliches Verhalten aufgefallen ist und dies seine Tätigkeit generell kennzeichnet, bietet er aufgrund seiner bisherigen Tätigkeit nicht die Gewähr dafür, dass seine Ansprüche nicht vorwiegend geltend machen wird, um für sich Einnahmen aus Abmahnungen oder Vertragsstrafen zu erzielen. Zu prüfen ist insbesondere, inwieweit die Gestaltung seiner Abmahnschreiben und die bisherige Tätigkeit seiner Rechtsverfolgung heute unter dem Blickwinkel der Regelbeispiele des § 8c Abs. 2 Nr. 4 und 5 zu beurteilen wären.

38 Zur Tätigkeit gehört auch die **Organisationsstruktur,** innerhalb derer sich die Tätigkeit vollzieht. Der Verband muss deshalb eine Ordinationsstruktur haben, die gewährleistet, dass seine Mitglieder an seiner Willensbildung teilnehmen können. Nur so ist gesichert, dass bei der Verfolgung von Wettbewerbsverstößen im Rahmen der Verbandstätigkeit die Mitgliederinteressen tatsächlich wahrgenommen werden und nicht die Einnahmeerzielungsabsicht im Vordergrund steht.[77] Ein Verband, der wie zB der „IDO Interessenverband für das Rechts- und Finanzconsulting deutscher Online-Unternehmen e. V." ganz überwiegend lediglich passive Mitglieder hat, die nach der Satzung weder stimmberechtigt sind noch in die Verbandsorgane gewählt werden können, und der aktive, stimm- und wahlberechtigte Mitglieder nur im Einzelfall und ohne klare Kriterien aufnimmt, bietet hierfür nicht die Gewähr.[78] Eine solche Verbandsstruktur lässt darauf schließen, dass der Verband vom Vorstand nur zu dem Zweck unterhalten wird, durch die Verfolgung von Wettbewerbsverstößen Einnahmen zu generieren, und die zur Erlangung der Anspruchsbefugnis gem. § 8 Abs. 3 Nr. 2 notwendigen Mitglieder gezielt von der Willensbildung ausgeschlossen werden, um diese Einnahmequelle nicht zu gefährden.[79]

39 **b) Finanzielle Ausstattung.** Auch aufgrund der finanziellen Ausstattung muss für eine positive Prognoseentscheidung gesichert sein, dass der Verband seine Ansprüche nicht vorwiegend geltend machen wird, um für sich Einnahmen aus Abmahnungen oder Vertragsstrafen zu erzielen. Die Verwendung von Einnahmen aus Abmahnungen oder Vertragsstrafen zur Finanzierung des Verbands ist grundsätzlich zulässig, da durch die Rechtsverfolgung auch Kosten für Personal und Ausstattung entstehen. Es ist deshalb durchaus möglich und nicht grundsätzlich bedenklich, dass ein Verband die Verfolgung von Wettbewerbsverstößen in erheblichem Umfang anders als durch kostendeckende Mitgliedsbeiträge finanziert, etwa durch Abmahngebühren, Vertragsstrafen oder Zusagen Dritter im Einzelfall, die Prozesskosten zu übernehmen.[80] Die **Finanzierung** des Verbands darf jedoch **nicht vorwiegend auf der Verfolgung von Lauterkeitsverstößen basieren.**[81] Der Verband muss Angaben zur Herkunft seiner finanziellen Ausstattung machen und zum Verhältnis von Einkünften aus der Abmahntätigkeit und anderen Einkünften wie Mitgliedsbeiträgen und Gebühren für Beratungen. Ein niedriger Mitgliedsbeitrag kann darauf hinweisen, dass der Verband sich überwiegend aus Einnahmen aus Kostenerstattungen für Abmahnungen und der Geltendmachung von Vertragsstrafen finanziert. Ein weiterer Anhaltspunkt für eine vorwiegende Geltendmachung der Abmahnbefugnis zur Erzielung von Einnahmen und Vertragsstrafen kann sein, wenn der Verband gerichtlichen Titel erwirkt, aber nie Ordnungsgeldanträge zugunsten der Staatskasse stellt.[82] Wenn die für den Verband Tätigen eine gem. § 8b Abs. 2 Nr. 4 **unangemessen hohe Vergütung** erhalten (→ Rn. 44 ff.), so kann auch das darauf schließen lassen, der eigentliche Zweck des Verbands liege nicht in der Verfolgung der Verbandsinteressen, sondern in der Generierung von Einnahmen für (überhöhte) Personalkosten.[83]

[77] Vgl. zum früheren Recht OLG Celle 26.3.2020 – 13 U 73/19.
[78] Vgl. OLG Celle 26.3.2020 – 13 U 73/19.
[79] OLG Celle 26.3.2020 – 13 U 73/19.
[80] BGH GRUR 2005, 689 (690) – Sammelmitgliedschaft III.
[81] BT-Drs. 19/12084, 28.
[82] BT-Drs. 19/12084, 28.
[83] Vgl. BGH GRUR 2019, 966 Rn. 46 – Umwelthilfe.

Bei der notwendigen **Gesamtbetrachtung** kommt es nicht auf die absolute Höhe der Personalkosten an, sondern auf deren Verhältnis zu den Aufwendungen für satzungsgemäße Zwecke im Übrigen. Wenn neben den Aufwendungen für eine satzungsgemäße Betätigung (zB Projektförderung und -begleitung, Kampagnen- und Öffentlichkeitsarbeit) die Geschäftsführergehälter jeweils nur einen Bruchteil der jährlichen Gesamtaufwendungen ausmachen, liegt es fern, dass der eigentliche Zweck des Verbands darin liegt, Einnahmen für Personalkosten zu generieren, statt in der Erfüllung des Satzungszwecks.[84] 40

5. Keine Zuwendungen und unangemessen hohen Vergütungen (§ 8b Abs. 2 Nr. 4). a) Regelungszweck. Die Regelung stellt Anforderungen an die Verwendung der finanziellen Mittel des Verbands. Den Mitgliedern dürfen keine Zuwendungen aus dem Verbandsvermögen gewährt werden, und Personen, die für den Verband tätig sind, dürfen nicht durch unangemessen hohe Vergütungen oder andere Zuwendungen begünstigt werden. Die Vorschrift soll sicherstellen, dass die finanziellen Mittel des Verbands, zu denen bei Durchsetzung der Ansprüche nach dem UWG, UKlaG oder GWB durch Abmahnungen auch der Aufwendungsersatz nach § 13 Abs. 3 oder die Einnahmen oder verwirkte Vertragsstrafen gehören, nur für satzungsmäßige Zwecke verwendet werden und insbesondere nicht den Mitgliedern oder Dritten zu Gute kommen.[85] 41

b) Keine Zuwendungen aus dem Vereinsvermögen an Mitglieder. Die Mitglieder dürfen keine Zuwendungen aus dem Vereinsvermögen erhalten. Zuwendungen können etwa Schenkungen, gemischte Schenkungen, Zuwendungen zur Bestreitung von Sonderausgaben, die Befreiung von Verbindlichkeiten oder auch die Begründung eines schuldrechtlichen Anspruchs sein.[86] Keine Zuwendungen sind solche Leistungen, die Mitgliedern nach dem Verbandszweck üblicherweise zugute kommen und mit dem Mitgliedsbeitrag abgegolten sind wie etwa Beratungsleistungen oder Informationsmaterial. Die Vorschrift verbietet nicht, dass Mitglieder auch entgeltlich für den Verband tätig werden,[87] soweit für die Tätigkeit keine unangemessen hohe Vergütung gezahlt wird: 42

c) Keine unangemessen hohe Vergütung der für den Verband Tätigen. aa) Für den Verband Tätige. Die Organe des Verbands und für den Verband tätige Personen dürfen keine unangemessen hohe, sondern nur eine angemessene Vergütung erhalten.[88] **Organe** sind die Vorstandsmitglieder. Für den Verband **tätig** sind nicht nur **Geschäftsführer** und das **Personal** – Angestellte und freie Mitarbeiter –, sondern auch die vom Verband beauftragten **Rechtsanwälte.**[89] 43

bb) Unangemessen hohe Vergütung. Bei dem Merkmal der **„unangemessen hohen Vergütung"** handelt es sich um einen **unbestimmten Rechtsbegriff.** Der Wortlaut des § 8b Abs. 2 Nr. 4 und auch der Vorschrift im Ganzen enthält keine konkreten Anhaltspunkte dafür, wie dieser Begriff auszulegen ist. Man kann diesem lediglich entnehmen, dass als Vergleichsmaßstab das Verbandsvermögen herangezogen werden kann und als Vergleichsgruppe Mitglieder und Personen, die für den Verband tätig sind, dienen können. Auch die Gesetzesbegründung gibt keinen Aufschluss darüber, welche konkreten Maßstäbe zur Bestimmung der unangemessenen Höhe der Vergütung heranzuziehen sind. In der Begründung wird nur ausgeführt, dass die Angemessenheit der Vergütung, die Organe des Verbands und für den Verband tätige Personen erhalten dürfen, sich nach der **Qualifikation** sowie **Art und Umfang der Tätigkeit** für den Verband bemisst. So können auf Wettbewerbsrecht spezialisierte Juristen eine höhere Vergütung erhalten als Nichtjuristen. Eine höhere Vergütung kann außerdem angemessen sein, wenn die Organe Aufgaben mit 44

[84] Vgl. BGH GRUR 2019, 966 Rn. 46 – Umwelthilfe.
[85] BT-Drs. 19/12084, 28.
[86] BT-Drs. 19/12084, 28.
[87] BT-Drs. 19/12084, 28.
[88] BT-Drs. 19/12084, 28.
[89] *Fritzsche* WRP 2020, 1367 Rn. 22.

Außenwirkung wahrnehmen wie Schulungen und Vorträge oder als Sachverständige auftreten.[90]

45 § 8b verfolgt wie auch die meisten anderen mit dem „Gesetz zur Stärkung des fairen Wettbewerbs" neu eingeführten Vorschriften insgesamt den Zweck, den finanziellen Anreiz für Abmahnungen zu reduzieren, um so den Abmahnmissbrauch weiter einzudämmen.[91] Daraus lässt sich der Schluss ziehen, dass die Angemessenheit der Vergütung primär im **Verhältnis zum Gesamtbudget** des Verbandes und den **Finanzierungsquellen** zu beurteilen ist. Dem BfJ steht hier ein erheblicher Beurteilungsspielraum zu.[92] Unangemessen hoch dürfte eine Vergütung demnach nur dann sein, wenn sie nicht durch die übliche Finanzierung des Verbandes gedeckt ist, sondern weitere Einnahmequellen erforderlich sind, um sie zu ermöglichen und vor allem auch in Zeiten konjunktureller Schwankungen zu halten, so dass das Abmahngeschäft als weitere Finanzierungsquelle attraktiv und ggf. sogar notwendig wird. Nach Sinn und Zweck der Norm darf die **Höhe der Vergütung** folglich **keine Anreize für das Abmahngeschäft** schaffen. Wenn aber die für den Verband Tätigen eine gem. § 8b Abs. 2 Nr. 4 unangemessen hohe Vergütung erhalten, so besteht nicht nur ein Anreiz, sondern sogar die Notwendigkeit, durch Abmahnungen Einnahmen für (überhöhte) Personalkosten zu generieren.[93] Das bedeutet aber auch, dass Einnahmen aus dem Abmahngeschäft gar nicht erst als Grundlage für die Vergütung dienen dürfen. Um dies zu gewährleisten, darf die Höhe der Vergütung letztlich nur anhand eines Budgets, das Einnahmen aus Abmahnungen (auch in der Vergangenheit liegende) nicht berücksichtigt, berechnet werden.

46 Das Kriterium der „Angemessenheit" kann für **Vorstände, Geschäftsführer und Personal** unter vorsichtiger Anlehnung an die Praxis im Steuerrecht (**§ 55 Abs. 1 Nr. 3 AO,** Verbot der „unverhältnismäßig hohen" Vergütung beim gemeinnützigen Verband) und im Aktienrecht (**§ 87 Abs. 1 AktG,** Gebot der Angemessenheit der Vorstandsbezüge im Verhältnis zu Aufgaben und Leistungen) konkretisiert werden. Der Maßstab für die Angemessenheit der Vergütung von für den Verband Tätigen ist anhand eines internen und externen Fremdvergleichs zu bestimmen. Der **interne Fremdvergleich** bezieht sich auf diejenigen Entgelte, die andere für den Verband Tätige beziehen; der **externe Fremdvergleich** bezieht sich auf die Entgelte, die – unter ansonsten gleichen Bedingungen – an Beschäftigte anderer Verbände oder auch Unternehmen gezahlt werden.

47 Dabei sind folgende **Kriterien** in die Beurteilung einzubeziehen: Aufgaben bzw. Art und Umfang der Tätigkeit, die Qualifikation und Leistung des Einzelnen,[94] die künftigen Aussichten des Verbands auf Einnahmen, das Verhältnis der Gesamtvergütung zu anderen notwendigen und nach der Satzung vorgesehenen Ausgabenposten, die Anzahl der Arbeitnehmer und Geschäftsführer etc sowie Art und Höhe der Vergütungen, die gleichartige Verbände ihren entsprechenden Funktionsträgern und Mitarbeitern für entsprechende Leistungen gewähren; ferner die Dauer der Zugehörigkeit als Mitarbeiter.

48 Soweit hieraus eine objektiv angemessene Vergütung ermittelt wird, stellt sich die weitere Frage, wie weit nach oben davon abgewichen werden kann, er den Verband der Vorwurf der unangemessen hohen Vergütung trifft. Im Aktienrecht[95] und im Steuerrecht[96] gilt als **grobe Faustregel** – die natürlich nicht losgelöst von den Umständen des Einzelfalls angewendet werden kann – dass der nach objektiven Kriterien ermittelte **Vergleichswert um mehr als 20 % überschritten** werden muss, um von einer „unverhältnismäßig hohen" Vergütung bzw. von einer nicht mehr „im angemessenen Verhältnis" zu den Aufgaben und Leistungen stehenden Vergütung sprechen zu können.

[90] BT-Drs. 19/12084, 28.
[91] BT-Drs. 19/12084, 1.
[92] *Fritzsche* WRP 2020, 1367 Rn. 22.
[93] Vgl. BGH GRUR 2019, 966 Rn. 46 – Umwelthilfe.
[94] Vgl. BT-Drs. 19/12084, 28.
[95] MüKoAktG/*Spindler* § 87 Rn. 64.
[96] FG Köln 22.2.1996 – 13 K 4559/90.

Für die Vergütung der vom Verband **beauftragten Rechtsanwälte** gilt, dass eine Vergütung nach einer die RVG-Sätze überschreitenden Stundensatzvereinbarung nicht schlechthin als unangemessen zu betrachten ist. Denn im gewerblichen Rechtsschutz einschließlich des Wettbewerbsrechts ist eine **Vergütung nach Stundensätzen** üblich (vgl. *Goldmann* → § 9 Rn. 189 ff.). Ein der Qualifikation des Rechtsanwalts angemessener Stundensatz ist daher grundsätzlich nicht zu beanstanden. Allerdings dürfen die eigenregierten Stundensätze nicht darauf hinauslaufen, dass das Verbandsbudget überlastet wird. Ein angemessener Stundensatz darf – entsprechend der oben aufgestellten Faustregel (→ Rn. 48) – aber nicht um mehr als 20 % überschritten werden. **49**

d) Keine Zuwendungen an die für den Verband Tätigen. Die für den Verband Tätigen (→ Rn. 43) dürfen außerdem nicht durch Zuwendungen (→ Rn. 42) begünstigt werden. **50**

III. Verweisung auf das UKlaG

§ 8b Abs. 3 verweist für die weiteren Regelungen zur Liste der qualifizierten Wirtschaftsverbände auf die Vorschriften für qualifizierte Einrichtungen im UKlaG. Damit sind die Regelungen zu Eintragung (§ 4 Abs. 3 und 4 UKlaG), der Überprüfung der Eintragung (§ 4a UKlaG), Berichts- und Mitteilungspflichten (§ 4b UKlaG) sowie der Aufhebung der Eintragung (§ 4c UKlaG) entsprechend auf die qualifizierten Wirtschaftsverbände anwendbar. **51**

Von besonderer Bedeutung ist, dass zwei Jahre nach der Ersteintragung und danach alle fünf Jahre eine Überprüfung und **Amtslöschung aus dem Register** gem. § 8b Abs. 3 iVm § 4a UKlaG möglich ist. Damit kann nachträglich eine fehlerhafte positive Prognoseentscheidung korrigiert werden, wenn die getroffenen Annahmen sich im Einzelfall als unzutreffend erweisen.[97] **52**

Weitere Regelungen können in einer Verordnung auf Grund des § 4d UKlaG getroffen werden, die auf Grund der Verweisung ebenfalls auf die qualifizierten Wirtschaftsverbände anwendbar ist. **53**

§ 8c Verbot der missbräuchlichen Geltendmachung von Ansprüchen; Haftung

(1) **Die Geltendmachung der Ansprüche aus § 8 Absatz 1 ist unzulässig, wenn sie unter Berücksichtigung der gesamten Umstände missbräuchlich ist.**

(2) **Eine missbräuchliche Geltendmachung ist im Zweifel anzunehmen, wenn**

1. **die Geltendmachung der Ansprüche vorwiegend dazu dient, gegen den Zuwiderhandelnden einen Anspruch auf Ersatz von Aufwendungen oder von Kosten der Rechtsverfolgung oder die Zahlung einer Vertragsstrafe entstehen zu lassen,**
2. **ein Mitbewerber eine erhebliche Anzahl von Verstößen gegen die gleiche Rechtsvorschrift durch Abmahnungen geltend macht, wenn die Anzahl der geltend gemachten Verstöße außer Verhältnis zum Umfang der eigenen Geschäftstätigkeit steht oder wenn anzunehmen ist, dass der Mitbewerber das wirtschaftliche Risiko des außergerichtlichen und gerichtlichen Vorgehens nicht selbst trägt,**
3. **ein Mitbewerber den Gegenstandswert für eine Abmahnung unangemessen hoch ansetzt,**
4. **offensichtlich überhöhte Vertragsstrafen vereinbart oder gefordert werden oder**
5. **eine vorgeschlagene Unterlassungsverpflichtung offensichtlich über die abgemahnte Rechtsverletzung hinausgeht.**
6. **mehrere Zuwiderhandlungen, die zusammen hätten abgemahnt werden können, einzelnen abgemahnt werden oder**

[97] *Fritzsche* WRP 2020, 1367 Rn. 20.

7. wegen einer Zuwiderhandlung, für die mehrere Zuwiderhandelnde verantwortlich sind, die Ansprüche gegen die Zuwiderhandelnden ohne sachlichen Grund nicht zusammen geltend gemacht werden

(3) **Im Fall der missbräuchlichen Geltendmachung von Ansprüchen kann der Anspruchsgegner vom Anspruchsteller Ersatz der für seine Rechtsverteidigung erforderlichen Aufwendungen verlangen. Weiter gehende Ersatzansprüche bleiben unberührt.**

Übersicht

Schrifttum: *Barbasch,* Praktische Probleme bei der Darlegung der Rechtsmissbrauchs-Indizien, GRUR-Prax 2011, 486; *Borck,* Der Mißbrauch der Aktivlegitimation (§ 13 Abs. 5 UWG), GRUR 1990, 249; *Grüber,* Die mißbräuchliche Abmahnung und Verfahrenseinleitung im Wettbewerbsrecht, 1991; *Guski,* Die unzulässige Verfolgung von Lauterkeitsverstößen, ZIP 2019, 1649; *Hantke,* Zur Beurteilung der Mehrfachverfolgung eines Wettbewerbsverstoßes als rechtsmißbräuchlich (§ 13 Abs. 5 UWG), in: FS Erdmann, 2002, S. 831 ff.; *Hefermehl,* Grenzen der Klagebefugnis der Gewerbetreibenden und Verbände im Recht gegen den unlauteren Wettbewerb, WRP 1987, 281 = FS 75 Jahre Wettbewerbszentrale, 1987, S. 49; *Hohlweck,* Das Gesetz zur Stärkung des fairen Wettbewerbs – Heilmittel oder Placebo?, WRP 2020, 266; *Jackowski,* Der Missbrauchseinwand nach § 8 Abs. 4 UWG gegenüber einer Abmahnung, WRP 2011, 38; *Jestaedt,* Missbräuchliche Geltendmachung von Abwehransprüchen im Lauterkeitsrecht – Anmerkungen zur höchstrichterlichen Rechtsprechung in: FS Loewenheim, 2009, S. 477; *Kasper,* Der finanzielle Eigennutz als der zu minimierende Mißstand im wettbewerbsrechtlichen Schutzsystem, 2000; *Kisseler,* Der Mißbrauch der Klagebefugnis gemäß § 13 Abs. 5 UWG, WRP 1989, 623; *Knippenkötter,* Indizien für rechtsmissbräuchliches Verhalten des Abmahnenden, GRUR-Prax 2011, 483; *Köhler,* Grenzen der Mehrfachklage und Mehrfachvollstreckung im Wettbewerbsrecht, WRP 1992, 359; *ders.,* Zur Erstattungsfähigkeit von Abmahnkosten, in: FS Erdmann, 2002, S. 845; *ders.,* Rechtsnatur und Rechtsfolgen der missbräuchlichen Geltendmachung von Unterlassungsansprüchen (§ 8 Abs. 4 UWG), in: FS Schricker, 2005, S. 725; *ders.,* Stellungnahme zum Entwurf eines Gesetzes zur Stärkung des fairen Wettbewerbs, WRP 2019, 1550; *ders.,* Zur Begrenzung wettbewerbsrechtlicher Schadensersatzansprüche durch den „Schutzzweck der Norm", in: FS Harte-Bavendamm, 2020, S. 355; *Loewenheim,* die Erstattung von Abmahnkosten der Verbände in der neueren Rechtsentwicklung, in: FS 75 Jahre Wettbewerbszentrale, 1987, S. 63; *Mayer,* Die Folgen rechtsmissbräuchlicher Abmahnungen, WRP 2011, 534; *Pokrant,* Zur missbräuchlichen Anspruchsverfolgung im Sinne von § 8 Abs. 4 UWG, in: FS Bornkamm, 2014, S. 1053; *Rath/Hausen,* Ich bin doch nicht blöd? Rechtsmissbräuchliche gerichtliche Mehrfachverfolgung wettbewerbsrechtlicher Unterlassungsansprüche, WRP 2007, 133; *Rehart,* Aufgespaltene Rechtsverfolgung – auch im UKlaG rechtsmissbräuchlich? – Zusammenfassung der Grundsätze der UWG-Rechtsprechung und deren Übertragbarkeit auf UKlaG-Konstellationen, MMR 2014, 506; *Sack,* Mißbrauch der wettbewerbsrechtlichen Klagebefugnis und der geplante Wegfall der ersten Abmahngebühr, BB 1986, 953; *Schulte-Franzheim,* Rechtsmißbrauch durch Mehrfachverfolgung von Wettbewerbsverstößen, WRP 2001, 745; *Scholz,* Mißbrauch der Verbandsklagebefugnis – der neue § 13 Abs. 5 UWG, WRP 1987, 433; *Stickelbrock,* Mehrfachverfolgung von Wettbewerbsverstößen durch konzernmäßig verbundene Unternehmen, WRP 2001, 648; *Teplitzky,* Zu Formen rechtsmissbräuchlichen Gläubigerverhaltens gem. § 8 Abs. 4 UWG, in: FS 100 Jahre Wettbewerbszentrale, 2012, S. 195; *Ulrich,* Der Mißbrauch prozessualer Befugnisse in Wettbewerbssachen, in: FS v. Gamm, 1990, S. 223; *ders.,* Die Mehrfachverfolgung von Wettbewerbsverstößen durch einem Konzernverbund angehörige, rechtlich selbständige Unternehmen, die auf einem regionalen Markt tätig sind, WRP 1998, 826; *v. Ungern-Sternberg,* Die Verfolgung von Wettbewerbsverstößen durch Vielfachabmahner – ein Nachruf?, in: FS Klaka, 1987, S. 72 ff.

A. Entstehungsgeschichte und Normzweck

I. Entstehungsgeschichte

Der heute in § 8c geregelte Missbrauchstatbestand blickt auf eine längere Geschichte zurück. Mit Wirkung vom 1.1.1987 wurde eine Regelung über die missbräuchliche Geltendmachung von Ansprüchen erstmals als § 13 Abs. 5 UWG 1909 in das Gesetz aufgenommen, um dem als missbräuchlich angesehenen Vorgehen sog. „Gebühren"- oder **„Abmahnvereine"** und von Mitbewerbern als **„Vielfachabmahnern"** entgegenzutreten.[1] Hiermit sollte das **„Abmahnunwesen"**[2] bekämpft werden, das sich insbesondere nach der höchstrichterlichen Anerkennung von Ansprüchen auf Abmahnkostenerstattung auf der Grundlage der GoA (§§ 677, 683, 670 BGB) durch die Entscheidung *„Fotowettbewerb"*[3] entwickelt hatte.[4] Unterlassungsansprüche waren von einer ins Gewicht fallenden Minderheit von Gläubigern nur deshalb geltend gemacht worden, um sich selbst oder einem verbundenen Rechtsanwalt einen Anspruch auf Ersatz von Aufwendungen oder Anwaltsgebühren zu verschaffen.[5] 1

Hiergegen richtete sich der 1987 eingeführte **§ 13 Abs. 5 UWG 1909.** Die Vorschrift lautete: *„Der Anspruch auf Unterlassung kann nicht geltend gemacht werden, wenn die Geltendmachung unter Berücksichtigung der gesamten Umstände mißbräuchlich ist, insbesondere wenn sie vorwiegend dazu dient, gegen den Zuwiderhandelnden einen Anspruch auf Ersatz von Aufwendungen oder Kosten der Rechtsverfolgung entstehen zu lassen"*. Die Vorschrift war Resultat der Beratungen im Rechtsausschuss und trat an die Stelle der im Regierungsentwurf ursprünglich vorgesehenen Abschaffung des Aufwendungsersatzes für die Kosten der ersten Abmahnung,[6] die auf nahezu einhellige Ablehnung der betroffenen Verbände und Organisationen gestoßen war. Die Regelung knüpfte an die in der damaligen Rspr. vermehrt festzustellende Tendenz an, Missbrauch bei der Geltendmachung von Unterlassungsansprüchen durch Verbände und Mitbewerber dadurch zu begegnen, dass die Klagebefugnis und damit auch die Abmahnbefugnis in bestimmten Fällen verneint wurde.[7] 2

Die Vorschrift wurde im Wesentlichen unverändert in **§ 8 Abs. 4 UWG 2004** übernommen, und **2013** um den heute in § 8c Abs. 3 enthaltenen **Ersatzanspruch** ergänzt. Die Regelung lautete: *„Die Geltendmachung der in Absatz 1 bezeichneten Ansprüche ist unzulässig, wenn sie unter Berücksichtigung der gesamten Umstände missbräuchlich ist, insbesondere wenn sie vorwiegend dazu dient, gegen den Zuwiderhandelnden einen Anspruch auf Ersatz von Aufwendungen oder Kosten der Rechtsverfolgung entstehen zu lassen. In diesen Fällen kann der Anspruchsgegner Ersatz der für seine Rechtsverteidigung erforderlichen Aufwendungen verlangen. Weiter gehende Ersatzansprüche bleiben unberührt."* 3

Beide früheren Vorschriften erfassten nicht nur die ursprünglich im Vordergrund stehenden Fälle **missbräuchlicher Geschäftemacherei** mit der Aktivlegitimation, sondern auch weitere Konstellationen. Der Missbrauchstatbestand konnte etwa erfüllt sein, wenn die Kostenbelastung des Anspruchsgegners nicht zum Zwecke der Einnahmenerzielung, sondern **zur Behinderung des Mitbewerbers** oder aus anderen nicht zu billigenden Gründen angestrebt wurde. Hierzu hatte sich in der Rspr. eine breitgefächerte Kasuistik entwickelt. 4

---

[1] Art. 15 Abs. 2 des Gesetzes zur Änderung wirtschafts-, verbraucher-, arbeits- und sozialrechtlicher Vorschriften vom 25.7.1986 (BGBl. I S. 1169); vgl. dazu BT-Drs. 10/5771, 22; BGH GRUR 2000, 1089 (1090) – Mißbräuchliche Mehrfachverfolgung.

[2] Hierzu *Kasper* S. 53 ff. (mit einer Fülle von Fallschilderungen); *Kisseler* WRP 1989, 623 ff.; *Ulrich* FS v. Gamm, 1990, 223 (225 f.); *Teplitzky* FS 100 Jahre Wettbewerbszentrale, 2012, 195 (197 ff.) mwN; *v. Ungern-Sternberg* FS Klaka, 1987, 72 ff.

[3] BGH GRUR 1970, 189 (190) – Fotowettbewerb.

[4] Zum Ganzen *Loewenheim* FS 75 Jahre Wettbewerbszentrale, 1987, 63 (64 ff.).

[5] Ausführlich *Kasper* S. 59 ff.; *v. Ungern-Sternberg* FS Klaka, 1987, 72 ff.

[6] BT-Drs. 10/4741, 18.

[7] BT-Drs. 10/5771, 22; zur damaligen Linie der Rechtsprechung *v. Ungern-Sternberg* FS Klaka, 1987, 72 (83 ff.).

5 Mit dem „Gesetz zur Stärkung des fairen Wettbewerbs" wurde diese Kasuistik 2020 teilweise kodifiziert, und zwar in den Regelbeispielen des § 8c Abs. 2. Die **bisherige Rspr.** zu § 13 Abs. 5 UWG 1909 und zu § 8 Abs. 4 UWG 2004 kann zur Auslegung des § 8c **weiterhin herangezogen** werden. Dies gilt nicht nur für die nähere Konturierung der Regelbeispiele des § 8c Abs. 2, sondern auch für die Generalklausel des Missbrauchs in § 8c Abs. 1.

II. Normzweck

6 § 8c versucht eine **Lösung** für das **„Paradoxieproblem rechtswidriger Rechtsausübung".**[8] Die Vorschrift ist Ausdruck des prozessualen Rechtsmissbrauchsverbots[9] und Ausfluss des allgemeinen Grundsatzes von Treu und Glauben (§ 242 BGB), der sowohl für das materielle als auch für das Prozessrecht gilt.[10]

7 Der Regelung kommt wie schon den Vorgängernormen die Funktion eines **Korrektivs** gegenüber der **weitgefassten Anspruchsberechtigung der Mitbewerber** gem. § 8 Abs. 3 Nr. 1 zu, die bei Bestehen eines konkreten Wettbewerbsverhältnisses bei **marktbezogenen Verstößen** (zum Begriff *Goldmann* → § 8 Rn. 351) Unterlassungsansprüche geltend machen können, ohne dabei dartun zu müssen, dass sie – über ihre Stellung als Mitbewerber hinaus – durch die unzulässigen geschäftlichen Handlungen in besonderem Maße beeinträchtigt werden.[11]

8 Diese Korrektivfunktion **fehlt** § 8c **bei mitbewerberbezogenen Verstößen,** bei denen immer nur ein einziger Mitbewerber aktivlegitimiert ist, nämlich der vom Wettbewerbsverstoß unmittelbar Betroffene (näher *Goldmann* → § 8 Rn. 352). In diesen Fällen kann deshalb ein Missbrauch eher zu verneinen sein als bei marktbezogenen Verstößen, bei denen es eine Vielzahl potentieller Anspruchsteller gibt (→ Rn. 22). Mit Blick auf den nach **Art. 2 Abs. 1 GG iVm Art. 20 Abs. 3 GG** sowie **Art. 6 Abs. 1 S. 1 EMRK** zu gewährleistenden effektiven Rechtsschutz ist nämlich immer dann eine gewisse Zurückhaltung bei der Annahme eines Missbrauchs geboten, wenn die Besonderheiten der Interessenlage des § 8c, namentlich eine Vielzahl von Gläubigern, nicht vorliegen.[12]

9 Hinsichtlich der kollektiven Rechtsdurchsetzung durch die weiteren **Anspruchsberechtigten gem. § 8 Abs. 3 Nr. 2–4** bei der Verfolgung marktbezogener Verstöße übt die Vorschrift ihre typische Korrektivfunktion ohne weiteres aus.[13] Diese Anspruchsberechtigten sind zur Verfolgung mitbewerberbezogener Verstöße ohnehin nicht befugt (*Goldmann* → § 8 Rn. 316).

10 Dadurch, dass ein Wettbewerbsverstoß von einer Vielzahl von Anspruchsberechtigten verfolgt werden kann, wird zwar die auch im Interesse der Allgemeinheit liegende Rechtsverfolgung erleichtert. Die in aller Regel bestehende **Gläubigermehrheit** mit einer Fülle von Anspruchsberechtigten birgt aber für den Anspruchsgegner das Risiko, dass ein und derselbe Verstoß zum Gegenstand mehrerer gerichtlicher Verfahren gemacht wird. Denn die Erhebung der Unterlassungsklage durch einen Berechtigten schließt es grundsätzlich nicht aus, dass auch die anderen Gläubiger ihren Anspruch gerichtlich durchzusetzen versuchen.[14] Damit wird dem Anspruchsgegner ein Risiko aufgebürdet, dem er sich nur dadurch entziehen kann, dass er sich gegenüber einem der Gläubiger unterwirft und auf diese Weise sämtliche Gläubiger klaglos stellt. Um so wichtiger ist es, dass die Regelung des § 8c UWG immer dann eine Handhabe bietet, wenn wettbewerbsrechtliche Abwehr-

[8] *Guski* ZIP 2019, 1649.

[9] Zu § 8 Abs. 4 S. 1 UWG 2004 vgl. BGH GRUR 2019, 966 Rn. 37 – Umwelthilfe.

[10] Zu § 13 Abs. 5 UWG 1909 GroßKommUWG/*Erdmann* (1. Aufl. 1991) § 13 Rn. 123.

[11] Vgl. BGH GRUR 2000, 1089 (1090) – Mißbräuchliche Mehrfachverfolgung; GRUR 2012, 949 Rn. 20 – Missbräuchliche Vertragsstrafe.

[12] BGH GRUR 2018, 1166 Rn. 40 – Prozessfinanzierer I.

[13] Vgl. BGH GRUR 2013, 176 Rn. 17 – Ferienluxuswohnung; GRUR 2018, 1166 Rn. 36 – Prozessfinanzierer I.

[14] BGH GRUR 2000, 1089 (1090) – Mißbräuchliche Mehrfachverfolgung.

ansprüche missbräuchlich geltend gemacht werden, insbesondere wenn sachfremde Ziele die eigentliche Triebfeder und das beherrschende Motiv der Verfahrenseinleitung darstellen.[15]

Das Interesse der Allgemeinheit an der wirksamen Verfolgung von Wettbewerbsverstößen wird dadurch nicht wesentlich beeinträchtigt. Ist ein einzelner Anspruchsteller wegen missbräuchlichen Verhaltens von der Geltendmachung des Unterlassungsanspruchs ausgeschlossen, kann der Unterlassungsanspruch gleichwohl von anderen Anspruchsberechtigten geltend gemacht werden.[16] 11

B. Bedeutung in der Praxis

Die **praktische Bedeutung** des Missbrauchsverbots hat in den **letzten 20 Jahren enorm zugenommen,** weil sich im Internet Verstöße von geringem Gewicht gegen Formalvorschriften und verbraucherschützende Informationspflichten häufen, die – etwa durch Einsatz spezieller Software[17] – ebenso massenhaft wie leicht recherchiert und entsprechend intensiv verfolgt werden können. 12

C. Rechtsnatur

Der Gesetzeswortlaut bezeichnet die missbräuchliche Geltendmachung der in Abs. 1 genannten Ansprüche als unzulässig und stellt damit im Sinne der stRspr zu § 13 Abs. 5 UWG 1909[18] und nach der zu § 8 Abs. 4 UWG 2004 ganz herrschenden Auffassung klar, dass bei Vorliegen eines Missbrauchs nach Abs. 1 die **Klagebefugnis entfällt** und **eine Klage** bzw. ein Antrag auf Erlass einer einstweiligen Verfügung als **unzulässig** abzuweisen ist.[19] 13

D. Verhältnis zum Unionsrecht

Der Missbrauchstatbestand, der zum Verlust der Klagebefugnis führt, berührt unmittelbar die Auslegung der **UGP-Richtlinie.** Dies gilt sowohl für die Rechtsdurchsetzung durch Verbände gem. § 8 Abs. 3 Nr. 2–4 als auch für die Rechtsdurchsetzung durch Mitbewerber gem. § 8 Abs. 3 Nr. 1. Die UGP-Richtlinie will nämlich über den primären Zweck des Verbraucherschutzes mittelbar und gleichsam reflexartig auch die Interessen der rechtmäßig handelnden Mitbewerber schützen, die durch unlautere Geschäftspraktiken mittelbar beeinträchtigt werden (Erwägungsgrund 6 Satz 1 und Erwägungsgrund 8 Satz 2).[20] Art. 11 Abs. 1 der UGP-Richtlinie verpflichtet deshalb die Mitgliedstaaten sicherzustellen, dass geeignete und wirksame Mittel zur Bekämpfung unlauterer Geschäftspraktiken vorhanden sind, um die Einhaltung der Richtlinie sicherzustellen. Nach Art. 11 Abs. 1 UAbs. 2 der UGP-Richtlinie umfassen diese Mittel Rechtsvorschriften, die es Personen oder Organisationen, die nach dem nationalen Recht ein **berechtigtes Interesse** an der Bekämpfung 14

[15] StRspr, vgl. BGH GRUR 2000, 1089 (1090) – Mißbräuchliche Mehrfachverfolgung; GRUR 2013, 176 Rn. 17 – Ferienluxuswohnung; GRUR 2019, 966 Rn. 33 – Umwelthilfe.

[16] BGH GRUR 2013, 176 Rn. 17 – Ferienluxuswohnung.

[17] Vgl. hierzu OLG Nürnberg GRUR-RR 2014, 166 (167 f.) – Facebook-Abmahnwelle.

[18] BGH GRUR 1999, 509 (510) – Vorratslücken; GRUR 2001, 78 (79) – Falsche Herstellerpreisempfehlung; GRUR 2001, 84 – Neu in Bielefeld II.

[19] Vgl. BGH GRUR 2006, 243 Rn. 15 – MEGA SALE; GRUR 2012, 730 Rn. 47 – Bauheizgerät; OLG München WRP 1992, 270 (273); OLG Nürnberg GRUR-RR 2014, 166 – Facebook-Abmahnwelle; Teplitzky/*Büch* Kap. 13 Rn. 50; *Büscher* in Fezer/Büscher/Obergfell § 8 Rn. 298; MüKoUWG/*Fritzsche* § 8 Rn. 478; Ahrens/*Jestaedt* Kap. 20 Rn. 4 f.; *Mayer* WRP 2011, 534 (536); GroßKommUWG/*Paal* § 8 Rn. 252; aA (materiell-rechtlicher Einwand): *v. Ungern-Sternberg* FS Klaka, 1987, 72 (96); *Köhler* FS Schricker, 2005, 725 (733).

[20] *Köhler* FS Harte-Bavendamm, 2020, 355 (358 f.).

unlauterer Geschäftspraktiken haben, einschließlich Mitbewerbern, gestatten, gerichtlich gegen solche unlauteren Geschäftspraktiken vorzugehen. Die UGP-Richtlinie gebietet es also, dass diejenigen, die ein berechtigtes Interesse an der Rechtsverfolgung haben, auch mit einer wirksamen Klagebefugnis ausgestattet werden, wenn das nationale Recht eine Durchsetzung des Lauterkeitsrechts durch zivilrechtliche Rechtsbehelfe vorsieht. In einem System wie dem deutschen, in dem der lauterkeitsrechtliche Verbraucherschutz nicht in erster Linie von Behörden, sondern von den Wettbewerbern selbst und von privaten Verbänden wahrgenommen wird, dient es grundsätzlich dem *effet utile* des Unionsrechts, ein berechtigtes Interesse großzügig anzunehmen, damit eine effektive Rechtsdurchsetzung gewährleistet ist. Mit dem Harmonisierungsanliegen der UGP-Richtlinie mag es zwar vereinbar sein, dass die Mitgliedstaaten einen gewissen Spielraum dabei haben, welchen Personen grundsätzlich ein berechtigtes Interesse eine Rechtsverfolgung zugebilligt wird. Der Begriff des berechtigten Interesses ist allerdings ein **Begriff des Unionsrechts,** welcher der Disposition der Mitgliedstaaten entzogen ist. § 8c zielt jedoch gerade darauf ab, den grundsätzlich Anspruchsberechtigten im Einzelfall das berechtigte Interesse abzusprechen und die Anspruchsberechtigung zu nehmen.

15 Dies ist nicht grundsätzlich problematisch. Denn es gibt einen **allgemeinen Grundsatz des Unionsrechts,** wonach **Rechtsmissbrauch verboten** und eine missbräuchliche Berufung auf Normen des Unionsrechts nicht gestattet ist: Die Anwendung der Unionsvorschriften kann nicht so weit reichen, dass **missbräuchliche Praktiken,** dh Vorgänge geschützt werden, **die nicht im Rahmen des normalen Geschäftsverkehrs,** sondern nur zu dem Zweck durchgeführt werden, missbräuchlich in den Genuss von im Unionsrecht vorgesehenen Vorteilen zu gelangen.[21] Der Missbrauch ergibt sich also immer aus einer **Zweck-Mittel-Disparität.** Diese setzt ein bewusstes, direkt **vorsätzliches Verhalten** voraus.

16 Im Geltungsbereich der UGP-Richtlinie (Unlauterkeitstatbestände der „Schwarzen Liste" des Anhangs zu § 3 Abs. 3 sowie die Tatbestände der §§ 3 Abs. 2, 4a, 5 und 5a) bzw. der Richtlinie 2006/114/EG über irreführende und vergleichende Werbung (§ 6) darf der deutsche Gesetzgeber also die Anspruchsberechtigung durchaus versagen, und zwar auch den grundsätzlich aktivlegitimierten Mitbewerbern. Dies darf aber nur insoweit geschehen, als der vom deutschen Gesetzgeber geschaffene Missbrauchstatbestand mit dem allgemeinen Grundsatz des Unionsrechts in Einklang steht und ihn nachzeichnet.

17 Die **Generalklausel** des Missbrauchs, **§ 8c Abs. 1 steht** ohne weiteres **mit dem Unionsrecht in Einklang.** Denn die vom Unionsrecht vorgesehene und vom nationalen Gesetzgeber konkretisierte Anspruchsberechtigung für eine Zivilklage wird missbräuchlich ausgenutzt. Dies geschieht nicht im Rahmen des normalen, redlichen Geschäftsverkehrs – zu dem sachlich gerechtfertigte Zivilklagen ohne weiteres gehören –, sondern zu dem Zweck, den Vorteil der im Interesse eines effektiven Verbraucher- und Mitbewerberschutzes zugebilligte Anspruchsberechtigung zu anderen Zwecken zu missbrauchen (zB zur Erzielung von Einnahmen über ihre eigene Geschäftstätigkeit hinaus oder zu einer Behinderung). Dies ist genau diejenige Zweck-Mittel-Disparität, die den Rechtsmissbrauch nach Unionsrecht ausmacht. Für die Anspruchsberechtigung der Verbände gilt Entsprechendes.

18 Was sachlich gerechtfertigt ist und sich somit im Rahmen des normalen Geschäftsverkehrs hält, kann selbstverständlich nur im Einzelfall unter **Abwägung aller relevanten Umstände** beurteilt werden. Maßgeblich ist hierfür die Sicht eines, wirtschaftlich denkenden Unternehmers, der von kaufmännischer Vernunft bestimmt ist.[22] Daher ist es **unionsrechtlich geboten,** dass in jedem Einzelfall eine Abwägung stattfindet. Mit einem besonderen Gewicht in diese Abwägung einzustellen ist das in **Art. 47 der EU-Grundrechte-Charta** verbürgte Grundrecht auf einen wirksamen Rechtsbehelf. Dieses Grundrecht ist anwendbar, wenn es um die Auslegung von Richtlinienbestimmungen geht;

---

[21] EuGH 5.7.2007 – C-321/05 Rn. 38 – Kofoed.
[22] Vgl. BGH GRUR 2019, 199 Rn. 23, 30 – Abmahnaktion II.

dann kommen nämlich nicht die deutschen Grundrechte, sondern die der EU-Grundrechte-Charta zur Anwendung.[23] Eine Abwägung aller relevanter Umstände, bei deren Gesamtbewertung auch das Recht auf einen wirksamen Rechtsbehelf berücksichtigt, ist bei § 8c Abs. 1 gewährleistet, weil ein Missbrauch nur „unter Berücksichtigung der gesamten Umstände" angenommen werden kann.

Auch die **Regelbeispiele des § 8c Abs. 2** stehen **mit dem Unionsrecht in Einklang.** 19
Sie sind für die unionsrechtlich erforderliche Interessenabwägung und Gesamtbewertung offen, da bei Erfüllung eines der Regelbeispiele die Missbräuchlichkeit nicht ohne Wenn und Aber feststeht, sondern nur „im Zweifel" anzunehmen ist. Dies ermöglicht dem Anspruchsteller stets, Umstände darzulegen und gegebenenfalls zu beweisen, die im Einzelfall nicht auf eine Zweck-Mittel-Disparität schließen lassen und somit gegen einen Missbrauch sprechen (näher → Rn. 115 ff.).

E. Verfassungsrechtliche Aspekte

Auch außerhalb des Geltungsbereichs des Unionsrechts ist aus verfassungsrechtlichen 20
Gründen eine Abwägung aller Umstände des Einzelfalls erforderlich, innerhalb derer der nach **Art. 2 Abs. 1 iVm Art. 20 Abs. 3 GG** sowie **Art. 6 Abs. 1 S. 1 EMRK** zu gewährleistende effektive Rechtsschutz zu berücksichtigen ist.[24] Dies betrifft die Tatbestände des Mitbewerberschutzes in **§ 4** sowie die Generalklausel des § 3 Abs. 1, soweit sie zum Schutz von Mitbewerbern herangezogen wird. Wiederum gilt: Diese Abwägung kann und muss im Rahmen der Generalklausel des § 8c Abs. 1 ebenso stattfinden wie bei Anwendung der Regelbeispiele des § 8c Abs. 2.

F. Anwendungsbereich

I. Personell: Anwendung auf alle gem. § 8 Abs. 3 Anspruchsberechtigten

Aus der systematischen Stellung der Vorschrift ist zu folgern, dass sie **in allen Fällen der** 21
Anspruchsberechtigung nach § 8 Abs. 3 Anwendung finden soll, also auch, wenn der Gläubiger als (unmittelbar betroffener) Mitbewerber gem. § 8 Abs. 3 Nr. 1 gegen den Schuldner vorgehen kann.[25] Zwar stand bei der Einführung eines speziellen Missbrauchstatbestands im UWG im Jahr 1987 die Bekämpfung des Missbrauchsverhaltens sog. Abmahnvereine im Vordergrund. Die Missbrauchsregelung beschränkte sich aber nicht auf diese Fälle, sondern verwehrt nach ihrem Wortlaut jedem Unterlassungsgläubiger im Falle des Missbrauchs die Geltendmachung seines Anspruchs.[26] Hintergrund war, dass durchaus auch Mitbewerber, insbesondere Immobilienmakler, mit ihrer Anspruchsberechtigung Schindluder getrieben hatten.[27]

Die Neuregelung 2020 zielt sogar in erster Linie auf **Mitbewerber,** wie die Regelbei- 22
spiele in § 8c Abs. 2 Nr. 2 und 3 verdeutlichen.[28] An das Vorliegen eines Missbrauchs sind beim Mitbewerber nicht von vornherein strengere Anforderungen zu stellen.[29] Es kommt

---

[23] Zur Anwendbarkeit der Grundrechte der EU-Grundrechte-Charta bei Normen, die auf der Umsetzung von Richtlinienbestimmungen beruhen, vgl. BGH GRUR 2015, 485 Rn. 64 – Kinderhochstühle im Internet III; GRUR 2016, 268 Rn. 31 ff. – Störerhaftung des Access-Providers (auch zum Verhältnis zwischen deutschem und europäischen Grundrechtsschutz).

[24] BGH GRUR 2019, 966 Rn. 33 – Umwelthilfe.

[25] BGH GRUR 2000, 1089 (1090) – Mißbräuchliche Mehrfachverfolgung; GRUR 2001, 82 – Neu in Bielefeld I; *Hantke* FS Erdmann, 2002, 831 (832) mwN; MüKoUWG/*Fritzsche* § 8 Rn. 449; *Ohly*/Sosnitza § 8 Rn. 156.

[26] BGH GRUR 2000, 1089 (1090) – Mißbräuchliche Mehrfachverfolgung.

[27] GroßKommUWG/*Erdmann* (1. Aufl. 1991) § 13 Rn. 112; *v. Ungern-Sternberg* FS Klaka, 1987, 72 (79 f.).

[28] BT-Drs. 19/12084, 29 f.

[29] *Hantke* FS Erdmann, 2002, 831 (833).

vielmehr ebenso wie bei der Klagebefugnis der Verbände schon nach dem Gesetzeswortlaut auf die „Berücksichtigung der gesamten Umstände" an.[30] Allerdings ist im Unterschied zu marktbezogenen Verstößen **bei mitbewerberbezogenen Verstößen** eher **Zurückhaltung** bei der Annahme eines Missbrauchs am Platz (→ Rn. 8, 49).

II. Sachlich: Unterlassungs- und Beseitigungsansprüche gem. § 8 Abs. 1

23 Der unmittelbare Anwendungsbereich des § 8c Abs. 1 ist kraft ausdrücklicher Verweisung **auf** die Geltendmachung von **Unterlassungs- und Beseitigungsansprüchen** nach Abs. 1 **beschränkt.**[31] Ergibt sich der Missbrauch gerade aus dem Umstand, dass ein einheitlicher Lebenssachverhalt ohne sachlichen Grund in mehrere geltend gemachte Unterlassung- oder Beseitigungsansprüche aufgespalten wird, so sind vom Missbrauchstatbestand sämtliche dieser Ansprüche erfasst.[32]

III. Andere gesetzliche Ansprüche im Zusammenhang mit UWG-Verstößen

24 § 8c Abs. 1 gilt nach Wortlaut und Systematik **nicht** für **Schadensersatzansprüche** und Auskunftsansprüche als Hilfsansprüche zu deren Durchsetzung.[33]

25 Auch auf **Bereicherungsansprüche** und Auskunftsansprüche als Hilfsansprüche zu deren Durchsetzung ist § 8c Abs. 1 nicht anwendbar.

26 Ebenfalls keine Anwendung findet § 8c Abs. 1 auf den **Gewinnabschöpfungsanspruch** gem. § 10, und zwar weder direkt noch analog.[34] Ein Rechtsmissbrauch kann sich aber aus den allgemeinen Grundsätzen von Treu und Glauben gem. **§ 242 BGB** ergeben.[35] Zu den Details *Goldmann* → § 10 Rn. 162 ff.

IV. Vertragliche Ansprüche im Zusammenhang mit UWG-Verstößen

27 Auf **vertragliche Ansprüche** im Zusammenhang mit UWG-Verstößen, insbesondere Zahlungsansprüche, etwa auf Zahlung einer Vertragsstrafe, ist die Vorschrift **weder direkt noch analog** anwendbar.[36] Wesentliche Funktion des § 8 Abs. 1 ist es, als Korrektiv der weit gefassten Anspruchsberechtigung nach § 8 Abs. 3 zu wirken (→ Rn. 6 ff.). Diese Gläubigermehrheit besteht aber nicht, wenn sich ein Wettbewerber gegenüber einem bestimmten Mitbewerber o. anspruchsberechtigten Verband zu einer strafbewehrten Unterlassung verpflichtet hat. Daher fehlt es an einer für die Analogie notwendigen Regelungslücke,[37] zumal Umstände, aus denen sich ein rechtsmissbräuchliches Vorgehen ergeben kann, nach der allgemeinen Vorschrift des § 242 BGB berücksichtigt werden und zu einer Versagung des Anspruchs führen können.[38]

28 Es können sich jedoch **mittelbare Auswirkungen** eines Missbrauchs gem. § 8c Abs. 1 auf vertragliche und andere Ansprüche ergeben (hierzu → Rn. 234 ff.).

---

[30] *Hantke* FS Erdmann, 2002, 831 (833); MüKoUWG/*Fritzsche* § 8 Rn. 449.

[31] BGH GRUR 2012, 949 Rn. 20 – Missbräuchliche Vertragsstrafe; GRUR 2018, 1166 Rn. 35 – Prozessfinanzierer I; GRUR 2019, 850 Rn. 20 – Prozessfinanzierer II.

[32] OLG Düsseldorf GRUR-RR 2014, 164 (165) – Karnevals-Wurfware.

[33] OLG Hamburg 16.1.2003 – 5 U 61/02.

[34] BGH GRUR 2018, 1166 Rn. 34–36 – Prozessfinanzierer I; GRUR 2019, 850 Rn. 20 – Prozessfinanzierer II.

[35] BGH GRUR 2018, 1166 Rn. 34–36 – Prozessfinanzierer I; GRUR 2019, 850 Rn. 20 – Prozessfinanzierer II.

[36] BGH GRUR 2012, 949 Rn. 20 – Missbräuchliche Vertragsstrafe; GRUR 2018, 1166 Rn. 35 – Prozessfinanzierer I; OLG München WRP 1992, 270 (273); MüKoUWG/*Fritzsche* § 8 Rn. 448; *Köhler*/Bornkamm/*Feddersen* § 8 Rn. 4.8; *Ohly*/Sosnitza § 8 Rn. 157.

[37] BGH GRUR 2012, 949 Rn. 20 – Missbräuchliche Vertragsstrafe; MüKoUWG/*Fritzsche* § 8 Rn. 448; *Köhler*/Bornkamm/*Feddersen* § 8 Rn. 4.8; *Ohly*/Sosnitza § 8 Rn. 157.

[38] Vgl. OLG Düsseldorf 7.2.2017 – I-20 U 139/15.

V. Immaterialgüterrechte

1. Keine Anwendung auf Ansprüche aus der Verletzung von Immaterialgüterrechten. Keine Anwendung findet § 8c Abs. 1 auf Unterlassungs- und Beseitigungsansprüche, die auf Immaterialgüterrecht, also etwa auf Kennzeichenrechte oder geschützte Designs, gestützt sind.[39] Auch eine entsprechende Anwendung oder auch nur eine Übertragung des dort enthaltenen Rechtsgedankens auf die Verfolgung absoluter Schutzrechte scheidet aus, weil keine planwidrige Regelungslücke vorliegt.[40] Denn wesentliche Funktion des § 8c ist es, als Korrektiv der weit gefassten Anspruchsberechtigung nach § 8 Abs. 3 zu wirken (→ Rn. 6 ff.). Die sich hieraus ergebende **Gläubigermehrheit** besteht aber **nicht** bei der Verletzung eines Immaterialgüterrechts als Individualrecht, weil Ansprüche grundsätzlich **nur** von seinem **Inhaber** geltend gemacht werden können.[41] Im Immaterialgüterrecht bedarf es keines Korrektivs gegenüber einer weitreichenden Anspruchsberechtigung einer Vielzahl von Anspruchsberechtigten.[42] Der in § 8c Abs. 1 enthaltene Rechtsgedanke ist dem Immaterialgüterrecht an sich fremd.[43] Denn anders als derjenige, der einen Wettbewerbsverstoß verfolgt, kann sich derjenige, der Ansprüche aus einem Immaterialgüterrecht geltend macht, auf ein absolutes, zu seinen Gunsten geschütztes Recht berufen, dessen Verteidigung – auch wenn diese sich gegen eine Vielzahl von Gegnern richtet – rechtlich nicht zu beanstanden ist.[44] Der Inhaber eines Ausschließlichkeitsrechts kann vielmehr grundsätzlich frei über die Art und Weise der schlagkräftigen Durchsetzung der ihm gesetzlich zustehenden Verletzungsansprüche entscheiden, ohne dabei einer Pflicht zur Rechtfertigung oder gar Rücksichtnahme auf den Verletzer unterworfen zu sein.[45] Hätte eine missbräuchliche Abmahnung zur Folge, dass der Verletzte seine Ansprüche auch nicht mehr gerichtlich geltend machen könnte und eine nachfolgende Klage unzulässig wäre, müsste er die Rechtsverletzung endgültig hinnehmen. Für eine so weitgehende Einschränkung seiner Rechte gibt es keinen sachlichen Grund.[46] 29

2. Allgemeiner Rechtsmissbrauch gem. § 242 BGB. Bei Klagen, die auf ein Immaterialgüterrecht gestützt sind, kann in Anwendung des **§ 242 BGB** aber der **allgemeine Rechtsmissbrauchsgedanke** zum Tragen kommen. Der das materielle Recht beherrschende Grundsatz von Treu und Glauben gilt auch im Verfahrensrecht.[47] Er verpflichtet die Parteien zu redlicher Prozessführung und verbietet den Missbrauch prozessualer Befugnisse.[48] Ein Verstoß gegen § 242 BGB führt zur Unzulässigkeit der Ausübung prozessualer Befugnisse[49] und ist in **jeder Lage des Verfahrens** – und damit auch in der Revisionsinstanz – **von Amts wegen zu prüfen.**[50] Die im Wettbewerbsrecht zur missbräuchlichen Geltendmachung von Ansprüchen entwickelten Rechtsgrundsätze beruhen gleichfalls auf dem Gedanken der unzulässigen Rechtsausübung. Sie können daher unter Berücksichti- 30

---

[39] BGH GRUR 2013, 176 Rn. 18 – Ferienluxuswohnung (zum Urheberrecht); OLG Frankfurt a. M. 15.5.2012 – 6 U 2/12; WRP 2015, 1004 Rn. 11 – Urheberschutz für eine Bedienungsanleitung; LG München I 13.12.2016 – 33 O 16840/15 – MÄDN.

[40] BGH GRUR 2020, 1087 Rn. 15 – Al Di Meola II; OLG Frankfurt a. M. 15.5.2012 – 6 U 2/12; WRP 2015, 1004 Rn. 11 – Urheberschutz für eine Bedienungsanleitung; *Pokrant* FS Bornkamm, 2014, 1053 (1061); *Teplitzky* FS 100 Jahre Wettbewerbszentrale, 2012, 195 (213).

[41] BGH GRUR 2013, 176 Rn. 18 – Ferienluxuswohnung; *Teplitzky* FS 100 Jahre Wettbewerbszentrale, 2012, 195 (213).

[42] BGH GRUR 2013, 176 Rn. 18 – Ferienluxuswohnung (zum Urheberrecht).

[43] OLG Frankfurt a. M. 15.5.2012 – 6 U 2/12.

[44] OLG Frankfurt a. M. 15.5.2012 – 6 U 2/12.

[45] LG München I 7.6.2016 – 33 O 20014/15 – Malteser Ritterorden/Knights of Malta; *Ingerl/Rohnke* Vor §§ 14–19d Rn. 368.

[46] BGH GRUR 2013, 176 Rn. 18 – Ferienluxuswohnung (zum Urheberrecht).

[47] BGH GRUR 2014, 709 Rn. 6 – Festsetzung von Mehrkosten; GRUR 2018, 1166 Rn. 37 – Prozessfinanzierer I.

[48] BGH GRUR 2018, 1166 Rn. 37 – Prozessfinanzierer I.

[49] BGH GRUR 2018, 1166 Rn. 37 – Prozessfinanzierer I.

[50] BGH GRUR 2018, 1166 Rn. 37 – Prozessfinanzierer I.

gung der zwischen den beiden Rechtsgebieten bestehenden Unterschiede grundsätzlich auch für das Immaterialgüterrecht fruchtbar gemacht werden.[51]

31 Hier gilt nach der vom Lauterkeitsrecht inspirierten Rspr. des BGH: Eine Klage ist wegen fehlender Prozessführungsbefugnis als unzulässig abzuweisen, wenn ein gerichtliches Vorgehen rechtsmissbräuchlich ist.[52] Die Annahme eines **Rechtsmissbrauchs** erfordert eine sorgfältige Prüfung und Abwägung der maßgeblichen Einzelumstände.[53] Bei der Prüfung des Rechtsmissbrauchs nach § 242 BGB können Umstände, die gem. § 8c oder § 2b UKlaG einen Missbrauch begründen, herangezogen werden.[54] Ein Missbrauch iSd § 8c Abs. 1 UWG liegt nach der Rspr. des BGH vor, wenn Anspruchsberechtigte mit der Geltendmachung des Anspruchs überwiegend sachfremde, für sich gesehen nicht schutzwürdige Interessen und Ziele verfolgen und diese als die eigentliche Triebfeder und das beherrschende Motiv der Verfahrenseinleitung erscheinen (ausf. hierzu → Rn. 41 ff.).[55] Die Ausübung von Befugnissen, die nicht den gesetzlich vorgesehenen, sondern anderen und rechtlich zu missbilligenden Zwecken dient, ist auch nach § 242 BGB missbräuchlich.[56] Ein schuldhaftes Verhalten ist nicht Voraussetzung dafür, dass eine Rechtsausübung iSv § 242 BGB unzulässig ist. Es kommt lediglich darauf an, ob bei **objektiver Betrachtung** ein Verstoß gegen Treu und Glauben vorliegt.[57]

32 Dabei ist allerdings nach der Rspr. des BGH zu berücksichtigen, dass bei der Annahme eines Rechtsmissbrauchs mit Blick auf den nach **Art. 2 Abs. 1 GG iVm Art. 20 Abs. 3 GG** sowie **Art. 6 Abs. 1 S. 1 EMRK** zu gewährleistenden effektiven Rechtsschutz eine gewisse Zurückhaltung geboten ist, wenn die Besonderheiten der Interessenlage des § 8c, namentlich eine Vielzahl von Gläubigern, nicht vorliegen.[58] Dies gilt für nicht harmonisierte Immaterialgüterrechte wie zB das Recht der geschäftlichen Bezeichnung gem. §§ 5, 15 MarkenG.[59] Hinzu tritt hier das Recht auf Eigentum aus **Art. 14 GG,** weil das Recht auf effektiven Rechtsschutz der Verwirklichung des Eigentumsrechts dient. Für **Immaterialgüterrechte,** die durch **Unionsrecht** harmonisiert sind, ist das Eigentumsrecht am geistigen Eigentum gem. **Art. 17 Abs. 2 EU-Grundrechte-Charta** und das durch **Art. 47 der EU-Grundrechte-Charta** verbürgte Grundrecht auf einen wirksamen Rechtsbehelf zu berücksichtigen.

33 Ein Anhaltspunkt für eine missbräuchliche Rechtsverfolgung kann sich nach diesen Grundsätzen daraus ergeben, dass der Anspruchsteller mehrere gleichartige oder in einem inneren Zusammenhang stehende Rechtsverstöße gegen eine Person oder mehrere Personen ohne sachlichen Grund in **getrennten Verfahren** verfolgt und dadurch die **Kostenlast erheblich erhöht.**[60] Angesichts der Besonderheiten des lauterkeitsrechtlichen Rechtsschutzes sind die Anforderung an die Annahme rechtsmissbräuchlicher Prozessführung bei der Durchsetzung von Rechten des geistigen Eigentums für gewöhnlich höher anzusetzen als im Wettbewerbsrecht.[61]

---

[51] BGH GRUR 2020, 1087 Rn. 15 – Al Di Meola II.

[52] BGH GRUR 2017, 266 Rn. 23 – World of Warcraft I (zum Urheberrecht) mwN aus dem Wettbewerbsrecht.

[53] BGH GRUR 2017, 266 Rn. 23 – World of Warcraft I (zum Urheberrecht) mwN aus dem Wettbewerbsrecht.

[54] BGH GRUR 2018, 1166 Rn. 40 – Prozessfinanzierer I.

[55] BGH GRUR 2018, 1166 Rn. 40 – Prozessfinanzierer I mwN.

[56] BGH GRUR 2018, 1166 Rn. 40 – Prozessfinanzierer I.

[57] BGH GRUR 2019, 850 Rn. 24 – Prozessfinanzierer II.

[58] BGH GRUR 2018, 1166 Rn. 40 – Prozessfinanzierer I.

[59] Zum Charakter des Rechts der geschäftlichen Bezeichnung als autonome Materie des nationalen Rechts vgl. BGH GRUR 2009, 500 Rn. 52 – Beta Layout; GRUR 2011, 623 Rn. 58 – Peek & Cloppenburg II; GRUR 2013, 1150 Rn. 41 – Baumann I; OLG Hamburg 22.2.2006 – 5 U 3/05 – AOL; OLG Frankfurt a. M. WRP 2015, 890 Rn. 2 – Unabhängige Interessenvertretung der Handelsvertreter der DVAG eV.

[60] BGH GRUR 2017, 266 Rn. 23 – World of Warcraft I (zum Urheberrecht) mwN aus dem Wettbewerbsrecht.

[61] LG Frankfurt a. M. 24.8.2011 – 3–8 O 65/11; *Goldmann,* Unternehmenskennzeichen, § 19 Rn. 457.

G. Die Generalklausel des Missbrauchs gem. § 8c Abs. 1

I. Allgemeines

1. Grundlagen. § 8c Abs. 1 enthält eine Generalklausel des Missbrauchs. Die Geltendmachung der Ansprüche aus § 8 Abs. 1 ist unzulässig, wenn sie unter **Berücksichtigung der gesamten Umstände** missbräuchlich ist. Diese Generalklausel war auch schon in § 8 Abs. 4 S. 1 UWG 2004 und zuvor in § 13 Abs. 5 UWG 1909 enthalten. Dort war sie jeweils um ein einziges Regelbeispiel ergänzt worden. Eine Rechtsverfolgung war missbräuchlich „insbesondere, wenn sie vorwiegend dazu dient, gegen den Zuwiderhandelnden einen Anspruch auf Ersatz von Aufwendungen oder Kosten der Rechtsverfolgung entstehen zu lassen". Dem entspricht heute das Regelbeispiel in § 8c Abs. 2 Nr. 1. Zum einen hatte die Rspr. die Voraussetzungen dieses Regelbeispiels weiter aufgefächert. Zum anderen hatte die Rspr. aus der Generalklausel eine Fülle von Konstellationen herausgearbeitet, bei denen ein Missbrauch in Betracht kam. 34

Man konnte sie nach dem im Vordergrund stehenden sachfremden Motiv in **zwei Hauptfallgruppen** unterteilen: die Absicht, **Einnahmen** zu erzielen und die Absicht, den Anspruchsgegner zu **behindern.**[62] Die zweite Hauptfallgruppe (Behinderungsabsicht) war in der bisherigen Praxis die bedeutendere.[63] Für beide Hauptfallgruppen hatte sich wiederum ein mehr oder weniger ausdifferenziertes System von **Unterfallgruppen** und **objektiven Indizien** etabliert, anhand derer Gerichte ermittelten, ob das sachfremde Motiv jeweils im Vordergrund stand. Häufig reichte ein einzelnes Indiz nicht aus, um einen zuverlässigen Rückschluss auf ein sachfremdes Motiv zu ziehen, so dass sich der Missbrauch meist erst aus einer Zusammenschau zahlreicher Umstände ergab.[64] 35

Bei beiden Hauptfallgruppen gab es durchaus **Überschneidungen.** So kann das Interesse, Gebühren zu erzielen, Hand in Hand mit dem Interesse gehen, den Anspruchsgegner zu belasten, zB wenn ein einheitlicher Lebenssachverhalt willkürlich in mehrere Streitgegenstände aufgespalten wird, die unter erheblicher Erhöhung der Verfahrenskosten separat geltend gemacht werden. Das sachfremde Interesse, den Gegner mit möglichst hohen Kosten zu belasten konnte dabei gerade die Kehrseite des Einnahmeerzielungsinteresses sein und umgekehrt. Zuletzt hatte der BGH in seinen Entscheidungen zur alten Generalklausel des § 8 Abs. 4 S. 1 UWG 2004 beide Zielrichtungen in einem Atemzug genannt.[65] 36

2. Das Verhältnis der Generalklausel in Abs. 1 zu den Regelbeispielen in Abs. 2. 37
a) Keine abschließende Regelung. Die Regelbeispiele in § 8c Abs. 2 Nr. 1–5 sind der Hauptfallgruppe der im Vordergrund stehenden Einnahmeerzielungsabsicht zuzuordnen. Die Regelbeispiele in § 8c Abs. 2 Nr. 6–7 gehören zur Hauptfallgruppe der im Vordergrund stehenden Behinderungsabsicht. Da der Gesetzgeber mit der Novelle 2020 insgesamt den Schutz vor missbräuchlichen Abmahnungen ausbauen wollte, stellen die **Regelbeispiele** selbstverständlich **keine abschließende Regelung** aller Konstellationen einer im Vordergrund stehenden Einnahmeerzielungsabsicht oder Behinderungsabsicht dar.[66] Deshalb können – wie bisher auch – weitere Unterfallgruppen, die einer der beiden Hauptfallgruppen zuzuordnen sind, als Missbrauch der Generalklausel des § 8c Abs. 1 unterfallen. Aus dem Bereich der im Vordergrund stehenden Einnahmeerzielungsabsicht ist dies etwa die Unterfallgruppe der Kommerzialisierung von Ansprüchen (→ Rn. 59). Aus dem Bereich der im Vordergrund stehenden Behinderungsabsicht sind dies etwa die Unterfallgruppen der missbräuchlichen „Retourkutsche" (hierzu → Rn. 96 ff.) und der missbräuchlichen Gerichts-

[62] Vgl. *Hohlweck* WRP 2020, 266 Rn. 20.
[63] *Hohlweck* WRP 2020, 266 Rn. 28.
[64] Vgl. zB OLG Hamburg WRP 2020, 499 Rn. 29 ff.
[65] Vgl. BGH GRUR 2019, 199 Rn. 21 – Abmahnaktion II; GRUR 2019, 638 Rn. 21 – Kündigung der Unterlassungsvereinbarung; vgl. auch BGH GRUR 2020, 1087 Rn. 16 – Al Di Meola II.
[66] BT-Drs. 19/22238, 17.

standswahl (hierzu → Rn. 105 ff.). Diese und weitere Unterfallgruppen Einnahmeerzielungsabsicht bzw. der Behinderungsabsicht leben also in der Generalklausel des § 8c Abs. 1 fort.

38 **b) Zugehörigkeit der Regelbeispiele zur Generalklausel.** Aber auch im Umfang der ausschnittsweisen Regelung in § 8c Abs. 2 Nr. 1–7 werden die zu Regelbeispielen ausgeformten Konstellationen nicht etwa dem Anwendungsbereich der Generalklausel entzogen. Sie werden nur zu gesondert benannten Fällen des Missbrauchs innerhalb der Generalklausel gemacht, indem erklärt wird, eine „**missbräuchliche Geltendmachung** ist **im Zweifel anzunehmen,** wenn" ein Regelbeispiel erfüllt ist. Der hier verwendete Begriff der missbräuchlichen Geltendmachung knüpft an den Wortlaut der Generalklausel in § 8c Abs. 1 an. Hiernach ist eine Geltendmachung der Ansprüche aus § 8 Abs. 1 unzulässig, wenn sie unter **Berücksichtigung der gesamten Umstände** missbräuchlich ist. Damit ist gewährleistet, dass es auch bei der Anwendung der Generalklausel stets zu der umfassenden Interessenabwägung im Lichte der Justizgrundrechte kommt, die unionsrechtlich und verfassungsrechtlich geboten ist (→ Rn. 18 f. und → Rn. 20).

39 **c) Offenheit für neue Fallgruppen.** Darüber hinaus ist die Generalklausel dafür offen, im Wege der Rechtsfortbildung weitere, **neue Fallgruppen** der missbräuchlichen Geltendmachung von wettbewerblichen Abwehransprüchen zu begründen.

40 **3. Voraussetzungen des Missbrauchs nach der Generalklausel. a) Missbrauch gerade bei der Geltendmachung von Ansprüchen.** § 8c Abs. 1 ist ein generalklauselartiger Tatbestand, den man in Abgrenzung zu der „kleinen Generalklausel" des § 8c Abs. 2 Nr. 1 (→ Rn. 118) als **„große Generalklausel" des Missbrauchs** bei der Rechtsverfolgung bezeichnen kann. Er erfasst nur den Missbrauch bei der **Geltendmachung** von Unterlassungs- und Beseitigungsansprüchen nach § 8 Abs. 1 (→ Rn. 23). Sofern sich ein Missbrauch aus Umständen ergibt, die außerhalb der gerichtlichen oder außergerichtlichen Geltendmachung liegen, kommt nur die Anwendung allgemeiner Regeln, zB der Verwirkung oder des Rechtsmissbrauchs nach § 242 BGB in Betracht.

41 Der Missbrauch ergibt sich aus einer **Zweck-Mittel-Disparität** (vgl. → Rn. 15). Von einem Missbrauch iSv § 8c Abs. 1 UWG ist nach der neueren Rspr. des BGH zu § 8 Abs. 4 S. 1 UWG 2004 dann auszugehen, wenn das **beherrschende Motiv** bei der Geltendmachung des wettbewerbsrechtlichen Abwehranspruchs sachfremde, für sich genommen **nicht schutzwürdige Interessen und Ziele** sind und diese, auch wenn sie auch nicht das alleinige Motiv des Anspruchstellers bilden mögen, als die eigentliche Triebfeder der Anspruchsdurchsetzung erscheinen und innerhalb eines Motivbündels die sachfremden Ziele überwiegen.[67] Die Annahme eines Missbrauchs iSd § 8c Abs. 1 erfordert eine **sorgfältige Prüfung und Abwägung der maßgeblichen Einzelumstände** (ausf. → Rn. 48 ff.).[68] Hieraus ergeben sich im einzelnen die folgenden Voraussetzungen:

42 **b) Sachfremde Motive.** Sachfremde Motive sind Interessen und Ziele, die für sich genommen nicht schutzwürdig sind.[69] Als Regelbeispiel nennt das Gesetz in Abs. 2 Nr. 1 die Absicht, einen Anspruch auf Ersatz von Aufwendungen oder Kosten der Rechtsverfolgung oder die Zahlung einer Vertragsstrafe entstehen zu lassen.[70] Denn eine solche

[67] StRspr, vgl. BGH GRUR 2019, 199 Rn. 21 – Abmahnaktion II; GRUR 2019, 966 Rn. 33 – Umwelthilfe; sachlich ähnlich BGH GRUR 2009, 1180 Rn. 20 – 0,00 Grundgebühr; GRUR 2010, 454 Rn. 19 – Klassenlotterie; GRUR 2012, 286 Rn. 13 – Falsche Suchrubrik; GRUR 2015, 694 Rn. 16 – Bezugsquelle für Bachblüten; GRUR 2019, 638 Rn. 21 – Kündigung der Unterlassungsvereinbarung.

[68] BGH GRUR 2019, 199 Rn. 21 – Abmahnaktion II; GRUR 2019, 638 Rn. 21 – Kündigung der Unterlassungsvereinbarung; GRUR 2019, 966 Rn. 33 – Umwelthilfe.

[69] BGH GRUR 2019, 966 Rn. 33 – Umwelthilfe; vgl. auch BGH GRUR 2009, 1180 Rn. 20 – 0,00 Grundgebühr; OLG Hamburg GRUR-RR 2013, 29 (32) – Nr. 1 Hits; OLG Düsseldorf GRUR-RR 2014, 164 (165) – Karnevals-Wurfware; OLG Nürnberg GRUR-RR 2014, 166 – Facebook-Abmahnwelle; OLG Hamm 15.9.2015 – 4 U 105/15.

[70] Ausführlich zum finanziellen Eigennutz als Motivationslage bei der Verfolgung von Wettbewerbsverstößen *Kasper* S. 56 ff.

Einnahmeerzielungsabsicht besteht, wenn gem. § 8c Abs. 2 Nr. 1 „die Geltendmachung der Ansprüche **vorwiegend** dazu dient" solche Zahlungsansprüche entstehen zu lassen. Damit wird aber nur ein sachfremdes Motiv unter vielen möglichen genannt.

Der Befund des Missbrauchs lässt sich auch auf andere Motivationslagen stützen.[71] Man kann sie unter dem Oberbegriff der **Behinderungsabsicht** zusammenfassen. Zu den sachfremden Motiven dieser Fallgruppe gehören das Interesse, den Gegner zu **behindern,**[72] insbesondere ihn **mit** möglichst hohen **Prozesskosten zu belasten,**[73] seine personellen und finanziellen **Kräfte zu binden,**[74] ihn generell zu **schädigen,**[75] oder – im Falle einer Gegenabmahnung als Reaktion auf die Abmahnung eines Wettbewerbers (sog. **„Retourkutsche"**) – sich durch **Druck auf den Abmahnenden** von dessen Unterlassungs- oder Vertragsstrafeansprüchen zu befreien, um sich so **Spielraum für weitere eigene Wettbewerbsverstöße** zu verschaffen.[76] 43

Die bloße **Unnachgiebigkeit** eines Klägers, die ihn dazu bringt, seine Ansprüche gerichtlich durchzusetzen, statt sich auf einen Vergleich einzulassen, ist **nicht** als sachfremdes Motiv zu werten.[77] 44

c) Sachfremdes Motiv als Hauptbeweggrund. Voraussetzung eines Missbrauchs iSd Generalklausel § 8c ist, dass sich der Gläubiger von sachfremden Motiven leiten lässt, diese also **eigentliche Triebfeder** und das beherrschende Motiv des Handelns ausmachen.[78] Es wird nicht verlangt, dass sie das alleinige Motiv des Gläubigers sind und dass die Rechtsverfolgung ohne jedwede wettbewerbsrechtlich geschützte Interessen betrieben wird oder dass zusätzlich vorhandene legitime wettbewerbsrechtliche Ziele hinter den sachfremden Motiven vollständig zurücktreten,[79] sondern es reicht aus, dass die sachfremden Ziele **im Vordergrund** stehen und **überwiegen.**[80] 45

---

[71] Vgl. OLG Hamm 19.8.2010 – 4 U 35/10; 20.1.2011 – 4 U 175/10.

[72] KG WRP 2010, 129 (133) – JACKPOT!; OLG Saarbrücken GRUR-RR 2011, 20 – Behinderungsabsicht; OLG Köln WRP 2015, 1385 Rn. 15 – Glücksspiele.

[73] BGH GRUR 2000, 1089 (1090) – Mißbräuchliche Mehrfachverfolgung; GRUR 2001, 260 (261) – Vielfachabmahner; GRUR 2002, 357 (358) – Missbräuchliche Mehrfachabmahnung; GRUR 2006, 243 Rn. 16 – MEGA SALE; GRUR 2012, 286 Rn. 13 – Falsche Suchrubrik; GRUR 2019, 199 Rn. 21 – Abmahnaktion II; GRUR 2019, 638 Rn. 21 – Kündigung der Unterlassungsvereinbarung. KG WRP 2008, 511 – Fliegender Gerichtsstand; 19.10.2010 – 5 U 99/09; *Hefermehl* WRP 1987, 281 (285).

[74] BGH GRUR 2000, 1089 (1091) – Mißbräuchliche Mehrfachverfolgung; GRUR 2001, 82 (83) – Neu in Bielefeld I; GRUR 2019, 638 Rn. 20 f. – Kündigung der Unterlassungsvereinbarung; OLG Hamm GRUR-RR 2011, 329 (330) – Salve einer Abmahngemeinschaft; OLG Köln WRP 2015, 1385 Rn. 15 – Glücksspiele.

[75] BGH GRUR 2001, 82 – Neu in Bielefeld I; GRUR 2019, 638 Rn. 20 f. – Kündigung der Unterlassungsvereinbarung; KG WRP 2008, 511 – Fliegender Gerichtsstand; OLG Hamm GRUR-RR 2009, 444 – Generierung von Ansprüchen; KG 19.10.2010 – 5 U 99/09; *Hefermehl* WRP 1987, 281 (285).

[76] OLG Hamm 20.1.2011 – 4 U 175/10.

[77] Vgl. OLG Hamm 1.12.2016 – 4 U 92/15 Rn. 79 ff. – Bußgeldanwälte.

[78] StRspr, vgl. BGH GRUR 2000, 1089 (1090) – Mißbräuchliche Mehrfachverfolgung; GRUR 2001, 260 (262) – Vielfachabmahner; GRUR 2006, 243 f. Rn. 16 – MEGA SALE; GRUR 2016, 961 Rn. 15 – Herstellerpreisempfehlung bei Amazon; GRUR 2019, 199 Rn. 21 – Abmahnaktion II; GRUR 2019, 966 Rn. 33 – Umwelthilfe; OLG Köln GRUR-RR 2006, 203 (204) – Der Beste Preis der Stadt; KG WRP 2008, 511 – Fliegender Gerichtsstand; WRP 2010, 129 (134) – JACKPOT!; OLG Saarbrücken GRUR-RR 2011, 20 – Behinderungsabsicht; OLG Düsseldorf 9.10.2014 – I-15 U 99/14 Rn. 41 – Fehlende Herstellerangabe bei Elektroartikeln; OLG Hamm WRP 2014, 330 Rn. 14 – Bestellung abschicken; OLG Frankfurt a. M. GRUR-RR 2016, 211 Rn. 11 – Inselzuschlag; *Jestaedt* FS Loewenheim, 2009, 477 (479).

[79] StRspr, vgl. BGH GRUR 2001, 82 – Neu in Bielefeld I; GRUR 2016, 961 Rn. 15 – Herstellerpreisempfehlung bei Amazon; GRUR 2019, 199 Rn. 21 – Abmahnaktion II; GRUR 2019, 966 Rn. 33 – Umwelthilfe; KG WRP 2012, 1140 Rn. 5 – Rechtsmissbräuchliche Abmahnung; OLG Hamm 15.9.2015 – 4 U 105/15; OLG Düsseldorf 9.10.2014 – I-15 U 99/14 Rn. 41 – Fehlende Herstellerangabe bei Elektroartikeln.

[80] StRspr, vgl. BGH GRUR 2001, 82 – Neu in Bielefeld I; GRUR 2009, 1180 Rn. 20 – 0,00 Grundgebühr; GRUR 2010, 454 Rn. 19 – Klassenlotterie; GRUR 2012, 286 Rn. 13 – Falsche Suchrubrik; GRUR 2016, 961 Rn. 15 – Herstellerpreisempfehlung bei Amazon; GRUR 2019, 199 Rn. 21 – Abmahnaktion II; GRUR 2019, 966 Rn. 33 – Umwelthilfe; GRUR 2019, 966 Rn. 33 – Umwelthilfe; KG 19.10.2010 – 5 U 99/09; OLG Düsseldorf GRUR-RR 2014, 164 (165) – Karnevals-Wurfware; OLG Hamm 15.9.2015 – 4 U 105/15; *Jestaedt* FS Loewenheim, 2009, 477 (479).

46 Geht es andererseits dem Gläubiger hauptsächlich um die Unterbindung unlauteren Wettbewerbs, genügt es für die Begründung des Missbrauchstatbestands nach der Generalklausel **nicht,** wenn auch sachfremde Motivationen, ohne vorherrschend zu sein, bei der Anspruchsverfolgung **ebenfalls eine Rolle spielen.**[81] Ein Missbrauch kann aber dann vorliegen, wenn der Anspruchsberechtigte kein nennenswertes wirtschaftliches oder wettbewerbspolitisches Interesse an der Rechtsverfolgung haben kann.[82]

47 **d) Ermittlung der Motivationslage anhand von Indizien.** Die Motive und Zwecke der Geltendmachung des Anspruchs sind innere Tatsachen. Sie lassen sich in aller Regel nur **aus äußeren Umständen erschließen.**[83] Um sich ein Bild von den Motiven des Anspruchstellers zu machen, muss auf wahrnehmbare Tatsachen abgestellt werden, die den Schluss auf die Motivation als innere Tatsache zulassen.[84] Es genügt dabei, wenn sich angesichts der Umstände des Einzelfalls die Rechtsverfolgung nach der **Lebenserfahrung** allein mit einem sachfremden Motiv erklären lässt.[85] Vor diesem Hintergrund hat die Rspr. zahlreiche **Indizien** herausgearbeitet, die auf eine den Missbrauch begründende Zweck-Mittel-Disparität schließen lassen und von denen der Gesetzgeber einige in den Regelbeispielen des § 8c Abs. 2 Nr. 2–7 aufgegriffen und kodifiziert hat.

48 **e) Umfassende Interessenabwägung.** Das Vorliegen eines Missbrauchs iSd § 8c Abs. 1 ist jeweils im Einzelfall unter Berücksichtigung der gesamten Umstände zu beurteilen.[86] Dies erfordert eine **sorgfältige Prüfung und Abwägung** der maßgeblichen Umstände des Einzelfalls.[87]

49 Zu den bei der Interessenabwägung in den Blick zu nehmenden Umständen gehören nach stRspr zum einen **Art, Umfang und Schwere**[88] des Wettbewerbsverstoßes[89] und wie stark er die **wirtschaftlichen Interessen des Gläubigers** berührt,[90] sowie das **Verhalten des Schuldners** nach dem Verstoß[91] und sein Gesamtverhalten. So kann es einen großen Unterschied machen, ob es sich bei den Schuldner um einen „unbelehrbaren Wiederholungstäter" handelt, oder ob er zB eine unvollständige Impressumsangabe „schlicht übersehen bzw. nicht bedacht, also unbedacht ‚stehen gelassen' hat".[92] Vor allem ist aber auf das **Verhalten des Anspruchsberechtigten** bei der Verfolgung dieses oder

[81] OLG Hamm MMR 2009, 865; 14.5.2009 – 4 U 17/09, jeweils unter Berufung auf BGH GRUR 2001, 82 – Neu in Bielefeld I.

[82] BGH GRUR 2019, 199 Rn. 23, 30 – Abmahnaktion II; GRUR 2019, 966 Rn. 34 – Umwelthilfe; GRUR 2019, 638 Rn. 21 – Kündigung der Unterlassungsvereinbarung.

[83] KG WRP 2008, 511 – Fliegender Gerichtsstand; OLG Jena GRUR-RR 2011, 327 – Umfang des Geschäftsbetriebs; KG WRP 2012, 1140 Rn. 5 – Rechtsmissbräuchliche Abmahnung; LG Stuttgart 28.1.2019 – 44 O 119/18 Rn. 41 – Ocean Plastic.

[84] OLG Hamm 26.7.2011 – 4 U 49/11; 28.7.2011 – 4 U 55/11.

[85] Vgl. BGH GRUR 2019, 638 Rn. 26 – Kündigung der Unterlassungsvereinbarung.

[86] BGH GRUR 2000, 1089 (1091) – Mißbräuchliche Mehrfachverfolgung; GRUR 2001, 354 (355) – Verbandsklage gegen Vielfachabmahner; GRUR 2012, 730 Rn. 15 – Bauheizgerät.

[87] BGH GRUR 2000, 1089 (1091) – Mißbräuchliche Mehrfachverfolgung; GRUR 2012, 730 Rn. 15 – Bauheizgerät; BGH GRUR 2019, 638 Rn. 21 – Kündigung der Unterlassungsvereinbarung; OLG Hamm GRUR-RR 2009, 444 – Generierung von Ansprüchen.

[88] Vgl. hierzu *Scholz* WRP 1987, 433 (436).

[89] BGH GRUR 2000, 1089 (1091) – Mißbräuchliche Mehrfachverfolgung; GRUR 2012, 730 Rn. 15 – Bauheizgerät; GRUR 2015, 694 Rn. 16 – Bezugsquelle für Bachblüten; OLG Hamm MMR 2009, 865 (866); OLG Nürnberg GRUR-RR 2014, 166 – Facebook-Abmahnwelle; OLG Düsseldorf GRUR-RR 2015, 306 (307) – Warmwasserland; OLG Hamburg WRP 2020, 499 Rn. 32.

[90] BGH GRUR 2012, 286 Rn. 14 – Falsche Suchrubrik; GRUR 2019, 199 Rn. 23, 30 – Abmahnaktion II; GRUR 2019, 966 Rn. 34 – Umwelthilfe; OLG Hamburg WRP 2020, 499 Rn. 31.

[91] BGH GRUR 2000, 1089 (1091) – Mißbräuchliche Mehrfachverfolgung; GRUR 2012, 730 Rn. 15 – Bauheizgerät; GRUR 2015, 694 Rn. 16 – Bezugsquelle für Bachblüten; OLG Düsseldorf GRUR-RR 2015, 306 (307) – Warmwasserland.

[92] Vgl. OLG Hamburg WRP 2020, 499 Rn. 34.

anderer Verstöße abzustellen.[93] In die Betrachtung einzubeziehen ist auch das Verhalten sonstiger Anspruchsberechtigter.[94] Im Rahmen der gebotenen Interessensabwägung ist darüber hinaus zu fragen, ob **Interessen der Allgemeinheit** eine Rechtsverfolgung rechtfertigen.[95]

Bei der Interessenabwägung ist nach der Rspr. des BGH der nach **Art. 2 Abs. 1 iVm** 50
Art. 20 Abs. 3 GG sowie **Art. 6 Abs. 1 S. 1 EMRK** zu gewährleistende effektive Rechtsschutz zu berücksichtigen.[96] Dies gilt, soweit Ansprüche auf Normen gestützt werden, die nicht in Umsetzung unionsrechtlicher Regeln geschaffen worden sind, also namentlich für den Mitbewerberschutz in § 4 und für die Generalklausel des § 3 Abs. 1, soweit hieraus ein darüber hinausgehender Mitbewerberschutz abgeleitet wird. Mit Blick auf den verfassungsrechtlich abgesicherten effektiven Rechtsschutz ist eine gewisse Zurückhaltung geboten, wenn die Besonderheiten der Interessenlage des § 8c, namentlich eine Vielzahl von Gläubigern, nicht vorliegen.[97] Dies kann im Einzelfall dazu führen, dass bei mitbewerberbezogenen Verstößen, bei denen nur ein einziger Mitbewerber aktivlegitimiert ist (näher *Goldmann* → § 8 Rn. 352), ein Missbrauch eher zu verneinen ist als in Konstellationen, in denen es eine Vielzahl potentieller Anspruchsteller gibt.

Für die Durchsetzung von Normen, die Unionsrecht umsetzen (Unlauterkeitstatbestände 51
der „Schwarzen Liste" des Anhangs zu § 3 Abs. 3 sowie die Tatbestände der §§ 3 Abs. 2, 4a, 5, 5a, 6 und 7) ist das in **Art. 47 der EU-Grundrechte-Charta** verbürgte Grundrecht auf einen wirksamen Rechtsbehelf einschlägig (→ Rn. 18). Der Missbrauchstatbestand, der zum Verlust der Anspruchsberechtigung führt, berührt unmittelbar die Auslegung der UGP-Richtlinie (→ Rn. 14).

4. Bedeutung vergangenen Missbrauchs. Ein missbräuchliches Vorgehen **in der** 52
Vergangenheit begründet **nicht notwendig** den Schluss, dass **auch gegenwärtig** Ansprüche aus § 8 Abs. 1 missbräuchlich geltend gemacht werden (zB im Jahr 2014, wenn im Jahr 2010 ein Missbrauch vorlag[98]).[99] Es gilt insbesondere nicht der Satz: „Einmal rechtsmissbräuchlich gehandelt, immer rechtsmissbräuchlich gehandelt."[100] Die Prüfung, ob die Rechtsverfolgung eines Mitbewerbers missbräuchlich ist, hat für jeden Einzelfall gesondert zu erfolgen.[101] Auch wenn die Rechtsverfolgung einer Partei auf Grund bestimmter Umstände als missbräuchlich gerichtlich festgestellt worden ist, folgt daraus nicht, dass die Partei die Klagebefugnis als Mitbewerber für alle Zeiten verloren hat.[102]

Freilich kann einem Missbrauch in der Vergangenheit eine **gewisse indizielle Wirkung** 53
auch für die Gegenwart nicht abgesprochen werden.[103] Es kommt dann darauf an, ob die äußeren Umstände der jetzigen Rechtsverfolgung im Wesentlichen mit den früheren übereinstimmen oder ob der Abmahnende eine gewichtige Veränderung in den maßgeblichen

---

[93] BGH GRUR 2000, 1089 (1091) – Mißbräuchliche Mehrfachverfolgung; GRUR 2015, 694 Rn. 16 – Bezugsquelle für Bachblüten; KG WRP 2001, 511; OLG Celle GRUR-RR 2014, 152 (154) – Klebefähnchen; OLG Nürnberg GRUR-RR 2014, 166 – Facebook-Abmahnwelle; OLG Düsseldorf GRUR-RR 2015, 306 (307) – Warmwasserland.

[94] BGH GRUR 2000, 1089 (1091) – Missbräuchliche Mehrfachverfolgung; GRUR 2012, 730 Rn. 15 – Bauheizgerät; OLG Nürnberg GRUR-RR 2014, 166 – Facebook-Abmahnwelle; vgl. ferner *Rath/Hausen* WRP 2007, 133 (135 f.).

[95] OLG Nürnberg GRUR-RR 2014, 166 – Facebook-Abmahnwelle; OLG Frankfurt a. M. GRUR-RR 2016, 211 Rn. 11 – Inselzuschlag.

[96] BGH GRUR 2019, 966 Rn. 33 – Umwelthilfe.

[97] Unter dem Gesichtspunkt von Art. 2 Abs. 1 iVm Art. 20 Abs. 3 GG sowie Art. 6 Abs. 1 S. 1 EMRK in der Sache ebenso BGH GRUR 2013, 176 Rn. 21 – Ferienluxuswohnung; GRUR 2019, 850 Rn. 23 – Prozessfinanzierer II.

[98] LG Köln MMR 2015, 456 (457).

[99] OLG Hamm NJOZ 2010, 927 (928); LG Köln MMR 2015, 456 (457); *Barbasch* GRUR-Prax 2011, 486 (487 f.); *Knippenkötter* GRUR-Prax 2011, 483 (486).

[100] *Knippenkötter* GRUR-Prax 2011, 483 (486).

[101] OLG Hamm NJOZ 2010, 927 (928).

[102] OLG Hamm NJOZ 2010, 927 (928).

[103] Vgl. LG Köln MMR 2015, 456 (457).

Umständen darlegen kann, die einen Schluss auf eine redliche Rechtsverfolgung zulassen.[104] Hierzu hat ein gerichtsbekannter Vielfachabmahner detailliert zu seiner gegenwärtigen Abmahntätigkeit vorzutragen (→ Rn. 223).[105] Lässt ein Mitbewerber, der in der Vergangenheit massenhaft missbräuchliche Vielfachabmahnungen verschickt hat, nach einiger Zeit erneut Abmahnungen aussprechen, die zwar nicht die vormals als wettbewerbswidrig gerügten Rechtsverstöße betreffen, in ihrer Grundstruktur und ihrer wirtschaftlichen Bedeutung für den Anspruchsteller aber der früheren Abmahntätigkeit entsprechen, rechtfertigt dies auch dann den Schluss, dass die Grundlagen des Handelns des Anspruchstellers und die missbräuchlichen Motive für seine Abmahntätigkeit unverändert geblieben sind, wenn die Anzahl der neuerlich abgemahnten Wettbewerbsverstöße deutlich zurückgegangen ist.[106]

II. Fallgruppen innerhalb der Generalklausel

54 **1. Überblick.** In der Praxis hat sich eine **Fülle von Konstellationen** herausgebildet, bei denen ein Missbrauch in Betracht kommt. Sie lassen auch nach neuem Recht sich in **zwei Hauptgruppen** unterteilen: die Absicht, Einnahmen zu erzielen, die Absicht, den Anspruchsgegner zu behindern. Für diese Fallgruppen hat sich wiederum ein mehr oder weniger ausdifferenziertes System von **objektiven Indizien** etabliert, anhand derer Gerichte ermitteln, ob das sachfremde Motiv jeweils im Vordergrund steht. Nachfolgend werden die Hauptfallgruppen mit ihren dazugehörigen typischen Unterfällen und Indizien vorgestellt:

55 **2. Einnahmeerzielungsabsicht. a) Wesen der Fallgruppe und Legitimation.** Dass die Verfolgung von Wettbewerbsverstößen als Geschäft betrieben wird, ist zwar nicht *per se* rechtsethisch zu missbilligen. Denn eine erfolgreiche Geltendmachung setzt schließlich voraus, dass tatsächlich ein Wettbewerbsverstoß begangen worden ist und der Gläubiger deshalb an sich auf der Seite des Rechts steht.[107] Dennoch ist anerkannt, dass die Rolle als anspruchsberechtigter Sachwalter des Rechts nur demjenigen zukommt, dem es tatsächlich um dessen Einhaltung geht und nicht um Geschäftemacherei und Raubrittertum. Aus dem Blickwinkel des unionsrechtlichen Grundsatzes des Missbrauchsverbots geht es darum, Rechtsbehelfe nicht für eine Gewinnerzielung herzugeben, **die sich nicht im Rahmen des normalen Geschäftsverkehrs** hält (→ Rn. 17). Zum normalen Geschäftsverkehr gehört es, dass ein gem. § 8 Abs. 3 Nr. 1 aktivlegitimierter Mitbewerber sich mit allen ihm zur Verfügung stehenden Rechtsbehelfen dagegen zur Wehr setzt, dass ihn ein Wettbewerber in seiner gewöhnlichen geschäftlichen und legitimerweise auf Gewinnerzielung ausgerichteten Tätigkeit stört. Insoweit ist es nicht zu beanstanden, dass ein Mitbewerber gerade deshalb klagt, um durch Beseitigung dieser Störung seinen eigenen Gewinn zu vergrößern.[108]

56 Nicht zum normalen Geschäftsverkehr gehört es hingegen, wenn der Mitbewerber nicht in erster Linie seine eigene auf Gewinnerzielung gerichtete Geschäftstätigkeit gegen Störungen durch unlauteren Wettbewerb schützen, sondern gerade die ihm allein zu diesem Zweck eingeräumten **Rechtsbehelfe** selbst **zu einem alternativen Mittel der Gewinnerzielung** machen will. Das entspricht nicht Sinn und Zweck des Rechts gegen den unlauteren Wettbewerb. Ebenso widerspricht es dem Zweck der Anspruchsberechtigung der Verbände gem. § 8 Abs. 3 Nr. 2–4, wenn sie nicht in erster Linie die ihnen anvertrauten Interessen wahren, sondern Gewinn machen wollen. Man hat es mit eben jener **Zweck-Mittel-Disparität** zu tun, die das Wesen des unionsrechtlichen Grundsatzes des

[104] OLG Hamm NJOZ 2010, 927 (928).
[105] LG Köln MMR 2015, 456 (457).
[106] OLG Hamburg 11.8.2016 – 3 U 56/15 – unscharfe notarielle Unterlassungserklärung.
[107] GroßKommUWG/*Erdmann* (1. Aufl. 1991) § 13 Rn. 123; *Sack* BB 1986, 953 (959 f.); *v. Ungern-Sternberg* FS Klaka, 1987, 72 (80 f.).
[108] *v. Ungern-Sternberg* FS Klaka, 1987, 72 (81).

Missbrauchsverbots ausmacht (→ Rn. 15). Dies ist die Legitimation des Regelbeispiels des § 8c Abs. 2 Nr. 1. Diese Legitimation deckt aber ohne weiteres noch weitere Konstellationen ab, die nach Wortlaut und Systematik weder von § 8c Abs. 2 Nr. 1, noch von den Tatbeständen der § 8c Abs. 2 Nr. 2–5 erfasst sind:

b) Abgrenzung zu den Regelbeispielen des § 8c Abs. 2. Die im Vordergrund stehende Absicht, Einnahmen zu erzielen, wird in den Regelbeispielen des § 8c Abs. 2 Nr. 1–5 jeweils als eine Form des Missbrauchs aufgegriffen. Ausdrücklich geregelt ist dies allerdings nur in § 8c Abs. 2 Nr. 1. Hiernach ist eine missbräuchliche Geltendmachung im Zweifel anzunehmen, wenn „die Geltendmachung der Ansprüche vorwiegend dazu dient", gegen den Zuwiderhandelnden einen Anspruch auf Ersatz von Aufwendungen oder von Kosten der Rechtsverfolgung oder die Zahlung einer Vertragsstrafe entstehen zu lassen. Der Missbrauch ergibt sich hier aus der oben beschriebenen Zweck-Mittel-Disparität. Die **Regelbeispiele in § 8c Abs. 2 Nr. 2–5** umschreiben demgegenüber **objektive Indizien,** aus denen eine im Vordergrund stehende Einnahmeerzielungsabsicht gerade mit Bezug auf den Ersatz von Aufwendungen bzw. die Generierung von Ansprüchen auf Kostenersatz zu schließen sein kann, und die in dieser oder sehr ähnlicher Form von der Rspr. zu § 8 Abs. 4 S. 1 UWG 2004 bzw. § 13 Abs. 5 UWG 1909 herausgearbeitet wurden.[109] Alle Regelbeispiele sind gesondert benannte Anwendungsfälle der Generalklausel (→ Rn. 38). 57

Allerdings werden von den Regelbeispielen nicht sämtliche Facetten einer im Vordergrund stehenden Absicht, Einnahmen zu erzielen, berücksichtigt. Da die Regelbeispiele nicht abschließend sind (→ Rn. 37), kommt hier die Generalklausel zum Zuge. Es gibt nämlich **weitere Konstellationen,** in denen eine sachfremde Einnahmeerzielungsabsicht typischerweise die eigentliche Triebfeder der Rechtsverfolgung ist, weshalb nach einer Abwägung aller Umstände des Einzelfalls ein Missbrauch nach der Generalklausel des § 8c Abs. 1 zu bejahen sein kann. Auch eine sonstige Einnahmeerzielungsabsicht kann für einen Missbrauch im Sinne einer Zweck-Mittel-Disparität sprechen. Folgende Unterfallgruppen kommen als Anwendungsfall der Generalklausel in Betracht: 58

c) Unterfallgruppen. aa) Kommerzialisierung von Ansprüchen. Missbräuchlich handelt, wer seine Klagebefugnis nicht einsetzt, um Wettbewerbsverstöße zu unterbinden, sondern sie unter Hinnahme weiterer Verstöße in Geld umzusetzen versucht, indem er sich die anschließende Klage gleichsam **abkaufen** lassen will.[110] 59

bb) Verlangen nach pauschaliertem Schadensersatz. Für eine im Vordergrund stehende sachfremde Gewinnerzielungsabsicht und damit einen Missbrauch spricht wesentlich und durchschlagend, wenn der Antragsteller neben den Abmahnkosten für das Einschalten eines Anwalts bei vielfachen Abmahnungen regelmäßig und systematisch einen **pauschalen Schadensersatz** gegen die Abgemahnten geltend macht (zB 100 EUR), ohne dass es irgendeine Grundlage dafür gibt.[111] 60

cc) Offenheit für die Entwicklung weiterer Unterfallgruppen. Die Gerichte können unter der Hauptfallgruppe der Einnahmeerzielungsabsicht weitere Unterfallgruppen eröffnen, soweit auch dort die in → Rn. 56 beschriebene Zweck-Mittel-Disparität festzustellen ist. 61

3. Behinderungsabsicht. a) Wesen der Fallgruppe und Legitimation. Die Rechtsverfolgung als missbräuchlich dar, wenn sie maßgeblich von der Absicht getragen ist, den 62

---

[109] Hierzu ausführlich mwN aus der Rechtsprechung Vorauflage, § 8 Rn. 651 ff.

[110] Vgl. OLG Hamm GRUR-RR 2005, 141 (142) – Sortenreinheit; 19.8.2010 – 4 U 35/10; OLG Hamburg NJOZ 2011, 1162 (1163) – „Abkaufen"; OLG München GRUR-RR 2012, 169 (171) – Branchenbuchformular; OLG Hamm 8.11.2012 – 4 U 86/12; KG NJOZ 2013, 1506 (1507) – Prosterisan; OLG Köln GRUR-RR 2013, 466 (468) – Bach-Blüten; *Köhler*/Bornkamm/*Feddersen* § 8 Rn. 4.23; zu einigen wirtschaftlichen Hintergründen *Kasper* S. 114 f.

[111] OLG Hamm MMR 2009, 865 (866); *Barbasch* GRUR-Prax 2011, 486; *Knippenkötter* GRUR-Prax 2011, 483 (484).

Zuwiderhandelnden im Wettbewerb zu behindern.[112] Die **Zweck-Mittel-Disparität** besteht in den Behinderungsfällen darin, dass der Anspruchsgegner nicht allein in die rechtlichen Schranken verwiesen wird, wie es dem Zweck der durch § 8 Abs. 3 eingeräumten Anspruchsberechtigung entspricht, sondern darüber hinaus eine **überschießende Behinderung** des Anspruchsgegners angestrebt wird. Dies kann neben anderen Fällen der Behinderung insbesondere dann der Fall sein, wenn es dem Anspruchsberechtigten zwar nicht ausschließlich, aber doch überwiegend darum geht, den **Anspruchsgegner finanziell zu belasten.** In der Praxis ist die Fallgruppe der Behinderungsabsicht die bei weitem bedeutendste.[113]

63 **b) Abgrenzung zu den Regelbeispielen des § 8c Abs. 2 Nr. 6 und 7.** Die im Vordergrund stehende Absicht, den Anspruchsgegner finanziell zu belasten und dadurch zu behindern, wird in den Regelbeispielen des § 8c Abs. 2 Nr. 6 und 7 jeweils als eine Form des Missbrauchs aufgegriffen. Diese Regelbeispiele sind als **objektive Indizien für** eine im Vordergrund stehende **Behinderungsabsicht** in Form der Absicht der Kostenbelastung gesondert benannte Anwendungsfälle der Generalklausel (→ Rn. 38). Damit hat der Gesetzgeber allerdings bei weitem nicht alle relevanten Fallgestaltungen erfasst. Denn es gibt wesentlich mehr Unterfallgruppen bzw. objektiven Indizien für einen Missbrauch. Weil die Regelbeispiele selbstverständlich nicht abschließend sind (→ Rn. 37), kann für die Beurteilung dieser unter Fallgruppen anhand von objektiven Indizien nach wie vor auf die Generalklausel zurückgegriffen werden. Im Einzelnen sind die nachfolgend dargestellten Unterfallgruppen zu nennen, für welche die Rspr. wiederum eine Fülle von Indizien herausgearbeitet hat:

64 **c) Kostenbelastungsinteresse. aa) Allgemeines.** Die Anspruchsberechtigung darf nicht zur Verfolgung sachfremder Ziele, insbesondere nicht dazu missbraucht werden, den Gegner durch möglichst hohe Prozesskosten zu belasten,[114] sein mit der Rechtsverteidigung verbundene **Kostenrisiko zu vervielfachen**[115] oder seine **personellen und finanziellen Kräfte in unangemessener Weise zu binden.**[116] Es gilt im Gegenteil der Grundsatz, dass der Schuldner bei der gerichtlichen und vorgerichtlichen Anspruchsverfolgung in dem Maße zu **schonen** ist, wie es für den Gläubiger **ohne Eingehung eigener Nachteile und Risiken** und ohne Abstriche an der effektiven Durchsetzung der ihm zustehenden Ansprüche möglich ist.[117] Unter dem Gesichtspunkt der Verhältnismäßigkeit kann es im Einzelfall ein Indiz für einen Missbrauch darstellen, dass schonendere Möglichkeiten der Anspruchsdurchsetzung nicht genutzt wurden.[118] Der Gläubiger darf zwar den für ihn sichersten Weg der Rechtsverfolgung wählen.[119] Eine übermäßige und **unverhältnismäßige Belastung des Schuldners** muss aber vermieden werden.[120] Für den Missbrauchstatbestand ist es dabei allerdings – für sich genommen – ohne Bedeutung, ob die gesteigerte

---

[112] KG WRP 2010, 129 (133) – JACKPOT!; OLG Saarbrücken GRUR-RR 2011, 20 – Behinderungsabsicht; OLG Köln WRP 2015, 1385 Rn. 15 – Glücksspiele; *Köhler*/Bornkamm/*Feddersen* § 8 Rn. 4.20; vgl. auch BGH GRUR 2006, 243 Rn. 19 – MEGA SALE.

[113] *Hohlweck* WRP 2020, 266 Rn. 28.

[114] BGH GRUR 2001, 78 (79) – Falsche Herstellerpreisempfehlung; GRUR 2012, 286 Rn. 13 – Falsche Suchrubrik.

[115] BGH GRUR 2001, 82 (83) – Neu in Bielefeld I.

[116] BGH GRUR 2000, 1089 (1091) – Mißbräuchliche Mehrfachverfolgung; GRUR 2001, 82 (83) – Neu in Bielefeld I; OLG Hamm GRUR-RR 2011, 329 (330) – Salve einer Abmahngemeinschaft; OLG Köln WRP 2015, 1385 Rn. 15 – Glücksspiele.

[117] OLG Köln GRUR-RR 2013, 466 (468) – Bach-Blüten; OLG Hamm 1.12.2016 – 4 U 92/15 Rn. 78 – Bußgeldanwälte; *Rehart* MMR 2014, 506 (508); vgl. auch BGH GRUR 2000, 1089 (1092) – Mißbräuchliche Mehrfachverfolgung; GRUR 2013, 307 Rn. 19 – Unbedenkliche Mehrfachabmahnung; OLG Hamburg 16.1.2003 – 5 U 61/02; KG WRP 2008, 511 (512) – Fliegender Gerichtsstand; OLG Frankfurt a. M. GRUR-RR 2011, 229 – Unabhängigkeit; KG GRUR-RR 2012, 134 – Neujahrskonzert 2011.

[118] BGH GRUR 2020, 1087 Rn. 23 – Al Di Meola II.

[119] BGH GRUR 2013, 307 Rn. 20 – Unbedenkliche Mehrfachabmahnung; LG Stuttgart 28.1.2019 – 44 O 119/18 Rn. 38 – Ocean Plastic.

[120] Vgl. BGH GRUR 2000, 1089 (1092) – Mißbräuchliche Mehrfachverfolgung.

Kostenbelastung den Schuldner hart trifft und geeignet ist, seine wirtschaftliche Bewegungsfreiheit einzuschränken und ihn zu behindern, oder ob angesichts der Größe und starken wirtschaftlichen Stellung des Schuldners – etwa als Mitglied eines großen Konzernverbundes – die Kostenmehrbelastung nicht ins Gewicht fällt und eine Behinderung fernliegt.[121] Ansonsten würde allein die Größe und finanzielle Leistungsfähigkeit des Schuldners den Gläubiger von jedem Missbrauchsvorwurf entlasten.[122]

Da durch eine unzulässige geschäftliche Handlung Ansprüche einer Mehrzahl von Mitbewerbern iSd § 8 Abs. 3 Nr. 1 oder nach § 8 Abs. 3 Nr. 2–4 Anspruchsberechtigten begründet werden können, besteht für den Anspruchsgegner das Risiko, dass derselbe Verstoß zum Gegenstand **mehrerer Abmahnungen** oder **gerichtlicher Verfahren** gemacht wird. Denn die Unterlassungsklage eines Anspruchsberechtigten steht der Geltendmachung der Ansprüche anderer Unterlassungsgläubiger nicht entgegen.[123] Die Anzahl der potentiell Anspruchsberechtigten ist zwar mit dem Wegfall der Klagebefugnis der nur abstrakt betroffenen Mitbewerber (früher § 13 Abs. 2 Nr. 2 UWG 1909) erheblich verringert worden. Gleichwohl besteht insbesondere bei einer räumlich nicht beschränkten Werbung die Möglichkeit, dass eine Vielzahl von Mitbewerbern und/oder Verbänden darin einen Wettbewerbsverstoß sieht und gegen den Werbenden vorgeht. Dem mit Kosten und Mühen verbundenen Risiko, sich eventuell in einer Vielzahl von gerichtlichen Verfahren gegen eine Mehrzahl von Anspruchstellern verteidigen zu müssen, kann sich der in Anspruch Genommene nur dadurch entziehen, dass er sich gegenüber einem unterwirft und auf diese Weise sämtliche Gläubiger klaglos stellt.[124] Der Gefahr, dass wettbewerbsrechtliche Unterlassungsansprüche missbräuchlich mehrfach verfolgt werden, ist die Rspr. mit einer Anwendung des Missbrauchstatbestands auf eine solche **Mehrfachverfolgung** begegnet, wenn sie sachfremde Motive wie vor allem das Interesse, den Gegner mit möglichst hohen Prozesskosten zu belasten, als eigentliche Triebfeder der Verfahrenseinleitung ausgemacht hat.[125] Zwei besondere Konstellationen der Mehrfachverfolgung hat das Gesetz in den **Regelbeispielen des § 8c Abs. 2 Nr. 6** (hierzu → Rn. 202 ff.) und **§ 8c Abs. 2 Nr. 7** (→ Rn. 213 ff.) geregelt. 65

Anhaltspunkte dafür, dass die Belastung des Gegners mit Kosten die eigentliche Triebfeder für die Geltendmachung von Unterlassungsansprüchen ist, können sich darüber hinaus aus verschiedenen prozessualen bzw. vorprozessualen Situationen ergeben.[126] Zweckmäßigerweise wird hier grundsätzlich zwischen Konstellationen unterschieden, in denen nur ein Anspruchsberechtigter vorgeht und solchen, in denen mehrere Anspruchsberechtigte ihre Rechtsverfolgung koordinieren. Denn hier hat die Rspr. jeweils bestimmte **typische Indizien** herausgearbeitet. Selbstverständlich kommt es **in der Praxis** zu **Überschneidungen.** Insbesondere können Aspekte, die beim Vorgehen eines Anspruchsberechtigten gegen einen Schuldner für einen Missbrauch sprechen auch in den Konstellationen zum Tragen kommen, in denen auf Aktiv- oder Passivseite jeweils mehrere Parteien beteiligt sind. 66

bb) Missbräuchliches Vorgehen eines Anspruchsberechtigten gegen einen Schuldner. (a) Gleichzeitiges Vorgehen in Eilverfahren und Hauptsache. Ein missbräuchliches Vorgehen ist indiziert, wenn der Unterlassungsgläubiger, ohne hierzu genötigt 67

[121] BGH GRUR 2006, 243 Rn. 19 – MEGA SALE; OLG Hamburg GRUR-RR 2006, 374 (375) – Neueröffnung; aA OLG Frankfurt a. M. GRUR-RR 2016, 274 Rn. 39 – Drohkulisse.

[122] BGH GRUR 2006, 243 Rn. 19 – MEGA SALE; aA OLG Frankfurt a. M. GRUR-RR 2016, 274 Rn. 39 – Drohkulisse.

[123] BGH GRUR 1991, 917 (921) – Anwaltswerbung; GRUR 1994, 307 (308) – Mozzarella I; GRUR 2000, 1089 (1090) – Mißbräuchliche Mehrfachverfolgung; GRUR 2001, 82 – Neu in Bielefeld I; *Köhler* WRP 1992, 359.

[124] BGH GRUR 1987, 640 (641) – Wiederholte Unterwerfung II; GRUR 2000, 1089 (1090) – Mißbräuchliche Mehrfachverfolgung.

[125] BGH GRUR 2000, 1089 (1090) – Mißbräuchliche Mehrfachverfolgung.

[126] BGH GRUR 2000, 1089 (1091) – Mißbräuchliche Mehrfachverfolgung; GRUR 2001, 78 (79) – Falsche Herstellerpreisempfehlung; GRUR 2001, 82 (83) – Neu in Bielefeld I; OLG Köln GRUR-RR 2006, 203 (204) – Der Beste Preis der Stadt.

zu sein, **neben** dem Verfahren **der einstweiligen Verfügung gleichzeitig ein Hauptsacheverfahren mit einem identischen Unterlassungsantrag** anstrengt, ohne abzuwarten, ob die beantragte einstweilige Verfügung erlassen wird und der Schuldner sie in einer Abschlusserklärung als endgültige Regelung anerkennt.[127] Hierfür besteht in aller Regel kein praktisches Bedürfnis, so dass ein missbräuchliches Vorgehen mit dem Ziel, den Gegner mit unnötigen Kosten und Aufwand zu belasten, naheliegt.[128] Wer nach erfolgloser Abmahnung eine einstweilige Verfügung erwirkt, handelt aber in aller Regel **nich**t missbräuchlich, wenn er zusätzlich eine **Hauptsacheklage** erhebt, mit der er neben dem im Eilverfahren geltend gemachten Unterlassungsanspruch auch Annex- und Kostenansprüche verfolgt, **nachdem** der Schuldner in der ihm gesetzten Frist die geforderte **Abschlusserklärung nicht abgegeben** hat.[129] Dies gilt auch, wenn der Schuldner gegen die einstweilige Verfügung Widerspruch eingelegt hat; dem Gläubiger ist dann nicht zuzumuten, zunächst den Ausgang des Verfügungsverfahrens abzuwarten.[130]

68 **(b) Mehrfache Abmahnungen, Verfügungsanträge, Klagen oder Unterlassungsanträge gegen einen Schuldner.** Ein Anhaltspunkt für ein missbräuchliches Verhalten liegt vor, wenn ein Gläubiger eine **einheitliche Zuwiderhandlung** (zB eine einheitliche Werbung mit mehreren irreführenden Aussagen) bewusst **in** mehrere **getrennte Zuwiderhandlungen aufteilt,** hierfür **getrennte Verfahren** anstrengt und durch die künstliche Aufspaltung und Vervielfältigung der Verfahren die **Kostenlast erheblich erhöht,** obwohl eine Inanspruchnahme in nur einem Verfahren für ihn mit keinerlei Nachteilen verbunden ist.[131] Der Unterlassungsgläubiger kann nämlich ohne weiteres mehrere in einer konkreten Verletzungsform verwirklichte Zuwiderhandlungen im Wege der **kumulativen Klagehäufung** jeweils gesondert angreifen und sich somit größtmöglich absichern.[132] **Alles** was vom Unterlassungsgläubiger **ohne Nachteile** in einem gerichtlichen Verfahren geltend gemacht werden kann, ist **zusammenzufassen.** Dies allein entspricht dem Normzweck des § 8c, Missbräuchen bei Geltendmachung von Abwehransprüchen aus sachfremden, nicht schutzwürdigen Gründen entgegenzuwirken.[133] Missbräuchlich ist es außerdem, mit Absicht wegen eines Wettbewerbsverstoßes einer ersten Klage Unterlassungs- und Schadensersatzansprüche geltend zu machen und anschließend wegen desselben Verstoßes bei einem anderen Gericht die Erstattung der Abmahnkosten einzuklagen.[134]

69 Beruht eine Verfahrensspaltung aber nicht auf **Absicht,** sondern nachgewiesenermaßen auf einem fahrlässigen **Versehen,** ist Missbrauch in Form der Behinderungsabsicht zu verneinen.[135] Dies ist sachgerecht, weil es in einem solchen Fall an der Zweck-Mittel-Disparität fehlt, die eine bewusste Verknüpfung von Zweck und Mittel voraussetzt (→ Rn. 15).

---

[127] BGH GRUR 2000, 1089 (1091) – Mißbräuchliche Mehrfachverfolgung; GRUR 2001, 78 (79) – Falsche Herstellerpreisempfehlung; GRUR 2001, 82 (83) – Neu in Bielefeld I; GRUR 2002, 715 (716) – Scanner-Werbung; GRUR 2016, 1316 Rn. 14 – Notarielle Unterlassungserklärung; OLG Nürnberg GRUR-RR 2003, 336 – Verfahrensdurchführung; OLG Köln GRUR-RR 2009, 183 – Hauptsacheklage nach Widerspruch.

[128] Vgl. *Ulrich* WRP 1998, 826 (829); für Missbrauch nur im Ausnahmefall *Stickelbrock* WRP 2001, 648 (658).

[129] OLG Köln GRUR-RR 2009, 183 (184) – Hauptsacheklage nach Widerspruch.

[130] OLG München 17.1.2008 – 6 U 1880/07; OLG Köln GRUR-RR 2009, 183 (184) – Hauptsacheklage nach Widerspruch; LG Berlin 8.5.2007 – 102 O 27/07; *Teplitzky* FS 100 Jahre Wettbewerbszentrale, 2012, 195 (203) mwN; aA OLG Nürnberg GRUR-RR 2003, 336 – Verfahrensdurchführung.

[131] Vgl. BGH GRUR 2009, 1180 Rn. 20 – 0,00 Grundgebühr; GRUR 2010, 454 Rn. 19 – Klassenlotterie; KG WRP 2010, 1273 (1274); OLG Frankfurt a. M. GRUR-RR 2011, 14 – Rubbellos; OLG München WRP 2011, 364 (366) – Programmpaket LIGA total!; OLG Hamm WRP 2011, 501 (504) – Bewertungsrabatt; OLG Hamburg GRUR-RR 2013, 29 (32) – Nr. 1 Hits.

[132] Vgl. BGH GRUR 2013, 401 Rn. 25 – Biomineralwasser.

[133] BGH GRUR 2009, 1180 Rn. 20 – 0,00 Grundgebühr; OLG Hamburg GRUR-RR 2013, 29 (32) – Nr. 1 Hits; vgl. auch OLG Düsseldorf GRUR-RR 2014, 164 (165) – Karnevals-Wurfware.

[134] Vgl. OLG Frankfurt a. M. WRP 2018, 736 Rn. 3 (aber offenbar aA).

[135] OLG Frankfurt a. M. WRP 2018, 736 Rn. 3; LG Stuttgart 28.1.2019 – 44 O 119/18 Rn. 41 – Ocean Plastic.

70 Diese zunächst auf einen einheitlichen Wettbewerbsverstoß beschränkten Grundsätze sind ebenfalls anwendbar, wenn es um die Mehrfachverfolgung **kerngleicher** oder auch nur **ähnlich gelagerter Wettbewerbsverstöße** (→ Rn. 73) zwischen denselben Parteien geht.[136] Werden mehrere Zuwiderhandlungen, die zusammen hätten gerichtlich geltend gemacht werden können, in einzelnen gerichtlichen Verfahren verfolgt, liegt hierin ein sehr gewichtiges Indiz für ein im Vordergrund stehendes Kostenbelastungsinteresse und damit für einen Missbrauch.

71 Als **Regelbeispiel in § 8c Abs. 2 Nr. 6** näher ausgestaltet hat der Gesetzgeber diese Konstellation auch in solchen Fällen anzunehmen sein, wenn mehrere Zuwiderhandlungen, die zusammen hätten abgemahnt werden können, einzelnen abgemahnt werden (→ Rn. 202 ff.).

72 **Völlig unterschiedliche Zuwiderhandlungen** rechtfertigen jedoch jederzeit auch **mehrere Verfahren,** so zB wenn ein Verfahren den Inhalt einer Lotto-Kundenzeitung zum Gegenstand hat, ein weiteres Verfahren aber den Verkauf eines Loses an einen Minderjährigen.[137]

73 Ein Indiz für ein im Vordergrund stehendes Kostenbelastungsinteresse ist nicht nur die geschilderte Aufspaltung in mehrere Verfahren. **Auch innerhalb eines einheitlichen Verfahrens** kann die Stellung mehrerer nahezu identischer Unterlassungsanträge, die sich auf **kerngleiche Verletzungshandlungen** beziehen, und ohne inhaltliche Erweiterung des begehrten Verbotsumfangs zu einer **Vervielfachung des Streitwerts** führen, ein Indiz für einen Missbrauch sein, wenn dem Gläubiger im Einzelfall ein **schonenderes Vorgehen durch Zusammenfassung** seines Begehrens in einem Antrag ohne eigene rechtliche Nachteile möglich und zumutbar ist.[138]

74 Der Missbrauch ist zwar für jeden mit Abmahnung, Klage oder Verfügungsantrag geltend gemachten Anspruch gesondert zu prüfen. Das kann aber, insbesondere bei mehr oder weniger gleichzeitig erhobenen Klagen oder gestellten Anträgen dazu führen, dass alle Klagen oder Anträge unzulässig sind (→ Rn. 78).[139]

75 Wo sich durch Aufspaltung oder Vervielfältigung von Verfahren oder Anträgen die Kostenbelastung des Gegners erhöht und daher der Missbrauch indiziert ist, ist es Sache des Anspruchstellers, **sachliche Gründe** für sein Vorgehen dazutun (→ Rn. 76 ff.). In Betracht kommen insbesondere alle objektiven Nachteile einer einheitlichen Rechtsverfolgung, die der Gläubiger in der gegebenen Situation durch die Aufteilung zu vermeiden trachtet. Ein sachlicher Grund liegt vor, wenn die Aufteilung unter den gegebenen Umständen der **prozessual sicherste Weg** ist, um das Rechtsschutzbegehren durchzusetzen.[140] Eine Aufspaltung kann sich etwa empfehlen, wenn die **rechtliche Beurteilung** oder die **Beweisbarkeit** des jeweiligen Wettbewerbsverstoßes **unterschiedlich** ausfallen kann.[141] Auch die Frage der **Schnelligkeit** der Erreichung des Rechtsschutzziels spielt eine Rolle. Dient die Aufspaltung in mehrere Verfahren dazu, die Möglichkeit zu nutzen, das eine Rechtsschutzziele schneller zu verwirklichen als es sich für das andere Rechtsschutzziels erreichen lässt, ist die Verfahrensaufspaltung sachlich gerechtfertigt

76 **Kasuistik:** Ein sachlicher Grund für die Erhebung gesonderter Klagen kann sich vor allem daraus ergeben, dass sich die Rechtsdurchsetzung in der einen Hinsicht anders – und insbesondere zeitaufwendiger – gestalten kann als in der anderen Hinsicht und daher bei Erhebung einer einheitlichen Klage die – gerade bei in die Zukunft gerichteten Unterlassungsansprüchen relevante – Gefahr besteht, dass ein an sich ohne viel Aufwand durchsetz-

---

[136] BGH GRUR 2009, 1180 Rn. 20 – 0,00 Grundgebühr; GRUR 2010, 454 Rn. 19 – Klassenlotterie; GRUR 2019, 631 Rn. 62 – Das beste Netz; KG WRP 2010, 1273 (1274); OLG Hamburg GRUR-RR 2013, 29 (32) – Nr. 1 Hits; vgl. auch OLG Düsseldorf GRUR-RR 2014, 164 (165) – Karnevals-Wurfware.

[137] OLG Frankfurt a. M. GRUR-RR 2011, 14 – Rubbellos.

[138] BGH GRUR 2013, 307 Rn. 19 – Unbedenkliche Mehrfachabmahnung; KG 19.10.2010 – 5 U 99/09.

[139] KG WRP 2010, 1273 (1275).

[140] BGH GRUR 2013, 307 Rn. 20 – Unbedenkliche Mehrfachabmahnung GRUR 2019, 631 Rn. 62 – Das beste Netz; LG Stuttgart 28.1.2019 – 44 O 119/18 Rn. 38 – Ocean Plastic.

[141] BGH PharmR 2014, 257 (258); GRUR 2019, 631 Rn. 62 – Das beste Netz.

barer Anspruch zunächst nicht ausgeurteilt wird.[142] Aus den gleichen Erwägungen heraus besteht ein sachlicher Grund, gegen eine bestimmte Werbemaßnahme zT mit einem auf **Unterlassung** gerichteten **Verfügungsantrag** und zT mit einer auf Beseitigung gerichteten **Hauptsacheklage** vorzugehen, denn der **Beseitigungsanspruch** kann nicht ohne weiteres im Eilverfahren tituliert werden (*Goldmann* → § 8 Rn. 299 ff.); andererseits muss sich deshalb der Gläubiger nicht insgesamt auf das Hauptsacheverfahren beschränken, sondern darf den Unterlassungsanspruch im für ihn schnelleren und vorteilhafteren Eilverfahren durchsetzen.[143] Dies gilt auch dann, wenn eine innerhalb eines neuen Werbemittels erkannte Irreführung nur im Klageverfahren verfolgt werden kann, weil die **Dringlichkeit** für ein Eilverfahren wegen der längeren Kenntnis entsprechender älterer Werbemittel nicht mehr gegeben ist, während ein weiterer Anspruch gegen einen neuen Inhalt desselben Werbemittel noch im Verfügungsverfahren verfolgt werden kann.[144] Ein sachlicher Grund, Unterlassungsansprüche aus einem einheitlichen Lebenssachverhalt teilweise im Verfügungsverfahren und teilweise in einem separaten Hauptsacheverfahren zu verfolgen, liegt auch dann vor, wenn der Gläubiger mit **unterschiedlichen Beweissituationen** rechnen durfte und deshalb im Verfügungsverfahren Glaubhaftmachungsmittel vorbringen kann, während er sich für den im Hauptsacheprozess verfolgten Anspruchsteil auf Beweismittel wie Zeugenvernehmung beziehen muss.[145] Auch die Geltendmachung unterschiedlicher Zuwiderhandlungen (Irreführung) in **mehreren Verfügungsverfahren** ist sachlich gerechtfertigt, wenn unterschiedliche Beweissituationen vorliegen oder die Verstöße zu unterschiedlichen Zeitpunkten bekannt wurden, was eine getrennte Anspruchsverfolgung sinnvoll erscheinen lassen kann.[146] Separate Verfügungsverfahren wegen UWG-Verstoßes einerseits und Markenverletzung andererseits sind grundsätzlich nicht zu beanstanden.[146a] Die Stellung unterschiedlicher Unterlassungsanträge für ganz ähnliche Zuwiderhandlungen ist nicht missbräuchlich, sondern durch die Obliegenheit der **prozessualen Vorsicht** sachlich gerechtfertigt, wenn sich durch den Gläubiger **nicht sicher** beurteilen lässt, **ob** es sich um **kerngleiche Verstöße** handelt oder nicht.[147] Für die Verfolgung mehrerer selbständiger Wettbewerbsverstöße eines Schuldners in getrennten Verfahren besteht ein sachlicher Grund, wenn der Gläubiger keine Möglichkeit hat, den späteren Verstoß im Rahmen eines Ordungsgeldverfahrens zu ahnden und soweit in dem Parallelverfahren erst eine Beschlussverfügung ergangen ist, über deren rechtliches Schicksal ihm (etwa wegen fehlender Antwort auf ein Abschlussschreiben) noch keine verbindlichen Informationen vorliegen.[148] Ein sachlicher Grund für eine getrennte Inanspruchnahme besteht auch, wenn der Unterlassungsgläubiger auf getrennt erhobene negative Feststellungsklagen des Anspruchsgegners in den jeweiligen Verfahren mit **Widerklagen** reagiert.[149] Das Argument, eine getrennte Geltendmachung von Ansprüchen erleichtere die **Aktenführung** und -bearbeitung und vermeide Fehler, wird demgegenüber nicht gelten gelassen und ist kein sachlicher Grund für eine getrennte Anspruchsverfolgung.[150]

77 **(c) Beurteilung zeitlich versetzten Vorgehens.** In Fällen, in denen eine missbräuchliche Aufspaltung des Rechtsschutzbegehrens vorliegt, ist bei mehr oder weniger **gleich-**

---

[142] BGH PharmR 2014, 257 (258).

[143] OLG Hamm WRP 2011, 501 (504) – Bewertungsrabatt.

[144] *Rehart* MMR 2014, 506 (507).

[145] BGH GRUR 2009, 1180 Rn. 20 f. – 0,00 Grundgebühr; OLG Hamburg GRUR-RR 2013, 29 (32) – Nr. 1 Hits; *Teplitzky* FS 100 Jahre Wettbewerbszentrale, 2012, 195 (204).

[146] BGH GRUR 2019, 631 Rn. 64 – Das beste Netz; OLG Hamburg GRUR-RR 2013, 29 (32) – Nr. 1 Hits.

[146a] BGH GRUR 2019, 631 Rn. 65 – Das beste Netz.

[147] BGH GRUR 2013, 307 Rn. 20 f., 23 – Unbedenkliche Mehrfachabmahnung.

[148] OLG Düsseldorf 13.11.2014 – I-15 U 65/14.

[149] BGH GRUR 2002, 979 (980) – Kopplungsangebot II; *Teplitzky* FS 100 Jahre Wettbewerbszentrale, 2012, 195 (204).

[150] Vgl. zur Mehrfachverfolgung gegen mehrere Beklagte einer Unternehmensgruppe BGH GRUR 2006, 243 Rn. 21 – MEGA SALE; *Teplitzky* FS 100 Jahre Wettbewerbszentrale, 2012, 195 (204).

zeitig erhobenen Klagen oder gestellten Anträgen der Schluss gerechtfertigt, dass **sämtliche Klagen missbräuchlich** erhoben und sämtliche Anträge missbräuchlich gestellt sind.[151] Ein solcher Schluss verbietet sich dagegen, wenn zwischen der Erhebung der Klagen bzw. Einreichung der Anträge eine **gewisse Zeitspanne** liegt, weil dann aus der gesonderten Erhebung der zweiten Klage bzw. Stellung des zweiten Antrags nicht ohne weiteres auf ein missbräuchliches Vorgehen schon bei Erhebung der ersten Klage bzw. Stellung des ersten Antrags geschlossen werden kann.[152] Bei einem solchen **zeitlich versetzten Vorgehen** kommt ein **Missbrauch nur hinsichtlich der zweiten Klage** bzw. des zweiten Verfügungsantrags in Betracht.[153] Diese Grundsätze gelten auch für Abmahnungen.[154]

cc) Missbräuchliches Vorgehen mehrerer Anspruchsberechtigter gegen einen Schuldner. (a) Getrennte Rechtsverfolgung durch mehrere konzernmäßig verbundene Kläger. Klagen mehrere **konzernmäßig verbundene Unternehmen,** die von demselben Rechtsanwalt vertreten werden, **nicht** gemeinsam **als Streitgenossen,** obwohl eine subjektive Klagehäufung auf der Aktivseite mit keinerlei Nachteilen verbunden wäre, so ist dies ein Indiz dafür, dass die klagenden Gläubiger neben dem Interesse an einer Untersagung des Wettbewerbsverstoßes die Absicht verfolgen, den oder die Schuldner durch eine – der Sache nach unnötige – **erhebliche Mehrbelastung** mit Kosten und Gebühren zu schädigen und dadurch im Wettbewerb zu behindern.[155] Man spricht von einer **„Konzernsalve“.**[156] Von einer erheblichen Mehrbelastung geht der BGH jedenfalls aus, wenn sich die Kosten und Gebühren nahezu verdoppeln.[157] 78

Die Missbräuchlichkeit wird man in solchen Fällen allerdings nicht schon allein darin sehen können, dass überhaupt von einer Streitgenossenschaft abgesehen wird. Denn ein solches Vorgehen ist weder nach der ZPO noch vom materiellen Recht grundsätzlich gefordert.[158] Es müssen vielmehr weitere Umstände hinzutreten, die zusammen mit dem Absehen von der Klagehäufung bei einer Gesamtwürdigung den Schluss rechtfertigen, dass mit der Geltendmachung des einzelnen Unterlassungsanspruchs in erster Linie (und nicht bloß „neben“ anderen)[159] sachfremde Ziele verfolgt werden.[160] Ein solcher Umstand kann die **zentrale Koordination** des Vorgehens der Konzernunternehmen in Zusammenarbeit mit einem Rechtsanwalt sein.[161] Denn wie der BGH entschieden hat, werden durch eine Abstimmung des prozessualen Vorgehens von Konzernunternehmen und durch eine zentrale Koordinierung der Rechtsverfolgung **gesteigerte Rücksichtnahmepflichten** ausgelöst. Bedienen sich mehrere Konzernunternehmen eines einzigen Rechtsanwalts, der die Verfolgung von Wettbewerbsverstößen auf der Grundlage der bei ihm zusammenfließenden Informationen **koordiniert,** so obliegt es grundsätzlich den Konzernunternehmen, die daraus erwachsenden Möglichkeiten zu einer – den Gegner weniger belastenden – Ver- 79

---

[151] Vgl. BGH GRUR 2000, 1089 (1093) – Mißbräuchliche Mehrfachverfolgung; KG 19.10.2010 – 5 U 99/09.

[152] Vgl. BGH GRUR 2000, 1089 (1093) – Mißbräuchliche Mehrfachverfolgung.

[153] Vgl. BGH GRUR 2000, 1089 (1093) – Mißbräuchliche Mehrfachverfolgung.

[154] BGH GRUR 2013, 307 Rn. 11 – Unbedenkliche Mehrfachabmahnung.

[155] BGH GRUR 2000, 1089 (1091) – Mißbräuchliche Mehrfachverfolgung; GRUR 2001, 78 (79) – Falsche Herstellerpreisempfehlung; GRUR 2002, 713 (714) – Zeitlich versetzte Mehrfachverfolgung; GRUR 2002, 715 (717) – Scanner-Werbung; GRUR 2006, 243 Rn. 16 f. – MEGA SALE; OLG Hamburg GRUR-RR 2006, 374 (375) – Neueröffnung.

[156] OLG Hamm GRUR-RR 2011, 329 (331) – Salve einer Abmahngemeinschaft.

[157] Vgl. BGH GRUR 2001, 78 (79) – Falsche Herstellerpreisempfehlung.

[158] Vgl. auch *Stickelbrock* WRP 2001, 648 (658).

[159] Insoweit missverständlich BGH GRUR 2000, 1089 (1091) – Mißbräuchliche Mehrfachverfolgung.

[160] OLG Frankfurt a. M. GRUR 2006, 247 (248) – 40 Jahre Garantie; vgl. auch OLG Köln GRUR-RR 2006, 203 (204) – Der Beste Preis der Stadt; vgl. ferner *Hantke* FS Erdmann, 2002, 831 (839); *Schulte-Franzheim* WRP 2001, 745 (749).

[161] BGH GRUR 2002, 713 (714) – Zeitlich versetzte Mehrfachverfolgung; GRUR 2002, 715 (717) – Scanner-Werbung; OLG Frankfurt a. M. GRUR-RR 2016, 211 Rn. 13 – Inselzuschlag.

fahrenskonzentration zu nutzen und ihr Vorgehen für den Schuldner schonender zu gestalten.[162]

80 Die Verfolgung desselben Wettbewerbsverstoßes eines Mitbewerbers durch mehrere Tochtergesellschaften eines Konzerns kann insbesondere dann missbräuchlich sein, wenn das prozessuale Vorgehen zentral koordiniert wird und nach den Umständen **ein einziger Titel** genügt, um das angegriffene Wettbewerbsverhalten zugunsten aller Konzernunternehmen auf Gläubigerseite bundesweit zu verhindern (etwa durch Prozessstandschaft eines Konzernunternehmens für die anderen oder auch durch Erwirken eines bundesweit geltenden Unterlassungstitels durch ein einzelnes Konzernunternehmen).[163] Auch insoweit sollte aber die getrennte Mehrfachverfolgung allein nicht die Anwendung des Missbrauchstatbestands rechtfertigen können. Es bedarf weiterer Anhaltspunkte, die bei der gebotenen Gesamtwürdigung die Annahme missbräuchlichen Verhaltens nahelegen.[164]

81 Trotz zentraler Koordinierung der Rechtsverfolgungsmaßnahmen in Zusammenarbeit mit einem Rechtsanwalt kann die getrennte Verfolgung durch mehrere Konzernunternehmen **sachlich gerechtfertigt** sein. Dies ist etwa der Fall, wenn die klagenden Unternehmen in ihrer Stellung **als Mitbewerber unterschiedlich betroffen** sind, weshalb aus ihrer Sicht ein **unterschiedlicher Verlauf der Verfahren** nicht auszuschließen ist, etwa weil wegen möglicherweise erforderliche Beweiserhebungen mit einer zeitlich versetzten Entscheidungsreife gerechnet werden kann (bejaht in einem Fall, in dem das eine Konzernunternehmen zwar stark auf dem deutschen Markt vertreten, aber in einer weiter entfernten Branche tätig war und das andere Unternehmen zwar branchenidentisch, aber in Deutschland nur in geringem Umfang aktiv war).[165] In Fällen der mangelnden Vorratshaltung von Sonderangeboten, in denen es zum einen um eine überregional verbreitete Werbung und zum anderen um den Warenvorrat in einer bestimmten Filiale unter Berücksichtigung der örtlichen Verhältnisse geht, ist es nicht missbräuchlich, wenn verschiedene zum selben Konzern gehörende Mitbewerber den Werbenden in verschiedenen Verfahren jeweils an dem Ort in Anspruch nehmen, an dem der mangelnde Warenvorrat besteht.[166]

82 Die dargestellten **Grundsätze gelten** für die gleichzeitige **Abmahnung** eines Schuldners durch mehrere Konzernunternehmen.[167] Solche Mehrfachabmahnungen sind missbräuchlich, wenn eine einzige Abmahnung genügt hätte, um die Interessen aller anspruchsberechtigten Abmahner zu wahren. Dies ist vom BGH für den Fall angenommen worden, dass mehrere von demselben Rechtsanwalt vertretene Konzernunternehmen **denselben, identischen Wettbewerbsverstoß** getrennt abmahnen, obwohl ihnen ein koordiniertes Vorgehen möglich wäre.[168] Ein sachlicher Grund, **einzeln gegen 70 Handelsvertreter** desselben Unternehmens vorzugehen, die auf ihrer Website alle das gleiche fehlerhafte, von dem vertretenen Unternehmen vorgegebene Impressum benutzen, besteht nicht.[169]

83 **(b) Getrennte Rechtsverfolgung durch denselben Rechtsanwalt für nicht verbundene Kläger.** Grundsätzlich gilt: Eine Klage ist nicht deshalb missbräuchlich, weil **gleichzeitig ein anderer Mitbewerber** gegen denselben Beklagten **wegen des gleichen Wettbewerbsverstoßes** ebenfalls eine Klage erhoben hat.[170] Im Interesse eines möglichst

[162] BGH GRUR 2002, 713 (714) – Zeitlich versetzte Mehrfachverfolgung; GRUR 2002, 715 (717) – Scanner-Werbung.

[163] BGH GRUR 2000, 1089 (1091) – Mißbräuchliche Mehrfachverfolgung; GRUR 2001, 82 (83) – Neu in Bielefeld I.

[164] Ebenso *Melullis* Rn. 399.

[165] OLG Frankfurt a. M. GRUR 2006, 247 (248) – 40 Jahre Garantie.

[166] BGH GRUR 2002, 713 (714) – Zeitlich versetzte Mehrfachverfolgung.

[167] BGH GRUR 2002, 715 (717) – Scanner-Werbung.

[168] BGH GRUR 2002, 357 (358 f.) – Mißbräuchliche Mehrfachabmahnung.

[169] LG München I 31.1.2017 – 33 O 20356/15.

[170] OLG Frankfurt a. M. GRUR-RR 2011, 220 – Unabhängigkeit; OLG Frankfurt a. M. GRUR-RR 2015, 302 Rn. 26 – Spezialisiert für Arbeitsrecht; OLG Karlsruhe GRUR-RR 2019, 479 Rn. 38 – Apothekenautomat; *Köhler*/Bornkamm/*Feddersen* § 8 Rn. 4.15a.

lückenlosen Rechtsschutzes wird die Möglichkeit einer Mehrfachverfolgung grundsätzlich in Kauf genommen.[171] Deshalb begründet der Umstand allein, dass diese Unternehmen parallele gleichlautende Unterlassungsansprüche gegen einen gemeinsamen Mitbewerber wegen desselben Wettbewerbsverstoßes gleichzeitig oder zeitversetzt geltend machen, selbst dann grundsätzlich nicht den Vorwurf des Missbrauchs, wenn sie sich hierfür desselben Rechtsanwalts oder geschäftlich verbundener Anwälte bedienen.[172]

Eine Mehrfachverfolgung ist lediglich dann missbräuchlich, wenn sie auf einem **abgestimmten oder zentral koordinierten Verhalten** beruht, für das ansonsten kein vernünftiger Grund vorliegt und die Vervielfachung der Belastung und das Kostenrisiko beim Anspruchsgegner unangemessen sind.[173] Davon kann dann auszugehen sein, wenn der Anwalt **„sämtliche Fäden in der Hand** hat", dh die Mehrfachabmahnung aus eigener Initiative und in alleiniger Verantwortung **losgelöst vom Willen der einzelnen Gläubiger koordiniert.**[174] Der Anwalt ist insoweit Wissensvertreter eines jeden von ihm vertretenen Gläubigers analog § 166 Abs. 1 BGB, so dass jeder Gläubiger sich das Wissen des Anwalts auch um die gleichzeitige Rechtsverfolgung der anderen Gläubiger zurechnen lassen muss.[175] An einem koordinierten Vorgehen fehlte es bei zwei Klagen eines Unternehmens und seines selbständigen Handelsvertreters, die nicht zeitgleich, sondern im Abstand von etwa 8 Monaten voneinander erhoben wurden.[176] An einer koordinierten Klageerhebung fehlte es auch in einem Fall, in dem der Klägervertreter zunächst für drei, eine „Abmahngemeinschaft" bildende und sich abstimmende Mitbewerber jeweils eine Abmahnung erstellt hatte, in dem aber dennoch – nämlich nach Auflösung der „Abmahngemeinschaft" – jeder einzelne Mitbewerber unabhängig und ohne Koordination mit den anderen eine selbständige Entscheidung zur Klageerhebung getroffen hatte.[177] 84

Die dargelegten **Grundsätze gelten** auch für eine koordinierte **Abmahntätigkeit.**[178] Eine einzige Abmahnung reicht vollkommen aus, um dem Abgemahnten einen Weg zu weisen, wie er den Abmahnenden und gleichzeitig alle anderen Gläubiger klaglos stellen kann. In Kenntnis einer solchen Abmahnung (Zurechnung analog § 166 Abs. 1 BGB) haben deshalb weitere Abmahnungen wegen desselben Verstoßes im Rahmen eines gebündelten Vorgehens durch einen Anwalt keinen Sinn mehr.[179] 85

Von vornherein **keinen Bedenken** begegnet es, wenn ein Rechtsanwalt verschiedene, wenn auch im selben Verband organisierte Gläubiger bei der **Verfolgung jeweils unterschiedlicher Wettbewerbsverstöße** gegen einen Schuldner vertritt.[180] 86

dd) Getrennte Verfolgung mehrerer für eine Zuwiderhandlung Verantwortlicher ohne sachlichen Grund. Nach dem (lediglich) als Indiz für einen Missbrauch gem. § 8c Abs. 2 Nr. 1 heranzuziehenden **Regelbeispiel § 8c Abs. 2 Nr. 7** ist eine missbräuchliche Geltendmachung im Zweifel anzunehmen, wenn **wegen einer Zuwiderhandlung,** für die **mehrere Zuwiderhandelnde** verantwortlich sind, die Ansprüche gegen die Zuwiderhandelnden ohne sachlichen Grund **nicht zusammen** geltend gemacht werden (ausf. zu diesem Regelbeispiel → Rn. 212 ff.). 87

---

171 OLG Karlsruhe GRUR-RR 2019, 479 Rn. 38 – Apothekenautomat.

172 OLG Frankfurt a. M. GRUR-RR 2011, 220 – Unabhängigkeit; OLG Frankfurt a. M. GRUR-RR 2015, 302 – Spezialisiert für Arbeitsrecht; OLG Frankfurt a. M. GRUR-RR 2016, 211 Rn. 13 – Inselzuschlag; OLG Karlsruhe GRUR-RR 2019, 479 Rn. 38 – Apothekenautomat.

173 BGH GRUR 2000, 1089 (1091) – Mißbräuchliche Mehrfachverfolgung; OLG Frankfurt a. M. GRUR-RR 2011, 220 – Unabhängigkeit; OLG Hamm GRUR-RR 2011, 329 (331) – Salve einer Abmahngemeinschaft; OLG Frankfurt a. M. GRUR-RR 2015, 302 – Spezialisiert für Arbeitsrecht.

174 OLG Frankfurt a. M. GRUR-RR 2016, 211 Rn. 13 – Inselzuschlag unter Hinweis auf OLG Frankfurt a. M. GRUR-RR 2015, 302 – Spezialisiert für Arbeitsrecht.

175 OLG Hamm GRUR-RR 2011, 329 (331) – Salve einer Abmahngemeinschaft.

176 OLG Frankfurt a. M. GRUR-RR 2011, 220 – Unabhängigkeit.

177 OLG Karlsruhe GRUR-RR 2019, 479 Rn. 38 – Apothekenautomat.

178 OLG Hamm GRUR-RR 2011, 329 (331 f.) – Salve einer Abmahngemeinschaft.

179 OLG Hamm GRUR-RR 2011, 329 (331) – Salve einer Abmahngemeinschaft.

180 LG Hamburg ZUM-RD 2010, 352 (353).

88 **ee) Missbräuchliches Vorgehen eines (oder ggf. mehrerer) Anspruchsberechtigter gegen mehrere Schuldner aufgrund einer jeweils eigenständigen Zuwiderhandlung.** Anhaltspunkte für ein missbräuchliches Verhalten können sich je nach den Umständen des Falles daraus ergeben, dass ein Gläubiger gegen mehrere rechtlich unabhängige Konzernuntergesellschaften als jeweils für ihre eigene Zuwiderhandlung verantwortliche Unterlassungsschuldner **getrennte Verfahren** anstrengt, obwohl die Zuwiderhandlungen jeweils identisch sind. Diese Konstellation unterfällt nicht dem Regelbeispiel § 8c Abs. 2 Nr. 7, sondern ist nach der Generalklausel § 8c Abs. 1 zu beurteilen (→ Rn. 214). Die Missbräuchlichkeit wird man ohne das Hinzutreten weiterer Umstände in solchen Fällen allerdings nicht schon allein darin sehen können, dass überhaupt von einer Streitgenossenschaft auf der Passivseite abgesehen wird. Denn ein solches Vorgehen ist weder nach der Verfahrensordnung noch nach materiellem Recht grundsätzlich gefordert.[181] Ein Umstand, der einen Missbrauch indiziert, ist, wenn durch das getrennte Vorgehen die **Kostenlast erheblich erhöht wird,** obwohl eine streitgenössische Inanspruchnahme auf der Passivseite mit keinerlei Nachteilen verbunden wäre.[182] Als missbräuchlich kann es sich unter dem Gesichtspunkt der unnötigen Erhöhung der Kostenlast auch darstellen, die **einzelnen Betreibergesellschaften** der Supermärkte eines **Handelskonzerns** gesondert zu verfolgen **statt** nur **einen zentralen Angriff** auf die übergeordnete, koordinierende Gesellschaft, die verbindlich über Werbung und Produktangebot in den einzelnen Supermärkten entscheidet. Eine missbräuchliche Zweck-Mittel-Disparität setzt aber jedenfalls voraus, dass diese zentrale und bestimmende Funktion der übergeordneten Gesellschaft für Außenstehende ohne weiteres erkennbar ist; auf eine entsprechende unverbindliche Äußerung – wie sie etwa bei den Handelskonzernen Aldi und Lidl meist routinemäßig in Reaktion auf die erste Abmahnung erfolgt – muss sich der Anspruchsteller nicht verlassen.[183]

89 Das OLG Nürnberg ist bei einer Erhöhung der Verfahrenskosten von 7.300 EUR auf 12.552 EUR in einem Fall, in dem sich die Mehrkosten auf drei Antragsgegner verteilten, noch nicht von einer hinreichend **erheblichen Mehrbelastung** ausgegangen.[184] Von einer erheblichen Erhöhung der Kostenlast geht der BGH jedenfalls aus, **wenn sich die Kosten und Gebühren nahezu verdoppeln.**[185]

90 Bejaht wurde ein Missbrauch in einem Fall, in dem wegen einer einheitlichen Gemeinschaftswerbung, für die eine **einheitliche rechtliche Beurteilung** angezeigt und identische Feststellungen zu treffen waren, in zwei getrennten Verfügungsverfahren gegen zwei Konzerngesellschaften vorgegangen wurde, für die ein **einheitlicher Gerichtsstand** gegeben war.[186]

91 **Kein** sachlicher **Grund** für ein solches Vorgehen ist, dass die Verfahrensaufteilung die **Aktenführung erleichtert** oder dass sich der Gläubiger von ihr die Vermeidung von Fehlern in der Aktenbearbeitung erhofft.[187]

92 Ein **sachlicher Grund,** zwei Konzerngesellschaften wegen derselben Werbung in zwei getrennten Klageverfahren in Anspruch zu nehmen, liegt vor, wenn eine der Beklagten im **Ausland** sitzt.[188] Denn die Inanspruchnahme einer im Ausland ansässigen Partei ist regelmäßig mit gewissen zeitlichen Nachteilen verbunden, was eine aufgespaltene Geltendma-

[181] OLG Nürnberg GRUR-RR 2005, 169 f. – Unterhaltungselektronik; vgl. auch OLG Köln GRUR-RR 2006, 203 (204) – Der beste Preis der Stadt (offenlassend); *Hantke* FS Erdmann, 2002, 831 (839); *Schulte-Franzheim* WRP 2001, 745 (749); *Stickelbrock* WRP 2001, 648 (658).

[182] BGH GRUR 2000, 1089 (1091) – Mißbräuchliche Mehrfachverfolgung; GRUR 2001, 78 (79) – Falsche Herstellerpreisempfehlung; GRUR 2001, 82 (83) – Neu in Bielefeld I; GRUR 2002, 715 (717) – Scanner-Werbung; GRUR 2006, 243 Rn. 16 f. – MEGA SALE; OLG Nürnberg GRUR-RR 2005, 169 f. – Unterhaltungselektronik; OLG Köln GRUR-RR 2006, 203 (204) – Der beste Preis der Stadt.

[183] Vgl. LG Stuttgart 15.9.2020 – 17 O 87/19 – JOOP! und Calvin Klein.

[184] OLG Nürnberg GRUR-RR 2005, 169 f. – Unterhaltungselektronik.

[185] BGH GRUR 2002, 715 (716 f.) – Scanner-Werbung.

[186] BGH GRUR 2006, 243 Rn. 17 – MEGA SALE.

[187] BGH GRUR 2006, 243 Rn. 21 – MEGA SALE.

[188] OLG Düsseldorf LMRR 2009, 76; *Teplitzky* FS 100 Jahre Wettbewerbszentrale, 2012, 195 (204).

chung des Unterlassungsanspruchs als zulässig erscheinen lässt.[189] Es ist dann legitim, gegen zwei Verletzer in getrennten Verfahren vorzugehen, wenn nur so sichergestellt ist, zeitnah zu wenigstens einem Titel zu kommen.[190]

Ein sachlicher Grund für unterschiedliche gerichtliche Verfahren liegt selbstverständlich erst recht vor, wenn für die verschiedenen Beklagten **unterschiedliche Gerichtsstände** bestehen. 93

Für nur ähnliche, nach Art, Zeit und Ort und hinsichtlich der beworbenen Produkte **verschiedenartige Wettbewerbsverstöße** rechtlich unabhängiger Konzernunternehmen bleibt es bei den allgemeinen prozessualen Regelungen der §§ 59, 60 ZPO.[191] Handelt es sich nicht um die Verfolgung desselben (identischen) Wettbewerbsverstoßes, sondern lediglich um gleichartige oder ähnliche Verstöße, die sich nicht einheitlich feststellen lassen (zB Fälle mangelnder Vorratshaltung in verschiedenen Filialen[192] oder im Detail unterschiedlicher Angebote[193]), so ist die getrennte Inanspruchnahme nicht missbräuchlich.[194] 94

ff) Unnötige Mehrfachverfolgung entlang der Vertriebskette. Ein Indiz für eine missbräuchliche Mehrfachverfolgung liegt grundsätzlich auch dann vor, wenn ein Gläubiger **gewerbliche Abnehmer** wegen eines Wettbewerbsverstoßes abmahnt oder gerichtlich gegen diese vorgeht, wenn er gleichzeitig dazu vor auch gegen deren **Lieferanten** (Hersteller, Zwischenhändler) wegen eines entsprechenden, gleichartigen Wettbewerbsverstoßes (zB Benutzung irreführenden Werbematerials) vorgegangen ist und gegen diese bereits ein Titel vorliegt, der auch zum **Rückruf** rechtsverletzender Gegenstände verpflichtet (vgl. hierzu *Goldmann* → § 8 Rn. 34 ff.). Denn dann kann er auf die Durchsetzung des Rückrufs als gegenüber einem Vorgehen gegen weitere Abnehmer **schonendere Möglichkeit der Rechtsverfolgung** verwiesen werden.[195] Auf eine schonendere Möglichkeit zur Anspruchsdurchsetzung kann der Anspruchsteller auch dann verwiesen werden, wenn sich die **Abmahnung von zahlreichen Händlern** wegen des damit einhergehenden Kostenrisikos sowie unter Berücksichtigung der objektiven Interessenlage des Rechtsinhabers als nicht interessengerecht erweist.[196] 95

d) Gegenabmahnungen als „Retourkutschen". Der Umstand, dass das wettbewerbsrechtliche Vorgehen sich als Reaktion auf ein entsprechendes Vorgehen der Gegenseite darstellt **(„Retourkutsche")**, begründet für sich genommen noch nicht den Einwand des Missbrauchs.[197] Es reicht insoweit nicht aus, wenn nach einer Abmahnung, einer Klage oder einem Verfügungsantrag das Verhalten des Abmahnenden, Klägers oder Antragstellers überprüft und dieser danach wegen vorgefundener aktueller eigener Verstöße seinerseits abgemahnt oder gerichtlich verfolgt wird.[198] 96

Anders kann es jedoch aussehen, wenn durch das Vorgehen in **erster Linie ein Druckmittel** im Hinblick auf Vergleichsverhandlungen geschaffen werden soll.[199] Hier ist al- 97

---

189 OLG Düsseldorf LMRR 2009, 76; *Pokrant* FS Bornkamm, 2014, 1053 (1057).

190 OLG Düsseldorf LMRR 2009, 76.

191 OLG Hamburg GRUR-RR 2006, 374 (375) – Neueröffnung.

192 BGH GRUR 2002, 713 (714) – Zeitlich versetzte Mehrfachverfolgung.

193 OLG Köln GRUR-RR 2006, 203 (204) – Der Beste Preis der Stadt.

194 BGH GRUR 2002, 713 (714) – Zeitlich versetzte Mehrfachverfolgung; OLG Köln GRUR-RR 2006, 203 (204) – Der Beste Preis der Stadt; OLG Hamburg GRUR-RR 2006, 374 (375) – Neueröffnung.

195 Vgl. BGH GRUR 2020, 1087 Rn. 23 – Al Di Meola II; aA OLG Frankfurt a. M. GRUR-RR 2018, 351 Rn. 16 f. – Schiffsreisenkatalog: Geltendmachung von Ansprüchen gegen Reisebüros, die einen Schiffsreisenkatalog mit irreführender Werbung eines zuvor ein Anspruch genommenen Schiffsreiseveranstalter verteilen.

196 BGH GRUR 2020, 1087 Rn. 23 – Al Di Meola II unter Verweis auf BGH GRUR 2019, 199 Rn. 25 und 20 – Abmahnaktion II.

197 BGH GRUR 2012, 949 Rn. 26 – Missbräuchliche Vertragsstrafe; OLG Hamm 8.11.2012 – 4 U 86/12; OLG Köln WRP 2015, 1385 Rn. 16 – Glücksspiele.

198 OLG Hamm 8.11.2012 – 4 U 86/12.

199 OLG Hamm 8.11.2012 – 4 U 86/12; OLG Köln WRP 2015, 1385 Rn. 16 – Glücksspiele; MüKoUWG/*Fritzsche* § 8 Rn. 471.

lerdings zu differenzieren: Man kann nicht einerseits den Einwand der *„unclean hands"* mit dem Argument zurückweisen, dem Beklagten stehe ja die eigene Rechtsverfolgung gegen den Kläger offen (hierzu *Goldmann* → Vor § 8 Rn. 211), und andererseits ein solches Vorgehen schlechthin für missbräuchlich erklären. Es ist eine **grundsätzlich legitime** und gerade nicht missbräuchliche Vorgehensweise eines Schuldners/Beklagten, den Gläubiger/Kläger **durch einen begründeten Gegenangriff zu einem Vergleich zu bewegen.** Es kommt auf alle Umstände des Einzelfalls an:

98 Der Vorschlag eines Vergleichs auf wechselseitigen Verzicht der Abgabe von Unterlassungserklärungen stellt dann keinen Missbrauch dar, wenn er erkennbar als pragmatische Lösung darauf abzielt, künftig ein **beiderseits wettbewerbskonformes Verhalten** zu erreichen.[200] Wer einen solchen Einigungsvorschlag unterbreitet, beraubt sich also nicht von vornherein der Möglichkeit, seine Ansprüche doch noch gerichtlich geltend zu machen, wenn der Vergleich nicht zustande kommt. Ein Missbrauch liegt auch dann **nicht** vor, wenn der Absender der Gegenabmahnung seinerseits von deren Adressaten nicht wegen eines Wettbewerbsverstoßes, sondern wegen einer angeblichen **Immaterialgüterrechtsverletzung** belangt wurde.[201] Denn dann kann die Rechtsverfolgung des Abmahnenden von vornherein nicht darauf gerichtet sein, sich selbst von den – auch die Allgemeinheit schützenden – Bindungen des Lauterkeitsrecht zu befreien, weshalb er auch zu dessen Durchsetzung berechtigt bleibt.

99 Sachfremde Erwägungen können bei der Gegenabmahnung aber im Vordergrund stehen, wenn die Streitigkeiten der Parteien als Folge von Abmahnung und Gegenabmahnung durch einen Vergleich erledigt werden sollen, **ohne** dass das **Abstellen der gerügten Verstöße** gesichert wurde.[202] Dann dient eine Rechtsverfolgung in Form einer Abmahnung nur dazu, eine Gegenposition aufzubauen, um anschließend eine Vereinbarung zu schließen, nach der keine Seite die jeweils geltend gemachten Unterlassungsansprüche weiterverfolgt.[203]

100 Wenn eine Partei **ankündigt,** so lange und mit solcher **Intensität Abmahnungen auszusprechen** bis die Gegenseite in einem Rechtsstreit gegenteiligen Rubrums „einlenkt" und den eigenen Forderungen entgegenkommt, dann ist darin ein erhebliches Indiz für missbräuchliches Vorgehen zu sehen.[204]

101 Als missbräuchlich ist auch angesehen worden, dass nach dem Plan des Abmahnenden auf Grundlage des mit der Abmahnung und der darauffolgenden Klage aufgebauten Drucks zwischen Mitbewerbern eine Vereinbarung ähnlich einem **Nichtangriffspakt** dahin getroffen werden sollte, dass der wegen einer unzulässigen Telefonwerbung dann auch klageweise in Anspruch genommene Gegner in Zukunft seinerseits nicht mehr gegen Anzeigenwerbung des Abmahnenden vorgehen solle und man sich in Zukunft nicht mehr „ins Gehege kommen" wolle.[205] Es kommt dem Abmahnenden in solchen Fällen nicht darauf an, dass der Abgemahnte sein unlauteres Verhalten einstellt, sondern nur darauf, dass er selbst weiter unlauter handeln kann und sich **von der Sanktionsdrohung befreit.** Eine Gegenabmahnung ist auch dann als missbräuchlich anzusehen, wenn sie nur deshalb erfolgt, um eine **Verhandlungsposition für einen Vergleich** zu schaffen, mit dem auf den zuvor geltend gemachten Unterlassungsanspruch sogleich wieder verzichtet wird, um bei einem weiteren eigenen Verstoß gegen das UWG von einer Vertragsstrafe verschont zu bleiben.[206] Ein Missbrauch ist erst recht gegeben, wenn nach den Äußerungen des Abmahnenden **mit „Wellen" von Angriffen gedroht** wird, die von „Aufwand und Nutzen" her „völlig außer Verhältnis stehen, so dass ein Einlenken nicht unwahrscheinlich" sei. Hier kommt

[200] OLG Bremen GRUR-RR 2013, 477 f. – Brautkleid.
[201] Vgl. zu einem solchen Fall OLG Hamburg 27.9.2013 – 5 U 245/11 – Karriere-Jura/Legalcareers.
[202] OLG Hamm 20.1.2011 – 4 U 175/10; 8.11.2012 – 4 U 86/12.
[203] OLG Hamm 19.7.2011 – 4 U 22/11; 8.11.2012 – 4 U 86/12.
[204] OLG Köln WRP 2015, 1385 Rn. 16 – Glücksspiele.
[205] OLG Hamm 19.8.2010 – 4 U 35/10.
[206] OLG Hamm 8.11.2012 – 4 U 86/12.

eindeutig die Motivation zum Ausdruck, durch eine Vielzahl von Verfahren personelle und finanzielle Ressourcen der Gegenseite zu belasten, um sie durch wirtschaftlichen Druck ihrerseits zum Verzicht auf wettbewerbsrechtliche Angriffe auf den Abmahnenden zu bewegen.[207]

Eine missbräuchliche Retourkutsche durch die Gegenabmahnung kann ferner anzunehmen sein, wenn der Adressat der ersten Abmahnung gezielt unter Zuhilfenahme von den Verbrauchern im Allgemeinen unbekannten Quellen im Internet nach abgelaufenen Angeboten des abmahnenden Mitbewerbers forscht, um einen diesen nach mehr als zwei Jahren für ein längst eingestelltes Verhalten auf Unterlassung in Anspruch zu nehmen.[208] 102

Missbräuchlich kann eine Gegenabmahnung auch dann sein, wenn sie gerade deshalb erfolgt, um einen eigenen Kostenerstattungsanspruch zu erlangen, mit dem gegenüber dem Kostenerstattungsanspruch aus der ersten Abmahnung aufgerechnet werden kann. Diese bewusste **Konstruktion einer Aufrechnungslage** zur Neutralisierung der Kostenfolge der ersten Abmahnung ist ein sachfremder Grund. Strenggenommen gehört er nicht zur Behinderung, sondern ist als „Gebühreneinsparungsinteresse" als Pendant eher der Unterfallgruppe „Gebührenerzielungsinteresse" zuzuordnen.[209] 103

e) Persönliches Vorgehen gegen Mitarbeiter und Beauftragte. Es kann missbräuchlich sein, wenn der Gläubiger **ohne besonderen Grund gegen einen untergeordneten Mitarbeiter** oder Beauftragten ohne Gestaltungs- und Entscheidungskompetenz als natürliche Person **vorgeht,** statt sich an den gem. § 8 Abs. 2 haftenden Unternehmensinhaber zu halten. Denn eine effektive Anspruchsdurchsetzung lässt sich am ehesten durch Inanspruchnahme des Unternehmensinhabers erreichen. An einer eigenständigen Inanspruchnahme untergeordneter Mitarbeiter oder Beauftragter besteht in aller Regel kein echtes Interesse.[210] Werden solche Ansprüche geltend gemacht, liegt die Vermutung nahe, dass dies aus sachfremden Gründen geschieht und entweder eine persönliche Schädigung des Mitarbeiters oder Beauftragten oder eine **Störung des Betriebsfriedens** und damit eine für die effektive Anspruchsdurchsetzung nicht notwendige Behinderung des Unternehmensinhabers bezweckt ist. In solchen Fällen ist es Sache des Gläubigers, sachliche Gründe darzutun, die sein Vorgehen im Einzelfall rechtfertigen. 104

f) Gerichtsstandswahl. Die Beibehaltung des „fliegenden Gerichtsstands" in § 14 Abs. 2 S. 2 ermöglicht Mitbewerbern iSv § 8 Abs. 3 Nr. 1 eine freie bundesweite Wahl des Gerichtsstands, sofern die Zuwiderhandlung auch im Bezirk des angerufenen Gerichts und nicht (ausschließlich) im elektronischen Geschäftsverkehr oder in Telemedien begangen wurde (näher *Tolkmitt* → § 14 Rn. 85 ff.). Dass es dem Mitbewerber in diesen Fällen anheimgestellt ist, welches Gericht er anruft, schließt die Annahme einer missbräuchlichen Gerichtsstandswahl und damit einer missbräuchlichen Geltendmachung von Ansprüchen iSd § 8c Abs. 1 im Einzelfall nicht aus.[211] Grundsätzlich ist es allerdings **nicht** als **missbräuchlich** anzusehen, wenn ein Kläger oder Antragsteller das für ihn bequemste oder ihm genehmste Gericht auswählt, also zB sein Heimatgericht oder das Gericht mit der ihm am günstigsten erscheinenden Rspr., der längsten Dringlichkeitsfrist, etc (sog. **„Rechtsprechungsgefälle"**).[212] Zu solchen auswählbaren Rechtsprechungsgewohnheiten zählt auch die Streitwertbemessung.[213] Es ist gerade in Rechtsstreitigkeiten des gewerblichen Rechtsschutzes weder ungewöhnlich noch anrüchig, wenn angreifende Wettbewerber das Gericht wählen, das ihnen im Hinblick auf die dort vorherrschende Rspr. zur Erreichung ihrer 105

[207] OLG Köln WRP 2015, 1385 Rn. 14 f. – Glücksspiele.
[208] Vgl. OLG Hamm 28.5.2009 – 4 U 60/09; hierzu *Knippenkötter* GRUR-Prax 2011, 483 (485).
[209] Vgl. OLG Hamm 8.11.2012 – 4 U 86/12.
[210] *Fuld* § 13 Anm. V 2 (Zitat bei *Goldmann* § 8 666 Fn. 1692).
[211] KG WRP 2008, 511 (512) – Fliegender Gerichtsstand.
[212] KG WRP 2008, 511 (512) – Fliegender Gerichtsstand; OLG Hamm 1.4.2008 – 4 U 10/08; 17.7.2008 – 4 U 97/08; GRUR-RR 2012, 203 (295) – Geburtstagsrabatt; OLG Brandenburg GRUR-RR 2013, 511 (512) – Verweisungsnorm.
[213] OLG Hamm 17.7.2008 – 4 U 97/08; *Knippenkötter* GRUR-Prax 2011, 483 (486).

Prozessziele am meisten erfolgversprechende erscheint.[214] Dieser Effekt ist im Hinblick auf § 14 Abs. 2 S. 2 UWG Ausdruck des gesetzgeberischen Willens; ihn für sich nutzen zu wollen, ist deshalb keine sachfremde, sondern eine sachlich begründete und in jeder Hinsicht gesetzeskonforme Motivation.[215] Für einen im gewerblichen Rechtsschutz tätigen Rechtsanwalt wäre es geradezu pflichtwidrig, sich nicht genau über das Rechtsprechungsgefälle zu informieren und daraufhin nicht dasjenige Gericht auszuwählen, bei dem die besten Erfolgsaussichten bestehen.[216] Auch das „Testen“ verschiedener Gerichtsstandorte mit Blick auf die dem Kläger möglicherweise unterschiedlich günstige Beurteilung von Tatsachen oder Rechtsfragen ist nicht zu beanstanden.[217]

106 Die Annahme eines Missbrauchs liegt jedoch nahe, wenn ein Massenabmahner das Gericht jeweils nicht nach ihm vorteilhaft erscheinenden Präferenzen, sondern prinzipiell allein so auswählt, dass dieses vom Sitz des jeweiligen Gegners weit entfernt liegt und die Gerichtswahl offenkundig darauf abzielt, für den jeweiligen Gegner **möglichst große Unannehmlichkeiten** und **hohe Kosten** zu generieren oder ihn sogar dadurch von der Verteidigung gegen die Klage abzuschrecken.[218] Angenommen wurde dies in einem Fall, in dem von demselben Kläger vor dem LG Köln ein Antragsgegner aus Hamburg in Anspruch genommen wurde, wohingegen vor dem LG Hamburg Antragsgegner aus Bonn und aus der Nähe von Düsseldorf in Anspruch genommen wurden, etc, der mutmaßlich günstigste Gerichtsstabdort unter dem Gesichtspunkt des „Rechtsprechungsgefälles“ aber Berlin gewesen wäre.[219]

107 Zu beachten ist in der Gesamtschau mit anderen Umständen des jeweiligen Einzelfalles auch, dass **missbräuchliches Verhalten** durch Ausnutzen des fliegenden Gerichtsstandes **verschleiert** werden kann. Denn bei einer breiten Streuung können gerade bei Massenverfahren die jeweiligen Gerichte nicht zur Kenntnis nehmen, in wie vielen und welchen Fällen und in welcher Weise von einer Partei abgemahnt und abgerechnet wird.[220]

108 **g) Titelerschleichung.** Ein Indiz für einen Missbrauch gem. § 8c Abs. 1 ist es, wenn der Antragsteller im Verfügungsverfahren wahrheitswidrig behauptet, der Antragsgegner habe auf die Abmahnung nicht reagiert, und die Antwort des Antragsgegners auf die Abmahnung nicht mit der Antragsschrift vorlegt, sondern verschweigt.[221] Die prozessuale Wahrheitspflicht nach § 138 Abs. 1 ZPO verpflichtet den Antragsteller zu vollständiger Erklärung über die tatsächlichen Umstände.[222] Kann dem Antragsteller eine planmäßige gezielte Gehörsvereitelung zur Erschleichung eines Titels vorgeworfen werden, kann ein Verfügungsantrag gem. § 8c Abs. 1 als missbräuchlich zurückzuweisen sein.[223]

109 **h) Selektives Vorgehen. aa) Mitbewerber.** Es ist grundsätzlich nicht missbräuchlich, wenn der anspruchsberechtigte **Mitbewerber** nur gegen einen von mehreren Verletzern vorgeht.[224] Denn es steht dem in Anspruch genommenen frei, seinerseits gegen die anderen Verletzer vorzugehen.[225] Das **selektive Vorgehen** nur gegen **einzelne Verletzer** bei identischen Verstößen kann, auch wenn es der Gläubiger grundsätzlich frei entscheiden

---

[214] KG WRP 2008, 511 (512) – Fliegender Gerichtsstand; OLG Hamm 1.4.2008 – 4 U 10/08.

[215] KG WRP 2008, 511 (512) – Fliegender Gerichtsstand; OLG Brandenburg GRUR-RR 2013, 511 (512) – Verweisungsnorm.

[216] OLG Hamm 1.4.2008 – 4 U 10/08.

[217] OLG Naumburg 13.7.2007 – 10 U 14/07; KG WRP 2008, 511 (512) – Fliegender Gerichtsstand.

[218] KG WRP 2008, 511 (512 f.) – Fliegender Gerichtsstand.

[219] KG WRP 2008, 511 (512) – Fliegender Gerichtsstand.

[220] OLG Hamm 1.4.2008 – 4 U 10/08; *Knippenkötter* GRUR-Prax 2011, 483 (486).

[221] BVerfG 3.12.2020 – 1 BvR 2575/20.

[222] BVerfG 3.12.2020 – 1 BvR 2575/20; OLG Frankfurt a. M. 22.2.2019 – 1 W 9/19.

[223] BVerfG 3.12.2020 – 1 BvR 2575/20; OLG München 8.6.2017 – 29 U 1210/17.

[224] OLG Hamburg GRUR-RR 2013, 29 (33) – Nr. 1 Hits; OLG Celle GRUR-RR 2014, 152 (154) – Klebefähnchen.

[225] OLG Hamburg GRUR-RR 2013, 29 (33) – Nr. 1 Hits; vgl. auch BGH GRUR 1997, 681 (683) – Produktwerbung.

kann, gegen wen er vorgehen will und gegen wen nicht, im Einzelfall aber missbräuchlich sein, wenn es sonst auf sachfremden Motiven beruht.[226]

bb) Verbände. Dies gilt auch für **qualifizierte Wirtschaftsverbände.** Einem nach § 8 Abs. 3 Nr. 2 klagebefugten Verband ist es grundsätzlich nicht verwehrt, nur gegen bestimmte Verletzer gerichtlich vorzugehen. Die Entscheidung hierüber steht ebenso in seinem freien Ermessen, wie es dem einzelnen Gewerbetreibenden freisteht, ob und gegen welche Mitbewerber er Klage erheben will und gegen welche nicht.[227] Dies gilt insbesondere dann, wenn nicht nur Interessen der Verbandsmitglieder, sondern auch Interessen der Allgemeinheit berührt sind; der Verband darf, wenn er die Frage der Wettbewerbswidrigkeit eines bestimmten Verhaltens im Rahmen seines Satzungszwecks gerichtlich klären lassen will, zunächst nur gegen bestimmte Verletzter vorgehen, muss es gegen andere aber nicht.[228] Eine unzumutbare Benachteiligung des (allein) angegriffenen Verletzers gegenüber anderen – etwa deshalb, weil nunmehr er allein die angegriffenen Handlungen unterlassen müsse – ist darin schon deshalb nicht zu sehen, weil es dem Verletzer als Mitbewerber grundsätzlich offensteht, seinerseits gegen gleichartige Verletzungshandlungen seiner von dem Verband nicht angegriffenen Wettbewerber vorzugehen.[229] 110

Dennoch **kann** je nach den Umständen des Einzelfalls im **selektiven Vorgehen** eines Verbandes **ein Missbrauch liegen.**[230] Bei bislang höchstgerichtlich nicht geklärten Fragen muss es dem Verband unbenommen bleiben, zunächst gegen Nichtmitglieder vorzugehen; dies ist nicht missbräuchlich.[231] Als missbräuchlich ist es demgegenüber früher angesehen worden, wenn ein Verband grundsätzlich nur gegen **Außenstehende,** nicht aber gegen eigene Mitglieder vorgeht, deren Wettbewerbsverstöße er duldet, obwohl die Wettbewerbswidrigkeit des betreffenden Verhaltens bereits höchstrichterlich geklärt ist.[232] In seiner neueren Rspr. betont der BGH, dass ein Verband, der ausschließlich den unlauteren Wettbewerb von **Nichtmitgliedern** ahndet und auch eindeutige Wettbewerbsverstöße eigener Mitglieder nicht verfolgt, zwar nicht stets missbräuchlich handelt. In einem selektiven Vorgehen eines Verbandes (indem er Außenstehende abmahnt, gleichzeitig jedoch **Verstöße seiner Mitglieder planmäßig duldet**) **kann** aber durchaus ein **Missbrauch** liegen.[233] Es ist eine Frage der Gesamtumstände des Einzelfalls, ob das dauerhaft selektive Vorgehen eines Verbands ausschließlich gegen Nichtmitglieder als missbräuchlich anzusehen ist.[234] Dabei lassen sich allerdings bestimmte Fallgruppen bilden. So ist es insbesondere missbräuchlich, wenn der Verband mit einem selektiven Vorgehen ausschließlich gegen Nichtmitglieder **bezweckt, neue Mitglieder zu werben,** denen er nach einem Beitritt Schutz vor Verfolgung verspricht.[235] Als missbräuchlich zu werten ist es auch, wenn bei ansonsten umfangreicher Abmahntätigkeit gegenüber Nichtmitgliedern in keinem einzigen Fall eine Anspruchsverfolgung gegenüber Mitgliedern stattgefunden hat und **weitere Umstände** hinzutreten wie ein **fragwürdiges Prozessverhalten** und Indizien für eine 111

---

[226] OLG Köln NJWE-WettbR 1999, 252 (253); MüKoUWG/*Fritzsche* § 8 Rn. 472; *Melullis* Rn. 398; GroßKommUWG/*Paal* § 8 Rn. 271; offengelassen von OLG Hamburg GRUR-RR 2013, 29 (33) – Nr. 1 Hits.

[227] BGH GRUR 1997, 681 (683) – Produktwerbung; GRUR 2001, 178 – Impfstoffversand an Ärzte; GRUR 2012, 411 Rn. 19 – Glücksspielverband; GRUR 2017, 1281 Rn. 15 – Großhandelszuschläge.

[228] BGH GRUR 1997, 681 (683) – Produktwerbung; GRUR 2001, 178 – Impfstoffversand an Ärzte; GRUR 2017, 1281 Rn. 16 – Großhandelszuschläge.

[229] BGH GRUR 1997, 681 (683) – Produktwerbung; GRUR 2012, 411 Rn. 19 – Glücksspielverband; GRUR 2017, 1281 Rn. 15 – Großhandelszuschläge.

[230] BGH GRUR 2012, 411 Rn. 23 – Glücksspielverband; GRUR 2019, 966 Rn. 51 – Umwelthilfe.

[231] OLG Celle 26.3.2020 – 13 U 73/19.

[232] BGH GRUR 1997, 681 (683) – Produktwerbung.

[233] BGH GRUR 2012, 411 Rn. 21 – Glücksspielverband; OLG Celle 26.3.2020 – 13 U 73/19.

[234] BGH GRUR 2012, 411 Rn. 23 – Glücksspielverband; OLG Celle 26.3.2020 – 13 U 73/19.

[235] BGH GRUR 2012, 411 Rn. 23 – Glücksspielverband; KG 22.11.2016 – 5 U 89/15; OLG Celle 26.3.2020 – 13 U 73/19.

Verquickung von wirtschaftlichen und privaten Interessen eines Vereins und des Vorstandes wie zB die Beschäftigung von Familienmitgliedern.[236]

112 Nicht missbräuchlich ist die dauerhafte – sich **aus der Natur der Sache** ergebende – Beschränkung auf die Verfolgung von Nichtmitgliedern, wenn sie aus einem rechtlich unbedenklichen **Verbandszweck** folgt, wie zB der Vertretung privater Glücksspielanbieter gegen die Interessen der staatlichen Lotterieanbieter, die naturgemäß nach dem Verbandszweck von der Mitgliedschaft ausgeschlossen sind.[237] Unbedenklich wäre es unter diesem Gesichtspunkt auch, wenn der satzungsgemäße Zweck eines Verbands mittelständischer Unternehmen des Hotel- und Gaststättengewerbes auf die Abwehr unlauteren Wettbewerbs durch Großbetriebe dieser Branche gerichtet wäre oder wenn ein Verband forschender Pharmaunternehmen sich seinem Satzungszweck entsprechend gegen unlautere Praktiken der Generikahersteller wendete.[238]

113 **i) Vorgehen im Drittinteresse.** Missbräuchlich kann es ferner sein, wenn der Anspruchsberechtigte nicht im eigenen oder – bei einem Verband – im Interesse seiner Mitglieder tätig wird, sondern lediglich als **„Werkzeug"** eines Dritten.[239] Für einen Verband spricht allerdings die Vermutung, dass er seinen eigenen satzungsgemäßen Zwecken nachgeht.[240] Es ist auch grundsätzlich nicht zu beanstanden, wenn ein Verband von einem Dritten – auch unter Übernahme des Kostenrisikos – zur Verfolgung eines Wettbewerbsverstoßes veranlasst wird. Eine missbräuchliche Rechtsausübung ist erst dann gegeben, wenn weitere Umstände hinzukommen, die dafür sprechen, dass die Rechtsverfolgung nicht im Verbandsinteresse, sondern im Fremdinteresse liegt.[241]

H. Die Regelbeispiele des § 8c Abs. 2

I. Zur Regelungstechnik

114 **1. Vergleich mit der bisherigen Rechtslage.** Die Regelbeispiele in § 8c Abs. 2 knüpfen an die bisherige Rspr. zu § 8 Abs. 4 S. 1 UWG 2004 an. Das in **§ 8c Abs. 2 Nr. 1** enthaltene Regelbeispiel umschreibt dabei eine Reihe von **Unterfallgruppen,** die im Rahmen der Hauptfallgruppe der **Einnahmeerzielungsabsicht** anerkannt waren, nämlich dass die Geltendmachung von Ansprüchen vorwiegend dazu dient, gegen den Zuwiderhandelnden entweder einen Anspruch auf Ersatz von Aufwendungen oder von Kosten der Rechtsverfolgung (Alt. 1) oder die Zahlung einer Vertragsstrafe (Alt. 2) entstehen zu lassen. Die Fallgestaltungen, die heute in den Regelbeispielen des **§ 8c Abs. 2 Nr. 2–5** genannt sind, galten nach der bisherigen Rspr. als mehr oder weniger starke **objektive Indizien für** das Vorliegen derjenigen Unterfallgruppen der Einnahmeerzielungsabsicht, wie sie als sachfremdes Motiv heute in dem Regelbeispiel des § 8c Abs. 2 Nr. 1 umschrieben wird. Lag ein solches Indiz vor, konnte eine Vermutung dafür bestehen, dass eine Einnahmeerzielungsabsicht die eigentliche Triebfeder der Anspruchsverfolgung war und damit ein Missbrauch vorlag. Dem durfte der Anspruchsteller allerdings durch Darlegung besonderer Umstände entgegentreten, die im Rahmen einer Gesamtabwägung aller Umstände im Endergebnis zu einer Beurteilung als nicht missbräuchlich führen konnten.

115 Die heute in den Regelbeispielen des **§ 8c Abs. 2 Nr. 6 und 7** genannten Konstellationen der **Mehrfachverfolgung** von Ansprüchen bilden einen Ausschnitt aus den mannigfachen Konstellationen der Mehrfachverfolgung (→ Rn. 67 ff.), die nach der bisherigen Rspr.

[236] LG Heilbronn 20.12.2019 – 21 O 38/19 KfH.
[237] BGH GRUR 2012, 411 Rn. 24 f. – Glücksspielverband.
[238] BGH GRUR 2012, 411 Rn. 24 – Glücksspielverband.
[239] BGH GRUR 1973, 78 (79) – Verbraucherverband; GRUR 2001, 178 – Impfstoffversand an Ärzte; MüKoUWG/*Fritzsche* § 8 Rn. 470; *Köhler*/Bornkamm/*Feddersen* § 8 Rn. 4.22.
[240] BGH GRUR 1973, 78 (79) – Verbraucherverband; GRUR 2001, 178 – Impfstoffversand an Ärzte.
[241] BGH GRUR 2001, 178 – Impfstoffversand an Ärzte.

objektives Indiz für eine im Vordergrund stehende **Behinderungsabsicht** waren, die im Einzelfall auch mit einer Einnahmeerzielungsabsicht gekoppelt sein konnte. Auch hier konnte der Anspruchsteller darlegen, dass für sein Vorgehen ein sachlicher Grund bestand, der einen Missbrauch ausschloss.

2. Regelbeispiele als widerlegbare gesetzliche Vermutung unter Vorbehalt einer Würdigung der Gesamtumstände. Mit den Regelbeispielen in § 8c Abs. 2 ist eine Kodifizierung dieser gerichtlichen Praxis intendiert. Die Regelbeispiele sind keine starren Katalogtatbestände, sondern eine **widerlegbar gesetzliche Vermutung** für das Vorliegen eines Missbrauchs.[242] In der Begründung des Regierungsentwurfs heißt es wie folgt: *„Absatz 2 enthält Regelbeispiele für eine missbräuchliche Abmahnung. Das in Nummer 1 genannte Regelbeispiel, dass eine missbräuchliche Geltendmachung von Ansprüchen insbesondere dann vorliegt, wenn diese vorwiegend dazu dient, gegen den Zuwiderhandelnden einen Anspruch auf Ersatz von Aufwendungen oder Kosten der Rechtsverfolgung oder die Zahlung einer Vertragsstrafe entstehen zu lassen, war bereits im bisherigen § 8 Absatz 4 UWG enthalten. Dies ist in der Praxis jedoch vom Abgemahnten nur unter erheblichen Schwierigkeiten zu beweisen. Daher werden mehrere Regelbeispiele ergänzt, wann eine missbräuchliche Geltendmachung der Ansprüche vorliegt. Der Anspruchsteller kann die Vermutung entkräften, dass er missbräuchlich handelt. Dies kann zum Beispiel dadurch erfolgen, dass er nachvollziehbar darlegt, auf Grund welcher Umstände er davon ausgegangen ist, eine nach Nummer 3 bis 5 unangemessene Forderung rechtmäßig erheben zu dürfen"*.[243] Im Zusammenhang mit massenhafter Abmahntätigkeit, die außer Verhältnis zum Umfang der eigenen Geschäftstätigkeit steht (§ 8c Abs. 2 Nr. 2) heißt es in der Begründung, dass dann *„ein Missbrauch vermutet"* wird.[244] Im Zusammenhang mit überhöhten Gegenstandswerten (§ 8c Abs. 2 Nr. 3) spricht die Begründung davon, dass dies *„ein typisches Missbrauchsanzeichen"* sei.[245] Auch das Regelbeispiel der Vereinbarung oder Forderung von erheblich überhöhten Vertragsstrafen (§ 8c Abs. 2 Nr. 4) soll eine *„Vermutung"* begründen.[246] Bei der Vorformulierung von Unterlassungsverpflichtungen erheblich über die abgemahnte Rechtsverletzung hinaus soll eine missbräuchliche Geltendmachung *„regelmäßig"* vorliegen.[247] 116

Im Gesetzestext, wie er im Regierungsentwurf ursprünglich formuliert worden war, hatte diese bloßen Vermutungswirkung der Regelbeispiele allerdings keinen Niederschlag gefunden. Danach lag eine **„missbräuchliche Geltendmachung … insbesondere vor, wenn"** eines der Regelbeispiele erfüllt war. Dies war aus unionsrechtlicher wie aus verfassungsrechtlicher Sicht problematisch, weil damit die die gebotene Gesamtabwägung nicht möglich gewesen wäre, sondern bei Erfüllung eines Regelbeispiels der Missbrauch ohne Wenn und Aber festgestanden hätte. Im Rechtsausschuss wurde daher die Formulierung geändert in „Eine missbräuchliche Geltendmachung ist im Zweifel anzunehmen, wenn …". Hierdurch wird klargestellt, dass eine **umfassende Würdigung der Gesamtumstände** erforderlich ist.[248] Diese Gesamtwürdigung ist im Lichte des Rechts auf einen wirksamen Rechtsbehelf gem. Art. 47 EU-Grundrechte-Charta und des nach Art. 2 Abs. 1 iVm Art. 20 Abs. 3 GG sowie Art. 6 Abs. 1 S. 1 EMRK zu gewährleistenden effektiven Rechtsschutzes auch unabdingbar (→ Rn. 18; → Rn. 20). Der Erfüllung eines Regelbeispiels kommt lediglich eine Indizwirkung für einen Missbrauch zu. Der **Anspruchsteller kann** diese **Indizien erschüttern.** Es handelt sich also nicht um eine Vermutung, die gem. § 292 ZPO nur durch den Beweis des Gegenteils zu widerlegen wäre.[249] 117

---

242 BT-Drs. 19/22238, 17.
243 BT-Drs. 19/12084, 29.
244 BT-Drs. 19/12084, 29.
245 BT-Drs. 19/12084, 30.
246 BT-Drs. 19/12084, 30.
247 BT-Drs. 19/12084, 30.
248 BT-Drs. 19/22238, 17.
249 BT-Drs. 19/22238, 17.

118 Allerdings stellt sich das Problem, dass die vom Gesetzgeber als Regelbeispiel ausgestalteten Tatbestände im Detail von denjenigen Tatbeständen abweichen, die in der bisher stRspr als aussagekräftiges Indiz für die Absicht, Einnahmen zu erzielen, gewertet wurden. So ist zB nach der bisherigen Rspr. die Festsetzung eines weit überhöhten Gegenstands- oder Streitwerts durch den Abmahnenden, insbesondere bei systematischem Vorgehen, als starkes Indiz für ein missbräuchliches Vorgehen zu werten gewesen.[250] Für sich gesehen konnte aber jedenfalls die einmalige Angabe eines einzigen weit überhöhten Gegenstands- oder Streitwerts noch nicht ausreichen, um allein daraus bereits ein missbräuchliches Vorgehen des Abmahnenden abzuleiten. Es bedurfte daher zusätzlicher Umstände, um einen Missbrauch zu begründen.[251] Zur Erfüllung des Regelbeispiels in § 8c Abs. 2 Nr. 3 soll demgegenüber ausreichen, wenn ein Mitbewerber den Gegenstandswert für „eine" Abmahnung unangemessen hoch ansetzt. Solche vom Gesetzgeber wohl nicht ausreichend bedachte Divergenzen zu der bewährten Praxis lassen sich im Einzelfall wie folgt bereinigen: Die **Indizwirkung der** Tatbestände der **Regelbeispiele** kann **unterschiedlich stark** sein. Je stärker die Indizwirkung ist, desto höher ist die Darlegungslast des Anspruchstellers.

II. Zu den einzelnen Regelbeispielen des § 8c Abs. 2

119 **1. Regelbeispiel § 8c Abs. 2 Nr. 1: Absicht, Einnahmen in Form von Aufwendungsersatz, Kosten der Rechtsverfolgung oder Vertragsstrafen zu erzielen. a) Legitimation des Regelbeispiels. aa) Allgemeines.** Nach dem als widerlegbares Indiz und vorbehaltlich einer Abwägung aller Umstände anzuwendenden Regelbeispiel § 8c Abs. 2 Nr. 1 ist eine missbräuchliche Geltendmachung von Ansprüchen im Zweifel anzunehmen, wenn diese vorwiegend dazu dient, gegen den Zuwiderhandelnden einen **Anspruch auf Ersatz von Aufwendungen** oder **Kosten der Rechtsverfolgung** oder die **Zahlung einer Vertragsstrafe** entstehen zu lassen. Man kann dieses offen und generalklauselsartig formulierte Regelbeispiel als **„kleine Generalklausel"** des Missbrauchs bezeichnen.

120 Diese im Vordergrund der gesetzlichen Regelung stehende Unterfallgruppe einer missbräuchlichen Geltendmachung unter dem Gesichtspunkt der **Einnahmeerzielungsabsicht** schöpft ihre Legitimation aus der **Zweck-Mittel-Disparität:** Die Anspruchsberechtigung gem. § 8 Abs. 3 Nr. 1 wird Mitbewerbern zu dem Zweck zugebilligt, ihre eigentliche Geschäftstätigkeit zu schützen und nicht zu dem Zweck, durch den Einsatz von Rechtsbehelfen Einnahmen zu generieren (→ Rn. 56). Die Verbände sind gem. § 8 Abs. 3 Nr. 2–4 anspruchsberechtigt, weil sie Sachwalter rechtlich geschützter Interessen ihrer Mitglieder oder von Verbrauchern sein sollen, aber nicht zum Zwecke der Erzielung von Einnahmen (→ Rn. 56).

121 Der **unbestimmte Rechtsbegriff „vorwiegend"** kann im Zusammenspiel mit der Annahme einer missbräuchlichen Geltendmachung „im Zweifel" zu so **ausgelegt** werden, dass nicht allein die vorhandene Absicht, Einnahmen zu erzielen, ausschlaggebend für die Versagung des effektiven Rechtsschutzes ist, sondern dass hier eine **Interessenabwägung** mit einer **Wertungsmöglichkeit** stattfinden kann, in die gegebenenfalls andere schützenswerte Belange des Anspruchstellers oder der Allgemeinheit einfließen können, insbesondere das Recht auf einen wirksamen Rechtsbehelf gem. Art. 47 EU-Grundrechte-Charta und der nach Art. 2 Abs. 1 iVm Art. 20 Abs. 3 GG sowie Art. 6 Abs. 1 S. 1 EMRK zu gewährleistende effektive Rechtsschutz. Der Anspruchsteller kann darlegen und ggf. bewei-

[250] BGH GRUR 2019, 199 Rn. 21 – Abmahnaktion II; GRUR 2019, 638 Rn. 21 – Kündigung der Unterlassungsvereinbarung; *„systematisch überhöhte Abmahngebühren oder Vertragsstrafen"*; OLG Jena GRUR-RR 2011, 327 (329) – Umfang des Geschäftsbetriebs; OLG Hamm 26.7.2011 – 4 U 49/11; 28.7.2011 – 4 U 55/11; OLG Frankfurt a. M. GRUR-RR 2016, 211 Rn. 12 – Inselzuschlag.

[251] Vgl. BGH GRUR 2012, 286 Rn. 13 – Falsche Suchrubrik; OLG Brandenburg GRUR-RR 2013, 511 – Verweisungsnorm; OLG Hamburg WRP 2020, 499 Rn. 29, 35; *Knippenkötter* GRUR-Prax 2011, 483 (484).

sen, dass ungeachtet einer durchaus bestehenden Einnahmeerzielungsabsicht diese nicht die eigentliche Triebfeder seines Handelns ist, keine Zweck-Mittel-Disparität besteht und er sich letztlich im Einklang mit rechtlichen Wertungen befindet. So hatte auch bisher ein Anspruchsteller stets die Möglichkeit, ein nach Lage der Dinge nicht ohne weiteres auf der Hand liegendes echtes eigenes wirtschaftliches Interesse an der Anspruchsverfolgung darzutun.[252] Dabei bleibt es.

bb) Anspruchsverfolgung durch Verbände. Aus § 8c Abs. 2 Nr. 1 folgt nicht, dass 122
jede Art der Einnahmenerzielung in Verbindung mit der Geltendmachung wettbewerbsrechtlicher Ansprüche missbräuchlich wäre. Nicht jedes Bestreben eines anspruchsberechtigten Verbands, durch die Gestaltung seines Vorgehens gegen Wettbewerbsverstöße auch Einnahmen in Form von Abmahnkostenerstattung oder Vertragsstrafen zu erzielen, kann als Indiz für ein missbräuchliches Vorgehen gewertet werden.[253] Die gem. § 8 Abs. 3 Nr. 2 und 3 anspruchsberechtigten **Verbände** sind in ihrer Existenz **auf** die **Einnahmen aus dieser Tätigkeit angewiesen.**[254] Das hat der Gesetzgeber respektiert.[255] Es ist deshalb durchaus möglich und nicht ohne weiteres bedenklich, dass ein Verband die Verfolgung von Wettbewerbsverstößen in erheblichem Umfang anders als durch kostendeckende Mitgliedsbeiträge finanziert, etwa durch Abmahngebühren, Vertragsstrafen oder Zusagen Dritter im Einzelfall, die Prozesskosten zu übernehmen.[256] Die Anspruchsbefugnis ist deshalb selbst dann nicht in Frage zu stellen, wenn das Interesse, gegen den Zuwiderhandelnden einen Aufwendungsersatzanspruch etc entstehen zu lassen, **ebenbürtig** neben dem Interesse an der Unterbindung unlauteren Wettbewerbs steht.

Die Anspruchsverfolgung durch Verbände kann aber **im Einzelfall missbräuchlich** 123
sein, wenn sie **„vorwiegend“** der Erzielung von Einkünften durch Abmahngebühren, Vertragsstrafen und sonstige Kosten der Rechtsverfolgung dient, diese also das beherrschende Motiv ist und demgegenüber die Verteidigung des lauteren Wettbewerbs in den Hintergrund tritt (→ Rn. 45). Die Annahme, dass triftige, mit der satzungsgemäßen Zielsetzung des Verbandes hinreichend im Zusammenhang stehende Gründe für die Geltendmachung von Ansprüchen nicht (mehr) bestehen, sondern der Zweck, **mittels Pönalen** für im Rechtssinne eine einzige Verletzungshandlung **möglichst hohe Einnahmen zu erzielen,** im Vordergrund steht, kann zB als naheliegend angesehen werden, wenn der Verband systematisch von Unterlassungsschuldnern in deren Vertragsstrafeversprechen den Verzicht auf die Einrede des Fortsetzungszusammenhanges verlangt, obwohl ein solcher Verzicht zur Beseitigung der Wiederholungsgefahr nicht erforderlich ist.[257] Die Anspruchsberechtigung der Verbände darf nämlich nicht als Freibrief verstanden werden, Unterlassungsschuldner **planmäßig in Haftungsfallen** zu **locken** oder mit überhöhten Vertragsstrafen zu überziehen. Auch darf der Verbandszweck nicht als vorgeschobenes Mittel zur Verwirklichung eine Einnahmeerzielung dienen.[258]

Bei missbräuchlichen Verhaltensweisen von **Verbänden** stellt sich die Frage, ob deshalb 124
dem betreffenden Verband generell oder im Einzelfall die Klagebefugnis (und Anspruchsberechtigung) nach § 8 Abs. 3 Nr. 2 und 3 fehlt oder ob nur die konkrete Geltendmachung des betreffenden Anspruchs nach § 8c wegen Missbrauchs unzulässig ist. Dies richtet sich danach, ob der Vorwurf auf das Vorgehen (nur) im konkreten Fall zielt oder auf die allgemeine Ausnutzung der Anspruchsberechtigung. Der Missbrauchsvorwurf des § 8c Abs. 1 und Abs. 2 Nr. 1 führt zu einer Einzelfallkontrolle und ist Ausdruck des prozessua-

[252] Vgl. BGH GRUR 2019, 638 Rn. 30 – Kündigung der Unterlassungsvereinbarung.
[253] BGH GRUR 2019, 966 Rn. 35 – Umwelthilfe.
[254] BGH GRUR 2005, 689 (690) – Sammelmitgliedschaft III; LG Berlin WRP 2015, 1407 Rn. 39 – Notarielle Unterlassungserklärung.
[255] Vgl. hierzu *Scholz* WRP 1987, 433 (436).
[256] BGH GRUR 2005, 689 (690) – Sammelmitgliedschaft III.
[257] Vgl. BGH NJW 1993, 721 (723) – Fortsetzungszusammenhang.
[258] BGH GRUR 2019, 966 Rn. 37 – Umwelthilfe.

len Rechtsmissbrauchsverbots.[259] Die durch § 8 Abs. 3 Nr. 2 und 3 eingeräumte Anspruchsberechtigung weist der gegenüber das konkrete Verfahren hinaus und betrifft die Frage, ob der Verband die ihm hieraus erwachsenden Möglichkeiten zur Anspruchsverfolgung generell missbraucht.[260] Dann bietet der Verband **allgemein** nicht die Gewähr dafür, dass er seine Ansprüche nicht vorwiegend geltend machen wird, um für sich Einnahmen aus Abmahnungen oder Vertragsstrafen zu erzielen, was Voraussetzung für seine Eintragung auf der vom BfJ geführten Liste der qualifizierten Wirtschaftsverbände (§ 8 Abs. 2 Nr. 3 lit. b) bzw. der qualifizierten Einrichtungen zur Wahrnehmung von Verbraucherinteressen (§ 4 Abs. 2 Nr. 3 lit. b UKlaG) ist. Dann kann für qualifizierte Wirtschaftsverbände die Eintragung gem. § 8b Abs. 3 UWG iVm § 4c UKlaG und für qualifizierte Einrichtungen gem. § 4c UKlaG **mit Wirkung für die Zukunft aufgehoben** werden; die Aufhebung hat den Wegfall der Klagebefugnis zur Folge. Das **Prozessgericht** kann das Vorliegen der Eintragungsvoraussetzungen allerdings **nicht selbst nachprüfen.** Es kann lediglich das BfJ zur Überprüfung der Eintragung auffordern und das Verfahren bis zu dessen Entscheidung **aussetzen,** wenn sich in einem Rechtsstreit **begründete Zweifel** an dem Vorliegen der Eintragungsvoraussetzungen ergeben (§ 8b Abs. 3 UWG iVm § 4c Abs. 2 UKlaG bzw. § 4c Abs. 2 UKlaG). An das Vorliegen begründeter Zweifel iSd § 4c Abs. 2 UKlaG sind **strenge Anforderungen** zu stellen, weil andernfalls die effektive Durchsetzung der Ansprüche gefährdet wäre.[261]

125 Für **qualifizierte Einrichtungen gem. § 8 Abs. 3 Nr. 3** gilt folgendes: Die für die Klagebefugnis qualifizierter Einrichtungen gem. § 8 Abs. 3 Nr. 3 UWG konstitutiv wirkende Eintragung deutscher Verbände in die Liste nach § 4 Abs. 1 UKlaG obliegt dem BfJ. Dessen Prüfung der Eintragungsvoraussetzungen erfolgt in einem Verwaltungsverfahren, in dem der Sachverhalt von Amts wegen zu ermitteln ist und das der Kontrolle durch die Verwaltungsgerichte unterliegt. Diese Zuständigkeitsverteilung spiegelt sich in der Bestimmung des § 4a Abs. 2 UKlaG wider, die es dem Zivilgericht bei begründeten Zweifeln am Vorliegen der Eintragungsvoraussetzungen nur erlaubt, das Verfahren auszusetzen und das BfJ zur Überprüfung der Eintragung aufzufordern.[262] Bei der Prüfung, ob eine missbräuchliche Anspruchsverfolgung vorliegt, können Zivilgerichte einen vom BfJ bereits geprüften Umstand aber berücksichtigen, wenn dieser als **doppelrelevante Tatsache** auch einen **Anhaltspunkt für einen Missbrauch** iSv § 8c Abs. 2 Nr. 1 bzw. § 8c Abs. 1 geben kann. Die konkrete Mittelverwendung der qualifizierten Einrichtung ist danach zwar grundsätzlich der Prüfung durch das BfJ vorbehalten. Dienen die Rechtsverfolgung und die damit generierten Einnahmen aber primär anderen Zwecken als der Verfolgung von Wettbewerbsverstößen im Interesse von Verbraucherinnen und Verbrauchern, kann darin nach dem Sinn und Zweck von § 8c UWG auch ein Indiz für eine missbräuchliche Anspruchsverfolgung liegen.[263] Eine solche doppelrelevante Tatsache sind zB unangemessen hohe Personalkosten, wenn ihre Höhe den konkreten Verdacht rechtfertigt, der eigentliche Zweck des Vereins liege nicht in der Verfolgung von Verbraucherinteressen, sondern in der Generierung von Einnahmen für (überhöhte) Personalkosten.[264] Dann ist nicht nur gem. § 4 Abs. 2 Nr. 3 lit. b bzw. Nr. 4 UKlaG die Eintragung in Frage zu stellen (*Goldmann* → § 8b Rn. 39 und 44 ff.), sondern es kann auch ein Missbrauch im konkreten Einzelfall gem. § 8c Abs. 2 Nr. 1 gegeben sein.

126 Dieselben Grundsätze gelten nach dem UWG 2020, wenn es um die Frage der **Anspruchsberechtigung der qualifizierten Wirtschaftsverbände gem. § 8 Abs. 3 Nr. 2** und einen möglichen Missbrauch dieser Anspruchsberechtigung im Einzelfall geht.

[259] BGH GRUR 2019, 966 Rn. 37 – Umwelthilfe.
[260] BGH GRUR 2019, 966 Rn. 37 – Umwelthilfe.
[261] Vgl. zu qualifizierten Einrichtungen gem. § 8 Abs. 3 Nr. 3 BGH GRUR 2010, 852 Rn. 11 – Gallardo Spyder; GRUR 2019, 966 Rn. 20 – Umweltilfe.
[262] BGH GRUR 2019, 966 Rn. 38 – Umwelthilfe.
[263] BGH GRUR 2019, 966 Rn. 38 – Umwelthilfe.
[264] Vgl. BGH GRUR 2019, 966 Rn. 46 – Umwelthilfe.

b) Regelungstechnik und Verhältnis zu den Regelbeispielen in § 8c Abs. 2 Nr. 2 –5. Systematisch muss unterschieden werden zwischen der Absicht, einen Anspruch auf Ersatz von Aufwendungen oder von Kosten der Rechtsverfolgung zu generieren (→ Rn. 133 ff.) und der Absicht, einen Anspruch auf die Zahlung einer Vertragsstrafe entstehen zu lassen (→ Rn. 157 ff.) Die im Vordergrund stehende Absicht, einen Anspruch **Ersatz von Aufwendungen** oder von **Kosten der Rechtsverfolgung** zu erlangen, war bereits in § 8 Abs. 4 S. 1 UWG 2004 als ein gesondert genanntes Regelbeispiel für die Anwendung der Generalklausel enthalten gewesen und betraf die Hautfallgruppe der Einnahmeerzielungsabsicht. Die im Vordergrund stehende Absicht, **Ansprüche auf Zahlung einer Vertragsstrafe** entstehen zu lassen ist 2020 durch das „Gesetz zur Stärkung des fairen Wettbewerbs" in § 8c Abs. 2 Nr. 1 neu in den Gesetzestext eingefügt worden. Sie war als eine Unterfallallgruppe zur Hauptfallgruppe der Einnahmeerzielungsabsicht innerhalb der Generalklausel allerdings bereits lange anerkannt.[265] 127

Die in den Regelbeispielen der **§ 8c Abs. 2 Nr. 2–5** aufgeführten Konstellationen waren nach der bisherigen Rspr. zur alten Generalklausel des § 8 Abs. 4 S. 1 UWG 2004 **objektive Indizien** für eine im Vordergrund stehende Einnahmeerzielungsabsicht. Dabei bleibt es. Konsequenz ist, dass die formale Erfüllung der Tatbestandsmerkmale eines der Regelbeispiele in § 8c Abs. 2 Nr. 2–5 im Einzelfall dann nicht ausreicht, „im Zweifel" von einer missbräuchlichen Geltendmachung auszugehen, wenn nicht die Einnahmeerzielungsabsicht, sondern ein anderes, sachlich gerechtfertigtes Motiv ausschlaggebend ist und somit ausnahmsweise eine Zweck-Mittel-Disparität zu verneinen ist (vgl. → Rn. 121). 128

Will ein Gericht eine missbräuchliche Geltendmachung mit Blick auf eines der Regelbeispiele in § 8c Abs. 2 Nr. 1–5 bejahen, so bietet es sich an, den **Befund des Missbrauchs doppelt abzusichern,** wo es möglich ist. Nämlich einerseits als Erfüllung des Regelbeispiels des § 8c Abs. 2 Nr. 1 und andererseits – dessen Erfüllung indizierend – als einen Anwendungsfall eines der Regelbeispiele in § 8c Abs. 2 Nr. 2–5. 129

Die Gesamtbewertung als missbräuchlich nach § 8c Abs. 2 Nr. 1 kann sich insbesondere aus den nachfolgend dargestellten **Indizien** ergeben (→ Rn. 132 ff.). Die meisten Indizien lassen sich aus der bisherigen Rspr. ableiten, die trotz der selektiven Kodifikation einzelner Missbrauchsindizien in den Regelbeispielen des § 8c Abs. 2 Nr. 2–5 weiterhin anwendbar ist. Der **Katalog von Regelbeispielen** ist nämlich **nicht abschließend.**[266] Er kann nicht dafür herangezogen werden, die Wirkung der in der bisherigen Rspr. anerkannten Indizien in Abrede zu stellen oder zu relativieren. Vielfach reicht ein Indiz für sich genommen nicht aus, so dass sich erst aus dem Zusammenspiel mehrerer Indizien ein Gesamtbild des Missbrauchs ergibt. Hat ein Indiz für sich genommen aber nach einer Gesamtbetrachtung aller Umstände des Falles ein hinreichendes Gewicht, kommt es auf das Vorliegen anderer Indizien nicht mehr an.[267] 130

c) Ersatz von Aufwendungen oder von Kosten der Rechtsverfolgung als bestimmendes Motiv. aa) Wesen der Unterfallgruppe. Eine Anspruchsverfolgung dient vorwiegend dazu, einen Anspruch auf Ersatz von Aufwendungen **(Abmahnkosten)** oder von Kosten der Rechtsverfolgung entstehen zu lassen, und ist daher nach § 8c Abs. 2 Nr. 1 missbräuchlich, wenn **kein nennenswertes wirtschaftliches** oder sonst beachtliches **wettbewerbspolitisches Interesse** an der Verfolgung des beanstandeten Wettbewerbsverstoßes besteht, sondern aus der Sicht eines wirtschaftlich denkenden Unternehmers das Einnahmeerzielungsinteresse im Vordergrund steht, wobei es sich auch um das **Interesse** 131

---

[265] BGH GRUR 2000, 1089 (1090) – Mißbräuchliche Mehrfachverfolgung; GRUR 2001, 260 (261) – Vielfachabmahner; GRUR 2006, 243 f. Rn. 16 – MEGA SALE; GRUR 2012, 286 Rn. 13 – Falsche Suchrubrik; KG WRP 2008, 511 – Fliegender Gerichtsstand; OLG Nürnberg GRUR-RR 2014, 166 – Facebook-Abmahnwelle; *Hefermehl* WRP 1987, 281 (285).

[266] BT-Drs. 19/22238, 17.

[267] Vgl. BGH GRUR 2019, 199 Rn. 36 – Abmahnaktion II.

der beauftragten Anwälte handeln kann.[268] Auf das im Vordergrund stehende Motiv, einen Anspruch auf Ersatz von Aufwendungen oder von Kosten der Rechtsverfolgung entstehen zu lassen, können insbesondere folgende Indizien schließen lassen, wobei dieser umfangreiche Katalog selbstverständlich nicht abschließend ist:

132 **bb) Indizien. (a) Anzahl der Abmahnungen.** Für die Abmahntätigkeit von Verbänden, aber auch von Mitbewerbern gilt allgemein: Umfangreiche Abmahntätigkeiten und eine Vielzahl von gerichtlichen Verfahren allein sind **für sich genommen** noch **kein ausreichendes Indiz** dafür, dass Ansprüche in erster Linie im Interesse der Gebührenerzielung geltend gemacht werden.[269] Sind auf einem bestimmten Markt Verstöße gegen das Lauterkeitsrecht verbreitet, ist es grundsätzlich nicht zu beanstanden, wenn zu deren Abwehr eine entsprechende Vielzahl von Verfahren eingeleitet wird.[270] Denn die Abmahnpraxis von Mitbewerbern und Verbänden sowie die gerichtliche Geltendmachung wettbewerbsrechtlicher Ansprüche dienen auch dem Interesse der Allgemeinheit an der Bekämpfung unlauteren Wettbewerbs.[271] Das Gesetz steht der Abmahnung grundsätzlich positiv gegenüber.[272] Es müssen deshalb nach der bisherigen Rspr. zu der Vielzahl an Abmahnungen bzw. gerichtlichen Verfahren noch **weitere Umstände hinzutreten,** welche in einer Gesamtschau die Missbräuchlichkeit der Geltendmachung des Unterlassungsanspruchs begründen können.[273] Hier kommt insbesondere das Missverhältnis zwischen Anzahl der Abmahnungen und Umfang der Geschäftstätigkeit des Abmahnenden in Betracht, das der Gesetzgeber nunmehr als Indiz für einen Missbrauch im **Regelbeispiel des § 8 Abs. 2 Nr. 2 Alt. 1** kodifiziert hat (→ Rn. 141 ff.). Das OLG Hamm hat die plastische Formel geprägt:
„Missbrauch = Vielfachabmahnungen + x".[274]

133 Je größer die Zahl der Abmahnungen ist, um so eher ist dies im Zusammenspiel mit anderen Faktoren ein Indiz für ein missbräuchliches Verhalten.[275] Umgekehrt setzt der Missbrauch nicht voraus, dass der Anspruchsteller als Vielfachabmahner aufgetreten ist. Selbst bei einer geringen Zahl von Abmahnungen oder auch schon bei einer einzigen Abmahnung kann ein Missbrauch vorliegen, wenn gewichtige Umstände auf sachfremde Motive schließen lassen.[276]

134 Die Verwendung von gleichen **Textbausteinen** in einer Vielzahl von Abmahnungen ist **wertneutral,** solange sie jeweils inhaltlich zu den abgemahnten Verstößen passen.[277]

[268] Vgl. BGH GRUR 2001, 260 (261) – Vielfachabmahner; OLG Hamm MMR 2010, 508 (509) – Serienmäßige Abmahnungen; WRP 2014, 330 Rn. 14 – Bestellung abschicken; OLG Düsseldorf 9.10.2014 – I-15 U 99/14 Rn. 42 – Fehlende Herstellerangabe bei Elektroartikeln; *Köhler*/Bornkamm/*Feddersen* § 8 Rn. 4.12; *Mellulis* Rn. 395.

[269] BGH GRUR 2005, 433 (434) – Telekanzlei; OLG München GRUR-RR 2007, 55; OLG Frankfurt a. M. GRUR-RR 2007, 56 (57) – Sprechender Link; OLG Hamm MMR 2009, 865 (866); 2010, 508 (509) – Serienmäßige Abmahnungen; GRUR-RR 2011, 196 (197) – Industriesauger; OLG Hamburg GRUR-RR 2013, 29 (32) – Nr. 1 Hits; OLG Brandenburg GRUR-RR 2013, 511 (512) – Verweisungsnorm; OLG Nürnberg GRUR-RR 2014, 166 – Facebook-Abmahnwelle; OLG Hamm 15.9.2015 – 4 U 105/15; OLG Düsseldorf GRUR-RR 2015, 306 (307) – Warmwasserland.

[270] BGH GRUR 2005, 433 (434) – Telekanzlei; OLG Hamm GRUR-RR 2011, 196 (197) – Industriesauger; OLG Köln WRP 2015, 1385 Rn. 17 – Glücksspiele; OLG Frankfurt a. M. GRUR-RR 2016, 26 (27) – Kopfhörer ohne CE-Kennzeichnung; LG München I 31.1.2017 – 33 O 20356/15.

[271] BGH GRUR 2005, 433 (434) – Telekanzlei; OLG Hamm GRUR-RR 2009, 444 – Generierung von Ansprüchen.

[272] OLG Hamm 28.7.2011 – 4 U 55/11.

[273] OLG Hamm MMR 2009, 865 (866); 2010, 508 (509) – Serienmäßige Abmahnungen; WRP 2011, 501 (505) – Bewertungsrabatt; OLG Hamburg GRUR-RR 2013, 29 (32) – Nr. 1 Hits; OLG Düsseldorf GRUR-RR 2015, 306 (307) – Warmwasserland; OLG Hamm 15.9.2015 – 4 U 105/15.

[274] OLG Hamm 26.7.2011 – 4 U 49/11.

[275] OLG Hamm MMR 2010, 508 (509) – Serienmäßige Abmahnungen; *Knippenkötter* GRUR-Prax 2011, 483; *Köhler* WRP 1992, 359 (361).

[276] OLG Hamm GRUR-RR 2011, 196 (197) – Industriesauger; *Knippenkötter* GRUR-Prax 2011, 483.

[277] OLG Hamm 15.12.2009 – 4 U 134/09; LG Dortmund 19.8.2020 – 10 U 19/19.

(b) Vielfachabmahnungen und Quersubventionierung durch Verbände. Bei einem nach § 8 Abs. 3 Nr. 2 oder 3 anspruchsberechtigten Verband können, solange nicht weitere Umstände hinzutreten, **allein die Zahl von Abmahnungen und Unterlassungsklagen** sowie damit uU erzielte Überschüsse den Vorwurf des **Missbrauchs nicht begründen.**[278] Sonst wäre ein nach § 8 Abs. 3 Nr. 2 und 3 anspruchsberechtigter Verband gezwungen, seine Marktüberwachung nach einer bestimmten Anzahl von Abmahnungen oder erwirkter Vertragsstrafen einzustellen, sobald er seine darauf entfallenen Kosten gedeckt hätte. Das wäre mit dem Sinn und Zweck der Verbandsklagebefugnis in §§ 8 Abs. 3 Nr. 2 und 3, 8b UWG, 4 UKlaG nicht vereinbar. Den anspruchsberechtigten Verbänden ist gerade auch die Marktüberwachung zugewiesen, die dem Interesse der Allgemeinheit an der Bekämpfung unlauteren Wettbewerbs dient.[279] Gibt es eine Vielzahl von Verstößen etwa gegen eine dem Verbraucherschutz dienende Kennzeichnungs- oder Informationspflicht, setzt eine effektive Durchsetzung von Verbraucherinteressen eine damit korrespondierende Vielzahl von Abmahnungen und – soweit keine Unterlassungserklärungen abgegeben werden – gerichtlicher Verfahren voraus. Nimmt ein Verband seine Aufgabe der Marktüberwachung ernst, zieht eine Vielzahl von Wettbewerbsverstößen zwangsläufig eine entsprechende Anzahl von Abmahnungen und ggf. gerichtlicher Verfahren nach sich.[280] 135

Werden durch die Rechtsverfolgung **Überschüsse** erzielt, die zur **Quersubventionierung anderer Satzungszwecke** des Verbandes verwendet werden als die Verfolgung von Wettbewerbsverstößen, ist dies jedenfalls solange **kein Indiz** für eine missbräuchliche Geltendmachung von Ansprüchen, wie die Marktüberwachung im Verbraucher- oder Allgemeininteresse bzw. den wirtschaftlichen Interessender in einem qualifizierten Wirtschaftsverband gem. §§ 8 Abs. 3 Nr. 2, 8b zusammengeschlossen Unternehmern nicht lediglich vorgeschoben ist. Das wäre der Fall, wenn sie tatsächlich nur dazu dient, Einnahmen zu erzielen und damit Projekte zu finanzieren, die nicht dem Schutz dieser Interessen durch die Verfolgung von Wettbewerbsverstößen dienen.[281] 136

Die **Personalkosten** eines Verbands können nur dann als ein Indiz für einen Missbrauch iSv § 8c Abs. 2 Nr. 1 UWG gewertet werden, wenn ihre Höhe den konkreten Verdacht rechtfertigt, der eigentliche Zweck des Vereins liege nicht in der Verfolgung von Verbraucherinteressen, sondern in der Generierung von Einnahmen für (überhöhte) Personalkosten (hierzu *Goldmann* → § 8b Rn. 39). Dafür kommt es nicht auf die absolute Höhe der Personalkosten an, sondern auf deren Verhältnis zu den Aufwendungen für satzungsgemäße Zwecke im Übrigen.[282] 137

(c) Art, Umfang, Schwere und Recherchierbarkeit des Verstoßes. Ein Indiz für eine missbräuchliche Geltendmachung von Ansprüchen ist, wenn massenhaft **geringfügige Verstöße**[283] oder Verstöße von eher **unterdurchschnittlichem Gewicht**[284] verfolgt werden, die schon *per se* kein nennenswertes Interesse des Mitbewerbers an der Rechtsverfolgung begründen.[285] Dies gilt insbesondere, wenn Verstöße **wettbewerbsrechtlich unproblematisch** sind, mit einem **geringen Prozessrisiko** im Wege eines glatten „Durchmarschs" verfolgt,[286] (etwa im Internet) **leicht** oder gar automatisiert massenhaft 138

---

278 BGH GRUR 2019, 966 Rn. 45 – Umwelthilfe.

279 BGH GRUR 2019, 966 Rn. 45 – Umwelthilfe.

280 BGH GRUR 2019, 966 Rn. 44 – Umwelthilfe.

281 BGH GRUR 2019, 966 Rn. 44 – Umwelthilfe.

282 BGH GRUR 2019, 966 Rn. 46 – Umwelthilfe.

283 Vgl. BGH GRUR 2005, 433 (434) – Telekanzlei; OLG Nürnberg GRUR-RR 2014, 166 (168) – Facebook-Abmahnwelle.

284 LG München I 31.1.2017 – 33 O 20356/15.

285 Vgl. BGH GRUR 2012, 730 Rn. 21 – Bauheizgerät; OLG Hamburg 11.8.2016 – 3 U 56/15 – unscharfe notarielle Unterlassungserklärung; AG Schleiden GRUR-RR 2009, 156 – Rechtsmissbräuchliche Abmahnung.

286 Vgl. BGH GRUR 2005, 433 (434) – Telekanzlei; OLG Hamm 1.4.2008 – 4 U 10/08.

recherchiert werden können[287] und sich ihrem Wesen nach gut zu einer parallelen Verfolgung gegenüber einer Vielzahl von Schuldnern eignen.[288] Aber auch bereits bei einer **einzelnen Abmahnung** kann die Tatsache, dass es sich um einen ausgesprochenen **Bagatellverstoß** mit einer für den Anspruchsteller kaum messbaren wirtschaftlichen Bedeutung handelt (zB angenommen, wenn entgegen § 5 Abs. 1 Nr. 4 TMG zwar die HRB-Nummer, aber nicht das Registergericht genannt ist), in der Zusammenschau mit weiteren Indizien zu einer im Vordergrund stehenden Einnahmeerzielungsabsicht führen.[289]

139 Als von **unterdurchschnittlichem Gewicht** gelten insbesondere Verstöße gegen **Formalvorschriften** und gesetzliche Informationspflichten[290] wie die **Impressumspflicht** gem. § 5 TMG[291] oder Informationspflichten im Rahmen der gesetzlich vorgeschriebenen **Widerrufsbelehrung** bei Fernabsatzverträgen.[292] Wer sich auf die massenhafte Abmahnung gerade solcher Verstöße spezialisiert, macht damit deutlich, dass es ihm insgesamt eher nicht um die Wahrung des lauteren Wettbewerbs geht.[293]

140 Angenommen wurde ein Missbrauch deshalb etwa in einem Fall, in dem in einem kurzen Zeitraum 199 eindeutige, aber leichte Verstöße gegen die Impressumspflicht auf kommerziellen Facebook-Seiten abgemahnt wurden, die ohne großen Aufwand durch eine vom Gläubiger entwickelte **Suchsoftware** innerhalb eines Arbeitstages festgestellt wurden, wobei dieses Programm beim **systematischen Durchkämmen des Internet** insgesamt 3,5 Millionen Rechtsverstöße im Internet, davon 30.000 Verstöße bei Facebook, festgestellt hatte.[294]

141 Von jedenfalls **durchschnittlichem Gewicht** sind Verstöße gegen das Irreführungsverbot des **§ 5.** Zumindest durchschnittliches Gewicht haben auch Verstöße gegen Vorschriften, die den **Kern von Verbraucherschutzrechten** betreffen.[295] Das hier bestehende Allgemeininteresse kann eine Vielzahl von Abmahnungen eher rechtfertigen als bei Verstößen von unterdurchschnittlichem Gewicht.

142 **(d) Missverhältnis zwischen Anzahl der Abmahnungen und Geschäftstätigkeit eines Mitbewerbers (vgl. § 8c Abs. 2 Nr. 2 Alt. 1).** Nach dem als Indiz für einen Missbrauch gem. § 8c Abs. 2 Nr. 1 heranzuziehenden **Regelbeispiel § 8c Abs. 2 Nr. 2 Alt. 1** ist eine missbräuchliche Geltendmachung im Zweifel anzunehmen, wenn ein **Mitbewerber** eine erhebliche Anzahl von Verstößen gegen die **gleiche Rechtsvorschrift** durch Abmahnungen geltend macht, wenn die Anzahl der geltend gemachten Verstöße außer Verhältnis zum Umfang der eigenen Geschäftstätigkeit steht (ausf. zum Regelbeispiel → Rn. 168 ff.).

143 Auch bei einer umfangreichen, außer Verhältnis zum Umfang der eigenen Geschäftstätigkeit stehenden Abmahntätigkeit (hierzu → Rn. 172 ff.), die sich gegen **unterschiedliche Rechtsvorschriften** richtet (zur Unterscheidung → Rn. 169), kann nach einer Bewertung aller Umstände des Einzelfalls der Schluss gerechtfertigt sein, dass die Rechtsverfolgung vorwiegend dem Zweck dient, Einnahmen zu generieren. In solchen Fällen ist der organisatorische und juristische Aufwand auf Seiten des Abmahnenden zwar höher, so dass es rein praktisch schwieriger und weniger einträglich ist, hieraus ein vermeintlich tragfähiges „Geschäftsmodell" zu entwickeln. Aber auch hier kann sich – je nach den

---

[287] OLG Jena GRUR-RR 2011, 327 (328) – Umfang des Geschäftsbetriebs; OLG Nürnberg GRUR-RR 2014, 166 (167) – Facebook-Abmahnwelle; OLG Hamburg 11.8.2016 – 3 U 56/15 – unscharfe notarielle Unterlassungserklärung; LG Köln MMR 2015, 456 (457).

[288] LG Köln MMR 2015, 456 (457).

[289] OLG Hamburg WRP 2020, 499 Rn. 29, 31.

[290] OLG Hamm 10.8.2010 – 4 U 60/10.

[291] OLG Nürnberg GRUR-RR 2014, 166 (168) – Facebook-Abmahnwelle; LG München I 31.1.2017 – 33 O 20356/15.

[292] OLG Hamm 10.8.2010 – 4 U 60/10.

[293] OLG Hamm MMR 2010, 508 (511); OLG Jena GRUR-RR 2011, 327 (328 f.) – Umfang des Geschäftsbetriebs.

[294] OLG Nürnberg GRUR-RR 2014, 166 (167 f.) – Facebook-Abmahnwelle.

[295] Vgl. OLG Hamm 9.3.2010 – 4 W 22/10.

wirtschaftlichen Verhältnissen des Abmahnenden – die Abmahntätigkeit gegenüber seiner eigentlichen Geschäftstätigkeit verselbständigen und die Einnahmeerzielungsabsicht als Motiv in den Vordergrund rücken. Die **Indizwirkung** ist allerdings **schwächer** als sie bei einer erheblichen Anzahl von Abmahnungen ist, die auf die Verletzung der gleichen Rechtsvorschrift gestützt sind.

(e) Erhebliche Anzahl von Anzahl der Abmahnungen, wenn anzunehmen ist, dass der Mitbewerber das wirtschaftliche Risiko nicht selbst trägt (vgl. § 8c Abs. 2 Nr. 2 Alt. 2). Nach dem als Indiz für einen Missbrauch gem. § 8c Abs. 2 Nr. 1 heranzuziehenden **Regelbeispiel § 8c Abs. 2 Nr. 2 Alt. 2** ist eine missbräuchliche Geltendmachung im Zweifel anzunehmen, wenn ein **Mitbewerber** eine erhebliche Anzahl (hierzu → Rn. 172 ff.) von Verstößen gegen die **gleiche Rechtsvorschrift** (hierzu → Rn. 169) durch Abmahnungen geltend macht und wenn anzunehmen ist, dass der Mitbewerber das wirtschaftliche Risiko des außergerichtlichen oder gerichtlichen Vorgehens nicht selbst trägt (ausf. zum Regelbeispiel → Rn. 179 ff.). 144

Wenn die abgemahnten Verstöße **nicht die gleiche Rechtsvorschrift** betreffen, kann je nach Umständen ein Missbrauch ebenfalls indiziert sein, wobei die Indizwirkung schwächer ist (→ Rn. 143). 145

(f) Unangemessen hohe Gegenstandswerte in einer Abmahnung durch Mitbewerber angesetzt (vgl. § 8c Abs. 2 Nr. 3). Nach dem als Indiz für einen Missbrauch gem. § 8c Abs. 2 Nr. 1 heranzuziehenden **Regelbeispiel § 8c Abs. 2 Nr. 3** ist eine missbräuchliche Geltendmachung im Zweifel anzunehmen, wenn ein Mitbewerber den **Gegenstandswert** für eine **Abmahnung unangemessen hoch** ansetzt (ausf. zum Regelbeispiel → Rn. 186 ff.). 146

(g) Unangemessen hohe Streitwerte im gerichtlichen Verfahren angesetzt durch Mitbewerber. Dieselben Regeln gelten, wenn **in gerichtlichen Verfahren** unangemessen hohe (weit überhöhte) Streitwerte angesetzt werden.[296] Diese schon bislang in der Rspr. anerkannte Fallgruppe hat der Gesetzgeber nicht in ein Regelbeispiel gefasst. 147

(h) Unangemessen hohe Streitwerte im gerichtlichen Verfahren festgesetzt durch Verbände. Wird der **Streitwert durch** einen anspruchsberechtigten **Verband unangemessen hoch** angesetzt, kann das – wenn auch regelmäßig nicht alleine – für einen Missbrauch sprechen.[297] 148

(i) Überhöhter Gebührensatz. Ein starkes Indiz für ein Gebührenerzielungsinteresse ist auch das **systematische Verlangen nach überhöhten Gebühren für die Abmahnung.**[298] Dies ist der Fall bei der deutlichen Überschreitung einer in aller Regel angemessenen 1,3-fachen Gebühr, ohne dass eine ganz besondere Schwierigkeit der Sache auf der Hand liegt (zB 1,8-fache Gebühr).[299] Auch ohne systematisches Vorgehen kann eine **Gebührenüberhöhung im Einzelfall** (zB 1,5-fache Gebühr) ein Indiz von nicht unbeträchtlichem Gewicht sein, das aber für sich genommen für die Annahme eines Missbrauchs noch nicht ausreicht.[300] 149

(j) Einheitliche Frist für Unterlassungserklärung und Zahlung der Abmahnkosten. Ein – eher unterdurchschnittlich aussagekräftiges – Indiz für den Missbrauch kann darin liegen, dass die **Frist für die Abgabe der strafbewehrten Unterlassungserklä-** 150

---

[296] OLG Jena GRUR-RR 2011, 327 (329) – Umfang des Geschäftsbetriebs; OLG Hamm 26.7.2011 – 4 U 49/11; 28.7.2011 – 4 U 55/11; vgl. auch OLG Brandenburg GRUR-RR 2013, 511 – Verweisungsnorm; *Knippenkötter* GRUR-Prax 2011, 483 (484).

[297] BGH GRUR 2019, 966 Rn. 47 – Umwelthilfe.

[298] BGH GRUR 2012, 286 Rn. 13 – Falsche Suchrubrik; OLG Brandenburg GRUR-RR 2013, 511 – Verweisungsnorm.

[299] Vgl. OLG Hamm MMR 2010, 508 (511).

[300] OLG Hamm WRP 2014, 330 Rn. 187 – Bestellung abschicken.

rung, die wegen der Eilbedürftigkeit kurz bemessen ist, ohne jede Notwendigkeit mit der Frist für die **Zahlung der zu erstattenden Abmahnkosten verknüpft** wird.[301] Eine stärkere Indizwirkung hat der Umstand, dass zugleich der falsche Eindruck erweckt wird, dass Unterwerfungserklärung und Kostenerstattung zusammengehören[302] bzw. der Schuldner die Gefahr einer gerichtlichen Inanspruchnahme nur dadurch verhindern könne, dass er neben der Abgabe der Unterlassungserklärung auch die **Abmahnkosten umgehend erstattet.**[303] Für sich genommen reicht die einheitliche Frist selbstverständlich nicht dazu aus, einen Missbrauch zu begründen.[304]

151 **(k) Gebührenverlangen trotz beantragter Schubladenverfügung.** Ein Indiz für einen Missbrauch ist auch, wenn ein **Eilverfahren** eingeleitet wird, **ohne zuvor abzumahnen,** und sodann in der Abmahnung der Verfahrensstand verschwiegen und Abmahnkosten, die bei einem bereits gestellte Verfügungsantrag nicht mehr verlangt werden können,[305] dennoch geltend gemacht werden.[306]

152 **(l) Gebührenverlangen bei erstem Anfordern der Vertragsstrafe.** Ein Anhaltspunkt, dass es dem Gläubiger mit seinen Abmahnungen darum geht, Gebühren zu erzielen, ist es auch, wenn **beim ersten Anfordern einer Vertragsstrafe** durch Anwaltsschreiben eine **Kostennote** beigefügt ist, ohne dass dafür eine Anspruchsgrundlage ersichtlich ist. Denn bei einer Vertragsstrafe handelt es sich im Regelfall um bloße schuldrechtliche Forderungen iSd § 241 BGB. Deren Geltendmachung kann aber erst dann einen Schadensersatzanspruch nach §§ 286 f. BGB auslösen, wenn sich der Schuldner in Verzug befindet. Davon kann bei der erstmaligen Geltendmachung von Vertragsstrafen keine Rede sein.[307]

153 **(m) Fallenlassen und Nichtverfolgung von Ansprüchen.** Ein weiteres Indiz für das missbräuchliche Verhalten ist, dass ein Anspruchsberechtigter **so gut wie keinen Unterlassungsanspruch weiter gerichtlich verfolgt,** wenn keine strafbewehrte Unterlassungserklärung abgegeben wird.[308] Dies lässt nämlich darauf schließen, dass es dem Anspruchsteller allein um die Abmahnkosten geht und nicht um die Wahrung des lauteren Wettbewerbs. Fälle, in denen der Abmahnende gleichsam „intuitiv" entscheidet, ob er Verstöße selbst telefonisch abmahnt ob er abgemahnte Wettbewerbsverstöße weiterverfolgt[309] und ob er auf Abmahnkosten und Vertragsstrafen verzichtet,[310] können ähnlich gelagert sein und ebenfalls einen Missbrauch indizieren.[311]

154 Andererseits kann es gerade gegen einen Missbrauch und für ein genuines Interesse an der Durchsetzung des Lauterkeitsrechts sprechen, wenn ein Kläger bei einer ungesicherten materiellen Rechtslage, die keinen glatten „Durchmarsch" erwarten lässt, unter **Inkaufnahme eines erheblichen Prozessrisikos** versucht, sein Unterlassungsansprüche durchzusetzen.[312]

155 **(n) Keine Stellung von Ordnungsgeldanträgen.** Ein weiterer Anhaltspunkt für eine Geltendmachung von Ansprüchen vorwiegend zur Erzielung von Einnahmen durch Ersatz von Aufwendungen oder von Kosten der Rechtsverfolgung kann sein, wenn der ein

[301] OLG Hamm 10.8.2010 – 4 U 60/10; 28.7.2011 – 4 U 55/11; *Knippenkötter* GRUR-Prax 2011, 483 (484).
[302] OLG Hamburg WRP 2020, 499 Rn. 33.
[303] OLG Hamm 10.8.2010 – 4 U 60/10; 28.7.2011 – 4 U 55/11; *Knippenkötter* GRUR-Prax 2011, 483 (484).
[304] *Knippenkötter* GRUR-Prax 2011, 483 (484).
[305] BGH GRUR 2010, 257 Rn. 14 ff. – Schubladenverfügung.
[306] KG GRUR-RR 2012, 134 – Neujahrskonzert 2011.
[307] OLG Hamm 15.12.2009 – 4 U 134/09; 28.7.2011 – 4 U 55/11.
[308] OLG Nürnberg GRUR-RR 2014, 166 – Facebook-Abmahnwelle; *Knippenkötter* GRUR-Prax 2011, 483 (484).
[309] OLG Hamm GRUR-RR 2010, 356 (357 f.) – Abmahnungen nach Gutsherrenart.
[310] OLG Hamm MMR 2010, 508 (509).
[311] *Knippenkötter* GRUR-Prax 2011, 483 (484 f.).
[312] Vgl. OLG Hamm 1.4.2008 – 4 U 10/08.

Gläubiger zwar in größerer Zahl einstweilige Verfügungen erwirkt, aber im Fall weiterer Zuwiderhandlungen **keine Ordnungsgeldanträge** zugunsten der Staatskasse stellt.[313]

(o) Keine Geltendmachung von Vertragsstrafeansprüchen. Entsprechend kann es auch auf eine Geltendmachung von Ansprüchen vorwiegend zur Erzielung von Einnahmen durch Ersatz von Aufwendungen oder von Kosten der Rechtsverfolgung hindeuten, wenn zwar in größerer Anzahl **kostenpflichtige Abmahnungen ausgesprochen** und daraufhin strafbewehrte Unterlassungserklärungen abgegeben werden, deren Einhaltung vom Gläubiger aber nicht kontrolliert und **Vertragsstrafen nicht eingetrieben** werden. 156

(p) „Nicht scharfgestellte" notarielle Unterwerfungserklärung. Für ein missbräuchliches Verhalten eines Wettbewerbers kann es indiziell auch sprechen, dass dieser eine notarielle Unterwerfungserklärung des Schuldners nicht „scharfgestellt", also keinen Androhungsbeschluss nach §§ 890, 891 ZPO erwirkt hat.[314] 157

d) Generierung eines Anspruchs auf Zahlung einer Vertragsstrafe als bestimmendes Motiv. aa) Wesen der Unterfallgruppe. Eine Anspruchsverfolgung dient vorwiegend dazu, einen **Anspruch auf Zahlung einer Vertragsstrafe** entstehen zu lassen, und ist daher nach § 8c Abs. 2 Nr. 1 missbräuchlich, wenn sie nicht auf eine der vorgekommenen Zuwiderhandlung entsprechende Ausräumung der Wiederholungsgefahr oder der sachgerechten Einhaltung des vertragliche Unterlassungsgebots dient, sondern gerade darauf abzielt, den Kreis der vertragsstrafebewehrten Handlungen unangemessen auszuweiten, den Schuldner in Haftungsfallen zu locken, ihm die Abwehr von Vertragsstrafeansprüchen zu erschweren oder offensichtlich überhöhte Vertragsstrafen einzunehmen. 158

bb) Indizien. (a) Offensichtlich überhöhte Vertragsstrafen (vgl. § 8c Abs. 2 Nr. 4). Nach dem als Indiz für einen Missbrauch gem. § 8c Abs. 2 Nr. 1 heranzuziehenden **Regelbeispiel § 8c Abs. 2 Nr. 4** ist eine missbräuchliche Geltendmachung im Zweifel anzunehmen, wenn **offensichtlich überhöhte Vertragsstrafen** vereinbart oder gefordert werden (ausf. zum Regelbeispiel → Rn. 191 ff.). 159

(b) Vorformulierte Unterlassungsverpflichtung, die offensichtlich über die abgemahnte Rechtsverletzung hinausgeht (vgl. § 8c Abs. 2 Nr. 5). Nach dem als Indiz für einen Missbrauch gem. § 8c Abs. 2 Nr. 1 heranzuziehenden **Regelbeispiel § 8c Abs. 2 Nr. 5** ist eine missbräuchliche Geltendmachung im Zweifel anzunehmen, wenn eine vorgeschlagene Unterlassungsverpflichtung offensichtlich über die abgemahnte Rechtsverletzung hinausgeht (ausf. zum Regelbeispiel → Rn. 198 ff.). 160

(c) Verlangen einer strafbewehrten Unterlassungserklärung trotz gerichtlichen Titels. Eine Rechtsverfolgung kann missbräuchlich sein, wenn ein bereits durch einen **Unterlassungstitel** gesicherter Unterlassungsgläubiger ohne sachlichen Grund vom Schuldner für eine kerngleiche Unterlassungspflicht **zusätzlich** eine **strafbewehrte Unterlassungserklärung** fordert.[315] Eine starke Indizwirkung wird sich insbesondere dann ergeben, wenn solche Praxis systematisch gehandhabt wird. Ein **sachlicher Grund** für diese Praxis besteht aber dann, wenn ein Klärungsbedarf zum Umfang der titulierten Unterlassungsverpflichtung besteht.[316] 161

(d) Verlangen nach Verzicht auf die Einrede des Fortsetzungszusammenhangs. Der Verzicht auf die Einrede des Fortsetzungszusammenhangs in einer vorformulierten Unterwerfungserklärung ist **für sich genommen nicht ausreichend,** einen Missbrauch 162

[313] Vgl. BT-Drs. 19/12084, 28.
[314] OLG Hamburg 11.8.2016 – 3 U 56/15 – unscharfe notarielle Unterlassungserklärung.
[315] BGH GRUR 2019, 966 Rn. 50 – Umwelthilfe.
[316] BGH GRUR 2019, 966 Rn. 50 – Umwelthilfe.

zu begründen.[317] Treten andere Umstände dazu, wie die starke Verallgemeinerung des Unterlassungsgebots und hohe Absolutbeträge für die Vertragsstrafe oder der Verzicht auf das Verschuldenserfordernis, so wird eine Haftungsfalle konstruiert, die nur den Schluss auf eine im Vordergrund stehende Einnahmeerzielungsabsicht zulässt.[318]

163 **(e) Abbedingung des Verschuldenserfordernisses.** Wird in einer vorformulierten Unterwerfungserklärung das für die Verwirkung der Vertragsstrafe normalerweise selbstverständliche[319] **Verschuldenserfordernis abbedungen,** so ist dies ein Indiz dafür, dass es dem Abmahnenden in erster Linie um das Einstreichen der Vertragsstrafe geht.[320] Dies gilt insbesondere dann, wenn die Klausel so gestaltet und in die Unterwerfungserklärung eingefügt ist, dass sie ohne weiteres überlesen werden kann.[321]

164 Der **Ausschluss der** dem Schuldner normalerweise verbleibenden **Exkulpationsmöglichkeit**[322] ist überraschend und für die Ausräumung der Wiederholungsgefahr nicht erforderlich.[323] Er führt nicht nur zu einer Haftungsverschärfung. Er bildet vielfach auch eine für den Schuldner **unkontrollierbare Haftungsfalle,** wenn der Unterlassungsverpflichtung nur durch Hilfe von oder Einwirkung auf Dritte nachgekommen werden kann (hierzu *Goldmann* → § 8 Rn. 16 ff.) und nach kurzer Fristsetzung die Unterlassungserklärung bereits abgegeben wird, ehe alle Verstöße beseitigt sind.[324] Der Schuldner kann einer Vertragsstrafe daher vielfach nur schwer entgehen, wenn ihm der Einwand abgeschnitten ist, er hätte den Verstoß beim besten Willen so kurzfristig nicht abstellen können.[325]

165 **(f) Gerichtsstandsvereinbarung am Sitz des Gläubigervertreters.** Wird in einer vorformulierten Unterwerfungserklärung nicht der Sitz des Gläubigers oder des Schuldners, sondern der **Sitz des Rechtsanwalts** des Gläubigers als zu vereinbarender Gerichtsstand vorgesehen, ist auch dies ein Indiz für die Absicht, durch die Eintreibung von Vertragsstrafen einen möglichst hohen Gewinn zu erzielen, weil mit dieser **Gerichtsstandswahl** dem Rechtsanwalt die Arbeit erleichtert wird und sich Unkosten sparen lassen.[326] Die Indizwirkung ist aber nicht allzu hoch zu veranschlagen, weil eine solche Gerichtsstandswahl auch bei seriösem Vorgehen nicht unüblich ist.

166 **(g) Kurze Fristsetzung.** Eine sehr **kurze Frist** (zB von nur einem Tag) zur Abgabe einer strafbewehrten Unterlassungserklärung lässt dem Schuldner kaum Zeit zu prüfen, ob und in welchem Umfang er sich auf die vorformulierte Unterwerfungserklärung einlassen muss. Es besteht hier objektiv die Gefahr, dass sachlich oder betragsmäßig unangemessene Forderungen des Gläubigers ohne weiteres akzeptiert werden. Eine **extrem kurze Fristsetzung** ist daher ein Indiz für die Absicht, durch das Einstreichen einer Vertragsstrafe Gewinn zu erzielen.[327] Dies gilt insbesondere bei umfangreichen Abmahnungen oder rechtlich oder tatsächlich schwierigen Sachverhalten. Es ist dann Sache des Abmahnenden, sachliche Gründe dafür dazu tun, warum die Frist so knapp bemessen ist.[328]

---

[317] BGH GRUR 2012, 286 Rn. 15 – Falsche Suchrubrik.

[318] Vgl. OLG Hamm MMR 2010, 826 (827); 28.7.2011 – 4 U 55/11; *Knippenkötter* GRUR-Prax 2011, 483 (485).

[319] Vgl. BGH GRUR 1982, 688 (691) – Senioren-Paß; GRUR 1998, 963 (964) – Verlagsverschulden II; OLG Celle GRUR-RR 2014, 152 (154) – Klebefähnchen.

[320] BGH GRUR 2012, 730 Rn. 17 ff. – Bauheizgerät; OLG Hamburg WRP 2020, 499 Rn. 32.

[321] OLG Hamm 10.8.2010 – 4 U 60/10.

[322] Vgl. OLG Celle GRUR-RR 2014, 152 (154) – Klebefähnchen.

[323] OLG Hamm 10.8.2010 – 4 U 60/10.

[324] BGH GRUR 2012, 730 Rn. 19 – Bauheizgerät; OLG Hamm 10.8.2010 – 4 U 60/10; *Pokrant* FS Bornkamm, 2014, 1053 (1054).

[325] BGH GRUR 2012, 730 Rn. 19 – Bauheizgerät; OLG Hamm 10.8.2010 – 4 U 60/10.

[326] Vgl. BGH GRUR 2012, 730 Rn. 28 – Bauheizgerät; OLG Hamm 10.8.2010 – 4 U 60/10.

[327] Vgl. OLG Köln WRP 2015, 1385 Rn. 18 – Glücksspiele; vgl. auch KG GRUR-RR 2012, 134 – Neujahrskonzert 2011.

[328] Vgl. OLG Köln WRP 2015, 1385 Rn. 18 – Glücksspiele.

2. Regelbeispiel § 8c Abs. 2 Nr. 2: Missverhältnis zwischen Anzahl der Abmahnungen und Geschäftstätigkeit eines Mitbewerbers oder Verlagerung seines wirtschaftlichen Risikos auf einen Dritten. a) Regelungsziel. Missbräuchliche Abmahnungen werden oft erhebliche Anzahl versandt, da der Anspruch auf Aufwendungsersatz aufgrund der heute ohne weiteres möglichen Automatisierung der Abmahntätigkeit finanziell besonders attraktiv ist. Typisch für einen solchen Missbrauch ist nach der Begründung des Regierungsentwurfs, dass der Mitbewerber nur in geringem Umfang wirtschaftlich tätig ist und angesichts dessen oder angesichts einer hohen Zahl von ausgesprochenen Abmahnungen zweifelhaft ist, ob er das wirtschaftliche Risiko selbst trägt, das er durch die Beauftragung eines Anwalts mit Abmahnungen eingeht.[329] Der zuerst genannte Aspekt wird im Regelbeispiel des § 8c Abs. 2 Nr. 2 Alt. 1 verortet, der zuletzt genannte im Regelbeispiel des § 8c Abs. 2 Nr. 2 Alt. 2. Beide Alternativen beziehen sich nur auf Mitbewerber, da es bei den übrigen Anspruchsberechtigten üblich und nicht grundsätzlich zu beanstanden ist, dass eine höhere Anzahl von Verstößen geltend gemacht wird (→ Rn. 135).[330] 167

b) Regelbeispiel § 8c Abs. 2 Nr. 2 Alt. 1. aa) Grundsatz. Nach dem als widerlegbares Indiz und vorbehaltlich einer Abwägung aller Umstände anzuwendenden Regelbeispiel **§ 8c Abs. 2 Nr. 2 Alt. 1** ist eine missbräuchliche Geltendmachung im Zweifel anzunehmen, wenn ein **Mitbewerber** eine erhebliche Anzahl von Verstößen gegen die gleiche Rechtsvorschrift durch **Abmahnungen** geltend macht, wenn die **Anzahl** der geltend gemachten Verstöße **außer Verhältnis zum Umfang der eigenen Geschäftstätigkeit** steht. Dies galt auch nach der bisherigen Rspr. als Indiz für einen Missbrauch gem. § 8 Abs. 4 S. 1 UWG 2004.[331] Die **indizielle Wirkung** von Massenabmahnungen ist in solchen Konstellationen **sehr gewichtig.** Gleichwohl muss eine Berücksichtigung der Gesamtumstände unter Bedachtnahme auf das Recht auf einen wirksamen Rechtsbehelf und effektiven Rechtsschutz (→ Rn. 117) stattfinden, anhand derer mit der erforderlichen Sicherheit festgestellt werden kann, dass das sachfremde Motiv einer Einnahmeerzielungsabsicht im Vordergrund steht.[332] Selbst dann, wenn gem. § 8c Abs. 2 Nr. 2 Alt. 1 eine „erhebliche Anzahl" von Abmahnungen ausgesprochen wird, die objektiv „außer Verhältnis zum Umfang der eigenen Geschäftstätigkeit steht", mag es hierfür nämlich durchaus eine **sachliche Rechtfertigung** geben. Zu denken ist etwa an Fälle, in denen Nachahmungen eines Nischenprodukts eines kleinen Herstellers massenweise von vielen Verletzern angeboten werden. Solche besonderen Umstände können dazu führen, dass keine missbrauchsbegründende Zweck-Mittel-Disparität anzunehmen ist. 168

bb) Verstöße gegen die gleiche Rechtsvorschrift. Das Regelbeispiel bezieht sich nur auf eine erhebliche Anzahl von Abmahnungen, die sich gegen Verstöße gegen **die gleiche Rechtsvorschrift** richten. Nach Sinn und Zweck des Regelbeispiels sind grundsätzlich auch Verhaltensnormen erfasst, deren Verletzung gem. **§ 13 Abs. 4** im Falle einer Abmahnung keinen Anspruch auf Aufwendungsersatz mehr begründen. Dies sind gem. § 13 Abs. 4 Nr. 1 Verstöße gegen gesetzliche Informations- und Kennzeichnungspflichten im elektronischen Geschäftsverkehr oder in Telemedien (zB § 5 TMG) und gem. § 13 Abs. 4 Nr. 2 Verstöße gegen Datenschutzvorschriften. Denn zum einen können hier Kosten der Rechtsverfolgung (zB extern in Auftrag gegebene Recherchen) durchaus im Wege des 169

[329] BT-Drs. 19/12084, 29.

[330] Vgl. BT-Drs. 19/12084, 29 f.

[331] Vgl. BGH GRUR 2012, 286 Rn. 13 – Falsche Suchrubrik; GRUR 2019, 199 Rn. 21 – Abmahnaktion II; GRUR 2019, 638 Rn. 21 – Kündigung der Unterlassungsvereinbarung; OLG Hamm MMR 2009, 865 (866); OLG Brandenburg GRUR-RR 2013, 511 – Verweisungsnorm; OLG Nürnberg GRUR-RR 2014, 166 – Facebook-Abmahnwelle; OLG Düsseldorf 9.10.2014 – I-15 U 99/14 Rn. 42 – Fehlende Herstellerangabe bei Elektroartikeln; OLG Hamm 15.9.2015 – 4 U 105/15; OLG Frankfurt a. M. GRUR-RR 2016, 358 Rn. 15 – vorgeschobene Marktbereinigung I; GRUR-RR 2017, 195 Rn. 14 – Flughafen-Taxihalteplatz.

[332] Vgl. zum bisherigen Recht OLG Frankfurt a. M. GRUR-RR 2016, 274 Rn. 38 – Drohkulisse.

Schadensersatzes geltend gemacht werden (*Goldmann* → § 9 Rn. 183 ff.); zum anderen besteht bei einer erfolgreichen gerichtlichen Geltendmachung ein prozessualer Kostenerstattungsanspruch aus §§ 91 ff. ZPO. Dieser kann in einfach gelagerten Fällen bei einer erheblichen Anzahl von standardmäßigen Verfügungsanträgen durchaus wirtschaftlich attraktiv sein. Angesichts der einschneidenden Rechtsfolge – Verlust der Anspruchsberechtigung im konkreten Fall – muss der Begriff der „gleichen Rechtsvorschrift" **eng ausgelegt** werden. Gemeint ist hier offenbar **die gleiche konkrete Verhaltensnorm** (zum Begriff *Goldmann* → § 9 Rn. 149). Da sich das Regelbeispiel in besonderer Weise gegen eine automatisierte Abmahntätigkeit richtet, ist das Tatbestandsmerkmal „gleiche Rechtsvorschrift" so auszulegen, dass bei allen Abmahnungen im Kern derselbe Tatbestand vorliegen und **derselbe Subsumtionsvorgang** erforderlich sein muss. Es kommt also nicht darauf an, dass dieselbe Paragraphennummer, derselbe Absatz, Satz etc zitiert werden kann, sondern dass die Verstöße gleichgelagert sind und damit das gleiche Fehlverhalten im Wettbewerb betreffen. Nicht die gleiche Rechtsvorschrift, sondern unterschiedliche Rechtsvorschriften sind zB betroffen, wenn als Verstoß gegen § 5 Abs. 1 Nr. 1 TMG in einer ersten Abmahnung die fehlende Angabe des Namens, in einer zweiten Abmahnung die fehlende Angabe der Anschrift, in einer dritten Abmahnung die fehlende Angabe der Rechtsform und einer vierten Mal die fehlende Angabe des Vertretungsberechtigten etc). Werden ungültige AGB als Rechtsbruch iSd § 3a abgemahnt, muss es sich um dieselbe AGB-Klausel handeln, etc.

170 Es ist allerdings praktisch nicht ohne weiteres ersichtlich, wie bei einer Gesamtbewertung in einer solchen Konstellation heute noch ohne weiteres bei einer Vielzahl von Abmahnungen auf einen Missbrauch unter dem Gesichtspunkt der Einnahmeerzielungsabsicht soll geschlossen werden können. Für das Immaterialgüterrecht ist seit der Entscheidung ***„Der Novembermann"*** des BGH anerkannt, dass dann, wenn in einem **engen zeitlichen Zusammenhang** mehrere **Abmahnungen gegenüber unterschiedlichen Verletzern** wegen einer jeweils **gleichgelagerten Verletzung** desselben Schutzrechts mit einem im wesentlichen **identischen Wortlaut** ausgesprochen wird, nur eine einheitliche Angelegenheit iSd § 15 Abs. 2 RVG vorliegt. Damit kann der Rechtsanwalt auch nur einmal seine 1,3-Geschäftsgebühr verlangen, wenn auch auf der Grundlage eines aus den Einzelstreitwerten aller Abmahnungen zusammengerechneten Gesamtstreitwerts.[333] Diese Rspr. ist ohne weiteres **auf** diejenigen **UWG-Konstellationen zu übertragen,** in denen ein Mitbewerber in einem engen zeitlichen Zusammenhang eine erhebliche Anzahl von „Verstößen gegen die gleiche Rechtsvorschrift" abmahnt und sich hierbei im wesentlichen desselben Wortlauts bedient. Denkbar ist allerdings, dass für eine **gewisse Übergangszeit,** in der die Entscheidung ***„Der Novembermann"*** bei den Anwälten von Massenabmahnern noch nicht allgemein bekannt bzw. deren Übertragbarkeit auf das UWG noch nicht allgemein anerkannt ist, eine – dann weiterhin starke – Indizwirkung für eine Einnahmeerzielungsabsicht angenommen werden kann.

171 Zur Indizwirkung einer umfangreichen Abmahntätigkeit, die sich gegen **unterschiedliche Rechtsvorschriften** richtet, für die Erfüllung des Regelbeispiels → § 8c Abs. 2 Nr. 1 Rn. 143.

172 **cc) Erhebliche Anzahl von Abmahnungen außer Verhältnis zur eigenen Geschäftstätigkeit. (a) Grundsatz.** Ob die ausgesprochenen Abmahnungen eine erhebliche Anzahl bilden, lässt sich nicht allgemein, sondern nur **mit Blick auf die Umstände des Einzelfalles** und die weiteren Voraussetzungen beurteilen. Zwischen der Anzahl der Abmahnungen und der Frage, ob diese außer Verhältnis zur eigenen Geschäftstätigkeit des Abmahnenden steht, besteht eine **Wechselwirkung.** Bereits unter Geltung des § 8 Abs. 4 S. 1 UWG 2004 lag nach stRspr ein Indiz für einen Missbrauch durch eine hohe Anzahl von Abmahnungen oder Gerichtsverfahren vor, wenn die **Abmahntätigkeit** oder Prozess-

[333] BGH GRUR 2019, 1044 f. Rn. 22 ff. – Der Novembermann; ausf. hierzu Kur/*Goldmann* § 14 Rn. 873a ff.

führung sich **verselbständigt,** dh in **keinem vernünftigen Verhältnis** zur **geschäftlichen Tätigkeit** des Abmahnenden steht und bei objektiver Betrachtung an der Verfolgung der Wettbewerbsverstöße kein nennenswertes wirtschaftliches Interesse bestehen kann.[334] Dabei bleibt es.

173 Ob und wann sich die Abmahntätigkeit verselbständigt hat, ist unter Berücksichtigung der Begleitumstände der Zuwiderhandlungen, der Wettbewerbsverhältnisse und der sonstigen Umstände wie der wirtschaftlichen Bedeutung des Gläubigers und sein Verhalten bei der Verfolgung des konkreten, aber auch anderer Wettbewerbsverstöße im Rahmen des Freibeweises zu würdigen.[335] Maßgeblich ist hierfür die Sicht eines, **wirtschaftlich denkenden Unternehmers,** der von **kaufmännischer Vernunft** bestimmt ist.[336] Es ist auch kleineren Unternehmern selbstverständlich nicht grundsätzlich verwehrt, gegen gehäuft auftretende Wettbewerbsverstöße von Mitbewerbern vorzugehen.[337] Gerade die Verbindung hoher Gegenstandswerte mit einem nicht übermäßig hohen operativen Geschäftsvolumen kann aber den Verdacht begründen, dass sich die Abmahntätigkeit irgendwann verselbständigt hat und vorrangig sachfremde Zwecke verfolgt.[338]

174 Ins Gewicht fällt bei dieser Betrachtung auch, **wie groß das potentielle Kostenrisiko und die Kostenbelastung nach den RVG-Gebühren** ist, das mit der ausgedehnten Abmahntätigkeit verbunden ist.[339] Je höher die kumulierten Gebühren sind und je stärker sich der wirtschaftliche Erfolg der Abmahnungen in den vom Rechtsanwalt vereinnahmten Honoraren niederschlägt, desto eher ist der Schluss gerechtfertigt, dass die Geltendmachung der Ansprüche vorwiegend dazu gedient hat, Ansprüche auf Ersatz von Aufwendungen oder Kosten der Rechtsverfolgung entstehen zu lassen.[340] Dieser Schluss ist wiederum um so eher gerechtfertigt, **je geringer** demgegenüber **das echte wirtschaftliche Interesse** des Mitbewerbers **an der Durchsetzung seiner Abwehransprüche** ist.[341] Bei der für die Prüfung einer missbräuchlichen Rechtsverfolgung durch Massenabmahnungen gegenüber Händlern erforderlichen Gesamtbetrachtung der maßgeblichen Umstände kann zu berücksichtigen sein, dass der Abmahnende wegen der von ihm beanstandeten Werbeaussagen bereits eine einstweilige Verfügung gegen den Hersteller erwirkt hat und deshalb kein nennenswertes Interesse mehr an der Verfolgung der Einzelhändler besteht.[342]

175 **Fehlt** jedes **wirtschaftlich nennenswerte Interesse an der Rechtsverfolgung,** so entfällt die Indizwirkung einer im Verhältnis zur gewerblichen Tätigkeit sehr umfangreichen Abmahntätigkeit für einen Missbrauch nicht dadurch, dass der Abmahnende sich zuvor bemüht hat, die Wettbewerbsverstöße ohne ausufernde Abmahntätigkeit einfach und kostengünstig abzustellen.[343] Die nachfolgende Kasuistik, die sich unter Geltung von § 8 Abs. 4 S. 1 UWG 2004 entwickelt hat, behält auch für § 8c Abs. 2 Nr. 2 Alt. 1 ihre Gültigkeit:

176 **(b) Kasuistik.** Eine missbräuchliche Rechtsverfolgung ist anzunehmen, wenn mit einer Vielzahl von Abmahnungen (*in concreto* 203) ein im Verhältnis zum Jahresgewinn des

[334] BGH GRUR 2012, 286 Rn. 13 – Falsche Suchrubrik; GRUR 2019, 199 Rn. 21 – Abmahnaktion II; GRUR 2019, 638 Rn. 21 – Kündigung der Unterlassungsvereinbarung; OLG Hamm MMR 2009, 865 (866); OLG Brandenburg GRUR-RR 2013, 511 – Verweisungsnorm; OLG Nürnberg GRUR-RR 2014, 166 – Facebook-Abmahnwelle; OLG Düsseldorf 9.10.2014 – I-15 U 99/14 Rn. 42 – Fehlende Herstellerangabe bei Elektroartikeln; OLG Hamm 15.9.2015 – 4 U 105/15; OLG Frankfurt a. M. GRUR-RR 2016, 358 Rn. 15 – vorgeschobene Marktbereinigung I; GRUR-RR 2017, 195 Rn. 14 – Flughafen-Taxihalteplatz.

[335] OLG Hamm 26.7.2011 – 4 U 49/11.

[336] BGH GRUR 2019, 199 Rn. 23, 30 – Abmahnaktion II.

[337] LG Bochum GRUR-RR 2015, 70.

[338] OLG Hamm 26.7.2011 – 4 U 49/11; 28.7.2011 – 4 U 55/11.

[339] Vgl. BGH GRUR 2019, 199 Rn. 30 – Abmahnaktion II; OLG Hamburg 11.8.2016 – 3 U 56/15 – unscharfe notarielle Unterlassungserklärung.

[340] Vgl. BGH GRUR 2019, 199 Rn. 30 – Abmahnaktion II; OLG Hamburg 11.8.2016 – 3 U 56/15 – unscharfe notarielle Unterlassungserklärung.

[341] BGH GRUR 2019, 199 Rn. 30 – Abmahnaktion II.

[342] BGH GRUR 2019, 199 Rn. 29 und Ls. 2– Abmahnaktion II.

[343] BGH GRUR 2019, 199 Rn. 33 und Ls. 3 – Abmahnaktion II.

Abmahnenden **existenzbedrohender Kostenaufwand** verbunden ist (*in concreto* RVG-Gebühren iHv ca. 1.000 EUR pro Abmahnung) und für ihn an der Rechtsverfolgung kein nennenswertes wirtschaftliches Interesse besteht (*in concreto* vollzogene, zum Rückruf der irreführend beschriftete Produkte verpflichtende einstweilige Verfügung gegen den Hersteller, wobei die Irreführung zudem ohne jeden Einfluss auf den Vertrieb der Produkte des abmahnenden Mitbewerbers war).[344] **Nach wirtschaftlichen Maßstäben nicht mehr vernünftig** war auch eine Abmahntätigkeit, deren Kostenrisiko ca. **das 50-fache des erzielten Jahresgewinns** betrug und deren Kosten das im Betrieb vorhandene Eigenkapital nahezu vollständig aufgezehrt hätte.[345] Ebenso lag es in einem Fall, in dem die geforderten Kosten für **60 Abmahnungen** innerhalb von 90 Tagen den im gleichen Zeitraum vom Abmahnenden Kleinbetrieb mit nur drei Angestellten erwirtschafteten **Umsatz um mehr als das Doppelte überstieg.**[346] Eine Abmahntätigkeit steht auch sonst in keinem vernünftigen Verhältnis zur ausgeübten gewerblicher Tätigkeit, wenn die dafür anfallenden RVG-Gebühren den im gleichen Zeitraum erwirtschafteten Umsatz des Abmahnenden übersteigen.[347] Ein Missverhältnis besteht auch dann, wenn sich allein die Kosten von **189** ausgesprochenen **Abmahnungen** auf insgesamt 123.190,20 EUR summieren und zwar ein Gesamtumsatz von 673.499 EUR erzielt wurde, dem Abmahnenden aber nach Abzug aller Kosten nur ein monatliches Nettoeinkommen von lediglich 1.839,90 EUR verbleibt.[348] Ein Unternehmer, der in seiner Außendarstellung die sog. Kleinunternehmerregelung gem. § 19 Abs. 1 UStG in Anspruch nimmt, kein Ladengeschäft und auch keinen Online-Shop unterhält und innerhalb von fünf Monaten nur auf einen Umsatz von 1.714,93 EUR kommt, aber im selben Zeitraum 15 Abmahnungen ausspricht und eine umfangreiche Prozessführung entfaltet, muss sich den Vorwurf des Missbrauchs entgegenhalten lassen.[349] Ist wegen eines besonderen Geschäftsmodells der Umsatz einer Gesellschaft zwar hoch, ihr Gewinn aber äußerst niedrig, so steht eine umfangreiche Abmahntätigkeit dieser finanzschwachen Gesellschaft, die in einem Zeitraum von ca. neun Monaten in **78 gerichtlichen Verfahren** mündet, in keinem vernünftigen Verhältnis zum Umfang des Geschäftsbetriebs.[350] Eine missbräuchliche Anspruchsverfolgung liegt vor, wenn der Gläubiger in mehreren Dutzend Fällen gegen Mitbewerber vorgeht, obwohl er auf Grund des geringen Umfangs seiner eigenen gewerblichen Tätigkeit dafür **nicht die erforderlichen finanziellen Mittel** aufbringen kann. Als Beleg dafür kann gelten, dass bereits mehrere Zahlungstitel gegen den Kläger vorliegen, aus denen erfolglos vollstreckt wird und dass der Kläger seine Prozessführung lediglich mit einem Fremdgeldkonto finanziert, das durch Vergleichszahlungen und Vertragsstrafen aufgefüllt sein muss, bevor neue Verfahren eingeleitet werden.[351] Eine mit einem Stammkapital von ca. 1.000 EUR ausgestattete UG, deren Geschäftsführer bereits die eidesstattliche Versicherung über seine Vermögensverhältnisse abgegeben hat, zugleich aber mehrere Abmahnverfahren wegen vermeintlicher Wettbewerbsverstöße in Gang setzt, handelt bei der Abmahnung eines Impressumsverstoßes missbräuchlich.[352] Missbräuchlich war auch die Führung von **129 Rechtsstreitigkeiten** durch einen Einzelunternehmer, der bei einem möglicherweise zu erwartenden Jahresgewinn von 80.000 EUR offene Honorarforderungen seines Anwalts von ca. 65.000 EUR bedienen muss, seiner Lebensgefährtin aus einem Darlehen rund 25.000 EUR und der Mutter seiner Tochter in gleicher Höhe offene Unterhaltsrückstände schuldet und auch keine laufenden Alimente zahlt – das ganze ohne

---

[344] BGH GRUR 2019, 199 Rn. 30 und Ls. 1 – Abmahnaktion II.
[345] OLG Hamm 15.9.2015 – 4 U 105/15.
[346] OLG Hamm MMR 2009, 865 (866).
[347] OLG Hamm MMR 2010, 508 (510); OLG Nürnberg GRUR-RR 2014, 166 (167) – Facebook-Abmahnwelle; AG Schleiden GRUR-RR 2009, 156 – Rechtsmissbräuchliche Abmahnung.
[348] OLG Hamburg 11.8.2016 – 3 U 56/15 – unscharfe notarielle Unterlassungserklärung.
[349] OLG Düsseldorf GRUR-RR 2015, 306 (307) – Warmwasserland.
[350] OLG Jena GRUR-RR 2011, 327 (328) – Umfang des Geschäftsbetriebs.
[351] OLG München GRUR-RR 2016, 210 f. Rn. 215, 19 – Rechtsverfolgung mit Fremdgeldkonto.
[352] OLG Karlsruhe GRUR-RR 2017, 506 Rn. 21 f. – Unterkapitalisierter Abmahner.

nennenswertes Vermögen im Rücken.[353] Ein Missbrauch wurde angenommen bei einer nicht ernsthaft geschäftlich tätigen Limited, die kurz nach ihrer Gründung über 20 angebliche Mitbewerber abmahnte und dabei insbesondere in dem Zeitraum 21.7.2008 bis 29.8.2008 eine Anzahl von 13 Abmahnungen versenden ließ, wobei die insgesamt versandten **20 Abmahnungen** und die damit eingehenden Kostennoten über jeweils 899,40 EUR insgesamt fast 18.000,00 EUR an Kosten der Limited verursacht hätten, die sie überhaupt nicht bezahlen konnte.[354] Ein Missbrauchsfall ist auch darin gesehen worden, dass ein Münchner Rechtsanwalt, der in Berlin als Bauträger und Altbausanierer tätig war, innerhalb eines Jahres nach Überprüfung des Immobilienteiles zahlreicher von ihm abonnierter überregionaler und regionaler Tageszeitungen aus dem ganzen Bundesgebiet etwa **150 Abmahnungen** wegen irreführender Immobilienanzeigen auch den ländlichen bayrischen Raum betreffend ausgesprochen hat.[355] Ebenso lag es bei nur geringfügiger eigener geschäftlicher Tätigkeit und **120 Abmahnungen,** die innerhalb von nur 19 Tagen ausgesprochen wurden und eine „Abmahnpauschale" von je 150 EUR zzgl. Mehrwertsteuer forderten.[356]

Bei **31 Abmahnungen** von Wettbewerbern durch einen Kfz-Händler **innerhalb von** 177
13 Monaten ist der BGH ohne das Hinzutreten weiterer Umstände **nicht** davon ausgegangen, dass die Abmahntätigkeit **in keinem vernünftigen Verhältnis** zur eigentlichen Geschäftstätigkeit gestanden und bei objektiver Betrachtung an der Verfolgung der Wettbewerbsverstöße kein nennenswertes wirtschaftliches Interesse außer dem der Gebührenerzielung bestanden hat.[357] Ebenso sieht es bei der Einleitung von 30 gerichtlichen Verfahren gegen Mitbewerber in einem Zeitraum von knapp zwei Jahren aus.[358] Bei **fünf Verfahren** innerhalb eines Jahres kann auch bei einer bescheidenen Bilanzsumme von 240.000 EUR noch nicht von einer Verselbständigung der Rechtsverfolgung ausgegangen werden.[359] Das OLG Düsseldorf ist bei einer zeitweisen erheblichen, ja vielfachen, Überschreitung des Gewinns durch das Kostenrisiko zahlreicher weiterer Rechtsstreitigkeiten angesichts einer Geschäftstätigkeit in erheblichem Umfang, Umsätzen in sechsstelliger und Gewinnen in deutlich fünfstelliger Höhe nicht davon ausgegangen, dass sich die Abmahntätigkeit des Verfügungsklägers verselbständigt hat.[360] Auch bei **zehn Verfahren** mit einem Kostenrisiko von 390.000 EUR bestand kein Missverhältnis zu dem im selben Zeitraum erwirtschafteten Umsatz von 2,4 Mio. EUR.[361] Jährliche Umsätze mit den Onlineshops iHv 550.000,00 EUR bei Gewinnen im Bereich von 20.000–50.000,00 EUR netto p. a. bedingen ein Missverhältnis zu der Abmahntätigkeit von jährlich **10–12 Abmahnungen** nicht. Umsätze in sechsstelliger und Gewinne in deutlich fünfstelliger Höhe reichen bei dieser Anzahl von Abmahnungen für die Feststellung, dass sich die Abmahntätigkeit verselbständigt hat, nicht aus.[362]

Ein missbräuchliches Handeln im bloßen Gebühreninteresse im Sinne einer **Verselb-** 178
ständigung der Abmahntätigkeit kann auch dann gegeben sein, wenn der Anspruchsberechtigte seine Abmahntätigkeit so organisiert, dass sie eine **selbständige Erwerbsquelle für den** mit ihm zusammenarbeitenden und die Abmahntätigkeit in „eigener Regie" betrei-

[353] KG 9.12.2016 – 5 U 163/15 und 5 W 27/16 Rn. 59 ff. – vorgeschobene Marktbereinigung II (insoweit nicht in GRUR-RR 2017, 114 abgedruckt); nicht beanstandet von BGH GRUR 2019, 638 Rn. 214 – Kündigung der Unterlassungsvereinbarung.

[354] AG Berlin-Charlottenburg 13.11.2009 – 238 C 171/09 – webdiscount4you Ltd.; ähnlich und dieselbe Gesellschaft betreffend LG Würzburg MMR 2009, 200 (201) – Abmahnungen der webdiscount4you Ltd.

[355] BGH GRUR 2001, 260 (261) – Vielfachabmahner.

[356] KG WRP 2011, 1319 – Massenhaftes Abmahnen im Immobilienbereich (mit einer instruktiven Übersicht über weitere vom KG entschiedene Missbrauchsfälle).

[357] BGH GRUR 2012, 286 Rn. 14 – Falsche Suchrubrik.

[358] OLG Brandenburg GRUR-RR 2013, 511 (512) – Verweisungsnorm.

[359] OLG Hamm 23.1.2014 – 4 U 118/13 – Druckerzubehör.

[360] OLG Düsseldorf 9.10.2014 – I-15 U 99/14 Rn. 43 – Fehlende Herstellerangabe bei Elektroartikeln.

[361] OLG Hamm WRP 2011, 501 (505) – Bewertungsrabatt.

[362] LG Dortmund 19.8.2020 – 10 U 19/19.

benden **Rechtsanwalt** darstellt.[363] Für eine verselbständigte Abmahntätigkeit des Anwalts in eigenem Interesse und auf eigene Initiative spricht es, wenn der Rechtsanwalt im Termin die erforderliche **Vollmacht nicht vorlegen** kann;[364] dagegen spricht es, wenn er im Termin oder der vorgerichtlichen Korrespondenz dazu ohne weiteres schnell in der Lage ist.[365]

179 **c) Regelbeispiel § 8c Abs. 2 Nr. 2 Alt. 2. aa) Grundsatz.** Nach dem als widerlegbares Indiz und vorbehaltlich einer Abwägung aller Umstände anzuwendenden Regelbeispiel **§ 8c Abs. 2 Nr. 2 Alt. 2** ist eine missbräuchliche Geltendmachung im Zweifel anzunehmen, wenn ein **Mitbewerber** eine **erhebliche Anzahl** (hierzu → Rn. 171 ff.) von Verstößen gegen die **gleiche Rechtsvorschrift** (hierzu → Rn. 168) durch Abmahnungen geltend macht und wenn anzunehmen ist, dass der Mitbewerber das wirtschaftliche Risiko des außergerichtlichen oder gerichtlichen Vorgehens nicht selbst trägt. Wenn die abgemahnten Verstöße nicht die gleiche Rechtsvorschrift betreffen, kann je nach Umständen ein Missbrauch gem. § 8c Abs. 2 Nr. 1 indiziert sein, wobei die Indizwirkung schwächer ist (→ Rn. 143).

180 Nach dem Wortlaut werden pauschal alle Fälle erfasst, in denen das wirtschaftliche Risiko von einem Dritten getragen wird. Eine **Abwägung aller Umstände** des Einzelfalles und eine Gesamtbewertung im Lichte der europäischen und deutschen Rechtsschutzgarantien kann allerdings dazu führen, dass unter besonderen Umständen ein Missbrauch zu verneinen ist. Zwischen folgenden Konstellationen ist zu differenzieren:

181 **bb) Zusammenwirken mit einem Rechtsanwalt.** Von einem Missbrauch ist grundsätzlich auszugehen, wenn ein Mitbewerber als Vielfachabmahner mit seinem Rechtsanwalt in der Weise kollusiv zusammenwirkt,[366] dass der **Rechtsanwalt** seinen Mandanten **vollständig oder zum größten Teil von den Kostenrisiken freistellt,** die mit der Führung der Verfahren verbunden sind.[367] Denn dann trägt der Mitbewerber nicht nur das Kostenrisiko nicht selbst, sondern handelt meist in der Absicht, seinem Rechtsanwalt eine Einnahmequelle zu verschaffen (→ Rn. 130): Werden Gelder als Erstattung von Aufwendungen und Rechtsverfolgungskosten vereinnahmt und verbleiben sie beim Rechtsanwalt, ist der aktivlegitimierte **Mitbewerber** nicht mehr als ein **„Strohmann" seines Anwalts.**[368] Ein weiterer „klassischer" Fall eines Missbrauchs liegt vor, wenn der abmahnende Mandant mit seinem Anwalt vereinbart, dass er keine Rechtsanwaltskosten zu tragen habe und er die vom Abgemahnten gezahlten **Gelder mit dem Anwalt teilen** wolle.[369] Im Verschicken von Abmahnschreiben mit Gebührenrechnung durch den Rechtsanwalt kann in einem solchen Fall sogar eine Täuschung iSv § 263 StGB liegen.[370] Ein Missbrauch liegt auch nahe, wenn zwar keine ausdrückliche Freistellungsvereinbarung getroffen wurde, tatsächlich der Rechtsanwalt aber in den Fällen, in denen der Abgemahnte zahlt, die Gebührenforderungen gegenüber dem Abmahnenden stillschweigend niedergeschlagen werden.[371]

---

[363] BGH GRUR 2019, 199 Rn. 21 – Abmahnaktion II; GRUR 2019, 638 Rn. 20 f. – Kündigung der Unterlassungsvereinbarung; GRUR 2020, 1087 Rn. 16 u. 25 – Al Di Meola II; OLG Köln WRP 2015, 983 Rn. 15 – Ungültige UVP auf Amazon Marketplace; vgl. auch BGH GRUR 2012, 286 Rn. 16 – Falsche Suchrubrik; OLG Köln GRUR 1993, 571 f.; OLG Hamburg 11.8.2016 – 3 U 56/15 – unscharfe notarielle Unterlassungserklärung.

[364] OLG Hamm WRP 2011, 501 (504) – Bewertungsrabatt.

[365] OLG Hamm 28.7.2011 – 4 U 55/11.

[366] BGH GRUR 2019, 638 Rn. 26 – Kündigung der Unterlassungsvereinbarung.

[367] OLG Frankfurt a. M. GRUR-RR 2007, 56 (57) – sprechender Link; WRP 2015, 598; OLG Jena GRUR-RR 2011, 327 (328 f.) – Umfang des Geschäftsbetriebs; OLG Frankfurt a. M. GRUR-RR 2016, 26 f. – Kopfhörer ohne CE-Kennzeichnung; GRUR-RR 2016, 274 Rn. 40 – Drohkulisse; GRUR-RR 2017, 195 Rn. 13 – Flughafen-Taxihalteplatz; LG Berlin 20.9.2016 – 15 O 6/16 Rn. 16 – Prozessfinanzierung von Unterlassungsansprüchen.

[368] OLG Frankfurt a. M. GRUR-RR 2016, 274 Rn. 40 – Drohkulisse; GRUR-RR 2017, 195 Rn. 13 – Flughafen-Taxihalteplatz.

[369] BGH 8.2.2017 – 1 StR 483/16; *Knippenkötter* GRUR-Prax 2011, 483 (484).

[370] BGH 8.2.2017 – 1 StR 483/16.

[371] Vgl. die Fallschilderung bei *Knippenkötter* GRUR-Prax 2011, 483 (484).

cc) Zusammenwirken mit einem Prozessfinanzierer. Solche missbräuchlichen Arrangements sind auch im **Zusammenwirken mit** einem **Prozessfinanzierer** denkbar.[372] Missbräuchlich ist es, wenn im Zusammenwirken von Anwalt und Prozessfinanzierer dem Kläger eine kostenfreie Verfolgung von Unterlassungsansprüchen angeboten wird, dieser jedenfalls **aus späteren Vertragsstrafen Gewinn** erzielen soll, der Prozessfinanzierer und der von ihm vermittelte Anwalt eng und fortlaufend zusammenarbeiten und der Kläger die maßgeblichen Umstände kennt.[373] Auf eine Missbräuchlichkeit kann je nach Fallgestaltung auch allein aus der **Zusage** des Finanzierers gegenüber einem Kläger, **den Anspruch kostenfrei zu verfolgen,** geschlossen werden. Denn eine solche Zusage wird ein wirtschaftlich denkender Prozessfinanzierer nicht geben, ohne damit weitere Ziele zu verfolgen. Denkbar ist eine solche Zusage in einem Verfahren, das gewissermaßen als Musterprozess dienen soll, um bei einem mit anderen Klägern entgeltliche Verträge über die Prozessfinanzierung abzuschließen. Missbräuchlich wird die Rechtsverfolgung durch den Kläger aber nur, wenn die Absicht, dem Prozessfinanzierer zu weiteren Geschäftsabschlüssen zu verhelfen, hinter dem eigenen sachlichen Interesse an der Durchsetzung von wettbewerbsrechtlichen Abwehransprüchen zurücktritt und diese Absicht im Vordergrund steht. In den typischen Missbrauchsfällen tun sich Mitbewerber und Rechtsanwalt sowie ggf. ein Prozessfinanzierer zusammen, um den Abgemahnten Geld abzuknöpfen. 182

Allein aus der Tatsache einer **üblichen Prozessfinanzierung,** bei der jedenfalls ein nicht unerheblicher Teil des Kostenrisikos beim Kläger verbleibt, lässt sich ein Indiz für eine missbräuchliche Geltendmachung von Ansprüchen nicht herleiten. 183

dd) Prozessfinanzierung aus Hilfsbereitschaft. Von einer gewerblichen Prozessfinanzierung müssen Fälle unterschieden werden, in denen das **Rechtsverfolgungsinteresse im Vordergrund** steht, obwohl der abmahnende Mitbewerber das wirtschaftliche Risiko der Rechtsverfolgung nicht selbst trägt. Hierzu zählen selbstverständlich die – zugegebenermaßen seltenen – Fälle, in denen ein Dritter aus **privater Hilfsbereitschaft** und ohne Verfolgung eigener wirtschaftlicher Interessen eine Kostendeckung zusagt. Wenn zB nicht der Mitbewerber in seiner Eigenschaft als junger, unterfinanzierter Unternehmensgründer das wirtschaftliche Risiko der Rechtsverfolgung trägt, sondern etwa sein ebenso wohlmeinender wie -habender Onkel, der nicht tatenlos zuschauen möchte, wie sein Neffe durch unlautere Methoden von Wettbewerbern in seinem wirtschaftlichen Fortkommen behindert wird, liegt kein Missbrauch vor. Denn dann fehlt es an einer Zweck-Mittel-Disparität. 184

ee) Prozessfinanzierung wegen gleichgerichteter unternehmerischer Interessen. 185
Ein Missbrauch ist aber auch dann zu verneinen, wenn der Anspruchsteller und der Geldgeber als Unternehmer letztlich **ein gleichgerichtetes wirtschaftliches Interesse** an der effektiven Anspruchsverfolgung haben und der Geldgeber es durch seine finanziellen Mittel dem aktivlegitimierten Anspruchsteller ermöglicht, seine **eigenen Rechtsschutzziele** verfolgen zu können und dies für ihn **als Motiv im Vordergrund** steht. Auch hier fehlt es an der für den Missbrauch erforderlichen Zweck-Mittel-Disparität. In einer solchen Situation schlägt die Fremdfinanzierung der Rechtsverfolgung nur dann in Missbrauch um, wenn der Anspruchsberechtigte **nicht** mehr **im eigenen Interesse,** sondern nur **als „Handlanger"** oder „Werkzeug" des Geldgebers tätig wird.[374] Das OLG Karlsruhe hat einen Missbrauch zB in einem Fall verneint, in dem ein Apotheker gegen den Betreiber eines „Apothekenautomaten" klagte und der Prozess von einem Arzneimittelgroßhändler mit gleichgerichteten wirtschaftlichen Interessen finanziert wurde.[375]

---

372 KG MMR 2008, 742 (743); 2010, 688 f.; LG Berlin 20.9.2016 – 15 O 6/16 Rn. 16 – Prozessfinanzierung von Unterlassungsansprüchen; AG Berlin-Charlottenburg 13.11.2009 – 238 C 171/09.

373 KG MMR 2008, 742 (743); 2010, 688 f.; LG Berlin 20.9.2016 – 15 O 6/16 Rn. 16 – Prozessfinanzierung von Unterlassungsansprüchen.

374 OLG Karlsruhe GRUR-RR 2019, 479 Rn. 39 ff. – Apothekenautomat.

375 OLG Karlsruhe GRUR-RR 2019, 479 Rn. 39 ff. – Apothekenautomat.

186 **3. Regelbeispiel § 8c Abs. 2 Nr. 3: Unangemessen hoher Gegenstandswert in Abmahnung angesetzt durch Mitbewerber. a) Grundsatz.** Nach dem als widerlegbares Indiz und vorbehaltlich einer Abwägung aller Umstände anzuwendenden Regelbeispiel **§ 8c Abs. 2 Nr. 3** ist eine missbräuchliche Geltendmachung im Zweifel anzunehmen, wenn ein Mitbewerber den **Gegenstandswert** für eine Abmahnung **unangemessen hoch** ansetzt. Dies ist nach der Begründung des Regierungsentwurfs „ein typisches Missbrauchsanzeichen", da der abmahnende Mitbewerber in Folge eines höheren Gegenstandswertes einen höheren Aufwendungsersatz beanspruchen kann. Die übrigen Anspruchsberechtigten nach § 8 Abs. 3 können dagegen lediglich eine Kostenpauschale beanspruchen, weswegen der Gegenstandswert unerheblich ist.[376] Wenn ein unangemessen hoher Gegenstandswerte angesetzt wird, ist dies ein widerlegbares Indiz für einen Missbrauch, der aber nur im Wege einer **Gesamtbewertung** aller Umstände angenommen werden kann (→ Rn. 117). Eine Widerlegung der Indizwirkung kann etwa dadurch erfolgen, dass der abmahnende Mitbewerber nachvollziehbar darlegt, aufgrund welcher Umstände er davon ausgegangen ist, einen nach § 8c Abs. 2 Nr. 3 unangemessen hohen Gegenstandswert ansetzen zu dürfen.[377]

187 **b) Unangemessene Höhe des Gegenstandswerts.** Der Begriff des **„unangemessen hohen"** Gegenstandswerts ist in Anlehnung an den in der bisherigen Praxis verwendeten Begriff des **„weit überhöhten"** Gegenstandswerts auszulegen. Weit überhöht ist ein Gegenstandswert, wenn er ein Vielfaches über dem liegt, was als angemessen zu betrachten ist.[378] Dann ist der dem Abmahnenden für die Festsetzung des Gegenstandswert zur Verfügung stehende **Beurteilungsspielraum überschritten.** Ein weit überhöhter Gegenstandswert wurde zB in einem Fall angenommen, in dem er vom Abmahnenden auf 10.000 EUR festgesetzt worden war, objektiv aber nur mit 4.500 EUR zu bemessen gewesen wäre.[379]

188 Eine unangemessene Höhe des Gegenstandswerts kann in Ausnahmefällen bereits darin begründet sein, dass der Anspruchsteller **mehrere Verletzer** in Anspruch nimmt (zB eine GmbH und ihren Geschäftsführer) oder für diese sogar gesonderte Abmahnschreiben aufsetzen lässt, obwohl er hierfür keinerlei nachvollziehbares rechtliches oder wirtschaftliches Interesse geltend machen kann; denn durch die Inanspruchnahme mehrerer wird der Gegenstandswert in aller Regel erhöht.[380]

189 **c) Eine oder mehrere Abmahnungen.** Die Angabe weit überhöhter Gegenstandswerte für den Unterlassungsanspruch in der Abmahnung war auch schon in der Vergangenheit ein **starkes Indiz** für einen Missbrauch gem. § 8 Abs. 4 S. 1 UWG 2004, allerdings nur **bei systematischem Vorgehen.**[381] Die Angabe eines weit überhöhten Gegenstandswerts sollte demgegenüber für sich genommen noch nicht ausreichen, um allein daraus bereits ein missbräuchliches Vorgehen des Abmahnenden abzuleiten. Es bedurfte daher weitergehender Umstände, um einen Missbrauch zu begründen.[382] Dies galt insbesondere, wenn nur **eine einzelne Abmahnung** mit unangemessen hohem Gegenstandswert bekannt war.[383]

---

[376] BT-Drs. 19/12084, 30.

[377] BT-Drs. 19/12084, 29.

[378] OLG Jena GRUR-RR 2011, 327 (329) – Umfang des Geschäftsbetriebs.

[379] OLG Hamburg WRP 2020, 499 Rn. 35.

[380] OLG Hamburg WRP 2020, 499 Rn. 35.

[381] BGH GRUR 2019, 199 Rn. 21 – Abmahnaktion II; GRUR 2019, 638 Rn. 21 – Kündigung der Unterlassungsvereinbarung; *„systematisch überhöhte Abmahngebühren oder Vertragsstrafen"*; OLG Jena GRUR-RR 2011, 327 (329) – Umfang des Geschäftsbetriebs; OLG Frankfurt a. M. GRUR-RR 2016, 211 Rn. 12 – Inselzuschlag; OLG Hamm 26.7.2011 – 4 U 49/11; 28.7.2011 – 4 U 55/11; vgl. auch BGH GRUR 2012, 286 Rn. 13 – Falsche Suchrubrik: *„systematisch überhöhte Abmahngebühren"*.

[382] OLG Jena GRUR-RR 2011, 327 (329) – Umfang des Geschäftsbetriebs; OLG Brandenburg GRUR-RR 2013, 511 – Verweisungsnorm; OLG Frankfurt a. M. GRUR-RR 2016, 211 Rn. 13; OLG Hamburg WRP 2020, 499 Rn. 29, 35; *Knippenkötter* GRUR-Prax 2011, 483 (484); vgl. auch BGH GRUR 2012, 286 Rn. 13 – Falsche Suchrubrik.

[383] OLG Hamburg WRP 2020, 499 Rn. 29, 35.

Hieran kann nach dem insoweit **eindeutigen Wortlaut** des § 8c Abs. 2 Nr. 3 nicht festgehalten werden, da bereits der unangemessen hohe Ansatz des Gegenstandswerts **„für eine Abmahnung“** ausreicht, um einen Missbrauch zu indizieren. Allerdings ist Orientierung an der bisherigen Rspr. die Indizwirkung um so geringer, je weniger Abmahnungen mit einem unangemessen hoch angesetzten Gegenstandswert ausgesprochen wurden, und um so höher, je systematischer das Vorgehen des Anspruchstellers ist. Es ist zwar nicht ausgeschlossen, dass auch in einem solchen Fall bei einer Gesamtbetrachtung aller anderen Umstände ein Missbrauch vorliegt.[384] Die Indizwirkung eines unangemessen hohen Gegenstandswerts in einer einzelnen Abmahnung ist allerdings eher schwach, so dass auch geringere Anforderungen an die Widerlegung der gesetzlichen Missbrauchsvermutung zu stellen sind. 190

4. Regelbeispiel § 8c Abs. 2 Nr. 4: Offensichtlich überhöhte Vertragsstrafen. 191
a) Grundsatz. Nach dem als widerlegbares Indiz und vorbehaltlich einer Abwägung aller Umstände anzuwendenden Regelbeispiel **§ 8c Abs. 2 Nr. 4** ist eine missbräuchliche Geltendmachung im Zweifel anzunehmen, wenn **offensichtlich überhöhte Vertragsstrafen** vereinbart oder gefordert werden. Gerade ein in einer **vorformulierten Unterlassungserklärung** enthaltener **überhöhter Absolutbetrag** lässt darauf schließen, dass es dem Abmahner in erster Linie um die Erzielung von Vertragsstrafeansprüchen geht.[385] Damit ist ein Missbrauch im Sinne einer nicht mehr billigenswerten Zweck-Mittel-Disparität indiziert. Das Regelbeispiel bezieht sich aber nicht nur auf solche schon in der vorformulierten Unterlassungserklärung geforderten offensichtlich überhöhten Absolutbeträge, sondern auch auf die Forderung einer überhöhten Summe, wenn entsprechend dem sog. **„neuen Hamburger Brauch“** zunächst lediglich eine Vertragsstrafe „in angemessener Höhe“ vereinbart wurde.[386]

Die Indizwirkung ist **widerleglich,** und die gesetzliche Vermutung für einen Missbrauch kann **in Ausnahmefällen** auch entkräftet werden. Die mag etwa dann möglich sein, wenn der Anspruchsteller nachvollziehbar darlegt, dass er zum einen die Vertragsstrafe subjektiv nicht für überhöht gehalten hat und halten durfte,[387] er also zB die (objektiv unangemessen hohe) Vertragsstrafe keineswegs zum Zwecke der Einnahmenerzielung gefordert hat, sondern etwa deshalb, weil er (zB im Nachahmungsschutz oder bei der geschäftlichen üblen Nachrede) seine Interessen als derart wertvoll bewertet und ihre Gefährdung als derart hoch eingeschätzt hat, dass ihm diese objektiv unvertretbar hohe Vertragsstrafe als angemessen erschien. 192

b) Mehrere offensichtlich überhöhte Vertragsstrafen. Nach der bisherigen Rspr. lag ein starkes Indiz für einen Missbrauch im Sinne einer im Vordergrund stehenden Einnahmeerzielungsabsicht vor, wenn der Abmahnende **systematisch überhöhte Vertragsstrafen** verlangt.[388] Das Regelbeispiel übernimmt die Forderung nach „systematisch“ überhöhten Vertragsstrafen zwar nicht. Nach dem Wortlaut müssen aber **(mehrere) „offensichtlich überhöhte Vertragsstrafen“** vereinbart oder gefordert werden. Die Formulierung weicht von derjenigen des Regelbeispiels § 8c Abs. 2 Nr. 3 ab, wonach ein unangemessen hoher Gegenstandswert für „eine Abmahnung“ als Indizwirkung ausreicht, und von derjenigen im Regelbeispiel § 8c Abs. 2 Nr. 5, wo die Indizwirkung lediglich „eine vorgeschlagen Unterlassungsverpflichtung“ verlangt, wenn diese offensichtlich über die abgemahnte Rechtsverletzung hinausgeht. Es bleibt also dabei, dass eine einzige offensichtlich überhöhte Vertragsstrafe einen Missbrauch nicht indiziert. Je umfangreicher die Abmahntätigkeit des Mitbewerbers ist und je häufiger und systematischer offensichtlich 193

[384] Vgl. OLG Hamburg WRP 2020, 499 Rn. 29, 35.
[385] BGH GRUR 2012, 730 Rn. 21 ff., 24 – Bauheizgerät; OLG Hamm 15.12.2009 – 4 U 134/09.
[386] BT-Drs. 19/12084, 30.
[387] Vgl. BT-Drs. 19/12084, 29.
[388] BGH GRUR 2012, 286 Rn. 13 – Falsche Suchrubrik; OLG Brandenburg GRUR-RR 2013, 511 – Verweisungsnorm.

überhöhte Vertragsstrafen verlangt werden, desto stärker spricht die Indizwirkung für einen Missbrauch. Als Indiz für eine im Vordergrund stehende Einnahmeerzielungsabsicht durch die Forderung offensichtlich überhöhter Vertragsstrafe können auch überhöhte Vertragsstrafeforderungen des Gläubigers in anderen Verfahren herangezogen werden.[389]

194 **c) Überhöhung der Vertragsstrafe und deren Offensichtlichkeit.** In der Fassung des Regierungsentwurfs sollte es für die Erfüllung des Regelbeispiels ausreichen, dass Vertragsstrafen „erheblich überhöht" sind.[390] Durch die Ersetzung des Wortes „erheblich" durch „offensichtlich" im Rechtsausschuss soll verdeutlicht werden, dass nur eindeutige und ohne Weiteres erkennbare Fälle erfasst werden sollen und nicht Konstellationen, in denen dem Abmahnenden bloße Flüchtigkeitsfehler unterlaufen sind oder seine Forderung sich aus der Sicht *ex ante* noch im üblichen Rahmen hielt.[391]

195 Für die Frage, ob Vertragsstrafen nach objektiven Maßstäben **„offensichtlich überhöht"** sind, kommt es auf alle Umstände des Einzelfalls an. Der Gläubiger hat bei der Festlegung einer von ihm geforderten Vertragsstrafe einen gewissen **Ermessensspielraum.** Er muss schließlich hierfür die in § 13a Abs. 1 genannten Umstände berücksichtigen und darf im Falle des § 13a Abs. 3 die Vertragsstrafe nicht höher als 1.000 EUR ansetzen. Die Beurteilung der für die angemessene Höhe der Vertragsstrafe relevanten Faktoren in ihrem Wechselspiel ist komplex, zumal tatsächliche Gegebenheiten wie zB Art, Ausmaß und Folgen der Zuwiderhandlung (§ 13a Abs. 1 Nr. 1) und die „Schuldhaftigkeit der Zuwiderhandlung" (§ 13a Abs. 1 Nr. 2) sich für den Gläubiger nicht immer ohne weiteres zuverlässig ermitteln lassen.[392] Dem steht die Schwierigkeit der Beurteilung, ob ein Fall des § 13a Abs. 3 vorliegt, in dem die Vertragsstrafe einen Betrag von 1.000 EUR nicht übersteigen darf, kaum nach. Missbräuchlich ist daher nicht die Forderung einer zu hohen Vertragsstrafe, sondern lediglich einer „offensichtlich überhöhten" Vertragsstrafe. Eine „offensichtlich überhöhte" Vertragsstrafe kann demnach nur eine solche sein, die auch nach einer großzügigen, die Unschärfen der einzelnen Bewertungsfaktoren berücksichtigenden Beurteilung in ihrer Höhe als **schlechthin nicht vertretbar** erscheint. Dies ist idR anzunehmen, wenn die Vertragsstrafe **ein Vielfaches der** eigentlich **angemessenen Vertragsstrafe** beträgt. Die Anforderungen sind im Allgemeinen jedenfalls nicht geringer als nach der bisherigen Rspr. Offensichtlich überhöht kann eine Vertragsstrafe insbesondere in Fällen sein, in denen gemäß § 13a Abs. 2 die Vereinbarung einer Vertragsstrafe überhaupt ausgeschlossen ist. Denn dann ist jede verlangte Vertragsstrafe „überhöht". „Offensichtlich" ist dies aber nur dann, wenn für einen Außenstehenden keine Zweifel daran bestehen können, dass zum einen der Abgemahnte idR weniger als 100 Mitarbeiter beschäftigt, und dass es sich zum anderen bei der ausgesprochenen Abmahnung aus der hierfür maßgeblichen Sicht des Abgemahnten (*Goldmann* → § 8 Rn. 99) um eine „erstmalige" handelt.

196 **Kasuistik:** Bei einem Verstoß von eher **unterdurchschnittlichem Gewicht** (hierzu → Rn. 138 ff.) ist eine **Vertragsstrafe oberhalb von 5.000 EUR offensichtlich überhöht** und wird auch nicht durch das Bestreben gerechtfertigt, damit zweifelsfrei die sachliche Zuständigkeit der Landgerichte zu begründen.[393]

197 Ohne weiteres angemessen ist eine **Vertragsstrafe in Höhe von 5.100 EUR** aber bei **Verstößen von durchschnittlichem Gewicht,**[394] so etwa bei einem Verstoß gegen die Pflicht zur dauerhaften Kennzeichnung von Kopfhörern gem. § 7 S. 1 ElektroG, an dessen Unterbindung ein nennenswertes Interesse eines Mitbewerbers besteht, weil mit dem Verstoß ein nennenswerter Kosten- und damit auch Wettbewerbsvorteil einhergeht.[395] Angesichts der Größe und Marktbedeutung einer Schuldnerin als Generalimporteurin eines

[389] Vgl. OLG Hamm 14.5.2009 – 4 U 17/09.
[390] BT-Drs. 19/12084, 30.
[391] BT-Drs. 19/22238, 17.
[392] BT-Drs. 19/12084, 30.
[393] Vgl. BGH GRUR 2012, 730 Rn. 24 – Bauheizgerät.
[394] Vgl. OLG Hamm 9.3.2010 – 4 W 22/10.
[395] OLG Celle GRUR-RR 2014, 152 (154) – Klebefähnchen.

ausländischen Automobilherstellers ist eine Vertragsstrafe von 10.000 EUR in einer vorformulierten Unterlassungserklärung bei Verstößen gegen § 5 Abs. 1 Pkw-EnVKV nicht derart hoch, dass die Grenze zum Missbrauch überschritten wäre.[396]

5. Regelbeispiel § 8c Abs. 2 Nr. 5: Vorgeschlagene Unterlassungsverpflichtung geht offensichtlich über die abgemahnte Rechtsverletzung hinaus. a) Grundsatz. 198 Nach dem als widerlegbares Indiz und vorbehaltlich einer Abwägung aller Umstände anzuwendenden Regelbeispiel § 8c Abs. 2 Nr. 5 ist eine missbräuchliche Geltendmachung im Zweifel anzunehmen, wenn eine vorgeschlagene **Unterlassungsverpflichtung offensichtlich über die abgemahnte Rechtsverletzung hinausgeht.** Die Formulierung der geschuldeten Unterlassungsverpflichtung ist grundsätzlich Pflicht des Abgemahnten. Daher kann der Vorschlag einer Unterlassungsverpflichtung durch den Abmahnenden eine Erleichterung für den Abgemahnten sein, insbesondere weil es ihm offen steht, den Vorschlag selbst zu verändern und nur in dieser Form anzunehmen.[397] Einer Abmahnung wird in aller Regel – bereits zur Vermeidung der Rechtsfolge des § 174 S. 1 BGB[398] – eine vorformulierte Unterlassungserklärung als Vertragsangebot beigefügt. Ein solcher Vorschlag durch den Abmahnenden bietet diesem aber durchaus Raum für Missbrauch, indem Unterlassungsverpflichtungen vorgeschlagen werden, die deutlich über die geschuldete Verpflichtung zur Unterlassung hinausgehen und deshalb die **Wahrscheinlichkeit erhöhen,** dass der Abgemahnte **hiergegen verstößt.**[399]

199 Eine Widerlegung der Indizwirkung kann etwa dadurch erfolgen, dass der abmahnende Mitbewerber nachvollziehbar darlegt, auf Grund welcher Umstände er davon ausgegangen ist, eine nach § 8c Abs. 2 Nr. 5 offensichtlich über die abgemahnte Rechtsverletzung hinausgehende Unterlassungsverpflichtung verlangen zu dürfen.[400]

200 **b) Überschreitung des Kernbereichs der konkreten Verletzungshandlung.** Erforderlich ist, dass die vorgeschlagen Unterlassungsverpflichtung „über die abgemahnte Rechtsverletzung hinausgeht". Diese Formulierung ist unklar und unsorgfältig. Gemeint ist, dass die vorgeschlagene Unterlassungsverpflichtung **nicht über den Kernbereich** der stattgefundenen Zuwiderhandlung **hinausgehen** darf: Beansprucht werden kann ein Unterlassungserklärung, mit der die Wiederholungsgefahr beseitigt wird. Die Wiederholungsgefahr besteht jedoch nicht nur für eine „genau identische" Verletzung, sondern auch für alle zwar leicht abgewandelten, aber im Kern gleichartigen Verletzungsformen (**„Kernbereichslehre"**; hierzu ausf. *Goldmann* → § 8 Rn. 155 ff.).[401] Die danach **zulässige Verallgemeinerung** des Unterlassungsanspruchs erfasst als **kerngleich** alle Handlungen, in denen das **Charakteristische** der konkreten Verletzungshandlung zum Ausdruck kommt.[402] Es ist

[396] OLG Frankfurt a. M. GRUR-RR 2014, 156 (157) – Fahrzeugbörse.

[397] OLG Hamm 10.8.2010 – 4 U 60/10; *Barbasch* GRUR-Prax 2011, 486; *Knippenkötter* GRUR-Prax 2011, 483 (485).

[398] BGH GRUR 2010, 1120 Rn. 14 f. – Vollmachtsnachweis.

[399] BT-Drs. 19/12084, 30; vgl. auch OLG Hamm 10.8.2010 – 4 U 60/10; *Barbasch* GRUR-Prax 2011, 486; *Knippenkötter* GRUR-Prax 2011, 483 (485).

[400] BT-Drs. 19/12084, 29.

[401] StRspr; vgl. BGH GRUR 1952, 577 (580) – Fischermännchen-Zwilling-Illing; GRUR 1963, 378 (381) – Deutsche Zeitung; GRUR 1984, 467 (469) – Das unmögliche Möbelhaus; GRUR 1989, 445 (446) – Professorenbezeichnung in der Arztwerbung I; GRUR 2000, 337 (338) – Preisknaller; GRUR 1996, 290 (291) – Wegfall der Wiederholungsgefahr I; GRUR 2005, 443 (446) – Ansprechen in der Öffentlichkeit II; GRUR 2006, 776 (778) – Werbung für Klingeltöne; GRUR 2010, 749 Rn. 42 – Erinnerungswerbung im Internet; GRUR 2011, 433 Rn. 16 – Verbotsantrag bei Telefonwerbung; GRUR 2013, 857 Rn. 16 – Voltaren; GRUR 2014, 706 Rn. 11 – Reichweite des Unterlassungsgebots.

[402] StRspr, vgl. nur BGH GRUR 1979, 859 (860) – Hausverbot II; GRUR 2000, 436 (437) – Ehemalige Herstellerpreisempfehlung; GRUR 2003, 446 (447) – Preisempfehlung für Sondermodelle; GRUR 2005, 443 (446) – Ansprechen in der Öffentlichkeit II; GRUR 2008, 530 Rn. 23 – Nachlass bei der Selbstbeteiligung; GRUR 2010, 253 Rn. 30 – Fischdosendeckel; GRUR 2010, 855 Rn. 17 – Folienrollos; GRUR 2013, 857 Rn. 16 – Voltaren; GRUR 2013, 1170 Rn. 27 – Telefonwerbung für DSL-Produkte; GRUR 2014, 706 Rn. 11 – Reichweite des Unterlassungsgebots; GRUR 2016, 395 Rn. 38 – Smartphone-Werbung; GRUR 2017, 208 Rn. 35 – Rückruf von RESCUE-Produkten.

deshalb möglich, auf der Grundlage der konkreten Verletzungshandlung **von vornherein** die Unterlassungserklärung auf den Kernbereich des geschehenen Verstoßes **zu verallgemeinern** und damit zu erweitern.[403] Dabei gilt jedoch, dass eine abstrahierende Verallgemeinerung die Reichweite der durch die konkrete Verletzungshandlung begründeten Wiederholungsgefahr nicht überschreiten, also den Kernbereich nicht verlassen darf.[404] Das Regelbeispiel § 8c Abs. 2 Nr. 5 hat solche vorformulierten Unterlassungserklärungen im Auge, die zu weit formuliert sind und über den Kernbereich hinausgehen. Die **starke Verallgemeinerung des Unterlassungsgebots** in der vorformulierten Unterlassungserklärung, die über den Kernbereich des vorgefallenen Verstoßes hinausgeht und auch gänzlich andere Verstöße als die konkret abgemahnten erfasst, soll regelmäßig den **Handlungsspielraum des Abgemahnten übermäßig einschränken** und dem Abmahnenden Möglichkeiten eröffnen, über das zur Ausräumung der Wiederholungsgefahr Notwendige hinaus Vertragsstrafen beanspruchen zu können.[405] Als Beispiel für ein erheblich über die abgemahnte Rechtsverletzung hinausgehendes Unterlassungsversprechen nennt die Begründung des Regierungsentwurfs den Fall, dass sich der Abgemahnte bei der unterlassenen Nennung der Aufsichtsbehörde im Impressum auf seiner Internetseite verpflichten soll, sein Impressum in Zukunft gemäß den gesetzlichen Vorgaben zu formulieren und damit jeder andere Verstoß gegen Impressumspflichten wie die unterlassene Nennung der Handelsregisternummer zur Verwirkung einer Vertragsstrafe führen würde.[406] Die **Indizwirkung** einer über den Kern der konkreten Verletzungshandlung hinausgehenden vorformulierten Unterlassungsverpflichtung für einen Missbrauch gilt jedenfalls für den Regelfall, in dem die Wiederholungsgefahr nur durch Abgabe einer strafbewehrten Unterlassungserklärung ausgeräumt werden kann (vgl. *Goldmann* → § 8 Rn. 87). Sie dürfte allerdings **fehlen,** wenn gem. **§ 13a Abs. 2** ohnehin **keine Vertragsstrafe** vereinbart wird.

201 **c) Offensichtlichkeit der Überschreitung des Kernbereichs.** Die Abgrenzung der im Kern gleichartigen zu bloß ähnlichen Handlungen ist fließend und in der Praxis nur bezogen auf den konkreten Einzelfall unter Berücksichtigung aller erheblichen Umstände des Sachverhalts möglich (*Goldmann* → § 8 Rn. 155). Da die Formulierung der geschuldeten Unterlassungsverpflichtung im Einzelfall sehr schwierig sein kann, wird missbräuchliches Handeln nur angenommen, wenn die vorgeschlagene Erklärung **offensichtlich** über die geschuldete Verpflichtung hinausgeht. Dies kann dann angenommen werden, wenn im Einzelfall eine derart weite Ziehung des Kernbereichs **schlechthin nicht vertretbar** erscheint. In der Fassung des Regierungsentwurfs sollte es für die Erfüllung des Regelbeispiels ausreichen, dass die vorgeschlagene Unterlassungsverpflichtung „erheblich" über die abgemahnte Rechtsverletzung hinausgeht.[407] Durch die Ersetzung des Wortes „erheblich" durch „offensichtlich" im Rechtsausschuss soll verdeutlicht werden, dass eindeutige und ohne Weiteres erkennbaren Fälle erfasst werden sollen und nicht Konstellationen, in denen dem Abmahnenden bloße Flüchtigkeitsfehler unterlaufen sind oder seine Forderung sich aus der Sicht *ex ante* noch im üblichen Rahmen hielt.[408] Dies steht im Einklang mit der bisherigen Rspr.[409]

202 **6. Regelbeispiel § 8c Abs. 2 Nr. 6: Einzelne Abmahnungen mehrerer Zuwiderhandlungen, die zusammen hätten abgemahnt werden können. a) Grundsatz.** Nach dem als widerlegbares Indiz und vorbehaltlich einer Abwägung aller Umstände

[403] Vgl. zB BGH GRUR 1996, 800 (802) – EDV-Geräte; LG Frankfurt a. M. 22.6.2016 – 2–06 O 130/15 – Hudson.
[404] BGH GRUR 2005, 692 (694) – „statt"-Preis.
[405] OLG Hamm 10.8.2010 – 4 U 60/10; *Barbasch* GRUR-Prax 2011, 486; *Knippenkötter* GRUR-Prax 2011, 483 (485).
[406] BT-Drs. 19/12084, 30.
[407] BT-Drs. 19/12084, 30.
[408] BT-Drs. 19/22238, 17.
[409] Vgl. OLG Hamm 10.8.2010 – 4 U 60/10; *Barbasch* GRUR-Prax 2011, 486; *Knippenkötter* GRUR-Prax 2011, 483 (485).

anzuwendenden Regelbeispiel § 8c Abs. 2 Nr. 6 ist eine missbräuchliche Geltendmachung im Zweifel anzunehmen, wenn **mehrere Zuwiderhandlungen,** die zusammen hätten abgemahnt werden können, **einzeln abgemahnt** werden. Dieses Regelbeispiel ist erst durch die Beschlussempfehlung des Rechtsausschusses in den Gesetzestext gelangt. Im Rechtsausschuss herrschte die Vorstellung, dass es sich bei diesem Regelbeispiel um einen „durch ständige Rechtsprechung bereits konturierten" Fall der „nicht sachlich gerechtfertigten Mehrfachverfolgung" handelt.[410] Dies trifft zu. Nach der bisherigen Rspr. zur Generalklausel des § 8 Abs. 4 S. 1 UWG 2004 galt der Grundsatz, dass der Schuldner bei der Anspruchsverfolgung in dem Maße zu **schonen** ist, wie es für den Gläubiger **ohne Eingehung eigener Nachteile und Risiken** und ohne Abstriche an der effektiven Durchsetzung der ihm zustehenden Ansprüche möglich ist und deshalb zum Nachteil des Gegners auch **keine überflüssige,** sachlich nicht gerechtfertigte **Kostenbelastung** erzeugt werden darf (→ Rn. 64 ff.).[411] Und gerade für Abmahnungen wurde daraus abgeleitet, dass auch die getrennte Verfolgung unterschiedlicher Streitgegenstände im Wege der Abmahnung so erfolgen muss, dass alles, was vom Unterlassungsgläubiger ohne Nachteile in einer einheitlichen Abmahnung geltend gemacht werden kann, dort auch zusammenzufassen ist.[412]

b) Mehrere Zuwiderhandlungen. aa) Kein einheitlichen Streitgegenstand. Das Regelbeispiel bezieht sich nicht auf den Fall, dass ein einheitlicher Streitgegenstand (etwa eine einheitliche Werbeanzeige, die unter mehreren Aspekten als irreführend zu beurteilen ist) in mehrere Zuwiderhandlungen aufgespalten wird. In dieser Konstellation ist zwar ein Missbrauch ebenfalls indiziert, allerdings allein aufgrund der Generalklausel in § 8c Abs. 1 (→ Rn. 68 ff.). 203

bb) Kerngleiche oder gleichartige Zuwiderhandlungen. Das Gesetz hat in § 8c Abs. 2 Nr. 6 vielmehr den Fall im Auge, dass **unterschiedliche Streitgegenstände** und daher auch ohne weiteres mehrere Zuwiderhandlungen vorliegen, die aber **kerngleich** (hierzu *Goldmann* → § 8 Rn. 155 ff.) oder **zumindest gleichartig** sind, so dass sich eine gemeinsame, zusammenfassende Geltendmachung aufdrängt, weil letztlich **derselbe Subsumtionsvorgang** stattfindet. 204

Der zu § 8 Abs. 4 S. 1 UWG 2004 vom OLG Düsseldorf entschiedenen Fall *„Karnevals-Wurfware"* mag hierfür ein Beispiel geben (vereinfacht): Der Anspruchsteller hatte am selben Tag sieben Großverpackungen mit Süßigkeiten des Anspruchsgegners beanstandet und sie zum Gegenstand von sieben separaten Abmahnungen gemacht. Mit fünf am selben Datum verfassten Anwaltsschreiben ließ der Anspruchsteller den Anspruchsgegner jeweils wegen eines der Produkte abmahnen, wobei er immer den gleichen Verstoß gegen § 20 Fertigverpackungsverordnung beanstandete (nämlich die Unterschreitung der Mindestschriftgröße), die er als wettbewerbswidrig unter dem Gesichtspunkt des Rechtsbruchs erachtete. Jeder der Abmahnungen war jeweils eine Kostennote über eine 1,3 Verfahrensgebühr nebst Post- und Telekommunikationspauschale auf der Basis eines Gegenstandswertes von 15.000 Euro beigefügt. Diese Anspruchsverfolgung des jeweils gleichartigen Wettbewerbsverstoßes in einzelnen Abmahnungen für jedes einzelne abgemahnte Produkt wurde als zu Recht als missbräuchlich beurteilt.[413] 205

cc) Ähnliche Zuwiderhandlungen. § 8c Abs. 2 Nr. 6 ist aber auch auf solche Konstellationen anwendbar, in denen die Zuwiderhandlungen nicht kerngleich oder gleichartig, aber jedenfalls **ähnlich** sind. 206

---

[410] BT-Drs. 19/22238, 17.

[411] OLG Köln GRUR-RR 2013, 466 (468) – Bach-Blüten; OLG Hamm 1.12.2016 – 4 U 92/15 Rn. 78 – Bußgeldanwälte; *Rehart* MMR 2014, 506 (508); vgl. auch BGH GRUR 2000, 1089 (1092) – Mißbräuchliche Mehrfachverfolgung; GRUR 2013, 307 Rn. 19 – Unbedenkliche Mehrfachabmahnung; OLG Hamburg 16.1.2003 – 5 U 61/02; KG WRP 2008, 511 (512) – Fliegender Gerichtsstand; OLG Frankfurt a. M. GRUR-RR 2011, 229 – Unabhängigkeit; KG GRUR-RR 2012, 134 – Neujahrskonzert 2011.

[412] Vgl. OLG Düsseldorf GRUR-RR 2014, 164 (165) – Karnevals-Wurfware.

[413] OLG Düsseldorf GRUR-RR 2014, 164 (165) – Karnevals-Wurfware.

207 Auch dies mag der Fall *„Karnevals-Wurfware“* (→ Rn. 205) illustrieren (vereinfacht): In der auf das Produkt „Cocomunch Kokosnuss-Riegel“ bezogenen Abmahnung wurde neben dem Verstoß gegen § 20 Fertigverpackungsverordnung als zweiter Verstoß die entgegen § 6 Abs. 2 Nr. 8 LMKV erfolgte Verwendung der nicht zugelassenen Zutatenangabe „Kokosraspel“ gerügt, in der das Produkt „Mirbar-Runix“ betreffenden Abmahnung die entgegen § 6 Abs. 2 Nr. 8 LMKV erfolgte Verwendung der nicht zugelassenen Zutatenangaben „Zuckercremefüllung“ und „Karamell“. Hierbei handelte es sich zumindest um ähnlich gelagerte Wettbewerbsverstöße. Sie betrafen gleichermaßen Fragen der Vereinbarkeit von Zutatenangaben auf einer Großverpackung mit den lebensmittelrechtlichen Vorgaben und deren wettbewerbsrechtliche Qualifizierung. Dass es sich im Einzelnen um unterschiedliche Normen des Lebensmittelrechts handelt, stand der Annahme ihrer Ähnlichkeit nicht entgegen. Auch hier hätte eine Zusammenfassung in einer Abmahnung stattfinden müssen.[414]

208 **dd) Vollkommen unterschiedliche Zuwiderhandlungen. Völlig unterschiedliche** bzw. **Zuwiderhandlungen** rechtfertigen auch stets ein Vorgehen in mehreren Abmahnungen (vgl. → Rn. 72) und sind vom Regelbeispiel § 8c Abs. 2 Nr. 6 nicht erfasst. Sieht man dies anders und dehnt den Anwendungsbereich auch auf solche Zuwiderhandlungen aus, wird meist ein sachlicher Grund für ein getrenntes Vorgehen bestehen, weil dann aller Regel das zugrundeliegende Faktenmaterial und die Beweissituation unterschiedlich ist (→ Rn. 75).[415]

209 **c) Mehrere (kostenpflichtige) Abmahnungen.** Das Regelbeispiel verlangt, dass die mehreren Zuwiderhandlungen einzelnen abgemahnt werden. Darüber hinaus ist zu fordern, dass – wie es in aller Regel der Fall sein dürfte – die Abmahnungen **kostenpflichtig** sind. Denn nur dann kommt es zu einer überflüssigen, nicht gerechtfertigten Mehrbelastung des Anspruchsgegners, die auf ein im Vordergrund stehendes Kostenbelastungsinteresse in Behinderungsabsicht schließen lässt.

210 **d) Möglichkeit der gemeinsamen Abmahnung und fehlender sachlicher Grund für getrennte Geltendmachung.** Das Regelbeispiel verlangt, dass die einzelnen abgemahnten Zuwiderhandlungen zusammen hätten abgemahnt werden können. Nach Sinn und Zweck des Regelbeispiels, Fälle einer „nicht sachlich gerechtfertigten Mehrfachverfolgung“ zu sanktionieren[416] bedeutet das Verb „können“ nicht nur, dass eine Zusammenfassung in einer Abmahnung überhaupt (zB zeitlich, technisch, organisatorisch) möglich gewesen sein muss, sondern dass auch keine sachlichen Gründe gegen eine solche Zusammenfassung sprachen. Anders gewendet darf es **keinen sachlichen Grund für** die Geltendmachung der einzelnen Zuwiderhandlungen gesonderten Abmahnungen gegeben haben. Ein sachlicher Grund besteht allgemein dann, wenn das vom Anspruchssteller gewählte Vorgehen für ihn einen **Vorteil an Sicherheit oder Schnelligkeit** bietet (hierzu → Rn. 75 ff.). Ein sachlicher Grund kann zB dann bestehen, wenn das zugrundeliegende Faktenmaterial vollkommen verschieden und die Beweissituation unterschiedlich ist.[417]

211 Ein sachlicher Grund fehlt zB, wenn die kerngleichen, gleichartigen oder jedenfalls ähnlichen Verstöße alle am selben Tag aufgedeckt wurden, die tatsächliche und rechtliche Beurteilung jeweils in gleicher Weise zügig stattfinden konnte und die Beweislage einheitlich günstig ist.[418] **Kein sachlicher Grund** für das getrennte Erheben von Ansprüchen in unterschiedlichen Anwaltsschreiben ist die ständige Vertretung durch **verschiedene Anwaltskanzleien** in Wettbewerbssachen.[419] Das Argument, eine getrennte Gel-

[414] OLG Düsseldorf GRUR-RR 2014, 164 (165) – Karnevals-Wurfware.
[415] Vgl. OLG Hamburg GRUR-RR 2013, 29 (32) – Nr. 1 Hits.
[416] BT-Drs. 19/22238, 17.
[417] Vgl. OLG Hamburg GRUR-RR 2013, 29 (32) – Nr. 1 Hits.
[418] Vgl. OLG Düsseldorf GRUR-RR 2014, 164 (165) – Karnevals-Wurfware.
[419] OLG München WRP 2011, 364 (366) – Programmpaket LIGA total!.

tendmachung von Ansprüchen erleichtere die **Aktenführung** und -bearbeitung und vermeide Fehler, gilt ebenfalls nicht als sachlicher Grund für eine getrennte Anspruchsverfolgung.[420]

Zu anderen Konstellationen der Mehrfachverfolgung ist anerkannt, dass ein Missbrauch nicht vorliegt, wenn die Aufspaltung der Anspruchsverfolgung nicht auf **Absicht,** sondern nachgewiesenermaßen auf einem fahrlässigen **Versehen** beruht.[421] Diese Beurteilung ist auch innerhalb des Regelbeispiels § 8c Abs. 2 Nr. 6 angebracht, weil ein Missbrauch stets eine Zweck-Mittel-Disparität voraussetzt, die bei einem bloß fahrlässigen Verhalten nicht gegeben ist (→ Rn. 15). 212

7. Regelbeispiel § 8c Abs. 2 Nr. 7: Getrennte Verfolgung mehrerer für eine Zuwiderhandlung Verantwortlicher ohne sachlichen Grund. a) Grundsatz. Nach dem als widerlegbares Indiz und vorbehaltlich einer Abwägung aller Umstände anzuwendenden Regelbeispiel § 8c Abs. 2 Nr. 7 ist eine missbräuchliche Geltendmachung im Zweifel anzunehmen, wenn **wegen einer Zuwiderhandlung,** für die **mehrere Zuwiderhandelnde** verantwortlich sind, die **Ansprüche** gegen die Zuwiderhandelnden ohne sachlichen Grund **nicht zusammen geltend gemacht** werden. Auch dieses Regelbeispiel ist erst in der Beschlussempfehlung des Rechtsausschusses in den Gesetzestext gelangt. Der Gesetzgeber ging auch hier davon aus, dass es sich um einen der „durch ständige Rspr. bereits konturierten Fälle der nicht sachlich gerechtfertigten Mehrfachverfolgung" handelt.[422] 213

b) Eine Zuwiderhandlung mit mehreren Verantwortlichen. Das Regelbeispiel hat nach seinem insoweit klaren Wortlaut nur solche Fälle im Auge, in dem mehrere Anspruchsgegner für **ein und dieselbe Zuwiderhandlung** passivlegitimiert sind (zB die entsprechend § 30 BGB passivlegitimierte GmbH und der als Täter handelnde Geschäftsführer; der nach § 8 Abs. 2 passivlegitimierte Unternehmensinhaber und der als Täter handelnde Beauftragte; Haupttäter und Anstifter etc). Denn nur dann kann von „einer Zuwiderhandlung, für die mehrere Zuwiderhandelnde verantwortlich sind" gesprochen werden. 214

Nicht vom Regelbeispiel erfasst sind Konstellationen, in denen ein Anspruchsteller wegen gleichartiger Zuwiderhandlungen gegen mehrere **konzernmäßig verbundene,** jedoch rechtlich selbständige, Zuwiderhandelnde (zB unterschiedliche Betreibergesellschaften von Media-Markt- oder Lidl-Filialen) die Möglichkeiten einer subjektiven Klagehäufung nicht nutzt, sondern in verschiedenen Verfahren gegen sie vorgeht, und jeder Zuwiderhandelnden jeweils **nur für seine eigene Zuwiderhandlung verantwortlich** ist. Solche Fallgestaltungen können aber gleichwohl nach der Generalklausel des § 8c Abs. 1 missbräuchlich sein (→ Rn. 88 ff.).[423] 215

Auch gleichartige, aber jeweils eigenständige Verletzungshandlungen mehrerer Zuwiderhandelnder innerhalb einer **Verletzerkette** unterfallen **nicht** dem Regelbeispiel. Auch hier kommt aber ein Missbrauch nach der Generalklausel in Betracht (→ Rn. 95).[424] 216

c) Getrennte Geltendmachung. Die getrennte Geltendmachung, dass nämlich „die Ansprüche gegen die Zuwiderhandelnden … **nicht zusammen** geltend gemacht werden", bezieht sich sowohl auf die **gerichtliche** wie die **außergerichtliche Geltendmachung.** Eine getrennte gerichtliche Geltendmachung liegt vor, wenn die Möglichkeit der Streitgenossenschaft gem. § 59 ZPO gegenüber den für dieselbe Zuwiderhandlung Passivlegiti- 217

---

[420] Vgl. zur Mehrfachverfolgung gegen mehrere Beklagte einer Unternehmensgruppe BGH GRUR 2006, 243 Rn. 21 – MEGA SALE; *Teplitzky* FS 100 Jahre Wettbewerbszentrale, 2012, 195 (204).

[421] Vgl. OLG Frankfurt a. M. WRP 2018, 736 Rn. 3; LG Stuttgart 28.1.2019 – 44 O 119/18 Rn. 41 – Ocean Plastic.

[422] BT-Drs. 19/22238, 17.

[423] Vgl. BGH GRUR 2006, 243 Rn. 17 – MEGA SALE.

[424] Vgl. BGH GRUR 2020, 1087 Rn. 23 – Al Di Meola II unter Verweis auf BGH GRUR 2019, 199 Rn. 25 und 20 – Abmahnaktion II.

mierten nicht genutzt wird. Eine getrennte außergerichtliche Geltendmachung liegt vor, wenn einzelne Abmahnschreiben versandt werden, statt alle Zuwiderhandelnden mit einer einzigen Abmahnung anzuschreiben.

218 **d) Fehlen eines sachlichen Grunds.** Für die Frage, ob für die getrennte Geltendmachung ein sachlicher Grund besteht, bietet sich ein Rückgriff auf die bisherige Rspr. zu anderen Konstellationen der Mehrfachverfolgung an. Ein sachlicher Grund wird in aller Regel dann vorliegen, wenn die getrennte Geltendmachung von Ansprüchen für den Anspruchsteller zu einem **Mehr an Sicherheit oder Schnelligkeit** führt (→ Rn. 209). Bei der gerichtlichen Geltendmachung kann ein sachlicher Grund für eine getrennte Verfolgung zB dann bestehen, wenn einer der Beklagten im Ausland sitzt (→ Rn. 92)[425] oder wenn hinsichtlich der verschiedenen Zuwiderhandelnden die **Beweissituation unterschiedlich** ist (→ Rn. 75).[426] Kein sachlicher Grund ist eine vereinfachte Aktenführung (→ Rn. 210). Dies gilt sowohl für das gerichtliche wie für das außergerichtliche Vorgehen. Es ist für sich genommen noch kein sachlicher Grund für die Versendung einzelner, gesonderter Abmahnschreiben, dass unterschiedliche Zuwiderhandelnde nicht unter derselben Adresse erreichbar sind. Es ist nämlich ohne ins Gewicht fallenden Mehraufwand möglich, ein einheitliches Abmahnschreiben an mehrere Adressaten gleichzeitig zu richten und jedem Adressaten ein Exemplar zukommen zu lassen.

219 Zu anderen Konstellationen der Mehrfachverfolgung ist anerkannt, dass ein Missbrauch nicht vorliegt, wenn die Aufspaltung der Anspruchsverfolgung nicht auf **Absicht,** sondern nachgewiesenermaßen auf einem fahrlässigen **Versehen** beruht.[427] Dies gilt auch für das Regelbeispiel § 8c Abs. 2 Nr. 6, weil ein Missbrauch stets eine Zweck-Mittel-Disparität voraussetzt, die bei einem bloß fahrlässigen Verhalten nicht gegeben ist (→ Rn. 15).

III. Prozessuales

220 **1. Von Amts wegen zu prüfende Prozessvoraussetzung.** Als Prozessvoraussetzung ist der Wegfall der Klagebefugnis wegen Missbrauchs nach § 8c in jeder Lage des Verfahrens von Amts wegen zu prüfen.[428] Dies gilt erstinstanzlich ebenso wie in der Berufungsinstanz[429] und in der Revisionsinstanz.[430] Der **in Anspruch Genommene** muss den Missbrauch daher **nicht ausdrücklich rügen.** Allerdings trifft ihn die **Darlegungs- und Beweislast** für dessen tatsächliche Voraussetzungen (→ Rn. 222 f.).

221 **2. Maßgeblicher Zeitpunkt.** Beim in die Zukunft gerichteten Unterlassungsanspruch müssen die Prozessvoraussetzungen, also auch die Klagebefugnis, grundsätzlich noch im Zeitpunkt der **letzten mündlichen Tatsachenverhandlung** vorliegen.[431] Ein Missbrauch ist deshalb nicht anzunehmen, wenn bis zum Schluss der mündlichen Tatsachenverhandlung Umstände eintreten, unter denen eine missbräuchliche Geltendmachung des Unterlassungsanspruchs nicht mehr angenommen werden kann.[432] Daraus folgt aber

[425] Vgl. OLG Düsseldorf LMRR 2009, 76; Teplitzky FS 100 Jahre Wettbewerbszentrale, 2012, 195 (204).

[426] Vgl. OLG Hamburg GRUR-RR 2013, 29 (32) – Nr. 1 Hits.

[427] Vgl. OLG Frankfurt a. M. WRP 2018, 736 Rn. 3; LG Stuttgart 28.1.2019 – 44 O 119/18 Rn. 41 – Ocean Plastic.

[428] BGH GRUR 2001, 78 (79) – Falsche Herstellerpreisempfehlung; GRUR 2002, 715 (717) – Scanner-Werbung; GRUR 2019, 631 Rn. 62 – Das beste Netz; OLG München WRP 1992, 270 (273); OLG Köln GRUR 1993, 571 – Mißbrauch der Antragsbefugnis; KG WRP 2008, 511 – Fliegender Gerichtsstand; WRP 2010, 129 (134) – JACKPOT!; OLG Hamm GRUR-RR 2011, 196 (198) – Industriesauger; OLG Jena GRUR-RR 2011, 327 – Umfang des Geschäftsbetriebs; OLG Hamm GRUR-RR 2011, 329 (330) – Salve einer Abmahngemeinschaft; 26.7.2011 – 4 U 49/11; KG GRUR-RR 2012, 134 – Neujahrskonzert 2011.

[429] Hierzu insbesondere OLG Hamm 28.7.2011 – 4 U 55/11.

[430] BGH GRUR 2002, 713 (714) – Zeitlich versetzte Mehrfachverfolgung; GRUR 2002, 715 (717) – Scanner-Werbung; GRUR 2019, 631 Rn. 62 – Das beste Netz.

[431] OLG Düsseldorf 13.5.1998 – 2 W 23/98; OLG Frankfurt a. M. WRP 2015, 983 Rn. 19 – Ungültige UVP auf Amazon Marketplace.

[432] OLG Düsseldorf 13.5.1998 – 2 W 23/98.

umgekehrt **nicht,** dass in die Betrachtung erst zeitlich **nach Geltendmachung und Verfahrenseinleitung eintretende** Begleitumstände einzubeziehen sind, wenn sie in der Gesamtbewertung den Missbrauchstatbestand tragen würden. Denn der Missbrauch iSd § 8c bezieht sich nur auf die Geltendmachung des Unterlassungsanspruchs, dh auf die Begleitumstände des vorprozessualen oder prozessualen Vorgehens zum **Zeitpunkt der Verfahrenseinleitung.** Wenn aufgrund der seinerzeit vorliegenden Begleitumstände nicht festgestellt werden kann, dass zum Zeitpunkt der Verfahrenseinleitung bereits überwiegend sachfremde Ziele verfolgt worden sind, kann die weitere gerichtliche Verfolgung des Anspruchs ungeachtet später neu hinzutretender Umstände nicht missbräuchlich werden.[433]

3. Darlegungs- und Beweislast. a) Darlegungs- und Beweislast des Anspruchsgegners. Grundsätzlich spricht eine Vermutung gegen ein missbräuchliches Vorgehen.[434] Den Anspruchsgegner trifft für das Vorliegen der einen Missbrauch begründenden tatsächlichen Umstände die Darlegungs- und Beweislast.[435] 222

b) Sekundäre Darlegungslast des Anspruchstellers. Hat der Anspruchsgegner in ausreichendem Umfang Indizien vorgetragen, die für eine missbräuchliche Geltendmachung des Unterlassungsanspruchs sprechen, obliegt es dem **Anspruchsteller** im Sinne einer sekundären Darlegungslast, diese **Umstände zu widerlegen.**[436] Ist der Anspruchsteller in der Vergangenheit missbräuchlich als Vielfachabmahner tätig gewesen und ergibt sich daraus eine gewisse Indizwirkung auch für gegenwärtigen Missbrauch, genügt er seiner sekundären Darlegungslast nur, wenn er detailliert zum Umfang seiner aktuellen Abmahntätigkeit vorträgt, um dem Anspruchsgegner, der in die Abmahntätigkeit des Anspruchstellers keinen Einblick hat, eine eigene Beurteilung zu ermöglichen, ob dessen Vorgehen zu beanstanden ist oder nicht.[437] 223

c) Freibeweis. Die Feststellung durch das Gericht erfolgt mit den Mitteln des Freibeweises.[438] 224

d) Non liquet. Ein *non liquet* geht **zu Lasten des Beklagten** bzw. Anspruchsgegners.[439] 225

e) Prozessökonomie. Die Prüfung des Missbrauchstatbestands kann aber aus Gründen der Prozessökonomie unterbleiben, wenn die Klage jedenfalls als unbegründet abgewiesen werden muss.[440] 226

---

[433] OLG Frankfurt a. M. WRP 2015, 983 Rn. 21 f. – Ungültige UVP auf Amazon Marketplace.

[434] KG WRP 2008, 511 – Fliegender Gerichtsstand; 19.10.2010 – 5 U 99/09; WRP 2010, 129 (134) – JACKPOT!; GRUR-RR 2012, 134 – Neujahrskonzert 2011; OLG Düsseldorf 9.10.2014 – I-15 U 99/14 Rn. 41 – Fehlende Herstellerangabe bei Elektroartikeln.

[435] OLG Köln GRUR 1993, 571 – Mißbrauch der Antragsbefugnis; OLG Köln NJWE-WettbR 1999, 252 (253); KG WRP 2008, 511 – Fliegender Gerichtsstand; WRP 2010, 129 (134) – JACKPOT!; OLG Jena GRUR-RR 2011, 327 – Umfang des Geschäftsbetriebs; OLG Düsseldorf 9.10.2014 – I-15 U 99/14 Rn. 41 – Fehlende Herstellerangabe bei Elektroartikeln; GRUR-RR 2015, 306 (307) – Warmwasserland; *Köhler*/Bornkamm/*Feddersen* § 8 Rn. 4.25; *Hantke* FS Erdmann, 2002, 831 (842); *Jackowski* WRP 2011, 38 (43); *Kasper* S. 149; *Melullis* Rn. 393; *Ohly*/Sosnitza § 8 Rn. 163; GroßKommUWG/*Paal* § 8 Rn. 273; *Schulte-Franzheim* WRP 2001, 745 (750).

[436] BGH GRUR 2006, 243 Rn. 21 – MEGA SALE; OLG Hamm 14.5.2009 – 4 U 17/09; GRUR-RR 2010, 356 (358) – Abmahnungen nach Gutsherrenart; 13.6.2013 – 4 U 26/13; OLG Jena GRUR-RR 2011, 327 f. – Umfang des Geschäftsbetriebs; KG GRUR-RR 2012, 134 – Neujahrskonzert 2011; OLG Düsseldorf GRUR-RR 2015, 306 (307) – Warmwasserland; LG Heilbronn 20.12.2019 – 21 O 38/19 KfH.

[437] LG Köln MMR 2015, 456 (457).

[438] OLG Hamm GRUR-RR 2010, 356 (357) – Abmahnungen nach Gutsherrenart; MMR 2010, 508 (509) – Serienmäßige Abmahnungen; OLG Jena GRUR-RR 2011, 327 – Umfang des Geschäftsbetriebs.

[439] OLG Köln NJWE-WettbR 1999, 252 (253); KG WRP 2008, 511 – Fliegender Gerichtsstand; WRP 2010, 129 (134) – JACKPOT!; OLG Düsseldorf 9.10.2014 – I-15 U 99/14 Rn. 41 – Fehlende Herstellerangabe bei Elektroartikeln; *Ohly*/Sosnitza § 8 Rn. 63; GroßKommUWG/*Paal* § 8 Rn. 273.

[440] BGH GRUR 1999, 509 (510) – Vorratslücken; OLG München 15.4.2010 – 6 U 4400/08 – Euro-Aufrundung.

IV. Rechtsfolgen

227 **1. Missbräuchlichkeit der auf Unterlassung oder Beseitigung gerichteten Klage.** Bei Vorliegen eines Rechtsmissbrauchs nach § 8c entfällt die Klagebefugnis, und **die** auf Unterlassung oder Beseitigung gerichtete **Klage** ist als **unzulässig** abzuweisen.[441]

228 Bei der **missbräuchlichen Mehrfachverfolgung** (→ Rn. 65 ff.) ist zu beachten, dass bei einem größeren zeitlichen Abstand zwischen mehreren Klagen von der Zulässigkeit der ersten Klage auszugehen sein kann.[442] Sonst ist in Fällen, in denen die sich aufdrängenden Möglichkeiten der subjektiven Klagehäufung – sei es auf Aktiv- oder Passivseite – nicht genutzt werden, bei mehr oder weniger gleichzeitig erhobenen Klagen darauf zu schließen, dass sämtliche Klagen missbräuchlich erhoben sind.[443]

229 **2. Missbräuchlichkeit der Abmahnung. a) Anwendbarkeit des § 8c auf Abmahnungen.** § 8c gilt nicht nur für die gerichtliche, sondern auch für die außergerichtliche Geltendmachung eines wettbewerbsrechtlichen Anspruchs und damit insbesondere für die Abmahnung.[444] Dies wird schon vom Wortlaut nahegelegt, der nicht auf Gerichtsverfahren, sondern generell auf die Geltendmachung des Anspruchs abstellt. Das Gesetz nennt im Übrigen als Regelbeispiel einer missbräuchlichen Geltendmachung den Fall, dass das Interesse des Gläubigers in erster Linie darauf gerichtet ist, gegen den Schuldner einen Anspruch auf Ersatz von Aufwendungen entstehen zu lassen. Damit spricht das Gesetz gerade die vorgerichtliche Geltendmachung des Unterlassungsanspruchs an.[445]

230 **b) Folgewirkungen für nachfolgende Klage.** Die einer missbräuchlichen Abmahnung nachfolgende Klage soll bei unveränderter Sachlage **stets unzulässig** sein, selbst wenn der Missbrauch nur in der Art und Weise der außergerichtlichen Geltendmachung zu sehen ist, die anschließende Klageerhebung dagegen für sich genommen die Voraussetzungen eines Missbrauchs nicht erfüllt.[446] Unter Geltung des § 8 Abs. 4 S. 1 UWG 2004 formulierte der BGH in ständiger Besprechung folgenden Rechtssatz: „Ist eine vorgerichtliche Abmahnung missbräuchlich i. S. d. § 8 Abs. 4 erfolgt, so sind nachfolgende gerichtliche Anträge unzulässig".[447] Er wird damit begründet, dass es wenig sinnvoll und durch den Gesetzeswortlaut auch nicht geboten sei, als Rechtsfolge eines Missbrauchs vorzusehen, dass ein Anspruch nicht außergerichtlich, wohl aber gerichtlich geltend gemacht werden könne.[448] Ebenso soll die missbräuchliche Mehrfachverfolgung von mehreren Unterlassungsschuldnern in jeweils getrennten Verfügungsverfahren die Unzulässigkeit der Klage zur Folge haben, selbst wenn dabei von einer Mehrfachverfolgung abgesehen wird.[449]

---

[441] BVerfG 3.12.2020 – 1 BvR 2575/20; BGH GRUR 1999, 509 (510) – Vorratslücken; GRUR 2001, 78 (79) – Falsche Herstellerpreisempfehlung; GRUR 2001, 84 – Neu in Bielefeld II; GRUR 2006, 243 Rn. 15 – MEGA SALE; OLG Nürnberg GRUR-RR 2014, 166 – Facebook-Abmahnwelle.

[442] BGH GRUR 2000, 1089 (1093) – Mißbräuchliche Mehrfachverfolgung; *Hantke* FS Erdmann, 2002, 831 (843).

[443] BGH GRUR 2000, 1089 (1093) – Mißbräuchliche Mehrfachverfolgung.

[444] BGH GRUR 2002, 715 (717) – Scanner-Werbung; GRUR 2002, 357 (358) – Missbräuchliche Mehrfachabmahnung; GRUR 2012, 730 Rn. 13 – Bauheizgerät; GRUR 2013, 307 Rn. 11 – Unbedenkliche Mehrfachabmahnung.

[445] BGH GRUR 2002, 357 (358) – Missbräuchliche Mehrfachabmahnung; OLG Düsseldorf GRUR-RR 2014, 164 (165) – Karnevals-Wurfware.

[446] BGH GRUR 2002, 357 (359) – Mißbräuchliche Mehrfachabmahnung; GRUR 2002, 715 (717) – Scanner-Werbung; GRUR 2012, 730 Rn. 47 – Bauheizgerät; GRUR 2016, 961 Rn. 15 – Herstellerpreisempfehlung bei Amazon; GRUR 2019, 199 Rn. 20 – Abmahnaktion II; OLG Düsseldorf GRUR-RR 2014, 164 (165) – Karnevals-Wurfware; Teplitzky/*Büch* Kap. 13 Rn. 53; *Büscher* in Fezer/Büscher/Obergfell § 8 Rn. 289; Ahrens/*Jestaedt* Kap. 20 Rn. 5; *Köhler*/Bornkamm/*Feddersen* § 8 Rn. 4.6; *Mayer* WRP 2011, 534 (536).

[447] BGH GRUR 2016, 961 Rn. 15 – Herstellerpreisempfehlung bei Amazon; GRUR 2019, 199 Rn. 20 – Abmahnaktion II.

[448] BGH GRUR 2002, 357 (359 f.) – Mißbräuchliche Mehrfachabmahnung.

[449] BGH GRUR 2006, 243 Rn. 22 – MEGA SALE.

Diese Rspr. ist zu überdenken, soweit sie auch für den Fall, dass der Missbrauch gerade **und nur in der außergerichtlichen Geltendmachung** liegt, nicht nur diese als unzulässig ansieht, sondern weitergehend auch die gerichtliche Geltendmachung des Unterlassungsanspruchs versagt. Vom Gesetzeswortlaut ist eine solche weite Auslegung nicht gefordert. Dieser besagt in § 8c Abs. 1 nur, dass **„die Geltendmachung"** des Anspruchs unzulässig ist, womit im Falle der missbräuchlichen Abmahnung ohne weiteres lediglich die darin liegende Geltendmachung verstanden werden kann. Im Hinblick auf die mit einer missbräuchlichen Abmahnung verbundenen Gefahren ist die Erstreckung der Unzulässigkeit auf eine nachfolgende Klage gleichfalls nicht zwingend geboten, wenn sich der Missbrauchstatbestand als solcher nur auf die Abmahnung erstreckt.[450] Insoweit könnte es als ausreichend angesehen werden, dass die wegen des Missbrauchs unzulässige Abmahnung materiell-rechtlich unwirksam ist und daher nicht die mit einer wirksamen Abmahnung ansonsten verbundenen Rechtsfolgen, insbesondere keine Kostenerstattungsansprüche auslösen kann (→ Rn. 235). Soweit aus Gründen der General- oder Spezialprävention weitergehende Sanktionen gefordert werden, dürfte ihnen wohl eine Straffunktion zukommen, so dass die zivilrechtliche Rechtsgrundlage des Missbrauchstatbestands in § 8c nicht ausreichen dürfte. Dasselbe sollte gelten, wenn sich die missbräuchliche Verfolgung auf das getrennte Vorgehen im einstweiligen Verfügungsverfahren beschränkt. In einem solchen Fall ist es nicht geboten, auch die nachfolgend einheitlich erhobene Hauptsacheklage als unzulässig anzusehen. 231

c) Keine Folgewirkungen für nachfolgende Abmahnung bei Inbezugnahme. Ist eine erste Abmahnung, mit der ein erster Verstoß beanstandet wurde, missbräuchlich, so reicht die Missbräuchlichkeit dieser ersten Abmahnung für sich genommen nicht aus, um auch die Missbräuchlichkeit einer zweiten Abmahnung zu begründen, mit der ein zweiter Verstoß beanstandet wird und die inhaltlich auf die erste Abmahnung Bezug nimmt.[451] 232

3. Nicht missbräuchliche Abmahnung und Folgeverfahren. Erfüllt die vorgerichtliche Abmahnung nicht die Voraussetzungen des § 8c, so bleibt es dabei, dass die Frage, ob die nachfolgende gerichtliche Anspruchsdurchsetzung als missbräuchlich zu bewerten ist, unter Berücksichtigung sämtlicher, auch im Verfahrensverlauf auftretender Umstände zu beurteilen ist.[452] 233

4. Mittelbare Auswirkungen auf andere Ansprüche. a) Kein Rechtsschutzbedürfnis für Auskunftsansprüche. Der Missbrauchstatbestand erfasst naturgemäß mittelbar auch Auskunftsansprüche, soweit sie als **Hilfsanspruch** zu einem **Beseitigungs- bzw. Unterlassungsanspruch** geltend gemacht werden, dessen Geltendmachung seinerseits § 8c entgegensteht.[453] Denn hat ein Anspruchsteller keine Klagebefugnis für diese Ansprüche, so fehlt ihm auch das Rechtsschutzbedürfnis an der Geltendmachung von darauf bezogenen Hilfsansprüchen. 234

b) Verlust des Anspruchs auf Kostenerstattung bei missbräuchlicher Abmahnung. Eine iSd § 8c missbräuchliche Abmahnung ist nicht berechtigt iSd § 13 Abs. 3 und begründet **keinen Anspruch auf** Erstattung der **Abmahnkosten.**[454] Der Anspruch auf Ersatz der Aufwendungen ergibt sich dann auch nicht aus den Grundsätzen der GoA (§ 683 S. 1, §§ 677, 670 BGB), weil die Abmahnung nicht dem Interesse und mutmaßlichen Willen des Schuldners entspricht.[455] Bereits bezahlte Beträge können gem. § 812 Abs. 1 S. 1 Alt. 1 235

[450] Zustimmend *Ohly*/Sosnitza § 8 Rn. 157.
[451] BGH GRUR 2012, 730 Rn. 36 ff. – Bauheizgerät.
[452] BGH GRUR 2016, 961 Rn. 18 – Herstellerpreisempfehlung bei Amazon.
[453] OLG Düsseldorf GRUR-RR 2014, 164 (168) – Karnevals-Wurfware.
[454] BGH GRUR 2012, 730 Rn. 13 – Bauheizgerät; OLG Düsseldorf GRUR-RR 2014, 164 (166) – Karnevals-Wurfware; OLG München GRUR-RR 2016, 210 Rn. 20 – Rechtsverfolgung mit Fremdgeldkonto; OLG Hamburg WRP 2020, 499 Rn. 45; *Köhler*/Bornkamm/*Feddersen* § 8 Rn. 4.6; *Köhler* FS Erdmann, 2002, 845 (857); *Büscher* in Fezer/Büscher/Obergfell § 8 Rn. 298; MüKoUWG/*Fritzsche* § 8 Rn. 479; Teplitzky/*Büch* Kap. 13 Rn. 53.
[455] KG 19.10.2010 – 5 U 99/09.

BGB zurückgefordert werden.[456] Rechtsverfolgungskosten, die zur Vorbereitung von gem. § 8c missbräuchlichen Abmahnungen oder Unterlassungsklagen aufgewendet wurden, dienen keiner zweckentsprechenden Rechtsverfolgung. Sie können nicht als Schadensersatz gem. § 9 geltend gemacht werden.[457] Hinzu kommt, dass es sich bei § 13 Abs. 3 nach dem Willen des Gesetzgebers ohnehin um eine abschließende Regelung handelt (*Brüning* → § 13 Rn. 80) und daher bei einer unberechtigten Abmahnung ein Rückgriff auf die Grundsätze der GoA oder dem Schadensersatzanspruch ausscheidet (*Goldmann* → § 9 Rn. 187).

236 **c) Einwand des Rechtsmissbrauchs gegenüber Vertragsstrafeanspruch. aa) Allgemeines.** Der Anwendungsbereich des § 8c ist auf gesetzliche Unterlassungs- und Beseitigungsansprüche aus dem UWG beschränkt. Auf vertragliche Ansprüche hingegen ist die Vorschrift nicht – auch nicht analog – anwendbar.[458] Die Frage, ob die Geltendmachung einer Vertragsstrafe auf der Grundlage einer strafbewehrten Unterlassungserklärung rechtsmissbräuchlich ist, beurteilt sich daher nach den allgemeinen Grundsätzen von Treu und Glauben (§ 242 BGB).[459] Bei Vertragsstrafeansprüchen aus einer Unterlassungsvereinbarung ist im Rahmen einer Gesamtwürdigung zu prüfen, ob das Verhalten des Abmahnenden vor, bei und nach der Abmahnung den Schluss rechtfertigt, dass deren Geltendmachung gegen Treu und Glauben verstößt.[460]

237 **bb) Rechtsmissbrauch bei Abschluss der Vertragsstrafevereinbarung.** Umstände, die im Rahmen des § 8c einen Missbrauch begründen (zB Mehrfachverfolgung, Forderung erheblich überhöhter Vertragsstrafen, Annahme unangemessen hoher Gegenstandswerte), können dabei herangezogen werden, soweit sie auch im **Zusammenhang mit der Vereinbarung der Vertragsstrafe** stehen.[461] Derartige Verhaltensweisen, die der gerichtlichen Durchsetzung wettbewerbsrechtlicher Unterlassungs- und Beseitigungsansprüche nach § 8c UWG entgegenstehen können,[462] können die Forderung von Vertragsstrafen aber nur ausschließen, soweit sie für die Abgabe der strafbewehren Unterlassungserklärung ursächlich waren oder mit ihr jedenfalls im Zusammenhang stehen.[463] Bejaht hat der BGH dies in einem Fall, in dem der Anspruchsteller seine umfassende Abmahntätigkeit allein zu dem Zweck, ua Vertragsstrafeversprechen zu generieren, und angesichts seiner desolaten Vermögensverhältnisse in dem Bewusstsein betrieben hat, dass die Abgemahnten gegen ihn selbst im Falle eines Prozessgewinns keine Kostenerstattungsansprüche würden realisieren können. Die Berufung auf den Vertragsstrafeanspruch ist in einem solchen Fall eine gem. § 242 BGB unzulässige Berufung auf eine formale Rechtsposition die er nur durch sein gesetzwidriges Verhalten erlangt hat.[464]

238 **cc) Kündigung der Unterlassungsvereinbarung aus wichtigem Grund.** Ein missbräuchliches Verhalten bei einer Abmahnung kann einen **wichtigen Grund** für die **Kündigung** einer auf der Abmahnung beruhenden Unterlassungsvereinbarung gem. **§ 314 BGB** darstellen.[465] Der Geltendmachung von Vertragsstrafeansprüchen kann schon **vor**

---

[456] OLG Hamm GRUR-RR 2009, 444 – Generierung von Ansprüchen; *Köhler* FS Erdmann, 2002, 845 (857).

[457] BGH GRUR 2019, 199 Rn. 41 – Abmahnaktion II (keine Erstattung der Kosten für Testkäufe).

[458] BGH GRUR 2012, 949 Rn. 20 – Missbräuchliche Vertragsstrafe; OLG Hamburg WRP 2020, 499 Rn. 42.

[459] BGH GRUR 2012, 949 Rn. 20 f. – Missbräuchliche Vertragsstrafe; OLG Schleswig GRUR-RR 2015, 358 Rn. 26 – Kaiserin der Heilpflanzen; OLG Hamburg WRP 2020, 499 Rn. 42.

[460] BGH GRUR 2019, 638 Rn. 36 – Kündigung der Unterlassungsvereinbarung.

[461] BGH GRUR 2012, 949 Rn. 21 – Missbräuchliche Vertragsstrafe; BGH GRUR 2019, 638 Rn. 36 – Kündigung der Unterlassungsvereinbarung; OLG Schleswig GRUR-RR 2015, 358 Rn. 26 – Kaiserin der Heilpflanzen.

[462] Vgl. BGH GRUR 2006, 243 f. Rn. 16 – MEGA SALE; GRUR 2010, 454 Rn. 19 – Klassenlotterie.

[463] BGH GRUR 2012, 949 Rn. 22 – Missbräuchliche Vertragsstrafe; OLG Hamburg WRP 2020, 499 Rn. 43.

[464] BGH GRUR 2019, 638 Rn. 36 – Kündigung der Unterlassungsvereinbarung.

[465] BGH GRUR 2019, 638 Rn. 12 und Ls. 1 – Kündigung der Unterlassungsvereinbarung; OLG Hamm 10.8.2010 – 4 U 60/10; OLG Hamm GRUR-RR 2011, 196 (198 f.) – Industriesauger; LG München I 31.1.2017 – 33 O 20356/15.

der Kündigung der Einwand des Rechtsmissbrauchs nach § 242 BGB entgegengehalten werden.[466]

dd) Rechtsmissbrauch bei Eintreibung der Vertragsstrafe. Der Rechtsmissbrauch kann sich auch aus Umständen bei der Eintreibung einer Vertragsstrafe ergeben. Wenn die Eintreibung von Vertragsstrafen nicht mehr der eigentlichen Funktion der Vertragsstrafe entspricht, nämlich der legitimen Prävention oder auch Kompensation von Verstößen, sondern allein der Einnahmeerzielung oder der Behinderung dient, liegt Rechtsmissbrauch vor. Ein Rechtsmissbrauch wegen Einnahmeerzielungsabsicht wurde etwa in einem Fall gesehen, in dem eine Vielzahl von Vertragsstrafeversprechen aufgrund systematischen Durchforstens von gleichgelagerten, leicht zu recherchierenden und unterdurchschnittlich gewichtigen Wettbewerbsverstößen im Internet erwirkt wurden und sodann in Fortsetzung des systematischen Durchforstens gegenüber 34 Verletzern einzelne Vertragsstrafen in einem Gesamtbetrag von 85.000 EUR eingeklagt wurden.[467] 239

d) Einwand des Rechtsmissbrauchs gegenüber vertraglichem Unterlassungsanspruch. Unter denselben Voraussetzungen kann einem vertraglichen Unterlassungsanspruch, der sich auf den Unterwerfungsvertrag stützt, der Einwand des Rechtsmissbrauchs nach § 242 BGB entgegenstehen.[468] 240

e) Verlust des Anspruchs auf Kostenerstattung für Abschlussschreiben. Für ein Abschlussschreiben, mit dem der Antragsgegner einer einstweiligen Verfügung dazu aufgefordert wird, diese als endgültige Regelung anzuerkennen, besteht idR nach den Grundsätzen der GoA (§§ 677, 683, 670 BGB) ein Anspruch auf Ersatz der Anwaltskosten,[469] und zwar in Höhe einer 1,3-fachen Regelgebühr (ausf. *Reker/Tolkmitt* → § 12 Rn. 465 ff.).[470] Ist allerdings die dem Verfahren der einstweiligen Verfügung vorausgegangene außergerichtliche Geltendmachung des Unterlassungsanspruchs iSd § 8c missbräuchlich, besteht **kein** Anspruch auf **Kostenersatz für das Abschlussschreiben.**[471] Denn ist die außergerichtliche Geltendmachung des Unterlassungsanspruchs missbräuchlich, führt dies nach der Rspr. des BGH dazu, dass der Unterlassungsanspruch auch nicht mehr gerichtlich geltend gemacht werden kann (→ Rn. 230). Es entspricht nicht dem Interesse des Schuldners iSd § 683 BGB, eine zu Unrecht ergangene einstweilige Verfügung durch eine Abschlusserklärung auch noch als endgültige Regelung anzuerkennen.[472] 241

V. Ansprüche des missbräuchlich in Anspruch Genommenen auf Kostenersatz

1. Entstehungsgeschichte und Normzweck. Der nach dem Vorbild des § 945 ZPO gestaltete[473] **verschuldensunabhängige Anspruch** auf **Erstattung der Kosten** für die Verteidigung gegen einen missbräuchlich geltend gemachten Anspruch in wurde zuerst als § 8 Abs. 4 S. 2 UWG 2004 durch Art. 6 des Gesetzes gegen unseriöse Geschäftspraktiken vom 1.10.2013[474] neu eingefügt, um die Wirksamkeit des Schutzes vor missbräuchliche 242

[466] BGH GRUR 2019, 638 Rn. 34 ff. und Ls. 2 – Kündigung der Unterlassungsvereinbarung; OLG Hamm 10.8.2010 – 4 U 60/10; OLG Hamm GRUR-RR 2011, 196 (198 f.) – Industriesauger; LG München I 31.1.2017 – 33 O 20356/15; *Köhler*/Bornkamm/*Feddersen* § 8 Rn. 4.6; MüKoUWG/*Fritzsche* § 8 Rn. 479; offengelassen noch von BGH GRUR 2012, 949 Rn. 22 – Missbräuchliche Vertragsstrafe.

[467] LG München I 31.1.2017 – 33 O 20356/15.

[468] OLG München WRP 1992, 270 (273); MüKoUWG/*Fritzsche* § 8 Rn. 479; *Köhler*/Bornkamm/*Feddersen* § 8 Rn. 4.6; offengelassen von BGH GRUR 2012, 730 Rn. 38 – Bauheizgerät.

[469] BGH GRUR 2010, 1038 Rn. 26 – Kosten für Abschlussschreiben I; GRUR 2015, 822 Rn. 14 – Kosten für Abschlussschreiben II.

[470] BGH GRUR 2015, 822 Rn. 25 – Kosten für Abschlussschreiben II.

[471] BGH GRUR 2012, 730 Rn. 47 – Bauheizgerät.

[472] BGH GRUR 2012, 730 Rn. 47 – Bauheizgerät.

[473] BT-Drs. 17/13057, 25.

[474] BGBl. I S. 3714.

Geltendmachung von Ansprüchen insgesamt zu erhöhen[475] und Waffengleichheit zwischen Abmahnenden und Abgemahntem herzustellen.[476] Vor 2013 konnten diese Aufwendungen nur als Schadensersatzanspruch nach allgemeinem Deliktsrecht oder uU als Aufwendungsersatz nach den Grundsätzen der GoA geltend gemacht werden. Dabei war die Beweisführung regelmäßig schwierig und mit einem erheblichen Prozessrisiko behaftet.[477] Die 2004 eingeführte Regelung ist heute unverändert in § 8c Abs. 3 enthalten.

243 Sie soll Gegenansprüche des Abgemahnten erleichtern und auf diese Weise den finanziellen Anreiz zur missbräuchlichen Geltendmachung von Ansprüchen reduzieren.[478] Das durch den Gegenanspruch auf Aufwendungsersatz erhöhte Kostenrisiko für den Abmahnenden soll das wirtschaftliche Interesse an missbräuchlichen Abmahnungen erheblich absenken.[479] Der Abgemahnte soll ermuntert werden, sich gegen eine missbräuchliche Abmahnung mit anwaltlicher Hilfe zur Wehr zu setzen.[480] Die Vorschrift entspricht dem Umfang nach dem Aufwendungsersatzanspruch des berechtigt Abmahnenden nach § 13 Abs. 3. § 8c Abs. 3 S. 2 stellt klar, dass weitergehenden Ansprüche auf anderer Grundlage unberührt bleiben.

244 **2. Anspruchsvoraussetzungen.** Wenn die Voraussetzungen des § 8c Abs. 1 bzw. Abs. 2 vorliegen, hat der Anspruchsgegner gem. § 8c Abs. 3 S. 1 einen von Verschulden oder weiteren Voraussetzungen unabhängigen Anspruch auf Ersatz der für seine Rechtsverteidigung erforderlichen Aufwendungen.

245 **3. Anspruchsinhalt.** Vom Anspruch umfasst sind die erforderlichen, tatsächlich aufgewandten Kosten.[481] Der Begriff der Erforderlichkeit ist unter dem Gesichtspunkt der vom Gesetzgeber bezweckten Waffengleichheit zwischen Abmahnenden und Abgemahnten[482] ebenso zu bestimmen wie in § 13 Abs. 3.[483] Auf die Ausführungen hierzu wird verwiesen (*Brüning* → § 13 Rn. 86 ff.).

246 **4. Weitergehende Ansprüche.** Gem. § 8c Abs. 3 S. 2 bleiben weitergehende Ersatzansprüche unberührt. In Betracht kommen vor allem Schadensansprüche gem. § 9 iVm § 3 Abs. 1, 4 Nr. 4 sowie gem. §§ 823 ff. BGB.

§ 9 Schadensersatz

¹Wer vorsätzlich oder fahrlässig eine nach § 3 oder § 7 unzulässige geschäftliche Handlung vornimmt, ist den Mitbewerbern zum Ersatz des daraus entstehenden Schadens verpflichtet. ²Gegen verantwortliche Personen von periodischen Druckschriften kann der Anspruch auf Schadensersatz nur bei einer vorsätzlichen Zuwiderhandlung geltend gemacht werden.

Übersicht

[475] BT-Drs. 17/13057, 25; MüKoUWG/*Fritzsche* § 8 Rn. 481c; *Köhler*/Bornkamm/*Feddersen* § 8 Rn. 4.6; *Ohly*/Sosnitza § 8 Rn. 163a; GroßKommUWG/*Paal* § 8 Rn. 251a.
[476] BT-Drs. 17/13057, 12, 14, 25.
[477] BT-Drs. 17/13057, 12, 14.
[478] BT-Drs. 19/12084, 29.
[479] BT-Drs. 17/13057, 25.
[480] BT-Drs. 17/13057, 12, 14, 25.
[481] *Ohly*/Sosnitza § 8 Rn. 163a; GroßKommUWG/*Paal* § 8 Rn. 273b.
[482] BT-Drs. 17/13057, 12, 14, 25.
[483] *Ohly*/Sosnitza § 8 Rn. 163a; GroßKommUWG/*Paal* § 8 Rn. 273b.

Schrifttum: *Alexander,* Schadensersatz und Abschöpfung im Lauterkeits- und Kartellrecht, 2010; *Borck,* Zum Anspruch auf Schadensersatz aus unlauterem Wettbewerb WRP 1986, 1; *Engels/Salomon,* Vom Lauterkeitsrecht zum Verbraucherschutz: UWG-Reform 2003, WRP 2004, 32; *Goldmann,* Die Berechnung des Schadensersatzanspruchs vor und nach Umsetzung der Durchsetzungsrichtlinie, WRP 2011, 950; *Janssen,* Präventive Gewinnabschöpfung, 2016; *Köhler,* Der Schadensersatzanspruch im Wettbewerbsrecht, NJW 1992, 1477; *ders.,* Zur Begrenzung wettbewerbsrechtlicher Schadensersatzansprüche durch den „Schutzzweck der Norm", in: FS Harte-Bavendamm, 2020, S. 355; *Meier-Beck,* Die unberechtigte Schutzrechtsverwarnung als Eingriff in das Recht am Gewerbebetrieb, WRP 2006, 790; *Metzger,* Schadensersatz wegen Verletzung des Geistigen Eigentums gemäß Art. 13 Durchsetzungs-RL 2004/48; in: Remien (Hrsg.), Schadensersatz im europäischen Privat- und Wirtschaftsrecht, 2012, S. 209; *Ohly,* Schadensersatzansprüche wegen Rufschädigung und Verwässerung im Marken- und Lauterkeitsrecht, GRUR 2007, 926; *Podszun/Deuschle,* Schadensersatz bei Verstoß gegen eine Marktverhaltensregelung. Zu dogmatischen und systematischen Einordnung von § 9 UWG, WRP 2019, 1102; *Reimer,* Verschulden als Voraussetzung der Anwendbarkeit des § 1 UWG, MuW XXIX, 208; *Sack,* Regierungsentwurf einer UWG-Novelle – ausgewählte Probleme, BB 2003, 1073; *ders.,* Folgeverträge unlauteren Wettbewerbs, GRUR 2004, 625; *ders.,* Das Verhältnis des UWG zum allgemeinen Deliktsrecht, in: FS Ullmann, 2006, S. 825; *Schramm,* Grundlagenforschung auf dem Gebiete des Gewerblichen Rechtsschutzes und Urheberrechtes, 1954; *ders.,* Der Marktverwirrungsschaden, GRUR 1974, 617; *Sosnitza,* Das Koordinatensystem des Rechts des unlauteren Wettbewerbs im Spannungsfeld zwischen Europa und Deutschland, GRUR 2003, 739; *Teplitzky,* Die Durchsetzung des Schadensersatzzahlungsanspruchs im Wettbewerbsrecht, GRUR 1987, 215; *Ullmann,* Eine unberechtigte Abmahnung – Entgegnung, WRP 2006, 1070.

A. Allgemeines

I. Einleitung

1. Regelungsgehalt. § 9 S. 1 ist die Anspruchsgrundlage für die **Schadensersatzansprüche der Mitbewerber.** Das bis 2004 geltende Recht ging auf die Möglichkeit, bei Wettbewerbsverstößen Schadensersatz zu verlangen, an verschiedenen Stellen ein: §§ 1, 13 Abs. 6, 14 Abs. 1, 19 UWG 1909. Aus diesen Vorschriften folgte nach der Ansicht des Gesetzgebers insgesamt, dass Verstöße gegen die Verbote des UWG auch Schadenersatzansprüche des Geschädigten nach sich ziehen können. Dementsprechend hatte der Reformgesetzgeber 2004 mit der Regelung des § 9 keine Änderung der Rechtslage bezweckt.[1] Klargestellt wurde, dass der Schadensersatzanspruch **Verschulden** voraussetzt.[2] 1

Das in § 9 S. 2 geregelte **Presseprivileg** war vor der UWG-Reform nach dem Wortlaut des § 13 Abs. 6 Nr. 1 S. 2 UWG aF auf Verstöße gegen das Irreführungsverbot beschränkt. Eine Ausdehnung auf Zuwiderhandlungen gegen andere Vorschriften des UWG war streitig.[3] Durch die Neuregelung 2004 wurde die Beschränkung des Haftungsprivilegs aufgehoben. 2

2. Zielrichtung des Schadensersatzanspruchs. Der Schadensersatz bezweckt in erster Linie die **Wiedergutmachung einer Vermögenseinbuße** und keine Pönalisierung oder Sanktion, wenn auch drohende Schadensersatzzahlungen durchaus eine präventive und abschreckende Wirkung haben können.[4] 3

3. Bedeutung des Schadensersatzanspruchs. Seit jeher wird die **geringe praktische Bedeutung** des Schadensersatzanspruchs im Wettbewerbsrecht beklagt.[5] Der Hauptgrund 4

---

[1] RegE (BT-Drs. 15/1487) S. 16.

[2] So auch die zuvor ganz hM zum UWG 1909; vgl. BGH GRUR 1990, 1012 (1014) – Pressehaftung; *Baumbach/Hefermehl* Einl. UWG Rn. 339, 366; *Bußmann/Pietzcker/Kleine* S. 18; *v. Gamm* § 1 Rn. 317; *Köhler/Piper* Einf. Rn. 299; *Köhler* NJW 1992, 1477 (1478). Das Verschuldenserfordernis wurde allerdings von einer Mindermeinung abgelehnt, die bei Verstößen gegen § 1 UWG 1909 eine „Gefährdungshaftung" befürwortete, so zB *v. Godin* § 1 Rn. 49; *Rosenthal/Leffmann* § 1 Rn. 4.

[3] Vgl. *Baumbach/Hefermehl* § 13 Rn. 58 mwN.

[4] Vgl. OLG Köln GRUR 1991, 60 (63) – Rolex-Imitation; *Köhler* FS Harte-Bavendamm, 2020, 355 (363); *Schramm* GRUR 1974, 617; ausführlich *Alexander* S. 135 ff.; zur Abschreckungswirkung der Abschöpfung des Verletzergewinns vgl. BGH GRUR 2001, 329 (331) – Gemeinkostenanteil; GRUR 2009, 856 Rn. 76 – Tripp-Trapp-Stuhl; ZUM 2013, 406 Rn. 27 – Jürgen Möllemanns Sprung.

[5] Vgl. *Callmann* S. 115; GroßKommUWG/*Köhler* (1. Aufl.) Vor § 13 B Rn. 245; *Rosenthal* S. 116 f., 120; *Teplitzky* (10. Aufl.) Kap. 28; *Teplitzky* GRUR 1987, 215.

für das Schattendasein des Schadensersatzanspruchs liegt darin, dass sich der Schaden des Verletzten nur außerordentlich schwer berechnen lässt. Außerhalb des engen Bereichs des Nachahmungsschutzes und – früher – des Geheimnisschutzes, für welche die Rspr. auch eine objektive Schadensberechnung bzw. die Abschöpfung des Verletzergewinns akzeptiert, ist ein Schadensersatz in Geld nur unter großen Schwierigkeiten zu beziffern.

5 Der unmittelbar Verletzte wird sich deshalb in aller Regel mit einer **Schadensersatzfeststellungsklage** behelfen, die er mit der Unterlassungsklage kombiniert und um eine **Auskunftsklage** ergänzt. Dadurch kann auf den Beklagten Druck ausgeübt werden, den Rechtsstreit durch Vergleich zu beenden, etwa durch Anerkennung des Unterlassungsanspruchs unter Übernahme der Kosten gegen Verzicht auf den Schadensersatz- und den Auskunftsanspruch (sog. **„Kölner Brauch"**).[6] Diese Hebelwirkung des festgestellten oder feststellbaren Schadensersatzanspruchs und der Lästigkeitswert des mit ihm Hand in Hand gehenden Auskunftsanspruchs stellt die Bedeutung des Schadensersatzanspruchs als echten Zahlungsanspruch bei weitem in den Schatten.[7] Immer wieder wurde versucht, die bislang *„lustlos wirkenden Parteien und Parteivertreter"* zu ermuntern, den **Schadensersatzanspruch als Zahlungsanspruch** stärker zu verfolgen.[8] Seit Jahrzehnten wurde den Gerichten nahegelegt, gerade bei der konkreten Schadensberechnung weniger zaghaft von der Befugnis der Schadenschätzung nach § 287 ZPO Gebrauch zu machen, um die Durchsetzung von Schadensersatzansprüchen zu erleichtern.[9] Die höchstrichterliche Rspr. hat, so sollte man meinen, den Weg dafür inzwischen jedenfalls für die abstrakte Schadensberechnung geebnet.[10] Bei der konkreten Schadensberechnung, insbesondere bei der Berechnung des entgangenen Gewinns, steht eine mutigere Handhabung des § 287 ZPO noch aus.[11] Beleg hierfür ist etwa die neuere BGH-Entscheidung *„Deltamethrin II"*.[12] Dass der Schadensersatzanspruch im UWG ein Schattendasein fristet, wird teilweise für konsequent gehalten, ja begrüßt. Ziel des UWG sei nicht die Kompensation individueller Schäden, sondern die Sicherung des fairen Wettbewerbs, für die der Unterlassungsanspruch das Mittel der Wahl darstelle. Außerhalb der Konstellationen, in denen die dreifache Schadensberechnung zu adäquaten Ergebnissen führe, sei es nicht bedauerlich, sondern gerade systemgerecht, wenn im Ergebnis kein Schadensersatz fließe, insbesondere beim Verstoß gegen Marktverhaltensregelungen (§ 3a).[13]

6 Das überzeugt nicht. Je häufiger unlauterer Wettbewerb zu Schadensersatzzahlungen führt, umso weniger kann der Verletzer darauf spekulieren, dass sich Wettbewerbsverstöße auszahlen.[14] Insofern hat das Risiko, nicht nur einem Unterlassungs-, sondern auch einem Schadensersatzanspruch ausgesetzt zu sein, eine wichtige **ergänzende präventive Funktion.**[15] Eine weiter zunehmende Durchsetzung von Schadensersatzansprüchen unter **großzügiger Anwendung des § 287 ZPO** auch **bei der konkreten Schadensberechnung** wäre also auch aus diesem Grund **zu begrüßen.**

7 **4. Einfluss des europäischen Rechts.** Die **UGP-Richtlinie 2005**[16] enthält in Art. 11 Abs. 1 eine Verpflichtung der Mitgliedstaaten sicherzustellen, dass geeignete und wirksame Mittel zur Bekämpfung unlauterer geschäftlicher Handlungen zur Verfügung stehen. Die

[6] Vgl. *Borck* WRP 1986, 1 (3); *Teplitzky* (10. Aufl.) Kap. 28 Rn. 1; *Podszun/Deuschle* WRP 2019, 1102 Rn. 28; *Wünsche* S. 27.

[7] Ebenso jetzt *Podszun/Deuschle* WRP 2019, 1102 Rn. 28.

[8] *Teplitzky* (10. Aufl.) Kap. 28 Rn. 2; ihm folgend nun auch *Alexander* S. 179.

[9] *Callmann* S. 115; *Melullis* Rn. 1065; *Schramm* S. 235; *Teplitzky* (10. Aufl.) Kap. 28 Rn. 2.

[10] Vgl. BGH GRUR 1972, 189 (190) – Wandsteckdose II; GRUR 1992, 55 (59) – Tchibo/Rolex II; GRUR 1993, 757 (759) – Kollektion Holiday; GRUR 2007, 431 Rn. 21 – Steckverbindergehäuse.

[11] Hierauf weist zu Recht MüKoUWG/*Fritzsche* § 9 Rn. 4 hin.

[12] BGH GRUR 2016, 860 Rn. 24 ff. – Deltamethrin II.

[13] *Podszun/Deuschle* WRP 2019, 1102 Rn. 74 ff.

[14] *Rosenthal* S. 116 f.; ähnlich GroßKommUWG/*Köhler* (1. Aufl.) Vor § 13 B Rn. 246.

[15] *Alexander* S. 135 ff.; *Köhler* FS Harte-Bavendamm, 2020, 355 (363); *Ohly* GRUR 2007, 926 (929).

[16] Richtlinie 2005/29/EG des Europäischen Parlaments und des Rates vom 11.5.2005 über unlautere Geschäftspraktiken im binnenmarktinternen Geschäftsverkehr, ABl. 2005 L 149, S. 22.

bei zur Anwendung kommenden Sanktionen müssen nach Art. 13 der Richtlinie **„wirksam, verhältnismäßig und abschreckend“** sein. Es blieb aber nach Art. 11 Abs. 1 UAbs. 3 bislang den Mitgliedstaaten überlassen zu entscheiden, ob sie für die Bekämpfung von Rechtsverstößen zivilrechtliche, strafrechtliche oder verwaltungsrechtliche Maßnahmen einsetzen. Auch eine Kombination ist möglich.

Die §§ 8 und 9 UWG sehen wirkungsvolle zivilrechtliche Ansprüche vor, die sich in der Praxis bewährt haben und die Anforderungen der UGP-Richtlinie 2005 erfüllen, so dass es bislang **keiner Umsetzungsmaßnahmen bedurfte.** Insbesondere bedurfte es bislang keines **individuellen Schadensersatzanspruchs für Verbraucher,** der im UWG derzeit auch nicht vorgesehen ist. Die Umsetzung von **Art. 11a Abs. 1 UGP-Richtlinie 2019** verlangt allerdings die Schaffung eines solchen Anspruchs; sie ist derzeit in Arbeit (näher → Rn. 18). 8

Mittelbare Auswirkungen entfaltet die **Durchsetzungsrichtlinie.**[17] Sie enthält neben verfahrensrechtlichen Bestimmungen in Art. 13 auch eine Regelung des Schadensersatzanspruchs und der Grundsätze der Schadensberechnung. In Art. 3 Abs. 2 der Durchsetzungsrichtlinie wird die **Abschreckungswirkung** der vorgesehenen Sanktionen **zu einem Leitprinzip erhoben.**[18] Der systematische Standort der Vorschrift lässt den Schluss zu, dass sich die abschreckende Wirkung auch und gerade durch den gem. Art. 13 zuerkannten Schadensersatz ergeben soll. Diese Funktion geht über den klassischen Zweck der Kompensation hinaus und zielt auf eine Verhaltenssteuerung durch zivilrechtliche Sanktionen ab.[19] Aus dem Richtlinienvorschlag der Kommission geht allerdings hervor, dass das Element der Abschreckung am ehesten in der Möglichkeit der **Abschöpfung des Verletzergewinns** liegt.[20] Demgegenüber wird in Erwägungsgrund 26 betont, dass etwa die Berechnung des Schadensersatzes als Pauschalbetrag auf Basis einer angemessenen Lizenzgebühr nicht die *„Verpflichtung zu einem als Strafe angelegten Schadensersatz, sondern eine Ausgleichsentschädigung für den Rechtsinhaber auf objektiver Grundlage“* sein solle. Daraus ergibt sich, dass nach dem Konzept der Durchsetzungsrichtlinie die **Lizenzanalogie** nur die Funktion der vollen **Schadenskompensation** hat, darüber hinaus aber nicht auf Abschreckungswirkung angelegt ist.[21] 9

Die Durchsetzungsrichtlinie gilt für **alle Rechte des geistigen Eigentums.** Der deutsche Gesetzgeber hat deren Art. 13 durch § 139 Abs. 2 PatG; § 24 Abs. 2 GebrMG; §§ 14 Abs. 6 S. 2 und 3, 15 Abs. 5 S. 2; § 125b Nr. 2 MarkenG; § 97 Abs. 2 S. 2 und 3 UrhG; § 42 Abs. 2 S. 2 und 3 DesignG; § 37 Abs. 2 S. 2 und 3 SortSchG in nationales Recht umgesetzt. 10

Die **Durchsetzungsrichtlinie** gilt **nicht** für das Recht des unlauteren Wettbewerbs, auch nicht für den wettbewerbsrechtlichen **Nachahmungsschutz** (§ 4 Nr. 3 UWG) und – soweit Altfälle betroffen sind – den **Geheimnisschutz** (§§ 17 ff. UWG aF). Eine Umsetzung im UWG war deshalb nicht geboten. Gleichwohl bleibt es dabei, dass für den wettbewerbsrechtlichen Nachahmungsschutz wie auch beim Schutz von Geschäfts- und Betriebsgeheimnissen **dieselben Grundsätze** der Schadensberechnung gelten wie im **Immaterialgüterrecht.**[22] Die bislang gewohnheitsrechtlich anerkannte objektive Schadensberechnung wird deshalb im Bereich des wettbewerbsrechtlichen Nachahmungsschutzes und des Geheimnisschutzes nunmehr auf eine **Rechtsanalogie** zu den zitierten Umset- 11

---

[17] Richtlinie 2004/48/EG des Europäischen Parlaments und des Rates vom 29.4.2004 zur Durchsetzung der Rechte des Geistigen Eigentums, ABl. 2004 L 157, S. 45.

[18] *Goldmann* WRP 2011, 950 (964); zust. *Janssen* S. 366.

[19] *Metzger* S. 209, 212.

[20] Vorschlag für eine Richtlinie des Europäischen Parlaments und des Rates über die Maßnahmen und Verfahren zum Schutz der Rechte an geistigem Eigentum vom 30.1.2003, KOM(2003) 46 endgültig, S. 16.

[21] MüKoUWG/*Fritzsche* § 9 Rn. 5; *Goldmann* WRP 2011, 950 (964); aA Teplitzky/*Schaub* Kap. 34 Rn. 30a Fn. 182, 184.

[22] Vgl. zum Gleichlauf der Berechnungsarten vor der Umsetzung der Durchsetzungsrichtlinie nur BGH GRUR 2007, 431 Rn. 25 – Steckverbindergehäuse (zum Nachahmungsschutz) sowie BGH WRP 2008, 938 f. Rn. 6 – Entwendete Datensätze mit Konstruktionszeichnungen (zum Geheimnisschutz).

zungsbestimmungen des Immaterialgüterrechts gestützt und richtet sich nach der Handhabung dieser Vorschriften in der Rechtspraxis.[23] Damit hat die Durchsetzungsrichtlinie und ihre Umsetzung in deutsches Recht mittelbare Auswirkungen auf die Schadensberechnung nach § 9.[24] Wegen des Gebots der richtlinienkonformen Interpretation wird deren Inhalt letztlich durch den EuGH bestimmt.

II. Aktivlegitimation

Schrifttum: *Albrecht,* Die Aktivlegitimation der Verbraucher nach Wettbewerbsverstößen, 2011; *Bornkamm,* Das Wettbewerbsverhältnis und die Sachbefugnis des Mitbewerbers, GRUR 1996, 527; *Lehmann,* Entwicklungsleitlinien G. Schrickers: Wettbewerbs-, Marken- und Urheberrecht, in: FS Schricker, 2006, 77; *Schaub,* Abwehransprüche von Verbrauchern und sonstigen Marktbeteiligten gegen unzulässige geschäftliche Handlungen, GRUR 2019, 361; *Sack,* Regierungsentwurf einer UWG-Novelle – ausgewählte Probleme, BB 2003, 1073; *ders.,* Folgeverträge unlauteren Wettbewerbs, GRUR 2004, 625; *ders.,* Das Verhältnis des UWG zum allgemeinen Deliktsrecht, in: FS Ullmann, 2006, S. 825; *ders.,* Neuere Entwicklungen der Individualklagebefugnis im Wettbewerbsrecht, GRUR 2011, 953.

12 **1. Mitbewerber. a) Wortlaut.** Der Anspruch steht nach dem Wortlaut des § 9 „den Mitbewerbern" zu. Dem Grundsatz nach besteht ein Gleichlauf der Aktivlegitimation mit den Abwehransprüchen, die gem. § 8 Abs. 3 Nr. 1 „jedem Mitbewerber" zustehen.[25] § 9 unterscheidet – ebenso wie die Bestimmung des § 8 Abs. 3 Nr. 1 bei der Klagebefugnis und Anspruchsberechtigung der Mitbewerber in Bezug auf Abwehransprüche – nicht danach, ob der vom Wettbewerber begangene Wettbewerbsverstoß allein die Interessen der Mitbewerber, deren Interessen und zugleich die Interessen der Verbraucher oder aber allein die Interessen der Verbraucher beeinträchtigt.[26] Zu den Einzelheiten wird auf die Kommentierung zu § 8 Abs. 3 Nr. 1 verwiesen (*Goldmann* → § 8 Rn. 341 ff.).

13 **b) Differenzierung zwischen marktbezogenen Verstößen und mitbewerberbezogenen Verstößen.** Gleichwohl muss bei der Aktivlegitimation für den Schadensersatzanspruch ebenso wie bei der Aktivlegitimation für den Unterlassungsanspruch nach § 8 Abs. 3 Nr. 1 zwischen marktbezogenen Verstößen und mitbewerberbezogenen Verstößen differenziert werden:

14 Bei **marktbezogenen Verstößen** (zum Begriff *Goldmann* → § 8 Rn. 351), also Tatbeständen, deren **Schutzzweck** sich zumindest reflexartig auf **alle Mitbewerber** bezieht (zB Irreführung gem. § 5 Abs. 1 S. 2 Nr. 1), ist jeder Mitbewerber anspruchsberechtigt. Ob gerade dem klagenden Mitbewerber ein durch den Wettbewerbsverstoß adäquat kausal verursachter Schaden entstanden ist, ist aber gesondert zu prüfen (hierzu → Rn. 124 ff.). Außerdem muss geprüft werden, ob gerade der entstandene Schaden dem Schutzzweck der verletzten Norm entspricht (hierzu → Rn. 147 ff.). Die Aktivlegitimation ist selbstverständlich nur Ausgangspunkt, aber nicht Endstation der Prüfung des Schadensersatzanspruchs.

15 Bei **mitbewerberbezogenen Verstößen** (zum Begriff *Goldmann* → § 8 Rn. 352) ist nur der jeweils **betroffene Mitbewerber** für den Schadensersatzanspruch aktivlegitimiert, also derjenige, dessen Ruf geschädigt, dessen Produkte nachgeahmt oder dessen Geschäftstätigkeit gezielt behindert wird, etc. Auch hier gilt, dass die Aktivlegitimation selbstverständlich nur Ausgangspunkt der Prüfung des Schadensersatzanspruchs ist und weder die Prüfung eines adäquat kausal verursachten Schadens vorwegnimmt, noch die Prüfung, ob dieser Schaden dem Schutzzweck der verletzten Norm entspricht.

16 **2. Verbände.** Die **qualifizierten Wirtschaftsverbände, qualifizierten Einrichtungen zur Wahrnehmung von Verbraucherinteressen und Kammern,** die gem. § 8 Abs. 3 Nr. 2–4 für die wettbewerbsrechtlichen Abwehransprüche aktivlegitimiert sind,

[23] *Goldmann* WRP 2011, 950 (970); so jetzt auch Büscher/*Hohlweck* § 9 Rn. 1; GroßKommUWG/*Paal* § 9 Rn. 3, 61.

[24] Ebenso Büscher/*Hohlweck* § 9 Rn. 1; GroßKommUWG/*Paal* § 9 Rn. 3, 61.

[25] Vgl. BGH GRUR 2010, 754 Rn. 25 – Golly Telly; GRUR 2014, 1114 Rn. 19 – nickelfrei.

[26] BGH GRUR 2010, 754 Rn. 25 – Golly Telly.

können grundsätzlich **keine Schadensersatzansprüche** geltend machen. Eine Ausnahme kommt nur dann in Betracht, wenn der klagende Verband unmittelbar betroffen ist[27] (zB als Opfer einer geschäftlichen üblen Nachrede iSd § 4 Nr. 2) und in dieser Eigenschaft die Merkmale eines „Mitbewerbers" erfüllt.

3. Verbraucher. Individuelle Ansprüche der Verbraucher sind im UWG nicht vorgesehen. Der **Verbraucher** hat auch nach allgemeinem Zivilrecht nach wie vor **keinen Anspruch auf Schadensersatz** auf Grund einer Verletzung von UWG-Vorschriften, obwohl das UWG in § 1 den Schutz der Verbraucher als Gesetzeszweck anerkennt und damit der Weg für eine Interpretation des UWG als verbraucherbezogenes Schutzgesetz i: S. d. § 823 Abs. 2 BGB offen wäre.[28] Dieser Weg war vom BGH mit der 1974 ergangenen *„Prüfzeichen"*-Entscheidung versperrt worden, die eine Interpretation von Vorschriften des UWG 1909 zugunsten irregeführter Verbraucher als Schutzgesetz iSd § 823 Abs. 2 BGB ausgeschlossen hatte.[29] Hieran ist nach noch geltendem Recht festzuhalten. Die im UWG geregelten Ansprüche als Rechtsfolgen wettbewerbswidrigen Handelns sind abschließend. Es war gerade das erklärte Ziel des Gesetzgebers, individuelle Ansprüche der Verbraucher auf Unterlassung und Schadensersatz auszuschließen.[30] **§ 3** stellt nach dem klaren Willen des Gesetzgebers **kein Schutzgesetz iSd § 823 Abs. 2 BGB** dar, so dass ein Rückgriff auf das allgemeine Deliktsrecht nicht möglich ist.[31] Das Gleiche gilt für **§ 7.**[32] **§ 16 UWG** soll aber als Schutzgesetz iSv § 823 Abs. 2 BGB in Frage kommen, da insoweit keine abschließende Regelung zivilrechtlichen Rechtsfolgen besteht.[33] Zivilrechtliche Ansprüche von Verbrauchern können allerdings dort gegeben sein, wo der UWG-Verstoß gleichzeitig ein individuelles Recht des Verbrauchers verletzt, zB das allgemeine Persönlichkeitsrecht im Zuge einer unzumutbaren Belästigung iSd § 7.[34] Anspruchsgrundlage ist dann aber nicht § 9 UWG, sondern § 823 BGB. 17

Der im Zuge des sog. **„New Deal for Consumers"** neu geschaffene Art. 11a Abs. 1 UGP-Richtlinie 2019, der gem. Art. 7 Abs. 1 S. 1 der „Omnibus-Richtlinie"[35] von den Mitgliedstaaten bis zum 28.11.2021 umzusetzen ist, zwingt den Gesetzgeber allerdings zu einer Änderung. Er sieht ausdrücklich vor, dass **Verbrauchern,** die durch unlautere Geschäftspraktiken geschädigt wurden, individuelle vertragliche und außervertragliche Rechtsbehelfe zur Verfügung zu stehen müssen, die einen **Schadensersatz** einschließen (*Goldmann* → Vor § 8 Rn. 11). Der **Regierungsentwurf** für ein „Gesetz zur Stärkung des Verbraucherschutzes im Wettbewerbs- und Gewerberecht", mit dem die Richtlinie umgesetzt werden soll, sieht hierfür einen neuen **§ 9 Abs. 2 UWG-E** mit dem folgenden Wortlaut vor: *„Wer vorsätzlich oder fahrlässig eine nach § 3 unzulässige geschäftliche Handlung vornimmt und hierdurch Verbraucher zu einer geschäftlichen Entscheidung veranlasst, die sie andernfalls nicht getroffen hätten, ist ihnen zum Ersatz des daraus entstehenden Schadens verpflichtet. Dies* 18

[27] Vgl. BGH GRUR 1962, 315 (319) – Deutsche Miederwoche.

[28] *Albrecht* S. 253 ff.; *Lehmann* FS Schricker, 2006, 77 (80); *Sack* FS Ullmann, 2006, 825 (841 ff.); *Sack* GRUR 2004, 625 (629 f.); *Sack* GRUR 2011, 953 (959 ff.).

[29] BGH GRUR 1975, 150 – Prüfzeichen.

[30] Gegenäußerung der Bundesregierung zur Stellungnahme des Bundesrates RegE (BT-Drs. 15/1487) S. 43; krit. hierzu *Sack* BB 2003, 1073 (1078 ff.); *Sack* GRUR 2011, 953 (959 ff.).

[31] AG Aachen 26.7.2016 – 113 C 8/16; ebenso *Köhler*/Bornkamm/Feddersen § 9 Rn. 1.10; *Köhler* FS Harte-Bavendamm, 2020, 355; MüKoUWG/*Fritzsche* § 9 Rn. 48 f.; *Schaub* GRUR 2019, 361 (362); aA *Albrecht* S. 262 ff.; *Koos* in Fezer/Büscher/Obergfell § 9 Rn. 3; *Sack* FS Ullmann, 2006, 825 (841 ff.); *Sack* GRUR 2011, 953 (959 ff.).

[32] *Schaub* GRUR 2019, 361 (363).

[33] BGH GRUR 2008, 818 Rn. 87 – Strafbare Werbung im Versandhandel; *Köhler*/Bornkamm/Feddersen § 11 Rn. 1.9; MüKoUWG/*Fritzsche* § 11 Rn. 71; *Schaub* GRUR 2019, 361 (362).

[34] Ausf. *Schaub* GRUR 2019, 361 (363 ff.).

[35] Richtlinie (EU) 2019/2161 des Europäischen Parlaments und des Rates vom 27.11.2019 zur Änderung der Richtlinie 93/13/EWG des Rates und der Richtlinien 98/6/EG, 2005/29/EG und 2011/83/EU des Europäischen Parlaments und des Rates zur besseren Durchsetzung und Modernisierung der Verbraucherschutzvorschriften der Union, ABl. 2019 L 328, S. 7.

gilt nicht für unlautere geschäftliche Handlungen nach den §§ 3a, 4 und 6".[36] Die Ergänzung des UWG um einen individuellen Schadensersatzanspruch für Verbraucher soll nach der Vorstellung des Regierungsentwurfs allerdings nichts daran ändern, dass die Vorschriften des UWG grundsätzlich keine Schutzgesetze iSd § 823 Abs. 2 BGB sind.[37] Der Schadensersatzanspruch soll nicht nur Fälle erfassen, in denen der Vertragspartner des geschädigten Verbrauchers den Schaden durch eine unzulässige und schuldhafte geschäftliche Handlung verursacht hat, sondern auch Fälle, in denen etwa durch schuldhafte irreführende Werbeäußerungen des Herstellers ein Schaden entstanden ist.[38] Der Anspruch soll nach der Vorstellung des Regierungsentwurfs regelmäßig nur auf das **negative Interesse** gerichtet sein, so dass Verbraucher vom Schädiger so zu stellen sind, als wäre die unlautere geschäftliche Handlung nicht vorgenommen worden. Soweit Verbraucher aufgrund eines Verstoßes zum Abschluss eines wirtschaftlich nachteiligen Vertrages veranlasst worden sind, soll im Wege der **Naturalrestitution** nach § 249 Abs. 1 BGB uU auch ein Anspruch auf **Aufhebung des Vertrages** bestehen können.[39] Die GRUR hat sich mit diesem Gesetzesvorhaben kritisch auseinandergesetzt.[40]

III. Passivlegitimation

Schrifttum: *Döring,* Die Haftung für eine Mitwirkung an Wettbewerbsverstößen nach der Entscheidung des BGH „Jugendgefährdende Medien bei eBay", WRP 2007, 1131; *Gräbig,* Aktuelle Entwicklungen bei Haftung für mittelbare Rechtsverletzungen. Vom Störer zum Täter – ein neues einheitliches Haftungskonzept?, MMR 2011, 504; *Holzapfel,* Zur Haftung einer Mehrheit von Verletzern, GRUR 2012, 242; *Köhler,* „Täter" und „Störer" im Wettbewerbs- und Markenrecht – Zur BGH-Entscheidung „Jugendgefährdende Medien bei eBay", GRUR 2008, 1; *Leistner,* Störerhaftung und mittelbare Schutzrechtsverletzung, GRUR-Beil. 2010, 1; *Neuhaus,* Sekundäre Haftung im Lauterkeits- und Immaterialgüterrecht, 2011; *J. B. Nordemann,* Verkehrspflichten und Urheberrecht – oder: jugendgefährdende Medien für das Urheberrecht!, in: FS Loewenheim, 2009, S. 215; *Schneider,* Vom Störer zum Täter? Verantwortlichkeit für mittelbare Wettbewerbs-, Urheber- und Markenrechtsverletzungen im Online-Bereich auf der Grundlage einer täterschaftlichen Haftung aufgrund Verkehrspflichtverletzung, 2012.

19 **1. Haftung für eigenes Verschulden. Schuldner** des Schadensersatzanspruches ist zunächst der dem § 3 oder dem § 7 schuldhaft **Zuwiderhandelnde.** Zuwiderhandelnder ist, wer in eigener Person als **Täter, Anstifter** oder **Gehilfe** den Wettbewerbsverstoß verwirklicht (hierzu *Goldmann* → § 8 Rn. 447 ff.). Auch derjenige, der **wettbewerbsrechtliche Verkehrspflichten** verletzt, ist Täter und haftet gem. **§ 9** auf **Schadensersatz.**[41] Wer nur als Störer verantwortlich gemacht werden kann, haftet demgegenüber nicht auf Schadensersatz.[42] Freilich hat der BGH die Störerhaftung im UWG ohnehin aufgegeben (*Goldmann* → § 8 Rn. 521 ff.).[43]

20 Der **Geschäftsführer** einer GmbH haftet als Täter nur nach den Grundsätzen, die der BGH im Urteil *„Geschäftsführerhaftung"*[44] entwickelt hat. Der Geschäftsführer ist danach Täter, wenn er den Wettbewerbsverstoß selbst aktiv begangen hat oder ihn nicht verhindert

---

[36] Regierungsentwurf eines Gesetzes zur Stärkung des Verbraucherschutzes im Wettbewerbs- und Gewerberecht v. 20.1.2021, S. 8, 41 ff.

[37] Regierungsentwurf eines Gesetzes zur Stärkung des Verbraucherschutzes im Wettbewerbs- und Gewerberecht v. 20.1.2021, S. 43.

[38] Regierungsentwurf eines Gesetzes zur Stärkung des Verbraucherschutzes im Wettbewerbs- und Gewerberecht v. 20.1.2021, S. 42.

[39] Regierungsentwurf eines Gesetzes zur Stärkung des Verbraucherschutzes im Wettbewerbs- und Gewerberecht v. 20.1.2021, S. 43.

[40] GRUR 2021, 456 Rn. 34 ff.

[41] *Büscher* in Fezer/Büscher/Obergfell § 8 Rn. 124; *Döring* WRP 2007, 1131 (1137); *Gräbig* MMR 2011, 504 (505); *Köhler* GRUR 2008, 1 (3); *Leistner* GRUR-Beil. 2010, 1 (3); *Neuhaus* S. 153; *J. B. Nordemann* FS Loewenheim, 2009, 215 (219); *Ohly*/Sosnitza § 8 Rn. 123a; *Schneider* S. 197 ff.

[42] BGH GRUR 1998, 167 (168 f.) – Restaurantführer; GRUR 2001, 82 (83) – Neu in Bielefeld I; GRUR 2002, 618 (619) – Meißner Dekor; GRUR 2015, 672 Rn. 81 – Videospiel-Konsolen II; GRUR 2015, 1223 Rn. 40 – Posterlounge.

[43] BGH GRUR 2011, 152 Rn. 48 – Kinderhochstühle im Internet I.

[44] BGH GRUR 2014, 883 ff. Rn. 13 ff. – Geschäftsführerhaftung.

hat, obwohl er als Garant zu ihrer Verhinderung verpflichtet gewesen wäre (hierzu *Goldmann* → § 8 Rn. 646 ff.). Als Anstifter haftet der Geschäftsführer, wenn er die rechtsverletzende Handlung in Auftrag gegeben hat.[45] Als Gehilfe haftet er, wenn er die rechtsverletzende Handlung wissentlich aktiv unterstützt. Die Unterstützungshandlung muss über das bloße Innehaben der Geschäftsführerposition hinausgehen. Diese Grundsätze gelten auch für **Organe anderer** juristischer Personen.

2. Haftung für fremdes Verschulden. Schuldner ist darüber hinaus, wer nach **§ 831** 21 **BGB** für Wettbewerbsverstöße eines Dritten einzustehen hat oder wem über **§ 31 BGB (ggf. analog)** als Unternehmensinhaber das Handeln von Personen in Leitungsfunktionen zugerechnet wird (näher → Rn. 96 ff.).

Der **persönlich haftende Gesellschafter** einer OHG, einer KG oder einer GbR haftet 22 persönlich auf Schadensersatz für Rechtsverletzungen der Gesellschaft unabhängig davon, ob er an der Verletzungshandlung selbst als Täter oder Teilnehmer beteiligt war. Für den OHG-Gesellschafter und den Komplementär einer KG ergibt sich dies aus § 128 HGB.[46] Für den Gesellschafter einer GbR ist § 128 HGB entsprechend anzuwenden. Denn bei gesetzlichen Verbindlichkeiten muss – nicht anders als bei vertraglichen Verbindlichkeiten – das **Privatvermögen** der Gesellschafter als **Haftungsmasse** zur Verfügung stehen.[47]

3. Privilegierung von Telemediendiensteanbietern. Bei Schadensersatzansprüchen 23 gilt für **Telemediendiensteanbieter** die Privilegierung des **§ 10 S. 1 TMG** (hierzu *Goldmann* → § 8 Rn. 581).[48]

B. Voraussetzungen des Schadensersatzanspruches

I. Zuwiderhandlung

1. Nach § 3 oder § 7 unzulässige geschäftliche Handlung. Der Anspruch aus § 9 ist 24 ein Anspruch aus schuldhafter unerlaubter Handlung. Die Rechtswidrigkeit, die Grundlage eines jeden Deliktsanspruchs ist, ergibt sich aus der Unzulässigkeit der vorgenommenen geschäftlichen Handlung. Der Schadensersatzanspruch im Wettbewerbsrecht setzt eine nach **§ 3 oder § 7 unzulässige geschäftliche Handlung** voraus. Sie muss bereits **begangen worden** sein. Dies setzt eine **vollendeten Wettbewerbsverstoß** voraus. Aus einer bloßen Erstbegehungsgefahr ergibt sich in aller Regel kein Schaden und damit auch kein Schadensersatzanspruch.[49] Da die Vorschriften der §§ 3a–6 durch ihren Wortlaut („Unlauter handelt …") auf § 3 verweisen, werden die in diesen Vorschriften genannten Beispiele unlauteren Wettbewerbs einbezogen.

2. Geheimnisschutz. Das am 26.4.2019 in Kraft getretene GeschGehG hat den Ge- 25 heimnisschutz neu geregelt und hier in § 10 bei Verschulden einen Anspruch auf Schadensersatz und in § 11 einen Anspruch auf Abfindung in Geld bei fehlendem Verschulden vorgesehen. Die §§ 17, 18 und 19 UWG 2004 sind weggefallen. Für Altfälle bleiben diese Normen aber anwendbar. Die Tatbestände des **wettbewerbsrechtlichen Geheimnisschutzes in §§ 17 ff. UWG 2004** waren aber nicht ausdrücklich auch als Beispiele unlauteren Handelns iSv § 3 deklariert. Auch fehlte eine dem § 19 UWG 1909 entsprechende Regelung, die bei Verletzung des wettbewerbsrechtlichen Geheimnisschutzes einen eigenständigen Schadensersatzanspruch enthielt. Dies bedeutet aber nicht, dass das UWG 2004 bei Verletzung der §§ 17 ff. keinen Schadensersatzanspruch bereit hielt und den

[45] Vgl. BGH GRUR 2014, 883 Rn. 14 – Geschäftsführerhaftung.
[46] BGH GRUR 1976, 306 (307) – Baumaschinen.
[47] OLG Frankfurt a. M. WRP 2014, 1484 Rn. 21.
[48] Zum UrhG vgl. OLG Hamburg GRUR-RR 2009, 419 – Rapidshare II.
[49] BGH GRUR 2001, 849 (851) – Remailing-Angebot.

Verletzten allein auf die – ohne Zweifel daneben auch mögliche[50] – Anwendung des § 823 Abs. 2 BGB verwies. Im Gegenteil: Der Gesetzgeber wollte die im UWG 1909 verstreuten Anspruchsgrundlagen vereinheitlichen und in § 9 zusammenfassen, aber sicherlich nicht für einzelne Tatbestände den wettbewerbsrechtlichen Schadensersatzanspruch beseitigen.[51] Darüber hinaus ließen sich nach der Rechtslage vor Inkrafttreten des GeschGehG Verletzungen des wettbewerbsrechtlichen Geheimnisschutzes auch ohne gesetzliche Klarstellung unproblematisch als unlauterer Wettbewerb iSd § 3 einordnen. Eine Verletzung der §§ 17 ff. UWG 2004 bedeutete stets auch eine nach § 3 unzulässige geschäftliche Handlung. Außerdem konnten Zuwiderhandlungen gegen die §§ 17 ff. UWG 2004 auch als Bruch einer mitbewerberschützenden Verhaltensnorm iSd § 3a gedeutet werden[52] und deshalb gem. § 3 Abs. 1 iVm § 9 den Schadensersatzanspruch begründen. Auch bei Verletzungen des wettbewerbsrechtlichen Geheimnisschutzes war deshalb der Schadensersatzanspruch nach § 9 einschlägig.[53] Dies galt, soweit es sich dabei um geschäftliche Handlungen iSd § 2 Abs. 1 Nr. 1 handelte. Für aus dem privaten Bereich ausgehende Angriffe auf geschützte Geheimnisse ergab sich der Schadensersatzanspruch dagegen allein aus § 823 Abs. 2 BGB.

26 **3. Maßgeblicher Zeitpunkt.** Maßgeblicher Zeitpunkt zur Beurteilung, ob eine geschäftliche Handlung unzulässig war und deshalb der deliktische Anspruch aus § 9 gegeben ist, ist der **Zeitpunkt der Begehung.**[54]

II. Schuldhaftes Handeln (Vorsatz und Fahrlässigkeit)

Schrifttum: *T. Ackermann,* Zur Relevanz des Rechtsirrtums für kartell- und lauterkeitsrechtliche Schadensersatzansprüche, in: FS Köhler, 2014, S. 1; *Baumbach,* Verschulden und Sittenwidrigkeit im Wettbewerbsrecht, JW 1930, 1643; *Frank,* Das Strafgesetzbuch für das Deutsche Reich, 18. Aufl. 1931; *Geiler,* Die Konkretisierung des Rechtsgebots der guten Sitten im modernen Wirtschaftsrecht, in: FS Pinner, 1932, S. 254; *Armin Kaufmann,* Der dolus eventualis im Deliktsaufbau, ZStW 70 (1958), 64; *Kindhäuser/Neumann/Paeffgen* (Hrsg.), Strafgesetzbuch, 5. Aufl. 2017; *Knauth,* Zur Bedeutung des Unrechtsbewußtseins für den Vorsatz im Zivilrecht, 1977; *Kraft,* Interessenabwägung und gute Sitten im Wettbewerbsrecht, 1963; *Kraßer,* Schadensersatz für Verletzungen von gewerblichen Schutzrechten und Urheberrechten nach deutschem Recht, GRUR Int. 1980, 259; *Lackner/Kühl,* Strafgesetzbuch, 29. Aufl. 2018; *Kühl,* Strafrecht Allgemeiner Teil, 8. Aufl. 2017; *Mayer-Maly,* Rechtsirrtum und Rechtsunkenntnis als Probleme des Privatrechts, AcP 170 (1970), 133; *Reichel,* Anmerkung zu RG JW 1930, 3479, JW 1931, 525; *Rittner,* Rechtswissen und Rechtsirrtum im Zivilrecht, in: FS v. Hippel, 1967, S. 391; *v. Ungern-Sternberg,* Wettbewerbsbezogene Anwendung des § 1 UWG und normzweckgerechte Auslegung der Sittenwidrigkeit, in: FS Erdmann, 2002, S. 741.

27 **1. Vorsätzliches Handeln. a) Definition.** Vorsatz ist das **Wissen und Wollen der Verwirklichung der objektiven Tatbestandsmerkmale,** also des rechtswidrigen Erfolgs.[55] Der Handelnde muss den rechtswidrigen Erfolg vorausgesehen und in seinen Willen aufgenommen haben.

28 **b) Vorsatzinhalt. aa) Unlauterkeit nach § 3 bzw. Unzumutbarkeit der Belästigung nach § 7.** Der Vorsatz muss sich im Falle eines Verstoßes gegen § 3 auf **alle die Unlauterkeit begründenden Umstände** einschließlich der Eignung zur wesentlichen Beeinflussung des geschäftlichen Verhaltens des Verbrauchers im Falle des § 3 Abs. 2 beziehen. Im Falle der gem. § 7 unzulässigen geschäftlichen Handlung müssen die Umstände, aus denen sich die Unzumutbarkeit der Belästigung ergibt, ebenso erfasst sein wie die Belästigungswirkung und die Belästigungshandlung selbst.

[50] BGH NJW 2006, 830 Ls. 7 – Kirch/Deutsche Bank AG und Breuer.
[51] Vgl. RegE (BT-Drs. 15/1487), S. 16.
[52] Vgl. BGH GRUR 2006, 1044 Rn. 17 – Kundendatenprogramm.
[53] BGH GRUR 2009, 603 Rn. 22 – Versicherungsvertreter.
[54] BGH GRUR 2005, 442 – Direkt ab Werk; GRUR 2012, 193 Rn. 14 – Sportwetten im Internet II.
[55] OLG Naumburg 27.6.2008 – 10 U 77/07 – CONVENT-Kredit; OLG Schleswig MMR 2013, 579 (584) – Rücklastschriften I.

bb) Schaden. Nicht vom Vorsatz erfasst sein muss dagegen, dass infolge des Verstoßes ein **Schaden** entsteht. 29

c) Kognitives Element. Der Vorsatz enthält ein kognitives Element. Hierzu gehört die Kenntnis der Tatumstände und das Bewusstsein der Rechtswidrigkeit (Unrechtsbewusstsein). 30

aa) Wissen um Tatbestand und Erfolg. (a) Grundsatz. Vorsätzliches Handeln setzt zunächst voraus, dass der Handelnde **die tatsächlichen Umstände** kennt, aus denen bei objektiver Würdigung die Unlauterkeit folgt. 31

Beim Tatbestand des Rechtsbruchs (§ 3a) gehört hierzu auch die Kenntnis der Tatumstände, die den Gesetzesverstoß ausmachen. Die objektiven und subjektiven Voraussetzungen der übertretenen Norm müssen erfüllt sein. 32

Diese **Kenntnis** der Tatumstände ist **nicht** bereits notwendige **Voraussetzung** einer Einordnung des Handelns als **unlautere geschäftliche Handlung** iSd § 3 Abs. 1. Zu § 1 UWG 1909 wurde demgegenüber überwiegend vertreten, dass die Bewertung eines Handelns als sittenwidrig regelmäßig voraussetze, dass der Handelnde alle tatsächlichen Umstände kennt, auf denen die Bewertung als Sittenverstoß beruht. Das Verdikt der Unsittlichkeit setzte im Grundsatz volle Tatsachenkenntnis voraus.[56] Deshalb entfiel für den Schadensersatzanspruch eine besondere Verschuldensprüfung.[57] Für einen Verstoß gegen das Irreführungsverbot des § 3 UWG 1909 sollte dagegen ausreichen, dass die Angaben objektiv irreführend waren; auf die Kenntnis oder fahrlässige Unkenntnis der Irreführungseignung kam es nur für den Schadensersatzanspruch an.[58] Diese Differenzierung war damit zu erklären, dass die Irreführung ähnlich wie die markenrechtliche Verwechslungsgefahr als eine objektive Störung in der Kommunikation zwischen Marktteilnehmern begriffen wurde, der Sittenwidrigkeit iSd § 1 UWG 1909 dagegen nach verbreiteter Ansicht eine *„ethische Dimension"* zukam.[59] Nach der Konzeption des 2004 grundlegend reformierten UWG handelt es sich bei dem unlauteren Wettbewerb, der sich vom Begriff der guten Sitten gelöst hat, um **objektive Störungen der Marktordnung,** die ohne Rücksicht auf subjektive Elemente wie die Kenntnis des Handelnden unterbleiben sollen.[60] Eine Ausnahme bildet insofern etwa die Ausnutzung fremden Vertragsbruches, die neben dem Hinzutreten weiterer, die Unlauterkeit begründenden Umstände jedenfalls eine Kenntnis des fremden Vertragsbruchs voraussetzt.[61] 33

Jedenfalls bei §§ 9 und 10 ist die **Kenntnis der Tatumstände unverzichtbares Element** des Vorsatzes. Die Kenntnis kann **unterschiedlich konkret** sein: 34

(b) Sicheres Wissen. Das kognitive Element kann in der Form des **sicheren Wissens** vorliegen. Das sichere Wissen ist zunächst Tatsachenkenntnis als gegenwärtiger, reflektierter Bewusstseinsinhalt. 35

(c) Sachgedankliches Mitbewusstsein. Auf der Ebene des Wissens genügt jedoch auch ein **„dauerndes Begleitwissen"** oder ein **„sachgedankliches Mitbewusstsein"**, dh ein Wissen, das nur mitschwingt und nicht gegenwärtig bewusst reflektiert wird, aber jederzeit als Bewusstseinsinhalt aktivierbar ist.[62] 36

---

[56] RG GRUR 1937, 466 (471) – Mulla 500; BGHZ 8, 387 (393) – Fernsprechnummer; BGH GRUR 1955, 411 (414) – Zahl 55; BGH GRUR 1979, 553 (554) – Luxus-Ferienhäuser; GRUR 1962, 42 (44) – Sonderveranstaltung II; GRUR 1969, 51 (52) – Glassteine; vgl. auch BGH GRUR 1991, 914 (915) – Kastanienmuster; ausführlich *Reimer* Kap. 74 Rn. 7; aA *Baumbach* JW 1930, 1643 (1645).

[57] RG GRUR 1935, 183 (187) – Vorzugsangebot.

[58] Vgl. BGH GRUR 1961, 189 (192) – Rippenstreckmetall.

[59] RGZ 134, 342 (350) – Benrather Tankstelle; *Geiler* FS Pinner, 1932, 254 (257); ausführlich hierzu die überblicksartigen Darstellungen bei *Kraft* S. 110 ff. und *Ulmer/Reimer* Rn. 50 ff.

[60] Vgl. hierzu in der 2. Aufl. dieses Kommentars *Schünemann* § 3 Rn. 112 ff., 127.

[61] Vgl. BGH GRUR 2006, 879 Rn. 12 – Flüssiggastank.

[62] MüKoBGB/*Grundmann* § 276 Rn. 156; vgl. aus dem Strafrecht BayObLG NJW 1977, 1974; *Kühl* § 5 Rn. 100.

37 **(d) Bedingter Vorsatz.** Nach allgemeiner Ansicht liegt das Wissenselement bereits dann vor, wenn der Handelnde die Tatbestandsverwirklichung im Sinne eines bedingten Vorsatzes **konkret für möglich hält** und trotzdem handelt.[63] Der **bedingte Vorsatz** ist dadurch gekennzeichnet, dass der Handelnde trotz konkreter Indizien nicht sicher weiß, ob er den Tatbestand objektiv verwirklichen wird, und sich denkt: *„Mag es so oder anders werden, auf jeden Fall handle ich"*.[64] Der bedingte Vorsatz kann nur dann **verneint** werden, wenn der Handelnde **ernsthaft** darauf **vertraut,** dass die Verwirklichung der objektiven Tatumstände ausbleibt.[65]

38 **(e) Bewusste Ignoranz.** Das Wissenselement des Vorsatzes ist selbst dann noch vorhanden, wenn der Handelnde zwar nur **abstrakt mit der Möglichkeit** rechnet, es könne ein objektiv unlauterer Sachverhalt vorliegen, er sich aber der Kenntnis der rechtserheblichen Tatumstände **bewusst verschließt.**[66] Ein bewusstes Sichverschließen kann schon dann vorliegen, wenn starke Verdachtsmomente für ein nicht mit dem Gebot der Lauterkeit in Einklang stehendes Handeln sprechen und Möglichkeiten, sich Klarheit zu verschaffen (zB aufklärende Rückfragen), bewusst nicht wahrgenommen werden.[67] Mit anderen Worten: Bedingt vorsätzlich handelt, wer sein wettbewerbsrelevantes Verhalten fortsetzt, obgleich er sich auf Grund der ihm bekannten Tatsachen nicht der Einsicht verschließen kann, dass dieses unlauter ist.[68] Ein vorsätzliches Handeln in der Form des **bewussten Ignorierens** liegt etwa dann vor, wenn jemand objektiv falsche, irreführende Angaben macht und dabei ahnt, dass die Angaben falsch sein könnten, sie aber nicht prüft und gleichsam **ins Blaue hinein** Behauptungen aufstellt.[69] Dass die Ignoranz dem Wissen qua Rechtsfiktion gleichgestellt wird, mag nach einem inhärenten Widerspruch klingen, ist aber als feststehendes Richterrecht auf der Grundlage des *venire contra factum proprium* zu akzeptieren. Wer vor den Folgen seines Tuns oder vor dessen Bewertung geradezu die Augen verschließt, muss es sich gefallen lassen, wie ein bewusst Handelnder beurteilt zu werden.[70]

39 **(f) Indizien, Erfahrungstatsachen und Kasuistik.** Das Wissen ist eine innere Tatsache, die für den Richter nicht leicht zu erkennen ist. Bei der Ermittlung, ob vorsätzlich gehandelt wurde, ist der Richter deshalb auf **Indizien und Erfahrungstatsachen** angewiesen.[71]

40 Der Empfänger einer **Abmahnung** wird in aller Regel positive Kenntnis von den in ihr mitgeteilten **Tatsachen** haben.[72] Zumindest hat er Anlass, sich über behauptete Tatsachen Gewissheit zu verschaffen und verschließt sich der Erkenntnis bewusst, wenn er dies nicht tut.[73] Allerdings beschränkt sich die Kenntnis auf eben die mitgeteilten Tatsachen und nicht

---

[63] BGH NJW 1988, 2794 (2797) – Kapitalerhöhungsschwindel; OLG Frankfurt a. M. GRUR-RR 2009, 265 (268) – Abo-Fallen; OLG Schleswig MMR 2013, 579 (584) – Rücklastschriften I; NJOZ 2015, 1515 Rn. 80 – Pfand für SIM-Karten; *Baumbach* JW 1930, 1643 (1644); BRHP/*St. Lorenz* BGB § 276 Rn. 11; MüKoBGB/*Grundmann* § 276 Rn. 156.

[64] *Frank* StGB § 59 Anm. V, sog. „Zweite Frank'sche Formel", von Generationen juristischer Repetitoren zum knappen *„Na, wenn schon!"* verkürzt.

[65] MüKoBGB/*Grundmann* § 276 Rn. 161; das Kriterium des „Vertrauens" wird sowohl im Wissenselement wie auch im Wollenselement fruchtbar gemacht.

[66] BGH GRUR 1954, 274 (275) – Goldwell; GRUR 1955, 411 (414) – Zahl 55; GRUR 1957, 219 (221 f.) – Bierbezug; GRUR 1969, 292 (294) – Buntstreifensatin II; GRUR 1987, 532 (533) – Zollabfertigung; GRUR 1991, 914 (915) – Kastanienmuster; GRUR 1995, 693 (695) – Indizienkette; *Baumbach/Hefermehl* Einl. UWG Rn. 127.

[67] BGH GRUR 1995, 693 (695) – Indizienkette; OLG Köln GRUR-RR 2018, 431 Rn. 29 f. – Schadenspauschale für Mahnung.

[68] OLG Frankfurt a. M. GRUR-RR 2009, 265 (268) – Abo-Fallen; OLG Schleswig MMR 2013, 579 (584) – Rücklastschriften I; NJOZ 2015, 1515 Rn. 80 – Pfand für SIM-Karten; 14.2.2019 – 2 U 4/18 Rn. 103; LG Köln 9.1.2018 – 33 O 8/17.

[69] Vgl. RG MuW XIX, 145 – Schieber; *Baumbach/Hefermehl* Einl. UWG Rn. 126.

[70] RGZ 150, 1 (5 f.); BGH NJW 1983, 1420 (1423); LG Köln 9.1.2018 – 33 O 8/17.

[71] Vgl. BGH GRUR 1995, 693 (696 f.) – Indizienkette.

[72] LG Berlin 25.9.2007 – 16 O 115/06 – Jamba.

[73] OLG Schleswig MMR 2013, 579 (584) – Rücklastschriften I.

auf ähnlich gelagerte Sachverhalte.[74] Zum **Unrechtsbewusstsein** nach Empfang einer Abmahnung → Rn. 57.

Nach der höchstrichterlichen Rspr. existiert der Erfahrungssatz, dass ein Gewerbetreibender als Fachmann und **Kenner seiner Branche** und der angesprochenen Verkehrskreise in aller Regel die **Folgen seiner Handlungen** im Wettbewerb **richtig einzuschätzen** und zu berechnen vermag.[75] Als Kenner der Branche wird sich ein Unternehmer also insbesondere nicht damit herausreden können, dass er nicht damit gerechnet habe, seine unlautere geschäftliche Handlung sei geeignet gewesen, das wirtschaftliche Verhalten des Verbrauchers iSd § 3 Abs. 2 wesentlich zu beeinflussen. 41

Auch wer iSd § 4 Nr. 3 lit. a und b durch **Nachahmungen** eine vermeidbare Täuschung der Abnehmer über die betriebliche Herkunft herbeiführt oder die Wertschätzung der nachgeahmten Ware oder Dienstleistung unangemessen ausnutzt, handelt in aller Regel **vorsätzlich.**[76] Wer gegenüber seinen Abnehmern wirbt, kennt in aller Regel deren Erwartungen und deren Verständnismöglichkeiten. 42

Ebenso ist es nach der allgemeinen Lebenserfahrung ausgeschlossen, dass ein Gewerbetreibender **erfolgreiche und durchgesetzte Produkte, Zeichen und Werbemaßnahmen** eines bedeutenden unmittelbaren Konkurrenten nicht kennt.[77] 43

Ein objektives Indiz dafür, ob der Handelnde darauf **vertraut** hat, er werde die objektiven Tatumstände, die zum Unlauterkeitsverdikt führen, nicht verwirklichen, ist regelmäßig, **wie begründet** diese Hoffnung war.[78] 44

Die Prüfung von Indiztatsachen darf sich nicht darauf beschränken, ob sie eine positive Kenntnis nahelegen. Denn auch das bewusste Sichverschließen reicht für den Vorsatz aus. Deshalb müssen Indiztatsachen auch daraufhin untersucht werden, ob sie für den Handelnden so **erhebliche Verdachtsgründe** für eine unlautere Handlungsweise boten, dass das Unterlassen jeglicher Fragen oder Erkundigungen als bewusstes Sichverschließen vor der als naheliegend erkannten Wahrheit anzusehen sein könnte.[79] 45

bb) Aktuelles Unrechtsbewusstsein. (a) Grundsatz. Im Zivilrecht gilt die sog. **„Vorsatztheorie"**, die das Unrechtsbewusstsein für ein wesentliches Element des Vorsatzes hält.[80] Denn die Väter des BGB haben die Rechtskenntnis bewusst der Tatsachenkenntnis gleichgestellt.[81] Zum Vorsatz iSd § 276 BGB gehört deshalb neben der Kenntnis der Tatsachen auch das **Bewusstsein der Rechtswidrigkeit.**[82] Nur wer in Rechtskenntnis handelt, mindestens jedoch allgemein um die rechtliche Missbilligung seines Handelns weiß oder damit rechnet, handelt vorsätzlich.[83] Man kann hier auch vom **„aktuellen Unrechtsbewusstsein"** sprechen, das vom „potentiellen Unrechtsbewusstsein" abzugrenzen ist, nämlich der Möglichkeit der Erkenntnis des Unrechts bei Anwendung der im Verkehr 46

[74] LG Berlin 25.9.2007 – 16 O 115/06 – Jamba.

[75] RG MuW XXV, 12 (14) – Schwinger; BGH GRUR 1959, 240 (242) – Nelkenstecklinge.

[76] RGZ 77, 431 (433); *Rosenthal/Leffmann* § 1 Rn. 45.

[77] Vgl. BGH GRUR 1959, 240 (242) – Nelkenstecklinge; GRUR 1963, 478 (480) – Bleiarbeiter; GRUR 1991, 609 (613) – SL; GRUR 2000, 875 (878) – Davidoff.

[78] MüKoBGB/*Grundmann* § 276 Rn. 161 mwN aus der strafrechtlichen Judikatur.

[79] BGH GRUR 1995, 693 (695) – Indizienkette.

[80] BGHZ 67, 279 (280); 118, 201 (208), jeweils zu § 823 BGB; der knappe Begriff der „Vorsatztheorie" im Unterschied zur „Schuldtheorie" ist dem strafrechtlichen Sprachgebrauch entlehnt. Beide Theorien leiten ihre Bezeichnung von der Stufe im Deliktsaufbau ab, in der sie das Unrechtsbewusstsein ansiedeln. Für die „Vorsatztheorie" ist das Unrechtsbewusstsein Element des Vorsatzes, für die „Schuldtheorie" Element der Schuld, vgl. nur *Lackner/Kühl* StGB § 15 Rn. 33 f. mwN.

[81] Vgl. § 146 des 1. Entwurfs: „*Im Sinne dieses Gesetzes ist unter Irrthum sowohl der Irrtum über Thatsachen als auch der Rechtsirrthum … zu verstehen*"; Motive I, S. 281; näher *Knauth* S. 15 f.; *Mayer-Maly* AcP 170 [1970], 133 (144 f.), unter Hinweis auf § 146 des 1. Entwurfs.

[82] So zB BGH GRUR 2008, 810 Rn. 42 ff. – Kommunalversicherer (zum Vorsatz des Tatteilnehmers bei einem Verstoß gegen § 4 Nr. 11 UWG 2004).

[83] Ganz hM, vgl. BGHZ 34, 375 (381); 69, 128 (142); BGH NJW 1995, 1960 (1961); *Mayer-Maly* AcP 170 [1970], 133 (153); zusammenfassende Darstellung bei *Knauth* S. 11 ff.; *Rittner* FS v. Hippel, 1967, 391 (411).

erforderlichen Sorgfalt, wie es für ein fahrlässiges Handeln erforderlich ist (→ Rn. 79). Das **fehlende** aktuelle **Unrechtsbewusstsein** schließt den **Vorsatz aus.** Dies gilt selbstverständlich auch im Rahmen der §§ 9, 10.[84] Vom Vorsatz erfasst sein muss beim Tatbestand des **Rechtsbruchs (§ 3a)** auch die rechtliche Wertung, dass es sich bei der verletzten Norm um eine **Marktverhaltensnorm** handelt, also um eine Vorschrift, die jedenfalls auch dazu bestimmt ist, im Interesse der Marktteilnehmer das Marktverhalten zu regeln, und dass der Verstoß geeignet ist, die Interessen von Verbrauchern, sonstigen Marktteilnehmern oder Mitbewerbern spürbar zu beeinträchtigen. Denn hiervon hängt gem. § 3a die Einordnung als unlautere geschäftliche Handlung ab. Eine **Parallelwertung in der Laiensphäre reicht aus** (hierzu → Rn. 49). So ist es etwa bei unangemessenen AGB nicht erforderlich, dass der Klauselverwender die §§ 307 ff. BGB bewusst als Marktverhaltensregelung iSd einordnet, sondern es genügt die Einsicht des Klauselverwenders, dass er sich gegenüber Verbrauchern auf unwirksame AGB beruft. Dies beinhaltet zugleich der Kenntnis der Unlauterkeit.[85]

47 Für die Praxis des Schadensersatzrechts spielen Fragen des aktuellen Unrechtsbewusstseins allerdings im Allgemeinen eine sehr geringe Rolle, da nach § 9 UWG, § 276 BGB die Haftung für Fahrlässigkeit ebenso weit geht wie die für Vorsatz. Das **Problem verlagert sich** damit für das Schadensersatzrecht auf das „potentielle Unrechtsbewusstsein" und den fahrlässigen Rechtsirrtum, also **auf die Frage der Entschuldbarkeit der Rechtsunkenntnis** im Sinne eines unvermeidbaren Verbotsirrtums (näher → Rn. 79 ff.).[86] Der **Gewinnabschöpfungsanspruch nach § 10** hingegen lässt Fahrlässigkeit – auch grobe – nicht genügen. Dies erfordert gerade wegen der spärlichen Judikatur zu diesem Fragenkreis eine sorgfältige Unterscheidung von Fahrlässigkeit und Vorsatz anhand des Unrechtsbewusstseins.

48 Auch beim aktuellen Unrechtsbewusstsein sind – wie bei der Kenntnis der Tatumstände – **verschiedene Grade** zu unterscheiden. Besonders problematisch sind die Fälle, in denen der Handelnde nicht sicher wusste, dass sein Handeln als wettbewerbswidrig zu beurteilen ist, er aber durchaus damit rechnete.

49 **(b) Sicheres Wissen.** Das aktuelle **Unrechtsbewusstsein** ist stets **gegeben,** wenn der Handelnde die verletzte Norm und ihre Auslegung genau kennt und sicher weiß, dass er unlauter bzw. unrechtmäßig handelt. Auf eine genaue Rechtskenntnis kann es jedoch nicht ankommen.[87] Für das sichere Wissen genügt es deshalb auch, wenn der Handelnde sich zwar nicht des Verstoßes gegen eine spezielle Norm im Klaren ist, er aber **weiß,** dass sein **Verhalten gegen** elementare **Verhaltensnormen verstößt.**[88] Denn die Vorsatzhaftung ist nicht auf den besonders Rechtskundigen beschränkt, sondern muss jeden treffen, der sich aufgrund der ihm bekannten Tatsachen nur allgemein im Sinne einer **„Parallelwertung in der Laiensphäre"** der Rechtswidrigkeit seines Tuns bewusst ist.[89] Umgekehrt handelt stets **unvorsätzlich,** wer seine Handlungen tatsächlich **für rechtmäßig** hält.[90]

50 **(c) Bedingter Vorsatz.** Mit aktuellem Unrechtsbewusstsein handelt auch, wer im Sinne eines bedingten Vorsatzes mit der Möglichkeit der Rechtswidrigkeit **konkret rechnet** und sich mit dieser abfindet, auch wenn der Verstoß dem Handelnden an sich gleichgültig oder

[84] OLG Hamm GRUR-RR 2008, 435 (437) – Zulassung in EU-Mitgliedstaat; LG Berlin 25.9.2007 – 16 O 115/06 – Jamba.

[85] OLG Schleswig NJOZ 2015, 1515 Rn. 80 – Pfand für SIM-Karten.

[86] *Rittner* FS v. Hippel, 1967, 391 (411).

[87] LG Köln 9.1.2018 – 33 O 8/17.

[88] Vgl. OLG Schleswig NJOZ 2015, 1515 Rn. 85 – Pfand für SIM-Karten (Verstoß gegen „grundlegende zivilrechtliche Prinzipien").

[89] LG Berlin 25.9.2007 – 16 O 115/06 – Jamba; LG München 17.9.2014 – 37 O 16359/13 (insoweit nicht abgedruckt in GRUR-RR 2015, 255 – Zahnreinigung für 39 EUR); LG Kiel MMR 2015, 43 (45) – Pfand für SIM-Karten; LG Köln 9.1.2018 – 33 O 8/17; GroßKommUWG/*Paal* § 9 Rn. 24.

[90] BGH GRUR 2008, 810 Rn. 45 – Kommunalversicherer.

unerwünscht ist.[91] Wer trotz eigener Rechtsunsicherheit nicht (konkret) mit einer negativen rechtlichen Bewertung seines Verhaltens rechnet und im Gegenteil darauf vertraut, dass sein Handeln letztlich im Einklang mit der Rechtsordnung steht, handelt ohne aktuelles Unrechtsbewusstsein.[92]

(d) Bewusste Ignoranz. Mit aktuellem Unrechtsbewusstsein handelt sogar, wer zwar nach seiner „Parallelwertung in der Laiensphäre" nur **abstrakt mit der Möglichkeit** rechnet, sein Handeln könne als unlauter betrachtet werden, aber trotz der sich ihm aufdrängenden Rechtswidrigkeit auf die Einholung von Rechtsrat mit Bedacht verzichtet und sich so der Rechtskenntnis **bewusst verschließt.**[93] Insoweit gilt nichts anderes als für das Wissenselement allgemein.[94] Wer vor den Folgen seines Tuns oder vor dessen Bewertung die Augen verschließt, steht dem bewusst Handelnden gleich (→ Rn. 38).[95] 51

(e) Abgrenzung zwischen Vorsatz und Fahrlässigkeit. Ohne aktuelles Unrechtsbewusstsein und damit **nur fahrlässig** handelt demgegenüber, wer sich zwar erkennbar in einem Grenzbereich des rechtlich Zulässigen bewegt und eine von der eigenen Einschätzung abweichende Beurteilung der rechtlichen Zulässigkeit an sich in Betracht ziehen müsste, es aber – aus welchen Gründen auch immer – nicht tut.[96] 52

Vorsätzlich handelt jedoch, wer eine von der eigenen rechtlichen Einschätzung abweichende Beurteilung tatsächlich in Betracht zieht, aber gleichwohl **ins Blaue hinein** und ohne Beachtung der Rechtsordnung **einfach Fakten** schafft.[97] Wer als wettbewerbsrechtlicher Grenzgänger **bei vorhandenen Rechtszweifeln**[98] oder in einer Situation, in der die **Rechtswidrigkeit auf der Hand liegt,** auf zuverlässigen Rechtsrat bewusst verzichtet oder ihn ignoriert, handelt vorsätzlich.[99] 53

(f) Indizien, Erfahrungstatsachen und Kasuistik. Bei einem auf **Täuschung** und wirtschaftliche Schädigung der Marktgegenseite **angelegten Verhalten** ist ohne weiteres von einem aktuellen Unrechtsbewusstsein auszugehen (zB Abofalle im Internet).[100] Dies gilt auch bei einer **offensichtlichen Irreführung** (zB Werbung für einen „kostenlosen" Kreditantrag, wenn eine Auslagenpauschale berechnet wird).[101] Auch dann, wenn durch eine AGB-Klausel eine **Zahlung ohne jede Gegenleistung** bzw. sogar als Entgelt für die Nichtinanspruchnahme einer vertraglichen Leistung verlangt wird, drängt es sich auf, dass eine solche Klausel gegen grundlegende zivilrechtliche Prinzipien verstößt und unwirksam ist.[102] Bei anderen unangemessenen Klauseln, wie zB einer überhöhten Mahnpauschale, gilt dies jedenfalls dann, wenn die Unwirksamkeit einer solchen Klausel ausgehend von der gefestigten Rspr. auf der Hand liegt.[103] Es ist dann Sache des in Anspruch Genommenen 54

---

[91] So wohl BGHZ 69, 128 (143).

[92] So wohl BGH NJW 1995, 1960 (1961).

[93] BGH GRUR 2008, 810 Rn. 45 – Kommunalversicherer; OLG Stuttgart GRUR 2007, 435 (436) – Veralteter Matratzentest; OLG Naumburg 27.6.2008 – 10 U 77/07 – CONVENT-Kredit; OLG Hamm GRUR-RR 2008, 435 (437) – Zulassung in EU-Mitgliedstaat; OLG Schleswig MMR 2013, 579 (584) – Rücklastschriften I; NJOZ 2015, 1515 Rn. 80 – Pfand für SIM-Karten; OLG Köln GRUR-RR 2018, 431 Rn. 26 – Schadenspauschale für Mahnung; LG Berlin 25.9.2007 – 16 O 115/06 – Jamba.

[94] Vgl. hierzu BGH GRUR 1954, 274 (275) – Goldwell; GRUR 1957, 219 (221 f.) – Bierbezug; GRUR 1969, 292 (294) – Buntstreifensatin II; GRUR 1987, 532 (533) – Zollabfertigung; *Baumbach/Hefermehl* Einl. UWG Rn. 127.

[95] RGZ 150, 1 (5 f.); BGH NJW 1983, 1420 (1423); OLG Naumburg 27.6.2008 – 10 U 77/07 – CONVENT-Kredit.

[96] OLG Hamm GRUR-RR 2008, 435 (437) – Zulassung in EU-Mitgliedstaat; LG Berlin 25.9.2007 – 16 O 115/06 – Jamba.

[97] Ebenso LG Köln 9.1.2018 – 33 O 8/17.

[98] *Melullis* in Gloy/Loschelder/Danckwerts HdbWettbR § 80 Rn. 53.

[99] OLG Köln GRUR-RR 2018, 431 Rn. 29 f. – Schadenspauschale für Mahnung; LG Köln 9.1.2018 – 33 O 8/17.

[100] OLG Frankfurt a. M. GRUR-RR 2009, 265 (268) – Abo-Fallen.

[101] OLG Naumburg 27.6.2008 – 10 U 77/07 – CONVENT-Kredit.

[102] OLG Schleswig NJOZ 2015, 1515 Rn. 84 ff. – Pfand für SIM-Karten.

[103] OLG Köln GRUR-RR 2018, 431 Rn. 29 – Schadenspauschale für Mahnung.

sein fehlendes Unrechtsbewusstsein zu behaupten und Anhaltspunkte darzulegen, warum er sein Handeln gleichwohl für rechtlich zulässig gehalten haben will.[104]

55 Wenn ein **Gutachten** eingeholt wurde und dieses das Handeln ganz eindeutig und zweifelsfrei für rechtlich zulässig erklärt, fehlt das aktuelle Unrechtsbewusstsein.[105] Dies gilt jedenfalls dann, wenn es sich nicht um ein Gefälligkeitsgutachten handelt, was aber ohne weitere Feststellungen nicht anzunehmen ist.[106] Der BGH verlangt eine **„unabhängige“ rechtliche Beurteilung.**[107] So handelt vor Erhalt einer Abmahnung (zum Unrechtsbewusstsein nach Erhalt → Rn. 57) nur fahrlässig, wer sich auf die – objektiv falsche – Rechtsauskunft seiner externen **„Hausanwälte“** verlässt, die ihm sein Verhalten als zweifelsfrei erlaubt hinstellen.[108] Ebenfalls nur fahrlässig handelt, wer sich auf ein Gutachten eines kompetenten Fachinstituts zur Zulässigkeit bestimmter Inhaltsstoffe in Produkten verlässt.[109] Fahrlässigkeit und kein Vorsatz ist auch anzunehmen, wenn die **zuständige Behörde** die rechtswidrige und deshalb unlautere Handlungsweise bislang akzeptiert hat und die behördliche Rechtsauffassung zumindest vertretbar ist.[110] Eine positive Beurteilung von **Verbandsjuristen** allein reicht nach Ansicht des BGH wegen deren fehlender Unabhängigkeit zum Ausschluss des aktuellen Unrechtsbewusstseins allerdings **nicht** aus.[111] Dasselbe hat für Rechtsgutachten der unternehmenseigenen **Rechtsabteilung** zu gelten.

56 Kommt ein unabhängiges Rechtsgutachten zu keinem vollkommen eindeutigen Ergebnis, wird die Frage aufgeworfen, wo angesichts ungeklärter Rechtsfragen die unternehmerische Risikofreude aufhört und der Vorsatz beginnt. Wenn der Unternehmer zu einer noch nicht höchstrichterlich entschiedenen Fallkonstellation vor einer beabsichtigten geschäftlichen Handlung **Rechtsrat** einholt und der Berater in seiner Bewertung zwar im Großen und Ganzen zu einer positiven Einschätzung kommt, aber auch auf die **Möglichkeit einer abweichenden Beurteilung** als unlauter hinweist, kommt es auf den genauen Inhalt und die Einzelheiten des erteilten Rechtsrats an. Auch wenn deshalb pauschale Aussagen nicht am Platz sind, kann man sich an folgenden Werten orientieren: Hält der Rechtsberater das Vorhaben **mit überwiegender Wahrscheinlichkeit** für **unlauter,** etwa in Form einer **„70: 30“-Bewertung,** liegt es auf der Hand, dass mit einer Rechtswidrigkeit konkret gerechnet wird. Auch wenn das **Ergebnis** ausdrücklich als **offen** im Sinne einer **„50 : 50“-**Bewertung dargestellt wird, wird noch immer konkret mit der Möglichkeit der Rechtswidrigkeit gerechnet. Sind dagegen laut Rechtsrat die lauterkeitsrechtlichen Bedenken auf ein zu vernachlässigendes **Restrisiko** von unter **10 %** reduziert, wird eher nicht mehr konkret damit gerechnet, dass das Verhalten unlauter sein könnte.[112]

57 Wer bereits mit einer substantiierten, **klar und präzise formulierten** und die Rechtswidrigkeit plausibel begründenden Abmahnung belegt wurde (sog. **„qualifizierte Abmahnung“**), handelt **mit** dem nötigen aktuellen **Unrechtsbewusstsein** und damit vorsätzlich, sogar wenn zuvor anwaltlicher Rat sein Verhalten als erlaubt dargestellt hat.[113] Dies gilt jedenfalls dann, wenn die Abmahnung substantiiert war, dass dem Abgemahnten vor Augen geführt hat, dass eine Beurteilung seiner geschäftlichen Handlung als wettbewerbswidrig jedenfalls ernstlichen Betracht kommt.[114] Entsprechendes gilt auch, wenn er mit

---

[104] OLG Frankfurt a. M. GRUR-RR 2009, 265 (268) – Abo-Fallen.

[105] OLG Hamm GRUR-RR 2008, 435 (437) – Zulassung in EU-Mitgliedstaat.

[106] OLG Hamm GRUR-RR 2008, 435 (437) – Zulassung in EU-Mitgliedstaat.

[107] BGH GRUR 2008, 810 Rn. 46 – Kommunalversicherer.

[108] LG Hanau 13.1.2009 – 16 O 366/07.

[109] OLG Hamm GRUR-RR 2008, 435 (437) – Zulassung in EU-Mitgliedstaat.

[110] LG Aurich 7.10.2015 – 6 O 953/13.

[111] BGH GRUR 2008, 810 Rn. 46 – Kommunalversicherer.

[112] AA *Sosnitza* GRUR 2003, 739 (745), der auch bei Restrisiken noch von bedingtem Vorsatz ausgeht.

[113] OLG Frankfurt a. M. GRUR-RR 2010, 482 f. – „heute gratis!“; OLG Schleswig MMR 2013, 579 (584) – Rücklastschriften I; LG Kiel MMR 2015, 43 (45) – Pfand für SIM-Karten.

[114] OLG Schleswig 14.2.2019 – 2 U 4/18 Rn. 111; vgl. auch OLG Frankfurt a. M. GRUR-RR 2010, 482 (483) – „heute gratis!“.

einer **einstweiligen Verfügung** belegt wurde und die ihm zugestellte Antragsschrift und/oder die Gründe des Beschlusses entsprechende Rechtsausführungen enthalten.[115] Auch wer – möglicherweise aufgrund einer Stellungnahme seiner eigenen Rechtsabteilung oder seines Rechtsanwalts – von der Rechtswidrigkeit des eigenen Handelns nicht restlos überzeugt ist, hält eine dem Inhalt der Abmahnung entsprechende Beurteilung der rechtlichen Lage in aller Regel immerhin für möglich und handelt **jedenfalls nach einer gewissen Zeit** zur Prüfung der Rechtslage **bedingt vorsätzlich.**[116]

Sofern der Abgemahnte sein Handeln für rechtens gehalten hat, muss er nämlich spätestens mit dem Zugang einer qualifizierten Abmahnung damit rechnen, sich insofern geirrt zu haben. Auch wenn er die Auffassung des Abmahnenden nicht teilt, kann er seine Augen vor der Möglichkeit nicht verschließen, dass das im Streitfall letztlich entscheidende Gericht die Auffassung des Abmahnenden teilen könnte. Er nimmt in aller Regel **einen fortgesetzten Rechtsverstoß billigend in Kauf,** wenn er sein beanstandetes Verhalten dennoch fortsetzt.[117] **58**

Allerdings hat eine Abmahnung **nicht zwangsläufig** und in allen Fällen diese Folge, denn Abmahnungen können auch unberechtigt sein und zwar selbst bei sorgfältiger Prüfung und Erläuterung der Rechtslage durch den Abmahnenden (etwa im Falle der streitigen Unwirksamkeit einer AGB-Klausel). Wenn Empfänger der Abmahnung in derartigen Fällen bei ebenfalls sorgfältiger Prüfung durch einen unabhängigen Rechtsberater und unter Berücksichtigung der Argumentation des Abmahnenden zu der festen Überzeugung kommt, dass die Klausel wirksam sei, handelt er ohne Bewusstsein der Rechtswidrigkeit, wenn er die Klausel weiterverwendet.[118] Zur Frage der Fahrlässigkeit bei der Einholung erneuten Rechtsrats → Rn. 84. **59**

d) Voluntatives Element. Der Vorsatz beinhaltet außerdem ein voluntatives Element. Hierzu gehört, dass der Handelnde **den objektiven Tatbestand verwirklichen will.** **60**

aa) Zielgerichtetes Wollen. Das voluntative Element kann in der Form des **zielgerichteten Wollens** vorliegen. Dies bedeutet, dass es dem Handelnden gerade auf die Tatbestandsverwirklichung bzw. die Unlauterkeit des Handelns ankommt.[119] **61**

bb) Billigende Inkaufnahme. Es genügt aber auch, dass sich der Täter im Sinne des bedingten Vorsatzes mit dem von ihm für möglich gehaltenen Erfolg abfindet, ihn **billigend in Kauf nimmt.**[120] Der Vorsatz ist dagegen zu verneinen, wenn der Handelnde ernsthaft darauf vertraut, dass es nicht zur Tatbestandsverwirklichung kommt. **62**

cc) Bewusste Indifferenz. Andererseits handelt mit dem Willen zur Tatbestandsverwirklichung, wem der Erfolgseintritt letztlich **gleichgültig** ist und deshalb **ins Blaue hinein** handelt, ohne das Risiko des Erfolgseintritts nachzuprüfen oder sich dessen leichtfertig („blauäugig") verschließt.[121] MaW: Bedingt vorsätzlich handelt, wer sein wettbewerbsrelevantes Verhalten fortsetzt, obgleich er sich auf Grund der ihm bekannten Tatsachen nicht der Einsicht verschließen kann, dass dieses unlauter ist.[122] **63**

---

[115] OLG Schleswig MMR 2013, 579 (584) – Rücklastschriften I.

[116] LG Kiel MMR 2015, 43 (45) – Pfand für SIM-Karten.

[117] OLG Schleswig 14.2.2019 – 2 U 4/18 Rn. 111.

[118] OLG Schleswig NJOZ 2015, 1515 Rn. 81 – Pfand für SIM-Karten.

[119] *Schulze zur Wiesche* GRUR 1981, 661 (662).

[120] BGH NJW 1990, 389 (390); OLG Hamm GRUR-RR 2008, 435 (437) – Zulassung in EU-Mitgliedstaat; OLG Frankfurt a. M. GRUR-RR 2009, 265 (268) – Abo-Fallen; OLG Schleswig MMR 2013, 579 (584) – Rücklastschriften I; 2015, 1515 Rn. 80 – Pfand für SIM-Karten; OLG Düsseldorf 7.2.2017 – I-20 U 139/15; BRHP/*St. Lorenz* BGB § 276 Rn. 15.

[121] RGZ 143, 48 (52); BRHP/*St. Lorenz* BGB § 276 Rn. 15; auch hier denkt sich der Handelnde: *„Na, wenn schon!"*; vgl. oben → Rn. 37 Fn. 63.

[122] OLG Frankfurt a. M. GRUR-RR 2009, 265 (268) – Abo-Fallen; OLG Schleswig MMR 2013, 579 (584) – Rücklastschriften I; NJOZ 2015, 1515 Rn. 80 – Pfand für SIM-Karten; OLG Köln GRUR-RR 2018, 431 Rn. 26 – Schadenspauschale für Mahnung.

64 **dd) Feststellung anhand von Erfahrungstatsachen und objektiven Indizien.** Wie das Wissen ist auch das Wollen eine innere Tatsache, die für den Richter schwer zu ermitteln ist. Das Problem stellt sich insbesondere bei der Abgrenzung von bedingtem Vorsatz und bewusster Fahrlässigkeit. Nach den im Strafrecht entwickelten Grundsätzen soll die Annahme einer billigenden Inkaufnahme beweisrechtlich nahe liegen, „**wenn der Täter ein Vorhaben trotz äußerster Gefährlichkeit durchführt;** in solchen Fällen soll er sich nicht auf die vage Hoffnung berufen können, jene Gefahr werde sich wider Erwarten doch nicht verwirklichen."[123]

65 Dieser Erfahrungssatz ist jedoch zu einseitig auf Tötungsdelikte zugeschnitten. Er lässt sich deshalb schon im Strafrecht nicht allgemein formelhaft auf komplexe Geschehen anwenden.[124] Auch im Lauterkeitsrecht ist er sicherlich nicht als allgemeine Formel zur Abgrenzung geeignet. Immerhin lässt dieser Erfahrungssatz sich aber mit der zum Unrechtsbewusstsein vertretenen Abgrenzung anhand der **rechtlichen Risikoeinschätzung** in Einklang bringen: Wer mit einem Risiko von jedenfalls „50: 50" rechnet, ist sich der lauterkeitsrechtlich äußerst heiklen Situation bewusst und kann sich nicht auf die Hoffnung berufen, die günstigere Rechtsauffassung werde sich durchsetzen. Nach dem OLG Stuttgart handelt bedingt vorsätzlich, wer sein wettbewerbsrelevantes Verhalten fortsetzt, obgleich er sich auf Grund der ihm bekannten Tatsachen nicht der Einsicht verschließen kann, dass dieses unlauter ist.[125]

66 Es bleibt abzuwarten, welche Erfahrungssätze die Rspr. für die **Abgrenzung von Vorsatz und Fahrlässigkeit im Lauterkeitsrecht** entwickelt. Ein Kriterium kann sein, ob nach den Umständen des Falles ein **ernsthafter Wille zum wettbewerbskonformen Handeln** feststellbar ist.[126] Dieser Ansatz erinnert an die im Strafrecht zur Abgrenzung von Vorsatz und Fahrlässigkeit vertretene Theorie von der „Manifestation des Vermeidewillens".[127]

67 Allerdings sind – dies gilt sowohl für das kognitive wie das voluntative Element – an den **Nachweis eines vorsätzlichen Verhaltens keine allzu hohen Anforderungen** zu stellen, da vorsätzliches Fehlverhalten in wettbewerbsrechtlich relevanten Sachverhalten alles andere als selten ist und es nicht Aufgabe der Gerichte ist, sich schützend vor diejenigen zu stellen, die zumindest bedingt vorsätzlich die Verhaltensmaßregeln missachten.[128] Einige von der Rspr. herausgearbeitete Erfahrungssätze sollen beispielhaft erwähnt werden:

68 Wer eine **Werbung** ihrem **Wortlaut** nach gerade auf einen **bestimmten Aussagegehalt** anlegt, mit dessen Unrichtigkeit er rechnet, dem geht es gerade um die Irreführung.[129]

69 Wer als Händler **Werbeangaben** seines Lieferanten **unbesehen übernimmt,** nimmt billigend in Kauf, dass diese Angaben uU falsch sind.[130]

70 Bei einem **sechs Jahre alten Testergebnis** muss es sich dem Werbenden aufdrängen, dass dieses **veraltet** sein kann. Wer dennoch damit wirbt, handelt bedingt vorsätzlich.[131]

71 Wer **wissentlich** täuschend ähnliche **Produktnachahmungen** in Verkehr bringt, dem **kommt es** gerade auf das Hervorrufen einer **vermeidbaren Herkunftstäuschung an.**[132]

---

[123] StRspr; vgl. zB BGH NStZ 1984, 19; 1986, 550.
[124] BGH NJW 2000, 2364 (2365).
[125] OLG Stuttgart GRUR 2007, 435 (436) – Veralteter Matratzentest.
[126] OLG Düsseldorf 7.2.2017 – I-20 U 139/15.
[127] Vgl. *Armin Kaufmann* ZStW 70 (1958), 64 (73 f.); krit. hierzu *Puppe* in Kindhäuser/Neumann/Paeffgen StGB § 15 Rn. 41 f.
[128] LG Bonn GRUR-RR 2006, 211 – Unzutreffendes Testurteil.
[129] Vgl. BGH GRUR 2004, 162 (163) – Irreführende Werbung gegenüber Kapitalanlegern; LG Köln 26.8.2010 – 31 O 182/10.
[130] OLG Stuttgart GRUR 2007, 435 (436) – Veralteter Matratzentest.
[131] OLG Stuttgart GRUR 2007, 435 (436) – Veralteter Matratzentest.
[132] Vgl. RGZ 77, 431 (433); näher *Callmann* § 1 Rn. 56b; *Rosenthal/Leffmann* § 1 Rn. 45.

2. Fahrlässiges Handeln. a) Definition. Die Fahrlässigkeit wird in § 276 Abs. 1 S. 2 BGB definiert als **Außerachtlassung der im Verkehr erforderlichen Sorgfalt.** Eine Haftung wegen Fahrlässigkeit ist demnach ausgeschlossen, wenn der Handelnde den UWG-Verstoß auch bei Anwendung der erforderlichen Sorgfalt nicht hätte vermeiden können. Eine solche Entschuldigung kommt bei UWG-Verstößen praktisch nur dann in Betracht, wenn entweder die **tatsächlichen Umstände** nicht zu erkennen waren oder mit einer **Bewertung der Handlung als unlauter** nicht gerechnet werden konnte. 72

b) Sorgfaltsverstoß bei Unkenntnis der Tatumstände. aa) Tatsachenkenntnis nicht Grundlage des Unlauterkeitsverdikts. Die **Kenntnis** der Tatumstände ist **nicht** bereits **Voraussetzung** einer Einordnung des Handelns als **unlauterer Wettbewerb** iSd § 3 Abs. 1 (→ Rn. 33). 73

Die Frage der **Unachtsamkeit** stellt sich erst bei § 9. Früher war man demgegenüber davon ausgegangen, dass es auf die fahrlässige Unkenntnis der Tatumstände als Verschuldensproblem im Rahmen des Schadensersatzanspruches nicht ankomme, da eine Beurteilung als unlauterer Wettbewerb bei fehlender Tatsachenkenntnis von vornherein nicht möglich sei.[133] 74

bb) Fahrlässige Tatsachenunkenntnis. Kennt der Handelnde die tatsächlichen Umstände der Unlauterkeit nicht, handelt er fahrlässig iSd § 9, wenn er bei Anwendung der im Verkehr erforderlichen Sorgfalt den Wettbewerbsverstoß hätte erkennen können. Die Sorgfaltspflicht beurteilt sich anhand eines **objektiv-abstrakten Maßstabs.** Von dem Handelnden kann ohne Rücksicht auf seine individuellen Fähigkeiten erwartet werden, dass er mit der Sorgfalt vorgeht, die eine besonnene und gewissenhafte Person des betroffenen Verkehrskreises an den Tag legt. 75

Nach der höchstrichterlichen Rspr. ist an die **Sorgfaltspflicht im Wettbewerbsrecht** grundsätzlich ein **strenger Maßstab** anzulegen.[134] Diese Rspr. betrifft zwar in erster Linie die Frage der fahrlässigen Rechtsunkenntnis, es ist aber davon auszugehen, dass für die Tatsachenkenntnis, die sich dem Handelnden in aller Regel leichter erschließen wird als die anwendbaren Rechtsregeln, kein laxerer Maßstab gelten kann.[135] Bedient sich der Verletzer in seinem Bemühen, zur richtigen Tatsachenkenntnis zu gelangen, eines **technischen,** medizinischen oder anderen nichtjuristischen **Sachverständigen,** gilt allerdings ein eigenständiger Maßstab. Wenn ein oder gar zwei Sachverständige, die auf dem „in Rede stehenden Gebiet den Ruf hervorragender Sachkunde" genießen, in einem schriftlichen Gutachten zu bestimmten tatsächlichen Aussagen kommen, von denen sich der Verletzer leiten lässt, so bedarf die Annahme, dass der Verletzer bei Beobachtung der erforderlichen Sorgfalt aus eigener Sachkunde oder infolge der Belehrung durch einen anderen Fachmann zu einer anderen Ansicht gelangt wäre, einer besonderen Begründung.[136] 76

cc) Kasuistik. (a) Fahrlässigkeit wurde bejaht bei einer irreführenden Werbung mit einem „GS"-Zeichen, das nicht hätte erteilt werden dürfen, wenn der Werbende konkret darauf hingewiesen wurde, dass das mit dem „GS"-Zeichen ausgezeichnete Gerät nicht mit der einschlägigen VDE-Vorschrift vereinbar ist;[137] bei einer zu klein gedruckten „Ministerzeile" in der Zigarettenwerbung;[138] bei einem Handel mit Kondomen, deren Verpackungen offensichtlich fehlerhaft perforiert waren und auf eine Beschädigung des Inhalts schließen ließen oder die als „Muster" beschriftet waren;[139] bei einer anlehnenden Produkt- 77

---

[133] Vgl. hierzu *Reimer* Kap. 74 Rn. 7.

[134] BGH GRUR 1999, 923 (928) – Tele-Info-CD.

[135] Vgl. etwa OLG Jena GRUR-RR 2008, 92 (93) – Abfallkondome.

[136] RG GRUR 1931, 148 (150) – Wendelring-Füllkörper (zum Patentrecht).

[137] BGH GRUR 1998, 1043 (1044) – GS-Zeichen.

[138] KG GRUR 1995, 135 – Zigarettenwerbung („Schludrigkeit").

[139] OLG Jena GRUR-RR 2008, 92 (93) – Abfallkondome (Verstoß gegen § 4 Nr. 11 UWG 2004 iVm § 4 Abs. 1 Nr. 1 MPG mit dem Verbot, Medizinprodukte in Verkehr zu bringen, wenn der begründete Verdacht von Sicherheitsmängeln oder Gesundheitsgefahren besteht).

aufmachung durch einen Hersteller von Schokolinsen hinsichtlich der Produktausstattung der auf dem deutschen Markt seit vielen Jahren erfolgreich vertriebenen „Bunte Smarties"-Rolle;[140] beim Vertrieb von **Nachahmungen** der bekannten Falthandtasche „Le Pliage" durch einen **Großhändler** mit Taschen und Accessoires (jedenfalls aufgrund der Vielzahl der Veröffentlichungen über diese Tasche);[141] wenn in **Nachahmungsfällen** der **Importeur** oder **Hersteller** nicht geprüft hat, ob das nicht sonderrechtsgeschützte Produkt bereits „im Original" auf dem Markt war.[142]

78 **(b) Fahrlässigkeit wurde verneint** bei einer irreführenden Werbung gegenüber Fachleuten mit wahren, aber für unterdurchschnittlich informierte Fachleute missverständlichen Angaben in einem Gutachten, das „kurz und bündig, auch klar abgefasst und leicht zu verstehen" war und von dem angenommen werden konnte, es könne auch von solchen Fachleuten gelesen und verstanden werden, die keine technische Hochschulausbildung besitzen;[143] bei einer unterlassenen Kontrolle auf das Vorhandensein der Chargen-Nummern von Markenparfum durch einen Einzelhändler, denn im Regelfall kann und muss ein Händler nicht damit rechnen, dass bei Fälschungen gerade die Chargen-Nummer fehlt;[144] wenn in **Nachahmungsfällen** der **Einzelhändler** nicht geprüft hat, ob das nicht sonderrechtsgeschützte Produkt bereits „im Original" auf dem Markt war.[145]

79 **c) Sorgfaltsverstoß und rechtliche Bewertung. aa) Sorgfaltsmaßstab.** Fahrlässiges Handeln setzt voraus, dass der Handelnde bei Anwendung der **im Verkehr erforderlichen Sorgfalt** hätte zur Erkenntnis kommen können, dass sein Handeln unlauter und damit unrechtmäßig ist. Man kann hier auch von einem **„potentiellen Unrechtsbewusstsein"** sprechen. An die Sorgfaltspflichten bei der Prüfung, ob eine Handlung als unlauter zu bewerten und daher zu unterlassen ist, werden **äußerst strenge Anforderungen** gestellt.[146] Fahrlässig handelt bereits, wer sich objektiv **erkennbar in einem Grenzbereich** des rechtlich Zulässigen bewegt, in dem er eine von der eigenen Einschätzung abweichende Beurteilung der rechtlichen Zulässigkeit des fraglichen Verhaltens in Betracht ziehen muss.[147] Dann ist ein Rechtsirrtum vermeidbar und die Handlung fahrlässig. Grundgedanke ist, dass durch strenge Sorgfaltsanforderungen verhindert werden muss, dass der Verletzer das Risiko der zweifelhaften Rechtslage dem Verletzten zuschiebt.[148] Wer **bei zweifelhafter Rechtslage** seine Interessen auf Kosten anderer wahrnimmt, handelt auf **eigenes Risiko** und kann nicht einfach die für ihn günstigere Beurteilung aufgreifen. Es entlastet ihn auch nicht, wenn sie von einer – nicht höchstrichterlichen – Gerichtsinstanz vertreten wird.[149]

80 Der Verletzer kann sich daher grundsätzlich nicht darauf berufen, er habe sein Verhalten unverschuldet für zulässig gehalten. Es genügt, dass er mit der nicht fern liegenden Möglichkeit einer Rechtsverletzung rechnen musste.[150] Bei einer pauschalen Herabsetzung eines Konkurrenten beispielsweise muss der Handelnde sich bewusst machen, dass er sich in

140 OLG Köln GRUR 1994, 737 (740) – Schokolinsen.
141 LG Düsseldorf 7.8.2013 – 12 O 624/11 – Le Pliage.
142 BGH GRUR 1981, 517 (520) – Rollhocker; GRUR 1957, 342 (346 f.) – Underberg I; AG Hamburg GRUR 1991, 384 f. – Modeschmuck.
143 BGH GRUR 1961, 189 (192) – Rippenstreckmetall.
144 BGH GRUR 1986, 520 (521) – Chanel No. 5 I; GRUR 1987, 524 (525) – Chanel No. 5 II.
145 BGH GRUR 1981, 517 (520) – Rollhocker; GRUR 1957, 342 (346 f.) – Underberg I; AG Hamburg GRUR 1991, 384 f. – Modeschmuck.
146 BGH GRUR 1999, 923 (928) – Tele-Info-CD.
147 BGH GRUR 1999, 923 (928) – Tele-Info-CD; GRUR 1999, 1011 (1014) – Werbebeilage; GRUR 2010, 623 Rn. 55 – Restwertbörse; OLG Hamm PharmR 2017, 299 (304).
148 BGH GRUR 1987, 564 (565) – Taxi-Genossenschaft; GRUR 1990, 474 (476) – Neugeborenentransporte; GRUR 1999, 923 (928) – Tele-Info-CD.
149 BGH GRUR 1993, 556 (559) – TRIANGLE.
150 OLG München GRUR-RR 2004, 85 – Stricktop; OLG Hamm 16.6.2015 – 4 U 32/14 – Damen-Falttasche.

einem Grenzbereich bewegt, der von den Gerichten als unzulässige geschäftliche Handlung angesehen werden kann; in einem solchen Fall liegt jedenfalls Fahrlässigkeit vor.[151]

81 Nach stRspr ist ein Rechtsirrtum im Sinne eines **„unvermeidbaren Verbotsirrtums"** nur dann entschuldigt, wenn der Irrende bei Anwendung der im Verkehr erforderlichen Sorgfalt mit einer anderen Beurteilung durch die Gerichte **nicht zu rechnen brauchte.**[152] Bei objektiv unklarer Rechtslage trifft deshalb grundsätzlich den **Verletzer** das **Fahrlässigkeitsrisiko.**[153] Dieser strenge Maßstab macht die Verteidigung mit einem angeblich unvermeidbaren Verbotsirrtum auch bei noch so sorgfältiger Beiziehung anwaltlichen oder gar gutachterlichen Rates praktisch nahezu aussichtslos.[154] Diese rigide Strenge ist im Immaterialgüter- und Wettbewerbsrecht sachgerecht. Sie findet aber auf anderen Feldern des Zivilrechts keine Entsprechung und wird in letzter Zeit als zu einseitige und neue Geschäftsmodelle tendenziell einengende Risikozuweisung an den Verletzer kritisiert.[155]

82 **bb) Sorgfaltspflichterfüllung und -verletzung.** Die Rspr. verpflichtet den Unternehmer grundsätzlich zu **optimalen Bemühungen um Rechtskenntnis.** Bei zweifelhafter Rechtslage darf eine Maßnahme im Wettbewerb nicht einfach auf die günstigere Ansicht gestützt werden.[156] Im Einzelnen:

83 Die **Nichteinholung einer Rechtsauskunft** bei wettbewerbsrechtlich erfahrenen und unabhängigen Rechtskundigen (spezialisierten Rechtsanwälten oder Hochschullehrern) begründet den Schuldvorwurf regelmäßig allein schon wegen Verletzung der Pflicht, sich um optimale Rechtskenntnis zu bemühen.[157] Wer im Geschäftsleben steht, der muss sich Kenntnis von den für seinen Tätigkeitsbereich einschlägigen gesetzlichen Bestimmungen verschaffen und in Zweifelsfällen mit zumutbaren Anstrengungen besonders sachkundigen Rechtsrat einholen.[158] Es sind optimale Bemühungen zur Klärung der Rechtslage zu verlangen. Entlastend wirken kann nur ein **vor dem Verstoß eingeholtes**[159] schriftliches, **umfassendes Gutachten** eines unabhängigen und auf Wettbewerbsrecht bzw. im Bereich des § 3a auf die jeweilige Regelungsmaterie **spezialisierten Rechtsanwalts,** ggf. auch eines Hochschullehrers.[160] In Betracht kommen auf dem Rechtsgebiet des unlauteren Wettbewerbs nur **Sachkenner von großer Erfahrung und besonderem wissenschaftlichen Ruf.**[161] Der Erwerb der Zusatzbezeichnung „Fachanwalt für gewerblichen Rechtsschutz" als solcher dürfte hierfür nicht unbedingt ausreichen. Bei verwaltungsrechtlichen Materien im Rahmen des § 3a müssen derartige Fachleute für die jeweilige Spezialmaterie gefragt werden.

84 Für die **Einholung erneuten Rechtsrats nach** dem Empfang einer **Abmahnung** oder der Verhängung einer einstweiligen Verfügung gilt folgendes: Hat der Abgemahnte bzw. Verfügungsbeklagte zuvor einen Rechtsrat eingeholt, der ihm sein Handeln irrtümlich als erlaubt hingestellt hat, ist er zur Einholung eines erneuten Rechtsrats verpflichtet. Wird

---

151 OLG Hamm MMR 2010, 330 (331) – Herabsetzender „Testbericht" im Internet; LG Hamburg 7.4.2006 – 408 O 97/06.

152 BGH GRUR 1987, 564 (565) – Taxi-Genossenschaft; GRUR 1990, 474 (476) – Neugeborenentransporte; GRUR 1999, 923 (928) – Tele-Info-CD; GRUR 2002, 248 (252) – Spiegel-CD-ROM.

153 BGH GRUR 1995, 825 (829) – Torres; GRUR 1991, 153 (155) – Pizza & Pasta.

154 Vgl. *Kraßer* GRUR-Int 1980, 259 (261 f.); *Goldmann,* Unternehmenskennzeichen, § 19 Rn. 560; *Ingerl/Rohnke* MarkenG Vor §§ 14–19 Rn. 222 und insbesondere den bei *Pastor* Kap. 26 III 4a) Nr. 1 geschilderten Fall.

155 *T. Ackermann* FS Köhler, 2014, 1 (9 ff.).

156 Vgl. BGHZ 8, 88 (973) – Magnetophon; BGH GRUR 1971, 223 (225) – clix-Mann; GRUR 1981, 286 (288) – Goldene Karte I; GRUR 1990, 1035 (1038) – Urselters II; GRUR 1991, 151 – Pizza & Pasta; GRUR 2002, 269 (270) – Veranstaltung von Sportwetten.

157 BGH GRUR 1990, 611 (617) – Werbung im Programm; *Köhler*/Bornkamm/Feddersen § 9 Rn. 1.19.

158 BGH GRUR 1988, 699 (700) – qm-Preisangaben II; GRUR 2002, 269 (270) – Veranstaltung von Sportwetten; OLG Köln GRUR-RR 2002, 1337 (1338) – Sprudelwasser.

159 Vgl. BGH GRUR 1957, 365 (368) – SUWA.

160 Vgl. BGH GRUR 1981, 286 (288) – Goldene Karte I; *Melullis* in Gloy/Loschelder/Danckwerts HdbWettbR § 80 Rn. 53.

161 Vgl. RGZ 121, 357 (364) – Universal-Rechner.

dies unterlassen, scheidet ein das potentielle Unrechtsbewusstsein ausschließender unvermeidbarer Verbotsirrtum aus.[162] Für den erneuten Rechtsrat ist zu fordern, dass nicht die ständig für den Handelnden tätigen und bereits im Vorfeld eingeschalteten Rechtsanwälte mit der rechtlichen Überprüfung betraut werden, sondern ein **unbefangener spezialisierter Rechtsanwalt,** der zu dem zu beurteilenden Fall und zu seinem Mandanten die nötige Distanz hat.[163]

85 Im Falle einer **günstigen Rechtsauskunft** eines wahren Experten gilt Folgendes: Der Handelnde ist entschuldigt, wenn auch der Rechtskundige nicht zu einer Bewertung als unlauter hätte kommen können.[164] Dann liegt ein **unvermeidbarer Verbotsirrtum** vor, der das Verschulden ausschließt. In der Praxis ist dies der Fall, wenn die unlautere Handlungsweise von einer feststehenden und noch nicht aufgegebenen **Rechtsprechung des BGH** bzw. beim Bruch öffentlich-rechtlicher Normen nach § 3a von der Rechtsprechung des jeweils höchstinstanzlichen Verwaltungsgerichts **gedeckt** war.[165] Insoweit gilt: *„Der sachkundigste und gewissenhafteste aller Rechtsberater nun aber ist der höchste Gerichtshof."*[166] Allein auf diesen Rechtsberater kann man sich verlassen – dies jedoch stets und unbedingt. Auf einen entschuldigenden unvermeidbaren Verbotsirrtum kann sich der unlauter Handelnde selbst dann berufen, wenn die Rechtsauffassung des BGH in Rspr. oder Literatur mittlerweile umstritten ist.[167] Mit einer abweichenden Bewertung, also mit einem Wandel der Rechtsprechung, muss bei gleichbleibender Gesetzeslage nicht gerechnet werden. Der BGH wird auch dann nicht von einer Verpflichtung zum Schadensersatz ausgehen, wenn er den alten Rechtsstandpunkt aufgibt und der Beklagte die nunmehr als unlauter zu beurteilenden Handlungen künftig zu unterlassen hat.[168] Umgekehrt liegt ungeachtet des Inhalts einen schriftlichen Gutachtens auch eines namhaften juristischen Experten das potentielle Unrechtsbewusstsein vor, wenn es nicht im Einklang mit der höchstrichterlichen Entscheidungspraxis steht.[169]

86 Den Verletzer trifft bei Inanspruchnahme einer Rechtsberatung selbstverständlich auch das Risiko, dass er zum einen seinem Rechtsanwalt oder Rechtsgutachter die Fakten zutreffend übermittelt, welche die Grundlage der angefragten rechtlichen Bewertung bilden sollen, und dass er zum anderen den daraufhin erhaltenen Rechtsrat richtig versteht und sorgfältig in die Tat umsetzt.[170] Die fehlerhafte Einschätzung, das geplante Wettbewerbshandeln entspreche im Tatsächlichen einem vom BGH gebilligten Verhalten, geht stets zu Lasten des unlauter Handelnden.

87 Bei einer **nicht höchstrichterlich geklärten Rechtsfrage** kann auch eine im Ergebnis günstige Rechtsauskunft eines juristischen Fachmannes als solche nicht entlasten, selbst wenn das Gutachten die Rechtslage als eindeutig und zweifelsfrei günstig darstellt und diese günstige Rechtsansicht mit gutem Grund vertreten werden kann.[171] Wer sich auf sie verlässt, handelt **auf eigenes Risiko** und muss ggf. seinen Rechtsberater in Regress nehmen.

88 Früher hat die Rspr. Rechtsirrtümer allerdings auch dann entschuldigt, wenn es um die **Beurteilung neuer und rechtlich schwieriger Tatbestände** ging, für die es nicht nur

---

[162] LG Hanau 13.1.2009 – 16 O 366/07.
[163] LG Hanau 13.1.2009 – 16 O 366/07.
[164] BGH GRUR 1961, 97 (99 f.) – Sportheim.
[165] Vgl. BGH GRUR 1957, 365 (368) – SUWA (von Rspr. des RG abweichendes Fachgutachten entschuldigt nicht); BGH GRUR 1993, 556 (559) – TRIANGLE; GRUR 2020, 738 Rn. 48 – Internet-Radiorecorder.
[166] *Reichel* JW 1931, 525.
[167] BGH GRUR 1959, 365 (367) – Englisch-Lavendel; GRUR 1961, 97 (99) – Sportheim; *Rittner* FS von Hippel, 1967, 391 (418).
[168] BGH GRUR 1959, 365 (367) – Englisch-Lavendel; *Rittner* FS von Hippel, 1967, 391 (418).
[169] BGH GRUR 1957, 365 (368) – SUWA.
[170] Vgl. RGZ 121, 357 (364) – Universal-Rechner; *Goldmann,* Unternehmenskennzeichen, § 19 Rn. 561; *Rosenthal/Leffmann* Einl. Rn. 184.
[171] BGH GRUR 1982, 102 (104) – Masterbänder; GRUR 1993, 34 (36 f.) – Bedienungsanweisung; GRUR 1993, 556 (559) – TRIANGLE; GroßKommUWG/*Köhler* (1. Aufl.) Vor § 13 B Rn. 282; aA *T. Ackermann* FS Köhler, 2014, 1 (11 f.).

an festen Grundsätzen, sondern auch an verwertbaren Hinweisen in der bisherigen höchstrichterlichen Rspr. fehlte[172] und der Handelnde sich für seine Auffassung jedenfalls auf vereinzelte Entscheidungen der Instanzgerichte oder auf namhafte Vertreter im Schrifttum berufen konnte[173] sowie bei einer zu „differenzierten und auf Nuancen abstellenden Rechtsprechung".[174] Nach dieser Auffassung soll der Verletzer auch eine Abmahnung ignorieren und sein Handeln ohne Verschulden bis **zur höchstrichterlichen Klärung der Rechtslage fortsetzen dürfen.**

Diese Ansicht ist überholt.[175] Die Rechtslage ist so lange **objektiv unklar, bis** sie **vom** 89
BGH höchstrichterlich entschieden ist. Bei einer zweifelhaften Rechtsfrage, in der sich noch keine einheitliche Rechtsprechung gebildet hat und die insbesondere nicht durch höchstrichterliche Entscheidungen geklärt ist, wird genau derjenige **Grenzbereich** des rechtlich Zulässigen betreten, innerhalb dessen der Handelnde eine von der eigenen Einschätzung abweichende Beurteilung der rechtlichen Zulässigkeit in Betracht ziehen muss[176] und wo ihn das Fahrlässigkeitsrisiko trifft (→ Rn. 79).[177] Voraussetzung für einen entschuldigenden, unvermeidbaren Rechtsirrtum ist nach den insoweit geltenden strengen Maßstäben das Vorliegen einer **feststehenden (höchstrichterlichen) Rechtsprechung** oder nahezu **einhelligen Auffassung in der Literatur;** das Urteil eines OLG genügt regelmäßig nicht.[178]

Auch bei einer ausdrücklichen **Billigung** eines als Rechtsbruch nach § 3a zu wertenden 90
Verhaltens **durch die zuständige Behörde** soll der Rechtsirrtum nach der Auffassung des BGH entschuldigt sein.[179] Denn es wäre nach Ansicht des BGH eine grundsätzliche Überspannung der Pflicht zu lauterem Wettbewerbshandeln und ein unzulässiger Eingriff in die Wettbewerbsfreiheit, von einem Gewerbetreibenden zu verlangen, sich vorsichtshalber auch dann nach der strengsten Gesetzesauslegung und Einzelfallbeurteilung zu richten, wenn die zuständigen Behörden sein Verhalten ausdrücklich als rechtlich zulässig bewerten.[180] Äußerungen einer sachlich nicht zuständigen Behörde sollen indes nicht entschuldigen.[181]

Diese Rspr. von der entschuldigenden Wirkung einer behördlichen Billigung ist **ab-** 91
zulehnen. Es ist widersprüchlich, einerseits die unwidersprochene Einschätzung eines Senats beim OLG nicht ausreichen zu lassen, um die Fahrlässigkeit auszuschließen,[182] andererseits aber einer bloßen Behördenäußerung diese Wirkung zuzubilligen. Die rechtliche Qualität der Äußerung einer zuständigen Behörde rangiert unterhalb derjenigen von Gerichtsurteilen, nämlich allenfalls auf der gleichen Ebene wie das Gutachten eines anerkannten Wettbewerbsrechtsexperten in der juristischen Beratung. Auch für den Verstoß gegen öffentlich-rechtliche Normen gilt: Nur ein **günstiges Urteil des höchsten Verwaltungsgerichts** (je nach Materie BVerwG oder OVG bzw. VGH) kann den Rechts-

[172] BGH GRUR 1958, 549 (553) – Box-Programmheft; GRUR 1960, 200 (202) – Abitz II; GRUR 1969, 418 (422) – Standesbeamte.
[173] Vgl. BGH GRUR 1996, 271 (275) – Gefärbte Jeans.
[174] OLG Stuttgart NJWE-WettbR 1997, 75 (77) – Kfz-Blickfangwerbung bei unübersehbarer Einschränkung der Garantiezeit – Laufleistung 100.000 km.
[175] AA *Köhler*/Bornkamm/Feddersen § 9 Rn. 1.19; *Koos* in Fezer/Büscher/Obergfell § 9 Rn. 15; differenzierend Teplitzky/*Schaub* Kap. 30 Rn. 16.
[176] BGH GRUR 1999, 923 (928) – Tele-Info-CD; GRUR 1999, 1011 (1014) – Werbebeilage.
[177] Vgl. BGH GRUR 1957, 342 (347) – Underberg I; GRUR 1991, 153 (155) – Pizza & Pasta; GRUR 1993, 556 (559) – TRIANGLE; GRUR 1995, 825 (829) – Torres; GRUR 1999, 923 (928) – Tele-Info-CD; GRUR 1999, 1011 (1014) – Werbebeilage; GRUR 2002, 706 (708) – vossius.de; GRUR 2002, 622 (626) – shell.de; GRUR 2004, 865 (868) – Mustang; GRUR 2009, 685 Rn. 34 – ahd.de; GRUR 2009, 515 Rn. 34 – Motorradreiniger; GRUR 2010, 738 Rn. 40 – Peek & Cloppenburg I.
[178] Vgl. BGH GRUR 2020, 738 Rn. 48 – Internet-Radiorecorder.
[179] BGH GRUR 2002, 269 (270) – Veranstaltung von Sportwetten; GRUR 2003, 162 (163) – Progona; GRUR 2005, 778 (779) – Atemtest; ebenso Büscher/*Hohlweck* § 9 Rn. 23; *Köhler*/Bornkamm/Feddersen § 9 Rn. 1.19; Teplitzky/*Schaub* Kap. 30 Rn. 16.
[180] BGH GRUR 2002, 269 (270) – Veranstaltung von Sportwetten.
[181] BGH GRUR 2003, 162 (163) – Progona.
[182] Vgl. BGH GRUR 2020, 738 Rn. 48 – Internet-Radiorecorder.

irrtum entschuldigen, **nicht** die **Rechtsmeinung einer Behörde.** Nur diese Auffassung steht im Einklang mit der ständigen Rspr. des BGH, nach der ein Rechtsirrtum nur dann entschuldigt ist, wenn der Irrende bei Anwendung der im Verkehr erforderlichen Sorgfalt mit einer anderen Beurteilung durch die Gerichte **nicht zu rechnen brauchte.**[183] Dies ist bei einer Behördenentscheidung, die der Kontrolle durch die Verwaltungsgerichte und im Bereich des § 3a auch der ordentlichen Gerichte unterliegt, nicht der Fall. Im gleichen Sinne hat der BGH im Kennzeichenrecht entschieden, dass eine günstige Beurteilung durch das DPMA eine abweichende und für den Verletzer nachteilige Bewertung durch den BGH nicht ausschließt und deshalb im Falle einer Kennzeichenverletzung nicht zu einem schuldausschließenden Rechtsirrtum führt.[184] Diese Bewertung ist auch bei allen anderen Behördenentscheidungen angebracht.

92 Eine andere Frage ist es, ob es überhaupt Ziel des § 3a sein kann, es als unlauteren Wettbewerb zu bewerten, wenn ein Gewerbetreibender sich – mit Billigung der zuständigen Behörde – auf eine mit gutem Grund vertretbare Auslegung öffentlich-rechtlicher Normen stützt. Einen sittlich begründeten Vorwurf iSd § 1 UWG 1909 hätte man ihm wohl nicht machen können.[185] §§ 3, 3a beinhalten aber kein sittliches Unwerturteil, sondern dienen dem **Erhalt einer objektiven Marktordnung.** Dies setzt nur einen objektiven Verstoß gegen öffentlich-rechtliche Normen voraus. Geschieht dieser Verstoß darüber hinaus nach allgemeinen Grundsätzen schuldhaft, wird Schadensersatz geschuldet.

93 Sofern ein **fehlerhafter Verwaltungsakt** zugunsten des Handelnden jedoch eine **echte Tatbestandswirkung** entfaltet, scheidet schon der Rechtsbruchtatbestand selbst aus,[186] so dass sich die Frage nach einem Verschulden nicht stellt.

94 **cc) Sonderproblematik Schutzrechtsverwarnung.** Schadensersatzansprüche wegen **unberechtigter Schutzrechtsverwarnung** können nach wie vor auf § 9 gestützt werden. Der Große Zivilsenat hat seine Grundsatzentscheidung zur unberechtigten Schutzrechtsverwarnung zwar unter dem Gesichtspunkt des Eingriffs in den eingerichteten ausgeübten Gewerbebetrieb auf § 823 BGB gestützt und wettbewerbsrechtliche Ansprüche nicht geprüft, aber solche Ansprüche auch nicht ausgeschlossen.[187] §§ 3, 9 bleiben nach der hier vertretenen Auffassung als speziellere Anspruchsgrundlage gegenüber dem subsidiären Recht am Gewerbebetrieb einschlägig.[188] Dass der Schutzrechtsinhaber im Falle einer unberechtigten Schutzrechtsverwarnung bei Verschulden auf Schadensersatz in Anspruch genommen werden kann, ist das notwendige Korrelat dazu, dass er Inhaber eines Ausschließlichkeitsrechts ist, mit dem er jeden Wettbewerber von der Benutzung des Schutzgegenstandes ausschließen kann. Dies erfordert einen Ausgleich zwischen dem Schutz der geistigen Leistung und dem Interesse des Schutzrechtsinhabers, sein Recht geltend machen zu können, einerseits und dem Schutz des freien Wettbewerbs und dem Interesse der Wettbewerber, sich außerhalb des Schutzbereichs bestehender Rechte unter Beachtung der Gesetze frei entfalten zu können, andererseits. Dieser notwendige Ausgleich wäre nicht gewährleistet, wenn es dem Schutzrechtsinhaber gestattet wäre, aus einem Schutzrecht Schutz in einem Umfang zu beanspruchen, der ihm nicht zusteht, und wenn er den wirtschaftlichen Nutzen aus einer schuldhaften Verkennung des Umfangs des ihm zustehenden Schutzes ziehen dürfte, ohne für einen hierdurch verursachten Schaden seiner Mitbewerber einstehen zu müssen.[189]

---

[183] Vgl. BGH GRUR 1987, 564 (565) – Taxi-Genossenschaft; GRUR 1990, 474 (476) – Neugeborenentransporte; GRUR 1999, 923 (928) – Tele-Info-CD; GRUR 2002, 248 (252) – Spiegel-CD-ROM.

[184] BGH GRUR 1993, 556 (559) – TRIANGLE.

[185] Vgl. *v. Ungern-Sternberg* FS Erdmann, 2002, 741 (749).

[186] StRspr, vgl. BGH GRUR 2005, 778 (779) – Atemtest; GRUR 2018, 1166 Rn. 27 – Prozessfinanzierer I mwN.

[187] BGH (GZS) GRUR 2005, 882 – Unberechtigte Schutzrechtsverwarnung; § 823 BGB als Anspruchsgrundlage auch in BGH GRUR 2018, 832 Rn. 70 – Ballerinaschuh.

[188] BGH GRUR 2006, 433 Rn. 16 – Unbegründete Abnehmerverwarnung; *Meier-Beck* WRP 2006, 790 (793); *Ullmann* WRP 2006, 1070.

[189] BGH 20.1.2011 – I ZR 31/10 – Glucosaminsulfat und Chondroitinsulfat.

Nach der Rspr. gelten nach der notwendigen Interessenabwägung für den Verwarnenden bei einer unberechtigten Schutzrechtsverwarnung **weniger strenge Anforderungen** an die Prüfungs- und sonstigen Sorgfaltspflichten.[190] Ein Schutzrechtsinhaber setzt sich deshalb im Falle einer unberechtigten Verwarnung nicht dem Vorwurf schuldhaften Handelns aus, wenn er sich seine Überzeugung durch gewissenhafte Prüfung gebildet oder wenn er sich bei seinem Vorgehen von vernünftigen und billigen Überlegungen hat leiten lassen.[191] Art und Umfang der Sorgfaltspflichten eines Verwarners werden maßgeblich dadurch bestimmt, inwieweit er auf den **Bestand** und die **Tragfähigkeit** seines Schutzrechts vertrauen darf. Handelt es sich um ein geprüftes Schutzrecht – etwa eine Marke – kann vom Inhaber bei einer Verwarnung keine bessere Beurteilung der Rechtslage verlangt werden, als sie der Eintragungsbehörde möglich war.[192] Bei Verwarnungen aus in ihrer Schutzfähigkeit ungeprüften Gebrauchsmustern, Designs und Urheberrechten wird von dem Verwarner ein höheres Maß an Nachprüfung verlangt als bei einem Vorgehen aus geprüften Schutzrechten.[193] Aber auch hier stellt es sich bereits als schuldausschließend dar, wenn der Verwarnende sich **auf das Ergebnis der Schutzfähigkeitsprüfung seiner fachkundigen Berater** (Patent- und Rechtsanwälte) **verlässt,** solange er keinen begründeten Anlass hat, deren Urteil anzuzweifeln.[194] Würde man allzu strenge Sorgfaltsmaßstäbe anlegen, hieße das, denjenigen, der um die Verteidigung seiner Schutzrechte bemüht ist, mit untragbaren, weil unübersehbaren Risiken zu belasten. Damit würde gleichzeitig der gesetzliche Schutz dieser Rechte und der dahinter stehenden Leistung entwertet.[195] Überspannt werden dürfen die Sorgfaltsanforderungen auch nicht mit Blick auf den **Schutzumfang.** Denn die Frage, ob ein Schutzrecht verletzt ist, etwa ob Verwechslungsgefahr zwischen zwei Marken vorliegt, ist eine häufig nicht eindeutig zu beantwortende Wertungsfrage, die von den Gerichten durchaus unterschiedlich beurteilt werden kann. In diesen Fällen genügt der Schutzrechtsinhaber seinen Sorgfaltspflichten in aller Regel, wenn er vor Ausspruch der Abmahnung geeigneten Rechtsrat einholt.[196] 95

III. Zurechnung schuldhaften Handelns und Haftung für Dritte

1. Einführung. Das UWG von 1909 kannte keine besonderen Normen der Schadenshaftung für das Handeln Dritter. Daran haben die UWG-Reformen 2004, 2008, 2015 und 2020 nichts geändert. Die **Haftung für Dritte folgt den allgemeinen Vorschriften,** insbesondere den §§ 31, 831 BGB.[197] 96

2. Haftung nach § 31 BGB analog. a) Haftung für Organhandeln. Grundnorm der Zurechnung von Verschulden bei GmbH und AG im Rahmen der deliktischen Schadensersatzhaftung ist § 31 BGB analog, der in direkter Anwendung auf den Idealverein zugeschnitten ist.[198] Die juristische Person haftet danach für das Handeln ihrer **Organe,** das als eigenes Handeln der juristischen Person gilt. Es ist gewohnheitsrechtlich anerkannt, dass bei den Personengesellschaften OHG und KG die unbeschränkt persönlich haftenden Gesellschafter eine Haftung der Gesellschaft und sonstiger geschäftsführungsbefugter Gesellschafter – und damit eine persönliche Haftung der anderen persönlich haftenden Gesell- 97

190 BGH GRUR 2006, 432 Rn. 25 – Verwarnung aus Kennzeichenrecht III.

191 BGH GRUR 1974, 290 (293) – Maschenfester Strumpf; GRUR 2018, 832 Rn. 88 – Ballerinaschuh.

192 BGH GRUR 2006, 432 Rn. 25 – Verwarnung aus Kennzeichenrecht III; 2.10.2012 – I ZR 37/10 – XVIII Plus; GRUR 2018, 832 Rn. 89 – Ballerinaschuh.

193 BGH GRUR 1974, 290 (293) – Maschenfester Strumpf; GRUR 1979, 332 (336) – Brombeerleuchte; GRUR 2018, 832 Rn. 89 – Ballerinaschuh.

194 BGH GRUR 1974, 290 (293) – Maschenfester Strumpf; GRUR 1976, 715 (717) – Spritzgießmaschine; OLG Hamburg GRUR-RR 2003, 257 (261) – Smiley-Luftballons; vgl. auch BGH GRUR 2018, 832 Rn. 89 – Ballerinaschuh.

195 BGH GRUR 1974, 290 (293) – Maschenfester Strumpf.

196 LG München I 19.2.2013 – 33 O 11694/12 – peha/mea; *Ingerl/Rohnke* MarkenG Vor §§ 14–19d Rn. 414.

197 RegE (BT-Drs. 15/1487) S. 16.

198 Näher Soergel/*Hadding* BGB § 31 Rn. 5 ff.

schafter – analog § 31 BGB begründen können.[199] Darüber hinaus ist diese Norm auch bei der GbR analog anwendbar.[200]

98 Die Haftungszurechnung gem. § 31 BGB setzt voraus, dass das Organ gerade **in seiner Eigenschaft als Organ** der betreffenden Gesellschaft und in Verrichtung einer Tätigkeit gerade für diese handelt.[201] Ist das Organ für sich persönlich oder in seiner Eigenschaft als Organ einer anderen Gesellschaft oder Körperschaft tätig, scheidet eine Zurechnung aus.[202]

99 **b) Haftung für Vertreterhandeln.** Gehaftet wird auch für Handlungen der **verfassungsmäßig berufenen Vertreter,** die in der Ausführung einer ihnen zustehenden Verrichtung handeln (sog. **„Repräsentantenhaftung"**). Die Rspr. hat den Begriff weit ausgelegt. Als verfassungsmäßig berufener Vertreter iSd § 31 BGB ist anzusehen, wem durch die allgemeine Betriebsregelung und Handhabung bedeutsame wesensmäßige Funktionen der Organisation zur selbständigen, eigenverantwortlichen Erfüllung zugewiesen sind und der die juristische Person insoweit repräsentiert.[203]

100 Als **Einzelfälle** für verfassungsmäßig berufene Vertreter seien genannt: der **Leiter der Rechtsabteilung** eines Presseverlages,[204] der **Filialleiter** eines Selbstbedienungsgeschäfts,[205] einer Warenhausfiliale[206] oder einer Bank oder Sparkasse,[207] der **Pressesprecher** einer Fluggesellschaft hinsichtlich öffentlicher Äußerungen des Unternehmens,[208] der bloße **Sachbearbeiter** dann, wenn ihm wichtige Angelegenheiten zur **eigenverantwortlichen Erledigung** übertragen worden sind.[209]

101 Bei unlauterer Werbung ist davon auszugehen, dass der verantwortliche Mitarbeiter, der die **Entscheidung über** das **Ob und Wie** einer **Werbung** trifft, in diesem Sinne ein verfassungsmäßig berufener Vertreter ist.

102 **In Ausführung der zustehenden Verrichtung** ist eine Handlung begangen, wenn ein sachlicher Zusammenhang mit dem übertragenen Aufgabenkreis besteht.[210] Dies gilt auch bei vorsätzlichen Kompetenzüberschreitungen.[211]

103 Eine **Entlastung wie bei § 831 BGB ist nicht möglich.** Die Gesellschaft haftet auch für die ohne ihr Wissen und gegen ihren Willen von verfassungsmäßig berufenen Vertretern oder Organen begangenen Wettbewerbsverstöße.

104 **3. Haftung nach § 831 BGB. a) Anwendbarkeit der Norm.** Nach § 831 Abs. 1 S. 1 BGB haftet der Geschäftsherr bei Schäden, die sein **Verrichtungsgehilfe** in Ausführung der Verrichtung widerrechtlich zufügt. Die Vorschrift bleibt **neben § 8 Abs. 2 UWG,** der nur für die Begründung von Abwehransprüchen gilt, **umfassend anwendbar.**[212] § 8 Abs. 2 UWG soll verhindern, dass sich der Inhaber eines Unternehmens hinter von ihm abhängigen Dritten verstecken kann, und begründet daher einen zusätzlichen selbständigen Anspruch gegen den Inhaber des Unternehmens (*Goldmann* → § 8 Rn. 733). Die Exkulpationsmöglichkeit des § 831 BGB steht dem Unternehmensinhaber bei § 8 Abs. 2 nicht zur Verfügung. Zweck der Regelung ist es, den Gläubiger im UWG gegenüber den allgemeinen Regeln besser zu stellen und den Unternehmensinhaber verglichen mit den allgemei-

[199] StRspr seit RGZ 76, 35 (38); eingehend Soergel/*Hadding* BGB § 31 Rn. 7.
[200] BGHZ 154, 88 (93 ff.); Soergel/*Hadding* BGB § 31 Rn. 7; aA noch BGHZ 45, 311 (312): *„zu wenig körperschaftlich organisiert"*.
[201] RG MuW XXXVII/XXXVIII, 53 (55) – Gastwirtsdarlehen.
[202] RG MuW XXXVII/XXXVIII, 53 (55) – Gastwirtsdarlehen.
[203] BGH NJW 1998, 1854 (1856).
[204] BGHZ 24, 200 (213) – Spätheimkehrer.
[205] OLG München VersR 1974, 269.
[206] BGH NJW 1977, 2259 (2260).
[207] BGHZ 13, 198 (203); BGH NJW 1984, 921 (922).
[208] BGH GRUR 1984, 823 (824 f.) – Charterfluggesellschaften.
[209] RGZ 162, 129 (168 f.).
[210] RGZ 162, 129 (169).
[211] BGH NJW 1980, 115.
[212] Vgl. BGH GRUR 2012, 1279 Rn. 43 – Das große Rätselheft; OLG Frankfurt a. M. 14.2.2019 – 6 U 3/18 – World's Lightest.

nen Regeln verschärft haften zu lassen. Dem Gläubiger soll aber eine Berufung auf die allgemeinen Normen der Haftungszurechnung nicht abgeschnitten werden.[213]

b) Verrichtungsgehilfe. Zu einer Verrichtung bestellt ist, wem mit Wissen und Wollen des Geschäftsherrn eine Tätigkeit übertragen wurde, bei der er **weisungsgebunden,** also von dessen Weisungen abhängig ist.[214] Das Weisungsrecht braucht nicht ins Einzelne zu gehen. Es genügt, dass der Geschäftsherr die Tätigkeit des Handelnden jederzeit beschränken oder entziehen oder nach Zeit und Umfang bestimmen kann.[215] Zu den weisungsgebundenen Gehilfen gehören in erster Linie und typischerweise **Arbeitnehmer.** 105

Auch **Handelsvertreter können** Verrichtungsgehilfen sein, wenn sie im Einzelfall weisungsgebundene Tätigkeiten verrichten.[216] Dies gilt auch für **freie Journalisten,** die für den Verleger eines Restaurantführers arbeiten.[217] 106

Selbständige Unternehmer haben im Allgemeinen zwar nicht die Stellung eines Verrichtungsgehilfen nach § 831 BGB, weil es bei ihnen an der erforderlichen Abhängigkeit und Weisungsgebundenheit gegenüber dem Geschäftsherrn fehlt.[218] So sind zB gewerbliche Abnehmer, die Waren eines Herstellers weiterverkaufen, nicht dessen Verrichtungsgehilfen.[219] Beim Vorliegen besonderer Umstände ist es allerdings nicht ausgeschlossen, dass ein rechtlich selbständiger Unternehmer, soweit er eine Tätigkeit ausübt, bei der er den Weisungen eines anderen Unternehmens unterworfen ist, auch dessen Verrichtungsgehilfe sein kann.[220] Für die Abgrenzung kommt es nicht auf die rechtliche Ausgestaltung der Beziehung oder den gesellschaftsrechtlichen Status an. Entscheidend ist vielmehr, ob **nach den tatsächlichen Verhältnissen** eine **Eingliederung in den Organisationsbereich** des Geschäftsherrn erfolgt ist und der Handelnde dessen Weisungen unterliegt.[221] Dies gilt etwa bei Vorliegen eines Beherrschungs- und Gewinnabführungsvertrags.[222] Unter diesen Voraussetzungen kann eine **Tochtergesellschaft** Verrichtungsgehilfe der Muttergesellschaft sein.[223] 107

Die Rspr. hat auch den **Rechtsanwalt** im Verhältnis zum Mandanten als Verrichtungsgehilfen qualifiziert.[224] Dies ist zu Recht auf Kritik gestoßen. Dem Mandanten steht zwar das Recht zu, dem Anwalt Weisungen zu erteilen, doch widerspricht die Qualifizierung des Anwalts als Verrichtungsgehilfe zum einen dessen Funktion als unabhängiges Organ der Rechtspflege und zum anderen der eigenständigen Festlegung des Anwalts von Zeit, Art und Umfang seiner Tätigkeit.[225] 108

c) In Ausführung der Verrichtung. Die Schadenszufügung muss **in Ausführung der Verrichtung** und nicht nur bei Gelegenheit erfolgt sein. Erforderlich ist ein **innerer Zusammenhang** zwischen der Verrichtung nach ihrer Art und ihrem Zweck einerseits und der schädigenden Handlung andererseits.[226] Das Verhalten des Verrichtungsgehilfen 109

---

[213] BGH GRUR 2012, 1279 Rn. 43 – Das große Rätselheft; OLG Frankfurt a. M. 14.2.2019 – 6 U 3/18 – World's Lightest.

[214] BGH NJW-RR 1998, 250 (251); GRUR 2012, 1279 Rn. 44 – Das große Rätselheft; OLG Frankfurt a. M. 14.2.2019 – 6 U 3/18 – World's Lightest.

[215] BGH GRUR 1998, 167 (169) – Restaurantführer; GRUR 2012, 1279 Rn. 44 – Das große Rätselheft.

[216] BGH GRUR 1956, 553 (556) – Coswig; GRUR 1980, 116 (117) – Textildrucke.

[217] BGH GRUR 1998, 167 (169 f.) – Restaurantführer; MüKoUWG/*Fritzsche* § 9 Rn. 58.

[218] BGH GRUR 2012, 1279 Rn. 45 – Das große Rätselheft; OLG Frankfurt a. M. 14.2.2019 – 6 U 3/18 – World's Lightest.

[219] OLG Düsseldorf GRUR 2018, 855 Rn. 39 – Rasierklingeneinheiten.

[220] BGH GRUR 2012, 1279 Rn. 45 – Das große Rätselheft; OLG Frankfurt a. M. 14.2.2019 – 6 U 3/18 – World's Lightest.

[221] BGH GRUR 2012, 1279 Rn. 45 – Das große Rätselheft; OLG Frankfurt a. M. 14.2.2019 – 6 U 3/18 – World's Lightest.

[222] BGH GRUR 2012, 1279 Rn. 45 – Das große Rätselheft; OLG Frankfurt a. M. 14.2.2019 – 6 U 3/18 – World's Lightest.

[223] OLG Düsseldorf GRUR 2018, 855 Rn. 76 – Rasierklingeneinheiten.

[224] RGZ 96, 177 (179 ff.); BGH NJW 1979, 1882 f.

[225] BeckOGK/*Spindler* BGB § 831 Rn. 27 mwN.

[226] BGHZ 11, 151 (153); BGH NJW-RR 1989, 723 (725).

darf nicht aus dem allgemeinen Rahmen der ihm überantworteten Aufgaben herausfallen.[227] Eine Zurechnung ist auch bei vorsätzlichen Verstößen gegen Arbeitsanweisungen möglich:[228] Der **Testesser** zB, der **wissentlich unwahre Tatsachen** für Restaurantführer schreibt und gerade dadurch gegen die seinem Geschäftsherrn gegenüber bestehende Pflicht zur objektiven Darstellung verstößt, handelt in Ausführung der Verrichtung.[229]

110 **d) Exkulpation.** Der Geschäftsherr haftet nicht, wenn er gem. § 831 Abs. 2 S. 2 BGB nachweist, dass er den Gehilfen sorgfältig ausgewählt und überwacht hat, oder wenn der Schaden auch bei Anwendung dieser Sorgfalt entstanden wäre.

111 Die **Sorgfalt bei der Auswahl** bestimmt sich nach den Umständen des Einzelfalles, insbesondere der Eigenart der zur verrichtenden Tätigkeit, ihrer Schwierigkeit, ihrer Eignung, Dritte zu schädigen, sowie nach den persönlichen Verhältnissen des Auszuwählenden.[230]

112 Die Umstände des Einzelfalles sind auch maßgeblich für die nötige **Sorgfalt bei der Überwachung.** Wichtige Kriterien sind Qualifikation und Zuverlässigkeit des Gehilfen. IdR ist eine fortdauernde, planmäßige und unauffällige Überwachung erforderlich, die unerwartete stichprobenartige Kontrollen mit einschließt.[231] Je riskanter, verantwortungsvoller und komplexer die Tätigkeit eines Gehilfen ist und je weniger qualifiziert und zuverlässig er ist, desto umfassender sind die Anforderungen an Auswahl, Überwachung und Leitung durch den Geschäftsherrn.

113 **e) Dezentralisierter Entlastungsbeweis und Organisationsverschulden.** Die Rspr. lässt dabei den so genannten **dezentralisierten Entlastungsbeweis** zu. Unternehmen können sich bereits durch den Nachweis entlasten, jedenfalls **die leitenden Angestellten** als Verrichtungsgehilfen ordnungsgemäß ausgewählt, überwacht und angeleitet zu haben.[232] Die damit verbundene haftungsrechtliche Privilegierung von Unternehmen wird allerdings durch recht strenge Anforderungen an den Entlastungsbeweis und die Einführung von betrieblichen und körperschaftlichen **Organisationspflichten** kompensiert (Lehre vom Organisationsverschulden).[233] So gehört zum Entlastungsbeweis auch der Nachweis, dass die leitenden Angestellten ihrerseits die ihnen nachgeordneten Gehilfen sorgfältig ausgewählt und überwacht haben etc. Auch reicht die Bestellung einer Aufsichtsperson als zwischengeschalteter Verrichtungsgehilfe nicht aus; vielmehr muss die Organisation so beschaffen sein, dass die (oberste) Aufsichtsperson laufend über die ihr unterstellten Verrichtungsgehilfen unterrichtet ist.[234] Der Geschäftsherr kann, wenn er sich nach § 831 Abs. 1 BGB entlasten will, die leitenden Angestellten also nicht frei schalten und walten lassen.

C. Art und Umfang des Schadensersatzes

Schrifttum: *Amschewitz,* Die Durchsetzungsrichtlinie und ihre Umsetzung im deutschen Recht, 2008; *Arnold/Slopek,* Die Herausgabe des Verletzergewinns nach der Tripp-Trapp-Entscheidung des BGH, NJW 2009, 3694; *Bachem/Roeren,* Das Gesetz zur Bekämpfung des unlauteren Wettbewerbes vom 27. Mai 1896, 3. Aufl. 1900; *Bauerschmidt,* Der materiell-rechtliche Anspruch auf Erstattung von Rechtsanwaltskosten, JuS 2011, 601; *Binder,* Lizenzierung von Marken, in: Esch (Hrsg.), Moderne Markenführung, 4. Aufl. 2005, S. 523; *ders.,* Die Zukunftsfähigkeit der markenrechtlichen Lizenzanalogie, GRUR 2012, 1186; *Bodewig/Wandtke,* Die doppelte Lizenzgebühr als Berechnungsmethode im Lichte der Durchsetzungsrichtlinie, GRUR

227 BGH WM 1977, 1169 (1170 f.).
228 BGHZ 49, 19 (23).
229 BGH GRUR 1998, 167 (169) – Restaurantführer.
230 BRHP/*Förster* BGB § 831 Rn. 43 ff.
231 BRHP/*Förster* BGB § 831 Rn. 55, 58.
232 BRHP/*Förster* BGB § 831 Rn. 67 ff.; grdl. RGZ 78, 107 (108 f.); BGHZ 4, 1 (2); BGH VersR 1964, 297.
233 Näher Soergel/*Hadding* BGB § 31 Rn. 15 ff.; Palandt/*Ellenberger* BGB § 31 Rn. 7.
234 BGHZ 32, 53 (59); BRHP/*Förster* BGB § 831 Rn. 68 mwN.

2008, 220; *Delahaye,* Kernprobleme der Schadensberechnungsarten bei Schutzrechtsverletzungen, GRUR 1986, 217; *Dreier,* Kompensation und Prävention, 2002; *Dörre/Maaßen,* Das Gesetz zur Verbesserung der Durchsetzung von Rechten des geistigen Eigentums – Teil I: Änderungen im Patent-, Gebrauchsmuster-, Marken- und Geschmacksmusterrecht, GRUR-RR 2008, 217; *Droste,* Anmerkung zu BGH GRUR 1964, 392 – Weizenkeimöl, GRUR 1964, 396; *Fischer,* Schadenberechnung im gewerblichen Rechtsschutz, Urheberrecht und unlauteren Wettbewerb, 1961; *Föge,* Welche Grundlagen lassen sich für die Ermittlung des Schadensersatzanspruches aus unlauterem Wettbewerb finden?, MuW XXXIX, 3; *Friedlaender,* Anmerkung zu RG JW 1926, 1542 – Aspirin-Substitute, JW 1926, 1542; *Fritze,* Schadensersatz für rechtswidrige Anbringung einer Marke im Inland und anschließendem Export durch fiktive Lizenzgebühr, in: FS Erdmann, 2002, S. 291; *Fuld,* Das Reichsgesetz zur Bekämpfung des unlauteren Wettbewerbs, 1. Aufl. 1896; *Gedert,* Der angemessene Schadensersatz bei der Verletzung geistigen Eigentums, 2008; *Götz,* Schaden und Bereicherung in der Verletzerkette, GRUR 2001, 295; *Goldmann,* Die Berechnung des Schadensersatzanspruchs vor und nach Umsetzung der Durchsetzungsrichtlinie, WRP 2011, 950; *Grabinski,* Gewinnherausgabe nach Patentverletzung – Zur gerichtlichen Praxis acht Jahre nach dem „Gemeinkostenanteil"-Urteil des BGH, GRUR 2009, 260; *Haedicke,* Die Gewinnhaftung des Patentverletzers, GRUR 2005, 529; *Haft/Reimann,* Zur Berechnung des Verletzergewinns nach der „Gemeinkostenanteil"-Entscheidung des BGH vom 2. November 2000, Mitt. 2003, 437; *Hildebrandt,* Marken und andere Kennzeichen, 5. Aufl. 2019; *Holzapfel,* Zur Haftung einer Mehrheit von Verletzern, GRUR 2012, 242; *Janssen,* Präventive Gewinnabschöpfung, 2016; *Kämper,* Der Schadensersatzanspruch bei der Verletzung von Immaterialgüterrechten – Neue Entwicklungen seit der Enforcement-Richtlinie, GRUR Int. 2008, 539; *Kleinheyer/Hartwig,* Kausalitätsabschlag und Kontrollüberlegung beim Verletzergewinn. Zugleich Besprechung von BGH, Urt. v. 24.7.2012 – X ZR 51/11 – Flaschenträger, GRUR 2013, 683; *Kochendörfer,* Verletzerzuschlag auf Grundlage der Durchsetzungsrichtlinie, ZUM 2009, 389; *Köhler,* Die Begrenzung wettbewerbsrechtlicher Ansprüche durch den Grundsatz der Verhältnismäßigkeit, GRUR 1996, 82; *ders.,* Der Schutz von Kollektivinteressen und Individualinteressen im UWG, in: FS Büscher, 2018, S. 333; *ders.,* Zur Begrenzung wettbewerbsrechtlicher Schadensersatzansprüche durch den „Schutzzweck der Norm", in: FS Harte-Bavendamm, 2020, S. 355; *König,* Gewinnhaftung, in: FS v. Caemmerer, 1978, S. 179; *Lehmann,* Juristisch-ökonomische Kriterien zur Berechnung des Verletzergewinns bzw. des entgangenen Gewinns, BB 1988, 1680; *Leisse,* Die Fiktion im Schadensersatzrecht – Zugleich eine Anmerkung zu den Urteilen „Vier-Streifen-Schuh" und „Korrekturflüssigkeit", GRUR 1988, 88; *Meier-Beck,* Herausgabe des Verletzergewinns – Strafschadensersatz nach deutschem Recht?, GRUR 2005, 617; *ders.,* Schadenskompensation bei der Verletzung gewerblicher Schutzrechte im Lichte der Durchsetzungsrichtlinie, in: FS Loschelder, 2010, S. 221; *ders.,* Schadensersatz bei der Verletzung gewerblicher Schutzrechte nach dem Durchsetzungsgesetz, WRP 2012, 503; *Melullis,* Zur Ermittlung und zum Ausgleich des Schadens bei Patentverletzungen, GRUR Int. 2008, 679; *Menninger/Nägele,* Die Bewertung von Gewerblichen Schutzrechten und Urheberrechten für Zwecke der Schadensberechnung im Verletzungsfall, WRP 2007, 912; *Metzger,* Schadensersatz wegen Verletzung des Geistigen Eigentums gemäß Art. 13 Durchsetzungs-RL 2004/48 in: Remien (Hrsg.), Schadensersatz im europäischen Privat- und Wirtschaftsrecht, 2012, S. 209; *Mommsen,* Zur Lehre von dem Interesse, 1855; *Müller,* Das Reichsgesetz zur Bekämpfung des unlauteren Wettbewerbes vom 27. Mai 1896, 4. Aufl. 1904; *Piper,* Zur Wettbewerbswidrigkeit des Einbrechens in fremde Vertragsbeziehungen durch Abwerben von Kunden und Mitarbeitern, GRUR 1990, 643; *Peukert/Kur,* Stellungnahme des Max-Planck-Instituts für Geistiges Eigentum, Wettbewerbs- und Steuerrecht zur Umsetzung der Richtlinie 2004/48/EG zur Durchsetzung der Rechte des geistigen Eigentums in deutsches Recht, GRUR Int. 2006, 292; *Peifer,* Die dreifache Schadensberechnung im Lichte zivilrechtlicher Dogmatik, WRP 2008, 48; *Podszun/Deuschle,* Schadensersatz bei Verstoß gegen eine Marktverhaltensregelung. Zur dogmatischen und systematischen Einordnung von § 9 UWG, WRP 2019, 1102; *Pross,* Verletzergewinn und Gemeinkosten, in: FS Tilmann, 2003, S. 881; *Richter,* Verletzergewinn und Lizenzanalogie aus schadensrechtlicher Sicht, in: FS Ahrens, 2016, S. 405; *Rohnke,* Anmerkung zu BGH GRUR 1993, 55, 57 – Tchibo/Rolex II, GRUR 1992, 60; *Sack,* Die Lizenzanalogie im System des Immaterialgüterrechts, in: FS Hubmann, 1985, S. 373; *ders.,* Die Gewinnhaftung im gewerblichen Rechtsschutz und Urheberrecht, in: FS Ahrens, 2016, S. 421; *Saenger/Uphoff,* Erstattungsfähigkeit anwaltlicher Zeithonorare, NJW 2014, 1412; *Schaffert,* Die Ansprüche auf Drittauskunft und Schadensersatz im Fall der Beeinträchtigung schutzwürdiger Kontrollnummernsysteme durch Entfernen oder Unkenntlichmachung der Kontrollnummern, in: FS Erdmann, 2002, S. 719; *Schlosser,* Schadensersatzrechtlicher Erstattungsanspruch für über die Sätze des RVG hinausgehende Anwaltskosten, NJW 2009, 2413; *Schrage,* Der Schadensersatz im gewerblichen Rechtsschutz und Urheberrecht, 2011; *Schricker,* Berichtigende Werbung – Rechtsvergleichende Überlegungen zur Fortbildung des deutschen Wettbewerbsrechts, GRUR Int. 1975, 191; *Siegel,* Kosten der Abmahnung bei Wettbewerbsverstößen, MuW XXXIII, 105; *Stieper,* Dreifache Schadensberechnung nach der Durchsetzungsrichtlinie 2004/48/EG im Immaterialgüter- und Wettbewerbsrecht, WRP 2010, 624; *V. Tetzner,* Der Verletzerzuschlag bei der Lizenzanalogie, GRUR 2009, 6; *Tilmann,* Kostenhaftung und Gebührenberechnung bei Unterlassungsklagen gegen Streitgenossen im gewerblichen Rechtsschutz GRUR 1986, 691; *ders.,* Gewinnherausgabe im gewerblichen Rechtsschutz und Urheberrecht – Folgerungen aus der Entscheidung „Gemeinkostenanteil", GRUR 2003, 647; *ders.,* Konstruktionsfragen zum Schadensersatz nach der Durchsetzungs-Richtlinie, in: FS Schilling, 2007, S. 367; *Ullmann,* Die Verschuldenshaftung und die Bereicherungshaftung des Verletzers im gewerblichen Rechtsschutz und Urheberrecht, GRUR 1978, 615; *v. Ungern-Sternberg,* Einwirkung der Durchsetzungsrichtlinie auf das deutsche Schadensersatzrecht, GRUR 2009, 460; *ders.,* Schadensersatz in Höhe des sog. Verletzergewinns nach Umsetzung der Durchsetzungsrichtlinie, in: FS

Loewenheim, 2009, S. 351; *Wertheimer,* Zur Frage der Schadensberechnung bei Patent- und Gebrauchsmusterverletzungen, in: FS Heilfron, 1930, S. 153; *Wendehorst,* Anspruch und Ausgleich, 1999; *Zahn,* Die Herausgabe des Verletzergewinnes, 2005.

I. Die Problematik des Schadens im Recht des unlauteren Wettbewerbs

114 **1. Berechnungsschwierigkeiten.** Der Schutz gegen unlauteren Wettbewerb bedeutet **für den Mitbewerber Schutz seiner Gewinnchancen.** Ein entgangener Gewinn lässt sich aber kaum je berechnen. Nur in den seltensten Fällen wird sich nachweisen lassen, dass ein Kunde nach dem gewöhnlichen Lauf der Dinge (§ 252 S. 2 BGB) beim Mitbewerber gekauft hätte, wäre er nicht irregeführt worden.[235] Selbst bei besonders archaischen Formen des unlauteren Wettbewerbs wie dem „Anreißen" von Kunden vor den Geschäftsräumen eines Mitbewerbers[236] fällt der Nachweis schwer, dass mit den weggelockten Interessenten ein Geschäft zustande gekommen wäre. Ganz besonders schwierig ist die Berechnung eines entgangenen Gewinns bei einem Verstoß gegen Marktverhaltensregelungen iSd § 3a UWG.[237] Das Charakteristische des wettbewerblichen Schadens besteht darin, dass er **schwer greifbar** ist.[238] Angesichts der Vielgestaltigkeit von Beeinträchtigungen, die dem Mitbewerber durch unlautere Handlungen seiner Konkurrenten erwachsen können, der zuweilen großen Anzahl an weiteren betroffenen Mitbewerbern sowie der Dynamik der wirtschaftlichen Weiterungen ist es für den einzelnen anspruchsberechtigten Mitbewerber äußerst schwierig, die Höhe seines Schadens zu beziffern.[239]

115 **2. Differenzhypothese.** Die Schwierigkeiten der Schadensberechnung waren bereits in der Gesetzgebungsdiskussion zum UWG 1896 erörtert worden.[240] Vom Deutschen Verein für den Schutz des gewerblichen Eigentums war vorgeschlagen worden, eine vom allgemeinen Zivilrecht abweichende Definition aufzunehmen. Hiernach sollte als Schaden im Sinne des UWG jeder Nachteil gelten, der nach den Anschauungen des Verkehrs dem Verletzten entstanden ist, um damit hervorzuheben, dass der Schaden nicht mathematisch und juristisch genau nachgewiesen zu werden brauche.[241] Diese Definition – oder besser: Fiktion – wurde aber nicht Gesetz. Deshalb ist erster Ausgangspunkt zur Bestimmung des Schadens im Wettbewerbsrecht nicht die Verkehrsanschauung,[242] sondern wie auch sonst im Zivilrecht die **Differenzhypothese.** Der Schaden besteht in der Differenz zweier Güterlagen: der tatsächlichen Güterlage, die durch das schädigende Ereignis geschaffen wurde, und der hypothetischen Güterlage, die bei Hinwegdenken dieses Ereignisses bestehen würde.[243] Dabei besteht ein **Vermögensschaden** – und nur um diesen geht es im UWG (vgl. → Rn. 158) –, wenn der tatsächliche Wert des Vermögens des Geschädigten geringer ist als der Wert, den das Vermögen ohne das die Ersatzpflicht begründende Ereignis haben würde.[244]

[235] Zu einem solchen Ausnahmefall LG Köln 14.10.2015 – 84 O 149/14 – Anhängen an ASIN-Nummer.

[236] Hierzu BGH GRUR 1986, 547 (548) – Handzettelwerbung; OLG Hamm MuW XXXI, 343 – Handarbeitsgeschäft; OLG Hamburg GRUR 1954, 409 – Chemisches Kleiderbad; KG GRUR 1984, 601 (602) – Handzettel-Verteilung; OLG Frankfurt a. M. GRUR-RR 2017, 278 Rn. 17 ff. – Belästigung in Fahrzeugschlange; *Baumbach/Hefermehl* § 1 Rn. 214; *Callmann* § 1 Rn. 81; gegen Unlauterkeit unter dem Gesichtspunkt der Behinderung OLG Frankfurt a. M. WRP 2017, 100 Rn. 15; *Köhler*/Bornkamm/Feddersen § 4 Rn. 4.29; *Ohly*/Sosnitza § 4 Rn. 4/47.

[237] Vgl. BGH GRUR 2016, 860 Rn. 21 ff. – Deltamethrin II; *Podszun/Deuschle* WRP 2019, 1102 Rn. 33 ff.

[238] LG Hamburg 10.11.2005 – 327 O 616/05 – Werbe-Flyer; *Pastor* Vorwort zu Kap. 25; Teplitzky/*Schaub* Kap. 33 Rn. 2.

[239] *Droste* GRUR 1964, 396 (397); *Föge* MuW XXXIX, 3.

[240] Vgl. *Fuld* (1. Aufl.) § 1 Anm. 20; *Müller* § 1 Anm. B 2.

[241] Vgl. *Müller* § 1 Anm. B 2; vgl. auch *Pastor* Kap. 29 I (allerdings nicht mit korrektem Zitat), dies fortschreibend Teplitzky/*Schaub* Kap. 33 Rn. 1.

[242] So aber Teplitzky/*Schaub* Kap. 33 Rn. 1.

[243] Speziell zu § 9 LAG Düsseldorf 23.2.2010 – 17 Sa 1133/08; allgemein RGZ 77, 99 (101); BGHZ 27, 181 (183); 75, 366 (371); 99, 182 (196); *Fischer* S. 3 f.; grundlegend zur Differenzhypothese *Mommsen* S. 11.

[244] BGHZ 27, 181 (183); 75, 366 (371); 99, 182 (196); zum Wettbewerbsrecht grdl. *Müller* § 1 Anm. B 2.

II. Unterscheidung von Schadensarten und Arten der Schadensberechnung

1. Unterscheidung von positivem Schaden und entgangenem Gewinn. Vom Grundsatz her ist zwischen zwei Kategorien des Schadens zu unterscheiden: der Verminderung des vorhandenen Vermögens in seinem Bestand (***damnum emergens,*** „positiver Schaden") und der Verhinderung eines Vermögenszuwachses (***lucrum cessans,*** „entgangener Gewinn").[245] Dabei genügt für eine Schädigung jede nachteilige Einwirkung auf die Vermögenslage im Allgemeinen, auch die **Beeinträchtigung** einer bloß **tatsächlichen Erwerbsaussicht.**[246] Die eine Gewinnerzielung versprechende günstige Geschäftslage ist also dem Vermögen zuzurechnen. Die neuere Rspr. des BGH zum so genannten Marktverwirrungsschaden als Störungszustand (hierzu → Rn. 199) ändert daran im Grundsatz nichts.[247] 116

2. Unterscheidung zwischen konkretem Schaden und abstraktem Schaden. a) Konkreter Schaden. Bei einem UWG-Verstoß kommt nur in den wenigsten Fällen eine Naturalrestitution in Betracht (hierzu → Rn. 172 ff.). In aller Regel ist der Ersatz des Schadens in Geld geschuldet. Dann muss der Geldbetrag berechnet oder gem. § 287 ZPO geschätzt werden. Der sog. „konkrete Schaden" ist derjenige Schaden, der beim Geschädigten tatsächlich eingetreten und dem sein Vermögen konkret gemindert ist. Der Geldbetrag muss also der tatsächlichen Vermögensminderung entsprechen. Zum konkreten Schaden gehört zum einen der **entgangene Gewinn** (→ Rn. 201 ff.) und zum anderen der **positive Schaden.** Unter diesen lässt sich auch die durch das schädigende Ereignis adäquat kausal verursachte (→ Rn. 144) Vermögensminderung in Form von **Rechtsverfolgungskosten** subsumieren (→ Rn. 138 ff.) sowie der sog. **„Marktverwirrungsschaden"** (→ Rn. 198 ff.). 117

b) Abstrakter Schaden. Die Berechnung des „abstrakten Schadens" abstrahiert von der konkreten Vermögenssituation des Geschädigten. Der Geldbetrag, mit dem der Geschädigte kompensiert wird, entspricht nicht seiner konkreten Vermögensminderung. Er repräsentiert vielmehr eine **andere Form des angemessenen Schadensausgleichs aus Billigkeitsgründen.** Der Ausgleich ist von den subjektiven Gewinnerzielungsmöglichkeiten des Geschädigten abgekoppelt und erfolgt nach objektiven Maßstäben auf der Basis einer angemessenen Lizenzgebühr oder auf der Grundlage des Gewinns, den der Verletzer erzielt hat. Man spricht deshalb von der **„objektiven Schadensberechnung"** (ausführlich → Rn. 225 ff.). 118

III. Schadensentstehung als Anspruchsvoraussetzung

1. Entstehung eines Schadens. Der Anspruch auf Ersatz des Schadens setzt voraus, dass überhaupt ein Schaden entstanden ist.[248] 119

2. Feststellung der Schadensersatzpflicht und Feststellungsinteresse gem. § 256 Abs. 1 ZPO. a) Wahrscheinlichkeit eines Schadenseintritts. Richtet sich im Prozess die Klage auf **Feststellung** der Schadensersatzpflicht, setzt das gem. **§ 256 Abs. 1 ZPO** geforderte **Rechtsschutzinteresse** lediglich voraus, dass die **Wahrscheinlichkeit einer Schadensentstehung** dargelegt ist.[249] Dies folgt aus den Schwierigkeiten der Berechnung des Schadensersatzes einerseits und dem Interesse an einer Unterbrechung der Verjährung 120

[245] Grundlegend *Mommsen* S. 11, 118 ff.

[246] RGZ 79, 55 (58) – Verleumdungen; 111, 151 (156); BGH GRUR 1966, 375 (378) – Messmer-Tee II.

[247] BGH GRUR 2001, 841 (845) – Herstellungsnummer II; so bereits BGH GRUR 1991, 921 (923) – Sahnesiphon.

[248] BGH GRUR 1972, 180 (183) – Cheri.

[249] StRspr, vgl. RGZ 108, 1 (6 ff.); GRUR 1934, 192 (194) – Saneuron mwN; BGH GRUR 1960, 193 (194) – Frachtenrückvergütung; GRUR 1995, 744 (749) – Feuer, Eis & Dynamit I; GRUR 2000, 907 (911) – Filialleiterfehler; GRUR 2001, 78 (79) – Falsche Herstellerpreisempfehlung; GRUR 2012, 193 Rn. 82 – Sportwetten im Internet II; GRUR 2018, 832 Rn. 54 – Ballerinaschuh.

andererseits (→ Rn. 316); das Feststellungsinteresse besteht aus prozessökonomischen Gründen unabhängig davon, dass auch Stufenklage erhoben werden könnte.[250]

121 Das gem. § 256 Abs. 1 ZPO erforderliche rechtliche Interesse liegt bei Schadensersatzfeststellungsklagen bereits dann vor, wenn künftige Schadensfolgen – sei es auch nur entfernt – möglich, ihre Art, ihr Umfang und sogar ihr Eintritt aber noch ungewiss sind.[251] Die **Wahrscheinlichkeit einer Schadensentstehung** stellt keine Sachurteilsvoraussetzung dar, sondern gehört zur **materiellen Klagebegründung.**[252] Daran werden in der neueren Rspr. grundsätzlich **keine hohen Anforderungen** gestellt.[253] Einer hohen Wahrscheinlichkeit dafür bedarf es nicht.[254] Der anzulegende Maßstab ist großzügig.[255] Das entbindet den Kläger jedoch nicht von vornherein von jeglicher Darlegung.[256]

122 Eine **erhöhte Darlegungslast** ergibt sich unter dem Gesichtspunkt des Feststellungsinteresses dann, wenn es nach der Abgabe einer strafbewehrten Unterlassungserklärung zu einem erneuten Verstoß kommt und der gesetzliche Schadensersatzanspruch geltend gemacht wird, obwohl auch eine **Vertragsstrafe** in ihrer Funktion **als pauschalierter Schadensersatz** (hierzu *Goldmann* → § 8 Rn. 89) in bezifferter Höhe geltend gemacht werden kann. Weil die Vertragsstrafe auf den gesetzlichen Schadensersatzanspruch **anzurechnen** ist, besteht dieser nur, soweit der Schaden über die Vertragsstrafeansprüche hinausgeht. Deshalb besteht das erforderliche Rechtsschutzinteresse an der Feststellung des **gesetzlichen Schadensersatzanspruchs** in Konstellationen, in denen der Umfang des Schadens wie auch der Umfang etwaiger weiterer, auf den Schadensersatzanspruch anrechenbarer Vertragsstrafeansprüche noch nicht feststeht, nur dann, wenn die nicht völlig entfernte Möglichkeit besteht, dass die gesetzlichen Schadensersatzansprüche über die Vertragsstrafeansprüche hinausreichen, also **höher als die Vertragsstrafe** sein können.[257] Insgesamt gelten folgende Grundsätze:

b) Positiver Schaden. Keinerlei Schwierigkeiten ergeben sich, wenn der Kläger die Wahrscheinlichkeit eines positiven Schadens geltend machen und darlegen kann, dass ein Marktverwirrungsschaden eingetreten ist (→ Rn. 198 ff.) oder dass er Rechtsverfolgungskosten aufgewandt hat (→ Rn. 183 ff.).

123 **c) Abstrakter Schaden.** Schwierigkeiten ergeben sich auch nicht in den Fällen, in denen es dem Geschädigten gestattet ist, den **abstrakten Schaden nach der objektiven Schadensberechnung** zu berechnen, also in Fällen des Nachahmungsschutzes (§ 4 Nr. 3) und – in Altfällen – beim UWG-Geheimnisschutz gem. §§ 17 ff. UWG 2004 (ausführlich → Rn. 225 ff.). Überall dort, wo die abstrakte Schadensberechnung möglich ist, ist auch der Eintritt des Schadens wahrscheinlich, so etwa bei § 4 Nr. 3.[258] Die objektive Schadensberechnung im UWG beruht heute auf einer Rechtsanalogie zu den §§ 139 Abs. 2 PatG; 24 Abs. 2 GebrMG; 14 Abs. 6 S. 2 und 3, 15 Abs. 5 S. 2; 125b Nr. 2 MarkenG; 97 Abs. 2 S. 2 und 3 UrhG; 42 Abs. 2 S. 2 und 3 DesignG; 37 Abs. 2 S. 2 und 3 SortSchG, mit denen Art. 13 der Durchsetzungsrichtlinie im gesamten Immaterialgüterecht umgesetzt wurde (→ Rn. 228). Der Begriff des Schadens wird von der Richtlinie nicht definiert oder

[250] Vgl. BGH GRUR 2008, 258 Rn. 16 – INTERCONNECT/T-InterConnect.

[251] BGH GRUR 1992, 559 – Mikrofilmanlage; GRUR 2018, 832 Rn. 54 – Ballerinaschuh.

[252] BGH GRUR 1992, 559 – Mikrofilmanlage; GRUR 2018, 832 Rn. 54 – Ballerinaschuh; *Büscher* in Fezer/Büscher/Obergfell § 12 Rn. 265.

[253] OLG Hamm NJOZ 2009, 3618 (3622) – Gutschein-Werbung für Treppenlift.

[254] StRspr, vgl. BGH GRUR 1984, 741 (742) – PATENTED; GRUR 1992, 61 (63) – Preisvergleichsliste I; GRUR 1993, 926 (927) – Apothekenzeitschriften; GRUR 1995, 744 (749) – Feuer, Eis & Dynamit I; GRUR 2000, 907 (911) – Filialleiterfehler; GRUR 2001, 78 (79) – Falsche Herstellerpreisempfehlung.

[255] BGH GRUR 2001, 849 (850) – Remailing-Angebot; OLG Düsseldorf GRUR-RR 2014, 1 (7) – Schneeschieber; OLG Düsseldorf 16.6.2015 – 4 U 32/14 – Le Pliage.

[256] BGH GRUR 2001, 78 (79) – Falsche Herstellerpreisempfehlung; OLG Hamburg NJW-RR 2004, 196 (198) – Rexona.

[257] BGH GRUR 1993, 926 (927) – Apothekenzeitschriften; OLG Karlsruhe 25.5.2016 – 6 U 17/15 – Resistograph.

[258] *OLG München* 18.5.2017 – 6 U 4058/15 – DFB Retro-Shirts 1954.

näher geregelt, sondern stillschweigend vorausgesetzt. Die Durchsetzungsrichtlinie unterscheidet in Erwägungsgrund 26 und in Art. 13 nämlich zwischen dem Schaden einerseits und dessen Ersatz in Geld andererseits. Damit geht die Richtlinie davon aus, dass der **Schaden** bereits **in der Verletzung des Immaterialgüterrechts** liegt.[259] Dies steht im Einklang mit der neuen Rspr. des BGH[260] und gewichtigen Stimmen im Schrifttum.[261] Der Schaden besteht darin, dass der Verletzer die von dem immateriellen Schutzgut vermittelten konkreten Marktchancen für sich nutzt und sie damit zugleich der Nutzung durch den Schutzrechtsinhaber entzieht.[262] Dieselben Grundsätze gelten dort, wo dem Geschädigten bei UWG-Verstößen die objektive Schadensberechnung offensteht (→ Rn. 232).

d) Entgangener Gewinn. aa) Differenzierung zwischen mitbewerberbezogenen Verstößen und marktbezogenen Verstößen. Wenn – wie im Regelfall bei UWG-Verstößen (→ Rn. 233) – die Berechnung eines abstrakten Schadens nach der objektiven Schadensberechnung ausscheidet, ist für die Wahrscheinlichkeit eines Gewinnentgangs zwischen mitbewerberbezogenen und marktbezogenen Verstößen zu unterscheiden. **Marktbezogene Verstöße** sind solche UWG-Tatbestände, die nicht ausschließlich den Schutz gerade eines individuellen Mitbewerbers im Auge haben, sondern Kollektivinteressen und dem Verbraucherschutz dienen oder das Allgemeininteresse schützen (*Goldmann* → § 8 Rn. 351). **Mitbewerberbezogene Verstöße** liegen bei Tatbeständen vor, die in der jeweiligen Fallgestaltung nach ihrem Normzweck nur einen bestimmten, unmittelbar betroffenen Mitbewerber schützen (ausf. *Goldmann* → § 8 Rn. 352). 124

bb) Mitbewerberbezogene Verstöße. Wettbewerb im Sinne der freien Betätigung der Wirtschaftssubjekte ist Ausdrucksform wirtschaftlichen **Gewinnstrebens.**[263] Das Verhalten selbständiger Unternehmer, die zum Geschäftsabschluss mit Dritten zu gelangen suchen, macht den Kern des wirtschaftlichen Wettbewerbs aus.[264] Wettbewerb ist insoweit Streben nach Erwerb im Kampf um den Erhalt und die Gewinnung von Kunden. **Unlauterer Wettbewerb** im traditionellen Sinne ist also **seinem Wesen nach** auf die **Beeinträchtigung tatsächlicher Erwerbsaussichten** der Mitbewerber gerichtet. 125

Es ist deswegen davon auszugehen, dass jeder **mitbewerberbezogene Verstoß** letztlich auch zu einer Beeinträchtigung einer tatsächlichen Erwerbsaussicht beim unmittelbar betroffenen Mitbewerber führt. Denn eine individuelle Benachteiligung im Wettbewerb führt zu einer Minderung der Erwerbsaussichten. Dies genügt für einen Schaden.[265] Entsprechend war das RG der Ansicht, schon in der Beeinträchtigung der auf Kundschaftsgewinnung gerichteten Tätigkeit sei eine Vermögensbeschädigung zu finden.[266] Dass durch einen mitbewerberbezogenen Verstoß dem unmittelbar betroffenen Mitbewerber ein **Schaden entsteht,** ist also im Sinne **eines allgemeinen Erfahrungssatzes** des Wettbewerbsrechts die Regel.[267] Bei herabsetzenden Äußerungen etwa entspricht es der Lebenserfahrung, dass dem Betroffenen ein Schaden entsteht,[268] ebenso bei einer individuellen 126

[259] *Goldmann,* Unternehmenskennzeichen, § 19 Rn. 567; Kur/*Goldmann* MarkenG § 14 Rn. 725.

[260] BGH GRUR 2006, 421 Rn. 45 – Markenparfümverkäufe; GRUR 2009, 515 Rn. 29 – Motorradreiniger; GRUR 2010, 239 Rn. 23 – BTK; GRUR 2012, 1226 Rn. 15 – Flaschenträger; OLG Karlsruhe 25.5.2016 – 6 U 17/15 – Resistograph.

[261] *Meier-Beck* FS Loschelder, 2010, 221 (223); *Ungern-Sternberg* FS Loewenheim, 2009, 351 (361).

[262] BGH GRUR 2012, 1226 Rn. 15 – Flaschenträger.

[263] *Callmann* S. 24.

[264] *Baumbach/Hefermehl* Allg. Rn. 5, 18.

[265] RG MuW XXXII, 187 (190) – Naftalan I; *Baumbach/Hefermehl* Einl. UWG Rn. 378.

[266] RGZ 75, 61 (63) – Moratorium; ebenso *Rosenthal/Leffmann* Einl. Rn. 196; strenger RG GRUR 1934, 317 (321).

[267] BGH GRUR 1993, 55 (57) – Tchibo/Rolex II; GRUR 2016, 860 Rn. 21 – Deltamethrin II; *Pastor* Vorwort zu Kap. 25.

[268] RG GRUR 1938, 269 (273) – Auskunftskalender; BGH GRUR 1959, 31 (33) – Feuerzeug als Werbegeschenk; OLG Hamm MMR 2010, 330 (331) – Herabsetzender „Testbericht" im Internet; LG Köln GRUR-RR 2009, 154 (155) – Haftung für Virals; vgl. auch RG GRUR 1935, 183 (187) – Vorzugsangebot; *Wünsche* S. 311.

Behinderung.[269] Aber auch bei anderen mitbewerberbezogenen Verstößen ist es **erfahrungsgemäß so gut wie sicher, dass** im Wirtschaftsleben **dem unmittelbar Verletzten durch einen Verstoß ein Vermögensschaden entsteht.**[270] Bei einer unlauteren **vergleichenden Werbung** (§ 6) besteht, soweit es sich um einen mitbewerberbezogenen Verstoß handelt (*Goldmann* → § 8 Rn. 358) nach der Lebenserfahrung ohne weiteres die Wahrscheinlichkeit, dass der von einem negativen Werbevergleich Betroffene im Wettbewerb tatsächlich Nachteile und damit einen Schaden erleidet, weil Kunden sich von ihm abwenden können.[271] Dies gilt insbesondere bei einem herabsetzenden oder verunglimpfenden Werbevergleich **(§ 6 Abs. 2 Nr. 5).**[272] Ein Schadenseintritt ist auch für den Originalhersteller wahrscheinlich, wenn eine Ware oder Dienstleistung als Nachahmung von dessen Originalprodukt präsentiert wird **(§ 6 Abs. 2 Nr. 6).** Zwar handelt es sich nicht im dem Sinne um einen mitbewerberbezogenen Verstoß, dass andere Mitbewerber keine Ansprüche geltend machen könnten (*Goldmann* → § 8 Rn. 357). Der Originalhersteller wird aber in besonderem Maße um die Chance gebracht, sein Originalprodukt abzusetzen.

127 Eine Beeinträchtigung der Erwerbschancen liegt bei mitbewerberbezogenen Verstößen für den unmittelbar Verletzten bei der gebotenen wirtschaftlichen Betrachtung sogar bereits darin, dass er **zur Abwehr des Verstoßes herausgefordert** wird (→ Rn. 146) und dafür Mühe und **Kosten aufwenden** muss – allein schon, um seiner Schadensminderungsobliegenheit gem. § 254 Abs. 1 BGB zu genügen.[273]

128 **Probleme** bereitet bei mitbewerberbezogenen Verstößen in aller Regel also **nicht das Vorhandensein des Schadens, sondern** seine **Berechnung.** Allerdings muss der Anspruchsteller zur Begründung eines Feststellungsinteresses iSd § 256 Abs. 1 ZPO zumindest darlegen, auf welche Umstände des Einzelfalls er seinen Schaden zurückführt. Macht der Anspruchsteller geltend, die unlautere geschäftliche Handlung seines Wettbewerbers habe negative Auswirkungen auf seine Kundenbeziehungen gehabt, so muss er darlegen, in welchem Umfang er und sein Wettbewerber dieselben Kunden ansprechen bzw. in welcher Weise sich dessen Aktionen auf die eigene Geschäftstätigkeit auswirken können.[274]

129 **cc) Marktbezogene Verstöße. (a) Grundsatz.** Die soeben dargestellten Grundsätze treffen nur für mitbewerberbezogene Verstöße zu. Für **marktbezogene Verstöße,** also in Fallkonstellationen, die das verbraucherschutzbezogene Lauterkeitsrecht betreffen oder in denen es um Allgemeininteressen geht, bedarf es stets einer **Einzelfallbetrachtung,** ob mit der unlauteren geschäftlichen Handlung **auch eine Beeinträchtigung des Wettbewerbs gerade des Anspruchstellers** einhergeht.[275] Hier ist zu differenzieren und jeweils zu fragen, ob eine *„Beeinträchtigung der auf Kundschaftsgewinnung gerichteten Tätigkeit"*[276] vorliegt. Ein Schadenseintritt ist zwar in Wettbewerbssachen „zumeist wahrscheinlich",[277] und kann dann

---

[269] BGH GRUR 1959, 31 (33) – Feuerzeug als Werbegeschenk.

[270] RG GRUR 1940, 114 (116) – Baupfähle; BGH GRUR 1993, 55 (57) – Tchibo/Rolex II; GRUR 1993, 926 (927) – Apothekenzeitschriften; GRUR 1993, 757 (758 f.) – Kollektion „Holiday"; GRUR 1995, 349 (351) – Objektive Schadensberechnung; GRUR 2016, 860 Rn. 21 – Deltamethrin II; KG WRP 1999, 339 (342) – Werbevergleich; OLG Düsseldorf 16.6.2015 – 4 U 32/14 – Le Pliage; *Pastor* Vorwort zu Kap. 25; Teplitzky/*Schaub* Kap. 33 Rn. 3; ebenso *Callmann* S. 118; zu einem Ausnahmefall mit unwahrscheinlichem Schaden vgl. BGH GRUR 1997, 774 (749) – Feuer, Eis & Dynamit I.

[271] RG GRUR 1931, 1299 (1301 f.) – Hellegold; GRUR 1936, 747 (752) – Waterproof.

[272] KG WRP 1999, 339 (342) – Werbevergleich; LG Köln GRUR-RR 2009, 154 (155) – Haftung für Virals.

[273] So schon OLG Hamburg MuW XXII, 83 (84): *„In derartigen Schadensersatzprozessen läßt sich ein ziffernmäßiger Betrag meist nicht errechnen. Und doch liegt es auf der Hand, daß die rechtswidrigen Eingriffe einen Schaden hervorrufen, der effektiv schon darin besteht, daß die Tätigkeit der Organe einer Firma, statt sich anderer produktiver Tätigkeit zuwenden zu können, für die Abwehr in Anspruch genommen wird".*

[274] Vgl. BGH GRUR 2001, 78 (79) – Falsche Herstellerpreisempfehlung.

[275] Vgl. OLG Hamburg 11.2.2009 – 5 U 130/08 – Smartsurfer; OLG Hamburg 18.4.2012 – 5 U 189/10: LG Münster 25.4.2014 – 23 O 123/13.

[276] Vgl. RGZ 75, 61 (63) – Moratorium; *Rosenthal/Leffmann* Einl. Rn. 196.

[277] BGH GRUR 1962, 415 (418) – Glockenpackung I; OLG Zweibrücken WRP 1996, 951 (953) – Taktvolle Werbung.

sogar nach der Lebenserfahrung vermutet werden.[278] Ein Schaden tritt aber eben nicht immer ein. Deshalb steht dem Anspruchsgegner die Möglichkeit offen, darzulegen und ggf. zu beweisen, dass nach den Umständen des Falles ein Schadenseintritt in Form eines entgangenen Gewinns gleichwohl ausgeschlossen ist.

Bei manchen marktbezogenen Wettbewerbsverstößen ist ein kalkulierbarer **Schaden** sogar von vornherein so **fernliegend,** dass es der näheren Darlegung der Umstände durch den Anspruchsteller bedarf, die gleichwohl einen Schadenseintritt als wahrscheinlich erscheinen lassen:[279] 130

(b) Irreführung. Unabhängig davon, dass jede irreführende Angabe eines Wettbewerbers tendenziell die Konkurrenten benachteiligt,[280] führt nicht jede **Irreführung** (§ 5) auch zu einer Beeinträchtigung der Erwerbschancen und damit einem Schaden aller oder eines Mitbewerbers.[281] Es kommt darauf an, ob und inwieweit dieselben Kunden angesprochen und von der Werbung zum Nachteil des klagenden Mitbewerbers beeinflusst werden können.[282] Es muss die Möglichkeit bestanden haben, dass diejenigen Kunden, die sich aufgrund einer Irreführung für das Angebot des irreführend Werbenden interessiert haben, sich, wenn sie nicht mit der irreführenden Angabe konfrontiert worden wären, mit einer gewissen Wahrscheinlichkeit gerade dem Angebot des Mitbewerbers zugewandt hätten.[283] Hinzu kommen muss die **Möglichkeit eines Einflusses auf die Kunden** und einer **Steigerung des Interesses für das Angebot.**[284] Hier gilt folgendes: Die Ankündigung einer besonders günstigen Kaufgelegenheit zieht üblicherweise einen nicht unerheblichen Teil der in einem bestimmten Gebiet vorhandenen Kaufkraft auf sich.[285] Nach der Lebenserfahrung ist es zB im allgemeinen nicht unwahrscheinlich, dass ein Mitbewerber Schäden erleidet, wenn von einer irreführenden Werbung iSd § 5 Abs. 1 S. 2 Nr. 1 eine **Anlockwirkung** auch auf seine aktuellen oder potentiellen Kunden ausgeht.[286] Dies gilt in besonderem Maße für eine irreführende Werbung, die den Umworbenen veranlassen kann, das Geschäft des Werbenden aufzusuchen. Diese können, einmal angelockt, auch zum Erwerb anderer Produkte veranlasst werden, womit der Mitbewerber keine Chance mehr auf einen Verkauf solcher Produkte an diese Kunden hat.[287] Entsprechendes gilt heutzutage im E-Commerce für das Aufsuchen einer Webseite mit Kaufgelegenheit. Dabei ist die Wahrscheinlichkeit eines Schadenseintritts umso größer, je stärker die Anlockwirkung ist (zB, wenn ein hochwertiges Gerät scheinbar zu einem ungewöhnlich niedrigen, aus der Sicht der irregeführten Verbraucher nicht wiederkehrenden Preis angeboten wird).[288] 131

Ob eine solche Wahrscheinlichkeit im konkreten Fall besteht, ob also durch die irreführende Werbung das Interesse der Kunden vom klagenden Mitbewerber weg- und zum in Anspruch genommenen Wettbewerber hingeleitet worden sein kann, muss nach dem hierfür anwendbaren großzügigen Maßstab (→ Rn. 121) in einer **Gesamtbetrachtung** 132

278 Vgl. LG Hamburg 20.7.2006 – 327 O 23/06.

279 BGH GRUR 2000, 907 (911) – Filialleiterfehler; GRUR 2001, 78 (79) – Falsche Herstellerpreisempfehlung; OLG Hamburg NJW-RR 2004, 196 (198 f.) – Rexona.

280 BGH GRUR 2001, 78 (79) – Falsche Herstellerpreisempfehlung; OLG Hamburg NJW-RR 2004, 196 (198) – Rexona.

281 Vgl. BGH GRUR 2001, 78 (79) – Falsche Herstellerpreisempfehlung.

282 Vgl. RG GRUR 1934, 192 (194) – Saneuron; GRUR 1936, 747 (752) – Waterproof; BGH GRUR 2000, 907 (911) – Filialleiterfehler; OLG Düsseldorf GRUR-RR 2014, 1 (7) – Schneeschieber.

283 Vgl. BGH GRUR 2019, 199 Rn. 27 – Abmahnaktion II; OLG Frankfurt a. M. 27.10.2005 – 6 U 185/04 – 40 Jahre Garantie (insoweit in GRUR 2006, 247 nicht abgedruckt).

284 Vgl. BGH GRUR 1964, 686 (690) – Glockenpackung II; GRUR 2001, 78 (79) – Falsche Herstellerpreisempfehlung.

285 LG Hamburg 20.7.2006 – 327 O 23/06.

286 RG GRUR 1938, 269 (273) – Auskunftskalender; BGH GRUR 1996, 800 (802) – EDV-Geräte; GRUR 2000, 907 (911) – Filialleiterfehler; GRUR 2002, 715 (717) – Scanner-Werbung; LG Hamburg 20.7.2006 – 327 O 23/06; LG Darmstadt 3.11.2017 – 23 O 345/16 – World's Lightest.

287 BGH GRUR 1996, 800 (802) – EDV-Geräte; GRUR 2000, 907 (911) – Filialleiterfehler.

288 Vgl. BGH GRUR 2002, 715 (717) – Scanner-Werbung; LG Hamburg 20.7.2006 – 327 O 23/06; LG Darmstadt 3.11.2017 – 23 O 345/16 – World's Lightest.

aller Umstände des Einzelfalls beurteilt werden, wobei die maßgeblichen Umstände miteinander in **Wechselwirkung** stehen.

133 Dabei kommt es in erster Linie auf die **Marktstruktur** an. Je mehr Wettbewerber auf einem bestimmten sachlich und räumlich abgrenzbaren Markt tätig sind, desto weniger wahrscheinlich ist, dass eine irreführende Werbung gerade einem bestimmten Mitbewerber zum Nachteil gereicht.[289] Auch das Umgekehrte gilt: Ist der klagende Mitbewerber der einzige Konkurrent, spricht dies für einen Schaden.[290] Auch in einem Kreis von wenigen Mitbewerbern ist ein Schaden für den Einzelnen wahrscheinlich: Wenn es zB an einem Ort nur vier Bestattungsunternehmer gibt, so sind durch eine unlautere irreführende Werbung für „Edelholzsärge" aus Kiefernholz durch einen der örtlichen Bestatter die drei anderen ohne weiteres in ihren Absatzbemühungen beeinträchtigt.[291] Im (engen) Markt für Apothekenkundenzeitschriften liegt die Möglichkeit nahe, dass die irreführende Gestaltung der Zeitschrift eines Verlegers Umsätze zu Lasten des anderen Verlegers hat auf sich ziehen können.[292] Die **Größe des Marktes** ist aber nur ein Kriterium von mehreren, die im Einzelfall in den Blick genommen und in ihrer Wechselwirkung beurteilt werden müssen. So ist es zB auch auf dem recht großen Markt für leichtes Reisegepäck nicht unwahrscheinlich, dass ein Wettbewerber, der mit der besonders attraktiven und suggestivkräftigen Bezeichnung „World's Lightest" wirbt, die Kunden dazu veranlassen kann, bei ihm und gerade nicht beim klagenden Mitbewerber zu kaufen.[293]

134 **Weitere Anhaltspunkte** für eine greifbare Beeinträchtigung der Kundengewinnung des Mitbewerbers können je nach Fallgestaltung sein: die **Dauer** und die **Intensität** der Irreführung,[294] die **Attraktivität** und **Suggestivkraft** der irreführenden Angabe,[295] der **Umfang** der Werbung,[296] ihre **Streuwirkung,**[297] ihre **Relevanz** für die Verbraucherentscheidung,[298] ob und inwieweit die Irreführung zu einem aus Verbrauchersicht günstigeren Angebot geführt hat,[299] die **Art der Produkt**e und die Vergleichbarkeit des Sortiments, deren **Austauschbarkeit** aus Kundensicht,[300] die Überschneidung der Kundenkreise,[301] das **örtliche Tätigkeits- und Einzugsgebiet,**[302] die **räumliche Nähe** der Anbieter oder ihrer Produkte am POS,[303] die allgemeine **Markttransparenz** auf dem betroffenen Sektor,[304] die **Marktbedeutung** des irreführend Werbenden im Verhältnis zu seinem Mitbewerber, die **Länge des Beschaffungsintervalls** (je größer das Beschaffungsintervall, desto nachhaltiger wird die vorhandene Kaufkraft durch eine durch Irreführung hervorgerufene Kaufentscheidung gebunden) und in welchem Umfang sich **Werbeaktionen** des den Schadensersatzanspruch geltend machenden Mitbewerbers üblicherweise auf **seine**

[289] Vgl. RG GRUR 1935, 894 (899) – Wellenbänder; GRUR 1937, 389 (394) – Alpina; BGH GRUR 1965, 313 (314) – Umsatzauskunft; OLG Hamburg 11.2.2009 – 5 U 130/08 – Smartsurfer; LG Hamburg 6.8.2013 – 416 HKO 55/13.

[290] Vgl. OLG Hamburg 18.4.2012 – 5 U 189/10.

[291] OLG Zweibrücken WRP 1996, 951 (953) – Taktvolle Werbung.

[292] BGH GRUR 1993, 926 (927) – Apothekenzeitschriften.

[293] LG Darmstadt 3.11.2017 – 23 O 345/16 – World's Lightest.

[294] Vgl. BGH GRUR 2001, 78 (79) – Falsche Herstellerpreisempfehlung; OLG Düsseldorf GRUR-RR 2014, 1 (7) – Schneeschieber; LG Hamburg 20.7.2006 – 327 O 23/06.

[295] Vgl. BGH GRUR 2002, 715 (717) – Scanner-Werbung; KG WRP 1999, 339 (342) – Werbevergleich; OLG Hamburg NJW-RR 2004, 196 (198) – Rexona.

[296] Vgl. KG WRP 1999, 339 (342) – Werbevergleich; LG Hamburg 20.7.2006 – 327 O 23/06.

[297] Vgl. BGH GRUR 2019, 199 Rn. 27 – Abmahnaktion II; LG Hamburg 20.7.2006 – 327 O 23/06.

[298] Vgl. OLG Düsseldorf GRUR-RR 2014, 1 (7) – Schneeschieber: erhebliche Relevanz der Werbung für ein Erzeugnis als „patentgeschützt"; LG Hamburg 20.7.2006 – 327 O 23/06: Erhebliche Relevanz der Werbung mit einer sofortigen Lieferbarkeit („Ware im Zulauf") bei einer wegen ihrer Neuheit besonders attraktiven Ware.

[299] OLG Karlsruhe 9.1.2002 – 6 U 98/01.

[300] BGH GRUR 2000, 907 (911) – Filialleiterfehler; LG Berlin 10.2.2012 – 15 O 547/09; vgl. auch LG Hamburg 20.7.2006 – 327 O 23/06; LG Darmstadt 3.11.2017 – 23 O 345/16 – World's Lightest.

[301] LG Hamburg 20.7.2006 – 327 O 23/06.

[302] Vgl. hierzu ausführlich *Goldmann,* Unternehmenskennzeichen, § 11 Rn. 26 ff.

[303] Vgl. BGH GRUR 2019, 199 Rn. 27 – Abmahnaktion II.

[304] Vgl. LG Hamburg 20.7.2006 – 327 O 23/06.

eigenen Umsätze auswirken,[305] etc. Auch der **Umfang der Geschäftstätigkeit** des **betroffenen Mitbewerbers** und seine **Wahrnehmbarkeit** am Markt spielen eine Rolle. Es spricht tendenziell gegen eine Schädigung, wenn die Geschäftstätigkeit des Mitbewerbers ohnehin von sehr geringem Umfang und auf dem Markt kaum wahrnehmbar ist, weil dann auch die irreführende Werbung eines Konkurrenten kaum zu einer nennenswerten Umlenkung des ohnehin nur in vernachlässigenswertem Umfang existierenden Kundeninteresses führen kann.[306]

Diese Umstände können in einer **Gesamtbetrachtung** auch zu der Beurteilung führen, 135
dass eine Umleitung von Umsätzen des klagenden Mitbewerbers auf den irreführend werbenden Wettbewerber **nach der Lebenserfahrung ausgeschlossen** ist. Dies hat der BGH in einem Fall angenommen, in dem Briefkästen in bestimmten Baumärkten angeboten wurden, deren Verpackung mit der irreführenden Angabe „Umweltfreundlich produziert" und dem irreführenden Siegel „Geprüfte Qualität" beschriftet waren. Eine entsprechende Print- oder Online-Werbung hatte nicht stattgefunden, und die Briefkästen des Mitbewerbers waren in diesen Baumärkten nicht gelistet. Nach Auffassung des BGH lag es vielmehr sehr nahe, dass Kunden, die bereits einen Baumarkt aufgesucht hatten, um einen Briefkasten zu erwerben, dort bei einem Fehlen der beanstandeten Angaben auf der Verpackung der Briefkästen allenfalls unmittelbar daneben oder jedenfalls in der Nähe ausgestellte Briefkästen anderer Wettbewerber gekauft hätten, nicht jedoch in einer anderen Verkaufsstelle einen Briefkasten des vermeintlich geschädigten Mitbewerbers.[307] Abgelehnt wurde auch die Möglichkeit einer Schadensentstehung für einen Getränkehändler (durch eine irreführende Werbung mit dem ®-Symbol für eine nicht als Marke eingetragen Produktbezeichnung) mit Blick auf seine minimale Geschäftstätigkeit, die durch die Irreführung nicht beeinträchtigt worden sein kann (in concreto Vertrieb von lediglich drei Kisten Erfrischungsgetränken zu je 20 Flaschen).[308]

In besonderen Fällen kann der durch eine Irreführung verursachte Schaden auch darin 136
liegen, dass bereits bestehende **Verträge rückabgewickelt** werden, weil Kunden verunsichert sind.[309]

(c) Vergleichende Werbung. Soweit es sich bei der vergleichenden Werbung nicht um 137
einen mitbewerberbezogenen Verstoß, sondern um einen marktbezogenen Verstoß handelt, also in den Fällen des **§ 5 Abs. 2 Alt. 2 und Abs. 3 Alt. 1** und **§ 6 Abs. 2 Nr. 1–3,** oder soweit im Falle des **§ 6 Abs. 2 Nr. 6** der Geschädigte nicht der Originalhersteller, sondern ein anderer Mitbewerber ist, gelten vergleichbare Gesichtspunkte wie bei der Irreführung.

(d) Aggressive geschäftliche Handlungen und unzumutbare Belästigungen. Bei 138
aggressiven geschäftlichen Handlungen (§ 4a) und **unzumutbaren Belästigungen** (§ 7) kommt es ebenso wie bei der Irreführung darauf an, inwieweit die gleichen Kunden angesprochen werden und inwieweit deshalb ein mit unlauteren Mitteln akquirierter oder interessierter Kunde gerade für den auf Schadensersatz klagenden Mitbewerber nicht mehr ansprechbar ist.[310] Auch hier gilt: Je mehr Wettbewerber auf einem bestimmten sachlich und räumlich abgrenzbaren Markt tätig sind, desto weniger wahrscheinlich ist, dass eine aggressive oder belästigende geschäftliche Handlung gerade die Kundengewinnung eines bestimmten Mitbewerbers beeinträchtigt.[311] Verneint wurde etwa die Beeinträchtigung

---

[305] BGH GRUR 2001, 78 (79) – Falsche Herstellerpreisempfehlung; OLG Düsseldorf GRUR-RR 2014, 1 (7) – Schneeschieber.
[306] Vgl. LG Hamburg 25.5.2012 – 406 HKO 153/11.
[307] BGH GRUR 2019, 199 Rn. 27 – Abmahnaktion II.
[308] LG Hamburg 25.5.2012 – 406 HKO 153/11.
[309] Vgl. BGH GRUR 1991, 921 (924) – Sahnesiphon.
[310] RG GRUR 1935, 686 (690) – Hausbesuche von Bestattungsfirmen.
[311] RG GRUR 1935, 686 (690) – Hausbesuche von Bestattungsfirmen.

gerade dreier bestimmter Mitbewerber durch belästigende Hausbesuche eines Berliner Bestattungsunternehmers, weil es in Berlin etwa 200 Bestattungsunternehmen gab.[312]

139 **(e) Verletzung von Informationspflichten.** Beim Verstoß gegen **verbraucherschützende Informationspflichten** (§ 5a Abs. 2) gilt: Das Vorenthalten wesentlicher Informationen ist schadensbegründend, wenn dem Verbraucher in Kenntnis der vorenthaltenen Informationen das Angebot des Mitbewerbers voraussichtlich als das bessere oder jedenfalls erwägenswert erschienen wäre. Auch eine besondere Anlockwirkung eines intransparenten Angebots kann ausreichen.[313] Hierfür kommt es – wie bei der Irreführung – auf alle Umstände des Einzelfalls und insbesondere darauf an, ob für den Verbraucher die Möglichkeit bestand, von dem Angebot des Mitbewerbers überhaupt Kenntnis zu nehmen. Dies wiederum wird auf einem kleinen, überschaubaren Markt mit wenigen Teilnehmern eher der Fall sein als auf einem großen Markt mit vielen Anbietern.[314]

140 **(f) Rechtsbruch.** Beim **Verstoß gegen Marktverhaltensregelungen,** auf die der Rechtsbruchtatbestand (§ 3a) heute reduziert ist, gilt: Der Rechtsbruchtatbestand des § 3a schützt immer dann allein den betroffenen Mitbewerber, wenn dies auch die verletzte Rechtsnorm tut (zB § 187 StGB). Dann liegt ein mitbewerberbezogener Verstoß vor. Ansonsten hat man es mit einem **marktbezogenen Verstoß** zu tun (*Goldmann* → § 8 Rn. 354). Dies ist bei einem Verstoß gegen Marktverhaltensregelungen der Regelfall. Ob ein Gewinnentgang wahrscheinlich ist, hängt auch hier wie bei der Irreführung von allen Umständen des Einzelfalls und insbesondere den Marktverhältnissen ab. Faktoren hierfür sind die Präsenz und anderer Anbieter am Markt und deren Stellung und Bedeutung im Verhältnis zum Anspruchsteller[315] sowie die Vertriebsstrukturen und das gewöhnliche Kaufverhalten der Kunden.[316] Aus diesen Umständen muss sich ergeben können, dass Kunden ihre **Nachfrage wahrscheinlich beim betroffenen Mitbewerber gedeckt** hätten, wenn es nicht zu dem Verstoß gegen eine Marktverhaltensregelung durch den Anspruchsgegner gekommen wäre. Alternative Anbieter, auf die sich die Nachfrage zu Lasten des Betroffenen Mitbewerbers ebenfalls hätte verlagern können, werden aber aus normativen Gründen nur dann in die Betrachtung einbezogen, wenn diese ihrerseits die in Rede stehende Marktverhaltensregelung eingehalten haben.[317] Ein ersatzfähiger Schaden entsteht jedoch **nicht,** wenn auch der Mitbewerber das **Geschäft nicht legal hätte abschließen** können. Plastisch wird dies an einem von *Köhler* gebildeten Beispiel: § 9 Abs. 1 JuSchG verbietet den Verkauf von Alkohol an Kinder und Jugendliche unter 16 Jahren. Missachtet ein Gastwirt dieses Verbot, kann sein Mitbewerber hieraus keinen Schadensersatzanspruch geltend machen. Der Mitbewerber hätte nämlich selbst keinen Alkohol an Kinder und Jugendliche unter 16 Jahren verkaufen dürfen.[318]

IV. Haftungsausfüllende Kausalität und Schutzzweck der Norm

141 **1. Haftungsausfüllende Kausalität.** Eine Schadensersatzpflicht setzt voraus, dass der Schaden durch das zum Schadensersatz verpflichtende Ereignis **verursacht** worden ist. Das Verhalten des Schädigers muss für den Schaden kausal sein. Dabei ist zu unterscheiden:

142 Bei der **haftungsbegründenden Kausalität** geht es darum, ob zwischen dem Verhalten des Schädigers und der eingetretenen Rechts- oder Rechtsgutsverletzung ein Ursachenzusammenhang gegeben ist. Systematisch gehört dieser Teil der Kausalkette zum Haftungs-

[312] RG GRUR 1935, 686 (690) – Hausbesuche von Bestattungsfirmen (vgl. aber auch OLG Zweibrücken WRP 1996, 951 (953) – Taktvolle Werbung: Beeinträchtigung eines bestimmten Bestatters, wenn es am Ort insgesamt nur vier gibt).

[313] OLG Hamm NJOZ 2009, 3618 (3622) – Gutschein-Werbung für Treppenlift.

[314] OLG Hamm NJOZ 2009, 3618 (3622) – Gutschein-Werbung für Treppenlift.

[315] Vgl. BGH GRUR 2016, 860 Rn. 27 ff. – Deltamethrin II.

[316] Vgl. BGH GRUR 2016, 860 Rn. 32 – Deltamethrin II.

[317] Vgl. BGH GRUR 2016, 860 Rn. 39 – Deltamethrin II.

[318] *Köhler* FS Harte-Bavendamm, 2020, 355 (358).

und nicht zum Schadensrecht. Für den Anspruch nach § 9 ist die haftungsbegründende Kausalität als Rechtsproblem nicht relevant, da die tatbestandliche Anknüpfung an die Zuwiderhandlung gegen § 3 oder § 7 die Rechtsverletzung bereits voraussetzt.

Die **haftungsausfüllende Kausalität** ist der Ursachenzusammenhang zwischen der Rechtsverletzung und dem entstandenen Schaden. Eine Haftung besteht nur für diejenigen äquivalent und adäquat verursachten Schadensfolgen, die aus dem Bereich der Gefahren stammen, zu deren Abwendung die verletzte Norm wurde.[319] 143

Im gesamten Wettbewerbsrecht gilt wie allgemein im Deliktsrecht der **Maßstab adäquater Kausalität.**[320] Dieser Maßstab steht mit dem Unionsrecht in Einklang.[321] Neben der Äquivalenztheorie kommt die Adäquanztheorie zur Anwendung. Das Grunderfordernis jeder Schadenszurechnung bildet die Verursachung des Schadens im logisch-naturwissenschaftlichen Sinn. Nach der **Äquivalenztheorie** ist jede Bedingung kausal, die nicht hinweggedacht werden kann, ohne dass der Erfolg entfiele *(conditio sine qua non)*.[322] Dabei ist zu beachten, dass zur Feststellung des Ursachenzusammenhangs nur die pflichtwidrige Handlung hinweggedacht, nicht aber weitere Umstände hinzugedacht werden dürfen.[323] Der Kausalitätsnachweis ist Mindestbedingung für die Haftung.[324] Jeder Handlungsbeitrag, der für den Erfolgseintritt erforderlich war, wird als gleichwertig, also äquivalent, erachtet.[325] Im Fall des Unterlassens kommt es darauf an, ob der Erfolg entfiele, wenn das pflichtgemäße Handeln hinzugedacht wird.[326] Die bloße Wahrscheinlichkeit des Nichteintritts genügt nicht.[327] Nach der **Adäquanztheorie** ist ein Schaden dann durch den Wettbewerbsverstoß verursacht, wenn ein solcher Verstoß im Allgemeinen und nicht nur unter besonders eigenartigen, unwahrscheinlichen und nach dem gewöhnlichen Verlauf der Dinge außer Betracht zu lassenden Umständen geeignet ist, einen solchen Erfolg hervorzurufen.[328] Das Kriterium der Adäquanz soll nur Schädigungen herausfiltern die völlig **außerhalb des zu erwartenden Verlaufs** stehen und die dem Schädiger billigerweise nicht mehr zugerechnet werden können.[329] Bei der Ermittlung der Adäquanz ist auf eine nachträgliche Prognose abzustellen, bei der neben den dem Schädiger bekannten Umständen alle einem **optimalen Betrachter** zur Zeit des Eintritts des Schadensereignisses erkennbaren Gegebenheiten zu berücksichtigen sind. Der so festgestellte Sachverhalt ist unter Heranziehung des gesamten, zur Zeit der Beurteilung zur Verfügung stehenden menschlichen Erfahrungswissens darauf zu prüfen, ob er den Eintritt des Schadens in erheblicher Weise begünstigt hat.[330] 144

An einer adäquaten Kausalität fehlt es zB bei der Schaltung einer AdWord-Kampagne mit für sich genommen vollkommen unverfänglichen Begriffen, wenn der zum Einsatz kommende Algorithmus in einer nicht vorhersehbaren Weise eine Verbindung zu einem fremden Unternehmenskennzeichen herstellt, die objektiv neben einer Verletzung des Unternehmenskennzeichens gem. §§ 5, 15 Abs. 2 MarkenG auch eine Irreführung gem. 145

---

319 BGH GRUR 2016, 831 Rn. 15 – Lebens-Kost.

320 BGH GRUR 2016, 961 Rn. 34 – Herstellerpreisempfehlung bei Amazon; vgl. zum Kartellschadensersatz BGH GRUR 2012, 291 Rn. 44 – ORWI.

321 So zum Kartellschadensersatz BGH GRUR 2012, 291 Rn. 44 – ORWI unter Bezugnahme auf EuG Slg. 1998, II-667 Rn. 72 – Dorsch Consult: *„eine bei gewöhnlichem Geschehensablauf objektiv vorhersehbare Folge"*.

322 Allg. Meinung; vgl. nur BGH NJW 1995, 126 (127); 2011, 2960 (2963) jew. mwN; BRHP/*Johannes W. Flume* § 249 Rn. 280.

323 BGH NJW 1995, 126 (127); 2011, 2960 (2963).

324 BRHP/*Johannes W. Flume* § 249 Rn. 280.

325 BRHP/*Johannes W. Flume* § 249 Rn. 280.

326 BGH NJW 1961, 868 (870); 2012, 850 (851); BRHP/*Johannes W. Flume* § 249 Rn. 282.

327 BGH NJW 1984, 432 (434).

328 BGH GRUR 2016, 831 Rn. 15 – Lebens-Kost; GRUR 2016, 961 Rn. 34 – Herstellerpreisempfehlung bei Amazon; GroßKommUWG/*Köhler* (1. Aufl.) Vor § 13 B Rn. 270; allgemein zur Adäquanztheorie BGHZ 57, 137 (141).

329 BGH GRUR 2016, 961 Rn. 34 – Herstellerpreisempfehlung bei Amazon; BRHP/*Johannes W. Flume* § 249 Rn. 284.

330 BGH GRUR 2016, 961 Rn. 34 – Herstellerpreisempfehlung bei Amazon.

§ 5 Abs. 2 UWG darstellen kann.[331] An einer adäquaten Kausalität kann es auch fehlen, wenn der Geschädigte oder ein Dritter in völlig ungewöhnlicher und unsachgemäßer Weise in den schadensträchtigen Geschehensablauf eingreift und eine weitere Ursache setzt, die den Schaden erst endgültig herbeiführt.[332]

146 Die Adäquanztheorie erfährt im Bereich der **psychisch vermittelten Kausalität** eine Modifikation. Konnte der geltend gemachte Schaden nicht ohne **eigenes Verhalten des Geschädigten** entstehen, das als solches auf einem freien Entschluss beruhte und erst nach dem zum Anlass der Ersatzforderung genommenen Geschehen in den hierdurch in Gang gesetzten Kausalverlauf eingegriffen hat, ist zwar der Kausalverlauf nicht unterbrochen,[333] aber bei wertender Betrachtung grundsätzlich kein zum Schadensersatz verpflichtender Zusammenhang mehr gegeben.[334] Eine Ersatzpflicht kann allerdings auch dann der Billigkeit entsprechen, wenn für das tatsächliche Verhalten des Geschädigten nach dem haftungsbegründenden Ereignis ein rechtfertigender Anlass bestand oder es durch dieses Ereignis **herausgefordert** wurde und eine **nicht ungewöhnliche oder unangemessene Reaktion** darauf darstellte.[335] Bei Aufwendungen kommt eine Ersatzpflicht dann in Betracht, wenn ein wirtschaftlich denkender Mensch in der Position des Geschädigten sie für notwendig erachten durfte, um einen konkret drohenden Schadenseintritt zu verhüten oder die Schadenshöhe zu mindern.[336] Der BGH hat die adäquate Kausalität in einem Fall verneint, in dem der Verletzte statt des irreführend Werbenden irrtümlich eine Schwestergesellschaft mit einer ähnlich lautenden Firma verklagt und für diese – unbegründete – Klage erhebliche Kosten aufgewendet hatte. Die Kosten dieses Prozesses wurden wegen des ungewöhnlichen und atypischen Kausalverlaufs nicht mehr adäquat durch die irreführende Werbung verursacht.[337]

147 **2. Schutzzweck der Norm. a) Grundsatz.** Eine Schadensersatzpflicht besteht nach allgemein anerkannten Grundsätzen nur, wenn und soweit der geltend gemachte Schaden nach Art und Entstehungsweise unter den **durch Auslegung zu ermittelnden Schutzzweck** der verletzten Norm fällt.[338] Denn eine Haftung besteht nur für diejenigen äquivalent und adäquat verursachten Schadensfolgen, die aus dem Bereich der Gefahren stammen, zu deren Abwendung die verletzte Norm erlassen wurde.[339] Es genügt **nicht,** wenn sich der Schaden bei wertender Beurteilung nur als **Verwirklichung eines allgemeinen Lebensrisikos** darstellt. Der Schaden muss gerade zu jenen Schäden gehören, die von der verletzten wettbewerbsrechtlichen Verhaltenspflicht verhindert werden sollen (sog. Lehre vom Schutzzweck der Norm).[340] Die Lehre vom Schutzzweck der Norm hat einen personellen und einen sachlichen Aspekt. Zum einen muss der konkret Geschädigte vom **persönlichen Schutzbereich** der verletzten Norm erfasst sein. Zum anderen muss der konkret eingetretene Schaden im **sachlichen Schutzbereich** der Norm liegen.

148 **b) Schutzzweck der Verhaltensnorm, nicht der Anspruchsnorm.** § 9 unterscheidet – ebenso wie die Bestimmung des § 8 Abs. 3 Nr. 1 bei der Anspruchsberechtigung der Mitbewerber in Bezug auf Abwehransprüche – nicht danach, ob der vom Wettbewerber begangene Wettbewerbsverstoß allein die Interessen der Mitbewerber, allein die Interessen

---

331 OLG Schleswig MMR 2017, 480 Rn. 26 – Wheel Clean Tec.

332 BGH GRUR 2016, 961 Rn. 34 – Herstellerpreisempfehlung bei Amazon.

333 OLG Frankfurt a. M. GRUR-RR 2010, 482 (483) – heute gratis.

334 BGH GRUR 2016, 526 Rn. 31 – Irreführende Lieferantenangabe.

335 BGH GRUR 2007, 631 Rn. 24 – Abmahnaktion, mwN; GRUR 2016, 526 Rn. 31 – Irreführende Lieferantenangabe; vgl. auch OLG Frankfurt a. M. GRUR-RR 2010, 482 (483) – heute gratis.

336 BGH GRUR 2007, 631 Rn. 24 – Abmahnaktion I.

337 BGH GRUR 1988, 313 (314) – Auto F. GmbH.

338 BGH GRUR 2016, 831 Rn. 15 – Lebens-Kost, mwN; Teplitzky/*Schaub* Kap. 30 Rn. 5.

339 BGH GRUR 2016, 831 Rn. 15 – Lebens-Kost, mwN; Teplitzky/*Schaub* Kap. 30 Rn. 5.

340 BGH GRUR 2016, 526 Rn. 31 – Irreführende Lieferantenangabe; GRUR 2016, 831 Rn. 15 – Lebens-Kost; näher zum Schutzzweck der Norm und zum Rechtswidrigkeitszusammenhang BRHP/*Johannes W. Flume* BGB § 249 Rn. 288 mwN.

der Verbraucher oder beides zugleich beeinträchtigt.[341] In der Entscheidung ***„Golly Telly“*** hat der **BGH** hieraus den Schluss gezogen, dass ein Mitbewerber von demjenigen, der sich durch die Verletzung einer ausschließlich dem Schutz der Verbraucher dienenden Marktverhaltensregelung einen Vorsprung im Wettbewerb verschafft hat, gem. § 9 den ihm dadurch entstandenen Schaden ersetzt verlangen kann.[342] Diese Rspr. des BGH ist heftig kritisiert worden.[343] Sie überzeugt aber dann, wenn man sie allein bezogen auf die Anspruchsberechtigung versteht. Denn die Aktivlegitimation für den Anspruch aus § 9, die sich aus § 8 Abs. 3 Nr. 1 ergibt, ist nur Ausgangspunkt der Prüfung der Schadensersatzpflicht. Sie nimmt weder das Ergebnis der Prüfung vorweg, ob aus dem Wettbewerbsverstoß überhaupt adäquat kausal ein Schaden für den klagenden Mitbewerber erwachsen ist (hierzu → Rn. 144), noch kann sie alle im Einzelfall zu prüfenden Aspekte des sachlichen Schutzzwecks der Norm berücksichtigen. Es ist nämlich sehr wohl möglich, dass ein Kläger aktivlegitimiert ist und auch zu denjenigen Personen gehört, die von der verletzten Norm geschützt werden sollen (persönlicher Schutzbereich), sein konkret entstandener Schaden aber nicht zu denjenigen gehört, die als Schadensfolgen von der verletzten Norm verhütet werden sollen (sachlicher Schutzbereich).[344]

Bezugspunkt der Schutzzweckbetrachtung ist dabei der materielle Verstoß, der diese Rechtsfolge auslöst. Es geht um die **verletzte Verhaltensnorm.**[345] Verletzt wird nicht § 9, sondern es liegt eine unlautere bzw. unzulässige geschäftliche Handlung iSd § 3 oder § 7 vor. Die Unlauterkeit kann etwa in einem Verstoß gegen eine durch das UWG selbst aufgestellte Verhaltensnorm bestehen wie zB dem Verbot der Irreführung gem. § 5 Abs. 1 oder der Verpflichtung, gem. § 5a Abs. 2 wesentliche Informationen mitzuteilen. Sie kann gem. § 3a aber auch in einem Verstoß gegen eine Marktverhaltensregelung bestehen. Beim Verstoß gegen Marktverhaltensregelungen dient das UWG lediglich als Rechtsfolgenergänzung, so dass bei der Verletzung einer Marktverhaltensregelung nicht nur das jeweils anwendbare öffentlich-rechtliche Sanktionensystem zur Anwendung kommt, sondern auch das auf privater Rechtsdurchsetzung beruhende Sanktionensystem des UWG. **149**

In all diesen Fällen kommt es grundsätzlich auf den Schutzzweck der jeweils verletzten Verhaltensnorm an, und nicht auf einen (welchen?) Schutzzweck der Sanktionsnorm des § 9.[346] Insoweit gilt **dasselbe wie bei** der Verletzung eines Schutzgesetzes gem. **§ 823 Abs. 2 BGB.**[347] Schutzgesetz ist eine Rechtsnorm, die nach Zweck und Inhalt zumindest auch dazu dienen soll, den Einzelnen oder einzelne Personenkreise gegen die Verletzung eines bestimmten Rechtsguts zu schützen. Dafür kommt es im Grundsatz nicht auf die Wirkung, sondern auf **Inhalt und Zweck des Gesetzes** sowie darauf an, ob der Gesetzgeber bei Erlass des Gesetzes gerade einen Rechtsschutz, wie er wegen der behaupteten Verletzung in Anspruch genommen wird, zugunsten von Einzelpersonen oder bestimmten Personenkreisen gewollt oder doch mitgewollt hat. Es genügt, dass die Norm **auch das** in Frage stehende **Interesse des Einzelnen schützen soll,** mag sie auch in erster Linie das Interesse der Allgemeinheit im Auge haben.[348] Deshalb reicht es nicht aus, dass der Individualschutz durch Befolgung der Norm als ihr Reflex objektiv erreicht werden kann; er muss vielmehr im vom Gesetzgeber **gewollten Aufgabenbereich der Norm** liegen.[349] **150**

---

[341] BGH GRUR 2010, 754 Rn. 25 – Golly Telly.
[342] BGH GRUR 2010, 754 Rn. 25 – Golly Telly; ebenso BGH GRUR 2012, 407 Rn. 37 – Delan.
[343] *Podszun/Deuschle* WRP 2019, 1102 ff.
[344] Vgl. OLG Karlsruhe 9.1.2002 – 6 U 98/01 und auch BGH GRUR 2016, 831 Rn. 15 ff.– Lebens-Kost.
[345] BGH GRUR 2016, 831 Rn. 15 – Lebens-Kost, mwN.
[346] So zum Rechtsbruch Büscher/*Hohlweck* § 9 Rn. 12; *Ohly*/Sosnitza § 9 Rn. 5; *Podszun/Deuschle* WRP 2019, 1102 Rn. 65 ff.
[347] *Podszun/Deuschle* WRP 2019, 1102 Rn. 66; Teplitzky/*Schaub* Kap. 30 Rn. 5.
[348] StRspr, vgl. BGH NJW 2004, 1949; 2012, 1800 Rn. 21; 2014, 64 Rn. 7; 2018, 1671 Rn. 27.
[349] BGH NJW 2004, 1949; 2012, 1800 Rn. 21; 2014, 64 Rn. 7.

Eine entsprechende Betrachtung ist bei UWG-Verstößen am Platz. Der Schutzzweck der verletzten Verhaltensnorm ist hier im Einzelfall durch Auslegung zu ermitteln.[350]

151 **c) Einzelfallbetrachtung. aa) Verstoß gegen Vorschriften in Umsetzung der UGP-Richtlinie.** Die Vorschriften, mit denen die UGP-Richtlinie umgesetzt wird, also die Unlauterkeitstatbestände der „Schwarzen Liste" des Anhangs zu § 3 Abs. 3 sowie die Tatbestände der **§§ 3 Abs. 2, 4a, 5 und 5a,** zielen zwar ebenso wie die ihnen zugrundeliegenden Richtlinienbestimmungen in erster Linie auf den Verbraucherschutz. Der durch sie bewirkte reflexartige Schutz der Mitbewerber liegt aber in dem vom Gesetzgeber (§ 1) und vor allem vom Richtliniengeber (Erwägungsgrund 6 Satz 1 und Erwägungsgrund 8 Satz 2 der UGP-Richtlinie) gewollten Aufgabenbereich der Normen (ausführlich *Goldmann* → § 8 Rn. 345 ff. mwN). Damit werden die Mitbewerber in den **persönlichen Schutzbereich** dieser Normen einbezogen.

152 Wird gegen eine solche Norm verstoßen, handelt es sich um einen marktbezogenen Verstoß (→ Rn. 124). Ob hieraus einem anspruchsberechtigten Mitbewerber adäquat kausal ein Schaden entstanden sein kann, ist differenziert zu beurteilen (→ Rn. 129 ff.). Ist ein adäquat kausal verursachter Schaden tatsächlich zu ermitteln, muss dieser aber auch in den **sachlichen Schutzbereich** der verletzten Norm fallen. Das ist keineswegs automatisch der Fall. Vom sachlichen Schutzzweck des **§ 5 Abs. 1** etwa werden nicht die finanziellen Nachteile eines Mitbewerbers umfasst, die dadurch entstehen, dass der Verkehr die an sich irreführenden Äußerungen durchschaut und sich zunutze macht.[351] **§ 7** soll verhindern, dass dem Verbraucher und sonstigen Marktteilnehmern Werbemaßnahmen aufgedrängt werden und dass es zu einer Bindung von Ressourcen des Empfängers (zB Zeitaufwand, Kosten für Faxpapier, Vorhaltekosten von Empfangseinrichtungen, Entsorgungskosten) kommt. Außerhalb des Schutzzwecks der Norm liegt aber der Schutz der Entscheidungsfreiheit, so dass die Belastung mit Verpflichtungen aus einem unerwünschten Vertrag, der infolge solcher Werbung geschlossen wird, kein ersatzfähiger Schaden ist.[352]

153 **bb) Mitbewerberschutz des § 4.** Die vom Gesetzgeber mit **„Mitbewerberschutz"** überschriebenen Tatbestände des **§ 4 Nr. 1–4** haben individualschützenden Charakter und bezwecken nur den Schutz des jeweils konkret betroffenen Mitbewerbers (*Goldmann* → § 8 Rn. 352 mwN). In den **persönlichen Schutzbereich** dieser Verhaltensnormen ist deshalb nur der jeweils konkret betroffenen Mitbewerber einbezogen. Damit deckt sich der persönliche Schutzbereich mit der auf die konkret betroffenen Mitbewerber beschränkten Anspruchsberechtigung (→ Rn. 15). Ob ein adäquat kausal verursachter Schaden in den **sachlichen Schutzbereich** fällt, ist für jeden der Tatbestände des § 4 gesondert zu beurteilen.

154 **cc) Vergleichende Werbung.** Was den **persönlichen Schutzbereich** angeht, muss bei der vergleichenden Werbung differenziert werden. Die Tatbestände des **§ 6 Abs. 2 Nr. 4 Alt. 1** (Ausnutzung des Rufs von Unterscheidungszeichen eines Mitbewerbers) und **§ 6 Abs. 2 Nr. 4 Alt. 2 und Nr. 5** (Herabsetzung oder Verunglimpfung von Unterscheidungszeichen oder Waren, Dienstleistungen, Tätigkeiten oder Verhältnissen eines Mitbewerbers) schützen allein Individualinteressen des betroffenen Mitbewerbers (*Goldmann* → § 8 Rn. 356 ff. mwN). Auch zur Auslegung des zugrundeliegenden Art. 4 der Richtlinie 2006/114/EG). Ein Verstoß gegen diese Bestimmungen ist ein mitbewerberbezogener Verstoß. Insoweit deckt sich wie bei § 4 der persönliche Schutzbereich der Verhaltensnormen mit der Aktivlegitimation bei deren Verletzung.

155 Die Tatbestände der irreführenden vergleichenden Werbung in **§ 5 Abs. 2 Alt. 2 und Abs. 3 Alt. 1** und **§ 6 Abs. 2 Nr. 3,** des Werbevergleich für Waren oder Dienstleistungen ohne dieselbe Zweckbestimmung gem. **§ 6 Abs. 2 Nr. 1** sowie des nicht auf wesentliche,

---

350 *Köhler* FS Harte-Bavendamm, 2020, 355 (359) unter Bezugnahme auf BGH NJW 2012, 1800 Rn. 21.
351 OLG Karlsruhe 9.1.2002 – 6 U 98/01.
352 *BGH GRUR* 2016, 831 Rn. 16 ff. – Lebens-Kost.

relevante, nachprüfbare und typische Eigenschaften bezogene Werbevergleichs gem. **§ 6 Abs. 2 Nr. 2** und die Präsentation einer Ware oder Dienstleistung als Nachahmung gem. **§ 6 Abs. 2 Nr. 6** sind marktbezogene Verstöße, die jedenfalls auch die Sicherung der informierten Verbraucherentscheidung bezwecken (*Goldmann* → § 8 Rn. 357 mwN). Ohne Zweifel fällt bei der Präsentation als Nachahmung gem. **§ 6 Abs. 2 Nr. 6** jedenfalls derjenige Mitbewerber in den persönlichen Schutzbereich, dessen Produkt Gegenstand der Nachahmung ist. Aber auch die anderen Mitbewerber sind Nutznießer dieses Verbots und sollen es sein. Denn die Präsentation eines beworbenen Produkts als Nachahmung eines (bekannten) Referenzprodukts kann dazu führen, dass bei ansonsten ähnlicher Zwecktauglichkeit und ähnlichem Preis gerade das als Nachahmung beworbene Produkt gekauft wird und nicht das Produkt irgendeines anderen Mitbewerbers. Dies zu verhindern, ist nicht nur tatsächliche Wirkung des Verbots, sondern vom Richtliniengeber auch gewollt. Unzulässige vergleichende Werbung ist nämlich nach Erwägungsgrund 3 der Richtlinie 2006/114/EG geeignet, zu einer Verfälschung des Wettbewerbs im Binnenmarkt zu führen. Geschützt werden sollen also auch die Mitbewerber als Teilnehmer am Wettbewerb. Ebenso soll nach Erwägungsgrund 4 und 9 ein System geschaffen werden, das den wirtschaftlichen Interessen der Gewerbetreibenden Rechnung trägt und mit dem festgelegt wird, welche Praktiken der vergleichenden Werbung den Wettbewerb verzerren und Mitbewerber schädigen. Die im gewollten Aufgabenbereich der Norm liegende mitbewerberschützende Reflexwirkung gilt auch in gleicher Weise für die anderen Tatbestände der vergleichenden Werbung. Ob ein adäquat kausal verursachter Schaden in den **sachlichen Schutzbereich** fällt, ist wiederum gesondert zu beurteilen.

dd) Rechtsbruch. Beim **Rechtsbruchtatbestand** des § 3a kommt eine unüberschaubare Vielzahl von zivilrechtlichen, öffentlich-rechtlichen und strafrechtlichen Marktverhaltensregelungen in Betracht, bei deren Bruch eine unlautere geschäftliche Handlung vorliegen kann. Welche Personen oder Personengruppen durch die jeweilige Norm konkret geschützt werden, ist durch Auslegung zu ermitteln. Hier ist wie folgt zu differenzieren: Liegt eine Marktverhaltensregelung vor, die ausschließlich oder im Sinne einer sekundären Schutzfunktion zumindest auch die Interessen der Mitbewerber schützen will, bewegen sich die Mitbewerber zwanglos innerhalb des **persönlichen Schutzbereichs** der Marktverhaltensregelung.[353] Aber selbst solche Marktverhaltensregelungen, die ausschließlich im Interesse der Verbraucher und/oder sonstiger Marktteilnehmer bestehen, lassen die Mitbewerber nicht außen vor, was den persönlichen Schutzbereich angeht.[354] Mittels der **„Transformationsnorm“**[355] des § 3a und des UWG-Rechtsfolgensystems macht der UWG-Gesetzgeber eine jede gesetzliche Vorschrift, sofern sie „auch dazu bestimmt ist, im Interesse der Marktteilnehmer das Marktverhalten zu regeln“, zu einer Vorschrift, deren **reflexartiger Schutz der Mitbewerber im gewollten Aufgabenbereich der Marktverhaltensregelung** liegt. Der Aufgabenbereich der jeweiligen Marktverhaltensregelung wird **durch** den **UWG-Gesetzgeber** in die Richtung **erweitert,** dass auch Mitbewerber sich in ihrem eigenen Interesse auf diese Marktverhaltensregelung berufen und etwa gem. § 8 Abs. 1, 3 Nr. 1 Beseitigung und Unterlassung verlangen können. Dies gilt unabhängig davon, ob der Normgeber der betreffenden Marktverhaltensregelung einen Mitbewerberschutz zumindest auch mit bezweckt hat. Und es gilt unabhängig davon, ob die Marktverhaltensregelung in die Gesetzgebungskompetenz des Bundes oder der Länder fällt. Denn die Kompetenz, einer solchen Marktverhaltensregelung mittels der Transformationsnorm des § 3a einen gewollten Schutzreflex zugunsten von Mitbewerbern hinzuzufügen, fällt wie das gesamte UWG in die Kompetenz des Bundes, nämlich insoweit in die konkurrierende Gesetzgebungskompetenz für das Recht der Wirtschaft gem. Art. 74 Abs. 1 Nr. 11 GG. 156

[353] *Köhler* FS Harte-Bavendamm, 2020, 355 (361 ff.); *Podszun/Deuschle* WRP 2019, 1102 Rn. 68.
[354] *Köhler* FS Harte-Bavendamm, 2020, 355 (361 ff.).
[355] *Ohly*/Sosnitza § 3a Rn. 1.

157 Was hier zum persönlichen Schutzbereich gesagt wurde, gilt sinngemäß auch für den **sachlichen Schutzbereich.** Mittels der Transformationsnorm des § 3a werden solche Schäden, die dem Anspruchsteller gerade daraus resultieren, dass durch den Bruch der Marktverhaltensregelung die *par conditio concurrentium* nicht bestanden hat.

158 **d) Immaterielle Schäden.** Immaterielle Schäden liegen **außerhalb des Schutzzwecks** von UWG-Verstößen. Dies gilt auch in Ansehung der mittelbar für die objektive Schadensberechnung relevanten Durchsetzungsrichtlinie (hierzu → Rn. 228), deren Art. 13 Abs. 1 S. 2 lit. a verlangt, dass in die Schadensberechnung „in geeigneten Fällen" auch immaterielle Schäden des Rechtsinhabers einzustellen sind. Nach der Rspr. des EuGH kann der Rechtsinhaber immaterielle Schäden auch dann – zusätzlich – ersetzt verlangen, wenn er seinen materiellen Schaden gemäß Art. 13 Abs. 1 S. 2 lit. b der Durchsetzungsrichtlinie durch einen Pauschalbetrag ersetzt bekommt, der mindestens der üblichen Lizenzgebühr entspricht.[356] Ein **immaterieller Schaden** kommt **bei UWG-Verstößen** allerdings **nicht** in Betracht und liegt jedenfalls außerhalb des Schutzzwecks der Norm. Denn ein immaterieller Schaden ist stets nur ein Schaden, der nicht Vermögensschaden ist (vgl. § 253 BGB). Der Individualschutz der Mitbewerber und der sie flankierende Anspruch auf Schadensersatz dienen ihrem Wesen nach jedoch ausschließlich den Vermögensinteressen der betroffenen Mitbewerber. In jeder Beeinträchtigung ihrer auf die Gewinnung oder Erhaltung von Kunden gerichteten Tätigkeit ist daher ein Vermögensschaden zu finden (→ Rn. 129). Die damit einhergehenden Gewinnchancen, seien sie bereits zu Exspektanzen verdichtet oder nicht, gehören zum Vermögen.[357] Deshalb ist auch der Marktverwirrungsschaden (hierzu → Rn. 198 ff.) Vermögensschaden.[358] Er kann nicht als immaterieller Schaden eingeordnet werden.[359] Dasselbe gilt für einen **Imageschaden** im Sinne einer Einbuße an Godwill.

159 **3. Hypothetisches rechtmäßiges Alternativverhalten.** Mit dem Schutzzweck der Norm hängt der Einwand des hypothetischen **rechtmäßigen Alternativverhaltens** bzw. das Erfordernis des **Rechtswidrigkeitszusammenhangs** zusammen: Ein Schaden, der auch bei lauterem Handeln eingetreten wäre, kann und soll vom Lauterkeitsrecht nicht verhindert und muss nicht ersetzt werden.[360] Ersatzfähig ist nur der Schaden, der gerade durch dasjenige Verhalten verursacht worden ist, das als widerrechtlich festgestellt worden ist.[361]

160 Das hat auch Einfluss auf die **Schadensberechnung.** Besteht ein Wettbewerbsverstoß zB darin, dass bei der Werbung ein aufklärender Zusatz unterlassen wird, so ist der Schaden nicht danach zu berechnen, welcher Zustand gegeben wäre, wenn die Werbung überhaupt nicht stattgefunden hätte, sondern danach, welcher Zustand bestehen würde, wenn der aufklärende Zusatz ordnungsgemäß angebracht worden wäre.[362]

161 Die **Beweislast** dafür, dass der Schaden auch bei einem gedachten lauteren Handeln eingetreten wäre, trägt der Verletzer.[363] Bei der Berechnungsmethode der Abschöpfung des Verletzergewinns wird das hypothetische rechtmäßige Alternativverhalten allerdings nicht berücksichtigt (näher → Rn. 280).[364]

---

[356] EuGH GRUR 2016, 485 Rn. 13 ff. – Liffers/Mandarina.

[357] Vgl. Kur/*Goldmann* MarkenG § 14 Rn. 752.

[358] Vgl. BGH GRUR 1954, 457 (459) – Irus/Urus; Kur/*Goldmann* MarkenG § 14 Rn. 752.

[359] Kur/*Goldmann* MarkenG § 14 Rn. 752; aA Ströbele/Hacker/*Thiering* MarkenG § 14 Rn. 719.

[360] RG MuW XXXVIII, 300 (301) – Vereinigte Bandfabriken; GRUR 1939, 407 (412 f.) – Schüßler-Salze; Büscher/*Hohlweck* § 9 Rn. 12; Teplitzky/*Schaub* Kap. 30 Rn. 6.

[361] BGH 29.5.1964 – Ib ZR 40/62.

[362] BGH 29.5.1964 – Ib ZR 40/62; BGH GRUR 1966, 92 (94) – Bleistiftabsätze; Teplitzky/*Schaub* Kap. 30 Rn. 6.

[363] BGH GRUR 1974, 286 (287) – Bastel-Wettbewerb II; GRUR 1996, 919 (920) – Jutefilze.

[364] BGH GRUR 2012, 1226 Rn. 35 – Flaschenträger.

V. Mitwirkendes Verschulden des Verletzten bei der Schadensentstehung

1. Obliegenheit zur Verhütung und Geringhaltung des Schadens. a) § 254 Abs. 1 BGB als einheitliche Regelung des Mitverschuldens. Ob und in welchem Umfang der Schadensersatz gegeben ist, kann im Einzelfall von der Anwendung des § 254 BGB beeinflusst werden. § 254 BGB ist eine rechtshindernde Einwendung gegen einen Schadensersatzanspruch, da der Anspruch nicht entsteht, soweit er nach **§ 254 BGB** ausgeschlossen ist. Seinem Wortlaut und seiner Systematik nach unterscheidet die Vorschrift einmal zwischen einer Mitverantwortlichkeit bei der Entstehung des Schadens (§ 254 Abs. 1 BGB) und auf der anderen Seite nach einem Mitverschulden im Hinblick auf die Schadenshöhe, also bei dem Umfang eines eingetretenen Schadens (§ 254 Abs. 2 BGB). Hat bei der Entstehung des Schadens ein Verschulden des Geschädigten mitgewirkt, so hängt gem. § 254 Abs. 1 BGB die Verpflichtung zum Ersatz sowie der Umfang des zu leistenden Ersatzes von den Umständen und insbesondere davon ab, inwieweit der Schaden vorwiegend von dem einen oder dem anderen Teil verursacht worden ist. Dies gilt gem. § 254 Abs. 2 S. 1 Alt. 1 BGB auch dann, wenn sich das Verschulden des Geschädigten darauf beschränkt, dass er unterlassen hat, den Schuldner auf die Gefahr eines ungewöhnlich hohen Schadens aufmerksam zu machen, die der Schuldner weder kannte noch kennen musste, oder gem. § 254 Abs. 2 S. 1 Alt. 2, dass er unterlassen hat, den Schaden abzuwenden oder zu mindern. Damit beschreibt § 254 Abs. 2 S. 1 BGB lediglich – klarstellend – besondere Anwendungsfälle des § 254 Abs. 1 BGB, der eine **einheitliche Regelung für sämtliche Fälle des Mitverschuldens** enthält.[365] Entstehungsgeschichte und Systematik der Norm sind nicht zu entnehmen, dass sich § 254 Abs. 1 BGB auf die haftungsbegründende und § 254 Abs. 2 S. 1 BGB auf die haftungsausfüllende Kausalität beziehen sollte. Das zeigt insbesondere die Warnobliegenheit nach § 254 Abs. 2 S. 1 Alt. 1 BGB, die der haftungsbegründenden Kausalität zuzuordnen ist Auf der Rechtsfolgenseite wird ebenfalls nicht zwischen einem Mitverschulden bei der haftungsbegründenden und bei der haftungsausfüllenden Kausalität unterschieden.[366] 162

b) Grundsätze. Verstößt der Geschädigte gegen seine Obliegenheit der Schadensverhütung oder Schadensminderung, ist der Schadensersatzanspruch anteilig zu kürzen. § 254 BGB versteht unter dem Begriff des Mitverschuldens nicht die vorwerfbare Verletzung einer dritten Person gegenüber bestehenden Rechtspflicht, sondern im Sinne eines **„Verschuldens gegen sich selbst“,**[367] die Außerachtlassung derjenigen Sorgfalt, die ein ordentlicher und verständiger Mensch zur Vermeidung eigenen Schadens anzuwenden pflegt.[368] Dieses „Verschulden gegen sich selbst“ wird **in Anlehnung an § 276 BGB** näher **konkretisiert** und ausgestaltet. Dabei ist zunächst das **Ausmaß der mitwirkenden Verursachung** und danach der **Grad des Verschuldens** zu berücksichtigen. 163

Im Falle des **vorsätzlichen Handelns des Schädigers** soll nach der im Schrifttum vorherrschenden Auffassung, die sich auf höchstrichterliche Rechtsprechung[369] beruft, ein sorgfaltswidriges Handeln des Geschädigten, das nicht grob sorgfaltswidrig ist, grundsätzlich außer Betracht bleiben.[370] Dass ist in der Sache richtig. Der Rspr. ist dieser Grundsatz zwar nur mit Blick auf ein Mitverschulden bei der Schadensentstehung (§ 254 Abs. 1 BGB) zu entnehmen, nicht aber mit Blick auf die Schadensminderungsobliegenheit gem. § 254 Abs. 2 Alt. 2 BGB. Handelt es sich nicht um ein bei der Entstehung des Schadens mitwirkendes Verschulden des Geschädigten, sondern um dessen späteres Verhalten und um die Frage, ob die im Verkehr erforderliche Sorgfalt sein Tätigwerden zur Abwendung oder 164

[365] BGH GRUR 2020, 322 Rn. 12 – Chickenwings.
[366] BGH GRUR 2020, 322 Rn. 13 – Chickenwings.
[367] BGHZ 9, 316 (318); 39, 156 (159); 74, 25 (28).
[368] BGHZ 74, 25 (28); BGH NJW 2001, 149 (150).
[369] RGZ 165, 202 (208); BGH NJW 1986, 2941 (2943).
[370] *Köhler*/Bornkamm/Feddersen § 9 Rn. 1.22; GroßKommUWG/*Paal* § 9 Rn. 73; *Rosenthal*/*Leffmann* Einl. Rn. 204; Teplitzky/*Schaub* Kap. 30 Rn. 26.

Minderung des Schadens erfordert, sollte nach der Auffassung des RG im allgemeinen kein Anlass vorliegen, den Geschädigten hier anders zu behandeln, je nachdem der Schädiger vorsätzlich oder fahrlässig gehandelt hat.[371] Legt man aber die Auffassung des BGH zugrunde, wonach § 254 Abs. 1 BGB eine einheitliche Regelung für alle Fälle des Mitverschuldens enthält und nicht, auch nicht angesichts der Beispielsfälle in § 254 Abs. 2 BGB, zwischen haftungsbegründende Kausalität (schädigendes Ereignis) und haftungsausfüllende Kausalität (Schadenshöhe) zu unterscheiden ist,[372] so ist für eine differenzierende Sicht kein Raum.

165 **2. Einzelfälle des Mitverschuldens. a) Mitverschulden beim Wettbewerbsverstoß selbst.** Ein mitwirkendes Verschulden beim Wettbewerbsverstoß selbst wird in der Praxis nur in den Fällen in Betracht kommen, in denen der von der Zuwiderhandlung unmittelbar betroffene **Mitbewerber durch eigenes wettbewerbswidriges oder provozierendes Verhalten,** etwa durch Einsatz eines *agent provocateur,*[373] erst den Tatentschluss des Zuwiderhandelnden herbeigeführt hat.[374]

166 **b) Unterlassene Warnung.** Ein **Verstoß gegen die Schadensminderungsobliegenheit** ist anzunehmen, wenn der von der Zuwiderhandlung unmittelbar betroffene Mitbewerber einen ihm bekannten Wettbewerbsverstoß nicht zu unterbinden versucht,[375] sondern einfach zuwartet und es unterlässt, den Zuwiderhandelnden abzumahnen und ihn auf den Eintritt oder die Höhe eines Schadens hinzuweisen, es sei denn, der Gläubiger kann darlegen und beweisen, dass der Schuldner die Warnung ohnehin nicht beachtet hätte.[376] Die Abmahnung ist das Mittel der Wahl, um bei einer anhaltenden Zuwiderhandlung den dadurch drohenden Schaden abzuwenden oder zu mindern.[377]

167 **c) Unterlassene Aufklärungsbemühungen.** Eine Kürzung des Schadensersatzanspruchs kommt auch in Betracht, wenn der unmittelbar betroffene Mitbewerber mögliche, zumutbare und kostengünstige Aufklärungsmaßnahmen gegenüber Dritten wie zB **aufklärende Rundschreiben gegenüber den Adressaten herabsetzender oder irreführender Werbung** unterlässt.[378] Besonders weitreiche oder kostspielige Maßnahmen können dabei allerdings nicht erwartet werden, wenn die Rechtslage unsicher oder die Kostenerstattung durch den Verletzer nicht geklärt ist.[379] Bei einer herabsetzenden oder irreführenden redaktionellen Werbung oder sonstigen Presseangriffen stellt es entgegen der bisherigen Rspr. des BGH[380] keine Verletzung der Schadensminderungsobliegenheit dar, wenn der Betroffene sich nicht um eine presserechtliche Gegendarstellung bemüht. Denn Gegendarstellungen sind in den seltensten Fällen wirklich geeignet, den richtigen Eindruck der Erstmitteilung zu beseitigen oder zu mindern.[381]

168 **d) Unterlassene Vertragstreuemahnung.** Wenn der betroffene Mitbewerber bei wettbewerbswidriger Verleitung von Kunden zum Vertragsbruch nichts unternimmt, um die **Kunden zur Vertragstreue anzuhalten,** liegt darin idR ein Verstoß gegen die Schadensminderungsobliegenheit.[382]

[371] RGZ 148, 48 (58 f.).
[372] BGH GRUR 2020, 322 Rn. 12 – Chickenwings.
[373] *Pinner/Eyck* § 1 Anm. 7.
[374] BGH GRUR 1964, 392 (396) – Weizenkeimöl.
[375] RG JW 1902, 101; *Rosenthal/Leffmann* Einl. Rn. 204.
[376] *Köhler*/Bornkamm/Feddersen § 9 Rn. 1.22; *Koos* in Fezer/Büscher/Obergfell § 9 Rn. 19; Teplitzky/*Schaub* Kap. 30 Rn. 28.
[377] Vgl. BGH GRUR 2007, 631 Rn. 21 – Abmahnaktion I.
[378] *Köhler*/Bornkamm/Feddersen § 9 Rn. 1.22.
[379] *Köhler*/Bornkamm/Feddersen § 9 Rn. 1.22; Teplitzky/*Schaub* Kap. 30 Rn. 31.
[380] BGH GRUR 1979, 421 (423) – Exdirektor.
[381] *Wild* GRUR 1979, 425.
[382] BGH GRUR 1994, 446 (449) – Sistierung von Aufträgen.

e) Voreiliger Gehorsam bei unberechtigter Schutzrechtsverwarnung. Eine Kürzung des Schadensersatzanspruchs wegen Mitverschuldens bei der Schadensentstehung nach einer unberechtigten Schutzrechtsverwarnung soll auch dann in Betracht kommen, wenn der **Verwarnte voreilig die Produktion oder den Vertrieb einstellt,** obwohl er die fehlende Berechtigung der Verwarnung hätte erkennen können,[383] oder wenn er die Verwarnung weiterhin befolgt, obwohl ihm neue Umstände bekannt geworden sind.[384] Der völlige Ausschluss der Ersatzpflicht ist allerdings die Ausnahme.[385] 169

In Anbetracht der Komplexität und Bedeutung von Schutzrechtsverletzungen muss der Verwarnte, wenn er nicht selbst zu einer Beurteilung in der Lage ist, fachkundigen Rechtsrat durch einen Rechts- oder Patentanwalt einholen, ehe er sich zu einschneidenden und kostspieligen Maßnahmen entschließt. Einen solchen Rat nicht einzuholen, wäre in der Tat „Verschulden gegen sich selbst." Allerdings ist es auch ausreichend, wenn sich der Verwarnte **auf das Ergebnis der Schutzfähigkeitsprüfung seiner fachkundigen Berater** (Patent- und Rechtsanwälte) **verlässt,** solange er keinen begründeten Anlass hat, deren Urteil anzuzweifeln. Insofern gelten für den Verwarnten die gleichen Vertrauensgrundsätze wie für den Verwarnenden.[386] 170

VI. Form des Schadensersatzes

1. Naturalrestitution. a) Allgemeines. Im Schadensersatzrecht gilt im Grundsatz der **Vorrang des Integritätsinteresses vor dem Kompensationsinteresse.**[387] Auch im Wettbewerbsrecht ist Schadensersatz dem Grundsatz nach durch Naturalrestitution zu leisten, § 249 Abs. 1 BGB.[388] Der Gläubiger kann daher vom Schuldner verlangen, „*den Zustand herzustellen, der bestehen würde, wenn der zum Ersatz verpflichtende Umstand nicht eingetreten wäre*". Dies bedeutet die **Herstellung eines wirtschaftlich gleichwertigen Zustandes.** Nur soweit die Herstellung nicht möglich oder zur Entschädigung des Gläubigers nicht möglich ist, ist gem. § 251 Abs. 1 BGB Schadensersatz in Geld geschuldet (→ Rn. 183 ff.). 171

Die Konstellationen, in denen eine Naturalrestitution **praktisch** möglich ist, sind bei UWG-Verstößen allerdings **begrenzt.** Daher ist in den allermeisten Fällen gem. § 251 Abs. 1 BGB Schadensersatz in Geld geschuldet. Naturalherstellung kommt in Fällen der Vernichtung oder Beschädigung von Werbematerial durch Wiederherstellung,[389] insbesondere aber bei der Kunden- oder Mitarbeiterabwerbung in Gestalt von zeitweiligen Belieferungs-, Bezugs-, Herstellungs-, Vertriebs- oder Beschäftigungsverboten in Betracht.[390] Umfang und Dauer des Verbots bestimmen sich nach den Umständen des Einzelfalls unter Berücksichtigung des Zwecks der Naturalrestitution und des Grundsatzes der Verhältnismäßigkeit.[391] Die **praktische Bedeutung** der Naturalherstellung im Rahmen des Schadensersatzes ist weiter dadurch **stark gemindert,** dass die entsprechenden Maßnahmen bereits regelmäßig mit dem verschuldensunabhängigen **Beseitigungsanspruch** gem. § 8 Abs. 1 Alt. 1 begehrt werden können.[392] 172

[383] BGH GRUR 1997, 741 (743) – Chinaherde; GRUR 1963, 255 (259) – Kindernähmaschinen; BGH GRUR 2020, 322 Rn. 39 – Chickenwings; *Köhler*/Bornkamm/Feddersen § 9 Rn. 1.22.

[384] BGH GRUR 1978, 492 (494) – Fahrradgepäckträger II.

[385] BGH GRUR 1997, 741 (743) – Chinaherde; GRUR 2020, 322 Rn. 13 – Chickenwings.

[386] Hierzu BGH GRUR 1974, 290 (293) – Maschenfester Strumpf; GRUR 1976, 715 (717) – Spritzgießmaschine; OLG Hamburg GRUR-RR 2003, 257 (261).

[387] BGHZ 92, 85 (90) – Modellboot; GroßKommUWG/*Köhler* (1. Aufl.) Vor § 13 B Rn. 297.

[388] *Köhler*/Bornkamm/Feddersen § 9 Rn. 1.24.

[389] *Köhler*/Bornkamm/Feddersen § 9 Rn. 1.25.

[390] *Köhler*/Bornkamm/Feddersen § 9 Rn. 1.26; *Ohly*/Sosnitza § 9 Rn. 10 mwN; vgl. zu solchen Konstellationen etwa BGH GRUR 1961, 482 (483) – Spritzgußmaschinen; GRUR 1964, 215 (216 f.) – Milchfahrer; GRUR 1970, 182 (184) – Bierfahrer; GRUR 1976, 306 (307) – Baumaschinen.

[391] Eingehend und mit ausf. Erörterung der Verhältnismäßigkeitsaspekte *Köhler* GRUR 1996, 82 (83); *Köhler*/Bornkamm/Feddersen § 9 Rn. 1.26.

[392] *Köhler*/Bornkamm/Feddersen § 9 Rn. 1.25; *Köhler* GRUR 1996, 82 (83).

173 **b) Naturalrestitution durch Handlungsverbote.** Bei **unerlaubter Abwerbung eines Mitarbeiters** kann die Beseitigung des Schadens verlangt werden, der als adäquate Folge der unerlaubten Abwerbung anzusehen ist. Der auf Naturalrestitution gerichtete Schadensersatzanspruch geht deshalb dahin, es dem unlauter Abwerbenden zu verbieten, den abgeworbenen Mitarbeiter zu beschäftigen und damit einen wettbewerblichen Vorsprung vor dem alten Arbeitgeber zu gewinnen. Das **Beschäftigungsverbot** ist auf die Zeit beschränkt, der dem wettbewerblichen Vorsprung entspricht, den er andernfalls auf Kosten des Geschädigten durch die Abwerbung erzielt hätte. Der Zeitraum ist nach § 287 ZPO zu schätzen. Für die Bemessung des Zeitraums ist entscheidend, wie lange der alte Arbeitgeber voraussichtlich braucht, um den Verlust des abgeworbenen Mitarbeiters zu verschmerzen.[393]

174 Auch bei **unerlaubter Abwerbung von Kunden** kann die Beseitigung des Schadens verlangt werden, der als adäquate Folge des unerlaubten Eindringens in die Kundenbeziehungen anzusehen ist. Der auf Naturalrestitution gerichtete Schadensersatzanspruch geht deshalb dahin, es dem unlauter Abwerbenden zu verbieten, die abgeworbenen Kunden zu beliefern und damit einen wettbewerblichen Vorsprung vor dem alten Lieferanten zu gewinnen. Die Dauer des **Belieferungsverbots** bemisst sich danach, wie lange der Verletzer von den Kunden ferngehalten werden muss, um die Kundenbeziehung zum Erlöschen zu bringen, also den unrechtmäßigen Wettbewerbsvorteil aufzuheben.[394] Als angebracht erachtete der BGH hierfür in Anknüpfung an die Wettbewerbsverbote des Handelsrechts im Allgemeinen eine Frist von zwei Jahren.[395]

175 Bei der **Verletzung von Geschäfts- und Betriebsgeheimnissen** ging der auf Naturalrestitution gerichtete Schadensersatzanspruch dahin, dem Schädiger die Benutzung des unbefugt erlangten oder verwerteten Geschäfts- oder Betriebsgeheimnisses zu verbieten.[396] Die Zeitdauer des **Benutzungsverbots** richtete sich danach, wie lange der Verletzer gebraucht hätte, um das unbefugt erlangte Wissen auf legalem Wege zu erwerben.

176 **c) Naturalrestitution durch Auskunft.** In besonders gelagerten Fällen kann die Naturalrestitution auch durch Erteilung einer Auskunft erfolgen.[397] Wenn die unlautere geschäftliche Handlung in der Verletzung eines geschlossenen Vertriebssystems durch Verleitung zum Vertragsbruch liegt, kann der Beitrag des Verletzers zur Wiederherstellung des früheren Zustandes (geschlossenes Vertriebssystem) nur in der **Namhaftmachung der undichten Stelle im Vertriebssystem** bestehen.[398] Auch bei der Verletzung von **Geschäftsgeheimnissen** konnte der Beitrag zur Wiederherstellung des früheren Zustandes gerade darin bestehen, diejenigen **Drittunternehmen genannt** zu bekommen, denen das für den Berechtigten geschützte **Know-how angeboten** wurde und bei denen die Wahrscheinlichkeit besteht, dass sie deshalb nicht beim Berechtigten um eine Lizenz nachgesucht haben.[399]

177 **d) Naturalrestitution durch Widerruf.** Der zum Schadensersatz Berechtigte kann im Fall von herabsetzenden Äußerungen vom Verletzer Naturalrestitution in Form von Berichtigung oder, bei falschen Tatsachenbehauptungen, von Widerruf verlangen.[400]

---

393 BGH GRUR 1961, 482 (483 f.) – Spritzgußmaschinen; GRUR 1967, 428 (429) – Anwaltsberatung; GRUR 1976, 306 (307) – Baumaschinen.

394 BGH GRUR 1970, 182 (184) – Bierfahrer (zum Beseitigungsanspruch); GRUR 1964, 215 (216 f.) – Milchfahrer (zum Unterlassungsanspruch).

395 BGH GRUR 1970, 182 (184) – Bierfahrer; zum Ganzen ausführlich *Köhler* GRUR 1996, 82 (83).

396 BGH GRUR 2018, 535 Rn. 42 – Knochenzement I.

397 BGH GRUR 1976, 367 (368) – Ausschreibungsunterlagen, mwN; GRUR 2012, 1048 Rn. 27 – MOVICOL-Zulassungsantrag.

398 RG GRUR 1935, 990 (994) – 4711-Stammkunden; GRUR 1939, 562 (567) – Zeiss-Brillengläser; BGH GRUR 1964, 320 (323) – Maggi; GRUR 1974, 351 (352) – Frisiersalon.

399 BGH GRUR 2012, 1048 Rn. 27 – MOVICOL-Zulassungsantrag.

400 RG MuW XXXI, 276 (278) – Ablaßvorrichtung für Dampfkessel; *Köhler* GRUR 1996, 82 (84).

e) Ersetzungsbefugnis bei konkret berichtigender eigener Werbung. Der BGH hat noch nicht abschließend darüber entschieden, inwieweit im Rahmen des Schadensersatzes eine **berichtigende Werbung als Naturalrestitution** geschuldet wird. Die vorhandenen älteren Entscheidungen lassen jedoch eine positive Tendenz erkennen.[401] Bei der berichtigenden Werbung geht es darum, einen durch eine konkrete Werbemaßnahme hervorgerufenen unrichtigen Eindruck beim Publikum zu beseitigen, indem der Verletzer verpflichtet wird, in seiner Werbung Hinweise auf die Unrichtigkeit zuvor aufgestellter Werbebehauptungen zu verbreiten.[402] 178

Nach § 249 Abs. 2 S. 1 BGB kann der anspruchsberechtigte Mitbewerber den **Ersatz** 179
derjenigen **Aufwendungen verlangen,** die erforderlich wären, wenn er den vor dem schädigende Ereignis bestehenden Zustand selbst wiederherstellt.[403] Er ist aber nicht verpflichtet die Herstellung tatsächlich durchzuführen, weil § 249 Abs. 2 S. 1 BGB den Geldbetrag gerade „statt der Herstellung“ zubilligt.[404] Das Gesetz beschränkt diese Befugnis dem Wortlaut nach zwar auf die Fälle der Beschädigung einer Sache und der Verletzung einer Person. Da der Begriff der Person nicht auf natürliche Personen beschränkt ist, kommt auch die Beeinträchtigung eines Unternehmensinhabers als juristische Person oder Personengesellschaft bei der herabsetzender Werbung in Betracht.[405] Unter „Verletzung“ ist dabei auch die Ehrverletzung und darüber hinaus individuell herabsetzende Werbung im geschäftlichen Verkehr zu verstehen.[406] Will man den Anwendungsbereich des § 249 Abs. 2 S. 1 BGB nicht so weit ausdehnen, ist eine analoge Anwendung des § 249 Abs. 2 S. 1 BGB geboten.[407] Denn die *ratio legis* dieser Norm, dass es nämlich für den Geschädigten unzumutbar sei, seine Rechtsgüter dem Schuldner zur Wiederherstellung anzuvertrauen,[408] trifft auch für den Fall der Geschäftsehrverletzung zu – gerade, wenn diese durch einen Mitbewerber erfolgt ist.[409] Für eine Anwendung des § 249 Abs. 2 S. 1 BGB spricht auch, dass es sich uU als Verstoß gegen die Schadensminderungsobliegenheit darstellen kann, wenn der betroffene Mitbewerber keine eigenen Aufklärungsmaßnahmen ergreift.[410]

Der Gläubiger kann die **Kosten einer berichtigenden Werbung** nur verlangen, soweit 180
sie „erforderlich“ waren, § 249 Abs. 2 S. 1 BGB. Verlangt wird von der Rspr. grundsätzlich, dass ein Bezug der aufklärenden Werbemaßnahme zur Verletzungshandlung erforderlich ist, auf den allenfalls ganz ausnahmsweise, nämlich dann verzichtet werden könne, wenn eine Richtigstellung schädigender Äußerungen auf der Ebene rationaler Argumente nicht mehr möglich wäre.[411] Detaillierte Judikatur liegt bislang nur zu der Frage vor, ob unter dem Gesichtspunkt der berichtigenden Werbung gegen die Wirkungen herabsetzender Presseberichterstattung vorgegangen werden kann. Hierzu meint der BGH, dass im Allgemeinen zwar die Gegendarstellung als der wirtschaftlichere Weg anzusehen sei, im Einzelfall aber auch eine berichtigende Werbung auf Kosten des Verletzers zulässig sein könne. Bei der nötigen Abwägung der Umstände des Einzelfalls sei insbesondere die **Verbrauchererwartung** zu berücksichtigen, dass der Hersteller über seine Ware **durch Werbeanzeigen informiert.** Dies rechtfertige es, dem Hersteller die Möglichkeit nicht zu

---

[401] Die Entscheidung BGH GRUR 1979, 804 (805) – Falschmeldung – betrifft die Frage des Kostenersatzes für eigene Aufwendungen; in der Entscheidung BGH GRUR 1982, 489 f. – Korrekturflüssigkeit wird berichtigende Werbung von allgemeinen Maßnahmen zur Marktentwirrung abgegrenzt.

[402] *Schricker* GRUR-Int 1975, 191 (192); umfassend *Köhler* GRUR 1996, 82 ff.

[403] Grdl. GroßKommUWG/*Köhler* (1. Aufl.) Vor § 13 B Rn. 298, 200 mwN; *Köhler*/Bornkamm/Feddersen § 9 Rn. 1.28.

[404] *Köhler*/Bornkamm/Feddersen § 9 Rn. 1.28.

[405] Vgl. BGH GRUR 1979, 804 (805) – Falschmeldung; GRUR 1978, 187 (188) – Alkoholtest.

[406] GroßKommUWG/*Köhler* (1. Aufl.) Vor § 13 B Rn. 298.

[407] GroßKommUWG/*Köhler* (1. Aufl.) Vor § 13 B Rn. 298.

[408] Die Vorschrift will es dem Geschädigten ersparen, „zum Zwecke der Herstellung eine in ihrem Erfolg zweifelhafte Einwirkung auf seine Person oder auf die Sache dem Ersatzpflichtigen zu gestatten“, *Mugdan* Band II S. 1235.

[409] GroßKommUWG/*Köhler* (1. Aufl.) Vor § 13 B Rn. 298; *Köhler* GRUR 1996, 82 (84).

[410] BGH GRUR 1978, 187 (188) – Alkoholtest.

[411] Vgl. BGH GRUR 1982, 489 (490) – Korrekturflüssigkeit, mN der früheren Rspr.

verschließen, seine berichtigende Darstellung gegenüber einem Presseangriff in publikumswirksamer Aufmachung in der äußeren Form einer Werbeanzeige im Anzeigenteil der verantwortlichen Zeitung unterzubringen.[412] Wenn also schon auf Presseberichte mit berichtigender Werbung reagiert werden darf, ist dies erst recht möglich, wenn die unlautere geschäftliche Handlung ebenfalls die Form von Werbung hatte.[413] Der Zweck der Richtigstellung erfordert dabei jedoch, dass jedenfalls der orientierte Leser die Zusammenhänge zwischen Fehlinformation und Berichtigung erkennt.[414] Der BGH hat deutlich gemacht, dass er dazu neigt, solche **„Gegenwerbung"** im Sinne einer konkret auf die wettbewerbswidrige Werbung bezogenen Berichtigung von allgemeinen Marktentwirrungsmaßnahmen abzugrenzen und **als Naturalrestitution** anzuerkennen.[415]

181 Ein **Ausschluss der Naturalrestitution** durch berichtigende Werbung nach **§ 251 Abs. 2 S. 1 BGB** wegen Unverhältnismäßigkeit kommt **in der Praxis nicht** in Betracht. Denn dazu müsste der Schadensersatzpflichtige den wertmäßigen Betrag des Schadens beziffern und beweisen. Dies wird in der Praxis kaum möglich sein.[416]

182 Der Geschädigte, der nach § 249 Abs. 2 S. 1 BGB vorgeht, hat **Dispositionsfreiheit** und kann den erforderlichen Geldbetrag für die Naturalrestitution einsetzen, braucht dies aber nicht zu tun (→ Rn. 179). Der Geschädigte kann also die (fiktiven) **Kosten einer berichtigenden Werbung verlangen, ohne diese tatsächlich zu schalten.**[417] Der **BGH** ist hier freilich **aA.** Die Heranziehung fiktiver Kosten einer auf die Beseitigung der Marktverwirrung gerichteten und hierfür geeigneten Werbung im Rahmen der Schadensschätzung soll dem Grundsatz widersprechen, dass der eingetretene Schaden konkret zu berechnen ist und demzufolge auch eine gem. § 287 ZPO erfolgende Schadensschätzung auf konkrete, nicht aber auf nur fiktive Schäden abzustellen hat.[418] Das überzeugt nicht. Die durch eine konkrete unrichtige Werbebehauptung eingetretene Minderung von Erwerbschancen ist nämlich kein fiktiver Schaden, sondern ein realer. Fiktiv sind allein die Kosten einer tatsächlich nicht geschalteten berichtigenden Werbung. Wäre diese Werbung aber im Falle ihrer tatsächlichen Schaltung geeignet, die Erwerbschancen wiederherzustellen, besteht kein Grund, vom Grundsatz der Dispositionsfreiheit eine Ausnahme zu machen.

VII. Umfang des Schadensersatzes in Geld gem. § 251 BGB und Schadensberechnung

183 **1. Ersatz der Kosten der Rechtsverfolgung. a) Rechtsverfolgungskosten als Schaden. aa) Allgemeines.** Nach §§ 249 Abs. 1, 251 Abs. 1 BGB sind diejenigen adäquat verursachten Rechtsverfolgungskosten zu ersetzen, die aus Sicht des Schadensersatzgläubigers zur Wahrnehmung und Durchsetzung seiner Rechte erforderlich und zweckmäßig waren.[419] Dabei gebietet die Schadensminderungsobliegenheit gem. § 254 Abs. 2 BGB dem Geschädigten, den Schaden möglichst gering zu halten, also nur diejenigen weiteren Aufwendungen zu verursachen, die zu einer zweckentsprechenden Rechtsverfolgung unerlässlich sind.[420] Die verschiedenen Verletzer in der Handelskette bei Nachahmungsfällen (Hersteller, Großhändler, Einzelhändler) haften nicht gesamtschuldnerisch für die Rechtsverfolgungskosten (näher → Rn. 303 ff.).

---

412 BGH GRUR 1979, 804 (805) – Falschmeldung.
413 Zurückhaltender *Köhler* NJW 1992, 1477 (1478).
414 BGH GRUR 1979, 804 (806) – Falschmeldung; *Köhler*/Bornkamm/Feddersen § 9 Rn. 1.32.
415 BGH GRUR 1982, 489 (490) – Korrekturflüssigkeit.
416 GroßKommUWG/*Köhler* (1. Aufl.) Vor § 13 B Rn. 300.
417 *Leisse* GRUR 1988, 88.
418 BGH GRUR 1982, 489 (491) – Korrekturflüssigkeit ebenso *Köhler*/Bornkamm/Feddersen § 9 Rn. 1.33.
419 BGH GRUR 2017, 1160 Rn. 64 f. – BretarisGenuair.
420 OLG Karlsruhe WRP 1988, 381 (382 f.) – Kosten für einen Testkauf.

Rechtsverfolgungskosten, die zur Vorbereitung von gem. § 8c missbräuchlichen Abmahnungen oder Unterlassungsklagen aufgewendet wurden, dienen keiner zweckentsprechenden Rechtsverfolgung. Sie können nicht als Schadensersatz gem. § 9 geltend gemacht werden.[421] 184

bb) Testkäufe. Die Kosten für notwendige **Testkäufe** sind als Schaden ersatzfähig, denn Testkäufe sind adäquat kausale Folge des wettbewerbswidrigen Verhaltens des Verletzers, das den Mitbewerber zu den erforderlichen Gegenmaßnahmen veranlasst.[422] Testkäufe sind zumeist notwendig, um einen Nachweis für die Verletzungshandlung erbringen zu können; häufig ist der Erwerb von Waren im Wege des Testkaufs auch nötig, um von ihnen Fotos anzufertigen, die dann Eingang in Unterlassungserklärung oder Unterlassungsantrag finden.[423] Zu den erstattungsfähigen **Kosten** gehören dann nicht nur die **für den** bloßen **Erwerb** aufgewandten Kosten, sondern auch angemessene Kosten des **Ermittlers,** der den Testkauf durchführt. Nicht erstattungsfähig sind nach der bisherigen Rspr. die Kosten des Ermittlers aber dann, wenn er zur allgemeinen Marktbeobachtung tätig wird und bei dieser Gelegenheit eine konkrete Verletzung aufdeckt, die der Verletzte nicht kannte und auch nicht für möglich hielt.[424] Daran kann jedenfalls im Nachahmungsschutz, bei dem im Ergebnis eine objektive Schadensberechnung nach den Grundsätzen der Durchsetzungsrichtlinie stattfindet (→ Rn. 228 ff.), nicht festgehalten werden. Nach der Besprechung des EuGH müssen auch **„die mit der Feststellung allfälliger Verletzungshandlungen und ihrer Verursacher verbundenen Kosten",** auf die im 26. Erwägungsgrund der Durchsetzungsrichtlinie verwiesen wird, ersetzt werden.[425] Damit sind ersatzfähig nicht nur die durch die Feststellung der konkreten Verletzung verursachten (Rechtsverfolgungs-)Kosten, sondern sämtliche Kosten, die mit der Feststellung „allfälliger", also möglicherweis künftig stattfinde Verletzungshandlungen und ihrer jeweiligen Verursacher „verbunden" sind. Dies schließt jedenfalls die anteilig auf die konkrete Verletzung und ihre Entdeckung entfallenden Kosten allgemeiner Überwachungsmaßnahmen ein.[426] Damit verschwimmen die Grenzen zu **Vorsorgeaufwendungen** und zur **außergerichtlichen Mühewaltung** (→ Rn. 195 f.). Testkäufe zur Vorbereitung missbräuchlicher Abmahnungen oder Unterlassungsklagen dienen keiner zweckentsprechenden Rechtsverfolgung und werden nicht gem. § 9 ersetzt.[427] 185

cc) Detektivkosten. Sonstige **Detektivkosten** sind zu ersetzen, wenn sie nach den Umständen des Einzelfalls zur zweckentsprechenden Rechtsverfolgung erforderlich sind.[428] Erforderlich sind nach Wegfall des § 15a GewO etwa die Kosten zur Identifizierung des Inhabers eines Ladengeschäfts, der nachgeahmte Waren anbietet, seinen Namen aber weder am Geschäft noch auf dem Beleg für den Testkauf angibt. 186

dd) Anwaltskosten der Abmahnung. Nicht mehr zum ersatzfähigen Schaden gehören die **Anwaltskosten einer berechtigten Abmahnung.** Nach bisherigem Recht war umstritten, ob und unter welchen Voraussetzungen die Abmahnkosten als Schadensersatz geltend gemacht werden können.[429] Die Erstattung der Abmahnkosten ist im UWG neu und spezialgesetzlich in **§ 13 Abs. 3 und 4** geregelt worden. Nach dem ausdrücklichen Willen des Gesetzgebers sollen diese Regelungen zur Erstattungsfähigkeit von Aufwendungen für berechtigte Abmahnungen auf Grund ihrer Spezialität **abschließend** sein. 187

---

421 BGH GRUR 2019, 199 Rn. 41 – Abmahnaktion II (keine Erstattung der Kosten für Testkäufe).

422 BGH GRUR 2016, 730 Rn. 75 – Herrnhuter Stern; GRUR 2017, 1160 Rn. 64 f. – BretarisGenuair; LG Darmstadt 3.11.2017 – World's Lightest.

423 OLG München NJOZ 2004, 2699 f. – Erstattungsfähigkeit von Testkaufkosten.

424 OLG Zweibrücken GRUR-RR 2004, 343 – Testkaufkosten.

425 EuGH GRUR 2017, 264 Rn. 30 – OTK/SFP.

426 Kur/*Goldmann* MarkenG § 14 Rn. 738.

427 BGH GRUR 2019, 199 Rn. 41 – Abmahnaktion II.

428 BGHZ 111, 168 (174); *Goldmann,* Unternehmenskennzeichen, § 19 Rn. 583.

429 Vgl. BGH GRUR 2018, 914 Rn. 27 – Riptide mit Zusammenfassung des Streitstands.

Der Abmahnende kann sich daneben nicht auf eine Erstattungsfähigkeit nach den Grundsätzen der GoA oder aus anderem Rechtsgrund berufen.[430] Dies betrifft auch eine Erstattung im Wege des Schadensersatzes.

188 **ee) Weitere Anwaltskosten.** Erstattungsfähig sind jedoch die Anwaltskosten für Bemühungen um Auskunftserteilung, Anerkennung einer Schadensersatzpflicht und Schadensersatzleistung[431] sowie für die Führung von Vergleichsverhandlungen. Auch die **Kosten eines Abschlussschreibens** sind nicht nur nach GoA (*Retzer/Tolkmitt* → § 12 Rn. 465 ff.), sondern auch als Schadensersatz zu erstatten.[432]

189 **ff) Umfang des Ersatzes von Rechtsanwaltskosten.** Hinsichtlich des **prozessualen Kostenerstattungsanspruchs** nach § 91 Abs. 2 S. 1 ZPO gilt, dass als erstattungsfähige „gesetzliche Gebühren und Auslagen" lediglich die Regelsätze des RVG zu erstatten sind und nicht ein aufgrund einer Honorarvereinbarung mit dem Rechtsanwalt übersteigendes Honorar.[433] Für den **materiell-rechtlichen Kostenerstattungsanspruch,** der sich im Wege des Schadensersatzanspruchs als Ausgleich des positiven Schadens ergibt, gilt diese Beschränkung nicht. Üblicherweise wird zwar auch hier der Ersatz der Anwaltskosten vom Schädiger bislang in der Höhe der gesetzlichen Gebühren gefordert und nicht. Diese Praxis ist zu hinterfragen. Je nach Fallgestaltung kann nach RVG oder nach der Honorarvereinbarung abgerechnet werden. Die Honorarvereinbarung kann für die außergerichtliche Tätigkeit des Rechtsanwalts nicht nur eine höhere, sondern gem. § 4 Abs. 1 S. 1 RVG auch eine niedrigere als die gesetzliche Vergütung vorsehen. Hier ist zu differenzieren

190 Ein Anspruch auf Erstattung von Rechtsanwaltskosten in Höhe **der gesetzlichen Vergütung nach dem RVG** besteht **nur** dann, wenn der Anspruchsteller mit seinem Rechtsanwalt **keine abweichende Honorarvereinbarung** getroffen hat, nach der er für die einzelnen Tätigkeiten eine geringere als die gesetzliche Vergütung schuldet.[434] Hierfür trägt der Anspruchsteller die Darlegungslast. Zu einem schlüssigen Vortrag gehört daher auch die Darlegung, ob nach den gesetzlichen Gebühren abgerechnet und was ggf. Abweichendes vereinbart worden ist.[435] Trägt er vor, er habe mit seinem Rechtsanwalt eine Vereinbarung getroffen, wonach die Tätigkeit nach dem anfallenden Arbeitsaufwand, mindestens jedoch in Höhe der gesetzlichen Gebühren abgerechnet werde, so genügt er der Darlegungslast. Dass in Sachen des gewerblichen Rechtsschutzes einschließlich des Wettbewerbsrechts Anwälte auf der Grundlage von Honorarvereinbarungen zu Gebührensätzen tätig werden, deren Höhe die Gebühren nach dem RVG unterschreiten, erscheint nämlich erfahrungswidrig. Unter diesen Umständen kann vom Anspruchsteller insbesondere nicht verlangt werden, die getroffenen Vereinbarungen etwa schriftlich vorzulegen oder im Einzelnen zu erläutern und unter Beweis zu stellen.[436]

191 Soweit eine Honorarvereinbarung besteht, sind vom Schädiger die Gebühren **in der tatsächlich aufgelaufenen Höhe** zu ersetzen, auch wenn diese die RVG-Gebühren überschreiten. Dies gilt nach überwiegender Meinung jedenfalls dann, wenn auf dem jeweiligen Rechtsgebiet wegen der erforderlichen Spezialkenntnisse die Vereinbarung von Stundensätzen üblich ist, welche die RVG-Gebühren übersteigen.[437] Dies hat insbesondere für die Stundensätze von Rechtsanwälten zu gelten, die auf das Gebiet des gewerblichen Recht-

[430] BT-Drs. 19/12084, 32.
[431] *Köhler*/Bornkamm/Feddersen § 9 Rn. 1.29.
[432] BGH GRUR 2017, 1160 Rn. 59 – Bretaris Genuair.
[433] BGH NJW 2018, 1477 Rn. 91 ff. mwN.
[434] *Köhler*/Bornkamm/Feddersen § 12 Rn. 1.121; in dieselbe Richtung OLG Frankfurt a. M. 11.4.2019 – 6 U 90/18.
[435] BGH GRUR 2019, 763 Rn. 15 – Ermittlungen gegen Schauspielerin.
[436] OLG Frankfurt a. M. 11.4.2019 – 6 U 90/18.
[437] OLG Koblenz NJW 2009, 1153 f.; OLG München 21.7.2010 – 7 U 1879/10; LG Kiel 20.8.2020 – 6 O 37/20 – La Sepia; *Bauerschmidt* JuS 2011, 601 (602); Kur/*Goldmann* § 14 Rn. 743.1; *Goldmann,* Unternehmenskennzeichen, § 19 Rn. 589; *Saenger/Uphoff* NJW 2014, 1412 (1413 f.); *Schlosser* NJW 2009, 2413 f.; aA LG München I 23.7.2013 – 33 O 16810/12 – Chrystal Cove.

schutzes besonders spezialisiert sind.[438] Rechtsstreitigkeiten auf dem Gebiet des gewerblichen Rechtsschutzes erfordern eine besondere Sachkunde.[439] Dem wird auf Seiten der Gerichte durch Einrichtung von Spezialkammern und Senaten Rechnung getragen.[440] Auch auf dem Gebiet des unlauteren Wettbewerbs ist Spezialistenwissen gefordert und für spezialisierte Rechtsanwälte die Arbeit auf der Basis (hoher) Stundensätze allgemein üblich.[441] Die **Vergütung,** die eine Partei mit ihrem Berater (unabhängig von deren möglicher späterer Erstattung durch den Verletzer) vereinbart, ist **im Zweifel als angemessen zu betrachten.**[442] Eine Ausnahme zur Abrechnung auf Basis der Honorarvereinbarung kann allenfalls dann gelten, wenn die Sach- und Rechtslage so einfach gelagert ist, dass jeder andere Anwalt, der auf Basis der RVG-Sätze arbeitet, den Fall hätte ebensogut bearbeiten können.[443] Dafür ist der Verletzer darlegungs- und beweispflichtig.

Dabei ist auch zu berücksichtigen, dass häufig die im Wettbewerbsrecht und gewerblichen Rechtsschutz beratenden Anwälte bereits seit vielen Jahren mit ihren Mandanten zusammenarbeiten und mit den beratenen Unternehmen und deren rechtlichen Umfeld vertraut sind.[444] Der geschädigte Mitbewerber wird also in aller Regel – gerade auch, um die Kosten besonders niedrig zu halten (§ 254 BGB) – ein berechtigtes Interesse haben, seine bewährten und **eingearbeiteten Rechtsberater** auch mit der Abwehr unlauteren Wettbewerbs zu betrauen. Anwaltskosten sind also idR so zu ersetzen, wie sie angefallen sind. 192

gg) Gutachten. Die **Kosten eines Sachverständigen** und sonstiger den Unterlassungs- oder Schadensersatzprozess vorbereitender Untersuchungsmaßnahmen sind als Schaden ersatzfähig.[445] Solche Gutachterkosten gehören zu den mit dem Schaden unmittelbar verbundenen und gem. § 249 Abs. 1 BGB auszugleichenden Vermögensnachteilen, soweit die Begutachtung zur Geltendmachung des Schadensersatzanspruchs **erforderlich und zweckmäßig** ist.[446] Zu denken ist insbesondere beim UWG-Nachahmungsschutz an ein **technisches Gutachten,** im Falle der Irreführung an ein **demoskopisches Gutachten** oder im Falle der Berechnung eines entgangenen Gewinns an ein **ökonomisches Gutachten.** Die Kosten eines **Rechtsgutachtens** über die Kosten des betrauten spezialisierten Rechtsanwalts hinaus werden nur ganz ausnahmsweise ein erstattungsfähiger Schaden sein.[447] 193

hh) Prozessfinanzierung. Kreditkosten zur Finanzierung der Rechtsverfolgung gehören ebenfalls zum ersatzfähigen Schaden.[448] Das gleiche gilt für quotale Anteile an der vom Gericht zugebilligten Schadenssumme, die sich der Prozessfinanzierer versprechen lässt, wenn es für den Geschädigten sonst keine andere Möglichkeit gibt, den Prozess zu finanzieren.[449] 194

ii) Außergerichtliche Mühewaltung. Früher wurde im Schrifttum und vom OLG Hamburg vertreten, dass es einen ersatzfähigen Schaden darstelle, wenn der Verletzte umfangreiche eigene Maßnahmen zur Aufdeckung und Verfolgung des Wettbewerbsver- 195

[438] RG MuW XXV, 266 f. – Aspirin-Substitute; *Callmann* S. 120; *Fischer* S. 83; *Reimer* Kap. 109 Rn. 21; *Rosenthal* S. 112 ff.; *Rosenthal* GRUR 1926, 95 (97); vermittelnd *Rosenthal/Leffmann* Einl. Rn. 202.
[439] KG GRUR 1955, 157; *Fischer* S. 77; *Rosenthal* S. 112.
[440] KG GRUR 1955, 157.
[441] So schon OLG Hamm JW 1927, 131 (132).
[442] *Callmann* S. 120.
[443] RG MuW XXV, 266 (267) – Aspirin-Substitute.
[444] KG GRUR 1955, 157.
[445] Teplitzky/*Schaub* Kap. 34 Rn. 3; GroßKommUWG/*Köhler* (1. Aufl.) Vor § 13 B Rn. 311.
[446] BGH NJW 2017, 1875 Rn. 6; GRUR 2018, 914 Rn. 27 – Riptide.
[447] *Köhler*/Bornkamm/Feddersen § 9 Rn. 1.29 unter Hinweis auf die zu § 91 ZPO ergangene Entscheidung des OLG Frankfurt a. M. GRUR 1987, 322: *„Es ist grundsätzlich die Aufgabe der Prozeßbevollmächtigten, sich auch in schwierige Rechtsmaterien einzuarbeiten und das Ergebnis ihrer Bemühungen selbst schriftsätzlich vorzutragen."*
[448] GroßKommUWG/*Köhler* (1. Aufl.) Vor § 13 B Rn. 311.
[449] *Goldmann,* Unternehmenskennzeichen, § 19 Rn. 237.

stoßes durchführen muss, statt sich „anderer produktiver Tätigkeit zuwenden zu können".[450] Der BGH hat demgegenüber die eigene Mühewaltung des Geschädigten als erstattungsfähigen Schaden ausgeschlossen, da sie nach der „Verkehrsanschauung" zum eigenen Pflichtenkreis des Gläubigers gehöre.[451] Im Schrifttum wird dem meist ohne Kritik gefolgt und das Argument hinzugefügt, der Ersatz solcher Schäden liege nicht im Schutzzweck der Norm.[452] Die Verkehrsanschauung ist jedoch ein ungeeignetes Mittel zur Bemessung von Schäden; der allgemeine Zweck des Schadensersatzrechts verlangt einen Ausgleich einer jeglichen adäquat kausal verursachten Vermögenseinbuße. Im Einklang mit der früheren Rspr. des OLG Hamburg ist die **eigene Mühewaltung dem ersatzfähigen Schaden zuzurechnen.** Jeder Personaleinsatz, der nicht dem eigentlichen Erwerbszweck des Unternehmens zugute kommt, sondern für die Verfolgung des Schadens zweckentfremdet wird, mindert die Erwerbschancen und damit das Vermögen des Unternehmens. Außerdem gebietet die Durchsetzungsrichtlinie eine Berücksichtigung der außergerichtlichen Mühewaltung jedenfalls im Rahmen der Berechnung des Schadensersatzanspruchs auf Basis der Lizenzanalogie (→ Rn. 161 ff.).

196 **jj) Vorsorgeaufwendungen.** Vorbereitende Aufwendungen, die **allgemein vorbeugend gegen Schadensfälle** dazu dienen sollen, einen erwarteten Schaden so gering wie möglich zu halten, ohne letztlich dem Schädiger zugute zu kommen, sind nach der bisher herrschenden Ansicht grundsätzlich nicht erstattungsfähig. Sie müssen von demjenigen getragen werden, der sie in seinem Interesse freiwillig auf sich nimmt.[453] Auch hier könnte jedoch die Durchsetzungsrichtlinie eine Berücksichtigung im Rahmen der Berechnung des Schadensersatzanspruchs auf der Basis der Lizenzanalogie gebieten (→ Rn. 255).

197 **b) Materiell-rechtlicher Kostenerstattungsanspruch.** Der materiell-rechtliche Anspruch auf Ersatz der Kosten der Rechtsverfolgung gem. § 9 steht unabhängig neben dem prozessualen Kostenerstattungsanspruch aus §§ 91 ff. ZPO. Dass dem Geschädigten insoweit – möglicherweise – ein prozessualer Kostenerstattungsanspruch zusteht, steht der Verfolgung des auf Kostenersatz gerichteten materiellen Schadensersatzanspruchs wegen der insoweit ungewissen Rechtslage nicht entgegen.[454]

198 **2. Ersatz des Marktverwirrungsschadens.** Die **Marktverwirrung** stellt nach der Rspr. des BGH zunächst nur einen Störungszustand dar, dem mit Abwehransprüchen zu begegnen ist.[455] Dies bedarf einer ausführlicheren Begründung als der vom BGH in der Entscheidung *„Entfernung der Herstellernummer II"* angeführten Gründe. Nach der hier vertretenen Auffassung genügt für eine Schädigung jede nachteilige Einwirkung auf die Vermögenslage im Allgemeinen, auch die **Beeinträchtigung** einer bloß **tatsächlichen Erwerbsaussicht,** da die eine Gewinnerzielung versprechende günstige Geschäftslage dem Vermögen zuzurechnen ist und schon in der Beeinträchtigung der auf Kundengewinnung gerichteten Tätigkeit eine Vermögenseinbuße liegt.[456]

199 Die Marktverwirrung, die durch eine **diffuse Desinformation der Marktteilnehmer** zu Lasten des Geschädigten entsteht, ist in der Tat zunächst nur ein **Störungszustand.** Sie bringt noch nicht zwingend eine Beeinträchtigung der Erwerbsaussichten und der werbenden Tätigkeit mit sich. Denn es ist durchaus möglich, dass eine gewisse Marktverwirrung mit geringer Intensität und begrenzten Umfang gar keinen negativen Einfluss auf die

[450] OLG Hamburg MuW XXII, 83 (84); OLG Hamburg MuW XXXI, 108 (109) – Vacuum; *Callmann* S. 121; *Rosenthal/Leffmann* Einl. Rn. 201.
[451] BGH NJW 1969, 1109; 1977, 35.
[452] GroßKommUWG/*Köhler* (1. Aufl.) Vor § 13 B Rn. 311; differenzierend *Wünsche* S. 296 f.
[453] BGHZ 59, 286 (287 f.) – Doppelte Tarifgebühr; 75, 230 (237 f.); BGH NJW 1992, 1043 (1044); GRUR 2001, 841 (845) – Entfernung der Herstellungsnummer II; *Schaffert* FS Erdmann, 2002, 719 (724).
[454] BGH GRUR 2017, 1160 Rn. 64 – BretarisGenuair.
[455] BGH GRUR 2001, 841 (845) – Entfernung der Herstellungsnummer II.
[456] RGZ 75, 61 (63) – Moratorium; 79, 55 (58); 111, 151 (156); BGH GRUR 1966, 375 (378) – Meßmer-Tee II.

Geschäftstätigkeit des Verletzten hat. Eine Marktverwirrung führt deshalb nicht notwendigerweise in allen Fällen bereits zu einem Vermögensschaden beim betroffenen Mitbewerber.

Zu einem Schaden im Sinne einer Beeinträchtigung der Erwerbsaussichten wächst sich die Marktverwirrung erst dann aus, wenn dieser Zustand das Ansehen[457] oder sonst die **werbende Tätigkeit** des Verletzten **tatsächlich beeinträchtigt,** die eine die Gewinnerzielung versprechende günstige **Geschäftslage verschlechtert** und dadurch einer Vermögenseinbuße gleichkommt.[458] Bedenkt man aber, dass jede spürbare Beeinträchtigung im Wettbewerb auch die Erwerbsaussichten tangiert, muss davon ausgegangen werden, dass die **Marktverwirrung *in aller Regel*** auch **als Schaden zu qualifizieren** ist. 200

3. Entgangener Gewinn. a) Allgemeines. Der entgangene Gewinn ist nach **§ 252 BGB** neben dem positiven Schaden zu ersetzen. Dies gilt allerdings nur, soweit er **rechtmäßig** und nicht seinerseits nur unter Verstoß gegen das Wettbewerbsrecht **erzielbar** war. Als entgangenen Gewinn kann der Verletzte nicht fordern, was er nur mit rechtswidrigen Mitteln erlangt hätte.[459] 201

b) Sachgerechte Schätzung durch das Gericht. Der entgangene Gewinn lässt sich in nahezu allen Fällen nicht berechnen, sondern nur schätzen. Deshalb kommt nach dem Willen des Gesetzgebers der Vorschrift des **§ 287 ZPO** eine besondere Bedeutung zu.[460] Sie erleichtert dem Geschädigten nicht nur die Beweisführung, sondern auch die Darlegungslast.[461] § 287 ZPO erlaubt es dem Gericht, über die Frage des Bestehens und der Höhe des Schadens unter Würdigung aller Umstände nach **freier Überzeugung** zu entscheiden.[462] Die Befugnis zur Schätzung der Höhe des Gewinns schließt auch alle **Kausalitäts- und Zurechnungsfragen** mit ein.[463] Die Bemessung der Höhe des Schadensersatzanspruchs ist in erster Linie Sache des Tatrichters. Sie ist revisionsrechtlich nur daraufhin überprüfbar, ob der Tatrichter Rechtsgrundsätze der Schadensbemessung verkannt oder seiner Schätzung unrichtige Maßstäbe zugrunde gelegt hat,[464] sowie darauf, ob die Schätzung auf grundsätzlich falschen oder offenbar unsachlichen Erwägungen beruht oder ob wesentliche, die Entscheidung bedingende Tatsachen außer Acht gelassen worden sind, insbesondere ob schätzungsbegründende Tatsachen nicht gewürdigt worden sind, die von den Parteien vorgebracht worden sind oder sich aus der Natur der Sache ergeben.[465] 202

Das von § 287 ZPO dem Gericht eingeräumte **Ermessen ist weit.** Die Vorschrift stellt den Tatrichter besonders frei und gewährt ihm einen großen Spielraum.[466] Diesen Spielraum muss das Gericht – ggf. mit der Hilfe von Sachverständigen – ausschöpfen. Dagegen kann es, wenn gewisse Ansätze und Grundlagen vorgetragen und ggf. durch Beweiserhebung bestätigt worden sind, die Schätzung nicht verweigern.[467] Über bestrittene Ausgangs- bzw. Anknüpfungstatsachen hat das Gericht allerdings auch im Falle der Einholung eines 203

[457] BGH GRUR 1991, 921 (923) – Sahnesiphon.

[458] BGH GRUR 2001, 841 (845) – Entfernung der Herstellernummer II; *Köhler*/Bornkamm/Feddersen § 9 Rn. 1.30.

[459] BGH GRUR 1964, 392 (396) – Weizenkeimöl; GRUR 1995, 424 (426) – Abnehmerverwarnung.

[460] Begründung zum Dritten Entwurf eines Gesetzes zur Bekämpfung des unlauteren Wettbewerbes, abgedruckt bei *Bachem/Roeren* S. 15, 30 f.: *„Ob ein Schaden entstanden ist, und wie hoch sich derselbe beläuft, ist im Streitfalle vom Gericht nach Maßgabe des § 260 der Civilprozeßordnung [= § 287 ZPO] zu entscheiden. Daß das Gericht bei der ihm obliegenden freien Würdigung aller Umstände auch die Verhältnisse des Verkehrslebens in Betracht zu ziehen hat, ist selbstverständlich und braucht nicht besonders ausgesprochen zu werden. Auch erscheint es nicht eingängig, daß nach den Prozeßordnungen den Gerichten zustehende freie Ermessen in der Zuziehung und Auswahl von Sachverständigen für den Bereich des Entwurfs durch bindende Vorschriften einzuschränken"*.

[461] RGZ 148, 68 (70); BGH NJW-RR 1987, 210; 1992, 202 (203).

[462] BGH GRUR 1990, 687 (689) – Anzeigenpreis II; GRUR 2020, 990 Rn. 13 – Nachlizenzierung.

[463] Zöller/*Greger* ZPO § 287 Rn. 3 mwN.

[464] BGH GRUR 2016, 860 Rn. 24 – Deltamethrin II; GRUR 2020, 990 Rn. 37 – Nachlizenzierung.

[465] BGH GRUR 2020, 990 Rn. 13 – Nachlizenzierung.

[466] BGH GRUR 1966, 570 (572) – Eisrevue III; GRUR 2020, 990 Rn. 37 – Nachlizenzierung; grundl. zur richterlichen Befugnis zur Schätzung *Mommsen* S. 231.

[467] Vgl. OLG Celle 6.7.2006 – 20 U 51/04.

Sachverständigengutachtens zur Schadensschätzung nach § 287 ZPO, § 252 BGB Beweis zu erheben.[468]

204 § 287 ZPO zielt auf eine Vereinfachung und Beschleunigung des Verfahrens ab und nimmt in Kauf, dass das Ergebnis der Schätzung **mit der Wirklichkeit vielfach nicht übereinstimmt.**[469] Die Schätzung soll allerdings möglichst nahe an diese heranführen.[470] Sie rechtfertigt es daher nicht, in einer für die Streitentscheidung zentralen Frage auf nach Sachlage unerlässliche Erkenntnisse zu verzichten.[471] Das Gericht muss also die schätzungsbegründenden Anknüpfungstatsachen feststellen und darüber hinaus Tatsachen, die nicht ausdrücklich vorgetragen wurden, nach freiem Ermessen berücksichtigen.[472] Zu bedenken ist auch, dass es für den Nachweis eines wettbewerblichen Schadens in der Natur der Sache liegende Beweisschwierigkeiten gibt, vor allem was die künftige Entwicklung des Geschäftsverlaufs betrifft. Im Hinblick darauf sind an die **Darlegung der Mindestvoraussetzungen** für eine Schätzung wettbewerblichen Schadens **keine hohen Anforderungen** zu stellen.[473]

205 Bei seiner Entscheidung nach § 287 Abs. 1 ZPO hat der Tatrichter außerdem die **Beweiserleichterung des § 252 S. 2 BGB** zu berücksichtigen. Danach gilt als entgangen derjenige Gewinn, welcher nach dem gewöhnlichen Lauf der Dinge oder nach den besonderen Umständen, insbesondere nach den getroffenen Anstalten und Vorkehrungen, mit Wahrscheinlichkeit erwartet werden konnte. Unter diesen Voraussetzungen wird vermutet, dass ein Gewinn gemacht worden wäre; eine volle Gewissheit ist nicht erforderlich. Demzufolge ist ein Gewinnentgang bereits dann zu bejahen, wenn es nach den gewöhnlichen Umständen des Falles wahrscheinlicher ist, dass der Gewinn ohne das haftungsbegründende Ereignis erzielt worden als dass er ausgeblieben wäre. Diese Prognose kann zwar nur dann angestellt werden, wenn der Geschädigte konkrete **Anknüpfungstatsachen** darlegt und nachweist; an die Darlegung solcher Anknüpfungstatsachen dürfen jedoch keine zu hohen Anforderungen gestellt werden.[474] Diese Beweiserleichterung mindert die Darlegungslast des Geschädigten.[475] Mag auf verlässlicher Grundlage schließlich auch nur ein Betrag geschätzt werden können, der hinter dem wirklichen Schaden zurückbleibt, so wird entsprechend dem Zweck des § 287 ZPO so doch wenigstens vermieden, dass der Geschädigte völlig leer ausgeht, obwohl die Ersatzpflicht des in Anspruch Genommenen für einen erheblichen Schaden feststeht.[476]

206 **c) Grundsätze.** Für den Nachweis des Gewinnentgangs nach § 252 S. 2 BGB, § 287 ZPO gelten folgende Grundsätze:

207 Bei **mitbewerberbezogenen Verstößen** entspricht es der **Lebenserfahrung,** dass durch unlauteren Wettbewerb die **Mitbewerber geschädigt** werden und dass dem Geschädigten durch die Verletzung eigene Geschäfte und damit Gewinnmöglichkeiten entgehen (→ Rn. 126).[477] Es ist dann Sache des Verletzers zu beweisen, dass ein Schaden nicht eingetreten sein kann.[478] Bei **marktbezogener Unlauterkeit** kann eine derartige Vermutung demgegenüber **nicht** ohne weiteres greifen (→ Rn. 129 ff.).

---

[468] BGH GRUR 1997, 741 (743) – Chinaherde.

[469] BGH GRUR 1997, 741 (743) – Chinaherde; GRUR 1995, 578 (579) – Steuereinrichtung II; GRUR 2016, 860 Rn. 26 – Deltamethrin II; GRUR 2020, 990 Rn. 34 – Nachlizenzierung.

[470] BGH NJW-RR 1992, 202 (203); GRUR 1997, 741 (743) – Chinaherde.

[471] BGH GRUR 2020, 990 Rn. 34 – Nachlizenzierung.

[472] BGH NJW-RR 1992, 202 (203).

[473] BGH GRUR 1990, 687 (689) – Anzeigenpreis II.

[474] BGH GRUR 2008, 933 Rn. 19 – Schmiermittel; GRUR 2016, 860 Rn. 21 – Deltamethrin II.

[475] BGH GRUR 1992, 530 f. – Gestoppter Räumungsverkauf; GRUR 2016, 860 Rn. 21 – Deltamethrin II.

[476] BGH NJW 1964, 589 (590); NJW-RR 1992, 202 (203).

[477] BGH GRUR 1993, 55 (57) – Tchibo/Rolex II; GRUR 1993, 757 (758 f.) – Kollektion „Holiday"; GRUR 1995, 349 (351) – Objektive Schadensberechnung; GRUR 2008, 933 Rn. 19 – Schmiermittel; GRUR 2016, 860 Rn. 21 – Deltamethrin II.

[478] So ausdrücklich OGH ÖBl. 1953, 52.

208 Wer entgangenen Gewinn geltend macht, muss dem Gericht **zumindest eine hinreichende tatsächliche Grundlage unterbreiten,** die eine Schätzung dieses Schadens „immerhin im Groben" ermöglichen.[479] Dabei sind an Art und Umfang der vom Geschädigten beizubringenden Schätzungsgrundlagen nur geringe Anforderungen zu stellen.[480] Andererseits darf das Gericht auch nicht mit bloßen Unterstellungen arbeiten.[481] Sowohl § 287 ZPO wie § 252 BGB verlangen für die Schadensberechnung die **schlüssige Darlegung von Ausgangs- bzw. Anknüpfungstatsachen.** Sie sind die Grundlage, auf der das Ermessen bei einer Beweiswürdigung nach § 287 ZPO und die Wahrscheinlichkeitsprüfung nach § 252 S. 2 BGB gründen. Für die Schadensberechnung benötigt der Richter als Ausgangssituation greifbare Tatsachen, da sich nur anhand eines bestimmten Sachverhalts sagen lässt, wie die Dinge sich weiterentwickelt hätten.[482]

209 Weil der entgangene Gewinn die Differenz zwischen einem hypothetisch erzielbaren und einem real erzielten Gewinn ist, darf der Verletzte sich nicht auf allgemeine Darlegungen zum mutmaßlichen Gewinn beschränken, sondern er muss die **Grundlagen seiner Kalkulation offenlegen.** Bei nachgeahmten Waren muss er produktbezogene Ausführungen machen, um dem Gericht eine Schadensschätzung zu ermöglichen. Er ist gehalten, die **Kalkulation** für seine Originalware zu **offenbaren**[483] und muss insbesondere Erlöse und produktbezogene Kosten einander gegenüberstellen.[484] Zwar werden Produktionskosten und Erlöse regelmäßig **Betriebsgeheimnisse** des Verletzten sein. Dies entbindet ihn allerdings nicht von der Verpflichtung, ausreichende Grundlagen für eine Schadensschätzung nach § 287 ZPO vorzutragen. Die Angabe einer allgemein im Unternehmen des Verletzten erzielbaren Gewinnspanne reicht dafür ebenso wenig aus wie der Vortrag „innerbetrieblicher Erfahrungssätze".[485]

210 **d) Relevante Faktoren für die Schätzung des entgangenen Gewinns durch das Gericht. aa) Geschäftsentwicklung beim Verletzer.** Die **Umsatzentwicklung beim Verletzer** kann als Indiz oder Grundlage für die Schätzung des entgangenen Gewinns dienen.[486] Die Umsatzzahlen des Verletzers haben eine besonders gewichtige indizielle Bedeutung, wenn die rechtsverletzenden Produkte, mit denen der Umsatz erzielt wurden, vom Verkehr ohne weiteres dem verletzten Mitbewerber zugerechnet werden.[487] Dies kann der Fall sein bei qualitativ gleichwertigen Fälschungen, die über regelmäßig für Originalprodukte genutzte Vertriebswege und nicht zu auffallend niedrigen, ein gewöhnliches, auch sehr günstiges Sonderangebot weit unterschreitenden Preisen abgegeben werden.[488]

---

479 BGH GRUR 2016, 860 Rn. 21, 23 – Deltamethrin II.

480 BGH GRUR 1993, 55 (59) – Tchibo/Rolex II; OLG Köln GRUR-RR 2014, 329 (330) – Converse AllStar; *Goldmann* WRP 2011, 950 (953).

481 BGH GRUR 1982, 489 (490) – Korrekturflüssigkeit; OLG Köln GRUR-RR 2014, 329 f. – Converse AllStar.

482 BGH GRUR 2016, 860 Rn. 26 – Deltamethrin II.

483 Vgl. OLG Köln GRUR-RR 2014, 329 (330) – Converse AllStar.

484 OLG Köln GRUR-RR 2014, 329 (330) – Converse AllStar mwN.

485 OLG Köln GRUR-RR 2014, 329 (330 f.) – Converse AllStar.

486 RGZ 108, 1 (6 f.) – Dauerschmierung; BGH GRUR 1982, 489 (490) – Korrekturflüssigkeit; GRUR 2008, 933 Rn. 20 – Schmiermittel; GRUR 2016, 860 Rn. 27 – Deltamethrin II; OLG Hamburg GRUR 1955, 430 (431) – Olympia-Schreibmaschinen; OLG Köln GRUR-RR 2014, 329 (330) – Converse AllStar; *Meier-Beck* FS Loschelder, 2010, 221 (224); *Meier-Beck* GRUR 2005, 617 (622); *Mellulis* GRUR-Int 2008, 679 (680, 683); *Wertheimer* FS Heilfron, 1930, 153 f.

487 BGH GRUR 1993, 757 (758 f.) – Kollektion „Holiday"; GRUR 2008, 933 Rn. 20 – Schmiermittel; OLG Köln GRUR-RR 2014, 329 (330) – Converse AllStar.

488 Vgl. OLG Köln GRUR-RR 2014, 329 (330) – Converse AllStar.

211 Es gibt aber **keinen allgemeinen Erfahrungssatz** dahin, dass der **Gewinn des Verletzers dem entgangenen Gewinn des Verletzten entspricht** oder dass der Umsatz des Verletzers dem Geschädigten zugute gekommen wäre.[489]

212 Daran ändert auch die Begründung der Entscheidung *„Steckverbindergehäuse"* zur Legitimation der Abschöpfung des Verletzergewinns beim wettbewerbsrechtlichen Nachahmungsschutz nichts. Zwar wurde vor der gesetzlichen Regelung der Abschöpfung des Verletzergewinns zu deren Rechtfertigung fingiert, dass der Verletzte ohne die Nachahmung „in gleicher Weise Gewinn erzielt hätte wie der Verletzer".[490] Diese Fiktion hat aber zum einen nur beim Nachahmungsschutz und beim Geheimnisschutz eine Berechtigung und gilt nicht bei Lauterkeitstatbeständen, die allein an ein Verhaltensunrecht anknüpfen. Zum anderen lassen sich aus dieser Fiktion keine allgemeinen Rückschlüsse auf eine reale Wechselwirkung zwischen der Umsatzentwicklung des unlauter Handelnden und derjenigen beim Mitbewerber ziehen.

213 Nur in ganz **besonders gelagerten Ausnahmefällen** kann dargelegt werden, dass die Geschäfte, die der Verletzer abgeschlossen hat, ohne dessen unlauteres Handeln vom Mitbewerber getätigt worden wären. Dann ist im Rahmen der Schadensschätzung gem. § 252 S. 2 BGB, § 287 ZPO als Grundlage des Gewinnentgangs der Umsatz des Verletzers zugrunde zu legen. Nutzt der Verletzer etwa die dem geschädigten Mitbewerber von der Verkaufsplattform Amazon zugeteilte sog. ASIN-Nummer, so werden die angesprochenen Kunden über die Identität des Anbieters getäuscht. Der entgangene Gewinn bemisst sich in diesem Ausnahmefall an den vom Verletzer erwirtschafteten Umsätzen, denn es kann angenommen werden, dass die Kunden **ohne die Täuschung beim Geschädigten gekauft** hätten.[491]

214 **bb) Geschäftsentwicklung beim Geschädigten.** Umgekehrt ist eine **Umsatzeinbuße** beim Geschädigten **Anhaltspunkt für einen entgangenen Gewinn.**[492] Er ist allerdings nicht Voraussetzung eines Ersatzanspruchs, weil die Umsatzentwicklung von einer Vielzahl von Faktoren abhängt. Ein Gewinnentgang kann etwa auch darin bestehen, dass der Verletzte seine Preise herabsetzen musste oder nicht erhöhen konnte, um gegenüber dem Verletzer wettbewerbsfähig zu bleiben.[493] Kommt es durch eine Behinderung zu einer Betriebsunterbrechung, so kann davon ausgegangen werden, dass später eintretende Umsätze ohne die Unterbrechung bereits früher erzielt worden wären.[494]

215 **cc) Einzelfallabhängige Faktoren.** Alle **weiteren Faktoren,** die das Gericht in Betracht ziehen muss, sind stark **einzelfallabhängig.** Es kommt dabei sowohl auf die Art des Wettbewerbsverstoßes als auch auf die weiteren Umstände des Einzelfalles an. Hier gelten dieselben Kriterien, die das Gericht für die Bewertung der Schadenswahrscheinlichkeit in Anwendung des § 256 ZPO nutzt: Bei **mitbewerberbezogenen Verstößen** kommt es auf Art, Dauer und Intensität der jeweiligen Beeinträchtigung für den Mitbewerber an.

216 Bei **marktbezogenen Verstößen** müssen die oben für die Irreführung (→ Rn. 92), vergleichende Werbung (→ Rn. 92f), aggressive geschäftliche Handlungen und unzumutbare Belästigungen (→ Rn. 92g) bzw. Verletzung von Informationspflichten (→ Rn. 92h) und Rechtsbruch (→ Rn. 92i) angesprochenen Faktoren berücksichtigt werden. Hierzu muss der Anspruchsteller vortragen.

---

[489] RG GRUR 1939, 642 (651) – „Schlayland"-Buchhaltung; BGH GRUR 1993, 757 (758 f.) – Kollektion „Holiday"; GRUR 2008, 933 Rn. 20 – Schmiermittel; GRUR 2016, 860 Rn. 27 – Deltamethrin II; OLG Köln GRUR-RR 2014, 329 (330) – Converse AllStar; *Goldmann* WRP 2011, 950 (953); *Ungern-Sternberg* FS Loewenheim, 2009, 351 (353); aA *Wertheimer* FS Heilfron, 1930, 153 (154).

[490] BGH GRUR 2007, 431 Rn. 28 – Steckverbindergehäuse.

[491] LG Köln GRUR-RR 2016, 165 Rn. 22 – Anhängen an fremde ASIN.

[492] *Fischer* S. 51.

[493] *Köhler*/Bornkamm/Feddersen § 9 Rn. 1.35.

[494] BGH GRUR 1992, 530 f. – Gestoppter Räumungsverkauf.

dd) Befugnis zur Schätzung eines Mindestschadens. Zwar ist es Sache des Anspruchstellers, diejenigen Umstände vorzutragen und gegebenenfalls zu beweisen, die seine Vorstellungen zur Schadenshöhe rechtfertigen sollen. Enthält der Vortrag Lücken oder Unklarheiten, ist es idR jedoch nicht gerechtfertigt, dem jedenfalls in irgendeiner Höhe Geschädigten jeden Ersatz zu versagen. Das Gericht muss vielmehr nach pflichtgemäßem Ermessen beurteilen, ob nach § 287 ZPO nicht wenigstens die Schätzung eines Mindestschadens möglich ist.[495] Das Gericht darf und muss nämlich einen **Mindestschaden schätzen,** wenn der Schadenseintritt feststeht und nicht jegliche Anhaltspunkte zur Schätzung fehlen. Auch wenn damit der Sachverhalt nicht vollen Umfangs erschöpft wird, ist vielmehr zu prüfen, in welchem Umfang dieser eine hinreichende Grundlage für die Schätzung zumindest eines in jedem Fall eingetretenen Mindestschadens bietet.[496] 217

Der Geschädigte muss, soweit es ihm möglich ist, allerdings ein **Minimum an Tatsachen** vorbringen, die dem Gericht eine wenigstens grobe Schätzung des entgangenen Gewinns ermöglichen.[497] Auf solche konkreten Anhaltspunkte kann nicht verzichtet werden, da der Schädiger sonst im Einzelfall der Gefahr willkürlicher Festsetzung der von ihm zu erbringenden Ersatzleistung ausgesetzt wäre. Bei aller Anerkennung des häufig bestehenden Beweisnotstandes des Geschädigten wäre dies mit dem Sinn und Zweck von § 287 ZPO und § 252 BGB nicht zu vereinbaren.[498] Anhaltspunkte können etwa die Umsatzentwicklung nach dem Wettbewerbsverstoß beim Geschädigten und – gemäß Auskunft – beim Verletzer sein (→ Rn. 210 ff.).[499] An die Darlegung der Mindestindizien für eine Schätzung sind allerdings **keine hohen Anforderungen** zu stellen. Eine Schätzung darf erst dann gänzlich unterlassen werden, wenn sie mangels jeglicher konkreter Anhaltspunkte **völlig in der Luft hinge** und daher willkürlich wäre.[500] Eine auf Ersatz entgangenen Gewinns gerichtete Klage darf auch wegen fehlenden oder lückenhaften Vortrags zur Schadenshöhe nicht abgewiesen werden, solange greifbare Anhaltspunkte für eine Schadensschätzung vorhanden sind.[501] 218

Geht man davon aus, dass jedenfalls bei mitbewerberbezogenen Verstößen die Lebenserfahrung für einen Schaden des Mitbewerbers spricht (→ Rn. 126),[502] birgt die **Pflicht zur Schätzung eines Mindestschadens beim entgangenen Gewinn,** also bei der konkreten Schadensberechnung, ein nicht zu unterschätzendes **Potential,** dem Schadensersatzanspruch im UWG zu einer größeren praktischen Bedeutung zu verhelfen. Auch bei marktbezogener Unlauterkeit kann, wenn der Schadenseintritt wahrscheinlich ist, eine Schätzung auf der Grundlage der jeweils relevanten Kriterien gut erfolgen. 219

4. Objektive Schadensberechnung. a) Grundlagen. aa) Sog. „Dreifache Schadensberechnung“. Immaterialgüterrechte, wettbewerbsrechtlich geschützte Leistungsergebnisse und Geschäftsgeheimnisse sind besonders verletzlich. Obendrein ist der entstandene Schaden im Sinne eines entgangenen Gewinns nur schwierig zu berechnen. Beides zusammengenommen macht den Schutz geistigen Eigentums unvollkommen. Diese besondere Interessenlage hat in Deutschland seit Ende des 19. Jahrhunderts[503] zuerst im 220

[495] BGH NJW 1989, 2539; NJW-RR 1992, 202 (203).

[496] BGH NJW 1959, 1079; BGHZ 54, 45 (55); NJW-RR 1987, 797; GRUR 1993, 55 (59) – Tchibo/Rolex II; NJW 1994, 663 (664); NJW-RR 1992, 202; grdl. RG JW 1904, 156 – Unreelle Bezugsquelle.

[497] BGH GRUR 1962, 509 (513) – Dia-Rähmchen II; GRUR 1980, 841 (842) – Tolbutamid.

[498] BGH GRUR 1980, 841 (842) – Tolbutamid.

[499] BGH GRUR 1980, 841 (842) – Tolbutamid; *Köhler*/Bornkamm/Feddersen § 9 Rn. 1.35.

[500] BGH NJW-RR 1992, 202 (203); NJW 2010, 3434 (3436); GRUR 2016, 860 Rn. 26 – Deltamethrin II.

[501] BGH NJW-RR 1987, 210; NJW 1988, 410; NJW-RR 1996, 1077 (1078).

[502] BGH GRUR 1993, 926 (927) – Apothekenzeitschriften; GRUR 1993, 757 (758 f.) – Kollektion „Holiday“; GRUR 1995, 349 (351) – Objektive Schadensberechnung.

[503] Beginnend mit RGZ 35, 63 – Ariston; hierzu *Alexander* S. 258 f.; *Goldmann* WRP 2011, 950 (954); *König* FS v. Caemmerer, 1987, 179 (194); *Stieper* WRP 2010, 624 f.

Bereich der Immaterialgüterrechte[504] und später im Bereich der nur wettbewerbsrechtlich geschützten, aber den Immaterialgüterrechten vergleichbaren Leistungspositionen des wettbewerbsrechtlichen Nachahmungsschutzes[505] und des früheren UWG-Geheimnisschutzes[506] zur Herausbildung der so genannten **„dreifachen Berechnungsweise des Schadens"** geführt.[507]

221 **bb) Wahlmöglichkeit des Geschädigten.** Mit der überkommenen Bezeichnung „dreifache Schadensberechnung" ist gemeint, dass der Geschädigte nach dem traditionellen deutschen Konzept zwischen drei alternativen Möglichkeiten der Kompensation die Wahl hat:

222 Er kann zum einen den dornenreichen Weg der Berechnung des konkret **entgangenen Gewinns** beschreiten (→ Rn. 201 ff.).

223 Er kann stattdessen auch einen Geldbetrag fordern, den er hätte verlangen können, wenn er bereit gewesen wäre, dem Verletzer eine Lizenz einzuräumen **(Lizenzanalogie).**

224 Er kann schließlich alternativ den vom Verletzer aufgrund der Verletzung erzielten Gewinn abschöpfen **(Abschöpfung des Verletzergewinns).**

225 Lizenzanalogie und Abschöpfung des Verletzergewinns werden als **„objektive Schadensberechnung"** bezeichnet, weil sie von den individuellen, also „subjektiven" Möglichkeiten des Verletzten zur Gewinnerzielung unabhängig sind. Die objektive Schadensberechnung trägt dem regelmäßig bestehenden, sich aber einem strengen Nachweis entziehenden Zusammenhang zwischen Gewinnentgang beim Geschädigten und Lizenzgebührenersparnis oder Gewinn beim Verletzer Rechnung und eignet sich für einen billigen und angemessenen Interessenausgleich.[508]

226 Man spricht deshalb von einer **„Schadensberechnung"**, um diese Methode zur Bezifferung des Schadensausgleichs von der Geltendmachung des entgangenen Gewinns zu unterscheiden, der sich nicht berechnen, sondern nur nach § 252 S. 2 BGB, § 287 ZPO schätzen lässt. Diese **Abgrenzung** zur bloßen **Schadensschätzung** schließt selbstverständlich nicht aus, dass auch im Rahmen der objektiven Schadensberechnung bestimmte Parameter, die zur Berechnung des Schadensersatzes dienen, ihrerseits geschätzt werden, so der angemessene Lizenzsatz (hierzu → Rn. 240) oder der auf die Verletzung entfallende Gewinnanteil (hierzu → Rn. 280).

227 **cc) Kritik und Neufundierung nach der Umsetzung der Durchsetzungsrichtlinie.** Insbesondere von Seiten der allgemeinen Zivilrechtsdogmatik ist die objektive Schadensberechnung als Methode des Schadensersatzes für Immaterialgüterrechtsverletzungen immer wieder heftig kritisiert worden: Sie gehöre nicht ins Schadensrecht. Die Erstattung einer angemessenen Lizenzgebühr sei konstruktiv Teil des Bereicherungsrechts, während die Gewinnherausgabe zur GoA bzw. zur Haftung des bösgläubigen Bereicherungsschuldners gehöre, aber mit dem in beiden Bereichen geltenden Vorsatzerfordernis

---

[504] Vgl. aus der Rspr. nur BGH GRUR 1980, 227 (232) – Monumenta Germaniae Historica; GRUR 1962, 401 (402) – Kreuzbodenventilsäcke III; GRUR 1992, 432 (433) – Steuereinrichtung I (zum Patentrecht); GRUR 2001, 329 (330 f.) – Gemeinkostenanteil (zum Geschmacksmusterrecht); GRUR 1961, 354 (355) – Vitasulfal; GRUR 1966, 375 (378) – Meßmer-Tee II; GRUR 1987, 364 (365) – Vier-Streifen-Schuh; GRUR 2006, 419 Rn. 14 f. – Noblesse (zum Warenzeichen- und Markenrecht); GRUR 1973, 375 (377) – Miss Petite (zum Unternehmenskennzeichen); BGHZ 20, 345 (353 f.) – Paul Dahlke; 26, 349 (352) – Herrenreiter; GRUR 2000, 709 (715) – Marlene Dietrich (zum Persönlichkeitsrecht).

[505] BGH GRUR 1972, 189 (190) – Wandsteckdose II; BGHZ 60, 168 (172) – Modeneuheit; BGH GRUR 1981, 517 (520) – Rollhocker; GRUR 1993, 55 (57) – Tchibo/Rolex II; GRUR 1993, 757 (759) – Kollektion „Holiday"; GRUR 2007, 431 Rn. 25 – Steckverbindergehäuse; GRUR 2016, 725 Rn. 12 – Pippi-Langstrumpf-Kostüm II.

[506] BGH GRUR 1977, 539 (541) – Prozeßrechner; WRP 2008, 938 – Entwendete Datensätze mit Konstruktionszeichnungen.

[507] Zur Entwicklung etwa *Dreier* S. 80 ff.; *Goldmann* WRP 2011, 950 ff.; *Meier-Beck* GRUR 2005, 617 ff.; *Peifer* WRP 2008, 48 ff.; *Stieper* WRP 2010, 624 ff.

[508] BGH GRUR 1972, 189 (190) – Wandsteckdose II; GRUR 1995, 349 (352) – Objektive Schadensberechnung; *Köhler*/Bornkamm/Feddersen § 9 Rn. 1.41.

nicht in Einklang zu bringen sei.[509] Man befinde sich letztlich in einer Kette von **Billigkeitserwägungen,** die das Ergebnis zwar gerade trügen, aber mit Schadensersatz iSd §§ 249 ff. BGB nicht mehr viel zu tun hätten.[510] Akzeptiert werden könne die objektive Schadensberechnung letztlich nur als **Gewohnheitsrecht.**[511]

228 Mit der Umsetzung der **Durchsetzungsrichtlinie**[512] wird die objektive Schadensberechnung im Immaterialgüterecht als ein originär schadensersatzrechtliches Instrument anerkannt und erhält ein **neues gesetzliches Fundament.** Art. 13 der Durchsetzungsrichtlinie, die Regelung des Schadensersatzanspruches, ist durch § 139 Abs. 2 PatG; § 24 Abs. 2 GebrMG; §§ 14 Abs. 6 S. 2 und 3, 15 Abs. 5 S. 2; § 125b Nr. 2 MarkenG; § 97 Abs. 2 S. 2 und 3 UrhG; § 42 Abs. 2 S. 2 und 3 DesignG; § 37 Abs. 2 S. 2 und 3 SortSchG, die jeweils den grundsätzlich formulierten Schadensersatzanspruch um Details zur Schadensberechnung ergänzen, in nationales Recht umgesetzt worden. Nach dem Gesetzeswortlaut kann zur Bemessung des Schadenersatzes der Gewinn, den der Verletzer durch die Verletzung des Rechts erzielt hat, berücksichtigt werden. Der Schadensersatzanspruch kann auch auf der Grundlage des Betrages berechnet werden, den der Verletzer als angemessene Vergütung hätte entrichten müssen, wenn er die Erlaubnis zur Nutzung des Schutzrechts eingeholt hätte. Die Systematik des Art. 13 Abs. 1 S. 2 lit. a und b der Durchsetzungsrichtlinie sieht nicht die aus der deutschen Tradition gewohnten drei, sondern **nur zwei alternative Wege** für die Schadensberechnung vor: In lit. b wird dem Verletzten ein Pauschalbetrag zugestanden, der mindestens der üblichen Lizenzgebühr entspricht. Bei der Berechnung nach lit. a sollen hingegen alle Umstände des Einzelfalls berücksichtigt werden, insbesondere die Einbußen des Verletzten und den Gewinn des Verletzers.

229 Zu einer entsprechenden Ergänzung des § 9 bestand kein Zwang, da die Durchsetzungsrichtlinie den unlauteren Wettbewerb nicht berührt. Der Gesetzgeber hat deshalb offenbar keinen Regelungsbedarf für die Schadensberechnung beim wettbewerbsrechtlichen Leistungsschutz gesehen. Dies stellt sich insoweit als Versäumnis dar, als dass die Rspr. bislang von einem **Gleichlauf** der Handhabung der objektiven Schadensberechnung beim Immaterialgüterrechtsschutz einerseits und beim wettbewerblichen Leistungsschutz andererseits ausgegangen war.[513] Es wäre deshalb nicht nachvollziehbar, wenn im Immaterialgüterrecht nunmehr ein europäisch determiniertes Gesetzesrecht gälte, im Wettbewerbsrecht aber nach wie vor ein vom Gedanken des billigen Ausgleichs geprägtes nationales Gewohnheitsrecht mit unsicherer dogmatischer Unterfütterung zur Anwendung käme. Dies gilt umso mehr, als sich dieses Gewohnheitsrecht in erster Linie zur Flankierung des Immaterialgüterrechtsschutzes herausgebildet hatte, wo es nun durch Gesetzesrecht eigener Legitimation abgelöst wurde. Beim wettbewerbsrechtlichen Nachahmungsschutz besteht deshalb nach der Umsetzung des Art. 13 der Durchsetzungsrichtlinie eine Regelungslücke, die in **Rechtsanalogie** zu den genannten Schadenersatznormen des Immaterialgüterrechts zu schließen ist.[514] Damit ist der **Gleichlauf** der **objektiven Schadensberechnung** im **Immaterialgüterrecht** einerseits und im **Wettbewerbsrecht** andererseits gewährleistet. Auch die Diskussionen um Grundlage und Konzeption von Lizenzanalogie und Abschöpfung des Verletzergewinns sollten nun der Vergangenheit angehören. Insbesondere ist müßig, ob die Richtlinie und der deutsche Gesetzgeber zu Recht von „Schadensersatz“ (Art. 13 Abs. 1 S. 1 der

---

509 MüKoBGB/*Oetker* § 252 Rn. 55 mwN; zur Kritik ferner *Peifer* WRP 2008, 48 ff.

510 *Tilmann* FS Schilling, 2007, 367 (369) Fn. 6; *Peifer* WRP 2008, 48 f.

511 Vgl. *Wendehorst* S. 166 (zur Abschöpfung des Verletzergewinns); *Dreier* S. 263 (zur Lizenzanalogie); zusammenfassend *Peifer* WRP 2008, 48 f.; zur gewohnheitsrechtlichen Anerkennung der Gewinnabschöpfung BGH GRUR 1959, 379 (383) – Gasparone; GRUR 1962, 509 (512) – Dia-Rähmchen II; *Delahaye* GRUR 1986, 217 (218); *Fischer* S. 19; dagegen *Haedicke* GRUR 2005, 529 (530).

512 Richtlinie 2004/48/EG des Europäischen Parlaments und des Rates vom 29.4.2004 zur Durchsetzung der Rechte des Geistigen Eigentums, ABl. 2004 L 157, S. 45.

513 Vgl. nur BGH GRUR 2007, 431 Rn. 25 – Steckverbindergehäuse; zum früheren UWG-Geheimnisschutz WRP 2008, 938 Rn. 8 – Entwendete Datensätze mit Konstruktionszeichnungen.

514 Zustimmend Teplitzky/*Schaub* Kap. 34 Rn. 20 Fn. 90; aA *Stieper* WRP 2010, 626 f.

Richtlinie, § 14 Abs. 6 MarkenG) bzw. vom „Schadensersatzanspruch" (zB § 14 Abs. 6 S. 3 MarkenG) sprechen oder ob besser die Begriffe „Ausgleich" oder „Ausgleichsanspruch" verwendet worden wären.[515] Soweit der Verletzte allerdings ausschließlich seinen **entgangenen Gewinn** geltend machen will, sind unmittelbar die oben dargelegten, zu § 249 BGB entwickelten Grundsätze weiter anwendbar (→ Rn. 201 ff.). Denn insoweit besteht **keine Regelungslücke.**

230 Die Richtlinie **unterscheidet** begrifflich den bei jeder Immaterialgüterrechtsverletzung eintretenden **„Schaden" von** dessen **„wirtschaftlichem Ausgleich".**[516] Sie erkennt in Erwägungsgrund 26 an, dass dasjenige, was als „Schadensersatz" eingeklagt werden kann, durchaus nicht in jeder Hinsicht dem nachweislich eingetretenen Schaden entsprechen muss. Im Vordergrund des Schadensersatzrechts der Richtlinie steht der Ausgleichgedanke. Es geht nicht um eine rechnerisch präzise Kompensation gerade des erlittenen Schadens. Erwägungsgrund 26 spricht insoweit von einer „Ausgleichsentschädigung für den Rechtsinhaber auf einer objektiven Grundlage". Diese **Ausgleichsentschädigung auf objektiver Grundlage** folgt im Grundsatz ähnlichen Billigkeitserwägungen, wie sie dem bisherigen deutschen Recht zugrunde lagen. Die traditionelle deutsche Praxis der objektiven Schadensberechnung war Vorbild für die europäische Regelung.[517]

231 Der deutsche Gesetzgeber handelte bei der Umsetzung des Art. 13 in der Vorstellung, dass die Vorgaben der Durchsetzungsrichtlinie mit den traditionellen Grundsätzen der objektiven Schadensberechnung weitgehend übereinstimmen.[518] Sollte der EuGH hier oder an anderer Stelle die Vorgaben des Art. 13 der Durchsetzungsrichtlinie abweichend interpretieren, sind die unmittelbar nur für das Immaterialgüterrecht geltenden Auslegungsgrundsätze auf das UWG zu übertragen.

232 **b) Ausnahmecharakter der objektiven Schadensberechnung im UWG.** Die objektive Schadensberechnung ist bei Wettbewerbsverstößen nicht die Regel, sondern eine auf wenige Fallgestaltungen beschränkte Ausnahme. Sie war im früheren **UWG-Geheimnisschutz** anerkannt.[519] und ist heute jedenfalls beim **UWG-Nachahmungsschutz gem. § 4 Nr. 3** anwendbar.[520] Die dort anerkannte Möglichkeit der dreifachen Schadensberechnung kommt auch in Betracht, wenn eine **Nachahmung** von Waren und Dienstleistungen die Voraussetzungen der **Behinderung iSv § 4 Nr. 4 UWG** erfüllt. In einem solchen Fall geht es ebenfalls um den Eingriff in eine schützenswerte wettbewerbliche Marktposition des Mitbewerbers, der den in § 4 Nr. 3 UWG geregelten Tatbeständen vergleichbar ist.[521] Zu erwägen ist die objektive Schadensberechnung auch im Fall des **§ 4 Nr. 1** sowie in den Fällen des **§ 6 Abs. 1 Nr. 3–4.**[522]

233 Eine Ausdehnung auf sonstige, rein verhaltensbezogene Wettbewerbsverstöße ist abzulehnen.[523] Denn die allgemeinen Verhaltenspflichten im Wettbewerb begründen für den Mitbewerber keine Rechtspositionen, die gerade ihm unter Ausschluss jeder weiteren Person zugewiesen wären. Im Ergebnis könnte sonst jeder Mitbewerber Schadensersatz durch Gewinnabschöpfung verlangen, da der konkrete Nachweis eines Schadenseintritts entfiele. Nicht nur ein Anspruchsteller, sondern theoretisch eine unbekannte Vielzahl von Konkurrenten könnten an den Verletzer herantreten. Die Intention der Schadensberechnung

515 Zu dieser Thematik insbesondere *Tilmann* FS Schilling, 2007, 367 (368 ff.).
516 *Goldmann* WRP 2011, 950 (964); *Richter* FS Ahrens, 2016, 405 (406).
517 Näher *Goldmann* WRP 2011, 950 (962 f.).
518 BR-Drs. 64/07, 76.
519 BGH GRUR 1977, 539 (541 f.) – Prozeßrechner; NJOZ 2009, 301 f. Rn. 6; OLG Frankfurt a. M. 28.11.2006 – 11 U 57/03.
520 BGH GRUR 2017, 79 Rn. 79 – Segmentstruktur; OLG Köln GRUR-RR 2015, 215 Rn. 17 – Innovation Award Burgenland.
521 BGH GRUR 2017, 79 Rn. 79 – Segmentstruktur.
522 *Köhler* FS Büscher, 2018, 333 (336).
523 BGH MMR 2010, 786 Rn. 47 – E-Plus; ebenso *Alexander* S. 273 f.; *Ohly*/Sosnitza § 9 Rn. 15; *Teplitzky* GRUR 1987, 215 (216); *Wünsche* S. 310 f.; vgl. bereits BGH GRUR 1965, 313 (314) – Umsatzauskunft.

nach dem Verletzergewinn, nämlich den rechtswidrig entstandenen Gewinn bei demjenigen abzuschöpfen, dem er nicht zusteht, und ihn dem wahren Berechtigten zuzuführen, würde in diesem Falle pervertiert.[524] Im Übrigen zeigt § 10, dass ein Entzug des Gewinns beim Verstoß gegen rein verhaltensbezogene Wettbewerbsnormen nur bei vorsätzlichem Verhalten und nur zugunsten des Bundeshaushaltes möglich sein soll. Schließlich wäre auch die Analogie zu § 139 Abs. 2 PatG; § 24 Abs. 2 GebrMG; §§ 14 Abs. 6 S. 2 und 3, 15 Abs. 5 S. 2; § 125b Nr. 2 MarkenG; § 97 Abs. 2 S. 2 und 3 UrhG; § 42 Abs. 2 S. 2 und 3 DesignG; § 37 Abs. 2 S. 2 und 3 SortSchG, auf der die abstrakte Schadensberechnung im Wettbewerbsrecht heute beruht, überstrapaziert, wollte man verhaltensbezogene Wettbewerbsverstöße im Ergebnis mit Immaterialgüterrechten gleichstellen.

c) Gesteigerte Freiheit der Schätzung. Die objektiven Berechnungsarten sind in der Rspr. im Hinblick auf **besondere Schutzbedürfnisse** des Verletzten, insbesondere im Hinblick auf die Schwierigkeiten einer konkreten Schadensberechnung, entwickelt worden und sollen die Rechtsverfolgung des Geschädigten aus Gründen der Billigkeit erleichtern. Bei der Anwendung des § 287 ZPO zur Ermittlung des abzuschöpfenden Gewinns oder der angemessenen Lizenz gilt deshalb – und im Hinblick auf den Zweck der Berechnungsarten **in erhöhtem Maße** –, dass die Gerichte durch diese Vorschrift **hinsichtlich der Auswahl der Beweise und ihrer Würdigung besonders frei gestellt sind** und in den Grenzen eines freien Ermessens einen großen Spielraum erhalten.[525] Eine mathematisch genaue Berechnung ist nicht vorgeschrieben, im Gegenteil: Der Tatrichter soll gerade durch die Einräumung eines nicht einmal unbedingt an die Ergebnisse der Beweisaufnahme gebundenen freien Ermessens von der besonders bei Schadensersatzansprüchen schwierigen, ins Einzelne gehenden Darlegung befreit werden und **braucht,** ohne dass dies freilich in Willkür ausarten darf, **die Schätzung nicht einmal im einzelnen zu begründen.**[526] 234

d) Lizenzanalogie bzw. Pauschalbetrag auf der Grundlage einer angemessenen Lizenzgebühr. aa) Grundlagen. Der Möglichkeit des Verletzten, seinen Schaden auf der Basis einer angemessenen Lizenzgebühr geltend zu machen **(sog. „Lizenzanalogie"),** lag traditionell die Überzeugung zugrunde, dass der Verletzer grundsätzlich nicht besser stehen soll als ein Lizenznehmer, der eine vertragliche Lizenzgebühr entrichtet hätte.[527] Die Lizenzanalogie war in der Vergangenheit die praktisch am häufigsten angewandte Berechnungsart. Sie konnte auch verstanden werden als Versuch einer pauschalierten Ermittlung des entgangenen Gewinns, auch wenn sich idR nicht nachweisen lässt, dass ohne die Rechtsverletzung ein Lizenzvertrag geschlossen worden wäre.[528] Immaterialgüterrechte und wettbewerbsrechtlich geschützte Leistungspositionen, die dem Berechtigten eine bestimmte Verwertung ausschließlich vorbehalten, werden üblicherweise auch im Weg der Lizenzvergabe genutzt. So gesehen, stellt sich die vom Verletzer ersparte Lizenz gleichzeitig als Gewinnentgang des Rechtsinhabers dar.[529] Leistet der Verletzer Schadensersatz, so führt dies jedoch nicht etwa zum Abschluss eines Lizenzvertrages und damit auch nicht zur Einräumung eines Nutzungsrechts.[530] Eine ausdrückliche gesetzliche Regelung findet sich in § 139 Abs. 2 S. 2 PatG; § 24 Abs. 2 S. 2 GebrMG; § 14 Abs. 6 S. 3 MarkenG; § 97 Abs. 2 S. 2 UrhG; § 42 Abs. 2 S. 2 DesignG sowie § 37 Abs. 2 S. 2 SortSchG. Im Rahmen des § 9 werden diese Vorschriften in Rechtsanalogie angewendet (→ Rn. 229 ff.). 235

[524] So zu Recht deutlich LG Wiesbaden NJW-RR 1990, 1131 (1132) – Schadensersatz bei Verstoß gegen das Rechtsberatungsgesetz.

[525] RG GRUR 1944, 132 (134) – Oberlichtöffner; BGH GRUR 1993, 55 (59) – Tchibo/Rolex II; GRUR 2007, 431 Rn. 37 f. – Steckverbindergehäuse.

[526] RG GRUR 1944, 132 (134) – Oberlichtöffner.

[527] BGH GRUR 1980, 841 (844) – Tolbutamid; GRUR 1982, 286 (287) – Fersenabstützvorrichtung; GRUR 1993, 55 (58) – Tchibo/Rolex II; *Ohly*/Sosnitza § 9 Rn. 16.

[528] Zur Kausalität *Sack* FS Hubmann, 1985, 373 (389) mwN.

[529] BGH GRUR 1995, 349 (352) – Objektive Schadensberechnung; GRUR 1977, 539 (541 f.) – Prozeßrechner.

[530] BGH GRUR 2002, 248 (252) – Spiegel-CD-ROM; *Ohly*/Sosnitza § 9 Rn. 18 aE.

236 **bb) Voraussetzungen und Anwendungsbereich.** Eine Schadensberechnung auf der Grundlage einer angemessenen Lizenzgebühr wird traditionell überall dort für zulässig gehalten, wo die **Überlassung von Ausschließlichkeitsrechten** zur Benutzung durch Dritte gegen Entgelt rechtlich **möglich und verkehrsüblich** ist.[531] Dazu gehören auch alle wettbewerbsrechtlich geschützten Leistungspositionen[532] und die früher nach §§ 17 ff. UWG 2004 geschützten Betriebsgeheimnisse.[533] Unerheblich ist, ob es im konkreten Fall zu einer entsprechenden Lizenzerteilung gekommen wäre.[534]

237 **cc) Gegenstand der hypothetischen Lizenz.** Die fiktive Lizenz muss weit genug sein, um **alle unbefugt vorgenommenen Verwertungshandlungen abzudecken.**[535] Art und Intensität der Verletzung sind dabei ein Richtmaß für die erforderliche sachliche und räumliche Reichweite der fiktiven Lizenz. Insoweit können Art und Intensität der Verletzung Einfluss auch auf die Höhe der Lizenzgebühr haben. Auch in Fällen, in denen nachgeahmte Produkte zwar angeboten, aber noch nicht verkauft wurden und ein Gewinn dem Verletzten weder entgangen, noch dem Verletzer entstanden ist, muss die **volle** marktübliche **Lizenzgebühr** für eine Lizenz zur **Herstellung** und Vermarktung dieser Waren zur Grundlage der Berechnung gemacht werden.[536] Die Berechnungsgrundlage ist dabei der Netto-Abgabepreis des Verletzers, selbst wenn es noch nicht zu Verkäufen gekommen ist. Insofern wird nicht nur die Vereinbarung eines Lizenzsatzes, sondern werden auch die entsprechenden **Umsätze** auf seiten des Verletzers **fingiert.**[537] Eine Berechnung des Schadens auf der Grundlage einer fiktiven Lizenzgebühr scheidet also nicht deshalb aus, weil bzw. soweit der Verletzer keine Umsätze erzielt hat, etwa weil Waren an den Lieferanten retourniert wurden.[538] Das Anbieten der nachgeahmten Waren stellt nämlich bereits für sich genommen eine unlautere geschäftliche Handlung gem. § 4 Nr. 3 dar. Zum Ausgleich des Schadens aus dieser rechtsverletzenden Handlung kann der Verletzte die Berechnungsmethode der Lizenzanalogie wählen und damit die Gebühr für eine **marktübliche,** die Verletzungshandlung abdeckende **Lizenzgebühr** verlangen. Eine Lizenz zum bloßen Anschaffen, Lagern oder Anbieten von Produkten ist nicht marktüblich und wird in der Praxis nicht erteilt. Auch reine Exportlizenzen sind unüblich.[539] Üblich ist allein eine Lizenz, die Herstellung und Vermarktung eines Produkts von Anfang bis Ende abdeckt.[540] Daraus folgt aber nicht etwa, dass in solchen Fällen ein Schadensersatz nicht auf der Grundlage der Lizenzanalogie berechnet werden kann oder dass der Lizenzsatz niedriger auszufallen hätte.[541] Nach aA soll bei der Höhe des Lizenzsatzes in angemessener Weise zu berücksichtigen sein, wenn der Verletzer für den bloßen Vertrieb keine Herstellungslizenz benötigte.[542] Der Verletzer muss sich jedoch stets so behandeln lassen, als hätte er die übliche Lizenz erworben, auch wenn er sie sachlich nicht in vollem Umfang

[531] BGH GRUR 1993, 757 – Kollektion „Holiday"; GRUR 1995, 349 (351) – Objektive Schadensberechnung.

[532] BGH GRUR 1966, 375 (378) – Meßmer-Tee II; GRUR 1984, 820 (822) – Intermarkt II; GRUR 1993, 55 (58) – Tchibo/Rolex II.

[533] BGH GRUR 1977, 539 (541 f.) – Prozeßrechner; NJOZ 2009, 301 f. Rn. 6; OLG Frankfurt a. M. 28.11.2006 – 11 U 57/03.

[534] BGH GRUR 1990, 353 (355) – Raubkopien; GRUR 1993, 899 (901) – Dia-Duplikate; GRUR 2006, 143 (145) – Catwalk.

[535] *Goldmann* WRP 2011, 950 (955).

[536] *Goldmann* WRP 2011, 950 (957); *Goldmann* WRP 2011, 950 (957); *Goldmann* Unternehmenskennzeichen, § 19 Rn. 621 ff.; *Hildebrandt* § 27 Rn. 65; aA OLG Frankfurt a. M. 8.11.2012 – 6 U 208/11– disapo.de.

[537] AA OLG Frankfurt a. M. 8.11.2012 – 6 U 208/11 – disapo.de; LG Hamburg 14.3.2019 – 327 O 289/ 17 – Converse All Star.

[538] AA OLG Frankfurt a. M. 8.11.2012 – 6 U 208/11– disapo.de; LG Hamburg 14.3.2019 – 327 O 289/ 17 – Converse All Star.

[539] BGH GRUR 2009, 515 Rn. 43 – Motorradreiniger.

[540] *Goldmann,* Unternehmenskennzeichen, § 19 Rn. 622.

[541] AA LG Hamburg 14.3.2019 – 327 O 289/17 – Converse All Star; *Fritze* FS Erdmann, 2002, 291 (295 ff.).

[542] LG Hamburg 14.3.2019 – 327 O 289/17 – Converse All Star.

ausgenutzt hat.[543] Bei Produkten, die unter wettbewerbsrechtlichem Nachahmungsschutz stehen, ist es nicht üblich, zwischen einer Herstellungslizenz und einer „Handelslizenz" zu unterscheiden. Basis der Berechnung sind deshalb auf jeder Handelsstufe die für die Gestattung der Herstellung üblichen Lizenzgebührensätze.

dd) Erste Stufe der Berechnung: angemessene Lizenzgebühr. (a) Grundsatz. Um die angemessene Lizenzgebühr zu berechnen, muss zunächst in einer **ersten Stufe** ermittelt werden, **was vernünftig denkende Parteien als Lizenzgebühr vereinbart hätten.**[544] Hierfür ist der objektive Wert der vom Verletzer angemaßten Benutzungsberechtigung zu ermitteln.[545] Dazu bedarf es einer Abwägung aller in Betracht kommenden Umstände durch das Gericht, insbesondere der beiderseitigen Interessen der Parteien, der wirtschaftlichen Bedeutung der in Frage stehenden Leistungsergebnisse und der Berücksichtigung der auf dem jeweiligen Gebiet üblicherweise gezahlten Vergütung.[546] Unerheblich ist demgegenüber, ob und inwieweit der Verletzer selbst bereit gewesen wäre, für seine Benutzungshandlungen eine Vergütung zu zahlen.[547] 238

(b) Objektive Ex-post-Betrachtung. Maßgeblicher Zeitpunkt für die Wertermittlung ist nach heute nahezu einhelliger Meinung nicht mehr der Zeitpunkt der Verletzungshandlung[548] oder ihr Beginn.[549] Der BGH legt der Lizenzbemessung eine **objektive Ex-post-Betrachtung** zugrunde, wobei der Zeitpunkt der Entscheidung den maßgeblichen Berechnungszeitpunkt darstellt. Hiernach schuldet der Verletzer dasjenige, was vernünftige Vertragspartner vereinbart hätten, wenn sie zum Zeitpunkt des Vertragsschlusses die künftige Entwicklung und insbesondere die Zeitdauer und das Maß der Nutzung vorausgesehen hätten.[550] Diese Ex-post-Betrachtung berücksichtigt grundsätzlich sowohl eine Wertsteigerung als auch eine Wertminderung des Schutzgegenstandes. Allerdings dürfen Umstände, die auch von vernünftigen Vertragspartnern nicht hätten vorhergesehen werden können (zB Vertriebsstopp auf Intervention eines Dritten) nicht zu Lasten des Geschädigten lizenzmindernd berücksichtigt werden.[551] Das wirtschaftliche Risiko darf nicht einseitig auf den Geschädigten verlagert werden. 239

(c) Wertende Betrachtung im Wege der Schätzung. Da der Ausgangspunkt der Berechnung hypothetisch ist, lässt sich die Höhe der im Einzelfall angemessenen Lizenz idR nur auf Grund einer **wertenden Betrachtung** unter Berücksichtigung aller Umstände des Einzelfalles vom Gericht gem. § 287 Abs. 1 ZPO **nach freier Überzeugung im Wege der Schätzung** bestimmen (zur Schätzung allgemein → Rn. 202 ff.).[552] Die Gerichte haben dabei eine äußerst komplexe Einzelfallabwägung zwischen einer im Prinzip unbegrenzten Anzahl von lizenzerhöhenden und -mindernden Faktoren vorzunehmen, die 240

[543] Vgl. BGH GRUR 1990, 1008 (1010) – Lizenzanalogie; OLG München 15.3.2018 – 6 U 2797/17 – Project X; BeckOK/*Goldmann* § 14 MarkenG Rn. 763.

[544] BGH GRUR 1990, 353 (355) – Raubkopien; GRUR 1993, 899 (901) – Dia-Duplikate; GRUR 2009, 660 Rn. 32 – Resellervertrag.

[545] BGH GRUR 2010, 239 Rn. 20 – BTK; GRUR 2019, 292 Rn. 18 – Foto eines Sportwagens.

[546] BGH GRUR 1977, 539 (542) – Prozeßrechner; zu weiteren Einzelheiten GroßKommUWG/*Köhler* (1. Aufl.) Vor § 13 B Rn. 342 f.

[547] BGH GRUR 2019, 292 Rn. 18 – Foto eines Sportwagens; GRUR 2020, 990 Rn. 12 – Nachlizenzierung.

[548] So noch RG GRUR 1938, 836 (839) – Rußbläser; GRUR 1942, 316 (319) – Trockenvorrichtungen für Rotationsdruckmaschinen; GRUR 1943, 288 (293 f.) – Kohlenstaubmotor; *Fischer* S. 89.

[549] So noch RGZ 35, 63 (67 f.) – Ariston – und neuerdings wieder *Schrage* S. 99 f.; *V. Tetzner* GRUR 2009, 6 (9).

[550] BGH GRUR 1962, 401 (404) – Kreuzbodenventilsäcke III; GRUR 1966, 375 (378) – Meßmer-Tee II; GRUR 1974, 323 (324) – Geflügelte Melodien; GRUR 1990, 1008 (1009 f.) – Lizenzanalogie; GRUR 1992, 599 (600) – Teleskopzylinder; GRUR 1993, 55 (58) – Tchibo/Rolex II.

[551] BGH GRUR 1990, 1008 (1009 f.) – Lizenzanalogie; GRUR 1993, 55 (58) – Tchibo/Rolex II.

[552] StRspr, vgl. BGH GRUR 1962, 401 (402) – Kreuzbodenventilsäcke III; GRUR 1977, 539 (542) – Prozeßrechner; GRUR 1980, 841 (844) – Tolbutamid; GRUR 1993, 897 (898) – Mogul-Anlage; GRUR 2000, 685 (687) – Formunwirksamer Lizenzvertrag; vgl. auch BGH GRUR 2019, 292 Rn. 18 – Foto eines Sportwagens; *Wertheimer* FS Heilfron, 1930, 153 (156).

zueinander in Wechselwirkung stehen. All diejenigen Umstände, die vernünftig denkende Parteien im Rahmen ihrer (fiktiven) Lizenzverhandlungen berücksichtigt hätten, sollen sich – jedenfalls vom theoretischen Ansatz her – in dem verkehrsüblichen Lizenzsatz niederschlagen.[553] Dabei sind nicht nur der Wert des Lizenzgegenstandes und die Verhältnisse der Parteien untereinander, sondern auch die allgemeinen Wirtschafts- und Marktverhältnisse in Betracht zu ziehen.[554] Der **Spielraum des Tatrichters** im Rahmen der Schadensschätzung **gem. § 287 Abs. 1 ZPO** ist gerade wegen des hohen Komplexitätsgrades der erforderlichen Überlegungen ausgesprochen **weit,** solange er sich nicht von grundsätzlich falschen oder offenbar unsachlichen Überlegungen leiten oder wesentliche schätzungsrelevante Tatsachen außer acht lässt, welche von den Parteien vorgebracht worden sind oder sich aus der Natur der Sache ergeben.[555]

241 **(d) Festlegung der Lizenzart.** Zunächst ist festzulegen, **welche Art von Lizenz** vereinbart worden wäre. Im Grundsatz sind zwei verschiedene Lizenztypen zu unterscheiden:[556] Eine Lizenz kann entweder gegen Zahlung eines einmaligen Pauschalbetrages gewährt werden, oder der Lizenzbetrag wird von der Stückzahl des lizenzierten Produktes abhängig gemacht. Bei der **Stücklizenz** zahlt der Lizenznehmer für jeden produzierten oder verkauften Lizenzgegenstand einen bestimmten Geldbetrag. Dabei kann der zu zahlende Betrag in Relation zum Verkaufspreis bestimmt werden oder als absoluter Betrag festgeschrieben sein. Ein Unterfall der Stücklizenz ist die **Umsatzlizenz.** In diesen Fällen entrichtet der Lizenznehmer einen festgelegten Prozentsatz vom Verkaufspreis. Bei der **Pauschallizenz** wird ein fester Betrag für die gesamte Nutzungsdauer vereinbart. Sie ist unabhängig von dem jeweiligen Nutzungsumfang und dem Umsatz, den der Lizenznehmer erwirtschaftet. Auch **Kombinationen von Stück- und Pauschallizenzen** sind denkbar und kommen in der Praxis vor. Hier wird ein pauschaler Grundbetrag geschuldet und, meist bei Überschreiten bestimmter Schwellenwerte, zusätzlich noch eine Stücklizenz.

242 Ob eine Stücklizenz oder einer Pauschallizenz vereinbart worden wäre, lässt sich nicht allgemein beantworten. Maßgebliche Bedeutung kommt einer zur Zeit der Verletzungshandlung **am Markt durchgesetzten eigenen Lizenzierungspraxis des Rechtsinhabers** zu.[557] Fehlt es daran, ist auf die branchenübliche Lizenzierungspraxis abzustellen.[558] Üblicherweise werden im Marken- und Designrecht umsatzbezogene Lizenzen vereinbart. Dies gilt auch im Bereich des wettbewerbsrechtlichen Nachahmungsschutzes. Die Rspr. sieht die **Stücklizenz als Regelfall** an.[559] Wo allerdings die Vertragspraxis zu einer Kombination von Stücklizenz und Pauschallizenz greift, kann diese Kombination als üblich zugrunde gelegt werden, zB in Fällen des Know-how-Schutzes.[560] Wird der nachgeahmte Gegenstand nur in der Werbung verwendet, zB in Katalogen, kommt allerdings in aller Regel nur eine Pauschallizenz und keine Stücklizenz in Betracht.[561] Nur in Sonderfällen kommt eine Umsatzlizenz in Betracht.[562]

---

[553] BGH GRUR 2006, 143 (146) – Catwalk; *Goldmann,* Unternehmenskennzeichen, § 19 Rn. 625 mwN.

[554] *Wertheimer* FS Heilfron, 1930, 153 (157).

[555] StRspr, vgl. BGH GRUR 1962, 509 (513) – Dia-Rähmchen II; GRUR 1980, 841 (844) – Tolbutamid; GRUR 2009, 407 Rn. 23 – Whistling for a train; GRUR 2010, 239 Rn. 21 – BTK; GRUR 2020, 990 Rn. 13 – Nachlizenzierung.

[556] Hierzu und zum Folgenden *Schrage* S. 80 f.

[557] Vgl. BGH GRUR 2019, 292 Rn. 19 – Foto eines Sportwagens.

[558] Vgl. BGH GRUR 2019, 292 Rn. 19 – Foto eines Sportwagens.

[559] BGH GRUR 1972, 189 (191) – Wandsteckdose II; GRUR 1980, 841 (844) – Tolbutamid; GRUR 1991, 914 (917) – Kastanienmuster; vgl. auch OLG Hamm 25.6.2009 – 4 U 8/09 – Haushaltsschneidewaren II.

[560] BGH GRUR 1977, 539 (542) – Prozeßrechner.

[561] Vgl. BGH GRUR 2006, 143 (145) – Catwalk (zum Geschmacksmusterrecht); aA LG Nürnberg-Fürth 27.4.2011 – 4 HKO 9888/10 – Speedminton.

[562] Vgl. OLG Hamburg 9.2.2017 – 5 U 222/12 – GROSSE INSPEKTION FÜR ALLE (Betragsverfahren); *OLG* Stuttgart 14.1.2021 – 2 U 34/20; ausf. BeckOK/*Goldmann* § 14 MarkenG Rn. 768.1.

(e) Nettoverkaufspreis des Verletzers als Berechnungsgrundlage der Stücklizenz. Wenn eine Stücklizenz als Umsatzlizenz als die üblicherweise vereinbarte Lizenz herangezogen wird, ist die **Berechnungsgrundlage** der **Nettoverkaufspreis des Verletzers.** Die Terminologie ist nicht immer einheitlich.[563] Der Schaden kann nicht auch in der Weise berechnet werden, dass der betroffene Mitbewerber eine Lizenzgebühr auf die von ihm selbst während des Zeitraums der Verletzungshandlung erzielten Umsätze verlangt.[564] 243

(f) Bestimmung wirtschaftlichen Werts. (α) Allgemeines. Der wirtschaftliche **Wert des verletzten Leistungsergebnisses** ist der entscheidende Faktor zur Bemessung des Lizenzsatzes.[565] Er wird bestimmt durch die **Bekanntheit und Wertschätzung** des nachgeahmten Gegenstandes und die Bedeutung für die Kaufentscheidung.[566] Je bekannter und je begehrter das Produkt ist, desto höher ist der Lizenzsatz anzusetzen. Ein Anhaltspunkt hierfür sind die mit dem Originalprodukt erzielten Umsätze.[567] Hinzu kommen alle Gesichtspunkte, die auf Tatbestandsebene für die **Steigerung der wettbewerblichen Eigenart** zu berücksichtigen sind (*Sambuc* → § 4 Rn. 165). Auch die **Nähe der Nachbildung,** also die Intensität der Anlehnung ist für die Lizenzhöhe von erheblicher Bedeutung.[568] Als **erhöhender Faktor** für eine angemessene Lizenzgebühr kann ins Gewicht fallen, dass die Nutzung durch den Verletzer wegen der Art oder der Güte des Verletzungsgegenstandes inkompatibel mit dem vom Originalhersteller geschaffenen Produktimage ist und die mit der Nutzung einhergehende Imagebeeinträchtigung durch einen hohen Stücklizenzsatz wirtschaftlich abgegolten werden muss.[569] Als den Lizenzsatz **mindernd** kann ins Gewicht fallen, wenn der Wert des Leistungsergebnisses durch tolerierte sonstige Verletzungen gemindert ist.[570] Die angemessene Lizenzgebühr kann auch durch den Umstand reduziert werden, dass der Verletzte das Leistungsergebnis selbst nutzt, eine hypothetische Lizenz aber mutmaßlich nur als Exklusivlizenz hätte zustande kommen können.[571] **Nicht** ohne weiteres zum Vergleich herangezogen werden können die in einer Branche üblichen oder vom Rechtsinhaber tatsächlich erzielten **Franchise-Gebühren,** weil sie Gegenleistung für ein umfassendes Paket an Leistungen sind, die der Franchisegeber erbringt. Neben der reinen Lizenzgebühr fällt eine ganze Reihe weiterer Gebühren an (zB sog. upfront fees, management fees), und es bestehen häufig Warenbezugspflichten.[572] 244

(β) Verhandlungsposition. Das Verhandlungsverhalten eines vernünftigen Kaufmannes richtet sich auch nach seiner **Verhandlungsposition.** Eine starke Verhandlungsposition des Verletzten kann sich deswegen lizenzerhöhend auswirken.[573] ZT wird in der Rspr. betont, dass die Verhandlungsposition des Schädigers bei wirklichen Vertragsverhandlungen ihrerseits in großem Maße von dem Bedeutungsverhältnis zwischen ihm und dem Geschädigten abhinge und sich auch lizenzmindernd auswirken könne. Bei Vorliegen eines eklatanten Bedeutungsüberhanges zugunsten des Schädigers als fiktiven Lizenznehmers könne dessen wirtschaftliche Übermacht letztlich den Ausschlag in Richtung einer ver- 245

[563] Vgl. BGH GRUR 1966, 375 (378) – Meßmer Tee II („Fabrikabgabepreis"); OLG Düsseldorf GRUR-RR 2003, 209 (210) – Meissner Dekor; OLG Köln GRUR-RR 2013, 398 Ls. 2 – Bigfoot II; MüKoUWG/*Fritzsche* § 9 Rn. 101; GroßKommUWG/*Paal* § 9 Rn. 67; anders BGH GRUR 1972, 189 (191) – Wandsteckdose II („Bruttoerlös"); BGH GRUR 1993, 55 (58) – Tchibo/Rolex II („Einkaufspreis").

[564] Vgl. OLG Frankfurt a. M. 8.11.2012 – 6 U 208/11 – disapo.de; aA *Schrage* S. 84 mwN.

[565] BGH GRUR 1993, 55 (58) – Tchibo/Rolex II.

[566] BGH GRUR 1972, 189 (191) – Wandsteckdose II.

[567] Vgl. LG Düsseldorf WRP 2015, 503 Rn. 80 – Verletzergewinn.

[568] BGH GRUR 1972, 189 (191) – Wandsteckdose II.

[569] BGH GRUR 1993, 55 (58) – Tchibo/Rolex II; GRUR 2006, 143 (146) – Catwalk.

[570] BGH GRUR 1993, 55 (58) – Tchibo/Rolex II.

[571] BGH GRUR 1972, 189 (191) – Wandsteckdose II.

[572] *Goldmann,* Unternehmenskennzeichen, § 19 Rn. 638 mwN; vgl. OLG München 15.3.2018 – 6 U 2797/17 – Project X; ausf. BeckOK/*Goldmann* § 14 MarkenG Rn. 769.3.

[573] OLG München ZUM-RD 1997, 460 (464) – Frau Sixta; ausf. *Goldmann,* Unternehmenskennzeichen, § 19 Rn. 642 ff. mwN.

schwindend geringen, ja uU auf null reduzierten Lizenzgebühr geben.[574] Dem kann nicht gefolgt werden. Das **Machtgefälle** zwischen den Lizenzparteien mag zwar bei real ausverhandelten Lizenzen durchaus Einfluss auf die Höhe der Lizenzgebühr haben. Es kann aber **kein** ernst zu nehmendes **Kriterium,** für die – fiktive und gerade nicht ausverhandelte – Lizenzhöhe als Grundlage der Ermittlung eines pauschalen Schadensersatzbetrags gem. Art. 13 Abs. 1 S. 2 lit. b der Durchsetzungsrichtlinie sein. Hiernach geht es um die Vergütung, *„die der Verletzer hätte entrichten müssen, wenn er die Erlaubnis zur Nutzung des betreffenden Rechts des geistigen Eigentums eingeholt hätte"*. Diese Fiktion ebnet das reale Machtgefälle zwischen den Parteien gerade ein. Der Verletzer kann sich nicht darauf berufen und auf diese Weise die fiktive Lizenzgebühr auf 0 % reduzieren. Es kommt an dieser Stelle zu einer normativen Korrektur.[575] Denn entscheidend ist nicht, ob der Verletzer als gedachter Lizenznehmer bereit gewesen wäre, für die Nutzung einen hohen Preis zu bezahlen. Entscheidend ist, dass der Verletzte die Nutzung nicht ohne eine solche Gegenleistung gestattet hätte.[576] Denn der Schadensausgleich besteht in der Zahlung einer angemessenen Vergütung unter Zugrundelegung gerade einer fingierten Lizenzerteilung. Dabei ist eine abstrakte Betrachtungsweise geboten, die davon absieht, in welchem Maße im konkreten Fall der übermächtige Verletzer an einer entgeltlichen Lizenz interessiert gewesen wäre. Denn es gilt: Wer ein fremdes Recht benutzt, zeigt damit, dass er ihm einen Wert beimisst.[577]

246 **(γ) Durchgesetzte Lizenzsätze des Verletzten.** Lizenzsätze, die der Inhaber des verletzten Rechts für die fragliche Nutzung auf dem Markt tatsächlich realisiert, sind ein starkes Indiz für den marktüblichen Lizenzsatz.[578] Den zur Zeit der Verletzungshandlung am Markt durchgesetzten **eigenen Lizenzsätzen des Rechtsinhabers** kommt sogar **maßgebliche Bedeutung** zu.[579] Wenn der Rechtsinhaber eine ausreichende Zahl von Lizenzverträgen abgeschlossen hat, kommt es grundsätzlich nicht darauf an, ob die in den Lizenzverträgen aufgeführten Lizenzsätze und sonstigen Konditionen allgemein üblich und objektiv angemessen sind.[580] Sofern der Rechtsinhaber die von ihm verlangten Lizenzgebühren auch erhält, rechtfertigt dieser Umstand die Feststellung, dass vernünftig Vertragsparteien bei Einräumung einer vertraglichen Lizenz eine entsprechende Vergütung vereinbart hätten.[581] Diese Lizenzsätze können einer Schadensberechnung im Wege der Lizenzanalogie in aller Regel auch dann zugrunde gelegt werden, wenn sie über dem Durchschnitt vergleichbarer Vergütungen liegen,[582] aber nicht, wenn dadurch der objektive Wert der Benutzungsberechtigung erheblich unterschritten wird.[583] In der Tat orientieren sich vernünftig denkende Parteien in der **Praxis der Lizenzvergabe** daran, was auch sonst vereinbart wird. Wenn einer von zwei Verhandlungspartnern bereits Erfahrung mit Lizenzverträgen hat, wird er die dort vereinbarten Lizenzgebühren als Grundlage vorschlagen, sofern sie seine Argumentation nach oben oder unten stützen. Wenn dann keine weiteren Argumente vorliegen, bleibt es der Einfachheit halber bei dieser Lizenzgebühr (sog. **„Das**

---

[574] LG Hamburg 12.5.2015 – 416 HKO 173/14 – REPLAY.

[575] *Goldmann,* Unternehmenskennzeichen, § 19 Rn. 637.

[576] Vgl. BGH GRUR 2010, 239 Rn. 23 – BTK.

[577] BGH GRUR 2010, 239 Rn. 38 – BTK; *Goldmann* WRP 2011, 950 (957); aA für unbedeutende Zeichen offenbar *Binder* GRUR 2012, 1186 (1194): *„Niemand möchte gegen Bezahlung einer Lizenzgebühr unter einer unbedeutenden, relativ erfolglosen Marke auftreten; eine solche Vorgehensweise wäre unsinnig."*

[578] LG Düsseldorf Mitt. 2002, 89; *Fischer* S. 90; *Wertheimer* FS Heilfron, 1930, 153 (156 f.).

[579] Vgl. BGH GRUR 2019, 292 Rn. 19 – Foto eines Sportwagens; GRUR 2020, 990 Rn. 15 – Nachlizenzierung.

[580] BGH GRUR 2009, 660 Rn. 32 – Resellervertrag; LG Hamburg 14.3.2019 – 327 O 289/17 – Converse All Star.

[581] BGH GRUR 2020, 990 Rn. 15 – Nachlizenzierung.

[582] BGH GRUR 2009, 660 Rn. 32 – Resellervertrag; GRUR 2020, 990 Rn. 15 – Nachlizenzierung; *Goldmann* WRP 2011, 950 (956).

[583] Kur/*Goldmann* MarkenG § 14 Rn. 770 unter Bezugnahme auf BGH GRUR 2009, 407 Rn. 27 – *Whistling for a train* (zum Urheberrecht).

machen wir sonst auch so"-Regel).[584] Es bleibt aber dennoch dabei, dass auf die verkehrsübliche Lizenzgebühr abzustellen ist.[585] Deshalb wäre es **falsch,** diese **Regel sklavisch anzuwenden,** denn tatsächlich vereinbarte Beträge stellen zwar grundsätzlich,[586] aber nicht notwendigerweise immer den verkehrsmäßig üblichen Wert der Benutzungsberechtigung dar, sondern geben als Vergleichszahl nur einen ungefähren Anhaltspunkt.[587] Die tatsächlich Lizenzierungspraxis des Rechtsinhabers ist **nicht immer repräsentativ** für den tatsächlichen Wert der Nutzungsbefugnis.[588] Bei der Vereinbarung von Lizenzsätzen in der Vergangenheit können **besondere lizenzerhöhende** oder **-herabsetzende Umstände** mitgespielt haben, die nicht ohne weiteres zu verallgemeinern sind und sich nicht als „Vertrag zu Lasten Dritter" auf den Verletzer auswirken dürfen.[589] Dies gilt insbesondere bei **konzernintern** erteilten Lizenzen.[590] Auch kann sich gegenüber früheren Vereinbarungen in der Zwischenzeit der wirtschaftliche Wert des Lizenzgegenstandes verändert haben.[591] Eine Lizenzierung nach einer Verletzung (sog. **Nachlizenzierung**) ist **nicht** ohne weiteres geeignet, den objektiven Wert der bloßen (zukünftigen) Nutzung zu belegen; entgolten wird damit nämlich regelmäßig mehr als nur die einfache Nutzung. Die nach einer Verletzung vereinbarten „Lizenzgebühren" stellen daher nicht nur die Vergütung dar, die vernünftige Parteien als Gegenleistung für den Wert der künftigen legalen Benutzungshandlung vereinbart hätten; vielmehr bilden sie darüber hinaus regelmäßig eine Gegenleistung für die einvernehmliche Einigung über mögliche Ansprüche aus der vorangegangenen Rechtsverletzung. Dieser bei einem Nachlizenzierungsvertrag gegenüber einer freihändigen Lizenz vergütete „Mehrwert" steht typischerweise der Annahme entgegen, ein solcher Lizenzvertrag habe eine Indizwirkung für den objektiven Wert der angemaßten Benutzungsberechtigung.[592]

(δ) Branchenübliche Lizenzsätze. Besteht keine durchgesetzte eigene Lizenzierungs- 247
praxis des Rechtsinhabers oder sind die dort erzielte Lizenzsätze nicht repräsentativ, sind die **branchenübliche Vergütungssätze** als Maßstab für den objektiven Wert der Nutzungsbefugnis heranzuziehen, sofern eine solche Branchenübung existiert.[593] Dies wird anders als bei urheberrechtlichen Verletzungsfällen in UWG-Fällen regelmäßig kaum je der Fall sein, so dass meist auf die allgemeinen Gesichtspunkte (→ Rn. 244 f., 248) zurückgegriffen werden muss.

(ε) Berücksichtigung der Umsatzrendite. Es besteht zwar kein Erfahrungssatz dahin, 248
dass die Lizenzgebühr immer unter der handelsüblichen **Gewinnspanne** liegen müsse.[594] Allerdings besteht der Erfahrungssatz, dass vernünftig denkende Parteien jedenfalls keine Lizenzsatz vereinbaren, der die durchschnittliche **Umsatzrendite seiner Branche** erheblich übersteigt.[595] Umgekehrt kann eine außergewöhnlich hohe Umsatzrendite lizenzerhöhend berücksichtigt werden.[596] Neuerdings neigt der BGH dazu, bei der Bestimmung der

---

584 *Binder* S. 523, 542; *Wertheimer* FS Heilfron, 1930, 153 (156).

585 OLG Frankfurt a. M. 11.4.2019 – 6 U 121/18 – Stefan Bellof.

586 BGH GRUR 2009, 660 Rn. 32 – Resellervertrag; LG Hamburg 14.3.2019 – 327 O 289/17 – Converse All Star.

587 RG GRUR 1944, 132 (134) – Oberlichtöffner; *Fischer* S. 90.

588 Vgl. BGH GRUR 2020, 990 Rn. 18 – Nachlizenzierung.

589 *Fischer* S. 91; *Wertheimer* FS Heilfron, 1930, 153 (157); vgl. auch GRUR 2020, 990 Rn. 16 ff. – Nachlizenzierung.

590 *Goldmann,* Unternehmenskennzeichen, § 19 Rn. 641 mwN.

591 *Fischer* S. 91.

592 BGH GRUR 2020, 990 Rn. 16 ff. und Ls. – Nachlizenzierung.

593 Vgl. BGH ZUM 2013, 406 Rn. 30 – Jürgen Möllemanns Sprung; GRUR 2019, 292 Rn. 19 – Foto eines Sportwagens; GRUR 2020, 990 Rn. 30 – Nachlizenzierung; vgl. auch LG Düsseldorf WRP 2015, 503 Rn. 80 – Verletzergewinn; *Fischer* S. 90 f.

594 RG GRUR 1944, 132 (134) – Oberlichtöffner.

595 BGH GRUR 2010, 239 Rn. 49 f. – BTK: 2 % zu hoch, wenn die Umsatzrendite nur 1 % beträgt.

596 OLG Köln WRP 2014, 206 Rn. 29 – Fair Play II: 2 % als Lizenzsatz für den Betrieb von Spielhallen angemessen, da Umsatzrendite 24,9 % beträgt.

Lizenzhöhe im Wege der Schätzung gem. § 287 ZPO nicht nur solche allgemeinen Branchendaten zu berücksichtigen, sondern auch den konkreten **Gewinn des Verletzers.**[597] Dabei lässt der BGH offen, ob er damit den konkreten Gewinn bezogen auf das konkrete Produkt als Rohgewinn – Umsatz abzüglich der berücksichtigungsfähigen Kosten (hierzu → Rn. 273 ff.) vor Ansatz des Kausalanteils – meint, oder ob er sich auf die durchschnittliche Gewinnspanne des Verletzers bezieht.

249 **(ζ) Insbesondere Nachahmungsfälle.** Bei **Nachahmungsfällen** wird zumeist eine **umsatzbezogene Stücklizenz** unter Zugrundelegung der Abgabepreise des Verletzers zugebilligt. Nach verbreiteter Ansicht beträgt der Lizenzbetrag in der Praxis in Normalfall **zwischen 1 % und 5 % des Nettoverkaufspreises** des Verletzers[598] bis hin zu äußerstenfalls **10 %.**[599] Bei **„Prestigeprodukten"** werden insgesamt **höhere Sätze** angenommen, so dass der Rahmen **zwischen 10 % und 20 %** liegt.[600] Angenommen wurden etwa: **10 %** für ein Pullover-Design,[601] **12,5 %–20 %** für das „Oyster"-Design von Rolex,[602] **12,5 %** für Fotografien von hochwertigen Armbanduhren.[603] Ein Lizenzsatz von **6 %** für einen Designertisch ist verglichen damit zurückhaltend bemessen.[604] Ist das Design eines Kinderwagens anspruchsvoll und auf dem Markt erfolgreich, kann er einem Prestigeobjekt angenähert und ein Lizenzsatz von **12,5 %** angemessen sein.[605]

250 **(η) Insbesondere Pauschallizenzen.** Wenn auf dem jeweiligen Gebiet **Pauschallizenzen** üblich sind, muss der fiktive Lizenzbetrag in voller Höhe und unabhängig davon bezahlt werden, wie lange und wie intensiv die Verletzungshandlung war.[606]

251 **ee) Zweite Stufe der Berechnung: Erhöhung der angemessenen Lizenzgebühr.** Nach dem Wortlaut der nationalen deutschen Vorschriften, die Art. 13 der Durchsetzungsrichtlinie umsetzen, ist über den Betrag einer „angemessenen" Lizenzgebühr hinaus kein Raum für eine pauschale Erhöhung oder sonstige Zuschläge. Dies bleibt hinter dem Wortlaut von Art. 13 Abs. 1 S. 2 lit. b der Durchsetzungsrichtlinie zurück. Denn danach kann der Schadensersatz als Pauschalbetrag festgesetzt werden, *„und zwar auf der Grundlage von Faktoren wie mindestens dem Betrag der Vergütung oder Gebühr, die der Verletzer hätte entrichten müssen, wenn er die Erlaubnis zur Nutzung des betreffenden Rechts des geistigen Eigentums eingeholt hätte"*.

252 Besonderes Augenmerk verdient hier der Begriff **„mindestens"**, der in **richtlinienkonformer Interpretation** auch bei der Anwendung der Umsetzungsbestimmungen beachtet werden muss. Die Richtlinie stellt damit klar, dass eine (hypothetische) **angemessene Lizenzgebühr** nicht der einzige Faktor ist, der bei dieser Art der objektiven Schadensberechnung zu berücksichtigen ist, sondern insoweit **nur eine untere Grenze** bildet. Im Fall der Verletzung eines Rechts des geistigen Eigentums ist die bloße Zahlung der hypothetischen Vergütung nämlich nicht geeignet, eine Entschädigung für den gesamten tatsächlich erlittenen Schaden zu garantieren, weil mit der Zahlung einer solchen Vergütung weder die Erstattung möglicher, mit der Feststellung allfälliger Verletzungshand-

[597] BGH ZUM 2013, 406 Rn. 30 – Jürgen Möllemanns Sprung.
[598] Vgl. OLG Köln GRUR-RR 2013, 398 (401) – Bigfoot II; *Köhler*/Bornkamm/Feddersen § 9 Rn. 1.43; bei Kennzeichen- und Markenverletzungen gilt diese Spanne laut Rechtsprechung als Regelrahmen, vgl. BGH GRUR 2010, 239 Rn. 25 – BTK; OLG Hamburg GRUR-RR 2006, 182 (184) – Miss 17; OLG Hamm 25.6.2009 – 4 U 8/09 – Haushaltsschneidewaren II; OLG Düsseldorf 27.4.2010 – I-20 U 62/09; OLG Köln WRP 2014, 206 Rn. 40 – Fair Play II; LG Mannheim 24.3.2009 – 2 O 62/08 – ComConsult; LG Nürnberg-Fürth 27.4.2011 – 4 HKO 9888/10 – Speedminton.
[599] BGH GRUR 1993, 55 (58) – Tchibo/Rolex II.
[600] OLG Köln GRUR-RR 2013, 398 (402) – Bigfoot II; LG Düsseldorf WRP 2015, 503 Rn. 80 – Verletzergewinn.
[601] BGH GRUR 1991, 914 (917) – Kastanienmuster.
[602] BGH GRUR 1993, 55 (58) – Tchibo/Rolex II.
[603] BGH GRUR 2006, 143 (147) – Catwalk.
[604] OLG Köln GRUR-RR 2013, 398 (402) – Bigfoot II.
[605] LG Düsseldorf WRP 2015, 503 Rn. 80 ff. – Verletzergewinn.
[606] BGH GRUR 1990, 353 (355) – Raubkopien; GRUR 1993, 899 (901) – Dia-Duplikate.

lungen und ihrer Verursacher verbundener Kosten, auf die im 26. Erwägungsgrund der Durchsetzungsrichtlinie verwiesen wird, noch der Ersatz eines möglichen – im Wettbewerbs- und Kennzeichenrecht freilich nicht relevanten (→ Rn. 158) – immateriellen Schadens und auch nicht die Zahlung von Zinsen auf die geschuldeten Beträge sichergestellt würde.[607] Dass „mindestens" eine angemessene Lizenzgebühr geschuldet ist, gibt dem Richter also die Möglichkeit, in einer **zweiten Stufe** der Betrachtung höher zu greifen. Sieht man mit der hier vertretenen Auffassung die Grundlage der objektiven Schadensberechnung im Wettbewerbsrecht in einer Rechtsanalogie zu § 139 Abs. 2 PatG; § 24 Abs. 2 GebrMG; § 14 Abs. 6 S. 2 und 3 MarkenG; § 97 Abs. 2 S. 2 und 3 UrhG; § 42 Abs. 2 S. 2 und 3 DesignG; § 37 Abs. 2 S. 2 und 3 SortSchG, ist diesem **Anliegen der Richtlinie** konsequenterweise **auch bei der Anwendung des § 9** Rechnung zu tragen.

Zum einen wird hier die Befugnis begründet, wie bisher **zusätzlich** – und nicht etwa nur alternativ – den konkreten Schaden im Sinne des **positiven Schadens,** also etwa die entstandenen **Rechtsverfolgungskosten** aufzunehmen. Hierzu gehören zunächst externe Anwaltskosten sowie Kosten für Testkäufe, Gutachten und Detektive (→ Rn. 183 ff.).[608] 253

Auch eine etwaige **Marktverwirrung** (→ Rn. 198 ff.) ist für die Festlegung des Pauschalbetrags auf der Basis einer angemessenen Lizenzgebühr zu berücksichtigen.[609] Dabei ist nicht nur ein Marktverwirrungsschaden auszugleichen, der unmittelbar mit einem konkreten Produktvertrieb in Zusammenhang steht. Auch Art und Umfang der vom Verletzer getriebenen Werbung haben auf das Ausmaß der möglichen Marktverwirrung einen Einfluss.[610] Es ist daher unverständlich, wenn in der Instanzrechtsprechung zT solche Werbung als für die objektive Schadensberechnung völlig belanglos angesehen wird.[611] 254

Weiter gehend und entgegen der bisher hM[612] wird man aber auch die **Kosten der eigenen Mühewaltung** bzw. des **eigenen Überwachungsapparats** des Verletzten berücksichtigen müssen. Anteilige Kosten für Überwachungsmaßnahmen (zB Überwachung von Tauschbörsen, Internet-Auktionshäusern etc)[613] können und müssen, begrenzt nur durch die in Art. 3 Durchsetzungsrichtlinie verankerten Grundsätze der Fairness und Verhältnismäßigkeit, in die Berechnung des Pauschalbetrags einfließen. Diese Kosten sind zwar nur unter großen Schwierigkeiten quantifizierbar, da die tatsächlichen im Unternehmen anfallenden Kosten für die Bearbeitung einem konkreten Verletzungsfall nur schwer zuzuordnen sind.[614] Dem Gedanken des „Pauschalbetrags" als Ausgleichsentschädigung auf objektiver Grundlage entspricht es aber, dem Verletzten keine Darlegungslasten aufzubürden, die er nicht schultern kann. Es ist daher zulässig, die Kosten der eigenen Mühewaltung – ggf. im Wege der Schätzung gem. § 287 Abs. 1 ZPO – auf der Grundlage von nach den Verhältnissen des Betriebs des Verletzten objektiv begründbaren **Fallpauschalen** abzurechnen.[615] Dies fügt sich in die Rspr. des EuGH ein. Denn die Zahlung einer hypothetischen Vergütung allein ist nicht ausreichend, um eine Entschädigung für den gesamten tatsächlich erlittenen Schaden zu garantieren; ersetzt werden müssen auch **„die mit der Feststellung allfälliger Verletzungshandlungen und ihrer Verursacher verbundener Kosten"**, auf die im 26. Erwägungsgrund der Durchsetzungs-RL verwiesen wird.[616] Damit sind ersatzfähig nicht nur die durch die Feststellung der konkreten Verletzung verursachten (Rechtsverfolgungs-)Kosten, sondern sämtliche Kosten, die mit der Feststel- 255

[607] EuGH GRUR 2017, 264 Rn. 30 – OTK/SFP.
[608] EuGH GRUR 2017, 264 Rn. 30 – OTK/SFP.
[609] Vgl. OLG Köln WRP 2014, 206 Rn. 27 – Fair Play II.
[610] LG Nürnberg-Fürth 27.4.2011 – 4 HKO 9888/10 – Speedminton.
[611] So LG Frankfurt a. M. 9.11.2012 – 3–8 O 8/11 – CCSP; LG Hamburg GRUR-RR 2013, 159 (163) – Capri-Sonne.
[612] Vgl. BGH NJW 1969, 1109; 1977, 35.
[613] *Amschewitz* S. 316.
[614] *Bodewig/Wandtke* GRUR 2008, 220 (226).
[615] *Goldmann* WRP 2011, 950 (968).
[616] EuGH GRUR 2017, 264 Rn. 30 – OTK/SFP.

lung „allfälliger“, also möglicherweise künftiger Verletzungshandlungen und ihrer jeweiligen Verursacher „verbunden“ sind.[617]

256 Ebenso ist denkbar, dass der durch den Verletzer angerichtete **Imageschaden** so groß ist, dass er auch durch einen noch so hoch anzusetzenden Lizenzsatz nicht vollständig wirtschaftlich kompensiert werden kann.[618] Auch ein solcher Schaden ist zu kompensieren. Allerdings handelt es sich hier nicht um einen immateriellen Schaden, sondern um einen **materiellen Schaden** (→ Rn. 158).

257 Zum anderen liegt in dem Wörtchen „mindestens“ die Aufforderung an die Gerichte, einen nach den Umständen des Einzelfalls angemessen **„Verletzerzuschlag“** zuzubilligen, der berücksichtigt, dass der Verletzer frei von den üblichen Beschränkungen eines tatsächlichen Lizenzvertrags (Kontrollrechte des Lizenzgebers, Berichtspflichten des Lizenznehmers, Nutzungsbeschränkungen, ggf. Nichtangriffsabrede etc) agieren konnte und es bei dem festzusetzenden Betrag gerade nicht um den „Marktwert“ einer zwischen loyalen Vertragsparteien ausgehandelten Lizenz geht.[619]

258 Schon nach der bisherigen Rspr. ist bei der Lizenzanalogie zu berücksichtigen, dass der Schädiger seine fiktive Lizenzgebühr wesentlich später zahlt, als es ein vertraglicher Lizenznehmer bei vereinbarten jährlichen oder vierteljährlichen Abrechnungsperioden getan hätte. Deshalb wird dem Verletzten die Möglichkeit eingeräumt, zumindest diejenigen **Zinsen,** die im Falle der – üblichen – Fälligkeitsabrede in einem Lizenzvertrag aufgelaufen wären, vom Verletzer zu verlangen.[620] Diese Praxis kann im Rahmen des nach der Richtlinie vorzunehmenden angemessenen Verletzerzuschlags fortgeführt werden.[621]

259 Dieser **Verletzerzuschlag** sollte sich im Bereich von **25–100 %** über dem in der ersten Stufe (→ Rn. 238 ff.) ermittelten Lizenzsatz bewegen.[622] Die Entscheidung des **EuGH** ***„Hansson/Jungpflanzen“*** steht dem nicht entgegen.[623] Sie hat zwar einen pauschalen Verletzerzuschlag abgelehnt, aber eben nur einen pauschalen, weil dieser wegen seiner Pauschalität „nicht zwangsläufig dem Schaden entspricht“, der dem Rechtsinhaber entstanden ist.[624] Der hier vorgeschlagene Verletzerzuschlag ist keine undifferenzierte Pauschale, sondern richtet sich in ihrer **Höhe** jeweils nach den **Umständen des Einzelfalls.** Genau dies ist nach der Entscheidung des **EuGH** ***„OTK/SFP“*** aber zulässig, um *„eine Entschädigung für den gesamten tatsächlich erlittenen Schaden zu garantieren“,* wozu die Zahlung der angemessenen Lizenzgebühr allein als hypothetische Vergütung nicht geeignet ist, sondern wozu je nach Fallgestaltung noch weitere Einbußen zu ersetzen sind (etwa die mit der Feststellung allfälliger Verletzungshandlungen und ihrer Verursacher verbundener Kosten).[625] Hinzu kommt, dass sich die Entscheidung *„Hansson/Jungpflanzen“* des EuGH wohl auf Besonderheiten des Sortenschutzes bezieht und keine allgemeine Auslegung zu Art. 13 Abs. 1 S. 2 lit. b der Durchsetzungsrichtlinie liefert. Schließlich bietet die Mindestharmonisierung gem. Art. 2 Abs. 1 der Durchsetzungsrichtlinie nur eine Untergrenze, über deutsche Gerichte ebenso wie der deutsche Gesetzgeber hinausgehen können (→ Rn. 267).

260 Der **BGH** steht dem Konzept des Verletzungszuschlags allerdings **ablehnend** gegenüber. Dieser sei mit den Grundlagen des deutschen Schadensersatzrecht unvereinbar, weshalb der Gesetzgeber bei der Umsetzung der Durchsetzungsrichtlinie ihm auch eine Absage erteilt

---

617 Kur/*Goldmann* MarkenG § 14 Rn. 784.

618 *Goldmann* WRP 2011, 950 (968); Kur/*Goldmann* MarkenG § 14 Rn. 784.

619 Hierzu *Goldmann* WRP 2011, 950 (968); Kur/*Goldmann* MarkenG § 14 Rn. 785; *Menninger/Nägele* WRP 2007, 912 (915); *V. Tetzner* GRUR 2009, 6 (8); Ströbele/Hacker/*Thiering* MarkenG § 14 Rn. 713; *Tilmann* FS Schilling, 2007, 367 (378 f.).

620 BGH GRUR 1982, 286 (288 f.) – Fersenabstützvorrichtung; GRUR 1982, 301 (303 f.) – Kunststoffhohlprofil II; GRUR 2010, 239 Rn. 55 – BTK; *Köhler*/Bornkamm/Feddersen § 9 Rn. 1.44; *Schrage* S. 85.

621 Vgl. EuGH GRUR 2017, 264 Rn. 30 – OTK/SFP; so bereits *V. Tetzner* GRUR 2009, 6 (11).

622 Kur/*Goldmann* MarkenG § 14 Rn. 785.

623 Kur/*Goldmann* MarkenG § 14 Rn. 785.

624 EuGH GRUR 2016, 1043 Rn. 40, 43 – Hansson/Jungpflanzen.

625 EuGH GRUR 2017, 264 Rn. 30 – OTK/SFP.

habe.[626] Dabei berücksichtigt der BGH nicht, dass Prinzipien des deutschen Schadensersatzrecht hinter dem Harmonisierungsziel der Richtlinie zurückstehen müssen und die Forderung In Art. 13 Abs. 1 S. 2 lit. b der Durchsetzungsrichtlinie nach einem Pauschalbetrag, der *„mindestens"* einer fiktiven Lizenzgebühr entspricht, die Möglichkeit gewisse Zuschläge gebietet (→ Rn. 251 f.). Außerdem habe der deutsche Gesetzgeber betont, dass das zivile Schadensersatzrecht im System des deutschen Rechts die Funktion erfülle, konkret entstandene Schäden auszugleichen und gerade nicht auf Bestrafung des Schädigers ausgerichtet sei, weshalb es die Rspr. als mit dem Grundgedanken des BGB unvereinbar ablehne, Strafschadensersatz *(punitive damages),* wie ihn das US-amerikanische Recht kenne, zuzubilligen. Auch die Richtlinie bezwecke nach ihrem Erwägungsgrund 26 eine Ausgleichsentschädigung für den Rechtsinhaber und nicht die Einführung eines auf Strafe angelegten Schadensersatzes.[627] Damit ist aber nur ein Verletzerzuschlag mit Strafcharakter unvereinbar, nicht jedoch ein Verletzerzuschlag, der – wie hier vorgeschlagen – nach den Umständen des jeweiligen Falles *„eine Entschädigung für den gesamten tatsächlich erlittenen Schaden zu garantieren"*.[628] Schließlich betont der Gesetzgeber, dass die „angemessene Vergütung" im Rahmen des Schadensersatzes im Wege der Lizenzanalogie durchaus über der Vergütung liegen, die der Verletzte zum Beispiel im Rahmen seines Geschäfts- oder Vermarktungsmodells von Dritten verlangt.[629]

Darüber hinaus wird zT vorgeschlagen, als **Erhöhungsfaktor** auch ein **vorsätzliches** 261
Handeln heranzuziehen.[630] Gestützt wird dies auf den Erwägungsgrund 17 der Richtlinie, der verlangt, dass die Rechtsbehelfe so bestimmt werden sollten, dass *„gegebenenfalls dem vorsätzlichen oder nicht vorsätzlichen Charakter der Rechtsverletzung gebührend Rechnung getragen wird"*. Ebenso wird mit Blick auf die übergeordnete Zielsetzung der Richtlinie, dass die Sanktionen auch eine Abschreckungswirkung entfalten sollen, kritisiert, dass ein bloßer „Ausgleich" in Form einer marküblichen Lizenzgebühr einen rational kalkulierenden Verletzer nicht abzuschrecken vermag. Denn der Nutzen, den der Verletzer aus der Verletzung ziehen kann, ist zumeist höher als ein unter dem Gesichtspunkt des „Ausgleichs" zu zahlender Lizenzbetrag. Dies gilt umso mehr, je geringer das Risiko ist, dass die Verletzung entdeckt wird.[631]

Trotzdem bleibt es dabei, dass die **Abschreckungswirkung** in erster Linie bei der 262
Berechnungsmethode des Art. 13 Abs. 1 S. 2 lit. a der Durchsetzungsrichtlinie zu verorten ist[632] und nicht bei derjenigen des Art. 13 Abs. 1 S. 2 lit. b. Dies entspricht offenbar auch der Auffassung des BGH (näher → Rn. 268).[633] Über die verkehrsübliche Lizenzgebühr hinauszugehen, kann deshalb nur aus Gründen des Ausgleichs geboten sein, nicht aber unter dem Aspekt der Abschreckung.[634].

Mit dem Gedanken des **Ausgleichs auf „objektiver Grundlage"** ist es **nicht ver-** 263
einbar, die **subjektive Tatseite des Verletzers** als Kriterium heranzuziehen und, wie vielfach gefordert wird,[635] einen Aufschlag vorzunehmen, wenn der Verletzer mit Vorsatz handelte. Dies wäre in der Tat ein Strafschadensersatz, der weder mit den Grundsätzen des deutschen Rechts, noch mit der Durchsetzungsrichtlinie in Einklang stünde (→ Rn. 260). Erwägungsgrund 17 der Durchsetzungsrichtlinie eröffnet zwar die Möglichkeit einer Differenzierung nach Verschuldensformen. Erwägungsgrund 26 aber, der speziell den Schadens-

[626] BGH GRUR 2020, 990 Rn. 26 – Nachlizenzierung unter Berufung auf BT-Drs. 16/5048, 37.
[627] BT-Drs. 16/5048, 37.
[628] Vgl. EuGH GRUR 2017, 264 Rn. 30 – OTK/SFP.
[629] BT-Drs. 16/5048, 37.
[630] Wandtke/Bullinger/*v. Wolff* UrhG § 97 Rn. 83.
[631] *Amschewitz* S. 199; *V. Tetzner* GRUR 2009, 6 (8 ff.).
[632] Vgl. hierzu LG Frankfurt a. M. 12.3.2014 – 2–06 O 16/13 – Brother Tonerkartuschen.
[633] BGH GRUR 2001, 329 (331) – Gemeinkostenanteil; GRUR 2009, 856 Rn. 76 – Tripp-Trapp-Stuhl; ZUM 2013, 406 Rn. 27 – Jürgen Möllemanns Sprung.
[634] *Goldmann* WRP 2011, 950 (968).
[635] Wandtke/Bullinger/*v. Wolff* UrhG § 97 Rn. 83; *Kämper* GRUR-Int 2008, 544; *Köhler*/Bornkamm/Feddersen § 9 Rn. 1.44; *Dörre/Maaßen* GRUR-RR 2008, 217 (218).

ersatz behandelt, sieht eine solche Differenzierung bei der Festsetzung eines Pauschalbetrages zum Schadensausgleich auf „objektiver Grundlage" gerade nicht vor. Ist aber Funktion der Berechnungsmethode des Art. 13 Abs. 1 S. 2 lit. b der Ausgleich des Schadens und nicht Verhaltenssteuerung durch Abschreckung oder Sanktion, so passt eine Abstufung nach Verschuldensgrad nicht.[636] Dies wäre bei der Berechnung des Schadensersatzes im Wege der Lizenzanalogie ein Systembruch. Denn Ausgangspunkt ist, was vernünftige Vertragsparteien als Entgelt für eine Nutzung vereinbart hätten. Verschuldensgesichtspunkte können dabei keine Rolle spielen.[637] Auch die früher vom BGH lizenzerhöhend berücksichtigte „Hartnäckigkeit" eines Verletzers[638] kann innerhalb dieses Regelungsrahmens für die Bemessung des Lizenzsatzes keine Bedeutung mehr haben. Eine gewisse Abschreckungswirkung des Schadensersatzes kommt bei der Lizenzanalogie aber dadurch zum Tragen, dass auch ohne erzielte Umsätze eine angemessene Lizenzgebühr zu bezahlen ist (→ Rn. 237).

264 Schon gar **nicht geboten** ist eine pauschale Vervielfachung, zB **Verdoppelung der angemessenen Lizenzgebühr.** Dies ergibt sich aus der Entstehungsgeschichte der Richtlinie. Art. 17 Nr. 2 des Kommissionsvorschlags[639] sah nämlich bei der Berechnungsalternative der angemessenen Lizenzgebühr eine pauschale Verdoppelung vor. Sie wurde als Strafschadensersatz amerikanischer Prägung kritisiert und fand, wie auch Erwägungsgrund 26 der Richtlinie erkennen lässt, mit Bedacht keinen Eingang in die Richtlinie.[640]

265 **e) Berücksichtigung des Verletzergewinns. aa) Grundlagen.** Vor der Umsetzung der Durchsetzungsrichtlinie war zuletzt streitig geworden, ob der Anspruch auf Herausgabe des Verletzergewinns einen echten Schadensersatzanspruch[641] oder einen dem **Schadensersatz funktionsähnlichen Ausgleichsanspruch aus Billigkeitsgründen** darstellte, der zwar im Recht der angemaßten Eigengeschäftsführung (§§ 687 Abs. 1, 681 S. 2, 667 BGB) wurzelte, aber wegen der besonderen Verletzlichkeit und Schutzbedürftigkeit der wettbewerbsrechtlich geschützten Leistungsergebnisse auch bei nur fahrlässigem Verhalten des Verletzers eingreifen konnte.[642] Zum Zwecke des billigen Ausgleichs wurde fingiert, dass der Verletzte den gleichen Gewinn wie der Verletzer erzielt hätte.[643] Die Abschöpfung des Verletzergewinns diente dabei auch „der Sanktionierung des schädigenden Verhaltens und auf diese Weise auch **der Prävention**",[644] also der **Abschreckung.**

266 In Umsetzung des Art. 13 Abs. 1 S. 2 lit. a der Durchsetzungsrichtlinie erkennt der Gesetzgeber bei Immaterialgüterrechten nunmehr die Herausgabe des Verletzergewinns als Grundlage der Berechnung des Schadensersatzanspruchs gesetzlich an und bestimmt, dass bei der Bemessung des Schadenersatzes auch der **Gewinn,** den **der Verletzer durch die Verletzung des Rechts erzielt** hat, berücksichtigt werden kann. Maßgeblich für die

---

[636] *Goldmann* WRP 2011, 950 (968).

[637] OLG Köln WRP 2014, 206 Rn. 27 – Fair Play II; *Goldmann,* Unternehmenskennzeichen, § 19 Rn. 674.

[638] Vgl. BGH GRUR 1972, 189 (191) – Wandsteckdose II.

[639] Vorschlag der Kommission für eine Richtlinie des Europäischen Parlaments und des Rates über die Maßnahmen und Verfahren zum Schutz der Rechte an geistigem Eigentum vom 30.1.2003, KOM(2003) 46 endg.

[640] Im letzten Satz dieses Erwägungsgrundes wird unter Abweichung vom Kommissionsvorschlag klargestellt, dass bei der Regelung der Schadensersatzhöhe *„nicht die Einführung einer Verpflichtung zu einem als Strafe angelegten Schadensersatz [bezweckt wird], sondern eine Ausgleichsentschädigung für den Rechtsinhaber auf objektiver Grundlage unter Berücksichtigung der ihm entstandenen Kosten, z. B. im Zusammenhang mit der Feststellung der Rechtsverletzung und ihrer Verursacher"*; näher zum Ganzen *Amschewitz* S. 99; *Goldmann* WRP 2011, 950 (967).

[641] So BGH GRUR 2008, 93 Rn. 7 – Zerkleinerungsvorrichtung.

[642] So *Tilmann* GRUR 2003, 647; *Tilmann* FS Schilling, 2007, 367 (368 f.).

[643] BGH GRUR 2001, 329 (331) – Gemeinkostenanteil; vgl. dazu auch BGH GRUR 1972, 189 (191) – Wandsteckdose II; GRUR 1973, 478 – Modeneuheit; BGHZ 68, 90 (94) – Kunststoffhohlprofil I; GRUR 1995, 349 (351) – Objektive Schadensberechnung.

[644] BGH GRUR 2001, 329 (331) – Gemeinkostenanteil; GRUR 2009, 856 Rn. 76 – Tripp-Trapp-Stuhl; ZUM 2013, 406 Rn. 27 – Jürgen Möllemanns Sprung.

Auslegung der deutschen Umsetzungsbestimmungen und für deren analoge Anwendung im Wettbewerbsrecht bleibt der Richtlinientext. Gem. Art. 13 Abs. 1 S. 2 lit. a *„berücksichtigen"* die Gerichte bei der Festsetzung des Schadensersatzes *„alle in Frage kommenden Aspekte, wie die negativen wirtschaftlichen Auswirkungen, einschließlich der Gewinneinbußen für die geschädigte Partei und der zu Unrecht erzielten Gewinne des Verletzers, sowie in geeigneten Fällen auch andere als die rein wirtschaftlichen Faktoren, wie den immateriellen Schaden für den Rechtsinhaber."* Hierin ist trotz des unklaren Wortlauts die Grundlage für eine Abschöpfung des Verletzergewinns nach der bisherigen deutschen Praxis zu sehen,[645] denn diese deutsche Praxis war das Vorbild der Richtlinienregelung.[646] Umgesetzt wurde die Regelung der Richtlinie in § 139 Abs. 2 S. 1 PatG; § 24 Abs. 2 S. 1 GebrMG; § 14 Abs. 6 S. 2 MarkenG; § 97 Abs. 2 S. 2 UrhG; § 42 Abs. 2 S. 2 DesignG; § 37 Abs. 2 S. 2 SortSchG. Im Rahmen des § 9 werden diese Vorschriften in Rechtsanalogie angewendet (→ Rn. 229 ff.). In der deutschen Praxis werden die Richtlinie und ihre Umsetzung in deutsches Recht ebenfalls als Grundlage der **Abschöpfung des Verletzergewinns** zum Zwecke des Schadensersatzes interpretiert, wobei die Berechnungsmethode genauso wie vor Umsetzung der Durchsetzungsrichtlinie gehandhabt wird.[647]

Die Entscheidung des **EuGH *„Hansson/Jungpflanzen"*** verlangt keine Abkehr von dieser Praxis.[648] Sie hat zwar eine Festsetzung des Schadensersatzes nach Maßgabe des vom Verletzer erzielten Gewinns bzw. die Herausgabe der Gewinne und Vorteile, in deren Genuss der Verletzer gelangt ist, abgelehnt.[649] Sie gibt jedoch keine allgemeine Auslegung zu Art. 13 Abs. 1 S. 2 lit. a der Durchsetzungsrichtlinie vor, sondern bezieht sich in diesem Punkt nur auf Besonderheiten des Sortenschutzes. Zudem sieht die Durchsetzungsrichtlinie gem. Art. 2 Abs. 1 nur eine **Mindestharmonisierung** vor. Dem deutschen Gesetzgeber stand es deshalb frei, eine Abschöpfung des Verletzergewinns einzuführen oder beizubehalten, selbst wenn die Richtlinie dies nicht als Mindeststandard vorgibt.[650] 267

bb) Berücksichtigung aller Umstände. Die „Berücksichtigung" aller Umstände, zu denen die beiden selbständigen Aspekte der *„Gewinneinbußen für die geschädigte Partei"* einerseits und die *„zu Unrecht erzielten Gewinne des Verletzers"* andererseits gehören, kann nach der Systematik und dem Sinn der Regelung, am Ende einen Schadensersatzbetrag auszuwerfen, nur bedeuten, dass diese Aspekte in dessen Berechnung einfließen. Die **Berücksichtigung der Einbußen des Verletzers** entspricht dabei dem **Ausgleichsgedanken** und die **Abschöpfung des Verletzergewinns dem Ziel der abschreckenden Wirkung.**[651] Lit. a könnte durchaus so verstanden werden, dass dem Verletzergewinn nur eine Indizfunktion für die Höhe des tatsächlich erlittenen Schadens zukommen soll.[652] Der deutsche Wortlaut der Richtlinie ist aber insofern missverständlich. Denn dieser lässt sich so lesen, dass die „zu Unrecht erzielten Gewinne des Verletzers" zu den „negativen wirtschaftlichen Auswirkungen" des Verletzten gehören. *Tilmann* hat darauf hingewiesen, dass dies offensichtlich unsinnig ist und auch nicht mit den Fassungen in anderen Sprachen im Einklang steht.[653] Der Verletzergewinn ist kein Unterfall oder Teilaspekt der Gewinneinbußen, sondern steht selbständig neben dem entgangenen Gewinn. Diese Sichtweise entspricht auch der Entstehungsgeschichte.[654] Die Unterscheidung der negativen wirtschaftlichen Auswirkungen für den Verletzer auf der einen Seite von den zu Unrecht erzielten Gewinnen des Verletzers auf der anderen Seite schließt aber nicht aus, dass beides 268

[645] *Goldmann* WRP 2011, 950 (965, 969); *Meier-Beck* FS Loschelder, 2010, 221 (222 ff.); *Meier-Beck* WRP 2012, 503 (504 f.); *Richter* FS Ahrens, 2016, 405 (413 ff.); aA *Sack* FS Ahrens, 2016, 421 (428 ff.).
[646] Näher *Goldmann* WRP 2011, 950 (962 f.) mwN.
[647] BGH GRUR 2012, 1226 Rn. 16 – Flaschenträger; krit. hierzu *Sack* FS Ahrens, 2016, 421 (428 ff.).
[648] Kur/*Goldmann* MarkenG § 14 Rn. 789.
[649] EuGH GRUR 2016, 1043 Rn. 41, 43 – Hansson/Jungpflanzen.
[650] Kur/*Goldmann* MarkenG § 14 Rn. 789.
[651] Vgl. hierzu LG Frankfurt a. M. 12.5.2014 – 2-06 O 16/13 – Brother Tonerkartuschen.
[652] Zu dieser Deutungsmöglichkeit *Peukert/Kur* GRUR-Int 2006, 292 (293).
[653] *Tilmann* FS Schilling, 2007, 367.
[654] Näher *Goldmann* WRP 2011, 950 (965).

bei der Festsetzung des Schadensanspruchs miteinander **kombiniert** oder sogar **addiert** wird.[655] Der Richtlinienvorschlag der Kommission sah letzteres ausdrücklich vor.[656] In der verabschiedeten Fassung ist dieser Aspekt zwar im Wortlaut weniger klar. Doch anders als bei der zunächst vorgesehenen Verdoppelung der Lizenzgebühr ist hier keine Abkehr vom ursprünglichen Konzept zu erkennen. Wortlaut und Systematik der Richtlinie zwingen also nicht dazu, von der Abschöpfung des Verletzergewinns als Berechnungsmethode abzurücken. Sie erzwingen aber eine Abkehr von dem Grundsatz, dass der Geschädigte seinen entgangenen Gewinn und den Verletzergewinn nicht nebeneinander und kumulativ beanspruchen machen kann (ausführlich → Rn. 294 ff.).

269 **cc) Grundsätze der Gewinnermittlung. (a) Begriff des Gewinns.** Der **Begriff des Gewinns** in der Richtlinie ist **autonom** auszulegen. Er ist deshalb nicht ohne weiteres völlig deckungsgleich mit dem Begriff des Gewinns, wie der BGH ihn in der Entscheidung „Gemeinkostenanteil" unter der Dogmatik der angemaßten Eigengeschäftsführung in Analogie zu § 687 Abs. 2 BGB[657] näher bestimmt hat.[658]

270 **(b) Bereicherungsrechtliche Konstruktion nach altem Recht.** Gem. § 687 Abs. 2 S. 1 iVm § 667 BGB hat der angemaßte Eigengeschäftsführer „alles … was er aus der Geschäftsbesorgung erlangt, herauszugeben." Das ist an sich der vollständige Erlös, nicht der auf welchem Wege auch immer errechnete Gewinn. Dafür kann der Verletzer aber seinerseits vom Verletzten gem. §§ 687 Abs. 2 S. 2, 684 S. 1 BGB Ersatz aller seiner Aufwendungen bei der Führung des fremden Geschäfts verlangen, allerdings gem. § 818 Abs. 3 BGB nur, insoweit der Verletzte um sie tatsächlich wertmäßig bereichert ist.[659] Nach der Rspr. des BGH gehörten hierzu **nur die variablen** (dh vom Beschäftigungsgrad abhängigen) **Kosten** für die Herstellung und den Vertrieb der schutzrechtsverletzenden Gegenstände (zB Materialkosten, anteilige Energie- und Lohnkosten, Kosten für die Verpackung der rechtsverletzenden Güter, die darauf entfallenden Vertriebskosten und die Kosten für Raummiete und Maschinen, soweit diese Ressourcen ausschließlich zur Herstellung und zum Vertrieb der verletzenden Gegenstände eingesetzt wurden).[660] Anteilige Gemeinkosten aber (zB Mieten, allgemeine Marketingkosten, Geschäftsführergehälter, Verwaltungskosten und Kosten für Anlagevermögen), die keinen unmittelbaren Zusammenhang mit der Verletzung haben (und möglicherweise wirtschaftlich unvernünftig oder maßgeblich durch die Kosten der Herstellung anderer Produkte des Verletzerunternehmens beeinflusst sind), waren nach der Rspr. aber keine Aufwendungen, um die der Verletzte bereichert ist.[661] Um die unmittelbaren stückbezogenen Aufwendungen des Verletzers ist der Verletzte bereichert, da er nie in seinem eigenen Betrieb ebenfalls hätte aufwenden müssen, um einen Erlös zu erzielen. Um die anteiligen Fixkosten eines fremden Betriebs ist er aber nicht bereichert, denn er hat seinen eigenen Betrieb und braucht keinen zweiten. Weil dieser Gedanke natürlich nur zutrifft, wenn der verletzte Rechtsinhaber tatsächlich einen eigenen Betrieb unterhält, hat der BGH später in der Entscheidung *„Steckverbindergehäuse"* ergänzend ausgeführt, dass der Gedanke des billigen Ausgleichs die Fiktion mit einschließt, dass der Verletzte einen entsprechenden Betrieb unterhält, der dieselben Produktions- oder Vertriebsleistungen wie der Betrieb des Verletzers hätte erbringen können.[662]

[655] *Metzger* S. 209, 216.

[656] Vorschlag für eine Richtlinie des Europäischen Parlaments und des Rates über die Maßnahmen und Verfahren zum Schutz der Rechte an geistigem Eigentum vom 30.1.2003, KOM(2003) 46 endg., S. 25.

[657] BGH GRUR 2001, 329 (331) – Gemeinkostenanteil; GRUR 2006, 419 Rn. 18 – Noblesse; GRUR 2007, 431 Rn. 31 – Steckverbindergehäuse.

[658] *Goldmann* WRP 2011, 950 (967); *Goldmann,* Unternehmenskennzeichen, § 19 Rn. 679.

[659] *Goldmann* WRP 2011, 950 (961 f.); *Haedicke* GRUR 2005, 529 (532).

[660] BGH GRUR 2001, 329 (331) – Gemeinkostenanteil.

[661] BGH GRUR 2001, 329 (331) – Gemeinkostenanteil; *Haedicke* GRUR 2005, 529 (532); näher zur Gewinnberechnung (Verletzergewinn im gewerblichen Rechtsschutz) *Lehmann* BB 1988, 1680 (1688 ff.); *Haft/Reimann* Mitt. 2003, 437 ff.; *Pross* FS Tilmann, 2003, 881 ff.

[662] BGH GRUR 2007, 431 Rn. 31 – Steckverbindergehäuse.

(c) Zweckorientierte Versagung von Abzugsposten. Die Durchsetzungsrichtlinie spricht in Art. 13 Abs. 1 S. 2 lit. a nur von **„Gewinn“.** Dieser Begriff ist nach seinem Wortsinn als das Ergebnis von **Erlös nach Abzug der abzugsfähigen Kosten** zu verstehen. Die überaus komplizierte und erklärungsbedürftige bereicherungsrechtliche Konstruktion des BGH ist deshalb nach neuem Recht obsolet.[663] Das bedeutet aber nicht, dass die Richtlinie zu einer Abkehr von der seit dem Urteil *„Gemeinkostenanteil“* eingeführten Rechtspraxis zwingt.[664] Denn auch nach neuem Recht muss bestimmt werden, welche Kosten als abzugsfähig gelten und welche nicht. Die Billigkeitserwägungen, auf die der BGH das Urteil *„Gemeinkostenanteil“* zusätzlich gestützt hat, sind ohne weiteres einleuchtend und beanspruchen auch bei der Anwendung der Durchsetzungsrichtlinie Geltung:[665] Würde dem Verletzer gestattet, von seinen Erlösen einen Gemeinkostenanteil abzusetzen, verbliebe dem Verletzer ein Deckungsbeitrag zu seinen Fixkosten, und der Gewinn würde nicht vollständig abgeschöpft. Dies stünde in Widerspruch zu Sinn und Zweck des Schadensausgleichs und insbesondere zu dem Gedanken, dass der Verletzte durch die Herausgabe des Verletzergewinns so zu stellen ist, als hätte er ohne die Rechtsverletzung den gleichen Gewinn wie der Verletzer erzielt. Denn in diesem Fall hätte der Verletzte bei einem Einsatz des eigenen Unternehmens für die Herstellung und den Vertrieb einen Deckungsbeitrag zu seinen eigenen Gemeinkosten erwirtschaften können.[666] 271

Diese Erwägungen stehen im Einklang mit dem Ausgleichsgedanken der Durchsetzungsrichtlinie. Außerdem ist nach der Begründung des Richtlinienvorschlags der Kommission auch davon auszugehen, dass nur die **Nichtberücksichtigung eines Gemeinkostenanteils** die Abschöpfung des Verletzergewinns hinreichend abschreckend macht.[667] Die Kommission sah die deutsche Praxis insoweit als beispielhaft an.[668] Es entspricht deshalb dem Willen des Richtliniengebers, **die vom BGH** mit dem Urteil *„Gemeinkostenanteil“* **eingeschlagene Linie fortzusetzen** und zur Grundlage des harmonisierten Rechts zu machen: Von der Verletzungsform unabhängige „Sowieso-Kosten“, die es auch dann gegeben hätte, wenn die Verletzungshandlung nicht begangen worden wäre, sind ebenso wenig abzugsfähig wie die Kosten, die im laufenden Betrieb des Verletzten nicht angefallen wären.[669] Zwar ist die Unterscheidung zwischen den berücksichtigungsfähigen und den nicht abzugsfähigen Kosten im Einzelfall schwer zu treffen. Allerdings ist sie unerlässlich, um dem Ziel Rechnung zu tragen, mit dem Schadensersatz einen billigen Ausgleich der Vermögensnachteile des Verletzten zu bewirken. Da bei der Ermittlung des Verletzergewinns aber ohnehin häufig auf das Mittel der Schätzung (§ 287 ZPO) zurückgegriffen werden muss, sind auch die Schwierigkeiten bei der Feststellung und Zuordnung der Kosten nicht unüberwindbar.[670] Der BGH billigt dem Tatrichter bei der Trennung von Fixkosten und variablen Kosten die Befugnis einer gewissen **Typisierung und Vergröberung** zu und zieht das **Ermessen** des **Tatrichters** gem. § 287 ZPO **weit.**[671] 272

Der **Rohgewinn** des Verletzers errechnet sich also – wie bisher (→ Rn. 270) – aus den **Umsatzerlösen abzüglich der berücksichtigungsfähigen Kosten.** Abzugsfähig sind nur die **variablen Kosten,** nicht aber auch Fixkosten. Die Trennlinie zwischen den abzugsfähigen variablen Kosten und den nicht abzugsfähigen fixen (oder Gemein-)Kosten ist danach zu ziehen, ob sie dem konkreten Produkt oder nur dem Gesamtbetrieb zuzuordnen sind. Im Einzelnen gilt: 273

---

663 *Goldmann* WRP 2011, 950 (967); *Meier-Beck* FS Loschelder, 2010, 221 (225 f.).
664 *Meier-Beck* WRP 2012, 503 (505).
665 *Goldmann* WRP 2011, 950 (967); *Meier-Beck* WRP 2012, 503 (505).
666 BGH GRUR 2001, 329 (331) – Gemeinkostenanteil.
667 *Goldmann* WRP 2011, 950 (967).
668 Vorschlag für eine Richtlinie des Europäischen Parlaments und des Rates über die Maßnahmen und Verfahren zum Schutz der Rechte an geistigem Eigentum vom 30.1.2003, KOM(2003) 46 endg., S. 16, 25.
669 Vgl. OLG Düsseldorf 8.9.2011 – I-2 U 77/09 – Schräg-Raffstore (allerdings ohne Berücksichtigung der Durchsetzungsrichtlinie); LG Düsseldorf WRP 2015, 503 Rn. 27 – Verletzergewinn.
670 BGH GRUR 2007, 431 Rn. 30 – Steckverbindergehäuse.
671 BGH GRUR 2007, 431 Rn. 30 – Steckverbindergehäuse.

274 Abzugsfähig sind **im Handel** alle Kosten, die unmittelbar auf die Beschaffung und Vermarktung der Ware entfallen. Hierbei kann es sich neben dem reinen Einstandspreis etwa handeln um Gutschriften, Rabatte, Skonti, Wareneingangskosten, Lizenzgebühren, Ersatzteilkosten, Ausgangs- und Rückfrachten, Zölle, Kursaufwandskosten, Verpackungskosten, Vertriebsprovisionen, Vertreterspesen, Factoringkosten sowie um Kosten der Bemusterung und sonstige produktbezogene Marketingkosten.[672] Raumkosten sind abzugsfähig, soweit der Raum nur für Lagerung der verletzenden Produkte genutzt wurde.[673]

275 In einem Betrieb zur **Herstellung** treten anstelle des Einstandspreises **Materialkosten und Energiekosten.**[674] Ansonsten gelten die gleichen Grundsätze wie im Handel. Für die Abzugsfähigkeit von **Lohnkosten** der Herstellung ist nicht maßgeblich, ob der Verletzer diese ohne die Verletzungshandlung – etwa durch Abbau von Arbeitsplätzen – eingespart hätte. Ihre Abzugsfähigkeit richtet sich vielmehr danach, ob sie im Rahmen einer wertenden Gesamtbetrachtung gerade dem Produkt zugeordnet werden können oder ob es sich um auf den Gesamtbetrieb entfallende Kosten handelt.[675] Im Bereich des **Anlagevermögens** können die Kosten für Räumlichkeiten und Maschinen (anteilig bezogen auf deren Lebensdauer) abgesetzt werden, die nur für die Produktion und den Vertrieb der Nachahmungsprodukte verwendet worden sind. **Nicht anrechenbar** sind demgegenüber die Kosten, die unabhängig vom Umfang der Produktion und des Vertriebs durch die Unterhaltung des Betriebs entstanden sind. Hierzu zählen zB allgemeine Marketingkosten, die Geschäftsführergehälter, die Verwaltungskosten sowie die Kosten für Anlagevermögen, das nicht konkret der rechtsverletzenden Fertigung zugerechnet werden kann. Ein solcher **Gemeinkostenanteil,** der nicht konkret gerade der rechtsverletzenden Fertigung zugerechnet werden kann, ist **nicht** gewinnmindernd zu berücksichtigen.[676]

276 Der **Verletzer** trägt die **Darlegungs- und Beweislast** dafür, dass bestimmte von ihm geltend gemachte Kosten den Verletzungsgegenständen unmittelbar zugeordnet werden können und damit vom erzielten Umsatzerlös abzugsfähig sind, obwohl sie typischerweise als Gemeinkosten anfallen.[677]

277 **Nicht abziehen** darf der Verletzer selbstverständlich die von ihm zu erstattenden **Kosten der Rechtsverfolgung des Verletzten** (etwa Kosten für die Abmahnung) oder **eigene Rechtsverteidigungskosten** (etwa Kosten der zur Abwehr der Ansprüche des Verletzten eingeschalteten Rechtsanwälte).[678] Denn bei der Berechnung des Schadens nach dem Verletzergewinn wird fingiert, dass der Rechtsinhaber den gleichen Gewinn wie der Verletzer erzielt hätte. Beim Rechtsinhaber wären aber derartige Kosten nicht angefallen.[679] Der Verletzer kann den herauszugebenden Gewinn auch nicht um solche Zahlungen mindern, die er an seine Abnehmer im Hinblick auf die Unverkäuflichkeit der Ware geleistet hat.[680] **Abzugsfähig** sind dagegen Schadensersatzzahlungen in der **Verletzerkette** (hierzu → Rn. 310).

278 **dd) Umfang der Gewinnherausgabe und „Verletzeranteil".** Nachdem der Rohgewinn ermittelt worden ist, muss die an den Verletzten abzuführende Quote bestimmt

---

[672] LG Düsseldorf WRP 2015, 503 Rn. 28 ff. – Verletzergewinn.
[673] LG Düsseldorf WRP 2015, 503 Rn. 53 – Verletzergewinn.
[674] Vgl. OLG Köln GRUR-RR 2013, 398 (400) – Bigfoot II.
[675] OLG Düsseldorf 8.9.2011 – I-2 U 77/09 – Schräg-Raffstore; OLG Köln GRUR-RR 2013, 398 (400) – Bigfoot II; vgl. auch BGH GRUR 2007, 431 Rn. 31 – Steckverbindergehäuse.
[676] Vgl. OGH GRUR-Int 2014, 838 (840) – RED LABEL: *„Herauszugeben ist der Reingewinn, den der Verletzer gerade aufgrund des widerrechtlichen Kennzeicheneingriffs erzielt hat"; Goldmann,* Unternehmenskennzeichen, § 19 Rn. 683.
[677] OLG Köln GRUR-RR 2013, 398 (400) – Bigfoot II.
[678] OLG Hamburg GRUR-RR 2020, 359 Rn. 44 – MYMMO MINI; *Goldmann,* Unternehmenskennzeichen, § 19 Rn. 685.
[679] BGH 10.6.2010 – 45/09 Rn. 14 f. – Acerbon.
[680] BGH GRUR 2002, 532 (535) – Unikatrahmen; GRUR 2009, 856 Rn. 74 – Tripp-Trapp-Stuhl.

werden, und zwar in dieser Reihenfolge.[681] Der erzielte Gewinn ist nämlich nicht vollständig, sondern **nur insoweit herauszugeben, als er auf der unerlaubten Nutzung** der wettbewerbsrechtlich geschützten Leistungsposition **beruht.**[682] Dieser sog. **„Kausalanteil"** oder **„Verletzeranteil"** geht ebenso wie das Verbot des Abzugs eines Gemeinkostenanteils im Kern auf die traditionelle GoA-Struktur des Anspruchs auf Gewinnherausgabe zurück.[683] Die Rspr. war jedenfalls im Kennzeichenrecht ursprünglich der Ansicht, dass der Verletzer mit dem Vertrieb rechtsverletzender Waren grundsätzlich ein eigenes Geschäft führe.[684] Später erkannte die Rspr. an, dass es sich bei einem Angebot unter Verletzung eines fremden Kennzeichens **zum Teil** um ein **fremdes Geschäft** handelt. Bei der Frage, inwieweit ein fremdes, also dem Rechtsinhaber zustehendes Geschäft geführt wird, müsse ermittelt werden, welche Rolle die Zeichennutzung beim Vertrieb durch den Verletzer gespielt hat.[685]

Auch nach neuem Recht kann der Gewinn nur insoweit herausverlangt werden, wie er **279** gerade auf dem unerlaubten Zugriff auf das geschützte Immaterialgüterecht beruht. Für den Schadensausgleich finden nämlich von vornherein gem. Art. 13 Abs. 1 S. 2 lit. a der Durchsetzungsrichtlinie nur die **„zu Unrecht erzielten"** Gewinne des Verletzers Berücksichtigung. Gemeint ist der Gewinn, der gerade durch den Zugriff auf das fremde Schutzrecht und nicht durch andere Ursachen erzielt wurde.[686] Dies ermöglicht eine nahtlose Fortsetzung der bisherigen, auf den Begriff des „fremden Geschäfts" gestützten Praxis auf einem neuen Fundament. Es gilt folgende Formel: **Herauszugebender Verletzergewinn = (Umsatz – abzugsfähige Kosten) × Kausalanteil.**[687]

Dabei kann sich der Verletzer nach dem Sinn und Zweck des Rechtsinstituts der **280** Abschöpfung des Verletzergewinns, die Folgen eines tatsächlich stattgefundenen deliktischen Handelns zu kompensieren, **nicht auf** ein hypothetisches **rechtmäßiges Alternativverhalten berufen** und einwenden, er hätte denselben Gewinn auch ohne Rechtsverletzung bzw. ohne unlautere geschäftliche Handlungen erzielen können.[688] Die Ermittlung des herauszugebenden Gewinnanteils ist nicht im Sinne einer Erforschung der adäquaten Kausalität, sondern – vergleichbar mit der Bemessung der Mitverschuldensanteile im Rahmen des § 254 BGB – wertend zu verstehen.[689] Die Höhe des herauszugebenden Verletzergewinns lässt sich insoweit **nicht** wirklich **berechnen.**[690] Der Tatrichter hat vielmehr gem. **§ 287 Abs. 1 ZPO** unter Würdigung aller Umstände des Einzelfalles nach freier Überzeugung im Wege einer **Schätzung** darüber zu entscheiden, ob zwischen der Schutzrechtsverletzung und dem erzielten Gewinn der ursächliche Zusammenhang im Rechtssinne besteht und wie hoch der danach herauszugebende Gewinnanteil zu beziffern ist.[691] Die Grundlagen dieser Schätzung sind – soweit möglich – objektiv zu ermitteln, und

---

[681] BGH GRUR 2009, 856 Rn. 58 – Tripp-Trapp-Stuhl; OLG Düsseldorf 8.9.2011 – 2 U 77/09 – Schräg-Raffstoffe; LG Mannheim 6.7.2012 – 7 O 113/11 – TAXOTERE; LG Düsseldorf WRP 2015, 503 Rn. 25 – Verletzergewinn.

[682] BGH GRUR 2009, 856 Rn. 41 – Tripp-Trapp-Stuhl; GRUR 2012, 1226 Rn. 17 ff. – Flaschenträger; OGH GRUR-Int 2014, 838 (840) – RED LABEL; zur Rechtslage vor Umsetzung der Durchsetzungsrichtlinie BGH GRUR 1993, 55 (59) – Tchibo/Rolex II; GRUR 2007, 431 Rn. 37 – Steckverbindergehäuse.

[683] *Goldmann* WRP 2011, 950 (958 f.).

[684] RGZ 47, 100 (102) – Likörausstattung; 58, 321 (323) – Klosettpapier; in die gleiche Richtung heute *Melullis* GRUR-Int 2008, 679 (680); anders aber zum Urheber- bzw. Patentrecht (fremdes Geschäft) RGZ 35, 63 (70 ff.) – Ariston (zum Urheberrecht); RGZ 156, 321 (325 ff.) – Braupfanne (zum Patentrecht).

[685] BGH GRUR 1961, 354 (355) – Vitasulfal.

[686] *Goldmann,* Unternehmenskennzeichen, § 19 Rn. 688; so schon *Fischer* S. 108 f.

[687] Kurgefasst von LG Mannheim 6.7.2012 – 7 O 113/11 – TAXOTERE.

[688] BGH GRUR 2012, 1226 Rn. 35 – Flaschenträger; *Richter* FS Ahrens, 2016, 405 (417).

[689] BGH GRUR 1993, 55 (59) – Tchibo/Rolex II; GRUR 2007, 431 Rn. 37 – Steckverbindergehäuse: GRUR 2009, 856 Rn. 41 – Tripp-Trapp-Stuhl; GRUR 2012, 1226 Rn. 20 – Flaschenträger.

[690] BGH GRUR 2012, 1226 Rn. 20, 37 – Flaschenträger.

[691] BGH GRUR 1993, 55 (59) – Tchibo/Rolex II; GRUR 1995, 50 (54) – Indorektal/Indohexal; GRUR 2006, 419 Rn. 16 – Noblesse; GRUR 2009, 856 Rn. 42 – Tripp-Trapp-Stuhl; GRUR 2012, 1226 Rn. 20 – Flaschenträger; GRUR 2013, 1212 Rn. 5 – Kabelschloss.

über bestrittene Ausgangs- bzw. Anknüpfungstatsachen ist Beweis zu erheben.[692] Die Gesamtheit aller Umstände ist sodann abzuwägen und zu gewichten.[693]

281 Das **tatrichterliche Ermessen** ist **weit.** In der Revisionsinstanz ist die Schätzung nur daraufhin überprüfbar, ob bei der Ermittlung des auf die Schutzrechtsverletzung zurückzuführenden Gewinns alle wesentlichen, schätzungsbegründenden Tatsachen, die sich aus der Natur der Sache ergeben oder von den Parteien vorgetragen wurden, berücksichtigt wurden und keinem Umstand ein ihm offensichtlich nicht zukommendes Gewicht beigemessen wurde, keine sachwidrigen Erwägungen angestellt und Denkgesetze und Erfahrungssätze beachtet wurden.[694]

282 Bei einer **Verletzung von Betriebsgeheimnissen** war grundsätzlich der **gesamte** unter Einsatz des geheimen Know-hows erzielte **Gewinn** herauszugeben.[695] Denn unter Verstoß gegen § 17 UWG 2004 erlangte Kenntnisse von Betriebsgeheimnissen durften in keiner Weise verwendet werden, weshalb die dadurch erzielten Ergebnisse von Anfang an und – jedenfalls idR – dauerhaft mit dem Makel der Wettbewerbswidrigkeit behaftet waren.[696]

283 Beim **wettbewerbsrechtlichen Nachahmungsschutz** ist maßgeblich, inwieweit beim Vertrieb der nachgeahmten Produkte die Gestaltung als Imitat **für den Kaufentschluss** eines durchschnittlich informierten, aufmerksamen und verständigen Nachfragers **ursächlich** gewesen ist oder ob andere Umstände eine wesentliche Rolle gespielt haben.[697]

284 Wenn es sich bei den nachgeahmten Produkten um **Gegenstände des allgemeinen Bedarfs** handelt und das Gericht zu den angesprochenen Verkehrskreisen gehört, bestehen gegen eine freie richterliche **Schätzung** keinerlei Bedenken.[698] Wenn die Mitglieder des Gerichts dagegen nicht zu den angesprochenen Verkehrskreisen gehören, muss die Schätzung auf der Grundlage weiterer Erkenntnisquellen stattfinden. Hierzu bieten sich (demoskopische) Gutachten oder – bei einer nur kleinen Anzahl von Kunden – die Einvernahme der tatsächlichen Käufer als Zeugen an.

285 Bei einer wettbewerbswidrigen **Leistungsübernahme** wird der Verletzergewinn selten ausschließlich, vielfach nicht einmal überwiegend auf die Verletzungshandlung zurückzuführen sein.[699] Es kommt für die Frage, welcher Anteil des erzielten Gewinns gerade auf die Nachahmung und nicht auf andere Ursachen zurückzuführen ist, auf die **Umstände des Einzelfalles** an.[700]

286 Zu den Umständen, die das Gericht zu berücksichtigen hat, gehören zunächst dessen technische Funktionalität bzw. sein Gebrauchszweck.[701] Beim Kauf eines **technischen Gegenstands** ist idR weniger die Gestaltung als vielmehr die technische Funktionalität entscheidend.[702] Auch bei originell gestalteten **Gebrauchsgegenständen** wie bei Möbeln soll nach Auffassung des BGH für den Käufer dagegen erfahrungsgemäß die Funktionalität im Vordergrund stehen.[703] Dies begegnet Bedenken. Denn die Bedeutung des Designs

---

[692] BGH GRUR 2012, 1226 Rn. 20 – Flaschenträger.
[693] BGH GRUR 1993, 55 (59) – Tchibo/Rolex II; GRUR 2012, 1226 Rn. 20 – Flaschenträger.
[694] BGH GRUR 2009, 856 Rn. 42 – Tripp-Trapp-Stuhl; GRUR 2007, 431 Rn. 38 – Steckverbindergehäuse; GRUR 2012, 1226 Rn. 20 – Flaschenträger.
[695] BGH NJOZ 2009, 301 Rn. 11.
[696] BGH NJOZ 2009, 301 Rn. 11.
[697] BGH GRUR 2007, 431 Rn. 30 – Steckverbindergehäuse; NJOZ 2009, 301 Rn. 8; OLG Köln GRUR-RR 2013, 398 (402) – Bigfoot II; *Köhler*/Bornkamm/Feddersen § 9 Rn. 1.48.
[698] OLG Hamburg GRUR-RR 2009, 136 (138) – Gipürespitze II.
[699] BGH WRP 2008, 938 Rn. 8 – Entwendete Datensätze mit Konstruktionszeichnungen; Teplitzky/*Schaub* Kap. 34 Rn. 33.
[700] BGH GRUR 2007, 431 Rn. 39 – Steckverbindergehäuse; OLG Hamburg GRUR-RR 2009, 136 (139) – Gipürespitze; OLG Köln GRUR-RR 2013, 398 (402) – Bigfoot II.
[701] Vgl. BGH GRUR 2009, 856 Rn. 45 – Tripp-Trapp-Stuhl; NJOZ 2009, 301 Rn. 8; *Fischer* S. 57.
[702] BGH GRUR 2007, 431 Rn. 40 – Steckverbindergehäuse; WRP 2008, 938 Rn. 8 – Entwendete Datensätze mit Konstruktionszeichnungen; NJOZ 2009, 301 Rn. 8.
[703] BGH GRUR 2009, 856 Rn. 45 f. – Tripp-Trapp-Stuhl.

auch von Alltagsgegenständen nimmt fortlaufend zu und ist vielfach ebenso groß wie deren Gebrauchswert[704] oder sogar weit größer.[705] Für eine besonders große Bedeutung des Designs indiziell ist, wenn das nachgeahmte Produkt großen Markterfolg hat oder wenn verschiedene, evtl. sogar marktstarke Wettbewerber das Design aufgegriffen haben.[706] Bei **Schmuck** kommt der Funktionalität eine geringe Rolle zu.[707] Dies gilt allgemein für in erster Linie **dekorative Gegenstände.**[708]

Weiter ist nach der Rspr. der – regelmäßig – im Vergleich zum Original **niedrigere Preis** des Verletzerprodukts als die Kaufentscheidung beeinflussend und den Kausalanteil mindernd zu berücksichtigen.[709] Dies gilt allerdings **nicht** für **echte Pirateriefälle,** in denen nicht der gegenüber dem Original niedrigere Preis, sondern das Vorhandensein der bekannten Kennzeichnung auf einem **gefälschten Produkt** den eigentlichen Ausschlag für die Kaufentscheidung gibt.[710] Die dabei selbstverständlich stattfindende Preisunterbietung ist Teil der Absatzstrategie des in aller Regel vorsätzlich handelnden Verletzers, die nicht auch noch durch besonders hohe Abzüge vom Verletzergewinn prämiiert werden darf. Selbstverständlich spielt der niedrige Preis tatsächlich für die Kaufentscheidung ebenfalls eine Rolle. Es findet jedoch insoweit keine streng kausale Betrachtung statt, sondern eine wertende Zurechnung von Kausalfaktoren, die den niedrigeren Preis im Wege einer **normativen Korrektur** nicht berücksichtigt.[711] Hinzu kommt, dass gem. Art. 3 Abs. 2 der Durchsetzungsrichtlinie Maßnahmen zur Durchsetzung der Rechte des geistigen Eigentums nicht nur verhältnismäßig, sondern auch wirksam und abschreckend sein müssen. Dies erfordert schon unter dem Aspekt der Generalprävention, dass gewerblichen Fälschern kein Anteil an den Einnahmen belassen wird, die sie mit Piraterieprodukten erzielen.[712] In Pirateriefällen ist deshalb der vom Verletzer erzielte **Gewinn vollständig herauszugeben.** In jedem Fall gilt: Bei einer **identischen oder nahezu identischen Produktnachahmung** oder unmittelbaren Übernahme muss ein Abzug tendenziell geringer ausfallen als bei weniger engen Anlehnungen. Relevant ist auch der Grad der wettbewerblichen Eigenart: Je origineller und/oder bekannter das Original-Erzeugnis ist, desto eher ist anzunehmen, dass auch die Nachahmungen gerade wegen der charakteristischen Gestaltung gekauft wurden. 287

Auch Gewinne, die nicht mit den Nachahmungsgegenständen selbst, sondern mit **Zubehör** hierzu erwirtschaftet werden, können in einem gewissen, vom Tatrichter gem. § 287 ZPO zu schätzenden Umfang auf den Vertrieb der Nachahmungsgegenstände zurückgeführt werden.[713] 288

Die **Eigenleistung des Verletzers,** etwa in Gestalt eines besonders effektiven Vertriebsnetzes, besonderer Kapitalkraft, guter Beziehungen, einer rationellen Betriebsorganisation oder besonderer Werbung kann nicht gesondert als Abzugsposten in Ansatz gebracht werden und **mindert** den herauszugebenden Gewinnanteil **nicht.**[714] 289

Kasuistik: In einem Fall, in dem ein **technisches Gerät** gerade in seiner äußeren Gestalt nachgeahmt wurde, die allerdings für den Vertriebserfolg wichtig war, hat der BGH 290

---

[704] LG Düsseldorf WRP 2015, 503 Rn. 73 – Verletzergewinn.
[705] Vgl. OLG Köln GRUR-RR 2013, 398 (400) – Bigfoot II.
[706] LG Düsseldorf WRP 2015, 503 Rn. 73 – Verletzergewinn.
[707] BGH GRUR 2009, 856 Rn. 46 – Tripp-Trapp-Stuhl.
[708] Vgl. *Fischer* S. 57.
[709] Vgl. BGH GRUR 2009, 856 Rn. 45 – Tripp-Trapp-Stuhl; GRUR 2012, 1226 Rn. 18, 21 – Flaschenträger; OLG Köln GRUR-RR 2013, 398 (402) – Bigfoot II; krit. hierzu *Kleinheyer/Hartwig* GRUR 2013, 683 (685 ff.); krit. auch LG Nürnberg-Fürth 27.4.2011 – 4 HKO 9888/10 – Speedminton: „Nur mit höchster Vorsicht heranzuziehen ist ein niedriger Preis des Verletzerprodukts".
[710] BGH GRUR 2006, 419 Rn. 18 – Noblesse.
[711] Vgl. OLG Hamburg GRUR-RR 2009, 136 (139) – Gipürespitze II; *Kleinheyer/Hartwig* GRUR 2013, 683 (685).
[712] LG Frankfurt a. M. 12.3.2014 – 2–06 O 16/13 – Brother Tonerkartuschen.
[713] BGH GRUR 2007, 431 Rn. 42 – Steckverbindergehäuse.
[714] BGH GRUR 2001, 329 (332) – Gemeinkostenanteil; *Fischer* S. 118 f. (für Gewinnabschöpfung nach GoA); aA *Grabinski* GRUR 2009, 260 (265); *Fischer* S. 119 (für Gewinnabschöpfung als Schadensersatz).

einen Verletzeranteil von 40 % nicht beanstandet.[715] Bei der Nachahmung eines geschmacksmusterrechtlich geschützten **Kinderwagens** lag der auf die äußere Gestaltung zurückzuführende Kausalanteil bei 40 %, wobei vom LG Düsseldorf für die technischen Gebrauchseigenschaften ebenfalls 40 % und für den niedrigeren Preis und sonstige Faktoren jeweils 10 % angesetzt wurden.[716] Das LG Köln hat bei der identischen Nachahmung einer **Landmaschine** trotz der technischen Funktionalität einen Verletzeranteil von 50 % angenommen.[717] Bei der nahezu identischen Nachahmung von **Damenunterwäsche** hat das OLG Hamburg den Verletzeranteil bei 60 % angesetzt.[718] Das OLG Köln hat bei der Nachahmung eines als „Prestigeprodukt" eingeordneten **Designer-Esstisches** mit fester Tischplatte einen Verletzeranteil von 90 % und bei einer Variante als Funktionstisch mit zwei Ansteckplatten zur Verlängerung der Tischplatte einen Verletzeranteil von 80 % angesetzt.[719] Das OLG Hamburg hat bei nicht identischen unfreien Bearbeitungen eines bekannten **Kinderstuhls** einen Verletzeranteil von 90 % für gerechtfertigt gehalten.[720] Der BGH hat dies als überhöht beanstandet; die Bedeutung der technischen Funktionalität und des Gebrauchswerts für die Kaufentscheidung sei nicht hinreichend gewürdigt worden.[721] Bei einer nachschaffenden Übernahme aller wesentlichen Gestaltungsmerkmale eines **faltbaren Einkaufskorbs** nahm das LG München I einen Verletzeranteil von 100 % an.[722] Das OLG Nürnberg beurteilte einen Verletzeranteil von 75 % bei der Nachahmung eines **Spielzeugtraktors** als zu hoch, weil für die Kaufentscheidung nicht die Übereinstimmung mit einem Originalspielzeug, sondern die originalgetreue Nachbildung der real existierenden, großen Landmaschine im Vordergrund stehe.[723]

291 **f) Wahlrecht und Vermengungsverbot. aa) Elektive Konkurrenz.** Zwischen den Berechnungsarten besteht elektive Konkurrenz. Der Verletzte kann zwischen ihnen frei wählen.[724] Der Verletzte muss sich nicht deshalb auf eine bestimmte Berechnungsart verweisen lassen, weil sie für den Verletzer weniger Aufwand bedeutet.[725]

292 **bb) Wechsel der Berechnungsart im Prozess.** Grundsätzlich kann der Verletzte auch während eines laufenden Betragsverfahrens noch **von einer Berechnungsart auf die andere übergehen.**[726] Im Übergang von der Berechnung nach dem Verletzergewinn auf die nach einer (mindestens) angemessenen Lizenzgebühr oder umgekehrt liegt **keine Klageänderung,** weil dadurch kein neuer Streitgegenstand in den Prozess eingeführt wird. Nach stRspr des BGH handelt es sich bei den verschiedenen Berechnungsarten eines wettbewerbsrechtlichen Schadens nur um **verschiedene Liquidationsformen eines einheitlichen Schadensersatzanspruchs** und nicht um verschiedene Ansprüche mit unterschiedlichen Rechtsgrundlagen.[727] Daran hat die Durchsetzungsrichtlinie nichts geändert.

[715] BGH GRUR 2007, 431 Rn. 39 ff. – Steckverbindergehäuse.
[716] LG Düsseldorf WRP 2015, 503 Rn. 70 – Verletzergewinn.
[717] LG Köln 27.6.2011 – 84 O 16/11 (zw.).
[718] OLG Hamburg GRUR-RR 2009, 136 (139) – Gipürespitze II.
[719] OLG Köln GRUR-RR 2013, 398 (402) – Bigfoot II.
[720] OLG Hamburg ZUM-RD 2007, 29 (34 f.) – Designanteil.
[721] BGH GRUR 2009, 856 Rn. 46 ff. – Tripp-Trapp-Stuhl.
[722] LG München I 9.4.2008 – 21 O 16318/07 – Reisenthel Carrybag.
[723] OLG Nürnberg NJOZ 2011, 1090 (1091) – Spielzeugtraktor.
[724] BGH GRUR 1962, 401 – Kreuzbodenventilsäcke III; GRUR 1966, 375 (379) – Meßmer-Tee II; GRUR 1993, 55 (57) – Tchibo/Rolex II; GRUR 2000, 226 (227) – Planungsmappe; GRUR 2008, 93 Rn. 7 – Zerkleinerungsvorrichtung.
[725] BGH GRUR 1982, 723 (726) – Dampffrisierstab I; GRUR 2008, 93 Rn. 7 – Zerkleinerungsvorrichtung.
[726] BGH GRUR 1966, 375 (379) – Meßmer-Tee II; GRUR 1974, 53 (54) – Nebelscheinwerfer; GRUR 1982, 301 (302) – Kunststoffhohlprofil II; GRUR 1993, 55 (57) – Tchibo/Rolex II; GRUR 2000, 226 (227) – Planungsmappe; GRUR 2008, 93 Rn. 8 – Zerkleinerungsvorrichtung.
[727] BGH GRUR 1966, 375 (379) – Meßmer-Tee II; GRUR 1974, 53 (54) – Nebelscheinwerfer; GRUR 1982, 301 (302) – Kunststoffhohlprofil II; GRUR 1993, 55 (57) – Tchibo/Rolex II; GRUR 2000, 226 (227) – Planungsmappe; GRUR 2009, 896 Rn. 38 – Tintenpatrone; OLG Köln WRP 2014, 206 Rn. 13 – Fair Play II.

Die Erhebung einer Zahlungsklage unter Zugrundelegung einer bestimmten Berechnungsart beschränkt den Kläger in seiner Wahlfreiheit nicht.[728]

Ein **Wechsel der Berechnungsarten** ist **bis** zur **Erfüllung** oder bis zur **Rechtskraft** des zusprechenden Urteils möglich.[729] Das Wahlrecht erlischt auch dann, wenn über den Schadensersatzanspruch bereits in einer für den Geschädigten unangreifbaren Weise nach einer Berechnungsart entschieden worden ist.[730] Dem Kläger ist gleichwohl zu empfehlen, zu einem möglichst frühen Zeitpunkt zu entscheiden, welche Art der Schadensberechnung er wählen will, oder von Anfang an verschiedene Schadensberechnungsmethoden im Wege der Haupt- und Hilfsanträge zu verfolgen. Nur so kann der Kläger das Risiko vermeiden, nach § 96 oder § 97 Abs. 2 ZPO Teile der Kosten tragen zu müssen.[731] Wenn sich der Kläger auf mehrere Berechnungsarten im Eventualverhältnis stützt, darf auf die hilfsweise gewählte Berechnungsart erst zurückgegriffen werden, wenn die vorrangig gewählte entweder ausscheidet oder einen niedrigeren Betrag ergibt.[732] Im Ergebnis ist also die ihm günstigste Berechnungsart zugrunde zu legen.[733] 293

cc) Vermengungs- und Additionsverbot. Der Verletzte darf die **Berechnungsarten** der Lizenzanalogie und der Gewinnabschöpfung nach traditioneller deutscher Auffassung **nicht häufen oder miteinander vermischen.**[734] 294

Das **Vermengungsverbot** betrifft zunächst nur die **Kombination von Lizenzanalogie und Abschöpfung des Verletzergewinns.** Eine Geltendmachung des positiven Schadens bleibt daneben möglich.[735] Bei der Lizenzanalogie ist allerdings zu berücksichtigen, dass der positive Schaden bereits in der zweiten Stufe der Berechnung aufgeschlagen und in den als Schadensersatz zu entrichtenden Pauschalbetrag einbezogen werden kann (→ Rn. 253 ff.).[736] 295

Der entgangene Gewinn ist darüber hinaus nach der traditionellen Auffassung jedoch nicht ersatzfähig, da durch die Wahl einer der objektiven Berechnungsarten insgesamt ein billiger Ausgleich geschaffen und der Verletzte damit auch für seinen *in concreto* entgangenen Gewinn vollständig kompensiert wird. Den eigenen entgangenen Gewinn mitsamt dem Verletzergewinn einzuklagen, war nicht gestattet.[737] Gegen das Vermengungsverbot verstößt es demgegenüber nicht, für unterschiedliche Zeiträume unterschiedliche Berechnungsmethoden anzuwenden (zB Lizenzanalogie für den Zeitraum 2003 bis Oktober 2007, Verletzergewinn ab November 2007).[738] 296

Bei der Umsetzung des Art. 13 der Durchsetzungsrichtlinie herrschte Unsicherheit, ob das traditionelle **„Vermengungsverbot"** aufrechterhalten werden kann. Der Gesetzgeber hielt den Richtlinienwortlaut für „nicht eindeutig" und zog daraus den Schluss, dass es beim bisherigen Rechtszustand bleiben könne.[739] Diese Unsicherheit betrifft nur die Abschöpfung des Verletzergewinns einerseits und die Geltendmachung eines entgangenen eigenen Gewinns durch den Geschädigten andererseits. Eine Kombination der Berechnungsalternative „Lizenzanalogie" gem. Art. 13 Abs. 1 S. 2 lit. b mit der Berechnungsmethode gem. Abs. 1 Satz 2 lit. a ist wegen der **systematisch strikten Alternativität** 297

[728] BGH GRUR 1993, 55 (57) – Tchibo/Rolex II.

[729] BGH GRUR 1966, 375 (379) – Meßmer-Tee II; GRUR 1974, 53 (54) – Nebelscheinwerfer; GRUR 1982, 301 (302) – Kunststoffhohlprofil II; GRUR 1993, 55 (57) – Tchibo/Rolex II; GRUR 2000, 226 (227) – Planungsmappe; GRUR 2008, 93 Rn. 8 – Zerkleinerungsvorrichtung.

[730] BGH GRUR 2008, 93 Rn. 12 – Zerkleinerungsvorrichtung.

[731] *Rohnke* GRUR 1992, 60.

[732] *Köhler*/Bornkamm/Feddersen § 9 Rn. 1.39.

[733] BGH GRUR 1993, 55 (57) – Tchibo/Rolex II; *Köhler*/Bornkamm/Feddersen § 9 Rn. 1.39.

[734] RGZ 156, 65 (67) – Scheidenspiegel; BGH GRUR 1993, 55 (57) – Tchibo/Rolex II; GRUR 1993, 757 (758) – Kollektion „Holiday"; *Ohly*/Sosnitza § 9 Rn. 22.

[735] *Köhler*/Bornkamm/Feddersen § 9 Rn. 1.39 mwN.

[736] Vgl. EuGH GRUR 2017, 264 Rn. 30 – OTK/SFP.

[737] RGZ 156, 65 (68) – Scheidenspiegel; BGH GRUR 1980, 841 (844) – Tolbutamid.

[738] OLG Köln GRUR-RR 2013, 398 (402) – Bigfoot II.

[739] BT-Drs. 16/5048, 33.

beider Berechnungsarten („stattdessen“) ausgeschlossen. Deshalb ist eine Kumulation von Verletzergewinn und Lizenzanalogie nach wie vor nicht möglich.[740] Der **Marktverwirrungsschaden** kann als positiver Schaden selbständig neben dem Schadensersatz auf der Grundlage der Lizenzanalogie geltend gemacht werden. Er kann stattdessen auch bei der Höhe der Lizenzgebühr berücksichtigt werden.[741]

298 Demgegenüber ist unklar, was die systematische und semantische Vermengung von konkretem Schaden, also der negativen wirtschaftlichen Auswirkungen und Gewinneinbußen, einerseits und dem Verletzergewinn andererseits in Art. 13 Abs. 1 S. 2 lit. a bedeuten soll. Liegt hier im Kern eine **Abkehr vom Vermengung- und Additionsverbot?** Der BGH hat sich mit der Frage noch nicht befasst. In der noch zum alten Recht ergangenen *„Zoladex“*-Entscheidung hat er allerdings ohne nähere Begründung gemeint, es spreche vieles dafür, das Vermengungsverbot auch nach Umsetzung der Durchsetzungsrichtlinie aufrecht zu erhalten.[742]

299 Der **Wortlaut des Art. 13 Abs. 1 S. 2 lit. a der Durchsetzungsrichtlinie** steht einer Vermischung jedoch nicht etwa entgegen, sondern scheint sie sogar zu gebieten. Wenn der Richtlinientext in einer der beiden klar voneinander abgesetzten Alternativen zum Ausgleich des Schadens ausdrücklich vorschreibt, dass in der ersten Alternative gem. lit. a *„alle in Frage kommenden Aspekte“* berücksichtigt werden und zu diesen Aspekten beides zählt, so wäre eine Anwendungspraxis, die Einbußen des Verletzten und Gewinne des Verletzers strikt voneinander trennt und nicht gemeinsam berücksichtigt, nicht richtlinienkonform. Das Gericht muss beides gleichzeitig „berücksichtigen“ können. Das kann im Zusammenhang mit der Berechnung des Schadensersatzbetrages wohl nur als Addition verstanden werden. Die **strenge Handhabung** des **„Vermengungsverbots“** als Ausschluss der Berücksichtigung von Verletzergewinn und eigenem entgangenen Gewinn des Verletzten bei der Berechnung des Schadensersatzanspruchs ist **nicht mehr aufrecht zu erhalten.**[743] Die Herausgabe des Verletzergewinns kann nur die Untergrenze des gem. Art. 13 Abs. 1 S. 2 lit. a festzusetzenden Schadensersatzes bilden. Der **entgangene Gewinn** kann zusätzlich geltend gemacht werden; dies erforderte klare Wortlaut der Durchsetzungsrichtlinie. Die Berücksichtigung beider Posten führt nicht zu einem Schadensersatz mit überwiegend pönalem Charakter.[744] Auch mit dem sog. „Bereicherungsverbot“[745] gerät die von der Durchsetzungsrichtlinie geforderte Berücksichtigung des eigenen entgangenen Gewinns zusätzlich zum Verletzergewinn nicht in Konflikt.[746]

300 **In der Praxis** wird die Lockerung des Vermengungsverbots **selten Auswirkungen** haben. Eine Berücksichtigung der entgangenen Gewinne des Verletzten wird nur in den praktisch kaum vorkommenden Fällen in Betracht kommen, in denen der Verletzte seine interne Kalkulation freiwillig offenlegt und zusätzlich noch den kausalen Zusammenhang zwischen der Vertriebstätigkeit des Verletzers und den unterbliebenen eigenen Geschäftsabschlüssen darlegen und beweisen kann.

301 **5. Mehrheit von Verletzern. a) Allgemeines.** Im Grundsatz gilt, dass jeder für einen selbst begangenen oder ihm zurechenbaren Wettbewerbsverstoß selbst haftet. Werden gleichartige Wettbewerbsverstöße von mehreren Schuldnern begangen oder sind an einem einheitlichen Wettbewerbsverstoß **mehrere Schuldner** beteiligt, so stellt sich die Frage, ob die Schadensersatzleistung oder -verpflichtung des einen Schuldners Auswirkungen auf die Schadensersatzpflicht des anderen Schuldners haben kann. Denkbar wären insbesondere eine Erfüllungswirkung gegenüber dem Gläubiger durch Zahlung eines Gesamtschuldners

[740] *Goldmann* WRP 2011, 950 (965); ebenso *Köhler*/Bornkamm/Feddersen § 9 Rn. 1.39a.
[741] BGH GRUR 2010, 239 Rn. 14 – BTK.
[742] BGH GRUR 2010, 237 Rn. 12 – Zoladex.
[743] *Goldmann* WRP 2011, 950 (965); ebenso *Köhler*/Bornkamm/Feddersen § 9 Rn. 1.39a; aA *Janssen* S. 360 f.
[744] AA *Stieper* WRP 2010, 624 (627).
[745] Hierzu ausführlich *Schrage* S. 127 ff.
[746] Hierzu ausführlich *Goldmann* WRP 2011, 950 (966 f.).

und eine der Erschöpfung nahekommende Legalisierungswirkung durch Entgegennahme eines Schadensersatzbetrages durch den Gläubiger. Hier ist zu unterscheiden:

b) Voneinander unabhängige Verletzungshandlungen. Begehen **mehrere Verletzer,** die in keinerlei Verbindung miteinander stehen, jeweils **völlig unabhängig voneinander gleichartige Wettbewerbsverstöße,** haftet jeder von ihnen nach den allgemeinen Grundsätzen auf den vollen Schaden. Eine Gesamtschuld liegt nicht vor, da es an einem einheitlichen Schaden iSd §§ 830 Abs. 1 S. 1, 840 Abs. 1 BGB fehlt. 302

c) Zusammenwirken bei einer einheitlichen schädigenden Handlung. Wer als Mittäter dem § 3 oder dem § 7 zuwiderhandelt oder Teilnehmer einer solchen Handlung ist, haftet nach **§ 840 BGB gesamtschuldnerisch** auch für den durch einen anderen Mittäter oder den Haupttäter verursachten Schaden. Als Gesamtschuldner haften auch der **Geschäftsführer** und die von ihm vertretene Gesellschaft. Bei der Berechnung des Schadensersatzanspruchs unter Berücksichtigung des Verletzergewinns haftet im Rahmen der Gesamtschuld auch der Geschäftsführer auf den relevanten **Gewinn der Gesellschaft** und nicht nur auf den (regelmäßig geringen oder gar nicht vorhandenen) eigenen Gewinn.[747] Ebenso haftet der Geschäftsführer als Gesamtschuldner auf den Pauschalbetrag, der als Schadensersatz auf der Grundlage einer angemessenen **Lizenzgebühr** festgesetzt wird.[748] Die Tilgung durch einen der Gesamtschuldner hat gem. § 422 Abs. 1 BGB auch für die anderen Gesamtschuldner Tilgungswirkung. Dem Zahlenden entsteht gem. § 426 Abs. 2 BGB ein anteiliger Regressanspruch gegenüber den anderen Gesamtschuldnern. 303

d) Schadensausgleich in der Verletzerkette. aa) Keine Gesamtschuld. Wenn innerhalb einer **Lieferkette** mehrere Lieferanten nacheinander mit demselben unlauter nachgeahmten Gegenstand handeln, so besteht zwischen ihnen nach der Entscheidung *„Tripp-Trapp-Stuhl"* des BGH **kein Gesamtschuldverhältnis.** Auch hier fehlt es an einem einheitlichen Schaden iSd §§ 830 Abs. 1 S. 1, 840 Abs. 1 BGB. Jeder Verletzer innerhalb der Verletzerkette greift durch das unbefugte Anbieten der Nachahmung erneut in die wettbewerbsrechtlich geschützte und dem Originalhersteller ausschließlich zugewiesene Rechtsposition ein, so dass jeder Schädiger für sich einen **getrennten Schaden verursacht.**[749] 304

Das Nichtbestehen eines Gesamtschuldverhältnisses ist **unabhängig von der Berechnungsmethode.** Das Urteil *„Tripp-Trapp-Stuhl"* ist zwar im Zusammenhang mit der noch auf § 687 Abs. 2 BGB analog gestützten Berechnungsmethode „Abschöpfung des Verletzergewinns" ergangen. Die Entscheidung ist aber in Zielrichtung und Begründung allgemeingültig und schließt die Annahme eines Gesamtschuldverhältnisses unter Verletzern in der Lieferkette auch in Zukunft aus. 305

Dagegen wird die Ansicht vertreten, dass bei der Berechnungsmethode „entgangener Gewinn" ein **Gesamtschuldverhältnis** bestehe, weil der Berechtigte seinen entgangenen Gewinn nur einmal verlangen könne.[750] Dem ist **nicht** zuzustimmen. Zum einen kann es für die Einheitlichkeit des Schadens gem. §§ 830 Abs. 1 S. 1, 840 Abs. 1 BGB, die Voraussetzung für die Gesamtschuld ist, schon denknotwendig auf die später für seine Kompensation gewählte Berechnungsart ankommen. Zum anderen ist jeder Verletzer für einen anderen Teil des insgesamt entgangenen Gewinns verantwortlich. 306

Auch für die auf eine **angemessene Lizenzgebühr** gestützte Berechnungsmethode wird vereinzelt das Bestehen eines Gesamtschuldverhältnisses postuliert.[751] Dem ist ebenso- 307

---

[747] Vgl. zum Patent- und Gebrauchsmusterrecht OLG Düsseldorf 9.9.2004 – 2 U 47/03 – Ananasschneider; OLG Düsseldorf 8.10.2008 – VI-U (Kart) 42/06 – Druckerpatrone II; LG Köln 27.6.2011 – 84 O 16/11; vgl. auch BGH GRUR 1959, 379 (383) – Gasparone; aA *Holzapfel* GRUR 2012, 242 (243 f.).

[748] AA *Holzapfel* GRUR 2012, 242 (244).

[749] BGH GRUR 2009, 856 Rn. 64 – Tripp-Trapp-Stuhl (zum Urheberrecht); krit. *Arnold/Slopek* NJW 2009, 3694 (3696).

[750] *Holzapfel* GRUR 2012, 242 (245) mwN.

[751] *Holzapfel* GRUR 2012, 242 (247).

wenig zu folgen. Jeder der Verletzer in der Lieferkette verursacht jeweils einen separaten Schaden und haftet jeweils auf einen angemessenen pauschalen Betrag auf Basis einer angemessenen Lizenzgebühr.

308 **Mangels Gesamtschuld** hat die Zahlung von Schadensersatz eines Verletzers innerhalb der Kette **keine Tilgungswirkung** für die anderen Verletzer. Der Gläubiger kann sich an jeden der Verletzer halten. Er ist dabei auch frei, gegenüber einem Verletzer eine und gegenüber einem anderen Verletzer eine andere Berechnungsart zu wählen. Allerdings sind die unten in → Rn. 310 dargestellten Abzugsmöglichkeiten für die einzelnen Verletzer zu beachten.

309 **bb) Keine Erschöpfungswirkung.** Die **Entgegennahme von Schadensersatz,** der von einem Glied in der Vertriebskette geleistet wird, ist grundsätzlich **nicht als Genehmigung des unbefugten Anbietens** auf dieser oder auf anderen Handelsstufen **zu deuten.** Die Ersatzleistung eines Verletzers bewirkt keine Erschöpfung.[752] Unterlassungs- und Schadensersatzansprüche gegen die Verletzer auf den anderen Handelsstufen bleiben bestehen. Anders kann es zu bewerten sein, wenn der Berechtigte von einem Verletzer vollen Schadensersatz ausdrücklich auch für die unbefugte Nutzung durch die Abnehmer des Verletzers fordert und entgegennimmt.[753]

310 **cc) Abzugsmöglichkeiten für den Verletzer. (a) Verletzergewinn.** Vom herauszugebenden Gewinnanteil kann der Verletzer solche **Regresszahlungen an einen Vertragspartner abziehen,** die darauf beruhen, dass dieser Vertragspartner seinerseits Schadensersatz an den Verletzten gezahlt hat. Denn insoweit ist sein erzielter Gewinn gemindert. Hat der Verletzer dem Rechtsinhaber seinen relevanten Gewinnanteil unvermindert herausgegeben, bevor er seinerseits seinem Vertragspartner wegen deren Inanspruchnahme durch den Rechtsinhaber Schadensersatz leistet, so kann er vom Verletzten wegen späteren Wegfalls des rechtlichen Grundes für die Leistung gem. § 812 Abs. 1 S. 2 Alt. 1 BGB die Herausgabe des überzahlten Verletzergewinns beanspruchen. Dieser Bereicherungsanspruch entsteht mit der Erfüllung der Regressforderung. Er ist in einem gesonderten Prozess – gegebenenfalls im Wege der Vollstreckungsgegenklage – geltend zu machen.[754]

311 **(b) Pauschalbetrag auf Basis einer angemessenen Lizenzgebühr.** Eine vergleichbare Abzugsmöglichkeit besteht nicht, wenn der Verletzte seinen Schadensersatzanspruch auf der Basis einer angemessenen Lizenzgebühr berechnet. Hier ist auf jeder Handelsstufe ein entsprechender Betrag geschuldet.

D. Durchsetzung des Anspruchs

I. Leistungsklage

312 **1. Bezifferung.** Für die Leistungsklage gelten die allgemeinen Voraussetzungen dieses Klagetyps. Grundsätzlich ist daher ein **bestimmter, also bezifferter Klageantrag** nach § 253 Abs. 2 Nr. 2 ZPO erforderlich. Das gilt grundsätzlich auch dann, wenn die genaue Höhe des Anspruchs nicht auf Anhieb festzustellen ist.

313 **2. Unbestimmter Antrag.** Wenn die Ermittlung der Schadenshöhe von einer Beweisaufnahme, einer gerichtlichen Schätzung oder vom billigen Ermessen des Gerichts (§ 287 ZPO) abhängig ist, ist jedoch ein unbezifferter Antrag zulässig, falls die **zahlenmäßige Feststellung der Klageforderung dem Gericht überlassen** wird und sofern dem Ge-

---

752 BGH GRUR 2009, 856 Rn. 64 – Tripp-Trapp-Stuhl.
753 BGH GRUR 2009, 856 Rn. 64 – Tripp-Trapp-Stuhl.
754 BGH GRUR 2009, 856 Rn. 73 ff.; 79 – Tripp-Trapp-Stuhl.

richt zugleich die tatsächlichen Grundlagen gegeben werden, die ihm die Feststellung der Höhe des gerechtfertigten Klageanspruchs ermöglichen.[755]

Ein **unbestimmter Antrag** ist auch bei der **Lizenzanalogie** möglich. Da der Ausgangspunkt der Lizenzanalogie hypothetisch ist, lässt sich die Höhe der im Einzelfall angemessenen Lizenz idR nur auf Grund einer wertenden Entscheidung unter Berücksichtigung aller Umstände des Einzelfalles gem. § 287 Abs. 1 ZPO nach freier Überzeugung bestimmen.[756] **314**

II. Stufenklage

Der Kläger kann auch im Wege der **Stufenklage** vorgehen und den Beklagten zunächst zur **Auskunftserteilung** verurteilen lassen, § 254 ZPO (zum Anspruch auf Auskunft als Hilfsanspruch zum Schadensersatzanspruch *Goldmann* → Vor § 8 Rn. 72 ff.). **315**

III. Feststellungsklage

Ebenso kann eine Klage auf **Feststellung der Zahlungspflicht** erhoben werden, wenn es nicht möglich ist, den Antrag abschließend zu beziffern. Kann beziffert werden, besteht für die Feststellungsklage kein Rechtsschutzbedürfnis.[757] Kann nicht beziffert werden, besteht zwischen der Feststellungsklage und dem unbestimmten Leistungsantrag ein Wahlrecht. Ein berechtigtes Interesse an der Feststellung (§ 256 ZPO) ergibt sich bei einer hinreichenden Wahrscheinlichkeit des Schadenseintritts (hierzu → Rn. 120 ff.) bereits daraus, dass der Schadensersatzanspruch innerhalb der kurzen Frist des § 11 Abs. 1 zu verjähren droht.[758] **316**

In **zeitlicher Hinsicht** muss der Feststellungsantrag nicht durch den Zeitpunkt der ersten nachgewiesenen Verletzungshandlung begrenzt werden. Es ist nämlich für die Begründung von Schadensersatzansprüchen allein darauf abzustellen, dass überhaupt eine Verletzungshandlung vorgenommen wurde. Auf deren genauen Zeitpunkt kommt es nicht an.[759] **317**

IV. Kopplung von Feststellungs- und Auskunftsklage

Der Kläger kann die Feststellungsklage mit einer Auskunftsklage **verknüpfen** (zum Anspruch auf Auskunft als Hilfsanspruch zum Schadensersatzanspruch *Goldmann* → Vor § 8 Rn. 72 ff.). **318**

E. Presseprivileg (§ 9 S. 2)

Schrifttum: *Ahrens,* Beteiligung der Presse an Wettbewerbsverstößen von Anzeigenkunden, in: FS Traub, 1994, S. 11; *Fuchs,* Die wettbewerbsrechtliche Beurteilung redaktioneller Werbung in Presseerzeugnissen unter besonderer Berücksichtigung der Kopplung von entgeltlicher Anzeige und redaktioneller Berichterstattung, GRUR 1988, 736; *Henning-Bodewig,* Das „Presseprivileg" in § 13 Abs. 2 Nr. 1 UWG, GRUR 1985, 268; *Kohler,* Pressehaftung für wettbewerbswidrige Anzeigen, JuS 1991, 719; *Lachmann,* Werbung im Bildschirmtext, WRP 1983, 591.

---

[755] BGH NJW 1967, 1420 (1421); 1969, 1427 (1428); BGHZ 45, 91 (92, 93); BGH GRUR 1977, 539 (542) – Prozeßrechner.

[756] BGH GRUR 1962, 401 (402) – Kreuzbodenventilsäcke III; GRUR 1977, 539 (542) – Prozeßrechner; GRUR 1980, 841 (844) – Tolbutamid; GRUR 1993, 897 (898) – Mogul-Anlage; GRUR 2000, 685 (687) – Formunwirksamer Lizenzvertrag.

[757] BGHZ 69, 144 (152).

[758] So zur Schadensersatzfeststellungsklage BGH GRUR 1992, 559 – Mikrofilmanlage; *Melullis* Rn. 1054.

[759] BGH GRUR 2007, 877 Rn. 24 f. – Windsor Estate, insoweit auch zum wettbewerbsrechtlichen Nachahmungsschutz.

I. Neufassung 2004

319 Nach dem Wortlaut der früheren Gesetzesfassung (§ 13 Abs. 6 Nr. 1 S. 2 UWG 1909) war das sog. Presseprivileg auf Zuwiderhandlungen gegen das Irreführungsverbot des § 3 UWG 1909 beschränkt. Ob eine entsprechende Anwendung auf Verstöße gegen andere Vorschriften in Betracht kam, war streitig.[760] Durch die UWG-Reform von 2004 ist die **Beschränkung des Haftungsprivilegs auf das Irreführungsverbot mit** der Begründung **aufgehoben** worden, dies entspreche dem Geist der Pressegesetzgebung.[761] Die allgemeinere Umschreibung des privilegierten Personenkreises („verantwortliche Personen" statt „Redakteure, Verleger, Drucker oder Verbreiter") soll ersichtlich nur redaktioneller Natur sein und keine inhaltliche Änderung bezwecken.

II. Regelungszweck

320 Auch wenn Presseunternehmen und deren Organe für die **Veröffentlichung wettbewerbswidriger Anzeigen** nur im Falle grober, unschwer zu erkennender Verstöße (auf Unterlassung) haften, um ihre tägliche Arbeit nicht über Gebühr zu erschweren und die Verantwortlichen nicht zu überfordern (näher *Goldmann* → § 8 Rn. 508), würde es gleichwohl eine unzumutbare Belastung insbesondere bei der regelmäßig unter Zeitdruck erfolgenden Herausgabe periodischer Druckschriften darstellen, wenn selbst fahrlässige Verstöße gegen die so bestimmte Prüfungspflicht neben dem Unterlassungsgebot eine Schadensersatzverpflichtung zur Folge hätten. Um das Anzeigengeschäft, das in aller Regel aus wirtschaftlichen Gründen unverzichtbar ist, nicht unverhältnismäßig zu erschweren und damit **nicht mittelbar die Pressefreiheit zu beeinträchtigen,**[762] ist die Schadensersatzpflicht der verantwortlichen Personen von periodischen Druckschriften gem. § 9 S. 2 auf **vorsätzliche Zuwiderhandlungen beschränkt.**

III. Privilegierter Personenkreis

321 Die Neufassung begrenzt das Haftungsprivileg des § 9 S. 2 nunmehr auf die **verantwortlichen Personen** von periodischen Druckschriften. **Periodische Druckschriften** sind Zeitungen, Zeitschriften und sonstige, auf wiederkehrendes, nicht notwendig regelmäßiges Erscheinen angelegte Druckwerke.[763] Nur einmal erscheinende Druckschriften werden nicht erfasst, weil bei ihnen der für das Haftungsprivileg maßgebliche Zeitdruck nicht in demselben Maße besteht. Im Schrifttum wird allgemein eine entsprechende Anwendung des Haftungsprivilegs auf andere periodisch erscheinende Presseinformationen befürwortet, die nicht Druckschriften, also keine körperlichen Vervielfältigungen sind, wie beispielsweise Übertragungen per Bildschirmtext oder im Internet.[764] Dieser Auffassung kann mit der Maßgabe zugestimmt werden, dass die entsprechende Anwendung des Haftungsprivilegs etwaige tatsächliche und rechtliche Besonderheiten der Informationsvermittlung in den betreffenden Medien zu berücksichtigen hat. Dagegen dürfte eine Erstreckung des Haftungsprivilegs auf **Werbung in anderen Medien** ohne den Zusammenhang mit periodisch erscheinenden Informationen[765] die Grenzen zulässiger Analogie überschreiten.

322 Als **verantwortliche Personen** von periodischen Druckschriften wurden in § 13 Abs. 6 Nr. 1 S. 2 UWG 1909 ausdrücklich genannt der Redakteur, der Verleger, der Drucker und der Verbreiter. **Redakteur** war, der einen mitbestimmenden Einfluss auf das Anzei-

[760] Vgl. BGH GRUR 1990, 1012 (1014) – Pressehaftung; GroßKommUWG/*Erdmann* (1. Aufl.) § 13 Rn. 160; *Henning-Bodewig* GRUR 1985, 258 (261).

[761] BT-Drs. 15/1487, 23.

[762] Vgl. dazu näher *Ahrens* FS Traub, 1994, 11 (12 f.); *Henning-Bodewig* GRUR 1985, 258 (259).

[763] BT-Drs. 15/1487, 23; *Köhler*/Bornkamm/Feddersen § 9 Rn. 2.13.

[764] Vgl. GroßKommUWG/*Erdmann* (1. Aufl.) § 13 Rn. 161; *Henning-Bodewig* GRUR 1985, 258 (265 ff.); *Ohly*/Sosnitza § 9 Rn. 29; *Lachmann* WRP 1983, 591 (594).

[765] So wohl *Henning-Bodewig* GRUR 1985, 258 (264 f.) für den Bereich der Rundfunkwerbung.

gengeschäft nahm.[766] Als **Verleger** wurde bezeichnet, wer die Druckschrift auf eigene Rechnung vervielfältigt und verbreitet.[767] Mit dem **Drucker** war der Druckunternehmer, mit dem **Verbreiter** der Unternehmer, der den Vertrieb besorgt, gemeint.[768] Zusätzlich zu diesen Personen können zum Kreis der für eine Druckschrift verantwortlichen Personen iSd § 9 S. 2 der **Herausgeber,** der **Schriftleiter** sowie der **kaufmännische Geschäftsführer** gehören.[769]

IV. Reichweite

Die frühere Streitfrage, ob die Privilegierung nur die Haftung für Verstöße gegen § 3 UWG 1909 erfasst, ist durch die Neufassung dahin entschieden, dass das **Haftungsprivileg** nunmehr **unbeschränkt für alle wettbewerbsrechtlichen Ansprüche gilt.**[770] Auf das Haftungsprivileg soll sich aber **nicht** berufen können, wer selbst **aktiv den Inhalt der Anzeige mitgestaltet** hat oder sogar ausschließlich für sich selbst wirbt[771] oder wer dadurch wettbewerbswidrig handelt, dass er eine **Anzeige nicht als solche kenntlich macht** oder **Anzeigen- und Textteil miteinander vermengt** („redaktionelle Werbung").[772] In diesen Fällen greift der Grund des Haftungsprivilegs, den Presseunternehmen keine unzumutbaren Prüfungspflichten aufzuerlegen, nicht ein. Der Anwendung des § 9 S. 2 steht es aber nicht entgegen, wenn die für die Druckschrift verantwortlichen Personen lediglich auf die äußere Gestaltung der Anzeige Einfluss nehmen. 323

F. UWG 2022

§ 9 wurde mit Geltung ab 28.5.2022 neu gefasst duch das UWG 2022, siehe dazu die Kommentierung im Anhang ab Seite 3110. 324

§ 10 Gewinnabschöpfung

(1) **Wer vorsätzlich eine nach § 3 oder § 7 unzulässige geschäftliche Handlung vornimmt und hierdurch zu Lasten einer Vielzahl von Abnehmern einen Gewinn erzielt, kann von den gemäß § 8 Abs. 3 Nr. 2 bis 4 zur Geltendmachung eines Unterlassungsanspruchs Berechtigten auf Herausgabe dieses Gewinns an den Bundeshaushalt in Anspruch genommen werden.**

(2) [1] **Auf den Gewinn sind die Leistungen anzurechnen, die der Schuldner auf Grund der Zuwiderhandlung an Dritte oder an den Staat erbracht hat.** [2] **Soweit der Schuldner solche Leistungen erst nach Erfüllung des Anspruchs nach Absatz 1 erbracht hat, erstattet die zuständige Stelle des Bundes dem Schuldner den abgeführten Gewinn in Höhe der nachgewiesenen Zahlungen zurück.**

(3) **Beanspruchen mehrere Gläubiger den Gewinn, so gelten die §§ 428 bis 430 des Bürgerlichen Gesetzbuchs entsprechend.**

(4) [1] **Die Gläubiger haben der zuständigen Stelle des Bundes über die Geltendmachung von Ansprüchen nach Absatz 1 Auskunft zu erteilen.** [2] **Sie können von der zuständigen Stelle des Bundes Erstattung der für die Geltendmachung des Anspruches erforderlichen Aufwendungen verlangen, soweit sie vom Schuldner keinen Ausgleich**

---

766 GroßKommUWG/*Erdmann* (1. Aufl.) § 13 Rn. 162.
767 GroßKommUWG/*Erdmann* (1. Aufl.) § 13 Rn. 162.
768 GroßKommUWG/*Erdmann* (1. Aufl.) § 13 Rn. 162.
769 Vgl. *Köhler*/Bornkamm/Feddersen § 9 Rn. 2.14; *Kohler* JuS 1991, 719 (721).
770 BT-Drs. 15/1487, 23.
771 BT-Drs. 15/1487, 23.
772 Vgl. *Fuchs* GRUR 1988, 736 (744); *Henning-Bodewig* GRUR 1985, 258 (262 f.); *Ohly*/Sosnitza § 9 Rn. 30.

erlangen können. [3] Der Erstattungsanspruch ist auf die Höhe des an den Bundeshaushalt abgeführten Gewinns beschränkt.

(5) **Zuständige Stelle im Sinn der Absätze 2 und 4 ist das Bundesamt für Justiz.**

Übersicht

Schrifttum: *Alexander,* Die strafbare Werbung in der UWG-Reform, WRP 2004, 407; *ders.,* Marktsteuerung durch Abschöpfungsansprüche, JZ 2006, 890; *ders.,* Schadensersatz und Abschöpfung im Lauterkeits- und Kartellrecht, 2010; *ders.,* Nutzen und Zukunft der Gewinnabschöpfung in der Diskussion, WRP 2012, 1190; *Bauer,* Der Gewinnabschöpfungsanspruch der Verbände, 2007; *Baumbach,* Das gesamte Wettbewerbsrecht, 2. Aufl. 1931; *ders.,* Wen schützt das Wettbewerbsrecht?, MuW XXXI, 5; *von Büren,* Kommentar zum Bundesgesetz über den unlauteren Wettbewerb vom 30. September 1943, 1957; *Cosack,* Lehrbuch des Deutschen bürgerlichen Rechts, 3. Aufl. 1899; *Emmerich,* Überlegungen zur Gewinnabschöpfung, in: FS Fezer, 2016, S. 1027; *Engels/Salomon,* Vom Lauterkeitsrecht zum Verbraucherschutz: UWG-Reform

2003, WRP 2004, 32; *v. Falckenstein,* Die Bekämpfung unlauterer Geschäftspraktiken durch Verbraucherverbände, 1977; *ders.,* Verbraucherverbandsklage, Schädigung der Konsumenten und UWG-Novelle, WRP 1978, 502; *ders.,* Schäden der Verbraucher durch unlauteren Wettbewerb, 1979; *Fehlemann,* Die Verfolgung von Streuschädigungen durch Abschöpfungsansprüche der Verbände im deutschen Lauterkeits- und Kartellrecht, 2009; *Fezer,* Das wettbewerbsrechtliche Vertragsauflösungsrecht in der UWG-Reform, WRP 2003, 127; *ders.,* Zweckgebundene Verwendung von Unrechtserlösen und Kartellbußen zur Finanzierung der Verbraucherarbeit, 2010; *ders.,* Unrechtserlösabschöpfung. Ein originärer Anspruch sui generis im zivilrechtlichen Haftungssystem, in: FS Bornkamm, 2014, S. 335; *Gärtner,* Der Gewinnabschöpfungsanspruch nach § 10 UWG, 2006; *ders.,* Der Gewinnabschöpfungsanspruch nach § 10 UWG – Leitfaden für eine effektive Anwendung in der Praxis, GRUR Int. 2008, 817; *Grauel/Luhrenberg,* Mehrerlösabschöpfung im UWG, WRP 1980, 521; *Grigoleit,* Neuere Tendenzen zur schadensrechtlichen Vertragsaufhebung, NJW 1999, 900; *Hager,* Streuschäden im Wettbewerbsrecht: Der Gewinnabschöpfungsanspruch nach § 10 UWG, 2012; *Henning-Bodewig,* Die Gewinnabschöpfung nach § 10 UWG – ein Flop? GRUR 2015, 731; *Herbold,* Anmerkung zu OLG Schleswig, Urt. v. 14.2.2019, Az. 2 U 4/18; VuR 2019, 273 ff.; *Herzberg,* Die Gewinnabschöpfung nach § 10 UWG: Status quo ante, de lege lata et de lege ferenda, 2013; *Hörmann,* Unrecht ohne Folgen?, VuR 2014 245; *ders.,* Massenschäden in der Praxis – aus Sicht der Verbraucherzentralen, VuR 2016, 81; *Keßler,* UWG und Verbraucherschutz – Wege und Umwege zum Recht der Marktkommunikation, WRP 2005, 264; *ders.,* Verbraucherschutz reloaded – Auf dem Weg zu einer deutschen Kollektivklage?, ZRP 2016, 2; *Köhler,* UWG-Reform und Verbraucherschutz, GRUR 2003, 265; *ders.,* Gewerblich finanzierte Gewinnabschöpfung Prozesse: Ende eines Geschäftsmodells, WRP 2019, 139; *Köhler/Bornkamm/Henning-Bodewig,* Vorschlag für eine Richtlinie zum Lauterkeitsrecht und eine UWG-Reform, WRP 2002, 1317; *Körner,* Zur Aufgabe des Haftungsrechts – Bedeutungsgewinn präventiver und punitiver Elemente, NJW 2000, 241; *Krieger,* Zum Schadensersatzanspruch des Verbrauchers bei irreführender Werbung, BB 1978, 625; *ders.,* Zur Kritik an der UWG-Novelle, GRUR 1979, 14; *Leicht,* Gewinnabschöpfung bei Verstoß gegen die lauterkeitsrechtliche Generalklausel – Zur dogmatischen Qualifikation des § 10 Abs. 1, 2 UWG und ihren Konsequenzen, 2008; *Lehmann,* Juristisch-ökonomische Kriterien zur Berechnung des Verletzergewinns bzw. des entgangenen Gewinns, BB 1988, 1680; *Mees,* Wettbewerbsrechtliche Ansprüche und EG-Beihilfenrecht, in: FS für Erdmann, 2002, S. 657; *Loschelder,* Zur Zulässigkeit einer Prozeßfinanzierung bei Durchsetzung von Gewinnabschöpfung Ansprüchen gem. § 10 UWG, in: FS für Büscher, 2018, S. 513; *Micheli,* Zur Regelung der Abnehmerrechte in der UWG-Novelle – Kritische Bemerkungen zum Regierungsentwurf und seiner Begründung, GRUR 1979, 8; *Micklitz,* UWG-Reform – Artisten in der Zirkuskuppel – ratlos, BB 2003, Heft 21, S. I; *Micklitz/Stadler,* Unrechtsgewinnabschöpfung – Möglichkeiten und Perspektiven eines kollektiven Schadensersatzanspruches im UWG, 2003; *Mommsen,* Zur Lehre von dem Interesse, 1855; *Mönch,* Der Gewinnabschöpfungsanspruch nach § 10 UWG, ZIP 2004, 2032; *Neuberger,* Der wettbewerbsrechtliche Gewinnabschöpfungsanspruch im europäischen Rechtsvergleich, 2006; *Pokrant,* Zum Verhältnis von Gewinnabschöpfung gemäß § 10 und Schadensersatz nach § 9 UWG, in: FS Ullmann, 2006, S. 813; *Posener,* Kleines Handbuch des gesamten Rechtes. Bd. I: Einführung in die Rechtswissenschaft und Rechtsgeschichte, 1908, *van Raay,* Gewinnabschöpfung als Präventionsinstrument im Lauterkeitsrecht, 2012; *Rosengarten,* Der Präventionsgedanke im deutschen Zivilrecht – Höheres Schmerzensgeld, aber keine Anerkennung und Vollstreckung US-amerikanischer punitive damages?, NJW 1996, 1935; *Sack,* Der Gewinnabschöpfungsanspruch von Verbänden in der geplanten UWG-Novelle, WRP 2003, 449; *ders.,* Regierungsentwurf einer UWG-Novelle – ausgewählte Probleme, BB 2003, 1073; *Schaumburg,* Die Verbandsklage im Verbraucherschutz- und Wettbewerbsrecht: Ansprüche auf Unterlassung, Widerruf, Beseitigung und Gewinnabschöpfung, 2006; *Scherer,* Gewerbliche Prozeßfinanzierung, VuR 2020, 83; *Schmauß,* Der Gewinnabschöpfungsanspruch von Verbänden in der Neufassung des § 10 des Gesetzes gegen den unlauteren Wettbewerb, 2007; *Schricker,* Zur Reform des Gesetzes gegen den unlauteren Wettbewerb – Schadensersatzansprüche der Abnehmer und Rücktritt vom Vertrag bei irreführender und unlauterer Werbung, GRUR 1979, 1; *Sieme,* Der Gewinnabschöpfungsanspruch nach § 10 UWG und die Vorteilsabschöpfung gem. §§ 34, 34a GWB, 2009; *ders.,* Die Auslegung des Begriffs „zu Lasten" in § 10 UWG und § 34a UWG, WRP 2009, 914; *Sosnitza,* Das Koordinatensystem des Rechts des unlauteren Wettbewerbs im Spannungsfeld zwischen Europa und Deutschland, GRUR 2003, 739; *Stadler/Micklitz,* Der Reformvorschlag der UWG-Novelle für eine Verbandsklage auf Gewinnabschöpfung, WRP 2003, 559; *Stadler,* Die Umsetzung der Kommissionsempfehlung zum kollektiven Rechtsschutz, ZfPW 2015, 61; *Tilmann,* Gewinnherausgabe im gewerblichen Rechtsschutz und Urheberrecht, GRUR 2003, 647; *Traub,* Maßstäbe für „frustrierende" Erlösherausgabe bei Persönlichkeitsrechtsverletzungen, in: FS Erdmann, 2002, S. 211; *Verbraucherzentrale Bundesverband,* Recht durchsetzen – Verbraucher stärken. Möglichkeiten und Grenzen kollektiver Klageinstrumente, 2011; *Vollmer,* Wettbewerbsrechtliche Mehrerlösabschöpfung nach der UWG- und GWB-Novelle, DB 1979, 2213; *Weber,* Ansprüche aus § 1 UWG bei EG-Kartellrechtsverstößen, GRUR 2002, 485; *Weiler,* Ein lauterkeitsrechtliches Vertragslösungsrecht des Verbrauchers?, WRP 2003, 423; *Weiß,* Zur Bekämpfung von Streuschäden, 2012; *Wimmer-Leonhardt,* UWG-Reform und Gewinnabschöpfungsanspruch oder „Die Wiederkehr der Drachen", GRUR 2004, 12; *Wronka,* Werberechtsreform und Verbraucherschutz, in: Benvenuto Samson zum 90. Geburtstag, 1977, Teil II, S. 221.

A. Allgemeines

I. Einleitung

1. Einfluss des europäischen Rechts. Auf die Gestaltung des Gewinnabschöpfungsanspruchs hat die ursprüngliche **UGP-Richtlinie 2005 keinen Einfluss** gehabt. Sie enthielt in Art. 11 Abs. 1 eine Verpflichtung der Mitgliedstaaten sicherzustellen, dass zur Einhaltung der Richtlinie geeignete und wirksame Mittel zur Bekämpfung unlauterer geschäftlicher Handlungen zur Verfügung stehen. Die im Zuge der „Omnibus-Richtlinie" reformierte UGP-Richtlinie sieht keinen Gewinnabschöpfungsanspruch vor, verlangt aber Zugang zu angemessenen und wirksamen Rechtsbehelfen zu gewähren, einschließlich Ersatz des dem Verbraucher entstandenen Schadens sowie ggf. Preisminderung oder Beendigung des Vertrags (Art. 11a UGP-Richtlinie 2019). Ob sich hiermit die Durchsetzungsdefizite bei Streuschäden, die Anlass für die Einführung des § 10 waren (→ Rn. 18), beheben lassen, bleibt fraglich. 1

§§ 8–10 sehen nach der Auffassung des Gesetzgebers insgesamt **wirkungsvolle zivilrechtliche Ansprüche** vor, die sich in der Praxis bewährt haben und die Anforderungen der UGP-Richtlinie 2005 erfüllen, so dass es keiner Umsetzungsmaßnahmen bedurfte.[1] Freilich ist der Gewinnabschöpfungsanspruch in Wirklichkeit vollkommen wirkungslos (→ Rn. 5). 2

2. Zankapfel der UWG-Reform 2004. Der Gewinnabschöpfungsanspruch war die am meisten umstrittene Regelung der UWG-Reform 2004. Die Abschöpfung von Gewinnen unlauter handelnder Unternehmer soll **sicherstellen, dass sich unlauterer Wettbewerb nicht lohnt.** Die Gewinnabschöpfung ist ein neuartiges Regelungsinstrument, das während des Gesetzgebungsvorgangs[2] im Schrifttum nahezu einhellig abgelehnt und zum Teil vehement bekämpft wurde. Den einen schien ein solcher Anspruch ein *„Schreckgespenst"*[3] – überflüssig und systemfremd, ja verfassungswidrig.[4] Die anderen unterstützten zwar die Grundidee, dass ein durch Wettbewerbsverstöße erschlichener Gewinn keinen Bestand haben dürfe, hielten aber die rechtstechnische Ausgestaltung des Referenten- wie des Regierungsentwurfes als *„schöner bunter Papiertiger"*[5] für völlig unzureichend.[6] Der Norm wurde eine weitgehende Bedeutungslosigkeit vorausgesagt.[7] Insbesondere von Seiten der Verbraucherverbände wurde eingewandt, der Gewinnabschöpfungsanspruch sei an derart enge Voraussetzungen gebunden, dass er in der Praxis kaum Wirkung zeigen werde, sich also unlauterer Wettbewerb weiter lohnen werde.[8] 3

Der Bundesrat begrüßte aus ordnungspolitischen Gesichtspunkten die Abschöpfung ungerechtfertigt erworbener Gewinne, war aber der Ansicht, der Gewinnabschöpfungsanspruch sei in der Gestalt des Regierungsentwurfes unausgereift, nicht praktikabel und durch die Gerichte nicht vernünftig zu handhaben. Er forderte daher entweder eine grundlegende Überarbeitung oder die ersatzlose Streichung.[9] Im Rechtsausschuss kam es schließlich zu einigen Änderungen, die die Reichweite des Gewinnabschöpfungsanspruchs erweitern und seine Praktikabilität erhöhen sollten.[10] 4

---

[1] Begründung zum RegE (BT-Drs. 16/10145), S. 18 f.; *Büscher* in Fezer/Büscher/Obergfell § 8 Rn. 4.

[2] Zusammenfassung bei *Henning-Bodewig* GRUR 2015, 731 (733); sehr ausf. *v. Braunmühl* in Fezer/Büscher/Obergfell § 10 Rn. 59 ff.; GroßKommUWG/*Poelzig* § 10 Rn. 2 ff.

[3] *Engels/Salomon* WRP 2004, 32 (42).

[4] *Sack* WRP 2003, 549 ff.; *Sack* BB 2003, 1073 ff.; *Wimmer-Leonhardt* GRUR 2004, 12 (16 f.).

[5] So krit. *Stadler/Micklitz* WRP 2003, 559 (562).

[6] *Stadler/Micklitz* WRP 2003, 559 (562); *Micklitz* BB 2003, Heft 21, S. I; als *„Placebo-Paragraf"* wurde die Vorschrift wegen des Vorsatzerfordernisses von der damaligen Präsidentin der Verbraucherzentrale Bundesverband eV, *Müller*, in einer Presseerklärung vom 2.4.2004 kritisiert.

[7] *Stadler/Micklitz* WRP 2003, 559 (562); *Engels/Salomon* WRP 2004, 32 (43).

[8] Stellungnahme der Verbraucherzentrale Bundesverband eV zum Regierungsentwurf eines Gesetzes gegen den unlauteren Wettbewerb vom 7.5.2003 (5.6.2003).

[9] Stellungnahme des Bundesrats (BT-Drs. 15/1487), S. 34.

[10] Beschlussempfehlung und Bericht des Rechtsausschusses (BT-Drs. 15/2795), S. 8, 21.

5 **3. Bedeutung in der Praxis.** Dies ist nicht gelungen. Als **Haupthindernis für eine verstärkte Durchsetzung** des Gewinnabschöpfungsanspruchs wird neben dem Vorsatzerfordernis der grundlegende Konstruktionsfehler des Gesetzes wahrgenommen, dass die aktivlegitimierten Verbände zwar das volle Prozessrisiko tragen, aber alle eingenommenen Gelder an den Bundeshaushalt abführen müssen.[11] Damit fehlt der wirtschaftliche Anreiz zur Geltendmachung des Anspruchs. Allein die Aussicht auf „Ehre und Ruhm eines gewonnenen Prozesses"[12] bietet keinen hinreichenden Ansporn, dessen Mühen und Risiken auf sich zu nehmen. Die Vorschrift ist – in den Worten der deutschen Verbraucherschutzminister – **„völlig ineffizient und faktisch wirkungslos".**[13] Zwar wird zuweilen gemutmaßt, der Vorschrift komme tatsächlich eine gewisse, wenn auch nicht messbare Abschreckungswirkung zu.[14] Diese Bewertung geht an der Realität vorbei, weil es für die klagebefugten Verbände an einem **Klageanreiz fehlt** und das **Verfolgungsrisiko** denkbar **gering** ist. Der Staat hat mit § 10 die an sich ihm obliegende Aufgabe der Gewinnabschöpfung an die klagebefugten Verbände delegiert. Diese hatten jedoch bei Einführung des § 10 nicht die finanzielle Ausstattung, um Gewinnabschöpfungsprozesse, die sich von den von ihnen bislang geführten Verfahren nach dem UWG und dem UKlaG – jedenfalls bei hohem Streitwert – kostenmäßig erheblich unterscheiden, alleine zu finanzieren. Es wäre daher an sich Aufgabe des Bundes gewesen, die Beauftragten mit den entsprechenden Finanzmitteln auszustatten. Dies ist nicht geschehen.[15]

6 Eine wirklich abschreckende Wirkung hätte außerdem nur ein echter Gewinnabschöpfungsanspruch, der dem vorsätzlich handelnden Unternehmer nichts von dem Gewinn belässt, den er im Zuge der unlauteren Werbeaktion erwirbt (→ Rn. 132 ff.). Die ganz herrschende Auffassung konstruiert den Gewinnabschöpfungsanspruch allerdings **nicht als Gewinn-, sondern als Mehrerlösabschöpfung.**[16] Denn sie belässt dem verurteilten Vorsatztäter jenen Gewinn, der nicht auf die unlautere Handlungskomponente entfällt. Sie stellt ihn damit im Ergebnis einem lauter Handelnden gleich. Welche reale Abschreckungswirkung eine solche „Sanktion" bei einem als äußerst gering einzustufenden Verfolgungsrisiko haben soll, ist nicht ersichtlich. Der Gewinnabschöpfungsanspruch hat deshalb trotz vereinzelter Verfahren und Gerichtsurteile[17] bislang **keine nachhaltige ins Gewicht fallende Bedeutung** gewinnen können.[18] **§ 10** ist praktisch **„totes Recht".**[19]

7 Eine **kurze Scheinblüte** erlebte der Gewinnabschöpfungsanspruch seit Mitte des letzten Jahrzehnts. § 10 wurde zwar nicht lebendig, aber vorübergehend zu einem **furchteinflößenden Untoten:** Ein Verbraucherschutzverein war auf die Idee gekommen, die für seine Gewinnabschöpfungsklagen notwendigen Mittel durch **Prozessfinanzierer** aufbringen zu lassen. Diese stellten den Verbraucherschutzverein vom Kostenrisiko des Prozesses frei und bedingten sich für den Fall einer erfolgreichen Klage mit Einverständnis des BfJ

[11] *Fezer,* Zweckgebundene Verwendung von Unrechtserlösen und Kartellbußen zur Finanzierung der Verbraucherarbeit, S. 6; *Emmerich* FS Fezer, 2016, 1027; *Hörmann* VuR 2016, 81 (82); *Keßler* ZRP 2016, 2 (3); *Köhler* WRP 2019, 139 Rn. 3; *Stadler* ZfPW 2015, 61 (80) mwN.

[12] *Köhler* WRP 2019, 139 Rn. 12.

[13] Beschluss der 6. Verbraucherschutzministerkonferenz am 17.9.2010, wiedergegeben bei *Fezer,* Zweckgebundene Verwendung von Unrechtserlösen und Kartellbußen zur Finanzierung der Verbraucherarbeit, S. 6.

[14] Vgl. zB *Henning-Bodewig* GRUR 2015, 731 (737); GroßKommUWG/*Poelzig* § 10 Rn. 36, 50.

[15] OLG Düsseldorf GRUR 2017, 331 Rn. 40 – Gewinne aus Rücklastschriften.

[16] OLG Schleswig GRUR-RR 2018, 1071 Rn. 23 – Nichtnutzungsgebühr; LG München I GRUR-RR 2015, 255 – Zahnreinigung für 39 EUR; *Alexander* S. 554 f.; *Fezer* FS Bornkamm, 2014, 335 (346 ff.); *Köhler*/Bornkamm/Feddersen § 10 Rn. 7; *Neuberger* S. 91 ff.; *Ohly*/Sosnitza § 10 Rn. 7; GroßKommUWG/*Poelzig* § 10 Rn. 81 f., 96; *van Raay* S. 302; *Wünsche* S. 171 ff.

[17] Überblick bei *Fezer,* Zweckgebundene Verwendung von Unrechtserlösen und Kartellbußen zur Finanzierung der Verbraucherarbeit, S. 25 ff.; *Henning-Bodewig* GRUR 2015, 731 (734).

[18] Vgl. *Alexander* S. 505 ff.; *Neuberger* S. 137; *Sieme* WRP 2009, 914; *van Raay* S. 181 berichtet, dass vom Inkrafttreten des § 10 bis April 2011 nur 47.305,78 EUR aus lediglich vier erfolgreichen Verfahren an den Bundeshaushalt geflossen sind.

[19] Zust. *Emmerich* FS Fezer, 2016, 1027; *Ohly*/Sosnitza § 10 Rn. 3; ähnlich *Loschelder* FS Büscher, 2018, 513 (514): *„an ein totes Gleis erinnernde Situation".*

einen Anteil von 20 %, bei höheren Beträgen 10 %, der durchgesetzten Ansprüche aus.[20] Geltend gemacht wurde der Gewinnabschöpfungsanspruch wegen der Einziehung geringer Beträge ohne Rechtsgrund, nämlich aufgrund von missbräuchlichen AGB (überhöhte Pauschalen für Rücklastschriften[21]; überhöhte Mahnpauschalen[22]; Pfand für SIM-Karten[23]; Gebühren für die Nichtnutzung von Mobilfunkverträgen[24] etc). In diesen einfach gelagerten Fällen war auch die Kausalität zwischen unlauterer geschäftlicher Handlung und Gewinn im Ergebnis unproblematisch, so dass sich das Prozessrisiko in Grenzen hielt und die kostspielige Finanzierung letztlich ein risikoarmes Investment des Prozessfinanzierers waren. Auf diese Weise flossen im Vergleichswege zweistellige Millionenbeträge.[25] In einem Fall gingen an den Bundeshaushalt ca. 10 Millionen EUR, an den Prozessfinanzierer 2 Millionen EUR.[26] Der BGH machte diesem Geschäftsmodell allerdings 2018 einen Strich durch die Rechnung,[27] als er diese Art der Prozessfinanzierung für **rechtsmissbräuchlich** erklärte (→ Rn. 164).[28] Nach dem Scheitern dieses untauglichen Versuchs, § 10 eine durchschlagende Bedeutung zu verschaffen, wird der Anspruch in seiner gegenwärtigen gesetzlichen Ausgestaltung auch künftig keine Rolle spielen (→ Rn. 12 f.).

Die Rechtswissenschaft findet dessen ungeachtet, wie die erstaunlich große Anzahl von Aufsätzen und Monographien zeigt, in dem „normativen Glasperlenspiel"[29] des § 10 weiterhin ein reizvolles Betätigungsfeld, da das Rechtsinstitut *„fast den Anschein erweckt, als sei es eigens für sie geschaffen worden"*.[30] **8**

4. Vorläuferkonzepte. Überhaupt galt der Gewinnabschöpfungsanspruch bei seiner Einführung als Novum ohne Vorbilder im In- und Ausland.[31] Aber weder der Entwurf von *Köhler, Bornkamm* und *Henning-Bodewig,*[32] noch der Referenten- oder der Regierungsentwurf können für sich in Anspruch nehmen, in jeder Hinsicht rechtliches Neuland betreten zu haben. Schon der **Entwurf des schweizerischen Bundesgesetzes über den unlauteren Wettbewerb von 1943** enthielt eine eigenartige Regelung, die bis auf die kollektive Wahrnehmung des Anspruches durch Verbraucherverbände bereits eine ganze Reihe von Elementen enthielt, die mehr als 60 Jahre später schließlich in Deutschland Gesetz werden sollten: Der abgeschöpfte Gewinn war herauszugeben, kam dem Verletzten aber nur bis zur Höhe seines ausgewiesenen Schadens zu und war im Übrigen an staatliche Institutionen abzuführen.[33] Diese *„Vermengung von Schadenersatz- und Polizeirecht"*[34] gehörte zu den umstrittensten Bestimmungen des Entwurfes. Weil zahlreiche Bedenken auftraten, wurde die Gewinnabschöpfung schließlich gestrichen. Es setzte sich in der Schweiz die Erkenntnis durch, dass die Gewinnabschöpfung *„nicht Schadenersatz, sondern Vergeltung"* sei, die im Recht des unlauteren Wettbewerbs keinen Platz habe.[35] Die Möglichkeit, während des Gesetzgebungsvorgangs auf Erkenntnisse dieser früheren Schweizer Diskussion zurück- **9**

[20] Hierzu *Köhler* WRP 2019, 139 ff.; *Loschelder* FS Büscher, 2018, 513 (514); *Scherer* VuR 2020, 83 ff.
[21] OLG Schleswig 10.3.2016 – 2 U 7/15 – Rücklastschriften II; OLG Düsseldorf GRUR 2017, 331 – Gewinne aus Rücklastschriften; OLG Köln GRUR-RR 2018, 431 – Schadenspauschale für Mahnung.
[22] OLG Köln GRUR-RR 2018, 431 – Schadenspauschale für Mahnung.
[23] OLG Schleswig NJOZ 2015, 1515 – Pfand für SIM-Karten.
[24] OLG Schleswig GRUR-RR 2018, 1017 – Nichtnutzungsgebühr.
[25] Deutscher Verbraucherschutzverein eV, Pressemitteilung vom 15.2.2016: Telefónica Germany und E-Plus Zahlen zur Abgeltung unrechtmäßig erhobener überholter Rücklastschrift pauschalen insgesamt 12,5 Millionen EUR an den Bundeshaushalt.
[26] *Loschelder* FS Büscher, 2018, 513 (514).
[27] Ausf. *Köhler* WRP 2019, 139 ff.
[28] BGH GRUR 2018, 1166 Rn. 38 ff. – Prozessfinanzierer I; ebenso GRUR 2019, 850 Rn. 25 ff. – Prozessfinanzierer II.
[29] *Keßler* WRP 2005, 264 (273).
[30] Vgl. die Stellungnahme von *Jung* bei *Wimmer-Leonhardt* GRUR 2004, 12.
[31] Vgl. *Wimmer-Leonhardt* GRUR 2004, 12 (14 f.).
[32] *Köhler/Bornkamm/Henning-Bodewig* WRP 2002, 1317 (1322).
[33] Botschaft des Schweizer Bundesrates zum Entwurf eines Bundesgesetzes über den unlauteren Wettbewerb, 1942, zit. nach *von Büren* Art. 2–6 Rn. 23.
[34] *von Büren* Art. 2–6 Rn. 23 mwN.
[35] *von Büren* Art. 2–6 Rn. 23.

zugreifen, blieb von der Wissenschaft trotz Hilfe suchender rechtsvergleichender Seitenblicke[36] ungenutzt.

10 In der **Reformdiskussion** berücksichtigt wurden dagegen die zahlreichen seit den 1970er Jahren unternommenen Versuche, in Deutschland den **Verbraucherschutz** im UWG durch die Einführung von Schadensersatzansprüchen für Verbraucher **zu stärken.** Damit wollte man der als unbefriedigend empfundenen Rechtslage nach der 1974 ergangenen *„Prüfzeichen"*-Entscheidung abhelfen, die eine Interpretation von UWG-Vorschriften zugunsten irregeführter Verbraucher als Schutzgesetz iSd § 823 Abs. 2 BGB ausgeschlossen hatte.[37] Diese seinerzeit diskutierten Ansprüche sollten nicht von den Verbrauchern selbst, sondern, aus abgetretenem Recht, auch kollektiv von Verbänden geltend gemacht werden können. Einen solchen kollektiven Schadensersatzanspruch sah der **Entwurf eines UWG-Änderungsgesetzes** der sozialliberalen Regierung **aus dem Jahr 1978** vor.[38] Vorangegangen waren rechtstatsächliche Untersuchungen, die belegten, dass Verbraucher durch unlauteren Wettbewerb in erheblichem Maße geschädigt werden.[39] Parallel zu der Diskussion um **kollektive Schadensersatzansprüche für Verbraucher** wurde in der Wissenschaft vorgeschlagen, stattdessen den Mehrerlös eines unlauter oder irreführend Werbenden abzuschöpfen und der Verbraucherarbeit zukommen zu lassen.[40]

11 Weder der kollektive Schadensersatzanspruch, noch die Mehrerlösabschöpfung fanden damals den Weg in das Bundesgesetzblatt. Stattdessen führte man schließlich 1987 das **Vertragslösungsrecht des Verbrauchers** nach § 13a in das UWG 1909 ein. Dieses wurde 2004 ersatzlos gestrichen.

12 **5. Reformbedarf.** *Bornkamm,* der an der UWG-Novelle 2004 und deren Vorarbeiten maßgeblichen Anteil hat war bei der öffentlichen Anhörung des Rechtsausschusses noch davon überzeugt gewesen, dass sich die Regelung des § 10 ohne Probleme mit den normalen Instrumenten des Zivil- und Zivilverfahrensrechts effektiv in die Praxis umsetzen ließe.[41] Auch andere gaben sich der gleichen Illusion hin: Wenn der Gewinnabschöpfungsanspruch entgegen aller Kritik Gesetz geworden sei, so müsse und könne ihm auch ein sachgerechtes Anwendungsfeld erschlossen werden, um den klagenden Verbänden nicht Steine statt Brot zu geben.[42]

13 Dass es in den letzten 16 Jahren **nicht geglückt** ist, **dem Gewinnabschöpfungsanspruch nachhaltig Leben einzuhauchen** (→ Rn. 6 f.), lässt getrost den Schluss zu, dass dies auch in Zukunft nicht mehr gelingen wird. Es ist also nicht zu früh, um zu sagen: **§ 10 ist ein Flop.**[43] Der Gewinnabschöpfungsanspruch, der von der herrschenden Auffassung als Mehrerlösabschöpfungsanspruch behandelt wird und der das volle Prozessrisiko dem klagenden Verband aufbürdet, obwohl im Erfolgsfall sämtliche vereinnahmten Gelder an den Bundeshaushalt gehen, ist ein *„zahnloser Tiger"*[44] und ein *„stumpfes Schwert"*.[45] Er hat sich nicht bewährt. Er sollte grundlegend zugunsten der Verbraucherverbände reformiert und damit zu einem scharfen Schwert geschliffen werden. Dies wurde vom Bundesrat bereits in der Gesetzgebungsdiskussion 2004 gefordert[46] und wird seit längerem zu Recht

[36] Vgl. *Wimmer-Leonhardt* GRUR 2004, 12 (13 f.).
[37] BGH GRUR 1975, 150 – Prüfzeichen; hierzu auch *Krieger* GRUR 1979, 14 (15).
[38] RegE (BT-Drs. 8/1670); hierzu *Micklitz/Stadler* S. 17 ff.; *Grauel/Luhrenberg* WRP 1980, 521 mwN.
[39] *v. Falckenstein,* Die Bekämpfung unlauterer Geschäftspraktiken durch Verbraucherverbände; *v. Falckenstein* Schäden der Verbraucher durch unlauteren Wettbewerb; *v. Falckenstein* WRP 1978, 502 ff.; krit. hierzu und zum kollektiven Schadensersatzanspruch *Wronka* in Benvenuto Samson zum 90. Geburtstag, Teil II, 1977, 221 (234 ff.).
[40] *Vollmer* DB 1979, 2213 (2215); *Grauel/Luhrenberg* WRP 1980, 521 ff.
[41] Beschlussempfehlung und Bericht des Rechtsausschusses (BT-Drs. 15/2795), S. 20.
[42] So der *Autor* an dieser Stelle in der 1.–3. Aufl. und ihm folgend *Alexander* S. 505.
[43] AA *Henning-Bodewig* GRUR 2015, 731 (739).
[44] So *Hörmann* VuR 2016, 81 (82).
[45] So *Hörmann* VuR 2014, 245 (246).
[46] Stellungnahme des Bundesrats (BT-Drs. 15/1487), S. 34.

von den Verbraucherverbänden[47] und der Wissenschaft[48] mit Vehemenz verlangt. Die Alternative wäre eine vollständige Abschaffung dieser gänzlich „erfolglosen"[49] Norm. Diese Kommentierung versteht sich allerdings nicht als Platz zur Nacherzählung rechtspolitischer Diskussionen,[50] sondern beschäftigt sich einzig mit der unvollkommenen *lex lata:*

II. Gesetzeszweck

14 **1. Prävention und Sanktion durch Schließung von faktischen Rechtsdurchsetzungslücken. a) Prävention.** Wer bewusst unlauteren Wettbewerb betreibt, soll davon keinen Vorteil haben. Mit dem vermögensordnenden Zugriff auf Gewinne, die durch unlauteren Wettbewerb zu Lasten einer Vielzahl von Verbrauchern erzielt wurden, will der Gesetzgeber Anreize für unlauteren Wettbewerb vermindern. Zweck des Gesetzes ist also **Prävention.** Mit der Regelung eines Gewinnabschöpfungsanspruches in § 10 werden die zivilrechtlichen Anspruchsgrundlagen mit dem Ziel einer verbesserten Durchsetzung des Lauterkeitsrechts erweitert. Unlauterer Wettbewerb kann sich sonst, überlegt betrieben, als ein risikoloses Geschäft darstellen.[51] Solange nämlich ein Unternehmer nur befürchten muss, dass ihm unlautere Wettbewerbspraktiken für die Zukunft verboten werden, er dagegen auf Kosten der Abnehmer erwirtschaftete Gewinne – frei nach dem Motto „Unlauterer Wettbewerb lohnt sich immer"[52] – behalten kann, bleibt das Wettbewerbsrecht eine stumpfe Waffe und fordert geradezu heraus, mit Wettbewerbsverstößen auf Gewinn zu spekulieren.[53]

15 Die Abschreckungswirkung sollte auch **prägend für die Auslegung** der einzelnen Tatbestandsmerkmale sein:[54] Ein Gesetz, das sich wirksame Prävention zum Ziel gesetzt hat,[55] kann an sich nicht mit dafür völlig ungeeigneten Instrumenten ausgestattet sein.[56]

16 **b) Sanktion.** Der Gewinnabschöpfungsanspruch hat über seine **generalpräventive Funktion** hinaus aber auch **Sanktionscharakter.** Die Begründung des Referentenentwurfes sprach noch unverblümt von „Strafcharakter".[57] Doch auch die Begründung des Regierungsentwurfs lässt keinen Zweifel daran, dass Hintergrund des Gewinnabschöpfungsanspruchs *„der Abschreckungsgedanke"* und sein Ziel *„die Sanktionswirkung"* ist.[58]

17 Seinem Wesen und Zweck nach zielt der Gewinnabschöpfungsanspruch durchaus darauf ab, **den auf rechtswidriges Handeln gerichteten Willen zu beugen.** Denn er greift nur bei einer vorsätzlichen, also mit „Wissen und Wollen" begangenen unlauteren Handlung ein. Diese Funktion der Willensbeugung wird allerdings auch dem historischen Begriff

---

[47] *Hörmann* VuR 2014, 245 (246); *Hörmann* VuR 2016, 81 (82); *Verbraucherzentrale Bundesverband* S. 18 f.

[48] *Alexander* WRP 2012, 1190 (1193 ff.); *Fezer* FS Bornkamm, 2014, 335 (339 f.); *Henning-Bodewig* GRUR 2015, 731 (736 ff.); *Keßler* ZRP 2016, 2 (3); *van Raay* S. 529 ff.

[49] So *Köhler* WRP 2019, 139.

[50] Hierzu ausführlich GroßKommUWG/*Poelzig* § 10 Rn. 39 ff.

[51] *Schricker* GRUR 1979, 1 (3).

[52] *Schricker* GRUR 1979, 1 (3); zur rechtspolitischen Kritik am Konzept des stets rentablen unlauteren Wettbewerbs *Sack* WRP 2003, 549 (554).

[53] *Köhler* GRUR 2003, 265; *Rosenthal* S. 116 f.; *v. Falckenstein,* Schäden der Verbraucher durch unlauteren Wettbewerb, S. 11.

[54] Vgl. OLG Schleswig 14.2.2019 – 2 U 4/18 Rn. 123.

[55] Vgl. das „Eingangsstatement zur aktiven Verbraucherpolitik" der damaligen Bundesministerin der Justiz *Zypries* vom 11.11.2003: *„Die Gewinnabschöpfung wird nicht die von Kritikern befürchtete Klageflut auslösen. Wir schaffen aber zum Schutz der Verbraucher und der redlichen Mitbewerber vor schwarzen Schafen ein sehr wirksames Instrumentarium, das vor allem abschreckend wirken soll und wird"*.

[56] Vgl. *Posener* S. 44 f.: *„Die Auslegung der Gesetze darf sich nicht so weit von dem Boden des Gesetzes entfernen, daß vom Gesetze selbst nichts mehr übrig bleibt. Grundregel ist: das Gesetz will nicht etwas Unvernünftiges, Inhaltloses, Widersinniges enthalten. Als Staatsbürger, auch als Jurist ist man dem Gesetz diesen Respekt schuldig, und es erscheint wenig erfreulich, ein Gesetz so abkanzeln zu sehen wie einen Schulbuben, der sein Pensum nicht pünktlich aufgearbeitet hat"*.

[57] Referentenentwurf des BMJ, S. 47; ebenso *Wimmer-Leonhardt* GRUR 2004, 12 (16): „primär strafender Charakter".

[58] RegE (BT-Drs. 15/1487), S. 24.

der Privatstrafe zugeordnet.[59] Dies gab zu der teilweise heftigen rechtspolitischen Kritik im Schrifttum Anlass, zivilrechtliche Sanktionen mit Strafcharakter seien ein dem deutschen Privatrecht systemfremdes Element.[60] Diese Einwände haben den Gesetzgeber zu Recht unbeeindruckt gelassen. Zwar hat seit Einführung des BGB die echte Privatstrafe mit ihrer zusätzlichen Genugtuungs- und Sühnefunktion keinen Platz mehr im deutschen Privatrechtssystem.[61] Sanktionen mit pönalen Elementen, die der Abschreckung dienen, sind aber dem heutigen Zivilrecht nicht fremd, wie bereits ein Blick auf § 890 ZPO zeigt.

18 **c) Schließung von faktischen Rechtsdurchsetzungslücken.** Eine neue, eigenständige Norm mit dem Zweck der Prävention und Sanktion wurde deshalb geschaffen, weil das bis 2004 bestehende lauterkeitsrechtlich Sanktionensystem vor dem Hintergrund der zivilrechtlichen Rechtswirklichkeit als nicht ausreichend betrachtet wurde. Der Gesetzgeber erkannte im vor der UWG-Reform 2004 geltenden Recht insbesondere **Durchsetzungsdefizite** insbesondere **bei den so genannten „Streuschäden".** Hierunter versteht man im Allgemeinen die Fallkonstellation, in der durch wettbewerbswidriges Verhalten eine Vielzahl von Abnehmern bzw. Verbrauchern geschädigt wird, die Schadenshöhe des Einzelnen jedoch gering ist.[62] Auch wenn dem Betroffenen im Einzelfall durchaus wirksame rechtliche Mittel zur Verfügung stehen und er etwa über einen Bereicherungsausgleich nach Anfechtung, Rückzahlungsansprüche nach Rücktritt, Sachmängelgewährleistung oder die Regeln der *culpa in contrahendo* einen Ausgleich erlangen könnte,[63] sieht er bei Schäden im Bagatellbereich regelmäßig von einer Rechtsverfolgung ab, weil der Aufwand und die Kosten hierfür in keinem Verhältnis zu seinem Schaden stehen.[64] Unbeholfenheit, Rechtsunkenntnis und Beweisnot werden als Ursachen fehlender Rechtsverfolgung häufig hinzukommen.[65] Eine resignative Grundhaltung, zu große Duldsamkeit und ein gewisses Phlegma[66] spielen ebenfalls eine Rolle. Oftmals wird der Verbraucher sogar überhaupt nicht bemerken, dass er übervorteilt wurde.[67] Die Schwierigkeiten hängen aber auch damit zusammen, dass die traditionellen Rechtsbehelfe des bürgerlichen Rechts nicht gerade der Bekämpfung von Wettbewerbsdelikten dienen, sondern unter anderen, spezifischen Gesichtspunkten (Bindung an eine Willenserklärung, Gesetz- oder Sittenwidrigkeit des Inhalts eines Vertrages, Sicherung des vertraglich vorausgesetzten Interessenausgleichs) Rechtsschutzmöglichkeiten bieten, die im Einzelnen sehr unterschiedlich sind und sich insbesondere auch für eine gemeinsame Interessenwahrnehmung der von einer unlauteren Wettbewerbsmaßnahme in gleicher Weise geschädigten Abnehmer nicht eignen.[68]

19 Auch den **Mitbewerbern** steht bei der Schädigung einer Vielzahl von Abnehmern ein Schadensersatzanspruch nicht zwangsläufig zu. Zudem hat der Schadensersatzanspruch, außer in Nachahmungsfällen, wegen der praktischen Schwierigkeiten bei der Bezifferung des Schadens in der Praxis als echter, wirtschaftlich ins Gewicht fallender Zahlungsanspruch

[59] *Mommsen* S. 18 ff. mwN.

[60] Krit. zu privatrechtlichen Ansprüchen mit Strafcharakter als dem deutschen bürgerlichen Recht systemfremdes Element insbesondere *Sack* BB 2003, 1073 (1080); *Sack* WRP 2003, 549 (552); krit. auch *Engels/Salomon* WRP 2004, 32 (42); allgemein zu Ansprüchen mit Strafcharakter und deren Abgrenzung zum Schadensersatz *Mommsen* S. 18 ff.

[61] *Cosack* § 93.

[62] OLG Schleswig NJOZ 2015, 1515 Rn. 89 – Pfand für SIM-Karten; GRUR 2018, 1071 Rn. 19 – Nichtnutzungsgebühr; vgl. bereits *Wronka* in Benvenuto Samson zum 90. Geburtstag, Teil II, 1977, 221 (235).

[63] Eine kritische Analyse dieser Instrumente findet sich bei *Köhler* GRUR 2003, 265 (268 ff.) sowie *Fezer* WRP 2003, 127 ff. und *Weiler* WRP 2003, 423 (426 ff.).

[64] OLG Schleswig GRUR 2018, 1071 Rn. 19 – Nichtnutzungsgebühr; näher *Micklitz/Stadler* S. 67 ff.; GroßKommUWG/*Poelzig* § 10 Rn. 16.

[65] *Micheli* GRUR 1979, 8 (9).

[66] *Henning-Bodewig* GRUR 2015, 731 (732).

[67] *Köhler*/Bornkamm/Feddersen § 10 Rn. 4.

[68] *Krieger* GRUR 1979, 14 (15); *v. Falckenstein,* Schäden der Verbraucher durch unlauteren Wettbewerb, S. 11 ff.

keine große Bedeutung erlangen können (*Goldmann* → § 9 Rn. 4 f.).[69] Oftmals ist der Schaden auf eine Vielzahl von Mitbewerbern verteilt und dementsprechend für den einzelnen Geschädigten nicht so hoch, dass sich seine Geltendmachung lohnt.[70]

Daher waren Fälle gang und gäbe, in denen der Zuwiderhandelnde den – bis zum Erlass einer einstweiligen Verfügung auf Unterlassung erzielten – Gewinn behalten konnte. Es kommt sogar vor, dass eine zugestellte einstweilige Verfügung und sogar verhängte Ordnungsgelder ignoriert und weiter unrechtmäßige Gewinne erwirtschaftet werden.[71] Manche auffällig werbende Handelsketten sind darüber hinaus in mehr als einhundert selbständige GmbHs aufgesplittert, so dass es obendrein kaum möglich ist, im Wege der einstweiligen Verfügung gegen eine solche Kette insgesamt vorzugehen. All diese **faktischen Rechtsdurchsetzungslücken** sollten durch die Regelung des § 10 **geschlossen** werden.[72] 20

2. Verbraucherschützende Zielrichtung. Primäre Zielrichtung des § 10 ist es, dem in § 1 S. 1 niedergelegten Zweck des Verbraucherschutzes zu dienen.[73] Gleichwohl sollte nicht verkannt werden, dass damit **nicht nur im Interesse der Verbraucher,** sondern **auch im Interesse der Mitbewerber** ein Instrument zur Bekämpfung unlauterer Praktiken geschaffen wurde.[74] Gleichsam umgekehrt zum traditionellen Konzept des Lauterkeitsrechts, das einen Verbraucherschutz nur als Reflex des kaufmännischen Sonderdeliktsrechts anerkannte,[75] werden nun durch die verbraucherschutzbezogene Regelung des § 10 **reflexartig** auch die Konkurrenten geschützt. Denn wenn dem gesetzgeberischen Ziel entsprechend Anreize für unlauteren Wettbewerb schwinden, kommt das auch den betroffenen Mitbewerbern zugute. 21

III. Anspruch eigener Art

Der Gewinnabschöpfungsanspruch ist ein Anspruch *sui generis.*[76] Im Gegensatz zum Schadensersatzanspruch **dient** der Gewinnabschöpfungsanspruch **nicht dem individuellen Schadensausgleich.** Dem Abnehmer, der durch das wettbewerbswidrige Verhalten Nachteile erlitten hat, steht der Anspruch gerade nicht zu. 22

Er ist insbesondere **nicht vergleichbar** mit dem Anspruch auf **Herausgabe des Verletzergewinns** bei den Immaterialgüterrechten im gewerblichen Rechtsschutz, der die Funktion eines Ausgleichsanspruchs für den Rechtsinhaber auf objektiver Grundlage hat (26. Erwägungsgrund der Durchsetzungsrichtlinie[77]). 23

Der Gewinnabschöpfungsanspruch ist auch **kein Bereicherungsanspruch** und ähnelt ihm auch nicht,[78] denn der abzuschöpfende Gewinn ist **nicht** wie bei §§ 812 ff. BGB das **Äquivalent des wirtschaftlichen Nachteils der Abnehmer.** Ziel des Gewinnabschöpfungsanspruches ist nicht die neutrale Rückgängigmachung von Vermögensverschiebungen, sondern, weit darüberhinausgehend, Sanktion und Abschreckung. 24

Auch der **erweiterte Verfall** des § 73d StGB ist **kein vergleichbares Rechtsinstitut.** Die in § 73d StGB angeordnete Entziehung deliktisch erlangter Vermögensvorteile verfolgt ausschließlich präventiv-ordnende Ziele. Diese spezielle Form der Gewinnabschöpfung im Strafrecht ist gerade keine Sanktion, sondern dient der Beseitigung eines Vorteils, dessen 25

[69] *v. Falckenstein* WRP 1978, 502 (507).
[70] GroßKommUWG/*Köhler* (1. Aufl.) Vor § 13 B Rn. 245.
[71] Zu einem solchen Fall *Loschelder* FS Büscher, 2018, 513 (516).
[72] RegE (BT-Drs. 15/1487), S. 24.
[73] Vgl. Pressemitteilung des BMJ vom 11.6.2004: *„Eine erhebliche Verbesserung des Verbraucherschutzes stellt der neu eingeführte Gewinnabschöpfungsanspruch dar".*
[74] *Köhler* GRUR 2003, 265.
[75] Vgl. *Baumbach* Kap. 6 B; *Baumbach* MuW XXXI, 5 ff.; *Callmann* S. 43 f.
[76] So jetzt auch *Fezer* FS Bornkamm, 2014, 336; *Henning-Bodewig* GRUR 2015, 731 (734).
[77] Richtlinie 2004/48/EG des Europäischen Parlaments und des Rates vom 29.4.2004 zur Durchsetzung der Rechte des Geistigen Eigentums, ABl. 2004 L 157, S. 45.
[78] AA OLG Stuttgart GRUR 2007, 435 (436) – Veralteter Matratzentest.

Verbleib den Täter zu weiteren Taten verlocken könnte.[79] Der erweiterte Verfall soll eine strafrechtswidrig zustande gekommene Vermögenszuordnung für die Zukunft beseitigen und verhindern, dass die mit der deliktischen Bereicherung des Täters verbundene Störung der Rechtsordnung fortdauert. § 73d StGB hat – anders als § 10 – *„keinen pönalen Charakter“*.[80]

IV. Verfassungsrechtliche Fragen

26 **1. Strafgewalt, Staatsvorbehalt und Verhältnismäßigkeit.** § 10 ist nicht verfassungswidrig.[81] Im Schrifttum war allerdings bei Einführung der Vorschrift angezweifelt worden, ob der Gewinnabschöpfungsanspruch überhaupt **verfassungsgemäß** ist. So wurde eingewandt, dass strafen eine staatliche Aufgabe sei und zum Kernbereich staatlichen Handelns gehöre, der nicht Privaten überlassen werden könne. Der Gewinnabschöpfungsanspruch beinhalte demgegenüber eine Sanktion, die von Privaten geltend gemacht werde. Aus dem Demokratie- und dem Rechtsstaatsprinzip folge, dass Einzelne keine Befugnis zur Verhängung von Sanktionen über andere haben könnten. Der Grundsatz der Verhältnismäßigkeit begrenze die Gewinnabschöpfung ebenso wie so genannte *punitive damages.*[82] Als Konkretisierung dieses **Staatsvorbehalts** wurde **Art. 33 Abs. 4 GG** angeführt.[83]

27 Die Grenze des Art. 33 Abs. 4 GG verläuft jedoch jenseits der hier in Rede stehenden Maßnahmen, denn es handelt sich bei der Sanktion der Gewinnabschöpfung **nicht um die ständige Ausübung hoheitlicher Befugnisse** oder strafende Gewalt im Sinne des Kern- oder Nebenstrafrechts, sondern um eine Steuerung privater Rechtsverhältnisse, verbunden mit einer Sanktion. Durch die Gewinnabschöpfung werden dem Schuldner lediglich Deliktsvorteile entzogen, aber keine zusätzlichen Lasten aufgebürdet, so wie es dem Charakter einer Strafe entspräche.[84]

28 Bedenken gegen die Vereinbarkeit mit dem **Demokratie- oder Rechtsstaatsprinzip** bestehen nicht. Der entscheidende Unterschied gegenüber einer unzulässigen Privatisierung von Strafrecht liegt darin, dass im Falle der Sanktionen des Strafrechts der Staat originäre Eingriffsbefugnisse hat. Im Falle der Gewinnabschöpfung dagegen besteht ein zivilrechtlicher Anspruch, der im Streitfall vor den Gerichten einzuklagen ist. Damit verbleibt die Gewähr für Objektivität wie die Sanktionsgewalt beim Staat.[85]

29 Schließlich sind Ansprüche Privater, mit denen durch die unerlaubte Handlung erzielte Gewinne abgeschöpft werden sollen, **mit der Eingriffswirkung eines echten Strafschadenersatzes** US-amerikanischer Prägung überhaupt **nicht zu vergleichen.**[86]

30 **2. Ne bis in idem.** Darüber hinaus wurde angezweifelt, dass der Gewinnabschöpfungsanspruch mit der Vorschrift des **Art. 103 Abs. 3 GG,** dem Gebot des *ne bis in idem,* im Einklang steht, da es durchaus möglich sei, dass eine Kriminalstrafe etwa auf Grund des § 16 ausgesprochen werde und daneben noch der als Sanktion konzipierte Gewinnabschöpfungsanspruch geltend gemacht werden könne.[87]

31 Nach gefestigter Rechtsprechung des BVerfG sind Strafvorschriften iSd Art. 103 Abs. 3 GG, die nicht zu einer **Doppelbestrafung** herangezogen werden dürfen, nur solche des

[79] Die Entwurfsbegründungen zu § 73d StGB betonen, der erweiterte Verfall sei keine Strafsanktion, sondern eine Maßnahme eigener Art mit „kondiktionsähnlichem Charakter“ (vgl. BT-Drs. 11/6623, 4, 5 ff. und 8, BT-Drs. 12/989, 1, 23, sowie die Beschlussempfehlung des Rechtsausschusses des Deutschen Bundestags vom 4.6.1992, BT-Drs. 12/2720, 42 f.). Demnach hat der Gesetzgeber den erweiterten Verfall als selbständige, nicht-pönale Maßnahme neben die Strafe gestellt; vgl. auch BVerfG NJW 2004, 2073 (2074 ff.).

[80] Vgl. BVerfG NJW 2004, 2073 (2074 ff.) mit umfassenden Nachweisen.

[81] OLG Düsseldorf GRUR 2017, 331 Rn. 61 – Gewinne aus Rücklastschriften.

[82] *Wimmer-Leonhardt* GRUR 2004, 12 (17).

[83] *Wimmer-Leonhardt* GRUR 2004, 12 (17).

[84] OLG Düsseldorf GRUR 2017, 331 Rn. 61 – Gewinne aus Rücklastschriften.

[85] Ebenso nun Teplitzky/*Schaub* Kap. 37 Rn. 4; ähnlich OLG Stuttgart GRUR 2007, 435 (436) – Veralteter Matratzentest; *Gärtner* S. 162 ff.; *Weiß* S. 77 (allerdings mit sinnentstellendem Zitat in Fn. 434).

[86] Vgl. BGHZ 118, 312 (340).

[87] *Sack* WRP 2003, 549 (553).

Kern- und Nebenstrafrechts,[88] nicht dagegen etwa solche des OWiG. Erst recht unterfällt die Norm des § 10, die im Hinblick auf das Unwerturteil eher noch unterhalb des Ordnungswidrigkeitenrechts rangiert, nicht dem Nebenstrafrecht. Darüber hinaus ist durch § 10 Abs. 2 eine **wirtschaftliche Doppelbelastung** auch im Falle einer verhängten Geldstrafe **ausgeschlossen.** Eine rechtsstaatswidrige Doppelbelastung liegt auch nicht etwa darin, dass der zur Zahlung des Gewinns Verurteilte auch die Kosten des Verfahrens zu tragen hat und sie nicht vom abzuführenden Gewinn abziehen kann.[89]

V. Keine Auswirkungen auf den ordre public

1. Bedenken im Schrifttum. Im Schrifttum waren in der Reformdiskussion um das UWG 2004 Bedenken laut geworden, mit der Anerkennung von Ansprüchen, die der Sanktion dienen, könne es zu einem Dammbruch bei den so genannten ***punitive damages*** kommen. Wenn deutsche Unternehmen, insbesondere in den USA, zu **Strafschadensersatz** verurteilt werden, sind diese Urteile in Deutschland bisher **nicht vollstreckbar.** Es gibt eine gefestigte Rechtsprechung, nach der *punitive damages* als mit den grundlegenden Prinzipien unserer Rechtsordnung unvereinbar gelten und deshalb dem *Ordre-public*-Vorbehalt unterfallen.[90] 32

Durch die unbedachte Einführung des Gewinnabschöpfungsanspruches als einer Form der Privatstrafe seien nach einer im Schrifttum vertretenen Ansicht diese Grundsätze durchbrochen worden. Es bestehe nun die vom Gesetzgeber offenbar nicht ausreichend bedachte Gefahr, dass an der bisherigen Rechtsprechung in Zukunft nicht mehr festgehalten werden könne. Damit seien deutsche Unternehmen einem nicht kalkulierbaren Prozessrisiko in anderen Rechtsordnungen unterworfen.[91] 33

2. Verbot der Gewinnabschöpfung nicht Bestandteil des ordre public. Diese Bedenken sind grundlos. Der BGH hat in demselben Urteil, in dem er den Strafschadensersatz als Verstoß gegen den *ordre public* gewertet hat, Gewinnabschöpfungsansprüche ausdrücklich von diesem Verdikt ausgenommen.[92] 34

Präventions- und Sanktionselemente sind unserem Zivilrecht **nicht fremd.**[93] So wird etwa der Präventionszweck der Geldentschädigung bei Verletzung des allgemeinen Persönlichkeitsrechts vom BGH in ständiger Rechtsprechung besonders betont.[94] Auch § 611a BGB verfolgt gemäß seinen europarechtlichen Vorgaben[95] Sanktionszwecke.[96] Ein weiteres Beispiel ist die Verdoppelung der GEMA-Gebühren bei unzulässiger Benutzung musikalischer Urheberrechte und Leistungsschutzrechte.[97] Hinzu kommt, dass der Gewinnabschöpfungsanspruch letztlich **nicht weiter geht** als der **Anspruch** auf **Herausgabe des Verletzergewinns** im gewerblichen Rechtsschutz. Für ihn ist anerkannt, dass die Herausgabe des Verletzergewinns auch der Sanktion des schädigenden Verhaltens[98] und auf diese 35

[88] BVerfGE 43, 101 (105).
[89] So aber *Engels/Salomon* WRP 2004, 32 (42), jedoch ohne überzeugende Begründung.
[90] BGHZ 118, 312 (338 ff.).
[91] *Engels/Salomon* WRP 2004, 32 (43).
[92] BGHZ 118, 312 (340).
[93] Teplitzky/*Schaub* Kap. 37 Rn. 4.
[94] BGH NJW 1961, 2059 – Ginsengwurzel; NJW 1995, 861 (865) – Caroline von Monaco I; hierzu *Rosengarten* NJW 1996, 1935 ff.; *Körner* NJW 2000, 241 (242); *Traub* FS Erdmann, 2002, 211 (213 f.).
[95] Der EuGH forderte zur Umsetzung der Gleichbehandlungsrichtlinie (Richtlinie 76/207/EWG des Rates vom 9.2.1976 zur Verwirklichung des Grundsatzes der Gleichbehandlung von Männern und Frauen hinsichtlich des Zugangs zur Beschäftigung, zur Berufsbildung und zum beruflichen Aufstieg sowie in Bezug auf die Arbeitsbedingungen) eine Ausgestaltung des § 611a BGB dahingehend, „daß diese Sanktion zur Gewährleistung eines tatsächlichen und wirksamen Rechtsschutzes geeignet ist, eine wirklich abschreckende Wirkung gegenüber dem Arbeitgeber hat"; vgl. EuGH Slg. 1984, 1891 Rn. 23 – v. Colson und Kamann; Slg. 1997, I-2195 Rn. 25 – Draempael.
[96] *Rosengarten* NJW 1996, 1935 (1936); *Körner* NJW 2000, 241 (242, 245).
[97] BGH GRUR 1973, 379 (390) – Doppelte Tarifgebühr; hierzu *Traub* FS Erdmann, 2002, 211 (214).
[98] BGHZ 68, 90 (94) – Kunststoffhohlprofil I.

Weise auch der Prävention gegen eine Verletzung der besonders schutzbedürftigen Immaterialgüterrechte dient.[99] Dies entspricht auch der in Art. 3 Abs. 2 der Durchsetzungsrichtlinie formulierten Forderung, die mitgliedstaatlichen Rechtsbehelfe müssten *„abschreckend sein"*.

36 Gemessen an diesen Vorgaben ist der Gewinnabschöpfungsanspruch **kein Systembruch,** noch hat seine Einführung Einfluss auf das, was als Bestand des *ordre public* gelten kann.

B. Gläubiger, Schuldner und Nutznießer des Anspruchs

I. Gläubiger

37 Der Anspruch steht den **Verbänden** und Institutionen zu, die gem. § 8 Abs. 3 Nr. 2–4 zur kollektiven Geltendmachung von Abwehransprüchen berechtigt sind (hierzu *Goldmann* → § 8 Rn. 374 ff.).[100] Dies sind in erster Linie die qualifizierten Wirtschaftsverbände, die qualifizierten Einrichtungen zum Schutz von Verbraucherinteressen sowie die Industrie- und Handelskammern, berufsständischen Kammern und Handwerksorganisationen. Mit Blick auf den Sanktionscharakter hat der Gesetzgeber eine Aktivlegitimation der Mitbewerber (vgl. § 8 Abs. 3 Nr. 1) nicht für angemessen erachtet.[101] Die Bestimmungen des § 8 Abs. 3 Nr. 2 und 3 UWG regeln nicht nur die sachlich-rechtliche Anspruchsberechtigung, sondern auch die prozessuale Klagebefugnis, die als Sachurteilsvoraussetzung im Revisionsverfahren fortbestehen muss. Die Frage, ob die Voraussetzungen des § 8 Abs. 3 Nr. 2 oder 3 UWG erfüllt sind, ist deshalb vom Revisionsgericht ohne Bindung an die vom Berufungsgericht getroffenen tatsächlichen Feststellungen zu prüfen (*Goldmann* → § 8 Rn. 327 ff.).[102]

II. Schuldner

38 **Schuldner** des Gewinnabschöpfungsanspruchs ist derjenige, der vorsätzlich eine nach § 3 oder § 7 unzulässige geschäftliche Handlung vornimmt.[103] Handeln mehrere Unternehmer auf verschiedenen Stufen der Handelskette vorsätzlich unlauter, etwa der Importeur und die Verkäufer gefälschter oder nicht zugelassener Produkte, kann der Gewinnabschöpfungsanspruch gegen jedes einzelne Unternehmen geltend gemacht werden. **Jeder** dieser **Unternehmer haftet individuell** auf Herausgabe des von ihm selbst erzielten Gewinns. Zwischen mehreren auf diese Weise unlauter handelnden Unternehmern besteht **kein Gesamtschuldverhältnis.**

III. Nutznießer

39 Nutznießer des Gewinnabschöpfungsanspruchs ist nicht der Gläubiger, sondern der **Bundeshaushalt.** Insoweit klagen die Verbände aus eigenem Recht auf eine Leistung an einen Dritten. Diese eigenartige Konstellation der treuhänderischen Geltendmachung des Anspruchs[104] ist nicht etwa eine Prozessstandschaft. Die **Drittbegünstigung charakterisiert den Anspruchsinhalt.** Eine vergleichbare Rechtslage besteht bei der Klage auf

[99] BGH GRUR 1972, 189 (190) – Wandsteckdose II; GRUR 2001, 329 (331) – Gemeinkostenanteil; GRUR 2007, 431 Rn. 21 – Steckverbindergehäuse; *Tilmann* GRUR 2003, 647; gleiches gilt sinngemäß für den Vernichtungsanspruch (ua § 18 MarkenG); vgl. BGH GRUR 1997, 899 (901) – Vernichtungsanspruch.

[100] BGH GRUR 2018, 1166 Rn. 12 – Prozessfinanzierer I; GRUR 2019, 850 Rn. 10 – Prozessfinanzierer II.

[101] RegE (BT-Drs. 15/1487), S. 24.

[102] BGH GRUR 2018, 1166 Rn. 12 – Prozessfinanzierer I; GRUR 2019, 850 Rn. 10 – Prozessfinanzierer II.

[103] OLG Schleswig MMR 2013, 579 (584) – Rücklastschriften I.

[104] So OLG Düsseldorf GRUR 2017, 331 Rn. 39 – Gewinne aus Rücklastschriften.

Leistung an einen Dritten beim so genannten „unechten" Vertrag zugunsten Dritter, § 328 Abs. 2 BGB.

Damit haben die **Verbände** – in finanzieller Hinsicht – **keinen Anreiz,** den Gewinnabschöpfungsanspruch geltend zu machen (→ Rn. 5). Würde der Gewinn bei den Anspruchsberechtigten verbleiben, bestünde nach Ansicht des Gesetzgebers die Gefahr, dass der Anspruch aus dem letztlich sachfremden Motiv der Einnahmeerzielung heraus geltend gemacht würde. Für die Entscheidung einer etwaigen Anspruchsverfolgung soll aber ausschlaggebend sein, ob durch die unlautere Wettbewerbshandlung die Interessen der Abnehmer erheblich beeinträchtigt werden.[105] Da die Arbeit jedenfalls der Verbraucherschutzverbände zum Teil ohnehin aus öffentlichen Mitteln finanziert wird, ist es nach Auffassung des Gesetzgebers angemessen, dass die Gelder dem Bundeshaushalt zufließen.[106] Rechtspolitisch besteht der dringende Bedarf, den abgeschöpften Gewinn ganz oder jedenfalls zum Teil den Verbänden selbst zuzubilligen, da nur so ein ausreichender Anreiz zur Rechtsverfolgung entsteht.[107] Gegen eine missbräuchliche Geltendmachung im Einzelfall schützen bereits die strengen Voraussetzungen auf Tatbestandsebene.[108] Dass ohne eine angemessene Beteiligung am Gewinnschlicht keine Motivation dafür besteht, *„für die Staatskasse die Kastanien aus dem Feuer zu holen"*, wurde schon in der Gesetzgebungsdiskussion betont[109] und auch jüngst wieder konstatiert.[110] 40

C. Voraussetzungen des Gewinnabschöpfungsanspruchs

I. Nach § 3 oder § 7 unzulässige geschäftliche Handlung

1. Wettbewerbsverstoß. Wie bei §§ 8 und 9 sind bei § 10 die **Rechtsfolgen an eine nach § 3 oder § 7 unzulässige geschäftliche Handlung geknüpft.** Verlangt wird also eine geschäftliche Handlung, die sich entweder gem. § 3 Abs. 3 unter einen Tatbestand der Schwarzen Liste, eine Fallgruppe der Beispielskataloge in §§ 3a, 4, 4a, 5, 5a, 6 Abs. 2 und 7 oder direkt unter die Generalklauseln des § 3 Abs. 1 oder § 3 Abs. 2 subsumieren lässt. Eine Beschränkung auf bestimmte Katalogtatbestände unlauterer Handlungen wurde nicht vorgenommen.[111] Damit ist der Gewinnabschöpfungsanspruch auch bei mitbewerberbezogenen Verstößen nicht von vornherein ausgeschlossen (zum Begriff *Goldmann* → § 8 Rn. 352). Hier wird jedoch nur in seltenen Fällen ein Gewinn zu Lasten einer Vielzahl von Verbrauchern erzielt werden. Denkbar ist dies etwa, wenn es an einem Ort nur zwei Mitbewerber gibt und der eine den anderen vorsätzlich angeschwärzt hat, um dessen abgeschreckte Kunden anzulocken und ihnen weit höhere Preise abzuverlangen. 41

2. Anwendungsfälle. Neben den während des Gesetzgebungsverfahrens genannten Fällen lassen sich – ohne Anspruch auf Vollständigkeit – **weitere Konstellationen** anführen, bei denen an die Geltendmachung des Gewinnabschöpfungsanspruchs zu denken ist.[112] Beispiele: 42

a) Unmittelbare Benachteiligung der Verbraucher. Die erste Gruppe bilden Fälle, in denen der unlautere Wettbewerb direkt und **unmittelbar,** dh ohne Zwischenschaltung 43

---

[105] RegE (BT-Drs. 15/1487), S. 25, 43; BGH GRUR 2018, 1166 Rn. 41 f. – Prozessfinanzierer I; 29.11.2018 – I ZR 26/17 Rn. 7 – Prozessfinanzierer I (Gehörsrüge); GRUR 2019, 850 Rn. 27 – Prozessfinanzierer II.

[106] RegE (BT-Drs. 15/1487), S. 24; OLG Düsseldorf 7.2.2017 – I-20 U 139/15.

[107] Ebenso *Alexander* WRP 2012, 1190 (1195); *Emmerich* FS Fezer, 2016, 1027; *Fezer* FS Bornkamm, 2014, 335 (339); *Gärtner* GRUR-Int 2008, 817 (819); *Henning-Bodewig* GRUR 2015, 731 (737); *Hörmann* VuR 2016, 81 (82); *Keßler* ZRP 2016, 2 (3); GroßKommUWG/*Poelzig* § 10 Rn. 43.

[108] *Neuberger* S. 136.

[109] *Stadler/Micklitz* WRP 2003, 559 (562).

[110] *Köhler* WRP 2019, 139 Rn. 1.

[111] *Gärtner* S. 85.

[112] Die Struktur der Fallgruppenbildung orientiert sich zT an *Micklitz/Stadler* S. 30 ff.

wettbewerbswidriger Werbemaßnahmen, unwirksamer **zu einer wirtschaftlichen Schlechterstellung der Verbraucher führt:**[113]

44 **aa) Einziehung geringer Beträge ohne Rechtsgrund.** In unterschiedlichen Fallvarianten werden **geringe Beträge ohne Rechtsgrund eingezogen,** einbehalten oder angemahnt. So werden im Rahmen von Internetgeschäften kleinere Beträge abgebucht, ohne dass es eine Rechtfertigung dafür gibt, und auch sonst kommt es vor, dass geringfügige Vorauszahlungen von Unternehmen ohne weiteres einkassiert oder einbehalten werden, ohne dass je eine Leistung erbracht wird. Banken und Mobilfunkbetreiber verlangen zuweilen auf der Grundlage unwirksamer AGB bewusst unangemessene oder überhöhte Gebühren[114], und Inkassobüros mahnen manchmal Forderungen an, die nicht bestehen. Die Praxis zeigt, dass die Betroffenen dies entweder gar nicht bemerken oder einfach zahlen, um in Ruhe gelassen zu werden.[115] Diese Fallgruppe ist die einzige, die zwischenzeitlich eine **gewisse praktische Bedeutung** erlangen konnte (vgl. → Rn. 7).

45 **bb) Mogelpackungen.** Bei Verpackungseinheiten werden die aufgedruckten **Füllmengen unterschritten** oder Getränke unter Eichstrich ausgeschenkt. Diese **Kundentäuschung** wird gerade als Mittel des Wettbewerbs eingesetzt.[116]

46 **cc) Gefälschte Produkte.** Den Verbrauchern werden **Produktfälschungen** hochwertiger Markenwaren angeboten, ohne dass die Verbraucher den Fälschungscharakter erkennen und sich so bewusst für oder gegen ein gefälschtes statt eines originalen Produkts entscheiden können, so etwa beim Verkauf von unlizenzierten Nachbauten von Designermöbeln, soweit nicht der Umstand der Fälschung ausdrücklich offengelegt wird.

47 **dd) Etikettenschwindel.** Die Stiftung Warentest erklärt das Olivenöl eines Discounters zum Testsieger und erteilt das Testurteil „gut", das der Discounter auf die Etiketten des Öls drucken lässt. In der Folge verkauft sich das Öl so gut, dass kein ausreichender Nachschub beschafft werden kann. Der Discounter füllt deshalb minderwertiges Öl ab, ohne aber die Etikettierung zu ändern.[117]

48 **ee) Nicht verkehrsfähige Produkte.** Verunreinigte, gefährliche oder für den Markt gar **nicht zugelassene Produkte werden gleichwohl vermarktet.**[118]

49 **ff) Verwendung unzulässiger AGB. Allgemeine Geschäftsbedingungen,** deren **Rechtswidrigkeit** ohne weiteres ersichtlich ist und womöglich auf Grund von Musterprozessen sogar bereits feststeht, werden von Unternehmen so lange **weiterverwendet,** bis ein rechtskräftiges Urteil gegen die eigene Firma vorliegt.[119]

50 **gg) Aleatorische Reize.** Die Zentralorganisation großer Elektronikmärkte hatte allen Kunden, die am 1.6.2004 ein Fernsehgerät kaufen würden, versprochen, ihnen den vollen Kaufpreis zu erstatten, falls die deutsche Fußballnationalmannschaft in Portugal Europameister werden sollte, und damit seinerzeit in nach § 1 UWG 1909 unzulässiger Weise die Spiel- und Wettlust der Verbraucher ausgenutzt. Viele Verbraucher erwarben daraufhin einen Fernseher.[120] Die bloße Anlockwirkung, die von **aleatorischen Reizen** ausgehen

---

[113] *Micklitz/Stadler* S. 25 f., 30.

[114] Vgl. OLG Schleswig NJOZ 2015, 1515 – Pfand für SIM-Karten; OLG Düsseldorf GRUR-RR 2017, 331 – Gewinne aus Rücklastschriften; OLG Schleswig GRUR 2018, 1071 (1072) – Nichtnutzungsgebühr (nämlich für nicht getätigte Anrufe und nicht geschriebene SMS); OLG Köln GRUR-RR 2018, 431 – Schadenspauschale für Mahnung.

[115] *Micklitz/Stadler* S. 25 f.

[116] Vgl. BGH GRUR 1987, 180 – Ausschank unter Eichstrich II.

[117] Vgl. die Schilderung in „Krieg ums Öl" von *Christoph Schult* in Der Spiegel Heft 14 v. 29.3.2004, S. 44.

[118] *Micklitz/Stadler* S. 26.

[119] OLG Schleswig NJOZ 2015, 1515 Rn. 77 – Pfand für SIM-Karten; *Micklitz/Stadler* S. 25 f.

[120] Vgl. LG Hamburg 6.6.2004 – 315 O 580/04 – Fernseher für umsonst: „allein in einer Stunde seien 200 Prozent mehr TV-Geräte verkauft worden als am ersten Werktag im vergangenen Juni"; vgl. Bericht in manager-magazin.de v. 4.6.2004.

kann, genügt zwar für sich genommen in aller Regel nicht, um einen Sorgfaltsverstoß iSd § 3 Abs. 2 zu begründen und die Fähigkeit des Durchschnittsverbrauchers zu einer informierten Entscheidung spürbar zu beeinflussen. Etwas anderes kann jedoch gelten, wenn sich die Maßnahme gezielt an eine Gruppe besonders schutzbedürftiger Verbraucher iSd § 3 Abs. 4 richtet.

b) Mittelbare Benachteiligung der Verbraucher? Nach Einführung des Gewinnabschöpfungsanspruchs wurde diskutiert, ob auch solche Fälle zu einer Gewinnabschöpfung führen können, in denen ein UWG-Verstoß auf einer **vorgelagerten Marktstufe** stattfindet, der unmittelbar nur eine geringe Anzahl von Abnehmern betrifft, durch den es aber mittelbar zu höheren Endverbraucherpreisen kommt. Dadurch, dass die unlautere Wettbewerbshandlung nicht unmittelbar zu einem Schaden „auf Kosten" einer Vielzahl von Abnehmern erfolgen muss, sondern es ausreicht, dass mittelbar eine wirtschaftliche Schlechterstellung „zu Lasten" einer Vielzahl von Abnehmern bewirkt wird, gibt § 10 grundsätzlich die Möglichkeit, auch solche mittelbaren Benachteiligungen mit einem Gewinnabschöpfungsanspruch zu sanktionieren.[121] Als Anwendungsfälle wurde die Verletzung von kartellrechtlichen oder besonderen regulatorischen Bestimmungen als Fälle des § 3a diskutiert.[122] 51

Wo Unternehmen nämlich **verbotene Absprachen im Horizontalverhältnis** treffen und auf diese Weise höhere Endverbraucherpreise bewirken, wie etwa das berüchtigte „Vitaminkartell",[123] oder wo Unternehmen im Vertikalverhältnis gegen das Verbot der Preisbindung der zweiten Hand verstoßen und so künstlich das Preisniveau hochhalten, konnte über eine Gewinnabschöpfung auch nach § 10 nachgedacht werden. Dies ist aber nach der **7. GWB-Novelle** nicht mehr möglich. Das novellierte GWB enthält eine grundsätzlich **abschließende Regelung** der zivilrechtlichen Ansprüche, die im Falle von Verstößen gegen kartellrechtliche Verbote geltend machen können. Dieses abgestufte Regelungssystem darf durch lauterkeitsrechtliche Ansprüche nicht unterlaufen werden.[124] 52

Für andere Verstöße, bei denen mittelbar eine Vielzahl von Abnehmern betroffen sind, bleibt eine Gewinnabschöpfung aber möglich. Denn die belasteten **Abnehmer müssen** ihrem Wortsinn nach **nicht Vertragspartner** des unlauter Handelnden **sein;** es genügt, wenn sie Teil einer vertikalen Lieferkette sind (ausführlich zum Begriff des Abnehmers → Rn. 95 ff.). 53

c) Irreführung durch Werbung. Die dritte Gruppe bilden Fälle, in denen der Unternehmer über eine entsprechende Gestaltung der Werbung falsche Vorstellungen und Erwartungen bei den durch die Werbung angesprochenen Verkehrskreisen weckt. Es kann dabei regelmäßig davon ausgegangen werden, dass der Verbraucher bei Kenntnis der wahren Sachlage die Werbung gar nicht näher beachtet und das Angebot nicht angenommen hätte.[125] 54

aa) Missbrauch von telefonischen „Mehrwertdiensten". Der Unternehmer wirbt per Kleinanzeige oder im Internet für Haupt- und Nebenverdiensttätigkeiten. Um sich per Telefon näher informieren zu können, müssen arbeitssuchende Personen eine **Mehrwertdienstnummer** anwählen oder sich des ebenfalls kostenpflichtigen Faxabrufs bedienen. Statt wertvoller Ratschläge oder einer Arbeitsmöglichkeit werden aber nur allgemeine und nutzlose Informationen bereitgestellt.[126] 55

---

[121] Ebenso MüKoUWG/*Micklitz* § 10 Rn. 121; aA *Köhler*/Bornkamm/Feddersen § 10 Rn. 9 f., Teplitzky/*Schaub* Kap. 37 Rn. 9.

[122] So insbes. die 1. Aufl. dieses Kommentars; näher zum Konzept des Kartellrechtsverstoßes als Wettbewerbsverstoß *Weber* GRUR 2002, 485 (488); vgl. *Mees* FS Erdmann, 2002, 657 (664 ff.).

[123] Entsch. der Kommission v. 22.11.2001 (Sache COMP/E-1/37512), ABl. 2001 L 6, S. 1 ff. Mit den geheimen Absprachen hätten die Unternehmen *„zum Schaden der Verbraucher und zum eigenen – illegalen – Profit höhere Preise verlangen können, als dies bei echtem Wettbewerb möglich gewesen wäre"*, so der öffentliche Kommentar des damaligen Wettbewerbskommissars *Monti*.

[124] BGH GRUR-Int 2007, 162 Rn. 13 – Probeabonnement; ähnlich *Neuberger* S. 87 f.; *van Raay* S. 184.

[125] *Micklitz/Stadler* S. 31.

[126] *Micklitz/Stadler* S. 26 f.; *Bornkamm/Köhler/Henning-Bodewig* WRP 2002, 1317 (1327); *Sosnitza* GRUR 2003, 739 (745).

56 **bb) Erlogene Gewinnmitteilungen.** Der Unternehmer versendet **Gewinnmitteilungen,** in denen dem Adressaten in der äußeren Form eines persönlichen Anschreibens Geld- oder Sachgewinne als bereits gewonnen oder sicher zu erwarten in Aussicht gestellt werden. Dem Schreiben beigefügt sind Werbeprospekte nebst Bestellscheinen. Aus Freude über den vermeintlichen Gewinn oder in dem Glauben, seine Gewinnchancen zu erhöhen, bestellt der Adressat die angebotene Ware, an der er eigentlich gar kein Interesse hat.[127]

57 **cc) Irreführung über Produkteigenschaften.** Der Unternehmer bewirbt Schlankheitsmittel, die nur unter bestimmten Bedingungen überhaupt wirken können, als unfehlbar wirksam an oder bewirbt hoch spekulative Geldanlagen als sicher oder Produkte aus Massenanbau oder Massentierhaltung als ökologisch erzeugt etc.[128]

58 **dd) Irreführung über die Entgeltlichkeit von Angeboten.** Eine gewisse praktische Bedeutung hat der Gewinnabschöpfungsanspruch bei den sog. **„Abo-Fallen"** erlangt. Hier wird dem Verbraucher suggeriert, er könne nach Anmeldung ein Internet-Portal kostenlos nutzen, tatsächlich wird ihm damit ein entgeltliches Abonnement untergeschoben.[129]

59 **ee) Verstoß gegen gesetzliche Informationspflichten.** Dem Unternehmer werden beim Abschluss von Verträgen im elektronischen Geschäftsverkehr **Hilfs- und Informationspflichten** nach § 312e BGB und Art. 241 EGBGB auferlegt. So muss er dem Kunden angemessene, wirksame und zugängliche technische Mittel zur Verfügung stellen, mit deren Hilfe der Kunde Eingabefehler vor Abgabe seiner Bestellung erkennen und berichtigen kann, und ihm die Möglichkeit verschaffen, die Vertragsbestimmungen einschließlich der AGB bei Vertragsschluss abzurufen. Zu informieren ist zB auch über die einzelnen technischen Schritte, die zu einem Vertragsschluss führen. Der Unternehmer missachtet diese Verpflichtungen jedoch und bringt durch Irreführung oder Vorenthaltung von Informationen die Kunden zu unerwünschten Vertragsschlüssen.

60 **d) Unlauteres und belästigendes Direktmarketing.** Die vierte Gruppe bilden Fälle des **unlauteren Direktmarketings,** die in verschiedenen Anteilen irreführende, belästigende und überrumpelnde Elemente in sich vereinigen können.

61 **aa) Faxwerbung.** Durch **belästigende Faxwerbung** werden die Empfänger der Werbefaxe geschädigt (etwa durch Verlust von Toner und Papier). Der Schaden, der bei den einzelnen Betroffenen entsteht, ist verhältnismäßig gering, so dass diese sich nicht die Mühe machen, den Schaden gegenüber dem Absender, den er erst mühsam ermitteln müsste, geltend zu machen. Der Versender der unlauteren Werbung aber hat durch Rückläufe über „Mehrwert"-Rufnummern einen erklecklichen Gewinn aus seiner Werbung gezogen.[130]

62 **bb) SMS-Werbung.** Ein Unternehmen verschickt an zahllose männliche Empfänger **Kurzmitteilungen** im Namen einer fiktiven Dame, in der die Empfänger aufgefordert wurden, zurückzurufen. Die Rückmeldung bedeutete jedoch gleichzeitig die kostenpflichtige Bestellung eines SMS-Pakets.[131]

II. Vorsätzliches Handeln

63 **1. Beschränkung auf Vorsatz als Verschuldensform. a) Gesetzgeberische Zielsetzung.** § 10 Abs. 1 setzt eine **vorsätzliche Zuwiderhandlung** gegen UWG-Vorschriften voraus. Fahrlässigkeit, auch grobe, reicht nicht aus. Der Begriff des Vorsatzes in § 10

[127] *Sosnitza* GRUR 2003, 739 (745); *Micklitz/Stadler* S. 28.
[128] *Micklitz/Stadler* S. 26 ff.; 31.
[129] Vgl. OLG Frankfurt a. M. GRUR-RR 2009, 265 – Abo-Fallen; OLG Frankfurt a. M. GRUR-RR 2010, 482 – heute gratis.
[130] Merkblatt „Schwerpunkte der UWG-Reform" des BMJ v. 20.1.2003, S. 3.
[131] Vgl. „D-SMS: Verbraucherschutz deckt Datenschutzverstoß auf", Artikel des online-Dienstes teletarif.de vom 6.4.2004.

Abs. 1 entspricht dem des § 9, dieser wiederum dem des § 276 BGB (hierzu *Goldmann* → § 9 Rn. 27 ff.). Ein **bedingter Vorsatz reicht** selbstverständlich aus.[132]

Der Referentenentwurf hatte noch eine Haftung für Vorsatz und grobe Fahrlässigkeit für gerechtfertigt gehalten.[133] Der Regierungsentwurf rückte davon ab und beschränkte den Anwendungsbereich der Gewinnabschöpfung auf Fälle vorsätzlichen Handelns. 64

Damit wird bezweckt, solche Fälle aus dem Anwendungsbereich des Gewinnabschöpfungsanspruches herauszunehmen, in denen sich ein Unternehmer in einem **Grenzbereich wettbewerbsrechtlicher Zulässigkeit** bzw. Unzulässigkeit bewegt und deshalb mit einer abweichenden Beurteilung seines zumindest bedenklichen Verhaltens rechnen konnte und deshalb fahrlässig handelt.[134] Der Gesetzgeber wollte gerade diese **lauterkeitsrechtlichen Grenzgänger schützen** und vor einem als unangemessene Belastung betrachteten Prozessrisiko bewahren. Der dem Gewinnabschöpfungsanspruch zugrundeliegende Abschreckungsgedanke gebiete zwar eine wirkungsvolle Sanktion bei Vorsatz, müsse aber in allen Fällen fahrlässiger Zuwiderhandlung zurücktreten.[135] 65

b) Privilegierung nur der völlig Rechtsblinden, nicht aber derjenigen, die es auf einen Wettbewerbsverstoß ankommen lassen. Es soll nach dem Willen des Gesetzgebers gerade nicht ausreichen, dass der Handelnde mit der Rechtswidrigkeit im Sinne eines potentiellen Unrechtsbewusstseins rechnen konnte,[136] sondern dass er es im Sinne eines **aktuellen Unrechtsbewusstseins** auch wirklich tat. Dies erfordert gerade wegen der spärlichen Judikatur zu diesem Fragenkreis eine **sorgfältige Unterscheidung von Fahrlässigkeit und Vorsatz** anhand des Unrechtsbewusstseins (näher *Goldmann* → § 9 Rn. 46 ff.). 66

Vorsätzlich handelt schon, wer eine von der eigenen rechtlichen Einschätzung abweichende Beurteilung tatsächlich in Betracht zieht, aber gleichwohl ins Blaue hinein und ohne Beachtung der Rechtsordnung und Prüfung der Rechtslage einfach Fakten schafft und sich im Sinne eines bewussten Ignorierens **der Rechtskenntnis verschließt.** Denn wer von den Folgen seines Tuns oder vor dessen Bewertung geradezu die Augen verschließt, muss es sich gefallen lassen, wie ein bewusst Handelnder beurteilt zu werden (*Goldmann* → § 9 Rn. 51).[137] Wer als wettbewerbsrechtlicher Grenzgänger bei vorhandenen Rechtszweifeln auf zuverlässigen Rechtsrat bewusst verzichtet und es so **auf einen Wettbewerbsverstoß ankommen lässt,** handelt deshalb vorsätzlich und setzt sich so dem Gewinnabschöpfungsanspruch aus.[138] 67

Privilegiert werden durch das Vorsatzerfordernis damit allein die **völlig Rechtsblinden und Ignoranten** unter den Grenzgängern, die sich um die wettbewerbsrechtliche Zulässigkeit überhaupt nicht kümmern. Diesen ist nur sorgfaltswidriges Verhalten vorzuwerfen, nicht aber ein bewusstes Hinwegsetzen über die Grenzen des lauteren Verhaltens. Völlig rechtsblinde und ignorante Unternehmer wird es indes **nur sehr selten** geben.[139] Damit ist das Vorsatzerfordernis bzw. das Erfordernis des Unrechtsbewusstseins **kein großes Hemmnis** für eine praktische Anwendung des Gewinnabschöpfungsanspruchs. 68

2. Vorsatzinhalt. a) Unzulässige geschäftliche Handlung nach §§ 3 oder 7. Der Vorsatz muss sich **auf alle die Unzulässigkeit begründenden Umstände beziehen.** Bei 69

[132] OLG Frankfurt a. M. GRUR-RR 2009, 265 (268) – Abo-Fallen; OLG Schleswig MMR 2013, 579 (584) – Rücklastschriften I; NJOZ 2015, 1515 Rn. 80 – Pfand für SIM-Karten; 14.2.2019 – 2 U 4/18 Rn. 103, 111.

[133] Referentenentwurf des BMJ, S. 46.

[134] BGH GRUR 2002, 622 (626) – shell.de; GRUR 1999, 923 (928) – Tele-Info-CD; GRUR 1999, 49 (51) – Bruce Springsteen and his Band; GRUR 1998, 568 (569) – Beatles-Doppel-CD; GRUR 1995, 744 (749) – Feuer, Eis & Dynamit; GRUR 1990, 1035 (1038) – Urselters II; GRUR 1981, 286 (288) – Goldene Karte I; GRUR 1971, 223 (225) – clix-Mann; BGHZ 8, 88 (97) – Magnetophon.

[135] RegE (BT-Drs. 15/1487), S. 24.

[136] RegE (BT-Drs. 15/1487). S. 24.

[137] Ebenso LG Köln 9.1.2018 – 33 O 8/17.

[138] Ebenso LG Köln 9.1.2018 – 33 O 8/17; *van Raay* S. 203.

[139] Ebenso LG Köln 9.1.2018 – 33 O 8/17.

einem Verstoß gegen § 3 Abs. 2 schließt dies die objektive Geeignetheit zur wesentlichen Beeinflussung des wirtschaftlichen Verhaltens des Verbrauchers ein.

70 **b) Gewinn zu Lasten einer Vielzahl von Abnehmern.** Nicht vom Vorsatz erfasst sein muss dagegen, dass infolge des Verstoßes zu Lasten einer Vielzahl von Abnehmern ein Gewinn erzielt wird. Der Wortlaut setzt nur voraus, dass der Handelnde vorsätzlich zuwiderhandelt und hierdurch zu Lasten einer Vielzahl von Abnehmern einen Gewinn erzielt. Diese Gewinnerzielung stellt kein Tatbestandsmerkmal dar, sondern nur eine objektive Bedingung, ohne deren Erfüllung der Sanktionsmechanismus nicht ausgelöst wird. Dass ein Gewinn zu Lasten einer Vielzahl von Abnehmern erzielt wurde, ist gleichsam **objektive Bedingung der Gewinnabschöpfung.**[140]

71 **3. Einzelheiten.** Zu den Einzelheiten des Vorsatzes und dessen Feststellung in der Praxis wird auf die Kommentierung zu § 9 verwiesen, wo, der Systematik des Gesetzes folgend, Vorsatz und Fahrlässigkeit behandelt werden (*Goldmann* → § 9 Rn. 27 ff.).

4. Zurechnung des Vorsatzes zum Unternehmen. a) Keine Erfolgshaftung.
72 Nach § 8 Abs. 2 werden alle Zuwiderhandlungen, die in einem Unternehmen von einem **Mitarbeiter oder Beauftragten** begangen werden, automatisch dem Betriebsinhaber zugerechnet, so dass Unterlassungs- und Beseitigungsansprüche auch gegen den **Inhaber des Betriebes** begründet sind. Diese Regelung begründet für den Unterlassungsanspruch eine Erfolgshaftung des Betriebsinhabers ohne jede Entlastungsmöglichkeit; er haftet auch für die ohne sein Wissen und gegen seinen Willen von einem Mitarbeiter oder Beauftragten begangenen Wettbewerbsverstöße (ausf. *Goldmann* → § 8 Rn. 682 ff.).

73 Auf den **Gewinnabschöpfungsanspruch** findet **§ 8 Abs. 2 keine Anwendung,** auch nicht analog.[141] Der Gewinnabschöpfungsanspruch hat Sanktionscharakter. Für jede Sanktion – nicht nur als Strafe für kriminelles Unrecht, sondern auch als strafähnliche Sanktion für sonstiges Unrecht – gilt der Grundsatz *nulla poena sine culpa,* der dem Rechtsstaatsprinzip des Art. 20 Abs. 3 GG entspringt.

74 Die dem Rechtsstaatsprinzip innewohnende Idee der materiellen Gerechtigkeit fordert, dass jede zumindest auch repressive Sanktion für einen Rechtsverstoß auf **persönlicher Vorwerfbarkeit** beruhen muss. Die repressive Ahndung einer Tat ohne Schuld des Täters wäre rechtsstaatswidrig.[142]

75 Diese Grundsätze gelten auch für juristische Personen.[143] Die juristische Person ist als solche nicht handlungsfähig. Wird sie für vorsätzliches Handeln in Anspruch genommen, so kann nur die Schuld der für sie **verantwortlich handelnden** Personen maßgebend sein.[144] Damit stellt sich die Frage der sachgerechten Zurechnung.

76 **b) Nulla poena sine dolo.** Nach der Vorstellung des Gesetzgebers soll neben § 31 BGB auch **§ 831 BGB als Zurechnungsnorm** anwendbar sein.[145] Diese Norm knüpft an das eigene Auswahl-, Überwachungs- oder sonstige Organisationsverschulden des Betriebsinhabers an. Problematisch ist allerdings, dass der Unternehmer nach § 831 BGB analog auch dann haften würde, wenn er zwar den Entlastungsbeweis nicht führen kann, aber davon auszugehen ist, dass ihm selbst nur ein fahrlässiges Organisationsverschulden zur Last fällt. Muss der Unternehmer auch in einem solchen Fall, in dem er selbst nur fahrlässig gehandelt hat, die für Vorsatz vorgesehene Sanktion tragen, wenn **nur sein Angestellter vorsätzlich gehandelt hat,** aber nicht der Unternehmer selbst? Die Antwort kann nach der zitierten Rechtsprechung des BVerfG nur negativ ausfallen. Jede Sanktion setzt einen Verschuldenszusammenhang voraus. Dieser lautet in aller Regel *nulla poena sine culpa.* Wo

[140] Ebenso nun MüKoUWG/*Micklitz* § 10 Rn. 78; GroßKommUWG/*Poelzig* § 10 Rn. 63.
[141] Ebenso *Köhler*/Bornkamm/Feddersen § 10 Rn. 6.
[142] BVerfGE 20, 323 (331) – nulla poena sine culpa.
[143] BVerfGE 20, 323 (335) – nulla poena sine culpa.
[144] BVerfGE 20, 323 (336) – nulla poena sine culpa.
[145] RegE (BT-Drs. 15/1487), S. 22.

der Gesetzgeber aber ausdrücklich Vorsatz verlangt, muss es heißen: *nulla poena sine dolo.* Der Unternehmer, den selber nur fahrlässiges Organisationsverschulden trifft, kann deshalb der Sanktion der Gewinnabschöpfung nicht unterworfen werden. Er muss auch **selbst vorsätzlich handeln.** Dies ist dann der Fall, wenn er zwar Hinweise auf mögliche (künftige) Wettbewerbsverstöße hat, diesen aber nicht nachgeht und so **im Sinne des bewussten Ignorierens die Augen verschließt.**[146]

c) Zurechnung bei juristischen Personen. Grundnorm der Zurechnung von Verschulden bei GmbH und AG ist **§ 31 BGB analog,** der in direkter Anwendung auf den Idealverein zugeschnitten ist.[147] Die juristische Person haftet danach für vorsätzliches Handeln ihrer **Organe.** Diese für die deliktische Schadensersatzhaftung konzipierte Zurechnungsnorm hat das BVerfG, wenn auch nur in einem *obiter dictum,* auch für die Zurechnung von Sanktionen für Rechtsverstöße als verfassungsgemäß betrachtet.[148] Vorsätzliches Handeln der Organe muss also gem. **§ 31 BGB** (in doppelter Analogie) zur Sanktion der Gewinnabschöpfung für die GmbH oder AG führen. Innerhalb der Organisation der juristischen Person sind wegen des hier geltenden Grundsatzes *nulla poena sine dolo* vorsätzliche Wettbewerbsverstöße den Organen und damit der Gesellschaft selbst an sich nur zurechenbar, wenn die Organe selbst vorsätzlich gehandelt haben. 77

Das BVerfG hat die Frage, ob die Zurechnung von Verschulden bei der juristischen Person auf ihre Organe beschränkt ist, oder darüber hinaus auf weitere Personen innerhalb der Organisation der juristischen Person – etwa Prokuristen, Handlungsbevollmächtigte, leitende Angestellte – erstreckt werden kann, ausdrücklich offen gelassen.[149] Diese Frage ist im zuletzt genannten Sinne zu bejahen. Das Rechtsstaatsgebot verlangt ein Verschulden der für die juristische Person **verantwortlich handelnden Personen.**[150] Verantwortlich handelnde Personen sind in diesem Sinne auch, wie § 31 BGB es für die Schadensersatzpflicht vorsieht, die **verfassungsmäßig berufenen Vertreter,** denen durch allgemeine Betriebsregelungen und Handhabungen bedeutsame, wesensmäßige Funktionen der juristischen Person zur selbständigen, eigenverantwortlichen Erfüllung zugewiesen sind, die also die juristische Person gewissermaßen repräsentieren (**„Repräsentantenhaftung"**, näher *Goldmann* → § 9 Rn. 99 ff.).[151] Solche Angestellte in Leitungsfunktionen, die unternehmerisch bedeutsame Aufgaben in eigener Verantwortung wahrnehmen oder weitgehende Vollmachten haben (zB Prokura[152]), ermöglichen erst, dass Kapitalgesellschaften weitrechende Entscheidungsbefugnisse delegieren, unternehmerische Entscheidungen dezentralisieren und damit ihre Effektivität und Handlungsfähigkeit steigern können. Diese Freiheit kann billigerweise nur dann in Anspruch genommen werden, wenn andererseits die durch den Einsatz der **leitenden Angestellten** gewonnenen Möglichkeiten nicht zusätzlich auch noch mit einer Lösung von rechtlichen Verpflichtungen einhergeht. Der Einsatz von leitenden Angestellten kann nicht dazu führen, dass sich die Kapitalgesellschaft damit von der Sanktion des § 10 für vorsätzliches Handeln letztlich freizeichnen kann. Das verfassungsrechtliche Gebot eines Zurechnungszusammenhangs qua „verantwortlichen Handelns" kann dazu führen, dass bei der Sanktionsnorm der Kreis der Personen, deren Handeln der juristischen Person zugerechnet werden kann, kleiner ist als bei der Anwen- 78

[146] Offenbar aA und die hier vertretene Auffassung unrichtig wiedergebend *Alexander* S. 654 f. Bei § 831 BGB geht es um die Zurechnung fremden Verschuldens. Dieses muss bei § 10 in der Person des Gehilfen selbstverständlich in Form des Vorsatzes vorliegen, was auch hier nie anders vertreten wurde; richtig und wie hier *Neuberger* S. 116.

[147] LG Düsseldorf 11.11.2015 – 12 O 5/15; näher Soergel/*Hadding* BGB § 31 Rn. 5 ff.

[148] BVerfGE 20, 323 (336) – nulla poena sine culpa.

[149] BVerfGE 20, 323 (335) – nulla poena sine culpa.

[150] BVerfGE 20, 323 (335) – nulla poena sine culpa.

[151] Ebenso nun LG Düsseldorf 11.11.2015 – 12 O 5/15; *Neuberger* S. 115; zum Begriff des verfassungsmäßig berufenen Vertreters BGHZ 49, 19 (21) zur deliktsrechtlichen Haftung; näher zum Begriff des verfassungsmäßig berufenen Vertreters, → § 9 Rn. 56 ff.

[152] LG Düsseldorf 11.11.2015 – 12 O 5/15.

dung des § 31 BGB im Deliktsrecht. Keinesfalls anwendbar ist die so genannte Lehre vom Organisationsmangel.[153]

79 Im Deliktsrecht hat die Rechtsprechung den Begriff des verfassungsmäßig berufenen Vertreters weit ausgelegt (*Goldmann* → § 9 Rn. 99 f.). Bei unlauterer Werbung ist davon auszugehen, dass der verantwortliche Mitarbeiter, der die **Entscheidung über** das **Ob und Wie** einer **Werbung** trifft, in diesem Sinne ein verfassungsmäßig berufener Vertreter ist.

80 **d) Zurechnung bei Personengesellschaften.** Es ist gewohnheitsrechtlich anerkannt, dass bei den Personengesellschaften OHG und KG die **unbeschränkt persönlich haftenden Gesellschafter** eine Haftung der Gesellschaft und sonstiger geschäftsführungsbefugter Gesellschafter – und damit eine persönliche Haftung der anderen persönlich haftenden Gesellschafter – analog § 31 BGB begründen können (dreifache Analogie).[154] Darüber hinaus ist diese Norm auch bei der GbR analog anwendbar.[155] Diese Zurechnungsnorm kann ohne verfassungsrechtliche Bedenken in – nunmehr vierfacher – Analogie auch für das vorsätzliche Handeln bei § 10 herangezogen werden.

81 Auch bei Personengesellschaften haftet die Gesellschaft für das vorsätzliche Handeln ihrer leitenden Angestellten.[156] Hierfür sprechen die gleichen Gründe wie bei den Kapitalgesellschaften.

82 **e) Zurechnung bei einzelkaufmännischen Unternehmen.** Beim einzelkaufmännischen Unternehmensträger ist eine **Anwendung des § 31 BGB** dagegen **ausgeschlossen.** Die direkte Anwendbarkeit dieser Zurechnungsnorm hängt von einer körperschaftlichen Struktur des Zurechnungssubjekts ab und verlangt in der analogen Anwendung zumindest eine gesellschaftsrechtlich verbundene Personenmehrheit. Es bleibt damit bei einer Zurechnung über § 831 BGB, die aber voraussetzt, dass der Unternehmer selbst vorsätzlich handelt. Von einem eigenen Vorsatz des Unternehmers ist auch dann auszugehen, wenn der Unternehmer zwar Hinweise auf mögliche Wettbewerbsverstöße hat, diese aber bewusst ignoriert (→ Rn. 38, 51).

83 **f) Keine Zurechnung von Handlungen verbundener Unternehmen.** Wer der Sanktion der Gewinnabschöpfung unterworfen werden soll, muss **selbst vorsätzlich handeln.** Eine Zurechnung von Handlungen verbundener Unternehmen ist nicht möglich. Wirbt etwa die Zentralorganisation von 174 selbständigen Elektronikmärkten mit dem Versprechen, deren Kunden den vollen Kaufpreis eines an einem bestimmten Tag gekauften Fernsehers zu erstatten, falls die deutsche Fußballnationalmannschaft 2004 Europameister werden sollte,[157] kann der (vorsätzliche) Wettbewerbsverstoß, der in der unzulässigen Werbung mit aleatorischen Reizen liegt, nicht automatisch jeder der 174 selbständigen Betreibergesellschaften der Märkte zugerechnet werden. In solchen Fällen muss dann sorgfältig geprüft werden, ob den angeschlossenen Unternehmen etwa durch eigene Werbung oder auch den Verkauf der beworbenen Geräte ein eigener (vorsätzlicher) Wettbewerbsverstoß zur Last fällt.

III. Zu Lasten einer Vielzahl von Abnehmern erzielter Gewinn

84 **1. Einleitung.** Die **Höhe des Anspruches** bemisst sich nach dem durch den Wettbewerbsverstoß zu Lasten einer Vielzahl von Abnehmern erzielten Gewinn. Sowohl der Begriff des „Gewinns" wie auch die Bedeutung des Merkmals „zu Lasten" bedürfen der

[153] Zu letzterer näher Soergel/*Hadding* BGB § 31 Rn. 15 ff.; Palandt/*Ellenberger* BGB § 31 Rn. 7.

[154] StRspr seit RGZ 76, 35 (38); eingehend Soergel/*Hadding* BGB § 31 Rn. 7.

[155] BGHZ 154, 88 (93 ff.); Soergel/*Hadding* BGB § 31 Rn. 7.

[156] AA, aber ohne überzeugende Begründung für das allgemeine Deliktsrecht RG JW 1932, 722; Soergel/*Hadding* BGB § 31 Rn. 7.

[157] Vgl. LG Hamburg 6.6.2004 – 315 O 580/04 – Fernseher für umsonst.

Klärung. Dasselbe gilt für die Begriffe „Abnehmer" und „Vielzahl". Die Einzelheiten sind umstritten und allesamt nicht höchstrichterlich geklärt.

2. Zu Lasten. a) Vermögensnachteil. aa) Wirtschaftliche Schlechterstellung. Das Merkmal „zu Lasten" verlangt zunächst, dass dem durch die unlautere Handlung erzielten Gewinn (hierzu → Rn. 113 ff.) eine wirtschaftliche Belastung einer Vielzahl von Abnehmern gegenübersteht. Nach dem Sinn und Zweck der Regelung, das Durchsetzungsdefizit bei Streuschäden zu beseitigen, ist ein Vermögensnachteil der Abnehmer zu fordern. Hierzu genügt jede **wirtschaftliche Schlechterstellung.**[158] 85

bb) Angemessenheitsprüfung und individuelle Folgeaufwendungen. Nach der Begründung des **Regierungsentwurfs** soll bei der Bestimmung der wirtschaftlichen Schlechterstellung die vom Zuwiderhandelnden erbrachte **Gegenleistung zu berücksichtigen sein.** An einem Vermögensnachteil soll es demnach grundsätzlich dann fehlen, wenn der vom Zuwiderhandelnden erzielte Preis im Verhältnis zur tatsächlich erbrachten Leistung *„völlig angemessen"* ist.[159] Dieser Ansatz, der im Schrifttum zT Zustimmung gefunden hat,[160] bürdet dem Richter die Suche nach einem gerechten Preis auf, den er mit dem tatsächlich verlangten zu vergleichen hat, um sodann etwaige Abweichungen noch auf ihre Angemessenheit unter den Umständen des Einzelfalls zu überprüfen – ohne dass weitere Parameter der Preisermittlung oder der Angemessenheitsprüfung gegeben würden. Nach diesem Ansatz soll eine Kompensation durch die empfangene Leistung nur ausnahmsweise ausgeschlossen werden. Dies soll zum einen möglich sein, wenn der Abnehmer einen **sonstigen Nachteil,** beispielsweise in Form von Aufwendungen erlitten hat, die ohne die unzulässige geschäftliche Handlung nicht angefallen wären.[161] Zum anderen soll eine wirtschaftliche Schlechterstellung trotz eines angemessenen Preises dann vorliegen, wenn der dieser Leistung für den Abnehmer **objektiv nicht brauchbar** und deshalb ohne Interesse ist.[162] 86

cc) Keine Berücksichtigung von Gegenleistung und Folgeaufwendungen. Die **Saldierung** von Leistung und Gegenleistung, die unter Bedingungen des unlauteren Wettbewerbs ausgetauscht wurden, **ist abzulehnen.**[163] Sie bleibt hinter der gesicherten Rechtsprechung des BGH zum Vermögensnachteil im Schadensersatzrecht zurück. Denn wird der Käufer durch irreführende Angaben zum Erwerb einer Sache veranlasst, die sich grundlegend von der angepriesenen Sache unterscheidet, ist ein Schaden auch dann zu bejahen, wenn der Wert der Sache dem gezahlten Preis entspricht. Die wirtschaftliche Schlechterstellung liegt bereits in der Belastung mit dem unerwünschten Vertrag, und der Ersatzanspruch richtet sich auf Rückgängigmachung des Vertrages.[164] 87

Derjenige, dem also zB eine gewöhnliche Glyzerincreme als Spezialhautcreme mit angeblich faltenglättender Wirkung um einen für Glyzerincreme angemessenen Preis verkauft wird, oder der einem irreführenden, weil veralteten Testurteil aufsitzt, hat durchaus einen Vermögensnachteil im Sinne einer **wirtschaftlichen Schlechterstellung.**[165] 88

---

[158] RegE (BT-Drs. 15/1487), S. 24; Beschlussempfehlung und Bericht des Rechtsausschusses (BT-Drs. 15/2795) S. 21.

[159] RegE (BT-Drs. 15/1487), S. 24; ebenso *Wimmer-Leonhardt* GRUR 2004, 12 (14); *Sieme* WRP 2009, 914 (919).

[160] *Sieme* WRP 2009, 914 (919 f.) und im Ausgangspunkt auch *Köhler*/Bornkamm/Feddersen § 10 Rn. 10.

[161] RegE (BT-Drs. 15/1487), S. 24.

[162] *Köhler*/Bornkamm/Feddersen § 10 Rn. 10; RegE (BT-Drs. 15/1487), S. 24.

[163] *Emmerich* FS Fezer, 2016, 1027 (1029); MüKoUWG/*Micklitz* § 10 Rn. 102 ff.; *Ohly*/Sosnitza § 10 Rn. 9; aA *Köhler*/Bornkamm/Feddersen § 10 Rn. 10; *Sieme* WRP 2009, 914 (919 f.).

[164] So BGHZ 115, 213 (222) zu einem grundlegend anderen als dem beworbenen Investitionsmodell in einem Fall der Prospekthaftung; BGH NJW 1998, 302; *Grigoleit* NJW 1999, 900 (901).

[165] Ebenso OLG Stuttgart GRUR 2007, 435 (437) – Veralteter Matratzentest; *Krieger* BB 1978, 625 (627), bildet zur den Fall des fälschlich als „Scotch Whisky" deklarierten einheimischen Destillats, das nicht zum Preis von Scotch Whisky, sondern zu einem für eine deutsche Spirituose angemessen Preis verkauft wird.

89 Wie die rechtliche Wertung beim bürgerlich-rechtlichen Institut der *culpa in contrahendo,* jetzt §§ 280 Abs. 1, 241 Abs. 2, 311 Abs. 2 BGB, zeigt, kann ein **Schaden immer schon in dem Vertragsschluss an sich** liegen. Der Schaden besteht gerade in der **Bindung** des Abnehmers **an den Vertrag.** Gem. § 249 S. 1 BGB besteht ein Anspruch auf Rückgängigmachung des Vertrags, der infolge der Pflichtwidrigkeit des anderen Teils zustande gekommen ist.[166] Eine wirtschaftliche Schlechterstellung liegt in Anlehnung an diese Grundsätze bereits in der **Belastung mit** jedem an sich **unerwünschten Vertrag,** der auf Grund unlauterer Werbeaussagen eingegangen wird, wenn die vertragliche Leistung hinter den Erwartungen zurückbleibt.[167]

90 Zudem ist die **Prüfung der Angemessenheit** des gezahlten Preises nahezu **ein Ding der Unmöglichkeit.** Schon die kartellrechtliche Frage, ob der von einem Marktbeherrscher verlangte Preis iSd § 19 Abs. 4 Nr. 2 GWB oder Art. 102 AEUV missbräuchlich hoch – also unangemessen – ist, hat sich als so schwierig erwiesen, dass die Fallgruppe des *excessive pricing* kaum einen praktischen Anwendungsbereich gewonnen hat, es sei denn in Kombination mit einer gleichzeitig vorliegenden Preisdiskriminierung.[168] Es gibt, soweit übersehbar, keine zuverlässig justitiablen Maßstäbe, anhand derer allgemeingültig oder auch nur für den Einzelfall abgeleitet werden könnte, wann, vor allem ab welcher Gewinnspanne, ein verlangter Preis nicht mehr als angemessen zu beurteilen ist.[169] Überhaupt liefe die Saldierung von Leistung und Gegenleistung auf eine **unakzeptable Preiskontrolle durch den Richter** hinaus.[170]

91 Schließlich ist das Bedürfnis nach einer wirkungsvollen wettbewerbsrechtlichen Sanktion in den Fällen, in denen der Wert der Sache dem gezahlten Preis entspricht, besonders groß. Dies wurde schon bei den Reformberatungen zur Änderung des UWG im Jahr 1978 erkannt. Damals plante man, zugunsten der irregeführten Verbraucher einen **„großen Differenzanspruch"** einzuführen, der den Verbraucher so stellen sollte, wie er stünde, wenn das erworbene Produkt alle ihm in der Werbung angedichteten Eigenschaften hätte.[171] In der damaligen amtlichen Begründung wurde der große Differenzanspruch damit gerechtfertigt, dass der irreführend angelockte Käufer minderwertiger Ware zu wertentsprechendem Preis sonst ja gar nichts verlangen könnte, der Verkäufer *„überhaupt keiner schadensersatzrechtlichen Sanktion ausgesetzt"* wäre. Die amtliche Begründung ging dabei davon aus, dass die Ware *„schon zur Vermeidung des Betrugstatbestands"* regelmäßig ihren Preis wert sein werde; das rechtspolitische Bedürfnis nach dem „großen Differenzanspruch" sei mithin beträchtlich.[172] Das Gleiche gilt auch für den Gewinnabschöpfungsanspruch, denn sonst bliebe das irreführende Angebot minderwertiger Ware zu wertentsprechendem Preis völlig sanktions- und damit im Ergebnis risikolos. Unlauterer Wettbewerb würde sich lohnen, er wäre zumindest eine gute Absatzhilfe für schwer verkäufliche Produkte.

92 Wenn man sich mit der hier vertretenen Auffassung bereits auf die Saldierung von Preis und Gegenleistung nicht einlässt, erübrigt sich auch eine Berücksichtigung von Folgeaufwendungen als Rückausnahme, wie sie der Begründung des Regierungsentwurfs vorschwebt.[173] Dies ist ein weiteres Argument gegen die Saldierung von Leistung und Gegenleistung. Denn die **Berücksichtigung von Folgeaufwendungen** wäre **nicht praktikabel** und würde zwingend eine Einzelfallbetrachtung verlangen. Wegen großer Bedenken

---

[166] *Micklitz/Stadler* S. 37 f.

[167] OLG Stuttgart GRUR 2007, 435 (437) – Veralteter Matratzentest; LG München I GRUR-RR 2015, 255 (257) – Zahnreinigung für 39 EUR; *Bauer* S. 126 f.; *Ohly*/Sosnitza § 10 Rn. 9; *Weiß* S. 91; so wohl auch *Micklitz/Stadler* S. 38; aA *Sieme* WRP 2009, 914 (919).

[168] Entsch. der Kommission v. 17.12.1975, ABl. 1976 L 95, S. 1 ff.; EuGH Slg. 1978, 207 ff. – United Brands.

[169] *Emmerich* FS Fezer, 2016, 1027 (1029 f.); GemKommGWB/*Knöpfle/Leo* § 19 Rn. 2150.

[170] *Sosnitza* GRUR 2003, 739 (746); *Ohly*/Sosnitza § 10 Rn. 9.

[171] RegE BT-Drs. 8/1670.

[172] RegE (BT-Drs. 8/1670), S. 42; hierzu *Schricker* GRUR 1979, 1 (4).

[173] RegE (BT-Drs. 15/1487), S. 24.

des Bundesrates gegen die praktische Durchführung solcher Einzelfallbeschreibungen[174] wurde das Erfordernis der Unmittelbarkeit gerade aufgegeben und das Merkmal „auf Kosten" durch das Tatbestandsmerkmal „zu Lasten" ersetzt.[175] Müssten individuelle Folgeaufwendungen nachgeprüft werden, würde dies das Bemühen um eine verbesserte praktische Handhabbarkeit konterkarieren.

b) Verhältnis zu individuellen zivilrechtlichen Rechtsbehelfen der Abnehmer. Im Schrifttum wird zT als zusätzliche Voraussetzung verlangt, dass **den Abnehmern** auf Grund des Geschäfts, das für den Verletzer einen Gewinn abwirft, **eigene** zivilrechtliche **Rechte und Ansprüche** gegen den unlauter Handelnden **zustehen.** Zu Lasten der Abnehmer erzielt und damit herauszugeben sei nur derjenige Gewinn, der ihnen gerade deshalb verbleibe, weil ihre Abnehmer die ihnen zustehenden Rechte und Ansprüche zur Sicherung ihrer Vermögensinteressen – und zur Neutralisierung des unrechtmäßigen Gewinns – nicht geltend machten.[176] Diese dem Wortlaut nicht zu entnehmende Einschränkung des § 10 wird damit begründet, dass der Zweck des § 10 ausweislich der Gesetzesbegründung darin liege, ein Marktversagen zu korrigieren, das darin bestehe, dass Abnehmer zwar entsprechende Rechte und Ansprüche gegen den Verletzer hätten, diese aber nicht durchsetzten.[177] Es soll nach dieser Auffassung nur darauf ankommen, dass **zu irgendeinem Zeitpunkt** ein solches Anfechtungs-, Gewährleistungs-, Widerrufsrecht etc bestanden hat. Keine Rolle spielt nach dieser Auffassung, ob der Abnehmer sich seiner Rechte bewusst ist oder nicht, sie verjähren lässt oder selbst zum Erlöschen bringen, zB durch Zahlung in Kenntnis der Nichtschuld.[178] 93

Vielfach werden den Abnehmern aufgrund der Zuwiderhandlung in der Tat zivilrechtliche Ansprüche zustehen. Deshalb wird ein Gewinnabschöpfungsanspruch nur selten an dieser zusätzlichen Voraussetzung scheitern. Zu befürworten ist sie aber dennoch nicht. Zwar trifft es zu, dass das Rechtsinstitut der Gewinnabschöpfung geschaffen wurde, um die Defizite bei der Durchsetzung individueller Ansprüche von Verbrauchern auszugleichen. Dieses Gesetzgebungsziel hat aber keinen Niederschlag im Tatbestand gefunden. Das Merkmal „zu Lasten" erfordert ebenso wie das im Regierungsentwurf ursprünglich vorgesehene Merkmal „auf Kosten" nach den Vorstellungen des Gesetzgebers allein eine **wirtschaftliche Schlechterstellung.**[179] Es ist demgegenüber nicht erforderlich, dass dem Abnehmer Ansprüche zustehen, die diese wirtschaftliche Schlechterstellung ausgleichen oder ausgleichen können. Der Gewinnabschöpfungsanspruch sollte gerade **nicht an die Stelle individueller Ansprüche** treten. Er dient nicht dem individuellen Schadensausgleich, sondern der wirksamen Abschreckung.[180] Deshalb kann der Gewinnabschöpfungsanspruch auch nicht an das Bestehen solcher individuellen Rechtsbehelfe gekoppelt werden.[181] 94

3. Abnehmer. Unter dem Begriff des **Abnehmers** fallen alle Marktteilnehmer auf einer gegenüber dem unlauter Handelnden **nachgelagerten Marktstufe,** also gewerbliche Abnehmer ebenso wie Verbraucher. Abnehmer müssen ihrem Wortsinn nach nämlich nicht Vertragspartner des unlauter Handelnden sein; es genügt, wenn die belasteten Abnehmer Teil einer vertikalen Lieferkette sind.[182] So können im Grundsatz auch unlautere Hand- 95

[174] Stellungnahme des Bundesrats (BT-Drs. 15/1487). S. 34.
[175] Beschlussempfehlung und Bericht des Rechtsausschusses (BT-Drs. 15/2795), S. 21.
[176] *Köhler*/Bornkamm/Feddersen § 10 Rn. 10; *Pokrant* FS Ullmann, 2006, 813 (815 f.); *Weiß* S. 92 ff.; offengelassen von OLG Frankfurt a. M. GRUR-RR 2010, 482 (483) – heute gratis.
[177] *Köhler*/Bornkamm/Feddersen § 10 Rn. 10.
[178] Zu einem solchen Fall OLG Frankfurt a. M. GRUR-RR 2010, 482 – heute gratis.
[179] RegE (BT-Drs. 15/1487). S. 24.
[180] RegE (BT-Drs. 15/1487). S. 24.
[181] Ebenso *Ohly*/Sosnitza § 10 Rn. 9; Teplitzky/*Schaub* Kap. 37 Rn. 10.
[182] *Bauer* S. 138 ff.; *v. Braunmühl* in Fezer/Büscher/Obergfell § 10 Rn. 207 f.; *Emmerich* FS Fezer, 2016, 1027 (1031); *Gärtner* S. 143; *Herzberg* S. 289 ff.; MüKoUWG/*Micklitz* § 10 Rn. 121; GroßKommUWG/*Poelzig* § 10 Rn. 99; *Pokrant* FS Ullmann, 2006, 813 (816); *van Raay* S. 410 ff.; aA *Köhler*/Bornkamm/Feddersen § 10 Rn. 10; *Leicht* S. 233 ff.; *Neuberger* S. 108; *Ohly*/Sosnitza § 10 Rn. 10 Teplitzky/*Schaub* Kap. 37 Rn. 9.

lungen, die zwar nur gegenüber wenigen direkten Abnehmern vorgenommen werden, aber mittelbar in Verbraucherkreisen eine große Streuwirkung haben, der Sanktion des Gewinnabschöpfungsanspruchs unterworfen werden.

96 Bei GWB-Verstößen gilt allerdings, dass das Sanktionensystem des GWB grundsätzlich abschließend ist und daneben eine Gewinnabschöpfung nach § 10 nicht in Betracht kommt (→ Rn. 52).[183]

97 **Nicht** unter den Begriff der Abnehmer fallen dagegen die **Mitbewerber.** Erwirtschaftet ein Unternehmen unter Verstoß gegen Konkurrenten schützende Vorschriften (zB gegen §§ 3, 4) einen Gewinn ausschließlich zu Lasten der Konkurrenz, greift § 10 nicht ein.[184]

98 **4. Vielzahl. a) Zweck des Tatbestandsmerkmals.** Mit der Anforderung, dass der Wettbewerbsverstoß zu Lasten einer Vielzahl von Betroffenen gehen muss, sollen nach der Begründung **individuelle Wettbewerbsverstöße** von dem Abschöpfungsanspruch **ausgenommen** werden, etwa die Irreführung anlässlich eines einzelnen Verkaufsgesprächs. In solchen Fällen ist nach Ansicht des Gesetzgebers die Gewinnabschöpfung als Sanktion verfehlt.[185]

99 **b) Größerer Personenkreis.** Mit dem Merkmal ist nach Ansicht des Gesetzgebers die Anknüpfung des Tatbestandes „an einen größeren Personenkreis" verbunden.[186] Das Kriterium eines **größeren Kreises von Personen** ist aus **§ 16** bzw. aus **§§ 4, 6 UWG 1909** bekannt. Dort diente es neben dem Kriterium der öffentlichen Bekanntmachung zur Definition der besonders bedenklichen Breitenwirkung von unlauteren Werbebotschaften. Entsprechend wird der größere Kreis von Personen als ein Personenkreis verstanden, der zwar groß ist, aber nach bestimmten Kriterien abgegrenzt ist und so von der Allgemeinheit unterschieden werden kann.[187] Für die Beantwortung der Frage, wann eine Vielzahl von Abnehmern betroffen ist, leistet diese bei § 16 notwendige Unterscheidung zwischen öffentlichen und im weiteren Sinne nicht-öffentlichen Werbeäußerungen keine Hilfe.

100 **c) Beziehung zu den Streuschäden. aa) Vielzahl von Betroffenen als Charakteristikum eines Streuschadens.** Das Kriterium der Vielzahl bringt vielmehr die gesetzgeberische Intention zum Ausdruck, Durchsetzungsdefiziten bei den so genannten Streuschäden zu begegnen.[188] Das Tatbestandsmerkmal der Vielzahl verlangt demnach nach einer sachgerechten, eigenständigen Interpretation, die vom Begriff des größeren Personenkreises in § 16 zu unterscheiden ist. Das Erfordernis der Vielzahl darf insbesondere nicht dazu führen, dass der effektiven Abhilfe der festgestellten Durchsetzungsdefizite zu enge Fesseln angelegt werden.

101 Wann allerdings eine Vielzahl von Abnehmern betroffen ist, darüber gibt die Begründung des Regierungsentwurfs keine Auskunft.[189] Vielmehr nähert dieser sich dem Begriff der Vielzahl in einer Art Zirkelschluss über den Begriff des Streuschadens an.[190] Er kommt im Konzept des ursprünglichen Reformvorschlages von *Köhler, Bornkamm* und *Henning-Bodewig* nicht vor und taucht – wohl nach dem Vorbild des Vorschlags von *Micklitz* und

---

[183] BGH GRUR 2006, 773 Rn. 13 – Probeabonnement.
[184] *Alexander* WRP 2004, 407 (418); *Ohly*/Sosnitza § 10 Rn. 8.
[185] RegE (BT-Drs. 15/1487). S. 24.
[186] RegE (BT-Drs. 15/1487). S. 24.
[187] Vgl. → § 16 Rn. 20.
[188] RegE (BT-Drs. 15/1487). S. 24.
[189] In der Rede der damaligen Bundesministerin der Justiz *Brigitte Zypries* zur Einbringung der UWG-Novelle vor dem Deutschen Bundestag am 25.9.2003 hieß es zu § 10 wie folgt: „*Wir wollen… gegen die Fälle vorgehen, in denen der Schaden für den einzelnen Verbraucher mit ein paar Euro gering ist und er deshalb nicht gegen unlauteren Wettbewerb vorgeht. Aber bei 100 000 Verbraucherinnen und Verbrauchern ist der Gesamtschaden enorm – und vor allem der unzulässig erzielte Gewinn der Veranstalter.*" Es ist davon auszugehen, dass diese Zahl nur gegriffen wurde, um ein drastisches Beispiel geben zu können. Eine Anzahl von 100.000 Betroffenen wird kein verbindlicher Richtwert sein.
[190] RegE (BT-Drs. 15/1487). S. 24.

Stadler – erstmals im Referentenentwurf auf.[191] Danach ist der Streuschaden zum einen durch die Vielzahl der Betroffenen und zum anderen durch die geringe Schadenshöhe beim Betroffenen gekennzeichnet.[192]

bb) Schadenshöhe nicht maßgeblich. Dass der **geringen Schadenshöhe** für die Definition der Vielzahl der Betroffenen **keine Bedeutung** zukommen kann, dürfte klar sein. Die geringe Schadenshöhe darf darüber hinaus weder zum Begriffselement des Streuschadens noch zu einem ungeschriebenen Tatbestandsmerkmal des § 10 gemacht werden. Der Gewinnabschöpfungsanspruch ist zwar in erster Linie eingeführt worden, um bei Bagatellschäden, die kein Geschädigter einklagt, eine Handhabe zu schaffen. Den Anwendungsbereich des § 10 vollends auf Bagatellschäden zu beschränken, wäre jedoch verfehlt. Denn es soll kein unlauter Handelnder dem Gewinnabschöpfungsanspruch mit dem Einwand entgehen können, er habe dem Einzelnen nicht kleine, sondern große Schäden verursacht. Wenn wegen der erheblichen Größe des Schadens die betroffenen Abnehmer sich verstärkt selbst um Schadensersatz bemühen, ist dies ausschließlich im Rahmen des § 10 Abs. 2 zu berücksichtigen. 102

cc) Überindividuelle Benachteiligung. Der Gesetzgeber nennt als „häufig vorkommende Fallgruppen" von Streuschäden die Einziehung geringer Beträge ohne Rechtsgrund, Vertragsschlüsse auf Grund irreführender Werbung, gefälschte Produkte sowie Mogelpackungen. Jedenfalls Produktfälschungen und Mogelpackungen, aber auch jede an die Öffentlichkeit gerichtete irreführende Werbung implizieren einen recht großen Personenkreis, der – entsprechend den üblichen Stückzahlen von Produktfälschungen und Mogelpackungen und den Adressaten von Publikumswerbung – üblicherweise mehrere tausend Personen umfasst. Andererseits soll das Kriterium der Vielzahl **nicht** dazu dienen, **hohe absolute Schwellenwerte festzulegen,** sondern **individuelle, gegen einzelne Abnehmer gerichtete Wettbewerbsverstöße** vom Gewinnabschöpfungsanspruch **auszunehmen.** Trotz des praktischen Bedürfnisses nach einer rechtssicher handhabbaren Untergrenze, ist es **nicht möglich,** das Kriterium der Vielzahl **abschließend** zahlenmäßig zu **definieren.** Was unter einer Vielzahl von Abnehmern zu verstehen ist, lässt sich nicht generell sagen, sondern muss im Einzelfall unter Berücksichtigung der Umstände ermittelt werden. Hierzu gehört etwa die Breitenwirkung der betreffenden Werbung sowie die Schwere und die Dauer des Verstoßes.[193] 103

In aller Regel wird man aber davon ausgehen können, dass das Kriterium der Vielzahl **jedenfalls** dann erreicht ist, wenn **50 Personen** tatsächlich einen wirtschaftlichen Nachteil erleiden. Diese Anzahl entspricht etwa zwei Schulklassen oder den Passagieren eines Reisebusses bei einer Kaffeefahrt. Nach anderen Auffassungen liegt die ungefähre Richtgröße bei **15–30** Betroffenen[194] oder bei nur **drei.**[195] 104

5. Gebot der typisierenden Betrachtung. Das gesetzgeberische Ziel, die Durchsetzungsdefizite bei „Streuschäden" wirksam zu bekämpfen, scheint dabei in einem gewissen Zielkonflikt mit der Notwendigkeit zu stehen, im Prozess auch nachzuweisen, dass wirklich eine Vielzahl von Abnehmern wirtschaftlich schlechter gestellt ist. Denn von § 10 erfasst werden sollen doch vor allem diejenigen Fälle, in denen Verbraucher auf die unlautere Wettbewerbshandlung letztlich nicht reagieren und zB auch nicht in breiterem Umfang Beschwerden bei den Verbraucherzentralen anbringen. Es wird sich deshalb für den klagenden Verband nur schwer ausmachen lassen, wer geschädigt wurde und wie groß der Kreis der Betroffenen ist.[196] 105

[191] Referentenentwurf des BMJ, S. 8; *Micklitz/Stadler* S. 11, 126.
[192] RegE (BT-Drs. 15/1487). S. 24; Referentenentwurf des BMJ, S. 8.
[193] OLG Frankfurt a. M. GRUR-RR 2009, 265 (267 f.) – Abo-Fallen; *Ohly*/Sosnitza § 10 Rn. 11.
[194] *Micklitz/Stadler* S. 94.
[195] *Köhler*/Bornkamm/Feddersen § 10 Rn. 12; *Mönch* ZIP 2004, 2032.
[196] *Micklitz/Stadler* S. 94.

106 An sich müsste vom Kläger nachgewiesen werden, dass es bei einer Vielzahl von Abnehmern tatsächlich zu einer wirtschaftlichen Schlechterstellung gekommen ist. Es kann allerdings nicht verlangt werden, dass zB durch Zeugeneinvernahme einer „Vielzahl" von Personen nachgewiesen wird, dass eine „Vielzahl" von Abnehmern auch wirklich wirtschaftlich schlechter gestellt ist. Denn das Ziel der Abkehr vom bereicherungsrechtlichen Unmittelbarkeitszusammenhang durch die Einführung des Merkmals „zu Lasten" (dazu sogleich → Rn. 109 ff., 111) war es gerade zu vermeiden, dass über derartige Fragen umfangreich Beweis erhoben werden muss.[197]

107 Nach Sinn und Zweck, Durchsetzungsdefizite effektiv zu beseitigen und den Verbraucherverbänden ein wirksames Werkzeug im Kampf gegen den unlauteren Wettbewerb in die Hand zu geben, liegt es darüber hinaus nahe, es ausreichen zu lassen, wenn durch die unlautere geschäftliche Handlung **typischerweise** eine **Vielzahl** von Abnehmern **wirtschaftlich schlechter** gestellt ist. Dies stünde im Einklang mit der gesetzgeberischen Zielsetzung, wie bei § 16 bzw. § 4 UWG 1909, solche Handlungsweisen zu sanktionieren, deren besondere Gefährlichkeit gerade daraus resultiert, dass eine größere Anzahl von Verbrauchern von dem Wettbewerbsverstoß betroffen sein kann.[198]

108 Aufgrund der Besonderheiten des für den Gewinnabschöpfungsanspruch als Anknüpfungspunkt in Frage kommenden wettbewerbswidrigen Verhaltens, das *per se* nicht auf Einzelne abzielt, sondern auf einer Breitenwirkung ausgerichtet ist, spricht eine **tatsächliche Vermutung** dafür, dass eine Vielzahl von Personen betroffen ist.[199] Dem unlauter Handelnden bleibt es unbenommen, diese Vermutung zu widerlegen.[200] Wird diese Vermutung erschüttert, reicht es für die Geltendmachung des Gewinnabschöpfungsanspruchs dem Grunde nach aus, wenn ein Sachverständigengutachten belegt, dass eine wirtschaftliche Schlechterstellung einer Vielzahl von Abnehmern als typische und zwangsläufige Folge der Unlauterkeit zu begreifen ist. Auf die genaue Anzahl der Geschädigten kommt es dabei nicht an. Sie kann aber zur Bezifferung des Anspruchs im Wege der Auskunft ermittelt werden.

109 **6. Zusammenhang zwischen Gewinn und wirtschaftlicher Belastung der Abnehmer. a) Das Unmittelbarkeitserfordernis in den Vorarbeiten.** Das Konzept des ursprünglichen Reformvorschlages von *Köhler, Bornkamm* und *Henning-Bodewig* sah vor, den durch die unlauteren Praktiken erzielten Mehrerlös abzuschöpfen, der **„auf Kosten" der Abnehmer erzielt** wurde, also unmittelbar auf einer Schädigung der Abnehmer beruht.[201] Der Referentenentwurf ersetzte den Begriff des Mehrerlöses zwar durch den des Gewinns, behielt aber das Merkmal „auf Kosten" bei.[202] Der Regierungsentwurf sah ebenfalls an Stelle des Merkmals „zu Lasten" noch vor, dass der Gewinn „auf Kosten" einer Vielzahl von Abnehmern erzielt wird. Dadurch sollte nach dem Willen der Bundesregierung klargestellt werden, dass der Tatbestand nur dann greift, wenn der Gewinnerzielung unmittelbar ein Vermögensnachteil der Abnehmer gegenübersteht.[203] Im Schrifttum wurden die Parallelen zum Unmittelbarkeitserfordernis der Eingriffskondiktion nach § 812 Abs. 1 S. 1 Alt. 2 BGB betont.[204]

110 **b) Kritik am Unmittelbarkeitserfordernis.** Dieser zwingende Zusammenhang, den der Regierungsentwurf zwischen den Vermögenseinbußen der Verbraucher und den Gewinnen der Unternehmer herstellen wollte, wurde vor allem von den Verbraucherver-

---

197 Stellungnahme des Bundesrats (BT-Drs. 15/1487) S. 34.
198 RegE (BT-Drs. 15/1487), S. 24 in wörtlicher Übereinstimmung mit dem Referentenentwurf.
199 Ebenso MüKoUWG/*Micklitz* § 10 Rn. 136.
200 *Micklitz/Stadler* S. 35, 127 f.
201 *Bornkamm/Köhler/Henning-Bodewig* WRP 2002, 1317 (1321).
202 Referentenentwurf des BMJ, S. 8.
203 RegE (BT-Drs. 15/1487), S. 24.
204 *Alexander* WRP 2004, 407 (418); *Wimmer-Leonhardt* GRUR 2004, 12 (15 f.).

bänden als zu eng beurteilt.[205] Der Bundesrat wies auf die **fehlende Praktikabilität des Unmittelbarkeitserfordernisses** hin. Dieses führe dazu, dass ein Vermögensnachteil der Abnehmer von dem klagenden Verbraucherverband dargelegt und bewiesen werden müsste. Dies sei nicht praktikabel und führe zu einer unzumutbaren Belastung der Gerichte. Der Bundesrat forderte, den bereicherungsrechtlichen Ansatz aufzugeben. Stattdessen sollte ein Weg gefunden werden, wie der abzuschöpfende Betrag anhand von Umständen, die für den Gläubiger weitgehend erkennbar oder jedenfalls leicht ermittelbar sind, vom Gericht in relativ freiem Ermessen festgelegt werden kann.[206]

c) Aufgabe des Unmittelbarkeitserfordernisses. Der Gesetzgeber entschied sich 111 schließlich dafür, das Merkmal „auf Kosten" durch das Merkmal „zu Lasten" zu ersetzen. Darin liegt nicht nur eine bewusste Abkehr von einem an die bereicherungsrechtliche Terminologie angelehnten Sprachgebrauch, sondern auch der **Verzicht auf einen strengen Unmittelbarkeitszusammenhang.** Durch die Ersetzung des Begriffs „auf Kosten" durch die Wörter „zu Lasten" soll klargestellt werden, dass der Gewinnabschöpfungsanspruch **nicht die Ermittlung von einzelfallbezogenen Nachteilen** voraussetzt. Vielmehr ist es erforderlich, aber auch ausreichend, dass durch die Zuwiderhandlung bei einer Vielzahl von Abnehmern eine wirtschaftliche Schlechterstellung eingetreten ist.[207] Darüber hinaus ist mit dem Wechsel der Begrifflichkeit, die den Beschlüssen des Rechtsausschusses zu verdanken ist, auch eine Lockerung der Anforderungen an den Kläger verbunden, die wirtschaftliche Schlechterstellung einer Vielzahl von Abnehmern nachzuweisen. Zugleich werden die Ermittlung und Berechnung des abzuschöpfenden Gewinns erleichtert.

d) Zusammenhang zwischen Gewinn und wirtschaftlicher Schlechterstellung. 112 Nach der Aufgabe des Unmittelbarkeitszusammenhangs stellt das Merkmal „zu Lasten" lediglich einen Zusammenhang zwischen dem Gewinn des unlauter Handelnden und der wirtschaftlichen Schlechterstellung von Abnehmern her, ohne dass es darauf ankommt, ob der Gewinn dem Schaden entspricht oder gar dessen wirtschaftliche Kehrseite darstellt (näher → Rn. 124). Auch wenn es nicht auf einen bereicherungsrechtlichen Unmittelbarkeitszusammenhang ankommt, kann immer nur derjenige Gewinn abgeschöpft werden, der mit Geschäften mit der Vielzahl der Geschädigten im Zusammenhang steht. Denn der Wortlaut stellt klar, dass nur „dieser" Gewinn abzuführen ist.[208] Wie groß diese Anzahl genau ist, kann im Wege der Auskunftserteilung festgestellt werden.

7. Gewinn. a) Erzielter Gewinn als objektiver Auslöser des Sanktionsbedürfnisses. 113 Der unlauter Handelnde muss einen Gewinn erzielt haben. Damit **scheiden** unlautere, aber **wirtschaftlich erfolglose Handlungen** aus dem Anwendungsbereich des § 10 aus. Da sich in einem solchen Fall der unlautere Wettbewerb nicht gelohnt hat, besteht auch kein Sanktionsbedürfnis.[209]

Ein Gewinn liegt vor, wenn sich die Vermögenslage des Unternehmens durch den 114 vorsätzlichen Wettbewerbsverstoß verbessert hat.[210] Ein Gewinn kann aber bereits dann angenommen werden, wenn ein Beitrag zur Deckung der Fixkosten **(Kostendeckungsbeitrag)** erzielt wurde.[211] Wird aber nicht einmal ein Beitrag zur Kostendeckung erzielt, so

205 „UWG-Reform: Gesetz gebrochen, Geld behalten" – Stellungnahme des Verbraucherzentrale Bundesverband eV vom 24.9.2003.

206 Stellungnahme des Bundesrats (BT-Drs. 15/1487) S. 34.

207 Beschlussempfehlung und Bericht des Rechtsausschusses (BT-Drs. 15/2795), S. 21.

208 Ebenso nun *Alexander* S. 542 f.; GroßKommUWG/*Poelzig* § 10 Rn. 96.

209 Mit anderem Akzent *Alexander* WRP 2004, 407 (418): Da sich die unlautere Handlung nicht in einem wirtschaftlichen Vorteil des Unternehmers niedergeschlagen hat, besteht in diesen Fällen auch kein Grund, von Rechts wegen die Auslesefunktion des Marktes zu korrigieren.

210 OLG Schleswig 14.2.2019 – 2 U 4/18 Rn. 113; LG München I GRUR-RR 2015, 255 – Zahnreinigung für 39 EUR.

211 LG München I GRUR-RR 2015, 255 – Zahnreinigung für 39 EUR; *Köhler*/Bornkamm/Feddersen § 10 Rn. 7; MüKoUWG/*Micklitz* § 10 Rn. 123; GroßKommUWG/*Poelzig* § 10 Rn. 70; Teplitzky/*Schaub* Kap. 37 Rn. 7.

entsteht kein Gewinn, sondern ein Verlust, so dass es am Tatbestandsmerkmal des Gewinns fehlt.[212]

115 Wenn ein unter unlauteren Umständen gemachtes Angebot einen so niedrigen Preis hat, dass damit nicht einmal ein Kostendeckungsbeitrag erzielt wird, kann dieser Schleuderpreis eine große Werbewirkung haben und eine spürbare Verbesserung der Marktposition des Anbietenden mit sich bringen, etwa durch Ausschaltung oder Zurückdrängen von Mitbewerbern, deren Preise realistisch kalkuliert sind. Dies ist sicherlich ein wirtschaftlicher „Vorteil". § 10 verlangt jedoch als **Gegenstand der Abschöpfung** einen **konkret erzielten und letztlich auch bezifferbaren Gewinn.** Eine bloße Verbesserung der Marktposition reicht nicht aus.[213] Zur Berechnung des Gewinns → Rn. 140 ff.

116 **b) Unterscheidung von Gewinn und Mehrerlös. aa) Grundlegende Weichenstellung.** Eine entscheidende Weichenstellung für die Reichweite und Bedeutung des Gewinnabschöpfungsanspruchs ist die **Unterscheidung zwischen Gewinn** auf der einen **und Mehrerlös** bzw. Unrechtsgewinn auf der anderen Seite: Ist der gesamte infolge des Wettbewerbsverstoßes erzielte Gewinn herauszugeben (so die auch hier vertretende Mindermeinung)[214] oder nur derjenige Anteil des Gewinns, der erwiesenermaßen gerade auf der unlauteren Handlungsweise beruht, also der Mehrerlös, der bei einem gedachten lauteren Handeln im Sinne eines rechtmäßigen Alternativverhaltens nicht erzielt worden wäre (so die ganz überwiegende Meinung in Rechtsprechung und Schrifttum)[215]?

117 Dieser grundlegende **Meinungsstreit** ist freilich **für** die bislang einzige praktisch bedeutende Fallgruppe, nämlich **die Einziehung geringer Beträge ohne Rechtsgrund, nicht bedeutsam.** Denn wenn für die Zahlung solcher Beträge kein Rechtsgrund besteht – etwa, weil die zugrundeliegende vertragliche Regelung eine unangemessene AGB darstellt –, dann ist jede einzelne geleistete Zahlung in Gänze auf die unlautere geschäftliche Handlung zurückzuführen, gleich welche Betrachtung man anstellt. Damit bilden die aggregierten Zahlungen (vorbehaltlich abzugsfähige Rechnungsposten) insgesamt den Gewinn.[216] Denn die Einziehung geringer Beträge ist gerade die Folge der Verwendung unwirksamer AGB, auf denen die Zahlung beruht. Die Verwendung gerade der unzulässigen AGB ist das Lauterkeitsrecht unzulässige Geschehen, dass in den Blick genommen werden muss. Es kommt nicht darauf an, dass die Verwendung einer unzulässigen Klausel Teil eines vertraglich-geschäftlichen Gesamtkonzepts und damit für ihren Verwender Element einer Mischkalkulation. Wenn der Unternehmer das Entgelt für seine Leistung kalkuliert, muss er es hinnehmen, wenn die Kalkulation nicht aufgeht. Dabei ist es ohne Bedeutung, ob Einnahmen sich letztlich aus tatsächlichen Gründen nicht realisieren lassen oder eine Preiskomponente in rechtlich unzulässiger Weise ausgestaltet wurde.[217]

118 Eine praktische Bedeutung hat der Meinungsstreit nur für andere Fallgruppen (zB für irreführende Werbung oder den Verstoß gegen Informationspflichten), die allerdings ihrerseits keine praktische Relevanz erlangt haben. Es verwundert daher nicht, dass der bereits seit 16 Jahren schwelende Meinungsstreit vom BGH noch immer nicht entschieden wurde.

119 **bb) Mehrerlösabschöpfung. (a) Mangelnde Praktikabilität.** Geht man mit der ganz überwiegenden Ansicht davon aus, dass sich die Sanktion der Gewinnabschöpfung gerade nur gegen die spezifisch unlautere Komponente einer Wettbewerbshandlung richtet, muss man konsequenterweise auch die Feststellung für nötig halten, welcher Mehrerlös gerade

[212] LG München I GRUR-RR 2015, 255 (256) – Zahnreinigung für 39 EUR.
[213] LG München I GRUR-RR 2015, 255 (256) – Zahnreinigung für 39 EUR.
[214] *Emmerich* FS Fezer, 2016, 1027 (1033); MüKoUWG/*Micklitz* § 10 Rn. 144 f.; Teplitzky/*Schaub* Kap. 37 Rn. 7.
[215] OLG Schleswig GRUR-RR 2018, 1071 Rn. 23 – Nichtnutzungsgebühr; LG München I GRUR-RR 2015, 25 – Zahnreinigung für 39 EUR; *Alexander* S. 554 f.; *Fezer* FS Bornkamm, 2014, 335 (346 ff.); *Köhler*/Bornkamm/Feddersen § 10 Rn. 7; *Neuberger* S. 91 ff.; *Ohly*/Sosnitza § 10 Rn. 7; GroßKommUWG/*Poelzig* § 10 Rn. 81 f., 96; *van Raay* S. 302; *Wünsche* S. 171 ff.
[216] OLG Schleswig GRUR 2018, 1071 Rn. 27 – Nichtnutzungsgebühr.
[217] OLG Schleswig GRUR 2018, 1071 Rn. 28 ff. – Nichtnutzungsgebühr.

auf der Unlauterkeit einer Werbeaktion beruht. Es müsste somit der Mehrerlös infolge unlauterer Werbung und der hypothetische Gewinn aus einem gedachten rechtmäßigen Alternativverhalten verglichen werden. Eine **Mehrerlösabschöpfung,** wie sie schon in den siebziger Jahren des vergangenen Jahrhunderts auch für das Recht des unlauteren Wettbewerbs diskutiert wurde,[218] **lässt sich** aber **nicht handhaben.** Auch deshalb hat der Gewinnabschöpfungsanspruch – auf der Basis der herrschenden Auffassung – keine praktische Bedeutung gewinnen können.[219]

Die Suche nach der Rendite der Unlauterkeit als Differenz des Gewinns zwischen aktuellem unlauteren und einem hypothetischen rechtmäßigen Handeln[220] ist praktisch aussichtslos. 120

Zunächst ist es schon **grundsätzlich nicht möglich,** die **Wirkungen von Werbung** genau **zu ermitteln** und Umsatzzahlen einer bestimmten Werbung zuzurechnen:[221] Der eine Käufer hat die Werbung gar nicht zur Kenntnis genommen, kauft aber trotzdem. Ein zweiter hat die Werbung zwar gesehen oder gehört, hätte aber ohnehin gekauft. Ein dritter wird zwar erst durch die Werbung auf das Produkt aufmerksam, für ihn hat aber die unlautere Werbeaussage keine Relevanz, und er hätte das Produkt auf Grund der Werbung auch in einer lauteren Alternativgestalt gekauft. 121

Die grundsätzliche Unmöglichkeit, Werbewirkungen einigermaßen zuverlässig festzustellen, beruht vor allem darauf, dass sie idR das **Ergebnis eines Bündels vielfältiger Einflüsse** sind. Dazu gehören außer den konkreten (unlauteren) Werbemaßnahmen auch vorangegangene und parallele Werbeaktionen, das Image des werbenden Unternehmens, Werbeaktionen und das Image von Konkurrenten, von unmittelbarer Werbung unabhängige Medieneinflüsse, zB neutrale Berichte im Fernsehen über bestimmte Produkte, ja sogar Umwelteinflüsse wie Sonne und heißes Wetter bei Getränkeverkäufen im Sommer.[222] Monokausale Erklärungen sind also in aller Regel nicht möglich.[223] Es gilt, vereinfacht gesagt, der Satz *„Die Hälfte des Geldes, das man in die Werbung steckt, ist zum Fenster hinausgeworfen; man weiß nur nicht welche".*[224] 122

Wenn es aber schon in aller Regel nicht möglich ist, die (umsatzsteigernde) Wirkung von Werbemaßnahmen überhaupt zu ermessen, um so weniger ist es möglich, für jeden einzelnen Fall nachzuweisen, dass der Vertragsschluss gerade durch eine wettbewerbswidrige Handlung verursacht wurde.[225] 123

(b) Abkehr von der Mehrerlösabschöpfung. Dieses Konzept der Mehrerlösabschöpfung lag dem ursprünglichen Reformvorschlag von *Köhler, Bornkamm* und *Henning-Bodewig,*[226] dem Referentenentwurf[227] und ansatzweise auch dem Regierungsentwurf[228] zugrunde. Das in diesen Entwürfen enthaltene Erfordernis, dass der Gewinn „auf Kosten" der Abnehmer erzielt sein muss, hätte zur Konsequenz gehabt, dass in der Tat für jeden Einzelfall ein genauer Kausalitätsnachweis zwischen individuellem Schaden aus unlauterer Übervorteilung oder enttäuschten Erwartungen und dem Mehrerlös zu führen gewesen wäre.[229] Das Merkmal „zu Lasten" stellt demgegenüber klar, dass es **nicht darauf ankommt, dass der Gewinn dem Schaden entspricht** oder gar dessen wirtschaftliche 124

---

[218] Hierzu *Grauel/Luhrenberg* WRP 1980, 521 ff.
[219] Ebenso nun *Emmerich* FS Fezer, 2016, 1027 (1029 f.).
[220] *Sack* WRP 2003, 549 (555); *Sosnitza* GRUR 2003, 739 (746).
[221] Ebenso nun *Emmerich* FS Fezer, 2016, 1027 (1030).
[222] *Sack* WRP 2003, 549 (553 f.).
[223] *Sack* WRP 2003, 549 (554); *Grauel/Luhrenberg* WRP 1980, 521 (523).
[224] Auf diesen Satz, der sinngemäß ua *Henry Ford* zugeschrieben wird und der in der Werbewissenschaft und bei Fachleuten allgemein anerkannt ist, weist *Sack* WRP 2003, 549 (553) hin.
[225] *Emmerich* FS Fezer, 2016, 1027 (1030); *Grauel/Luhrenberg* WRP 1980, 521 (524).
[226] *Köhler/Bornkamm/Henning-Bodewig* WRP 2002, 1317 (1322).
[227] Referentenentwurf S. 47.
[228] RegE (BT-Drs. 15/1487), S. 24.
[229] Stellungnahme des Bundesrats (BT-Drs. 15/1487) S. 34; *Sosnitza* GRUR 2003, 739 (746).

Kehrseite darstellt.[230] Mit dieser nach der vehementen Kritik durch den Bundesrat erleichterten Beweissituation für die klagenden Verbraucherverbände vertrüge es sich nicht, wenn die Höhe des Mehrerlöses, der gerade durch die Unlauterkeit erzielt wurde, genau darzulegen und zu beweisen wäre.

125 Dass es auf den gesamten im Zusammenhang mit der unlauteren Werbung erzielten Gewinn ankommt und nicht nur auf den Mehrerlös als „Unrechtsgewinn", steht auch im Einklang mit der Begründung des Regierungsentwurfs, der davon ausgeht, dass sich der **Gewinn „aus den Umsatzerlösen abzüglich der Herstellungskosten"** berechnet und nicht etwa nach Umsatzanteilen, die gerade auf die unlautere Handlungskomponente entfallen.[231]

126 **(c) Einheitliche Betrachtung des Wettbewerbsgeschehens.** Die unlautere Wettbewerbshandlung ist demnach so zu betrachten, wie sie sich als historische Tatsache ereignet hat. Die gedankliche Aufspaltung einer unlauteren Wettbewerbshandlung in einen gedachten lauteren und einen demgegenüber isoliert bestehenden unlauteren Teil[232] kommt nicht in Betracht. Gewinnabschöpfung ist demnach die Abschöpfung des **Gewinns, der aus einer realen, insgesamt unlauteren Handlung erwächst,** und nicht aus einer hypothetisch abgespaltenen Komponente.[233] Der Gewinnabschöpfungsanspruch ist kein Schadensersatzanspruch, bei dem das rechtmäßige Alternativverhalten oder ein gedachter „lauterer Eigenanteil" des Verletzers eine Rolle spielen könnte, sondern ein der Sanktion und der Abschreckung dienender Anspruch eigener Art, der keinen Raum lässt für hypothetische Erwägungen und impraktikable Versuche einer Herauspräparierung von Unrechtsanteilen, für die alle Maßstäbe fehlen.[234]

127 **(d) Keine Relevanz des rechtmäßigen Alternativverhaltens.** Dass dem vorsätzlich unlauter Handelnden damit der **Einwand des rechtmäßigen Alternativverhaltens abgeschnitten ist,** bringt es scheinbar mit sich, dass auch rechtmäßig erlangte Vermögensvorteile mit abgeschöpft werden.[235] Diese Betrachtungsweise vernachlässigt jedoch, dass ein wettbewerbliches Geschehen, eine Werbung oder ein Produktangebot sich gerade nicht in einen rechtmäßigen und einen unrechtmäßigen Teil aufspalten lässt: **Alles,** was im Zuge einer unlauteren Wettbewerbshandlung an Gewinn erzielt wurde, **ist (auch) durch die Unlauterkeit erzielt.**

128 Besonders deutlich wird dies am Beispiel der **Mogelpackung.** Wenn eine Müsli-Packung statt der angegebenen 1.000g nur 900g enthält, aber der Preis für 1.000g berechnet wird, der 2 EUR beträgt, so sind nicht etwa 20 Cent unrechtmäßig und 180 Cent rechtmäßig umgesetzt worden. Jedes einzelne der 900 in der Packung enthaltenen Gramm ist um 11,1 % zu teuer verkauft worden. Jedes verkaufte Gramm nimmt am täuschenden Effekt der Mogelpackung teil und enttäuscht die berechtigte Verbrauchererwartung an die Mengenangabe, die benötigt wird, um den Bedarf für die Haushaltsführung zu kalkulieren. Der Einwand, eine Anzahl von Verbrauchern hätte die Packung auch dann für 2 EUR gekauft, wenn sie gewusst hätten, dass die Packung nicht die versprochene Menge enthielt, ist bedeutungslos.

129 Auch bei Werbemaßnahmen gilt das **Gebot** einer **einheitlichen Betrachtung** des **Gesamtgeschehens.** Eine Werbung wird so wahrgenommen, wie sie geschaltet ist. Wer vorsätzlich eine unlautere Werbung veröffentlicht, setzt ganz bewusst auf einen dadurch erzeugten Anlockeffekt und berechnet sorgfältig die **Gesamtwirkung** der Werbemaßnahme.

---

[230] So jetzt auch OLG Schleswig 14.2.2019 – 2 U 4/18 Rn. 122; ähnlich OLG Stuttgart GRUR 2007, 435 (437) – Veralteter Matratzentest.

[231] RegE (BT-Drs. 15/1487), S. 24.

[232] Hierzu im Zusammenhang mit dem Schadensersatzanspruch etwa *Borck* WRP 1986, 1 (3).

[233] Ebenso *Emmerich* FS Fezer, 2016, 1027 (1033); MüKoUWG/*Micklitz* § 10 Rn. 144 f.; Teplitzky/*Schaub* Kap. 37 Rn. 7; aA *Alexander* S. 555; *Köhler*/Bornkamm/Feddersen § 10 Rn. 7; *Neuberger* S. 91 ff.; Ohly/*Sosnitza* § 10 Rn. 7; GroßKommUWG/*Poelzig* § 10 Rn. 81 f., 96; *van Raay* S. 286 ff., 570 f., 623 f.

[234] Ebenso nun *Emmerich* FS Fezer, 2016, 1027 (1030).

[235] So krit. *Grauel/Luhrenberg* WRP 1980, 521 (525); zu § 10 *Neuberger* S. 137 f.

Die vom Gesetzgeber bezweckte **Sanktionswirkung würde zunichte gemacht,** wenn der Unternehmer sicher sein könnte, auf jeden Fall nicht mehr als den durch die Unlauterkeit konkret erzielten Mehrerlös herausgeben zu müssen. Es käme damit gleichsam zu einer „geltungserhaltenden Reduktion“[236] unlauterer Werbung. Der Richter würde sich zum Handlanger des vorsätzlich unlauter Handelnden machen. Damit liefe die Regelung des § 10 dem Postulat zuwider, dass sich unlauterer Wettbewerb, jedenfalls vorsätzlicher, nicht lohnen darf. Ließe man den Einwand des rechtmäßigen Alternativverhaltens zu, bestünde kein gegenüber dem lauteren Handeln gesteigertes Risiko. Damit hätte § 10 einen nur unzureichenden Abschreckungseffekt und wäre kein wirksames Instrument zur Bekämpfung des unlauteren Wettbewerbs. 130

Ein Gewinnanteil, der gerade auf die unlautere Komponente einer insgesamt komplexen geschäftlichen Handlung entfällt, ist selten messbar und **mangels Schätzgrundlagen kaum nach § 287 ZPO schätzbar.**[237] Auch wo eine Schätzung nach § 287 ZPO möglich ist, würde eine nur anteilige Mehrerlösabschöpfung nicht zu sachgerechten Ergebnissen führen. Denn sie belässt dem **verurteilten Vorsatztäter** jenen Gewinn, der nicht auf die unlautere Handlungskomponente entfällt. Sie **stellt ihn** damit im Ergebnis **wirtschaftlich einem lauter Handelnden gleich,** wenn man einmal von den Prozesskosten absieht. Eine solche „Sanktion“, die fürsorglich sicherstellt, dass sich unlauterer Wettbewerb weiterhin lohnt, ist keine. 131

cc) Gewinnabschöpfung. (a) Grundkonzept. Versteht man nach dem eindeutigen Willen des Gesetzgebers § 10 als Mechanismus der Abschreckung und Sanktion, folgt aus dieser *ratio legis* also zwingend, nicht nur den gerade aus der Unlauterkeit erwachsenden Mehrerlös, sondern **den gesamten, im Zuge der vorsätzlich begangenen unlauteren Handlung erzielten Gewinn** zum Gegenstand des Abschöpfungsanspruchs zu machen.[238] Nur so ist die Vorschrift praktikabel. 132

(b) Großzügige Handhabung der Kausalität bei der Gewinnermittlung. Auch wenn man mit der hier vertretenen Ansicht den Einwand des rechtmäßigen Alternativverhaltens nicht zulässt, so ist damit noch nicht das bereits angesprochene Problem gelöst zu ermessen, welche Umsätze (als Grundlage der Gewinnberechnung) der als unlauter zu beanstandenden geschäftlichen Handlung zuzurechnen sind. Dies gilt insbesondere für irreführende Werbung. Denn es ist schon grundsätzlich nicht möglich, die Wirkungen von Werbung genau zu ermitteln und Umsatzzahlen präzise einer bestimmten Werbung zuzurechnen. Die ***Coniditio-sine-qua-non*-Formel** ist **überfordert.** 133

Durch die breite rechtspolitische Diskussion im Schrifttum[239] wurde während des Gesetzgebungsverfahrens deutlich, dass **Werbewirkungen nicht präzise ermittelbar** sind. Es kann also, angesichts der praktischen Unmöglichkeit dieses Unterfangens, nicht Regelungsgehalt des § 10 sein, den klagenden Verbraucherverbänden Darlegungs- und Beweislasten aufzubürden, die nicht zu schultern sind. Der Gesetzgeber wollte einen wirksamen Sanktionsmechanismus schaffen und Rechtsdurchsetzungslücken schließen. 134

Das gesetzgeberische Ziel ist nur dann erreichbar, wenn der **Zusammenhang zwischen unlauterem Wettbewerbsverhalten und Gewinn** im Ergebnis nicht streng als kausaler, sondern eher als **konditionaler** Zusammenhang konstruiert wird. Es ist nicht der Gewinn 135

---

236 Auch im Recht der Allgemeinen Geschäftsbedingungen wird eine „geltungserhaltende Reduktion“ einer unzulässigen Klausel bis zum Grad des gesetzlich gerade noch Zulässigen einhellig abgelehnt, da sie AGB-Verwender zu einem risikolosen Versuch verleiten würde, Abnehmer mit unzulässigen Klauseln zu übervorteilen; vgl. BRHP/*Schmidt* BGB § 306 Rn. 15.

237 Ebenso *Emmerich* FS Fezer, 2016, 1027 (1030).

238 So auch *Emmerich* FS Fezer, 2016, 1027 (1033); MüKoUWG/*Micklitz* § 10 Rn. 144 f.; Teplitzky/*Schaub* Kap. 37 Rn. 7.

239 *Sack* WRP 2003, 549 (554); *Sack* BB 2003, 1073 (1080); *Köhler* GRUR 2003, 265 (266); *Engels/Salomon* WRP 2004, 32 (42); *Stadler/Micklitz* WRP 2003, 559 (562); Stellungnahme der Bundesvereinigung Deutscher Handelsverbände eV zum Referentenentwurf vom 28.2.2002, S. 16 f.; zur Diskussion der siebziger Jahre des vergangenen Jahrhunderts *Grauel/Luhrenberg* WRP 1980, 521 (523).

abzuschöpfen, der entsteht, *weil* unlauter gehandelt wird, sondern der Gewinn, der entsteht, *wenn* unlauter gehandelt wird. Dieser Ansatz beharrt nicht auf einem realitätsfernen monokausalen Modell, sondern respektiert, dass in aller Regel ein ganzes **Bündel von Ursachen** neben dem unlauteren Wettbewerbshandeln zu einem Gewinn beitragen. Er steht im Einklang mit der vom Gesetzgeber vorgesehenen Anwendung des § 287 ZPO.[240] Da es dem Gericht aber grundsätzlich **gar nicht möglich** ist, die **Wirkungen von Werbung zu ermitteln** und Umsatzzahlen einer bestimmten Werbung zuzurechnen, ist dieser weit gefasste Zusammenhang zwischen Wettbewerbsverhalten und Gewinn das materiell-rechtliche Korrelat zum prozessualen Instrument des § 287 ZPO.

136 Das **Kausalitätserfordernis** im Sinne einer adäquaten Kausalität (hierzu *Goldmann* → § 9 Rn. 144) ist damit als grundlegendes Zurechnungsprinzip des deutschen Zivilrechts aber **nicht etwa aufgegeben,**[241] sondern in seiner Handhabung nur der Norm des § 10 **angepasst.** Denn der abzuschöpfende Gewinn ist infolge des Wettbewerbsverstoßes entstanden und so durch diesen jedenfalls mitverursacht.[242]

137 Dies bedeutet, dass im Ergebnis der **gesamte im Zuge des Wettbewerbsverstoßes entstandene Gewinn** und nicht nur der auf eine gedachte Unlauterkeitskomponente entfallende Anteil als **adäquat kausal verursacht angesehen** und vom Gewinnabschöpfungsanspruch erfasst wird.[243] Deshalb sind etwa auch aus den Umsatzerlösen gezogene Nutzungen vom Gewinn erfasst (→ Rn. 144).[244] Diese an die kanonische Lehre von dem *versari in re illicita* erinnernde Konzeption[245] wird als einzige dem Ziel gerecht, gleichermaßen eine wirkungsvolle Sanktion wie eine effektive Abschreckung gegen massenhaften unlauteren Wettbewerb zu schaffen. Dieser Gewinn ist dann immer auch „durch" die vorsätzliche Zuwiderhandlung gegen § 3 oder § 7 und damit kausal auf dem Verstoß beruhend erzielt. Die **Wortlautfassung „hierdurch"** ermöglicht es gerade, alle Erlöse, die im Zusammenhang mit einem Wettbewerbsverstoß entstehen, dem Wettbewerbsverstoß zuzurechnen. Frühere Formulierungsvorschläge, die nur auf eine Mehrerlösabschöpfung, bzw. auf die damit gleichzusetzende Abschöpfung von „Unrechtsgewinnen" abzielten, enthielten dagegen das strikt kausale „aufgrund"[246] oder machten auf andere Weise klar, dass es nur um den gerade aus der Unlauterkeit resultierenden Mehrerlös gehen sollte.[247] Der Gesetzgeber hat demgegenüber bewusst keinen Wortlaut gewählt, der einen strengen Kausalzusammenhang im Sinne der *Conditio-sine-qua-non*-Formel fordert. Die **Weite der Haftung** ist damit **zu rechtfertigen,** dass **nur vorsätzliches Handeln** zur Gewinnabschöpfung führt. Wer vorsätzlich handelt, dessen Vertrauen in den Bestand und die Rentabilität der getätigten Investitionen ist nicht schutzwürdig. Im Gegenteil: Der Vorsatztäter muss – und kann – sich darauf einstellen, die mit der unlauteren Handlung erzielten Gewinne nicht behalten zu können.[248]

138 Bei unlauterer Werbung für ein Produkt sind nur die Gewinne abzuschöpfen, die in der **räumlichen Reichweite** der Werbung erzielt wurden, zB im Verbreitungsgebiet einer regionalen Tageszeitung.

---

[240] RegE (BT-Drs. 15/1487), S. 24.

[241] So aber wohl die Kritik von *Alexander* S. 549.

[242] Ähnlich im Ergebnis wohl auch *Gärtner* GRUR-Int 2008, 817 (819).

[243] Ebenso im Ergebnis *Emmerich* FS Fezer, 2016, 1027 (1033); MüKoUWG/*Micklitz* § 10 Rn. 144 f.; Teplitzky/*Schaub* Kap. 37 Rn. 7; aA *Köhler*/Bornkamm/Feddersen § 10 Rn. 7; *Alexander* S. 549; *Neuberger* S. 91 ff.; *Ohly*/Sosnitza § 10 Rn. 7; GroßKommUWG/*Poelzig* § 10 Rn. 81 f., 96; *van Raay* S. 286 ff., 570 f., 623 f.

[244] OLG Schleswig 14.2.2019 – 2 U 4/18 Rn. 111.

[245] *Versanti in re illicita imputantur omnia, quae sequuntur ex delicto.* Unter diesem Grundsatz wird verstanden, dass man sich rechtswidrig in eine Lage gebracht hat, in der die Wahrscheinlichkeit, dass ein darüberhinausgehender Unrechtserfolg herbeigeführt wird, erhöht ist. Im Zivilrecht hat der hinter dieser Wendung stehende Gedanke noch bei § 678 BGB Bedeutung.

[246] *Micklitz/Stadler,* Unrechtsgewinnabschöpfung, S. 125: „*... kann auf Herausgabe des* aufgrund *des Wettbewerbsverstoßes erlangten Gewinn in Anspruch genommen werden*" (Hervorhebung nur hier).

[247] Vgl. *Köhler/Bornkamm/Henning-Bodewig* WRP 2002, 1317 (1322).

[248] OLG Schleswig 14.2.2019 – 2 U 4/18 Rn. 121 ff.

In welchen **zeitlichen Grenzen** der Zurechnungszusammenhang zwischen einer unlauteren Werbung und dem erzielten Gewinn noch gewahrt ist, hängt von den Umständen des Einzelfalles ab, also von der Intensität, dem Glaubwürdigkeitsgehalt und der Attraktivität der Werbeaussage. Eine zeitliche Begrenzung können die Werbewirkungen jedoch durch großangelegte **aufklärende Presse- und Fernsehberichterstattung** oder auch durch eine öffentliche Richtigstellung **durch den unlauter Werbenden selbst** erfahren. 139

8. Berechnung des Gewinns. a) Grundsätze der Gewinnermittlung. Der Gewinn errechnet sich aus den Umsatzerlösen abzüglich der Herstellungskosten der erbrachten Leistungen sowie abzüglich eventuell angefallener Betriebskosten.[249] Abzugsfähig sind nur die Kosten, die gerade durch die unlautere geschäftliche Handlung verursacht wurden.[250] **Gemeinkosten** und sonstige betriebliche Aufwendungen, die auch ohne das wettbewerbswidrige Verhalten angefallen wären, sind **nicht abzugsfähig.**[251] Ist die Höhe des Gewinns streitig, so ist die Vorschrift des **§ 287 ZPO** entsprechend anzuwenden.[252] 140

b) Umsatzerlöse. Umsatzerlöse sind nach der hier vertretenen Auffassung alle Erlöse, die vom unlauter Handelnden mit den beworbenen oder angebotenen Waren und Dienstleistungen erzielt wurden. Bei unlauterer Bewerbung von Waren und Dienstleistungen sind nur diejenigen Umsatzerlöse relevant, die zeitlich nach der Werbeaktion angefallen sind. 141

Beispiele: Beim Verkauf von **Mogelpackungen, Produktfälschungen** und Waren, die ein **unrichtiges Testergebnis** tragen, ist der gesamte mit diesen Produkten erzielte Umsatz in die Rechnung einzubeziehen. Dabei kommt es jedoch nur auf die Umsätze an, die der Handelnde selbst erzielt hat. Dem Produktfälscher etwa werden also nicht auch noch die Umsätze der Straßenhändler zugerechnet, welche die Piraterieprodukte absetzen. 142

Bei **irreführender, übertrieben anlockender oder belästigender Werbung** und unlauterer Werbung gegenüber Minderjährigen etc sind alle Umsatzerlöse relevant, die der Werbung zeitlich nachfolgen. Bei **unerlaubter Preisgestaltung** sind alle Umsätze relevant, die aus Geschäften mit der Marktgegenseite erzielt wurden. 143

c) Nutzungen. Der erzielte **Gewinn umfasst** nicht nur die aufgrund des Wettbewerbsverstoßes erzielten Umsatzerlöse abzüglich etwaiger Kosten, sondern auch **die daraus gezogenen Nutzungen,** insbesondere auch die dadurch ersparten Zinsaufwendungen für laufende Kredite. Denn auch sie sind Vermögensvorteile, die nach der Adäquanztheorie (hierzu *Goldmann* → § 9 Rn. 144) kausal auf dem Wettbewerbsverstoß beruhen. Der Wettbewerbsverstoß kann nicht hinweggedacht werden, ohne dass auch die Ersparnis der Zinsaufwendungen entfiele; diese Ersparnis ist auch vorhersehbar und entspricht dem gewöhnlichen Verlauf der Dinge.[253] Mit § 10 Abs. 1 sollen nämlich nicht nur die unmittelbaren Vorteile abgeschöpft werden. Dies belegen Gesetzeswortlaut und Entstehungsgeschichte. Es soll nämlich nicht – wie ursprünglich vorgesehen – der „auf Kosten" einer Vielzahl von Abnehmern erzielte Gewinn herausgegeben werden, sondern der „zu Lasten" erzielte Gewinn, womit der strenge bereicherungsrechtliche Unmittelbarkeitszusammenhang aufgegeben und klargestellt wurde, wurde, dass es nicht darauf ankommt, ob der Gewinn dem Schaden entspricht oder gar dessen wirtschaftliche Kehrseite darstellt (ausf. → Rn. 124).[254] Auch die mit der Bestimmung bezweckte Abschreckungswirkung lässt sich mit einem Unmittelbarkeitserfordernis, das die Berücksichtigung gezogene Nutzungen für die Gewinnberechnung ausschließen würde, nicht vereinbaren. Sinn und Zweck der Bestimmung ist nicht Kompensation, sondern Prävention (ausf. → Rn. 14), und insofern einzig und allein darauf gerichtet, unrechtmäßig erzielte Gewinne eines Unternehmers abzuschöpfen. 144

[249] RegE (BT-Drs. 15/1487), S. 24; OLG Schleswig 14.2.2019 – 2 U 4/18 Rn. 113.
[250] RegE (BT-Drs. 15/1487), S. 24; OLG Schleswig 10.3.2016 – 2 U 7/15 – Rücklastschriften II; 14.2.2019 – 2 U 4/18 Rn. 113.
[251] RegE (BT-Drs. 15/1487), S. 24; OLG Schleswig 14.2.2019 – 2 U 4/18 Rn. 113.
[252] RegE (BT-Drs. 15/1487), S. 24.
[253] OLG Schleswig 14.2.2019 – 2 U 4/18 Rn. 122.
[254] OLG Schleswig 14.2.2019 – 2 U 4/18 Rn. 122.

Daher kann es primär nur darauf ankommen, ob der Unternehmer unrechtmäßig einen Gewinn erzielt hat. Die Abschreckungswirkung lässt sich nur erreichen, wenn der Unternehmer **den gesamten Gewinn herausgeben** muss (→ Rn. 130).[255] Würden die Nutzungen nicht der Abschöpfung unterliegen, könnte sich der Wettbewerbsteilnehmer durch vorsätzliche Wettbewerbsverstöße einen bis zur Erhebung der Gewinnabschöpfungsklage (vgl. § 291 BGB) zinslosen Kredit verschaffen. Das ist mit dem Zweck des § 10 Abs. 1 unvereinbar.[256]

145 **d) Abzugsposten. aa) Grundsatz. Abzugsfähig** sind die direkt mit dem unlauteren Wettbewerbsverhalten im Zusammenhang stehenden, also die zu diesem Zweck verursachten Kosten (etwa Werbekosten, im Vorfeld entstandene Rechtsberatungskosten).

146 **Nicht abzugsfähig** sind hingegen Gemeinkosten und sonstige betriebliche Aufwendungen, die auch ohne das wettbewerbswidrige Verhalten angefallen wären.[257] Ein Abzugsverbot gilt aus normativen Gründen für diejenigen Kosten, die zwar im Sinne einer *Conditio-sine-qua-non*-Betrachtung durch das unlautere Verhalten verursacht wurden, aber erst in Reaktion auf die Geltendmachung von Ansprüchen gegen das unlautere Verhalten (Rechtsanwaltskosten zur Anspruchsabwehr, Kosten für Unterlassung, Beseitigung, Widerruf etc) bzw. im Zuge der Geltendmachung des Gewinnabschöpfungsanspruchs (Kosten der Auskunftserteilung, den Anspruch betreffende Rechtsberatungskosten) oder aber nur allgemein durch den Konflikt um die Unlauterkeit des Verhaltens (Imageschaden) entstehenden Einbußen. Im Einzelnen:

147 **bb) Herstellungskosten und Betriebskosten.** Abzuziehen sind bei unlauter handelnden **Produktionsbetrieben** bei der Ermittlung des abzuschöpfenden Gewinns von den erzielten Erlösen **nur die variablen** (dh vom Beschäftigungsgrad abhängigen) **Kosten für die Herstellung und den Vertrieb** der verletzenden Gegenstände (Material-, Energie- und Lohnkosten), nicht aber auch Fixkosten. Ein Gemeinkostenanteil, dh solche Kosten, die von der jeweiligen Beschäftigung unabhängig sind (zB Mieten, zeitabhängige Abschreibungen für Anlagevermögen), bleibt außer Betracht. Es gelten die gleichen Grundsätze wie bei der Abschöpfung des Verletzergewinns als Berechnungsmethode im Rahmen des Schadensersatzes (hierzu *Goldmann* → § 9 Rn. 273 ff.). Würde dem Verletzer uneingeschränkt gestattet, von seinen Erlösen einen Gemeinkostenanteil abzusetzen, so würde im Allgemeinen der aus dem Wettbewerbsverstoß stammende Gewinn nicht vollständig abgeschöpft. Dem Verletzer verbliebe vielmehr ein Deckungsbeitrag zu seinen Fixkosten.[258] Dies stünde in Widerspruch zu Sinn und Zweck des Gewinnabschöpfungsanspruchs.

148 Bei **Dienstleistungsbetrieben** sind entsprechend nur die anteiligen Lohnkosten bzw. Fahrtkosten oder andere variable Kosten abzugsfähig.

149 Bei **Groß- und Einzelhandelsbetrieben** sind der Einstandspreis der unlauter beworbenen bzw. angebotenen Produkte und die anteiligen Lagerkosten und Lohnkosten des Verkaufspersonals abzugsfähig.

150 **cc) Steuern.** Abzuziehen sind die auf den entstandenen Gewinn entrichteten Steuern.[259]

151 **dd) Kosten der Werbeaktion.** *Sack* schlägt vor, auch die **Kosten abzuziehen,** die von der **unlauteren Werbeaktion** verursacht wurden.[260] Dem ist zuzustimmen. Denn die Kosten der unlauteren Werbeaktion werden von den sonstigen betrieblichen Aufwendungen, die auch ohne das wettbewerbswidrige Verhalten angefallen wären, gerade nicht

[255] OLG Schleswig 14.2.2019 – 2 U 4/18 Rn. 123.
[256] OLG Schleswig 14.2.2019 – 2 U 4/18 Rn. 123.
[257] OLG Schleswig GRUR 2018, 1071 Rn. 20, 23 – Nichtnutzungsgebühr.
[258] *Lehmann* BB 1988, 1680 (1688 f.).
[259] OLG Schleswig GRUR 2018, 1071 Rn. 17 – Nichtnutzungsgebühr.
[260] *Sack* GRUR 2003, 549 (554); aA aus Gründen der Generalprävention *v. Braunmühl* in Fezer/Büscher/Obergfell § 10 Rn. 219.

erfasst. Zu den Kosten der Werbeaktion gehören auch die Kosten der damit zusammenhängenden Rechtsberatung im Vorfeld.[261]

ee) Kosten der Auskunftserteilung und Prozesskosten. Kosten, die dem unlauter Handelnden durch eine dem bezifferten Gewinnabschöpfungsanspruch vorausgehende Auskunftserteilung entstehen, sind **nicht abzugsfähig.** Sie werden nicht durch die Werbeaktion an sich verursacht, sondern dienen der Anspruchsdurchsetzung. Auch im Rahmen der sonstigen Auskunftsansprüche des Zivilrechts sind die Kosten der Auskunftserteilung nicht im Rahmen des folgenden Zahlungsanspruchs als Abzugsposten zu berücksichtigen und gehen voll zu Lasten des Schuldners.[262] Das Gleiche gilt für **Prozesskosten** sowohl des auf Gewinnabschöpfung gerichteten Prozesses wie auch anderer paralleler oder vorangegangener Verfahren, deren Streitgegenstand das den Gewinnabschöpfungsanspruch auslösende unlautere Verhalten ist.[263] Dafür spricht, dass andernfalls unlauteres Verhalten besonders attraktiv wäre, da sogar die zur Verteidigung des Verhaltens aufgewendeten Kosten im Falle der Unlauterkeit vom abzuschöpfenden Gewinn abzugsfähig wären.[264] Der unlauter Handelnde müsste nur dem ihn beratenden und vertretenden Rechtsbeistand ein Kostenlimit bis zur Höhe des erzielten Gewinns und abzüglich der erstattungsfähigen Kosten des Gegners setzen – obsiegt er, könnte er bei einer Abzugsfähigkeit die Kosten beim Gegner (zumindest teilweise) geltend machen; unterliegt er, geht es sich für ihn Null auf Null aus. 152

ff) Imageschäden. Dass eine unlautere Werbung oder ein unlauteres Produktangebot zu **Imageschäden** für das unlauter handelnde Unternehmen führen kann, ist Teil des unternehmerischen Risikos. Sie sind **nicht abzugsfähig.**[265] 153

gg) Weitere Abzugsposten gem. § 10 Abs. 2. Gemäß **§ 10 Abs. 2 S. 1** sind auf den Gewinn die Leistungen anzurechnen, die der Schuldner aufgrund der Zuwiderhandlung an Dritte oder den Staat erbracht hat. Sind diese Leistungen aber per Gesetz auf den Gewinn iSv § 10 Abs. 1 UWG anzurechnen, können diese nachträglichen **Abzugsposten** gerade **kein Faktor bei der Berechnung des Gewinns iSv § 10 Abs. 1** sein.[266] Zu diesen weiteren **Abzugsposten gem. § 10 Abs. 2** siehe die Kommentierung dort (→ Rn. 170 ff.). 154

e) Sachgerechte Schätzung durch das Gericht. Angesichts der Komplexität der Ermittlung und Berechnung des abzuschöpfenden Gewinns kommt der Vorschrift des **§ 287 ZPO** eine **besondere Bedeutung** zu. § 287 ZPO, der es dem Gericht erlaubt, einen Schaden nach freier Überzeugung unter Berücksichtigung aller Umstände festzulegen, findet unmittelbare Anwendung nur für Schadensersatz- und Entschädigungsansprüche. Obwohl eine ausdrückliche Bezugnahme auf diese Vorschrift fehlt,[267] ist § 287 ZPO bei der Ermittlung des abzuschöpfenden Gewinns analog heranzuziehen. Es fällt auf, dass die Begründung des Regierungsentwurfs zwar ausdrücklich auf § 287 ZPO Bezug nimmt, einen vorbereitenden Auskunftsanspruch (hierzu *Goldmann* → Vor § 8 Rn. 89 ff.) aber nicht anspricht.[268] 155

Das Gericht kann also eine **Schätzung** der **Höhe des Gewinns** vornehmen. Diese Befugnis ist ein wesentliches Instrument, den Gewinnabschöpfungsanspruch in der Praxis 156

261 Ebenso nun *Neuberger* S. 100.
262 BGHZ 81, 31 (34).
263 Ebenso nun *Gärtner* GRUR-Int 2008, 817 (819 f.); *van Raay* S. 269; *Bauer* S. 177; aA *Sack* GRUR 2003, 549 (554).
264 In diesem Sinne (zu Abs. 2) auch RegE (BT-Drs. 15/1487), S. 24; krit. hierzu *Engels/Salomon* WRP 2004, 32 (42).
265 Ebenso nun *Neuberger* S. 100; *van Raay* S. 270 und *Ohly*/Sosnitza § 10 Rn. 6; aA *Sack* GRUR 2003, 549 (554).
266 OLG Düsseldorf GRUR 2017, 331 Rn. 71 – Gewinne aus Rücklastschriften.
267 Angeregt wurde ein ausdrücklicher Verweis von *Micklitz/Stadler* S. 125, 129.
268 RegE (BT-Drs. 15/1487), S. 24.

handhabbar zu machen. Die Befugnis zur Schätzung der Höhe des Gewinns schließt auch alle **Kausalitäts-** und **Zurechnungsfragen** mit ein.[269]

157 Das von § 287 ZPO dem Gericht eingeräumte **Ermessen ist weit.** Die Vorschrift des § 287 ZPO stellt den Tatrichter besonders frei und gewährt ihm einen großen Spielraum.[270] Das Gesetz nimmt in Kauf, dass das Ergebnis der Schätzung mit der Wirklichkeit vielfach nicht übereinstimmt.[271] Über diesen ohnehin schon weiten Spielraum hinaus ist anerkannt, dass gerade in Fällen eines **vorsätzlich begangenen** Rechtsverstoßes von einem **ganz besonders weit** gehenden Ermessen des Gerichts iSd § 287 ZPO auszugehen ist.[272] Das bedeutet nicht, dass vom Gericht erwartet wird, unbesehen besonders hohe Summen zuzusprechen. Das erweiterte Ermessen bringt es aber mit sich, dass die Gerichte bei der **Bewertung und Gewichtung** der tatsächlichen **Anhaltspunkte** für die mutmaßliche Höhe des Gewinns einen **weiten Spielraum** haben, so dass uU schon wenige bruchstückhafte Indizien ausreichen, um auf ihrer Grundlage den Gewinn zu schätzen.

158 Hat der klagende Verband also schon gewisse Vorstellungen über die Höhe des Gewinns, kann eine Klage **schon betragsmäßig beziffert** werden. Es ist dann Sache des Gerichts, einzuschätzen, ob der eingeklagte Betrag dem abzuschöpfenden Gewinn entspricht.

159 Sollte sich der klagende Verband in der Höhe verschätzt und zu viel gefordert haben, hilft ihm **§ 92 Abs. 2 Nr. 2 ZPO** über das Prozesskostenrisiko des Teilunterliegens hinweg.[273] Nach dieser Vorschrift kann das Gericht **dem Beklagten auch bei Teilabweisung** der Klage die **Prozesskosten in voller Höhe** auferlegen, wenn der Betrag der Forderung des Klägers von der Festsetzung durch richterliches Ermessen abhängig war. Es wäre ein schwer zu erklärender Widerspruch, die Verbände unter Hinweis auf § 287 ZPO zu einer verstärkten Geltendmachung des Gewinnabschöpfungsanspruches zugunsten des Bundeshaushaltes zu ermuntern, ihnen aber andererseits die Erleichterung des § 92 Abs. 2 Nr. 2 ZPO zu versagen.

D. Durchsetzung und Rechtsfolgen des Gewinnabschöpfungsanspruchs

I. Leistungsklage

160 **1. Bezifferung.** Für die **Leistungsklage** gelten die allgemeinen Voraussetzungen dieses Klagetyps. Grundsätzlich ist daher ein bestimmter, also bezifferter Klageantrag nach § 253 Abs. 2 Nr. 2 ZPO erforderlich. Das gilt grundsätzlich auch dann, wenn die genaue Höhe des Gewinns nicht auf Anhieb festzustellen ist.

161 **2. Unbestimmter Antrag.** Im hier eröffneten Anwendungsbereich des § 287 ZPO ist jedoch ein **unbezifferter Antrag zulässig,** wenn der Vortrag des Klägers eine **ausreichende Grundlage für die Schätzung des Gewinns** durch das Gericht enthält.[274]

---

[269] Zöller/*Greger* ZPO § 287 Rn. 3 mwN; *Rosenthal* S. 116.

[270] BGH GRUR 1966, 570 (572) – Eisrevue III.

[271] BGH GRUR 1997, 741 (743) – Chinaherde; GRUR 1995, 578 (579) – Steuereinrichtung II.

[272] RGZ 58, 321 (324) – Klosettpapier; 108, 1 (7) – Dauerschmierung. Diese Entscheidungen sprechen zwar von einem weiten Ermessen bei „schuldhaften" Handlungen, meinen in der Sache damit jedoch – wie in dem von RG angewandten § 14 WBezG 1894 vorausgesetzt – nur grob fahrlässiges und vorsätzliches Handeln; ebenso *Callmann* S. 119; soweit ersichtlich, ist diese Rechtsprechung vom besonders weit gehenden Ermessen bei vorsätzlicher Rechtsverletzung niemals aufgegeben oder modifiziert worden.

[273] Ebenso *Neuberger* S. 114; *van Raay* S. 443.

[274] Vorschlag für den Antrag: „*Die Beklagte wird verurteilt, an die Klägerin den Gewinn aus [Spezifizierung der Wettbewerbshandlung] in Höhe eines vom Gericht gemäß § 287 ZPO zu ermittelnden, gegebenenfalls zu schätzenden Geldbetrages nebst x% Zinsen auf diesen Betrag vom Tag der Klageerhebung an zu zahlen*"; Beispiel in Anlehnung an den Klageantrag in BGH GRUR 1982, 489 – Korrekturflüssigkeit.

3. Rechtsmissbräuchliche Geltendmachung. a) Rechtsmissbrauch gem. § 242 BGB. § 8c findet auf die Geltendmachung des **Gewinnabschöpfungsanspruch** gem. § 10 keine Anwendung, und zwar weder direkt noch analog.[275] Ein Rechtsmissbrauch kann sich aber aus den allgemeinen Grundsätzen von Treu und Glauben gem. § 242 BGB ergeben.[276] Eine gegen das Verbot unzulässiger Rechtsausübung aus § 242 BGB verstoßende Gewinnabschöpfungsklage gem. § 10 UWG ist unzulässig.[277] Der das materielle Recht beherrschende Grundsatz von Treu und Glauben gilt auch im Verfahrensrecht.[278] Er verpflichtet die Parteien zu redlicher Prozessführung und verbietet den Missbrauch prozessualer Befugnisse.[279] Ein Verstoß gegen § 242 BGB führt zur Unzulässigkeit der Ausübung prozessualer Befugnisse[280] und ist in jeder Lage des Verfahrens – und damit auch in der Revisionsinstanz – von Amts wegen zu prüfen.[281] 162

Bei der Prüfung des Rechtsmissbrauchs nach § 242 BGB können **Umstände, die gem. § 8c** oder **§ 2b UKlaG einen Rechtsmissbrauch begründen,** herangezogen werden.[282] Dabei ist allerdings zu berücksichtigen, dass bei der Annahme eines Rechtsmissbrauchs mit Blick auf den nach Art. 2 Abs. 1 GG iVm Art. 20 Abs. 3 GG sowie Art. 6 Abs. 1 S. 1 EMRK zu gewährleistenden effektiven Rechtsschutz eine gewisse Zurückhaltung geboten ist, wenn die Besonderheiten der Interessenlage des § 8c, namentlich eine Vielzahl von Gläubigern, nicht vorliegen.[283] Ein Missbrauch iSd § 8c liegt nach der Rechtsprechung des BGH vor, wenn Anspruchsberechtigte mit der Geltendmachung des Anspruchs überwiegend sachfremde, für sich gesehen nicht schutzwürdige Interessen und Ziele verfolgen und diese als die eigentliche Triebfeder und das beherrschende Motiv der Verfahrenseinleitung erscheinen (ausf. *Goldmann* → § 8c Rn. 41 ff.).[284] Die Ausübung von Befugnissen, die nicht den gesetzlich vorgesehenen, sondern anderen und rechtlich zu missbilligenden Zwecken dient, ist auch nach § 242 BGB missbräuchlich.[285] Missbräuchlich ist die Geltendmachung eines Gewinnabschöpfungsanspruchs dann, wenn sie nicht ausschließlich zu dem Zweck erfolgt, letztlich im Interesse der geschädigten Verbraucher den Gewinn des unlauter Handelnden abzuschöpfen, sondern etwa zum Zwecke für sich selbst oder für Dritte Einnahmen zu erzielen.[286] Ein schuldhaftes Verhalten ist nicht Voraussetzung dafür, dass eine Rechtsausübung iSv § 242 BGB unzulässig ist. Es kommt lediglich darauf an, ob bei **objektiver Betrachtung** ein Verstoß gegen Treu und Glauben vorliegt.[287] 163

b) Prozessfinanzierung als Rechtsmissbrauch. Einen Rechtsmissbrauch begründet bei einer Klage zur Geltendmachung des Gewinnabschöpfungsanspruchs der Umstand, dass der klagende Verband die Kosten des Verfahrens über einen Prozessfinanzierer aufbringt, an den im Falle des Obsiegens des Klägers ein Teil des an sich dem Bundeshaushalt zustehenden Gewinns abgeführt wird.[288] Denn die in § 10 Abs. 1 für Gewinnabschöpfungsklagen geregelte Herausgabe des – gesamten – Gewinns an den Bundeshaushalt soll 164

[275] BGH GRUR 2018, 1166 Rn. 37 ff. – Prozessfinanzierer I; GRUR 2019, 850 Rn. 20 ff. – Prozessfinanzierer II.

[276] BGH GRUR 2018, 1166 Rn. 33, 37 – Prozessfinanzierer I; GRUR 2019, 850 Rn. 20 – Prozessfinanzierer II.

[277] BGH GRUR 2018, 1166 Rn. 37 – Prozessfinanzierer I.

[278] BGH GRUR 2014, 709 Rn. 6 – Festsetzung von Mehrkosten; GRUR 2018, 1166 Rn. 37 – Prozessfinanzierer I.

[279] BGH GRUR 2018, 1166 Rn. 37 – Prozessfinanzierer I.

[280] BGH GRUR 2018, 1166 Rn. 37 – Prozessfinanzierer I.

[281] BGH GRUR 2018, 1166 Rn. 37 – Prozessfinanzierer I.

[282] BGH GRUR 2018, 1166 Rn. 40 – Prozessfinanzierer I.

[283] BGH GRUR 2018, 1166 Rn. 40 – Prozessfinanzierer I.

[284] BGH GRUR 2018, 1166 Rn. 40 – Prozessfinanzierer I mwN.

[285] BGH GRUR 2018, 1166 Rn. 40 – Prozessfinanzierer I.

[286] Vgl. BGH GRUR 2018, 1166 Rn. 42 f. – Prozessfinanzierer I.

[287] BGH GRUR 2019, 850 Rn. 24 – Prozessfinanzierer II.

[288] BGH GRUR 2018, 1166 Rn. 38 ff. – Prozessfinanzierer I; GRUR 2019, 850 Rn. 25 ff. – Prozessfinanzierer II; aA OLG Schleswig 14.2.2019 – 2 U 4/18 Rn. 45 ff.; *Herbold* VuR 2019, 273 ff.

der Gefahr vorbeugen, dass der Anspruch aus dem sachfremden Motiv der Einnahmeerzielung heraus geltend gemacht wird.[289] Damit soll ein kommerzieller Anreiz für Gewinnabschöpfungsklagen vermieden werden.[290] Diesem Ziel widerspricht es, wenn einer derjenigen, die dazu berechtigt sind, den Gewinnabschöpfungsanspruch geltend zu machen, einen Gewinnabschöpfungsprozess unter Einschaltung eines Prozessfinanzierers führt, dem – und sei es mit Zustimmung des BfJ – für den Erfolgsfall ein Anteil am Gewinn zugesagt worden ist. Der Anspruch auf Gewinnabschöpfung wird dann (auch) aus dem **sachfremden Motiv** heraus geltend gemacht, **zugunsten des Prozessfinanzierers einen Anteil am abgeschöpften Gewinn zu erlangen.**[291] Auf eine Zustimmung des BfJ kann sich der klagende Verband dabei schon deshalb nicht berufen, weil dieses damit die ihm durch § 10 Abs. 4 allein zugewiesene neutrale Rolle als Zahlstelle verlässt.[292] Der Rechtsmissbrauchsvorwurf liegt nach alledem darin begründet, dass der klagende Verband, der zwar selbst keine Einnahmen erzielt, es **Dritten ermöglicht, mit seiner Klagebefugnis Einnahmen zu erzielen.**[293] Dabei kommt es nicht darauf an, dass zwar der zur Geltendmachung des Gewinnabschöpfungsanspruchs Berechtigte nicht aus dem sachfremden Motiv der Einnahmenerzielung heraus handelt und der aus diesem Motiv handelnde Prozessfinanzierer nicht zur Geltendmachung des Gewinnabschöpfungsanspruchs berechtigt ist. Die **Klagebefugnis** des zur Geltendmachung des Gewinnabschöpfungsanspruchs Berechtigten wird in dieser Fallkonstellation vom gewerblichen Prozessfinanzierer **instrumentalisiert,** um den Gewinnabschöpfungsprozess zur Einnahmenerzielung zu führen.[294] Daneben widerspricht auch das finanzielle Interesse des vom Verband beauftragten Rechtsanwalts dem Zweck des § 10 Abs. 1, soweit der Rechtsanwalt– wie üblich – bei Einschaltung eines Prozessfinanzierers eine weitere Gebühr erhält.[295] Dass diese Gebühr dem Rechtsanwalt nach dem RVG zusteht, ändert nichts daran, dass sie geeignet ist, einen finanziellen Anreiz darzustellen.[296]

165 Die Gewinnabschöpfungsklage eines Verbraucherschutzverbandes, die von einem gewerblichen Prozessfinanzierer finanziert wird, der an dem abgeschöpften Gewinn teilhaben soll, ist auch dann treuwidrig, wenn das zu dem Prozessfinanzierer bestehende Vertragsverhältnis nach Klageerhebung aufgehoben worden ist.[297]

II. Stufenklage

166 Wenn es dem klagenden Verbraucherverband selbst mit Blick auf die Befugnis des Gerichts zur Schätzung nach § 287 ZPO und die Minderung des Kostenrisikos durch § 92 Abs. 2 Nr. 2 ZPO nicht möglich ist, im strengen Sinne den Anspruch auf Anhieb gem. § 253 Abs. 2 Nr. 2 ZPO zu beziffern, kann er im Wege der **Stufenklage** vorgehen und den Beklagten zunächst zur **Auskunftserteilung** verurteilen lassen, § 254 ZPO (zum Auskunftsanspruch als Hilfsanspruch zum Anspruch auf Gewinnabschöpfung *Goldmann* → Vor § 8 Rn. 89 ff.).[298]

[289] RegE (BT-Drs. 15/1487), S. 25 und 43.
[290] BGH GRUR 2019, 850 Rn. 26 – Prozessfinanzierer II.
[291] BGH GRUR 2018, 1166 Rn. 41 f. – Prozessfinanzierer I; GRUR 2019, 850 Rn. 27 – Prozessfinanzierer II.
[292] BGH GRUR 2018, 1166 Rn. 43 – Prozessfinanzierer I; 29.11.2018 – I ZR 26/17 Rn. 7 – Prozessfinanzierer I (Gehörsrüge).
[293] BGH GRUR 2019, 850 Rn. 29 – Prozessfinanzierer II.
[294] BGH GRUR 2019, 850 Rn. 27 – Prozessfinanzierer II; *Köhler* WRP 2019, 139 Rn. 12.
[295] BGH GRUR 2018, 1166 Rn. 42 – Prozessfinanzierer I; GRUR 2019, 850 Rn. 28 – Prozessfinanzierer II.
[296] BGH GRUR 2019, 850 Rn. 28 – Prozessfinanzierer II.
[297] OLG Düsseldorf 4.7.2019 – 2 U 46/18.
[298] OLG Stuttgart GRUR-RR 2007, 435 – Veralteter Matratzentest; OLG Naumburg 27.6.2008 – 10 U 77/07 – CONVENT-Kredit.

III. Feststellungsklage

Ebenso ist es möglich, eine Klage auf **Feststellung der Zahlungspflicht** zu erheben, wenn es nicht möglich ist, den Antrag abschließend zu beziffern. Kann beziffert werden, besteht für die Feststellungsklage kein Rechtsschutzbedürfnis.[299] Kann nicht beziffert werden, besteht zwischen der Feststellungsklage und dem Leistungsantrag unter Angabe der Größenordnung ein Wahlrecht. Ein berechtigtes Interesse an der Feststellung (§ 256 ZPO) ergibt sich nicht wie beim Schadenersatzanspruch bereits aus der kurzen Verjährung,[300] denn der Anspruch aus § 10 unterliegt der Regelverjährung des § 11 Abs. 4 und verjährt innerhalb von drei Jahren von der Entstehung an.[301] Das berechtigte Interesse kann sich aber aus der Unsicherheit ergeben, ob ein Gewinn überhaupt gemacht wurde und wie hoch er zu beziffern ist.[302] 167

IV. Koppelung von Feststellungs- und Auskunftsklage

Der Kläger kann die Feststellungsklage mit einer Klage auf Auskunft verknüpfen (zum Anspruch auf Auskunft als Hilfsanspruch zum Anspruch auf Gewinnabschöpfung *Goldmann* → Vor § 8 Rn. 89 ff.). 168

V. Der Auskunfts- und Rechnungslegungsanspruch im Zusammenhang mit dem Gewinnabschöpfungsanspruch

Ein ausdrücklich normierter Auskunftsanspruch für den klagenden Verband fehlt.[303] Es ist jedoch allgemein anerkannt, dass mit dem Gewinnabschöpfungsanspruch ein Anspruch auf Auskunft und Rechnungslegung gem. § 242 BGB einhergeht.[304] Zu den Voraussetzungen vgl. die Kommentierung von *Goldmann* → Vor § 8 Rn. 42 ff. Auch der Inhalt des auf die Gewinnabschöpfung bezogenen Auskunftsanspruchs wird in diesem Abschnitt behandelt (*Goldmann* → Vor § 8 Rn. 89 ff.). 169

VI. Abzug von Leistungen an Dritte oder den Staat nach Abs. 2

1. Regelungsziel. Abs. 2 regelt das Verhältnis des Gewinnabschöpfungsanspruchs zu den individuellen Ersatzansprüchen und weiteren staatlichen Sanktionen. 170

2. Vorrang individueller Ansprüche. a) Deliktische Schadensersatzansprüche. Die Regelung stellt klar, dass die **individuellen Schadenersatzansprüche** der Abnehmer, aber auch der Mitbewerber, **vorrangig zu befriedigen** sind. Der Gewinnabschöpfungsanspruch soll gerade verhindern, dass dem Unternehmer der aus dem Wettbewerbsverstoß erzielte Gewinn verbleibt. Soweit jedoch dieser Gewinn durch die Befriedigung der Ansprüche der Abnehmer ausgeglichen ist, ist die Rechtsschutzlücke bereits geschlossen. Entsprechend sind die nach § 9 erbrachten Schadensersatzleistungen oder die Leistungen zur Erfüllung der auf Grund der Zuwiderhandlung entstandenen deliktischen Ansprüche der Abnehmer nach der Berechnung des Gewinns zusätzlich abzuziehen.[305] Sie bilden allerdings keinen Faktor für die Berechnung des Gewinns selbst (→ Rn. 154).[306] 171

---

[299] BGHZ 69, 144 (152).

[300] So zur Schadensersatzfeststellungsklage BGH GRUR 1992, 559 – Mikrofilmanlage.

[301] OLG Schleswig 14.2.2019 – 2 U 4/18 Rn. 71.

[302] Vgl. zur parallelen Problematik bei der Schadensersatzklage Baumbach/Lauterbach/Hartmann/Anders/Gehle/*Anders* ZPO § 256 Rn. 79.

[303] Angeregt wurde eine ausdrückliche Regelung von *Micklitz/Stadler* S. 125, 130.

[304] OLG Stuttgart GRUR-RR 2007, 435 – Veralteter Matratzentest; OLG Schleswig MMR 2013, 579 (584) – Rücklastschriften I; NJOZ 2015, 1515 Rn. 70 – Pfand für SIM-Karten; LG Düsseldorf 11.11.2015 – 12 O 5/15.

[305] RegE (BT-Drs. 15/1487), S. 24; OLG Düsseldorf GRUR 2017, 331 Rn. 71 – Gewinne aus Rücklastschriften; OLG Schleswig GRUR-RR 2018, 1071 Rn. 20 – Nichtnutzungsgebühr.

[306] OLG Düsseldorf GRUR 2017, 331 Rn. 71 – Gewinne aus Rücklastschriften.

172 **b) Vertragliche und vorvertragliche Sekundäransprüche.** Abzuziehen sind vom ermittelten Gewinn in gleicher Weise auch die auf Grund vertraglicher Sekundäransprüche erbrachten Leistungen, sofern die zu Grunde liegende Leistungsstörung gleichzeitig einen Verstoß gegen § 3 darstellt.

173 Insbesondere bei irreführender Werbung kommen Ansprüche aus **Sachmängelgewährleistung** in Betracht. Nach § 434 Abs. 1 S. 2 Ziff. 2 BGB liegt ein Sachmangel vor, wenn die gekaufte Sache sich nicht für die gewöhnliche Verwendung eignet und nicht eine Beschaffenheit aufweist, die bei Sachen der gleichen Art üblich ist und die der Käufer nach der Art der Sache erwarten kann. Zur Beschaffenheit in diesem Sinne gehören nach § 434 Abs. 1 S. 3 BGB auch *„Eigenschaften, die der Käufer nach den öffentlichen Äußerungen des Verkäufers, des Herstellers … oder seines Gehilfen insbesondere in der Werbung oder bei der Kennzeichnung über bestimmte Eigenschaften erwarten kann, …"*. Unlautere Werbeaussagen mit einem Inhalt, der über die tatsächliche Beschaffenheit der Kaufsache hinausgeht, können also einen Mangel begründen.[307]

174 **Alle vertraglichen Sekundäransprüche,** die Kunden deshalb direkt gegen den unlauter werbenden Verkäufer geltend machen oder die im Wege des Rückgriffs gem. § 478 ein gutgläubiger Händler gegen den unlauter werbenden Hersteller durchsetzen kann, **führen zur Abzugsfähigkeit.** Das Gleiche gilt für **Ansprüche aus *culpa in contrahendo,*** jetzt §§ 280 Abs. 1, 241 Abs. 2, 311 Abs. 2 BGB.

175 **3. Vorrang von Geldstrafen.** Der gleiche Vorrang gilt auch für **Zahlungen auf Grund staatlicher Sanktionen** wie zB Geldstrafen.[308] Soweit aufgrund der unlauteren geschäftlichen Handlung eine Geldstrafe entrichtet werden musste, ist diese gemäß § 10 Abs. 2 S. 1 vom Gewinn abzuziehen.[309] Neben den in § 16 für irreführende Werbung sowie den in §§ 263 StGB, §§ 143 ff. MarkenG und §§ 108 ff. UrhG insbesondere für Pirarierietatbestände ausdrücklich vorgesehenen Sanktionen einer **Geldstrafe** kann das Gericht auch nach §§ 73 ff. StGB den **Verfall** dessen anordnen, was der Täter oder Teilnehmer für die rechtswidrige Tat oder aus ihr erlangt hat. Nach § 73 Abs. 3 StGB haftet ein Unternehmen für seine Mitarbeiter auf Gewinnherausgabe. Alle diese Zahlungen können gegenüber dem Gewinnabschöpfungsanspruch in Abzug gebracht werden, lassen aber selbstverständlich die individuellen Schadensersatzansprüche unberührt.

176 Der Bundesrat hatte demgegenüber kritisiert, dass es schon vom Zweck der Strafrechtsnormen her unvertretbar sei, eine verhängte Strafe auf zivilrechtliche Forderungen anzurechnen.[310] Dieser Einwand hatte mit Recht keinen Einfluss auf den Gesetzestext. Es ist durchaus sachgerecht, die als Sanktion und Abschreckung konzipierte Gewinnabschöpfung dann nicht eingreifen zu lassen, wenn diese Zwecke schon anderweit durch staatliche Strafen erfüllt sind. Angesichts der praktisch extrem geringen Bedeutung strafrechtlicher Verfahren und Sanktionen auf dem Sektor des Wettbewerbsrechts ist dies allerdings ein eher theoretisches als praktisches Problem.

177 **4. Darlegungs- und Beweislast.** Der Schuldner muss darlegen und beweisen, dass er die Zahlungen iSv § 10 Abs. 2 S. 1 tatsächlich geleistet hat und dass hierfür einen Rechtsgrund bestand. Er muss also auch darlegen und ggf. beweisen, dass Ansprüche Dritter nach Grund und Höhe tatsächlich bestanden haben.[311]

178 **5. Rückabwicklung.** Satz 2 berücksichtigt die Fallkonstellation, dass der Unternehmer nach erfolgter Befriedigung des Gewinnabschöpfungsanspruches Ansprüche der Mitbewerber oder der Abnehmer befriedigt oder staatliche Sanktionen erfüllt. Da es nicht darauf ankommen kann, in welcher Reihenfolge die Ansprüche gestellt werden, ist konsequenter-

[307] *Micklitz/Stadler* S. 41; BRHP/*Faust* BGB § 434 Rn. 80 ff.
[308] RegE (BT-Drs. 15/1487), S. 24; aA *Gärtner* GRUR-Int 2008, 817 (820).
[309] OLG Schleswig GRUR-RR 2018, 1071 Rn. 20 – Nichtnutzungsgebühr.
[310] Stellungnahme des Bundesrats (BT-Drs. 15/1487) S. 34.
[311] OLG Düsseldorf GRUR 2017, 331 Rn. 71 – Gewinne aus Rücklastschriften.

weise der abgeführte Gewinn in Höhe der nach Abführung geleisteten Zahlungen auf diese Forderungen herauszugeben. Im Rahmen der Zwangsvollstreckung kann dies über § 767 ZPO geltend gemacht werden.[312]

VII. Gesamtgläubigerschaft mehrerer Anspruchsberechtigter nach Abs. 3

Die Fallkonstellation, dass mehrere Berechtigte den Anspruch geltend machen, lässt sich mit Hilfe der Vorschriften des BGB zur **Gesamtgläubigerschaft** lösen, §§ 428–430 BGB. Nachdem der abgeführte Gewinn dem Bundeshaushalt zukommt, dürfte der Fall, dass es nicht zu einer Einigung der Anspruchsberechtigten darüber kommt, wer den Anspruch geltend macht, allerdings selten vorkommen. Gleichwohl hat der Gesetzgeber eine entsprechende Regelung nicht als von vornherein entbehrlich erachtet.[313] 179

VIII. Auskunfts- und Erstattungsansprüche nach Abs. 4

1. Allgemeines. Nach Abs. 1 kann der Anspruch auf Gewinnabschöpfung **nur zugunsten des Bundeshaushalts** geltend gemacht werden. Andererseits wird der Bundeshaushalt auch am Prozesskostenrisiko beteiligt, genauer gesagt: am **Delkredere-Risiko des Beklagten,** nicht aber an dem **allgemeinen Risiko, den Prozess ganz oder teilweise zu verlieren.** Diese – noch immer unzureichende – Risikobeteiligung ist überhaupt erst nach heftiger Kritik des Bundesrates mit den Beschlüssen des Rechtsausschusses in das Gesetz aufgenommen worden. Der Bundesrat hatte befürchtet, dass die Pflicht, nach Abs. 1 abgeschöpfte Gewinne an den Bundeshaushalt abzuführen, das gesamte Institut wirkungslos mache. Die klagebefugten Verbände würden von der Möglichkeit der Gewinnabschöpfung keinen Gebrauch machen, wenn sie im Unterliegensfall das volle Kostenrisiko tragen, im Falle des Obsiegens aber den Gewinn abführen müssten.[314] Auch in der Literatur wurde und wird kritisiert, die Verbände hätten angesichts dieser Risikoverteilung keinen Anreiz, *„für die Staatskasse die Kastanien aus dem Feuer zu holen."*[315] 180

2. Auskunft. Die Gläubiger haben der zuständigen Stelle des Bundes, dem **BfJ,** über die Geltendmachung von Ansprüchen nach Abs. 1 Auskunft zu erteilen. Durch die Auskunftspflicht soll die Abwicklung zwischen der zuständigen Stelle des Bundes und den zur Geltendmachung des Gewinnabschöpfungsanspruchs Berechtigten erleichtert werden.[316] Ihrem Wortlaut nach beschränkt sich die Regelung des Abs. 4 Satz 1 auf einen bloßen Auskunftsanspruch. Die Fassung des Regierungsentwurfs sah zusätzlich noch eine Pflicht zur Rechenschaftslegung vor. Dies stand im Einklang mit der Konzeption des Regierungsentwurfs, nach der abgeschöpfte Gewinn zunächst vom klagenden Verband eingenommen und sodann an den Bundeshaushalt abgeführt werden sollte. Eine Rechenschaft gegenüber dem Bund erübrigt sich jedoch, da nach der endgültigen Fassung des Abs. 1 der Anspruch ohnehin nur direkt auf Herausgabe des Gewinns an den Bundeshaushalt geht und dieser nicht zunächst in die Kasse des Verbraucherverbandes fließt. 181

3. Aufwendungsersatz. Die klagenden Verbände können von der zuständigen Stelle des Bundes, dem BfJ, gem. Abs. 2 **Erstattung der für die Geltendmachung des Anspruches erforderlichen Aufwendungen** verlangen, soweit sie vom Schuldner keinen Ausgleich erlangen können. Der Erstattungsanspruch ist auf die Höhe des an den Bundeshaushalt abgeführten Gewinns beschränkt. Aufwendungen sind freiwillige vermögenswerte Leistungen zur Geltendmachung des Gewinnabschöpfungsanspruchs, die ohne die Rechtsverfolgung nicht angefallen wären.[317] 182

[312] RegE (BT-Drs. 15/1487), S. 24.
[313] RegE (BT-Drs. 15/1487), S. 24.
[314] Stellungnahme des Bundesrats (BT-Drs. 15/1487), S. 34.
[315] *Stadler/Micklitz* WRP 2003, 559 (562); ähnlich *Köhler* WRP 2019, 139 Rn. 1.
[316] RegE (BT-Drs. 15/1487), S. 24; BGH GRUR 2018, 1166 Rn. 31 – Prozessfinanzierer I.
[317] OLG Düsseldorf 7.2.2017 – I-20 U 139/15, GroßKommUWG/*Poelzig* § 10 Rn. 135.

183 Der Erstattungsanspruch erfasst nur die Fälle, in denen der Beklagte zwar die Kosten zu tragen hat, die Prozesskostenforderung aber uneinbringlich ist („soweit sie vom Schuldner keinen Ausgleich erlangen können").[318] Denn soweit der Beklagte nicht zur Kostentragung verpflichtet ist, wird es bei einer objektiven *ex post*-Betrachtung bereits an der Erforderlichkeit der Aufwendungen fehlen, etwa bei einer (Teil-)Abweisung einer Klage.[319] Die Erforderlichkeit der Aufwendungen wird daran gemessen, ob sie nach den zu § 91 ZPO entwickelten Grundsätzen für Prozessvorbereitungskosten und deren Erstattungsfähigkeit als notwendig angesehen werden können.[320] Die zusätzlichen Kosten eines Prozessfinanzierers oder die im Zuge der Prozessfinanzierung angefallenen zusätzlichen Gebühren des Rechtsanwalts des Gläubigers hat der Schuldner eines Gewinnabschöpfungsanspruchs weder als notwendige Kosten des Rechtsstreits nach § 91 Abs. 1 ZPO noch aus materiellem Recht nach den Grundsätzen des Verzugs zu erstatten.[321] Dass die klagebefugten Verbände im Obsiegensfall den Gewinn an den Bundeshaushalt abzuführen haben und im Unterliegensfall die Kosten des Rechtsstreits tragen müssen und daher – wie bereits vom Bundesrat vorhergesagt[322] – kein besonderes Interesse an einer Rechtsverfolgung haben, beruht auf einer bewussten Entscheidung des Gesetzgebers. Diese darf nicht dadurch umgangen werden, dass Dritte eingeschaltet werden, die von der Klagemöglichkeit wirtschaftlich zu profitieren suchen.[323] Die Einschaltung eines Prozessfinanzierers, dem im Obsiegensfall ein Teil des abgeschöpften Gewinns zugesagt wird, macht die Anspruchsverfolgung missbräuchlich (ausf. → Rn. 164).

184 Nach alledem nimmt der Bund den klagenden Verbraucherverbänden gerade nicht das allgemeine Prozessrisiko ab. Eine wirtschaftlich und rechtlich praktikable Fremdfinanzierung von Gewinnabschöpfungsprozessen besteht nicht. Dies wirkt sich in der Praxis in erheblichem Umfang negativ auf die Bereitschaft der Verbände aus, den Gewinnabschöpfungsanspruch geltend zu machen, wenn die Gerichte nicht zu einer **großzügigen Anwendung** des **§ 92 Abs. 2 Nr. 2 ZPO** zugunsten der klagenden Verbände gelangen. Diese ist im Interesse der praktischen Effektivität des Gewinnabschöpfungsanspruchs **vonnöten** (→ Rn. 159).

IX. Streitwertminderung

185 Auch wenn ein finanzieller Anreiz zur Geltendmachung von Gewinnabschöpfungsansprüchen nicht besteht und der klagende Verband bei einer gerichtlichen Geltendmachung selbst ins Risiko geht, läuft die Klagemöglichkeit in der Theorie nicht ins Leere, da die klagenden Verbände die **Herabsetzung des Streitwerts nach § 12 Abs. 3 Nr. 1 iVm § 51 Abs. 5 GKG** beantragen können.[324] Macht eine Partei in Rechtsstreitigkeiten, in denen durch Klage ein Anspruch aus einem der im UWG geregelten Rechtsverhältnisse geltend gemacht wird, glaubhaft, dass die Belastung mit den Prozesskosten nach dem vollen Streitwert ihre wirtschaftliche Lage erheblich gefährden würde, so kann nach § 12 Abs. 3 S. 1 das Gericht auf ihren Antrag anordnen, dass die Verpflichtung dieser Partei zur Zahlung von Gerichtskosten sich nach einem ihrer Wirtschaftslage angepassten Teil des Streitwerts bemisst. In § 12 Abs. 3 S. 2 ist geregelt, wie sich diese Anordnung auf die Gerichtskosten und die Rechtsanwaltsgebühren auswirkt.

186 Die Bestimmung des § 12 Abs. 3 UWG eröffnet damit die Möglichkeit, unter Beibehaltung des Streitwerts den Gebührenstreitwert in allen Wettbewerbssachen herabzusetzen. Die Vorschrift bezweckt – wie die entsprechenden Regelungen in § 144 PatG, § 142

[318] Zust. BGH GRUR 2018, 1166 Rn. 44 – Prozessfinanzierer I.
[319] Stellungnahme des Bundesrats (BT-Drs. 15/1487), S. 34.
[320] BGH GRUR 2018, 1166 Rn. 44 – Prozessfinanzierer I; GroßKommUWG/*Poelzig* § 10 Rn. 135.
[321] BGH GRUR 2018, 1166 Rn. 44 – Prozessfinanzierer I mwN.
[322] Stellungnahme des Bundesrats (BT-Drs. 15/1487) S. 35.
[323] BGH GRUR 2018, 1166 Rn. 43 – Prozessfinanzierer I.
[324] BGH GRUR 2018, 1166 Rn. 46 – Prozessfinanzierer I; GRUR 2019, 850 Rn. 34 – Prozessfinanzierer II.

MarkenG, § 26 GebrMG und § 54 DesignG – den Schutz der wirtschaftlich Schwächeren vor dem Kostenrisiko eines Prozesses mit hohem Streitwert.[325] Sie sollen den Prozess mit einem ihren wirtschaftlichen Verhältnissen angepassten Streitwert führen können und so davor bewahrt werden, ihr Recht gegenüber den wirtschaftlich Stärkeren nicht ausreichend geltend machen zu können. Die Vorschrift dient damit der Waffengleichheit.[326]

Die besondere Bedeutung der Streitwertminderung gerade für Verbände ergibt sich aus der historischen Entwicklung. Eine Vorschrift über die Streitwertherabsetzung in Wettbewerbssachen wurde erstmals 1965 zusammen mit der Klagebefugnis für Verbraucherverbände eingefügt. Die Regelung sollte insbesondere für Fälle gelten, in denen ein mit beschränkten finanziellen Mitteln ausgestatteter Verband gegen unlautere Wettbewerbsmaßnahmen vorzugehen beabsichtigte und dabei vor der Frage stand, ob er das mit Streitsachen wegen unlauteren Wettbewerbs häufig verbundene hohe Kostenrisiko einzugehen in der Lage war. In einer solchen Situation sollte ein Verband nicht allein wegen des Kostenrisikos von einer Rechtsverfolgung absehen oder sich auf einen Vergleich einlassen müssen.[327] Gerade bei Verbraucherverbänden iSd § 8 Abs. 3 Nr. 3 kommt zudem im Interesse des Erhalts ihrer Funktionsfähigkeit häufiger und in stärkerem Maße eine Streitwertbegünstigung in Betracht als bei Wirtschaftsverbänden.[328] 187

Aus praktischer Sicht ist die Möglichkeit einer Streitwertherabsetzung allerdings **unzureichend,** um dem Gewinnabschöpfungsanspruch zu einer stärkeren und häufigeren Durchsetzung zu verhelfen. Zwar kann das Kostenrisiko der – fremdnützigen – Prozessführung herabgesetzt werden, eliminiert wird es aber nicht. Es bleibt also dabei, dass der Verband auf eigenes Risiko Geld für den Bundeshaushalt eintreiben soll. Das ist nicht attraktiv. 188

X. Das Bundesamt für Justiz als zuständige Stelle

Zuständige Stelle im Sinne der Abs. 2 und 4 ist das BfJ, eine **selbständige Bundesoberbehörde im Geschäftsbereich des Bundesministeriums der Justiz** mit Sitz in Bonn.[329] Seine Rolle beschränkt sich auf die einer neutralen Zahlstelle; irgendein Einfluss auf das Ob und Wie der Geltendmachung des Anspruchs steht ihm nicht.[330] 189

§ 11 Verjährung

(1) **Die Ansprüche aus den §§ 8, 9 und 12 Abs. 1 Satz 2 verjähren in sechs Monaten.**

(2) **Die Verjährungsfrist beginnt, wenn**

1. **der Anspruch entstanden ist und**
2. **der Gläubiger von den den Anspruch begründenden Umständen und der Person des Schuldners Kenntnis erlangt oder ohne grobe Fahrlässigkeit erlangen müsste.**

(3) **Schadensersatzansprüche verjähren ohne Rücksicht auf die Kenntnis oder grob fahrlässige Unkenntnis in zehn Jahren von ihrer Entstehung, spätestens in 30 Jahren von der den Schaden auslösenden Handlung an.**

(4) **Andere Ansprüche verjähren ohne Rücksicht auf die Kenntnis oder grob fahrlässige Unkenntnis in drei Jahren von der Entstehung an.**

---

[325] BGH GRUR 2018, 1166 Rn. 48 – Prozessfinanzierer I; GRUR 2019, 850 Rn. 36 – Prozessfinanzierer II.

[326] BGH GRUR 2018, 1166 Rn. 48 – Prozessfinanzierer I; GRUR 2019, 850 Rn. 36 – Prozessfinanzierer II; *Köhler* WRP 2019, 139 Rn. 30.

[327] BGH GRUR 2018, 1166 Rn. 49 – Prozessfinanzierer I mwN.

[328] BGH GRUR 2018, 1166 Rn. 49 – Prozessfinanzierer I mwN; GRUR 2019, 850 Rn. 38 – Prozessfinanzierer II.

[329] Gesetz zur Errichtung und zur Regelung der Aufgaben des Bundesamtes für Justiz vom 17.12.2006 (BGBl. I S. 3171).

[330] Vgl. BGH GRUR 2018, 1166 Rn. 43 – Prozessfinanzierer I; 29.11.2018 – I ZR 26/17 Rn. 7 – Prozessfinanzierer I (Gehörsrüge).

Übersicht

Schrifttum: *Ann/Barona,* Schuldrechtsmodernisierung und gewerblicher Rechtsschutz, 2002; *Bitter/Alles,* Die Rechtsprechung zum Aufschub des Verjährungsbeginns bei unklarer Rechtslage, NJW 2011, 2081; *Boemke/Dorr,* Verjährungshemmung durch Verhandlung, NJOZ 2017,1578; *Brießmann,* Kostenfolge bei übereinstimmender Erledigungserklärung wegen Verjährung, NJW 2018, 2988; *Ebert,* Der deliktische Rest-Schadensersatz nach der Schuldrechtsreform, NJW 2003, 3035; *Eichel,* Verjährung in Dauerschuldverhältnissen, NJW 2015, 3265; *ders.,* Die fortschreitende Konturierung des „neuen" Verjährungsrechts, NJW 2019, 393; *Friedrich,* Verjährungshemmung durch Güteverfahren, NJW 2003, 1781; *Fritzsche,* Zum Verjährungsbeginn bei Unterlassungsansprüchen, in: FS Rolland 1999, S. 115; *ders.,* Unterlassungsanspruch und Unterlassungsklage, 2000; *Kähler,* Verjährungshemmung nur bei Klage des Berechtigten?, NJW 2006, 1769; *Kamlah,* Zum Konkurrenzverhältnis des UWG zum UKlaG, WRP 2006, 33; *Köhler,* Zur Verjährung des vertraglichen Unterlassungs- und Schadensersatzanspruchs, GRUR 1996, 231; *ders.,* Zur Geltendmachung und Verjährung von Unterlassungsansprüchen, JZ 2005, 489; *König,* Verfolgungsverjährung im Ordnungsmittelverfahren und Rückzahlung von Ordnungsgeld durch die Landeskasse, WRP 2002, 404; *Kühnen,* Handbuch der Patentverletzung, 12. Aufl. 2020; *Lakkis,* Der Verjährungsverzicht heute, ZGS 2003, 423; *Mansel,* Die Neuregelung des Verjährungsrechts, NJW 2002, 89; *Maurer,* Verjährungshemmung durch vorläufigen Rechtsschutz, GRUR 2003, 208; *Mees,* Schuldrechtsmodernisierung und Wettbewerbsrecht, WRP 2002, 135; *Messer,* Neue Rechtsfragen zur Verjährung des wettbewerblichen Unterlassungs- und Schadensersatzanspruchs, in: FS Helm, 2002, S. 111; *Mönch,* Der Gewinnabschöpfungsanspruch nach § 10 UWG, ZIP 2004, 2032; *Peters,* Die Einrede der Verjährung als ein den Rechtsstreit in der Hauptsache erledigendes Ereignis, NJW 2001, 2289; *Regenfus,* Ungeschriebene Voraussetzungen der Verjährungshemmung durch Rechtsverfolgung, NJW 2016, 2977; *Rieble,* Verjährung „verhaltener Ansprüche" – am Beispiel der Vertragsstrafe, NJW 2004, 2270: *Riem,* Alternative Streitbeilegung und Verjährungshemmung, NJW 2017, 113; *Rohlfing,* Verjährungsfristbeginn im Wettbewerbsrecht bei grob fahrlässiger Unkenntnis, GRUR 2006, 735; *Sack,* Das Verhältnis des UWG zum allgemeinen Deliktsrecht, in: FS Ullmann, 2006, S. 825; *Schabenberger,* Zur Hemmung nach § 204 Abs. 1 Nr. 9 BGB in wettbewerbsrechtlichen Auseinandersetzungen, WRP 2002, 293; *Schneider,* Kostenentscheidung bei Erledigung der Hauptsache durch Erhebung der Verjährungseinrede, NJW 2017, 2874; *Schulz,* Die neuen Verjährungsvorschriften im UWG, WRP 2005, 274; *Toussaint,* Verjährungshemmung durch selbständiges Beweisverfahren, in: FS Leenen, 2012, S. 279; *ders.,* Die Verjährung „anderer Ansprüche" im Wettbewerbsrecht – Zur Auslegung von § 11 Abs. 4 UWG, in: FS Büscher 2018, S. 393; *Ulrich,* Die analoge Anwendung des § 21 UWG, WRP 1996, 379; *Ulrici,* Verjährung unterstützender Informationsansprüche, NJW 2018, 2001; *Ungewitter,* Zur Verjährung des Aufwendungsersatzanspruchs bei Abmahnungen, GRUR 2012, 697; *Wagner,* Alternative Streitbeilegung und Verjährung, NJW 2001, 182; *Windorfer,* Der Verjährungsverzicht, NJW 2015, 3329.

A. Übersicht und Einführung

I. Inhalt, Wesen und Zweck der Verjährungsvorschriften

1 **1. Überblick.** § 11 regelt die Verjährungsfristen für die zivilrechtlichen Ansprüche des UWG. Die Regelung gilt entsprechend der gesetzlichen Aufzählung für die in den §§ 8, 9 und 13 Abs. 3 geregelten Ansprüche. Die kurze sechsmonatige Verjährungsfrist ist also die Regel (Ausnahme: Gewinnabschöpfung nach § 10; hierzu → Rn. 21). Die Rechtsfolgen der Verjährung sowie die Möglichkeiten ihrer Hemmung sind indes im BGB geregelt (§§ 214 ff. bzw. §§ 203 ff. BGB).

2 **2. Abgrenzung zur Verwirkung.** Von der Verjährung abzugrenzen ist das wegen des Zeitmoments verwandte Rechtsinstitut der Verwirkung (hierzu und zu weiteren wettbewerbsrechtlichen Einwendungen – Abwehreinwand, Wahrnehmung berechtigter Interessen, Rechtsmissbrauch – *Goldmann* → Vor § 8 Rn. 130 ff.). Bei ihr handelt es sich um eine auf Treu und Glauben basierende, von allen Umständen des Einzelfalls abhängige, von Amts wegen zu berücksichtigende Einwendung. Das Verjährungsrecht demgegenüber ist ohne Wertungsmöglichkeiten streng normiert, dh ein Anspruch ist durch Zeitablauf entweder verjährt oder (noch) nicht verjährt. Die eingetretene **Verjährung** berechtigt den Schuldner zur Verweigerung der Leistung (→ Rn. 3, 120 f.). Die Verjährung wird vom Gericht nicht von Amts wegen berücksichtigt, sondern **nur auf Einrede** des Schuldners (→ Rn. 122).

3 **3. Leistungsverweigerungsrecht, kein Erlöschen des Anspruchs.** Nach Eintritt der Verjährung ist der Schuldner berechtigt, die Leistung zu verweigern (§ 214 Abs. 1 BGB). Der Ablauf der Verjährungsfrist bringt den betroffenen Anspruch zwar nicht zum Erlöschen, eröffnet dem Schuldner aber die Möglichkeit, dessen **Erfüllung zu verweigern** (→ Rn. 120 f.). Im Zivilprozess wird die Verjährung beachtlich, wenn der beklagte Schuldner die Einrede erhebt; sie führt dann (ohne weitere Sachprüfung) zur Abweisung bzw. Erledigung des eingeklagten Anspruchs, weil dieser (jedenfalls) verjährt ist.

4 In Wettbewerbsstreitigkeiten sieht sich der Schuldner oft einer **Vielzahl von Gläubigern** gegenüber, die durch die unlautere Wettbewerbshandlung betroffen sind. Da der Verjährungsbeginn je nach Kenntnisstand der potenziellen Gläubiger differieren kann, tritt **Verjährung** zunächst **nur für einzelne Gläubiger** ein, dh ein wettbewerbsrechtlicher Unterlassungsanspruch kann möglicherweise von einem der aktivlegitimierten Gläubiger wegen Verjährung nicht mehr durchgesetzt, von einem anderen, der später Kenntnis erlangt hat, aber immer noch erfolgreich eingeklagt werden.

5 Im Interesse des Rechtsfriedens gibt es aber absolute Grenzen, jenseits derer **in jedem Fall** Verjährung eintritt, vgl. § 11 Abs. 3 und 4.

6 **4. Rechtfertigung der Verjährung.** Verjährungsvorschriften belasten den Gläubiger, weil er nach eingetretener Verjährung mit seinem Anspruch im Prozess nicht mehr durchdringt. Umgekehrt begünstigen sie den Schuldner, den vermeintlichen und zu Unrecht in Anspruch genommenen[1] genauso wie den wirklichen, der als Täter oder Teilnehmer eines UWG-Verstoßes bzw. als gem. § 8 Abs. 2 haftender Unternehmensinhaber nur wegen Zeitablaufs „davonkommt".

7 Die Allgemeinheit und insbesondere auch die Gerichte haben ein Interesse daran, dass nach einem gewissen Zeitablauf **Rechtsfrieden** einkehrt. Die Gerichte sollen davor bewahrt werden, schwer aufklärbare Altsachverhalte entscheiden zu müssen.[2] Ihnen wird die Möglichkeit eröffnet, solche Klagen ohne Sachprüfung schnell zu erledigen.

---

[1] Mot. I 291: Hauptzweck der Verjährung ist Schutz des zu Unrecht in Anspruch genommenen Nichtschuldners, so auch BGH BB 1993, 1395.

[2] Schon der BGB-Gesetzgeber rechtfertigte die Verjährung sehr bildhaft mit der „verdunkelnden Macht der Zeit" (Mot. I 512), was allerdings die große Spannweite (von 6 Monaten bis zu 30 Jahren) der vom Gesetzgeber vorgesehenen Fristen nicht erklärt.

Der BGH hat die kurze UWG-Verjährung damit gerechtfertigt, dass wegen der Schwierigkeiten der Tatsachenfeststellung gerade **im Wettbewerbsrecht ein besonderes Bedürfnis bestehe,** Streitigkeiten möglichst bald auszutragen; außerdem sei es Absicht des Gesetzgebers, den Verletzer nach Aufgabe der verletzenden Handlung von der Gefahr der Inanspruchnahme durch die unübersehbare Zahl der Anspruchsberechtigten möglichst bald zu befreien.[3] 8

Alles in allem hat sich die **kurze Verjährung im Lauterkeitsrecht bewährt.** Die wettbewerbsrechtliche Auseinandersetzung soll zeit- und marktnah geführt werden. Eine beendete Werbeaktion, die sechs Monate zurückliegt, hat in der Tat für das aktuelle Marktgeschehen oft kaum noch Bedeutung. Wird ein wettbewerbswidriges Verhalten wiederholt, entsteht in der Regel ein neuer unverjährter Unterlassungsanspruch, so dass durch Verjährung nicht die Gefahr entsteht, dass wettbewerbswidrige Handlungen zur gängigen Praxis werden. 9

II. Von der Verjährung betroffene Ansprüche

1. Überblick. Gem. § 11 Abs. 1 gilt die kurze Verjährungsfrist **unmittelbar nur für die zivilrechtlichen Ansprüche aus §§ 8, 9 und 13 Abs. 3,** also für Beseitigungs-, Unterlassungs- sowie Schadensersatzansprüche und für Abmahnaufwendungen wegen eines UWG-Verstoßes (dazu → Rn. 11 ff.). Ob die kurze Verjährungsfrist des § 11 auch noch für weitere verwandte gesetzliche Ansprüche (zB den Auskunftsanspruch im Wettbewerbsprozess), die vertraglichen Ansprüche aus einer Unterwerfungserklärung oder die geforderte Vertragsstrafe Anwendung findet, ist fraglich (dazu → Rn. 29, 32, 34). 10

2. Gesetzliche Ansprüche des UWG. a) Beseitigungsanspruch (§ 8 Abs. 1 Alt. 1). Wer für den Beseitigungsanspruch passivlegitimiert ist (hierzu *Goldmann* → § 8 Rn. 440 ff.), schuldet Beseitigung des fortwirkenden rechtswidrigen Zustands (näher *Goldmann* → § 8 Rn. 235 ff. und *Brüning* → Vor § 12 Rn. 135 ff.). Dieser Anspruch unterliegt der kurzen Verjährung des § 11 Abs. 1.[4] Eine Unterlassungsklage hemmt die Verjährung des Beseitigungs- oder Widerrufsanspruchs aber nicht.[5] 11

b) Unterlassungsanspruch bei Wiederholungsgefahr (§ 8 Abs. 1 S. 1 Alt. 2). Die rechtsdogmatische Debatte,[6] ob Unterlassungsansprüche überhaupt verjähren können, ist zugunsten der Verjährbarkeit entschieden.[7] Schon der frühere § 21 UWG 1909 sprach ausdrücklich von der Verjährung der Ansprüche auf Unterlassung. Der jetzige Verweis auf § 8 in § 11 Abs. 1 ist eindeutig. Letzte Zweifel widerlegt § 194 Abs. 1 BGB. 12

Einen wesentlichen **strukturellen Unterschied zur Leistungspflicht,** die ein positives Tun fordert (zB vom Schuldner die Zahlung eines Geldbetrages), gibt es allerdings. Wenn der Unterlassungsanspruch verjährt ist und der Beklagte die Verjährungseinrede erhebt, wird die Unterlassungsklage genauso abgewiesen wie die Zahlungsklage gegen den Geldschuldner. Dieser darf allerdings sein Geld behalten, er muss nicht leisten. Der Unterlassungsschuldner indes muss trotz Prozessgewinns „erfüllen", indem er weiter unterlässt. Denn würde er die Handlung begehen, wäre er einem neuen Unterlassungsanspruch ausgesetzt, für den eine eigene Verjährungsfrist läuft. Pointiert gesagt: Der Leistungsschuldner darf aufgrund der Verjährung das Gegenteil von dem tun, was im Prozess von ihm 13

[3] BGH GRUR 1968, 367 (370) – Corrida; GRUR 1984, 820 (823) – Intermarkt II; *Köhler*/Bornkamm/Feddersen § 11 Rn. 1.2; Ohly/*Sosnitza* § 11 Rn. 1; GroßKommUWG/*Toussaint* § 11 Rn. 6; *Büscher* in Fezer/Büscher/Obergfell § 11 Rn. 3.

[4] Heute ausdrücklich gesetzlich geregelt, GroßKommUWG/*Toussaint* § 11 Rn. 17.

[5] BGH GRUR 1974, 99 (101) – Brünova; GRUR 1984, 820 (822) – Intermarkt II; MüKoUWG/*Fritzsche* § 11 Rn. 197.

[6] *Rogge* GRUR 1963, 345; *Neu* GRUR 1985, 336; *Borck* WRP 1979, 34. Verjährbarkeit jetzt ganz allg. Meinung: Teplitzky/*Bacher* Kap. 16 Rn. 1; MüKoUWG/*Fritzsche* § 11 Rn. 14; Ahrens/*Bornkamm* Kap. 34 Rn. 8.

[7] BGH GRUR 1979, 121 (122) – Verjährungsunterbrechung.

verlangt wurde; der Unterlassungsschuldner muss letztlich trotzdem genau das tun, was klageweise von ihm begehrt wird. Der Unterlassungsschuldner ist also nicht in dem Sinne berechtigt, die „Leistung zu verweigern" (§ 214 Abs. 1 BGB), als dass er die Handlung nunmehr ohne Sanktion begehen dürfte. Für ihn besteht die Wirkung der Verjährung nur darin, dass er sich erfolgreich gegen den Versuch des Klägers wehren kann, die Unterlassungspflicht gerichtlich titulieren[8] zu lassen.

14 **c) Unterlassungsanspruch bei Erstbegehungsgefahr (§ 8 Abs. 1 S. 2).** Gem. § 8 Abs. 1 S. 2 besteht ein Anspruch auf Unterlassung bereits dann, wenn eine Zuwiderhandlung droht, also lediglich Erstbegehungsgefahr vorliegt. Es ist umstritten, ob dieser vorbeugende Unterlassungsanspruch überhaupt verjähren kann. Überwiegend wird noch vertreten, solange die Erstbegehungsgefahr andauere, komme eine Verjährung nicht in Betracht. Wenn die Erstbegehungsgefahr nicht mehr vorliege, entfalle der vorbeugende Unterlassungsanspruch als solcher.[9] Der Gesetzgeber des UWG 2004 ist durch seinen Verweis in § 11 Abs. 1 UWG auf den gesamten § 8 offenbar davon ausgegangen, dass auch der Anspruch gem. § 8 Abs. 1 S. 2 der Verjährung unterliegt. Für die Verjährbarkeit spricht auch § 11 Abs. 2 Nr. 1, der die Verjährung mit der Entstehung des Anspruchs und gerade anders als der § 199 Abs. 5 BGB nicht mit einer Zuwiderhandlung anlaufen lässt. Viele Kommentatoren sind deshalb der Auffassung, dass auch der **vorbeugende Unterlassungsanspruch verjähren** kann.[10] Dem ist zuzustimmen.[11]

15 Ein auf **Erstbegehungsgefahr** gestützter vorbeugender Unterlassungsanspruch setzt voraus, dass ernsthafte und greifbare tatsächliche Anhaltspunkte für eine in naher Zukunft konkret drohende Rechtsverletzung bestehen. Dabei muss sich die Erstbegehungsgefahr auf eine konkrete Verletzungshandlung beziehen. Die die Erstbegehungsgefahr begründenden Umstände müssen die drohende Verletzungshandlung so konkret erkennen lassen, dass sich für alle Tatbestandsmerkmale zuverlässig beurteilen lässt, ob sie verwirklicht sind.[12] Solche Umstände können zB eine Berühmung[13] oder eine Vorbereitungshandlung[14] sein, die eine Zuwiderhandlung erwarten lässt (näher *Goldmann* → § 8 Rn. 121 ff.). Hat der Unterlassungsgläubiger **Kenntnis** von diesen die **Erstbegehungsgefahr begründenden Umständen,** so ist ihm zuzumuten, innerhalb der sechs Monate des § 11 zu agieren. Ansonsten hat er keinen Anspruch mehr auf eine gerichtliche Titulierung seines vorbeugenden Unterlassungsanspruchs.

16 Sollte sich die **Gefahr realisieren,** weil die zunächst nur drohende, sich in einer tatsächlichen Zuwiderhandlung manifestiert hat, so ist ohnehin eine **neue Situation** entstanden, die eine neue Verjährungsfrist für den Verletzungsunterlassungsanspruch nach § 8 Abs. 1 S. 1 anlaufen lässt.[15]

17 Auch das OLG Stuttgart hat eine Verjährung des vorbeugenden Unterlassungsanspruchs angenommen, wenn dieser mit einer abgeschlossenen Handlung begründet wird.[16] Dies wird in vielen Fällen so sein. Also verjährt auch der vorbeugende Unterlassungsanspruch, wenn der Gläubiger innerhalb der ihm eingeräumten sechs Monate nach Kenntnis nichts zur Hemmung der Verjährung unternimmt.[17]

---

[8] *Borck* WRP 1979, 341 (343); *Rogge* GRUR 1963, 345.

[9] So *Teplitzky* bis zur 8. Aufl., Kap. 16 Rn. 4, sowie BGH GRUR 1966, 623 (626) – Kupferberg und GRUR 1979, 121 (122) – Verjährungsunterbrechung (obiter dictum: Bei Begehungsgefahr keine Verjährung).

[10] Teplitzky/*Bacher* Kap. 16 Rn. 5; Ahrens/*Bornkamm* Kap. 34 Rn. 11; *Köhler*/Bornkamm/Feddersen § 11 Rn. 1.3; *Büscher* in Fezer/Büscher/Obergfell § 11 Rn. 12; MüKoUWG/*Fritzsche* § 11 Rn. 17 und 20; GroßKommUWG/*Toussaint* § 11 Rn. 21; *Schwippert* in Gloy/Loschelder/Danckwerts HdbWettbR § 83 Rn. 20.

[11] *Schulz* WRP 2005, 274 (277).

[12] StRspr, vgl. nur BGH GRUR 2016, 1187 Rn. 21 – Stirnlampen mwN.

[13] BGH GRUR 1987, 125 (126) – Berühmung; GRUR 1988, 313 – Auto F. GmbH.

[14] Vgl. BGH GRUR 1971, 119 (120) – Branchenverzeichnis.

[15] *Schulz* WRP 2005, 274 (277).

[16] OLG Stuttgart WRP 1993, 351 (353).

[17] So auch Ahrens/*Bornkamm* Kap. 34 Rn. 11; GroßKommUWG/*Toussaint* § 11 Rn. 22.

18 Wenn die die Erstbegehungsgefahr begründenden Umstände zur Annahme berechtigen, dass eine Zuwiderhandlung droht, die **auf Dauer angelegt** ist, geht von ihnen (wie von einer Dauerhandlung) Tag für Tag aufs Neue die Gefahr aus, dass etwas passiert. Verjährungsrechtlich lässt sich dies so deuten, dass diese Gefahrenquelle kontinuierlich neue Verjährungsfristen anlaufen lässt. Als Beispiel wird immer wieder die noch nicht in Benutzung genommene, aber zur Eintragung ins Register angemeldete bzw. bereits registrierte Marke genannt (ausf. *Goldmann* → § 8 Rn. 135 f.). Der Registerinhalt ist der Umstand, der die Erstbegehungsgefahr begründet, weil sich durch ihn konkret abzeichnet, dass die Benutzung der Marke jederzeit, also auch in naher Zukunft aufgenommen werden kann, und zwar für alle beanspruchten Waren und Dienstleistungen. Der vorbeugende Unterlassungsanspruch verjährt bei dieser Sachlage nicht, solange die Marke existiert.[18]

19 **d) Schadensersatzanspruch.** § 9 gibt dem Mitbewerber einen Anspruch auf **Schadensersatz,** wenn der Wettbewerbsverstoß vorsätzlich oder fahrlässig begangen wurde. Auch dieser Anspruch unterliegt der **kurzen Verjährung.** Bei einer andauernden Rechtsverletzung oder wiederholten Verletzungshandlungen ist hier vor allem die Frage des Fristbeginns zu diskutieren (→ Rn. 80 ff.).

20 **e) Bereicherungsanspruch.** Neben dem UWG-Schadensersatzanspruch ist in Fällen der Verletzung von Rechtspositionen mit Zuweisungsgehalt auch ein **bereicherungsrechtlicher Anspruch** gegeben (ausf. *Goldmann* → Vor § 8 Rn. 21 ff.). Ein solcher paralleler Anspruch unter dem Gesichtspunkt der Eingriffskondiktion ist insbesondere denkbar in Fällen des lauterkeitsrechtlichen Nachahmungsschutzes gem. § 4 Nr. 3 UWG. Nach hM[19] soll der bereicherungsrechtliche Anspruch der **gesetzlichen Verjährung des § 195 BGB** unterliegen. Dem ist zu folgen. Wie im nächsten Abschnitt (→ Rn. 21) begründet wird, unterfallen Ansprüche aus dem Bereicherungsrecht nicht etwa dem § 11 Abs. 4, dessen Wortlaut nur scheinbar einschlägig sein könnte.

21 **f) Gewinnabschöpfungsanspruch.** § 10 eröffnet einen **Gewinnabschöpfungsanspruch** zugunsten des Bundeshaushalts, der von nach § 8 Abs. 3 Nr. 2–4 aktivlegitimierten Verbänden und Einrichtungen beigetrieben werden kann. Dieser Komplex ist im Laufe des Gesetzgebungsverfahrens bewusst aus dem Kreis der gem. § 11 Abs. 1 schnell verjährenden Ansprüche herausgenommen worden.[20] Nach noch hM soll hier die **Verjährung des § 11 Abs. 4** maßgeblich sein.[21] Richtigerweise wird man aber den § 11 Abs. 4 so lesen müssen, dass er nur die in § 11 Abs. 1 genannten Ansprüche betrifft und insoweit die Alternative zu § 11 Abs. 3 bildet, der eine Sonderregelung für Schadensersatzansprüche vorsieht. Der Gesetzgeber hätte (ähnlich wie in § 199 Abs. 4 BGB) den § 11 Abs. 4 wie folgt fassen sollen: „Die anderen Ansprüche des Absatzes 1, die nicht nach Absatz 3 verjähren, verjähren ohne Rücksicht auf die Kenntnis….“.

22 Dies bedeutet, dass im UWG für den Gewinnabschöpfungsanspruch gar keine Verjährungsregelung vorgesehen ist und dieser nach **allgemeinen Regeln** verjährt, also nach **§ 195 BGB;** die Frist beginnt mit dem Jahresultimo gem. § 199 BGB.[22]

---

[18] BGH GRUR 2008, 912 Rn. 30 – Metrosex; GRUR 2010, 838 Rn. 29, 30 – DDR-Logo; MüKoUWG/*Fritzsche* § 11 Rn. 21.

[19] *Köhler*/Bornkamm/Feddersen UWG § 9 Rn. 3.7, § 11 Rn. 1.13; MüKoUWG/*Fritzsche* § 11 Rn. 76; vgl. auch BGH GRUR 1971, 522 – Gasparone II (zum Urheberrecht und der Regelverjährung nach 30 Jahren gemäß § 195 BGB aF).

[20] BT-Drs. 15/1487, 35 f., 44.

[21] *Köhler*/Bornkamm/Feddersen § 11 Rn. 1.36; Ohly/*Sosnitza* § 11 Rn. 32; Ahrens/*Bornkamm* Kap. 34 Rn. 21, ausführlich *Büscher* in Fezer/Büscher/Obergfell § 11 Rn. 51; *Schwippert* in Gloy/Loschelder/Danckwerts HdbWettbR § 83 Rn. 52.

[22] *Schulz* WRP 2005, 274 f.; *Toussaint* FS Büscher, 2018, 393 ff.; ebenso MüKoUWG/*Fritzsche* § 11 Rn. 39–41 mit vertiefter Begründung; jetzt auch Büscher/*Hohlweck* § 11 Rn. 6 und GroßKommUWG/*Poelzig* § 10 Rn. 208 f.; GroßKommUWG/*Toussaint* § 11 Rn. 28; BeckOKUWG/*Eichelberger* § 11 Rn. 11, 19.

23 **g) Anspruch auf Erstattung der Abmahnkosten.** Der UWG-Reformgesetzgeber hat 2004 die langjährige und in der Praxis so wichtige Frage nach der Erstattungsfähigkeit der **Abmahnkosten** geregelt und 2020 neu gefasst. Es gibt erstens eine originäre und nach dem Willen des Gesetzgebers konkurrierende Anspruchsgrundlagen wie GoA oder Schadenserstz verdrängende (hierzu *Goldmann* → § 9 Rn. 187) Anspruchsgrundlage im UWG für die Abmahnkosten, nämlich in § 13 Abs. 3. Dieser Anspruch unterliegt zweitens der **kurzen Verjährung.**[23] Die Abmahnkostenverjährung folgt den Vorschriften der Verjährung des jeweils abgemahnten Unterlassungsanspruchs. Abmahnkosten zB aus einem Markenstreit verjähren also gem. § 20 MarkenG nach §§ 195, 199 BGB.[24]

24 Die kurze Verjährung gilt auch für die Kosten des **Abschlussschreibens,** wenn dieses in einem Wettbewerbsstreit versandt wurde, und auch für die Kosten der Rechtsverteidigung gegen eine unberechtigte Abmahnung.[25] Zum Verjährungsbeginn → Rn. 86.

25 **h) Anspruch auf Auskunft.** Der UWG-Gesetzgeber hat – anders als etwa im Patent-, Marken- oder Urheberrecht – davon abgesehen, einen eigenen Auskunftsanspruch zu normieren. Zur Vorbereitung eines Beseitigungs- oder Schadensersatzanspruchs benötigt der Gläubiger aber oftmals Auskünfte vom Verletzer (*Goldmann* → Vor § 8 Rn. 42 f.). Deshalb wird von Rechtsprechung und Lehre ein unselbstständiger Anspruch auf Auskunft als Hilfsanspruch zur Durchsetzung des Hauptanspruchs gewohnheitsrechtlich anerkannt (*Goldmann* → Vor § 8 Rn. 48); dies gilt insbesondere zur Durchsetzung des Schadensersatzanspruchs nach § 9.[26] Fraglich ist nun, ob ein solcher Anspruch auf Auskunft eine eigene Verjährung hat oder eine mit dem Anspruch direkt verknüpfte, dem er dienen soll.[27] Eine Meinung orientiert sich an der Verjährung des Hauptanspruchs.[28] Der unselbständige Anspruch auf Auskunft dient entweder der Vorbereitung der Bezifferung des Schadensersatzanspruchs (hierzu *Goldmann* → Vor § 8 Rn. 72 ff.), des Bereicherungsanspruchs (hierzu *Goldmann* → Vor § 8 Rn. 85 ff.) oder des Gewinnabschöpfungsanspruch (hierzu *Goldmann* → Vor § 8 Rn. 89 ff.) bzw. der Vorbereitung des Beseitigungsanspruchs (hierzu *Goldmann* → Vor § 8 Rn. 94 ff.) und ggf. des Unterlassungsanspruchs (hierzu *Goldmann* → Vor § 8 Rn. 98 ff.). Die Fristverläufe nach § 11 wären also uU unterschiedlich, je nachdem, ob die Auskunft diesem oder jenem Anspruch dienen soll.

26 Eine im Vordringen befindliche Meinung möchte auf den Auskunftsanspruch die **Regelverjährung der §§ 195, 199 BGB** anwenden, also **nicht die kurze Frist des § 11 Abs. 1.**[29] Diese Ansicht ist vorzugswürdig. Der Auskunftsanspruch wird in § 11 Abs. 1 nicht genannt. Die Lehre von der Selbständigkeit der Auskunftsverjährung begünstigt zB denjenigen Gläubiger, der zunächst verjährungshemmend nur den Schadensersatzfeststellungsantrag geltend gemacht hat und erst später einen Auskunftsantrag im Wege der Klageerweiterung nachschiebt.

27 Die Regelverjährung des § 195 BGB gibt mehr Zeit. So kann es ein **berechtigtes Interesse** daran geben, auch Auskünfte über das Ausmaß der Rechtsverletzung zu erhalten,

[23] BGH GRUR 2017, 1269 Rn. 38 – MeinPaket.de II, Fristbeginn: Versendung der Abmahnung.

[24] Teplitzky/*Bacher* Kap. 41 Rn. 97.

[25] OLG Hamm BeckRS 2010, 6644; für das Abschlussschreiben GroßKommUWG/*Toussaint* § 11 Rn. 26; Ohly/*Sosnitza* § 11 Rn. 14; *Büscher* in Fezer/Büscher/Obergfell § 11 Rn. 8; Teplitzky/*Bacher* Kap. 16 Rn. 22a.

[26] Vgl. BGH GRUR 1994, 630 (632) – Cartier-Armreif; GRUR 2001, 841 (842) – Monumenta Germaniae Historiae.

[27] Der BGH ist in letzter Zeit widersprüchlich. Der VI. ZS verneint die Möglichkeit einer grds. möglichen selbständigen Verjährung des Hilfsanspruchs auf Auskunft vor dem Hauptanspruch, NJW 2017, 2755. Der XII. ZS bejaht eine Hemmungswirkung allein durch Geltendmachung des Hauptanspruchs, BGH NJW 2018, 950. Der VII. ZS indes erlaubt eine selbständige und unabhängige Verjährung, BGH NJOZ 2018, 496; krit. *Ulrici* NJW 2018, 2001.

[28] BGH GRUR 1972, 558 (560) – Teerspritzmaschinen; *Ohly*/Sosnitza § 9 Rn. 36 und § 11 Rn. 24.

[29] *Köhler*/Bornkamm/Feddersen § 11 Rn. 1.17; GroßKommUWG/*Toussaint* § 11 Rn. 30; Ahrens/*Bornkamm* Kap. 34 Rn. 20; Teplitzky/*Bacher* Kap. 38 Rn. 37; *Büscher* in Fezer/Büscher/Obergfell § 11 Rn. 17; BGH GRUR 1988, 533 (536) – Vorentwurf II und GRUR 2012, 1240 Rn. 22 –Fluch der Karibik; OLG Köln BeckRS 2015, 03473 Rn. 25.

selbst wenn der Schadensersatzanspruch bereits verjährt ist, denn der Gläubiger könnte mit dem verjährten Schadensersatzanspruch noch **aufrechnen** wollen, vgl. § 215 BGB. Ohne ein berechtigtes Interesse an der Auskunftserteilung entfällt jedoch der Anspruch als solcher mit Verjährung des Hauptanspruchs.[30]

3. Vertragliche Ansprüche. Mitbewerber untereinander, aber auch Mitbewerber und Verbände schließen nicht selten Verträge über UWG-basierte Rechtsverhältnisse, namentlich mit **Vertragsstrafe bewehrte Unterlassungsverpflichtungen,** wie sie der Gesetzgeber in § 13 Abs. 1 S. 1 auch ausdrücklich als gängiges Institut im Wettbewerbsrecht anerkennt (ausführlich *Brüning* → § 13 Rn. 2 ff.). Die Unterwerfungserklärung enthält mindestens zwei Regelungen: 28

- Eine vertragliche **schuldrechtliche Verpflichtung,** ein Verhalten **zu unterlassen** (Vertrag *sui generis* gem. §§ 311 Abs. 1, 780, 781 BGB).[31] Der Inhalt dieser Unterlassungsverpflichtung wird zumeist am konkreten Verletzungstatbestand ausgerichtet, zuweilen in einer verallgemeinerten Form. Oft verpflichtet sich der Schuldner vertraglich, das zu unterlassen, was das materielle Recht ohnehin verbietet.[32] 29
- Für den Fall des Verstoßes gegen die vertragliche Unterlassungsverpflichtung verspricht der Schuldner die **Zahlung einer Vertragsstrafe.** Die Vertragsstrafe ist mit der Zuwiderhandlung verwirkt (§ 339 S. 2 BGB), wobei im Wettbewerbsrecht regelmäßig nur ein mindestens fahrlässiger Verstoß die Vertragsstrafe auslöst.[33]

Solange sich der Schuldner an die eingegangene Unterlassungsverpflichtung hält, stellt sich die Frage der Verjährung nicht. Der Vertrag bindet, solange er in Kraft ist, tendenziell zeitlich unbegrenzt.[34] Dies klingt auf den ersten Blick überraschend, verjähren doch sogar rechtskräftig festgestellte Ansprüche gem. § 197 Abs. 1 Nr. 3 in 30 Jahren. Die Erklärung für die **fehlende zeitliche Begrenzung** liegt im Wesen des Unterlassungsanspruchs. Der Unterlassungsanspruch, gegen den nicht verstoßen wird, wird durch die Befolgung des Unterlassungsgebots ja gerade erfüllt, der Gläubiger kann nichts anderes verlangen, mithin kann auch keine Verjährung eintreten.[35] 30

Die Verjährungsproblematik wird erst virulent, wenn ein **Verstoß** gegen den Unterlassungsvertrag vorliegt. Der Gläubiger kann nun erstens die verwirkte Vertragsstrafe als Geldforderung verlangen, und er kann zweitens auch den vertraglichen Unterlassungsanspruch geltend machen. Für beide Ansprüche stellt sich die Verjährungsfrage. 31

Der **vertragliche Unterlassungsanspruch** hatte den gesetzlichen UWG-Anspruch bei Abschluss des ersten Unterwerfungsvertrages ersetzt.[36] Jener verjährt wegen seiner Parallelität zum UWG-Anspruch analog innerhalb der gleichen kurzen Frist.[37] Dies führt zum Gleichlauf der Verjährung mit dem durch den Verstoß erneut aktivierten[38] gesetzlichen Unterlassungsanspruch. 32

Der Verstoß gegen die vertragliche Unterlassungsverpflichtung kann ferner **vertragliche Schadensersatzansprüche** auslösen. Auch für diese Ansprüche aus § 280 BGB gilt die 33

[30] *Köhler*/Bornkamm/Feddersen § 11 Rn. 1.17; BGH NJW 1990, 180 (181); OLG Hamburg BeckRS 2010, 24467.

[31] BGH GRUR 1995, 678 (679) – Kurze Verjährungsfrist; WRP 1997, 318 (320) – Altunterwerfung II; GRUR 1998, 953 (954) – Altunterwerfung III.

[32] Ist der Vertragswortlaut allgemeiner gefasst, gilt dieser, BGH GRUR 1992, 61 (62) – Preisvergleichsliste.

[33] BGH NJW 1972, 1893 (1895) – Rabatt-Sparmarken; GRUR 1982, 688 (691) – Senioren-Pass; GRUR 1985, 1065 – Erfüllungsgehilfe; GRUR 1988, 561 (562) – Verlagsverschulden.

[34] Zur Kündigungsmöglichkeit BGH GRUR 1997, 382 – Altunterwerfung I; GRUR 2001, 85 – Altunterwerfung IV.

[35] So auch BGH GRUR 1972, 721 – Kaffeewerbung.

[36] BGH GRUR 2001, 85 (86) – Altunterwerfung IV; Ahrens/*Schulte* Kap. 9 Rn. 4.

[37] BGH WRP 1995, 820 – Kurze Verjährungsfrist; Teplitzky/*Bacher* Kap. 16 Rn. 21; *Köhler*/Bornkamm/Feddersen § 11 Rn. 1.15; *Büscher* in Fezer/Büscher/Obergfell § 11 Rn. 15; Ahrens/*Bornkamm* Kap. 34 Rn. 23; Ohly/*Sosnitza* § 11 Rn. 7; *Schulz* WRP 2005, 274 (275).

[38] BGH GRUR 1995, 678 (680) – Kurze Verjährung; GRUR 1980, 241 (242) – Rechtsschutzbedürfnis; Köhler/*Bornkamm*/*Feddersen* § 12 Rn. 1.228.

kurze Verjährungsfrist analog § 11.[39] Fraglich ist dies allerdings, wenn kein konkurrierender UWG-Anspruch aus § 9 besteht.[40]

34 Der Anspruch auf Zahlung der **Vertragsstrafe** indes verjährt in der regelmäßigen Frist des § 195 BGB.[41] Eine auf Analogie beruhende **Verkürzung** der gesetzlichen BGB-Verjährung ist bezüglich der Vertragsstrafe **nicht veranlasst** und nicht interessengerecht.[42] Hätte der Gläubiger seinen Unterlassungsanspruch tituliert, hätte für das Bestrafungsverfahren in der gerichtlichen Zwangsvollstreckung die zweijährige Frist des Art. 9 EGStGB gegolten. Die regelmäßige Verjährung gem. § 195 BGB ist in der Größenordnung entsprechend. Allerdings birgt der lange Zeitraum von drei Jahren, der nun auch erst mit Jahresultimo anläuft, die Gefahr, dass Gläubiger Verstöße horten und erst nach Jahren mit exzessiven Vertragsstrafenforderungen auftreten.[43]

35 **4. Strafanspruch im Zwangsvollstreckungsverfahren.** Besitzt der wettbewerbsrechtliche Gläubiger bereits einen Unterlassungstitel und verstößt der Schuldner hiergegen, so gilt für die Zwangsvollstreckungs-Verjährung gem. § 890 ZPO nicht § 11, sondern **Art. 9 EGStGB:** Zwei Jahre ab Beendigung der Handlung. Diese Verjährung wird vom Gericht von Amts wegen geprüft.[44]

36 **5. Verjährung des Strafanspruchs des Staates.** Auch das neue UWG enthält noch Strafvorschriften. Die Verfolgungsverjährung richtet sich insoweit nach § 78 Abs. 3 Nr. 5 StGB (drei Jahre).

III. Verjährungsfristen im Überblick, Regelfrist und Höchstfristen

37 **1. Regelungstechnik.** Das Gesetz sieht eine **Regelfrist** von sechs Monaten und verschiedene **Höchstfristen** vor.

38 **a) Kurze Verjährung: sechs Monate.** Die Regelverjährung **für alle** von § 11 erfassten **Ansprüche** beträgt sechs Monate. Sie gilt, wenn der Anspruch entstanden ist und der Gläubiger Kenntnis von den wesentlichen Umständen hatte oder nur auf Grund grober Fahrlässigkeit nicht besaß (§ 11 Abs. 1 und 2).

39 **b) Höchstfristen. aa) Bedeutung.** Die Regelfrist mag im Einzelfall deshalb nicht anlaufen, weil der Gläubiger die in § 11 Abs. 2 Nr. 2 erforderliche Kenntnis nicht hat und ihm insoweit auch keine grobe Fahrlässigkeit vorgeworfen werden kann. Eine Tat könnte, wenn es nur die Regelverjährung gäbe, uU noch viele Jahre oder gar Jahrzehnte später geltend gemacht werden, wenn der Gläubiger nun erst Kenntnis erlangt. Für diese Fälle hat der Gesetzgeber, der Regelungstechnik des § 199 BGB entsprechend, **Höchstfristen** vorgesehen und dabei nochmal **zwischen Schadensersatzansprüchen und anderen Ansprüchen differenziert.**

40 **bb) Schadensersatzansprüche.** Sie verjähren ohne Kenntnis des Gläubigers (wobei grob fahrlässige Unkenntnis wie Kenntnis behandelt wird) **zehn Jahre** nach ihrer Entstehung (§ 11 Abs. 3 Alt. 1). Wenn noch kein Schadensersatzanspruch entstanden ist (dh kein Schaden jedenfalls im Ansatz verursacht wurde), gilt eine absolute Verjährung, die spätestens 30 Jahre nach der den Schaden auslösenden Handlung eintritt.

[39] Zust. *Ulrich* WRP 1996, 379; GroßKommUWG/*Toussaint* § 11 Rn. 42.

[40] *Köhler* GRUR 1996, 231 (233); *Köhler*/Bornkamm/Feddersen § 11 Rn. 1.15.

[41] BGH GRUR 1992, 61 (63) – Preisvergleichsliste und GRUR 1995, 678 (680) – Kurze Verjährungsfrist; *Köhler*/Bornkamm/Feddersen § 11 Rn. 1.15; MüKoUWG/*Fritzsche* § 11 Rn. 59 f.; Ohly/*Sosnitza* § 11 Rn. 7.

[42] BGH GRUR 1995, 678 (680 f.) – Kurze Verjährungsfrist; Arg.: Vollstreckungsverjährung zwei Jahre.

[43] Manches lässt sich hier mit dem Begriff der natürlichen Handlungseinheit angemessen würdigen, vgl. BGHZ 146, 318 (326) – Trainingsvertrag oder mit Billigkeitserwägungen, BGH GRUR 2009, 181 – Kinderwärmekissen; GRUR 1984, 72 (74) – Vertragsstrafe für versuchte Vertreterabwerbung; GRUR 1998, 471 (473 f.) – Modenschau im Salvatorkeller.

[44] BayObLG WuM 1995, 443.

bb) Absolute Frist bei allen sonstigen Ansprüchen. Die **anderen von § 11 Abs. 1 erfassten Ansprüche** verjähren gem. § 11 Abs. 4 ohne Rücksicht auf die Kenntnis des Gläubigers **drei Jahre** nach ihrer jeweiligen Entstehung (zur Deutung des § 11 Abs. 4 → Rn. 21). 41

2. Die Konkurrenz der Verjährungsfristen. Die **Konkurrenz von Regelverjährung und Höchstfristverjährung** kann in Fällen der Überlagerung zu Verständnisschwierigkeiten führen. 42

Die Frist zur **absoluten Verjährung** läuft in jedem Fall an, die **kurze Regelverjährung** nur bei Kenntnis bzw. fahrlässiger Unkenntnis. Der betroffene Anspruch ist verjährt, wenn und sobald eine der Fristen abgelaufen ist. 43

Beispiel: Der Gläubiger erfährt am Tag des Wettbewerbsverstoßes davon und weiß auch, wer der Schuldner ist. Die Verjährungsfrist für den Verletzungsunterlassungsanspruch läuft als Regelfrist des § 11 Abs. 1 iVm Abs. 2 Nr. 1 und 2 also an diesem Tage an und endet sechs Monate später. Am gleichen Tag läuft auch die absolute Verjährungshöchstfrist gem. § 11 Abs. 4 von drei Jahren an. Sie endet also erst zweieinhalb Jahre nachdem bereits die Regelverjährungsfrist abgelaufen war. Maßgeblich ist hier die Regelfrist. 44

Wenn der Gläubiger des obigen Beispiels von dem Wettbewerbsverstoß und/oder von der Existenz des Schuldners erst nach zwei Jahren und elf Monaten erfährt, so zeigt sich folgendes Bild: 45

Die Höchstfrist ist mit der Tat angelaufen (Entstehung des Anspruchs), die Regelfrist erst zwei Jahre elf Monate danach und würde erst sechs Monate später, also drei Jahre und fünf Monate nach der Tat ablaufen. Der Unterlassungsanspruch verjährt allerdings gem. § 11 Abs. 4 bereits drei Jahre nach der Tat, und zwar „ohne Rücksicht auf die Kenntnis". Hier ist die Höchstfrist maßgeblich.

Dies bedeutet, in engen Fallkonstellationen kann dem Gläubiger nur noch ganz kurze Zeit verbleiben, um zu handeln. Dies ist aber auch nicht ungerecht, denn, hätte er drei Jahre und ein Tag nach der Tat Kenntnis erlangt, wäre dies auch nur eine Nachricht über einen schon verjährten Unterlassungsanspruch gewesen. 46

3. Fristberechnung in der Praxis. a) Die für die Fristberechnung relevanten Ereignisse. Das Verjährungsrecht ordnet eine Rechtsfolge für den Fall an, dass eine Frist, nämlich die Verjährungsfrist abgelaufen ist. Von entscheidender Bedeutung ist deshalb zunächst die Frage, wann die entsprechende **Frist zu laufen begonnen** hat. Die relevanten **Ereignisse** sind für alle Ansprüche die folgenden: 47

– Entstehung des Anspruchs und
– Kenntnis des Gläubigers (grob fahrlässige Unkenntnis ist gleichgestellt).

Für den Schadensersatzanspruch gibt es noch ein weiteres relevantes Ereignis:
– die Handlung, die zu einem Schaden führen kann.

b) Vierschrittige Prüfung. aa) Anspruchsentstehung. Um den Verjährungstatbestand sachgerecht bearbeiten zu können, ist deshalb in einem **ersten Schritt** festzustellen, wann objektiv der jeweils in Rede stehende Anspruch (zB Unterlassungs- oder Schadensersatzanspruch) entstanden ist. Aus der Gesetzessystematik ist klar erkennbar, dass der Anspruch entstehen kann, ohne dass der Gläubiger hiervon Kenntnis hat. 48

bb) Kenntnis oder grobfahrlässige Unkenntnis. In einem **zweiten Bearbeitungsschritt** ist dann zu prüfen, wann der konkrete Anspruchsteller Kenntnis von den relevanten Umständen erlangt hat (oder hätte erlangen müssen). 49

cc) Fristenberechnung. In einem **dritten Arbeitsschritt** wird man die Fristen ausrechnen, die durch die verschiedenen Ereignisse in Lauf gesetzt werden. Durch den Zeitpunkt der Entstehung des Anspruchs werden, wie gezeigt, die absoluten Verjährungshöchstfristen in Lauf gesetzt. Mit dem Hinzukommen der Kenntnis läuft die Regelverjährung an, normalerweise wohl zeitlich später. 50

In Schadensersatzfällen hat man noch zusätzlich die 30-jährige Frist in den Blick zu nehmen, die durch die (erst später) schadenstiftende Handlung als maßgebliches Ereignis in Lauf gesetzt wird.

51 **dd) Fristenvergleich.** In einem **vierten und letzten** Arbeitsschritt wird festgestellt, welche der verschiedenen nebeneinander laufenden Fristen als erste abläuft. Diese ist die maßgebliche Verjährungsfrist für den konkreten Fall.

IV. Konkurrenzen zu Verjährungsvorschriften in anderen Rechtsgebieten

52 **1. Bedeutung.** Gerade weil die Regelverjährung des § 11 Abs. 1 so schnell eintritt, stellt sich in Fällen, in denen sich der Gläubiger auf mehrere Anspruchsgrundlagen und namentlich auch auf solche außerhalb des UWG stützt, die Frage des **Konkurrenzverhältnisses der Verjährungsvorschriften,** wobei die Gläubiger naturgemäß die Anwendung der Regelverjährung des §§ 195 ff. BGB bzw. anderer spezialgesetzlicher Verjährungsvorschriften außerhalb des UWG anstreben, die Schuldner indes die einheitliche Verjährung unter dem Regime des § 11 Abs. 1 wünschen werden.

53 **2. Grundsatz.** Kann der Kläger seine Anträge auch auf **Anspruchsgrundlagen** stützen, die mit den UWG-Ansprüchen konkurrieren, so gilt für jede Anspruchsgrundlage die für sie einschlägige Verjährungsvorschrift.[45]

54 **3. UKlaG.** Ansprüche aus dem UKlaG verjähren nach §§ 195 ff. BGB.[46] Fraglich, ob nicht doch für „eigentliche" UWG Ansprüche, die über § 2 Abs. 1 S. 1 UKlaG als verbraucherschützend geltend gemacht werden, die kurze Frist des § 11 gelten sollte, weil die Privilegierung des UKlaG-Klägers nicht überzeugend zu begründen ist. Abmahnkosten aus UKlaG-Verfahren jedenfalls unterfallen nicht der kurzen Verjährung des § 11.[47]

55 **4. PatG, UrhG, GeschmMG.** Können die Klageansprüche etwa auf Grund **patentrechtlicher, urheber-** oder **geschmacksmusterrechtlicher** Vorschriften zugesprochen werden, so gelten für die Verjährung ausschließlich die spezialgesetzlichen Vorschriften (§ 141 PatG, §§ 24 f. GebrMG, § 49 DesignG oder § 102 UrhG).[48] Da die wettbewerbsrechtlichen Ansprüche wegen ergänzenden Leistungsschutzes schnell verjähren, bleibt dem Gläubiger manchmal nur noch die Möglichkeit, designrechtliche Ansprüche geltend zu machen, denn diese sind ggf. noch nicht verjährt.

56 **5. Markenrechtliche Ansprüche.** Markenrechtliche Ansprüche können mit UWG-Ansprüchen konkurrieren (ausf. *Goldmann* → Vor § 8 Rn. 115 ff.). Ist der geltend gemachte Anspruch (auch) markenrechtlich zu begründen, so gilt **§ 20 MarkenG iVm § 195 BGB,** also die dreijährige Regelverjährung.

57 Sofern eine **Konkurrenz der Anspruchsgrundlagen** besteht, bestimmt sie auch die **Konkurrenz der Verjährungsvorschriften.** Ist die Klage auf Grund der UWG-Vorschriften zwar begründet, aber verjährt, so ist das Gericht nicht gehindert, § 14 MarkenG zu prüfen, weil für diese Anspruchsgrundlage die dreijährige Verjährungsfrist gilt.

58 **Ansprüche aus geschäftlichen Bezeichnungen** (Unternehmenskennzeichen, Werktitel) sind heute im MarkenG normiert und unterliegen der dort geregelten Verjährung (→ Rn. 56). Soweit Unternehmenskennzeichen im Einzelfall einen Schutz gem. § 12 BGB beanspruchen können, gilt für auf Namensrecht gestützte Ansprüche die Regelverjährung

---

[45] GRUR 1984, 820 (822) re. Sp. – Intermarkt II unter Hinweis auf BGH GRUR 1959, 31 (33) – Feuerzeug als Werbegeschenk und BGHZ 36, 252 (254) – Gründerbildnis; *Schwippert* in Gloy/Loschelder/Danckwerts HdbWettbR § 83 Rn. 36; *Büscher* in Fezer/Büscher/Obergfell § 11 Rn. 6.

[46] OLG München WRP 2015, 1522 Rn. 47; *Köhler*/Bornkamm/Feddersen UKlaG § 1 Rn. 19 und UKlaG § 2b Rn. 3; MüKoUWG/*Fritzsche* § 11 Rn. 64; KG MD 2012, 838.

[47] OLG Hamm BeckRS 2018, 33845 Rn. 32.

[48] Für das Urheberrecht jetzt: BGH GRUR 2015, 780 Rn. 21 – Motorradteile.

des § 195 BGB.[49] Dasselbe gilt für Ansprüche, die auf die firmenrechtliche Regelung des § 37 Abs. 2 HGB gestützt sind.[50]

6. GWB-Vorschriften. Trägt die **Anspruchsgrundlage aus dem GWB** den geltend gemachten Antrag, so gilt die Regelverjährung des § 195 BGB bzw. ggf. § 852 BGB.[51] 59

7. Ansprüche aus § 823 Abs. 1 BGB. UWG-Verstöße sind deliktsrechtliche Verstöße. Soweit durch eine unlautere Maßnahme Mitbewerber betroffen sind, lässt sich die wettbewerbswidrige Handlung zumeist auch als **Eingriff in den eingerichteten und ausgeübten Gewerbebetrieb** des Konkurrenten bewerten. Dies gilt jedenfalls dann, wenn die Wettbewerbshandlung eine Betriebsbezogenheit aufweist (zB in Nachahmungsfällen oder bei vergleichender Werbung, erst recht bei gezielter Behinderung iSd § 4 Nr. 4). Soweit der Unrechtsgehalt des Eingriffs in den Gewerbebetrieb mit der verletzten Norm des UWG übereinstimmt, letztlich also zwei Normen das nämliche Verhalten verbieten, **findet die kurze Verjährung des § 11 Abs. 1 Anwendung.**[52] Der subsidiäre Auffangtatbestand des sog. Rechts am Unternehmen wird richtigerweise[53] aber wohl ohnehin von der erfüllten UWG-Norm verdrängt. 60

8. Ansprüche aus § 824 BGB. Hier handelt es sich um **echte Anspruchskonkurrenz.** Erfüllt der Tatbestand die Voraussetzungen des § 824 BGB, so greift die Regelverjährung des § 195 BGB. § 4 Nr. 2 regelt zwar einen sehr eng verwandten Tatbestand, die Tatbestandsvoraussetzungen sind aber doch anders. 61

9. Ansprüche aus § 826 BGB. Die Rechtsprechung wendet auch hier die **Regelverjährung des § 195 BGB** an.[54] Wer das zusätzliche subjektive Tatbestandsmerkmal des § 826 BGB (vorsätzliche Zufügung eines Schadens) erfüllt, soll nicht das Privileg der kurzen Verjährung für sich in Anspruch nehmen können. Dies hat zur Folge, dass vorsätzliche Wettbewerbsverstöße mit gezielter Mitbewerberschädigung meist der dreijährigen Regel-Verjährungsfrist unterworfen sind.[55] 62

10. Verstoß gegen Schutzgesetze (§ 823 Abs. 2 BGB). Anspruchsteller könnten versuchen, die kurze Verjährung des § 11 zu unterlaufen, indem sie ihre Ansprüche als deliktische unter dem Gesichtspunkt des Verstoßes gegen ein Schutzgesetz begründen. Wenn insoweit UWG-Normen zitiert werden, zB §§ 3, 4 oder 7 UWG, so ist bereits fraglich, ob nicht ohnehin das UWG *lex specialis* ist.[56] **§ 16 UWG** soll aber als Schutzgesetz iSv § 823 Abs. 2 BGB in Frage kommen.[57] Wenn man dies bejaht, so gelangt man zu einer Verjährung nach § 195 BGB.[58] Die Ansprüche bei Verletzungen von Geschäftsgeheimnissen verjähren nicht nach § 11, sondern nach § 195 BGB (mit einer zusätzlichen Spezialregelung in § 13 GeschGehG); die Strafvorschrift des 23 GeschGehG ist kein Schutzgesetz.[59] Ansprüche wegen Verstoßes gegen das Buchpreisbindungsgesetz verjähren nach § 195 BGB.[60] 63

---

[49] BGH GRUR 1984, 820 (822) – Intermarkt II.
[50] MüKoHGB/*Krebs* § 37 Rn. 52.
[51] BGH GRUR 1966, 344 (345) – Glühlampenkartell; BGHZ 133, 177 (183) – Kraft-Wärme-Kopplung; *Köhler*/Bornkamm/Feddersen § 11 Rn. 1.6; MüKoUWG/*Fritzsche* § 11 Rn. 67.
[52] BGH GRUR 1962, 310 – Gründerbildnis; GRUR 1974, 99 (100) – Brünova und GRUR 1981, 517 (520) – Rollhocker; vgl. auch *Ahrens* → Einl. Rn. 1100 ff.
[53] BGH GRUR 2004, 877 (880) – Werbeblocker; Teplitzky/*Kessen* Kap. 4 Rn. 13.
[54] BGH GRUR 1964, 218 (220) – Düngekalkhandel; GRUR 1974, 99 (100) – Brünova und GRUR 1977, 539 (541) – Prozessrechner.
[55] So auch *Ahrens* → Einl. Rn. 1101.
[56] BGH GRUR 1975, 150 – Prüfzeichen; *Köhler*/Bornkamm/Feddersen § 11 Rn. 1.9.
[57] BGH GRUR 2008, 818 Rn. 87 – Strafbare Werbung im Versandhandel; *Köhler*/Bornkamm/Feddersen § 11 Rn. 1.9; MüKoUWG/*Fritzsche* § 11 Rn. 71.
[58] MüKoUWG/*Fritzsche* § 11 Rn. 71.
[59] Köhler/Bornkamm/Feddersen/*Alexander* GeschGehG Vor § 1 Rn. 92.
[60] OLG Frankfurt a. M. BeckRS 2015, 06807 Rn. 18.

V. Anwendbarkeit der BGB-Verjährungsvorschriften

64 § 11 regelt die Verjährungsfristen und den Fristbeginn. **Alle sonstigen Themen des Verjährungsrechts** sind im **BGB** geregelt. Anwendbar sind also insbesondere die §§ 203 ff. BGB, nämlich Vorschriften, die die Hemmung der Verjährung, eine etwaige Ablaufhemmung oder den Neubeginn der Verjährung regeln, unmittelbar anwendbar sind auch die Vorschriften bezüglich der Wirkung der Verjährung, §§ 214 ff. BGB.

B. Beginn der Verjährung

I. Vorbemerkung

65 Für die Berechnung der Verjährungsfrist ist es unerlässlich, einen **festen Zeitpunkt** zu ermitteln, mit dem die **Verjährungsfrist zu laufen beginnt.** § 21 UWG 1909 enthielt die Begriffe „Handlung" und „Zeitpunkt".

66 Am **Handlungsbegriff** hat sich eine immer noch nachwirkende Debatte[61] entzündet. Die Unterscheidung zwischen **Einzel-, Dauer-** oder **fortgesetzter (bzw. wiederholter) Handlung** schien für den maßgebenden Zeitpunkt entscheidend zu sein. Der Begriff „Handlung" findet sich indes im Gesetzestext des § 11 Abs. 2 als Tatbestandsvoraussetzung der Regelverjährung nicht mehr.[62]

67 § 11 Abs. 2 nennt vielmehr nun kumulativ zwei Voraussetzungen bzw. Ereignisse für den Beginn der Verjährungsfrist, nämlich die **Entstehung des Anspruchs** und die **qualifizierte Kenntnis des Gläubigers.**

68 Die lange Schadensersatzverjährung von 30 Jahren gem. § 11 Abs. 3 Hs. 2 verzichtet demgegenüber auf die Voraussetzung „Entstehung des Anspruchs" und begnügt sich mit dem Vorliegen einer möglicherweise schadensstiftenden Handlung (dazu → Rn. 40).

II. Entstehung des Anspruchs

69 **1. Allgemeines.** Der Anspruch **entsteht** regelmäßig mit der Erfüllung des Tatbestands, seiner Fälligkeit und der objektiv gegebenen Möglichkeit, ihn – notfalls gerichtlich – geltend zu machen.[63] Man wird **nach den verschiedenen Anspruchstypen des UWG differenzieren** müssen.

70 **2. Verletzungsunterlassungsanspruch (§ 8 Abs. 1 S. 1 Alt. 2 UWG). a) Erfüllung der Tatbestandsvoraussetzungen.** Voraussetzung für den Verletzungsunterlassungsanspruch sind **Zuwiderhandlung** und außerdem **Wiederholungsgefahr** (zum Begriff und zu den Voraussetzungen *Goldmann* → § 8 Rn. 70 ff.). In jedem Einzelfall ist also zu prüfen, welche Tatbestandsmerkmale erfüllt sein müssen, damit eine Zuwiderhandlung gegen § 3 bejaht werden kann. Wenn es sich um einen der Regelfälle der §§ 3a, 4, 4a, 5, 5a, 6 oder 7 handelt, sind die dort genannten Tatbestandsmerkmale zu prüfen. Zuwiderhandlung iSd Verjährungsbeginns verlangt das Vorliegen aller Tatbestandsmerkmale, die zusammen den konkreten Verletzungstatbestand ausmachen.[64] Hier ist weiter zwischen Einzelhandlungen und Dauerhandlungen zu differenzieren:

---

[61] Teplitzky/*Bacher* Kap. 16 Rn. 13 f.; *Baumbach/Hefermehl,* Wettbewerbsrecht, 16. Aufl., § 21 Rn. 11–13; *Borc* WRP 1979, 341; *Messer* FS Helm, 2002, 111 (118); *Neu* GRUR 1985, 335; *Rogge* GRUR 1963, 345 (347).

[62] Auch das Wort „Zeitpunkt" wurde ersetzt, wobei ein Fristbeginn (§ 11 Abs. 2 Hs. 1) nichts anderes sein kann, als ein bestimmbarer Kalendertag iSv § 187 Abs. 1 BGB. Nur § 11 Abs. 3 nennt noch eine „Handlung" als Tatbestandsmerkmal.

[63] BGHZ 113, 188 (191 f.); Palandt/*Ellenberger* BGB § 199 Rn. 3; MüKoBGB/*Grothe* § 199 Rn. 4 ff.; *Mansel* NJW 2002, 91.

[64] *Neu* GRUR 1985, 335 (339); Teplitzky/*Bacher* Kap. 16 Rn. 9.

b) Einzelhandlung. Bei einer geschäftlichen Handlung, die sich als Einzelhandlung darstellt, ist der Unterlassungsanspruch entstanden, wenn die in sich abgeschlossene **Tathandlung**[65] **vollendet** ist, also zB die unzulässige Werbeanzeige erschienen ist. Auch wenn die beendete Zuwiderhandlung noch fortwirkt (die Anzeige zB erst einige Zeit später vom Verbraucher gelesen wird), steht dies dem Verjährungsbeginn für den Unterlassungsanspruch nicht entgegen.[66] 71

c) Dauerhandlung. Auch bei **Dauerhandlungen** kann es eigentlich keinen Zweifel geben, dass der Unterlassungsanspruch bereits mit dem ersten Hervortreten dieser Dauerhandlung im geschäftlichen Verkehr entstanden ist. Sie unterscheidet sich von der Einzelhandlung dadurch, dass sie fortlaufend (und nicht nur fortwirkend) rechtswidrige Wirkungen entfaltet.[67] 72

Als **Beispiel** mag eine wettbewerbswidrige Aussage auf der Internetseite eines Unternehmens dienen. Sobald sie ins Netz gestellt wird, verletzt sie die Mitbewerber. Diese können sofort etwas unternehmen. Wenn die Seite Monate später immer noch sichtbar ist, verletzt auch dies Tag für Tag erneut die Interessen und Rechte der Konkurrenten. Die wettbewerbswidrige Dauerhandlung führt also in der Regel zu einer dauernd (fort-) wirkenden Störung, die der Verursacher aber jederzeit beenden könnte.[68] Wenn nun alle klagebefugten Konkurrenten sechs Monate oder länger tatenlos zusähen (trotz Kenntnis von Beginn an), so stellt sich die Frage, ob die Betroffenen durch Verjährung gehindert sind, den Unterlassungsanspruch gerichtlich durchzusetzen. Weil ein solches Ergebnis kaum nachvollziehbar wäre,[69] wurde zum alten Recht vertreten, dass die Verjährung bei einer Dauerhandlung vor deren Beendigung gar nicht beginnen könne.[70] Erst das Ende der Handlung markiert gemäß dieser Meinung den Beginn der Verjährungsfrist. 73

Dogmatisch ist dies in Anbetracht des heutigen Gesetzestextes, der nicht mehr auf die Handlung abstellt, nur noch schwer zu begründen, weil der Mitbewerber sofort nach Offenkundigwerden der Störung vorgehen könnte und zweifelsfrei von Anfang an ein – auch klagbarer und fälliger – Verletzungsunterlassungsanspruch iSv § 8 Abs. 1 S. 1 zu bejahen ist.[71] 74

Man sollte das Problem der **Dauerhandlung** folgendermaßen behandeln: Wenn die Störung fortdauert und dies dem Handlungsplan des Täters entspricht, entsteht laufend auch der Unterlassungsanspruch **Tag für Tag aktuell,** und die Verjährungsfrist läuft immer wieder neu an.[72] Die Dauerhandlung schiebt damit gewissermaßen das Verjährungsende fortlaufend sechs Monate vor sich her. Dies ist gerechtfertigt, denn auch der Täter nimmt an jedem Tag seiner Dauerhandlung eine nach §§ 3 oder 7 UWG unzulässige geschäftliche Handlung vor, wie § 8 Abs. 1 S. 1 verlangt. Im Ergebnis führt dies tatsächlich dazu, dass bei einer Dauerhandlung die fallentscheidende **letzte Verjährungsfrist** erst mit der **Beendigung der Dauerhandlung** anläuft. Das Datum der Beendigung seiner andauernden Tat kann und muss der Beklagte nennen, wenn er sich auf Verjährung beruft.[73] 75

---

[65] Teplitzky/*Bacher* Kap. 16 Rn. 12; Ahrens/*Bornkamm* Kap. 34 Rn. 9; *Büscher* in Fezer/Büscher/Obergfell § 11 Rn. 26.

[66] BGH GRUR 1974, 99 (100) li. Sp. – Brünova und GRUR 1990, 221 (223) – Forschungskosten; OLG Köln NJOZ 2008, 2387 (2389); richtig daher OLG Frankfurt a. M. GRUR-RR 2019, 318.

[67] Teplitzky/*Bacher* Kap. 16 Rn. 13; *Büscher* in Fezer/Büscher/Obergfell § 11 Rn. 26.

[68] Ein Indiz für eine Dauerhandlung, vgl. OLG Köln NJOZ 2008, 2387 (2389); *Schwippert* in Gloy/Loschelder/Danckwerts HdbWettbR § 83 Rn. 15.

[69] *Teplitzky* (bis zur 10. Aufl.) Kap. 16 Rn. 27: *„unerträglich"*.

[70] BGH GRUR 1974, 99 (100) – Brünova: Die Verjährung kann nicht beginnen, solange der Eingriff noch andauert.

[71] MüKoUWG/*Fritzsche* § 11 Rn. 104.

[72] Wie hier GroßKommUWG/*Toussaint* § 11 Rn. 51.

[73] Ihn trifft die Beweislast für alle Tatbestandsmerkmale des Verjährungseintritts; und der Beginn der Verjährung, den nur der Beklagte terminlich genau kennt, gehört dazu. Ausnahme: Kenntnis des Gläubigers. Den Termin kennt oft nur dieser.

76 Nach wie vor wird von der wohl noch hM vertreten, dass bei einer Dauerhandlung die Verjährungsfrist des Unterlassungsanspruchs zunächst gar nicht zu laufen beginne.[74] Diese Sichtweise ist mit dem heutigen Gesetzeswortlaut indes nicht vereinbar („beginnt, wenn der Anspruch entstanden ist"),[75] auch eine analoge Heranziehung von § 199 Abs. 5 BGB trägt diese Ansicht nicht, denn auch die „Zuwiderhandlung" liegt schon am ersten Tag vor; sie dauert nur an.

77 **d) Fortgesetzte (bzw. wiederholte) Handlung.** Von der Dauerhandlung wird die fortgesetzte (bzw. wiederholte) Handlung abgegrenzt.

Als solche bezeichnet man Bündel oder **Gruppen gleichartiger Rechtsverstöße,** die der Täter oder Teilnehmer des UWG-Verstoßes **auf Grund** eines **einheitlichen,** vorher gefassten oder sukzessive entwickelten **Tatentschlusses** begeht. Es wird versucht, dieses Phänomen unter Begriffe wie „Fortsetzungszusammenhang", „rechtliche Einheit" oder „natürliche Handlungseinheit" zu fassen.[76]

78 Für die Frage der **Anspruchsentstehung,** die nach dem neuen Recht für den Verjährungsbeginn maßgeblich ist, sind diese Konstrukte aber wenig hilfreich. Man sollte pragmatisch verfahren. Wenn man eine Mehrzahl von gleichartigen Rechtsverstößen vor sich hat, die jeweils alle Tatbestandsmerkmale der fraglichen UWG-Norm erfüllen, sollte man jede einzelne Handlung auch als denkbaren Verjährungsbeginn gelten lassen.[77] Eine Verklammerung unter dem Begriff „rechtliche Einheit", „natürliche Handlungseinheit" oder „Fortsetzungszusammenhang" bringt für das Verjährungsrecht keine interessengerechte Entscheidungshilfe.[78] Nach der hier vertretenen Auffassung markiert die letzte vom Schuldner, der sich auf Verjährung berufen möchte, vorzutragende[79] Verletzungshandlung die kalendarisch späteste Anspruchsentstehung und damit den relevanten Verjährungsbeginn. Dieser Auffassung hat sich der **BGH** angeschlossen.[80] Ein Unterschied zur Dauerhandlung besteht bei dieser Sichtweise also nicht.

79 **3. Vorbeugender Unterlassungsanspruch (§ 8 Abs. 1 S. 2 UWG).** Der Anspruch auf Unterlassung besteht bereits dann, wenn eine Zuwiderhandlung droht (vgl. → Rn. 15). Der Anspruch ist entstanden, wenn die **Erstbegehungsgefahr** greifbar dargetan werden kann.[81] Auch dieser vorbeugende Unterlassungsanspruch kann verjähren, vgl. → Rn. 14 ff.

80 **4. Schadensersatzanspruch.** Der Schadensersatzanspruch gem. § 9 verlangt einen adäquat kausal verursachten Schaden (ausf. *Goldmann* → § 9 Rn. 144 ff.). Der Schadensersatzanspruch ist also **erst entstanden,** wenn auch ein **Schaden** vorliegt (ausf. *Goldmann* → § 9 Rn. 114 ff.). Dies wird meist später der Fall sein als die Entstehung des Unterlassungsanspruchs.

81 Der Schadensersatzanspruch als **Folge einer abgeschlossenen Tathandlung entsteht** aber mit dem ersten Schaden **einheitlich,** auch für erst später sich betragsmäßig auswei-

[74] BGH GRUR 2003, 448 (450) – Gemeinnützige Wohnungsgesellschaft; GRUR 1974, 99 (100) – Brünova; OLG Düsseldorf GRUR-RR 2011, 10 (12); OLG Hamm GRUR-RR 2010, 216 (217); OLG Hamburg GRUR-RR 2021, 126 Rn. 50 – Isolierhülsen; Teplitzky/*Bacher* Kap. 16 Rn. 13a; *Büscher* in Fezer/Büscher/Obergfell § 11 Rn. 27; MüKoUWG/*Fritzsche* § 11 Rn. 105; *Köhler*/Bornkamm/Feddersen § 11 Rn. 1.21; *Schwippert* in Gloy/Loschelder/Danckwerts HdbWettbR § 83 Rn. 13; offen gelassen von BGH (V. ZS) NJW-RR 2015, 781 Rn. 9.

[75] Wie hier BeckOKUWG/*Eichelberger* § 11 Rn. 61 und Götting/Nordemann/*Menebröcker* § 11 Rn. 24.

[76] Für die Fallgruppe „Verstoß gegen Unterlassungserklärung" hat der BGH den Begriff des Fortsetzungszusammenhangs aufgegeben und spricht nun von „rechtlicher Einheit", vgl. BGH GRUR 2001, 758 (759 ff.) – Trainingsvertrag.

[77] Teplitzky/*Bacher* Kap. 16 Rn. 14; Ahrens/*Bornkamm* Kap. 34 Rn. 9; MüKoUWG/*Fritzsche* § 11 Rn. 110; so im Ergebnis auch OLG Frankfurt GRUR-RR 2019, 318 Rn. 9.

[78] AA GroßKommUWG/*Messer* (1. Aufl.) § 21 Rn. 28 f.

[79] GroßKommUWG/*Messer* (1. Aufl.) § 21 Rn. 81 sieht die Beweislast für Beendigung der Dauerhandlung/fortgesetzte Handlung beim Schuldner; aA MüKoUWG/*Fritzsche* § 11 Rn. 110.

[80] BGH GRUR 2016, 946 Rn. 55–57 – Freunde finden.

[81] BGH GRUR 1990, 687 (688) – Anzeigenpreis II; GRUR 1992, 404 (405) – Systemunterschiede; Teplitzky/*Kessen* Kap. 10 Rn. 8 ff.

tende Schadenspositionen (Grundsatz der Schadenseinheit).[82] Er ist entstanden, sobald er im Wege der Klage (ggf. und üblicherweise zunächst mit einer Feststellungsklage) geltend gemacht werden kann.[83] Dies wird in der Regel der Fall sein, sobald die wettbewerbswidrige Handlung im Markt wahrgenommen wird und damit das Verhalten der Marktteilnehmer zu Lasten des geschädigten Mitbewerbers beeinflussen kann. Schon in dieser Phase kann der Mitbewerber in den Fällen, in denen er die Wahrscheinlichkeit eines Schadenseintritts dartun kann, jedenfalls eine Feststellungsklage (dem Grunde nach) bezüglich der Ersatzpflicht wegen des „entstandenen und des künftig noch entstehenden Schadens" erheben (zu den Einzelheiten *Goldmann* → § 9 Rn. 115 ff.). Hieraus folgt, dass auch wenn der Schaden noch nicht vollständig eingetreten ist, die Schadensersatzverjährung bereits läuft.

Wie aber ist bei Schadensersatzansprüchen zu verfahren, die aus Dauerhandlungen und fortgesetzten Handlungen erwachsen? Wer die Verjährung bei einer **Dauerhandlung** erst mit deren Beendigung anlaufen lassen will (vgl. → Rn. 76), eröffnet dem Gläubiger die Möglichkeit, auch den Schaden zu liquidieren, der aus der gesamten Dauer dieser wettbewerbswidrigen Tat erwächst (Beispiel: Die wettbewerbswidrige Internetseite war 24 Monate sichtbar; der Gläubiger hat dies auch immer gewusst und klagt nun erst nach Abschalten der Seite auf Schadensersatz und Auskunft für den gesamten Zeitraum. Der Schuldner wendet für die ersten 18 Monate Verjährung ein). Richtigerweise wird man mit dem BGH und der überwiegenden Meinung in der Kommentarliteratur genau wie beim Unterlassungsanspruch (nun aber zum Vorteil des Schuldners!) auch für den Schadensersatz die **Dauerhandlung in einzelne Tage zerlegen** müssen, für die jeweils eine gesonderte Verjährungsfrist anläuft.[84] Im Beispiel greift also die Verjährungseinrede für Schäden aus den ersten 18 Monaten der Dauerhandlung. 82

Folgt man dieser Ansicht, so gibt es im Ergebnis keine Unterschiede zu Sachverhalten mit **fortgesetzter Handlung,** denn auch bei diesen läuft für jede einzelne Tat (auch wenn man sie als Teil einer rechtlichen Einheit oder in einem Fortsetzungszusammenhang verklammert begreifen könnte) eine je einzelne zeitabschnittsweise Schadensersatzverjährung.[85] 83

§ 11 Abs. 3 begünstigt allerdings denjenigen Schadensersatzgläubiger, der zunächst von der fortgesetzten oder andauernden Tat des Schuldners keine Kenntnis hatte. Auf § 852 BGB (bereicherungsrechtlicher Ausgleich, auch wenn der Schadensersatzanspruch verjährt ist, hierzu → Rn. 121a ff.) kommt es nur noch an, wenn der Schadensersatzanspruch für die Vergangenheit an der Kenntnis des Gläubigers scheitert. Erfolgte die Kenntniserlangung innerhalb des sechsmonatigen Zeitfensters des § 11 Abs. 1, so kann **Schadensersatz auch für die (fortgesetzten oder andauernden) Handlungen aus der Zeit davor** verlangt werden (bis zu zehn Jahre in die Vergangenheit). 84

5. Bereicherungsanspruch. Der Bereicherungsanspruch ist entstanden, wenn und sobald ein fälliger Anspruch gem. § 812 Abs. 1 S. 1 BGB gegeben ist. Bei der im UWG allein interessierenden Eingriffskondiktion ist dies der Fall mit der Verletzung einer fremden

[82] BGH GRUR 1995, 608 (609) – Beschädigte Verpackung II; GRUR 1990, 221 (223) – Forschungskosten; allgemein zum Grundsatz der Schadenseinheit MüKoBGB/*Grothe* § 199 Rn. 9 ff. und zuletzt BGH NJW 2012, 3639 Rn. 19; BeckRS 2016, 21188 Rn. 15 f.; *Mansel* NJW 2002, 89 (91); kritisch Staudinger/*Peters/Jacoby,* 2014, § 199 Rn. 47 ff.

[83] BGH GRUR 1974, 99 (100) – Brünova unter Verweis auf BGH NJW 1960, 380 (381); Ahrens/*Bornkamm* Kap. 34 Rn. 17; *Köhler*/Bornkamm/Feddersen § 11 Rn. 1.29.

[84] BGH GRUR 2015, 780 Rn. 23 – Motorradteile; früher schon in BGH GRUR 1978, 492 (495) – Fahrradgepäckträger II; GRUR 1999, 751 (754) – Güllepumpen; *Köhler*/Bornkamm § 11 Rn. 1.21; MüKoUWG/*Fritzsche* § 11 Rn. 114; BeckOKUWG/*Eichelberger* § 11 Rn. 59; zustimmend auch Ahrens/*Bornkamm* Kap. 34 Rn. 8. In der Entscheidung BGH GRUR 1984, 820 – Intermarkt II wird dies Ergebnis erreicht, indem das Gericht sehr gekünstelt den Gebrauch einer Firma als Wiederholungstat qualifiziert hat; offengelassen BGH V. ZS NJW-RR 2015, 781 Rn. 9.

[85] BGH GRUR 1984, 820 (822) – Intermarkt II; GRUR 1999, 751 (754) – Güllepumpen; GRUR 1981, 517 (520) – Rollhocker; Ahrens/*Bornkamm* Kap. 34 Rn. 18.

vermögensrechtlich nutzbaren Rechtsposition mit ausschließlichen Zuweisungsgehalt[86] durch den Schuldner und der Erlangung eines Vermögensvorteils auf Kosten des Gläubigers (*Goldmann* → Vor § 8 Rn. 28 ff.).

85 **6. Gewinnabschöpfungsanspruch.** Hier gelten §§ 195, 199 BGB (vgl. → Rn. 20).[87] Die hM[88] wendet indes § 11 Abs. 4 an. Der Anspruch dürfte entstanden sein, wenn objektiv die ersten Gewinne zu verbuchen sind.

86 **7. Anspruch auf Erstattung der Abmahnkosten.** Die Abmahnkosten sind entstanden, wenn die **ordnungsgemäße[89] Abmahnung** (zu deren Voraussetzungen *Brüning* → § 13 Rn. 2 ff., 20 ff.) an den Schuldner in einer Form **abgesandt** wurde, die einen **Zugang erwarten lässt.**[90] Für die Entstehung des Anspruchs ist erforderlich, dass die Abmahnung berechtigt war, nicht ob sie in dem Sinne Erfolg hatte, dass der wettbewerbsrechtliche Schuldner sich anschließend unterwirft.[91] Auch wenn der Gläubiger seinen Unterlassungsanspruch gerichtlich weiterverfolgen muss, kann er im Wege der Klagehäufung die Abmahnkosten neben den sonstigen wettbewerbsrechtlichen Ansprüchen einklagen.[92] Auf den Zeitpunkt der Rechnungsstellung der abmahnenden Rechtsanwältin gegenüber ihrem Mandanten kann es bezüglich des Verjährungsbeginns nicht ankommen. Ansonsten könnte die Rechtsanwältin die Verjährung selbst steuern.

86a Eine Meinung verweist auf § 217 BGB und sieht den Anspruch auf Abmahnkostenerstattung als Nebenleistung zum Unterlassungsanspruch, der mit diesem simultan verjährt,[93] was jedoch zu überraschenden Ergebnissen führen könnte. Wird erst kurz vor Verjährungseintritt des Unterlassungsanspruchs abgemahnt, so wird der Gläubiger (durch eine gerichtliche Maßnahme) die Verjährung des Unterlassungsanspruchs vielleicht noch hemmen, aber sicher nicht damit rechnen, dass sein Abmahnkostenanspruch schon wenige Tage nach Versendung der Abmahnung verjährt.

87 Richtigerweise wird die **Verjährung der Abmahnkosten von der Verjährung des Unterlassungsanspruchs abzukoppeln** sein. Sollte der Unterlassungsanspruch zB durch Abgabe einer Unterwerfungserklärung wegfallen, müsste man ohnehin eine eigene Verjährung des Abmahnkostenanspruchs ins Auge fassen.[94]

Es ist also sachgerecht, die These von den Abmahnkosten als Nebenleistung aufzugeben und den **Abmahnkostenerstattungsanspruch als eigenständige Forderung** zu begreifen, die innerhalb einer eigenen Sechsmonatsfrist verjährt.[95]

8. Anspruch auf Auskunft. Der Anspruch auf Auskunft dient in den meisten Fällen der Durchsetzung eines Schadensersatzanspruchs (→ Rn. 25) und kann deshalb nicht früher, wird aber regelmäßig auch nicht später entstehen als dieser (→ Rn. 80–83). Soll der Anspruch auf Auskunft einem anderen UWG-Anspruch dienen (zB dem Beseitigungs- oder dem Gewinnabschöpfungsanspruch), so entsteht er entsprechend gleichzeitig mit dem jeweiligen Hauptanspruch. Seine Verjährung richtet sich aber dennoch nach §§ 195 und 199 BGB (→ Rn. 26).

---

[86] BGH NJW 1990, 52 (53); 2012, 2034 Rn. 40.
[87] BT-Drs. 15/1487, 35 f., 44.
[88] *Büscher* in Fezer/Büscher/Obergfell § 11 Rn. 51; *Köhler*/Bornkamm/Feddersen § 11 Rn. 1.3.
[89] MüKoUWG/*Fritzsche* § 11 Rn. 116.
[90] Zum Zugangserfordernis vgl. BGH GRUR 2007, 629 – Zugang des Abmahnschreibens (zu § 93 ZPO).
[91] BGH GRUR 1984, 129 (131) – shop-in-the-shop I; *Schulz* WRP 1990, 658.
[92] Nach § 15a RVG kann der Gläubiger nun wählen, ob er die Anrechnung nach Vorbemerkung 3 Abs. 4 bei den Abmahnkosten oder der Verfahrensgebühr vornimmt.
[93] *Ungewitter* GRUR 2012, 697.
[94] So Ahrens/*Bornkamm* Kap. 34 Rn. 22 f.
[95] So jetzt auch der BGH GRUR 2017, 1269 Rn. 38 – MeinPaket.de II; ebenso MüKoUWG/*Fritzsche* § 11 Rn. 116.

III. Kenntnis

1. Grundsatz. Für den Beginn der Verjährung verlangt § 11 Abs. 2 Nr. 2 als zweite Voraussetzung **Kenntnis** des Gläubigers über die den **Anspruch begründenden Umstände** und die **Person** des Schuldners. Wird vom Schuldner die Verjährungseinrede erhoben, trifft ihn die Beweislast für den Zeitpunkt der Kenntniserlangung.[96] 88

2. Grad der Kenntnis. Kenntnis ist **positive Kenntnis** (= bewusstes Vorhandensein der relevanten Information). Erforderlich ist ein **Wissen über die Tatsachen, die bei verständiger Würdigung ausreichen, einen schlüssigen Klagevortrag** in einem Wettbewerbsstreit zu bilden.[97] Positive Kenntnis setzt voraus, dass der Gläubiger in der Lage ist, eine „erfolgversprechende, wenn auch nicht risikolose" Klage zu erheben.[98] Eine lückenlose Kenntnis des Sachverhalts in objektiver und subjektiver Hinsicht ist nicht zu verlangen.[99] Innere Tatsachen (zB Schädigungsabsicht des Gegners) sind aus den äußeren Umständen zu erschließen.[100] Zu den relevanten und erforderlichen Informationen zählen insbesondere auch die Kenntnis des Namens und der Anschrift des Schuldners.[101] 89

Für den **Schadensersatzanspruch** kommt als qualifizierendes Merkmal noch die schadensstiftende Wirkung des unlauteren Verhaltens der Gegenseite hinzu. Der Schaden muss aber noch nicht in vollem Umfang eingetreten sein. Es reicht aus, dass ein Schadenseintritt wahrscheinlich ist. Vom Gläubiger wird in diesen Fällen erwartet, eine Feststellungsklage zu erheben. Sobald die Kenntnisse für eine solche Feststellungsklage ausreichen, läuft die Verjährung an.[102] 90

Dem Kläger ist aber **nicht zuzumuten, ein Verfahren auf schlichte Vermutungen oder Zweifel zu basieren.** Wenn es um die Wahrheit von Werbeaussagen des Konkurrenten geht, muss der (insoweit zumeist beweisbelastete) Kläger ggf. auch vorprozessual **sachverständige Hilfe** in Anspruch nehmen dürfen. Zu den Tatsachen, die den wettbewerbsrechtlichen Angriff begründen können, gehören dann auch Gutachten, die sich der Gläubiger beschaffen darf, um die Richtigkeit der Werbeaussage des Konkurrenten zu überprüfen. Erst wenn ein solches Gutachten vorliegt, beginnt die mit Kenntnis anlaufende Verjährungsfrist.[103] 91

3. Inhaber der Kenntnis. Die **anspruchsberechtigte Person** muss im Besitz des insoweit maßgeblichen Wissens gewesen sein. Im Wettbewerbsstreit stehen sich zumeist nicht natürliche Personen gegenüber, sondern juristische Personen oder Personengesellschaften als Betreiber von mehr oder weniger komplex gegliederten Unternehmen. Zunächst gelten hier zwar die allgemeinen Vertretungsvorschriften. Es kommt damit also grundsätzlich auf die Kenntnis ihrer Organe an.[104] Vielfach gelangen in einer aufgefächerten, mehrstufigen Unternehmensorganisation aber die anspruchsbegründenden Umstände den Organen nicht oder erst sehr spät zur Kenntnis, während andere Funktionsträger des Unternehmens schon frühzeitig Kenntnis erlangen. Die Rechtsprechung hat für die Frage, unter welchen Umständen deren Kenntnis der juristischen Person oder Personengesellschaft 92

---

[96] BGH GRUR 2016, 946 Rn. 58 – Freunde finden; NJW 2017, 248 Rn. 12; NJW-RR 2016, 1187 Rn. 32; OLG Köln BeckRS 2015, 55272 Rn. 57 – Internetfernsehen.

[97] BGH GRUR 1988, 832 (834) – Benzinwerbung; NJW 1990, 2808 (2809).

[98] BGH GRUR 2009, 1186 Rn. 22 – Mecklenburger Obstbrände.

[99] *Köhler*/Bornkamm/Feddersen § 11 Rn. 1.26; BGH GRUR 1988, 832 (834) – Benzinwerbung; GRUR 2009, 1186 Rn. 21 – Mecklenburger Obstbrände.

[100] BGH GRUR 1964, 218 – Düngekalkhandel.

[101] BGH GRUR 2012, 1279 Rn. 53 – Das große Rätselheft; MüKoUWG/*Fritzsche* § 11 Rn. 130; Ohly/*Sosnitza* § 11 Rn. 28; vgl. auch BGH NJW 1998, 988 (989); 1999, 2734 (2735); 2001, 964 (965).

[102] BGH NJW 1988, 1146; GRUR 1974, 99 (100) – Brünova.

[103] BGH GRUR 1988, 832 (834) – Benzinwerbung; GRUR 2009, 1186 (1188) – Mecklenburger Obstbrände.

[104] BGH NJW-RR 2011, 832 Rn. 10; OLG Düsseldorf BeckRS 2010, 25156; MüKoUWG/*Fritzsche* § 11 Rn. 143.

zuzurechnen ist, analog § 166 BGB, die Figur des sogenannten **Wissensvertreters** entwickelt.[105] Wissensvertreter sind *„solche Personen, die nach der betrieblichen Organisation für die Aufnahme und gegebenenfalls Weiterleitung wettbewerbsrechtlich relevanter Informationen zwecks Verfolgung von Wettbewerbsverstößen zuständig sind bzw. von denen dies auf Grund ihrer Stellung im Unternehmen typischerweise erwartet werden kann.“*[106] Mit der Zurechnung von Wissen eines Vertreters soll sichergestellt werden, dass juristische Personen und Personengesellschaften aus einer geschäftsorganisatorisch bedingten Wissensaufspaltung verglichen mit einer natürlichen Person keine Vorteile ziehen.[107]

93 Das Wissen braucht also nicht notwendig bei den Organen einer Gesellschaft (Vorstand, Geschäftsführer) angekommen zu sein; umgekehrt reicht es aber auch nicht aus, dass irgendeine Mitarbeiterin des Unternehmens vom relevanten Sachverhalt Kenntnis genommen hat. Die Kenntnis muss vielmehr bei einer **solchen Person** ankommen, die im Unternehmen **für wettbewerbsrechtliche Fragen verantwortlich** ist, die insbesondere mit der Betreuung und der Verfolgung des in Frage stehenden Anspruchs in eigener Verantwortung betraut ist[108]. Es braucht nicht diejenige zu sein, die letztlich die Entscheidung über „Krieg oder Frieden“ trifft, aber die, die in diese Entscheidungsfindung verantwortlich mit eingebunden ist. Kenntnis der **gesetzlichen Vertreter** eines Unternehmens dürfte diesem immer zuzurechnen sein, Kenntnis **leitender Angestellter** zumeist. Im Einzelfall kann auch die Kenntnis des mit der Verfolgung von Wettbewerbsverstößen beauftragten Rechtsanwalts ausreichen.[109] Kenntnis einer Person, die nach der Organisation des Unternehmens dazu berufen ist, als dessen Repräsentantin bestimmte Aufgaben in eigener Verantwortung zu erledigen und die dabei anfallenden Informationen zur Kenntnis zu nehmen und weiterzugeben,[110] soll ggf. auch maßgeblich sein, auch wenn die Weitergabe (zB an die Geschäftsleitung oder die Rechtsabteilung) unterbleibt. Kenntnis eines **Lizenznehmers** wird dem Lizenzgeber nur dann zugerechnet, wenn jener mit der Verfolgung von Verletzungen des lizenzierten Schutzrechts beauftragt war.[111]

94 Ist ein Mitarbeiter **eigens für die Ermittlung von Wettbewerbsverstößen abgestellt,** so ist er Wissensvertreter für die Frage der Kenntnis im Sinne von § 11 Abs. 2 Nr. 2, selbst wenn er ansonsten keinerlei Entscheidungsbefugnisse besitzt.[112] Anders liegt es, wenn es sich um die Kenntnis sonstiger Dritter handelt, die nur von Fall zu Fall als Informanten des Gläubigers tätig sind.[113] Praktisch bedeutsam ist letzteres für Klagen der Verbände, die regelmäßig auf Informanten aus Wirtschaftskreisen angewiesen sind. Die Verjährungsfrist für den Verband beginnt also erst, wenn die Informationen dort eintreffen.[114] Die Kenntnis eines Mitgliedsunternehmens setzt die Verjährungsfrist zu Lasten des Verbandes noch nicht in Gang.

---

[105] BGH NJW 1992, 1099; 1997, 2049 (2050); 2007, 1584; 2014, 1294 Rn. 16; GRUR 2016, 705 Rn. 44 – ConText; GRUR 2016, 946 Rn. 61 – Freunde finden.

[106] BGHZ 171, 1 Rn. 35 f.; BGH NJW 2014, 1294 Rn. 16; *Köhler*/Bornkamm/Feddersen § 11 Rn. 1.27; ähnlich *Mansel* NJW 2002, 92.

[107] BGH GRUR 2016, 946 Rn. 61 – Freunde finden.

[108] BGH GRUR 2016, 946 Rn. 61 – Freunde finden; ausführliche Kasuistik bietet *Goldmann* BeckOKMarkenR MarkenG § 20 Rn. 31.1 und 31.2.

[109] LG Düsseldorf BeckRS 2014, 119123; OLG Hamm GRUR-RR 2011, 329 (331) – Salve einer Abmahngemeinschaft; OLG Frankfurt a. M. BeckRS 2013, 10880, vgl. aber auch OLG Frankfurt a. M. GRUR-RR 2011, 66 – Sequestrationsanspruch; OLG Hamburg GRUR-RR 2018, 27 Rn. 32 – HSA FREI.

[110] BGH GRUR 2016, 705 Rn. 44 – ConText.

[111] BGH NJW-RR 1997, 1196.

[112] OLG Stuttgart WRP 1985, 242 – Testkäufer; OLG Rostock BeckRS 2016, 112269 (Justiziar); OLG Köln GRUR-RR 2010, 493 – Ausgelagerte Rechtsabteilung; LG Hamburg GRUR-RS 2015, 17956 Rn. 64 – MSpeed (Mitarbeiter der Markenabteilung).

[113] KG WRP 1992, 564 (566).

[114] BGH GRUR 2011, 633 Rn. 38 f. – BIO TABAK; OLG Bamberg GRUR 2007, 167.

4. Grob fahrlässige Unkenntnis. Nach altem Recht war nur positive Kenntnis für den Beginn der kurzen Verjährungsfrist im UWG maßgeblich. Die Rechtsprechung[115] hat früher in Fällen „missbräuchlicher Nichtkenntnis" korrigierend eingegriffen. Mit dem Schuldrechtsmodernisierungsgesetz ist § 199 Abs. 1 Nr. 2 BGB neu gefasst worden. Der Wortlaut dieser Regelung findet sich nun auch entsprechend im § 11 Abs. 2 Nr. 2 im zweiten Halbsatz. **Grob fahrlässige Unkenntnis steht danach der positiven Kenntnis gleich.** Die Kenntnisse, die der Gläubiger ohne grobe Fahrlässigkeit hätte erlangen müssen, werden also gewissermaßen fingiert. 95

Grob fahrlässig handelt der Gläubiger, wenn seine Unkenntnis auf einer **besonders schweren Vernachlässigung der im Verkehr erforderlichen Sorgfalt**[116] beruht, wobei die eigenübliche Sorgfalt einer vergleichbaren Gruppe wettbewerbsrechtlicher Gläubiger den Maßstab[117] bilden sollte. Noch zum alten Recht hatte der BGH zu § 852 aF BGB folgende Formel entwickelt: Der Geschädigte ist grob fahrlässig uninformiert geblieben, wenn er sich die Kenntnisse in zumutbarer Weise ohne nennenswerte Mühe und Kosten hätte beschaffen können, er auf der Hand liegende Erkenntnismöglichkeiten nicht ausschöpft oder sich einer sich aufdrängenden Kenntnis missbräuchlich verschließt.[118] Heute sieht der BGH grob fahrlässige Unkenntnis und damit einen persönlich vorwerfbaren Obliegenheitsverstoß, wenn dem Gläubiger die Kenntnis fehlt, weil er die im Verkehr erforderliche Sorgfalt in ungewöhnlich grobem Maße verletzt und auch ganz naheliegende Überlegungen nicht anstellt oder naheliegende Erkenntnis- und Informationsquellen nicht genutzt oder unbeachtet gelassen hat, was jedem hätte einleuchten müssen.[119] Der Fahrlässigkeitsmaßstab im Wettbewerbsrecht wird branchen- und situationsbedingt festzulegen sein. Man wird unterstellen können, dass **in überschaubaren Märkten** unmittelbare **Wettbewerber** sich beobachten.[120] Der öffentliche Werbeauftritt eines Anbieters wird hier von seinen unmittelbaren Wettbewerbern im Regelfall zeitnah zur Kenntnis genommen. Selbst wenn man deshalb in überschaubaren Märkten eine Marktbeobachtungspflicht annehmen will,[121] muss ein Verstoß gegen diese durchaus noch nicht grob fahrlässig sein. Kann der Schuldner darlegen, dass der Gläubiger eine Abteilung unterhält, die den Markt beobachten soll, so erhöht dieser Umstand die Sorgfaltspflichten.[122] 96

Oft geht es nicht darum, dass man dem Gläubiger vorwerfen muss, dass er das wettbewerbswidrige Verhalten überhaupt nicht wahrgenommen hat, sondern vielmehr darum, dass der Gläubiger die notwendige weitere Tatsachenaufklärung über die Person des Verantwortlichen (also über den richtigen Schuldner) oder über den wettbewerbswidrigen Inhalt der Werbung unterlassen hat. Bestehen zB Zweifel an der Richtigkeit einer Werbebehauptung, so muss der Gläubiger **sachgerechte Ermittlungen anstellen.** In Bezug auf die Identität des Täters muss ebenfalls recherchiert werden.[123] 97

Fremde Nachlässigkeit muss sich der Gläubiger nach Ansicht des BGH zurechnen lassen, wenn die positive Kenntnis in der Person des Dritten als Wissensvertreter (→ Rn. 92 ff.) des Gläubigers diesem auch zugerechnet worden wäre.[124] Dogmatisch ist diese Ansicht nicht unbedenklich, denn hier geht es nicht um Zurechnung fremden 98

[115] BGH NJW 1985, 2022 (2023) und WRP 1998, 164 (169) – Modenschau im Salvatorkeller.

[116] Palandt/*Ellenberger* BGB § 199 Rn. 39.

[117] *Mansel* NJW 2002, 91 weist zu Recht darauf hin, dass es keine Pflicht des Gläubigers zur Anspruchsverfolgung gibt und demgemäß der Schuldner auch keine Sorgfaltspflichten insoweit einfordern kann.

[118] BGH NJW 1990, 2808; 1999, 423; 2000, 953; 2001, 1721.

[119] BGH GRUR 2012, 1279 Rn. 55 – Das große Rätselheft; NJW-RR 2010, 681 Rn. 13; 2016, 1187 Rn. 34.

[120] *Spätgens/Danckwerts* in Gloy/Loschelder/Danckwerts HdbWettbR § 100 Rn. 38; vorsichtig bejahend Teplitzky/*Feddersen* Kap. 54 Rn. 29; Ahrens/*Schmuckle* Kap. 45 Rn. 19.

[121] OLG Köln WRP 1983, 355 (356); 1994, 197; OLG Koblenz WRP 1973, 484; OLG Düsseldorf WRP 1984, 554; 1985, 266; Mindermeinung, vgl. *Bernecke/Schüttpelz* Rn. 178 Fn. 316; Ohly/*Sosnitza* § 11 Rn. 30: Keine allgemeine Marktbeobachtungspflicht.

[122] *Rohlfing* GRUR 2006, 735 (737).

[123] *Büscher* in Fezer/Büscher/Obergfell § 11 Rn. 35; GroßKommUWG/*Toussaint* § 11 Rn. 67.

[124] NJW 1989, 2323 (2324).

Wissens, sondern fremden Verschuldens (§ 166 BGB hat andere Voraussetzungen als § 278 BGB).

C. Hemmung, Ablaufhemmung und Neubeginn der Verjährung

I. Allgemeines

99 Mit dem Schuldrechtsmodernisierungsgesetz ist der früher schon missverständliche Begriff der Unterbrechung fortgefallen. Ereignisse oder Maßnahmen des Gläubigers, die den Ablauf beeinflussen, führen nun zu Hemmung, Ablaufhemmung oder Neubeginn. Die Einzelheiten finden sich in den **§§ 203–213 BGB.** Diese Vorschriften des Allgemeinen Teils des BGB gelten unmittelbar für die in § 11 geregelten Verjährungsfristen, da § 11 insoweit keine Regelungen enthält.

II. Hemmung

100 **1. Begriff der Hemmung. § 209 BGB** ordnet an, dass der Zeitraum, in dem die Verjährung gehemmt ist, in die Verjährungsfrist nicht eingerechnet wird. Hemmungstatbestände generieren also einen (von Fall zu Fall unterschiedlich langen) Zeitraum, der die ursprüngliche Verjährungsfrist modifiziert. Es wird gewissermaßen die Uhr angehalten. Die Verjährungsfrist wird im Ergebnis um die Hemmungsphase verlängert.[125] Die für das Wettbewerbsrecht wichtigsten **Hemmungstatbestände** sind folgende:

101 **2. Verhandlungen über den Anspruch.** Verhandlungen zwischen Gläubiger und Schuldner über den Anspruch führen nach **§ 203 BGB** zu einer Hemmung der Verjährung, bis der eine oder der andere Teil die Fortsetzung der Verhandlungen verweigert. Das Aussprechen einer **Abmahnung** als solches erfüllt den Begriff der Verhandlung noch nicht.[126] Gibt der Schuldner allerdings zu erkennen, dass er bereit ist, über die Abgabe einer Unterlassungserklärung zu sprechen, wird zB über den für den Schuldner akzeptablen Wortlaut verhandelt, so sind Verhandlungen iSv § 203 BGB gegeben. Jeder Meinungsaustausch über den Verletzungsfall zwischen Gläubiger und Schuldner reicht aus, es sei denn, der Verpflichtete lehnte die Ansprüche unzweideutig ab.[127] Nach Sinn und Zweck dieser Vorschrift soll der Gläubiger, der auf Grund der Reaktion des Schuldners den Eindruck gewinnen durfte, dieser werde sich einsichtig zeigen, vor dem Eintritt der Verjährung geschützt werden.

102 Die hemmende Wirkung der Verhandlungen endet, sobald eine Seite die **Fortsetzung** der Verhandlungen **verweigert.** Der Verweigerung steht das **Einschlafenlassen** des Meinungsaustausches gleich. In diesem Fall ist der Zeitpunkt maßgeblich, zu dem eine Antwort auf die letzte Stellungnahme der Gegenseite spätestens zu erwarten gewesen wäre, falls man ernsthaft an einer Lösung interessiert wäre.[128] In Anbetracht der Brisanz von Wettbewerbsstreitigkeiten und der Dringlichkeitsproblematik für den Verfügungskläger kann bereits eine Gesprächspause von zwei bis drei Wochen insoweit als Weigerung gelten.

103 Nach Ende der Verjährungshemmung durch Verhandlungen tritt Verjährung **frühestens drei Monate später** ein, § 203 S. 2 BGB. Dieses „frühestens" kommt nur dann zum Tragen, wenn von der eigentlichen Verjährungsfrist wegen Zeitablauf bis zur Hemmung nur noch weniger als drei Monate übrig sind.

---

[125] *Schwippert* in Gloy/Loschelder/Danckwerts HdbWettbR § 83 Rn. 20.

[126] Teplitzky/*Bacher* Kap. 16 Rn. 36c; Ahrens/*Bornkamm* Kap. 34 Rn. 40; *Büscher* in Fezer/Büscher/Obergfell § 11 Rn. 56.

[127] BGHZ 93, 64 (67), BGH GRUR 2009, 1186 Rn. 27 – Mecklenburger Obstbrände; etwas strenger GroßKommUWG/*Toussaint* § 11 Rn. 78.

[128] BGH NJW 1986, 1337 (1338).

104 **3. Anrufung der Einigungsstelle.** Gem. § 15 Abs. 8 führt die Anrufung der **Einigungsstelle** in gleicher Weise wie die Klageerhebung zur **Hemmung der Verjährung.** Strittig ist, ob auch die Anrufung durch den Schuldner diese Wirkung hat.[129] Mit der hM ist dies abzulehnen. Genauso wenig wie die negative Feststellungsklage durch den Schuldner die Verjährung (der negierten Ansprüche) hemmt, kann dies die Anrufung der Einigungsstelle bewirken.[130] Ergibt sich aus dem Petitum des Schuldners, der eigeninitiativ die Einigungsstelle anruft, dass er bereit ist, über den Anspruch zu sprechen, so mag sich das Einigungsstellenverfahren allerdings als Verhandlung über den Anspruch erweisen, wenn sich der Gläubiger einlässt[131], so dass auch für diese Konstellation eine Hemmungswirkung gem. § 203 BGB denkbar erscheint.

105 **4. Antrag auf Erlass einer einstweiligen Verfügung, Zustellung des Antrags oder der Beschlussverfügung.**[132] Nach früherem Recht hatte das Verfügungsverfahren keine Auswirkung auf die Anspruchsverjährung.[133] Nunmehr gilt, dass die Verjährung entweder durch die **Zustellung des Verfügungsantrags** oder schon mit dessen **Einreichung** gehemmt wird. Letzteres gilt, sofern die alsdann ergangene Beschlussverfügung innerhalb der Vollziehungsfrist des § 929 Abs. 2 ZPO zugestellt wird.

106 Der Gesetzestext des § 204 Abs. 1 Nr. 9 ist etwas missglückt,[134] denn er macht die verjährungshemmende Wirkung des Verfügungsantrags von einer (oft zufälligen) Entscheidung des Gerichts abhängig. Beschließt das Gericht, nicht ohne mündliche Verhandlung entscheiden zu wollen, so wird der Verfügungsantrag nebst Terminsladung zugestellt. Die Hemmungswirkung beginnt dann erst mit der Zustellung des Antrags; wegen § 167 ZPO idR aber doch rückbezogen auf den Tag der Antragstellung.

107 Wird eine Beschlussverfügung erlassen, so hat es der Gläubiger in der Hand, diese innerhalb der Vollziehungsfrist des § 929 Abs. 2 ZPO zuzustellen.[135] Die Hemmungswirkung beginnt dann schon rückbezogen auf den **Zeitpunkt der Einreichung des Verfügungsantrags.** Es ist nicht ungewöhnlich, dass ein Gericht von mehreren geltend gemachten Unterlassungsanträgen nur einen oder zwei erlässt. Für die gescheiterten oder zurückgenommenen Anträge entsteht keine Hemmungswirkung.[136] Wenn der Antrag durch Beschluss zurückgewiesen wird und (im einseitigen Beschwerdeverfahren) auch in zweiter Instanz erfolglos bleibt, kommt es ebenfalls nicht zur Hemmung.[137]

108 Die **Hemmungswirkung** des Verfügungsverfahrens **endet** gem. § 204 Abs. 2 BGB sechs Monate nach der **rechtskräftigen Entscheidung** oder anderweitigen Beendigung des eingeleiteten Verfahrens.[138] Wird das Verfügungsverfahren streitig ausgetragen, also zeitnah gegen eine Beschlussverfügung Widerspruch eingelegt oder ohnehin über den Verfügungsantrag mündlich verhandelt und dann durch Urteil entschieden, so kann der Eintritt der Rechtskraft des Verfügungsverfahrens festgestellt werden (Hemmungsende also zB sechs Monate nach Ablauf der Berufungsfrist gegen ein landgerichtliches Urteil oder sechs Monate nach Rechtskraft[139] einer zweitinstanzlichen OLG-Entscheidung bzw., wenn diese noch einer Vollziehung bedarf, nach der Parteizustellung).

---

[129] Dafür OLG Koblenz GRUR 1988, 566.

[130] Ahrens/*Bornkamm* Kap. 34 Rn. 39; MüKoUWG/*Fritzsche* § 11 Rn. 216.

[131] MüKoUWG/*Ottofülling* § 15 Rn. 149.

[132] Zur Hemmung der Verjährung im Zusammenhang mit einstweiligen Verfügungen auch *Retzer* → § 12 Rn. 409–414.

[133] BGH GRUR 1979, 121 (122) – Verjährungsunterbrechung.

[134] Ausführlich *Maurer* GRUR 2003, 208; *Schabenberger* WRP 2002, 293; vgl. auch *Baronikians* WRP 2001, 121.

[135] Instruktiv OLG München GRUR-RR 2017, 158 Rn. 107 – Verbessertes Bioresonanzgerät.

[136] *Schabenberger* WRP 2002, 293.

[137] Dies kann zB nur an mangelnder Dringlichkeit liegen, *Maurer* GRUR 2003, 208 (210). Obwohl der Anspruch materiell gegeben sein mag, lässt sich keine Hemmungswirkung erreichen.

[138] Instruktiv OLG Köln BeckRS 2015, 55272 Rn. 58 f.

[139] Ahrens/*Bornkamm* Kap. 34 Rn. 37; *Köhler*/Bornkamm/Feddersen § 11 Rn. 1.41.

109 Problematischer ist die Feststellung der **anderweitigen Beendigung des Verfügungsverfahrens** bei Beschlussverfügungen. Oft reagiert der Schuldner auf die Zustellung der Beschlussverfügung zunächst nicht. Hier wird man die Zustellung der Beschlussverfügung als anderweitige Beendigung des eingeleiteten Verfahrens ansehen müssen.[140] Eine Gegenansicht sieht die anderweitige Beendigung bereits im Moment der Aushändigung der Beschlussverfügung an den Gläubiger.[141] Versäumt der Gläubiger die Vollziehungsfrist des § 929 Abs. 2 ZPO, wird in aller Regel gar keine Hemmungswirkung eintreten (Arg. § 204 Abs. 1 Nr. 9 Hs. 2 BGB).

110 **5. Erhebung der Klage (§ 204 Abs. 1 Nr. 1 BGB).** Die Verjährung wird durch die Erhebung der Klage auf Leistung oder auf Feststellung des Bestehens des Anspruchs gehemmt. Für den Unterlassungsanspruch kommt mithin die Leistungsklage in Betracht, für den Schadensersatzanspruch, wenn er schon beziffert werden kann, ebenfalls die Leistungsklage oder aber die Feststellungsklage. Die positive (= anspruchsbehauptende) Feststellungsklage hemmt die Verjährung für alle Schäden aus unverjährter Zeit, die sich unter den Antragswortlaut fassen lassen (ggf. unter Heranziehung des zur Begründung vorgebrachten Sachverhalts). Gehemmt wird allerdings nur der Ablauf der Verjährung desjenigen Anspruchs, der eingeklagt wurde.[142] Hemmungswirkung tritt ein **für den prozessualen Streitgegenstand** unter Berücksichtigung **aller in Betracht kommenden Anspruchsgrundlagen.**[143] Neuere Tendenzen, den Begriff des Streitgegenstands in UWG-Fällen an die konkrete Verletzungsform anzuknüpfen (wenn diese mit der Klage angegriffen wird), erweitern die Hemmungswirkung.[144] Im Lichte der Biomineralwasser-Entscheidung hemmt eine auf UWG gestützte Klage die Verjährung aller denkbaren Unterlassungsansprüche aus dem UWG. Mehrere Streitgegenstände liegen demgegenüber vor, wenn ein Antrag auf mehrere Schutzrechte oder etwa zugleich auf Designrecht und UWG gestützt wird.[145] Um die schnelle UWG-Verjährung zu verhindern, sollte in der Klageschrift deshalb bereits auch die Anspruchsgrundlage aus dem UWG genannt und jedenfalls kursorisch begründet werden, zB wenn der Gläubiger neben design- oder urheberrechtlichen Ansprüchen auch Ansprüche wegen ergänzenden wettbewerbsrechtlichen Leistungsschutzes geltend machen möchte. Formuliert der Unterlassungskläger seinen **Unterlassungsantrag** zunächst **weiter und allgemeiner,** als es der ganz konkreten Verletzungsform entspricht, so ist der Unterlassungsanspruch gegen diese Verletzungsform zweifelsfrei auch rechtshängig; insoweit kann keine Verjährung eintreten. Problematischer ist der Fall, dass der Kläger zunächst **nur die konkrete Verletzungsform** angreift, sich dann aber im Laufe des Prozesses entschließt, verallgemeinernde Formulierungen in den Antrag aufzunehmen. *Bacher*[146] möchte dies zulassen, wenn die weitere Antragsfassung iSd Kerntheorie von einer etwaigen Rechtskraftwirkung des zunächst engen Unterlassungstenors erfasst (gewesen) wäre. Diese Ansicht ist praxisgerecht. Spricht ein Gericht einen Antrag erstinstanzlich zu, der so nie beantragt wurde, so tritt insoweit Hemmung erst ein, wenn der Kläger sich diesen Antrag nunmehr in zweiter Instanz zu eigen macht.[147]

---

[140] *Köhler*/Bornkamm/Feddersen § 11 Rn. 1.41; *Schabenberger* WRP 2002, 293 (299); MüKoUWG/*Fritzsche* § 11 Rn. 211.

[141] *Maurer* GRUR 2003, 208 (211); Ahrens/*Bornkamm* Kap. 34 Rn. 37.

[142] BGH GRUR 1990, 221 (223) – Forschungskosten; Palandt/*Ellenberger* BGB § 204 Rn. 13–16.

[143] BGH NJW 1983, 2813 und NJW 1988, 1778 (1779).

[144] BGH GRUR 2013, 401 Rn. 20–24 – Biomineralwasser; keine Hemmung bei zu unbestimmtem Antrag OLG Frankfurt a. M. GRUR-RS 2016, 15323 Rn. 34 ff. – Ohne Funktionseinschränkung kostenlos; LG Frankfurt GRUR-RR 2020, 16132 Rn. 39 ff.

[145] BGH GRUR 2011, 521 Rn. 10, 13 – TÜV I; GRUR 2011, 1043 Rn. 28 – TÜV II; Zu urheberrechtlichen neben UWG-Ansprüchen: GRUR 2000, 226 (227) – Planungsmappe und GRUR 2001, 755 (757) – Telefonkarte.

[146] Teplitzky/*Bacher* Kap. 16 Rn. 38a.

[147] OLG Frankfurt a. M. BeckRS 2017, 137972. Der Anspruch war in diesem Fall aber prompt schon verjährt.

Die Unterlassungsklage hemmt nicht die Verjährung der parallel vielleicht gegebenen **Beseitigungs-, Auskunfts- und Schadensersatzansprüche.**[148] Wird der Wettbewerbsstreit mit Abmahnung und nachfolgender einstweiliger Verfügung begonnen, besteht in der Praxis insbesondere ein Risiko der Verjährung des Abmahnkostenerstattungsanspruchs. Wegen § 15a RVG braucht sich der Gläubiger jetzt immerhin nicht mehr die verjährte hälftige Gebühr aus dem Abmahnstadium auf die Verfahrensgebühr anrechnen zu lassen. 111

Wehrt sich der Schuldner gegen eine Anspruchsberühmung des Gläubigers mit einer **negativen Feststellungsklage,** so hemmt der Umstand, dass der Gläubiger das Verfahren aufnimmt, ohne seinerseits positive Leistungsklage zu erheben, die Verjährung nicht.[149] Dies stellt für den Gläubiger eine gefährliche Falle dar. Beginnt der Kläger mit einer zunächst im Schadensersatz unbezifferten Stufenklage, so hemmt diese die Verjährung aller denkbaren Schadensersatzansprüche. Wird in der zweiten Stufe der Schadensersatzanspruch dann beziffert, so reduziert sich die Hemmungswirkung auf den bezifferten Schadensersatzbetrag.[150] Erwirkt der Gläubiger zunächst ein Feststellungsurteil bezüglich der Schadensersatzpflicht dem Grunde nach, steht er verjährungsrechtlich besser, vgl. § 197 Abs. 1 Nr. 3 BGB. Hemmungswirkung hat im Übrigen nur eine Klage, die vom Anspruchsberechtigten, dh aktivlegitimierten Gläubiger erhoben wurde, und zwar gegen den richtigen (passivlegitimierten) Schuldner.[151] 112

Die Hemmungswirkung der Klageerhebung **wirkt** auf den Zeitpunkt der Klageeinreichung **zurück,** sofern die Zustellung der Klage demnächst erfolgt, § 167 ZPO.[152] 113

Auch die **Hemmung** durch das Klageverfahren **endet** gem. § 194 Abs. 2 BGB sechs Monate nach der rechtskräftigen Entscheidung oder anderweitigen Beendigung des Verfahrens. Sind die Ansprüche tituliert, beginnt die Verjährungsfrist des § 197 Abs. 1 Nr. 3 BGB. Die Hemmungswirkung endet ferner sechs Monate nach der letzten Verfahrenshandlung einer Partei, wenn der Prozess in Stillstand gerät, weil die Parteien ihn nicht weiter betreiben oder sogar das Ruhen des Verfahrens beantragen. 114

Eine **Aussetzung** des Prozesses durch Gerichtsbeschluss oder eine zögerliche Verfahrensbehandlung seitens des Gerichts sind dem klagenden Gläubiger nicht zuzurechnen, wenn nicht er den entsprechenden Antrag gestellt hat.[153] 115

Wenn der Prozess in **Stillstand** gerät, ist der Gläubiger in jedem Fall gut beraten, mit dem Schuldner eine Vereinbarung über die Verlängerung der Verjährungsfrist anzustreben. 116

III. Neubeginn der Verjährung

Die Tatbestände des **§ 212 BGB** spielen im Wettbewerbsprozess nur eine untergeordnete Rolle. 117

Nach § 212 Abs. 1 Nr. 1 BGB führt ua ein **Anerkenntnis** zum Neubeginn der Verjährung. Ein Anerkenntnis ist jedes tatsächliche Verhalten des Schuldners, aus dem sich zweifelsfrei ergibt, dass ihm das Bestehen des Anspruchs bewusst ist.[154] Bezüglich des Schadensersatzanspruchs kann dies vor allem dann praktisch werden, wenn ein Anerkenntnis dem Grunde nach erfolgt. Eine vom Gläubiger angenommene strafbewehrte **Unterlassungserklärung des Schuldners** stellt kein Anerkenntnis im Sinne von § 212 Abs. 1 Nr. 1 BGB dar. Ist sie ausreichend und vollumfänglich, so erfüllt und ersetzt sie nämlich den gesetzlichen Unterlassungsanspruch insgesamt, ein Neubeginn der Verjährung ist dann 118

[148] BGH GRUR 1974, 99 (101) – Brünova; GRUR 1984, 820 (822) – Intermarkt II; OLG Stuttgart WRP 1997, 605 (610).

[149] BGH GRUR 1994, 846 (848) li. Sp. u. – Parallelverfahren II und BGHZ 72, 23.

[150] BGH NJW 1992, 2563.

[151] BGH NJW 2010, 2270 Rn. 38; Ohly/*Sosnitza* § 11 Rn. 38; aA *Kähler* NJW 2006, 1769.

[152] Zu den Einzelheiten vgl. Palandt/*Ellenberger* BGB § 204 Rn. 7 und Zöller/*Greger* ZPO § 167 Rn. 15 mit Einzelfällen; OLG Frankfurt a. M. BeckRS 2019, 3215 Rn. 65 – World's Lightest: Zustellung innerhalb von 14 Tagen ist „demnächst", aber auch spätere Zustellung kann bei besonderen Umständen des Einzelfalles noch auf die Klageeinreichung zurückwirken und die Verjährung hemmen.

[153] BGHZ 15, 80 und BGHZ 106, 297; Palandt/*Ellenberger* BGB § 204 Rn. 48.

[154] Palandt/*Ellenberger* BGB § 212 Rn. 2.

sinnlos. Verpflichtet sich der Schuldner dagegen ohne Vertragsstrafeversprechen zur Unterlassung (was bedeutet, dass der gesetzliche Anspruch daneben bestehen bleibt), so wird § 212 Abs. 1 Nr. 1 BGB anwendbar sein.[155] Durch ein Abschlussschreiben wird idR der gerichtliche Titel als endgültig anerkannt. Der Gläubiger ist dann über § 197 Abs. 1 Nr. 3 BGB gegen die Verjährung gesichert.

119 Gem. § 212 Abs. 1 Nr. 2 BGB beginnt die Verjährung auch dann neu, wenn eine **gerichtliche Vollstreckungshandlung** (etwa im Verfügungsverfahren) vorgenommen oder beantragt wird. Die Zustellung der mit einer Ordnungsmittelandrohung versehenen Unterlassungsverfügung ist aber keine ausreichende Vollstreckungshandlung in diesem Sinne.[156] Ausreichend ist aber ein **Ordnungsmittelantrag** nach § 890 Abs. 1 ZPO.[157] Gem. § 212 Abs. 3 BGB entfällt allerdings dessen Hemmungswirkung *ex tunc,* wenn der Antrag erfolglos bleibt, zurückgenommen oder wieder aufgehoben wird.

D. Wirkung der Verjährung

I. Recht zur Leistungsverweigerung

120 Nach Eintritt der Verjährung ist der Schuldner berechtigt, die Leistung zu verweigern (§ 214 Abs. 1 BGB). Beim **Schadensersatz** bereitet diese Vorschrift keine Probleme. Der Schuldner braucht die verjährte Schadensersatzforderung nicht zu erfüllen, er kann dies aber tun. Das zur Befriedigung eines verjährten Anspruchs Geleistete kann nicht kondiziert werden (§ 214 Abs. 2 BGB).

121 Was den **Unterlassungsanspruch** betrifft, könnte man § 214 Abs. 1 BGB so verstehen, als sei der Unterlassungsschuldner nach eingetretener Verjährung berechtigt, nun aktiv die Handlungen zu begehen, die er nach materiellem Recht unterlassen muss. Dies trifft aber nach allgemeiner Ansicht nicht zu (→ Rn. 13).[158] Der Schuldner kann im Prozess Verjährung einwenden, muss sich aber davor hüten, durch eine **Berühmung** eine neue Erstbegehungsgefahr zu setzen (näher *Goldmann* → § 8 Rn. 124 ff.).[159] Erst recht darf der Schuldner nicht das gesetzliche Unterlassungsgebot durch **aktives Handeln** (also eine neuerliche Verletzung der Rechtsnormen) in unverjährter Zeit missachten. Die Rechtswohltat der Verjährung soll nur derjenige Schuldner für sich in Anspruch nehmen können, der sich in unverjährter Zeit rechtstreu verhalten hat. Aus der Ersttat, die den verjährten Verletzungsunterlassungsanspruch hat entstehen lassen, darf allerdings nicht *per se* eine Begehungsgefahr für künftige Verstöße abgeleitet werden, denn sonst würde die Verjährungsregel unterlaufen.[160]

II. Restschadensersatz gem. § 852 S. 1 BGB

121a **1. Sinn und Zweck des Rechtsinstituts.** Auch wenn der Schadensersatzanspruch aus § 9 wegen § 11 verjährt ist, kann der Geschädigte uU aus § 852 S. 1 BGB doch noch Ersatzansprüche geltend machen. Diesen deliktsrechtliche Sondertatbestand des BGB, oft Restschadensersatzanspruch[161] genannt, kann man als Ultima-Ratio-Rechtsverteidigung

[155] Wie hier Ohly/*Sosnitza* § 11 Rn. 42 und *Büscher* in Fezer/Büscher/Obergfell § 11 Rn. 78 unter Hinweis auf KG GRUR 1990, 546 (547).

[156] BGH GRUR 1979, 121 – Verjährungsunterbrechung.

[157] MüKoUWG/*Fritzsche* § 11 Rn. 226.

[158] Teplitzky/*Bacher* Kap. 16 Rn. 24, 30; Ahrens/*Bornkamm* Kap. 34 Rn. 3; MüKoUWG/*Fritzsche* § 11 Rn. 158.

[159] Vgl. zur Berühmung BGH GRUR 1987, 126 – Berühmung; GRUR 1999, 1097 (1099) – Preissturz ohne Ende; GRUR 2001, 1174 (1175) – Berühmungsaufgabe; noch strengere Grundsätze: BGH GRUR 1992, 404 (405) – Systemunterschiede; GRUR 1993, 53 (55) – Ausländischer Inserent.

[160] BGH GRUR 1987, 125 (126) – Berühmung; GRUR 1988, 313 – Auto F. GmbH; GRUR 1994, 57 (58) – Geld-Zurück-Garantie.

[161] BGH GRUR 2015, 780 Rn. 29 – Motorradteile; Palandt/*Wagner* § 852 Rn. 2.

des Gläubigers gegen die Einrede der Verjährung begreifen.[162] Sinn und Zweck des Anspruchs nach § 852 S. 1 BGB ist es, den **Schädiger nicht im Besitz der Vorteile zu belassen,** die er infolge der unerlaubten Handlung zulasten des zu Lasten Geschädigter erlangt hat.[163] Er ist auch auf UWG-Fälle anwendbar, weil das UWG diese Frage nicht eigens geregelt hat.[164] Zwar findet sich anders als in § 141 S. 2 PatG, § 20 S. 2 MarkenG, § 102 S. 2 UrhG oder § 49 S. 2 DesignG kein ausdrücklicher Verweis auf diese BGB-Vorschrift im UWG. Die Anwendbarkeit ist aber dennoch zu bejahen, denn auch in diesem Bereich wäre es ungerecht, wenn der Schuldner wegen der kurzen Verjährung dauerhaft im Genuss des durch sein unlauteres Handeln Erlangten[165] bleiben würde. Im Lauterkeitsrecht dürfte § 852 BGB vor allem in Sachverhalten mit Mitbewerberschutz relevant werden, insbesondere in **Nachahmungsfällen,** in denen der Geschädigte seinen Schaden nach sogenannter objektiver Schadensberechnung (zB in Form der Lizenzanalogie oder des Verletzergewinns[166]) berechnen darf (ausf. hierzu *Goldmann* → § 9 Rn. 220 ff.).

2. Voraussetzungen. Der Haftungsbegründungstatbestand des § 852 S. 1 BGB hat mehrere Voraussetzungen: Wettbewerbsverstöße sind unerlaubte Handlungen,[167] damit ist die erste Voraussetzung erfüllt. Zweitens muss Verschulden vorliegen, denn der Anspruch aus § 852 S. 1 erfordert insoweit dieselben Voraussetzungen wie der weitergehende, aber verjährte Schadensersatzanspruch.[168] Der Gläubiger muss drittens einen Schaden erlitten haben. Der Schuldner hat schließlich durch seine unerlaubte Handlung etwas auf Kosten des Gläubigers erlangt, das ihm nach Eintritt der UWG-Verjährung verbliebe. Da der Anspruch aus § 852 S. 1 BGB Schadensersatz,[169] nicht Bereicherungsausgleich, bezweckt, muss sich die Vermögensverschiebung allerdings nicht unmittelbar zwischen Gläubiger (Geschädigten) und Schuldner (Schädiger) vollzogen haben.[170] Der Verweis auf das BGB-Bereicherungsrecht ist also (nur) ein Rechtsfolgenverweis.[171] Herauszugeben ist das Erlangte, ggf. ist nach § 818 Abs. 2 BGB dessen Wert zu ersetzen. Dies eröffnet dem Schuldner ggf. auch den Entreicherungseinwand des § 818 Abs. 3 BGB.[172] Er soll nur (noch) aus demjenigen Vermögen Schadensersatz leisten, das ihm aus dem Wettbewerbsverstoß erwachsen ist. Weil der Gläubiger selbst einen eigenen Schaden erlitten haben muss, kann er nicht etwa, ohne selbst geschädigt zu sein, beim Schuldner das unlauter Erlangte abschöpfen (dies erlaubt nur § 10). Der Anspruch aus § 852 S. 1 BGB wird in seinem Umfang also durch den Schaden des Gläubigers einerseits und die bereicherungsrechtlichen Vorschriften auf der Haftungsausfüllungsseite doppelt limitiert.[173] Der Streit,[174] ob auch für den Rest- 121b

[162] BGH GRUR 1978, 492 (496) – Fahrradgepäckträger II; GRUR 2019, 496 Rn. 19 – Spannunsversorgungsvorrichtung.

[163] BGH NJW 1965, 1914 (1915); GRUR 1978, 492 (496) – Fahrradgepäckträger II; GRUR 2019, 496 Rn. 22 – Spannungsversorgungsvorrichtung.

[164] BGH GRUR 1995, 678 (681) – kurze Verjährungsfrist; GRUR 1999, 751 (754) – Güllepumpen; Teplitzky/*Schaub* Kap. 32 Rn. 13.

[165] BGH NJW 1965, 1914 (1915).

[166] Jetzt ausdrücklich auch für den Restschadensersatz bejaht durch BGH GRUR 2019, 496 Rn. 20, 22 – Spannungsversorgungsvorrichtung.

[167] BGH GRUR 1999, 751 (754) – Güllepumpen.

[168] BGH GRUR 1978, 492 (496) – Fahrradgepäckträger II.

[169] BGH GRUR 2015, 780 Rn. 29 – Motorradteile: Anspruch aus unerlaubter Handlung, der in Höhe der Bereicherung nicht verjährt ist.

[170] BGH GRUR 1978, 492 – Fahrradgepäckträger II; GRUR 2019, 496 Rn. 21 – Spannungsversorgungsvorrichtung.

[171] MüKoBGB/*Wagner* § 852 Rn. 5; Palandt/*Sprau* § 852 Rn. 2; BGH GRUR 2015, 780 Rn. 29 – Motorradteile.

[172] Der Gebrauchswert einer Schutzrechtsnutzung, der sich in der gesparten Lizenzgebühr abbildet, kann aber nicht wieder entfallen, vgl. BGH GRUR 2012, 715 Rn. 41 – Bochumer Weihnachtsmarkt; GRUR 2016, 1289 Rn. 96 –Everytime we touch.

[173] *Ebert* NJW 2003, 3035 (3037).

[174] Zum Streitstand vor der BGH Entscheidung *„Spannungsversorgungsvorrichtung"* vgl. *Hülsewig* GRUR 2011, 673; noch ablehnend BGH GRUR 2010, 237 Rn. 22 – Zoladex, offen gelassen in BGH GRUR 2015, 780 Rn. 34 –Motorradteile.

schadensersatz der Verletzergewinn als das Erlangte gesehen werden kann, wurde nun durch den X. ZS in diesem Sinne entschieden. Die Schadensberechnung auf der Basis des Verletzergewinns ist natürlich attraktiv, da sie ohne Sachprüfung fingiert,[175] dass auch der Geschädigte in gleicher Weise Gewinn erzielt hätte. Diese Fiktion relativiert im Ergebnis also die doppelte Limitierung des Restschadensersatzes erheblich zugunsten des Gläubigers. Offen ist aber die Frage, ob nicht im Rahmen der Rechtsfolgenbetrachtung, also bei der Anwendung des § 818 BGB, doch mehr Kosten[176] des Schuldners (etwa seine Entwicklungs- oder die Materialkosten unverkäuflicher bzw. nunmehr sistierter Verletzungswaren) anerkannt werden müssen, als bei einer normativen, rein schadensrechtlichen Betrachtung, denn der Schuldner des Restschadens soll ja sein sonstiges Vermögen nicht mehr zur Entschädigung einsetzen müssen.[177]

121c **3. Verjährung des Anspruchs auf Restschadensersatz.** Ist beim Schädiger im Moment der Klageerhebung das Erlangte aber noch vorhanden, kann der Geschädigte dessen Herausgabe innerhalb der erweiterten Verjährungsgrenzen des § 852 S. 2 BGB verlangen: bis zu 10 Jahre nach Entstehung des Anspruchs (keine Ultimo-Verjährung![178]), ohne Rücksicht auf Entstehung sogar noch 30 Jahre nach der Verletzungshandlung. Maßgeblich ist dabei die früher endende Frist (analog § 199 Abs. 3 S. 2 BGB). Im Ergebnis bedeutet dies, dass die kurze Verjährung des § 11 insbesondere in Fällen des wettbewerblichen Nachahmungsschutzes und jedenfalls bei objektiver Schadensberechnung basierend auf Lizenzanalogie[179] kaum je Auswirkungen haben wird. Ob dies gleichermaßen auch für die alternative Berechnungsform Verletzergewinn[180] gilt, bleibt abzuwarten

III. Prozessuales

122 **1. Einrede.** Die Verjährung ist im Prozess nur auf Einrede hin zu würdigen. Gem. **§ 139 Abs. 2 ZPO** ist das Gericht gehalten, auf einen Gesichtspunkt, den eine Partei erkennbar übersehen hat, hinzuweisen. Dies **gilt aus Gründen der Neutralität und Fairness nicht für die Verjährungseinrede.**[181] Obwohl einer der anerkannten Zwecke der Verjährung auch die Entlastung der Gerichte (von schwer entscheidbaren Altsachverhalten) ist, wird man die Entscheidung des Gesetzgebers, § 214 BGB (nur) als Einrede auszugestalten und den verjährten Anspruch nicht erlöschen zu lassen, so deuten müssen, dass das Gericht dem Beklagten nicht nahelegen darf, von diesem Recht Gebrauch zu machen, um das Verfahren schnell zum Abschluss bringen zu können.

123 **2. Handlungsmöglichkeiten des Gläubigers.** Wird die Verjährungseinrede erhoben, so muss der Kläger reagieren. Entweder er negiert den Verjährungseintritt oder er räumt Verjährung ein und erklärt den Rechtsstreit für erledigt. Stellt das Gericht Verjährungseintritt trotz anderer Ansicht des Klägers fest, so führt dies zur Klageabweisung.

124 Wenn der Kläger auf die Einrede mit der Erledigungserklärung reagiert, so stellt sich die Frage, ob es sich **überhaupt** um ein **Erledigungsereignis** iSd § 91a ZPO handelt. Wenn der Schuldner schon im Abmahnstadium Verjährung geltend gemacht hatte, so hat der Kläger eine Forderung eingeklagt, deren Erfüllung der Schuldner schon berechtigterweise

[175] BGH GRUR 2001, 329 (331) – Gemeinkostenanteil; GRUR 2002, 532 (535) – Unikatrahmen; GRUR 2007, 431 Rn. 21, 31 – Steckverbindergehäuse; GRUR 2010, 237 Rn. 18 – Zoladex.

[176] Streng zulasten des Schuldners des unverjährten Schadensersatzes, BGH GRUR 2007, 431 Rn. 27, 29–35 – Steckverbindergehäuse.

[177] BGH GRUR 1978, 492 (496) – Fahrradgepäckträger II: Beschränkung auf das Erlangte; MüKoBGB/*Wagner* § 852 Rn. 2.

[178] MüKoBGB/*Wagner* § 852 Rn. 3.

[179] *Kühnen* Kap. E Rn. 731 sieht die angemessene Lizenzgebühr immer als Obergrenze des Restschadensersatzes.

[180] So wohl die Annahme des X. ZS in BGH GRUR 2019, 496 Rn. 20 und 23 – Spannungsversorgungsvorrichtung.

[181] Vgl. BGHZ 156, 269 (273); Zoeller/*Greger* ZPO § 139 Rn. 17; Ahrens/*Bornkamm* Kap. 34 Rn. 2; MüKoUWG/*Fritzsche* § 11 Rn. 160.

vor Anhängigkeit der Klage verweigert hatte. Hier liegt keine Erledigung vor, wenn der Beklagte die schon vorprozessual geltend gemachte Einrede nun wiederholt.[182]

Liegt ein erledigendes Ereignis vor, wenn die Einrede erstmalig im Prozess erhoben wird? Eine starke Mindermeinung verneint dies mit dem Argument, der eingeklagte Anspruch sei auch hier bei Verfahrensbeginn bereits verjährt gewesen. Mit Erhebung der Einrede erweise sich der Anspruch rückbezogen auf den Moment des Verjährungseintritts als klageweise nicht durchsetzbar.[183] Die wohl mehrheitlich vertretene Ansicht sieht die erstmalige Erhebung der Verjährungseinrede indes als erledigendes Ereignis an.[184] Der Beklagte ist dann gut beraten, sich der Erledigungserklärung des Klägers anzuschließen. Sollte der Kläger seine Klage nun auf Feststellung der eingetretenen Erledigung umstellen, droht dem Schuldner sonst eine Niederlage.

Das Gericht muss sodann nach **§ 91a ZPO** über die **Kosten** entscheiden. Nun würde **125** man erwarten, dass im Regelfall der Kläger, der eine verjährte Forderung eingeklagt hat, die Kosten tragen muss.[185] Im Vordringen ist indes die Gegenmeinung, die das Gericht über die Kostentragungslast unter Berücksichtigung des bisherigen Sach- und Streitstandes (vor dem erledigenden Ereignis) nach billigem Ermessen entscheiden lassen möchte, also gewissermaßen so, als wäre der Verjährungseinwand eine überraschende unvorhersehbare Wendung. Erweist sich der eingeklagte Anspruch ungeachtet der Verjährung als ursprünglich wahrscheinlich begründet, so wären dann dem Beklagten die Kosten aufzuerlegen.[186] *Peters*[187] nennt beachtliche Gründe, warum es angemessen sein kann, den Schuldner mit den Kosten zu belasten, obwohl er im Prozess (aus seiner Sicht) erfolgreich die Verjährungseinrede erhoben hat.

Trotzdem erscheint dieses Ergebnis insbesondere im wettbewerbsrechtlichen Unterlas- **126** sungsstreit wenig interessengerecht. Anders als der auf Zahlung verklagte Schuldner, der bei dieser Lösung immerhin die Genugtuung hätte, nicht die Hauptsache, sondern nur die Verfahrenskosten bezahlen zu müssen, steht der wettbewerbsrechtliche Unterlassungsschuldner fast mit leeren Händen da. Er muss weiterhin unterlassen, sein Gegner bekommt einen Kostenbeschluss, der die Wettbewerbswidrigkeit inzidenter bejaht, und die Kosten des Verfahrens hat er ebenfalls zu tragen. Der einzige Vorteil, den dieser Schuldner aus der Erhebung der Einrede gewönne, wäre der Umstand, dass der Unterlassungsanspruch gegen ihn nicht mit Ordnungsmitteln bewehrt tituliert würde.

Auch wenn man der richtigen Ansicht folgt, dass die erstmalig im Prozess erhobene **127** Verjährungseinrede den Rechtsstreit erledigt, so sollte man in der Regel **mindestens zu einer Kostenaufhebung** kommen, selbst wenn der bisherige klägerische Sachvortrag (ohne Verjährung) eine Verurteilung überwiegend wahrscheinlich erscheinen ließ. Es ist im Rahmen der Billigkeit zu berücksichtigen, dass es vorhersehbar und wahrscheinlich ist, dass ein Antragsgegner/Beklagter auf einen Klageantrag, der einen bei Verfahrensbeginn bereits verjährten Anspruch betrifft, mit der Verjährungseinrede reagieren wird. Dies bedeutet also, dass ein solcher Kläger sowohl seinen Gegner als auch das Gericht mit einem überwiegend wahrscheinlich erfolglosen Prozess belastet hat.[188] Die eigene, für den Verjährungsbeginn entscheidende Kenntnis kann niemand so präzise datieren wie der Gläubi-

[182] MüKoUWG/*Fritzsche* § 11 Rn. 162.

[183] Zoeller/*Vollkommer* ZPO § 91a Rn. 58 – *Verjährung;* OLG Schleswig NJW-RR 1986, 38 (39) so wohl für bei Verfahrensbeginn bereits verjährtem Anspruch auch GroßKommUWG/*Messer* (1. Aufl.) § 21 Rn. 79.

[184] MüKoUWG/*Fritzsche* § 11 Rn. 163; Ahrens/*Bornkamm* Kap. 33 Rn. 15.

[185] Ahrens/*Bornkamm* Kap. 33 Rn. 15; *Köhler*/Bornkamm/Feddersen § 11 Rn. 1.53.

[186] So für das Verfügungsverfahren Teplitzky/*Feddersen* Kap. 55 Rn. 32; OLG Köln GRUR-RR 2014, 319; OLG Celle GRUR-RR 2001, 285; OLG Stuttgart WRP 1996, 799; OLG Frankfurt a. M. WRP 2002, 466.

[187] *Peters* NJW 2001, 2289 ff., s. auch *Brießmann* NJW 2018, 2988.

[188] Krit. MüKoUWG/*Fritzsche* § 11 Rn. 166, der dazu tendiert, dem Schuldner, der unterlegen wäre, wenn er nicht Verjährung eingewandt hätte, die Kosten zu überbürden, so auch LG Braunschweig BeckRS 2018, 9724. Wie hier Ohly/*Sosnitza* § 11 Rn. 49 und wohl auch OLG Frankfurt a. M. WRP 2002, 466 (468). Sonst könnte ein Kläger „frech" eine verjährte Wettbewerbswidrigkeit mit Klage angreifen und dem Schuldner erhebliche Kosten verursachen.

ger, der allerdings oft nur spekulieren kann, was der Schuldner insoweit weiß und gegebenenfalls vortragen wird. Es geht also nicht um eine Schuldnerobliegenheit,[189] schon im Abmahnstadium auf die Verjährung hinzuweisen, sondern um eine sorgsame Prozessvorbereitung des Gläubigers. Anders mag man entscheiden, wenn der Schuldner den Kläger bewusst „ins offene Messer der Verjährung“ laufen lässt.[190]

E. Sonstiges

I. Beweislast

128 Das Vorliegen der tatbestandlichen Voraussetzungen der Verjährung in objektiver und subjektiver Hinsicht muss der **Schuldner** darlegen und ggf. beweisen.[191] Dies soll auch für die Kenntnis bzw. die Umstände, die für eine grob fahrlässige Unkenntnis des Gläubigers sprechen, gelten.[192] Der Gläubiger/Kläger indes trägt die Beweislast für Umstände, die für eine Hemmung oder für einen Neubeginn der Verjährung sprechen, denn dies sind den Kläger begünstigende Tatsachen (zur Frage der Darlegungs- und Beweislast bezüglich des Endzeitpunktes einer Dauerhandlung bzw. zur letzten Tat bei fortgesetzter oder wiederholter Handlung vgl. → Rn. 75 und → Rn. 78). Der Gläubiger muss auch an der Sachaufklärung mitwirken, soweit es um Umstände aus seiner Sphäre geht und erforderlichenfalls darlegen, was er zur Ermittlung der Voraussetzungen seiner Ansprüche und der Person des Schuldners getan hat.[193] Behauptet der Schuldner einen Kenntniszeitpunkt des Gläubigers, der die Verjährung anlaufen ließe und die Einrede begründet, so wird der Gläubiger (und Kläger) sich zu diesem Sachvortrag, der ja Gegenstand der eigenen Wahrnehmung war, wegen der prozessualen Wahrheitspflicht (§ 138 Abs. 1 und 4 ZPO) erklären müssen. Der Schuldner kann also etwas „pokern“. Umgekehrt darf er entscheidungsrelevante Fakten aus seiner Sphäre nicht verheimlichen (zB das tatsächliche Enddatum seiner Dauerhandlung), will er sich nicht strafbar machen, indem er der Wahrheit zuwider Verjährung einwendet.

II. Vereinbarungen über die Verjährung

129 § 202 Abs. 2 BGB **erlaubt vertragliche Abreden** über die Verjährungsfrist[194]. Die kurze Verjährungsfrist des § 11 Abs. 1 UWG kann vertraglich bis auf maximal 30 Jahre verlängert werden. Als die Verlängerung der Verjährungsfrist noch unzulässig war (§ 225 BGB aF), half man sich mit Vereinbarungen, in denen der Schuldner versprach, sich bis zu einem gewissen Zeitpunkt oder grundsätzlich[195] nicht auf die Verjährung berufen zu wollen.

130 Diese **Hilfskonstruktion** ist künftig **nicht mehr notwendig.** Man sollte dezidierte Vereinbarungen über den Ablauf der Verjährung schließen, wobei entweder im Kalender bestimmte Termine vorgesehen werden sollten oder – was sich häufig aus praktischen Gründen anbietet – eine unzweideutig berechenbare Frist, die mit einem künftigen Ereignis zu laufen beginnt (zB mit der Rechtskraft der zweitinstanzlichen Entscheidung im Verfügungsverfahren).

---

[189] So aber *Peters* NJW 2001, 2289 ff.

[190] Vgl. OLG Frankfurt a. M. WRP 2002, 466 f., 3. Ls.: „Ein Kläger muss nicht damit rechnen, dass der Beklagte ihn allein deshalb durch einen Antrag gemäß § 926 ZPO zur Klageerhebung veranlasst, um im Klageverfahren sogleich die Einrede der Verjährung zu erheben.“ Ähnlich und in der Begründung nachvollziehbar: OLG Köln GRUR-RR 2014, 319.

[191] BGHZ 171, 1 Rn. 32; BGH GRUR 2016, 946 Rn. 58 – Freunde finden; Palandt/*Ellenberger* Überblick BGB Vor § 194 Rn. 24 und § 199 Rn. 14; GroßKommUWG/*Messer* (1. Aufl.) § 21 Rn. 80 ff.

[192] OLG Jena BeckRS 2007, 10381.

[193] BGH NJW 2017, 248 Rn. 12.

[194] Vgl. *Windorfer* NJW 2015, 3329.

[195] *Lakkis* ZGS 2003, 423.

III. Unzulässige Rechtsausübung

Besondere Gegebenheiten des konkreten Sachverhalts können es rechtfertigen, dass der Gläubiger der Einrede der Verjährung seinerseits mit dem Arglisteinwand (unzulässige Rechtsausübung, § 242 BGB) begegnen kann.[196] Es müssen aber strenge Anforderungen erfüllt sein, damit dieser Einwand, der die Verjährung überwinden soll, durchgreift.[197] Voraussetzung ist, dass der Schuldner dem Gläubiger nach verständigem Ermessen, also nach objektiven Maßstäben, ausreichenden Anlass gegeben hat, von einer Hemmung der Verjährung (insbesondere durch Klageerhebung) abzusehen, weil dieser aufgrund des Verhaltens des Schuldners darauf vertrauen durfte, seine Ansprüche würden, wenn nicht befriedigt, so doch nur mit sachlichen Einwendungen bekämpft werden, und deswegen sei der Schuldner mit einem Hinausschieben der Klageerhebung einverstanden.[198] 131

Einer der früheren Hauptanwendungsfälle des Arglisteinwands (zeitaufwändiges Verhandeln über den Anspruch bis über den Verjährungseintritt hinaus) wurde vom Gesetzgeber durch die Vorschrift des § 203 BGB gelöst. Als im Wettbewerbsprozess relevante Anwendungsfälle für den Arglisteinwand bleiben Konstellationen, in denen der Schuldner den Gläubiger aktiv von einer Klage abhält und erkennen lässt, dass der Zeitablauf kein Grund der Leistungsverweigerung sein wird. Auch aktives Täuschen über die Verjährungsfrist entwertet die Verjährungseinrede als unzulässige Rechtsausübung. 132

---

[196] BGHZ 9, 1 (5); BGH GRUR 1978, 492 (495) – Fahrradgepäckträger II.

[197] BGH BeckRS 2008, 26023 unter Verweis auf BGH WM 1988, 1855 (1858) und WM 1996, 1106 (1108); vgl. auch BGH NJW 2011, 73 (76); Palandt/*Ellenberger* Vor 194 Rn. 17; MüKoBGB/*Grothe* Vor § 194 Rn. 19.

[198] BGH GRUR 1978, 492 (495) – Fahrradgepäckträger II.

Kapitel 3. Verfahrensvorschriften

Vorbemerkung zu § 12

Übersicht

A. Erkenntnisverfahren

1 **Vorbemerkung:** Die nachfolgenden Ausführungen zum Erkenntnisverfahren gehen auf Fragen ein, die gerade für den Wettbewerbsprozess von erheblicher Bedeutung sind. Das trifft vor allem auf Unterlassungsklagen und die damit verbundenen Probleme zu, wie die Bestimmung des Streitgegenstandes, die Formulierung des Unterlassungsantrages und des gerichtlichen Verbots, den Umfang der Rechtskraft.

I. Rechtsweg

2 **1. Bürgerliche Rechtstreitigkeit.** Nach § 13 GVG ist der Rechtsweg zu den ordentlichen Gerichten eröffnet, wenn es sich um eine bürgerliche Rechtsstreitigkeit handelt und keine besondere Rechtswegzuweisung erfolgt ist, wie etwa zu den Sozialgerichten gemäß § 51 Abs. 1 Nr. 2, Abs. 2 SGG.[1] Wettbewerbsrechtliche Streitigkeiten gehören regelmäßig als bürgerliche Rechtsstreitigkeiten vor die ordentlichen Gerichte.

3 **2. Arbeitsrechtliche Streitigkeit.** Für wettbewerbsrechtliche **Streitigkeiten zwischen Arbeitgebern und Arbeitnehmern** sind nach § 48 Abs. 1 ArbGG die **Arbeitsgerichte (ausschließlich) zuständig** gemäß § 2 Abs. 1 Nr. 3c, d, 4a ArbGG. Das gilt auch für **ausgeschiedene Arbeitnehmer** (§ 2 Abs. 1 Nr. 3c ArbGG). Nach § 2 Abs. 3 ArbGG können auch andere Rechtsstreitigkeiten vor das Arbeitsgericht gebracht werden, wenn der prozessuale Anspruch mit einer bürgerlichen Rechtsstreitigkeit, die bei einem Arbeitsgericht anhängig ist oder gleichzeitig anhängig gemacht wird, in rechtlichem oder unmittelbar wirtschaftlichem Zusammenhang steht und keine ausschließliche Zuständigkeit eines anderen Gerichts besteht. – Es handelt sich um eine Frage des Rechtsweges, nicht um eine der sachlichen Zuständigkeit: Die Verweisung erfolgt nicht nach § 281 ZPO, sondern nach §§ 17a Abs. 2 GVG, 48 Abs. 1 ArbGG.

4 Ein **„Zusammenhang mit dem Arbeitsverhältnis"**[2] ist immer – aber nicht nur – dann gegeben, wenn der **Wettbewerbsverstoß zugleich eine Verletzung des Arbeitsvertrages** darstellt, aus dem auch nachwirkende Treupflichten bestehen können.[3] Verstöße des Arbeitnehmers gegen das UWG, insbesondere gegen §§ 3 oder 4, kommen vor allem in Betracht, wenn er neben dem Arbeitsverhältnis oder nach dessen Beendigung für ein eigenes oder ein drittes Unternehmen tätig wird. Eine zwischenzeitliche Beendigung des Arbeitsverhältnisses ist unerheblich.[4] Wird zugleich ein Nichtarbeitnehmer verklagt, schließt § 14 Abs. 1 UWG insoweit die Erhebung einer Zusammenhangsklage aus.[5]

5 **3. Öffentlich-rechtliche Streitigkeit.** Eine Abgrenzung der Rechtswege ist vor allem dann erforderlich, wenn ein Träger hoheitlicher Gewalt beteiligt ist. Dann muss geprüft werden, ob der Rechtsweg statt zu den ordentlichen Gerichten zu den Verwaltungs-

[1] Zu § 51 SGG aF: BGH GRUR 1998, 506 (507 f.) – Rechtsweg; GRUR 2000, 736 f. – Hörgeräteakustik.

[2] Vgl. dazu OLG Düsseldorf GRUR-RR 2003, 63 f.; KG MD VSW 2005, 138 (139 f.) (Durchgriff auf eine GmbH, die von einem ausgeschiedenen Arbeitnehmer gegründet worden ist); OLG Nürnberg WRP 2008, 1475 f.

[3] *Köhler*/Bornkamm/Feddersen § 12 Rn. 2.4; zur Zuständigkeit der Arbeitsgerichte auch → § 14 Rn. 3 f. *(Tolkmitt)*.

[4] OLG München MD VSW 2004, 431 (433); OLG Frankfurt a. M. GRUR 2005, 792; *Köhler*/Bornkamm/Feddersen § 12 Rn. 2.4.

[5] BAG GRUR-RR 2010, 447 (448).

gerichten oder zu den Sozialgerichten gegeben ist. Nach der Rechtsprechung kommt es auf die **Natur des Rechtsverhältnisses** an, aus dem der **Klageanspruch** hergeleitet wird,[6] und zwar auf die wahre Natur des Anspruches, wie er sich nach dem Sachvortrag des Klägers darstellt. Zuvor ist aber zu beachten, ob eine besondere Rechtswegzuweisung vorliegt, insbesondere nach § 51 SGG. – Nicht entscheidend ist, ob der Kläger sich auf eine zivilrechtliche Anspruchsgrundlage beruft oder einen solchen Anspruch schlüssig vorträgt. Vielmehr ist maßgebend, ob das als richtig unterstellte Klagevorbringen Rechtsbeziehungen ergibt, die dem bürgerlichen Recht zuzuordnen sind. Dabei spielt eine Rolle, ob die Parteien in einem Verhältnis der Über- und Unterordnung zueinander stehen, ob sich der Träger hoheitlicher Gewalt der besonderen, ihm zugeordneten Rechtssätze bedient oder ob er sich den für jedermann geltenden zivilrechtlichen Regelungen unterstellt.[7]

a) Klagen der öffentlichen Hand. Nimmt die öffentliche Hand am Wirtschaftsleben 6
teil und wendet sie sich gegen **Wettbewerbsverstöße privater Mitbewerber,** ist der ordentliche Rechtsweg gegeben.[8] Das gilt auch für öffentlich-rechtliche Verbände, die nach § 8 Abs. 3 Nr. 4 klagebefugt sind.[9] Dem steht nicht entgegen, dass sie auch öffentlich-rechtlich vorgehen könnten.[10] **Anders** ist es, wenn das **Rechtsverhältnis öffentlich-rechtlich geregelt** ist.[11] Das soll zutreffen, wenn eine **gesetzliche Krankenkasse** gegen einen Vertragsarzt vorgeht, der sich im Internet negativ über „Billigkrankenkassen" geäußert hat.[12] Die Sozialgerichte sind zuständig für privatrechtliche Streitigkeiten in Angelegenheiten der gesetzlichen Krankenversicherung.[13]

b) Klagen gegen die öffentliche Hand. Ein Träger hoheitlicher Gewalt wie etwa eine 7
gesetzliche Krankenkasse kann in einem Wettbewerbsverhältnis stehen zu privaten Wettbewerbern und zu öffentlich-rechtlichen Mitbewerbern. In beiden Fällen besteht zwar grundsätzlich ein **Verhältnis der Gleichordnung;** alle werben gleichermaßen um denselben Kundenkreis. Daraus folgt jedoch **nicht ohne weiteres,** dass es sich um eine **bürgerlich-rechtliche Streitigkeit** handelt.[14]

Die Wettbewerbsbeziehungen zu anderen Mitbewerbern sind zu unterscheiden von den 8
Leistungsbeziehungen der öffentlichen Hand zu ihren Abnehmern, Benutzern oder Mitgliedern, die öffentlich-rechtlich ausgestaltet sind. Im Verhältnis zu Wettbewerbern kommt es auf die Natur dieser Leistungsbeziehungen nicht entscheidend an.[15] Vielmehr sind die **Streitigkeiten aus dem Wettbewerbsverhältnis bürgerlich-rechtlicher Natur, wenn dieses nicht öffentlich-rechtlich geregelt** ist,[16] obwohl mittelbar auch Auswirkungen

---

[6] GmS-OGB GRUR 1986, 685 f. – Orthopädische Hilfsmittel; ferner in BGHZ 102, 280 (283) – Rollstühle und in BGHZ 108, 284 (286 ff.) – AOK-Mitgliederwerbung; BGH GRUR 1998, 174 f. – Fachhochschuljurist; GRUR 1998, 744 (745 ff.) – Kassen-Mitgliederwerbung; NJW 2003, 1192 (1193); vgl. aber GRUR 2006, 517 (518) – Blutdruckmessungen.

[7] GmS-OGB BGHZ 102, 280 (283) – Rollstühle – und NJW 1988, 2297 f.; BGH GRUR 2001, 87 (88) – Sondenernährung; zur privatwirtschaftlichen Betätigung der öffentlichen Hand auch *Ahrens* → Einl. Rn. 1016 ff.

[8] Beispiele: BGH GRUR 1977, 543 – Der 7. Sinn; GRUR 1982, 431 – POINT; GRUR 1993, 692 – Guldenburg.

[9] BGH GRUR 1991, 540 (541) – Gebührenausschreibung; GRUR 1999, 748 (749) – Steuerberaterwerbung auf Fachmessen.

[10] BGH GRUR 1981, 596 (597) – Apotheken-Steuerberatungsgesellschaft; GRUR 1999, 748 – Steuerberaterwerbung auf Fachmessen.

[11] BGH NJW 1995, 2295 (2296) – Remailing I.

[12] KG GRUR-RR 2002, 247 f.

[13] BGH GRUR 2009, 700 (701) – Integrierte Versorgung.

[14] BGH GRUR 1993, 407 (408) – Selbstzahler.

[15] BGH GSZ GRUR 1976, 658 – Studenten-Versicherung und GRUR 1977, 51 (52) – Auto-Analyzer; BGH GRUR 1982, 433 (434) – Kinderbeiträge; GRUR 1982, 425 (427) – Brillen-Selbstabgabestellen; GRUR 1993, 917 (919) – Abrechnungs-Software für Zahnärzte.

[16] GmS-OGB BGHZ 108, 284 (286 ff.) – AOK-Mitgliederwerbung.

auf die öffentlich-rechtlich gestalteten Leistungsbeziehungen bestehen[17] und obwohl die öffentliche Hand zur Erfüllung öffentlicher Aufgaben handelt.[18] – Die Problematik wird deutlich, wenn eine gesetzliche Krankenkasse nach Einführung der Wahlfreiheit um freiwillige Mitglieder wirbt, die auch Mitglieder einer anderen gesetzlichen Krankenkasse oder einer privaten Krankenversicherung sein können. Zu **privaten Krankenversicherern** besteht im Bereich der **Mitgliederwerbung** ein bürgerlich-rechtliches Verhältnis.[19] Das gilt auch dann, wenn ein Verbraucherverband gegen die gesetzliche Krankenkasse vorgeht,[20] und zwar unabhängig davon, ob auch eine private Krankenversicherung betroffen ist. Bei einem entsprechenden Streit mit einer anderen **gesetzlichen Krankenkasse,** etwa über die Irreführung einer Mitgliederwerbung, ist das Wettbewerbsverhältnis zumindest auch von öffentlich-rechtlichen Normen maßgebend mitbestimmt, so dass das Schwergewicht des Streits im öffentlichen Recht liegt und daher der ordentliche Rechtsweg nicht eröffnet ist. Vielmehr gehört der Streit vor die Sozialgerichte.[21] Das Ergebnis ist allerdings, wenn es um dieselbe Werbung geht, insofern misslich, als **unterschiedliche Rechtswege** bestehen, je nachdem, ob gegen die gesetzliche Krankenkasse ein privater Krankenversicherer (Rechtsweg zu den ordentlichen Gerichten) oder eine andere gesetzliche Krankenkasse klagt (Rechtsweg zu den Sozialgerichten).

9 Nach der **Rechtsprechung des BSG** sind die **Normen des Sozialrechts maßgebend,** während das Wettbewerbsrecht allenfalls als Auslegungshilfe bei der Auslegung sozialrechtlichen Normen heranzuziehen ist.[22] Diese sind aber nicht auf den Wettbewerb der Krankenkassen untereinander zugeschnitten. **§ 69 SGB V** enthält für einen wichtigen Teilbereich eine abschließende gesetzliche Regelung,[23] soweit es nämlich um die Rechtsbeziehungen der Krankenkassen zu den Leistungserbringern geht. Der **Rechtsweg zu den Sozialgerichten** ist gegeben, wenn das **Schwergewicht des Streits** im Bereich einer Aufgabe liegt, deren Erfüllung den Kassenärztlichen Vereinigungen und gesetzlichen Krankenkassen unmittelbar auf Grund der **Bestimmungen des SGB V** obliegt,[24] wie die Aufforderung an Kassenärzte, bestimmte Arzneimittel nicht mehr zu verschreiben,[25] oder die Ausübung der sozialrechtlichen Befugnis zu Sachleistungen[26] oder die Werbung gegenüber Mitgliedern für Arzneimittel-Versandhandel[27] oder die Teilöffnung der Krankenhäuser zur ambulanten Behandlung.[28] – Nach § 51 Abs. 2 S. 1 SGG entscheiden die Gerichte der Sozialgerichtsbarkeit auch über privatrechtliche Streitigkeiten in Angelegenheiten der gesetzlichen Krankenversicherung, auch soweit durch diese Angelegenheiten Dritte betroffen werden. Nach Absatz 3 sind Streitigkeiten in Verfahren nach dem GWB ausgenommen. – Der Rechtsweg zu den Sozialgerichten ist gegeben, wenn eine Partei wie die privatrechtlich organisierte Bundesvereinigung Deutscher Apothekerverbände gleichsam als Repräsentant von Leistungserbringern in Anspruch genommen wird, insbesondere wenn es

---

[17] BGH GRUR 1982, 425 (427) – Brillen-Selbstabgabestellen; *Piper* GRUR 1986, 574 (577).

[18] BVerwGE 39, 329 (337).

[19] BGH GSZ GRUR 1976, 658 (659) – Studenten-Versicherung; BGH GRUR 1999, 88 (89) – Ersatzkassen-Telefonwerbung; GRUR 2007, 535 (536) – Gesamtzufriedenheit; OLG Hamburg GRUR-RR 2003, 249 f.; OLG München WRP 2003, 1145 (1146); OLG Koblenz WRP 2004, 922 f.; OLG Celle GRUR-RR 2010, 86; 2011, 111 f.; *Keßler* WRP 2007, 1030 (1034); vgl. dazu EuGH 2013, 1159 (1160 f.) – BKK/Wettbewerbszentrale.

[20] BGH GRUR 1999, 88 (89) – Ersatzkassen-Telefonwerbung.

[21] BGH GRUR 1998, 744 (745 f.) – Mitgliederwerbung.

[22] BSG NJW 1999, 892 (893).

[23] BGH WRP 2000, 759 (762) – Zahnersatz aus Manila; GRUR 2004, 247 (249) – Krankenkassenzulassung; GRUR 2006, 517 (518 f.) – Blutdruckmessungen; GRUR 2008, 447 (448) – Treuebonus; BSG NJW-RR 2002, 1691 (1693 f.); *Köhler*/Bornkamm/Feddersen § 12 Rn. 2.3a und 2.6.

[24] BGH GRUR 1998, 506 (507 f.) – Rechtsweg; GRUR 2012, 94 f. – Radiologisch-diagnostische Untersuchungen; vgl. BGH GRUR 2017, 641 – Zuzahlungsverzicht bei Hilfsmitteln.

[25] BGH GRUR 2000, 251 (252 f.) – Arzneimittelversorgung.

[26] BGH GRUR 2001, 87 (88) – Sondenernährung.

[27] BGH GRUR 2003, 549 f. – Arzneimittelversandhandel.

[28] BGH GRUR 2012, 94 f. – Radiologisch-diagnostische Untersuchungen.

um Verhalten geht, das sich auf die Art und Weise der Leistungserbringung im Verhältnis zu den Krankenkassen bezieht.[29]

c) Beispiele. aa) Bejahung des ordentlichen Rechtswegs. Zu beachten ist aber die **Neuregelung in § 51 SGG, § 69 SGB V.** Daher sind die genannten Entscheidungen zum Teil überholt.[30] Der **ordentliche Rechtsweg ist bejaht** worden für **Klagen Privater gegen** 10

- **Gesetzliche Krankenkassen:** wegen einer Mitgliederwerbung (→ Rn. 8);[31] Preisunterbietung;[32] der Angabe von Bezugsquellen;[33] der Aufforderung an Kassenmitglieder, Pflegedienstverträge zu beenden;[34]
- **Kassenärztliche Vereinigungen:** wegen unentgeltlicher Abgabe von Software an Mitglieder;[35]
- **Gemeinden/Landkreise:** wegen Betriebs eines Bestattungsunternehmens;[36] Vergabe von Krankentransporten;[37] Werbung in Amtsblättern;[38] Vergabe von Subventionen;[39] Honoraranfrage bei Ingenieuren;[40] Verkaufs von Kfz-Schildern;[41] wegen Verträgen über die Werbenutzung öffentlichen Eigentums;[42]
- **(Ärzte-, Apotheker-)Kammern:** wegen diskriminierender oder begünstigender Rundschreiben;[43] Werbeverboten;[44]
- **Apotheker gegen einen anderen Apotheker:** wegen des Anbietens und Gewährens von Boni;[45]
- **Öffentlich-Rechtliche Rundfunkanstalten:** wegen Werbeverstößen;[46] fehlender Frequenzzuweisung;[47]
- **Kirchliche Stellen:** wegen irreführender Werbung.[48]

bb) Verneinung des ordentlichen Rechtswegs. Der **ordentliche Rechtsweg** ist **verneint** worden für **Klagen gegen** 11

- **Gesetzliche Krankenkassen:** im Verhältnis zu einer anderen gesetzlichen Krankenkasse wegen einer Mitgliederwerbung (→ Rn. 8);[49] wenn es um Sachleistungen an Versicherte geht;[50] wegen der Werbung gegenüber Mitgliedern für Arzneimittel-Versandhandel;[51]

---

[29] BGH GRUR 2004, 444 (445) – Arzneimittelsubstitution; vgl. auch GRUR 2009, 700 (701) – Integrierte Versorgung; GRUR 2012, 94 f. – Radiologisch-diagnostische Untersuchungen; vgl. auch OLG München MD VSW 2008, 715 (717 f.).

[30] Vgl. dazu *Köhler*/Bornkamm/Feddersen § 12 Rn. 2.6.

[31] BGH GRUR 1998, 744 (745 f.) – Mitgliederwerbung; GRUR 1999, 88 (89) – Ersatzkassen-Telefonwerbung; GRUR 2007, 535 (536) – Gesamtzufriedenheit.

[32] BGH GSZ GRUR 1976, 658 (659) – Studenten-Versicherung und GRUR 1982, 425 (427) – Brillen-Selbstabgabestellen; GRUR 1982, 433 (434) – Kinderbeiträge.

[33] OLG Frankfurt a. M. GRUR 1994, 145 f.

[34] OLG Düsseldorf WRP 1998, 1091 f.

[35] BGH GRUR 1993, 917 (918 f.) – Abrechnungs-Software für Zahnärzte.

[36] BGH GRUR 1987, 116 (117) – Kommunaler Bestattungswirtschaftsbetrieb I.

[37] BGH GRUR 1987, 829 (830) – Krankentransport.

[38] BGH GRUR 1973, 530 – Crailsheimer Stadtblatt.

[39] OLG Stuttgart WRP 1980, 101; OLG Frankfurt a. M. WRP 1997, 592 f.

[40] BGH GRUR 1991, 769 (770 f.) – Honoraranfrage.

[41] BGH GRUR 1974, 733 – Schilderverkauf.

[42] OLG Hamburg GRUR-RR 2012, 126 (127 f.).

[43] BGH GSZ GRUR 1977, 51 (52) – Auto-Analyser; BGH GRUR 1986, 905 (907) – Innungskrankenkassenwesen.

[44] BGH GRUR 1987, 178 (179) – Guten Tag-Apotheke II.

[45] BGH GRUR 2008, 447 (448) – Treuebonus.

[46] BGH GRUR 1990, 611 (613) – Werbung im Programm; GRUR 1992, 518 (519 f.) – Ereignis-Sponsorwerbung.

[47] OLG Dresden NJW-RR 1998, 558 f.

[48] BGH GRUR 1981, 823 (825) – Ecclesia-Versicherungsdienst.

[49] BGH GRUR 1998, 744 (745 f.) – Mitgliederwerbung.

[50] BGH GRUR 2000, 251 (252 f.) – Arzneimittelversorgung; GRUR 2000, 736 f. – Hörgeräteakustik; GRUR 2001, 87 (88) – Sondenernährung.

[51] BGH GRUR 2003, 549 f. – Arzneimittelversandhandel.

- **Kassenärztliche Vereinigung:** im Verhältnis zu einem Kassenarzt wegen Weitergabe von Abrechnungsunterlagen an Mitbewerber;[52]
- **Bundesvereinigung Deutscher Apothekerverbände:** wegen einer Arzneimittel-Information;[53]
- **Ambulanter Pflegedienst gegen den Betreiber eines Krankenhauses:** wegen einer Zusammenarbeit bei der Vermittlung von Patienten;[54]
- **Fachhochschule:** im Verhältnis zu einem Anwalt wegen Verleihung eines akademischen Grades;[55]
- **Krankenhäuser:** wegen ambulanter Behandlungen.[56]

12 **4. Gerichtliche Prüfung des Rechtsweges.** Das angerufene Gericht hat **von Amts wegen** zu prüfen, ob der Rechtsweg gegeben ist (§§ 17, 17a, 17b GVG). Unter den Voraussetzungen des § 17a Abs. 3 S. 2 GVG hat das erstinstanzliche Gericht darüber vorab durch Beschluss zu entscheiden, gegen den sofortige Beschwerde statthaft ist (§ 17a Abs. 4 GVG). Das Beschwerdegericht hat die Rechtsbeschwerde zum BGH zuzulassen, wenn die Sache rechtsgrundsätzliche Bedeutung hat. Das gilt auch für das Verfügungsverfahren, in dem die Oberlandesgerichte sonst in letzter Instanz entscheiden.[57] Die Rechtsbeschwerde ist binnen einer Frist von einem Monat zu begründen (§ 575 Abs. 2 S. 1 ZPO).[58] Hat das erstinstanzliche Gericht über die Zulässigkeit des Rechtsweges zu Unrecht nicht vorab durch Beschluss, sondern erst im Urteil entschieden, so hat das Berufungsgericht grundsätzlich vorab durch Beschluss zu entscheiden. § 17a Abs. 5 GVG gilt nicht.[59] Ebenso verhält es sich, wenn auch das OLG nicht vorab durch Beschluss entschieden hat. Die Prüfung erfolgt dann in der Revisionsinstanz.[60] Hat der Kläger in seiner Klage mehrere prozessuale Ansprüche, für die verschiedene Rechtswege eröffnet sind, miteinander verbunden, ist eine Prozesstrennung nach § 145 ZPO nebst Teilverweisung geboten.[61] – Das Gericht, bei dem der Kläger geklagt hat, entscheidet bindend über den Rechtsweg (§ 17a Abs. 1 GVG). Daher kann es nicht mehr vorkommen, dass die Gerichte verschiedener Gerichtsbarkeit jeweils den Rechtsweg verneinen. Nach § 17 Abs. 2 S. 1 GVG hat das zuständige Gericht des zulässigen Rechtswegs den Streit nach allen in Betracht kommenden rechtlichen Gesichtspunkten zu entscheiden.[62]

13 **5. Schiedsgericht.** Die Klage ist unzulässig, wenn zwischen den Parteien eine **wirksame Schiedsgerichtsvereinbarung** besteht (§ 1029 ZPO) und der Beklagte sich darauf im Prozess beruft (§ 1032 ZPO). Der ordentliche Rechtsweg bleibt aber eröffnet für das Verfügungsverfahren (§§ 1033, 1025 Abs. 2 ZPO),[63] das Vollstreckungsverfahren (§§ 1060 ff. ZPO) und das Aufhebungsverfahren (§ 1059 ZPO).

---

[52] BGH GRUR 1999, 520 (521 f.) – Abrechnungsprüfung.
[53] BGH GRUR 2004, 444 (445) – Arzneimittelsubstitution.
[54] OLG Düsseldorf NJW-RR 2007, 501 f.
[55] BGH GRUR 1998, 174 f. – Fachhochschuljurist.
[56] BGH GRUR 2012, 94 f. – Radiologisch-diagnostische Untersuchungen.
[57] BGH NJW 1999, 3785; VersR 2001, 1006; NJW 2001, 2181; 2003, 1192 (1193); GRUR 2003, 549 – Arzneimittelversandhandel; GRUR 2007, 535 (536) – Gesamtzufriedenheit; GRUR 2009, 700 – Integrierte Versorgung.
[58] BGH NJW-RR 2003, 277 (279); OLG Hamm GRUR-RR 2014, 359 (360).
[59] BGH GRUR 1993, 420 (421) – Rechtswegprüfung I; NJW 1999, 651; OLG Hamm GRUR-RR 2014, 359 (360).
[60] BGH GRUR 2017, 1236 (1237 f.) – Sicherung der Drittauskunft.
[61] BGH GRUR 1998, 506 (508) – Rechtsweg.
[62] BGH GRUR 2000, 251 (253) – Arzneimittelversorgung; GRUR 2001, 87 (88) – Sondenernährung; NJW 2003, 1194.
[63] Vgl. dazu OLG Köln GRUR-RR 2002, 309 f.

II. Zuständigkeit

1. Internationale Zuständigkeit. Vgl. *Glöckner* Einleitung D I. 14

2. Sachliche Zuständigkeit. Vgl. *Tolkmitt* § 14. 15

3. Funktionelle Zuständigkeit. Vgl. *Tolkmitt* § 14. 16

4. Örtliche Zuständigkeit. Vgl. *Tolkmitt* § 14. 17

III. Klage

Schrifttum: *Ahrens,* Die Bildung kleinteiliger Streitgegenstände als Folge des TÜV-Beschlusses, WRP 2013, 129; *Bergmann,* Zur alternativen und kumulativen Begründung des Unterlassungsantrages in Wettbewerbssachen, WRP 2009, 224; *Berneke,* Der enge Streitgegenstand von Unterlassungsklagen des gewerblichen Rechtsschutzes und des Urheberrechts in der Praxis, WRP 2007, 579; *Büscher,* Klagehäufung im Gewerblichen Rechtsschutz – alternativ, kumulativ, eventuell?, GRUR 2012, 16; *Götz,* Die Neuvermessung des Lebenssachverhalts – Der Streitgegenstand im Unterlassungsprozeß, GRUR 2008, 401; *Kamlah/Ulmar,* Neues zum Streitgegenstand der Unterlassungsklage und seine Auswirkungen auf Folgeprozesse, WRP 2006, 967; *Kodde,* Vier Jahre nach „TÜV", GRUR 2015, 38; *Könen,* Der neue/alte modifizierte Streitgegenstandsbegriff bei Unterlassungsklagen nach dem UWG – Ein Ansatz zu dessen kohärenter Konkretisierung, WRP 2019, 565; *Krüger,* Folgeprobleme zu BGH-TÜV I, WRP 2011, 1504; *ders.* Zum Streitwertbegriff, WRP 2013, 140; *Lehment,* Zur Bedeutung der Kerntheorie für den Streitgegenstand, WRP 2007, 237; *von Linstow/Büttner,* Nach Markenparfümverkäufen sind Reinigungsarbeiten erforderlich, WRP 2007, 169; *Meinhardt,* Aktuelles Wettbewerbsverfahrensrecht 2019 (Teil 1), WRP 2020, 1106; *M. Schmidt,* Streitgegenstand und Kernbereich der konkreten Verletzungsform im lauterkeitsrechtlichen Verfügungsverfahren, GRUR-Prax 2012, 179; *Schwippert,* Nach TÜV und Branchenburg Berg, WRP 2013, 140; *ders.* Der Streitgegenstand nach der Biomineralwasser-Entscheidung, WRP 2014, 18; *Stieper,* Klagehäufung im Gewerblichen Rechtsschutz – alternativ, kumulativ, eventuell?, GRUR 2012, 5; *Teplitzky,* Der Streitgegenstand in der neuesten Rechtsprechung des I. Zivilsenats des BGH, WRP 2007, 1; *ders.,* Die Rechtsprechung des BGH zum wettbewerblichen Anspruchs- und Verfahrensrecht XI, GRUR 2007, 177; *ders.,* „Markenparfümverkäufe" und Streitgegenstand, WRP 2007, 397; *ders.,* Zum Streitgegenstand der wettbewerblichen Unterlassungsklage, WRP 2010, 181; *ders.,* Der Streitgegenstand der schutz- und lauterkeitsrechtlichen Unterlassungsklage vor und nach den „TÜV"-Entscheidungen des BGH, GRUR 2011, 1091; *ders.,* Wie weit führt der „erste Schritt", Anmerkungen zur Streitgegenstandserweiterung im BGH-Urteil „Branchenbuch Berg", WRP 2012, 261; *v. Ungern-Sternberg,* Grundfragen des Streitgegenstandes bei wettbewerbsrechtlichen Unterlassungsklagen, GRUR 2009, 901, 1009; *ders.,* Grundfragen des Klagantrags bei urheber- und wettbewerbsrechtlichen Unterlassungsklagen – Teil I, GRUR 2011, 375; Teil II, GRUR 2011, 486.

18 **1. Streitgegenstand. a) Allgemeines.** Insbesondere im Wettbewerbsprozess ist der Begriff „Streitgegenstand" von zentraler Bedeutung, nämlich für die Bestimmtheit der Klage, die Rechtshängigkeit, die Klagehäufung, die Klageänderung und die Rechtskraft. Gesichtspunkte der Praktikabilität dürfen dabei nicht außer Acht gelassen werden.[64] Der Kläger entscheidet darüber, was **Streitgegenstand** ist. Dieser wird durch den **Klageantrag und** durch den dazu vorgetragenen Lebenssachverhalt **(Klagegrund)** bestimmt.[65] Der maßgebende Lebenssachverhalt umfasst alle Tatsachen, die bei natürlicher Betrachtungsweise zu dem Tatsachenkomplex gehören, den der Kläger zur Entscheidung stellt.[66] Dabei kommt es grundsätzlich nicht darauf an, ob die Parteien einzelne Tatsachen dieses Lebenssachverhalts vorgetragen haben oder nicht, unabhängig davon, ob sie die nicht vorgetragenen Tatsachen kannten oder nicht.[67] Dagegen liegt eine **Mehrheit von Streitgegenständen** vor, „wenn die materiell-rechtliche Regelung die zusammentreffenden Ansprüche durch eine Verselbständigung der einzelnen Lebensvorgänge erkennbar unterschiedlich

[64] BGH GRUR 2013, 401 (403) – Biomineralwasser; *Köhler*/Bornkamm/Feddersen § 12 Rn. 2.23.

[65] BGH GRUR 2001, 181 (182) – dentalästhetika I; GRUR 2003, 716 f. – Reinigungsarbeiten; GRUR 2007, 981 (982) – 150 % Zinsbonus; GRUR 2008, 186 (187) – Telefonaktion; BGH GRUR 2018, 431 (432) – Tiegelgröße; vgl. dazu im Einzelnen *Teplitzky* FS Erdmann, 2002, 889 (892 f.), ferner GRUR 2003, 272 (279).

[66] BGH GRUR 2013, 397 (398) – Peek & Cloppenburg III; GRUR 2013, 401 (402) – Biomineralwasser; GRUR 2018, 431 (432) –Tiegelgröße; WRP 2019, 874 (875 f.) – Energieeffizienzklasse III.

[67] BGH GRUR 2013, 401 (402 und 403) – Biomineralwasser.

ausgestaltet".[68] – Im Einzelfall kann es erhebliche Schwierigkeiten bereiten, die Frage zu beantworten, ob es sich um einen oder um mehrere Lebenssachverhalte handelt.[69] Wird der Antrag auf mehrere verschiedene Sachverhalte gestützt, liegen trotz einheitlichen Antrages mehrere Streitgegenstände vor **(objektive Klagehäufung).** – Zunächst ist demgemäß der Streitgegenstand zu bestimmen, sodann im Falle mehrerer Streitgegenstände, in welchem Verhältnis sie zueinander stehen. Dabei ist entgegen früherer Rechtsprechung des BGH[70] – nach Ablehnung einer alternativen Klagehäufung – ein weiter Streitgegenstandsbegriff maßgebend.[71]

19 **b) Klagegrund.** Die **„konkrete Verletzungsform"**, das konkret umschriebene, beanstandete Verhalten,[72] bildet grundsätzlich den Streitgegenstand, wenn mit der Klage ein entsprechender Antrag verfolgt wird.[73] Er umfasst alle Rechtsverletzungen, die durch die konkrete Verletzungsform verwirklicht werden,[74] ohne dass es darauf ankommt, ob der Kläger sich auf bestimmte Rechtsverletzungen gestützt hat; denn die rechtliche Einordnung ist Sache des Gerichts (iura novit curia). Der Streitgegenstand wird demnach nicht auf die Behauptung einer bestimmten Fehlvorstellung des Verkehrs eingegrenzt.[75] Das Verbot kann aber nur auf solche Beanstandungen gestützt werden, zu denen der Kläger entsprechende Tatsachen vorgetragen hat.[76] Richtet sich der Klageantrag auf das **Verbot der konkreten Verletzungsform,** kann der Kläger sein Rechtsschutzbegehren dahin fassen, dass aus einem bei natürlicher Betrachtungsweise einheitlichen Lebenssachverhalt nur bestimmte Teile zur Beurteilung herangezogen werden können.[77] – **Eine konkrete Verletzungshandlung,** etwa ein Werbeprospekt, kann **mehrere konkrete Verletzungsformen** enthalten (vgl. dazu → Rn. 99). – Richtet sich der Klageantrag nicht gegen eine bestimmte Verletzungsform, sondern allgemein gegen eine bestimmte Bezeichnung, wie Biomineralwasser, wird der Streitgegenstand durch den gesamten historischen Lebenssachverhalt bestimmt, auf den sich der Klageantrag bezieht.[78] – Bei unterschiedlichen Anträgen, die sich etwa gegen verschiedene konkrete Verletzungsformen richten, liegen unterschiedliche Streitgegenstände vor.[79]

20 Problematisch ist, ob es sich um einen **einheitlichen Lebenssachverhalt (Klagegrund)** und demgemäß um einen einzigen Streitgegenstand handelt, wenn der Kläger seinen Unterlassungsantrag auf **mehrere konkrete Verletzungshandlungen** stützt, etwa auf mehrere Anzeigen in derselben Zeitung und/oder in verschiedenen Zeitungen und/oder in Handzetteln/Werbebroschüren und/oder auf mehrere Fernsehspots, die jeweils die beanstandete Werbeaussage enthalten und jeweils für sich Wiederholungsgefahr begründen. Dafür könnte sprechen, dass die Begehungsgefahr, die Voraussetzung des einheitlichen, in die Zukunft gerichteten Unterlassungsanspruches ist, durch die erste Zuwiderhandlung entsteht und durch jede weitere „nur" bestätigt wird. Dieser fortlaufende „Gefahrenzustand" könnte die

[68] BGH GRUR 2013, 397 (398) – Peek & Cloppenburg III; GRUR 2013, 401 (402) – Biomineralwasser; GRUR 2018, 203 (204) – Betriebspsychologe; GRUR 2018, 431 (432) – Tiegelgröße.

[69] *Köhler*/Bornkamm/Feddersen § 12 Rn. 2.23b.

[70] BGH GRUR 2001, 181 (182) – dentalästhetika I; GRUR 2007, 161 (162) – dentalästhetika II.

[71] BGH GRUR 2013, 401 (402 f.) – Biomineralwasser; *Köhler*/Bornkamm/Feddersen § 12 Rn. 2.23c, d.

[72] BGH GRUR 2013, 401 (403) – Biomineralwasser; GRUR 2013, 951 (952 f.) – Regalsystem; GRUR 2013, 1052 (1053) – Einkaufswagen III; *Köhler*/Bornkamm/Feddersen § 12 Rn. 2.23i.

[73] BGH GRUR 2013, 401 (403) – Biomineralwasser; GRUR-RR 2014, 201 (202) – Peek & Cloppenburg IV; GRUR 2014, 1224 (1227) – ENERGY & VODKA; BGH GRUR 2018, 203 (204) – Betriebspsychologe; GRUR 2018, 430 (432) – Tiegelgröße; GRUR 2018, 627 (628) – Gefäßgerüst; *Köhler*/Bornkamm/Feddersen § 12 Rn. 2.23e.

[74] *Köhler*/Bornkamm/Feddersen § 12 Rn. 2.23e, f und k.

[75] BGH GRUR 2018, 431 (432) – Tiegelgröße.; aM noch GRUR 2001, 181 (182) – dentalästhetika I; GRUR 2007, 161 (162) – dentalästhetika II.

[76] BGH GRUR 2018, 431 (432 f.) – Tiegelgröße; Köhler/Bornkamm/Feddersen § 12 Rn. 2.23i; vgl. OLG Frankfurt a. M. WRP 2014, 1482.

[77] BGH GRUR 2018, 431 f. – Tiegelgröße.

[78] BGH GRUR 2013, 401 (403) – Biomineralwasser.

[79] BGH GRUR 2009, 1180 (1181) – 0,00 Grundgebühr.

streitgegenständliche Klammer bilden, die sich vom ersten Verstoß bis zum Schluss der mündlichen Verhandlung erstreckt, auf deren Zeitpunkt es für den Bestand des in die Zukunft gerichteten Unterlassungsanspruches und damit für die Begründetheit der Klage ankommt. Das allein rechtfertigt es aber noch nicht, einen einheitlichen Lebenssachverhalt und daher einen einzigen Streitgegenstand anzunehmen. – Die Beantwortung der Frage ist von ganz erheblicher Bedeutung. Von ihr hängt etwa ab, ob gegebenenfalls eine **Klageänderung** vorliegt, ferner vor allem, **welchen Umfang die Rechtskraft eines Urteils hat.** Liegen mehrere Streitgegenstände vor, könnte der Kläger trotz eines rechtskräftigen klageabweisenden Urteils weitere Zuwiderhandlungen und Berühmungen, die vor Schluss der mündlichen Verhandlung erfolgt und nicht vorgetragen worden sind, ohne prozessuale Bedenken zum Gegenstand einer neuen Klage machen, obwohl an sich darüber entschieden worden ist, ob der Kläger zu diesem Zeitpunkt einen in die Zukunft gerichteten Unterlassungsanspruch hat, und im Falle eines rechtskräftigen klageabweisenden Urteils eigentlich endgültig feststehen sollte, dass der Anspruch zu diesem Zeitpunkt nicht bestanden hat.

Ein einheitlicher Lebenssachverhalt (Klagegrund) liegt vor, soweit es um **dieselbe konkrete Verletzungsform** geht,[80] etwa um mehrere Anzeigen mit derselben Werbeaussage, auch in verschiedenen Zeitungen mit derselben Werbeaussage. In solchen Fällen folgt aus jedem weiteren derartigen Verstoß, den der Kläger in der Klage vorträgt, kein neuer, selbstständiger Streitgegenstand. Die mehreren Verstöße gehören zum selben Lebenssachverhalt (vgl. → Rn. 36, 288). – Daran ändert sich nichts, wenn sich der Kläger erst nachträglich – nach Rechtshängigkeit – auf einen weiteren derartigen Verstoß beruft,[81] einerlei ob dieser vor oder nach Rechtshängigkeit begangen worden ist. Macht der Kläger einen solchen Verstoß (dieselbe konkrete Verletzungsform) zum Gegenstand einer zweiten, parallelen Klage, steht ihr der Einwand der Rechtshängigkeit, später gegebenenfalls der Einwand der Rechtskraft entgegen. Es geht immer noch um denselben Lebenssachverhalt (= Klagegrund der ersten Klage).[82] Entsprechendes gilt, wenn es zwar nicht um einen identischen Verstoß geht, sondern um eine im Kern gleiche Variante.[83] Dauerhandlungen wie ein Internetauftritt bilden einen einheitlichen Klagegrund, so dass auch die fortgesetzten Handlungsabschnitte zum Streitgegenstand gehören.[84] 21

Anders ist es jedoch (mehrere Klagegründe), wenn es sich um **verschiedene konkrete Verletzungsformen mit derselben Werbeaussage** handelt,[85] etwa um mehrere Testkäufe geht,[86] bei denen es in der Regel auf die Umstände des Einzelfalles ankommt. Entsprechendes gilt, wenn sich der Kläger zur Begründung der Begehungsgefahr zum einen auf eine Berühmung des Beklagten, insbesondere im Prozess, und zum anderen auf eine konkrete Verletzungshandlung beruft[87], sofern unterschiedliche Sachverhalte betroffen sind.[88] Dagegen liegt ein einheitlicher Lebenssachverhalt vor, wenn der Kläger in der Klagebegründung geltend macht, der Beklagte habe vorprozessual eine Markenverletzung 22

---

[80] BGH GRUR 2012, 630 (631) – CONVERSE II; GRUR 2013, 1170 (1171) – Telefonwerbung für DSL-Produkte; vgl. *Teplitzky* WRP 2007, 1 (4 f.); *v. Ungern-Sternberg* GRUR 2009, 1009 (1013 f., 1017, 1018).

[81] Insoweit a. M. BGH GRUR 2006, 421 (422) – Markenparfümverkäufe. Im entschiedenen Fall ging es um Verallgemeinerungen. *v. Ungern-Sternberg* GRUR 2009, 1009 (1014 f.). Kritisch *Götz* GRUR 2008, 401 (404 f.); offen gelassen in BGH GRUR 2012, 630 (631) – CONVERSE II.

[82] *Köhler*/Bornkamm/Feddersen § 12 Rn. 2.23l.

[83] BGH (Kartellsenat) GRUR 2007, 172 – Lesezirkel II; vgl. → Rn. 243; vgl. aber *Köhler*/Bornkamm/Feddersen § 12 Rn. 2.23g (kein Einwand der Rechtskraft, sondern Fehlen des Rechtsschutzinteresses); anders Rn. 2.113 (Rechtskraftwirkung).

[84] BGH GRUR 2011, 169 (171) – Lotterien und Kasinospiele.

[85] BGH GRUR 2008, 186 (187) – Telefonaktion.

[86] So im Fall des BGH GRUR 2006, 421 – Markenparfümverkäufe; vgl. dazu *v. Ungern-Sternberg* GRUR 2009, 1009 (1014, 1016 f.); 2011, 375 (382 f.).

[87] BGH GRUR 2006, 421 (422) – Markenparfümverkäufe; GRUR 2006, 429 (431 f.) – Schlank-Kapseln; GRUR 2014, 1013 (1016) – Original Bach-Blüten; *Köhler*/Bornkamm/Feddersen § 12 Rn. 2.23l; Teplitzky/*Kessen* Kap. 9 Rn. 5, Kap. 10 Rn. 12.

[88] BGH GRUR 2018, 203 (204) – Betriebspsychologe; GRUR 2018, 431 (432) – Tiegelgröße.

begangen und im zeitlichen und sachlichen Zusammenhang damit eine entsprechende Marke angemeldet.[89] Es kommt darauf an, ob es sich um einen einheitlichen Lebenssachverhalt oder um mehrere Lebenssachverhalte handelt.[90]

23 Geht der Kläger gegen eine **konkrete Werbung** vor, etwa gegen eine Anzeige oder einen Prospekt, **die mehrere,** unterschiedliche wettbewerbswidrige **Werbeaussagen (mit unterschiedlichem Lebenssachverhalt) enthält** (vgl. → Rn. 19, 99), darf das Gericht die konkrete Werbung nicht von sich aus wegen einer Angabe verbieten, die der Kläger mit der Klage gar nicht angegriffen hat. Das wäre ein Verstoß gegen § 308 ZPO. – Zwei Streitgegenstände liegen vor, wenn der Kläger zunächst nur geltend gemacht hat, eine beworbene Ware sei am Tage des Erscheinens der Werbung nicht vorrätig gewesen, dann aber seinen unveränderten Unterlassungsantrag auch darauf stützt, ein Kaufinteressent habe auf eine telefonische Nachfrage eine falsche Auskunft erhalten, selbst wenn er das schon vorher vorgetragen hatte, aber nur als Beleg dafür, dass die Ware nicht vorrätig gewesen sei.[91] Ebenso liegt ein anderer Streitgegenstand vor, wenn eine im Antrag umschriebene Verletzungsform durch Einfügung zusätzlicher Merkmale in ihrem Umfang auf Verhaltensweisen eingeschränkt wird, deren Beurteilung die Prüfung weiterer Umstände erfordert, auf die es nach dem bisherigen Antrag nicht ankam.[92]

24 Beanstandet der Kläger eine konkrete Verletzungshandlung, etwa eine konkrete Anzeige, und richtet sich der Unterlassungsantrag gegen die konkrete Verletzungsform, so ist der Antrag, da es sich um einen einzigen Streitgegenstand handelt, in vollem Umfange begründet, wenn sie **eine einzige konkrete Wettbewerbswidrigkeit** enthält, ohne dass es darauf ankommt, ob die Verletzungshandlung im Übrigen rechtswidrig ist oder nicht.[93]

25 In vielen Fällen kommen bei **einer Werbeangabe,** die der Kläger beanstandet, **mehrere Anspruchsgrundlagen** in Betracht, die auf **einem unterschiedlichen Lebenssachverhalt** beruhen. Hierbei handelt es sich um verschiedene Streitgegenstände (Klagegründe).[94] So kann der Kläger seinen Unterlassungsanspruch etwa auf ein einziges Schutzrecht oder auf mehrere Schutzrechte[95] (zB auf eine Marke oder auf mehrere Marken) oder zusätzlich auf einen vertraglichen Anspruch (anders im Regelfall, wenn der Kläger einen gesetzlichen Unterlassungsanspruch geltend macht und außerdem aus einer, nach vorausgegangenem Verstoß getroffenen Unterlassungsvereinbarung vorgeht),[96] auf eine Marke und auf UWG[97] oder auf Namensrecht und UWG[98] und/oder auf Kartellrecht und auf UWG[99] stützen,

[89] BGH GRUR 2016, 83 (86) – Amplidect/ampliteq; vgl. auch GRUR 2019, 947 (948 f.) – Bring mich nach Hause.

[90] BGH GRUR 2016, 1187 (1189) – Stirnlampen.

[91] BGH GRUR 2002, 1095 (1096) – Telefonische Vorratsanfrage; vgl. auch BGH GRUR 2001, 352 (354) – Kompressionsstrümpfe; NJW 2001, 2548 (2549) – Impfstoffe; GRUR 2003, 254 (255) – Zulassungsnummer III.

[92] BGH GRUR 2006, 1133 (1135) – Anschriftenliste.

[93] BGH GRUR 2001, 453 (455) – TCM-Zentrum; vgl. → Rn. 225.

[94] BGH GRUR 2009, 783 (785) – UHU; GRUR 2011, 803 (805) – Lernspiele.

[95] Vgl. BGH GRUR 2002, 167 (168) – Bit/Bud; GRUR 2004, 855 (856) – Hundefigur (zur Verletzung im Ausland bestehender Nutzungsrechte); GRUR 2004, 860 (861 f.) – Internet-Versteigerung; GRUR 2004, 949 (950) – Regiopost/Regional Post; GRUR 2005, 48 (49) – man spricht deutsch; GRUR 2007, 1071 (1075) – Kinder II; GRUR 2009, 1162 (1165 f.) – DAX; GRUR 2011, 521 (522) – TÜV I; GRUR 2011, 1043 (1044) –TÜV II; GRUR 2012, 630 (631) – CONVERSE II; GRUR 2012, 928 (929) – Honda-Grauimport; GRUR 2012, 1145 (1146) – Pelikan; GRUR 2013, 614 f. – Metall auf Metall II; GRUR 2013, 1150 (1151) – Baumann; WRP 2016, 1252 (1254) – profitbricks.es; GRUR 2017, 75 (76) – Wunderbaum II; vgl. aber GRUR 2012, 621 (623) – OSCAR: einheitlicher Streitgegenstand, wenn aus einem Schutzrecht Ansprüche wegen Verwechslungsschutzes und wegen Bekanntheitsschutzes geltend gemacht werden.

[96] BGH GRUR 2013, 397 (398) – Peek & Cloppenburg III; GRUR-RR 2014, 201 (202) – Peek & Cloppenburg IV; BGH GRUR 2018, 1161 (1163) – Hohlfasermembranspinnanlage II; GRUR 2019, 284 (286) – Museumsfotos.

[97] BGH GRUR 2012, 621 (623) – OSCAR; GRUR 2015, 689 (690) – Parfumflakon III; vgl. auch BGH WRP 2012, 980 (981) – Werbegeschenke: zwei verschiedene Streitgegenstände bei Löschungsansprüchen wegen böswilliger Markenanmeldung und wegen Verfalls mangels Benutzung.

[98] BGH GRUR 2014, 393 (394) – wetteronline.de.

[99] BGH GRUR 2009, 876 – Änderung der Voreinstellung II.

etwa auf ein Urheberrecht und auf §§ 3 ff. wegen wettbewerbswidriger Nachahmung[100] oder auf Urheberrecht und auf Vertrag[101] oder auf Lauterkeitsrecht und urheberrechtliche Schutzrechte des Datenbankherstellers.[102] Er muss sich nicht ausdrücklich auf bestimmte Normen berufen. Maßgebend ist vielmehr, ob er seinen Unterlassungsantrag – auch noch nachträglich im Prozess –[103] **auf einen Sachverhalt stützt,** der geeignet ist, den Tatbestand einer bestimmten Norm oder mehrerer Normen zu begründen.[104] Unterschiedliche Lebenssachverhalte können vorliegen, wenn es um die Irreführung verschiedener Verkehrskreise geht.[105]

Soweit – im Rahmen des UWG – **Ansprüche aus eigenem und aus fremdem Recht** 26 (Ermächtigung bzw. Abtretung) in Betracht kommen, ist zu beachten, dass es sich um verschiedene Streitgegenstände handelt.[106]

Ist der **Sachverhalt,** auf den sich der Kläger beruft, dagegen im Wesentlichen **derselbe** 27 und ergeben sich daraus „nur" **verschiedene Anspruchsgrundlagen,** so kann der Kläger das Gericht nicht an eine bestimmte Norm binden. Das gilt auch dann, wenn die Normen von unterschiedlicher Tragweite sind.[107] Insoweit gilt der Grundsatz: iura novit curia.[108] Dieser Grundsatz gilt grundsätzlich auch im Hinblick auf ausländisches Recht.[109]

c) Verhältnis mehrerer Klagegründe. Nachdem im Streitfall bestimmt ist, was Kla- 28 gegrund ist, muss – bei Bejahung mehrerer Klagegründe – geklärt werden, in welchem Verhältnis die verschiedenen – ursprünglich oder nachträglich – geltend gemachten Klagegründe **(objektive Klagehäufung)** zueinander stehen. In Betracht kommen ein **Eventualverhältnis,** bei dem der Kläger bestimmen muss, welchen Klagegrund er hauptsächlich und welchen er hilfsweise vorbringt, und bei dem das Gericht an diese Bestimmung mit allen sich daraus ergebenden prozessualen Konsequenzen gebunden ist, oder ein **Kumulativverhältnis** oder ein **selbständiges Verhältnis** zwischen den Klaggründen, bei dem das Gericht alle Klagegründe selbständig zu prüfen hat, und zwar auch dann, wenn es der Klage auf Grund des Klagegrundes I stattgibt, oder ein **Alternativverhältnis,** bei dem das Gericht das Wahlrecht hat, auf welchen Klagegrund es eine Verurteilung stützt. Die Art der Klagehäufung ist bei der Festsetzung des Streitwertes zu beachten. Obwohl die Zulassung alternativer Klagegründe grundsätzlichen prozessualen Bedenken unterliegt, hatte die wettbewerbliche Praxis diese Möglichkeit aus Gründen der Prozessökonomie bejaht, und zwar unbeanstandet vom **BGH.**[110] Im Jahre 2011 hat dieser jedoch der **Möglichkeit alternati-**

---

[100] BGH GRUR 2013, 285 (286 f.) – Kinderwagen II.

[101] BGH GRUR 2019, 605 (611) – Hhole (for Mannheim).

[102] BGH GRUR 2014, 785 (787) – Flugvermittlung im Internet.

[103] BGH GRUR 2013, 1056 (1057) – Meisterpräsenz.

[104] BGH GRUR 2001, 755 (756 f.) – Telefonkarte; vgl. auch GRUR 1992, 552 (554) – Stundung ohne Aufpreis; GRUR 2002, 287 (288) – Widerruf der Erledigungserklärung; GRUR 2002, 709 (713) – Entfernung der Herstellungsnummer III; GRUR 2003, 716 (717) – Reinigungsarbeiten; GRUR 2003, 1056 – Einkaufsgutschein; GRUR 2004, 247 (248) – Krankenkassenzulassung; GRUR 2004, 799 (800) – Lebertrankapseln; GRUR 2005, 163 (164) – Aluminiumräder; GRUR 2005, 854 (855 f.) – Karten-Grundsubstanz; GRUR 2005, 875 (876) – Diabetesteststreifen; NJW-RR 2005, 1707 (1709) – Marktstudien; WRP 2006, 84 (86) – Aktivierungskosten II; GRUR 2006, 960 (961 f.) – Anschriftenliste; GRUR 2007, 1071 (1075) – Kinder II; GRUR 2007, 1066 (1070) – Kinderzeit; GRUR 2008, 443 (445) – Saugeinlagen; GRUR 2008, 1121 (1122 f.) – Freundschaftswerbung im Internet; GRUR 2009, 672 (678) – OSTSEE-POST; GRUR 2009, 679 (682 f.) – POST/RegioPost; GRUR 2012, 180 (182) – Werbegeschenke.

[105] BGH GRUR 2018, 203 (204 f.) – Betriebspsychologe; GRUR 2018, 431 (432) – Tiegelgröße.

[106] BGH GRUR 2003, 228 (231) – P-Vermerk (betr. Urheberrechte); GRUR 2008, 614 (615) – ACERBON (betr. Schadensersatz bei Markenverletzung); NJW 2008, 2922; GRUR-RR 2014, 320 Ls. (3. ZS) – Dreidimensionale rahmenartige Konstruktion; GRUR 2017, 397 (399) – World of Warcraft.

[107] Ebenso *v. Ungern-Sternberg* GRUR 2009, 1009 (1012, 1018 f.); vgl. auch Teplitzky/*Schwippert* Kap. 46 Rn. 3 f.

[108] BGH GRUR 2010, 850 (851) – Brillenversorgung II; GRUR 2014, 91 (92) – Treuepunkte-Aktion; GRUR 2016, 292 (293) – Treuhandgesellschaft.

[109] BGH GRUR 2010, 847 (849) – Ausschreibung in Bulgarien.

[110] Vgl. BGH GRUR 2011, 521 (522) – TÜV I; *Teplitzky* GRUR 2011, 1091 (1093); *Stieper* GRUR 2012, 5.

ver Klagegründe eine **Absage** erteilt,[111] und zwar ohne zwingende prozessuale Notwendigkeit.[112] Das dürfte zwar dogmatisch eher die sauberere Lösung sein, obwohl auch allgemein zur ZPO andere Auffassungen vertreten werden.[113] Die Auffassung des BGH führt aber zu erheblichen praktischen Schwierigkeiten, was angesichts der möglichen dogmatischen Alternative unter Abwägung der beiderseitigen Interessen den Ausschlag für ihre Ablehnung gibt. Dem Unterlassungskläger ist in vielen Fällen, vor allem im Verfügungsverfahren, das häufig zu einer endgültigen Regelung führt, nur daran gelegen, das Verbot einer konkreten Werbemaßnahme zu erreichen, gleich aus welchen Gründen. Das funktioniert am besten, wenn die Möglichkeit alternativer Klagegründe bejaht wird, ohne dass dem Beklagten dadurch wesentliche Nachteile entstehen. Auch bei einer Stufung der Klagegründe muss der Beklagte sich auf alle Klagegründe einlassen. Ferner ergeben sich Probleme im Verfügungsverfahren bei der Beurteilung der Dringlichkeit.[114] – Der **gerichtlichen Praxis** bleibt jedoch nichts anderes übrig, als sich **an die neuere Rechtsprechung des BGH** zu **halten.**[115] Der Kläger muss sich daher festlegen, in welcher Weise er die verschiedenen Klagegründe geltend machen will, kumulativ[116] oder aber hilfsweise, dann gegebenenfalls mehrfach gestuft. Dies hat **umständliche prozessuale Konsequenzen,** auch in der Reihenfolge der Prüfung durch das Gericht, und kann zu Beweisaufnahmen führen, die bei einer Zulassung alternativer Klagegründe überflüssig wären. Hat die Klage erst auf Grund eines Hilfsantrages Erfolg, so ist sie teilweise abzuweisen, mit entsprechender Kostenfolge, soweit nicht § 45 Abs. 1 S. 3 GKG eingreift.[117] Zu einem praktikableren Ergebnis kann man auf der Grundlage dieser Rechtsprechung des BGH nur dadurch gelangen, dass der zuvor verwendete enge Begriff des „Klagegrundes" erweitert[118] und dann im Rahmen eines einheitlichen, erweiterten Klagegrundes eine mehrfache (letztlich alternative!) Begründung zugelassen wird. Das ist inzwischen geschehen (vgl. dazu → Rn. 18 f.).[119]

29 Das Gericht hat den Streitgegenstand, wenn dieser zweifelhaft ist, zu erörtern und den Kläger gemäß **§ 139 Abs. 1 ZPO** zu veranlassen, den Antrag umzuformulieren oder klarzustellen, was er aus welchem Grunde, erforderlichenfalls in welcher Reihenfolge angreifen will, auch noch in der Revisionsinstanz,[120] wobei er nach Treu und Glauben gehalten ist, zunächst die Streitgegenstände, die das Berufungsgericht behandelt hat, zur Entscheidung

---

[111] BGH GRUR 2011, 521 (522 f.) – TÜV I und GRUR 2011, 1043 (1044 f.) – TÜV II mit Anm. *Harte-Bavendamm* GRUR 2011, 1045; BGH GRUR 2012, 58 (60) – Seilzirkus; WRP 2012, 330 (332) – Basler Haar-Kosmetik; GRUR 2012, 621 (623) – OSCAR; GRUR 2012, 630 (631) – CONVERSE II; GRUR 2012, 1145 (1146) – Pelikan; GRUR 2013, 614 f. – Metall auf Metall II; GRUR 2013, 833 (834) – Culinaria/Villa Culinaria; WRP 2016, 1252 (1254) – profitbricks.es; zustimmend *Köhler*/Bornkamm/Feddersen § 12 Rn. 2.23m; *Ahrens* WRP 2013, 129 (131); Teplitzky/*Schwippert* Kap. 46 Rn. 1a; *Teplitzky;* GRUR 2011, 1091 (1093 f.); *Büscher* GRUR 2012, 16 (17 ff.); *Heil* GRUR 2012, 187 f.; aM *v. Ungern-Sternberg* GRUR 2011, 486 (493 ff.) Fn. 64.

[112] So überzeugend *Stieper* GRUR 2012, 5 (6 ff.).

[113] *Stieper* GRUR 2012, 5 (6 f.) mit einzelnen Nachweisen.

[114] *M. Schmidt* GRUR-Prax 2012, 179 (180, 181 f.).

[115] *Harte-Bavendamm* GRUR 2011, 1048 (1048 und 1049).

[116] Wie in BGH GRUR 2015, 785 (787) – Flugvermittlung im Internet; vgl. *Stieper* GRUR 2012, 5 (10 f.); *Harte-Bavendamm* GRUR 2011, 1048.

[117] Vgl. dazu *Stieper* GRUR 2012, 5 (11 f.); *Büscher* GRUR 2012, 16 (22 f.); vgl. auch OLG Frankfurt a. M. GRUR-RR 2012, 367 f. – Streitwertaddition.

[118] *Teplitzky* GRUR 2011, 1091 (1094 ff.); *Harte-Bavendamm* GRUR 2011, 1048 (1049 f.); *Stieper* GRUR 2012, 5 (13 ff.). Kritisch zu dieser Entscheidung *Heil* GRUR 2012, 187 (188), zustimmend *Teplitzky* WRP 2012, 261 ff.

[119] So zunächst in der Entscheidung des BGH GRUR 2012, 184 – Branchenbuch Berg. Kritisch zu dieser Entscheidung *Heil* GRUR 2012, 187 (188), zustimmend *Teplitzky* WRP 2012, 261 ff. Vgl. dazu *M. Schmidt* GRUR-Prax 2012, 179 (181).

[120] BGH GRUR 2011, 521 (522) – TÜV I; GRUR 2012, 621 (623) – OSCAR; GRUR 2012, 928 (929) – Honda-Grauimport; GRUR 2012, 1145 (1147) – Pelikan; GRUR 2013, 614 f. – Metall auf Metall II; GRUR 2013, 833 (834) – Culinaria/Villa Culinaria; GRUR 2015, 689 (690) – Parfumflakon III: WRP 2016, 1252 (1256) – profitbricks.es; GRUR 2017, 397 (399) – World of Warcraft II; GRUR 2018, 1161 (1163) – Hohlfasermembranspinnanlage II; GRUR 2019, 284 (285 f.) – Museumsfotos.

des BGH zu stellen.[121] Ein solcher Hinweis gemäß § 139 Abs. 1 ZPO ist nicht etwa deshalb entbehrlich, weil ein zulässig gefasster Antrag unbegründet wäre. Das folgt schon aus der unterschiedlichen Reichweite der Klageabweisung[122] (vgl. dazu → Rn. 75). Der Kläger hat klarzustellen, auf welche Schutzrechte er seinen Unterlassungsanspruch stützt. Es ist nicht Aufgabe des Gerichts, eine Partei etwa zur Geltendmachung eines Schutzrechtes zu veranlassen, das nicht einmal angedeutet ist.[123] Unterbleibt eine gebotene Erörterung, so kommt in der Rechtsmittel-, insbesondere in der Revisionsinstanz wegen des Anspruchs der Parteien auf ein faires Verfahren eine Zurückverweisung in Betracht, weil ein erheblicher Verfahrensfehler vorliegt.[124] Das trifft aber nicht zu, wenn es um die Einführung eines neuen Streitgegenstandes geht.[125]

2. Klagehäufung. a) Objektive Klagehäufung. Unter den Voraussetzungen des 30
§ 260 ZPO kann der Kläger mehrere prozessuale Ansprüche geltend machen. Im Wettbewerbsprozess verlangt er neben Unterlassung häufig Auskunft, Rechnungslegung und Schadensersatz. Außerdem kommen Ansprüche auf Beseitigung, Vertragsstrafe und Aufwendungsersatz in Betracht. Möglich ist auch, dass der Kläger mehrere Unterlassungsanträge verfolgt, insbesondere wenn er mehrere Verletzungshandlungen beanstandet oder aus einer konkreten Werbung gesondert mehrere Werbeangaben angreift. Mehrere Klagegründe (vgl. → Rn. 28) stellen eine objektive Klagehäufung dar, ebenso ein **Haupt- und** ein **Hilfsantrag.** Das gilt auch für **Haupt- und Hilfsvorbringen,** wenn es sich um verschiedene Streitgegenstände handelt.[126] Grundsätzlich kann der Kläger frei entscheiden, ob er seine verschiedenen Ansprüche im selben oder in mehreren Verfahren geltend macht, solange nicht im Einzelfall ein Missbrauch, insbesondere gemäß § 8c vorliegt.

b) Subjektive Klagehäufung

Schrifttum: *Köhler,* Grenzen der Mehrfachklage und Mehrfachvollstreckung im Wettbewerbsrecht, WRP 31
1992, 359.

Unter den Voraussetzungen der §§ 59, 60 ZPO kann der Kläger in derselben Klage gegen **mehrere Beklagte** vorgehen. Das geschieht insbesondere, wenn der Wettbewerbsverstoß von mehreren Personen begangen worden ist. So richtet sich eine Klage häufig sowohl gegen eine juristische Person als auch gegen ihre verantwortlichen Organe/Mitarbeiter. Ebenso können auf der Klägerseite **mehrere Kläger** auftreten, vorbehaltlich eines Missbrauchs der Klagebefugnis gemäß § 8c. Werden sie nicht zusammen von einem, sondern jeweils von einem anderen Prozessbevollmächtigten vertreten, so kann es an der Notwendigkeit der Mehrkosten (§ 91 ZPO) fehlen.

3. Klageänderung. a) Vorliegen. Liegt eine Klageänderung vor, richtet sich ihre 32
Zulässigkeit nach § 263 ZPO. In der Berufungsinstanz ist § 533 Nr. 2 ZPO zu beachten. Danach ist eine Klageänderung nur noch möglich, wenn sie auf Tatsachen gestützt werden kann, die das Berufungsgericht ohnehin nach § 529 ZPO zugrunde zu legen hat. In der Revisionsinstanz ist § 559 ZPO zu beachten.[127]

---

121 BGH GRUR 2011, 521 (523) – TÜV I; *Köhler*/Bornkamm/Feddersen § 12 Rn. 2.23m.

122 BGH GRUR 2012, 1145 (1147) – Pelikan.

123 BGH GRUR 2009, 1162 (1165) – DAX.

124 BGH GRUR 2000, 820 (822) – Space Fidelity Peep-Show; GRUR 2002, 287 (288) – Widerruf der Erledigungserklärung.

125 BGH GRUR 2001, 352 (354) – Kompressionsstrümpfe; GRUR 2001, 756 (758) – Telefonkarte; GRUR 2003, 436 (439) – Feldenkrais; GRUR 2003, 716 (717) – Reinigungsarbeiten; GRUR 2003, 798 (800) – Sanfte Schönheitschirurgie; GRUR 2006, 960 (962) – Anschriftenliste; GRUR 2009, 672 (678) – OSTSEE-POST; GRUR 2009, 678 (683) – POST/RegioPost; GRUR 2009, 1161 (1165) – DAX; GRUR 2014, 1224 (1227) – ENERGY & VODKA.

126 BGH GRUR 2003, 254 (255) – Zulassungsnummer III.

127 BGH GRUR 1991, 680 – Porzellanmanufaktur zu § 561 ZPO aF (jetzt § 559 ZPO); Teplitzky/*Schwippert* Kap. 46 Rn. 29.

33 Abgesehen von der **subjektiven Klageänderung (Parteiwechsel)** liegt eine Klageänderung vor, wenn der Kläger den **Streitgegenstand ändert,**[128] der sich aus Klageantrag und Klagegrund (Lebenssachverhalt) zusammensetzt. Demgemäß kommt eine Klageänderung in Betracht, wenn sich der Antrag oder der Klagegrund ändert oder beides zusammen zutrifft. Das gilt entsprechend für Änderungen im Verfügungsverfahren.[129] Mit der Änderung muss der Kläger **innerhalb derselben Verfahrensart** bleiben: Der Übergang von einem Verfügungsantrag zu einem Klageantrag[130] und umgekehrt ist unzulässig.

34 **aa) Änderung des Klageantrags.** Im Wettbewerbsprozess kommt es häufig – vor allem auf Hinweis des Gerichts – zu Änderungen, insbesondere des Unterlassungsantrages. Daraus folgt aber noch nicht, dass es sich stets um eine Klageänderung handelt. Vielmehr sind zunächst **§ 264 Nr. 2 und 3 ZPO** zu beachten. Nach Nr. 2 sind **Erweiterungen und Beschränkungen des Antrages** nicht als Klageänderungen anzusehen und daher ohne weiteres zulässig,[131] etwa der Übergang vom Feststellungs- zum Leistungsantrag[132] und umgekehrt,[133] von der Auskunft oder Rechnungslegungs- zur Leistungs- oder Feststellungsklage[134] oder umgekehrt,[135] von der Unterlassungs- zur Beseitigungsklage,[136] der zusätzliche Antrag auf Urteilsveröffentlichung.[137] Dazu gehört auch nach einseitiger Erledigungserklärung der Übergang vom Leistungsantrag zum Antrag, die Erledigung der Hauptsache festzustellen, und nach Widerruf der einseitigen Erledigungserklärung die Rückkehr zum ursprünglichen Leistungsantrag.[138] Außerdem könnte eine Neufassung der Klageanträge lediglich eine **Klarstellung** enthalten,[139] die ebenfalls ohne weiteres zulässig ist, etwa bei Einfügung eines einschränkenden Zusatzes (→ Rn. 109)[140] oder bei einer konkretisierenden Korrektur des ursprünglichen Antrages.[141] Der Übergang von der alternativen zur kumulativen Klagehäufung ist eine Klageänderung.[142]

35 **bb) Änderung des Klagegrundes.** Eine Änderung des Klagegrundes liegt vor, wenn der bisherige Lebenssachverhalt, den der Kläger zunächst vorgetragen hat, **in seinem Kern durch neuen Sachvortrag** verändert wird, was bei einer bloßen Ergänzung oder Berichtigung der tatsächlichen Ausführungen im Rahmen des bisherigen Streitgegenstandes nicht zutrifft **(§ 264 Nr. 1 ZPO).** Vielmehr muss es sich um wesentliche Abweichungen handeln.[143] Das ist zu bejahen, wenn eine im Antrag umschriebene Verletzungsform durch Einfügung zusätzlicher Merkmale in ihrem Umfang auf Verhaltensweisen eingeschränkt wird, deren Beurteilung die Prüfung weiterer Umstände erfordert, auf die es nach dem bisherigen Antrag nicht ankam.[144]

---

[128] BGH GRUR 1997, 141 – Kompetenter Fachhändler; NJW 2001, 2548 (2549) – Impfstoffe.
[129] OLG Hamburg MD VSW 2000, 958 (963 f.).
[130] Teplitzky/*Schwippert* Kap. 46 Rn. 14 f.
[131] Vgl. dazu Teplitzky/*Schwippert* Kap. 46 Rn. 22 f.
[132] BGH NJW 1992, 2296.
[133] BGH NJW 1985, 1784.
[134] BGH NJW 1979, 925 (926).
[135] *Teplitzky* Kap. 46 Rn. 23.
[136] Ebenso Ahrens/*Jestaedt* Kap. 23 Rn. 7; aM Teplitzky/*Schwippert* Kap. 46 Rn. 23.
[137] BGH GRUR 1961, 538 (541) – Feldstecher.
[138] BGH GRUR 2002, 287 (288) – Widerruf der Erledigungserklärung.
[139] BGH GRUR 1991, 772 (773) – Anzeigenrubrik I.
[140] BGH GRUR 1993, 556 (557) – TRIANGLE.
[141] BGH GRUR 2003, 786 (787) – Innungsprogramm; vgl. BGH GRUR 2005, 407 (409) – T-Geschiebe.
[142] BGH GRUR 2011, 521 (522) – TÜV I; GRUR 2011, 1043 (1045) – TÜV II; GRUR 2012, 630 (631) – CONVERSE II; GRUR 2012, 1145 (1147) – Pelikan; GRUR 2015, 689 (690) – Parfumflakon III; WRP 2016, 1252 (1256) – profitbricks.es; GRUR 2017, 397 (399) – World of Warcraft; *Büscher* GRUR 2012, 16 (21).
[143] BGH (Kartellsenat) GRUR 2007, 172 – Lesezirkel II; GRUR 2007, 605 (606 f.) – Umsatzzuwachs; GRUR 2008, 443 (445) – Saugeinlagen.
[144] BGH GRUR 2006, 1133 (1135) – Anschriftenliste.

Das kann zutreffen, wenn **weitere Verletzungshandlungen** vorgetragen werden (vgl. bereits → Rn. 19 ff.).[145] Eine Änderung des Klagegrundes ist zu verneinen, soweit es um Fälle geht, in denen dieselbe konkrete Verletzungsform, auf die der Kläger den Unterlassungsantrag stützt, lediglich wiederholt wird, etwa dieselbe Anzeige erneut erscheint, es sich also nicht um **verschiedene konkrete Verletzungsformen** handelt. In solchen Fällen ist es angemessen, dass der Kläger – abgesehen von verspätetem Sachvortrag – neue Verstöße einführt, ohne dass es auf die Einwilligung des Beklagten oder auf Sachdienlichkeit ankommt. Geht es dagegen um verschiedene Streitgegenstände und liegt daher eine Klageänderung vor, ist die Sachdienlichkeit in der Regel zu bejahen. Sonst wäre der Kläger gezwungen, erneut Klage mit demselben Unterlassungsantrag zu erheben, was ihm bei Vorliegen verschiedener Streitgegenstände möglich wäre. Das entspricht in der Regel nicht dem Grundsatz der Prozessökonomie. Keine Änderung des Klagegrundes liegt vor, wenn der Kläger, der bisher nur einen gesetzlichen Unterlassungsanspruch geltend gemacht hat, sich nunmehr (zusätzlich) auf einen vertraglichen Unterlassungsanspruch aus einem, nach vorausgegangenen Verstoß geschlossenen Unterwerfungsvertrag stützt.[146] 36

b) Zulässigkeit. aa) Einwilligung. Sie ist nach § 267 ZPO anzunehmen, wenn der Beklagte sich in der mündlichen Verhandlung auf die abgeänderte Klage **einlässt,** ohne der Änderung zu widersprechen. Meist erfolgt die Klageänderung in einem Schriftsatz, der dem Beklagten zugestellt wird (§ 261 Abs. 2 Alt. 2 ZPO). Dann kann der Beklagte die Einwilligung wirksam auch schon vor der mündlichen Verhandlung in einem Schriftsatz erklären.[147] 37

bb) Sachdienlichkeit. Maßgebend für die **Sachdienlichkeit** ist die **Prozessökonomie.**[148] Ihre Beurteilung liegt im Ermessen des Tatrichters und kann daher in der Revisionsinstanz nur begrenzt überprüft werden.[149] Bei der Entscheidung ist zu berücksichtigen, ob der Rechtsstreit durch die Klageänderung erheblich verzögert wird, insbesondere eine (umfangreiche) Beweisaufnahme erfordert, vor allem wenn der ursprüngliche Antrag entscheidungsreif ist. Stets kommt es darauf an, ob es angesichts des bisherigen Sach- und Streitstandes prozessökonomischer ist, über den geänderten Antrag im laufenden Verfahren zu entscheiden und dadurch einen weiteren Rechtsstreit zu vermeiden oder den Kläger auf einen neuen Rechtsstreit zu verweisen. Dabei sind auch berechtigte Interessen des Beklagten zu beachten, der etwa längere Zeit braucht, um zum geänderten Antrag die notwendigen Recherchen durchzuführen. 38

Das gilt auch für das **Berufungsverfahren**[150], in dem es nicht maßgebend darauf ankommt, dass dem Beklagten eine Tatsacheninstanz verloren geht.[151] Im Verfügungsverfahren scheidet allerdings eine Änderung des Klagegrundes in der Regel aus, insbesondere wenn sie unmittelbar vor oder gar in der Berufungsverhandlung erfolgt; dem stehen die berechtigten Interessen des Antragsgegners entgegen.[152] Im Revisionsverfahren ist eine Klageänderung grundsätzlich nicht zulässig.[153] 39

---

145 BGH GRUR 2003, 436 (439) – Feldenkrais; GRUR 2006, 421 (422) – Markenparfümverkäufe; Teplitzky/*Schwippert* Kap. 46 Rn. 17; vgl. *Köhler*/Bornkamm/Feddersen § 12 Rn. 2.29.

146 Vgl. → Rn. 25.

147 BGH GRUR 1992, 474 (475) – Btx-Werbung II.

148 BGH GRUR 1964, 154 (156) – Trockenrasierer II; NJW 2001, 2548 (2550) – Impfstoffe.

149 BGH GRUR 1964, 154 (156) – Trockenrasierer II; GRUR 1991, 852 (856) – Aquavit.

150 Vgl. dazu BGH GRUR 2018, 206 (207) – RESCUE-Produkte II.

151 Vgl. Teplitzky/*Schwippert* Kap. 46 Rn. 26.

152 OLG Hamburg MD VSW 2000, 958 (964).

153 BGH GRUR 2003, 716 (717) – Reinigungsarbeiten; GRUR 2003, 890 (892) – Buchclub-Kopplungsangebot; GRUR 2004, 435 (437) – FrühlingsgeFlüge; GRUR 2004, 856 (857) – Hundefigur; GRUR 2004, 799 (800) – Lebertrankapseln; GRUR 2005, 854 (856) – Karten-Grundsubstanz; GRUR 2012, 630 (631) – CONVERSE II; GRUR 2012, 1145 (1147) – Pelikan; GRUR 2014, 1224 (1227) – ENERGY & VODKA; GRUR 2015, 689 (690) – Parfumflakon III; WRP 2016, 1252 (1256) – profitbricks.es; GRUR 2017, 397 (399) – World of Warcraft II; GRUR 2018, 203 (205) – Betriebspsychologe.

40 **4. Klagerücknahme.** Die Zulässigkeit einer Klagerücknahme richtet sich nach § 269 ZPO. Ohne **Einwilligung des Beklagten** ist die Klagerücknahme nur möglich bis zum Beginn der mündlichen Verhandlung zur Hauptsache. Die Einwilligung kann auch konkludent erfolgen, wenn sich nämlich aus dem prozessualen Verhalten des Beklagten ergibt, dass er von einer wirksamen (Teil-)Rücknahme ausgeht. Nach § 269 Abs. 3 S. 2 ZPO hat der Kläger die Kosten zu tragen. Zu seinen Gunsten kann aber Satz 3 eingreifen, der auch dann eingreift, wenn er die Klage bereits vor ihrer Zustellung zurückgenommen hat.[154] Nimmt er dagegen die Klage zurück, weil sich der Rechtsstreit nach Rechtshängigkeit in der Hauptsache erledigt hat, ist § 269 Abs. 3 S. 2 ZPO anzuwenden.[155] Nimmt der Antragsteller seinen Antrag auf Erlass einer einstweiligen Verfügung zurück und ergeht daraufhin eine Kostenentscheidung entsprechend § 269 ZPO, so ist die Rechtsbeschwerde zum BGH nicht statthaft.[156]

41 In der Praxis taucht häufig die Frage auf, ob eine nachträglich eingeschränkte Formulierung des Klageantrages lediglich als eine **Klarstellung ohne Kostenfolge** oder als teilweise Klagerücknahme mit entsprechender Kostenfolge anzusehen ist.[157] Die gleiche Frage ist zu beantworten, wenn der Kläger seinen Klageantrag zwar nicht umformuliert, sondern ihn „klarstellt". Darin kann ebenfalls eine teilweise Rücknahme der Klage stecken.

42 Hat der Beklagte dem Kläger **nach Erlass einer einstweiligen Verfügung** eine **Klagefrist nach § 926 Abs. 1 ZPO** setzen lassen, hat die Klagerücknahme zur Folge, dass die einstweilige Verfügung nach § 926 Abs. 2 ZPO aufzuheben ist und gegebenenfalls Schadensersatzansprüche nach § 945 ZPO bestehen.

5. Erledigung der Hauptsache

Schrifttum: *Bernreuther,* Einstweilige Verfügung und Erledigungserklärung, GRUR 2007, 660; *Brießmann,* Kostenfolge bei übereinstimmender Erledigungserklärung wegen Verjährung, NJW 2018, 2988; *Hess,* Unterwerfung als Anerkenntnis?, WRP 2003, 353; *Ulrich,* Die Erledigung der Hauptsache im Wettbewerbsprozess, GRUR 1982, 14; *ders.,* Die „Erledigung" der einstweiligen Verfügungsverfahren durch nachlässige Prozessführung, WRP 1990, 651.

43 **a) Erledigendes Ereignis.** Die Hauptsache hat sich dann erledigt, wenn die zulässige und begründete Klage nach Zustellung – **nach Rechtshängigkeit** – durch ein nachträgliches Ereignis unzulässig oder unbegründet geworden ist.[158] Liegt dieses Ereignis zwischen Einreichung – **Anhängigkeit** – und Zustellung der Klage, fehlt es an einer Erledigung der Hauptsache, weil zu diesem Zeitpunkt noch kein Prozessrechtsverhältnis bestand.[159] **Maßgebend ist der Zeitpunkt des erledigenden Ereignisses.**[160] Die Frage hat durch den neuen § 269 Abs. 3 S. 3 ZPO an praktischer Bedeutung verloren.[161] Danach hat der Kläger die Möglichkeit, die Klage zurückzunehmen und eine Kostenentscheidung wie nach § 91a ZPO herbeizuführen.

44 Da es im **Verfügungsverfahren** keine Rechtshängigkeit gibt, kommt es auf die **Anhängigkeit** an, dh auf den Zeitpunkt der Einreichung des Verfügungsantrages.[162] Dieser kann auch dann für erledigt erklärt werden, wenn das Verfügungsverfahren noch einseitig ist. Solange der Antragsgegner noch nicht gehört worden ist, kann es allerdings nicht zu übereinstimmenden Erledigungserklärungen kommen. Dann ist die Erledigung festzustellen, was aus prozessökonomischen Gründen im einseitigen Verfügungsverfahren ohne

---

154 OLG Karlsruhe WRP 2012, 591.
155 BGH NJW 2004, 223 f.
156 BGH GRUR 2004, 81 – eV-Kostenentscheidung.
157 Teplitzky/*Schwippert* Kap. 51 Rn. 61.
158 BGH GRUR 1990, 530 (531) – Unterwerfung durch Fernschreiben; GRUR 1992, 474 (475) – Btx-Werbung II; GRUR 2001, 1174 (1175) – Berühmungsaufgabe; GRUR 2002, 1074 (1075) – Original Oettinger.
159 BGH GRUR 1990, 381 (382) – Antwortpflicht des Abgemahnten.
160 Vgl. Teplitzky/*Schwippert* Kap. 46 Rn. 36.
161 Teplitzky/*Schwippert* Kap. 46 Rn. 40.
162 OLG Köln GRUR 2001, 424 (425).

Anhörung des Antragsgegners trotz § 91a Abs. 1 S. 2 ZPO als zulässig erscheint. Dieser hat dann wie auch sonst die Möglichkeit, Widerspruch einzulegen.

Erledigendes Ereignis ist im Wettbewerbsprozess typischerweise **die Abgabe einer Unterwerfungserklärung**[163] – auch in einem Vergleich (→ Rn. 277 ff.) – oder **einer Abschlusserklärung**[164] (nach Erlass einer einstweiligen Verfügung) oder **die Berufung auf ein rechtskräftiges Unterlassungsurteil,** das gegen den Schuldner in einem anderen Verfahren ergangen ist (vgl. dazu → Rn. 245 und → § 13a Rn. 22), durch die jeweils die Wiederholungsgefahr ausgeräumt wird, so dass der Unterlassungsanspruch erlischt. Weitere erledigende Ereignisse sind etwa der **Zeitablauf** bei befristeten Schutzrechten,[165] bei Modeneuheiten[166] oder bei konkreten, befristeten Werbeaktionen, die allein Gegenstand des Antrages sind, ferner die **Erfüllung eines Anspruchs,** etwa auf Auskunft (→ Rn. 153), der **Wegfall der Klagebefugnis** oder **des Rechtsschutzinteresses** bei negativer Feststellungsklage (vgl. → Rn. 126), eine **Gesetzesänderung,**[167] etwa die Aufhebung des RabattG, wenn andere Anspruchsgrundlagen ausscheiden, ferner der Erlass eines Verwaltungsaktes, wenn dadurch die Wettbewerbswidrigkeit entfällt, dagegen nicht die Nichtigerklärung eines Gesetzes durch das BVerfG, da diese Rückwirkung hat,[168] ferner nicht die Änderung der Rechtsprechung,[169] auch nicht der Umstand, dass der Kläger sein wirtschaftliches Interesse an der Durchsetzung des Anspruchs verloren hat.[170] 45

Es kommt nicht darauf an, **in wessen Verantwortungsbereich das erledigende Ereignis** fällt oder ob es sogar von einer Partei herbeigeführt worden ist,[171] wie etwa die Aufgabe des Geschäfts durch den Kläger und der damit verbundene Verlust der Klagebefugnis. Auch die **Erhebung der** begründeten **Einrede der Verjährung** stellt ein erledigendes Ereignis dar;[172] und zwar nicht der Eintritt der Verjährung, der bereits vor Einleitung des Verfahrens liegen kann, sondern die Erhebung der Einrede im Prozess, weil erst dadurch die Klage bzw. der Verfügungsantrag unbegründet wird.[173] Der Beklagte muss sich daher der Erledigungserklärung anschließen, wenn er nicht noch weitere Gründe hat, aus denen sich die Unzulässigkeit oder die Unbegründetheit ergibt. Eine andere Frage ist, wer im Rahmen des § 91a ZPO die Kosten zu tragen hat (→ Rn. 66). 46

Fraglich ist, ob im **Verfügungsverfahren** ein erledigendes Ereignis eingetreten ist, wenn wegen einer **Verzögerung des Verfahrens** ausnahmsweise die **Eilbedürftigkeit wegfällt.** Da der ursprünglich zulässige Verfügungsantrag unzulässig geworden ist, liegt auch hier ein erledigendes Ereignis vor, so dass der Antragsteller das Verfahren in der Hauptsache für erledigt erklären kann. Eine andere Frage ist jedoch, wer in einem solchen Falle im Rahmen des § 91a ZPO die Kosten zu tragen hat (→ Rn. 67). Dagegen liegt kein erledigendes Ereignis vor, wenn der Antragsteller die **Vollziehungsfrist versäumt** hat und daraufhin das Verfügungsverfahren in der Hauptsache für erledigt erklärt.[174] Das gilt auch 47

---

[163] Ahrens/*Bornkamm* Kap. 33 Rn. 3; Teplitzky/*Schwippert* Kap. 46 Rn. 35; aM *Ahrens* GRUR 1985, 157 (158).

[164] BGH GRUR 1990, 530 (532) – Unterwerfung durch Fernschreiben; GRUR 1991, 76 f. – Abschlusserklärung.

[165] BGH GRUR 1983, 560 – Brückenlegepanzer II.

[166] Beispiel: BGH GRUR 1973, 478 – Modeneuheit.

[167] BGH GRUR 2004, 350 – Pyrex.

[168] BGH NJW 1965, 296 (297).

[169] BGH GRUR 2004, 349 – Einkaufsgutschein II.

[170] BGH GRUR 2006, 223 – Laufzeit eines Lizenzvertrages.

[171] BGH GRUR 1993, 769 (770 f.) – Radio Stuttgart; Teplitzky/*Schwippert* Kap. 46 Rn. 37 ff.

[172] OLG Frankfurt a. M. WRP 1979, 799 (801); 1982, 422; OLG Nürnberg WRP 1980, 232 (233); OLG Düsseldorf WRP 1980, 701 (702); OLG Karlsruhe GRUR 1985, 454; OLG Hamburg MD VSW 1985, 951 (952 ff.); OLG München WRP 1987, 267 (268); OLG Celle GRUR-RR 2001, 285 f.; OLG Köln GRUR-RR 2014, 319; aM OLG Hamm WRP 1977, 199 f.; BB 1979, 1377 (1378); OLG Koblenz NJW-RR 1986, 1443 (1444).

[173] BGH NJW 2010, 2422 (2424) (VIII. ZS); OLG Frankfurt a. M. GRUR-RR 2002, 183 (184); Ahrens/*Bornkamm* Kap. 33 Rn. 15; Teplitzky/*Schwippert* Kap. 46 Rn. 37; Teplitzky/*Feddersen* Kap. 55 Rn. 28a ff.; *Peters* NJW 2001, 2289 (2290).

[174] OLG Koblenz WRP 1981, 115 (117); OLG Hamm GRUR 1989, 931 (932); Teplitzky/*Feddersen* Kap. 55 Rn. 25.

für die **Versäumung der Klagefrist** des § 926 ZPO.[175] Erledigendes Ereignis im **Verfügungsverfahren** ist zwar nicht ohne weiteres ein **stattgebendes Urteil in der Hauptsache;** denn es ist in erster Instanz nur gegen Sicherheitsleistung des Klägers vorläufig vollstreckbar, ebenso in der zweiten Instanz, wenn der Beklagte zuvor Sicherheit geleistet hat. Anders ist es jedoch, wenn das Urteil **rechtskräftig** geworden ist.

48 Wenn das erledigende Ereignis, etwa die Abgabe einer strafbewehrten Unterlassungserklärung, nach Erlass des erstinstanzlichen Urteils, aber vor der Einlegung der Berufung liegt **(Erledigung zwischen den Instanzen),** kann die beschwerte Partei Berufung einlegen, um das erledigende Ereignis in das Verfahren einführen zu können. Eine solche Berufung ist zulässig. Für den Beklagten, gegen den in erster Instanz ein Verbot ergangen ist, ist das unproblematisch. Nur mit der Berufung kann er die Aufhebung des Verbotes erzwingen. Für den Kläger, dessen Klage abgewiesen worden ist, gilt im Ergebnis nichts anderes,[176] obwohl es ihm letztlich nur noch darum geht, die Hauptsache für erledigt zu erklären und dadurch eine Kostenentscheidung zu seinen Gunsten herbeizuführen. § 99 Abs. 1 ZPO steht dem nicht entgegen; denn der Kläger wehrt sich gegen die Entscheidung in der Hauptsache. Für die Parteien besteht auch die Möglichkeit, gegenüber dem Erstgericht die Hauptsache für erledigt zu erklären und dort eine Kostenentscheidung nach § 91a ZPO herbeizuführen.[177]

49 **b) Übereinstimmende Erledigungserklärung.** Erklären wie in der Regel beide Parteien übereinstimmend den Rechtsstreit in der Hauptsache für erledigt, was auch noch in der Revisionsinstanz möglich ist,[178] auch während des Verfahrens über eine Nichtzulassungsbeschwerde,[179] so ist **gemäß § 91a ZPO über die Kosten** zu entscheiden. Das gilt auch dann, wenn das Ereignis, das Anlass für die Erledigungserklärung ist, vor Rechtshängigkeit der Klage, nämlich vor ihrer Einreichung oder zwischen ihrer Einreichung und ihrer Zustellung, bzw. vor Anhängigkeit des Verfügungsverfahrens liegt. Die Erledigungserklärungen sind auch schon vor wirksamer Zustellung der Klage möglich.[180] Haben die Parteien die Hauptsache für erledigt erklärt und kommt es daher nicht mehr zu einer Entscheidung im Sinne des Hauptbegehrens, ist regelmäßig über einen Hilfsantrag zu entscheiden.[181] Wie der BGH entschieden hat,[182] kann der Antragsteller eines Verfügungsverfahrens seine **Erledigungserklärung auf die Zeit nach dem erledigenden Ereignis beschränken,** wenn eine bereits erstrittene **einstweilige Verfügung weiterhin als Grundlage für eine Zwangsvollstreckung wegen Zuwiderhandlungen** dienen soll, die vor dem erledigenden Ereignis liegen. Die Entscheidung des BGH ist in einem Ordnungsmittelverfahren ergangen, in dem es um derartige Verstöße ging. Ihr wird zuzustimmen sein, obwohl es ohne Erledigungserklärungen bei einer streitigen Entscheidung über den in die Zukunft gerichteten Unterlassungsantrag an sich nicht darauf angekommen wäre, ob er in der Vergangenheit begründet war, sondern allein darauf, ob er im Zeitpunkt des Schlusses der mündlichen Verhandlung Erfolg hat oder nicht. Im Falle einer nur zeitlich beschränkten Erledigung und einer Aufrechterhaltung der einstweiligen Verfügung im Übrigen wird der Antragsgegner aber nicht (erstmals) zu einer Unterlassung in der Vergangenheit verurteilt, was nicht möglich wäre, sondern es ergeht nur eine Entscheidung darüber, ob der Titel berechtigt, dh ob der Unterlassungsantrag zu diesem Zeitpunkt begründet war. An einer solchen Entscheidung besteht ein rechtliches Interesse, weil durch

---

[175] Teplitzky/*Feddersen* Kap. 55 Rn. 28.

[176] OLG Hamburg WRP 1983, 425 f.; *Zöller/Althammer* § 91a Rn. 20; Ahrens/*Bähr* Kap. 29 Rn. 8.

[177] *Zöller/Althammer* § 91a Rn. 21; Ahrens/*Bornkamm* Kap. 33 Rn. 25.

[178] BGH GRUR 2004, 350 – Pyrex; GRUR 2005, 41 – Staubsaugeraugrohr; GRUR 2007, 448 – LottoT; GRUR-RR 2011, 291 – Sammlung Ahlers II.

[179] BGH WRP 2005, 126 – Erledigung der Hauptsache in der Rechtsmittelinstanz; WRP 2010, 759 (760) – Firmenbestandteil „Bundes-"; WRP 2018, 478 (479) – Aquaflam.

[180] BGHZ 21, 298 (299 f.); 83, 12 (14 f.) = WRP 2018, 478 (479) – Aquaflam.

[181] BGH GRUR 2003, 903 (904) – ABC der Naturheilkunde.

[182] BGH GRUR 2004, 264 (266 f.) – Euro-Einführungsrabatt; Ahrens/*Bornkamm* Kap. 33 Rn. 38 ff.

eine solche, lediglich **teilweise Erledigung** verhindert wird, dass ein Titel wie die einstweilige Verfügung durch umfassende Erledigungserklärungen mit Wirkung auch für die Vergangenheit unwirksam wird und damit als Grundlage für Verstöße entfällt, die der Schuldner vor dem erledigenden Ereignis begangen hat (vgl. dazu auch → Rn. 331 ff.). Bei einer teilweisen Erledigung, wie sie der BGH für möglich hält, bleibt zwar ein „vergangener" **Teil des Unterlassungsantrages weiterhin anhängig,** über den streitig, gegebenenfalls nach Durchführung einer Beweisaufnahme, durch Urteil zu entscheiden ist.[183] Voraussetzung dafür ist, dass die Parteien das beantragen.[184] Gegenstand eines solchen Urteils ist „das Bestehen eines Anspruches auf Sicherung des materiell-rechtlichen Unterlassungsanspruchs bis zum Zeitpunkt des erledigenden Ereignisses". Damit besteht die Möglichkeit, „dass ein im Verfügungsverfahren erlassener Unterlassungstitel mit Wirkung für einen Zeitraum in der Vergangenheit von einer Erledigterklärung für die Zukunft – unbeschadet der Entscheidung über seine Aufrechterhaltung – unberührt bleibt", und so das Verbot für die Vergangenheit durchzusetzen. Haben die Parteien in einem solchen Falle die Hauptsache für erledigt erklärt, haben sie das, *wie* die Auslegung ergibt, im Zweifel mit Wirkung ab dem erledigenden Ereignis getan.[185] Entsprechende Grundsätze gelten, soweit in einem **Hauptsacheverfahren** bereits ein **Verbotstitel** (Versäumnisurteil, streitiges Urteil erster Instanz) vorliegt, aus dem ein Ordnungsmittel-Verfahren betrieben wird oder noch betrieben werden kann. Das Urteil könnte lauten: *„Die einstweilige Verfügung vom … wird bestätigt, soweit es um ihre Wirksamkeit bis zum …* (Datum des erledigenden Ereignisses) *geht"* bzw.: *„Die Berufung der Beklagten gegen das Urteil des Landgerichts vom… wird zurückgewiesen, soweit es um die Wirkung des Verbots bis zum … geht."*[186] **Liegt** dagegen noch **kein Verbotstitel vor,** hat der Kläger/Antragsteller in der Sache kein rechtliches Interesse daran, den Rechtsstreit/das Verfügungsverfahren nur für die Zukunft für erledigt zu erklären, der Beklagte/Antragsgegner ebenso nicht daran, nur insoweit einer Erledigungserklärung zuzustimmen. Ein etwaiges Kosteninteresse genügt nicht. Vielmehr ist es erforderlich, dass bereits ein Verbotstitel besteht und deshalb Ordnungsmittel-Verfahren in Betracht kommen. In anderen Fällen haben die Parteien den Rechtsstreit/das Verfahren insgesamt für erledigt zu erklären. Ein Urteil dahin, dass dem Beklagten/Antragsgegner erstmals ein Verhalten in der Vergangenheit verboten wird, widerspricht der Rechtsnatur eines Unterlassungsantrages, nach dem es um ein Verbot zukünftigen Verhaltens geht.

Wenn der Antragsgegner im **Verfügungsverfahren** in der **Widerspruchsverhandlung** 50
eine **Abschlusserklärung** abgibt und die Parteien daraufhin zu Protokoll erklären: *„Die Parteivertreter verhandeln nunmehr nur noch über die im Verfügungsverfahren entstandenen Kosten."*, so sind darin konkludent übereinstimmende Erledigungserklärungen zu sehen. Dem steht in einem solchen Falle nicht entgegen, dass an sich nach übereinstimmenden Erledigungserklärungen in entsprechender Anwendung des § 269 Abs. 3 ZPO die einstweilige Verfügung wirkungslos wird,[187] die Abschlusserklärung aber gerade darauf gerichtet ist, die einstweilige Verfügung als endgültige Regelung bestehen zu lassen. Die entsprechende Anwendung des § 269 Abs. 3 ZPO beruht darauf, dass nach dem typischen Willen der Parteien ein gerichtliches Verbot wie eine einstweilige Verfügung überholt sein soll, wenn der Antragsgegner eine strafbewehrte Unterwerfungserklärung abgegeben hat und nunmehr diese im Falle zukünftiger Verstöße zu Sanktionen führt (= Austausch der Sanktionen). Im Falle einer Abschlusserklärung ist die Willens- und Interessenlage der Parteien dagegen typischerweise anders; die Parteien wollen, dass die einstweilige Verfügung fortbesteht.

---

[183] BGH GRUR 2016, 1066 (1067) – mt-perfect; OLG Frankfurt a. M. GRUR 2014, 1032 und GRUR-RR 2018, 47 f.

[184] BGH GRUR 2016, 421 (423 f.) – Erledigungserklärung nach Gesetzesänderung.

[185] BGH GRUR 2004, 264 (267) – Euro-Einführungsrabatt; GRUR 2016, 421 (422 ff.) – Erledigungserklärung nach Gesetzesänderung; OLG Düsseldorf GRUR-RR 2002, 151 f.; OLG Köln WRP 2014, 1093 f.; OLG München GRUR-RR 2015, 87 (88).

[186] Vgl. aber BGH GRUR 2016, 421 (423) – Erledigungserklärung nach Gesetzesänderung.

[187] BGH GRUR 2004, 264 (266) – Euro-Einführungsrabatt; Stein/Jonas/*Bork* ZPO § 91a Rn. 24.

Daher fehlt es in einem solchen Falle an den Voraussetzungen für eine analoge Anwendung des § 269 Abs. 3 ZPO.[188]

51 **c) Einseitige Erledigungserklärung.** Widerspricht der Beklagte der Erledigungserklärung des Klägers – fehlender Widerspruch gilt nicht als Zustimmung –,[189] so muss der Kläger den gemäß § 264 Nr. 2, 3 ZPO zulässigen (→ Rn. 34) Antrag verfolgen festzustellen, dass die Hauptsache erledigt ist.[190] Der Antrag tritt an die Stelle des ursprünglichen Antrages; er ist auch noch in der Revisionsinstanz zulässig.[191] Der **Streitwert dieses Feststellungsantrages** bemisst sich vom Zeitpunkt der Erledigungserklärung an in der Regel nach der Summe der bis dahin entstandenen Kosten.[192]

52 Der Kläger, der etwa nicht weiß, ob das Gericht eine Unterwerfungserklärung des Beklagten als ausreichend ansieht und ob demgemäß die Wiederholungsgefahr weggefallen ist, kann nicht den bisherigen Klageantrag stellen, **hilfsweise die Hauptsache für erledigt erklären** und hilfsweise den Feststellungsantrag stellen,[193] auch nicht weiter hilfsweise, dass der Antrag bis zu dem Ereignis, das der Beklagte anders als der Kläger als erledigend ansieht, begründet war.[194] Umgekehrt kann er aber Feststellung beantragen und hilfsweise den bisherigen Klageantrag stellen, etwa für den Fall, dass nach Auffassung des Gerichts kein erledigendes Ereignis vorliegt.[195] Der Kläger kann die Erledigungserklärung widerrufen, solange der Beklagte ihr nicht zugestimmt hat.[196]

53 Bei der Entscheidung über den Feststellungsantrag hat das Gericht zu prüfen, ob die Klage zulässig und begründet war und durch ein nachträgliches Ereignis unzulässig oder unbegründet geworden ist,[197] erforderlichenfalls nach **Durchführung einer Beweisaufnahme.** Wird die Frage bejaht, wird die Erledigung der Hauptsache festgestellt; wird sie verneint, wird der Feststellungsantrag abgewiesen, nicht der ursprüngliche Klageantrag.[198]

54 **Der Beklagte sollte sich im Regelfall der Erledigungserklärung anschließen,** auch wenn er die Klage für von Anfang an unzulässig oder unbegründet hält. Die Prüfung der Sach- und Rechtslage erhält er im Rahmen der Kostenentscheidung nach § 91a ZPO. Anders ist es aber, wenn er auf einer Beweisaufnahme bestehen will, weil er meint, im konkreten Fall nur so eine ihm günstige oder günstigere Kostenentscheidung herbeiführen zu können. Entsprechendes gilt für das Verfügungsverfahren. Hier sollte der Antragsgegner in der Regel (eventuell zunächst) nur dann widersprechen, wenn er eine Vernehmung

---

188 OLG Hamburg MD VSW 2000, 622 Ls.

189 BGH GRUR 2010, 57 (58) – Scannertarif; GRUR 2016, 1187 (1188) – Stirnlampen.

190 BGH NJW 1994, 2363 (2364) – Greifbare Gesetzwidrigkeit II; GRUR 2001, 1174 (1175) – Berühmungsaufgabe.

191 BGHZ 106, 359 (368); GRUR 2002, 1074 (1075) – Original Oettinger; vgl. auch BGH GRUR 2004, 349 – Einkaufsgutschein II; WRP 2004, 746 – Zeitung am Sonntag; GRUR 2004, 701 (702) – Klinikpackung II; GRUR 2010, 57 (58) – Scannertarif: Jedenfalls wenn das erledigende Ereignis als solches außer Streit steht; ebenso GRUR 2012, 651 (652) – regierung-oberfranken.de; GRUR 2014, 385 – H 15; GRUR 2016, 1316 – Notarielle Unterwerfungserklärung; WRP 2019, 874 (875 f.) – Energieeffizienzklasse III.

192 BGH GRUR 1990, 530 (531) – Unterwerfung durch Fernschreiben; OLG Hamburg WRP 1983, 425 (426); Ahrens/*Bornkamm* Kap. 33 Rn. 37; Teplitzky/*Feddersen* Kap. 49 Rn. 46, 46a; aM OLG Hamburg (5. ZS) MD VSW 2007, 918 (926): voller Streitwert.

193 BGHZ 106, 359 (368 f.); *Köhler*/Bornkamm/Feddersen § 12 Rn. 2.32; aM für den Fall, dass die zur Erledigung führenden Umstände durch den Beklagten herbeigeführt worden sind: OLG Hamburg (5. ZS) MD VSW 2007, 918 (925 f.).

194 BGH GRUR 2006, 879 (880) – Flüssiggastank; Teplitzky/*Schwippert* Kap. 46 Rn. 42 f. und Kap. 52 Rn. 10a *Teplitzky* FS Erdmann, 2002, 889 (894 f., 896 f.); Ahrens/*Bornkamm* Kap. 33 Rn. 34 f.; aM noch BGH GRUR 1998, 1045 (1046) – Brennwertkessel; GRUR 2003, 890 (892) – Buchclub-Kopplungsangebot; OLG Koblenz GRUR 1988, 43 (46).

195 BGH WRP 1989, 572 (574 f.) – Bioäquivalenz-Werbung; Teplitzky/*Schwippert* Kap. 46 Rn. 41.

196 BGH GRUR 2002, 287 (288) – Widerruf der Erledigungserklärung.

197 BGH GRUR 2002, 1000 (1001) – Testbestellung; GRUR 2004, 349 – Einkaufsgutschein II; WRP 2004, 746 – Zeitung am Sonntag; GRUR 2004, 701 (702) – Klinikpackung II; GRUR 2018, 1181 – Anschrift des Klägers; WRP 2019, 874 (875 f.) – Energieeffizienzklasse III.

198 LG Hamburg GRUR-RR 2002, 93 f.

präsenter Zeugen erreichen möchte und/oder eine Aufhebung des Verbots mit Wirkung ex tunc benötigt, um die Festsetzung von Ordnungsmitteln zu verhindern (→ Rn. 331).

d) Kostenentscheidung. aa) Bei **einseitiger Erledigungserklärung** richtet sich die Kostenentscheidung nach §§ 91, 92 ZPO. Billigkeitsgesichtspunkte, etwa analog § 91a ZPO, sind nicht zu berücksichtigen. Es kommt allein darauf an, ob sich die Hauptsache erledigt hat oder nicht. 55

bb) Bei **übereinstimmenden Erledigungserklärungen** – und im Falle des § 91a Abs. 1 S. 2 ZPO – hat das Gericht gemäß § 91a ZPO nach billigem Ermessen unter **Berücksichtigung des bisherigen Sach- und Streitstandes** zu entscheiden. Dazu hat es **summarisch die Sach- und Rechtslage zu prüfen**[199] und darf dabei keinen schwierigen Rechtsfragen ausweichen,[200] auch nicht in rechtlich komplizierten Fällen.[201] Das gilt in der Regel auch, wenn die Parteien sich verglichen, im Vergleich aber dem Gericht die Entscheidung über die Kosten gemäß § 91a ZPO überlassen haben (→ Rn. 277). 56

Da es auf den bisherigen Sach- und Streitstand ankommt, ist eine weitere Tatsachenaufklärung, insbesondere eine **Beweisaufnahme,** die bei streitiger Fortführung des Rechtsstreits notwendig geworden wäre, nicht geboten, auch nicht durch Vernehmung präsenter Zeugen,[202] insbesondere wenn nur die eine Partei ihre Zeugen mitgebracht hat. Andererseits ist eine Beweisaufnahme aber auch nicht unstatthaft.[203] Wenn der Beklagte von seinem Rechtsstandpunkt aus eine Beweisaufnahme für erforderlich hält, sollte er sich der Erledigungserklärung des Klägers erst nach Durchführung einer erforderlichen Beweisaufnahme anschließen. 57

Im **Verfügungsverfahren** kommt wegen § 294 Abs. 2 ZPO nur eine Vernehmung präsenter Zeugen in Betracht. Grundsätzlich ist es nicht möglich, nachträglich eingereichte eidesstattliche Versicherungen zu berücksichtigen, weil sie nicht zum bisherigen Sach- und Streitstand gehören.[204] Die Parteien sollten darauf achten, dass sie alle eidesstattlichen Versicherungen überreichen, bevor sie die Hauptsache für erledigt erklären. 58

Zu streitigem Vorbringen dürfen **Urkunden** verwertet werden, und zwar auch dann, wenn sie erst nach den Erledigungserklärungen überreicht worden, aber als solche unstreitig sind.[205] Das Gericht ist nicht verpflichtet, sehenden Auges eine falsche Entscheidung zu treffen. Daher ist auch **nachträglicher Sachvortrag** zu berücksichtigen, wenn er **unstreitig** bleibt.[206] 59

War der **Ausgang des Rechtsstreits offen,** weil eine Beweisaufnahme notwendig geworden wäre, entspricht es in der Regel billigem Ermessen, die Kosten gegeneinander aufzuheben.[207] Anders ist es, wenn sichere Anhaltspunkte dafür vorhanden sind, dass die Beweisaufnahme voraussichtlich zu einem bestimmten Ergebnis geführt hätte. Ist der Klage ein **Verfügungsverfahren vorangegangen** und haben beide Parteien dort zu streitigem, erheblichem Tatsachenvorbringen **eidesstattliche Versicherungen** ihrer Zeugen vorgelegt, so können diese im Rahmen der Kostenentscheidung im Hauptsacheverfahren berücksichtigt werden. Mangels entgegenstehender Umstände kann davon ausgegangen werden, dass die Zeugen bei einer Vernehmung durch das Gericht voraussichtlich dasselbe ausgesagt hätten, was sie bereits an Eides Statt versichert haben.[208] Eine hierauf beschränkte Würdigung ist aber nicht möglich, wenn über die Vernehmung dieser Zeugen hinaus eine weitere Beweisaufnahme erforderlich geworden wäre, es sei denn, dass auch das Ergebnis 60

[199] BGH GRUR 2005, 41 – Staubsaugersaugrohr.
[200] Vgl. aber Teplitzky/*Schwippert* Kap. 46 Rn. 46.
[201] AM BGHZ 67, 343 (345 f.); BGH GRUR 2005, 41 – Staubsaugersaugrohr; OLG Frankfurt a. M. GRUR 1979, 808 (809).
[202] OLG Köln GRUR 1989, 705; vgl. aber Teplitzky/*Schwippert* Kap. 46 Rn. 47.
[203] BGHZ 21, 298 (300); *Köhler*/Bornkamm/Feddersen § 12 Rn. 2.34.
[204] OLG Frankfurt a. M. GRUR 1989, 934 Ls.
[205] Teplitzky/*Schwippert* Kap. 46 Rn. 48.
[206] Teplitzky/*Schwippert* Kap. 46 Rn. 48.
[207] OLG Köln GRUR 1989, 705; Teplitzky/*Schwippert* Kap. 46 Rn. 47.
[208] AM OLG Frankfurt a. M. WRP 1978, 222 (223).

dieser Beweisaufnahme abzuschätzen ist. Wenn solche eidesstattlichen Versicherungen erstmals im Klageverfahren eingereicht werden, können sie nicht im Rahmen des § 91a ZPO gewürdigt werden.[209] Die **Beweisaufnahme aus einem anderen Verfahren** kann berücksichtigt werden, wenn eine der Parteien deren Ergebnis insbesondere durch Überreichung der Sitzungsniederschrift über die Beweisaufnahme vorgetragen hat, etwa zur Frage der Klagebefugnis, oder wenn sie sich aus einer beigezogenen Akte ergibt.

61 Aus der **Abgabe einer Unterwerfungserklärung** folgt nicht etwa, dass der Beklagte – anders als, abgesehen von Fällen des § 93 ZPO, bei einem Anerkenntnis – automatisch die Kosten zu tragen hat; vielmehr ist der Unterlassungsanspruch zu prüfen.[210] Der Beklagte hat sich in der Regel nicht freiwillig in die Rolle des Unterliegenden begeben. Die Unterwerfungserklärung hat für ihn ohne weiteres auch dann einen Sinn, wenn er sich im Recht fühlt, weil er etwa ohnehin nicht (mehr) so werben will, wie es der Kläger beanstandet. So kann er geltend machen, er habe gar nicht so geworben oder die angegriffene Werbemaßnahme sei für ihn aus zeitlichen oder anderen Gründen überholt. Anders mag es sein, wenn sich feststellen lässt, dass der Beklagte sich ausschließlich unterworfen hat, um eine Beweisaufnahme zu verhindern.[211] Um eine ungewollte Auslegung der Unterwerfungserklärung zu vermeiden, sollte der Schuldner die Unterwerfungserklärung ausdrücklich ohne „Anerkennung einer Rechtspflicht, aber mit Rechtsbindungswillen" abgeben,[212] was an sich selbstverständlich ist.

62 In der Erledigungserklärung des Klägers kann unter besonderen Umständen eine **verdeckte Klagerücknahme** liegen, die es rechtfertigt, zu Gunsten des Beklagten § 269 Abs. 3 ZPO heranzuziehen.[213] Das kommt in Betracht, wenn während des Rechtsstreits überhaupt kein Ereignis eingetreten ist, das zur Erledigung geführt haben könnte. Von einer verdeckten Klagerücknahme kann aber keine Rede sein, wenn nachträglich ein Umstand eingetreten ist, der zwar nicht zum Erlöschen des Unterlassungsanspruches geführt hat, aber von solcher Bedeutung ist, dass er den Kläger verständigerweise veranlassen konnte, den Rechtsstreit nicht mehr weiterzuführen, sondern durch eine Erledigungserklärung zu beenden.[214] So kann es etwa sein, wenn der Beklagte eine Unterwerfungserklärung abgibt, die nur die konkrete Verletzungsform erfasst, und der Kläger diese Erklärung zum Anlass nimmt, auch den verallgemeinerten Unterlassungsantrag für erledigt zu erklären.[215] Wenn sich der Beklagte der Erledigungserklärung mangels erledigenden Ereignisses nicht anschließen sollte, müsste der Kläger zum ursprünglichen Unterlassungsantrag zurückkehren.

63 Hat der Beklagte die **örtliche Unzuständigkeit des angerufenen Gerichtes** gerügt und sich nach Abgabe einer strafbewehrten Unterwerfungserklärung der Erledigungserklärung des Klägers angeschlossen, so ist die Frage der Zuständigkeit im Rahmen der Kostenentscheidung mit zu berücksichtigen.[216] Der Rechtsstreit ist nicht etwa allein wegen der Kostenentscheidung an das zuständige Gericht zu verweisen. Hatte der Beklagte die Rüge zu Recht erhoben, hat der Kläger auf jeden Fall gemäß § 281 ZPO die Mehrkosten zu tragen, die durch die Anrufung des unzuständigen Gerichts entstanden sind.[217] Im Übrigen kommt es darauf an, ob die Klage – abgesehen von der örtlichen Unzuständigkeit – zulässig

[209] OLG Frankfurt a. M. WRP 1987, 116.

[210] OLG Koblenz GRUR 1988, 566; OLG Stuttgart WRP 1986, 576; OLG Köln GRUR 1989, 705; *Köhler*/Bornkamm § 12 Rn. 2.34; Ahrens/*Bornkamm* Kap. 33 Rn. 30; Teplitzky/*Schwippert* Kap. 46 Rn. 45; unzutreffend OLG Hamburg (5. Zivilsenat) MD VSW 2005, 1355 (1358); OLG Bremen OLG-Report 2008, 910 (911).

[211] OLG Stuttgart WRP 1986, 433; OLG Koblenz GRUR 1988, 566; OLG Köln GRUR 1989, 705; OLG Celle OLG-Report 2007, 697 (698).

[212] *Hess* WRP 2003, 353.

[213] Verneint OLG Hamburg WRP 1972, 329.

[214] OLG Hamburg WRP 1980, 424.

[215] OLG Hamburg WRP 1982, 296 Ls.; KG MD VSW 2003, 282 (288).

[216] OLG Hamburg GRUR 1984, 82; ferner zur Rüge der internationalen Unzuständigkeit WRP 1987, 393 (394).

[217] OLG Hamburg GRUR 1984, 82; WRP 1984, 562 (563).

und begründet war.[218] Denn es ist davon auszugehen, dass der Kläger bei streitiger Durchführung des Rechtsstreites spätestens nach einem Hinweis durch das Gericht zumindest hilfsweise Verweisung an das zuständige Gericht beantragt hätte. Das alles gilt auch für das Verfügungsverfahren, und zwar unabhängig davon, ob bei streitiger Fortsetzung das verweisende Gericht wegen seiner Unzuständigkeit die von ihm erlassene Beschlussverfügung aufzuheben hat oder ob diese – zutreffend – bestehen bleibt.

Im Rahmen des § 91a ZPO sind auch die **Voraussetzungen des § 93 ZPO** zu prüfen **64** (→ Rn. 61; → § 13 Rn. 64), insbesondere ob der Beklagte abgemahnt worden ist oder, falls das nicht zutrifft, ob eine Abmahnung entbehrlich war. Für eine umgekehrte Anwendung des § 93 ZPO, wenn etwa der Beklagte vorprozessual verschwiegen hat, dass er sich bereits einem Dritten gegenüber unterworfen hat und deshalb die Wiederholungsgefahr weggefallen ist,[219] besteht keine Veranlassung. Bei streitiger Fortführung des Rechtsstreits wäre die Klage zwar abgewiesen worden. Materiell-rechtlich hat der Beklagte jedoch seine Aufklärungspflicht aus dem Abmahnverhältnis verletzt (→ § 13 Rn. 71) und ist daher im Wege des Schadensersatzes verpflichtet, die unnötigen Kosten zu tragen. Das ist im Rahmen des billigen Ermessens zu berücksichtigen, um einen überflüssigen neuen Rechtsstreit über die Kosten zu vermeiden.[220] Der Kläger ist nicht gehalten, den Erstattungsanspruch im laufenden Rechtsstreit zum Gegenstand eines Zahlungsantrages zu machen.

Entsprechende Überlegungen gelten, wenn das **Ereignis,** das zu den Erledigungserklä- **65** rungen geführt hat, **zwischen Anhängigkeit und Rechtshängigkeit der Klage** liegt. Hierbei ist auch der Rechtsgedanke des § 269 Abs. 3 S. 3 ZPO zu berücksichtigen. Danach hätte der Kläger die Klage zurücknehmen können, um auf diese Weise eine Kostenentscheidung so wie gemäß § 91a ZPO herbeizuführen. Darauf, ob ihm ein materiell-rechtlicher Erstattungsanspruch zusteht,[221] kommt es insoweit nicht mehr an.

Fällt das **erledigende Ereignis in den Verantwortungsbereich einer Partei,** kann **66** das bei der Kostenentscheidung zur Vermeidung unbilliger Ergebnisse berücksichtigt werden.[222] Demgemäß sind etwa in der Regel die Kosten dem Kläger aufzuerlegen, wenn der Rechtsstreit sich dadurch erledigt hat, dass der Beklagte bzw. Antragsgegner die **Einrede der Verjährung** erhoben hat (→ Rn. 46),[223] und zwar auch dann, wenn der Antragsgegner erst nach Eintritt der Verjährung Widerspruch eingelegt hat.[224] Das ergibt sich aus dem Sinn und Zweck der Verjährung, und zwar unabhängig davon, ob die Verjährung bereits vor Rechtshängigkeit bzw. Anhängigkeit oder erst während des Verfahrens eingetreten ist. Es ist unbillig, den Kläger von den Kosten einer solchen zunächst begründeten Klage freizustellen; denn er hatte es in der Hand, den Eintritt der Verjährung zu verhindern. Der Kläger kann dieses Ergebnis auch nicht dadurch vermeiden, dass er statt einer Erledigungserklärung einen Verzicht ausspricht.[225]

Ebenso verhält es sich regelmäßig, wenn der Antragsteller das **Verfügungsverfahren** **67** derart verzögert hat, dass die **zunächst gegebene Eilbedürftigkeit entfallen** sein sollte (→ Rn. 47).[226] Dagegen liegt ein solches nachträgliches Ereignis im Verantwortungsbereich beider Parteien, wenn sie einverständlich das Verfahren nicht zügig genug betrieben haben. Daraus folgt aber nicht, dass die Kosten gegeneinander aufzuheben sind.[227] Vielmehr kommt es auf den Sach- und Streitstand an, wie er vorlag, bevor die Eilbedürftigkeit wegfiel.

---

[218] BGH GRUR 2010, 1037 – unzuständiges Gericht.
[219] AM *Köhler*/Bornkamm/Feddersen § 12 Rn. 2.34.
[220] OLG Hamm MD VSW 2011, 34 (36 f.); Ahrens/*Bornkamm* Kap. 33 Rn. 32.
[221] Vgl. dazu KG WRP 1989, 659 (660 ff.).
[222] Ahrens/*Bornkamm* Kap. 33 Rn. 31.
[223] OLG Hamburg WRP 1982, 161; MD VSW 1985, 951 (952 ff.); Ahrens/*Bornkamm* Kap. 33 Rn. 15 und 31; aM OLG Stuttgart NJW-RR 1996, 1520; OLG Frankfurt a. M. GRUR-RR 2002, 183 (184); KG MD VSW 2010, 703; OLG Köln GRUR 2014, 319; Teplitzky/*Feddersen* Kap. 55 Rn. 32.
[224] AM OLG Celle WRP 1983, 96; GRUR-RR 2001, 285 f.
[225] OLG Hamburg GRUR 1989, 296.
[226] Vgl. aber Ahrens/*Bornkamm* Kap. 33 Rn. 31.
[227] So aber OLG Frankfurt a. M. NJW 1991, 49.

68 Wenn der Kläger, dessen Antrag zulässig und begründet war, die Hauptsache **verspätet für erledigt erklärt** hat, sind ihm deshalb nicht etwa die gesamten Kosten, sondern nur die Mehrkosten aufzuerlegen, die durch die Verspätung entstandenen sind.[228]

69 Gegen den Kostenbeschluss nach § 91a ZPO findet die **sofortige Beschwerde** statt. Eine Rechtsbeschwerde zum BGH ist statthaft.[229] Das gilt aber nicht im Verfügungsverfahren.[230] Bei Verletzung rechtlichen Gehörs kommt eine Gegenvorstellung in Betracht, die gemäß § 321a Abs. 2 ZPO fristgebunden ist.[231] Haben die Parteien nur teilweise die Hauptsache für erledigt erklärt, ist im Urteil einheitlich über die Kosten zu entscheiden **(gemischte Kostenentscheidung).** Soweit es um die Kosten des erledigten Teils geht, kann die betroffene Partei gegen die Kostenentscheidung innerhalb der Beschwerdefrist sofortige Beschwerde einlegen. Legt sie aber Berufung ein, weil sie in der verbliebenen Hauptsache unterlegen ist, kann sie damit innerhalb der Berufungsfrist auch die gegen sie nach § 91a ZPO ergangene Kostenentscheidung angreifen.[232] Sie braucht nicht getrennt sofortige Beschwerde und außerdem Berufung einzulegen. Sollte das aber geschehen sein, etwa weil für die betroffene Partei noch offen war, ob sie Berufung einlegen wird oder nicht, sie für die sofortige Beschwerde aber vorsorglich die Beschwerdefrist einhalten musste, sind die Beschwerde und die Berufung zu einem einheitlichen Berufungsverfahren zu verbinden.

IV. Unterlassungsklage

Schrifttum: *Bernreuther,* Titelgläubiger, Vertragsgläubiger und erneuter Unterlassungsschuldner, WRP 2012, 796; *Brandner/Bergmann,* Zur Zulässigkeit „gesetzeswiederholender" Unterlassungsanträge, WRP 2000, 842; *Doepner,* Anmerkungen zum wettbewerbsrechtlichen Geheimnisschutz im Zivilprozess, in: FS Tilmann, 2003, S. 105; *Dörr,* Das unvollständig erfasste Klagebegehren – Betrachtungen zum verdeckten Teilurteil, FS Erdmann, 2002, 795; *Hölk,* Markenparfüm und Erschöpfung – Konsequenzen zum Umfang markenrechtlicher Ansprüche aus den Entscheidungen „Markenparfümverkäufe" und „Parfümtestkäufe", WRP 2006, 647; *Kehl,* Warum kompliziert, wenn es auch einfacher geht? Ein Plädoyer für die Straffung von Wettbewerbsprozessen, WRP 2000, 904; *Kurtze,* Der „insbesondere"-Zusatz bei Unterlassungsanträgen im Wettbewerbsrecht, FS Nirk, 1992, 571; *Pohlmann,* Das Rechtsschutzbedürfnis bei der Durchsetzung wettbewerbsrechtlicher Unterlassungsansprüche, GRUR 1993, 361; *Stickelbrock,* Mehrfachverfolgung von Wettbewerbsverstößen durch konzernmäßig verbundene Unternehmen, WRP 2001, 648; *Teplitzky,* Anmerkungen zur Behandlung von Unterlassungsanträgen, FS Oppenhoff, 1985, 487; *ders.,* Unterwerfung und konkrete Verletzungsform, WRP 1990, 26; *ders.,* Klageantrag und konkrete Verletzungsform, WRP 1999, 75; *ders.,* Der I. Zivilsenat des BGH und das allgemeine Zivilprozessrecht, FS Erdmann, 2002, 889; *ders.,* Die prozessualen Folgen der Entscheidung des Großen Senats für Zivilsachen zur unberechtigten Schutzrechtsverwarnung, WRP 2005, 1433.

70 **1. Rechtsschutzbedürfnis. a) Allgemeines.** Bei wettbewerbsrechtlichen Unterlassungsklagen taucht die Frage des Rechtsschutzbedürfnisses nur ganz ausnahmsweise auf. Regelmäßig ergibt es sich daraus, dass der Beklagte nach Auffassung des Klägers verstoßen und dadurch Wiederholungsgefahr oder ohne Verstoß Erstbegehungsgefahr begründet hat. Für die Prüfung des Rechtsschutzbedürfnisses ist das **Bestehen des Anspruchs zu unterstellen;** das Rechtsschutzbedürfnis darf nicht mit materiell-rechtlichen Erwägungen verneint werden,[233] insbesondere nicht mit der Begründung, der Beklagte habe eine Unterwerfungserklärung abgegeben.[234] Das Rechtsschutzbedürfnis ist nur dann zu verneinen, wenn der Kläger seinen Anspruch in einem anderen, gleichwertigen Verfahren prozessual

[228] OLG Hamburg MD VSW 2013, 29 (31 f.).
[229] BGH NJW-RR 2004, 999 mit weiteren Nachweisen.
[230] BGH GRUR 2003, 724 – Rechtsbeschwerde II; NJW 2003, 3565.
[231] BGH NJW 2002, 1577; vgl. aber *Zöller/Heßler* ZPO § 567 Rn. 22.
[232] *Zöller/Althammer* ZPO § 91a Rn. 56 mit weiteren Nachweisen.
[233] BGH GRUR 1973, 208 (209) – Neues aus der Medizin; GRUR 1987, 45 (46) – Sommerpreiswerbung; GRUR 1993, 576 (577) – Datatel; GRUR 1994, 823 (824) – Preisrätselgewinnauslobung II.
[234] OLG Köln WRP 1996, 333 (336); *Köhler*/Bornkamm/Feddersen § 12 Rn. 2.15.

einfacher und kostengünstiger durchsetzen kann.[235] Die Voraussetzungen des § 259 ZPO müssen nicht vorliegen.[236]

71 Macht der Kläger einen **vertraglichen Unterlassungsanspruch** geltend, gilt § 259 ZPO ebenfalls nicht. Das Rechtsschutzinteresse ist regelmäßig zu bejahen, auch wenn es noch nicht zu einem Verstoß gekommen ist und ein solcher auch nicht droht.[237] Der Gläubiger hat ein berechtigtes Interesse an der Titulierung, während der Schuldner sein Kosteninteresse gemäß § 93 ZPO wahren kann.

72 **b) Bestehen des Rechtsschutzbedürfnisses.** Das Rechtsschutzinteresse ist in folgenden Fällen bejaht worden:

Besteht **wegen einer ähnlichen Verletzungshandlung** bereits ein **Unterlassungstitel** und kann die nunmehr beanstandete konkrete Verletzungshandlung möglicherweise auch als Verstoß gegen das bereits vorhandene Verbot, dessen Rechtskraft der neuen Unterlassungsklage nicht entgegensteht, verfolgt werden, so ist das Rechtschutzinteresse gleichwohl gegeben, wenn der Ausgang des Ordnungsmittverfahrens ungewiss ist und Verjährung hinsichtlich des neuen Verstoßes droht.[238]

Ein **Verfügungsverfahren** steht nicht entgegen;[239] denn dort geht es, selbst wenn es formell rechtskräftig abgeschlossen wird, nur um eine vorläufige Regelung, die noch nicht zu einem endgültigen, rechtskräftigen Verbot führt. Etwas anderes ergibt sich nicht daraus, dass der Antragsgegner auf das Recht zur Klagefristsetzung (§ 926 ZPO) verzichtet hat.[240] Unerheblich hierfür ist auch, dass der Antragsgegner auf die Einrede der Verjährung verzichtet hat.[241]

Die **Klage oder der Titel eines Dritten** stehen ebenfalls nicht entgegen.[242] Hier geht es um einen anderen Streitgegenstand. Der Kläger hat auch keinen Einfluss auf die Prozessführung und auf die Vollstreckung durch den Dritten. Wird das Urteil, das der andere erwirkt hat, rechtskräftig, könnte aber die Wiederholungsgefahr entfallen (vgl. dazu → § 13a Rn. 22).

Eine (mögliche) **Vertragsstrafenklage** vermag nicht das Rechtsschutzbedürfnis für eine Unterlassungsklage in Frage zu stellen.[243] Das Rechtsschutzinteresse wird ferner nicht dadurch ausgeschlossen, dass der Beklagte eine **strafbewehrte Unterlassungserklärung** abgegeben und der Kläger sie nicht angenommen hat. Die Frage, ob die Wiederholungsgefahr entfallen ist, gehört dem materiellen Recht an.[244]

Zum Verfahren vor den **Einigungsstellen** vgl. §§ 13a Abs. 5 und 15.

Das Rechtsschutzbedürfnis ist nicht deshalb zu verneinen, weil bereits ein behördliches Verbot besteht.[245]

Die Möglichkeit eines **berufsgerichtlichen Verfahrens oder eines Strafverfahrens** lässt das Rechtsschutzbedürfnis nicht entfallen.[246]

---

[235] BGH GRUR 1980, 241 (242) – Rechtsschutzbedürfnis; GRUR 1993, 556 (558) – TRIANGLE; vgl. dazu GRUR 2020, 886 (887 f.) – Preisänderungsregelung.

[236] Ahrens/*Ahrens* Kap. 14 Rn. 2; Teplitzky/*Schwippert* Kap. 51 Rn. 59.

[237] Vgl. aber BGH GRUR 1999, 522 (524) – Datenbankabgleich; Teplitzky/*Schwippert* Kap. 51 Rn. 59; vgl. auch *Köhler*/Bornkamm/Feddersen § 12 Rn. 2.16.

[238] BGH GRUR 2011, 742 (744) – Leistungspakete im Preisvergleich.

[239] BGH GRUR 1973, 384 – Goldene Armbänder; OLG Köln NJWE-WettbR 1999, 92; OLG Frankfurt a. M. GRUR-RR 2008, 96.

[240] BGH GRUR 1989, 115 – Mietwagen-Mitfahrt.

[241] OLG Hamm WRP 1992, 655.

[242] BGH GRUR 1960. 379, 381 – Zentrale; GRUR 1987, 45 (46) – Sommerpreiswerbung; KG WRP 1993, 22 (23); *Köhler* WRP 1992, 359 (361).

[243] BGH GRUR 1980, 241 (242) – Rechtsschutzbedürfnis.

[244] Teplitzky/Schwippert Kap. 51 Rn. 57.

[245] BGH GRUR 2019, 298 (300) – Uber Black II.

[246] BGH GRUR 1957, 558 (560) – Bayern-Express; GRUR 1981, 596 (597) – Apotheken-Steuerberatungsgesellschaft; GRUR 2006, 598 (599) – Zahnarztbriefbogen.

Das Rechtsschutzbedürfnis ist auch dann zu bejahen, wenn der Kläger nicht den Hauptverletzer in Anspruch nimmt, sondern **Klage nur gegen einen untergeordneten Verletzer** erhebt.[247]

Eigenes wettbewerbswidriges Verhalten des Klägers ist prozessual ohne Bedeutung.[248]

Zum **Missbrauch der Klagebefugnis** vgl. § 8c. Das Gericht kann offen lassen, ob ein Missbrauch vorliegt und die Klage daher unzulässig ist, wenn sie jedenfalls unbegründet ist.[249]

Eine **negative Feststellungsklage des Beklagten** schließt das Rechtsschutzinteresse für eine Unterlassungsklage nicht aus.[250] Nur hiermit kommt der Kläger zu einem Verbot.

73 **c) Fehlen des Rechtsschutzbedürfnisses.** Das Rechtsschutzbedürfnis ist zu verneinen, wenn der Kläger bereits über einen **Prozessvergleich** verfügt[251] oder über einen **Verfügungstitel,** der einem Titel in der Hauptsache dann gleichkommt, wenn der Beklagte eine **Abschlusserklärung** abgegeben hat.[252] Daraus kann der Kläger bei einem neuen Verstoß vorgehen. Ein Verbot in der Hauptsache bringt ihm keine weiteren Möglichkeiten der Vollstreckung. Die Wirkung der Abschlusserklärung reicht so weit wie der Verbotsumfang. Ein Verbot, das sich auf die konkrete Verletzungsform beschränkt ist, umfasst auch im Kern gleichartige Abwandlungen, in denen das Charakteristische der konkreten Verletzungsform zum Ausdruck kommt.[253] Das Rechtschutzinteresse entfällt, wenn der Kläger gegen den Beklagten in einem Parallelverfahren einen rechtskräftigen Unterlassungstitel erwirkt hat, der trotz verschiedener Streitgegenstände – verschiedener Verletzungshandlungen – auf Grund vorgenommener Verallgemeinerungen den gleichen Verbotsumfang hat.[254] Geschieht das während des zweiten Verfahrens, hat der Kläger hier die Hauptsache für erledigt zu erklären.[255] – Das Rechtsschutzinteresse für eine Klage entfällt noch nicht durch Abgabe und Zugang einer **notariellen Unterwerfungserklärung** gemäß § 794 Abs. 1 Nr. 5 ZPO (vgl. → Rn. 286),[256] sondern erst durch Zustellung des Androhungsbeschlusses[257]; dadurch entfällt auch die Wiederholungsgefahr. Das gilt ebenso für einen Antrag auf Erlass einer einstweiligen Verfügung.[258]

74 Das Rechtsschutzinteresse ist grundsätzlich zu verneinen, wenn der Kläger dem Beklagten mit der Unterlassungsklage verbieten will, dass er sich in einem bevorstehenden oder laufenden, behördlichen oder gerichtlichen Verfahren in der beanstandeten Weise verhält.[259] Ebenso ist es regelmäßig bei Unterlassungsklagen, die sich dagegen richten, dass der

---

247 BGH GRUR 1976, 256 (257) – Rechenscheibe; vgl. auch BGH GRUR 1977, 114 (115) – VUS.

248 *Köhler*/Bornkamm/Feddersen § 12 Rn. 2.17 (6).

249 BGH GRUR 1999, 509 (510) – Vorratslücken; GRUR 2002, 1095 – Telefonische Vorratsanfrage; Teplitzky/*Büch* Kap. 13 Rn. 52.

250 BGH GRUR 1994, 823 (824) – Preisrätselgewinnauslobung II.

251 OLG Hamburg MD VSW 2006, 742 (744 f., 746); OLG Dresden NJW-RR 2018, 1196 f.

252 BGH GRUR 1973, 384 – Goldene Armbänder; GRUR 1991, 76 (77) – Abschlusserklärung; GRUR 2009, 1096 (1097 f.) – Mescher weis; GRUR 2010, 855 (856) – Folienrollos; KG WRP 1998, 1189 (1190).

253 BGH GRUR 2010, 855 (856) – Folienrollos; OLG Frankfurt a. M. GRUR-RR 2012, 404 f.

254 BGH GRUR 2006, 421 – Markenparfümverkäufe; *v. Ungern-Sternberg* GRUR 2009, 1009 (1015 f.).

255 Der BGH GRUR 2006, 421 (423) – Markenparfümverkäufe hat dazu nicht Stellung genommen, obwohl das Unterlassungsurteil im ersten Verfahren während des Revisionsverfahrens im zweiten Verfahren rechtskräftig geworden ist. Vgl. dazu *Kamlah/Ulmar* WRP 2006, 967 (972) Fn. 44; *Lehment* WRP 2007, 237 (240); *Teplitzky* GRUR 2007, 177 (183). Der Kläger hatte diesen Umstand nicht zum Anlass genommen, die Hauptsache für erledigt zu erklären.

256 BGH GRUR 2016, 1316 (1317 f.) – Notarielle Unterwerfungserklärung – mit Anm. *Tavanti* WRP 2016, 1488 ff.; vgl. auch KG WRP 2017, 457 (458) und LG Berlin WRP 2015, 1407 (1408 f.).

257 *Tavanti* WRP 2016, 1498 (1499).

258 OLG Köln GRUR-RR 2015, 405 f.; OLG Düsseldorf GRUR-RR 2017, 430 f.; ausführlich zur notariellen Unterlassungserklärung *Goldmann* → § 8 Rn. 109 ff. und Köhler/*Bornkamm*/Feddersen § 12 Rn. 1.162 ff.

259 BGH GRUR 1987, 568 f. – Gegenangriff; GRUR 1998, 587 (589) – Bilanzanalyse Pro 7; GRUR 2010, 253 (254 f.) – Fischdosendeckel (betr. Äußerungen in der Beschreibung eines Patents); GRUR 2013, 305 (306 f.) – Honorarkürzung (betr. Äußerungen im Rahmen der außergerichtlichen Schadensregulierung

Beklagte den Kläger – nicht dessen Abnehmer (→ § 13 Rn. 108) – abmahnt.[260] Jeder ist grundsätzlich berechtigt, seine vermeintlichen Unterlassungsansprüche letztlich vor Gericht geltend zu machen. Zuvor hat er jedoch abzumahnen (§ 13),[261] um zu vermeiden, dass ihm gemäß § 93 ZPO die Kosten auferlegt werden. Jedenfalls entfällt das Rechtsschutzbedürfnis, wenn der Abmahner seinerseits Unterlassungsklage erhebt und diese nicht mehr einseitig zurücknehmen kann.[262]

2. Bestimmtheitsgebot. a) Allgemeines. Nach § 253 Abs. 2 Nr. 2 ZPO ist ein **bestimmter Klageantrag** erforderlich. Fehlt es daran, ist die Klage unzulässig. Erst wenn festgestellt worden ist, dass der Antrag hinreichend bestimmt ist, darf die Begründetheit geprüft werden (vgl. → Rn. 29 und 84).[263] Zuvor kann das Gericht die Klage nicht als unbegründet abweisen, weil kein materiell-rechtlicher Anspruch bestehe.[264] Das prozessuale Bestimmtheitsgebot ist zu unterscheiden vom materiellrechtlichen Konkretisierungsgebot (→ Rn. 97 ff.).[265] Die Bestimmtheit ist **von Amts wegen zu prüfen.** Der bestimmte Klageantrag legt den Umfang des Streitgegenstandes fest (→ Rn. 18), dessen Rahmen das Gericht wegen § 308 ZPO nicht überschreiten darf. Ferner muss der Beklagte wissen, was ihm verboten werden soll, damit er sich hinreichend verteidigen kann. Das alles gilt auch für die Folgeanträge auf Auskunft/Rechnungslegung und Feststellung der Schadensersatzpflicht. Begehrt der Kläger Verbote verschiedener Handlungen, deren Ausspruch von verschiedenen tatsächlichen und rechtlichen Voraussetzungen abhängt, erfordert es das Bestimmtheitsgebot, dass die einzelnen Handlungen in gesonderten Anträgen als konkrete Verletzungsformen umschrieben werden.[266] Das Bestimmtheitsgebot gilt nicht nur für eine Unterlassungsklage, die auf einem Verstoß beruht, sondern regelmäßig auch für eine vorbeugende Unterlassungsklage.[267] 75

Das Bestimmtheitsgebot[268] betrifft nicht nur den Klageantrag, sondern nachfolgend **auch das vom Gericht erlassene Verbot,** das den Unterlassungsantrag inhaltlich umsetzt. Der Beklagte, der das Verbot zu befolgen hat, muss zuverlässig wissen, was ihm verboten worden ist. Entsprechendes gilt auch für das Vollstreckungsgericht. Diesem darf, soweit möglich, nicht die Entscheidung darüber überlassen werden, was dem Beklagten verboten worden ist. Auch der Umfang der Rechtskraft lässt sich nur dann zuverlässig feststellen, wenn das Verbot hinreichend bestimmt ist. 76

---

durch einen Haftpflichtversicherer); GRUR 2013, 647 (648 f.) – Rechtsmissbräuchlicher Zuschlagsbeschluss; KG MD VSW 2002, 841 (842); OLG Düsseldorf GRUR 2014, 1219 (1220 ff.) (betr. Äußerungen einer privaten Krankenversicherung gegenüber ihren Versicherungsnehmern wegen Zahnarzthonorar); Teplitzky/*Bacher* Kap. 19 Rn. 16 ff., Teplitzky/*Schwippert* Kap. 51 Rn. 55; vgl. dazu OLG Hamburg OLG-Report 2009, 908 (912) (Äußerung gegenüber AVAD).

[260] Vgl. dazu Teplitzky/*Schwippert* Kap. 51 Rn. 56; vgl. KG GRUR-RR 2017, 85 f. (Verfügungsverfahren); vgl. zur unberechtigten Schutzrechtsverwarnung: BGH GRUR 2005, 882 – Unberechtigte Schutzrechtsverwarnung; *Teplitzky* WRP 2005, 1433; vgl. auch OLG Köln NJW 2019, 306 (307 f.) (betr. Verbotsantrag gegen Kündigungen einer Bausparkasse gegenüber Verbrauchern).

[261] OLG Hamburg WRP 2001, 956 (958, 963 f.), das allerdings nicht das Rechtsschutzinteresse verneint, sondern materiell-rechtlich argumentiert hat.

[262] OLG Nürnberg GRUR-RR 2007, 45 (46).

[263] BGH GRUR 2012, 1145 (1147) – Pelikan; GRUR 2013, 850 f. – Grundpreisangabe im Supermarkt.

[264] Anders aber BGH GRUR 2009, 1075 f. – Betriebsbeobachtung; GRUR-RR 2012, 475 (476) – Matratzen.

[265] Teplitzky/*Schwippert* Kap. 51 Rn. 11.

[266] BGH GRUR 2003, 958 (960) – Paperboy.

[267] BGH GRUR 2015, 1201 (1206) – Sparkassen-Rot/Santander-Rot; GRUR 2019, 188 (191) – Crailsheimer Stadtblatt II.

[268] BGH GRUR 1998, 489 (491) – Unbestimmter Unterlassungsantrag III; GRUR 2001, 453 (454) – TCM-Zentrum; GRUR 2002, 77 (78) – Rechenzentrum; GRUR 2002, 1088 (1089) – Zugabenbündel; GRUR 2007, 896 (898) – Eigenpreisvergleich; GRUR 2011, 433 (434) – Verbotsantrag bei Telefonwerbung; GRUR 2012, 405 – Kreditkontrolle; GRUR 2013, 421 (426) – Pharmazeutische Beratung über Call-Center; GRUR 2016, 946 (948) – Freunde finden; WRP 2018, 328 (329 f.) – Festzins Plus.

77 **aa) Problematik.** Bei der Formulierung eines bestimmten Klageantrages stecken die Probleme in den Einzelheiten des jeweiligen Falles. Es sind **vier Möglichkeiten des Angriffs** zu unterscheiden:

– Der Antrag richtet sich ausschließlich gegen eine ganz konkrete Verletzungsform.
– Der Antrag umfasst nicht nur die identische Werbung, sondern auch im Kern gleiche Handlungen.
– Der Antrag erfasst Verallgemeinerungen, die über die konkrete Verletzungsform hinausgehen, in denen aber deren Charakteristika zum Ausdruck kommen.
– Der Antrag erfasst Verallgemeinerungen, in denen nicht mehr die Charakteristika der konkreten Verletzungsform zum Ausdruck kommen.

78 Unproblematisch sind regelmäßig nur solche Anträge, die lediglich das konkrete Verhalten des Beklagten, wie etwa wörtlich eine konkrete Anzeige, wiedergeben.[269] Derartige Anträge umfassen auch kerngleiche Handlungen **(„Kerntheorie“),**[270] wie bloße sprachliche Abwandlungen, was noch keine Verallgemeinerung über die konkrete Verletzungsform hinaus darstellt; Formulierungen, die nur auf einen solchen Antragsbereich hinweisen, wie zB „mit Aussagen wie“, machen den Antrag nicht unbestimmt.[271] Gelegentlich kann es sogar schwierig sein, die konkrete Verletzungshandlung im Antrag zu beschreiben.[272] Hilfreich ist dann die Bezugnahme auf Anlagen (→ Rn. 95).

79 Häufig wird sich der Kläger damit aber nicht zufrieden geben, sondern ein Verbot erstreben, das eine – zulässige (vgl. dazu → Rn. 102) – **Verallgemeinerung** enthält. Bei jeder Verallgemeinerung besteht jedoch für ihn die Gefahr,[273] dass der verallgemeinerte Antrag

– zu unbestimmt und daher unzulässig ist;
– zwar bestimmt ist, aber materiell-rechtlich zu weit geht und daher (teilweise) unbegründet ist;
– die konkrete Verletzungsform verfehlt und aus diesem Grunde (teilweise) unbegründet ist, wenn nicht unabhängig davon Erstbegehungsgefahr besteht.

80 Die Formulierung eines erfolgversprechenden Unterlassungsantrages bereitet in vielen Fällen erhebliche Schwierigkeiten, und zwar umso mehr, je weiter sich der Kläger dabei von der konkreten Verletzungsform entfernt. Diese Schwierigkeiten können rein sprachlich sein, sich inhaltlich aber auch aus dem materiellen Recht ergeben, das dem Kläger Grenzen für einen begründeten Antrag zieht. Eindeutig formulierte Anträge liegen im Interesse beider Parteien, auch im wohlverstandenen Interesse des Beklagten.[274] Wenn irgend möglich, sollte der **Antrag aus sich heraus verständlich** sein und den Streitgegenstand eindeutig kennzeichnen, ohne dass zur Auslegung noch auf die Begründung zurückgegriffen werden muss.

81 **bb) Auslegung des Antrages.** Wenn erforderlich, ist der Klageantrag nicht nur aus sich heraus **auszulegen.** Vielmehr ist bei Unklarheiten die **Klagebegründung,** insbesondere die konkrete Verletzungshandlung heranzuziehen.[275] Die Auslegung kann ergeben, dass

[269] BGH GRUR 2001, 453 (454) – TCM-Zentrum; GRUR 2002, 75 (76) – SOOOO ... BILLIG!?; GRUR 2002, 993 (994) – Wie bitte?!

[270] Vgl. zur „Kerntheorie“ *M. Schmidt* GRUR-Prax 2012, 179 (180).

[271] BGH GRUR 2002, 177 (178 f.) – Jubiläumsschnäppchen.

[272] Vgl. BGH GRUR 1985, 294 (295) – Füllanlage.

[273] Teplitzky/*Schwippert* Kap. 51 Rn. 5–7.

[274] Teplitzky/*Schwippert* Kap. 51 Rn. 2a.

[275] BGH GRUR 2002, 177 (178 f.) – Jubiläumsschnäppchen; GRUR 2003, 231 (232) – Staatsbibliothek; GRUR 2008, 254 (255) – THE HOME STORE; GRUR 2008, 532 (533, 534) – Umsatzsteuerhinweis; GRUR 2008, 702 (704) – Internet-Versteigerung III; GRUR 2009, 73 (75) – Telefonieren für 0 Cent!; GRUR 2009, 498 – Bananabay I; GRUR 2010, 248 (249 f.) – Kamerakauf im Internet; GRUR 2010, 616 (618) – marions-kochbuch.de; GRUR 2010, 654 (655) – Zweckbetrieb; GRUR 2011, 82 (85) – Preiswerbung ohne Umsatzsteuer; GRUR 2011, 152 (153) – Kinderhochstühle im Internet; GRUR 2011, 843 (844) – Vorrichtung zur Schädlingsbekämpfung; GRUR 2011, 1140 (1141) – Schaumstoff Lübke; GRUR 2012, 58 (60) – Seilzirkus; GRUR 2013, 421 (426) – Pharmazeutische Beratung über Call-Center; GRUR

sich der Antrag trotz seiner weitergehenden Formulierung nur auf das Gesamtbild der konkreten Werbung beziehen soll.[276] Die Auslegung von Anträgen, die nicht aus sich heraus eindeutig sind, ist nachrangig gegenüber der Pflicht des Tatrichters, auf sachdienliche Anträge hinzuwirken.[277] Das ändert aber nichts daran, dass eine absolute Eindeutigkeit bei der Formulierung des Antrages nicht möglich und bei fehlender Eindeutigkeit doch eine Auslegung geboten ist (vgl. auch → Rn. 226 f.). Die Aufklärungs- und Hinweispflicht des Gerichts kann lediglich dazu führen, dass der Antrag so klar wie irgend möglich formuliert wird.

cc) Hinweispflicht des Gerichts. Nach § 139 ZPO ist das Gericht verpflichtet, unter Erörterung der Sach- und Rechtslage **auf sachdienliche Anträge hinzuwirken.** Darauf sollten alle Beteiligten von Anfang an größten Wert legen. Sonst können sich in den weiteren Instanzen erhebliche Schwierigkeiten ergeben, den Sinn des Antrages durch Auslegung zu ermitteln und so den Streitgegenstand zu bestimmen, um noch zu retten, was zu retten ist. Im übrigen trägt eine umfassende Erörterung der Anträge häufig dazu bei, die eigentlichen Streitpunkte zu erkennen und den Rechtsstreit auch schon vom Antrag her auf diese Punkte zu konzentrieren. So ergeben sich vielfach Möglichkeiten für einen (Teil-)Vergleich oder wenigstens für die Abgabe einer Unterwerfungserklärung, die den Rechtsstreit teilweise erledigt, so dass Fragen ausgeklammert werden, an deren Entscheidung beiden Parteien überhaupt nicht gelegen ist. 82

Ist der Antrag unbestimmt, darf das Gericht nicht von sich aus ein bestimmtes Verbot formulieren,[278] es sei denn, dass es sich lediglich um eine **redaktionelle Umformulierung** im Wege der Auslegung handelt. Abgesehen davon, hat es gemäß § 139 ZPO darauf hinzuwirken, dass der Kläger einen **Klageantrag** stellt, **der den Voraussetzungen des § 253 Abs. 2 Nr. 2 ZPO genügt.**[279] Dem Kläger ist es gemäß § 139 ZPO auch zu ermöglichen, seinen Antrag veränderten Umständen und/oder neuen rechtlichen Gesichtspunkten anzupassen,[280] dagegen nicht, einen neuen Streitgegenstand einzuführen.[281] 83

Die Bestimmtheit des Klageantrages ist auch noch im **Revisionsverfahren** von Amts wegen zu überprüfen.[282] Gegebenenfalls ist die Klage als unzulässig abzuweisen, wenn nicht eine Zurückverweisung geboten ist, weil das Berufungsgericht seiner Hinweispflicht nicht nachgekommen ist oder die Klage entgegen der Auffassung des BGH als zulässig angesehen hat.[283] Der Kläger erhält so die Gelegenheit, seinen Antrag neu zu fassen (vgl. dazu 84

2013, 850 f. – Grundpreisangabe im Supermarkt; GRUR 2013, 1229 (1230) – Kinderhochstühle im Internet II (bei Störerhaftung); GRUR 2015, 485 (487). – Kinderstühle im Internet III; GRUR 2015, 498 (503 f.) – Combiotik; GRUR 2016, 1076 (1077) – LGA tested; GRUR 2016, 1073 – Geo-Targeting; WRP 2016, 1222 (1223) – Rechtsberatung durch Entwicklungsingenieur; GRUR 2017, 95 (96) – Arbeitnehmerüberlassung; GRUR 2017, 922 (923) – Komplettküchen; GRUR 2017, 1281 (1282) – Großhandelszuschläge; GRUR 2018, 196 – Eigenbetrieb Friedhöfe; GRUR 2018, 417 (420) – Resistograph.

[276] BGH GRUR 2002, 177 (179) – Jubiläumsschnäppchen; WRP 2009, 967 (968) – Ohrclips; GRUR 2010, 850 (852) – Brillenversorgung II; GRUR 2012, 728 – Einkauf Aktuell; GRUR 2013, 1259 – Empfehlungs-E-Mail; verneint in GRUR 2003, 340 (341) – Mitsubishi.

[277] Teplitzky/*Schwippert* Kap. 51 Rn. 10.

[278] BGH GRUR 1991, 254 (257) – Unbestimmter Unterlassungsantrag I; GRUR 1998, 489 (492) – Unbestimmter Unterlassungsantrag III; GRUR 2002, 86 (89) – Laubhefter.

[279] BGH GRUR 1996, 796 (797) – Setpreis; GRUR 2003, 886 (887) – Erbenermittler; *Danelzik* WRP 1999, 18 (19 f.); *Kehl* WRP 2000, 904 (907 f.).

[280] BGH GRUR 1999, 757 (759) – Auslaufmodelle I; GRUR 1999, 1017 (1019) – Kontrollnummernbeseitigung.; GRUR 2013, 1259 – Empfehlungs-E-Mail.

[281] BGH GRUR 2001, 352 (354) – Kompressionsstrümpfe; GRUR 2001, 755 (758) – Telefonkarte; GRUR 2001, 1178 (1181) – Gewinn-Zertifikat; GRUR 2008, 614 (615) – ACERBON.

[282] BGH GRUR 2000, 1076 (1077 f.) – Abgasemissionen; GRUR 2001, 80 – ad-hoc-Meldung; GRUR 2002, 77 (78) – Rechenzentrum; GRUR 2002, 177 (178 f.) – Jubiläumsschnäppchen; GRUR 2003, 958 (960) – Paperboy; GRUR 2004, 151 (152) – Farbmarkenverletzung I; GRUR 2011, 152 (157) – Kinderhochstühle im Internet; GRUR 2011, 936 (937) – Double-opt-in-Verfahren; GRUR 2011, 1050 (1051) – Ford-Vertragspartner; WRP 2018, 328 (329 f.) – Festzins Plus; GRUR 2019, 79 (80) – Tork.

[283] BGH GRUR 2015, 1201 (1206) – Sparkassen-Rot/Santander-Rot; GRUR 2016, 88 (90) – Parallelimport von Pflanzenschutzmitteln; GRUR 2017, 422 (424) – ARD-Buffet.

→ Rn. 75).[284] Der Kläger und die Tatsacheninstanzen müssen daher die größtmögliche Sorgfalt aufbringen, um unbestimmte Klageanträge zu vermeiden.

85 **b) Begriffe ohne eindeutigen Inhalt. aa) Problematik.** Der Kläger wird sich bei der Formulierung eines verallgemeinerten Antrages häufig **allgemeiner Begriffe** bedienen, die keinen eindeutigen Inhalt haben. Völlige Eindeutigkeit in jedem Einzelfall lässt sich erfahrungsgemäß nicht erreichen. Es kann nur um ein mehr oder weniger großes Maß von Bestimmtheit gehen. Demgemäß lässt sich auch nicht völlig ausschließen, dass das Vollstreckungsgericht solche Begriffe auszulegen und zu bewerten hat.[285]

86 Die Anforderungen an die Bestimmtheit sind in **Abwägung der beiderseitigen schutzwürdigen Interessen** festzulegen, nämlich des Interesses des Beklagten an Rechtsklarheit und Rechtssicherheit und des Klägers an einem wirksamen Rechtsschutz. Danach ist es möglich, Begriffe zu verwenden, die der Auslegung bedürfen.[286] Maßgeblich kann es darauf ankommen, ob sich der benutzte Begriff auf den Kern des erstrebten Verbotes oder nur auf mehr oder weniger theoretische Randfragen bezieht[287] oder ob er an sich nur ein Teil der Klagebegründung ist.[288] In vielen Fällen ergibt die **Auslegung des Antrages** unter Berücksichtigung der Klagebegründung, insbesondere der konkreten Verletzungshandlung, wie ein Begriff zu verstehen ist, und demgemäß eine genügende Bestimmtheit des Antrages.[289] Dabei sind auch klarstellende Erklärungen des Klägers zu berücksichtigen, die meist durch das Gericht veranlasst werden. Eine solche Klarstellung kommt ausnahmsweise auch noch in der Revisionsinstanz in Betracht.[290] Bei der Kostenentscheidung hat das Gericht aber zu beachten, ob die „Klarstellung" nicht nur redaktioneller Art ist, sondern in Wirklichkeit eine teilweise Rücknahme der Klage enthält (→ Rn. 41).

87 **Zur Verdeutlichung kann der Antrag Beispiele nennen oder auf die konkrete Verletzungshandlung Bezug nehmen** („wie in der beigefügten Anlage" oder „wie aus der nachstehend abgebildeten Darstellung ersichtlich" oder „wie geschehen", vgl. dazu auch → Rn. 95, 107 und 110).[291] Dadurch soll zum Ausdruck gebracht werden, dass auch

---

[284] BGH GRUR 1998, 489 (492) – Unbestimmter Unterlassungsantrag III; GRUR 2000, 438 (441) – Gesetzeswiederholende Unterlassungsanträge; GRUR 2002, 77 (78) – Rechenzentrum; GRUR 2002, 86 (89) – Laubhefter; GRUR 2003, 886 (887) – Erbenermittler; GRUR 2005, 692 (694) – „statt"-Preis; GRUR 2007, 607 (609) – Telefonwerbung für „Individualverträge"; GRUR 2008, 84 (86) – Versandkosten; GRUR 2008, 254 (256) – THE HOME STORE; GRUR 2008, 357 (359) – Planfreigabesystem; GRUR 2011, 345 (347) – Hörgeräteversorgung II; GRUR 2011, 1050 (1051) – Ford-Vertragspartner; GRUR 2012, 945 (948) – Tribenuronmethyl; GRUR 2013, 1235 f. – Restwertbörse II; GRUR 2017, 194 (198) – Orthopädietechniker; WRP 2018, 328 (330) – Festzins Plus.

[285] BGH GRUR 2002, 86 (88) – Laubhefter; GRUR 2002, 248 (250) – SPIEGEL-CD-ROM; GRUR 2002, 1088 (1089) – Zugabenbündel; GRUR 2004, 696 (699) – Direktansprache am Arbeitsplatz I; GRUR 2005, 443 (445) – Ansprechen in der Öffentlichkeit II; GRUR 2005, 604 (605) – Fördermittelberatung; GRUR 2006, 504 (505) – Parfümtestkäufe; GRUR 2016, 268 (270) – Störerhaftung des Access-Providers.

[286] BGH GRUR 2009, 977 (979) – Brillenversorgung I; GRUR 2011, 433 (434) – Verbotsantrag bei Telefonwerbung; GRUR 2012, 405 f. – Kreditkontrolle; GRUR 2013, 421 (426) – Pharmazeutische Beratung über Call-Center; GRUR 2017, 79 (81) – Segmentstruktur.

[287] BGH GRUR 2002, 1088 (1089) – Zugabenbündel; GRUR 2004, 151 (152) – Farbmarkenverletzung I.

[288] BGH GRUR 2000, 228 – Musical-Gala; GRUR 2000, 616 (617) – Auslaufmodelle III; GRUR 2000, 619 (620) – Orient-Teppichmuster; Teplitzky/*Schwippert* Kap. 51 Rn. 8.

[289] BGH GRUR 2003, 242 (243 f.) – Dresdner Christstollen; GRUR 2007, 896 (898) – Eigenpreisvergleich; GRUR 2016, 1303 – Kinderstube.

[290] BGH GRUR 2001, 80 – ad-hoc-Meldung.

[291] Vgl. etwa BGH GRUR 1998, 471 (474 f.) – Modenschau im Salvatorkeller; GRUR 1998, 481 (482) – Auto '94; GRUR 2000, 228 – Musical-Gala; GRUR 2000, 619 (621) – Orient-Teppichmuster; GRUR 2000, 709 (711) – Marlene Dietrich; GRUR 2001, 529 (531) – Herz-Kreislauf-Studie; GRUR 2002, 75 (76) – SOOO... BILLIG!?; GRUR 2002, 910 (912) – Muskelaufbaupräparate; GRUR 2002, 1046 (1047) – Faxkarte; GRUR 2004, 72 – Coenzym Q 10; GRUR 2006, 164 (165) – Aktivierungskosten II; GRUR 2007, 981 (982) – 150 % Zinsbonus; GRUR 2008, 702 (704) – Internet-Versteigerung III; GRUR 2008, 727 (728) – Schweißmodulgenerator; GRUR 2010, 248 (249 f.) – Kamerakauf im Internet; GRUR 2010, 749 (752) – Erinnerungswerbung im Internet; GRUR 2010, 1110 (1111) – Versandkosten bei FROOGLE II; GRUR 2011, 82 (82 und 85) – Preiswerbung ohne Umsatzsteuer; GRUR 2011, 934 (935) und 2011, 1151 (1152) – Original Kanchipur; GRUR 2012, 842 (843) – Neue Personenkraftwagen; GRUR 2015, 403 (408)

im wesentlichen Kern gleiche Handlungen erfasst sein sollen. Meint der Kläger aber nicht nur solche, sondern auch ähnliche Handlungen, so kann der Antrag insoweit unbestimmt sein.[292] Eine Bezugnahme auf die konkrete Verletzungsform kann bei auslegungsbedürftigen Formulierungen geboten sein, um die Bestimmtheit des Antrages herbeizuführen.[293]

Da es stets auf die besonderen Umstände des Einzelfalles ankommt, kann derselbe Begriff wie etwa „unübersehbar" je nach dem **Text- und Sinnzusammenhang** in dem einen Fall unbestimmt,[294] in dem anderen dagegen – insbesondere in einschränkenden Zusätzen – hinreichend bestimmt sein.[295] Verwendet der Kläger einen Begriff, der zu allgemein ist, folgt daraus nicht unbedingt, dass der Antrag unbestimmt ist. Vielmehr ist zu unterscheiden zwischen einem allgemeinen Antrag, der **unbestimmt und daher unzulässig** ist, und einem allgemeinen Antrag, der zwar bestimmt ist, aber inhaltlich zu weit geht, weil er auch Handlungen erfasst, die rechtmäßig sind, oder weil er die konkrete Verletzungsform verfehlt. Dann ist dieser nicht unzulässig, sondern **als zu weitgehend** (teilweise) **unbegründet.**[296] 88

bb) Begriffe mit unstreitiger Bedeutung. Allgemeine Begriffe wie etwa „werben" oder „markenmäßig" und mehrdeutige Begriffe dürfen verwendet werden, wenn ihr Inhalt nach dem Text- und Sinnzusammenhang des Falles **unzweifelhaft** ist und die **Parteien darüber nicht streiten.**[297] Dem steht nicht entgegen, dass es Sonderfälle gibt, in denen bei der Durchsetzung des Verbotes doch noch Auslegungsprobleme entstehen.[298] 89

cc) Grenzen der Bestimmbarkeit. Der Klageantrag ist unbestimmt, wenn es bei Verwendung eines allgemeinen Begriffs **keine objektiven Kriterien** gibt, die eine Abgrenzung zwischen rechtmäßigen und rechtswidrigen Handlungen ermöglichen. Streiten die Parteien im konkreten Fall gerade darüber, ob das beanstandete Verhalten des Beklagten etwa als „werben" oder als „markenmäßig" anzusehen ist, können solche Begriffe nicht verwendet werden.[299] Vielmehr ist das Verhalten im Antrag konkret zu beschreiben. 90

– Monsterbacke II; GRUR 2016, 395 f. – Smartphone-Werbung; WRP 2016, 966 (968) – Herrenhuter Stern; GRUR 2018, 1161 (1162 f.) – Hohlfasermembranspinnanlage II; GRUR 2018, 1246 (1248) – Kraftfahrzeugfelgen II; GRUR 2018, 1258 (1259) – YouTube-Werbekanal II; GRUR 2018, 1271 f. – Applikationsarzneimittel; GRUR 2019, 627 (628) – Deutschland-Kombi; WRP 2020, 1017 (1018 f.) – Preisänderungsregelung; OLG Hamburg GRUR-RR 2001, 33 (34) und GRUR-RR 2001, 2001, 113 (114); OLG Düsseldorf WRP 2003, 104; vgl. auch BGH GRUR 2007, 693 (694) – Archivfotos.

[292] BGH GRUR 2002, 177 (178) – Jubiläumsschnäppchen; GRUR 2008, 702 (704) – Internet-Versteigerung III.

[293] BGH WRP 2018, 328 (330) – Festzins Plus.

[294] BGH GRUR 1991, 254 (256) – Unbestimmter Unterlassungsantrag I; NJWE-WettbR 1998, 169 (170) – Beraterhandbuch; GRUR 2005, 692 (693) – „statt"-Preis.

[295] BGH GRUR 1992, 406 – Beschädigte Verpackung I; GRUR 1999, 1017 f. – Kontrollnummernbeseitigung; WRP 2003, 266 (267) – Widerrufsbelehrung IV; vgl. dazu BGH GRUR 2005, 692 (693 f.) – „statt"-Preis.

[296] BGH GRUR 1990, 450 (452) – St.-Petersquelle; GRUR 1991, 254 (257) – Unbestimmter Klagantrag I; GRUR 1992, 625 (627) – Therapeutische Äquivalenz; NJW 1992, 3037 (3038) – Haftungsbeschränkung bei Anwälten; GRUR 1999, 509 (511) – Vorratslücken; GRUR 2000, 907 (908) – Filialleiterfehler; GRUR 2001, 176 (178) – Myalgien; GRUR 2001, 255 – Augenarztanschreiben; GRUR 2002, 187 (188) – Lieferstörung; GRUR 2002, 1003 – Gewinnspiel im Radio; GRUR 2002, 1095 – Telefonische Vorratsanfrage; GRUR 2003, 436 (439) – Feldenkrais; GRUR 2009, 73 (74) – Telefonieren für 0 Cent!; GRUR 2012, 728 – Einkauf Aktuell; GRUR 2012, 1279 (1285) – DAS GROSSE RÄTSELHEFT; GRUR 2014, 393 (397) – wetteronline.de.

[297] BGH GRUR 1991, 254 (256) – Unbestimmter Unterlassungsantrag I; GRUR 1998, 489 (491) – Unbestimmter Unterlassungsantrag III; WRP 1999, 200 (202) – Beanstandung durch Apothekenkammer; GRUR 2000, 438 (441) – Gesetzeswiederholende Unterlassungsanträge; GRUR 2000, 616 (617) – Auslaufmodelle III; GRUR 2000, 709 (711) – Marlene Dietrich; GRUR 2001, 453 (454) – TCM-Zentrum; GRUR 2002, 72 (73) – Preisgegenüberstellung im Schaufenster; GRUR 2014, 157 (158) – Online-Versicherungsvermittlung; WRP 2017, 320 (323) – World of Warcraft I.

[298] BGH GRUR 2000, 438 (441) – Gesetzeswiederholende Unterlassungsanträge.

[299] BGH GRUR 1992, 561 (562) – Unbestimmter Unterlassungsantrag II; GRUR 2008, 357 (358) – Planfreigabesystem; GRUR-RR 2012, 157 (158) – Flughafen Berlin-Schönefeld.

91 **dd) Einzelfälle:** Die hinreichende **Bestimmtheit** ist im konkreten Zusammenhang des Einzelfalls für folgende Formulierungen **bejaht** worden:
„im zeitlichen Zusammenhang“;[300] „in unmittelbarem Zusammenhang“;[301] „in unmittelbarem räumlichen Zusammenhand“;[302]
„wörtlich oder sinngemäß“;[303] „wenn dies wie in der Ausgabe ... vom ... geschieht“;[304] „mit Aussagen wie ...“;[305] „wie geschehen in“;[306]
„unmissverständlich“, „unüberhörbar“, „unübersehbar“;[307] „inhaltlich eindeutig“[308] „blickfangmäßig“;[309] „ohne hinreichenden Grund“;[310] „ohne hinreichend sachlichen Grund“;[311] „(in) anderweitig hervorgehobener Weise“;[312] „im Wesentlichen“;[313]
„warenzeichenmäßig“ bzw. „markenmäßig“;[314] „Eigenmarke“, „Markenprodukt“;[315]
„im Geschäftsverkehr... werbend zu benutzen“;[316] „bzw. für diese Leistung ... zu werben“;[317] „für das Arzneimittel zu werben“;[318] „Handlungen im geschäftlichen Verkehr“;[319] „potentielle Patienten“;[320] „auf Passanten zuzugehen ... und sie individuell anzusprechen“;[321] „ob der Werbende eindeutig als solcher erkennbar ist“;[322] „zu privaten Zwecken“;[323] „im geschäftlichen Verkehr zu Zwecken des Wettbewerbs Verbraucher zu Werbezwecken anzurufen oder anrufen zu lassen;[324] „zu gewerblichen Zwecken“;[325] „Teilnahme an öffentlichen Glücksspielen zu ermöglichen und/oder ... ermöglichen zu lassen“;[326] „einen Fahrdienst anzubieten“;[327]
„verbundene Unternehmen“, „Konzernunternehmen“;[328] „Abnehmer der Klägerin“;[329] „... soweit die vorgenannten Waren nicht von der Klägerin oder mit ihrer Zustimmung im Inland ... in Verkehr gebracht worden sind“;[330] „vorrätig sind“;[331]

---

[300] BGH GRUR 1996, 800 (801) – EDV-Geräte; GRUR 2007, 991 (992) – Weltreiterspiele.
[301] BGH GRUR 2008, 532 (533) – Umsatzsteuerhinweis.
[302] BGH GRUR 2016, 954 (955) – Energieeffizienzklasse.
[303] BGH GRUR 1977, 114 (115) – VUS; vgl. aber OLG Koblenz GRUR 1988, 142 (143).
[304] BGH GRUR 1991, 254 (257) – Unbestimmter Unterlassungsantrag I.
[305] BGH GRUR 2002, 177 (178 f.) – Jubiläumsschnäppchen.
[306] BGH GRUR 2004, 72 – Coenzym Q 10.
[307] BGH GRUR 1992, 406 – Beschädigte Verpackung I; GRUR 1996, 421 – Effektivzins; GRUR 1999, 1017 f. – Kontrollnummernbeseitigung; GRUR 2000, 619 (620) – Orient-Teppichmuster; GRUR 2003, 252 (253) – Widerrufsbelehrung IV.
[308] BGH GRUR 2003, 252 (253) – Widerrufsbelehrung IV.
[309] BGH GRUR 2000, 619 (620) – Orient-Teppichmuster.
[310] BGH GRUR 2009, 977 (979) – Brillenversorgung I.
[311] BGH GRUR 2011, 345 (347) – Hörgeräteversorgung II; GRUR 2015, 283 (284) – Hörgeräteversorgung III.
[312] BGH GRUR 2010, 248 (249 f.) – Kamerakauf im Internet.
[313] BGH GRUR 2016, 1073 – Geo-Targeting.
[314] BGH GRUR 1988, 776 (777) – PPC; GRUR 1991, 138 f. – Flacon; vgl. aber zu „unter der Kennzeichnung“ GRUR 2004, 151 (152) – Farbmarkenverletzung I; GRUR 2013, 1150 (1151 f.) – Baumann; GRUR 2016, 1300 (1303) – Kinderstube.
[315] BGH GRUR 2007, 896 (898) – Eigenpreisvergleich; GRUR 2015, 1201 (1206) – Sparkassen-Rot/Santander-Rot.
[316] BGH GRUR 2001, 1158 (1159) – Dorf MÜNSTERLAND.
[317] BGH GRUR 2003, 971 (972) – Telefonischer Auskunftsdienst.
[318] BGH GRUR 2009, 990 f. – Metoprolol; GRUR 2010, 749 (751) – Erinnerungswerbung im Internet.
[319] BGH WRP 2009, 967 (968) – Ohrclips.
[320] BGH GRUR 1999, 179 (180) – Patientenwerbung.
[321] BGH GRUR 2004, 699 (700) – Ansprechen in der Öffentlichkeit I.
[322] BGH GRUR 2005, 443 (445) – Ansprechen in der Öffentlichkeit II.
[323] BGH GRUR 2011, 323 (326 f.) – Preußische Gärten und Parkanlagen.
[324] BGH GRUR 2011, 433 (434) – Verbotsantrag bei Telefonwerbung.
[325] BGH WRP 2017, 320 (323 f.) – World of Warcraft I; GRUR 2017, 537 (538) – Konsumgetreide.
[326] BGH GRUR 2012, 411 (413) – Glücksspielverband.
[327] BGH GRUR 2015, 283 (284) – Fahrdienst zur Augenklinik.
[328] BGH GRUR 2002, 801 (802) – Abgestuftes Getriebe.
[329] BGH WRP 2006, 579 (580) – Unbegründete Abnehmerverwarnung.
[330] BGH GRUR 2006, 504 (505) – Parfümtestkäufe.
[331] BGH GRUR 2007, 991 (992) – Weltreiterspiele.

„redaktionell gestaltete (aufgemachte) Anzeigen";[332]

„ohne besondere Berechnung";[333] „gegen Entgelt";[334] „... zu bewerben unter Hinweis auf eine Preisreduzierung, sofern eine solche nicht stattgefunden hat";[335] „Einstandspreis";[336] „deutlich höherer Preis";[337]

„Anwendungsweise", „Wirkungen", „Anwendungsgebiete";[338] „Beratung über die Voraussetzungen zur Erlangung von öffentlichen Fördermitteln";[339]

„schlussverkaufsfähige Waren";[340] „Sportartikel einschließlich Sportbekleidung";[341] „Orient-Teppich-Muster";[342] „Geräte der Unterhaltungselektronik";[343] „Geräte der Telekommunikation";[344] „Artikel der Unterhaltungselektronik";[345] „Arzneimittel";[346] „Jugendzeitschrift";[347]

„Warenbeigabe", „außer bei Jubiläen, zu Weihnachten und Jahresende", „im Bündel ähnlicher Gegenstände";[348]

„nicht-medizinische Vorteile";[349] „notwendiger Bestandteil ärztlicher Therapie";[350]

„günstige" Berichterstattung;[351] „Erteilung von Rechtsrat";[352]

„bewusst nicht ... ausführen";[353]

„nahe Verwandte".[354]

„mittelbar oder unmittelbar zu fördern" sowie „oder diese in sonstiger Weise zu veranlassen";[355]

„nickelfrei"[356]

Die **Unbestimmtheit** ist im Einzelfall für folgende Formulierungen angenommen worden:

„orthopädische Hilfsmittel";[357]

„ähnlich wie",[358] „gleichkommt";[359] „mit Anzeigen der nachfolgend eingeblendeten Art";[360] „sinngemäß";[361]

„sonst im geschäftlichen Verkehr... zu benutzen";[362]

---

[332] BGH GRUR 2001, 529 (531) – Herz-Kreislauf-Studie.
[333] OLG Hamburg WRP 1974, 163 (165).
[334] BGH GRUR 1995, 744 (749) – Feuer, Eis & Dynamit I.
[335] BGH GRUR 2000, 337 – Preisknaller.
[336] BGH GRUR 1995, 690 (691) – Hitlistenplatten.
[337] BGH GRUR 2007, 896 (898) – Eigenpreisvergleich.
[338] Jeweils BGH GRUR 1992, 463 (464) – Anzeigenplatzierung.
[339] BGH GRUR 2005, 604 (605 f.) – Fördermittelberatung.
[340] BGH GRUR 1987, 171 – Schlussverkaufswerbung I.
[341] BGH GRUR 1984, 593 (594) – adidas-Sportartikel.
[342] BGH GRUR 2000, 619 (621) – Orient-Teppichmuster.
[343] BGH GRUR 1996, 796 (797) – Setpreis; GRUR 2000, 907 (909) – Filialleiterfehler.
[344] BGH GRUR 2000, 907 (909) – Filialleiterfehler.
[345] BGH GRUR 2002, 1095 – Telefonische Vorratsanfrage.
[346] OLG Hamburg MD VSW 1998, 511 (515 f.).
[347] BGH GRUR 2006, 776 (777) – Werbung für Klingeltöne.
[348] Jeweils BGH GRUR 2002, 1088 (1089 f.) – Zugabenbündel.
[349] BGH GRUR 2001, 255 – Augenarztanschreiben.
[350] BGH GRUR 2009, 977 (979 f.) – Brillenversorgung I.
[351] BGH GRUR 1998, 471 (474 f.) – Modenschau im Salvatorkeller.
[352] BGH GRUR 2002, 985 – WISO; GRUR 2002, 987 (991) – Wir Schuldenmacher.
[353] BGH GRUR 2007, 987 (990) – Änderung der Voreinstellung.
[354] BGH GRUR 2011, 345 (351) – Hörgeräteversorgung II.
[355] BGH WRP 2014, 945 (946) – Gebundener Versicherungsvermittler.
[356] BGH GRUR 2014, 1114 – nickelfrei.
[357] BGH GRUR 2004, 247 (248) – Krankenkassenzulassung.
[358] BGH GRUR 1991, 254 (256) – Unbestimmter Unterlassungsantrag I; GRUR 2002, 177 (178) – Jubiläumsschnäppchen.
[359] BGH GRUR 1992, 191 (194) – Amtsanzeiger.
[360] BGH GRUR 2001, 453 (454 f.) – TCM-Zentrum.
[361] OLG Koblenz GRUR 1988, 142 (143).
[362] BGH GRUR 1981, 60 (64) – Sitex.

„eindeutig", „angemessen", „unmissverständlich", „unübersehbar",[363] „deutlich hervorgehoben",[364] „eindeutig zugeordnet sowie leicht erkennbar und deutlich lesbar";[365] „ohne klarstellenden, deutlich hervorgehobenen Hinweis";[366]

„Eindruck erwecken";[367] „Ford-Vertragspartner zu sein und dadurch den Eindruck zu erwecken, Ford-Vertragshändler zu sein";[368]

„zum Verwechseln ähnlich",[369] „zu Verwechslungen geeignet",[370] „... mit ... verwechslungsfähig",[371] „unter ... einer ähnlichen verwechslungsfähigen Bezeichnung";[372] „unter der Kennzeichnung";[373] „ähnliche, nicht gegenüber der Firma der Klägerin unterscheidungskräftige Bezeichnungen";[374]

Abwerbung durch „planmäßige" Handlungen;[375]

Abgabe „anderer Reklamegegenstände von mehr als geringem Wert";[376] „in geringem Umfange";[377]

„marktübliche Preise",[378] „Vorteil durch Preisunterbietung",[379] „angemessener preislicher Abstand nach oben",[380] „günstig",[381] „regelmäßig gefordert und ... auch regelmäßig bezahlt",[382] „regulärer Preis",[383] „Preise herabsetzend und/oder ironisch vergleichend gegenübergestellt";[384] „ohne honorarrechtlich anerkannten Grund";[385] Zahlungen oder Leistungen „ohne angenommene (bzw. entsprechende) Gegenleistung";[386]

„Beiträge, die inhaltlich Werbung sind",[387] „den privaten Rahmen übersteigende Zusammenkunft";[388]

„Jubiläumsveranstaltung";[389]

„überwiegend pauschale Anpreisung des Firmenangebots";[390] „herabsetzende Äußerungen";[391]

„mit von vornherein festgelegten transparenten, objektiven und strengen ... Kriterien";[392] „sofern es sich nicht um ein Ausbedienen handelt";[393]

„im Rahmen einer künstlerischen Auseinandersetzung";[394]

---

[363] BGH GRUR 2005, 692 (693 f.) – „statt"-Preis.

[364] BGH GRUR 1991, 254 (256) – Unbestimmter Unterlassungsantrag I; GRUR 1999, 1017 – Kontrollnummernbeseitigung jeweils für einen Teil der Angaben; GRUR 2000, 619 (620) – Orient-Teppichmuster.

[365] BGH GRUR 2005, 692 (694) – „statt"-Preis; ähnlich BGH GRUR 2008, 84 (85) – Versandkosten.

[366] BGH WRP 2018, 328 (330) – Festzins Plus.

[367] BGH GRUR 1962, 310 (313) – Gründerbildnis.

[368] BGH GRUR 2011, 1050 (1051) – Ford-Vertragspartner.

[369] BGH GRUR 1994, 844 (845) – Rotes Kreuz.

[370] BGH GRUR 2002, 86 (88) – Laubhefter.

[371] BGH GRUR 1979, 859 (860) – Hausverbot II.

[372] BGH GRUR 1963, 430 (431) – Erdener Treppchen.

[373] BGH GRUR 2004, 151 (152) – Farbmarkenverletzung I.

[374] BGH GRUR 2008, 801 – Hansen-Bau.

[375] OLG Köln GRUR 1990, 536.

[376] OLG Frankfurt a. M. WRP 1979, 67 (68).

[377] BGH GRUR 2011, 323 (326) – Preußische Gärten und Parkanlagen.

[378] BGH GRUR 2000, 1076 (1078) – Abgasemissionen.

[379] BGH GRUR 1993, 980 (981) – Tariflohnunterschreitung.

[380] BGH GRUR 1992, 310 (311) – Taschenbuch-Lizenz.

[381] BGH GRUR 1998, 471 (474) – Modenschau im Salvatorkeller.

[382] BGH GRUR 1996, 796 (797) – Setpreis.

[383] BGH GRUR 2004, 344 – Treue-Punkte.

[384] BGH GRUR 2002, 72 (73) – Preisgegenüberstellung im Schaufenster.

[385] BGH GRUR 2005, 171 (172) – Ausschreibung von Ingenieurleistungen.

[386] BGH GRUR-RR 2012, 157 (158 f.) – Flughafen Berlin-Schönefeld.

[387] BGH GRUR 1993, 565 (566) – Faltenglätter.

[388] BGH GRUR 1991, 917 (919) – Anwaltswerbung.

[389] KG NJWE-WettbR 1998, 160.

[390] BGH GRUR 1998, 489 (491 f.) – Unbestimmter Unterlassungsantrag III.

[391] OLG München MD VSW 2000, 501 (503).

[392] BGH WRP 1999, 105 (109) – Schilderpräger im Landratsamt.

[393] OLG Koblenz WRP 1983, 353 (354).

[394] BGH GRUR 2000, 709 (711) – Marlene Dietrich.

„Bestellungen, auf die wie in den mit der Klage beanstandeten Fällen deutsches Recht anwendbar ist“;[395]

„unaufgefordert Telefonwerbung zu betreiben, ohne dass... oder aber zumindest Umstände vorliegen, auf Grund deren das Einverständnis mit einer solchen Kontaktaufnahme vermutet werden kann“;[396]

„wiederholtes Auftreten“ – „wiederholtes Anbieten“ – „häufige Feedbacks“ – „Fehlen eindeutig auf ein privates Geschäft hinweisender Angaben“;[397]

„systematisch auszuspähen …, wie das am … geschehen ist“;[398]

„Patienten … zu verweisen“;[399]

„staatliche Beihilfen … zu gewähren“;[400]

„auf dem Gebiete des Lebensmittelrechts … Rechtsrat zu erteilen“; ferner „soweit sich dieser im Rahmen des Rechtsdienstleistungsgesetzes zugelassenen Ausnahmen bewegt“;[401]

„rechtliche Beratung“;[402]

„chemisch (nicht) identisch“;[403]

„in Deutschland ohne die erforderliche Apothekenbetriebserlaubnis einen Apothekenbetrieb … zu unterhalten“;[404]

„Markenhersteller“.[405]

c) Wiedergabe des Gesetzeswortlauts. In vielen Fällen steht der Kläger vor der Frage, ob er den Klageantrag so formulieren kann, dass er zur Beschreibung des beanstandeten Verhaltens des Beklagten den **Wortlaut des Gesetzes wiederholt** oder **auf gesetzliche Vorschriften Bezug nimmt.**[406] Grundsätzlich genügt er damit nicht dem Bestimmtheitserfordernis.[407] Denn das Gesetz ist abstrakt formuliert und umfasst eine Vielzahl von Fällen. Ein entsprechendes Verbot wäre keine geeignete Grundlage für die Vollstreckung.[408] 92

Ausnahmsweise bestehen dann **keine Bedenken,** wenn bereits das Gesetz eindeutig und konkret formuliert ist.[409] Anders ist es wiederum, wenn gerade Streit darüber besteht, ob die beanstandete Handlung gesetzwidrig ist oder nicht.[410] Dann ist das Verhalten des 93

---

[395] BGH GRUR 1992, 561 (562) – Unbestimmter Klagantrag II.

[396] BGH GRUR 2007, 607 (608 f.) – Telefonwerbung für „Individualverträge“.

[397] BGH GRUR 2008, 702 (704) – „Internet-Versteigerung III“.

[398] BGH GRUR 2009, 1075 – Betriebsbeobachtung.

[399] BGH GRUR 2011, 345 (347) – Hörgeräteversorgung II.

[400] BGH GRUR 2011, 444 (445) – Flughafen Frankfurt/Hahn.

[401] BGH GRUR 2011, 539 (540) – Rechtsberatung durch Lebensmittelchemiker.

[402] BGH GRUR 2012, 405 f. – Kreditkontrolle.

[403] BGH GRUR 2012, 945 (946 f.) – Tribenuronmethyl.

[404] BGH GRUR 2013, 421 – Pharmazeutische Beratung über Call-Center.

[405] BGH GRUR-RR 2012, 475 (476) – Matratzen.

[406] BGH GRUR 2014, 398 (402) – Online-Versicherungsvermittlung.

[407] BGH GRUR 2000, 438 (440) – Gesetzeswiederholende Unterlassungsanträge; GRUR 2002, 77 (78) – Rechenzentrum; GRUR 2003, 886 (887) – Erbenermittler; GRUR 2007, 607 (608 f.) – Telefonwerbung für „Individualverträge“; GRUR 2008, 84 (85) – Versandkosten; BGH GRUR 2009, 977 (979) – Brillenversorgung I; GRUR 2011, 345 (347) – Hörgeräteversorgung II; GRUR 2011, 936 (937) – Double-opt-in-Verfahren; GRUR 2014, 398 (402) – Online-Versicherungsvermittlung; GRUR 2016, 88 (89) – Parallelimport von Pflanzenschutzmitteln; GRUR 2017, 194 (197) – Orthopädietechniker; GRUR 2017, 422 (423 f.) – ARD-Buffet; GRUR 2017, 537 – Konsumgetreide.

[408] BGH GRUR 2000, 438 (440 f.) – Gesetzeswiederholende Unterlassungsanträge; GRUR 2012, 407 (408) – Delan.

[409] BGH GRUR 1989, 835 – Rückkehrpflicht III; GRUR 2002, 801 (802) – Abgestuftes Getriebe; GRUR 2003, 250 – Massenbriefsendungen aus dem Ausland; GRUR 2007, 607 (608 f.) – Telefonwerbung für „Individualverträge“; GRUR 2008, 532 (533) – Umsatzsteuerhinweis; GRUR 2010, 749 (751) – Erinnerungswerbung im Internet; GRUR 2011, 433 (434) – Verbotsantrag bei Telefonwerbung; GRUR 2015, 1235 – Rückkehrpflicht V; GRUR 2016, 88 (89) – Parallelimport von Pflanzenschutzmitteln; GRUR 2016, 702 (703) – Eligard; GRUR 2017, 194 (197) – Orthopädietechniker; GRUR 2017, 422 (423 f.) – ARD-Buffet; GRUR 2017, 537 – Konsumgetreide; GRUR 2019, 812 (815 f.) – Cordoba II.

[410] BGH GRUR 2007, 708 (712) – Internetversteigerung II; GRUR 2011, 433 (434) – Verbotsantrag bei Telefonwerbung; GRUR 2012, 945 (946 f.) – Tribenuronmethyl; GRUR 2014, 791 (792) – Teil-Berufsausübungsgemeinschaft; GRUR 2015, 485 (488) – Kinderstühle im Internet III; GRUR 2015, 1228 (1231) – Tagesschau-App; GRUR 2016, 88 (89) – Parallelimport von Pflanzenschutzmitteln; GRUR 2017, 194 (198)

Beklagten konkret zu beschreiben. Wenn andererseits der Anwendungsbereich einer Norm durch höchstrichterliche Rechtsprechung geklärt ist, kommt eine Wiederholung des Gesetzeswortlautes im Antrag in Betracht.[411] Dabei ist aber stets zu fragen, ob der Klageantrag nicht zu weit geht und insoweit unbegründet ist.[412]

94 Ergibt die **Auslegung des Antrages** unter Heranziehung des Sachvortrages, dass das mit dem Antrag Begehrte im Tatsächlichen eindeutig umschrieben wird, kann das genügen, falls kein Streit über die tatsächliche Gestaltung besteht, sondern die Parteien nur über deren rechtliche Qualifizierung streiten.[413] Ferner schadet die Wiederholung des Gesetzeswortlauts ausnahmsweise dann nicht, wenn der Kläger hinreichend deutlich macht, dass er nicht ein Verbot im Umfang des Gesetzeswortlautes beansprucht, sondern sich mit seinem Unterlassungsbegehren nach der konkreten Verletzungsform richtet.[414]

95 **d) Bezugnahme auf Anlagen.** Häufig ist es geboten[415] oder zumindest angemessen, eine konkrete Werbung als Anlage zum Gegenstand des Klageantrages zu machen (vgl. auch → Rn. 87 und 224). Das ist erforderlich, wenn das beanstandete Verhalten des Beklagten nicht genügend mit Worten beschrieben werden kann, etwa in Nachahmungsfällen. Dann ist im Antrag – ebenso wie in einem entsprechenden Verbot – etwa auf fotografische oder zeichnerische Darstellungen (farbig, falls notwendig)[416] Bezug zu nehmen.[417] Es genügt, dass sich unter Heranziehung der Klagegründe ergibt, in welchen Merkmalen der Verstoß liegen soll.[418] Durch die Bezugnahme auf Abbildungen lässt sich aber nicht immer erreichen, dass der Antrag bestimmt wird.[419] Die in Bezug genommene Anlage darf nicht im Wesentlichen unleserlich sein[420]; sie muss – bei Fotokopien von Abbildungen – die kopierten Anlagen hinreichend deutlich erkennen lassen.[421] Die Bezugnahme hat grundsätzlich nicht so zu geschehen, dass der Antrag auf Anlagen verweist, die sich irgendwo in den Akten befinden, sondern – wenn irgend möglich, was regelmäßig der Fall ist – in der Weise, dass die **Anlagen zum Inhalt des Antrages** gemacht werden,[422] und zwar dass sie entweder in den Antragstext integriert oder insbesondere bei umfangreichen Anlagen wie etwa Computerprogrammen[423] oder Werbeprospekten (in Kopie) als „Anlage" dem Antrag beigefügt werden und

– Orthopädietechniker; GRUR 2017, 422 (423 f.) – ARD-Buffet; GRUR 2017, 537 (538) – Konsumgetreide; zu einem Ausnahmefall vgl. OLG Hamburg GRUR-RR 2008, 318 f.

[411] BGH GRUR 2008, 532 (533) – Umsatzsteuerhinweis; GRUR 2015, 1235 – Rückkehrpflicht V; GRUR 2015, 1237 (1238) – Erfolgsprämie für die Kundengewinnung; GRUR 2017, 194 (197) – Orthopädietechniker; GRUR 2017, 422 (423 f.) – ARD-Buffet; GRUR 2017, 537 – Konsumgetreide; GRUR 2019, 627 (628) – Deutschland-Kombi; *Köhler*/Bornkamm/Feddersen § 12 Rn. 2.40a (2).

[412] BGH GRUR 2003, 886 (887) – Erbenermittler; *Köhler*/Bornkamm/Feddersen § 12 Rn. 2.40a (2).

[413] BGH GRUR 1995, 832 (834) – Verbraucherservice; GRUR 2010, 749 (751) – Erinnerungswerbung im Internet; GRUR 2015, 1237 (1238) – Erfolgsprämie für die Kundengewinnung; GRUR 2019, 298 (300) – Uber Black II; GRUR 2020, 303 – Pflichten des Batterieherstellers.

[414] BGH GRUR 2007, 607 (608 f.) – Telefonwerbung für „Individualverträge"; GRUR 2009, 845 f. – Internet-Videorecorder; GRUR 2011, 433 (434) – Verbotsantrag bei Telefonwerbung; GRUR 2011, 936 (937) – Double-opt-in-Verfahren; GRUR 2012, 842 f. – Neue Personenkraftwagen; GRUR 2015, 1021 (1022) – Kopfhörer-Kennzeichnung; GRUR 2015, 1237 (1238) – Erfolgsprämie für die Kundengewinnung; GRUR 2017, 194 (198) – Orthopädietechniker; GRUR 2017, 288 (289) – Energieverbrauchskennzeichnung; GRUR 2017, 292 (293) – Energieverbrauchskennzeichnung im Internet; GRUR 2017, 422 (423 f.) – ARD-Buffet; GRUR 2017, 537 – Konsumgetreide; GRUR 2019, 627 (628) – Deutschland-Kombi.

[415] BGH GRUR 2018, 1161 (1162 f.) – Hohlfasermembranspinnanlage II; OLG Düsseldorf BeckRS 2012, 00105 (betr. Urheberrechte/Repertoireliste).

[416] OLG Hamburg WRP 2001, 720.

[417] BGH GRUR 1981, 517 – Rollhocker; GRUR 1986, 673 – Beschlagprogramm; GRUR 1988, 690 – Kristallfiguren; GRUR 2007, 795 (796 f.) – Handtaschen; GRUR 2007, 871 (872) – Wagenfeld-Leuchte; GRUR 2008, 727 (728) – Schweißmodulgenerator; vgl. dazu OLG Köln GRUR-RR 2010, 182 (185 ff.).

[418] BGH GRUR 2013, 1052 (1053) – Einkaufswagen III.

[419] BGH GRUR 2002, 86 (88) – Laubhefter.

[420] BGH GRUR 1997, 767 (768 f.) – Brillenpreise II.

[421] BGH GRUR 2013, 1235 f. – Restwertbörse II.

[422] Vgl. dazu BGH GRUR 2011, 148 f. – Goldhase II.

[423] BGH GRUR 1991, 449 (450) – Betriebssystem; GRUR 2003, 786 (787) – Innungsprogramm; GRUR 2008, 357 (359) – Planfreigabesystem; OLG Hamburg GRUR-RR 2002, 217.

dass darauf im eigentlichen Antragstext Bezug genommen wird. Möglich ist das sogar mit kleineren Artikeln, etwa im Falle einer unlauteren Nachahmung, die in eine Klarsichthülle verpackt und später so dem Tenor des Urteils als Anlage beigefügt werden können.

e) Geheimhaltungsinteresse. Nur ganz ausnahmsweise kann es so sein, dass an die Bestimmtheit des Antrages geringere Anforderungen zu stellen sind, weil darin sonst Umstände wie Betriebsgeheimnisse offenbart werden müssten, für die ein schutzwürdiges Geheimhaltungsinteresse besteht. Zumindest muss aber die Vollstreckbarkeit gewährleistet sein.[424] – Ein Klageantrag, der auf das Verbot der unbefugten Verwertung von Betriebsgeheimnissen gerichtet ist, kann hinreichend bestimmt sein, wenn er sich gegen eine konkrete Verletzungsform wendet, selbst, wenn er keine verbale Beschreibung der Umstände enthält, aus denen der Kläger die Rechtsverletzung herleitet.[425] 96

3. Konkretisierungsgebot. Das Konkretisierungsgebot folgt anders als das prozessuale Bestimmtheitsgebot (→ Rn. 75 ff.) **aus dem materiellen Recht.**[426] Es betrifft die Fragestellung, ob das im Antrag beschriebene Verhalten noch im Rahmen des Unterlassungsanspruches liegt. Die Frage taucht auf, wenn der Antrag über die konkrete Verletzungsform hinausgeht und verallgemeinert. 97

a) Konkrete Verletzungsform. Der Unterlassungsanspruch und demgemäß auch der Unterlassungsantrag setzen ein konkretes Verhalten des Beklagten voraus, das der Kläger beanstandet und für das Begehungsgefahr (Wiederholungs- oder Erstbegehungsgefahr) besteht. Die konkrete Verletzungsform enthält diejenigen Merkmale, die – aus der Sicht des Klägers – den Wettbewerbsverstoß begründen. Wenn er seinen Klageantrag nicht, was ohne weiteres zulässig ist, auf die konkrete Verletzungshandlung, so wie sie vorgenommen worden ist, etwa auf eine konkrete Anzeige, beschränken will,[427] **muss er die maßgebenden Merkmale der konkreten Verletzungsform herausarbeiten und zum Gegenstand eines verallgemeinerten Antrages machen,** dh diesen möglichst genau an die konkrete Verletzungsform anpassen und deren für ein Verbot maßgebenden Umstände so genau beschreiben, dass sie in ihrer konkreten Gestaltung zweifelsfrei erkennbar sind.[428] Welche Anforderungen an die Konkretisierung zu stellen sind, ist von den Besonderheiten des anzuwendenden materiellen Rechts und den Umständen des Einzelfalles abhängig.[429] Danach richtet sich auch, ob der Kläger etwa eine Werbeangabe des Beklagten nur in blickfangartiger Verwendung wie in einer konkreten Verletzungsform oder verallgemeinernd, nämlich unabhängig davon, ob sie blickfangartig benutzt wird oder nicht, zum Gegenstand des Unterlassungsantrages machen kann. 98

Der Kläger hat weiter zu beachten, dass **eine konkrete Verletzungshandlung,** wie ein Werbeprospekt, **mehrere konkrete Verletzungsformen,** etwa mehrere verschiedene Werbeangaben (mit unterschiedlichen Lebenssachverhalten), enthalten kann, **die er jeweils für wettbewerbswidrig hält. Er hat daher zu überlegen, ob er diese selbstständig und/oder kombiniert (kumulativ) angreift. Er sollte ausdrücklich** klarstellen, was er will, indem er die mehreren Werbeangaben entweder durch ein „und" (= kumulativ)[430] oder durch ein „und/oder" oder durch ein „oder" (= selbstständig) verbindet. Verwendet er zwischen den Angaben die Formulierung „und/oder",[431] erstrebt er ein Verbot der 99

[424] BGH GRUR 1961, 40 (42 f.) – Wurftaubenpresse: Der Antrag bezog sich ausschließlich auf eine konkrete, genau individualisierte Maschine; vgl. auch GRUR 2008, 727 – Schweißmodulgenerator; vgl. *Doepner* FS Tilmann, 2003, 105 (112 ff.); ferner näher *Harte-Bavendamm* → GeschGehG Rn. 151 ff.

[425] BGH GRUR 2018, 1161 (1162 f.) – Hohlfasermembranspinnanlage II.

[426] Teplitzky/*Schwippert* Kap. 51 Rn. 11.

[427] BGH GRUR 1984, 593 (594) – adidas-Sportartikel; GRUR 2001, 453 (454) – TCM-Zentrum.

[428] BGH GRUR 1977, 114 (115) – VUS.

[429] BGH GRUR 2002, 1088 (1089) – Zugabenbündel; GRUR 2003, 228 (229) – P-Vermerk (zur Bestimmtheit eines Anspruchs auf Herausgabe); GRUR 2005, 604 (605) – Fördermittelberatung.

[430] Vgl. BGH GRUR 2005, 886 – Glücksbon-Tage.

[431] Von *Köhler*/Bornkamm/Feddersen UWG § 12 Rn. 2.43 zu Unrecht allgemein für nicht zweckmäßig gehalten; vgl. auch Ahrens/*Jestaedt* Kap. 22 Rn. 25.

Werbeangaben sowohl jeweils gesondert als auch kombiniert, und zwar in jeder möglichen Kombination der im Antrag wiedergegebenen Werbeangaben. Das ist zulässig, obwohl jede Kombination schon dann rechtswidrig ist, wenn bereits eine einzige darin enthaltene Werbeangabe rechtswidrig ist, und obwohl es auf die Rechtswidrigkeit gerade der Kombination nur ankommt, wenn die einzelnen Werbeangaben für sich allein betrachtet rechtmäßig sind. Die Verbindung mit „und/oder" weist das Gericht deutlich darauf hin, dass es nicht nur die einzelnen Werbeangaben für sich allein zu prüfen hat, sondern erforderlichenfalls auch in ihrer Kombination. Was zweckmäßig ist, hängt von den Umständen des Einzelfalles ab, was der Kläger zu entscheiden hat. Dabei sollte er auch das Kostenrisiko bedenken.

100 Die **gesonderte Beanstandung von Werbeangaben** kann im Klageantrag auch in der Weise formuliert werden, dass es im Anschluss an jede einzelne Werbeangabe jeweils heißt: **„... wie in der dem Antrag beigefügten Anlage"**, etwa einem Prospekt als konkreter Verletzungshandlung. Dem steht nicht entgegen, dass bereits bei dem Verbot nur einer einzigen Werbeangabe der Prospekt so wie bisher nicht mehr verbreitet werden darf. Gleichwohl haben die weiteren Anträge, die sich gegen weitere Werbeangaben im selben Prospekt richten, eine selbstständige Bedeutung. Mit der Bezugnahme ist nämlich jeweils ein Verbot gemeint, das die einzelne Werbeangabe nicht für sich allein betrachtet, sondern in ihrem konkreten werblichen Umfeld erfasst, so wie es sich aus der beigefügten Anlage ergibt, und zwar losgelöst von den anderen, ebenfalls angegriffenen Angaben.[432]

101 Geht der Kläger gegen **mehrere Verletzer** vor, die unterschiedliche, von einander abgrenzbare Tatbeiträge geleistet haben, so ist das grundsätzlich bei der Antragsformulierung zu berücksichtigen.[433] Das gilt aber nicht, wenn die Verletzer Mittäter sind; denn dann wird der Tatbeitrag eines jeden den anderen jeweils als eigener Tatbeitrag zugerechnet. Jeder haftet daher für das Gesamtverhalten aller Mittäter; bei jedem besteht in vollem Umfange Begehungsgefahr.

102 **b) Verallgemeinerung.** Verallgemeinerungen, die über die konkrete Verletzungsform hinausgehen, sind möglich, sofern darin **das Charakteristische,** der „Kern" der konkreten Verletzungsform, **zum Ausdruck kommt** („Kerntheorie").[434] Erweist sich die konkrete Verletzungsform als rechtmäßig, ist damit auch der Verallgemeinerung der Boden entzogen. Trifft die Verallgemeinerung dagegen nicht das Charakteristische der konkreten Verletzungsform und geht der Antrag daher zu weit, ist er unbegründet (→ Rn. 88). Soweit die konkrete Verletzungsform verfehlt wird, kann ausnahmsweise Erstbegehungsgefahr bestehen, insbesondere auf Grund einer entsprechenden Berühmung.[435]

103 Das Gericht hat dem Kläger gemäß § **139 ZPO** Gelegenheit zu geben, einen sachgerechten Antrag zu stellen (→ Rn. 82 ff.). Wenn das in den Tatsacheninstanzen versäumt worden ist, kommt im Revisionsverfahren eine Zurückverweisung in Betracht.[436] Das Gericht ist aber nicht gehalten, von sich aus einem zu weit gefassten Antrag einen möglichen Wortlaut und Inhalt zu geben. Es ist nicht seine Sache, den Antrag so zu formulieren, dass er Erfolg hat.[437]

---

[432] OLG Hamburg OLG-Report 2006, 873 (875).

[433] BGH GRUR 1977, 114 (115) – VUS; KG GRUR 1994, 667 (668).

[434] BGH GRUR 2000, 438 (441) – Gesetzeswiederholende Unterlassungsanträge; GRUR 2001, 446 (447) – 1-Pfennig-Farbbild; GRUR 2002, 187 (188) – Lieferstörung; GRUR 2003, 250 (252) – Massenbriefsendungen aus dem Ausland; GRUR 2003, 446 (447) – Preisempfehlung für Sondermodelle; GRUR 2004, 154 (156) – Farbmarkenverletzung II; GRUR 2006, 421 (423) – Markenparfümverkäufe; WRP 2008, 777 (779 f.) – Nachlass bei der Selbstbeteiligung; WRP 2009, 971 (974) – Augsburger Puppenkiste; GRUR 2010, 454 f. – Klassenlotterie; GRUR 2012, 630 (631 f.) – CONVERSE II; GRUR 2012, 1279 (1285) – DAS GROSSE RÄTSELHEFT; GRUR 2012, 405 (406) – Umsatzangaben; Teplitzky/*Schwippert* Kap. 51 Rn. 14 ff.

[435] Teplitzky/*Kessen* Kap. 5 Rn. 9–11; vgl. auch Kap. 10 Rn. 16.

[436] BGH GRUR 2002, 187 (188) – Lieferstörung; GRUR 2004, 696 (699) – Direktansprache am Arbeitsplatz I; GRUR 2005, 443 (445) – Ansprechen in der Öffentlichkeit II; GRUR 2010, 633 (636) – Sommer unseres Lebens; GRUR 2010, 1020 (1021) – Verbraucherzentrale; GRUR 2012, 405 (406) – Kreditkontrolle; GRUR 2014 – wetteronline.de.

[437] BGH GRUR 1998, 489 (492) – Unbestimmter Unterlassungsantrag III; GRUR 1999, 509 (511 f.) – Vorratslücken; GRUR 2002, 187 (188) – Lieferstörung.

Ist der Klageantrag zu weit gefasst, ist ihm häufig als **minus** zu entnehmen, dass zumindest die konkrete Werbemaßnahme verboten werden soll.[438] Das setzt aber voraus, dass sich feststellen lässt, welche konkrete Verletzungsform auf jeden Fall erfasst werden soll.[439] Erforderlichenfalls hat das Gericht den Kläger auf das Problem hinzuweisen. Wenn er ausdrücklich auf der Verallgemeinerung besteht und jede Einschränkung ablehnt, scheidet eine Verurteilung zu einem minus aus. Das kommt insbesondere in Betracht, wenn hinsichtlich der konkreten Verletzungsform bereits eine strafbewehrte Unterlassungserklärung vorliegt. Die Verurteilung als minus scheidet auch dann aus, wenn dieses nicht denselben, sondern einen anderen Streitgegenstand betrifft.[440] Im Übrigen setzt ein eingeschränktes Verbot, das vom Vorliegen bestimmter weiterer Voraussetzungen abhängt, voraus, dass diese Voraussetzungen zum Gegenstand des Antrages (eines Hilfsantrages) gemacht werden.[441] 104

Eine Verallgemeinerung liegt etwa vor, wenn die beanstandete Werbung einen einzigen Sportartikel einer bestimmten Marke betrifft und der Kläger ein Verbot erstrebt, dass allgemein Sportartikel dieser Marke oder sogar allgemein sämtliche Sportartikel erfasst. Ob eine solche Verallgemeinerung möglich ist, hängt davon ab, ob das Charakteristische des Verstoßes auch in der Bewerbung von (bestimmten) Sportartikeln gerade der bestimmten Marke liegt oder nicht.[442] Ebenso ist es, wenn der Antrag allgemein auf „Artikel" oder „Markenartikel" abstellt. Maßgebend ist dann, ob es auf Besonderheiten der einzelnen Waren und ihrer Bewerbung ankommt.[443] Entsprechend verhält es sich etwa, wenn der Klageantrag nicht nur auf die konkrete Werbeform wie eine Anzeige abstellt, sondern jede Werbeform einbezieht, in der mit der beanstandeten Werbeangabe geworben wird.[444] 105

Ein verallgemeinerter Antrag ist nur dann begründet, wenn **im Umfang der Verallgemeinerung Begehungsgefahr** besteht.[445] Das ist regelmäßig zu bejahen, wenn der Kern der Verletzungsform in der Verallgemeinerung richtig wiedergegeben wird.[446] Die Vermutung der Wiederholungsgefahr, die durch den konkreten Verstoß begründet wird, erstreckt sich auch auf die zukünftige Begehung leicht abgewandelter Verletzungshandlungen, die im Kern der konkreten Verletzungshandlung entsprechen. Eines Rückgriffs auf eine Erstbegehungsgefahr bedarf es insoweit nicht.[447] Trifft die Verallgemeinerung dagegen nicht das Charakteristische der konkreten Verletzungsform, fehlt es in der Regel an der 106

---

[438] BGH GRUR 2001, 181 (182) – dentalästhetika I; GRUR 2001, 446 (447) – 1-Pfennig-Farbbild; GRUR 2004, 154 (156) – Farbmarkenverletzung II; GRUR 2004, 247 (248) – Krankenkassenzulassung; GRUR 2004, 605 (607) – Dauertiefpreise; GRUR 2007, 987 (989) – Änderung der Voreinstellung; GRUR 2008, 702 (704) – Internet-Versteigerung III; GRUR 2008, 1002 (1003) – Schuhpark; GRUR 2011, 539 (541) – Rechtsberatung durch Lebensmittelchemiker; vgl. auch BGH GRUR 2009, 177 (182) – bundesligakarten.de; verneint in BGH GRUR 2011, 134 (135) – Perlentaucher; GRUR 2012, 405 (406) – Kreditkontrolle; GRUR 2016, 516 (520) – Wir helfen im Trauerfall.

[439] BGH GRUR 2002, 86 (89) – Laubhefter.

[440] BGH GRUR 2006, 960 (961) – Anschriftenliste.

[441] BGH GRUR 2003, 716 (717) – Reinigungsarbeiten; GRUR 2006, 960 (961) – Anschriftenliste.

[442] BGH GRUR 1984, 593 (594) – adidas-Sportartikel; *Köhler*/Bornkamm/Feddersen § 12 Rn. 2.44; Teplitzky/*Kessen* Kap. 5 Rn. 7a; Teplitzky/*Schwippert* Kap. 51 Rn. 15.

[443] BGH GRUR 1996, 800 (802) – EDV-Geräte; GRUR 2002, 187 (188) – Lieferstörung; GRUR 2003, 446 (447) – Preisempfehlung für Sondermodelle.

[444] BGH GRUR 2000, 337 (338) – Preisknaller; *Köhler*/Bornkamm/Feddersen § 12 Rn. 2.44; vgl. dazu Teplitzky/*Kessen* Kap. 10 Rn. 16.

[445] BGH GRUR 1984, 593 (594) – adidas-Sportartikel; GRUR 1989, 445 (446) – Professorenbezeichnung in der Arztwerbung I; GRUR 1996, 796 (798) – Setpreis; GRUR 2000, 907 (910) – Filialleiterfehler.

[446] BGH GRUR 1999, 509 (511) – Vorratslücken; GRUR 1999, 1017 (1018) – Kontrollnummernbeseitigung; GRUR 2000, 337 (338) – Preisknaller; GRUR 2001, 445 (447) – 1-Pfennig-Farbbild; GRUR 2002, 187 (188) – Lieferstörung; GRUR 2006, 421 (423) – Markenparfümverkäufe; GRUR 2006, 776 (778) – Werbung für Klingeltöne; GRUR 2008, 702 (706) – Internet-Versteigerung III; WRP 2009, 971 (974) – Augsburger Puppenkiste; *Köhler*/Bornkamm/Feddersen § 12 Rn. 2.44; Teplitzky/*Kessen* Kap. 10 Rn. 16; Teplitzky/*Schwippert* Kap. 51 Rn. 16.

[447] BGH GRUR 1984, 593 (594) – adidas-Sportartikel; GRUR 2002, 187 (188) – Lieferstörung; GRUR 2004, 517 (520) – E-Mail-Werbung; GRUR 2005, 443 (446) – Ansprechen in der Öffentlichkeit II; GRUR 2010, 749 (753) – Erinnerungswerbung im Internet.

Begehungsgefahr. Es könnte aber Erstbegehungsgefahr bestehen.[448] Außerdem ist darauf zu achten, dass das **Verbot nicht auf Handlungen ausgedehnt** werden darf, **die nicht rechtswidrig** sind.[449] Die Grenzziehung kann, was nicht zu vermeiden ist, im Einzelfall schwierig sein.[450]

107 Der Gegenstand eines abstrakt formulierten Unterlassungsantrages wird durch die Bezugnahme **„wie aus der nachstehend abgebildeten Darstellung ersichtlich"** im Wesentlichen auf das konkret beanstandete Verhalten beschränkt (→ Rn. 87, 95). Es soll aber vom Verbot auch ein Verhalten erfasst sein, in dem sich – auch wenn nicht alle Einzelmerkmale übereinstimmen – das Charakteristische der konkreten Verletzungsform wiederfindet.[451] Dieses kann durch die abstrakt formulierten Merkmale näher bestimmt werden.

108 **4. Zusätze. a) Einschränkende Zusätze.** An sich braucht der Kläger im Klageantrag der beanstandeten, zuvor beschriebenen Handlung **regelmäßig keine einschränkenden Zusätze**[452] in Form etwa von „es sei denn ..." oder „sofern nicht ..." oder „ohne dass ..." hinzuzufügen, die den Beklagten darauf hinweisen, was ihm erlaubt ist. Es ist nämlich grundsätzlich dessen Sache, Werbemaßnahmen zu finden, die ihn aus dem Verbot herausführen.[453] Anders ist es jedoch, wenn der Zusatz erforderlich ist, um das angegriffene, in einem verallgemeinerten Antrag beschriebene Verhalten des Beklagten gegen rechtmäßiges Verhalten abzugrenzen, und demgemäß **den Umfang des Verbotes mitbestimmt.**[454] Der Zusatz darf aber den Beklagten nicht in unzumutbarer Weise beschränken, von sich aus auf Handlungsformen auszuweichen, die – bei einem verallgemeinerten Antrag – nicht mehr wettbewerbswidrig sind.[455] Der Kläger muss ferner darauf achten, dass eine Unbestimmtheit des – erforderlichen – Zusatzes den ganzen Antrag unbestimmt und daher unzulässig machen könnte.[456] Dabei ist allerdings ein großzügiger Maßstab anzulegen.[457]

109 Werden Zusätze aufgenommen, die nicht der näheren Umschreibung des Gegenstandes des Verbotes dienen, sondern lediglich als an sich überflüssiges Begründungselement in den Antrag aufgenommen werden, wird der Antrag dadurch nicht unbestimmt.[458] Das gilt

---

[448] BGH GRUR 2000, 907 (910) – Filialleiterfehler.

[449] BGH GRUR 2002, 187 (188) – Lieferstörung; GRUR 2003, 340 (341) – Mitsubishi; GRUR 2003, 886 (887) – Erbenermittler; GRUR 2003, 798 (799) – Sanfte Schönheitschirurgie; BGH GRUR 2004, 605 (606 f.) – Dauertiefpreise; NJW-RR 2005, 46 (48) – SB-Beschriftung; GRUR 2005, 692 (694) – „statt"-Preis; GRUR 2006, 77 (78) – Schulfotoaktion; GRUR 2007, 339 (342) – Stufenleitern; GRUR 2007, 987 (989, 991) – Änderung der Voreinstellung; GRUR 2010, 1020 f. – Verbraucherzentrale; GRUR 2012, 1164 (1165) – ARTOSTAR; GRUR 2013, 409 (410) – Steuerbüro; GRUR 2015, 485 (487 f.) – Kinderstühle im Internet III.

[450] Vgl. zB BGH GRUR 1974, 225 (226) – „Lager"-Hinweiswerbung; GRUR 1977, 260 (261) – Friedrich Karl Sprudel; NJW 1992, 3037 (3038) – Haftungsbeschränkung bei Anwälten.

[451] BGH GRUR 1998, 483 (484) – Der M.-Markt packt aus; GRUR 1998, 489 (492) – Unbestimmter Unterlassungsantrag III; GRUR 2006, 164 (165) – Aktivierungskosten II; GRUR 2011, 742 (744) – Leistungspakete im Preisvergleich; OLG Hamburg GRUR-RR 2001, 113 (114).

[452] Vgl. dazu BGH GRUR 2008, 726 f. – Duftvergleich mit Markenparfüm (betr. das vorausgesetzte Verkehrsverständnis).

[453] BGH GRUR 2002, 1093 (1094) – Kontostandauskunft; GRUR 2003, 252 (253) – Widerrufsbelehrung IV; GRUR 2010, 247 (248) – Solange der Vorrat reicht; GRUR 2010, 749 (751) – Erinnerungswerbung im Internet; GRUR 2011, 340 (342) – Irische Butter; GRUR 2011, 631 – Unser wichtigstes Cigarettenpapier; WRP 2015, 1102 (1103) – Mobiler Buchhaltungsservice.

[454] Vgl. BGH GRUR 2000, 616 (619) – Auslaufmodelle III; GRUR 2000, 731 (732) – Sicherungsschein; BGH GRUR 2002, 706 (708) – vossius.de; GRUR 2003, 250 (252) – Massenbriefsendungen aus dem Ausland I; GRUR 2004, 605 (606 f.) – Dauertiefpreise; GRUR 2010, 749 (751) – Erinnerungswerbung im Internet; GRUR 2011, 539 (541) – Rechtsberatung durch Lebensmittelchemiker; GRUR 2012, 945 (947 f.) – Tribenuronmethyl; GRUR 2013, 409 (410) – Steuerbüro; OLG Nürnberg WRP 2001, 725 (727). WRP 2015, 1102 (1103) – Mobiler Buchhaltungsservice.

[455] Teplitzky/*Schwippert* Kap. 51 Rn. 26 ff.

[456] BGH GRUR 1978, 649 (650 f.) – Elbe-Markt; GRUR 1978, 652 f. – mini-Preis; Teplitzky/*Schwippert* Kap. 51 Rn. 23.

[457] Vgl. BGH GRUR 1999, 1017 (1018) – Kontrollnummernbeseitigung.

[458] BGH GRUR 2002, 177 (179) – Jubiläumsschnäppchen; GRUR 2000, 649 (650 f.) – Auslaufmodelle II; GRUR 2010, 1110 (1111) – Versandkosten bei Froogle II; GRUR 2017, 288 (289) – Energieverbrauchskennzeichnung; GRUR 2017, 292 (293) – Energieverbrauchskennzeichnung im Internet.

allgemein für Zusätze, die nicht einschränken, sondern nur **klarstellen,** wo die Grenzen des Verbotes liegen.[459]

b) „Insbesondere"-Zusätze. Häufig formuliert der Kläger einen verallgemeinerten Antrag und schließt daran einen „Insbesondere"-Zusatz an (auch in der Form „wie zum Beispiel"), mit dem er auf die konkrete Verletzungsform verweist, um an deren Beispiel zum einen zu verdeutlichen, wie der verallgemeinerte Antrag zu verstehen ist, insbesondere um die dort formulierten Charakteristika der konkreten Verletzungsform zu erläutern,[460] und zum anderen, um zugleich zum Ausdruck zu bringen, dass er **als minus** wenigstens ein Verbot entsprechend dem „Insbesondere"-Zusatz erstrebt,[461] einschließlich kerngleicher Handlungen.[462] In dem Zusatz ist demnach vor allem eine **Auslegungshilfe** zu sehen, dagegen keine Einschränkung oder Erweiterung des Antrages.[463] **110**

Der „Insbesondere"-Zusatz bildet **keinen eigenständigen Streitgegenstand,**[464] sondern steckt regelmäßig als minus in dem zuvor formulierten, verallgemeinerten Antrag. Demgemäß wirkt er wie ein Hilfsantrag; er ist es aber nicht, weil er mit in den Urteilsausspruch aufgenommen werden soll.[465] Wird der Zusatz erst nachträglich eingeführt oder wieder gestrichen oder wird er verändert, so liegt darin keine Klageänderung in Form einer Klageerweiterung bzw. keine teilweise Klagerücknahme mit Kostennachteilen für den Kläger. Der Zusatz vermag aber einen zu unbestimmten, verallgemeinerten Klageantrag zu retten.[466] Für ihn gilt jedoch ebenfalls das Bestimmtheitserfordernis.[467] **111**

Ist der „Insbesondere"-Zusatz im Verhältnis zum verallgemeinerten Antrag **ausnahmsweise** nicht als minus, sondern als **aliud** anzusehen, weil der verallgemeinerte Antrag die „Insbesondere"-Variante nicht mit umfasst, so kann der Antrag insgesamt zu unbestimmt sein, wenn er nämlich in sich widersprüchlich wird.[468] Bestehen insoweit Zweifel, sollte der Kläger einen echten Hilfsantrag formulieren. Unter Umständen könnte auch eine Klarstellung genügen. **112**

Erklärt der Kläger **nachträglich,** das „insbesondere" sei im Sinne von **„und zwar"** zu verstehen, und geht es demgemäß nur (noch) um die konkrete Verletzungsform, so liegt darin regelmäßig keine nur redaktionelle Klarstellung, sondern eine **teilweise Rücknahme der Klage,** soweit es um den verallgemeinerten Überschuss geht, mit entsprechender Kostenfolge zulasten des Klägers.[469] Dementsprechend hat das Gericht die Klage teilweise abzuweisen, wenn es nur als minus die konkrete Verletzungsform verbietet. Anders ist es, **113**

---

[459] BGH GRUR 2000, 616 (619) – Auslaufmodelle III; GRUR 2000, 619 (620) – Orient-Teppichmuster; GRUR 2002, 77 (78) – Rechenzentrum; GRUR 2011, 340 (342) – Irische Butter; GRUR 2011, 934 (935) und 2011, 1151 (1152) – Original Kanchipur; NJW-RR 2016, 485 (488 f.) – Piadina-Rückruf.

[460] BGH GRUR 2002, 985 – WISO; GRUR 2002, 987 (991) – Wir Schuldenmacher; GRUR 2008, 84 (85 f.) – Versandkosten; BGH GRUR 2011, 134 (135) – Perlentaucher; GRUR 2012, 945 (947 f.) – Tribenuronmethyl; GRUR 2014, 794 (795) – Gebundener Versicherungsvermittler; Teplitzky/*Schwippert* Kap. 51 Rn. 38.

[461] BGH GRUR 2001, 446 (447) – 1-Pfennig-Farbbild; GRUR 2002, 982 (984) – DIE „STEINZEIT" IST VORBEI; GRUR 2003, 886 (887) – Erbenermittler; GRUR 2005, 438 (441 f.) – Epson-Tinte; GRUR 2006, 164 (165) – Aktivierungskosten II; GRUR 2008, 84 (85 f.) – Versandkosten; GRUR 2008, 532 (534) – Umsatzsteuerhinweis; GRUR 2012, 1279 (1285) – DAS GROSSE RÄTSELHEFT; vgl. dazu aber BGH GRUR 2011, 134 (135) – Perlentaucher.

[462] BGH GRUR 1998, 489 (491) – Unbestimmter Unterlassungsantrag III; GRUR 2002, 86 (89) – Laubhefter.

[463] BGH GRUR 2018, 417 (420) – Resistograph.

[464] BGH GRUR 1996, 793 (795) – Fertiglesebrillen; GRUR 1997, 672 (673) – Sonderpostenhändler; GRUR 2001, 1158 (1159) – Dorf MÜNSTERLAND; Teplitzky/*Schwippert* Kap. 51 Rn. 38.

[465] Teplitzky/*Schwippert* Kap. 51 Rn. 36 ff.; vgl. aber BGH GRUR 2019, 185 (187) – Champagner Sorbet II.

[466] Vgl. dazu BGH GRUR 1993, 565 (566) – Faltenglätter; Teplitzky/*Schwippert* Kap. 51 Rn. 40a.

[467] BGH GRUR 1997, 767 (768) – Brillenpreise II; GRUR 2002, 77 (78) – Rechenzentrum; GRUR 2002, 86 (88) – Laubhefter; GRUR 2008, 84 (85) – Versandkosten; GRUR 2008, 1014 (1015) – Amlodipin.

[468] BGH GRUR 2016, 705 (706) – ConText; Teplitzky/*Schwippert* Kap. 51 Rn. 38 ff.

[469] OLG Hamburg GRUR-RR 2002, 363 f.

wenn die Auslegung ergibt (→ Rn. 81), dass der Antrag von vornherein beschränkt auf die konkrete Verletzungsform verstanden werden konnte.

114 **5. Hilfsantrag. a) Unechter Hilfsantrag.** Da die Grenzen einer erfolgversprechenden Verallgemeinerung häufig zweifelhaft sind, sollte der Kläger in solchen Fällen – vor allem wenn das Gericht Zweifel geäußert hat – einen Hauptantrag stellen, der die von ihm gewünschte Verallgemeinerung enthält, und dazu einen oder mehrere Hilfsanträge, mit denen er Konkretisierungen vornimmt bis hin zur konkreten Verletzungsform.[470] Da **diese Hilfsanträge als minus im Hauptantrag** enthalten sind (vgl. → Rn. 104), bilden sie keinen anderen Streitgegenstand.[471] Daher können sie ohne weiteres auch noch nachträglich eingefügt und verändert werden, auch im Revisionsverfahren.[472] Der Kläger erreicht mit einer solchen Stufung von Anträgen, dass er, wenn schon nicht ein Verbot gemäß dem zu sehr verallgemeinerten Hauptantrag, wenigstens ein Verbot mit der größtmöglichen Verallgemeinerung oder zumindest ein Verbot der konkreten Verletzungsform erhält. Im Zweifel sollte er vorsorglich von der Möglichkeit eines Hilfsantrages oder mehrerer, gestufter Hilfsanträge Gebrauch machen. Er kann nämlich nicht sicher sein, dass das Gericht von sich aus ein eingeschränktes Verbot ausspricht, wenn es den Hauptantrag als zu weitgehend und daher als unbegründet ansieht. Solche Hilfsanträge sind zweckmäßiger, weil auffälliger, als nur entsprechende Hinweise in den schriftsätzlichen Ausführungen. Sie unterliegen ebenfalls dem Bestimmtheitsgebot.

115 **b) Echter Hilfsantrag.** Verfolgt der Kläger mit einem Hilfsantrag im Verhältnis zum Hauptantrag **kein minus, sondern ein aliud,** etwa eine andere Verletzungsform, die in derselben Verletzungshandlung liegt, so handelt es sich um einen echten Hilfsantrag. Die Abgrenzung kann im Einzelfall schwierig sein.[473]

116 Da es sich um **verschiedene Streitgegenstände** handelt, unterliegt ein solcher Hilfsantrag den Regeln der objektiven Klagehäufung und demgemäß, wenn er nachträglich eingeführt wird, der Klageänderung (→ Rn. 32 ff.). Auf den Hilfsantrag kommt es erst an, wenn der Hauptantrag abzuweisen ist, dagegen nicht mehr, wenn diesem stattgegeben wird. Das trifft auch dann zu, wenn der Hilfsantrag weiter geht als der Hauptantrag.[474]

117 **Stützt** der Kläger **seinen Antrag auf verschiedene Normen** und handelt es sich hierbei um **verschiedene Streitgegenstände** (→ Rn. 26), so hat er zu bestimmen, in welcher **Reihenfolge die Prüfung** zu erfolgen hat.[475] Hat das Landgericht nach dem Hilfsantrag entschieden, ohne (negativ) über den Hauptantrag zu entscheiden, so darf das OLG auf die Berufung des Beklagten nicht nach dem Hauptantrag entscheiden.[476]

118 **6. Ordnungsmittelantrag.** Der Kläger sollte in der Regel **mit dem Unterlassungsantrag einen Ordnungsmittelantrag** nach § 890 Abs. 2 ZPO **verbinden.** Das gilt insbesondere – zur Beschleunigung – für einstweilige Verfügungen. In kritischen Fällen sollte der Kläger aber bedenken, dass das Fehlen einer Androhung auch im Hinblick auf etwaige Schadensersatzansprüche aus § 717 Abs. 2 ZPO bzw. § 945 ZPO von Bedeutung ist, wenn nämlich der Beklagte bereits Maßnahmen zur Beachtung des Verbots getroffen hat, ohne dass eine Androhung vorliegt (vgl. → Rn. 292).[477]

119 Dagegen sollte der Kläger mit dem Unterlassungsantrag regelmäßig dann keinen Androhungsantrag verbinden – evtl. mit Ausnahme der Staaten, die der EuGVO unterliegen –

[470] *Köhler*/Bornkamm/Feddersen § 12 Rn. 2.47; Teplitzky/*Schwippert* Kap. 51 Rn. 29 f.

[471] Teplitzky/*Schwippert* Kap. 51 Rn. 30.

[472] BGH GRUR 2008, 702 (704) – Internet-Versteigerung III; GRUR 2015, 403 (408) – Monsterbacke II (mit Wiedereröffnung der Berufungsinstanz).

[473] Teplitzky/*Schwippert* Kap. 51 Rn. 35.

[474] BGH GRUR 1991, 929 (930) – Fachliche Empfehlung II.

[475] Vgl. dazu BGH GRUR 1991, 929 (930) – Fachliche Empfehlung II; GRUR 1992, 552 (554) – Stundung ohne Aufpreis; *Köhler*/Bornkamm/Feddersen § 12 Rn. 2.48.

[476] BGH GRUR 2001, 755 (757) – Telefonkarte.

[477] BGH NJW 1996, 1198 (1199) – Einstweilige Verfügung ohne Strafandrohung; Ahrens/*Jestaedt* Kap. 22 Rn. 65; Teplitzky/*Schwippert* Kap. 51 Rn. 44.

wenn das Verbot **im Ausland zugestellt** werden soll.[478] Der Antrag ist auch noch nach dem Erlass und der Zustellung des Verbots möglich (§ 890 Abs. 2 ZPO). Sobald sich für den Beklagten ein inländischer Prozessbevollmächtigter gemeldet hat, kann der nachträgliche Androhungsbeschluss diesem zugestellt werden (§ 172 Abs. 1 ZPO).

7. Antragsformulierung. Der Unterlassungsantrag könnte beispielhaft etwa wie nachfolgend formuliert werden. Schwieriger wird es mit zunehmender Verallgemeinerung. Dazu sind die oben dargestellten Regeln zu beachten, die von der Rechtsprechung insbesondere des BGH zur Verallgemeinerung entwickelt worden sind. 120

„... den Beklagten zu verurteilen, es unter Androhung eines Ordnungsgeldes bis zu 250 000 €, ersatzweise Ordnungshaft bis zu sechs Wochen, oder einer Ordnungshaft bis zu sechs Monaten für jeden Fall der Zuwiderhandlung[479] *zu unterlassen, im geschäftlichen Verkehr zu Zwecken des Wettbewerbs ...“.*

Bei **irreführender Werbung:**

„... für die Margarine XYZ mit der Aussage ... (es folgt die beanstandete Werbeangabe) zu werben“. Erforderlichenfalls kann dem etwa hinzugefügt werden: „wie in der beigefügten Anzeige“ (eventuell mit dem Zusatz „insbesondere“).

Bei **unlauterer Nachahmung:**

„das nachfolgende Werbeblatt zu verwenden“.

Bei **rufschädigenden Äußerungen:**

„Dritten gegenüber zu behaupten und/oder zu verbreiten, die Klägerin habe... (es folgen die beanstandeten Äußerungen)“.

V. Feststellungsklage

Voraussetzung für eine Feststellungsklage ist gemäß § 256 Abs. 1 ZPO ein **Feststellungsinteresse.** Hierbei handelt es sich um eine **besondere Prozessvoraussetzung;** sie ist von Amts wegen zu beachten, auch noch in der Revisionsinstanz.[480] Ob ein Feststellungsinteresse vorliegt,[481] kann offen bleiben, wenn die Klage ohne weiteres aus Gründen des materiellen Rechts, die an sich nachrangig zu prüfen sind, als unbegründet abzuweisen ist. 121

1. Negative Feststellung. Wer abgemahnt worden ist und eine gerichtliche Klärung der Frage erstrebt, ob sein Verhalten rechtswidrig ist, hat die Möglichkeit, eine negative Feststellungsklage zu erheben,[482] nämlich **feststellen zu lassen, dass insbesondere der gegen ihn geltend gemachte Unterlassungsanspruch nicht besteht** (→ § 13 Rn. 113). Sein Feststellungsinteresse folgt daraus, dass der Gegner sich mit der Abmahnung berühmt hat, gegen ihn einen Unterlassungsanspruch zu haben.[483] Das gilt auch für andere Formen der Berühmung.[484] Maßgebend sind Art und Umfang der aktuellen Berühmung. Gegenstand der negativen Feststellungsklage sind daher auch Verstöße, die nach der ersten Abmahnung liegen und auf die sich der Verletzte nachträglich beruft.[485] 122

[478] Vgl. dazu *Köhler*/Bornkamm/Feddersen § 12 Rn. 2.49; Ahrens/*Jestaedt* Kap. 35 Rn. 25; vor allem Teplitzky/*Schwippert* Kap. 51 Rn. 44.
[479] Vgl. zur Formulierung Ahrens/*Jestaedt* Kap. 22 Rn. 63; Teplitzky/*Schwippert* Kap. 51 Rn. 43, 45.
[480] BGH GRUR 2007, 805 (806) – Irreführender Kontoauszug.
[481] BGH GRUR 1996, 804 (805) – Preisrätselgewinnauslosung III.
[482] BGH GRUR 1995, 697 (699) – FUNNY PAPER; GRUR 2001, 242 (243) – Classe E; GRUR 2001, 1036 f. – Kauf auf Probe; OLG Hamburg NJW-RR 2003, 411 (412); *Keller* WRP 2000, 908 ff.
[483] BGH GRUR 2009, 1162 (1163) – DAX; GRUR 2011, 1117 (1119) – ICE; GRUR 2012, 1273 – Stadtwerke Wolfsburg; GRUR 2016, 93 (94) – Abschlagspflicht.
[484] Vgl. aber *Köhler*/Bornkamm/Feddersen § 12 Rn. 2.20.
[485] OLG Frankfurt a. M. GRUR-RR 2004, 64.

Ein solches Feststellungsinteresse hat auch, wer Antragsgegner einer einstweiligen Verfügung ist,[486] es sei denn, dass es ihm nur noch um das Kosteninteresse geht.[487] Der Kläger muss ein rechtliches Interesse an einer „alsbaldigen" Feststellung haben. Daran kann es fehlen, wenn der Beklagte lediglich geltend gemacht hat, eine abgewandelte Werbung falle in den Verbotsbereich, er werde einen Ordnungsmittel-Antrag stellen.[488] Hat der Beklagte dagegen keinen gesetzlichen Unterlassungsanspruch behauptet, sondern lediglich erklärt, er werde gegebenenfalls bei einem etwaigen Vertrieb dagegen rechtliche Schritte unternehmen, ist die negative Feststellungsklage insoweit unzulässig, weil es an einem **gegenwärtigen Rechtsverhältnis** fehlt.[489] Anders verhält es sich bei einem vertraglichen Unterlassungsanspruch aus einem Unterwerfungsvertrag. – Die Einleitung eines selbständigen Beweisverfahrens ist grundsätzlich nicht als Berühmung anzusehen, selbst dann nicht, wenn der Antragsteller einen Anspruch behauptet, aber dennoch eine weitere Beweisaufnahme verlangt. Dagegen liegt grundsätzlich eine Berühmung vor, wenn er nach Abschluss des selbständigen Beweisverfahrens weiterhin geltend macht, ihm stünden Ansprüche zu.[490]

123 Das Feststellungsinteresse entfällt nicht ohne weiteres, wenn der **Abmahner seine Berühmung wieder aufgibt;** denn er kann sich jederzeit wieder eines anderen besinnen. Daher benötigt der Abgemahnte eine Sicherheit dagegen, erneut in Anspruch genommen zu werden. In der Regel ist deshalb ein **Verzicht** des Abmahners **auf den Unterlassungsanspruch** erforderlich.[491] Nur unter besonderen Umständen kann es anders sein.[492] Das Feststellungsinteresse ist auch dann zu bejahen, wenn der Schuldner den Gläubiger aufgefordert hat, sich dazu zu erklären, ob ein bestimmtes Verhalten unter die von ihm abgegebene Unterwerfungserklärung fällt, und der Gläubiger darauf nicht oder negativ reagiert hat.[493]

124 Der **Antrag auf negative Feststellung** muss ebenso **bestimmt** sein wie ein gegenläufiger Unterlassungsantrag und sich bei einer Verallgemeinerung materiell-rechtlich im Rahmen der Berühmung halten.[494]

125 Das **Feststellungsinteresse** scheitert nicht daran, dass für den Abgemahnten auch eine **Leistungsklage auf Unterlassung weiterer Abmahnungen** in Betracht kommen könnte. Da ein solcher Anspruch wenn überhaupt nur ausnahmsweise besteht, ist dem Abgemahnten dieses zusätzliche Risiko nicht zuzumuten.[495] Außerdem ist eine solche Unterlassungsklage als unzulässig anzusehen (→ Rn. 74, → § 13 Rn. 107).

126 Dagegen **entfällt** das **Feststellungsinteresse,** wenn der Abmahner **umgekehrt eine deckungsgleiche Unterlassungsklage** erhoben hat **(Grundsatz des Vorranges der Leistungsklage),** und zwar entweder als Widerklage oder in einem gesonderten Prozess, insbesondere bei einem anderen Gericht, was grundsätzlich nicht rechtsmissbräuchlich ist,[496] und wenn er diese Klage **einseitig nicht mehr zurücknehmen** kann,[497] die Parteien nämlich streitig verhandelt haben (§ 269 Abs. 1 ZPO) oder der Kläger schon

---

[486] Teplitzky/*Schwippert* Kap. 52 Rn. 10.

[487] BGH GRUR 1985, 571 (572) – Feststellungsinteresse I; *Köhler*/Bornkamm/Feddersen § 12 Rn. 2.22.

[488] OLG Hamburg MD VSW 2001, 33 (34).

[489] BGH GRUR 2001, 1036 (1037) – Kauf auf Probe; GRUR 2011, 995 (996 f.) – Besonderer Mechanismus; OLG Köln MD VSW 2003, 245 (247 f.); kritisch *Teplitzky* GRUR 2003, 272 (280).

[490] BGH GRUR 2019, 110 (111 f.) – Schneckenköder.

[491] OLG Köln MD-VSW 2011, 443 (444 f.); Teplitzky/*Bacher* Kap. 41 Rn. 68, *Zöller/Greger* ZPO § 256 Rn. 7c; vgl. OLG München GRUR-RR 2006, 363 (365 f.).

[492] OLG Hamburg MD VSW 2002, 865; NJW-RR 2003, 411 (412 f.).

[493] OLG Düsseldorf WRP 1988, 676 (677); aM OLG München MD VSW 2002, 324 (328).

[494] *Keller* WRP 2000, 908 (910).

[495] BGH GRUR 1985, 571 (573) – Feststellungsinteresse I.

[496] BGH GRUR 2011, 828 (829) – Bananabay II; *Köhler*/Bornkamm/Feddersen § 12 Rn. 2.20.

[497] BGH GRUR 1985, 41 (44) – REHAB; GRUR 1987, 402 – Parallelverfahren I; GRUR 1994, 846 (847 ff.) – Parallelverfahren II; GRUR 2006, 217 (218) – Detektionseinrichtung I; Teplitzky/*Bacher* Kap. 41 Rn. 70; Kap. 52 Rn. 20 ff.; *Keller* WRP 2000, 908 (911); aM OLG Stuttgart WRP 1992, 513 (516); *Herrmann* JR 1988, 376 f.; *Bernreuther* WRP 2010, 1191 (1197 f.).

vorher auf die Rücknahme seiner Klage verzichtet hat, was möglich ist.[498] Da die negative Feststellungsklage dann nachträglich unzulässig geworden ist, muss der Feststellungskläger die Hauptsache für erledigt erklären. Aus Gründen der Prozessökonomie kommt eine **Ausnahme** in Betracht, wenn die **Feststellungsklage,** und zwar **im Zeitpunkt des erledigenden Ereignisses** (Unterlassungsklage nicht mehr einseitig zurücknehmbar), **bereits zur abschließenden, letztinstanzlichen Entscheidung reif** ist.[499] Wird gegen eine Entscheidung erster Instanz Berufung eingelegt, taucht dieselbe Frage im Berufungsverfahren erneut auf, insbesondere wenn inzwischen bereits in erster Instanz über die Unterlassungsklage entschieden worden oder diese entscheidungsreif ist. Es widerspricht dem Grundsatz der Prozessökonomie, dass hier zwei derartige Klagen mit unnötigem Aufwand an Zeit und Kosten nebeneinander betrieben werden können. Daher bleibt das Feststellungsinteresse für eine negative Feststellung nur in besonders gelagerten Ausnahmefällen bestehen. Dazu gehört der Fall, dass sich das **Feststellungsverfahren bereits in der Revisionsinstanz** befindet, ferner dass die Unterlassungsklage unzulässig ist.[500]

Wird die negative **Feststellungsklage erst nach der Unterlassungsklage rechtshängig,** steht ihr bereits deren Rechtshängigkeit entgegen.[501] Sie ist daher von Anfang an unzulässig. **127**

2. Feststellung des ursprünglichen Bestehens oder Nichtbestehens eines im Verfügungsverfahren geltend gemachten Unterlassungsanspruchs. Gibt der Antragsgegner in einem Verfügungsverfahren eine strafbewehrte Verpflichtungserklärung ab und entfällt demgemäß die Wiederholungsgefahr oder hat sich die einstweilige Verfügung durch Zeitablauf erledigt, so fehlt für eine Klage des Antragstellers auf **Feststellung, dass der geltend gemachte Unterlassungsanspruch bestanden habe,** regelmäßig das Feststellungsinteresse,[502] und zwar auch dann, wenn dem Antragsteller nach § 926 ZPO eine Klagefrist gesetzt worden ist. Vielmehr ist eine solche Klagefristsetzung unzulässig; der Antragsgegner kann den Antragsteller nicht gemäß § 926 ZPO zu einer unzulässigen, sinnlosen Klage zwingen. **128**

Dem steht nicht entgegen, dass der Antragsgegner möglicherweise im Verfügungsverfahren sein Tatsachenvorbringen nicht glaubhaft machen, in einem Klageverfahren aber beweisen kann. Sein Interesse, nicht die Kosten des Verfügungsverfahren tragen zu müssen, genügt nicht, um die Zulässigkeit der Klagefristsetzung und dementsprechend das erforderliche Feststellungsinteresse des Antragstellers zu begründen. Dessen Feststellungsinteresse ergibt sich auch nicht daraus, dass der Antragsgegner einen Schadensersatzanspruch aus § 945 ZPO haben könnte.[503] Der Antragsteller hat die Möglichkeit, eine negative Feststellungsklage dahin zu erheben, dass dem Antragsgegner ein solcher Schadensersatzanspruch nicht zusteht, falls dieser sich eines derartigen Anspruchs berühmt.[504] **129**

Ebenso hat umgekehrt der Antragsgegner insbesondere nach Abgabe einer Unterwerfungserklärung in der Regel kein berechtigtes Interesse an einer **negativen Feststellung** daran, **dass der** vom Antragsteller geltend gemachte **Unterlassungsanspruch nicht bestand.** Das gilt erst recht, wenn die beanstandete Handlung nicht wiederholbar ist und es ihm daher nur um die Kosten des Verfügungsverfahrens geht.[505] Ein Kostenwiderspruch **130**

---

[498] BGH GRUR-RR 2010, 496 Ls. – Verzicht auf Klagerücknahme = WRP 2014, 1330 f.; OLG Hamm MD VSW 2011, 49 (53); *Keller* WRP 2000, 908 (911 f.); *Zapfe* WRP 2011, 1122 f.

[499] BGH GRUR 1987, 402 (403) – Parallelverfahren I; GRUR 2006, 217 (218 f.) – Detektionseinrichtung I; OLG Düsseldorf GRUR 1993, 159 f.; *Keller* WRP 2000, 908 (912).

[500] *Köhler*/Bornkamm/Feddersen § 12 Rn. 2.20.

[501] BGH GRUR 1994, 823 (824) – Preisrätselgewinnauslobung II; *Keller* WRP 2000, 908 (909).

[502] BGH NJW 1973, 1329; 1974, 503; GRUR 1985, 571 (572) – Feststellungsinteresse I; OLG Hamburg NJW-RR 1986, 1122 (1123); *Köhler*/Bornkamm/Feddersen § 12 Rn. 2.21; Teplitzky/*Schwippert* Kap. 52 Rn. 25; aM OLG Hamm WRP 1980, 87 (88); OLG Nürnberg WRP 1980, 443.

[503] So aber OLG Frankfurt a. M. WRP 1982, 590 (591).

[504] Teplitzky/*Schwippert* Kap. 52 Rn. 27.

[505] Vgl. dazu BGH GRUR 1985, 571 (572) – Feststellungsinteresse I, der auf die Möglichkeit eines Kostenwiderspruchs verweist.

hilft ihm allerdings nicht, die Berechtigung des Verbots überprüfen zu lassen; denn im Rahmen eines solchen Verfahrens hat er nur die Möglichkeit, sich gegenüber § 91 ZPO, von dem für die Kostenentscheidung auszugehen ist, auf § 93 ZPO zu berufen, während der Bestand des nicht angefochtenen Verbots und damit die Begründetheit des Unterlassungsantrages einschließlich der Frage der Begehungsgefahr hinzunehmen ist.

131 Ausnahmsweise mag die Frage des **Feststellungsinteresses** dann anders zu beurteilen sein, **wenn der Antragsgegner** bereits **gegen die einstweilige Verfügung verstoßen** hat und daher trotz der Erledigungserklärung noch mit einem erfolgreichen Ordnungsmittel-Verfahren rechnen muss (vgl. dazu → Rn. 331 ff.) und wenn er nur mit den Beweismitteln des Hauptverfahrens die Feststellung erreichen kann, dass der gegen ihn gerichtete Unterlassungsanspruch nicht bestand.

132 Die negative Feststellungsklage des Antragsgegners ist dagegen zulässig, soweit es um **ähnliche Handlungen** geht und der Antragsteller sich berühmt hat, insoweit einen Unterlassungsanspruch zu haben.[506]

133 Hat der Verletzer eine **Unterwerfungserklärung unter der auflösenden Bedingung** abgegeben, dass die Verpflichtung entfallen soll, wenn die **Rechtslage durch eine höchstrichterliche Entscheidung** zu seinen Gunsten **geklärt** wird, kann dazu nicht vereinbart werden, dass diese Klärung durch die Parteien auf der Grundlage der begangenen Handlung herbeigeführt werden soll. Durch eine solche Vereinbarung entfällt nicht die Wiederholungsgefahr (vgl. → § 13 Rn. 166). Sie ist auch unpraktikabel. Meist wäre es einfacher, dass es nicht zu einer positiven Feststellungsklage des Verletzten oder einer negativen Feststellungsklage des Verletzers kommt, sondern der Verletzte, ohne dass eine solche auflösend bedingte Erklärung abgegeben wird, eine Unterlassungsklage erhebt oder eine bereits laufende Unterlassungsklage fortsetzt, um eine Entscheidung des BGH herbeizuführen. Wenn man annähme, dass eine Unterlassungsklage nach Abgabe einer derartigen Unterwerfungserklärung nicht mehr möglich sei, weil die Wiederholungsgefahr entfallen sei, könnten die Parteien die Klärung nicht im Rahmen einer Feststellungsklage herbeiführen.[507] Diese Klärung kann der Beklagte nicht dadurch erreichen, dass er eine negative Feststellungsklage erhebt, mit der er feststellen lassen will, dass dem Gegner kein gesetzlicher Unterlassungsanspruch zusteht.[508] Das Nichtbestehen eines solchen Anspruchs ergäbe sich bereits daraus, dass keine Wiederholungsgefahr mehr bestünde, so dass eine Klärung der Frage, ob das beanstandete Verhalten rechtswidrig ist, nicht zu erwarten ist. Sofern die Parteien etwa das Bestehen bzw. Nichtbestehen des Unterlassungsanspruches vor Abgabe der auflösend bedingten Unterwerfungserklärung zum Streitgegenstand machen, fehlt es an dem erforderlichen gegenwärtigen Rechtsverhältnis. Hat der Gläubiger die auflösend bedingte Verpflichtungserklärung angenommen, besteht zwar ein vertraglicher Unterlassungsanspruch. Mit dessen Feststellung käme es aber nicht zu einer Klärung der umstrittenen Rechtsfrage.

134 **3. Feststellung der Schadensersatzpflicht.** Vgl. unter VII 2a) = → Rn. 145 ff.

VI. Beseitigungsklage

135 **1. Allgemeines.** Neben Unterlassung kann der Kläger falls erforderlich **Beseitigung** verlangen, insbesondere **eines andauernden Störungszustandes,** wie etwa den Widerruf einer rufschädigenden Äußerung oder die Veröffentlichung eines Urteils.[509] Beides ist nur mit einer Beseitigungsklage zu erreichen. Gegenstand einer solchen Klage kann aber auch sein, was von einem Unterlassungsantrag mit umfasst wird, falls nämlich der Schuldner im

[506] BGH GRUR 1985, 571 (572 f.) – Feststellungsinteresse I.

[507] Vgl. Teplitzky/*Kessen* Kap. 8 Rn. 13, Teplitzky/*Bacher* Kap. 41 Rn. 64, insbesondere Teplitzky/*Schwippert* Kap. 52 Rn. 11 ff.

[508] BGH GRUR 1993, 677 (679) – Bedingte Unterwerfung; *Köhler*/Bornkamm/Feddersen § 12 Rn. 2.20.

[509] BGH GRUR 1987, 189 f. – Veröffentlichungsbefugnis beim Ehrenschutz; GRUR 1992, 527 (529) – Plagiatsvorwurf II; ausführlich zum Beseitigungsanspruch *Goldmann* → § 8 Rn. 205 ff.

Rahmen der Unterlassungspflicht zu einem positiven Tun verpflichtet ist, wie etwa zur Beseitigung eines rechtswidrigen Werbeschildes. Es handelt sich um verschiedene Streitgegenstände.[510] Dagegen umfasst der Beseitigungsanspruch aus UWG keinen Anspruch auf Vernichtung, etwa von Nachahmungen; denn deren Herstellung ist noch nicht unlauter.[511]

In Betracht kommt auch eine **vorbeugende Beseitigungsklage,** mit der eine Störung verhindert werden soll. Damit kann gegen vorbereitende Maßnahmen vorgegangen werden, die erst zu einer Störung führen. Eine solche Möglichkeit ist dann zu bejahen, wenn die Beseitigungshandlung auch in den Rahmen einer Unterlassungspflicht fällt,[512] dagegen nicht, wenn es um Vorbereitungshandlungen geht, die nicht Gegenstand eines Unterlassungsantrages sein können.[513] Der Unterschied in den beiden Klagen spielt eine erhebliche Rolle für die Vollstreckung; ein Unterlassungstitel ist nach § 890 ZPO, ein Beseitigungstitel nach § 887 oder nach § 888 ZPO vollstreckbar. 136

2. Rechtsschutzbedürfnis. Dem Rechtsschutzbedürfnis steht grundsätzlich nicht entgegen, dass der Kläger einen Unterlassungsantrag verfolgt oder verfolgen kann. Das könnte nur dann problematisch sein, wenn es um eine Maßnahme wie etwa die Entfernung eines Werbeschildes geht, die Gegenstand sowohl eines Unterlassungs- als auch eines Beseitigungsantrages sein könnte. Aber auch in einem solchen Falle kann der Kläger in der Regel ausdrücklich Beseitigung verlangen. Anders ist es mangels Rechtsschutzinteresses nur dann, wenn der Kläger bereits einen Unterlassungstitel erlangt hat, mit dem er die geforderte Beseitigung durchsetzen kann.[514] 137

3. Bestimmtheitsgebot. Ebenso wie für den Unterlassungsantrag gilt **§ 253 Abs. 2 Nr. 2 ZPO** für den Beseitigungsantrag. Der Kläger muss die zu beseitigende Störung und die zur Beseitigung erforderlichen Maßnahmen im Antrag so **genau beschreiben,** dass der Beklagte weiß, was er zu tun hat, und dass bei einer etwaigen Vollstreckung möglichst keine Probleme entstehen können. Da es um die Beseitigung eines bestimmten Zustandes geht, ist die „Kerntheorie" im vorliegenden Zusammenhang nicht heranzuziehen.[515] 138

Gibt es nur eine **einzige Möglichkeit der Beseitigung,** so hat der Kläger sie **im Antrag zu bezeichnen.**[516] Gibt es dagegen **mehrere gleichwertige Möglichkeiten** der Beseitigung, ist dem Beklagten zu überlassen, wie er den Störungszustand beseitigt. Dann ist ausnahmsweise ein **Alternativantrag** zulässig, etwa in der Formulierung „nach Wahl des Beklagten", wie zum Beispiel bei einem Prospekt nach Wahl des Beklagten entweder die Schwärzung der rechtswidrigen Angabe oder die Vernichtung des Prospekts.[517] Der Beklagte wird sich dann vor allem nach den technischen Möglichkeiten der ihm wahlweise überlassenen Beseitigung und deren Kosten richten. Ausnahmsweise kommt auch ein Antrag in Betracht, der auf Beseitigung einer näher bezeichneten Störung gerichtet ist, wenn sich nämlich noch nicht feststellen lässt, mit welchen Maßnahmen die Störung beseitigt werden kann.[518] 139

Wenn der Kläger **Widerruf** verlangt, muss im Antrag jedenfalls angegeben werden, gegenüber welchem Adressatenkreis der Beklagte widerrufen soll. Aus dem Bestimmtheitsgebot kann auch folgen, dass die Adressaten im Antrag namentlich zu bezeichnen 140

[510] BGH GRUR 2015, 258 (262 f.) – CT-Paradies; GRUR 2017, 208 (210) – Rückruf von RESCUE-Produkten; GRUR 2018, 292 (294 f.) – Produkte zur Wundversorgung; *Köhler*/Bornkamm/Feddersen § 12 Rn. 2.51; Ahrens/*Bacher* Kap. 73 Rn. 3.

[511] BGH GRUR 2012, 1155 (1158) – Sandmalkasten.

[512] BGH GRUR 1993, 556 (558) – TRIANGLE; Teplitzky/*Kessen* Kap. 22 Rn. 14.

[513] Vgl. zu Fällen des Nachbaus: BGH GRUR 1996, 210 (212) – Vakuumpumpen; GRUR 1999, 751 (754) – Güllepumpen.

[514] OLG Hamburg MD VSW 1998, 192 (193 f.); Teplitzky/*Kessen* Kap. 22 Rn. 7.

[515] *Köhler*/Bornkamm/Feddersen § 12 Rn. 2.53.

[516] *Köhler*/Bornkamm/Feddersen § 12 Rn. 2.52.

[517] Vgl. BGH GRUR 1954, 337 (342) – Radschutz; *Köhler*/Bornkamm/Feddersen § 12 Rn. 2.52; Ahrens/*Bacher* Kap. 73 Rn. 20; Teplitzky/*Kessen* Kap. 24 Rn. 8, Kap. 25 Rn. 11.

[518] *Köhler*/Bornkamm/Feddersen § 12 Rn. 2.52.

sind.[519] Der Beklagte muss auf Grund des Urteils genau wissen, wem gegenüber er zu widerrufen hat. Anderenfalls können unnötigerweise im Vollstreckungsverfahren Probleme auftauchen, insbesondere Streit darüber, ob der Beklagte seiner Pflicht zum Widerruf nachgekommen ist. Sind die Empfänger dem Kläger nicht bekannt, hat er die Möglichkeit, im Wege der Stufenklage (Auskunft – Widerruf) vorzugehen.[520]

141 **4. Konkretisierungsgebot.** Das erstrebte Gebot darf **nicht weiter** gehen, **als zur Beseitigung des Störungszustandes notwendig ist.**[521] Im Antrag auf Widerruf ist genau anzugeben, welche unrichtigen Behauptungen widerrufen werden sollen. Bei einem Text, der sich aus richtigen und unrichtigen Tatsachenbehauptungen sowie Werturteilen zusammensetzt, muss der Widerruf auf die unrichtigen Behauptungen beschränkt werden;[522] es darf nicht der Eindruck entstehen, dass auch richtige Behauptungen oder sogar Werturteile widerrufen werden sollen.

VII. Schadensersatzklage

142 **1. Leistungsklage. a) Bezifferter Antrag.** In Wettbewerbssachen sind **bezifferte Zahlungsanträge,** mit denen der Kläger Schadensersatz verlangt, **verhältnismäßig selten.** Solche Anträge kommen für Klagen auf **Erstattung von Abmahnkosten** in Betracht, sofern die Erstattung dieser Kosten ausnahmsweise auch im Wege des Schadensersatzes erfolgen kann (→ § 13 Rn. 101 ff.). Nur in wenigen Fällen wird nach vorangegangener Feststellungsklage der Schaden noch beziffert, weil die Parteien sich meist nach Auskunftserteilung und spätestens nach Rechtskraft des Feststellungsurteils auf einen angemessenen Schadensbetrag einigen oder der Kläger den Schadensersatzanspruch nach Abschluss eines Vergleichs nicht weiterverfolgt.

143 **b) Unbezifferter Antrag.** Auch unbezifferte Zahlungsanträge kommen in der wettbewerbsrechtlichen Praxis **nur selten** vor. Eine **Stufenklage** (§ 254 ZPO) wird meist nicht erhoben, weil der Kläger es aus Gründen der Prozessökonomie regelmäßig vorzieht, einen Auskunftsantrag verbunden mit einem Feststellungsantrag zu verfolgen. Sie ist aber zulässig.[523] Ein unbezifferter Zahlungsantrag kommt in Betracht, wenn der Kläger einen Schaden ersetzt verlangt, der vom Gericht, insbesondere als Mindestschaden, **geschätzt** werden soll.[524] Im Einzelfall kann zweifelhaft sein, ob der Kläger in Wahrheit einen Feststellungsantrag meint.[525] Was er will, ist durch Auslegung und Nachfrage zu ermitteln. Bei einem unbezifferten Zahlungsantrag hat der Kläger die **Größenordnung des für angemessen gehaltenen Betrages**[526] oder einen Mindestbetrag anzugeben. Außerdem müssen die tatsächlichen Grundlagen vorgetragen werden, damit das Gericht überhaupt zu einer Schätzung in der Lage ist.[527] Die Klage ist teilweise abzuweisen, wenn der Betrag, den das Gericht dem Kläger zuspricht, erheblich von dem genannten Betrag abweicht, und zwar mit entsprechender Kostenfolge, es sei denn, dass zugunsten des Klägers § 92 Abs. 2 ZPO eingreift.[528]

Der Antrag könnte etwa **wie folgt formuliert** werden:

> *„… an den Kläger einen angemessenen Betrag zu zahlen, den das Gericht gemäß § 287 ZPO schätzen möge, mindestens aber … €.“*

---

[519] Vgl. BGH GRUR 1966, 272 (273 f.) – Arztschreiber.

[520] Vgl. dazu aber die OLG-Verurteilung, die BGH GRUR 1995, 424 (426 f.) – Abnehmerverwarnung zugrunde liegt.

[521] BGH GRUR 1966, 35 (38) – multikord; GRUR 1981, 60 (64) – Sitex.

[522] BGH GRUR 1992, 527 (529) – Plagiatsvorwurf II.

[523] BGH GRUR 255, 256 – Hundefigur.

[524] Beispiel: BGH GRUR 1993, 55 (56) – Tchibo/Rolex II; vgl. auch BGH GRUR 2009, 1148 (1150) – Talking to Addison (Änderung einer Vereinbarung über den Betrag einer Urheberrechtsvergütung).

[525] Vgl. dazu BGH GRUR 1990, 1012 (1014) – Pressehaftung I; GRUR 2005, 320 (326) – Kehraus; GRUR 2005, 860 (863) – Fash 2000.

[526] BGH NJW 1982, 340 f.

[527] BGH GRUR 1977, 539 (542) – Prozessrechner; *Köhler*/Bornkamm § 12 Rn. 2.57.

[528] BGH GRUR 1977, 539 (542) – Prozessrechner.

c) Schadensschätzung. Der Schaden ist gemäß § 287 Abs. 1 ZPO zu schätzen.[529] Die Tatsacheninstanzen sollten den ihnen eingeräumten **Ermessensspielraum voll ausschöpfen,** um zu vernünftigen, praxisgerechten Ergebnissen zu gelangen. 144

2. Feststellungsklage. a) Feststellungsinteresse. In Wettbewerbssachen verfolgt der Kläger seinen Schadensersatzanspruch regelmäßig im Wege der Feststellungsklage, für die das Feststellungsinteresse meist zu bejahen ist. Das **Feststellungsinteresse** ist gegeben, wenn der Kläger seinen **Schaden noch nicht insgesamt beziffern** kann, weil die Schadensentwicklung noch nicht abgeschlossen ist oder weil die Berechnung des Schadens noch von einer Auskunft/Rechnungslegung des Beklagten abhängt. In Wettbewerbssachen trifft das regelmäßig zu. Soweit es insbesondere um zukünftigen Schaden geht, ist das Feststellungsinteresse zu bejahen, falls er, wenn auch nur entfernt, möglich ist, seine Art, sein Umfang und sogar sein Eintreten noch ungewiss sind.[530] Dabei kommt es nicht darauf an, ob die Entstehung des Schadens wahrscheinlich ist; das ist eine Frage der Begründetheit der Klage.[531] 145

Obwohl an sich eine Leistungsklage Vorrang hat vor einer Feststellungsklage, kann der Kläger zumindest im Wettbewerbsprozess **nicht** darauf verwiesen werden, er müsse **im Wege der Stufenklage** (§ 254 ZPO) auf Leistung klagen.[532] Eine solche Klage ist **nicht prozessökonomischer als eine Feststellungsklage.** Ihr Nachteil ist zunächst, dass im Falle einer begründeten Klage der Leistungsantrag nach einem Auskunftsurteil noch für längere Zeit in der ersten Instanz verbleibt, während zunächst in den weiteren Instanzen über die Auskunftsstufe gestritten wird. Nachteilig ist vor allem, dass die Rechtskraft des Auskunftsurteils den Beklagten nicht daran hindert, in der Leistungsstufe erneut den Grund des Anspruchs zu bestreiten. Dem Kläger hilft insoweit zum Leistungsantrag ein Zwischenfeststellungsantrag (§ 256 Abs. 2 ZPO), über den im Auskunftsurteil mitentschieden werden kann. Dann entspricht es aber der Prozessökonomie, dass er sich zum Schadensersatz von vornherein mit einer Feststellungsklage begnügt. Es kommt hinzu, dass auch nach erteilter Auskunft, über deren Richtigkeit ein zusätzlicher Streit entstehen kann, nicht etwa wie bei einer „normalen" Rechnungslegung ein bestimmter Betrag herauskommt, sondern die Ermittlung des Schadens und seiner Höhe erhebliche Schwierigkeiten bereiten, insbesondere eine eingehende Sachprüfung auch hinsichtlich der Berechnungsmethode erfordern kann. Nach Rechtskraft eines Feststellungsurteils verständigen sich die Parteien daher meistens auf einen angemessenen Schadensbetrag, so dass es nicht mehr zu einer bezifferten Leistungsklage kommt. Eine **Teilbezifferung des Schadens** ist grundsätzlich nicht erforderlich.[533] 146

Nur wenn der Kläger **bereits vor Prozessbeginn** die erforderliche Auskunft erhalten hat, die **Schadensentwicklung abgeschlossen** ist und der Kläger demgemäß in der Lage ist, seinen konkreten Schaden zu berechnen, kann das Feststellungsinteresse ausnahmsweise zu verneinen sein,[534] ebenso wenn der Kläger die verwirkte Vertragsstrafe einklagen kann und ein weitergehender Schadensersatz nicht in Betracht kommt.[535] Unabhängig davon kann Entsprechendes ausnahmsweise gelten, wenn ein festumrissener, abgeschlossener Schaden, wie etwa Abmahnkosten, bereits beziffert werden kann. Dieser Schaden ist mit einer Leistungsklage zu verfolgen. 147

---

[529] BGH GRUR 2016, 860 (862 ff.) – Deltamethrin II; Teplitzky/*Schwippert* Kap. 52 Rn. 33 ff.

[530] BGH GRUR 1992, 559 – Mikrofilmanlage.

[531] BGH GRUR 1972, 180 (183) – Cheri; GRUR 1992, 559 – Mikrofilmanlage.

[532] BGH GRUR 2001, 1177 (1178) – Feststellungsinteresse II; GRUR 2003, 900 (901) – Feststellungsinteresse III; GRUR 2008, 258 (259) – INTERCONNECT/T-InterConnect; GRUR 2008, 786 (787 f.) – Multifunktionsgeräte; GRUR 2008, 993 (994) – Kopierstationen; vgl. auch GRUR 2002, 795 (796) – Titelexklusivität.

[533] Teplitzky/*Schwippert* Kap. 52 Rn. 17.

[534] BGH GRUR 2004, 70 (71) – Preisbrecher; OLG Schleswig NJWE-WettbR 1998, 91 (93).

[535] BGH GRUR 1993, 926 – Apothekenzeitschriften; Teplitzky/*Schwippert* Kap. 52 Rn. 17.

148 Als Prozessvoraussetzung muss das Feststellungsinteresse noch am Schluss der mündlichen Verhandlung vorhanden sein.[536] Ist es aber zu Beginn der ersten Instanz zu bejahen, besteht es grundsätzlich fort, weil es **regelmäßig nicht der Prozessökonomie** entspricht, dass der Kläger **während der Instanz zu einem bezifferten Leistungsantrag** übergeht.[537] Meist wird das ohnehin nicht möglich sein, weil die zukünftige Schadensentwicklung noch nicht endgültig abgeschlossen ist. Im Übrigen würde der Rechtsstreit unnötig verzögert, wenn die Höhe des Schadens umstritten ist. Eine mögliche Teilbezifferung während der Instanz ist ebenso wie grundsätzlich zu Beginn des Rechtsstreits in der Regel nicht prozessökonomisch. Eine **Bezifferung während des Rechtsstreits** könnte **ausnahmsweise** dann **geboten** sein, wenn die Schadensermittlung abgeschlossen und die Sache entscheidungsreif ist, insbesondere die Höhe des Schadens ohne Verzögerung festgestellt werden kann, und der Beklagte mit dem Übergang zu einem bezifferten Leistungsantrag einverstanden ist.[538] In der Berufungsinstanz widerspricht es in jedem Falle dem Grundsatz der Prozessökonomie, den Kläger zu zwingen, vom Feststellungsantrag zu einem bezifferten Leistungsantrag überzugehen.[539]

149 Der Kläger muss ein Interesse an **„alsbaldiger"** Feststellung haben. Im Wettbewerbsprozess ist das wegen der kurzen Verjährungsfrist (§ 11) regelmäßig zu bejahen. Die Feststellungsklage hemmt die Verjährung (§ 204 Abs. 1 Nr. 1 BGB).

150 **b) Begründetheit.** Zur Begründetheit genügt nicht eine entfernt liegende, nur theoretische Möglichkeit des Schadenseintritts.[540] Es ist aber auch nicht erforderlich, dass tatsächlich bereits ein Schaden feststeht. Vielmehr braucht nur eine **gewisse (nicht hohe) Wahrscheinlichkeit eines Schadens** vorzuliegen.[541] Es genügt, dass nach der Lebenserfahrung der Eintritt eines Schadens denkbar und möglich ist, was bei Wettbewerbsverstößen grundsätzlich zu bejahen ist. Das gilt jedoch nicht bei nur drohenden Verstößen.[542] Der Vortrag von Einzelheiten ist im Regelfall nicht notwendig.[543] Nur wenn nach der allgemeinen Lebenserfahrung ein Schaden fern liegt, muss der Kläger näher darlegen, aus welchen besonderen Umständen sich gleichwohl ein Schaden ergeben könnte.[544]

151 **c) Antragsformulierung.** Der Antrag muss ebenso bestimmt formuliert sein wie ein entsprechender Unterlassungsantrag.[545] Der Kläger bezieht sich im Feststellungsantrag meist auf den entsprechenden, zuvor formulierten Unterlassungsantrag, der auch kerngleiche Handlungen umfasst.[546] Das geht aber nicht, soweit dieser verallgemeinert und lediglich Erstbegehungsgefahr besteht; dagegen kann ein Anspruch auf Schadensersatz, soweit die Vermutung der Wiederholungsgefahr reicht, auch im Umfange der Verallgemeinerung gegeben sein.[547] Voraussetzung ist aber, dass über den festgestellten Verstoß hinaus auch hinsichtlich anderer Handlungen abschließend entschieden werden kann, insbesondere

---

536 BGH GRUR 1987, 402 f. – Parallelverfahren.

537 BGH GRUR 1987, 524 (525) – Chanel No. 5 II; GRUR 2008, 258 (259) – INTERCONNECT/T-InterConnect; Ahrens/*Bacher* Kap. 71 Rn. 10.

538 BGH LM ZPO § 256 Nr. 5; GRUR 1978, 187 (188) – Alkoholtest; OLG München MD VSW 1998, 531 (532 f.); Teplitzky/*Schwippert* Kap. 52 Rn. 18.

539 OLG Hamburg MD VSW 2000, 296 (299); 2004, 1095 (1097).

540 BGH GRUR 1995, 744 (749) – Feuer, Eis & Dynamit I; GRUR 2001, 849 (850) – Remailing-Angebot.

541 BGH GRUR 1993, 926 (927) – Apothekenzeitschrift; GRUR 1999, 587 (590) – Cefallone; GRUR 2000, 907 (911) – Filialleiterfehler; GRUR 2002, 715 (717) – Scanner-Werbung.

542 BGH GRUR 2001, 849 (850 f.) – Remailing-Angebot.

543 BGH GRUR 1974, 84 (88) – Trumpf; GRUR 1974, 735 (736) – Pharmamedan; GRUR 1992, 61 (63) – Preisvergleichsliste.

544 BGH GRUR 1995, 744 (749) – Feuer, Eis & Dynamit I; GRUR 1999, 1017 (1019) – Kontrollnummernbeseitigung; GRUR 2001, 78 (79) – Falsche Herstellerempfehlung.

545 BGH GRUR 2006, 357 (358) – Planfreigabesystem, vgl. auch BGH GRUR 2008, 917 (919) – EROS.

546 Vgl. BGH GRUR 2006, 504 (506) – Parfümtestkäufe.

547 BGH GRUR 2000, 907 (910) – Filialleiterfehler; vgl. aber BGH GRUR 2003, 446 (447) – Preisempfehlung für Sondermodelle; GRUR 2004, 696 (699) – Direktansprache am Arbeitsplatz I; GRUR 2006, 426 (427) – Direktansprache am Arbeitsplatz II; GRUR 2006, 421 (424) – Markenparfümverkäufe.

über die Frage des Verschuldens.[548] Vielfach ergibt sich aber – ebenso wie für den Auskunftsantrag – im Wege der **Auslegung,** dass der Antrag nur auf die konkrete Verletzungshandlung bezogen sein soll.[549] Ein **Zeitpunkt,** von dem an Schadensersatz verlangt werden kann, braucht nicht angegeben zu werden (vgl. → Rn. 154). Mangels entgegenstehender Umstände erfasst der Antrag auch Verletzungshandlungen, die der Verletzer nach Schluss der mündlichen Verhandlung in Fortführung der bereits begangenen, mit der Klage beanstandeten Handlungen begeht (vgl. → Rn. 154).[550]

Der Antrag könnte etwa **wie folgt formuliert** werden:

„... *festzustellen, dass der Beklagte verpflichtet ist, dem Kläger allen Schaden zu ersetzen, der ihm dadurch entstanden ist und noch entstehen wird, dass der Beklagte (es folgt meist eine Rückbeziehung auf den Unterlassungsantrag, in dem die beanstandeten Handlungen bereits beschrieben worden sind; sonst muss das jetzt geschehen)*".

VIII. Auskunfts- und Rechnungslegungsklage

1. Allgemeines. Die Auskunfts- und/oder Rechnungslegungsklage kann, was in der wettbewerbsrechtlichen Praxis in der Regel geschieht, **mit einer Feststellungsklage verbunden** werden, außerdem mit einer Unterlassungsklage, die meist im Vordergrund der rechtlichen Auseinandersetzung steht. Sie kommt auch im Rahmen einer (möglichen, aber unzweckmäßigen) Stufenklage in Betracht, ferner im Zusammenhang mit einer Beseitigungsklage.[551] Ausnahmsweise wird sie auch selbstständig erhoben, was ohne weiteres zulässig ist. 152

Wenn der Beklagte **während des Rechtsstreits,** insbesondere in einem Schriftsatz, **Auskunft erteilt,** auch in Form einer Negativauskunft,[552] hat der Kläger den Auskunftsantrag in der Hauptsache für erledigt zu erklären. Ergibt die Auskunft des Beklagten, der dem Grunde nach zum Schadensersatz verpflichtet ist, dass der Kläger der Höhe nach keinen bezifferbaren Schaden hat, so hat sich im Rahmen einer Stufenklage nicht auch der bisher nicht bezifferte Zahlungsantrag erledigt. Dieser hat sich vielmehr als von Anfang an unbegründet erwiesen.[553] Dem Kläger kann insoweit jedoch ein Schadensersatzanspruch wegen der Kosten zustehen, wenn der Beklagte sich mit seiner Verpflichtung zur Auskunft im Verzug befand; er kann diesen Anspruch im selben Rechtsstreit geltend machen.[554] Im Einzelfall kann zweifelhaft sein, ob Angaben, die der Beklagte im Rahmen seines Sachvortrages macht, als verbindliche Auskunft, die den Auskunftsanspruch erfüllt, anzusehen sind, etwa als eine Negativauskunft, wenn der Beklagte schlicht behauptet, etwas nicht getan zu haben. Dann sollte das Gericht klären, ob der Beklagte seine Angaben als Auskunft verstanden wissen will, und dessen Antwort zu Protokoll nehmen. 153

2. Bestimmtheits- und Konkretisierungsgebot. Der Auskunftsantrag muss – ebenso wie der entsprechende Unterlassungsantrag[555] – genau beschreiben, worüber der Beklagte Auskunft erteilen soll. Das geschieht meist durch **Bezugnahme auf den Unterlassungsantrag,** in dem die beanstandete Handlung bereits beschrieben worden ist. Das geht allerdings – ebenso wie beim Schadensersatzantrag (→ Rn. 151) – nicht, soweit dieser verallgemeinert wurde oder nur Erstbegehungsgefahr besteht. Der Antrag kann materiell- 154

---

548 BGH GRUR 2006, 421 (424) – Markenparfümverkäufe; GRUR 2006, 504 (508) – Parfümtestkäufe.
549 BGH GRUR 2000, 907 (910) – Filialleiterfehler.
550 BGH GRUR 2004, 755 (756 f.) – Taxameter betr. Patentverletzungen.
551 Teplitzky/*Schwippert* Kap. 52 Rn. 4; ausführlich zu den materiell-rechtlichen und prozessualen Aspekten der Ansprüche auf Auskunft und Rechnungslegung *Goldmann* → vor §§ 8 ff. Rn. 35 ff.
552 BGH GRUR 2001, 841 (844) – Entfernung der Herstellungsnummer II; OLG Düsseldorf GRUR-RR 2012, 406 (407).
553 BGH GRUR 1994, 666 – Negative Auskunft; Teplitzky/*Schwippert* Kap. 46 Rn. 35.
554 BGH GRUR 1994, 666 (667) – Negative Auskunft.
555 BGH GRUR 2007, 871 (872 f.) – Wagenfeld-Leuchte; GRUR 2008, 357 (358) – Planfreigabesystem; GRUR 2009, 1075 (1076) – Betriebsbeobachtung.

rechtlich auf den konkreten Verletzungsfall zu beschränken sein.[556] Außerdem ist **Art und Umfang** anzugeben. Ebenso wie bei der Verletzung eines gewerblichen Schutzrechts[557] braucht bei UWG-Verstößen kein Zeitraum angegeben zu werden, etwa ein Anfangsdatum (erste nachgewiesene Verletzungshandlung).[558] Soweit der Kläger Auskunft auch über den Zeitpunkt der mündlichen Verhandlung hinaus begehrt, müssen die Voraussetzungen des § 259 ZPO nicht gegeben sein.[559] – Entsprechend verhält es sich beim Antrag auf Rechnungslegung. Insbesondere hat der Antrag wiederzugeben, worüber Rechnung gelegt werden soll, wie etwa über Stückzahlen, Einkaufspreise, Verkaufspreise, Lieferdaten, Kalkulationsgrundlagen, und welche Belege der Beklagte vorzulegen hat.

155 **3. Wirtschaftsprüfervorbehalt.** Hat der Beklagte ein berechtigtes Interesse daran, bestimmte Informationen, wie etwa Angaben zu seinen Kunden, dem Kläger gegenüber geheim zu halten, kommt ein **Wirtschaftsprüfervorbehalt** in Frage.[560] Häufig wird der Beklagte einen solchen Vorbehalt **hilfsweise formulieren.** Hat der Kläger einen solchen Vorbehalt nicht von sich aus in seinen Antrag aufgenommen, spricht ihn aber das Gericht in seinem Urteil aus, liegt zwar ein teilweises Unterliegen des Klägers vor. Zu seinen Gunsten kommt jedoch § 92 Abs. 2 ZPO in Betracht.

156 **4. Anspruch auf Ergänzung.** Sind die Angaben, die der Beklagte gemacht hat, unvollständig, kommt ein Anspruch auf **Ergänzung der Auskunft** in Betracht. Der Kläger hat dann im Antrag genau zu beschreiben, welche Angaben ihm noch fehlen. Eine Überprüfung der Auskunft durch einen Wirtschaftsprüfer kann er dagegen nicht verlangen.[561] Um kein Kostenrisiko nach § 93 ZPO einzugehen, muss der Gläubiger, wenn der auskunftsbereite Schuldner ihm vorprozessual Auskunft erteilt hat, ihm aber noch weitere Auskünfte fehlen, in der Regel „nachfassen".[562]

157 **5. Eidesstattliche Versicherung.** Besteht Grund zu der Annahme, dass der Beklagte nicht mit der erforderlichen Sorgfalt Auskunft erteilt oder Rechnung gelegt hat, kann der Kläger gemäß §§ 259 Abs. 2, 260 Abs. 2 BGB die **Abgabe einer eidesstattlichen Versicherung** verlangen.

158 **6. Antragsformulierung.** Die Anträge können etwa **wie folgt formuliert** werden:[563]

Auskunft: *„… dem Kläger Auskunft darüber zu erteilen, wann der Beklagte in welchen Werbeträgern mit der Werbeangabe gemäß … geworben hat (es erfolgt meist die Rückbeziehung auf den Unterlassungsantrag, in dem die beanstandete Handlung bereits beschrieben worden ist; sonst muss das jetzt geschehen) …".*

Rechnungslegung: *„… dem Kläger darüber Rechnung zu legen, in welchem Umfange der Beklagte die … Handlungen (es erfolgt meist die Rückbeziehung auf den Unterlassungsantrag, in dem die beanstandeten Handlungen bereits beschrieben worden sind; sonst muss das jetzt geschehen) begangen hat, und zwar unter Angabe der Liefermenge, Lieferzeiten, Lieferpreise und der Namen und Anschriften der Angebotsempfänger, einschließlich der Gestehungskosten, sämtlicher Kostenfaktoren und des erzielten Gewinns, unter Angabe der Art und des Umfangs der betriebenen Werbung, aufgeschlüsselt nach Kalendervierteljahren, Bundesländern und Werbeträgern".*[564]

---

[556] BGH GRUR 2001, 841 (844) – Entfernung der Herstellungsnummer II; GRUR 2003, 446 (447) – Preisempfehlung für Sondermodelle; vgl. auch BGH GRUR 2001, 84 (85) – Neu in Bielefeld II; GRUR 2004, 437 (438) – Fortfall einer Herstellerempfehlung; GRUR 2006, 319 (322) – Alpensinfonie; GRUR 2006, 504 (506 f.) – Parfümtestkäufe.

[557] BGH GRUR 2007, 877 (878 f., 881) – Windsor Estate; GRUR 2010, 623 (627) – Restwertbörse.

[558] *Köhler*/Bornkamm/Feddersen § 9 Rn. 4.11; Ahrens/*Bacher* Kap. 72 Rn. 18 und 27.

[559] Ahrens/*Bacher* Kap. 72 Rn. 27.

[560] Vgl. dazu Teplitzky/*Büch* Kap. 38 Rn. 21, 28–32.

[561] BGH GRUR 1984, 728 (729 f.) – Dampffrisierstab II.

[562] OLG Köln MD VSW 1998, 96 f.; Teplitzky/*Schwippert* Kap. 52 Rn. 4.

[563] *Köhler*/Bornkamm/Feddersen § 12 Rn. 2.64; vgl. auch BGH GRUR 2008, 254 (255, 258) – THE HOME STORE.

[564] Beispiel aus BGH GRUR 1999, 1106 (1107) – Rollstuhlnachbau.

Wirtschaftsprüfervorbehalt: „… Der Beklagte kann die Angaben einem von ihm bezeichneten, zur Verschwiegenheit verpflichteten vereidigten Wirtschaftsprüfer mitteilen, sofern er dessen Kosten trägt und ihn zugleich ermächtigt, dem Kläger auf Nachfrage mitzuteilen, ob in der Rechnungslegung ein oder mehrere bestimmte Abnehmer enthalten sind.“[565]

IX. Beweis

Schrifttum: *Ahrens,* Der Beweis im Zivilprozess, 2015; *Bornkamm,* Die Feststellung der Verkehrsauffassung im Wettbewerbsprozess, WRP 2000, 830; *Foerste,* Lauschzeugen im Zivilprozess, NJW 2004, 262; *Göckler,* Die Bedeutung der Purely Creative Entscheidung für die URP-Richtlinie, WRP 2014, 1167; *Hagenkötter,* Die Unlauterkeit von Testfotos, WRP 2008, 39; *Mes,* Testkauf zur Vorbereitung des Prozesses im gewerblichen Rechtsschutz und Wettbewerbsrecht, GRUR 2013, 767; *Niedermann/Noelle,* Die Bedeutung der gegabelten Befragung mit Kontrollgruppen als Erkenntnistechnik in Umfragen zum gewerblichen Rechtsschutz, in: FS Tilmann, 2003, S. 857; *Omsels,* Kritische Anmerkungen zur Bestimmung der Irreführungsgefahr, GRUR 2005, 548; *Pflüger,* Rechtsdemoskopische Gutachten – Fallstricke bei der Verkehrsbefragung, GRUR 2017, 992; *Scherer,* Der EuGH und der mündige Verbraucher – eine Beziehungskrise, WRP 2013, 705; *Spätgens,* Irreführende Werbung – Verbraucherleitbild – Marktforschung, WRP 2000, 1023; *Spätgens,* Voraussetzungen, Möglichkeiten und Grenzen demoskopischer Umfragen, FS Traub, 1994, 375; *Teplitzky,* Zu Anforderungen an Meinungsforschungsgutachten, WRP 1990, 145; *Ulbrich,* Der BGH auf dem Weg zum normativen Verbraucherleitbild, WRP 2005, 940; *Ingo Westermann,* Bekämpfung irreführender Werbung ohne demoskopische Gutachten, GRUR 2002, 403.

1. Beweisbedürftigkeit. Nur über **entscheidungserhebliche und beweisbedürftige Tatsachen** ist Beweis zu erheben. Da das Gericht die **Verkehrsauffassung meist auf Grund eigener Sachkunde** feststellen kann (→ Rn. 174 ff.), kommt es im Wettbewerbsprozess verhältnismäßig selten zu einer Beweisaufnahme. Diese bezieht sich in der Praxis vor allem darauf, ob der Beklagte die beanstandete Handlung tatsächlich begangen hat. An der Beweisbedürftigkeit fehlt es, wenn die Tatsache nicht bestritten (§ 138 Abs. 3 ZPO), zugestanden (§ 288 ZPO)[566] oder offenkundig (§ 291 ZPO) ist. 159

Offenkundig ist eine Tatsache, wenn sie allgemein oder dem Gericht amtlich bekannt ist. Die Partei kann demgegenüber aber darlegen, dass die Tatsache unrichtig ist, und dafür Beweis antreten, der dann zu erheben ist, falls die Tatsache erheblich ist.[567] Das Gericht hat die Parteien darauf hinzuweisen, dass es eine Tatsache als offenkundig ansehen will. 160

Soweit das Gericht – wie meist – die **Verkehrsauffassung auf Grund eigener Sachkunde** feststellen will, geht es nicht um offenkundige Tatsachen (→ Rn. 174).[568] Der Richter erlangt seine Sachkunde nicht in amtlicher, sondern in privater Eigenschaft als Verkehrsteilnehmer, insbesondere als Verbraucher. Es handelt sich um Erfahrungswissen.[569] Ebenso verhält es sich, wenn der Richter auf seine eigene Sachkunde zurückgreifen will, um die Wahrscheinlichkeit eines Schadens festzustellen, falls dem nicht entgegensteht, dass die Verletzungshandlung eine Schadensfolge als eher fernliegend erscheinen lässt.[570] 161

2. Beweismittel. Beweismittel sind in der gesetzlich geregelten Reihenfolge: der **Augenschein** (§ 371 ZPO), **Zeugen** (§ 373 ZPO), auch mittelbare Zeugen,[571] **Sachverständige** (§ 402 ZPO), **Urkunden** (§§ 415 ff. ZPO), die **Parteivernehmung** (§§ 445, 448 ZPO). Außerdem kennt das Gesetz noch amtliche Auskünfte (§§ 273 Abs. 2 Nr. 2, 358a Nr. 2 ZPO). Nach § 284 S. 2 ZPO kann das Gericht mit Einverständnis der Parteien die Beweise in der ihm geeignet erscheinenden Art aufnehmen **(Freibeweis).** 162

[565] Beispiel aus BGH GRUR 1999, 1106 (1107) – Rollstuhlnachbau.
[566] Vgl. dazu BGH GRUR-RR 2009, 389 (399) – Steuerberater- und Wirtschaftsprüfer-Jahrbuch.
[567] BGH GRUR 1990, 607 (608) – Meister-Kaffee.
[568] GRUR 1992, 406 (407) – Beschädigte Verpackung; GRUR 1993, 677 (678) – Bedingte Unterwerfung; GRUR 2004, 244 (245) – Marktführerschaft; GRUR 2007, 1079 (1082) – Bundesdruckerei; vgl. aber noch BGH GRUR 1990, 607 (608) – Meister-Kaffee.
[569] BGH GRUR 2014, 1211 (1212) – Runes of Magic II.
[570] BGH GRUR 2001, 78 (79) – Falsche Herstellerpreisempfehlung.
[571] Vgl. dazu BGH WRP 2002, 1077 (1081) – Vergleichsverhandlungen.

163 **3. Beweiserhebung. a) Allgemeines.** Die Beweiserhebung über eine entscheidungserhebliche und beweisbedürftige Tatsache setzt grundsätzlich voraus, dass die Partei, welche die Beweislast hat, diese Tatsache dargelegt und dafür Beweis angetreten hat. Erforderlich ist ein Vorbringen, dass je nach den Umständen des Einzelfalles hinreichend substantiiert ist. Dabei dürfen keine überzogenen Anforderungen gestellt werden.[572] Einem bloßen **Beweisermittlungsantrag** braucht das Gericht nicht nachzugehen. Ein solcher Antrag ist darauf gerichtet, erst die entscheidungserheblichen Tatsachen zu ermitteln **(Ausforschungsbeweis).** Behauptet dagegen eine Partei Tatsachen, obwohl sie keine genaue Kenntnis hat, die sie aber für möglich oder wahrscheinlich hält, so schadet ihr das nicht.[573]

164 Außerdem muss die Tatsache, über die Beweis erhoben werden soll, streitig sein. Gemäß § 138 Abs. 4 ZPO ist eine **Erklärung mit Nichtwissen** nur über Tatsachen zulässig, die weder eigene Handlungen der Partei noch Gegenstand ihrer eigenen Wahrnehmung gewesen sind. Genügen kann auch ein **„Nichtmehrwissen“.** Dabei kommt es auf den Zeitpunkt an, zu dem sich die Partei im Prozess erklären muss. Sie ist aber verpflichtet, die ihr zugänglichen Informationen in ihrem Unternehmen und von denjenigen Personen einzuholen, die zu ihrem Verantwortungsbereich gehören.[574]

165 **Von Amts wegen** kann das Gericht anordnen: Die Einnahme eines Augenscheines und die Begutachtung durch einen Sachverständigen (§ 144 ZPO),[575] eine Parteivernehmung unter den Voraussetzungen des § 448 ZPO, die Vorlage von Urkunden und Akten (§§ 142, 143, 273 Abs. 2 Nr. 1, 2 ZPO).

166 Die Beweisaufnahme wird durch Beschluss angeordnet, gemäß §§ 358, 450 Abs. 1 S. 1 ZPO durch förmlichen **Beweisbeschluss.** Dieser ist nicht selbständig anfechtbar. Das gilt auch für Anordnungen nach § 404a Abs. 4 ZPO, es sei denn, die Zwischenentscheidung hat ausnahmsweise für eine Partei einen bleibenden rechtlichen Nachteil zur Folge, der sich nicht mehr oder nicht mehr vollständig beheben lässt.[576]

167 Ob die beweisbelastete Partei ihr Vorbringen bewiesen hat, ist **in freier Beweiswürdigung** zu entscheiden (§ 286 Abs. 1 S. 1 ZPO). Das Gericht hat die Gründe, die für die richterliche Überzeugung leitend gewesen sind, im Urteil anzugeben (§ 286 Abs. 1 S. 2 ZPO). Demgemäß hat sich das Gericht mit gegenteiligem Vortrag der Partei, welche die Beweisaufnahme beantragt hat, auseinander zu setzen.[577]

168 **b) Ablehnung der Beweisaufnahme.** Eine Beweisaufnahme über eine behauptete Tatsache ist abzulehnen, wenn deren Erheblichkeit mangels Substantiierung nicht beurteilt werden kann oder wenn sie erkennbar aus der Luft gegriffen ist (Ausforschungsbeweis: vgl. → Rn. 163) und der Beweisantrag sich deshalb als Rechtsmissbrauch darstellt.[578] Dabei ist Zurückhaltung geboten.[579] Willkür wird in der Regel nur angenommen werden können, wenn jegliche tatsächlichen Anhaltspunkte fehlen.[580]

169 **c) Erneute Beweisaufnahme.** Nach § 398 Abs. 1 ZPO kann das Gericht nach seinem Ermessen die **wiederholte Vernehmung eines Zeugen** anordnen. Für das Berufungsverfahren gilt § 529 Abs. 1 Nr. 1 ZPO. Eine erneute Vernehmung ist geboten, wenn das Berufungsgericht die Glaubhaftigkeit einer Zeugenaussage anders als die Vorinstanz beur-

---

572 BGH WRP 2002, 1077 (1081) – Vergleichsverhandlungen; NJW-RR 2004, 1362 (1363); GRUR 2012, 534 (537) – Landgut Borsig.

573 BGH NJW 1986, 246 (247).

574 BGH GRUR 2002, 190 (191) – DIE PROFIS; GRUR 2005, 860 (861 f.) – Fash 2000; GRUR 2009, 1080 (1081) – Auskunft der IHK; GRUR 2010, 1107 (1108) – JOOP!.

575 Vgl. dazu BGH GRUR 2010, 365 (367) – Quersubventionierung von Laborgemeinschaften II: kein Kostenvorschuss.

576 BGH GRUR 2009, 519 (520 f.) – Hohlfasermembranspinnanlage.

577 BGH GRUR 1991, 215 – Emilio Adani I.

578 BGH GRUR 1992, 559 (560) – Mikrofilmanlage.

579 BGH WRP 2002, 1077 (1081) – Vergleichsverhandlungen.

580 BGH GRUR 1992, 559 (560) – Mikrofilmanlage.

teilt[581] oder die protokollierte Aussage anders verstehen will als nach ihrem Wortsinn oder als die Vorinstanz.[582]

170 **d) Verwertung von Beweismitteln.** Ein Verwertungsverbot kommt in Betracht, wenn eine Partei **heimliche Tonbandaufnahmen** vorlegt, die als Beweismittel benutzt werden sollen. Eine Verwertung ist grundsätzlich unzulässig (§ 201 StGB). Ausnahmsweise kann sie gerechtfertigt sein, wenn für die Partei ein Interesse von wesentlich höherem Wert auf dem Spiel steht und anders dieses Interesse nicht zu schützen ist.[583] Das gilt entsprechend für die Vernehmung eines Zeugen, der im Auftrage der einen Partei heimlich ein Gespräch belauscht hat.[584]

171 Die Aussage eines Zeugen, der ein Telefongespräch über eine **Mithöreinrichtung** mitgehört hat, darf nur dann verwertet werden, wenn der Gesprächspartner zumindest stillschweigend in das Mithören eingewilligt hat. Dafür genügt auch im Geschäftsverkehr nicht, dass er von einer Mithörmöglichkeit Kenntnis hat.[585]

172 Werden **Testkäufe** oder **Testbeobachtungen** durchgeführt, können die **Testpersonen als Zeugen** vernommen werden. Eine andere Frage ist es, ob dem Kläger im Einzelfalle wegen Rechtsmissbrauchs aus dem Testkauf keine Ansprüche zustehen[586] und ob aus diesem Grunde eine Vernehmung des Testkäufers unterbleibt. Sind im Rahmen von Testkäufen oder Testbeobachtungen Beweismittel wie **Testfotos** gewonnen worden, ist eine Verwertung dieser Fotos auch dann nicht ausgeschlossen, wenn das Fotografieren in den Geschäftsräumen des Beklagten – wie in der Regel[587] – wettbewerbswidrig war.[588]

173 Das **Gutachten eines Sachverständigen** ist kritisch zu würdigen. Das setzt voraus, dass der Sachverständige die wesentlichen tatsächlichen Grundlagen seines Gutachtens offen legt, was auch dann gilt, wenn es sich um Geschäftsgeheimnisse einer Partei handelt.[589] Sonst ist der anderen Partei nicht in ausreichendem Maße rechtliches Gehör gewährt worden.

4. Feststellung der Verkehrsauffassung ohne Beweiserhebung. a) Allgemeines.

174 In vielen Wettbewerbssachen hat das Gericht zu beurteilen, ob eine Werbemaßnahme irreführend oder unlauter ist. Dazu sind meist Feststellungen zur Verkehrsauffassung erforderlich, insbesondere zum Verständnis einer Werbeangabe oder zur Relevanz einer Fehlvorstellung für die Kaufentscheidung. Das Gericht kann die notwendigen Feststellungen zur Verkehrsauffassung regelmäßig auf Grund **eigener Sachkunde** treffen, und zwar auch dann, wenn der Richter nicht zu den angesprochenen Verkehrskreisen gehört.[590] Da es hierbei nicht um offenkundige Tatsachen geht (vgl. → Rn. 161), sind solche Feststellungen auch dann möglich, wenn eine Partei eine abweichende Verkehrsauffassung unter Beweis stellt.[591] Genügt die Sachkunde des Gerichts ausnahmsweise nicht, hat es Beweis zu erheben, etwa ein **Meinungsforschungsgutachten** einzuholen.[592] Auszugehen ist vom

---

581 BVerfG NJW 2005, 1487; BGH GRUR 1992, 61 (63) – Preisvergleichsliste; NJW 2004, 1876 f.; vgl. dazu BGH GRUR 2016, 1260 (1261 ff.) – Yttrium-Aluminium-Granat (Zeuge verstorben).

582 BGH GRUR 1991, 401 (402) – Erneute Vernehmung.

583 BGH NJW 1982, 277 (278).

584 BVerfG NJW 2002, 3619 (3621 f., 3624); BGH NJW 1991, 1180; GRUR 1995, 693 (697) – Indizienkette; *Foerste* NJW 2004, 262 f.

585 BVerfG NJW 2002, 3619 (3623); *Köhler*/Bornkamm/Feddersen § 12 Rn. 2.70.

586 BGH GRUR 2017, 1140 (1141 f.) – Testkauf im Internet.

587 BGH GRUR 1991, 843 f. – Testfotos I; einschränkend zu Recht BGH GRUR 2007, 802 (804 f.) – Testfotos III für den Fall, dass ein Verstoß nur durch Fotos hinreichend bestimmt dargelegt werden kann; vgl. dazu *Hagenkötter* WRP 2008, 39 ff.; *Mes* GRUR 2013, 767 (768 f.).

588 *Köhler*/Bornkamm/Feddersen § 12 Rn. 2.70.

589 BGH GRUR 1992, 191 (194) – Amtsanzeiger.

590 BGH GRUR 2014, 1211 (1212) – Runes of Magic II.

591 BGH GRUR 1992, 406 (407) – Beschädigte Verpackung I; GRUR 1993, 677 (678) – Bedingte Unterwerfung; GRUR 2004, 244 (245) – Marktführerschaft; *Bornkamm* WRP 2000, 830 (833 f., 835); vgl. aber noch BGH GRUR 1990, 607 (608) – Meister-Kaffee.

592 Vgl. aber *Ingo Westermann* GRUR 2002, 403, der im Rahmen des § 3 UWG annimmt, das Gericht könne ausschließlich auf Grund eigener Sachkunde entscheiden.

Verbraucherleitbild des EuGH.[593] Danach kommt es auf den normal informierten und angemessen aufmerksamen und verständigen Durchschnittsverbraucher an.[594] Gemäß Ziffer 18 der Erwägungsgründe zur Richtlinie 2005/29/EG über unlautere Geschäftspraktiken ist maßgebend der „Durchschnittsverbraucher, der angemessen gut unterrichtet und angemessen aufmerksam und kritisch" ist.[595] Ähnlich stellt der BGH auf einen situationsadäquat aufmerksamen, durchschnittlich informierten und verständigen Verbraucher ab,[596] was auch für Werbung im Internet gilt;[597] bei Fachkreisen ist ein höherer Grad von Aufmerksamkeit und von Beurteilungsvermögen zu berücksichtigen.

175 Die Feststellung auf Grund eigener Sachkunde ist insbesondere dann möglich, wenn der Richter zu den angesprochenen Verkehrskreisen gehört.[598] Das erforderliche Erfahrungswissen kann er aber auch dann haben, wenn er nicht zu den angesprochenen Verkehrskreisen gehört.[599] Angesprochen ist er als **Verbraucher,**[600] insbesondere wenn es um Waren des täglichen Bedarfs geht. Das gilt aber auch für andere Waren, wenn es sich allein darum handelt, eine Werbeaussage nach ihrem Wortsinn anhand des allgemeinen Sprachgebrauchs auszulegen, ohne dass dabei besondere Kenntnisse eine Rolle spielen, die nur ein Teil des Verkehrs, aber nicht der Richter hat. Demgemäß fehlt es ausnahmsweise nur bei speziell gelagerten Sachverhalten, die Verbraucher betreffen, an der eigenen Sachkunde des Gerichts. Geht es um das Verständnis von Begriffen, ist es erforderlich, dass das Verständnis in einem bestimmten Sinne einfach und naheliegend ist und keine Anhaltspunkte bestehen, die Zweifel an dem Verkehrsverständnis des Richters hervorrufen, das dieser hat.[601] Zweifel an einer bestimmten Auffassung können sich insbesondere auf Grund einer privaten Meinungsumfrage oder einer entgegenstehenden Branchenübung ergeben.[602] Auch wenn ein anderes Gericht, insbesondere die Vorinstanz, die Verkehrsauffassung auf Grund eigener Sachkunde anders beurteilt hat, ist Vorsicht geboten.

176 Soweit sich die Werbung an **Fachkreise** wendet, kann das Gericht deren Verständnis auf Grund eigener Sachkunde dann ermitteln, wenn es um eine Auslegung der Werbeangaben nach dem allgemeinen Sprachgebrauch[603] und/oder nach einer (zB medizinischen) Fachsprache geht, die dem Gericht von den Parteien hinreichend vermittelt worden ist, insbesondere durch die Überreichung wissenschaftlicher (zB medizinischer) Gutachten. An-

---

[593] EuGH GRUR-Int 1998, 795 (797) – Gut Springenheide; GRUR-Int 2000, 354 (356) – Lifting Creme; eingehend *Glöckner* → Einl. Rn. 429 ff.

[594] EuGH GRUR 2004, 943 (944) – SAT 2; vgl. nunmehr aber EuGH GRUR 2012, 1269 ff. – Purely Creative; dazu *Scherer* WRP 2013, 705 ff.; *Göckler* WRP 2014, 1167 ff.

[595] Vgl. dazu *Helm* WRP 2005, 931.

[596] Zum Beispiel: GRUR 2002, 550 (552) – Elternbriefe; GRUR 2002, 982 (984) – DIE „STEINZEIT" IST VORBEI!; GRUR 2003, 163 (164) – Computerwerbung II; GRUR 2003, 247 (248) – Thermal Bad; GRUR 2003, 249 – Preis ohne Monitor; GRUR 2003, 361 (362) – Sparvorwahl; GRUR 2004, 162 (163) – Mindestverzinsung; GRUR 2004, 244 (245) – Marktführerschaft; GRUR 2004, 605 (606) – Dauertiefpreise; GRUR 2004, 786 (787 f.) – Größter Online-Dienst; GRUR 2005, 690 (692) – Internet-Versandhandel; GRUR 2010, 161 (164) – Gib mal Zeitung; GRUR 2012, 215 – Zertifizierter Testamentsvollstrecker; WRP 2012, 1216 (1217 f.) – Marktführer Sport; NJW 2015, 3377 (3378) – Tip der Woche.

[597] BGH GRUR 2005, 438 (440) – Epson-Tinte; GRUR 2005, 690 (692) – Internet-Versandhandel.

[598] BGH GRUR 1985, 140 (141) – Größtes Teppichhaus der Welt; GRUR 1990, 532 (533) – Notarieller Festpreis; GRUR 1992, 406 (407) – Beschädigte Verpackung; GRUR 1999, 594 (597) – Holsteiner Pferd; GRUR 2004, 793 (795 f.) – Sportlernahrung II; GRUR 2004, 882 (883) – Honigwein.

[599] BGH GRUR 2004, 244 (245) – Marktführerschaft; GRUR 2007, 1079 (1082) – Bundesdruckerei; GRUR 2010, 365 (366 f.) – Quersubventionierung von Laborgemeinschaften II; GRUR 2014, 1211 (1212) – Runes of Magic II.

[600] BGH GRUR 1992, 406 (407) – Beschädigte Verpackung I; GRUR 1996, 800 (802) – EDV-Geräte; GRUR 2002, 550 (552) – Elternbriefe; GRUR 2004, 786 (788) – Größter Online-Dienst; WRP 2012, 1216 (1218) – Marktführer Sport; NJW 2014, 153 (154) – Matratzen Factory Outlet.

[601] BGH GRUR 1982, 491 (492) – Möbel-Haus; GRUR 1984, 467 (468) – Das unmögliche Möbelhaus; GRUR 1995, 354 (357) – Rügenwalder Teewurst II; GRUR 2000, 239 (240 f.) – Last-Minute-Reise; GRUR 2001, 73 (75) – Stich den Buben; GRUR 2001, 420 (421 f.) – SPA; GRUR 2004, 244 (245) – Marktführerschaft; NJW 2014, 153 (154) – Matratzen Factory Outlet.

[602] BGH GRUR 1984, 467 (468 f.) – Das unmögliche Möbelhaus; GRUR 2000, 239 (240 f.) – Last-Minute-Reise.

[603] BGH GRUR 2013, 1058 (1059) – Kostenvergleich bei Honorarfactoring.

ders ist es dagegen, wenn Fachkenntnisse des angesprochenen Fachkreises, insbesondere umstrittene Fachbegriffe, von Bedeutung sein können, zu denen dem Gericht trotz des Vorbringens der Parteien die erforderlichen Kenntnisse fehlen.[604]

b) Bejahung der Irreführungsgefahr. Eine **Feststellung der Verkehrsauffassung auf Grund eigener Sachkunde** kommt vor allem in Betracht, wenn das Gericht die Irreführungsgefahr **bejahen** will.[605] Denn hierfür reicht es aus, dass ein erheblicher Teil des Verkehrs irregeführt wird.[606] Das Verständnis eines solchen Anteils des Verkehrs wird er eher feststellen können, als wenn er das Verständnis weiterer Kreise ermitteln müsste. 177

c) Verneinung der Irreführungsgefahr. Nach der früheren Rechtsprechung des BGH war eine Verneinung der Irreführungsgefahr ohne Meinungsumfrage nur in Ausnahmefällen möglich.[607] Dem Gericht sollte danach regelmäßig die Sachkunde fehlen, für alle Verkehrskreise zu sprechen, weil diese sich aus einem vielschichtigen Personenkreis zusammensetzen.[608] Nach der neueren Rechtsprechung des BGH macht es zu Recht **keinen Unterschied,** ob der Tatrichter seine Sachkunde und Lebenserfahrung zur **Bejahung** oder zur **Verneinung einer Irreführungsgefahr** einsetzen möchte.[609] Anlass für die Änderung der Rechtsprechung war das neue Verbraucherleitbild, das der EuGH seinen Entscheidungen zugrunde legt und das die nationale Rechtsprechung übernommen hat (→ Rn. 174). 178

d) Revisibilität. Soweit es um Tatfragen geht, kann der BGH die Feststellungen der Tatsacheninstanzen nur daraufhin überprüfen, ob der Tatsachenstoff fehlerfrei ausgeschöpft und die Beurteilung frei von Widersprüchen mit Denk- und Erfahrungssätzen vorgenommen worden ist.[610] Soweit es um die zugrunde gelegte **Lebenserfahrung** geht, kann das im Revisionsverfahren **uneingeschränkt überprüft** werden.[611] Die Ermittlung des Verkehrsverständnisses ist keine Tatsachenfeststellung, sondern **Anwendung speziellen Erfahrungswissens.**[612] 179

5. Feststellung der Verkehrsauffassung durch Auskünfte. Die Einholung einer **amtlichen Auskunft** (§§ 273 Abs. 2 Nr. 2, 358a Nr. 2 ZPO) kommt vor allem in Betracht, wenn das Gericht darüber zu entscheiden hat, wie eine umstrittene Werbeangabe von Fachkreisen verstanden wird,[613] oder wenn es um eine Branchenübung geht.[614] Dazu wendet es sich an eine Kammer wie an eine Industrie- und Handelskammer, eine Handwerkskammer, eine Ärztekammer, die dann, wenn erforderlich, ihrerseits ihre Mitglieder befragt und dem Gericht das Ergebnis mitteilt. Möglich ist auch die Einholung einer **privaten Auskunft,** etwa eines Verbraucherverbandes oder eines Berufsverbandes. Sie wird in den Prozess gemäß §§ 358a Nr. 3, 377 Abs. 3 ZPO eingeführt.[615] 180

---

604 BGH GRUR 1999, 594 (597) – Holsteiner Pferd; GRUR 2002, 77 (79) – Rechenzentrum; GRUR 2004, 244 (245) – Marktführerschaft; GRUR 2010, 1125 (1129) – Femur-Teil; *Bornkamm* WRP 2000, 830 (833).

605 BGH GRUR 1963, 270 (273) – Bärenfang; GRUR 1987, 444 (446) – Laufende Buchführung; GRUR 1992, 450 (452) – Beitragsrechnung; GRUR 1992, 406 (407) – Beschädigte Verpackung; GRUR 2001, 420 (421 f.) – SPA; GRUR 2012, 215 f. – Zertifizierter Testamentsvollstrecker.

606 BGH GRUR 2004, 162 (163) – Mindestverzinsung.

607 BGH GRUR 1972, 360 (361) – Kunststoffglas; GRUR 1992, 707 (709) – Erdgassteuer.

608 BGH GRUR 1963, 270 (273) – Bärenfang; GRUR 1967, 600 (603) – Rhenodur.

609 BGH GRUR 2002, 550 (552) – Elternbriefe; GRUR 2003, 247 (248) – Thermal Bad; GRUR 2004, 244 (245) – Marktführerschaft; NJW 2014, 153 (154) – Matratzen Factory Outlet; *Bornkamm* WRP 2000, 830 (832 f.); vgl. dazu *Teplitzky* GRUR 2003, 272 (281 f.).

610 BGH GRUR 1990, 1053 (1054) – Versäumte Meinungsumfrage; GRUR 2003, 361 (362) – Sparvorwahl; *Bornkamm* WRP 2000, 830 (833, 835).

611 BGH NJW-RR 2012, 1066 – Neurologisch/Vaskuläres Zentrum; GRUR 2014, 1211 (1213 f.) – Runes of Magic II.

612 BGH GRUR 2014, 1211 (1212) – Runes of Magic II.

613 BGH GRUR 1997, 669 (670) – Euromint; Bornkamm WRP 2000, 830 (832).

614 BGH GRUR 2000, 239 (240 f.) – Last-Minute-Reise.

615 BGH GRUR 1997, 669 (670) – Euromint.

181 Die **Beweiskraft** einer solchen amtlichen oder privaten Auskunft hängt maßgebend auch davon ab, ob das Gericht genaue Fragen gestellt hat, ähnlich wie das vor einer Meinungsumfrage durch ein Meinungsforschungsinstitut zu geschehen hat. Der Beweiswert solcher Auskünfte ist häufig gering.

182 **6. Feststellung der Verkehrsauffassung durch Meinungsumfrage. a) Zulässigkeit.** In der Regel vermag das Gericht die erforderlichen Feststellungen zur Verkehrsauffassung, insbesondere zum Verständnis einer Werbeangabe, auf Grund eigener Sachkunde und Lebenserfahrung zu treffen (→ Rn. 174 ff.). Reicht diese Sachkunde nicht aus und sind keine anderen Beweismittel vorhanden oder genügen sie nicht, hat das Gericht Beweis zu erheben durch Einholung eines Meinungsforschungsgutachtens, was gemäß §§ 402 ff. ZPO geschieht. Regelmäßig wird eine Meinungsumfrage auf Antrag einer Partei, gegebenenfalls nach entsprechendem Hinweis durch das Gericht durchgeführt, nur als ultima ratio von Amts wegen (§ 144 ZPO).[616]

183 **Nach der Rechtsprechung des EuGH ist eine Meinungsumfrage nicht ausgeschlossen.**[617] Danach sollte das nationale Gericht auf dieses Beweismittel aber nur zurückgreifen, wenn es „besondere Schwierigkeiten" bei der Beurteilung der Irreführung hat. Eine Meinungsumfrage ist in der Tat nur dann anzuordnen, wenn sie zwingend notwendig ist.[618] Denn sie ist für das Gericht und für die Parteien besonders arbeitsintensiv und verzögert den Rechtsstreit zwangsläufig ganz erheblich; außerdem verursacht sie hohe Kosten. Bei kleineren Wettbewerbssachen kommt sie daher kaum in Frage. Bei der Entscheidung ist auch zu beachten, dass – gerichtlich und privat angeordnete – Meinungsumfragen wegen unzureichender Fragestellungen in hohem Maße der Gefahr des Misslingens ausgesetzt sind,[619] insbesondere auf Grund von Erkenntnissen, die sich aus der durchgeführten Umfrage ergeben, oder sich nachträglich sogar als (teilweise) überflüssig erweisen können.[620]

184 Eine Meinungsumfrage ist nicht nur zur Frage möglich, ob eine Werbeangabe im Verkehr eine unrichtige Vorstellung hervorruft, sondern auch darüber, ob die erforderliche **wettbewerbsrechtliche Relevanz** vorliegt,[621] nämlich ob eine unrichtige Vorstellung des Verkehrs geeignet ist, ihn bei seinem Kaufentschluss irgendwie zu beeinflussen. Denn auch insoweit geht es nicht lediglich um nur schwer fassbare Motivationen, sondern um die Feststellung von Tatsachen, um objektivierbare interne, rational fassbare Vorgänge. Da aus der festgestellten Unrichtigkeit einer Werbeangabe regelmäßig auf die Relevanz geschlossen werden kann,[622] sollte nur bei Zweifeln an einer Relevanz darüber eine Meinungsumfrage stattfinden. Allerdings ist es prozessökonomischer, die Frage der Relevanz gleich mit einzubeziehen, statt nach Durchführung der Meinungsumfrage festzustellen, dass doch Zweifel an der Relevanz bestehen.

185 Die **Überprüfung der Relevanz** ist schwierig. Insbesondere ist zu befürchten, dass viele Befragte schlicht raten. Die Fragen zur Relevanz müssen daher ganz besonders sorgfältig formuliert werden. Sie sind an die Fragen anzuschließen, die zunächst gestellt werden, um zu überprüfen, ob eine Werbeangabe unrichtig ist. Es trifft zwar zu, dass Fragen zur Relevanz nur bei denjenigen von Bedeutung sind, die zuvor eine Fehlvorstellung zum Ausdruck gebracht haben oder bei den gestützten Fragen zur Unrichtigkeit eine Antwort

---

616 *Ullmann* GRUR 1991, 789 (795).

617 EuGH GRUR-Int 1998, 795 (797) – Gut Springenheide; GRUR-Int 2000, 354 (356) – Lifting Creme.

618 *Köhler*/Bornkamm/Feddersen § 12 Rn. 2.76; vgl. dazu BGH GRUR 2014, 1211 (1212) – Runes of Magic II.

619 BGH GRUR 1990, 1053 (1054 f.) – Versäumte Meinungsumfrage; GRUR 1996, 910 (913) – Der meistgekaufte Europas; GRUR 2000, 239 (241) – Last-Minute-Reise.

620 Vgl. BGH GRUR 1975, 441 – Passion; GRUR 1992, 48 (52) – frei öl; GRUR 1992, 66 (67 f.) – Königl.-Bayerische Weisse.

621 BGH GRUR 1991, 852 (855) – Aquavit; GRUR 1993, 920 (922 f.) – Emilio Adani II.

622 BGH GRUR 1991, 852 (855) – Aquavit; GRUR 1993, 920 (922) – Emilio Adani II.

schuldig geblieben sind.[623] Gleichwohl ist es ratsam, allen die Fragen nach der Relevanz zu stellen und hinterher eine Querauswertung durchführen zu lassen, die getrennt diejenigen erfasst, bei denen eine unrichtige Vorstellung in Betracht kommt. Das kann zuverlässig häufig erst angeordnet werden, wenn die Antworten auf die Fragen zur Unrichtigkeit vorliegen. Anderenfalls besteht die Gefahr, dass eine kostspielige, arbeitsintensive und weiter verzögernde, zweite Meinungsumfrage durchgeführt werden muss.

b) Sachverständiger. Welches Meinungsforschungsinstitut zu beauftragen ist (§ 404 ZPO), sollte in jedem Falle in Abstimmung mit den Parteien entschieden werden.[624] In vielen Fällen hat eine Partei bereits ein privates Meinungsforschungsgutachten eingeholt, so dass das damit beauftragte Institut nicht mehr als Sachverständiger in Betracht kommt. Der Sachverständige ist namentlich zu benennen. 186

c) Fragestellung. Da eine Meinungsumfrage, die für das Gericht brauchbar und verwertbar ist, nur gelingen kann, wenn geeignete Fragen gestellt werden,[625] ist es unerlässlich, dass die Fragen in **Zusammenarbeit mit dem Sachverständigen und den Parteien** festgelegt werden, auch um, soweit möglich, einen späteren Streit über die richtige Fragestellung zu vermeiden. 187

Üblich ist es, dass das beauftragte Institut an Hand des Beweisthemas zunächst einen konkreten **Fragebogenvorschlag** vorlegt, der die Methode und die Fragen enthält und zu dem die Parteien innerhalb einer ihnen gesetzten Frist Stellung nehmen. In einem **Erörterungstermin** (§ 404a ZPO), der angesichts des Zeit- und Kostenaufwandes für eine Umfrage unerlässlich ist, wird dann mit allen Beteiligten der Fragebogen erarbeitet. Das sollte möglichst in Übereinstimmung geschehen. Letztlich legt aber das Gericht die Fragen in einem Beschluss fest. Bei der **Festlegung und Formulierung der Fragen** müssen sich die Beteiligten ganz genau überlegen, auf was es für die Entscheidung des Rechtsstreits tatsächlich und rechtlich ankommt und welche Fragen und Antworten dafür von Bedeutung sind, insbesondere welche Antworten möglich und daher zu erwarten sind, welche Folgen sich daraus für das Beweisthema ergeben und ob bestimmte Nachfragen sinnvoll und geboten sind. Dadurch wird, soweit möglich, vermieden, dass sich die Fragen hinterher ganz oder teilweise als überflüssig oder als nicht ausreichend herausstellen, möglicherweise mit der Folge, dass eine völlig neue, gegebenenfalls eine ergänzende Meinungsumfrage erforderlich wird, die erneut viel Zeit und Geld kostet. Bei der Festlegung und Formulierung der Fragen im Einzelnen sind folgende Gesichtspunkte zu beachten: 188

aa) Verkehrskreise. Zunächst ist festzulegen, wer zu befragen ist. Regelmäßig geht es um eine Werbeangabe, von der **alle Verbraucher** angesprochen werden. Daher muss sich die Meinungsumfrage repräsentativ an alle Verbraucher richten, die für die Kaufentscheidung oder für die Mitwirkung an dieser Entscheidung in Betracht kommen. Üblicherweise werden Personen befragt, die zumindest 14 Jahre alt sind. Jüngere Personen können im vorliegenden Zusammenhang grundsätzlich außer Acht gelassen werden, weil ihre Befragung kein erheblich anderes Ergebnis erwarten lässt. Fragen an alle Verbraucher können ohne weiteres in eine Mehrthemenumfrage eingebaut werden, wenn die vorangegangenen Fragen sich nicht mit demselben Thema befassen und daher das Ergebnis nicht verfälschen können. 189

Sind **Fachkreise** zu befragen, ist darauf zu achten, in welcher Weise fachkundige Befragte zu ermitteln sind. Da solche Umfragen in der Regel gesondert durchgeführt werden müssen, sind sie extrem aufwendig und kostspielig. Die Anzahl der Befragten kann niedriger sein als bei einer allgemeinen Verbraucherbefragung, bei der im Allgemeinen etwa 2.000 Interviews vorgesehen werden 190

[623] BGH GRUR 1991, 852 (855) – Aquavit; GRUR 1993, 920 (923) – Emilio Adani II.
[624] *Ullmann* GRUR 1991, 789 (795).
[625] *Ullmann* GRUR 1991, 789 (795).

191 **bb) Formulierung der Fragen.** Die Fragen müssen auf die Ermittlung einer vorhandenen Vorstellung gerichtet sein und dürfen diese nicht erst hervorrufen, insbesondere die Befragten nicht zum Raten veranlassen.[626] Es ist selbstverständlich, dass **keine Suggestivfragen** gestellt werden dürfen, die den Befragten eine bestimmte Antwort in den Mund legen können. Die Fragen sind so zu formulieren, dass sie für jedermann leicht verständlich sind. Viele werden sonst nicht zugeben, dass sie die Frage nicht verstanden haben, und dazu neigen zu raten, wodurch das Ergebnis verfälscht werden kann. Erst recht sind missverständliche und irreführende Fragen zu vermeiden. Das trifft etwa zu, wenn es um eine relativ geringe Abweichung zwischen Vorstellung und Realität geht, die Fragestellung aber den Eindruck erweckt, es werde nach der Bedeutung einer erheblich weitergehenden, tatsächlich aber nicht vorhandenen Abweichung gefragt.[627] Ist **im Fragebogen eine Weichenstellung** in der Befragung geboten, muss dem Interviewer das im Fragebogen genau vorgegeben werden. Vielfach kann es erforderlich sein, (zusätzlich) Kärtchen mit Angaben oder (stets neu gemischt) Antwortvorgaben zu verwenden.

192 **cc) Ungestützte Fragen.** Die eigentliche Befragung zum Beweisthema hat grundsätzlich mit allgemeinen, „ungestützten" („offenen") Fragen – zur Unrichtigkeit der Werbeangabe – zu beginnen,[628] dh mit Fragen ohne Antwortvorgaben, um spontan die Vorstellung der Befragten zu einer umstrittenen Werbeaussage zu ermitteln, auch wenn klar ist, dass die Fragesituation nicht der realen Situation entsprechen kann, in der tatsächlich Kaufentscheidungen getroffen werden. Sie kommt dem aber am nächsten. Deshalb ist es von besonderer Bedeutung, zunächst die spontanen Reaktionen der Befragten zu erfahren, wenn ihnen eine Werbeaussage vorgelegt wird. **Offene Fragen zur Relevanz** sollten erst gestellt werden, wenn die Fragen zur Unrichtigkeit abgeschlossen sind (→ Rn. 184 f.).

193 Häufig sind, insbesondere wenn es um eine sehr konkrete Verkehrsvorstellung geht,[629] **mehrere ungestützte Fragen** zweckmäßig, nämlich nacheinander mehrere offene Fragen etwa derart, dass zunächst ganz allgemein gefragt wird, welche Vorstellungen der Befragte auf Grund einer Werbeaussage hat, und dann gezielt weiter, eventuell als Nachfassfragen, insbesondere mit einer Eingrenzung, wie er einen im Rahmen der Werbeaussage verwendeten Begriff versteht, vor allem wenn der Begriff mehrere Deutungen zulässt oder nur in eine allgemeine Richtung geht, eine näheren Konkretisierung aber bei einem Teil der Befragten auf Schwierigkeiten sowohl bei der spontanen Erkenntnis als auch bei der Artikulation der eigenen Vorstellung stößt.[630]

194 Grundsätzlich spielt **das Ergebnis zu den offenen Fragen** nicht nur bei der Gewichtung eine Rolle. Vielmehr ist es bei der Gesamtwürdigung wegen der spontanen Reaktionen der Befragten von erheblicher Bedeutung.[631] Es liefert die Zahlen, von denen zunächst auszugehen ist, die dann abgestützt, ergänzt und/oder relativiert und kontrolliert werden durch die nachfolgenden gestützten Fragen. Letztlich kommt es auf eine gemeinsame Auswertung der Antworten an, und zwar der Antworten sowohl auf die ungestützten und als auch auf die gestützten Fragen.

195 **dd) Gestützte Fragen.** Die Ergebnisse zu den offenen Fragen sind abzusichern durch **nachfassende „gestützte" („geschlossene") Fragen,**[632] dh durch **Fragen mit Antwortvorgaben.** Dadurch lässt sich überprüfen, ob hinter den Antworten auf die offenen Fragen ein bestimmtes Verständnis steht oder ob nur geraten worden ist, ferner bei

[626] BGH GRUR 1989, 440 (442) – Dresdner Stollen I; GRUR 1990, 461 (462) – Dresdner Stollen II.
[627] BGH GRUR 1991, 852 (855) – Aquavit.
[628] BGH GRUR 1989, 440 (442) – Dresdner Stollen I; GRUR 1990, 461 (462) – Dresdner Stollen II; GRUR 1996, 910 – Der Meistverkaufte Europas.
[629] BGH GRUR 1991, 680 (681) – Porzellanmanufaktur; GRUR 1992, 66 (68) – Königl.-Bayerische Weisse; *Eichmann* GRUR 1999, 939 (941 f.).
[630] BGH GRUR 1992, 66 (68) – Königl.-Bayerische Weisse.
[631] Vgl. BGH GRUR 2005, 423 (426) – Staubsaugerfiltertüten.
[632] BGH GRUR 1991, 680 (681) – Porzellanmanufaktur; GRUR 1992, 66 (68) – Königl.-Bayerische Weisse; GRUR 1993, 920 (922) – Emilio Adani II.

denjenigen, die zunächst nur geantwortet haben „weiß nicht", ob sie nicht doch ein bestimmtes Verständnis haben. Zu berücksichtigen ist aber, dass die Ergebnisse zu den gestützten Fragen mit Vorsicht zu würdigen und im wesentlichen nur zur Überprüfung geeignet sind, weil sie eine große, ungewisse, schwer zu schätzende Ratequote enthalten;[633] denn es liegt für die Befragten nahe, lieber eine vorformulierte Antwort zu geben, als ihre Unwissenheit zu offenbaren.

Bei den vorformulierten Antworten ist unbedingt darauf zu achten, dass **alle in Betracht kommenden Antworten** berücksichtigt werden einschließlich einer negativen Antwort.[634] Fehlt nämlich eine Antwort, so wird ein Befragter, der an sich die fehlende Vorstellung hat, auf eine andere, ihm vertretbar erscheinende Antwort ausweichen, auch wenn ihm durch eine entsprechende Vorgabe eine andere Auffassung offengelassen wird; statt selbst zu formulieren, wird er dazu neigen, auf eine vorformulierte, andere Antwort auszuweichen.[635] **Die vorgegebenen Antworten sollten sich möglichst ausschließen,** weil die Beantwortung der Fragen und später die Auswertung der Antworten dann weniger kompliziert ist. Dem Befragten kann aber, wenn zweckmäßig, auch die Möglichkeit gegeben werden, mehrere Antworten zu wählen. 196

ee) Umfragesplits. Bei der Festlegung der Fragen kann sich herausstellen, dass die Vorstellungen des Verkehrs in verschiedene Richtungen gehen könnten und deshalb repräsentative Teilbefragungen (Splitbefragungen) stattfinden sollten,[636] dh parallele Befragungen mit (teilweise) verschiedenen Fragen. 197

d) Gutachten. Das Gutachten darf sich nicht auf eine bloße Zusammenstellung der **Umfrageergebnisse** beschränken, sondern muss diese **sachverständig interpretieren** und dabei auch zur Methodik und zu den Möglichkeiten von Fehlern Stellung nehmen.[637] Diese Interpretation erfolgt üblicherweise zu Beginn des Gutachtens. Nach Eingang des Gutachtens sollten die Parteien zunächst Gelegenheit erhalten, sich schriftsätzlich zum Ergebnis der Meinungsumfrage zu äußern. Dagegen ist es unzweckmäßig, dass der Sachverständige die Umfrageergebnisse erstmals in der mündlichen Verhandlung interpretiert. Da es – ebenso wie etwa bei einem technischen Sachverständigen – um komplizierte Überlegungen gehen kann, müssen das Gericht und die Parteien sich in **Vorbereitung des Termins** auf die Stellungnahme des Sachverständigen vorbereiten können, die Parteien erforderlichenfalls mit Hilfe eines privaten Sachverständigen von einem anderen Institut. Dennoch sollte der gerichtliche Sachverständige regelmäßig geladen werden, damit er sich vor Gericht auf ergänzende Fragen der Beteiligten äußern kann. Zweckmäßig ist es, ihm vorher die Schriftsätze der Parteien, in denen sie zum Ergebnis der Meinungsumfrage Stellung nehmen, nebst einem etwaigen privaten Gutachten zukommen zu lassen, damit er dazu schon im Vorwege Überlegungen anstellen und sich möglichst schriftlich äußern kann. Auf diese Weise lässt sich der Verhandlungstermin auf das Notwendige konzentrieren. 198

e) Beweiswürdigung. Das Meinungsforschungsgutachten ist nach § 286 ZPO zu würdigen. Ebenso wie bei der Erarbeitung des Fragebogens darf der Richter das Ergebnis des Sachverständigen nicht ungeprüft übernehmen, sondern muss es **kritisch bewerten.**[638] Dabei hat er von der Rechtslage auszugehen, so wie er sie sieht, und zu überlegen, welche 199

[633] BGH GRUR 1992, 66 (68 f.) – Königl.-Bayerische Weisse; GRUR 1992, 70 (71) – 40 % weniger Fett.

[634] BGH GRUR 1992, 66 (69) – Königl.-Bayerische Weisse; GRUR 1992, 70 (71 f.) – 40 % weniger Fett; GRUR 1993, 920 (922) – Emilio Adani II.

[635] BGH GRUR 1993, 920 (922) – Emilio Adani II.

[636] OLG Köln WRP 1973, 656 (657); *Köhler*/Bornkamm/Feddersen § 12 Rn. 2.83; Ahrens/*Spätgens* Kap. 28 Rn. 34.

[637] *Köhler*/Bornkamm/Feddersen § 12 Rn. 2.86; *Teplitzky* WRP 1990, 145 (147 f.).

[638] Vgl. dazu BGH GRUR 1992, 48 – frei öl; GRUR 1992, 66 – Königl.-Bayerische Weisse; vgl. auch – zu Gutachten in einem Rechtsstreit über technische Schutzrechte – GRUR 2001, 770 (772) – Kabeldurchführung II.

tatsächlichen Feststellungen dafür von Bedeutung sind. Der Sachverständige ist lediglich vom Beweisthema ausgegangen, das nicht unbedingt die vollständige Rechtsauffassung des Richters wiedergibt. Dieser hat erforderlichenfalls seine tatsächlichen Feststellungen, die er auf Grund der Meinungsumfrage treffen will, mit Hilfe des Sachverständigen zu überprüfen. Dabei muss er – ebenso wie bei der Würdigung überreichter privater Meinungsforschungsgutachten – die Fragestellung und die Antworten an seiner eigenen Sachkunde und Lebenserfahrung messen.[639] Die Zustimmung beider Parteien zum Fragebogen vermag den Richter nicht zu binden.[640]

200 Bei der Würdigung der Ergebnisse ist maßgebend zu berücksichtigen, ob es sich um Antworten auf offene oder auf gestützte Fragen handelt (→ Rn. 192 ff., 195 ff.). Je nach dem Inhalt der Fragen, insbesondere bei gestützten Fragen, sind erhebliche Ratequoten möglich; dann sind **Sicherheitsabschläge** vorzunehmen.[641] Insbesondere ist auf eine etwaige Mehrdeutigkeit der Antworten zu achten; sie rechtfertigt ebenfalls einen Abschlag.[642] Soweit möglich, sind methodische Fehler zu eliminieren.[643] Bei Alternativfragen dürfen diejenigen, die sich für keine der Alternativen entschieden haben, nicht einer der Alternativantworten zugerechnet werden,[644] auch nicht etwa aus Gründen der Beweislast.

201 Hat eine Partei eine **private Meinungsumfrage** überreicht, ist diese bei der Würdigung zu berücksichtigen, falls sie sachgerecht, vor allem auf der Grundlage einer annehmbaren Fragestellung durchgeführt worden ist. Bei erheblichen Abweichungen ist das gerichtlich angeordnete Gutachten besonders sorgfältig und kritisch zu würdigen.[645] Das ist auch dann geboten, wenn abweichende Gerichtsentscheidungen Anlass zu Zweifeln geben[646] oder wenn das Gutachten aus der Sicht des Gerichts zu einem verblüffenden Ergebnis kommt.[647] – Will das Gericht vom Ergebnis des Sachverständigen abweichen, muss es das näher begründen und dabei zu erkennen geben, dass es die erforderliche eigene Sachkunde hat.[648]

202 **f) Kosten.** Die Kosten sind niedriger, wenn die angeordnete Umfrage sich allgemein an Verbraucher wendet und in eine ohnehin stattfindende Verbraucherbefragung eingebaut wird. Erheblich teurer wird dagegen eine Umfrage, die sich an Fachkreise richtet, weil sie gesondert durchgeführt werden muss.

203 Das Gericht macht die Beauftragung eines Instituts zur Ausarbeitung eines Fragebogenvorschlags zweckmäßigerweise davon abhängig, dass die beweisbelastete Partei einen **Kostenvorschuss** einzahlt, und zwar zunächst nur für den Vorschlag und für die Durchführung des Erörterungstermins. Zugleich mit einer solchen Beauftragung fordert das Gericht das Institut auf, mit der Übersendung des Fragebogenvorschlags die vorläufigen Kosten der Meinungsumfrage anzugeben. Im Erörterungstermin, in dem die Fragen endgültig festgelegt werden, gibt der Sachverständige dann an, wie hoch die Gesamtkosten einer Umfrage nach dem beschlossenen Fragebogen sind. – Die Durchführung der Meinungsumfrage sollte davon abhängig gemacht werden, dass ein **Kostenvorschuss** in Höhe der gesamten Kosten eingezahlt wird. Erst wenn das Geld eingegangen ist, wird das Institut endgültig mit der Durchführung der Meinungsumfrage beauftragt. Die spätere Abrechnung

---

[639] BGH GRUR 1987, 171 – Schlussverkaufswerbung I; GRUR 1990, 461 (462) – Dresdner Stollen II; GRUR 1991, 852 (855) – Aquavit; GRUR 1992, 70 (71 f.) – 40 % weniger Fett.

[640] BGH GRUR 1987, 171 – Schlussverkaufswerbung I; GRUR 1987, 534 (538) – Wodka „Woronoff".

[641] BGH GRUR 1991, 680 (681) – Porzellanmanufaktur; GRUR 1992, 48 (52) – frei öl; GRUR 1992, 66 (68 f.) – Königl.-Bayerische Weisse.

[642] BGH GRUR 1992, 66 (69) – Königl.-Bayerische Weisse.

[643] BGH GRUR 1992, 66 (69) – Königl.-Bayerische Weisse.

[644] BGH GRUR 2001, 450 (453) – Franzbranntwein-Gel.

[645] BGH GRUR 1987, 171 – Schlussverkaufswerbung I; GRUR 1987, 534 (538) – Wodka „Woronoff"; GRUR 1989, 440 (443) – Dresdner Stollen I; GRUR 1990, 461 (462) – Dresdner Stollen II; GRUR 1992, 48 (51) – frei öl; GRUR 1992, 70 (72) – 40 % weniger Fett (betrifft mehrere private Meinungsforschungsgutachten).

[646] BGH GRUR 1987, 171 – Schlussverkaufswerbung I.

[647] Teplitzky/*Schwippert* Kap. 47 Rn. 23.

[648] Teplitzky/*Schwippert* Kap. 47 Rn. 24.

mit dem Sachverständigen wird dadurch erleichtert. Letztlich hat die **unterliegende Partei die Kosten** der Meinungsumfrage zu tragen (§ 91 ZPO).

Die **Kosten einer „privaten Meinungsumfrage"** sind im Hauptsacheverfahren in der Regel nicht erstattungsfähig. Anders ist es, wenn sie erforderlich war, um die vom Gericht in Auftrag gegebene Meinungsumfrage zu erschüttern. Im Verfügungsverfahren sind die Kosten erstattungsfähig, wenn die Umfrage zur Glaubhaftmachung erforderlich war und die Kosten nicht außer Verhältnis zur Bedeutung der Sache stehen.[649] 204

7. Darlegungs- und Beweislast. a) Allgemeines. Wie auch sonst bei unerlaubten Handlungen hat der Kläger grundsätzlich die Voraussetzungen seines wettbewerbsrechtlichen Anspruches dazulegen – erforderlichenfalls unter Vorlage von Abbildungen und/oder des Produktes, für das etwa Leistungsschutz begehrt wird,[650] und falls bestritten zu beweisen, dh die Tatsachen, die den Anspruch begründen, der Beklagte sodann die Tatsachen, aus denen er Einwendungen oder Einreden herleitet.[651] Beim **Unterlassungsanspruch** trifft die Darlegungs- und Beweislast den Kläger, soweit es sich um die Wettbewerbswidrigkeit des beanstandeten Handelns und, falls es bisher zu keinem Verstoß gekommen ist, um die Erstbegehungsgefahr handelt. Anders verhält es sich dagegen bei der Wiederholungsgefahr. Diese wird nach begangenem Verstoß vermutet.[652] Demgemäß hat der Beklagte darzulegen und erforderlichenfalls zu beweisen, dass sie trotz Verstoßes ausnahmsweise fehlte oder später weggefallen ist. Bei einem Verbot mit Erlaubnisvorbehalt hat der Beklagte die Darlegungs- und Beweislast dafür, dass das fragliche Verhalten ausnahmsweise zulässig ist.[653] 205

b) Anscheinsbeweis. Im Bereich der unerlaubten, insbesondere auch der wettbewerbswidrigen Handlung greift verhältnismäßig selten ein Anscheinsbeweis ein. Er setzt voraus, dass es um einen typischen Geschehensablauf geht, der nach der Lebenserfahrung bestimmte Rückschlüsse erlaubt. Im Wettbewerbsrecht kommt das vor allem in Betracht, wenn **aus einem objektiven Verhalten auf die subjektive Seite** geschlossen wird. So wird bei dem Handeln eines Unternehmers, das – äußerlich betrachtet – in seinen gewerblichen Tätigkeitsbereich fällt, vermutet, dass das „im geschäftlichen Verkehr" geschehen ist.[654] Ebenso ist bei einem **Wettbewerbsverstoß** nach einem allgemeinen Erfahrungssatz davon auszugehen, dass er beim unmittelbar Betroffenen zu einem **Schaden** geführt hat.[655] Der Beklagte kann einen gegen ihn sprechenden Anscheinsbeweis durch den **Gegenbeweis** entkräften, dass die ernsthafte Möglichkeit eines atypischen Geschehensablaufs besteht.[656] 206

c) Darlegungs- und Beweiserleichterung. aa) Allgemeines. Obwohl der Kläger darzulegen und zu beweisen hat, dass eine Werbeaussage irreführend oder unlauter ist, hat die Rechtsprechung ihm in bestimmten Fällen eine Darlegungs- und Beweiserleichterung zugestanden.[657] Nach Treu und Glauben, die eine redliche Prozessführung gebieten, trifft den Beklagten nämlich eine **prozessuale Erklärungspflicht** (sekundäre Darlegungslast), wenn es um Tatsachen geht, die in seinem Verantwortungsbereich liegen, und er sich nicht 207

---

[649] KG GRUR 1987, 473 f.; OLG Brandenburg MD VSW 2011, 604 f.

[650] BGH GRUR 2018, 311 (313) – Handfugenpistole.

[651] BGH GRUR 1985, 140 (142) – Größtes Teppichhaus der Welt; GRUR 1991, 848 (849) – Rheumalind II; GRUR 1997, 229 (230) – Beratungskompetenz; GRUR 2000, 820 (822) – Space Fidelity Peep-Show; GRUR 2004, 246 (247) – Mondpreise?

[652] ZB BGH GRUR 1989, 445 (446) – Professorenbezeichnung in der Arztwerbung I.

[653] BGH GRUR 2010, 160 (161) – Quizalofob (Zulassung von Pflanzenschutzmitteln).

[654] BGH GRUR 1993, 761 (762) – Makler-Privatangebot.

[655] BGH GRUR 1993, 55 (57) – Tchibo/Rolex II; GRUR 2008, 933 (935) – Schmiermittel.

[656] Im Falle des OLG Jena GRUR-RR 2006, 291 f. ging es letztlich nicht um die Entkräftung eines Anscheinsbeweises durch einen Gegenbeweis, sondern um eine bloße Beweiswürdigung.

[657] BGH GRUR 1997, 758 (760) – Selbsternannter Sachverständiger; GRUR 2000, 820 (822) – Space Fidelity Peep-Show; GRUR 2009, 502 (504) – pcb; vgl. auch WRP 2008, 1517 (1519) – Namensklau im Internet; GRUR 2009, 60 (61) – LOTTOCARD; GRUR-RR 2014, 117 (keine Beweiserleichterung, wenn es um die Frage der vorherigen Einwilligung zu Werbeanrufen geht).

auf ein schützenswertes Geheimhaltungsinteresse berufen kann[658] und der Kläger nicht nur bloße Verdachtsmomente, sondern für eine Wettbewerbswidrigkeit sprechende Tatsachen vorgetragen und, soweit ihm möglich, unter Beweis gestellt[659] und bei Bestreiten auch bewiesen hat.[660] Das gilt nicht, wenn der Kläger die Marktverhältnisse ebenso ermitteln kann wie der Beklagte,[661] ebenso nicht, wenn es im Bereich standardisierter Dienstleistungen um einen Preisvergleich mit eigenen Preisen des Klägers geht.[662] Eine Umkehr der Beweislast ist damit aber nicht verbunden,[663] außer bei fachlich umstrittenen Werbeaussagen (→ Rn. 212). § 5 Abs. 4 enthält eine Vermutung. Hierbei handelt es sich um eine Beweislastumkehr. Hat der Kläger eine negative Tatsache darzulegen und zu beweisen und hat er sie substantiiert behauptet, kann den Beklagten eine sekundäre Darlegungslast treffen.[664]

208 Kommt der Beklagte seiner Erklärungspflicht nicht oder nicht genügend nach, ist das Vorbringen des Klägers **als zugestanden anzusehen** (§ 138 Abs. 3 ZPO).[665] Außerdem kann das Gericht daraus **in freier Beweiswürdigung** schließen, dass das Vorbringen des Klägers zutrifft.[666] Aus der prozessualen Erklärungspflicht folgt aber nicht, dass der Kläger bereits vorprozessual einen entsprechenden materiell-rechtlichen Auskunftsanspruch hat,[667] mit dem er Auskunft etwa über die Richtigkeit einer Werbeaussage des Beklagten verlangen kann. – Im Falle einer Beweisvereitelung kommt eine Beweislastumkehr in Betracht.[668]

209 **bb) Innerbetriebliche Vorgänge.** Für solche Vorgänge trifft den Beklagten unter bestimmten Voraussetzungen eine prozessuale Erklärungspflicht, die auf Seiten des Klägers zu einer Darlegungs- und Beweiserleichterung führt, ohne dass damit eine Umkehr der Beweislast verbunden ist (→ Rn. 207 f.). Das gilt dann, wenn dieser die **innerbetrieblichen Vorgänge** und demgemäß die erheblichen Tatsachen nicht kennt, der Beklagte dagegen die erforderliche Aufklärung leicht geben kann und ihm das auch zumutbar ist, insbesondere dem kein überwiegendes Interesse an einer Geheimhaltung gegenübersteht.[669]

210 **Beispiele aus der Rechtsprechung:**[670]
– „ostpreußisches *Familienrezept*", wenn berechtigte Zweifel an einer Verbindung zu Ostpreußen bestehen;[671]
– „EURO"-Firmenbestandteil, wenn der Beklagte nur ein niedriges Stammkapital hat und keine Umsatzangaben macht;[672]
– „Discount-Preise", weil nur der Beklagte in der Lage ist, seine Preise darzulegen;[673]

---

658 BGH GRUR 2005, 1059 (1061) – Quersubventionierung von Laborgemeinschaften; GRUR 2009, 870 (873) – Ohrclips; NJW 2012, 1886 (1887) – Vorschaubilder II; GRUR 2014, 578 (579) – Umweltengel für Tragetasche; GRUR 2014, 657 (658) – Bearshare; GRUR 2020, 307 (308) –Sonntagsverkauf von Backwaren.

659 BGH GRUR 1997, 229 (230) – Beratungskompetenz; GRUR 2000, 820 (822) – Space Fidelity Peep-Show; GRUR 2003, 800 (803) – Schachcomputerkatalog; GRUR 2004, 268 (269) – Blasenfreie Gummibahn II; GRUR 2007, 247 (251) – Regenwaldprojekt I; GRUR 2007, 251 (253) – Regenwaldprojekt II; GRUR 2007, 605 (607) – Umsatzzuwachs.

660 BGH GRUR 2014, 578 (579) – Umweltengel für Tragetasche.

661 BGH GRUR 2004, 246 (247) – Mondpreise?

662 BGH GRUR 2013, 1058 (1060) – Kostenvergleich bei Honorarfactoring.

663 BGH GRUR 1971, 164 (167) – Discount-Geschäft; GRUR 1978, 249 (250) – Kreditvermittlung; GRUR 2009, 502 (504) – pcb; GRUR 2014, 657 (658) – Bearshare.

664 BGH GRUR 2008, 625 (627) – Fruchtsaftextrakt.

665 BGH GRUR 1978, 249 (250) – Kreditvermittlung.

666 BGH GRUR 1970, 461 (463) – Euro-Spirituosen; GRUR 1978, 249 (250) – Kreditvermittlung.

667 BGH GRUR 1978, 54 (55) – Preisauskunft.

668 BGH GRUR 2016, 88 (93) – Parallelimport von Pflanzenschutzmitteln.

669 *Köhler*/Bornkamm/Feddersen § 12 Rn. 2.92.

670 *Köhler*/Bornkamm/Feddersen § 12 Rn. 2.93.

671 BGH GRUR 1963, 270 (271 f.) – Bärenfang.

672 BGH GRUR 1970, 461 (463) – Euro-Spirituosen.

673 BGH GRUR 1971, 164 (167) – Discount-Geschäft.

– Preisgegenüberstellungen, wenn der Kläger behauptet, der höhere Preis sei vom Beklagten vorher nicht ernsthaft gefordert worden[674] (nach § 5 Abs. 4 Vermutung); anders wenn der Beklagte seinen Preis mit einer unverbindlichen Preisempfehlung des Herstellers vergleicht;[675]
– Unverschuldete Lieferfähigkeit, wenn es darum geht, ob der Beklagte die beworbene Ware ausreichend vorrätig hatte.[676]

cc) Allein- und Spitzenstellung. Eine **prozessuale Aufklärungspflicht** kann den Beklagten insbesondere dann treffen, wenn er eine **Allein- oder Spitzenstellung behauptet.**[677] Wer das tut, darf die Behauptung nicht ohne genügende Grundlage aufstellen, sondern muss sich vorher über die Marktverhältnisse vergewissert haben. Dann ist es ihm auch zuzumuten, zur Aufklärung beizutragen, wenn der Kläger dazu nicht oder nur mit erheblichen Schwierigkeiten in der Lage ist. Das gilt aber nicht, soweit es um Umstände geht, die beiden Parteien gleichermaßen zugänglich sind.[678] Der Beklagte hat im vorliegenden Zusammenhang eine prozessuale Erklärungspflicht. Eine Umkehr der Beweislast ist damit nicht verbunden.[679] 211

dd) Fachlich umstrittene Angaben. Bei **fachlich umstrittenen,** insbesondere **gesundheitsbezogenen Werbeaussagen** übernimmt der Werbende die **Verantwortung für die Richtigkeit** der Aussage, wenn sie fachlich umstritten ist und er die Gegenmeinung in der Werbung nicht nennt,[680] es sei denn, der Streit ist den angesprochenen Fachkreisen bekannt. Hierbei handelt es sich um eine echte Umkehr der Beweislast. Zuvor hat der Kläger aber darzulegen und erforderlichenfalls zu beweisen, dass eine gesundheitsbezogene Werbeaussage überhaupt fachlich umstritten ist.[681] Es genügt nicht, dass er das substantiiert behauptet.[682] Meist ergibt sich aber aus wissenschaftlichen Veröffentlichungen, die er im Prozess überreicht hat und deren Existenz unstreitig ist, dass die Werbeaussage fachlich umstritten ist. Bei Aussagen, die der Zulassung und/oder den Angaben in der Fachinformation entsprechen, kann in der Regel davon ausgegangen werden, dass sie im Zeitpunkt der Zulassung dem gesicherten Stand der Wissenschaft entsprechen; auf Grund neuerer wissenschaftlicher Erkenntnisse, die der Kläger darzulegen und zu beweisen hat, kann sich eine Irreführung ergeben.[683] – Wenn die Sachkunde des Gerichts, die es vor allem auf Grund früherer Verfahren und durch das Vorbringen der Parteien erlangt haben kann, zur Beurteilung nicht ausreicht, benötigt es dazu die Hilfe eines **Sachverständigen.** Aus der **Rechtsprechung des BVerfG** zu Art. 5 GG[684] dürfte sich im erörterten rechtlichen Zusammenhang nichts anderes ergeben.[685] Danach kommt zwar in Betracht, dass der 212

[674] BGH GRUR 1975, 78 (79) – Preisgegenüberstellung I.
[675] BGH GRUR 2004, 246 (247) – Mondpreise?
[676] BGH GRUR 1983, 650 (651) – Kamera.
[677] BGH GRUR 1978, 249 (250) – Kreditvermittlung; GRUR 1983, 779 (780 f.) – Schuhmarkt; GRUR 1985, 140 (142) – Größtes Teppichhaus der Welt; GRUR 2010, 352 (354) – Hier spiegelt sich Erfahrung; GRUR 2015, 186 f. – Wir zahlen Höchstpreise.
[678] BGH GRUR 2010, 352 (354) – Hier spiegelt sich Erfahrung; GRUR 2015, 186 f. – Wir zahlen Höchstpreise.
[679] BGH GRUR 1978, 249 (250) – Kreditvermittlung; GRUR 2015, 186 f. – Wir zahlen Höchstpreise; vgl. *Lindacher* WRP 2000, 950 (953).
[680] BGH GRUR 1971, 153 (155) – Tampax; GRUR 1991, 848 (849) – Rheumalind II; GRUR 2013, 649 (651) – Basisinsulin mit Gewichtsvorteil; GRUR 2015, 403 (408) – Monsterbacke II; OLG Hamburg GRUR-RR 2001, 84 (87); 2002, 173 (175); OLG Frankfurt a. M. GRUR-RR 2003, 295 f.; OLG Düsseldorf MD VSW 2013, 323 (327 ff.); OLG Hamm GRUR-RR 2014, 412 (415).
[681] OLG Hamburg GRUR-RR 2001, 84 (87); OLG Celle GRUR-RR 2008, 441 (442); WRP 2014, 720 (721); OLG Hamm GRUR-RR 2014, 412 (415).
[682] AM OLG Frankfurt a. M. GRUR-RR 2005, 394 f.; OLG Karlsruhe GRUR-RR 2013, 445 Ls.; *Köhler*/Bornkamm/Feddersen § 12 Rn. 2.95.
[683] BGH GRUR 2013, 649 (653 f.) – Basisinsulin mit Gewichtsvorteil.
[684] BVerfG GRUR 2001, 1058 – Therapeutische Äquivalenz; eingehend zum Verhältnis zwischen Verfassungs- und Wettbewerbsrecht und zur Rechtsprechung des BVerfG *Ahrens* → Einl. Rn. 1009 ff.
[685] Vgl. OLG Frankfurt a. M. MD VSW 2003, 858 (863) – insoweit in GRUR-RR 2003, 295 f. nicht abgedruckt.

Bereich der Werturteile gegenüber dem der Behauptung von Tatsachen auszudehnen ist. Geht es aber um Tatsachen, ist es bei fachlich umstrittenen, insbesondere gesundheitsbezogenen Angaben nach wie vor gerechtfertigt, es bei der bisher angenommenen Verteilung der Beweislast zu belassen. Dem Äußernden wird nicht verwehrt, die von ihm für richtig gehaltene Tatsache zu behaupten. Er ist lediglich zur Vermeidung eines entstehenden irreführenden Eindrucks gehalten, auf die Umstrittenheit hinzuweisen, wenn er die Richtigkeit nicht beweisen kann.

213 **ee) Vergleichende Werbung.** Zur Darlegungs- und Beweislast ist Art. 7 der Richtlinie 2006/114/EG vom 13.12.2006 über irreführende und vergleichende Werbung zu beachten. Grundsätzlich hat der Kläger die Darlegungs- und Beweislast, wenn er eine Werbeaussage als unlautere oder irreführende Werbung beanstandet. Ihm kommen jedoch die Erleichterungen zugute, die von der Rechtsprechung zu seinen Gunsten entwickelt worden sind (→ Rn. 207 ff.). Er hat daher zunächst darzulegen und gegebenenfalls zu beweisen, dass es sich um eine **vergleichende Werbung** handelt, grundsätzlich ferner im Falle der Unlauterkeit, dass eine der **Voraussetzungen des § 6 Abs. 2** gegeben ist, im Falle des § 5, dass die Werbeaussage unrichtig ist.[686] Anders ist es jedoch bei solchen Tatsachen, die der Kläger, der außerhalb des Geschehensablaufes steht, nicht oder nur mit größeren Schwierigkeiten darlegen und beweisen kann, während es dem Beklagten möglich und auch zumutbar ist, die erforderliche Aufklärung zu geben.[687]

X. Unterbrechung/Aussetzung

Schrifttum: *Beyerlein,* Das Verfahren wird ausgesetzt. – Überlegungen zur Reichweite des § 148 ZPO im gewerblichen Rechtschutz vor europäischem Hintergrund, WRP 2006, 711; *K. Schmidt,* Unterlassungsanspruch, Unterlassungsklage und deliktischer Ersatzanspruch im Konkurs, ZZP 90 (1977) 38; *Spätgens,* Zur Wirkung des Inlands- und Auslandkonkurses auf den inländischen (wettbewerbsrechtlichen) Unterlassungsrechtsstreit, FS Piper, 1996, 461.

214 **1. Unterbrechung.** Im Wettbewerbsprozess kommt vor allem eine **Unterbrechung** des Rechtsstreits **durch Eröffnung des Insolvenzverfahrens** über das Vermögen einer Partei in Betracht (§ 240 ZPO). Die gleiche Wirkung hat grundsätzlich ein Insolvenzverfahren, das im Ausland eröffnet worden ist (vgl. §§ 343, 352 InsO).

215 **a) Insolvenz des Unterlassungsklägers.** Ist der **Kläger unmittelbar Verletzter oder Mitbewerber** gemäß § 8 Abs. 3 Nr. 1, wird die Masse in der Regel zumindest mittelbar betroffen, auch wenn es nur um Ansprüche aus §§ 3 ff. geht. Denn das Bestehen oder Nichtbestehen eines wettbewerbsrechtlichen Unterlassungsanspruchs wirkt sich im Allgemeinen auf die Wettbewerbsposition und damit auf den Wert des Unternehmens aus.[688]

216 Anders ist es (keine Unterbrechung), wenn **über das Vermögen eines Verbandes** iSd § 8 Abs. 3 Nr. 2, 3 **das Insolvenzverfahren eröffnet** wird.[689] Dessen Unterlassungsansprüche berühren nicht die Masse. Etwaige Ansprüche auf Kostenerstattung sollen nicht genügen.[690] Ein obsiegendes Urteil kann nicht mehr ergehen, weil der Verband mit Eröffnung des Insolvenzverfahrens aufgelöst wird (§ 42 Abs. 1 BGB) und damit seine Klagebefugnis verliert.[691] Daher muss er den Rechtsstreit in der Hauptsache für erledigt erklären, um eine Kostenentscheidung zu seinen Gunsten herbeizuführen.[692]

[686] OLG Hamburg GRUR-RR 2002, 362 f.; *Köhler*/Bornkamm/Feddersen § 12 Rn. 2.96; aM *Lindacher* WRP 2000, 950 (953 f.).

[687] BGH GRUR 2007, 603 (607) – Umsatzzuwachs; vgl. OLG München WRP 2015, 104 (109) (vergleichender Warentest).

[688] *Köhler*/Bornkamm/Feddersen § 12 Rn. 2.98; vgl. auch BGH NJW 2010, 2213 (2214) – Oracle zur Schutzrechtsverletzung.

[689] KG NJW-RR 1991, 41; aM *Spätgens* FS Piper, 1996, 461 (472 f.).

[690] Vgl. dazu Teplitzky/*Schwippert* Kap. 48 Rn. 5 f., 6a.

[691] *Köhler*/Bornkamm/Feddersen § 12 Rn. 2.98.

[692] Vgl. aber Teplitzky/*Schwippert* Kap. 48 Rn. 6a.

b) Insolvenz des Unterlassungsbeklagten. Da für das Unternehmen meist von wirtschaftlichem Interesse ist, ob es wie beanstandet handeln darf oder nicht, tritt in der Regel Unterbrechung ein.[693] Unerheblich ist, ob auch vom Insolvenzverwalter eine Begehungsgefahr ausgeht.[694] Der Rechtstreit wird nur dann nicht unterbrochen, wenn der Unterlassungsanspruch nicht die gewerbliche, sondern allein die persönliche Sphäre des Beklagten betrifft, wie etwa bei rein persönlichen, ehrenkränkenden Behauptungen.[695] 217

c) Aufnahme des Verfahrens. Die Aufnahme des Verfahrens richtet sich nach § 250 ZPO, §§ 85, 86 InsO. Der Unterlassungsprozess gegen den Gemeinschuldner ist von der höchstrichterlichen Rechtsprechung früher als Aktivprozess im Sinne von § 85 InsO (früher § 10 KO) angesehen worden.[696] Überzeugender ist demgegenüber die Auffassung, auch des BGH, dass es sich um einen Passivprozess iSd § 86 InsO (früher § 11 KO) handele.[697] Der Unterschied ist deshalb von Bedeutung, weil § 86 InsO sogleich die Aufnahme sowohl durch den Insolvenzverwalter als durch den Kläger ermöglicht, während nach § 85 InsO zunächst nur der Insolvenzverwalter zur Aufnahme berechtigt ist. 218

2. Aussetzung nach § 148 ZPO. Eine Aussetzung des Rechtstreits, die im Ermessen des Gerichts liegt,[698] kommt im Wettbewerbsprozess außer bei Klagen aus einem Schutzrecht kaum vor; denn in anderen Fällen fehlt es meist an einem vorgreiflichen Rechtsverhältnis. In vielen Fällen könnte eine Aussetzung zwar zweckmäßig sein, **wenn über die gleichen Sach- und/oder Rechtsfragen schon in einem anderen, älteren Rechtsstreit gestritten wird,** insbesondere die Sache bereits beim BGH anhängig ist. Das rechtfertigt jedoch keine Aussetzung nach § 148 ZPO.[699] Hier hilft nur ein Ruhen des Verfahrens gemäß § 251 ZPO oder ein bloßes Stillhalteabkommen, das bewirkt, dass der Rechtsstreit zunächst nicht weiter betrieben wird. Wegen § 204 Abs. 2 S. 3 BGB hat der Kläger aber angesichts der kurzen Verjährungsfristen des UWG darauf zu achten, dass keine Verjährung eintritt. Ist neben dem Zivilprozess **gleichzeitig ein Strafverfahren** anhängig, scheidet in der Regel eine Aussetzung aus. 219

Bei **Klagen aus einem Schutzrecht** kann eine Aussetzung geboten sein: 220
– in Patentverletzungssachen, wenn ein Einspruchs- oder ein Nichtigkeitsverfahren anhängig ist; in Gebrauchsmustersachen gemäß § 19 GebrMG;
– in Markenverletzungssachen, wenn ein Löschungsverfahren gemäß §§ 49 ff. MarkenG anhängig ist.[700]

Wenn es um europäisches Recht geht, kommt gemäß Art. 267, Abs. 2 und 3 AEUV eine Vorlage an den EuGH in Betracht.[701]

Wenn eine **negative Feststellungsklage für erledigt erklärt** worden ist, besteht im Allgemeinen kein Grund, den Rechtstreit nur wegen der Kostenentscheidung bis zur Entscheidung über die Unterlassungsklage auszusetzen.[702] Eine Aussetzung sollte nur erfolgen, wenn beide Parteien damit einverstanden sind. In vielen Fällen ist ein Kostenvergleich sinnvoll und daher vorzuziehen, wonach die Kosten des erledigten Verfahrens der rechts- 221

---

[693] BGH GRUR 1966, 218 (219 f.) – Dia-Rähmchen III; GRUR 1983, 179 (180) – Stapel-Automat; GRUR 2004, 70 – Preisbrecher; KG GRUR-RR 2002, 125 (126).
[694] *Köhler*/Bornkamm/Feddersen § 12 Rn. 2.99.
[695] Teplitzky/*Schwippert* Kap. 48 Rn. 7.
[696] BGH GRUR 1983, 179 (180) – Stapel-Automat.
[697] BGH GRUR 2010, 536 (537 f.) – Modulgerüst II; GRUR 2015, 509 (510 f.) – Videospiel-Konsolen II; *Köhler*/Bornkamm/Feddersen § 12 Rn. 2.100; *Karsten Schmidt* ZZP 90 (1977), 38 (54 ff.); Teplitzky/*Schwippert* Kap. 48 Rn. 13.
[698] BGH GRUR 1993, 556 (559) – TRIANGLE.
[699] BGH GRUR 2005, 615 f. – Aussetzung wegen Parallelverfahren; GRUR 2015, 784 (785 f.) – Objektcode.
[700] Vgl. dazu BGH GRUR 2007, 780 (782) – Pralinenform; GRUR 2014, 1101 (1102) – Gelbe Wörterbücher; GRUR 2016, 197 (198) – Bounty.
[701] Vgl. dazu BGH GRUR 2016, 523 – Prämienmodell niederländischer Apotheke.
[702] OLG Köln WRP 1982, 236.

kräftigen Kostenentscheidung über den Unterlassungsantrag folgen sollen. Dem wird sich aber die Partei widersetzen, die im Rahmen des § 91a ZPO eine Stellungnahme des Gerichts, insbesondere des OLG, herbeiführen möchte, um damit in dem anderen Verfahren argumentieren zu können. Kommt es zu einem solchen Kostenvergleich, hat dieser allerdings keinen vollstreckbaren Inhalt. In der Regel hält sich aber die Partei, die im Unterlassungsverfahren endgültig unterlegen ist, an den Vergleich. Sollte das ausnahmsweise nicht der Fall sein, kann die Partei, die dort obsiegt hat, noch eine Entscheidung nach § 91a ZPO herbeiführen, die ihr den notwendigen Kostentitel verschafft.

222 Gegen den Beschluss kann die betroffene Partei gemäß § 252 ZPO **sofortige Beschwerde** einlegen. Das Beschwerdegericht ist nicht befugt, sein Ermessen an die Stelle des Ermessens der ersten Instanz zu setzen. Es darf aber prüfen, ob der richtige rechtliche Rahmen beachtet worden ist und ob der Vorinstanz ein Ermessensfehler unterlaufen ist.[703]

XI. Urteil

223 **1. Prozessurteil.** Die Klage ist als unzulässig abzuweisen, wenn es an einer **Prozessvoraussetzung** fehlt. Im Wettbewerbsprozess kommt das insbesondere in folgenden Fällen in Betracht:
- Fehlen der Klagebefugnis gemäß § 8 Abs. 3 oder Abs. 4;
- Fehlen des Rechtsschutzbedürfnisses (→ Rn. 73, 121 ff.);[704]
- Mangelnde Bestimmtheit des Klageantrages (→ Rn. 75 ff.).

224 **2. Sachurteil auf Unterlassung. a) Bestimmtheit des Verbots.** Ebenso wie zuvor der Klageantrag (→ Rn. 75 ff.), hat das darauf beruhende Verbot bestimmt zu sein. Der **vollständige Inhalt des Verbotes** muss sich **grundsätzlich aus dem Urteil selbst ergeben.** Unbedenklich ist die Bezugnahme auf Anlagen zum Urteilsausspruch. Nur in Ausnahmefällen darf sich dieser auf eine Anlage außerhalb des Urteils beziehen, die sich in den Akten befindet, wenn nämlich – wie etwa bei einem Film – keine andere angemessene Möglichkeit besteht, ein Verbot auszusprechen (→ Rn. 95).[705] Die Möglichkeit ihrer späteren Rückgabe macht das Verbot nicht unbestimmt.

225 Ist eine konkrete Verletzungshandlung, etwa eine konkrete Anzeige, wettbewerbswidrig, ist das Verbot nicht auf die betreffenden, die Wettbewerbswidrigkeit begründenden Teile der Anzeige zu beschränken.[706] Bei entsprechendem Unterlassungsantrag wird die konkrete Verletzungsform verboten. Der Antrag ist schon dann in vollem Umfange begründet, wenn sie nur eine einzige konkrete Wettbewerbswidrigkeit enthält.[707]

226 **b) Auslegung des Verbots.** Der Umfang des Verbotes ist durch Auslegung zu ermitteln. Dabei ist zunächst auf den Wortlaut abzustellen.[708] Ist dieser nicht eindeutig, sind zur Auslegung der **Tatbestand und die Entscheidungsgründe heranzuziehen.**[709] Insbesondere ist zu berücksichtigen, wie der Unterlassungsantrag auszulegen ist (→ Rn. 81,

[703] OLG Hamburg OLG-Report 2003, 319 (321); vgl. auch BGH GRUR 2014, 1101 (1102) – Gelbe Wörterbücher; GRUR 2016, 197 (198) – Bounty.

[704] ZB BGH GRUR 1987, 402 – Parallelverfahren; GRUR 1987, 568 – Gegenangriff.

[705] BGH GRUR 2000, 228 f. – Musical-Gala (Video-Mitschnitt); GRUR 2020, 891 (892 f.) – Cookie-Einwilligung II; Ahrens/*Büttner/Spätgens* Kap. 63 Rn. 8 ff.; Teplitzky/*Feddersen* Kap. 57 Rn. 6 ff.; vgl. auch BGH GRUR 2013, 1030 (1031) – File-Hosting-Dienst (in Anlagen genannte Musikwerke); OLG Hamburg GRUR-RR 2014, 121 (123) (Storyboard eines Werbefilms auf zur Akte gereichten DVD). Vgl. → Rn. 24.

[706] BGH GRUR 2008, 727 (728) – Schweißmodulgenerator.

[707] BGH GRUR 2001, 453 (455) – TCM-Zentrum; vgl. → Rn. 24.

[708] BGH GRUR 2008, 532 (533) – Umsatzsteuerhinweis.

[709] BGH GRUR 2006, 776 (777) – Werbung für Klingeltöne; GRUR 2007, 987 (990) – Änderung der Voreinstellung I; GRUR 2009, 871 (872) – Ohrclips; GRUR 2009, 876 (878) – Änderung der Voreinstellung II; GRUR 2009, 1183 f. – Räumungsverkauf wegen Umbau; GRUR 2010, 855 (856) – Folienrollos; GRUR 2016, 1070 (1071) – Apothekenabgabepreis; GRUR 2016, 1076 (1077) – LGA tested; GRUR 2017, 288 (289) – Energieverbrauchskennzeichnung GRUR 2017, 292 (293) – Energieverbrauchskennzeichnung im Internet; GRUR 2018, 292 (293) – Produkte zur Wundversorgung.

86), dem das Gericht stattgegeben hat. Ist das Verbot eng auf die konkrete Verletzungshandlung beschränkt, sind einer erweiternden Auslegung enge Grenzen gesetzt.[710] Umstände, die im Urteil nicht zum Ausdruck gekommen sind, bleiben bei der Auslegung grundsätzlich unberücksichtigt. Als Vollstreckungstitel muss das Urteil in der Regel aus sich heraus verständlich und bestimmt sein.[711] Ist das Verbot nach seinem Wortlaut mangels Bestimmtheit nicht vollstreckungsfähig, kann sein Inhalt durch Auslegung unter Orientierung an der konkreten Verletzungshandlung auf einen vollstreckungsfähigen Inhalt beschränkt werden.[712] Das Verbot umfasst im Allgemeinen keine Handlungen, die im Ausland begangen werden und sich im Inland kaum auswirken.[713]

In geeigneten Fällen sollte das Gericht **in den Entscheidungsgründen klarstellen,** wie 227
der Klageantrag und demzufolge das Verbot zu verstehen sind, insbesondere welchen Umfang es hat.[714] Aus solchen Klarstellungen ergibt sich nicht, dass regelmäßig entweder eine Verletzung von § 139 ZPO vorliegt oder der Prozessbevollmächtigte des Klägers und das Gericht gemeinsam bei der Formulierung eines nicht mehr auslegungsbedürftigen Antrages versagt haben. Klarstellungen über den Umfang des Verbotes erfolgen, um im Interesse aller Beteiligten späteren Streitigkeiten vorausschauend vorzubeugen. Es ist häufig nicht möglich, im Antrag und dann im Verbot eine absolute Eindeutigkeit herbeizuführen, insbesondere etwa jeden im Antrag verwendeten Begriff so zu verwenden oder gar noch näher zu umschreiben, dass er über jeglichen Zweifel erhaben ist. Daher machen die Gerichte in vielen Fällen zu Recht von der Möglichkeit einer Klarstellung Gebrauch. Vorrangig ist jedoch stets das Bemühen um ein möglichst eindeutig formuliertes Verbot.

Bei einem **Anerkenntnis-**[715] oder einem **Versäumnisurteil** ist mangels Urteilsbegrün- 228
dung zur Auslegung des Verbotes die Klagebegründung heranzuziehen, ebenso wie bei einer nicht begründeten Beschlussverfügung die Antragsschrift.[716]

Lässt sich der Umfang des Verbotes nicht zuverlässig durch Auslegung ermitteln, ist eine 229
neue Klage erforderlich. Da die **Rechtskraft des Verbotsurteils** grundsätzlich einer erneuten Unterlassungsklage des Klägers entgegensteht,[717] lässt sich der Umfang des Titels regelmäßig nur durch eine Feststellungsklage klären, etwa dahin, dass bestimmte, konkret beschriebene Verhaltensweisen vom Verbot erfasst werden. – Umgekehrt hat der Beklagte die Möglichkeit, durch eine negative Feststellungsklage eine Entscheidung darüber herbeizuführen, dass bestimmte, zukünftige Handlungen nicht vom Verbot erfasst werden,[718] und zwar auch dann, wenn bereits ein Ordnungsmittelantrag vorliegt.[719] Dagegen ist es dem Unterlassungsschuldner grundsätzlich zuzumuten, ein Ordnungsmittelverfahren abzuwarten, wenn es ihm (nur) um die Klärung geht, ob eine in der Vergangenheit liegende Handlung gegen das Verbotsurteil verstößt.[720] Beanstandet der Kläger einen neuen Verstoß und bestehen ernsthafte Zweifel, ob dieser vom Verbot erfasst wird, kommt neben einer positiven Feststellungsklage – zumindest nach einem erfolglosen Vollstreckungsverfahren –

---

[710] BGH GRUR 2010, 454 (455) – Klassenlotterie.

[711] BGH GRUR 1992, 525 f. – Professorenbezeichnung in der Arztwerbung II.

[712] OLG Frankfurt a. M. GRUR-RR 2014, 48 Ls.

[713] OLG Köln MD VSW 2010, 534 (535).

[714] Beispiele: BGH GRUR 2000, 613 (614 f.) – Klinik Sanssouci; GRUR 2003, 622 – Abonnementvertrag; GRUR 2005, 857 (860) – HIT BILANZ; GRUR 2005, 960 (961) – Friedhofsruhe; GRUR 2005, 1061 (1063) – Telefonische Gewinnauskunft; GRUR 2006, 433 (434) – Unbegründete Abnehmerverwarnung; GRUR 2006, 504 (505) – Parfümtestkäufe; GRUR 2007, 708 (712) – Internet-Versteigerung II; GRUR 2008, 702 (705) – Internetversteigerung III; OLG Frankfurt a. M. WRP 2001, 951 (956); OLG Hamburg GRUR 2002, 278 (279); GRUR-RR 2002, 226; OLG Karlsruhe WRP 2002, 1090 (1091); OLG Düsseldorf WRP 2003, 106 (107); OLG Hamburg MD VSW 2002, 1168 (1170 f.).

[715] OLG Stuttgart WRP 1987, 406 (407).

[716] BGH NJW-RR 2016, 485 (488) – Piadina-Rückruf; OLG Köln MD VSW 2001, 582 (583); OLG Frankfurt a. M. GRUR-RR 2018, 387 (388 f.).

[717] Vgl. aber OLG Karlsruhe WRP 1977, 41 (42 f.); Ahrens/*Ahrens* Kap. 36 Rn. 139 ff. und Kap. 65 Rn. 5 f.

[718] OLG Karlsruhe WRP 1977, 41 (42 f.).

[719] BGH GRUR 2008, 360 (361 f.) – EURO und Schwarzgeld.

[720] BGH GRUR 2008, 360 (362) – EURO und Schwarzgeld.

auch ein Antrag auf Erlass einer (gegebenenfalls zweiten) einstweiligen Verfügung in Betracht.[721]

230 **c) Bindung an den Antrag.** Gibt das Gericht der Klage statt, ist es **nicht an die rein sprachliche Formulierung** des Klägers gebunden. Es darf aber nicht mehr und **nicht etwas anderes zusprechen,** als es der Kläger beantragt hat (§ 308 Abs. 1 S. 1 ZPO; → Rn. 24).[722] Das geschieht aber, wenn etwa der Kläger Auskunft darüber verlangt hat, an welche Personen der Beklagte Kataloge verschickt hat, das Gericht jedoch zur Auskunft darüber verurteilt, an welche Personen der Beklagte verkauft hat,[723] ferner wenn das Gericht zu einem weitergehenden Widerruf verurteilt als beantragt.[724] Das gilt entsprechend auch für Verbote. So liegt ein Verstoß gegen § 308 Abs. 1 S. 1 ZPO vor, wenn das Gericht seinem Urteilsausspruch einen anderen Klagegrund zu Grunde legt als denjenigen, auf den sich der Kläger gestützt hat.[725]

231 Sollte die erste Instanz gegen § 308 ZPO verstoßen haben, ist ein solcher Verstoß geheilt, wenn der Kläger sich das **Verbot zu eigen macht,** indem er beantragt, die Berufung des Beklagten zurückzuweisen.[726] Daraus ergibt sich, dass er nunmehr einen Unterlassungsantrag gemäß dem gerichtlichen Verbot verfolgt. Eine andere Frage ist es, ob eine zulässige Klageerweiterung vorliegt, deren Sachdienlichkeit aber die erste Instanz mit dem ausgesprochenen Verbot bereits bejaht haben dürfte. Im Revisionsverfahren ist eine derartige Klageerweiterung nicht mehr möglich.[727]

232 **d) Zeitliche Begrenzung.** Eine zeitliche Begrenzung des Verbotes kommt nur ausnahmsweise in Betracht, nämlich dann, wenn im Zeitpunkt der mündlichen Verhandlung bereits feststeht, wann das Verbot ausläuft, etwa früher **bei Modeneuheiten.**[728] Ist eine solche Befristung nicht möglich, ist der Beklagte wie auch sonst bei nachträglichen Veränderungen auf den Weg der Vollstreckungsgegenklage – nicht (auch nicht wahlweise) der Abänderungsklage gemäß § 323 ZPO – angewiesen (§ 767 ZPO).[729]

233 **Gegen eine einstweilige Verfügung** kann sich der Antragsgegner im Falle veränderter Umstände mit einem **Aufhebungsantrag nach § 927 ZPO** wehren. Das ist allerdings problematisch, wenn er in einer Abschlusserklärung auf die Rechte aus § 927 ZPO verzichtet hat[730] oder wenn er die veränderten Umstände nicht glaubhaft machen, sondern nur in einem Klageverfahren beweisen kann. Er hat dann die Möglichkeit, gegen die einstweilige Verfügung **Zwangsvollstreckungsgegenklage nach § 767 ZPO** zu erheben.[731]

234 **e) Aufbrauchfrist. Ausnahmsweise** kann dem Beklagten eine Aufbrauchfrist eingeräumt werden, die es ihm erlaubt, noch vorhandene Werbemittel bis zum Ablauf der

---

[721] OLG Düsseldorf WRP 1993, 487 (488 f.); OLG Frankfurt a. M. WRP 1997, 51 f.; 2018, 361; *Kehl* WRP 1999, 46 (49 f.); vgl. dazu OLG Hamburg MD VSW 2004, 1232 (1235 f.); vgl. auch Teplitzky/*Feddersen* Kap. 57 Rn. 16b–e.

[722] Beispiele: BGH GRUR 2001, 755 (757) – Telefonkarte; GRUR 2003, 716 f. – Reinigungsarbeiten (anderer Klagegrund); GRUR 2016, 213 (214) – Zuweisung von Verschreibungen (Fehlen eines im Antrag enthaltenen, einschränkenden Merkmals); *Köhler*/Bornkamm/Feddersen § 12 Rn. 2.107.

[723] BGH GRUR 1992, 117 (120) – IEC-Publikation.

[724] BGH GRUR 1992, 527 (529) – Plagiats-Vorwurf II.

[725] BGH GRUR 2005, 854 (855) – Karten-Grundsubstanz (eigenes Urheberrecht/ausschließliche Lizenz am Urheberrecht eines Dritten); GRUR 2006, 960 (961) – Anschriftenliste; GRUR 2018, 203 (204) – Betriebspsychologe; GRUR 2018, 431 (432) – Tiegelgröße.

[726] KG GRUR-RR 2002, 125 (126); Teplitzky/*Schwippert* Kap. 51 Rn. 48.

[727] BGH GRUR 2003, 716 (717) – Reinigungsarbeiten; GRUR 2006, 960 (962) – Anschriftenliste.

[728] BGH GRUR 1973, 478 – Modeneuheit; OLG Düsseldorf GRUR 1983, 748 (750); vgl. aber BGH GRUR 2017, 79 Rn. 96 – Segmentsstrukrutur; *Körner* GRUR 1985, 909 (914); *Borck* WRP 2000, 9 (15); hierzu und allgemeiner zur Befristung im Bereich der Produktnachahmung *Sambuc* → § 4 Rn. 148.

[729] BGH GRUR 1973, 429 (430) – Idee-Kaffee; WRP 1983, 209 (211) – Stapelautomat; GRUR 1997, 382 (384) – Altunterwerfung I; GRUR 1997, 386 (389) – Altunterwerfung II; Ahrens/*Ahrens* Kap. 36a Rn. 8 ff.; Teplitzky/*Feddersen* Kap. 57 Rn. 51, 55, 56 f.; aM OLG Koblenz GRUR 1988, 478 (480).

[730] Vgl. Teplitzky/*Bacher* Kap. 43 Rn. 6–8, 15 mit weiteren Nachweisen.

[731] Ahrens/*Ahrens* Kap. 36a Rn. 31 f.; Teplitzky/*Feddersen* Kap. 57 Rn. 52 ff. mit weiteren Nachweisen; aM OLG Karlsruhe GRUR 1979, 571.

gesetzten Frist aufzubrauchen.[732] Das geschieht **von Amts wegen;** ein Antrag des Beklagten ist nicht erforderlich, er muss sein Interesse nur substantiiert vortragen.[733] Wird ihm eine Aufbrauchfrist gewährt, braucht er nicht sofort das vorhandene Werbematerial zu vernichten und durch neue Werbemittel zu ersetzen, was mit erheblichen zeitlichen Schwierigkeiten und mit zusätzlichen Kosten verbunden wäre.

Noch seltener kommt eine **Umstellungsfrist** in Betracht. Dann kann der Beklagte bis zum Ablauf der Frist uneingeschränkt in der beanstandeten Weise weiter tätig sein und dafür sogar neue Werbemittel herstellen. Eine solche Umstellungsfrist kann angemessen sein, wenn es etwa um die Änderung einer Firma geht, die der Beklagte notwendigerweise weiter zu benutzen hat, bis die Änderung im Handelsregister eingetragen ist. **235**

Die Einräumung einer Aufbrauch- oder Umstellungsfrist schränkt den materiell-rechtlichen Unterlassungsanspruch des Klägers nicht ein, sondern gewährt dem Beklagten lediglich einen **prozessualen Vollstreckungsaufschub.**[734] Daraus folgt, dass in der Einräumung der Frist **kein teilweises Unterliegen des Klägers**[735] mit entsprechender Kostenfolge zu seinen Lasten zu sehen ist und der Beklagte auch weiterhin zum Schadensersatz verpflichtet ist.[736] Die Rechtswidrigkeit des weiteren Handelns bleibt trotz der Aufbrauchs- oder Umstellungsfrist unberührt. Wird dagegen ein Teilunterliegen angenommen, greift regelmäßig zu Gunsten des Klägers § 92 Abs. 2 ZPO ein. **236**

f) Androhung von Ordnungsmitteln. Die Androhung setzt einen entsprechenden **Antrag des Klägers** voraus (§ 890 Abs. 2 ZPO; → Rn. 118 f.: 292).[737] Versäumt er allerdings einen Antrag, dem Beklagten auch eine Ersatzordnungshaft anzudrohen, schadet ihm das nicht; die Androhung erfolgt von Amts wegen.[738] Das Gericht hat die Art und das Höchstmaß des Ordnungsmittels ausdrücklich anzugeben, damit der Beklagte ohne weiteres das Ausmaß des angedrohten hoheitlichen Zwanges erkennen kann.[739] Daher genügt aus rechtsstaatlichen Gründen – anders als im Antrag – nicht die bloße Androhung der „gesetzlichen Ordnungsmittel gemäß § 890 ZPO"[740] oder „in gesetzlicher Höhe".[741] **237**

Soweit es um die Androhung der **Ersatzordnungshaft** und von **Ordnungshaft** geht, genügt **bei juristischen Personen,** für die ihre Organe haften,[742] die allgemeine Androhung, dass die Haft an einem der Vorstandsmitglieder bzw. an einem der Geschäftsführer zu vollziehen ist.[743] Namen sind dabei nicht zu nennen. Im Falle der Vollstreckung kommt es auf das dann verantwortliche Organ an, das möglicherweise in der Zwischenzeit bestellt worden ist. Die Eingrenzung und Bestimmung erfolgt demnach erst im Vollstreckungsverfahren. Im Ordnungsmittelbeschluss ist das Organ konkret zu bezeichnen.[744] Bei der Festsetzung der Ersatzordnungshaft ist derjenige anzugeben, der für die Zahlung des Ordnungsgeldes zuständig ist und der nicht unbedingt für den Verstoß verantwortlich sein **238**

---

[732] Vgl. näher Teplitzky/*Kessen* Kap. 8 Rn. 10 ff.; Teplitzky/*Feddersen* Kap. 57 Rn. 17 ff. und *Goldmann* → § 8 Rn. 189 ff.

[733] BGH GRUR 1960, 563 (567) – Sektwerbung; GRUR 1961, 283 f. – Mon Cherie II; GRUR 1982, 420 (423) – BBC/DDC; GRUR 1985, 930 (932) – JUS-Steuerberatungsgesellschaft.

[734] Streitig; vgl. dazu Teplitzky/*Kessen* Kap. 8 Rn. 10 mit weiteren Nachweisen; Ahrens/*Bähr* Kap. 38 Rn. 6 ff.

[735] So aber Ahrens/*Bähr* Kap. 38 Rn. 19.

[736] Ahrens/*Bähr* Kap. 38 Rn. 16; aM *Spätgens* WRP 1994, 693 (695).

[737] BGH GRUR 2018, 973 – Ordnungsmittelandrohung durch Schuldner – = WRP 2018, 1067 mit Anm. *Tavanti* WRP 2018, 1067.

[738] BGH GRUR 1993, 62 (63) – Kilopreise III.

[739] BGH GRUR 1995, 744 (749) – Feuer, Eis & Dynamit I; GRUR 2004, 264 (265) – Euro-Einführungsrabatt; Teplitzky/*Feddersen* Kap. 57 Rn. 25.

[740] *Köhler*/Bornkamm/Feddersen § 12 Rn. 2.110; aM OLG München WRP 1980, 356.

[741] OLG Köln WRP 1979, 667.

[742] Vgl. BVerfGE 20, 323 (335 f.).

[743] BGH GRUR 1991, 929 (931) – Fachliche Empfehlung II.

[744] BGH GRUR 1991, 929 (931) – Fachliche Empfehlung II; vgl. aber OLG Hamm WRP 2000, 413 (417): erst später, wenn die Ersatzordnungshaft zu vollstrecken ist.

muss.[745] Bei einer OHG oder KG brauchen die maßgebenden Gesellschafter ebenfalls noch nicht im Urteil angegeben zu werden.

239 Die Androhung erfolgt **entweder im Verbotsausspruch** („... unter Androhung...") **oder in einem nachfolgenden Absatz:** „Für jeden Fall der Zuwiderhandlung wird dem Beklagten ein Ordnungsgeld bis zu 250 000 €, ersatzweise Ordnungshaft bis zu sechs Wochen, oder eine Ordnungshaft bis zu sechs Monaten angedroht, die Ordnungshaft zu vollziehen an einem der Geschäftsführer." Wird die Androhung von Ordnungsgeld und Ordnungshaft nicht durch ein „oder", sondern durch ein „und" verbunden, führt das nicht zur Unwirksamkeit der Androhung,[746] obwohl eine kumulative Festsetzung von Ordnungsgeld und Ordnungshaft unzulässig ist.

240 **g) Veröffentlichungsbefugnis.** Vgl. § 12 Abs. 2.[747]

241 **3. Sachurteil auf Auskunft und Rechnungslegung.** Ebenso wie der Klageantrag muss der **Urteilsausspruch bestimmt und konkret** sein. Meist erfolgt eine Bezugnahme auf das entsprechende, zuvor formulierte Verbot. Dabei ist – ebenso wie beim Feststellungsausspruch (→ Rn. 242) – zu beachten, dass die Verurteilung nicht auf den verallgemeinerten Teil des Verbotes bezogen werden darf, für den nur Erstbegehungsgefahr besteht. Außerdem darf nicht der **Zeitpunkt** vergessen werden, von dem an Auskunft zu erteilen und Rechnung zu legen ist. Zum Wirtschaftsprüfervorbehalt und zu seiner Formulierung vgl. → Rn. 155, 158.

242 **4. Sachurteil auf Feststellung der Schadensersatzpflicht.** Ebenso wie der Klageantrag muss der **Urteilsausspruch bestimmt und konkret** sein. Meist erfolgt eine Bezugnahme auf das entsprechende, zuvor formulierte Verbot. Dabei ist zu beachten, was auch für die Verurteilung zur Auskunft/Rechnungslegung gilt (→ Rn. 241, vgl. auch → Rn. 151). Insbesondere darf der **Zeitpunkt,** von dem an Schadensersatz zu leisten ist, nicht vergessen werden. Der Anspruch besteht nämlich grundsätzlich nur vom ersten festgestellten Verstoß an (vgl. dazu → Rn. 154).

243 **5. Rechtskraft. a) Umfang.** Der Umfang der Rechtskraft hängt ab vom Umfang des Urteilsausspruchs, insbesondere vom Umfang eines Verbotes (→ Rn. 224 ff.), dieser vom Streitgegenstand (§ 322 Abs. 1 ZPO; → Rn. 18 ff.), der durch den Klageantrag und die Klagebegründung bestimmt wird.[748] Die Rechtskraft steht in der Regel einer erneuten Klage mit demselben **Streitgegenstand** entgegen (vgl. auch → Rn. 229).[749] Die Rechtskraftwirkung erstreckt sich auch auf Handlungen, die als minus vom Verbot erfasst werden, ferner auf identische Verstöße, die vor Schluss der letzten Tatsachenverhandlung liegen,[750] ebenso auf im Kern gleiche Handlungen,[751] Sie gehören zum selben Lebenssachverhalt (= Klagegrund). Insoweit geht es nicht etwa um ein Problem des Rechtsschutzinteresses.

244 Wenn die Urteilsformel allein nicht ausreicht, die Reichweite der Rechtskraftwirkung zu erfassen, sind **zur Auslegung ergänzend** der **Tatbestand** und die **Entscheidungsgrün-**

[745] Vgl. aber KG GRUR 1983, 795 (796).

[746] BGH GRUR 2004, 264 (265) – Euro-Einführungsrabatt; OLG Düsseldorf GRUR-RR 2003, 127 (128).

[747] Vgl. dazu *Retzer/Tolkmitt* § 12 Abs. 2.

[748] BGH GRUR 2006, 421 (422) – Markenparfümverkäufe; GRUR 2011, 742 (744) – Leistungspakete im Preisvergleich.

[749] Vgl. dazu BGH GRUR 2008, 93 (94 ff.) – Zerkleinerungsvorrichtung (betr. Wahlrecht der Schadensersatz-Berechnungsweisen); zu einem Ausnahmefall vgl. BGH GRUR 2004, 755 (757) – Taxameter.

[750] AM BGH GRUR 2006, 421 (423) – Markenparfümverkäufe: In Rechtskraft erwächst der in die Zukunft gerichtete Verbotsausspruch nur in Bezug auf die festgestellte(n) Verletzungshandlung(en). Kritisch dazu auch *Teplitzky* WRP 2007, 1 (4 f.); *Kamlah/Ulmar* WRP 2006, 967 (972 f.); *Götz* GRUR 2008, 401 (404 f.).

[751] BGH GRUR 1994, 844 (846) – Rotes Kreuz; OLG Köln MD VSW 1147, 1148 f.; *Köhler*/Bornkamm/Feddersen § 12 Rn. 2.113; vgl. aber dort Rn. 2.23g (kein Rechtsschutzinteresse); vgl. *M. Schmidt* GRUR-Prax 2012, 179 (180); ferner → Rn. 21.

de heranzuziehen, in geeigneten Fällen auch das Parteivorbringen (→ Rn. 226 ff.).[752] Das gilt insbesondere bei einem klageabweisenden Urteil, aus dessen Urteilsausspruch sich der Umfang der Abweisung noch nicht entnehmen lässt.[753] Bei einem Anerkenntnisurteil kommt es darauf an, was die Parteien gewollt und erklärt haben.[754] Wird eine Klage als unbegründet abgewiesen, mit der ein verallgemeinerter Antrag verfolgt worden ist, hindert die Rechtskraft den Kläger an einer neuen Klage mit einem nunmehr auf die konkrete Verletzungsform beschränkten Antrag.[755] Ist dagegen eine Unterlassungsklage mangels Erstbegehungsgefahr abgewiesen worden, kann der Kläger trotz der Rechtskraft des Urteils ohne weiteres eine neue Klage erheben, wenn es nachträglich zu einem Verstoß gekommen ist.[756]

b) Wirkung. Das rechtskräftige Urteil wirkt grundsätzlich **nur zwischen den Parteien** (§ 325 Abs. 1 ZPO). Andere Gläubiger sind daher in keiner Weise an die Rechtskraft des Urteils gebunden.[757] Im Einzelfall könnte aber eine weitere Klage gegen § 8b verstoßen. Aus der Rechtskraft eines Unterlassungsurteils kann folgen, dass unter bestimmten, weiteren Voraussetzungen (vgl. dazu → § 13a Rn. 22) die Wiederholungsgefahr entfällt. Das Urteil schafft auch dann Rechtskraft, wenn das Gericht über einen Antrag entschieden hat, den die Partei nicht erhoben hatte, oder wenn eine Feststellungsklage entgegen der Auffassung des Gerichts richtigerweise unzulässig war.[758] 245

Die rechtskräftige Entscheidung über einen Unterlassungsanspruch wirkt sich präjudiziell auf einen Schadensersatzanspruch unterschiedlich aus, je nachdem, ob es sich um einen vertraglichen oder um einen gesetzlichen Unterlassungsanspruch handelt. **Die rechtskräftige Feststellung oder Verneinung eines vertraglichen Unterlassungsanspruches bindet auch in einem nachfolgenden Schadensersatzprozess.**[759] Denn aus Vertrag schuldet der Beklagte Schadensersatz wegen Verletzung der Unterlassungspflicht. Diese wird für den Zeitpunkt der mündlichen Verhandlung festgestellt oder verneint.[760] Da auch der vertragliche Unterlassungsanspruch in die Zukunft gerichtet ist, kommt es entscheidend darauf an, ob der Anspruch zu diesem Zeitpunkt besteht, dagegen nicht, ob er im Zeitpunkt der Klageerhebung bestanden hat. 246

Dagegen hat die **rechtskräftige Feststellung eines gesetzlichen Unterlassungsanspruches keine Bindungswirkung für den gesetzlichen Schadensersatzanspruch.**[761] Dieser setzt nicht die Verletzung eines gesetzlichen Unterlassungsanspruches voraus. Nach einem Wettbewerbsverstoß stehen vielmehr gegebenenfalls beide Ansprüche mit unterschiedlichen, sich lediglich überschneidenden Voraussetzungen parallel nebeneinander. Das gilt ebenso für eine rechtskräftige Abweisung der Unterlassungsklage, erst recht, wenn das nicht mangels Wettbewerbsverstoßes geschehen ist. Die Rechtskraft der Entscheidung über den Unterlassungsanspruch hat auch keine Bindungswirkung für den Anspruch auf Erstattung der Abmahnkosten.[762] 247

---

[752] BGH GRUR 2002, 915 (916 f.) – Wettbewerbsverbot in Realteilungsvertrag; GRUR 2004, 755 – Taxameter; GRUR 2008, 933 (934) – Schmiermittel; GRUR 2009, 970 (971) – Versicherungsberater; GRUR 2015, 269 (270 f.) – K – Theory.

[753] BGH GRUR 1993, 157 (158) – Dauernd billig.

[754] BGH GRUR 2015, 269 (270 f.) – K – Theory.

[755] BGH GRUR 1993, 157 (158 f.) – Dauernd billig; *v. Ungern-Sternberg* GRUR 2011, 486 (489) Fn. 34.

[756] BGH GRUR 1990, 687 (689) – Anzeigenpreis II; vgl. dazu Ahrens/*Ahrens* Kap. 36 Rn. 114 ff.

[757] BGH GRUR 1960, 379 (380) – Zentrale.

[758] BGH GRUR 2002, 915 (916 f.) – Wettbewerbsverbot in Realteilungsvertrag.

[759] BGH GRUR 1965, 327 (329 ff.) – Gliedermaßstäbe; Teplitzky/*Schaub* Kap. 30 Rn. 2; Teplitzky/*Schwippert* Kap. 51 Rn. 50.

[760] Teplitzky/*Schaub* Kap. 30 Rn. 2; aM BGH GRUR 1965, 327 (328) – Gliedermaßstäbe: Zeitpunkt der Erhebung der Unterlassungsklage.

[761] BGH GRUR 2002, 1046 (1047 f.) – Faxkarte; GRUR 2017, 938 (941) – Teststreifen zur Blutzuckerkontrolle II; offengelassen in GRUR 1965, 327 (330) – Gliedermaßstäbe; GRUR 1984, 820 (821) – Intermarkt II; *Köhler*/Bornkamm/Feddersen § 12 Rn. 2.115; Teplitzky/*Schaub* Kap. 30 Rn. 2; *Teplitzky* GRUR 2003, 272 Rn. 435.

[762] BGH GRUR 2012, 949 (952) – Missbräuchliche Vertragsstrafe.

248 **Ein rechtskräftiges Urteil auf Auskunft oder Rechnungslegung bindet nicht – auch nicht im Rahmen einer Stufenklage – für den Schadensersatzprozess.**[763] Das sollte der Kläger vor allem im Rahmen einer Stufenklage beachten, damit er später keine böse Überraschung erlebt. Sonst kann es sein, dass er, wie das in einem langjährigen Rechtsstreit geschehen ist, der vom LG Hamburg ausging, in drei Instanzen auf der Auskunftsstufe obsiegt und dann der Streit zum Grunde in der Zahlungsstufe noch einmal in voller Schärfe entbrennt, insbesondere das Gericht etwa einen neuen Sachverständigen bestellen muss, der anders als der erste Sachverständige zu einem für den Kläger ungünstigen Ergebnis kommt. Dagegen kann sich der Kläger mit einem Zwischenstellungsantrag schützen, dem zugleich mit dem Auskunftsurteil stattgegeben wird. Das Feststellungsurteil wird zusammen mit diesem rechtskräftig und bindet dann für die Zahlungsstufe.

249 Wird einer **Klage auf Feststellung der Schadensersatzpflicht rechtskräftig stattgegeben,** steht bindend fest, dass der Kläger dem Grunde nach einen Ersatzanspruch hat.[764] Im Betragsverfahren ist aber der Einwand des Mitverschuldens nicht ausgeschlossen, wenn der Kläger im Feststellungsverfahren keine konkreten Schadenspositionen mitgeteilt hat.[765] Wird die Klage **mangels Anspruches abgewiesen,** steht bindend fest, dass dem Kläger kein Ersatzanspruch zusteht. Erhebt er gleichwohl eine Zahlungsklage, so ist diese zwar nicht unzulässig, da es um unterschiedliche Streitgegenstände geht, sondern unbegründet, weil die Rechtskraft des abweisenden Urteils entgegensteht. Etwas anderes gilt nur, wenn die Abweisung unmissverständlich nicht abschließend erfolgt ist,[766] insbesondere weil die Feststellungsklage als unzulässig oder als zurzeit unbegründet abgewiesen worden ist.

250 Entsprechend verhält es sich **bei einer negativen Feststellungsklage,** über die rechtskräftig entschieden worden ist. Selbst wenn eine negative Feststellungsklage rechtskräftig als unbegründet abgewiesen worden ist und das Gericht dabei die Darlegungs- und Beweislast verkannt hat, steht bindend fest, dass der Unterlassungsanspruch besteht.[767]

XII. Kosten

251 **1. Kostenentscheidung. a) Teilunterliegen.** Bei einem Teilunterliegen gilt § 92 ZPO. Es liegt etwa vor, wenn der Kläger einen verallgemeinerten Unterlassungsantrag verfolgt hat, das Gericht aber nur ein Verbot der konkreten Verletzungsform ausspricht.[768] Ein Teilunterliegen ist gegeben, wenn das Gericht bei kumulativer Klagehäufung die Klage aus dem einen Klagegrund stattgibt und aus dem anderen abweist.[769] Ein Teilunterliegen ist dagegen zu verneinen, wenn das Gericht dem Beklagten eine Aufbrauch- oder Umstellungsfrist zubilligt (→ Rn. 236). Wenn der Kläger seine Klage teilweise zurückgenommen hat, was auch verdeckt geschehen sein kann (→ Rn. 41), ist zu beachten, dass er insoweit gemäß § 269 Abs. 3 ZPO die Kosten zu tragen hat, wenn nicht § 92 Abs. 2 ZPO eingreift.

252 **b) Erledigung der Hauptsache.** Bei übereinstimmender Erledigungserklärung richtet sich die Kostenentscheidung nach § 91a ZPO (vgl. dazu → Rn. 56 ff. und 261). Bei teilweiser Erledigung wird über diese Kosten einheitlich im Urteil mitentschieden. Insoweit findet gegen das Urteil die **sofortige Beschwerde** statt.[770] Hierfür gilt die Beschwerdefrist von zwei Wochen, was gelegentlich übersehen wird. Will der Unterliegende aber Berufung einlegen, kann er innerhalb der Berufungsfrist von einem Monat zugleich die § 91a ZPO-Kostenentscheidung anfechten. Hat er sich zunächst noch nicht entschieden, sollte er

[763] BGH (VII. und V. Zivilsenat) JZ 1970, 226 mit ablehnender Anmerkung von *Grunsky,* vgl. auch BGH NJW 2003, 3058 (3059).
[764] OLG Hamburg MD VSW 2004, 186 (188 f.); LG Mannheim WRP 2002, 254 (256).
[765] BGH WRP 2020, 332 (333 ff.) – Chickenwings.
[766] BGH GRUR 1990, 70 f. – Feststellung der Rechtskraft; *Köhler*/Bornkamm/Feddersen § 12 Rn. 2.115.
[767] BGH NJW 1986, 2508 (2509); *Köhler*/Bornkamm/Feddersen § 12 Rn. 2.115.
[768] BGH GRUR 1992, 625 (627) – Therapeutische Äquivalenz.
[769] BGH GRUR 2014, 785 (787) – Flugvermittlung im Internet.
[770] *Zöller/Althammer* ZPO § 91a Rn. 56.

vorsorglich innerhalb der kürzeren Frist sofortige Beschwerde einlegen, wenn er die zu § 91a ZPO ergangene Kostenentscheidung auf jeden Fall anfechten will.

c) Sofortiges Anerkenntnis. Nach § 93 ZPO hat der Kläger die Kosten zu tragen, wenn der Beklagte sofort anerkennt und keine Veranlassung zur Klageerhebung gegeben hat. Gegen das Kostenurteil findet die sofortige Beschwerde statt (§ 99 Abs. 2 ZPO).[771] Dem sofortigen Anerkenntnis steht **nicht** ein **sofortiger Klageverzicht gleich** (§ 93 ZPO analog).[772] Hier hilft gegebenenfalls nur ein Schadensersatzanspruch insbesondere aus dem Abmahnverhältnis. 253

aa) Sofortigkeit. Das Anerkenntnis ist ein **sofortiges,** wenn es bei der ersten angemessenen, prozessual dafür in Betracht kommenden Gelegenheit abgegeben wird. Grundsätzlich trifft das noch zu, wenn es bei Anberaumung eines frühen ersten Termins in der mündlichen Verhandlung erklärt wird,[773] aber nur wenn das **vor Beginn der streitigen Verhandlung** geschieht.[774] Eine Erörterung der Sach- und Rechtslage durch das Gericht schadet, insbesondere der Hinweis auf eine dem Schuldner ungünstige Rechtsauffassung.[775] Im **schriftlichen Vorverfahren** muss das Anerkenntnis schon in der Klageerwiderung enthalten sein.[776] Die bloße Ankündigung genügt nicht. Ein vorher angekündigter Klageabweisungsantrag schadet in der Regel.[777] 254

War die **Klage zunächst** – etwa mangels Verstoßes – **unbegründet,** wird sie dann aber – etwa auf Grund eines nachträglichen Verstoßes, insbesondere nach der Entstehung eines Schutzrechtes – begründet, kommt es darauf an, ob der Beklagte sofort anerkennt, sobald die Klage begründet ist.[778] – Soweit der Kläger die **Klage geändert** hat, ist ein sofortiges Anerkenntnis des Beklagten noch in der mündlichen Verhandlung möglich, in der der Kläger erstmals den neuen Klageantrag stellt. Das trifft aber nicht zu, wenn er statt des ursprünglichen, verallgemeinerten Antrages als minus nur noch die konkrete Verletzungsform angreift. 255

bb) Veranlassung zur Klagerhebung. Der Beklagte hat **Veranlassung zur Klageerhebung** gegeben, wenn ihn der Kläger nicht abgemahnt hat, obwohl eine Abmahnung geboten war. Grundsätzlich muss der Kläger abmahnen; nur ausnahmsweise ist eine **Abmahnung** entbehrlich (→ § 13 Rn. 6 ff.). Ausnahmsweise hat er nachzufassen (→ § 13 Rn. 75), wenn der Abgemahnte etwa wegen eines Missverständnisses nur eine unzureichende Erklärung abgegeben hat.[779] 256

Hat der Kläger erfolglos abgemahnt, darf er einen **Antrag auf Erlass einer einstweiligen Verfügung und zugleich eine Klage einreichen,**[780] vorbehaltlich allerdings eines Rechtsmissbrauchs (§ 8b).[781] Hat er zunächst aber nur einen Verfügungsantrag verfolgt, 257

---

[771] Zu „gemischten Kostenentscheidungen" vgl. → Rn. 252 und ausführlich *Zöller/Herget* ZPO § 99 Rn. 7 ff.

[772] OLG Koblenz NJW-RR 1986, 1443 f.; aM OLG Frankfurt a. M. GRUR 1993, 931 Ls.; *Köhler*/Bornkamm/Feddersen § 12 Rn. 2.118.

[773] OLG Hamburg WRP 1972, 537; OLG Frankfurt a. M. WRP 1976, 618 (622); OLG München WRP 1985, 446; aM auf Grund der Neufassung des § 307 ZPO mit beachtlichen Argumenten *Vossler* NJW 2006, 1034 (1035): Anerkenntnis schon innerhalb der Klagerwiderungsfrist; vgl. auch OLG Jena GRUR-RR 2008, 108 (109).

[774] OLG Hamburg WRP 1985, 88.

[775] OLG Hamburg WRP 1991, 116 f.; aM KG WRP 1992, 790 (791).

[776] OLG Frankfurt a. M. GRUR 1978, 498; KG WRP 1979, 310 (311); OLG München WRP 1985, 446; OLG Hamburg WRP 1988, 315; OLG Stuttgart NJWE-WettbR 2000, 100 f.; Teplitzky/*Schwippert* Kap. 46 Rn. 49; vgl. dazu OLG Köln WRP 2007, 559 (560); KG NJW-RR 2007, 647 (648).

[777] BGH NJW 2019, 1525 f.

[778] BGH NJW-RR 2004, 999; OLG Hamburg WRP 2002, 337.

[779] OLG Hamburg GRUR 1992, 479 Ls.

[780] OLG Hamm NJW-RR 1991, 1335 f. (anders noch NJW-RR 1986, 1165 (1166) = WRP 1986, 111 (112)); OLG Köln WRP 1996, 1214 (1215 f.); NJWE-WettbR 1999, 92 f.; *Köhler*/Bornkamm/Feddersen § 12 Rn. 2.118; *Stickelbrock* WRP 2001, 648 (657 f., 660); aM OLG Dresden WRP 1996, 432 (433 f.), aber anders bei eindeutiger Ablehnung einer Unterwerfung.

[781] Vgl. dazu OLG Nürnberg GRUR-RR 2004, 336.

muss er abwarten und nach dem Erlass der einstweiligen Verfügung dem Beklagten zunächst – nach Ablauf einer angemessenen Wartefrist (in der Regel von zwei Wochen) –[782] ein **Abschlussschreiben** zusenden, mit dem er diesen auffordert, innerhalb einer angemessenen Frist die einstweilige Verfügung als endgültige Regelung anzuerkennen.[783] Als Frist sind im Regelfall zwei Wochen angemessen.[784] Je nach den Umständen des Einzelfalles kann aber auch eine längere Frist angemessen sein. Der Antragsgegner muss genügend Zeit haben, um die Angelegenheit zu überprüfen, dazu die erforderlichen Recherchen anzustellen und wenn nötig Rechtsrat einzuholen. Sind aber keine besonderen Recherchen notwendig, ist es ihm zuzumuten, sich kurzfristig zu äußern, auch wenn der Anspruch durch die einstweilige Verfügung vorläufig gesichert ist.

258 Hat der Antragsgegner **Widerspruch** eingelegt, so darf der Antragsteller **Klage** einreichen, ohne Kostennachteile nach § 93 ZPO befürchten zu müssen. Er ist nicht etwa verpflichtet, den Ausgang des Widerspruchsverfahrens abzuwarten.[785] Das gilt auch dann, wenn der Antragsgegner erklärt hat, er werde eine ihm ungünstige Entscheidung im Verfügungsverfahren hinnehmen.[786] Wartet der Antragsteller aber die Entscheidung über den Widerspruch ab, muss er nach der Bestätigung der einstweiligen Verfügung vor Erhebung der Klage zunächst einen angemessenen Zeitraum (im Regelfall von 2 Wochen) abwarten[787] und dem Antragsgegner dann ein (zweites) Abschlussschreiben mit angemessener Frist (im Regelfall von 2 Wochen) zusenden.[788] Diesem muss zur Überlegung insgesamt ein Zeitraum zur Verfügung stehen, der der Berufungsfrist entspricht.[789] Der Antragsteller ist nicht verpflichtet, auch noch das Berufungsverfahren abzuwarten.[790] Tut er das aber,[791] muss er nach Zurückweisung der Berufung dem Antragsgegner erneut *ein Abschlussschreiben zuschicken*.

259 Nach unberechtigter Abmahnung ist vor einer negativen Feststellungsklage des Abgemahnten eine **Gegenabmahnung** nicht erforderlich (→ § 13 Rn. 113).

260 **cc) Verfügungsverfahren.** Einem sofortigen Anerkenntnis steht es gleich, wenn der Antragsgegner nach der Zustellung der einstweiligen Verfügung eine **Abschlusserklärung** abgibt und dann lediglich **Kostenwiderspruch** einlegt.[792] Im Rahmen des § 93 ZPO ist lediglich zu prüfen, ob der Antragsgegner Veranlassung zur Einreichung des Verfügungsantrages gegeben hat, dh ob er abgemahnt worden ist oder ob eine Abmahnung ausnahmsweise entbehrlich war.[793] Die Frage, ob der Antrag zulässig und begründet war, kann nicht

---

[782] OLG Hamburg OLG-Report 2003, 257 (258); vgl. BGH GRUR 2015, 822 (823) – Kosten für Abschlussschreiben II (genügend jedenfalls 3 Wochen); OLG Frankfurt a. M. GRUR-RR 2003, 274 (278 f.) und GRUR-RR 2003, 294 f.; OLG Hamm GRUR-RR 2010, 267 ff. (2 Wochen); KG WRP 2012, 1565 (1566) (3 Wochen); OLG Hamburg GRUR-RR 2014, 229 (230); Teplitzky/*Schwippert* Kap. 43 Rn. 31.

[783] OLG Celle GRUR-RR 2001, 200 Ls.; OLG Köln MD VSW 2003, 489 (490).

[784] OLG Hamburg GRUR-RR 2014, 229 (230); aM *Köhler*/Bornkamm/Feddersen § 12 Rn. 2.118: 3–4 Wochen; vgl. OLG Stuttgart MD VSW 2001, 352 (353); OLG Frankfurt a. M. MD VSW 2003, 856 (857 f.).

[785] OLG Hamburg GRUR 1989, 458 Ls.; OLG Hamburg GRUR-RR 2014, 229 f. (230); OLG Köln GRUR-RR 2009, 183 f.; aM OLG Nürnberg GRUR-RR 2004, 336 (Rechtsmissbräuchliche Mehrfachverfolgung).

[786] KG NJW-RR 1987, 816 f.

[787] BGH GRUR 2015, 822 (823) – Kosten für Abschlussschreiben II; GRUR 2017, 1160 (1165) – BretariGenuair; *vgl.* OLG Hamburg WRP 1986, 289 (290); GRUR-RR 2014, 229 (230); OLG Köln WRP 1987, 188 (191); OLG Stuttgart MD VSW 2001, 352 f.; OLG Frankfurt a. M. GRUR-RR 2006, 111 f.

[788] BGH GRUR 2015, 822 (823) – Kosten für Abschlussschreiben II.

[789] BGH GRUR 2015, 822 (823) – Kosten für Abschlussschreiben II.

[790] KG WRP 1984, 547 f.

[791] Vgl. dazu OLG Frankfurt a. M. WRP 2007, 556 f.

[792] BGH GRUR 2010, 257 (258 f.) – Schubladenverfügung; OLG Frankfurt a. M. WRP 1985, 563; 2015, 235; OLG Karlsruhe WRP 1990, 640 (642); OLG Düsseldorf NJW-RR 1986, 37; GRUR-RR 2001, 286; OLG Stuttgart NJWE-WettbR 2000, 125.

[793] OLG Stuttgart WRP 1987, 406 (407); OLG Hamburg OLG-Report 2000, 220 (221); OLG München MD VSW 2001, 1415 (1416) und MD VSW 2005, 834 (836).

über den „Umweg" der Veranlassung geprüft werden, etwa mit der Begründung, man habe zu einem unbegründeten Verfügungsantrag keine Veranlassung gegeben.

261 Einem sofortigen Anerkenntnis steht es ferner gleich, dass der Antragsgegner nach der Zustellung der einstweiligen Verfügung eine **strafbewehrte Unterwerfungserklärung** abgibt, **Vollwiderspruch** einlegt und sich der **Erledigungserklärung** des Antragstellers anschließt (vgl. → Rn. 61). Im Rahmen des **§ 91a ZPO** ist auch § 93 ZPO zu beachten (→ Rn. 64). Der Antragsgegner, der sich auf § 93 ZPO berufen will, ist nicht darauf angewiesen, den Weg des Kostenwiderspruches zu gehen. Nur mit einem Vollwiderspruch kann er nach Abgabe einer Unterwerfungserklärung erreichen, dass bei zukünftigen Verstößen die Möglichkeit von Doppelsanktionen vermieden wird (Vertragsstrafe und Ordnungsgeld). Auch in einem derartigen Fall ist es angemessen, § 93 ZPO entsprechend anzuwenden.[794] Der Antragsgegner muss sich aber spätestens mit dem Widerspruch unterwerfen. Eine spätere – auch **eine angekündigte – Erklärung genügt nicht.**[795] Die Beschränkung des Widerspruchs auf die Kosten enthält grundsätzlich einen teilweisen Rechtsmittelverzicht; denn nur dann kann sich der Antragsgegner auf § 93 ZPO berufen.[796] Geht der Antragsgegner von einem Kostenwiderspruch zu einem unzulässigen Vollwiderspruch über, so hat er nicht nur die Mehrkosten zu tragen, die durch den Vollwiderspruch entstanden sind, sondern auch die übrigen Kosten, weil es an einem sofortigen Anerkenntnis fehlt.[797] Der Antragsgegner braucht vor Einlegung des Widerspruches grundsätzlich nicht abzumahnen.[798]

262 Im Verfügungsverfahren liegt **kein sofortiges Anerkenntnis** vor, wenn der Antragsgegner gegen die Beschlussverfügung **zunächst Vollwiderspruch** eingelegt hat und **dann** erst – mit Abgabe einer Abschlusserklärung – den **Widerspruch auf die Kosten beschränkt**[799] oder wenn er nach einem Vollwiderspruch erst in der Widerspruchsverhandlung anerkennt und gegen sich ein Anerkenntnisurteil ergehen lässt.

263 Wendet sich der Antragsgegner in einem **Verfahren nach § 927 ZPO** gegen eine einstweilige Verfügung mit der Begründung, diese sei nicht ordnungsgemäß vollzogen worden (Ziel: Aufhebung ex tunc), außerdem sei inzwischen das Verbotsurteil in der Hauptsache rechtskräftig geworden (Ziel: Aufhebung ex nunc), handelt es sich um verschiedene Streitgegenstände – im Eventualverhältnis – **(doppelter Aufhebungsgrund).** Der Unterschied ist von Bedeutung wegen der Kosten des Erlassverfahrens und wegen eines etwaigen Ordnungsmittelverfahrens. Der Gegner kann wegen des zweiten, hilfsweise geltend gemachten Aufhebungsgrundes anerkennen[800] und sich insoweit, wenn es darauf noch ankommt, auf § 93 ZPO berufen und wegen des in erster Linie geltend gemachten Aufhebungsgrundes streiten.

264 **d) § 97 Abs. 2 ZPO.** Obsiegt eine Partei im Berufungsverfahren auf Grund neuen Vorbringens, kommt zu ihren Ungunsten § 97 Abs. 2 ZPO in Betracht. Das trifft auch dann zu, wenn der aus eigenem Recht unterlegene Kläger im Berufungsverfahren mit einem Anspruch aus fremdem Recht obsiegt und es ihm möglich und zumutbar war, die Ermächtigung bereits in erster Instanz zu beschaffen.[801]

265 **e) § 100 ZPO.** Bei der Kostenentscheidung ist gegebenenfalls zu beachten, dass mehrere Kläger und/oder Beklagte beteiligt sind.

---

794 OLG Köln GRUR 1990, 310; OLG Hamburg MD VSW 1993, 913 und NJW-RR 2002, 215 (216); Teplitzky/*Feddersen* Kap. 55 Rn. 10; aM OLG Celle WRP 1983, 157; OLG Hamm GRUR 1990, 309; OLG Stuttgart MD VSW 2001, 497 (499); zweifelnd OLG Hamburg (5. Zivilsenat) MD VSW 2005, 1355, 1357 f.

795 AM OLG München WRP 1985, 446.

796 Vgl. dazu BGH GRUR 2013, 1286 – Gegenstandswert des Verfügungsverfahrens.

797 Vgl. dazu den Fall des OLG Hamburg OLG-Report 2000, 220 (221).

798 Vgl. OLG Hamburg OLG-Report 2003, 124.

799 OLG Stuttgart WRP 1982, 116; OLG Düsseldorf NJW-RR 1986, 37 (38).

800 Vgl. zum hilfsweisen Anerkenntnis: *Zöller/Feskorn* ZPO § 307 Rn. 11.

801 BGH GRUR 1992, 108 (109 f.) – Oxygenol.

266 **Mehrere Kläger** können ausnahmsweise als wirtschaftliche Einheit zu betrachten sein, etwa mehrere Erben, so dass sie im Falle des Unterliegens zusammen alle Kosten zu tragen haben und nicht nur gemäß § 100 Abs. 1 ZPO anteilig haften. Eine Zusammenrechnung der für jeden festgesetzten Streitwerte gemäß § 5 ZPO findet demgemäß nicht statt, weil die jeweiligen Unterlassungsanträge wirtschaftlich identisch sind.[802]

267 Werden **mehrere Beklagte** wegen einer gemeinsam begangenen unerlaubten Handlung **zur Unterlassung verurteilt,** können sie – ähnlich wie bei einer Verurteilung als Gesamtschuldner zu Schadensersatz – zwar nicht als, aber **wie Gesamtschuldner** analog § 100 Abs. 4 ZPO in die Kosten verurteilt werden.[803] Für eine **Verurteilung zur Auskunft** gilt dasselbe. Das ist in beiden Fällen deshalb gerechtfertigt, weil es in der Regel um die Folgen einer gemeinsam begangenen unerlaubten Handlung geht, die jeden daran Beteiligten in vollem Umfang zum Ersatz des Schadens verpflichtet, zu dem auch die Kosten des Rechtsstreits gehören. Die hier vertretene Auffassung führt zu einer erheblichen Vereinfachung. Anderenfalls müsste die Kostenentscheidung, was unpraktikabel ist, in Fällen einer Klage mit – wie meist – mehreren Anträgen (Unterlassung, Auskunft, Schadensersatz) zwischen den einzelnen Teilen des Unterliegens trennen, bei denen die Beklagten zum einen als Gesamtschuldner (Schadensersatz: dann § 100 Abs. 4 ZPO) und zum anderen nicht als Gesamtschuldner (Unterlassung, Auskunft: dann § 100 Abs. 1 ZPO) verurteilt werden. Voraussetzung einer solchen Analogie ist aber, dass die mehreren Beklagten wie meist gemeinsam verantwortlich sind, wie etwa, wenn es um eine Klage gegen eine OHG und ihre Gesellschafter (§ 128 HGB) oder gegen eine GmbH und ihren Geschäftsführer geht. Die Streitwerte sind demgemäß wie bei Gesamtschuldnern nicht zusammenzurechnen.[804] Die vorstehende Analogie gilt ferner auch dann, wenn es noch nicht zu einem Verstoß gekommen ist und die Verurteilung zur Unterlassung auf der Bejahung einer gemeinsam begründeten Erstbegehungsgefahr beruht. Anders ist es dagegen, wenn es bei den Beklagten um gesonderte, jeweils von ihnen begangene Rechtsverletzungen geht.

268 **2. Erstattungsfähigkeit einzelner Kosten.** Nach § 91 Abs. 1 S. 1 ZPO sind diejenigen Kosten zu erstatten, die zur zweckentsprechenden Rechtsverfolgung oder Rechtsverteidigung notwendig waren. Dazu gehören **nicht die Abmahnkosten** (vgl. → § 13 Rn. 87). Im Wettbewerbsprozess ist die Frage, ob die Kosten notwendig waren, insbesondere in folgenden Fällen von erheblicher praktischer Bedeutung, die in Form einer Übersicht angesprochen werden sollen. Wegen der Einzelheiten wird auf die einschlägige Literatur verwiesen.

269 **a) Patentanwalt.** Besonders geregelt ist die Erstattungsfähigkeit in § 143 Abs. 3 PatG, § 27 Abs. 3 GebrMG, § 140 Abs. 4 MarkenG. In **Wettbewerbssachen** ist im Einzelfall zu prüfen, **ob die Einschaltung eines Patentanwalts notwendig** war.[805] Das kommt vor allem in Betracht, wenn es bei wettbewerbsrechtlichen Streitigkeiten um schwierige markenrechtrechtliche oder schwierige technische Fragen insbesondere mit Einschlag aus dem Gebiete der gewerblichen Schutzrechte, vor allem aus dem Bereich der technischen Schutzrechte geht.[806]

---

[802] Vgl. dazu *Zöller/Herget* § 5 Rn. 8.

[803] *Tilmann* GRUR 1986, 691 (696 f.); aM OLG Düsseldorf GRUR 2000, 825 f. zu § 6 BRAGO; KG MD VSW 2002, 1025 ff.; OLG Hamburg (5. Zivilsenat) GRUR 2006, 392; vgl. auch BGH WRP 2008, 952 (953 f.) – inhaltsgleiches Unterlassungsbegehren (betr. auch Rechnungslegung).

[804] AM KG MD VSW 2011, 147; OLG Hamburg WRP 2013, 1674 Ls.

[805] Vgl. BGH GRUR 2011, 754 ff. – Kosten des Patentanwalts II; GRUR 2012, 756 ff. – Kosten des Patentanwalts III (Abwehr einer unberechtigten Schutzrechtsverwarnung); GRUR 2012, 759 f. – Kosten des Patentanwalts IV (Abmahnung wegen einer Markenverletzung); GRUR 2019, 983 f. – Kosten des Patentanwalts V; hinsichtlich der Erstattung von Patentanwaltskosten nach § 140 Abs. 4 MarkenG hat der BGH (GRUR 2020, 1239 – Kosten des Patentanwalts) den EuGH um Vorabentscheidung ersucht, ob diese Regelung mit Art. 3 Abs. 1 und Art. 14 der Durchsetzungs-RL 2004/48/EG zu vereinbaren ist, 24.9.2020 – I ZB 59/19.

[806] KG NJWE-WettbR 2000, 76 f.; GRUR 2000, 803; OLG Köln GRUR 2001, 184; OLG Jena GRUR-RR 2003, 30 (aber nicht, wenn es um ästhetische Fragen geht); OLG Frankfurt a. M. GRUR-RR

b) Verkehrsanwalt. In Wettbewerbssachen kann die **Hinzuziehung eines Verkehrsanwaltes** neben dem örtlichen Prozessbevollmächtigten erforderlich sein, allerdings **nicht bei Verbänden.** Dabei ist ein strenger Maßstab anzulegen.[807] Die Frage ist dadurch entschärft worden, dass inzwischen auch auswärtige Rechtsanwälte bei örtlichen Gerichten, auch bei jedem Oberlandesgericht, wenn sie bei einem Oberlandesgericht zugelassen sind, als Prozessbevollmächtigte auftreten können und die auswärtigen Parteien daher neben dem auswärtigen Rechtsanwalt grundsätzlich keines örtlichen Prozessbevollmächtigten mehr bedürfen. Insoweit taucht umgekehrt die entsprechende Frage auf, wie es sich verhält, wenn zusätzlich ein örtlicher Rechtsanwalt als Unterbevollmächtigter eingeschaltet wird,[808] insbesondere wenn dadurch sonst anfallende Reisekosten des auswärtigen Rechtsanwalts erspart werden. 270

c) Reisekosten. Maßgebend sind § 91 Abs. 2 S. 1 und 2 ZPO.[809] 271

d) Schutzschrift/Abwehrschreiben. Im Verfügungsverfahren sind die Kosten einer – beim Verfügungsgericht, nicht auch bei anderen Gerichten eingereichten[810] – ab 1.1.2016 auch gemäß § 945a ZPO in das zentrale, länderübergreifende elektronische Register für Schutzschriften eingestellten – Schutzschrift grundsätzlich zu erstatten, wenn der Antrag – ohne mündliche Verhandlung – zurückgenommen oder zurückgewiesen wird und der Antragsteller demgemäß die Kosten zu tragen hat.[811] Das gilt aber nicht, wenn die Schutzschrift erst nach Rücknahme[812] oder Zurückweisung des Antrages eingereicht wird. – Dagegen sind die Kosten des Abwehrschreibens keine notwendigen Kosten der Rechtsverteidigung im Sinne von § 91 Abs. 1 S. 1 ZPO.[813] 272

e) Meinungsumfrage. Zur Erstattungsfähigkeit der Kosten privater Meinungsumfragen vgl. → Rn. 204. 273

f) Rechtsgutachten. Die Kosten eines Rechtsgutachtens sind nur ausnahmsweise erstattungsfähig. Das trifft auf Gutachten zu, die sich mit **ausländischem Recht** befassen, wenn dieses für den Rechtstreit von Bedeutung ist.[814] Ferner können auch Gutachten zur Rechtslage nach deutschem Recht erstattungsfähig sein, wenn das Gericht das für den Rechtsstreit angefertigte Gutachten verwertet hat oder es sonst für eine sachgerechte Rechtsverfolgung oder -verteidigung unerlässlich war.[815] 274

2010, 127 (128); *Köhler*/Bornkamm/Feddersen § 12 Rn. 2.121; vgl. auch OLG Frankfurt a. M. GRUR-RR 2011, 118.

[807] *Köhler*/Bornkamm/Feddersen § 12 Rn. 2.122; vgl. dazu *Zöller/Herget* ZPO § 91 Rn. 13 „Verkehrsanwalt"; ferner BGH GRUR 2012, 319 – Ausländischer Verkehrsanwalt.

[808] Vgl. dazu BGH NJW 2003, 898 (899 ff.); GRUR 2004, 623 – Unterbevollmächtigter I; GRUR 2005, 84 f. – Unterbevollmächtigter II; GRUR 2005, 271 f. – Unterbevollmächtigter III; NJW-RR 2012, 381 f. – Rechtsanwalt an einem dritten Ort; GRUR 2015, 509 (510 f.) – Flugkosten; vgl. dazu *Zöller/Herget* ZPO § 91 Rn. 13 „Unterbevollmächtigter".

[809] Vgl. dazu BGH NJW 2003, 898 (899 f.); 2003, 901 (902 f.) – Auswärtiger Rechtsanwalt I; GRUR 2003, 725 f. – Auswärtiger Rechtsanwalt II; GRUR 2004, 447 – Auswärtiger Rechtsanwalt III; GRUR 2004, 448 – Auswärtiger Rechtsanwalt IV; NJW-RR 2004, 858 f.; GRUR 2004, 886 f. – Auswärtiger Rechtsanwalt im Berufungsverfahren; NJW-RR 2005, 922 f. – Zweigniederlassung; GRUR 2005, 1072 – Auswärtiger Rechtsanwalt V; WRP 2006, 1032 (1034) – Erstattung von Patentanwaltskosten; GRUR 2007, 726 f. – Auswärtiger Rechtsanwalt VI; WRP 2008, 363 f. – erstattungsfähige Reisekosten; BGH GRUR 2009, 191 f. – Auswärtiger Rechtsanwalt VII; GRUR 2010, 367 (368) – Auswärtiger Rechtsanwalt VIII; GRUR 2018, 969 ff. – Auswärtiger Rechtsanwalt IX; NJW 2019, 681 (682 f.) (Erstattung fiktiver Reisekosten des auswärtigen Anwalts).

[810] OLG Hamburg GRUR-RR 2014, 96.

[811] BGH GRUR 2003, 4560 – Kosten einer Schutzschrift I; KG NJWE-WettbR 2000, 24 f.; OLG Frankfurt a. M. NJWE-WettbR 2000, 149; zur Höhe der Gebühr nach RVG: vgl. BGH GRUR 2008, 640 – Kosten der Schutzschrift III; OLG Nürnberg NJW-RR 2005, 941 f.

[812] BGH GRUR 2007, 727 (728) – Kosten der Schutzschrift II.

[813] BGH GRUR 2008, 639 – Kosten eines Abwehrschreibens.

[814] OLG Frankfurt a. M. GRUR 1993, 161 f.

[815] OLG Frankfurt a. M. GRUR 1994, 532 f.; vgl. allgemein BGH NJW 2003, 1398 ff.

275 **g) Testkäufer.** Die Kosten eines Testkäufers oder eines Testbeobachters sind erstattungsfähig, wenn ihre Einschaltung zur Überprüfung des werblichen Verhaltens des Beklagten, insbesondere in dessen Ladengeschäft notwendig war, was regelmäßig zutrifft.[816] Dabei ist auch darauf zu achten, ob dem Kläger zur Überprüfung ausnahmsweise eine weniger aufwendige Maßnahme möglich und zumutbar war. Ist der **Testkäufer zur allgemeinen Marktbeobachtung** eingesetzt worden und deckt er dabei zufällig einen Verstoß auf, sind seine Kosten **nicht erstattungsfähig.**[817]

Wenn der Kläger **Kosten für Belege** geltend macht, ist zweifelhaft, ob die Festsetzung solcher Auslagen, falls die Unterlagen für den Beklagten einen wirtschaftlichen Wert haben, wie etwa beim Testkauf erworbene Waren, davon abhängig gemacht werden kann, dass ihm diese Waren ausgehändigt werden.[818] Die Frage ist in der Regel zu verneinen.

276 **h) Detektiv.** Die Kosten eines **Detektivs** sind nur **ausnahmsweise zu erstatten,** wenn die Partei die erforderlichen Recherchen nicht anderweitig, etwa durch eigene Mitarbeiter, durchführen konnte und die Recherchen notwendig waren.[819]

XIII. Vergleich

Schrifttum: *Kolb,* Vollstreckungsfragen im Hinblick auf die strafbewehrte Unterlassungserklärung im Prozessvergleich, WRP 2014, 522.

277 **1. Allgemeines.** Im Wettbewerbsrecht hat ein Vergleich häufig folgenden Inhalt: Der Beklagte gibt eine (strafbewehrte) **Unterwerfungserklärung** ab und erhält gegebenenfalls eine angemessene **Aufbrauch- oder Umstellungsfrist.** Der Kläger **verzichtet auf Auskunft und Schadensersatz.** Je nach Beurteilung der Sach- und Rechtslage sollte der Beklagte die gesamten Kosten einschließlich der Kosten des Vergleichs übernehmen, wenn nämlich die Prognose für ihn eher ungünstig ist. Sollte sie dagegen zu einem offenen Ergebnis führen, kommt auch eine Kostenaufhebung in Betracht. Wenn die Parteien sich im Kostenpunkt nicht einigen können, haben sie in einem gerichtlichen Verfahren auch die Möglichkeit, im Vergleich die Kostenentscheidung dem Gericht gemäß § 91a ZPO zu überlassen (→ Rn. 56).[820] Fehlt es an einer solchen Vereinbarung, die auch konkludent geschlossen werden kann,[821] gilt § 98 ZPO.

278 Gemäß § 91a ZPO entscheidet das Gericht **in der Regel auf Grund des bisherigen Sach- und Streitstandes.** Anders kann es ausnahmsweise dann sein, wenn die Parteien im Vergleich bewusst auf eine Klärung der umstrittenen Fragen verzichtet, insbesondere in einer Ehrenschutzsache eine Friedensregelung getroffen haben und diese erheblich gestört würde, wenn das Gericht zu der Frage Stellung nähme, wer Recht gehabt hat. Es kommt auch vor, dass das Gericht nach dem Willen der Parteien gemäß der Regelung im Vergleich lediglich die richtige Kostenquote entsprechend den Werten, die das Gericht für den Vergleich festsetzt, ermitteln soll, ohne dass dabei auf die Beurteilung des bisherigen Sach- und Streitstandes abzustellen ist.

279 **2. Prozessvergleich.** Schließen die Parteien einen **Prozessvergleich,** ist dieser **Vollstreckungstitel** (§ 794 Abs. 1 Nr. 1 ZPO). Die **Vollstreckung** eines Verbotes erfolgt nach § 890 Abs. 1 ZPO. Dazu erforderlich ist aber eine **vorherige Androhung von Ordnungsmitteln** (§ 890 Abs. 2 ZPO). Diese Androhung kann nicht mit in den Prozessvergleich aufgenommen werden, weil es sich hierbei um eine Vereinbarung zwischen den

---

[816] OLG Düsseldorf WRP 1986, 33; OLG München GRUR-RR 2004, 190 (191 f.); *Mes* GRUR 2013, 767 (774); vgl. dazu Zöller/*Herget* ZPO § 91 Rn. 13 „Testkauf".
[817] OLG Zweibrücken GRUR-RR 2004, 343 f.
[818] Dafür: KG GRUR 1976, 665 f.; OLG Stuttgart NJW-RR 1986, 978; *Köhler*/Bornkamm/Feddersen § 12 Rn. 2.123; dagegen: OLG Koblenz WRP 1979, 813 f.
[819] OLG Koblenz NJW-RR 2003, 75; *Köhler*/Bornkamm/Feddersen § 12 Rn. 2.124.
[820] OLG Frankfurt a. M. GRUR 1979, 808 (808 f.); Ahrens/*Bornkamm* Kap. 33 Rn. 11.
[821] OLG Köln MD VSW 2001, 1388 (1389 f.).

Parteien (und gegebenenfalls eines beigetretenen Dritten) handelt. Die Ordnungsmittel müssen durch Beschluss des Prozessgerichts erster Instanz angedroht werden.[822] Der Kläger kann aber einen solchen Beschluss ohne weiteres erwirken, und zwar auch schon, was allerdings unüblich ist, zu Protokoll unmittelbar im Anschluss an den Prozessvergleich, was jedoch so nur möglich ist, wenn dieser in erster Instanz geschlossen wird. Die Androhung setzt grundsätzlich nicht voraus, dass eine Zuwiderhandlung bereits vorgekommen oder wenigstens zu befürchten ist.[823] Die Kosten des Androhungsverfahrens trägt der Schuldner; er kann sich nicht auf § 93 ZPO berufen.[824]

Um Kosten zu sparen, kann der Beklagte, statt einen Prozessvergleich in der Sache zu 280 schließen, auch eine **strafbewehrte Unterwerfungserklärung** abgeben. In der Abgabe einer solchen Erklärung und in deren Annahme liegt kein Prozessvergleich in der Hauptsache. Die Parteien erklären dann das Verfahren in der Hauptsache für erledigt und schließen nur noch einen **Vergleich über die Kosten.**[825] Dessen Wert bemisst sich lediglich nach der Summe der bis dahin entstandenen gerichtlichen und außergerichtlichen Kosten.

Im **Verfügungsverfahren** vergleichen sich die Parteien häufig dahin, dass der sachliche 281 Streit im Hauptverfahren geklärt werden soll; **die Kosten des Verfügungsverfahrens sollen der Kostenentscheidung in der Hauptsache folgen,** und zwar hinsichtlich des entsprechenden Unterlassungsantrages. Das ist in der Regel sinnvoll.[826] Gibt es nach Beendigung des Hauptverfahrens Streit und/oder zahlt eine Partei die Kosten nicht, kann die andere eine Entscheidung nach § 91a ZPO abrufen.

Wenn die Parteien **in den Prozessvergleich eine Vertragsstrafenabrede** aufnehmen, 282 besteht im Falle eines zukünftigen Verstoßes die **Möglichkeit einer Doppelsanktion** (vgl. dazu → § 13a Rn. 21 und 52).[827] Der Kläger kann nämlich die verwirkte Vertragsstrafe verlangen und zugleich einen Ordnungsmittelantrag einreichen (→ Rn. 314, → § 13a Rn. 52). Um diese Doppelsanktion zu vermeiden, sollte der Kläger bereits im Prozessvergleich auf die Möglichkeit, einen solchen Antrag zu stellen, oder aber auf eine Vertragsstrafe-Bewehrung verzichten.[828] Ist das nicht geschehen und daher bei einem Verstoß eine Doppelsanktion möglich, so sollte der Kläger zunächst die Vertragsstrafe einklagen und erst nach Rechtskraft des Urteils, falls das nicht zu lange dauert, einen Antrag nach § 890 Abs. 1 ZPO einreichen. Sonst läuft er wegen der Möglichkeit der wechselseitigen Anrechnung die Gefahr, dass seine Vertragsstrafe gemindert wird.[829] So wird das Ordnungsgeld herabgesetzt, das der Staatskasse zufließt.

3. Außergerichtlicher Vergleich. Schließen die Parteien während eines gerichtlichen 283 Verfahrens außergerichtlich einen Vergleich, der nicht protokolliert werden oder nicht gemäß § 278 Abs. 6 ZPO zustande kommen soll, so wird dadurch der Rechtsstreit noch nicht beendet. Das geschieht erst, wenn die Parteien wegen des Vergleiches die Hauptsache **für erledigt erklären,** was auch konkludent durch die Mitteilung geschehen kann, dass sich die Parteien außergerichtlich geeinigt haben. Da das in der Regel auch auf die Kosten des Rechtsstreits zutrifft, braucht das Gericht keine Kostenentscheidung mehr zu treffen. Benötigt eine Partei wider Erwarten doch noch einen Kostentitel, weil die andere Partei nicht zahlt, kann sie in der Regel einen Beschluss gemäß § 91a ZPO abrufen. Anderenfalls

---

822 BGH GRUR 2012, 957 (958) – Vergleichsschluss im schriftlichen Verfahren; GRUR 2014, 909 (910) – Ordnungsmittelandrohung nach Prozessvergleich.

823 BGH GRUR 2014, 909 (911) – Ordnungsmittelandrohung nach Prozessvergleich; OLG Saarbrücken WRP 1979, 235; KG NJW-RR 1987, 507; *Köhler*/Bornkamm/*Feddersen* § 12 Rn. 6.3.

824 OLG Köln MD VSW 2007, 698 f.

825 *Köhler*/Bornkamm/Feddersen § 12 Rn. 2.129.

826 AM Teplitzky/*Feddersen* Kap. 55 Rn. 34.

827 BGH GRUR 1998, 1053 (1054) – Vertragsstrafe/Ordnungsgeld (auch: Behinderung der Jagdausübung); OLG Frankfurt a. M. MD VSW 2016, 647 f.; *Kolb* WRP 2014, 522 (524 f.); aM OLG Frankfurt a. M. GRUR-RR 2013, 494 f.; vgl. auch OLG Hamburg (7. ZS) GRUR-RR 2013, 495.

828 *Köhler*/Bornkamm/Feddersen § 12 Rn. 2.128; *Nieder* WRP 2001, 117 (118).

829 *Köhler*/Bornkamm/Feddersen § 12 Rn. 2.128.

müsste sie die Kosten einklagen. Vielfach wird auf Grund des Vergleiches die Klage, der Verfügungsantrag, der Widerspruch gegen eine einstweilige Verfügung oder die Berufung **zurückgenommen** und dadurch das Verfahren beendet.

B. Zwangsvollstreckung

I. Unterlassungstitel

Schrifttum: *Ahrens,* Die notarielle Unterwerfungserklärung: Vollstreckbarkeit, Ordnungsmittelandrohung, Ordnungsmittelfestsetzung, WRP 2017, 1304; *ders.* Beseitigung kraft Unterlassungstitels: berechtigter Aufstand gegen BGH, GRUR 2018, 37; *Breun-Goerke,* Was tun? Beseitigungs- und Handlungspflichten des Unterlassungsschuldners, WRP 2019, 1539; *v. der Groeben,* Zuwiderhandlungen gegen die einstweilige Verfügung zwischen Verkündung und Vollziehung des Unterlassungstitels, GRUR 1999, 674; *Hermanns,* Der Unterlassungsanspruch als verkappter Rückrufanspruch?, GRUR 2017, 977; *Hofmann,* Unterlassungsanspruch und Verhältnismäßigkeit – Beseitigung, Löschung und Rückruf, NJW 2018, 1290; *Kessen,* Die notarielle Unterlassungserklärung – der Vorhang zu und kaum noch Fragen offen, GRUR 2017, 141; *Köhler,* Grenzen der Mehrfachklage und Mehrfachvollstreckung im Wettbewerbsrecht, WRP 1992, 359; *ders.,* Die notarielle Unterwerfungserklärung – eine Alternative zur strafbewehrten Unterlassungserklärung, GRUR 2010, 6; *König,* Verfolgungsverjährung im Ordnungsmittelverfahren und Rückzahlung von Ordnungsgeld durch die Landeskasse, WRP 2003, 204; *Lackermeier,* Das Ordnungsgeld und der Grundsatz der Verhältnismäßigkeit, WRP 1999, 1065; *Lubberger,* Zu Risiken und Nebenwirkungen kontaktieren Sie Ihren Anwalt oder Richter, GRUR 2018, 378; *Meinhardt,* Der Drops ist gelutscht – und jetzt? Überlegungen zum Umgang mit der jüngeren BGH-Rechtsprechung zu Beseitigungspflichten des Unterlassungsschuldners in der Praxis, WRP 2018, 527; *Nippe,* Notarielle Unterlassungserklärung und Gerichtszuständigkeit für die Androhung gesetzlicher Ordnungsmittel, WRP 2015, 532; *Sakowski,* Unterlassen durch Rückruf – „Hot Sox" und „RESCUE-Produkte – und die Folgen, GRUR 2017, 355; *Schröler,* Vollstreckung und Durchsetzung von Unterlassungsverfügungen im EU-Ausland, WRP 2012, 185; *Schuschke,* Wiederholte Verletzungshandlungen: Natürliche Handlungseinheit, Fortsetzungszusammenhang und Gesamtstrafe im Rahmen des § 890 ZPO, WRP 2000, 1008; *Steiniger,* Unterlassungstitel – Verletzungshandlung – Kerntheorie – oder warum man Untersagungsgeboten Folge leisten sollte, WRP 2000, 1415; *Stoffregen,* Grenzüberschreitende Vollstreckung von Ordnungsmitteln, WRP 2010, 839; *Teplitzky,* Probleme der notariell beurkundeten und für vollstreckbar erklärten Unterlassungsverpflichtungserklärung (§ 794 Abs. 1 Nr. 5 ZPO), WRP 2015, 527.

284 **1. Allgemeines.** Unterlassungstitel werden **nur nach § 890 ZPO vollstreckt,** nicht etwa, auch nicht in Ausnahmefällen, nach §§ 887, 888 ZPO.[830] Wie sonst setzt die Zwangsvollstreckung grundsätzlich voraus (§ 750 Abs. 1 ZPO): **Titel, Klausel, Zustellung.** Der Titel muss vollstreckbar sein. Dem Schuldner müssen nach § 890 Abs. 2 ZPO Ordnungsmittel angedroht worden sein. Die Vollstreckung setzt weiter voraus, dass der Titel und die Androhung dem Schuldner zugestellt worden sind. Schließlich muss eine schuldhafte Zuwiderhandlung gegen den Titel vorliegen.

285 Die Ordnungsmittel haben **strafähnlichen Charakter.**[831] Daher sind auch strafrechtliche Grundsätze zu beachten. Andererseits handelt es sich um ein Verfahren der Zwangsvollstreckung, so dass gleichfalls zivilprozessuale Regeln zu berücksichtigen sind. Wegen des strafähnlichen Charakters ist die Festsetzung von Ordnungsmitteln selbst dann noch zulässig, wenn es nicht mehr zu weiteren Zuwiderhandlungen kommen kann. In einem solchen Falle ist aber eine Einstellung entsprechend § 153 StPO in Betracht zu ziehen.[832]

286 **2. Vollstreckungstitel.** Der Gläubiger kann **vollstrecken aus** einem rechtskräftigen oder vorläufig vollstreckbaren **Unterlassungsurteil,** das er im Klageverfahren erwirkt hat, ferner aus einer dem Schuldner gegenüber wirksam gewordenen **einstweiligen Verfügung** (Beschluss oder Urteil), einem Prozessvergleich (§ 794 Abs. 1 Nr. 1 ZPO), einem **Vergleich vor einer Einigungsstelle** (§ 15 Abs. 7 S. 2), einem **Anwaltsvergleich** gemäß § 796a ZPO, einem für vollstreckbar erklärten **Schiedsspruch** (§ 794 Abs. 1 Nr. 4a

[830] Teplitzky/*Feddersen* Kap. 57 Rn. 1, Teplitzky/*Kessen* Kap. 58 Rn. 4.

[831] BVerfG GRUR 2007, 618 (619) – Organisationsverschulden; BGH GRUR 2001, 758 (759) – Trainingsvertrag; OLG Düsseldorf GRUR-RR 2002, 151 und WRP 2002, 464 (465 f.); Teplitzky/*Feddersen* Kap. 57 Rn. 24; vgl. *Schuschke* WRP 2000, 1008 (1009).

[832] OLG Frankfurt a. M. NJW 1962, 542.

ZPO; vgl. → Rn. 73), einer **Urkunde** gemäß § 794 Abs. 1 Nr. 5 ZPO, die in Wettbewerbssachen allerdings unüblich ist.[833] Aus einem Titel, der trotz Auslegung völlig unbestimmt ist, kann nicht vollstreckt werden (vgl. dazu → Rn. 229).[834] Das gegen eine Vor-GmbH erlassene Verbot wirkt ohne weiteres gegen die inzwischen eingetragene GmbH.[835] Gegen wen sich der Titel richtet, ist gegebenenfalls durch Auslegung zu ermitteln. Dabei dürfen auch Umstände außerhalb des Titels berücksichtigt werden.[836]

Einwendungen und Einreden, die sich **gegen den titulierten Unterlassungsanspruch** richten, sind im Vollstreckungsverfahren nicht zulässig.[837] Das gilt auch für die Frage, ob (noch) die Voraussetzungen des § 8 Abs. 3 vorliegen. Gegebenenfalls muss der Schuldner Vollstreckungsgegenklage (§ 767 ZPO) erheben oder – im Verfügungsverfahren – einen Aufhebungsantrag nach § 927 ZPO einreichen. 287

Wird eine einstweilige Verfügung im Widerspruchsverfahren nicht auf Grund des ursprünglichen, nunmehr nicht mehr glaubhaft gemachten, sondern allein auf Grund eines zwischenzeitlichen Verstoßes bestätigt, taucht die Frage auf, ob wegen dieses Verstoßes ein Ordnungsmittel festgesetzt werden kann. Das ist zu verneinen, wenn sich durch die Einführung des neuen Verstoßes der **Streitgegenstand geändert** hat (→ Rn. 19 ff.). An sich hat der Schuldner zwar das gerichtliche Verbot zu beachten, solange es besteht. Wenn die einstweilige Verfügung jedoch mit gleichbleibendem Wortlaut allein auf Grund eines geänderten Streitgegenstandes bestätigt wird, kann gegen den Schuldner für eine Zuwiderhandlung, die vor dem bestätigenden Urteil liegt, kein Ordnungsmittel festgesetzt werden. In einem solchen Falle liegt in einer Bestätigung der einstweiligen Verfügung in Wirklichkeit (verdeckt) eine Aufhebung mit Wirkung ex tunc und zugleich ein Neuerlass mit Wirkung ex nunc. Das sollte zur Klarstellung im Urteilsausspruch auch so formuliert werden. 288

Die **Festsetzung von Ordnungsmitteln** ist grundsätzlich **auch dann** möglich, wenn der Schuldner **nach der Verkündung einer Urteilsverfügung, aber vor deren Zustellung** im Parteibetriebe (= Vollziehung) verstoßen hat.[838] 289

Zur Vollstreckung insbesondere aus einem Hauptsachetitel muss, was in der Praxis gelegentlich übersehen wird, zuvor eine **Vollstreckungsklausel** erteilt worden sein (§ 724 ZPO). Soweit der Schuldner bereits vor der Erteilung der Vollstreckungsklausel gegen das Verbot verstoßen hat, können auch wegen dieses Verstoßes Ordnungsmittel gegen ihn verhängt werden, sobald die Klausel vorliegt.[839] Bei den anderen Titeln gilt ebenfalls das Klauselerfordernis (§§ 795, 724, 796a ff. ZPO), mit der wichtigen **Ausnahme einstweiliger Verfügungen** (§§ 936, 929 Abs. 1 ZPO). 290

Wenn das Urteil nur **gegen Sicherheitsleistung vorläufig vollstreckbar** ist, kann der Gläubiger erst vollstrecken, wenn er die Sicherheit geleistet hat. Vorherige Verstöße können nicht geahndet werden (vgl. auch → Rn. 293).[840] Ebenso ist es, wenn der Schuldner die Vollstreckung durch Sicherheitsleistung abwenden kann, die Sicherheit leistet und dann erst zuwiderhandelt.[841] Dem Gläubiger bleibt aber die Möglichkeit, Schadensersatz zu verlangen. 291

---

833 Vgl. dazu BGH GRUR 2016, 1316 ff. – Notarielle Unterlassungserklärung; GRUR 2018, 973 f. – Ordnungsmittelantrag durch Schuldner = WRP 2018, 1066 mit Anm. *Tavanti* WRP 2018, 1067; *Köhler* GRUR 2010, 6 ff.; *Teplitzky* WRP 2015, 527 ff.; *Ahrens* WRP 2017, 1304 ff.; ferner OLG Köln GRUR-RR 2015, 405 ff.; OLG München WRP 2015, 646 f.; LG Paderborn WRP 2014, 117 Ls.

834 OLG Frankfurt a. M. WRP 1979, 67 (68).

835 OLG Stuttgart NJW-RR 1989, 637 f.

836 BGH GRUR 2004, 264 (265) – Euro-Einführungsrabatt.

837 BGH GRUR 2004, 264 (265) – Euro-Einführungsrabatt; OLG Düsseldorf GRUR-RR 2003, 127 (129).

838 OLG Hamm GRUR-RR 2007, 407 f.; vgl. dazu – im Rahmen des § 945 ZPO – Teplitzky/*Schwippert* Kap. 36 Rn. 31 ff.

839 OLG Hamburg NJW-RR 1986, 1501 (1502).

840 BGH GRUR 2017, 208 (209) – Rückruf von RESCUE-Produkten; OLG Hamburg NJW-RR 1986, 1501; OLG Stuttgart WRP 1990, 134 (135); OLG München GRUR 1990, 638 f.; *Köhler*/Bornkamm/*Feddersen* § 12 Rn. 6.2.

841 Teplitzky/*Feddersen* Kap. 57 Rn. 2; aM OLG Hamm WRP 1980, 214.

292 **3. Androhung von Ordnungsmitteln.** Die Festsetzung von Ordnungsmitteln setzt voraus, dass sie dem Schuldner **vor dem Verstoß auf Antrag des Gläubigers angedroht** worden sind (→ Rn. 118 f., 237 ff., 279). Fehlt die Androhung von Ordnungshaft kann nur ein Ordnungsgeld, aber ersatzweise Ordnungshaft festgesetzt werden (vgl. → Rn. 237). Nur die nachträgliche Androhung durch Beschluss ist eine Maßnahme der Zwangsvollstreckung, so dass deren Voraussetzungen vorliegen müssen.[842] Gegen den Beschluss könnte daher sofortige Beschwerde gemäß § 793 ZPO eingelegt werden.

293 Befindet sich die Androhung in einem **Urteil,** dass **nur gegen Sicherheitsleistung vorläufig vollstreckbar** ist, so wird die Androhung wirksam, auch wenn der Kläger noch keine Sicherheit geleistet hat. Verstöße nach Eintritt der Rechtskraft des Urteils können daher geahndet werden, ohne dass der nunmehr rechtskräftige und daher ohne Sicherheitsleistung vollstreckbare Titel mit der Androhung erneut zugestellt werden muss. Das Fehlen der Sicherheitsleistung hat nur zur Folge, dass der Beklagte vor Eintritt der Rechtskraft sanktionslos zuwiderhandeln kann, solange es an der Vollstreckbarkeit fehlt.[843]

294 **4. Zuwiderhandlung. a) Objektiver Tatbestand.** Das beanstandete Verhalten des Schuldners – positives Tun oder pflichtwidriges Unterlassen – muss in den **Verbotsbereich** fallen, der durch Auslegung zu ermitteln ist (→ Rn. 226 ff.). Bei einer einstweiligen Verfügung, die häufig nicht aus sich heraus verständlich ist, wird besonders deutlich, dass zur Auslegung zwangsläufig auf die Antragsschrift zurückzugreifen ist.[844]

295 Das Verbot umfasst nicht nur die **konkrete Verletzungsform,** sondern – außer bei bewusster Beschränkung – auch Handlungen, die ihr im Kern gleich,[845] aber nicht nur ähnlich sind.[846] Das ist grundsätzlich im Vollstreckungsverfahren zu prüfen.[847] Die kerngleichen Verletzungen anderer Schutzrechte müssen aber in das Erkenntnisverfahren und die Verurteilung einbezogen sein.[848] Eine Einschränkung des einstweiligen Verbots kommt in Betracht, wenn es zwar um eine im Kern gleiche Verletzungshandlung geht, diese aber mangels Dringlichkeit nicht mehr Gegenstand einer einstweiligen Verfügung sein konnte.[849] Eine weitergehende, insbesondere verallgemeinernde Auslegung des Titels ist schon wegen des zumindest auch strafähnlichen Charakters von Ordnungsmitteln des § 890 ZPO unstatthaft.[850] Im Einzelfall kann zweifelhaft sein, ob eine beanstandete Handlung noch **im Kern gleich** ist oder nicht. Dazu genügt nicht die Feststellung, dass das Verhalten im Ergebnis gegen dieselbe Norm verstößt wie die vom Gericht verbotene Handlung. Wenn etwa zu einer solchen Feststellung selbstständige rechtliche Überlegungen erforderlich werden, fällt das nunmehr beanstandete Verhalten nicht mehr in den Kernbereich des Verbots.[851] Vielmehr muss die erneute materiell-rechtliche Prüfung dann in einem neuen Erkenntnisverfahren erfolgen; sie darf nicht dem Vollstreckungsverfahren überlassen werden. Zweifel gehen zulasten des Gläubigers, der es in der Hand hatte, durch einen

842 BGH GRUR 1991, 929 (931) – Fachliche Empfehlung II.
843 OLG Hamburg NJW-RR 1986, 1501 f.; OLG Celle MD VSW 2012, 287.
844 *Köhler*/Bornkamm/*Feddersen* § 12 Rn. 6.4; Ahrens/*Spätgens* Kap. 64 Rn. 57.
845 BGH GRUR 2007, 607 (609) – Telefonwerbung für „Individualverträge"; GRUR 2008, 727 (728) – Schweißmodulgenerator; GRUR 2010, 156 (157) – EIFEL ZEITUNG; GRUR 2010, 749 (753) – Erinnerungswerbung im Internet; GRUR 2010, 855 (856) – Folienrollos; GRUR 2013, 405 (406) – Umsatzangaben; GRUR 2014, 706 (707) – Reichweite des Unterlassungsgebots; GRUR 2017, 208 (211) – Rückruf von RESCUE-Produkten; OLG München GRUR-RR 2004, 63; OLG Naumburg WRP 2007, 566 (567 ff.); OLG Frankfurt a. M. WRP 2018, 243 (244); 2018, 245; 2018, 1108 (1109); 2018, 1114 (1115); Teplitzky/*Feddersen* Kap. 57 Rn. 12 ff., vgl. dazu BVerfGE GRUR 2007, 618 (619) – Organisationsverschulden: Kerntheorie verfassungsrechtlich unbedenklich.
846 OLG Hamburg MD VSW 2004, 1232 (1236); 2009, 562 (563 f.); LG Hamburg GRUR-RR 2002, 43.
847 BGH GRUR 2017, 208 (211) – Rückruf von RESCUE-Produkten.
848 BGH GRUR 2014, 706 (707) – Reichweite des Unterlassungsgebots.
849 OLG Köln MD VSW 2003, 1152 (1153).
850 BGH WRP 1989, 572 (574) – Bioäquivalenz-Werbung.
851 BGH GRUR 2013, 405 (406) – Umsatzangaben; vgl. dazu OLG Düsseldorf GRUR-RR 2003, 127 (130 f.); OLG Köln MD VSW 2005, 670 (673 f.); OLG Hamburg GRUR-RR 2008, 61; MD VSW 2009, 1071 f.; 2009, 1073 f.; 2009, 1075 (1076 ff.); 2011, 154 f.; OLG München GRUR-RR 2011, 32 (33).

eindeutigen Antrag ein entsprechendes Verbot herbeizuführen. Ihm bleibt die Klärung in einem neuen Erkenntnisverfahren (vgl. auch → Rn. 229).

Die früher verwendete Rechtsfigur des **Fortsetzungszusammenhangs** kann auch für das Ordnungsmittel-Verfahren unbedenklich aufgegeben werden.[852] Ebenso wie bei der Verwirkung einer Vertragsstrafe (→ § 13a Rn. 24 ff.) können jedoch mehrere Teilakte zu einer **natürlichen oder rechtlichen Handlungseinheit** zusammengefasst werden.[853] Das Problem ist hier nicht von derselben Bedeutung wie bei der Verwirkung einer Vertragsstrafe, wenn die Parteien einen festen Betrag vereinbart haben. Denn der Umfang der Zuwiderhandlung kann bei der Bemessung des Ordnungsmittels ähnlich wie bei einer Vertragsstrafenabrede nach „Hamburger Brauch" (→ § 13a Rn. 11 ff.) berücksichtigt werden, ohne dass es im praktischen Ergebnis entscheidend darauf ankommt, ob man ein bestimmtes Verhalten des Schuldners als einen einheitlichen Verstoß aus mehreren Teilakten, für den ein einziges Ordnungsgeld festzusetzen ist, oder aber als mehrere Verstöße ansieht, für die jeweils ein gesondertes Ordnungsgeld festzusetzen ist.[854] Maßgebend ist, dass das festgesetzte Ordnungsgeld insgesamt angemessen ist. **296**

Bei Annahme einer Handlungseinheit ist jedoch zu beachten, dass durch das jeweilige Verfahren ebenso wie bei einer Vertragsstrafenklage (→ § 13a Rn. 24) **alle Teilakte erfasst** werden, die zur selben Handlungseinheit gehören, und zwar unabhängig davon, ob der Gläubiger sie kennt oder nicht.[855] Eine neue Handlungseinheit liegt erst von dem Zeitpunkt an vor, an dem der Ordnungsmittelbeschluss dem Schuldner zugestellt worden ist. Die außergerichtliche Beanstandung des neuen Verhaltens des Schuldners genügt dafür ebenso wenig wie die Einreichung des Ordnungsmittel-Antrages. Erst mit der Zustellung des Beschlusses sieht sich der Schuldner vor der zwingenden Notwendigkeit, sein Verhalten zu ändern.[856] Hat der Gläubiger wegen solcher Teilakte mehrere Ordnungsmittelanträge eingereicht, sind die Verfahren miteinander zu verbinden. **297**

Das Verbot verpflichtet den Schuldner nicht nur zu einem bloßen Unterlassen, sondern auch zu einem **positiven Tun,**[857] wenn dieses nämlich erforderlich ist, einen verbotswidrigen Zustand zu beseitigen, wie etwa die Pflicht zum Entfernen eines Werbeschilds,[858] zum Stornieren von Anzeigen,[859] in der sich die verbotene Werbeangabe befindet, zum Rückruf[860] oder zu Weisungen an die Mitarbeiter (→ Rn. 306 ff.). Der Schuldner ist zu möglichen und zumutbaren Handlungen zur Beseitigung des Störungszustandes verpflichtet. Er hat auf Dritte einzuwirken, soweit das erforderlich und ihm möglich und zumutbar ist.[861] **298**

Ein **Versuch** der verbotenen Handlung ist kein Verstoß gegen den Unterlassungstitel.[862] Anders ist es nur, wenn darin auch die Versuchshandlung als verboten beschrieben wird. **299**

---

[852] BGH GRUR 2009, 427 (428) – Mehrfachverstoß gegen Unterlassungstitel; OLG Nürnberg NJW-RR 1999, 723 (724 f.); *Köhler*/Bornkamm/*Feddersen* § 12 Rn. 6.4; Teplitzky/*Feddersen* Kap. 57 Rn. 35; offengelassen in BGH GRUR 2001, 758 (759) – Trainingsvertrag.

[853] BGH GRUR 2009, 427 (428) – Mehrfachverstoß gegen Unterlassungstitel; OLG Naumburg WRP 2007, 566 (569 f.); *Mankowski* WRP 1995, 1144 (1148); *Schuschke* WRP 2000, 1008 (1012 f.); vgl. OLG Nürnberg NJW-RR 1999, 723 (725).

[854] OLG Düsseldorf GRUR-RR 2002, 151 (152).

[855] OLG Hamburg OLG-Report 2000, 223 = GRUR 2000, 826 Ls.

[856] OLG Stuttgart WRP 1989, 544 (545); KG WRP 1998, 627 (628); OLG Hamburg OLG-Report 2000, 223; OLG Schleswig OLG-Report 2004, 20; vgl. dazu OLG Nürnberg NJW-RR 1999, 723 (724).

[857] BGH GRUR 2015, 258 (262 f.) – CT-Paradies (Löschung im Internet); GRUR 2017, 318 ff. – Dügida; GRUR 2018, 292 (293 f.) – Produkte zur Wundversorgung; GRUR 2018, 1183 f. – Wirbel um Bauschutt; OLG Frankfurt a. M. GRUR 2018, 976; Ahrens/*Büttner*/*Spätgens* Kap. 63 Rn. 1 ff.; ebenso bei einem Duldungstitel: BGH MD VSW 2007, 431 (432 f.).

[858] OLG Hamburg WRP 1973, 276; OLG Köln MD VSW 2000, 464 (465).

[859] OLG Hamburg WRP 1982, 657.

[860] BGH GRUR 2018, 292 (293 ff.) – Produkte zur Wundversorgung.

[861] BGH GRUR 2017, 208 (210) – Rückruf von RESCUE-Produkten; GRUR 2018, 292 (293 f.) – Produkte zur Wundversorgung; WRP 2020, 324 (325 f.) – Rückruf- und Beseitigungspflichten im Rahmen der Unterlassungshaftung.

[862] OLG Frankfurt a. M. WRP 1971, 486 f.

300 Ist eine GmbH Titelschuldnerin und wird zur Umgehung des Verbotes eine **Nachfolge-GmbH** gegründet, so kann gegen diese aus dem Titel, der sich gegen die vorherige GmbH richtet, kein Ordnungsgeld festgesetzt werden,[863] auch nicht, wenn der Geschäftsführer derselbe geblieben ist. Dagegen kommt ein Verstoß der Titelschuldnerin in Betracht, wenn es um ein Verhalten einer von ihr abhängigen GmbH geht, insbesondere wenn beide denselben Geschäftsführer haben.[864] Unmittelbar gegen die **Organe einer juristischen Person** kann nur dann ein Ordnungsmittel verhängt werden, wenn sie selbst – meist neben der juristischen Person – Titelschuldner sind (vgl. dazu → Rn. 319). Allerdings ist die Ordnungshaft, die gegen eine juristische Person angeordnet wird, an dem nunmehr verantwortlichen Organ der juristischen Person zu vollziehen (→ Rn. 238).

301 Ist eine natürliche Person Titelschuldner und verstößt sie in ihrer Eigenschaft als Organ einer juristischen Person, so hängt von der Auslegung des Titels ab, ob das Verbot auch ein solches Handeln erfasst. Das trifft ohne weiteres zu, wenn sie neben der juristischen Person auf Unterlassung in Anspruch genommen worden ist. Anders kann es sein, wenn die natürliche Person ein eigenes Unternehmen betreibt, dafür wettbewerbswidrig geworben hatte und deshalb zur Unterlassung verurteilt worden ist. Ist der Schuldner als Organ einer juristischen Person, insbesondere neben dieser, persönlich zur Unterlassung verurteilt worden, so erfasst das gerichtliche Verbot regelmäßig auch Handlungen, die er in einem eigenen Unternehmen oder für eine andere juristische Person vornimmt. Gerade insoweit geht es dem Gläubiger vielfach darum, mit einem Verbot gegen den Geschäftsführer persönlich dessen Verhalten auch dann zu erfassen, wenn dieser seinen Tätigkeitsbereich wechselt, insbesondere die eine GmbH durch eine andere „ersetzt" wird. Gründet jemand später eine GmbH, deren Geschäftsführer er wird, erfasst seine Verurteilung auch seine Tätigkeit für diese GmbH.[865]

302 **b) Verschulden.** Die Festsetzung von Ordnungsmitteln setzt voraus, dass der Schuldner schuldhaft – vorsätzlich[866] oder fahrlässig – gehandelt hat.[867]

303 Auf einen vermeidbaren **Verbotsirrtum** kann sich der Schuldner nicht berufen.[868] Maßgebend ist, ob er mit einer für ihn ungünstigen Beurteilung der Rechtslage durch das Gericht zu rechnen hatte.[869] **Anwaltlicher Rat** kann den Schuldner nur dann entlasten,[870] wenn er selbst gestützt auf diesen Rat ohne Verschulden geirrt hat, insbesondere in einem Falle, in dem es ausschließlich um eine Rechtsfrage geht. Er hat im Einzelnen vorzutragen, was der Rechtsanwalt ihm geraten hat. Jedenfalls in Bereichen, in denen ihm eine Beurteilung auf Grund kaufmännischer Erfahrung möglich ist, muss der Rat des Anwalts einer eigenverantwortlichen Bewertung unterzogen werden.[871] Auch der Rat eines Rechtsanwaltes, eine vom Gerichtsvollzieher zugestellte einstweilige Verfügung wegen eines angeblichen Formmangels nicht zu befolgen, befreit den Schuldner nicht ohne weiteres vom Vorwurf der Fahrlässigkeit.[872] Entsprechendes gilt, wenn die erste Instanz einen Verstoß verneint hat.[873]

304 **aa) Persönliches Verschulden.** Wegen des auch strafähnlichen Charakters von Ordnungsmitteln muss der **Schuldner selbst schuldhaft handeln.**[874] Ein Verschulden von

[863] OLG Frankfurt a. M. GRUR 1994, 668; vgl. auch OLG Celle WRP 2013, 388 f.
[864] OLG Celle WRP 2013, 388 f.
[865] OLG Stuttgart WRP 1980, 35; OLG München MD VSW 2011, 642 (643 f.).
[866] Beispiel: OLG Düsseldorf GRUR-RR 2002, 151 (152).
[867] BGH GRUR 1987, 648 (649) – Anwaltseilbrief; BGH GRUR 2017, 318 (319) – Dügida.
[868] OLG Naumburg GRUR 2005, 1071 Ls.
[869] *Köhler*/Bornkamm/*Feddersen* § 12 Rn. 6.7; Teplitzky/*Feddersen* Kap. 57 Rn. 27.
[870] OLG Hamburg NJW-RR 1989, 1087 (1088); OLG Stuttgart WRP 1999, 1072 (1073).
[871] OLG Köln WRP 1976, 116 (118); OLG Frankfurt a. M. WRP 1977, 32 (33); OLG Hamm WRP 1978, 223 (225); OLG Hamburg NJW-RR 1989, 1087 (1088); Ahrens/*Büttner/Spätgens* Kap. 64 Rn. 74.
[872] OLG Hamburg GRUR 1990, 151 (152).
[873] OLG Hamm WRP 1978, 223; OLG Köln GRUR 1987, 652.
[874] BVerfGE 58, 159 (162 f.); GRUR 2007, 618 (619) – Organisationsverschulden.

Hilfspersonen genügt nicht. Insbesondere ist § 8 Abs. 2 nicht anwendbar. Bei einer juristischen Person kommt es auf das Verschulden ihrer zuständigen Organe an (§ 31 BGB).[875] Hat der Schuldner nach Erhalt der Abmahnung einen Rechtsanwalt beauftragt, der die Abmahnung beantwortet und eine Schutzschrift hinterlegt hat, braucht er sich nicht selbst danach zu erkundigen, ob es dem Gläubiger gelungen ist, ein gerichtliches Verbot zu erwirken. Er kann sich darauf verlassen, dass sein Rechtsanwalt ihn unverzüglich von einem Verbot unterrichtet.[876]

bb) Sorgfaltsmaßstab. An den Schuldner sind **strenge Anforderungen** zu stellen. Er muss alles tun, was ihm im konkreten Fall möglich und zumutbar ist, um einen zukünftigen Verstoß gegen das Verbot zu vermeiden.[877] Dazu hat er die notwendigen Vorkehrungen zu treffen, etwa anzuordnen, dass die wettbewerbswidrigen Werbemittel vernichtet werden, Anzeigen mit der verbotenen Werbeangabe nicht mehr erscheinen, insbesondere auch, soweit möglich, bereits in Auftrag gegebene Anzeigen, vor allem ein Dauerauftrag storniert werden. Geschieht das nicht in ausreichendem Maße, liegt ein eigenes **Organisationsverschulden** vor.[878] **305**

Zu den erforderlichen Maßnahmen gehören die nachdrückliche – grundsätzlich schriftliche[879] – **Belehrung Dritter,** die zu seinem Einwirkungsbereich gehören und deren Verhalten ihm wirtschaftlich zugutekommt, insbesondere seiner **Mitarbeiter,** und, je nach den Umständen des Einzelfalles, ihre weitere **Überwachung.** Es genügt nicht, dass er ihnen lediglich allgemeine Hinweise über ihr zukünftiges Verhalten gibt;[880] vielmehr muss er unter ausdrücklichem Hinweis auf das gegen ihn ergangene Verbot und die Folgen eines Verstoßes für den Schuldner und für den Dritten oder Mitarbeiter (Kündigung) genau vorschreiben, was zu tun ist,[881] sowie Rückmeldungen anordnen und kontrollieren. Der Schuldner ist verpflichtet, erforderlichenfalls im Rahmen des Möglichen und Zumutbaren auf den Betreiber einer Internet-Plattform einzuwirken.[882] **306**

Wer etwa rechtsverletzendes Werbematerial an seinen **Außendienst** gegeben hat, muss im Einzelfalle Weisungen für dessen Rückgabe oder Vernichtung geben[883] und ihre Einhaltung überprüfen. Die Belehrung hat wegen der Verpflichtung zur unverzüglichen Beachtung des gerichtlichen Verbotes im Vorwege zunächst mündlich und dann grundsätzlich schriftlich zu geschehen, weil das gesprochene Wort eher nicht oder nicht genügend beachtet oder wieder vergessen wird. **307**

Wer seinen **Provider** mit der Änderung seiner Homepage beauftragt, muss kontrollieren, ob die Änderung durchgeführt worden ist.[884] Mangels entgegenstehender Anhaltspunkte muss der Schuldner nicht zeitlich unbegrenzt (sämtliche oder wenigstens die wichtigsten) Suchmaschinen daraufhin überprüfen lassen, ob dort noch eine alte Seite gespeichert ist, sondern kann sich grundsätzlich darauf verlassen, dass diese laufend ihren Datenbestand aktualisieren.[885] Jedoch ist er zeitnah zur Kontrolle verpflichtet.[886] **308**

---

[875] OLG Zweibrücken GRUR 1988, 485 (486); OLG Nürnberg WRP 1999, 1184 (1185).

[876] OLG Hamburg MD VSW 2008, 271 (272).

[877] OLG Düsseldorf GRUR-RR 2003, 127 (129); OLG Oldenburg WRP 2007, 360 (361 f.); OLG Frankfurt a. M. GRUR-RR 2009, 412 f.; OLG Köln GRUR-RR 2015, 271 (272).

[878] OLG Frankfurt a. M. GRUR-RR 2016, 48; Teplitzky/*Feddersen* Kap. 57 Rn. 26b; vgl. dazu BVerfG GRUR 2007, 618 (619) – Organisationsverschulden.

[879] OLG Frankfurt a. M. GRUR-RR 2018, 390 (391).

[880] OLG Köln MD VSW 2001, 190 f.; OLG Schleswig OLG Report 2005, 473 (474); OLG Frankfurt a. M. WRP 2018, 245 (246); GRUR-RR 2018, 390 (391); KG WRP 2019, 1483 (1484).

[881] OLG Hamburg NJW-RR 1993, 1392; OLG Nürnberg NJW-RR 1999, 723 f.; OLG Köln WRP 2004, 1519 f.; MD VSW 2007, 955 f.

[882] BGH GRUR 2015, 258 (262 f.) – CT-Paradies.

[883] OLG Hamburg GRUR 1989, 150 f.

[884] OLG Köln GRUR-RR 2001, 24.

[885] Vgl. OLG Köln NJW-RR 2002, 215; OLG Hamburg MD VSW 2003, 203 (204 f.); OLG Köln MD VSW 2007, 956 f.; strenger (und zu weitgehend) OLG Celle WRP 2015, 475 Rn. 20: Die Abrufbarkeit über Google (und möglicherweise auch andere Suchmaschinen) muss ausgeschlossen werden.

[886] OLG Stuttgart WRP 2016, 773 (774) (Kontrolle bei Google).

309 Hat der Schuldner seinen Mitarbeitern und **Abnehmern** empfohlen, wie sie für sein Erzeugnis werben sollen, so hat er nicht nur seine Mitarbeiter eindringlich zu belehren, sondern auch seine Abnehmer. Ausnahmsweise könnte er sogar verpflichtet sein, sich von diesen eine strafbewehrte Unterwerfungserklärung geben zu lassen, verbunden mit der Verpflichtung zur Weitergabe einer solchen Bindung an weitere Abnehmer.[887] Der Schuldner ist regelmäßig verpflichtet, rechtswidrig aufgemachte Produkte bei seinen Abnehmern zurückzurufen und sie aufzufordern, diese Produkte nicht weiterzuvertreiben.[888] Gegenüber seinen Abnehmern und gegenüber **Dritten,** bei denen er keine rechtlichen Möglichkeiten zur Unterbindung besitzt, hat er in solchen Fällen mit Nachdruck und Ernsthaftigkeit gegebenenfalls seine faktischen Möglichkeiten zu nutzen, um auf diese Weise die Rückerlangung der Ware zu versuchen[889] bzw. eine **Änderung der von ihm veranlassten Werbung** zu erreichen, etwa gegenüber Einzelhändlern, mit denen er in einem engen Kontakt steht.[890] Dagegen ist er auf Grund des Unterlassungstitels grundsätzlich nicht verpflichtet, sich an die Abnehmer oder gar deren Abnehmer zu wenden, welche die verbotene Ware[891] oder die Ware mit der verbotenen Werbung (zB auf einem Einlegezettel)[892] erhalten haben. In Betracht kommen kann unter besonderen Umständen auch eine Verpflichtung zur Folgenbeseitigung.[893] Eine Rundfunkanstalt genügt ihrer Unterlassungspflicht, wenn sie den verbotenen Fernsehbeitrag aus ihrer Mediathek entfernt und auf die gängigen Suchmaschinen dahin einwirkt, dass der Beitrag nicht weiter aus dem Cache abgerufen werden kann. Sie verletzt ihre Unterlassungspflicht nicht, wenn der Beitrag, von einem Dritten veröffentlicht, dessen Handeln der Rundfunkanstalt wirtschaftlich nicht zu Gute kommt, in einem **Internetportal** weiter abrufbar ist.[894]

310 Eine **nicht begründete Beschlussverfügung,** deren Verbotsinhalt eindeutig ist, wie etwa das Verbot eines konkreten Slogans, deren Begründung aber zunächst für den Antragsgegner nicht erkennbar ist, muss voll respektiert werden. Die Gefahr, sich mit einer Abänderung des Slogans noch im Kernbereich des Verbotes zu befinden, trägt der Antragsgegner.[895] Er hat die Antragsschrift anzufordern, um sich zu vergewissern, weshalb das Verbot beantragt worden ist. Ebenso muss er die Gründe eines gegen ihn ergangenen Verbotsurteils abwarten und beachten.

311 Für den Fall der **Abwesenheit** muss der Schuldner durch organisatorische Maßnahmen sicherstellen, dass die erforderlichen Entscheidungen entweder ohne ihn getroffen werden können oder er unverzüglich informiert wird. Das kann bereits erforderlich sein, wenn er abgemahnt worden ist und mit der Zustellung einer einstweiligen Verfügung rechnen muss.[896]

312 **c) Beweislast.** Wegen des (auch) strafähnlichen Charakters kann gegen den Schuldner nur dann ein Ordnungsmittel verhängt werden, wenn feststeht, dass er schuldhaft gegen das Verbot verstoßen hat. Das bedeutet im Grundsatz, dass der **Gläubiger** in vollem Umfange

---

[887] KG WRP 1998, 627 (628).
[888] BGH GRUR 2018, 292 (293 f.) – Produkte zur Wundversorgung.
[889] BGH GRUR 2018, 292 (293 f.) – Produkte zur Wundversorgung; aM OLG Düsseldorf GRUR 2018, 855 (859 f.) für Patentrecht mit Anm. *Hermanns* WRP 2018, 860; OLG Düsseldorf WRP 2019, 637, 638 ff. betr. UWG-Recht.
[890] OLG Hamburg MD VSW 1992, 34 f.; OLG Köln MD VSW 2000, 350 (351); vgl. auch OLG Hamburg MD VSW 2007, 819 (821 ff.).
[891] OLG Köln MD VSW 2000, 1114 (1115); OLG Frankfurt a. M. GRUR 2016, 1319 f.; aM OLG Zweibrücken MD VSW 2000, 236 (237 f.) jeweils für Arzneimittel; vgl. auch OLG Köln GRUR-RR 2008, 365 f.
[892] OLG Stuttgart MD VSW 2000, 1016 (1018 f.); anders (ohne Begründung) nunmehr BGH GRUR 2016, 720 Rn. 35 – Hot Sox.
[893] OLG Frankfurt a. M. GRUR 2018, 1085 (1087 f.).
[894] BGH GRUR 2018, 1183 f. – Wirbel um Bauschutt.
[895] OLG Hamburg GRUR 1989, 630 Ls.
[896] OLG Frankfurt a. M. NJWE-WettbR 2000, 148 f.; LG Oldenburg WRP 2001, 1365.

die Darlegungs- und Beweislast hat.[897] Eine Glaubhaftmachung genügt nicht, auch nicht, wenn der Titel eine einstweilige Verfügung ist.[898] Daraus folgt aber nicht, dass der Schuldner sich nicht zu äußern braucht oder sich mit **pauschalem Bestreiten** begnügen darf. Zu beachten ist nämlich, dass es sich um ein Vollstreckungsverfahren der ZPO handelt. Maßgebend sind daher auch die hier geltenden Verfahrensgrundsätze, die eine Partei verpflichten, zum Vorbringen der Gegenseite substantiiert Stellung zu nehmen, wenn es um Vorgänge aus dem eigenen Bereich geht (vgl. → Rn. 305 ff.). Insbesondere hat der Schuldner spezifiziert vorzutragen, welche innerbetrieblichen Maßnahmen er ergriffen hat, um eine Missachtung des Verbots durch seine Mitarbeiter zu verhindern.[899] Nimmt der Schuldner nicht detailliert Stellung, obwohl er dazu verpflichtet ist, ist das Vorbringen des Gläubigers als unstreitig anzusehen und demgemäß vom Verschulden des Schuldners auszugehen. Zugunsten des Gläubigers sind außerdem **Beweiserleichterungen,**[900] unter Umständen sogar ein **Anscheinsbeweis**[901] zulässig.

Ist der Schuldner ohne **einschränkenden Zusatz** aus § 5 verurteilt worden und ver- 313
wendet er nunmehr einen Zusatz, der aus dem Verbot herausführen kann, hat er darzulegen und erforderlichenfalls zu beweisen, dass auf Grund des von ihm gewählten Zusatzes keine Irreführung mehr vorliegt.[902] Kommt im konkreten Einzelfall ausnahmsweise ein Rechtfertigungsgrund in Betracht, hat der Schuldner dessen Voraussetzungen darzulegen und zu beweisen.

5. Festsetzungsverfahren. a) Antrag. Nach § 890 Abs. 1 S. 1 ZPO wird das Ord- 314
nungsmittelverfahren durch einen Antrag des Gläubigers eingeleitet. Dem steht eine **Vertragsstrafenklage** des Gläubigers **nicht entgegen** (→ Rn. 282; → § 13a Rn. 21, 52).[903] Hat der Gläubiger gegen den Schuldner ein gerichtliches Verbot erwirkt und kommt es dann zu einem, wie er meint, allein im Kern übereinstimmenden Verstoß, kommt **eine (weitere) einstweilige Verfügung** in Betracht. Grundsätzlich darf er daneben einen Ordnungsmittel-Antrag wegen Verstoßes gegen den ersten Titel einreichen.[904] Gibt der Schuldner zur (zweiten) einstweiligen Verfügung auf das Abschlussschreiben des Gläubigers eine Abschlusserklärung ab und leitet dieser erst daraufhin einen Ordnungsmittel-Antrag ein, kann in seinem vorangegangenen Verhalten ein Verzicht auf einen solchen Antrag[905] oder in dessen nachträglicher Einreichung ein Rechtsmissbrauch liegen.[906]

Gegenstand des Verfahrens ist der mit dem Antrag geltend gemachte Verstoß. Dazu 315
gehören aber bei einer Handlungseinheit sämtliche Teilakte, auch wenn sie dem Gläubiger unbekannt sind (→ Rn. 297). Zuständig ist ausschließlich das **Prozessgericht erster Instanz** (§§ 890 Abs. 1 S. 1, 802 ZPO). Das gilt auch dann, wenn das Oberlandesgericht die einstweilige Verfügung – auch im Beschwerdeverfahren – erlassen hat, ferner wenn dort das Berufungsverfahren schwebt. Beim Landgericht – als Prozessgericht erster Instanz – besteht **Anwaltszwang,** und zwar auch dann, wenn aus einer Beschlussverfügung voll-

[897] KG GRUR 1991, 707 f.; OLG Nürnberg WRP 1999, 1184 (1185); OLG Hamburg MD VSW 2003, 203 (204); *Köhler*/Bornkamm/*Feddersen* § 12 Rn. 6.8; *Nieder* WRP 2001, 117 (119); vgl. Ahrens/*Büttner*/*Spätgens* Kap. 64 Rn. 77.

[898] OLG Stuttgart WRP 2001, 1107 (1108); OLG Frankfurt a. M. GRUR-RR 2014, 48 Ls.; OLG München WRP 2015, 778 (779); Ahrens/*Büttner*/*Spätgens* Kap. 64 Rn. 77.

[899] BGH GRUR 2009, 427 (428) – Mehrfachverstoß gegen Unterlassungstitel; OLG Düsseldorf WRP 1993, 326 f. und MD VSW 2002, 351 f.; OLG Nürnberg WRP 1999, 1184 (1185); OLG Hamburg MD VSW 2003, 202 (204).

[900] OLG Frankfurt a. M. GRUR 1999, 371 f.; OLG Köln MD VSW 2000, 899; aM KG GRUR 1991, 707 f.

[901] BVerfGE 84, 82 (87 f.); *Köhler*/Bornkamm/*Feddersen* § 12 Rn. 6.8; Teplitzky/*Feddersen* Kap. 57 Rn. 28.

[902] BGH GRUR 1992, 525 (526) – Professorenbezeichnung in der Arztwerbung II.

[903] OLG Karlsruhe WRP 1996, 445 (447).

[904] OLG Düsseldorf WRP 1993, 487 (488); OLG Frankfurt a. M. WRP 1997, 51 f.

[905] OLG Köln MD VSW 2002, 293 (295 ff.).

[906] *Kehl* WRP 1999, 46 (49).

streckt wird, die der Antragsteller ohne Anwalt erwirken konnte (§§ 78 Abs. 3, 936, 920 Abs. 3 ZPO).[907]

316 Die Vorschriften der ZPO über **verspätetes Vorbringen** sind nicht anzuwenden, soweit es um den Schuldner geht.[908] Dem steht der (auch) strafähnliche Charakter der Ordnungsmittel entgegen. Das gilt auch für das Beschwerdeverfahren.[909] Über erhebliche streitige Tatsachen ist **Beweis zu erheben.** Das geschieht in der Regel durch die Vernehmung von Zeugen. Im Wege des Urkundenbeweises können aber auch eidesstattliche Versicherungen verwertet werden; der Gegner kann jedoch die Vernehmung des Versichernden als Zeugen verlangen, wenn dessen Vernehmung (noch) möglich ist.[910]

317 Der **Antrag** kann bis zur Rechtskraft eines Ordnungsmittel-Beschlusses **zurückgenommen** werden. Das ist für die Parteien deshalb von Bedeutung, weil der Beschluss dann entsprechend § 269 Abs. 3 S. 1 ZPO wirkungslos wird.[911] Der Gläubiger wird häufig ein Interesse daran haben, dass es noch zu einer Einigung mit dem Schuldner kommt und dieser für den Verstoß einen angemessenen Betrag nicht an die Staatskasse, sondern an den Gläubiger zahlt sowie die Kosten des Verfahrens übernimmt. Im Gegenzuge verpflichtet sich dann der Gläubiger den Ordnungsmittel-Antrag zurückzunehmen, sobald er den vereinbarten Betrag und seine Kosten erhalten hat. Ist offen, wie das Ordnungsmittel-Verfahren ausläuft, ist insbesondere eine Beweisaufnahme erforderlich, kommt auch eine vergleichsweise Beilegung in der Weise in Betracht, dass der Gläubiger den Ordnungsmittel-Antrag zurücknimmt und der Schuldner die Kosten übernimmt. Der Vergleich kann gegebenenfalls gemäß § 278 Abs. 6 ZPO geschlossen werden.

318 Wird über das Vermögen des Schuldners das **Insolvenzverfahren** eröffnet, wird das Ordnungsmittel-Verfahren nicht unterbrochen.[912] Der Insolvenzverwalter wird ein Interesse haben, das Verfahren durchzuführen, wenn er durch eine ihm günstige Entscheidung erreichen kann, dass der Gläubiger die bisher entstandenen Kosten des Anwalts des Schuldners zu tragen hat. Stirbt der Schuldner während des Ordnungsmittel-Verfahrens, kommt die Festsetzung von Ordnungsmitteln gegen die Erben nicht in Betracht. Der Gläubiger muss daher das Verfahren, das gegen die Erben gemäß §§ 239, 246 ZPO fortzusetzen ist, für erledigt erklären. Ebenso hat sich ein Ordnungsmittelverfahren erledigt, wenn die Schuldnerin-GmbH nach Ablehnung eines Insolvenzantrages mangels Masse gelöscht worden ist.[913]

319 **b) Entscheidung.** Die Entscheidung kann **ohne mündliche Verhandlung** ergehen, was auch regelmäßig geschieht. Nach § 891 S. 2 ZPO ist der Schuldner vor der Entscheidung zu hören. Richtet sich der Unterlassungstitel gegen **mehrere Schuldner** und betreibt der Gläubiger gegen alle die Zwangsvollstreckung, ist gegen jeden ein gesondertes Ordnungsmittel festzusetzen, und zwar nach den für sie jeweils maßgebenden Umständen. Sie werden nicht etwa als Gesamtschuldner zur Zahlung von Ordnungsgeld verurteilt.[914] Dem steht der strafähnliche Charakter des Ordnungsgeldes entgegen. Dieser Umstand ist jedoch bei der Bemessung der mehreren Ordnungsgelder mindernd zu berücksichtigen, damit es nicht zu einem unangemessenen Gesamtbetrag kommt. Sind aber eine juristische Person und außerdem ihr Organ Titelschuldner, ist nur gegen die juristische Person ein Ordnungsgeld festzusetzen, wenn das Organ für sie im Rahmen der geschäftlichen Tätigkeit gehandelt hat.[915] Entsprechendes gilt für eine OHG und KG.

---

[907] OLG Hamm WRP 1985, 173; OLG Koblenz WRP 1989, 331 f.; Teplitzky/*Feddersen* Kap. 57 Rn. 30.
[908] Vgl. Teplitzky/*Feddersen* Kap. 57 Rn. 29.
[909] Teplitzky/*Feddersen* Kap. 57 Rn. 37.
[910] OLG Hamm WRP 2000, 413 (414 f.).
[911] OLG Düsseldorf WRP 1988, 374 (375).
[912] KG GRUR 2000, 1112; Teplitzky/*Feddersen* Kap. 57 Rn. 29.
[913] OLG Karlsruhe MD VSW 2006, 199 f.
[914] OLG Köln WRP 1986, 116 f.; vgl. dazu aber BGH WRP 2008, 952 (954) – inhaltsgleiches Unterlassungsbegehren.
[915] BGH GRUR 2012, 541 f. – Titelschuldner im Zwangsvollstreckungsverfahren mit Anm. *Dirk Jestaedt* GRUR 2012, 542; GRUR 2014, 797 (801) – Fishtailparka.

c) Bemessung des Ordnungsmittels. Die **Höhe des Ordnungsgeldes** ist so zu bemessen, dass es sich für den Schuldner nicht lohnt, sich über das gerichtliche Verbot hinwegzusetzen.[916] Dabei ist davon auszugehen, dass es um eine Maßnahme geht, die im Interesse des Gläubigers zur Durchsetzung seines Vollstreckungstitels liegt. Die Bemessung hat sich zu orientieren an dem Zweck des Ordnungsmittels, das eine **strafähnliche Sanktion** für den begangenen Verstoß sein und vor allem **weiteren Verstößen des Schuldners vorbeugen** soll.[917] Hierbei gelten ähnliche Grundsätze wie bei der Festsetzung einer Vertragsstrafe nach „Hamburger Brauch" (→ § 13a Rn. 11 ff.), abgesehen von dem nur für die Vertragsstrafe geltenden Gesichtspunkt, dass diese auch einen Mindestschadensersatz gewähren soll. Die wirtschaftlichen Verhältnisse sind gemäß strafrechtlichen Grundsätzen zu berücksichtigen.[918] In Betracht kommt gegebenenfalls auch ein Vollstreckung des Ordnungsgeldes im Ausland.[919] 320

Die Höhe des Ordnungsgeldes bemisst sich nicht nach einem bestimmten Bruchteil des Streitwertes, der für den Unterlassungsantrag festgesetzt worden ist (vgl. → § 13a Rn. 47) zur Vertragsstrafe nach „Hamburger Brauch").[920] Maßgebend sind vielmehr die **Art, der Umfang und die Dauer des Verstoßes, der Verschuldensgrad** des Verletzers,[921] dessen **Vorteile,** die er aus dem Verstoß hat, und die **Gefährlichkeit des Verstoßes** für den Verletzten,[922] ferner die **wirtschaftlichen Verhältnisse des Verletzers.** Soweit sich der **Gewinn** des Verletzers feststellen lässt, ist dieser **abzuschöpfen,** aber nur, wenn und soweit er nicht dem oder den Verletzten als Schadensersatz zusteht.[923] Ein **erneuter Verstoß** nach der Festsetzung eines Ordnungsgeldes rechtfertigt ein **(deutlich) höheres Ordnungsgeld** als beim ersten Verstoß. 321

Bei mehreren Ordnungsgeldern gegen denselben Schuldner ist ein **Gesamtordnungsgeld** entsprechend §§ 53 ff. StGB festzusetzen.[924] Daher sind bei mehreren Verstößen, die Gegenstand mehrerer Ordnungsmittelanträge sind, gegebenenfalls die Verfahren miteinander zu verbinden. 322

Aus dem Grundsatz der Verhältnismäßigkeit folgt, dass **anderweitige Sanktionen für denselben Verstoß** bei der Bemessung des Ordnungsgeldes bzw. bei seiner Beitreibung **zu berücksichtigen** sind,[925] wie die **Verwirkung einer Vertragsstrafe** (→ § 13a Rn. 52) oder wie Ordnungsmittel aus parallelen Verboten, die andere Gläubiger gegen den Schuldner erwirkt haben. In letzteren Fällen sollte jeweils ein eigenständiges Ordnungsgeld gegen den Schuldner festgesetzt werden. Darauf ist das in einem anderen Verfahren angeordnete Ordnungsgeld anzurechnen, und zwar ohne Kostennachteil für den Gläubiger. Die Anrechnung sollte nicht von der Festsetzung, sondern von der Zahlung im ersten Verfahren abhängig gemacht werden. Demgemäß ist entsprechend zu tenorieren, je nachdem, ob das zuerst verhängte Ordnungsgeld bereits bezahlt worden ist oder noch nicht. 323

---

[916] BGH GRUR 2017, 318 (320) – Dügida; OLG Frankfurt a. M. WRP 1988, 504 f.; OLG Düsseldorf GRUR-RR 2002, 151 (152); OLG Stuttgart WRP 2002, 590 (591); OLG Düsseldorf GRUR-RR 2003, 127 (129 f.).

[917] BGH GRUR 1994, 146 (147) – Vertragsstrafebemessung; BGH GRUR 2017, 318 (319) – Dügida.

[918] BGH GRUR 2017, 318 (320) – Dügida.

[919] BGH GRUR 2010, 662 ff. – Vollstreckung von Ordnungsmittelbeschlüssen im Ausland; vgl. aber *Stoffregen* WRP 2010, 839 ff.

[920] Teplitzky/*Feddersen* Kap. 57 Rn. 34; *Köhler* WRP 1993, 666 (675 f.).

[921] BGH GRUR 2004, 264 (268) – Euro-Einführungsrabatt; OLG Stuttgart WRP 1997, 248 (250); MD VSW 2000, 1016 (1020); OLG München MD VSW 2000, 95 (97 f.).

[922] BGH GRUR 1994, 146 (147) – Vertragsstrafebemessung; GRUR 2004, 264 (268) – Euro-Einführungsrabatt; Teplitzky/*Feddersen* Kap. 57 Rn. 34.

[923] *Köhler* WRP 1993, 666 (673 f.).

[924] OLG Düsseldorf GRUR-RR 2002, 151 (152); aM OLG Köln GRUR-RR 2007, 31 (32); *Schuschke* WRP 2000, 1008 (1013).

[925] BGH GRUR 1998, 1053 (1054) – Vertragsstrafe/Ordnungsgeld (= Behinderung der Jagdausübung); OLG Frankfurt a. M. GRUR 1983, 687 f.; OLG Köln GRUR 1986, 688 f.; WRP 1987, 265 f.; OLG Karlsruhe WRP 1996, 445 (447); OLG Hamm WRP 2000, 413 (415); OLG Düsseldorf GRUR-RR 2003, 127 (130); *Köhler* WRP 1992, 359 (364).

324 Die **Ersatzordnungshaft** beträgt höchstens sechs Wochen (Art. 6 Abs. 2 EGStGB). Sie muss in einem angemessenen Verhältnis zur Höhe des festgesetzten Ordnungsgeldes stehen.[926] Bei unbilliger Härte kann die Vollstreckung der Ersatzordnungshaft unterbleiben, wie sich aus Art. 8 Abs. 2 EGStGB ergibt.[927] Die Anordnung von **Ordnungshaft** setzt voraus, dass die Festsetzung eines **Ordnungsgeldes als Sanktion nicht ausreicht.**[928] In der Praxis geschieht das kaum. In Betracht kommt Ordnungshaft etwa dann, wenn es sich um den wiederholten, vorsätzlichen Verstoß eines unbelehrbaren Schuldners handelt, ihn die Festsetzung mehrerer Ordnungsgelder nicht von dem weiteren Verstoß abgehalten hat und es sich um einen Verstoß von einigem Gewicht handelt. Zur Ersatzordnungshaft und Ordnungshaft bei **Handelsgesellschaften** vgl. → Rn. 238. Wird gegen die Gesellschaft ein Ordnungsgeld festgesetzt, kann die Ersatzordnungshaft nicht gegen einen inzwischen ausgeschiedenen Geschäftsführer verhängt werden. Er ist für die Zahlung des Ordnungsgeldes nicht mehr verantwortlich.

325 Gemäß § 890 Abs. 3 ZPO kann der Schuldner auf Antrag des Gläubigers zur Bestellung einer Sicherheit für den Schaden, der durch fernere Zuwiderhandlungen entsteht, auf bestimmte Zeit verurteilt werden, wovon in der Praxis zu Recht nur selten Gebrauch gemacht wird.

326 **d) Rechtsmittel.** Gegen den Beschluss findet die **sofortige Beschwerde** statt (§ 793 ZPO). Es besteht Anwaltszwang, wenn dieser für die erste Instanz galt (vgl. § 569 Abs. 3 Nr. 1 ZPO).[929] Gegen die Entscheidung des Beschwerdegerichts ist die Rechtsbeschwerde statthaft, wenn sie gemäß § 574 ZPO zugelassen worden ist. Eine Zulassung kommt auch in Betracht, wenn der Gläubiger aus einer einstweiligen Verfügung vorgeht.[930]

327 **Fraglich** ist, ob nach der Festsetzung eines Ordnungsgeldes die sofortige Beschwerde des Schuldners gemäß § 570 Abs. 1 ZPO **aufschiebende Wirkung** hat. Das ist zu bejahen.[931] Dafür spricht auch, dass das Ordnungsgeld (auch) strafähnlichen Charakter hat.

328 Die **Vollstreckung einer Ordnungshaft** kann wegen des strafähnlichen Charakters ohnehin erst erfolgen, wenn der Beschluss rechtskräftig geworden ist; denn eine Vollstreckung könnte anders als bei einem Ordnungsgeld nicht mehr rückgängig gemacht werden.

329 **6. Fortfall des Titels.** Äußerst umstritten war die Frage, ob mit jedem Wegfall des Titels eine Zwangsvollstreckung nicht mehr möglich ist, insbesondere nach der Abgabe einer strafbewehrten Unterlassungserklärung und nachfolgenden übereinstimmenden Erledigungserklärungen, durch die ein zuvor ergangenes gerichtliches Verbot entsprechend § 269 Abs. 3 S. 1 ZPO wirkungslos geworden ist, oder nach der Aufhebung des Verbotes wegen eines nachträglich eingetretenen Umstandes (§ 767 ZPO bzw. § 927 ZPO). Dabei ist zu unterscheiden:

330 **a) Vor der Zuwiderhandlung.** Hier gibt es keine Probleme. Besteht kein Titel mehr und begeht der Schuldner dann erst einen „Verstoß", kommt ein Ordnungsmittel gegen ihn nicht in Betracht. Hat das Landgericht eine Beschlussverfügung auf den Widerspruch des Schuldners hin aufgehoben und kommt es danach zu einer Zuwiderhandlung, scheidet die Festsetzung von Ordnungsmitteln auch dann aus, wenn das Oberlandesgericht anders entscheidet und die einstweilige Verfügung neu erlässt.[932]

331 **b) Nach der Zuwiderhandlung. Fällt der Titel** vor der Festsetzung eines Ordnungsmittels **rückwirkend weg,** bestehen ebenfalls keine Probleme. Die Festsetzung von Ord-

[926] OLG Frankfurt a. M. GRUR 1987, 940.
[927] OLG Köln MD VSW 1989, 903 Ls.
[928] Teplitzky/*Feddersen* Kap. 57 Rn. 32.
[929] Teplitzky/*Feddersen* Kap. 57 Rn. 37.
[930] BGH GRUR 2004, 264 (265) – Euro-Einführungsrabatt; aM OLG Köln MD VSW 2003, 1152 (1154).
[931] BGH GRUR 2012, 427 (428 f.) – aufschiebende Wirkung I – mit weiteren Nachweisen; GRUR-RR 2012, 496 Ls. – aufschiebende Wirkung II.
[932] OLG Düsseldorf WRP 1995, 732 (735); OLG Hamburg MD VSW 1997, 22 (23 und 212); WRP 1997, 53 (54); OLG Frankfurt a. M. WRP 2002, 334 (335); Teplitzky/*Feddersen* Kap. 55 Rn. 14 f.

nungsmitteln ist nicht mehr möglich.[933] Das trifft zu, wenn der Kläger die Klage, der Antragsteller den Verfügungsantrag zurücknimmt (§ 269 Abs. 3 S. 1 ZPO), ferner wenn der Titel im Einspruchs- (Versäumnisurteil), im Widerspruchs- oder im Berufungsverfahren, im Verfügungsverfahren auch wegen Versäumung der Vollziehungsfrist oder gemäß § 926 Abs. 2 ZPO aufgehoben wird. Das gilt auch dann, wenn die Unterlassungsklage rechtskräftig abgewiesen worden ist und der Antragsteller zur Vermeidung eines Aufhebungsverfahrens auf die Rechte aus der erwirkten einstweiligen Verfügung – mit Wirkung ex tunc – verzichtet.[934] Ferner ist die Festsetzung von Ordnungsmitteln nicht mehr möglich, wenn das Oberlandesgericht eine vom Landgericht aufgehobene einstweilige Verfügung neu erlässt und der Verstoß begangen worden ist, bevor das Landgericht das Verbot aufgehoben hat.[935]

Äußerst umstritten war dagegen, wie es sich verhält, wenn der Titel mit Wirkung **ex** 332
nunc wegfällt. Das trifft zu, wenn das Verbot eine Befristung enthält und der Verbotszeitraum inzwischen abgelaufen ist, wenn der Titel wegen eines späteren Ereignisses gemäß § 767 ZPO bzw. gemäß § 927 ZPO aufgehoben wird oder wenn die Parteien wegen eines späteren Ereignisses die Hauptsache für erledigt erklären (§ 269 Abs. 3 S. 1 ZPO analog), aber mit Wirkung ex nunc). Typisches Beispiel ist die **Abgabe einer strafbewehrten Unterwerfungserklärung,** die für die Zukunft die Wiederholungsgefahr und damit den Unterlassungsanspruch entfallen lässt.

Nach einer verbreiteten Auffassung ist auch bei einem solchen Wegfall des Titels die 333
Festsetzung von Ordnungsmitteln nicht mehr möglich, was aus § 775 Nr. 1 ZPO hergeleitet wird,[936] und ein laufendes Ordnungsmittel-Verfahren demgemäß für erledigt zu erklären.[937] Eine andere Meinung kommt zu dem Ergebnis, dass **weiterhin die Festsetzung von Ordnungsmitteln uneingeschränkt möglich** ist,[938] weil der Titel wie ein „Zeitgesetz" iSd § 2 Abs. 4 StGB zu behandeln sei. Danach ist eine Tat auch dann noch zu ahnden, wenn das „Zeitgesetz" nach Begehung der Tat außer Kraft getreten ist. Dem stehe auch nicht § 775 Nr. 1 ZPO entgegen, der nicht auf einen derartigen Fall zugeschnitten sei.

Folgt man der zuerst genannten Ansicht uneingeschränkt, würde der Schuldner die 334
Möglichkeit haben, laufend gegen das Verbot zu verstoßen, insbesondere eine Werbeaktion zu beenden, und schließlich eine Verpflichtungserklärung abzugeben, um sich vor rechtskräftigem Abschluss eines Ordnungsmittel-Verfahrens den ihm drohenden oder in erster Instanz gar schon festgesetzten Ordnungsmitteln zu entziehen. Um dieses zu Recht als unbillig empfundene Ergebnis zu vermeiden, wird vorgeschlagen, dass der **Gläubiger die Hauptsache** nicht insgesamt, sondern **ab dem Zeitpunkt, an dem die Wiederholungsgefahr entfallen ist, für erledigt erklärt und im übrigen beantragt, den Titel bis dahin aufrechtzuerhalten;**[939] diese Möglichkeit soll entsprechend auch für einen Verzicht auf den Titel bestehen.[940] In solchen Fällen kommen beide Auffassungen demnach übereinstimmend zu dem Ergebnis, dass gegen den Schuldner für vorher begangene Verstöße noch Ordnungsmittel festgesetzt werden können. Der zuletzt genannten Ansicht hat sich der BGH angeschlossen.[941] Dem ist zuzustimmen.

---

[933] OLG Hamburg MD VSW 1997, 22 (23).

[934] OLG Köln WRP 1992, 476 (477); vgl. auch KG NJW-RR 2000, 1523.

[935] OLG Hamburg MD VSW 1997, 22 (23) und 212 (213); aM OLG München NJWE-WettbR 2000, 147 (148).

[936] OLG Köln GRUR 1986, 335 (336); OLG Hamm WRP 1987, 566; OLG Düsseldorf GRUR 1987, 575 f.; 1992, 478; *Ulrich* WRP 1992, 147 (149 ff.).

[937] OLG Hamm WRP 1987, 566 f.

[938] OLG Hamburg NJW-RR 1987, 1024; OLG Karlsruhe GRUR 1992, 207 f.; OLG Frankfurt a. M. WRP 1992, 717; OLG Düsseldorf GRUR-RR 2002, 151 f.; 2003, 127 (128 f.).

[939] OLG Hamm WRP 1990, 423 (424 f.); 2000, 413 (415 f.); OLG Naumburg WRP 2001, 1366 Ls.; OLG Stuttgart WRP 2002, 590 (591); Teplitzky/*Feddersen* Kap. 57 Rn. 38 f.; *Bernreuther* GRUR 2001, 400 (401 f.).

[940] OLG Hamm WRP 1992, 338.

[941] BGH GRUR 2004, 264 (266 f.) – Euro-Einführungsrabatt; vgl. dazu → Rn. 49; *Köhler*/Bornkamm/*Feddersen* § 12 Rn. 6.16.

335 Folgerichtig tritt **keine Erledigung der Hauptsache** ein, vielmehr ist ein **befristetes Verbot** im Widerspruchsverfahren zu bestätigen, wenn die Frist inzwischen abgelaufen, etwa die Messe, die allein Gegenstand des Verfahrens ist, bereits zu Ende gegangen ist.[942] Entsprechend verhält es sich, wenn der **Titel wegen eines nachträglichen Ereignisses** in einem Verfahren nach § 767 ZPO bzw. § 927 ZPO **aufgehoben** worden ist. **Die Aufhebung erfolgt mit Wirkung ab erledigendem Ereignis.** Das sollte im Urteilsausspruch ausdrücklich erklärt werden.

336 Hat der Kläger uneingeschränkt oder mit Wirkung ab erledigendem Ereignis die Hauptsache für erledigt erklärt, der Beklagte dem widersprochen und stellt das Gericht (insgesamt bzw. insoweit) die Erledigung der Hauptsache fest, kann das **Verbot für Zuwiderhandlungen vor der Erledigung Grundlage für die Festsetzung eines Ordnungsmittels sein.**[943]

337 Haben die Parteien einen **Prozessvergleich** geschlossen, tritt dieser an die Stelle eines zuvor ergangenen Verbotes. Das ist zwar ebenfalls mit Wirkung ex nunc geschehen. Im Vergleich wird aber regelmäßig vereinbart, dass der Gläubiger auf ein Ordnungsmittel-Verfahren verzichtet bzw. einen bereits eingereichten Ordnungsmittel-Antrag zurücknimmt. Das gilt im Zweifel konkludent auch dann, wenn der Vergleich dazu nichts sagt.[944] Ebenso verhält es sich bei einem **außergerichtlichen Vergleich.** Jedenfalls könnte es in beiden Fällen am Rechtsschutzinteresse des Gläubigers fehlen, wenn er trotz des Vergleiches für zuvor begangene Verstöße noch die Festsetzung von Ordnungsmitteln verlangt.

338 Die **Verneinung eines Rechtsschutzinteresses** kommt auch in Betracht, wenn das nachträgliche Ereignis, das zur Aufhebung des Verbots geführt hat, etwa darin besteht, dass der Schuldner aus Altersgründen endgültig aus dem Geschäftsleben ausgeschieden ist oder der Gläubiger seinen Geschäftsbetrieb endgültig aufgegeben und dadurch die Klagebefugnis verloren hat.

339 **c) Nach der Festsetzung von Ordnungsmitteln.** Ist der Unterlassungstitel nach erstinstanzlichem Ordnungsmittel-Beschluss **mit Wirkung ex tunc weggefallen,** so ist das selbstverständlich im Beschwerdeverfahren zu Gunsten des Schuldners zu berücksichtigen. Ein geleistetes Ordnungsgeld ist zurückzuzahlen.[945] Liegt der Wegfall erst **nach der Rechtskraft des Beschlusses,** ist dieser gemäß §§ 775 Nr. 1, 776 ZPO aufzuheben.[946] Hat der Schuldner das Ordnungsgeld bereits an die Staatskasse gezahlt, ist der Beschluss ebenfalls aufzuheben, das Ordnungsgeld an den Schuldner zurückzuzahlen,[947] und zwar nicht nur im Gnadenwege.[948] Das gilt auch dann, wenn der Gläubiger nach rechtskräftiger Klagabweisung im Hauptsacheverfahren von sich aus auf die Rechte aus einer einstweiligen Verfügung verzichtet hat, um einer Aufhebung gemäß § 927 ZPO zu entgehen.[949]

340 **7. Einstweilige Einstellung der Zwangsvollstreckung.** Unter den Voraussetzungen der §§ 719, 707 ZPO kommt eine einstweilige Einstellung der Zwangsvollstreckung in Betracht. In der Revisionsinstanz ist das jedoch nicht mehr möglich, wenn der Schuldner im Berufungsverfahren keinen Schutzantrag nach § 712 ZPO gestellt hat,[950] oder wenn er

---

942 BGH GRUR 2004, 264 (266) – Euro-Einführungsrabatt; OLG Köln GRUR-RR 2002, 309 (310).

943 BGH WRP 2012, 829 (830) – Ordnungsmittelfestsetzung nach einseitiger Erledigungserklärung mit Anm. *Teplitzky* WRP 2012, 830; vgl. dazu OLG Hamburg MD VSW 2011, 615 (616 f.): Feststellung der Erledigung bei nachträglicher Verjährung und Erhebung der Verjährungseinrede/vorheriger rechtskräftiger Ordnungsmittel-Beschluss.

944 Vgl. dazu OLG Stuttgart WRP 1984, 714; NJW-RR 1986, 1255 f.

945 OLG Düsseldorf WRP 1988, 374 f.; Teplitzky/*Feddersen* Kap. 57 Rn. 29.

946 OLG Köln GRUR 1992, 476 (477); KG MD VSW 1999, 1260 Ls.; *Köhler*/Bornkamm/*Feddersen* § 12 Rn. 6.17; vgl. auch Teplitzky/*Feddersen* Kap. 57 Rn. 37c.

947 OLG Hamm WRP 1990, 423; OLG Köln GRUR 1992, 476 (477 f.); OLG Hamm WRP 2002, 472; *Köhler*/Bornkamm/*Feddersen* § 12 Rn. 6.17; *König* WRP 2002, 404 f.

948 So aber OLG Frankfurt a. M. WRP 1980, 270 (271).

949 LG Hamburg MD VSW 2003, 932 (933 f.); vgl. auch OLG Nürnberg MD VSW 2006, 629 ff.

950 BGH GRUR 1991, 159 – Zwangsvollstreckungseinstellung; GRUR 1992, 65 – Fehlender Vollstreckungsschutzantrag; MD VSW 2017, 241 f.

den Antrag zwar gestellt, aber nicht genügend begründet hat,[951] jeweils obwohl ihm das möglich war. Für das Berufungsverfahren ist das jedoch, wenn in erster Instanz kein solcher Schutzantrag gestellt worden ist, nicht zwingend.[952] Die einstweilige Einstellung setzt voraus, dass eine **zulässige Berufung** vorliegt. Dazu gehört auch eine Berufungsbegründung. Vor der Entscheidung ist dem Kläger rechtliches Gehör zu gewähren. Erforderlichenfalls kann die Zwangsvollstreckung zunächst bis zur Entscheidung über den Einstellungsantrag eingestellt werden. Gegen die Entscheidung findet grundsätzlich **keine Anfechtung** statt (§ 707 Abs. 2 ZPO).

Bei **einstweiligen Verfügungen** kommt eine einstweilige Einstellung (§§ 936, 924 341
Abs. 3 bzw. 719 ZPO) **regelmäßig nicht in Betracht;**[953] denn es widerspricht dem Sinn und Zweck der einstweiligen Verfügung, die Zwangsvollstreckung einstweilen wieder einzustellen. Ausnahmsweise kann es dann anders sein, wenn die einstweilige Verfügung mit hoher Wahrscheinlichkeit aufzuheben ist.[954] Das kommt etwa in Betracht, wenn die Vollziehungsfrist versäumt worden ist oder wenn der Antragsgegner mit der Widerspruchs- bzw. Berufungsbegründung neue Glaubhaftmachungsmittel vorlegt.[955]

8. Kosten. Für die **Kostenentscheidung** gelten die §§ 91–93, 95–100 ZPO entsprechend 342
(§ 891 S. 3 ZPO). Bei **Rücknahme** des Antrages ist § 269 Abs. 3 ZPO entsprechend anwendbar.

Ein **teilweises Unterliegen** liegt vor, wenn der Gläubiger einen festen Betrag oder einen 343
Mindestbetrag des festzusetzenden Ordnungsgeldes nennt und das Gericht unter diesem Betrag bleibt.[956] Erreicht der Schuldner mit der Beschwerde lediglich eine Herabsetzung des Ordnungsgeldes und hatte der Gläubiger in erster Instanz nur ein angemessenes Ordnungsgeld begehrt, so ist es nicht angemessen, die Kosten des Beschwerdeverfahrens im Verhältnis zwischen Festsetzung erster und zweiter Instanz zu verteilen; denn dem Grunde nach verbleibt es bei der Festsetzung eines Ordnungsmittels. Ist der Unterschied nur gering, greift § 92 Abs. 2 ZPO ein; anderenfalls hat der Gläubiger, da die Beschwerde zum Teil Erfolg hat, einen angemessenen Teil der Kosten des Beschwerdeverfahrens zu tragen.[957] Das gilt vor allem, wenn er wie meist Zurückweisung der Beschwerde des Schuldners beantragt und sogar ausdrücklich die Höhe des in erster Instanz festgesetzten Ordnungsgeldes verteidigt.

9. Verjährung. Die **Verjährung** richtet sich **nicht nach § 11,** sondern nach der 344
Sonderregelung in Art. 9 EGStGB. Für die Verfolgungsverjährung gilt Art. 9 Abs. 1 EGStGB. Danach dürfen Ordnungsmittel zwei Jahre nach Beendigung der Zuwiderhandlung[958] nicht mehr festgesetzt werden. Der Lauf der Verfolgungsverjährung endet mit der Festsetzung eines Ordnungsmittels, auch wenn diese noch nicht rechtskräftig ist.[959] Die Vollstreckungsverjährung richtet sich nach Art. 9 Abs. 2 EGStGB. Danach ist zwei Jahre nach Beginn der Vollstreckbarkeit eines – auch nicht rechtskräftigen – Festsetzungsbeschlusses, dh nach Zustellung, die Vollstreckung ausgeschlossen. In beiden Fällen kommt eine Hemmung der Verjährung nicht in Betracht.[960]

---

[951] BGH GRUR 1991, 943 – Einstellungsbegründung.

[952] OLG Hamburg GRUR-RR 2013, 408 Ls.; *Zöller/Herget* ZPO § 719 Rn. 3; Ahrens/*Singer* Kap. 31 Rn. 10; aM OLG Frankfurt a. M. GRUR 1989, 373.

[953] OLG Koblenz WRP 1990, 366 f.; OLG Nürnberg WRP 2002, 345 (346).

[954] Ahrens/*Singer* Kap. 54 Rn. 1 f.; Teplitzky/*Feddersen* Kap. 57 Rn. 44.

[955] Zu § 531 ZPO vgl. *Berneke,* Neues Vorbringen im Berufungsverfahren zu Arrest und einstweiliger Verfügung, FS Tilmann, 2003, 755 (763 ff.).

[956] BGH GRUR 2015, 511 (512) – Kostenquote bei beziffertem Ordnungsmittelantrag; OLG Köln MD VSW 2013, 744 Ls.; OLG Frankfurt a. M. GRUR-RR 2016, 48.

[957] Vgl. aber OLG Hamm WRP 1980, 91; OLG Köln WRP 1987, 569 (570); MD VSW 2000, 747 (748).

[958] Vgl. dazu BGH NJW-RR 2007, 863 (864) – Verfolgungsverjährung von Ordnungsmitteln; OLG Hamburg MD VSW 2010, 312 (313 f.) (betr. „Dauerunterlassen" organisatorischer Maßnahmen).

[959] BGH GRUR 2005, 269 f. – Verfolgungsverjährung; MD VSW 2019, 327 (328 f.) – Ordnungshaft trotz Insolvenz; aM OLG Düsseldorf WRP 2002, 464 (465 f.); OLG Frankfurt a. M. MD VSW 2004, 391 f.; *König* WRP 2002, 404.

[960] OLG Düsseldorf WRP 2002, 464 (466); OLG Celle MD VSW 2012, 287 (290); Teplitzky/*Feddersen* Kap. 57 Rn. 62.

II. Sonstige Titel

345 **1. Vertretbare Handlungen.** Die Vollstreckung eines Gebotstitels, der auf eine vertretbare Handlung gerichtet ist, richtet sich nach **§ 887 ZPO.** Die Abgrenzung zwischen vertretbaren und unvertretbaren Handlungen[961] ist in Zweifelsfällen nach den berechtigten Interessen des Gläubigers vorzunehmen.[962] Der Unterschied ist deshalb von Bedeutung, weil die Zwangsvollstreckung gemäß § 887 ZPO durch Ersatzvornahme, die Zwangsvollstreckung gemäß § 888 ZPO durch Zwangsmittel erfolgt. Zu den vertretbaren Handlungen gehören etwa die Vernichtung von Gegenständen und die Beseitigung eines Werbeschildes. Der Vollstreckungsantrag muss die vorzunehmende Handlung genau bezeichnen.[963]

346 Ist die Handlung nur mit **Zustimmung eines Dritten** möglich, weil etwa ein Dritter Eigentümer des Werbeschildes ist, ist eine Vollstreckung nach § 887 ZPO nur mit seiner Zustimmung möglich; es genügt nicht, dass er zur Zustimmung verpflichtet ist.[964] Das Problem lässt sich am besten dadurch vermeiden, dass der Dritte zusammen mit dem Schuldner als Mitstörer[965] bzw. Teilnehmer gerichtlich auf Beseitigung in Anspruch genommen wird.

347 **2. Unvertretbare Handlungen.** Die Vollstreckung eines Gebotstitels, der auf eine unvertretbare Handlung gerichtet ist, erfolgt nach **§ 888 ZPO.** Der Gebotsbereich ist erforderlichenfalls durch Auslegung zu ermitteln.[966] Zu den unvertretbaren Handlungen gehören vor allem **Auskunft und Rechnungslegung.**[967] Das folgt daraus, dass der Schuldner unter den Voraussetzungen der §§ 259, 260 BGB verpflichtet ist, die Richtigkeit seiner Auskunft oder Rechnungslegung an Eides Statt zu versichern. Da diese eidesstattliche Versicherung auf jeden Fall eine unvertretbare Handlung ist, gilt das auch für die zuvor geschuldete Auskunft/Rechnungslegung; diese betrifft auch ihre Vollständigkeit, wozu letztlich allein der Schuldner etwas sagen kann. Der Schuldner muss zur Vornahme tatsächlich und rechtlich in der Lage sein. Hängt das von der Mitwirkung eines Dritten ab, muss er alle ihm zustehenden tatsächlichen und rechtlichen Möglichkeiten ausschöpfen, um den Dritten zu einer Mitwirkung zu bewegen, erforderlichenfalls im Rechtswege.[968] Sind eine juristische Person und zugleich ihr Organ zur Auskunft verurteilt worden, kann – anders als beim Ordnungsgeld nach § 890 ZPO (vgl. → Rn. 319) – gegen beide ein Zwangsgeld festgesetzt werden.[969]

348 Weitgehend wird die Auskunft/Rechnungslegung allerdings an Hand von geschäftlichen Unterlagen erteilt, die auch ein Dritter wie etwa ein Wirtschaftprüfer einsehen könnte. Daher wird vertreten, dass der Gläubiger in geeigneten Fällen ausnahmsweise auch gemäß § 887 ZPO vollstrecken kann, wenn er sich mit der Auswertung der **vorhandenen, im Geschäftsbetrieb befindlichen Unterlagen** begnügen will.[970] Das hat für ihn den großen Vorteil, dass er sich zur Ersatzvornahme nach § 887 Abs. 1 ZPO durch Einsicht in die Bücher des Schuldners eines sachkundigen Wirtschaftsprüfers bedienen kann, während nach § 888 ZPO nur Zwangsmittel in Betracht kommen. In der Regel wird dem jedoch

[961] Vgl. etwa OLG Düsseldorf NJW-RR 1998, 1768 (1769). MD VSW 2019, 327 (328 f.) – „*Ordnungshaft trotz* Insolvenz".

[962] Teplitzky/*Kessen* Kap. 58 Rn. 8.

[963] OLG Stuttgart NJW-RR 1999, 792 f.

[964] *Köhler*/Bornkamm/*Feddersen* § 12 Rn. 6.21; Teplitzky/*Kessen* Kap. 58 Rn. 15; aM OLG Koblenz WRP 1982, 427.

[965] Teplitzky/*Kessen* Kap. 58 Rn. 16.

[966] Beispiel: OLG Köln GRUR 2000, 920.

[967] BGH GRUR 2009, 795 (796 ff.) – Auskunft über Tintenpatronen; GRUR 2015, 1248 – Tonerkartuschen.

[968] BGH GRUR 2009, 795 (797) – Auskunft über Tintenpatronen; OLG Düsseldorf GRUR-RR 2013, 273 (274 f.) (patentverletzende Benutzungshandlungen eines Tochterunternehmens).

[969] OLG Frankfurt a. M. GRUR-RR 2015, 408.

[970] So LG Hamburg 8.5.2002 – 312 O 619/99. Während des Beschwerdeverfahrens ist das Vollstreckungsverfahren anderweitig mitverglichen worden. Wie LG Hamburg: *Stein/Jonas/Bartels* ZPO § 887 Rn. 7, 15; vgl. auch MüKoZPO/*Gruber* ZPO § 887 Rn. 14, 46 „Auskunftserteilung" (ausnahmsweise).

das überwiegende berechtigte Interesse des Schuldners entgegenstehen. Dieses geht dahin, die Einsicht in seine Bücher keinem Außenstehenden zu ermöglichen, der dabei zwangsläufig Kenntnisse und Kontrollmöglichkeiten erlangen könnte, die über die geschuldete Auskunft/Rechnungslegung hinausgehen. Dem könnte auch nicht immer damit begegnet werden, dass der Wirtschaftsprüfer insoweit zur Vertraulichkeit verpflichtet wird. Eine solche Möglichkeit scheidet aus, wenn der Gläubiger lediglich eine Ergänzung der Auskunft verlangt. Die Einsicht in die Bücher könnte dann dazu dienen, die Richtigkeit der bisherigen Auskunft zu überprüfen. Dazu dient der ergänzende Auskunftsanspruch aber nicht.

Soweit der Schuldner zum **Widerruf** (von Tatsachenbehauptungen) verpflichtet ist, **349** besteht Streit darüber, ob die Vollstreckung nach § 888 ZPO oder entsprechend § 894 ZPO erfolgt.[971] Da die Widerrufserklärung im Titel vorformuliert sein muss und dort außerdem der oder die Empfänger der Erklärung angegeben sein müssen (→ Rn. 140), ist § 894 ZPO entsprechend anzuwenden. Dem steht wie bei Willenserklärungen nicht entgegen, dass erst die Rechtskraft abzuwarten ist. Das hat den Vorteil, dass ein Widerruf auf Grund eines nur vorläufig vollstreckbaren Titels, der später wieder aufgehoben wird, vermieden wird.

Bis zur Rechtskraft des Beschlusses kann der Schuldner im Festsetzungsverfahren – auch **350** mit einer Klage nach § 767 ZPO[972] – den **Einwand der Erfüllung** erheben.[973] Nach Beendigung des Verfahrens ist das nur noch mit einer Klage nach § 767 ZPO möglich.[974] Im Vollstreckungsverfahren wird demgemäß häufig darüber gestritten, ob der Schuldner seine Pflicht zur Auskunft/Rechnungslegung erfüllt hat. In vielen Fällen hat er zumindest teilweise erfüllt. In einem derartigen Falle ist im Vollstreckungsantrag und dann im Zwangsmittelbeschluss so genau wie möglich anzugeben, welche konkreten Angaben dem Gläubiger noch fehlen, damit der Schuldner weiß, was nach Auffassung des Gläubigers und nach der des Gerichts noch anzugeben ist, und die noch fehlenden Angaben nachliefern kann. Am besten ist es in solchen Fällen, dass das Gericht das Verfahren steuert, indem es vor seiner Entscheidung den Schuldner konkret zur Ergänzung der Auskunft/Rechnungslegung anhält. Für den Gläubiger ist das kein Nachteil. Auf diese Weise erhält er die fehlenden Angaben meist schneller als durch eine Vollstreckung des Zwangsmittelbeschlusses. Kostennachteile hat er dadurch nicht; denn erfüllt der Schuldner während des Vollstreckungsverfahrens vollständig, muss der Gläubiger dieses für erledigt erklären, mit der Folge, dass der Schuldner gemäß § 91a ZPO die Kosten zu tragen hat.

Der Schuldner kann auch einwenden, dass ihm die geschuldete **Handlung unmöglich** **351** (geworden) ist.[975] Es ist unvorstellbar, dass das Gericht den Schuldner zu einer Handlung anhalten könnte, die er nicht erbringen kann. Das gilt auch dann, wenn das Gericht, das den Titel erlassen hat, zu einem anderen Ergebnis gekommen war. Der Schuldner hat die Unmöglichkeit darzulegen und zu beweisen.[976] Kann er die Auskunft nicht ohne die Mitwirkung eines Dritten erteilen, so hat er alle zumutbaren Maßnahmen zu ergreifen, um sich die benötigten Kenntnisse zu verschaffen.[977]

Nach Rechtskraft des Zwangsmittelbeschlusses kommt im Hinblick auf nachträg- **352** lich entstandene Einwendungen weiterhin die **Vollstreckungsgegenklage** gemäß § 767

---

[971] § 888 ZPO: OLG Frankfurt a. M. GRUR 1993, 697 f. für kreditschädigenden Äußerungen; Köhler/*Bornkamm*/Feddersen § 8 Rn. 1.143; Teplitzky/*Kessen* Kap. 26 Rn. 16; § 894: OLG Frankfurt a. M. NJW 1982, 113; OLG Hamm NJW-RR 1992, 634 (635 ff.); offengelassen in BGH GRUR 1977, 674 (677) – Abgeordnetenbestechung.

[972] BGH GRUR 2006, 587 (589) – Noblesse; vgl. dazu *Zöller/Seibel* ZPO § 888 Rn. 11.

[973] BGH NJW-RR 2013, 1336 f. – Anwaltssozietätsvertrag (Zwangsvollstreckung gemäß § 888 ZPO aus einem Schiedsspruch); GRUR 2015, 1248 f. – Tonerkartuschen.

[974] BGH GRUR 2018, 219 f. – Rechtskraft des Zwangsmittelbeschlusses; Teplitzky/*Kessen* Kap. 58 Rn. 13 ff.

[975] OLG Düsseldorf GRUR-RR 2013, 273 (274 f.).

[976] AM OLG Hamm NJW-RR 1988, 1087 (1088); *Zöller/Seibel* ZPO § 888 Rn. 11.

[977] OLG Köln GRUR-RR 2006, 31 f.

ZPO in Betracht, bei einer Auskunftsverfügung auch der **Aufhebungsantrag** gemäß § 927 ZPO. – Sonstige Einwendungen gegen den titulierten Anspruch sind ebenso wie im Rahmen des § 890 ZPO (→ Rn. 287) nicht zulässig.[978]

353 **3. Abgabe von Willenserklärungen.** Im Wettbewerbsprozess gehört dazu vor allem die Einwilligung zur Löschung der Eintragung in einem Register. Zum Widerruf vgl. → Rn. 349.

§ 12 Einstweiliger Rechtsschutz; Veröffentlichungsbefugnis; Streitwertminderung

(1) **Zur Sicherung der in diesem Gesetz bezeichneten Ansprüche auf Unterlassung können einstweilige Verfügungen auch ohne die Darlegung und Glaubhaftmachung der in den §§ 935 und 940 der Zivilprozessordnung bezeichneten Voraussetzungen erlassen werden.**

(2) **[1]Ist auf Grund dieses Gesetzes Klage auf Unterlassung erhoben worden, so kann das Gericht der obsiegenden Partei die Befugnis zusprechen, das Urteil auf Kosten der unterliegenden Partei öffentlich bekannt zu machen, wenn sie ein berechtigtes Interesse dartut. [2]Art und Umfang der Bekanntmachung werden im Urteil bestimmt. [3]Die Befugnis erlischt, wenn von ihr nicht innerhalb von drei Monaten nach Eintritt der Rechtskraft Gebrauch gemacht worden ist. [4]Der Ausspruch nach Satz 1 ist nicht vorläufig vollstreckbar.**

(3) **[1]Macht eine Partei in Rechtsstreitigkeiten, in den durch Klage ein Anspruch aus einem der in diesem Gesetz geregelten Rechtsverhältnisse geltend gemacht wird, glaubhaft, dass die Belastung nach dem vollen Streitwert ihre wirtschaftliche Lage erheblich gefährdn würde, so kann das Gericht auf ihren Antrag anordnen, dass die Verpflichtung dieser Partei zur Zahlung von Gerichtskosten sich nach einem ihrer Wirtschaftslage angepassten Teil des Streitwerts bemisst. [2]Die Anordnung hat zur Folge, dass**
1. **die begünstigte Partei die Gebühren ihres Rechtsanwalts ebenfalls nur nach diesem Teil des Streitwerts zu entrichten hat,**
2. **die begünstigte Partei, soweit ihr Kosten des Rechtsstreits auferlegt werden oder soweit sie diese übernimmt, die von dem Gegener entrichteten Gerichtsgebühren und die Gebühren seines Rechtsanwalts nur nach dem Teil des Streitwerts zu erstatten hat und**
3. **der Rechtsanwalt der begünstigten Partei, soweit die außergerichtlichen Kosten dem Gegner auferlegt oder von ihm überommen werden, seine Gebühren von dem Gegner nach dem für diesen geltenden Streitwert beitreiben kann.**

(4) **[1]Der Antrag nach Absatz 3 kann vor der Geschäftsstelle des Gerichts zur Niederschrift erklärt werden. [2]Er ist vor der Verhandlung zur Hauptsache anzubringen. Danach ist er nur zulässig, wenn der angenommene oder festgesetzte Streitwert später durch das Gericht heraufgesetzt wird. [3]Vor der Entscheidung über den Antrag ist der Gegner zu hören.**

Übersicht

[978] OLG Köln GRUR 2000, 920.

A. Einstweilige Verfügung

§ 25 UWG aF Einstweilige Verfügung

Zur Sicherung der in diesem Gesetze bezeichneten Ansprüche auf Unterlassung können einstweilige Verfügungen erlassen werden, auch wenn die in den §§ 935, 940 der Zivilprozeßordnung bezeichneten Voraussetzungen nicht zutreffen.

§ 935 ZPO

Einstweilige Verfügungen in bezug auf den Streitgegenstand sind zulässig, wenn zu besorgen ist, dass durch eine Veränderung des bestehenden Zustandes die Verwirklichung des Rechts einer Partei vereitelt oder wesentlich erschwert werden könnte.

§ 940 ZPO

Einstweilige Verfügungen sind auch zum Zwecke der Regelung eines einstweiligen Zustandes in bezug auf ein streitiges Rechtsverhältnis zulässig, sofern diese Regelung, insbesondere bei dauernden Rechtsverhältnissen zur Abwendung wesentlicher Nachteile oder zur Verhinderung drohender Gewalt oder aus anderen Gründen nötig erscheint.

Schrifttum: *Ahrens,* Wettbewerbsverfahrensrecht, 1983; *ders.,* Die Abschlusserklärung, WRP 1997, 907; *ders.,* Die fristgebundene Vollziehung einstweiliger Verfügungen, WRP 1999, 1; *Ahrens/Spätgens,* Einstweiliger Rechtsschutz und Vollstreckung in UWG-Sachen, 4. Aufl., 2001; *ders.* Der Wettbewerbsprozess, 8. Aufl. 2017; *Anders,* Die Zustellung einstweiliger Verfügungen nach dem Zustellungsreformgesetz, WRP 2003, 204; *Bacher,* Das Elektronische Schutzschriftenregister, MDR 2015, 1329; *Berneke/Schüttpelz,* Die einstweilige Verfügung in Wettbewerbssachen, 4. Aufl, 2018; *Berlit,* Aufbrauchsfrist im gewerblichen Rechtsschutz und Urheberrecht, 1997; *Bernreuther,* Zur rechtlichen Einordnung der Vollziehungshandlung gem. § 918 ZPO und zum Umfang der Heilung von Zustellungsmängeln gemäß § 189 ZPO; *Beyerlein,* (K)eine zweite Chance – wiederholter Antrag auf Erlass einer einstweiligen Verfügung als Dringlichkeitsproblem, WRP 2005, 1463; *v. Bogdany,* Die Überlagerung der ZPO durch WTO-Recht, NJW 1999, 2088; *Bongen/Renaud,* Zur materiellen Rechtskraft antragsabweisender Beschlüsse und Urteile im Arrestverfahren, NJW 1991, 2886; *Borck,* Das rechtliche Gehör im Verfahren auf Erlass einer einstweiligen Verfügung, MDR 1988, 908; *ders.,* Probleme bei der Vollstreckung von Unterlassungstiteln, GRUR 1991, 428; *ders.,* Ein letztes Mal noch: Zur Unterlassungsvollstreckung, WRP 1996, 181; *Bornkamm,* Die unbegründete Unterlassungsverfügung – Wann bedarf die einstweilige Verfügung einer Begründung?, in FS Köhler, S. 47; *ders.,* Befreit die e. V. von den Fesseln des Arrestes!, WRP 2019, 1242; *Deutsch,* Die Schutzschrift in Theorie und Praxis, GRUR 1990, 327; *Dienstbühl,* Die (versuchte) Titelerschleichung im Verfügungsverfahren und ihre Konsequenzen, WRP 2021, 444; *Dötsch,* Besonderheiten im Berufungsverfahren bei Arrest und einstweiliger Verfügung, MDR 2010, 1329; *Doepner,* Selbstwiderlegung der Dringlichkeit in wettbewerbsrechtlichen Verfügungsverfahren: wider eine feste Zeitspanne, WRP 2011, 1384; *ders.,* Die kartellrechtliche Leistungsverfügung – einige Anmerkungen aus lauterkeitsrechtlicher Sicht zu dortigen Durchsetzungsdefiziten, in FS Canenbley, 2012, S. 155; *Eikelau,* Unzulässigkeit wettbewerbsrechtlicher Unterlassungsansprüche gegen Markenanmeldungen, MarkenR 2001, 41; *von Falck,* Einstweilige Verfügungen in Patent- und Gebrauchsmusterssachen Mitt 2002, 430; *Fritze,* Die Anordnung von Handlungen, insbesondere Erklärungen, zur Beendigung einer andauernden Beeinträchtigung durch einstweilige Verfügung, in: FS Traub 1994 S. 113; *ders.,* Gut gemeint – Ziel verfehlt – Negative Feststellungsklage als Hauptsache im Sinne des § 937 Abs. 1 ZPO, GRUR 1996, 571; *Gleußner,* Die Sequestration gemäß § 938 Abs. 2 ZPO und ihre Vergütung, DGVZ 1996, 33; *Graf v. der Groeben,* Zuwiderhandlungen gegen die einstweilige Verfügung zwischen Verkündung und Vollziehung des Unterlassungsurteils, GRUR 1999, 674; *Günther,* Die Schubladenverfügung – Stolperfalle Dringlichkeit?, WRP 2006, 407; *Guhn,* Richterliche Hinweise und „forum shopping" im einstweiligen Verfügungsverfahren, WRP 2014, 27; *Hirtz,* Darlegungs- und Glaubhaftmachungslast im einstweiligen Rechtsschutz, NJW 1986, 110; *Holzapfel,* Zum einstweiligen Rechtsschutz im Wettbewerbs- und Patentrecht, GRUR 2003, 287; *Hoppe-Jänisch,* Das Zögern zu Gunsten Dritter, GRUR 2015, 1075; *Isele,* Von Urschriften und Vollziehungsmängel, WRP 2015, 824; *ders.,* Das Betreiben von Ordnungsmittelverfahren uns seine Auswirkung auf die Dringlichkeitsvermutung; *Jacobs,* Probleme des Rechtfertigungsverfahrens nach § 942 ZO, NJW 1988, 1365; *Kamlah/Sedlmaier,* Die Zustellung von Gerichtsentscheidungen von Anwalt zu Anwalt per Telefax nach dem Zustellreformgesetz 2000, WRP 2005, 818; *Kehl,* Einstweilige Verfügung – ähnliche neue Werbung – was tun?, WRP 1999, 46; *ders.,* Von der Marktbeobachtung bis zur Nichtvollziehung – wann ist es dem Antragsteller „nicht so eilig"? in: FS Loschelder (2010), S. 139 ff.; *Kicker,* Problematik des Beschäftigungsverbots als Nachlese zum „Lopez-Szenario" in: FS Piper, 1996, S. 273; *ders.,* Von der Marktbeobachtung bis zur Nichtvollziehung – wann ist es dem Anspruchsteller „nicht so eilig"?, in FS Loschelder, 2010, S. 139; *Klute,* Strategische Prozessführung im Verfügungsverfahren, GRUR 2003, 34; *Knieper,* Die Vollziehung von

Unterlassungsverfügungen, WRP 1997, 815; *Koch/Vykedal,* Immer wieder dringlich?, WRP 2005, 688; *Kochendörfer,* Der Nachweis der frühzeitigen Kenntnis vom Wettbewerbsverstoß – Beweiserleichterungen für die Widerlegung der Dringlichkeitsvermutung, WRP 2005, 1459; *Krenz,* Die Geschäftsführung ohne Auftrag beim wettbewerbsrechtlichen Abschlussschreiben, GRUR 1995, 31; *Krüger,* Das Privatgutachten im Verfahren der einstweiligen Verfügung, WRP 1991, 68; *Kunath,* Zur Auslegung des Begriffs „dringender Fall" i. S. d. § 942 Abs. 1 ZPO, WRP 1991, 65; Löffel, Bleibt alles anders? Prozessuale Waffengleichheit im einstweiligen Verfügungsverfahren: auch und gerade im Wettbewerbsrecht, WRP 2019, 8; *Mankowski,* Einstweiliger Rechtsschutz und Vorlagepflicht nach Art. 177 Abs. 3 EWG-Vertrag, JR 1993, 402; *Mankowski-Kerfack,* Arrest, Einstweilige Verfügung und die Anwendung ausländischen Rechts, IPRax 1990, 372; *Mantz,* Das Recht auf Waffengleichheit und die Praxis im Verfahren der einstweiligen Verfügung, NJW 2019, 953; *ders.,* Konkretisierung des Rechts auf prozessuale Waffengleichheit durch das BVerfG, NJW 2020, 2007; *Maurer,* Verjährungshemmung durch vorläufigen Rechtsschutz, GRUR 2003, 208; *Meier-Beck,* Die einstweilige Verfügung wegen Verletzung von Patent- und Gebrauchsmusterrechten, GRUR 1988, 861; *Meinhardt,* Es eilt: Die Dringlichkeit im Markenrecht – Ein Appell an den Gesetzgeber, GRURPrax 2014, 27; *ders.,* Die einstweilige Verfügung im Kennzeichenrecht in der gerichtlichen Praxis, WRP 2017, 1180; *Mes,* Kenntnis Dritter und Dringlichkeitsvermutung des § 25 UWG, in: FS Nirk, 1992, 66; *Möller,* Das Bundesverfassungsgericht und das einstweilige Verfügungsverfahren – Vorhang gefallen?, WRP 2020, 982; *Müller,* Neue Rechtsbegriffe im Zustellrecht, NJW 2017, 2713; *Nieder,* Der Kostenwiderspruch gegen wettbewerbliche einstweilige Verfügungen, WRP 1979, 761; *ders.,* Begehungsgefahr und Dringlichkeit einer Unterlassungsverfügung bei Anmeldung oder Eintragung einer (noch) nicht benutzten Marke?, Mitt. 2000, 103; *Oetker,* Die Zustellung von Unterlassungsverfügungen innerhalb der Vollziehungsfrist des § 929 II ZPO, GRUR 2003, 119; *Ott,* Zustellfragen bei der einstweiligen Verfügung, WRP 2016, 1455; *Pohlmann,* Die Wahrung der Vollziehungsfrist des § 929 II ZPO bei Arrest und einstweiliger Verfügung, KTS 1994, 49; *Rehart,* Die Monatsfrist des § 929 Abs. 2 ZPO – Freie Hand für die bewusst späte Vollziehungszustellung, WRP 2011, 104; *ders.,* Widerklage auf Aufhebung einer einstweiligen Verfügung – wirklich zulässig?, WRP 2017, 1307; *Retzer,* Widerlegung der „Dringlichkeitsvermutung", GRUR 2009, 329; *Rogge,* Einstweilige Verfügungen in Patent- und Gebrauchsmustersachen, in: FS von Gamm, 1990, S. 461; *Rojahn,* Vorläufiger Rechtsschutz durch staatliche Gerichte bei Schiedsgerichtsabrede – Ist effektiver Rechtsschutz gewährleistet?, in FS v. Meibom, S. 395; *Schabenberger,* Zur Hemmung nach § 204 Abs. 1 Nr. 9 BGB in wettbewerbsrechtlichen Auseinandersetzungen, WRP 2002, 293; *Schmidhuber/Haberer,* Rücknahme und Neueinreichung des Verfügungsantrags – Ein rechtsmissbräuchliches Auslaufmodell, WRP 2013, 436; *Schulte-Franzheim,* Vom Umgang mit der Dringlichkeit des Newcomers, WRP 1999, 70; *Schultz-Süchting,* Einstweilige Verfügungen in Patent- und Gebrauchsmustersachen, GRUR 1988, 571; *A. Schulz,* Schubladenverfügung und die Kosten der nachgeschobenen Abmahnung, WRP 2007, 589; *Schulz,* Einstweiliger Rechtsschutz gegen Markenanmeldungen, WRP 2000, 258; *Schulte-Beckhausen,* Plädoyer für die Schubladenverfügung, MarkenR 2006, 505; *Sosnitza,* Die Leistungsverfügung im Kartellrecht, WRP 2004, 62; *Spätgens,* Anmerkungen zur sogenannten Schubladenverfügung und zur Zurückweisung anwaltlicher Abmahnungen ohne Originalvollmacht, in FS Loschelder, 2010, S. 355; *Spehl,* Abschlussschreiben und Abschlusserklärung im Wettbewerbsverfahrensrecht, 1988; *Starek,* Die Zulässigkeit der einstweiligen Verfügung auf Feststellung, Diss 2000; *Teplitzky,* Zur (fehlerhaften) Berücksichtigung der Öffentlichkeits- oder Verbraucherinteressen bei der Prüfung des Verfügungsgrundes, WRP 1978, 117; *ders.,* Erfasst die Vermutung des § 25 UWG auch den „dringenden Fall" im Sinne von § 937 Abs. 2 ZPO?, GRUR 1978, 286; *ders.,* Zu Meinungsdifferenzen über Urteilswirkungen im Verfahren der einstweiligen Verfügung, WRP 1987, 149; *ders.,* Zum Umgang mit Präjudizien in der Instanzrechtsprechung, WRP 1998, 935; *ders.,* Aktuelle Probleme der Abmahnung und Unterwerfung sowie des Verfahrens der einstweiligen Verfügung im Wettbewerbs- und Markenrecht, WRP 2005, 654 *ders.,* Gerichtliche Hinweise im einseitigen Verfahren zur Erwirkung einer einstweiligen Unterlassungsverfügung, GRUR 2008, 34; *ders.,* Zur Verwirkung des Verfügungsgrundes in Verfahren der einstweiligen Verfügung nach dem UWG und dem Markenrecht, in FS Loschelder, 2010, S. 391; *ders.,* Rücknahme und Neueinreichung des Verfügungsantrags – Eine Erwiderung, WRP 2013, 839; *ders.,* Zu offenen Fragen bei der Dringlichkeitsprüfung im Eilverfahren, WRP 2013, 1414; *ders.,* Gewohnheitsrecht? – Anmerkungen zum Einfluss der normativen Kraft des Faktischen auf die einstweilige Unterlassungsverfügung, in FS Bornkamm 2014, S. 1073; *ders.,* Unzulässiges forum „hopping" nach gerichtlichen Hinweisen, WRP 2016, 917; *ders.,* Neuer Rechtsschutz gegen die Verletzung von Verfahrensgrundrechten beim Erlass einer einstweiligen Verfügung, WRP 2017, 1163 *ders.* Wettbewerbsrechtliche Ansprüche und Verfahren; 12. Aufl. 2019; *Tilmann/Schreibauer,* Beweissicherung vor und im Patentverletzungsprozess, in: FS Erdmann, 2002, S. 901; *dies.,* Die neueste Rechtsprechung zum Besichtigungsanspruch nach § 809 BGB, GRUR 2002, 1015; *Traub,* Verlust der Eilbedürftigkeit durch prozessuales Verhalten des Antragstellers, GRUR 1996, 707; *ders.,* Unterbrechung der Verjährung durch Antrag auf Erlass einer einstweiligen Verfügung, WRP 1998, 903; *ders.,* Der Anwendungsbereich des § 25 UWG, WRP 2000, 1046; *Ulrich,* Die Beweislast im Verfahren des Arrestes und der einstweiligen Verfügung, GRUR 1985, 201; *ders.,* Die Aufbrauchsfrist in Verfahren der einstweiligen Verfügung, GRUR 1991, 26; *ders.,* Die Befolgung und Vollziehung einstweiliger Verfügungen sowie der Schadensersatzanspruch gemäß § 945 ZPO, GRUR 1991, 361; *ders.,* Die unterbliebene Vollziehung wettbewerbsrechtlicher Unterlassungsverfügungen und ihre Folgen, WRP 1996, 84; *ders.,* Die Geltendmachung von Ansprüchen auf Erteilung einer Auskunft im Verfahren der einstweiligen Verfügung, WRP 1997, 135; *ders.,* Abänderungsklage (§ 323 ZPO) oder/und Vollstreckungsabwehrklage (767 ZPO) bei „unrichtig gewordenen" Unterlassungstiteln, WRP 2000, 1054; *Tyra,* BVerfG-Vorgaben im UWG-Eilverfahren: Ausgewählte Aspekte für die rechtsanwaltliche Praxis, WRP 2020, 1525; *Ulrici,* Einstweilige Verfügungen im Kollektiven Verbraucherschutz, WRP 2002, 399; *Vogg,* Einstweilige Feststellungsverfügung?, NJW 1993, 1357; *Weisert,* Rechtsprobleme der Schubladenverfügung, WRP 2007, 504; *Wilke/Jungeblut,* Abmahnung, Schutzschrift und Unterlassungserklärung im gewerblichen Rechtsschutz, 2. Aufl., 1995; *Zindel/Vorländer,* Vom Ende der Schubladenverfügung, WRP 2017, 276.

I. Der einstweilige Rechtsschutz als Ausprägung der Rechtsweggarantie

1 Art. 19 Abs. 4 GG eröffnet den Rechtsweg gegen jede behauptete Verletzung subjektiver Rechte durch ein Verhalten der öffentlichen Gewalt. Gewährleistet wird nicht nur das formelle Recht, die Gerichte anzurufen, sondern auch die **Effektivität des Rechtsschutzes.** Wirksamer Rechtsschutz bedeutet auch Rechtsschutz innerhalb angemessener Zeit.[1] Daraus folgt, dass gerichtlicher Rechtsschutz namentlich in Eilverfahren so weit wie möglich der Schaffung solcher vollendeten Tatsachen zuvorzukommen hat, die dann, wenn sich eine Maßnahme bei (endgültiger) richterlicher Prüfung als rechtswidrig erweist, nicht mehr rückgängig gemacht werden können.[2] Hieraus ergeben sich für die Gerichte Anforderungen an die Auslegung und Anwendung der jeweiligen Gesetzesbestimmungen über den Eilrechtsschutz.[3] Dabei sind jedoch die Grenzen des materiellen Rechts zu beachten.[4]

2 Dieser **Justizgewährungsanspruch**[5] beinhaltet jedoch nicht nur einen wirkungsvollen (effektiven) Rechtsschutz gegen Maßnahmen der öffentlichen Gewalt, sondern ist in seiner **Ausgestaltung als Rechtsschutzgrundrecht** – Recht auf Zugang zum Gericht, auf effektiven und zeitgerechten Rechtsschutz, auf faire Verfahrengestaltung[6] – gerade auch **für die Handhabung des einstweiligen Rechtsschutzes im Zivilprozess** zu beachten. Denn auch hier kann ein effektiver Rechtsschutz nur dann als gewährleistet angesehen werden, wenn die Durchsetzung des in Anspruch genommenen Rechts nicht bereits an der Dauer des gerichtlichen Verfahrens scheitert,[7] wobei gegebenenfalls auch dem Schutzbedürfnis des Antragstellers vor Vereitelungshandlungen des Antragsgegners Rechnung getragen werden muss.[8]

II. Die gesetzlichen Regelungen

3 **1. Zivilrecht.** Die ZPO hat die Regelungen über den einstweiligen Rechtsschutz, obwohl es sich – von der Vollziehung (§§ 928 ff.) abgesehen – um ein **summarisches Erkenntnisverfahren** handelt, im **Rahmen des Zwangsvollstreckungsrechts** in den §§ 916 ff. geregelt.

4 Neben der Bestimmung in § 12 Abs. 1 UWG, auf den in **§ 5 UKlaG** für **AGB-Verfahren** (§ 1) und für das Verfahren gemäß § 2 verwiesen wird, sind Vorschriften in verschiedenen Gesetzen[9] enthalten ua:

---

[1] *Graßhof* in Maunz/Schmidt-Bleibtreu/Klein/Bethge BVerfGG Art. 32 Rn. 3 mwN; zur Frage des effektiven Eilrechtsschutzes unter dem Gesichtspunkt der Erreichbarkeit der Gerichte außerhalb der normalen Dienstzeiten *Dombert* NJW 2002, 1627 (1628).

[2] BVerfG 8.9.2014 – 1 BvR 23/14 mwN juris.

[3] StRspr des BVerfG vgl. zB NVwZ 2003, 856: Eilrechtsschutz bei drohendem Bußgeldverfahren; NJW 2003, 1924; 2003, 2598: vorläufiger Rechtsschutz gegen Zustellung einer Sammelklage; NJW 2002, 3691 (3692); 2018, 3093 (Ls.); jeweils mwN; Maunz/Dürig/*Schmidt-Aßmann* GG Art. 19 Rn. 273 mwN; vgl. auch BVerfG NJW 2003, 1236: besonders intensive und nicht nur summarische Prüfung bei lebensbedrohlichen Situationen, gegebenenfalls Folgenabwägung; NJW 2004, 3100 und NJW 2004, 3770; zur Frage der Vorwegnahme der Hauptsache BVerfG NVwZ 2003, 1112 = NJW 2004, 280 Ls.; NJW 2019, 2378 Ls.; zu den gemeinschaftsrechtlichen Anforderungen an von nationalen Gerichten gewährleisteten Rechtsschutz vgl. EuGH Slg. 2007, 2271 Rn. 37 mwN.

[4] Vgl. BVerfG NJW 2006, 1339.

[5] BVerfG NJW 1988, 3141.

[6] Vgl. Zöller/*Vollkommer* Einl. Rn. 48–51.

[7] BVerfG AnwBl 2015, 982; BAG MDR 2009, 1228; Stein/Jonas/*Bruns* Vor § 916 Rn. 1.

[8] Vgl. *Walker* in Schuschke/Walker Vor § 916 Rn. 3.

[9] Vgl. die weiteren Nachweise bei Stein/Jonas/*Bruns* Vor § 935 Rn. 3.

§ 61 Abs. 6 S. 2 UrhG betreffend das Verfahren der Zwangslizenz zur Herstellung von Tonträgern[10] wurde durch die inhaltsgleiche Vorschrift des **§ 42a UrhG** mit Gesetz vom 10.9.2003 (BGBl. I S. 1774) ersetzt; § 42a Abs. 6 S. 2 enthält eine dem § 25 UWG aF entsprechende Regelung. 5

Vergleichbare Regelungen enhalten **§ 85 PatG,**[11] **§ 20 GebrMG, § 16a PatG, Art. II § 6a IntPatÜG** betreffend die Erteilung einer Lizenz an einem deutschen Patent, Gebrauchsmuster, ergänzenden Schutzzertifikat und Europäischen Patent. 6

Die mit dem Produktpirateriegesetz vom 7.3.1990 eingeführten Bestimmungen über die sogenannte **Drittauskunft** (§ 101a Abs. 3 UrhG, § 19 Abs. 3 MarkenG, § 140b Abs. 3 PatG, § 24b GebrMG, § 46 Abs. 3 DesignG, § 37b Abs. 3 SortSchG, § 9 Abs. 2 HalbleiterSchG; hierzu → Rn. 276) sehen in Fällen der offensichtlichen Rechtsverletzung (vgl. jeweils Abs. 7) eine **Geltendmachung des Auskunftsanspruchs im Wege der einstweiligen Verfügung** nach den Vorschriften der ZPO vor. 7

§ 82 Abs. 1 MarkenG enthält eine „lückenfüllende" Verweisung auf die Bestimmungen des GVG und die ZPO, „wenn die Besonderheiten des Verfahrens vor dem Patentgericht dies nicht ausschließen." Hierin ist nach der Rechtsprechung des BPatG nur eine Rechtsfolgenverweisung zu sehen, sodass der Erlass von einstweiligen Verfügungen, da im registerrechtlichen Verfahren nach dem MarkenG nicht vorgesehen, nicht in Betracht kommt.[12] Ausnahmsweise wird jedoch ein vorläufiger Rechtsschutz für möglich erachtet, wenn ohne ihn schwere und unzumutbare, anders nicht abwendbare Nachteile entstünden, zu deren nachträglicher Beseitigung die Entscheidung in der Hauptsache nicht mehr in der Lage wäre (BVerfGE 46, 166 (179)), oder ein Verfahren von einem Gericht, dessen Verfahrensordnung vorläufigen Rechtsschutz vorsieht, bindend an das BPatG verwiesen wird.[13] 8

Im **arbeitsgerichtlichen Urteilsverfahren** (zur Zuständigkeit der Arbeitsgerichte für wettbewerbsrechtliche Streitigkeiten vgl. → Vor § 12 Rn. 3 f. und → § 13 Rn. 3 f.) gelten die Bestimmungen der ZPO über die einstweilige Verfügung unmittelbar.[14] Für das arbeitsgerichtliche Beschlussverfahren erklärt § 85 Abs. 2 S. 2 ArbGG die §§ 935 ff. ZPO mit gewissen Modifikationen für entsprechend anwendbar. 9

2. Verwaltungsrecht. Die **VwGO** enthält in §§ 80, 80a sowie in § 123 Regelungen über den vorläufigen Rechtsschutz, für das finanzgerichtliche Verfahren siehe § 114 **FGO.** 10

§ 60 GWB ermöglicht den Erlass von **einstweiligen Anordnungen durch die Kartellbehörden** zur Regelung eines einstweiligen Zustandes. Gemäß § 65 Abs. 3 GWB kann das Beschwerdegericht die aufschiebende Wirkung der Beschwerde gegen Verfügungen der Kartellbehörden wieder herstellen. 11

Mit Gesetz vom 17.8.2001[15] wurden mit Wirkung vom 2.1.2002 die §§ 86a (Aufschiebende Wirkung), 86b (Einstweiliger Rechtsschutz) in das **SGG** eingefügt,[16] nachdem zum 1.1.2000 mit dem GKV-Gesundheitsreformgesetz[17] durch die Neufassung des § 51 SGG bereits eine ausschließliche Zuständigkeitsregelung zu Gunsten der **Sozialgerichte** für sämtliche Streitigkeiten aus dem SGB V einschließlich ihrer Auswirkungen auf Dritte getroffen worden war (vgl. → Vor § 12 Rn. 9 ff. sowie → § 14 Rn. 5). § 86b Abs. 2–4 lauten: 12

(2) Soweit ein Fall des Absatzes 1 nicht vorliegt, kann das Gericht der Hauptsache auf Antrag eine einstweilige Anordnung in Bezug auf den Streitgegenstand treffen, wenn die Gefahr besteht, dass durch eine Veränderung des bestehenden Zustands die Verwirklichung eines Rechts des Antrag-

[10] Zur entsprechenden Anwendung auf Verfahren gemäß § 11 WahrnG vgl. OLG München GRUR 1994, 118; LG München I Schulze LGZ 215; 31.7.2003 – 7 O 12779/03.

[11] BPatG PMZ 2017, 189; BGH GRUR 2017, 1017 – Raltegravir; GRUR 2019, 1038 – Alirocumab.

[12] GRUR 2001, 339 (340 f.) – Markenregister; GRUR 2004, 82 – Thüringer Rostbratwurst; *Fezer,* Markenrecht, § 82 Rn. 4; *Ingerl/Rohnke* MarkenG § 82 Rn. 2; *Ströbele/Hacker/Thibing/Knoll* MarkenG § 82 Rn. 2, 13.

[13] BPatG GRUR 2004, 82 – Thüringer Rostbratwurst.

[14] Stein/Jonas/*Bruns* Vor § 935 Rn. 64 mwN.

[15] BGBl. I S. 2144.

[16] Vgl. *Schlarmann/Buchner* NJW 2002, 644 ff.

[17] Vom 22.12.1999, BGBl. I S. 2626.

stellers vereitelt oder wesentlich erschwert werden könnte. Einstweilige Anordnungen sind auch zur Regelung eines vorläufigen Zustands in Bezug auf ein streitiges Rechtsverhältnis zulässig, wenn eine solche Regelung zur Abwendung wesentlicher Nachteile nötig erscheint. Das Gericht der Hauptsache ist das Gericht des ersten Rechtszugs und, wenn die Hauptsache im Berufungsverfahren anhängig ist, das Berufungsgericht. Die §§ 920, 921, 923, 926, 928–932, 938, 939 und 945 der Zivilprozessordnung gelten entsprechend.

(3) Die Anträge nach den Absätzen 1 und 2 sind schon vor der Klageerhebung zulässig.

(4) Das Gericht entscheidet durch Beschluss.

13 **3. Verfassungsrecht.** Bei **einstweiligen Anordnungen gemäß § 32 BVerfGG** bleiben die Gründe, die für die Verfassungswidrigkeit der angegriffenen Maßnahme vorgetragen werden, sofern der in der Hauptsache gestellte Antrag nicht unzulässig oder offensichtlich unbegründet ist, außer Betracht. Bei offenem Ausgang des Hauptsacheverfahrens werden die Folgen, die eintreten würden, wenn die einstweilige Anordnung nicht erginge, die Verfassungsbeschwerde aber Erfolg hätte, gegenüber den Nachteilen abgewogen, die entstünden, wenn die einstweilige Anordnung erginge, die Verfassungsbeschwerde im Hauptsacheverfahren aber ohne Erfolg bliebe.[18]

14 **4. Verfahren ohne Regelungen des einstweiligen Rechtsschutzes.** Sieht das Gesetz keine Regelung des einstweiligen Rechtsschutzes vor, ist diese **Lücke** im Hinblick auf Art. 19 Abs. 4 GG **im Wege der Analogie zu den nächstverwandten Regelungen des positiven Rechts zu schließen,** wenn ohne einen einstweiligen Rechtsschutz schwere und unzumutbare, anders nicht abwendbare Nachteile entstünden, zu deren nachträglicher Beseitigung die Entscheidung in der Hauptsache nicht mehr in der Lage wäre.[19] So war bis zur Neuregelung des SGG (siehe oben) die Lücke im sozialgerichtlichen Verfahren durch entsprechende Anwendung von § 123 VwGO geschlossen worden.[20]

15 **5. TRIPS. Art. 50** des **Übereinkommens über handelsbezogene Aspekte der Rechte des geistigen Eigentums vom 15.4.1994 (TRIPS),**[21] das sich nicht auf den Schutz vor unlauterem Wettbewerb als solchem bezieht,[22] enthält Regelungen über einstweilige Maßnahmen, zu deren Auslegung bisher drei Entscheidungen des EuGH[23] vorliegen; in Art. 41 Abs. 1 wird auch auf Eilverfahren zur Verhinderung von Rechtsverletzungen abgestellt. Da dem Abkommen nach der Rechtsprechung des BGH[24] der **Rang eines einfachen Gesetzes** zukommt, ist es bei der Auslegung von Vorschriften des einstweiligen Rechtsschutzes zu berücksichtigen.[25] Allerdings gilt der 3. Teil nicht unmittelbar.[26] Da der Gesetzgeber davon ausgeht, dass das deutsche Recht den Vorgaben von TRIPS entspricht,[27] und von Änderungen des nationalen Rechts deshalb abgesehen hat,

[18] BVerfGE 88, 169 (172); 91, 320 (326); NJW 2001, 1484; 1.8.2002 – 1 BvR 580/02 – JUVE-Handbuch; NJW 2003, 3689; ZUM 2007, 730 – Contergan; vgl. aber NJW 2012, 3145 Rn. 190–194 – ESM-Vertrag und Fiskalpakt.

[19] Zum Verfahren nach §§ 23 ff. EGGVG siehe Maunz/Dürig/*Schmidt-Aßmann* GG Art. 19 Rn. 273; MüKoZPO/*Wolf* EGGVG § 23 Rn. 20 f.; *Kissel* EGGVG § 28 Rn. 24.

[20] BVerfGE 51, 268 ff. – zur entsprechenden Anwendung des § 123 VwGO im sozialgerichtlichen Verfahren; Maunz/Dürig/*Schmidt-Aßmann* GG Art. 19 Rn. 273 Fn. 3 mwN.

[21] BGBl. II S. 1730; Zustimmungsgesetz v. 30.8.1994, BGBl. II S. 1625.

[22] *Berneke/Schüttpelz* Rn. 93; MüKoUWG/*Schlingloff* § 12 Rn. 322; *Schricker/Henning-Bodewig* WRP 2001, 1367 (1373).

[23] EuGH NJW 1999, 2103 – Hermès (zu Abs. 1); GRUR 2001, 235 – Dior (zum Anwendungsbereich und zu Abs. 6); GRUR-Int 2002, 41 – Route 66 (zu Abs. 6).

[24] GRUR 1999, 707 (713) – Kopienversand – zu Art. 9, 13.

[25] *Berneke/Schüttpelz* Rn. 93, 793; *Loth,* Gebrauchsmustergesetz, § 24 Rn. 88; *König* Mitt. 2002, 457; *Treichel* GRUR-Int 2001, 690 (691); *Tilmann/Schreibauer* FS Erdmann, 2002, 901 (902, 912) mwN; *Tilmann/Schreibauer* GRUR 2002, 1015 (1017); vgl. auch *Mes,* Patentgesetz, § 139 Rn. 79.

[26] Vgl. EuGH GRUR 2001, 235 (237) – Dior; GRUR-Int 2002, 41 (45) – Route 66.

[27] So auch BGH GRUR 2002, 1046 (1048) – Faxkarte – zu Art. 43 TRIPS; OLG Hamburg GRUR 2003, 873; OLG Frankfurt a. M. 12.8.2003 – 11 U 15/03, S. 3 f.; *v. Falck* Mitt. 2002, 429 (437); *Tilmann/Schreibauer* FS Erdmann, 2002, 901 (912); MüKoUWG/*Schlingloff* § 12 Rn. 322.

kann eine Berücksichtigung nur dergestalt erfolgen, als die Bestimmungen des nationalen Rechts in einer Weise auszulegen sind, dass mit ihrer Hilfe den Anforderungen des TRIPS-Übereinkommens Genüge getan wird. Soweit der Auslegung Grenzen gesetzt sind – etwa im Verhältnis der Regelungen in §§ 924, 926, 927 ZPO zu Art. 50 Abs. 6 TRIPS –, sind die Bestimmungen des nationalen Rechts vorrangig anwendbar.[28]

6. Durchsetzungsrichtline. Das Gesetz vom 7.7.2008 zur **Verbesserung der Durchsetzung von Rechten des geistigen Eigentums** als Umsetzung der Richtlinie 2004/48/EG vom 29.4.2004 zur Durchsetzung der Rechte des geistigen Eigentums[29] enthält **keine Regelungen in Bezug auf das Wettbewerbsrecht.** Die in der Richlinie vorgesehenen materiellrechtlichen Sanktionen und verfahrensrechtlichen Regelungen wie Beweisvorlagepflichten (Art. 6), Beweissicherungsverfahren (Art. 7), Auskunftsrechte (Art. 8), einstweilige Maßnahmen (Art. 10), Unterlassungsanordnungen (Art. 11), Ersatzmaßnahmen (Art. 12), Regelungen zum Schadensersatz (Art. 13), Prozesskosten (Art. 15) haben – soweit ein Umsetzungsbedarf gesehen wurde – in Gestalt eines Artikelgesetzes zur Änderung und Ergänzung der maßgeblichen nationalen Gesetze (PatG, MarkenG, UrhG etc) geführt. Inwieweit die Richtlinie auch einzelne Bereiche des Wettbewerbsrechts erfasst, insbesondere den **ergänzenden Leistungsschutz** (§ 4 Nr. 9) und den **Geheimnisschutz** (§§ 17–19), ist ungeklärt.[30] Die §§ 935, 940 ZPO setzen die Vorgaben in Bezug auf einstweilige Maßnahmen in nationales Recht um, indem sie effektiven Rechtsschutz durch einstweilige Verfügungen im Falle von Schutzrechtsverletzungen gewährleisten. Das Erfordernis eines Verfügungsgrundes wird dadurch nicht entbehrlich.[31] 16

7. Richtline über unlautere Geschäftspraktiken. Die Richtlinie über unlautere Geschäftspraktiken (siehe Anhang) stellt in den Artikeln 11–13 bestimmte Anforderungen an die Durchsetzung der Regelungen zur Bekämpfung unlauterer Geschäftspraktiken. So sieht Art. 11 Abs. 2 UAbs. 2 vor, dass die in UAbs. 1 genannten Maßnahmen „im Rahmen eines beschleunigten Verfahrens mit vorläufiger oder endgültiger Wirkung getroffen werden können, wobei jedem Mitgliedsstaat vorbehalten bleibt, zu entscheiden, welche dieser beiden Möglichkeiten gewählt wird."[32] Da das deutsche Wettbewerbsverfahrensrecht ein **beschleunigtes Verfahren mit vorläufiger Wirkung** bereits zur Verfügung stellt, ist ein Umsetzungsbedarf insoweit zu Recht nicht gesehen worden.[33] 17

8. RL(EU) 2016/93 (Geschäftsgeheimnisse). Die **RL(EU) 2016/93** vom 8.6.2016 über den Schutz vertraulichen Know-hows und vertraulicher Geschäftsinformationen **(Geschäftsgeheimnisse)** vor rechtswidrigem Erwerb sowie rechtswidriger Nutzung und Offenlegung, die bis zum 9.6.2018 umzusetzen war, sieht in Art. 10 vorläufige und vorbeugende Maßnahmen sowie in Art. 12 gerichtliche Anordnungen und Abhilfemaßnahmen vor.[34] Das Gesetz zum Schutz von Geschäftsgeheimnissen vom 18.4.2019 enthält keine Regelungen zum einstweiligen Rechtsschutz (vgl. → Rn. 105). 18

---

[28] *Berneke/Schüttpelz* Rn. 93, 498; *Bopp* FS Helm, 2002, 275 (284), der aus Art. 50 Abs. 1, 3 TRIPS ein Argument gegen eine Interssenabwägung bei einstweiligen Verfügungen in Patensachen herleiten will.

[29] GRUR-Int 2004, 615.

[30] Verneinend *Seichter* WRP 2006, 391 (392); bejahend *Beyerlein* WRP 2005, 1354 unter Hinw. auf EuGH WRP 2001, 124. Zur analogen Anwendung der Richtlinienbestimmungen in diesen Spezialbereichen und bei der Schadensberechnung *Goldmann* → § 9 Rn. 2 ff., 145 ff.

[31] OLG Frankfurt a. M. WRP 2014, 891.

[32] Vgl. hierzu *Alexander* GRUR-Int 2005, 810 (811).

[33] Regierungsentwurf S. 37 f.; vgl. weiter *Alexander* GRUR-Int 2005, 811 (814 f.); *Seichter* WRP 2005, 1087 ff.; MüKoUWG/*Schlingloff* § 12 Rn. 321.

[34] Berneke/*Schüttpelz* Rn. 743d ff.; eingehend zur Geschäftsgeheimnis-RL Harte-Bavendamm/Ohly/*Kalbfus* GeschGehG Einl. A. Rn. 58 ff.; zur Umsetzung durch das GeschGehG s. in diesem Kommentar Harte-Bavendamm → A. Vor §§ 17–19 UWG zum GeschGehG Rn. 11 ff.

III. Arten von einstweiligen Verfügungen

19 **1. Sicherungs- und Regelungsverfügung.** Die ZPO geht – nach allerdings nicht unbestrittener Auffassung[35] – davon aus, dass einstweilige Verfügungen in Bezug auf den Streitgegenstand (§ 935 ZPO: Sicherungsverfügung) und zur Regelung in Bezug auf ein streitiges Rechtsverhältnis (§ 940 ZPO: Regelungsverfügung) ergehen können, wobei sich der Anwendungsbereich beider Bestimmungen nicht immer genau trennen lässt.

20 Eine **Sicherungsverfügung** (§ 935 ZPO) kann ergehen, wenn die künftige Erfüllung eines nicht auf eine Geldleistung gerichteten Anspruchs des Antragstellers gefährdet ist. Auch bei der **Regelungsverfügung** geht es um die Sicherung des subjektiven Rechts, dh eines Anspruchs, der sich aus dem streitigen Rechtsverhältnis ergibt.[36] Unabhängig von der unterschiedlich beurteilten Frage, ob zwischen der Sicherungs- und Regelungsverfügung zu differenzieren ist, muss der Antragsteller nicht angeben, ob er eine Sicherungs- oder eine Regelungsverfügung anstrebt, vielmehr kann das Gericht den Antrag (zur Bedeutung des Antrags → Rn. 366 f.) auf jede dieser Bestimmungen stützen.[37] Eine Differenzierung wäre nur dann von Bedeutung, wenn sich daraus unterschiedliche Rechtsfolgen ergeben könnten, so etwa nach der Auffassung, dasss im Falle der Sicherungsverfügung – anders als bei § 940 ZPO – keine Interessenabwägung erforderlich sei,[38] was aber für die Unterlassungsverfügung, die zum Teil als Regelungsverfügung[39] zum Teil aber auch als Leistungsverfügung,[40] (siehe nachfolgend) angesehen wird, ohne praktische Bedeutung ist.

21 **2. Leistungs-/Befriedigungsverfügung.** Daneben wurde in der Literatur und der Rechtsprechung die **Leistungs- oder Befriedigungsverfügung** entwickelt, wobei diese zum Teil auf § 940 ZPO gestützt wird, während andere Autoren darin (wohl zutreffender, weil dessen Regelungsbereich überschritten wird) eine Rechtsfortbildung sehen.[41] Die grundsätzliche Zulässigkeit solcher Leistungsverfügungen wird aber auch außerhalb des gewerblichen Rechtsschutzes zu Recht allgemein nicht in Zweifel gezogen, da die generelle Verweigerung eines derartigen Rechtsschutzes mit dem Justizgewährungsanspruch nicht zu vereinbaren wäre (→ Rn. 246). Es kann deshalb „nur" darum gehen, in welchem Fallgestaltungen und unter welchen Voraussetzungen eine Leistungsverfügung, deren Ausnahmecharakter nicht in Abrede zu stellen ist,[42] ergehen kann.

IV. Inhalt von einstweiligen Verfügungen

22 **1. Unterlassung.** Im Wettbewerbsrecht sowie im sonstigen Bereich des gewerblichen Rechtsschutzes einschließlich des Urheberrechts steht die Leistungsverfügung, in der Regel in Form der **Unterlassungsverfügung** im Vordergrund. Dass Unterlassungsansprüche – auch außerhalb des Anwendungsbereichs von § 12 Abs. 1 UWG – Gegenstand einer einstweiligen Verfügung sein können, steht außer Zweifel,[43] auch wenn damit für die Zeitdauer des Bestandes der einstweiligen Verfügung eine Erfüllung des Anspruches verbunden ist, denn gerade aus dieser Zeitgebundenheit folgt, dass ohne die Möglichkeit von einstweili-

[35] Vgl. Schuschke/*Walker* Vor § 916 Rn. 11 mwN, wonach sich die Zulässigkeit einer einstweiligen Verfügung mit befriedigender Wirkung unmittelbar aus § 940 ZPO ergebe; Stein/Jonas/*Bruns* Vor § 935 Rn. 29 mwN.

[36] Stein/Jonas/*Bruns* Vor § 935 Rn. 29.

[37] Stein/Jonas/*Bruns* Vor § 935 Rn. 30; *Schuschke* in Schuschke/Walker Vorb. zu § 935 Rn. 14. Von den Gerichten werden meist beide Bestimmungen angegeben.

[38] Stein/Jonas/*Bruns* Vor § 935 Rn. 30 Fn. 72.

[39] Ahrens/*Spätgens* Rn. 19 mwN.

[40] So Ahrens/*Jestaedt* Kap. 43 Rn. 1.

[41] AA MüKoZPO/*Drescher* § 938 Rn. 11: § 938 ZPO iVm Justizgewährungsanspruch als Grundlage.

[42] Stein/Jonas/*Bruns* Vor § 935 Rn. 32; BGH GRUR 2018, 292 Rn. 35 – Produkte der Wundversorgung; OLG Hamburg WRP 2007, 1253; OLG Jena MDR 2012, 488.

[43] Vgl. statt aller *Schuschke* in Schuschke/Walker Vor § 935 Rn. 18 und Stein/Jonas/*Bruns* Vor § 935 Rn. 44.

gem Rechtsschutz ein Vorgehen im Klagewege oftmals zu spät käme.[44] Vereinzelt ist in der Rspr. auch die Möglichkeit einer **Zwischenverfügung** bejaht worden,[45] bei der ein zeitlich beschränktes bzw. auflösend bedingtes Verbot ausgesprochen wurde.

Etwas zu unterlassen umfasst **neben dem bloßen Nichtstun** – zB nicht weiter in der beanstandeten Weise zu werben – gegebenenfalls aber auch ein **positives Tun,** wenn ohne dieses – zB Rückgängigmachung von bereits gesetzten Ursachen – weitere Verstöße erfolgen würden.[46] Die eine heftige Kontroverse[47] auslösende Rspr. des BGH, wonach eine Verpflichtung zur Unterlassung einer Handlung, durch die ein fortdauernder Störungszustand geschaffen wurde, mangels abweichender Anhaltspunkte dahingehend auszulegen ist, dass sie neben der Unterlassung derartiger Handlungen auch die Vornahme möglicher und zumutbarer Handlungen zur Beseitigung des Störungszustands umfasst[48], gilt danach auch für das Verfahren der einstweiligen Verfügung.[49] Wegen des Verbots der Vorwegnahme der Hauptsache ist der Unterlassungsschuldner allerdings nicht verpflichtet, die vertriebenen Waren bei seinen Abnehmern zurückzurufen, sondern muss diese lediglich auffordern, die Waren im Hinblick auf die einstweilige Verfügung vorläufig nicht weiterzuvertreiben.[50] Kann der Unterlassungsschuldner sich im Erkenntnisverfahren dagegen nicht verteidigen, kann er noch im Vollstreckungsverfahren geltend machen, dass eine Einwirkung auf die Abnehmer nicht zumutbar oder nicht erforderlich ist. Dh, ob und in welchem Umfang der Schuldner zu einem Tun verpflichtet ist, soll ausnahmsweise im Vollstreckungsverfahren erfolgen.[51] 23

Diese **Ausdehnung der Reichweite einer Unterlassungsverpflichtung** begegnet insbesondere für das Verfahren der einstweiligen Verfügung durchgreifenden Bedenken. Die im Gesetz vorgesehene Unterscheidung zwischen Unterlassung und Beseitigung wird ohne Not verwischt. Die Differenzierung zwischen einem Rückruf, der im Wege der einstweiligen Verfügung nur unter besonderen engen Voraussetzungen in Betracht kommt und einer Aufforderung, die Waren vorläufig nicht weiter zu vertreiben, wird in der Praxis vielfach nicht zum Tragen kommen. Denn oftmals werden die Abnehmer keine Veranlassung sehen, die fraglichen Waren auf nicht absehbare Zeit einzulagern, sondern werden diese zurückgeben. Auch die Verlagerung der Auslegung des Titels – Erforderlichkeit, Verhältnismäßigkeit – in das Vollstreckungsverfahren, in dem oftmals ohne mündliche Verhandlung entschieden wird, zeigt die Schwächen der Rechtsprechung des BGH.[52] Um der Gefahr vorzubeugen, dass der Schuldner mit einer auch vom Gericht im Erkenntnisverfahren nicht in den Blick genommenen Reichweite des nur auf Unterlassung lauten- 24

---

[44] MüKoZPO/*Drescher* § 938 Rn. 31 f.

[45] Vgl. OLG Düsseldorf 13.1.2010 – 27 U 1/09, juris; OLG Stuttgart MDR 2015, 1096: zeitlich beschränkte Untersagtung einer Auftragsvergabe.

[46] BGH GRUR 1993, 415 (416) mwN – Straßenverengung; WRP 2007, 1104; GRUR 2014, 595 Rn. 26 – Vertragsstrafenklausel; GRUR 2015, 258 Rn. 63 ff. – CT-Paradies; GRUR 2016, 406 Rn. 28 f. – Piadina-Rückruf; GRUR 2016, 720 Rn. 34 f. – Hot Sox; GRUR 2017, 823 – RESCUE Tropfen; GRUR 2017, 823 – Luftenfeuchter; GRUR 2017, 318 Rn. 12 – Dügida; GRUR 2018, 423 Rn. 19, 22 – Klauselersetzung; GRUR 2018, 292 – Produkte zur Wundversorgung; GRUR 2018, 1183 – Reichweite der Unterlassungserklärung; WRP 2020, 324 und 17.10.2019 – I ZB 18/19, jew. Rn. 14 ff.

[47] Zwischenruf GRUR 2017, 977; *Goldmann* GRUR 2016, 724; *Klute* NJW 2017, 1648; *Dissmann* GRUR 2017, 986; *Herrmanns* GRUR 2017, 977; *Lubberger* GRUR 2018, 378; *Döring* Mitt. 2018, 101; dem BGH zustimmend *Ahrens* GRUR 2018, 374; vgl. auch die weiteren Nachw. bei Büscher/*Schmidt* § 12 Rn. 268 Fn. 495 sowie die eingehende Darstellung bei Köhler/Bornkamm/Feddersen/*Bornkamm* § 8 Rn. 11.69 ff.

[48] BGH in stRspr seit der Entscheidung *Rückruf von RESCUE-Produkten.*

[49] BGH GRUR 2018, 292 Rn. 19 – Produkte der Wundversorgung; vgl. zur anhängigen Verfassungsbeschwerde – 1 BvR 396/18 – die Stellungnahme der GRUR-Vereinigung GRUR 2019, 1278; WRP 2020, 324 (Vorinstanz OLG Düsseldorf GRUR-RR 2019, 278); BGH GRUR 2020, 548 – Diätische Tinnitusbehandlung.

[50] BGH GRUR 2018, 292 – Produkte der Wundversorgung; aA noch BGH GRUR 2016, 406 Rn. 28 f. – Piadina-Rückruf.

[51] BGH GRUR 2018, 292 Rn. 38 – Produkte der Wundversorgung.

[52] Köhler/Bornkamm/Feddersen/*Bornkamm* § 8 Rn. 1.81d: Zulässigkeit der Änderung des Umfang des Unterlassungstitels nach Abschluss des Erkenntnisverfahrens?

den Tenors erstmals im Vollstreckungsverfahren konfrontiert wird, ist zu fordern, dass der Antragsteller – wenn schon nicht im Antrag[53] – in der Begründung eindeutig zum Ausdruck bringt, dass er neben der Unterlassung auch Beseitigungsmaßnahmen verlangt. Anderenfalls besteht keine Veranlassung, die Unterlassungsverpflichtung dahingehend auszulegen, dass sie auch Beseitigungsmaßnahmen erfasst. Für den Bereich des Markenrechts kann die Rechtsprechung des BGH nach der auf Vorlage des OLG Düsseldorf[54] ergangenen Entscheidung des EuGH vom 2.7.2020,[55] wonach der Unterlassungsschuldner nicht verpflichtet ist, nachzuforschen, ob unabhängige Dritte eine rechtsverletzende Anzeige übernommen haben und diese weiterhin im Internet abrufbar ist, da das Verhalten des Dritten keine Benutzung der Marke im Sinne von Art. 5 Abs. 1 RiLi 2008/95 darstellt, nicht mehr aufrechterhalten werden. Ob damit auch eine baldige Abkehr in den anderen Rechtsgebieten verbunden sein wird, bleibt abzuwarten.[56]

25 Von einer Verpflichgung zur Unterlassung zu unterscheiden ist das gelegentlich in die Form eines Unterlassungsantrags gekleidete Begehren eines **Unterlassens einer Unterlassung,** die sich dem Inhalt nach als **Verpflichtung zur Vornahme einer Handlung** darstellt;[57] ebenso das erstrebte Verbot, die Belieferung des Antragstellers zu suspendieren. Maßgeblich für die Einordnung des Begehrens ist der sachliche Gehalt entsprechend der begehrten wesentlichen Leistungspflicht, nicht seine sprachliche Fassung.[58]

26 Der vom OLG Stuttgart[59] tenorierte Anspruch auf **Duldung,** dass der Antragsteller von einem Großhändler beliefert wird, beinhaltet der Sache nach ein Boykottverbot, nämlich dass es der Hersteller zu unterlassen hat, anderen Herstellern eine Belieferung des Antragstellers zu untersagen.

27 **2. Belieferungsansprüche.** Nach den vorstehenden Ausführungen können **(kartellrechtliche) Belieferungsansprüche** bzw. Ansprüche auf **Zulassung zu einer Veranstaltung** (Messe etc), auf **Zugang zu Versorgungs- oder Kommunikationsnetzen** nicht in die Form eines Unterlassungsantrages gekleidet werden,[60] sondern unterliegen den für eine **Leistungsverfügung** geltenden Grundsätzen u.[61] Sie müssen auf die begehrte Leistung (nicht auf den Abschluss eines Vertrages)[62] gerichtet sein und dem Bestimmtheitsgebot des § 253 Abs. 2 Nr. 2 ZPO genügen,[63] das durch § 938 Abs. 1 ZPO keine Einschränkung erfährt,[64] was in der Praxis allerdings oftmals nicht hinreichend beachtet wird.[65] Da mit einer einstweiligen Verfügung auf Belieferung (bzw. Durch-

[53] So Köhler/Bornkamm/Feddersen/*Bornkamm* § 8 Rn. 1.70.
[54] GRUR 2020, 542.
[55] GRUR 2020, 868 – mk advokaten/MBK Rechtsanwälte.
[56] Vgl. auch *Pres/Kufer* WRP 2020, 1287 (1290).
[57] OLG München OLG Report 1996, 136: Untersagung der Weigerung ein Prüfsystem bei Aufzugsprüfungen anzuerkennen = Verpflichtung, die Prüfung nach dem System durchzuführen; KG WRP 2004, 112 (117): „Unterlassung einer Unterlassung"; OLG Köln WRP 2017, 864.
[58] BGH GRUR 1993, 415 (416) – Straßenverengung; OLG München OLG Report 1996, 136; *Berneke/Schüttpelz* Rn. 59.
[59] GRUR 1970, 146 (148); zustimmend *Berneke/Schüttpelz* Rn. 68; *Schuschke* in Schuschke/Walker § 890 Rn. 3.
[60] So aber *Schockenhoff* NJW 1990, 152 (157), um den aus der Rechtsprechung des BGH zum Bestimmtheitserfordernis folgenden Konsequenzen zu begegnen; in diesem Sinne wohl auch BGH WRP 2016, 229 Rn. 25 – Porsche Tuning: Belieferungsanspruch als ein Anspruch auf Unterlassung der Nichtbelieferung unter Bezugnahme auf *Bornkamm* in Langen/Bunte § 33 Rn. 114; aA KG WuW/E OLG 4628; OLG Hamburg NJWE-WettbR 1996, 286; OLG München OLG Report 1996, 136; *Berneke/Schüttpelz* Rn. 76; Ahrens/*Spätgens* Rn. 65; jeweils mwN.
[61] KG WuW/E OLG 5099; OLG Stuttgart WRP 1990, 780 (781); Ahrens/*Jestaedt* Kap. 56 Rn. 12; *Berneke/Schüttpelz* Rn. 75 mit umfangreichen Nachweisen; Ahrens/*Spätgens* Rn. 65 mwN.
[62] Siehe die Nachweise bei *Berneke/Schüttpelz* Rn. 76 Fn. 68.
[63] BGH GRUR 1981, 917 – Sportschuhe; NJW 1985, 2135 – Technics; OLG Düsseldorf BB 2002, 592 (Ls. 1); zum „Kompromiss" zwischen dem Bestimmtheitsgebot (Schuldnerschutz) und der Rechtsschutzgarantie vgl. BGH GRUR 2003, 228 (229) – P-Vermerk.
[64] *Berneke/Schüttpelz* Rn. 60; Stein/Jonas/*Grunsky* § 938 Rn. 25; § 935 Rn. 47 mwN.
[65] Vgl. die Nachw. bei *Berneke/Schüttpelz* Rn. 78.

leitung)[66] eine Befriedigung des Antragstellers verbunden ist und mit der im summarischen Verfahren auferlegten Leistungspflicht schwerwiegend in die Rechte des Antragsgegners eingriffen wird, besteht Einigkeit darüber, dass sie nur unter besonderen Voraussetzungen ergehen darf, in denen der Antragsteller in besonderem Maße auf die sofortige Leistung angewiesen ist. Die ihm anderenfalls drohenden Nachteile müssen so gravierend sein, dass die Interessen des Antragstellers im Rahmen der vorzunehmenden Interessenabwägung die Belange des Antragsgegners deutlich überwiegen, wobei in der Praxis an die Erforderlichkeit unterschiedlich strenge Anforderungen gestellt werden.[67]

3. Beseitigung. Auch Ansprüche auf Beseitigung von andauernden rechtswidrigen Störungen sind als Leistungsverfügungen zu qualifizieren. Ob und unter welchen Voraussetzungen **Beseitigungsansprüche** im Wege der einstweiligen Verfügung durchgesetzt werden können, lässt sich nicht allgemeingültig beantworten. Dies liegt zum einen darin begründet, dass sie in vielfacher Ausgestaltung auftreten können, wobei unter dem Gesichtspunkt der unzulässigen Vorwegnahme der Hauptsache die Grenze dort zu ziehen ist, wo es nicht mehr um eine bloße Sicherung geht, sondern der Anspruch bereits befriedigt wird.[68] Daneben ist die Erforderlichkeit von Beseitigungsmaßnahmen im Verhältnis zu einem etwaigen daneben bestehenden Unterlassungsanspruch zu prüfen,[69] was durch die Rspr. des BGH (→ Rn. 23) von besonderer Bedeutung ist. 28

Zur Sicherung eines Beseitigungs- bzw. eines Vernichtungsanspruchs (zusammen mit dem Unterlassungsanspruch, aber auch isoliert[70]) kann die **Herausgabe von Gegenständen** zur Verwahrung an den Gerichtsvollzieher, worin noch keine **Sequestrierung**[71] im Sinne von § 938 ZPO zu sehen ist,[72] angeordnet werden,[73] wegen des Verbots der Vorwegnahme der Hauptsache nicht die Vernichtung selbst.[74] In Fällen des ergänzenden wettbewerbsrechtlichen Leistungsschutzes besteht zwar in der Regel kein Anspruch auf Vernichtung der Nachbildungen, dennoch kann eine Sicherung von anderweitigen von der 29

[66] OLG Brandenburg GRUR-RR 2002, 399; OLG Dresden GRUR-RR 2001, 190; 2002, 85; OLG Düsseldorf BB 2002, 592 (Ls.); GRUR-RR 2002, 176; LG Dortmund GRUR-RR 2001, 43; OLG München OLG Report 2002, 274; 2003, 53; OLG Schleswig SchlHA 2002, 9; *Köhler* BB 2002, 584 (587); *Theobald/Zenker,* Grundlagen der Strom- und Gasdurchleitung, S. 143 ff.; weitere Nachweise bei *Berneke/Schüttpelz* Rn. 74 ff.

[67] Vgl. zB OLG Frankfurt a. M. OLG Report 1996, 12: „nur in engen, ausnahmsweisen Fällen einer existentiellen, irreparablen Schädigung"; KG WRP 2004, 112 mit Anm. *Sosnitza* WRP 2004, 62 ff.; vgl. die eingehende Darstellung bei *Berneke* Rn. 36.

[68] Siehe die Rspr.-Nachw. bei Ahrens/*Spätgens* Rn. 37 und *Berneke/Schüttpelz* Rn. 70: OLG Koblenz GRUR 1987, 730: Beseitigung von irreführenden Angaben auf Geräten; OLG Koblenz WRP 1982, 427: Beseitigung eines Werbeschildes; OLG Frankfurt a. M. GRUR 1989, 74: eingeschränkter Widerruf einer Empfehlung; OLG Frankfurt a. M. GRUR 1989, 370: Benachrichtigung von Kunden des Antragstellers; OLG Frankfurt a. M. GRUR 1970, 485: Beseitigung eines durch frühere Mitteilung erweckten Eindrucks; OLG Frankfurt a. M. GRUR 1989, 298: Anbringung eines Hinweisschildes; OLG Köln WRP 1985, 294: Rückforderung von Werbematerial; OLG Frankfurt a. M. NJW-RR 1991, 166: Aufhebung der Liefersperre gegen einen bestimmten Einzelhändler; NJW-RR 1989, 490: Aufhebung einer Platzierungsempfehlung; OLG Stuttgart WRP 1989, 202: Widerruf einer Aufforderung der Lottogesellschaft gegenüber deren Hauptstellen, da es sich lediglich um einen wirtschaftlichen Vorgang handelt und der Widerruf ohne weiteres wieder rückgängig gemacht werden kann; OLG Naumburg NJWE-WettbR 1996, 155: Beendigung von Mandatsverträgen durch Anwalt; OLG Hamburg NJW-RR 1996, 1449: Aufforderung an Ärzte, ausgeliefertes Informationsmaterial nicht mehr zu verwenden.

[69] *Berneke/Schüttpelz* Rn. 70 mwN; Ahrens/*Spätgens* Rn. 39; Büscher/*Schmidt* § 12 Rn. 268.

[70] *Harte-Bavendamm* HdB Markenpiraterie § 5 Rn. 131; aA KG WRP 1984, 325.

[71] Vgl. BGH NJW 2001, 434 f.; GRUR 2008, 87 – Patentinhaberwechsel im Einspruchsverfahren.

[72] Vgl. zur Stellung des Gerichtsvollziehers eingehend Zöller/*Vollkommer* § 938 Rn. 9 mwN; *Fezer,* Markenrecht, § 18 Rn. 34.

[73] OLG Hamburg WRP 1997, 103; WRP 1997, 106; GRUR-RR 2002, 129; OLG Stuttgart NJW-RR 2001, 257; *Berneke/Schüttpelz* Rn. 54, 71; *Harte-Bavendamm* HdB Markenpiraterie § 5 Rn. 124, 129 ff.; jeweils zum Markenrecht; OLG Karlsruhe GRUR-RR 2002, 278 – zu § 142a PatG; *Retzer* FS Piper, 1996, 421 (428 ff.); zum UrhR OLG Hamm GRUR 1989, 502 (503).

[74] OLG Hamburg WRP 1997, 106 (112); OLG Frankfurt a. M. GRUR 1976, 663 (665); OLG Koblenz GRUR 1987, 730 (731); Ahrens/*Jestaedt* Kap. 56 Rn. 12; Ahrens/*Spätgens* Rn. 44 mwN; *Ingerl/Rohnke* MarkenG § 18 Rn. 35.

Existenz entsprechender Plagiate ausgehenden Beseitigungsansprüchen im Wege der einstweiligen Verfügung erforderlich sein.[75]

30 Die **Aufgabe des Besitzes** kann nicht im Wege einer einstweiligen Verfügung angeordnet werden, weil damit eine Vorwegnahme der Hauptsache verbunden wäre.[76]

31 In den Fällen der **Grenzbeschlagnahme** (zB § 142a PatG, § 146 MarkenG) kann eine vollziehbare gerichtliche Entscheidung – von strafprozessualen Maßnahmen abgesehen – auf Anordnung der weiteren Verwahrung der beschlagnahmten Ware oder sonstiger Verfügungsbeschränkungen im Hinblick auf die Kürze der zu beachtenden Fristen nur im Wege der einstweiligen Verfügung herbeigeführt werden.[77]

32 Wegen unstatthafter Vorwegnahme der Hauptsache wird die Durchsetzung eines **Widerrufs von Behauptungen/Angaben** gegenüber Dritten von der überwiegenden Auffassung in der Rechtsprechung und Literatur weitgehend abgelehnt.[78] Bei besonderen Fallgestaltungen – so die Fallgestaltung bei OLG Stuttgart WRP 1989, 202 (204 f.)[79] – bzw. als ultima ratio wird eine einstweilige Verfügung auf Widerruf für zulässig gehalten,[80] vor allem in Form eines vorläufig eingeschränkten Widerrufs, etwa des Inhalts, die Behauptung werde derzeit nicht aufrechterhalten.[81]

33 Ansprüche auf **Veröffentlichung:** → Rn. 543.

34 Auch der mit der **Löschung in Registern** (Handelsregister, Patent- und Markenamt) verbundene Verlust von Rechtspositionen steht einer Durchsetzung solcher Ansprüche im Wege der einstweiligen Verfügung entgegen.[82] Dies gilt auch für die **Aufgabe einer Domain;**[83] problematisch erscheinen auch Unterlassungsbegehren, sofern bereits in der Konnektierung der Domain eine Benutzung gesehen wird, denn dem könnte nur durch eine Aufgabe der Domain entsprochen werden. Wird die Freigabe der Domain erstrebt, so kommt als Sicherungsmaßnahme nur ein Verfügungsverbot,[84] wie in den Fällen der Patentvindikation, bei der zur Sicherung eines Übertragungsanspruches ein Veräußerungsverbot oder eine Sequestration angeordnet werden kann,[85] in Betracht.

35 Qualifiziert man ein **Beschäftigungsverbot** im Falle der unzulässigen Abwerbung von Arbeitnehmern als Maßnahme der Naturalrestitution (§ 249 BGB),[86] wäre eine Durchsetzung im Wege der einstweiligen Verfügung überhaupt nicht oder allenfalls mit größter Zurückhaltung möglich.[87] Anderenfalls könnte ein solches Verbot gemäß § 940 ZPO zur

---

[75] OLG München 21.4.1994 – 29 W 1120/94; *Ingerl/Rohnke* MarkenG § 18 Rn. 35 mwN; *Retzer* FS Piper, 1996, 421 (429); aA OLG Frankfurt a. M. GRUR-RR 2003, 157 f.; OLG Report 2001, 253; OLG Hamburg WRP 2007, 1253; vgl. auch OLG Karlsruhe GRUR-RR 2003, 96: zusätzliches Verbot, die an den Gerichtsvollzieher herauszugebenden Uhrennachbildungen an den Lieferanten zurückzugeben, zu § 14a Abs. 3 GeschmMG aF.

[76] OLG Hamburg WRP 1997, 106 (112); zustimmend *Ingerl/Rohnke* § 14 Rn. 195, die aber darüber hinaus ein Verbot der zukünftigen rechtsverletzenden Besitzverschaffung für möglich halten.

[77] Busse/*Keukenschrijver* § 143 Rn. 317; *Ingerl/Rohnke* MarkenG § 147 Rn. 3; OLG Karlsruhe GRUR-RR 2002, 278.

[78] Vgl. BGH WRP 2010, 1255 Rn. 20 – PR-Pappnase; LG Dresden AfP 2009, 274; jeweils zum Berichtigungsanspruch.

[79] Zustimmend *Teplitzky* (10. Aufl.) Kap. 54 Rn. 12.

[80] Teplitzky/*Feddersen* Kap. 54 Rn. 11d.

[81] Vgl. die Nachweise bei Ahrens/*Spätgens* Rn. 50 und bei *Berneke/Schüttpelz* Rn. 71.

[82] Teplitzky/*Feddersen* Kap. 54 Rn. 11a; Ahrens/*Spätgens* Rn. 54 mwN.

[83] Vgl. OLG Frankfurt a. M. GRUR-RR 2001, 5; OLG Hamm MMR 2001, 695; LG München I MMR 2001, 61; aA ohne Begründung LG Bremen ZUM-RD 2000, 558 (560); LG Braunschweig NJW 1997, 2687; LG Wiesbaden MMR 2001, 59: Verzicht auf Domain gegenüber der Denic kann auch im Wege der einstweiligen Verfügung ohne mündliche Verhandlung ausgesprochen werden; *Ingerl/Rohnke* MarkenG Nach § 15 Rn. 145: nur im Ausnahmefall.

[84] OLG Hamburg WRP 2007, 1245; KG CR 2007, 735.

[85] OLG Frankfurt a. M. GRUR 1978, 636; OLG Karlsruhe GRUR 1978, 116; OLG München NJW-RR 1997, 683; Busse/*Keukenschrijver* § 143 Rn. 318; Benkard/*Melullis* § 8 Rn. 20; *Berneke/Schüttpelz* Rn. 762; ablehnend für eine europäische Patentanmeldung *Rapp* Mitt. 1998, 347.

[86] Vgl. zum Meinungsstand *Kicker* FS Piper, 1996, 273 Fn. 7 und 8; *Günther* WRP 2007, 240 (245).

[87] *Kicker* FS Piper, 1996, 273 (276); *Wedemeyer* FS Traub, 1994, 437 (449); OLG Frankfurt a. M. WRP 2018, 981 Rn. 11.

Regelung eines einstweiligen Zustandes zur Durchsetzung eines Anspruchs auf Beseitigung der Ursache künftiger Störungen angeordnet werden,[88] wie dies auch von der überwiegenden Auffassung für möglich gehalten wird.[89]

4. Auskunft/Drittauskunft. Außerhalb des Anwendungsbereichs der **spezialgesetzlich geregelten Ansprüche auf Drittauskunft** bei Vorliegen einer offensichtlichen Rechtsverletzung[90] wird eine Verurteilung zur Auskunftserteilung und Rechnungslegung im Verfahren der einstweiligen Verfügung, da die Hauptsache vorwegnehmend, als nicht möglich angesehen.[91] Hiervon wurden bisher nur in besonderen Fallgestaltungen Ausnahmen zugelassen.[92] 36

Die im Vorschlag von *Köhler/Bornkamm/Henning-Bodewig* (§ 11 Abs. 2)[93] enthaltene generelle Ausdehnung des Anwendungsbereichs der Dringlichkeitsvermutung (§ 11 Abs. 2) ist im Gesetzgebungsverfahren zum UWG 2004 ebenso wenig aufgegriffen worden wie der Vorschlag der GRUR-Arbeitsgruppe unlauterer Wettbewerb (GRUR 2003, 127 (132) unter 3.), in geeigneten Fällen auch im Unlauterkeitsrecht die Durchsetzung von Auskunftsansprüchen – in Anlehnung an die Regelung des § 19 Abs. 3 MarkenG – im Wege der einstweiligen Verfügung vorzusehen, so dass eine von der bisherigen Beurteilung abweichende Handhabung nicht zu rechtfertigen ist. 37

Eine **offensichtliche Rechtsverletzung** liegt nach der Gesetzesbegründung[94] dann vor, wenn „die Rechtsverletzung so eindeutig ist, dass eine Fehlentscheidung (oder eine andere Beurteilung im Rahmen des richterlichen Ermessens) und damit eine ungerechtfertigte Belastung des Antragsgegners kaum möglich ist", was sowohl hinsichtlich der tatsächlichen Grundlagen als auch hinsichtlich der rechtlichen Beurteilung der Fall sein muss.[95] Eine Beschränkung des Anwendungsbereichs auf die Fälle der Produktpiraterie ist aber auch für das Verfügungsverfahren nicht veranlasst.[96] Um die tatbestandlichen Voraussetzungen hinreichend sicher beurteilen zu können, soll in der Regel nicht ohne mündliche Verhandlung entschieden werden.[97] 38

In der Literatur[98] und in der Rechtsprechung[99] wird zum Teil jedoch auch in Fällen des **ergänzenden wettbewerblichen Leistungsschutzes** eine entsprechende Anwendung der mit dem ProdPirG eingeführten Bestimmungen zur Drittauskunft befürwortet. 39

---

[88] *Kicker* FS Piper, 1996, 273 (276).

[89] OLG Oldenburg WRP 1996, 612; OLG Jena WRP 1997, 363; OLG Frankfurt a. M. NJW-RR 1994, 627; LG Saarbrücken NJW 1973, 373; *Berneke/Schüttpelz* Rn. 66; *Köhler*/Bornkamm § 12 Rn. 3.9; aA OLG Celle WRP 1960, 109.

[90] § 19 Abs. 7 MarkenG; § 100 Abs. 7 UrhG; § 46 Abs. 7 GeschmMG; § 140b Abs. 7 PatG; § 24b Abs. 7 GebrmG; § 37 Abs. 7 SortG; § 9 Abs. 2 HalblSchG.

[91] KG GRUR 1988, 403; OLG Hamburg WRP 2007, 1253; OLG Hamm NJW-RR 1992, 640; OLG Frankfurt a. M. OLG Report 1996, 12; *Berneke/Schüttpelz* Rn. 79 mwN; MüKoUWG/*Schlingloff* § 12 Rn. 322.

[92] KG GRUR 1988, 403; OLG Karlsruhe NJW 1984, 1905 (1906); OLG Stuttgart NJW 1962, 2066 (2067); 30.1.1978 – 4 W 4/78 und 14.6.1978 – 4 W 14/78, bei *Traub* WVP S. 399 f.

[93] WRP 2002, 1317 (1323).

[94] BT-Drs. 11/4792, 32.

[95] Vgl. OLG Frankfurt a. M. MarkenR 2002, 296 (299); OLG Hamburg WRP 1997, 103 (105 f.) und WRP 1997, 106, 112 f.; 9.1.2007 – 5 W 147/06; OLG Karlsruhe CR 2000, 285 (288); OLG Köln GRUR 1999, 337 (339) und GRUR 1999, 346, 349; *Berneke/Schüttpelz* Rn. 81; *Ingerl/Rohnke* § 19 Rn. 46.

[96] OLG Köln MD 2004, 80 (81) mwN.

[97] So OLG Köln MD 2003, 80 (81); *Berneke/Schüttpelz* Rn. 84.

[98] *Ulrich* WRP 1997, 135 (138); *Asendorf* FS Traub, 1994, 21; *Jacobs* GRUR 1994, 635; *Schlosser* FS Großfeld, 1999, 1003 (1004 f.); vgl. auch Ahrens/*Spätgens* Rn. 48; Stein/Jonas/*Grunsky* Vor § 935 Rn. 53; *Schuschke* in Schuschke/Walker Vorb. zu § 935 Rn. 22; zurückhaltend *Teplitzky* FS Tilmann, 2003, 913 (917 ff.).

[99] LG Düsseldorf WRP 1997, 253; LG München I 24.3.1994 – 7 O 3664/94 und 8.1.1997 – 21 O 177/97; OLG München 9.7.1998 – 29 U 2498/98; jeweils in Fällen des ergänzenden Leistungsschutzes: Nachahmung von Schmuckstücken; aA OLG Schleswig GRUR-RR 2001, 70; OLG Frankfurt a. M. OLG Report 2001, 253; OLG Hamburg GRUR-RR 2003, 101 (103), zu § 1 UWG aF: Beseitigung von Kennzeichen als Behinderung; WRP 2007, 1253; *Berneke/Schüttpelz* Rn. 82.

40 Bei entsprechender Anwendung auf die Fälle des ergänzenden wettbewerblichen Leistungsschutzes wird bei Anlegung dieser Maßstäbe eine **Auskunftserteilung** im Wege der einstweiligen Verfügung **nur in Ausnahmefällen** – etwa wenn die Frage der wettbewerblichen Eigenart der „Originale" bereits (ober)gerichtlich geklärt ist – in Betracht kommen. Entsprechend den vorstehenden Ausführungen wird es auch der Darlegung und Glaubhaftmachung eines Verfügungsgrundes bedürfen.[100]

41 Da die erforderlichen Daten, wenn überhaupt, nur für einen sehr begrenzten Zeitraum bei den auskunftspflichtigen Internetprovidern (§ 101 Abs. 2 S. 1 Nr. 3 UrhG) vorgehalten werden,[101] wurde nach weit verbreiteter Praxis im Rahmen des Verfahrens nach **§ 101 Abs. 9 UrhG** eine **einstweilige Anordung auf der Grundlage des FamFG** (vgl. § 101 Abs. 9 S. 4 UrhG, §§ 49 ff. FamFG)erlassen, mit der dem Provider die Löschung der Daten untersagt wurde.[102] Abweichend hiervon verneint der BGH[103] eine einstweilige Anordnung auf der Grundlage des FamFG, vielmehr ist der Rechtsweg zur streitigen ordentlichen Gerichtsbarkeit eröffnet.

42 **5. Abgabe einer Willenserklärung.** Die Abgabe einer Willenserklärung kommt – von den gesetzlich vorgesehenen Fällen (§§ 885, 899 BGB), die im Wettbewerbsrecht ohne Bedeutung sind, abgesehen – **nur in besonderen Ausnahmefällen** in Betracht.[104] Die hierzu in der Rechtsprechung und Literatur vertretenen Auffassungen sind trotz des im Ansatz allgemein betonten Ausnahmecharakters sehr vielgestaltig. So wird die Auffassung vertreten, dass bei der Durchsetzung einer Nebenpflicht, die nur die Funktion habe, die Erfüllbarkeit der Hauptpflicht zu sichern, eine einstweilige Verfügung keinen Bedenken begegne.[105] Darüber hinaus komme eine einstweilige Verfügung auch dann in Betracht, wenn der Gläubiger hierauf angewiesen sei – dh also auch die Voraussetzungen einer Leistungsverfügung vorliegen – oder wenn die Ablehnung des einstweiligen Rechtsschutzes einer endgültigen Rechtsverweigerung gleichkäme.[106] Zum Teil wird eine Durchsetzung im Wege der einstweiligen Verfügung dagegen generell verneint.[107]

43 Besteht danach unter dem Gesichtspunkt der Sicherung effektiven Rechtsschutzes ein Bedürfnis, in besonderen Ausnahmefällen eine einstweilige Verfügung auf Abgabe einer Willenserklärung zuzulassen, begegnet es durchgreifenden Bedenken, sich auch über die Regelung des § 894 ZPO hinwegzusetzen und dessen Fiktionswirkung bereits mit Erlass (auch einer Beschluss-)Verfügung eintreten zu lassen.[108] Ebenso wenig kommt eine Vollstreckung nach § 888 ZPO in Betracht.[109]

44 **6. Feststellung.** Eine einstweilige Verfügung mit einem **feststellenden Inhalt** wurde in der Rechtsprechung bisher nur in Ausnahmefällen für möglich erachtet.[110] In der Regel

[100] Vgl. Teplitzky/*Feddersen* Kap. 54 Rn. 11b.

[101] Vgl. BGH MMR 2011, 341; NJW 2014, 2500 zur Zulässigkeit der Speicherung der IP-Adressen bis zu 7 Tagen.

[102] OLG Köln GRUR-RR 2013, 272; *Dreier*/Schulze § 101 Rn. 37; vgl. auch *Berneke/Schüttpelz* Rn. 85 f.

[103] GRUR 2017, 1237 – Sicherung der Drittauskunft.

[104] Vgl. die eingehenden Nachweise bei Teplitzky/*Feddersen* Kap. 54 Rn. 11a Fn. 32.

[105] Stein/Jonas/*Bruns* Vor § 935 Rn. 46; vgl. auch LG Berlin NZG 2001, 375, das einen Auskunftsanspruch eines Gesellschafters eines geschlossenen Immobilienfonds gegen den Treuhänder bejaht, da dieser von existentieller Bedeutung sei.

[106] LAG Köln MDR 2002, 1257, das darauf abstellt, dass die Möglichkeit zur Sicherung effektiven Rechtsschutzes zwar bestehe, aber auf Ausnahmefälle zu beschränken sei; OLG Köln NJW-RR 1997, 59 f.; OLG Stuttgart NJW 1973, 908; LG Düsseldorf Mitt. 2002, 534 (535): Freigabeerklärung einer Arbeitnehmererfindung; vgl. auch OLG Frankfurt a. M. MDR 1954, 686; *Köhler* BB 2002, 584 (586 f.).

[107] OLG Hamm MDR 1971, 401; OLG Hamburg NJW-RR 1991, 382; Ahrens/*Spätgens* Rn. 45 mwN.

[108] Stein/Jonas/*Bruns* Rn. 50; *Wieczorek/Schütze/Thümmel* § 938 Rn. 10; aA OLG Stuttgart NJW 1973, 908; OLG Köln NJW-RR 1997, 59 (60); MüKoZPO/*Schilken* § 938 Rn. 8.

[109] Vgl. *Ahrens* WRP 1999, 1 (7); Ahrens/*Spätgens* Rn. 133; offengelassen, in der Tendenz aber verneinend OLG München 8.2.2002 – 29 W 2906/01.

[110] BAG AP BetrVG 1972 § 37 Nr. 13: Feststellung der Berechtigung eines Betriebsratsmitglieds an einer Schulungsveranstaltung teilzunehmen; LAG Berlin NZA 2001, 53: Feststellung des Nichtbestehens eines Arbeitsverhältnisses; vgl. auch Stein/Jonas/*Bruns* Vor § 935 Rn. 60; *Keller* WRP 2005, 68 (73).

wird ein Bedürfnis für eine vorläufige Regelung eines Rechtsverhältnisses durch eine Feststellung nicht anzuerkennen sein.[111] Ein dahingehendes unabweisbares Bedürfnis im Bereich des gewerblichen Rechtsschutzes ist nicht ersichtlich.[112] Die von *Pastor*[113] befürwortete Möglichkeit einer einstweiligen Verfügung auf Feststellung der Schadensersatzpflicht neben einer Unterlassungsverfügung bei befristeten Veranstaltungen hat in der Praxis zu Recht keine Befürworter gefunden. Auch die Möglichkeit der einseitigen Erledigterklärung im Verfahren der einstweiligen Verfügung rechtfertigt keine andere Beurteilung,[114] da die Feststellung der Erledigung des Verfügungsantrags oder deren Verneinung nur noch Auswirkungen für die Frage der Kostentragung hat.

7. Maßnahmen der Beweissicherung, Besichtigung. Nach allgemeiner Meinung kann ein **Besichtigungsanspruch gemäß § 809 BGB**[115] im Wege der einstweiligen Verfügung durchgesetzt werden,[116] wenn der Antragsteller auf die Besichtigung – die restriktive Interpretation, wonach hierunter weitgehend nur die Inaugenscheinnahme zu verstehen war,[117] ist durch die Entscheidung *Fax-Karte*[118] aufgegeben worden – der Sache über die Vermeidung ihres Beseiteschaffens hinaus auf die aus der Besichtigung zu erlangenden Erkenntnisse zur Geltendmachung seiner (vermeintlichen) Ansprüche angewiesen ist. Welche Anordnungen – zB Einschaltung eines zur Verschwiegenheit verpflichteten Dritten – hierfür erforderlich sind, kann nur anhand der jeweiligen Umstände des Einzelfalles geprüft werden.[119] 45

Der Verfügungsgrund bzw. die **Dringlichkeit** soll sich bereits aus der vom Antragsteller erstrebten Maßnahme als solcher ergeben, sodass es einer weitergehenden Darlegung und Glaubhaftmachung nicht mehr bedarf,[120] was in dieser Allgemeinheit – etwa bei einem längeren Zuwarten ohne die Notwendigkeit einer „Überraschung" des Antragsgegners – zu weitgehend erscheint. 46

Welche Bedeutung den neu geschaffenen **Vorlagepflichten gemäß §§ 142, 144 ZPO**[121] in diesem Zusammenhang zukommt, wird unterschiedlich beurteilt. So bejahen *Tilmann/Schreibauer* deren Anwendbarkeit in Bezug auf den vorbereitenden Anspruch aus § 809 BGB,[122] lehnen ihre Anwendung in Bezug auf Dritte aber ab.[123] Im Hinblick darauf, dass es sich bei den Bestimmungen der §§ 142, 144 ZPO um prozessuale Regelungen 47

[111] Vgl. OLG Celle NJW 1990, 582 (583); OLG Düsseldorf Mitt. 2006, 187 f. Ls.; OLG München 12.7.2001 – W (K) 1930/01: Der Antrag, „es der Antragsgegnerin bis zur Entscheidung im Hauptsacheverfahren zu untersagen, der Antragstellerin zu untersagen, eine Zweitmarke zu vertreiben", wurde auch unter dem Gesichtspunkt des Feststellungsantrags geprüft und auch nach den von *Vogg* NJW 1993, 1357 (1365) unter VII.3 entwickelten Kriterien – da nicht vollstreckbar – für nicht möglich angesehen; vgl. zum Meinungsstand weiter *Vogg* NJW 1993, 1357 (1358 f.).

[112] Ebenso *Berneke/Schüttpelz* Rn. 89.

[113] Unterlassungsvollstreckung S. 240 f.

[114] AA *Bernreuther* WRP 2010, 1191.

[115] KG NJW 2001, 233; *Kühnen* GRUR 2005, 185 mwN; *Cremer* Mitt. 1992, 152 (163); *Treichel* GRUR-Int 2001, 690 (691) mwN; *Tilmann/Schreibauer* FS Erdmann, 2002, 901 (923 ff.); *Tilmann/Schreibauer* GRUR 2002, 1015 (1016 ff.); *Karg* ZUM 2000, 934 (942 ff.); *Ingerl/Rohnke* Vor §§ 14–19 Rn. 148; *Ringer/Wiedemann* GRUR 2014, 229 zu § 19a MarkenG.

[116] BGH GRUR 2020, 1346 zur Vollstreckung einer sog. Duldungsverfügung.

[117] Siehe BGH GRUR 1985, 512 – Druckbalken.

[118] BGH GRUR 2002, 1046 (1048).

[119] BGH GRUR 2002, 1046 (1048 f.) – Fax-Karte; *Tilmann/Schreibauer* GRUR 2002, 1015 (1016 ff.); vgl. die zum 1.9.2008 eingeführten Regelungen in § 140c PatG, § 19a MarkenG, § 101a UrhG ua.

[120] OLG Düsseldorf InstGE 12. 105 und 13, 126; *Tilmann/Schreibauer* GRUR 2002, 1015 (1021) unter Hinweis auf Art. 50 Abs. 2 TRIPS: jedenfalls ergebe sich der Verfügungsgrund aus dem Gesichtspunkt der Überraschung; *Spindler/Weber* ZUM 2007, 257 (264); *Kühnen* GRUR 2005, 185 (194 f.); *Tilmann* GRUR 2005, 737 (738) und FS Ullmann, 2006, 1013 (1020); *Melullis* FS Tilmann, 2002, 843 (848); *Stjerna* Mitt. 2011, 271; aA OLG Köln ZUM 2009, 258; OLG Hamm ZUM-RD 2010, 27; OLG Karlsruhe 18.5.2010 – 6 W 28/10; 30.11.2010 – 6 W 160/10; *Peukert/Kur* GRUR-Int 2006, 292 (300).

[121] Hierzu BGH GRUR 2006, 962 – Restschadstoffentfernung; NJW 2007, 155; NJW 2007, 2989.

[122] GRUR 2002, 1015 (1021).

[123] GRUR 2002, 1016 (1022); *Tilmann/Schreibauer* FS Erdmann, 2002, 901 (918 ff.); ebenso *v. Falck* Mitt. 2002, 429 (437); *Trittmann/Leitzen* IPRax 2003, 7 (11 f.).

handelt, die es dem Gericht im Rahmen eines anhängigen Verfahrens[124] ermöglichen, die erforderlichen Anordnungen treffen zu können, müssen sie – da ein dahingehender durchsetzbarer Anspruch nicht besteht[125] – als Grundlage für einen hierauf gestützten Antrag auf Erlass einer Vorlageverfügung ausscheiden.

48 **8. Maßnahmen zur Beeinflussung gerichtlicher oder behördlicher Verfahren.** Ebenso wenig wie mit der Klage[126] kann im Wege der einstweiligen Verfügung – etwa in Form einer Gegenverfügung – die (beabsichtigte) Prozessführung der Gegenseite verhindert bzw. behindert werden. Auch Anträge auf **Untersagung der Prozessführung** überhaupt oder an einem bestimmten Gerichtsstand[127] begegnen durchgreifenden Bedenken.[128] Die hiervon teilweise abweichende Beurteilung[129] beruht auf der von der von allgemeinen Grundsätzen im außerwettbewerblichen Bereich[130] abweichenden Rechtsprechung, indem die Erhebung einer unbegründeten Klage (sozusagen als stärkste Form der Abmahnung bzw. Verwarnung), gestützt auf ein Schutzrecht, als eine unerlaubte Handlung – Eingriff in den eingerichteten und ausgeübten Gewerbebetrieb – angesehen wird.[131] Insoweit wurde auch in der Entscheidung BGH (GS) GRUR 2005, 882 – **Unberechtigte Schutzrechtsverwarnung** – nunmehr eine Privilegierung insoweit anerkannt, als ein gerichtliches Vorgehen durch die Geltendmachung von dahingehenden Unterlassungsansprüchen nicht unterbunden werden kann.[132]

V. Streitgegenstand des Verfügungsverfahrens – Verhältnis zum Hauptsacheverfahren

49 **1. Streitgegenstand des Verfügungsverfahrens.** Das Gesetz geht in Bezug auf das Verfügungsverfahren davon aus, dass nicht über den gefährdeten Anspruch (§ 935 ZPO) oder das streitige Rechtsverhältnis (§ 940 ZPO) entschieden wird und dass deshalb der Streitgegenstand des einstweiligen Verfügungsverfahrens ein anderer ist als der des Hauptsacheverfahrens.[133] Dies gilt auch für die im Wettbewersbsrecht sowie im sonstigen Bereich des gewerblichen Rechtsschutzes und des Urheberrechts im Vordergrund stehende Unterlassungsverfügung. Auch wenn diese zumindest auf eine zeitweilige Erfüllung des Unterlassungsanspruchs – Vorwegnahme der Hauptsache, da die Befolgung des Verbots nicht mehr rückgängig gemacht werden kann – gerichtet ist, handelt es sich dabei – vgl. den Wortlaut von § 12 Abs. 1 UWG – entsprechend dem Rechtsschutzziel des Eilverfahrens nur um eine **einstweilige** gerichtliche Entscheidung. **Streitgegenstand** eines auf ein Unterlassungs-

[124] Vgl. auch *Kitz* GRUR 2003, 1014 (1017) re. Sp. unter 1.; *Metzger/Wurmnest* ZUM 2003, 922 (927 f.).

[125] Vgl. Regierungsentwurf zur Umsetzung der Durchsetzungs-RL S. 60.

[126] Vgl. BGH GRUR 1998, 587 (589) – Bilanzanalyse Pro 7 – mwN; GRUR 2013, 647 Rn. 12 f. – Rechtsmissbräuchlicher Zugschlagsbeschluss; GRUR 2018, 757 Rn. 16–18 mwN.

[127] Vgl. zur „Anti-Suit Injuction" im anglo-amerikanischen Recht *Schack* IZVR Rn. 770 ff., 230; *Geimer* IZPR Rn. 1012 ff.; *Freitag* IPRax 2002, 267 (268 f.) m. Fn. 16 u. 17; *Grabinski* GRUR-Int 2001, 199 (211) li. Sp.; vgl. EuGH EuZW 2004, 468 – Turner; 10.2.2009 – C-185/07 Rn. 28–30; zur sog. Anti Anti-Suit Injunction OLG München BeckRS 2019, 33196 und 6 U 5689/19; Tribunal de Grande Instance de Paris 8.11.2019 – RG 19/59311; High Court of Justice 8.11.2019 – HP 2019 – 000024.

[128] Vgl. *Deutsch* WRP 1999, 25 (29 f.); *Ullmann* GRUR 2001, 1027 (1028); *Sack* WRP 2005, 253; der Antrag, es der Antragsgegnerin zu untersagen, der Antragstellerin bis zum Abschluss des Hauptsacheverfahrens zu untersagen, eine Zweitmarke zu vertreiben, wurde als nicht begründbares Verbot, Rechtsschutz zu suchen, qualifiziert, OLG München 12.7.2001 – W (K) 1930/01.

[129] Vgl. OLG München 12.3.1998 – 6 U 6336/97.

[130] Vgl. zB BGH NJW 2003, 1934 (1936).

[131] Vgl. zB BGH GRUR 1996, 812 (814) mwN – Unterlassungsurteil gegen Sicherheitsleistung; LG Düsseldorf Mitt. 1998, 273 ff., zum Antrag auf Erlass einer einstweiligen Verfügung.

[132] Vgl. aus der eingehenden Diskussion in der Literatur zB *Teplitzky* WRP 2005, 1433; *Deutsch* GRUR 2006, 374.

[133] Vgl. zB *Jestaedt* GRUR 1985, 480; *Berneke/Schüttpelz* Rn. 213; Ahrens/*Jestaedt* Kap. 46 Rn. 2; Stein/Jonas/*Grunsky* Vor § 935 Rn. 9, 36; *Walker* in Schuschke/Walker Vor § 916 Rn. 15; Ahrens/*Spätgens* Rn. 7; OLG Frankfurt a. M. NJW 1968, 2212; WRP 1982, 422; OLG Koblenz GRUR 1979, 496; OLG München WRP 1986, 507.

gebot gerichteten Verfügungsverfahrens ist der prozessuale Anspruch des Antragstellers auf **Sicherung** des materiell-rechtlichen Anspruchs.[134]

50 **2. Verhältnis zum Hauptsacheverfahren.** Aus dieser **Verschiedenheit der Streitgegenstände** ergeben sich für das Verhältnis von Verfügungsverfahren und Hauptsacheverfahren folgende Konsequenzen:

51 Beide Verfahren können **nebeneinander** durchgeführt werden.[135]

52 Dem **steht § 261 Abs. 3 Nr. 1 ZPO nicht entgegen,** unabhängig davon, in welcher zeitlichen Reihenfolge die Verfahren anhängig gemacht werden.[136] Für die Klageerhebung nach Einleitung eines Verfügungsverfahrens ergibt sich dies unmittelbar aus der Regelung in § 926 ZPO. Das Rechtsschutzbedürfnis für ein Vorgehen im Wege der einstweiligen Verfügung nach Erhebung einer Hauptsacheklage kann nicht ohne weiteres verneint werden (vgl. → vor § 12 Rn. 72).

53 Soweit dem Antragsteller im Hinblick auf § 93 ZPO Kostennachteile drohen, wenn er neben einem bereits anhängigen Verfügungsverfahren ohne dessen Ausgang abzuwarten und ein Abschlussschreiben zu versenden, Hauptsacheklage erhebt,[137] hat dies nichts mit der Frage des grundsätzlich zulässigen Nebeneinanders beider Verfahren zu tun.

54 Ein gleichzeitiges Vorgehen im Wege der einstweiligen Verfügung und der Hauptsacheklage kann jedoch unter dem Gesichtspunkt des **Rechtsmissbrauchs** (§ 8 Abs. 4 UWG) [138] zu beanstanden sein, wenn diese Vorgehensweise vorrangig darauf abzielt, den Antragsgegner mit hohen Kosten zu belasten. Im Hinblick auf die Rechtsprechung des BGH zu § 13 Abs. 5 UWG aF,[139] in der die gleichzeitigige Anstrengung eines Hauptsacheverfahren als Anhaltspunkt für ein rechtsmissbräuchliches Verhalten herangezogen wurde, wird die gleichzeitige Erhebung einer Hauptsacheklage, ohne den Ausgang des einstweiligen Verfügungsverfahrens mit der Möglichkeit der Streiterledigung im Wege einer Abschlusserklärung abzuwarten, einer kritischeren Beurteilung als bisher zu unterziehen sein.[140]

55 Die **Eigenständigkeit** des einstweiligen Verfügungsverfahrens im Verhältnis zum Klageverfahren ist der Disposition der Parteien entzogen. Ein **Übergang** vom Verfügungsverfahren in das Hauptsacheverfahren ist auch bei ausdrücklicher Zustimmung und entsprechendem Begehren der Parteien nicht möglich.[141] Ebenso ist eine **Verbindung** (§ 147 ZPO) des Verfügungsverfahrens mit dem Hauptsacheverfahren wegen der **verschiedenen Verfahrensarten** (vgl. § 260 ZPO) nicht möglich.[142] In einem einzigen Schriftsatz anhängig gemachte Verfahren sind deshalb vom Gericht von Amts wegen **abzutrennen.**[143]

---

[134] BGH GRUR 2004, 264 (266) – Euro-Einführungsrabatt; so auch bereits ausdrücklich zum Arrestverfahren BGH NJW 1980, 191.

[135] Allgemeine Meinung vgl. OLG Köln WRP 1987, 188 (190) mwN.

[136] OLG Hamm NJW-RR 1991, 1335 (anders früher NJW-RR 1986, 1165 (1166); MDR 1969, 227); OLG Köln WRP 1996, 1214 (1215 f.); NJWE-WettbR 1999, 92 f.; *Brüning* → Vor § 12 Rn. 257; Stein/Jonas/*Bruns* Vor § 935 Rn. 6, 10; Ahrens/*Spätgens* Rn. 8 mwN; aA OLG Hamm MDR 1969, 227; das OLG Dresden WRP 1996, 432 (433 f.) befasst sich nur mit der Frage der Klageveranlassung im Sinne von § 93 ZPO.

[137] Hierzu → Vor § 12 Rn. 257 f. sowie nachfolgend → Rn. 292.

[138] Vgl. OLG Köln WRP 2015, 1385 Rn. 20 ff. zum Missbrauch des Verfügungsverfahrens zur Durchsetzung von sachwidrigen Zielen.

[139] GRUR 2000, 1089 (1091) – Missbräuchliche Mehrfachverfolgung; GRUR 2001, 82 (83 und 84) – Neu in Bielefeld I und II; GRUR 2001, 78 (79) – Falsche Herstellerpreisempfehlung; 6.4.2000 – I ZR 75/98 und 20.12.2001 – I ZR 80/99; *Berneke/Schüttpelz* Rn. 609, 634 Fn. 37.

[140] Vgl. OLG Nürnberg GRUR-RR 2004, 336; OLG München OLGR 2008, 457; 22.6.2015 – 6 W 428/15; *Hantke* FS Erdmann, 2002, 831 ff.; *Teplitzky* WRP 2003, 173 (182); krit. zur BGH-Rspr. *Schulte-Franzheim* WRP 2001, 745; *Stickelbrock* WRP 2001, 648 (657 f., 600); vgl. auch Ahrens/*Spätgens* Rn. 11; Gloy/Loschelder/Erdmann/*Spätgens,* Handbuch des Wettbewerbsrechts, § 93 Rn. 6: auf Ausnahmefälle zu beschränken.

[141] OLG Hamm NJW 1971, 387; 1978, 57; OLG Karlsruhe WRP 1977, 272; OLG München OLG Report 1994, 178; *Berneke/Schüttpelz* Rn. 331 mwN auch zur Gegenmeinung für den Fall des Einverständnisses beider Parteien.

[142] OLG Koblenz NJW-RR 2002, 1724 (1725); Zöller/*Greger* § 147 Rn. 3.

[143] Thomas/Putzo/*Reichold* § 145 Rn. 3, § 260 Rn. 13; vgl. aber auch BGH GRUR 2017, 983 Rn. 34 ff. – Teststreifen zur Blutzuckerkontrolle II.

56 Ein **Anerkenntnis** im Verfügungsverfahren erfasst nur den Gegenstand des Verfügungsverfahrens.[144]

57 Ein im Verfügungsverfahren abgeschlossener **Vergleich** umfasst nicht ohne weiteres den Hauptsacheanspruch. Ob sich der Gegenstand des Vergleichs auch auf den Hauptsache erstreckt, womit auch eine vorläufige Regelung entbehrlich wird, sollte ausdrücklich klargestellt werden, um Streitigkeiten hierüber gar nicht aufkommen zu lassen. Oftmals wird im Verfügungsverfahren auch ein Zwischenvergleich über die Kosten des Verfügungsverfahrens getroffen, etwa dergestalt, dass dessen Kosten der Entscheidung in der Hauptsache folgen sollen,[145] wobei sich empfehlen wird, auch bereits im Vergleich eine Regelung für den Fall zu treffen, dass keine Entscheidung in der Hauptsache ergeht. Gegebenenfalls ist die „Lücke" durch eine Anwendung des § 91a ZPO zu schließen.[146]

58 Eine **Erledigungserklärung** (→ Rn. 231 ff.) bezieht sich nur auf das Verfahren, in dem sie abgegeben wird.[147]

59 Im Hinblick auf die Selbständigkeit der beiden Verfahren können die Kosten des Verfügungsverfahrens nicht als Vorbereitungskosten für das Hauptsacheverfahren angesehen werden.

60 Zum Verhältnis der **Streitwerte:** → Rn. 645 ff.

VI. Verfügungsgrund – Bedeutung des § 12 Abs. 1

61 **1. Verfügungsgrund als Zulässigkeitsvoraussetzung.** Die nahezu einhellige Meinung im Wettbewerbsrecht behandelt den Verfügungsgrund (§ 936, § 917 ZPO) als **Zulässigkeitsvoraussetzung**[148] zur Rechtfertigung des Vorgehens im Wege des einstweiligen Rechtsschutzes und nicht im „normalen" Klageverfahren (auch als besonderes Rechtsschutzbedürfnis neben dem allgemeinen Rechtsschutzbedürfnis behandelt). Als Prozessvoraussetzung (Sachurteilsvoraussetzung) ist sein Vorliegen **von Amts wegen zu prüfen.**[149] Sie ist der Disposition der Parteien entzogen.[150] Der Verfügungsgrund muss bei Erlass der Beschlussverfügung oder zum Zeitpunkt des Schlusses der mündlichen Verhandlung bei Entscheidung aufgrund mündlicher Verhandlung, nach Widerspruchseinlegung oder im Aufhebungsverfahren (§ 936, § 927 ZPO) bestehen (glaubhaft gemacht sein). Fehlt dieses **besondere Rechtsschutzbedürfnis** für die Durchführung eines Eilverfahrens, ist der Antrag als unzulässig abzuweisen. Entsprechend der Behandlung des allgemeinen Rechtsschutzbedürfnisses und sonstiger als qualifiziert angesehener Prozessvoraussetzungen (Sachurteilsvoraussetzungen)[151] bedarf es – entgegen dem sonstigen logischen Vorrangs der Prozessvoraussetzung vor der materiell-rechtlichen Beurteilung – dann keiner Prüfung des Verfügungsgrundes, wenn der Antrag sich aus sonstigen (auch sachlichen) Gründen als erfolglos erweist.[152]

62 Nach den gesetzlichen Vorgaben kann nach § 935 ZPO eine einstweilige Verfügung nur dann ergehen, „wenn zu besorgen ist, dass durch eine Veränderung des bestehenden Zustandes die Verwirklichung des Rechts einer Partei vereitelt oder erschwert werden könnte" oder wenn eine einstweilige Regelung „zur Abwendung wesentlicher Nachteile

[144] OLG Hamm NJW-RR 1986, 1232; OLG München WRP 1986, 507; Ahrens/*Spätgens* Rn. 10; *Berneke/Schüttpelz* Rn. 463, 542 mwN.

[145] *Berneke/Schüttpelz* Rn. 542 mwN.

[146] So OLG Frankfurt a. M. OLG Report 1998, 34.

[147] Teplitzky/*Feddersen* Kap. 55 Rn. 24 ff.

[148] Vgl. die umfangreichen Nachweise aus Rspr. u. Lit. bei Ahrens/*Singer* Kap. 45 Rn. 1 Fn. 1 und *Berneke/Schüttpelz* Rn. 104 Fn. 156; siehe auch BGH WM 2000, 635; aA OLG Frankfurt a. M. NJW 2002, 903 f. mwN.

[149] OLG Stuttgart WRP 1997, 355 (357); *Berneke/Schüttpelz* Rn. 105.

[150] AA *Berneke/Schüttpezl* Rn. 117, die im Falle des Einverständnisses des Antragsgegners mit einer Entscheidung im Verfügungsverfahren auf die Prüfung des Verfügungsgrundes verzichten wollen.

[151] Teplitzky/*Feddersen* Kap. 54 Rn. 15.

[152] OLG Köln GRUR 1984, 71; NJWE-WettbR 1998, 145 (147); OLG Frankfurt a. M. GRUR 2000, 517; Teplitzky/*Feddersen* Kap. 54 Rn. 15; *Berneke/Schüttpelz* Rn. 346 mwN.

oder zur Verhinderung drohender Gewalt oder aus anderen Gründen nötig erscheint" (§ 940 ZPO). Dass der Antragsteller auf eine gerichtliche Eilmaßnahme angewiesen ist, hat er – außerhalb des Anwendungsbereichs des § 12 Abs. 1 UWG – **darzutun und glaubhaft zu machen** (§ 936, § 920 Abs. 2 ZPO), wobei auf die in seiner Person – macht er Ansprüche eines Dritten in gewillkürter Prozessstandschaft geltend, ist auch auf diesen abzustellen – bestehenden objektiven Gegebenheiten abzustellen ist,[153] nämlich seine schutzwürdigen Interessen und deren Gefährdung bzw. Beeinträchtigung ohne das Ergehen der begehrten Eilmaßnahme. Ob die Rechtsverfolgung im Wege der einstweiligen Verfügung dringlich ist – als „Auswirkung" des § 12 Abs. 1 UWG wird im Wettbewerbsrecht Dringlichkeit bzw. Eilbedürftigkeit mit Verfügungsgrund meist gleichgesetzt – ist aufgrund einer Abwägung der Interessen des Antragstellers und des Antragsgegners zu beurteilen.[154]

2. Bedeutung des § 12 Abs. 1 UWG. Die **Entstehungsgeschichte** von § 25 UWG idF von 1909 und der Vorgängervorschrift in § 3 UWG idFv 1896 ist von *Ahrens*[155] eingehend dargestellt worden; ebenso die verschiedenen Interpretationen durch die Rechtsprechung und die Literatur „im Wandel der Zeit".[156] Insbesondere die eingehende Analyse der „zeitnahen" Rechtsprechung und Äußerungen in der Literatur belegen eindrucksvoll die Schwierigkeiten bei der Anwendung der Regelung, deren Wortlaut die Interpretation nahe legt, dass in seinem Anwendungsbereich eine einstweilige Verfügung auch ohne Vorliegen eines Verfügungsgrundes ergehen könne.[157] Auch die Gesetzesmaterialien geben keinen verlässlichen Hinweis[158] auf die von der hM vorgenommene Interpretation, § 25 UWG aF befreie den Antragsteller nur von der Darlegung und Glaubhaftmachung eines Verfügungsgrundes, mache einen Verfügungsgrund jedoch nicht entbehrlich. In der Entscheidung *Späte Urteilsbegründung*[159] hatte der BGH bisher einmalig Gelegenheit, zu der rechtlichen Bedeutung des § 25 UWG aF Stellung zu nehmen. Er hat sich der in der Rechtsprechung der Oberlandesgerichte[160] und auch in der Literatur[161] überwiegend vertretenen Auffassung angeschlossen, dass § 25 UWG aF einen Verfügungsgrund nicht entbehrlich mache, sondern lediglich eine **widerlegliche (gesetzliche) Vermutung** für die Dringlichkeit begründe und damit nur von der Darlegung und Glaubhaftmachung des Verfügungsgrundes befreie. 63

Aus dieser aus § 25 UWG aF hergeleiteten tatsächlichen Vermutung für das Bestehen eines Verfügungsgrundes (Dringlichkeit) folgt, dass der Antragsteller zur „Dringlichkeit" der von ihm begehrten Verbotsverfügung keine Tatsachen vortragen und glaubhaft machen muss, vielmehr ist der **Verfügungsgrund vom Gericht zu unterstellen.**[162] Im Anwen- 64

[153] *Berneke/Schüttpelz* Rn. 105; Teplitzky/*Feddersen* Kap. 54 Rn. 17.

[154] *Berneke/Schüttpelz* Rn. 114 mwN.

[155] Wettbewerbsverfahrensrecht S. 303 f. und S. 310 ff.

[156] *Ahrens,* Wettbewerbsverfahrensrecht, S. 304 ff., 318 ff.

[157] Vgl. die wörtliche Interpretation des LG München I WRP 1996, 252 (253 f.); zum Berufungsurteil OLG München WRP 1996, 231 f. → Rn. 113.

[158] *Ahrens,* Wettbewerbsverfahrensrecht, S. 315, hält die Materialien zu § 3 UWG 1896 für gänzlich unergiebig, während MüKoZPO/*Heinze* § 935 Rn. 153–156 die entsprechende Passage als eindeutigen Beleg für die hM ansieht und darauf verweist, aus dem Wortlaut „auch wenn" lasse sich die widerlegliche Vermutung für das Bestehen eines Sicherungsbedürfnisses entnehmen.

[159] GRUR 2000, 151 (152); vgl. auch BVerfG 3.4.1998 – 2 BvR 415/98.

[160] KG WRP 1992, 568 (569); OLG Bremen NJW-RR 1993, 555; OLG Braunschweig OLG Report 2000, 330; OLG Celle BauR 1999, 390 f.; OLG Report 1996, 237; 17.9.1997 – 13 U 124/97; OLG Dresden WRP 1997, 577 (580); 1998, 415 (416); OLG Düsseldorf WRP 1997, 968 (970); OLG Frankfurt a. M. WRP 1995, 651 (652); OLG Hamburg WRP 1996, 27 (28); WRP 1996, 774; OLG Hamm WRP 1992, 725, 800; OLG Karlsruhe GRUR 1994, 726 (728); OLG Koblenz GRUR 1981, 671; OLG Köln WRP 1994, 50 f.; 1997, 869 (870); OLG München GRUR 1980, 329 (330) und GRUR 1980, 1017 (1018); WRP 1991, 51 (53); GRUR 1992, 328; WRP 1993, 49 (50); OLG Nürnberg MD 2002, 197; OLG Oldenburg WRP 1971, 181; OLG Stuttgart WRP 1997, 355 (357); Nachweise zu älteren Entscheidungen bei *Ahrens,* Wettbewerbsverfahrensrecht, S. 304 Fn. 5.

[161] Vgl. die Nachweise bei Ahrens/*Singer* Kap. 45 Rn. 7; *Berneke/Schüttpelz* Rn. 125.

[162] Ahrens/*Singer* Kap. 45 Rn. 7; *Berneke/Schüttpelz* Rn. 105.

dungsbereich des § 25 UWG aF wurde – von Einzelfällen abgesehen[163] – eine umfassende **Abwägung** der sich gegenüber stehenden Parteiinteressen **nicht vorgenommen.** Vielmehr beschränken sich die Erörterungen zur Problematik der Widerlegung der Dringlichkeitsvermutung (fast)[164] ausschließlich auf die Frage des zögerlichen Vorgehens von Seiten des Antragstellers.

65 Der Gesetzgeber hatte bis zur **Neuregelung** durch das UWG **2004** keine Veranlassung gesehen, § 25 UWG aF „klarzustellen", sondern hat in Kenntnis der von der hM daraus hergeleiteten tatsächlichen Vermutung seinen Anwendungsbereich in § 5 UKlaG ausgedehnt.

66 Darüber hinaus sah der Vorschlag von *Köhler/Bornkamm/Henning-Bodewig*[165] eine dem bisherigen § 25 UWG entsprechende Regelung vor, deren Anwendungsbereich jedoch auf den Auskunftsanspruch[166] ausgedehnt werden sollte. Diese Ausweitung wurde aber weder vom Referentenentwurf noch vom Regierungsentwurf aufgegriffen. Der Referentenentwurf sah in § 11 Abs. 2 UWG-E eine unveränderte Übernahme von § 25 UWG aF vor. In der Begründung wird zu der vorgesehenen Änderung des UKlaG durch § 19 Abs. 4 Nr. 2 UWG-E ausgeführt, dass „wie bisher ... die Dringlichkeit einer einstweiligen Verfügung auch in Verfahren nach dem Unterlassungsklagengesetz widerleglich vermutet" wird. Der Regierungsentwurf, dessen § 12 Abs. 2 aF der Gesetz gewordenen Fassung entspricht, misst der sprachlichen Neufassung „ohne die Darlegung und Glaubhaftmachung" ersichtlich keinen von der bisherigen hM abweichenden Gehalt zu, so die Begründung, S. 55 und 60:

> *„Die Regelung entspricht im Wesentlichen § 25 UWG a. F. Es wird klargestellt, dass der Antragsteller den Verfügungsgrund nicht glaubhaft machen muss. Die Eilbedürftigkeit bzw. Dringlichkeit wird in Wettbewerbssachen vermutet.*
> *§ 12 Abs. 2 entspricht § 25 UWG a. F., weshalb hiermit eine inhaltliche Änderung des Unterlassungsklagengesetzes nicht verbunden ist. Wie bisher wird die Dringlichkeit einer einstweiligen Verfügung auch in Verfahren nach dem Unterlassungsklagengesetz widerleglich vermutet."*

67 Forderungen nach einer gesetzlichen Festlegung, ab wann eine Dringlichkeit zu verneinen ist, wurden nicht aufgegriffen.[167]

68 **3. Widerlegung der Vermutung.** Im Anwendungsbereich des § 12 Abs. 1 (hierzu nachfolgend → Rn. 334 ff.) kommt nicht der Darlegung und Glaubhaftmachung eines Verfügungsgrundes, sondern der Widerlegung der Dringlichkeitsvermutung die wesentliche Bedeutung zu. Die Widerlegung der Vermutung ist Sache des Antragsgegners, dh der Antragsteller ist nicht gehalten, etwa zu seiner Kenntnis des zu beanstandenden Verhaltens vorzutragen. Vielmehr ist es Sache des Antragsgegners, Umstände darzutun und glaubhaft zu machen, die auf eine „dringlichkeitsschädliche" Kenntnis schließen lassen.[168] Da der Verfügungsgrund als Prozessvoraussetzung von Amts wegen zu prüfen ist,[169] kann sich die Widerlegung aber nicht nur aus dem Vorbringen des Antragsgegners, sondern auch aus dem eigenen Vorbringen des Antragstellers bzw. seinem sonstigen Verhalten ergeben – **Selbstwiderlegung durch langes Zuwarten.**

---

[163] OLG Celle GRUR 1998, 50; OLG Düsseldorf WM 2002, 806 f., wonach erhebliche Belange des auf Unterlassung in Anspruch Genommenen im Rahmen einer Interessenabwägung die Dringlichkeitsvermutung des § 25 UWG widerlegen können; GRUR 2005, 523; MMR 2005, 776; *Berneke/Schüttpelz* Rn. 114, 137; *Melullis* Rn. 161; *Retzer* GRUR 2009, 329; Ahrens/*Singer* Kap. 45 Rn. 7 mwN; *Lehmler* § 12 Rn. 88; weitergehend *Holzapfel* GRUR 2003, 287 (291 f.).

[164] Vgl. → Rn. 68 ff.

[165] WRP 2002, 1317 (1323, 1328).

[166] hierzu auch → Rn. 277.

[167] Vgl. GRUR 2009, 564 sowie die Stellungnahme des GRUR-Fachausschusses GRUR 2009, 564 f.

[168] OLG Hamburg GRUR-RR 2018, 479 Rn. 47; OLG Stuttgart WRP 2018, 1252 Rn. 19; *Meinhardt* WRP 2020, 273 Rn. 45 ff.

[169] Allgemeine Auffassung vgl. Ahrens/*Singer* Kap. 45 Rn. 1 mwN; *Berneke/Schüttpelz* Rn. 136.

a) Dringlichkeitsfrist. Im Grundsatz besteht Einigkeit darüber, dass die zugunsten des Antragstellers nach den obigen Grundsätzen zu vermutende Dringlichkeit verloren geht, wenn er mit der Rechtsverfolgung ohne sachlichen Grund zu lange zuwartet, da er in diesen Fällen selbst zu erkennen gibt, dass er nicht derart eilig auf das begehrte Verbot angewiesen ist, dass es ihm nicht zugemutet werden könnte, sein Rechtsschutzziel in einem Hauptsacheverfahren durchzusetzen. Hierbei kann nur auf den Zeitraum abgestellt werden, während dessen der Antragsteller 69

– nach Kenntnis des zu beanstandenden Verhaltens[170] bzw. sich diesbezüglich aufdrängender Umstände
– in Kenntnis des dafür Verantwortlichen (Verletzers)
– aus objektiver Sicht erfolgversprechend[171]

gerichtlich vorgehen kann und dies dennoch nicht oder nicht mit der gebotenen Eile getan hat.

Da es für ein Vorgehen im Wege der einstweiligen Verfügung einer Dringlichkeit im Verhältnis zum Antragsteller bedarf, kann auch nicht darauf abgestellt werden, ob das angegriffene Verhalten **Interessen der Allgemeinheit** berührt; eine großzügigere Betrachtung ist daher nicht veranlasst.[172] 70

Zu den damit zusammenhängenden Einzelfragen gibt es eine kaum noch zu überschauende Fülle an Entscheidungen. Einen **Überblick** über die **Rechtsprechung** der meisten **Oberlandesgerichte** findet sich zB bei *Schwippert,*[173] *Melullis,*[174] *Singer,*[175] *Köhler,*[176] *Hess,*[177] *Berneke/Schüttpelz*[178] *und Schmidt*[179] Darüber hinaus ist auf den **Anhang zu § 12** zu verweisen, in dem Entscheidungen der Oberlandesgerichte zu Fragen der Dringlichkeit zusammengestellt wurden, um dem Praktiker den Zugriff auf die Problematik zu erleichtern, da sich die Handhabung in der Praxis aufgrund der **„Rechtszersplitterung" auf OLG-Ebene** sehr unterschiedlich darstellt. Bei der Beurteilung der Frage, wann der Antragsteller durch ein Zuwarten zum Ausdruck gebracht hat, dass ihm die Sicherung seines (vermeintlichen) Anspruches doch nicht so dringlich ist und es ihm deshalb zumutbar erscheint, auf das Hauptsacheverfahren verwiesen zu werden, widerstreiten zwei schwer in Einklang zu bringende Kriterien: Die Vorhersehbarkeit (Rechtssicherheit) und die Einzelfallgerechtigkeit. Eine Berücksichtigung aller Umstände des Einzelfalls (Komplexität in tatsächlicher und rechtlicher Hinsicht, Erfahrenheit des Antragstellers in rechtlichen Dingen, anwaltliche Vertretung, vorhergehende Abmahnung, Vergleichsgespräche, Erforderlichkeit der Beschaffung von Glaubhaftmachungsmitteln etc) trägt zwar letzterem Kriterium bestmöglich Rechnung,[180] birgt aber das Risiko, dass das Ergebnis schwer prognostizierbar ist. Demgegenüber wird die Handhabung von (starren) Fristen, nach deren Ablauf die Dringlichkeit als widerlegt angesehen wird, dem Grundsatz der Vorhersehbarkeit (Rechtssicherheit) bestmöglich gerecht,[181] lässt jedoch für die Berücksichtigung der Umstände des Einzelfalls kaum Raum.[182] 71

---

[170] Zur erstmaligen Kenntnis muss der Antragsteller zur Schlüssigkeit des Antrags nicht vortragen, OLG Köln WRP 2016, 268 (273).

[171] AA *Traub* WRP 1984, 693 (694), wonach es auf die rechtliche Subsumtion und das Vorhandensein von Beweismitteln nicht ankomme; offen *Mes* FS Traub, 1994, 661 (676).

[172] *Köhler*/Bornkamm § 12 Rn. 3.15.

[173] In GroßkommUWG (1. Aufl.) § 12 C Rn. 55.

[174] Rn. 163–181.

[175] In *Ahrens* Kap. 45 Rn. 43 ff.

[176] Köhler/Bornkamm/Feddersen/*Köhler* § 12 Rn. 2.15b.

[177] In jurisPK UWG § 12 Rn. 87.

[178] *Berneke/Schüttpelz* Rn. 154–176.

[179] Büscher/*Schmidt* § 12 Rn. 188 ff.

[180] Vgl. die eingehende Kritik von *Doepner* WRP 2012, 1384 an der „epidemische(n) Verbreitung des „bacillus bavaricus" mit dem Plädoyer gegen jedwede feste Zeitspanne; so auch zB das OLG Hamburg, vgl. die Nachw. bei *Doepner* WRP 2012, 1384.

[181] So auch *Köhler* GRUR-RR 2007, 337 (345); *Demuth* GRUR 2011, 404.

[182] *Doepner* WRP 2012, 1384 (1387, 1391).

72 **b) Fristbeginn.** Der Antragsteller muss **positiv** von denjenigen Tatsachen **Kenntnis** erlangt haben, die den Wettbewerbsverstoß begründen (zB der zu beanstandenden Werbeanzeige bzw. dem mit einer verwechslungsfähigen Bezeichnung versehenen Produkt).[183] Daran kann es aber auch fehlen, wenn der Verstoß nicht ohne weiteres erkannt werden konnte, sondern erst nach weiteren Überprüfungen (zB des Inhalts einer Diskette) erkannt werden kann.[184]

73 Erlangt der Antragsteller erst nach diesem Zeitpunkt die Stellung eines möglichen Gläubigers eines Unterlassungsanspruchs – Aufnahme einer selbstständigen gewerblichen Tätigkeit[185] –, so kann nur auf den Zeitraum danach abgestellt werden.[186]

74 Dass der Antragsteller bei gehöriger Beobachtung des Marktgeschehens (Werbung der Konkurrenten bzw. Überprüfung der Register) früher von dem Verstoß hätte Kenntnis erlangen können, ist nicht maßgeblich. Eine allgemeine **Marktbeobachtungspflicht** im Sinne einer Obliegenheit in eigenen Angelegenheiten zur Erhaltung der Dringlichkeit gibt es nicht.[187] Auch in der Neuregelung des Verjährungsrechts (§ 199 Abs. 1 BGB: „... Kenntnis erlangt oder ohne grobe Fahrlässigkeit erlangt haben müsste ...") sieht das OLG Köln[188] keine Grundlage für die Anerkennung einer dahingehenden Obliegenheit.

75 Auch der Umstand, dass die beanstandete Verhaltensweise bereits längere Zeit andauert, ist allein kein taugliches Kriterium, um den Antragsteller auf das Hauptsacheverfahren zu verweisen.[189] Den Interessen des Antragsgegners kann auch so hinreichend Rechnung getragen werden. Ergeben sich aus der Dauer und/oder dem Umfang der Werbung konkrete Anhaltspunkte dafür, dass der Antragsteller bereits **früher Kenntnis** erhalten haben müsste, ist es an ihm, diesen **Anschein** zu beseitigen bzw. zum Zeitpunkt der Kenntniserlangung vorzutragen und eine von ihm behauptete spätere Kenntnis gegebenenfalls glaubhaft zu machen.[190]

76 Der positiven Kenntnis steht es gleich, wenn sich der Antragsteller **bewusst der (früheren) Kenntnis** vom Vorliegen eines Wettbewerbsverstoßes **verschließt.**[191] Liegen ihm konkrete Anhaltspunkte vor, muss er sich mit dem entsprechenden Nachdruck Klarheit über die Sachlage verschaffen. Es kann nicht in seinem Belieben stehen, wann er sich Klarheit über das Vorliegen eines Verstoßes verschafft.[192] Will man einen Wertungswider-

---

[183] Vgl. LG Köln GRUR 1995, 520 Ls.: Kenntnis eines Musters mit der fraglichen Aufmachung; LG München I 13.11.2003 – 7 O 14788/03: Kenntnis erst nachdem ein Muster im Wege eines Testkaufs erworben werden konnte; dass über das Produkt bereits in Fachzeitschriften berichtet worden war, wurde nicht als ausreichend angesehen, da damit noch keine hinreichende Kenntnis von den entscheidenden technischen Einzelheiten verbunden war und ein gerichtliches Vorgehen auf nicht hinreichend gesicherten Tatsachengrundlage nicht zumutbar.

[184] OLG Celle MD 2005, 911; OLG Hamburg NJWE-WettbR 1999, 264; OLG Köln GRUR 1995, 520; OLG München 13.1.2003 – 29 U 5203/02.

[185] Vgl. die Fallgestaltung bei OLG München WRP 1996, 231 f.: Der zunächst bei der späteren Antragsgegnerin Beschäftigte macht sich selbständig.

[186] *Schulte-Franzheim* WRP 1999, 70; *Köhler*/Bornkamm/Feddersen § 12 Rn. 3.15; *Berneke/Schüttpelz* Rn. 147.

[187] OLG Bamberg MD 2010, 514 (517); OLG Hamburg WRP 1999, 683 (684); OLG Hamm MD 2011, 993 (994 f.); OLG Köln MD 2011, 810; GRUR-RR 2003, 187 (188); OLG Karlsruhe GRUR 1995, 510 (511); OLG München MD 2006, 916 (922); WRP 1991, 51 (53); 29.1.2015 – 6 U 3823/14; *Mes* FS Traub, 1994, 661 (667); *Köhler* GRUR-RR 2006, 73 (77).

[188] GRUR-RR 2003, 187 (188).

[189] OLG Hamburg WRP 1999, 683 (684); *Berneke/Schüttpelz* Rn. 177; aA OLG Koblenz WRP 1985, 578 (579).

[190] Vgl. OLG Oldenburg WRP 1996, 461 (464); OLG Hamburg MDR 2002, 1026; MD 2011, 222 (227 f.) = WRP 2011, 373 (Ls.); OLG Karlsruhe GRUR 1995, 510 (511); vgl. auch OLG Köln NJW-RR 1999, 694; *Teplitzky* FS Loschelder, 2010, 391 (393 f.); *Berneke/Schüttpelz* Rn. 145; *Kehl* FS Loschelder, 2010, 139 (143 f.).

[191] KG MD 2017, 723 (724) mwN; OLG Hamburg WRP 1999, 683 (684); MD 2009, 935 (938 f.); OLG Frankfurt a. M. WRP 2014, 981 Rn. 21; GRUR-RR 2019, 63 OLG Köln WRP 2015, 1385 Rn. 21; OLG München OLG Report 1994, 136; GRUR-RR 2002, 357 (358); Ahrens/*Singer* Kap. 45 Rn. 24 ff.; eingehend *Kochendörfer* WRP 2005, 1459 ff.

[192] OLG München OLG Report 2002, 223 (224); MDR 1994, 152.

spruch – der Schuldner könnte sich ggf. mit Erfolg auf die Einrede der Verjährung berufen, die Dringlichkeit wäre aber noch zu bejahen – vermeiden, muss auch die grob fahrlässige Unkenntnis im Sinne von § 199 Abs. 1 BGB der positiven Kenntnis gleich gestellt werden.[193]

Im Anschluss an die Ausführungen von *Mes*[194] wird hinsichtlich der Kenntnis bei juristischen Personen/Unternehmen auf die von der Rechtsprechung insbesondere zur Frage der Verjährung entwickelten Grundsätze[195] auf die Figur des **„Wissensvertreters"** abgestellt.[196] Danach muss sich derjenige, der einen anderen mit der Erledigung bestimmter Angelegenheiten in eigener Verantwortung betraut, das in diesem Rahmen erlangte Wissen des anderen zurechnen lassen. Einigkeit herrscht insoweit als die Kenntnis von vertretungsberechtigten Personen,[197] aber auch von Personen, die allein oder zusammen mit anderen kraft Einzelweisung oder Organisationsstruktur dazu befugt sind, über ein Vorgehen gegen wettbewerbswidrige Verhaltensweisen zu entscheiden,[198] ausreicht.[199] Bei sonstigen Mitarbeitern wird darauf abgestellt, ob aufgrund des ihnen zugewiesenen Zuständigkeitsbereichs erwartet werden darf, dass sie einen ihnen zur Kenntnis gelangten Wettbewerbsverstoß zum Anlass eines weiteren Tätigwerdens nehmen, mindestens in dem Sinne, dass sie eine entscheidungsbefugte Person unterrichten.[200] Ebenso stellt das OLG Frankfurt a. M.[201] nicht allein auf die Personen ab, die Wettbewerbsverstöße verfolgen. Es reicht danach aber bereits die Kenntnis eines jeden Sachbearbeiters aus, von dem nach seiner Funktion zu erwarten ist, dass er eine gewisse Wettbewerbsrelevanz des Verhaltens der Konkurrenz – im konkreten Fall die Verletzung von Kennzeichenrechten – erkennen und seine Kenntnis auch an diejenigen Personen weitergeben kann, die zu Entscheidungen über das Einleiten entsprechender Reaktionen befugt sind, was im Hinblick auf die Arbeitsteilung in größeren Unternehmen sehr weitgehend erscheint. Das OLG Köln[202] stellt auf die erstmalige Kenntnis des nach der organisatorischen Struktur für die gerichtliche und außergerichtliche Koordinierung und Betreuung wettbewerbsrechtlicher Auseinandersetzungen in der Rechtsabteilung zuständigen Mitarbeiters ab; nicht maßgeblich ist, wann der das Unternehmen ständig vertretende Rechtsanwalt – „ausgelagerte Rechtsabteilung" erstmals durch einen Unternehmensmitarbeiter über den Verstoß unterrichtet wird.[203] 77

---

[193] Offen gelassen von OLG Celle MD 2005, 911 (912); bejahend OLG Hamm MDR 2011, 993 (995); OLG Frankfurt a. M. GRUR-RR 2014, 127; OLG München 29.1.2015 – 6 U 3823/14; *Köhler*/Bornkamm/Feddersen § 12 Rn. 3.15; Ahrens/*Schmukle* Kap. 45 Rn. 19 f.; MüKoUWG/*Schlingloff* § 12 Rn. 390; vgl. auch OLG Köln MD 2011, 810 (811).

[194] FS Traub, 1994, 661 (672 ff.).

[195] BGH NJW 1968, 988 f.; 1982, 1585 (1586); 2001, 885 (886) li. Sp.: für den Kläger tätiger Rechtsanwalt als Wissensvertreter, zu § 852 Abs. 1 BGB aF; GRUR 1998, 133 (137) – Kunststoffaufbereitung: zum Lizenznehmer sowie zum nur mit dem Anmeldeverfahren beauftragten Patentanwalt; Kenntnis des rechtsgeschäftlichen Vertreters ist danach in aller Regel unbeachtlich.

[196] Teplitzky/*Feddersen* Kap. 54 Rn. 29b.

[197] *Mes* S. 674 f.; *Berneke/Schüttpelz* Rn. 144; KG WRP 1984, 478 (479): entscheidungsbefugte Personen; WRP 1992, 788; OLG München OLG Report 1994, 136: Kenntnis des Geschäftsführers sowie des Generalbevollmächtigten; 22.2.2002 – 6 W 3101/01; LG München I WRP 1997, 123 (126); vgl. aber auch OLG Köln NJW-RR 1999, 694 betreffend große Unternehmen mit Aufgabenteilung; WRP 2014, 983 Rn. 22 ff.

[198] *Mes* S. 675: Mitglieder der Rechts- oder Patentabteilung als „geborene" Wissensvertreter, nicht Mitarbeiter der Marketing- oder Werbeabteilung sowie des Außendienstes.

[199] *Mes* S. 674 f.

[200] Verneint für Außendienstmitarbeiter, Portier, Chauffeur, Verwaltungsangestellte FS Traub, 1994, 661 (677); für Vertragshändler verneinend LG München I WRP 1997, 123 (126); zustimmend *Ingerl/Rohnke* Vor §§ 14–19 Rn. 96; OLG Hamburg MD 2004, 393: keine Zurechnung der Kenntnis der inländischen Importeurin; GRUR-RR 2006, 374 (376): verneint für eigenständigen Händler.

[201] NJW 2000, 1961; ablehnend *Ingerl/Rohnke* Vor §§ 14–19 Rn. 96.

[202] NJW-RR 1999, 694; vgl. weiter GRUR 1993, 685: Kenntnis der Vorgesellschaft zurechenbar; OLG Stuttgart NJWE-WettbR 1996, 111: Kenntnis einer Schwestergesellschaft nicht zurechenbar; OLG Hamburg OLG Report 2000, 259: Zurechnung der Kenntnis der Muttergesellschaft.

[203] OLG Köln WRP 2010, 562 (Ls.); OLG Frankfurt a. M. WRP 2015, 1385 Rn. 22: Zurechnung der Kenntnis eines dritten Unternehmens, von dem Informationen wurden.

78 Bezüglich der **Zurechnung der Kenntnis von Außenstehenden** wird für maßgeblich gehalten, ob der Dritte ausdrücklich als Wissensvertreter bestellt worden ist,[204] was von *Mes*[205] für den mit der Sachverhaltsaufklärung betrauten Anwalt[206] bejaht, für die Einschaltung von Testkäufern[207] und Detektiven, sofern diesen nicht eigenverantwortlich die Aufklärung von Wettbewerbsverstößen übertragen ist, jedoch verneint wird.

79 Ob der Kenntnis von einer begangenen Zuwiderhandlung die Kenntnis von Umständen, die eine **Erstbegehungsgefahr** begründen, gleich zu behandeln ist, wird unterschiedlich beurteilt. So vertritt das OLG München[208] die Auffassung, der Antragsteller könne abwarten, ob es tatsächlich zu einer Verletzung komme, während das OLG Köln[209] dem Antragsteller, der gegen eine Markeneintragung nicht vorgegangen ist, verwehrt hat, gegen die spätere Aufnahme der Benutzung im Wege des einstweiligen Rechtsschutzes vorzugehen, was in der Literatur überwiegend kritisiert wird.[210] Ebenso stellt das OLG Hamburg auf den Zeitpunkt der Kenntnis von einer Titelschutzanzeige ab und nicht auf die spätere Benutzungsaufnahme des Titels.[211] Auch das OLG Frankfurt a. M.[212] sieht in der Aufnahme des zuvor ernsthaft angedrohten Verhaltens keinen „Qualitätssprung"; ebenso das OLG Stuttgart.[213] Sachgerechter erscheint es, zwischen einer bevorstehenden und einer bereits erfolgten Zuwiderhandlung zu differenzieren.[214]

80 Dem Antragsteller muss auch die **Person des potentiellen Antragsgegners,** bei juristischen Personen auch die Rechtsform und die Vertretungsverhältnisse bekannt sein.[215] Die erforderlichen Kenntnisse hat er sich mit der gebotenen Eile durch die Einholung von Auskünften aus den entsprechenden Registern, gegebenenfalls auch durch die Einschaltung von Auskunfteien zu beschaffen.

81 Weiter muss berücksichtigt werden, dass ein Vorgehen im Wege einer einstweiligen Verfügung nur dann Erfolg versprechend – und ein Zuwarten folglich nur dann vorwerfbar – sein kann, wenn der Antragsteller über die erforderlichen Glaubhaftmachungsmittel verfügt. Dem Antragsteller ist einerseits **nicht zumutbar, auf ungenügender Tatsachengrundlage und mit ungenügenden Glaubhaftmachungsmitteln** einen Antrag auf Erlass einer einstweiligen Verfügung einzureichen. Andererseits kann er **nicht von jedem Prozessrisiko freigestellt** werden. So kann er nicht zuwarten, bis bereits ent-

[204] Vgl. BGH GRUR 1998, 133 (138) – Kunststoffaufbereitung zur Verjährung; verneinend für den Vertragshändler eines Importeurs LG München I WRP 1997, 123 (126).

[205] FS Traub, 1994, 661 (677).

[206] Ebenso LG München I 15.12.2003 – 7 O 17681/03 für den mit der Feststellung von Schutzrechtsverletzungen beauftragten Patentanwalt; vgl. OLG Frankfurt a. M. WRP 2013, 1067: Zurechnung der Kenntnis des Anwalts des Abgemahnten, der bei der Prüfung der Abmahnung auf eine Verstoß des Abmahners stützt; *Berneke/Schüttpelz* Rn. 144 aE.

[207] Hierzu OLG Stuttgart WRP 1985, 242, zur Verjährung; vgl. auch KG WRP 1992, 564 (566) betreffend Informanten.

[208] Mitt. 1999, 223 (227 f.); vgl. auch OLG Report 2002, 223 f.; vgl. auch OLG Hamburg NJW-RR 2001, 552 wonach eine Berühmung keine Dringlichkeitsfrist in Lauf setzt; GRUR-RR 2002, 345 (346); *Berneke/Schüttpelz* Rn. 143: Sichere Kenntnis von einem wettbewerbswidrigen Vorhaben reicht aus.

[209] WRP 1997, 872; vgl. auch OLG Köln GRUR 1999, 376: alsbaldiges Vorgehen im Wege der einstweiligen Verfügung nach Erhebung einer negativen Feststellungsklage von Seiten des Antragsgegners; WRP 2019, 1592 Rn. 27 f.: bloße Ankündigung des Vertriebs nicht maßgeblich, da mit erneuter Ankündigung des Vertriebs trotz geltendgemachter Einwände eine Zäsur vorliegt; OLG Hamburg MD 2007, 1053.

[210] Ablehnend im Hinblick auf die dreimonatige Widerspruchsfrist *Schulz* WRP 2000, 258 (262 f.); *Nieder* Mitt. 2000, 103 (104 f.), der in der bloßen Anmeldung/Eintragung einer Marke noch keine solche Gefährdung sehen will, um im Wege des Eilverfahrens dagegen vorzugehen; *Berneke/Schüttpelz* Rn. 189 und *Ströbele/Hacker* § 14 Rn. 480; *Eikelau* MarkenR 2001, 41 (42 f.); *Melullis* Rn. 41.

[211] AfP 2004, 135; zustimmend *Teplitzky* WRP 2005, 654 (661) sowie FS Loschelder, 2010, 391 (397).

[212] GRUR GRUR-RR 2014, 82; WRP 2020, 362 Rn. 8; ebenso OLG Hamburg GRUR-RR 2008, 100.

[213] GRUR-RR 2009, 447.

[214] AA Teplitzky/*Feddersen* Kap. 54 Rn. 37a, wenn die tatsächliche Zuwiderhandlung keine neue Qualität gegenüber dem angekündigen Verhalten hat.

[215] OLG München MD 2007, 973 (975).

sprechende Verfahren gegen Dritte entschieden sind.[216] Erforderliche Glaubhaftmachungsmittel muss er sich mit der gebotenen Eile beschaffen.[217]

Auch bei einem zögerlichen Vorgehen von **Verbänden** (§ 8 Abs. 3 Nr. 2–4) wird die Dringlichkeit widerlegt. Es ist nicht gerechtfertigt, bei Verbänden im Sinne von § 8 Abs. 3 Nr. 2–4 im Hinblick auf von ihnen (mit-)verfolgte Interessen der Allgemeinheit, großzügigere Maßstäbe anzuwenden.[218] Soweit befürwortet wird, bei Verbänden etwaige technische oder organisatorische Schwierigkeiten mit zu berücksichtigen,[219] erscheint dies im Hinblick auf die bei Verbänden im Sinne von § 8 Abs. 3 Nr. 2 zu fordernde ausreichende personelle, sachliche und finanzielle Ausstattung kaum begründbar, da hierdurch auch gewährleistet sein muss, gegebenenfalls im Wege des einstweiligen Rechtsschutzes mit der gebotenen Eile vorgehen zu können.[220] Es erscheint auch nicht angängig, bei Verbraucherverbänden generell großzügigere Maßstäbe anzulegen.[221] 82

Bei Verbänden kann nicht auf die **Kenntnis von deren Mitgliedern** abgestellt werden,[222] sondern maßgeblich ist auch hier, wann (einer) der gesetzliche(n) Vertreter oder (einer) der mit der Verfolgung von Wettbewerbsverstößen betrauten Mitarbeiter Kenntnis erlangt hat. Ein Verband kann sich allerdings dann nicht mehr auf die Vermutung des § 12 Abs. 1 berufen, wenn er von einem Dritten (Verbandsmitglied oder sonstigem Wettbewerber), der selbst aufgrund zu langen Zuwartens nicht mehr im Wege der einstweiligen Verfügung vorgehen könnte, „vorgeschoben" wird,[223] dh der Verband vorrangig oder ausschließlich im Interesse des Dritten und nicht (auch) im Interesse seiner (sonstigen) Mitglieder bzw. der Allgemeinheit tätig wird,[224] wofür die bloße Übernahme der Verfahrenskosten aber noch nicht als ausreichendes Indiz angesehen werden kann. 83

c) Einzelfragen. aa) Unterlassenes Vorgehen gegen gleichartige Verstöße Dritter wurde in mehreren Entscheidungen als dringlichkeitsschädlich angesehen,[225] so bei einem Vorgehen gegen Händler, wenn gegen den (vorrangig als verantwortlich angesehenen) Hersteller/Lieferanten[226] bzw. Alleinimporteur[227] oder wenn bei mehreren Verletzern nur gegen einen oder gegen einzelne vorgegangen wurde,[228] während die gegenteilige Auffassung darauf verweist, dass es keine Obliegenheit geben könne, gegen andere in gleicher Weise und ebenso beschleunigt vorzugehen,[229] da es für den Verfügungsgrund als Prozessvoraussetzung nur auf das Verhältnis der Parteien zueinander ankomme bzw. ein 84

---

[216] OLG Hamburg OLG Report 2000, 362; OLG München OLG Report 1996, 261; *Berneke/Schüttpelz* Rn. 148.

[217] *Berneke/Schüttpelz* Rn. 151.

[218] OLG Stuttgart GRUR 1970, 613 (615); OLG Frankfurt a. M. WRP 1972, 532.

[219] KG GRUR 1972, 192; WRP 1979, 305; OLG Frankfurt a. M. WRP 1972, 532; 1979, 207.

[220] Vgl. OLG München GRUR 1980, 329 (330 f.), das deshalb bei Wettbewerbsverbänden sogar strengere Anforderungen aufstellt, was ebenfalls nicht zu rechtfertigen ist.

[221] Köhler/Bornkamm/Feddersen/*Köhler* § 12 Rn. 2.17.

[222] OLG Frankfurt a. M. WRP 1984, 692; 1985, 271; OLG Hamm 24.3.1998 – 4 U 18/98: Kenntnis des Informanten ist nicht maßgeblich; OLG München WRP 1991, 51 (53); OLG Frankfurt a. M. WRP 1984, 692; 1985, 271.

[223] OLG Hamburg GRUR 1987, 721 (722); OLG Frankfurt a. M. GRUR 1989, 375; 1991, 471; OLG Köln GRUR 1993, 698; OLG Karlsruhe GRUR 1993, 697; KG NJW-RR 1993, 555; *Mes* FS Traub, 1994, 661 (678 f.); vgl. auch OLG Hamm 24.3.1998 – 4 U 18/98, zur Kenntniserlangung; ebenso OLG München WRP 1991, 51 (53).

[224] *Köhler*/Bornkamm/Feddersen § 12 Rn. 3.17; OLG Nürnberg MD 2018, 968 (974).

[225] Ablehnend OLG Stuttgart GRUR-RR 2005, 307; *Melullis* Rn. 161; vgl. zum Meinungsstand *Hoppe-Jänisch* GRUR 2015, 1075 (1077 ff.).

[226] OLG Koblenz WRP 1988, 479; OLG Köln WRP 1996, 781: iE verneint, da sich Antrag gegen eine neue Verletzungsform richtete, die bisher vom Hersteller noch nicht vertrieben worden war; OLG Frankfurt a. M. WRP 2020, 363 Rn. 9; 2015, 233 Rn. 10; 23.4.2013 – 6 W 41713.

[227] OLG München OLG Report 1994, 233; GRUR-RR 2002, 357 (358); InstGE 12, 184; LG München I InstGE 12, 175.

[228] OLG Frankfurt a. M. NJWE-WettbR 1997, 23: Vorgehen gegen einen späteren Teilnehmer an einem Bonussystem, das bisher unabeanstandet geblieben war; KG 20.2.2015 – 5 U 150/14 (Patentsache).

[229] OLG Hamm GRUR 1991, 480 Ls.; OLG Hamburg OLG Report 2000, 13; GRUR 1991, 635 Ls.; OLG Düsseldorf GRUR 1989, 120; OLG Frankfurt a. M. GRUR 2002, 236; OLG Stuttgart WRP 1996,

selektives Vorgehen allenfalls unter dem Gesichtspunkt des Rechtsmissbrauchs Bedeutung erlangen könne.[230] Auch ein Stillhalteabkommen mit einem Dritten wurde als dringlichkeitsschädlich angesehen, auch wenn dies im Hinblick auf einen angestrebten Musterprozess erfolgte.[231]

85 Ebenso wurde ein verspätetes Vorgehen auch für den Fall angenommen, dass ein gegen einen anderen Verletzer angestrebtes „Musterverfahren" nicht zu der gewünschten Klärung der Streitfrage geführt hatte und deshalb ein weiteres Verfahren angestrengt wurde.[232]

86 **bb)** Die Vermutung kann auch durch **sonstige Verhaltensweisen** auf Seiten des Antragstellers während des Verfügungsverfahrens widerlegt werden,[233] wobei jedoch eine Verzögerung des Verfahrens ab dem Zeitpunkt, in dem der Antragsteller im Besitz des vorläufig vollstreckbaren Titels ist (bei der Beschlussverfügung nach deren Zustellung, dh im Widerspruchs- bzw. vom Antragsgegner betriebenen Rechtsmittelverfahren), sofern die Zwangsvollstreckung nicht vorläufig eingestellt wurde, hierfür nicht herangezogen werden kann.[234]

87 Die Frage, ob ein Antragsteller zögerlich vorgegangen ist, stellt sich auch, wenn ein bereits anhängiger Antrag durch **Einführung eines weiteren Streitgegenstandes in das Verfahren erweitert** wird.[235] Davon zu unterscheiden ist die bloße Ergänzung des tatsächlichen Vorbringens im Rahmen des gleich bleibenden Streitgegenstands[236] sowie die bloße **Neufassung** des Antrags.[237]

88 Behandelt wurden in der Rechtsprechung auch:

– Zögerliche Zustellung[238] bzw. zögerliches[239] bzw. unterbliebenes[240] Gebrauchmachen von der rechtzeitig erwirkten Beschlussverfügung,

---

147; LG München I BeckRS 2019, 11761 = GRUR-Prax 2019, 351 (Schilde); *Berneke/Schüttpelz* Rn. 185; differenzierend *Teplitzky* FS Loschelder, 2010, 391 (395 ff.) mit umfangreichen Nachw.

[230] OLG Köln NJWE-WettbR 1999, 252.

[231] OLG Karlsruhe WRP 1991, 670.

[232] OLG München NJW-RR 1993, 227: Der zuerst in Anspruch genommene Teilnehmer an der beanstandeten Aktion – Fahrpreiserstattung durch Einzelhandelsgeschäfte – hatte ein Anerkenntnis abgegeben.

[233] MüKoUWG/*Schlingloff* § 12 Rn. 399; vgl. OLG Frankfurt a. M. MD 2006, 1175: Aufspaltung in mehrere Verfahren.

[234] OLG Karlsruhe WRP 1986, 232; MüKoUWG/*Schlingloff* § 12 Rn. 404; *Berneke/Schüttpelz* Rn. 210; *Melullis* Rn. 178; aA OLG Frankfurt a. M. NJW 1991, 491.

[235] KG GRUR 1993, 512; OLG Düsseldorf WRP 1997, 968; Wiederaufgreifen ausgeschiedener Antragsteile im Berufungsverfahren, OLG Koblenz WRP 1978, 837; Einführung eines neuen Streitgegenstands: OLG Düsseldorf NJWE-WettbR 2000, 61; Mitt. 2011, 567 (571): Zulässigkeit einer Antragserweiterung im Berufungsverfahren unter den Voraussetzungen der §§ 263, 529 Abs. 1 Nr. 2, 531 ZPO; BeckRS 2019, 4827 Rn. 20; OLG Frankfurt a. M. MarkenR 2001, 162; WRP 2017, 94 Rn. 12; GRUR-RR 2019, 240; OLG Köln GRUR-RR 2013, 49; anders OLG Hamburg NJWE-WettbR 1999, 202: Einführung einer weiteren Marke nicht als dringlichkeitsschädlich; OLG Hamm WM 1993, 250 und 2.9.1994 – 4 U 90/94: fehlende Dringlichkeit für Hilfsantrag in 2. Instanz; OLG Hamburg MD 2007, 323 (327); OLG München GRUR 2015, 590 Rn. 67; *Berneke/Schüttpelz* Rn. 189, 244.

[236] Vgl. OLG Schleswig WRP 1996, 937; OLG Hamburg NJW-RR 1987, 36; *Berneke/Schüttpelz* Rn. 189; aA OLG Hamburg BeckRS 2012, 22219, wonach neuer Tatsachenvortrag selbst bei gleichbleibendem Streitgegenstand aus Dringlichkeitsgesichtspunkten ausgeschlossen sein kann, wenn er einen zuvor nicht eingeführten Lebenssachverhalt betrifft; ebenso OLG Hamburg BeckRS 2012, 23068; OLG Frankfurt a. M. WRP 2020, 1061 Rn. 19; zum Berufen auf Störerhaftung nach Antragseinreichung *Bölling* GRUR 2013, 1092 (1097).

[237] OLG Düsseldorf WRP 1985, 346: ebenso OLG Köln NJWE-WettbR 1997, 176; MD 2010, 194 (196); OLG Saarbrücken WRP 1994, 840; OLG Koblenz WRP 1982, 668: keine Klageänderung, wenn ein unbestimmter Antrag in eine zulässige Form gebracht wird; OLG München OLG Report 1993, 120: sachgerechte Erweiterung des Antrags ist auf Dringlichkeit ohne Einfluss; ebenso OLG Report 1998, 376 wenn aufgrund „unglücklicher" Antragsformulierung vom Landgericht nur Teilbereiche verboten wurden und nunmehr ein sachgerechter Antrag gestellt wird; vgl. auch die weiteren Nachweise bei *Berneke/Schüttpelz* Rn. 189.

[238] OLG Düsseldorf WRP 1999, 865 (867); *Günther* WRP 2007, 407 (409); *Berneke/Schüttpelz* Rn. 210; aA KG WRP 2010, 129; OLG Köln WRP 2017, 1005; OLG Frankfurt a. M. GRUR 2002, 238; ebenso OLG München 21.10.2010 – 29 U 2921/10, vgl. *Rehart* WRP 2011, 1041; *Köhler*/Bornkamm/Feddersen § 12 Rn. 3.16; *Weisert* WRP 2007, 504 (506); zur „Vorratsverfügung" vgl. *Ahrens* WRP 1999, 1 (9);

– Terminsverlegungsanträge,[241] Vertagungsanträge oder das Einverständnis[242] damit,
– Stellung eines Verweisungsantrags[243]
– Antrag auf Schriftsatzfrist,[244]
– Nichtbeachtung einer Frist zur „Nachbesserung" des Antrags[245]
– Säumigkeit im Termin zur Verhandlung über den Widerspruch bzw. im Termin zur mündlichen Verhandlung,[246]
– Einverständnis mit Ruhen des Verfahrens, sei es auch zum Zweck von Vergleichsverhandlungen,[247]
– Zeitweiliger Verzicht auf die Vollstreckung aus vernünftigen Gründen,[248]
– Antragsrücknahme und Erneuerung des Antrags bei einem anderen[249] oder demselben[250] Gericht – das sog. **forum shopping,**[251]
– Parteiwechsel,[252] Parteierweiterung,[253]

Versäumung der Vollziehungsfrist belegt fehlende Dringlichkeit, wenn der Antragsteller nicht Alles aus seiner Sicht Mögliche getan hat, vgl. *Berneke/Schüttpelz* Rn. 200; OLG Düsseldorf WRP 2019, 1487 betreffend Auslandszustellung trotz zwischenzeitlicher Bestellung eines Rechtsanwalts unter Bezugnahme auf *Berneke/Schüttpelz* Rn. 576a.

[239] OLG Dresden NJWE-WettbR 1999, 133 (134): zögerlicher Zugriff auf Domain verneint.

[240] OLG München 21.5.2015 – 6 U 4801/14: unterlassene Vollstreckung aus einer Beschlussverfügung gegen den Antragsgegner mit Sitz in der Schweiz im Hinblick auf vermeintliche Probleme der Anerkennung in der Schweiz, Abwarten einer erneuten Verletzung mit Beginn der nächsten Bundesligasaison über fast 9 Monate, ohne in der Zwischenzeit Hauptsacheklage zu erheben.

[241] OLG Hamm GRUR 1992, 864; 15.3.2011 – 4 U 200/11; OLG Düsseldorf 6.11.2012 – 20 U 4/12; OLG Frankfurt a. M. GRURPrax 2013, 323; *Berneke/Schüttpelz* Rn. 204 mwN; kritisch GroßKommUWG/*Schwippert* § 12 C Rn. 83.

[242] OLG Düsseldorf WRP 1997, 968 (970); OLG Hamm NJW-RR 1993, 366; NJWE-WettbR 1996, 164: Einverständnis mit Terminsverlegungsantrag des Antragsgegners vor Verhandlung über den Verfügungsantrag; die hiergegen eingelegte eingelegte Verfassungsbeschwerde wurde nicht zur Entscheidung angenommen, BVerfG 3.4.1998 – 2 BvR 415/98; OLG München WRP 1971, 533: Verlegung um einen Monat; OLG Saarbrücken 7.10.1981 – 1 U 108/81, bei *Traub* WVP S. 353; Köhler/Bornkamm/Feddersen/*Köhler* § 12 Rn. 2.16; *Berneke/Schüttpelz* Rn. 204.

[243] KG MD 2018, 720 (722 f.): unschädlich, wenn abweichender Wohnsitz erst nachträglich bekannt wird.

[244] OLG Hamm NJW-RR 1993, 366: Antrag auf Schriftsatzfrist und Verlegung des Verkündungstermins; NJW-RR 1996, 164; *Berneke/Schüttpelz* Rn. 204.

[245] OLG München GRUR-RR 2019, 443 Rn. 16 ff.

[246] KG GRUR 1988, 790 Ls.; OLG Düsseldorf WRP 2015, 1541; OLG Frankfurt a. M. WRP 1995, 502; WRP 1995, 651 (652); GRUR-RR 2020, 557 Rn. 22.

[247] *Ulrich* GRUR 1996, 707 (711); *Berneke/Schüttpelz* Rn. 204; befürwortend *Klaka* GRUR 1979, 593 (598).

[248] OLG Karlsruhe WRP 1986, 232 (234), bei Abwarten der Entscheidung in anderer Sache; aA *Berneke/Schüttpelz* Rn. 211; OLG Köln WRP 2010, 562 (Ls.); *Kehl* FS Loschelder, 2010, 139 (147).

[249] OLG Frankfurt a. M. GRUR-RR 2002, 44 f.; GRUR 2005, 972; OLG Hamburg GRUR 2007, 614 (615); OLG Karlsruhe GRUR 1993, 135 (136); *Berneke/Schüttpelz* Rn. 198 f.; aA OLG Hamburg GRUR-RR 2002, 226 bei alsbaldigem neuem Antrag; ebenso OLG Düsseldorf GRUR 2006, 782 (785); LG Hamburg Mitt. 1996, 316 im Hinblick auf die bekannt gewordene ungünstige Rechtsauffassung des zunächst angegangenen Gerichts; vgl. auch OLG Hamburg NJW-RR 2000, 494; OLG München Mitt. 1996, 223 (227): neuer Antrag bei demselben Gericht, der zurückgenommene Antrag war nur auf Erstbegehungsgefahr gestützt worden; *Beyerlein* WRP 2005, 1463; *Teplitzky* GRUR 2008, 34 (38).

[250] OLG München MD 2005, 560 (562); ablehnend *Beyerlein* WRP 2005, 1463 (1467).

[251] Dieses Verhalten wird zu Recht zunehmend nicht (nur) unter dem Gesichtspunkt der Dringlichkeit kritisch beurteilt, sondern entsprechenden Verhaltensweisen wird mit dem Einwand des fehlenden Rechtsschutzbedürfnisses begegnet, vgl. OLG Hamburg GRUR 2007, 614; OLG München WRP 2011, 364 unter Bezugnahme auf *Teplitzky* FS Loschelder, 2010, 391 (399 ff.); KG GRUR-RR 2017, 128; OLG Düsseldorf GRUR 2019, 438; vgl. auch die weiteren umfangreichen Nachweise bei *Teplitzky* FS Loschelder, 2010, 391 (398 ff.) sowie bei GroßKommUWG/*Schwippert* § 12 C Rn. 96–99, *Schmidhuber/Haberer* WRP 2013, 436 (437 ff.), die für den Fall der Rücknahme des Antrags vor der Erlass einer Entscheidung in 1. Instanz und die unmittelbare Einreichung des Antrags bei einem anderen Gericht weder die Dringlichkeit noch das Rechtsschutzbedürfnis verneinen; hiergegen zu Recht *Teplitzky* WRP 2013, 839 ff.; und GroßKommUWG/*Schwippert* § 12 C Rn. 97, 99; vgl. auch *Guhn* WRP 2014, 27 ff. zur richterlichen Hinweispflicht in diesem Zusammenhang.

[252] OLG Düsseldorf WRP 1995, 732 (734): unschädlich, wenn damit keine wesentliche Verfahrensverzögerung verbunden ist; KG WRP 1996, 556: Eintreten des Rechtsinhabers in den Prozess bei frist-

– Einverständnis mit der Gewährung einer Aufbrauchfrist,[254]
– Fehlen eines Ordnungsmittelantrags belegt nicht die fehlende Dringlichkeit,[255]
– unterbliebener[256] bzw. verzögerter Ordnungsgeldantrag[257]
– Vorgehen in zeitlich versetzten, getrennten Verfahren,[258]
– Ausschöpfung der Einspruchsfrist[259]
– Begründung der sofortigen Beschwerde erst nach Ablauf der Beschwerdefrist[260], Verlängerung der Frist zur Begründung der Beschwerde und Ausschöpfung der Frist[261]
– Verzögerung des Verfahrens um mehrere Monate wegen (als unzulässig erachteter) Ablehnung aller Richter einer Kammer.[262]
– Verletzung einer Nachfrageobliegenheit bei Gericht[263]

89 Soweit unter dem Schlagwort **Handeln zur Unzeit**[264] bestimmte Verhaltensweisen als dringlichkeitsschädlich erörtert wurden, werden dabei neben dem Gesichtspunkt des langen Zuwartens auch bzw. allein Kriterien des Rechtsmissbrauchs berücksichtigt.

90 Auch Verzögerungen, die durch den **Prozessbevollmächtigten** verursacht werden, muss sich der Antragsteller zurechnen lassen (vgl. § 85 Abs. 2 ZPO).[265] Dies wird jedoch für unvorhersehbare Verhinderungen (Krankheit) nicht gelten können.

91 **cc)** Die überwiegende Auffassung geht davon aus, dass der Antragsteller mit der **Erhebung der Hauptsacheklage** in Kauf nehme, dass die Erlangung eines Titels im ordentlichen Verfahren eine entsprechend lange Zeit dauere und er damit zum Ausdruck bringe, dass die Sache für ihn nicht so eilbedürftig sei.[266] Folglich bedarf es des Eintritts unvorhergesehener Umstände, die zu einer unvorhergesehenen Verzögerung des Klageverfahrens führen, um eine vorläufige Regelung wieder dringlich erscheinen zu lassen.[267]

92 **dd)** Was das **Verhalten im Rechtsmittelverfahren** betrifft, so wurde die Ausschöpfung der (bis zum 31.12.2001) einmonatigen Berufungseinlegungs- und Berufungsbegründungsfrist überwiegend nicht als dringlichkeitsschädlich angesehen unter Hinweis darauf, dass es dem unterlegenen Antragsteller nicht zum Nachteil gereichen könne, wenn er die gesetzlich vorgesehenen Fristen ausschöpfe.[268]

---

wahrendem Vorgehen des bisherigen Prozessstandschafters berührt die Dringlichkeit nicht; *Ahrens* WRP 1999, 1 (7).

[253] OLG München OLG Report 1995, 104 f.: Parteierweiterung in 2. Instanz zulässig, wenn sich die Gegenseite nicht widersetzt.

[254] *Melullis* Rn. 896; *Berneke/Schüttpelz* Rn. 204; anders nur bei kurzer Aufbrauchfrist OLG Düsseldorf AnwBl 1991, 46.

[255] *Berneke/Schüttpelz* Rn. 201 und Pastor/Ahrens/*Traub*, 4. Aufl., Kap. 49 Rn. 5 Fn. 14 gegen *Borck* WRP 1977, 556 und WRP 1979, 347 (349).

[256] KG GRPrax 2011, 206: längeres Zuwarten ohne sachlichen Grund als dringlichkeitsschädliches Verhalten.

[257] OLG Köln WRP 2017, 1005.

[258] OLG Hamburg GRUR-RR 2005, 312 (313).

[259] OLG Düsseldorf WRP 2015, 1541 Rn. 8.

[260] OLG Frankfurt a. M. GRURPrax 2013, 323; OLG Karlsruhe 5.4.2004 – 6 W 33/04.

[261] KG GRUR-RR 2017, 128.

[262] OLG München WRP 2007, 349 (350).

[263] OLG Frankfurt a. M. WRP 2020, 365 (verneint).

[264] OLG Düsseldorf WRP 1969, 41 (42); OLG Frankfurt a. M. WRP 1986, 485: Kenntnis von der beabsichtigten Aufnahme eines Titels bereits seit 2 Jahren; LG Hamburg GRUR 1965, 547; *Ahrens,* Wettbewerbsverfahrensrecht, S. 344; *Mellulis* Rn. 181.

[265] *Berneke/Schüttpelz* Rn. 203 mit eingehenden Rechtsprechungsnachweisen.

[266] OLG Hamm GRUR 1985, 454 (455); Fezer/*Büscher* § 12 Rn. 65.

[267] So für den (überholten) Fall der Aussetzung wegen der Klärung einer kartellrechtlichen Vorfrage OLG Köln GRUR 1977, 220, OLG Karlsruhe WRP 1995, 398: Intensivierung des angegriffenen Verhaltens nach Klageerhebung; zu der „Torpedo"-Problematik – Blockierung des inländischen Hauptsacheverfahrens durch eine negative Feststellungsklage im Ausland – vgl. LG Düsseldorf GRUR-Int 2002, 157 (160 f.); GRUR 2000, 692 (697); *Meier-Beck* GRUR 1999, 397 (398 f.) mwN; *Meier-Beck* GRUR 2000, 355 (357); *Grabinski* GRUR-Int 2001, 199 (211 f.); *v. Falck* Mitt. 2002, 430 (434): nur für Interessenabwägung maßgeblich; *Ingerl/Rohnke* MarkenG Vor §§ 14–19 Rn. 98: Keine neue Situation bei Aussetzung nach Art. 267 AEUV.

[268] OLG Bremen MDR 2015, 848 Ls. 1; KG NJW-RR 1993, 555; OLG Hamburg WRP 1977, 109; OLG Hamm WRP 1985, 98 (100); aA 28.2.1984 – 4 U 411/83; OLG Karlsruhe WRP 1979, 811 (812);

93 Auf dieser Grundlage wird überwiegend die Auffassung vertreten, dass der Antragsteller ab Zustellung des Urteils die **zweimonatige Frist des § 520 Abs. 2 S. 1 ZPO** ausschöpfen kann.[269] Demgegenüber wird aber zu Recht darauf hingewiesen, dass die (auch) für das Klageverfahren geltenden Rechtsmittelfristen keine unmittelbare Aussage in Bezug auf die Beurteilung der Eilbedürftigkeit enthalten,[270] mit der Folge, dass die zweimonatige Berufungsbegründungsfrist **nicht als auf jeden Fall zur Verfügung stehende Frist** qualifiziert werden sollte,[271] wie auch ein Vergleich mit den von verschiedenen Oberlandesgerichten gehandhabten Dringlichkeitsfristen bis zur Einleitung des Verfahrens belegt. Wenn der Antragsteller innerhalb einer Frist von einem Monat den Antrag einreichen muss, ist es nicht gerechtfertigt, ihm – von Ausnahmefällen abgesehen – für die Begründung der Berufung eine Frist von zwei Monaten einzuräumen.

94 **Anträge auf Verlängerung der Berufungsbegründungsfrist** (§ 520 Abs. 2 S. 2 ZPO) werden in der Rechtsprechung – soweit nicht ohnehin jede Fristverlängerung als schädlich angesehen wird[272] – allgemein kritisch beurteilt.[273] Eine erhebliche Fristverlängerung um mehrere Wochen oder gar noch länger wird nur in Ausnahmefällen als unschädlich angesehen werden können.[274]

95 Wenn der Gläubiger eine teilweise Abweisung seines Verfügungsantrags nicht mit der Berufung angreift, kann er nach der Rechtsprechung des OLG Frankfurt a. M.[275] mangels Dringlichkeit auch keine **Anschlussberufung** mehr einlegen, was von *Schwippert*[276] mit beachtlichen Gründen kritisiert wird.

96 Die **sofortige Beschwerde** (§§ 567 ff. ZPO) gegen einen den Antrag zurückweisenden Beschluss muss binnen zwei Wochen eingelegt werden (→ Rn. 394). Die vollständige Ausschöpfung dieser Frist dem Antragsteller als zögerliches Verhalten anzurechnen, dürfte allenfalls in Ausnahmefällen (etwa bei fristgebundenen Ereignissen) in Betracht kommen.[277] Wird die Beschwerde nicht innerhalb dieser Frist begründet (nach § 571 Abs. 1 ZPO – „soll" – wird eine Begründung nicht als Zulässigkeitsvoraussetzung vorgeschrieben),[278] kann dieser Umstand jedoch als dringlichkeitsschädlich angesehen werden. Wird – wie in der Praxis häufig – vom Beschwerdeführer eine Begründung (innerhalb bestimmter Frist) in Aussicht gestellt, empfiehlt es sich von Seiten des Gerichts gemäß § 571 Abs. 3 S. 1 ZPO eine (gegebenenfalls kürzere) Frist zu setzen. Eine Verpflichtung hierzu ergibt sich daraus jedoch nicht. Der Antragsteller kann nicht darauf vertrauen, dass eine „verspätete" Begründung nicht zu seinen Lasten berücksichtigt wird, denn die Frage der Eilbedürftigkeit

---

OLG Koblenz WRP 1978, 835 (837); OLG Köln NJWE-WettbR 1997, 176 (177) (anders WRP 1980, 503); OLG München GRUR 1992, 328; Mitt. 1987, 244; WRP 1991, 266 (unter Aufgabe von GRUR 1980, 329); OLG Report 2002, 223 f.

[269] Vgl. OLG Köln MD 2003, 352 (354); OLG München OLG Report 2002, 223 f.; OLG Düsseldorf GRUR-RR 2003, 31; OLG Hamburg NJWE-WettbR 2000, 81; MDR 2002, 1026; OLG Stuttgart WRP 1982, 604.

[270] KG NJW-RR 1993, 555; OLG Hamm GRUR 1993, 512; OLG Köln GRUR 1979, 172 (173); OLG München GRUR 1980, 329 (330) (aufgegeben in GRUR 1992, 328); MD 2002, 223 f.; OLG Saarbrücken WRP 1981, 418.

[271] Vgl. *Teplitzky* FS Bornkamm, 2014, 1073 (1080) und WRP 2013, 1414 (1417 f.).

[272] *Berneke/Schüttpelz* Rn. 208.

[273] KG WRP 1978, 49; GRUR 1999, 1133; 25.6.1982 – 5 U 1673/82: fast vollständige Ausschöpfung der verlängertern Frist in tatsächlich und rechtlich einfach gelagerten Sache ohne sachgerechte Gründe; OLG Dresden ZUM 208, 617; OLG Düsseldorf GRUR-RR 2003, 31; OLG Hamm NJW-RR 1992, 622; GRUR 1991, 480 Ls.; OLG Köln GRUR 1979, 172; WRP 1980, 503; OLG München GRUR 1992, 328; 16.8.2007 – 29 U 3340/07; OLG Nürnberg GRUR 1987, 727; OLG Oldenburg WRP 1971, 181 (182); OLG Rostock 18.1.1996 – 2 U 33/96, bei *Koch* WRP 2002, 191 (196); OLG Saarbrücken WRP 1981, 418; OLG Stuttgart Mitt. 2003, 431 Ls.

[274] OLG Düsseldorf NJWE-WettR 1997, 21 (22); OLG München GRUR 1992, 328 (3 Wochen); OLG Bremen GRUR-RR 2011, 466 (Ls.); aA OLG Hamburg WRP 2013, 196 Rn. 33.

[275] GRURPrax 2012, 197 (Ls.).

[276] In GroßKommUWG § 12 C Rn. 92.

[277] OLG München GRUR 2004, 963 (964).

[278] MüKoZPO/*Lipp* § 571 Rn. 4 ff.

ist von der Berücksichtigung etwaigen neuen Vorbringens (§ 571 Abs. 2 S. 2 und 3 ZPO) zu unterscheiden.

97 **d) „Wiederaufleben" der Dringlichkeit.** Die Dringlichkeitsproblematik stellt sich auch, wenn der Antragsteller in der Vergangenheit gegen wettbewerbswidriges Verhalten nicht eingeschritten ist.

98 Ist nach den vorstehenden Grundsätzen die Dringlichkeitsvermutung widerlegt, kann sich der Antragsteller nicht darauf berufen, dass die Sache dennoch – etwa gerade wegen des langen Zuwartens nunmehr – eine Entscheidung im Wege der einstweiligen Verfügung erfordere. Die Dringlichkeit kann **wieder aufleben,** wenn sich – was vom Antragsteller darzutun und glaubhaft zu machen ist – **die maßgeblichen Umstände wesentlich verändern,** wofür die bloße Wiederholung gleichartiger Verletzungshandlungen nicht ausreichend ist.[279] Maßgeblich ist, ob es sich um derart einschneidende Veränderungen, der Art, und/oder Intensität[280] nach handelt, die eine neue Situation[281] zu Lasten des Antragstellers entstehen lassen. Dies soll auch dann gelten, wenn dies darauf beruht, dass ihm selbst nunmehr das entsprechende Verhalten – im konkreten Fall: Garantiezusage auf Lebenszeit – verboten ist.[282]

99 **e) Zeitgebunde Ereignisse.** Bei der Behandlung zeitgebundener Ereignisse wie etwa **einmaligen Sonderveranstaltungen** zeigt sich wiederum die oftmals anzutreffende Meinungsvielfalt in der Rechtsprechung der Oberlandesgerichte. Einigkeit sollte darüber bestehen, dass ein Bedürfnis für eine vorläufige Regelung zu verneinen ist, wenn die **beanstandete Verhaltensweise** bei Einreichung des Verfügungsantrags **bereits beendet ist** und der Verstoß entweder überhaupt nicht oder erst nach längerer Zeit, die für die Herbeiführung eines Hauptsachetitels ausreichend ist,[283] wiederholt werden kann.[284] Dem ist gleichzustellen, wenn der Verstoß zum Zeitpunkt der frühest möglichen Entscheidung durch das Gericht oder zum Zeitpunkt der schnellst möglichen Vollziehung bereits beendet ist. Da nach dem Ende des befristeten Ereignisses weder ein Erlass[285] und auch keine Bestätigung[286] mehr in Betracht kommt, wird zu Recht davon abgeraten, den Antrag

[279] OLG Hamburg MD 2007, 1053; OLG Karlsruhe WRP 2007, 822 (823); OLG Rostock 16.6.1993 – 2 U 28/93, bei *Koch* WRP 2002, 191 (196): Neue Auflage des beanstandeten Branchenverzeichnisses; OLG München 27.10.1994 – 6 U 2689/94: einscheidende Veränderung hinsichtlich Art und Intensität bei Ausdehnung der Vertriebstätigkeit (Möbel) über den Münchener Bereich hinaus verneint; OLG München MD 2017, 183 – Epigenetik; GRUR 2019, 507 – Wissenschafsverlage; *Koch/Vykydal* WRP 2005, 688; vgl. auch OLG Celle AfP 2016, 81: Eilbedürftigkeit lebt nicht wieder auf, wenn später von der Veröffentlichung des fraglichen Artikels im Online-Portal der Zeitung Kenntnis erlangt wird.

[280] OLG Koblenz WRP 1978, 835 (837); KG WRP 1979, 305 (307); OLG Frankfurt a. M. 13.10.2016 – 6 U 109/16: Ankündigung der Ausstellung auf einer international renomierten Fachmesse.

[281] KG WRP 1979, 305 (307); OLG Celle OLG Report 1996, 237: verneint für die verwaltungsgerichtliche Überprüfung der Rechtmäßigkeit der beanstandeten Handlung; OLG Frankfurt a. M. NJW 1968, 1386 (1387): Blickfangwerbung; Mitt. 1981, 24 (25): Messeauftritt; OLG Hamburg GRUR 1983, 134; WRP 1991, 688 (689): bei langem zeitlichen Abstand; LG Düsseldorf NJWE-WettbR 1999, 63 (65): Intensivierung der Konkurrenzsituation und des Absatzes; OLG Karlsruhe WRP 1995, 358: erhebliche Intensivierung nach Erhebung der Klage; OLG Koblenz GRUR 1995, 499; OLG Köln WRP 1978, 556 (557): besondere Werbekampagne; MD 1988, 157; OLG München MDR 1992, 25: Zulassungsantrag für ein Arzneimittel für das bereits ein Warenzeichen eingetragen war; GRUR-RR 2001, 92: Intensivierung durch Werbung in mehreren Medien; OLG Stuttgart WRP 1973, 667 (669): erneute Werbung nach 1 Jahr Pause; NJW-RR 1997, 1331: Blickfangüberschrift.

[282] OLG Koblenz GRUR 1995, 499 unter Rückgriff auf §§ 935, 940 ZPO.

[283] Ahrens/*Singer* Kap. 45 Rn. 13 f.

[284] Dem steht nach *Köhler*/Bornkamm/Feddersen § 12 Rn. 3.18 die Einstellung des Geschäftsbetriebs gleich; aA OLG Schleswig OLG Report 1997, 314 betreffend die Einstellung eines Anzeigenblattes; MüKoUWG/*Schlingloff* § 12 Rn. 382.

[285] OLG Düsseldorf WRP 1974, 94; KG WRP 1981, 211; *Berneke/Schüttpelz* Rn. 139; Ahrens/*Schmukle* Kap. 45 Rn. 14; aA OLG Karlsruhe WRP 1976, 713.

[286] KG WRP 1976, 597; OLG Celle WRP 1975, 158; OLG Hamburg WRP 1973, 591; 1977, 36; OLG Hamm WRP 1985, 435; OLG Köln WRP 1972, 587; OLG Saarbrücken WRP 1979, 76; OLG Stuttgart WRP 1979, 316; *Berneke/Schüttpelz* Rn. 139 mwN; aA OLG Düsseldorf WRP 1974, 94; OLG Hamburg WRP 1979, 909; OLG Hamm WRP 1975, 372: wenn bei Widerspruchseinlegung noch nicht beendet; OLG

konkret auf die fragliche Veranstaltung hin zu fassen;[287] bei einem befristeten Verbot verneint das OLG Hamm[288] konsequent die Möglichkeit einer Aufhebung (s. auch BGH GRUR 2004, 264 (266) – Euro-*Einführungsrabatt*).[289] Die gegenteilige Auffassung[290] will unter prozessökonomischen Gesichtspunkten das Verfahren fortführen, wenn es rechtzeitig eingeleitet worden war.

4. Anwendungsbereich von § 12 Abs. 1. Seinem Wortlaut nach findet § 12 Abs. 1 nur auf **aus dem UWG folgende Unterlassungsansprüche** Anwendung, nicht dagegen auf Schadensersatzansprüche, Auskunfts- und Rechnungslegungsansprüche sowie Veröffentlichungs- und Beseitigungsansprüche.[291] Hinsichtlich letzterer soll in Ausnahmefällen etwas anderes gelten.[292] § 12 Abs. 1 kann **nicht auf vertragliche Unterlassungsansprüche ausgedehnt** werden.[293] 100

In **§ 5 UKlaG** wird (ua) § 12 Abs. 1 UWG für die Geltendmachung von Unterlassungsansprüchen[294] für anwendbar erklärt. Die beabsichtigte Neuregelung zum Urhebervertragsrecht sieht in § 36b Abs. 2 S. 1 des Referentenentwurfs eines Gesetzes zur verbesserten Durchsetzung des Anspruchs der Urheber und ausübenden Künstler auf angemessene Vergütung eine entsprechende Anwendung von Unterlassungsansprüchen bei Verstößen gegen gemeinsame Vergütungsregeln vor. 101

Im Falle der **Anspruchskonkurrenz** zwischen Ansprüchen, die unter § 12 Abs. 1 fallen, und Ansprüchen aus anderen Gesetzen kommt für diese Ansprüche (zB § 823 Abs. 1, § 1004 BGB)[295] die Dringlichkeitsvermutung nicht zur Anwendung,[296] da – sofern eine (entsprechende) Anwendung von § 12 Abs. 1 nicht in Betracht kommt – allein entscheidend sein kann, welche Anspruchsgrundlage durchgreift, nicht welche daneben noch (ohne Erfolg) geltend gemacht wurde.[297] Greifen dagegen UWG-Ansprüche durch, werden Ansprüche nach allgemeinen Bestimmungen in der Regel ohnehin verdrängt.[298] Zutreffend prüft daher das OLG Hamburg[299] hinsichtlich der neben § 1 UWG aF geltend gemachten Ansprüche aus § 823 Abs. 1 BGB den Verfügungsgrund nach § 935 ZPO. 102

Mit dem **Markenrechtsmodernisierungsgesetz** wurde auf Initiative des Bundesrats, die vom Rechtsausschuss aufgegriffen wurde[300] zum 14.1.2019 auf Drängen der interessierten Kreise[301] eine mit § 12 Abs. 1 UWG inhaltsgleiche Regelung in § 140 Abs. 3 103

Karlsruhe WRP 1976, 713; OLG Naumburg WRP 1997, 885; OLG München WRP 1987, 694 (695): für den konkreten Fall; OLG Stuttgart WRP 1988, 398 (400); 1982, 604 (605); LG Frankfurt a. M. ZUM-RD 2002, 619 (620).

[287] *Berneke/Schüttpelz* Rn. 138.

[288] GRUR 1990, 470.

[289] Vgl. auch LG Frankfurt a. M. ZUM-RD 2002, 619 (620), das eine Erledigterklärung nicht für erforderlich hält, da der Antragsteller vor Beendigung der Messe vorgegangen sei.

[290] OLG Düsseldorf WRP 1974, 94; OLG Hamburg WRP 1979, 909; OLG Hamm WRP 1975, 372: wenn bei Widerspruchseinlegung noch nicht beendet; OLG Karlsruhe WRP 1976, 713; OLG Naumburg WRP 1997, 885; OLG München WRP 1987, 694 (695): für den konkreten Fall; OLG Stuttgart WRP 1988, 398 (400); 1982, 604 (605); LG Frankfurt a. M. ZUM-RD 2002, 619 (620).

[291] Ahrens/*Singer* Kap. 45 Rn. 65.

[292] KG GRUR 1955, 252; OLG Koblenz GRUR 1952, 246.

[293] OLG Düsseldorf OLG-Report 1999, 143; *Traub* WRP 2000, 1046 (1047); *Berneke/Schüttpelz* Rn. 134.

[294] LG München I 17.9.2002 – 7 O 10982/02 sieht im Hinblick auf den eindeutigen Wortlaut und die Entstehungsgeschichte keinen Raum für eine analoge Anwendung auf § 13 UKlaG.

[295] *Berneke/Schüttpelz* Rn. 134 m. Fn. 142; OLG Köln NJWE-WEttbR 1998, 247 – verneint bei *Telefax-Werbung* mangels Handelns zu Zwecken des Wettbewerbs.

[296] Vgl. OLG Stuttgart WRP 1988, 400; OLG München WRP 2013, 226 Rn. 13; 4.8.2015 – 6 U 2258/15; *Berneke/Schüttpelz* Rn. 134; MüKoUWG/*Schlingloff* § 12 Rn. 377.

[297] Vgl. OLG Hamburg WRP 2001, 956 (957); aA OLG Karlsruhe WRP 1972, 263.

[298] Vgl. auch *Berneke/Schüttpelz* Rn. 134 unter Hinweis auf OLG Stuttgart WRP 1988, 400.

[299] WRP 1991, 956 (957).

[300] BT-Drs. 19/4879.

[301] Vgl. Stellungnahme GRUR 2017, 366 (371) unter V.2 und GRUR 2018, 385 unter II. sowie *Meinhardt* WRP 2017, 1180 (1183); *Meinhardt* GRUR-Prax 2015, 27 (29).

MarkenG in das Gesetz aufgenommen. Wegen der bis dahin vertretenen Auffassungen wird auf die Vorauflage § 12 Rn. 336 f. verwiesen.

104 Da die Dringlichkeitsvermutung grundsätzlich bei der Geltendmachung von **Auskunftsansprüchen** nicht eingreift (→ Rn. 36) und im Hinblick auf den Willen des Gesetzgebers, der von einer entsprechenden Vorschrift im Produktpirateriegesetz bewusst Abstand genommen hat,[302] wird eine entsprechende Anwendung im Rahmen von § 19 Abs. 3 MarkenG zu Recht abgelehnt.[303] Daran hat sich auch durch die Regelung in § 140 Abs. 3 MarkenG nichts geändert.

105 Das **Geschäftsgeheimnisschutzgesetz,**[304] mit dem die §§ 17–19 UWG aufgehoben wurden, enthält zwar in § 6 GeschGehG eine ausdrückliche Regelung für den Unterlassungsanspruch; eine Regelung zum einstweiligen Rechtsschutz findet sich jedoch nicht. Ob § 12 Abs. 1 UWG entsprechend anwendbar ist, hat das OLG München offengelassen. Es hat jedoch zu Recht erhebliche Zweifel daran geäußert, da der Gesetzgeber, der zwar andere verfahrensrechtliche Regelungen – weitgehende Abschaffung des Tatortgerichtsstandes – getroffen habe, offensichtlich bewusst von einer entsprechenden Regelung wie in § 140 Abs. 3 MarkenG abgesehen habe.[305] Wenn darauf abgestellt wird, das besondere Risiko des vollständigen Verlusts eines Geschäftsgeheimnisses bei unrechtmäßigem Abzug spreche eher für eine (analoge) Anwendung einer Dringlichkeitsvermutung,[306] ist dem insoweit zuzustimmen, dass der Unterlassungsanspruch gemäß § 6 GeschGehG oftmals einer Sicherung im Wege des einsweiligen Rechtsschutzes bedarf. Damit kann aber die weitere Voraussetzung einer Analogie – planwidrige Gesetzeslücke – schwerlich begründet werden.[307]

106 Für auf **Urheberrecht** gestützte Unterlassungsansprüche kommt eine entsprechende Anwendung von § 12 Abs. 1 nach überwiegender Auffassung nicht in Betracht.[308] Darin kann auch kein Widerspruch zu der Geltung der Dringlichkeitsvermutung im Bereich des ergänzenden wettbewerblichen Leistungsschutzes gesehen werden,[309] vielmehr erlaubt auch die gebotene Abwägung der Parteiinteressen bei Anwendung der §§ 935, 940 ZPO zu sachgerechten Ergebnissen zu gelangen, wobei sich aus dem Bestehen einer durch eine Verletzungshandlung indizierten Wiederholungsgefahr und der Einhaltung der jeweiligen Dringlichkeitsfrist nicht per se auch ein Verfügungsgrund ergibt.[310]

107 Aus diesen Gründen kommt für das **Geschmacksmusterrecht**[311] eine entsprechende Anwendung ebenfalls nicht in Betracht.

---

302 Siehe Bl. PMZ 1990, 173 (184).

303 OLG Köln MD 2004, 80 (81); WRP 2003, 1008; *Eichmann* GRUR 1990, 575 (586); *Teplitzky* FS Tilmann, 2003, 913 (919); *Schuschke*/Walker Vor § 935 Rn. 105; aA *Ingerl/Rohnke* § 19 Rn. 54; *Ekey/Klippel/Wüst* § 19 Rn. 28.

304 Gesetz vom 18.4.2019 zum Schutz von Geschäftsgeheimnissen, BGBl. I S. 466; Überblick über die Neuregelung des Schutzes von Geschäftsgeheimnissen in diesem Kommentar unten A. Vor §§ 17–19 zum GeschGehG Rn. 11 ff.; ausführlicher die Kommentare von Harte-Bavendamm/Ohly/Kalbfus, und Köhler/Bornkamm/Feddersen/Alexander GeschGehG.

305 OLG München GRUR-RR 2019, 443 Rn. 12 ff. = WRP 2019, 1375 mit Anm. WRP 2019 *Löffel* = GRUR-Prax 2019, 449 *(Leistner)*.

306 *Leistner* GRUR-Prax 2019, 449; Spieker in BeckOK GeschGehG § 6 Rn. 46; OLG Frankfurt a. M. WRP 2021, 356 Tz. 9 mwN; *Apel* BB 2019, 2515 f., der eine Klarstellung durch den Gesetzgeber fordert.

307 So auch *Löffel* WRP 2019, 1378 Rn. 2; Harte-Bavendamm/*Ohly*/Kalbfus, GeschGehG § 6 Rn. 56.

308 KG CR 1994, 738; GRUR 1996, 974; NJW-RR 2001, 1201; ZUM-RD 2002, 462 (466); GRUR-RR 2003, 262 (263); OLG Hamburg WRP 2007, 811 (182 f.); WRP 2007, 816; GRUR 1999, 717; 1983, 436; OLG Hamm GRUR 1981, 130; OLG Frankfurt a. M. GRUR 1989, 227; 30.12.1999 – 6 U 151/99; OLG Köln WRP 1992, 407; OLG München GRUR 2019, 507 mwN; OLG Naumburg ZUM 2013, 149 (150); LG Mannheim 3.11.2000 – 7 O 546/00; OLG Nürnberg MD 2007, 313 (315); offengelassen auch von OLG Celle GRUR 1998, 50; Möhring/Nicolini/*Lütje* UrhG § 97 Rn. 283; Fromm/*Nordemann,* Urheberrecht, § 97 Rn. 62; *Berneke/Schüttpelz* Rn. 130, 779; *Gutsche* FS Nordemann, 2004, 75 (81 ff.); aA OLG Karlsruhe GRUR 1994, 726 (728).

309 So aber OLG Karlsruhe GRUR 1994, 726 (728); *Traub* WRP 2000, 1046 (1049).

310 OLG Nürnberg MD 2007, 313 (315); OLG München 17.4.2007 – 29 W 1259/07.

311 OLG Hamm NJW-RR 1993, 366; OLG München OLG-Report 1999, 245 f.; BeckRS 2014, 18450; *Berneke* Rn. 62, 438; aA *Schuschke*/Walker Vor § 935 Rn. 107.

Gleiches gilt für das **Patentrecht** und das **Gebrauchsmusterrecht**[312] sowie das Sortenschutzrecht.[313] 108

Auch für **kartellrechtliche** Unterlassungsansprüche wird eine entsprechende Anwendung von § 12 Abs. 1 allgemein verneint.[314] 109

VII. Eignung der Verfahrensart – Rechtsschutzbedürfnis

Soweit der Antragsteller nach den vorgenannten Kriterien einen im Wege des einstweiligen Rechtsschutzes „sicherbaren" Anspruch verfolgt, können über das Kriterium der **Eignung des Verfügungsverfahrens** keine zusätzlichen – über die Glaubhaftmachung eines Verfügungsanspruchs und – grundes hinausgehenden – Anforderungen begründet werden.[315] Soweit wegen der beschränkten Erkenntnismöglichkeiten eine hinreichende Klärung in tatsächlicher oder rechtlicher Hinsicht nicht möglich ist, geht dies zu Lasten des Antragstellers insofern das Gericht den geltend gemachten Verfügungsanspruch nicht als glaubhaft gemacht ansehen kann oder im Hinblick auf die vorzunehmende Interessenabwägung – außerhalb des Anwendungsbereichs des § 12 Abs. 1 UWG[316] – die Erforderlichkeit einer einstweiligen Regelung – Verfügungsgrund – verneinen wird.[317] In der Sache werden auch von *Spätgens,*[318] *Singer,*[319] *Jestaedt*[320] und *Schlingloff*[321] unter dem Gesichtspunkt der rechtlichen und tatsächlichen Ungeeignetheit keine zusätzlichen Kriterien aufgestellt; auch nicht von *Berneke/Schüttpelz*.[322] *Jestaedt*[323] lehnt eine Ungeeignetheit aus rechtlichen Gründen – Schwierigkeit der Rechtslage – ab. 110

Ob das **allgemeine Rechtsschutzbedürfnis** neben dem Vorliegen eines Verfügungsgrundes gesondert zu prüfen ist, wird unterschiedlich beurteilt, wobei zum Teil auf eine Unterscheidung verzichtet wird.[324] Soweit in der Rechtsprechung auf das Rechtsschutzbedürfnis als zusätzliche Zulässigkeitsvoraussetzung abgestellt wurde, betraf dies folgende Fallgestaltungen: 111

Trotz Vorliegens eines vorläufig vollstreckbaren Hauptsachetitels wurde das Rechtsschutzbedürfnis für den Erlass einer einstweiligen Verfügung bejaht, wenn das Hauptsacheurteil nur gegen **Sicherheitsleistung** vollstreckbar war,[325] zum Teil nur im Aus- 112

[312] KG CR 1994, 738; OLG Düsseldorf Mitt. 1980, 117; GRUR 1983, 79; 1994, 508; Mitt. 1996, 87 f.; LG Düsseldorf GRUR 2000, 692 (695); GRUR-Int 2002, 157 (160); OLG Frankfurt a. M. GRUR-RR 2003, 263 (264); OLG Hamburg GRUR 1987, 899; LG Hamburg GRUR-RR 2002, 45 (46); OLG München Report 1999, 245 f.; OLG Nürnberg Mitt. 1993, 118; *v. Falck* Mitt. 2002, 429 (431 f.) mwN in Fn. 23; Benkard/Rogge/*Grabinski* § 139 Rn. 153; *Rogge* FS v. Gamm, 1990, 461 (466 f.); *Meier-Beck* GRUR 1988, 861 (865); Busse/*Kaess* Vor § 143 Rn. 254; *Krieger* GRUR-Int 1997, 422 ff.; *Loth* § 24 Rn. 88; *Holzapfel* GRUR 2003, 287 (288 ff.); überholt OLG Karlsruhe GRUR 1979, 700 und GRUR 1988, 900 vgl. 23.9.2015 – 6 U 52/15.

[313] *Jestaedt* GRUR 1981, 153 klammert die Frage der Dringlichkeit aus; *Würtenberger* GRUR 2004, 566 (570, 573) behandelt Fragen hinsichtlich der Glaubhaftmachung bzw. Interessenabwägung.

[314] KG WuW-E OLG 5099; WRP 2017, 585; OLG München GRUR 2018, 1051 Rn. 16 mwN; OLG Hamburg NJWE-WettbR 1996, 286; OLG Stuttgart WuW/E OLG 4678; NJW-RR 1990, 940; *Berneke/Schüttpelz* Rn. 34.

[315] Gloy/Loschelder/Erdmann/*SpätgensMeinhardt*/Danckwerts HdbWettbR § 100 Rn. 1.

[316] *Berneke* Rn. 34 stellt auch im Rahmen von § 12 UWG auf eine Interessenabwägung ab; OLG Düsseldorf WM 2002, 806 f.; GRUR 2005, 523; MMR 2005, 776.

[317] Vgl. zB KG OLG Report 1994, 154; GRUR-RR 2003, 262 mwN; OLG Frankfurt a. M. GRUR 1989, 227.

[318] Gloy/Loschelder/*Danckwarts/Spätgens*/Danckwerts HdbWettbR § 100 Rn. 3 ff.

[319] In: *Ahrens* Kap. 44 Rn. 6–9.

[320] In: *Ahrens* Kap. 47.

[321] MüKoUWG § 12 Rn. 353.

[322] Rn. 113.

[323] In Ahrens Kap. 47 Rn. 3 ff.

[324] Stein/Jonas/*Bruns* Vor § 935 Rn. 18.

[325] OLG Hamburg WRP 1955, 247; CR 1997, 355; OLG Hamm NJW-RR 1990, 1536; WRP 1992, 397; OLG Celle MDR 1964, 333; aA OLG Karlsruhe NJW-RR 1996, 960; OLG Stuttgart WRP 1983, 647: auch wenn Sicherheitsleistung höher.

nahmefall;[326] zum Teil wird dies aber auch im Rahmen des Verfügungsgrundes geprüft.[327]

Nach Auffassung des OLG Bamberg[328] fehlt es am Rechtsschutzbedürfnis, wenn der Verfügungsantrag vor Ablauf der mit einer Abmahnung gesetzten Frist eingereicht wird.

113 Das OLG München[329] lässt im konkreten Fall das „Wortlautverständnis" des § 25 UWG aF der Vorinstanz dahingestellt und verneint das Rechtsschutzbedürfnis für ein Vorgehen im Wege der einstweiligen Verfügung im Hinblick auf das lange Zuwarten ($1^1/_2$ Jahre) des Antragstellers.

114 Ob wegen desselben Sachverhalts ein **weiteres Verfügungsverfahren** eingeleitet werden kann, betrifft die Frage der entgegenstehenden Rechtshängigkeit, § 261 Abs. 3 Nr. 1 ZPO.[330]

115 Betrifft der zweite Verfügungsantrag **denselben Streitgegenstand** eines noch anhängigen Verfügungsverfahrens, ist er wegen **entgegenstehender Rechtshängigkeit** unzulässig, § 261 Abs. 3 Nr. 1 ZPO[331] (→ Rn. 139). Erfasst der zweite Antrag auch Verhaltensweisen, die bereits von einem anderen Antrag (Titel) erfasst werden, ist der Antrag entsprechend zu beschränken.[332]

116 Betrifft der zweite Antrag **einen anderen Streitgegenstand,** kann sich die Unzulässigkeit in Ausnahmefällen aus dem Gesichtspunkt des Rechtsmissbrauchs[333] – „Salamitaktik" – ergeben. Das OLG Hamburg[334] verneint zu Recht das Rechtsschutzinteresse für das einstweilige Verfügungsverfahren, wenn damit primär die Verursachung von Kosten angestrebt wird.

117 Durch die Abgabe einer **strafbewehrten Unterlassungserklärung** wird die Wiederholungsgefahr als materiellrechtliche Anspruchsvoraussetzung mit Wirkung inter omnes für den Unterlassungsanspruch beseitigt, nicht das Rechtsschutzbedürfnis. Die Prüfung des Rechtsschutzbedürfnisses „erübrigt" sich daher.[335]

Zur **Drittwirkung** der Abschlusserklärung, → Rn. 449.

VIII. Zuständigkeit

118 **1. Gericht der Hauptsache.** Für den Erlass von einstweiligen Verfügungen örtlich und sachlich (ausschließlich, § 802 ZPO) zuständig ist gemäß § 937 Abs. 1 ZPO das **Gericht der Hauptsache** (funktionelle Zuständigkeit).[336] Hierdurch sollen Prüfungen derselben Fragen durch verschiedene Gerichte und somit divergierende Entscheidungen vermieden werden.

119 Als Gericht der Hauptsache bezeichnet § 943 Abs. 1 ZPO das **Gericht des ersten Rechtszuges** bzw. das **Berufungsgericht** für den Zeitraum ab Einlegung der Berufung bis zur Rechtskraft des Berufungsurteils bzw. bis zur Einlegung der Revision (bzw. Nicht-

[326] KG NJWE-WettbR 1999, 293; OLG Hamburg CR 1997, 355 zur Möglichkeit, dass die Vollstreckung aus dem Urteil eingestellt wird; OLG Karlsruhe WRP 1996, 590.

[327] OLG Frankfurt a. M. NJW 1957, 594; Ahrens/*Ahrens* Kap. 48 Rn. 11.

[328] WRP 2018, 714 Rn. 13.

[329] WRP 1996, 231 f. als Berufungsinstanz zu LG München I WRP 1996, 252 (253 f.).

[330] Bei Vorliegen eines rechtskräftigen Titels vgl. OLG Köln MD 2002, 292 (295) und MD 2002, 1147 (1148).

[331] KG MD 2001, 546 (547); OLG Hamm WRP 1996, 581 mwN; MüKoUWG/*Schlingloff* § 12 Rn. 349; *Berneke* Rn. 54, 58, 92, 94; *Teplitzky* GRUR 1998, 320 (322 f.) unter III.1 – zur Frage des Rechtsschutzbedürfnisses für einen „Zweittitel"; *Melullis* Rn. 553a.

[332] Vgl. OLG Hamburg GRUR 2001, 33: Herausnahme von bestimmten Verhaltensweisen aus dem Antrag aufgrund einer abgegebenen Unterlassungserklärung; anders OLG Stuttgart WRP 1983, 708: Antrag auf Erlass einer weiteren eV, wenn die alte Verletzungshandlung in der neuen enthalten ist.

[333] *Berneke/Schüttpelz* Rn. 101; Ahrens/*Spätgens* Rn. 16.

[334] WRP 1981, 589 und NJWE-WettbR 1996, 183.

[335] Ahrens/*Singer* Kap. 44 Rn. 19; bei einer aufschiebend bedingten Unterlassungserklärung verweist BGH GRUR 2002, 180 (181) – Weit-vor-Winter-Schlussverkauf – ausdrücklich auf ein Vorgehen im Wege der einstweiligen Verfügung.

[336] *Berneke/Schüttpelz* Rn. 252 mit Rspr.-Nachweisen.

zulassungsbeschwerde). Nach Beendigung des Berufungsverfahrens ist, da das Revisionsgericht nicht als Tatsachengericht tätig werden kann, wieder das Gericht erster Instanz zuständig.[337] Diese Zuständigkeit ist so lange gegeben, als das Hauptsacheverfahren bei dem betreffenden Gericht anhängig ist. Sie wird durch eine Aussetzung des Verfahrens (§ 148 ZPO) oder durch ein Vorabentscheidungsverfahren (Art. 267 AEUV) nicht berührt.[338] Im Falle der **Verweisung** wegen örtlicher oder sachlicher Unzuständigkeit endet die Zuständigkeit als Hauptsachegericht mit Erlass des (unanfechtbaren, § 281 Abs. 2 S. 2 ZPO) Verweisungsbeschlusses – oder falls auf die rein faktische Anhängigkeit abgestellt wird – spätestens mit Eingang der Akten bei dem neuen Gericht, vgl. § 281 Abs. 2 S. 2 und 3 ZPO. Im Falle der Rechtswegverweisung (vgl. → Rn. 133) entscheidet der Zeitpunkt der Rechtskraft des Verweisungsbeschlusses.

Ob das Gericht, bei dem die Hauptsache anhängig (Rechtshängigkeit im Sinne von **120** § 261 Abs. 3 Nr. 1 ZPO wird nicht vorausgesetzt) ist, auch **zuständig** ist, ist – von Fällen des Rechtsmissbrauchs[339] abgesehen – nicht entscheidend,[340] sofern dessen Unzuständigkeit nicht bereits rechtskräftig festgestellt ist.[341]

Nach § 261 Abs. 3 Nr. 2 ZPO bliebe danach das zunächst angegangene Gericht der **121** Hauptsache für das Verfügungsverfahren auch dann zuständig, wenn die Hauptsache sodann an ein anderes Gericht verwiesen wird, was im Hinblick auf den engen Zusammenhang der beiden Verfahren als nicht sachgerecht angesehen wird.[342]

Die vom OLG Frankfurt a. M. vertretene Auffassung,[343] dass der Antragsteller bei **122** Anhängigkeit einer **negativen Feststellungsklage** nur bei diesem Gericht einen Verfügungsantrag stellen könne, sofern er nicht vorher seinerseits eine Leistungsklage in der Hauptsache erhebe,[344] wird sowohl in der Rechtsprechung[345] als auch in der Literatur[346] überwiegend abgelehnt, um eine Bindung an das vom Antragsgegner gewählte Gericht zu vermeiden. Legt man die vom BGH[347] für den Vorrang der Leistungsklage gegenüber der Feststellungsklage in den Vordergrund gestellte Interessenlage zugrunde, erscheint es zwingend, diese Grundsätze auch bei der Anwendung der §§ 937 Abs. 1, 943 ZPO zu berücksichtigen mit der Folge, dass der Antragsteller auch ein anderes für die Leistungsklage zuständiges Gericht der Hauptsache wählen kann.

Durch die Anhängigkeit der Hauptsache tritt auch eine **Zuständigkeitskonzentration** **123** **hinsichtlich der funktionellen Zuständigkeit,** der mit der Hauptsache befassten Handelskammer bzw. Zivilkammer ein.[348] Damit wird eine Befassung eines weiteren Spruchkörpers vermieden. Der Antragsteller kann nicht nochmals zwischen Zivilkammer und Handelskammer wählen. Hat der Antragsgegner sein Antragsrecht nach § 98 Abs. 1 GVG (→ § 13 Rn. 24 ff.) im Hauptsacheverfahren bei Befassung der Zivilkammer nicht ausgeübt, muss er es auch hinnehmen, dass ihm auch im nachfolgenden Verfügungsverfahren ein solches Wahlrecht nicht mehr zusteht.

---

[337] BGH WM 1976, 134 und WM 1976, 1201; OLG Köln GRUR 1977, 220 (221); OLG Karlsruhe GRUR 1980, 314.

[338] Teplitzky/*Feddersen* Kap. 54 Rn. 6.

[339] Teplitzky/*Feddersen* Kap. 54 Rn. 3, 4 unter Hinweis auf OLG Hamburg WRP 1981, 325 (326).

[340] RGZ 50, 342 (346); OLG Karlsruhe GRUR 1980, 314; OLG Nürnberg GRUR 1957, 296 (297); OLG Hamburg WRP 1981, 325 (326), OLG Hamm OLGZ 1989, 338; LG Frankfurt a. M. NJW 1990, 652; so auch die Literatur vgl. statt vieler *Walker* in Schuschke/Walker § 937 Rn. 1 mwN.

[341] Stein/Jonas/*Bruns* § 919 Rn. 5; *Berneke/Schüttpelz* Rn. 262.

[342] *Berneke* Rn. 112 mwN in Fn. 11 auch zur Gegenmeinung.

[343] WRP 1996, 27 und GRUR 1997, 495; *Speckmann* Rn. 1563.

[344] GRUR 1997, 495; *Graf Lambsdorff* Rn. 166; *Speckmann* Rn. 1564.

[345] OLG Hamburg GRUR 2001, 361; MD 2001, 425 (427); LG Düsseldorf GRUR 2000, 611 f.

[346] *Fritze* GRUR 1996, 571; *Borck* WRP 1997, 265 (268); *Keller* WRP 2000, 908 (910); *Melullis* Rn. 186; *Fritze* GRUR 1996, 571; *Berneke/Schüttpelz* Rn. 254; *Ingerl/Rohnke* § 140 Rn. 53.

[347] GRUR 1987, 401 (403) und 1994, 846 (848) – Parallelverfahren I und II.

[348] OLG Zweibrücken MDR 1989, 272; Schuschke/*Walker* § 937 Rn. 1; Zöller/*Vollkommer* § 937 Rn. 1; *Berneke/Schüttpelz* Rn. 257.

Nach der Neuregelung in § 513 Abs. 2 ZPO kann auch die funktionelle Unzuständigkeit des Gerichts erster Instanz mit der Berufung nicht mehr gerügt werden.[349]

124 Ist die **Hauptsache** – wie in den meisten Fällen – **noch nicht anhängig,** kann der Antrag bei jedem Gericht erhoben werden, dass für eine entsprechende Hauptsacheklage zuständig wäre; unter mehreren Gerichten steht dem Antragsteller ein Wahlrecht zu (§ 35 ZPO). Durch die Ausübung dieses Wahlrechts erfolgt nach allgemeiner Auffassung – die von *Pastor*[350] vertretene gegenteilige Auffassung ist zu Recht ohne Gefolgschaft in Rechtsprechung und Literatur geblieben – **keine Festlegung für das Hauptsacheverfahren.**[351] Die Zuständigkeit des Gerichts für den Antrag auf Erlass einer einstweiligen Verfügung entfällt nicht dadurch, dass nach Einreichung des Antrags andernorts Hauptsacheklage erhoben wird.[352]

125 Die **Landgerichte** sind unabhängig vom Streitwert **ausschließlich sachlich zuständig** (→ § 14 Rn. 1).

126 Bei **Anhängigkeit** der Hauptsache **bei einem ausländischen Gericht** wird hierdurch die Zuständigkeit inländischer Gerichte für den Erlass einstweiliger Verfügungen nicht beseitigt, was insbesondere in Fällen von negativen Feststellungsklagen mit der Folge der Rechtshängigkeitssperre **(„italienisches Torpedo")** von Bedeutung ist.[353] Wie sich aus Art. 31 EuGVVO (Art. 24 LGÜ) ergibt, bleibt die Zuständigkeit der deutschen Gerichte für den einstweiligen Rechtsschutz unberührt. Es entspricht allgemeiner Auffassung, dass auch eine Unterlassungsverfügung eine einstweilige Maßnahme im Sinne der Rechtsprechung des EuGH[354] darstellt, wobei sich hier lediglich die Problematik anknüpfen kann, ob der in § 945 ZPO vorgesehene Schadensausgleich eine hinreichende Maßnahme im Sinne der Rechtsprechung des EuGH darstellt[355] oder ob eine Sicherheitsleistung zu erfolgen hat. Dagegen dürfte, wenn das Hauptsacheverfahren im Ausland noch nicht anhängig ist, Art. 31 EuGVVO im Wettbewerbsrecht praktisch keinen Anwendungsbereich haben, da im Hinblick auf Art. 7 Nr. 2 EuGVVO – Gerichtsstand der unerlaubten Handlung, vgl. → § 14 Rn. 78 ff. und → Einl. Rn. 718 ff. – für das Hauptsacheverfahren unbeachtliche Gerichtsstände (wie § 23 ZPO) keine relevante Bedeutung erlangen.

127 Ist für die Hauptsache die Zuständigkeit eines **Schiedsgerichtes** begründet, ist auch durch die Neuregelung des Schiedsverfahrensrechts in § 1041 Abs. 1 S. 1 ZPO, wonach die Schiedsgerichte auch ihrerseits Maßnahmen des einstweiligen Rechtsschutzes anordnen können, die Zuständigkeit der ordentlichen Gerichte erhalten geblieben. Denn die Zuständigkeit der ordentlichen Gerichte für den Erlass von einstweiligen Verfügungen wird hierdurch nicht verdrängt.[356]

128 Eine für das Hauptsacheverfahren wirksam geschlossene **Gerichtsstandsvereinbarung** erlangt über § 937 Abs. 1 ZPO auch für das Verfügungsverfahren Bedeutung,[357] was in Wettbewerbsstreitigkeiten – unabhängig davon, dass § 14 Abs. 2 keinen ausschließlichen Gerichtsstand mehr vorsieht (→ § 14 Rn. 65) – jedoch im Hinblick auf das Derogationsverbot für deliktische Ansprüche vor Eintritt des Schadens meist nur bei Klagen aus Vertragsstrafen praktische Bedeutung erlangen dürfte.[358]

---

[349] Vgl. BGH NJW 2003, 426 (427) li. Sp. unter aa.; MüKoZPO/*Rimmelspacher* § 513 Rn. 16, der die Rüge der ausschließlichen Zuständigkeit des Gerichts der Hauptsache zulassen will, Rn. 22; ebenso *Berneke/Schüttpelz* Rn. 267.

[350] Der Wettbewerbsprozess, 3. Aufl., S. 282, 545.

[351] OLG Karlsruhe NJW 1973, 1509; Schuschke/*Walker* § 937 Rn. 1; *Berneke/Schüttpelz* Rn. 262.

[352] OLG Karlsruhe WRP 2010, 793.

[353] Vgl. hierzu *Grabinski* GRUR-Int 2001, 199 (211 f.); *Meier-Beck* GRUR 2000, 355 (357); *v. Falck* Mitt. 2002, 429 (434) mwN; LG Düsseldorf GRUR 2000, 692 (696); GRUR-Int 2002, 157 (161 f.).

[354] EuGH EuZW 1999, 413 (416) – Van Uden und EuZW 1999, 927 (929 f.) – Mietz/Intership Yachting; NJW 2002, 2087 Rn. 39 – Italian Leather/Weco; Zöller/*Geimer* EuGVVO Art. 31 Rn. 2; Thomas/Putzo/*Hüßtege* Art. 31 Rn. 2.

[355] So Thomas/Putzo/*Hüßtege* Art. 31 Rn. 3.

[356] OLG Köln GRUR-RR 2002, 309 f.; *Berneke/Schüttpelz* Rn. 270; Zöller/*Geimer* § 1032 Rn. 9; einschränkend Stein/Jonas/*Bruns* Vor § 935 Rn. 59, Vor § 916 Rn. 30 f.; Ahrens/*Singer* Kap. 45 Rn. 70.

[357] Schuschke/*Walker* § 937 Rn. 1.

[358] Vgl. → Einl. Rn. 747.

2. Amtsgericht der belegenen Sache. In **besonders dringenden Fällen** ist gemäß § 942 Abs. 1 ZPO neben dem Gericht der Hauptsache wahlweise (§ 35 ZPO) auch das **Amtsgericht der belegenen Sache** zuständig, allerdings **mit eingeschränkter Entscheidungskompetenz,** verbunden mit einem nachfolgenden Rechtfertigungsverfahren. Dies erfordert gegenüber den von § 937 Abs. 2 ZPO erfassten dringenden Fällen (hierzu → Rn. 374) eine gesteigerte Dringlichkeit,[359] dh wenn die Inanspruchnahme des Gerichts der Hauptsache für den Antragsteller eine nicht hinnehmbare Verzögerung mit sich bringen würde, was in der Regel nur bei zeitgebundenen Ereignissen an Wochenenden oder Feiertagen in Betracht kommen wird. Der erforderliche räumliche Bezug („in dessen Bezirk sich der Streitgegenstand befindet“), kann sich aus einer begangenen oder drohenden Verletzungshandlung bzw. bei einer erstrebten Sicherstellung auch aus der glaubhaft zu machenden Belegenheit von Gegenständen (zB bevorstehende Ausstellung auf einer Messe) ergeben. Fehlt diese besondere Dringlichkeit, ist das Verfahren an das Gericht zu verweisen, das für die Hauptsache zuständig wäre[360] (zum Rechtfertigungsverfahren → Rn. 280 ff.). 129

3. Zuständigkeit des Berufungsgerichts. Das **Berufungsgericht** – zu unterscheiden vom Hauptsachegericht, wenn dort die Berufung anhängig ist[361] – bzw. das **Beschwerdegericht** ist für den Erlass einer einstweiligen Verfügung nur dann zuständig, wenn deren Erlass im angefochtenen Urteil oder mit dem angegriffenen Beschluss erster Instanz abgelehnt bzw. eine zunächst im Beschlusswege erlassene einstweilige Verfügung auf Widerspruch hin aufgehoben wurde. Ein neuer Antrag auf Erlass einer einstweiligen Verfügung kann nicht, auch nicht hilfsweise, im Berufungsverfahren gestellt werden, sondern nur nach Rücknahme des ersten Antrags oder dessen rechtskräftiger Abweisung (vgl. zur Rechtshängigkeitssperre gemäß § 261 Abs. 3 Nr. 1 ZPO → Rn. 139) beim funktionell ausschließlich zuständigen Gericht erster Instanz (§§ 937, 943, 802 ZPO; vgl. → Rn. 351 ff.).[362] Auch eine Anschlussberufung mit einem inhaltsgleichen Verfügungsbegehren – etwa bei nicht fristgerechter Vollziehung – ist nicht möglich (→ Rn. 372). 130

4. Verweisung. a) Örtliche/sachliche Unzuständigkeit. Wird der Antrag auf Erlass einer einstweiligen Verfügung bei dem örtlich und/oder sachlich unzuständigen Gericht eingereicht, ist eine **Verweisung des Rechtsstreits gemäß § 281 ZPO vor Erlass einer einstweiligen Verfügung** auf Antrag des Antragstellers ebenso möglich[363] wie im Klageverfahren, und zwar auch dann, wenn der Antragsgegner bisher am Verfahren noch nicht beteiligt ist. Umstritten ist dagegen, ob eine **Verweisung nach Erlass der einstweiligen Verfügung** ohne deren vorherige Aufhebung möglich ist.[364] Zum Teil wird eine Verweisung ohne vorherige Aufhebung damit begründet, dass über die Rechtmäßigkeit der einstweiligen Verfügung nur das zuständige Gericht zu befinden habe,[365] während die Gegenansicht maßgeblich auf die Unzuständigkeit des Erlassgerichts abstellt.[366] Auch bei Berücksichtigung der Bedeutung, die der Zuständigkeitsfrage im Verfahren der einstweiligen Verfügung aufgrund der „örtlichen Besonderheiten“ allein im Hinblick auf die unterschiedliche Handhabung der Dringlichkeit zukommt, erscheint letztere Auffassung zur Wahrung der schutzwürdigen Belange des Antragsgegners nicht geboten, da diesen gegebe- 131

[359] *Berneke/Schüttpelz* Rn. 432.
[360] OLG Koblenz NJW 1983, 1460.
[361] Ahrens/*Bähr* Kap. 53 Rn. 14.
[362] OLG Brandenburg MDR 1999, 1219; OLG Düsseldorf GRUR 1984, 385 (386); OLG Hamm GRUR 1989, 457; OLG Hamburg MD 2001, 49 (50); Ahrens/*Bähr* Kap. 53 Rn. 9 ff.
[363] *Teplitzky* DRiZ 1982, 41 (42); *Berneke/Schüttpelz* Rn. 267.
[364] Vgl. *Teplitzky* DRiZ 1982, 41 (42); Teplitzky/*Feddersen* Kap. 55 Rn. 20; *Walker* in Schuschke/Walker § 924 Rn. 10.
[365] OLG Hamm OLGZ 1989, 338; OLG Stuttgart 29.1.2018 – 2 W 52/17, zum Beschwerdeverfahren; Thomas/Putzo/*Reichold* § 925 Rn. 1; Zöller/*Vollkommer* § 924 Rn. 6 mwN; vgl. auch BVerwG NJW 2001, 1513 zur Prüfungskompetenz des angegangenen (offensichtlich unzuständigen) Gerichts.
[366] So OLG Stuttgart MDR 1958, 171; LG Arnsberg NJW-RR 1993, 319 mwN; *Baernarts* MDR 1979, 79; vgl. zum Meinungsstand auch die Nachw. bei *Berneke/Schüttpelz* Rn. 266.

nenfalls auch durch eine einstweilige Einstellung der Zwangsvollstreckung zusammen mit dem Verweisungsbeschluss Rechnung getragen werden kann.[367] Solche Maßnahmen wird man dem unzuständigen Gericht auch dann zubilligen müssen, wenn man die sonstige Prüfungskompedenz nur dem zuständigen Gericht einräumen will.

132 Die von *Berneke/Schüttpelz*[368] erörterte Verweisung in der Berufungsinstanz kann allenfalls, selbst wenn man sich der einschränkenden Auslegung der Regelung des § 513 Abs. 2 ZPO (ebenso § 571 Abs. 2 S. 2 ZPO) anschließt, für Ausnahmefälle Bedeutung erlangen.[369]

133 **b) Rechtswegverweisung.** Die Bestimmungen über die Rechtswegverweisung (§ 17a GVG) finden auch auf das Verfügungsverfahren Anwendung.[370] Danach kann das Gericht von Amts wegen bzw. muss es auf eine Rüge einer der Parteien hin durch Beschluss entscheiden (§ 17a Abs. 3 S. 2 ZPO), auch wenn es den Rechtsweg für gegeben ansieht.[371] Will das Gericht den Rechtsweg bejahen, so erscheint eine Entscheidung von Amts wegen ohne Rüge des Rechtsweges von einer der Parteien allerdings in der Regel nicht sachdienlich. Verneint das Gericht den beschrittenen Rechtsweg, unterliegt der Verweisungsbeschluss der sofortigen Beschwerde[372] (§ 17a Abs. 4 S. 3 GVG). Der BGH stellt auch nicht darauf ab, ob es in dem für zuständig angesehenen Rechtsweg bzw. der maßgeblichen Verfahrensordnung eine Regelung über den einstweiligen Rechtsschutz gibt.[373] Nach der Rechtsprechung[374] des BGH und des BAG ist bei Zulassung durch das Beschwerdegericht die „weitere" Beschwerde gemäß § 17a Abs. 4 S. 4–6 GVG, nunmehr als Rechtsbeschwerde,[375] statthaft.

IX. Der Verfügungsantrag: § 920 Abs. 1, § 253 Abs. 2 Nr. 2 – § 938 ZPO

134 **1. Bestimmtheitserfordernis.** Gemäß § 936 Abs. 1, § 920 Abs. 1 ZPO bestimmt der Antragsteller mit seinem Antrag den Gegenstand seines Begehrens. Bei **Leistungsverfügungen** einschließlich der **Unterlassungsverfügung** muss der Antrag den Anforderungen des § 253 Abs. 2 ZPO,[376] insbesondere dem **Bestimmheitserfordernis** des § 253 Abs. 2 Nr. 2 ZPO entsprechen. Im Falle der Leistungsverfügung, einschließlich der auf Unterlassung lautenden Verfügung – unabhängig von deren Einordnung als Regelungs- oder Leistungsverfügung –, hat der Antrag dem im Hauptsacheverfahren zu stellenden Antrag (vgl. auch § 926 ZPO) zu entsprechen; dh er hat die begehrte Leistung bzw. die beanstandete Verhaltensweise hinreichend bestimmt iSv § 253 Abs. 2 Nr. 2 ZPO zu bezeichnen.[377] Hiervon ist der Antragsteller durch § 938 ZPO, der auf „echte" Sicherungs-

[367] AA LG Köln 25.7.2000 – 28 O (Kart) 370/00, das für den Einstellungsantrag das Gericht, an das verwiesen wird, als zuständig ansieht.

[368] Rn. 115 unter Hinweis auf MüKoZPO/*Rimmelspacher* § 513 Rn. 22.

[369] Vgl. Zöller/*Gummer/Heßler* § 513 Rn. 10.

[370] BGH GRUR 2007, 535 – Gesamtzufriedenheit; NJW 1999, 3785; 2001, 2181; 2003, 1192 (1193); BAG NJW 2000, 2524; BFH NJW 2001, 2573; KG NJW 2002, 1504; OLG Hamburg MD 2001, 444; OLG Jena OLG Report NL 2000, 181; OLG Köln OLG Report 1994, 290; OLG Frankfurt a. M. OLG Report 1994, 71; OLG München 20.1.2000 – U (K) 4428/99; *Brüning* → Vor § 12 Rn. 12; Zöller/*Gummer* GVG Vor §§ 17–17b Rn. 12 mwN.

[371] OLG Hamburg MD 2001, 444; *Berneke/Schüttpelz* Rn. 114a; aA Schuschke/*Walker* Vor §§ 916–945 Rn. 18, der die damit einhergehende Verzögerung mit dem Charakter des Eilverfahrens nicht für vereinbar hält; vgl. auch OLG Frankfurt a. M. OLG Report 1995, 245 zur Frage der Aufhebung bzw. einstweiligen Einstellung der Zwangsvollstreckung bei Verweisung.

[372] OLG Düsseldorf WRP 1998, 1091; *Berneke/Schüttpelz* Rn. 263; aA Stein/Jonas/*Bruns* Vor § 916 Rn. 29, 36; *Schuschke* in Schuschke/Walker Vor §§ 916–945 Rn. 41.

[373] BGH NJW 2001, 2181.

[374] BGH NJW 1999, 3785; NJW 2001, 2181; NJW 2003, 1192; BAG NJW 2002, 3725.

[375] BGH GRUR 2007, 535 – Gesamtzufriedenheit; BAG NJW 2002, 3725; BGH NJW 2003, 277; Thomas/Putzo/*Hüßtege* GVG § 17a Rn. 20.

[376] OLG Hamburg ZUM-RD 2019, 150 zum Erfordernis der Angabe der ladungsfähigen Anschrift des Antragstellers.

[377] Stein/Jonas/*Bruns* Vor § 935 Rn. 10, 11.

maßnahmen und nicht auf eine zeitweilige Befriedigung des zu sichernden Unterlassungsanspruchs abstellt, nicht entbunden.[378]

2. Bindung an den Antrag. Das Gericht ist bei Leistungs-/Unterlassungsverfügungen gemäß **§ 308 Abs. 1 ZPO** an den Verfügungsantrag gebunden;[379] dem Antragsteller kann – ebenso wie im Hauptsacheverfahren – nur (gegebenenfalls mit entsprechender Kostenfolge) weniger und nicht etwas anderes als beantragt zugesprochen werden. Abänderungen des Antrags von Seite des Gerichts, die über redaktionelle Umformulierungen hinausgehen,[380] sind auch von § 938 Abs. 1 ZPO nicht mehr gedeckt und daher unzulässig (§ 308 Abs. 1 ZPO).[381] Das Gericht kann im Tenor gegenüber dem Antrag nicht unter Hinweis auf § 938 ZPO abweichen, vielmehr hat es auf die Stellung eines sachdienlichen Antrags hinzuwirken (§ 139 Abs. 1 ZPO) und im Falle eines zu weit gehenden Antrags diesen mit der entsprechenden Kostenfolge teilweise zurückzuweisen. 135

3. Rechtshängigkeit. Mit Einreichung des Verfügungsantrages, dh mit der Anhängigkeit und nicht erst mit dessen Zustellung an den Gegner wie bei der Klage treten, da das Gericht ohne Beteiligung des Antragsgegners über den Antrag entscheiden kann,[382] die **Rechtshängigkeitswirkungen** ein: 136

Es entsteht, wenn auch noch ohne „tatsächliche" Beteiligung des Antragsgegners, ein **Prozessrechtsverhältnis,** was ua für die Frage der Erstattungsfähigkeit der Kosten einer Schutzschrift[383] von großer praktischer Bedeutung ist. 137

Das Verfahren kann auch nicht formlos an ein anderes Gericht abgegeben werden; es kommt nur eine **Verweisung** gemäß § 281 ZPO in Betracht. 138

Ein inhaltsgleicher Antrag gegen denselben Antragsgegner kann nicht mehr zum Gegenstand eines weiteren Verfügungsantrages gemacht werden, § 261 Abs. 3 Nr. 1 ZPO;[384] entgegen einer teilweise vertretenen Ansicht[385] auch nicht im Wege eines Hilfsantrags bei dem Gericht, das über den Widerspruch zu entscheiden hat.[386] Die **Rechtshängigkeitssperre** gilt ebenso für einen im Berufungsverfahren gestellten inhaltsgleichen Hilfsantrag, für den zudem keine funktionelle Zuständigkeit des Berufungsgerichts besteht.[387] Denn selbst wenn man eine Klageänderung in der Berufungsinstanz für zulässig erachtet (→ Rn. 457), handelt es sich bei einem inhaltsgleichen Hilfsantrag – wie etwa in den Fällen der versäumten Vollziehung – nicht um eine Erweiterung des Antrags, sondern um einen 139

---

[378] *Berneke/Schüttpelz* Rn. 344; MüKoUWG/*Schlingloff* § 12 Rn. 343; Ahrens/*Spätgens* Rn. 26; Stein/Jonas/*Bruns* Vor § 935 Rn. 10; aus der Rspr.: KG WRP 2010, 129 (135); OLG Hamburg Mitt. 2007, 521 (Ls.); GRUR-RR 2005, 312 (314); NJWE-WettbR 1998, 77; MD 2003, 645 (646); OLG Karlsruhe WRP 2001, 1328 (1329); OLG Köln ZUM-RD 2002, 487: „... ist das Gericht nicht gehindert, einschränkende Konkretisierungen anzubringen ..."; aA OLG München WuWE-DE-R 964, 965: nur Anregung an das Gericht (Stromdurchleitung).

[379] OLG Karlsruhe WRP 2001, 1328 (1329); OLG Hamburg GRUR-RR 2005, 125 (126); OLG Jena MD 2010, 186 (189); OLG München 17.5.2011 – 6 W 837/11.

[380] Vgl. OLG Hamburg MD 2003, 645 (646): falsche Bezeichnung der angegriffenen Kennzeichnung durch beide Parteien; *Berneke/Schüttpelz* Rn. 343 mwN.

[381] GroßkommUWG/*Schwippert* § 12 C Rn. 143 f. mwN; aA OLG Frankfurt a. M. GRUR-RR 2018, 352 Rn. 6.

[382] Allgemeine Meinung vgl. zB BGH GRUR 2018, 654 Rn. 26 – Ratschenschlüssel; OLG Köln GRUR 2001, 424 (425); OLG München NJW 1993, 1604; *Berneke/Shüttpelz* Rn. 215; MüKoUWG/*Schlingloff* § 12 Rn. 336.

[383] Pastor/*Ahrens* Rn. 285 mwN.

[384] OLG Hamburg MD 2004, 1232; OLG Hamm WRP 1996, 581; OLG Schleswig MMR 2002, 161; Stein/Jonas/*Grunsky* Vor § 935 Rn. 12; Zöller/*Vollkommer* Vor § 916 Rn. 5; Ahrens/*Ahrens* Kap. 55 Rn. 12 ff.; *Berneke/Schüttpelz* Rn. 216, 480; zum Einwand des Rechtsmissbrauchs bei zeitweise bestehender doppelter Rechtshängigkeit vgl. OLG Hamburg GRUR-RR 2010, 266; LG Frankfurt a. M. InstGE 12, 239; LG München I InstGE 11, 112.

[385] OLG Hamm OLG Report 1993, 93 = WM 1993, 2050; vgl. auch OLG Frankfurt a. M. WRP 1997, 51 und WRP 2014, 101 bei abgewandelter Verletzungsform.

[386] OLG Koblenz GRUR 1980, 1022 (1023); *Ulrich* EWiR § 261 ZPO 1/93; Teplitzky/*Feddersen* Kap. 55 Rn. 51.

[387] Teplitzky/*Feddersen* Kap. 55 Rn. 51 mwN.

Neuerlass.[388] Bei begründeten Zweifeln hinsichtlich des Umfangs eines bestehenden Titels – erfasst er die abgeänderte Werbung des Antragsgegners noch? – wird ein Vorgehen im Wege eines weiteren Verfügungsverfahrens für zulässig angesehen, da es dem Antragsteller nicht zugemutet wird, die Reichweite des bestehenden Titels in einem Vollstreckungsverfahren zur Überprüfung zu stellen.[389] Der gleichzeitige Zwangsvollstreckungsantrag wegen Verstoßes gegen den bestehenden Titel (§ 890 ZPO) und der Antrag auf Erlass einer weiteren einstweiligen Verfügung – **Doppelverfolgung** – ist jedoch nicht möglich.[390]

140 Die nachträgliche Erhebung einer Hauptsacheklage bei einem anderen Gericht hat nach § 261 Abs. 3 Nr. 2 ZPO auf die Zuständigkeit des Gerichts, bei dem bereits ein Verfügungsverfahren anhängig ist, keinen Einfluss.[391] Ein anfänglich unzuständiges Gericht kann aber durch nachträgliche Einreichung der Hauptsacheklage bei diesem Gericht zuständig werden.[392]

X. Entscheidung durch Beschluss

141 **1. Bedeutung des § 937 Abs. 2 ZPO.** In § 937 Abs. 2 ZPO geht das Gesetz davon aus, dass die Entscheidung über den Verfügungsantrag aufgrund einer **mündlichen Verhandlung** den Regelfall darstellt und hiervon in **besonders dringenden Fällen,** in denen für den Antragsteller nach seinem glaubhaft gemachten Vorbringen die mit der Terminsanberaumung verbundene Verzögerung nicht hinnehmbar ist, abgewichen werden kann.[393] Dem sind die Fallgestaltungen gleich zu stellen, in denen die Gefahr besteht, dass durch eine vorherige Zustellung des Verfügungsantrags der Zweck des einstweiligen Rechtsschutzes in Frage gestellt wird (Vereitelungsmaßnahmen von Seiten des Antragsgegners).[394]

142 Die nach § 12 Abs. 1 zu vermutende Eilbedürftigkeit besagt zum Vorliegen dieser weitergehenden Voraussetzungen nichts.[395] Die gerichtliche Praxis im Bereich des gewerblichen Rechtsschutzes hat diesen Grundsatz bisher weitgehend negiert, da die Beschlussverfügung[396] in wettbewerbsrechtlichen Verfahren den **Regelfall** darstellt, vgl. hierzu die Vorauflage § 12 Rn. 375 f. Diese Praxis muss sich nunmehr an den Vorgaben des BVerfG zum Grundsatz der **prozessualen Waffengleichheit** messen lassen, die uneingeschränkt auch im Bereich des Wettbewerbsrechts zu beachten sind;[397] ob sie im Anwendungsbereich von Art. 9 Abs. 4 der RiLi 2004/48/EG dagegen uneingeschränkt Geltung beanspruchen,

---

388 *Berneke/Schüttpelz* Rn. 445 mwN; vgl. die Nachweise bei OLG Zweibrücken WRP 2016, 280 Rn. 20, das eine Zuständigkeit des Berufungsgerichts für einen (geänderten) Antrag auf Erlass einer einstweiligen Verfügung aus Gründen der Prozesswirtschaftlichkeit bejaht.

389 Hierzu *Kehl* WRP 1999, 46 ff.; OLG Frankfurt a. M. WRP 1997, 51 f.; krit. *Teplitzky* GRUR 1998, 320 (322 f.); *Melullis* Rn. 553a f.; strenger OLG München 27.7.2001 – 29 W 1893/01; OLG Rostock 16.6.1999 – 2 U 91/98, bei *Koch* WRP 2002, 191 (200 f.); zum Antrag auf Erlass einer zweiten einstweiligen Verfügung unter einem anderen rechtlichen Gesichtspunkt OLG Köln Pharma Recht 1995, 164.

390 OLG München 23.10.2001 – 29 W 2104/01: Da die Gläubigerin wegen der als Verstoß gegen ein rechtskräftiges Urteil qualifizierten Äußerungen eine einstweilige Verfügung erwirkt hatte, wurde es ihr verwehrt, im Zwangsvollstreckungsverfahren geltend zu machen, die Äußerungen fielen in den Kernbereich des Urteils; *Berneke* Rn. 56, 58, 92, 94; aA *Brüning* → Vor § 12 Rn. 314 mwN; vgl. auch OLG Köln MD 2002, 222 (295); 2003, 1147 und MD 2003, 1152; vgl. BGH GRUR 2011, 742 Rn. 20 – Leistungspakete im Preisvergleich: keine Verweisung auf das Zwangsvollstreckungsverfahren, wenn dessen Ausgang ungewiss oder Verjährung droht.

391 OLG Hamburg OLG Report 2000, 474; *Berneke/Schüttpelz* Rn. 262.

392 *Berneke/Schüttpelz* Rn. 262 mwN.

393 Ahrens/*Scharen* Kap. 51 Rn. 4; *Berneke/Schüttpelz* Rn. 298 mwN.

394 Siehe Rn. 2.

395 KG WRP 1970, 144 f.; DB 1979, 642; OLG Karlsruhe WRP 1989, 265; NJW-RR 1987, 1206; *Kunath* WRP 1991, 66; Fezer/*Büscher*/Obergfell § 12 Rn. 121; Ahrens/*Scharen* Kap. 51 Rn. 1; *Berneke/Schüttpelz* Rn. 281, 299, 310 mwN; *Bopp/Sonntag* in: Münchener Prozessformularbuch, Bd. 5 A. 4 Anm. 8; Cepl/*Voß* § 937 Rn. 19.

396 Das Spruchrichterprivileg des § 839 Abs. 2 Satz 1 BGB gilt auch hierfür BGH NJW 2005, 436 m. Anm. *Meyer* S. 864 f. unter Aufgabe von BGHZ 10, 55, 60.

397 BVerfG GRUR 2020, 1119 Rn. 6 – Zahnabdruckset; WRP 2020, 1293; OLG Düsseldorf WRP 2019, 773 Rn. 5.

blieb offen[398]. Nachdem das BVerfG im Beschluss vom 6.6.2017[399] die Möglichkeit einer unmittelbaren Verfassungsbeschwerde gegen eine im Beschlusswege erlassene einstweilige Verfügung im Falle eines fortwirkendes Feststellungsinteresses eröffnet hatte mit der Erwägung, dass die Umgehung der prozessualen Rechte des Antragsgegners (Recht auf Gewährung rechlichen Gehörs) im fachgerichtlichen Verfahren nicht wirksam geltend gemacht werden kann, sind die für das Verfahren der einstweiligen Verfügung maßgeblichen Grundsätze in den Beschlüssen vom 30.9.2018[400] grundlegend vorgegeben und in nachfolgenden Entscheidungen[401] weiter ausgestaltet worden:

Ob das Gericht im Beschlusswege entscheidet (§ 937 Abs. 2 ZPO) oder eine mündliche Verhandlung anberaumt, entscheidet es nach seinem pflichtgemäßen Ermessen.[402] Dabei ist jedoch sowohl von Seiten des Antragstellers als auch von Seiten des Gerichts auf eine entsprechend zügige Verfahrensführung zu achten.[403] Aus der Regelung des § 937 Abs. 2 ZPO kann keine „Bevorzugung" des Antragstellers dergestalt hergeleitet werden, dass der Antragsgegner auf die Nachholung des rechtlichen Gehörs im Rahmen des Widerspruchsverfahrens verwiesen werden kann (vgl. hierzu bereits Vorauflage Rn. 376). Vielmehr verpflichtet der Grundsatz der prozessualen Waffengleichheit den Richter, die Parteien durch eine objektive und faire Verfahrensführung gleichzustellen mit der Folge, dass von einer **Anhörung des Antragsgegners** vor der Entscheidung nur in den Fällen abgesehen werden kann, in denen damit eine nicht hinnehmbare Warnung des Antragsgegners verbunden wäre, d. h. die zur Wahrung der Rechte des Antragstellers erforderliche Überraschung des Antragsgegners nicht mehr gewährleistet werden kann[404]. Wurde die einstweilige Verfügung ohne Anhörung des Antragsgegners erlassen, muss auf Widerspruch hin die mündliche Verhandlung zeitnah anberaumt werden.[405] **143**

Die erforderliche Anhörung des Antragsgegners kann neben der Anberaumung einer mündlichen Verhandlung in geeigneten Fällen auch durch die Einräumung einer – ggf. auch kurz bemessenen[406] – Frist zur Stellungnahme[407] sowie die Verwertung von Vorbringen in einer Schutzschrift (siehe hierzu Rn. 411 f.) geschehen. Die Erwiderungsmöglichkeit auf eine vorprozessuale Abmahnung steht dem nur dann gleich, wenn der Verfügungsantrag unverzüglich nach Ablauf einer angemessenen Frist für die geforderte Unterlassungserklärung bei Gericht eingeht[408], die beanstandete Verhaltensweise sowie die hierfür gegebene Begründung mit dem bei Gericht geltend gemachten Unterlassungsbegehren **identisch/kongruent** sind. Hieran werden strenge Anforderungen gestellt, im Zweifel ist der Antragsgegner auch bei kleinsten Abweichungen rechtliches Gehör zu **144**

[398] BVerfG GRUR 2020, 1119 Rn. 7 – Zahnabdruckset; vgl. auch *Büscher* GRUR 2019, 217, 234 unter d) a. E.; Büscher/*Schmidt* § 12 Rn. 332 S. 1583; *Meinhardt* WRP 2020, 273 Rn. 54; *Bornkamm* WRP 2019, 1242 Rn. 3; *Bornkamm* GRUR 2020, 715, 718 f.; *Löffel* WRP 2019, 8 Rn. 3, 30.

[399] WRP 2017, 1073 mit Anm. *Teplitzky* WRP 2017, 1163; NJW 2020, 2021 Rn. 12.

[400] GRUR 2018, 1288 – Die F. Tonbänder; GRUR 2018, 1291 – Steuersparmodell eines Fernsehmoderators; vgl. hierzu eingehend Büscher/*Schmidt* § 12 Rn. 332; *Mantz* NJW 2019, 935; *Löffel* WRP 2019, 8; *Schumann* JZ 2019, 398; *Vollkommer* MDR 2019, 965; *Bornkamm* GRUR 2020, 715; Gloy/Loschelder/Danckwerts/*Spätgens/Danckwerts* HdbWettbR § 97 Rn. 23 ff.

[401] NJW 2020, 847 mit Anm. *Mantz* NJW 2020, 2007; vgl. auch Bornkamm GRUR 2020, 715 (722 f.); WRP 2020, 1292; WRP 2020, 1179; GRUR 2021, 521 – Mitgliedschaft in rechtsextremen Verein; GRUR 2020, 1119 – *Zahnabdruckset*; WRP 2020, 1293; WRP 2020, 1425; GRUR 2021, 518 – Presseerklärung zu Ex-Nationalspieler.

[402] Einen den Zivilgerichten eingeräumten Wertungsrahmen ablehnend *Schumann* JZ 2019, 398, 401.

[403] BVerf GRUR 2018, 188 – Rn. 19 f. – Die F. Tonbänder; NJW 2020, 2021 Rn. 17.

[404] *Bornkamm* GRUR 2020, 715 (723 f.)

[405] BVerfG NJW 2020, 2021 Rn. 24: Widerspruch am 13. Mai, Terminierung auf den 7. Juli verspätet; BVerfG GRUR 2020, 1120 Tz. 26 – Zahnbehandlungset: Widerspruch am 9. Juni, Terminierung auf den 28 Juli ausreichend.

[406] BVerfG NJW 2020, 2021 Rn. 23.

[407] BVerfG NJW 2020, 2021 Rn. 21: ggf. auch fernmündlich oder per E-Mail; vgl. auch *Bornkamm* GRUR 2020, 715 (723 f.)

[408] Dies dürfte im Hinblick auf die zu beachtenden Dringlichkeitsfristen nur in besonderen Fallgestaltungen relevant werden, vgl. *Ringer/Wiedemann* GRUR-Prax 2020, 359 (361).

gewähren.[409] Soweit in der Entscheidung vom 3.6.2020 auch der Begriff „Kongruenz" verwendet wird,[410] ist damit keine wesentliche Abschwächung gegenüber dem Begriff der Identät verbunden,[411] wie sich aus der späteren Entscheidung „Zahnabdruckset" ergibt.[412] Weiter hat der Antragsteller die etwaige Antwort des Antragsgegners zusammen mit der Antragsschrift bei Gericht einzureichen. Wird der Antrag in anderer Weise als in der Abmahnung oder mit ergänzendem Vortrag – etwa als Stellungnahme auf die Abmahnung[413] – begründet.

145 Unter Bezugnahme auf die insbesondere von Teplitzky[414] an der bisherigen Praxis geübten Kritik muss nach diesen Vorgaben auch bei der Erteilung von Hinweisen eine Neuorientierung stattfinden. Erteilt das Gericht gegenüber dem Antragsteller **Hinweise** (siehe zur Hinweispflicht Rn. 230) sind diese aktenkundig zu machen (vgl. hierzu bereits die Vorauflage) und zeitnah auch dem Antragsgegner mitzuteilen[415]. Er ist in den gleichen Kenntnisstand zu versetzen wie der Antragsteller. Soweit Hinweise erteilt werden, ist der Gegenseite dies auch im Falle der Ablehnung eines Antrags unverzüglich mitzuteilen.[416]

146 Dies bedeutet:

Der Erlass einer Beschlussverfügung ohne vorherige Abmahnung und Anhörung des Antragsgegners kommt nur in Betracht, wenn damit der Zweck des Verfahrens vereitelt würde.[417] Die Eilbedürftigkeit für sich genommen schließt im Regelfall eine vorherige Anhörung nicht aus. –Aus Zeitgründen von einer Anhörung abzusehen, wird nur in besonderen Ausnahmefällen in Betracht kommen.[418] D. h. auch in Fallgestaltungen, in denen keine zeitnahe Terminierung in Betracht kommt – z.B. bei einer nur wenige Tage dauernde Messe –, hat das Gericht dem Antragsgegner die Möglichkeit einzuräumen, zu dem Verfügungsantrag ggf. unter Setzung einer kurzen Frist Stellung zu nehmen.[419]

Bei der Abfassung des Verfügungsantrags ist auf eine Identität/Kongruenz zwischem dem Gegenstand der Abmahnung und des Verfügungsantrags zu achten, wobei eine fehlende Identität auch dann gegeben ist, wenn zwar das beanstandete Verhalten unverändert bleibt, hierfür jedoch eine andere rechtliche Begründung gegeben wird, zu der der Antragsgegner aufgrund der Abmahnung noch keine Gelegenheit bzw. Veranlassung zur Stellungnahme hatte.

Das Vorbringen in der Antragsschrift und die Glaubhaftmachungsmittel sind so vollständig wie möglich aufzubereiten, um dem Gericht keinen Anlass für Hinweise auf unvollständigen Vortrag und fehlende Glaubhaftmachung zu geben. Ist dennoch ein Hinweis von Seiten des Gerichts geboten, kann von einer zeitnahen Mitteilung an den Antragsgegner vor der Entscheidung nur dann abgesehen werden, wenn dadurch der Zweck des Verfügungsverfahrens vereitelt würde.

147 Hat der Antragsgegner seinen Wohnsitz/Sitz im Ausland steht das Gericht vor der Frage, ob eine Anhörung eine Zustellung[420] einschließlich Übersetzung erfordert (vgl. zur Anerkennungsfähigkeit von Beschlussverfügungen im Ausland Rn. 154), womit oftmals eine erhebliche Verzögerung des Verfahrens einhergehen dürfte. Insoweit wird zu erwägen sein,

---

[409] BVerfG GRUR 2020, 1119 Rn. 13 f. – Zahnabdruckset unter Bezugnahme auf *Bornkamm* GRUR 2020, 715 (724); kritisch *Lerach* GRUR-Prax 2020, 401 (404).

[410] BVerfG NJW 2020, 2021 Rn. 21.

[411] So *Mantz* NJW 2020, 2007, 2008.

[412] GRUR 2020, 1119 Rn. 13 f.

[413] BVerfG NJW 2020, 2021 Rn. 19, 21.

[414] GRUR 2008, 34; WRP 2016, 1181 (1184).

[415] Dies wird auf Hinweise in Bezug auf Fragen der Zulässigkeit und Begründetheit des Antrags zu beschränken sein, nicht etwa bei fehlender Streitwertangabe oder versehentlich unterbliebener Vorlage von Anlagen, vgl Büscher/*Schmidt* § 12 Rn. 332 S. 1583.

[416] BVerfG GRUR 2018, 1288 Rn. 24 – Die F. Tonbänder; GRUR 2018, 1291 Rn. 37 ff. – Steuersparmodell eines Fernsehmoderators; GRUR 2020, 1119 Rn. 16 – Zahnabdruckset.

[417] *Löffel* WRP 2020, 8 Tz. 6; zu diesem Kriterium bei der Abmahnung *Brüning* § 13 Rn. 15.

[418] *Bornkamm* GRUR 2020, 715 (723 f.).

[419] *Löffel* WRP 2020, 8 Rn. 6, 17, 32; *Bornkamm* GRUR 2020, 715 (723 f.).

[420] Vgl. Büscher/*Schmidt* § 12 Rn. 352, Seite 1583; *Löffel* WRP 2020, 8 Rn. 37 ff.

eine Übermittlung der erforderlichen Schriftstücke per Telefax oder E-Mail in Erwägung zu ziehen, wobei das Gericht nicht gehalten ist, eine Faxnummer oder E-Mailadresse von sich aus zu ermitteln, wenn sich die entsprechenden Verbindungsdaten nicht aus dem Vorbringen des Antragstellers[421] bzw. den mit dem Verfügungsantrag eingereichten Anlagen ergeben.

Die Entscheidungen vom 30.9.2018 stehen im Widerspruch zu dem bisherigen Verständnis von §§ 922 Abs. 3, 936 ZPO, wenn das BVerfG fordert, dass der Antragsgegner auch im Falle der Ablehnung des Verfügungsantrags unverzüglich in Kenntnis zu setzen ist, wenn dem Antragsteller Hinweis erteilt wurden. Dies soll den Antragsgegner in die Lage versetzen, die Hinweise in diesem oder in anderen gegen ihn gerichteten Verfahren zu nutzen.[422] Da der Zweck des § 922 Abs. 3 ZPO ausgehend von den Besonderheiten des Arrestverfahrens darin besteht, dass der Antragsgegner nicht vorgewarnt wird, ist die Regelung nicht ohne Weiteres auf das Verfügungsverfahren zu übertragen.[423] **148**

Die Interessenlage des Antragsgegners stellt sich gegenüber einer Ablehnung des Antrags auf Erlass einer einstweiligen Verfügung nicht anders dar, wenn der Antrag nach Erteilung eines Hinweises von Seiten des Gerichts zurückgenommen wurde, sodass auch in diesem Fall eine Mittelung an den Antragsgegner zu erfolgen hat.[424] **149**

Wurde vom Landgericht unter Verstoß gegen das rechtliche Gehör des Antragsgegners eine Beschlussverfügung erlassen, unterliegt diese auf Widerspruch hin nicht allein deswegen der Aufhebung, wenn dem Antragsgegner im weiteren Verlauf des Verfahrens das rechtliche Gehör gewährt wird und die Entscheidung in sonstiger Hinsicht der Sach- und Rechtslage entspricht.[425] **150**

Da der Erlass einer Beschlussverfügung ohne vorherige Abmahnung bzw. vorherige Anhörung durch das Gericht somit nur in Fallgestaltungen in Betracht kommt, in denen eine vorherige Abmahnung zu einer nicht zumutbaren Warnung des Antragsgegners führen würde, erscheinen die Tage der sog. **„Schubladenverfügung"** auch unabhängig von der Ablehnung der Erstattungsfähigkeit der Kosten einer Abmahnung[426] nach Ergehen einer „Schubladen-" bzw. Vorratsverfügung[427] durch die Rspr.[428] auch deswegen als gezählt.[429] **151**

Hat der Antragsteller ausnahmsweise – ein **Antrag auf Entscheidung ohne mündliche Verhandlung** wird in der Praxis regelmäßig gestellt – Interesse an einer Entscheidung aufgrund mündlicher Verhandlung, sollte er dies in der Antragsschrift ausdrücklich hervorheben, da er bei bloßem Fehlen eines solchen Antrags aufgrund der vorstehend erörterten praktischen Handhabung nicht erwarten kann, dass allein deswegen Termin zur mündlichen Verhandlung anberaumt wird.[430] Oftmals ist der Antragsteller – sei es zu Recht oder allein aus „taktischen" Gründen – an einer Entscheidung aufgrund mündlicher Verhandlung nicht interessiert. Eine bedingte Rücknahmeerklärung für den Fall, dass das Gericht nicht ohne mündliche Verhandlung entscheiden will,[431] begegnet durchgreifenden Beden- **152**

[421] Vgl. Löffel WRP 2020, 8 Rn. 40.

[422] Etwa bei erneuter Antragstellung bei einem anderen Gericht, Büscher/*Schmidt* § 12 Rn. 332 S. 1584.

[423] OLG München GRUR-RR 2019, 443 Rn. 30. *Löffel* WRP 2019, 1378 (1379); *Schumann* JZ 2019, 398 (402); noch weitergehend *Bornkamm* WRP 2019, 1242; *Bornkamm* GRUR 2020, 715 (721); vgl. auch Büscher/*Schmidt* § 12 Rn. 332 S. 1585 für den Fall der teilweisen Zurückweisung des Antrags.

[424] Büscher/*Schmidt* § 12 Rn. 332 S. 1584 f.

[425] OLG Düsseldorf WRP 2019, 773; OLG München GRUR 2020, 385 Rn. 78; OLG Stuttgart WRP 2018, 1248 Rn. 33 betreffend die Nichtberücksichtigung einer Schutzschrift; OLG Köln WRP 2019, 135 LS; WRP 2021, 381 Rn. 45 ff.; LG Frankfurt BeckRS 2019, 20774; Löffel WRP 2019, 8 Rn. 14; a. A. *Dienstbühl* GRUR-Prax 2019, 292.

[426] Vgl. aber bereits zuvor *Schulte-Beckhausen* MarkenR 2006, 505.

[427] Vgl. zu den Begriffen *A. Schulz* WRP 2007, 589; *Günther* WRP 2006, 407, 408; *Schulte-Beckhausen* MarkenR 2006, 505; MünchKommUWG/*Ottofülling* § 12 Rdn. 132.

[428] BGH GRUR 2010, 257 – Schubladenverfügung; OLG München GRUR-RR 2006, 176.

[429] Vgl. Köhler/Bornkamm/Feddersen/Köhler § 12 Rdn. 1.59; *Zindel/Vorländer* WRP 2017, 276; differenzierend Löffel WRP 2020, 8 Rn. 31 für besondere Fallgestaltungen (Geschäftsgeheimnisse).

[430] Eine Entscheidung ohne mündliche Verhandlung setzt nach *Berneke/Schüttpelz* Rn. 310, Ohly/*Sosnitza* UWG § 12 Rn. 138 und *Melullis* Rn. 138 ein entsprechendes Begehren von Seiten des Antragstellers voraus.

[431] So *Walker* in Schuschke/Walker § 937 Rn. 9 mwN.

ken. Dem Anliegen des Antragstellers kann durch einen entsprechenden Hinweis vor Anberaumung eines Termins, der ohnehin meist erbeten wird, Rechnung getragen werden.[432]

153 Nach auch vom BVerfG bestätigter Auffassung[433] kann das Gericht, von den Fällen eines damit verbundenen unangebrachten Warneffekts abgesehen, **dem Antragsgegner Gelegenheit geben,** innerhalb kurz bemessener Frist **zu dem Antrag Stellung zu nehmen.** In diesem Fall kann ihm die Entscheidung auch von Amts wegen mitgeteilt werden.[434] Ein „schriftliches Verfahren" über einige Wochen hat zu unterbleiben, da dies dem allgemeinen Beschleunigungsgrundsatz widerspricht bzw. nicht zu rechtfertigen ist, wieso kein Termin zur mündlichen Verhandlung anberaumt wird.

154 Soll die einstweilige Verfügung nicht lediglich im Inland sondern auch im **Ausland** Wirkung erlangen, ist zu berücksichtigen, dass eine Entscheidung ohne mündliche Verhandlung nach der Rechtsprechung des EuGH nicht anerkennungsfähig ist,[435] sodass es sich bei einem Antragsgegner mit einem Sitz in einem Mitgliedsstaat der EuGVVO/LGÜ empfehlen wird, eine mündliche Verhandlung zu beantragen.[436] Gegebenenfalls wird das Gericht den Antragsteller darauf hinzuweisen haben, wenn es diesem nicht vorwiegend auf die Geltung in der Bundesrepublik bzw. auf den Überraschungseffekt ankommt.[437]

155 **2. Stattgebende Entscheidung durch Beschluss. a) Inhalt.** Die Parteien müssen im Beschluss gemäß § 313 Abs. 1 Nr. 1 ZPO (entsprechend) hinreichend bestimmt bezeichnet werden. Bei der – gegebenenfalls durch Auslegung vorzunehmenden – Feststellung, wer Partei des Verfahrens ist, können grundsätzlich auch Umstände außerhalb des Beschlusses/Urteils berücksichtigt werden, wenn dem nicht berechtigte Schutzinteressen des Antragsgegners entgegenstehen.[438]

156 Bei einer Beschlussverfügung muss die Bezeichnung des **Rubrums** (ebenso wie die Entscheidungsformel) unmittelbar aus dem Text der von dem Richter unterzeichneten Urschrift selbst ersichtlich sein (§ 313 Abs. 1 Nr. 4 ZPO). Die in der Praxis vielfach geübte Handhabung, in der Urschrift lediglich auf Aktenbestandteile zu verweisen („Einrücken wie Blatt…") macht den Beschluss zwar fehlerhaft und anfechtbar, aber nicht nichtig.[439]

157 Die **Entscheidungsformel** (§ 313 Abs. 1 Nr. 4) bezeichnet die angeordnete(n) Sicherungsmaßnahme(n), meist ein Verbot (Unterlassung), seltener Gebote (Herausgabe an den Gerichtsvollzieher oder Lieferverpflichtungen).

158 In der Regel[440] enthält die Unterlassungsverfügung bereits die **Ordnungsmittelandrohung** gemäß § 890 Abs. 1, 2 ZPO, die dem Bestimmtheitserfordernis[441] genügen muss; Ersatzordnungshaft ist von Amts wegen[442] gegebenenfalls mit in den Tenor aufzunehmen. Ordnungsgeld und Ordnungshaft können nicht kumulativ angedroht werden; ein Verstoß hiergegen lässt die Eignung als Voraussetzung für Festsetzung von Ordnungsmittel jedoch nicht entfallen.[443] Siehe im Einzelnen → Vorb zu § 12 Rn. 237 ff. Gemäß § 232 S. 2 Hs. 2

---

[432] *Walker* in Schuschke/Walker § 937 Rn. 9; *Berneke/Schüttpelz* Rn. 313; zum „Nicht ohne"-Beschluss Ahrens/*Scharen* Kap. 51 Rn. 6 ff., 16 sowie *Berneke/Schüttpelz* Rn. 308 f.

[433] Vgl. *Teplitzky* GRUR 2008, 34 (37) Fn. 44; Fezer/*Büscher* § 12 Rn. 95; Ohly/*Sosnitza* UWG § 12 Rn. 138; krit. MüKoUWG/*Schlingloff* § 12 Rn. 437.

[434] *Berneke/Schüttpelz* Rn. 373; Ohly/*Sonsitza* UWG § 12 Rn. 139; aA Ahrens/*Scharen* Kap. 51 Rn. 20.

[435] EuGH IPRax 1981, 75 (79) – Denilauler/Couchet Frères und 1985, 339 – Brennero/Wendel; BGH GRUR 2007, 813 – Ausländischer Arrestbeschluss.

[436] *Bopp/Sonntag* in Münchner Prozessformularbuch, Bd. 5 A. 4 Anm. 8, A. 6 Anm. 8, S. 54.

[437] Vgl. Cepl/*Voß* § 937 Rn. 22 mwN.

[438] BGH GRUR 2004, 264 (265) – Euro-Einführungsrabatt.

[439] BGH GRUR 2004, 975 f. – Urschrift der Beschlussverfügung; KG MD 2010, 843 (844); vgl. auch BAG NJW 2010, 2748, zur Heilung des Mangels einer fehlenden richterlichen Unterschrift.

[440] Zur Zuständigkeit des Prozessgerichts erster Instanz für eine nachträgliche Androhung: BGH NJW 1979, 217; 2000, 590.

[441] BGH GRUR 1995, 744 (749) – Feuer, Eis & Dynamit I; GRUR 2004, 264 (265) – Euro-Einführungsrabatt.

[442] BGH GRUR 1993, 62 (63) – Kilopreise III; *Brüning* → Vor § 12 Rn. 237.

[443] BGH GRUR 2004, 264 (265) – Euro-Einführungsrabatt.

ZPO muss eine Beschlussverfügung eine Belehrung über die Möglichkeit des Widerspruchs enthalten.[444]

159 Die einstweilige Verfügung ist kraft ihrer Rechtsnatur **ohne besonderen Ausspruch im Tenor vollstreckbar;** eines Ausspruchs der vorläufigen Vollstreckbarkeit bedarf es daher weder bei der Beschluss- noch bei der Urteilsverfügung (vgl. §§ 936, 929 Abs. 1 ZPO bzw. Argument aus § 921 S. 2 ZPO);[445] etwas anderes gilt nur, wenn die Zwangsvollstreckung im Ausland betrieben werden soll,[446] wozu die Zustellung im Ausland jedoch noch nicht gehört.[447]

160 Der Tenor umfasst gegebenenfalls auch die Anordnung einer **Sicherheitsleistung** (§ 921 S. 2 ZPO), wobei sich die Berechtigung des Antragstellers, diese auch **mittels Bankbürgschaft** zu erbringen, nach der Änderung des § 108 Abs. 1 S. 2 ZPO nunmehr unmittelbar aus dem Gesetz ergibt, sodass es eines Ausspruchs von Seiten des Gerichts nicht mehr bedarf. Die Anordnung einer Sicherheitsleistung – wovon in der Praxis nur selten Gebrauch gemacht wird[448] – kann gemäß § 936, § 921 S. 2 auch dann erfolgen, wenn der Verfügungsanspruch und der Verfügungsgrund glaubhaft gemacht sind, wobei es im Anwendungsbereich des § 12 Abs. 1 UWG einer Darlegung und Glaubhaftmachung eines Verfügungsgrundes nicht bedarf.[449] Ist die Vermutung der Dringlichkeit widerlegt, kann dieser Mangel auch nicht durch die Anordnung einer Sicherheitsleistung ausgeglichen werden. Dies kommt nur hinsichtlich der Glaubhaftmachung des Verfügungsanspruchs bzw. sonstiger Sachentscheidungsvoraussetzungen in Betracht, und zwar vor allem dann, wenn dem Antragsgegner ein besonders hoher Schaden entstehen kann oder wenn ein etwaiger Schadensersatzanspruch nach § 945 ZPO nicht oder nur schwer durchgesetzt werden könnte[450] oder wenn das Gericht den Verfügungsanspruch – etwa im Hinblick auf fehlende höchstrichterliche Präjudizen[451] – nicht als zweifelsfrei beurteilt. Hierüber hat das Gericht **von Amts wegen** zu entscheiden, unabhängig davon, ob der Antragsgegner dies – etwa in einer Schutzschrift – begehrt oder eine Sicherheitsleistung vom Antragsteller selbst angeboten wird. Das Gericht kann den **Erlass**[452] (§ 936, § 922 Abs. 3 Alt. 2 ZPO) oder die **Vollziehung** der einstweiligen Verfügung von einer Sicherheitsleistung abhängig machen. Ordnet das Gericht eine Sicherheitsleistung an, kann der **Antragsteller** hiergegen entweder mit der **Beschwerde** oder mit der **Berufung** vorgehen, da insoweit seinem Antrag nicht voll entsprochen wurde.[453] Wurde davon abgesehen, kann der **Antragsgegner** eine entsprechende Anordnung mit dem **Widerspruch** bzw. mit der **Berufung** verfolgen.

161 Ob die von der Rechtsprechung entwickelten Grundsätze zur Gewährung einer **Aufbrauchsfrist** (→ Vorb zu § 12 Rn. 234) auch für das Verfahren der einstweiligen Verfügung gelten, wird unterschiedlich beurteilt. Dies wird zum Teil mit der Begründung verneint, dass das Hinausschieben der Wirkungen der einstweiligen Verfügung mit deren Wesen – Dringlichkeit der Maßnahme – nicht zu vereinbaren sei,[454] während die Ein-

---

444 BGH 28.1.2016 – V ZB 13/15 Rn. 6.

445 Vgl. statt aller Zöller/*Vollkommer* § 929 Rn. 1.

446 LG Berlin MD 2002, 1235 (1236); Thomas/Putzo/*Reichold* § 929 Rn. 1.

447 KG IPRax 2001, 236 mAnm *Mennike* IPRax 2001, 202.

448 Vgl. *Berneke/Schüttpelz* Rn. 489 f.; *Melullis* Rn. 210; *Sosnitza* WRP 2004, 62 (65).

449 Vgl. KG WRP 2004, 112 (116): Anordnung einer Sicherheitsleistung bei kartellrechtlicher Leistungsverfügung, da der Verfügungsgrund nicht mit deutlich überwiegender Wahrscheinlichkeit glaubhaft gemacht.

450 KG NJW-RR 1986, 1127; 1995, 874; GRUR 1996, 974; OLG Düsseldorf WM 2002, 806 (807); OLG Hamm WRP 1989, 116; OLG Köln MDR 1989, 920; OLG München GRUR 1988, 709 (710 f.); *Berneke/Schüttpelz* Rn. 489; Zöller/*Vollkommer* § 921 Rn. 7; vgl. aber auch *Sosnitza* WRP 2004, 62 (65): keine Erleichterung durch Anordnung einer Sicherheitsleistung, wenn ein möglicher Schadensersatzanspruch am nicht zu erbringenden Kausalitätsnachweis scheitert.

451 Vgl. OLG München NJWE-WettbR 1999, 179 (180); *Berneke/Schüttpelz* Rn. 490.

452 *Berneke/Schüttpelz* Rn. 451; Zöller/*Vollkommer* § 921 Rn. 3.

453 *Berneke/Schüttpelz* Rn. 451; vgl. auch *Ulrich* GRUR 1991, 26 (31).

454 OLG Düsseldorf GRUR 1986, 197; anders, wenn der Antragsteller zustimmt AnwBl 1991, 46; OLG Frankfurt a. M. GRUR 1988, 46; 1989, 456; WRP 1994, 118; OLG Koblenz WRP 1991, 599 f.; GRUR

räumung einer Aufbrauchfrist von einem Teil der Rechtsprechung[455] und dem überwiegenden Teil der Literatur[456] für möglich erachtet wird mit der Begründung, es gebe im Hinblick auf die maßgeblichen Interessenlagen der Parteien keine durchgreifenden Unterschiede zwischen dem Hauptsache- und dem Verfügungsverfahren, zumal – anders als im Urteilsverfahren – eine einstweilige Einstellung der Zwangsvollstreckung praktisch nicht in Betracht komme. Folgt man letzterer Auffassung,[457] wird einer Einräumung einer Aufbrauchfrist bei einer Entscheidung ohne mündliche Verhandlung – auch wenn ein förmlicher Antrag von Seiten des Antragsgegners nicht erforderlich ist[458] – von Amts wegen bereits entgegenstehen, dass es einer Darlegung eines besonderen Interesses bedarf, woran es auch bei Vorliegen einer Schutzschrift regelmäßig fehlen wird. Auch bei einer Entscheidung aufgrund mündlicher Verhandlung wird der Gesichtspunkt der Dringlichkeit der begehrten einstweiligen Maßnahme im Rahmen der erforderlichen Abwägung der Interessen der Parteien bzw. der Interessen Dritter zu Lasten des Antragsgegners zu berücksichtigen sein.

162 Der Antragsteller kann sich **gegen die Bewilligung einer Aufbrauchfrist** in einer Beschlussverfügung mit **der sofortigen Beschwerde** wenden (§ 567 Abs. 1 Nr. 2 ZPO) bzw. ein entsprechendes Urteil mit der Berufung anfechten. Der Antragsgegner kann mit dem Widerspruch bzw. mit der Berufung die Einräumung einer Aufbrauchsfrist verfolgen.

163 Bestandteil der einstweiligen Verfügung ist die nach den Grundsätzen der §§ 91 ff. (bei einer teilweisen Rücknahme des Antrags iVm § 269 Abs. 3 S. 2) ZPO zu treffende **Kostenentscheidung.** Bei einer Bestätigung einer Beschlussverfügung durch Urteil werden dem Antragsgegner auch die „weiteren Kosten" auferlegt.[459] Wird dem Verfügungsantrag nur unter Anordnung einer Sicherheitsleistung entsprochen, wird darin zum Teil ein Teilunterliegen mit der Folge einer Kostenbelastung des Antragstellers gesehen;[460] dies müsste dann umso mehr im Falle der Einräumung einer Aufbrauchsfrist gelten.[461] Überwiegend wird die volle Kostentragung des Antragsgegners aber mit § 92 Abs. 2 Nr. 1 ZPO begründet.[462]

164 In der Beschlussverfügung wird in der Regel auch der **Streitwert** mit festgesetzt, da mit ihr, falls kein Widerspruch eingelegt wird, das Verfahren abgeschlossen wird und das Gericht und der Antragsteller einer Grundlage für die Kosten- bzw. Gebührenberechnung bedürfen. **Mangels Vorschusspflicht** – § 12 Abs. 1 Satz GKG erfasst Anträge auf Erlass einer einstweiligen Verfügung nicht[463] – findet eine vorläufige Festsetzung des Streitwerts gemäß § 63 Abs. 1 GKG nicht statt.

165 Wird die einstweilige Verfügung durch **Beschluss** antragsgemäß erlassen, sieht § 936, § 922 Abs. 1 S. 2 ZPO eine **Begründung** nur dann vor, wenn die einstweilige Verfügung im Ausland geltend gemacht werden soll.[464] Die dennoch unterbliebene Begründung steht der Wirksamkeit der Zustellung nicht entgegen.[465] Hiervon abgesehen ist eine Begründung

---

1995, 499: ausnahmsweise, wenn der Antragsteller keine Einwände erhebt; OLG München WRP 1985, 364; *Melullis* Rn. 896: nur in Ausnahmefällen, der ein Einverständnis des Antragstellers als dringlichkeitsschädlich ansieht.

[455] OLG Frankfurt a. M. GRUR-RR 2020, 167 Rn. 29; KG GRUR 1972, 192; OLG Stuttgart WRP 1989, 832; 1993, 536; LG Stuttgart WRP 1994, 850; LG Düsseldorf NJWE-WettbR 1999, 63 (65): allenfalls in Ausnahmefällen; LG Hamburg 9.12.1994 – 315 O 621/94, zit. nach *Berlit* WRP 1998, 250 (252) Fn. 27.

[456] *Berlit* WRP 1998, 250 (251 f.); *Ulrich* WRP 1991, 26 (28 f.); *Berneke/Schüttpelz* Rn. 354; Ahrens/*Spätgens* Rn. 58; Ahrens/*Jestaedt* Kap. 56 Rn. 35.

[457] Vgl. Köhler/Bornkamm/Feddersen/*Bornkamm* § 8 Rn. 1.98.

[458] Teplitzky/*Feddersen* Kap. 57 Rn. 19.

[459] *Berneke/Schüttpelz* Rn. 405.

[460] *Berneke/Schüttpelz* Rn. 491; vgl. auch *Ulrich* GRUR 1991, 26 (31).

[461] Str.; bejahend *Ulrich* GRUR 1991, 26 (27, 31); aA BGH GRUR 1982, 425 (431); *Brüning* → Vor § 12 Rn. 236; *Melullis* Rn. 900.

[462] *Ulrich* GRUR 1991, 26 (27); *Brüning* → Vor § 12 Rn. 236; krit. hierzu *Melullis* Rn. 900 Fn. 1.

[463] Thomas/Putzo/*Reichold* § 922 Rn. 2; *Berneke/Schüttpelz* Rn. 677 mwN.

[464] HM, vgl. eingehend *Melullis* Rn. 209.

[465] OLG Hamburg MD 2005, 177 (178).

des stattgebenden Beschlusses dann erforderlich (zur sachgerechten Handhabung bei Vorliegen einer Schutzschrift → Rn. 618), wenn sich anderenfalls – auch im Falle der Beifügung der Antragsschrift – für den Antragsgegner nicht ersehen lässt, welche tatsächliche und rechtliche Grundlage das Verbot trägt.[466] Wird etwa eine bestimmte Werbeanzeige („konkrete Verletzungsform") untersagt, so kann dies vielfach auf unterschiedlichen rechtlichen Gesichtspunkten beruhen, sodass sich die Reichweite des Verbotsumfangs erst aus der rechtlichen Begründung ergeben kann.[467]

b) Zustellung. Wird dem Antrag ohne mündliche Verhandlung durch Beschluss entsprochen, ist der Beschluss dem **Antragsteller zuzustellen,** da hierdurch die Vollziehungsfrist in Lauf gesetzt wird (§ 329 Abs. 2 S. 2, § 929 Abs. 2 ZPO).[468] Eine Mitteilung an den Antragsgegner findet im Regelfall nicht statt.[469] 166

3. Zurückweisung durch Beschluss. Das Gericht kann auch dann durch **Beschluss** entscheiden, wenn es den **Verfügungsantrag zurückweist.** Bei dieser nach **pflichtgemäßem Ermessen**[470] zu treffenden Entscheidung ist darauf abzustellen, ob sich bei Durchführung einer mündlichen Verhandlung eine andere Beurteilung bzw. eine verlässlichere Entscheidungsgrundlage ergeben kann. Auch wird von einer Terminierung abzusehen sein, wenn es nur so – etwa bei zeitgebundenen Ereignissen – dem Antragsteller noch ermöglicht wird, gegen den ablehnenden Beschluss eine Entscheidung des Beschwerdegerichts herbeizuführen oder wenn mit einer Terminierung ein für den Antragsteller nicht hinnehmbarer Warneffekt verbunden wäre. 167

Der zu begründende Beschluss ist **dem Antragsteller** – da er der sofortigen Beschwerde unterliegt (§ 567 Abs. 1 Nr. 2 ZPO) und die zweiwöchige Notfrist des § 569 Abs. 1 S. 2 ZPO in Lauf gesetzt wird – **zuzustellen** (§ 329 Abs. 2 S. 2 Alt. 2 ZPO); eine Mitteilung an den Antragsgegner ist gemäß §§ 936, 922 Abs. 3 ZPO nicht vorgesehen.[471] Dies kann jedoch nicht gelten, sofern der Antragsgegner bisher noch nicht angehört wurde. Auch darüber hinaus wird die Regelung des § 922 Abs. 3 ZPO im Hinblick auf die Rechtsprechung des BVerfG (→ Rn. 149) für das Verfahren der einstweiligen Verfügung nicht für anwendbar gehalten[472] bzw. bedarf jedenfalls der Modifizierung dahingehend, dass eine Mitteilung an den Antragsgegner nur in denFällen zu unterbleiben hat, bei denen der Zweck der einstweiligen Verfügung ansonsten vereitelt würde (→ Rn. 143). Zum Inhalt des Beschlusses im Übrigen → Rn. 156 ff. 168

Der Antragsteller kann binnen der vorgenannten Frist beim Ausgangsgericht oder beim Beschwerdegericht **sofortige Beschwerde** einlegen (§ 569 Abs. 1 S. 1, Abs. 2). Die Beschwerde kann durch Einreichung einer Beschwerdeschrift oder – da das Verfügungsverfahren vor Anberaumung einer mündlichen Verhandlung vor dem Landgericht **nicht dem Anwaltszwang** unterliegt (§ 936, § 920 Abs. 3, § 78 Abs. 3 ZPO; → Rn. 439)[473] – zu 169

[466] Vgl. *Bornkamm* FS Köhler, 2014, 47 ff.

[467] *Melullis* Rn. 209 Fn. 6; *Bornkamm* FS Köhler 2014, 48 f.; GroßKommUWG/*Schwippert* § 12 C Rn. 491; BGH GRUR 2016, 406 Ls. 1 und Rn. 31 ff. – Piaduna-Rückruf; zur Problematik im Vollstreckungsverfahren vgl. BGH GRUR 2015, 1248 Rn. 22.

[468] GroßKommUWG/*Schwippert* § 12 Rn. 145.

[469] Teplitzky/*Feddersen* Kap. 55 Rn. 5 unter Hinweis auf Zöller/*Vollkommer* § 922 Rn. 1 hält eine Mitteilung dann für geboten, wenn der Antragsgegner vorher angehört worden war.

[470] KG GRUR 1991, 944; NJW-RR 1995, 62 (63); *Berneke/Schüttpelz* Rn. 305 f.; Schuschke/*Walker* § 937 Rn. 7 fordert dagegen eine verfassungskonforme Auslegung dahingehend, dass eine zurückweisende Entscheidung durch Beschluss nur dann ergehen kann, wenn dem Antrag in der Beschwerde noch Erfolgsaussichten beigemessen werden können, während anderenfalls aufgrund mündlicher Verhandlung zu entscheiden sei.

[471] Vgl. BT-Drs. 11/3621, 52, wonach durch § 922 Abs. 3 ZPO) eine Warnung des Schuldners vermieden werden soll.

[472] *Bornkamm* WRP 2019, 1242.

[473] Köhler/Bornkamm/Feddersen/*Köhler* § 12 Rn. 2.38; aA OLG Frankfurt a. M. GRURPrax. 2011, 31: nur Antrag unterliegt nicht dem Anwaltszwang, jedoch das danach folgende Verfahren; MüKoZPO/*Lipp* § 569 Rn. 17; offen gelassen von KG WRP 2011, 800 mwN zum Meinungsstand.

Protokoll der Geschäftsstelle (§ 569 Abs. 3 Nr. 1 ZPO) als auch durch Einreichung einer Beschwerdeschrift eingelegt werden.[474] Damit unterliegt auch das Beschwerdeverfahren, solange keine Verhandlung anberaumt wird,[475] nicht dem Anwaltszwang;[476] vgl. auch § 571 Abs. 4 S. 1 und 2 ZPO.

170 Das Beschwerdegericht kann – wie in der Praxis meist – ohne oder aufgrund mündlicher Verhandlung entscheiden.[477] Die Entscheidung ergeht nach der Neufassung der ZPO ab dem 1.1.2002 **auch dann durch Beschluss** (§ 572 Abs. 4 ZPO), wenn über die Beschwerde **mündlich verhandelt** wird.[478] Erachtet das Beschwerdegericht die sofortige Beschwerde für begründet, so besteht keine Veranlassung, das Erstgericht anzuweisen, die Verfügung zu erlassen, um einen dem herkömmlichen Verfahrensablauf gleichkommenden Vorgang zu schaffen,[479] denn auch bei Erlass der einstweiligen Verfügung durch das Beschwerdegericht, gestaltet sich das weitere Verfahren nicht anders (→ Rn. 258).

171 War der **Antragsgegner bereits in erster Instanz angehört** worden, ist er **auch in der Beschwerdeinstanz zu beteiligen.** War dies noch nicht erfolgt, steht es im pflichtgemäßen Ermessen des Beschwerdegerichts. Wäre mit einer Anhörung des Antragsgegners eine **unstatthafte Warnung** des Antragsgegners verbunden, hat sie auch im Beschwerdeverfahren zu unterbleiben.[480] Da das Gesetz generell eine Abhilfemöglichkeit durch das Ausgangsgericht vorsieht (§ 571 Abs. 1 Hs. 1 ZPO), ist das **Abhilfeverfahren** auch bei einer Einlegung beim Beschwerdegericht – die sich folglich, da verzögernd, nicht empfiehlt – einzuhalten; auch in dringenden Fällen muss das Beschwerdegericht das Verfahren an das Untergericht abgeben.[481]

172 Ob der Antragsteller **Beschwerde einlegen** kann, um die **Hauptsache für erledigt zu erklären,** wird überwiegend verneint,[482] mit der Begründung, nach der Zurückweisung des Antrags sei das ohne Beteiligung des Antragsgegners durchgeführte Verfahren beendet, sodass eine Erledigung nicht eintreten könne. Für eine Fortführung des Verfahrens unter Einbeziehung des Antragsgegners allein im Rahmen der Kostenentscheidung fehle es an der erforderlichen Dringlichkeit, sodass auch keine Ungleichbehandlung zum Berufungsverfahren, in dem eine Erledigungserklärung allgemein für möglich angesehen wird, vorliege. Diese Beurteilung unterliegt im Hinblick darauf Bedenken, dass dem Antragsteller damit verwehrt wird, eine Überprüfung des zurückweisenden Beschlusses herbeizuführen. Soweit auf die fehlende Dringlichkeit abgestellt wird, erscheint dies kein taugliches Argument, da es nach der Erledigungserklärung nur noch darum gehen kann, ob die Dringlichkeit gegeben *war.*[483] Soweit ein Ausgleich über eine entsprechende Anwendung des § 269 Abs. 3 S. 3 ZPO erwogen wird,[484] bedürfte dies ebenfalls einer Beteiligung des Antragsgegners.

173 **4. Entscheidung durch den Vorsitzenden.** Gemäß § 944 ZPO kann der Vorsitzende – ist das Berufungsgericht als Gericht der Hauptsache zuständig, kann dies auch der Senatsvorsitzende sein[485] – über den Antrag allein entscheiden, wenn durch eine Entscheidung

[474] MüKoZPO/*Lipp* § 569 Rn. 15.
[475] MüKoZPO/*Lipp* § 571 Rn. 21.
[476] OLG Dresden NJWE-WettbR 1997, 184.
[477] Vgl. BGH 16.1.2003 – I ZB 34/02 zu Gebührenfragen.
[478] OLG München NJW 2003, 2756 (2757) unter Hinweis auf die Gesetzesbegründung, die allerdings unzutreffend (→ Rn. 296) davon ausgeht, dass auch Beschlüsse der Oberlandesgerichte im Verfahren des einstweiligen Rechtsschutzes grundsätzlich mit der Rechtsbeschwerde angreifbar sein sollen.
[479] So OLG Stuttgart 21.12.2015 – 2 W 46/15 Rn. 5.
[480] Teplitzky/*Feddersen* Kap. 55 Rn. 7.
[481] AA *Schmidt* MDR 2010, 725 m. Rspr. Nachw.
[482] OLG Bamberg OLG Report 2002, 462 f.; OLG Hamm WRP 1985, 227 (228); OLG Karlsruhe NJW-RR 1998, 1220; OLG Koblenz OLG Report 2003, 144; OLG Stuttgart WRP 1976, 54; NJWE-WettbR 1998, 91; OLG Report 2001, 191; aA OLG Frankfurt a. M. NJW-RR 1992, 493; Ahrens/*Scharen* Kap. 51 Rn. 73; Zöller/*Vollkommer* § 922 Rn. 4.
[483] Vgl. hierzu auch BGH GRUR 2004, 264 (267) – Euro-Einführungsrabatt.
[484] Vgl. Zöller/*Vollkommer* § 922 Rn. 4 aE; vgl. auch BGH NJW 2004, 223 (224).
[485] Ahrens/*Bähr* Kap. 53 Rn. 14 mwN.

des Kollegiums eine für den Antragsteller nicht hinnehmbare Verzögerung verbunden wäre. Nach zutreffender Auffassung ist hierfür eine **„erhöhte" Dringlichkeit** erforderlich, die über die Anforderungen des § 937 Abs. 2 und des § 942 ZPO hinausgehen muss.[486] Eine Fallgestaltung, wonach bereits das Zusammentreten der zuständigen Mitglieder einer Zivilkammer eine nicht hinnehmbare Verzögerung mit sich bringen könnte, dürfte allenfalls in Ausnahmefällen gerechtfertigt sein,[487] während bei der Kammer für Handelssachen eine Beteiligung der Handelsrichter innerhalb kurzer Frist in der Regel nicht gewährleistet ist,[488] mit der Folge, dass die **Kammern für Handelssachen** regelmäßig **allein durch den Vorsitzenden** entscheiden, sofern dem Verfügungsantrag (teilweise) stattgegeben wird. Wird eine mündliche Verhandlung anberaumt, entscheidet die Kammer für Handelssachen in voller Besetzung; eine Entscheidung durch den Vorsitzenden allein kann nur in den Fällen des § 349 Abs. 3 ZPO ergeben.[489] Für das Zwangsvollstreckungsverfahren gilt § 944 ZPO nicht.[490]

§ 944 ZPO eröffnet dem Vorsitzenden allerdings auch die Möglichkeit, einen **Verfügungsantrag abzulehnen,** da ein besonders dringlicher Fall im vorgenannten Sinne auch dann vorliegen kann, wenn nur im Fall einer solchen umgehenden Entscheidung dem Antragsteller die Möglichkeit eröffnet wird, noch rechtzeitig – etwa bei zeitgebundenen Veranstaltungen – eine Beschwerdeentscheidung herbeizuführen.[491] 174

Die für § 944 ZPO erforderliche gesteigerte Eilbedürftigkeit ist **vom Antragsteller darzutun und glaubhaft zu machen.** Sie wird von der Vermutung des § 12 Abs. 1 nicht erfasst.[492]

XI. Entscheidung aufgrund mündlicher Verhandlung

1. Anordnung der mündlichen Verhandlung. Zum Teil ergeht vor oder zusammen mit der Terminsbestimmung ein Beschluss des Gerichts, dass über den Antrag auf Erlass einer einstweiligen Verfügung mündlich zu verhandeln ist. Darin ist aber keine irgendwie geartete Voraussetzung für das weitere Verfahren zu sehen.[493] 175

Entscheidet das Gericht aufgrund mündlicher Verhandlung, so bestimmt es einen – gegebenenfalls unter Abkürzung der Ladungsfrist (§§ 217, 224 ZPO) – **möglichst nahen Termin zur mündlichen Verhandlung** – ein schriftliches Verfahren entsprechend § 276 ZPO kommt nicht in Betracht[494] – und stellt dem Antragsgegner die Antragsschrift zusammen mit der Terminsverfügung zu. Bei der Anberaumung des Termins muss das Gericht beachten, dass der Termin soweit möglich – gegebenenfalls wird zu erwägen sein, andere Termin zu verlegen oder einen „außerplanmäßigen" Termin anzusetzen – nicht so spät angesetzt wird, dass dies einer Rechtsverweigerung gegenüber dem Antragsteller gleichkäme. In einer derartigen besonderen Fallgestaltung ist gegen die Terminsverfügung (nunmehr) sofortige Beschwerde (§ 567 Abs. 1 Nr. 2 ZPO entsprechend) möglich.[495] Die **Anberaumung einer mündlichen Verhandlung** als solche ist **unanfechtbar.**[496] Eine 176

[486] OLG Karlsruhe NJW-RR 1987, 1206; *Berneke/Schüttpelz* Rn. 307; *Walker* in Schuschke/Walker § 944 Rn. 3 mwN; MüKoUWG/*Schlingloff* § 12 Rn. 466; *Bopp/Sonntag* in Münchner Prozessformularbuch, Bd. 5 A. 4 Anm. 9.

[487] Vgl. BVerfG NJW 2018, 40 zu § 155 Abs. 2 S. 2 SGG unter dem Gesichtspunkt des Art. 101 Abs. 1 S. 2 GG.

[488] LG Zweibrücken NJW-RR 1986, 715; *Walker* in Schuscke/Walker § 944 Rn. 1.

[489] OLG Koblenz WRP 1981, 115 (116 f.).

[490] OLG Hamburg WRP 2010, 421 (Ls.) = MD 2010, 312.

[491] Vgl. OLG Hamburg OLG Report 1996, 92; KG OLG Report 1995, 151; Schuschke/*Walker* § 944 Rn. 4 mwN in Fn. 13; ablehnend *Berneke/Schüttpelz* Rn. 307.

[492] *Walker* in Schuschke/Walker § 944 Rn. 3 mwN.

[493] Vgl. *Berneke/Schüttpelz* Rn. 309.

[494] *Berneke/Schüttpelz* Rn. 315; Ahrens/*Bähr* Kap. 52 Rn. 5.

[495] Vgl. BVerfG NZA 2015, 1403 betreffend mehrfache Terminsverlegung; *Berneke/Schüttpelz* Rn. 318 mwN.

[496] Zöller/*Vollkommer* § 937 Rn. 3.

Rechtfertigung dafür, nach Anordnung oder sogar Durchführung einer mündlichen Verhandlung nunmehr durch Beschluss zu entscheiden, ist nicht anzuerkennen.[497]

177 **2. Durchführung der mündlichen Verhandlung.** Für die Durchführung der mündlichen Verhandlung gelten die allgemeinen Bestimmungen der ZPO – zu Einzelfragen und zur Vorbereitung der mündlichen Verhandlung → Rn. 439 ff. Die gesetzgeberische Intention und der Wortlaut des § 278 Abs. 2 ZPO, der nur bestimmte Ausnahmen vom Anwendungsbereich enthält, sprechen dafür, dass die Regelungen über die obligatorische **Güteverhandlung** auch für das einstweilige Verfügungsverfahren gelten.[498] In vielen Fällen wird – etwa nach erfolgloser Abmahnung, Einreichung einer Schutzschrift – jedoch die Aussichtslosigkeit einer Güteverhandlung vom Gericht zu prognostizieren sein,[499] insbesondere bei Entscheidung aufgrund Widerspruchs gegen eine Beschlussverfügung. Bei Durchführung einer Güteverhandlung ist dem **Beschleunigungsbedürfnis des Verfügungsverfahrens** Rechnung zu tragen. Die mündliche Verhandlung hat sich grundsätzlich unmittelbar an die gescheiterte Güteverhandlung anzuschließen (§ 279 Abs. 1 S. 1 ZPO). Bei einem „Verfahrensstillstand" – zB wegen außergerichtlicher Streitschlichtung § 278 Abs. 5 S. 2, 3 ZPO – muss der Antragsteller damit rechnen, dass hierdurch die Eilbedürftigkeit in Frage gestellt wird.

178 **3. Entscheidung.** Da die Bestimmungen der §§ 300 ff. ZPO für die **Urteile** in Verfügungssachen unmittelbar Anwendung finden, muss das Urteil (nach Widerspruch oder bei einer Entscheidung aufgrund mündlicher Verhandlung) Tatbestand und Entscheidungsgründe enthalten.[500] Das dem Antrag stattgebende Urteil ist auch ohne Ausspruch **vorläufig vollstreckbar** und ab seiner Verkündung zu beachten.[501] Soweit der Antrag auf Erlass einer einstweiligen Verfügung insgesamt oder teilweise zurückgewiesen wurde, ist das Urteil **hinsichtlich der Kosten** für **vorläufig vollstreckbar** zu erklären (§ 708 Nr. 6 ZPO). Das Urteil ist beiden Parteien **von Amts wegen zuzustellen** (§ 317 Abs. 1 ZPO).

XII. Rechtskraftwirkungen

179 **1. Formelle Rechtskraft.** Entscheidungen im Verfügungsverfahren erwachsen in **formelle Rechtskraft,** soweit gegen sie ein Rechtsmittel nicht mehr zulässig ist.[502] Dies bedeutet, dass nur Urteile, landgerichtliche Urteile mit Ablauf der Berufungsfrist, Berufungsurteile mit deren Verkündung (vgl. § 542 Abs. 2 S. 1 ZPO),[503] die Berufung verwerfende Beschlüsse gemäß § 522 Abs. 1[504] und Abs. 2, 3 ZPO mit deren Bekanntgabe, nicht Beschlussverfügungen – im Hinblick auf den unbefristet möglichen Widerspruch – der formellen Rechtskraft fähig sind. Der den Antrag **zurückweisende Beschluss** unterliegt der (befristeten) **sofortigen Beschwerde** (→ Rn. 169). Gegen die Entscheidung des Beschwerdegerichts findet eine Rechtsbeschwerde nicht statt (→ Rn. 296).

---

[497] AA Zöller/*Vollkommer* § 937 Rn. 3; anders zu Recht nach Verweisung OLG Stuttgart NJW 1956, 1931; *Berneke/Schüttpelz* Rn. 314: nur dann, wenn die Sache nachträglich besonders dringlich wird.

[498] Zöller/*Greger* § 278 Rn. 10; vgl. auch MüKoZPO/*Prütting* § 278 Rn. 21 f.; *Berneke/Schüttpelz* Rn. 315: keine gesonderte Güteverhandlung nach § 278 Abs. 2 ZPO.

[499] Hierzu MüKoZPO/*Prütting* § 278 Rn. 18.

[500] *Berneke/Schüttpelz* Rn. 347 f.

[501] BGH GRUR 1993, 415 (416 f.) mwN – Straßenverengung; GRUR 2009, 890 – Ordnungsmittelandrochung – mAnm *Vohwinkel* GRUR 2010, 977; OLG Hamburg MD 2007, 1210 (1212); 2005, 304 (Ls.).

[502] Stein/Jonas/*Bruns* Vor § 916 Rn. 12, Vor § 935 Rn. 15.

[503] Vgl. OLG Köln MD 2003, 75: zu dem unstatthaften Antrag auf Einstellung der Zwangsvollstreckung, hilfsweise Anordnung der Sicherheitsleistung nach Erlass des Berufungsurteils.

[504] BGH NJW 2003, 69 zur Unstatthaftigkeit der Rechtsbeschwerde in Arrest- und Verfügungssachen; stRspr.

2. Materielle Rechtskraft. Die danach unanfechtbaren Entscheidungen sind nach (wohl) hM der allerdings eingeschränkten **materiellen Rechtskraft** fähig.[505] 180

a) Ablehnende Entscheidungen. aa) Wird der Antrag als **unzulässig** zurückgewiesen, steht dies einem erneuten Antrag nicht entgegen, wenn nunmehr die früher fehlende Verfahrensvoraussetzung – auch der Verfügungsgrund[506] – gegeben ist. 181

bb) Wurde der Antrag aus **sachlichen** Gründen zurückgewiesen, kann er dann wiederholt werden, wenn neue Tatsachen vorgetragen werden.[507] Dabei wird es nicht für erforderlich gehalten, dass sich die Tatsachengrundlage nachträglich verändert hat, vielmehr reicht es auch aus, dass Tatsachen dem Antragsteller erst nachträglich bekannt geworden sind[508] oder er nunmehr über die im früheren Verfahren nicht vorhandenen, erforderlichen Glaubhaftmachungsmittel verfügt. 182

b) Stattgegebene Urteile. Auch **stattgebenden Urteilen** kommt – durch die Rechtsbehelfsmöglichkeiten des Antragsgegners (ua § 927 ZPO) allerdings erheblich eingeschränkte – **materielle Rechtskraftwirkung** zu.[509] 183

c) Beschränkung. Diese Wirkungen beschränken sich – von einer etwaigen Bindungswirkung für den Schadensersatzprozess gemäß § 945 ZPO abgesehen (hierzu → Rn. 488 ff.) – auf den Streitgegenstand des einstweiligen Verfügungsverfahrens (→ Rn. 287). 184

XIII. Verjährung

§ 204 Abs. 1 Nr. 9 BGB sieht eine **Hemmung** mit der Wirkung des § 209 BGB vor. Die Regelung zielt darauf ab, Hauptsacheklagen allein zum Zwecke der Unterbrechung der Verjährung im Hinblick auf die kurze Frist des § 11 UWG entbehrlich zu machen.[510] § 204 Abs. 1 Nr. 9 unterscheidet danach, ob der Antrag auf Erlass einer einstweiligen Verfügung vom Gericht zugestellt wird oder nicht. 185

§ 204 Abs. 1 Nr. 9 Alt. 1 BGB stellt auf die Zustellung des Verfügungsantrags durch das Gericht, insbesondere also auf die Fälle ab, in denen keine Entscheidung ohne mündliche Verhandlung ergeht und der **Antrag** dem Antragsgegner zusammen mit der Ladung zum Termin **zugestellt** wird;[511] ebenso, wenn es zwar zu keiner mündlichen Verhandlung kommt, dem Antragsgegner der Antrag aber vom Gericht zugestellt wird, etwa um eine Stellungnahme im „schriftlichen Verfahren" (→ Rn. 153) zu ermöglichen. 186

Die Hemmung tritt auch dann ein, wenn der **Antrag unbegründet oder unzulässig** ist.[512] Etwas anderes kann nur in Fällen des Rechtsmissbrauchs oder dann gelten, wenn der Antrag – entsprechend den zur Unterbrechung durch Klageerhebung entwickelten Grundsätzen[513] – grundlegenden Anforderungen nicht genügt. 187

Da § **167 ZPO** ausdrücklich auch auf die Hemmungstatbestände des § 204 BGB verweist, tritt mit Zustellung des Antrags eine **Rückwirkung** auf den Zeitpunkt der Einreichung des Antrags ein.[514] 188

---

505 KG OLG Report 2001, 52 (53); OLG Köln GRUR-RR 2005, 363; OLG Hamburg MD 2005, 304 (Ls.); vgl. weiter die eingehenden Nachweise bei *Berneke/Schüttpelz* Rn. 218 Fn. 466 sowie *Schuschke/Walker* § 922 Rn. 34 f.

506 *Berneke/Schüttpelz* Rn. 219; Stein/Jonas/*Bruns* Vor § 916 Rn. 16; OLG Stuttgart WRP 1981, 668 (669).

507 KG MDR 1979, 64; OLG Frankfurt a. M. WRP 2014, 479; OLG München 2.9.2002 – W(K) 2017/02.

508 Stein/Jonas/*Bruns* Vor § 916 Rn. 17 unter Hinweis darauf, dass auch das Aufhebungsverfahren auf Tatsachen gestützt werden kann, die bereits bei Erlass der Entscheidung vorlagen; aA KG MDR 1979, 64.

509 *Berneke/Schüttpelz* Rn. 220; Zöller/*Vollkommer* Vor § 916 Rn. 13.

510 BT-Drs. 24/6040, 115; hierzu *Schabenberger* WRP 2002, 293 (295 f.).

511 LG Berlin MD 2006, 120 (123 f.).

512 LG Berlin MD 2006, 120 (123 f.); MüKoBGB/*Grothe* Bd. 1a § 204 Rn. 45; differenzierend *Schabenberger* WRP 2002, 293 (296).

513 Palandt/*Ellenberger* § 204 Rn. 24, 5; MüKoBGB/*Grothe* § 204 Rn. 45.

514 *Berneke/Schüttpelz* Rn. 275 f.; *Maurer* GRUR 2003, 208 (209); MüKoBGB/*Grothe* § 204 Rn. 45; Soergel/*Niedenführ* § 204 Rn. 77; *Bamberger/Ellenberger* § 204 Rn. 34; offen gelassen von LG Berlin MD 2006, 120 (123 f.); aA *Schabenberger* WRP 2002, 293 (296).

189 Wird der Antrag auf Erlass einer einstweiligen Verfügung **im Beschlusswege zurückgewiesen,** ohne dass er dem Antragsgegner zugestellt wurde, **tritt eine Hemmung nicht ein.**[515]

190 **§ 204 Abs. 1 Nr. 9 Alt. 2 BGB** betrifft die Fälle der Beschlussverfügung, die ohne mündliche Verhandlung ergeht und die der Antragsteller zum Zwecke des Vollzugs (§ 936, § 922 Abs. 2, § 929 Abs. 2 ZPO) dem Antragsgegner im Parteibetrieb zustellen muss. Die verjährungshemmende Wirkung tritt bereits mit **Einreichung** des Antrags ein.[516] Erfolgt keine (wirksame) Parteizustellung fällt die Wirkung der Hemmung mit Einreichung des Antrags bei Gericht wieder weg.[517]

191 In der **Parteizustellung** kann keine Vollstreckungshandlung im Sinne von § 212 Abs. 1 Nr. 2 BGB gesehen werden;[518] anders bei einer nachträglichen Ordnungsmittelandrohung[519] gemäß § 890 Abs. 2 ZPO.

192 In welchem **Umfang** die Verjährung des materiellen Anspruchs,[520] nicht nur des Gegenstands des Verfügungsverfahrens gehemmt wird, bestimmt sich bei der 1. Alt. nach dem Inhalt des vom Gericht zugestellten Antrags sowie bei der 2. Alt. nach dem Inhalt der dem Antragsgegner zugestellten einstweiligen Verfügung.[521] Im Antrag bzw. in der einstweiligen Verfügung nicht mitumfasste Ansprüche (zB auf Auskunftserteilung, Schadensersatz,[522]) nehmen an der Hemmung nicht teil[523] mit der Folge, dass sich unterschiedliche Fristläufe ergeben können.

193 Die **Dauer der Hemmung** richtet sich nach § 204 Abs. 2 BGB.[524] Sie endet gemäß Satz 1 sechs Monate nach rechtskräftiger Entscheidung oder anderweitiger Erledigung des Verfahrens, bei Stillstand des Verfahrens mit der letzten Verfahrenshandlung (Satz 2). Wird gegen eine Beschlussverfügung kein Widerspruch eingelegt, ist auf die Zustellung im Parteibetrieb abzustellen.[525] Die Verjährung wird erneut gehemmt, wenn eine der Parteien das Verfahren weiter betreibt; dh die Hemmung tritt nicht allein aufgrund von Aktivitäten des Antragstellers ein. Auch Maßnahmen von Seiten des Antragsgegners, die auf die Beseitigung der einstweiligen Verfügung gerichtet sind, fallen hierunter.[526]

XIV. Verfahrensgrundsätze

194 **1. Verfahrensbeschleunigung.** Für das Verfügungsverfahren gilt der **Beschleunigungsgrundsatz,** und zwar für dessen **gesamte Dauer** einschließlich des Widerspruchs- und Rechtsmittelverfahrens,[527] da nicht nur dem Rechtsschutzinteresse des Antragstellers bis zum Erlass der einstweiligen Verfügung, sondern auch dem Interesse des mit einer im summarischen Verfahren ergangenen Entscheidung belasteten Antragsgegners Rechnung zu tragen ist. Dem ist insbesonder bei der Terminierung bzw. bei der Behandlung von Terminsverlegunsanträgen Rechnung zu tragen.[528] Die Anordnung eines schriftlichen Vorverfahrens (§ 276 ZPO) ist damit nicht zu vereinbaren.[529] Sofern dem die fehlende Dring-

[515] BT-Drs. 14/6040, 115; *Maurer* GRUR 2003, 208 (210).
[516] LG Berlin MD 2006, 120 (123 f.).
[517] LG Berlin MD 2006, 120 (123 f.) zur 2. Alt.; *Schabenberger* WRP 2002, 293 (296) unter Hinweis auf die Amtl. Begrdg BT-Drs. 14/6040, 115; *Maurer* GRUR 2003, 208 (209); Palandt/*Ellenberger* § 204 Rn. 24; MüKoBGB/*Grothe* § 204 Rn. 45; Soergel/*Niedenführ* § 204 Rn. 77.
[518] *Berneke/Schüttpelz* Rn. 358.
[519] *Berneke/Schüttpelz* Rn. 358; *Maurer* GRUR 2003, 208 (209).
[520] *Maurer* GRUR 2003, 208 (211); *Berneke/Schüttpelz* Rn. 277.
[521] *Schabenberger* WRP 2002, 293 (296 f.).
[522] OLG Hamburg MD 2010, 55 (63) = WRP 2009, 1572 (Ls.).
[523] *Mees* WRP 2002, 137; *Schabenberger* WRP 2002, 293 (298); *Berneke/Schüttpelz* Rn. 277; *Maurer* GRUR 2003, 208 (211).
[524] *Schabenberger* WRP 2002, 293 (298 f.).
[525] *Berneke/Schüttpelz* Rn. 275.
[526] *Schabenberger* WRP 2002, 293 (299); *Berneke/Schüttpelz* Rn. 275.
[527] *Berneke/Schüttpelz* Rn. 402.
[528] Vgl. BVerfG AnwBl 2015, 982.
[529] Allgemeine Meinung vgl. *Berneke/Schüttpelz* Rn. 315; Ahrens/*Bähr* Kap. 52 Rn. 5.

lichkeit (→ Rn. 87) nicht entgegensteht, kann der Antrag auf Erlass einer einstweiligen Verfügung auch in objektiver Hinsicht (Einführung eines weiteren Streitgegenstandes)[530] oder in subjektiver Hinsicht (weiterer Antragsteller bzw. weiterer Antragsgegner) erweitert werden.

2. Glaubhaftmachung. a) Beweismaß. Ein weitreichender Unterschied zum Klageverfahren besteht in der **erleichterten Art der Beweisführung.** Wenn in §§ 936, 920 Abs. 2 ZPO eine **Glaubhaftmachung** des Verfügungsanspruchs und -grundes vorgesehen ist, bedeutet dies nicht, dass hinsichtlich der nicht genannten Verfahrensvoraussetzungen das Beweismaß des Klageverfahrens zur Anwendung kommt. Das summarische Verfahren des einstweiligen Rechtsschutzes sieht nach allgemeiner Auffassung insgesamt eine erleichterte Art der Beweisführung vor,[531] so zB für die Prozessführungsbefugnis/Klagebefugnis[532] oder die Zuständigkeit des Gerichts aufgrund einer in seinem Zuständigkeitsbereich begangenen oder drohenden Verletzung (§ 14 Abs. 2 UWG/§ 32 ZPO). Gegenüber dem Klageverfahren muss das Gericht von der Wahrheit des vorgetragenen Sachverhalts nicht überzeugt sein (§§ 286, 287 ZPO), vielmehr reicht ein geringerer Grad, nämlich eine **überwiegende Wahrscheinlichkeit** aus. Dh eine Behauptung ist glaubhaft gemacht, sofern eine überwiegende Wahrscheinlichkeit dafür besteht, dass sie zutrifft. Diese Voraussetzungen sind dann erfüllt, wenn bei der erforderlichen umfassenden Würdigung der Umstände des jeweiligen Falles mehr für das Vorliegen der in Rede stehenden Behauptung spricht als dagegen. Die Feststellung der überwiegenden Wahrscheinlichkeit unterliegt dem Grundsatz der freien Würdigung des gesamten Vorbringens.[533] 195

b) Glaubhaftmachungslast. Mit der hM ist die dem Antragsteller obliegende **Darlegungs- und Glaubhaftmachungslast differenziert** nach dem jeweiligen Verfahrensstadium, dh ob der Antragsgegner (vollwertig) am Verfahren beteiligt ist oder nicht, zu bestimmen.[534] 196

Erstrebt der Antragsteller – wie in Wettbewerbssachen meist[535] – eine **Entscheidung ohne mündliche Verhandlung,** so obliegt ihm eine über das Klageverfahren bzw. im „zweiseitigen" Verfügungsverfahren hinausgehende Darlegungs- und Glaubhaftmachungslast.[536] Er muss nicht nur alle seinen Anspruch stützenden Tatsachen vortragen und glaubhaft machen, sondern auch die in einer hinterlegten Schutzschrift (hierzu → Rn. 411 f.) oder in der Antwort auf die Abmahnung vorgebrachten Einwendungen entkräften.[537] Ebenso obliegt es ihm, zu nahe liegenden Einreden und Einwendungen Stellung zu nehmen, auch wenn diese im zweiseitigen Verfahren nur auf Vortrag des Antragsgegners hin zu berücksichtigen wären[538] (wie zB die rechtserhaltende Benutzung einer Marke trotz § 25 Abs. 2 MarkenG).[539] Kommt der Antragsteller dieser Obliegenheit nicht ausreichend 197

[530] Vgl. LG Hamburg PharmaRecht 1991, 157 (158) zur Unzulässigkeit eines Hilfsantrags, der zu einer Versagung des rechtlichen Gehörs des Antragsgegners führen würde.

[531] KG WRP 1989, 234; OLG Celle GRUR 1970, 473; OLG Düsseldorf ZUM 2005, 825 (827); OLG Koblenz GRUR 1979, 496 (498); *Berneke/Schüttpelz* Rn. 226.

[532] *Berneke/Schüttpelz* Rn. 226 mwN.

[533] BGH 1.12.2015 – II ZB 7/15 Rn. 16 mwN.

[534] OLG Karlsruhe WRP 1983, 170 und WRP 1988, 631 (Ls.); OLG München OLG Report 1997, 69 – zu § 186 StGB; *Teplitzky* WRP 1980, 373 (374) und JuS 1981, 122 (124); *Hirtz* NJW 1986, 110.

[535] Viele Antragsteller sind an einer Entscheidung aufgrund mündlicher Verhandlung nicht interessiert. Zeigt sich das Gericht nicht bereit, die Verfügung ohne mündliche Verhandlung zu erlassen, wird der Antrag oftmals zurückgenommen und es werden weitere Versuche bei anderen Spruchkörpern oder anderen Gerichten unternommen. Wird dabei verschwiegen, dass derselbe Antrag bereits bei einem anderen Gericht rechtshängig ist, stellt sich dies als Täuschung des Gerichts dar, LG München I 11.10.2007 – 7 O 16156/07.

[536] Vgl. KG WRP 2011, 611, wonach eine Zurückweisung des Antrags mangels Glaubhaftmachung im Regelfall nicht ohne vorherige mündliche Verhandlung/Beteiligung des Antragsgegners möglich ist.

[537] Teplitzky/*Feddersen* Kap. 54 Rn. 46 mwN zur Schutzschrift.

[538] Vgl. die umfangreichen Nachweise aus der Literatur bei *Teplitzky* Kap. 54 Rn. 45 Fn. 209 auch zur Gegenansicht; OLG München OLG Report 1997, 69: zur Beweislastverteilung gemäß § 186 StGB.

[539] *Ingerl/Rohnke* Vor §§ 14–19d Rn. 210, § 25 Rn. 30; OLG München 3.12.2015 – 6 U 1934/15.

nach, rechtfertigt dies allerdings nicht die Zurückweisung des Antrags ohne mündliche Verhandlung. Vielmehr ist Termin zur mündlichen Verhandlung anzuberaumen.[540]

198 Ist dagegen der **Antragsgegner am Verfahren beteiligt** – sei es, nachdem ihm der Verfügungsantrag zur Stellungnahme zugeleitet wurde, oder nach Anberaumung eines Verhandlungstermins – die Einreichung einer Schutzschrift hat diese Wirkung noch nicht[541] – gelten die allgemeinen Grundsätze der Darlegungs- und Glaubhaftmachungslast. Dem Antragsteller kann dann **keine erweiterte Glaubhaftmachungslast** mehr auferlegt werden.[542]

199 **Offenkundige Tatsachen** iSv § 291 ZPO (→ Vor § 12 Rn. 160) bedürfen, ebenso wie Tatsachen, die zugunsten des Antragstellers vermutet werden – so etwa das Fortbestehen einer durch eine Verletzungshandlung begründeten Wiederholungsgefahr oder die Dringlichkeit im Anwendungsbereich des § 12 Abs. 1 UWG (→ Rn. 100 ff. – keiner Glaubhaftmachung.[543]

200 Als **unstreitig** (§ 138 Abs. 3 ZPO) oder als **zugestanden** (§ 288 ZPO) können Tatsachen erst dann behandelt werden, wenn der Antragsgegner im vorgenannten Sinne (→ Rn. 419) am Verfahren beteiligt ist. Bis dahin können Erklärungen von seiner Seite (etwa in einem vorprozessualen Schriftwechsel) gegenüber dem Antragsteller oder gegenüber dem Gericht in einer Schutzschrift (→ Rn. 334 ff.) nur im Rahmen der Glaubhaftmachung berücksichtigt werden.[544]

201 Ebenso wie das Gericht im Rahmen eines Hauptsacheverfahrens, insbesondere in Fällen, in denen die Mitglieder des Spruchkörpers selbst zu den angesprochenen Verkehrskreisen gehören, das Verkehrsverständnis aus eigener Anschauung beurteilen kann (vgl. → Vor § 12 Rn. 161), kann es im Verfügungsverfahren, in dem es keines Vollbeweises bedarf, hierüber selbst befinden.[545] Dies hat zur Folge, dass es keiner Glaubhaftmachung durch den Antragsteller bedarf; anders dagegen in den Fällen, in denen sich das Gericht nicht aus **eigener Sachkunde** in der Lage sieht, das behauptete Verkehrsverständnis festzustellen.

202 **c) Glaubhaftmachungsmittel.** Als **Mittel der Glaubhaftmachung** kommen gemäß § 294 Abs. 1 ZPO alle für das Klageverfahren möglichen Beweismittel sowie die eidesstattliche Versicherung in Betracht, wobei sie nur dann Berücksichtigung finden können, wenn sie zusammen mit dem Verfügungsantrag bzw. spätestens zum Schluss der mündlichen Verhandlung vorliegen (§ 294 Abs. 2 ZPO).

203 **aa) Zeugen.** Eine Verpflichtung zur **Ladung von Zeugen** in Verfahren mit mündlicher Verhandlung besteht für das Gericht nicht.[546] Von der bestehenden Möglichkeit gemäß § 273 ZPO wird in der Praxis auch kaum Gebrauch gemacht, sodass die Parteien dafür Sorge zu tragen haben, etwaige als Zeugen in Betracht kommende Personen zum Erscheinen im Termin – wozu diese ohne gerichtliche Ladung nicht verpflichtet sind – zu veranlassen.[547]

204 **bb) Parteieinvernahme.** In einer mündlichen Verhandlung kommt auch die Einvernahme der erschienenen Partei(en) (§§ 445 ff. ZPO) in Betracht.

---

[540] KG WRP 2011, 611; aA OLG Frankfurt a. M. WRP 2020, 218 Tz. 7 mit der nicht tragfähigen Erwägung, es sei mit dem Beschleunigungsgrundsatz unvereinbar, wenn ein nicht ohne weiteres nahe liegender Sachverhalt ohne Glaubhaftmachung behauptet werden und damit von vorneherein ein zweiseitiges Verfahren veranlasst werden könnte – ein zweiseitiges Verfahren stellt allerdings nach der Rspr. des BVerfG die Regel dar.

[541] Teplitzky/*Feddersen* Kap. 54 Rn. 46 mwN.

[542] *Berneke/Schüttpelz* Rn. 242 mwN; OLG Celle GmbHR 1980, 82 Ls. 3b.

[543] *Berneke/Schüttpelz* Rn. 227; OLG Köln GRUR-RR 2005, 75.

[544] *Berneke/Schüttpelz* Rn. 232.

[545] Allgemeine Meinung vgl. zB *Berneke/Schüttpelz* Rn. 228 f.

[546] HM, vgl. OLG Hamburg GRUR 1980, 998 (999); OLG München WRP 1978, 399 (400); *Teplitzky* JuS 1981, 122 (125); *Berneke/Schüttpelz* Rn. 322; aA *Krüger* WRP 1991, 68 (71); vgl. auch BGH NJW 1958, 712: keine Aktenbeiziehung im Verfahren auf Wiedereinsetzung.

[547] Zur armen Partei Ahrens/*Scharen* Kap. 50 Rn. 36; *Teplitzky* DRiZ 1982, 41.

cc) Urkunden, Augenschein. Neben der Vorlage von **Urkunden** kommt der Glaubhaftmachung durch **Vorlage sonstiger Schriftstücke** (vorprozessualer Schriftwechsel; Auskünfte aus Dateien, soweit diese nicht als amtliche Auskünfte anzusehen sind) und **Augenscheinsobjekten** (zB Prospekte, Verpackungen, Produktmuster als „Verletzungsgegenstände", Fotografien) erhebliche Bedeutung zu.[548] 205

dd) Beiziehung von Akten. Ein Antrag auf **Beiziehung von Akten** wird idR nur dann zu berücksichtigen sein, wenn es sich um solche des Gerichts handelt oder wenn diese unschwer bis zum Termin angefordert werden können.[549] Anderenfalls ist es Sache der Parteien, entsprechende Aktenbestandeile, Protokolle etc in Abschrift oder Kopie beizubringen. Eine aufgrund richterlicher Prüfung ergangene rechtskräftige Entscheidung reicht in aller Regel zur Glaubhaftmachung des aus ihr ersichtlichen Sachverhalts aus.[550] 206

ee) Eidesstattliche Versicherung. Auch wenn der Sachverhalt in wettbewerbsrechtlichen Auseinandersetzungen oftmals „unstreitig" ist – die beanstandete Werbung ergibt sich aus Prospekten oder sonstigen Unterlagen und es nur um deren rechtliche Qualifizierung geht – werden regelmäßig mit der Antragsschrift bzw. mit dem Widerspruch **eidesstattliche Versicherungen**[551] der Parteien bzw. deren gesetzlicher Vertreter oder von Dritten in schriftlicher Form – auch als **Telefax**[552] – vorgelegt. Diese können in der mündlichen Verhandlung auch **zu Protokoll** erklärt werden. 207

Dabei wird zu Recht darauf hingewiesen, dass schriftliche Erklärungen, insbesondere solche der Parteien selbst oder von diesen nahe stehenden Personen (Angehörigen, Mitarbeitern) sorgfältig auf deren Glaubhaftmachungswert zu überprüfen sind.[553] **Ohne Glaubhaftmachungswert** sind Erklärungen, die sich darauf beschränken, **auf die Antragsschrift Bezug zu nehmen** und deren Richtigkeit zu bestätigen,[554] oder die sonst keine konkreten Aussagen zu tatsächlichen Vorgängen enthalten.[555] Gleiches gilt für die Bezugnahme auf sonstige Schriftsätze oder Erklärungen Dritten, da hierdurch idR nicht deutlich wird, welche Tatsachen vom Versichernden – mit der entsprechenden strafrechtlichen Verantwortlichkeit – als zutreffend bestätigt werden sollen. Ebenso kritisch sind von Dritten – meist von den Parteien oder deren Anwälten – **vorgefertigte Erklärungen** zu würdigen, die von den Betreffenden nur noch um persönliche Daten ergänzt und unterschrieben werden. Denn derartige „vorbereitete" Erklärungen werden von den Betreffenden vielfach unkritisch unterzeichnet. Es handelt sich nicht nur um zu vernachlässigende Einzelfälle, in denen Zeugen im Termin mit ihrer eidesstattlichen Versicherung konfrontiert erklärten, diese sei unterzeichnet worden, weil man darum gebeten worden sei.[556] Diese Bedenken gelten verstärkt, wenn es sich um gleich lautende Erklärungen von mehreren Personen handelt.[557] 208

---

548 Vgl. auch OLG Frankfurt a. M. NJW-CoR 1999, 431: allgemein im Internet zu recherchierende Informationen als Mittel der Glaubhaftmachung; vgl. aber OLG Köln GRUR-RR 2005, 75; LG München I AfP 2011, 493 (494), Vorlage unbeglaubigter Abschriften von Verträgen ausreichend.

549 *Berneke/Schüttpelz* Rn. 322.

550 BGH NJW 2003, 2558, 2359 li. Sp. unter 2.b, zum Insolvenzverfahren.

551 Hierzu eingehend *Wehlau/Kalbfus* Mitt. 2011, 165.

552 BayObLG NJW 1996, 406 f. – offengelassen für die bloße Kopie; ebenso Ahrens/*Scharen* Kap. 50 Rn. 30; *BLAH* § 294 Rn. 7; Zöller/*Greger* § 294 Rn. 4; *Bopp/Sonntag* in Münchner Prozessformularbuch, Bd. 5 A. 5 Anm. 1.

553 Ahrens/*Scharen* Kap. 50 Rn. 34; *Berneke/Schüttpelz* Rn. 238; *Melullis* Rn. 193; vgl. BGH NJW 2002, 1429 zur Frage der fehlenden Glaubhaftmachung bei nicht aufklärbarem Widerspruch zwischen dem Inhalt der eidesstattlichen Versicherung und schriftsätzlichem Vortrag; LG Hamburg GRUR-RR 2005, 188 (199).

554 BGH NJW 1988, 2045; 2015, 349 Rn. 19 f.; OLG München 3.12.2015 – 6 U 1934/15; *Berneke/Schüttpelz* Rn. 238; Ahrens/*Scharen* Kap. 50 Rn. 32.

555 OLG Köln WRP 1982, 364 Ls.; *Berneke/Schüttpelz* Rn. 239.

556 OLG München 22.11.2001 – 29 U 2370/01.

557 *Berneke/Schüttpelz* Rn. 239; Ahrens/*Scharen* Kap. 50 Rn. 33.

209 Bei einer **eidesstattlichen Versicherung vom Hören-Sagen** ist zu berücksichtigen, aus welchen Gründen nur eine mittelbare Glaubhaftmachung erfolgt;[558] auch der Glaubhaftmachungswert einer „anonymisierten" eidesstattlichen Versicherung, die beim Notar hinterlegt wurde und deren Inhalt von diesem bestätigt wird,[559] ist sorgfältig zu hinterfragen. In einem Marktforschungsbericht ziterte Aussagen aus Gesprächen zwischen namentlich nicht benannten Personen sind zur Glaubhaftmachung einer Verletzungshandlung nicht geeignet.[560]

210 Als Glaubhaftmachung wird auch die **(patent-)anwaltliche Versicherung** zugelassen,[561] wobei eine ausdrückliche Bezugnahme auf die Standespflichten verlangt wird.[562]

211 **ff) Sachverständige.** Die Einholung von **Sachverständigengutachten** durch das Gericht ist ausgeschlossen.[563] Vorgelegte **Privatgutachten** sind als qualifiziertes[564] Parteivorbringen[565] im Rahmen der Glaubhaftmachung zu würdigen.[566] Dies gilt auch für **Meinungsumfragen,**[567] mit denen die Bekanntheit einer Bezeichnung oder das Verständnis einer Werbeaussage belegt werden soll. Macht der Privatgutachter im Termin ergänzende Ausführungen oder wird er als sachverständiger Zeuge vernommen, erlangt er hierdurch nicht die Stellung eines gerichtlichen Sachverständigen.[568] Die Auffassung von *Krüger,*[569] das Gericht solle zur Würdigung des Glaubhaftmachungswerts eines Privatgutachtens nicht nur den Privatgutachter gemäß § 273 Abs. 2 Nr. 4 ZPO zum Termin laden, sondern auch einen gerichtlichen Sachverständigen hinzuziehen, hat in der Praxis – soweit ersichtlich – keine Gefolgschaft gefunden, da dieser Vorgehensweise im Hinblick auf die Schwierigkeiten, kurzfristig einen geeigneten Sachverständigen zu finden, bereits durchgreifende praktische Probleme entgegen stehen. Die Interessen der Gegenpartei können hinreichend dadurch gewahrt werden, dass sie Gelegenheit erhält, ihrerseits – gegebenenfalls ebenfalls durch Hinzuziehung eines Privatgutachters – zu dem Gutachten Stellung zu nehmen.

212 **gg) Amtliche Auskunft.** Das Gericht ist auch nicht verpflichtet, eine **amtliche Auskunft** (§ 273 Abs. 2 Nr. 2 ZPO) einzuholen. Die Partei können aber selbst solche Auskünfte einholen und im Verfahren als Urkunden vorlegen.[570]

213 **3. Umfang der rechtlichen Prüfung. a) Prüfungsmaßstab.** Dass der Verfügungsanspruch lediglich glaubhaft zu machen ist, besagt nicht, dass sich das Gericht mit einer nur summarischen Schlüssigkeitsprüfung begnügen kann.[571] Vielmehr ist die Prüfung in **recht-**

[558] OLG München 6.9.2001 – 29 U 3815/01: Die Vorlage einer eidesstattlichen Versicherung über ein Telefonat zwischen dem Geschäftsführer der Antragstellerin und einem Zeugen wurde mit dem Urlaub des Zeugen am Terminstag begründet, obwohl es ohne weiteres möglich gewesen wäre, sich um die Vorlage einer schriftlichen eidesstattlichen Versicherung von Seiten des Zeugen zu bemühen; OLG Braunschweig GRUR-RR 2020, 3 Ls.

[559] OLG Frankfurt a. M. ZUM 2001, 322 (324 f.).

[560] OLG Düsseldorf Mitt. 2011, 567 (569).

[561] HM; BGH 21.9.2017 – V ZB 18/17 Rn. 11; OLG Köln GRUR 1986, 196; BayObLG WuM 1994, 296; OLG Düsseldorf 26.2.2009 – 10 W 137/08; OLG Zweibrücken GRUR-RR 2012, 45 Rn. 16; Ahrens/*Scharen* Kap. 50 Rn. 30 mwN.

[562] BGH NJOZ 2011, 1809 Rn. 11; Ahrens/*Scharen* Kap. 50 Rn. 30.

[563] Allgemeine Meinung vgl. *Krüger* WRP 1991, 68 mwN.

[564] Vgl. BGH NJW 1993, 2382 (2383) mwN; NJW-RR 1998, 1527 (1528); 2002, 69 (70 f.); vgl. auch NJW 1990, 122 (123) – Fallwerk, zur Kostenerstattung.

[565] Anders Ahrens/*Scharen* Kap. 50 Rn. 38 als Urkunde.

[566] OLG Frankfurt a. M. GRUR 1980, 179 (180): Verkehrsbefragung; *Berneke/Schüttpelz* Rn. 240; zu Wirkungsangaben: OLG Köln MD 2002, 46: Fachinformationen, Studien; OLG Hamburg MD 2002, 52 (58 ff.); OLG Düsseldorf MarkenR 2015, 102: Privatgutachen, Verkehrsbefragung.

[567] Hierzu OLG Bremen GRUR 1974, 783; OLG Stuttgart NJW-RR 1987, 739; OLG Koblenz GRUR-RR 2004, 312 zur Erstattungsfähigkeit der Kosten einer Meinungsumfrage.

[568] *Berneke/Schüttpelz* Rn. 240 und Ahrens/*Scharen* Kap. 50 Rn. 40 Fn. 165 jeweils gegen die Auffassung des OLG Nürnberg MDR 1977, 849 und NJW 1978, 954.

[569] WRP 1991, 68 (71).

[570] Teplitzky/*Feddersen* Kap. 54 Rn. 52.

[571] Allgemeine Meinung: KG WRP 1980, 332; OLG Hamburg WRP 1992, 493; vgl. *Berneke/Schüttpelz* Rn. 340 f. mwN; Zöller/*Vollkommer* § 922 Rn. 6.

licher Hinsicht im Grundsatz ebenso sorgfältig vorzunehmen **wie im Hauptsacheverfahren.** Nur wenn eine an sich gebotene schwierige und zeitaufwendige Überprüfung aus Gründen der besonderen Eilbedürftigkeit nicht möglich ist, kann es bei einer summarischen Prüfung verbleiben.[572] So fordert das BVerfG[573] im Hinblick auf Art. 2 Abs. 2 S. 1 iVm Art. 19 Abs. 4 GG in einer lebensbedrohlichen Situation eine besonders intensive und nicht nur summarische Prüfung der Erfolgsaussichten oder – was bei einer komplizierten Sach- und Rechtslage näher liegt – eine **Folgenabwägung,** welche die verfassungsrechtlich geschützten Belange des Betroffenen zur Geltung bringt.

b) Anwendung ausländischen Rechts. Kommt ausländisches Recht zur Anwendung, ist dieses vom Gericht von Amts wegen festzustellen (§ 293 ZPO).[574] Ob dieser Grundsatz im Verfahren der einstweiligen Verfügung eine Einschränkung dahingehend erfährt, dass die Partei, die aus einem nach fremdem Recht zu beurteilenden Sachverhalt eine günstige Rechtsfolge herleiten will, das ausländische Recht, soweit es sich nicht aus präsenten Erkenntnisquellen erschließen lässt, darzulegen und glaubhaft zu machen hat,[575] wird unterschiedlich beurteilt. **214**

Strebt der Antragsteller eine **Entscheidung ohne mündlicher Verhandlung** an – die allerdings vielfach geboten sein wird, worauf *Sommerlad/Schrey*[576] zu Recht hinweisen, da auch die Erörterung mit beiden Parteien weiteren Aufschluss über das anzuwendende Recht bringen kann[577] –, wird er gehalten sein, dem Gericht entsprechende Nachweise (vgl. § 293 S. 2 Hs. 1 ZPO) über das anzuwendende Recht vorzulegen (Rechtsgutachten über das betreffende Recht,[578] eine eidesstattliche Versicherung einer sachverständigen Person und/oder einschlägige Literatur), um diesem eine hinreichende Entscheidungsgrundlage zu liefern. Sofern diese Erkenntnisquellen dem Gericht nicht ausreichend erscheinen, ist es nicht gehindert, sich selbst weitere Informationen zu verschaffen. Die Hinzuziehung eines Sachverständigen und dessen Anhörung im Termin zur mündlichen Verhandlung ist zur Ausschöpfung der ihm gemäß § 293 S. 2 Hs. 2 ZPO obliegenden Ermittlungspflicht nicht geboten und wird meist schon aus Zeitgründen nicht in Betracht kommen.[579] **215**

Ergibt sich dennoch keine tragfähige Grundlage für die Entscheidung des Sachverhalts nach ausländischem Recht, erscheint es nicht unproblematisch, ohne weiteres **deutsches Recht als „Auffangrecht"** zugrunde zu legen,[580] da gerade im Bereich des Wettbewerbsrechts die Gefahr einer unterschiedlichen Beurteilung nach deutschem Recht sehr groß ist.[581] Ist keine hinreichende Klärung zu erzielen, können verbleibende Mängel der Darlegung eines Verfügunganspruchs auch nicht ohne weiteres durch die Anordnung einer Sicherheitsleistung ausgeglichen werden.[582] **216**

---

572 OLG Hamm NJW 1979, 1713; OLG Frankfurt a. M. WuW/E OLG 2195; vgl. auch OLG Koblenz NJW 2001, 1364; *Berneke/Schüttpelz* Rn. 341; jeweils mwN; aA Zöller/*Vollkommer* § 922 Rn. 6 mwN.

573 NJW 2003, 1236.

574 Vgl. BGH GRUR 2010, 847 – Ausschreibung in Bulgarien; aA wohl OLG Koblenz GRUR 1993, 763 (764).

575 So OLG Hamburg VersR 1989, 1164; OLG Hamm WRP 1970, 77; OLG Düsseldorf GRUR 2020, 204 Rn. 46 f.; OLG Frankfurt a. M. GRUR 1979, 35; 1993, 161; *Melullis* Rn. 204; Stein/Jonas/*Grunsky* § 920 Rn. 8; *Berneke/Schüttpelz* Rn. 342 mwN; aA Ahrens/*Scharen* Kap. 50 Rn. 45 mwN; *Brannekämper* WRP 1994, 661 (667).

576 NJW 1991, 1377 (1383).

577 Übereinstimmende Auffassung beider Parteien hinsichtlich eines anzuwendenden Rechtssatzes, vgl. *Brannekämper* WRP 1994, 661 (666); Pastor/Ahrens/*Scharen* Kap. 54 Rn. 45; vgl. auch *Schack* IZVR Rn. 626 für das Versäumnisverfahren.

578 Ahrens/*Scharen* Kap. 50 Rn. 45; *Melullis* Rn. 204.

579 *Berneke/Schüttpelz* Rn. 342; aA Ahrens/*Scharen* Kap. 50 Rn. 45.

580 Vgl. BGH NJW 1982, 1215; OLG Düsseldorf WRP 2020, 88 Rn. 46; OLG Frankfurt a. M. WRP 2020, 1065 Rn. 40; OLG Köln GRUR 1994, 646; ZUM 2007, 401 (402), zum UrhR; *Brannekämper* WRP 1994, 661 (666); Ahrens/*Scharen* Kap. 50 Rn. 45 mwN; *Berneke/Schüttpelz* Rn. 342.

581 *Schack* IZVR Rn. 627.

582 Vgl. *Berneke/Schüttpelz* Rn. 342.

217 Auch bei der Ermittlung des anzuwendenden Rechts im Rahmen des **Herkunftslandprinzips** nach dem TMG obliegt es nicht dem Antragsgegner, sich auf das maßgebliche Recht des Herkunftslandes im Sinne eines die Anwendbarkeit des deutschen Rechts verdängenden Einwands[583] zu berufen. Vielmehr hat das Gericht auch im Anwendungsbereich des § 3 Abs. 2 TMG das maßgebliche Rechte von Amts wegen anzuwenden und ausländisches Recht nach den Grundsätzen des § 293 ZPO zu ermitteln (→ Einl. Rn. 525 ff., 575 ff.).

218 **4. Einzelfragen. a) Anwaltliche Vertretung.** Da der Antrag auch vor dem Landgericht zu Protokoll der Geschäftsstelle eingereicht werden kann, unterliegt der Antragsteller nicht dem **Anwaltszwang** (§§ 936, 920 Abs. 3, 78 Abs. 5 ZPO).[584] Dieser gilt vielmehr **erst ab Anberaumung einer mündlichen Verhandlung.** Der Verfügungsantrag kann daher auch durch den Antragsteller selbst oder einen Vertreter (zB einen Patentanwalt) eingereicht werden. Wird über den Antrag aufgrund mündlicher Verhandlung entschieden, müssen sich beide Parteien durch Anwälte vertreten lassen (§ 78 Abs. 1 S. 1 ZPO). **Widerspruch** gegen eine einstweilige Verfügung kann ebenfalls nur durch einen zugelassenen Anwalt (§ 78 Abs. 1 S. 1 ZPO) eingelegt werden. Zum **Beschwerdeverfahren** → Rn. 394. Die Beschwerde gegen einen den Verfügungsantrag zurückweisenden Beschluss unterliegt nicht dem Anwaltszwang.[585] Für das **Berufungsverfahren** ergeben sich gegenüber dem Klageverfahren keine Besonderheiten (§ 78 Abs. 1 S. 2 ZPO).

219 **b) Fristen.** Einlassungsfristen (§ 274 Abs. 3 ZPO) sowie die Vorschriften über vorbereitende Schriftsätze (§ 132 ZPO) gelten für das Verfügungsverfahren nach allgemeiner Auffassung nicht.[586] Das Gericht muss daher **Vorbringen der Parteien** (sowie dessen Glaubhaftmachung) **bis zum Schluss der mündlichen Verhandlung berücksichtigen.**[587] Mangels Erklärungsfristen kommt § 296 ZPO nicht zur Anwendung[588] Dies muss jedoch dort seine Grenzen finden, wo das Verhalten einer Partei darauf abzielt, den Gegner ohne sachliche Rechtfertigung – das Vorbringen hätte unschwer rechtzeitig in das Verfahren eingeführt werden können – mit neuem und/oder umfangreichem Vorbringen, zu dem er keine (ausreichende) Stellung mehr nehmen kann, zu **„überrumpeln".**[589]

220 Befleißigt sich der **Antragsgegner** derartiger Verhaltensweisen, kann das Vorbringen nach dem auch im Prozessrecht geltenden Grundsatz von Treu und Glauben unberücksichtigt bleiben,[590] da eine Vertagung oder die Einräumung einer Schriftsatzfrist – jedenfalls dann, wenn dadurch ein „Stuhlurteil" verhindert wird – im Widerspruch zu dem Beschleunigungsinteresse des Antragstellers steht.

221 Geht es um solche **„taktischen" Verhaltensweisen von Seiten des Antragstellers,** wird ausnahmsweise eine kurzfristige Vertagung oder die Einräumung einer Schriftsatzfrist für den Antragsgegner zu erwägen sein,[591] da die damit verbundene Verfahrensverzögerung zu Lasten des Antragstellers – sofern nicht bereits als dringlichkeitsschädlich einzustufen – als mildere Maßnahme gegenüber der Nichtberücksichtigung des „verspäteten" Vorbringens anzusehen ist; anders dagegen, wenn hierdmit eine Verzögerung der Enscheidung über den Widerspruch verbunden ist.[592]

---

[583] Vgl. *Ohly*/Sosnitza UWG Einf. C Rn. 68.

[584] Vgl. MüKoUWG/*Schlinghoff* § 12 Rn. 342.

[585] OLG Dresden NJWE-WettbR 1997, 184; aA OLG Frankfurt a. M. GRUR-RR 2011, 31; Prütting/Gehrlein/*Fischer* § 922 Rn. 10.

[586] Zöller/*Volllkommer* § 922 Rn. 15; *Berneke/Schüttpelz* Rn. 316.

[587] OLG Hamburg NJW-RR 1987, 36; OLG Koblenz GRUR 1987, 319 (322).

[588] Vgl. die umfangreichen Nachweise bei *Berneke/Schüttpelz* Rn. 324 sowie Ahrens/*Bähr* Kap. 52 Rn. 27.

[589] Vgl. hierzu OLG Koblenz GRUR 1987, 319; OLG Hamburg NJW-RR 1987, 36; zum Meinungsstand *Klute* GRUR 2003, 34 (36 f.).

[590] Vgl. OLG Koblenz GRUR 1987, 319 (322); vgl. auch Ahrens/*Bähr* Kap. 52 Rn. 18 f.

[591] AA Köhler/Bornkamm/Feddersen/*Köhler* § 12 Rn. 2.26; *Melullis* Rn. 200 ff.; Ahrens/*Bähr* Kap. 52 Rn. 11; *Berneke/Schüttpelz* Rn. 327; *Klute* GRUR 2003, 34 (35).

[592] So LG Hamburg Pharma Recht 1991, 157 (158).

222 **c) Schriftsatzfristen.** Von den vorstehend behandelten Ausnahmefällen abgesehen, kommt die Einräumung einer Schriftsatzfrist nach § 283 ZPO nicht in Betracht.[593]

223 **d) Vertagung.** Gleiches gilt für eine Vertagung des Rechtsstreits,[594] die mit dem Wesen des Eilverfahrens nicht zu vereinbaren ist.

224 **e) Wiedereröffnung der mündlichen Verhandlung.** Die Wiedereröffnung einer mündlichen Verhandlung wurde unter der Geltung von § 156 ZPO aF allgemein als nicht möglich angesehen.[595] Dies wird auch für § 156 Abs. 1 ZPO (Fassung 1.1.2002) weiterhin zu gelten haben, nicht mehr jedoch für die in Abs. 2 geregelten zwingenden Gründe für eine Wiedereröffnung der mündlichen Verhandlung bei Verletzung des rechtlichen Gehörs.[596]

225 **f) Aussetzung.** Eine Aussetzung[597] des Verfahrens gemäß **§ 148 ZPO** ist **mit der Eilbedürftigkeit des Verfügungsverfahrens nicht zu vereinbaren** und kommt daher nach allgemeiner Auffassung nicht in Betracht.[598] Bei anhängigen Löschungs-, Nichtigkeits- oder Einspruchsverfahren gegen Marken und Patente, an deren Eintragung die Verletzungsgerichte gebunden sind,[599] wird jedoch eine entsprechende Sachlage, die in einem Hauptsacheverfahren eine Aussetzung des Verfahrens rechtfertigen würde, dergestalt Bedeutung erlangen, dass ein Verfügungsgrund zu verneinen sein wird.[600]

226 Da **Art. 267 AEUV** eine **Vorlage an den EuGH** im Verfahren des einstweiligen Rechtsschutzes **nicht verlangt,**[601] wird eine Aussetzung und Vorlage allgemein für unzulässig bzw. nicht für geboten erachtet,[602] auch wenn Berufungsurteile keinem Rechtsmittel unterliegen, da eine Prüfung im Hauptsacheverfahren erfolgen kann. Das Gericht hat die europarechtlichen Fragen selbst zu beurteilen.[603]

227 Nach der Rechtsprechung des BVerfG[604] muss im Hinblick auf die zeitweilige Vorwegnahme der Hauptsache bei Unterlassungsverfügungen eine **Vorlage nach Art. 100 GG** möglich sein,[605] da ein Gericht nicht gehalten sein kann, eine für verfassungswidrig erachtete Norm[606] gegen seine Überzeugung anzuwenden.[607]

---

[593] Allgemeine Auffassung vgl. zB *Klute* GRUR 2003, 34 (35); *Berneke/Schüttpelz* Rn. 324 mwN; OLG Koblenz WRP 1981, 115 (117); GRUR 1989, 931; OLG Hamburg NJW-RR 1987, 36; MD 2001, 735 (737) OLG München WRP 1971, 533; GRUR 1979, 172; MD 1994, 1022 (1024).

[594] OLG Koblenz WRP 1981, 115 (117); GRUR 1989, 931; OLG Hamburg NJW-RR 1987, 36; MD 2001, 735 (737) OLG München WRP 1971, 533; GRUR 1979, 172; MD 1994, 1022 (1024); *Klute* GRUR 2003, 34 (35); *Berneke/Schüttpelz* Rn. 324.

[595] OLG München NJW-RR 1994, 556; *Berneke/Schüttpelz* Rn. 324 mwN.

[596] *Berneke/Schüttpelz* Rn. 324; MüKoUWG/*Schlingloff* § 12 Rn. 422.

[597] Hierzu allgemein → Vor § 12 Rn. 219 f.

[598] KG 22.7.2019 – 2 W 1/19; OLG Düsseldorf GRUR 1983, 79; OLG Frankfurt a. M. GRUR 1981, 905.

[599] Zur Markeneintragung BGH GRUR 2000, 626 – IMS; OLG Köln MD 2005, 1236.

[600] Vgl. OLG Düsseldorf Mitt. 1996, 87 (88), zum Patentrecht; zum Markenrecht vgl. OLG Düsseldorf GRUR-RR 2002, 212; *Ingerl/Rohnke* Vor §§ 14–19 Rn. 100.

[601] EuGH NJW 1977, 1585; BVerfG ZUM 2006, 919 (920); vgl. *Mankowski* JR 1993, 402; MüKoUWG/*Schlingloff* § 12 Rn. 423.

[602] BGH ZZP 110, 373; OLG Frankfurt a. M. OLGZ 1994, 245; NJW-RR 1990, 191; OLG Report 1994, 79; OLG Hamburg WRP 1981, 589; MD 2002, 748 (750); *Berneke/Schüttpelz* Rn. 338 Fn. 126; Zöller/*Vollkommer* Vor § 916 Rn. 11.

[603] OLG Hamburg MD 2002, 748 (750); *Berneke/Schüttpelz* Rn. 335.

[604] NJW 1978, 37 f.

[605] *Berneke/Schüttpelz* Rn. 335; Zöller/*Vollkommer* Vor § 916 Rn. 11 (idR); aA LG Düsseldorf WRP 1994, 138 (140); *Huba* Jus 1990, 991; Ahrens/*Bähr* Kap. 52 Rn. 27 weist auf die mit einer Vorlage verbundene Blockierung des Rechtsschutzes hin; vgl. auch BVerfG NJW 1992, 2749 (2750), wonach es der Gewährung von vorläufigem Rechtsschutz nicht entgegen steht, dass das Gericht die Norm für verfassungswidrig hält und deshalb im Hauptsacheverfahren eine Vorlage erfolgt, wenn dies im Interesse eines effektiven Rechtsschutzes geboten ist und die Hauptsache nicht vorweggenommen wird.

[606] OLG Köln MD 2003, 81 (84 f.) verneint den Normcharakter für die gerichtliche ZustVO und bejaht deshalb seine eigene Prüfungskompetenz.

[607] OLG Hamburg JZ 1983, 67 mAnm *Goerlich* JZ 1983, 57.

228 Eine nach **§ 19 S. 2 GebrMG** sogar zwingend vorgesehene Aussetzung eines Verfügungsverfahrens scheidet aus, vielmehr ist der Antrag als unbegründet zurückzuweisen, wenn das Gericht das Gebrauchsmuster für löschungsreif hält.

229 **Art. 29 EuGVVO**[608] findet auf das Verfügungsverfahren keine Anwendung, da eine etwaige Anhängigkeit der Hauptsache bei einem ausländischen Gericht keine Rechtshängigkeitssperre für das Verfügungsverfahren entfaltet.[609]

230 **g) Hinweispflicht.** § 139 ZPO kommt auch im Verfahren der einstweiligen Verfügung zur Anwendung,[610] und zwar auch im Verfahren ohne mündliche Verhandlung,[611] wovon in der Praxis bisher sehr großzügig Gebrauch gemacht wurde; meist, um bei aussichtslosen oder wenig erfolgversprechenden Anträgen deren Rücknahme zu erreichen oder um Mängel zu beseitigen, um so eine Entscheidung im Beschlusswege zu ermöglichen. Diese den Antragsteller begünstigende Praxis (vgl. hierzu die Vorauflage) kann nach der Rechtsprechung des BVerfG (→ Rn. 142 ff.) so nicht mehr fortgesetzt werden. Grundsätzlich gilt die Hinweispflicht auch im Verfahren der einstweiligen Verfügung. Wie in → Rn. 144 ausgeführt, sind derartige aktenkundig zu machende Hinweise – ein Aktenvermerk, wonach Bedenken hinsichtlich des Antrags mit dem Antragstellervertreter telefonisch erörtert worden seien, ist ungenügend, zumal anderer Kommunikationsmittel ohnehin vorzugswürdig erscheinen[612] vielmehr muss sich daraus der konkrete Inhalt des Hinweises ergeben – und dem Antragsgegner vor der Entscheidung zeitnah mitzuteilen, was in der Literatur schon vor den Entscheidungen des BVerfG gefordert worden war.[613]

Von der Verpflichtung, auf sachdienliche Anträge hinzuwirken (§§ 938 Abs. 1, 139 Abs. 1 S. 2 ZPO), ist es jedoch nicht mehr gedeckt, wenn von Seiten des Gerichts darauf hingewirkt wird, den Sachantrag und den Streitgegenstand inhaltlich zu verändern.[614]

231 **h) Erledigung der „Hauptsache".[615]** Die Grundsätze über die **Erledigung der Hauptsache** im Sinne der Erledigung des im einstweiligen Verfügungsverfahren verfolgten prozessualen Begehrens sind auch im Verfahren der einstweiligen Verfügung anzuwenden[616] und haben hier – insbesondere im Hinblick auf den Zeitfaktor (Wegfall der Dringlichkeit) – weiterhin eine erhebliche Bedeutung, auch wenn sich die mit der fehlenden Verjährungsunterbrechung einhergehende Problematik aufgrund der gesetzlichen Neuregelung in § 204 Abs. 1 Nr. 9 BGB (hierzu → Rn. 185) nicht mehr in dem vormaligen Umfang stellt.[617] Eine (übereinstimmend) abgegebene Erledigungserklärung bezieht sich im Zweifel nur auf das Verfügungsbegehren.[618] Im Beschluss vom 23.10.2003[619] hat der

[608] Zum Begriff „derselbe Anspruch" vgl. OLG Köln GRUR-RR 2005, 36.

[609] Vgl. aber EuGH NJW 2002, 2087 zur Bedeutung einer Entscheidung im einstweiligen Rechtsschutz als Anerkennungshindernis im Sinne von Art. 34 Nr. 3 EuGVVO aF.

[610] Ahrens/*Bähr* Kap. 52 Rn. 13; *Berneke/Schüttpelz* Rn. 324 mwN, der jedoch Hinweise vor dem Termin gemäß § 139 Abs. 4 S. 1 ZPO nicht für geboten hält; MüKoUWG/*Schlingloff* § 12 Rn. 426.

[611] *Danelzik* WRP 1999, 18 (24); MüKoUWG/*Schlingloff* § 12 Rn. 426; Ahrens/*Scharen* Kap. 51 Rn. 9 f.; eingehend hierzu *Teplitzky* GRUR 2008, 34 (37 ff.); Ahrens/*Scharen* Kap. 51 Rn. 8 ff.; vgl. auch *Guhn* WRP 2014, 27 ff.

[612] Vgl. GroßKommUWG/*Schwippert* § 12 Rn. 119.

[613] *Teplitzky* GRUR 2008, 34 (37 ff.); *Teplitzky* FS Bornkamm, 2014, 1073 (1089 ff.); vgl. auch BGH GRUR 2012, 89 Rn. 17 – Stahlschlüsssel, wonach einseitige Gespräche zwischen einem Mitglied des Gerichts und (nur) einem Verfahrensbeteiligten die Gefahr einer Verletzung des Anspruchs auf rechtliches Gehör und ein faires Verfahren begründen können; GRUR 2013, 1276 Rn. 23 – Metrolinien.

[614] OLG Düsseldorf WRP 2019, 642: Hinweis auf Unbegründetheit des Antrags verbunden mit dem Hinweis, dass der Antrag in Bezug auf einen bisher nicht vom Antrag erfassten Inhalt der Werbung aussichtsreich sei, begründet die Besorgnis der Befangenheit; *Köhler*/Bornkamm/Feddersen § 12 Rn. 3.22 aE.

[615] Siehe hierzu auch *Brüning* Vorb zu § 12 Rn. 43 ff.

[616] BGH GRUR 2003, 724 – Rechtsbeschwerde II; GRUR 2004, 264 (266) – Euro-Einführungsrabatt; *Berneke/Schüttpelz* Rn. 472; *Ulrich* WRP 1982, 14 ff.

[617] *Berneke/Schüttpelz* Rn. 486.

[618] *Berneke/Schüttpelz* Rn. 477; zur umgekehrten Fallgestaltung vgl. OLG Zweibrücken OLG Report 1998, 43.

[619] GRUR 2004, 244 (266) – Euro-Einführungsrabatt; GRUR 2016, 421 Rn. 20 – Erledigung nach Gesetzesänderung.

BGH die Möglichkeit einer Erledigungserklärung mit Wirkung für die Zukunft bejaht, was für die Ahndung von in der Vergangenheit begangenen Zuwiderhandlungen von großer praktischer Bedeutung ist (hierzu eingehend → Vorb zu § 12 Rn. 334 f.).

Die Hauptsache des Verfügungsverfahrens – die von der Hauptsache des Klageverfahrens, worauf etwa in § 926 ZPO abgestellt wird, zu unterscheiden ist[620] – erledigt sich, wenn der Antrag auf Erlass der einstweiligen Verfügung zum Zeitpunkt des erledigenden Ereignisses zulässig und begründet war. Zu beachten ist zunächst, dass die **Rechtshängigkeit des Antrags bereits mit dessen Einreichung** eintritt (→ Rn. 369), sodass § 269 Abs. 3 S. 3 ZPO, der auf die Fälle der Erledigung zwischen Anhängigkeit und Rechtshängigkeit abstellt, keinen Anwendungsbereich hat,[621] da eine Erledigung somit bereits nach Einreichung eintreten kann.[622] 232

Da eine Erledigung nicht eintreten kann, wenn der **Verfügungsgrund** von Anfang fehlte, kommen nur Fallgestaltungen in Betracht, bei denen **nach Einleitung des Verfahrens die Dringlichkeit wegfällt.** 233

Dies kann, da es nach der Rechtsprechung des BGH für die Frage der Erledigung nicht darauf ankommt, wer das erledigende Ereignis herbeigeführt hat,[623] auch ein **säumiges Verhalten des Antragstellers** selbst sein,[624] während die Gegenauffassung hieraus den Schluss ziehen will, dass der Verfügungsgrund von Anfang gefehlt habe,[625] worin eine nicht zu rechtfertigende „Rückwirkung" liegt.[626] 234

Bei der Behandlung **zeitgebundener Ereignisse** (→ Rn. 99) ist auf den Inhalt des beantragten Verbots abzustellen. Betrifft der Antrag/Tenor lediglich einen bestimmten zeitlichen Abschnitt – zB Verbot für die Dauer einer Messe[627] –, so erschöpft sich darin der Regelungsgehalt; folglich erscheint es konsequent, bei diesen Fallgestaltungen keinen Raum für eine Erledigung zu sehen.[628] Ist der Antrag „abstrakt" formuliert, wird zum Teil eine Erledigung der Hauptsache bejaht,[629] während andererseits die Auffassung vertreten wird, eine Erledigung könne dann nicht angenommen werden, wenn es darum gehe, ob das Verbot zu Recht ergangen sei. Denn es widerspreche der Prozessökonomie und den Interessen des Antragstellers, diesen auf ein Hauptsacheverfahren zu verweisen.[630] 235

Bei **Versäumung der Vollziehungsfrist** (§ 936 Abs. 2, § 929 Abs. 2 ZPO) ist die einstweilige Verfügung von Anfang an als wirkungslos zu betrachten (→ Rn. 508). Ein erledigendes Ereignis liegt somit nicht vor.[631] 236

Dies gilt auch im Falle der nicht bzw. **nicht rechtzeitigen Erhebung der Hauptsacheklage** gemäß § 926 ZPO, da dies ebenfalls zur Folge hat, dass die einstweilige Verfügung von Anfang als unberechtigt zu behandeln ist.[632] 237

Hinsichtlich der Frage, wie sich ein der einstweiligen Verfügung entsprechendes **Urteil im Hauptsacheverfahren** auswirkt, ist auf die Ausführungen unter → Rn. 382 zu verweisen.[633] Ob und inwieweit ein **Vergleich im Hauptsacheverfahren** Auswirkungen auf 238

---

[620] *Berneke/Schüttpelz* Rn. 472; Teplitzky/*Feddersen* Kap. 55 Rn. 24.

[621] Vgl. BGH NJW 2004, 223 (224).

[622] OLG Köln GRUR 2001, 424; KG MDR 2009, 765; *Berneke/Schüttpelz* Rn. 474 mwN.

[623] BGH GRUR 1993, 769 (770) – Radio Stuttgart – unter Hinweis darauf, dass dieser Umstand idR allerdings zur Kostenbelastung des Antragstellers im Rahmen von § 91a ZPO führen wird, vgl. hierzu → Vor § 12 Rn. 43 ff.

[624] Vgl. die Nachweise bei Teplitzky/*Feddersen* Kap. 55 Rn. 26.

[625] *Berneke/Schüttpelz* Rn. 479.

[626] Vgl. auch *Ulrich* WRP 1990, 651 (657).

[627] Vgl. *Berneke/Schüttpelz* Rn. 138, der dem Antragsteller eine Abstrahierung empfiehlt.

[628] OLG Hamm GRUR 1990, 470; *Berneke/Schüttpelz* Rn. 481.

[629] OLG Koblenz GRUR 1985, 326; OLG Stuttgart WRP 1978, 316; *Berneke/Schüttpelz* Rn. 139, 431; *Ulrich* GRUR 1982, 14 (18 f.).

[630] OLG Düsseldorf WRP 1974, 94; *Berneke/Schüttpelz* Rn. 139 mwN.

[631] OLG Hamm GRUR 1989, 931 (932); OLG Koblenz WRP 1981, 115 (117); vgl. → Vor § 12 Rn. 47; *Berneke/Schüttpelz* Rn. 479; aA *Ulrich* WRP 1990, 650 (656); 1996, 84 (86).

[632] *Berneke/Schüttpelz* Rn. 479; so iE auch *Ulrich* WRP 1990, 650 (656 f.).

[633] Vgl. auch *Berneke/Schüttpelz* Rn. 480; vgl. → Vor § 12 Rn. 47.

ein paralleles Verfügungsverfahren hat, bestimmt sich nach seinem Inhalt und kann nicht generell beantwortet werden.[634]

239 Die **Abgabe einer Abschlusserklärung** lässt das Rechtsschutzinteresse entfallen (→ Rn. 448) und führt somit zur Erledigung des Verfügungsverfahrens.[635]

240 Der Wegfall des Verfügungsanspruchs betrifft vor allem die Fälle der Abgabe einer strafbewehrten Unterlassungserklärung[636] bzw. den Wegfall der eine Erstbegehungsgefahr begründenden Umstände (zB Aufgabe der Berühmung).

241 Die in der Rechtsprechung und Literatur eingehend und uneinheitlich beurteilte Frage, ob in der Erhebung der **Verjährungseinrede** ein erledigendes Ereignis gesehen werden kann bzw. ob und inwieweit die unterlassene (früher Unterbrechung jetzt) Hemmung der Verjährung im Rahmen des § 91a ZPO zu berücksichtigen ist,[637] hat durch die Regelung des § 204 Abs. 1 Nr. 9 BGB (vgl. hierzu → Rn. 185) erheblich an praktischer Relevanz verloren, da die Einrede nur mehr in den Fällen des § 204 Abs. 2 BGB in Betracht kommen wird. Stellt man entsprechend der rechtlichen Qualifizierung als Einrede, die der Geltendmachung des Anspruchs entgegensteht, diesen aber nicht rückwirkend beseitigt (§ 214 BGB = § 222 BGB aF, da lediglich der Begriff Schuldner anstatt Verpflichteter verwendet wird), auf deren **Erhebung im Verfahren** ab, so ist diese als **erledigendes Ereignis** anzusehen, ohne dass es auf den Eintritt der Verjährung vor oder nach[638] Einreichung des Antrags ankäme.[639] Inwieweit der Eintritt der Verjährung unter **Billigkeitsgesichtspunkten** im Rahmen des § 91a ZPO zu Lasten des Antragstellers zu berücksichtigen ist, wird unterschiedlich beurteilt, wobei die Bandbreite von der idR vollen,[640] über eine hälftige[641] Kostenbelastung bis hin zu einer vollständigen Kostenfreistellung des Antragstellers[642] geht, sofern nicht besondere Umstände entgegenstehen.[643]

242 Auch aufgrund einer **Gesetzesänderung**[644] kann sich das Verfügungsverfahren erledigen, wenn der Anspruch nicht mehr durchsetzbar (zB Wegfall der Klagebefugnis eines Verbandes aufgrund des UWG-Änderungsgesetzes von 1994) oder das angegriffene Verhalten nunmehr zulässig ist, zB nach Aufhebung des RabattG und der ZugabeVO im Juli 2001.[645]

243 **i) Antragsänderung, -erweiterung.** Hinsichtlich der **Antragsänderung und -erweiterung** in erster Instanz kommen die für die Klage geltenden Bestimmungen (§§ 260, 263 ff. ZPO) entsprechend zur Anwendung,[646] wobei eine Antragserweiterung eine fortbestehende Dringlichkeit voraussetzt. Auch darf hierdurch die Verteidigungsmöglichkeit des Antragsgegners nicht unzumutbar eingeschränkt werden,[647] was bei fehlender Einwilligung des Antragsgegners im Rahmen der **Beurteilung der Sachdienlichkeit** zu berücksichtigen ist.

---

634 *Berneke/Schüttpelz* Rn. 480.

635 Vgl. BGH GRUR 1991, 76 (77) – Abschlusserklärung.

636 Vgl. Vorb zu § 12 Rn. 45.

637 Siehe hierzu die eingehende Darstellung bei Teplitzky/*Feddersen* Kap. 55 Rn. 29 ff. sowie aus jüngerer Zeit *Peters* NJW 2001, 2289 ff.

638 Vgl. die Nachw. → Vor § 12 Rn. 46 und Ahrens/*Spätgens* Rn. 551.

639 OLG Frankfurt a. M. GRUR-RR 2002, 183 (184); Ahrens/*Schmukle* Kap. 54 Rn. 10; *Peters* NJW 2001, 2289.

640 OLG Hamburg WRP 1982, 161; 1989, 403; OLG Schleswig NJW-RR 1986, 38 (39); *Melullis* Rn. 242; Ahrens/*Spätgens* Rn. 549.

641 OLG Koblenz NJW-RR 1996, 1520.

642 OLG Celle WRP 1983, 96; GRUR-RR 2001, 285; OLG Frankfurt a. M. WRP 2002, 466 (468); OLG Köln WRP 2014, 875; OLG Stuttgart NJW-RR 1996, 1520.

643 OLG Frankfurt a. M. WRP 2002, 466 (468).

644 Vgl. → Vor § 12 Rn. 45.

645 Vgl. zB BGH 11.12.2003 – I ZR 68/01, GRUR 2004, 350.

646 OLG Frankfurt a. M. NJW-RR 1988, 319; *Berneke/Schüttpelz* Rn. 329.

647 *Berneke/Schüttpelz* Rn. 329.

Streitig ist, ob eine **Antragsänderung** auch noch **in der Berufungsinstanz** zugelassen werden kann[648] oder ob dem nicht bereits die fehlende funktionelle Zuständigkeit entgegensteht,[649] wobei sich auch bei Zulassung einer Antragsänderung in 2. Instanz die Frage der Dringlichkeit sowie der Sachdienlichkeit im Falle der fehlenden Einwilligung des Antragsgegners stellt. 244

j) Parteiwechsel, Parteierweiterung. Auch ein Parteiwechsel[650] sowie eine Parteierweiterung[651] kommen in Betracht. 245

k) Antragsrücknahme. Entsprechend **§ 269 ZPO** kann der Verfügungsantrag bis zum rechtskräftigen Abschluss des Verfahrens durch Urteil **jederzeit** (dh spätestens bis zur Verkündung des Berufungsurteils) auch ohne Zustimmung des Antragsgegners **zurückgenommen** werden.[652] Der sich daraus ergebenden **Kostenfolge** kann der Antragsteller in der Regel auch nicht aufgrund eines materiellrechtlichen Anspruchs gegen den Antragsgegner entgehen, etwa wenn er in einem späteren Hauptsacheverfahren obsiegt.[653] 246

Da § 269 Abs. 3 S. 3 ZPO auch dann Anwendung finden soll, wenn sich der Anlass zur Klage vor deren Einreichung erledigt hat[654] und im Verfügungsverfahren der Antrag bereits mit dessen Eingang bei Gericht rechtshänig wird, erscheint eine entsprechende Anwendung dieser Regelung bei einer unverzüglichen Antragsrücknahme nicht ausgeschlossen, wobei zwischen verschiedenen Fallgestaltungen differenziert wird. Eine entsprechende Anwendung wird für möglich gehalten, wenn der Anlass bereits vor Eingang des Verfügungsantrags weggefallen war.[655] Zum Teil wird § 269 Abs. 3 S. 3 ZPO auch auf Fallgestaltungen angewandt, wenn der Anlass zur Einreichung des Verfügungsantrags im Zeitraum zwischen der Aufgabe des Antrags zur Post und seinem Eingang beim Gericht entfällt, der Antragsteller hiervon aber erst nach Einreichung des Antrags Kenntnis erlangt.[656] § 269 Abs. 6 ZPO gilt im Verfügungsverfahren nicht.[657] 247

l) Gegenverfügung. Dem Antragsgegner ist in entsprechender Anwendung von § 33 ZPO die Möglichkeit eines **Gegenantrags** eröffnet,[658] dessen Zulassung aber nicht zu einer Beschränkung der Verteidigungsmöglichkeiten der anderen Seite führen darf, sodass gegebenenfalls eine Abtrennung und Vertagung in Betracht zu ziehen sein wird, etwa wenn der Gegenantrag erst in der mündlichen Verhandlung über den eV-Antrag/Widerspruch gestellt wird. 248

---

648 OLG Frankfurt a. M. WRP 1983, 212; OLG Düsseldorf Mitt. 2011, 567 (571), zur Antragserweiterung; OLG Frankfurt a. M. GRURPrax 2010, 393: fehlender Verfügungsgrund bei Einführung neuer Streitgegenstände im Beschwerdeverfahren; *Berneke/Schüttpelz* Rn. 444; aA Ahrens/*Bähr* Kap. 53 Rn. 9.

649 OLG Hamm NJW-RR 1991, 236; OLG Köln GRUR 1991, 65; offengelassen vom OLG München (21. ZS) ZUM-RD 2003, 42 betreffend die Änderung eines Antrags im Beschwerdeverfahren, da Verneinung der Sachdienlichkeit.

650 OLG Düsseldorf WRP 1995, 732 (734); KG WRP 1996, 556.

651 OLG München OLG Report 1995, 104.

652 Allgemeine Meinung OLG Düsseldorf NJW 1982, 2452; MüKoUWG/*Schlingloff* § 12 Rn. 450; weitere Nachweise bei *Berneke/Schüttpelz* Rn. 456.

653 BGH GRUR 1995, 169 – Kosten des Verfügungsverfahrens bei Antragsrücknahme.

654 Vgl. die Nachweise bei Zöller/*Greger* § 269 Rn. 8a.

655 Vgl. GroßkommUWG/*Schwippert* § 12 C Rn. 184 f. mwN.

656 OLG Karlsruhe WRP 2012, 591 mwN; zum Meinungsstand vgl. GroßKommUWG/*Schwippert* § 12 C Rn. 184 f. mwN.

657 MüKoUWG/*Schlingloff* § 12 Rn. 450; aA *Walker* in Schuschke/Walker Vor § 916 Rn. 26.

658 OLG Rostock OLG-NL 2001, 279; OLG Celle NJW 1959, 1833; OLG Nürnberg 30.9.1975 – 3 U 82/75, bei *Traub* WVP S. 331; LG Köln MDR 1959, 40; ZUM 2006, 71 (72); MüKoUWG/*Schlingloff* § 12 Rn. 427; Ahrens/*Bähr* Kap. 52 Rn. 16; Stein/Jonas/*Bruns* § 922 Rn. 24; *Berneke/Schüttpelz* Rn. 330 mwN; aA OLG Frankfurt a. M. GRURPrax 2011, 544; *BLAH* § 922 Rn. 15 aE; kritisch GroßKommUWG/*Schwippert* § 12 C Rn. 198 mwN; vgl. auch Bericht GRUR 2007, 1043 (1044), wonach *Eichmann* im Hinblick auf Art. 85 Abs. 2 GGV eine Widerklage im eV-Verfahren für möglich hält; zu Recht dagegen verneinend KG GRUR-RR 2016, 145 zu § 52a DesignG und ÖOGH GRUR-Int 2005, 945 betr. Gemeinschaftsmarke.

249 **m) Einrede der Prozesskostensicherheit.** § 110 ZPO findet im Verfahren der einstweiligen Verfügung **keine Anwendung.**

250 Dies ergibt sich für die Entscheidung **ohne mündliche Verhandlung** bereits daraus, dass die Verpflichtung zur Leistung einer Prozesskostensicherheit ein „Verlangen des Beklagten" (Einrede) voraussetzt.[659]

251 Aber auch bei Anberaumung einer **mündlichen Verhandlung** oder nach Widerspruchseinlegung steht die **Eilbedürftigkeit** des Verfahrens der Anwendung des § 110 ZPO entgegen.[660] Wird die Einrede erst in der mündlichen Verhandlung erhoben – § 282 Abs. 3 ZPO findet im Verfügungsverfahren keine Anwendung – führt dies dazu, dass, selbst wenn die weiteren tatbestandlichen Voraussetzungen unschwer zu beurteilen sein sollten, in diesem Termin in der Sache keine Entscheidung ergehen kann (§ 113 ZPO), was idR mit einer für den Antragsteller nicht hinnehmbaren Verzögerung – auch in den Fällen, in denen der Antragsgegner nicht ohnehin vorrangig auf eine solche trachtet – verbunden wäre.[661]

252 Es kann daher dahinstehen, ob **Art. 3 TRIPS** die Angehörigen aus den Mitgliedsstaaten des TRIPS-Abkommens von einer Sicherheitsleistung befreit.[662]

253 **n) Prozesskostenhilfe.** Auch im Verfahren der einstweiligen Verfügung kann der Rechtsschutz Suchende die Einleitung eines Verfahrens von der **vorherigen Bewilligung von Prozesskostenhilfe** abhängig machen.[663]

XV. Aufhebung gegen Sicherheitsleistung

254 Der Regelung des **§ 939 ZPO,** die unter besonderen Umständen[664] die Aufhebung der einstweiligen Verfügung gegen Sicherheitsleistung aufgrund einer entsprechenden Gestattung in der einstweiligen Verfügung oder nachträglich im Rahmen eines vom Antragsgegner eingelegten Rechtsbehelfs (Widerspruch, Berufung, Aufhebungsverfahren) vorsieht, kommt im Bereich des gewerblichen Rechtsschutzes bei den in die Zukunft gerichteten Unterlassungsverfügungen praktisch nicht in Betracht, da durch eine Sicherheitsleistung der erstrebte Sicherungszweck nicht erreicht werden kann.[665]

XVI. Widerspruch

255 **1. Statthaftigkeit.** Gegen den die einstweilige Verfügung erlassenden Beschluss kann der Antragsgegner – **auch vor der Zustellung im Parteibetrieb**[666] – Widerspruch

[659] *Leible* NJW 1995, 2817 (2818 f.) mwN auch zur Gegenmeinung für den Fall, dass ein entsprechendes Verlangen bereits in einer Schutzschrift erhoben worden ist; *Melullis* Rn. 190.

[660] So OLG München OLG Report 2001, 234 (235 f.); WRP 2012, 1145 Rn. 19; LG Düsseldorf InstGE 5, 234 (ZK 4b); auch dazu tendierend OLG Frankfurt a. M. GRUR-Int 2001, 497; *Melullis* Rn. 190 mwN; LG Berlin MDR 1957, 552 zur damaligen Fassung des § 110 ZPO; aA OLG Köln NJW 1987, 76; ZIP 1994, 326; LG Düsseldorf InstGE 4, 287 (ZK 12); LG Mannheim GRUR-Int 2010, 75 (77), allenfalls bei mündlicher Verhandlung nach Widerspruch; *Leible* NJW 1995, 2817 (2819); *Schütze* WRP 1980, 1439; *Schütze* IPRax 1986, 350.

[661] OLG München OLG Report 2001, 234 (235 f.); WRP 2012, 1145 Rn. 19; *Melullis* Rn. 190; Stein/Jonas/*Bork* § 110 Rn. 12 Fn. 27.

[662] So wohl OLG Frankfurt a. M. GRUR-Int 2001, 497; aA LG Düsseldorf InstGE 1, 157; LG München I GRUR-RR 2005, 335; BPatG GRUR 2005, 973; *v. Falck/Rinnert* GRUR 2005, 225; vgl. auch ÖOGH GRUR-Int 2000, 447 zur RBÜ; GRUR-Int 2010, 1083.

[663] OLG Saarbrücken MDR 2008, 594; Zöller/*Philippi* § 114 Rn. 2.

[664] Vgl. OLG Frankfurt a. M. MDR 1983, 585 (586).

[665] OLG Köln MD 2003, 75; NJW 1975, 454; *Berneke/Schüttpelz* Rn. 495; Ahrens/*Ahrens* Kap. 59 Rn. 19; generell ablehnend bei wettbewerbsrechtlichen Unterlassungsverfügungen Ahrens/*Spätgens* Rn. 531.

[666] Es erscheint bereits aus Zeitgründen nicht sachgerecht, den Antragsgegner darauf zu verweisen, abzuwarten, bis ihm die einstweilige Verfügung zugestellt ist, Ahrens/*Spätgens* Rn. 180 mwN; ebenso LG München I 27.8.2003 – 7 O 14788/03: Der inländischen Gesellschaft war die einstweilige Verfügung bereits zugestellt worden, gegenüber der ausländischen Gesellschaft war die Zustellung auf der wenigen Tage später beginnenden Messe bereits angekündigt; OLG Koblenz GRUR-RR 2013, 496; GroßKommUWG/*Schwippert* § 12 C Rn. 156 mwN; *Bernnek/Schüttpelz* Rn. 393; aA Ahrens/*Scharen* Kap. 51 Rn. 50 unter Hinweis

einlegen (§ 924 Abs. 1 ZPO), der auch auf einen abtrennbaren Teil beschränkt werden kann.[667] Ein Antrag auf Aufhebung der einstweiligen Verfügung im Rahmen des Hauptsacheverfahrens ist unzulässig.[668] Auch gegen eine vom Beschwerdegericht erlassene einstweilige Verfügung findet nur der Widerspruch statt, eine Rechtsbeschwerde ist ausgeschlossen.[669] Gegen eine Zwischenverfügung (→ Rn. 22) ist weder der Widerspruch noch eine sofortige Beschwerde statthaft.[670]

Der Widerspruch ist unzulässig, wenn auf ihn entsprechend § 515 ZPO zB in einer **Abschlusserklärung** bzw. hinsichtlich der Sachentscheidung in einem **auf die Kosten beschränkten Widerspruch** (→ Rn. 480) verzichtet wurde. 256

Das **Rechtsschutzbedürfnis fehlt,** wenn der Antragsteller auf die Rechte aus der einstweiligen Verfügung einschließlich der Kostenentscheidung **verzichtet** und den **Titel an den Antragsgegner herausgegeben** hat.

2. Frist. Der Widerspruch ist **an keine Frist gebunden** und unterliegt lediglich den Grundsätzen des Rechtsmissbrauchs – Verwirkung.[671] Der Widerspruch kann, solange über ihn noch nicht entschieden ist, zurückgenommen und sodann erneut eingelegt werden. Dem kann auch der Einwand des Rechtsmissbrauchs nicht entgegengehalten werden, wenn mit dem erneuten Widerspruch neue Glaubhaftmachungsmittel angekündigt werden.[672] 257

3. Zuständigkeit. Der Widerspruch ist bei dem Gericht einzulegen, das die Beschlussverfügung erlassen hat. Das **Gericht erster Instanz** ist auch dann zuständig, wenn die einstweilige Verfügung erst auf Beschwerde hin erlassen wurde. In diesen Fällen ist nach der zutreffenden hM[673] – bei einem streng am Wortlaut haftenden Verständnis wäre eine weitere Instanz abgeschnitten[674] – das Gericht erster Instanz zuständig, das im Rahmen des Widerspruchsverfahrens nicht an die rechtliche Beurteilung durch das Beschwerdegericht gebunden ist.[675] 258

4. Form. Der Widerspruch kann beim Landgericht nur **schriftlich durch einen zugelassenen Rechtsanwalt** eingelegt werden,[676] beim Amtsgericht (ohne Anwaltszwang) schriftlich oder zu Protokoll der Geschäftsstelle (§ 936, § 924 Abs. 2 S. 3 ZPO); in besonderen Fallgestaltungen auch im Termin zur mündlichen Verhandlung.[677] Er kann ohne Zustimmung des Antragstellers bis zur formellen Rechtskraft des Verfahrens jederzeit (mit der Kostenfolge aus § 516 Abs. 3 ZPO entsprechend) zurückgenommen[678] und auch jederzeit erneut eingelegt werden.[679] 259

---

darauf, dass es vorher eine wirksame einstweilige Verfügung – auf die §§ 936, 924 Abs. 1 ZPO aber auch nicht abstellt – nicht gibt.

[667] Ahrens/*Scharen* Kap. 51 Rn. 51; OLG Düsseldorf, 16.2.2021 – 20 W 11/21 zur Unzulässigkeit der sofortigen Beschwerde.

[668] OLG München 25.3.2001 – 29 U 5287/00.

[669] BGH GRUR 2003, 548 mwN – Rechtsbeschwerde I.

[670] OLG Stuttgart MDR 2015, 296.

[671] Allgemeine Meinung KG GRUR 1985, 237; OLG Celle GRUR 1980, 945; OLG Düsseldorf NJW 1972, 1955; OLG Saarbrücken NJW-RR 1989, 1512 (1513); Ahrens/*Scharen* Kap. 51 Rn. 49; *Berneke/Schüttpelz* Rn. 391.

[672] OLG Frankfurt a. M. MDR 2013, 114.

[673] KG WRP 2008, 254 (255) mwN; OLG Düsseldorf MDR 1984, 324 f.; OLG Hamm MDR 1987, 593; Gloy/Loschelder/Erdmann/*Spätgens*/Held HdbWettbR § 105 Rn. 3 mwN; *Berneke/Schüttpelz* Rn. 391.

[674] Vgl. zu diesem Gesichtspunkt BGH NJW 2000, 590 unter Hinweis auf BVerfG NJW 1976, 141: Erschwerung eines vom Gesetzgeber eröffneten Rechtswegs.

[675] *Berneke/Schüttpelz* Rn. 391 mwN.

[676] HM; vgl. zB OLG Düsseldorf OLGZ 1983, 358; OLG Koblenz NJW 1980, 2589; OLG München MDR 1997, 1067; *Berneke* Rn. 184; Zöller/*Vollkommer* § 924 Rn. 7.

[677] OLG Hamm WRP 1979, 880: Widerspruch eines weiteren Antragsgegners im Termin zur Verhandlung über den Widerspruch eines anderen Antragsgegners.

[678] Zöller/*Vollkommer* § 924 Rn. 8 mwN.

[679] OLG München MDR 1997, 1067; OLG Frankfurt a. M. 1.11.2012 – 6 U 127/12.

260 **5. Begründung.** Gemäß § 936, § 924 Abs. 2 S. 1 ZPO hat die widersprechende Partei im Widerspruch die **Gründe darzulegen,** die sie für die Aufhebung der einstweiligen Verfügung geltend machen will. Die Richtigkeit der Auffassung, **bei fehlender Begründung** liege **kein wirksamer Widerspruch** vor, ergibt sich daher zwangsläufig aus dem Wortlaut des Gesetzes.[680] Daraus kann aber – das Gesetz sieht keine Präklusionsvorschriften vor – nicht gefolgert werden, dass der Antragsgegner später keine Gründe mehr vorbingen könne und das Gericht den Widerspruch im Beschlusswege verwerfen kann.[681] Als sachgerechte Reaktion kann die Anberaumung eines Termins bis zur Einreichung einer Begründung abgelehnt werden.

Ein unzulässiger Widerspruch ist entsprechend § 341 Abs. 1 S. 2 ZPO durch Endurteil zu verwerfen.[682]

261 **6. Mündliche Verhandlung.** Das Landgericht hat von Amts wegen – unter Berücksichtigung des das Verfügungsverfahren beherrschenden Beschleunigungsgrundsatzes – Termin zur mündlichen Verhandlung zu bestimmen (§ 936, § 924 Abs. 2 S. 2 ZPO), auf Grund derer über die Rechtmäßigkeit der einstweiligen Verfügung durch Endurteil zu entscheiden ist (§ 925 Abs. 1 ZPO) und das die einstweilige Verfügung ganz oder teilweise bestätigt, abändert oder aufhebt (§ 925 Abs. 2 ZPO).[683] Maßgeblich ist der **Erkenntnisstand im Zeitpunkt des Schlusses der mündlichen Verhandlung.** Bis zu diesem Zeitpunkt können die Parteien – unter Berücksichtigung der unter → Rn. 440 erörterten Grenzen – weitere Tatsachen und Glaubhaftmachungsmittel vorbringen.[684] Die Kostenentscheidung folgt den Grundsätzen der §§ 91 ff. ZPO.[685]

262 **a) Prüfungsumfang.** Mit dem Widerspruch kann geltend gemacht werden, dass die einstweilige Verfügung wegen Fehlens der allgemeinen Prozessvoraussetzungen, des Verfügungsgrundes und/oder eines Verfügungsanspruchs von Anfang an unzulässig bzw. unbegründet war; ebenso, dass sie aufgrund zwischenzeitlich eingetretener Umstände – zB wegen Verlusts der Dringlichkeit oder des Verfügungsanspruchs; Versäumung der Vollziehungsfrist – unzulässig oder unbegründet geworden ist. Auch kann der Widerspruch darauf gestützt werden, dass die Frist zur Erhebung der Hauptsacheklage (§ 926 Abs. 2 ZPO) versäumt wurde.

263 Widerspruch kann auch **beschränkt** mit dem Ziel eingelegt werden, eine Aufbrauchsfrist bewilligt zu erhalten.[686] Daneben besteht für den Antragsgegner nach hM auch die Möglichkeit, beim Prozessgericht als Vollstreckungsgericht einen Antrag nach § 765a ZPO zu stellen.[687]

Zur **Sicherheitsleistung** → Rn. 160.

264 **b) Aufhebende Entscheidung.** Wird die Beschlussverfügung (teilweise) aufgehoben, so **verliert** diese aufgrund der Ausgestaltung des Widerspruchsverfahrens – Nachholung des (vollen) rechtlichen Gehörs des Antragsgegners – **mit Verkündung des vorläufig vollstreckbaren Urteils** (§ 708 Nr. 6 ZPO) **ihre Wirkung,**[688] nicht erst mit Eintritt von

---

[680] LG München I WRP 1996, 242, 243; so auch Ahrens/*Scharen* Kap. 51 Rn. 54; aA ohne Begründung die überwiegende Auffassung in der Literatur vgl. zB *Berneke/Schüttpelz* Rn. 401; MüKoUWG/*Schlingloff* § 12 Rn. 471; Zöller/*Vollkommer* § 924 Rn. 7: Wirksamer Widerspruch setzt keine Begründung voraus; Fezer/*Büscher* § 12 Rn. 108: nur Sollvorschrift.

[681] Ahrens/*Scharen* Kap. 51 Rn. 54.

[682] KG OLG Report 1995, 106; OLG Celle GRUR 1980, 945; *Berneke* Rn. 191.

[683] OLG Hamburg MD 2002, 490; OLG Köln MD 2001, 1399.

[684] Allg. Meinung vgl. zB Gloy/Loschelder/Erdmann/*Spätgens* HdbWettbR § 105 Rn. 19.

[685] MüKoUWG/*Schlingloff* § 12 Rn. 477.

[686] *Ulrich* WRP 1991, 26 (31); Ahrens/*Scharen* Kap. 51 Rn. 54; Gloy/Loschelder/Dankwarts/*Spätgens*/Held HdbWettbR § 105 Rn. 24; *Nirk/Kurtze* Rn. 386; KG WRP 1971, 326 (327): für Einspruch gegen Versäumnisurteil.

[687] OLG Düsseldorf WRP 1986, 92 (94); Ahrens/*Scharen* Kap. 51 Rn. 68 mwN.

[688] OLG Celle (13. ZS) GRUR 1989, 541; OLG Düsseldorf NJW-RR 2002, 138; WRP 1995, 732 (735); NJW-RR 1987, 511 (512); OLG Hamburg WRP 1997, 53 (54); MD 1997, 22; MD 197, 23; OLG Frankfurt a. M. WRP 2002, 334; OLG Jena OLG Report 1998, 283; OLG Karlsruhe WRP 1980, 574; OLG München

dessen Rechtskraft. Dies bedeutet, dass die einstweilige Verfügung nicht mehr Grundlage für ein Ordnungsmittelverfahren sein kann[689] und eine in erster Instanz aufgehobene einstweilige Verfügung vom Berufungsgericht nicht bestätigt, sondern nur neu erlassen werden kann[690] (→ Rn. 292).

7. Einstellung der Zwangsvollstreckung. Durch den **Widerspruch** wird die Vollstreckung aus der einstweiligen Verfügung **nicht gehemmt** (§ 936, § 924 Abs. 3 S. 1 ZPO). Mit (oder nach) Einlegung des Widerspruchs kann der Antragsgegner beantragen, die **Vollstreckung ohne oder gegen Sicherheitsleistung einzustellen** (§ 924 Abs. 3 S. 2 Hs. 1, § 707 ZPO), wobei im Hinblick auf das Wesen der in der wettbewerblichen Praxis im Vordergrund stehenden Unterlassungsverfügung[691] eine einstweilige Einstellung – von den Fallgestaltungen abgesehen, bei denen es wie beim Kosten- und Unterwerfungswiderspruch (hierzu → Rn. 480, 487) nur noch um die Kosten geht[692] – die Einstellung der Zwangsvollstreckung idR nur dann in Betracht kommt, wenn sich prognostizieren lässt, dass die einstweilige Verfügung **mit großer Wahrscheinlichkeit keinen Bestand** haben wird.[693] In der Praxis wird oftmals ohne jegliche Prüfung dieser Voraussetzungen die Einstellung mit der Begründung abgelehnt, eine einstweilige Einstellung komme bei Unterlassungsverfügungen nicht in Betracht.[694] 265

Die Entscheidung ist entgegen § 707 Abs. 2 S. 2 ZPO nur dann **ausnahmsweise mit der sofortigen Beschwerde anfechtbar,** wenn geltend gemacht wird, dass die Grenzen des dem Gericht eingeräumten Ermessens überschritten wurden oder die Entscheidung jeder gesetzlichen Grundlage entbehre.[695] 266

8. Aufforderung zum Verzicht. Zur Vermeidung der Kostenfolge des **§ 93 ZPO** (entsprechend) ist der Antragsgegner grundsätzlich **nicht** gehalten, den Antragsteller vor Erhebung des Widerspruchs **zum Verzicht auf die Rechte aus der einstweiligen Verfügung aufzufordern,**[696] auch wenn dieser auf den Eintritt von veränderten Umständen gestützt wird. Etwas anders kann nur **ausnahmsweise** entsprechend den zur Gegenabmahnung vor Erhebung einer negativen Feststellungsklage entwickelten Grundsätzen[697] gelten, wenn der Antragsteller erkennbar von einem falschen Sachverhalt – bereits erfolgter Verzicht auf die Rechte aus einer zu Unrecht ergangenen, nicht vollzogenen einstweiligen Verfügung gegenüber dem falschen Adressaten – ausgegangen ist,[698] den der Antragsgegner unschwer richtig stellen kann. 267

9. Kostenwiderspruch. a) Begriff. Nach der zum Wettbewersbsrecht zwischenzeitlich einhelligen Meinung[699] kann der Antragsgegner den Widerspruch gegen eine Beschluss- 268

NJWE-WettbR 2000, 147; OLG Stuttgart WRP 1992, 55; Ahrens/*Bähr* Kap. 52 Rn. 42; *Berneke/Schüttpelz* Rn. 409 mwN; aA OLG Celle (5. ZS) NJW-RR 1987, 64.

[689] Einschränkend OLG München NJWE-WettbR 2000, 147 f.; zustimmend Ahrens/*Spätgens* Rn. 706 f.

[690] OLG Düsseldorf WRP 1995, 732 (735); NJW-RR 2000, 68; 2002, 138; OLG Schleswig NJW-RR 1992, 317 f.

[691] vgl. OLG Düsseldorf WRP 1986, 92 (93 f.): zur Aufbrauchsfrist; OLG Frankfurt a. M. GRUR 1988, 46 (49); OLG Koblenz WRP 1981, 545; NJW-RR 1990, 1535; Zöller/*Vollkommer* § 924 Rn. 13; zu eng OLG Nürnberg GRUR 1983, 469, das eine einstweilige Einstellung für praktisch ausgeschlossen hält.

[692] Ahrens/*Scharen* Kap. 51 Rn. 67 mwN; *Berneke/Schüttpelz* Rn. 413; ablehnend auch hinsichtlich der Kostenentscheidung OLG Saarbrücken MD 2006, 949.

[693] BGH NJW-RR 1997, 1155; OLG Koblenz WRP 1981, 545 (Urteilsverfügung): Versäumung der Frist des § 926 ZPO, unterlassene Vollziehung, begründete Verjährungseinrede, Unbestimmtheit des Tenors; GRUR 1989, 934; OLG Köln GRUR 1982, 504 (505) (fehlende Dringlichkeit bei Urteilsverfügung); krit. Ahrens/*Scharen* Kap. 51 Rn. 67; *Ulrich* WRP 1991, 26 (29) mwN; *Berneke/Schüttpelz* Rn. 411.

[694] Hiergegen zu Recht *Berneke/Schüttpelz* Rn. 411.

[695] OLG Celle NJW-RR 1987, 190; OLG Hamm MDR 1955, 48; OLG Koblenz NJW-RR 1990, 1535; OLG Nürnberg GRUR 1983, 469.

[696] OLG Frankfurt a. M. NJW-RR 1999, 1742; vgl. → Vorb zu § 12 Rn. 261; Ahrens/*Spätgens* Rn. 526.

[697] OLG München NJWE-WettbR 1998, 41; vgl. → Rn. 113.

[698] Vgl. OLG Hamburg OLG Report 2003, 124; *Brüning* → Vorb zu § 12 Rn. 261.

[699] Vgl. die umfangreichen Nachweise bei Ahrens/*Spätgens* Rn. 150 sowie BGH GRUR 2010, 257 Rn. 17 – Schubladenverfügung; OLG München GRUR 1990, 482; NJWE-WettbR 1996, 139 f. – die

verfügung abweichend von § 99 Abs. 1 ZPO **auf die Kostenentscheidung beschränken.** Damit besteht für ihn die kostengünstige[700] Möglichkeit, durch Eingrenzung des Gegenstands des Widerspruchverfahrens geltend zu machen, mangels (wirksamer) Abmahnung habe er keine Veranlassung für ein gerichtliches Vorgehen gegeben, und damit eine Kostenbelastung des Antragstellers gemäß § 93 ZPO herbeizuführen. Diesen Rechtsbehelf muss er aber auch ergreifen und den Widerspruch[701] **von Anfang an** auf die Kosten beschränken,[702] dh bereits in der Widerspruchsschrift, nicht erst in späteren Erklärungen oder in der mündlichen Verhandlung. Der Kostenwiderspruch kann auch auf einen Teil der einstweiligen Verfügung beschränkt werden.[703] Die Einlegung eines Vollwiderspruches verbunden mit der Ankündigung eines Anerkenntnisses im Termin werden nicht als ausreichend angesehen, auch wenn nur Ausführungen zur fehlenden Veranlassung im Sinne von § 93 ZPO gemacht werden.[704] Daraus folgt, dass der Antragsgegner auch nicht dadurch die Kostenfolge des § 93 ZPO herbeiführen kann, dass er in vollem Umfang Widerspruch einlegt und die Anträge in der mündlichen Verhandlung anerkennt.[705] Wird dagegen eine Abschlusserklärung abgegeben und Widerspruch eingelegt, wird darin eine Beschränkung auf die Kosten zu sehen sein.[706] Der Kostenwiderspruch ist von der Verwirkung[707] abgesehen an keine Frist gebunden.[708]

269 Auch wenn es sich empfehlen wird, den Widerspruch **ausdrücklich als Kostenwiderspruch zu bezeichnen,**[709] muss es als ausreichend angesehen werden, wenn sich der entsprechende Wille des Antragsgegners mit der erforderlichen Eindeutigkeit aus dem Widerspruch ergibt.[710]

270 **b) Rechtsfolge.** Die Beschränkung des Widerspruchs auf die Kosten hat zur Folge, dass der Antragsgegner nicht mehr geltend machen kann, die einstweilige Verfügung sei mangels Verfügungsanspruch oder Verfügungsgrund oder aus sonstigen Gründen zu Unrecht ergangen. Denn mit dem auf die Kostenentscheidung beschränkten Widerspruch ist die **(konkludente) Erklärung** verbunden, die Entscheidung über den Verfügungsanspruch hinnehmen zu wollen und **auf einen Widerspruch gegen die Sachentscheidung zu verzichten.**[711] Das Verfahren beschränkt sich allein auf die Frage des sofortigen An-

---

frühere gegenteilige Auffassung WRP 1975, 180 (181) und GRUR 1985, 327 ist damit seit langem aufgegeben.

[700] Zum Streitwert vgl. → Rn. 647; Ahrens/*Spätgens* Rn. 147 mwN; zu den Anwaltsgebühren BGH WRP 2003, 1000 – Prozessgebühr beim Kostenwiderspruch; gemäß KV Nr. 1312 lit. b entsprechend fällt nur eine Gerichtsgebühr an, vgl. Ahrens/*Scharen* Kap. 51 Rn. 56 Fn. 171; *Hartmann,* Kostengesetze, KV Nr. 1312 Anm. 1 mwN.

[701] Zur Unzulässigkeit einer Beschwerde gegen die Kostenentscheidung einer Beschlussverfügung OLG Koblenz NJW-RR 1997, 893.

[702] Vgl. → Vorb zu § 12 Rn. 261 f.; *Berneke/Schüttpelz* Rn. 419, 424; vgl. auch OLG Düsseldorf WRP 1986, 273 (275): offengelassen, ob ausnahmsweise spätere Beschränkung möglich sein könnte; OLG Frankfurt a. M. WRP 1996, 1194 zur Wahlmöglichkeit zwischen Unterwerfung und Kostenwiderspruch in einer besonders gelagerten Fallgestaltung.

[703] KG GRURPrax 2011, 310.

[704] KG WRP 1982, 530; OLG Hamm GRUR 1990, 309; OLG Karlsruhe WRP 1990, 640; *Berneke* Rn. 200; vgl. aber auch OLG Hamm MDR 1989, 1002; OLG München WRP 1985, 446.

[705] OLG Köln GRUR 2001, 424 (425); KG GRURPrax 2011, 310; vgl. auch OLG München NJWE-WettbR 1996, 139: Anwendung von § 516 Abs. 3 ZPO, aA *Berneke/Schüttpelz* Rn. 419.

[706] Vgl. → Vor § 12 Rn. 260 mwN; *Berneke/Schüttpelz* Rn. 419; vgl. aber auch OLG Hamburg OLG Report 2000, 348.

[707] Vgl. *Voß* in Cepl/Voß § 942 mwN.

[708] KG GRURPrax 2011, 310; OLG München MarkenR 2012, 279.

[709] Muster bei *Bopp/Sonntag* in Münchner Prozessformularbuch, Bd. 5, A. 10.

[710] OLG Hamm GRUR 1990, 309; MDR 1989, 1001; OLG Hamburg MDR 1989, 1002; vgl. auch OLG München MD 2001, 1415 (1416); Ahrens/*Spätgens* Rn. 153; *Bopp/Sonntag* in Münchener Prozessformularbuch, Bd. 5 A. 10 Anm. 4.

[711] BGH WRP 2003, 1000 (1001) – Prozessbebühr beim Kostenwiderspruch; OLG Hamburg NJW-RR 2000, 1238; OLG Hamm OLG Report 2003, 232; KG GRURPrax 2011, 310; Zöller/*Vollkommer* § 925 Rn. 5 mwN.

erkenntnisses und darauf, ob er im Sinne von § 93 ZPO Veranlassung für den Antrag auf Erlass einer einstweiligen Verfügung gegeben hat,[712] dh ob er wirksam abgemahnt wurde oder ob von einer Abmahnung ausnahmsweise abgesehen werden konnte. Will der Antragsgegner der Kostenbelastung entgegenhalten, dass eine Abmahnung erforderlich war, obwohl Gegenstand des Verfügungsantrags auch eine **Sicherungsmaßnahme** (Herausgabe an den Gerichtsvollzieher, Sequerstrierung) war, ist die Einlegung eines Kostenwiderspruchs anstelle eines „Unterwerfungswiderspruchs" (hierzu → Rn. 278) nicht ratsam, da zum Teil die Auffassung vertreten wird, die Erforderlichkeit einer Abmahnung könne im Rahmen eines Kostenwiderspruchs nicht mehr im Sinne des Antragsgegners bejaht werden, weil das Gericht vom Bestehen eines Verfügungsanspruchs- und eines -grundes auszugehen habe.[713]

Soweit vom Antragsgegner auch die Berechtigung der einstweiligen Verfügung in Frage gestellt wird, bedarf es einer Beurteilung im Einzelfall, ob hierdurch – wie dies sehr weitgehend erfolgt[714] – tatsächlich die Qualifizierung als Kostenwiderspruch in Frage gestellt wird.[715] **271**

Nach Einlegung eines Kostenwiderspruches kann der Antragsgegner nicht mehr zu einem Vollwiderspruch übergehen,[716] da der erklärte **Verzicht auf die Anfechtung der Sachentscheidung nicht widerruflich** ist. **272**

Unterschiedlich beurteilt wird die Frage, ob und welche weitere Auswirkungen der Kostenwiderspruch über den **(konkludenten) Verzicht**[717] auf den Vollwiderspruch hinaus hat nämlich, ob darin ohne weiteres ein Anerkenntnis des materiellen Anspruchs gesehen werden kann mit der Folge, dass damit auch ein Verzicht auf die Rechtsbehelfe aus § 926,[718] § 927 ZPO sowie auf eine negative Feststellungsklage verbunden ist, was ohne dahingehende weitere Anhaltspunkte für einen so weitreichenden Erklärungswillen zu verneinen ist. **273**

Ausgehend von den unterschiedlichen Streitgegenständen beinhaltet der Kostenwiderspruch nur ein **Anerkenntnis** dahingehend, die Berechtigung des geltend gemachten Anspruchs **im Verfügungsverfahren nicht mehr in Frage zu stellen,**[719] sofern sich weiteren Erklärungen oder sonstigen Umständen keine weitergehende Wirkung entnehmen lässt. Eine ausdrückliche Klarstellung der eingeschränkten Wirkung des Verzichts von Seiten des Antragsgegners ist daher nicht erforderlich.[720] Da der Kostenwiderspruch aber nur darauf gestützt werden kann, dass keine Veranlassung zur gerichtlichen Geltendmachung des Anspruchs bestanden habe, wird damit in der Regel auch der Vortrag verbunden sein, der Antragsgegner hätte im Falle einer Abmahnung eine strafbewehrte Unterlassungserklärung abgegeben, woraus zweifelsfrei eine Anerkenntnis der materiellen Berechtigung des Hauptsacheanspruchs herzuleiten ist.[721] Ein Verzicht auf die Rechte aus § 927 ZPO kann darin aber nicht gesehen werden. **274**

---

[712] OLG Düsseldorf WRP 1979, 863; OLG Hamburg WRP 1996, 442; OLG Report 2000, 220 (221); OLG Frankfurt a. M. WRP 1985, 563; OLG München MD 2001, 1415 (1416); OLG Stuttgart WRP 1987, 406 (407); *Brüning* → Vor § 12 Rn. 260; MüKoUWG/*Schlingloff* § 12 Rn. 480 f.

[713] Vgl. OLG Frankfurt a. M. GRUR 2006, 60 (61); OLG Stuttgart 29.11.2007 – 2 W 73/07; OLG München 13.10.2009 – 29 W 2331/09; 28.12.2015 – 6 W 1565/14.

[714] OLG Düsseldorf WRP 1979, 863 (865); OLG Hamm WRP 1979, 880; OLG Schleswig GRUR 1986, 840; abl. Ahrens/*Spätgens* Rn. 162; OLG Stuttgart WRP 1987, 406 (407); Ahrens/*Scharen* Kap. 51 Rn. 61 mwN.

[715] Vgl. OLG München MD 2001, 1415 (1416).

[716] OLG Hamburg NJW-RR 2000, 1238; OLG Hamm GRUR 1991, 633 (634); allgemeine Meinung.

[717] OLG Hamm GRUR 1991, 663 (664); Ahrens/*Scharen* Kap. 51 Rn. 42 mwN; Gloy/Loschelder/Danckwarts/Spätgens/Held HdbWettbR Kap. § 105 Rn. 15–17.

[718] Vgl. die Nachweise bei Ahrens/*Scharen* Kap. 55 Rn. 57 Fn. 176.

[719] KG MD 2000, 566 (567); Ahrens/*Scharen* Kap. 51 Rn. 61; vgl. auch OLG Stuttgart WRP 1980, 102 (103); 1982, 116; *Melullis* Rn. 248.

[720] Teplitzky/*Feddersen* Kap. 55 Rn. 11; vgl. auch Ahrens/*Scharen* Kap. 51 Rn. 59; aA KG WRP 1982, 465 (466).

[721] So auch Gloy/Loschelder/Erdmann/*Spätgens* HdbWettbR § 105 Rn. 16; ebenso messen Ahrens/*Scharen* Kap. 51 Rn. 60 der Begründung des Kostenwiderspruchs entscheidende Bedeutung bei.

275 **c) Entscheidung.** Über den Kostenwiderspruch ist gemäß § 925 Abs. 1 ZPO aufgrund mündlicher Verhandlung oder gemäß § 128 Abs. 3 ZPO ohne mündliche Verhandlung[722] **durch Urteil** zu entscheiden. Hierbei sind fiktive Abmahnkosten nicht zu berücksichtigen.[723]

276 **d) Rechtsmittel.** Gegen das Urteil findet in entsprechender Anwendung des § 99 Abs. 2 ZPO (nur) die **sofortige Beschwerde** innerhalb der Frist des § 569 Abs. 1 ZPO statt;[724] eine **Berufung ist unstatthaft,**[725] sodass auch der Grundsatz der Meistbegünstigung, wenn unzulässiger Weise durch Beschluss entschieden wurde, nicht dazu führt, dass dann die längere Berufungsfrist in Anspruch genommen werden könnte.[726] Eine innerhalb der Zwei-Wochen-Frist eingelegte Berufung kann jedoch in eine sofortige Beschwerde **umgedeutet** werden.[727]

277 Auch wenn zu Unrecht von einem auf die Kosten beschränkten Widerspruch ausgegangen wurde, findet nur die sofortige Beschwerde statt.[728] Dagegen wird die Berufung als zulässig angesehen, wenn über einen gemischten Voll- und Kostenwiderspruch einheitlich durch Urteil zu Lasten des Berufungsführers entschieden wurde.[729]

278 **10. „Unterwerfungswiderspruch".** Um der Kostentragungslast zu entgehen, kann der Antragsgegner auch im Wege des sogenannten „Unterwerfungswiderspruchs" (**Abgabe einer strafbewehrten Unterlassungserklärung** und **Einlegung eines Vollwiderspruchs**) vorgehen.[730] Der Kostenwiderspruch ist demgegenüber nicht vorrangig.[731] Entgegen einer teilweise vertretenen Auffassung[732] ist der Antragsgegner, gegen den eine Beschluss- oder Urteilsverfügung ergangen ist, nicht auf die Möglichkeit beschränkt, eine Abschlusserklärung abzugeben, vielmehr kann er – nicht anders als nach Ergehen eines Hauptsachetitels – eine strafbewehrte Unterlassungserklärung abgeben.[733] Die Rechtsfolgen – Wegfall der (Erst-)Begehungsgefahr – können nicht mit dem Argument in Frage gestellt werden, es sei nicht sachgerecht, dass dem Antragsteller auf diese Weise der Titel „aus der Hand geschlagen" werden könne.

279 Der Antragsgegner kann gegenüber dem Antragsteller eine der Beschlussverfügung (Unterlassungsausspruch) entsprechende vertragsstrafenbewehrte Unterlassungserklärung – in dem Schriftsatz, mit dem Widerspruch eingelegt wird[734] – aber auch noch in der mündlichen Verhandlung[735] abgeben. Da durch die Abgabe der strafbewehrten Unterlassungserklärung die Wiederholungsgefahr entfällt, muss der Antragsteller die Hauptsache für

[722] OLG Frankfurt a. M. WRP 2006, 1538 (Ls.) = MD 2007, 10 f. mwN; KG GRUR-RR 2008, 143.

[723] HM; *Berneke/Schüttpelz* Rn. 426, 470 mwN; Ahrens/*Spätgens* Rn. 164.

[724] Allgemeine Meinung vgl. die Nachweise bei Ahrens/*Spätgens* Rn. 154 sowie OLG München GRUR 1990, 482, NJWE-WettbR 1996, 139 und OLG Oldenburg WRP 1991, 193 gegenüber früher WRP 1980, 649 (650); *Berneke/Schüttpelz* Rn. 428.

[725] Gloy/Loschelder/Erdmann/*Spätgens*/Held HdbWettbR § 105 Rn. 29 f. mwN; *Berneke/Schüttpelz* Rn. 428.

[726] OLG Köln WRP 1975, 173; WRO 1975, 175; 1981, 481; *Berneke/Schüttpelz* Rn. 428 mwN.

[727] *Berneke/Schüttpelz* Rn. 429 mwN.

[728] OLG Düsseldorf WRP 1979, 865; *Berneke/Schüttpelz* Rn. 428.

[729] KG GRUR 1988, 933 Ls.; OLG Hamm NJW-RR 1987, 426; *Berneke/Schüttpelz* Rn. 429; Ahrens/*Spätgens* Rn. 156.

[730] Vgl. die Nachweise bei Ahrens/*Spätgens* Rn. 165 und Teplitzky/*Feddersen* Kap. 55 Rn. 10.

[731] BGH GRUR 2010, 257 Rn. 17 – Schubladenverfügung; OLG Hamburg GRUR 1989, 325; OLG Köln GRUR 1990, 310; OLG Düsseldorf NJWE-WettbR 1996, 256; Ahrens/*Scharen* Kap. 51 Rn. 64; *Berneke/Schüttpelz* Rn. 484.

[732] OLG Köln WRP 1996, 333 (338); MD 2003, 803 Ls.; *Ahrens* WRP 1997, 907 (908); Ahrens/*Ahrens* Kap. 58 Rn. 6; *Nieder* WRP 1999, 583 (584); Ahrens/*Spätgens* Rn. 215 mwN.

[733] KG NJW 1991, 499; OLG Frankfurt a. M. WRP 1998, 895 (897); OLG Hamm WRP 1982, 592 (593); NJW-RR 1986, 922; OLG Karlsruhe NJWE-WettbR 1998, 140; OLG Bamberg WRP 2003, 102 f.; → § 12 Rn. 171; *Kessen* in Schuschke/Walker Anhang C zu § 935 Rn. 12.

[734] OLG Düsseldorf MDR 1991, 257; OLG Hamburg GRUR 1988, 242; WRP 1989, 325; OLG Köln GRUR 1990, 310; Ahrens/*Scharen* Kap. 51 Rn. 64 mwN.

[735] OLG Celle WRP 1975, 242; OLG Hamburg WRP 1972, 537; OLG München WRP 1976, 264; *Berneke/Schüttpelz* Rn. 484.

erledigt erklären.[736] Bei übereinstimmender Erledigungserklärung ist gemäß § 91a ZPO (unter Beachtung der Regelung des § 93 ZPO)[737] durch Beschluss nur noch über die Kosten des Verfahrens zu entscheiden. Im Rahmen dieser Kostenentscheidung kann der Antragsgegner jedoch *auch* geltend machen, die einstweilige Verfügung sei in der Sache zu Unrecht ergangen.[738] Stimmt der Antragsgegner der Erledigungserklärung nicht zu, ist nach den Grundsätzen der einseitigen Erledigungserklärung (→ Vor § 12 Rn. 51) durch Urteil zu entscheiden, ob der Verfügungsantrag bis zur Abgabe der strafbewehrten Erledigungserklärung zulässig und begründet war.[739]

11. Rechtfertigungsverfahren. Hat das **Amtsgericht als Gericht der belegenen Sache** eine einstweilige Verfügung erlassen (→ Rn. 129), muss der Antragsteller innerhalb der vom Amtsgericht bestimmten Frist beim Gericht der Hauptsache den Antrag stellen, den Antragsgegner zur mündlichen Verhandlung über die Rechtmäßigkeit der vom Amtsgericht erlassenen einstweiligen Verfügung zu laden. Auf den Antrag hin, der, wenn nicht ohnehin ausdrücklich beantragt, auch den Antrag auf Bestätigung der einstweiligen Verfügung enthält, hat das Gericht der Hauptsache Termin zur mündlichen Verhandlung anzuberaumen. Für das Rechtfertigungsverfahren gelten die vorstehend dargestellten Grundsätze des Widerspruchsverfahrens.[740] Das Verfahren vor dem Amtsgericht und das Rechtfertigungsverfahren sind als einheitliches Verfahren erster Instanz anzusehen.[741] 280

Nach allgemeiner Auffassung ist der **Antragsgegner** nicht darauf verwiesen, gegebenenfalls nach Ablauf der Frist gemäß § 942 Abs. 3 ZPO die Aufhebung der einstweiligen Verfügung beim Amtsgericht zu beantragen, sondern er kann seinerseits durch einen entsprechenden Antrag beim Gericht der Hauptsache eine Verhandlung über die Rechtmäßigkeit der einstweiligen Verfügung herbeiführen,[742] unabhängig davon, ob man diesen Antrag als Widerspruch versteht oder nicht.[743] 281

Das Gericht der Hauptsache hat nach den oben dargelegten Grundsätzen über die Zulässigkeit und Begründetheit der einstweiligen Verfügung zum Zeitpunkt des Schlusses der mündlichen Verhandlung im Rechtfertigungsverfahren **durch Urteil zu entscheiden,** wobei es jedoch nicht zu prüfen hat, ob das Amtsgericht zu Recht die besondere Dringlichkeit im § 942 Abs. 1 ZPO bejaht hat.[744] 282

Zur **Haftung nach § 945 ZPO** im Falle der **Aufhebung** nach § 942 Abs. 3 ZPO → Rn. 496. 283

XVII. Berufungsverfahren

1. Statthaftigkeit. Wird über den Antrag auf Erlass einer einstweiligen Verfügung oder nach Widerspruch (§ 925 Abs. 1 ZPO) durch Endurteil entschieden, steht den Parteien hiergegen das Rechtsmittel der **Berufung** (§§ 511 ff. ZPO) offen. 284

2. Verfahren. Das Gesetz sieht für den einstweiligen Rechtsschutz **keine Ausnahmeregelungen** vor. Die allgemeinen Bestimmungen der §§ 511 ff. sind daher anzuwenden. Somit gilt auch das in § 522 Abs. 2 und 3 ZPO geregelte Verfahren, wobei bei der Verfahrensgestaltung darauf zu achten ist, dass hierdurch keine Verzögerungen eintreten.[745] 285

---

[736] HM Teplitzky/*Feddersen* Kap. 55 Rn. 10; Ahrens/*Scharen* Kap. 51 Rn. 64; *Steinbeck* GRUR 1994, 90.

[737] OLG Hamburg NJW-RR 2002, 215 (216); OLG Köln GRUR 2001, 424 (425); OLG Stuttgart NJWE-WettbR 2000, 125.

[738] OLG Düsseldorf NJWE-WettbR 1996, 256; OLG Hamburg NJW-RR 2002, 215 (216); Gloy/Loschelder/Erdmann/*Spätgens* HdbWettbR § 105 Rn. 14; *Berneke/Schüttpelz* Rn. 484 mwN.

[739] Ahrens/*Scharen* Kap. 51 Rn. 46.

[740] Zöller/*Vollkommer* § 942 Rn. 7; *Walker* in Schuschke/Walker § 942 Rn. 9 mwN; *Berneke/Schüttpelz* Rn. 434.

[741] OLG München OLG Report 1993, 44; *Berneke/Schüttpelz* Rn. 434.

[742] Schuschke/*Walker* § 942 Rn. 8 mwN.

[743] Schuschke/*Walker* § 942 Rn. 8; *Berneke/Schüttpelz* Rn. 435.

[744] Schuschke/*Walker* § 942 Rn. 12; Zöller/*Vollkommer* § 942 Rn. 7.

[745] *Berneke/Schüttpelz* Rn. 446.

Ebenso ist auch der **durch § 529 ZPO beschränkte Prüfungsumfang,** der auch im Verfügungsverfahren gilt,[746] zu beachten ist.

286 Bei der Anwendung der **§§ 530, 531 ZPO** wird je nach den Umständen des Einzelfalls auf den Charakter des Eilverfahren Rücksicht zu nehmen sein,[747] sodass im Hinblick auf die Anforderungen im einstweiligen Verfügungsverfahren, das eine schnelle und effektive Sicherung bedrohter Rechte gewährleisten soll, die Anforderungen an den Vorwurf der **Nachlässigkeit** (§ 531 Abs. 2 ZPO)[748] nicht die gleichen sein müssen wie im Hauptsacheverfahren.[749] Maßgeblich ist aber auch im Rahmen des Verfügungsverfahrens darauf abzustellen, ob der Antragsteller bei sachgerechter Prozessführung in der Lage war, die in zweiter Instanz neu vorgebrachten Tatsachen bzw. Glaubhaftmachungsmittel bereits in erster Instanz in das Verfahren einzuführen,[750] und aufgrund welcher Überlegungen er hiervon abgesehen hat.

287 Soweit die Möglichkeit der **Zurückverweisung** (§ 538 Abs. 2 ZPO) durch das ZPO-ReformG verschärft wurden, ist dies für das Verfügungsverfahren ohne Bedeutung, da eine Zurückverweisung bereits unter Geltung von § 538 ZPO aF dem Wesen des Verfügungsverfahren widersprach.[751] Die Eilbedürftigkeit erfordert grundsätzlich eine Sachentscheidung durch das Berufungsgericht.[752]

288 **3. Einstweilige Einstellung der Zwangsvollstreckung.** Wurde die einstweilige Verfügung vom Erstgericht nach mündlicher Verhandlung bestätigt oder erlassen, wird eine einstweilige Einstellung der Zwangsvollstreckung gemäß § 707 Abs. 1, § 719 Abs. 1 ZPO durch das Berufungsgericht nur dann in Betracht kommen, wenn sich aus dem Berufungs-/Antragsvorbringen mit der erforderlichen Sicherheit prognostizieren lässt – die hM[753] verlangt, dass dies **offensichtlich** ist – dass das Urteil einer Überprüfung in 2. Instanz nicht Stand halten wird.

289 Wurde vom Erstgericht eine **Beschlussverfügung aufgehoben,** so kann der Antragsteller mit einem Antrag nach § 707, § 719 Abs. 1 ZPO nur die Einstellung aus der vorläufig vollstreckbaren (§ 708 Nr. 6 ZPO) Kostenentscheidung erreichen, nicht jedoch die einstweilige Wiederherstellung der Beschlussverfügung.[754]

290 **4. Berufungsgründe.** Gemäß **§ 513 Abs. 2 ZPO** kann die Berufung nicht darauf gestützt werden, dass das Erstgericht örtlich oder sachlich unzuständig war; ebenso wenn die funktionelle Zuständigkeit zu Unrecht bejaht wurde, da mit der gesetzlichen Neuregelung keine Erweiterung gegenüber der früheren Rechtlage[755] eingetreten ist.[756] Die

[746] OLG Hamburg GRUR-RR 2003, 135 (136); MD 2003, 1269 (1272); 2005, 521 (525); MüKoUWG/*Schlingloff* § 12 Rn. 485, 487; *Dötsch* MDR 2010, 429 f. mwN; aA OLG Düsseldorf 9.10.2014 – 15 U 99/14, zu § 531 ZPO; *Berneke/Schüttpelz* Rn. 447, wonach §§ 529 Abs. 1, 531 Abs. 2 ZPO nicht für das Verfahren des vorläufigen Rechtsschutzes passen.

[747] Weitergehend *Berneke/Schüttpelz* Rn. 447, die § 531 ZPO im Hinblick darauf, dass Vorbringen im Rahmen der Berufungsangriffe bis zum Schluss der mündlichen Verhandlung möglich sei; folglich könne auch § 531 Abs. 1 ZPO nicht greifen; Cassardt in Cepl/Voss § 530 Rn. 16 ff. und § 531 Rn. 1, wonach nur durch das Missbrauchsverbot Grenzen gesetzt werden; OLG Frankfurt a. M. GRUR-RR 2005, 299 (301).

[748] Vgl. BGH NJW-RR 2003, 1103 f. zur Frage des Vorliegens eines neuen Angriffsmittels.

[749] OLG Hamburg GRUR-RR 2003, 135 (136) betreffend den Nachweis einer Rechtekette in einem Urheberrechtsfall mit internationaler Verflechtung; vgl. auch KG GRUR-RR 2003, 310 (311 f.) zur Einrede der Verjährung; Ahrens/*Bähr* Kap. 53 Rn. 3.

[750] Vgl. OLG Hamburg MD 2003, 1269 (1271 f.); 2005, 521 (525); 2005, 407 (410); 2004, 1090 (1094) unter 7.b.

[751] *Berneke/Schüttpelz* Rn. 447 mwN.

[752] AA KG CR 2007, 108 (109) zum Beschwerdeverfahren unter Hinweis auf Ahrens/*Scharen* Kap. 51 Rn. 80.

[753] Vgl. *Berneke/Schüttpelz* Rn. 448.

[754] KG NJW-RR 1996, 1088; OLG Düsseldorf NJW-RR 2002, 138; OLG Frankfurt a. M. OLG Report 1997, 218; OLG Köln MD 2003, 75; *Berneke/Schüttpelz* Rn. 455; *Melullis* Rn. 285.

[755] Zu §§ 512a, 529 ZPO aF vgl. *Berneke/Schüttpelz* Rn. 366 mwN.

[756] Vgl. BGH NJW 2003, 426; NJW 2003, 283; WM 2003, 2251 f.; jeweils zum inhaltsgleichen § 545 Abs. 2 ZPO; MüKoZPO/*Rimmelspacher* § 513 Rn. 15, 17; Musielak/*Ball* § 545 Rn. 13; Zöller/*Gummer/Heßler* § 513 Rn. 7 f., 10.

internationale Zuständigkeit ist jedoch weiterhin von Amts wegen zu prüfen.[757] Die Rüge der Zuständigkeit des Gerichts der Hauptsache gemäß § 937 Abs. 1, § 943 ZPO wird man, wenn überhaupt, nur in besonderen Ausnahmefällen[758] zulassen können. Gemäß § 17a Abs. 5 GVG prüft das Berufungsgericht die Zulässigkeit des beschrittenen Rechtsweges nicht nach. Eine Ausnahme gilt nur, wenn das Erstgericht trotz Rüge einer Partei (§ 17a Abs. 3 S. 2 GVG) über den Rechtsweg nicht vorab entschieden hat.[759]

Im Übrigen kann der **Antragsgegner** geltend machen, das Erstgericht habe zu Unrecht einen Verfügungsanspruch und/oder einen -grund bejaht bzw. der Antrag hätte aus sonstigen Gründen (zB fehlende Prozessvoraussetzung) abgewiesen werden müssen.[760] Da maßgeblich auf den **Erkenntnisstand bei Schluss der mündlichen Verhandlung vor dem Berufungsgericht** abzustellen ist, kann er einwenden, der Verfügungsantrag sei jetzt nicht mehr berechtigt, da zwischenzeitlich etwa die Dringlichkeit nicht mehr gegeben sei. Ebenso kann er geltend machen, die einstweilige Verfügung müsse wegen veränderter Umstände im Sinne von § 927 ZPO[761] (hierzu → Rn. 364 ff.), Versäumung der Vollziehungsfrist (→ Rn. 383) oder unterlassener Klageerhebung zur Hauptsache (§ 926 ZPO; → Rn. 349 ff.) aufgehoben werden. Er braucht sich nicht auf das Verfahren nach § 926 ZPO (hierzu → Rn. 349 ff.) verweisen zu lassen. 291

Der **Antragsteller** kann mit der Berufung geltend machen, der Antrag sei zu Unrecht (teilweise) zurückgewiesen worden, worunter auch die **Gewährung einer Aufbrauchfrist** sowie die Anordnung einer **Sicherheitsleistung** zu verstehen ist. Er kann, wenn der Antrag zurückgewiesen worden ist, auch zu dem Zweck Berufung einlegen, den Verfügungsantrag in der Hauptsache für erledigt zu erklären.[762] Ist die **Berufung des Antragstellers gegen ein die Beschlussverfügung aufhebendes Urteil erfolgreich,** muss die einstweilige Verfügung **neu erlassen** werden. Auch wenn die hM[763] dennoch eine Tenorierung, wonach die Beschlussverfügung „bestätigt" werde, für richtig erachtet mit der Begründung, das Urteil müsse so lauten, wie wenn bereits das Landgericht richtig entschieden hätte, erscheint dies, da jeder Fehldeutung vorgebeugt werden sollte, nicht sachgerecht. Wenn das Berufungsgericht die einstweilige Verfügung neu erlässt, sollte auch der Tenor entsprechend gefasst werden.[764] 292

5. Entscheidung. Berufungsurteile (zum Inhalt siehe § 540 ZPO) werden **mit Verkündung rechtskräftig** und enthalten daher auch keinen Ausspruch zur vorläufigen Vollstreckbarkeit. Für einen Antrag auf vorläufige Einstellung der Zwangsvollstreckung[765] aus dem Berufungsurteil, der nachträglichen Anordnung einer Sicherheitsleistung[766] oder Einräumung einer Aufbrauchfrist[767] ist folglich kein Raum mehr. 293

---

[757] BGH NJW 2003, 426; NJW 2003, 283; 20.11.2003 – I ZR 102/02.

[758] Zöller/*Gummer/Heßler* § 513 Rn. 9; weitergehend offensichtlich *Berneke/Schüttpelz* Rn. 266; MüKoZPO/*Rimmelspacher* § 513 Rn. 20 bei einem Verstoß gegen § 937 Abs. 1 ZPO unter Hinweis auf OLG Hamburg MDR 1981, 1027.

[759] OLG Düsseldorf GRUR-RR 2003, 378; Zöller/*Gummer* GVG § 17a Rn. 18 mwN.

[760] OLG Schleswig OLG Report 2002, 430: Aufhebung auch dann möglich, wenn der Antragsteller auf die Rechte aus der einstweiligen Verfügung verzichtet hat.

[761] Bei Vorbringen innerhalb der Berufungsbegründungsfrist OLG Koblenz WRP 1981, 115; *Berneke/Schüttpelz* Rn. 441.

[762] HM; vgl. *Berneke/Schüttpelz* Rn. 440 mwN; so wohl auch OLG Bamberg OLG Report 2002, 462 (463).

[763] Vgl. Ahrens/*Bähr* Kap. 57 Rn. 13; *Berneke/Schüttpelz* Rn. 448.

[764] KG WRP 2010, 129 (137); GroßKommUWG/Schwippert § 12 C Rn. 207 mwN.

[765] OLG Köln MD 2003, 75.

[766] OLG Köln MD 2003, 75; *Ulrich* WRP 1991, 26 (31).

[767] *Ulrich* WRP 1991, 26 (31).

XVIII. Revision/Rechtsbeschwerde/Gegenvorstellung/Verfassungsbeschwerde

294 **1. Revision.** Gegen Berufungsurteile in Verfahren des einstweiligen Rechtsschutzes (Arrest, einstweilige Verfügung) **findet die Revision** – auch wenn sie zu Unrecht ausdrücklich zugelassen worden sein sollte –, **nicht statt** (§ 542 Abs. 2 ZPO). Dies gilt uneingeschränkt auch für landgerichtliche Urteile. Die gegenteilige Beurteilung für die Fälle des Erlasses der einstweiligen Verfügung durch das Landgericht[768] ist mit § 542 Abs. 2 S. 1 ZPO nicht zu vereinbaren.

295 Dass durch das Fehlen einer Revisionsinstanz (seit der Entlastungsnovelle vom 22.5.1910) der **„Rechtszersplitterung"** Vorschub geleistet wird, wurde bereits frühzeitig kritisiert[769] und hat auch heute noch seine Gültigkeit.[770] Die daneben befürchtete fehlende Durchschlagskraft des Verfügungsverfahrens lässt sich dagegen zweifelsfrei nicht feststellen.

296 **2. Rechtsbeschwerde.** Auch eine **Rechtsbeschwerde** ist aufgrund des durch § 542 Abs. 2 S. 1 ZPO begrenzten Instanzenzuges **nicht statthaft,** wie zwischenzeitlich in mehreren Entscheidungen festgestellt wurde. Der BGH hat für das neue Recht daran festgehalten, dass auch gegen Beschlüsse, mit denen eine Berufung in einem einstweiligen Verfügungsverfahren als unzulässig verworfen wurde, die Rechtsbeschwerde nicht stattfindet.[771] Auch bei einer Entscheidung durch Beschluss ist eine Rechtsbeschwerde aufgrund der Begrenzung des Instanzenzuges durch § 542 Abs. 2 S. 1 ZPO nicht statthaft. Eine Differenzierung danach, ob durch Urteil oder durch Beschluss entschieden wurde, lässt sich dem Gesetz nicht entnehmen. Eine dennoch erfolgte Zulassung durch das Beschwerdegericht ist unbeachtlich.[772] Auch eine Nichtzulassungsbeschwerde (§ 522 Abs. 3 ZP) gegen einen Beschluss nach § 522 Abs. 2 ZPO ist nicht statthaft.[773]

297 **3. Anhörungsrüge, § 321a ZPO.** Die vom BVerfG[774] geforderte gesetzliche Regelung betreffend eine Abhilfemöglichkeit der Fachgerichte bei Verletzung des rechtlichen Gehörs hat durch das Anhörungsgesetz (BGBl. 2004 I S. 3220) zur Änderung des mit der ZPO-Reform geschaffenen § 321a ZPO geführt.[775] Somit ist seit dem 1.1.2005 auch bei Berufungsurteilen in Verfahren der einstweiligen Verfügung im Hinblick auf § 542 Abs. 2 ZPO eine **Anhörungsrüge eröffnet.**[776]

298 **4. Verfassungsbeschwerde.** Gegen Berufungsurteile im einstweiligen Verfügungsverfahren ist **Verfassungsbeschwerde** zum Landesverfassungsgericht[777] oder zum Bundesverfassungsgericht möglich. Letzterer wird allerdings in vielen Fällen der Grundsatz der Subsidiarität im Hinblick auf ein mögliches Hauptsacheverfahren entgegenstehen.[778]

Im Beschluss vom 6.6.2017[779] hat das BVerfG die unmittelbare Verfassungsbeschwerde gegen Entscheidungen im Verfahren der einstweiligen Verfügung eröffnet, um die Verletzung des Rechts auf rechtliches Gehör (Art. 103 Abs. 1 GG) – Entscheidung gemäß

[768] Stein/Jonas/*Bruns* § 922 Rn. 9; *Damm* in AK-ZPO § 922 Rn. 15.

[769] *Rosenthal,* Wettbewerbsgesetz, 1930, § 25 Anm. 2.

[770] Vgl. zB *Mes* FS Traub, 1994, 661 f.

[771] BGH NJW 2003, 69 GRUR 2003, 548 – Rechtsbeschwerde I; GRUR 2003, 724.

[772] BGH GRUR 2003, 548 – Rechtsbeschwerde I; GRUR 203, 724 – Rechtsbeschwerde II; NJW 2003, 3665 betreffend eine zugelassene Rechtsbeschwerde gegen eine Kostenentscheidung nach § 269 Abs. 4 ZPO; 22.10.2019 – I ZB 75/19 Rn. 3; BAG BB 2003, 1020.

[773] BGH 10.12.2015 –III ZR 317/15 Rn. 2.

[774] NJW 2003, 1924 (1928).

[775] BGH NJW 2005, 580; Zöller/*Vollkommer* § 321a Rn. 1.

[776] BVerfG NJW 2016, 2943 Ls. = BeckRS 2016, 47825; MüKoZPO/*Musielak* § 321a Rn. 2.

[777] Vgl. zB VerfGH Bayern NJW-RR 1993, 365 betreffend die Dringlichkeitsrechtsprechung des OLG München.

[778] Vgl. BVerfG NJW 1987, 2500 f.; 2003, 418 f.; NJW 2003, 1305; 2004, 3768; GRUR 2007, 1064 (1065); *Berneke/Schüttpelz* Rn. 451.

[779] BVerfG WRP 2017, 1073 mit Anm. *Teplitzky* WRP 2017, 1163.

§ 937 Abs. 2 ZPO ohne besondere Dringlichkeit und ohne Anhörung des Gegners – geltend machen zu können, da im Widerspruchsverfahren diese Verstöße nicht wirksam angegriffen werden können. Zwar kann auch durch die Verfassungsbeschwerde ein Verstoß nicht mehr beseitigt werden. Im Falle eines fortwirkenden Feststellungsinteresse kann sie jedoch hierauf gestützt werden. An diese Entscheidung anschließend hat das BVerfG in zwei für das Verfahren der einstweiligen Verfügung grundlegenden Entscheidungen Vorgaben gemacht (siehe hierzu oben 142 ff.). Unter Bezugnahme hierauf wurde mit Beschluss vom 3.6.2020[780] einem Antrag auf Erlass einer einstweiligen Anordnung nach § 32 Abs. 1 BVerfG stattgegeben. Da die Rechtsbeeinträchtigung durch die einstweilige Verfügung in Gestalt des eiterhin vollstreckbaren Unterlassungstitels fortdauere, müsse der Beschwerdeführer kein besonders gewichtiges Feststellungsinteresse geltend machen. Vielmehr genüge es, dass er weiterhin durch die angegriffene Verfügung beschwert sei, sodass ihm durch deren verfassungsgerichtliche Aufhebung oder Außervollzugsetzung Rechtsschutz gewährt werden könne. Ebenso wurde mit Beschluss vom 17.6.2020 die verfahrenswidrig erlassene Beschlussverfügung im Wege der einstweiligen Anordnung außer Vollzug gesetzt.[781] In kurz danach ergangenen Entscheidungen wurde dagegen trotz bejahten Verstoßes gegen die prozessuale Waffengleichheit der Erlass einer einstweiligen Anordnung jeweils abgelehnt, da kein grundrechtlich erheblicher schwerwiegender Nachteil dargelegt worden sei.[782] In weiteren Entscheidungen wurde jeweils die Annahme der gegen die im Beschlusswege erlassenen einstweiligen Verfügungen[783] bzw. der Erlass einer einstweiligen Anordnung[784] abgelehnt, da ein auf Wiederholungsgefahr gestütztes Feststellungsinteresse voraussetze, dass die Zivilgerichte die aus dem Grundsatz der prozessualen Waffengleichheit folgenden Anforderungen grundsätzlich verkannt hätten und ihre Praxis hieran unter Missachtung der verfassungsrechtlichen Maßstäbe nicht ausrichteten. Im der Entscheidung *„Steuerberatungsdienstleistungen"* wurde eine Verkürzung prozessualer Nachteile oder einer anderer gewichtiger Nachteil verneint, da zwischen der Abmahnung und dem auf Hinweis des Gerichts sodann geänderten Antrag eine Kongruenz als gegeben angesehen wurde. In der Entscheidung *„Zahnabdruckset"* bejahte das BVerfG zwar eine fehlerhafte Vorgehensweise durch das Landgericht, da die Abmahnung und der Verfügungsantrag nicht identisch waren und das Landgericht einen Hinweis erteilte, ohne die Antragsgegnerin hiervon in Kenntnis zu setzten. Dennoch wurde ein hinreichend gewichtiges Feststellungsinteresse verneint. Die Abweichung des ursprünglichen als auch des nachgebesserten Verfügungsantrags zu der Abmahnung wurde als gering angesehen. Es fehle an der Darlegung eines schweren Nachteils, der durch die Schadensersatzpflicht nach § 945 ZPO nicht aufgefangen werden könne. Zudem sei auf den Wiederspruch ein zeitnaher Termin anberaumt worden, in dem die Antragsgegnerin ihre Argumente vorbringen könne. Die Verfahrensgestaltung sei stark von der spezifischen Konstellation und der Ausgestaltung des angegriffenen Produkts geprägt, sodass für eine Wiederholung der angegriffenen Maßnahme konkret nichts ersichtlich sei. Hieran anknüpfend wurde auch im Beschluss vom 1.9.2020 „Streit unter Stiftungsratsmitgliedern" ausgeführt, dass selbst im Falle offenkundiger Erfolgsaussichten einer Verfassungsbeschwerde der Erlass einer einstweiligen Anordnung nur in Betracht komme, wenn ein schwerer Nachteil dargelegt werde, wofür allein die fortgesetzte Belastung durch einen einseitig erstrittenen Unterlassungstitel nicht ausreiche. War nach den Entscheidungen vom 3. und 17.6.2020 eine Flut von Anträgen auf einstweilige Anordnung bzw. Verfassungsbeschwerden erwartet worden[785], zeigen die danach für die jeweiligen Beschwerdeführer negativen Entscheidungen, dass der Weg zum BVerfG nicht in jedem

[780] NJW 2020, 2021 Rn. 13 – „Polizeigewerkschaften".
[781] WRP 2020, 1177 Rn. 15 ff. – "Strache-Video".
[782] WRP 2020, 1292 Rn. 4; WRP 2020, 1292 Rn. 5.
[783] GRUR 2020, 1119 Tz. 10 ff. – Zahnabdruckset; WRP 2020, 1293 Rn. 14 ff. „Steuerberatungsdienstleistungen".
[784] WRP 2020, 1425 – Streit unter Stiftungsratsmitgliedern.
[785] *Mantz* NJW 2020, 2007 Rn. 7.

Fall erfolgversprechend scheint, da die Darlegung eines schweren Nachteils sich nicht auf den Vortrag eines Verfahrensfehlers des Gerichts bei Erlass einer fortbestehenden Beschlussverfügung beschränken kann.

XIX. Die Vollziehung der einstweiligen Verfügung

299 **1. Vollziehungserfordernis.** Gemäß § 936, § 929 Abs. 2 ZPO ist eine **Vollziehung** der einstweiligen Verfügung **unstatthaft,** wenn seit dem Tage, an dem die einstweilige Verfügung **verkündet (Urteilsverfügung)** oder **dem Antragsteller die Beschlussverfügung von Amts wegen zugestellt**[786] wurde, **ein Monat** verstrichen ist. Nach der Rechtsprechung des BVerfG (NJW 1988, 3141)[787] handelt es sich bei § 929 Abs. 2 ZPO um eine Bestimmung, die dem Schutz des Antragsgegners dient, um diesen davor zu bewahren, dass unter ganz veränderten Umständen noch von dem in einem Eilverfahren ergangenen Titel Gebrauch gemacht werde.[788] Die Vollziehung ist Voraussetzung der Wirksamkeit der Entscheidung über die Monatsfrist des § 929 Abs. 2 ZPO hinaus. Deshalb wird sie in Bezug auf diese Bestandserhaltung als Teil des Verfahrens zu ihrer Erwirkung (Anordnungsverfahren) angesehen;[789] daneben stellt sich die Vollziehung als Akt der Zwangsvollstreckung[790] (§ 928 ZPO) dar.

300 Die Vollziehungsfrist ist vom Gericht in jeder Lage des Verfahrens **von Amts wegen** zu beachten.[791] Sie kann weder verlängert noch abgekürzt werden. Auf sie kann auch nicht verzichtet werden. Auch eine Wiedereinsetzung in den vorigen Stand kommt bei ihrer Versäumung nicht in Betracht.[792] Ebenso scheidet eine Heilung nach § 295 ZPO aus.[793] Mit **Ablauf der Vollziehungsfrist** wird die einstweilige Verfügung **wirkungslos.** Folge ist die Aufhebung der einstweiligen Verfügung auf Widerspruch, auf Berufung oder im Verfahren nach § 927 ZPO. Im Streifalle hat der Antragsteller die **Wahrung der Frist glaubhaft zu machen.**[794] Der Einwand der missbräuchlichen Berufung auf die fehlende Vollziehung kann allenfalls auf ein Verhalten des Antragsgegners im Zusammenhang mit der Vollziehung selbst – etwa eine Zustellungsvereitelung – gestützt werden.[795]

301 Dem Antragsteller verbleibt nur eine Frist von einem Monat, innerhalb derer er sich entscheiden muss, ob er von dem Titel Gebrauch machen will, und innerhalb der er auch geeignete Vollziehungsmaßnahmen vornehmen muss. Da ihm dieser Zeitraum vom Gesetz sozusagen zur Disposition gestellt wird, bedarf es nach allgemeiner Auffassung **keiner Vollziehung** mehr, wenn die einstweilige Verfügung über diesen Zeitraum hinaus keine Wirkung mehr entfalten kann, so etwa bei

- Befristung der Geltungsdauer des Titels selbst,
- Wegfall des gesicherten Anspruchs aufgrund einer Unterlassungserklärung,[796]
- „freiwillige" Erfüllung des titulierten Anspruchs,[797]

da es bei diesen Fallgestaltungen einer Bekundung eines entsprechenden Gebrauchmachens nicht mehr bedarf.

786 Zum Zustellungserfordernis vgl. Teplitzky/*Feddersen* Kap. 55 Rn. 37.
787 Hierzu *Ahrens* WRP 1999, 1 (2 f.) sowie zu BVerfG NJW 1997, 2165 betreffend auf Vorrat erwirkte Durchsuchungsbeschlüsse im Ermittlungsverfahren.
788 So auch BGH NJW 1990, 122 – Fallwerk; GRUR 2009, 890 Rn. 15 – Ordnungsmittelandrohung.
789 Ahrens/*Spätgens* Rn. 67.
790 BGH GRUR 1993, 415 (416) – Straßenverengung.
791 BGH NJW 1991, 496; *Berneke/Schüttpelz* Rn. 570, 603 mwN.
792 *Berneke/Schüttpelz* Rn. 570 mwN; Ahrens/*Büttner* Kap. 57 Rn. 51.
793 OLG Düsseldorf 29.7.1992 – 20 U 102/92; Zöller/*Vollkommer* § 929 Rn. 3.
794 AA OLG Frankfurt a. M. NJW-RR 2000, 1236 für das Aufhebungsverfahren, in dem der Antragsgegner den Vortrag des Antragstellers im Hinblick auf die Rechtzeitigkeit zu widerlegen habe.
795 OLG Frankfurt a. M. BeckRS 2019, 5087.
796 OLG Düsseldorf WRP 2019, 1487 Rn. 25 mwN; insoweit im Ausgangspunkt auch richtig OLG München GRUR 1994, 83.
797 OLG Hamburg MD 1998, 192; *Berneke/Schüttpelz* Rn. 561.

Die **Erhebung** eines **Widerspruchs** oder die **Berufungseinlegung** entbinden nicht von dem Erfordernis der Vollziehung. Der Antragsteller kann nicht während des Widerspruchs- oder Berufungsverfahrens untätig bleiben.[798] 302

Bei Anordnung einer **Sicherheitsleistung** muss diese innerhalb der Vollziehungsfrist erbracht und nachgewiesen werden,[799] sofern sich der Antragsteller nicht gegen die Anordnung der Sicherheitsleistung im Wege der sofortigen Beschwerde/Berufung wendet.[800] Hierbei geht er jedoch das Risiko ein, dass er die Vollziehungsfrist versäumt, wenn sein Rechtsbehelf ohne Erfolg bleibt, da mit der zurückweisenden Entscheidung der 2. Instanz keine neue Vollziehungsfrist in Lauf gesetzt wird.[801] 303

Wird die einstweilige Verfügung im Beschlusswege **teilweise erlassen** und teilweise zurückgewiesen, ändert die Einlegung einer sofortigen Beschwerde gegen den abweisenden Teil grundsätzlich nichts daran, dass die einstweilige Verfügung, soweit dem Antrag entsprochen wurde, **vollzogen** werden muss.[802] Etwas anders kann allenfalls dann in Betracht kommen, wenn mit der Vollziehung eine für den Antragsteller nicht hinnehmbare Warnung des Antragsgegners verbunden wäre – etwa bei Stattgabe des Unterlassungsantrags und Abweisung des einen Vernichtungs- oder Beseitigungsanspruchs sichernden Herausgabe- oder Sequestrierungsantrags, den der Antragsteller mit der sofortigen Beschwerde weiterverfolgen will. 304

Wird die einstweilige Verfügung **im Berufungsverfahren neu erlassen** – eine vom Erstgericht aufgehobene Beschlussverfügung kann nicht bestätigt bzw. wieder hergestellt werden[803] (→ Rn. 292) – bedarf es einer **erneuten Vollziehung.**[804] Gleiches gilt, wenn die einstweilige Verfügung im Widerspruchs-, Berufungsverfahren oder Aufhebungsverfahren **erweitert, inhaltlich geändert oder wesentlich neu gefasst** wird.[805] Ob eine solche qualitative Änderung stattgefunden hat, bei der ein bereits bekundeter Vollziehungswille hinsichtlich der früheren bereits vollzogenen „Fassung" der einstweiligen Verfügung nicht mehr als ausreichend angesehen werden kann, hängt davon ab, ob eine inhaltliche Änderung erfolgt ist.[806] Folglich ist eine erneute Vollziehung bei Bestätigung auf Widerspruch hin oder in der Berufungsinstanz nicht zu fordern.[807] Dies gilt auch, wenn sich die aufrecht erhaltene einstweilige Verfügung eindeutig als bloßes Minus darstellt.[808] Eine wesentliche inhaltliche Änderung wurde auch verneint, wenn die Urteilsformel nur klarstellend neu gefasst wurde[809] bzw. ein offensichtlicher Fehler gemäß § 319 ZPO berichtigt wurde.[810] Dies wurde auch angenommen, wenn nur die rechtliche Begründung eine 305

---

[798] KG OLGR 1994, 12; *Berneke/Schüttpelz* Rn. 574, anders bei Anfechtung der angeordneten Sicherheitsleistung Rn. 575 mwN.

[799] OLG Celle AfP 2006, 251; OLG Frankfurt a. M. WRP 1980, 423; OLG Hamm OLG Report 1994, 59; OLG München NJW-RR 1988, 1466; NJW 1965, 1183 (1184).

[800] OLG Düsseldorf GRURPrax 2012, 69; *Berneke/Schüttpelz* Rn. 575; Zöller/*Vollkommer* § 929 Rn. 7.

[801] *Berneke/Schüttpelz* Rn. 575; Ahrens/*Büttner* Kap. 57 Rn. 21.

[802] OLG Hamburg MD 2003, 352 (353) zur Berufungseinlegung; aA Zöller/*Vollkommer* § 929 Rn. 7 aE.

[803] OLG Frankfurt a. M. WRP 2002, 334 mwN; MD 2002, 1255 (1257).

[804] Ahrens/*Spätgens* Rn. 102 m. eingehenden Nachweisen; abweichend MüKoUWG/*Schlingloff* § 12 Rn. 499; das OLG Brandenburg NJW-RR 2000, 325 (326) (Gegendarstellung) verneint dagegen das Erfordernis einer erneuten Vollziehung im Falle eines wortgleichen Neuerlasses durch das LG ohne Aufhebung, nachdem das OLG die Auffassung vertreten hatte, die einstweilige Verfügung leide an formellen Mängeln und stelle daher keinen geeigneten Vollstreckungstitel dar.

[805] Vgl. die umfangreichen Rspr.-Nachweise bei Ahrens/*Spätgens* Rn. 103 sowie OLG Naumburg AfP 2005, 281; OLG Frankfurt a. M. WRP 2014, 344.

[806] OLG Hamburg NJW 2015, 2273.

[807] *Oetker* GRUR 2003, 119 (123); *Berneke/Schüttpelz* Rn. 566; jeweils mwN.

[808] OLG Hamburg MD 2010, 287 (292); GRUR-RR 2007, 152 (154 f.); OLG Frankfurt a. M. WRP 2001, 66: Aufnahme eines Insbesonder-Beispiels; zur Befristung: OLG Düsseldorf GRUR 1984, 75; OLG Stuttgart NJWE-WettbR 1996, 83 f.; anders bei einer Einschränkung eines zunächst umfassenden Verbots auf einzelne Äußerungen OLG Köln WRP 1986, 353.

[809] OLG Karlsruhe WRP 1997, 57; *Berneke/Schüttpelz* Rn. 567; anders OLG Hamm WRP 1981, 222: Neufassung des Verbots mit Einschränkungen, andere rechtliche Begründung; OLG Köln GRUR 1999, 89: Neufassung des Verbots.

[810] OLG Celle NJWE-WettbR 1998, 19.

Änderung erfahren hat.[811] Ordnet die im Übrigen bestätigende Entscheidung eine **Sicherheitsleistung** an, bedarf es ebenfalls einer erneuten Vollziehung.[812]

306 Da sich die Beurteilung im Einzelfall als schwierig darstellen kann, wird sich in Zweifelsfällen daher eine **erneute Vollziehung** empfehlen. Bei einem **Parteiwechsel** wird vom KG[813] eine erneute Vollziehung für erforderlich gehalten, nicht jedoch wenn im Falle einer gewillkürten Prozessstandschaft der Rechtsinhaber in das Verfahren eintritt.

307 **2. Fristbeginn.** Die Vollziehungsfrist beginnt bei der **Beschlussverfügung** mit der **Amtszustellung an den Antragsteller** – so zutreffend die überwiegende Auffassung im Wettbewerbsverfahrensrecht[814] unter Hinweis auf den klaren Wortlaut des § 929 Abs. 2 iVm § 329 Abs. 3 S. 2 ZPO – nicht bereits mit dem formlosen (tatsächlichen) Zugang beim Antragssteller der einstweiligen Verfügung, auch wenn dieser damit bereits in die Lage versetzt wird, von der einstweiligen Verfügung Gebrauch zu machen. Soweit die Auffassung vertreten wird, die Frist werde nicht in Lauf gesetzt, wenn zum Bestandteil des Beschlusses gemachte Anlagen vom Gericht nicht an den Antragsteller mitzugestellt werden,[815] kann dem nur in den Fallgestaltungen gefolgt werden, wenn die Ausfertigung bzw. die Abschrift des Beschlusses (hierzu nachfolgend unter → Rn. 532) als nicht ordnungsgemäß beanstandet wird, nicht jedoch in den Fällen, in denen etwa – wie in Praxis häufig – vom Gericht angeordnet wird, dass die Antragsschrift mitzuzustellen ist.

308 Bei der **Urteilsverfügung** ist die Verkündung maßgeblich[816] und zwar unabhängig davon, ob dem Antragsteller innerhalb der Vollziehungsfrist eine vollstreckbare Ausfertigung mit Tatbestand und Entscheidungsgründen zugestellt wird. Versäumnisse des Gerichts entlasten den Antragsteller grundsätzlich nicht.[817] Es wird sich daher empfehlen, umgehend einen Antrag auf Erteilung einer abgekürzten Ausfertigung (§ 317 Abs. 2 S. 2, § 315 Abs. 2 S. 2 ZPO) zu stellen, um Fristproblemen tunlichst vorzubeugen.

309 Ob die Frist bei einer **Einstellung der Zwangsvollstreckung** weiterläuft,[818] weil die zur Vollziehung ausreichende Parteizustellung keine Vollstreckung ist oder ob die Vollziehungsfrist gehemmt wird bzw. ob die auf den Rechtsbehelf ergehende bestätigende Entscheidung ausnahmsweise eine neue Vollziehungsfrist eröffnet,[819] wird unterschiedlich beurteilt.[820] Deshalb sollte auch in diesen Fällen nicht auf eine Vollziehung verzichtet werden.

310 **3. Form der Vollziehung.** Durch welche Maßnahme die einstweilige Verfügung vollzogen werden kann, hängt von ihrem Inhalt[821] ab; bei verschiedenen Anordnungen (zB Unterlassung, Auskunft über Herkunft und Vertriebswege, Sequestration) bedarf es einer Vollziehung nach den jeweils maßgeblichen Regeln.[822]

311 **a) Unterlassungsverfügung.** Da eine Vollstreckung nach § 890 ZPO eine schuldhafte Zuwiderhandlung nach Wirksamwerden der einstweiligen Verfügung gegenüber dem Antragsgegner voraussetzt, wird zur Vollziehung einer Unterlassungsverfügung die **Partei-**

---

[811] KG NJWE-WettbR 2000, 197; OLG Köln OLG Report 2002, 50: zusätzliche rechtliche Begründung; *Berneke* Rn. 301.

[812] *Berneke/Schüttpelz* Rn. 568; *Oetker* GRUR 2003, 119 (124); jeweils mwN.

[813] NJWE-WettbR 1996, 161.

[814] OLG Koblenz WRP 1981, 286; MD 2013, 516; GRUR 1980, 943; OLG Hamm GRUR 1988, 728; OLG Nürnberg WRP 1988, 498; OLG Frankfurt a. M. MDR 1998, 736; aA OLG Düsseldorf GRUR 1984, 74; *Berneke* Rn. 305 m. Fn. 38.

[815] OLG Koblenz GRUR-RR 2013, 496.

[816] BGH WRP 2009, 999; 2020, 324 Rn. 12.

[817] OLG Düsseldorf NJW-RR 1987, 763; OLG Hamm GRUR 1987, 853; OLG Frankfurt a. M. NJW-RR 1987, 764; OLG Köln GRUR-RR 2018, 268.

[818] So Pastor/Ahrens/*Wedemeyer,* 4. Aufl., Kap. 61 Rn. 19 unter Hinweis auf OLG Frankfurt a. M. AfP 1988, 358 betreffend einen Fall der Gegendarstellung.

[819] So OLG Düsseldorf OLGZ 1987, 367; *Berneke/Schüttpelz* Rn. 573 mwN; Zöller/*Vollkommer* § 924 Rn. 12.

[820] Vgl. Ahrens/*Berneke* Kap. 57 Rn. 20 mwN.

[821] BGH GRUR 1993, 415 (416) – Straßenverengung; *Oetker* GRUR 2003, 119 (120) mwN.

[822] Vgl. OLG Hamm GRUR 1992, 888; *Berneke/Schüttpelz* Rn. 577.

zustellung – auch in Gestlt einer öffentlichen Zustellung[823] – als ausreichende Vollziehungsmaßnahme angesehen,[824] sofern der Beschluss bzw. das Urteil bereits eine Androhung gemäß § 890 Abs. 2 ZPO enthalten.[825]

Das Erfordernis der **Vollziehung** ist bei Beschlussverfügungen allgemein anerkannt.[826] 312
Gleiches gilt nach überwiegender Auffassung im Hinblick auf die Bestandssicherung und die Schuldnerschutzfunktion **auch für die Urteilsverfügung,**[827] da § 929 Abs. 2 ZPO den Antragsteller zu der Entschließung anhalten soll, ob er von der einstweiligen Verfügung Gebrauch machen will. Eine solche Entscheidung des Antragstellers fehlt bei einer Zustellung von Amts wegen oder bei deren Verkündung. Die gegenteilige Auffassung[828] stellt darauf ab, dass Urteilsverfügungen, bereits mit Verkündung Wirksamkeit erlangen. Folglich reiche die Amtszustellung allein aus. Eine weitere Vollziehungsmaßnahme von Seiten des Antragstellers sei daher nicht erforderlich.

Erfolgt die **Ordnungsmittelandrohung in einem gesonderten Beschluss** gemäß 313
§ 890 Abs. 2 ZPO,[829] ist dessen Zustellung innerhalb der Vollziehungsfrist ebenfalls als formaler Akt der Zwangsvollstreckung als ausreichende Vollziehung anzusehen.[830] Auch die **Zustellung eines Ordnungsmittelantrages** kommt als Vollziehungsmaßnahme in Betracht, wenn die Zustellung der einstweiligen Verfügung sodann innerhalb der Frist des § 929 Abs. 3 S. 2 ZPO nachfolgt.[831] Eine (sonstige) Vollziehung im Wege der Zwangsvollstreckung kommt bei der Beschlussverfügung im Hinblick auf § 936, § 922 Abs. 2 ZPO nicht in Betracht.

Neben der Zustellung der Unterlassungsverfügung im Parteibetrieb und den anderen vor- 314
genannten Vollstreckungsmaßnahmen kann der Gläubiger seine Absicht, von dem Titel Gebrauch zu machen, auch noch in **anderer Weise** hinreichend deutlich zum Ausdruck bringen. Als ausreichende Vollziehungsmaßnahme können sie jedoch nur dann angesehen werden, wenn es sich um entsprechende Maßnahmen des Gläubigers handelt, die hinreichend formalisiert, dh urkundlich belegt oder in anderer Weise leicht und sicher feststellbar sind.[832] Hierfür wurden bloße (fern-)mündliche Erklärungen des Antragstellers nicht als ausreichend

[823] OLG Bamberg MDR 2013, 672 f. betr. die öffentliche Zustellung einer Beschlussverfügung.

[824] Allgemeine Meinung BGH NJW 1990, 122 (124) – Fallwerk; *Teplitzky* Kap. 55 Rn. 41.

[825] BGH NJW 1996, 198 – Einstweilige Verfügung ohne Strafandrohung (zu § 945 ZPO); GRUR 1993, 415 (416) – Straßenverengung; OLG Hamm WRP 1978, 65; GRUR 1991, 336; OLG Report 1992, 349; *Wedemeyer* NJW 1979, 293; *Teplitzky/Feddersen* Kap. 55 Rn. 41 mwN; *Teplitzky* GRUR 1993, 418 (419); *Ahrens* WRP 1999, 1 (5); Ahrens/*Spätgens* Rn. 68; *Berneke/Schüttpelz* Rn. 584; *Köhler*/Bornkamm § 12 Rn. 3.62; aA OLG Celle GRUR 1987, 66.

[826] *Berneke/Schüttpelz* Rn. 580 mwN.

[827] BGH GRUR 1993, 415 (416 f.) – Straßenverengung mit Anm. *Teplitzky* GRUR 1993, 418; KG WRP 1988, 301; 2007, 810; OLG Braunschweig 5.7.1985 – 2 U 81/85, bei *Traub* WVP S. 52; OLG Celle GRUR 1998, 77; OLG Düsseldorf GRUR-RR 2001, 94; WRP 2015, 764; OLG Hamburg NJWE-WettbR 1997, 92; MD 2006, 1024 (Ls.); OLG Hamm GRUR 1989, 931; OLG Frankfurt a. M. WRP 2000, 411; OLG Karlsruhe NJW-RR 2002, 951; OLG Koblenz GRUR 1980, 70; OLG Köln MD 2003, 352 (353 f.); OLG München (6. ZS) NJWE-WettbR 1998, 282; OLG Oldenburg WRP 2011, 508 unter Aufgabe von WRP 1992, 412; OLG Schleswig NJW-RR 1995, 896; OLG Stuttgart GRUR-RR 2009, 194 unter Aufgabe unter Aufgabe von NJW-RR 1998, 622; OLG Jena MD 2011, 755; OLG Zweibrücken OLGZ 1980, 28; vgl. auch die weiteren Nachweise bei *Berneke/Schüttpelz* Rn. 581.

[828] OLG Bremen WRP 1979, 791; OLG Celle (4. ZS) NJW-RR 1990, 1088; NJW 1986, 2441 (3. ZS); OLG München (15. ZS) WRP 2013, 674: Zustellung einer formlosen Abschrift des Urteils nach Amtszustellung genügt; auch der 29. ZS hält die Auffassung des 6. ZS (siehe NJWE-WettbR 1995, 896) als zu formenstreng an, 25.4.2013 – 29 U 194/13, S. 5 f., vgl. auch die weiteren Nachweise bei *Berneke/Schüttpelz* Rn. 581 Fn. 56.

[829] Vgl. BGH NJW 2000, 590 zur Zuständigkeit des Gerichts erster Instanz.

[830] OLG Karlsruhe WRP 1982, 44; OLG Köln GRUR-RR 2001, 71; vgl. auch OLG München (Landwirtschaftssenat) OLG Report 2002, 14 f.

[831] KG NJW-RR 1999, 71; OLG Dresden 7.2.2017 – 4 U 1422/16; Ahrens/*Spätgens* Rn. 100; aA OLG Düsseldorf WRP 1993, 410 (411), das allein auf den Antrag abstellt; so auch OLG Brandenburg NJW-RR 2000, 325 (326), das sogar einen innerhalb der Vollziehungsfrist bekannt gewordenen Antrag nach § 888 ZPO ausreichen lässt.

[832] BGH GRUR 1993, 415 (417) – Straßenverengung unter Einschränkung von BGH NJW 1990, 122 – Fallwerk; vgl. hierzu KG WRP 1995, 325 (327); OLG Düsseldorf WRP 1993, 327 (329); OLG Frankfurt

angegesehen;[833] auch nicht die bloße Androhung eines Ordnungsmittelantrages.[834] Es stellt auch keine Vollziehung dar, wenn der Antragsteller, soweit sein Antrag abgewiesen wurde, Berufung einlegt;[835] ebenso wenig die Bekundung von Interesse an Vergleichsgesprächen.[836]

315 Rechtzeitig innerhalb der Monatsfrist **begonnene** Vollziehungsmaßnahmen reichen aus. Nach neuem Recht wird auch ein rechtzeitig gestellter Antrag auf Durchführung einer Vollziehungsmaßnahme als ausreichend anzusehen sein;[837] bei einer Vollziehung im Wege der Parteizustellung, wenn die Zustellung demnächst im Sinne von **§§ 191, 167 ZPO** erfolgt – **Rückwirkung.**

316 Da § 167 ZPO, der gemäß § 191 ZPO auch auf die fristwahrende Parteizustellung anzuwenden ist, keine Ausnahmen vorsieht, ist ein durchschlagender Grund, die Rückwirkung generell zu verneinen bzw. zwischen Urteilsverfügungen und Beschlussverfügungen zu differenzieren, wenn sich der Antragsteller hierbei dritter Stellen (Gerichtsvollzieher, Behörden) bedienen muss, auch im Hinblick auf den Gesichtspunkt des Schuldnerschutzes nicht anzuerkennen.[838] In der Kommentar-Literatur[839] zur ZPO wird auch die Frist des § 929 Abs. 2 ZPO als Frist im Sinne von § 167 ZPO qualifiziert; ebenso von *Anders,*[840] der nicht zwischen Beschuss- und Urteilsverfügung differenziert.

317 Für die **Auslandszustellung** wurde nach früherem Recht (§ 207 Abs. 1, §§ 199, 200, 202 ZPO aF) ausdrücklich auf den Eingang des Zustellersuchens bei Gericht als fristwahrend abgestellt, wenn die Zustellung „demnächst" erfolgte.[841] Nach der Neuregelung des Zustellungsrechts durch das ZustellungsRG ist in den Fällen des § 183 Abs. 1 Nr. 2 und 3, § 167 ZPO weiterhin eine Rückwirkung auf diesen Zeitpunkt vorgesehen.[842] Vgl. auch die Neufassung des § 183 Abs. 3 ZPO durch das EG-Beweiaufnahmedurchführungsgesetz.[843] Im Anwendungsbereich der EuZustVO kann eine Parteizustellung nur unter den Voraussetzungen des Art. 15 EuZustVO erfolgen, ansonsten ist die Zustellung durch das Gericht vorzunehmen.[844]

318 **Zustellungsadressat** ist der

- Antragsgegner
- bzw. sein gesetzlicher (§§ 191, 170 ZPO)
- oder rechtsgeschäftlich bestellter (§§ 191, 171 ZPO) Vertreter;[845] ob hierzu auch der Anwalt gehört, ist streitig.[846]

---

a. M. NJW-RR 1995, 445; WRP 2000, 411; OLG Karlsruhe WRP 1997, 57 (59); OLG München NJWE-WettbR 1998, 282; *Berneke/Schüttpelz* Rn. 583; *Oetker* GRUR 2003, 119 (123).

833 BGH GRUR 1993, 415 (418) – Straßenverengung.

834 OLG Hamburg NJWE-WettbR 2000, 51; *Oetker* GRUR 2003, 119 (123); *Berneke/Schüttpelz* Rn. 583; vgl. aber auch OLG Celle OLG Report 1994, 43.

835 OLG Hamburg MD 2003, 352 (353).

836 OLG Celle OLG Report 1994, 226; OLG Schleswig OLG Report 1999, 73.

837 *Berneke/Schüttpelz* Rn. 576 unter Hinweis auf BGH NJW 1991, 496; MüKoUWG/*Schlingloff* § 12 Rn. 506.

838 MüKoUWG/*Schlingloff* § 12 Rn. 506; Ahrens/*Büttner* Kap. 57 Rn. 40 ff.

839 Zöller/*Greger* § 167 Rn. 3 iVm Zöller/*Vollkommer* § 929 Rn. 10 aE; MüKoZPO/*Wenzel* § 167 Rn. 2; *Hannich/Meyer-Seitz/Häublein* § 167 Rn. 5; aA *Schuschke*/Walker § 929 Rn. 31.

840 WRP 2003, 204 (206).

841 OLG Hamm GRUR 1991, 944; OLG Köln GRUR 1999, 66 (67); KG NJWE-WettbR 1999, 161; OLG Hamburg NJWE-WettbR 1997, 284; vgl. auch OLG Frankfurt a. M. NJW-RR 2000, 1236; Antrag auf Eintragung einer Sicherungshypothek: OLG Hamburg FGPrax 2001, 53 gegen OLG Düsseldorf Rpfleger 1993, 448; NJW-RR 1997, 78; LG Berlin MD 2002, 1325 (1326); *Ahrens* WRP 1999, 1 (6).

842 Zöller/*Greger* § 183 Rn. 38; Zöller/*Vollkommer* § 929 Rn. 10 aE; MüKoZPO/*Häublein* § 167 Rn. 2; vgl. zur Auslandszustellung: OLG Düsseldorf WRP 2019, 1487 Rn. 28 mwN; *Heß* NJW 2002, 2417 (2421 ff.); OLG Frankfurt a. M. 1.7.2014 – 6 U 104/14.

843 Vom 4.11.2003, BGBl. I S. 2166.

844 OLG Dresden NJW-RR 2019, 319; vgl. OLG Düsseldorf WRP 2020, 214: Verweigerung der Annahme einer nicht übersetzten Beschlussverfügung als rechtsmissbräuchlich.

845 Vgl. *Anders* WRP 2003, 204 (205); *Wunsch* JuS 2003, 276 (277); vgl. auch MüKoZPO/*Häublein* § 171 Rn. 2 mwN; MüKoUWG/*Schlingloff* § 12 Rn. 508.

846 Bejahend *Anders* WRP 2003, 204 (205); Ahrens/*Büttner* Kap. 57 Rn. 38; aA OLG Köln GRUR-RR 2005, 143 (144) für den Anwalt, der nur im Abmahnverfahren vertritt; ebenso *Teplitzky* WRP 2005, 654 (661); Köhler/Bornkamm/Feddersen/*Köhler* § 12 Rn. 2.63.

Hat der Antragsgegner für das Verfügungsverfahren einen **Prozessbevollmächtigten** bestellt, kann nach der überwiegend vertretenen Auffassung[847] fristwahrend nur an diesen zugestellt werden (§§ 191, 172 Abs. 1 ZPO); dies soll auch dann gelten, wenn an ihn als rechtsgeschäftlicher Vertreter nach § 171 ZPO zugestellt wird.[848] Ist im Rubrum der Antragsschrift ein Rechtsanwalt als Prozessbevollmächtigter bestellt, muss das Gericht gemäß § 172 Abs. 1 S. 1 ZPO an diesen zustellen. Zustellungen an die Partei sind unwirksam.[849] 319

Bestellt im Sinne von § 172 Abs. 1 ZPO ist der Prozessbevollmächtigte, wenn die vertretene Partei oder der Prozessbevollmächtigte dem Gericht oder dem Gegner, etwa durch eine entsprechend deutliche[850] Erklärung im vorprozessualen Schriftwechsel mitteilt, für ein Verfügungsverfahren (zustellungs-)bevollmächtigt zu sein. Erfolgt die Bestellung gegenüber dem Gericht (Einreichung einer **Schutzschrift**),[851] muss der Gegner jedoch von der Bestellung bis zu dem Zeitpunkt Kenntnis erlangt haben, zu dem er das Schriftstück zur Zustellung weggibt;[852] etwa dadurch, dass der Anwalt im Rubrum der Beschlussverfügung vom Gericht als Prozessbevollmächtigter aufgeführt wurde,[853] ihm die Schutzschrift zusammen mit der Beschlussverfügung zugestellt wurde oder bereits zuvor übermittelt worden war. Der Kenntnis wird die vorwerfbare Nichtkenntnis gleichgestellt;[854] eine Erkundigungspflicht besteht allerdings nicht.[855] Wird für den Antragsgegner ein Prozessbevollmächtigter in der Antragsschrift genannt, muss an diesen zugestellt werden; das Risiko des (Nicht-)Bestehens einer Prozessvollmächt trägt der der Antragsteller.[856] Bei verbleibenden **Zweifeln** wird sich eine **Zustellung sowohl an den Antragsgegner selbst als auch den (möglichen) Prozessbevollmächtigten** empfehlen. 320

Gemäß § 192 Abs. 1 ZPO obliegt die Zustellung dem **Gerichtsvollzieher.**[857] Er beglaubigt die zuzustellenden Abschriften (§ 192 Abs. 2 S. 2 Hs. 1 ZPO), wobei nach der Gesetzesbegründung die Beglaubigung auch weiterhin vom Anwalt vorgenommen werden kann.[858] Daneben kann auch das für den Sitz des Schuldners zuständige **Amtsgericht** um die Vermittlung der Zustellung durch den Gerichtsvollzieher ersucht werden (§ 192 Abs. 3 ZPO). 321

Die bis zur Neuregelung des Zustellrechts durch das Zustellungsreformgesetz von 2001 bereits mögliche **Zustellung von Anwalt zu Anwalt** (§ 198 ZPO aF) ist dahingehend ausgedehnt worden, dass auch eine Zustellung **per Telefax** an den Anwalt möglich ist (§ 195 Abs. 1 S. 5 iVm § 174 Abs. 2 S. 1 ZPO).[859] Gemäß § 195 Abs. 1 iVm § 174 Abs. 3 S. 1, 2 ZPO) besteht die Möglichkeit der Übermittlung als elektronisches Dokument.[860] Die in der Praxis vielfach gehandhabte Zustellung von Anwalt zu Anwalt ist durch die vom 322

---

[847] KG NJW-RR 1999, 71; OLG Celle GRUR 1989, 541; 1998, 77; OLG Düsseldorf GRUR-RR 2019, 404; OLG Hamburg WRP 1993, 822 (823 f.); MD 2000, 49; OLG Köln GRUR 2001, 456; einschränkend Kenntnis fordernd OLG Frankfurt a. M. NJW-RR 1986, 587; WRP 2000, 994; OLG Hamburg GRUR 1987, 66; NJW-RR 1995, 444 (445); WRP 1996, 441; OLG Stuttgart WRP 1996, 60; LG Hamburg MD 2012, 353; *Melullis* Rn. 227; Ahrens/*Büttner* Kap. 57 Rn. 38.

[848] So *Wunsch* JuS 2003, 276 (277).

[849] BGH 12.9.2019 – IX ZR 267/18, zur Klageschrift.

[850] KG NJW 1994, 3111; OLG Hamburg GRUR 1998, 175; MD 2007, 566 (568); 2006, 854 (Ls.); 2006, 734 (742); OLG Düsseldorf GRUR 2005, 102; GRUR-RR 2019, 404 Rn. 10: Mitteilung der Wahrnehmung der rechtlichen Interessen nicht ausreichend; OLG Köln GRUR 2001, 456.

[851] Nicht allein die Unterzeichnung einer Schutzschrift: OLG Düsseldorf GRUR 1984, 79; OLG Frankfurt a. M. WRP 1988, 273 Ls.

[852] BGH NJW 1981, 1673; NJW-RR 1986, 287; OLG Düsseldorf BeckRS 2019, 18221; *Berneke/Schüttpelz* Rn. 601.

[853] OLG Jena MD 2011, 753.

[854] BGH NJW 1981, 1673 (1674); OLG Hamburg WRP 1987, 121; OLG Köln GRUR 2001, 456.

[855] OLG Düsseldorf GRUR 1984, 79; OLG Frankfurt a. M. WRP 1988, 273 (Ls.).

[856] Vgl. BGH 6.4.2011 – VIII ZR 22/10, zur Klage.

[857] OLG Dresden Mitt. 2004, 460.

[858] BT-Drs. 14/4554, 25; *Anders* WRP 2003, 204.

[859] OLG Köln MD 2007, 306; OLG München AfP 2007, 53; krit. *Kamlah/Sedlmaier* WRP 2005, 818.

[860] *Anders* WRP 2003, 204.

BGH bestätigte Auffassung, dass § 59b Abs. 2 BRAO nur eine Regelungskompetenz begründe, berufsrechtliche Pflichten der Rechtsanwälte gegenüber Behörden und Gerichten bei Zustellungen zu erlassen, sodass aus § 14 BORA keine Verpflichtung hergeleitet werden kann, an Zustellungen von Anwalt zu Anwalt mitzuwirken,[861] war mit einem Riskiko behaftet. Nachdem durch eine Ergänzung des § 59b Abs. 2 Nr. 8 BRAO der Satzungsversammung der Bundesrechtsanwaltskammer die Kompetenz eingeräumt worden war, die Pflichten bei der Zustellung von Anwalt zu Anwalt näher zu regeln,[862] wurde mit Beschluss der Satzungsversammlung vom 19.5.2017 § 14 S. 1 BORA mit Wirkung zum 1.1.2018 neu gefasst.

323 Bis zur Gesetzesänderung zum 1.7.2014 aufgrund des Gesetzes zur Förderung des elektronischen Rechtsverkehrs mit den Gerichten vom 10.10.2013[863] wurde danach differenziert, ob **Gegenstand der Zustellung**[864] eine durch Beschluss oder durch Urteil erlassene einstweilige Verfügung war. Bei der **Beschlussverfügung** war dem Antragstellere eine Ausfertigung[865] der Verfügung oder eine beglaubigte Abschrift[866] einer Ausfertigung zuzustellen; eine Abschrift des Verhandlungsprotokolls reicht nicht.[867] Eine wirksame Zustellung erforderte, dass an der Authentizität und der Amtlichkeit des zuzustellenden Schriftstückes für den Empfänger keine Zweifel bestehen können. Die Ausfertigung musste einen ordnungsgemäßen **Ausfertigungsvermerk** (§ 317 Abs. 3 ZPO aF) tragen, dh es musste die Unterschrift des Urkundsbeamten[868] und das Gerichtssiegel vorhanden sein.[869] Eine unter Verstoß gegen § 317 Abs. 2 S. 1 ZPO erteilte Ausfertigung ist unwirksam.[870] Bei einer beglaubigten Abschrift muss sich der **Beglaubigungsvermerk** auf das gesamte Schriftstück beziehen, wozu bei mehreren Blättern eine dauerhafte körperliche Verbindung, etwa durch Heftklammern, ausreicht.[871]

324 Nach der geänderten Gesetzeslage[872] werden **Urteile** gemäß § 317 Abs. 1 S. 1 ZPO (nur noch) in Abschrift an die Parteien zugestellt.[873] Ausfertigungen (§ 317 Abs. 4 Alt. 1 ZPO) werden nur noch auf Antrag und nur in Papierform erteilt (§ 317 Abs. 2 ZPO). Gemäß § 169 Abs. 3 S. 1 ZPO kann eine in Papierform zuzustellende Abschrift auch durch maschinelle Bearbeitung beglaubigt werden. Die Abschrift ist mit dem Gerichtssiegel zu versehen. Einer handschriftlichen Unterzeichnung bedarf es nicht mehr (§ 169 Abs. 3 S. 2 ZPO). Auch bei Beschlüssen[874] ist nunmehr nur noch eine Zustellung in Abschrift bzw. auf Antrag der Partei in Ausfertigung vorgesehen.[875] Dies bedeutet, dass ebenso wie die

---

861 BGH NJW 2015, 3672 mAnm *Möller* NJW 2015, 3673 f. = WRP 2016, 196 mAnm *Kolb* WRP 2016, 198; Vorinstanzen: AnwG Düsseldorf BeckRS 2014, 09899, dazu Mennebröcker NJW-aktuell 2014, Heft 25; AGH Nordrhein-Westfalen NJW 2015, 890.

862 Vgl. *Deckenbrock* NJW 2017, 1427.

863 BGBl. I S. 3786.

864 Zum Begriff der Zustellung *Berneke,* 2. Aufl., Rn. 319: Übergabe des Schriftstückes zum Verbleib; *Heß* NJW 2002, 2417 (2418).

865 Vgl. zu den Anforderungen BGH NJW 2010, 2519; 15.2.2018 – V ZR 76/17 Rn. 4 ff.; OLG Brandenburg Mitt. 2004, 137 (Ls.); Zöller/*Vollkommer* § 166 Rn. 5, § 169 Rn. 13.

866 BGH GRUR 2004, 264 (265) – Euro-Einführungsrabatt; OLG Celle WRP 2016, 280 Rn. 11 mwN; *Berneke/Schüttpelz* Rn. 589; Zöller/*Vollkommer* § 169 Rn. 8; vgl. auch OLG Hamm MD 2003, 892 (895 f.), das die Zustellung einer unbeglaubigten Abschrift ausreichen lässt bzw. eine Heilung annimmt.

867 *Berneke/Schüttpelz* Rn. 593 mwN; vgl. auch OLG München GRUR 1994, 83; anders OLG München AfP 2007, 53: Telefax-Zustellung der Ausfertigung der Sitzungsniederschrift genügt, wenn diese eine Kurzausfertigung des Urteils enthält.

868 Vgl. BGH GRUR 1987, 745 – Frischemärkte; 9.6.2010 – XII ZB 132/09; OLG Hamm WRP 2001, 299; *Berneke* Rn. 90 mwN in Fn. 90.

869 Vgl. BGH NJW 2017, 1951 Rn. 22, 24, zu den Anforderungen an das Gerichtssiegel; OLG Hamburg MD 2003, 645 f. lässt für einen Ausfertigungsvermerk „gez. Unterschrift" und „L. S." ausreichen.

870 *Berneke/Schüttpelz* Rn. 594 mwN.

871 BGH GRUR 2004, 264 (265) – Euro-Einführungsrabatt.

872 Vgl. Zöller/*Vollkommer* § 317 Rn. 2, 4; *Berneke/Schüttpelz* Rn. 591.

873 Vgl. BGH NJW 2016, 1180 Rn. 16 f.; 2019, 1374 Rn. 10.

874 Bei Beschlüssen aufgrung mündlicher Verhandlung ergibt sich dies aus der Verweisung in § 329 Abs. 1 S. 2 ZPO.

875 Vgl. BR-Drs. 818/12, 42; Zöller/*Vollkommer* § 329 Rn. 12; *Berneke/Schüttpelz* Rn. 591.

Zustellung einer beglaubigten Abschrift an den Antragsteller[876] (§§ 936, 929 Abs. 2, 329 Abs. 2 S. 2 ZPO) für den Fristbeginn ausreichenden ist, auch durch die Zustellung einer beglaubigten Abschricht an den Antragsgegner die Vollzieheugsfrist gewahrt wird.[877] Eine Zustellung einer beglaubigten Abschrift ist stets dann ausreichend, wenn das Gesetzt keine andere Regelung enthält.[878] Die Zustellung einer unbeglaubigten Abschrift reicht zur Vollziehung dagegen nicht aus.[879]

Um dem Erfordernis der Authentizität zu genügen, muss das zuzustellende Schriftstück **vollständig**[880] sein, die **Unterschrift der Richter** wiedergeben[881] und **inhaltlich** dem Original entsprechen. Besonderes Augenmerk ist daher darauf zu legen, dass im Urteil enthaltene **Fotos oder Fotokopien** auch in den Ausfertigungen bzw. beglaubigten Abschriften, die meist durch Fotokopieren hergestellt werden, **deutlich erkennbar** sind.[882] Wird auf **Anlagen,** etwa zur Beschreibung der angegriffenen Verhaltensweise Bezug genommen, müssen auch die Anlagen zugestellt werden, wobei deren Fehlen der Wirksamkeit der Zustellung dann nicht entgegenstehen soll, wenn sich die Reichweite des Verbots aus der einstweiligen Verfügung entnehmen lässt.[883] 325

Ob es der **Zustellung** der **Antragsschrift** bzw. der **Anlagen** bedarf, wenn auf diese Bezug genommen und wenn deren Zustellung vom Gericht angeordnet wurde, wird unterscheidlich beurteil. Zum Teil wird die Auffassung vertreten, dass die Wirksamkeit der Vollziehung nicht an der unterlassenen Zustellung der Antragsschrift und Anlagen scheitert,[884] da der Antragsteller dennoch zu erkennen gebe, dass er die einstweilige Verfügung durchsetzen wolle. 326

Bei der **Urteilsverfügung** genügt anstelle einer vollständigen Ausfertigung (§ 317 Abs. 2 S. 1, Abs. 3 ZPO) auch eine abgekürzte Ausfertigung (§ 750 Abs. 1 S. 2 ZPO)[885], die keinen Tatbestand und keine Entscheidungsgründe enthält (§ 317 Abs. 2 S. 2, Abs. 3 ZPO). 327

Nach der bis zur Neuregelung des Zustellungsrecht durch das Zustellreformgesetz 2001 überwiegend vertretenen Auffassung[886] wurde eine **Heilung** gemäß § 187 S. 1 ZPO aF bei 328

[876] Zöller/*Vollkommer* § 922 Rn. 11.

[877] BGH NJW 2019, 1374 Rn. 11 mwN; OLG Hamburg GRUR-RR 2018, 183; OLG München GRUR 2018, 444 Rn. 39.

[878] BGH NJW 2019, 1374 Rn. 11 mwN.

[879] OLG Düsseldorf GRUR-RR 2019, 240.

[880] BGH GRUR 1998, 746 – Unzulängliche Zustellung.

[881] OLG Hamm WRP 1989, 262.

[882] Vgl. OLG Düsseldorf OLG Report 1995, 75 Ls.: undeutliche Fotokopien statt Fotografien; OLG München 20.5.1999 – 29 U 2988/99: zur Frage der Unwirksamkeit der Zustellung wegen undeutlicher Fotokopien; LG München I 20.3.2003 – 7 O 21878/03: wirksame Zustellung verneint, da die Datenträger, auf die in der Urteilsformel verwiesen wurde, bei der zugestellten Ausfertigung einen Defekt aufwiesen; ohne Kenntnis des Inhalts der Datenträger konnte die Reichweite des Verbots nicht bestimmt werden; AfP 2015, 65: Anlagen, auf die ausdrücklich im Tenor oder in den Gründen Bezug genommen wird, müssen mitzugestellt werden.

[883] OLG Frankfurt a. M. WRP 2019, 1041: Zustellung unleserlicher Anlagen unschädlich, wenn Schuldner ohne zumutbaren Aufwand erkennen kann, wie der nicht lesbare Text lautet; siehe auch die weiteren Nachweise bei *Berneke/Schüttpelz* Rn. 592.

[884] OLG Celle WRP 1984, 149 (150); OLG Düsseldorf GRUR 1984, 78 (79); MD 2007, 529; OLG Koblenz GRUR 1982, 571 (572); OLG Köln WRP 2004, 914; GRUR-RR 2010, 175; OLG Stuttgart WRP 1981, 569; differenzierend OLG Frankfurt a. M. ZIP 1981, 324; GRUR-RR 2010, 340 unter Aufgabe von GRUR 1992, 889 (Ls.); LG Hamburg 24.9.2009 – 315 O 292/09; aA OLG Nürnberg GRUR 1992, 564 f.; OLG Düsseldorf WRP 2007, 559; MDR 2011, 652; OLG München NJW-RR 2003, 1722; OLG Frankfurt a. M. GRUR 2009, 995, bei Bezugnahme auf farbige Anlage; WRP 2015, 761: Zustellung einer Schwarz-Weiß-Kopie bei farbiger Urschrift ausreichend; anders WRP 2014, 726, wenn nur bei Kenntnis der Farbigkeit der konkrete Umfang der geschuldeten Verpflichtung ersichtlich ist; OLG Hamburg GRUR-RR 2007, 406 – farbige Verbindungsanlage; LG Düsseldorf InstGE 11, 97; LG Köln 9.6.2011 – 31 O 133/11, zum Erfordernis der Beglaubigung von Abschriften; vgl. weiter die Nachweise bei *Berneke/Schüttpelz* Rn. 592 und *Oetker* GRUR 2003, 119 (122) Fn. 35; GroßKommUWG/*Schwippert* § 12 C Rn. 321 f.

[885] OLG Köln GRUR-RR 2018, 268 Rn. 21.

[886] OLG Celle GRUR 1989, 541; BauR 2000, 1901 (1902 f.); OLG Düsseldorf WRP 1998, 1093 (1094); NJW-RR 1999, 71; OLG Hamm WRP 2001, 299; OLG Hamburg WRP 1993, 822 (824 f.); 1997, 53 (54);

Beschlussverfügungen verneint, da mit der Zustellung die Verfügung gegenüber dem Schuldner überhaupt erst wirksam wird (§ 936, § 922 Abs. 2 ZPO), während bei Urteilsverfügungen im Hinblick auf deren Wirksamwerden mit Verkündung eine Heilung überwiegend bejaht wurde,[887] wobei jedoch eine Zustellung von Amts wegen keine Heilung einer unterbliebenen Parteizustellung bewirkt. Hieran ist auch nach neuem Recht festzuhalten,[888] da es bei einer bloßen Zustellung von Amts wegen an einer formunwirksamen Parteizustellung fehlt, die durch den tatsächlichen Zugang des Schriftstückes geheilt werden könnte.

329 Nach **§ 189 ZPO** sind Mängel der Zustellung **mit dem tatsächlichen Zugang**[889] des zuzustellenden Schriftstückes beim Empfänger **geheilt.** Dass von dem Inhalt des Schriftstücks anderweitig Kenntnis erlangt wurde, reicht nicht aus.[890] Dieser Zugang muss feststehen[891] bzw. bei Streit im Rahmen eines auf die Fristversäumung gestützten Widerspruchs- oder Aufhebungsverfahrens glaubhaft gemacht werden.[892] Für eine richterliche Ermessensausübung bleibt kein Raum. Die Neuregelung in § 189 ZPO wird in der Literatur[893] daher überwiegend dahingehend verstanden, dass die Heilung auch in Bezug auf die **Wirksamkeitszustellung** bei **Beschlussverfügungen** nach § 936, § 922 Abs. 2 ZPO Platz greife. Eine dem entgegen stehende Unsicherheit wird nach neuem Recht verneint,[894] da die Feststellung des Vorliegens der Voraussetzungen der gesetzlich normierten Zustellungswirkung – tatsächlicher Zugang des Schriftstücks beim Adressaten – sich entscheidend von der Ausübung richterlichen Ermessens nach früherem Rechtszustand unterscheide, sodass entsprechend der Intention des Gesetzgebers auch eine Heilung bei der Zustellung von Beschlussverfügungen zu bejahen sei.[895]

330 Auch nach § 189 ZPO kann eine unwirksame Zustellung jedoch nur dann als geheilt angesehen werden, wenn das Gericht bzw. der Antragsteller **mit Zustellungswillen gehandelt** hat.[896] Nach § 189 ZPO muss das zuzustellende[897] Schriftstück der Person zugehen, der zuzustellen ist, dh dem Anwalt im Falle des § 172 ZPO, bzw. dem gesetzlichen Vertreter im Fall des § 170 ZPO. Wird die einstweilige Verfügung an den Antragsgegner persönlich zugestellt und geht sie dessen Prozessbevollmächtigten/gesetzlichen Vertreter innerhalb der Frist des § 929 Abs. 2 ZPO zu, tritt Heilung ein,[898] wovon aber zum

---

MD 2002, 965; OLG Frankfurt a. M. NJW-RR 1998, 1648; OLG Karlsruhe WRP 1992, 339 (341); OLG Koblenz WRP 1991, 671; 1998, 227; OLG Köln GRUR 2001, 456; MD 1998, 207 (209 f.); iE auch OLG München 21.7.1988 – 29 U 3252/88; OLG Zweibrücken WRP 2001, 434; aA OLG Brandenburg NJW-RR 2000, 325 (326); OLG Braunschweig WRP 1995, 952 (954); OLG München (6. ZS) NJW-RR 1986, 1383; WRP 1983, 46 (14. ZS) mablAnm *Müller* WRP 1983, 48; vgl. aber OLG München (6. ZS) NJWE-WettbR 1998, 282 (283), wonach sowohl bei der Urteils- als auch der Beschlussverfügung eine Heilung ausscheidet; vgl. auch die eingehenden Lit.-Nachw. bei *Klute* GRUR 2005, 924 (925).

[887] OLG Frankfurt a. M. WRP 2000, 411; OLG Hamburg NJWE-WettbR 1997, 92; WRP 1994, 408; OLG Hamm NJW-RR 1988, 467; OLG Koblenz WRP 1991, 671; OLG München (14. ZS) WRP 1983, 46; vgl. aber OLG (6. ZS) NJWE-WettbR 1998, 282 (283).

[888] OLG Düsseldorf MDR 2011, 652; OLG Hamburg MD 2007, 370 (374 f.); 2006, 1024 Ls. 3; KG WRP 2007, 810 und Mitt. 2004, 234; OLG Jena MD 2011, 755; Teplitzky/*Feddersen* Kap. 55 Rn. 44 aE; aA OLG München (32. ZS) OLGR 2005, 675; OLG Schleswig WRP 2020, 369 Rn. 32; Zöller/*Vollkommer* § 929 Rn. 14.

[889] Vgl. hierzu BGH NJW 2001, 1946 (1947).

[890] OLG Jena MD 2011, 75; Zöller/*Stöber* § 189 Rn. 3 mwN.

[891] BGH 12.9.2019 – IX ZR 262/18 Rn. 31 mwN.

[892] *Anders* WRP 2003, 204 (206); *Heß* NJW 2002, 2417 (2421).

[893] Zöller/*Vollkommer* § 929 Rn. 14; MüKoZPO/*Häublein* § 189 Rn. 2 m. Fn. 10; *BLAH* § 189 Rn. 3; Musielak-*Huber* § 929 Rn. 9 aE; *Anders* WRP 2003, 204 (206); vgl. auch *Heß* NJW 2002, 2417 (2421).

[894] KG MD 2005, 278 (279); OLG Hamm MD 2003, 892 (895); OLG Dresden NJW-RR 2003, 1721; OLG Frankfurt a. M. Mitt. 2005, 205 betr. Urteilsverfügung.

[895] MüKoUWG/*Schlingloff* § 12 Rn. 514; Fezer/*Büscher* § 12 Rn. 132, jeweils mwN; ebenso OLG Hamm 23.11.2010 – 4 U 156/10 Rn. 34; OLG Hamburg GRUR-RR 2018, 173 Rn. 48; OLG München GRUR 2018, 444 Rn. 42; befürwortend aber letztlich offen gelassen von BGH NJW 2019, 1374 Rn. 13.

[896] BGH NJW 2003, 1192; 19.5.2010 – IV ZR 14/08 Rn. 17; MüKoZPO/*Häublein* § 189 Rn. 3; *Wunsch* JuS 2003, 276 (280) Fn. 47 mwN.

[897] Vgl. OLG Hamburg MD 2006, 1024 Ls. 3.

[898] KG MD 2005, 278 (279); WRP 2011, 612; MüKoZPO/*Häublein* § 189 Rn. 8 mwN.

Teil zu weitgehend ausgegangen wird, etwa indem Mängel unter dem Gesichtspunkt des Rechtsmissbrauchs[899] als unbeachtlich angesehen werden.[900]

Da nunmehr eine Ermessensausübung von Seiten des Gerichts, ob hinsichtlich Art und Schwere ein Zustellungsmangel eine Heilung ausscheidet, nicht mehr stattfindet, muss sich die Heilung nach § 189 ZPO **auf Mängel** des **Zustellvorgangs**[901] **beschränken,**[902] die aufgrund des tatsächlichen fristgerechten Zugangs des Schriftstückes beim Empfänger der Annahme einer wirksamen Zustellung nicht entgegenstehen. Eine Heilung bei **Mängeln des zuzustellenden Schriftstückes** selbst wird zu Recht nicht für möglich gehalten.[903] Maßgeblich für die Annahme derartiger Mängel ist, ob sie so gravierend sind, dass sie die Authentizität oder die Amtlichkeit des zuzustellenden Schriftstückes fraglich erscheinen lassen. Für die Zustellung der Klageschrift hat der BGH jedoch eine Heilung im Fall der Zustellung einer einfachen statt einer beglaubigten Abschrift der Klageschrift gemäß § 189 ZPO bejaht[904] Da dem Beklagten die Möglichkeit verschafft wurde, von dem Schriftstück Kenntnis zu nehmen und der Zeitpunkt der Bekanntgabe dokumentiert wurde, bedürfe es besonderer Gründe, die Zustellwirkung entgegen der Regelung in § 189 ZPO nicht eintreten zu lassen. Das Vorliegen solcher Gründe wurde vom BGH verneint.[905] Solche besonderen Gründe können etwa dann gegeben sein, wenn das Gesetz die Zustellung einer Ausfertigung vorsieht, um von vornherein jegliche Zweifel an der Authentizität und Amtlichkeit des zuzustellenden Schriftstücks auszuschließen.[906] In der Rechtsprechung der Oberlandesgerichte wurde in jüngster Zeit zu Recht darauf abgestellt, dass eine Heilung gemäß § 189 ZPO bei Mängeln des Schriftstückes nur dann in Betracht kommt, wenn von voneherein jegliche Zweifel an der Authentizität und Amtlichkeit des zugestellten Schriftstückes (in seiner Gesamtheit) ausgeschlossen sind,[907] was bei einer bloßen Weiterleitung per Telefax oder per E-Mail an den Rechtsanwalt nicht der Fall ist.[908] Demgegenüber bejaht das OLG Köln[909] die Heilung einer – unterstellt – unwirksamen Zustellung einer Ausfertigung einer Beschlussverfügung per Telefax aufgrund des Zugangs dieses Telefaxes beim Prozessbevollmächtigten des Antragsgegners. Die erforderliche Authentizität sei bei einer Versendung durch einen Rechtsanwalt gewahrt. Das OLG Schleswig[910] sieht eine unwirksame Parteizustellung – Zustellung einer vom Anwalt beglaubigten einfachen Abschrift – durch die Zustellung einer beglaubigten Abschrift durch das Gericht als geheilt an. 331

[899] Vgl. BGH 14.5.2019 – X ZR 94/18, zur Frage der unzulässigen Rechtsausübung; OLG Frankfurt a. M. WRP 2016, 637 mit Anm Ruhl WRP 2016, 638; zur Vereitelung der Zustellung.

[900] Vgl. LG Dortmund WRP 2003, 1368 (Ls.), das die Einlegung des Widerspruchs durch den Anwalt als Beleg dafür heranzieht, dass ihm die einstweilige Verfügung zugegangen ist; zu Recht kritisch *Klute* GRUR 2005, 924 (926 f.), da eine bloße Kenntniserlangung nicht ausreichend ist; GK/Schwippert § 12 C Rn. 308 aE, 309; MüKoUWG/*Schlingloff* § 12 Rn. 514; Ahrens/*Büttner* Kap. 55 Rn. 47; zur Frage des Rechtsmissbrauchs: KG MD 2005, 278 (279); LG Wuppertal MD 2007, 321 (322 f.).

[901] Vgl. die Nachweise bei MüKoZPO/*Häublein* § 189 Rn. 8.

[902] So MüKoZPO/*Häublein* § 189 Rn. 7; *Berneke/Schüttpelz* Rn. 586.

[903] BGHZ 100, 234 (241) betreffend eine Untersagungsverfügung des Bundeskartellamts; BGHZ 186, 22 Rn. 7 ff.; OLG Zweibrücken WRP 2016, 280 Rn. 14 mwN; *Oetker* GRUR 2003, 119 (125 f.); Teplitzky/*Feddersen* Kap. 55 Rn. 44; Berneke/*Schüttpelz* Rn. 586.

[904] BGHZ 208, 255; NJW 2017, 3721 zu § 750 Abs. 2 ZPO; NJW-RR 2018, 970 Rn. 21 ff. für Klagen nach dem WEG; NJW 2019, 1374 Rn. 13.

[905] BGHZ 208, 255 Rn. 23 f.

[906] BGH NJW 2019, 1374 Rn. 13.

[907] OLG München GRUR 2018, 444 Rn. 42; OLG Hamburg GRUR-RR 2018, 173 Rn. 48: Weiterleitung des an die Partei selbst zugesellten Schriftstückes an den Rechtsanwalt nur dann ausreichend, wenn diesem das nämliche Schriftstück zugeht; OLG Düsseldorf GRUR-RR 2019, 240: Zustellung einer unbeglaubigten Abschrift; vgl. auch BGH NJW 2019, 1374 Rn. 13 für den Fall der Beglaubigung einer einfachen Abschrift der Beschlussverfügung durch den Gerichtsvollzieher.

[908] So aber KG WRP 2011, 612 (613); Cepl/Voß/*Matthes* § 189 Rn. 2; Ahrens/*Büttner* Kap. 57 Rn. 47.

[909] WRP 2020, 238.

[910] WRP 2020, 369 Rn. 31 f.

332 **b) Duldungsverfügung.** Eine einstweilige Verfügung, die eine **Duldung** anordnet, wird ebenso wird eine Unterlassungsverfügung vollstreckt, da auch hier nur bei Zuwiderhandlungen eine Vollstreckung möglich ist.

333 **c) Beseitigungsverfügung.** Werden Beseitigungsansprüche selbständig[911] geltend gemacht, so kann die einstweilige Verfügung im Wege der Zwangsvollstreckung gemäß § 887 ZPO oder nach § 888 zu vollziehen sein. Fristwahrend ist der entsprechende **Vollstreckungsantrag** gegenüber dem zuständigen Vollstreckungsorgan, da der Gläubiger bereits hierdurch von der einstweiligen Verfügung Gebrauch macht.[912] Ob daneben auch die bloße Parteizustellung ausreichen kann[913] oder ob sie sogar erforderlich ist, wird unterschiedlich beurteilt.[914]

334 **d) Auskunft.** Auch bei einer Verurteilung zur Auskunftserteilung ist streitig, ob die Parteizustellung allein als Vollziehungsmaßnahme ausreicht[915] oder ob ein **Antrag nach § 888 ZPO** erforderlich ist.[916] Die bloße Androhung eines Zwangsmittelantrags reicht jedenfalls nicht.[917]

335 **e) Herausgabe, Sequestration.** Ein Anspruch auf Sicherstellung oder Sequestration kann nur im Wege der Zwangsvollstreckung **durch Beauftragung des Gerichtsvollziehers vollstreckt** werden (§§ 887, 892 ZPO).[918] Der entsprechende Vollstreckungsauftrag an den Gerichtsvollzieher ist fristwahrend;[919] die Frist des § 929 Abs. 3 ZPO ist zu beachten. Die bloße Parteizustellung genügt nicht.

336 **f) Abgabe einer Willenserklärung.** Eine einstweilige Verfügung auf **Abgabe einer Willenserklärung,** soweit eine solche überhaupt ausnahmsweise in Betracht kommen sollte, kann nur im Wege der Parteizustellung vollzogen werden.[920]

XX. Anordnung der Klageerhebung

337 **1. Allgemeines. § 926 ZPO** eröffnet dem Antragsgegner die Möglichkeit, den **Fortbestand** der durch Beschluss oder mit Urteil erlassenen einstweiligen Verfügung **von der Durchführung des Hauptsacheverfahrens,** soweit ein solches eröffnet ist,[921] **abhängig zu machen.** Der Gläubiger wird gezwungen, die Berechtigung des geltend gemachten Verfügungsanspruchs einer Prüfung in einem Hauptsacheverfahren zu unterziehen, wenn er den Bestand der einstweiligen Verfügung nicht allein schon deshalb gefährden will. Eine Fristsetzung nach § 926 Abs. 1 ZPO wird der Antragsgegner in der Regel dann in Erwägung ziehen, wenn er seine Erfolgsaussichten im Klageverfahren im Hinblick auf die weitergehenden Erkenntnismöglichkeiten günstiger als im summarischen Verfügungsverfahren einschätzt.

338 **2. Verhältnis zu anderen Rechtsbehelfen.** Das Antragsrecht nach § 926 Abs. 1 ZPO besteht **unabhängig** von einem Vorgehen gegen die einstweilige Verfügung im Wege des

[911] Zur Abgrenzung zur Unterlassungsvollstreckung vgl. zB Ahrens/*Spätgens* Rn. 128.
[912] OLG Frankfurt a. M. NJW-RR 1999, 1447; OLG Hamm GRUR 1992, 888.
[913] Bejahend Ahrens/*Spätgens* Rn. 129 mwN bei bestehender Leistungsbereitschaft oder bereits eingeleiteter Leistung.
[914] Parteizustellung ausreichend: OLG München NJW-RR 1989, 180; OLG Report 2002, 390; jeweils zur Gegendarstellung; Zöller/*Vollkommer* § 929 Rn. 18; OLG Köln MDR 2016, 1229 f. betreffend die Erfüllung einer Dauerverpflichtung.
[915] So OLG Frankfurt a. M. WRP 1998, 223 (224) unter Hinweis auf das Kostenrisiko bei verfrühtem Zwangsmittelantrag; OLG München AfP 2002, 529; LG Koblenz WRP 1997, 986.
[916] So OLG Hamburg GRUR 1997, 17; ebenso *Teplitzky* WRP 2005, 654 (661 f.) und FS Kreft, 2004, 163 ff.; jeweils mwN.
[917] OLG Hamm NJW-RR 1987, 765.
[918] OLG Hamm GRUR 1992, 888; *Ulrich* WRP 1991, 361 (362).
[919] OLG Hamm NW-RR 1990, 1536; GRUR 1992, 888; OLG Frankfurt a. M. NJW-RR 1999, 1447.
[920] *Ahrens* WRP 1999, 1 (7); Ahrens/*Spätgens* Rn. 133.
[921] Zöller/*Vollkommer* § 926 Rn. 2 mwN.

Widerspruchs (§ 924 ZPO) oder der Berufung. Auch die Erhebung einer negativen Feststellungsklage neben einem Antrag gemäß § 926 ZPO wird zugelassen.[922] Die unterlassene Klageerhebung kann auch als Aufhebungsgrund im Verfahren nach § 927 ZPO geltend gemacht werden.[923]

3. Fristsetzung zur Erhebung der Hauptsacheklage. a) Antrag. Das Verfahren nach § 926 Abs. 1 ZPO setzt – anders als Art. 50 Abs. 6 TRIPS – einen Antrag des Antragsgegners voraus. Der Antragsteller ist nicht von sich aus gehalten, innerhalb der Frist von 20 Arbeitstagen/31 Kalendertagen Hauptsacheklage zu erheben. Die Regelung des § 926 ZPO wird durch Art. 50 Abs. 6 TRIPS mangels unmittelbarer Anwendbarkeit[924] weder verdrängt noch modifiziert[925] (→ Rn. 15). 339

Der von Seiten des Antragsgegners zu stellende Antrag unterliegt auch gegenüber dem Landgericht nicht dem Anwaltszwang (§ 78 Abs. 3 ZPO, § 13 RPflG). Zuständig ist das Gericht, gemäß § 20 Nr. 14 RPflG der Rechtspfleger erster Instanz.[926] Die Bestimmungen der § 942 Abs. 2,[927] § 944 ZPO sind nicht anwendbar. Bei der Zuständigkeit des Gerichts erster Instanz verbleibt es auch für den Fall, dass die einstweilige Verfügung vom Berufungsgericht erlassen wurde.[928] 340

Soweit die Auffassung vertreten wird, dass die **Entscheidung ohne vorherige Anhörung** des Antragstellers erfolgen könne,[929] erscheint dies bedenklich, da die Fristsetzung bereits unzulässig sein kann – siehe hierzu sogleich – und dem Rechtspfleger die hierfür maßgeblichen Umstände aus den Akten in der Regel nicht bekannt sein werden.[930] 341

Der Antrag kann **frühestens ab Einreichung des Verfügungsantrags** gestellt werden und erlangt sodann mit Erlass der einstweiligen Verfügung Wirkung.[931] Die Zustellung der einstweiligen Verfügung an den Antragsgegner ist nicht Voraussetzung. 342

Der Antrag ist jedoch **unzulässig,** wenn 343

– die einstweilige Verfügung nicht mehr besteht,[932] etwa weil sie auf Widerspruch oder auf Berufung hin bereits rechtskräftig aufgehoben oder für erledigt erklärt wurde,
– die Hauptsache bereits anhängig[933] oder bereits rechtskräftig abgeschlossen ist,[934]
– bei einem Verzicht (etwa in einer Abschlusserklärung oder in einem Vergleich) oder
– wenn der Antragsgegner aus sonstigen Gründen kein berechtigtes Interesse an der Durchführung eines Hauptsacheverfahrens mehr haben kann.[935] Die gilt auch dann, wenn der Antragsteller auf die Vollstreckung aus der einstweiligen Verfügung, auf den materiellrechtlichen Anspruch einschließlich der Rechte aus der Kostenentscheidung verzichtet hat.[936]

---

[922] OLG Hamburg MD 2002, 965; zur negativen Feststellungsklage allgemein → Vor § 12 Rn. 122 ff.; Ahrens/*Spätgens* Rn. 342 mwN.

[923] Zöller/*Vollkommer* § 927 Rn. 2; *Teplitzky* Kap. 56 Rn. 24.

[924] EuGH GRUR-Int 2002, 41 (44) – Route 66.

[925] Vgl. OLG Hamburg GRUR 2003, 873 (874 f.); OLG Frankfurt a. M. 12.8.2003 – 11 U 15/03, S. 3 f.; vgl. auch *Groh/Wündisch* GRUR-Int 2001, 497 (505 f.); *v. Falck* Mitt. 2002, 429 (437); MüKoUWG/*Schlingloff* § 12 Rn. 518.

[926] OLG Köln GRUR-RR 2005, 101.

[927] OLG Schleswig MDR 1997, 391 (392): Zuständigkeit des Gerichts der Hauptsache.

[928] HM; OLG Köln ZIP 1994, 81; vgl. die Nachw. bei Zöller/*Vollkommer* § 926 Rn. 6; OLG Karlsruhe NJW 1973, 1509 lässt die Zuständigkeit des Rechtspflegers der 2. Instanz dahingestellt; OLG Koblenz WRP 1995, 416 betrifft einen Aufhebungsantrag nach Abs. 2 und bejaht die Zuständigkeit, wenn das Verfügungsverfahren dort anhängig ist; Fristsetzung war vom Landgericht erfolgt.

[929] Vgl. zB Zöller/*Vollkommer* § 926 Rn. 5, 15.

[930] Vgl. Fezer/*Büscher* § 12 Rn. 115.

[931] Zum unstatthaften Antrag in einer Schutzschrift vgl. *Teplitzky/Feddersen* Kap. 56 Rn. 4 m. Fn. 5; Zöller/*Vollkommer* § 926 Rn. 9; *Berneke/Schüttpelz* Rn. 501 mwN.

[932] BGH NJW 1973, 1329; OLG Hamm MDR 1986, 418.

[933] *Berneke/Schüttpelz* Rn. 503; zur Anhängigkeit bei ausländischem Gericht OLG Frankfurt a. M. MDR 1981, 237.

[934] *Berneke/Schüttpelz* Rn. 502 mwN.

[935] Vgl. BGH NJW 1974, 503; OLG Düsseldorf NJW-RR 1988, 696; Zöller/*Vollkommer* § 926 Rn. 12.

[936] Vgl. BGH GRUR 1993, 998 – Verfügungskosten; OLG Düsseldorf GRUR-RR 2005, 101; anders bei fortbestehendem Kosteninteresse OLG Nürnberg 25.4.2005 – 3 W 482/05.

Gleiches gilt bei einstweiligen Verfügungen, deren (meist zeitliche) Wirkung nach dem Inhalt des Verbots in der Weise beschränkt war, dass ein Gebrauchmachen von der einstweiligen Verfügung nicht mehr in Betracht kommt.[937]

344 Ein **Rechtsschutzbedürfnis** für den Antrag kann auch fehlen, wenn der materiellrechtliche Anspruch weggefallen[938] – Hauptanwendungsfall: Wegfall der Wiederholungsgefahr aufgrund einer strafbewehrten Unterlassungserklärung – oder nicht mehr durchsetzbar ist, etwa aufgrund einer (bereits erhobenen oder zu erwartenden) Verjährungseinrede. Der Antragsteller kann auch nicht darauf verwiesen werden, eine Feststellungsklage des Inhalts zu erheben, dass der mit der einstweiligen Verfügung geltend gemachte Anspruch bestanden habe, denn für eine dahingehende Klage fehlt das erforderliche Feststellungsinteresse (§ 256 Abs. 1 ZPO).[939] Allein das Interesse des Schuldners an einer vom Anordnungsverfahren abweichenden Kostenentscheidung rechtfertigt die Durchführung eines Hauptsacheverfahrens in Gestalt einer Feststellungsklage nicht.[940]

345 Derartige, **einer Hauptsacheklage entgegenstehende Umstände** können im Anordnungsverfahren (§ 926 Abs. 1 ZPO) jedoch nur dann Berücksichtigung finden, wenn hierüber aus Sicht des Rechtspflegers kein vernünftiger Zweifel bestehen kann;[941] ansonsten ist dies im Verfahren nach Abs. 2 zu klären.

346 **b) Entscheidung.** Die Anordnung der Klageerhebung nach Gewährung rechtlichen Gehörs[942] erfolgt ohne mündliche Verhandlung durch **Beschluss,**[943] der dem Gläubiger zuzustellen ist (§ 329 Abs. 2 S. 2 ZPO).

347 Die **Länge der Frist** ist danach zu bestimmen, welche Vorbereitungen für die Klageerhebung erforderlich sein werden, wobei eine Frist von zwei Wochen als Mindestfrist[944] angesehen wird. Eine längere Frist als ein Monat wird nur in besonders gelagerten Fällen angezeigt sein,[945] wobei im Anwendungsbereich von TRIPS im Hinblick auf die in Art. 50 Abs. 6 vorgesehene Frist eine längere Frist nicht für möglich erachtet wird.[946]

Die gesetzte Frist kann auf Antrag **verlängert** werden,[947] wenn erhebliche Gründe vorgebracht werden.

348 **c) Rechtsbehelfe.** Der Beschluss kann vom **Antragsteller** mit der befristeten Erinnerung (§ 11 Abs. 2 Nr. 1 RPflG) angefochten werden.[948] Im Falle der Ablehnung des Antrags steht dem **Antragsgegner** die sofortige Beschwerde (§ 11 Abs. 2 RPflG bzw. § 567 Abs. 1 Nr. 2 ZPO) offen;[949] ebenso wenn er die Länge der Frist rügen will.

349 **4. Aufhebungsverfahren (§ 926 Abs. 2 ZPO). a) Zuständiges Gericht.** Ob der Antrag auf Aufhebung der einstweiligen Verfügung nur[950] bei dem oben genannten Gericht

---

[937] OLG Hamm MDR 1986, 418; OLG Karlsruhe NJW-RR 1988, 252; OLG Celle OLG Report 1995, 270.

[938] *Berneke/Schüttpelz* Rn. 503.

[939] Vgl. BGH NJW 1973, 1329; 1974, 503; GRUR 1985, 571 (572) – Feststellungsinteresse I; OLG Hamburg NJW-RR 1886, 1122; OLG München MD 1987, 1230 (1231); OLG Report 1994, 334 Ls.; OLG Düsseldorf MDR 1988, 976; *Brüning* → Vor § 12 Rn. 128; aA OLG Hamm WRP 1980, 87 (88); OLG Nürnberg WRP 1980, 443.

[940] BGH NJW 1973, 1329; OLG München MD 1987, 1230 (1231); *Brüning* → Vor § 12 Rn. 129; *Berneke/Schüttpelz* Rn. 503; aA Zöller/*Vollkommer* § 926 Rn. 12 aE, Rn. 26 aE, Rn. 31 unter Hinweis auf BGH GRUR 1993, 998 (999 f.) – Verfügungskosten; *Vollkommer* WM 1994, 51 (53).

[941] Vgl. *Berneke/Schüttpelz* Rn. 505; *BLAH* § 926 Rn. 6; str.

[942] MüKoUWG/*Schlingloff* § 12 Rn. 523.

[943] Vgl. den Tenorierungsvorschlag bei Zöller/*Vollkommer* § 926 Rn. 16 sowie *Walker* in Schuschke/Walker § 926 Rn. 11.

[944] Zöller/*Vollkommer* § 926 Rn. 16; Stein/Jonas/*Bruns* § 926 Rn. 9.

[945] Vgl. Teplitzky/*Feddersen* Kap. 56 Rn. 17b: drei bis vier Wochen.

[946] *Groh/Wündisch* GRUR-Int 2001, 497 (506); MüKoUWG/*Schlingloff* § 12 Rn. 518, 523; Zöller/*Vollkommer* § 926 Rn. 16.

[947] OLG Koblenz WRP 1982, 256 Ls.

[948] Vgl. BGH NJW-RR 1987, 492; hM.

[949] Teplitzky/*Feddersen* Kap. 56 Rn. 15 mwN.

[950] Zöller/*Vollkommer* § 929 Rn. 22 mwN.

(→ Rn. 470) zu stellen ist oder im Falle eines noch andauernden Berufungsverfahrens nur[951] oder auch[952] beim Berufungsgericht, ist streitig.[953] Für die Zuständigkeit des Gerichts erster Instanz wird angeführt, dass nur so eine zweite Instanz gegeben ist. Die Gegenauffassung verweist mit Recht darauf, dass bei einem anhängigen Berufungsverfahren (oder Verfahren nach § 927 ZPO) kein Rechtsschutzbedürfnis für ein besonderes Aufhebungsverfahren nach § 926 Abs. 2 ZPO besteht.[954]

b) Form. Der Antrag unterliegt beim Landgericht dem **Anwaltszwang** (§ 78 Abs. 1 S. 1 ZPO). Über ihn ist aufgrund mündlicher Verhandlung durch Endurteil zu entscheiden. Das nunmehr mit vertauschten Parteirollen (Aufhebungskläger = Antragsgegner – Aufhebungsbeklagter = Antragsteller) geführte Verfahren folgt den Grundsätzen des Anordnungsverfahrens.[955] Der Aufhebungsantrag kann entsprechend § 269 Abs. 3 S. 2 ZPO zurückgenommen werden.[956] 350

c) Streitgegenstand. Streitgegenstand ist das **Aufhebungsbegehren des Antragsgegners** des Anordnungsverfahrens.[957] Dabei ist das Gericht allerdings nicht auf die Prüfung beschränkt, ob der Antragsteller rechtzeitig Hauptsacheklage erhoben hat, vielmehr kann von diesem auch eingewandt werden, dass eine Fristsetzung gemäß § 926 Abs. 1 ZPO überhaupt nicht hätte erfolgen dürfen.[958] Wird eine wirksame Fristsetzung nach § 926 Abs. 1 ZPO verneint, kann der Aufhebungsantrag keinen Erfolg haben. Darüber hinaus ist der Antrag aber auch dann unzulässig, wenn die Fristsetzung zwar zu Recht erfolgt ist, zum Zeitpunkt der Entscheidung über den Aufhebungsantrag die einstweilige Verfügung zwischenzeitlich aber nicht mehr besteht[959] oder eine Inanspruchnahme des Schuldners nicht mehr in Betracht kommt. Liegt ein zulässiger Aufhebungsantrag vor, ist diesem stattzugeben, wenn keine Klageerhebung in der Hauptsache erfolgt ist. 351

Die **Frist ist gewahrt,** wenn die Klage rechtzeitig zugestellt (§ 253 Abs. 1, § 261 Abs. 1 ZPO) oder innerhalb der Frist bei Gericht eingegangen und demnächst im Sinne von § 167 ZPO zugestellt wurde. **§ 167 ZPO** ist auch dann anwendbar, wenn die Zustellung zum Zeitpunkt des Schlusses der mündlichen Verhandlung im Aufhebungsverfahren noch nicht erfolgt ist, der Gläubiger aber alles getan hat, um eine Zustellung **demnächst** zu ermöglichen.[960] Die gegenteilige Auffassung,[961] die eine bereits erfolgte Zustellung zum Zeitpunkt der Entscheidung über den Aufhebungsantrag verlangt, führt, vor allem – aber nicht nur – zu einer nicht zu rechtfertigenden Beschneidung der Rechtsposition des Antragstellers, wenn der Aufhebungsantrag im Widerspruchs- bzw. Berufungsverfahren zugelassen wird,[962] und verkennt den Sinn des § 167 ZPO. 352

Die Hauptsacheklage kann **vor jedem zuständigen Gerich**t erhoben werden. Das dem Antragsteller gegebenenfalls zustehende **Wahlrecht** (§ 35 ZPO) erfährt durch § 926 ZPO keine Einschränkung.[963] Auch die Klageerhebung bei einem **unzuständigen** Gericht ist 353

---

[951] *Berneke/Schüttpelz* Rn. 518 mwN.

[952] OLG Koblenz OLG Report 1998, 353, wonach auch das Berufungsgericht zuständig ist, wenn das Verfahren dort anhängig ist.

[953] Vgl. die Nachw. bei Zöller/*Vollkommer* § 926 Rn. 22.

[954] *Berneke/Schüttpelz* Rn. 517.

[955] Zöller/*Vollkommer* § 926 Rn. 22; *Berneke/Schüttpelz* Rn. 519; offen gelassen von OLG München NJW-RR 2003, 1487 (1489).

[956] *Berneke/Schüttpelz* Rn. 2522.

[957] *Berneke/Schüttpelz* Rn. 519.

[958] BGH NJW-RR 1987, 685; OLG Karlsruhe NJW-RR 1988, 252; *Teplitzky* Kap. 56 Rn. 16.

[959] Vgl. OLG München MD 1987, 1230 (1231).

[960] OLG Celle OLG Report 1998, 156; OLG Hamburg WRP 1978, 907 (908); OLG Hamm OLGZ 1989, 323; OLG Karlsruhe OLG Report 1998, 406; OLG Köln OLG Report 1999, 400; *Berneke/Schüttpelz* Rn. 512 f.; Zöller/*Vollkommer* § 926 Rn. 32; Thomas/Putzo/*Reichold* § 926 Rn. 8.

[961] OLG Koblenz NJW-RR 1995, 444; KG OLG Report 1995, 18; MüKoUWG/*Schlingoff* § 12 Rn. 526 mwN; das OLG Frankfurt a. M. GRUR 1987, 650 (651) befasst sich mit der Anwendung von § 270 Abs. 3 ZPO aF im Rahmen des § 91a ZPO, vgl. hierzu *Schmid* WRP 1995, 417.

[962] Vgl. hierzu *Schmid* WRP 1995, 417 f.

[963] OLG Karlsruhe NJW 1973, 1509.

im Hinblick auf § 281 ZPO fristwahrend.[964] Zuständiges Gericht kann auch ein **Schiedsgericht**[965] oder ein **ausländisches** Gericht sein, wenn dessen Entscheidung im Inland anzuerkennen ist.[966] Als Hauptsacheklage wurde auch die Klage in einem anderen Rechtsweg angesehen.[967] Ob auch ein rechtzeitig gestellter **Antrag auf Bewilligung von Prozesskostenhilfe** die Frist wahrt, ist streitig und wurde unter Hinweis auf § 65 Abs. 1 S. 1 GKG vom OLG Hamm verneint.[968]

354 Wurde die Frist versäumt, kann eine **Heilung** der Säumnisfolgen gemäß **§ 231 Abs. 2 ZPO** eintreten, wenn die Hauptsacheklage bis zum Schluss der mündlichen Verhandlung erster Instanz des Aufhebungsverfahrens zugestellt wurde.[969] In diesen Fällen muss der Aufhebungskläger den Antrag nach § 926 Abs. 2 ZPO für erledigt erklären.[970]

355 **Hauptsache** im Verhältnis zu der erlassenen einstweiligen Verfügung ist die Klage des Antragstellers bzw. seines Rechtsnachfolgers,[971] die den Anspruch betrifft, der durch die einstweilige Verfügung gesichert wurde, wobei es entscheidend darauf ankommt, ob die Klage zur Überprüfung der Rechtmäßigkeit der Eilmaßnahme führt.[972] Bei Unterlassungsanträgen ist es demnach erforderlich, dass der Klageantrag der Hauptsacheklage auf dasselbe Unterlassungsgebot gerichtet ist wie die einstweilige Verfügung. Der Streitgegenstand kann gegenüber dem Antrag auf Erlass der einstweiligen Verfügung zwar erweitert sein (zB Erweiterung des Unterlassungsanspruchs, Geltendmachung von Schadensersatz- und Auskunftsansprüchen), er muss jedoch den Gegenstand der einstweiligen Verfügung voll, nicht nur teilweise, mit abdecken.[973] Die Klage kann auf Leistung (Unterlassung), aber auch auf Feststellung gerichtet sein, wenn eine Leistungsklage nicht möglich ist.[974]

356 Eine Aufhebung hat auch dann zu erfolgen, wenn eine fristgerecht erhobene Klage wieder **zurückgenommen** oder rechtskräftig als **unzulässig** abgewiesen wurde.[975]

357 Den Antragsteller tritt die **Darlegungs- und Glaubhaftmachungslast** für die rechtzeitige Erhebung der Hauptsacheklage (Zeitpunkt der Einreichung bzw. Zustellung der Klage; Voraussetzungen, die eine Zustellung demnächst iSv § 167 ZPO begründen; Identität der einstweiligen Verfügung und der Hauptsacheklage).[976] Die Einreichung der Klage bei dem Gericht, das über den Aufhebungsantrag entscheidet, kann jedoch als gerichtsbekannte Tatsache von Amts wegen berücksichtigt werden.[977]

358 **d) Entscheidung, Kosten.** Ein begründeter Aufhebungsantrag führt zur **Aufhebung** der einstweiligen Verfügung mit Wirkung **ex tunc** durch Urteil, das mit Verkündung Wirkung erlangt (§ 708 Nr. 6 ZPO). Die **Kosten** des gesamten Verfügungsverfahrens (Anordnungsverfahren einschließlich Aufhebungsverfahren) hat der Antragsteller zu tragen. Ob die einstweilige Verfügung zu Recht ergangen war, ist auch im Rahmen der Kosten-

[964] OLG Hamm OLG Report 1994, 142; *Berneke/Schüttpelz* Rn. 511.
[965] Zöller/*Vollkommer* § 926 Rn. 32.
[966] OLG Frankfurt a. M. MDR 1981, 237.
[967] BSGE 77, 119 (121); Ahrens/*Spätgens* Rn. 357.
[968] MDR 1987, 771; OLGZ 1989, 322; zum Meinungsstand vgl. *Berneke/Schüttpelz* Rn. 513 f. mwN.
[969] Vgl. die Nachweise bei *Berneke/Schüttpelz* 513 Fn. 29 sowie OLG München 25.2.2003 – 29 W 781/03; Zöller/*Vollkommer* § 926 Rn. 32 f.; *Berneke/Schüttpelz* Rn. 513.
[970] OLG Frankfurt a. M. GRUR 1987, 651; Zöller/*Vollkommer* § 926 Rn. 26; siehe auch *Berneke/Schüttpelz* Rn. 522 zur Kostenverteilung bei übereinstimmender Erledigungserklärung.
[971] LG Frankfurt a. M. NJW 1972, 955.
[972] BGH GRUR 1993, 998 (999) – Verfügungskosten; NJW 2001, 157 (159); OLG Koblenz WRP 1983, 108 (109).
[973] BGH GRUR 1993, 998 (999) – Verfügungskosten; OLG Koblenz WRP 1983, 108 (109); *Teplitzky* Kap. 56 Rn. 21 mwN; Zöller/*Vollkommer* § 296 Rn. 30.
[974] OLG Düsseldorf MDR 1988, 976; Zöller/*Vollkommer* § 926 Rn. 29; *Berneke/Schüttpelz* Rn. 511.
[975] OLG Frankfurt a. M. NJW 1972, 490; NJW 1972, 1330; Zöller/*Vollkommer* § 926 Rn. 10; vgl. aber auch OLG Stuttgart OLG Report 1998, 406.
[976] OLG Frankfurt a. M. MDR 1981, 237.
[977] OLG Frankfurt a. M. MDR 1977, 849; OLG München 25.2.2003 – 29 W 781/03; Zöller/*Vollkommer* § 926 Rn. 24.

entscheidung ohne Bedeutung.[978] Bleibt der **Aufhebungsantrag erfolglos,** wird nur über die Kosten des Aufhebungsverfahrens entschieden – die Kostenentscheidung der einstweiligen Verfügung bleibt bestehen.

Erkennt der Antragsteller den Aufhebungsantrag **an,** wird in der Regel für eine Anwendung des § 93 ZPO dennoch kein Raum sein, da im Hinblick auf die erfolgte Fristsetzung gemäß § 926 Abs. 1 ZPO keine weitere Aufforderung von Seiten des Antragsgegners gefordert werden kann.[979] 359

e) Einstweilige Einstellung der Zwangsvollstreckung. In entsprechender Anwendung von § 924 Abs. 3 ZPO kann auch im Aufhebungsverfahren die Zwangsvollstreckung **einstweilig eingestellt** werden.[980] 360

f) Berufung. Das Urteil unterliegt nach den allgemeinen Bestimmungen der **Berufung.** 361

g) Haftung. Zur Haftung aus **§ 945 ZPO** im Falle der Aufhebung → Rn. 495. 362

h) Streitwert. Hierzu → Rn. 648. 363

XXI. Aufhebung wegen veränderter Umstände

1. Verhältnis zu anderen Rechtsbehelfen. Der Rechtsbehelf des **§ 927 ZPO** ist **Ausdruck der eingeschränkten Bestandsgarantie** einer einstweiligen Verfügung gegenüber einem Hauptsachetitel, und zwar unabhängig davon, ob es sich um eine Beschlussverfügung oder um eine Urteilsverfügung handelt. Der Antrag auf Aufhebung der einstweiligen Verfügung beinhaltet eine die Bestimmung des § 323 ZPO[981] verdrängende sowie der Zwangsvollstreckungsgegenklage (§ 767 ZPO)[982] weitgehend vorrangige Regelung. Können die geltend zu machenden Einwendungen jedoch im Verfahren nach § 927 ZPO nicht – so etwa im Falle eines Verzichts auf die Rechte aus § 927 ZPO[983] – oder nicht Erfolg versprechend geltend gemacht werden – keine geeigneten Mittel zur Glaubhaftmachung –, muss dem Antragsgegner auch die Möglichkeit eröffnet sein, Zwangsvollstreckungsgegenklage zu erheben.[984] 364

Veränderte Umstände im Sinne von § 927 Abs. 1 ZPO können **auch mit anderen Rechtsbehelfen geltend gemacht** werden. Dem Antragsgegner ist insoweit die „Auswahl" überlassen, ein paralleles Vorgehen ist jedoch ausgeschlossen.[985] So kann er bei der Beschlussverfügung Widerspruch bzw. bei der Urteilsverfügung Berufung einlegen, sofern das Anordnungsverfahren noch nicht rechtskräftig abgeschlossen ist.[986] Ist ein Widerspruchs- oder Berufungsverfahren anhängig, ist für den Antrag nach § 927 ZPO in einem weiteren Verfahren mangels **Rechtsschutzbedürfnis** kein Raum.[987] Das Rechtsschutzbedürfnis fällt auch nachträglich weg, wenn nach Einleitung eines Aufhebungsverfahrens Widerspruch oder Berufung eingelegt wird, da diese Verfahren insofern die weitergehen- 365

[978] OLG Karlsruhe MDR 1989, 826; OLG München NJW-RR 1997, 832; zur Kostenentscheidung bei übereinstimmender Erledigungserklärung des Aufhebungsantrags vgl. OLG Frankfurt a. M. Rpfleger 1986, 281; Zöller/*Vollkommer* § 926 Rn. 26.

[979] Ahrens/*Ahrens* Kap. 61 Rn. 59; aA *Berneke/Schüttpelz* Rn. 523; MüKoUWG/*Schlingloff* § 12 Rn. 527.

[980] OLG Düsseldorf MDR 1970, 58; Zöller/*Vollkommer* § 926 Rn. 28.

[981] Zöller/*Vollkommer* § 323 Rn. 10 mwN; *Walker* in Schuschke/Walker § 927 Rn. 4 mwN.

[982] Str., vgl. die Nachweise bei *Berneke/Schüttpelz* Rn. 528 Fn. 1 sowie *Brüning* → Vor § 12 Rn. 233; zur Abgrenzung vgl. OLG Koblenz GRUR 1986, 94 (95); *Ulrich* FS Traub, 1994, 423 (432 ff.); Schuschke/*Walker* § 927 Rn. 4 m. Fn. 19; zum Verhältnis von § 323 zu § 767 ZPO vgl. *Traub* WRP 2000, 1054 ff.

[983] Vgl. Teplitzky/*Feddersen* Kap. 43 Rn. 42.

[984] *Brüning* Vorb zu § 12 Rn. 233; für Ausnahmefälle Ahrens/*Ahrens* Kap. 59 Rn. 3; aA OLG Karlsruhe GRUR 1979, 571.

[985] OLG Frankfurt a. M. MD 2007, 930 (931) mwN.

[986] OLG Düsseldorf WRP 1993, 327 (328); OLG Hamburg GRUR 1997, 147 (148); *Berneke/Schüttpelz* Rn. 539; Zöller/*Vollkommer* § 927 Rn. 2.

[987] *Berneke/Schüttpelz* Rn. 593 mwN; Zöller/*Vollkommer* § 927 Rn. 2; vgl. auch OLG Hamburg Mitt. 2011, 387 für die besondere Konstellation, dass die einstweilige Verfügung zwar nicht zugestellt wurde, diese jedoch nach Abgabe einer Unterlassungserklärung innerhalb der Frist für die Vollziehung für erledigt erklärt wird.

den Verteidigungsmöglichkeiten eröffnen, als auch geltend gemacht werden kann, die einstweilige Verfügung sei von Anfang an nicht berechtigt gewesen.[988] Dabei ist nicht erforderlich, dass mit Widerspruch oder Berufung auch bereits die veränderten Umstände geltend gemacht worden sind; die Möglichkeit hierzu reicht aus.[989] Nach (erfolglosem) Abschluss des Widerspruchs- oder Berufungsverfahrens besteht wiederum die Möglichkeit, die Aufhebung nach § 927 ZPO zu betreiben, soweit dem die Rechtskraftwirkung der Entscheidung im Anordnungsverfahren nicht entgegensteht.[990]

366 **2. Zuständigkeit.** Zuständig ist gemäß § 927 Abs. 2 Hs. 2 ZPO ausschließlich (§ 802 ZPO) das **Gericht der Hauptsache,** (§ 943 ZPO), wenn diese bereits anhängig ist. Ist die Hauptsache in der Revisionsinstanz anhängig, ist das Gericht erster Instanz zuständig.[991] Ist die Hauptsache noch nicht anhängig, ist das Gericht zuständig, das die einstweilige Verfügung erlassen hat. Wurde die einstweilige Verfügung vom Berufungsgericht erlassen, ist dennoch das Gericht erster Instanz zuständig.[992] Ist dagegen gegen die vom Landgericht erlassene bzw. bestätigte einstweilige Verfügung Berufung eingelegt, muss der Aufhebungsantrag beim Berufungsgericht gestellt werden.[993] Ein Schiedsgericht kann nicht Gericht der Hauptsache im Sinne von § 927 Abs. 2 ZPO sein, da es eine von einem staatlichen Gericht erlassene einstweilige Verfügung nicht aufheben kann.[994]

367 **3. Zulässigkeit.** Das Verfahren wird durch einen vom Antragsgegner zu stellenden Antrag eingeleitet, der vor dem Landgericht dem **Anwaltszwang** (§ 78 Abs. 1 ZPO) unterliegt.

368 Der Antrag ist **zulässig,** so lange die einstweilige Verfügung noch Bestand hat und von ihr noch Wirkungen ausgehen können:

– Wurde die einstweilige Verfügung **bereits aufgehoben** (auf Widerspruch oder im Verfahren nach § 926 Abs. 2 ZPO), kann kein Aufhebungsverfahren mehr stattfinden.
– Für eine formelle Beseitigung des Titels besteht auch dann keine Veranlassung mehr, wenn die einstweilige Verfügung – etwa im Falle eines befristet ausgesprochenen Verbotes – keine Wirkungen mehr entfalten und auch nicht mehr als Vollstreckungsgrundlage für Verstöße während ihrer Geltungsdauer dienen kann.[995]
– Gleiches gilt, wenn der Antragsteller auf seine Rechte aus der einstweiligen Verfügung **verzichtet** und den Titel herausgibt. Da eine weitere Vollstreckung damit ausgeschlossen ist, fehlt für den Aufhebungsantrag das Rechtsschutzbedürfnis;[996] anders, wenn der Antragsgegner die Rückzahlung von Ordnungsgeldern anstrebt.[997]

369 Allerdings kommt auch bei einem Verzicht auf die Rechte aus der einstweiligen Verfügung und Herausgabe des Titels ein auf die Kostenentscheidung beschränktes Aufhebungsverfahren dann in Betracht, wenn ein Grund geltend gemacht wird, der die einstweilige Verfügung von Anfang an unbegründet erscheinen lässt und folglich im Aufhebungsverfahren auch eine **Abänderung der Kostenentscheidung** des Anordnungsverfahrens erfolgen kann.[998] Zur Vermeidung eines solchen auf die Kostenentschei-

[988] *Berneke/Schüttpelz* Rn. 539 Fn. 21; Zöller/*Vollkommer* § 927 Rn. 2.
[989] *Berneke/Schüttpelz* Rn. 539.
[990] So *Berneke/Schüttpelz* Rn. 539, 530.
[991] BGH WM 1976, 134.
[992] HM; OLG Hamm MDR 1987, 593; *Berneke/Schüttpelz* Rn. 540 mwN; GroßKommUWG/*Schwippert* § 12 C Rn. 235.
[993] *Berneke/Schüttpelz* Rn. 540.
[994] GroßKommUWG/*Schwippert* § 12 C Rn. 235.
[995] OLG Hamburg MDR 1960, 59; OLG München GRUR 1982, 321 (322).
[996] OLG Hamm GRUR 1992, 888; OLG Frankfurt a. M. NJW 1968, 2112; OLG Karlsruhe NJWE-WettbR 1999, 39 (40); OLG München WRP 1982, 602; 1984, 434; aA OLG Karlsruhe WRP 1980, 713, OLG München NJW-RR 1986, 998; *Berneke/Schüttpelz* Rn. 544 mwN.
[997] OLG Celle WRP 1991, 586.
[998] Vgl. BGH GRUR 1993, 998 – Verfügungskosten; *Berneke/Schüttpelz* Rn. 545 mit umfangreichen Nachweisen.

dung beschränkten Aufhebungsverfahrens muss der Antragsteller auch auf die Rechte aus der Kostenentscheidung verzichten[999] und sich bereit erklären, die dem Antragsgegner entstandenen Kosten zu erstatten (→ Rn. 601).

Der Antrag ist **an keine Frist gebunden.** Er unterliegt nur dem Einwand der Verwirkung[1000] und des Verzichts.[1001] Letzterem kommt insbesondere in der Form der **Abschlusserklärung** eine große Bedeutung zu.[1002] Ist im Anordnungsverfahren ein Anerkenntnisurteil[1003] ergangen oder wurde lediglich ein Kostenwiderspruch eingelegt, kann darin nicht ohne Weiteres ein Verzicht auf das Antragsrecht nach § 927 ZPO gesehen werden. Vielmehr bedarf es der Feststellung eines so weitgehenden Willens, die Entscheidung in der Sache anzuerkennen.[1004] § 269 Abs. 3 S. 3 ZPO ist auch bei Rücknahme eines Aufhebungsantrags nach § 927 ZPO anwendbar.[1005] 370

Nach der Rechtsprechung des BGH[1006] kann die Aufhebung einer einstweiligen Verfügung auch im Wege der Widerklage geltend gemacht werden, wobei allerdings der durch § 542 Abs. 2 ZPO beschränkte Instanzenzug zu beachten ist.

4. Streitgegenstand. Streitgegenstand ist das Aufhebungsbegehren des Antragsgegners dh, ob die einstweilige Verfügung für die Zukunft noch Bestand haben kann. Das Verfahren wird mit umgekehrten Parteirollen geführt.[1007] Ob es sich dabei um ein gegenüber dem Anordnungsverfahren selbständiges Verfahren handelt, wie überwiegend zu Recht angenommen wird,[1008] oder ob es um ein bloßes Nachverfahren[1009] geht, ist streitig. Einigkeit besteht, dass es denselben Verfahrensregeln wie das Anordnungsverfahren (insbesondere Glaubhaftmachung, Beschleunigungsgrundsatz) folgt[1010] (zur Aussetzung → Rn. 589). 371

5. Entscheidung. a) Mündliche Verhandlung. Über den Antrag ist **aufgrund mündlicher Verhandlung durch Urteil** zu entscheiden (§ 936, § 927 Abs. 2 Hs. 1 ZPO). Die Aufhebung der einstweiligen Verfügung erlangt **nur für die Zukunft kassatorische Wirkung.**[1011] Das aufhebende Urteil ist gemäß § 708 Nr. 6 ZPO für vorläufig vollstreckbar zu erklären. Damit wird die weitere Vollstreckung aus der einstweiligen Verfügung unzulässig.[1012] Die Aufhebung von Vollstreckungsmaßnahmen kann aber erst nach Eintritt der Rechtskraft erfolgen.[1013] Bis dahin kommen nur einstweilige Anordnungen entsprechend § 924 Abs. 3, § 707 ZPO in Betracht. Das Berufungsgericht kann – anders als bei Aufhebung einer einstweiligen Verfügung nach Widerspruch (vgl. → Rn. 497) – die vorläufige Vollstreckbarkeit einstellen mit der Folge, dass die Vollstreckung aus der einstweiligen Verfügung wieder möglich ist.[1014] Wird das dem Aufhebungsantrag stattgebende Urteil vom Berufungsgericht aufgehoben, ist damit, anders als im Widerspruchsverfahren, kein Neuerlass verbunden. 372

b) Veränderte Umstände. Veränderte Umstände liegen dann vor, wenn die **Voraussetzungen für die Anordnung der Eilmaßnahme** (allgemeine Prozessvoraussetzungen, 373

---

[999] *Berneke/Schüttpelz* Rn. 545; Zöller/*Vollkommer* § 927 Rn. 9b; jeweils mwN aus Rspr. und Lit.
[1000] KG MD 1989, 23 (29 f.); *Melullis* Rn. 273.
[1001] BGH GRUR 1987, 125 (127) – Berühmung.
[1002] *Berneke/Schüttpelz* Rn. 541; Zöller/*Vollkommer* § 927 Rn. 9a.
[1003] OLG München WRP 1986, 507 (508); *Berneke/Schüttpelz* Rn. 541.
[1004] Vgl. statt vieler *Berneke/Schüttpelz* Rn. 541.
[1005] OLG Frankfurt a. M. MD 2005, 930.
[1006] BGH GRUR 2017, 938 – Teststreifen zur Blutzuckerkontrolle II; ebenso OLG Hamburg GRUR-RR 2007, 20; aA OLG Karlsruhe 22.1.2014 – 6 U 135/10; *Rehart* WRP 2017, 1307.
[1007] *Berneke/Schüttpelz* Rn. 547 mwN.
[1008] So OLG Karlsruhe WRP 1981, 285; OLG Koblenz GRUR 1989, 75; *Berneke/Schüttpelz* Rn. 546.
[1009] OLG Celle WRP 1991, 586; OLG Düsseldorf NJW-RR 1988, 188.
[1010] *Berneke/Schüttpelz* Rn. 546 mwN.
[1011] OLG Frankfurt a. M. WRP 1982, 295; *Berneke/Schüttpelz* Rn. 549.
[1012] Zöller/*Vollkommer* § 927 Rn. 14 mwN.
[1013] Zöller/*Vollkommer* § 927 Rn. 14.
[1014] Zöller/*Vollkommer* § 927 Rn. 14 aE.

Verfügungsanspruch, Verfügungsgrund) **nachträglich entfallen sind.** Sie beschränken sich nicht auf eine Änderung der maßgeblichen Tatsachengrundlage, sondern umfassen auch eine veränderte Rechts-[1015] oder Beweislage;[1016] hierzu gehört auch die Geltendmachung von tatsächlichen Umständen, die dem Antragsgegner erst nachträglich bekannt geworden sind.[1017] Dagegen muss der Antragsgegner Umständen, die ihm bekannt sind und die er glaubhaft machen kann, im Anordnungsverfahren vorbringen, da er im Aufhebungsverfahren nicht geltend machen kann, die Eilmaßnahme sei schon bei ihrem Erlass nicht gerechtfertigt gewesen.[1018]

374 **aa) Wegfall des Verfügungsanspruchs.** Als Hauptanwendungsfall kommt hierfür das **Erlöschen des gesicherten Unterlassungsanspruchs aufgrund der Abgabe einer strafbewehrten Unterlassungserklärung** – Wegfall der Wiederholungsgefahr – in Betracht.[1019] Die fehlende Durchsetzbarkeit aufgrund einer begründeten Verjährungseinrede ist nach der geänderten Rechtslage (§ 204 Abs. 1 Nr. 9 BGB) zwar in vielen Fällen nicht mehr von Relevanz, ist aber im Hinblick auf § 204 Abs. 2 BGB weiterhin in Betracht zu ziehen.[1020]

375 Bei **rechtskräftiger Abweisung der Hauptsacheklage** bzw. bei rechtskräftiger Feststellung des Nichtbestehens des durch die einstweilige Verfügung gesicherten Anspruchs, wodurch der Fortbestand der einstweiligen Verfügung nicht berührt wird,[1021] ist dem Aufhebungsantrag ohne weiteres stattzugeben.[1022] Vor **Rechtskraft** des (vorläufig vollstreckbaren) Urteils kommt eine Aufhebung der einstweiligen Verfügung dann in Betracht, wenn nach der Überzeugung des Gerichts eine Abänderung des Urteils im Rechtsmittelverfahren unwahrscheinlich ist.[1023] Der veränderte Umstand ist in der nunmehr fehlenden Glaubhaftmachung des Verfügungsanspruchs zu sehen.[1024] Erachtet dagegen das Gericht den Ausgang des Rechtsmittelverfahrens als offen, kann der Aufhebungsantrag keinen Erfolg haben, wobei gegenüber einer Abweisung als derzeit unbegründet zum Teil eine Aussetzung des Verfahrens befürwortet wird.[1025]

376 Die **Nichtigerklärung** der der einstweiligen Verfügung zugrunde liegenden Gesetzesbestimmung kann die Aufhebung der einstweiligen Verfügung rechtfertigen. Dem steht die Rückwirkung der Entscheidung (§ 78 BVerfGG) nicht entgegen, da der Umstand, dass dies dem Antragsgegner erst nachträglich bekannt wird, als veränderter Umstand angesehen wird.[1026]

377 Eine **Gesetzesänderung**[1027] nach der das mit der einstweiligen Verfügung untersagte Verhalten nicht mehr verboten werden kann (zB in Folge der Aufhebung der RabattG und der ZugabeVO),[1028] stellt einen Aufhebungsgrund dar. Dem ist eine **Änderung** der

---

1015 OLG Frankfurt a. M. MD 2005, 930 (931); OLG Karlsruhe MD 2005, 1107; Stein/Jonas/*Grunsky* § 927 Rn. 4.

1016 OLG Köln GRUR 1985, 458 (459); *Berneke/Schüttpelz* Rn. 529 mwN.

1017 OLG Koblenz GRUR 1986, 94 (95); *Berneke/Schüttpelz* Rn. 529 mwN.

1018 OLG Frankfurt a. M. WRP 1982, 295 Ls.; WRP 1992, 248; *Berneke/Schüttpelz* Rn. 529 mwN.

1019 *Berneke/Schüttpelz* Rn. 533; Zöller/*Vollkommer* § 927 Rn. 5.

1020 Vgl. Teplitzky/*Feddersen* Kap. 56 Rn. 31 mwN; *Berneke/Schüttpelz* Rn. 533.

1021 Zur Erforderlichkeit des Aufhebungsverfahrens in diesen Fällen: BGH GRUR 1987, 125 (126) – Berühmung; GRUR 1993, 998 (999) – Verfügungskosten.

1022 *Berneke/Schüttpelz* Rn. 535.

1023 BGH WM 1976, 134; KG WRP 1990, 332; OLG Düsseldorf GRUR 1985, 160; 1988, 241 Ls.; 2005, 1070 (1071); OLG Hamburg GRUR 2001, 143 (144); OLG München WRP 1986, 507; *Teplitzky* WRP 1987, 149 (151); vgl. auch OLG Düsseldorf NJW-RR 1987, 993; OLG München NJW-RR 1987, 761; *Berneke/Schüttpelz* Rn. 537.

1024 Vgl. Stein/Jonas/*Grunsky* § 927 Rn. 6.

1025 OLG Düsseldorf GRUR 1984, 757; 1985, 160; *Melullis* Rn. 272; ablehnend OLG München GRUR 1986, 507 (508) unter Hinweis auf die Eilbedürftigkeit; *Berneke/Schüttpelz* Rn. 537, 546 mwN.

1026 BGH GRUR 1988, 787 (788); *Berneke/Schüttpelz* Rn. 538 mwN.

1027 Zöller/*Vollkommer* § 927 Rn. 4.

1028 Vgl. auch BGH 14.11.2001 – I ZR 266/98 und 11.12.2003 – I ZR 68/01, jeweils Erledigterklärung in der Revisionsinstanz.

höchstrichterlichen **Rechtsprechung,**[1029] die im Anordnungsverfahren zugrunde gelegt worden war, gleich zu achten. Auch die rechtskräftige Vernichtung eines Schutzrechtes stellt einen veränderten Umstand dar.[1030]

Ebenso wird eine **Änderung der Beweislage** durch verbesserte Glaubhaftmachungsmöglichkeiten auf Seiten des Antragsgegners in der Literatur als Aufhebungsgrund anerkannt.[1031] 378

bb) Nachschieben/Auswechseln von Gründen. Unterschiedlich beurteilt wird die Frage, ob die Aufhebung der einstweiligen Verfügung abgelehnt werden kann, obwohl der Anspruch, auf den die Anordnungsentscheidung (allein) gestützt ist, sich als nicht tragfähig erwiesen hat, mit der Begründung, die einstweilige Verfügung könne auf eine andere Grundlage gestützt werden.[1032] Ein **„Auswechseln des Grundes"** kommt dann nicht in Betracht, wenn es sich dabei nicht lediglich um eine andere Anspruchsgrundlage, sondern nach der Rechtsprechung des BGH um einen anderen Streitgegenstand handelt und der fragliche Sachverhalt nicht bereits im Anordnungsverfahren vorgetragen worden war.[1033] Auch im Falle einer Anspruchsgrundlagenkonkurrenz müssen alle erforderlichen Tatbestandsmerkmale im Anordnungsverfahren vorgetragen und glaubhaft gemacht worden sein.[1034] Für ein darüber hinausgehendes „Nachbessern" im Aufhebungsverfahren ist eine Berechtigung nicht anzuerkennen. 379

cc) Wegfall des Verfügungsgrundes. Anders als bei einer lang andauernden freiwilligen Befolgung einer Leistungsverfügung[1035] führt die Befolgung einer Unterlassungsverfügung nicht dazu, die vorläufige Sicherung als nicht mehr notwendig anzusehen. 380

Dagegen wird befürwortet,[1036] **Verzögerungen** bzw. das **Unterlassen einer Bestandssicherung** der einstweiligen Verfügung (Abschlussverfahren; Hauptsacheklage) als Umstände zu werten, die den Fortbestand der Dringlichkeit in Frage stellen können. 381

Ergeht eine mit der einstweiligen Verfügung übereinstimmende **rechtskräftige Hauptsacheentscheidung** in Gestalt eines Leistungsurteils, da ein Feststellungsausspruch den Fortbestand der einstweiligen Verfügung nicht in Frage stellen kann,[1037] entfällt damit der Verfügungsgrund, da für eine neben dem Hauptsachetitel bestehende Sicherung des Anspruchs kein Bedürfnis mehr besteht.[1038] Einem Aufhebungsantrag kann auch im Hinblick auf den Bestand des inhaltsgleichen Hauptsachetitels nicht das Rechtsschutzbedürfnis abgesprochen werden, da sich der Antragsgegner nunmehr zwei inhaltsgleichen Titeln gegenüber sieht und bei etwaigen späteren Änderungen gegen beide Titel vorgehen müsste.[1039] **Vor** Eintritt der **Rechtskraft** wird dagegen überwiegend ein Aufhebungsgrund wegen Wegfall des Verfügungsgrundes verneint, da die einstweilige Verfügung in der Regel die weiter gehenderen Vollstreckungsmöglichkeit (ohne Sicherheitsleistung) bietet.[1040] 382

[1029] KG WRP 1990, 331 (332 f.); MD 1989, 882; OLG Köln GRUR 1985, 458; *Berneke/Schüttpelz* Rn. 532 mwN.

[1030] Vgl. OLG Köln GRUR 2005, 1070, zum markenrechtlichen Löschungsverfahren; LG Düsseldorf 15.9.2011 – 4b O 99/11, zum gebrauchsmusterrechtlichen Löschungsverfahren.

[1031] GroßKommUWG/*Schwippert* § 12 C Rn. 250; aA KG GRUR 1985, 236.

[1032] Ablehnend KG WRP 1990, 330 (332); bejahend *Berneke/Schüttpelz* Rn. 533; offengelassen OLG München WRP 1986, 507 (508), da andere Gründe nicht als hinreichend dargetan und glaubhaft gemacht angesehen wurden; anders OLG Saarbrücken NJW 1971, 946, das darauf abstellt, ob der neue Grund unstreitig ist, was zu Recht allgemein abgelehnt wird.

[1033] Vgl. OLG Frankfurt a. M. GRUR 1997, 484; Ahrens/*Ahrens* Kap. 60 Rn. 33; *Berneke/Schüttpelz* Rn. 547.

[1034] OLG Frankfurt a. M. GRUR 1997, 484; *Berneke/Schüttpelz* Rn. 547.

[1035] Vgl. bei einer unbefristeten Unterhaltsverfügung OLG Zweibrücken FamRZ 1983, 415.

[1036] Teplitzky/*Feddersen* Kap. 56 Rn. 29.

[1037] *Berneke/Schüttpelz* Rn. 535; Stein/Jonas/*Grunsky* § 927 Rn. 8a; Zöller/*Vollkommer* § 927 Rn. 7.

[1038] HM; OLG Düsseldorf GRUR 1990, 547; OLG Hamburg WRP 1979, 135; OLG Hamm OLGZ 1988, 322; OLG Karlsruhe NJWE-WettbR 1999, 39 (40); *Berneke/Schüttpelz* Rn. 535.

[1039] OLG Hamburg WRP 1979, 135; *Berneke/Schüttpelz* Rn. 535.

[1040] KG WRP 1979, 547; OLG Frankfurt a. M. ZIP 1980, 922; OLG Hamm NJW-RR 1990, 1536; OLG Koblenz NJW-RR 1991, 487; *Berneke/Schüttpelz* Rn. 536 Fn. 16.

383 Die **Versäumung der Vollziehungsfrist** des § 929 Abs. 2 ZPO stellt trotz ihrer Rückwirkung einen veränderten Umstand dar[1041] (ebenso die Versäumung der Frist zur Klageerhebung nach § 926 Abs. 1 ZPO), denn nach Ablauf der Monatsfrist geht das Gesetz davon aus, dass sich die für die Anordnung der Eilmaßnahme maßgeblichen Umstände verändert haben – Wegfall des Verfügungsgrundes.[1042]

Auch die Nichtleistung der Sicherheit innerhalb der Vollziehungsfrist[1043] kann im Verfahren gemäß § 927 ZPO geltend gemacht werden.

384 Auch die Versäumung der **Frist zur Klageerhebung** gemäß § 926 Abs. 1 ZPO kann nach überwiegender Auffassung[1044] im Aufhebungsverfahen nach § 927 ZPO geltend gemacht werden.

385 **c) Kostenentscheidung.** Die Kostenentscheidung ergeht **nach den Grundsätzen der §§ 91 ff. ZPO,** wobei sich diese – von den nachfolgend zu behandelnden Fallgestaltungen abgesehen – nur auf die Kosten des Aufhebungsverfahrens bezieht und die Kostenentscheidung im Anordnungsverfahren unberührt lässt.[1045]

386 Von diesem Grundsatz abweichend ergeht auch über die **Kosten des Anordnungsverfahrens** eine zu Lasten des Antragstellers abweichende Entscheidung, wenn die einstweilige Verfügung aus Gründen aufgehoben wird, die sie **von Anfang an (ex-tunc)** als **unbegründet** erscheinen lassen.[1046]

387 Als in diesem Sinne von Anfang an unberechtigt angesehen wird im Hinblick auf BGH GRUR 1993, 998 – Verfügungskosten – nunmehr einhellig, wenn die Hauptsacheklage rechtskräftig als von Anfang an unbegründet abgewiesen wurde.[1047]

388 Gleiches gilt für den Fall, dass die der einstweiligen Verfügung zugrunde liegende Gesetzesbestimmung **vom BVerfG nachträglich für nichtig erklärt** wurde,[1048] sofern nicht bereits eine rechtskräftige Hauptsacheentscheidung, gestützt auf die fragliche Norm, ergangen ist, da in diesem Fall die Hauptsacheentscheidung für die Kostenentscheidung des Anordnungsverfahrens gemäß § 79 Abs. 2 S. 1 BVerfGG bindend bleibt.[1049]

389 Bei einer **Änderung der höchstrichterlichen Rechtsprechung** – ebenso, wenn vom BGH eine Rechtsfrage (erstmals) abweichend von der bisherigen Instanzrechtsprechung entschieden wird – hält die hM[1050] die Kostenentscheidung des Anordnungsverfahrens nicht für abänderbar. Dem ist im Hinblick darauf, dass nach der ständigen Rechtsprechung des BGH im Falle einer Rechtsprechungsänderung nur die bisher bereits geltende Rechtslage festgestellt wird,[1051] nicht zu folgen.[1052]

390 Als von vorneherein zu Unrecht ergangen wird die einstweilige Verfügung von der in der Rechtsprechung[1053] und Literatur[1054] überwiegend vertretenen Auffassung auch ange-

---

[1041] OLG Dresden NJWE-WettbR 1997, 277 (279); OLG Düsseldorf WRP 1993, 327 (328 f.); OLG Frankfurt a. M. WRP 1992, 248; OLG Hamm NJW-RR 1990, 1214; OLG Karlsruhe NJWE-WettbR 1999, 39 (40); OLG München WRP 1986, 507 f.; GRUR 1985, 161.

[1042] *Ulrich* WRP 1996, 84 (85): Fiktion der fehlenden Eilbedürftigkeit; vgl. auch BVerfG NJW 1988, 3141.

[1043] OLG Frankfurt a. M. WRP 1980, 423 (424); *Berneke/Schüttpelz* Rn. 535; *Köhler*/Bornkamm/Feddersen § 12 Rn. 3.56.

[1044] *Walker* in Schuschke/Walker § 927 Rn. 17 mwN.

[1045] BGH NJW 1989, 106 (107); OLG Frankfurt a. M. WRP 1992, 248; OLG Karlsruhe NJW-RR 1988, 1470; WRP 1981, 285; OLG Koblenz GRUR 1989, 373 (374); WRP 1988, 389; Ahrens/*Ahrens* Kap. 60 Rn. 37; *Berneke/Schüttpelz* Rn. 551; Zöller/*Vollkommer* § 927 Rn. 12.

[1046] Ahrens/*Spätgens* Rn. 468 m. eingehenden Nachw.; *Berneke/Schüttpelz* Rn. 551.

[1047] Siehe die umfassenden Nachw. bei *Berneke/Schüttpelz* Rn. 552 Fn. 46.

[1048] OLG Köln GRUR 1985, 458 (460); vgl. auch BGH GRUR 1988, 787 (788); *Berneke/Schüttpelz* Rn. 552.

[1049] BGH GRUR 1988, 787 (788); OLG Hamm WRP 1986, 620.

[1050] KG WRP 1990, 332 f.; Zöller/*Vollkommer* § 927 Rn. 12.

[1051] BGHZ 132, 119 (129 ff.); vgl. auch BGH GRUR 1994, 794 (797) – Rolling Stones; NJW 1995, 868 (869) – Cliff Richard II; GRUR 1998, 568 (569) – Beatles-Doppel-CD; NJW 1999, 139 (141) – Bruce Springsteen and his Band; GRUR 2004, 349 – Einkaufsgutschein II.

[1052] So zutreffend *Berneke/Schüttpelz* Rn. 552.

[1053] KG WRP 1990, 330 (333); OLG Celle WRP 1991, 586 (587); OLG Düsseldorf WRP 1993, 327 (329); NJW-RR 2000, 68; OLG Frankfurt a. M. WRP 1980, 423; MD 2002, 265 (266); OLG Hamburg

sehen, wenn der Antragsteller die **Vollziehungsfrist des § 929 Abs. 2 ZPO** versäumt hat, während die Mindermeinung darauf verweist, aus einer unterbliebenen Vollziehung könne noch nicht gefolgert werden, dass von Anfang an kein Eilbedürfnis bestanden habe[1055] und die Kostenbelastung vor allem mit dem Argument als nicht gerechtfertigt ansieht, dass die Fristversäumnis auch unverschuldet sein könne.[1056] Das OLG Karlsruhe[1057] differenziert danach, aus welchen Gründen die Vollziehung unterblieben ist: Ist die Vollziehung wegen des nachträglichen Wegfalls des Verfügungsanspruchs unterblieben, kommt danach eine einheitliche Kostenentscheidung nicht in Betracht, bei Fortbestand des Verfügungsanspruchs sind dem Antragsteller dagegen auch die Kosten des Anordnungsverfahrens aufzuerlegen, ohne dass es auf ein Verschulden an der Fristversäumnis ankommt.

Auch bei **Versäumung der Frist zur Klageerhebung** nach § 926 Abs. 1 ZPO wird 391
die einstweilige Verfügung als von Anfang an unberechtigt angesehen.[1058]

Um den sich aus **§ 93 ZPO** ergebenden Nachteilen im Falle eines sofortigen Anerkennt- 392
nisses des Aufhebungsantrages entsprechend § 307 Abs. 1 ZPO[1059] vorzubeugen, trifft den Antragsgegner die kostenrechtliche Obliegenheit, den Antragsteller vor Einleitung des Verfahrens zum **Verzicht auf die Rechte** aus der einstweiligen Verfügung und zur Herausgabe des Titels **aufzufordern.**[1060] Dies wird zum Teil bei Versäumung der Vollziehungsfrist und im Falle des Verjährungseintritts zu Unrecht für nicht zumutbar angesehen.[1061] Etwas anderes kann nur dann gelten, wenn mit dem Aufhebungsantrag ausschließlich die Versäumung der Frist zur Klageerhebung geltend gemacht wird (→ Rn. 567).

Liegt ein Aufhebungsgrund vor, der die einstweilige Verfügung von Anfang an als unbe- 393
rechtigt erscheinen lässt, gibt der Antragssteller nur dann keinen Anlass zu einem Aufhebungsantrag, wenn er auf entsprechende Aufforderung hin auch[1062] **auf die Rechte aus der Kostenentscheidung verzichtet** und sich bereit erklärt, dem Antragsgegner die Kosten des Anordnungsverfahren zu erstatten.[1063] Anderenfalls kann bzw. muss (als Konsequenz aus BGH GRUR 1993, 998 – Verfügungskosten) der Antragsgegner den Aufhebungsantrag auf die Kostenentscheidung des Anordnungsverfahrens beschränken;[1064] dem steht § 99 Abs. 1 ZPO nicht entgegen, da nur die Kosten Gegenstand und damit Hauptsache im Sinne von § 4 Abs. 1 Hs. 2 ZPO sind.[1065] In diesen Fällen muss auch

---

GRUR 1997, 147 (148) (unter Aufgabe von WRP 1993, 822); OLG Hamm GRUR 1985, 84; 1989, 931 (932); OLG Karlsruhe WRP 1996, 120 (121); NJWE-WettbR 1999, 39 (40) (anders noch WRP 1981, 285); OLG Koblenz GRUR 1980, 1022 (1024); OLG Köln WRP 1982, 288; OLG Schleswig NJW-RR 1995, 896.

[1054] Siehe die umfassenden Nachw. bei GroßKommUWG/*Schwippert* § 12 C Rn. 254.

[1055] Vgl. die eingehende Darstellung bei *Ulrich* WRP 1996, 84.

[1056] OLG München NJW 1965, 1183 (1184); NJW-RR 1986, 998 (999); WRP 1996, 1052; NJW-RR 1996, 998 (999 f.); *Walker* in Schuschke/Walker § 927 Rn. 22; vgl. auch Ahrens/*Ahrens* Kap. 60 Rn. 13; *Ahrens* WRP 1999, 1 (2).

[1057] WRP 1996, 120 (121 f.).

[1058] OLG Frankfurt a. M. Rpfleger 1963, 251 (252); OLG Hamm NJW-RR 1990, 1214; *Ulrich* WRP 1996, 84 (85 ff.); Stein/Jonas/*Bruns* § 927 Rn. 16; *Walker* in Schuschke/Walker § 927 Rn. 17; *Berneke/Schüttpelz* Rn. 552 mwN.

[1059] *Berneke/Schüttpelz* Rn. 556.

[1060] KG OLG Report 1999, 335; OLG Frankfurt a. M. OLG Report 2001, 147; OLG Karlsruhe WRP 1980, 713 (714); 1996, 120; OLG Koblenz GRUR 1989, 373 (374); OLG Köln WRP 1982, 288; OLG München GRUR 1985, 161; LG Kiel WRP 1999, 879; LG Konstanz WRP 1999, 708 (Ls.).

[1061] OLG Hamburg WRP 1989, 403; OLG Hamm GRUR 1985, 84; OLG Frankfurt a. M. OLGZ 1985, 442; OLG Koblenz WRP 1986, 298; LG Köln GRUR 1989, 77.

[1062] Vgl. OLG Düsseldorf GRUR-RR 2001, 96 wonach in einem Verzicht auf die Rechte aus der einstweiligen Verfügung und der Herausgabe des Titels noch kein Verzicht auf die Rechte aus der Kostenentscheidung zu sehen ist.

[1063] OLG Karlsruhe WRP 1996, 120 (121) mAnm *Ulrich* WRP 1996, 84; Ahrens/*Ahrens* Kap. 60 Rn. 40 f.; *Wieczorek/Schütze/Thümmel* § 927 Rn. 17.

[1064] Ahrens/*Ahrens* Kap. 60 Rn. 42 mwN in Fn. 78.

[1065] OLG Köln GRUR 1985, 458; zweifelnd OLG München NJW-RR 1986, 998 (999).

entsprechend § 99 Abs. 2 S. 1 ZPO die sofortige Beschwerde gegen das Kostenurteil zugelassen werden.[1066]

Von den vorstehenden Fallgestaltungen (→ Rn. 595–599) abgesehen muss der Antragsteller dagegen auf die Rechte aus der Kostenentscheidung, da sie vom Aufhebungsverfahren unberührt bleibt, nicht verzichten.

394 **d) Einstweilige Einstellung der Zwangsvollstreckung.** Entsprechend § 707, § 924 Abs. 3 S. 2 ZPO kann das Gericht die **einstweilige Einstellung der Zwangsvollstreckung** anordnen.[1067] Vor Anhängigkeit kommt ein solcher Antrag nicht in Betracht.[1068] Das die Aufhebung der einstweiligen Verfügung aussprechende Urteil ist vorläufig vollstreckbar (§ 708 Nr. 6 ZPO) und erlangt somit ab Verkündung Wirkung.[1069]

Wird das dem Antrag stattgebende Urteil des Landgerichts auf die Berufung hin aufgehoben, bedarf es keines Neuerlasses der einstweiligen Verfügung. Es ist nur zu prüfen, ob sich die Entscheidungsgrundlage nachträglich zugunsten des Schuldners verändert hat. Sind keine veränderten Umstände eingetreten, ist eine erneute Prüfung von Verfügungsanspruch und Verfügungsgrund nicht veranlasst.[1070]

395 **e) Erledigungserklärung, Antragsrücknahme.** Der Aufhebungsantrag kann vom Antragsgegner für **erledigt erklärt** oder – auch ohne Zustimmung des Antragstellers – mit der Kostenfolge aus § 269 Abs. 3 S. 2 ZPO (entsprechend) **zurückgenommen** werden.[1071]

396 **f) Haftung.** Zur Schadensersatzpflicht nach **§ 945 ZPO** → Rn. 672 ff.

397 **g) Streitwert.** Hierzu → Rn. 648.

XXII. Schutzschrift

Schrifttum: *Ahrens,* § 15 FAO Selbststudium: Das elektronische Schutzschriftenregister, IPRB 2015, 215; *Bacher,* Das eletkronische Schutzschriftenregister, MDR 2015, 1329; *Borck,* Andere Ansichten in Kostenfragen, WRP 2001, 20; *ders.,* Das rechtliche Gehör im Verfahren auf Erlass einer einstweiligen Verfügung, MDR 1988, 908; *Deutsch,* Die Schutzschrift in Theorie und Praxis, GRUR 1990, 327; *Hartmann,* Neue Schutzschriftregeln, GRURPrax 2015, 163; *Hilgard,* Die Schutzschrift im Wettbewerbsrecht, 1985; *Herr,* Vom Sinn und Unsinn der Schutzschriften, GRUR 1986, 436; *Krahe,* Die Schutzschrift. Kostenerstattung und Gebührenanfall, 1991; *Lüke,* Abschlussschreiben und Schutzschrift bei Unterlassungsverfügungen, in: FS Jahr, 1999, S 293; *May,* Die Schutzschrift im Arrest- und einstweiligen Verfügungsverfahren, 1983; *Pastor,* Die Schutzschrift gegen wettbewerbliche einstweilige Verfügungen, WRP 1972, 229; *Steinmetz,* Der „kleine" Wettbewerbsprozess, S. 133–141, 1993; *Schlingloff,* Das elektronische Schutzschriftenregister und die Schutzschriftenregisterverordnung, WRP 2016, 301; *Schmidt-Gaedke/Arz,* Der Kostenerstattungsanspruch des Hinterlegers einer Schutzschrift, WRP 2012, 60; *Schmidt-Gaedke,* Der Referentenentwurf zur Schutzschriftenverordnung, GRURPrax 2015, 161; *Schulz,* Die Rechte des Hinterlegers einer Schutzschrift, WRP 2009, 1472; *Schwippert,* Staatliches elektronisches Register für Schutzschriften, MarkenR 2014, 6; *Teplitzky,* Die Schutzschrift als vorbeugendes Verteidigungsmittel gegen einstweilige Verfügungen, NJW 1980, 1667; *ders.,* Schutzschrift, Glaubhaftmachung und „besondere" Dringlichkeit bei § 937 Abs. 2 ZPO – drei Beispiele für Diskrepanzen zwischen Theorie und Praxis, WRP 1980, 373; *Walker,* Die Schutzschrift und das elektronische Schutzschriftenregister nach §§ 945a, 945b ZPO, in: Festschrift Schilken, 2014, S. 819; *Wehlau/Kalbfus* Die Schutzschrift im elektronischen Rechtsverkehr, ZRP 2013, 101; *Wehlau/Kalbfus,* Die Schutzschrift, 2. Aufl., 2015; *Wehlau/Kalbfus,* Die Schutzschrift – Funktion, Gestaltung und prozesstaktische Erwägungen, WRP 2012, 395; *dies.,* Beschlussverüfung und rechtliches Gehör – zur Notwendigkeit einer europaweiten Anerkennung der Schutzschrift, GRUR Int. 2010, 396; *Wilke/Jungeblut,* Abmahnung, Schutzschrift und Unterlassungserklärung im gewerblichen Rechtsschutz, 2. Aufl., 1995.

[1066] Str., vgl. die Nachweise zum Meinungsstand bei *Berneke/Schüttpelz* Rn. 553.
[1067] *Berneke/Schüttpelz* Rn. 549.
[1068] *Berneke/Schüttpelz* Rn. 549.
[1069] Zöller/*Vollkommer* § 927 Rn. 14.
[1070] OLG München Mitt. 2019, 449 (452); OLG Karlsruhe 22.1.2014 – 6 U 135/10 Rn. 103; Cepl/Voß § 927 Rn. 22.
[1071] *Berneke/Schüttpelz* Rn. 547 mwN.

§ 945a ZPO

(1) Die Landesjustizverwaltung Hessen führt für die Länder ein zentrales länderübergreifendes elektronsiches Register für Schutzschriften (Schutzschriftenregister). Schutzschriften sind vorbeugende Verteidigungsschriftsätze gegen erwartete Anträge auf Arrest oder einstweilige Verfügung.

(2) Eine Schutzschrift gilt als bei allen ordentlichen Gerichten der Länder eingereicht, sobald sie in das Schutzschriftenregister eingestellt ist. Schutzschriften sind sechs Monate nach ihrer Einstellung zu löschen.

(3) Die Gerichte erhalten Zugriff auf das Register über ein automatisiertes Abrufverfahren. Die Verwendung der Daten ist auf das für die Erfüllung der gesetzlichen Aufgaben Erforderliche zu beschränken. Abrufvorgänge sind zu protokollieren.

§ 945b ZPO Verordnungsermächtigung

Das Bundesministerium der Justiz und für Verbraucherschutz hat durch Rechtsverordnung mit Zustimmung des Bundesrates die näheren Bestimmungen über die Einrichtung und Führung des Registers, über die Einreichung von Schutzschriften zum Register, über den Abruf von Schutzschriften aus dem Register sowie über die Einzelheiten der Datenübermittlung und -speicherung soweie der Datensicherheit und der Barrierefreiheit zu treffen.

Schutzschriftenregisterverordnung vom 24.11.2015 – SVR (BGBl. I S. 2135)

§ 1 Inhalt und Aufbau des Registers

(1) Das Register enthält die Schutzschriften, die ihm gemäß § 945a Abs. 1 Satz 1 der Zivilprozessordnung übermittelt worden sind.

(2) Das Register hat über jede eingestellte Schutzschrift folgende Angaben zu enthalten:

1. die Bezeichnung der Parteien,
2. die bestimmte Angabe des Gegenstands
3. das Datum und die Uhrzeit der Schutzschrift.

(3) Das Register enthält eine Suchfunktion, die es dem Gericht ermöglicht, nach der Bezeichnung der Parteien zu suchen. Auf Grundlage des nach Satz 1 ermittelten Suchergebnisses kann die Suche durch Angabe des Gegenstands und des Zeitraums der Einreichung eingeschränkt werden.

(4) Die Suchfunktion stellt sicher, dass auch ähnliche Ergebnisse angezeigt und Eingabefehler sowie ungenaue Parteibezeichnungen toleriert werden.

§ 2 Einreichung

(1) Zur Einreichung einer Schutzschrift bei dem Register ist jeder berechtigt, der eine Schutschrift gemäß § 945a Abs. 1 Satz 2 der Zivilprozessordnung bei Gericht einreichen kann. Der Schutzschrift ist ein einheitlich strukturierter Datensatz beizufügen, der mindestens die Angaben nach § 1 Abs. 2 Nummer 1 und 2 enthält. Der Schutzschrift können Anlagen beigefügt werden.

(2) Die Schutzschrift, ihre Anlagen und der strukturierte Datensatz sind nach Maßgabe der folgenden Absätze als elektronisches Dokument bei dem Register einzureichen.

(3) Das elektronische Dokumet muss für die Bearbeitung durch das Register geeignet sein. Der Betreiber des Registers bestimmt die technischen Rahmenbedingungen der Einreichung. Die Bestimmungen müssen in angemessener Weise den Zugang zum Register sicherstellen und regelmäßig an den jeweiligen Stand der Technik angepasst werden. Sie sind vom Betreiber des Registers auf seiner Internetseite zu veröffentlichen.

(4) Das elektronische Dokument, das die Schutzschrift enthält, muss mit einer qualifizierten elektronischen Signatur der verantwortenden Person versehen sein. *Wird das elektronische Dokument auf einem sicheren Übermittlungsweg eingereicht, genügt es, wenn die Schutzschrift durch die verantwortende Person signiert wird.*

(5) Sichere Übermittlungswege sind

1. Der Postfach- und Versanddienst eines De-Mail-Kontos, wenn der Absender bei Versand der Nachricht sicher im Sinne des § 4 Abs. 1 Satz 2 des De-Mail-Gesetzes angemeldet ist und er sich die sichere Anmeldung gemäß § 5 Abs. 5 des De-Mail-Gesetzes bestätigen lässt,

2. Der Übermittlungsweg zwischen dem besonderen elektronischen Anwaltspostfach nach § 31a der Bundesrechtsanwaltsordnung und dem Register.

3. der Übermittlungsweg zwischen einem auf gesetzlicher Grundlage errichteten elektronischen Postfach, das dem Anwaltspostfach nach Nummer 2 entspricht, und dem Register.

(6) Ist ein elektronisches Dokument für das Register zur Bearbeitung nicht geeignet, hat der Betreiber des Registers dies dem Absender unter Hinweis auf die Unwirksamkeit des Eingangs und auf die geltenden technischen Rahmenbedingungen unverzüglich mitzuteilen.

§ 3 Einstellung

(1) Eine dem Register elektronisch übermittelte Schutschrift ist unverzüglich nach ihrer ordnungsgemäßen Einreichung zu elektronischen Abruf und Ausdruck in das Register einzustellen.

(2) Eine Schutschrift ist in das Register eingestellt, wenn sie auf der für den Abruf bestimmten Einrichtung des Registers elektronisch gespeichert und für die Gerichte der Länder abrufbar ist.

(3) Einstellungen im Register erfolgen ohne inhaltliche Überprüfung der Angaben. Eine Berichtigung von Schutzschriften findet nicht statt.

(4) Dem Absender ist eine automatisiert erstellte Bestätigung über de Zeitpunkt der Einstellung zu erteilen.

§ 4 Abruf

(1) Abruf ist jede Suchanfrage bei dem Register.

(2) Der Abruf des Registers ist nur den zuständigen Gerichten der Länder in elektronischer Form zur Nutzung in anhängigen Verfahren gestattet. Die Befugnis nach Satz 1 ist bei jedem Verbindungsaufbau anhand einer Benutzerkennung und eines geheim zu haltenden Passworts oder in einem automatisierten Identifizierungsverfahren elektronisch zu prüfen.

(3) Bei jedem Abruf sind die Bezeichnung der Parteien und das gerichtliche Aktenzeichen, sofern ein solches bereis vergeben wurde, anzugeben.

(4) Der Betreiber des Registers stellt die jederzeitige elektronische Abrufbarkeit des Regisers sicher. Störungen werden dem abrufenden Gericht unverzüglich mitgeteilt.

§ 5 Protokollierungs- und Mitteilungspflichten

(1) Jeder Abruf ist unter Angabe des Gerichts, des gerichtlichen Akteneichens, sofern ein solches bereits vergeben wurde, der Suchbegriffe, des Zeitpukts des Abrufes, des Ergebnisses der Suchanfrage und der übermittelten Daten elektronisch zu protkollieren. Das Protokoll wird elektronisch an das abrufende Gericht übersandt; eine Einstellung des Protokolls in das Register erfolgt nicht.

(2) Das abrufende Gericht und das gerichtliche Aktenzeichen, sofern ein solches bereits vergeben wurde, werden im Register bei der abgerufenen Schutzschrift gespeichert, wenn der Abruf zum Auffinden einer Schutzschrift führte. Als aufgefunden gilt eine Schutzschrift, wenn sie auf eine Suchanfrage in einer Trefferliste angezeigt wird.

(3) Wird eine aufgefundene Schutzschrift vom abrufenden Gericht als sachlich einschlägig gekennzeichnet, erhält der Absender drei Monate nach dieser Kennzeichnung eine automatisiert erstellte Mitteilung, die das abrufende Gericht und das gerichtliche Aktenzeichen enthält.

§ 6 Löschung

(1) Der Betreiber des Registers stellt sicher, dass Schutzschriften sechs Monate nach ihrer Einstellung gelöscht werden. Die gemäß § 2 Abs. 1 Satz 2 und § 5 Abs. 2 zu dieser Schutzschrift gespeicherten Daten sind nach weiteren drei Monaten zu löschen.

(2) Auf Antrag des Absenders hat der Betreiber des Registers die Schutzschrift und die zu ihr gemäß § 2 Abs. 1 Satz 2 und § 5 Abs. 2 gespeicherten Daten unverzüglich zu löschen. Der Antrag ist als elektronisches Dokument nah Maßgabes des § 2 zu stellen. Der Absender erhält eine automatisiert erstellte Bestätigung über die Löschung. Eine Mitteilung nach § 5 Abs. 3 erfolgt nach der Löschung nicht mehr.

(3) Unzulässigerweise in das Register eingestellte Daten sind nach Feststellung der Unzulässigkeit unverzüglich zu löschen.

§ 7 Datensicherheit

Der Betreiber des Registers hat durch organisatorische und technische Vorkehrungen sicherzustellen, dass die eingereichten Daten während ihrer Übermittlung und Abrufbarkeit unversehrt und vollständig bleiben sowie gegen unbefugte Kenntnisnahme Dritter geschützt sind.

§ 8 Störungen

Der Betreiber des Registers hat durch oganisatorische und technische Vorkehrungen sicherzustellen, dass er von auftretenden Störungen unverzüglich Kenntnis erlangt. Störungen sind unverzüglich zu beheben.

§ 9 Barrierefreiheit

Der Betreiber des Registers hat durch organisatorische und technische Vorkehrungen sicherzustellen, dass für blinde und sehbehinderte Personen ein barrierefreier Zugang zum Register gewährleistet ist. Für die Gestaltung des Registers ist die Barrierefreie-Informationstechnik-Verordnung vom 12. September 2011 (BGBl. I S. 1843) in der jeweils geltenden Fassung entsprechend anzuwenden.

§ 10 Inkrafttreten (nicht abgedruckt)

§ 49c BRAO Einreichung von Schutzschriften [gültig ab 1.1.2017]

Der Rechtsanwalt ist verpflichtet, Schutzschriften ausschließlich zum Schutzschriftenregister nach § 945a der Zivilprozessordnung einzureichen.

1. Allgemeines. Die Schutzschrift ist eine **Entwicklung der Praxis,**[1072] die bis zur Einführung der §§ 945a, 945b ZPO mit Wirkung zum 1.1.2016 nicht gesetzlich geregelt war. Sie ist seit Jahrzehnten nicht nur im Bereich des Wettbewerbsrechts allgemein anerkannt. So wurden beim Landgericht München I im Jahre 2002 1.891 und im Jahre 2003 1.955 Schutzschriften eingereicht.[1073] Die Zahlen bei anderen Großstadtgerichten dürften sich ebenfalls in dieser Größenordnung bewegt haben.[1074] 398

Die gesetzliche **Neuregelung** zum 1.1.2016 – vgl. die Definition in § 945a Abs. 1 S. 2 ZPO – orientiert sich an der bisherigen Praxis und erspart den Aufwand, der ggf. mit der Einreichung von Schutzschriften bei einer Vielzahl von Gerichten, bei denen ein Gerichtsstand begründet ist.[1075] Grundlegende inhaltliche Änderungen gegenüber der bisherhigen Praxis sind damit nicht verbunden. Der Schwerpunkt liegt auf der Ausgestaltung der elektronischen Einreichung, den Betrieb des Registers und das Verfahren bei Abruf der Schutzschriften durch die Gerichte. 399

Bis zum 1.1.2022 (§ 130d ZPO nF) besteht auch für Rechtsanwälte weiterhin die Möglichkeit, eine Schutzschrift in „Papierform" einzureichen und auch in der Folgezeit ist kein Anwaltszwang vorgesehen, sodass potentielle Antragsgegner auch weiterhin selbst Schutzschriften bei den Gerichten einreichen können.[1076] 400

Die Schutzschrift **versucht die „Mitwirkungsdefizite" des (vermeintlichen) Antragsgegners** im Verfahren auf Erlass einer einstweiligen Verfügung **auszugleichen,** die sich aus dessen gesetzlicher Ausgestaltung, vor allem aber aus der (bisherigen) Hand- 401

[1072] Vgl. *Deutsch* GRUR 1990, 327 mwN; Ahrens/*Spätgens* Kap. 6 Rn. 1; *Teplitzky* LMK 2003, 95.

[1073] Vgl. auch die Zahlen bei *Deutsch* GRUR 1990, 327 für das LG Hamburg für 1988/1989.

[1074] Vgl. BR-Drs. 830/03, 7; *Schwippert* MarkenR 2014, 6; *Wehlau/Kalbfus* Rn. 2.

[1075] Vgl. hierzu *Bacher* MDR 2015, 1329; *Schwippert* MarkenR 2014, 6 f.

[1076] *Bacher* MDR 2015, 1329 (1330); Wieczorck/Schütze/Thümmel § 945a Rn. 5; Stein/Jonas/Bruns § 945 Rn. 5.

habung des § 937 Abs. 2 ZPO im Bereich des gewerblichen Rechtsschutzes ergeben. Diese ist dadurch gekennzeichnet, dass sich die Beschlussverfügung – abweichend von § 937 Abs. 2 ZPO – als der Regelfall darstellt, wobei sich die Entscheidung ohne mündliche Verhandlung oftmals auch nicht auf einfache und eindeutige Sachverhalte beschränkt (hierzu Vorauflage → Rn. 374 f.). Die Nachholung des rechtlichen Gehörs des Antragsgegners im Rahmen eines Widerspruchverfahrens vermag nichts daran zu ändern, dass er bis zur Entscheidung über den Widerspruch – eine einstweilige Einstellung der Zwangsvollstreckung wird in der Regel nicht erfolgen (→ Rn. 265 f.) – mit oftmals weitreichenden Folgen belastet ist. Darüber hinaus birgt das Beschlussverfahren ohne Beteiligung des Antragsgegners die Gefahr der Entscheidung aufgrund unvollständiger bzw. unzutreffender Grundlage, zumal der Antragsgegner sich nicht darauf verlassen kann, dass eine entsprechende Abmahnkorrespondenz, aus der sich seine abweichende Darstellung ergibt, auch zusammen mit dem Antrag auf Erlass einer einstweiligen Verfügung dem Gericht vorgelegt wird. Dies wird von manchen Anwälten unterlassen mit dem Hinweis, es könne nicht Aufgabe des Antragstellers sein, Umstände, die gegen den Erlass der einstweiligen Verfügung sprechen könnten, vorzutragen. Will sich der (vermeintliche) Antragsgegner nicht mit seiner nachträglichen Beteiligung im Rahmen des Widerspruchsverfahrens begnügen, muss er versuchen, eine Entscheidung zu seinen Lasten zu verhindern. Damit stellt sich die Hinterlegung einer Schutzschrift als von der Anwaltschaft geschaffenes Mittel zur Geltendmachung des Anspruchs auf rechtliches Gehör vor Gericht (Art. 103 Abs. 1 GG) im Rahmen eines erwarteten Verfügungsantrags dar.[1077]

402 **Veranlassung** für ein solches vorbeugendes Verteidigungsmittel wird in der Regel eine **Abmahnung** sein, der der Abgemahnte nicht oder nicht vollständig entspricht, mit der Folge, dass er die Einleitung der meist in der Abmahnung auch bereits in Aussicht gestellten gerichtlichen Schritte gewärtigen muss. In Ausnahmefällen kann sich die Erwartung eines Verfügungsantrags auch aus anderen Umständen – Vorgehen gegen entsprechende Verhaltensweisen Dritter, wie zB andere Vertreiber eines (angeblichen) Plagiats – ergeben.

403 Mahnt der Antragsteller dagegen den Antragsgegner erst ab, nachdem er bereits eine Beschlussverfügung erwirkt hat (sogenannte Vorrats- oder Schubladenverfügung),[1078] kann er damit seinerseits die Wirkungen einer erst danach eingereichten Schutzschrift unterlaufen,[1079] geht aber ein entsprechendes Kostenrisiko ein.[1080]

404 **2. Form und Inhalt.** Mangels gesetzlicher Regelung gibt es keine zu beachtenden Formvorschriften. Allgemein wird für die Schutzschrift **Schriftform** – ein vom mutmaßlichen Antragsgegner oder einem Anwalt oder sonstigen Vertreter eingereichter Schriftsatz – gefordert. Ein entgegen § 945a Abs. 1 S. 2 ZPO („Verteidigungsschriftsatz") mündliches „Schutzgesuch" ist unbeachtlich.[1081] Ein Anwaltszwang besteht weiterhin nicht.[1082] Deshalb wird die Bewilligung von Prozesskostenhilfe, die in der Literatur grundsätzlich für möglich erachtet wird,[1083] im Bereich des Wettbewerbsrechts kaum in Betracht kommen.

§ 49c BRAO verpflichtet Rechtsanwälte berufsrechtlich zwar seit dem 1.1.2017 Schutzschriften nur noch zentral beim zentralen Schutzschriftregister einzureichen. Nach allgemeiner Auffassung können aber von Rechsanwälten in Papierform bei Gerichten einge-

[1077] So auch BGH GRUR 2003, 456 – Kosten der Schutzschrift I.
[1078] Vgl. hierzu OLG Hamburg MD 1997, 730; Ahrens/*Spätgens* Rn. 173 ff. mwN.
[1079] *Nieder,* Außergerichtliche Streitschlichtung, S. 32.
[1080] Vgl. OLG Müchen GRUR-RR 2006, 176; hierzu → Rn. 376; vgl. auch OLG Frankfurt a. M. WRP 2017, 362 zur Frage der arglistigen Täuschung.
[1081] Ahrens/*Spätgens* Kap. 6 Rn. 6; *Kessen* in Schuschke/Walker § 945b Rn. 6 mwN.
[1082] *Walker* FS Schilken, 2015, 819 (823); *Kessen* in Schuschke/Walker § 945b; *Bacher* MDR 2015, 1329 (1330); Musielak/Voit/Huber § 945a Rn. 5; MüKoZPO/*Drescher* § 945 Rn. 5; Büscher/*Schmidt* § 12 Rn. 279.
[1083] Zöller/*Philippi* § 114 Rn. 2.

reichte Schutzschriften vor Einführung einer bindenden Pflicht zur elektronischen Einreichung nicht als unwirksam angesehen werden.[1084]

Um den erstrebten Zweck zu erreichen, sollte die Schutzschrift als solche eindeutig erkennbar sein. Von besonderer Bedeutung ist die **vollständige Bezeichnung der Parteien** des erwarteten Verfügungsverfahrens (Namen, gesetzliche Vertreter, Anschrift). Im Falle der Einreichung durch einen Anwalt sollte damit die Erklärung verbunden sein, dass er sich als Verfahrensbevollmächtigter (und inwieweit) für den Antragsgegner bestellt[1085] (zum Schutzschriftanwalt als Zustellungsbevollmächtigten im Sinne von § 172 ZPO → Rn. 320). 405

In der Sache ist der Antragsgegner gehalten, **Umstände tatsächlicher oder rechtlicher Natur vorzutragen,** die dem von ihm erwarteten Antrag auf Erlass einer einstweiligen Verfügung entgegen stehen, die also den Verfügungsgrund (Vermutung der Dringlichkeit) und/oder den Verfügungsanspruch bzw. dessen Glaubhaftmachung zumindest in Frage stellen können. Gegebenenfalls wird sich auch empfehlen, das Vorbringen **durch entsprechende Unterlagen und Glaubhaftmachungsmittel zu untermauern.** Zu Recht wird davon abgeraten, sich auf substanzlose Ausführungen zu beschränken, die beim Gericht eher den Eindruck fehlender relevanter Verteidigungsargumente erwecken können.[1086] Ohne ein Mindestmaß an sachlichem Gehalt wird auch eine Ankündigung, im Rahmen der erstrebten Entscheidung aufgrund mündlicher Verhandlung weitere Einwendungen vorzubringen und glaubhaft zu machen, wenig Wirkung zeigen. Üblicherweise werden in der Schutzschrift **Anträge** dahingehend formuliert, den (erwarteten) Antrag auf Erlass einer einstweiligen Verfügung zurückzuweisen, hilfsweise nicht ohne mündliche Verhandlung zu entscheiden, oftmals auch den Erlass von einer Sicherheitsleistung abhängig zu machen.[1087] Dabei handelt es sich aber nur um Anregungen gegenüber dem Gericht, in einer bestimmten Weise zu verfahren, wobei **maßgeblich** für die Vorgehensweise des Gerichts das **tatsächliche und rechtliche Vorbringen** in der Schutzschrift ist.[1088] Ob in der Schutzschrift ein wirksamer Antrag auf Verweisung an die Kammer für Handelssachen gestellt werden kann, ist streitig.[1089] 406

3. Adressat der Schutzschrift. a) Gericht. Wird die Schutzschrift nicht beim zentralen Schutzschriftenregister eingereicht, muss sie, um ihren Zweck erfüllen zu können bei dem/den Gericht(en) hinterlegt werden, bei dem/denen voraussichtlich ein Verfügungsantrag eingereicht wird 407

Bei einem drohenden Antrag auf Erlass einer einstweiligen Verfügung von Seiten eines Mitbewerbers (§ 8 Abs. 3 Nr. 1) kommen auch weiterhin eine Vielzahl von „Niederlegungsgerichten" in Betracht, soweit die Annahme des § 14 Abs. 2 Satz 3 Nr. 1 nicht greift (→ § 14 Rn. 84 ff.).

b) Das zentrale, länderübergreifende elektronische Register für Schutzschriften (§§ 945a, 945b ZPO). Gemäß dem am 1.1.2016 in Kraft getretenen § 945a ZPO unterhält die Landesjustizverwaltung Hessen für alle Bundesländer ein zentrales länderübergreifendes Register für Schutzschriften (ZSSR).[1090] Sobald eine Schutzschrift von einer natürlichen/juristischen oder durch einen Rechsanwalt in das ZSSR eingestellt ist, gilt sie 408

1084 GroßkommUWG/*Schwippert* § 12 C Rn. 121; *Schwippert* MarkenR 2014, 6 (7); *Bacher* MDR 2015, 1329 (1330); *Walker* FS Schilken, 2015, 815 (820); *Wehlau/Kalbfus* ZRP 2013, 101; Musielak/*Voit/Huber* § 945a Rn. 5; MüKoZPO/Drescher § 945a Rn. 5; Berneke/*Schüttpelz* Rn. 291 mit Fn. 77.

1085 Ahrens/*Spätgens* Kap. 6 Rn. 8; *Berneke/Schüttpelz* Rn. 293; Muster bei *Bopp/Sonntag* in Münchner Prozessformularbuch, Bd. 5, A. 3; *Pitz* in Hasselblatt § 4 Rn. 55; *Wehlau* S. 107 ff.

1086 *Nieder,* Außergerichtliche Streitschlichtung, S. 32.

1087 Siehe zB das Muster bei *Bopp* in Münchener Prozessformularbuch, Bd. 4 A. 3.

1088 BGH GRUR 2003, 456 – Kosten der Schutzschrift I.

1089 Vgl. *Heil* WRP 2014, 24 ff.; bejahend GroßKommUWG/*Schwippert* § 12 C Rn. 123; verneinend OLG Stuttgart WRP 2018, 1248 Rn. 36.

1090 Siehe zu den technischen Rahmenbedingungen unter https://schutzschriftenregister.hessen.de. Sowie *Wehlau/Kalbfus* Rn. 80 ff.

als bei allen ordentlichen Gerichten der Länder (§ 945a Abs. 2 S. 1 ZPO) und allen Arbeitsgerichten der Länder (§§ 62 Abs. 2 S. 2, 85 Abs. 2 S. 3 ArbGG) eingereicht. Dies ist dann der Fall, wenn die Schutzschrift auf der für den Abruf bestimmten Einrichtung des Registers elektronisch gespeichert ist und für die Gerichte der Länder abrufbar ist (§ 3 Abs. 2 SRV). § 2 SRV regelt die Einreichung der Schutzschrift als elektronisches Dokument. Eine inhaltliche Überprüfung der Angaben in der Schutzschrift findet nicht statt. Eine Berichtigung einer eingereichten Schutzschrift ist nicht vorgesehen (§ 3 Abs. 3 S. 2 SRV). Es verbleibt lediglich die Möglichkeit erneut eine Schutzschrift mit den korrigierten bzw. ergänzten Angaben einzureichen, wofür wiederum die entsprechenden Gebühren in Höhe von 83 EUR (§ 15a JVKostG, Nr. 1160 des Gebührenverzeichnisses) für die Einstellung anfallen. Der Einreicher einer Schutzschrift („Absender“) erhält über den Zeipunkt der Einstellung eine automatisiert erstellte Bestätigung (§ 3 Abs. 4 SVR). Zur Recherche im ZSR (Abruf im Sinne von § 4 SRV) sind nur die Gerichte befugt (§ 4 Abs. 2 S. 1 SRV) und verpflichtet. Diese Aufgabe ist vorrangig von der Einlaufstelle (bei Eingang eines Antrags auf Erlass einer einstweiligen Verfügung) zu erfüllen. Ob damit der Verpflichtigung Genüge getan ist oder ob die Verpflichtung, eine (in Papierform) vorliegende oder nach dem Eingang des Verfügungsantrags bei Gericht in das ZSR eingestellte Schutzschrift zu berücksichtigenden und folglich erneut zu recherchieren, ergibt sich aus der gesetzlichen Neuregelung nicht unmittelbar. Dies ist jedoch aus den von *Bacher*[1091] aufgezeigten Gründen zu bejahen; insbesondere, wenn zwischen dem Eingang des Verfügungsantrags bei Gericht und der Entscheidung über den Antrag mehrere Tage vergehen.[1092]

409 Der **Abruf einer Schutzschrift** ist durch das Gericht zu **protokollieren,** dh das vom Register hierüber erstellte Protokoll (§ 5 Abs. 1 SRV) ist (auszudrucken und) zu den Gerichtsakten zu nehmen. Wird eine Schutzschrift als einschlägig aufgefunden, wird das entsprechende gerichtliche Aktenzeichen in das Register eingetragen (§ 5 Abs. 2 SRV). Über eine vom abrufenden Gericht als sachlich einschlägig gekennzeichnete Schutzschrift wird der Einreichung drei Monate danach automatisch unterrichet, was ggf. für die Frage der Kostenerstattung im Falle der Rücknahme des Verfügungsantrags von Bedeutung ist.[1093]

410 Nach § 6 Abs. 1 SRV hat die **Löschung der Schutzschrift** sechs Monate nach ihrer Einstellung zu erfolgen (Satz 1); die ggf. weiteren vorliegenden Daten nach weiteren drei Monaten (Satz 2). Auf Antrag des Einreichers der Schutzschrift ist diese unverzüglich zu löschen (§ 6 Abs. 2 SRV).

411–412 **4. Behandlung der Schutzschrift bei Gericht.** Der Abruf einer Schutzschrift im ZSR, die zu beachtenden Vorgaben hinsichtlich der Protokollierung sind in §§ 4 und 5 SRV geregelt.

413 Zu **Amtshaftungsansprüchen:** *Deutsch* GRUR 1990, 327 (329).

414 **Geht kein entsprechender Verfügungsantrag bei Gericht ein,** bleibt die Schutzschrift ohne Bedeutung. Der (vermeintliche) Antragsteller wird von dem Eingang der Schutzschrift nicht informiert.[1094] In einem nachfolgenden Hauptsacheverfahren kann ihr Inhalt nur verwertet werden, wenn er durch Beiziehung der Schutzschrift in das Verfahren eingeführt wird.[1095] Ein potentiieller Antragsteller ist zum Abruf im ZSR nicht befugt (§ 4 Abs. 2 S. 1 SRV).

415 Wird ein entsprechender Verfügungsantrag eingereicht, **muss der Inhalt der Schutzschrift**[1096] nach allgemeiner Auffassung vom Gericht **uneingeschränkt berücksichtigt**

[1091] MDR 2015, 1329 (1333); aA *Walker* FS Schilken, 2015, 815 (821); Zöller/*Vollkommer* § 945a Rn. 3; vgl. auch *Hartmann* GRURPrax 2015, 161 f., der dem Gericht ein Ermessen einräumt.

[1092] MüKoZPO/*Drescher* § 945a Rn. 6 aE; Berneke/*Schüttpelz* Rn. 294.

[1093] *Bacher* MDR 2015, 1329 (1332).

[1094] Ahrens/*Spätgens* Kap. 6 Rn. 15 f.

[1095] OLG Hamm WRP 1993, 339.

[1096] Vgl. Teplitzky/*Feddersen* Kap. 55 Rn. 52a, sowie die weiteren Nachw.bei Büscher/*Schmidt* § 12 Rn. 283.

werden.[1097] Die Funktion der Schutzschrift kann nicht darauf reduziert werden, eine Entscheidung ohne mündliche Verhandlung zu verhindern.[1098] Sie kann zu verschiedenen Reaktionen führen:

Ist der Inhalt der Schutzschrift **nicht geeignet, den Verfügungsanspruch oder den Verfügungsgrund in Frage zu stellen,** kann das Gericht durch Beschluss entscheiden und dem Antrag stattgeben. In diesem Falle wird sich empfehlen,[1099] im Rahmen einer (Kurz-)Begründung darzulegen, warum die Schutzschrift dem Erlass der einstweiligen Verfügung im Beschlusswege nicht entgegen stand. Daraus kann der Antragsgegner zum einen ersehen, dass die Schutzschrift zur Kenntnis genommen wurde, zum anderen erfährt er, dass und warum das Gericht seine bisherige Verteidigung nicht für erfolgreich beurteilt; dies kann ihn von einem erfolglosen Widerspruch abhalten. In diesem Fall ist es ausreichend, wenn dem Antragsteller die Schutzschrift (erst) zusammen mit dem Verfügungsbeschluss übermittelt wird.[1100] **416**

Da mit Eingang des Verfügungsantrags ein Prozessrechtsverhältnis begründet wird, ergibt sich für den Antragsteller aus § 299 Abs. 1 ZPO ein Anspruch darauf, auf Verlangen eine **Abschrift der Schutzschrift ausgehändigt** zu erhalten.[1101] Vor Eingang eines Verfügungsantrags besteht ein solches Recht nicht.[1102] **417**

Nach der überwiegend vertretenen Auffassung kann sich eine Schutzschrift aber auch insoweit als „kontraproduktiv" auswirken, als das Gericht deren **Inhalt auch zu Lasten des Antragsgegners berücksichtigen** kann, etwa wenn aufgrund eines mit der Antragsschrift übereinstimmenden Sachdarstellung eine anderenfalls fehlende oder unzureichende Glaubhaftmachung ohne Auswirkung bleibt.[1103] **418**

Gelangt das Gericht zu der Auffassung, dass der Verfügungsantrag **unabhängig von dem Inhalt der Schutzschrift der Zurückweisung unterliegt,** erfordert es der Grundsatz des rechtlichen Gehörs nicht, dem Antragsteller vor einer ablehnenden Entscheidung im Beschlusswege Gelegenheit zu geben, zu dem Vorbringen in der Schutzschrift Stellung zu nehmen. Auch hier wird sich ein entsprechender Hinweis in der (ohnehin erforderlichen) Begründung von Seiten des Gerichts empfehlen.[1104] Von einer Mitteilung des ablehnenden Beschlusses an den Antragsgegner gemäß §§ 936, 922 Abs. 3 ZPO wird nach der Rspr. des BVerfG nur in Ausnahmefällen abgesehen werden können.[1105] **419**

Erachtet das Gericht den **Inhalt der Schutzschrift** dagegen für **beachtlich,** kann es diesen ohne die Gewährung von rechtlichem Gehör nicht zu Lasten des Antragstellers berücksichtigen.[1106] Bestimmt das Gericht Termin zur mündlichen Verhandlung – wie es **420**

[1097] BGH GRUR 2003, 456 – Kosten der Schutzschrift I; KG GRUR 1985, 325; OLG Düsseldorf WRP 1981, 652; 1995, 499 (500); OLG Hamburg WRP 1977, 495; OLG Koblenz GRUR 1995, 171; OLG Köln NJW 1973, 2071; OLG München WRP 1983, 358; 1992, 811; *Bacher* MDR 2015, 1329 (1333); *Meinhardt* WRP 2017, 1180 Rn. 48; *Kessen* in Schuschke/Walker § 945b Rn. 7 mwN; *Schwippert* MarkenR 2014, 6 f.; vgl. auch OLG Stuttgart WRP 2018, 1248 Rn. 33 zur Heilung eines Verstoßes.

[1098] So aber OLG Hamburg (8. ZS) JurBüro 1983, 1819; *Melullis* WRP 1982, 249 (250); *Melullis* Rn. 47, 842; *Borck* WRP 1978, 262 (263); *Herr* GRUR 1986, 436.

[1099] Eine Begründungspflicht besteht allerdings nicht, OLG Köln MDR 1998, 432 f.; Ahrens/*Spätgens* Rn. 272.

[1100] Vgl. hierzu Ahrens/*Spätgens* Kap. 6 Rn. 18.

[1101] Ahrens/*Spätgens* Kap. 6 Rn. 17.

[1102] MüKoZPO/*Prütting* § 299 Rn. 29 mwN; Zöller/*Greger* § 299 Rn. 6c.

[1103] *Teplitzky* NJW 1980, 1667; Ahrens/*Spätgens* Kap. 6 Rn. 12; *Deutsch* GRUR 1990, 327 (328); GroßKommUWG/*Schwippert* § 12 C Rn. 125 mwN; vgl. auch BGH GRUR 2003, 162 – Progona: Schutzschrift als Ausdruck rechtlicher Zweifel an der Zulässigkeit des Vertriebs des fraglichen Medikaments.

[1104] Vgl. hierzu auch Ahrens/*Spätgens* Rn. 264 mwN.

[1105] Vgl. hierzu → Rn. 149; zuvor wurde bereits eine Mitteilung im Falle der Beteiligung des Antragsgegners zum Teil für erforderlich gehalten vgl. Zöller/*Vollkommer* § 922 Rn. 1; Stein/Jonas/*Grunsky* § 922 Rn. 6; *Bischof* NJW 1980, 2235 (2236).

[1106] HM; OLG München 7.5.2010 – 6 W 1263/10; Ahrens/*Spätgens* Kap. 6 Rn. 5 Fn. 7, Rn. 18 mwN; *Berneke/Schüttpelz* Rn. 294 mwN; *Keussen* in Schuschke/Walker Anhang B zu § 935 Rn. 5; *Borck* WRP 1998, 231 (233); *Borck* MDR 1988, 908 (913); GroßKommUWG/*Schwippert* § 12 C Rn. 125.

vom Gesetz als Regelfall vorgesehen ist –, wird dies durch die Übermittlung der Schutzschrift zusammen mit der Terminsverfügung gewährleistet.

421 Nach überwiegend vertretener Auffassung[1107] wird es auch für zulässig angesehen, dem Antragsteller die **Schutzschrift unter Setzung einer Frist zur Stellungnahme zuzuleiten** und sodann durch Beschluss zu entscheiden. Dies setzt jedoch voraus, dass mit der Anberaumung eines Termins zur mündlichen Verhandlung eine nicht hinnehmbare Verzögerung der Entscheidung verbunden wäre. In derartigen Fällen das Vorbringen in der Schutzschrift unberücksichtigt zu lassen,[1108] schränkt die Rechte des Antragsgegners dagegen ohne Notwendigkeit ein.[1109]

422 **Anfragen von Seiten des Antragsgegners** nach dem Eingang eines Verfügungsantrags muss das Gericht beantworten. Soweit ein Zuwarten mit der Beantwortung empfohlen wird, bis das Verfahren durch Antragsrücknahme erledigt ist, im Falle des Erlasses der einstweiligen Verfügung bis eine Vollziehung angenommen werden kann bzw. im Falle der Zurückweisung bis mit einer (nunmehr sofortigen) Beschwerde nicht mehr zu rechnen ist,[1110] erscheint dies nur dann vertretbar, wenn hierfür auf Seiten des Antragstellers berechtigte Belange – Überraschungszweck – sprechen,[1111] was in den Fällen, in denen eine Schutzschrift eingereicht wurde, nicht mehr ohne weiteres angenommen werden kann.[1112]

§ 5 Abs. 3 SRV sieht eine automatische Benachrichtigung nach Ablauf von drei Monaten vor, wenn eine Schutzschrift vom abrufenden Gericht als sachlich einschlägig gekennzeichnet wurde.

423 **5. Kosten der Schutzschrift. a) Erstattungsanspruch.** Ein **Anspruch auf Erstattung** der mit der Einreichung einer Schutzschrift verbunden Kosten – meist Rechtsanwalts (Patentanwalts-)kosten – kann auf materiellrechtlicher Grundlage oder auf prozessrechtlicher Grundlage bestehen.[1113] Während **materiellrechtliche Erstattungsansprüche** (§ 823 Abs. 1, § 826, § 678 BGB) nur in seltenen Fällen geltend gemacht werden,[1114] da sie – von den weiteren tatbestandlichen Voraussetzungen abgesehen – den Nachweis eines Verschuldens erfordern, ist die **Kostenerstattung auf prozessrechtlicher Grundlage** Gegenstand umfangreicher Erörterungen in der Literatur. Die Rechtsprechung ist insbesondere in Bezug auf den Umfang von Erstattungsansprüchen auf OLG-Ebene uneinheitlich – für Entscheidungen im Kostenfestsetzungsverfahren sind anders als für die Kostengrundentscheidung meist spezielle Kostensenate zuständig. Es zeichnet sich aber bereits ab, dass sich die bisherige uneinheitliche Rechtsprechung in Kostenfragen durch die Eröffnung der Rechtsbeschwerde in vielen Bereichen vereinheitlichen wird.

424 **b) Kostenerstattung.** Der **prozessuale Kostenerstattungsanspruch** setzt eine **Kostengrundentscheidung** voraus.

425 Dabei kann es sich um eine **Entscheidung nach §§ 91 ff. ZPO** handeln, wenn über den entsprechenden Verfügungsantrag aufgrund mündlicher Verhandlung durch **Urteil** entschieden wird. Nach dem RVG fällt für die Einreichung eine Geschäftsgebühr von 0,5 bis 2,5 gemäß §§ 13, 15 RVG iVm Nr. 2300 an.[1115] Gemäß § 19 Abs. 1 S. 2 Nr. 1a

---

[1107] *Deutsch* GRUR 1990, 327 (328); Ahrens/*Spätgens* Kap. 6 Rn. 5; aA bezüglich Zurückweisung durch Beschluss, da mit §§ 936, 922 Abs. 3 ZPO nicht zu vereinbaren Ahrens/*Spätgens* Rn. 271; Ahrens/*Scharen* Kap. 51 Rn. 12; *Melullis* Rn. 47.

[1108] *Berneke/Schüttpelz* Rn. 294; *May* S. 58; aA *Hilgard* S. 40.

[1109] Berneke/*Schüttpelz* Rn. 294 aE.

[1110] Ahrens/*Spätgens* Kap. 6 Rn. 20; vgl. auch *Deutsch* GRUR 1990, 327 (329).

[1111] Vgl. OLG Rostock MDR 2011, 384, zum Antrag auf Akteneinsicht; *Guhn* WRP 2014, 27.

[1112] Vgl. hierzu *Schmidt-Gaedke/Arz* WRP 2012, 60 (63 ff.); *Schulz* WRP 2009, 1471 (1475 f.); *Wehlau/Kalbfus* Rn. 233 ff.

[1113] Zum Verhältnis der beiden vgl. BGH GRUR 1995, 169 (170) – Kosten des Verfügungsverfahrens bei Antragsrücknahme.

[1114] Vgl. OLG Stuttgart WRP 1984, 296; OLG Frankfurt a. M. GRUR 1989, 858; AG Charlottenburg AnwBl 1999, 60; Ahrens/*Spätgens* Kap. 6 Rn. 27; *Deutsch* GRUR 1990, 327 (331); vgl. auch *Borck* WRP 2001, 20 (27).

[1115] BGH GRUR 2008, 640 – Kosten der Schutzschrift III; *Wehlau/Kalbfus* Rn. 247 mwN.

RVG[1116] mit der Folge, dass für den Rechtsanwalt, der einen Prozessauftrag hat, das einreichen der Schutzschrift mit der Verfahrensgebühr für das Verfügungsverfahren abgegolten ist.[1117]

Wird der Verfügungsantrag durch Beschluss zurückgewiesen, können die mit der Einreichung der Schutzschrift verbundenen Kosten aufgrund der **Kostengrundentscheidung im Zurückweisungsbeschluss** erstattet verlangt werden,[1118] wenn sie notwendig im Sinne von § 91 Abs. 1 S. 1 ZPO waren, was im Festsetzungsverfahren zu prüfen ist.[1119] Ob die Schutzschrift für die abweisende Entscheidung kausal geworden ist, ist nicht maßgeblich.[1120] 426

Als Kostengrundentscheidung kommt weiter ein **Beschluss gemäß § 269 Abs. 3 ZPO** (entsprechend) in Betracht, wenn der Antragsteller den Antrag auf Erlass einer einstweiligen Verfügung zurückgenommen hat.[1121] Ein solcher Kostenbeschluss setzt einen Antrag von Seiten des Antragsgegners voraus. An diesem Antragserfordernis hat sich – anders § 516 Abs. 3, § 565 ZPO – durch das ZPO-ReformG nichts geändert. 427

Ob der Antragsgegner **von dem Verfügungsantrag Kenntnis erlangt** hat oder nicht, ist **ohne Bedeutung;**[1122] ebenso, ob die Schutzschrift für die Rücknahme kausal geworden ist, da nach allgemeiner Meinung ein Prozessrechtsverhältnis – als Voraussetzung für einen prozessualen Kostenerstattungsanspruch überhaupt – bereits mit Eingang des Verfügungsantrags bei Gericht entsteht,[1123] nicht erst mit Zustellung der Antrags- oder Beschwerdeschrift bzw. der erlassenen einstweiligen Verfügung. Das Gericht hat daher einem Antrag nach § 269 Abs. 3 S. 2, Abs. 4 ZPO nach Anhörung des Antragstellers zu entsprechen, ohne dass es darauf ankäme, ob und welche Kosten dem Antragsgegner entstanden sind bzw. ob überhaupt eine Schutzschrift eingereicht wurde. Nach zutreffender Auffassung ist das Entstehen, die Notwendigkeit, die Höhe sowie die Zuordnung der geltend gemachten Kosten nicht im Verfahren nach § 269 Abs. 3 ZPO, sondern im **Kostenfestsetzungsverfahren** zu prüfen.[1124] Hierbei ist ein objektiver Maßstab anzuwenden.[1125] Einem solchen Antrag kann nicht mit einem fehlenden Rechtsschutzbedürfnis mangels festsetzbarer Kosten begegnet werden.[1126] Ist maßgeblich auf die Einreichung des Verfügungsantrags abzustellen,[1127] kann es auch nicht darauf ankommen, ob die Schutzschrift bereits vorlag oder erst danach eingegangen ist.[1128] Wurde dagegen kein Verfügungsantrag eingereicht, scheidet eine prozessuale Kostenerstattung aus,[1129] hier kommt allenfalls ein materiellrechtlicher Anspruch in Betracht.[1130] Dies gilt auch, wenn der Verfügungsantrag nicht bei dem Gericht eingereicht wurde, bei dem die Schutzschrift hinterlegt wurde.[1131] Die durch die Einreichung einer Schutzschrift nach Rücknahme des Verfügungsantrags ent- 428

[1116] Eingeführt zum 1.1.2016 vgl. NJW-Spezial 2016, 125.

[1117] BGH GRUR 2003, 456 – Kosten der Schutzschrift I; OLG Bamberg BeckRS 2003, 30326041; *Wehlau/Kalbfus* Rn. 248; *Schulz* WRP 2009, 1472 (1477).

[1118] BGH GRUR 2003, 456 – Kosten der Schutzschrift I.

[1119] Ahrens/Büttner/*Spätgens* Kap. 7 Rn. 27; Ahrens/*Spätgens* Rn. 292.

[1120] OLG Hamburg GRUR-RR 2016, 431.

[1121] BGH GRUR 2003, 456 – Kosten der Schutzschrift I; siehe auch die Nachweise bei *Teplitzky/Feddersen* Kap. 55 Rn. 56 Fn. 306.

[1122] BGH WRP 2007, 786 – Kosten der Schutzschrift II; KG WRP 1988, 240; OLG Düsseldorf WRP 1981, 652; OLG Frankfurt a. M. WRP 1979, 818; NJWE-WettbR 2000, 149; OLG Hamburg WRP 1977, 495 (496); OLG Karlsruhe WRP 1986, 352; OLG München WRP 1983, 358; 1992, 811; NJW 1993, 1604.

[1123] KG WRP 1999, 547; OLG Karlsruhe OLG Report 2000, 436; OLG Koblenz GRUR 1995, 171; vgl. weiter die eingehenden Nachw. aus Lit. u. Rspr. bei Ahrens/Büttner/*Spätgens* Kap. 7 Rn. 30.

[1124] OLG Köln JurBüro 1981, 1827; OLG Stuttgart WRP 1979, 818; Ahrens/*Spätgens* Kap. 6 Rn. 32.

[1125] BGH WRP 2007, 786 Rn. 17 – Kosten der Schutzschrift II.

[1126] OLG Karlsruhe WRP 1986, 352; Ahrens/Büttner/*Spätgens* Kap. 7 Rn. 33 mwN auch zur Gegenmeinung.

[1127] Vgl. BGH GRUR 2003, 456 – Kosten der Schutzschrift I; *Berneke* Rn. 390 mwN.

[1128] *Teplitzky* GRUR 1988, 405 (406).

[1129] Einhellige Meinung vgl. statt aller Teplitzky/*Feddersen* Kap. 55 Rn. 55.

[1130] *Berneke/Schüttpelz* Rn. 699 f.

[1131] OLG Düsseldorf JurBüro 2000, 423.

standenen Kosten sind auch dann nicht erstattungsfähig, wenn der Antragsgegner die Rücknahme nicht kannte oder kennen musste.[1132] Hat der Anwalt das Geschäft iSv Teil 3 Vorb. 3 Abs. 2 RVG VV bereits vor der Rücknahme betrieben, etwa durch Entgegennahme des Auftrags, so ist dadurch die 0,8 Verfahrensgebühr gemäß Nr. 3100, 3101 Nr. RVG VV angefallen.[1133]

429 **c) Erstattungsfähige Kosten.** Welche Kosten zu erstatten sind, ist Gegenstand des **Kostenfestsetzungsverfahrens.**

430 Die Schutzschrift muss sich auf den eingereichten Verfügungsantrag beziehen.[1134] Diese **Zuordnung** verlangt aber keine Identität zwischen dem Inhalt der Schutzschrift und dem Verfügungsantrag, sondern es reicht aus, wenn sich diese als taugliches Verteidigungsmittel in Bezug auf den Verfügungsantrag darstellt.[1135] Davon wird man ebenso wie bei der vorherigen Rücknahme (→ Rn. 629) auch dann ausgehen müssen, wenn der Verfügungsantrag bereits zurückgewiesen war.[1136] Erstattungsfähig sind jedoch nur die Kosten, die durch die Einreichung bei dem Gericht angefallen sind, bei dem der Antrag auf Erlass einer einstweiligen Verfügung eingereicht wurde.[1137] Zu erstatten sind auch die Kosten, die seit dem 1.1.2016 bei Einreichung einer Schutzschrift bei dem von Hessen unterhaltenen ZSSR gemäß § 945a Abs. 1 S. 1 ZPO entstehen.[1138]

431 Die **Hinzuziehung eines Anwalts** zur Verteidigung gegen einen erwarteten Antrag auf Erlass einer einstweiligen Verfügung wird in der Regel als **notwendig** im Sinne von § 91 Abs. 1 S. 1 ZPO anzusehen sein.

432 Die **gesetzliche anwaltliche Vergütung** richtet sich – sofern vertraglich eine niedrigere vereinbart war, kann nur diese erstattet verlangt werden[1139] – nach den Regelungen des RVG (§§ 1, 2 Abs. 2, 9, 13 ff., 19 Abs. 1a RVG iVm dem VV RVG Nr. 3403 oder Nr. 3100 ff. War der dem Anwalt erteilte Auftrag nicht auf die Fertigung der Schutzschrift beschränkt, regelt sich die Vergütung nach Nr. 3100, dh er erhält eine Geschäftsgebühr von 0,5 bis 2,5, in der Regel eine 1,3 Gebühr.[1140] Im Falle eines Einzelauftrags regelt sich die Vergütung nach Nr. 3403.[1141]

XXIII. Abschlussschreiben und Abschlusserklärung

Schrifttum: *Ahrens,* Die Abschlusserklärung – Zur Simulation der Rechtskraft von Verfügungstiteln, WRP 1997, 907; *ders.,* Kosten des teilweise berechtigten Abschlussschreibens, WRP 2021, 4; *Berger,* Das abbestellte Abschlussschreiben, GRUR 2020, 1165; *Borck,* Kunstfehler und kalkulierte Risiken beim Umgang mit Unterlassungsverfügungen, WRP 1979, 274; *Eser,* Probleme der Kostentragung bei der vorprozessualen Abmahnung und beim Abschlussschreiben in Wettbewerbsstreitigkeiten, GRUR 1986, 35; *Krenz,* Die Geschäftsführung ohne Auftrag beim wettbewerbsrechtlichen Abschlussschreiben, GRUR 1995, 31; *Lindacher,* Praxis und Dogmatik der wettbewerblichen Unterlassungserklärung, BB 1984, 639; *Lüke,* Abschlussschreiben und Schutzschrift bei Unterlassungsverfügungen, in: FS Jahr, 1999, 293; *Schuschke* in: Schuschke/Walker, Anhang D zu § 935, 1999; *Schwippert,* Fallstriche im Abschlussverfahren, WPP 2020, 1237; *Spehl,* Abschlussschreiben und Abschlusserklärung im Wettbewerbsverfahrensrecht, 1987.

433 **1. Begriff und Funktion.** Als **Abschlussschreiben** wird die Aufforderung von Seiten des Antragstellers gegenüber dem Antragsgegner verstanden, eine ergangene einstweilige

[1132] BGH GRUR 2008, 640 Rn. 16 – Kosten der Schutzschrift II.
[1133] BGH GRUR 2008, 640 Rn. 18, 19 – Kosten der Schutzschrift II.
[1134] Vgl. OLG Rostock 21.10.2010 – 5 W 117/10, Einreichung bei einem unzuständigen Gericht, bei dem auch der Verfügungsantrag gestellt wird.
[1135] OLG Köln Rpfleger 1995, 518; Ahrens/*Spätgens* Rn. 312.
[1136] OLG Hamburg JurBüro 1990, 732; *Deutsch* GRUR 1990, 327 (331).
[1137] OLG Hamburg GRUR-RR 2014, 96 = WRP 2014, 100.
[1138] OLG Hamburg GRUR-RR 2016, 431 Ls.; Büscher/*Schmidt* § 12 Rn. 287.
[1139] OLG München MD 2007, 168; *Henssler* NJW 2005, 1537 (1538 f.).
[1140] BGH GRUR 2008, 640 – Kosten der Schutzschrift II; OLG Nürnberg MDR 2005, 962; *Müller-Rabe* in Gerold/Schmidt ua, RVG, Teil D, Anhang II Rn. 170 ff., 181; MüKoUWG/*Schlingloff* § 12 Rn. 416; vgl. auch OLG Hamburg MDR 2005, 1196.
[1141] OLG Nürnberg MDR 2005, 962; *Müller-Rabe* in Gerold/Schmidt ua, RVG, Teil D, Anhang II Rn. 175; MüKoUWG/*Schlingloff* § 12 Rn. 416.

Verfügung als verbindliche Regelung anzuerkennen.[1142] Kommt der Antragsgegner dieser Aufforderung nach, so gibt er eine entsprechende **Abschlusserklärung** ab. Ist gegen den Antragsgegner eine einstweilige Verfügung – in Beschluss- oder in Urteilsform – ergangen, kann sich die Interessenlage der Parteien sehr unterschiedlich darstellen. Bei einer Beschlussverfügung steht dem Antragsgegner neben den weiteren Rechtsbehelfen (§§ 926, 927 ZPO, negative Feststellungsklage) der nicht an eine Frist gebundene Widerspruch (§§ 924 f. ZPO) zur Verfügung. Ebenso kann der Bestand einer Urteilsverfügung mit diesen Rechtsbehelfen angegriffen werden, selbst wenn die Möglichkeit der Berufung nicht mehr gegeben ist. Dem Antragsteller muss daran gelegen sein, diese Bestands- und Wirkungsdefizite[1143] der einstweiligen Verfügung als lediglich vorläufiger Regelung zu beseitigen. Auch wenn durch die Regelung in § 204 Abs. 1 Nr. 9 BGB gemäß Schuldrechtsmodernisierungsgesetz (→ Rn. 409 ff.) durch die Zustellung des Verfügungsantrags bzw. der einstweiligen Verfügung die Verjährung gehemmt wird, muss er der Verjährungsfrage nach Abschluss des Verfügungsverfahrens (§ 204 Abs. 2 BGB) weiterhin Rechnung tragen,[1144] sodass er auch unter diesem Gesichtspunkt die Erhebung einer Hauptsacheklage, sofern nicht bereits anhängig, erwägen muss.

Der Antragsgegner wird die **Erfolgsaussichten** – Obsiegen in einem Hauptsacheverfahren aufgrund verbesserter Verteidigungsmöglichkeiten (weitergehende Beweismittel; erweiterter Instanzenzug) – sowie die **zu erwartenden Kosten** in seine Erwägungen einzubeziehen haben, ob ein Hauptsacheverfahren erfolgversprechend erscheint.[1145] Insbesondere wenn die einstweilige Verfügung durch das Berufungsgericht bestätigt oder erst erlassen wurde, muss er mit einer entsprechenden Beurteilung im Hauptsacheverfahren rechnen. **434**

Um diesen Interessen beider Parteien an der Vermeidung eines Hauptsacheverfahrens zur Bestandsicherung der einstweiligen Verfügung gerecht zu werden, wurde in der Praxis ein Verfahren entwickelt, um die einstweilige Verfügung **zur Bestandssicherung einem Hauptsachetitel gleichzusetzen.**[1146] Der Antragsteller muss also mit der Abschlusserklärung so gestellt werden, wie er im Falle eines rechtskräftigen Hauptsachetitels stünde.[1147] **435**

2. Abschlusserklärung. a) Inhalt. Welchen Inhalt die Abschlusserklärung haben muss, bestimmt sich sonach an dem vorgenannten **Vergleichsmaßstab – Bestehen eines entsprechenden rechtskräftigen Hauptsachetitels.** Unabhängig von der Frage, ob der Antragsgegner auch auf solche Einwendungen im Voraus verzichten kann, die er auch einem rechtskräfigen Hauptsachetitel (im Verfahren nach § 323 bzw. § 767 ZPO) entgegen setzen könnte,[1148] ist ein solcher Verzicht für eine Gleichstellung des Verfügungstitels mit einem rechtskräftigen Hauptsachetitel nicht erforderlich,[1149] mit der Folge, dass eine Abschlusserklärung einen so weitgehenden Einwendungsverzicht nicht enthalten muss.[1150] Um diese Bestandssicherung des Verfügungstitels zu erreichen, **muss die Erklärung** des Antragsgegners **je nach Verfahrensstand Folgendes beinhalten:** **436**

[1142] Muster für Abschlussschreiben bei *Bopp/Sonntag* in Münchner Prozessformularbuch Bd. 5, A. 7; *Nirk/Kurtze* S. 274; *Lensing-Kramer* in Hasselblatt § 5 Rn. 78.

[1143] So *Lindacher* BB 1984, 639 (640).

[1144] *Schabenberger* WRP 2002, 293 (299 ff.) → Rn. 138.

[1145] Vgl. BGH GRUR 2006, 349 und LG Braunschweig GRUR-RR 2010, 262, zur Frage der Anwaltshaftung.

[1146] Hierzu eingehend *Ahrens* S. 215 ff.; *Spehl* S. 47 ff.

[1147] BGH GRUR 1991, 76 (77) – Abschlusserklärung; KG WRP 1989, 674; *Ahrens* WRP 1997, 907 f. mwN.

[1148] Bejahend *Teplitzky/Bacher* Kap. 43 Rn. 6; *Spehl* S. 55 ff.; verneinend: *Ahrens* WRP 1997, 907 (910); *Scherf* WRP 1969, 395 (397).

[1149] Vgl. BGH GRUR 1991, 76 (77) – Abschlusserklärung; GRUR 1989, 115 – Mietwagen-Mitfahrt; OLG Hamburg AfP 1987, 805; OLG Stuttgart WRP 2007, 688 (689); *Melullis* Rn. 673; MüKoUWG/*Schlingloff* § 12 Rn. 550.

[1150] *Melullis* Rn. 673; *Schmukle* in Schuschke/Walker Anhang D zu § 935 Rn. 5.

437 Bei einer Beschlussverfügung muss auf den Rechtsbehelf des **Widerspruchs** (§§ 936, 924 ZPO) verzichtet[1151] werden. Wurde bereits Widerspruch eingelegt, muss die Erklärung auch die Verpflichtung zu dessen Rücknahme umfassen.[1152]

438 Weiter muss der Antragsgegner auf das **Antragsrecht** nach **§§ 936, 926 Abs. 1** ZPO[1153] bzw. bei bereits erfolgter Fristsetzung auf die Rechte aus **§ 926 Abs. 2** ZPO verzichten.

439 Wurde die einstweilige Verfügung durch Urteil erlassen bzw. auf Widerspruch bestätigt und ist die Berufungsfrist noch nicht abgelaufen, muss auf das **Rechtsmittel der Berufung verzichtet** werden (§ 515 ZPO).

440 Im Ausgangspunkt kann als unbestritten angesehen werden, dass jedenfalls in bestimmten Umfang **auf den Rechtsbehelf aus §§ 936, 927 ZPO** verzichtet werden muss.[1154] Da die Abschlusserklärung den Gläubiger gegenüber einem rechtskräftigen Hauptsachetitel nicht besser stellen soll, wird eine entsprechende Beschränkung des Verzichts vorgeschlagen. Nicht verzichtet werden muss danach auf das Recht, die Aufhebung der einstweiligen Verfügung wegen **künftiger Umstände,** die einem rechtskräftigen Hauptsachetitel entgegen gesetzt werden könnten, zu verlangen. Siehe hierzu den Formulierungsvorschlag bei *Ahrens:*[1155] „... Verzichtet wird ... sowie des Antrags auf Aufhebung wegen veränderter Umstände (§ 927 ZPO) mit Ausnahme künftiger Umstände, die einem rechtskräftigen Hauptsachetitel entgegen gesetzt werden könnten ..." sowie *Teplitzky* 10. Aufl., Kap. 43 Rn. 8: „... auf alle Möglichkeiten eines Vorgehens verzichtet werde, die auch im Falle eines rechtskräftigen Hauptsacheurteils ausgeschlossen wären."[1156]

441 Daneben wird ein Verzicht auf ein Vorgehen im Wege der **negativen Feststellungsklage** oder der Inzidentfeststellungsklage im Rahmen eines Schadensersatzanspruches für erforderlich bzw. jedenfalls zur Klarstellung für sinnvoll gehalten ist.[1157]

442 Ob mit der Abschlusserklärung ein **Anerkenntnis** des **materiellen Anspruchs** verbunden sein muss bzw. diesen im Wege der Auslegung zu entnehmen ist – sofern nicht ausdrücklich erklärt[1158] – wird ebenfalls kontrovers diskutiert.[1159]

443 Auch wenn dies in der Abschlusserklärung verlangt wird, muss sich der Antragsgegner in der Abschlusserklärung nicht verpflichten, die **Kosten** des Abschlussschreibens (dem Grunde und/oder der Höhe nach; hierzu → Rn. 662 ff.) zu tragen.[1160] Gleiches gilt hinsichtlich

[1151] Vgl. *Ahrens* WRP 1997, 907 (909, 912) mwN zur Differenzierung zwischen einem einseitgen Verzicht und einer Verpflichtung, keinen Widerspruch einzulegen.

[1152] *Kessen* in Schuschke/Walker Anhang D zu § 935 Rn. 4.

[1153] *Ahrens* WRP 1997, 907 (909); vgl. auch BGH GRUR 1973, 384 – Goldene Armbänder.

[1154] Eingehend hierzu *Ahrens* WRP 1997, 907 (909 ff.) unter III.2.b; Ahrens/*Ahrens* Kap. 58 Rn. 15–19; vgl. auch BGH GRUR 2009, 1096 Rn. 14 ff. – Mescher weis.

[1155] WRP 1997, 907 (913) und Ahrens/*Ahrens* Kap. 58 Rn. 54.

[1156] Demgegenüber sieht die Formulierung bei *Bopp/Sonntag* in Münchner Prozessformularbuch, Bd. 5, A. 7 keine Einschränkung vor, sondern „überlässt es dem Schuldner, eine insoweit für erforderlich gehaltene Einschränkung zu machen." Vgl. weiter: KG NJW-RR 1987, 814; MD 1995, 147 (148), sowie OLG Hamburg NJWE-WettbR 1996, 64; AfP 1997, 805: Verzicht jedenfalls auf solche Umstände, die Abgabe der Verzichtserklärung bereits vorliegen; wegen der in der Zukunft vorliegenden Umstände, muss keine andere Rechtslage wie bei der Hauptsacheklage hergestellt werden. OLG Hamm GRUR 1993, 1001; OLG Koblenz GRUR 1986, 94 (95): Verzicht jedenfalls auf solche Umstände, die bei Abgabe der Erklärung bereits vorlagen; OLG Köln WRP 1998, 791 (794): jedenfalls auf die Geltendmachung der Einrede der Verjährung als veränderter Umstand nach § 927 muss verzichtet werden; OLG München SJZ 1950, 827; OLG Stuttgart NJWE-WettbR 1996, 63 = WRP 1996, 152 (153); WRP 1983, 586 (Ls.): kein Verzicht auf erst in der Zukunft eintretenden Gründe.

[1157] Vgl. OLG Stuttgart WRP 1984, 230 (231), das eine Verpflichtung zum Verzicht (auch) auf die Ansprüche aus § 945 ZPO erwähnt, ohne dies allerdings weiter zu problematisieren; *Ahrens* WRP 1997, 907 (911); Ahrens/*Ahrens* Kap. 58 Rn. 20 ff.; aA *G. Fischer* FS Merz, in Münchner Prozessformularbuch, Bd. 5, A.7, 81 (91); *Bopp/Sonntag* in Münchner Prozessformularbuch, Bd. 5, A.7 Anm. 11; vgl. auch OLG Koblenz GRUR 1986, 94 (95).

[1158] Vgl. die Formulierung bei *Bopp/Sonntag* in Münchner Prozessformularbuch, Bd. 5, A.7 S. 56: „... erkennt ... als endgültige und zwischen den Parteien materiellrechtlich verbindende Regelung an ..."; ebenso die Formulierung bei *Ahrens* WRP 1997, 907 (911).

[1159] Bejahend, insbesondere in Bezug auf die Einrede der Verjährung *Ahrens* WRP 1997, 907 (911 f.) und Ahrens/*Ahrens* Kap. 58 Rn. 22–24; *Lindacher* BB 1984, 639 (642); aA *Teplitzky/Bacher* Kap. 43 Rn. 8.

[1160] Teplitzky/*Bacher* Kap. 43 Rn. 12.

eines Verlangens bezüglich der **Anerkennung der Schadensersatzverpflichtung** oder der Leistung von Auskunft.

b) Adressat. Die Abschlusserklärung ist nicht gegenüber dem Gericht, sondern **gegenüber dem Antragsteller** abzugeben. Ob ihr der vorstehend für erforderlich angesehene Erklärungsinhalt zu entnehmen ist, ist gegebenenfalls durch **Auslegung** anhand des Wortlautes und der Begleitumstände zu ermitteln,[1161] wobei von *Ahrens*[1162] zur Vermeidung jeglicher Unsicherheiten eine entsprechend detaillierte Formulierung (→ Rn. 639) vorgeschlagen und vor allzu pauschalen Formulierungen gewarnt wird. Wird der Verzicht im Einzelnen aufgeschlüsselt, ist davon auszugehen, dass die Erklärung abschließend zu verstehen ist und darin nicht genannte Rechtsbehelfe vom Verzicht nicht umfasst werden sollen.[1163] Verbleibende Zweifel hinsichtlich der Reichweite gehen zu Lasten des Erklärenden.[1164] 444

c) Umfang. Die Abschlusserklärung muss sich auf die einstweilige Verfügung mit dem **Inhalt** beziehen, **wie sie vom Gericht erlassen** worden ist,[1165] was allerdings nicht ausschließt, dass sie auf einzelne Streitgegenstände beschränkt wird, sofern hierdurch die Vollstreckungsfähigkeit des „anerkannten" Teils gewahrt bleibt.[1166] Andere Einschränkungen oder klarstellende Zusätze sind nicht möglich.[1167] Ebenso steht eine aufschiebende, aber auch eine auflösende **Bedingung**[1168] dem Zweck der Bestandssicherung entgegen,[1169] sofern die aufschiebende Bedingung[1170] bei Schluss der mündlichen Verhandlung über die Hauptsacheklage nicht bereits eingetreten ist oder feststeht, dass die auflösende Bedingung[1171] nicht mehr eintreten kann. 445

d) Form. Nach allgemeiner Auffassung muss die Abschlusserklärung **schriftlich** abgegeben werden, um den Antragsteller zur Durchsetzung seines „erstarkten" Verfügungstitels in die Lage zu versetzen.[1172] Dem genügt auch eine entsprechende Erklärung zu Protokoll des Gerichts – etwa im Anschluss an die mündliche Verhandlung.[1173] Mündliche Erklärungen oder Erklärungen per Telefax genügen aus den zur Unterwerfungserklärung entwickelten Grundsätzen[1174] dagegen nicht.[1175] Unter den von *Teplitzky/Bacher*[1176] genannten Voraussetzungen – Ankündigung einer umgehenden Nachreichung einer schriftlichen 446

1161 BGH WRP 1989, 272 (273 f.) – Bioäquivalenzwerbung; GRUR 2009, 1096 Rn. 26 – Mescherweis; OLG Hamm GRUR 1993, 1001 (1002); OLG Stuttgart NJWE-WettbR 1996, 63; OLG Hamburg NJWE-WettbR 1996, 64; AfP 1997, 805; Ahrens/*Ahrens* Kap. 58 Rn. 11.

1162 In *Ahrens* Kap. 58 Rn. 12.

1163 OLG Hamm GRUR 1993, 1001 (1002); OLG Hamburg NJWE-WettbR 1996, 64; KG GRUR 1991, 258; Ahrens/*Ahrens* Kap. 58 Rn. 11.

1164 KG WRP 1986, 87.

1165 BGH GRUR 2009, 1096 Rn. 14 – Mescherweis; OLG Karlsruhe WRP 1993, 43 (44); OLG München 29.7.2002 – 29 W 1724/02; Ahrens/*Ahrens* Kap. 58 Rn. 29; *Köhler*/Bornkamm § 12 Rn. 3.74.

1166 BGH GRUR 2005, 692 – „statt"-Preis; OLG München 29.7.2002 – 29 W 1724/02.

1167 OLG Karlsruhe WRP 1993, 43 (44); Ahrens/*Ahrens* Kap. 58 Rn. 25; *Schmukle* in Schuschke/*Walker* Anhang D zu § 925 Rn. 7; vgl. OLG Frankfurt a. M. WRP 2019, 653 zur Klarstellung der Reichweite einer Abschlusserklärung.

1168 Vgl. OLG München 15.10.2015 – 6 U 1046/15: Erfolglosigkeit einer bereits anhängigen Klage des Antragsgegners gegen die Antragstellerin wegen des Vorwurfs des rechtsmissbräuchlichen Verhaltens der Antragstellerin.

1169 BGH GRUR 1991, 76 (77) – Abschlusserklärung; KG WRP 1989, 674 (675) (auch zur ausnahmsweisen zulässigen auflösenden Bedingung; zustimmend Ahrens/*Spätgens* Rn. 191); Ahrens/*Ahrens* Kap. 58 Rn. 30.

1170 Ahrens/*Ahrens* Kap. 58 Rn. 30.

1171 BGH GRUR 1991, 76 (77) – Abschlusserklärung.

1172 KG GRUR 1991, 258 unter Hinweis auf die vorrangigen Interessen des Antragstellers; Ahrens/*Ahrens* Kap. 58 Rn. 37; *Kessen* in Schuschke/Walker Anhang C zu § 935 Rn. 8; Fezer/*Büscher*/*Obergfell* § 12 Rn. 141.

1173 Gloy/Loschelde/Danckwerts/*Spätgens*/*Chang-Herrmann* HdbWettbR § 110 Rn. 4.

1174 BGH GRUR 1990, 530 (532) – Unterwerfung durch Frenschreiben.

1175 AA *Spehl* S. 86 f.; *Nirk*/*Kurtze* Rn. 416: „ausnahmsweise auch mündlich".

1176 Kap. 43 Rn. 14.

Erklärung – können entsprechende Ankündigungen allerdings vorläufige Wirkungen zeigen. Lässt der Formmangel nicht auf fehlenden Erklärungswillen (Ernsthaftigkeit) schließen, wird vom Antragsteller auch zu fordern sein, auf die formellen Mängel hinzuweisen.[1177]

447 **e) Zugangsbedürftigkeit.** Die Abschlusserklärung muss dem Antragsteller zugehen, was gegebenenfalls vom Antragsgegner zu beweisen ist. Die überwiegende Meinung verlangt, da in der Abschlusserklärung nur eine einseitige Erklärung im Sinne eines auch einseitig möglichen Rechtsbehelfsverzichts[1178] gesehen wird, **keine konkludente oder ausdrückliche Annahme** von Seiten des Antragstellers,[1179] sodass die Wirkung der Abschlusserklärung nur davon abhängt, ob sie inhaltlich ausreichend ist.[1180] Soll mit der Abschlusserklärung dagegen auch eine materiellrechtlich wirkende Erklärung[1181] verbunden sein („... erkennt gegenüber... als endgültige und zwischen den den Parteien materiellrechtlich verbindliche Regelung an..."), bedarf es hierzu einer (konkludenten) Vereinbarung, die – ebenso wie ein Unterlassungsvertrag als Folge einer Abmahnung (vgl. → § 13 Rn. 23 ff.) – durch Annahme eines im Abschlussschreiben zu sehenden Angebots oder gemäß § 151 BGB zustande kommen kann.

448 **f) Wirkung.** Mit dem Zugang einer inhaltlich hinreichenden Abschlusserklärung beim Antragsteller, die der Antragsgegner auch von sich aus, dh ohne vorherige Aufforderung abgeben kann, fehlt dem Antragsteller das **Rechtsschutzbedürfnis**[1182] für eine Hauptsacheklage. Dem Antragsgegner wird damit sowohl ein Vorgehen im Wege der negativen Feststellungsklage als auch gemäß § 945 ZPO abgeschnitten.[1183]

449 Die überwiegende Meinung in der Rechtsprechung[1184] und Literatur[1185] misst der Abschlusserklärung ebenso wie einer vertragsstrafenbewehrten Unterlassungserklärung[1186] auch eine **Drittwirkung** zu, mit der Begründung, auch im Verhältnis zu Dritten entfalle damit die Wiederholungsgefahr. Dies wird damit begründet, dass ebenso wie bei Abgabe einer strafbewehrten Unterlassungserklärung damit der künftige Unterlassungswille zum Ausdruck gebracht wird,[1187] während die gegenteilige Auffassung[1188] darauf verweist, der Abschlusserklärung könne ebenso wie einem rechtskräftigen Hauptsachetitel nur eine inter partes-Wirkung zukommen. Da der BGH[1189] aber auch einem in einem Hauptsacheverfahren ergangenen rechtskräftigen Unterlassungsurteil die Eignung beimisst, die nach einem begangenen Wettbewerbsverstoß zu vermutende Begehungsgefahr auch im Verhältnis zu einem Dritten entfallen zu lassen, jedenfalls dann, wenn der Titelinhaber die Gewähr dafür bietet, den Titel auch durchzusetzen, wird die Ausdehnung der Drittwirkung auch bei einer Abschlusserklärung nicht mehr aufzuhalten sein, wenn sich der Antragsgegner hierauf beruft.

450 Durch eine Abschlusserklärung können neben einer auf Unterlassung lautenden einstweiligen Verfügung auch **sonstige Leistungsverfügungen** einem Hauptsachetitel gleich-

[1177] Ähnlich Teplitzky/*Bacher* Kap. 43 Rn. 14.

[1178] Hierzu Ahrens/*Ahrens* Kap. 58 Rn. 34.

[1179] LG Hamburg WRP 1995, 432; *Kessen* in Schuschke/Walker Anhang D zu § 935 Rn. 8; aA Ahrens/*Ahrens* Kap. 58 Rn. 32 f., der eine vertragliche Vereinbarung verlangt.

[1180] So im Ergebnis auch Ahrens/*Ahrens* Kap. 58 Rn. 34.

[1181] AA Ahrens/*Ahrens* Kap. 58 Rn. 28: feststellender kausaler Schuldbestätigungsvertrag.

[1182] BGH GRUR 2010, 855 Rn. 16 f. – Folienrollos; GRUR 1991, 76 (77) – Abschlusserklärung; GRUR 1989, 115 – Mietwagen-Mitfahrt; *Berneke/Schüttpelz* Rn. 621 mwN.

[1183] OLG Köln GRUR 1970, 204; *Kessen* in Schuschke/Walker Anhang D zu § 935 Rn. 9.

[1184] KG WRP 1993, 22 (26); 1998, 71 (72) OLG Frankfurt a. M. NJWE-WettbR 1996, 280; OLG Hamburg WRP 1995, 240 (241); OLG Hamm WRP 1988, 334 (Ls.); NJW-RR 1991, 236; OLG Karlsruhe WRP 1995, 649 (650); NJWE-WettbR 1996, 65; OLG München 17.7.1997 – 6 U 6184/96; OLG Schleswig MMR 2002, 161 (162); OLG Zweibrücken NJWE-WettbR 1999, 66 (67).

[1185] *Kessen* in Schuschke/Walker Anhang C zu § 935 Rn. 11.

[1186] *Brüning* § 13 Rn. 170.

[1187] Einschränkend für den Fall der wiederholten Zuwiderhandlung OLG Hamm NJW-RR 1991, 236; Ahrens/*Ahrens* Kap. 58 Rn. 34.

[1188] *Teplitzky* WRP 1996, 171 (174); *Traub* WRP 1987, 256 f.; *Ahrens* EWiR § 927 ZPO 1/96, 911; *Graf Lambsdorff* Rn. 578.

[1189] GRUR 2003, 450 (452) – Begrenzte Preissenkung.

gestellt werden,[1190] nicht jedoch im Falle der Anordnung einer **Sequestrierung** oder **Verwahrung.** Die Durchsetzung des Beseitigungs- bzw. Vernichtungsanspruchs kann nur durch Klage erfolgen, wenn zwischen den Parteien hierüber keine einvernehmliche Regelung erzielt wird.[1191]

Aus einer Abschlusserklärung, die sich auf eine Unterlassungsverfügung bezieht, kann, **451** wenn nicht – wie vielfach gefordert – eine Anerkennung von Schadensersatzansprüchen erfolgt, *keine* entsprechende **Bindung für den Schadensersatzprozess** hergeleitet werden.[1192] Denn im Hinblick auf die Rechtsprechung des BGH,[1193] wonach auch ein rechtskräftiges Unterlassungsurteil keine Rechtskraftwirkung für den Schadensersatzprozess entfaltet, kann auch einer Anerkennung einer auf Unterlassung lautenden einstweiligen Verfügung ohne einen weitergehenden Erklärungsgehalt in Bezug auf Schadensersatzansprüche keine Bindungswirkung beigemessen werden.

g) Beseitigung der Wirkungen. Die zwischen den Parteien durch die Abgabe einer **452** Abschlusserklärung begründeten Rechtsbeziehungen können als Dauerschuldverhältnis qualifiziert werden, das nach den Grundsätzen über die **Störung der Geschäftsgrundlage** angepasst oder gekündigt werden kann (§ 313 Abs. 1, 3 BGB). Dies setzt aber voraus, dass die Parteien der nachträglichen Änderung von Umständen, die zur Vertragsgrundlage geworden sind, nicht anderweitig Rechnung getragen habe. Wurde (ausdrücklich) oder konkludent nur ein beschränkter Verzicht auf die Rechte aus § 927 ZPO erklärt, bedarf es – worauf in der Literatur[1194] zutreffend hingewiesen wird – keines Rückgriffs auf die Regeln über die Geschäftsgrundlage. Vielmehr ist die Geltendmachung von solchen **Einwendungen, die auch gegenüber einem rechtskräftigen Hauptsachetitel geltend gemacht werden können,** gemäß § 927 ZPO weiterhin möglich. Ist zwischen den Parteien (auch) ein Vertrag mit materiellrechtlicher Wirkung zustande gekommen, bedarf es ebenso einer Beseitigung der daraus folgenden Bindungswirkung im Wege der Kündigung (§ 313 Abs. 3 S. 2 BGB), wie dies im Rahmen von Unterlassungsverträgen bereits für erforderlich gehalten wurde.[1195]

3. Abschlussschreiben. Das Abschlussschreiben weist in seiner Funktion und hinsicht- **453** lich der Ausgestaltung als kostenrechtliche Obliegenheit **Parallelen zur Abmahnung** auf. Die Aufforderung an den Antragsgegner, die gegen ihn ergangene einstweilige Verfügung als endgültige Regelung anzuerkennen, dient dazu, ein ansonsten erforderliches, weitere Kosten verursachendes Hauptsacheverfahren zu vermeiden. Ebenso wenig wie die Abmahnung kann auch das Abschlussschreiben als Prozessvoraussetzung für das Hauptsacheverfahren qualifiziert werden. Sie erlangt lediglich im Rahmen von § 93 ZPO Bedeutung. Der Antragsgegner kann – sofern keine Ausnahme von dieser Obliegenheit vorliegt – bei einem sofortigen Anerkenntnis bzw. bei Abgabe einer Unterlassungerklärung im Rahmen einer nach § 91a ZPO zu treffenden Kostenentscheidung einwenden, er habe zur Erhebung der Hauptsacheklage, da er nicht (ordnungsgemäß) zur Anerkennung der einstweiligen Verfügung aufgefordert worden sei, keinen Anlass gegeben.[1196] Reagiert der Antragsgegner auf ein Abschlussschreiben nicht, kann er sich dagegen auch im Falle eines sofortigen Anerkenntnisses nicht darauf berufen, er habe zur Erhebung der Hauptsacheklage keine Veranlassung gegeben.[1197]

1190 *Berneke/Schüttpelz* Rn. 621.
1191 *Ingerl/Rohnke* MarkenG § 18 Rn. 40.
1192 Vgl. BGH GRUR 2004, 966 – Standard-Spundfass unter Hinweis auf BGH NJW 2003, 3058 (3059).
1193 GRUR 2002, 1046 – Faxkarte.
1194 *Melullis* Rn. 675.
1195 *Brüning* § 13 Rn. 158 f.; *Ahrens* WRP 1997, 907 (908) m. Fn. 10.
1196 HM, vgl. zB BGH GRUR 1973, 384 (385) – Goldene Armbänder; GRUR 1990, 282 (285) – Wettbewerbverein IV; Ahrens/*Ahrens* Kap. 58 Rn. 39; Ahrens/*Spätgens* Rn. 227 mwN.
1197 BGH GRUR 2015, 822 Rn. 16 f. – Kosten für Abschlussschreiben II; KG WRP 1981, 277; WRP 1981, 583 (584); Ahrens/*Ahrens* Kap. 58 Rn. 39.

454 Der **Zeitpunkt** des Abschlussschreibens ist lediglich in Bezug auf die zu setzende Frist, nach deren Ablauf der Antragsteller ohne das Kostenrisiko des § 93 ZPO Klage erheben kann, sowie für die Kostenerstattung von Bedeutung.[1198]

455 Unter dem Begriff der **„umgekehrten Abschlusserklärung"** wird von *Ahrens*[1199] die Problematik erörtert, ob dem Antragsgegner, wenn der Antragsteller mit seinem Verfügungsantrag abgewiesen wurde, nach den Grundsätzen der Geschäftsführung ohne Auftrag ein Kostenerstattungsanspruch zuzubilligen ist, wenn er den Antragsgegner zu einer Erklärgung auffordert, ob dieser von seinem behaupteten Anspruch Abstand nehmen will.

456 **a) Form.** Trotz des allgemein üblichen Begriffs des Abschluss*schreibens* ist die Einhaltung der **Schriftform nicht zwingend;** aus Gründen der Beweissicherung ergeht die Aufforderung in der Praxis allerdings durchgehend schriftlich.[1200]

457 **b) Inhalt.** Das Abschlussschreiben muss sich auf eine gegen den Antragsgegner ergangene einstweilige Verfügung beziehen. Eine dem Verfügungsantrag voraus gegangene Abmahnung steht dem nicht gleich.[1201] Das Abschlussschreiben muss, um die **Warnfunktion** zu erfüllen, die **Aufforderung** enthalten, die **erforderlichen Verzichtserklärungen abzugeben,** um die einstweilige Verfügung einem Titel in der Hauptsache gleichzustellen. Dabei muss es – ebenso wie bei der Abmahnung – als ausreichend angesehen werden, wenn sich der Inhalt der eingeforderten Abschlusserklärung in eindeutiger Weise aus der Aufforderung des Antragsstellers ergibt. Auch wenn es – wie allgemein üblich – zweckmäßig erscheint, die gewünschte Erklärung vorzuformulieren, ist dies keine Voraussetzung.[1202] Deshalb kann auch eine sachlich unzutreffende oder zu weitgehende Aufforderung nicht von vorneherein als unbeachtlich angesehen werden. Nicht anders als bei einer zu weitgehenden Abmahnung, aus der sich der Gegenstand der Beanstandung mit hinreichender Deutlichkeit entnehmen lässt, ist vom Antragsgegner zu fordern, dass er auf eine unrichtige oder zu weitgehende Aufforderung gegebenenfalls unter Einholung von Rechtsrat reagiert, indem er die zur Vermeidung der Hauptsacheklage objektiv erforderlichen Erklärungen abgibt bzw. gegenüber dem Antragsteller auf die zu weitgehenden Forderungen hinweist.[1203]

458 Nach ihrem Zweck, dem Antragsteller Klarheit über das Erfordernis einer Hauptsache zu verschaffen und den Antragsgegner auf die dadurch entstehenden durch eine Abschlusserklärung zu vermeidenden weiteren Kosten hinzuweisen, kann sich eine **Begründungspflicht** des Antragstellers – Hinweis auf die Vorläufigkeit der einstweiligen Verfügung – unter dem Gesichtspunkt des § 93 ZPO allenfalls **gegenüber rechtlich unerfahrenen, nicht anwaltlich beratenen Antragsgegnern ergeben.**[1204]

459 Nicht verzichtet werden darf dagegen auf eine **Fristsetzung und eine Androhung der Hauptsacheklage.**[1205] Wie lange die dem Antragsgegner zu setzende Frist bemessen sein muss – eine zu kurz bemessene Frist setzt eine angemessene Frist in Lauf –, wird unterschiedlich beurteilt, wobei dem Gesichtspunkt der Verjährungsunterbrechung nach der Neuregelung des Verjährungsrechts keine Bedeutung mehr zukommen kann. Da es darauf ankommt, welche Überlegungsfrist dem Antragsgegner zuzubilligen ist, ist maßgeblich auf den Zeitpunkt ab Zustellung der Beschlussverfügung bzw. ab Zustellung des vollständigen Urteils – erst ab diesem Zeitpunkt läuft die „Bedenkfrist"[1206] – abzustellen,

---

1198 Gloy/Loschelder/Danckwerts/*Spätgens/Chang-Herrmann* HdbWettbR § 111 Rn. 4.
1199 WRP 2015 Heft 6 Editorial.
1200 *Kessen* in Schuschke/Walker Anhang C zu § 935 Rn. 18.
1201 OLG Hamm WRP 1986, 112; Ahrens/*Spätgens* Rn. 228; *Kessen* in Schuschke/Walker § 935 Anhang C Rn. 15.
1202 Teplitzky/*Bacher* Kap. 43 Rn. 18.
1203 Vgl. auch OLG München 16.9.1986 – 6 W 1752/86, bei *Traub* WVP S. 313 unter 2.1.
1204 *Steinmetz* S. 113.
1205 *Kessen* in Schuschke/Walker Anhang C zu § 935 Rn. 16; aA *Steinmetz* S. 113; vgl. OLG Jena MD 2010, 319 (321), zum Antrag auf Fristverlängerung bei konkreten Verhinderungsgründen.
1206 OLG Frankfurt a. M. GRUR-RR 2006, 111 (112); OLG Köln WRP 1987, 188 (190).

die vormals mit mindestens einem Monat angesetzt wurde,[1207] wobei derjenige Zeitraum, mit der der Antragsteller ab der Zustellung zugewartet hatte, in Ansatz gebracht wurde.[1208] Zum Teil wurden je nach den Umständen des Einzelfalls[1209] oder generell kürzere Fristen für ausreichend gehalten.[1210] Nach der Entscheidung des BGH Kosten für *Abschlussschreiben II*[1211] beträgt bei einer nur Urteil erlassenen oder bestätigten einstweiligen Verfügung die Wartefrist des Antragstellers mindestens zwei Wochen. Nach der Entscheidung „Bretarius Gennair"[1212] ist es auch bei der Beschlussverfügung im Regelfall geboten und ausreichend, wenn der Antragsteller eine Wartefrist von zwei Wochen nach deren Zustellung einhält.

c) Adressat. Adressat ist der Antragsgegner bzw. dessen Prozessbevollmächtigter,[1213] sofern sich dessen Vertretungsbefugnis auch auf ein etwaiges Hauptsacheverfahren bezieht. 460

d) Entbehrlichkeit, erneutes Abschlussschreiben. Ein Abschlussschreiben ist **entbehrlich,** wenn aus der Sicht des Antragstellers aufgrund des vom Antragsgegners gezeigten Verhaltens nach Ergehen der einstweiligen Verfügung davon ausgegangen werden kann, dass er eine Abschlusserklärung nicht abgeben wird; so etwa bei Einlegung eines Widerspruchs[1214] oder bei einem Antrag nach § 926 ZPO,[1215] bzw. nach Erhebung einer negativen Feststellungsklage.[1216] 461

Wird das Verfügungs- und das Hauptsacheverfahren nicht gleichzeitig durchgeführt,[1217] sondern entschließt sich der Antragsteller, zunächst den Ausgang des Verfügungsverfahrens abzuwarten, kann er im Hinblick auf eine zuvor bereits ausgesprochene Abmahnung nach Erlass der einstweiligen Verfügung nicht auf ein Abschlussschreiben verzichten.[1218] Bleibt ein nach Erlass einer Beschlussverfügung erfolgtes Abschlussschreiben ohne Erfolg, weil vom Antragsgegner Widerspruch eingelegt wurde, so ist der Antragsteller, wenn er sich nicht zur Erhebung der Hauptsacheklage entschließt, gehalten, im Falle eines die Beschlussverfügung bestätigenden Urteils im Hinblick auf die damit entstandene neue Sachlage – erhöhte Richtigkeitsgewähr („Überzeugungskraft") –, den Antragsgegner **erneut zur Abgabe einer Abschlusserklärung aufzufordern;**[1219] ebenso nach Ergehen eines die einstweilige Verfügung bestätigenden **Berufungsurteils.** *Melullis*[1220] hält auch im Falle eines während des Berufungsverfahrens abgesandten, erfolglos gebliebenen Abschlussschrei- 462

[1207] KG WRP 1978, 213; 1978, 451; 1989, 659 (661): ein Monat zwischen Zustellung der einstweiligen Verfügung, zwei Wochen ab Erhalt des Abschlussschreibens; vgl. zur Rspr. der Hamburger Gerichte OLG Hamburg 24.6.1999 – 3 U 125/98; LG Hamburg MD 2005, 862 (864): im Normalfall 2 Wochen; OLG Karlsruhe (Freiburg) WRP 1987, 117 (119); OLG München 9.3.2000 – 6 U 3625/99: Monatsfrist ab Zustellung; LG Düsseldorf InstGE 1, 272 (274); *Kessen* in Schuschke/Walker Anhang C zu § 935 Rn. 17; *Steinmetz* S. 116.

[1208] *Kessen* in Schuschke/Walker Anhang D zu § 935 Rn. 17.

[1209] Ahrens/*Ahrens* Kap. 58 Rn. 44.

[1210] OLG Celle WRP 1996, 757 (758): 12–14 Tage; OLG Frankfurt a. M. WRP 1982, 365: 2 Wochen; OLG Hamburg OLG Report 2000, 23: 14 Tage als angemessen; OLG Stuttgart NJWE-WettbR 1996, 63 (64): 10 Tage.

[1211] GRUR 2015, 822.

[1212] GRUR 2017, 1160 Ls. 2 und Rn. 53 ff.

[1213] Vgl. OLG München 16.9.1986 – 6 W 1752/86, bei *Traub* WVP S. 313 unter 2.1; Ahrens/*Ahrens* Kap. 58 Rn. 38; Ahrens/*Spätgens* Rn. 244.

[1214] KG WRP 1981, 583 (584); OLG Hamburg GRUR 1989, 458 (Ls.); OLG Hamm WRP 1991, 496 (497); *Kessen* in Schuschke/Walker Anhang C zu § 935 Rn. 19.

[1215] OLG Hamburg MD 1994, 464 (Ls.); *Kessen* in Schuschke/Walker Anhang D zu § 935 Rn. 19.

[1216] OLG München OLGR 2001, 283.

[1217] Vgl. OLG München NJWE-WettbR 1998, 225 zur Frage der Abmahnfrist bei parallelem Vorgehen und Abschlusserklärung nach Zustellung nach Hauptsacheklage.

[1218] Vgl. auch OLG Köln MD 2003, 489 (490) zur Erforderlichkeit der Abmahnung eines im EG-Ausland ansässigen Antragsgegner.

[1219] OLG Köln WRP 1984, 505; 1987, 188 (190, 191); OLG Düsseldorf WRP 1983, 568 (569); 1991, 479; OLG Frankfurt a. M. GRUR-RR 2006, 111 (112); OLG Hamburg WRP 1986, 289 (290); vgl. auch OLG Köln GRUR 1986, 563; Ahrens/*Ahrens* Kap. 58 Rn. 36; Ahrens/*Spätgens* Rn. 229; *Melullis* Rn. 752 f.; *Kessen* in Schuschke/Walker Anhang C zu § 935 Rn. 19; aA KG WRP 1984, 545 (546 und 547); OLG Hamm WRP 1970, 319; 1991, 496; NJW-RR 1999, 577 (für den Fall der Rücknahme des Widerspruchs).

[1220] Rn. 753.

bens ein weiteres Abschlussschreiben nach Erlass des Berufungsurteils für erforderlich, wozu auch von *Teplitzky*[1221] im Hinblick auf die ausdehnende Tendenz in der Rechtsprechung geraten wird. Ein zweites Abschlussschreiben wird jedoch im Falle der (kommentarlosen) **Rücknahme des Widerspruchs**[1222] **bzw. der Berufung**[1223] nicht für erforderlich angesehen.

463 Wird eine Abschlusserklärung vom Antragsgegner mit **unzureichendem Inhalt** abgegeben, ist in der Rechtsprechung unter Hinweis auf die entsprechende **Nachfasspflicht** bei Abmahnungen[1224] unter bestimmten Umständen – so etwa wenn die Abweichung von dem geforderten Inhalt nicht darauf schließen lässt, dass die Erklärung hinter dem erforderlichen Inhalt zurückbleiben will – eine entsprechende Nachfasspflicht bejaht worden.[1225]

464 **e) Zugangsbedürftigkeit.** Die Frage der Zugangsbedürftigkeit des Abschlussschreibens, um Kostennachteile aus § 93 ZPO zu vermeiden, wurde ebenso wie bei der Abmahnung (→ Rn. 46 ff.) kontrovers beurteilt.[1226] Im Anschluss an die Beurteilung dieser Frage in Bezug auf die Abmahnung[1227] trifft nach diesen Grundsätzen den **Beklagten** die **Darlegungs- und Beweislast** dafür, dass er das Abschlussschreiben nicht erhalten hat, während den Kläger das Verlustrisiko trifft.[1228] Insoweit ist der Kläger gut beraten, die Versandformen, wie vom BGH empfohlen,[1229] zu wählen.

465 **f) Kosten des Abschlussschreibens.** Das Abschlussverfahren ist **keine Fortsetzung des Verfahrens der einstweiligen Verfügung,** sondern gehört zum Hauptsacheverfahren.[1230] Der Antragsteller kann die dafür angefallenen Kosten nicht aufgrund der Kostengrundentscheidung des Verfügungsverfahrens erstattet verlangen.[1231] Folglich können die meist in Form von Rechtsanwaltsgebühren anfallenden Kosten auch nicht durch die dort angefallene Prozessgebühr als abgegolten angesehen werden.[1232] Wird **kein Hauptsacheverfahren** mehr durchgeführt, kann der Antragsteller die für das Abschlussschreiben aufgewendeten **Kosten nur auf materiellrechtlicher Grundlage** als Schadensersatz[1233] oder nach den Grundsätzen der Geschäftsführung ohne Auftrag[1234] erstattet verlangen. Für eine entsprechende Anwendung von § 13 Abs. 3[1235] fehlt es an der erforderlichen Lücke, die im Wege der Analogie geschlossen werden müsste.[1236]

466 Erstattungsfähig sind nur die **notwendigen Kosten.**

1221 Kap. 43 Rn. 28.

1222 KG MD 2000, 566 (567); OLG Hamm NJW-RR 1999, 577; aA *Melullis* Rn. 753.

1223 KG WRP 1984, 545 (546); aA *Melullis* Rn. 753.

1224 OLG Hamburg WRP 1986, 292; KG MD 1990, 1199 (1203).

1225 OLG Hamburg WRP 1995, 648 (649): im konkreten Fall im Hinblick auf die wohlüberlegte Formulierung unter Mitwirkung eines Rechtsanwalts verneint; OLG Stuttgart WRP 1996, 152 (153); Ahrens/*Ahrens* Kap. 58 Rn. 43; Ahrens/*Spätgens* Rn. 232.

1226 Siehe hierzu die Nachweise in der Vorauflage.

1227 BGH GRUR 2007, 629 – Zugang des Abmahnschreibens.

1228 BGH GRUR 2007, 629 Rn. 13 – Zugang des Abmahnschreibens.

1229 BGH GRUR 2007, 629 Rn. 13 – Zugang des Abmahnschreibens..

1230 BGH MDR 2017, 607 f.

1231 HM; BGH GRUR 1973, 384 (385) – Goldene Armbänder; WRP 2008, 805 Rn. 9 – Geschäftsgebühr für Abschlussschreiben; WRP 2009, 744 Rn. 11; Ahrens/*Ahrens* Kap. 58 Rn. 50.

1232 BGH GRUR 1973, 384 (385) – Goldene Armbänder.

1233 BGH GRUR-RR 2008, 368 Rn. 7; GRUR 2017, 1160 Rn. 59 – Bretaris Genuair; OLG Frankfurt a. M. WRP 1985, 85; GRUR-RR 2003, 274 (278); OLG Stuttgart WRP 1984, 230 (231); Ahrens/*Ahrens* Kap. 58 Rn. 49; Ahrens/*Spätgens* Rn. 257; *Steinmetz* S. 115.

1234 BGH GRUR 2012, 730 Rn. 45 – Bauheizgerät; GRUR 2010, 1038 Rn. 26 – Geschäftsgebühr für Abschlussschreiben; GRUR 1973, 384 (385) – Goldene Armbänder; OLG Stuttgart WRP 1984, 230 (231); OLG Frankfurt a. M. GRUR 1989, 374; LG Köln GRUR 1987, 655; LG Düsseldorf InstGE 1, 272 (274); Ahrens/*Ahrens* Kap. 58 Rn. 49; Fezer/*Büscher*/*Obergfell* § 12 Rn. 154.

1235 *Nittl* GRUR 2005, 740 (741); jurisPK-UWG/*Hess* § 12 Rn. 120; *Berger* GRUR 2020, 1165 (1166); Ahrens/*Ahrens* Kap. 58 Rn. 50: § 12 Abs. 1 S. 2 als zusätzliche Grundlage und Analogie.

1236 *Teplitzky* FS Ullmann, 2006, 999 (1005 f.); *Lehmler* § 12 Rn. 140; aA *Berger* GRUR 2020, 1165 (1166) mwN.

Die Absendung eines Abschlussschreibens ist **nicht veranlasst** und hierfür aufgewendete Kosten sind daher nicht notwendig, wenn der Antragsgegner von sich aus unaufgefordert eine Abschlusserklärung abgibt.[1237] Hierfür muss ihm auch eine Gelegenheit gegeben werden. Dem Antragsgegner verbleibt eine **angemessene Bedenkzeit,** während der ihm die Möglichkeit eröffnet wird, von sich aus, dh ohne mit Kosten für das Abschlussschreiben belastet zu werden, die Abschlusserklärung abgeben kann.[1238] Die Streitfrage, welche Frist hierfür als ausreichend anzusehen ist,[1239] wurde vom BGH in der Entscheidung Kosten für *Abschlussschreiben II* dahingehend entschieden, dass im Regelfall eine Frist von zwei Wochen bei der Urteilsverfügung ausreichend ist. Auch nach Zustellung einer Beschlussverfügung ist nach der Entscheidung *„Bretarius Gennair"* eine Frist von zwei Wochen ausreichend.[1240] Setzt der Antragsteller eine Frist zur Abgabe der Abschlusserklärung, hat er diese zur Vermeidung der Kostenfolge aus § 93 ZPO auch einzuhalten.[1241] Ebenso ist die Versendung eines Abschlussschreibens nicht erforderlich, wenn der Antragsgegner ausdrücklich erklärt oder konkludent zu erkennen gibt, dass es eines Abschlussschreibens nicht bedarf.[1242] 467

Kann dem Antragsteller **zugemutet** werden, aufgrund entsprechend eigener Sachkunde und Ausstattung **auf die Hinzuziehung eines Rechtsanwalts zu verzichten,** kann er dessen Kosten nicht erstattet verlangen. Hierfür kann auf die Grundsätze zurückgegriffen werden, die für die Abmahnung entwickelt wurden (vgl. → § 13 Rn. 88 f.) und wie sie auch in der Begründung zu § 11 Abs. 1 des Referentenentwurfes des UWG-Änderungsgesetzes vom Januar 2003 (S. 51) für die nach § 8 Abs. 3 Nr. 2–4 Klagebefugten bzw. in der Begründung des Regierungsentwurfs zu § 12 Abs. 1 (S. 55) aufgegriffen wurden. Für diese wird eine Hinzuziehung eines (Patent-)Anwalts im Regelfall nicht als erforderlich angesehen werden können.[1243] Bei **Mitbewerbern** (§ 8 Abs. 3 Nr. 1 UWG)[1244] wird die Hinzuziehung eines Anwalts auch bei größeren Unternehmen mit eigener Rechtsabteilung bzw. entsprechend sachkundigen Mitarbeitern vom BGH – entsprechend der Beurteilung zu der Erstattungsfähigkeit von Abmahnkosten[1245] als erforderlich angesehen.[1246] Bei **Verbänden** ist die Erforderlichkeit der Hinzuziehung eines Rechtsanwalts zu verneinen.[1247] 468

Unter der Geltung des RVG regelt sich die Höhe der Vergütung danach, ob dem Rechtsanwalt bereits ein **Prozessauftrag** erteilt oder ob er nur mit der **Fertigung des Abschlussschreibens** beauftragt ist. Im ersteren Fall kann er gemäß Nr. 3101, 3101 VV RVG eine Verfahrensgebühr in Höhe von 0,8 verlangen,[1248] im letzteren Fall[1249] eine Geschäftsgebühr aus dem vollen Streitwert der Hauptsache gemäß Nr. 2300 VV RVG in 469

[1237] LG Wiesbaden WRP 1991, 342; Ahrens/*Ahrens* Kap. 58 Rn. 52; Ahrens/*Spätgens* Rn. 259; *Kessen* in Schuschke/Walker Anhang D zu § 935 Rn. 21.

[1238] BGH GRUR 2006, 349 (350); KG WRP 1978, 451; OLG Celle WRP 1996, 757 (758); OLG Hamburg WRP 1981, 58 (59); 1983, 449 (451); OLG Frankfurt a. M. WRP 1982, 365; GRUR-RR 2003, 274 (278 und 294); OLG Köln GRUR 1986, 96; WRP 1987, 188 (191); Ahrens/*Ahrens* Kap. 62 Rn. 42; *Kessen* in Schuschke/Walker Anhang C zu § 935 Rn. 21; *Steinmetz* S. 116.

[1239] Vgl. *Krenz* GRUR 1995, 31 (35).

[1240] → § 13 Rn. 89; BGH GRUR 2020, 664 Rn. 50; OLG Hamburg 3.5.2019 – 3 U 88/17.

[1241] OLG Hamburg AfP 2004, 126.

[1242] OLG München WRP 2020, 1632 Rn. 22 ff.; vgl. hierzu eingehend *Berger* GRUR 2020, 1165 (1167 f.).

[1243] OLG Hamburg WRP 2019, 1498 Rn. 43 mwN; *Steinmetz* S. 117; vgl. auch BGH 18.12.2003 – I ZB 18/03, zu Reisekosten; aA LG Köln GRUR 1987, 655; OLG Stuttgart WRP 2007, 688; 477; LG Hamburg MD 2005, 862 (863); Ahrens/*Ahrens* Kap. 58 Rn. 41; Ahrens/*Spätgens* Rn. 258.

[1244] Zum Rechtsanwalt in eigener Sache vgl. KG NJWE-WettbR 1999, 293 (294); LG Berlin MD 2006, 946.

[1245] BGH GRUR 2008, 928 – Abmahnkostenersatz.

[1246] BGH WRP 2008, 1169 – Geschäftsgebühr für Abschlussschreiben.

[1247] *Köhler*/Bornkamm/Feddersen § 12 Rn. 3.73.

[1248] *Göttlich/Mümmler,* RVG, Stichwort Abschlussschreiben Anm. 2.

[1249] BGH WRP 2009, 744 Rn. 11: Auftrag zur Hauptsacheklage muss noch nicht erteilt sein, Auftrag zur Tätigkeit über die einstweilige Verfügung hinaus reicht aus.

Höhe von 0,5 bis 2,5,[1250] nicht lediglich eine Gebühr nach Nr. 2302. Auch wenn es sich dabei nicht lediglich um eine bloße formularmäßige Anfrage handelt[1251], erscheint eine generelle Zubilligung einer 1,3 Geschäftsgebühr als überzogen.[1252] Demgegenüber hat der BGH in der Entscheidung *Kosten des Abschlussschreibens II*[1253] das Abschlussschreiben der die Hauptsache vorbereitenden Abmahnung gleichgesetzt mit der Folge, dass es im Regelfall mit einer 1,3-fachen Geschäfsgebühr nach RVG-VV Nr. 2300 zu vergüten ist. Auch wenn die vom BGH angeführten Gesichtspunkte die Vergleichbarkeit der anwaltlichen Tätigkeit einer Abmahnung und der Versendung eines Abschlussschreibens nicht ohne weiteres rechtfertigen – insbesondere bedarf es einer Prüfung, ob die Abschlusserklärung inhaltlich ausreichend ist,[1254] nur in den Fällen, in denen eine solche auch abgegeben wird –, wird sich die Praxis hieran auszurichten haben.

XXIV. Die Schadensersatzpflicht nach § 945 ZPO

§ 945 ZPO:

Erweist sich die Anordnung des Arrestes oder der einstweiligen Verfügung als von Anfang ungerechtfertigt oder wird die angeordnete Maßregel auf Grund des § 926 Abs. 2 oder des § 942 Abs. 3 aufgehoben, so ist die Partei, welche die Anordnung erwirkt hat, verpflichtet, dem Gegner den Schaden zu ersetzen, der ihm aus der Vollziehung der angeordneten Maßregel oder dadurch entsteht, dass er Sicherheit leistet, um die Vollziehung abzuwenden oder die Aufhebung der Maßregel zu erwirken.

Schrifttum: *Ahrens,* Der Schadensersatzprozess nach § 945 ZPO im Streit der Zivilsenate, in: FS Piper, 1996, S. 31; *ders.,* Vom Ende der Risikohaftung des § 945 ZPO bei Verletzung von Rechten des Geistigen Eigentums, WRP 2020, 387; *Borck,* Ab wann ist die Zuwiderhandlung gegen eine Unterlassungsverfügung sanktioniert gemäß § 890 ZPO?, WRP 1989, 360; *G. Fischer,* Hat das im einstweiligen Rechtsschutz ergangene rechtskräftige Urteil Bedeutung für den Schadensersatzanspruch nach § 945 ZPO?, in: FS Merz 1992, S. 81; *Freitag,* Schadensersatzansprüche gemäß § 945 ZPO nach einstweiligem Rechtsschutz im Ausland?, IPRax 2002, 267; *Gaul,* Die Haftung aus dem Vollstreckungszugriff, ZZP 110 (1997), 3; *Gehrlein,* Schadensersatz aus § 945 ZPO in Wettbewerbssachen – Erleichterungen und Schwierigkeiten bei der Verfolgung des Anspruchs, MDR 2000, 687; *Graf v. der Groeben,* Zuwiderhandlungen gegen die einstweilige Verfügung zwischen Verkündung und Vollziehung des Unterlassungsurteils, GRUR 1999, 674; *Gröning,* „Im Brennpunkt": Die Kosten des Verfügungsverfahrens nach abgewiesener und oder zurückgenommener Hauptklage, WRP 1992, 679; *Hees,* Erstattung der Kosten des Eilverfahrens nach Obsiegen in der Hauptsache, MDR 1994, 438; *Münzberg,* Der Schutzbereich der Normen §§ 717 Abs. 2, 945 ZPO, in: FS für H. Lange, 1992, S. 599; *Pietzcker,* Die Gefahr analoger Ausdehnung der Haftung nach § 945 ZPO, GRUR 1980, 442; *Pohlmann,* Wann ist ein Titel im Sinne von § 929 Abs. 2 ZPO und § 945 ZPO vollzogen?, WM 1994, 1277; *Schilken,* Grundfragen zum Schadensersatzanspruch nach § 945 ZPO in der Rechtsprechung des Bundesgerichtshofs, Bundesgerichtshof, in: Festgabe aus der Wissenschaft, Bd. III, S 593, 2000; *Schwerdtner,* Bindungswirkungen im Arrestprozess, NJW 1970, 597; *Tilmann,* Das Haftungsrisiko der Verbraucherverbände, NJW 1975, 1913; *Teplitzky,* Zur Bindungswirkung gerichtlicher Vorentscheidungen im Schadensersatzprozess nach § 945 ZPO, NJW 1984, 850; *ders.,* Ist die den Verfügungsanspruch verneinende summarische Entscheidung im Schadensersatzprozess nach § 945 ZPO bindend?, DRiZ 1985, 179; *Ulrich,* Die Befolgung und Vollziehung einstweiliger Unterlassungsverfügungen sowie der Schadensersatzanspruch gemäß § 945 ZPO, WRP 1991, 361; *ders.,* Ersatz des durch die Vollziehung entstandenen Schadens gemäß § 945 ZPO auch ohne Vollziehung, WRP 1999, 82; *Vollkommer,* Erstattung der Kosten des Verfügungsverfahrens nach Klageabweisung, WM 1994, 51.

470 **1. Allgemeines.** Da Entscheidungen im Verfahren der einstweiligen Verfügung im Hinblick auf seine Besonderheiten – Eilbedürftigkeit, eingeschränkte Erkenntnismöglichkeiten, geringeres Beweismaß – gegenüber Hauptsacheverfahren nur eine geringere Rich-

[1250] BGH GRUR 2010, 1038 Rn. 30 f. – Kosten für Abschlussschreiben mit Anm. *Günther* WRP 2010, 1440; *Lehmler* § 12 Rn. 142; aA *Ahrens/Ahrens* Kap. 58 Rn. 51: 0,3 Geschäftsgebühr.

[1251] So aber Ahrens/*Ahrens* Kap. 58 Rn. 51: 0,3 Geschäftsgebühr.

[1252] So aber OLG Hamm WRP 2008, 135; anders OLG Hamburg WRP 2014, 483; OLG Frankfurt a. M. BeckRS 2018, 11676 = GRUR-Prax 2018, 391 (Dombrowski); *Müller/Rabe* in Gerold/Schmidt ua, RVG, Teil D Anhang II Rn. 221 ff.; *Göttlich/Mümmler,* RVG, Stichwort Abschlussschreiben Anm. 2.

[1253] GRUR 2015, 822.

[1254] Vgl. OLG Frankfurt a. M. MDR 2014, 175 Ls. 2: Erforderlichkeit der Prüfung, ob mit einer gegenüber dem Abschlussschreiben modifizierten Abschlusserklärung das Rechtsschutzbedürfnis für eine Klage entfallen ist.

tigkeitsgewähr bieten, sieht § 945 ZPO, der im Zuge der sog. BGB-Novelle zum 1.1.1900 eingefügt wurde,[1255] entsprechend den Regelungen in § 302 Abs. 4 S. 3, § 600 Abs. 2, § 641g, § 1065 Abs. 2 S. 2 ZPO bei Entscheidungen aufgrund eingeschränkten Streitstoffs sowie entsprechend § 717 Abs. 2 ZPO[1256] eine **Risikohaftung**[1257] (auch als Gefährdungshaftung[1258] oder Veranlasserhaftung bezeichnet[1259]) **des Antragstellers** vor, der aus einem noch nicht endgültigen Titel vorgeht.[1260] § 945 ZPO begründet einen verschuldensunabhängige Haftung im Sinne einer unerlaubten Handlung im weiteren Sinne.[1261] An diesem Verständnis der Regelung kann für den Bereich des Wettbewerbsrechts auch nach der Entscheidung des EuGH vom 12.9.2019[1262] festgehalten werden, wonach die einheitliche Anwendung der Regelung in Art. 9 Abs. 7 RiLi 2004/48/EG zur Folge hat, dass die Vollstreckung aus einer zu Unrecht erlassenen einstweiligen Verfügung nicht automatisch und in jedem Fall zur Schadensersatzpflicht des Antragstellers führt, sondern auf die jeweiligen Umstände des Einzelfalls abzustellen ist, da UWG-Verstöße in der Regel nicht dem Anwendungsbereich der Richtlinie unterfallen.[1263] In der Entscheidung *Zahnabdruckset*[1264] begründet das BVerfG die Verneinung eines schweren Nachteils u.a. damit, dass dem Schutz des Antragsgegners – systemimmanent – durch die versuchuldensunabhängige Schadensersatzpflicht Rechnung getragen werde.

2. Anwendungsbereich. Ein Anspruch gemäß § 945 ZPO setzt eine **Maßnahme des einstweiligen Rechtsschutzes von Seiten eines inländischen Gerichts** voraus.[1265] Der Anspruch aus § 945 ZPO ist bei drei Fallgestaltungen gegeben: 471

- Die einstweilige Verfügung erweist sich von Anfang an als ungerechtfertigt.
- Bei Aufhebung der einstweiligen Verfügung nach § 926 Abs. 2 ZPO.
- Bei Aufhebung der einstweiligen Verfügung nach § 942 Abs. 3 ZPO.

Eine **entsprechende Anwendung** wird **verneint:** 472

- Für Fallgestaltungen, bei denen die **Vollziehungsfrist** (§ 929 Abs. 2, 3 ZPO) versäumt wurde.[1266] Die in diesem Fall mögliche Aufhebung gemäß § 927 ZPO entfaltet jedoch Rückwirkung, sodass so ein Anspruch gegeben sein kann.
- Eine entsprechende Anwendung auf den Fall der **unrichtigen Abweisung** des Verfügungsantrags, obwohl sich der Verfügungsanspruch im Hauptsacheverfahren sodann als begründet erweist, kommt von der gesetzlichen Zielrichtung her nicht in Betracht.[1267] Der Antragsteller kann allenfalls Schadensersatzansprüche aus dem zugrunde liegenden materiellen Rechtsverhältnis, etwa in Form eines materiellrechtlichen Kostenerstattungs-

[1255] G v. 20.5.1898, RGBl. S. 410.

[1256] Mit der Einführung des § 945 ZPO sollte nach der Gesetzesbegründung der Ausgleichsanspruch nach § 717 Abs. 2 ZPO auf den einstweiligen Rechtsschutz übertragen werden, *Walker* in Schuschke/Walker § 945 Rn. 2.

[1257] *Schilken* S. 593, 596 ff.; Ahrens/*Ahrens* Kap. 62 Rn. 3 mwN; *Gaul* ZZP 110 (1997).

[1258] *Saenger* JZ 1997, 224.

[1259] *Walker* in Schuschke/Walker § 945 Rn. 3 mwN.

[1260] StRspr vgl. BGH NJW 1990, 122 (124) – Fallwerk; NJW 1990, 2689 (2690); 1993, 593; 1996, 397; Ahrens/*Ahrens* Kap. 62 Rn. 3.

[1261] Zu entspr. Bestimmungen in ausländischen Rechtsordnungen *Freitag* IPRax 2002, 267; zu Art. 9 Abs. 7 RL 2004/48/EG EuGH BeckRS 2019, 20738 = GRUR-Prax 2019, 487 (Boos).

[1262] EuGH GRUR 2019, 1168 – Bayer Pharma/Richter und Exceltis.

[1263] *Ahrens* WRP 2020, 387 Rn. 19, 33, 37.

[1264] BVerfG GRUR 2020, 1119 Rn. 25.

[1265] OLG Nürnberg WRP 1992, 509 (510) (ohne Begründung); ihm folgend Zöller/*Vollkommer* § 945 Rn. 4 und *Walker* in *Schuscke/Walker* § 945 Rn. 1; Ahrens/*Ahrens* Kap. 62 Rn. 10; ebenso *Freitag* IPRax 2002, 267 ff., der offen lässt, ob sich dieses Ergebnis über die Anknüpfung gemäß Art. 40 ff. EGBGB oder über eine Sonderanknüpfung an das Recht des Staates des einstweiligen Rechtsschutzes erreichen lässt; aA Stein/Jonas/*Bruns* § 945 Rn. 4.

[1266] BGH MDR 1964, 224; *Walker* in Schuschke/Walker § 945 Rn. 24.

[1267] Ahrens/*Ahrens* Kap. 62 Rn. 8; Stein/Jonas/*Bruns* § 945 Rn. 5; Zöller/*Vollkommer* § 945 Rn. 5; Wieczorek/*Schütze/Thümmel* § 945 Rn. 5.

anspruch geltend machen, der nach der Rechtsprechung des BGH[1268] nur unter engen Voraussetzungen begründet sein kann.[1269]

– Ebenso ist § 945 ZPO nicht anwendbar, wenn die Vollziehung der einstweiligen Verfügung **zu Unrecht vorläufig eingestellt wurde.**[1270]

– Wird im Widerspruchsverfahren oder im Berufungsverfahren ein **Vergleich** geschlossen, dessen Bestand vom **Ausgang des Hauptsacheverfahrens** abhängt, wird eine Haftung nach § 945 ZPO verneint, mit der Begründung, im Falle einer unberechtigten Vollstreckung aus dem Vergleich fehle es an einer gerichtlichen Anordnung und es bleibe den Parteien überlassen, eine vertragliche Regelung für den Fall des Unterliegens des Antragstellers im Hauptsacheverfahren zu treffen.[1271]

– Die Haftungsregelung in § 945 Alt. 2 ZPO kann nicht ausdehnend auf den Fall angewendet werden, dass der Antragsteller auf die Rechte aus der einstweiligen Verfügung **verzichtet**[1272] oder der Verfügungsantrag **zurückgenommen** wird.[1273]

473 **3. Anspruchsberechtigter/Anspruchsverpflichteter. Gläubiger** eines Anspruchs gemäß § 945 ZPO kann nur derjenige sein, gegen den eine einstweilige Verfügung ergangen ist (Antragsgegner).[1274] Soweit durch eine Maßnahme des einstweiligen Rechtsschutzes Rechte Dritter betroffen wurden (zB bei einem Beschäftigungsverbot), können diese aus § 945 ZPO keine Ansprüche herleiten;[1275] sie sind auf die Geltendmachung von Ansprüchen nach den allgemeinen Bestimmungen (§§ 823 ff. BGB)[1276] beschränkt.

474 **Schuldner** ist der Antragsteller des Anordnungsverfahrens.

475 **4. § 945 Alt. 1 – Haftung wegen ungerechtfertigter Anordnung der einstweiligen Verfügung. a) Von Anfang an bestehende Unbegründetheit.** Als **von Anfang an ungerechtfertigt** erweist sich die einstweilige Verfügung, wenn sie bei richtiger Beurteilung der tatsächlichen und rechtlichen Gegebenheiten nicht hätte ergehen dürfen. Maßgeblich ist der Zeitpunkt des Erlasses der einstweiligen Verfügung (bzw. der Bestätigung auf Widerspruch oder auf Berufung hin). Allein maßgeblich ist eine objektive Betrachtungsweise;[1277] subjektive Elemente auf Seiten des Antragstellers – Gutgläubigkeit hinsichtlich der Berechtigung des geltend gemachten Anspruchs, Vertrauen in den Fortbestand der bisherigen Rechtsprechung – sind ohne Bedeutung.[1278]

Die Unrichtigkeit kann beruhen auf:

476 **aa) Nichtbestehen eines Verfügungsanspruchs.** An einem Verfügungsanspruch fehlt es, wenn der geltend gemachte Anspruch zum maßgeblichen Zeitpunkt (siehe vorstehend) entweder aus rechtlichen Gründen – das angegriffene Verhalten ist nicht wettbewerbswidrig, der Anspruchsteller ist nicht aktiv-legitimiert etc – oder aus tatsächlichen Gründen – die angegriffene Zuwiderhandlung hat nicht stattgefunden – nicht besteht.

477 **bb) Nichtbestehen eines Verfügungsgrundes.** Die einstweilige Verfügung ist auch dann von Anfang an unberechtigt, wenn – obwohl ein Verfügungsanspruch besteht – ein **Verfügungsgrund zu Unrecht bejaht** wird, mit der Folge, dass von der hM § 945 ZPO

[1268] BGHZ 45, 251; GRUR 1995, 169 – Kosten des Verfügungsverfahrens nach Antragsrücknahme; krit. *Becker-Eberhard* JZ 1995, 814; Ahrens/*Ahrens* Kap. 62 Rn. 9; vgl. auch BGH NJW 2002, 680 f.

[1269] Weitergehend OLG Dresden NJW 1998, 1872 (1873) im Ergebnis einen Kostenerstattungsanspruch (§ 286 Abs. 1 BGB aF) aber ebenfalls verneinend.

[1270] Zöller/*Vollkommer* § 945 Rn. 5 unter Hinweis auf BGH NJW 1985, 1959 (zur einstweiligen Einstellung der Zwangsvollstreckung nach § 717 Abs. 3 ZPO) mablAnm *Häsemeyer* NJW 1986, 1028 f.

[1271] OLG Karlsruhe OLGZ 1979, 370 (372); LG Kiel MDR 1958, 928; Zöller/*Vollkommer* § 945 Rn. 5; Wieczorek/*Schütze/Thümmel* § 945 Rn. 6; aA OLG Frankfurt a. M. FamRZ 1988, 88.

[1272] BGH GRUR 1992, 203 (205) – Roter mit Genever.

[1273] OLG Frankfurt a. M. OLG Report 1998, 228 (229).

[1274] Zöller/*Vollkommer* § 945 Rn. 13a.

[1275] Vgl. BGH NJW 1994, 1413 (1416); Zöller/*Vollkommer* § 945 Rn. 13a.

[1276] Vgl. zB BGH NJW 2003, 1934 (1936).

[1277] BGH GRUR 1988, 787 – PAngVO.

[1278] Schuschke/*Walker* § 945 Rn. 4.

zur Anwendung kommt,[1279] wobei im Anwendungsbereich des § 12 Abs. 1 UWG – gesetzliche Vermutung der Dringlichkeit – allerdings verlangt wird, dass diese Vermutung bereits im Anordnungsverfahren widerlegt war.[1280]

Dieser Beurteilung ist aber entgegen zu halten, dass **allein das Fehlen eines Verfügungsgrundes** – bei Bestehen eines Verfügungsanspruchs – **keine Schadensersatzpflicht begründen** kann. Dies wird zum Teil damit begründet, dass eine derartige Titelverfrühung gegenüber der möglichen Durchsetzung in einem Hauptsacheverfahren nicht von § 945 ZPO erfasst werde[1281] bzw. es jedenfalls an einem ersatzfähigen Schaden fehle,[1282] wenn der Antragsgegner bei einem auf einer einstweiligen Verfügung beruhenden Unterlassungsgebot ohnehin materiellrechtlich verpflichtet gewesen wäre, die ihm durch die einstweilige Verfügung untersagte Handlung zu unterlassen.[1283] 478

Allein die **fehlende Glaubhaftmachung eines Verfügungsgrundes** ist nicht ausreichend, um eine Schadensersatzhaftung gemäß § 945 ZPO zu begründen.[1284] Allerdings wurde vom RG[1285] ein solcher Schadensersatzanspruch auch dann bejaht, wenn lediglich die Glaubhaftmachung des Verfügungsgrundes nach Ansicht des über den Ersatzanspruch entscheidenden Gerichts ungenügend war – der IX. Zivilsenat hat dies im *Fallwerk*-Urteil[1286] dahingestellt sein lassen. 479

cc) Fehlende Glaubhaftmachung. Ebenso haftet der Antragsteller nicht schon deshalb auf Schadensersatz gemäß § 945 Alt. 1 ZPO, weil sein Vorbringen und seine Glaubhaftmachung zum Antrag auf Erlass einer einstweiligen Verfügung deren Erlass aus Sicht des Schadensersatzrichters nicht zu begründen vermochten.[1287] Die Haftung ist nur dann gerechtfertigt, wenn es sich aufgrund der im Hauptsacheverfahren oder im Schadensersatzprozess gewonnenen Erkenntnisse erweist, dass die **einstweilige Verfügung im Zeitpunkt ihres Erlasses** – unabhängig vom Stand des Parteivorbringens zu diesem Zeitpunkt – **der materiellen Rechtslage nicht entsprach.** Der Antragsteller ist daher nicht darauf beschränkt, darzulegen, dass die im einstweiligen Verfügungsverfahren vorgebrachten und glaubhaft gemachten Tatsachen den Erlass der einstweiligen Verfügung als gerechtfertigt erschienen ließen. Er kann vielmehr seinen Vortrag in tatsächlicher Hinsicht erweitern und über die Mittel der Glaubhaftmachung hinaus neue Beweismittel unterbreiten.[1288] 480

dd) Fehlen sonstiger Prozessvoraussetzungen. Wird eine Prozessvoraussetzung zu Unrecht für gegeben erachtet, begründet dieser Umstand nach der überwiegend vertretenen Auffassung **keine Haftung**[1289] bzw. wird jedenfalls ein ersatzfähiger Schaden zu verneinen sein, sofern dem Antragsteller ein entsprechender fälliger und sicherbarer Anspruch zustand (→ Rn. 704). 481

1279 BGH NJW-RR 1992, 736 = JZ 1992, 748 (751); NJW 1990, 122 (123) – Fallwerk; WM 1988, 1352; BGHZ 30, 123 (126); OLG Karlsruhe WRP 1984, 102 (105); Schuschke/*Walker* § 945 Rn. 9 mwN in Fn. 36.

1280 Zöller/*Vollkommer* § 945 Rn. 8; Schuschke/*Walker* § 945 Rn. 11; aA Wieczorek/*Schütze/Thümmel* § 945 Rn. 11.

1281 Ahrens/*Ahrens* Kap. 62 Rn. 23.

1282 Ahrens/*Ahrens* Kap. 62 Rn. 23; aA Stein/Jonas/*Bruns* § 945 Rn. 20.

1283 RGZ 65, 66 (68); BGH GRUR 1955, 346 – Progressive Kundenwerbung; GRUR 1981, 295 (296) – Fotoartikel I; NJW 1990, 122 (125) – Fallwerk; GRUR 1992, 203 (206) – Roter mit Genever; GRUR 1994, 849 (851) – Fortsetzungsverbot.

1284 BGH GRUR 1992, 203 (206) – Roter mit Genever; Zöller/*Vollkommer* § 945 Rn. 8.

1285 RGZ 58, 236 (241).

1286 NJW 1990, 122 (123).

1287 Schuschke/*Walker* § 945 Rn. 13 mwN.

1288 BGH GRUR 1992, 203 (206) – Roter mit Genever.

1289 OLG Düsseldorf MDR 1961, 606; OLG Karlsruhe GRUR 1984, 156 (158): unzutreffende Bejahung der Zuständigkeit nach § 942 ZPO; Stein/Jonas/*Grunsky* § 945 Rn. 21; Zöller/*Vollkommer* § 945 Rn. 8; *Walker* in Schuschke/Walker § 945 Rn. 12; Musielak/*Huber* § 945 Rn. 3; Wieczorek/*Schütze/Thümmel* § 945 Rn. 12 mit der Einschränkung bei fehlender internationaler Zuständigkeit; aA *G. Fischer* FS Merz, 1992, 81 (90).

482 **b) Prüfungsmaßstab.** Der **Antragsteller,** der eine Schadensersatzhaftung wegen Vollziehung einer von Anfang an ungerechtfertigten einstweiligen Verfügung abwenden will, hat die Berechtigung seines einstweiligen Rechtsschutzbegehrens **nachzuweisen.**[1290]

483 Maßgeblich für das Bestehen eines Anspruchs ist, ob das im Wege des einstweiligen Rechtsschutzes verfolgte Begehren aus einer **ex post-Betrachtung** den Erlass der einstweiligen Verfügung rechtfertigen konnte.[1291] Dem Antragsteller ist der Einwand eröffnet, die einstweilige Verfügung habe zum Zeitpunkt ihres Erlasses (Zeitpunkt der Anordnung nicht der Vollziehung) der materiellen Rechtslage entsprochen und sei erst nachträglich unrichtig geworden.[1292]

484 Hiervon zu unterscheiden sind **Veränderungen** in tatsächlicher oder rechtlicher Hinsicht, **die Rückwirkung entfalten.** So ist die einstweilige Verfügung von Anfang an ungerechtfertigt, wenn die der Verfügung zugrunde liegende Gesetzesbestimmung vom BVerfG nachträglich für verfassungswidrig und nicht erklärt wird,[1293] sofern nicht zwischenzeitlich eine rechtskräftige Entscheidung in der Hauptsache ergangen ist, die auch für das Verfahren des einstweiligen Rechtsschutzes Bindungswirkung entfaltet (§ 79 Abs. 2 S. 2 BVerfGG).[1294]

485 Ebenso kann eine Entscheidung des **EuGH** sowie eine **Änderung** der **Rechtsprechung**[1295] (→ Rn. 389) dazu führen, dass die einstweilige Verfügung als von Anfang an als ungerechtfertigt anzusehen ist. Aber auch in diesen Fällen ist die Bindungswirkung einer rechtskräftigen Hauptsacheentscheidung zu beachten.[1296]

486 Gleiches gilt nach (bisheriger) überwiegender Auffassung auch, wenn die einstweilige Verfügung auf ein **Schutzrecht** (Marke, Patent, Gebrauchsmuster, Geschmacksmuster, Sortenschutzrecht) gestützt war, das in einem Widerspruchs-, Einspruchs-, Löschungs- oder Nichtigkeitsverfahren **rückwirkend beseitigt** wurde mit der Folge, dass der Antragsteller so behandelt wird, als habe er nie ein Schutzrecht besessen.[1297] Soweit dem entgegengehalten wird, das Gericht hätte auch bei Kenntnis von der Vernichtbarkeit des Anspruchs nicht anders entscheiden können,[1298] ist dies bereits im Ausgangspunkt nicht richtig, denn entsprechende Zweifel an der Rechtsbeständigkeit des Schutzrechts – Erfolgsaussichten eines Einspruchs oder einer Nichtigkeitsklage – können zur Ablehnung des Verfügungsantrags mangels Glaubhaftmachung eines Verfügungsgrundes führen;[1299] bei Gebrauchsmustern ist das Gericht ohnehin nicht an die Eintragung gebunden, sondern hat die Schutzfähigkeit selbstständig zu prüfen. Zutreffend ist allerdings, dass es sich bei der rückwirkenden Vernichtung eines Schutzrechts nicht um ein typisches Risiko eines summarischen Verfahrens handelt. Allerdings wird im Hinblick auf die Rechtsprechung des EuGH (→ Rn. 470) nunmehr mit darauf abzustellen sein, ob der Antragsteller berechtigterweise von der Rechtsbeständigkeit seines Schutzrechts ausgehen konnte oder nicht.

487 War die einstweilige Verfügung zunächst ungerechtfertigt und wird sie erst **durch nachträgliche Veränderungen richtig,** haftet der Antragsteller für den vor diesem Zeitpunkt entstandenen Schaden.[1300]

[1290] BGH GRUR 1992, 203 (206) – Roter mit Genever; NJW 2003, 2610 (2612); 1988, 3268 (3269); Zöller/*Vollkommer* § 945 Rn. 8.

[1291] BGH GRUR 1992, 203 (206) – Roter mit Genever; *Teplitzky*/Schwippert Kap. 36 Rn. 12.

[1292] *Walker* in Schuschke/Walker § 945 Rn. 6; Zöller/*Vollkommer* § 945 Rn. 8; Stein/Jonas/*Bruns* § 945 Rn. 19a; MüKoZPO/*Heinze* § 945 Rn. 20; aA Wieczorek/*Schütze*/*Thümmel* § 945 Rn. 9.

[1293] BGHZ 54, 76 (80 f.).

[1294] BGH GRUR 1988, 787 (788) – Nichtigkeitsfolgen der Preisangabenverordnung.

[1295] BGHZ 54, 76 (81 f.); Schuschke/*Walker* § 945 Rn. 4.

[1296] Teplitzky/*Schwippert* Kap. 36 Rn. 14.

[1297] BGH GRUR 2006, 219 – Detektionsreinrichtung II; GRUR 1979, 869 (870) – Oberarmschwimmringe, zu § 30 Abs. 1 S. 2, § 35 Abs. 2 S. 2 PatG 1968; Wieczorek/*Schütze*/*Thümmel* § 945 Rn. 9 (für Gebrauchsmuster); Benkard/Rogge/*Grabinski* § 139 Rn. 154; Busse/*Kaess* Vor § 143 Rn. 284; aA *Kroitzsch* GRUR 1976, 509; Zöller/*Vollkommer* § 945 Rn. 8; Wieczorek/*Schütze*/*Thümmel* § 945 Rn. 14.

[1298] Wieczorek/*Schütze*/*Thümmel* § 945 Rn. 14.

[1299] Vgl. zB Busse/*Kaess* Vor § 143 Rn. 257.

[1300] Schuschke/*Walker* § 945 Rn. 6.

c) Bindungswirkungen. Ob und inwieweit Entscheidungen im Anordnungs- bzw. im Hauptsacheverfahren eine Bindung des Schadensersatzrichters herbeiführen können, wird in der Rechtsprechung sowie im Schrifttum umfangreich und kontrovers diskutiert.[1301] 488

Fehlende Überprüfung der Rechtmäßigkeit der einstweiligen Verfügung: Nach der in der Literatur[1302] vertretenen Auffassung setzt die Geltendmachung von Schadensersatz gemäß § 945 Alt. 1 ZPO nicht voraus, dass zunächst die Rechtmäßigkeit der einstweiligen Verfügung im Anordnungsverfahren oder im Hauptsacheverfahren überprüft wurde, während der BGH (IX. Zivilsenat)[1303] die Auffassung vertritt, dass der Schadensersatzanspruch eine Aufhebung entweder im Eilverfahren oder eine abweichende Entscheidung im Hauptsacheverfahren zur Voraussetzung hat. 489

Einhellige Meinung ist, dass eine **rechtskräftige Entscheidung** in der **Hauptsache** den Schadensersatzrichter im Umfang von deren materieller Rechtskraft **bindet** (§ 322 ZPO).[1304] Dies gilt aber nicht für ein nicht mit Gründen versehenes **Verzichtsurteil**[1305] bzw. **Versäumnisurteil;**[1306] vielmehr muss sich aus den Gründen ergeben, dass dem Antragsteller bereits zum Zeitpunkt des Erlasses der einstweiligen Verfügung der Verfügungsanspruch nicht zustand. An einer rechtskräftigen gerichtlichen Entscheidung fehlt es, wenn **kein Widerspruch gegen eine Beschlussverfügung** eingelegt wurde. In diesem Fall wird eine Bindungswirkung allgemein verneint.[1307] Dies gilt auch, wenn der Verfügungsantrag **zurückgenommen** oder das Verfahren **übereinstimmend für erledigt** erklärt wurde;[1308] ebenso bei einer Beendigung des Verfahrens durch Vergleich oder bei dessen Stillstand (Ruhen des Verfahrens). 490

Eine Bindungswirkung besteht aber auch im Falle einer rechtskräftigen Bestätigung der einstweiligen Verfügung (auf Widerspruch oder Berufung hin) nicht, soweit darin der Verfügungsanspruch bejaht wurde.[1309]

Unterschiedlich beurteilt wird die Folge einer Aufhebung der einstweiligen Verfügung mit der Begründung, diese sei von Anfang an unbegründet gewesen – **Fehlen eines Verfügungsanspruchs bzw. -grundes.** In den Entscheidungen *Schaden durch Gegendarstellung* (GRUR 1975, 390 (392)) und NJW 1980, 189 (191) hat der VI. Zivilsenat[1310] eine entsprechende Bindung für den Schadensersatzprozess bejaht; ebenso der IX. Zivilsenat im Urteil NJW 1992, 2297 (2298). 491

Das Bestehen einer **Bindungswirkung** war vom I. Zivilsenat in der Entscheidung *Progressive Kundenwerbung*[1311] ebenso wie im Urteil vom 7.5.1971[1312] offengelassen worden. Nachdem in den Urteilen *Roter mit Genever* und *Fortsetzungsverbot*[1313] die Freiheit des Schadensersatzrichters betont worden war,[1314] blieb diese Frage auch im Urteil *WIN-* 492

[1301] Siehe hierzu die eingehende Darstellungen bei *Ahrens* FS Piper, 1996, 31 ff.; *Schilken* Festgabe BGH, Bd. III, 2000, 539 ff. sowie die Darstellung des Meinungsstandes in BGH GRUR 1998, 1010 (1011) – WINCAD.

[1302] *Ahrens* FS Piper, 1996, 31 (35); Ahrens/*Ahrens* Kap. 62 Rn. 13, 18; *Schilken* S. 593, 610 f.; Schuschke/*Walker* § 945 Rn. 14.

[1303] NJW 1992, 2297 (2298); *G Fischer* FS Merz, 1992, 81 (91).

[1304] BGH GRUR 1992, 203 (205) – Roter mit Genever; NJW 1988, 3268 (3269); OLG Hamburg MD 2003, 1263 (1266); OLG Karlsruhe GRUR 1984, 156 (157); OLG München GRUR 1996, 998 (999); Ahrens/*Ahrens* Kap. 62 Rn. 11.

[1305] Vgl. BGH GRUR 1998, 1010 – WINCAD.

[1306] BGH WM 1971, 1129 (1130).

[1307] BGH GRUR 1993, 998 (999) – Verfügungskosten; GRUR 1992, 203 (205) – Roter mit Genever; GRUR 1988, 787 (788); NJW 1988, 3268 (3269); Schuschke/*Walker* § 945 Rn. 16; Stein/Jonas/*Bruns* § 945 Rn. 24.

[1308] BGH GRUR 1992, 203 (205) – Roter mit Genever.

[1309] RGZ 106, 289 (292); Ahrens/*Ahrens* Kap. 36 Rn. 15; Stein/Jonas/*Bruns* § 945 Rn. 29.

[1310] Ebenso VersR 1985, 335 bezüglich der Verneinung des Verfügungsgrundes.

[1311] BGHZ 15, 356 (359).

[1312] WM 1971, 1129 (1130) in Fortgang des Verfahrens GRUR 1966, 503 – Apfel-Madonna.

[1313] GRUR 1992, 203 (205) und GRUR 1994, 849 (851).

[1314] Vgl. zur Instanzrechtsprechung KG GRUR 1987, 940 f.; OLG Hamburg MD 2003, 1263 (1266 f.); OLG München WRP 1995, 872; OLG Stuttgart WRP 1992, 518 (520).

CAD[1315] dahingestellt, da der betreffenden Fallgestaltung ein Verzichtsurteil ohne Gründe zugrundelag, dem ebenso wie einem Versäumnisurteil (siehe Urteil vom 7.5.1971) mangels Vorliegens von Gründen nicht entnommen werden konnte, dass die einstweilige Verfügung von Anfang an ungerechtfertigt war.

493 Der I. Zivilsenat – insoweit in Übereinstimmung mit der Beurteilung des IX. Zivilsenats (NJW 1990, 122 (125)) – erachtet die **materielle Rechtslage** – Bestehen des Verfügungsanspruchs – als maßgeblich für die im Schadensersatzprozess uneingeschränkt überprüfbare Frage, ob dem Antragsgegner ein **ersatzfähiger Schaden entstanden** ist,[1316] sodass der Umfang der Bindungswirkung in mehreren Entscheidungen dahingestellt blieb und eine „Korrektur“ im Rahmen der Prüfung eines ersatzfähigen Schadens erfolgte (→ Rn. 704).

494 Wurde im Verfügungsverfahren ein **Verfügungsgrund verneint,** wird überwiegend eine Bindungswirkung angenommen,[1317] wobei jedoch auch die Vertreter dieser Auffassung eine Korrektur über die Verneinung eines ersatzfähigen Schadens vornehmen, wenn der Antragsgegner materiellrechtlich zur Unterlassung der verbotenen Verhaltensweise verpflichtet war.[1318]

495 **5. § 945 Alt. 2: Aufhebung nach § 926 Abs. 2.** Die **erfolgte** Aufhebung nach § 926 Abs. 2 ZPO – die bloße **Aufhebbarkeit** wegen Fristversäumnis reicht nicht[1319] – ist für den Schadensersatzprozess bindend.[1320] Über diesen formalen Tatbestand hinaus ist nicht zu prüfen, ob die einstweilige Verfügung in der Sache berechtigt war. Ein Ausgleich dieser strengen Haftungsfolge ist aber im Rahmen der Feststellung des ersatzfähigen Schadens vorzunehmen.[1321] Hiefür ist es auch nicht erforderlich, dass in einem Hauptsacheverfahren die Berechtigung des im Wege der einstweiligen Verfügung geltend gemachten Anspruchs festgestellt wurde.[1322] Insoweit unterscheidet sich die Haftung nach § 945 ZPO von der Haftung nach § 717 Abs. 2 ZPO, bei der der „voreilig“ vollstreckende Kläger nicht einwenden kann, der Anspruch sei zunächst zu Recht tituliert worden.[1323]

496 **6. § 945 Alt. 3: Aufhebung nach § 942 Abs. 3.** Auch die Aufhebung der einstweiligen Verfügung nach § 945 Alt. 3 ZPO knüpft allein an den formalen Tatbestand der Aufhebungsentscheidung wegen des nicht (rechtzeitig) durchgeführten Rechtfertigungsverfahrens an. Aber auch hier muss die materielle Rechtslage bei der Frage, ob dem Antragsgegner ein ersatzfähiger Schaden entstanden ist, Bedeutung gewinnen.[1324] Der Antragsteller kann – auch ohne vorherige Durchführung eines Hauptsacheverfahrens[1325] – geltend machen, der Antragsgegner wäre ohnehin verpflichtet gewesen, das ihm verbotene Verhalten zu unterlassen.

497 **7. Schaden.** § 945 ZPO erklärt den **Schaden** als ersatzfähig, der **durch die Vollziehung** der einstweiligen Verfügung – Vollziehungsschaden – oder daraus entstanden ist, dass **Sicherheit zur Abwendung der Vollziehung** (§ 923 ZPO) oder zu ihrer **Aufhebung** – Abwendungsschaden – **geleistet** worden ist (§ 925 Abs. 2, § 927, § 939 ZPO).

1315 GRUR 1998, 1010 (1011).

1316 BGH GRUR 1992, 203 (205) – Roter mit Genever; GRUR 1994, 849 (851) – Fortsetzungsverbot; *Ahrens* FS Piper, 1996, 31; *Ahrens* in Ahrens/Ahrens Kap. 62 Rn. 18; *Schilken* S. 593, 599 ff., 611 sowie *G. Fischer* FS Merz, 1992, 81 ff.

1317 BGH VersR 1985, 335; NJW 1990, 122 (123); *G. Fischer* FS Merz, 1992, 81 (90); *Teplitzky* NJW 1984, 850 (852); aA Ahrens/*Ahrens* Kap. 62 Rn. 23; Stein/Jonas/*Bruns* § 945 Rn. 20 aE, 29 mwN; Schuschke/*Walker* § 945 Rn. 19.

1318 AA *Saenger* JZ 1997, 222 (227); vgl. auch Stein/Jonas/*Bruns* § 945 Rn. 20, der im Falle des Verzugs des Antragsgegners einen entsprechenden Freistellungsanspruch zu Gunsten des Antragstellers annimmt.

1319 BGH GRUR 1992, 203 (205) – Roter mit Genever; Stein/Jonas/*Bruns* § 945 Rn. 31.

1320 HM, vgl. die Nachw. bei *Walker* in Schuschke/Walker § 945 Rn. 20.

1321 BGH GRUR 1981, 295 (296) – Fotoartikel I; aA Stein/Jonas/*Bruns* § 945 Rn. 31.

1322 So aber wohl *Walker* in Schuschke/Walker § 945 Rn. 21.

1323 BGH NJW 1997, 2601 zur Unbeachtlichkeit der Aufrechnung mit dem zunächst titulierten Anspruch.

1324 Ahrens/*Ahrens* Kap. 62 Rn. 28.

1325 So aber Schuschke/*Walker* § 945 Rn. 23.

a) Abgrenzung des Vollziehungsschadens zum Anordnungsschaden. Vom **Vollziehungsschaden** zu unterscheiden ist derjenige Schaden, der mit dem bloßen Erlass der einstweiligen Verfügung oder deren Bekanntwerden verbunden ist[1326] – **Anordnungsschaden.** Auch Aufwendungen von Seiten des Antragsgegners, die **vor** der Zustellung der Beschlussverfügung im Parteibetrieb in Erwartung der drohenden Vollziehung angefallen sind, werden **nicht als ersatzfähig angesehen.**[1327] 498

Als während des Anordnungsverfahren entstanden und damit nicht gemäß § 945 ZPO ersetzbar werden auch die **Kosten** angesehen, die dem Antragsgegner im **Verfügungsverfahren** entstanden sind.[1328] Auch eine entsprechende Anwendung[1329] wurde vom BGH unter Hinweis auf den Ausnahmecharakter des § 945 ZPO abgelehnt. Diese Entscheidung ist in der Literatur[1330] auf Kritik gestoßen ist, da der Antragsgegner darauf verwiesen wird, ein weiteres Verfahren anzustrengen – Antrag gemäß § 927 ZPO mit dem Ziel der Herbeiführung einer abweichenden Kostenentscheidung –, sofern er nicht (ausnahmsweise) die Kosten als Schadensersatz (§§ 823 ff. BGB) erstattet verlangen kann.[1331] Die Kosten des Antragstellers, die dieser vollstreckt oder die vom Antragsgegner freiwillig gezahlt worden sind, unterfallen dagegen der Haftung nach § 945 ZPO.[1332] 499

Auch gegen den Antragsgegner verhängte **Ordnungsgelder** können vom Gläubiger nach Aufhebung des Vollstreckungstitels **nicht als Schaden ersetzt** verlangt werden. Auch wenn die Verhängung von Ordnungsmitteln nur auf Antrag des Gläubigers erfolgt (§ 890 Abs. 1 ZPO), wird die Ahndung als Folge der Zuwiderhandlung des Schuldners und nicht als Folge der Vollziehung der einstweiligen Verfügung angesehen,[1333] wobei auch darauf verwiesen wird, dass Ordnungsgelder nicht an den Gläubiger, sondern an den Staat zu zahlen sind.[1334] 500

Der Anordnungsschaden kann allenfalls aufgrund der **allgemeinen deliktischen Haftung** (§§ 823 ff. BGB) ersetzt verlangt werden.[1335] 501

b) Vollziehungsschaden. Beschlussverfügungen bedürfen gemäß § 922 Abs. 2 ZPO, um Wirksamkeit gegenüber dem Antragsgegner zu erlangen, der Zustellung, die zur Wahrung der Vollziehungsfrist innerhalb der Monatsfrist des § 929 Abs. 2 ZPO zu erfolgen hat. Ab diesem Zeitpunkt – fristgerechte Parteizustellung – muss der Antragsgegner die einstweilige Verfügung beachten und korrespondierend dazu muss die Risikohaftung des Antragstellers aus § 945 ZPO einsetzen, dh erst mit wirksamer Zustellung der Beschlussverfügung im Parteibetrieb.[1336] Dies setzt allerdings voraus, dass die einstweilige Verfügung – wie in der Praxis allgemein üblich – bereits eine Ordnungsmittelandrohung enthält.[1337] 502

[1326] BGH NJW 1988, 3268 (3269); 1983, 232 f.: keine Haftung für Kreditschaden nach Vollstreckung gemäß § 717 Abs. 2 ZPO; OLG Saarbrücken NJW-RR 1998, 1039; *Gehrlein* MDR 2000, 687 f.; Ahrens/*Ahrens* Kap. 62 Rn. 27.

[1327] OLG Köln OLG Report 2003, 194 = GRUR-RR 2003, 294 Ls.

[1328] GRUR 1993, 998 (1000) – Verfügungskosten; zustimmend *Vollkommer* WM 1994, 51; *Teplitzky*/Schwippert Kap. 36 Rn. 36 mwN; Schuschke/*Walker* § 945 Rn. 33 mwN.

[1329] Bejahend Ahrens/*Ahrens* Kap. 62 Rn. 32 ff.; Stein/Jonas/*Bruns* § 945 Rn. 6; *Löwer* ZZP 75, 232 (239 f., 242).

[1330] Vgl. zB Ahrens/*Ahrens* Kap. 62 Rn. 33 f.; *Gröning* WRP 1992, 679 (Besprechung des Berufungsurteils WRP 1991, 507); *Hees* MDR 1994, 438.

[1331] Vgl. BGH NJW 1996, 198 (199) – Unterlassungsverfügung ohne Strafandrohung, zu § 1 UWG aF; OLG Köln OLG Report 2003, 194 = GRUR-RR 2003, 294 Ls. zu § 823 Abs. 1 BGB, ein schuldhaftes Handeln wurde verneint.

[1332] BGHZ 45, 251 (252).

[1333] RGZ 75, 311; KG GRUR 1987, 571 (572); Ahrens/*Ahrens* Kap. 66 Rn. 39.

[1334] Vgl. zur Aufhebung eines Ordnungsgeldbeschlusses nach Aufhebung der einstweiligen Verfügung gemäß § 927 ZPO und zur Rückzahlung des gezahlten Ordnungsgeldes durch die Staatskasse LG Hamburg MD 2003, 932 mwN; OLG Nürnberg MD 2006, 629, verneint bei Verzicht des Gläubigers auf den Titel.

[1335] Ahrens/*Ahrens* Kap. 62 Rn. 27; *Gehrlein* MDR 2000, 687 (688).

[1336] BGH GRUR 2015, 196 – Nero; NJW 1990, 122 (124) – Fallwerk; GRUR 1993, 415 (416) – Straßenverengung; Schuschke/*Walker* § 945 Rn. 37.

[1337] BGH NJW 1996, 198 – Einstweilige Verfügung ohne Strafandrohung; GRUR 1993, 415 (417 f.) – Straßenverengung; Ahrens/*Ahrens* Kap. 62 Rn. 24.

Da anderenfalls der Antragsgegner – bis zu einer nachträglichen Androhung nach § 890 Abs. 2 ZPO – eine Vollstreckung nicht gewärtigen muss, ist sie nicht geeignet, den Antragsgegnern hinreichend ernstlich zu einer Befolgung des gerichtlichen Verbots anzuhalten. Wird eine im Beschlusswege erlassene Verbotsverfügung vor einer förmlichen Parteizustellung formlos der Gegenseite übermittelt, führt dies noch nicht zu einem Vollstreckungsdruck, der eine Hafung nach § 945 ZPO auslösen kann.[1338]

503 Da die in **Urteilsform ergangene einstweilige Verfügung** ab ihrer Verkündung zu beachten ist und nach ihrer Zustellung von Amts wegen auch Grundlage für eine Vollstreckung sein kann,[1339] kann es auch bis zur – auch bei der Urteilsverfügung erforderlichen – Zustellung im Parteibetrieb[1340] bzw. zur Bekundung des Vollziehungswillens des Antragsgegners in anderer Weise (vgl. hierzu → Rn. 523) keine „Schutzlücke für den „gehorsamen" Titelschuldner" geben.[1341] Einer solchen Haftung ohne Vollziehung kann der Antragsteller dadurch entgehen, dass er dem Antragsgegner vor oder mit Verkündung des Urteils mitteilt, dass er wegen Zuwiderhandlungen vor der Parteizustellung nicht vollstrecken werde.[1342] Dadurch verbleibt dem Antragsteller die ihm durch § 929 Abs. 2 ZPO eingeräumte „Bedenkzeit", ob er von der einstweiligen Verfügung Gebrauch machen wolle und auf Seiten des Antragsgegners wird einem von der Verkündung des Urteils ausgehenden Vollstreckungsdruck entgegengewirkt.[1343]

504 Ob für die Anwendung des § 945 ZPO bei Urteilsverfügungen auch eine **unwirksame** Vollziehung ausreicht, die vom Antragsgegner nicht erkannt und der deshalb den Titel befolgt,[1344] ist noch nicht geklärt. Dies wird von *Ahrens*[1345] unter Hinweis auf die *Fallwerk*-Entscheidung des BGH (NJW 1990, 122 (124)) befürwortet. Dort war die unwirksame Zustellung einer Urteilsverfügung im Parteibetrieb – der Rechtsanwalt des Antragsgegners hatte eine Zustellung von Anwalt zu Anwalt (zu Unrecht) nicht entgegengenommen – als fristgemäßer Beginn der Vollziehung im Wege der Parteizustellung angesehen worden. Für den Schadensersatzanspruch aus § 945 ZPO wurde es, anders als für die Wahrung der Vollziehungsfrist des § 929 Abs. 2 ZPO, nicht für erforderlich angesehen, dass die eingeleitete Vollziehung auch zum Abschluss gebracht werde.

505 **c) Ersatzfähiger Schaden.** Der ersatzfähige Schaden bestimmt sich nach den Grundsätzen der **§§ 249 ff. BGB;**[1346] dh jeder adäquat kausal verursachte unmittelbare oder mittelbare Schaden ist zu ersetzen.[1347] Die erforderliche Kausalität zwischen dem von der Unterlassungsverfügung ausgehenden ausgehenden Vollstreckungsdruck und dem eingetretenen Schaden wurde in der Entscheidung *Rechtsberatungshotline*[1348] aufgrund des Bestehens der einstweiligen Verfügung entgegen der Vorinstanz bejaht. Die Abgabe einer Unterlassungserklärung nach Ergehen der einstweiligen Verfügung lässt den inneren Zusammenhang nicht entfallen. Hierbei ist auf die Reichweite des Verbotes abzustellen, sodass

---

1338 BGH GRUR 2015, 196 – Nero.

1339 Vgl. BGH GRUR 1993, 415 (417) – Straßenverengung sowie die eingehenden Nachweise bei Ahrens/*Spätgens* Rn. 682; ebenso OLG München 21.12.2001 – 29 W 2786/01.

1340 Vgl. die Nachweise bei *Teplitzky* Kap. 36 Rn. 31 Fn. 75.

1341 *Ulrich* WRP 1999, 82 (83) mwN unter Hinweis auf BGH GRUR 1975, 390 (392) – Schaden durch Gegendarstellung; *Berneke/Schüttpelz* Rn. 351, 737.

1342 Vgl. BGH GRUR 2009, 890 Rn. 16 – Ordnungsmittelandrohung.

1343 *Walker* in Schuschke/Walker § 945 Rn. 38 mwN in Fn. 154 (vorläufiger) Verzicht auf die Vollziehung; *Berneke/Schüttpelz* Rn. 737.

1344 Vgl. auch *Teplitzky* GRUR 1993, 418 (419) re. Sp. unten/420 oben zu § 929 Abs. 2 ZPO: „... dass schadensersatzberechtigt auch der ist, wer im guten Glauben an die Verbindlichkeit einer nicht vollzogenen Urteilsverfügung dieser auch zu einer Zeit noch Folge leistet, in der sie wegen Versäumung der Vollziehungsfrist nicht mehr bestandskräftig ist."

1345 Ahrens/*Ahrens* Kap. 62 Rn. 25.

1346 Zöller/*Vollkommer* § 945 Rn. 13.

1347 BGH GRUR 1993, 998 – Verfügungskosten; GRUR 2016, 460 – Piadina-Rückruf; zu einem Fall der Naturalrestitution LG Bielefeld Mitt. 2003, 191 f.: Rückübertragung einer Domain.

1348 BGH WRP 2006, 1250; Vorinstanz OLG Karlsruhe OLGR 2003, 254.

keine Ersatzpflicht besteht, wenn die unterlassene Handlung bei objektiver Auslegung des Titels nicht verboten war.[1349]

Dies schließt jedoch nicht aus, auch solche Verhaltensweisen des Antragsgegners haftungsrechtlich nach den Grundsätzen der Adäquanz zuzurechnen, zu denen er sich etwa aufgrund einer **unklaren Fassung** des Tenors berechtigterweise veranlasst sehen durfte. Es erscheint nicht sachgerecht, das Risiko einer Bestimmung der Reichweite eines unklaren Verbotstitels dem Antragsgegner aufzubürden.[1350] **506**

Bei einer zu **weiten Fassung** des Verbots kann der Antragsgegner die ihm aufgrund des „Verbotsüberschusses" entstandenen Nachteile ersetzt verlangen, sodass darauf abzustellen ist, ob und in welcher Form – wozu der Antragsgegner substantiiert vorzutragen hat[1351] – etwa eine vollständig untersagte Werbung oder Verkauf hätte durchgeführt werden können[1352] und im Rahmen der Schadensminderungspflicht gegebenenfalls auch hätte durchgeführt werden müssen.[1353] Ein ersatzfähiger Schaden kann nicht bereits deshalb verneint werden, weil der Antragsgegner im Rahmen der beanstandungsfreien Teilrechtmäßigkeit zur Unterlassung verpflichtet war. Zur Bestimmung des aus dem „Reichweitenüberschuss" beruhenden Schadens bedarf es der Feststellung des genauen Umfangs und Inhalts des dem Antragsgegner materiellrechtlich verbotenen Verhaltens.[1354] **507**

Als ersatzfähiger Schaden, der nach den Grundsätzen des § 287 ZPO, § 252 S. 2 BGB gegebenenfalls zu schätzen ist,[1355] kommen ua vor allem in Betracht: **508**

- **Entgangener Gewinn**[1356] aufgrund unterbliebener Absatzgeschäfte oder in Folge unterbliebener Werbung.
- **Aufwendungen des Antragsgegners im Rahmen der Befolgung des Verbots**[1357] (wie zB Umstellung von Werbemaßnahmen, Änderung der Produktaufmachung, Verpackung) bzw. zur Schadensminderung gebotene Maßnahmen,[1358] wozu er im Rahmen von § 254 BGB sogar gehalten sein kann.[1359] Bei frustrierten Aufwendungen für die Errichtung und Unterhaltung eines Messestandes wegen der Vollziehung einer einstweiligen Verfügung, weswegen der Antragsgegner gezwungen war, die vermeintlich patentverletzende Vorrichtung vom Messestand zu entfernen bzw. sie abzudecken, wurde ein ersatzfähiger Schaden verneint.[1360]

Dabei ist jedoch zu berücksichtigen (→ Rn. 688), dass dem Antragsgegner nach allgemeinen Grundsätzen des Schadensersatzrechts kein zu ersetzender Schaden entstanden **509**

[1349] OLG Hamm GRUR 1989, 296 (297); OLG München GRUR-RR 2004, 63; *Berneke/Schüttpelz* Rn. 739.

[1350] BGH 30.7.2015 – I ZR 250/12 Rn. 29 mwN – Piadina-Rückruf.

[1351] BGH GRUR 1981, 295 (296) – Fotoartikel I; GRUR 1985, 397 – Fotoartikel II; *Gehrlein* MDR 2000, 687 (689).

[1352] BGH GRUR 1981, 295 (296) – Fotoartikel I; GRUR 1985, 397 – Fotoartikel II; OLG München 18.9.1997 – 29 U 1660/97: Verbot der Bewerbung und des Vertriebs von Satelliten-Empfangsanlagen mit der ursprünglichen Typenbezeichnung des Herstellers ging zu weit; im Hauptsacheverfahren wurde nur ein eingeschränktes Verbot für begründet erachtet, das Raum für den Vertrieb der umgerüsteten Geräte nach vollständiger Entfernung der Typenschilder gelassen hätte; Ahrens/*Ahrens* Kap. 62 Rn. 36; *Gehrlein* MDR 2000, 687 (689).

[1353] Vgl. BGH GRUR 1981, 296 (298) – Fotoartikel I; GRUR 1993, 998 (1000) – Verfügungskosten; Ahrens/*Ahrens* Kap. 62 Rn. 37.

[1354] BGH GRUR 1985, 397 – Fotoartikel II.

[1355] Hierzu BGH GRUR 1992, 530 f. – Gestoppter Räumungsverkauf; GRUR 1993, 998 (1000) – Verfügungskosten; GRUR 1979, 869 (870 ff.) – Oberarmschwimmringe; GRUR 2015, 196 Rn. 34 – Nero; zur Beweislast des Antragstellers hinsichtlich des Eintritts eines Schadens sowie der Kausalität zwischen Vollziehung bzw. Vollziehungsabwendung und eingetretenem Schaden vgl. Schuschke/*Walker* § 945 Rn. 40.

[1356] RG GRUR 1943, 262, bei Geschäftsstillegung: entgangener Gewinn und Geschäftswert.

[1357] BGH GRUR 1979, 390 (392) – Schaden durch Gegendarstellung; GRUR 1993, 415 (417) mwN – Straßenverengung; NJW 1996, 198 – Einstweilige Verfügung ohne Strafandrohung.

[1358] BGH GRUR 1993, 998 (1000) – Verfügungskosten; OLG München GRUR 1996, 998 (999); Ahrens/*Ahrens* Kap. 62 Rn. 37; *Gehrlein* MDR 2000, 687 (688).

[1359] BGH GRUR 1993, 998 (1000) – Verfügungskosten; Ahrens/*Ahrens* Kap. 62 Rn. 37.

[1360] LG Düsseldorf InstGE 2, 157 (161 ff.).

sein kann, wenn er **ohnehin materiell-rechtlich verpflichtet** gewesen wäre, die ihm durch die einstweilige Verfügung untersagte Handlung, weil wettbewerbswidrig oder gegen ein sonstiges gesetzliches Verbot verstoßend,[1361] zu unterlassen.[1362] Dabei wird mit *Ahrens*[1363] bei aus der Durchführung von Verträgen resultiereden Gewinnen darauf abzustellen sein, ob das einschlägige Verbotsgesetz nicht nur die Vornahme des Rechtsgeschäfts missbilligt, sondern auch dessen zivilrechtliche Wirksamkeit verhindert.[1364]

510 Der Antragsteller kann sich darauf berufen, der Antragsgegner habe zur Einleitung und Vollzug des Verfügungsverfahrens Anlass gegeben oder gegen seine **Schadensabwendungs- und Schadensminderungspflicht (§ 254 BGB)** verstoßen.[1365] Dies ist dann der Fall, wenn er Maßnahmen unterlässt, die ein vernünftiger und wirtschaftlich denkender Mensch nach Lage der Sache ergreifen würde, um Schaden von sich abzuwenden,[1366] wobei die § 945 ZPO zugrundeliegende Interesssenbewertung zu beachten ist, die darin besteht, dass die Vollstreckung aus einem noch nicht endgültigen Titel grundsätzlich im Risikobereich des Gläubigers liegt.[1367] Nach der überwiegend vertretenen Auffassung umfasst § 254 BGB auch die Obliegenheit gegenenfalls unverzüglich durch Einlegung eines sich aufdrängenden Widerspruchs gegen eine Beschlussverfügung vorzugehen.[1368] Einer Abmahnung nicht durch Einreichung einer Schutzschrift begegnet zu sein, kann dem Antragsgegner jedoch nicht als Mitverschulden angelastet werden. Ein Mitverschulden ist gegeben, wenn der Antragsgegner dem Antragsteller schuldhaft Anlass gegeben hat, um einstweiligen Rechtsschutz nachzusuchen.[1369] Dafür reicht es aber nicht aus, dass die rechtliche Zulässigkeit des die einstweilige Verfügung auslösenden Verhaltens bei Erwirken der einstweiligen Verfügung rechtlich noch nicht geklärt war.[1370]

511 Die Grundsätze der **Vorteilsausgleichung** sind anwendbar.[1371]

512 **d) Vollziehungsabwendungsschaden.** Der Vollziehungsabwendungsschaden umfasst die Nachteile (Zinsen, Gebühren etc), die dem Antragsgegner infolge der Leistung einer Sicherheit im Rahmen der Einstellung der Zwangsvollstreckung (§ 924 Abs. 3, § 707 ZPO) oder der Aufhebung der einstweiligen Verfügung (§ 939 ZPO) entstanden sind.[1372]

513 **8. Durchsetzung des Anspruchs.** Das **Aufrechnungsverbot** des § 393 BGB greift trotz der Qualifzierung des Anspruchs aus § 945 ZPO als unerlaubte Handlung nicht ein, wie dies vom RG auch hinsichtlich der Ansprüche aus § 717 Abs. 1[1373] und § 302 Abs. 4, § 600 Abs. 2 ZPO[1374] verneint wurde.[1375]

514 Die **Verjährung** richtet sich nach §§ 195, 199 Abs. 1 BGB: drei Jahre ab dem Schluss des Jahres, in dem der Antragsgegner der Entstehung des Schadens Kenntnis erlangt hat oder ohne grobe Fahrlässigkeit erlangt haben müsste. Dabei sind die in der Rechtspre-

[1361] OLG Hamm WRP 1981, 476; *Berneke/Schüttpelz* Rn. 741.

[1362] BGHZ 15, 356 (358) – Progressive Kundenwerbung; GRUR 1981, 295 (296) – Fotoartikel I; NJW 1990, 122 (125) – Fallwerk; GRUR 1992, 203 (206) – Roter mit Genever; GRUR 1994, 849 (851) – Fortsetzungsverbot; GRUR 2016, 406 Rn. 15 – Piadina-Rückruf; OLG Hamburg GRUR 1990, 305; MD 2003, 1263 (1267); OLG Hamm WRP 1981, 476; OLG München MD 2001, 759; Ahrens/*Ahrens* Kap. 62 Rn. 28 f.

[1363] Ahrens/*Ahrens* Kap. 62 Rn. 30 f.

[1364] BGH NJW 1981, 920 (922); 1986, 1486 (1487).

[1365] BGHZ 120, 261 (270 f.); NJW 1990, 2689 (2690); *Walker* in Schuschke/Walker § 945 Rn. 26.

[1366] BGHZ 120, 261 (271); BGH GRUR 2016, 460 Rn. 44, 46 – Piadina-Rückruf; vgl. zum unterlassenen Bezug von Vertriebsunternehmen des Prozessgegners BGH GRUR 1979, 869 (873) – Oberarmschwimmringe mAnm Pietzcker GRUR 1979, 873.

[1367] BGH GRUR 2016, 406 Rn. 44 mwN – Piadina-Rückruf.

[1368] OLG München GRUR 1996, 998 (999); ebenso Ahrens/*Ahrens* Kap. 62 Rn. 37.

[1369] BGH NJW 2006, 2557 (2559).

[1370] BGH WRP 2006, 1250 Rn. 31 – Rechtsberatungshotline.

[1371] BGH NJW 1980, 2187; Wieczorek/*Schütze/Thümmel* § 945 Rn. 23.

[1372] Zöller/*Vollkommer* § 945 Rn. 15.

[1373] RGZ 76, 408.

[1374] RG JW 1934, 3193.

[1375] Ahrens/*Ahrens* Kap. 62 Rn. 40.

chung zu § 852 BGB aF entwickelten Grundsätze,[1376] dass von einer Kenntnis eines Schadens aufgrund einer Vollziehung erst dann ausgegangen werden kann, wenn die einstweilige Verfügung als ungerechtfertigt aufgehoben wurde, also mit Abschluss des Verfügungsverfahrens bzw. mit Rechtskraft der Hauptsacheentscheidung, wenn gegen die einstweilige Verfügung kein Rechtsbehelf eingelegt wurde, weiterhin maßgeblich.[1377] Ebenso liegt Kenntnis des Schadens vor, wenn ein noch nicht rechtskräftiges Urteil im Hauptsacheverfahren, das in hohem Maße dafür spricht, dass die einstweilige Verfügung von Anfang an begründet war, vorliegt.[1378] Dieser Kenntnis ist durch § 199 Abs. 1 Nr. 2 Alt. 2 BGB die grob fahrlässige Unkenntnis gleichgesetzt, dh wenn seine Unkenntnis auf einer besonders schweren Vernachlässigung der im Verkehr erforderlichen Sorgfalt beruht.[1379]

Der Anspruch aus § 945 ZPO kann nicht im einstweiligen Verfügungsverfahren, sondern 515 nur im Wege der Klage[1380] oder als Widerklage[1381] **im Verfahren über die Hauptsache** geltend gemacht werden.

Für den Anspruch aus § 945 ZPO ist gemäß § 13 GVG der **Rechtsweg zu den** 516 **ordentlichen Gerichten** eröffnet, auch wenn die Maßnahme des einstweiligen Rechtsschutzes von einem Gericht eines anderen Rechtsweges erlassen wurde.[1382]

Der Anspruch aus § 945 ZPO kann **auch** (§ 35 ZPO) **im Gerichtsstand des § 32** 517 **ZPO**[1383] bzw. des Art. 7 Nr. 2 EuGVVO geltend gemacht werden.

Die **sachliche Zuständigkeit** richtet sich nach dem Streitwert (§ 23 Nr. 1, § 71 Abs. 1 518 GVG), sofern der Anspruch nicht als Anspruch im Sinne von § 13 Abs. 1 S. 1 UWG qualifiziert wird, → § 14 Rn. 13. Zur **funktionellen Zuständigkeit** der KfH vgl. → § 14 Rn. 42.

B. Veröffentlichungsbefugnis (§ 12 Abs. 2)

Schrifttum: *Ciresa,* Handbuch der Urteilsveröffentlichung, 1995; *Flechsig/Hertel/Vahrenhold,* Die Veröffentlichung von Unterlassungsurteilen und Unterlassungserklärungen, NJW 1994, 2441; *Fricke,* Grundlagen und Grenzen des Berichtigungsanspruchs im Äußerungsrecht, AfP 2009, 552; *Greuner,* Urteilsveröffentlichung vor Rechtskraft, GRUR 1962, 71; *Köhler,* Die Begrenzung wettbewerbsrechtlicher Ansprüche durch den Grundsatz der Verhältnismäßigkeit, GRUR 1996, 82; *Lindner,* Der Rückrufsanspruch als verfassungsrechtlich notwendige Kategorie des Medienprivatrechtgs, ZUM 2005, 203; *Maaßen,* Urteilsveröffentlichung in Kennzeichnungssachen, MarkenR 2008, 417; *Mensching,* Zur Veröffentlichungspflicht und Veröffentlichungsanspruch bei gerichtlichen Entscheidungen, AfP 2007, 534; *Ruschke/Busch,* Hinter den Kulissen des medienrechtlichen Rückrufsanspruchs, NJW 2004, 2620; *Schnur,* Das Verhältnis von Widerruf einer Behauptung und Bekanntmachung der Gerichtsentscheidung als Mittel der Rufwiederherstellung, GRUR 1978, 225 und 473 (Berichtigung); *Schricker,* Berichtigende Werbung, GRUR Int. 1975, 191; *Schomburg,* Die öffentliche Bekanntmachung einer strafrechtlichen Verurteilung, ZRP 1986, 65 ff.; *Seydel,* Einzelfragen der Urteilsveröffentlichung, GRUR 1965, 650; *Steigüber,* Der „neue" Anspruch auf Urteilsbekanntmachung im Immaterialgüterrecht, GRUR 2011, 295; *Wronka,* Veröffentlichungsbefugnis von Urteilen, WRP 1975, 644.

I. Bedeutung

Der Anspruch auf Urteilsveröffentlichung nach Abs. 2, dem aufgrund seiner Breiten- 519 wirkung **eigentlich ein erhebliches Abschreckungspotential** und damit im System der privaten Durchsetzung der Lauterkeitsregeln eine nicht zu unterschätzende Disziplinie-

[1376] BGH NJW 1980, 189; 1992, 2297; 1993, 863 (864).
[1377] Zöller/*Vollkommer* § 945 Rn. 13.
[1378] BGH NJW 2003, 2610 (2612).
[1379] Vgl. *Palandt-Ellenberger* § 199 Rn. 36 f.
[1380] Stein/Jonas/*Bruns* § 945 nach Rn. 33 unter IV; Wieczorek/*Schütze/Thümmel* § 945 Rn. 26.
[1381] Vgl. zB die Fallgestaltung bei BGH GRUR 2003, 349 – Anwalts-Hotline.
[1382] BGH NJW 1975, 540; 1981, 349 für § 123 VwGO; Zöller/*Vollkommer* § 945 Rn. 6; Schuschke/*Walker* § 945 Rn. 39; anders in Bezug auf die Zuständigkeit der Arbeitsgerichte vgl. Stein/Jonas/*Bruns* § 945 nach Rn. 33 unter IV. aE.
[1383] Schuschke/*Walker* § 945 Rn. 39.

rungsfunktion zukommen könnte[1384], hat nur noch sehr **geringe praktische Bedeutung.** Die Gerichte werden mit diesem Anspruch kaum noch befasst. Dies beruht im Wesentlichen darauf, dass der Gesetzgeber die vorläufige Vollstreckbarkeit derartiger Aussprüche – in Übereinstimmung mit Art. 11 Abs. 2 S. 3 UGP-Richtlinie – ausgeschlossen hat und der Anspruch **im einstweiligen Rechtsschutz nicht geltend gemacht** werden kann. Wenn die Rechtskraft des Urteils in der Hauptsache typischerweise erst nach Ablauf mehrerer Jahre eintritt, besteht in einem schnelllebigen Wettbewerb ebenso typischerweise auch auf Seiten des beeinträchtigten Wettbewerbers kein Interesse mehr an einer Urteilsveröffentlichung. Im Übrigen verliert die Urteilsveröffentlichung aufgrund der zunehmend fragmentierten Medienöffentlichkeit die ihr ursprünglich zugekommene Breitenwirkung.

II. Vergleichbare Regelungen

520 Mit § 12 Abs. 2 inhaltlich übereinstimmende oder mit dieser Vorschrift vergleichbare Regelungen finden sich in verschiedenen Gesetzen:

521 **1. Strafurteile.** Eine Veröffentlichung von **Strafurteilen**[1385] entsprechend der aufgehobenen Bestimmung in § 23 Abs. 1 UWG aF ist vorgesehen in:

- **§ 111 UrhG,**
- **§ 51 Abs. 6 DesignG,**
- **§ 143 Abs. 6 MarkenG,**
- **§ 144 Abs. 5 MarkenG** enthält eine Regelung für geografische Herkunftsangaben, die keinen Strafantrag voraussetzt, da es in der Regel keinen in seinen individuellen Interessen Verletzten gibt.[1386]
- **§ 142 Abs. 6 PatG; § 25 Abs. 6 GebrMG; § 39 Abs. 6 SortSchG; § 10 Abs. 6 HalbleiterSchG.**

522 **2. Zivilurteile.** Eine Veröffentlichung von **Zivilurteilen** ermöglichen die folgenden Bestimmungen:

§ 103 UrhG (Bekanntmachung des Urteils) und **§ 47 DesignG** setzen eine **rechtskräftige Entscheidung** voraus, sofern das Gericht eine Veröffentlichung nicht bereits zu einem früheren Zeitpunkt für gerechtfertigt ansieht (Abs. 1 Satz 2). Nach Abs. 2 kann der Beklagte zur Vorauszahlung der Kosten verurteilt werden.

§ 7 UKlaG:

523 „Wird der Klage stattgegeben, so kann dem Kläger auf Antrag die Befugnis zugesprochen werden, die Urteilsformel mit der Bezeichnung des verurteilten Beklagten auf Kosten des Beklagten im Bundesanzeiger, im Übrigen auf eigene Kosten bekannt zu machen. Das Gericht kann die Befugnis zeitlich begrenzen."

524 Diese Vorschrift, die neben § 12 Abs. 2 einen weiteren spezialgesetzlichen Beseitigungsanspruch vorsieht,[1387] hat keine große praktische Bedeutung. Sie sieht im Falle der Klageabweisung keine Möglichkeit einer Veröffentlichungsbefugnis für den Beklagten vor. Die Veröffentlichungsbefugnis ist **auf die Urteilsformel beschränkt.**[1388] Die angestrebte Breitenwirkung wird durch die zurückhaltende Handhabung durch die Rechtsprechung, insbesondere aber dadurch, dass auf Kosten der beklagten Partei nur eine Veröffentlichung im Bundesanzeiger erfolgen kann, nicht erreicht.

[1384] So auch MüKoUWG/*Schlingloff* § 12 Rn. 577.
[1385] Auch bei Strafbefehlen kann eine Veröffentlichung erfolgen, § 407 Abs. 2 Nr. 1 StPO.
[1386] Amtl. Begrd. Bl. PMZ Sonderheft 1994, 120 re. Sp.
[1387] BGH GRUR 2018, 427 Rn. 32 – Klauselersetzung.
[1388] Eine Erstreckung auf weitere Teile der Entscheidung ist sowohl bei Umsetzung der Richtlinie 98/27/EG über Unterlassungsklagen (ABl. 1998 L 166, S. 51) – siehe die Empfehlung in Art. 2 Abs. 1b – durch das Gesetz über Fernabsatzverträge als auch im Rahmen des UKlaG unterblieben.

Mit der Veröffentlichung von Urteilen befassen sich weiter: **Art. 4 Abs. 2 S. 3 der Richtlinie über irreführende und vergleichende Werbung:** 525

Außerdem können die Mitgliedsstaaten den Gerichten oder Verwaltungsbehörden Befugnisse übertragen, die es diesen gestatten, zur Ausräumung der fortdauernden Wirkung einer irreführenden oder unzulässigen vergleichenden Werbung, deren Einstellung durch eine rechtskräftige Entscheidung angeordnet worden ist,

– die Veröffentlichung dieser Entscheidung ganz oder auszugsweise und in der von ihnen für angemessen erachteten Form zu verlangen;

– außerdem die Veröffentlichung einer berichtigenden Erklärung zu verlangen.

Artikel 15 der Richtlinie 2004/48/EG vom 29.4.2004 zur **Durchsetzung der Rechte des geistigen Eigentums**[1389] sieht ebenfalls eine Regelung betreffend die Veröffentlichung von Gerichtsentscheidungen vor: 526

Die Mitgliedsstaaten stellen sicher, dass die Gerichte bei Verfahren wegen Verletzung von Rechten des geistigen Eigentums auf Antrag des Antragstellers und auf Kosten des Verletzers geeignete Maßnahmen zur Verbreitung von Informationen über die betreffenden Entscheidungen, einschließlich der Bekanntmachung und der vollständigen oder teilweisen Veröffentlichung, anordnen können. Die Mitgliedsstaaten können andere, den besonderen Umständen angemessene Zusatzmaßnahmen, einschließlich öffentlichkeitswirksamer Anzeigen vorsehen.

Nach Erwägungsgrund 27 sollten „die Entscheidungen veröffentlicht werden, **um künftige Verletzer abzuschrecken und zur Sensibilisierung der breiten Öffentlichkeit beizutragen.**" Mit dem Gesetz zur Verbesserung der Durchsetzung von Rechten des geistigen Eigentums vom 7.7.2008 wurde deshalb eine Ergänzung der gesetzlichen Regelungen (§ 19c MarkenG, § 140e PatG, § 24e GebrMG, § 37e SortG, § 9 HalbleiterSchG) bzw. eine Anpassung der bestehenden gesetzlichen Regelungen (§ 103 UrhG, § 47 DesignG) vorgenommen.[1390] 527

Art. 11 Abs. 2 der Richtlinie 2005/29/EG über **unlautere Geschäftspraktiken** sieht vor, dass die Mitgliedsstaaten den Gerichten oder Verwaltungsbehörden Befugnisse übertragen können, die sie ermächtigen, zur Beseitigung einer fortdauernden Wirkung unlauterer Geschäftspraktiken, deren Einstellung durch eine rechtskräftige Entscheidung angeordnet ist, 528

a) die Veröffentlichung dieser Entscheidung ganz oder auszugsweise und in der von ihnen für angemessen erachteten Form zu verlangen, und

b) außerdem die Veröffentlichung einer berichtigenden Erklärung zu verlangen.

Nach **§ 21 GechGehG** kann die in einer **Geheimnisschutzstreitsache** obsiegende Partei beantragen, ihr die Befugnis zuzusprechen, das Urteil oder Informationen über das Urteil auf Kosten der unterliegenden Partei öffentlich bekannt zu machen. 529

III. Bekanntmachung von Zivilurteilen (§ 12 Abs. 2)

1. Rechtsnatur und Abgrenzung zu anderen Ansprüchen. a) Rechtsnatur. § 12 Abs. 2 S. 1 sieht eine neben den klageweise[1391] geltend gemachten Unterlassungsanspruch tretende Möglichkeit der Veröffentlichung des verfügenden Teils des Urteils vor. Es handelt sich daher um eine prozessrechtliche, wenn auch zu dem geltend gemachten materiellen Anspruch in gewisser Weise „akzessorische" Regelung.[1392] Sie zielte nach der Rechtspre- 530

[1389] ABl. 2004 L 195, S. 16.

[1390] Vgl. *Steigüber* GRUR 2011, 295 f.

[1391] Zum Verfahren der einstweiligen Verfügung → Rn. 737 f.

[1392] Ahrens/*Bähr* Kap. 37 Rn. 3; anders Ohly/*Sosnitza* § 12 Rn. 213: besondere gesetzliche Ausprägung des materiell-rechtlichen Anspruchs; Fezer/*Büscher*/Obergfell § 12 Rn. 159; Teplitzky/*Kessen* Kap. 26 Rn. 22: ein den materiell-rechtlichen Anspruch konkretisierendes, der prozessualen Durchsetzung zugeordnet Recht; MünchKomm/*Schlingloff* § 12 Rn. 588: ein vom Prozessrecht bereit gestellter, in gewissen Grenzen vom materiell-rechtlichen Anspruch unabhängiger Veröffentlichungsanspruch.

chung und der in der Literatur überwiegend vertretenen Auffassung[1393] – anders als der in die Zukunft gerichtete Unterlassungsanspruch zur Unterbindung weiterer oder erstmaliger Beeinträchtigungen – auf die **Beseitigung von fortdauernden Beeinträchtigungen** aufgrund einer Rechtsverletzung.[1394] An dieser Qualifizierung als gesetzlich geregelte prozessuale Maßnahme zur Beseitigung einer noch andauernden Störung hat sich nichts geändert. Vielmehr ergibt sich das Erfordernis der Darlegung eines berechtigten Interesses nunmehr bereits aus dem Gesetzeswortlaut. Demgegenüber wird von *Steigüber*[1395] unter Hinweis auf Erwägungsgrund 27 der Durchsetzungsrichtlinie der Bekanntmachungsanspruch bei Schutzrechtsverletzungen als materiell-rechtlicher Anspruch sui generis qualifiziert, dessen Zweck nicht mehr Beseitigung der bereits eingetretenen, sondern Abschreckung zukünftiger Rechtsverletzungen sei.[1396]

531 Der **Inhalt der Anordnung** (§ 12 Abs. 2 S. 1 und 2) bezieht sich auf die Befugnis zur öffentlichen Bekanntmachung also gegenüber einem größeren unbestimmten Personenkreis – Abgrenzung zur Information eines bestimmten, begrenzten Personenkreises mittels Rundschreiben[1397] – durch Druckschriften oder sonstige Medien (auch Rundfunk, Fernsehen und Internet).

532 Der Antrag auf Urteilsveröffentlichung führt zu einer objektiven Klagehäufung im Sinne von § 260 ZPO (auch → Rn. 774).

533 **b) Abgrenzung.** Die Veröffentlichung nach § 12 Abs. 2 ist von dem **materiell-rechtlichen Anspruch** auf Veröffentlichung zu unterscheiden.[1398]

534 Berührungspunkte zwischen § 12 Abs. 2 (bzw. dem materiell-rechtlichen Veröffentlichungsanspruch)[1399] bestehen mit den Ansprüchen auf **Widerruf** von wettbewerbswidrigen (unwahren) Tatsachenbehauptungen[1400] bzw. auf deren Richtigstellung,[1401] die von der Rechtsprechung nur in engen Grenzen zugebilligt werden,[1402] denn von der Wirkung her ähnelt die Bekanntmachung einem öffentlichen Widerruf.[1403] Besteht ein Anspruch auf Veröffentlichung des Unterlassungsausspruchs, kann der Verletzte idR nicht darüber hinaus noch einen Widerruf verlangen, weil der Zweck der Störungsbeseitigung bereits durch die Zuerkennung des Veröffentlichungsanspruchs erreicht wird.[1404] Ein irgendwie geartetes generelles **Stufenverhältnis zwischen Widerruf und Veröffentlichungsanspruch** ist jedoch **nicht anzuerkennen.** Zwar wird vielfach die Veröffentlichung als die weniger einschneidende Maßnahme anzusehen sein.[1405] Im Einzelfall kann sich dies aber auch anders darstellen.[1406]

[1393] Hierzu nachfolgend → Rn. 750 f.

[1394] Vgl. zum Verhältnis zwischen Beseitigungs- und Unterlassungsanspruch BGH GRUR 1998, 415 (417) – Wirtschaftsregister mwN; BGH GRUR 2018, 427 Rn. 32 – Klauselersetzung.

[1395] GRUR 2011, 295 (296 ff.); vgl. hierzu auch Teplitzky/*Kessen* Kap. 26 Rn. 22a.

[1396] Siehe dazu auch Teplitzky/*Kessen* Kap. 26 Rn. 22a ff.

[1397] Siehe BGH GRUR 1954, 337 (342) – Radschutz; *Seydel* GRUR 1965, 650 (652 f.).

[1398] Vgl. hierzu nachfolgend → Rn. 52.

[1399] Zum materiell-rechtlichen Veröffentlichungsanspruch → Rn. 750, 776.

[1400] BGH GRUR 1992, 527 (529) li. Sp. – Plagiatsvorwurf II; GRUR 1995, 424 (426 f.) – Abnehmerverwarnung; GRUR 1998, 415 (416) – Wirtschaftsregister; OLG Hamburg GRUR-RR 2002, 298.

[1401] BGH WRP 1998, 303 (305) – Versicherungs-Rundschreiben; GRUR 1995, 224 (228) – Erfundenes Exklusiv-Interview.

[1402] Siehe dazu GroßKommUWG/*Feddersen* § 12 E Rn. 10 f.; vgl. auch *Schnur* GRUR 1978, 225 (227); OLG Hamburg GRUR-RR 2002, 298: zu den Voraussetzungen eines Anspruchs auf Widerruf einer irreführenden Spitzenstellungsberühmung; LG Frankfurt a. M. GRUR 1991, 401: eingeschränkter Widerruf bezüglich der Verbreitung von unzutreffenden Media-Daten.

[1403] BGH GRUR 1992, 527 (529) re. Sp. – Plagiatsvorwurf II; GRUR 1987, 189 – Veröffentlichungsbefugnis beim Ehrenschutz; GRUR 1966, 272 (274) – Arztschreiber; GRUR 1962, 315 (318) – Deutsche Miederwoche; OLG Frankfurt a. M. NJW-RR 1996, 423 (425); *Flechsig/Hertel/Vahrenhold* NJW 1994, 2441 (2443).

[1404] BGH GRUR 1992, 527 (529) – Plagiatsvorwurf II.

[1405] Vgl. zum Verhältnis des Widerrufsanspruchs zum Veröffentlichungsanspruch BGH GRUR 1992, 527 (529) – Plagiatsvorwurf II; GRUR 1987, 189 (190) – Veröffentlichungsbefugnis beim Ehrenschutz; GRUR

In der Klage auf Widerruf müssen die **Adressaten namentlich bezeichnet** werden;[1407] sind sie dem Kläger unbekannt, kann er (zunächst) nur auf Auskunft klagen.[1408] 535

Beim **Gegendarstellungsanspruch,** der gegenüber Beeinträchtigungen in Presse, Rundfunk, Fernsehen und Film durch Tatsachenbehauptungen für den Betroffenen eine „Gegen-Publizität" schaffen kann, besteht die „Gegenerklärung", anders als bei dem nach hM nach § 888 ZPO zu vollstreckenden Widerrufsanspruchs, in einer Darstellung von Seiten des Betroffenen selbst, der aber oftmals nur eine geringe Eignung zur Beseitigung eines Störungszustandes zukommen wird.[1409] 536

Darüber hinaus kommen auch „eigenmächtige", dh ohne vorherige gerichtliche Berechtigung gemäß § 12 Abs. 2 bzw. gerichtliche Durchsetzung eines materiellen Veröffentlichungs-, Widerrufs- oder Gegendarstellungsanspruchs ergriffene Maßnahmen von Seiten des Betroffenen in Betracht – mit dem Ziel, einer Beeinträchtigung seiner persönlichen und/oder geschäftlichen Interessen durch Berichtigungen oder sonstigen Erklärungen gegenüber der Öffentlichkeit entgegen zu treten, etwa durch die Schaltung von Zeitungsanzeigen[1410] oder durch Rundschreiben.[1411] Bei derartigen **„eigenmächtigen" Maßnahmen** steht meist die Problematik im Vordergrund, ob und unter welchen Voraussetzungen die hierbei entstehenden Kosten vom Verletzer ersetzt verlangt werden können[1412] bzw. inwieweit derartige Maßnahmen ihrerseits als Rechtsverletzungen zu qualifizieren sind.[1413] In anderen Fällen stellte sich die Frage, ob sich die Veröffentlichung einer gerichtlichen Entscheidung durch den Beklagten/Antragsgegner im Hinblick auf die darin enthaltenen untersagten Äußerungen als Verstoß gegen das Verbot darstellt.[1414] 537

2. Anwendungsbereich. a) Geltung nur für UWG-Ansprüche. Die Vorschrift, setzt eine **Klage „aufgrund dieses Gesetzes"** voraus. Die frühere Rechtsprechung, die sich gegen eine (entsprechende) Anwendung der Veröffentlichungsbefugnis in § 23 Abs. 2 UWG aF auf außerhalb des UWG geregelte Ansprüche ausgesprochen hat,[1415] hat daher weiterhin Gültigkeit. 538

Zu einer Ausdehnung des Anwendungsbereiches über den Wortlaut hinaus sah sich der BGH bislang nicht veranlasst. Er verwies auf die Möglichkeit, auf schadensersatzrechtlicher Grundlage (§ 249 BGB) bzw. unter Rückgriff auf einen allgemeinen Beseitigungsanspruch 539

1962, 315 (318) – Deutsche Miederwoche; GRUR 1967, 362 (366) – Spezialsalz I; Teplitzky/*Kessen* Kap. 26 Rn. 31.

[1406] BGH GRUR 1962, 315 (318) – Deutsche Miederwoche; Teplitzky/*Kessen* Kap. 26 Rn. 31 mwN.

[1407] BGH GRUR 1966, 272 (274) – Arztschreiber.

[1408] Vgl. BGH GRUR 1995, 424 (426) – Abnehmerverwarnung.

[1409] Korte, Handbuch des Presserechts, 2. Aufl., Rn. 209 ff.

[1410] BGH GRUR 1976, 651 – Der Fall Bittenbinder; GRUR 1978, 187 – Alkoholtest; GRUR 1979, 804 – Falschmeldung; GRUR 1986, 330 (332) – Warentest III; GRUR 1990, 1012 (1015) – Pressehaftung.

[1411] BGH GRUR 1970, 254 – Remington.

[1412] BGH GRUR 1978, 187 – Alkoholtest; GRUR 1978, 804 – Falschmeldung; GRUR 1986, 330 (332) – Warentest III; GRUR 1990, 1012 (1015) – Pressehaftung; OLG Hamburg ZUM-RD 2001, 551 (555 f.): Kostenersatz für berichtigende Gegenanzeige bei irreführender vergleichender Werbung; GroßKommUWG/*Feddersen* § 12 E Rn. 9; Teplitzky/*Kessen* Kap. 26 Rn. 36 ff.

[1413] Vgl. BGH GRUR 1995, 424 (425 f.) – Abnehmerverwarnung; NJW 1999, 2737 (2739) – Hormonpräparate; OLG München WRP 1996, 236 f.: Richtigstellung einer unzulässigen Werbung durch Veröffentlichung einer Unterlassungserklärung als Verstoß gegen § 1 UWG; LG Berlin NJWE-WettbR 1996, 228: Verbreitung einer gegen einen Konkurrenten ergangen einstweiligen Verfügung; OLG Hamburg 7.12.2000 – 3 W 132/00: zur Zulässigkeit von gewissen Vergröberungen in der Darstellung; OLG Hamburg ZUM 2008, 66: Persönlichkeitsverletzung durch Veröffentlichung eines Urteils unter voller Namensnennung; LG Hamburg MD 2005, 102, betr. Bericht über einen Prozess; *Pastor* S. 875; Ahrens/*Bähr* Kap. 37 Rn. 2; allgemein zu der wettbewerblichen Abwehr: → Vor § 8 Rn. 205 ff.

[1414] OLG Frankfurt a. M. NJW-RR 2001, 187 (188); OLG München ZUM-RD 2001, 233 (234); OLG Report 1995, 165; 10.12.2002 – 29 W 2587/02.

[1415] BGH GRUR 1956, 558 (563) – Regensburger Karmelitengeist: GroßKommUWG/*Feddersen* § 12 E Rn. 15.

(§ 1004 BGB analog) auch im Falle fehlenden Verschuldens dem Kläger einen materiell-rechtlichen Veröffentlichungsanspruch zuzusprechen.[1416]

540 **b) Klage auf Unterlassung.** Seinem Wortlaut nach verlangt § 12 Abs. 2 S. 1 eine **Klage** (bzw. eine Widerklage)[1417] **auf Unterlassung.**[1418] Nicht erfasst werden somit Klagen auf Schadensersatz,[1419] Auskunftserteilung oder Beseitigung (einschließlich der Rücknahme von Markenanmeldungen, Löschung von Kennzeichen[1420] etc). Dies bedeutet aber nicht, dass sich der Geltungsbereich des § 12 Abs. 2 auf „isolierte" Unterlassungsklagen beschränkt (siehe zum Umfang der Veröffentlichung nachfolgend → Rn. 760 ff.) und daneben keine weiteren Ansprüche erhoben werden dürften.

541 Neben einem solchen Klageantrag auf Unterlassung bedarf es nach allgemeiner Auffassung eines **Antrags** (§ 308 Abs. 1 ZPO)[1421] **auf Veröffentlichung.** Einen solchen Antrag kann aber nicht nur der Kläger/Widerkläger stellen, sondern auch der Beklagte/Widerbeklagte für den Fall der Abweisung der Unterlassungsklage. Da das Gericht die Art der Bekanntmachung zu bestimmen hat (§ 12 Abs. 2 S. 2), verlangt das Bestimmtheitsgebot des § 253 Abs. 2 Nr. 2 ZPO[1422] nicht die Angabe einer bestimmten Druckschrift von Seiten der Partei,[1423] das Gericht wird jedoch oftmals darauf angewiesen sein, von den Parteien geeignete Druckschriften (deren Verbreitung etc) genannt zu bekommen. Der Antrag kann nicht allein deshalb abgelehnt werden, weil er keine Angaben zur Größe und Aufmachung der begehrten Veröffentlichung enthält.[1424]

542 **c) Gegenstand der Bekanntmachung.** Da sich die Zuerkennung einer Veröffentlichungsbefugnis auf einen Unterlassungsausspruch von Seiten des Gerichts („das Urteil") beziehen muss, scheidet § 12 Abs. 2 als Grundlage für eine Veröffentlichung bei einer übereinstimmenden Erledigungserklärung als Folge einer strafbewehrten Unterlassungserklärung aus.[1425] Auch im Falle einer einseitigen Erledigungserklärung wird eine auf den Tenor beschränkte Veröffentlichung („Es wird festgestellt, dass der Rechtsstreit hinsichtlich des Unterlassungsanspruchs in der Hauptsache erledigt ist") in der Regel nicht geeignet sein, einer fortwirkenden Störung entgegen zu wirken. In diesen Fällen kann der Kläger gegebenenfalls, nämlich bei einer Fortwirkung der früheren wettbewerbswidrigen Verhaltensweisen, nur auf materiell-rechtlicher Grundlage (§§ 249, 1004 BGB) **eine der Unterlassungserklärung angepasste Form der Veröffentlichung**[1426] fordern.[1427] Hierfür muss er seinen Antrag umstellen, worin bei Widerspruch des Beklagten in der Regel eine sachdienliche Klageänderung zu sehen sein wird; das Gericht kann den Antrag nicht

---

[1416] BGH GRUR 1956, 558 (563) – Regensburger Karmelitengeist; GRUR 1967, 362 (366) – Spezialsalz I; GRUR 1987, 189 (190) – Veröffentlichungsbefugnis beim Ehrenschutz; GroßKommUWG/Feddersen § 12 E Rn. 15.

[1417] BGH GRUR 1968, 437 (439) – Westfalenblatt III.

[1418] Teplitzky/*Kessen* Kap. 26 Rn. 25; *v. Gamm,* Urheberrechtsgesetz, § 23 Rn. 3; MüKoUWG/*Schlingloff* § 12 Rn. 596; *Köhler*/Bornkamm/Feddersen § 12 Rn. 4.4; großzügiger Fezer/*Büscher*/Obergfell § 12 Rn. 188: auch für Beseitigungsansprüche.

[1419] RG MuW XXIV, 87; OLG Hamburg GRUR 1955, 543.

[1420] RG JW 1925, 2004; siehe aber BGH GRUR 1956, 558 Ls. 5 – Regensburger Karmelitengeist.

[1421] *Köhler*/Bornkamm/*Feddersen* § 12 Rn. 4.6; GroßKommUWG/*Feddersen* § 12 E Rn. 35; Ohly/*Sosnitza* § 12 Rn. 216; *Schricker* GRUR-Int 1975, 191 (198); Ahrens/*Jestaedt* Kap. 22 Rn. 64 mit Formulierungsvorschlag; Ahrens/*Bähr* Kap. 37 Rn. 12 hält auch eine Veröffentlichung von Amts wegen für möglich, will aber im Falle eines fehlenden Antrags hierin einen Beleg für ein nicht vorhandenes Interesse an der Veröffentlichung sehen, das vom Gericht zu berücksichtigen sei.

[1422] § 253 Abs. 2 Nr. 2 ZPO gilt nach Teplitzky/*Kessen* Kap. 26 Rn. 34 für den materiell-rechtlichen Beseitigungsanspruch uneingeschränkt.

[1423] Teplitzky/*Kessen* Kap. 26 Rn. 34; *Seydel* GRUR 1965, 650 (651).

[1424] So aber OLG München MD 1999, 199 (201) unter 7. und *Graf Lambsdorff* Rn. 1280.

[1425] BGH GRUR 1967, 362 (366) – Spezialsalz I; OLG Hamm GRUR 1993, 511 Ls. 1, zu § 103 UrhG.

[1426] Siehe den in der Entscheidung BGH GRUR 1972, 550 li. Sp. unter III – Spezialsalz II – für begründet erachteten Antrag.

[1427] BGH GRUR 1967, 362 (366) – Spezialsalz I; OLG Hamm GRUR 1993, 511 Ls. 2; *Teplitzky* GRUR 1989, 461 (464).

von sich aus anpassen.[1428] An diese Rechtsprechung im Bereich des Wettbewerbsrechts hat der BGH in der Entscheidung *„Veröffentlichungsbefugnis beim Ehrenschutz"*,[1429] einen Fall der Schmähkritik betreffend, angeknüpft und auf den außerwettbewerblichen Bereich des zivilrechtlichen Ehrenschutzes unter den genannten strengen Voraussetzungen übertragen.[1430]

d) Bekanntmachung nicht im Wege der einstweiligen Verfügung. Während die Anwendung des früheren § 23 Abs. 2 UWG aF von der überwiegenden Auffassung nicht auf das Hauptsacheverfahren beschränkt wurde, kann unter Geltung des § 12 Abs. 2 eine Veröffentlichung **durch eine Beschlussverfügung,** die der formellen Rechtskraft nicht fähig ist, **nicht mehr angeordnet werden.** § 12 Abs. 2 S. 4 schließt eine Urteilsbekanntmachung **vor Rechtskraft** aus. 543

Angesichts der Intention des Gesetzgebers, mit der Neuregelung eine **„vorschnelle" Veröffentlichung** aufgrund eines nur vorläufig vollstreckbaren Urteils **auszuschließen,** wird eine Anordnung der Veröffentlichung im Verfahren der einstweiligen Verfügung auch durch Urteil im Hinblick auf die nur mögliche summarische Prüfung ebenfalls nicht mehr möglich sein.[1431] 544

Kommt es nicht mehr zu einem Hauptsacheverfahren, weil die einstweilige Verfügung in einer **Abschlusserklärung** als endgültige Regelung anerkannt wurde, kann sowohl eine Beschlussverfügung[1432] als auch eine Urteilsverfügung nach den obigen Grundsätzen (→ Rn. 736) Gegenstand eines **materiell-rechtlichen Veröffentlichungsanspruchs** sein.[1433] 545

3. Voraussetzungen. a) Darlegung eines berechtigten Interesses. § 12 Abs. 2 S. 1 verlangt von der obsiegenden Partei die **Darlegung eines berechtigten Interesses.** Ein „Automatismus" zwischen der Verurteilung zur Unterlassung bzw. der Abweisung der darauf gerichteten Klage und der Veröffentlichung der entsprechenden Entscheidung besteht nicht. Vielmehr hat das Gericht über die Zuerkennung der Veröffentlichungsbefugnis nach pflichtgemäßem Ermessen zu entscheiden. Zur näheren Bestimmung, nach welchen Kriterien das Gericht das ihm eingeräumte pflichtgemäße Ermessen auszuüben hat, hat der BGH hat in der Entscheidung *„Radschutz"*[1434] an die Rechtsprechung des Reichsgerichts[1435] zu § 23 Abs. 4 aF angeknüpft und für die Zuerkennung der Veröffentlichungsbefugnis eine auf den **Zeitpunkt der Urteilsfällung** (in der Tatsacheninstanz) abzustellende **Abwägung** der entstehenden Nachteile gefordert. Eine Veröffentlichungsbefugnis wurde bspw. verneint, wenn die Nachteile gegenüber den zu erwartenden Vorteilen in einem Missverhältnis stehen. An dem Erfordernis der umfassenden Interessenabwägung aller Umstände des jeweiligen Einzelfalles wurde in nachfolgenden, zum alten Recht ergangenen Entscheidungen, für die Auslegung des § 12 Abs. 2 S. 1 **weiterhin Geltung** beanspruchen, festgehalten: 546

Unter Bezugnahme auf die Entscheidung *Radschutz* wurde im Urteil *Cupresa*[1436] für einen Fall der Irreführung im Rahmen der Interessenabwägung auch berücksichtigt, ob die **Allgemeinheit** ein berechtigtes Interesse an der Veröffentlichung hat, was im Hinblick auf 547

[1428] AA BGH GRUR 1967, 362 (366) li. Sp. – Spezialsalz I.

[1429] GRUR 1987, 189.

[1430] Vgl. hierzu *Flechsig/Hertel/Vahrenhold* NJW 1994, 2441, 2443 f.; zur Unterlassungsveröffentlichung im Rundfunk OLG Köln AfP 1985, 223 (225 f.).

[1431] Teplitzky/*Kessen* Kap. 26 Rn. 26; *Köhler*/Bornkamm/*Feddersen* § 12 Rn. 4.9; Fezer/*Büscher*/Obergfell § 12 Rn. 160; aA MüKoUWG/*Schlingloff* § 12 Rn. 598 ff.; vgl. auch Ohly/*Sosnitza* § 12 Rn. 214; Ahrens/*Bähr* Kap. 37 Rn. 35.

[1432] Teplitzky/*Kessen* Kap. 26 Rn. 26 aE.

[1433] AA Fezer/*Büscher*/Obergfell § 12 Rn. 171: § 12 Abs. 3 S. 4 analog.

[1434] GRUR 1954, 337 (342).

[1435] GRUR 1933, 724 (730); 1940, 372 (374 f.); vgl. auch die weiteren Nachweise bei *Greuner* GRUR 1962, 71 (72) Fn. 2.

[1436] GRUR 1955, 37 (42).

die große wirtschaftliche Bedeutung und dem Interesse von weiten Kreisen am Ausgang des Rechtsstreits bejaht wurde, zumal die vergangene Zeit noch nicht als so erheblich angesehen wurde.

548 Ein solches bei Abwägung der beiderseitigen Belange schutzwürdiges Interesse des Verletzten an der Veröffentlichung wurde verneint, wenn eine **Fortwirkung** der beanstandeten und während des Rechtsstreits eingestellten Werbung **nach einer gewissen Zeit nicht mehr festzustellen** war.[1437]

549 Bei der Interessenabwägung kann auch von Bedeutung sein, ob die Veröffentlichung vom breiten Publikum nach Lage des Falles **missverstanden** werden und Irrtümern Raum geben könnte, die für die verurteilte Partei mit unverhältnismäßigen Nachteilen verbunden wären.[1438] Da trotz mehrjähriger Verletzungshandlungen (Firmenrechtsverletzung) eine Marktverwirrung nicht feststellbar war, wurde eine Klarstellung in der Öffentlichkeit nicht für erforderlich erachtet, zumal für das Publikum im Falle der Veröffentlichung die Gefahr bestand, dass auch eine nicht klagegegenständliche, von der Beklagten seit langem benutzte Kennzeichnung von dem Urteil erfasst werde. Demgegenüber kann die durch eine besondere Programmierung von Subdomains mit dem Namen des Wettbewerbers verursachte Marktverwirrung eine Urteilsveröffentlichung rechtfertigen.[1439]

550 Die Zubilligung einer Veröffentlichungsbefugnis bezweckt nicht die Zufügung eines Nachteils für uneinsichtiges Verhalten im Rechtsstreit; vielmehr ist die **objektive Interessenlage zum Zeitpunkt des Urteils maßgeblich,** sodass bei nur geringer Irreführung dem Zeitablauf eine erhebliche Bedeutung zukommt.[1440]

551 Es ist maßgeblich darauf abzustellen, ob die Zuerkennung einer Veröffentlichungsbefugnis zur Aufklärung des Publikums erforderlich ist, was in der Regel eine **bereits erfolgte Störung** (Irreführung) voraussetzt.[1441]

552 In der Entscheidung *Deutsche Miederwoche*[1442] wurde die Erforderlichkeit eines öffentlichen Widerrufs wegen fehlender grober Irreführung im Hinblick auf den **Zeitablauf** verneint.

553 BGH GRUR 1967, 362 (366) – Spezialsalz I stellt erneut darauf ab, dass bei der vorzunehmenden Interessenabwägung in Fällen der Irreführung gemäß § 3 UWG aF nicht nur das Interesse des Klägers, sondern auch das der Allgemeinheit an der Richtigstellung der irreführenden Werbung zu berücksichtigen ist.

554 Im Urteil *Westfalen-Blatt III*[1443] wurde ein berechtigtes Interesse verneint, da die Veröffentlichung bereits aufgrund der in erster Instanz zuerkannten Befugnis erfolgt war, wobei nicht entscheidend darauf abgestellt wurde, dass diese Veröffentlichung auf eigene Kosten des Klägers erfolgt war. Denn unabhängig von diesem kostenrechtlichen Gesichtspunkt sei mit der Veröffentlichung der erstrebte Zweck bereits erreicht worden.

555 BGH GRUR 1972, 550 – Spezialsalz II billigte die Beurteilung der Vorinstanz, dass die Veröffentlichungsbefugnis im Hinblick auf die die Wettbewerbslage erheblich beeinträchtigende irreführende Werbung als angemessen angesehen hatte, obwohl die Beklagte den Betrieb zwischenzeitlich eingestellt hatte. Auch hier wurde mitentscheidend auf die fortbestehende Beeinträchtigung von Allgemeininteressen – irrige Vorstellungen über die Eigenschaften des Spezialsalzes – abgestellt.

556 Die von der Rechtsprechung vorgenommene Interessenabwägung richtet sich nach **denselben Kriterien,** die bei der Prüfung des materiell-rechtlichen Veröffentlichungsanspruchs[1444] (auch → Rn. 776 f.), der Veröffentlichungsbefugnis nach § 103 UrhG[1445] als

---

[1437] BGH GRUR 1957, 280 (281) – Kassa-Preis.
[1438] BGH GRUR 1957, 561 (564) – REI-Chemie.
[1439] OLG Frankfurt a. M. WRP 2014, 342 zu § 19c MarkenG.
[1440] BGH GRUR 1961, 189 (192) – Rippenstreckmetall I.
[1441] BGH GRUR 1961, 538 (541) – Feldstecher.
[1442] BGH GRUR 1962, 315 (319).
[1443] BGH GRUR 1968, 437 (439).
[1444] BGH GRUR 1955, 37 (42) – Cupresa; GRUR 1956, 558 (563) – Regensburger Karmelitengeist; GRUR 1961, 189 (192) – Rippenstreckmetall I; GRUR 1961; 538, 541 – Feldstecher; GRUR 1962, 91 (97)

auch der Befugnis zur Veröffentlichung der Urteilsformel nach § 7 UKlaG[1446] Anwendung finden.

Dass die prozessrechtliche Bekanntmachungsbefugnis denselben Anforderungen wie der aus dem materiell-rechtlichen Beseitigungsanspruch hergeleitete Veröffentlichungsanspruch unterliegt, wurde auch in der Literatur[1447] fast einhellig vertreten. Hiervon abweichend sieht *Bähr*[1448] die Bestimmung des § 12 Abs. 2 als eigenständiges Instrument prozessrechtlicher Natur zum Ausgleich von Wettbewerbsverstößen. Deshalb könne unter Rückgriff auf die Kriterien des materiell-rechtlichen Beseitigungsanspruchs ein fortbestehender Beseitigungsanspruch nicht zur unabdingbaren Voraussetzung gemacht werden. In die Abwägung könnten somit auch subjektive Elemente auf Seiten der Beteiligten und eine Genugtuungsfunktion zugunsten des Verletzten einfließen.[1449] Demgegenüber wird der **Zweck der Veröffentlichungsbefugnis** von der hM – entsprechend den zum allgemeinen Beseitigungsanspruch entwickelten Grundsätzen – darin gesehen, einen (im Falle der Veröffentlichung eines Unterlassungsgebots) auf die Verletzungshandlung zurückzuführenden und zum Zeitpunkt des Schlusses der mündlichen Verhandlung in der Tatsacheninstanz[1450] **noch andauernden Störungszustand zu beseitigen** (bzw. zumindest abzuschwächen). Diese Interessenabwägung, die nur aufgrund eines entsprechenden Sachvortrags der Parteien vorgenommen werden kann, ist Aufgabe der Tatsacheninstanzen[1451] und in der Revisionsinstanz nur in eingeschränktem Umfang nachprüfbar.[1452] 557

Da die Veröffentlichung dazu dienen soll, einer noch andauernden Störung entgegenzuwirken, kommt die Zubilligung einer solchen Befugnis in der Regel nicht in Betracht, wenn die Unterlassungsklage nicht auf eine Verletzungshandlung, sondern nur in Form einer **vorbeugenden Unterlassungsklage** auf eine Erstbegehungsgefahr gestützt wird.[1453] Dementsprechend wird auch in Fällen, in denen der Klageantrag über die konkrete Verletzungsform hinaus **verallgemeinert** wurde, gegebenenfalls zu prüfen sein, ob eine Veröffentlichung in dieser Form gerechtfertigt ist. 558

b) Interessenabwägung. Ob der obsiegenden Partei – die vorgenannten Entscheidungen des BGH betreffen sämtlich nur Anträge von Seiten der Klagepartei – die Veröffentlichungsbefugnis einzuräumen ist, bemisst sich unter **Berücksichtigung** der mit einer erstrebten Veröffentlichung **verbundenen Vorteile der einen und die** 559

– Jenaer Glas; GRUR 1970, 254 (256) – Remington; GRUR 1972, 550 – Spezialsalz II; GRUR 1987, 189 (190) – Veröffentlichungsbefugnis beim Ehrenschutz; GRUR 1992, 527 (529) – Plagiatsvorwurf II; GRUR 1995, 424 (426 f.) – Abnehmerverwarnung; GRUR 1999, 923 (928) – Tele-Info-CD; KG ZUM-RD 1999, 88 (89) = GRUR 1999, 192 (Ls.) mAnm *R. Schmidt* EwiR § 1 UWG 3/99, 135, 136; OLG Hamburg GRUR 1994, 122 (124) – Jeansüberfärbungen; OLG München ZUM 1990, 195 (198); OLG Stuttgart Pharma Recht 1990, 242; vgl. auch BGH GRUR 1998, 415 (417) – Wirtschaftsregister.

[1445] BGH GRUR 1971, 588 (590) – Disney-Parodie; GRUR 1998, 568 (570) – Beatles-Doppel-CD; BGH GRUR 2002, 799 (801) – Stadtbahnfahrzeug; Vorinstanz: OLG Celle GRUR-RR 2001, 125 (126) – Stadtbahnwagen; OLG Karlsruhe ZUM 1996, 810 (818); OLG Hamburg ZUM 1985, 371 (375).

[1446] Vgl. BGH NJW 2003, 1237 (1241) unter IV und NJW 1994, 318 betreffend Fallgestaltungen, bei denen eine Veröffentlichung zur Beseitigung der Störung als wenig geeignet und deshalb nicht als erforderlich angesehen wurde; BGH BB 1997, 1862 (1863) womit auf den Umstand abgestellt wird, dass ohnehin eine ausreichende Publizität der Entscheidung gewährleistet ist (betreffend Entgeltklausel für Freistellungsaufträge nach dem Zinsabschlaggesetz).

[1447] Vgl. zB Teplitzky/*Kessen* Kap. 26 Rn. 22 und 30 jeweils mwN.

[1448] *Ahrens* Kap. 37 Rn. 3 ff.

[1449] AA für den materiell-rechtlichen Beseitigungsanspruch BGH GRUR 1987, 189 (190) – Veröffentlichungsbefugnis beim Ehrenschutz.

[1450] BGH GRUR 1954, 337 (342) – Radschutz; GRUR 1968, 437 (439) – Westfalen-Blatt III; GRUR 1999, 923 (928) – Tele-Info-CD; GRUR 1998, 415 (418) – Wirtschaftsregister; GRUR 2002, 799 (801) – Stadtbahnfahrzeug.

[1451] BGH GRUR 1999, 923 (928) – Tele-Info-CD.

[1452] BGH GRUR 1967, 362 – Spezialsalz I; Ahrens/*Bähr* Kap. 37 Rn. 13.

[1453] BGH GRUR 1957, 231 (236) – Taeschner; GRUR 1961, 538 (541) – Feldstecher – und GRUR 1962, 91 (97) – Jenaer Glas; GroßkommUWG/*Feddersen* § 12 E Rn. 25; aA Ahrens/*Bähr* Kap. 37 Rn. 17; *Melullis* Rn. 1211.

Nachteile der anderen Partei.[1454] Bei der Abwägung zu berücksichtigen sind vor allem das **Ausmaß der Beeinträchtigung** (Art, Dauer und Schwere[1455] der Verletzung, Beachtung in der Öffentlichkeit).[1456] Dabei ist – wie bereits ausgeführt – vorrangig darauf abzustellen, ob und inwiefern eine noch fortdauernde Beeinträchtigung der individuellen Interessen des Verletzten[1457] und/oder der Allgemeinheit[1458] zum Zeitpunkt der Urteilsfällung (noch) festgestellt werden kann, die bei Abwägung der mit den hieraus resultierenden Belastungen der unterlegenen Partei (wie etwa Kostenbelastung,[1459] Bloßstellung) auch unter Berücksichtigung des **Grundsatzes der Verhältnismäßigkeit** die Veröffentlichung (noch) erfordert[1460] bzw. ob sie – so im Hinblick auf die frühere Beschränkung auf den Tenor – hierzu überhaupt geeignet ist.[1461] Hat die beanstandete Verhaltensweise oder Aussage nur gegenüber einem begrenzten Adressatenkreis Wirkung entfaltet, kann ein **Widerruf** im Verhältnis zur Urteilsveröffentlichung als das mildere Mittel angesehen werden,[1462] nicht jedoch in jedem Fall, so etwa wenn ein Widerruf gegenüber nur einigen wenigen (bekannten) Adressaten der beanstandeten Werbung in Betracht kommt[1463] – so die Fallgestaltung bei LG Frankfurt a. M. GRUR 1991, 401 – VFA Profil.

560 Für die Frage der **Erforderlichkeit einer Urteilsveröffentlichung** kann auch von Bedeutung sein, ob bereits Maßnahmen zur Störungsbeseitigung stattgefunden haben.[1464] Die bereits erfolgte Veröffentlichung der landgerichtlichen Verurteilung in einer Fachzeitschrift wurde in der Entscheidung *Plagiatsvorwurf II*[1465] als nicht ausreichend angesehen, um die Störung des Ansehens des Klägers endgültig auszuräumen. Demgegenüber wurde in der Entscheidung *Westfalenblatt III*[1466] die Veröffentlichung aufgrund des landgerichtlichen Urteils als hinreichende Beseitigungsmaßnahme angesehen, auch wenn diese nur auf eigene Kosten zugesprochen worden war. BGH GRUR 1998, 415 (417) – Wirtschaftsregister berücksichtigt neben der abgegebenen Unterlassungserklärung auch die vereinzelte Aufklärung von Seiten des Beklagten im Rahmen der Gesamtabwägung. Unabhängig von bereits erfolgten Maßnahmen[1467] zur Störungsbeseitigung wird auch darauf abgestellt, ob solche zur Verfügung gestanden hätten, wobei auch eigene Möglichkeiten zur Folgenbeseitigung mit einbezogen werden.[1468] Insoweit wird bspw. auch zu berücksichtigen sein, ob bei einem Verstoß gegen § 4 Nr. 3 ein Rückruf aus den Vertriebswegen erfolgt ist. Auch ohne solche Maßnahmen zur Störungsbeseitigung kann der **bloße Zeitablauf** dazu führen, dass eine andauernde Störung von einigem Gewicht, die

---

[1454] BGH GRUR 1954, 337 (342) – Radschutz; GRUR 1955, 37 – Cupresa.

[1455] Vgl. BGH GRUR 1995, 424 (426 f.) – Abnehmerverwarnung: „Intensität des Vorgehens des Beklagten ist als gering zu bemessen".

[1456] BGH GRUR 1955, 37 – Cupresa; GRUR 1971, 588 (590) – Disney-Parodie; GRUR 1998, 568 (570) – Beatles-Doppel-CD.

[1457] BGH GRUR 1956, 558 (563) – Regensburger Karmelitengeist; GRUR 1957, 561 (564) – REI-Chemie; GRUR 1992, 527 (529) – Plagiatsvorwurf II.

[1458] BGH GRUR 1955, 37 – Cupresa; GRUR 1967, 362 (366) und GRUR 1972, 550 (551) – Spezialsalz I und II; *Baumbach/Hefermehl,* Wettbewerbsrecht, § 23 Rn. 9.

[1459] RG GRUR 1940, 106 – Luxor; *Köhler*/Bornkamm/*Feddersen* § 12 Rn. 4.7.

[1460] GroßKommUWG/*Feddersen* § 12 E Rn. 21; *Köhler* GRUR 1996, 82 (85 ff.).

[1461] So etwa wenn hinsichtlich der Reichweite des Verbots für die mit dem der Entscheidung zugrundeliegenden Sachverhalt nicht vertrauten Verkehrskreise Unklarheiten entstehen können, BGH GRUR 1957, 561 (564) – REI-Chemie; GRUR 1966, 623 (627) – Kupferberg.

[1462] BGH GRUR 1954, 337 (342) – Radschutz; GRUR 1962, 315 (318) – Deutsche Miederwoche.

[1463] BGH GRUR 1966, 272 (274) – Arztschreiber; GRUR 1967, 362 (366) – Spezialsalz I; GRUR 1962, 315 (318) – Deutsche Miederwoche.

[1464] GroßKommUWG/*Feddersen* § 12 E Rn. 23; vgl. auch BGH GRUR 1998, 568 (570) – Beatles-Doppel-CD, zur Bedeutung der Veröffentlichung einer Entscheidung des EuGH zu einer bisher ungeklärten Streitfrage in der Fachpresse; BGH GRUR 1995, 424 (426 f.) – Abnehmerverwarnung.

[1465] BGH GRUR 1992, 527 (529).

[1466] BGH GRUR 1968, 437 (439).

[1467] BGH GRUR 1995, 424 (426 f.) – Abnehmerverwarnung berücksichtigt auch, dass die Klägerin selbst die ihr bekannten Adressaten des beanstandeten Rundschreibens bereits informiert hatte.

[1468] OLG Hamburg ZUM-RD 2002, 298 (300).

eine Urteilsveröffentlichung (noch) erfordert, nicht mehr gegeben ist.[1469] Einem etwaigen Bestreben der Gegenseite, das Verfahren durch die Instanzen in die Länge zu ziehen,[1470] kann die Klagepartei nur durch rasches gerichtliches Vorgehen, nicht mehr jedoch durch eine Veröffentlichung aufgrund des erstinstanzlich nur vorläufig vollstreckbaren Urteil begegnen. Insoweit wird dem **Zeitmoment** in der Zukunft noch mehr Bedeutung zukommen, da im Hinblick auf die Verfahrensdauer bis zum Eintritt der Rechtskraft sich oftmals eine (spürbare) Interessenbeeinträchtigung allein aufgrund des Zeitablaufs nicht mehr wird feststellen lassen.[1471] Die Auffassung, wonach, der Zeitpunkt der Rechtshängigkeit maßgeblich sei,[1472] ist mit der Qualifizierung als Störungsbeseitigungsmaßnahme nicht zu vereinbaren.[1473]

Gegebenenfalls wird die Partei eine Erledigungserklärung zu erwägen haben, will sie nicht eine (teilweise) Klageabweisung in Kauf nehmen. Da die Veröffentlichungsbefugnis auch für die beklagte Partei besteht, wird man ihr diese Möglichkeit ebenfalls einräumen müssen. 561

Eine Urteilsveröffentlichung **neben** der Verurteilung zum Widerruf wird nur bei besonders schwerwiegenden Beeinträchtigungen in Betracht kommen.[1474] 562

Die Veröffentlichungsbefugnis ist **kein Behelf,** um dem Verletzten **Genugtuung** zu verschaffen. und sie darf nicht zur Demütigung und **Bloßstellung** führen.[1475] Sie dient auch **nicht** für **Werbezwecke** der obsiegenden Partei.[1476] Folglich besteht auch keine Grundlage für die Veröffentlichung in Verbandsmitteilungen/-zeitschriften bei Klagen von Verbänden im Sinne von § 8 Abs. 3 Nr. 2–4, da das Interesse der Verbandsmitglieder bzw. der Öffentlichkeit, über sie berührende Rechtsfragen informiert zu werden, hierfür nicht ausreichen kann. 563

Bei einem Antrag auf Urteilsveröffentlichung von Seiten der **beklagten Partei** kann es nicht um die Beurteilung einer noch andauernden Störung aufgrund der vom Kläger mit dem Unterlassungsantrag beanstandeten Verhaltensweisen gehen.[1477] Auf die Feststellung eines zu beseitigenden oder abzuschwächenden Störungszustandes kann aber auch hier nicht verzichtet werden. Die vom obsiegenden Beklagten erstrebte Urteilsveröffentlichung kann auch hier zur Beseitigung eines andauernden Störungszustandes geeignet und erforderlich sein, so etwa, wenn das Verfahren vom Kläger publik gemacht worden[1478] bzw. sonst auf Publikumsinteresse gestoßen war.[1479] 564

Bei **teilweisem Obsiegen** kann sowohl dem Kläger als auch dem Beklagten ein Veröffentlichungsanspruch zuerkannt werden.[1480] Hat nur eine Partei ein berechtigtes Interesse 565

[1469] KG ZUM-RD 1999, 88 = GRUR 1999, 192 (Ls.): Veröffentlichungsanspruch verneint, da Werbung bereits zwei Jahre zurücklag; OLG Hamburg GRUR-RR 2002, 298 (300); ebenso BGH GRUR 1998, 415 (417) – Wirtschaftsregister; GRUR 1955, 37 – Cupresa; GRUR 1967, 362 (367) – Spezialsalz I; *Greuner* GRUR 1962, 71 (72).

[1470] Worauf in der Literatur zu Recht hingewiesen wird, *Bußmann* GRUR 1962, 319 (320); *Schramm* GRUR 1968, 440; *Seydel* GRUR 1965, 650 (652).

[1471] Vgl. zB die Fallgestaltungen BGH GRUR 1998, 415 (418) – Wirtschaftsregister; GRUR 1999, 923 (928) – Tele-Info-CD.

[1472] *Schramm* GRUR 1968, 400 Anm. zu *Westfalen-Blatt III*.

[1473] Siehe auch *Droste* GRUR 1970, 258 unter 3.a Anm. zu BGH GRUR 1970, 254 – Remington; vgl. allerdings BGH NJW 2004, 1034 f., wo hinsichtlich eines Anspruchs auf Richtigstellung für die Frage der „Deaktualisierung" auf den Zeitraum zwischen der beanstandeten Presseveröffentlichung und der Klageerhebung – so im Leitsatz 2 – bzw. auf die bis zur Entscheidung des BGH vergangene Zeit abgestellt wird.

[1474] BGH GRUR 1992, 527 (529 f.) – Plagiatsvorwurf II.

[1475] BGH GRUR 1961, 189 (192) – Rippenstreckmetall I: Veröffentlichungsbefugnis bezweckt nicht die Zufügung eines Nachteils für uneinsichtiges Verhalten im Rechtsstreit.

[1476] BGH GRUR 1956, 558 (563) – Regensburger Karmelitengeist; *Burhenne* GRUR 1952, 84 (86) mwN in Fn. 14.

[1477] In *Ahrens/Bähr* Kap. 37 Rn. 12.

[1478] *Melullis* Rn. 1214.

[1479] So auch GroßKommUWG/*Feddersen* § 12 E Rn. 24.

[1480] *Köhler*/Bornkamm/*Feddersen* § 12 Rn. 4.6.

an der Bekanntmachung, so kann die Befugnis auf die Bekanntmachung des für sie günstigen Teils des Urteils beschränkt werden.[1481]

566 Der Veröffentlichungsanspruch kann auch von einem **Verband** im Sinne von § 8 Abs. 3 Nr. 2–4 UWG geltend gemacht werden.[1482]

567 **4. Art und Umfang der Bekanntmachung (§ 12 Abs. 2 S. 2). a) Umfang.** Die Veröffentlichung ist nicht mehr – wie nach früherem Recht – auf den verfügenden Teil (dh den Unterlassungsausspruch, gegebenenfalls auf einen Teil davon)[1483] beschränkt, vielmehr hat **das Gericht** gemäß **§ 12 Abs. 2 S. 2 den erforderlichen Umfang der Veröffentlichung im Urteil zu bestimmen.**

568 Die Veröffentlichung muss sich dabei nicht auf den Urteilsausspruch beschränken. Das Gericht hat sich daran zu orientieren, in welchem Umfang der Urteilsausspruch und Teile des Sachverhalts und/oder der Entscheidungsgründe zum Verständnis der Entscheidung und damit **für den Zweck der Störungsbeseitigung erforderlich** sind, wobei die Kostenbelastung der unterliegenden Partei auch hier bereits zu berücksichtigen ist.

569 Auch wenn § 890 ZPO „nur" mehr die **Androhung von Ordnungsgeld und Ordnungshaft** vorsieht (Abs. 1, Abs. 2 Satz 1), ist festzustellen, dass in der Öffentlichkeit oftmals eine Differenzierung zwischen Schadensersatz, Strafe und Ordnungsmittelandrohung naturgemäß nicht vorgenommen wird.[1484] Deshalb liegt es nahe, auf eine „automatische" Mitveröffentlichung der Ordnungsmittelandrohung zu verzichten, da diese dem Zweck der Veröffentlichung nicht ohne weiteres gerecht wird. Zur Vermeidung derartiger Fehlvorstellungen hinsichtlich des Inhalts und Bedeutung der Ordnungsmittelandrohung empfiehlt es sich, diese entweder nicht oder nur verkürzt (etwa: „... unter Androhung näher bezeichneter Ordnungsmittel...") mit aufzunehmen.[1485]

570 Die **Angabe der Namen und Anschriften der Parteien** wird als zulässig angesehen;[1486] anders wird dies in der Regel hinsichtlich **Dritter** zu beurteilen sein.

571 Wird dem **Beklagten** die Befugnis zur Veröffentlichung zugesprochen, kann sich dieser Ausspruch nicht nur auf den klageabweisenden Tenor erstrecken, vielmehr muss aus dem vom Gericht zu formulierendem Ausspruch der Verfahrensgegenstand hervorgehen.[1487]

572 **b) Art der Bekanntmachung.** Die vom Gericht gemäß § 12 Abs. 2 S. 2 vorzunehmende Bestimmung der **Art der Bekanntmachung** hat sich daran zu orientieren, dass (möglichst) derjenige Kreis von der Urteilsveröffentlichung Kenntnis nehmen kann, der auch von der beanstandeten Verhaltensweise Kenntnis genommen hat bzw. nehmen konnte.[1488] Bestimmte Arten der Bekanntmachung (Anschlagen an der Gerichtstafel, Aushang an sonstigen Stellen) sind ersichtlich von vorneherein ungeeignet. Dies dürfte auch für eine Veröffentlichung im Bundesanzeiger – trotz der Regelung in § 7 UKlaG – gelten.[1489] Bei

[1481] Dreier/Schulze § 103 Rn. 9.

[1482] BGH GRUR 1962, 315 (318) – Deutsche Miederwoche; zum allgemeinen Beseitigungsanspruch BGH GRUR 1998, 414 (415) – Wirtschaftsregister.

[1483] BGH GRUR 1992, 527 (529) – Plagiatsvorwurf II; gegebenenfalls musste das Gericht den zu veröffentlichenden Unterlassungsanspruch abweichend formulieren, hierzu Ahrens/*Bähr* Kap. 37 Rn. 16.

[1484] Immer wieder wird in der Presse über Urteile dergestalt berichtet, dass der Verurteilte 250.000 EUR zahlen müsse, wenn er eine bestimmte Behauptung wiederhole; vgl. MüKoUWG/*Schlingloff* § 12 Rn. 618 mwN.

[1485] LG München I 16.12.1998 – 21 O 8410/98, S. 24 f., zu § 103 UrhG.

[1486] Fromm/Nordemann/*J. B. Nordemann* § 103 Rn. 9.

[1487] Siehe das Formulierungsbeispiel bei *Pastor* S. 873 Fn. 62: In Sachen ... ist durch Urteil ... des ... vom ... die auf Unterlassung der Verwendung der Bezeichnung ... erhobene Unterlassungsklage unter Auferlegung der Kosten als unbegründet abgewiesen und dem Beklagten die Befugnis zugesprochen worden, dieses Urteil bekannt zu machen.

[1488] LG München I 16.12.1998 – 21 O 8410/98: Veröffentlichung in der von der Beklagten vertriebenen Computer-Zeitschrift, da die beanstandete CD-ROM in der Zeitschrift herausgestellt und mit dieser vertrieben worden war. Auf eine Veröffentlichung in Fachmagazinen wurde in den Fällen BGH GRUR 1998, 830 (835) – Les-Paul-Gitarren, GRUR 2002, 799 (801) – Stadtbahnfahrzeug und GRUR 1992, 527 (529) – Plagiatsvorwurf II abgestellt; vgl. weiter MüKoUWG/*Schlingloff* § 12 Rn. 620 mwN.

[1489] Teplitzky/*Kessen* Kap. 26 Rn. 34 Fn. 126.

einer Verbreitung durch ein **bestimmtes Medium** (Zeitung, Rundfunk, Internet) sollte daher auch die Veröffentlichung an gleicher Stelle wie etwa die beanstandete Werbung oder zur gleichen Sendezeit wie eine beanstandete Rundfunkwerbung erfolgen („wo") und soweit möglich in der **gleichen Aufmachung** („wie"; Anzeigengröße etc).[1490] Ebenso ist die **Anzahl der Veröffentlichungen** („wie oft") sowie die Größe (etwa bei Veröffentlichungen in Printmedien) zu bestimmen. Lehnt das Publikationsorgan die Veröffentlichung ab, gibt es für die obsiegende Partei dagegen keine Handhabe, da – von einem nur in Ausnahmefällen bestehenden Kontrahierungszwang abgesehen – keine Verpflichtung besteht, einen Anzeigenauftrag anzunehmen.[1491] Da aber auch keine Möglichkeit für eine Abänderung – Bestimmung eines anderen Publikationsorganes – besteht (§ 318 ZPO), wird mit Recht empfohlen, **Alternativen** vorzusehen.[1492] Bei der Bestimmung des „wo", „wie" und „wie oft" sind die damit verbundenen **Kosten** insbesondere im Verhältnis mit der zu erzielenden „Aufklärungswirkung" zu berücksichtigen. Verfügt das Gericht nicht über die erforderlichen Informationen, um ein Medium auszuwählen, wird es auf die Nennung geeigneter Medien (zB Branchenpublikationen) hinzuwirken haben (§ 139 Abs. 1 ZPO).

5. § 12 Abs. 2 S. 4. Anders als die Veröffentlichung von strafrechtlichen Verurteilungen musste nach **altem Recht** die Verurteilung zur Unterlassung nicht rechtskräftig sein, sodass auch ein nur **vorläufig vollstreckbares Urteil** – gegebenenfalls nach **Sicherheitsleistung,** in deren Höhe auch etwaige Schäden im Falle einer unberechtigten Zuerkennung der Veröffentlichungsbefugnis einzubeziehen waren (vgl. § 717 Abs. 2 ZPO) – Grundlage für die Veröffentlichung sein konnte. 573

Der Ausschluss der Vollstreckung aufgrund eines nur vorläufig vollstreckbaren Urteils hat nicht dazu beitragen, die Durchschlagskraft der Urteilsveröffentlichung zu erhöhen, da der Kläger in Rechnung stellen muss, dass bei einer längeren Dauer des Verfahrens die tatbestandlichen Voraussetzungen in der Rechtsmittelinstanz allein aufgrund des Zeitablaufs nicht mehr als gegeben angesehen werden. 574

Verfahrensrechtlich bedeutet dies, dass – sofern die Voraussetzungen hierfür vorliegen – das Urteil nur im Übrigen, nicht jedoch hinsichtlich des Veröffentlichungsausspruchs (ohne oder gegen Sicherheitsleistung) für vorläufig vollstreckbar erklärt werden darf. 575

6. Kosten. Der Ausspruch zur Veröffentlichungsbefugnis umfasst die Verpflichtung der **unterlegenen Partei,** die **Kosten der Veröffentlichung** zu tragen. Ein (versehentlich) unterlassener Ausspruch kann berichtigt werden,[1493] da sich § 321 ZPO nur auf die Verfahrenskosten im Sinne der §§ 91 ff. ZPO bezieht. 576

Nach allgemeiner Meinung handelt es sich bei den Kosten (zB Inseratkosten) um **Kosten der Zwangsvollstreckung** im Sinne von § 788 ZPO.[1494] Dem steht nicht entgegen, dass die obsiegende Partei die Veröffentlichung selbst zu veranlassen hat. 577

Für den **Anwalt** stellt sich das „Ausüben der Veröffentlichungsbefugnis" als eine **besondere Angelegenheit der Zwangsvollstreckung** (§ 18 Nr. 20 RVG) dar. 578

7. Frist (§ 12 Abs. 2 S. 3). Von der der obsiegenden Partei eingeräumten Befugnis zur Urteilsbekanntmachung kann nur innerhalb einer Frist von **drei Monaten nach Eintritt der Rechtskraft** Gebrauch gemacht werden. Hierdurch soll gewährleistet werden, dass die Befugnis in zeitlichem Anschluss an den Eintritt der Rechtskraft ausgeübt wird. Als „Gebrauchmachen" ist schon die Veranlassung der entsprechenden Veröffentlichung (Anzeigenauftrag etc) und nicht erst die tatsächliche Veröffentlichungsmaßnahme zu verste- 579

[1490] BGH GRUR 1987, 189 (191) – Veröffentlichungsbefugnis beim Ehrenschutz.

[1491] Vgl. Teplitzky/*Kessen* Kap. 26 Rn. 35 mwN.

[1492] GroßKommUWG/*Feddersen* § 12 E Rn. 33; vgl. zur Zulässigkeit von Alternativanträgen Teplitzky/*Kessen* Kap. 26 Rn. 35, Kap. 26 Rn. 14; *Retzer* FS Piper, 1996, 421 (430 f.) mit Fn. 69.

[1493] GroßKommUWG/*Feddersen* § 12 E Rn. 37.

[1494] OLG Stuttgart Rpfleger 1983, 175; *Köhler*/Bornkamm/*Feddersen* § 12 Rn. 4.14; GroßKommUWG/*Feddersen* § 12 E Rn. 37; Zöller/*Stöber* § 788 Rn. 13 „Veröffentlichung"; aA Ahrens/*Bähr* Kap. 37 Rn. 28.

hen.[1495] Die Frist ist – aus Gründen der Rechtsklarheit – als **Ausschlussfrist,** die zum Erlöschen der Befugnis führt, zu qualifizieren, sodass weder eine Verlängerung noch eine Wiedereinsetzung in Betracht kommt.

580 **8. Einzelfragen.** Spricht das Gericht einer Partei die Veröffentlichungsbefugnis zu, hat der Gegner die Veröffentlichung in dem angeordneten Umfang **zu dulden,** dh er kann diese nicht als wettbewerbswidrige oder unerlaubte Handlung seinerseits zu unterbinden versuchen.[1496]

581 Hält sich dagegen die vorgenommene **Veröffentlichung nicht im Rahmen des Ausspruchs durch das Gericht** (Veröffentlichung nach Fristablauf, in einem anderen Medium, mit einem anderen Inhalt), so ist sie von dem gerichtlichen Ausspruch – von völlig unwesentlichen Abweichungen abgesehen – nicht mehr gedeckt und sie erfolgt auf **„eigenes Risiko".** Dementsprechend können auch die **Kosten** nicht mehr aufgrund des Veröffentlichungsausspruches ersetzt verlangt werden. Etwas anderes kann allenfalls dann geltend, wenn es um eindeutig abgrenzbare Mehrkosten – etwa im Falle einer über den Ausspruch hinausgehenden mehrfachen Veröffentlichung – geht, sofern die vom Verurteilten für die vom Gericht angeordnete Veröffentlichung zu erstattenden Kosten (§ 788 ZPO) vom zuständigen Vollstreckungsorgan (§ 788 Abs. 1 S. 1 Hs. 2 ZPO) oder in einem möglichen Kostenfestsetzungsverfahren (§§ 104 ff. ZPO) zweifelsfrei zu ermitteln sind.

582 Wird die Veröffentlichungsbefugnis vom Gericht verneint und die Klage insoweit teilweise abgewiesen, hat der Kläger, sofern nicht die Voraussetzungen des § 92 Abs. 2 Nr. 1 ZPO vorliegen, die anteiligen Verfahrenskosten zu tragen. Der Antrag hat einen **eigenen Streitwert.**[1497]

583 Wird vom Gericht über den Veröffentlichungsantrag nicht entschieden, so kann innerhalb der Frist des § 321 ZPO die **Ergänzung des Urteils** beantragt werden. Wird die Frist versäumt, erlischt die Rechtshängigkeit rückwirkend. Der Antrag kann aber im Berufungsverfahren im Wege der Klageerweiterung wiederum geltend gemacht werden.[1498]

IV. Materiell-rechtlicher Veröffentlichungsanspruch

584 **1. Verhältnis zu § 12 Abs. 2.** Der materiell-rechtliche Veröffentlichungsanspruch wird **durch die Regelung des § 12 Abs. 2 (weiterhin) nicht beschränkt.**[1499] Er kann sowohl in dessen Anwendungsbereich als auch darüber hinaus im Falle des Bestehens eines Beseitigungs-, Löschungs- oder Schadensersatzanspruches gegeben sein, wenn die Veröffentlichung des Urteils, der einstweiligen Verfügung oder der strafbewehrten Unterlassungserklärung nach den oben unter → Rn. 546 ff. genannten Grundsätzen zur **Störungsbeseitigung** bzw. zur **Schadensbeseitigung oder -verhinderung** erforderlich ist.[1500] Der Umfang der öffentlichen Bekanntmachung ist nicht auf den verfügenden Teil des Urteils beschränkt, sondern kann sich auch auf die für das Verständnis der Entscheidung wesentlichen **Entscheidungsgründe** erstrecken. Der Klagepartei kann – entsprechend der Regelung in § 12 Abs. 2 S. 1 UWG – die Befugnis zur Veröffentlichung zugesprochen werden. Es besteht aber auch die Möglichkeit, der beklagten Partei die Verpflichtung zur Veröffentlichung aufzuerlegen.[1501] Für die **beklagte Partei** besteht nur die Möglichkeit,

---

1495 AA noch die Vorauflagen; wie hier auch MünchKomm/*Schlingloff* § 12 Rn. 621: Der Befugte müsse nur innerhalb der Frist alles Erforderliche getan haben; Fezer/*Büscher*/Obergfell § 12 Rn. 199.

1496 Teplitzky/*Kessen* Kap. 26 Rn. 24.

1497 → Rn. 670.

1498 Vgl. BGH GRUR 2001, 755 (757) – Telefonkarte.

1499 Allg. Meinung, vgl. zB BGH GRUR 1992, 527 (529) – Plagiatsvorwurf II; GRUR 1987, 189 (190) – Veröffentlichungsbefugnis beim Ehrenschutz; Ohly/*Sosnitza* § 12 Rn. 224; Teplitzky/*Kessen* Kap. 26 Rn. 22.

1500 GroßKommUWG/*Feddersen* § 12 E Rn. 7.

1501 OLG Köln AfP 1985, 223 (226), gegenüber Rundfunkanstalt; vgl. auch LG Wiesbaden NJW-RR 1990, 1131, das (auch) eine Verurteilung des Beklagten zur Veröffentlichung des Urteilstenors in seinem

einen materiell-rechtlichen Veröffentlichungsanspruch im Wege einer Widerklage durchzusetzen.

2. Voraussetzungen. Als Anspruchsgrundlage für einen materiell-rechtlichen Veröffentlichungsanspruch kommt ein Schadensersatz-, vor allem aber ein **Beseitigungsanspruch im Sinne von § 8 Abs. 1** in Betracht. Die Veröffentlichung muss bei Anlegung der oben in den → Rn. 753 ff. dargestellten Kriterien zur Kompensierung eines Schadens oder der Beseitigung einer fortdauernden Störung erforderlich sein. Wegen der Einzelheiten der hierbei zu berücksichtigenden Interessen der Parteien sowie der Allgemeinheit und der maßgeblichen Beurteilungskriterien kann auf die obigen Ausführungen verwiesen werden. 585

3. Kosten. Wird die Veröffentlichung vom Gericht als erforderlich angesehen, erscheint es sachgerecht, im Hinblick auf einen ohnehin meist bestehenden Schadensersatz- oder Aufwendungsersatzanspruch bzw. in entsprechender Anwendung des § 12 Abs. 2 S. 1 der beklagten Partei **bereits im Ausspruch über die Veröffentlichungsbefugnis** zugunsten des Klägers **die Kosten aufzuerlegen.** 586

4. Veröffentlichung vor Rechtskraft? Wird an der Sichtweise festgehalten, dass es sich bei der Regelung in § 12 Abs. 2 nur um eine spezielle Ausprägung des allgemeinen Störungsbeseitigungsanspruchs handelt, muss eine Vollstreckung aus einem nur für vorläufig vollstreckbar erklärten Urteil auch weiterhin möglich sein.[1502] 587

5. Einstweilige Verfügung. Die Durchsetzung des materiell-rechtlichen Veröffentlichungsanspruchs im Wege der einstweiligen Verfügung wird vielfach wegen des **Verbots der Vorwegnahme der Hauptsache** nicht für möglich angesehen (→ Rn. 737).[1503] 588

C. Bemessung des Streitwerts (§ 12 Abs. 3, Abs. 4/§ 51 GKG)

Schrifttum: *Althammer,* „Beschwer" und „Beschwerdegegenstand" im reformierten Berufungsrecht gem. § 511 II Nrn. 1, 2, IV ZPO, NJW 2003, 1079; *Anders/Gehle/Kunze,* Streitwertlexikon, 4. Aufl., 2002; *Büscher,* Klagehäufung im gewerblichen Rechtsschutz – alternativ, kumulativ, eventuell?, GRUR 2012, 16; *Cuypers* Die Streitwertbemessung und Zuständigkeit des Gerichts, MDR 2011, 381; *Fischer,* Der Wert des Beschwerdegegenstandes in § 511 Abs. 2 Nr. 1 ZPO n. F., NJW 2002, 155; *Frank,* Anspruchsmehrheiten im Streitwertrecht, 1985; *Goldmann,* Den Marschallstab im Tornister – Zum Streitwert der einstweiligen Verfügung beim wettbewerbsrechtlichen Unterlassungsanspruch, WRP 2001, 240; *Greger,* Verbandsklage und Prozessrechtsdogmatik – Neue Entwicklungen in einer schwierigen Beziehung, ZZP 113 (2000) S. 399; *Günther/Beyerlein,* Abmahnen nach dem RVG – Ein Gebühren-Eldorado?; *Jauernig,* Die „Beschwer" mit der neuen Berufung: § 511 Abs. 2 Nr. 1 ZPO, NJW 2001, 3027; *ders.,* Der BGH und die Beschwer im neuen Rechtsmittelrecht, NJW 2003, 465; *Kodde,* Vier Jahre nach „TÜV", GRUR 2015, 38; *Krbetschek/Schlingloff,* Bekämpfung von Rechtsmissbrauch durch Streitwertbegrenzung? WRP 2014, 1; *Lindacher,* Zum Streitwert der AGB-Verbandsklage, MDR 1994, 231; *Müller,* Grundlagen und Sonderregelungen der Streitwertfestsetzung, JurBüro 2001, 7; *Radant,* Streitwertfestsetzung bei wettbewerblichen Unterlassungsansprüchen in der gerichtlichen Entscheidungspraxis, WRP 1975, 137; *Schmittmann,* Streitwertbestimmung bei unaufgeforderter Telefaxwerbung, JurBüro 1999, 572; *ders.,* Streitwertbestimmung bei Domainstreitigkeiten, MMR aktuell 12/2002 V–VIII; *Schmitz/Schröder,* Streitwertbestimmung bei Domainstreitigkeiten, K & R 2002, 189; *Schneider,* Wirtschaftliche Tendenzen in der Rechtsprechung des BGH zur Streitwertbemessung, MDR 1970, 107; *Schneider/Herget,* Streitwert-Kommentar, 14. Aufl., 2015; *Schulte,* Verurteilung zur Auskunftserteilung – Bemessung der Rechtsmittelbeschwer und Kostenstreitwert, MDR 2000, 805; *Schumann,* Grundzüge des Streitwertrechts, NJW 1982, 1257; *Teplitzky,* Streitgegenstand und materielle Rechtskraft im wettbewerbsrechtlichen Unterlassungsanspruch, GRUR 1998, 320 ff.; *Tilmann,* Kostenhaftung und Gebührenberechnung

---

Bracheninformationsdienst ausspricht; BGH GRUR 1987, 189 f. – Veröffentlichungsbefugnis beim Ehrenschutz; Ohly/*Sosnitza* § 12 Rn. 224 aE.

[1502] Ebenso Teplitzky/*Kessen* Kap. 26 Rn. 25; aA Fezer/*Büscher*/Obergfell § 12 Rn. 171; MüKoUWG/*Schlingloff* § 12 Rn. 585; GroßKommUWG/*Feddersen* § 12 E Rn. 39 unter Hinweis auf die eindeutige Entscheidung des Gesetzgebers zu § 12 Abs. 3 UWG.

[1503] Vgl. nur *Köhler*/Bornkamm/*Feddersen* § 12 Rn. 4.19; aA Teplitzky/*Kessen* Kap. 26 Rn. 26: nur unter strengen Voraussetzungen und in der Regel nicht im Wege einer Beschlussverfügung.

bei Unterlassungsklagen gegen Streitgenossen im gewerblichen Rechtsschutz, GRUR 1986, 691; *Traub,* Der Streitwert der Verbandsklage, WRP 1982, 55; *ders.,* Wettbewerbsrechtliche Verfahrenspraxis, Örtliche Besonderheiten in der Rechtsprechung der Oberlandesgerichte (WVP), 2. Aufl., 1991; *ders.,* Die UWG-Novelle 1994 und der Streitwert in Wettbewerbssachen, WRP 1995, 362; *ders.,* Erhöhungsgebühr oder Streitwertaddition bei Unterlassungsklagen gegen das Unternehmen und seine Organe? WRP 1999, 79; *Ulrich,* Der Streitwert in Wettbewerbssachen nach der UWG-Reform im Jahre 1986, GRUR 1989, 401.

I. Gang der Darstellung

589 Nachfolgend werden unter II. allgemeine Fragen des Streitwertrechts sowie unter III. die Grundzüge des Festsetzungs- und Beschwerdeverfahrens dargestellt, bevor unter IV. vor allem für die Praxis wichtige Fragen der Streitwertbemessung erörtert werden. Sodann werden unter V. die Regelungen der Streitwertbegünstigung gemäß § 12 Abs. 3 und 4 dargestellt.

II. Verschiedene Arten von Streitwerten

590 Von den verschiedenen Arten von Streitwerten werden der Zuständigkeitsstreitwert, der in der Praxis im Vordergrund stehende Gebührenstreitwert sowie der Rechtsmittelstreitwert (Beschwer/Wert des Beschwerdegegenstandes) behandelt werden.[1504]

591 **1. Der Zuständigkeitsstreitwert.** Der nach §§ 2, 3 ZPO zu bestimmende Zuständigkeitsstreitwert spielt wegen der ausschließlichen Zuständigkeit der Landgerichte nach § 14 Abs. 1 UWG (→ § 14 Rn. 1 ff.) für den Wettbewerbsprozess keine Rolle.

592 **2. Gebührenstreitwert.** Der Streitwert für die **Berechnung der Gebühren** des Gerichts sowie der Anwälte ergibt sich aus den Regelungen des GKG (§§ 48 ff.) iVm den Bestimmungen der § 51 GKG, §§ 3 ff. ZPO bzw. der §§ 32 ff. RVG.

593 **3. Rechtsmittelstreitwert.** Die Höhe des Rechtsmittelstreitwerts bestimmt, ob gegen eine Entscheidung die einfache (zB § 68 Abs. 1 GKG) oder sofortige **Beschwerde** (vgl. § 567 Abs. 2 ZPO; § 91a Abs. 2 S. 2 ZPO), die **Berufung** (§ 511 Abs. 2 Nr. 1 ZPO) sowie die **Nichtzulassungsbeschwerde** (§ 544 ZPO iVm § 26 Nr. 8 EGZPO) **zulässig** ist.

594 Ob in **Beschwerdeverfahren** der erforderliche Beschwerdewert (§ 567 Abs. 2 ZPO; § 68 Abs. 1 S. 1, § 34 Abs. 2 S. 1 GKG; § 33 Abs. 3 S. 1 RVG) erreicht ist, hat das Beschwerdegericht als Zulässigkeitsvoraussetzung von Amts wegen zu prüfen.[1505] Die Beschwer muss noch zum Zeitpunkt der Entscheidung über das Rechtsmittel gegeben sein.[1506] Das Vorbringen hierzu unterliegt nicht dem Verspätungseinwand.[1507]

595 Vom **Wert des Beschwerdegegenstandes** hängt bei der Wertberufung (§ 511 Abs. 2 Nr. 1 ZPO) die Zulässigkeit des Rechtsmittels ab. Diesen Wert hat das Berufungsgericht unabhängig von der Streitwertfestsetzung der ersten Instanz festzusetzen. Er wird durch die Berufungsanträge (§ 520 Abs. 3 Nr. 1 ZPO) im Rahmen der **Beschwer** bestimmt.[1508]

596 Die Revision findet nur statt, wenn sie vom Berufungsgericht oder vom Revisionsgericht – auf eine Nichtzulassungsbeschwerde hin (§ 544 ZPO) – zugelassen wurde. Insoweit ist der **„Wert der mit der Revision geltend zu machenden Beschwer"** nach dem seit 1.1.2020 geltenden § 544 Abs. 2 Nr. 1 maßgeblich, der die befristete Regelung des § 26 Nr. 8 EGZPO aF dauerhaft übernimmt. Für die Statthaftigkeit einer Nichtzulassungsbeschwerde kommt es nicht auf den Wert der Urteilsbeschwer, sondern auf den mit der Revision geltend zu machenden Wert der Beschwer an, dh den Wert des Beschwerdegegenstandes, nämlich die Revisionsanträge, die die Nichtzulassungsbeschwerde ermögli-

[1504] Zu weiteren Streitwertarten *Schumann* NJW 1982, 1257 f.
[1505] Zur Berechnung des Beschwerdewerts vgl. Thomas/Putzo/*Reichold* § 567 Rn. 14 f.
[1506] BGH 29.6.2004 – X ZB 11/04.
[1507] BGH NJW-RR 2006, 791.
[1508] BGH (GS) GRUR 1995, 701 (702); Thomas/Putzo/*Reichold* Vorb. § 511 Rn. 17 ff., § 511 Rn. 11 f.

chen soll.[1509] Ohne Wertgrenze eröffnet § 544 Abs. 2 Nr. 3 ZPO die Nichtzulassungsbeschwerde (anstelle der Rechtsbeschwerde) nun auch gegen einen die Berufung als unzulässig verwerfenden Beschluss auch bei Nichterreichen der Wertgrenze des § 26 Nr. 8 EGZPO zulässig. Bei der Bestimmung dieses Wertes ist das Revisionsgericht nicht an die Streitwertfestsetzung des Berufungsgerichts gebunden.[1510] Die zu § 26 Nr. 8 EGZPO aF ergangene Rechtsprechung behält angesichts des Zwecks der Neuregelung, die bisherige Wertgrenze zu entfristen, im Rahmen des § 544 Abs. 2 Nr. 1 ZPO weiterhin Geltung.

4. Verhältnis Streitwert zur Beschwer. Zu der Frage des Verhältnisses zwischen Streitwert und Beschwer enthält das Gesetz in **§ 47 GKG** eine Regelung für die **Bemessung des Gebührenstreitwerts im Rechtsmittelverfahren.** Nach dessen Abs. 1 bestimmt sich der Streitwert nach den Anträgen des Rechtsmittelführers (Satz 1) bzw. nach der Beschwer (Satz 2), wobei der Streitwert der Rechtsmittelinstanz durch den Streitwert erster Instanz beschränkt wird (Abs. 2). 597

Der **Wert der Beschwer** bestimmt sich nach der sich aus der angefochtenen Entscheidung ergebenden Belastung des Rechtsmittelführers, dh nach dem Interesse des Rechtsmittelführers an der Abänderung des Urteils:[1511] Beim Kläger, soweit der Inhalt der Entscheidung hinter den (zuletzt) gestellten Anträgen zurückbleibt – formelle Beschwer.[1512] Beim Beklagten ist maßgeblich, inwieweit die Entscheidung eine für ihn nachteiligen rechtskraftfähigen Inhalt aufweist[1513] – materielle Beschwer. Der Wert der Beschwer und der Wert des Beschwerdegegenstandes (Umfang der nach dem Rechtsmittelantrag erstrebten Abänderung des angefochtenen Urteils) sind nur dann identisch, wenn die unterliegende Partei das Urteil in vollem Umfang[1514] angreift.[1515] Die Beschwer des zur Unterlassung verurteilten Beklagten bemisst sich nach seinem Interesse an der Beseitigung dieser Verurteilung.[1516] Wendet sich der Beklagte mit der Revision gegen die im Urteil titulierte **Unterlassungspflicht,** so richtet sich der Wert der Beschwer nach ihrem gemäß § 3 ZPO grundsätzlich unter wirtschaftlichen Gesichtspunkten zu bemessenden Interesse an der Beseitigung dieser Verpflichtung, was typischerweise dem Streitwert entspricht.[1517] Bei der Verurteilung zur Auskunftserteilung ist das Interesse des Beschwerdeführers maßgebend, die **Auskunft** nicht erteilen zu müssen. Dabei ist auf den Aufwand an Zeit und Kosten abzustellen, den die sorgfältige Erteilung der geschuldeten Auskunft erfordert.[1518] Ein etwaiges besonderen Geheimhaltungsinteresses kann ggf. den Wert der Beschwer erhöhen. 598

Die Beschwer kann sowohl nach unten als auch – anders als der Streitwert für die Rechtsmittelinstanz (§ 47 Abs. 2 S. 1 GKG) – nach oben[1519] **vom Streitwert abweichen.** Dass die Beschwer des unterlegenen Beklagten somit nicht ohne weiteres durch die Höhe 599

[1509] BT-Drs. 14/4722, 126; vgl. nur BGH NJW 2002, 2720 mwN und 3180.

[1510] Vgl. BGH GRUR-RR 2017, 185 Rn. 11 mwN.

[1511] BGH GRUR 2018, 655 Rn. 9 – Posterversandkosten.

[1512] Allgemeine Meinung vgl. zB BGH GRUR 2017, 212 Rn. 7.

[1513] Thomas/Putzo/*Reichold* Vorb. § 511 Rn. 19; vgl. zur Bemessung der Beschwer bei einer Verurteilung zur Auskunftserteilung: BGH (GS) GRUR 1995, 701 und hierzu BVerfG NJW 1997, 2229; BGH GRUR 1999, 1037 – Wert der Auskunftsklage; GRUR 1999, 1132 – Kundenfoto; NJW 2000, 1725 – Urteilsbeschwer bei Stufenklage; NJW 2000, 2113; 2001, 1284; NJW-RR 1571; NJW 2002, 71 (bei vollständiger Abweisung der Stufenklage); NJW 2002, 3477 (Verurteilung zur Auskunft durch das Berufungsgericht nach Abweisung der Klage durch das Landgericht); GRUR 2002, 915 (916) – Wettbewerbsverbot in Realteilungsvertrag; NJW-RR 2003, 1156; 26.10.2011 – XII ZB 465/11, betreffend die Auskunftserteilung über die Einkommensverhältnisse eines Dritten.

[1514] Vgl. zur Bestimmung des maßgeblichen wirtschaftlichen Interesses des Rechtsmittelklägers BGH GRUR 1999, 1132 – Kundenfoto; zur Ermittlung des Werts des Beschwerdegegenstands bei Teilunterliegen BGH 29.7.2003 – VIII ZB 55/03.

[1515] BGH NJW 2002, 2720.

[1516] NJW-RR 2009, 549 Rn. 4; BGH AfP 2011, 261: Das Interesse des zur Unterlassung verurteilten Beklagen an einer Beseitigung der Verurteilung entspricht zwar nicht zwangsläufig, aber doch regelmäßig dem Interesse des Klägers an einer Verurteilung; ebenso 9.2.2012 – I ZR 142/11 Rn. 7.

[1517] BGH GRUR 2018, 655 Rn. 9 – Posterversandkosten.

[1518] BGH GRUR-RR 2017, 185 Rn. 9 mwN.

[1519] BGH (GS) GRUR 1995, 701 (702); NJW 1994, 735; MüKoZPO/*Wöstmann* § 2 Rn. 7.

des Streitwerts nach oben beschränkt ist, sondern jeweils nach dem für ihn nachteiligen rechtskraftsfähigen Inhalt zu bemessen ist, wird in der Praxis allerdings weitgehend anders gehandhabt, wonach der Wert der Beschwer nicht höher sein könne als der Wert des Streitgegenstands. Dies erkennt mittlerweile auch der BGH an. Insoweit sind allerdings **Präklusionsregeln** eigener Art zu beachten: Ein den Unterlassungsstreitwert übersteigender Wert der Beschwer kommt danach allerdings nur in Betracht, wenn der Beklagte in den Tatsacheninstanzen auf diesen Umstand hingewiesen hat.[1520] Hat die Partei, die mit der Nichtzulassungsbeschwerde eine höhere Beschwer geltend macht, die Wertfestsetzung durch das Berufungsgericht nicht beanstandet, kann sie im Nichtzulassungsbeschwerdeverfahren ebenfalls nicht mehr mit Einwänden gegen die Wertfestsetzung gehört werden.[1521]

600 **5. Sicherheitsleistung (§ 709 ZPO).** Die Höhe der gegebenenfalls zu erbringenden Sicherheitsleistung(en) wird – entgegen einer oftmals unzutreffend gehandhabten Praxis, die im Falle des Obsiegens des Klägers zum Streitwert einen Betrag für die zu vollstreckenden Kosten addiert – bei einer nicht auf Zahlung lautenden Klage nicht durch die Streitwerthöhe (Interesse der Klagepartei), sondern durch andere Kriterien bestimmt, nämlich welcher **Schaden aus der Vollstreckung** aus dem möglicherweise sachlich unrichtigen Titel **entstehen kann** (vgl. § 717 Abs. 2 ZPO). Dieses Sicherungsbedürfnis kann sich je nach Inhalt des Titels und Interesse der unterlegenen Partei sehr unterschiedlich darstellen.[1522]

III. Streitwertfestsetzungsverfahren

601 **1. Festsetzung des Gebührenstreitwerts. a) Vorläufige Festsetzung.** Wenn keine bezifferte Klageforderung geltend gemacht wird, hat das Gericht gemäß § 63 Abs. 1 S. 1 GKG den Streitwert ohne Anhörung der Parteien **vorläufig festzusetzen,** damit die gemäß § 65 Abs. 1 S. 1 GKG (iVm KVGKG Nr. 1210) in der Regel vor Zustellung der Klage zu leistenden Gerichtsgebühren berechnet und erhoben werden können. Dabei wird – von Ausnahmefällen abgesehen – der von der Klagepartei gemäß § 6 Abs. 1 GKG, § 253 Abs. 3 ZPO benannte Wert zugrunde gelegt und durch den zuständigen Spruchkörper durch Beschluss vorläufig festgesetzt. Dies erfolgt auch in den Fällen, in denen die Zustellung der Klage nicht von der Zahlung des Gebührenvorschusses abhängig gemacht wird[1523] oder werden kann (im Falle der Gebührenbefreiung oder Fehlen der Vorleistungspflicht), ebenso wie in den Fällen, in denen bereits Gerichtsgebühren zusammen mit der Einreichung der Klage entrichtet wurden. Eine Begründung der vorläufigen Festsetzung erfolgt in der Praxis nicht und ist auch nicht geboten, wenn das Gericht – wie in der Regel – die Wertangabe der Klagepartei übernimmt. Der Beschluss ist den Parteien formlos mitzuteilen (§ 329 Abs. 2 S. 1 ZPO), an die beklagte Partei erfolgt dies meist zusammen mit der Zustellung der Klageschrift. Da die vorläufige Festsetzung die Festsetzung des „endgültigen" Streitwerts nicht vorwegnimmt, sondern nur der Erleichterung der Berechnung der im Voraus zu zahlenden Gerichtsgebühren dienen soll, sieht § 63 Abs. 1 S. 2 GKG vor, dass Einwendungen gegen die Höhe des vorläufigen Streitwerts nur vom Kläger – der Beklagte ist hierdurch nicht beschwert, da nicht Adressat der Kostenrechnung; auch nicht dessen Anwalt[1524] – im Verfahren gemäß § 66 GKG geltend gemacht werden können.[1525]

[1520] BGH GRUR-RR 2017, 185 Rn. 9 mwN.

[1521] BGH BeckRS 2012, 7783 Rn. 4 – Matratzen-Test-Werbung.

[1522] Vgl. anschaulich LG Hamburg ZUM 2009, 315 (324) (Abwendungsbefugnis bei BeckRS 2008, 23066).

[1523] So wenn hierauf etwa wegen drohender Verjährung verzichtet wird oder weil der Prozessbevollmächtigte die persönliche Kostenhaftung erklärt hat.

[1524] OLG Hamm MDR 2005, 1309; OLG Köln OLG Report 2005, 556; aA *Lappe* NJW 2006, 270 (275).

[1525] OLG Brandenburg MDR 2000, 174; OLG Köln JurBüro 1996, 195; KG 19.8.2003 – 6 W 193/03; *Meyer* JurBüro 2000, 396; aA *Schneider* MDR 2000, 381.

Im Verfahren der **einstweiligen Verfügung** findet eine entsprechende vorläufige Festsetzung mangels Vorschusspflicht gemäß § 65 Abs. 1 GKG nicht statt. Hier erfolgt die Festsetzung des „endgültigen" Streitwerts idR zusammen mit der Entscheidung in der Sache (§ 63 Abs. 2 S. 1 GKG), dh in der Beschlussverfügung, im Termin zur mündlichen Verhandlung, zusammen mit dem Urteil bzw. im Falle der Antragsrücknahme durch gesonderten Beschluss. 602

b) Festsetzung des „endgültigen" Streitwerts. Vor der **„endgültigen" Festsetzung** sollte der Streitwert vom Gericht möglichst vor Erörterung der Erfolgsaussichten der Klage (einstweiligen Verfügung) im Termin zur mündlichen Verhandlung erörtert werden,[1526] gegebenenfalls nachdem den Parteien aufgegeben worden war, sich zum Streitwert zu äußern bzw. die gemachten Streitwertangaben zu spezifizieren[1527] (zur Bedeutung der Streitwertangaben der Parteien → Rn. 629 ff.). Die Verwertung von vertraulichen Umsatzangaben, die nur dem Gericht mitgeteilt werden und zu denen sich die Gegenseite daher nicht äußern kann, ist mit dem Rechtsstaatsprinzip und dem Grundsatz auf rechtliches Gehör (Art. 103 Abs. 1 GG) nicht zu vereinbaren. Deren Berücksichtigung scheidet daher aus.[1528] 603

Der „endgültige" Streitwert ist sodann im Termin durch Beschluss, zusammen mit der Entscheidung in der Sache oder mit gesondertem Beschluss ohne Bindung an die vorläufige Festsetzung zu bestimmen, wobei auf die Gegebenheiten bei Eingang der Klage (§ 40 GKG, § 4 Abs. 1 Hs. 1 ZPO) abzustellen ist. Dieser Grundsatz steht einer **Änderung des Streitwerts aufgrund von Veränderungen des Streitgegenstandes im Laufe des Verfahrens** jedoch nicht entgegen,[1529] sodass es – sofern für Gebührentatbestände von Bedeutung (§ 36 GKG) – angezeigt ist, „Abschnittsstreitwerte" festzusetzen. Hierbei ist darauf abzustellen, wann die Veränderungen verfahrensrechtliche Wirkungen entfalten (zB Klageerweiterung, teilweise Erledigungserklärung etc).[1530] 604

Obwohl der Beschluss in der Regel der **Beschwerde** (§ 68 Abs. 1 S. 1 GKG) unterliegt, wird er in der Praxis oftmals nicht begründet, insbesondere dann nicht, wenn das Gericht der Streitwertangabe der Klagepartei folgt und auch der Beklagte hiergegen keine Einwendungen erhebt. Wird gegen einen solchen Beschluss Beschwerde eingelegt, bedarf jedenfalls die den Parteien mitzuteilende Nichtabhilfeentscheidung (§ 572 Abs. 1 ZPO) einer Begründung, um dem Beschwerdegericht eine Überprüfung der Entscheidung zu ermöglichen.[1531] 605

Die Streitwertfestsetzung ist **für jede Instanz** gesondert vorzunehmen. Maßgeblich sind die Verhältnisse bei Eingang der Klage bzw. des Rechtsmittels (§ 40 GKG, § 4 Abs. 1 Hs. 1 ZPO). 606

Das Gericht ist an die **Streitwertangaben** der Parteien (hierzu → Rn. 629 ff.) sowie **an Anträge im Beschwerdeverfahren nicht gebunden;**[1532] das Verbot der reformatio in peius gilt nicht.[1533] Es kann eine bereits erfolgte Streitwertfestsetzung auf Antrag oder von Amts wegen abändern (§ 63 Abs. 1 S. 1 GKG);[1534] dies gilt auch für das Gericht der höheren Instanz (§ 63 Abs. 3 S. 2 GKG), wobei gegebenenfalls auch eine Anhörung der 607

[1526] GroßKommUWG/*Ebersohl* § 12 F Rn. 12; Teplitzky/*Feddersen* Kap. 49 Rn. 49, der bereits die Festsetzung zu diesem Zeitpunkt für geboten ansieht, damit die Parteien ihr Kostenrisiko zutreffend einschätzen können.

[1527] GroßKommUWG/*Ebersohl* § 12 F Rn. 13; Teplitzky/*Feddersen* Kap. 49 Rn. 50.

[1528] BGH GRUR 1996, 217 (218) mwN – Anonymisierte Mitgliederliste.

[1529] MüKoZPO/*Wöstmann* § 4 Rn. 5.

[1530] Vgl. Teplitzky/*Feddersen* Kap. 49 Rn. 8, 14.

[1531] Allgemeine Meinung vgl. zB BGH NJW 1983, 123; KG MDR 2013, 863 (864) mwN; GroßKomm/*Ebersohl* § 12 F Rn. 14.

[1532] OLG Saarbrücken MD 2005, 852 (854); aA OLG Frankfurt a. M. JurBüro 1969, 1213.

[1533] OLG Saarbrücken ZIP 2013, 999 (1000); vgl. Auch BVerfG 21.4.2009 – 1 BvR 2310/06.

[1534] Vgl. aber auch OLG Koblenz 14.10.2003 – 14 W 669/03 juris: Festsetzung des Streitwerts durch das Rechtsmittelgericht ist bindend, wenn die Sache später wegen der Festsetzung erneut in die Rechtsmittelinstanz gelangt.

Prozessbevollmächtigten der vorherigen Instanz in Betracht zu ziehen ist. Es ist zur Änderung verpflichtet, wenn sich die Festsetzung nachträglich als unrichtig herausstellt oder wenn sich der Wert später verändert hat. Einer solchen Abänderung von Amts wegen (§ 63 Abs. 3 GKG) oder auf Beschwerde hin (§ 68 GKG) steht ein bereits abgeschlossenes Kostenfestsetzungsverfahren oder eine rechtskräftige Kostenentscheidung erster Instanz nicht entgegen; auch dann nicht, wenn dadurch die Kostenentscheidung unzutreffend wird.[1535]

608 **c) Streitwertbeschwerde.** Gegen den Streitwertbeschluss – dem Ausführungen in den Urteilsgründen oder die Aufnahme des Ausspruches in den Urteilstenor, der insoweit wie ein Beschluss zu behandeln ist, gleichstehen[1536] – findet bei Vorliegen der erforderlichen Beschwer und Erreichen des Beschwerdewerts gemäß § 63 Abs. 1 S. 1 GKG (50 EUR) die **Beschwerde** statt. Dabei handelt es sich um keine sofortige Beschwerde im Sinne von § 567 Abs. 1 ZPO, vielmehr kann die Beschwerde innerhalb der Frist des § 63 Abs. 3 S. 2 GKG eingelegt werden.

609 **aa)** Eine **Beschwerdeberechtigung** bei Erreichen der Wertgrenze des § 68 Abs. 1 S. 1 GKG kann gegeben sein für:

610 **(a)** die **Klagepartei,** wenn der Streitwert ihrer Meinung nach **zu hoch** festgesetzt wurde; auch im Falle des Obsiegens, da sie gegebenenfalls als Antragsteller für die Gerichtskosten in Anspruch genommen werden (§ 18 GKG), bzw. die bereits verauslagten Gerichtskosten beim Gegner nicht vollstrecken kann. Eine Beschwerdeberechtigung besteht nicht, wenn sie geltend machen will, dass der Streitwert **zu niedrig** festgesetzt worden sei; dann fehlt es an einer Beschwer.[1537] Hat sie jedoch mit ihrem Anwalt ein über das Gesetz hinausgehendes höheres Honorar gemäß § 3a Abs. 1 RVG vereinbart, dürfte ihr ein Beschwerderecht zugebilligt werden.[1538]

611 **(b)** Die **beklagte Partei,** im Umfang wie vorstehend erläutert mit der Maßgabe, dass für sie eine Antragstellerhaftung für Gerichtskosten nicht besteht.

612 **(c)** Die **Staatskasse,** wenn der Streitwert zu niedrig festgesetzt wurde, gegebenenfalls aber auch bei zu hoher Festsetzung im Falle der Bewilligung von Prozesskostenhilfe.[1539]

613 **(d)** Den **Prozessbevollmächtigten**[1540] (der jeweiligen Instanz) aus eigenem Recht (§ 32 Abs. 2 RVG) im Falle einer zu niedrigen Festsetzung, da die gerichtliche Festsetzung auch für die Gebühren der Rechtsanwälte maßgeblich ist (§ 32 Abs. 1 RVG).[1541] Wenn aus der Beschwerdeschrift nicht eindeutig hervorgeht, hängt es von den Umständen ab, ob die Beschwerde im Namen der Partei oder aus eigenem Recht des Anwalts eingelegt wurde;[1542] im Zweifel, die auch durch Nachfrage des Gerichts nicht zu zerstreuen sind, handelt der Rechtsanwalt für seinen Mandanten.

614 **bb)** Da das Rechtsmittelgericht den Wert des Beschwerdegegenstandes ohne Bindung an die Streitwertfestsetzung der vorherigen Instanz zu bestimmen hat, kann die Streitwerthöhe unter diesem Gesichtspunkt – **Festsetzung auf einen nicht berufungsfähigen Wert** bzw. einen Betrag unter dem Wert gemäß § 544 Abs. 2 ZPO – nicht beanstandet werden.

615 **cc)** Ene Beschwerdemöglichkeit besteht auch dann, wenn die Festsetzung im **Einverständnis beider Parteien/Parteivertreter** erfolgt ist. Ein Rechtsmittelverzicht kann darin nicht erkannt werden.[1543]

1535 Vgl. ausführlich zum Streitstand in BeckOK KostR/*Laube,* 28. Ed., GKG § 68 Rn. 132 ff., 154 f.

1536 OLG Brandenburg JurBüro 2003, 93.

1537 Allg. Meinung: vgl. nur BGH ZUM 2019, 183 Rn. 6.

1538 OLG Frankfurt a. M. 8.5.2012 – 1 W 26/12, juris, mwN; OLG Düsseldorf MDR 2006, 297; GroßKommUWG/*Ebersohl* § 12 F Rn. 16; BeckOK KostR/*Laube,* 28. Ed., GKG § 68 Rn. 132 ff.

1539 OLG Brandenburg JurBüro 2001, 93.

1540 Gegebenenfalls auch der Patentanwalt in entsprechender Anwendung von § 32 Abs. 2 RVG, wenn sich seine Vergütung nach dem Gegenstandswert berechnet.

1541 Nach BFH BB 1975, 1321 hat der Anwalt auch dann ein schutzwürdiges rechtliches Interesse, wenn er eine Vergütungsvereinbarung aufgrund eines wesentlich höheren Streitwertes getroffen hat.

1542 OLG Koblenz MDR 2005, 405.

1543 Vgl. OLG Karlsruhe MDR 2010, 404; OLG Frankfurt a. M. NJW 2013, 3381 f. mwN.

dd) Die Beschwerde ist innerhalb der **Frist** des § 68 Abs. 3 S. 2 GKG (sechs Monate nach Rechtskraft der Entscheidung in der Hauptsache oder anderweitigen Erledigung des Verfahrens)[1544] zu Protokoll der Geschäftsstelle oder schriftlich – ein Anwaltszwang besteht nicht, § 68 Abs. 1 S. 3 GKG/§ 33 Abs. 7 RVG – einzulegen. Die Beschwerde ist ausgeschlossen, wenn die Streitwertfestsetzung (auch erstmals) durch das Rechtsmittelgericht – auch soweit eine Festsetzung für die Vorinstanz – erfolgt ist (§ 63 Abs. 3 S. 1 GKG) unabhängig davon, ob gegen die Entscheidung in der Sache ein Rechtsmittel gegeben ist.[1545] Insoweit kommt nur eine Gegenvorstellung innerhalb der vorgenannten Sechs-Monatsfrist in Betracht.[1546] 616

ee) Das **Beschwerdegericht** hat den Streitwert **nach seinem eigenen Ermessen** zu bestimmen und ist nicht auf eine Überprüfung nach den Grundsätzen der Rechtsbeschwerde beschränkt,[1547] wobei auch eine Festsetzung zu Lasten des Beschwerdeführers möglich ist. 617

ff) Das Beschwerdeverfahren ist nach allgemeiner Auffassung **nicht kontradiktorisch** ausgestaltet; einen Beschwerdegegner gibt es folglich nicht; dem Prozessgegner des Beschwerdeführers ist jedoch vor einer für ihn nachteiligen Entscheidung – selbstverständlich – rechtliches Gehör zu gewähren. 618

gg) Eine **Kostenerstattung** findet im Beschwerdeverfahren nicht statt (§ 68 Abs. 3 GKG). Hinsichtlich des Verfahrens verweist § 68 Abs. 5 S. 5 GKG auf bestimmte Regelungen der Beschwerde in § 66 Abs. 3 GKG und ergänzend (§ 66 Abs. 4 S. 2 Hs. 2 GKG) auf die Bestimmungen der §§ 567 ff. ZPO.[1548] Die Kostenfreiheit gilt jedoch nicht für die unstatthafte Beschwerden.[1549] 619

hh) Das Streitwertfestsetzungs- bzw. das Beschwerdeverfahren wird nach hM[1550] durch die Eröffnung des **Insolvenzverfahrens** über das Vermögen einer Partei nicht gemäß § 240 ZPO unterbrochen. 620

ii) Eine **Rechtsbeschwerde** sieht das GKG nicht vor, eine **weitere Beschwerde** kann vom Landgericht als Beschwerdegericht nach § 68 Abs. 1 S. 2 GKG/§ 33 Abs. 6 RVG zugelassen werden. Eine entsprechende Anwendung der §§ 574 ff. ZPO kommt nicht in Betracht.[1551] Nächsthöheres Gericht im Sinne von § 68 Abs. 1 S. 5, § 66 Abs. 3 S. 2 Hs. 1 GKG, § 33 Abs. 4 S. 3 RVG ist nicht der BGH.[1552] 621

2. Festsetzung des Zuständigkeitsstreitwerts. Die zur Bestimmung der sachlichen Zuständigkeit des Gerichts mögliche Festsetzung des Streitwerts[1553] durch selbständigen Beschluss (§ 62 GKG, § 2 ZPO) spielt in der Praxis – im Wettbewerbsprozess schon 622

[1544] OLG Koblenz 22.7.1986 – 6 W 524/86, bei *Traub* WVP S. 247 unter 8.7.4: Abgabe einer Unterlassungserklärung; OLG Stuttgart 24.10.1979 – 4 W 35/79: Abschlusserklärung bei einstweiliger Verfügung, auch bei Vorbehalt eines Kostenwiderspruchs, bei *Traub* WVP S. 424 unter 8.3; 3.1.1986 – 2 W 37/85: Rücknahme des Verfügungsantrags, auch wenn dem Antragsgegner die Festsetzung des Streitwerts nicht mitgeteilt wurde, bei *Traub* WVP S. 424 unter 8.3; WRP 2001, 70 f.: 6 Monate nach Abschluss des Verfügungsverfahrens, nicht der nachfolgenden Hauptsacheentscheidung; aA OLG Zweibrücken MDR 2011, 562: 6-Monatsfrist beginnt erst mit Rechtskraft der Hauptsacheentscheidung zu laufen; KG WRP 1982, 582: anderweitige Erledigung, wenn innerhalb von 6 Monaten nach Zustellung der einstweiligen Verfügung kein Widerspruch eingelegt wird; ebenso OLG Stuttgart OLGR 2000, 333; OLG München 4.5.2005 – 18 W 3070/04; KG MDR 2002, 1453 mwN: Abschluss des dem Beweisverfahren nachfolgenden Prozesses, nicht der Abschluss des selbständige Beweisverfahrens ist maßgeblich (str.).

[1545] OLG Frankfurt a. M. JurBüro 1971, 954 (955); aA OLG Hamm 3.6.1988 – 4 W 87/88, bei *Traub* WVP S. 204 unter 8.7.4 für den Fall der Streitwertfestsetzung im Beschwerdeverfahren gegen einen zurückgewiesenen Antrag auf Erlass einer einstweiligen Verfügung ohne Anhörung des Gegners im Hinblick auf Art. 103 Abs. 1 GG.

[1546] BVerfG NJW 2002, 3387; BGH NJW 2000, 1343.

[1547] OLG Koblenz NZM 2011, 813; wohl aA OLG Köln 6.3.2015 – 6 W 15/15: nur Rechtsfehler.

[1548] Wegen der Einzelheiten siehe Zöller/*Herget* § 3 Rn. 9 ff.

[1549] Vgl. BGH 1.9.2016 – I ZB 70/16 Rn. 7.

[1550] Zöller/*Greger* Vor § 239 Rn. 4 mwN.

[1551] BAG BB 2003, 1511; BGH Report 2002, 750; 21.10.2003 – X ZB 10/03; Zöller/*Herget* § 3 Rn. 9.

[1552] BGH 10.7.2007 – VIII ZB 27/07 und 28.6.2005 – I ZR 58/05.

[1553] MüKoZPO/*Wöstmann* § 2 Rn. 19.

aufgrund der ausschließlichen Zuständigkeit der Landgerichte – eine untergeordnete Rolle, da über die Höhe des Streitwerts insoweit meist in den Gründen der Endentscheidung oder in Entscheidungen nach §§ 280, 281, 506 ZPO befunden wird.[1554] Der Beschluss, der erst mit der Endentscheidung bindend wird, ist nicht selbständig anfechtbar.[1555]

IV. Streitwertschätzung (§ 51 GKG)

623 **1. Ausgangslage.** Im Wettbewerbsprozess sind, wie im gesamten Bereich des gewerblichen Rechtsschutzes einschließlich des Urheberrechts, bezifferte Zahlungsklagen eher die Ausnahme, sodass der Schätzung des Streitwerts – nach Inkrafttreten des Gesetzes gegen unseriöse Geschäftspraktiken (9.10.2013) in Bezug auf die Bestimmung der Gerichtskostenstreitwerts nicht mehr dem Auffangtatbestand des § 3 ZPO, sondern § 51 Abs. 2–4 GKG folgend – eine zentrale Bedeutung für den meist im Vordergrund stehenden **Unterlassungsanspruch** zukommt, der in der Regel auch als **wertbestimmend** für daneben geltend gemachte Ansprüche auf Auskunft, Störungsbeseitigung oder Feststellung angesehen wird. Dabei liegt es, wie in der Literatur[1556] zu Recht betont wird, „in der Natur der Sache", dass sich angesichts der Vielzahl der zu bewertenden Faktoren und hierbei zu Tage tretenden Unsicherheiten und Bewertungsspielräumen ein „richtiger" Streitwert nicht ermitteln lässt. Bei der nach § 51 Abs. 2 GKG vorzunehmenden Schätzung kann es also nur um die **zutreffende Erfassung und Gewichtung aller maßgeblichen Umstände** – unter Ausscheidung von sachfremden Erwägungen wie etwa Sanktion, Prävention oder Gebühreninteresse etc[1557] – gehen, um so zu sachgerechten Ergebnissen zumindest „der Größenordnung nach" im Verhältnis zu Wertfestsetzungen in vergleichbaren Fallgestaltungen (Grundsatz der Vorhersehbarkeit und Gleichbehandlung) zu gelangen. Die tägliche Praxis dürfte hiervon aber nach wie vor – und nicht nur im Bereich des gewerblichen Rechtsschutzes – weit entfernt sein. Es steht auch nicht zu erwarten, dass sich an der im Vergleich zu „normalen" zivilrechtlichen Auseinandersetzungen sehr großzügigen Streitwertpraxis[1558] im Bereich des gewerblichen Rechtsschutzes trotz der gesetzlichen Neuregelung der § 51 Abs. 2–4 GKG etwas ändert.[1559]

624 **2. Kriterien der Bewertung. a) Überblick.** Die Berechnung des Streitwerts bestimmt sich im Grundsatz nach **§ 3 ZPO.** Diese **Berechnungsvorschrift** erstreckt sich zunächst nur auf die in der ZPO und dem GVG geregelten Werte, mithin im Kern auf Zuständigkeits- und Rechtsmittelstreitwert. Für den besonders relevanten Gebührenstreitwert nach GKG und RVG ist § 3 ZPO nur insoweit anzuwenden, als nicht speziellere Vorschriften greifen (§ 48 Abs. 1 GKG, § 23 Abs. 1 RVG). Für das **Lauterkeitsrecht** sehen **§ 51 Abs. 2–4 GKG** und **§ 12 Abs. 3 UWG** solche Sonderreglungen vor. Nach § 51 Abs. 2 GKG ist der Streitwert in Verfahren über Ansprüche nach dem Gesetzt gegen den unlauteren Wettbewerb, soweit nichts anderes gilt, auf Grundlage der sich aus dem Antrag des Klägers für ihn ergebenden Bedeutung der Sache zu bestimmen. Damit ist keine wesentliche inhaltliche Änderung gegenüber der bisherigen, auf § 3 ZPO beruhenden Streitwertbestimmung verbunden.[1560] Die Bedeutung der Sache für den Kläger ist zwanglos mit dem nach § 3 ZPO maßgeblichen Interesse gleichzusetzen. Insoweit ist die zu § 3

[1554] Thomas/Putzo/*Hüßtege* § 2 Rn. 8.

[1555] OLG München MDR 2001, 713; 1998, 1242 f.; NJW-RR 1994, 1484; OLG Koblenz 10.2.2004 – 5 W 108/04: auch nicht durch Prozessbevollmächtigen (aA OLG Bremen NJW-RR 1993, 191); OLG Köln NJW-RR 1998, 279 und OLG Report 2002, 154; OLG Stuttgart 9.12.2004 – 5 W 62/04; MüKoZPO/*Wöstmann* § 2 Rn. 19 mwN; aA LG München I MDR 2001, 713 betreffend die Festsetzung des Zuständigkeitswerts für das vereinfachte Verfahren nach § 495a ZPO.

[1556] Teplitzky/*Feddersen* Kap. 49 Rn. 1.

[1557] Siehe hierzu *Borck* WRP 1978, 435 (438).

[1558] Vgl. statt vieler Teplitzky/*Feddersen* Kap. 49 Rn. 51; *Ulrich* GRUR 1989, 401 (404).

[1559] Das OLG Oldenburg WRP 1991, 602 (604) spricht von einer kompensierenden Wirkung der erheblich höheren Durchschnittswerte im Verhältnis zu „normalen" Rechtsstreitigkeiten.

[1560] *Krbetschek/Schlingloff* WRP 2014, 1 (6); Teplitzky/*Feddersen* Kap. 49 Rn. 6.

ZPO ergangene Rechtsprechung für die Zwecke der Auslegung des § 51 Abs. 2 GKG weiterhin maßgeblich. § 51 Abs. 3 Satz GKG sieht einen **Pauschal- und Auffangstreitwert** von 1.000 EUR für Fälle vor, in denen sich aus dem Sach- und Streitstand keine Anhaltspunkte für die Bemessung des Streitwerts ergeben. § 51 Abs. 3 S. 1 GKG eröffnet die Möglichkeit einer **Streitwertminderung** bei einem zu Lasten des Beklagten verschobenen Ungleichgewicht der jeweils betroffenen Interessen, § 12 Abs. 3, 4 regelt die **Streitwertbegünstigung** bei wirtschaftlichen Notlagen einer Partei.

Die Streitwertbestimmung nach § 51 Abs. 2 GKG verlangt vom Gericht lediglich eine **Schätzung „nach Ermessen"**, nicht die Ermittlung und Bewertung aller für die Schätzung relevanter Umstände in einem aufwändigen Festsetzungsverfahren. Bei der Ermittlung der tatsächlichen Grundlagen der Wertberechnung und damit der Frage, ob das Gericht sich unter dem Gesichtspunkt der Prozesswirtschaftlichkeit mit den (oftmals spärlichen) Angaben der Parteien zufriedengibt und von einer gemäß § 3 Hs. 2 ZPO möglichen Beweisaufnahme – wie in der Praxis regelmäßig – absieht, ist ihm ein außerordentlich weites Ermessen eingeräumt.[1561] Bei der Bewertung der auf diese Weise gewonnenen Erkenntnisse stand dem Gericht bis zur Einführung des § 51 Abs. 2 GKG ebenfalls ein großer Spielraum zu. Dieser nach § 3 ZPO bestehende weite Spielraum sollte mit der gesetzlichen Neuregelung eingeengt werden.[1562] Die Festsetzung erfolgt nun nicht mehr nach „freiem Ermessen", sondern nur noch nach „Ermessen". Damit wird jedoch keine messbare inhaltliche Änderung verbunden sein, da die Gerichte schon immer die vom Gesetz vorgegebenen Bewertungsgrundsätze und die in der gerichtlichen Praxis entwickelten Grund-sätze bei der Schätzung zu berücksichtigen hatten. 625

b) Prinzip des Angreiferinteresses. Als solcher allgemeiner Grundsatz wird aus § 3 ZPO, § 51 Abs. 2 GKG von der einhelligen Meinung in Rechtsprechung[1563] und Literatur[1564] hergeleitet, dass maßgeblich auf das **vom Kläger (Antragsteller) verfolgte wirtschaftliche Interesse** abzustellen ist – von *Schumann,*[1565] als **„Angreiferinteresseprinzip"** bezeichnet. Das gilt gleichermaßen für § 51 Abs. 2 GKG. Allerdings schränkt § 51 Abs. 3 S. 1 GKG das Prinzip von der Maßgeblichkeit des Angreiferinteresses für die Fälle ein, in denen sich der Wert der Angelegenheit für den Beklagten erheblich geringer darstellt (dazu → Rn. 820). Das Interesse an der Durchsetzung des vom Kläger verfolgten Begehrens ist **nach objektiven Kriterien** zu bestimmen[1566] und zudem beschränkt auf den unmittelbaren Gegenstand der begehrten Entscheidung ohne Berücksichtigung von ihren etwaigen tatsächlichen oder rechtlichen Einfluss auf andere Rechtsverhältnisse.[1567] Dies gilt auch für gegebenenfalls daneben zu berücksichtigende Interessen von Dritten bzw. der Allgemeinheit, wenn der Kläger auch oder ausschließlich in deren Interesse tätig wird (hierzu nachfolgend → Rn. 824). Die Höhe des Streitwerts einer Klage kann nicht davon abhängig sein, ob und in welchem Umfang der Beklagte sich gegen den geltend gemachten Anspruch verteidigt.[1568] Das Gericht hat anhand der vorgetragenen Tatsachen, bezogen auf den maßgeblichen Zeitpunkt (Einreichung der Klage, Einreichung des Rechtsmittels; § 40 GKG, 626

[1561] MüKoZPO/*Wöstmann* § 3 Rn. 3, 15.

[1562] So die Begründung des Gesetzes gegen unseriöse Geschäftspraktiken, BT-Drs. 17/13057, 30.

[1563] BGH GRUR 1990, 1052 (1053) – Streitwertbemessung; BGH GRUR 2013, 301 Rn. 56 – Solarinitiative; BGH GRUR 2016, 1275 Rn. 33 – Tannöd – zur gleichgelagerten Bemesseung des Gegenstandswerts nach § 23 Abs. 2 RVG; BGH GRUR 2017, 212 Rn. 8 – Finanzsanierung.

[1564] Vgl. nur Stein/Jonas/*Roth* § 2 Rn. 98; MüKoZPO/*Wöstmann* § 3 Rn. 4 f.; Teplitzky/*Feddersen* Kap. 49 Rn. 6; GroßKommUWG/*Ebersohl* § 12 F Rn. 4.

[1565] NJW 1982, 1257 (1260).

[1566] BGH GRUR 1977, 748 (749) – Kaffee-Verlosung II; Stein/Jonas/*Roth* § 3 Rn. 14; Teplitzky/*Feddersen* Kap. 49 Rn. 9.

[1567] Auf diesen Gesichtspunkt weist die Gesetzesbegründung zu § 51 Abs. 2 GKG in der Fassung des Gesetzes gegen unseriöse Geschäftspraktiken ausdrücklich hin, vgl. BT-Drs. 17/13057, 30; s. auch BGH GRUR 1995, 701 (702); 2004, 272 – Rotierendes Schaftwerkzeug: Die Vorfrage der Erfindereigenschaft nimmt an der Rechtskraft nicht teil und kann daher zur Bestimmung des Gegenstandswerts nicht herangezogen werden.

[1568] OLG Hamm MDR 2002, 1458 (1459) zu § 6 ZPO.

§ 4 Abs. 1 Hs. 1 ZPO; hierzu → Rn. 798), den Betrag zu schätzen, den es für angemessen hält. Hierbei ist es weder an die subjektive Einschätzung des Klägers (Rechtsmittelführers),[1569] an übereinstimmende Parteiangaben,[1570] noch an eine Parteivereinbarung[1571] gebunden. Mit diesen Grundsätzen ist die Anwendung von Regelstreitwerte schlechthin unvereinbar (dazu → Rn. 632).

627 Auch wenn in den von der Klagepartei zu Beginn des Verfahrens gemachten Streitwertangaben (§ 253 Abs. 3 ZPO; § 61 GKG) oftmals ein wichtiger Anhaltspunkt für eine aussagekräftige Schätzungsgrundlage gesehen werden kann,[1572] darf die Streitwertangabe der Klagepartei nicht überbewertet werden, da die Angaben oftmals von sachfremden Kriterien mitbestimmt werden wie etwa

– von **rein subjektiven Ansichten** geprägten Vorstellungen in Bezug auf den Wert des verfolgten Interesses,
– der **Sanktionierung** des angegriffenen Verhaltens durch einen hohen Streitwert,
– der **Genugtuung** für den Verletzten,
– der **Verhinderung ähnlicher Verhaltensweisen** (Prävention),[1573]
– der **Schwächung der prozessualen Stellung** der beklagten Partei aufgrund des bestehenden hohen Kostenrisikos,[1574]
– der **Beurteilung der Erfolgsaussichten** (im positiven wie im negativen Sinne),
– dem **Gebühreninteresse** der beteiligten Anwälte[1575] bzw. dem Interesse der Parteien, die streitwertunabhängig zu zahlenden Anwaltshonorare von der Gegenseite erstattet zu erhalten,
– dem **fiskalischen Interesse** der Staatskasse, wie etwa der Geringhaltung der Kosten im Falle der Bewilligung von Prozesskostenhilfe.[1576]

628 Das Prinzip der Streitwertbemessung nach dem Angreiferinteresse wird durch die Vorschrift des **§ 51 Abs. 3 S. 1 GKG** relativiert. Danach ist der **Streitwert angemessen zu mindern,** wenn die **Bedeutung der Sache für den Beklagten erheblich geringer** ist. Ziel der Vorschrift ist es, die in Anspruch genommene Partei vor einer unverhältnismäßig hohen Kostenbelastung zu bewahren, wenn sich das Interesse des Klägers an der Unterlassung und das Interesse des Beklagten an der Fortführung der beanstandeten Handlung nicht decken. In diesen Fällen ist zunächst das Fortführungsinteresse des Beklagten näher anhand des sich für ihn ergebenden wirtschaftlichen Wertes der Handlung zu bestimmen und sodann ins Verhältnis zum Angreiferinteresse zu setzen. Ob dies regelmäßig nur dann der Fall sein kann, wenn nicht vorsätzlich begangene Handlungen für den Beklagten keinen besonderen wirtschaftlichen Vorteil auf dem Markt begründen,[1577] ist zweifelhaft. Im Verhältnis zum Gegner kann auch eine vorsätzlich begangene Handlung eine „geringere

[1569] Allgemeine Meinung vgl. zB GroßKommUWG/*Ebersohl* § 12 F Rn. 8; Teplitzky/*Feddersen* Kap. 49 Rn. 9; Ahrens/*Büttner* Kap. 40 Rn. 26.

[1570] BGH FamRZ 1991, 547; OLG Stuttgart WRP 1982, 582; OLG Hamm MD 2003, 71 (Ls.): Einverständnis mit Streitwertherabsetzung in einem Vergleich als Entgegenkommen; Zöller/*Herget* § 3 Rn. 2; MüKoZPO/*Wöstmann* § 3 Rn. 15; aA OLG Hamburg WRP 2007, 96 bei übereinstimmend vorgeschlagenem unangemessen hohem Streitwert; vgl. dazu Teplitzky/*Feddersen* Kap. 49 Rn. 9.

[1571] Etwa die Übereinkunft zweier „prozessfreudiger" Parteien, aus „Vereinfachungsgründen" immer einen „Durchschnittsstreitwert" in Höhe von 250.000 EUR anzusetzen, unabhängig von der jeweiligen Parteistellung und dem jeweiligen Gegenstand des Verfahrens; so die übereinstimmenden Erläuterungen der Anwälte auf Frage des Gerichts bezüglich ihrer Streitwertangaben.

[1572] Zur Indizwirkung der Streitwertangaben in der Rspr. → Rn. 819.

[1573] BGH GRUR 2016, 1275 Rn. 42 mwN; OLG Düsseldorf MMR 2015, 657 (659); aA – allerdings wohl überholt – OLG Hamburg GRUR-RR 2004, 342 f.: wirkungsvolle Abschreckung; GRUR-RR 2007, 375 (376).

[1574] Vgl. *Borck* WRP 1978, 435; *Ulrich* GRUR 1989, 401 (405, 407) zur Streitwertpraxis der Gerichte als Argument für die Wahl des Gerichtsortes.

[1575] OLG Düsseldorf MMR 2015, 657 (659); aA OLG Brandenburg WRP 2010, 670 (Ls.), wonach bei nicht feststellbarem wirtschaftlichen Interesse des Klägers, die Streitwertbemessung dahingehend zu erfolgen habe, dass Rechtsanwälte und Gerichte für ihre Dienstleistungen angemessen honoriert werden.

[1576] Vgl. BVerfG NJW 2005, 2980.

[1577] MüKoUWG/*Schlingloff* § 12 Rn. 662; *Krbetschek/Schlingloff* WRP 2014, 1 (6).

Bedeutung" haben, solange nur der daraus gezogene Vorteil deutlich hinter den beim Kläger hervorgerufenen Beeinträchtigungen zurückbleibt. Kann ein solches erhebliches Missverhältnis der sich gegenüber stehenden Interessen identifiziert werden, so ist der Streitwert angemessen zu mindern.[1578] Das bedeutet, dass lediglich ein Abschlag von dem nach dem Angreiferinteresse ermittelten Wert vorzunehmen ist.[1579] Eine Bemessung allein nach dem Fortführungsinteresse des Beklagten kommt hingegen nicht in Betracht. Kein Grund für eine Streitwertminderung nach § 51 Abs. 3 S. 1 GKG ist (selbstverständlich), dass sich das Unterlassungsbegehren nur auf die konkrete Verletzungsform bezieht.[1580] Verallgemeinerungsfähige Grundsätze, die die gesetzlichen Vorgaben der Streitwertminderung nach § 51 Abs. 3 S. 1 GKG konkretisieren, lassen sich der bislang veröffentlichten und weitegehende auf die besonderen Umstände des Einzelfalls abstellenden Rechtsprechung noch nicht entnehmen. Richtig erscheint allerdings der verallgemeinerungsfähige Ansatz, dass die erheblich geringere Bedeutung nicht allein aus Gewinn- und Verlustangaben abgeleitet werden kann.[1581] In jedem Fall ist es Sache des Beklagten, der sich auf die Vorschrift des § 51 Abs. 3 GKG beruft, die tatsächlichen Voraussetzungen darzulegen, die eine Streitwertanpassung rechtfertigen.[1582]

c) Streitwertangaben der Parteien. Auch wenn zu Recht darauf hingewiesen wird, dass die Ermittlung und Auswertung aller für die Festsetzung maßgeblichen Einzelfallumstände oftmals ohne ein aufwändiges Festsetzungsverfahren nicht möglich wäre,[1583] kann auf eine **„Objektivierung" der Streitwertangaben** anhand allgemeiner Bewertungskriterien (hierzu → Rn. 626 ff.) nicht verzichtet werden. Zwar stehen dem Gericht oftmals außer einer reinen Betragsangabe und inhaltsleerer Floskeln keine zusätzlichen Informationen zur Verfügung,[1584] in vielen Fällen kann aber auch ohne weitere Aufklärung aufgrund der bei vielen Gerichten auf Verfahren im Bereich des Wettbewerbsrechts und des gewerblichen Rechtsschutzes spezialisierten Kammern für Handelssachen bzw. Zivilkammern vorhandenen Erfahrungswerte beurteilt werden, ob sich die Wertangabe in diesem Rahmen bewegt. Denn selbst wenn sich das Gericht – etwa weil die beklagte Partei hiergegen keine Einwendungen erhebt – mit der Streitwertangabe von Seiten der Klagepartei aufgrund des ihm eingeräumten weiten Ermessens begnügen kann, ist es von der Ausübung seines Beurteilungsermessens hierdurch nicht entbunden und hat zu prüfen, ob diese Bewertung einer Überprüfung anhand objektiver Kriterien gerecht wird. Insoweit wird nunmehr allerdings bei fehlender Substantiierung des wirtschaftlichen Werts auf Seiten des Klägers verstärkt auf den Auffangstreitwert des § 51 Abs. 3 S. 2 GKG für Unterlassungs- und Beseitigungsansprüche zurückzugreifen sein (dazu → Rn. 823a). 629

Streitwertangaben von Seiten **des Klägers** bzw. des Antragsstellers **zu Beginn des Verfahrens** wird allgemein zu Recht eine (erhebliche) **indizielle Bedeutung** beigemessen wird.[1585] Die finanziellen Auswirkungen (Kostenbelastung der unterliegenden Partei) 630

[1578] **Streitwertminderung angenommen:** OLG Zweibrücken NJW-RR 2014, 1535: marginale Umsätze eines sehr jungen Kleinunternehmens; OLG Stuttgart WRP 2016, 766 (767): geringe Umsätze des Antragsgegner; **Streitwertminderung abgelehnt:** OLG Celle MD 2015, 720 (721): nicht unerheblicher Adressatenkreis einer Annonce eines Vier-Sterne-Superior-Hotels in Form einer GmbH mit Hallenbad, Saunalandschaft, Beauty- und Wellnessbehandlungen; OLG Dresden MD 2017, 163: keine erheblich geringere Bedeutung für Kleinunternehmerin mit nur geringem Umsatz und nur lokaler Bedeutung; OLG Frankfurt a. M. WRP 2020, 758 (760): erst fünf Jahre bestehendes Gewerbe mit betrieblichen Verlusten.

[1579] Vgl. OLG Stuttgart WRP 2016, 766 (767).

[1580] OLG Karlsruhe GRUR 2016, 424.

[1581] OLG Frankfurt a. M. WRP 2020, 758 (760).

[1582] OLG Stuttgart MD 2016, 1295.

[1583] So Pastor/Ahrens/*Ulrich*, 4. Aufl., Kap. 44 Rn. 6 und 30.

[1584] Vgl. zur Behandlung von absichtlich untersetzten Streitwertangaben durch das OLG Düsseldorf (2. ZS) in Patentstreitverfahren InstGE 12, 107 und WRP 2011, 1322; *Köllner* Mitt. 2010, 454; *Rojahn/Lunze* Mitt. 2011, 533.

[1585] BGH GRUR 1986, 93 (94) – Berufungssumme; GRUR 1977, 748 – Kaffeeverlosung II; BGH BeckRS 2012, 7783 Rn. 4 – Matratzen-Test-Werbung. aus der Literatur vgl. Teplitzky/*Feddersen* Kap. 49 Rn. 9; GroßKommUWG/*Ebersohl* § 12 F Rn. 8; Ahrens/*Büttner* Kap. 40 Rn. 26 f.

dürfen dabei nicht aus dem Auge verloren werden. Ein **hohes Kostenrisiko** kann sich sowohl – aus Sicht des Klägers – als Hemmnis für die Rechtsverfolgung als auch – aus Sicht der beklagten Partei – für die Rechtsverteidigung darstellen.[1586] Dieses Kostenrisiko ist durch die Erweiterung der Erstattungsfähigkeit der Kosten bei Mitwirkung von Patentanwälten (hierzu → Vor § 12 Rn. 269)[1587] – auch in Wettbewerbssachen[1588] – erheblich weiter angestiegen.

631 Wird die zunächst gemachte Streitwertangabe **im Laufe des Verfahrens in Frage gestellt,** so beruht dies oftmals nicht auf besserer Erkenntnis hinsichtlich der für die Schätzung maßgeblichen Umstände, sondern ist vielfach durch die nunmehr verbesserte oder verschlechterte Prozesssituation bedingt, sodass die kritische Beurteilung derartiger abweichender Bewertungen von Seiten der Parteien durch die Gerichte gerechtfertigt ist.[1589]

632 **d) Regelstreitwerte.** Anders als die Heranziehung von „Vergleichsstreitwerten" für die anzustrebende Vereinheitlichung und Voraussehbarkeit der Streitwertfestsetzung,[1590] ist die Handhabung von festen **Regelstreitwerten**[1591] weder mit § 3 ZPO noch mit § 51 Abs. 2 GKG zu vereinbaren.[1592] Es kann kaum in Abrede gestellt werden, dass bei der Anwendung von Regelstreitwerten – von der Einordnung in die maßgeblichen Kategorien abgesehen (Handelt es sich um einen Fall von durchschnittlicher Bedeutung etc?) – dem Gesichtspunkt der Vorhersehbarkeit der Streitwertfestsetzung Genüge getan werden kann. Damit lässt sich jedoch die Festsetzung von Regelstreitwerten unter weitgehendem Verzicht auf die Ausübung des den Gerichten eingeräumten Ermessens und Beurteilungsspielraums nicht rechtfertigen.

633 **e) § 51 Abs. 3 S. 2 und 3 GKG: Auffangstreitwert 1.000 EUR.** Lassen sich aus dem Sach- und Streitstand keine genügenden Anhaltspunkte für die Wertbemessung entnehmen, so ist der Wert nach Inkrafttreten des Gesetzes gegen unseriöse Geschäftspraktiken[1593] mit 1.000 EUR zu bemessen. Dies gilt nach dem Wortlaut jedoch nur für das Unterlassungs- und das Beseitigungsbegehren und soll ausweislich der Gesetzesbegründung insbesondere dann zur Anwendung gelangen, wenn es sich um einen Bagatellverstoß handelt. Das Ziel der Regelung ist es, die Streitwerte bei Rechtsstreitigkeiten abzusenken, die Wettbewerbsverstöße mit nur geringfügig negativen Marktwirkungen zum Gegenstand haben.[1594] Der Auffangstreitwert ist bislang nur selten praktisch geworden. Aus diesem Grund ist mit dem Gesetz zur Stärkung des fairen Wettbewerbs der Anwendungsgereich des Auffangstreitwerts erweitert worden. Nunmehr gilt er auch dann, wenn die dem Rechtsstreit zugrunde liegende Zuwiderhandlung angesichts ihrer Art, ihres Ausmaßes und ihrer Folgen die Interessen von Verbrauchern, Mitbewerbern oder sonstigen Marktteilnehmern in nur unerheblichem Maße beeinträchtigt. Dies kann sich sowohl aus quantitativen wie auch aus

[1586] Vgl. unter dem Gesichtspunkt des Art. 19 Abs. 4 GG BVerfG NJW 2007, 2032 f.; 2007, 2098 zur Begrenzung des Streitwerts durch § 39 Abs. 2 GKG, § 22 Abs. 2, § 23 Abs. 1 S. 1 RVG.

[1587] Gesetz vom 13.12.2001, BGBl. I S. 3656.

[1588] Vgl. OLG Frankfurt a. M. WRP 2019, 1091.

[1589] Vgl. BGH GRUR 1992, 562 (563) – Handelsvertreter-Provision: Höherfestsetzung des Streitwerts und des Werts der Beschwer nach Klageabweisung in 2. Instanz mangels Vortrags verlässlicher Schätzungsgrundlagen abgelehnt; GRUR-RR 2012, 136 (Ls.) = BeckRS 2011, 14104; GRUR-RR 2012, 271 – Matratzen-Test-Werbung; Teplitzky/*Feddersen* Kap. 49 Rn. 9 m. Fn. 18.

[1590] Teplitzky/*Feddersen* Kap. 49 Rn. 2, 17.

[1591] Zum Begriff OLG Oldenburg WRP 1991, 602 f.

[1592] Vgl. nur BGH 2017, 212 Rn. 8 – Finanzsanierung; WRP 2015, 454 Rn. 2; Teplitzky/*Feddersen* Kap. 49 Rn. 17; Ahrens/*Büttner* Kap. 40 Rn. 48 ff. aA noch die ältere obergerichtliche Rspr., zB OLG Koblenz GRUR-RR 2001, 32.

[1593] Vom 1.10.2013 BGBl. I S. 3714.

[1594] Nach der Gesetzesbegründung sollte dies insbesondere in Fällen des § 4 Nr. 11 UWG aF zum Tragen kommen, in denen sich vernünftige Verbraucher oder sonstige Marktteilnehmer durch den Verstoß gegen Marktverhaltensregeln bei der Entscheidung über den Kauf einer Ware oder die Inanspruchnahme einer Dienstleitung nicht beeinflussen lassen. Ob in diesen Fällen allerdings überhaupt eine spürbare Relevanz iSd § 3 Abs. 1 gegeben sein wird, ist fraglich, siehe dazu *Köhler*/Bornkamm/*Feddersen* § 12 Rn. 5.3d; Teplitzky/*Feddersen* Kap. 49 Rn. 8.

qualitativen Gesichtspunkten ableiten lassen. Nach der Gesetzesbegründung soll eine nur unerhebliche Beeinträchtigung dann vorliegen, wenn der Abgemahnte nur in geringem Umfang wirtschaftlich tätig ist; maßgeblich soll der Auffangwert auch dann sein, wenn „nicht viele Verbraucher" durch den Verstoß beeinträchtigt sind, deren Rechtsposition nicht verschlechtert wird oder der Verstoß keine Sogwirkung zugunsten des Rechtsverletzers entfaltet („der Verstoß die Verbraucher nicht dazu bewegen wird, das Angebot des Zuwiderhandelnden zu bevorzugen").[1595] Soweit die Verbotstatbestände des UWG bereits ein Relevanzkriterium enthalten (§ 3 Abs. 2, §§ 3a, 4a, 5, 5a), wird die Anwendung des Bagatellstreitwerts nur in Ausnahmefällen anzunehmen sein und einer besonderen Rechtfertigung bedürfen. Verstößt bspw. ein Hotelbetrieb mit 72 Betten in einer Anzeige in der Berliner Zeitung gegen Pflichtangaben nach § 5a UWG, soll die Geringfügigkeitsschwelle des § 51 Abs. 3 S. 2 GKG bereits deutlich überschritten sein.[1596] Auch bei der Klage von Verbraucherverbänden iSd § 8 Abs. 3 Nr. 4 wird man angesichts der institutionalisierten Repräsentation von Allgemeininteressen regelmäßig den Auffangstreitwert nicht anwenden können.[1597] In den von § 51 Abs. 3 S. 4 GKG erfassten Fällen ist der pauschale Auffangstreitwert auch dann anzunehmen, wenn sowohl Unterlassungs- als auch Beseitigungsanspruch Ansprüche nebeneinander geltend gemacht werden. Eine Addition einzelner Werte findet ebenso wenig statt wie eine Anpassung der Werte nach oben oder unten.

3. Streitwert der Unterlassungsklage. a) Zukunftsorientiertheit. Das Unterlas- 634
sungsbegehren ist ein bereits fälliger, wenn auch **in die Zukunft gerichteter** Anspruch. Es sollen weitere drohende Verletzungen oder die Aufnahme von Verhaltensweisen verhindert werden. Bei der Wertermittlung ist auf die Verhältnisse zum Zeitpunkt bei Einreichung der Klage abzustellen (§ 40 GKG; § 4 Abs. 1 Hs. 1 ZPO; → Rn. 798). Daraus folgt aber nicht, dass bei der Bewertung des Interesses allein auf die gegenwärtigen Verhältnisse auf Seiten des Klägers und des Beklagten unter Berücksichtigung einer bereits begangenen Verletzungshandlung[1598] abgestellt werden kann,[1599] Ausschlaggebend ist vielmehr das wirtschaftliche Interesse an der Verhinderung der mit weiteren Verstößen verbundenen wirtschaftlichen Nachteile, das maßgeblich durch die Art des Verstoßes, insbesondere seine Gefährlichkeit und Schädlichkeit für den Inhaber des verletzten Schutzrechts bestimmt wird. Bereits begangene Verletzungshandlungen und deren Gefährlichkeit können dafür indizielle Bedeutung haben. Daneben kann auch anderen, von der Verletzungshandlung unabhängigen Faktoren Rechnung getragen werden, zB dem Grad der Wahrscheinlichkeit künftiger Zuwiderhandlungen.[1600] Von dieser „zukunftsorientierten" Betrachtung ist die mit § 4 Abs. 1 Hs. 1 ZPO/§ 40 GKG nicht zu vereinbarende Berücksichtigung von zum maßgeblichen Zeitpunkt nicht absehbaren Änderungen der tatsächlichen Verhältnisse zu unterscheiden.

b) Unterlassungsanspruch des Mitbewerbers (§ 8 Abs. 3 Nr. 1). Bei der Klage des 635
so genannten **unmittelbar Verletzten** ist allein dessen Eigeninteresse an der Unterbindung weiterer oder drohender Verstöße maßgeblich, nicht ein daneben bestehendes Interesse Dritter (etwa von Mitbewerbern) oder der Allgemeinheit an der Reinhaltung des Wettbewerbs.[1601]

[1595] Begr. RegE, BT-Drs. 19/12084, 40.

[1596] OLG Dresden MDR 2015, 110.

[1597] *Krbetschek/Schlingloff* WRP 2014, 1 (7).

[1598] *Teplitzky* GRUR 1998, 320 (322) re. Sp. oben weist zu Recht darauf hin, dass sich das für den Streitwert maßgebliche Klagebegehren auch bei einer Orientierung des Antrags an der konkreten Verletzungsform hierauf nicht beschränken lässt.

[1599] Teplitzky/*Feddersen* Kap. 49 Rn. 14; GroßKommUWG/*Ebersohl* § 12 F Rn. 19 f.; OLG Hamburg WRP 1974, 498.

[1600] Vgl. BGH GRUR 2016, 1295 Rn. 33 ff. – Tannöd – mit umfangreichen weiteren Nachweisen; Teplitzky/*Feddersen* Kap. 49 Rn. 14.

[1601] BGH GRUR 1977, 748 (749) – Kaffee-Verlosung II; NJW-RR 1991, 597 – Unterteilungsfahne; Teplitzky/*Feddersen* Kap. 49 Rn. 19; OLG München 21.12.2001 – 29 W 2978/01: Maßgeblich ist nur das

636 Ausgehend von der Untersuchung von *Schramm* aus dem Jahre 1952[1602] orientieren sich die Gerichte mit verschiedenen Modifikationen an den dort (vorrangig für die Verletzung von Schutzrechten) erarbeiteten **Kriterien,** nämlich

– der Bedeutung und Größe des klagenden Unternehmens,
– der Bedeutung und der Größe des beklagten Unternehmens im Verhältnis zum Kläger und damit das Ausmaß der Schädigung durch die Verletzung („Angriffsfaktor"),
– die Dauer des erstrebten Verbots oder der bekämpften Störung – „Zeitfaktor", der anders als bei befristeten Schutzrechten im Wettbewerbsrecht eine untergeordnete Rolle spielt,
– unter Berücksichtigung von individuellen Korrekturen.

637 Für die Beurteilung der Bedeutung und Größe des Unternehmens können die von diesem (derzeit) erzielten (oder zukünftig zu erzielenden)[1603] Umsätze als aussagekräftig herangezogen werden. Dass für die Bestimmung des Klägerinteresses an das mögliche Abfließen von **Umsatz** und nicht von Gewinn abgestellt wird, bedeutet allerdings nicht, dass die Gewinnsituation unberücksichtigt bleiben müsste; diese wird gegebenenfalls durchaus in die Bewertung mit einzubeziehen sein. Ob und inwieweit diese Umsätze des Klägers (mit den streitgegenständlichen Waren oder Leistungen)durch die beanstandete Verhaltensweise beeinträchtigt werden (können), kann von einer Vielzahl von Faktoren (Unternehmensgröße, Markstellung, Umsätze, Finanzkraft des Verletzers, Art des Verstoßes, insbesondere seine Gefährlichkeit und Schädlichkeit für den Träger der maßgeblichen Interessen) abhängen.[1604] Diese Kriterien werden in der Rechtsprechung der Instanzgerichte unter dem so genannten **„Angriffsfaktor"** behandelt,[1605] nämlich der Eignung einer Wettbewerbshandlung, Umsätze auf die verletzende Partei hinüberzuziehen.[1606]

638 Als Kriterien der anzustellenden **Prognose** sind insbesondere zu berücksichtigen:

– **Unternehmensart**[1607] (Hersteller, Großhändler, Einzelhändler) und -größe des Verletzers, seine Umsätze, Marktstellung und Finanzkraft,[1608] denn hiervon wird in der Regel abhängen, in welchem Umfang Umsätze des Klägers beeinträchtigt werden können,[1609] wobei hierfür nicht die bisher erzielten Umsätze bzw. die derzeitige Unternehmensgröße maßgeblich sind, sondern die zukünftigen Gegebenheiten.[1610] Bei bestimmten Konstellationen, wie etwa bei Streitigkeiten um einen Domain-Namen, kommt diesen Umständen keine entscheidende Bedeutung zu. Denn die zu beseitigende Behinderung im Falle der „Blockade" durch die Beanspruchung eines Domain-Namens stellt sich für den Kläger im Hinblick auf die Einmaligkeit einer bestimmten Domain unabhängig von der Person des „Blockierenden" dar.

Interesse der klagenden Anwälte, nicht das Interesse der gesamten Anwaltschaft an der Beachtung des RBerG; ebenso 28.7.2005 – I ZR 27/95 betreffend die Bemessung der Beschwer des Beklagten ohne Berücksichtigung des Interesses weiterer Mitbewerber oder der Allgemeinheit.

[1602] GRUR 1953, 104 ff.

[1603] Teplitzky/*Feddersen* Kap. 49 Rn. 15; KG NJW-RR 2000, 285 = GRUR 1999, 1133 (Ls.).

[1604] Vgl. BGH GRUR 1990, 1052 (1053) – Streitwertbemessung.

[1605] Vgl. BGH GRUR 2016, 1265 Rn. 34 – Tannöd; Teplitzky/*Feddersen* Kap. 49 Rn. 12; GroßKommUWG/*Ebersohl* § 12 F Rn. 19.

[1606] So OLG Frankfurt a. M. WPP 1974, 100; WRP 1976, 109; JurBüro 1976, 1249; 19.4.1990 – 6 W 60/90, bei *Traub* WVP S. 126 unter 8.4.2; OLG Stuttgart WRP 1980, 105.

[1607] OLG München 7.9.2001 – 29 W 2405/01: Antragsgegnerin war die Inhaberin eines kleinen Schaustellerbetriebs; die als wettbewerbswidrige Nachahmung beanstandete Plüschfigur wurde nicht verkauft, sondern nur in wenigen Fällen als Hauptgewinn ausgelobt, sodass eine Gleichsetzung mit einem Absatz im Wege des Einzelhandels nicht vorgenommen werden kann.

[1608] OLG Koblenz GRUR 1996, 139 (140); OLG Köln GRUR 1961, 493; WRP 1980, 93; OLG Frankfurt a. M. JurBüro 1976, 1249; OLG Stuttgart WRP 1980, 105; GroßKommUWG/*Ebersohl* § 12 F Rn. 20.

[1609] OLG Düsseldorf WRP 1962, 24; OLG Karlsruhe/Freiburg WRP 1981, 407.

[1610] OLG Frankfurt a. M. JurBüro 1976, 1249 bei einem neu auf dem Markt befindlichen oder seinen Tätigkeitsbereich ausdehnenden Unternehmen; KG GRUR 1999, 1133; OLG München 25.4.1979 – 6 W 1116/79, bei *Traub* WVP S. 322 unter 8.41.

– **Art der Verletzungshandlung** (Umfang: zB regionale oder bundesweite Werbung; Medium;[1611] Auffälligkeit);[1612]
– **Dauer;**[1613]
– **Gefährlichkeit** (zB Grad der Irreführungsgefahr,[1614] Anlockeffekt der Werbung,[1615] Multiplikationswirkung);[1616]
– **Nachahmungsgefahr** von Seiten Dritter[1617]
– **Zielrichtung der angegriffenen Verhaltensweisen,** nämlich ob sie sich gezielt gegen das klägerische Unternehmen richtet (wie in Fällen der gezielten Behinderung: Nachahmung von Produkten, Abfangen von Kunden oder Abwerben von Mitarbeitern);
– **räumliche und/oder sachliche Nähe der Unternehmen** der Parteien;[1618]
– **Intensität der Wiederholungsgefahr,**[1619] **Grad des Verschuldens**[1620] bzw. die getroffenen Anstalten und die zu Tage getretenen Einstellung im Falle drohender Erstbegehungsgefahr;
– der **erzielbare Gewinn auf Seiten des Verletzers.**[1621]

c) Verbandsklagen (§ 8 Abs. 3 Nr. 2–4). Gegenüber den Klagen der vorstehend behandelten Wettbewerber stellt sich bei Verbandsklagen die zusätzliche Schwierigkeit, dass bei Idealvereinen ohne eigenen Geschäftsbetrieb bzw. bei Körperschaften des öffentlichen Rechts ein eigenes wirtschaftliches Interesse nicht festgestellt werden kann. Dementsprechend kann man auch die Verbandsklage nicht als Mittel zur Durchsetzung von unmittelbaren Verbands- bzw. Kammerinteressen sehen. Abzustellen ist daher auf die Interessen, die der Verband satzungsgemäß verfolgt bzw. die Interessen, die die öffentlich-rechtlichen Körperschaften – Industrie- und Handelskammern – kraft Gesetz wahrzunehmen haben. 639

Bei Klagen von **Verbänden zur Förderung gewerblicher oder selbständiger beruflicher Interessen** (§ 8 Abs. 3 Nr. 2) geht es um die Verfolgung von Interessen der Verbandsmitglieder, die von den Verbänden satzungsgemäß im eigenen Namen geltend gemacht werden. Insoweit werden die **Mitgliederinteressen** zu eigenen Interessen des Verbandes. Das maßgebliche Verbandsinteresse ist aber nicht durch Addition der betroffenen Mitgliederinteressen entsprechend § 5 ZPO zu bestimmen, sondern wird im Regelfall[1622] gemäß § 51 Abs. 2 GKG ebenso zu bewerten sein, wie das Interesse eines gewichti- 640

1611 OLG Düsseldorf 14.9.1988 – 2 W 141/88, bei *Traub* WVP S. 91 unter 8.4; zu Markenstreitigkeiten OLG Frankfurt a. M. GRUR-RR 2003, 232; *Ingerl/Rohnke* § 142 Rn. 6 ff.

1612 BGH GRUR 1990, 1052 (1053) – Streitwertbemessung.

1613 OLG Karlsruhe 17.11.1989 – 6 W 107/89, bei *Traub* WVP S. 229 unter 8.4: zeitlich begrenzter Schutz von einer Modeneuheit.

1614 BGH GRUR 1990, 1052 (1053) – Streitwertbemessung.

1615 OLG Köln 24.7.1987 – 6 W 63/87, bei *Traub* WVP S. 295 unter 8.4.2.

1616 OLG Frankfurt a. M. 16.8.2004 – 6 W 128/04: maßgeblich ist der Wert der verletzten Kennzeichnung und die Gefährlichkeit der Verletzung; OLG Hamm 19.1.1989 – 4 W 10/89, bei *Traub* WVP S. 205 unter 8.26: Angebot der Organisation und Durchführung ungenehmigter Räumungsverkäufe; OLG München 28.9.2001 – 29 W 2398/01: Angebot von Software zur Umgehung einer Sim-Lock-Sperre bei Mobil-Telefonen im Hinblick auf den zu befürchtenden Mulitplikationseffekt.

1617 BGH GRUR 1968, 106 (107) – ratio-Markt I; GRUR 1977, 748 (749) – Kaffee-Verlosung II.

1618 OLG Frankfurt a. M. WRP 1974, 100; OLG Karlsruhe/Freiburg 22.4.1983, bei *Traub* WVP S. 147 unter 8.19.

1619 Zur Berücksichtigung von subjektiven Elementen: OLG Stuttgart WRP 1978, 481: „Rückgängigmachung" bereits vor Eingang des Antrags auf Erlass einer einstweiligen Verfügung; weitere Nachw. bei *Traub* WVP S. 425 unter 8.4.4; OLG München 7.6.2002 – 29 W 1377/02 und 21.5.2002 – 29 W 1156/02, jeweils Aufgabe der streitigen Domain vor Einreichung der Klage; ähnlich BGH 24.3.2005 – I ZR 157/04; Teplitzky/*Feddersen* Kap. 49 Rn. 14; GroßKommUWG/*Ebersohl* § 12 F Rn. 20; OLG München WRP 1975, 46 (47): strafbewehrte Unterlassungserklärung gegenüber Drittem; 22.6.1983 – 6 W 1522/83, bei *Traub* WVP S. 323: vollstreckbare Titel Dritter; OLG Frankfurt a. M. JurBüro 1982, 911 f.; OLG Koblenz WRP 1982, 669 (Ls.).

1620 BGH GRUR 1990, 1052 (1053) – Streitwertbemessung; OLG Köln JurBüro 1983, 1249 f.

1621 BGH GRUR 1990, 1052 (1053) – Streitwertbemessung; Teplitzky/*Feddersen* Kap. 49 Rn. 15 mwN.

1622 Eine Abweichung von diesem Vergleichsmaßstab wird bei besonderen Fallgestaltungen je nach den Marktverhältnissen und der Mitgliederstruktur in Betracht kommen.

gen Mitbewerbers.[1623] Es kommt also nicht darauf an, ob der Verband im konkreten Fall vorrangig im Allgemeininteresse oder im Interesse einzelner Mitglieder tätig wird. Ist danach maßgeblich auf die Interessenlage eines gewichtigen Mitbewerbers auf dem fraglichen Markt abzustellen, ist es ohne Bedeutung, ob ein solcher gewichtiger Mitbewerber dem klagenden Verband angehört.[1624] Wird der Verband im Interesse eines bestimmten Mitbewerbers tätig – was allerdings im Verfahren meist nicht offen gelegt wird –, kann dessen Interesse nur dann zugrunde gelegt werden, wenn dieser Mitbewerber als entsprechend „gewichtig" qualifiziert werden kann.[1625] Ob der Verband auch Interessen von Nichtmitgliedern bzw. Allgemeininteressen verfolgt, ist ohne Bedeutung.[1626]

641 **Qualifizierte Einrichtungen** im Sinne von § 4 Abs. 1 UKlaG – zu den Eintragungsvoraussetzungen in die nunmehr beim Bundesamt der Justiz geführte Liste, vgl. § 4 Abs. 2 UKlaG – oder qualifizierte Einrichtungen, die in das Verzeichnis der Europäischen Kommission nach Art. 4 Abs. 3 der Richtlinie 2009/22/EG des Europäischen Parlaments und des Rates vom 23.4.2009 über Unterlassungsklagen zum Schutz der Verbraucherinteressen[1627] eingetragen sind **(„Verbraucherverbände"),** können gemäß § 8 Abs. 3 Nr. 3 UWG wettbewerbsrechtliche Ansprüche sowie gemäß § 3 Abs. 1 UKlaG Ansprüche wegen der Verwendung von unwirksamen Allgemeinen Geschäftsbedingungen (§ 1 Abs. 1 UKlaG) und wegen verbraucherschutzgesetzwidrigen Praktiken (§ 2 Abs. 1, 2 UKlaG)[1628] geltend machen. Der Streitwert richtet sich nach dem satzungsgemäß wahrgenommenen Interesse der Verbraucher und die diesen drohenden Nachteilen.[1629]

642 Im gleichen Sinne wird der Streitwert bei UWG-Klagen von **Verbraucherverbänden** im Sinne von § 8 Abs. 3 Nr. 3 nach allgemeiner Auffassung durch die satzungsgemäß wahrgenommenen Interessen der Allgemeinheit, nämlich die durch das beanstandete Wettbewerbsverhalten berührten Verbraucherinteressen bestimmt,[1630] wobei wesentlich auf die in Rede stehenden Belange (etwa besonders wichtige Belange wie Gesundheitsschutz) und die zu prognostizierende Gefährlichkeit[1631] („Angriffsfaktor", → Rn. 827) abgestellt wird.

643 Während bei UWG-Klagen die Betätigung der Verbraucherverbände im öffentlichen Interesse für die Streitwertbemessung nicht als streitwertminderndes Kriterium herangezogen wird, finden bei der **AGB-Klauselkontrolle** (§ 1 UKlaG) andere Grundsätze Anwendung: Es wird zwar ebenfalls auf das Interesse der Allgemeinheit an der Beseitigung der gesetzwidrigen AGB-Bestimmung abgestellt. Die im Vergleich zu UWG-Klagen sehr niedrigen Streitwerte – in der Regel 2.500 EUR je angegriffener (Teil-)Klausel, bei wirtschaftlich großer Tragweite der Klausel ausnahmsweise auch 10.000 EUR[1632] – beruhen auf dem Umstand, dass der wirtschaftlichen Bedeutung der Verbote, bestimmte Klauseln zu verwenden, keine ausschlaggebende Bedeutung beigemessen wird, um die im Allgemeininteresse tätigen Verbraucherschutzvereine vor Kostenrisiken möglichst zu schützen.[1633] Hierzu enthält das GKG in § 48 Abs. 1 S. 2 (früher § 22 AGBG) eine Beschränkung auf 250.000 EUR, wobei nach der überwiegend vertretenen Auffassung darin nicht lediglich

[1623] OLG Stuttgart OLG Report 1999, 393; OLG Bamberg OLG Report 1999, 246; OLG München OLG Report 2002, 410.

[1624] Vgl. auch *Melullis* Rn. 865; aA *Graf Lambsdorff* Rn. 1210.

[1625] *Köhler*/Bornkamm/*Feddersen* § 12 Rn. 5.8.

[1626] *Melullis* Rn. 865, 866 f.; aA *Graf Lambsdorff* Rn. 1209.

[1627] ABl. EU Nr. L 110, S. 30.

[1628] Früher § 22 AGBG, der durch Art. 3 Nr. 3 des Gesetzes über Fernabsatzverträge und andere Fragen des Verbraucherrechts (BGBl. I S. 897) eingeführt wurde; hierzu *Greger* NJW 2000, 2457 (2459 ff.).

[1629] BGH GRUR-RR 2013, 528 (Ls.); GRUR 2017, 212 Rn. 9.

[1630] BGH GRUR 2011, 560 Rn. 6 – Streitwertherabsetzung II; OLG Köln WRP 2012, 221 (223); KG WRP 2010, 789; OLG Karlsruhe GRUR 2016, 424. GroßKommUWG/*Ebersohl* § 12 F Rn. 33; Teplitzky/*Feddersen* Kap. 49 Rn. 21 f.; Ahrens/*Büttner* Kap. 40 Rn. 42; vgl. aber auch *E. Schmidt* NJW 2002, 25 (28).

[1631] Teplitzky/*Feddersen* Kap. 49 Rn. 23; OLG Stuttgart NJW-RR 1987, 429 f.: Bei schwerwiegendem Vorwurf ist das Interesse der Allgemeinheit besonders groß; weitere Nachweise bei *Traub* WVP S. 429 unter 8.23.1; ähnlich OLG Köln WRP 1977, 49 sowie 8.3.1982 – 6 W 16/82.

[1632] BGH VersR 2017, 507 Rn. 17.

[1633] *23.2.2017 – III ZR 389/16 mwN.*

eine Streitwertobergrenze für die Gebühren, sondern ein Höchststreitwert für kaum je praktisch werdende Extremfälle gesehen wird mit der Folge, dass die Streitwerte in Relation zu diesem „theoretischen" Höchststreitwert zu bestimmen sind; daneben wurden in § 5 UKlaG die §§ 23a, 23b UWG aF (jetzt § 12 Abs. 3 und 4), – ohne Anlass,[1634] da soweit ersichtlich das bestehende Kostenrisiko – anders als bei UWG-Klagen – nicht als Hindernis für ein gerichtliches Vorgehen angesehen wurde, für entsprechend anwendbar erklärt.[1635] § 5 UKlaG verweis auf die Streitwertbegünstigung in § 12 Abs. 3 und 4 UWG.

Industrie- und Handelskammern oder Handwerkskammern (§ 8 Abs. 3 Nr. 4). 644
Ein gerichtliches Vorgehen dieser öffentlich-rechtlichen Körperschaften findet – soweit ersichtlich – nicht statt,[1636] sodass es zu Streitwertfragen keine (veröffentlichte) Rechtsprechung gibt. Da der Regelung in § 13 Abs. 2 Nr. 4 durch die UWG-Novelle 1986 nur klarstellende Bedeutung zukommt – bereits nach vorheriger Rechtslage waren die Kammern als Verbände zur Förderung gewerblicher Interessen im Rahmen ihres gesetzlichen Aufgabenbereiches (§ 1 des Gesetzes vom 18.12.1956, BGBl. I S. 920 bzw. § 91 HwO) anerkannt –, gelten die obigen Ausführungen (→ Rn. 834) entsprechend.

4. Streitwert des einstweiligen Verfügungsverfahrens. a) Abhängigkeit vom 645
Streitwert der Hauptsache. Der Streitwert des Verfügungsverfahren (einschließlich des Rechtfertigungsverfahren gemäß § 942 Abs. 2 ZPO) ist aufgrund der mit der 2013 in Kraft getretenen Sondervorschrift des § 51 Abs. 4 GKG **gegenüber dem** sich aus § 51 Abs. 2 und 3 GKG ermittelten **Wert der Hauptsache („Bedeutung der Sache") regelmäßig zu mindern.** Dem ist die Entscheidung des Gesetzgebers zu entnehmen, den Streitigkeiten, wenn sie im einstweiligen Rechtsschutz verfolgt werden, wegen der (nur) vorläufigen Sicherung typischerweise einen geringeren Wert beizumessen. Dies entspricht den allgemeinen Wertgrundsätzen nach § 3 ZPO und der wohl überwiegenden Meinung zur Auslegung der Vorschrift im Bereich des gewerblichen Rechtsschutzes.[1637] Vereinzelt vertretenen Auffassungen, nach denen Streitwert generell dem Hauptsachestreitwert entspricht, ist damit die Grundlage entzogen worden. Eine Gleichwertigkeit von Verfügungs- und Hauptsachestreitwert ist mit der Neuregelung allerdings nicht völlig ausgeschlossen. Nach der Gesetzesbegründung kann sich **in „begründeten Einzelfällen"** eine **Annäherung an den Wert der Hauptsache** ergeben.[1638] Dies wird insbesondere dann der Fall sein, wenn das Verfügungsverfahren schon ex ante – und nicht etwa ex post unter Berücksichtigung einer vom Schuldner erteilten Abschlusserklärung – zu einer endgültigen Befriedigung des Gläubigers führt oder eine endgültige Befriedung des Streitverhältnisses erwarten lässt. Für die Durchsetzung des Auskunftsanspruchs wird dies typischerweise, bei der Geltendmachung eines Beseitigungs- oder Unterlassungsanspruchs wohl allenfalls bei erkennbar zeitlich begrenzten Verstößen anzunehmen sein. Die Gerichte handhaben die Bemessung des vorzunehmenden Abschlags uneinheitlich. Erfahrungsgemäß beträgt der Abschlag vom Streitwert des Hauptsacheverfahrens bis zu 1/3.[1639] Wird das **Verfügungsverfahren neben dem Hauptsacheverfahren** betrieben, kommt ihm ein eigener Streitwert zu.[1640]

1634 Ulmer/Brandner/*Hensen* § 15 Rn. 32.

1635 Früher § 15 AGBG idF durch das Gesetz vom 27.6.2000 (BGBl. I S. 897).

1636 Deren Klagebefugnis kommt jedoch anderen Verbänden aufgrund ihrer Mitgliedschaft zugute.

1637 In der Rechtsprechung sind Abzüge von 1/3, siehe KG WRP 2005, 368, bis ½, siehe OLG Oldenburg WRP 1991, 602 (604), des Wertes der Hauptsache vorzufinden, vgl. Teplitzky/*Feddersen* Kap. 49 Rn. 25 mwN.

1638 BT-Drs. 17/13057, 31.

1639 Vgl. dazu die Nachweise bis zur.

1640 *Berneke*/Schüttpelz Rn. 667; zur Streitwertaddition, wenn ein im Verfügungsverfahren geschlossener Vergleich auch die Hauptsache umfasst: KG JurBüro 1973, 127; OLG Düsseldorf JurBüro 1972, 228; OLG Hamburg MDR 1959, 401; 1991, 904; OLG Köln MDR 1973, 324 (Ls.); OLG München JurBüro 1993, 673; NJW 1969, 938; nur auf den Wert der Hauptsache stellt OLG Frankfurt a. M. JurBüro 1981, 918 ab.

646 **b) Widerspruchsverfahren.** Der Streitwert des Verfügungsverfahrens richtet sich auch nach **Widerspruchseinlegung** nach der Bedeutung der Sache für den Antragsteller (§ 51 Abs. 2 GKG) und damit nach seinem Interesse, da es sich beim Widerspruch um kein Rechtsmittel im Sinne von § 47 Abs. 1 GKG handelt.

647 **c) Kostenwiderspruch.** Der Streitwert bei einem **Kostenwiderspruch** bemisst sich nach dem damit verfolgten Interesse des Antragsgegners, geltend zu machen, dass er zur Beantragung der einstweiligen Verfügung keine Veranlassung im Sinne von § 93 ZPO gegeben hat (vgl. → Rn. 268 ff.), dem das gegenläufige Interesse des Antragstellers gegenübersteht, nicht mit den Kosten belastet zu werden. Es geht somit um die Kosten, die bis zur Einlegung des Widerspruchs angefallen sind.[1641]

648 **d) Aufhebungsverfahren.** Der Streitwert des **Aufhebungsverfahrens** (§ 926 Abs. 2, § 927 ZPO) wird von der überwiegenden Meinung nach dem Interesse des Antragstellers am Fortbestand der einstweiligen Verfügung bestimmt.[1642] Er kann, da der Titel in Wegfall gebracht werden soll, den Streitwert des auf den Erlass der einstweiligen Verfügung gerichteten Verfahrens erreichen.[1643] Er kann aber auch darunter liegen, wenn der Wert des aufzuhebenden Titels bei Einreichung des Aufhebungsantrags geringer ist;[1644] etwa wenn das Verfahren nach § 927 ZPO nur deshalb durchgeführt wird, um die Kosten des einstweiligen Verfügungsverfahrens erstattet zu erhalten.[1645]

649 Nach denselben Grundsätzen bestimmt sich auch der Streitwert des Aufhebungsverfahrens nach § 942 Abs. 3 ZPO.

650 **5. Klagehäufung. a) Objektive Klagehäufung.** Bei einer **objektiven Klagehäufung** sind die Einzelstreitwerte gemäß § 5 Hs. 1 ZPO/§ 39 Abs. 1 GKG zusammenzurechnen,[1646] wobei jedoch Abmahnkosten als vorprozessuale Kosten nicht streitwerterhöhend zu berücksichtigen sind.[1647] In der Praxis wird zwar meist ein nicht aufgeschlüsselter (Gesamt-)Streitwert festgesetzt,[1648] es empfiehlt sich jedoch, die Verteilung des Gesamtbetrages auf die einzelnen Anträge zu erörtern.[1649] Wird einer von mehreren Anträgen abgewiesen, neigt der Beklagte oftmals dazu, diesem Antrag ein erhebliches Gewicht beizumessen, während auf Seiten der Klagepartei die gegenläufige Bewertung Platz greifen wird.

651 Wird neben dem Unterlassungsanspruch ein **Beseitigungsanspruch** bzw. ein **Veröffentlichungsanspruch** geltend gemacht, kommt diesen ein gesonderter Streitwert zu (→ Rn. 669), der zu einer Addition führt.[1650]

[1641] OLG München OLG Report 2002, 428; KG WRP 1982, 530; OLG Düsseldorf WRP 1986, 273; OLG Frankfurt a. M. WRP 1982, 226; GRUR 1990, 1057 (Ls.); 1991, 81 (Ls.); OLG Oldenburg MDR 1977, 149; OLG Schleswig WRP 1979, 399; OLG Karlsruhe WRP 2007, 1501.

[1642] KG OLG Report 2002, 243; OLG Hamburg WRP 1977, 814; OLG Frankfurt a. M. GRUR 1987, 650.

[1643] OLG Köln GRUR 1987, 650 (651) unter II.5; JurBüro 1969, 343; OLG Koblenz WRP 1988, 389; GRUR 1989, 373. Wird der Antrag auf Fristsetzung zur Klageerhebung (§ 926 Abs. 1 ZPO) abgelehnt, entspricht der Beschwerdewert (§ 47 Abs. 1 GKG) dem Verfahrenswert, OLG Frankfurt a. M. ZIP 1980, 1144.

[1644] OLG Celle Rpfleger 1969, 96; OLG Frankfurt a. M. JurBüro 1969, 343; OLG Bamberg JurBüro 1974, 1150; OLG Hamburg WRP 1977, 814; OLG Saarbrücken BeckRS 2010, 11 777; *Kroiß* NJW 2011, 499; Zöller/*Herget* § 3 Rn. 16 „Einstweilige Verfügung".

[1645] Vgl. BGH GRUR 1993, 998 – Verfügungskosten.

[1646] Allgemeine Meinung: OLG Koblenz WRP 1985, 45; OLG München OLG Report 2001, 291; MDR 1993, 286: jeweils inhaltsgleiche Unterlassungsansprüche gegen mehrere Beklagte; OLG Hamburg GRUR-RR 2006, 392; GroßKommUWG/*Ebersohl* § 12 F Rn. 44 f.

[1647] BGH NJW 2007, 3289; MDR 2007, 1149; GRUR-RR 2012, 271 (Ls.).

[1648] GroßKommUWG/*Ebersohl* § 12 F Rn. 45.

[1649] Zu Recht für getrennte Festsetzung das OLG Karlsruhe, bei *Traub* WVP S. 231 unter 8.24; vgl. auch *Bopp/Sonntag* in Münchner Prozessformularbuch, Bd. 5 A. 11 Anm. 4.

[1650] Teplitzky/*Feddersen* Kap. 49 Rn. 31 und WRP 1984, 365 (367); GroßKommUWG/*Ebersohl* § 12 F Rn. 36 f.; OLG Bamberg JurBüro 1988, 516; OLG Nürnberg WRP 1981, 602; 2002, 345 (346 f.).

Wird ein Klageantrag auf **mehrere Anspruchsgrundlagen** gestützt, kann das Klagebegehren nur einheitlich bewertet werden. Dies gilt allerdings dann nicht, wenn nicht lediglich mehrere Anspruchsgrundlagen, sondern **mehrere Streitgegenstände** (vgl. → Vor § 12 Rn. 18 ff.) zur Begründung des einheitlichen Antrags herangezogen werden. Dann sind die Werte der einzelnen Streitgegenstände – anders als bei der Berechnung des Gegenstandswerts der Abmahnung – nach § 5 ZPO, §§ 39 Abs. 1, 45 Abs. 1 GKG im Grundsatz zu addieren.[1651] Allerdings ist auch in Fällen, in denen es an einer wirtschaftlichen Identität der Streitgegenstände fehlt, der Angriffsfaktor durch die zusätzlich eingeführten Gegenstände jedoch nicht wesentlich erhöht wird, keine schematische Addition, sonder nur eine angemessene Erhöhung vorzunehmen. Im Hinblick auf die sogenannte ***TÜV*-Rechtsprechung**[1652] hat die Frage der Streitwerterhöhung bei der eventuellen Klagehäufung erhebliche Bedeutung gewonnen.[1653] 652

aa) Eventuelle Klagehäufung. Wird der Klage nicht aufgrund des an erster Stelle geltend gemachten Streitgegenstandes stattgegeben, sind die Werte der verschiedenen Streitgegenstände gemäß § 45 Abs. 1 S. 2 GKG zu **addieren,** sofern sie **nicht „denselben Gegenstand"** im Sinne von Satz 3 betreffen. Dabei handelt es sich um einen **selbständigen kostenrechtlichen Begriff,** der eine **wirtschaftliche Betrachtung** erfordert und nicht mit dem Begriff des Streitgegenstands identisch ist. Eine Zusammenrechnung hat dort zu erfolgen, wo eine wirtschaftliche Werthäufung entsteht und nicht ein wirtschaftlich identisches Interesse betroffen ist. Wirtschaftliche Identität liegt vor, wenn die in ein Eventualverhältnis gestellten Ansprüche nicht in der Weise nebeneinander stehen können, dass – die vom Kläger gesetzte Bedingung fortgedacht – allen stattgegeben werden könnte, sondern dass die Verurteilung gemäß dem einen Antrag notwendigerweise die Abweisung des anderen Antrages nach sich zöge. Umgekehrt fehlt es an einer wirtschaftlichen Identität, wenn eine Verurteilung wegen des einen Antrags neben eine Verurteilung wegen eines andern Antrags treten könnte.[1654] Da in den Fällen der **eventuellen Klagehäufung** in der Form der hilfsweisen Geltendmachung eines oder mehrerer weiterer Klagegründe auch bei einem einheitlichen Antrag eine kumulative Verurteilung aufgrund der mehreren Streitgegenstände in der Regel erfolgen könnte, kommt § 45 Abs. 1 S. 3 GKG typischerweise nicht zur Anwendung.[1655] Liegen jedoch einem einheitlichen Unterlassungsantrag mehrere Ansprüche iSd § 45 Abs. 1 GKG zugrunde, so ist der Streitwert für den Hauptanspruch festzusetzen und für die hilfsweise geltend gemachten Ansprüche angemessen zu erhöhen.[1656] Dies wird zutreffend damit begründet, dass bei einem einheitlichen Unterlassungsantrag der Angriffsfaktor im Regelfall unverändert und deshalb eine Vervielfachung des Streitwerts des Hauptanspruchs grundsätzlich nicht gerechtfertigt ist. Dies erscheint schon deshalb naheliegend, weil die Bedeutung der Sache (§ 51 Abs. 2 GKG) und nicht die der einzelnen prozessualen Ansprüche Bezugspunkt der Wertbemessung ist. Vor dem Hintergrund, dass es allein dem Kläger obliegt, wie viele Klagegründe, in welcher Reihenfolge er mit einer entsprechenden Vermehrung des Prozessstoffes und Arbeitsaufwandes für Gericht und Gegner in das Verfahren einführt, sollte allerdings die Wertdegression der hilfsweise geltend gemachten Ansprüche mit Augenmaß gehandhabt werden. 653

[1651] BGH GRUR 2016, 1300 Rn. 73 – Kinderstube mwN; *Büscher* GRUR 2012, 16 (23); Teplitzky/*Feddersen* Kap. 49 Rn. 29a.

[1652] BGH GRUR 2011, 521. Bis dahin führte eine alternative Klagehäufung nicht zu einer Erhöhung des Streitwerts, vgl. *Schwippert* GRURPrax 2011, 233 (234); *Schwippert* FS Loschelder, 2010, 345 (350).

[1653] Hierzu *Büscher* GRUR 2012, 16 (22 f.); *Döring* Mitt. 2012, 49 (52) unter 4.; *Stieper* GRUR 2012, 5 (12 f.); *Kodde* GRUR 2015, 38 (41 ff.).

[1654] BGH NJW-RR 2005, 506; 12.4.2010 – II ZR 34/07 Rn. 4; jeweils mwN.

[1655] *Büscher* GRUR 2012, 16 (22); aA *Stieper* GRUR 2012, 5 (12); *Engels* GRURPrax 2011, 523.

[1656] BGH WRP 2014, 192 Rn. 9; GRUR 2016, 1300 Rn. 73 – Kinderstube mwN; OLG Frankfurt a. M. GRUR-RR 2014, 280; *Büscher* GRUR 2012, 16 (23); aA *Stieper* GRUR 2012, 5 (12); OLG Frankfurt a. M. GRURPrax 2012, 362; offen gelassen von *Schwippert* FS Loschelder, 2010, 345 (348, 350).

654 **bb) Kumulative Klagehäufung.** Bei einer **kumulativen Klagehäufung** sind die Werte der einzelnen Streitgegenstände – auch bei einem einheitlichen Antrag – grundsätzlich gemäß § 39 Abs. 1 GKG zu addieren.[1657] Allerdings ist auch hier keine schematische Wertaddition vorzunehmen, sondern bei einem einheitlichen Antrag durch angemessene Erhöhung ein dem Interesse des Klägers entsprechender Gesamtstreitwert zu bilden.[1658]

655 Bei der **Stufenklage** (§ 254 ZPO) trifft § 44 GKG – der Zuständigkeitsstreitwert berechnet sich gemäß § 5 Hs. 1 ZPO/§ 39 Abs. 1 GKG aus der Addition der Werte der einzelnen Anträge[1659] – eine besondere Regelung für den Gebührenstreitwert. Wertbestimmend ist der objektiv zu bewertende Anspruch, der mit der Leistungsstufe geltend gemacht werden soll (§ 3 ZPO).[1660] Ergibt die erteilte Auskunft, dass kein Zahlungsanspruch bestehe – **„steckengebliebene Stufenklage"** –, ist es mit § 40 GKG nicht zu vereinbaren, allein auf den Wert der Auskunft abzustellen und den Wert des höheren Leistungsanspruchs außer Acht zu lassen.[1661] Denn nur wenn sich bei Abschluss der Instanz ein höherer Wert ergibt, ist dieser zugrunde zu legen (§ 40 GKG), nicht jedoch wenn zB aufgrund einer erfolgten „Nullauskunft" die Leistungsstufe nicht mehr beziffert wird. Auch hier verbleibt es dabei, dass der Zahlungsantrag nach den erkennbaren Erwartungen des Klägers bei Erhebung der Klage, nicht nach den am Ende der Instanz gewonnenen Erkenntnissen zu bewerten ist.[1662]

656 Dagegen bleibt es bei der in Wettbewerbsprozessen ebenso wie im gesamten Bereich des gewerblichen Rechtsschutzes und des Urheberrechts weithin üblichen **Klagehäufung** in Form einer **Klage auf Unterlassung, Auskunftserteilung (Rechnungslegung) und Feststellung der Schadensersatzpflicht**[1663] bei der Addition gemäß § 5 Hs. 1 ZPO/ § 39 Abs. 1 GKG. Das mit den jeweiligen Ansprüchen verfolgte Interesse der Klagepartei kann sich je nach Fallkonstellation sehr unterschiedlich darstellen,[1664] auch wenn oftmals dem Unterlassungsanspruch die maßgebliche Bedeutung zukommt und eine Anlehnung des Auskunfts- und Schadensersatzfeststellungsanspruch hieran – in Form eines Bruchteils des Unterlassungsstreitwerts – sachgerecht sein kann.

657 **b) Subjektive Klagehäufung.** Verfolgen **mehrere Kläger** im Wege der subjektiven Klagehäufung (→ Vor § 12 Rn. 31) inhaltlich identische Unterlassungsansprüche gegen denselben Beklagten, wird wegen **wirtschaftlicher Identität**[1665] keine Addition der Interessen der einzelnen Kläger vorgenommen. Es ist vom (höchsten) Interesse eines Klägers auszugehen[1666] und ein Zuschlag in der Höhe zu machen, der dem Interesse der übrigen Kläger entspricht, den Anspruch gegebenenfalls selbständig geltend machen zu können.[1667]

658 Werden dagegen **mehrere Beklagte** mit **identischen Unterlassungsanträgen** in Anspruch genommen, greift das Additionsverbot nicht ein, da gegen jeden mangels Gesamt-

---

1657 *Büscher* GRUR 2012, 16 (23).

1658 BGH GRUR 2016, 1300 Rn. 73 – Kinderstube – mwN; ZUM 2019, 163 Rn. 13; OLG Köln GRUR-RR 2015, 402 (403 f.) im Anschluss an *Büscher* GRUR 2012, 16 (23).

1659 OLG Brandenburg MDR 2002, 536 (538) mwN.

1660 OLG Köln Mitt. 2003, 430 f.; OLG Celle MDR 2003, 55; Stein/Jonas/*Roth* § 5 Rn. 20; *Frank* S. 193; jeweils mwN.

1661 So aber OLG Dresden NJW-RR 1997, 1430; KG NJW-RR 1998, 418; NJW-RR 1998, 1615; OLG Bamberg JurBüro 1989, 685; OLG Schleswig MDR 1995, 642; *Graf Lambsdorff* Rn. 1236.

1662 KG OLG Report 2002, 117; OLG Celle MDR 2003, 55; OLG Dresden MDR 1998, 64; OLG Köln Mitt. 2003, 430 f.; 2005, 185 (Ls.); OLG München MDR 1989, 646; Zöller/*Herget* § 3 Rn. 16 „Stufenklage"; Thomas/Putzo/*Hüßtege* § 3 Rn. 141; *Frank* S. 194; jeweils mwN.

1663 Vgl. die Nachweise bei BGH GRUR 2001, 1177 (1178) – Feststellungsinteresse II – sowie GRUR 2003, 930 –Feststellungsinteresse III.

1664 Teplitzky/*Feddersen* Kap. 49 Rn. 33.

1665 BGH 9.3.2010 – IX ZR 164/09 Rn. 2 mwN.

1666 BGH GRUR 1998, 741 (742) – Verbandsinteresse; GRUR 2002, 357 (359) – Missbräuchliche Mehrfachabmahnung; Teplitzky/*Feddersen* Kap. 49 Rn. 24.

1667 BGH GRUR 2002, 357 (359) – Missbräuchliche Mehrfachabmahnung.

schuld ein selbständiger Unterlassungsanspruch besteht.[1668] Das Interesse des Klägers ist jeweils gesondert zu bewerten und festzusetzen.[1669] Das gilt auch bei einer Klage gegen eine juristische Person und ihren gesetzlichen Vertreter. Es ist **für jeden Antragsgegner ein gesonderter Wert** zu ermitteln und dann in Höhe des addierten Betrages ein **Gesamtstreitwert festzusetzen.** Der Wert des Anspruchs gegen den gesetzlichen Vertreter wird allerdings in der Regel geringer zu bewerten sein als der Anspruch gegen die von ihm vertretene Gesellschaft, weil trotz der Selbständigkeit der Unterlassungsansprüche mit der doppelten Inanspruchnahme in der Regel nur ein wirtschaftlich einheitlicher Lebenssachverhalt erfasst werden soll und die Unterlassungshaftung des Geschäftsführers eigenständige Bedeutung erst für den Fall erlangt, wenn dem Unternehmen das Verhalten des Organs nicht mehr nach § 31 BGB zugerechnet werden kann.[1670]

c) Widerklage. Ob die Streitwerte der Klage und der Widerklage für die Berechnung des Gebührenstreitwerts gemäß § 45 Abs. 1 S. 1 GKG zusammenzurechnen sind oder ob der höhere Wert maßgeblich ist (Abs. 1 Satz 3), bestimmt sich danach, ob dasselbe Interesse („Nämlichkeit des Streitgegenstands") betroffen ist,[1671] wie regelmäßig bei der negativen Feststellungsklage und der Leistungswiderklage.[1672] **659**

6. Feststellungsklage. Der Streitwert der **positiven Feststellungsklage,**[1673] meist in der Form der Schadensersatzfeststellungsklage (vgl. → Vor § 12 Rn. 145 ff.), bemisst sich nach dem Interesse des Klägers an der Titulierung der Schadensersatzpflicht der beklagten Partei dem Grunde nach (insbesondere im Hinblick auf die Verjährungsunterbrechung). Dabei ist, sofern ein bestimmter (Mindest-)Schadensbetrag nicht absehbar ist,[1674] auf den Schaden abzustellen, der dem Kläger entstehen kann. Der Auffangstreitwert des § 51 Abs. 3 S. 2 GKG von 1.000 EUR greift hier nicht ein, weil sich die Vorschrift ausschließlich auf Unterlassungs- und Beseitigungsansprüche bezieht. Da die Schadenshöhe (einschließlich der Wahrscheinlichkeit eines zukünftigen Schadenseintritts)[1675] oftmals anhand derselben Umstände zu beurteilen ist, die für die Bestimmung des Streitwerts bei der Unterlassungsklage herangezogen werden, wird häufig ein Bruchteil davon zugrunde gelegt ($^1/_4$–$^1/_5$).[1676] Es wird jedoch zu Recht betont, dass diese Handhabung nicht dazu führen darf, dass die Umstände des Einzelfalls, die eine Korrektur nach unten oder oben erforderlich machen können, keine Berücksichtigung mehr finden. Insbesondere darf dabei nicht übersehen werden, dass – wie die Praxis zeigt – es der Klagepartei auch nach rechtskräftiger Feststellung der Schadensersatzpflicht und Auskunftserteilung in vielen Fällen nicht möglich ist, einen Schaden (§§ 249, 252 BGB) zu beziffern.[1677] *Borck*[1678] hat zu Recht darauf hingewiesen, dass die Schadensersatzfeststellungsklage oftmals „routinemäßig" erhoben wird und für gewöhnlich eine Leistungsklage nicht vorbereiten soll, sondern als „Verhandlungsmasse" eingesetzt wird. Eine Bewertung mit $^1/_4$ bis $^1/_5$ des **660**

[1668] Vgl. auch Ahrens/*Büttner* Kap. 40 Rn. 68; OLG Karlsruhe OLGR 2009, 529.

[1669] Siehe die Nachw. bei *Traub* WRP 1999, 79 (80) Fn. 4 sowie OLG Celle JurBüro 1987, 109 f.; OLG Koblenz WRP 1982, 669 (Ls.); anders bei Gesamtschuld BGH 25.11.2003 – IV ZR 418/02.

[1670] So auch im Ergebnis BGH GRUR 2014, 797 Rn. 56 – fishtailparka; OLG Hamburg WRP 2013, 1674; KG MD 2011, 147; aA OLG Hamm 1.12.2015 – 4 W 97/14 mit Verweis auf die strengeren Voraussetzungen der Geschäftsführerhaftung gemäß BGH GRUR 2014, 883 – Geschäftsführerhaftung.

[1671] BGH 12.4.2010 – II ZR 34/07 Rn. 4 mwN.

[1672] Vgl. OLG Frankfurt a. M. GRUR 1994, 667; weitere Beispielsfälle bei Binz/*Dorndörfer*/Zimmermann GKG § 45 Rn. 7 ff.

[1673] Vgl. hierzu allgemein: BGH GRUR 1991, 509; Zöller/*Herget* § 3 Rn. 16 „Feststellungsklagen" mwN.

[1674] Der zB bereits mit einer bezifferten Leistungsklage verfolgt wird. Vgl. auch BGH GRUR 1986, 93 (94) – Berufungssumme, für den Fall des Übergangs von der Feststellungs- zur bezifferten Leistungsklage.

[1675] BGH VersR 1958, 318; NJW-RR 1991, 509 mwN; BAG NJW 2006, 1371 (1372).

[1676] Vgl. Teplitzky/*Feddersen* Kap. 49 Rn. 32; kritisch dazu GroßKommUWG/*Ebersohl* § 12 F Rn. 39.

[1677] Vgl. BGH GRUR 2001, 1177 (1178) – Feststellungsinteresse II; *Melullis* Rn. 868; vgl. auch OLG Jena 6.9.1995 – 2 W 294/95, bei *Orth* WRP 1997, 202 (204), wo zutreffend das Fehlen jeglicher Angaben zu einem möglichen Schadenseintritt als wertmindernd berücksichtig wird.

[1678] WRP 1986, 1 (3).

Streitwerts der Unterlassungsklage erscheint daher angesichts deren in der Regel zudem „großzügiger" Bewertung vielfach überhöht. Denn in einer Vielzahl der Fälle handelt es sich um eine mehr theoretische, wenn auch nicht völlig auszuschließende Möglichkeit[1679] eines Schadenseintritts[1680] mit der Folge, dass auch die Inanspruchnahme des Beklagten meist nur theoretisch droht.

661 Bei der **negativen Feststellungsklage** – oft als Folge einer Anspruchsberühmung in Form einer Abmahnung (vgl. → Vor § 12 Rn. 122) – begehrt der Kläger die rechtskräftige Feststellung, dass der von der Gegenseite erhobene Anspruch nicht besteht, sodass deren Streitwert von der überwiegend vertretenen Auffassung[1681] dem Streitwert einer Leistungsklage mit umgekehrten Parteirollen gleichgesetzt wird. Diese Gleichsetzung, die auch bei bezifferten Forderungen nicht uneingeschränkt vorgenommen wird,[1682] vernachlässigt jedoch, dass sich das Interesse des Klägers einer negativen Feststellungsklage gegenüber dem Interesse der Leistungsklage des Beklagten bei einem Unterlassungsanspruch sehr unterschiedlich darstellen kann.[1683] Der Wert kann nicht „spiegelbildlich" festgesetzt werden, sondern kann unter Berücksichtigung der Umstände des Einzelfalls sowohl geringer als auch höher sein.

662 **7. Auskunft und Rechnungslegung. a) Auskunft.** Der **Auskunftsanspruch** dient in den meisten Fällen der Vorbereitung eines anderen Anspruchs, in der Regel der Bezifferung eines Schadensersatzanspruches – „als Hilfsanspruch zum Schadensersatzanspruch der klassische Auskunftsfall des Wettbewerbsrechts".[1684]

663 Der Wert des **Hilfsanspruchs** (Bedeutung der Auskunftserteilung, § 51 Abs. 2 GKG) richtet sich dabei nach dem Wert des Hauptanspruchs, zu dessen Vorbereitung er dient, und ist, auch wenn er neben diesem im Prozess geltend gemacht wird – außer im Falle einer Stufenklage (§ 44 GKG, → Rn. 655) – mit einem Bruchteil des Hauptanspruchs zu bewerten, wobei dieser Wert nach Umfang und Inhalt des Auskunftsanspruchs durchaus unterschiedlich ausfallen kann. In der Praxis werden Werte zwischen 1/10 bis 1/4 des Werts des Hauptanspruchs angesetzt.[1685] Soweit dem gegenüber der Streitwert des Auskunftsanspruchs mit einem Bruchteil des Werts des Unterlassungsanspruchs bewertet wird (meist 5–10 %), gelten auch hier die vorstehend erhobenen Bedenken (→ Rn. 660).[1686] Ein Mindestwert ist trotz § 51 Abs. 3 S. 2 GKG selbst bei geringsten Streitwerten eines Schadensersatzanspruches nicht zu begründen; ebenso wenig ein pauschaler Prozentsatz von 20–25 % des Streitwerts des Schadensersatzanspruchs.

664 Wird der Auskunftsanspruch dagegen **selbständig**[1687] geltend gemacht, richtet sich das Interesse des Klägers (§ 3 ZPO) nach dem Wert der begehrten Mitteilung, der in der Regel höher zu bewerten sein wird, als ein Hilfsanspruch im vorstehenden Sinne.[1688]

665 Das mit einem Antrag auf **Drittauskunft** verfolgte wirtschaftliche Interesse ist nach dem Wert der erstrebten Informationen über die Herkunft und die Absatzwege (zB Verhin-

---

[1679] Vgl. zB BGH GRUR 2001, 78 (79) – Falsche Herstellerpreisempfehlung.

[1680] Zum Grad der Wahrscheinlichkeit bei Zukunftsschäden vgl. BGH NJW-RR 1991, 509; 1989, 826.

[1681] BGHZ 2, 276; NJW 1970, 2025 (entgegen KG NJW 1955, 797; OLG Karlsruhe MDR 1959, 501; OLG Celle NJW 1962, 1065); NJW-RR 1991, 957 – Unterteilungsfahne:; WRP 2015, 590 Rn. 1.

[1682] Vgl. OLG Koblenz MDR 1996, 103, das eine abweichende Bewertung vornimmt, wenn die Berühmung offensichtlich völlig aus der Luft gegriffen ist; ebenso OLG Düsseldorf MDR 2003, 236 (237); vgl. auch *Lappe* NJW 1996, 1185 unter I.1.

[1683] OLG München GRUR 1986, 840 f.; 15.4.2002 – 29 W 1258/02; Teplitzky/*Feddersen* Kap. 49 Rn. 36.

[1684] BGH GRUR 1994, 630 (632) – Cartier-Armreif.

[1685] BGH WRP 2010, 902 Rn. 4 – Streitwert des Besichtigungsanspruchs; GRUR 2018, 1166 Rn. 50 – Prozessfinanzierer; Teplitzky/*Feddersen* Kap. 49 Rn. 37; GroßKommUWG/*Ebersohl* § 12 F Rn. 42.

[1686] Insgesamt ablehnend gegenüber der Praxis, den Streitwert in Abhängigkeit des Unterlassungsstreitswerts zu bestimmen: GroßKommUWG/*Ebersohl* § 12 F Rn. 42.

[1687] So zB bei den Fallgestaltungen BGH GRUR 2002, 709 (712) – Entfernung der Herstellungsnummer III; GRUR 1995, 427 – Schwarze Liste; GRUR 1996, 78 – Umgehungsprogramm.

[1688] OLG Köln GRUR 1969, 567 (568); Teplitzky/*Feddersen* Kap. 49 Rn. 39.

derung weiterer Verletzungen, mögliches Vorgehen gegen weitere Verletzer) zu bestimmen.[1689]

b) Rechnungslegung. Da der Anspruch auf **Rechnungslegung** inhaltlich über den Anspruch auf Auskunftserteilung hinausgeht, ist das gemäß § 3 ZPO maßgebliche Interesse[1690] meist höher zu bewerten, wobei diese allgemein vertretene Differenzierung – soweit ersichtlich – bisher keine praktische Relevanz erlangt hat. 666

c) Eidesstattliche Versicherung. Der Wert der Klage auf **eidesstattliche Versicherung** (§ 259 Abs. 2 BGB) – wenn nicht im Rahmen einer Stufenklage (§ 44 GKG) geltend gemacht – ist nach dem Interesse des Klägers an der erhofften Erlangung zusätzlicher Erkenntnisse in der Regel mit einem Bruchteil des verfolgten „Hauptanspruchs" zu schätzen (§ 51 Abs. 2 GKG),[1691] da die eidesstattliche Versicherung nicht nur dazu dienen soll, die Auskunft zu erhärten, sondern auch gegebenenfalls dazu, weitere Auskünfte zu erhalten. Der Wert der Beschwer des verurteilten Beklagten ist dagegen nach denselben Grundsätzen wie bei der Verurteilung zur Auskunft zu bestimmen.[1692] 667

d) Besichtigungsanspruch. Der Besichtigungsanspruch ist wie der Auskunftsanspruch mit einem Bruchteil des Werts des Hauptanspruchs, dessen Durchsetzung er vorbereiten soll, zu bewerten.[1693] 668

8. Beseitigungsklage. Beseitigungsansprüche sind ungeachtet der jüngeren Rechtsprechung, wonach Beseitigungspflichten zum Teil dem Unterlassungsanspruch zugeordnet werden, **gegenüber dem Unterlassungsanspruch selbstständig zu bewerten** (vgl. → Vor § 12 Rn. 135 sowie vorstehend → Rn. 651) und zwar sowohl in den Fällen, in denen eine teilweise Überschneidung vorliegt, weil eine Fortdauer des Störungszustandes zugleich dem Unterlassungsanspruch zuwiderhandeln würde, als auch bei deren Selbständigkeit gegenüber dem Unterlassungsanspruch. Bei der Schätzung des Beseitigungsinteresses ist aber im ersteren Fall zu berücksichtigen, dass die Klagepartei hierdurch nur eine zusätzliche Vollstreckungsmöglichkeit nach §§ 887, 888 ZPO erhält,[1694] die anhand der Umstände des Einzelfalls zu bewerten ist. Auch bei einem vom Unterlassungsanspruch nicht abhängigen Beseitigungsanspruch wird dieser in der Regel, da nur auf eine einmalige Maßnahme gerichtet, geringer als der Unterlassungsanspruch zu bewerten sein.[1695] Maßgeblich ist allein das wirtschaftliche Interesse des Klägers, auf den Wert der nicht mehr nutzbaren oder zu vernichtenden Werbemittel oder Waren kann es nicht ankommen. 669

Auch der Antrag auf **Urteilsveröffentlichung** gemäß § 12 Abs. 2 oder auf materiellrechtlicher Grundlage hat, auch wenn er mit einer Klage auf Unterlassung und Schadensersatz verbunden wird, einen eigenen Streitwert (meist $^1/_5$–$^1/_{10}$ des Unterlassungs- oder Ersatzanspruchs), da er auf ein Mehr gegenüber der bloßen Unterlassung abzielt.[1696] 670

[1689] Vgl. KG GRUR 1992, 611 (612); *Eichmann* GRUR 1990, 575 (590); Teplitzky/*Feddersen* Kap. 49 Rn. 39.

[1690] Vgl. zB OLG Düsseldorf OLG Report 1995, 192.

[1691] Stein/Jonas/*Roth* § 3 Rn. 47 „eidesstattliche Versicherung bei materiell-rechtlichem Anspruch"; *Eichmann* GRUR 1990, 575 (590).

[1692] BGH GRUR 1991, 873 f. mwN – Eidesstattliche Versicherung; OLG Bamberg FamRZ 1997, 40. Der Wert der Beschwer für den Beklagten bemisst sich dagegen wie bei der Verurteilung zur Auskunftserteilung nach dem erforderlichen Aufwand, BGH (GS) GRUR 1995, 701; NJW-RR 1994, 898; WM 1996, 446.

[1693] BGH WRP 2010, 902 Rn. 4 – Streitwert des Besichtigungsanspruchs.

[1694] Teplitzky/*Feddersen* Kap. 49 Rn. 31; GroßKommUWG/*Ebersohl* § 12 F Rn. 36.

[1695] Vgl. RG GRUR 1929, 359 (361), wonach der Streitwert des Antrags auf Rückruf der versandten Drucksachen im Verhältnis zum Unterlassungsanspruch als gering angesehen wurde; den neben dem Unterlassungsanspruch geltend gemachten Widerrufsanspruch bewertet das OLG Hamburg AfP 1988, 353 f. allerdings in gleicher Höhe.

[1696] OLG Hamburg MDR 1977, 142; OLG Frankfurt a. M. GRUR 1955, 450 (451) und JurBüro 1972, 706; OLG Hamm JurBüro 1954, 502: $^1/_3$ der Hauptsache; GroßKommUWG/*Ebersohl* § 12 F Rn. 37.

671 **9. Ordnungsmittelandrohung und -verfahren (§ 890 ZPO). a) Androhung.** Wird die **Androhung** gemäß § 890 Abs. 2 ZPO – wie allgemein gehandhabt – in den Antrag mit aufgenommen, kommt ihr, anders als bei einer nachträglichen Androhung durch Beschluss (so insbesondere bei der notariellen Unterwerfungserklärung),[1697] kein eigenständiger Streitwert zu.

672 **b) Ordnungsmittelverfahren.** Der Streitwert für das **Ordnungsmittelverfahren** (§ 890 Abs. 1 ZPO) ist nach dem gemäß § 51 Abs. 2 GKG zu schätzenden Interesse des Klägers/Antragstellers an der Vollstreckung des titulierten Anspruchs zu bemessen,[1698] wobei als wesentliche Bewertungskriterien insbesondere die Schwere des Verstoßes, der Grad des Verschuldens und die Gefahr zukünftiger Zuwiderhandlungen zu berücksichtigen sind. Während (weitgehend) Einigkeit darüber besteht, dass die Höhe eines beantragten oder verhängten Ordnungsgeldes nicht maßgeblich ist, orientiert sich die Praxis weitgehend an dem Streitwert des Unterlassungsverfahrens von dem (teilweise pauschale) Abzüge vorgenommen werden.[1699] Die Streitwerte bewegen sich erfahrungsgemäß zwischen $^1/_3$ und $^1/_5$ des Hauptsachestreitwert, wobei in je nach den Umständen des Einzelfalls auch Abweichungen nach unten und oben möglich sind.[1700]

672a **c) Beschwerdeverfahren.** Wird der Antrag des Gläubigers abgelehnt, so entspricht der Streitwert des **Beschwerdeverfahrens** dem Streitwert der ersten Instanz. Bei der Beschwerde des Schuldners kann nicht generell auf die Höhe des verhängten Ordnungsgeldes – so die in der Rechtsprechung und Literatur überwiegend vertretene Auffassung – als für den Streitwert des Beschwerdeverfahrens maßgeblich angesehen werden. Denn der Streitwert des Beschwerdeverfahrens kann den Streitwert des Vollstreckungsverfahrens erster Instanz gemäß § 47 Abs. 2 S. 1 GKG nicht übersteigen.[1701]

673 **10. Einstweilige Einstellung der Zwangsvollstreckung.** Der Streitwert für Anträge auf **einstweilige Einstellung der Zwangsvollstreckung** wird üblicherweise mit $^1/_5$ des Wertes der Hauptsache bzw. bei Klageabweisung in Höhe der zu erstattenden Kosten bemessen.[1702]

674 **11. Erledigung der Hauptsache.** Bei (vollständiger) **übereinstimmender Erledigungserklärung** entspricht der Streitwert ab diesem Zeitpunkt der Höhe der Kosten.[1703] Betrifft die übereinstimmende Erledigungserklärung nur einen Teil des Rechtsstreits, wird der Streitwert durch die noch verbleibende Hauptsache bestimmt ohne Berücksichtigung der Kosten des erledigten Teils (§ 4 Abs. 1 Hs. 2 ZPO), die auf den erledigten Teil entfallenden Prozesskosten erhöhen auch die Beschwer nicht.[1704] Die den erledigten Teil betreffende Kostenentscheidung kann nicht mit der Revision angefochten werden.[1705]

675 Eine **einseitige (vollständige) Erledigungserklärung,** die in der mündlichen Verhandlung abzugeben ist, beinhaltet eine (privilegierte) Klageänderung, mit der ausdrücklich

[1697] KG NJW-RR 1987, 507: 0,3 % des Werts der Hauptsache; OLG Hamm 6.9.1984 – 4 W 140/84, bei *Traub* WVP S. 204 unter 8.18: DM 500, da es nur um die Erfüllung einer förmlichen Zwangsvollstreckungsvoraussetzung geht, sofern noch keine Zuwiderhandlungen vorliegen; GroßKommUWG/*Ebersohl* § 12 F Rn. 41. Der Gegenstandswert für die Bemessung der Rechtsanwaltsgebühren richtet sich im Fall der Androhung nach notarieller Unterlassungserklärung allerdings nach dem Wert der Hauptsache, OLG München WRP 2015, 1164.

[1698] Allgemeine Meinung, vgl. die Nachweise bei GroßkommUWG/*Ebersohl* § 12 F Rn. 56.

[1699] OLG München WRP 2015, 778 (779 f.) mwN; *Gottwald,* Zwangsvollstreckung, § 890 Rn. 31: im Normalfall $^1/_5$ bis $^1/_3$ der Hauptsache; krit. hierzu Teplitzky/*Feddersen* Kap. 49 Rn. 40.

[1700] Vgl. näher die Rechtsprechungsübersicht bis zur 4. Aufl.

[1701] BVerwG Rpfleger 1989, 129; OLG München OLGZ 1984, 66 (69); ausführlich zum Streitstand OLG Celle MDR 2014, 1170 f. mwN; s. auch Teplitzky/*Feddersen* Kap. 49 Rn. 40a.

[1702] BGH WM 1983, 968; NJW 1991, 2280 (2282); Zöller/*Herget* § 3 Rn. 16 „Einstweilige Einstellung der Zwangsvollstreckung".

[1703] StRspr, vgl. nur BGH MDR 2015, 51; Zöller/*Herget* § 3 Rn. 16.67 „Erledigung der Hauptsache".

[1704] Näher dazu Zöller/*Herget* § 3 Rn. 16.67 „Erledigung der Hauptsache".

[1705] BGH NJW 2001, 230 f.

oder konkludent die Feststellung der Erledigung der Hauptsache (Zulässigkeit und Begründetheit der Klage oder des Verfügungsantrags zum Zeitpunkt des Eintritts des erledigenden Ereignisses) begehrt wird.[1706] Deshalb muss zwangsläufig das mit dem geänderten Antrag nunmehr verfolgte Interesse des Klägers gemäß § 3 ZPO bewertet werden, wobei sich dieses Interesse in den meisten Fällen,[1707] in denen kein darüber hinausgehendes wirtschaftliches Interesse ersichtlich ist, auf das Kosteninteresse beschränken wird.[1708] Die gegenteilige Auffassung, es müsse bei dem Streitwert des ursprünglichen Antrags verbleiben bzw. es sei ein mehr oder minder großer Abschlag hiervon zu machen,[1709] trägt dem Umstand nicht Rechnung, dass eine Entscheidung über den ursprünglichen Antrag nicht mehr ergehen kann.

Wird die Hauptsache **einseitig teilweise** für erledigt erklärt, bemisst sich der Streitwert 676
nach dem Wert der verbleibenden Hauptsache sowie dem Kosteninteresse bezüglich des für erledigt erklärten Teils.[1710]

12. Rechtswegstreitigkeiten. Bei Rechtswegstreitigkeiten (§ 17a Abs. 2–4 GVG) wird 677
der **Beschwerdewert** vom BGH mit einem **Bruchteil** – $^1/_3$,[1711] $^1/_4$[1712] oder $^1/_5$[1713] – **des Werts der Hauptsache** festgesetzt, da das Interesse des Rechtsmittelführers im Beschwerdeverfahren, den Rechtsstreit in dem seiner Meinung nach eröffneten Gerichtszweig zu entscheiden, mit dem Interesse an einer Hauptsacheentscheidung nicht gleich bewertet werden kann.[1714] In der Instanzrechtsprechung werden hierzu unterschiedliche Auffassungen vertreten.[1715]

V. Streitwertbegünstigung (§ 12 Abs. 3, Abs. 4)

Schrifttum I. zu § 12 Abs. 3 und 4: *Gruber,* Streitwertbegünstigung bei vermögenslosen oder überschuldeten Antragstellern, DZWIR 2020, 12; *ders.* Ist die Streitwertbegünstigung mit dem Verfassungs- und dem Unionsrecht vereinbar?, GRUR 2018, 595; *Köhler,* Das neue Gesetz gegen unseriöse Geschäftspraktiken, NJW 2013, 3473; *Krbetschek/Schlingloff,* Bekämpfung des Rechtsmissbrauchs durch Streitwertbegrenzung?, WRP 2014, 1. **II.** zur Streitwertminderung nach § 12 Abs. 4 a. F.; *Deutsch,* Die Streitwertbegünstigung des § 23a UWG für Verbandsklagen, GRUR 1978, 19; *Eberl,* Zur Verfassungsmäßigkeit der Kostenerstattungsansprüche in Patentstreitsachen, NJW 1960, 1431; *Fechner,* Kostenrisiko und Rechtswegsperre – Steht der Rechtsweg offen?, JZ 1969, 349; *Kisseler,* Das Klagerecht der Verbände in der Bewährungsprobe, WRP 1977, 151; *Kur,* Streitwert und Kosten in Verfahren wegen unlauteren Wettbewerbs, 1980; *Mayer,* Die Streitwertminderung nach § 12 Abs. 4 UWG, WRP 2010, 1126; *Graf Lambsdorff/Kanz,* Verfassungswidrigkeit der Streitwertherabsetzung, BB 1983, 2215; *Rogge,* Verbraucherklage und Streitwertherabsetzung im gewerblichen Rechtsschutz, WRP 1964, 336; *Traub,* Die Streitwertfestsetzung für Arbeitnehmer-Erfinder im Lichte verfassungskonformer Auslegung – zugleich ein Beitrag zur Verfassungsmäßigkeit der Vorschriften über die Streitwertbegünstigung im allgemeinen, in Freundesgabe für A. Söllner, 1990, S. 578; *Ulrich,* Der Streitwert

---

[1706] BGH NJW 1989, 2885 (2886); GRUR 1990, 530 (531) – Unterwerfung durch Fernschreiben; GRUR 1992, 474 (475) – Btx-Werbung II; GRUR 1993, 789 (790) – Radio Stuttgart; NJW 1994, 2363 – Greifbare Gesetzwidrigkeit II; GRUR 1996, 800 – EDV-Geräte; GRUR 2001, 1174 – Berühmungsaufgabe; GRUR 2002, 287 – Widerruf der Erledigungserklärung; BAG MDR 1996, 718 (719); BFH DB 1989, 29; Teplitzky/*Feddersen* Kap. 49 Rn. 42; *Ulrich* GRUR 1982, 14 (27); GroßKommUWG/*Ebersohl* § 12 F Rn. 28; *Melullis* Rn. 714; jeweils mwN.

[1707] Vgl. aber auch BGH NJW 1982, 768; GRUR 1990, 530 (531) – Unterwerfung durch Fernschreiben.

[1708] Vgl. nur BGH NJW-RR 2005, 1728 Rn. 6; Teplitzky/*Feddersen* Kap. 49 Rn. 42; GroßkommUWG/*Ebersohl* § 12 F Rn. 28; Zöller/*Herget* § 3 Rn. 16.67 „Erledigung der Hauptsache".

[1709] So Teile der älteren obergerichtlichen Rechtsprechung, OLG Bamberg JurBüro 1992, 762; OLG Brandenburg NJW-RR 1996, 1472; OLG Düsseldorf WRP 1981, 395; JurBüro 1994, 114; OLG Frankfurt a. M. MDR 1965, 55; GRUR 1987, 650 (652); MDR 1995, 207 (50 %); OLG Hamburg (5. Senat) MD 2007, 918 (926); OLG Hamm WRP 1976, 448.

[1710] BGH 27.9.2017 – VIII ZR 100/17 Rn. 2 mwN; vgl. auch Zöller/*Herget* § 3 Rn. 16.67 „Erledigung der Hauptsache".

[1711] BGH GRUR 2000, 736 (737) – Hörgeräteakustik.

[1712] BGH NJW 1998, 909 (910); WRP 2002, 333 (334) – LDL-Behandlung.

[1713] BGH NJW 1999, 3785 (3786); BGHR GVG § 17a Streitwert 1.

[1714] BGH NJW 1998, 909 (910); OLG Köln VersR 1994, 498 (500).

[1715] Vgl. die Nachweise bei BGH NJW 1998, 909 (910) sowie Zöller/*Herget* § 3 Rn. 16 „Rechtswegverweisung".

in Wettbewerbssachen nach der UWG-Reform 1986, GRUR 1989, 401; *ders.*, Die UWG-Novelle 1994 und der Streitwert in Wettbewerbssachen, WRP 1995, 362; *Wilke*, Über den Unsinn einer Reform der §§ 13 und 23a UWG, WRP 1978, 579; *Zuck*, Verfassungsrechtliche Bedenken zu § 53 PatG, § 23a UWG und § 17a GebrMG, GRUR 1966, 167.

678 **1. Entstehungsgeschichte.** Die mit Wirkung zum 9.10.2013 eingeführten Vorschriften der Abs. 3 und 4 gehen auf das **Gesetz gegen unseriöse Geschäftspraktiken**[1716] zurück. Mit dieser Neufassung ist die 1965 als § 23a eingeführte[1717] und 1986 unverändert in einen § 23b übernommene,[1718] 2004 wegen fehlender praktischer Relevanz gänzlich gestrichene Regelung über die Streitwertbegünstigung mit nur geringfügigen Änderungen erneut Gesetz geworden. Vorbild der Regelung ist § 144 PatG. Vergleichbare Vorschriften finden sich ua in § 142 MarkenG, § 54 DesignG, § 26 GebrMG und § 89a GWB. **Ziel der Regelung** ist es, **kleine und mittlere Unternehmen vor der finanziellen Belastung durch hohe Streitwerte zu schützen.** Während die Streitwertvorschrift des § 51 Abs. 3 S. 2 GKG eine einheitlich für beide Parteien wirkende Reduzierung des Streitwerts vorsieht (wenn die Sache für den Beklagten eine erheblich geringere Bedeutung hat als für den Kläger), ergibt sich aus § 12 Abs. 3 eine einseitige Kostenbegünstigung der finanzschwachen Partei. Die Partei muss dazu glaubhaft machen, dass die Belastung mit den Prozesskosten nach dem vollen Streitwert ihre wirtschaftliche Lage erheblich gefährden würde. Auf den Antrag dieser Partei kann das Gericht anordnen, dass sie die **Kosten nur nach einem geringeren Streitwert zu entrichten** hat. Diese Anordnung hat zur Folge, dass die wirtschaftlich gefährdete Partei sowohl (a) die von ihr (im Wege des Vorschusses) zu entrichtenden Gerichtskosten (§ 12 Abs. 3 S. 1), (b) die ihr durch Urteil oder Beschluss auferlegten Gerichtskosten, (c) die ihr auferlegte Erstattung außergerichtlicher Rechtsanwaltskosten des Gegners (§ 12 Abs. 3 S. 2 Nr. 2) sowie (d) die Kosten des eigenen Rechtsanwalts (§ 12 Abs. 3 Nr. 1) nur nach dem reduzierten Streitwert zu entrichten hat. Ihr eigener Rechtsanwalt kann allerdings vom Gegner, soweit letzter zur Kostentragung verpflichtet ist, Erstattung nach dem regulären Gebührenstreitwert (Gegenstandswert) verlangen (§ 12 Abs. 3 Nr. 3). Umgekehrt kann der Prozessbevollmächtigte des Gegners, soweit letzter obsiegt, die Erstattung der Gebühren von der begünstigten Partei nur nach dem geringeren Streitwert verlangen und muss die ausstehenden Gebühren gegen seine Partei festsetzen lassen.

679 Bereits das Vorbild, § 23b aF, stand wegen dieser Einseitigkeit in der Kritik,[1719] hielt aber verfassungsrechtlichen Bedenken im Hinblick auf Art. 3 Abs. 1 GG und das Gebot der Waffengleichheit stand.[1720] Es ist auch unter dem Gesichtspunkt des grundrechtsrelevanten Justizgewährungsanspruchs und dem Grundsatzes der prozessualen Waffengleichheit nicht ohne Weiteres einzusehen, weshalb der Gegner einer bedürftigen und unterlegenen Partei – nicht aber der Staat mit Hilfe des insoweit reformbedürftigen Instruments der Prozesskostenhilfe – dieser Partei den misslungenen Versuch der Durchsetzung ihrer Rechte finanzieren müsste. Bei § 12 Abs. 3 sollte es sich daher um eine **auf seltenste Ausnahmefälle beschränkte Härtefallregelung** handeln.

Nicht unerhebliche Bedeutung wird die Vorschrift allerdings für Prozesse unter Beteiligung von **Verbraucherverbänden** nach § 8 Abs. 3 Nr. 3 gewinnen. Der BGH geht davon aus, dass die Vorschriften der Streitwertherabsetzung nach § 12 Abs. 3 gegenüber diesen Institutionen weniger streng zu handhaben sind als gegenüber sonstigen Parteien.[1721] Aus diesem Grund erblickt der BGH in der Möglichkeit der Streitwertherabsetzung auch

---

1716 BGBl. I S. 3714.
1717 BGBl. I S. 625.
1718 BGBl. I S. 1169.
1719 Siehe dazu Teplitzky/*Schwippert* Kap. 50 Rn. 4.
1720 BVerfG NJW-RR 1991, 1134 f., kritisch *Gruber* GRUR 2018, 585 (587 ff.).
1721 BGH GRUR 2011, 560 Rn. 6; 15.12.2016 – I ZR 213/15 Rn. 7; GRUR 2018, 1166 Rn. 49 – Prozessfinanzierer I; GRUR 2019, 850 Rn. 35 ff. – Prozessfinanzierer II.

eine belastbare Alternative zur unzulässigen Prozessfinanzierung durch Dritte im Rahmen von Gewinnabschöpfungsklagen der Verbraucherverbände.[1722]

2. Anwendungsbereich. Die Streitwertbegünstigung erfasst nach § 12 Abs. 3 S. 1 **nur die Prozesskosten, also im Wesentlichen Gerichts- und Anwaltsgebühren** des Verfahrens. Zudem bezieht sie sich allein auf Rechtstreitigkeiten, in denen durch Klage ein Anspruch aus einem im UWG geregelten Rechtsverhältnis geltend gemacht wird. Es kommen mithin **alle Klagearten mit Ausnahme des Vollstreckungsverfahrens** in Betracht.[1723] Auch wenn die Vorschrift nur von Klagen spricht, besteht kein Anlass das einstweilige Verfügungsverfahren von der Streitwertbegünstigung auszunehmen.[1724] In materiell-rechtlicher Hinsicht sind bis auf Schadensersatzansprüche aus § 945 ZPO alle denkbaren Ansprüche erfasst, die ihre Grundlage in Vorschriften des UWG haben. Damit sind ohne weiteres auch Ansprüche auf Erstattung von Abmahnkosten oder Kosten des Abschlussschreibens erfasst. Insoweit ist allerdings umstritten, ob sich die Streitwertbegünstigung auch auf den Wert der vorgerichtlichen Abmahnkosten und des Abschlussschreibens bezieht.[1725] Da § 12 Abs. 3 S. 1 die Streitwertbegünstigung allein auf die Prozesskosten beschränkt, besteht kein Raum, den Gegenstandswert für die Geltendmachung außergerichtlicher Handlungen nach einem reduzierten Streitwert zu berechnen. Bei Ansprüchen auf Zahlung von Vertragsstrafe setzt sich die Diskussion fort, die im Rahmen der § 14 Abs. 1 und 2 um die Rechtsnatur dieser Ansprüche geführt wird (dort → § 14 Rn. 7 ff.; 66 ff.). Da es sich dabei um einen Anspruch handelt, dessen originäre Grundlage das Vertragsstrafeversprechen bildet, sind Verfahren, mit denen die Zahlung einer Vertragsstrafe durchgesetzt werden soll, keiner Streitwertbegünstigung zugänglich.[1726] Nach der Rechtsprechung des Bundesgerichtshofs zu § 13 aF (jetzt § 14 Abs. 1) fallen allerdings Klagen aus vertraglichen Ansprüchen (insbes. solche auf Zahlung einer Vertragsstrafe) auch in den Anwendungsbereich der ausschließlichen Zuständigkeit, was auch für die Auslegung von § 12 Abs. 3 Bedeutung haben kann. 680

Die Streitwertbegünstigung des § 12 Abs. 3 kann **neben die Gewährung von Prozesskostenhilfe** nach §§ 114 ff. ZPO treten. Es handelt sich um selbständige Institute mit jeweils eigenen Voraussetzungen. 681

3. Erhebliche Gefährdung. § 12 Abs. 3 setzt eine **erhebliche Gefährdung der wirtschaftlichen Lage** der zu begünstigenden Partei voraus. Diese Gefährdung muss eine besondere Qualität aufweisen, hinreichend konkret und gerade durch die Kostenbelastung des betreffenden Verfahrens hervorgerufen sein; eine bloß abstrakte Gefahr oder bloß allgemeine finanzielle Schwierigkeiten genügen dazu nicht. Folglich kann nicht allein auf die absolute Größe des Unternehmens oder auf seine Größe im Verhältnis zum Gegner abgestellt werden. Maßgeblich ist dabei der Differenzbetrag zwischen der absoluten Kostenbelastung der Partei einerseits nach dem regulären und andererseits derjenigen nach dem herabgesetzten Streitwert. 682

Abweichendes gilt bei **Verbraucherverbänden** nach § 8 Abs. 3 Nr. 3. Hier soll eine großzügigere Handhabung der Vorschriften über die Streitwertminderung Platz greifen.[1727] Gleiches gilt jedoch nicht für die **Berufsverbände** iSd § 8 Abs. 3 Nr. 2. Sie sind – anders als Verbraucherschutzverbände nach § 8 Abs. 3 Nr. 3 – überhaupt nur dann klagebefugt, wenn sie nach ihrer personellen, sachlichen und finanziellen Ausstattung in der Lage sind, die ihnen anvertrauten gewerblichen Interessen zu verfolgen. Die finanzielle Ausstattung muss also von vornherein auch das Kostenrisiko von Verfahren mit erheblichen Streitwerten decken. Insofern werden Berufsverbände nach § 8 Abs. 3 Nr. 2 allenfalls in atypischen

---

1722 BGH GRUR 2018, 1166 Rn. 49 – Prozessfinanzierer I.
1723 MüKoUWG/*Schlingloff* § 12 Rn. 638, 642 f.; *Köhler*/Bornkamm/*Feddersen* § 12 Rn. 5.19.
1724 *Köhler* NJW 2013, 3473 (3475); MüKoUWG/*Schlingloff* § 12 Rn. 642 (entspr. anwendbar).
1725 Befürwortend Köhler NJW 2013, 3473, 3475; ablehnend Teplitzky/*Schwippert* Kap. 50 Rn. 19a.
1726 *Köhler*/Bornkamm/*Feddersen* § 12 Rn. 5.18; aA MüKoUWG/*Schlingloff* § 12 Rn. 628.
1727 BGH GRUR 2019, 850 Rn. 38 – Prozessfinanzierer II.

Einzelfällen die sachlichen Voraussetzungen des § 12 Abs. 3 erfüllen.[1728] Die Gesetzesbegründung sieht den Anwendungsbereich der Vorschrift im Übrigen auf Fälle beschränkt, in denen sehr hohe Streitwerte festgesetzt werden. Die Voraussetzungen sollen aber insgesamt weniger streng als diejenigen für die Gewährung von Prozesskostenhilfe sein.[1729] Andererseits kommt es für die Streitwertbegünstigung nicht auf die Erfolgsaussichten der Rechtsverfolgung an.

683 Ein **aktives Unternehmen,** das bereits vor Einleitung des Verfahrens in seiner wirtschaftlichen Lage erheblich gefährdet war, kommt ebenso wenig wie eine **nicht aktiv am Wirtschaftsleben teilnehmende Einheit** in den Genuss der Streitwertbegünstigung nach Abs. 3. Gleiches gilt, wenn die **Kosten durch eine Kreditaufnahme finanziert** werden können oder **Dritte das Kostenrisiko** für die finanzschwache Partei **übernehmen.**[1730]

684 **4. Glaubhaftmachung.** Die erhebliche Gefährdung der wirtschaftlichen Lage der Partei ist **glaubhaft zu machen.** Für die richterliche Überzeugungsbildung genügt mithin eine überwiegende Wahrscheinlichkeit. Als Mittel der Glaubhaftmachung stehen gemäß § 294 ZPO **alle Beweismittel einschließlich der eidesstattlichen Versicherung** zur Verfügung. Die Anforderungen an die Darlegungs- und Glaubhaftmachungslast dürfen angesichts des Ausnahmecharakters der Vorschrift und der von ihr vorausgesetzten qualifizierten Gefährdungslage nicht zu gering angesetzt werden. Regelmäßig wird die Vorlage von Bilanzen, Jahresabschlüssen, Steuerbescheiden und Kontoauszügen der letzten Jahre erforderlich sein.[1731]

685 **5. Verfahren.** Der Antrag auf Streitwertbegünstigung muss nach § 12 Abs. 4 **schriftlich vor der Verhandlung zur Hauptsache** oder – wenn das Gericht den Streitwert im Laufe des Verfahrens heraufgesetzt hat – auch später beim Gericht angebracht werden. Eine erweiternde Auslegung wird für die Fälle erwogen, in denen eine **relevante Verschlechterung der wirtschaftlichen Lage** erst **nach Beginn der mündlichen Verhandlung** eintritt.[1732] Der Antrag kann zur Niederschrift vor der Geschäftsstelle gestellt werden; es besteht daher **kein Anwaltszwang,** § 78 Abs. 3 ZPO. Der Antrag muss allerdings **für jede Instanz erneut** gestellt werden.

686 **6. Entscheidung.** Die Entscheidung ergeht **nach Anhörung des Gegners durch Beschluss** (§§ 63, 51 GKG), welcher mit der Streitwertbeschwerde[1733] nach § 68 GKG angefochten werden kann; bei einer vorläufigen Streitwertfestsetzung ist die Beschwerde nur statthaft, wenn die angegriffene Entscheidung zugleich beinhaltet, dass die Tätigkeit des Gerichts von der vorherigen Zahlung der Kosten (bspw. Bei der Klagezustellung) abhängig gemacht wird.[1734] § 12 Abs. 3 S. 1 stellt die Streitwertbegünstigung in das **Ermessen des Gerichts;** sie kann, muss aber nicht angeordnet werden. Allerdings wird das Ermessen, wenn die sachlichen und persönlichen Voraussetzungen gegeben sind, häufig reduziert sein. Etwas anderes kann jedoch gelten, wenn die Streitwertbegünstigung umgekehrt **den Gegner unbillig belasten** würde, etwa aufgrund der beim Obsiegen bei ihm verbleibenden teilweisen Kostenlast. Darüber hinaus wird das richterliche Ermessen insbesondere dann relevant, wenn Anhaltspunkte für eine missbräuchliche Rechtsverfolgung vorliegen;

[1728] Teplitzky/*Schwippert* Kap. 50 Rn. 9: nur bei besonders hohen Streitwerten.

[1729] *Mes* § 144 Rn. 4 mit Verweis auf OLG Düsseldorf InstGE 5, 70 Rn. 3.

[1730] OLG Frankfurt a. M. WRP 2020, 758 (760); OLG Stuttgart WRP 2016, 766; OLG Düsseldorf Mitt. 1973, 177 (180), zu § 144 PatG.

[1731] Ströbele/Hacker/*Thiering* § 142 Rn. 14, zu § 142 MarkenG.

[1732] OLG Düsseldorf GRUR 1985, 219 zu § 144 PatG; enger OLG München GRUR 1991, 561, wonach zusätzlich eine weitere Kostenbelastung für die antragstellenden Partei nach Beginn der mündlichen Verhandlung entstanden sein muss; nach MüKoUWG/*Schlingloff* § 12 Rn. 649 darf eine solche, an sich verspätete Streitwertbegünstigung nur unter engsten Voraussetzung möglich sein, dh nur dann, wenn sich nachträglich eine ganz entscheidende Veränderung der wirtschaftlichen Lage eingestellt hat.

[1733] GroßKommUWG/*Ebersohl* § 12 F Rn. 77; Teplitzky/*Schwippert* Kap. 50 Rn. 18; *Mes* § 144 Rn. 14.

[1734] OLG Frankfurt a. M. JurBüro 2019, 366: werden aber die Gerichtsgebühren – vorsorglich – nach dem höheren Streitwert eingezahlt, soll das Rechtsschutzbedürfnis für die Beschwerde fehlen.

etwa wenn der antragstellende Verletzer trotz eindeutiger Rechtslage auf die Abmahnung nicht reagiert hat[1735] oder er vor Antragstellung eine Streitwerterhöhung betrieben hat und sich insofern widersprüchlich verhält.[1736] Umstritten ist, ob die Streitwertbegünstigung auch dann zu versagen ist, wenn der Antragsteller im Zeitpunkt der Antragstellung keinen Rechtsverteidigungswillen mehr hat, er bspw. nach Einlegung eines Widerspruchs erklärt, das Widerspruchsverfahren nicht durchführen zu wollen, oder wenn der Antrag nur die aus einer Klagrücknahme oder einem Versäumnisurteil folgende Kostenlast abmildern soll.[1737] Zwar ist der Rechtsverteidigungswille nach dem Wortlaut der Vorschrift keine Tatbestandsvoraussetzung für die Streitwertbegünstigung. Insoweit dürfte aber ein Rechtsmissbrauch jedenfalls dann naheliegen, wenn – ähnlich dem Begriff des Mutwillens in § 114 Abs. 1 ZPO – eine verständige, wirtschaftlich denkende Partei ihre Rechte nicht in gleicher Weise verfolgen würde.

In welchem **Umfang** der Streitwert zugunsten der wirtschaftlich gefährdeten Partei zu reduzieren ist, lässt das Gesetz offen. Wie bei allen Fragen der Streitwertfestsetzung verbietet sich auch bei der Begünstigung nach § 12 Abs. 3 jede schematische Betrachtung. Bezugspunkt für den nach pflichtgemäßem Ermessen vorzunehmenden Abschlag ist die für die wirtschaftlich gefährdete Partei **gerade noch tragbare Kostenlast,**[1738] die sich allerdings, was auf der Hand liegt, in den seltensten Fällen exakt bestimmen lässt. **687**

Die **Vorteile der Streitwertbegünstigung verbleiben** der begünstigten Partei **nach Abschluss des Verfahrens.** Dies gilt auch nach einer dann eintretenden Verbesserung der wirtschaftlichen Lage. Verbessert sie sich allerdings schon **während des Verfahrens,** so kann das Gericht auf Antrag des Gegners oder eines Prozessbevollmächtigten (§ 32 Abs. 2 RVG entsprechend) den begünstigenden Beschluss abändern.[1739] **688**

Anhang zu § 12

Rechtsprechungsübersicht (vorrangig zu Fragen der Dringlichkeit)

OLG Bamberg **689**

WRP 2018, 714 Tz. 22 f.: Zeigt der Antragsgegner hinreichend konkret die Möglichkeit einer weitaus früheren Kenntnis auf, ist der Antragsteller gehalten, darzulegen und glaubhaft zu machen, wann er tatsächliche Kenntnis erlangt hat.

WRP 2014, 498 (LS) und juris, Tz. 26: keine grob fahrlässige Unkenntnis, wenn ein aufgezeichneter Fernsehbeitrag erst nach drei Wochen auf das Vorliegen von Wettbewerbsverstößen hin ausgewertet wird.

MD 2010, 514, 516: Den Antragsteller trifft keine allgemeine Marktbeobachtungspflicht.

WRP 2003, 102 f.: kein Vorrang der Abschlusserklärung gegenüber einer nachträglich abgegebenen Unterwerfungserklärung.

OLG Report 2002, 462, 463: Gegen den eV-Antrag zurückweisenden Beschluss kann der Antragsteller nicht sofortige Beschwerde einlegen mit dem Ziel, die Erledigung der Hauptsache festzustellen.

OLG Report 2002, 239 f.: Zum Vollzug einer eV durch Zustellung, insbesondere zur Wirksamkeit der Zustellung; § 176 ZPO a. F., nur Angabe, dass für Hauptsacheverfahren bevollmächtigt.

Kammergericht (Berlin) **690**

MD 2018, 720, 722 f.: Die Stellung eines Verweisungsantrags widerlegt nicht die Dringlichkeit, wenn die richtige Adresse des Antragsgegners erst nach der Antragstellung bekannt wird.

MD 2017, 723, 724: Zuwarten bis zu 2 Monaten nicht dringlichkeitsschädlich; bewusstes Sich-Verschließen der früheren Kenntnis trotz konkreter Anhaltspunkte.

1735 OLG Frankfurt a. M. GRUR-RR 2005, 296 zu § 142 MarkenG; OLG Hamburg WRP 1985, 281 zu § 23a aF.

1736 OLG Hamburg GRUR 1957, 146 zu § 53 PatG (jetzt § 144 PatG).

1737 So OLG München WRP 1982, 430; LG Berlin WRP 1981, 292 zu § 23a aF; MüKoUWG/*Schlingloff* § 12 Rn. 653; ablehnend OLG Hamburg WRP 1985, 281; ebenso Ingerl/Rohnke § 142 Rn. 20.

1738 Ebenso Teplitzky/*Schwippert* Kap. 50 Rn. 21; MüKoUWG/*Schlingloff* § 12 Rn. 657.

1739 MüKoUWG/*Schlingloff* § 12 Rn. 654; Ingerl/Rohnke § 142 Rn. 37 („muss") mit Verweis auf OLG Düsseldorf Mitt. 1973, 177 (178).

GRUR-RR 2017, 128: Verlängerung der Frist zur Begründung der Beschwerde um 15 Tage ist dringlichkeitsschädlich.

GRUR-RR 2017, 127: Vereitelung der Beteiligung des Antragsgegners am Verfahren im Wege des Forum-Shoppings als dringlichkeitsschädlich.

KG GRUR-RR 2015, 181: Widerlegung der Dringlichkeitsvermutung, wenn die erwirkte einstweilige Verfügung bis zum Eintritt ihrer Rechtskraft nicht vollzogen wird; Zuwarten von nicht mehr als 2 Monaten nicht dringlichkeitsschädlich.

Beschl. v. 1.8.2014 – 5 W 240/14, juris: Die Dringlichkeitsvermutung ist durch ein Zuwarten von zwei Monaten regelmäßig nicht widerlegt; die Fristenregelung in § 193 BGB, § 222 Abs. 2 ZPO ist auf die Frist entsprechend anwendbar.

GRURPrax 2011, 206 und juris: Widerlegung der Dringlichkeitsvermutung im Vollstreckungsstadium bei einem längeren Zuwarten ohne sachlichen Grund.

WRP 2011, 640 (LS): Ein Zuwarten von nicht länger als zwei Monaten wird regelmäßig noch nicht als dringlichkeitsschädlich anzusehen sein.

ZUM 2005, 746, 747: Für die Widerlegung der Dringlichkeit durch Zuwarten kommt es nicht auf bestimmte Fristen an, sondern auf die jeweiligen Umstände des Einzelfalles, wie die Art des Verstoßes, Reaktion des Verletzers, Erforderlichkeit von Ermittlungen oder Beschaffung von Glaubhaftmachungsmitteln.

WRP 2004, 112 mit Anm. *Sosnitza* S. 62 ff.: zu den Anforderungen an eine Leistungsverfügung im Kartellrecht; Verfügungsgrund; Sicherheitsleistung.

GRUR-RR 2003, 262 und ZUM-RD 2002, 462, 466: § 25 UWG a. F. gilt nicht im Urheberrecht.

ZUM 2001, 590, 592: Die sog. „Selbstwiderlegung" der Dringlichkeit ist als allgemeiner Grundsatz auch im allgemeinen Zivilprozessrecht zu beachten.

GRUR-RR 2001, 244, 246: zur Widerlegung der Dringlichkeitsvermutung; Zuwarten von zweieinhalb Monaten nicht zu lange im Hinblick auf ein anhängiges Parallelverfahren.

IPRax 2001, 236 mit Anm. *Mennike* S. 202: Parteizustellung, demnächst im Sinne von § 207 Abs. 3 ZPO a. F.; Zustellung keine Vollstreckungsmaßnahme im Sinne von Art. 31 EuGVÜ.

GRUR 1999, 1133: Verlängerung der Berufungsbegründungsfrist und deren vollständige Ausschöpfung widerlegt die Dringlichkeit, da darin ein Hinweis auf die mangelnde Ernsthaftigkeit bei der Verfolgung des Verstoßes zu sehen ist.

NJWE-WettbR 1999, 293: § 25 UWG a. F. ist bei Kennzeichenverletzungen entsprechend anwendbar; bei Vorliegen eines vorläufig vollstreckbaren Hauptsacheurteils bedarf es einer besonderen Begründung, warum dennoch ein Vorgehen im Wege der eV erforderlich ist (mit Darstellung des Meinungsstandes).

KG Report 1999, 134 = AfP 1999, 173: Kostenwiderspruch, wenn Abmahnung erst nach Erlass der eV erfolgt ist.

NJWE-WettbR 1998, 110: fristlose Kündigung von McDonalds Franchise-Nehmer.

NJWE-WettbR 1998, 269: Frist von zwei Monaten bis zur Einreichung des Verfügungsantrags ist unschädlich.

WRP 1998, 71: Eine Drittabschlusserklärung beseitigt die Wiederholungsgefahr (wie WRP 1993, 22).

WRP 1996, 556 = NJWE-WettbR 1996, 161: Keine nochmalige Vollziehung der eV durch den in das Verfahren eintretenden jetzigen Gläubiger, wenn der vormalige Gläubiger in Prozessstandschaft vorgegangen war. Auch für die Frage der Dringlichkeit bleibt das Eintreten des Rechtsinhabers in den Prozess ohne Auswirkung.

CR 1994, 738: § 25 UWG a. F. gilt nicht im Patentrecht. Auch im Urheberrecht hat eine Interessenabwägung zu erfolgen. Ein Erlass kommt nur dann in Betracht, wenn keine gewichtigen Zweifel an der Urheberrechtsverletzung bestehen.

WuWE OLG 5099: § 25 UWG a. F. gilt für kartellrechtliche Ansprüche nicht. Wenn durch ein zögerliches Vorgehen – Zuwarten über sieben Monate – die Zwangslage selber herbeigeführt wurde, ist ein Verfügungsgrund zu verneinen. Zu den Voraussetzungen einer Leistungsverfügung.

GRUR 1993, 929: Der Zeitaufwand für Versuche außergerichtlicher Einigung kann als dringlichkeitsunschädliche Verzögerung nur in einem den Umständen des Einzelfalls angemessen, begrenzten Rahmen nachvollziehbar plausibler Interessenwahrung hingenommen werden. eV-Antrag 2 Monate nach Kenntnis der Bezug von Fremdware nachdem bereits halbes Jahr vorher Rahmenvertrag gekündigt worden war.

NJW-RR 1993, 555: Ausschöpfen der Berufungs- und Berufungsbegründungsfrist räumt die Dringlichkeitsvermutung nicht aus. Verlust der Dringlichkeit auf Seiten des Mitbewerbers, der den Verband zum Einschreiten veranlasst hat, greift nur dann ein, wenn dieser sich als Werkzeug vorschieben lässt.

GRUR 1993, 512 = WRP 1992, 568: Verlust der Dringlichkeit, wenn Verband zunächst nur *wegen eines Verstoßes* in einer ihm bekannten Immobilienwerbung vorgeht.

GRUR 1988, 790: Dringlichkeit ist widerlegt, wenn Antragsteller im Widerspruchsverfahren VU gegen sich ergehen lässt. Im Falle einer Drittunterwerfung lebt die Dringlichkeit nicht allein deshalb wieder auf, weil aufgrund der späteren, nicht vom Antragsgegner zu beeinflussenden Entwicklung Zweifel an der Durchsetzung von Seiten des Dritten bestehen.

WRP 1986, 87: Frist für Abschlusserklärung.

WRP 1984, 478: Maßgeblich für den Beginn der Frist ist die Erlangung der Kenntnis vom Verstoß durch eine allein oder in Gemeinschaft mit anderen entscheidungsbefugte Person. Überwachung von mit Vorermittlungen betrauten Mitarbeitern.

Urt. v. 25.6.1982 – 5 U 1673/82: Widerlegung der Vermutung, wenn in einer tatsächlich und rechtlich einfach gelagerten Sache die verlängerte Berufungsbegründungsfrist voll ausgeschöpft wird und keine sachgerechten Gründe für die Verlängerung ersichtlich sind.

WRP 1981, 462: Keine feste zeitliche Grenze für Widerlegung der Dringlichkeit; abzustellen ist immer auf die Umstände des Einzelfalls.

WRP 1981, 211: Bei einer Werbung für ein zeitgebundenes Ereignis entfällt die Dringlichkeit, wenn dieses Ereignis bei Einreichung des Antrags bereits beendet war und es sich von der Natur der Sache her erst etwa in einem Jahr wiederholen kann.

WRP 1980, 698: Zur Frage des Verlusts der Dringlichkeit wegen Zuwartens.

WRP 1980, (203 und) 491: 2 Monate nach Ablauf der in Abmahnung gesetzten Frist nicht schädlich; Beschaffung von eidesstattlichen Versicherung eines Dritten.

OLG Brandenburg 691

NJW-RR 2002, 1127: Zum Verfügungsgrund bei äußerungsrechtlicher Auseinandersetzung; Glaubhaftmachung, Mithören eines Telefonats.

Beschl v. 20.6.2001 – 1 U 14/01: keine Einstellung der Zwangsvollstreckung bei eV auf Abdruck einer Gegendarstellung.

MDR 2001, 1185: keine einstweilige Verfügung zur Durchsetzung eines Herausgabeanspruchs.

WRP 1998, 97 f.: Eine feste zeitliche Grenze lässt sich nicht ziehen. Es kommt auf die Umstände des Einzelfalls an. Die Einreichung des eV-Antrags fünf Wochen nach Kenntnis des beanstandeten Konkurswaren-Verkaufs wurde als rechtzeitig angesehen. Dass zunächst versucht worden sei, eine außergerichtliche Lösung herbeizuführen, könne dem Antragsteller nicht angelastet werden.

OLG Braunschweig 692

Beschl. v. 14.12.2011 – 2 U 106/11, Mitt. 2012, 423 LS: Antragsgegner muss Kenntnis des Antragstellers von Verstoß dartun und glaubhaft machen; maßgeblich ist die Kenntnis der Personen, die im Unternehmen oder Verband für die Ermittlung und Glaubhaftmachung von Wettbewerbsverstößen zuständig sind.

OLG Report 2000, 330: Widerlegung der Dringlichkeitsvermutung, wenn gegen die Zurückweisung des Verfügungsantrags erst sechs Wochen nach Zustellung Beschwerde eingelegt wird; der Antragsteller ist gehalten, das Verfahren beschleunigt weiter zu betreiben und alsbald Beschwerde einzulegen.

OLG Bremen 693

MDR 2015, 848 LS 1: Vermutung der Dringlichkeit entfällt nicht, wenn die Berufung des Antragstellers unter Ausschöpfung der Zwei-Monatsfrist begründet wird.

GRUR-RR 2011, 466 LS und juris: Antragsteller kann die Berufungsbegründungsfrist ausschöpfen; die Verlängerung der Berufungsbegründungsfrist um zwei Wochen ist unschädlich, wenn dies für die Hinzuziehung eiens Patentanwalts erforderlich ist.

OLG Report 1998, 431 f.: Ein Zuwarten von 6 Wochen ist nicht zu lange.

Urt. v. 19.11.1992 – 2 U 48/92 (Juris): Auch wenn bei zeitgebundenen Verstößen eine Wiederholung erst nach größerem zeitlichen Abstand möglich ist, entfällt die Dringlichkeit nicht, wenn diese bei der Antragstellung noch gegeben war.

NJW-RR 1991, 44: Wenn der Antragsteller aufgrund von Vergleichsverhandlungen davon ausgehen konnte, dass der Antragsgegner zu einer vergleichsweisen Regelung bereit ist, ist ein Zeitraum von fünf Monaten nicht zu lange.

GRUR 1987, 241: Vier Monate nicht zu lange bei Korrespondenz zwischen den Parteien.

OLG Celle 694

GRUR-RR 2018, 372 Tz. 15 f.: Keine feste zeitliche Grenze, nach Verstreichen einer Frist von einem Monat ist die Dringlichkeit jedoch regelmäßig widerlegt.

AfP 2016, 81: Kein Aufleben der Dringlichkeit, wenn ein zunächst in der Zeitung veröffentlichter Artikel später auch im Online-Portal der Zeitung veröffentlicht wird.

BauR 2015, 312 (LS) und juris: Fehlen der Dringlichkeit, wenn die Berufungsbegründungsfrist nicht unerheblich verlängert und die verlängerte Frist fast vollständig (3 Wochen und 6 Tage) ausgenutzt wird.

WRP 2014, 477: Eine feste Frist für die Widerlegung der Dringlichkeit durch ein zu langes Zuwarten besteht nicht; vielmehr ist auf die Umstände des jeweiligen Einzelfalls abzustellen; in der Regel ist die Vermutung widerlegt, wenn der Verletzte ab Kenntnis der beanstandeten Wettbewerbshandlung bis zur Antragstellung länger als einen Monat zuwartet.

MMR 2009, 484: Widerlegung der Dringlichkeitsvermutung durch den in ersten Instanz erfolgreichen Antragsteller, wenn er sich in 2. Instanz zur Vermeidung eines die einstweilige Verfügung aufhebenden Endurteils in die Säumnis flüchtet.

MD 2005, 911: Ein dringlichkeitsschädliches Zuwarten liegt nur dann vor, wenn der Antragsteller positiv Kenntnis von dem Wettbewerbsverstoß und von der Person des Verletzers hat. Ein bewusstes Sichverschließen vor der Kenntnis steht dem gleich; fahrlässige Unkenntnis reicht nicht.

Kartellsenat BauR 1999, 390 f.: Untätigkeit durch Verstreichenlassen der Angebotsfrist im Vergabeverfahren.

OLG Report 1999, 291: Abmahnung nach elf Wochen und Antragstellung nach einem weiteren Monat widerlegt die Dringlichkeitsvermutung.

Urt. v. 17.9.1997 – 13 U 124/97 (Juris): In Wettbewerbssachen gibt es keine starre zeitliche Grenze. Maßgeblich sind die Umstände des Einzelfalls, insbesondere, ob ein nachvollziehbarer Grund für das Zuwarten besteht. 6 Wochen ab Kenntnis des Verstoßes durch einen unmittelbaren Konkurrenten sind zu lange, da keine weiteren Ermittlungen erforderlich.

GRUR 1998, 50: Anwendung auf UrhG blieb dahingestellt. Auch im Rahmen von § 25 UWG a. F. ist unter Abwägung der sich gegenüber stehenden Interessen zu prüfen, ob der Erlass der einstweiligen Verfügung dringlich ist.

GRUR 1998, 175 (LS) = NJWE-WettbR 1998, 19: Keine erneute Vollziehung erforderlich, wenn bloße Berichtigung ohne inhaltliche Änderung.

OLG Report 1996, 237: Zuwarten von mehr als einem Jahr ist zu lange.

OLG Report 1996, 198 f.: Dringlichkeitsvermutung ist widerlegt, wenn seit einem Jahr Kenntnis gegeben war und auch bereits Hauptsacheklage erhoben wurde. Die Dringlichkeit lebt durch eine verwaltungsgerichtliche Überprüfung des beanstandeten Verhaltens nicht wieder auf.

WRP 1991, 315 mit Anm. *Borck* (zur Frage der konkreten Verletzungsform, Antragsfassung).

Urt. v. 15.12.1982 – 13 U 254/82, bei *Traub* WVP S. 73: Widerlegung nach sechs Monaten.

GRUR 1980, 945 f.: Zur Frage des Verzichts und der Verwirkung des Widerspruchsrechts; für Verwirkung reicht bloßer Zeitablauf (4 1/2 Jahre) nicht; der Antragsgegner hatte zusätzlich erklärt, er werde sich an eV halten.

695 **OLG Dresden**

Vgl. *Marx* WRP 2004, 970 ff.

ZUM 2018, 617: Verlängerung der Frist zur Begründung der Berufung um 1 Monat und deren Ausnutzung widerlegt die Dringlichkeit (Pressesache).

Urt. v. 27.11.2018 – 4 U 1282/18, juris: Regelfrist von einem Monat, die sich jedoch im Falle der Abmahnung auch länger sein kann.

NJW 2005, 1871: Zu den Anforderungen an eine „Befriedigungsverfügung".

GRUR-RR 2002, 85, 86: Hinweispflicht in Bezug auf Bestimmtheit des Antrags; S. 87 f.: Verfügungsgrund bei Befriedigungsverfügung (Stromdurchleitung).

GRUR-RR 2001, 190 (Stromdurchleitung).

NJWE-WettbR 1999, 133: § 25 UWG a. F. in Markensachen entsprechend anwendbar.

NJWE-WettbR 1999, 130: § 25 UWG a. F. in Markensachen jedenfalls insoweit entsprechend anwendbar, als ein bis 1995 in § 16 UWG geregelter Titelschutz in Rede steht; Zuwarten von gut einem Monat nicht zu lange.

NJWE-WettbR 1998, 98: Dringlichkeit bei einem Zuwarten von neun Wochen noch gegeben.

696 **OLG Düsseldorf**

WRP 2019, 899 Tz. 14 ff. und WRP 2020, 88 Tz. 39: Zeitspanne zwischen Erlangung der Kenntnis von der Person des Verletzers und den maßgeblichen Umständen der Verletzungshandlung bis zur Einreichung des Antrags darf in Fällen durchschnittlicher Bedeutung und Schwierigkeiten sowie mittleren Umfangs zwei Monate betragen.

BeckRS 2019, 4827: Es fehlt an der Dringlichkeit, wenn der Antragsteller erst im Laufe des Verfahrens den Antrag auf einen Gesichtspunkt stützt, der nicht bereits in der Antragsschrift geltend gemacht worden war.

WRP 2015, 1541: Widerlegung der Dringlichkeitsvermutung bei Nichtwahrnehmung des Berufungstermins durch einen Unterbevollmächtigten und Ausschöpfung der vollen Einspruchsfrist.

Urt. v. 28.5.2015 – 2 U 8/15, juris: In besonderen Ausnahmefällen kann die Dringlichkeitsvermutung schon vor Ablauf von zwei Monaten widerlegt sein, wenn der Antragsteller ohne triftigen Grund über längere Zeit (7 Wochen) nichts zur Verfolgung seiner Rechte unternommen hat.

Urt. v. 27.1.2015 – 20 U 114/14, juris: § 12 Abs. 2 UWG ist auf markenrechtliche Ansprüche nicht anwendbar; zu den Anforderungen an das Vorliegen eines Verfügungsgrundes.

Urt. v. 9.10.2014 – 15 U 99/14, juris Tz. 59: § 531 ZPO gilt im Verfahren des einstweiligen Rechtsschutzes nicht.

Urt. v. 30.4.2013 – 20 U 169/12, juris: Vermutung der Dringlichkeit wird nicht widerlegt, wenn der Antragsteller die erforderlichen Ermittlungen zügig und konsequent vornimmt, sinnvolle Vergleichsverhandlungen führt und sich die erforderlichen Glaubhaftmachungsmittel beschafft, bevor er den Verfügungsantrag stellt.

GRUR 2006, 782, 785: Rücknahme eines Antrags und erneute Antragstellung drei Tage später bei einem anderen Gericht als dringlichkeitsunschädlich angesehen, da keine wesentliche Verzögerung.

Urt. v. 6.11.2012 – 20 U 4/12, juris Tz. 6: Widerlegung der Dringlichkeitsvermutung durch Terminsverlegungsantrag.

MD 2005, 757, 758: Dem Antragsteller steht im Allgemeinen ein Zeitraum von zwei Monaten ab Kenntniserlangung zur Verfügung.

GRUR-RR 2003, 31: Ausschöpfung der verlängerten Berufungsbegründungsfrist kann zum Wegfall der Dringlichkeit führen; hierauf muss bei der Fristverlängerung nicht hingewiesen werden.

Kartellsenat WuW/E DE-R 774: zu den Voraussetzungen für den Erlass einer Befriedigungsverfügung.

NJW-RR 2002, 138: Wird eine Beschlussverfügung durch Urteil aufgehoben, kann das Berufungsgericht nicht durch Beschluss die Wirksamkeit der Beschlussverfügung wieder herstellen; auch zur Behandlung der Rechtsfrage in der Kürze der Zeit.

GRUR-RR 2002, 212: § 25 UWG a. F. gilt im Markenrecht nicht entsprechend.

WM 2002, 806 f.: Erhebliche Belange des auf Erlass einer einstweiligen Verfügung Inanspruchgenommenen können im Rahmen einer Interessenabwägung die Dringlichkeitsvermutung des § 25 UWG a. F. widerlegen.

MMR 2001, 111: Die Zeitspanne zwischen der Erlangung der Kenntnis von der Person des Verletzers und den maßgeblichen Umständen der Verletzungshandlung bis zur Einreichung des Verfügungsantrags darf in der Regel zwei Monate betragen. Keine nennenswerte Verzögerung durch Antragstellung beim örtlich unzuständigen Gericht, da Verweisungsantrag noch am gleichen Tag gestellt.

WRP 1999, 865, 867: Zustellung der Beschlussverfügung erst nach 2 Wochen kann dringlichkeitsschädlich sein.

NJWE-WettbR 1999, 15, 16: Keine feste zeitliche Grenze in Eilsachen des gewerblichen Rechtsschutzes und der Angelegenheiten nach dem UWG, entscheidend sind vielmehr die jeweiligen Umstände des Einzelfalls. Zur Orientierung der Parteien sowie im Interesse der Parteien empfiehlt sich jedoch die Aufstellung von Richtlinien. Bei Fällen durchschnittlicher Bedeutung und Schwierigkeit sowie Umfangs liegt die Zeitspanne bei zwei Monaten.

WRP 1997, 968: Dringlichkeit ist widerlegt, wenn ein Hilfsantrag wegen eines weiteren Unterlassungsantrags gestellt wird, der eine Vertagung um zwei Wochen erforderlich macht.

Urt. v. 27.5.1997 – 20 U 38/97 (Juris): § 25 UWG a. F. gilt im Markenrecht nicht.

WRP 1996, 1172, 1174: Ob durch die Ausschöpfung der Berufungsfrist und der verlängerten Begründungsfrist die Dringlichkeitsvermutung widerlegt wird, hängt von den Umständen des Einzelfalls ab.

NJWE-WettbR 1997, 27: wie vorstehend.

WRP 1995, 732, 734: Durch das LG aufgehobene eV kann durch OLG nicht bestätigt werden, sondern nur neu erlassen werden; auch dann wenn im Tenor eine „Bestätigung" ausgesprochen wurde. Wurde der eV-Antrag rechtzeitig gestellt, so kommt dies bei einem zulässigen späteren Wechsel der Partei auch dem neu in das Verfahren eintretenden Antragsteller zugute.

GRUR 1992, 187: Zwei Monate im Hinblick auf die Beschaffung eines HR-Auszugs nicht zu lange.

GRUR 1992, 189 f. (mit abl. Anm. *Ahrens* S. 191): Säumnis des Antragstellers im Widerspruchs-Termin dringlichkeitsschädlich, auch wenn eV nicht aufgehoben wird.

MedR 1989, 171 f.: Das Bestehen eines Verfügungsgrundes gemäß §§ 935, 940 ZPO wird in Wettbewerbssachen nach § 25 UWG a. F. tatsächlich vermutet. Nur Untätigkeit ab Kenntnis kann dringlichkeitsschädlich sein. Insoweit besteht keine Obliegenheit, gegen andere Rechtsverletzer in gleicher Weise und ebenso beschleunigt vorzugehen.

WRP 1985, 266: Zur Erschütterung der Vermutung, wenn eine großformatige Werbeanzeige bereits über 1 Jahr lang geschaltet wurde. Antragsteller muss in einem solchen Fall zur erstmaligen Kenntnis vortragen und diese glaubhaft machen.

697 **OLG Frankfurt a. M.**

WRP 2020, 365: Nachfrageobliegenheit bei Gericht zur Beschleunigung des Verfahrens besteht nur in besonderen Fallgestaltungen, wenn etwa davon ausgegangen ist, dass das Verfahren bei Gericht „aus dem Blick geraten" ist.

WRP 2020, 362 Tz. 6: Regelfrist von 6 Wochen; Tz. 8: Frist beginnt mit Kenntnis von Umständen, die eine Erstbegehungsgefahr begründen (Berühmung) zu laufen. Tz. 9: Ist die Dringlichkeitsvermutung widerlegt, kann auch nicht mehr gegen einen Dritten wegen einer gleichen Verletzungshandlung vorgegangen werden.

WRP 2019, 106: Nachschieben von Beanstandungen, die bereits in der Antragsschrift hätten vorgebracht werden, können dringlichkeitsschädlich sein.

Urt. v. 29.9.2016 – 6 U 110/16, juris Tz. 12: Wird das Verbot in erster Instanz auf einen vom Antragsteller nicht geltend gemachten Gesichtspunkt gestützt, kann sich der Antragsteller diese Begründung im weiteren Verfahren mangels fehlender Dringlichkeit nicht zu Eigen machen.

GRUR-RR 2019, 63: Es fehlt an der Dringlichkeit, wenn der Antragsteller untätig bleibt, obwohl sich die Rechtsverletzung aufgrund konkreter Umstände nach der Lebenserfahrung geradezu aufdrängt (Markensache).

GRUR-RR 2017, 98: Wiederaufleben der Dringlichkeit – „Qualitätssprung".

WRP 2017, 1392 Tz. 46: Für die Beurteilung der Dringlichkeit ist ein grober Zeitrahmen von 6 Wochen zugrunde zu legen; Tz. 25 f.: Wissensvertreter.

GRUR 2015, 279: Das berechtigte Interesse des Markeninhabers, weitere Verletzungen zu unterbinden, kann die Anwendung des in der Dringlichkeitsvermutung gemäß § 12 Abs. 2 UWG zum Ausdruck kommenden allgemeinen Rechtsgedanken auch auf das Markenrecht rechtfertigen. Eilbedürftigkeit entfällt nur dann, wenn der Antragsteller längere Zeit untätig bleibt, obwohl er von Kenntnis von Tatsachen hatte, die Markenverletzung begründen oder er sich bewusst dieser Kenntnis verschlossen hat.

WRP 2014, 981: Ein Verfügungsgrund ist auch im Anwendungsbereich der Durchsetzungsrichtlinie bei Schutzrechtsverletzungen erforderlich.

GRURPrax 2013, 323: Widerlegung der Dringlichkeit bei Stellung eines Terminverlegungsantrags und Einreichung der Beschwerdebegründung weit nach Ablauf der Beschwerdefrist mit der Folge einer Verzögerung von acht Wochen.

GRURPrax 2013, 550: Widerlegung der Dringlichkeit bei Bestehen einer Erstbegehungsgefahr aufgrund ernsthafter Androhung des beanstandeten Verhaltens, wenn Antragsteller längere Zeit untätig bleibt. Wenn sich der Antragsgegner mehrere Monate später tatsächlich entsprechend seiner Ankündigung verhält, liegt darin kein „Qualitätssprung", der eine neue Dringlichkeit begründen kann.

Urt. v. 14.8.2008 – 1 U 27/08, juris: Eine feste Grenze für die dringlichkeitsschädliche Zeitspanne des Zuwartens lässt sich nicht ziehen, da jeweils auf die maßgeblichen Umstände des Einzelfalls abzustellen ist; als maßgeblicher Zeitpunkt für das Tätigwerden des Antragstellers ist auf den Eingang des Verfügungsantrags im Original, nicht per Telefax abzustellen, wenn dem Telefax die Anlagen nicht beigefügt sind und ohne diese der Antrag nicht verständlich ist.

MD 2006, 1175: Die Dringlichkeitsvermutung ist widerlegt, wenn der Antragsteller mehrere Wettbewerbsverstöße innerhalb einer Zeitungsanzeige isoliert angreift, nachdem er unmittelbar zuvor die Gesamtanzeige zum Gegenstand eines Eilantrags gemacht und diesen mit den Wettbewerbsverstößen innerhalb der Anzeige begründet hat.

GRUR 2005, 972: Unzulässigkeit eines zweiten Verfügungsantrags ohne Eintritt von Veränderungen; Verlust der Dringlichkeit durch Rücknahme nach Rücknahme des Verfügungsantrags nach dessen teilweiser Zurückweisung und erneute Antragstellung bei einem anderen Gericht.

Urt. v. 12.8.2003 – 11 U 15/03: § 926 Abs. 2 ZPO wird durch die Regelung in Art. 50 Abs. 6 TRIPS nicht verdrängt.

GRUR-RR 2003, 263: zum Verfügungsgrund in Patentsachen.

NJW 2002, 1958 (5. Senat) – Penny Stocks: zum Verfügungsgrund gemäß § 940 ZPO; wenn Vollziehung versäumt wurde, steht dies einem neuen Antrag nicht entgegen.

GRUR-RR 2002, 44: Der Antragsteller eines Eilantrags, der die Beschwerde gegen die Zurückweisung seines Antrags nach Anhörung des Gegners vor dem OLG wegen befürchteter Erfolglosigkeit zurücknimmt, verliert den Verfügungsgrund für die erneute Verfolgung desselben Antrags vor einem anderen Gericht.

GRUR 2002, 236: Ausschöpfung der Vollziehungsfrist sowie der Berufungs- und Begründungsfrist steht der Eilbedürftigkeit in Patentsachen nicht entgegen. Allgemein zum Eilbedürfnis in Patentsachen.

GRUR-RR 2001, 253: Verhältnismäßig langes Zuwarten von 6 Wochen ohne vorherige Abmahnung nicht dringlichkeitsschädlich im Hinblick auf die Komplexität der Sachlage (Internet-Apotheke).

MD 2001, 1380, 1381: Mit dem Antrag auf Verlängerung der Berufungsbegründungsfrist und der Ausnutzung der Fristverlängerung gibt der Antragsteller, wenn die gesetzliche Frist nicht nur unerheblich überschritten wird, grundsätzlich zu erkennen, dass ihm die Sache so eilig nicht ist.

MMR 2001, 316 ff. (8. Senat): Zu den Anforderungen eines Verfügungsgrundes – begehrte Unterlassung des Betriebs einer Mobilfunk-Basis-Station.

NJW 2000, 1961: Kenntnis der Vertriebsabteilung von beanstandeter Firmierung aufgrund eines angeforderten HR-Auszugs ausreichend; auf Zuständigkeit zur Verfolgung von Verstößen kommt es nicht an.

NJWE-WettbR 1997, 23 = WRP 1996, 1193: Ist ein Verband gegenüber Autovermietern wegen der Teilnahme an einem Bonus-System untätig geblieben, fehlt es an der Dringlichkeit für ein Vorgehen gegen einen Autovermieter, der sich später an dem System beteiligt.

OLG Report 1996, 152 f.: Widerlegung durch verzögerliches Verhalten im Prozess, insbesondere wenn die Rechtsmittelfristen voll ausgeschöpft werden.

NJW-RR 1993, 557: Ein Grundsatz, wonach 1 Monat der Untätigkeit ausreicht, um die Vermutung zu widerlegen existiert nicht.

OLG Report 1993, 154 (LS): Bestand die Möglichkeit, eine Klärung des Streitfalls im ordentlichen Verfahren herbei zu führen, fehlt es an der Dringlichkeit, wenn aufgrund selbst geschaffener Eilbedürftigkeit dann ein eV-Antrag gestellt wird.

NJW-RR 1992, 493: Beschwerde gegen eV-Antrag zurückweisenden Beschluss mit dem Ziel der Erledigungserklärung ist zulässig.

WRP 1991, 590: „vorgeschobener" Verband.

GRUR 1993, 855 (LS): Einverständnis mit der Verlängerung der Berufungsbegründungsfrist um 2 bis 4 Monate für den Antragsgegner ist dringlichkeitsschädlich, obwohl der Antragsteller im Besitz eines vollstreckbaren Titels ist.

GRUR 1989, 375: Dringlichkeit lebt nicht wieder auf, wenn sich ein säumiger Antragsteller an einen Verband wendet; anders, wenn der Verband glaubhaft macht, dass er gegen den Verstoß auch aus eigenem Interesse vorgegangen wäre, wenn ihm dieser bekannt gewesen wäre.

WRP 1986, 495: Fehlende Dringlichkeit, da Kenntnis von Vorbereitungshandlungen bereits im Frühjahr 1984; Antragstellung dagegen erst im April 1986.

NJW-RR 1986, 1163 f.: Keine feste Zeitgrenze für Zeitdauer der Untätigkeit. Wesentlich ist, ob der Verstoß so klar auf der Hand liegt, dass die Verzögerung nur als Ausdruck mangelnder Eilbedürftigkeit aufgefasst werden kann.

DB 1986, 325: Die Dringlichkeit lebt wieder auf, wenn die Werbung nach Art und Umfang wesentlich geändert (WRP 1978, 467) oder nach endgültiger Einstellung wieder aufgenommen wird. Die bloße Wiederholung des mit der Hauptsacheklage beanstandeten Vorgangs reicht nicht.

GRUR 1985, 395: Widerlegung ist dann anzunehmen, wenn längere Zeit positive Kenntnis und dadurch zum Ausdruck gebracht wird, dass es dem Antragsteller mit gerichtlichen Maßnahmen nicht so eilig ist.

WRP 1984, 692 (m. Anm. *Traub* S. 692 f.): Positive Kenntnis von dem Wettbewerbsverstoß ist dann gegeben, wenn die beanstandete Werbung in den Geschäftsbereich der verletzten Person gelangt ist und leitende Angestellte oder sonst mit dem Unternehmen verbundene Personen, die mit dem Geschäftsbereich befasst sind, Kenntnis erhalten haben. Kein Wiederaufleben der Dringlichkeit, wenn sich die inkriminierte Aussage nicht verändert.

GRUR 1984, 413: Die Dringlichkeit kann nicht wegen fehlender absehbarer Wiederholbarkeit („Eröffnungsgeschenke") verneint werden.

GRUR 1984, 365: Fehlende Eilbedürftigkeit, wenn Alleinstellungswerbung nach und nach wegen verändertem Anzeigenaufkommen unrichtig wird.

GRUR 1979, 325: Keine feste zeitliche Grenze; maßgeblich sind stets die Umstände des Einzelfalls. Bei einem Zuwarten von 6 Monaten kann davon ausgegangen werden, dass kein dringender Fall mehr vorliegt.

OLG Hamburg 698

WRP 2019, 1355 Tz. 14 f.: Die Dringlichkeitsvermutung ist nicht widerlegt, wenn der Antragsteller das Gericht nicht eigeninitiativ zu einer schnelleren und kurzfristigeren Terminierung und Verhandlung drängt.

WRP 2019, 1129: Keine Zurechnung von Kenntnis des Prozessbevollmächtigten aus einem anderen Mandat; Vorgehen eines Newcomers gegen seit längerem verwendete Werbeaussagen; Ausnutzen der verlängerten Berufungsbegründungsfrist nicht dringlichkeitsschädlich.

WRP 2019, 948 (LS) = MD 2019, 766: Kenntnis von früher Werbung nicht dringlichkeitsschädlich, wenn keine Kerngleichheit mit der abgeänderten Werbung.

WRP 2019, 917: Ob eine Partei das Verfahren mit dem erforderlichen Nachdruck betreibt, ist aufgrund einer Gesamtbetrachtung des prozessualen und vorprozessualen Verhaltens zu beurteilen.

BeckRS 2019, 4827 Tz. 20: Nachschieben von Beanstandungen

BeckRS 2019, 16803: Zum Beginn der Dringlichkeitsfrist bei einem Ausstellen auf einer Messe

WRP 2017, 1413 (LS; 7. Zivilsenat): Zuwarten von 5 Wochen dringlichkeitsschädlich; ebenso, wenn nicht binnen 5 Wochen auf einen Hinweis des Gerichts reagiert wird; ebenso die Ausnutzung einer nicht unerheblich verlängerten Berufungsbegründungsfrist.

GRUR-RR 2018, 479 Tz. 47: Es ist Sache des Antragsgegners die Dringlichkeitsvermutung zu widerlegen. Liegen keine hinreichenden Anhaltspunkte vor, dass der Antragsteller eine kerngleiche Verhaltensweise bereits seit längerer Zeit gekannt habe, ist der Antragsteller nicht verpflichtet, den Zeitpunkt seiner Kenntnisnahme darzulegen und glaubhaft zu machen.

GRUR-RR 2018, 27: Die Umstände des Einzelfalls sind dafür maßgeblich, ob eine Selbstwiderlegung durch zu langes Zuwarten anzunehmen ist; Kenntnis des Prozessbevollmächtigten aufgrund früherer Tätigkeit für einen anderen Antragsteller kann nicht zugerechnet werden; die Ausnutzung der Berufungsfrist sowie der ggf. verlängerten Berufungsbegründungsfrist ist nicht dringlichkeitsschädlich.

WRP 2013, 1203 Tz. 18: Die Rspr. des 5. Zivilsenats zum UrhG (WRP 2007, 816) ist nicht auf andere Fallkonstellationen zu übertragen; die Dringlichkeitsvermutung ist nicht widerlegt, weil der Antragsteller gegen gleichartige Verstöße nicht Dritter vorgegangen ist (Tz. 16).

WRP 2013, 250: Dringlichkeitsvermutung bei mehreren alternativ geltend gemachten tatsächlichen Irreführungsaspekten

WRP 2013, 196, 199: Die Ausnutzung der ggf. verlängerten Berufungsbegründungsfrist durch den Antragsteller ist nicht dringlichkeitsschädlich.

MD 2012, 1046: Zustellung einer Beschlussverfügung ohne Begründung und ohne die Antragsschrift führt nicht zur Unbestimmtheit.

WRP 2010, 952: Der Verfügungsgrund bei markenrechtlichen Ansprüchen ergibt sich aus §§ 935, 940 ZPO (Aufgabe der Anwendung der Dringlichkeitsvermutung des § 12 Abs. 2 UWG).

WRP 2007, 1251: Zuwarten von zwei Monaten ohne vorherige Abmahnung in einer durchschnittlich schwierigen Wettbewerbssache kann die Dringlichkeit widerlegen.

MD 2007, 1053: Kein Wiederaufleben der Dringlichkeitsvermutung, wenn zu der bereits bestehenden Begehungsgefahr wegen des Inverkehrbringens der Ware die Wiederholungsgefahr hinzutritt.

WP 2007, 1253: § 12 Abs. 2 gilt nur für Unterlassungsansprüche, nicht für Ansprüche auf Drittauskunft.

WRP 2007, 675 und 811; ZUM 2007, 393, 394; AfP 2004, 135: Die Selbstwiderlegung der Dringlichkeitsvermutung bedarf einer umfassenden Abwägung der maßgeblichen Umstände des Einzelfalles; die Ausnutzung bestimmter Fristen ist dabei ein wesentlicher Gesichtspunkt, ist aber nicht stets maßgeblich.

GRUR 2007, 614 = WRP 2007, 813: Rücknahme eines Verfügungsantrags nach Terminierung und Einreichung bei einem anderen Gericht um eine Beteiligung des Prozessgegners zu verhindern als rechtsmissbräuchliches forum shopping (gegen 3. ZS GRUR-RR 2002, 226).

WRP 2007, 816: Keine analoge Anwendung von § 12 Abs. 2 bei urheberrechtlichen Streitigkeiten; Anforderung an die Darlegung eines Verfügungsgrundes.

MD 2007, 327: Widerlegung der Dringlichkeitsvermutung durch Einbeziehung einer weiteren Werbung erst drei Monate später ohne sachlichen Grund.

GRUR-RR 2006, 374: Zurechnung von dringlichkeitsschädlichem Wissen Dritter.

GRUR-RR 2005, 312: Fehlen eines Verfügungsgrundes, wenn der Antragsteller gegen zwei Antragsgegner zeitlich versetzt (nach zwei Monaten) in getrennten Verfahren in Anspruch nimmt.

MD 2005, 885, 887: § 25 UWG a. F. gilt auch für Markensachen.

AfP 2004, 135: Die Dringlichkeitsfrist für eine einstweilige Verfügung wegen Titelschutz beginnt in der Regel mit der Kenntnisnahme der Titelschutzanzeige zu laufen. Die tatsächliche Verwendung des Titels wird nur dann eine neue Dringlichkeit in Lauf gesetzt, wenn darin eine wesentlich veränderte Verletzungsqualität zu sehen ist.

MD 2004, 393: Keine Zurechnung der Kenntnis der inländischen Importeurin zu Lasten der im Ausland ansässigen Markeninhaberin.

MD 2004, 909, 913: Die Verlängerung der Frist zur Berufungsbegründung und deren Ausschöpfung lässt die Dringlichkeit nicht entfallen.

MD 2004, 318 f. und 50, 51 ff.: Antragsgegner muss Vermutung der Dringlichkeit durch Vortrag von Tatsachen erschüttern, aus denen sich eine frühere positive Kenntnis der für die Verfolgung von Wettbewerbsverstößen zuständigen Mitarbeiter des Antragstellers ergibt.

GRUR-RR 2003, 135, 136 und MD 2003, 1269, 1271 f.: zum Anwendungsbereich des § 531 Abs. 2 ZPO im Verfügungsverfahren.

MD 2003, 184, 188 f.: Wird eine Unterlassungsverfügung im Widerspruchsverfahren durch Urteil nicht identisch, sondern mit erweitertem Inhalt bestätigt, so ist eine erneute Vollziehung erforderlich. Das gilt nicht, wenn der Verfügungsantrag im Umfang der Urteilserweiterung zurückgenommen wird, insoweit ist auf die Vollziehung der Beschlussverfügung abzustellen.

GRUR 2003, 873: § 926 ZPO wird durch Art. 50 Abs. 6 TRIPS nicht verdrängt.

MDR 2002, 1029: Wird im eV-Verfahren in der Widerspruchsverhandlung unter Rücknahme des Widerspruchs eine Abschlusserklärung abgegeben, so ermäßigt sich die Verfahrensgebühr auf den Satz von 1,0.

GRUR-RR 2002, 277 f.: Wenn der Parallelimporteur eines Arzneimittels, der die Gebrauchsinformation des Pharmaunternehmens übernommen hatte, nach mehr als sechs Monaten nach Erhalt wegen eines fehlenden Hinweises in der Gebrauchsinformation, den er nicht bemerkt hatte, gegen das Pharmaunternehmen vorgeht, kann die Eilbedürftigkeit noch gegeben sein.

ZUM-RD 2002, 544 f.: Frühere Werbung mit ähnlicher Aussage nicht dringlichkeitsschädlich, da diese einen anderen Inhalt hatte, als der nunmehr beanstandete Slogan („e-Sixt-günstixt").

ZUM-RD 2002, 432, 433 f.: Kenntnis von Aufschrift auf Tonträger bereits seit 4 Monaten als dringlichkeitsschädlich (offen gelassen).

GRUR-RR 2002, 345, 346: Dringlichkeit ist nicht widerlegt, wenn der Verletzte zwar zunächst zögerlich gegen ein Verhalten des Verletzers vorgeht, welches geeignet ist, Erstbegehungsgefahr zu begründen (Markeneintragung; Kenntnis 18.6.2001), er jedoch nachfolgend zügig gegen den Verletzer vorgeht (eV-Antrag 13.9.2001), sobald ihm ein weiteres Verhalten bekannt wird (Nutzung von Domains), welches geeignet ist, eine entsprechende Wiederholungsgefahr zu begründen.

MD 2002, 500, 502 f.: 6 Wochen auch ohne Abmahnung nicht zu lange; frühere Kenntnis als von Antragsteller vorgetragen, muss Antragsgegner glaubhaft machen. In Sonderfällen kann eine Werbung für die Konkurrenz so offenkundig sein, sodass von einer Wahrscheinlichkeit einer Kenntnisnahme ausgegangen werden kann; Ausschöpfung der Rechtsmittelfristen ist nicht dringlichkeitsschädlich (NJW-RR 1998, 402; MD 1999, 979; GRUR 2000, 319).

MD 2002, 490: Unterwerfungserklärung als Aufhebungsgrund nach § 927; erneute Vollziehung erforderlich, wenn eV mit erweitertem Inhalt bestätigt; durch ordnungsgemäße Zustellung des Urteils im Parteibetrieb wird ein etwaiger Zustellungsmangel hinsichtlich der Beschlussverfügung überholt; Zustellung an Prozessbevollmächtigten; Bestellung in Antwort auf Abmahnung.

MDR 2002, 965: Der Zulässigkeit einer negativen Feststellungsklage steht in der Regel nicht entgegen, dass der Kläger nach Zustellung einer gegen ihn gerichteten eV zugleich einen Antrag nach § 926 ZPO eingereicht hat.

ZUM 2001, 881, 882: Verfügungsgrund für einen Anspruch aus § 1004 BGB ist zu verneinen, wenn das beanstandete Verhalten zu lange (mehr als 6 Monate) hingenommen wurde.

MD 2001, 1267: Prozessvollmacht muss für Anwendbarkeit des § 176 ZPO a. F. tatsächlich bestehen, nicht bei Irrtum des Gerichts; § 93 ZPO kommt auch bei § 91a in Betracht; Antragsgegner ist nicht gehalten, nach Abgabe der Unterwerfungserklärung Kostenwiderspruch einzulegen.

MD 2001, 1254, 1255: Allgemeine Marktbeobachtungspflicht besteht nicht. Kein Vortrag von Anhaltspunkten durch Antragsgegner, dass Antragstellerin von (der seit 2 Monaten geschalteten) beanstandeten Werbung bereits früher Kenntnis hatte.

MD 2001, 1010, 1012 f.: Für die Dringlichkeit ist bei einer Arzneimittelwerbung auf diese in Deutschland abzustellen, nicht auf frühere Werbemaßnahmen in anderen Ländern.

MD 2001, 853: Antragsteller kann nacheinander in zwei eV-Verfahren vorgehen, wenn dafür ein einleuchtender Grund besteht; Abgrenzung zu WRP 1985, 323.

MD 2001, 855: eV muss an Prozessbevollmächtigten zugestellt werden. Für Bestellung reicht formlose Mitteilung der Prozessvollmacht gegenüber der Gegenseite, so in der Antwort auf eine wettbewerbsrechtliche Abmahnung. Gibt der Anwalt in der Antwort auf die Abmahnung an, für etwaige gerichtliche Schritte zustellungsbevollmächtigt zu sein, ist dies als Prozessvollmacht für das Verfügungsverfahren zu verstehen.

WRP 2001, 956, 957: Für Ansprüche gemäß § 1 UWG a. F. wird die Dringlichkeit vermutet, § 25 UWG a. F.; für Ansprüche gemäß § 823 Abs. 1 BGB wird ein Verfügungsgrund gemäß § 935 geprüft; ein Zuwarten von 7 Wochen wurde angesichts der Umstände nicht als zu lange angesehen.

GRUR-RR 2001, 308: § 25 UWG a. F. gilt auch in Markenrechtsstreitigkeiten sowie für Ansprüche aus § 12 BGB bei wirtschaftlicher Verwertung des Namens.

GRUR 1999, 739: § 25 UWG a. F. gilt auch bei markenrechtlichen Ansprüchen.

NJWE-WettbR 1999, 264 = WRP 1999, 683: Dringlichkeit ist auch dann noch zu bejahen, wenn der Antragsteller glaubhaft macht, dass er von der bereits drei Jahre währenden Benutzung keine Kenntnis hatte.

OLG Report 2000, 13: Die Dringlichkeit ist nicht widerlegt, wenn der Verband gegen früherer gleiche oder ähnliche Verstöße Dritter nicht vorgegangen ist.

OLG Report 1998, 69: § 25 UWG a. F. gilt auch bei markenrechtlichen Ansprüchen. Die Gewährung von Umstellungs- und Aufbrauchfristen ist auch im eV-Verfahren möglich.

CR 1997, 355 = OLG Report 1997, 26: Die Dringlichkeit entfällt nicht schon dadurch, dass im gleichzeitig eingeleiteten Hauptsacheverfahren bereits ein vorläufig vollstreckbares Urteil vorliegt. Der Antragsteller ist nicht gehalten, das eV-Verfahren in der Berufungsinstanz für erledigt zu erklären, solange noch die Möglichkeit besteht, dass die Zwangsvollstreckung aus dem vorläufig vollstreckbaren Urteil in der Hauptsache einstweilen eingestellt wird.

WRP 1996, 774: Für die Frage, welcher Zeitablauf seit der Kenntnis des Verletzten die Vermutung der Dringlichkeit widerlegt, ist eine feste Zeitgrenze unterhalb von sechs Monaten als ungeeignet anzusehen, um generell deswegen die Eilbedürftigkeit als widerlegt anzusehen. Hieraus kann aber nicht abgeleitet werden, dass ein Zuwarten über einen Zeitraum von unter zwei Monaten regelmäßig keine Widerlegung rechtfertigen könnte.

WRP 1995, 854: Die Vermutung der Dringlichkeit kann nicht schematisch wegen eines Zeitablaufs von zwei Monaten als widerlegt angesehen werden. Dagegen stellt ein Hinweis auf eine besondere Dringlichkeit im Sinne von § 937 Abs. 2 ZPO keinen durchgreifenden Einwand dar. Diese besondere Dringlichkeit ist bei wettbewerbsrechtlichen Ansprüchen grundsätzlich anzunehmen.

WRP 1992, 493: Auch bei warenzeichen- und firmenrechtlichen Ansprüchen hat der Verletzer die Dringlichkeit zu widerlegen.

WRP 1987, 682: „vorgeschobener Verband“: Bei Ansprüchen aus § 3 UWG können öffentliche Interessen nur dann zur Begründung der fortbestehenden Eilbedürftigkeit herangezogen werden, wenn diese zum Zeitpunkt der gerichtlichen Entscheidung immer noch in ernst zu nehmender und in erheblicher Weise beeinträchtigt werden.

NJW-RR 1987, 36: Die Parteien können im Termin neue Tatsachen vortragen. Eine Zurückweisung als verspätet kommt nicht in Betracht; da kein Anspruch auf Vertagung besteht, tritt keine Verzögerung ein. Die Eilbedürftigkeit kann nicht deshalb verneint werden, weil der Antragsteller entgegen einer ihm gesetzten Frist sein Vorbringen im Termin ergänzt.

NJW-RR 1986, 290 = WRP 1986, 716: Vermutung ist dann als widerlegt anzusehen, wenn der Verletzte das wettbewerbswidrige Verhalten in Kenntnis der maßgebenden Umstände längere Zeit hingenommen hat. Dazu gehören auch die tatsächlichen Umstände, die die Wettbewerbswidrigkeit begründen (WRP 1981, 326; gegen KG WRP 1980, 262).

NJW-RR 1986, 200: Dringlichkeit ist auch bei Unrichtigwerden einer Alleinstellungswerbung zu bejahen, da auf den Eintritt der Veränderung abzustellen ist.

WRP 1985, 223: Vorgehen gegen ein Gewinnspiel in mehreren Verfügungsverfahren als Rechtsmissbrauch („Salamitaktik“).

WRP 1984, 418: Widerlegung kann auch bei einem Zuwarten von weniger als sechs Monaten angenommen werden.

GRUR 1983, 134 f. = WRP 1983, 101, 102: Vermutung ist widerlegt, wenn Verhalten in Kenntnis aller maßgeblichen Umstände längere Zeit hingenommen wurde (WRP 1974, 641; GRUR 1977, 175). Von einer Widerlegung ist bei einer Frist von sechs Monaten auszugehen. Daraus folgt jedoch nicht, dass dem Verletzten stets sechs Monate zur Verfügung stünden. Aufgrund besonderer Umstände des Einzelfalls kann die Vermutung auch schon früher als widerlegt angesehen werden (WRP 1982, 161).

WRP 1982, 478: Überlegungsfrist beginnt nicht erst mit der tatsächlichen Markteinführung des verletzenden Produkts zu laufen, sondern bereits zu dem Zeitpunkt, zu dem der Antragsteller zuverlässig von der bevorstehenden Markteinführung wusste.

WRP 1982, 161: Dringlichkeitsschädliches widersprüchliches Verhalten, wenn zunächst nur gegen einen Teil der bekannten Werbung vorgegangen wird.

WRP 1981, 589: Es fehlt am Rechtsschutzinteresse für das eV-Verfahren, wenn damit primär die Verursachung von Kosten angestrebt wird.

WRP 1981, 326: Dringlichkeit ist gegeben, auch wenn sich die angegriffene Werbung auf einen bereits abgeschlossenen Totalausverkauf bezieht.

699 **OLG Hamm**

Urt. v. 13.2.2014 – 4 U 172/13, juris: Die Einreichung des Verfügungsantrags bei einem möglicherweise unzuständigen Gericht widerlegt nicht die Dringlichkeit; bei Vorliegen sich widersprechender

Privatgutachten, kann die Behauptung (Gefahr eines Stromschlags bei Benutzung von Absauggeräten) nicht als glaubhaft gemacht angesehen werden.

GRUR-RR 2013, 306: § 12 Abs. 2 UWG ist auf den Besichtigungsanspruch gemäß § 809 BGB sowie auf den wettbewerbsrechtlichen Schadensersatzanspruch nicht anwendbar.

NJW 2012, 1156: Dringlichkeit ist nicht widerlegt, wenn nach Kenntnis vom Inhalt des Testkaufs (2.3.2011) nach etwas mehr als einem Monat (7.4.2011) der Verfügungsantrag eingereicht wird.

WRP 2012, 508: Kenntnis eines älteren, mehrseitigen Werbeprospekts begründet keine positive Kenntnis einer später beanstandeten konkreten Stelle in dem Prospekt.

Urt. v. 15.3.2011 – 4 U 200/10, juris: Ein Antrag des Antragstellers auf Terminsverlegung, der ohne ausdrückliche anderweitige Erklärung auch eine Verlegung auf einen späteren Zeitpunkt beinhaltet, widerlegt die Dringlichkeit; ebenso Urt. v. 15.9.2009 – 4 U 103/09, juris (Verhinderung des sachbearbeitenden Rechtsanwalts rechtfertigt nicht die Verschiebung des Termins unter Wahrung der Eilbedürftigkeit) und Urt. v. 30.6.2009 – 4 U 74/09, juris.

Urt. v. 15.1.2011 – 4 U 144/10, juris: § 12 Abs. 2 UWG ist auf markenrechtliche Ansprüche nicht anwendbar.

Beschl. v. 9.9.2010 – 4 W 97/10, juris: Die Dringlichkeitsfrist ist widerlegt, wenn der Antragsteller länger als einen Monat mit der Stellung des Verfügungsantrags zuwartet. Dabei handelt es sich um einen der Orientierung dienenden Richtwerte, eine starre Anwendung der §§ 186 ff. BGB und des § 193 BGB ist nicht gerechtfertigt; ebenso PharmaR 2009, 564.

Urt. v. 13.4.2010 – 4 U 7/10, juris: Ein Zuwarten von sechs Wochen widerlegt die Dringlichkeit; da das Gericht erster Instanz ausschließlich zuständig ist, kann in zweiter Instanz der Verbotsgrund nicht ausgetauscht werden.

Beschl. v. 3.2.2010 – 4 W 3/10, juris: § 12 Abs. 2 UWG findet auf Unterlassungsansprüche aus dem Urheberrecht keine analoge Anwendung; zu den Anforderungen an einen Verfügungsgrund bei urheberrechtlichen Ansprüchen.

Urt. v. 1.10.2009 – 4 U 119/09: Die Dringlichkeitsvermutung wird widerlegt, wenn der Antragsteller zunächst nur gegen einen von mehreren Verstößen vorgeht.

MMR 2009, 628: Die Dringlichkeitsvermutung ist widerlegt, wenn der Antragsteller ab Kenntnis von dem Verstoß mehr als einen Monat bis zur Einreichung des Verfügungsantrags bei Gericht zuwartet. Durch nicht erforderliche Recherchen wird die Frist nicht verlängert.

GRUR 2007, 173: Dringlichkeitsvermutung wird widerlegt, wenn der Antragsteller vor Erlass der einstweiligen Verfügung ein Versäumnisurteil gegen sich ergehen lässt.

MMR 2005, 469: Kenntnis der beanstandeten Werbung ist dann nicht dringlichkeitsschädlich, wenn der Text und die Aufmachung in einer die Irreführungsgefahr begründenden und verstärkenden Weise innerhalb eines Monats vor Beantragung der einstweiligen Verfügung geändert wurde.

MD 2003, 892: Anforderungen an die Vollziehung; Heilung von Mängeln auch bei Beschlussverfügung möglich.

WRP 2002, 747, 750: Die Dringlichkeit ist gewahrt, da der Antrag binnen Monatsfrist nach Kenntnis des Verstoßes gestellt wurde.

MMR 2001, 695: § 25 UWG a. F. gilt nicht bei einem Streit um die Einwilligung in die Änderung der Eintragung einer Domain.

K&R 2000, 90: § 25 UWG a. F. gilt für Markensachen nicht entsprechend; vgl. auch Bericht GRUR 2003, 865.

Urt. v. 24.3.1998 – 4 U 18/98 (Juris): Für den Zeitpunkt der Kenntniserlangung eines Verbandes kommt es nicht auf den Zeitpunkt an, in dem der spätere Informant des Verbandes Kenntnis erlangt hat.

NJWE-WettbR 1996, 164: Dringlichkeitsschädliche Verzögerung um drei Monate aufgrund eines Tatbestandsberichtigungsantrags des unterlegenen Antragsstellers.

NJWE-WettbR 1996, 164: Das Einverständnis des Antragstellers mit dem Terminsverlegungsantrags von Seiten des Antragsgegners vor Verhandlung über den eV-Antrag um etwa vier Wochen widerlegt die Vermutung. Die hiergegen eingelegte Verfassungsbeschwerde wurde nicht angenommen, BVerfG, Beschl v. 3.4.1998 – 2 BvR 415/96 (Juris) – auch zur Vermutung des § 25 UWG a. F.

Urt. v. 8.11.1994 – 4 U 163/94 (Juris): Monatsfrist.

Urt. v. 19.9.1994 – 4 U 77/94 (Juris): Anwendbarkeit von § 25 UWG a. F. auf Ansprüche nach dem WZG wurde offen gelassen.

OLG Report 1994, 221 = GRUR 1995, 230 (LS): Zuwarten von einem Monat seit Kenntnis des Verstoßes bis zur Begehrung um einstweiligen Rechtsschutz lässt die Vermutung als widerlegt erscheinen.

Urt. v. 2.9.1994 – 4 U 90/94: Einem in der Berufungsinstanz gestellten Hilfsantrag – mangels Vorliegens eines erledigenden Ereignisses – eine eV zu erlassen, fehlt fünf Monate nach der Erledigungserklärung die Dringlichkeit.

OLG Report 1994, 103: Vermutung ist widerlegt, wenn eV-Antrag zwei Monate nach Kenntnis des Verstoßes gestellt wird, ohne dass sich diese Zeitspanne durch erfolgversprechende Vergleichsverhandlungen erklären ließe.

OLG Report 1994, 105: Vermutung ist widerlegt, wenn mehr als ein Monat ab Kenntnis der beanstandeten Werbung zugewartet wird.

NJW-RR 1994, 48 = GRUR 1993, 855 (LS) = OLG Report 1994, 32: Vermutung ist widerlegt, wenn Gläubiger infolge des zweiwöchigen Sommerurlaubs seines Anwalts mehr als 1 Monat untätig bleibt (Ablauf der Frist für Unterwerfung: 30.7.1992; Eingang eV-Antrag: 1.9.1992).

OLG Report 1993, 56: Vermutung nicht widerlegt, wenn Abmahnung deshalb mehr als 1 Monat nach Kenntniserlangung ausgesprochen wird, weil Antragsteller noch einen Gerichtstermin abwarten will, in dem ein Sachverständiger zur Fragen vernommen werden soll, die mit dem Gegenstand der Abmahnung in Zusammenhang stehen.

WM 1993, 2050: Sicherheitsleistung; erneuter Verfügungsantrag bei bereits anhängigem Verfügungsverfahren als zulässiger Hilfsantrag; Rechtshängigkeit steht dem nicht entgegen, sodass zunächst gestellter Antrag nicht zurück genommen werden muss. Dringlichkeit muss aber für diesen Zeitpunkt erneut geprüft werden. Widerlegung nicht bereits deshalb, weil bei Sicherheitsleistung Fehler unterlaufen sind.

GRUR 1992, 864: Widerlegung der Vermutung, wenn nach Ausschöpfung der Rechtsmittelfristen Verlegung des Termins – alternativ auch auf späteren Termin – beantragt wird, um einem auswärtigen Anwalt die Teilnahme am Termin zu ermöglichen.

GRUR 1992, 888: Erfordernis der Vollziehung der auf Sequestrierung lautenden eV durch Auftrag an GVZ; Schreibfehler in der Ausfertigung; Ergehen eines VU gegen den in erster Instanz unterlegenen Antragsteller im Berufungsverfahren widerlegt die Dringlichkeit.

GRUR 1992, 889 = CR 1993, 287: Widerlegung der Dringlichkeit wegen Unterlassen eines mit hohen Kosten (DM 30 000,–) verbundenen Testkaufs.

NJW-RR 1993, 366 = GRUR 1993, 512 LS: Ausschöpfung der Rechtsmittelfristen allein widerlegt die Dringlichkeit nicht; Widerlegung aber zu bejahen, wenn Antragsteller Schriftsatzfrist beantragt und wegen einer Geschäftsreise um Verlegung des Verkündungstermins bittet und die Berufungs- und Begründungsfrist (fast) voll ausschöpft.

OLG Report 1992, 622: Ein Feststellungsinteresse nach übereinstimmender Erledigungserklärung, dass Unterlassungsanspruch bestanden hat und eV zu Recht erlassen wurde, ist zu verneinen.

NJW-RR 1992, 622: Widerlegung der Dringlichkeit nicht allein durch Ausschöpfung der Rechtsmittelfristen. Widerlegung durch Antrag auf Verlängerung der Begründungsfrist, wenn nicht sachlich erforderlich – Beschaffung noch fehlender eidesstattlicher Versicherung. Anwaltserkrankung kein sachlich hinreichender Grund, wenn lediglich Behinderung der Arbeitskraft.

GRUR 1991, 635: Unterlassenes Vorgehen gegen alle Verletzer steht Dringlichkeit nicht entgegen; auch nicht dass Rechtsfrage demnächst vom BGH entschieden wird.

GRUR 1991, 480: In der Berufungsinstanz können nur die bereits in 1. Instanz erhobenen Ansprüche weiter verfolgt werden (2. Instanz: Urheberrechte). Unterlassenes Vorgehen gegen Dritten beseitigt Dringlichkeit nicht; auch nicht Antrag auf Verlängerung der Berufungsbegründungsfrist um zwei Wochen in einer tatsächlich und rechtlich verwickelten Sache, wenn Akten mit Beweismitteln erst sechs Tage vor Ablauf der Frist zur Verfügung gestellt werden.

GRUR 1990, 470: Aufhebung eines Verbots nach Ablauf des Zeitraums bei befristetem Räumungsverkauf kommt nicht in Betracht, da eV von vorneherein befristet war.

GRUR 1990, 309: Ein Widerspruch gegen eV, verbunden mit einem eingeschränktem Anerkenntnis, stellt keinen Kostenwiderspruch dar, selbst wenn lediglich fehlende Abmahnung geltend gemacht wird; Anerkenntnis im Termin ist kein sofortiges i. S. v. § 93 ZPO.

GRUR 1988, 717: keine Widerlegung bei zwölf Wochen zwischen Kenntnis und Einreichung des eV-Antrags, wenn dieser Zeitraum zu den notwendigen Recherchen erforderlich war.

WRP 1986, 175 (LS): Wenn nach Erledigungserklärung nur noch über die Kosten gestritten wird, ist eine Fristverlängerung unschädlich.

WRP 1985, 435: Dringlichkeit ist zu verneinen, wenn aus Zeitgründen ein Gebrauchmachen von dem Titel nicht mehr in Betracht kommt.

GRUR 1985, 454: Fehlen des Verfügungsgrundes, wenn nach vergeblicher Abmahnung sofort Hauptsacheklage erhoben wird. Anders, wenn nach Erhebung der Hauptsacheklage neue Gesichtspunkte zu Tage treten, die nunmehr eine einstweilige Regelung geboten erscheinen lassen.

Urt. v. 28.2.1984 – 4 U 411/83: Einlegung der Berufung erst kurz vor Ablauf der Frist des § 516 ZPO a. F. widerlegt die Dringlichkeit.

GRUR 1984, 140: Ausschöpfung der Rechtsmittelfristen ist unschädlich.

WRP 1981, 473: Maßgeblich ist der Zeitpunkt der Kenntniserlangung von der beanstandeten Werbung. Ein erst nachträglich erlangtes „kritisches Bewusstsein" ist bei branchenkundigen Konkurrenten ohne Bedeutung.

WRP 1981, 224: Vermutung ist widerlegt, wenn seit Erscheinen der Anzeige 2–3 Monate zugewartet wird. Das vergebliche Einschalten eines Verbandes ändert daran nichts.

OLG Jena **700**

Beschl. v. 4.3.2013 – 2 W 502/12, juris: Ausnahmsweise keine Zustellung der im Tenor erwähnten Anlagen für eine ordnungsgemäße Vollziehung erforderlich, wenn diese der gerichtliche Ausfertigung nicht beigefügt waren und die Anlagen für die Verständlichkeit des Tenors nicht erforderlich sind.

WRP 2012, 845: Grob fahrlässige Unkenntnis eines früheren identischen Verstoßes widerlegt die Dringlichkeit.

MD 2011, 755: Eine starre Monatsfrist bei der Frage der Selbstwiderlegung der Dringlichkeit bei nicht routinemäßig zu erledigenden Wettbewerbsstreitigkeiten ist nicht anzuwenden.

MD 2009, 184 = GRUR-RR 2009 (LS): Die Einlegung einer Anschlussberufung gegen den aufgehobenen Teil der einstweiligen Verfügung nach etwa vier Monaten widerlegt die Dringlichkeitsvermutung.

WRP 2008, 144 LS: Bei der Durchsetzung einer nachvertraglichen Wettbewerbsabrede (Unterlassen der Vermietung an ein Konkurrenzunternehmen) fehlt es grundsätzlich an dem für die Geltendmachung im Verfügungsverfahren erforderlichen Verfügungsgrund.

OLG-NL 1999, 228: Erledigung des Verfügungsverfahrens bei Eintritt der Verjährung.

WRP 1997, 363: Zeitlich befristetes Beschäftigungsverbot bei unzulässigem Abwerben von Arbeitskräften kann auch im eV-Verfahren verhängt werden.

Urt. v. 23.10.1996 – 2 U 841/96, bei *Orth* WRP 1997, 702, 703 unter 3.: Vermutung der Dringlichkeit ist widerlegt, wenn der Antragsteller nach Kenntnis der beanstandeten Wettbewerbshandlung länger als einen Monat mit seinem Antrag zuwartet.

Urt. v. 12.2.1997 – 2 U 997/96 – Vollziehungsfrist beginnt mit Verkündung des Urteils zu laufen (bei *Orth* a. a. O. unter 3.25).

OLG Karlsruhe **701**

GRURPrax 2015, 463: Zu den Anforderungen an eine Unterlassungsverfügung wegen Patentverletzung.

GRUR-RR 2010, 793: Die Zuständigkeit des Gerichts wird durch die Erhebung der Hauptsacheklage bei einem anderen Gericht nicht in Frage gestellt. Durch die Anhängigkeit der Hauptsache wird die Dringlichkeitsvermutung nicht widerlegt, auch wenn mit einer baldigen Entscheidung zu rechnen ist.

WRP 2007, 822: Die Dringlichkeitsvermutung ist im Regelfall widerlegt, wenn der Antragsteller länger als einen Monat seit Kenntnis der beanstandeten Wettbewerbshandlung und des Verletzers zuwartet, bevor er den Verfügungsantrag stellt.

WRP 2002, 264: Bestellung im Sinne von § 176 ZPO a. F., Einreichung einer Schutzschrift; Erledigung durch bloßen Zeitablauf des beabsichtigten Ausverkaufs (anders OLG Zweibrücken NJWE-WettbR 1997, 25).

WRP 2001, 425, 426: Erhebung der Hauptsacheklage beseitigt die Dringlichkeitsvermutung, sofern seither keine neue Umstände eingetreten sind.

NJWE-WettbR 1998, 72: Zur Beseitigung der Wiederholungsgefahr kann der Unterlassungsschuldner zwischen Abschlusserklärung und Unterwerfung frei wählen (gegen OLG Köln WRP 1996, 333, 338).

WRP 1996, 1198: Solange ein Unterlassungsanspruch besteht, ist seine Durchsetzung grundsätzlich eilbedürftig. Keine Darlegungen zu §§ 935, 940 ZPO erforderlich.

GRUR 1995, 510: Eine Marktbeobachtungspflicht besteht nicht. Es kommt deshalb nur auf positive Kenntnis an. Für die Ausräumung der Dringlichkeitsvermutung ist der Antragsgegner verantwortlich. Im Falle längerer unbeanstandeter Werbung kann die Vermutung aber so stark erschüttert sein, dass vom Antragsteller eine Darlegung oder Glaubhaftmachung erwartet werden kann, wann er bzw. seine Mitarbeiter von dem Verstoß Kenntnis erlangt haben.

WRP 1995, 649: Zuwarten von etwas mehr als zwei Monaten bei Einschalten eines Rechtsanwalts und vergeblicher Abmahnung nicht zu lange.

WRP 1995, 398: Wiederaufleben der Dringlichkeit bei erheblicher Intensivierung des Verstoßes nach Erhebung der Hauptsacheklage.

GRUR 1994, 726 = NJW-RR 1995, 176: § 25 UWG a. F. gilt auch für urheberrechtliche Ansprüche.

NJW-RR 1993, 1470: Vermutung des § 25 UWG a. F. entfällt, wenn ein Verband im Interesse eines bestimmten Mitbewerbers vorgeht, der seinerseits in Kenntnis des Verstoßes so lange zugewartet hat, dass in seiner Person die Vermutung nicht mehr gelten könnte (unter Hinweis auf OLG Hamburg WRP 1987, 682, 683; OLG Frankfurt GRUR 1991, 471).

GRUR 1993, 135 = WRP 1993, 257: Vermutung wird widerlegt, wenn der Antragsteller seinen Antrag zurücknimmt und ihn vor einem anderen Gericht in erster Instanz erneuert.

WRP 1991, 670: Nimmt der Antragsteller gleichartige Verstöße Dritter hin, so lässt dies den Schluss zu, dass der beanstandete Wettbewerbsverstoß nicht als so schwerwiegend angesehen wird, dass seine eilige Unterbindung unerlässlich wäre, so wenn mit anderen Wettbewerbern bzgl. eines gleichartigen Verhaltens ein Stillhalteabkommen vereinbart wurde.

WRP 1986, 232: Keine erneute Vollziehung, wenn sachlicher Gehalt der eV sich nicht ändert, auch wenn in abändernder Fassung aufrechterhalten. Wenn Antragsteller bereits über eV verfügt, geht die Mitwirkung an der Verzögerung des Widerspruchsverfahrens nicht zu seinen Lasten. Ebenso wenn er aus vernünftigen Gründen zeitweilig auf eine Vollstreckung aus der Beschlussverfügung verzichtet.

WRP 1984, 221: Dringlichkeit entfällt nicht bereits bei einer weitgehenden Ausschöpfung der Rechtsmittelfristen.

702 **OLG Koblenz**

Urt. v. 16.1.2019 – 9 U 1062/16: zu den Voraussetzungen einer grob fahrlässigen Unkenntnis.

GRUR 2011, 451 m. Anm. Demuth, S. 404: Vermutung ist im Regelfall widerlegt, wenn der Antragsteller erst mehr als einen Monat nach Kenntniserlangung einen Antrag stellt und kein die Verzögerung rechtfertigenden Gründe bestehen (Abweichung von bisheriger Rspr.).

CR 2003, 766: Verfügungsgrund bei E-Mail-Werbung (verneint).

GRUR 1995, 499: Kommt es zu einer Änderung der Konkurrenzlage, die zu einer völlig neuen Verletzungssituation führt, so kann die verloren gegangene Dringlichkeit wieder aufleben; Gewährung einer Aufbrauchfrist dann möglich, wenn keine Einwendungen erhoben werden.

WRP 1993, 343: § 938 Abs. 1 ZPO findet auf wettbewerbsrechtliche Unterlassungsansprüche keine Anwendung, da keine inhaltliche Veränderung des Antrags möglich.

WRP 1988, 479: Fraglich, ob § 25 UWG a. F. auch für warenzeichenrechtliche Ansprüche anwendbar; Dringlichkeit nicht mehr gegeben, wenn mehr als 1 Jahr nach Kenntnis untätig geblieben.

GRUR 1985, 300: Widerlegung setzt positive Kenntnis voraus. Unerheblich ist, ob Antragsteller im Falle einer Marktbeobachtung den Verstoß früher hätte erkennen können.

WRP 1982, 668: § 938 Abs. 1 ZPO gilt bei Unterlassungsverfügungen nicht. Es liegt keine Klageänderung vor, wenn ein unbestimmter Antrag in eine zulässige Form gebracht wird. Hierdurch wird auch die Dringlichkeit nicht beseitigt. Bei einem Kostenwiderspruch ist eine Entscheidung in der Sache nicht zulässig. Gegen eine dennoch ergangene Sachentscheidung ist Berufung gegeben.

703 **OLG Köln**

WRP 2019, 1592 Tz. 26: Unschädlich, wenn der Antragsteller nicht mehr als einen Monat zugewartet hat; dabei handelt es sich um keine starre Frist, sondern es ist eine Einzelfallbeurteilung vorzunehmen; notwendige Recherchen können die Überschreitung der Frist rechtfertigen, vgl. WRP 2014, 1085; Tz. 27 f.: Zäsur bei Ankündigung des Vertriebs trotz geltend gemachter Einwendungen gegenüber bloßer Ankündigung des Vertriebs.

WRP 2017, 1005: Ausnutzung der Vollziehungsfrist ist nicht dringlichkeitsschädlich; verspätete Stellung eines Ordnungsmittelantrags (3 Monate) ist dringlichkeitsschädlich.

WRP 2017, 1392 Rn. 46: Orientierung an einem groben Zeitrahmen von 6 Wochen; Rn. 25: Zurechnung bei Wissensvertreter; Rn. 40: grob fahrlässige Unkenntnis.

WRP 2015, 1385: Zum Missbrauch des Verfügungsverfahrens (§ 8 Abs. 4 UWG) bei gerichtlichem Vorgehen, um ein Einlenken des Gegners in einer anderen Auseinandersetzung zu erreichen.

GRUR-RR 2014, 127: Eine grob fahrlässige Unkenntnis (bewusstes Sich-Verschließen) liegt nur dann vor, wenn eine fehlende Reaktion auf offensichtliche Rechtsverstöße ein völliges Desinteresse am Wettbewerbsgeschehen indiziert.

WRP 2011, 109, 110: Positive Kenntnis der Entscheidungsträger bzw. ein bewusstes Verschließen der Kenntnis zur Widerlegung der Dringlichkeit erforderlich.

WRP 2010, 562: maßgebliche Kenntnis bei arbeitsteiligen Unternehmen (GmbH).

MD 2004, 229 f.: Bedeutung der Dringlichkeitsvermutung; Anforderungen an den Sachvortrag zur Darlegung einer früheren Kenntnis auf Seiten des Antragsstellers bzw. zum rechtsmissbräuchlichen Vorschieben durch einen Dritten.

WRP 2003, 1008: Dringlichkeitsvermutung gilt nicht bei der Verfolgung von Auskunftsansprüchen.

MD 2004, 80 f.: wie vorstehend; die Anordnung der Auskunftserteilung im Verfügungsverfahren setzt regelmäßig die Anhörung des Antragsgegners voraus.

GRUR-RR 2003, 187: Auch nach der Neuregelung des Verjährungsrechts besteht keine Marktbeobachtungspflicht zur Wahrung der Dringlichkeit.

MD 2003, 352, 354: Aus der fast vollständigen Ausnutzung der Frist zur Berufungsbegründung kann nicht auf eine mangelnde Dringlichkeit geschlossen werden. Das Ausnutzen der zweimonatigen Frist nach neuem Recht kann in der Regel nicht als dringlichkeitsschädlich angesehen werden.

OLG Report 2002, 468 (16. ZS): Die Gestaltungswirkung eines einen Arrest aufhebenden Urteils kann nicht dadurch (mit Wirkung der Wiederbegründung des Arrestes) beseitigt werden, dass das Berufungsgericht die Zwangsvollstreckung aus dem aufhebenden Urteil einstweilen einstellt.

GRUR-RR 2002, 309: Zur Unbeachtlichkeit der Schiedseinrede im eV-Verfahren; S. 310: zur Anwendbarkeit im Markenrecht.

MD 2002, 1191: Zur Dringlichkeit bei einem Vorgehen gegen eine bestimmte Werbung, obwohl die fraglichen Produkte bereits seit langem in eine bestimmte Produktgruppe eingeordnet werden.

MD 2002, 528, 530 f.: Zur Wissenszurechnung im Rahmen der Widerlegung der Dringlichkeitsvermutung.

MD 2001, 1399: Kommt das Gericht in seinem eine Beschlussverfügung bestätigenden Entscheidungsgründen auf eine von zwei in dem Beschluss angeführten Argumentationen nicht mehr zurück, bedarf es keiner erneuten Vollziehung des Titels (m. w. N.).

NJW-RR 2001, 1486: Zur Frage etwaigen Dringlichkeitsverlusts bei der Anpassung eines Verfügungsantrags an die konkrete Verletzungsform (verneint).

MD 2001, 1001, 1004: Dringlichkeitserfordernis als besondere Ausprägung des allgemeinen Rechtsschutzbedürfnisses kann offen bleiben, wenn Antrag unbegründet (unter Hinweis auf BGH NJW 1978, 2032).

MD 2001, 1012, 1013: Zustellung einer eV von Amts wegen reicht nicht als Vollziehungsakt im Sinne von § 929 Abs. 2 ZPO.

WRP 2001, 1099: Erledigung der Hauptsache kann auch dann festgestellt werden, wenn das erledigende Ereignis vor Zustellung der Beschlussverfügung eingetreten ist. Zur Marktbeobachtungspflicht einschließlich der Register.

GRUR 2000, 167: Ein Zuwarten von fünf Wochen ohne zwingende Gründe beseitigt die Vermutung.

GRUR 2000, 154: Vermutung entfällt nicht deswegen, weil Antrag von „und" in „und/oder" geändert wird, sofern sich aus der Anspruchsbegründung ergibt, dass entsprechender Titel von Anfang an begehrt wurde.

NJWE-WettbR 2000, 173: Zuwarten von mehr als sechs Wochen mit Beschwerde gegen teilweise Abweisung des Antrags widerlegt die Dringlichkeit.

NJWE-WettbR 1999, 252: Die dringlichkeitschädliche Kenntnis setzt positive Kenntnis voraus. Selektives Vorgehen gegen den Einzelhandel, nicht jedoch gegen den Groß- und Zwischenhandel ist nicht dringlichkeitsschädlich, sondern kann allenfalls unter dem Gesichtspunkt des Rechtsmissbrauchs berücksichtigt werden.

WRP 1999, 222: Maßgeblich ist die Kenntnis des nach der betrieblichen Organisation zuständigen Mitarbeiters.

GRUR 1999, 376: Vermutung der Dringlichkeit besteht nicht mehr, wenn nach Erhebung einer negativen Feststellungsklage neun Monate mit dem eV-Antrag zugewartet wird.

GRUR 1999, 66: Zur Zustellung im Ausland, § 207 Abs. 1 ZPO a. F.; Wirksamkeit der Zustellung steht nicht entgegen, dass eV entgegen § 922 Abs. 2 ZPO keine Begründung enthält.

NJWE-WettbR 1998, 247 = GRUR 1999, 94 (LS): § 25 UWG a. F. gilt nicht bei einer Telefax-Werbung, wenn kein Handeln zu Zwecken des Wettbewerbs.

GRUR 1999, 98 (LS 1): Vermutung nicht widerlegt, wenn die als irreführend beanstandete Werbung in einer Publikumszeitschrift bereits vorher im Beipackzettel enthalten war.

InVO 1998, 198: Zur Rückwirkung einer nach Ablauf der Vollziehungsfrist vorgenommenen Zustellung nach Scheitern einer Zustellung im Ausland – Abgrenzung zu RGZ 70, 291; zur Zustellungsbevollmächtigung eines Patentanwalts in UWG-Sachen.

NJWE-WettbR 1998, 138: Keine allgemeine Verpflichtung zur Überprüfung der Werbung von Konkurrenten. Bei ernsthaften Zweifeln an der Rechtmäßigkeit müssen die gebotenen Ermittlungen zügig vorgenommen werden. Ein Zuwarten von 6 Wochen ist dringlichkeitsschädlich.

NJWE-WettbR 1998, 145 = CR 1998, 199: Zuwarten von eineinhalb bzw. drei Monaten mit eV-Antrag nach Erstattung einer Strafanzeige wegen Geheimnisverrats dringlichkeitsschädlich, wenn zwischenzeitlich keinerlei weiteren Erkenntnisse gewonnen werden konnten.

WRP 1997, 872: Zuwarten von 12 Monaten nach Eintragung einer jüngeren Marke ist dringlichkeitsschädlich, auch wenn zuvor Widerspruch gegen Markeneintragung eingelegt wurde.

NJWE-WettR 1997, 176: Ausschöpfung der Berufungsfrist beseitigt Vermutung nicht; auch nicht die Neufassung des Verfügungsantrags.

NJW-RR 1997, 59 f. (18. Senat): eV auf Abgabe einer Willenserklärung (Zustimmung zur Grundschuldbestellung) möglich, wenn Zurückweisung einer Rechtsverweigerung gleichkäme.

NJW 1997, 3139: Vermutung nicht widerlegt, auch wenn eine zur Überprüfung von Verstößen beschaffte Diskette nicht sofort ausgewertet wird, aber dann nach Entdeckung eines Verstoßes, mit dem zunächst nicht zu rechnen war, zügig vorgegangen wird.

WRP 1996, 781: Dass gegen einen Hersteller nicht vorgegangen wurde, ist unschädlich, wenn von einem Händler eine neue Werbeform verwendet wird, derer sich der Hersteller noch nicht bedient hatte.

NJWE-WettbR 1996, 32: Keine Aussetzung und Vorlage an den EuGH im eV-Verfahren.

GRUR 1995, 508 = NJW-RR 1995, 1003: Zur Widerlegung der Vermutung.

GRUR 1995, 520: Ein Zeitraum von vier Wochen, der für Recherchen im Hinblick auf die fachwissenschaftliche Absicherung von wissenschaftlichen Aussagen erforderlich ist, ist unschädlich. Dringlichkeitsschädliche Kenntnis einer wettbewerbswidrigen Produktgestaltung liegt nur dann vor, wenn dem Antragsteller die tatsächlich für den Markt bestimmte Ausstattung konkret bekannt ist.

Pharma Recht 1995, 164: Vollziehung setzt Zustellung in vollständiger Form, d. h. einschließlich der in den Tenor aufgenommenen Werbung voraus. Zum Rechtsschutzbedürfnis für ein weiteres selbständiges Verbot unter anderem rechtlichen Gesichtspunkt.

NJW-RR 1995, 1088 (16. Senat): Zur Zulässigkeit einer Leistungsverfügung.

WRP 1994, 197: Widerlegung durch Untätigbleiben.

GRUR 1994, 138, 140: Keine feste zeitliche Grenze, fünf Monate jedoch zu lange.

GRUR 1993, 685: Widerlegung der Dringlichkeit bei Kenntnis der Werbung über einen Zeitraum von acht Wochen bis zur Antragstellung.

GRUR 1993, 567 = NJW-RR 1993, 819: Keine feste zeitliche Grenze. Vielmehr ist jeweils auf die Umstände des Einzelfalls abzustellen, wobei außer dem konkreten Verstoß notwendige Ermittlungen, aber auch die Reaktion des Verletzers sowie andere Gesichtspunkte eine Rolle spielen (2 Monate bei zwischenzeitlichen Verhandlungen unschädlich).

WRP 1984, 642: Zur Dringlichkeit eines eV-Antrags.

WRP 1981, 339: Abmahnungserfordernis.

WRP 1980, 503: Die volle Ausschöpfung der Berufungseinlegungs- und -begründungsfrist kann die Dringlichkeit widerlegen (a. A. GRUR 1979, 172).

WRP 1980, 502: Dringlichkeit nicht widerlegt, wenn dem Antragsgegner die Möglichkeit eingeräumt wird, sich im Interesse einer gütlichen Einigung die Berechtigung des Unterlassungsbegehrens innerhalb angemessener begrenzter Frist zu informieren.

704 **OLG München**

Die Vermutung der Dringlichkeit ist widerlegt (bzw. es fehlt an einem Verfügungsgrund), wenn der Antrag auf Erlass einer einstweiligen Verfügung nicht innerhalb von einem Monat nach Kenntnis des zu beanstandenden Verhaltens und des hierfür Verantwortlichen bei Gericht eingereicht wird, st. Rspr. z. B. GRUR 2018, 1050, juris Tz. 69; MD 2017, 183.

WRP 2020, 109 und GRUR 2019, 507: Dringlichkeitsschädliches Verhalten wegen Nichtbeantragung einer einstweiligen Verfügung trotz Kenntnis laufender Urheberrechtsverletzung auf Videoportalen.

GRUR-RR 2019, 443: Die verspätete Stellungnahme auf eine mit einem Hinweis verbundene Fristsetzung ist dringlichkeitsschädlich.

CR 2019, 457: Wiederaufleben der Dringlichkeit bei Intensivierung des Verhaltens.

GRUR-RR 2017, 11 Tz. 62: Der Dringlichkeit steht es nicht entgegen, wenn der Verfügungsantrag nicht dem Bestimmtheitserfordernis genügt.

Beschl. v. 4.8.2015 – 6 U 2258/15: § 12 Abs. 2 UWG ist auf bürgerlich-rechtliche Ansprüche sowie auf urheberrechtliche Ansprüche nicht entsprechend anwendbar.

GRUR 2015, 590 Tz. 67: Unzulässigkeit der Einführung eines neuen Streitgegenstands in 2. Instanz

Urt. v. 21.5.2015 – 6 U 4801/14: Widerlegung der Dringlichkeitsvermutung aufgrund unterlassener Vollstreckung aus früherer inhaltsgleicher einstweiliger Verfügung; Unterlassen der Hauptsacheklage; unzulässige Antragserweiterung in 2. Instanz.

Beschl. v. 13.3.2015 – 6 W 300/15: § 12 Abs. 2 UWG ist auf geschmacksmusterrechtliche Ansprüche nicht entsprechend anwendbar (ebenso BeckRS 2014, 18450).

Urt. v. 29.1.2015 – 6 U 3823/14: Grob fahrlässige Unkenntnis steht der positiven Kenntnis in Bezug auf den Beginn der Dringlichkeitsfrist gleich; eine allgemeine Marktbeobachtungspflicht besteht nicht.

BeckRS 2014, 18450: Dem Verletzten bleibt es überlassen, ob er aufgrund einer Erstbegehungsgefahr gerichtlich vorgeht oder ob eine Verletzungshandlung abwartet.

WRP 2012, 1298: § 12 Abs. 2 UWG findet im Urheberrecht keine Anwendung.

BeckRS 2008, 42019: § 12 Abs. 2 UWG ist auf urheberrechtliche Ansprüche nicht analog anwendbar.

Beschl. v. 16.8.2007 – 29 U 3340/07: Antrag auf Verlängerung der Frist zur Berufungsbegründung um einen Monat als dringlichkeitsschädlich, auch wenn die beantragte Frist nicht ausgeschöpft wird – Abgrenzung zu OLGR 2002, 222 f.

MD 2007, 973, 975f: Zum Beginn der Monatsfrist.

Beschl. v. 17.4.2007 – 29 W 1295/07: § 12 Abs. 2 gilt nicht entsprechend bei Urheberrechtsstreitigkeiten; die Einhaltung der Monatsfrist sowie die Darlegung und Glaubhaftmachung eines Verfügungsanspruchs sind für die Darlegung und Glaubhaftmachung eines Verfügungsgrundes gemäß §§ 935, 940 ZPO nicht ausreichend.

WRP 2007, 349, 350: Verfahren der Richterablehnung nicht als dringlichkeitsschädlich.

MD 2006, 916, 921f: Ablehnung einer allgemeinen Marktbeobachtungspflicht, keine Analogie zu § 11 Abs. 2 Nr. 2 UWG.

MD 2005, 560: Die (teilweise) Rücknahme eines Verfügungsantrags und dessen spätere erneute Einreichung bei demselben Gericht widerlegt die Dringlichkeitsvermutung.

InstGE 6, 53: Unterlassene Informationsbeschaffung über den Täter einer Urheberrechtsverletzung, obwohl unschwer möglich ist dringlichkeitsschädlich.

Kartellsenat GRUR-RR 2003, 193: Zum Rechtsschutzbedürfnis für Durchsetzung des Anspruchs auf Netzzugang.

CR 2003, 838 LS (14. Senat): Fehlendes Rechtsschutzbedürfnis für ein Vorgehen gegen die von einer Mobilfunkanlage ausgehende Gesundheitsgefährdung bei Zuwarten über einen Zeitraum von länger als einen Monat.

Beschluss vom 22.2.2002 – 6 W 3101/01: Zur Frage der Kenntniszurechnung (wie LG München I WRP 1997, 123, 126).

GRUR-RR 2002, 357, 358: Untätigkeit in Kenntnis konkreter Umstände, die eine Verwendung der beanstandeten Etiketten einer Brauerei im Getränkehandel nahe legten.

OLG Report 2002, 390 (21. Senat): Vollziehung einer eV auf Gegendarstellung.

OLG Report 2002, 222 f.: Ein dringlichkeitsschädliches Zuwarten setzt die positive Kenntnis aller anspruchsbegründender Umstände (Verletzungshandlung, Verletzer) voraus. Etwas anderes gilt nur dann, wenn Umstände bekannt sind, die eine Verletzung nahe legen und sich der Antragsteller ohne erheblichen Aufwand Gewissheit über eine Verletzung verschaffen kann. Verlängerung der Berufungsbegründungsfrist um zwei Wochen steht der Dringlichkeit nicht entgegen, wenn die Berufungsbegründung wegen Nichtausschöpfung der Frist zur Einlegung vor Ablauf von zwei Monaten nach Zustellung des Urteils bei Gericht eingeht.

OLG Report 2002, 14 f. (Landwirtschaftssenat): Mit der nachträglichen Androhung von Ordnungsmaßnahmen nach § 890 Abs. 2 ZPO für den Fall der Verletzung von Unterlassungspflichten aus einem vollstreckbaren Vergleich beginnt die Zwangsvollstreckung.

Mitt. 2001, 85, 89 = MD 2000, 660, 667 ff.: Dem Antragsteller steht ab positiver Kenntnis der Verletzungshandlung und des Verletzers ein Monat zur Verfügung, um im Wege der eV vorzugehen. Ist diese Zeitspanne zu kurz – etwa im Hinblick auf die erforderliche Beschaffung von Glaubhaftmachungsmitteln –, kann diese Zeitspanne überschritten werden. In diesen Fällen ist darzulegen, warum er hierzu innerhalb der Monatsfrist nicht in der Lage war. Hat er alle erforderlichen Glaubhaftmachungsmittel, muss er den Antrag alsbald einreichen (anders noch GRUR 1980, 1017, 1019). Einzelheiten der Münchner Rechtsprechung bezüglich Beginn und eventueller Ausdehnung der Monatsfrist im gewerblichen Rechtsschutz.

OLG Report 1999, 245 und Urt. v. 19.4.2001 – 29 U 1974/01: § 25 UWG a. F. gilt nicht in Geschmacksmusterverletzungsverfahren.

OLG Report 1999, 155: Zum Abmahnungserfordernis bei Sequestration.

Mitt. 1999, 223, 226 f.: Die tatsächliche Verletzung ist ein neuer unter Beachtung der Dringlichkeitsregeln angreifbarer Tatbestand. Dem möglicherweise künftig Verletzten muss es überlassen bleiben, ob er bei Erstbegehungsgefahr sofort vorgeht oder eine Verletzungshandlung abwartet.

Urt. v. 1.10.1998 – 29 U 4715/98: Es ist in der Regel Sache des Antragsgegners, die Vermutung der Dringlichkeit zu widerlegen. Dabei kann auch auf allgemeine Erfahrungssätze zurückgegriffen werden. Ein allgemeiner Erfahrungssatz, dass jemand, der auf einem lokalen Markt wirbt, die dort von seinen Wettbewerbern betriebene Werbung kennt, besteht jedoch nicht.

OLG Report 1998, 376: Die Dringlichkeit ist nicht widerlegt, wenn infolge „unglücklicher“ Antragsformulierung vom LG jeweils nur Teilbereiche verboten werden. Für die Frage, ob ein anderweitiger Verstoß gerügt wird, kommt es auf die Antragsbegründung und den Antragsvorschlag an.

Urt. v. 25.2.1998 – 29 U 6463/98: Antragsteller muss sich die erforderliche Kenntnis verschaffen und darf nicht tatenlos zuwarten, wenn ihm konkrete Umstände bekannt geworden sind, die die Verletzung seiner Rechte nahe legen.

Urt. v. 12.6.1997 – 29 U 3015/97: Vollziehung der eV – § 176 ZPO a. F. „bestellt“.

Urt. v. 19.9.1995 – 29 U 3707/95: Zu den Voraussetzungen eines Leistungsverfügung; Verbot der Weigerung der Anerkennung eines Prüfsystems = Leistungsbegehren.

WRP 1996, 231 f.: Auch im Interesse der Allgemeinheit kann auf ein eigenes Rechtsschutzbedürfnis des Antragstellers für das Verfügungsverfahren nicht verzichtet werden.

OLG Report 1996, 261 = MD 1996, 1027, 1029 f.: Ein Vorgehen gegen einen bestimmten Verletzer ist nicht erst dann möglich und geboten, wenn wegen einer gleichartigen Wettbewerbshandlung eines anderen Verletzers ein rechtskräftiges Unterlassungsgebot vorliegt.

Mitt. 1996, 312 = OLG Report 1996, 105: Die Kenntnis, dass ein Zulassungsverfahren betrieben wird, begründet noch keine Verpflichtung, zum Erhalt der Eilbedürftigkeit wegen der drohenden Patentverletzung gerichtlich vorzugehen.

OLG Report 1996, 99: Es ist auf den Zeitpunkt abzustellen, zu welchem ein möglicher Entscheidungsträger Kenntnis erlangt hat.

OLG Report 1995, 56 = MD 1995, 224 f.: Antragsteller ist berechtigt, vor Anrufung der Gerichte sich durch Beschaffung des fraglichen Produkts über die Rechtsverletzung aus seiner Sicht Gewissheit zu verschaffen. Erst dann hat er mit der gebotenen Eile vorzugehen, wenn er nach seiner Einschätzung einen Antrag bei Gericht mit Erfolg stellen kann. Dies kann die Dringlichkeitsfrist verlängern.

ZUM 1994, 651, 652 – Zur Frage der Erforderlichkeit der Beschaffung von Glaubhaftmachungsmittel.

OLG Report 1994, 233 = MD 1994, 1008 (LS): Untätigkeit gegenüber Alleinimporteur beseitigt die Dringlichkeit für ein Vorgehen gegen dessen Abnehmer.

MD 1994, 1022: Untätigkeit trotz konkreter Kenntnis einer möglichen Verletzung beseitigt die Dringlichkeit. Dies gilt auch dann, wenn der Antrag neben UWG auch auf das PatG gestützt wird. Nach der mündlichen Verhandlung eingereichte Schriftsätze bleiben grundsätzlich außer Betracht. Eine Wiedereröffnung der mündlichen Verhandlung ist nur in Ausnahmefällen möglich. Maßgeblich ist die Kenntnis des Geschäftsführers sowie des Generalbevollmächtigten der Antragstellerin.

OLG Report 1994, 19 = MDR 1994, 152: Verzögerungen sind nur dann beachtlich, wenn Monatsfrist dadurch verstrichen ist.

MD 1994, 400: Zu durch den Antragsteller veranlasste Verfahrensverzögerung als dringlichkeitsschädlich.

NJW 1993, 1604: Beteiligung des Antragsgegners bei Einreichung einer Schutzschrift – entsprechende Anwendung von § 269 Abs. 3 ZPO.

OLG Report 1993, 120 = GRUR 1994, 670 (LS): Bei objektiven Anhaltspunkten für frühere Kenntnis sind vom Antragsteller hierzu Darlegungen erforderlich.

OLG Report 1993, 120: Sachgerechte Erweiterung des ursprünglichen Antrags ist auf die Dringlichkeit ohne Einfluss.

WRP 1993, 49, 50 f.: Zuwarten länger als 1 Monat nach Kenntnis der Verletzungshandlung; Vorgehen gegen einen weiteren Verletzer, nachdem von dem zuerst in Anspruch genommenen Teilnehmer an einer beanstandeten Aktion (Fahrpreiserstattung durch Einzelhandelsgeschäfte) ein Anerkenntnis abgegeben worden war.

WRP 1992, 264: Zur erforderlichen Kenntnis der Einzelheiten des beanstandeten Verhaltens.

GRUR 1992, 328 = NJW-RR 1991, 624: Die volle Ausschöpfung der Berufungseinlegungs- und -begründungsfrist widerlegt die Dringlichkeit nicht (Aufgabe von WRP 1981, 49), anders die Verlängerung der Begründungsfrist (um 3 Wochen).

MDR 1992, 251 = OLG Report 1992, 103: Ist für ein Arzneimittel ein Warenzeichen bereits eingetragen, so setzt der Antrag auf Zulassung des Arzneimittels beim BGA eine neue Dringlichkeitsfrist für den Antrag auf Unterlassung des Verwendung des Arzneimittels in Lauf.

WRP 1991, 51, 53 (Vorabmeldung WRP 1990, 719): Positive Kenntnis auch bei einem Verband maßgeblich, nicht seiner Mitglieder, die möglicherweise das Vorgehen initiiert haben. Keine Verweisung auf das für die Klärung von Grundsatzfragen besser geeignete Hauptsacheverfahren.

AfP 1990, 58: Eine frühere Kenntnis als vom Antragsteller behauptet, muss der Antragsgegner glaubhaft machen.

GRUR 1988, 709: Zur Frage der Anordnung einer Sicherheitsleistung.

GRUR 1988, 715: Verjährung, Berühmung.

WRP 1984, 644: Die Dringlichkeit wird widerlegt, wenn der Antragsteller nicht binnen eines Monat ab positiver Kenntnis des beanstandeten Verhaltens den Antrag stellt, sofern er im Besitz aller erforderlicher Glaubhaftmachungsmittel ist, um deren Beschaffung er sich mit der gebotenen Eile und dem gehörigen Nachdruck bemühen muss.

WRP 1983, 643: wie vor.

WRP 1980, 506, 507 f.: Zeitraum von vier Jahren seit erster Verletzungshandlung allein widerlegt Dringlichkeit nicht.

GRUR 1980, 329 = WRP 1980, 172 (aufgegeben, bzgl. Rechtsmittelfristen).

WRP 1981, 340: zur Widerlegung bei 20 Jahre andauerndem Verhalten.

Auf die Monatsfrist finden die § 193 BGB, § 222 Abs. 2 ZPO entsprechende Anwendung:

Die Einreichung des Verfügungsantrags per Telefax ohne Anlagen am letzten Tag der Monatsfrist wurde für ausreichend erachtet.

BayVerfGH NJW-RR 1993, 365: Die strenge Handhabung der Monatsfrist wurde für verfassungsrechtlich unbedenklich angesehen.

OLG Naumburg 705

GRUR-RR 2013, 135: § 12 Abs. 2 UWG ist im Urheberrecht nicht entsprechend anwendbar; zu den Anforderungen an einen Verfügungsgrund.

WRP 1997, 885: Die Vermutung ist nicht dadurch widerlegt, dass der Verstoß erst nach längerer Zeit (nächstes Weihnachten) wiederholbar ist.

NJWE-WettbR 1996, 155: Durchsetzung eines Beseitigungsanspruchs – Niederlegung von Mandaten durch nicht zugelassenen Rechtsanwalt – möglich, nicht dagegen die Verpflichtung, die entstandenen Gebührenforderungen niederzuschlagen.

OLG Nürnberg 706

OLG Nürnberg MD 2018, 968: Bei einem Antrag eines Wettbewerbsverbands kommt es auf dessen Kenntnis an, sofern er nicht von einem Dritten vorgeschoben wird.

OLG Nürnberg GRUR-RR 2016, 108: Für den Erlass einer Besichtigungsverfügung bedarf es nach allgemeinen Grundsätzen eines Verfügungsgrundes; offengelassen, ob § 12 Abs. 2 UWG auf urheberrechtliche Unterlassungs- und Besichtigungsansprüche anwendbar ist.

MD 2007, 313, 315: Der erforderliche Verfügungsgrund muss zusätzlich neben der Wiederholungsgefahr vorliegen.

MD 2002, 197, 198: Die Dringlichkeitsvermutung ist im Regelfall widerlegt, wenn der Verletzte mit seinem Antrag mehr als einen Monat seit Kenntnis der Verletzungshandlung zuwartet.

MDR 2002, 232: Auch wenn sich ein Prozessvertreter für ein Hauptsacheverfahren angezeigt hat, können ungeachtet von § 82 ZPO Zustellungen im Verfügungsverfahren wirksam an die Partei vorgenommen werden.

GRUR-RR 2002, 68: § 25 UWG a. F. gilt entsprechend für markenrechtliche Ansprüche; Sequestration.

Mitt. 1993, 118 f.: § 25 UWG a. F. ist auf eV-Antrag nur gegen gewerbliche Benutzung eines patentgeschützten Erzeugnisses nicht anwendbar.

GRUR 1987, 727: Die Verlängerung der Berufungsbegründungsfrist widerlegt die Dringlichkeitsvermutung.

GRUR 1983, 134: Ein Vorgehen nach 10 Wochen ist bei Einholung einer erforderlichen Meinungsumfrage noch dringlich.

OLG Oldenburg 707

MDR 2016, 109: Abzustellen ist auf einen Richtwert von 1 Monat; die Frist kann aber bei Vergleichsverhandlungen auch länger sein.

MDR 2002, 290: Der Antragsteller ist nur berechtigt, nicht jedoch verpflichtet die eV an die für die Hauptsache bevollmächtigten Rechtsanwälte zuzustellen.

WRP 1996, 612: Beschäftigungsverbot für abgeworbene Mitarbeiter im eV-Verfahren.

WRP 1996, 461, 463 f.: Zuwarten von 4 Monaten zu lang, sogar ein Zuwarten von 1 Monat (wie von Antragsteller behauptet) wäre zu lang gewesen. Widersprechende eidesstattliche Versicherungen zur Kenntniserlangung.

WRP 1971, 181: zweimalige Verlängerung der Berufungsbegründungsfrist dringlichkeitsschädlich.

OLG Rostock 708

WRP 2017, 235: Keine starren Regelfristen, sondern Einzelfallprüfung; in einfachen Fällen Zuwarten von einem Monat schädlich, bei nachvollziehbaren Gründen Zuwarten von 2, ausnahmsweise 3 Monaten nicht dringlichkeitsschädlich.

Beschl. v. 10.6.2015 – 2 W 8/15, juris Tz. 13 f.: Die durch eine Verweisung wegen örtlicher Unzuständigkeit eingetretene Verzögerung von acht Tagen ist nicht dringlichkeitsschädlich. Nach Kenntniserlangung am 15.12.2014 wurde der Antrag am 13.1.2015 eingereicht und ging nach Verweisung am 21.1.2015 beim zuständigen Gericht ein.

Urt. v. 3.11.1993 – 2 U 19/93, bei *Koch* WRP 2002, 191, 195: § 938 Abs. 1 ZPO findet bei Unterlassungsverfügungen keine Anwendung. Es fehlt an der Dringlichkeit, wenn die befristete Aktion vor Erlass der eV abgeschlossen ist.

Urt. v. 16.6.1993 – 2 U 28/93, bei *Koch* a. a. O. S. 196: 2–3 Monate ab Kenntniserlangung von der Verletzungshandlung angemessen. Kein Aufleben der Dringlichkeit durch weitere Auflage des beanstandeten Branchenverzeichnisses.

Urt. v. 21.7.1993 – 2 U 53/93, bei *Koch* a. a. O. S. 196: Für weiteren eV-Antrag fehlt es nicht an der Dringlichkeit, da der frühere Antrag erfolglos geblieben ist und der neue Antrag auf eine neue Werbung mit der beanstandeten Bezeichnung gestützt wird.

Urt. v. 18.12.1996 – 2 U 33/96, bei *Koch* a. a. O. S. 196: Zweimalige Verlängerung der Berufungsbegründungsfrist lässt die Dringlichkeit entfallen.

Urt. v. 17.3.1999 – 2 U 81/98 bei *Koch* a. a. O. S. 197: Wiederaufleben der Dringlichkeit durch neue Verletzungshandlung.

Urt. v. 16.2.2000 – 2 U 5/99, bei *Koch* a. a. O. S. 197: entsprechende Anwendung von § 25 UWG a. F. auf Streit wegen Domainbenutzung.

709 **OLG Saarbrücken** (weitere Nachweise bei *Berneke/Schüttpelz* Rn. 174)

GRUR-RR 2017, 80: In der Regel 1 Monat, die Frist kann im Einzelfall aber auch länger sein, etwa weil Vergleichsverhandlungen geführt werden oder wenn aufgrund der schwierigen Rechtsmaterie weitere Ermittlungen erforderlich sind.

GRUR-RR 2001, 71 (LS): 7 Wochen in einfach gelagerten Fällen zu lange.

OLG Report 1997, 140: Ausschöpfung der um zwei Monate verlängerten Berufungsbegründungsfrist widerlegt die Dringlichkeitsvermutung jedenfalls dann, wenn die Sache in tatsächlicher und rechtlicher Hinsicht keine besonderen Schwierigkeiten aufwirft.

WRP 1981, 418: volle Ausschöpfung der Berufungseinlegungs- und -begründungsfrist dringlichkeitsschädlich.

710 **OLG Schleswig** (weitere Nachweise bei *Kuthning* WRP 1989, 82 f. unter 3.3)

Urt. v. 10.1.2012 – 6 U 31/11: Bei einfach gelagertem Sachverhalt und klarer Rechtslage ist ein Zuwarten von fast 6 Wochen dringlichkeitsschädlich.

WRP 2014, 879: Die analoge Anwendung des § 12 Abs. 2 UWG im Markenrecht blieb ungeklärt.

MMR 2002, 161: entgegenstehende Rechtshängigkeit bei mehreren inhaltlich übereinstimmenden Verfügungsanträgen; Widerspruch nach $1^{1}/_{2}$ Jahren; Abschlusserklärung gegenüber Dritten; Kostenwiderspruch.

MD 2002, 211, 213: Zur Glaubhaftmachung der Klagebefugnis eines Verbandes.

OLG Report 1997, 333 f.: Eine Verpflichtung den Markt zu überwachen, besteht nicht. Dass der Antragsteller den Verstoß früher hätte erkennen können, führt lediglich dazu, dass er seinerseits bei einer über einen längeren Zeitraum betriebenen Werbung seine Unkenntnis glaubhaft machen muss.

OLG Report 1997, 314: Das Einstellen des Anzeigenblattes bei einer als unzulässig beanstandeten redaktionellen Werbung führt nicht zum Wegfall der Dringlichkeitsvermutung.

OLG Report 1997, 194: Wird die Berufung innerhalb der nicht verlängerten Frist begründet, ist ein Antrag auf Verlängerung um 2 Monate nicht dringlichkeitsschädlich.

OLG Report 1996, 102: Entfallen der Dringlichkeitsvermutung durch strafbewehrte Unterlassungserklärung; zweimonatiges Zuwarten bis zur Abmahnung nicht zu lange.

GRUR 1986, 840: § 93 ZPO ist nicht anwendbar, wenn trotz Anerkenntnis Verletzungshandlung bestritten wird.

SchlHA 1979, 191 f.: Die Dringlichkeitsvermutung kann auch bei Ansprüchen aus § 3 UWG a. F. widerlegt werden. Die maßgebliche Zeitspanne bemisst sich nach den Umständen des Einzelfalls (Nachforschungen, Einschaltung eines Anwalts, Abmahnversuche).

711 **OLG Stuttgart**

WRP 2018, 369: Eine Zeitspanne von unter 1 Monat ist in der Regel unschädlich, ein Zuwarten von mehr als acht Wochen widerlegt jedoch regelmäßig die Dringlichkeitsvermutung.

MDR 2015, 1096: Gegen eine ohne mündliche Verhandlung ergangene sog. Zwischenverfügung, mit der zeitlich beschränkt dem Antrag entsprochen wird, ist eine sofortige Beschwerde nicht statthaft.

GRUR-RR 2014, 251: § 12 Abs. 2 UWG ist im Markenrecht analog anwendbar (ebenso: Mitt. 2012, 189 für den Unterlassungsanspruch, nicht jedoch für den Auskunftsanspruch nach § 19 MarkenG). Bloß fahrlässige Unkenntnis ist nicht dringlichkeitsschädlich.

MD 2010, 876: Die Ausschöpfung von Rechtsmittelfristen ist regelmäßig nicht dringlichkeitsschädlich.

NZBau 2010, 639 und juris: Ein Zuwarten von mehr als acht Wochen/zwei Monaten ist regelmäßig dringlichkeitsschädlich, jedenfalls fehlt es nach drei Monaten an der Dringlichkeit.

ZUM-RD 2009, 455 = GRUR-RR 2009, 633: § 12 Abs. 2 UWG findet auf Unterlassungsansprüche nach dem UWG keine entsprechende Anwendung. Ein Zuwarten von mehr als acht Wochen/zwei Monaten ist regelmäßig zu lang. Die Frist wird auch durch die Kenntnis von Umständen in Lauf gesetzt, die eine Erstbegehungsgefahr begründen. Eine Verletzungshandlung begründet keine neue Dringlichkeit, wenn sie keine andere Qualität aufweist.

GRUR-RR 2009, 343: Die Dringlichkeitsfrist beginnt erst mit der Kenntnis der fraglichen Werbung. Es ist Sache des Antragsgegners die Dringlichkeitsvermutung zu widerlegen.

GRUR-RR 2009, 337: Auch eine Urteilsverfügung bedarf der Parteizustellung (Aufgabe der früheren Rspr.)

GRUR-RR 2005, 307: Ob eine Dringlichkeit besteht, ist allein im Verhältnis der Parteien zu beurteilen, ob der Antragsteller gegen ähnliche Verletzungshandlungen Dritter vorgegangen ist, ist nicht maßgeblich.

GRUR-RR 2002, 381, 383: § 25 UWG a. F. gilt auch für markenrechtliche Ansprüche (unter Hinweis auf Beschl. v. 19.12.2000 – 2 W 81/00); fahrlässige Unkenntnis schadet nicht; Kenntnis hat Verletzer glaubhaft zu machen.

OLG Report 2001, 182: keine Beschwerde gegen zurückweisenden Beschluss mit dem Ziel der Erledigungserklärung.

OLG Report 1999, 324 f.: Dringlichkeit wird nicht dadurch widerlegt, dass örtliche Telefonbücher üblicherweise nur einmal jährlich erscheinen.

WRP 1998, 433: Dringlichkeit bleibt bei einer seit längerer Zeit betriebenen Alleinstellungswerbung auch dann widerlegt, wenn im Rahmen einer Jubiläumsveranstaltung verstärkt mit diesen Angaben geworben wird.

WRP 1997, 355, 357: Zuwarten von 10 Monaten zu lange, auch wenn zwischenzeitlich eine eingeschränkte Unterlassungserklärung abgegeben wurde.

WRP 1997, 118: § 25 gilt entsprechend auch für Ansprüche aus WZG und MarkenG.

NJW-RR 1997, 1331: Dringlichkeit wird nicht dadurch ausgeräumt, dass der Antragsteller gegen eine frühere Werbung vorgegangen ist, ohne damals den Hinweis auch in Alleinstellung anzugreifen. Auch nicht dadurch, dass der Hinweis schon früher unauffällig in einer Produktinformation enthalten war, jetzt aber in einer Zeitschriftenanzeige in der Überschrift erscheint.

WRP 1996, 469: Dass die beanstandete Aktion im Verlauf des Verfügungsverfahrens abgeschlossen wird, steht der Dringlichkeit nicht entgegen. Antragsteller muss auch nicht Antrag für erledigt erklären, wenn er das Verfahren rechtzeitig eingeleitet hat, auch wenn die angegriffene Maßnahme nicht kurzfristig wiederholt werden kann.

WRP 1996, 147: Dringlichkeit wird nicht dadurch widerlegt, dass Antragsteller nur gegen einen von mehreren Teilnehmern an einer beanstandeten Aktion (Lagerverkauf) vorgeht, da die Verurteilung erwarten lässt, dass sich auch die anderen an das Verbot halten.

WRP 1993, 628, 629: Maßgeblich sind die Umstände des Einzelfalles ab Kenntnis der Verletzungshandlung. 7 Wochen nicht zu lange.

WRP 1983, 708: Verfügungsgrund für eV fehlt nicht deshalb, weil Antragsteller bereits eine eV erwirkt hat, die sich auf eine andere in der nunmehrigen Verletzungshandlung enthaltene Verletzungsform bezieht.

WRP 1983, 647: Bestätigung der eV mit der Maßgabe einer Sicherheitsleistung muss diese erneut vollzogen werden. Es fehlt am Verfügungsgrund, wenn Antragsteller bereits im Besitz eines vorläufig vollstreckbaren Hauptsachetitels ist, auch wenn von höherer Sicherheitsleistung abhängig.

WRP 1982, 604: Ausnutzen der Rechtsmittel und der verlängerten Begründungsfrist ist grundsätzlich nicht geeignet, die Vermutung zu widerlegen. Bei rechtzeitig eingeleitetem Verfahren muss bei befristeter Veranstaltung nicht für erledigt erklärt werden.

WRP 1981, 668: Rechtskraft des abweisenden Urteils steht einem neuen Antrag nicht entgegen. Auch bei einem Zeitablauf von fünf Monaten kann die Eilbedürftigkeit zu bejahen sein, wenn eine Veränderung des bestehenden Zustands die Verwirklichung eines Rechts des Verfügungsklägers zu erschweren droht.

WRP 1980, 508: Die Bereitschaft an einem Einigungsstellenverfahren mitzuwirken, räumt weder die Wiederholungsgefahr aus, noch steht sie der Einleitung eines eV-Verfahrens entgegen.

712 **OLG Jena:** siehe OLG Jena

713 **OLG Zweibrücken**

WRP 2016, 280: Die wirksame Zustellung einer Beschlussverfügung im Parteibetrieb erfordert die Zustellung einer Ausfertigung oder einer beglaubigten Abschrift einer Ausfertigung. Das Berufungsgericht kann unter besonderen Umständen aus Gründen der Prozesswirtschaftlichkeit eine neue einstweilige Verfügung erlassen.

GRUR-RR 2008, 808: § 12 Abs. 2 UWG gilt entsprechend bei Kennzeichenrechtsverletzungen. Es hängt vom Einzelfall ab, ob ein Zuwarten dringlichkeitsschädlich ist. Die Frist muss aber in jedem Fall deutlich unter der sechsmonatigen Verjährungsfrist liegen.

GRUR-RR 2001, 288: Ist nach Erlass einer eV die durch Parteizustellung zu wahrende Vollziehungsfrist nicht gewahrt, so kommt eine Heilung nach § 187 ZPO a. F. jedenfalls dann nicht in Betracht, wenn es sich um eine sanktionsbewehrte Untersagungs- bzw. Unterlassungsverfügung aus dem Bereich des Wettbewerbsrechts handelt.

NJW-RR 2002, 344: Zur Vermeidung der Kostenfolge aus § 93 ZPO ist eine Aufforderung, die einstweilige Verfügung als Hauptsacheentscheidung anzuerkennen, ausreichend. Eine ausdrückliche Klageandrohung und Fristsetzung ist nicht erforderlich.

§ 13 Abmahnung; Unterlassungsverpflichtung; Haftung

(1) **Die zur Geltendmachung eines Unterlassungsanspruchs Berechtigten sollen den Schuldner vor der Einleitung eines gerichtlichen Verfahrens abmahnen und ihm Gelegenheit geben, den Streit durch Abgabe einer mit einer angemessenen Vertragsstrafe bewehrten Unterlassungsverpflichtung beizulegen.**

(2) **In der Abmahnung muss klar und verständlich angegeben werden:**

1. Name oder Firma des Abmahnenden sowie im Fall einer Vertretung zusätzlich Name oder Firma des Vertreters,

2. die Voraussetzungen der Anspruchsberechtigung nach § 8 Absatz 3,

3. ob und in welcher Höhe ein Aufwendungsersatzanspruch geltend gemacht wird und wie sich dieser berechnet,

4. die Rechtsverletzung unter Angabe der tatsächlichen Umstände,

5. in den Fällen des Absatzes 4, dass der Anspruch auf Aufwendungsersatz ausgeschlossen ist.

(3) **Soweit die Abmahnung berechtigt ist und den Anforderungen des Absatzes 2 entspricht, kann der Abmahnende vom Abgemahnten Ersatz der erforderlichen Aufwendungen verlangen.**

(4) **Der Anspruch auf Ersatz der erforderlichen Aufwendungen nach Absatz 3 ist für Anspruchsberechtigte nach § 8 Absatz 3 Nummer 1 ausgeschlossen bei**

1. im elektronischen Geschäftsverkehr oder in Telemedien begangenen Verstößen gegen gesetzliche Informations- und Kennzeichnungspflichten oder

2. sonstigen Verstößen gegen die Verordnung (EU) 2016/679 des Europäischen Parlaments und des Rats vom 27. April 2016 zum Schutz natürlicher Personen bei der Verarbeitung personenbezogener Daten, zum freien Datenverkehr und zur Aufhebung der Richtlinie 95/46/EG (DatenschutzGrundverordnung) (ABl. L 119 vom 4.5.2016, S. 1, L 314 vom 22.11.2016, S. 72, L 127 vom 23.5.2018, S. 2) und das Bundesdatenschutzgesetz durch Unternehmen sowie gewerblich tätige Vereine, soweit sie in der Regel weniger als 250 Mitarbeiter beschäftigen.

(5) **Soweit die Abmahnung unberechtigt ist oder nicht den Anforderungen des Absatzes 2 entspricht oder entgegen Absatz 4 ein Anspruch auf Aufwendungsersatz geltend gemacht wird, hat der Abgemahnte gegen den Abmahnenden einen Anspruch auf Ersatz der für die Rechtsverteidigung erforderlichen Aufwendungen. Der Anspruch nach Satz 1 ist beschränkt auf die Höhe des Aufwendungsersatzanspruchs, die der Abmahnende geltend macht. Bei einer unberechtigten Abmahnung ist der Anspruch nach Satz 1 ausgeschlossen, wenn die fehlende Berechtigung zur Abmahnung**

für den Abmahnenden zum Zeitpunkt der Abmahnung nicht erkennbar war. Weitergehende Ersatzansprüche bleiben unberührt.

Übersicht

A. Überblick

1 Absatz 1 regelt das von der Rechtsprechung entwickelte Rechtsinstitut der **Abmahnung** und der **Unterwerfung.**

1a Absatz 2 befasst sich mit dem **notwendigen Inhalt** der Abmahnung.

1b Absatz 3 sieht einen Anspruch auf **Ersatz der erforderlichen Aufwendungen** vor, soweit die Abmahnung berechtigt ist und den Anforderungen des Absatz 2 entspricht.

Absatz 4 **schließt den Anspruch von Mitbewerbern aus,** wenn es sich um Verstöße gegen Informations- und Kennzeichnungspflichten auf Telemedien und um Datenschutzverstöße von Unternehmen und gewerblich tätige Vereine handelt, die in der Regel weniger als 250 Mitarbeiter beschäftigen.

1c Absatz 5 befasst sich mit einem Anspruch des Abgemahnten auf Aufwendungsersatz.

B. Abmahnung und Unterwerfung

Schrifttum zur Abmahnung: *Anschewitz,* Kostentragung bei Sequestrationsverfügungen ohne vorherige Abmahnung, WRP 2012, 401; *Bärenfänger,* Der Kostenerstattungsanspruch aus Geschäftsführung ohne Auftrag im Kennzeichenrecht – eine Abrechnung, GRUR 2012, 461; *Bölling,* Wird die 1,5 Geschäftsgebühr zur Regelgebühr?, WRP 2012, 1214; *Buchmann,* Neuere Entwicklung im Recht der lauterkeitsrechtlichen Abmahnung, WRP 2012, 1345; *Busch,* Zurückweisung einer Abmahnung bei Nichtvorlage der Originalvollmacht nach § 174 S. 1 BGB?, GRUR 2006, 477; *Conrad,* Abgabe einer Unterlassungserklärung ohne Anerkennung einer Rechts- und Zahlungspflicht und Aufwendungsersatz, WRP 2001, 187; *ders.,* Der Zugang der Abmahnung, WRP 1998, 124; *ders.,* Die Abmahnung und der Vollmachtsnachweis, WRP 1998, 258; Gerstenberg, Zur (Gegen-)Abmahnung als Retourkutsche, WRP 2011, 1116; Goldmann, BGH beendet ein Ärgernis – Keine Zurückweisung einer Abmahnung ohne Vollmachtsnachweis analog § 174 Satz 1 BGB, GRUR-Prax 2010, 524; Günther/Beyerlein, Abmahnen nach dem RVG – Ein Gebühren-Eldorado?, WRP 2004, 1222; Günther, Zur Höhe der Geschäftsgebühr bei Abmahnungen im Wettbewerbsrecht, gewerblichen Rechtsschutz und Urheberrecht, WRP 2009, 118; *Heidenreich,* Zum Kostenerstattungsanspruch für eine wettbewerbsrechtliche Gegenabmahnung, WRP 2004, 660; *Heinz/Stillner,* Abmahnung ohne schriftliche Vollmacht, WRP 1993, 379; *Hess,* Unterwerfung als Anerkenntnis?, WRP 2003, 353; *ders.,* Aktuelles Wettbewerbsverfahrensrecht, WRP 2015, 317, WRP 2016,921, WRP 2017,656 und WRP 2018, 781; *Hohlweck,* Das Gesetz zur Stärkung des fairen Wettbewerbs – Heilmittel oder Placebo, WRP 2020, 266; *Jennewein,* Zur Erstattung von Abmahnkosten bei Verbänden, WRP 2000, 129; *Kircher,* Der Sequestrationsantrag im einstweiligen Rechtsschutz: Ausweg aus der Obliegenheit zur Abmahnung?, in: FS Schilling, 2007, 293; *Klein,* Hauptsacheverfahren oder Eilverfahren – worauf bezieht sich die Abmahnung?, GRUR 2012, 882; *Köhler,* „Abmahnverhältnis" und „Unterwerfungsverhältnis", in: FS Piper, 1996, 309; *ders.,* Zur Erstattungsfähigkeit von Abmahnkosten, in: FS Erdmann, 2003, 845; *von Linstow,* Die rechtsverletzende Titelschutzanzeige – ein vierstöckiger Hausbesitzer, FS Erdmann, 2002, 375; *Meinhardt,* Aktuelles Wettbewerbsverfahrensrecht (Teil 1), WRP 2020, 156 und 273 (Teil 2); *Ohrt,* „Procura necesse est" oder: Vollmachtsnachweis bei Abmahnschreiben und Kostenerstattung, WRP 2002, 1035; *Omsels/Zott,* Ausgewählte Probleme im neuen UWG, WRP 2021, 278; *Pabst,* Zur Frage der Erstattung von Abmahnkosten im Buchhandel, AfP 1998, 163;

Pfister, Erfordernis des Vollstreckungsnachweises bei Abmahnschreiben, WRP 2002, 799; *Pustovalov/Johnen,* Auswirkungen der umsatzsteuerlichen Behandlung von Abmahnungen durch den BFH auf die Praxis der Rechtsverfolgung im „grünen" Bereich und darüber hinaus, WRP 2019, 848; *Rätze,* Gesetz zur Stärkung des (un)fairen Wettbewerbs, WRP 2020, 1519; *Rehart,* Fiktive Abmahnkosten in einem anderen Licht, WRP 2009, 532; *Schmid,* Sinn und Rechtsfolgen von Titelschutzanzeigen, in: FS Erdmann, 2002, 469; *Selke,* Erstattung von Rechtsanwaltskosten bei unberechtigter Abmahnung aus culpa in contrahendo, WRP 1999, 286; *Steiniger,* Abmahnung – auch bei notorischen Rechtsverletzern?, WRP 1999, 1195; *Teplitzky,* Die jüngste Rechtsprechung des BGH zum wettbewerbsrechtlichen Anspruchs- und Verfahrensrecht X, GRUR 2003, 272; *ders.*, Unterwerfung oder Unterlassungsurteil?, WRP 1996, 171; *ders.*, Die wettbewerbsrechtliche Unterwerfung heute – Neuere Entwicklungen eines alten Streitbereinigungsmittels, GRUR 1996, 696; *ders.*, Aktuelle Probleme der Abmahnung und Unterwerfung sowie des Verfahrens der einstweiligen Verfügung im Wettbewerbs- und Markenrecht, WRP 2005, 184; *ders.*, Die Regelung der Abmahnung in § 12 Abs. 1 UWG, ihre Reichweite und einige ihrer Folgen, FS Ullmann, 2006, 999; *ders.*, Abmahnung und Vollmachtsvorlage – Zum noch relevanten Rest des Meinungsstreits, WRP 2010, 1427; *Ulrich,* Die Aufklärungspflicht des Abgemahnten – Zur sinngemäßen Anwendung des § 93 ZPO zugunsten des Klägers/Antragstellers, WRP 1985, 117; *ders.*, Die Kosten der Abmahnung und die Aufklärungspflichten des Abgemahnten, WRP 1995, 282; *ders.*, Die Wettbewerbszentrale und das „Fotowettbewerb"-Urteil, WRP 1997, 918; *Ungewitter,* Die Verjährung des Aufwendungsanspruchs bei Abmahnungen, GRUR 2012, 697; *Wagner/Kefferpütz,* Das Wettbewerbsrecht im Generalverdacht des Rechtsmissbrauchs, WRP 2021, 151; *Weisert,* Rechtsprobleme der Schubladenverfügung, WRP 2007, 504; *Zindel/Vorländer,* Vom Ende der Schubladenverfügung, WRP 2017, 276.

Schrifttum zur Unterwerfung: *Ahrens,* Unterlassungsschuldnerschaft beim Wechsel des Unterlassungsinhabers, GRUR 1996, 518; *Apel/Drescher,* Unterlassungserklärung und Erfüllungsgehilfenhaftung, WRP 2017, 524; *Bernreuther,* Zusammentreffen von Unterlassungserklärung und Antrag auf Erlass einer einstweiligen Verfügung, GRUR 2001, 400; *Bornkamm,* Unterlassungstitel und Wiederholungsgefahr, in: FS Tilmann, 2003, S. 769; *Dienstbühel,* Die außerordentliche Kündigung des Unterlassungsvertrages als (weitere) Ausnahme des Grundsatzes pacta sunt servanda, WRP 2019, 981; *Doepner,* Wiederholungsgefahr – Ausräumung mit Drittwirkung, in FS Mes, 2009, 71; *Döring,* Die aufschiebend befristet abgegebene strafbewehrte nach einem Wettbewerbsverstoß, WRP 2007, 728; *Dornis/Förster,* Die Unterwerfung: Rechtsnatur und Rechtsnachfolge, GRUR 2006, 195; *Eichelberger,* Die Drittunterwerfung im Wettbewerbsrecht, WRP 2009, 270; *Foerste,* Umschreibung des Unterlassungstitels bei Betriebserwerb, GRUR 1998, 450; *Husemann,* Die aus einem Unterlassungsvertrag resultierenden Handlungspflichten, WRP 2017, 270; *Isele,* Vertragliche Unterlassungsansprüche bei Rechtsnachfolge auf Seiten des Unterlassungsschuldners, WRP 2011, 292; *Köhler,* „Abmahnverhältnis" und „Unterwerfungsverhältnis", in: FS Piper, 1996, 309;; *ders.*, Der wettbewerbliche Unterlassungsvertrag: Rechtsnatur und Grenzen der Wirksamkeit, FS v. Gamm, 1990, 57; *ders.*, Die Auswirkungen der Unternehmensveräußerung auf gesetzliche und vertragliche Unterlassungsansprüche, WRP 2000, 921; *ders.*, Die notarielle Unterwerfungserklärung – eine Alternative zur strafbewehrten Unterlassungserklärung, GRUR 2010, 6; *ders.*, Wegfall der Erstbegehungsgefahr durch „entgegengesetztes" Verhalten?, GRUR 2011, 879; *Labesius,* Zur Auslegung von Unterwerfungserklärungen als Anerkenntnis, WRP 2013, 312; *Nieder,* Die vertragsstrafenbewehrte Unterwerfung im Prozessvergleich, WRP 2001, 117; *Pokrant,* Zur vorprozessualen Erfüllung wettbewerbsrechtlicher Unterlassungsansprüche, in: FS Erdmann, 2002, 863; *Rehart,* Die Annahme einer unzureichenden modifizierten Unterlassungserklärung – ein Dilemma des Unterlassungsgläubigers, WRP 2016, 1322; *Schmid/Riegger,* „Doppelfehler" beim Wettbewerbsverstoß, WRP 2010, 606; *Strömer/Grootz,* Die „veranlaßte Initiativunterwerfung" – ein untauglicher Versuch, WRP 2008, 1148; *Teplitzky,* Die Auflösung von Unterwerfungsverträgen mit nicht mehr verfolgungsberechtigten Gläubigern, WRP 1996, 1004; *ders.*, Unterwerfung oder Unterlassungsurteil?, WRP 1996, 171; *ders.*, Unterwerfung und „konkrete" Verletzungsform, WRP 1990, 26; *ders.*, Zur Frage des Wegfalls der Geschäftsgrundlage für Unterwerfungsverträge als Folge der Neufassung des § 13 Abs. 2 Nr. 1 und 2 UWG, WRP 1995, 275; *ders.* Anmerkungen zur Entwicklung der Unterwerfungserklärung und ihrer Probleme, in: FS Köhler 2014, 737.

I. Einführung in die Abmahnung

Die Rechtsinstitute der **Abmahnung (= Verwarnung)** und der **vertragsstrafebewehrten Unterlassungserklärung** haben sich im Laufe der Zeit in der wettbewerbsrechtlichen Praxis entwickelt und bewährt. Hier sind sie von ganz erheblicher Bedeutung; denn in den weitaus meisten Fällen führen Abmahnung und Unterwerfung zu einer endgültigen Beilegung der Auseinandersetzung.[1] Mit der Abmahnung fordert der Abmahner den Abgemahnten auf, einen bereits begangenen oder einen erstmals bevorstehenden Wettbewerbsverstoß zu unterlassen, verbunden mit der Aufforderung, eine rechtsverbindliche, gesicherte Verpflichtungserklärung abzugeben, und der Androhung, anderenfalls gerichtlich vorzugehen. An diese Praxis knüpfte der Gesetzgeber in § 12 Abs. 1 S. 1 UWG 2004 an, worauf 2

[1] Teplitzky/*Bacher* Kap. 41 Rn. 1; so auch die Gesetzesbegründung zu § 12 Abs. 1 (UWG 2004).

die Gesetzesbegründung ausdrücklich hinwies. Die mit dem UWG 2004 eingeführte und in **§ 13 Abs. 1 UWG 2020 übernommene Bestimmung** macht die Abmahnung zum Gegenstand einer Sollvorschrift und umschreibt die Hauptfunktion der Abmahnung als **Mittel der außergerichtlichen Streitbeilegung.** Demgemäß gelten die früheren Maßstäbe im Wesentlichen weiter, nunmehr im gesetzlichen Rahmen des § 12 Abs. 1 S. 1 UWG 2004/§ 13 Abs. 1 UWG 2020. Diese Bestimmung gilt nur für Ansprüche (auch) aus dem UWG.[2] Die vor 2004 entwickelten Grundsätze sind nach wie vor für den gesamten Bereich des gewerblichen Rechtsschutzes von Bedeutung.[3] Die Abmahnung ist keine (prozessuale) Voraussetzung für die gerichtliche Geltendmachung eines Unterlassungsanspruches.[4] Den Gläubiger trifft auch keine Rechtspflicht zur Abmahnung, sondern nur eine **Obliegenheit.** In der Regel liegt eine Abmahnung in seinem eigenen Interesse. Fehlt es an einer ordnungsgemäßen Abmahnung, so hat das in einem gerichtlichen Verfahren grundsätzlich Kostenfolgen zu seinen Lasten. Er trägt nämlich gemäß § 93 ZPO die Kosten des Rechtsstreits, wenn der Beklagte sofort anerkennt und keine Veranlassung zu dem Gerichtsverfahren gegeben hat. Ebenso hat der Gläubiger keinen Anspruch auf Abgabe einer Verpflichtungserklärung. Gibt der Schuldner auf eine Abmahnung keine solche Erklärung ab, muss der Gläubiger seinen Unterlassungsanspruch auf den gesetzlich vorgesehenen, insbesondere gerichtlichen Wegen durchsetzen.

II. Zweck und Rechtsnatur der Abmahnung

3 Die Abmahnung dient den **Interessen der beiden Beteiligten und der Gerichte.** Sie ist darauf gerichtet, außergerichtlich zügig und kostengünstig eine einverständliche Regelung herbeizuführen und so ein **gerichtliches Verfahren zu vermeiden,** das die Beteiligten unnötig Zeit und Geld kostet. Gibt der Schuldner eine vertragsstrafebewehrte Unterwerfungserklärung ab, so erhält der Gläubiger eine vertragliche Sicherung, die derjenigen durch einen gerichtlichen Titel gleichwertig ist. Verweigert der Schuldner dagegen die geforderte Unterwerfungserklärung, so kann der Gläubiger klagen, ohne eine für ihn ungünstige Kostenfolge gemäß § 93 ZPO befürchten zu müssen; denn der Schuldner hat dann Veranlassung zur Klage gegeben. Der Schuldner ist daran interessiert, abgemahnt zu werden, weil er die Gelegenheit bekommt, kostengünstig eine begründete Klage zu vermeiden. Gibt er nämlich eine genügende Unterwerfungserklärung ab, entfällt die Wiederholungsgefahr und damit der Unterlassungsanspruch, und zwar grundsätzlich auch gegenüber Dritten.

4 Die Frage nach der Rechtsnatur der Abmahnung lässt sich nur beantworten, wenn streng zwischen folgenden **Funktionen der Abmahnung** unterschieden wird:[5]

– In ihrer Hauptfunktion dient die Abmahnung als Mittel zur außergerichtlichen Streitbeilegung (= § 13 Abs. 1).
– Die berechtigte Abmahnung begründet zwischen dem Abmahner und dem Abgemahnten ein besonderes Pflichtenverhältnis, das sogenannte Abmahnverhältnis (→ Rn. 67 ff.).
– Regelmäßig enthält die Abmahnung ein (meist vorformuliertes) Angebot zum Abschluss eines Unterwerfungsvertrages (→ Rn. 125).

5 Das Vertragsangebot ist unzweifelhaft eine Willenserklärung und unterliegt deren Regeln. Soweit die Abmahnung auf die Begründung eines Pflichtenverhältnisses gerichtet ist, liegt ebenfalls eine Willenserklärung vor. Dagegen ist sie in ihrer Hauptfunktion keine Willenserklärung, sondern als geschäftsähnliche Handlung anzusehen,[6] auf die die Vor-

[2] *Teplitzky* FS Ullmann, 2006, 999 (1001 ff.).
[3] BGH GRUR 2008, 996 f. (999) – Clone-CD; BGH GRUR 2015, 578 – Preußische Kunstwerde; Köhler/*Bornkamm*/Feddersen § 12 Rn. 1.1, 1.98 und 1.106.
[4] OLG Hamburg WRP 1975, 360 (362); 1980, 208; OLG Frankfurt a. M. WRP 1976, 618 (622); OLG München WRP 1988, 62; OLG Düsseldorf WRP 1988, 107 (108); Köhler/*Bornkamm*/Feddersen § 12 Rn. 1.7; Ahrens/*Achilles* Kap. 2 Rn. 8; Teplitzky/*Bacher* Kap. 41 Rn. 2.
[5] Vgl. dazu Teplitzky/*Bacher* Kap. 41 Rn. 4 f.; Ahrens/*Achilles* Kap. 2 Rn. 8.
[6] Köhler/*Bornkamm*/Feddersen § 12 Rn. 1.10.

schriften über Willenserklärungen entsprechend anzuwenden sind, aber nur soweit sie passen, insbesondere der Interessenlage gerecht werden. Die Abmahnung hat demnach eine **Doppelnatur:** Sie ist zugleich Willenserklärung und geschäftsähnliche Handlung. Die strikte Unterscheidung der verschiedenen Funktionen erleichtert es, interessengerechte Antworten insbesondere auf die Fragen des Vollmachtsnachweises (→ Rn. 31 ff.) und des Zuganges (→ Rn. 23 ff.) zu finden.

III. Entbehrlichkeit der Abmahnung

1. Allgemeines. Der Gläubiger muss **im Hinblick auf § 93 ZPO grundsätzlich** 6 **abmahnen,** bevor er gerichtliche Hilfe in Anspruch nimmt. Bei mehreren Verletzern sind in der Regel alle zusammen abzumahnen, wenn der Gläubiger gegen alle gerichtlich vorgehen will.[7] Eine Abmahnung ist **ausnahmsweise entbehrlich,**

– wenn sie aus der objektivierten Sicht des Gläubigers keinen Erfolg verspricht
– oder wenn sie für ihn (aus anderen Gründen) unzumutbar ist.

Trifft das zu, kann er ohne vorherige Abmahnung ein gerichtliches Verfahren einleiten, ohne das Risiko einzugehen, dass er bei einem **sofortigen Anerkenntnis** des Schuldners gemäß § 93 ZPO die Kosten trägt. Im Allgemeinen ist es aber zweckmäßig, wenn möglich – in besonders eiligen Fällen mit ganz kurzer Frist – abzumahnen, um später einen Kostenstreit über die Frage der Veranlassung zu vermeiden.

Leitet der Abmahner **bereits vor Ablauf der gesetzten Frist ein gerichtliches Ver-** 7 **fahren** ein, so hat der Abgemahnte dafür keine Veranlassung gegeben, wenn er innerhalb der ihm gesetzten Frist eine Verpflichtungserklärung abgibt (vgl. dazu → Rn. 54). Der Abmahner kann sich demgegenüber nicht darauf berufen, die Abmahnung sei in Wirklichkeit entbehrlich gewesen. Dadurch würde er sich treuwidrig zu seiner Abmahnung in Widerspruch setzen. Ebenso verhält es sich, wenn er **zunächst eine einstweilige Verfügung** erwirkt haben sollte,[8] ohne sie (zunächst) zuzustellen (sog. Schubladenverfügung; vgl. dazu auch → Rn. 77: keine Erstattung von Abmahnkosten), und **dann erst** den Abgemahnten **abmahnt.** Er kann im Rahmen des § 93 ZPO nicht geltend machen, die Abmahnung sei in Wirklichkeit entbehrlich gewesen,[9] er habe nur eine spätere Auseinandersetzung über die Frage der Notwendigkeit vermeiden wollen.

2. Fehlende Aussicht auf Erfolg. Die **Abmahnung** ist **entbehrlich,** wenn der Gläu- 8 biger bei objektiver Betrachtung und vernünftiger Würdigung aller Umstände zu dem Schluss gekommen ist, dass zur Durchsetzung seines Unterlassungsanspruches sofortige gerichtliche Hilfe unerlässlich ist.

Die Abmahnung verspricht nicht allein deshalb keine Aussicht auf Erfolg, weil der 9 Verletzer den **Verstoß vorsätzlich** begangen hat,[10] was bei vielen kleinen Verstößen vorkommen kann, und/oder es sich um einen **schwerwiegenden Verstoß** handelt.[11] Daraus kann sich allenfalls ergeben, dass die Abmahnung für den Gläubiger unzumutbar ist. Aus der Schwere eines Verstoßes folgt nach der Lebenserfahrung eher, dass der Verletzer sich einer Abmahnung beugen wird. Ebenso ist es bei vorsätzlichen Verstößen. In den zuvor genannten Fällen ist es dem Gläubiger grundsätzlich auch zuzumuten, vorher ab-

[7] Köhler/*Bornkamm*/Feddersen § 12 Rn. 1.14.

[8] Vgl. dazu aber BVerfG GRUR 2018, 1288 und 1291. Die beiden Entscheidungen sind zwar zum Presserecht ergangen. Ihre Grundsätze gelten aber auch im gewerblichen Rechtsschutz.

[9] OLG Hamburg OLG-Report 2003, 196 f.; OLG München GRUR-RR 2006, 176; OLG Frankfurt a. M. NJW-RR 2012, 1018 f.; Köhler/*Bornkamm* § 12 Rn. 1.58.

[10] KG GRUR 1988, 930; OLG Oldenburg NJW-RR 1990, 1330; OLG Hamburg WRP 1995, 1037 (1038); OLG München WRP 1996, 930 (931); OLG Koblenz WRP 1997, 367 (368); OLG Schleswig NJWE-WettbR 2000, 248 (249); KG WRP 2003, 101; Köhler/*Bornkamm*/Feddersen Rn. 1.66; Ahrens/*Achilles* Kap. 3 Rn. 22; aM OLG Celle WRP 1993, 812 (813).

[11] OLG Hamburg WRP 1995, 1037 (1038).

zumahnen (→ Rn. 19), unter Umständen mit einer verhältnismäßig kurzen Frist. In Ausnahmefällen kann es anders sein.[12]

10 Ob die Abmahnung entbehrlich ist, wenn der Verletzer wegen desselben Verstoßes die **Abmahnung eines Dritten nicht beachtet** hat, was einem anderen Gläubiger – ausnahmsweise – bekannt ist,[13] hängt von den Umständen des Einzelfalles ab, insbesondere davon, mit welcher Begründung der Verletzer auf die Abmahnung des Dritten keine Verpflichtungserklärung abgegeben hat. Steht seine Antwort noch aus, ist es dem anderen Gläubiger grundsätzlich zuzumuten, die fristgemäße Antwort des Verletzers gegenüber dem Dritten abzuwarten.[14] Handelt es sich bei dem Dritten um ein Unternehmen, das demselben Konzern wie der Gläubiger angehört, ist in der Regel anzunehmen, dass eine weitere Abmahnung ebenfalls ohne Erfolg bleiben wird.[15]

11 Eine zweite Abmahnung durch den Gläubiger kann entbehrlich sein, wenn er den Schuldner wegen desselben oder eines kerngleichen Wettbewerbsverstoßes bereits abgemahnt hat.[16] Die Abmahnung ist im Allgemeinen nicht schon deswegen entbehrlich, weil der Verletzer **in früheren Fällen** auf Abmahnungen hin keine Unterwerfungserklärung abgegeben hat. Anders kann es sein, wenn es sich um gleichgelagerte Fälle handelt.[17] Auch insoweit ist aber eine Abmahnung mangels Erfolgsaussicht nicht allein deshalb unnötig, weil der Verletzte vor Jahren vergeblich abgemahnt hatte, ohne dann jedoch gegen den Verletzer gerichtlich vorgegangen zu sein, und dieser nunmehr erneut verstößt. Der Ablauf eines so langen Zeitraumes erlaubt keine zuverlässigen Schlüsse mehr auf die mutmaßliche jetzige Reaktion des Verletzers, wenn dieser erneut abgemahnt wird. Die Annahme, eine Abmahnung werde erfolglos bleiben, lässt sich nicht daraus herleiten, dass sich der Schuldner bei einem früheren Vorgang nicht dem Gläubiger, sondern einem Dritten gegenüber unterworfen hat, obwohl dieser erst später abgemahnt hatte.[18]

12 Dagegen verspricht eine Abmahnung keine hinreichende Aussicht auf Erfolg, wenn der Verletzer sich bereits **berühmt** hat, die beanstandete Handlung sei rechtmäßig, und wenn sich aus den Umständen ergibt, er werde einer Abmahnung nicht Folge leisten,[19] oder wenn er erklärt hat, er werde es auf einen Rechtsstreit ankommen lassen.[20] Ebenso kann es sein, wenn der Schuldner personell und kapitalmäßig mit einem anderen Unternehmen verbunden ist, dass der Gläubiger wegen des gleichen Verstoßes zuvor erfolglos abgemahnt hat.

13 Wenn der Schuldner nach dem Erlass einer einstweiligen Verfügung[21] oder nach der Abgabe einer Unterwerfungserklärung[22] **erneut verstoßen** hat, ist vor der Einleitung eines gerichtlichen Verfahrens eine **Abmahnung grundsätzlich entbehrlich.** Aus einem solchen Verhalten folgt regelmäßig, dass eine Abmahnung nunmehr keine Aussicht auf Erfolg hat. Jedenfalls kann die Abmahnung für den Gläubiger unzumutbar sein. Das gilt auch dann, wenn der Schuldner zwar seine Werbung geändert hat, diese aber im wesentlichen Kern gleich geblieben ist.[23] Anders ist es aber, wenn es sich um einen sogenannten **Aus-**

[12] KG WRP 2003, 101; Köhler/*Bornkamm*/Feddersen § 12 Rn. 1.67.

[13] GroßKommUWG/*Feddersen* § 12 Rn. 48; Köhler/*Bornkamm*/Feddersen § 12 Rn. 1.69 f.; aM OLG Saarbrücken WRP 1990, 548 (549); vgl. auch Teplitzky/*Bacher* Kap. 41 Rn. 27 ff.; *Teplitzky* GRUR 2003, 272 (279); WRP 2005, 654 (655).

[14] Köhler/*Bornkamm*/Feddersen § 12 Rn. 1.71.

[15] BGH GRUR 2002, 357 (359) – Missbräuchliche Mehrfachabmahnung.

[16] BGH GRUR 2013, 307 (309) – Unbedenkliche Mehrfachabmahnung; vgl. dazu OLG Frankfurt a. M. WRP 2018, 116 f.

[17] OLG Stuttgart NJW-RR 1987, 426; OLG Schleswig NJWE-WettbR 2000, 248 (249).

[18] KG GRUR 1988, 930.

[19] Vgl. dazu Köhler/*Bornkamm*/Feddersen § 12 Rn. 1.65; Teplitzky/*Bacher* Kap. 41 Rn. 24, 27; Ahrens/*Achilles* Kap. 3 Rn. 17; ferner OLG Hamburg GRUR 2006, 616.

[20] LG Hagen WRP 2002, 360 (361 f.).

[21] OLG Nürnberg WRP 1981, 290 (291); Teplitzky/*Bacher* Kap. 41 Rn. 38; vgl. aber OLG Frankfurt a. M. MD VSW 2001, 1382 (1383).

[22] BGH GRUR 1990, 542 (543) – Aufklärungspflicht des Unterwerfungsschuldners; OLG Hamburg GRUR 1989, 707 f.

[23] OLG Nürnberg WRP 1981, 290 (291); OLG Hamburg NJW-RR 1988, 680; GRUR 1989, 707 f.; OLG Zweibrücken MD VSW 2000, 908 (909).

lauffall handelt[24] und für den Gläubiger erkennbar ist, dass der Schuldner lediglich – insbesondere auf Grund eines Organisationsversehens – das vorläufige Verbot oder die abgegebene Unterwerfungserklärung nicht schnell genug oder nicht vollständig umgesetzt hat.

Grundsätzlich ist auf die Umstände abzustellen, die dem Gläubiger im Zeitpunkt seiner Entscheidung – Einleitung eines gerichtlichen Verfahrens ohne Abmahnung – erkennbar sind. Das **spätere Verhalten des Schuldners** ist in der Regel ohne Belang.[25] Anders ist es nur dann, wenn dieses Verhalten dem Gläubiger ermöglicht darzulegen, dass er zu Recht angenommen hat, der Schuldner werde sich uneinsichtig zeigen.[26] Das erfordert, dass die nachträglichen Umstände in der Zusammenschau mit den vorherigen Umständen den Rückschluss auf eine fehlende Aussicht auf Erfolg erlauben. Ein solcher Rückschluss kommt insbesondere in Betracht, wenn der Schuldner nach der Zustellung einer einstweiligen Verfügung erneut verstoßen hat, es sei denn, dass es sich erkennbar um einen Auslauffall handelt. Fraglich ist vor allem, ob aus einem nachträglichen **Verhalten im Prozess** zurückgeschlossen werden kann, dass eine Abmahnung erfolglos geblieben wäre, vor allem wenn der Schuldner die Werbung als rechtmäßig verteidigt.[27] Im Allgemeinen ist aber, auch wenn er das nicht ausdrücklich erklärt, davon auszugehen, dass seine Rechtsausführungen lediglich dazu dienen, eine Kostenentscheidung zu seinen Gunsten herbeizuführen. 14

3. Unzumutbarkeit. Eine Abmahnung ist aus zeitlichen Gründen entbehrlich, wenn das wettbewerbswidrige Verhalten durch einen kurzfristigen zeitlichen Vorsprung gekennzeichnet ist und auch eine knapp bemessene Frist zu einer für den Verletzten unbilligen Verzögerung führen würde. In derartigen Fällen **besonderer Eilbedürftigkeit,** etwa bei kurzfristigen, zeitlich begrenzten Werbemaßnahmen wie einer kurzfristigen Sonderveranstaltung, ist eine Abmahnung unzumutbar,[28] wenn nicht doch noch, wie in der Regel, eine Abmahnung mit ganz kurzer Frist möglich und zumutbar ist,[29] etwa durch Boten,[30] Telefax oder E-Mail[31] oder ausnahmsweise mündlich auf einem Messestand (vgl. → Rn. 21)[32] Wegen der modernen Möglichkeiten einer schnellen Kommunikation werden Fälle, in denen eine Abmahnung aus Zeitgründen unzumutbar ist, nur noch selten vorkommen. 15

Eine solche besondere Dringlichkeit ist zu verneinen, wenn der Gläubiger selbst die Angelegenheit nicht als ganz eilig behandelt hat.[33] Der Umstand, dass es sich um eine zeitlich auf etwa zwei Wochen beschränkte Werbeaktion handelt, reicht nicht aus, um eine Abmahnung als entbehrlich erscheinen zu lassen.[34] Eine **mündliche Abmahnung** ist in der Regel unzumutbar, weil sie im Streitfall schwer zu beweisen ist (→ Rn. 22). Auf einem Messestand kann das ausnahmsweise anders sein.[35] 16

---

[24] OLG Hamburg OLG-Report 2002, 227; MD VSW 2002, 115 (116); vgl. OLG Frankfurt a. M. MD VSW 2001, 1382 (1383).

[25] Vgl. dazu OLG Düsseldorf WRP 2010, 294 f. (fehlende Reaktion des Schuldners auf eine Abmahnung/Schubladenverfügung).

[26] OLG Hamburg WRP 1991, 116; OLG München WRP 1996, 930 (931); OLG Frankfurt a. M. GRUR-RR 2001, 72.

[27] Vgl. OLG Hamburg WRP 1991, 116 (117); KG MD VSW 2000, 716 (717); Köhler/*Bornkamm*/Feddersen § 12 Rn. 1.63.

[28] OLG Naumburg WRP 1996, 264 Ls.; Köhler/*Bornkamm*/Feddersen § 12 Rn. 1.59 f.

[29] OLG Köln MD VSW 2000, 998 (999); Ahrens/*Achilles* Kap. 3 Rn. 21; Teplitzky/*Bacher* Kap. 41 Rn. 33.

[30] OLG Hamburg WRP 1989, 33 f.

[31] OLG Frankfurt a. M. MD VSW 2001, 1382 (1383); OLG Schleswig NJWE-WettbR 2000, 248 (249).

[32] OLG Frankfurt a. M. GRUR 1995, 293 Ls.

[33] OLG Karlsruhe WRP 1977, 44 (45); OLG Frankfurt a. M. GRUR 1984, 693; Köhler/*Bornkamm*/Feddersen/Feddersen § 12 Rn. 1.21, 1.59.

[34] OLG Hamburg WRP 1976, 180 (181).

[35] OLG Frankfurt a. M. WRP 1984, 416 (417); OLG Schleswig NJWE-WettbR 2000, 248 (249).

17 Eine Abmahnung ist ferner unzumutbar, wenn dem Verletzten durch die Abmahnung erhebliche Nachteile drohen.[36] Das kann insbesondere zutreffen, wenn er in einem Verfügungsverfahren neben Unterlassung auch eine **Sequestration** etwa gefälschter Ware verlangt.[37] Hier besteht im Falle vorheriger Abmahnung regelmäßig die Gefahr, dass die Gegenstände, die sequestriert werden sollen, noch beiseite geschafft werden und damit der Rechtsschutz vereitelt wird. Daran hat sich durch die beiden Entscheidungen des BVerfG[38] nichts geändert. Maßgebend ist auf die jeweiligen Umstände des Einzelfalles abzustellen. Anders kann es etwa sein, wenn ein **Handelsunternehmen** wettbewerbswidrige Gegenstände vertreibt und keinerlei Anhaltspunkte dafür bestehen, dass das Unternehmen die Rechtswidrigkeit erkannt hat.[39] Der Verletzte ist nicht etwa gehalten, gestaffelt in getrennten Verfahren vorzugehen, nämlich wegen der Sequestration ohne Abmahnung, wegen der Unterlassung nach Abmahnung.[40]

18 Dem Gläubiger drohen durch eine kurzfristige Verzögerung der Rechtsverfolgung nicht allein deshalb erhebliche Nachteile, weil – wie stets nach einem Wettbewerbsverstoß – dessen Wiederholung zu befürchten ist. Das hat der Gläubiger im Regelfall hinzunehmen.[41] Es kann aber sein, dass eine Abmahnung den Schuldner dazu veranlasst, etwa auf einer Messe oder im Rahmen einer Sonderveranstaltung erst recht für einen beschleunigten Absatz seiner Waren zu sorgen.[42] Gleichwohl ist **meist eine ganz kurzfristige,** auf Messen **auch mündliche Abmahnung** zumutbar.

19 Bejaht wird ferner eine Unzumutbarkeit, wenn der **Verletzer** sich besonders **böswillig oder hartnäckig** verhalten (vgl. bereits → Rn. 9),[43] insbesondere in der Vergangenheit ständig Abmahnungen nicht beachtet hat. Das wird nur in besonders gelagerten Ausnahmefällen in Betracht kommen.[44] Mit einem Rückschluss aus dem **nachträglichen,** insbesondere prozessualen **Verhalten** des Abgemahnten lässt sich die Unzumutbarkeit kaum begründen.[45] Möglich ist allenfalls, dass aus seinem Verhalten im Prozess auf die mangelnde Erfolgsaussicht geschlossen wird (→ Rn. 14).

IV. Voraussetzungen der wirksamen Abmahnung (§ 13 Abs. 2)

20 **1. Abmahnbefugnis.** Zur Abmahnung ist befugt, wer klagebefugt ist und daher einen Unterlassungsanspruch geltend machen kann. Zum Rechtsmissbrauch vgl. oben § 8c.

21 **2. Form.** Die Abmahnung ist **nicht formbedürftig.**[46] Sie kann daher in jeder Form wirksam ausgesprochen werden, nämlich mündlich, fernmündlich, schriftlich, und zwar im Postwege (insbesondere zur Beweissicherung mittels Einschreibens mit Rückschein),[47] durch den Gerichtsvollzieher im Wege der Zustellung oder durch Boten, auch per Telefax oder per E-Mail. Zweckmäßig ist in jedem Falle eine (auch) schriftliche Abmahnung.

---

[36] OLG Hamm WRP 1982, 674; OLG Hamburg WRP 1995, 1037 (1038).

[37] OLG Hamburg GRUR-RR 2007, 29 (30); OLG Frankfurt a. M. GRUR 2006, 264; KG WRP 1984, 325 (326); OLG Nürnberg WRP 1995, 427 (Vernichtungsanspruch); OLG Karlsruhe GRUR-RR 2013, 182 f.; Köhler/*Bornkamm*/Feddersen § 12 Rn. 1.61; Ahrens/*Achilles* Kap. 3 Rn. 20; *Teplitzky*/*Bacher* Kap. 41 Rn. 30 f.; *Anschewitz* WRP 2012, 401 (402 f.); aM OLG Braunschweig GRUR-RR 2005, 103; ferner KG GRUR-RR 2008, 372 im Falle der Nichtvollziehung einer einstweiligen Verfügung hinsichtlich der Sequestration.

[38] BVerfG GRUR 2018, 1288 und 1291.

[39] OLG Hamburg WRP 1988, 47.

[40] *Kircher* FS Schilling, 2007, 293 (295 ff.).

[41] OLG Hamburg WRP 1995, 1037 (1038).

[42] KG WRP 2003, 101 f.

[43] OLG Koblenz WRP 1997, 367 (368); OLG Düsseldorf WRP 1998, 1028.

[44] Teplitzky/*Bacher* Kap. 41 Rn. 36; Köhler/*Bornkamm*/Feddersen § 12 Rn. 1.67; Ahrens/*Achilles* Kap. 3 Rn. 22.

[45] AM OLG München WRP 1996, 930 (931 f.) bei versteckt bösartigem Verhalten; vgl. Teplitzky/*Bacher* Kap. 41 Rn. 41.

[46] Köhler/*Bornkamm*/Feddersen § 12 Rn. 1.26; Ahrens/Achilles Kap. 2 Rn. 42.

[47] Vgl. dazu *Teplitzky* Kap. 41 Rn. 10 f.

Mündlich kommt sie nur ausnahmsweise in Betracht, wegen § 13 Abs. 2 praktisch kaum noch (vgl. → Rn. 15 f., 18).

Eine andere Frage ist es, **welche Form** dem Abmahnenden **zumutbar** ist,[48] wobei insbesondere zu berücksichtigen ist, dass er ein berechtigtes Interesse an einer Beweissicherung hat, ferner ob es sich um eine besonders eilige Angelegenheit handelt oder nicht. Dem Gläubiger kann grundsätzlich eine **mündliche,** insbesondere telefonische **Abmahnung** nicht zugemutet werden,[49] weil er im Streitfall mit Schwierigkeiten rechnen muss, sie zu beweisen. Etwa auf einem Messestand kann sie ausnahmsweise zumutbar sein (→ Rn. 16). Dann sollte sie aus Beweisgründen nachträglich auch noch schriftlich ausgesprochen werden. 22

3. Zugang. a) Erforderlichkeit. Soweit die Abmahnung auf die Begründung eines Abmahnverhältnisses gerichtet ist und soweit sie ein Vertragsangebot enthält, ist es selbstverständlich, dass sie dem Abgemahnten zugehen muss. Anders können die gewollten Rechtsfolgen nicht herbeigeführt werden. 23

Soweit es um die Hauptfunktion der Abmahnung geht, eine außergerichtliche Beilegung des Streits zu erreichen, ist umstritten, ob die Abmahnung dem Abgemahnten zugehen muss, damit von einer wirksamen Abmahnung gesprochen werden kann, so inzwischen auch der BGH,[50] oder ob dafür die **ordnungsgemäße Absendung** der Abmahnung **genügt.** Der letzteren Auffassung ist – entgegen der Rechtsprechung des BGH – zuzustimmen.[51] Das ist für den Ersatz der Abmahnkosten von Bedeutung (vgl. → Rn. 82). § 13 Abs. 1 entscheidet die Frage nicht. Etwas anderes ergibt sich nicht daraus, dass der Gläubiger dem Schuldner „Gelegenheit geben“ soll, den Streit durch Abgabe einer Unterlassungsverpflichtung beizulegen, und dieser eine solche Gelegenheit nur hat, wenn er die Abmahnung bekommen hat. Der Gesetzgeber beschreibt lediglich die Hauptfunktion als Mittel der außergerichtlichen Streitbeilegung. Der Abmahner gibt Gelegenheit, indem er die Abmahnung absendet. 24

Der Abgemahnte kann auf eine Abmahnung zwar nur reagieren, wenn sie ihm zugegangen ist. Andererseits ist es jedoch nicht interessengerecht, dem Gläubiger mehr zuzumuten als die ordnungsgemäße Absendung der Abmahnung. Von ihm kann billigerweise nicht verlangt werden, dass er den Zugang der Abmahnung, soweit möglich, durch besondere Maßnahmen sicherstellt, dass nämlich die Abmahnung dem Schuldner in umständlicher Weise durch einen Boten, durch ein Einschreiben mit Rückschein oder durch eine Zustellung mittels Gerichtsvollziehers übermittelt wird. Zugangsprobleme werden allerdings noch seltener als früher auftreten, weil der Abmahner in den meisten Fällen, was ihm schon aus zeitlichen Gründen ohnehin zu empfehlen ist, die Abmahnung **im Vorwege per Telefax oder E-Mail versenden** wird. Für die Wirksamkeit der Abmahnung ist das aber – im Rahmen des § 93 ZPO – in der Regel nicht erforderlich. 25

Hat die Abmahnung ordnungsgemäß den Verantwortungsbereich des Abmahners verlassen, so hat dieser keinen Einfluss mehr auf ihr Schicksal. Das **Risiko des Verlustes** muss – im Rahmen des § 93 ZPO – der Schuldner tragen;[52] denn er hat an sich bereits durch seinen Wettbewerbsverstoß oder durch die Begründung der Gefahr einer Erstbegehung Veranlassung zur Klageerhebung gegeben, was nicht außer Acht gelassen werden darf. Die Abmahnung dient – im vorliegenden Zusammenhang – nur als Versuch der außergerichtlichen Streitbeilegung. Davon ausgehend, entspricht es dem berechtigten, überwiegenden 26

---

[48] OLG Hamburg WRP 1989, 33 f.

[49] KG GRUR 1973, 86 (87); OLG Hamburg WRP 1974, 283; Köhler/*Bornkamm*/Feddersen § 12 Rn. 1.27; vgl. aber OLG Frankfurt a. M. WRP 1984, 416 (417).

[50] BGH GRUR 2007, 629 (630) – Zugang des Abmahnschreibens; GroßKommUWG/*Feddersen* § 12 Rn. 21; Köhler/*Bornkamm*/Feddersen § 12 Rn. 1.36; Teplitzky/*Bacher* Kap. 41 Rn. 6b.

[51] OLG Hamburg NJW-RR 1994, 629; OLG Hamm WRP 1987, 43 (44); OLG Köln WRP 1985, 360 (361); OLG Frankfurt a. M. WRP 1988, 498 Ls.; OLG Karlsruhe WRP 2003, 1146 f.; OLG Braunschweig GRUR 2004, 887; OLG Jena GRUR-RR 2007, 96; *Kunath* WRP 2001, 238 (240).

[52] AM BGH GRUR 2007, 629 (630) – Zugang des Abmahnschreibens.

Interesse des Gläubigers, dass von ihm allein das verlangt wird, was in seinen Verantwortungsbereich fällt, nämlich das ordnungsgemäße Absenden der Abmahnung. Erfährt der Abmahner allerdings, dass die Abmahnung dem Abgemahnten nicht zugegangen ist, kann es für ihn zumutbar sein, erneut – je nach den Umständen kurzfristig – abzumahnen.[53]

27 Verantwortlich ist der Abmahner aber für ein **eigenes Versehen** etwa im Namen, in der Anschrift, der Faxnummer oder der E-Mail-Adresse des Schuldners.[54] Befindet sich in der Werbung des Schuldners eine Postanschrift, auch ein Postfach, darf der Gläubiger sie für die Abmahnung übernehmen. Erweist sie sich nachträglich als unrichtig, ohne dass der Gläubiger das erkennen konnte, trägt der Schuldner das Risiko des fehlenden oder verzögerten Zuganges, soweit es um die Hauptfunktion der Abmahnung geht (→ Rn. 4). Hat eine unselbständige Zweigstelle des Abgemahnten den Wettbewerbsverstoß begangen, so genügt es, dass die Abmahnung an sie gerichtet wird.[55] Der Abgemahnte trägt dann das Risiko, dass die Zweigniederlassung die Abmahnung nicht oder nicht unverzüglich an die Zentrale weiter leitet. Ist der **Verletzer minderjährig,** muss die Abmahnung an seinen gesetzlichen Vertreter gerichtet sein oder diesem wenigstens zugehen, und zwar auch dann, wenn die Minderjährigkeit dem Gläubiger nicht erkennbar war.[56]

28 **b) Beweislast.** Will der Gläubiger **Rechte aus einem Abmahnverhältnis** herleiten, so hat er zu beweisen, dass es zustande gekommen, die Abmahnung nämlich dem Abgemahnten zugegangen ist. Nur dann können für diesen zusätzliche Pflichten entstanden sein. Ebenso trägt der **Gläubiger** die Beweislast dafür, dass ein Unterwerfungsvertrag zustande gekommen ist, wenn er daraus Rechte geltend machen will.

29 Soweit es jedoch um die Funktion der Abmahnung als **Mittel der außergerichtlichen Streitbeilegung** geht, hat der **Schuldner** – wie auch sonst im Rahmen des § 93 ZPO – zu beweisen, dass er keine Veranlassung zur Erhebung der Klage gegeben hat, insbesondere die Abmahnung ihm nicht zugegangen ist.[57] Der Gläubiger hat allerdings die genauen Umstände der Absendung vorzutragen und gegebenenfalls unter Beweis zu stellen.[58] Das Risiko des Verlustes[59] oder der Verzögerung auf dem Postwege trägt der Abgemahnte (vgl. auch → Rn. 24 ff.). In einem solchen Falle hat der Abmahner aber zu beweisen, dass er die Abmahnung ordnungsgemäß abgesandt hat.[60]

30 Wenn man dagegen annimmt, der Abmahner trage im vorliegenden Zusammenhang das Risiko des Verlustes oder müsse sogar den Zugang beweisen, sollte er, um das Risiko des Verlustes auszuschließen oder wenigstens zu verringern, bzw. zur späteren Beweisführung, umständlich durch Einschreiben mit Rückschein (was aber auch nicht unproblematisch ist, weil dadurch nur der Zugang eines Schreibens, dagegen nicht sein Inhalt bewiesen wird) oder aber durch einfache Post und parallel noch per Telefax und/oder E-Mail abmahnen oder beim Abgemahnten nachfragen, wenn er von ihm keine Antwort erhält. Der Abgemahnte kann sich jedenfalls nicht darauf berufen, ihm sei die Abmahnung nicht zugegangen, wenn er die **Annahme grundlos verweigert** oder **bewusst vereitelt**[61] oder wenn er

[53] Köhler/*Bornkamm*/Feddersen § 12 Rn. 1.48.

[54] OLG Düsseldorf WRP 1995, 40 f.; 1996, 1111 f.; OLG Stuttgart WRP 1996, 477 (478 f.); OLG Köln MD VSW 2008, 804.

[55] OLG Naumburg NJWE-WettbR 1999, 241; Köhler/*Bornkamm*/Feddersen § 12 Rn. 1.37.

[56] OLG München MD VSW 2001, 1415 (1418).

[57] BGH GRUR 2007, 629 (630) – Zugang des Abmahnschreibens; Köhler/*Bornkamm*/Feddersen § 12 Rn. 1.42 ff.; vgl. dazu OLG Düsseldorf GRUR-RR 2001, 199; OLG Schleswig GRUR-RR 2008, 138 f.; (jeweils): der Gläubiger muss den Zugang beweisen; ferner OLG Karlsruhe WRP 2003, 1146 f.; OLG Braunschweig GRUR 2004, 887 f.; OLG Jena MD VSW 2007, 180 f. (jeweils): der Gläubiger muss die Absendung, nicht den Zugang beweisen.

[58] BGH GRUR 2007, 629 (630) – Zugang des Abmahnschreibens; OLG Frankfurt a. M. WRP 2009, 347 f.

[59] AM BGH GRUR 2007, 629 (630) – Zugang des Abmahnschreibens; *Hewicker/Marquardt/Neurauter* NJW 2014, 2753 (2757).

[60] Vgl. dazu aber OLG Celle WRP 2011, 1669 (1670).

[61] OLG Naumburg NJWE-WettbR 1999, 241; Köhler/*Bornkamm*/Feddersen § 12 Rn. 1.26 und 1.45; vgl. auch OLG Frankfurt a. M. NJW-RR 2014, 766.

keine geeigneten und zumutbaren Maßnahmen für den Empfang getroffen hat.[62] Er wird dann so behandelt, als habe er die Abmahnung erhalten.

31 **4. Vertretung.** Der Gläubiger kann den Schuldner **durch einen Vertreter** abmahnen lassen. Sofern die Abmahnung, was **regelmäßig** zutrifft, auf die Begründung eines Abmahnverhältnisses gerichtet ist und soweit sie ein **Vertragsangebot** enthält, bedarf es **keiner Vollmachtsurkunde** (im Original). § 174 BGB ist nicht anwendbar; denn insoweit geht es nicht um ein einseitiges Rechtsgeschäft.[63] Durch die Entscheidung des BGH hat sich der bisherige Meinungsstreit insoweit für die Praxis erledigt.

32 Dagegen bleibt nach wie vor umstritten, ob der Abmahnung eine Vollmachtsurkunde beigefügt werden muss, wenn es – in praktisch seltenen Fällen[64] – um die **Abmahnung** allein als Mittel der außergerichtlichen Streitbeilegung **(ohne gleichzeitiges Vertragsangebot)** geht. In solchen Fällen ist entgegen einer verbreiteten Meinung[65] § 174 BGB nicht analog anzuwenden: Die Abmahnung ist vielmehr wirksam, auch wenn ihr keine Vollmachtsurkunde beigefügt war und der Abgemahnte die Abmahnung aus diesem Grunde unverzüglich zurückweist.[66] Bei einer fernmündlichen Abmahnung, die ausnahmsweise zumutbar sein kann (→ Rn. 22), ist die Beifügung einer Original-Vollmacht ohnehin nicht möglich, ebenso wie bei einer Abmahnung per Fax oder E-Mail. Sie muss – zur Wirksamkeit einer solchen Abmahnung – auch nicht nachträglich (auf Verlangen) nachgewiesen werden.[67] – Angesichts der abweichenden Auffassung ist dem Abmahner jedoch zu empfehlen, einer derartigen **Abmahnung ohne Vertragsangebot eine Vollmachtsurkunde beizufügen,** und zwar im Original per Post (eventuell nachträglich) und im Vorwege per E-Mail oder per Telefax. Anderenfalls läuft er Gefahr, dass das Gericht in solchen Fällen im Rahmen des § 93 ZPO annimmt, der Abgemahnte habe mangels wirksamer Abmahnung keine Veranlassung zur Klageerhebung gegeben.[68]

33 Zumindest aber muss der Abgemahnte bei einer bloßen Abmahnung ohne Vertragsangebot zugleich mit der Zurückweisung **erklären, er werde im Falle der Vorlage der Vollmacht eine Unterwerfungserklärung abgeben.**[69] Gibt der Abgemahnte keine solche Erklärung ab oder verteidigt er sogar die beanstandete Handlung als rechtmäßig, bietet eine erneute Abmahnung keine genügende Aussicht auf Erfolg mehr. Jedenfalls ist eine Zurückweisung ausgeschlossen, wenn der Abmahner den Abgemahnten von der Vollmacht in Kenntnis gesetzt hat (§ 174 S. 2 BGB).

34 Der Gläubiger sollte **gegenüber einem Vertreter** des Schuldners nur abmahnen, wenn er sicher ist, dass dieser Vertretungsmacht hat. Das kann insbesondere dann zutreffen, wenn der Schuldner in vorangegangenen Streitigkeiten immer vom selben Rechtsanwalt vertreten

[62] OLG Düsseldorf GRUR-RR 2001, 199.

[63] BGH GRUR 2010, 1120 f. – Vollmachtsnachweis; OLG Hamburg OLG-Report 2008, 751 (752); Köhler/*Bornkamm*/Feddersen § 12 Rn. 1.34; Teplitzky/*Bacher* Kap. 41 Rn. 6; *Goldmann* GRUR-Prax 2010, 524 (525 f.).

[64] *Goldmann* GRUR-Prax 2010, 524 (526).

[65] OLG Nürnberg WRP 1991, 522 (523); OLG Dresden NJWE-WettbR 1999, 140 (141); OLG Düsseldorf NJWE-WettbR 1999, 263; GRUR-RR 2001, 286; 2010, 87 f. (auch zur Frage der Unverzüglichkeit der Abmahnung); *Ulrich* WRP 1998, 258 (261 f.); *Ohrt* WRP 2002, 1035 ff.; vgl. dazu Köhler/*Bornkamm*/Feddersen § 12 Rn. 1.30 ff.; vgl. ferner OLG Celle GRUR-RR 2011, 77 f.: Treuwidriges Verhalten des Abgemahnten, der eine Verpflichtungserklärung abgibt, zugleich aber die Abmahnung mangels Originalvollmacht zurückweist.

[66] OLG Köln WRP 1985, 360 (361); KG GRUR 1988, 79 Ls. und MD VSW 1992, 574 (575); OLG Karlsruhe NJW-RR 1990, 1323 f.; OLG Frankfurt a. M. nach *Pfister* WRP 2002, 799; GroßKommUWG/*Feddersen* § 12 Rn. 19; Teplitzky/*Bacher* Kap. 41 Rn. 6a; WRP 2010, 1427 (1428 ff.); *Heinz/Stillner* WRP 1993, 379 ff.; *Pfister* WRP 2002, 799 (800 f.); *Busch* GRUR 2006, 477 (478 f.).

[67] Ebenso *Pfister* WRP 2002, 799 (801); aM *Heinz/Stillner* WRP 1993, 379.

[68] OLG Düsseldorf GRUR-RR 2001, 286.

[69] OLG Hamburg WRP 1982, 478; 1986, 106; MD VSW 2007, 564 (565 f.); Köhler/*Bornkamm*/Feddersen § 12 Rn. 1.33; *Ulrich* WRP 1998, 258 (261); vgl. auch OLG Stuttgart NJWE-WettbR 2000, 125; OLG Düsseldorf WRP 2010, 1409 (1410); aM *Ohrt* WRP 2002, 1035 (1037).

worden ist. Daraus muss allerdings nicht in jedem Falle folgen, dass er immer Vollmacht hat. Hat der Vertreter keine Vertretungsmacht, ist § 180 S. 3 BGB zu beachten.

35 **5. Inhalt (§ 13 Abs. 2). § 13 Abs.** 2 schreibt vor, welchen **Inhalt eine Abmahnung** enthalten **muss,** und zwar **klar und verständlich.** Die Vorschrift enthält aber keine abschließende Regelung. Vielmehr sind gemäß der bisherigen Rechtsprechung weitere Erfordernisse möglich (so auch die Gesetzesbegründung). Aus dem Sinn und Zweck der Abmahnung folgt: Sie muss inhaltlich so beschaffen sein, dass der Schuldner die **Möglichkeit** erhält, die **Berechtigung** des geltend gemachten Unterlassungsanspruches **zu prüfen** und durch Abgabe einer gesicherten Unterwerfungserklärung ein gerichtliches Verfahren zu vermeiden. Demgemäß hat die Abmahnung den **Streitgegenstand** eindeutig zu kennzeichnen. Außerdem muss der Abmahner gerichtliche Schritte androhen. Ob die Abmahnung nur wirksam ist, wenn sie eine Fristsetzung enthält, ist umstritten.

36 **a) Angabe der Parteien.** Nach **13 Abs. 2 Nr. 1** müssen klar und verständlich der **Name/die Firma des Abmahnenden** sowie im Falle der Vertretung zusätzlich der **Name/die Firma des Vertreters** angegeben werden. Es versteht sich von selbst, dass die **Parteien richtig zu bezeichnen** sind. Insbesondere muss, wenn es mehrere verbundene Unternehmen mit ähnlichem Namen gibt, klar sein, wer abmahnt bzw. wer abgemahnt wird, damit hierüber später keine unnötigen Streitigkeiten entstehen. Die Abmahnung ist nur gegenüber dem Unternehmen wirksam, an das sie gerichtet ist, dagegen nicht (auch) gegenüber einem verbundenen Unternehmen, das allein den Verstoß begangen und dieselbe Postanschrift hat. Allerdings kann in einem solchen Falle die Auslegung der Abmahnung aus der Sicht des Empfängers ergeben, dass derjenige gemeint ist, der tatsächlich den Wettbewerbsverstoß begangen hat.

37 Fraglich ist in einem solchen Falle, ob das zu Unrecht abgemahnte Unternehmen eine **Aufklärungspflicht** über die Passivlegitimation trifft, was mangels Abmahnverhältnisses **zu verneinen** ist (→ Rn. 69), oder ob, wenn es den Verstoß sachlich verteidigt hat, eine erneute Abmahnung nunmehr gegenüber dem richtigen Unternehmen noch erforderlich ist. Das ist regelmäßig zu verneinen, weil es sich bei beiden Unternehmen zwar nicht rechtlich, aber wirtschaftlich um eine Einheit mit häufig denselben Entscheidungsträgern handelt (vgl. → Rn. 10). Entsprechendes gilt, wenn der Gläubiger eine **Handelsgesellschaft** und nicht zugleich ihre **Organe** abmahnt. Dann liegt gegenüber dem geschäftsführenden Gesellschafter bzw. dem Geschäftsführer oder Vorstand einer juristischen Person keine – wirksame – Abmahnung vor. Aber auch hier ist zu überlegen, ob eine erneute, nunmehr diesem gegenüber ausgesprochene Abmahnung noch Erfolg verspricht, wenn die Handelsgesellschaft zuvor vergeblich abgemahnt worden ist. In der Regel ist das zu verneinen.

38 **b) Anspruchsberechtigung.** Nach **§ 13 Abs. 2 Nr. 2** sind die **Voraussetzungen der Anspruchsberechtigung nach § 8 Abs. 3** anzugeben. Das muss klar und verständlich geschehen. Demgemäß haben Mitbewerber nachvollziehbare Angaben darüber zu machen, dass sie in nicht unerheblichem Maße und nicht nur gelegentlich Waren oder Dienstleistungen vertreiben oder nachfragen, etwa zur Größenordnung der Zahl der Verkäufe. Konkrete Umsatzzahlen oder gar eine Steuerberater-Bescheinigung brauchen nicht vorgelegt werden (so die Gesetzesbegründung). Ein qualifizierter Wirtschaftverband hat darzulegen, dass er in die Liste eingetragen ist und inwiefern die Interessen seiner Mitglieder berührt werden (so die Gesetzesbegründung).

39 **c) Vorwurf wettbewerbswidrigen Verhaltens.** Nach **§ 13 Abs. 2 Nr. 4** ist klar und verständlich die Rechtsverletzung unter Mitteilung der tatsächlichen Umstände anzugeben. Das entspricht der bisherigen Rechtsprechung. – Die Abmahnung muss den Sachverhalt, aus dem sich aus der Sicht des Abmahners der Wettbewerbsverstoß ergibt, insbesondere die **konkrete Verletzungshandlung** mitteilen sowie **den daraus abgeleiteten, tatsächlichen und rechtlichen Vorwurf** angeben. Das hat so genau zu geschehen, dass dem

Abgemahnten ohne weiteres tatsächlich und rechtlich eine Überprüfung der Beanstandung möglich ist.[70] Die Einzelheiten der konkreten Verletzungshandlung brauchen ausnahmsweise nicht mitgeteilt zu werden, wenn dem Abgemahnten auf Grund der Abmahnung klar ist, worum es geht.[71] – Für eine wirksame Abmahnung genügt es nicht, dass der Abmahner nur ganz allgemein einen Werbeprospekt oder ein Werberundschreiben beanstandet, ohne für den Schuldner erkennbar zu machen, welche Angabe oder welche Angaben er für wettbewerbswidrig hält. **Ungenauigkeiten** gehen grundsätzlich zu seinen Lasten.[72] Den Abgemahnten kann jedoch aus dem Abmahnverhältnis eine **Pflicht zur Rückfrage** treffen.

Die Abmahnung bezieht sich immer nur auf die **beanstandete Verletzungsform,** 40
dagegen nicht auch auf etwaige weitere, zugleich verwirklichte, aber nicht im Kern gleiche Verletzungsformen.[73] Wendet der Abmahner sich gegen eine konkrete Anzeige, greift er diese aber nur wegen einer einzigen Angabe an, so liegt hinsichtlich anderer Angaben derselben Anzeige keine Abmahnung vor. Die entsprechende Frage taucht auf, wenn es darum geht, den Gegenstand des Unterlassungsantrages zu ermitteln. Zulässig ist ausnahmsweise die alternative Angabe von Verletzungsformen, wenn der Abmahner nicht erkennen kann, welche tatsächlich vorliegt.[74]

Eine nähere **rechtliche Würdigung** ist zwar **nicht erforderlich,**[75] aber – meist in 41
Kurzform – durchaus üblich. Sie ist sinnvoll, um den Schuldner zu überzeugen, eine gesicherte Unterwerfungserklärung abzugeben und dadurch ein unnötiges gerichtliches Verfahren zu vermeiden. Eine falsche rechtliche Einordnung schadet in der Regel nicht.[76] Der Abmahner braucht Normen und Entscheidungen, die seinen Rechtsstandpunkt stützen, grundsätzlich nicht anzugeben.[77] Ausnahmsweise kann es anders sein, etwa wenn verhältnismäßig unbekannte Normen maßgebend sind[78] oder der Schuldner die Abgabe der Verpflichtungserklärung von der Mitteilung einer einschlägigen Rechtsprechung abhängig macht. **Beweismittel** brauchen ebenfalls nicht angegeben zu werden.[79]

Nach **§ 13 Abs. 2 Nr. 3 und 5** sind außerdem Angaben **zum Aufwendungsersatz** 42
erforderlich. Gemäß Nr. 3 muss mitgeteilt werden, ob und in welcher Höhe ein Anspruch auf Aufwendungsersatz geltend gemacht wird, und wie sich dieser berechnet. Dazu gehören auch kurze Angaben zur Streitwertberechnung. Gemäß Nr. 5 muss in den Fällen des Abs. 4 angegeben werden, dass ein Anspruch auf Aufwendungsersatz ausgeschlossen ist.

d) Verlangen einer Unterwerfungserklärung. § 13 Abs. 2 enthält insoweit keine 43
Regelung, befasst sich aber **nicht abschließend mit dem Inhalt der Abmahnung,** so dass weitere Voraussetzungen möglich sind (vgl. → Rn. 35). Daher gilt nach wie vor: Die Abmahnung muss den Abgemahnten auffordern, eine **Unterlassungserklärung nebst Vertragsstrafeversprechen** abzugeben (in **§ 13 Abs. 1 nF** jetzt als mit einer angemessenen Vertragsstrafe bewehrten **Unterlassungsverpflichtung** bezeichnet).[80] Das gilt aber nur, soweit solche Verpflichtungen des Abgemahnten, wie in der Regel, erforderlich sind, die Begehungsgefahr auszuräumen, was bei einem nur vorbeugenden Unterlassungsanspruch nicht ohne weiteres geboten ist.[81]

---

[70] BGH GRUR 2009, 502 (503) – pcb; BGH GRUR 2015, 403 (408) – Monsterbacke II.
[71] OLG Hamburg WRP 1995, 125 f.; MD VSW 2005, 71 (72); vgl. auch OLG Frankfurt a. M. NJW-RR 2015, 673 f. zu § 97a Abs. 2 Nr. 2 UrhG.
[72] OLG Celle WRP 1996, 757 (759).
[73] OLG Stuttgart WRP 1982, 492 Ls.; vgl. auch OLG München MD VSW 2005, 834 (836).
[74] OLG Hamm WRP 1987, 261 (263).
[75] OLG Düsseldorf WRP 1988, 107 (108); OLG Hamm GRUR 1996, 988 (990); OLG Hamburg GRUR-RR 2002, 145 f.; Köhler/*Bornkamm*/Feddersen § 12 Rn. 1.16.
[76] OLG Stuttgart WRP 1996, 1229 (1231); KG WRP 2012, 1562 (1565).
[77] OLG Frankfurt a. M. WRP 1981, 282.
[78] OLG Stuttgart WRP 1996, 1229 (1231); vgl. auch OLG Düsseldorf GRUR-RR 2008, 122 f. Ls.
[79] KG GRUR 1983, 673 (674); Köhler/*Bornkamm*/Feddersen § 12 Rn. 1.29.
[80] Teplitzky/*Bacher* Kap. 41 Rn. 14c.
[81] BGH GRUR 1992, 116 (117) – Topfgucker-Scheck.

44 Verlangt der Abmahner lediglich eine **ungesicherte Unterlassungserklärung** und gibt der Abgemahnte daraufhin nur eine solche Erklärung ab, trägt der Abmahnende grundsätzlich die Kosten eines gerichtlichen Verfahrens, wenn er gleichwohl klagt und der Abgemahnte sofort anerkennt;[82] denn mangels genügender Abmahnung hat er keine Veranlassung zur Klageerhebung gegeben. Eine erneute Abmahnung ist aber entbehrlich, wenn sich der Abgemahnte in seiner Antwort auf die Abmahnung derart geäußert hat, dass eine nunmehr formgerechte Abmahnung keine Aussicht auf Erfolg mehr verspricht. Weigert sich der Schuldner, die geforderte ungesicherte Unterlassungserklärung abzugeben, so braucht der Gläubiger vor Einleitung gerichtlicher Schritte ebenfalls nicht erneut abzumahnen.

45 An der erforderlichen Abmahnung fehlt es, wenn sich die verlangte Unterwerfungserklärung allein auf die **konkrete Verletzungsform – einschließlich im Kern gleicher Handlungen** – bezieht, der Abmahner aber gerichtlich einen **weitergehenden Unterlassungsantrag** verfolgt. Auch hier ist jedoch eine erneute Abmahnung entbehrlich, wenn sich der Abgemahnte in seiner Antwort so geäußert hat, dass eine erweiterte Abmahnung aussichtslos erscheint.

46 In der Praxis ist es üblich, dass der Abmahner eine Unterwerfungserklärung **vorformuliert.** Erforderlich ist das aber nicht. Der Abmahner will dadurch die Angelegenheit beschleunigen und außerdem von vornherein Unklarheiten und Streitigkeiten über den Inhalt der Unterwerfungserklärung möglichst vermeiden. Verlangt er eine Unterlassungserklärung, die zu weit geht, oder ist die von ihm geforderte Vertragsstrafe zu hoch, muss der Abgemahnte gleichwohl – **vorbehaltlich eines Rechtsmissbrauchs gemäß § 8c Abs. 2 Nr. 4 und/oder 5** – von sich aus eine Unterwerfungserklärung abgeben, so wie er sie für richtig hält,[83] insbesondere mit einer Vertragsstrafe, die er als angemessen ansieht. Hält der Abmahner diese zu Recht für zu niedrig, kann ihn unter den genannten Umständen eine **Nachfasspflicht** treffen.[84] Er braucht aber nicht nachzufassen, wenn die von ihm verlangte Vertragsstrafe angemessen war und der Abgemahnte diese gleichwohl herabgesetzt hat.[85] Geht eine verallgemeinernde Abmahnung zu weit, ist der Abgemahnte grundsätzlich nicht gehalten, über die konkrete Verletzungsform hinaus eine noch eben begründete Verallgemeinerung aufzufinden und entsprechend eine derartige – eingeschränkte – Unterlassungserklärung abzugeben.[86]

47 **e) Fristsetzung. aa) Angemessenheit der Frist.** § 13 Abs. 2 verlangt keine Fristsetzung. Da die Vorschrift keine abschließende Regelung über den Inhalt der Abmahnung enthält (vgl. → Rn. 35), bleibt es insoweit bei der bisherigen Rechtslage. Üblicherweise enthält die Abmahnung eine Frist. Zur Wirksamkeit der Abmahnung ist die **Fristsetzung** aber **nicht erforderlich.**[87] Vielmehr hat der Abgemahnte von sich aus die Unterwerfungserklärung innerhalb einer angemessenen Frist abzugeben. Die hier vertretene Auffassung entspricht den berechtigten Interessen beider Seiten. Setzt der Gläubiger dem Schuldner überhaupt keine Frist, so ist es nicht sachgerecht, dass ihm mangels wirksamer Abmahnung gemäß § 93 ZPO die Kosten auferlegt werden, obwohl er zunächst eine angemessene Frist abgewartet hat, ohne dass der Schuldner reagiert hat, und dann Klage erhebt oder einen Verfügungsantrag einreicht, und der Schuldner erst im gerichtlichen Verfahren eine Unterwerfungserklärung abgibt. Für diesen bedeutet es keinen erheblichen Unterschied, ob der

---

[82] Köhler/*Bornkamm*/Feddersen § 12 Rn. 1.20.

[83] BGH GRUR 1983, 127 (128) – Vertragsstrafeversprechen; GRUR 1988, 459 (460 f.) – Teilzahlungsankündigung; WRP 2007, 775 (778) – Telefonwerbung für „Individualverträge"; GRUR 2019, 82 (85) – Jogginghosen; OLG Frankfurt a. M. WRP 2018, 235 (236); Köhler/*Bornkamm*/Feddersen § 12 Rn. 1.19.

[84] OLG Hamburg GRUR 1988, 929 (930).

[85] OLG Hamburg OLG-Report 2003, 51; OLG Köln MD VSW 2018, 737 f.

[86] KG GRUR-RR 2008, 29 (30).

[87] OLG Nürnberg MD VSW 1990, 356 (357); GroßKommUWG/*Feddersen* § 12 Rn. 21 und Rn. 38; Ahrens/*Achilles* Kap. 2 Rn. 33; aM KG WRP 1979, 861 (862); OLG Hamburg WRP 1986, 292; OLG München NJWE-WettbR 1998, 65; Teplitzky/*Bacher* Kap. 41 Rn. 14e.

Gläubiger überhaupt keine oder aber eine zu kurze Frist setzt, was unumstritten lediglich zur Folge hat, dass eine angemessene Frist läuft. Die Setzung einer – wenn auch unangemessen kurzen – Frist unterstreicht nur nachdrücklich die Ernsthaftigkeit des Unterlassungsverlangens. Fehlt die Fristsetzung, ergibt sich daraus noch nicht, dass das Unterlassungsverlangen nicht ernst gemeint ist. Wenn der sonstige Text des Abmahnschreibens in dieser Hinsicht allerdings nicht eindeutig ist, könnte die Fristsetzung den Ausschlag dafür geben, dass die Ernstlichkeit zu bejahen ist.

Rein tatsächlich ist dem Gläubiger auf jeden Fall **dringend zu empfehlen,** dem 48
Schuldner **eine bestimmte Frist zu setzen,** und sich nicht etwa damit zu begnügen, ihn zu einer „unverzüglichen" Unterwerfung oder zu einer Unterwerfung in „angemessener Frist" aufzufordern. Fraglich ist, ob eine solche, allgemeine Fristsetzung überhaupt wirksam ist, wenn man von der überwiegenden Auffassung ausgeht. Immerhin unterstreicht auch eine unbestimmte Frist die Ernsthaftigkeit des Unterlassungsverlangens. Daher sollte die Setzung einer solchen Frist auf jeden Fall genügen.

Ist die gesetzte **Frist unangemessen kurz,** wird eine angemessene Frist in Lauf 49
gesetzt.[88] Es liegt im Interesse beider Parteien, dass dem Abgemahnten eine angemessene Überlegungsfrist zur Verfügung steht, damit es möglichst zu einer außergerichtlichen Streitbeilegung kommt.

Die Frage, **welche Frist angemessen** ist, beantwortet sich nach den jeweiligen Umstän- 50
den des Einzelfalles unter Berücksichtigung der beiderseitigen Interessen. Dabei kommt es insbesondere auf die Eiligkeit der Sache sowie auf die Schwere, den Umfang und die Gefährlichkeit des Wettbewerbsverstoßes an, ferner auf die Möglichkeit der fristgerechten Überprüfung und Entscheidung durch den Abgemahnten, gegebenenfalls nach notwendigen Recherchen oder – vor allem in schwierigen Sachen – nach der Einholung von Rechtsrat.[89] Je eiliger die Sache ist, desto kürzer kann die Frist sein; auch Stundenfristen kommen in Betracht.[90] Der Gläubiger muss sich aber entsprechend zügig verhalten haben.[91] Ausnahmsweise kann die Abmahnung sogar entbehrlich sein (→ Rn. 6 ff.). Bei der Bemessung der angemessenen Frist ist zu berücksichtigen, wann die Abmahnung dem Schuldner unter gewöhnlichen Umständen zugehen wird. Auf Tage, an denen üblicherweise kein Bürobetrieb stattfindet, ist Rücksicht zu nehmen (Wochenende, Feiertage).[92] Bei der Berechnung der angemessenen Frist sind die Möglichkeiten der modernen, schnellen Kommunikation zu beachten, die kürzere Fristen als früher rechtfertigen können.

Verzögert sich der Zugang aus unvorhergesehenen Gründen, trägt der **Schuldner** das 51
Risiko der Verzögerung, wenn die ihm gesetzte Frist an sich angemessen war. Verbleibt ihm bis zum Ablauf der gesetzten Frist kein genügender Überlegungszeitraum mehr, muss er den Gläubiger unter Hinweis auf den verspäteten Zugang der Abmahnung um Fristverlängerung bitten (→ Rn. 58). Derartige Probleme werden meist vermieden, wenn der Gläubiger die Abmahnung dem Schuldner im Vorwege per Fax oder E-Mail zusendet.

Um in einem gerichtlichen Verfahren kein Kostenrisiko gemäß § 93 ZPO einzugehen, 52
sollte der Gläubiger, wenn möglich, die **Frist eher länger bemessen** und/oder **nach Ablauf der Frist** noch **kurzfristig zuwarten.** Er trägt das Risiko (→ Rn. 58), dass das Gericht die in der Abmahnung gesetzte Frist als unangemessen kurz ansieht, dagegen der Schuldner das Risiko, dass seine Reaktion zu spät kommt, wenn das Gericht entgegen seiner Erwartung die vom Gläubiger gesetzte Frist als angemessen betrachtet oder mangels Fristsetzung oder der Setzung einer zu kurzen Frist die vom Gericht angenommene angemessene Frist bereits abgelaufen ist.

---

[88] BGH GRUR 1990, 381 (382) – Antwortpflicht des Abgemahnten; OLG Hamburg GRUR 1991, 80; 1995, 836 Ls.; OLG Köln WRP 1996, 1214 (1215); Köhler/*Bornkamm*/Feddersen § 12 Rn. 1.22.

[89] Köhler/*Bornkamm*/Feddersen § 12 Rn. 1.21 (im Regelfall eine Woche bis zehn Tage ab Zugang).

[90] OLG München WRP 1988, 62 (63); OLG Frankfurt a. M. WRP 1996, 1194 (1195).

[91] Köhler/*Bornkamm*/Feddersen § 12 Rn. 1.21.

[92] OLG Köln WRP 1981, 339; OLG Frankfurt a. M. NJW-RR 1986, 533; OLG Hamburg GRUR 1989, 630 Ls.; OLG Bamberg GRUR-RR 2018, 259 (261).

53 Der Schuldner ist grundsätzlich gehalten, gegebenenfalls darauf **hinzuweisen,** dass die ihm gesetzte Frist unangemessen kurz ist.[93] Das gilt insbesondere, wenn ihn eine Aufklärungspflicht trifft, weil der Abmahner erkennbar von einem unrichtigen Sachverhalt ausgegangen ist, der eine kurze Frist rechtfertigen würde.

54 Hat der Gläubiger schon vor Ablauf der gesetzten Frist oder, wenn es an einer Fristsetzung fehlt, **vor Ablauf** einer angemessenen Frist eine **einstweilige Verfügung** erwirkt und sie dem Schuldner zustellen lassen, braucht dieser, da der Gläubiger bereits gesichert ist, keine Unterwerfungserklärung mehr abzugeben; er kann vielmehr die einstweilige Verfügung als endgültige Regelung anerkennen und sich mit einem Kostenwiderspruch auf § 93 ZPO berufen.[94] Entsprechendes gilt auch dann, wenn der Gläubiger die einstweilige Verfügung noch nicht hat zustellen lassen, sondern den Schuldner nur im Vorwege vom Erlass und Inhalt der einstweiligen Verfügung informiert hat. Denn der Gläubiger hat es selbst in der Hand, die einstweilige Verfügung innerhalb der Vollziehungsfrist jederzeit durch Zustellung wirksam werden zu lassen und dadurch eine Sicherung zu erhalten.

55 **bb) Fristwahrung.** Der Gläubiger sollte **keine Stunden-, Tages- oder Wochenfristen** („binnen zwei Stunden/Tagen/Wochen") setzen. Da diese erst ab Zugang beim Schuldner laufen, weiß der Gläubiger im Allgemeinen nicht, wann sie endet. Daher ist es zweckmäßig, in der Abmahnung den **genauen Zeitpunkt** – nach Tag und Stunde, etwa 12 Uhr mittags – **anzugeben,** an dem die Frist abläuft. Ohne genaue Angabe endet eine Frist erst um 24 Uhr; im übrigen gelten dann die Auslegungsregeln der §§ 186 ff. BGB. Die gesetzte Frist darf der Abgemahnte voll ausnutzen,[95] auch wenn sie an sich länger ist als objektiv angemessen.

56 Grundsätzlich genügt die **Abgabe** der Erklärung **innerhalb der Frist,** es sei denn, dass der Abmahner ausdrücklich verlangt hat, dass die Unterwerfungserklärung innerhalb der Frist bei ihm eingeht. Dann muss er aber dafür sorgen, dass ein Zugang bei Fristende auch möglich ist; sonst verlängert sich die Frist bis zu dem Zeitpunkt, zu dem der Abmahner wieder erreichbar ist, etwa bei Fristablauf um Mitternacht bis zum Mittag des folgenden Tages.[96]

57 Der Abmahner braucht den **Fristablauf nicht mehr abzuwarten,** wenn sich der Abgemahnte in der Zwischenzeit bereits **ernsthaft und endgültig geweigert** hat, die geforderte Unterwerfungserklärung abzugeben, was der Abmahner darzulegen und zu beweisen hat. Ebenso verhält es sich, wenn der Abgemahnte in der Zwischenzeit weitere Verstöße, die offensichtlich sind und leicht abzustellen waren, begangen und dadurch gezeigt hat, dass er nur Zeit gewinnen will.[97] Wenn dem Abmahner nachträglich Umstände bekannt werden, aus denen sich eine größere Eiligkeit ergibt als bisher angenommen, kann er die gesetzte Frist angemessen verkürzen. Dagegen muss er den Ablauf der angemessenen Frist auch dann abwarten, wenn der Abgemahnte um Fristverlängerung gebeten hat. Aus dieser Bitte folgt noch nicht, dass die gesetzte Frist nicht eingehalten wird.

58 **cc) Fristüberschreitung.** Ist es dem Abgemahnten – etwa wegen interner Schwierigkeiten oder wegen einer Verzögerung des Zuganges – schuldlos nicht möglich, die an sich angemessene Frist einzuhalten, muss er den Abmahner unter Nennung der Gründe um eine **Fristverlängerung** bitten[98] oder eine **Erklärung kurzfristig in Aussicht stellen.**[99] Tut er das nicht, handelt er auf sein eigenes Risiko, wenn die überschrittene Frist nach

[93] OLG Hamburg GRUR 1989, 297 Ls.; Teplitzky/*Bacher* Kap. 41 Rn. 16; vgl. aber Köhler/*Bornkamm*/Feddersen § 12 Rn. 1.22.

[94] OLG Frankfurt a. M. WRP 1996, 1194.

[95] KG GRUR 1979, 740.

[96] KG GRUR 1979, 740.

[97] OLG Frankfurt a. M. NJW-RR 1987, 37.

[98] OLG Hamburg WRP 1989, 28 (31 f.); GRUR 1991, 80; OLG Stuttgart WRP 2004, 1395 Ls.; Ahrens/*Achilles* Kap. 2 Rn. 38.

[99] *Vgl. OLG Hamburg WRP 1989, 325.*

Auffassung des Gerichts angemessen war (→ Rn. 52).[100] Ob der Abmahnende die Frist verlängern muss, hängt von den ihm genannten Umständen ab.[101] Meist braucht er sich nicht auf eine Fristverlängerung einzulassen. Verweigert er sie, handelt er auf sein eigenes Risiko, wenn eine Fristverlängerung geboten war und er sofort gerichtliche Schritte einleitet.[102] Der Gläubiger sollte daher, wenn ihm plausible Gründe genannt werden, in seinem eigenen Interesse die Frist – zumindest um eine kurze Zeit – verlängern. Er ist grundsätzlich nicht gehalten, einer Fristverlängerung zuzustimmen, wenn das Begehren des Abgemahnten mit der Abwesenheit des Geschäftsführers begründet wird.[103]

Hält der Abgemahnte, auch schuldlos, die angemessene Frist nicht ein, – und zwar genau, 59
vorbehaltlich des § 242 BGB –, kann der Abmahner regelmäßig ein gerichtliches Verfahren einleiten, ohne für den Fall eines sofortigen Anerkenntnisses ein Kostenrisiko einzugehen (§ 93 ZPO); denn der Abgemahnte hat dann Veranlassung zur Klageerhebung gegeben. Sollte die **Unterwerfungserklärung** dem Abmahner zwar **nach Ablauf der Frist,** aber noch **vor Einleitung eines gerichtlichen Verfahrens zugehen,** entfällt die Veranlassung zur Erhebung einer Unterlassungsklage. Hat der Abmahner die Klage oder Antragsschrift bereits auf den Weg zum Gericht gebracht, kommt es darauf an, ob er die Einreichung bei Gericht noch verhindern konnte. Ist die Klage oder die Antragschrift bereits bei Gericht eingegangen, ist § 269 Abs. 3 S. 3 ZPO zu beachten.

Erwirkt der Abmahner bereits **vor Ablauf der Frist eine einstweilige Verfügung,** 60
ohne sie zunächst zuzustellen, so schadet ihm das nicht, falls der Abgemahnte die gesetzte Frist überschreitet.[104] Entsprechendes gilt für eine verfrühte Einreichung der Klage. Mit der verfrühten Antragstellung handelt der Abmahner lediglich auf sein eigenes Risiko.

f) Androhung gerichtlicher Schritte. Auch insoweit enthält § 13 Abs. 2 keine Re- 61
gelung. Es bleibt bei der bisherigen Rechtsprechung. Grundsätzlich muss der Gläubiger dem Schuldner für den Fall fruchtlosen Unterwerfungsverlangens gerichtliche Schritte androhen.[105] Auf diese Weise wird dem Abgemahnten eindringlich vor Augen gehalten, dass er ein **gerichtliches Verfahren riskiert,** wenn er sich nicht unterwirft. Fehlt eine solche Androhung, kann das im Einzelfall unschädlich sein, wenn der Schuldner Rechtsanwalt oder Notar ist, weil grundsätzlich davon aufgegangen werden kann, dass ihm die Folgen einer wettbewerblichen Abmahnung bekannt sind,[106] oder wenn der Schuldner sich in seiner Erwiderung so eingelassen hat, dass eine erneute, nunmehr formgerechte Abmahnung keine Aussicht auf Erfolg verspricht.[107] Der Gläubiger braucht nicht anzugeben, welche gerichtlichen Schritte – Verfügungsverfahren oder Klage – er einleiten will.[108] Droht er aber ein bestimmtes Verfahren an (Klage bzw. Verfügungsantrag), muss er mit dementsprechenden Einwendungen des Abgemahnten rechnen, wenn er das andere Verfahren einleitet. Solche Einwendungen greifen allerdings nicht durch.[109] Verfolgt der Gläubiger den Unterlassungsanspruch nicht weiter, sondern nur den Anspruch auf Zahlung der Abmahnkosten, könnte von Anfang an die Ernsthaftigkeit des Unterlassungsverlangens fehlen.[110]

---

[100] OLG Hamburg GRUR 1991, 80.
[101] OLG Hamburg WRP 1989, 325; OLG Frankfurt a. M. GRUR-RR 2001, 72; OLG Jena MD VSW 2010, 319 (320 f.) (betr. Abschlusserklärung).
[102] OLG Hamburg WRP 1989, 325.
[103] OLG Karlsruhe MD VSW 2009, 331 (333).
[104] OLG Düsseldorf WRP 1988, 107 (108); OLG Köln NJW-RR 1988, 187 f.; OLG Hamburg GRUR 1991, 80; Teplitzky/*Bacher* Kap. 41 Rn. 18.
[105] BGH GRUR 2007, 164 (165) – Telefax-Werbung II; OLG München WRP 1981, 601; OLG Hamburg WRP 1986, 292.
[106] KG NJW 2005, 2239 (2240).
[107] OLG Hamburg GRUR 1991, 81 Ls.
[108] *Klein* GRUR 2012, 882 (884).
[109] Köhler/*Bornkamm*/Feddersen § 12 Rn. 1.24.
[110] Köhler/*Bornkamm*/Feddersen § 12 Rn. 1.25.

62 **6. Auslegung.** Die Abmahnung ist nach den Regeln auszulegen, die für die **Auslegung von Willenserklärungen** gelten. Es ist daher zu fragen, wie die Abmahnung aus der objektivierten Sicht des Empfängers zu verstehen ist. Dabei ist insbesondere die konkrete Verletzungsform zu berücksichtigen, auf die sich die Abmahnung bezieht. Verbleiben Unklarheiten, so geht das grundsätzlich zu Lasten des Abmahners. Den Abgemahnten könnte aber eine Nachfragepflicht aus dem Abmahnverhältnis treffen. Bestehen Unstimmigkeiten zwischen dem Text des Abmahnschreibens und der vorformulierten Unterwerfungserklärung, ist regelmäßig davon auszugehen, dass der geltend gemachte Anspruch in der vom Abmahner vorgeschlagenen Unterwerfungserklärung konkretisiert worden ist und deren Formulierung maßgebend sein soll.

V. Rechtsfolgen der berechtigten Abmahnung

63 **1. Kostenfolge bei sofortigem Anerkenntnis.** Erkennt der Beklagte im Unterlassungsprozess sofort an, kommt es für die Frage, wer im Rahmen der §§ 91, 93 ZPO die Kosten zu tragen hat, darauf an, ob er **Veranlassung zur Klageerhebung** gegeben hat oder nicht. Das trifft zu, wenn er **ordnungsgemäß abgemahnt** worden ist. Dem Abmahnenden schadet es grundsätzlich nicht, wenn die **Abmahnung zu weit gefasst** ist. Der Abgemahnte hat nämlich grundsätzlich von sich aus eine **eingeschränkte Unterwerfungserklärung** abzugeben (→ Rn. 46). Hat der Kläger nicht abgemahnt, kommt es darauf an, ob die Abmahnung ausnahmsweise entbehrlich war. Ist das zu verneinen, hat er die Kosten zu tragen. Zu seinen Gunsten sind dann nicht etwa **fiktive Abmahnkosten** zu berücksichtigen.[111]

64 Einem Anerkenntnis steht es gleich, dass der Beklagte während des Prozesses eine **strafbewehrte Verpflichtungserklärung** abgibt[112] und sich der Erledigungserklärung des Klägers anschließt. Im Rahmen des § 91a ZPO ist dann auch § 93 ZPO zu berücksichtigen (→ Vor § 12 Rn. 61 und 64). Ebenso verhält es sich, wenn der Beklagte nach Zustellung einer einstweiligen Verfügung eine **Abschlusserklärung** abgegeben hat.

65 **2. Beweislast.** Im Einzelfall kann Streit darüber entstehen, ob der Abgemahnte die Abmahnung oder ob der Abmahner die Unterwerfungserklärung erhalten hat. Nach § 93 ZPO hat der Beklagte zu beweisen, dass er keine Veranlassung zur Klageerhebung gegeben hat, dh im Grundsatz an sich in vollem Umfange, dass er vor Klageerhebung nicht abgemahnt worden ist bzw. der Abmahner schon vor Klageerhebung eine ordnungsgemäße Unterwerfungserklärung bekommen hat. Sachgerecht ist aber eine Verteilung der **Beweislast nach Verantwortungsbereichen.** Dabei ist die im vorliegenden Zusammenhang maßgebende Hauptfunktion der Abmahnung zu beachten, die dem Abgemahnten im beiderseitigen Interesse eine kostengünstige vorgerichtliche Erledigung der Auseinandersetzung durch Abgabe einer Unterwerfungserklärung ermöglichen soll, ohne dass an den Abmahner unzumutbare Anforderungen gestellt werden dürfen. Denn Ausgangspunkt der Überlegungen ist immer, dass der Abgemahnte eine wettbewerbswidrige Handlung begangen hat oder diese zumindest erstmals droht. Aus den vorstehenden Überlegungen folgt im Rahmen des § 93 ZPO:

- Der **Abmahner** hat das ordnungsgemäße **Absenden der Abmahnung** zu beweisen. Der Abgemahnte trägt das Risiko des verspäteten Zuganges und des Verlustes der Abmahnung (vgl. → Rn. 29).
- Der **Abgemahnte** hat das **Absenden und den Zugang der Unterwerfungserklärung** zu beweisen. Er trägt die Gefahr des verspäteten Zuganges und des Verlustes der Unterwerfungserklärung.

[111] BGH GRUR 2017, 926 (927) – *Anwaltsabmahnung II;* Köhler/*Bornkamm*/Feddersen § 12 Rn. 1.135; Ahrens/*Scharen* Kap. 11 Rn. 44 ff.; Ahrens/*Achilles* Kap. 12 Rn. 2; aM OLG Stuttgart WRP 1978, 837 (838); OLG Koblenz WRP 1983, 242 Ls.

[112] BGH GRUR 2010, 257 (258 f.) – Schubladenverfügung; OLG München WRP 1988, 62.

Allerdings kann den Abmahner – **ausnahmsweise** – eine **Nachfragepflicht aus dem Abmahnverhältnis** treffen, wenn ihm keine Unterwerfungserklärung zugegangen ist, der Abgemahnte aber die geforderten Abmahnkosten gezahlt hat,[113] falls das innerhalb der gesetzten Frist geschehen ist und der Abmahner vor Ablauf der Frist davon Kenntnis erhalten hat. Das gilt jedoch nur, wenn er weitere Anhaltspunkte dafür hat, dass die Unterwerfungserklärung verloren gegangen sein könnte, etwa wenn der Abgemahnte auch schon in der Vergangenheit zugleich die Abmahnkosten gezahlt und eine Unterwerfungserklärung abgegeben hat. Bei einer großangelegten, längerfristigen Werbeaktion kann der Abmahner dagegen eher davon ausgehen, dass es dem Abgemahnten darum geht, Zeit zu gewinnen, um die begonnene Werbeaktion möglichst noch zu Ende zu führen. Letztlich kommt es auf die gesamten Umstände des Einzelfalles an.[114] 66

3. Abmahnverhältnis. a) Rechtsgrundlage. Auf Grund der Abmahnung entsteht zwischen dem Abmahner, auch einem Verband,[115] und dem Abgemahnten jedenfalls dann das sogenannte **Abmahnverhältnis,** wenn dieser tatsächlich einen Wettbewerbsverstoß begangen hat.[116] Das Abmahnverhältnis konkretisiert das zwischen ihnen auf Grund des Verstoßes begründete gesetzliche Schuldverhältnis der unerlaubten Handlung. Aus dem Abmahnverhältnis **als wettbewerbsrechtlicher Sonderverbindung** entstehen für beide Seiten Treuepflichten, deren schuldhafte Verletzung zum Schadensersatz verpflichten kann.[117] Das Abmahnverhältnis entsteht auch dann, wenn die Abmahnung den Abgemahnten zwar nicht erreicht, dieser aber den Zugang treuwidrig vereitelt hat.[118] 67

Fraglich ist, ob das auch dann gilt, wenn es bisher noch nicht zu einem Verstoß gekommen ist, dieser aber erstmals droht, also **Erstbegehungsgefahr** gegeben ist. Obwohl in einem solchen Falle noch keine wettbewerbswidrige Handlung und daher kein gesetzliches Schuldverhältnis aus unerlaubter Handlung vorliegt, dürfte in einem derartigen Falle ebenfalls ein Abmahnverhältnis entstehen.[119] 68

Ein **Abmahnverhältnis** ist aber dann **zu verneinen,** wenn kein Verstoß vorliegt und ein solcher auch nicht droht, und zwar selbst dann, wenn der Abmahner schuldlos gehandelt hat.[120] Es fehlt an einer – begangenen oder erstmals drohenden – wettbewerbswidrigen Handlung als Grundlage für eine solche Sonderverbindung. Dem Abmahner vermag auch nicht der Gesichtspunkt einer culpa in contrahendo (§ 311 Abs. 2 Nr. 1 BGB) zu helfen,[121] auch nicht eine entsprechende Anwendung des § 840 ZPO.[122] Das allein ist interessengerecht; denn der Abgemahnte hat rechtmäßig gehandelt und wird einer unbegründeten Abmahnung ausgesetzt. Entsprechendes gilt, wenn zwar eine wettbewerbswidrige Handlung vorliegt, der Abmahnende aber den Falschen abgemahnt hat, selbst wenn dieser und der Richtige verbundene Unternehmen sind (vgl. dazu → Rn. 36 f.).[123] Wenn in Ausnahmefällen der Abgemahnte zurechenbar den Anschein eines von ihm begangenen 69

---

[113] OLG Hamm GRUR 1991, 638 Ls.; vgl. auch OLG Celle GRUR-RR 2008, 981 (982).
[114] OLG Köln WRP 1983, 42 (43); KG WRP 1990, 415 (418).
[115] BGH GRUR 1988, 716 (717) – Aufklärungspflicht gegenüber Verbänden.
[116] BGH GRUR 1987, 640 (641) – Wiederholte Unterwerfung II; GRUR 1988, 716 (717) – Aufklärungspflicht gegenüber Verbänden; GRUR 1990, 381 – Antwortpflicht des Abgemahnten; GRUR 1990, 542 (543) – Aufklärungspflicht des Unterwerfungsschuldners.
[117] BGH GRUR 2008, 360 (361) – EURO und Schwarzgeld; OLG Karlsruhe NJW-RR 1987, 344 (345).
[118] OLG Hamm MD VSW 2011, 34 (36).
[119] GroßKommUWG/*Feddersen* § 12 Rn. 55.
[120] BGH GRUR 1995, 167 (169) – Kosten bei unbegründeter Abmahnung; KG WRP 1991, 310 (311); OLG Hamburg WRP 2009, 335; Köhler/*Bornkamm*/Feddersen § 12 Rn. 1.78; Teplitzky/*Bacher* Kap. 41 Rn. 57 ff.
[121] BGH GRUR 1995, 167 (169) – Kosten bei unbegründeter Abmahnung; Köhler/*Bornkamm*/Feddersen § 12 Rn. 1.78; Teplitzky/*Bacher* Kap. 41 Rn. 59; aM OLG Köln GRUR 1991, 74 (75); *Traub* WRP 1989, 393 (394); *Ulrich* WRP 1995, 282 (285).
[122] BGH GRUR 1995, 167 (169) – Kosten bei unbegründeter Abmahnung; Teplitzky/*Bacher* Kap. 41 Rn. 59.
[123] Vgl. aber OLG Köln GRUR 1991, 74 (75).

Verstoßes hervorgerufen und dadurch die Abmahnung ausgelöst hat, könnte sich aus § 826 BGB eine Pflicht zur Aufklärung ergeben.[124]

70 **b) Pflichten des Abgemahnten.** Aus dem Abmahnverhältnis als wettbewerbsrechtlicher Sonderverbindung trifft den abgemahnten Störer eine **Antwortpflicht.** Er ist verpflichtet, auf die Abmahnung fristgemäß durch Abgabe einer Unterwerfungserklärung oder durch deren Ablehnung zu reagieren.[125] Außerdem kann sich für den Abgemahnten vor allem eine **Pflicht zur** unverzüglichen **Aufklärung** ergeben, damit für den Abmahner ein erfolgloses gerichtliches Verfahren und damit verbundene unnötige Kosten vermieden werden.[126]

71 So ist der Abgemahnte gegebenenfalls verpflichtet, den Abmahner darauf hinzuweisen, dass er bereits einem Dritten gegenüber eine ausreichende strafbewehrte Verpflichtungserklärung abgegeben hat.[127] Diese hat nämlich zur Folge, dass die Wiederholungsgefahr auch im Verhältnis zum Abmahner entfallen und daher dessen Unterlassungsanspruch erloschen ist. Der Abgemahnte muss dem Abmahner alle Informationen geben, die dieser benötigt, um zuverlässig beurteilen zu können, ob die Wiederholungsgefahr durch **Drittunterwerfung** ausgeschlossen worden ist.[128] Dazu gehören Angaben über den Erstabmahner und über den Inhalt der ersten Abmahnung, der Unterwerfungserklärung und einer etwaigen Erwiderung des Erstabmahners. Der Schriftwechsel ist in Kopie beizufügen. Eine fernmündliche Unterrichtung genügt wegen der damit verbundenen Unsicherheiten nicht.[129] Entsprechendes gilt, wenn der Abgemahnte einem Dritten gegenüber nach Erlass einer einstweiligen Verfügung bereits eine Abschlusserklärung abgegeben hat oder sich auf einen gegen ihn ergangenen, rechtskräftigen Unterlassungstitel berufen will. Die Aufklärungspflicht umfasst aber nicht solche Umstände, die der Abmahner selbst durch Einsichtnahme in öffentliche Register in Erfahrung bringen kann.[130]

72 Der Informationspflicht muss der Abgemahnte von sich aus nachkommen, nicht erst auf Anforderung des Abmahners. Diesen trifft allerdings eine **Nachfasspflicht,** wenn ihm nur noch einzelne Informationen fehlen. Erfüllt der Abgemahnte seine Informationspflicht nicht, können je nach den Umständen begründete Zweifel an der Ernsthaftigkeit der Drittunterwerfung und damit an dem Wegfall der Wiederholungsgefahr bestehen. Jedenfalls hat er dem Abmahner die unnötigen Kosten eines erfolglosen gerichtlichen Verfahrens im Wege des Schadensersatzes zu erstatten.

73 Die **Grundlage einer solchen Aufklärungspflicht** ist ebenfalls das Abmahnverhältnis; sie folgt nicht etwa aus einem drittgeschützten Abmahnverhältnis zwischen dem Erstabmahner und dem Abgemahnten. Der hier vertretenen Auffassung steht nicht entgegen, dass der Unterlassungsanspruch des Zweitabmahners im Zeitpunkt der Abmahnung durch die Drittunterwerfung bereits erloschen ist. Auf Grund der begangenen wettbewerbswidrigen Handlung des Abgemahnten ist auch im Verhältnis zum Zweitabmahner zunächst das gesetzliche Schuldverhältnis der unerlaubten Handlung entstanden. Darauf beruht als Sonderverbindung nachwirkend das Abmahnverhältnis, auch wenn der Unterlassungsanspruch im Zeitpunkt der Abmahnung nicht mehr besteht. Entsprechend verhält es sich im Falle der Erstbegehungsgefahr.

74 Die **Aufklärungspflicht** wird auch dann **verletzt,** wenn der Abgemahnte in seiner Erwiderung den Sachverhalt, den der Abmahner in seiner Abmahnung zugrunde gelegt

---

124 Köhler/*Bornkamm*/Feddersen § 12 Rn. 1.78; vgl. dazu *Traub* WRP 1989, 393 (395 f.).

125 BGH GRUR 1990, 381 (382) – Antwortpflicht des Abgemahnten; Köhler/*Bornkamm*/Feddersen § 12 Rn. 1.77.

126 BGH GRUR 1987, 54 (55) – Aufklärungspflicht des Abgemahnten; GRUR 1988, 716 (717) – Aufklärungspflicht gegenüber Verbänden; GRUR 1990, 381 f. – Antwortpflicht des Abgemahnten.

127 OLG Frankfurt a. M. WRP 1990, 790; Köhler/*Bornkamm*/Feddersen § 12 Rn. 1.79.

128 OLG Hamburg WRP 1996, 773; OLG Frankfurt a. M. WRP 2016, 632; Köhler/*Bornkamm*/Feddersen § 12 Rn. 1.79.

129 OLG Dresden WRP 2000, 430 Ls.

130 OLG Frankfurt a. M. WRP 1989, 391 (392 f.); Köhler/*Bornkamm*/Feddersen § 12 Rn. 1.79.

hat, falsch darstellt und der Abmahner deshalb erfolglos gegen ihn gerichtlich vorgeht.[131] Das gilt auch, wenn der Abmahner bereits in seiner Abmahnung von einem unrichtigen Sachverhalt ausgegangen ist und der Abgemahnte diesen nicht korrigiert.

c) Pflichten des Abmahners. Der Abmahner kann verpflichtet sein, auf etwaige 75
Mängel der Unterwerfungserklärung hinzuweisen, wenn es sich nämlich erkennbar um ein bloßes Versehen handelt. **In der Regel** besteht jedoch, insbesondere bei anwaltlicher Erwiderung, **keine „Nachfasspflicht"** (vgl. aber → Rn. 46, 66, 72).[132] Lässt sich der Abmahner dagegen auf Verhandlungen ein und einigen sich die Parteien über eine Änderung der beanstandeten Werbung, muss er deutlich zum Ausdruck bringen, dass er noch auf der Abgabe der zuvor verlangten Verpflichtungserklärung besteht.[133] Ist ausnahmsweise eine Nachfasspflicht gegeben, muss der Abmahner darlegen und beweisen, dass er dieser Pflicht nachgekommen ist.[134] Der Schuldner hat gegen den Gläubiger keinen Anspruch auf Mitteilung, ob dieser – nach Erlass eines Verbotsurteils – wegen eines abgewandelten Verhaltens einen Ordnungsmittelantrag stellen werde.[135]

Entgegen der Ansicht von *Köhler*[136] ist der **Erstabmahner** gegenüber dem **Zweit-** 76
abmahner nicht verpflichtet, auf Verlangen **Auskunft über die Unterwerfungserklärung** zu geben. Dafür gibt es keine rechtliche Grundlage. Insbesondere folgt ein solcher Anspruch nicht aus dem Unterwerfungsvertrag zwischen dem Erstabmahner und dem Schuldner. Dieser ist nicht als Vertrag mit Schutzwirkung zugunsten des Zweitabmahners als Drittem zu qualifizieren. Es fehlt am dafür erforderlichen Einbeziehungsinteresse des Erstabmahners,[137] das sich nicht aus §§ 428 f., 242 BGB ergibt.

4. Ersatz der erforderlichen Aufwendungen (§ 13 Abs. 3 und 4). a) Anspruch 77
aus § 13 Abs. 3. Der Abmahner kann **Ersatz der erforderlichen Aufwendungen** verlangen, **soweit** seine **Abmahnung berechtigt** ist **und** den **inhaltlichen Anforderungen von Abs. 2** entspricht. Soweit weitere inhaltliche Erfordernisse verlangt werden, führt deren Nichterfüllung nicht zu den Rechtsfolgen des Abs. 3, wie es in der Gesetzesbegründung heißt, dh kein Anspruch auf Aufwendungsersatz. Es ist unterscheiden zwischen begründeten und berechtigten Abmahnungen.[138] Eine Abmahnung ist begründet, wenn – im Zeitpunkt der Abmahnung –[139] ein durchsetzbarer Unterlassungsanspruch besteht. Sie ist auch berechtigt, wenn sie außerdem unentbehrlich ist, was insbesondere bei Mehrfachabmahnungen von Bedeutung ist (vgl. dazu bereits → Rn. 10 und 11). Dabei kommt es auf die Kenntnis des Gläubigers an.[140] Der Anspruch besteht nur, wenn die Abmahnung vor Einleitung eines gerichtlichen Verfahrens ausgesprochen wird (vgl. auch → Rn. 7). Das folgt aus dem Wortlaut, der Entstehungsgeschichte von § 12 Abs. 1 S. 2 aF und dem Zweck der Vorschrift.[141] Je nach Inhalt des Abmahnschreibens kommt eine Anfechtung der Unterlassungserklärung wegen arglistiger Täuschung in Betracht.[142] Auf die Kosten eines

---

131 OLG Hamburg WRP 1999, 969 (970).

132 OLG Hamburg WRP 1986, 292; OLG München MD VSW 2010, 546 (549); KG MD VSW 2011, 972 f.; OLG München MD VSW 2017, 180 (181 f.); vgl. auch KG MD VSW 2017, 835 (837); Ausnahme: KG WRP 2015, 490 f.; vgl. GroßKommUWG/*Feddersen* § 12 Rn. 58.

133 LG Hamburg MD VSW 2001, 511 Ls.

134 OLG Hamm NJW-RR 1987, 425.

135 BGH GRUR 2008, 360 (361 f.) – EURO und Schwarzgeld.

136 *Köhler* FS Piper, 1996, 309 (320 ff.).

137 Vgl. dazu allgemein Palandt/*Grüneberg* BGB § 328 Rn. 17, 17a.

138 BGH GRUR 2009, 502 (503) – pcb; GRUR 2012, 949 (952) – Missbräuchliche Vertragsstrafe; GRUR 2013, 307 (309) – Unbedenkliche Mehrfachabmahnung; Köhler/*Bornkamm*/Feddersen § 12 Rn. 1.57 f., 1.83 und 1.99 ff.

139 BGH WRP 2012, 975 (979) – Computer-Bild.

140 OLG Oldenburg WRP 2012, 1138 (1139).

141 BGH GRUR 2010, 257 (258) – Schubladenverfügung; GRUR 2010, 855 (857) – Folienrollos.

142 OLG Frankfurt a. M. WRP 2017, 362 Ls.

Abschlussschreibens ist § 13 Abs. 3 entsprechend anzuwenden;[143] dagegen nicht auf die Anwaltskosten, die durch die Geltendmachung einer Vertragsstrafe[144] oder von Ansprüchen auf Schadensersatz/Auskunft entstanden sind.

78 Der **Anspruch auf Aufwendungsersatz ist für Mitbewerber** gemäß § 13 Abs. 4 **ausgeschlossen,** wenn es sich um **Verstöße gegen gesetzliche Informations- und Kennzeichnungspflichten im elektronischen Geschäftsverkehr oder in Telemedien (Abs. 4 Nr. 1)** oder um sonstige Verstöße gegen die **Datenschutz-Grundverordnung (EU)** und das **Bundesdatenschutzgesetz** durch Unternehmen sowie gewerblich tätig Vereine, soweit sie in der Regel weniger als 250 Mitarbeiter beschäftigen **(Abs. 4 Nr. 2).** Die Ausnahmen beruhen darauf, dass die meisten Datenschutz-Abmahnungen von Mitbewerbern wegen Verstößen im Online-Handel ausgesprochen werden, weil solche Verstöße einfach und automatisiert festgestellt werden können und zahlreiche besondere Informationsverpflichtungen bestehen. Die Gesetzesbegründung nennt dazu als Beispiele für Kommunikations- und Informationspflichten § 5 Telemediengesetz, ferner Informationspflichten in Fernabsatzverträgen nach § 312d BGB, die Pflicht zur Widerrufsbelehrung und die Vorschriften der PreisangabenV. „Unter die Vorschrift fallen auch Verstöße gegen datenschutzrechtliche Informationspflichten. Es muss sich nicht um spezifische Informations- und Kennzeichnungspflichten im Online-Handel oder auf Webseiten handeln, sondern es ist ausreichend, dass die Verstöße in diesem Bereich auftreten." (so die Gesetzesbegründung). Bloße Warnhinweise genügen nicht. Auch die grundsätzliche Pflicht zur Kennzeichnung geschäftlicher Handlungen wird nicht erfasst (vgl. die Gesetzesbegründung). Die Kennzeichnungspflichten müssen sich auf die Angaben in Telemedien selbst beziehen. Die Vorschrift gilt auch für Informationspflichten gemäß § 5a UWG.[145] – Zur Berechnung der Zahl der Mitarbeiter ist § 23 Abs. 1 S. 4 KSchG heranzuziehen.[146] Soweit der Abmahner keine Gewissheit darüber bekommen kann, ob der Grenzwert erreicht ist, sollte er wegen § 13 Abs. 5 (Risiko eines Gegenanspruchs) besonders vorsichtig sein. Aus seiner Hinweispflicht gemäß § 13 Abs. 2 Nr. 5 lässt sich zur Mitarbeiterzahl nicht etwa ein Anspruch auf Auskunft gegen den Verletzer herleiten. – Bei Verstößen gegen die DSGVO oder das BDSG unterstellt das Gesetz die Aktivlegitimation von Mitbewerbern. Diese ist aber noch nicht geklärt.[147]

79 **aa) Allgemeines.** Auch **nach der bis 2004 geltenden Rechtslage** stand dem Abmahner, der einen durchsetzbaren Unterlassungsanspruch hatte, grundsätzlich ein Anspruch auf Ersatz seiner Abmahnkosten zu. Zunächst war ein solcher Anspruch zu bejahen, wenn der Abmahner einen **Schadensersatzanspruch** aus einer schuldhaft begangenen, wettbewerbswidrigen und/oder vertragswidrigen Handlung hatte. Es gibt aber Fälle, in denen der Abmahner zwar Unterlassung, aber nicht Schadensersatz aus unerlaubter Handlung verlangen kann. Das trifft etwa zu, wenn der Abmahner als Verband für einen Anspruch auf Schadensersatz nicht aktivlegitimiert ist.[148] Ebenso ist es, wenn wegen einer Berühmung, die Erstbegehungsgefahr begründet, zwar ein Unterlassungsanspruch besteht, ein Schadensersatzanspruch aber daran scheitert, dass es bei dem bisherigen Verhalten des Abgemahnten an den subjektiven Voraussetzungen des Tatbestandes, wie etwa an einer erforderlichen Kenntnis,[149] oder am Verschulden fehlt. In derartigen Fällen vermochten dem Abmahner,

[143] Vgl. dazu Köhler/*Bornkamm*/Feddersen § 12 Rn. 1.96; nach BGH GRUR 2010, 1038 (1039) – Kosten für Abschlussschreiben I; GRUR 2015, 622 – Kosten für Abschlussschreiben II: Erstattung nach den Grundsätzen der GoA.

[144] BGH GRUR 2008, 929 (930) – Vertragsstrafeneinforderung.

[145] Vgl. *Omsels/Zott* WRP 2021, 278 (284 f.).

[146] Vgl. *Wagner/Kefferpütz* WRP 2021, 151 (155).

[147] Vgl. BGH GRUR 2020, 896 f. – App-Zentrum.

[148] BGH GRUR 1990, 381 – Antwortpflicht des Abgemahnten.

[149] OLG Hamburg OLG-Report 2000, 103 (106 f.).

der Erstattung seiner Abmahnkosten verlangt, als Anspruchsgrundlage §§ 683 S. 1, 677, 670 **(berechtigte Geschäftsführung ohne Auftrag)** zu helfen.[150]

Bei Abmahnungen nach Inkrafttreten des § 12 Abs. 1 S. 2 aF erhält der Gläubiger neben dem Unterlassungsanspruch seitdem ausdrücklich einen gesetzlichen, vom Verschulden unabhängigen Anspruch auf Aufwendungsersatz. Die Neuregelung knüpft an die Rechtsprechung zur Geschäftsführung ohne Auftrag an, wie sich ausdrücklich aus der Gesetzesbegründung zu § 12 Abs. 1 S. 2 aF ergibt. Die Formulierung „sollen ... ihm (dem Schuldner) Gelegenheit geben", bestätigt, dass die Abmahnung auch als Geschäft für den Schuldner anzusehen ist. Allerdings kommt es nicht mehr darauf an, ob die Abmahnung im konkreten Einzelfall im Interesse des Abgemahnten liegt und seinem wirklichen oder mutmaßlichen Willen entspricht. 80

Da **§ 13 Abs. 3** eine **abschließende Regelung** enthält (vgl. die Gesetzesbegründung), bestehen neben dem dort gewährten Anspruch keine Ansprüche aus Geschäftsführung ohne Auftrag und/oder auf Schadensersatz. Dennoch bleibt die **frühere Rechtsprechung von Bedeutung.** So ist es in Ausnahmefällen, in denen Aufwendungsersatz nur als Schadensersatz verlangt werden kann (vgl. → Rn. 85, 102). Außerdem ist die Annahme einer Geschäftsführung ohne Auftrag noch von Bedeutung für **Abmahnungen auf Rechtsgebieten außerhalb des UWG,**[151] soweit dort nicht eine abschließende Regelung besteht. 81

bb) Voraussetzungen. Die **Anspruchsberechtigung** ist nicht problematisch. „Berechtigter" ist, wer einen noch durchsetzbaren Unterlassungsanspruch hat. Das sind der unmittelbar Verletzte sowie Wettbewerber und Verbände nach § 8 Abs. 3. Der Anspruch entfällt unter den Voraussetzungen des § 8c ebenso wie der Unterlassungsanspruch.[152] 82

Der Abmahner hat einen Ersatzanspruch, wenn seine **Abmahnung berechtigt** ist, dh er einen noch durchsetzbaren Unterlassungsanspruch gegen den Abgemahnten hat und seine Abmahnung unentbehrlich ist (vgl. → Rn. 77). Das gilt gleichermaßen im Falle der Wiederholungsgefahr nach einem begangenen Verstoß als auch in dem Falle, dass der Schuldner durch sein Verhalten Erstbegehungsgefahr begründet hat.[153] Ob der Abgemahnte schuldhaft gehandelt hat, ist unerheblich. Die Voraussetzungen sind nicht gegeben, wenn gegen den Abgemahnten kein Unterlassungsanspruch entstanden ist oder der Anspruch wegen Verjährung – nach Erhebung der Einrede – nicht mehr durchgesetzt werden kann[154] oder der Anspruch inzwischen durch Drittunterwerfung erloschen ist. Im letzteren Falle kann der Verletzte nur im Wege des Schadensersatzes Erstattung seiner Abmahnkosten verlangen (vgl. → Rn. 85, 102). Kommen mehrere Schuldner in Betracht, sollte der Abmahner deutlich zum Ausdruck bringen, gegen wen sich die Abmahnung richtet. 83

Maßgebend ist der **Zeitpunkt** der Abmahnung, und zwar **der Absendung der Abmahnung.** Demgemäß ist allein entscheidend, dass die Abmahnung ordnungsgemäß abgesandt worden ist, dagegen nicht deren Zugang.[155] Der Schuldner trägt auch im vorliegenden Zusammenhange das Risiko des Verlustes (vgl. → Rn. 29, 65). Das **spätere Verhalten des Abgemahnten** ist unerheblich;[156] insbesondere kommt es nicht mehr darauf an, ob er sich 84

---

[150] Ständige Rspr. des BGH seit BGH GRUR 1970, 189 (190) – Fotowettbewerb; GRUR 2002, 357 (358) – Missbräuchliche Mehrfachabmahnung; GRUR 2003, 899 (900) – Olympiasiegerin; Teplitzky/*Bacher* Kap. 41 Rn. 84.

[151] BGH GRUR 2012, 304 (305) – Basler Haar-Kosmetik (MarkG); GRUR 2014, 657 (658) – BearShave (UrhR; jetzt § 97a UrhG); GRUR 2015, 578 – Preußische Kunstwerde (BGB); GRUR 2016, 176 (183) – Tauschbörse I (UrhR); GRUR 2016, 184 (189) – Tauschbörse II; GRUR 2016, 191 (196) – Tauschbörse III; Köhler/*Bornkamm*/Feddersen § 12 Rn. 1.110 f.

[152] BGH GRUR 2012, 730 (731) – Bauheizgerät; GRUR 2016, 961 (962 f.) – Herstellerempfehlung bei Amazon; GRUR 2019, 180 (183) – Abmahnaktion II.

[153] Zu GoA: OLG Köln GRUR 1993, 688.

[154] Köhler/*Bornkamm*/Feddersen § 12 Rn. 1.103; Teplitzky/*Bacher* Kap. 41 Rn. 84c; zur GoA: OLG Karlsruhe WRP 1984, 100 (102).

[155] AM GroßKommUWG/*Feddersen* § 12 Rn. 64; Köhler/*Bornkamm*/Feddersen § 12 Rn. 1.104; Teplitzky/*Bacher* Kap. 41 Rn. 88a; *Köhler* FS Erdmann, 2002, 845 (854 f.).

[156] Zu GoA: BGH GRUR 1984, 129 (131) – shop-in-the-shop I; vgl. aber *Köhler* FS Erdmann, 2002, 845 (852 ff.).

auf die Abmahnung hin unterwirft. Auch das **spätere Verhalten des Abmahners** ist grundsätzlich ohne Bedeutung. Demgemäß scheitert der Anspruch – abgesehen von Fällen rechtsmissbräuchlichen Vorgehens (§ 8c) – in der Regel nicht daran, dass der Kläger nach erfolgloser Abmahnung (zunächst) nur die Abmahnkosten, dagegen nicht auch seinen Unterlassungsanspruch einklagt.[157] Anders ist es, wenn sein nachträgliches Verhalten, insbesondere im Zusammenhang mit seinem früheren Verhalten Rückschlüsse auf den Zeitpunkt der Abmahnung erlaubt und sich aus allen Umständen ergibt, dass er gar nicht ernsthaft Unterlassung verlangen will. Entsprechende Erwägungen gelten für die Frage der Notwendigkeit von Aufwendungen, die der Kläger als Schadensersatz beansprucht.

85 **Mehrere Abmahnungen.** In der Praxis kommt es vor, dass ein Wettbewerbsverstoß **Abmahnungen verschiedener Mitbewerber und/oder Verbände** auslöst. Jeder Gläubiger, der im Zeitpunkt der Abmahnung einen durchsetzbaren Unterlassungsanspruch hat und dessen Abmahnung unentbehrlich ist (vgl. → Rn. 77), hat zugleich einen Anspruch auf Ersatz der erforderlichen Aufwendungen. Ist der Unterlassungsanspruch bereits erloschen, weil der Abgemahnte schon einem Dritten gegenüber eine Unterwerfungserklärung abgegeben hat und dadurch die Wiederholungsgefahr entfallen ist, liegen die Voraussetzungen des § 13 Abs. 3 nicht vor. Dann kann dem Abmahner wie nach der bisherigen Rechtslage nur noch ein Anspruch auf Schadensersatz helfen (vgl. → Rn. 85, 102). Handelt es sich nach einem weiteren Verstoß um eine weitere Abmahnung, ist ebenfalls ein Anspruch aus § 13 Abs. 3 gegeben.

86 **cc) Erforderlichkeit der Aufwendungen.** Zu ersetzen sind die **tatsächlich entstandenen, erforderlichen Aufwendungen (§ 13 Abs. 3).** Mahnt der Gläubiger erst ab, nachdem er bereits eine Beschlussverfügung auf Unterlassung erwirkt hat, sind die Kosten der Abmahnung jedenfalls nicht „erforderlich“ (vgl. auch → Rn. 7 und 77).[158]

87 Richtet sich die Abmahnung gegen ein konkret umschriebenes Verhalten, wie etwa eine Werbeanzeige, die der Abmahner unter mehreren Gesichtspunkten beanstandet, sind die Kosten der Abmahnung grundsätzlich in vollem Umfange zu erstatten, wenn sich die Abmahnung unter einem der Gesichtspunkte als begründet erweist. Anders kann es sein, wenn der Abmahner die einzelnen Beanstandungen zum Gegenstand gesonderter Angriffe macht, etwa verschiedene Werbeaussagen in einer Werbeanzeige. Bei der gebotenen Auslegung kann die vom Abmahner vorformulierte Unterlassungserklärung herangezogen werden. In einem solchen Falle sind die Kosten der Abmahnung nur insoweit zu ersetzen, wie die einzelnen Beanstandungen begründet sind.[159]

88 Grundsätzlich darf der **Mitbewerber** zur Rechtsverfolgung einen **Rechtsanwalt einschalten** und kann dann dessen Kosten ersetzt verlangen.[160] Wenn er jedoch eine eigene Rechtsabteilung hat oder selbst Rechtsanwalt ist und es sich um einen Routinefall mit höchstens durchschnittlicher Schwierigkeit handelt, ist ihm eine eigene Abmahnung zuzumuten.[161] Bleibt sie aber ohne Erfolg, ist er befugt, nunmehr einen Rechtsanwalt zu beauftragen. Ist die Abmahnung durch den Rechtsanwalt derart unbrauchbar, dass er keinen Vergütungsanspruch gegen seinen Auftraggeber hat, so hat dieser dementsprechend keinen Erstattungsanspruch gegen den abgemahnten Verletzer.[162] – Die Einschaltung eines

[157] Vgl. dazu *Hewicker/Marquardt/Neurauter* NJW 2014, 2753 (2755 f.); zu GoA: *Schulz* WRP 1990, 658 (660 f.); aM LG Frankfurt a. M. GRUR 2003, 197 f.

[158] OLG Köln WRP 2008, 379 f.

[159] BGH GRUR 2019, 82 (85 f.) – Jogginghosen; vgl. auch BGH WRP 2019, 747 ff.

[160] BGH GRUR 2008, 928 (929) – Abmahnkostenersatz; GRUR 2008, 996 (999 f.) – Clone-CD; GRUR 2017, 926 (927) – Anwaltsabmahnung II; GRUR 2010, 1038 (1039) – Kosten für Abschlussschreiben; zu einem Sonderfall (Verstoß gegen Treu und Glauben) vgl. OLG Hamm GRUR 2012, 543 (544).

[161] BGH GRUR 2004, 788 f. – Selbstauftrag; GRUR 2007, 620 f. (VI. Zivilsenat) – Abmahnung außerhalb des Wettbewerbsrechts; GRUR 2007, 621 (622) (VI. Zivilsenat) – Abschlussschreiben; vgl. dazu BGH GRUR 2008, 928 (929) (I. Zivilsenat) – Abmahnkostenersatz; GRUR 2010, 1038 (1039) – Kosten für Abschlussschreiben; OLG Düsseldorf GRUR-RR 2002, 215 f.; vgl. aber OLG Karlsruhe WRP 1996, 591 (593).

[162] OLG Düsseldorf WRP 2012, 595 (596 f.) (betr. Schadensersatz; das gilt aber auch für § 12 Abs. 1 S. 2 *UWG*).

Rechtsanwalts kann als widersprüchlich gegen Treu und Glauben verstoßen (§ 242 BGB), wenn der Gläubiger auf einer Website erklärt hatte, bei Abmahnungen durch Dritte sei die Einschaltung von Rechtsanwälten überflüssig.[163] Der Höhe nach müssen die verlangten **Anwaltskosten** ebenfalls notwendig sein und demgemäß den gesetzlichen Vorschriften entsprechen. Der Kläger hat darzulegen, wie hoch seine tatsächlichen Aufwendungen sind.[164] Es gilt das Rechtsanwaltsvergütungsgesetz (RVG).[165] Nach Nr. 2300 VV erhält der Rechtsanwalt eine **Geschäftsgebühr** von 0,5 bis 2,5. Daraus ergibt sich eine Mittelgebühr von 1,5.[166] Mehr als 1,3 können aber nur gefordert werden, wenn die Tätigkeit umfangreich oder schwierig und damit überdurchschnittlich war, was substantiiert dargelegt werden muss.[167] Bei einer Abmahnung ist in einem durchschnittlichen Fall nicht von einer unter dem Regelsatz liegenden, der 1,3-fachen Gebühr auszugehen.[168] Lag bereits ein Klagauftrag vor, bekommt der Rechtsanwalt gemäß Nr. 3101 VV nur 0,8.[169] Der zugrunde gelegte Streitwert muss angemessen sein (§ 3 ZPO; vgl. auch § 8c Abs. 2 S. 3 – Rechtsmissbrauch bei unangemessener Höhe). Er stimmt mit dem Streitwert für einen entsprechenden gerichtlichen Unterlassungsantrag überein.[170] Richtet sich die Höhe der Abmahnkosten nach dem Gegenstandswert der Abmahnung, sind die Kosten – anders als bei der einem Verband zustehenden Abmahnpauschale (→ Rn. 89) – nur insoweit zu ersetzen, als die Abmahnung berechtigt ist, und zwar nach dem Verhältnis der Gegenstandswerte der Teile der Abmahnung.[171]

89 Bei einem **Verband** ist die Notwendigkeit, einen Rechtsanwalt einzuschalten, in der Regel zu verneinen, falls es um **typische, ohne Schwierigkeiten zu verfolgende Verstöße** geht; dafür muss der Verband ausgestattet sein (so auch die Gesetzesbegründung).[172] Das gilt auch dann, wenn ein Fachverband wie eine Vereinigung von Taxi-Unternehmen nur ausnahmsweise wettbewerbsrechtliche Ansprüche verfolgt.[173] Der Verband hat nur Anspruch auf Ersatz seiner Bearbeitungskosten.[174] Üblich sind **Abmahnpauschalen** in Höhe der durchschnittlich anfallenden Kosten.[175] Der Verband kann diese auch dann in voller Höhe verlangen, wenn die Abmahnung nur zum Teil berechtigt war.[176] Bleibt die erste Abmahnung erfolglos und beauftragt der Verband nunmehr einen Rechtsanwalt mit einer zweiten Abmahnung, so kann er die Kosten dieser zweiten Abmahnung nicht erstattet verlangen.[177] – Die umsatzsteuerliche Behandlung von Abmahnungen wirft Probleme auf.[178]

---

[163] OLG Düsseldorf GRUR-RR 2016, 289 f.

[164] *Rehart* WRP 2009, 532 ff.

[165] Vgl. dazu *Günther/Beyerlein* WRP 2004, 1222 (1223 f.).

[166] Köhler/*Bornkamm*/Feddersen § 12 Rn. 1.118; vgl. dazu Ahrens/*Scharen* Kap. 11 Rn. 22; *Bölling* WRP 2012, 1214 ff.

[167] BGH GRUR 2014, 206 (208) – Einkaufskühltasche.

[168] BGH GRUR 2010, 1120 (1122) – Vollmachtsnachweis.

[169] Ahrens/*Scharen* Kap. 11 Rn. 22.

[170] BGH GRUR 2016, 1275 (1277) – Tannöd; Köhler/*Bornkamm*/Feddersen § 12 Rn. 1.120.

[171] BGH GRUR 2010, 744 (749) – Sondernewsletter; NJW 2010, 3239 (3242) – Telefonwerbung nach Unternehmenswechsel; GRUR 2012, 949 (953) – Missbräuchliche Vertragsstrafe; GRUR 2016, 516 (520 f.) – Wir helfen im Trauerfall.

[172] BGH GRUR 1984, 691 (692) – Anwaltsabmahnung I; BGH GRUR 2017, 926 f. –*Anwaltsabmahnung II;* Teplitzky/*Bacher* Kap. 41 Rn. 93a.

[173] BGH GRUR 2017, 926 f. –*Anwaltsabmahnung II;* vgl. dazu OLG Frankfurt a. M. GRUR 2016, 625 f.: Erstattung bei einem solchen Fachverband, bei dem die Verfolgung von Wettbewerbsverstößen nicht zu seinen Aufgaben gehört.

[174] OLG Koblenz WRP 1979, 387 (391); Ahrens/*Scharen* Kap. 11 Rn. 27 ff.

[175] KG WRP 1991, 304 (306 f.) = WRP 1991, 398 (401); MD VSW 2000, 581 (584 f.); Köhler/*Bornkamm*/Feddersen § 12 Rn. 1.132; Teplitzky/*Bacher* Kap. 41 Rn. 94 f.; vgl. OLG Stuttgart GRUR-RR 2015, 164 (167).

[176] BGH NJWE-WettbR 1999, 25 (28) – Kaufpreis je nur 1 DM; GRUR 2008, 1118 (1121) – MobilPlus-Kapseln; GRUR 2009, 413 (416) – Erfokol-Kapseln; GRUR 2009, 1064 (1069) – Geld-zurück-Garantie II; GRUR 2010, 169 (171) – CE-Kennzeichnung.

[177] BGH GRUR 2010, 355 f. – Kräutertee; OLG Hamburg WRP 2009, 1569 (1570 ff.); vgl. dazu OLG Frankfurt a. M. WRP 2019, 907 (908): Bitte des Abgemahnten um weitere Erläuterung der Abmahnung.

[178] Vgl. dazu BFH WRP 2019, 894; *Pustovalov/Johnen* WRP 2019, 848 ff.

90 **dd) Durchsetzung.** Der Abmahner kann die ihm zustehende Abmahnpauschale bzw. die notwendigen Anwaltskosten neben anderen Ansprüchen, insbesondere neben dem Unterlassungsanspruch einklagen. Er hat **nicht** die Möglichkeit, sie gemäß § 91 ZPO nach gewonnenem Unterlassungsprozess als notwendige Kosten der Rechtsverfolgung **im Kostenfestsetzungsverfahren** geltend zu machen.[179] Selbst bei Bejahung einer solchen Möglichkeit entfiele jedenfalls nicht das Rechtsschutzinteresse für eine **Zahlungsklage:** Der Verletzte hat nämlich ein berechtigtes Interesse daran, dass die Notwendigkeit und Höhe der Aufwendungen in einem Klageverfahren statt in einem nur pauschalen Kostenfestsetzungsverfahren (§ 104 Abs. 2 ZPO) überprüft wird, in dem es lediglich zu einer eingeschränkten Prüfung kommt.

91 Im Rechtsstreit hat das Gericht die Berechtigung der Abmahnung auch dann zu prüfen, wenn der Schuldner eine **Unterwerfungserklärung** oder eine **Abschlusserklärung**[180] abgegeben hat. Darin liegt **kein (materiell-rechtliches) Anerkenntnis** des gesetzlichen Unterlassungsanspruches und **der Pflicht zur Übernahme der Abmahnkosten.**[181] – Der Gläubiger kann grundsätzlich eine Erstattung von Aufwendungen nur verlangen, wenn er diese bereits erbracht hat, zuvor nur Freistellung von der Verbindlichkeit.[182]

92 **ee) Verjährung.** Der Anspruch auf Erstattung **verjährt nach § 11,** soweit der Abmahnung ein Unterlassungsanspruch aus dem UWG zugrunde liegt.[183]

93 **b) Erstattung aus §§ 683 S. 1, 677, 670 BGB. aa) Anspruchsberechtigung.** Ein solcher Anspruch kommt **in Ausnahmefällen** noch in Betracht (vgl. → Rn. 83, 85, 102), soweit nämlich die abschließende Regelung des § 13 Abs. 3 nicht eingreift. Wer in einem derartigen Ausnahmefall einen noch durchsetzbaren Unterlassungsanspruch hat, kann grundsätzlich aus Geschäftsführung ohne Auftrag Erstattung seiner Abmahnkosten verlangen.

94 **bb) Voraussetzungen. Allgemeines.** Hat der Gläubiger einen noch durchsetzbaren, nicht verjährten Unterlassungsanspruch, so liegt es im Allgemeinen auch im **Interesse des Schuldners** und es entspricht ferner seinem **wirklichen**[184] **oder zumindest seinem mutmaßlichen Willen,** dass der Gläubiger ihn abmahnt, damit er vor einer gerichtlichen Auseinandersetzung die Gelegenheit bekommt, durch eine strafbewehrte Unterlassungserklärung die Angelegenheit kostengünstig zu erledigen und zugleich entsprechende Unterlassungsansprüche Dritter zum Erlöschen zu bringen. Das gilt gleichermaßen im Falle der Wiederholungsgefahr nach einem begangenen Verstoß als auch in dem Falle, dass der Schuldner durch sein Verhalten Erstbegehungsgefahr begründet hat.[185]

95 Dagegen entspricht die Abmahnung nicht dem wirklichen Willen des Abgemahnten, wenn er zuvor ernstlich erklärt hat, er werde eine Abmahnung nicht beachten; ferner wenn der Abmahner bereits eine einstweilige Verfügung erwirkt hat, die er noch nicht hat zustellen lassen. In diesem Fall liegt die Abmahnung auch nicht im Interesse des Abgemahnten.[186] Das trifft auch dann zu, wenn die Abmahnung erst nach Erlass einer Verbots-

[179] BGH GRUR 2006, 439 (440) – Geltendmachung der Abmahnkosten; OLG Frankfurt a. M. GRUR 2005, 360; OLG Hamburg OLG Report 2005, 453 f.; Köhler/*Bornkamm*/Feddersen § 12 Rn. 1.112; Ahrens/*Scharen* Kap. 11 Rn. 3.

[180] Vgl. dazu KG WRP 2012, 1140 (1143).

[181] BGH GRUR 2013, 1252 (1253) – Medizinische Fußpflege; OLG Celle GRUR-RR 2013, 177 f.; Köhler/*Bornkamm*/Feddersen § 12 Rn. 1.157; Ahrens/*Scharen* Kap. 11 Rn. 39; Ahrens/*Achilles* Kap. 8 Rn. 1; *Labesius* WRP 2013, 312 ff.; zu GoA: *Hess* WRP 2003, 353; unzutreffend AG Charlottenburg WRP 2002, 1472 Ls.; AG Rotenburg WRP 2003, 414 Ls.; AG Dinslaken WRP 2004, 1078 Ls. (sogar bei Zusatz „ohne Anerkennung einer Rechtspflicht").

[182] Köhler/*Bornkamm*/Feddersen § 12 Rn. 1.113; vgl. aber OLG Hamm MD VSW 2013, 117 (122 ff.); GRUR-RR 2014, 133 (134) (endgültige Weigerung, die Anwaltskosten zu bezahlen); zur Problematik vgl. *Hewicker/Marquardt/Neurauter* NJW 2014, 2753 (2757 f.).

[183] Vgl. dazu *Ungewitter* GRUR 2012, 697 ff.

[184] BGH WRP 2011, 881 (882) – Sedo.

[185] OLG Köln GRUR 1993, 688; Teplitzky/*Bacher* Kap. 41 Rn. 86.

[186] OLG München MD VSW 2006, 924 (925 f.).

verfügung ausgesprochen wird.[187] Sonst ist mangels erklärten Willens angesichts der genannten Interessen des Abgemahnten in der Regel sein mutmaßlicher Wille zu bejahen. Dabei kommt es auf den **Zeitpunkt der** Abmahnung an; denn das Gesetz stellt ab auf die **Übernahme** des Geschäfts. Das spätere Verhalten des Verletzers ist daher unerheblich;[188] insbesondere kommt es nicht mehr darauf an, ob er sich auf die Abmahnung hin unterwirft. Auch das **spätere Verhalten des Abmahners** ist grundsätzlich ohne Bedeutung. Da der Zeitpunkt der Übernahme entscheidet, ist allein maßgebend, dass die Abmahnung ordnungsgemäß abgesandt worden ist, dagegen nicht deren Zugang.[189]

Keine berechtigte Geschäftsführung ohne Auftrag liegt vor, wenn gegen den Abgemahnten kein Unterlassungsanspruch entstanden ist oder der Anspruch verjährt ist[190] oder der Anspruch inzwischen **durch Drittunterwerfung erloschen** ist. 96

Eine Abmahnpauschale ist nicht zu erstatten, wenn der Gläubiger vom Schuldner **Zahlung einer Vertragsstrafe** verlangt.[191] Damit hat er kein Geschäft des Schuldners geführt.[192] 97

Mehrere Abmahnungen. Nur die **zeitlich erste Abmahnung entspricht dem Interesse** und dem mutmaßlichen Willen **des Verletzers,**[193] und zwar auch dann, wenn der Schuldner sich auf die erste Abmahnung hin nicht unterworfen hat und die Begehungsgefahr daher fortbesteht. Maßgebend ist auch hier der Zeitpunkt der Absendung, nicht der des Zuganges. Wer danach keinen Erstattungsanspruch aus Geschäftsführung ohne Auftrag hat, hat möglicherweise einen entsprechenden Schadensersatzanspruch. 98

cc) Inhalt des Anspruchs. Zu ersetzen sind die **tatsächlich entstandenen, notwendigen Aufwendungen.** Insoweit gelten dieselben Grundsätze wie zu § 13 Abs. 3 (→ Rn. 86 ff.). 99

dd) Durchsetzung. Vgl. dazu → Rn. 91. 100

c) Erstattung als Schadensersatz. In Ausnahmefällen kommt ein solcher Anspruch in Betracht (vgl. → Rn. 83, 85, 102). Hat der Verletzte in einem derartigen Ausnahmefall einen gesetzlichen und/oder vertraglichen Anspruch auf Schadensersatz, so kann er als Teil seines Schadens unter Beachtung des § 254 Abs. 2 BGB – auf Grund einer berechtigten Abmahnung – **Ersatz seiner tatsächlich entstandenen, notwendigen Aufwendungen** verlangen.[194] 101

Einen solchen Anspruch hat er auch dann, wenn sich der Verletzer **im Zeitpunkt der Abmahnung bereits einem Dritten gegenüber unterworfen** hat und der Unterlassungsanspruch daher erloschen ist, weil keine Wiederholungsgefahr mehr besteht (vgl. → Rn. 83, 85). Auch dann beruhen die Kosten der Abmahnung auf der zum Schadensersatz verpflichtenden Handlung. Die Kausalität zwischen dem Verstoß und den Aufwendungen und deren Notwendigkeit werden nicht dadurch in Frage gestellt, dass der abgemahnte Unterlassungsanspruch nicht mehr besteht. Demnach hat der Verletzer die Kosten 102

---

[187] BGH GRUR 2010, 257 (258) – Schubladenverfügung; GRUR 2010, 855 (857) – Folienrollos.

[188] BGH GRUR 1984, 129 (131) – shop-in-the-shop I; vgl. aber *Köhler* FS Erdmann, 2002, 845 (852 ff.).

[189] OLG Stuttgart WRP 1996, 477 (479); aM Teplitzky/*Bacher* Kap. 41 Rn. 88a; *Köhler* FS Erdmann, 2002, 845 (854 f.).

[190] OLG Karlsruhe WRP 1984, 100 (102); Teplitzky/*Bacher* Kap. 41 Rn. 84 f.

[191] BGH GRUR 1998, 963 (965) – Verlagsverschulden II.

[192] BGH GRUR 2008, 929 (930) – Vertragsstrafeneinforderung.

[193] BGH GRUR 2002, 357 (358) – Missbräuchliche Mehrfachabmahnung; vgl. auch BGH GRUR 2010, 354 f. – Kräutertee: zur zweiten Abmahnung desselben Gläubigers (eines Verbandes); vgl. → Rn. 86.

[194] BGH GRUR 1982, 489 – Korrekturflüssigkeit; GRUR 1992, 176 (177) – Abmahnkostenverjährung; GRUR 2002, 357 (358) – Missbräuchliche Mehrfachabmahnung; GRUR 2007, 631 (632) – Abmahnaktion: Schaden jedenfalls bei Dauerhandlung; GroßKommUWG/*Feddersen* § 12 Rn. 85; Teplitzky/*Bacher* Kap. 41 Rn. 82 ff.; *Schulz* WRP 1990, 658 (662 ff.); *Conrad* WRP 2001, 187; *Eichelberger* WRP 2009, 270 (276); aM Köhler/*Bornkamm*/Feddersen § 12 Rn. 1.108; Ahrens/*Scharen* Kap. 11 Rn. 13; vgl. auch *Köhler* FS Erdmann, 2002, 845 (846); vgl. dazu BGH NJW 2018, 2891 (2892 f.) – Riptide.

der ersten Abmahnung zu erstatten. Ein Anspruch auf Erstattung weiterer Kosten ist unproblematisch gegeben, wenn der Verletzer nicht auf die Drittunterwerfung hinweist.

103 Ganz allgemein kann sich aus der **Verletzung einer Antwort- oder einer Aufklärungspflicht aus dem Abmahnverhältnis** ein Schadensersatzanspruch des Abmahners ergeben. Er umfasst die Erstattung weiterer Kosten, die durch die Pflichtverletzung des Abgemahnten entstanden sind. Der Anspruch ergibt sich aus § 280 Abs. 1 BGB (positive Forderungsverletzung, nicht Verzug).[195]

VI. Unbegründete Abmahnung (§ 13 Abs. 5)

Schrifttum: *Chudziak,* Die Erstattung der Rechtsanwaltskosten des unbegründet Abgemahnten, GRUR 2012, 133; *Deutsch,* Gedanken zur unberechtigten Schutzrechtsverwarnung, WRP 1999, 25; *ders.,* Der BGH-Beschluss zur unberechtigten Schutzrechtsverwarnung und seine Folgen für die Praxis, GRUR 2006, 374; *Kunath,* Kostenerstattung bei ungerechtfertigter Verwarnung – neuer Lösungsansatz –, WRP 2000, 1074; *Lindacher,* Der „Gegenschlag" des Abgemahnten, FS v Gamm, 1990, 83; *Meier-Beck,* Die unberechtigte Schutzrechtsverwarnung als Eingriff in das Recht am Gewerbebetrieb, WRP 2006, 790; dazu *Ullmann,* Eine unberechtigte Abmahnung – Entgegnung, WRP 2006, 1070; *Omsels,* Zur Unlauterkeit der gezielten Behinderung von Mitbewerbern (§ 4 Nr. 10 UWG), WRP 2004, 136; *Sack,* Die Haftung für unbegründete Schutzrechtsverwarnungen, WRP 2005, 253; *ders.,* Unbegründete Schutzrechtsverwarnungen; *ders.* Unbegründete Schutzrechtsverwarnungen – lückenloser Unternehmensschutz durch das UWG seit 2004, NJW 2009, 162; *Teplitzky,* Zur Frage der Rechtmäßigkeit unbegründeter Schutzrechtsverwarnungen, GRUR 2005, 9; *ders.,* Die prozessualen Folgen der Entscheidung des Großen Senats für Zivilsachen zur unberechtigten Schutzrechtsverwarnung, WRP 2005, 1433; *Ullmann,* Die Verwarnung aus Schutzrechten – mehr als eine Meinungsäußerung?, GRUR 2001, 1027; *Wagner/Thole,* Kein Abschied von der unberechtigten Schutzrechtsverwarnung, NJW 2005, 3470.

104 **1. Allgemeines.** Die Abmahnung ist unbegründet und daher unberechtigt, wenn der Abmahner im Zeitpunkt der Abmahnung **keinen durchsetzbaren Unterlassungsanspruch** (mehr) hat. Das kann auf verschiedenen Gründen beruhen:

– Das beanstandete Verhalten ist nicht rechtswidrig.
– Der Abmahner ist nicht berechtigt, den Anspruch geltend zu machen.
– Das Verhalten ist zwar rechtswidrig, aber der Abgemahnte ist nicht Störer.
– Der Anspruch ist zwar entstanden, jedoch etwa durch Drittunterwerfung erloschen oder bereits verjährt.

105 Wenn der Abgemahnte die Abmahnung für unbegründet hält, sollte er den Abmahner mit einer möglichst überzeugenden Begründung **auf seinen ablehnenden Standpunkt hinweisen,** um so vielleicht ein unnötiges gerichtliches Verfahren zu verhindern. Außerdem ist es für ihn zweckmäßig, bei allen in Betracht kommenden Landgerichten eine **Schutzschrift** zu hinterlegen oder gemäß dem ab 1.1.2016 geltenden § 945a ZPO in das zentrale elektronische Schutzschriftenregister einzustellen; denn er muss befürchten, dass der Abmahner gegen ihn eine einstweilige Verfügung beantragt. – Fehlt es an einem Wettbewerbsverstoß oder ist der Abgemahnte nicht der Störer, besteht für ihn mangels Abmahnverhältnisses grundsätzlich keine Antwortpflicht (vgl. → Rn. 69).

106 **2. Rechtsfolgen.** Als Rechtsfolgen der unbegründeten Abmahnung können sich für den angeblichen Verletzer **Gegenansprüche** ergeben, und zwar auf Unterlassung/Beseitigung und/oder auf Schadensersatz. Dabei ist zu unterscheiden, ob der Abmahner (nur) den angeblichen Verletzer oder (auch) Dritte, insbesondere dessen Kunden abgemahnt hat. Die Anwaltskosten für ein Abwehrschreiben können nicht im Kostenfestsetzungsverfahren geltend gemacht werden.[196]

107 **a) Unterlassungs- und Beseitigungsanspruch.** Wird der angebliche Verletzer abgemahnt, kann sich für ihn – allerdings nur ausnahmsweise[197] – ein Unterlassungsanspruch aus

[195] Vgl. dazu Ahrens/*Scharen* Kap. 11 Rn. 16.
[196] BGH GRUR 2008, 639 – Kosten eines Abwehrschreibens; aM OLG Hamburg MDR 2007, 57 f.
[197] BGH GRUR 2011, 152 (157) – Kinderhochstühle im Internet; Köhler/*Bornkamm*/Feddersen § 12 Rn. 1.84 f.; *Gerstenberg* WRP 2011, 1116 (1120); zu § 1 aF: BGH GRUR 2001, 354 – Verbandsklage gegen

§§ 3, 4 Nr. 2 und/oder 4, § 8 Abs. 1 wegen unlauterer Behinderung ergeben. Einer Klage gegen den Abmahner auf Unterlassung weiterer Abmahnungen fehlt regelmäßig das Rechtsschutzinteresse (→ Vor § 12 Rn. 74). Jedenfalls entfällt es – ebenso wie bei einer entsprechenden negativen Feststellungsklage – grundsätzlich dann, wenn der Abmahner seinerseits Unterlassungsklage erhoben hat und diese nicht mehr einseitig zurücknehmen kann.[198] Der Abgemahnte braucht **keine Gegenabmahnung** auszusprechen, bevor er klagt.[199]

Ansprüche des angeblichen Verletzers auf Unterlassung und Beseitigung[200] kommen eher in Betracht, wenn der Abmahner (zugleich) Dritte, insbesondere dessen Kunden abgemahnt hat **(Abnehmerverwarnung).** Sie können sich aus §§ 3, 4 Nr. 2 und/oder aus § 5 Abs. 1, § 8 Abs. 1 ergeben, wenn es um unrichtige Tatsachenbehauptungen geht. Denkbar ist auch ein Verstoß gegen § 4 Nr. 4. Ebenso wie bei einer Verwarnung des angeblichen Verletzers wird ein rechtswidriger Eingriff in den eingerichteten und ausgeübten Gewerbebetrieb des angeblichen Verletzers – bei „gewöhnlichen" Wettbewerbsverstößen, anders als möglicherweise bei behaupteter Verletzung eines Schutzrechts[201] – kaum vorliegen.[202] Die Grundsätze über die unberechtigte Schutzrechtsverwarnung sind auf die unberechtigte wettbewerbsrechtliche Abmahnung nicht übertragbar.[203] 108

b) Schadensersatzanspruch. Sind ausnahmsweise die besonderen Voraussetzungen der §§ 3, 4 Nr. 2 und/oder 4, § 5 Abs. 1 gegeben oder sollte ausnahmsweise wenigstens ein rechtswidriger Eingriff in den eingerichteten und ausgeübten Gewerbebetrieb des Abgemahnten anzunehmen sein und hat der Abmahner außerdem schuldhaft gehandelt, so ist er auch zum Schadensersatz verpflichtet.[204] Der Umstand allein, dass die Abmahnung unberechtigt war, begründet aber noch keinen (schuldhaften) Verstoß.[205] Ein Schaden kann darin bestehen, dass zu Unrecht verwarnte Kunden abgesprungen sind, ferner vor allem darin, dass dem Abgemahnten notwendigen Aufwendungen für die Einschaltung eines Rechtsanwalts entstanden sind. 109

Ein Ersatzanspruch ist außerdem **aus § 678 BGB** möglich.[206] Das gilt auch noch nach der Einfügung des § 12 Abs. 1, jetzt § 13. Denn die Abmahnung stellt – trotz der abschließenden Regelung des § 13 Abs. 3 für die Abmahnkosten – – eine **unberechtigte Geschäftsführung ohne Auftrag** dar, deren Übernahme zum Schadensersatz verpflichtet, wenn ein Übernahmeverschulden vorliegt.[207] Daran sind hohe Anforderungen zu stellen. 110

Vielfachabmahner; OLG Hamburg NJW-RR 2003, 857 f.; vgl. dazu Teplitzky/*Bacher* Kap. 41 Rn. 75 ff., 79a f.; *Omsels* WRP 2004, 136 (143 f.).

198 OLG Frankfurt a. M. GRUR 1989, 705 (706).

199 OLG Frankfurt a. M. GRUR 1989, 705 (706).

200 BGH GRUR 1995, 424 (426) – Abnehmerverwarnung; vgl. dazu OLG Düsseldorf GRUR 2003, 814 (815 f.) mit überzeugenden Ausführungen; ferner KG GRUR-RR 2004, 258.

201 Auch insoweit ablehnend BGH GRUR 2004, 958 f. – Verwarnung aus Kennzeichenrecht. In dem Fall geht es zwar um eine Herstellerverwarnung. Die Vorlagefrage ist aber so formuliert, dass sie auch Abnehmerverwarnungen betrifft. Kritisch dazu *Teplitzky* GRUR 2005, 9 und GRUR 2005, 654 (656); anders als der I. Zivilsenat der Große Senat für Zivilsachen in GRUR 2005, 882 – Unberechtigte Schutzrechtsverwarnung I; ebenso BGH GRUR 2006, 219 (221 f.) – Detektionseinrichtung II. Der I. Zivilsenat hat inzwischen ein Verschulden verneint, GRUR 2006, 432 (433) – Verwarnung aus Kennzeichenrecht II; vgl. auch GRUR 2006, 433 (434 f.) – Unbegründete Abnehmerverwarnung; GRUR 2009, 878 (880) – Fräsautomat; vgl. ferner OLG Stuttgart GRUR-RR 2010, 298 ff. (Abmahnung aus ergänzendem wettbewerbsrechtlichen Leistungsschutz).

202 BGH GRUR 2011, 152 (157) – Kinderhochstühle im Internet; *Gerstenberg* WRP 2011, 1116 (1119 f.); vgl. dazu Teplitzky/*Bacher* Kap. 41 Rn. 78.

203 BGH GRUR 2011, 152 (157) – Kinderhochstühle im Internet; GRUR-RR 2011, 343 Ls. – Unberechtigte Abmahnung.

204 BGH GRUR 2015, 578 (579) – Preußische Kunstwerde.

205 OLG Köln GRUR 2001, 525 (529).

206 OLG Hamburg GRUR 1983, 200 (201); OLG Frankfurt a. M. GRUR 1989, 858; OLG Hamburg NJW-RR 2003, 857 (858); OLG München WRP 2008, 1384 (1385 ff.); Köhler/*Bornkamm*/Feddersen § 12 Rn. 1.89; Teplitzky/*Bacher* Kap. 41 Rn. 80a.

207 OLG Köln GRUR-RR 2019, 107 (108); *Selke* WRP 1999, 286 (288); vgl. *Ahrens* NJW 1982, 2477.

Denn grundsätzlich ist jeder berechtigt, seine vermeintlichen Unterlassungsansprüche letztlich vor Gericht geltend zu machen. Dazu hat er zuvor den Verletzer abzumahnen. Ein Abmahner handelt noch nicht deshalb schuldhaft, weil er weiß, dass die Rechtslage zweifelhaft ist. Ein Schadenersatzanspruch aus einem Abmahnverhältnis scheidet aus, weil die unbegründete Abmahnung ein solches nicht begründet, ebenso aus culpa in contrahendo (→ Rn. 69).[208] Ausnahmsweise – bei Missbrauch – kommt ein Anspruch aus § 826 BGB in Betracht.[209] – Soweit es um erforderliche Aufwendungen der Rechtsverteidigung geht, greift bei missbräuchlicher Abmahnung zugunsten des Abgemahnten § 8c Abs. 3 ein, im Übrigen § 13 Abs. 5 (vgl. → Rn. 112).

111 **3. Gegenabmahnung. a) Begriff.** Mit einer **Gegenabmahnung** fordert der Abgemahnte den Abmahner auf, die **Berühmung** des geltend gemachten Unterlassungsanspruches **aufzugeben.** Damit kann die **Androhung einer negativen Feststellungsklage** und/oder die Geltendmachung eines **eigenen Unterlassungsanspruchs** verbunden sein.

112 **b) Rechtsfolgen. § 13 Abs. 5** sieht, wenn der Abgemahnte eine Gegenabmahnung ausspricht, in **Satz 1** die Möglichkeit eines Anspruchs auf Aufwendungsersatz vor, soweit die Abmahnung unberechtigt ist oder nicht den inhaltlichen Anforderungen des Abs. 2 entspricht. Dasselbe gilt, soweit der Abmahner entgegen Abs. 4 einen Anspruch auf Aufwendungsersatz geltend macht. Da er in einem solchen Fall des Abs. 4 nicht gemäß § 13 Abs. 2 Nr. 5 auf den Ausschluss eines Anspruchs auf Aufwendungsersatz hinweist, ergibt sich der Anspruch des Abgemahnten bereits daraus, dass die Abmahnung nicht den inhaltlichen Anforderungen des Abs. 2 Nr. 5 genügt. – Probleme werden auftauchen, soweit die **Abmahnung teilweise berechtigt** ist, der Abmahner etwa eine zu weit gehende Verpflichtungserklärung verlangt. **Nur soweit die Abmahnung unberechtigt** ist, besteht bei einer Gegenabmahnung ein Anspruch auf **Aufwendungsersatz** (vgl. → Rn. 88 zur entsprechenden Frage bei den Kosten der Abmahnung). – **Nach Satz 2** ist der Anspruch nach Satz 1 beschränkt auf die Höhe des Aufwendungsersatzanspruchs, die der Abmahnende geltend macht. Nach **Satz 3** ist der **Anspruch des Abgemahnten aus § 13 Abs. 5 Satz 1** ausgeschlossen, wenn die **fehlende Berechtigung zur Abmahnung** für den Abmahnenden im Zeitpunkt der Abmahnung **nicht erkennbar** war. **Unberührt** bleiben gemäß **Satz 4 weiter gehende Ersatzansprüche.** Ein solcher Anspruch könnte sich ausnahmsweise im Wege des Schadensersatzes (vgl. → Rn. 109) oder aus einer nicht berechtigten Geschäftsführung ohne Auftrag des Abmahners (vgl. → Rn. 110) ergeben, dagegen nicht aus berechtigter Geschäftsführung ohne Auftrag des Abgemahnten für den Abmahner (§§ 683 S. 1, 677, 670 BGB).[210] Bei der Abwehr eines Unterlassungsanspruches durch eine Gegenabmahnung handelt der Abgemahnte in der Regel ausschließlich im eigenen Interesse (vgl. aber → Rn. 113), nicht zugleich im Interesse des Abmahners.

113 **4. Feststellungsklage.** Der Abgemahnte hat vor allem die Möglichkeit, eine **negative Feststellungsklage** zu erheben, um zu klären, ob der Abmahner den geltend gemachten Unterlassungsanspruch hat (→ Vor § 12 Rn. 122).[211] Eine Möglichkeit, Unterlassungsklage zu erheben (→ Rn. 107), steht dem nicht entgegen.[212] Eine vorherige **Gegenabmahnung hinsichtlich der negativen Feststellungsklage** ist **grundsätzlich nicht erforderlich;**[213] denn der Abmahner hat durch seine Abmahnung deutlich genug zu erkennen gegeben, dass eine Gegenabmahnung keine Aussicht auf Erfolg hat. Eine Ausnahme besteht etwa dann,

[208] AM *Selke* WRP 1999, 286 (288 f.); *Chudziak* GRUR 2012, 133 (137 ff.).

[209] Köhler/*Bornkamm*/Feddersen § 12 Rn. 1.55 und 1.87.

[210] BGH GRUR 2004, 790 (792) – Gegenabmahnung; OLG Hamburg GRUR 1983, 200; OLG Köln GRUR-RR 2019, 107 (108); *Heidenreich* WRP 2004, 660 (663 ff.); aM *Kunath* WRP 2000, 1074 (1076 f.).

[211] BGH GRUR 1995, 697 (699) – FUNNY PAPER; *Keller* WRP 2000, 908 (910).

[212] BGH GRUR 1985, 571 (573) – Feststellungsinteresse I.

[213] BGH GRUR 2004, 790 (792) – Gegenabmahnung; GRUR 2006, 168 – Unberechtigte Abmahnung; GRUR 2012, 1273 – Stadtwerke Wolfsburg; Köhler/*Bornkamm*/Feddersen § 12 Rn. 1.90; Ahrens/*Achilles* Kap. 4 Rn. 6; Teplitzky/*Bacher* Kap. 41 Rn. 72 ff., *Teplitzky* WRP 2005, 654 (656).

wenn der Abmahner für den Abgemahnten erkennbar von einem **falschen Sachverhalt** ausgegangen ist[214] oder wenn bereits längere Zeit seit der Abmahnung vergangen ist, ohne dass der Abmahner gegen den Abgemahnten gerichtlich vorgegangen ist.[215] Ist danach eine vorherige Gegenabmahnung erforderlich, hat der Abmahnende der Gegenabmahnung einen Anspruch aus § 13 Abs. 5 (vgl. → Rn. 112) und aus §§ 683 S. 1, 677, 670 BGB auf Ersatz seiner Aufwendungen.[216] – Nach Erhebung einer Unterlassungsklage umgekehrten Rubrums kann das Rechtsschutzinteresse für die negative Feststellungsklage des Abgemahnten entfallen (vgl. näher → Vor § 12 Rn. 126).

VII. Einführung in die Unterwerfung

114 Wird der Verletzer nach einem Wettbewerbsverstoß abgemahnt, steht er vor der Frage, ob er sich unterwerfen soll oder nicht. Unterwirft er sich, indem er eine vertragsstrafebewehrte Unterlassungserklärung abgibt (bzw. nach dem Wortlaut des § 13 UWG 2020 eine **Unterlassungsverpflichtung** eingeht), und nimmt der Abmahner diese Erklärung an, wird auf diese einfache und kostengünstige Weise die Streitigkeit außergerichtlich beigelegt. Durch die **Abgabe der Unterwerfungserklärung** entfällt in der Regel die Wiederholungsgefahr und damit der gesetzliche Unterlassungsanspruch, der durch einen vertraglichen, vertragsstrafebewehrten Unterlassungsanspruch ersetzt wird;[217] der Gläubiger erhält so eine angemessene, einem Unterlassungstitel angenäherte Sicherung, die es ihm ermöglicht, bei einem weiteren Verstoß die verwirkte Vertragsstrafe zu verlangen.

115 Wenn der Abgemahnte die Abmahnung für begründet hält, wird er sich meist vertragsstrafebewehrt unterwerfen. Unter Umständen kann es für ihn aber zweckmäßiger sein, gegen sich eine einstweilige Verfügung ergehen zu lassen und dann eine **Abschlusserklärung** abzugeben, weil er demgemäß im Falle eines Verstoßes nicht für das Verschulden von Erfüllungsgehilfen, sondern nur für eigenes Verschulden haftet und/oder weil er keine Vertragsstrafe an den Gläubiger leisten, sondern lieber ein Ordnungsgeld in die Staatskasse zahlen will. Die Abgabe einer notariellen Unterwerfungserklärung ist in Wettbewerbssachen impraktikabel und daher unüblich (vgl. → Vor § 12 Rn. 286).

116 Die **Unterwerfung** durch den Verletzer besteht **aus** einer **Unterlassungserklärung und** regelmäßig aus einem damit verbundenen **Vertragsstrafeversprechen (§ 13a).** Wenn durch die Abgabe einer genügend gesicherten Unterlassungserklärung die Begehungsgefahr entfällt und damit der gesetzliche Unterlassungsanspruch erlischt, tritt diese Wirkung nicht nur gegenüber demjenigen ein, an den sich die Unterwerfungserklärung richtet, sondern gegenüber allen Gläubigern,[218] die auf Grund des Verstoßes oder einer Berühmung des Abgemahnten einen Unterlassungsanspruch erworben haben. Für den Wegfall der Begehungsgefahr kommt es nicht darauf an, ob die Erklärung des Schuldners angenommen wird und demgemäß ein Unterwerfungsvertrag zustande kommt.[219] Denn der Schuldner hat bereits durch die Abgabe der Erklärung ernsthaft zu erkennen gegeben, dass er die Handlung, die Gegenstand seiner Erklärung ist, nicht wiederholen bzw. nicht erstmals begehen will.

117 Durch die Annahme der strafbewehrten Unterlassungserklärung kommt es zu einem **Unterwerfungsvertrag.** Wird der Verletzer wegen desselben Wettbewerbsverstoßes von

---

[214] OLG München NJWE-WettbR 1998, 41; OLG Köln WRP 2004, 782 (783); Köhler/*Bornkamm*/Feddersen § 12 Rn. 1.92.

[215] BGH GRUR 2004, 790 (792) – Gegenabmahnung; vgl. OLG Stuttgart NJWE-WettbR 2000, 100 (101); OLG Oldenburg WRP 2004, 652 (653).

[216] BGH GRUR 2004, 790 (792) – Gegenabmahnung; Köhler/*Bornkamm*/Feddersen § 12 Rn. 1.92.

[217] BGH GRUR 2001, 85 (86) – Altunterwerfung IV.

[218] BGH GRUR 1987, 640 (641) – Wiederholte Unterwerfung II; GRUR 1989, 758 (759) – Gruppenprofil; GRUR 2002, 357 (358) – Missbräuchliche Mehrfachabmahnung; Köhler/*Bornkamm*/Feddersen § 12 Rn. 1.172 ff.; *Teplitzky* FS Köhler, 2014, 757 (759 f., 761, 763 ff.).

[219] BGH GRUR 1990, 1051 (1052) – Vertragsstrafe ohne Obergrenze; GRUR 1994, 818 – Schriftliche Voranmeldung; GRUR 1996, 290 (292) – Wegfall der Wiederholungsgefahr I; GRUR 1997, 379 (380) – Wegfall der Wiederholungsgefahr II.

mehreren abgemahnt, so steht es in seinem Belieben, wem gegenüber er eine Unterwerfungserklärung abgibt. Er ist nicht etwa gehalten, das gegenüber demjenigen zu tun, dessen Abmahnung zuerst bei ihm eingegangen ist.

118 Die vertragsstrafebewehrte Unterlassungserklärung ist von der **ungesicherten Unterlassungserklärung** zu unterscheiden; mit dieser ist kein Vertragsstrafeversprechen verbunden. Eine solche einfache Unterlassungserklärung genügt – ebenso wie eine Unterlassungserklärung mit unzureichender Vertragsstrafenbewehrung oder mit einer unzulässigen Einschränkung – grundsätzlich nicht, um die Wiederholungsgefahr auszuräumen. Anders verhält es sich jedoch, wenn der Schuldner bisher keinen Verstoß begangen hat und dieser nur droht. Da an die **Ausräumung der Erstbegehungsgefahr** weniger strenge Voraussetzungen zu stellen sind als an die Beseitigung der Wiederholungsgefahr, insbesondere wenn die Erstbegehungsgefahr durch bloße Berühmung begründet worden ist, reicht meist die einfache Erklärung des Schuldners aus, dass er die beanstandete Handlung in der Zukunft nicht vornehmen werde (Aufgabe der Berühmung),[220] oder auch eine einfache Unterlassungserklärung, die den Abgemahnten ohne Vertragsstrafenabrede bindet.

119 Gibt der Abgemahnte auf eine ordnungsgemäße Abmahnung hin keine oder nur eine unzureichende Unterwerfungserklärung oder erst verspätet eine Unterwerfungserklärung ab, so trägt er im Rahmen des § 93 ZPO die Kosten, weil er dann Veranlassung für das gerichtliche Verfahren gegeben hat.

VIII. Unterlassungsvertrag

120 **1. Rechtsnatur.** Schließen die Parteien einen Unterwerfungsvertrag mit strafbewehrter Unterlassungserklärung, wollen sie in der Regel eine **neue, selbständige Unterlassungsverpflichtung** schaffen, die vom gesetzlichen Unterlassungsanspruch unabhängig ist und ihn ersetzt.[221] Dieser ist erloschen, weil die Begehungsgefahr (Wiederholungs- oder Erstbegehungsgefahr) weggefallen ist. Der Vertrag begründet ein Dauerschuldverhältnis.

121 Die Unterlassungsverpflichtung stellt ein **abstraktes Schuldversprechen** im Sinne der § 780 BGB dar.[222] Da der Gläubiger auf eine Titulierung seines gesetzlichen Unterlassungsanspruches verzichtet und darin ein Nachgeben iSd § 779 BGB zu sehen ist, handelt es sich bei dem Unterlassungsvertrag um einen **Vergleich.**[223]

122 Enthält der Vertrag lediglich eine **ungesicherte Unterlassungsverpflichtung,** ist die durch einen Wettbewerbsverstoß begründete Wiederholungsgefahr nicht entfallen, was im Verhältnis zu weiteren Gläubigern von Bedeutung ist. Im Verhältnis zum Abmahner wird jedoch auch in einem solchen Falle der gesetzliche durch den vertraglichen Unterlassungsanspruch ersetzt (→ Rn. 174).[224]

123 Die Parteien können zwar auch ein bloß **deklaratorisches Schuldanerkenntnis** vereinbaren mit der Folge, dass der gesetzliche Unterlassungsanspruch fortbesteht und kein vertraglicher Unterlassungsanspruch entsteht. Das ist jedoch nur dann anzunehmen, wenn die Parteien das ausdrücklich vereinbaren,[225] was in der Praxis kaum vorkommt. Denn eine derartige Abrede widerspricht dem überwiegenden berechtigten Interesse des Gläubigers, das auf die Begründung eines für ihn günstigeren vertraglichen Unterlassungsanspruches gerichtet ist. Die Annahme eines rein deklaratorischen Schuldanerkenntnisses hindert den

---

[220] BGH GRUR 2001, 1174 (1176) – Berühmungsaufgabe; aM *Köhler* GRUR 2011, 879 ff.: bei Aufgabe der Berühmung erst nach der Abmahnung; vgl. auch BGH NJW-RR 2009, 184 (187) – Metrosex.; GRUR 2015, 1201 (1207) – Sparkassen-Rot/Santander-Rot.

[221] BGH GRUR 1996, 678 (679) – Kurze Verjährungsfrist; GRUR 2001, 85 (86) – Altunterwerfung IV.

[222] Vgl. BGH GRUR 1995, 678 (679) – Kurze Verjährungsfrist; GRUR 1997, 386 (387) – Altunterwerfung II; GRUR 1998, 953 (954) – Altunterwerfung III; Köhler/*Bornkamm*/Feddersen § 12 Rn. 1.144 und 1.166; *Teplitzky* FS Köhler, 2014, 757 (758).

[223] AM GroßKommUWG/*Feddersen* § 12 Rn. 110; Köhler/*Bornkamm*/Feddersen § 12 Rn. 1.167; Teplitzky/*Kessen* Kap. 8 Rn. 5; Teplitzky/*Schaub* Kap. 20 Rn. 28; *Pokrant* FS Erdmann, 2002, 863 (865); *Dornis/Förster* GRUR 2006, 195 (196).

[224] BGH GRUR 1995, 678 (680) – Kurze Verjährungsfrist.

[225] Teplitzky/*Kessen* Kap. 12 Rn. 3.

Gläubiger daran, den fortbestehenden gesetzlichen Unterlassungsanspruch sogleich gerichtlich geltend zu machen. Es liegt ein **pactum de non petendo** vor (vgl. auch → Rn. 174), das endet, wenn es zu einem erneuten Verstoß gekommen ist oder ein solcher Verstoß wenigstens droht.

2. Zustandekommen. a) Allgemeines. Vertragspartei kann jeder sein, ohne dass es grundsätzlich darauf ankommt, ob der Gläubiger anspruchsberechtigt ist[226] oder ob der Schuldner die beanstandete Handlung tatsächlich begangen hat oder ob sie überhaupt wettbewerbswidrig ist. Daraus können sich allenfalls Einwendungen gegen die Wirksamkeit des Vertrages ergeben (vgl. dazu → Rn. 153 ff.). Spätere Änderungen etwa in der Anspruchsberechtigung oder in der Gesetzeslage können zu einer Beendigung des Vertrages führen (vgl. dazu → Rn. 156 ff.). Der Vertrag kommt gemäß §§ 145 ff. BGB zustande.[227] Das Angebot kann vom Abmahner oder vom Abgemahnten ausgehen. 124

aa) Angebot des Gläubigers. In der Abmahnung liegt ein Angebot, wenn sie wie meist eine **vorformulierte Unterlassungserklärung** enthält, die nur noch vom Schuldner unterschrieben und zurückgesandt werden muss, und wenn kein abweichender Wille des Gläubigers erkennbar ist.[228] Ebenso ist es in anderen Fällen, in denen die Abmahnung inhaltlich so bestimmt ist, dass der Schuldner nur noch die Annahme zu erklären braucht. Mit dem Zugang wird das Angebot bindend (§ 130 Abs. 1 S. 1 BGB). 125

Nimmt der Abgemahnte das Angebot an, geht seine **Annahmeerklärung** aber **verspätet** zu (§ 148 BGB), so liegt darin ein neues Angebot (§ 150 Abs. 1 BGB),[229] das aber gemäß § 151 S. 1 BGB angenommen werden kann, indem der Abmahner etwa das Angebot zu den Akten nimmt. 126

Enthält die Annahmeerklärung des Abgemahnten eine abweichende, insbesondere eine **eingeschränkte Unterwerfung,** so ist darin eine Ablehnung des Angebots zu sehen, verbunden mit einem neuen Angebot (§ 150 Abs. 2 BGB). Dieses kann in der Regel **nicht gemäß § 151 S. 1 BGB angenommen** werden,[230] weil für den Abgemahnten sonst keine Klarheit darüber besteht, ob der Abmahner mit dem eingeschränkten Inhalt einverstanden ist. Dagegen verhält es sich anders, wenn der Abgemahnte erklärt, er gehe davon aus, dass der Abmahner einverstanden sei, wenn er nicht widerspreche.[231] Um Unklarheiten zu vermeiden, sollte sich der Abmahner auf jeden Fall äußern. – Die vom Abmahner verlangte Unterlassungserklärung wird nicht dadurch inhaltlich verändert, dass der Abgemahnte die Verpflichtungserklärung „ohne Anerkennung einer Rechtspflicht, aber rechtsverbindlich" abgegeben hat. Der Zusatz hat allein klarstellende Funktion.[232] 127

bb) Angebot des Schuldners. In anderen Fällen kommt das **Angebot** erst **vom Schuldner.** Dem Angebot muss keine Abmahnung vorangegangen sein.[233] Es kann auch gemäß § 151 S. 1 BGB angenommen werden.[234] Die einseitig bleibende Unterwerfungserklärung ist bindend. Sie erlischt nicht durch Fristablauf gemäß § 147 Abs. 2 BGB und ist nicht widerruflich.[235] Demgemäß kann sie auch noch später angenommen werden, auch 128

[226] OLG Frankfurt a. M. WRP 1980, 704; OLG Köln NJW-RR 1987, 360.

[227] BGH GRUR 2006, 878 – Vertragsstrafevereinbarung; GRUR 2017, 823 – Luftentfeuchter.

[228] BGH GRUR 2010, 355 (357) – Testfundstelle; OLG Köln WRP 2000, 226; Teplitzky/*Kessen* Kap. 8 Rn. 3; *Pokrant* FS Erdmann, 2002, 863 (866).

[229] BGH GRUR 2010, 355 (357) – Testfundstelle.

[230] BGH GRUR 1993, 34 (37) – Bedienungsanweisung; GRUR 2002, 824 (825) – Teilunterwerfung; OLG Frankfurt a. M. GRUR 1986, 626 (627); OLG Karlsruhe WRP 1990, 51 (52 f.); OLG München OLG-Report 1999, 358; vgl. auch KG WRP 1986, 680 (682); MD VSW 2012, 48 (49).

[231] OLG Köln WRP 2000, 226 f.

[232] BGH GRUR 2017, 823 – Luftentfeuchter.

[233] Köhler/*Bornkamm*/Feddersen § 12 Rn. 1.146; Teplitzky/*Kessen* Kap. 8 Rn. 3a.

[234] OLG Frankfurt a. M. GRUR 1986, 626 (627); KG WRP 1986, 680 (682); OLG Bremen OLG-Report 2003, 366 (367); OLG Köln MD VSW 2006, 481 (483).

[235] BGH GRUR 2010, 355 (357) – Testfundstelle; GRUR 2014, 595 (596) – Vertragsstrafenklausel; Köhler/*Bornkamm*/Feddersen § 12 Rn. 1.172 ff.; Teplitzky/*Kessen* Kap. 8 Rn. 3b und 37; *Bornkamm* FS Tilmann, 2003, 769 (770, 774); zur Frage, ob die unaufgeforderte Übersendung einer vorbeugenden

konkludent, etwa durch Geltendmachung der Vertragsstrafe.[236] Die Erklärung ist auch dann **bindend,** wenn der Gläubiger dem Schuldner nach ihrer Abgabe eine bereits erwirkte einstweilige Verfügung zustellen lässt.[237] Geschieht das vor dem Zugang der Unterlassungserklärung, hat der Gläubiger nicht konkludent das Angebot des Schuldners abgelehnt.[238] Die Geschäftsgrundlage fehlt nicht deshalb, weil der Gläubiger die einstweilige Verfügung erwirkt hatte.[239]

129 Nimmt der Abmahner das Angebot zwar an, erklärt er aber zugleich, dass er eine weitergehende Verpflichtung verlange, so hängt von den Umständen ab, ob darin die **Ablehnung des Angebotes verbunden mit einem neuen Angebot oder** aber eine **Annahme verbunden mit dem gesonderten Angebot** liegt, **einen weitergehenden Unterwerfungsvertrag abzuschließen.** Regelmäßig wird erstere Auslegung zutreffen.[240] Der Abmahner hat zwar ein Interesse daran, wenigstens eine eingeschränkte Verpflichtung zu erhalten, wenn er an sich eine weitergehende haben möchte. Demgegenüber überwiegt aber das berechtigte Interesse des Schuldners. Er will mit seinem Angebot eine endgültige Regelung herbeiführen und hat daher ein berechtigtes Interesse daran, dass er an sein Angebot nicht gebunden ist, wenn der Abmahner trotz seiner Annahmeerklärung auf einer weitergehenden Unterwerfung besteht. Im Einzelfall mag die Auslegung unter Abwägung der beiderseitigen Interessen zu einem anderen Ergebnis gelangen. Um spätere Auseinandersetzungen zu vermeiden, sollten die Parteien in ihren Schreiben ausdrücklich klarstellen, wie ihre Erklärungen im Falle einer Abweichung durch die andere Seite zu verstehen sind.

130 **b) Form.** Da es sich bei der Unterwerfungserklärung des Schuldners um ein abstraktes Schuldversprechen handelt, bedarf sie an sich der Schriftform des § 780 BGB. Bei Annahme eines Vergleiches (→ Rn. 121) ist die Schriftform jedoch nicht erforderlich (§ 782 BGB), ebenso wenn es sich wie meist um die Erklärung eines Kaufmanns handelt (§ 350 HGB). Wenn die **Schriftform** einzuhalten ist, muss § 126 BGB beachtet werden. Eine Erklärung per Telefax oder E-Mail genügt in einem solchen Falle nur dann zur Ausräumung der Wiederholungsgefahr, wenn sie als vorläufige Erklärung zu verstehen ist und ihr eine **formgerechte schriftliche Erklärung in angemessener Frist nachfolgt** (vgl. auch → Rn. 132).[241]

131 Obwohl die **Schriftform** materiell-rechtlich in der Regel nicht erforderlich ist, ist sie aber **zur Beweissicherung** in jedem Falle anzuraten. Der Gläubiger wird darauf auch deshalb Wert legen, um jedes Wirksamkeitsrisiko auszuschließen. Demgemäß sollte die Unterwerfungserklärung des Schuldners stets schriftlich fixiert und unterschrieben werden.

132 **Weigert** sich der Abgemahnte, der wirksam eine fernschriftliche oder fernmündliche Erklärung abgegeben hat, diese auch noch **schriftlich zu wiederholen,** entfällt die Begehungsgefahr nicht.[242] Fraglich ist, ob der Schuldner in einem solchen Falle sogar von sich aus handeln muss[243] oder ob das nur auf Verlangen des Gläubigers zu geschehen hat.[244]

133 Der Abgemahnte hat den ordnungsgemäßen **Zugang der Unterlassungserklärung** zu beweisen.[245] Das kann er bei einem Telefax nicht allein dadurch, dass er das störungsfreie

---

Unterwerfungserklärung einen rechtswidrigen Eingriff in den eingerichteten und ausgeübten Gewerbebetrieb darstellt: vgl. BGH GRUR 2013, 917 (918 f.) – Vorbeugende Unterwerfungserklärung betr. Urheberrecht.

[236] OLG Düsseldorf GRUR-RR 2016, 259 (260).

[237] AM OLG Köln MD VSW 2002, 42 (44 ff.).

[238] BGH GRUR 2010, 355 (357) – Testfundstelle.

[239] BGH GRUR 2010, 355 (357 f.) – Testfundstelle.

[240] BGH GRUR 1993, 34 (37) – Bedienungsanweisung; vgl. auch BGH WRP 2005, 1258 (1259) – Romanfigur Esra.

[241] Teplitzky/*Kessen* Kap. 8 Rn. 6 f.

[242] BGH GRUR 1990, 530 (532) – Unterwerfung durch Fernschreiben; Teplitzky/*Kessen* Kap. 8 Rn. 6.

[243] So zu Recht Teplitzky/*Kessen* Kap. 8 Rn. 6.

[244] Köhler/*Bornkamm*/Feddersen § 12 Rn. 1.145.

[245] Teplitzky/*Kessen* Kap. 8 Rn. 3; Köhler/*Bornkamm*/Feddersen § 12 Rn. 1.176.

Absenden beweist und dass keine technischen Anhaltspunkte für eine Störung in der Übermittlung ersichtlich sind.[246]

c) Handeln von Vertretern. Die Parteien können sich vertreten lassen. Hierfür gelten die allgemeinen Regeln, einschließlich der Grundsätze über die Duldungs- und Anscheinsvollmacht.[247] Auch eine stillschweigende Genehmigung durch den Vertretenen ist möglich.[248] Nimmt ein vollmachtloser Vertreter des Gläubigers die Unterlassungserklärung an und genehmigt dieser die Annahme, führt die Rückwirkung der Genehmigung (§ 184 Abs. 1 BGB) nicht dazu, dass für Verstöße während der Zwischenzeit der schwebenden Unwirksamkeit eine Vertragsstrafe verwirkt wird.[249] 134

d) Prozessvergleich. In vielen Fällen wird eine Unterwerfungsvereinbarung in einem gerichtlichen Verfahren als Prozessvergleich geschlossen. Dann sind auch die prozessualen Bestimmungen zu beachten, die beim Abschluss eines solchen Vergleichs einzuhalten sind. Insbesondere muss der Vergleich **ordnungsgemäß protokolliert** werden oder gemäß § 278 Abs. 6 ZPO zustande kommen. Sollte das nicht geschehen sein und daher kein wirksamer Prozessvergleich vorliegen, so ist zu überlegen, ob wenigstens ein wirksamer, nur materiell-rechtlicher Vergleich zustande gekommen ist. In der Regel wird das zu verneinen sein.[250] Der wirksame Prozessvergleich ist **Vollstreckungstitel** iSd § 794 Abs. 1 Nr. 1 ZPO. 135

3. Inhalt. a) Allgemeines. Der Unterlassungsvertrag enthält die Verpflichtung des Schuldners, eine bestimmte Handlung oder mehrere bestimmte Handlungen zu unterlassen. Wie aus dem Grundsatz der **Vertragsfreiheit** folgt, sind die Parteien **in der Gestaltung des Unterlassungsvertrages** grundsätzlich frei.[251] Demgemäß bestimmen sie, welche Handlungen Gegenstand der Unterlassungserklärung sein sollen, bei mehreren Handlungen, ob sich die Verpflichtung auf jede Handlung für sich allein oder aber auf mehrere Handlungen zusammen erstrecken soll, ferner ob nur die konkrete Verletzungsform erfasst oder die Verpflichtung verallgemeinert werden soll. 136

In der Erklärung des Schuldners muss unzweifelhaft sein **ernstlicher Verpflichtungswille** zum Ausdruck kommen.[252] Nur dann entfällt die Wiederholungsgefahr. Die Ernstlichkeit wird nicht allein dadurch in Frage gestellt, dass der Schuldner zugleich seinen Rechtsstandpunkt verteidigt.[253] Eine bloße – unverbindliche – Absichtserklärung genügt nicht. An der Ernstlichkeit kann es etwa fehlen, wenn der Gläubiger ein verbundenes Unternehmen ist, von dem der Schuldner nichts zu befürchten hat.[254] In einem derartigen Fall kommt sogar in Betracht, dass es sich lediglich um ein Scheingeschäft handelt, das geschlossen worden ist, um andere Gläubiger zu täuschen, indem eine wirksame Drittunterwerfung vorgespiegelt wird. An der Ernstlichkeit kann es fehlen, wenn der ausländische Schuldner für eine Geltendmachung der Vertragsstrafe die Vereinbarung eines Gerichtsstandes in Deutschland verweigert.[255] 137

Die **Unterwerfungserklärung** muss **eindeutig und** hinreichend **bestimmt** sein.[256] Bleibt die Erklärung trotz Auslegung und fehlender (nachträglicher) Klarstellung unklar, ist 138

[246] BGH NJW 1995, 665 (666 f.).

[247] BGH GRUR 1998, 963 (964) – Verlagsverschulden II.

[248] BGH GRUR 2015, 187 (190) – Zuwiderhandlung während der Schwebezeit; OLG Hamburg MD VSW 2007, 447 (448).

[249] BGH GRUR 2015, 187 (188 f.) – Zuwiderhandlung während der Schwebezeit.

[250] MüKoZPO/*Wolfsteiner* ZPO § 794 Rn. 36.

[251] BGH GRUR 1992, 61 (62) – Preisvergleichsliste; GRUR 1997, 931 (932) – Sekundenschnell.

[252] BGH GRUR 1993, 677 (679) – Bedingte Unterwerfung; GRUR 2008, 815 (816) – Buchführungsbüro; vgl. dazu OLG Köln WRP 2011, 112 ff.; 2012, 221 ff.; KG GRUR-RR 2013, 335 f. (zu einer Drittunterwerfung); *Teplitzky* FS Köhler, 2014, 757 (760 f.).

[253] Teplitzky/*Kessen* Kap. 8 Rn. 31; vgl. dazu OLG Stuttgart WRP 1997, 358 (361) und 1219 (1223).

[254] OLG Koblenz WRP 1995, 1004 Ls.

[255] KG GRUR-RR 2014, 351 ff.

[256] BGH GRUR 2002, 180 f. – Weit-Vor-Winter-Schluss-Verkauf.

sie nicht geeignet, die Wiederholungsgefahr auszuräumen.[257] Der Abmahner braucht eine unklare Unterwerfungserklärung nicht anzunehmen. Was zu unterlassen ist, ist sachlich, zeitlich, räumlich und personell, soweit jeweils erforderlich, möglichst genau zu beschreiben, um später Streitigkeiten über den Umfang der Verpflichtung zu vermeiden. Die Parteien sind nicht an die Regeln gebunden, die gemäß § 253 Abs. 2 Nr. 2 ZPO gelten. So können sie sich eher an den Voraussetzungen der wettbewerbsrechtlichen Norm orientieren.[258] Geschieht das, ist eine solche Vereinbarung wirksam und demgemäß bei einem Verstoß eine geeignete Grundlage für einen Anspruch auf Zahlung einer Vertragsstrafe. Eine andere Frage ist aber, ob dadurch die Wiederholungsgefahr (Dritten gegenüber) ausgeräumt worden ist.

139 Die Unterwerfungserklärung darf **grundsätzlich keine Einschränkung** enthalten,[259] wie eine **Befristung** (Ausnahmen: → Rn. 140), eine **Bedingung** (Ausnahmen: → Rn. 166 f.), die Möglichkeit eines **Widerrufs** oder einer **Kündigung.** Der Abmahner braucht eine solche Erklärung in der Regel nicht anzunehmen; sie vermag die Wiederholungsgefahr nicht auszuschließen. Zur **Teilunterwerfung** vgl. → Rn. 170, 176.

140 Dagegen fehlt es nicht an der Ernstlichkeit der Unterlassungserklärung, wenn der Abgemahnte seiner Unterwerfungserklärung eine **aufschiebende Befristung,** nämlich einen **Anfangstermin** beifügt, von dem an seine vertragliche Verpflichtung erst gelten soll,[260] und sich auf diese Weise eine **Aufbrauchfrist**[261] zubilligt. Für den Zeitraum davor hat der Verletzte dann die Möglichkeit, noch eine einstweilige Verfügung zu erwirken, falls dem Verletzer wie regelmäßig keine Aufbrauchfrist zusteht. Außerdem hat er als Verletzter Anspruch auf Schadensersatz. Eine **auflösende Befristung** ist ausnahmsweise dann zulässig, wenn der Unterlassungsanspruch selbst zeitlich begrenzt ist, wie etwa bei einer Modeneuheit.[262] Der Schuldner braucht seine Unterlassungserklärung nicht auf ein Verhalten zu erstrecken, das ihm nicht verboten werden kann.[263]

141 Wenn ein nur lokal oder regional tätiger Verletzter gegen einen bundesweit tätigen Verletzer vorgeht, könnte der Verletzer seine Unterwerfungserklärung als Angebot zu einem echten **Vertrag zugunsten Dritter** (§ 328 BGB) ausgestalten,[264] um sicher zu gehen, dass die Wiederholungsgefahr auch bundesweit entfällt (→ Rn. 143) und er nicht von anderen Gläubigern auf Unterlassung in Anspruch genommen wird.

142 **b) Auslegung. aa) Allgemeines.** Für die Unterwerfungserklärung gelten die **allgemeinen Grundsätze der Vertragsauslegung** (§§ 133, 157 BGB).[265] Handelt es sich um einen Prozessvergleich, könnte fraglich sein, ob die engeren Grundsätze über die Auslegung von Titeln anzuwenden sind.[266] Das ist zu verneinen.[267] Unterschiedliche Ergebnisse dürften aber kaum in Betracht kommen.

---

[257] BGH GRUR 1997, 379 (380) – Wegfall der Wiederholungsgefahr II; KG MD VSW 2000, 581 (583).

[258] OLG Köln NJW 1999, 502 (503); *Teplitzky* WRP 1990, 26 (27); vgl. aber OLG Frankfurt a. M. GRUR 1988, 563 f.

[259] BGH GRUR 1993, 677 (679) – Bedingte Unterwerfung; GRUR 1996, 290 (291) – Wegfall der Wiederholungsgefahr I; GRUR 1997, 379 (380) – Wegfall der Wiederholungsgefahr II; GRUR 2002, 180 f. – Weit-Vor-Winter-Schluss-Verkauf; GRUR 2008, 815 (816) – Buchführungsbüro.

[260] BGH GRUR 2002, 180 f. – Weit-Vor-Winter-Schluss-Verkauf; OLG Karlsruhe NJWE-WettbR 1999, 116; *Döring* WRP 2007, 728 ff.

[261] Vgl. → Vor § 12 Rn. 234; Teplitzky/*Kessen* Kap. 8 Rn. 10 f.; *Berlit* WRP 1998, 250 (252).

[262] BGH GRUR 1973, 478 (480) – Modeneuheit.

[263] BGH GRUR 2008, 815 (816) – Buchführungsbüro.

[264] BGH GRUR 2002, 357 (359) – Missbräuchliche Mehrfachabmahnung; *Teplitzky* WRP 1998, 359 (360).

[265] BGH GRUR 1992, 61 (62) – Preisvergleichsliste; GRUR 1997, 931 (932) – Sekundenschnell; GRUR 1998, 471 (472) – Modenschau im Salvator-Keller; GRUR 2001, 85 (86) – Altunterwerfung IV; GRUR 2001, 758 (759) – Trainingsvertrag; GRUR 2006, 878 – Vertragsstrafevereinbarung; GRUR 2009, 181 (183) – Kinderwärmekissen; GRUR 2010, 167 (168) – Unrichtige Aufsichtsbehörde.

[266] Vgl. Ahrens/*Singer* Kap. 32 Rn. 6.

[267] Teplitzky/*Kessen* Kap. 8 Rn. 14; *Nieder* WRP 2001, 117 (120).

Unklarheiten sind durch **Auslegung der Unterwerfungserklärung** unter Berücksichtigung aller Umstände des Einzelfalls zu beseitigen. Dabei können auch Umstände herangezogen werden, die nach Abgabe der Erklärung liegen, aber einen Rückschluss auf die Willensrichtung bei Abgabe erlauben.[268] Bei der Auslegung ist vom Wortlaut der Unterlassungserklärung auszugehen und ihr Verständnis aus der Sicht des Gläubigers nach dem allgemeinen Sprachgebrauch zu ermitteln. Dabei sind die Vorgeschichte, vor allem die konkrete Verletzungsform, das Abmahnschreiben,[269] gegebenenfalls mündliche und/oder schriftliche Verhandlungen sowie die beiderseitigen Interessen einzubeziehen. Zu beachten ist, ob die Erklärungen von juristischen Laien oder unter Mitwirkung von Rechtskundigen abgegeben worden sind.[270] Hat der Abmahner die Abmahnung mit einer vorformulierten Unterwerfungserklärung verbunden, so ist maßgebend, wie der Abgemahnte sie verstehen konnte.[271] Ist der Gläubiger nur regional tätig, ergibt die Auslegung im Zweifel nicht, dass die Unterlassungserklärung räumlich begrenzt sein soll (vgl. auch → Rn. 141).[272] Da die Abgabe einer Unterlassungserklärung meist dazu dient, die Wiederholungsgefahr auszuräumen, die durch ein gesetzwidriges Verhalten begründet worden ist, will der Schuldner sich grundsätzlich nicht weitergehend binden, als es seiner gesetzlichen Verpflichtung entspricht.[273] Entsteht Streit über die Reichweite einer Unterwerfungserklärung, kommt unter den Voraussetzungen des § 256 ZPO eine Klärung durch eine Feststellungsklage in Betracht. 143

Verwendet der Gläubiger für seine Abmahnungen vorformulierte Unterwerfungserklärungen als **AGB** im Sinne von § 305 Abs. 1 BGB, so gelten die dafür maßgebenden Auslegungsregeln, wie der Grundsatz der objektiven Auslegung, die Unklarheitenregel (§ 305c Abs. 2 BGB) und das Verbot der geltungserhaltenden Reduktion.[274] Außerdem findet eine Inhaltskontrolle gemäß §§ 307 ff. BGB statt (dazu → Rn. 152). Vertragsstrafebewehrte Unterlassungsverpflichtungen wie Vertriebsverbote sind vielfach in Formularverträgen enthalten und unterliegen ebenfalls den Regeln, die für AGB gelten. 144

bb) Konkrete Verletzungsform. Vielfach beschränkt sich die **Unterlassungserklärung** auf die konkrete Verletzungsform. Eine solche Erklärung ist regelmäßig dahin auszulegen, dass sie **auch Handlungen erfasst, die zwar mit der konkreten Handlung nicht identisch, mit ihr aber im wesentlichen Kern gleichartig sind.**[275] Denn die Unterwerfung ist im Allgemeinen darauf gerichtet, die Wiederholungsgefahr auszuräumen. Diese entfällt jedoch nur dann, wenn auch Handlungen erfasst werden, die im Kern gleich sind.[276] 145

Eine solche Auslegung ist nicht möglich, wenn der **Schuldner darauf hinweist,** seine **Erklärung erfasse lediglich die ganz konkrete Verletzungsform,** dagegen **nicht im Kern gleiche Handlungen,**[277] insbesondere wenn er es ablehnt, eine vom Gläubiger vorgeschlagene oder angebotene Erklärung abzugeben bzw. anzunehmen, die sich – ausdrücklich – auch auf im Kern gleiche Handlungen erstreckt.[278] Mangels ernsthaften Willens zur Unterwerfung ist die **Wiederholungsgefahr** regelmäßig auch nicht wenigstens hinsichtlich der ganz konkreten Verletzungsform **entfallen.**[279] Der Gläubiger ist aber **nicht** 146

---

[268] BGH GRUR 1987, 640 (641) – Wiederholte Unterwerfung II.
[269] KG GRUR 1990, 143 (144).
[270] OLG Köln NJW 1999, 502 (503).
[271] BGH GRUR 1997, 931 (933) – Sekundenschnell.
[272] BGH GRUR 2001, 85 (86) – Altunterwerfung IV; vgl. GRUR 2008, 438 (442) – ODD-SET.
[273] Vgl. BGH GRUR 2003, 889 – Internet-Reservierungssystem; GRUR 2010, 167 (168) – Unrichtige Aufsichtsbehörde.
[274] OLG Düsseldorf WRP 1995, 223 (226).
[275] BGH GRUR 1996, 290 (291) – Wegfall der Wiederholungsgefahr I; GRUR 1997, 379 (380) – Wegfall der Wiederholungsgefahr II; GRUR 1998, 483 (485) – Der M.-Markt packt aus; GRUR 2009, 418 (420) – Fußpilz; OLG Hamburg MD VSW 2001, 845 (846 ff.); vgl. auch → Vor § 12 Rn. 295.
[276] BGH GRUR 1997, 379 (380) – Wegfall der Wiederholungsgefahr II; GRUR 1997, 931 (932) – Sekundenschnell.
[277] Vgl. BGH GRUR 2003, 450 (451) – Begrenzte Preissenkung.
[278] OLG Frankfurt a. M. WRP 1997, 101; Köhler/*Bornkamm*/Feddersen § 12 Rn. 1.140 f. und 1.181; *Teplitzky* WRP 2005, 654 (658).
[279] Vgl. aber Köhler/*Bornkamm*/Feddersen § 12 Rn. 1.140 f. und 1.181.

daran gehindert, die eingeschränkte Unterwerfungserklärung anzunehmen und sich damit zu begnügen.[280] Anders verhält es sich, wenn der Schuldner gegenüber dem Verlangen des Gläubigers nach einer verallgemeinernden Unterlassungsverpflichtung nur eine auf die konkrete Verletzungsform beschränkte Erklärung abgibt, die aber auch im Kern gleiche Handlungen erfasst. Dann ist in der Regel die Wiederholungsgefahr hinsichtlich der konkreten Verletzungsform weggefallen, während hinsichtlich der weitergehenden Verallgemeinerung nach wie vor Begehungsgefahr bestehen kann.

147 Der Schuldner, der seine Unterlassungserklärung auf die konkrete Verletzungsform beschränkt, läuft Gefahr, dass ihm mangels genügender **Klarstellung, ob die Erklärung auch im Kern gleiche Handlungen** erfasst, im Unterlassungsprozess mit Erfolg entgegengehalten wird, die Wiederholungsgefahr sei nicht weggefallen, während im Vertragsstrafeprozess angenommen wird, die Erklärung erstrecke sich auch auf im Kern gleiche Handlungen. Die Wirksamkeit der Unterlassungspflicht ist grundsätzlich unabhängig davon zu beurteilen, ob die Wiederholungsgefahr ausgeräumt worden ist oder nicht. Ist die Erklärung des Schuldners dagegen eindeutig so zu verstehen, dass sie sich ausschließlich auf die konkrete Verletzungsform beschränkt, ohne zugleich im Kern gleiche Handlungen zu erfassen, kann es nicht zu einer solchen Divergenz kommen.

148 Die Auslegung kann zwar ergeben, dass die Verpflichtung allein auf die konkrete Verletzungsform – unter Ausschluss kerngleicher Handlungen – beschränkt sein soll.[281] Da dadurch aber die Wiederholungsgefahr zumindest insoweit nicht entfällt, als es um im Kern gleiche Handlungen geht (vgl. → Rn. 146), ist eine solche Auslegung nur möglich, wenn dafür besondere Anhaltspunkte bestehen. Der Abgemahnte muss eine derartige Beschränkung lediglich auf die ganz konkrete Verletzungsform erkennbar, klar und eindeutig erklären.[282] Um einen späteren Streit zu vermeiden, sollte zweckmäßigerweise **klargestellt werden, dass auch im Kern gleiche Handlungen erfasst werden.**[283] Das kann bei Zweifeln auch noch nachträglich geschehen, insbesondere in einem gerichtlichen Verfahren.[284] Solche klarstellenden Erklärungen müssen aber gegenüber dem Gläubiger als dem Vertragspartner abgegeben werden.[285]

149 Im Zweifel wird nur die Unterlassung solcher im Kern gleicher Handlungen geschuldet, die **geeignet** sind, den **Wettbewerb „wesentlich" zu beeinträchtigen** (§ 3); denn nur insoweit ist ein gesetzlicher Unterlassungsanspruch entstanden.

150 **c) Nebenpflichten.** Aus dem Unterlassungsvertrag können sich nach Treu und Glauben Nebenpflichten ergeben. Bei einem Verstoß kann sich für den Schuldner eine **Pflicht zur Auskunft** ergeben, die weiter als bei einer gesetzlichen Auskunftspflicht gehen, sich nämlich auch auf frühere Verstöße beziehen kann.[286] Er kann auch **zur Aufklärung** verpflichtet sein, den begründeten **Anschein eines Verstoßes** auszuräumen, damit dem Gläubiger keine Kostennachteile entstehen.[287]

151 **4. Wirksamkeit. a) Abschluss des Vertrages. aa) Kartellrecht.** Da das Kartellrecht keinen rechtswidrigen Wettbewerb schützt,[288] sind Vereinbarungen **kartellrechtlich unbedenklich, wenn** sie **Handlungen** betreffen, **die gegen Wettbewerbsrecht verstoßen oder deren wettbewerbsrechtliche Beurteilung objektiv zweifelhaft ist.**[289] Liegen diese Voraussetzungen dagegen nicht vor, sondern handelt es sich um ein Verhalten, das

---

[280] Vgl. dazu OLG Hamburg MD VSW 2004, 192 (200).
[281] BGH GRUR 1997, 931 (932) – Sekundenschnell.
[282] Teplitzky/*Kessen* Kap. 8 Rn. 16a ff.
[283] Teplitzky/*Kessen* Kap. 8 Rn. 16c; *Nieder* WRP 2001, 117 (120).
[284] BGH GRUR 1998, 483 (485) – Der M.-Markt packt aus.
[285] OLG Frankfurt a. M. WRP 1998, 895 (897).
[286] BGH GRUR 1992, 61 (64) – Preisvergleichsliste.
[287] BGH GRUR 1990, 542 (543 f.) – Aufklärungspflicht des Unterwerfungsschuldners.
[288] BGH GRUR 1987, 304 (305) – Aktion Rabattverstoß.
[289] BGH GRUR 1983, 602 (603) – Vertragsstraferückzahlung; Teplitzky/*Kessen* Kap. 11 Rn. 2; Teplitzky/*Schaub* Kap. 20 Rn. 11; *Köhler* FS v. Gamm, 1990, 57 (72).

objektiv unzweifelhaft rechtmäßig ist, kommt ein Verstoß gegen kartellrechtliche Vorschriften in Betracht, insbesondere gegen §§ 1, 19–21 GWB und/oder Art. 101 AEUV. Häufig wird es jedoch an der **Spürbarkeit** der vereinbarten Wettbewerbsbeschränkung fehlen.

bb) AGB-Inhaltskontrolle. Verwendet der Gläubiger AGB mit einer vorformulierten Unterwerfungserklärung, sind die Vorschriften über die **Inhaltskontrolle von AGB** (§§ 307 ff. BGB) zu beachten (→ § 13a Rn. 25).[290] 152

cc) Fehlen der Klagebefugnis. Geht der Schuldner irrig davon aus, dass der Gläubiger klagebefugt sei, kommt eine **Anfechtung des Vertrages** in Betracht, und zwar nach § 123 BGB, falls er arglistig getäuscht worden ist, und/oder nach § 119 Abs. 2 BGB, weil die **Klagebefugnis als verkehrswesentliche Eigenschaft** anzusehen ist. Haben die Parteien sich über die Klagebefugnis gestritten und gibt der Schuldner gleichwohl eine Unterwerfungserklärung ab, so scheidet eine Anfechtung des Vergleiches gemäß § 119 Abs. 2 BGB aus.[291] Liegt ein Rechtsmissbrauch gemäß § 8c vor,[292] ist die Abmahnung unwirksam, ebenso ein darin liegendes Angebot, so dass so ein Unterwerfungsvertrag nicht zustande kommen kann. Zumindest ist der Vertrag gemäß § 119 Abs. 2 BGB anfechtbar.[293] **Irren beide,** sind die Grundsätze über die **Störung der Geschäftsgrundlage** anzuwenden. Der Vertrag, der als Vergleich zu qualifizieren ist (→ Rn. 121), ist sogar unwirksam, wenn die Klagebefugnis des Gläubigers als gemeinsame Vergleichsgrundlage anzusehen ist und der Streit bei Kenntnis nicht entstanden wäre (§ 779 BGB). 153

dd) Fehlen eines Wettbewerbsverstoßes. Entweder hat der Schuldner die beanstandete Handlung nicht begangen und/oder sie verstößt nicht gegen Wettbewerbsrecht. Hat er sich darüber geirrt und beruht das auf einer arglistigen Täuschung des Gläubigers, so kann er gemäß **§ 123 BGB** anfechten.[294] Hat der Gläubiger dagegen nur fahrlässig gehandelt, kommt ein Schadensersatzanspruch aus **culpa in contrahendo** in Betracht, der je nach den Umständen auf Vertragsaufhebung oder -anpassung gerichtet ist.[295] 154

Ein Irrtum berechtigt den Schuldner **nicht** zur **Anfechtung nach § 119 BGB;** es handelt sich um einen unbeachtlichen Motivirrtum.[296] **Irren beide** über die Wettbewerbswidrigkeit der Handlung, **fehlt es an der gemeinsamen Vergleichsgrundlage,** so dass der Vertrag unwirksam ist.[297] Dieses Ergebnis entspricht der Interessenlage: Für den Schuldner ist es unzumutbar, ein wettbewerbsgemäßes Verhalten zu unterlassen und dadurch wettbewerbliche Nachteile zu erleiden, während der Gläubiger kein schutzwürdiges Interesse daran hat, den Schuldner am Vertrag festzuhalten. Haben sich die **Parteien** aber **über das Vorliegen eines Wettbewerbsverstoßes gestritten,** insbesondere weil die Rechtslage zweifelhaft und höchstrichterlich noch nicht geklärt ist, und gibt der Schuldner gleichwohl eine Unterwerfungserklärung ab, ist der Vertrag wirksam.[298] 155

b) Beendigung des Vertrages. aa) Kartellrecht. Eine **Unwirksamkeit** (vgl. → Rn. 151) **kann nachträglich eintreten,** wenn eine zunächst **zweifelhafte Rechtslage** nunmehr **höchstrichterlich geklärt** ist, wobei auf den Zeitpunkt abzustellen ist, zu dem 156

---

[290] BGH NJW 1993, 721 (722 f.) – Fortsetzungszusammenhang; GRUR 2014, 595 f. – Vertragsstrafenklausel (Höhe der Vertragsstrafe); OLG Düsseldorf WRP 2012, 595 (596).
[291] Vgl. *Palandt/Sprau* BGB § 779 Rn. 26.
[292] Vgl. dazu OLG Jena MD VSW 2007, 70 (71 f.).
[293] *Teplitzky* GRUR 2003, 272 (273).
[294] OLG München WRP 1985, 237 (238); OLG Köln NJW-RR 1987, 360 f.; OLG Stuttgart WRP 2016, 650 (652).
[295] OLG Stuttgart WRP 2016, 653 f.; *Gottschalk* GRUR 2004, 827 (828).
[296] OLG Schleswig WRP 2002, 123 (125).
[297] OLG Koblenz GRUR-RR 2001, 32 (33).
[298] BGH GRUR 2014, 797 (799, 801) – fishtailparka; *Gottschalk* GRUR 2004, 827 (828 f.) vgl. auch OLG Stuttgart WRP 2016, 650 (654 f.) – zur Frage eines Kündigungsrechts aus wichtigem Grund.

die klärende Entscheidung insbesondere durch Veröffentlichung in einer Fachzeitschrift bekannt wird.[299]

157 **bb) Fehlen/Wegfall der Klagebefugnis.** Die Klagebefugnis/Aktivlegitimation kann fehlen, wenn bei der Abmahnung ein Rechtsmissbrauch vorlag (vgl. bereits → Rn. 153)[300]. Sie kann ganz allgemein weggefallen sein, etwa weil ein Verband nicht mehr die Voraussetzungen des § 8 Abs. 3 erfüllt oder der Gläubiger nicht mehr Mitbewerber ist, oder lediglich im Einzelfall nunmehr für den konkreten Wettbewerbsverstoß **keine Klagebefugnis/Aktivlegitimation mehr besteht.** Die Auswirkungen auf den Fortbestand von Unterwerfungsverträgen waren zunächst umstritten. Inzwischen ist die Rechtslage durch mehrere Entscheidungen des BGH als geklärt anzusehen.[301]

158 **Kündigung aus wichtigem Grund** (§ 314 Abs. 1 S. 1 BGB). Nach der Rechtsprechung des BGH, der zuzustimmen ist, liegt bei Fehlen oder Wegfall der Klagebefugnis/Aktivlegitimation ein wichtiger Grund vor, der den Schuldner berechtigt, den Vertrag innerhalb einer angemessenen Frist außerordentlich aus wichtigem Grund zu kündigen. Die Frist beginnt zu laufen, sobald der Schuldner von den Umständen, die die Kündigung rechtfertigen, Kenntnis erlangt hat. Solange der Schuldner etwa keine Kenntnis von einer unzureichenden Mitgliederstruktur des Gläubiger-Verbandes hat, läuft die Frist noch nicht.

159 Die Kündigung beendet den Vertrag mit **Wirkung ex nunc.** Die vertragliche Unterlassungsverpflichtung bleibt daher für die Vergangenheit bestehen; bereits verwirkte Vertragsstrafen sind zu zahlen,[302] schon geleistete Vertragsstrafen können nicht zurückverlangt werden. Diese Rechtsprechung gilt aber nur mit der Maßgabe, wie sie sich aus den folgenden Ausführungen zum Rechtsmissbrauch ergibt.

160 **Rechtsmissbrauch.** Hat der Schuldner nicht rechtzeitig gekündigt, fragt sich, ob er sich bei einem Verstoß dem Gläubiger gegenüber ausnahmsweise auf den **Einwand der unzulässigen Rechtsausübung** berufen kann[303]. Das ist zu bejahen, wenn die Abmahnung rechtsmissbräuchlich war (vgl. dazu bereits → Rn. 153, 157), ferner etwa der Gläubiger infolge einer Gesetzesänderung offensichtlich nicht mehr klagebefugt ist.[304] Auch wenn ein Mitbewerber seine Tätigkeit auf dem betreffenden Markt endgültig aufgegeben hat, liegt ein Rechtsmissbrauch vor, wenn er dennoch aus dem Unterwerfungsvertrag gegen den Schuldner vorgeht. Anders ist es dagegen, soweit es nunmehr lediglich darum geht, ob der Wettbewerbsverstoß „wesentlich" ist.[305] Darüber lässt sich trefflich streiten; von einer eindeutigen Beantwortung der Frage kann keine Rede sein. Ebenso verhält es sich im Falle einer räumlich unbeschränkten Unterlassungsverpflichtung, wenn der Gläubiger nur auf einem räumlich begrenzten Markt tätig ist, der nunmehr begangene Verstoß aber nicht geeignet ist, dort den Wettbewerb zu beeinträchtigen, und daher möglicherweise kein gesetzlicher Unterlassungsanspruch besteht.[306]

161 **Erstbegehungsgefahr. Kündigt der Schuldner** den Unterwerfungsvertrag außerordentlich aus wichtigem Grund, so **könnte darin** die **Berühmung liegen,** zur vertraglich verbotenen Handlung berechtigt zu sein, daher erneut Begehungsgefahr und demgemäß ein gesetzlicher Unterlassungsanspruch entstanden sein,[307] und zwar zugunsten anderer Mitbewerber und Verbände. Es geht um Fälle, in denen der Schuldner die Kündigung erklärt hat, möglicherweise mit Erfolg, weil der Gläubiger nicht mehr klagebefugt ist, aber

[299] Teplitzky/*Kessen* Kap. 11 Rn. 2; Teplitzky/*Schaub* Kap. 20 Rn. 11; *Rieble* GRUR 1995, 252 (256).
[300] BGH GRUR 2019, 638 (639 ff.) – Kündigung eines Unterlassungsvertrages.
[301] BGH GRUR 1997, 382 (383 ff.) – Altunterwerfung I; GRUR 1997, 386 (388 ff.) – Altunterwerfung II; GRUR 1998, 953 (954 f.) – Altunterwerfung III; GRUR 2001, 85 (86 f.) – Altunterwerfung IV.
[302] BGH GRUR 1997, 382 (385) – Altunterwerfung I; GRUR 2001, 85 (86) – Altunterwerfung IV; OLG Koblenz WRP 1996, 125 (126 f.).
[303] Vgl. dazu BGH GRUR 2019, 638 (639 ff.) – Kündigung eines Unterlassungsvertrages; *Dienstbühel* WRP 2019, 981 ff.
[304] BGH GRUR 1997, 282 (286) – Altunterwerfung I; Teplitzky/*Schaub* Kap. 20 Rn. 35.
[305] BGH GRUR 1997, 382 (386) – Altunterwerfung I.
[306] BGH GRUR 2001, 85 (86 f.) – Altunterwerfung IV.
[307] *BGH GRUR* 1997, 382 (385) – Altunterwerfung I; Teplitzky/*Kessen* Kap. 8 Rn. 55.

das Verhalten des Schuldners, um das es geht, wettbewerbswidrig ist. Von den Umständen des Einzelfalles hängt ab, ob die Erklärung der Kündigung Begehungsgefahr begründet oder nicht. Vielleicht will sich der Schuldner erkennbar nur von einer ihm lästigen Vereinbarung lösen, ohne bereits eine Entscheidung über sein zukünftiges Verhalten getroffen zu haben.

cc) Wegfall eines Wettbewerbsverstoßes. Es handelt sich um Fälle, in denen sich die **Gesetzeslage oder die höchstrichterliche Rechtsprechung geändert** hat oder diese erstmals zu einer zweifelhaften Rechtslage eine eindeutige Klärung herbeigeführt hat, jeweils mit der Folge, dass ein Verhalten, das bisher als wettbewerbswidrig angesehen worden war, (nunmehr) rechtmäßig ist. In solchen Fällen ist es dem Schuldner nicht zuzumuten, an der Unterwerfungsvereinbarung festgehalten zu werden. Demgemäß ist die Geschäftsgrundlage weggefallen.[308] Ebenso verhält es sich, wenn etwa eine irreführende Werbung nicht mehr irreführend ist, weil sich die tatsächlichen Umstände geändert haben.[309] Bei der Beurteilung ist zu trennen zwischen den Voraussetzungen einer Kündigung aus wichtigem Grund nach § 314 BGB und einer Kündigung wegen Störung der Geschäftsgrundlage nach § 313 BGB, an die strengere Anforderungen zu stellen sind und die auf besondere Ausnahmefälle beschränkt ist. Die Beseitigung der Unterlassungsverpflichtung setzt voraus, dass ein entsprechendes Unterlassungsurteil gemäß § 767 ZPO aus der Welt geschaffen werden könnte. Bloße Änderungen in der rechtlichen Beurteilung des gesetzlichen Unterlassungsanspruches, die für eine außerordentliche Kündigung nach § 314 BGB nicht ausreichen, sind regelmäßig nicht geeignet, eine Störung der Geschäftsgrundlage zu begründen.[310] 162

Der Schuldner ist regelmäßig berechtigt, den Vertrag gemäß § 313 Abs. 3 S. 2 BGB mit Wirkung ex nunc zu **kündigen.**[311] Für eine Störung der Geschäftsgrundlage genügt es aber nicht, dass die Werbung nunmehr – etwa nach dem Verbraucherleitbild, das der EuGH entwickelt hat – lediglich möglicherweise nicht mehr als irreführend anzusehen ist.[312] Vielmehr setzt die Kündigung voraus, dass tatsächlich ein Verstoß nicht (mehr) vorliegt.[313] 163

Begeht der Schuldner einen Verstoß gegen das vertragliche Verbot, bevor er gekündigt hat, kann er sich dem Gläubiger gegenüber auf den **Einwand der unzulässigen Rechtsausübung** berufen.[314] Wird das gesetzliche Verbot aufgehoben, das der vertraglichen Verpflichtung zugrunde liegt, ist allerdings zu berücksichtigen, dass der Gläubiger seinen gesetzlichen Unterlassungsanspruch möglicherweise nicht nur auf die aufgehobene Norm, wie etwa früher auf das aufgehobene RabattG oder auf die aufgehobene ZugabeVO, sondern auch auf andere Vorschriften, etwa auf § 1 UWG aF, gestützt hatte oder dass sich eine solche Möglichkeit wenigstens aus dem Sachverhalt ergab. Soweit solche anderen Vorschriften nach wie vor ernsthaft als Anspruchsgrundlagen eines gesetzlichen Unterlassungsanspruches in Betracht kommen, handelt der Gläubiger nicht rechtsmissbräuchlich, wenn er sich auf die Wirksamkeit der Vereinbarung beruft. Dem Schuldner bleibt dann nur die Möglichkeit der Kündigung. Geschäftsgrundlage ist aber nicht allein die Aufhebung der maßgebenden Norm. 164

Genügt eine **Vertragsanpassung** wie etwa eine Einschränkung der Unterwerfungserklärung,[315] scheidet die Möglichkeit einer Kündigung aus (§ 313 Abs. 3 BGB). Eine 165

---

[308] BGH GRUR 2014, 797 (798) – fishtailparka.; vgl. dazu *Gottschalk* GRUR 2004, 827 (828 ff.): Kündigung aus wichtigem Grund gemäß § 314 Abs. 1 S. 1 BGB; *Gottschalk* WRP 2004, 1321 (1322).

[309] Vgl. *Pokrant* FS Erdmann, 2002, 863 (869).

[310] BGH GRUR 2014, 797 (798 f.) – fishtailparka.

[311] Teplitzky/*Schaub* Kap. 20 Rn. 25 ff.

[312] OLG Schleswig WRP 2002, 123 (125 ff.).

[313] OLG Hamburg NJWE-WettbR 2000, 129 (130).

[314] BGH GRUR 2014, 797 (798) – fishtailparka; vgl. dazu OLG Frankfurt a. M. GRUR-RR 2013, 132 (134); Köhler/*Bornkamm*/Feddersen § 12 Rn. 1.238; *Gottschalk* WRP 2004, 1321 (1323).

[315] OLG Düsseldorf WRP 1995, 223 (226); vgl. auch OLG Hamburg NJWE-WettbR 2000, 129 (130); *Gottschalk* WRP 2004, 1321 (1322).

Anpassung ist aber nicht möglich,[316] wenn es sich um eine vom Gläubiger in seinen AGB vorformulierte Unterlassungserklärung handelt.

166 Der Schuldner darf seiner Unterwerfungserklärung die **auflösende Bedingung** hinzufügen, dass die Verpflichtung – mit Wirkung ex nunc (§ 158 Abs. 2 BGB) – erlischt, wenn die vertraglich verbotene Handlung gesetzlich erlaubt oder ihre **Zulässigkeit durch höchstrichterliche Rechtsprechung geklärt** wird.[317] Das führt zu einer automatischen Beendigung der vertraglichen Verpflichtung. Da die Wiederholungsgefahr trotz einer solchen Einschränkung entfällt, sollte der Schuldner in geeigneten Fällen seiner Erklärung eine solche Bedingung beifügen. Dagegen reicht es zur Ausräumung der Wiederholungsgefahr nicht aus, dass der Schuldner seine Erklärung mit einer auflösenden Bedingung verbindet, die auf die Klärung der Rechtsfrage in einem von ihm selbst eingeleiteten negativen Feststellungsverfahren abstellt (vgl. → Vor § 12 Rn. 133)[318] – die Klärung muss in einem anderen Verfahren erfolgen –, ebenso grundsätzlich nicht, dass an eine bestimmte OLG-Rechtsprechung angeknüpft wird. Gibt der Schuldner im Verfügungsverfahren eine Unterwerfungserklärung ab, die auflösend bedingt ist durch eine rechtskräftige Entscheidung zu seinen Gunsten im Hauptsacheverfahren, entfällt dadurch die Wiederholungsgefahr ebenfalls nicht.[319] Den Parteien bleibt es unbenommen zu vereinbaren, dass der Streit im Hauptsacheverfahren entschieden werden soll. Unzulässig ist auch eine auflösende Bedingung, dass die Verpflichtung erlöschen soll, wenn der Gläubiger, insbesondere ein Verein, nicht mehr klagebefugt ist.[320]

167 Ebenso ist eine auflösende Bedingung zulässig, nach der die Verpflichtung erlöschen soll, wenn ein bestimmter **nachträglicher Umstand** eintritt, **der eindeutig die Wettbewerbswidrigkeit** – ebenso wie bei einer Änderung der Gesetzeslage oder der Klärung durch höchstrichterliche Rechtsprechung – **entfallen lässt,**[321] wenn etwa ein erforderlicher **Verwaltungsakt** der Behörde vorliegt (Beispiel: Zulassung als Arzneimittel) oder die **notwendige Eintragung in ein amtliches Register** erfolgt. Auf das gegenwärtige Fehlen eines solchen Umstandes, auf das es für die Annahme eines Wettbewerbsverstoßes ankommt, könnte aber auch schon zur Beschreibung des wettbewerbswidrigen Verhaltens hingewiesen werden, etwa durch den Zusatz „ohne... (einen bestimmten Verwaltungsakt, insbesondere eine Zulassung/Erlaubnis, bzw. eine Eintragung in einem bestimmten amtlichen Register)". Ohne einen solchen Zusatz ergibt sich das allerdings bereits durch Auslegung, so dass eine derartige auflösende Bedingung an sich überflüssig ist, in geeigneten Fällen aber zur Klarstellung ratsam sein kann.

168 Zur **auflösenden Befristung** vgl. → Rn. 140.

169 **dd) Aufgabe des Geschäftsbetriebes durch den Schuldner.** Stellt der Schuldner seinen Geschäftsbetrieb (endgültig) ein oder veräußert er ihn an einen Dritten (→ Rn. 184), so bleibt seine vertragliche Unterlassungspflicht bestehen. Er hat **kein Recht zur außerordentlichen Kündigung** aus wichtigem Grund. Das folgt bereits daraus, dass er jederzeit ein neues Unternehmen gründen könnte. Seine Verpflichtung aus dem Unterwerfungsvertrag ist im Zweifel nicht etwa an das konkrete, nunmehr veräußerte oder nicht mehr bestehende Unternehmen gebunden und gilt daher auch für ein neues, von ihm gegründetes Unternehmen. Wenn der Schuldner seinen Geschäftsbetrieb eingestellt hat, geht seine Pflicht allerdings ins Leere, weil er nicht mehr im geschäftlichen Verkehr tätig ist. Wenn er sein Unternehmen veräußert hat, muss er, soweit möglich und zumutbar, trotz der Ver-

---

[316] OLG Düsseldorf WRP 1995, 223 (226).

[317] BGH GRUR 1993, 677 (679) – Bedingte Unterwerfung; GRUR 1997, 125 (128) – Künstlerabbildung in CD-Einlageblatt; vgl. auch BGH GRUR 2009, 1096 ff. – Mescher weis (Abschlusserklärung mit entsprechender auflösender Bedingung).

[318] BGH GRUR 1993, 677 (679) – Bedingte Unterwerfung; OLG Hamburg MD VSW 1992, 773 (774); vgl. dazu Teplitzky/*Schwippert* Kap. 52 Rn. 11 f.

[319] AM OLG München NJW-RR 2003, 1487 ff. für den Fall einer Verletzung des Persönlichkeitsrechts.

[320] OLG Köln MD VSW 2010, 518 (520); OLG Düsseldorf MD VSW 2010, 1069 (1071 f.).

[321] Vgl. OLG Hamburg OLG-Report 2003, 417 (418).

äußerung beim Erwerber noch darauf hinwirken, dass es innerhalb des übertragenen Unternehmens zu keinem Verstoß kommt (→ Rn. 184).

5. Wegfall der Wiederholungsgefahr. Durch die Abgabe einer Unterwerfungserklärung und deren Zugang[322] entfällt die Wiederholungsgefahr nur dann, wenn sie den **ernsthaften Willen des Schuldners** zum Ausdruck bringt, den begangenen Verstoß nicht zu wiederholen (vgl. → Rn. 137). Sie muss hinreichend bestimmt oder bestimmbar sein[323] sowie grundsätzlich den bestehenden gesetzlichen Unterlassungsanspruch nach Inhalt und Umfang voll abdecken.[324] Eine **Teilunterwerfung** führt, soweit sie reicht, zum Wegfall der Begehungsgefahr, wenn die Begehungsgefahr teilbar ist oder wenn mehrere, selbständige Verletzungshandlungen vorliegen.[325] 170

Die **Unterwerfungserklärung** lässt auch dann die Wiederholungsgefahr entfallen, wenn sie erst nachträglich, etwa **nach Zustellung einer einstweiligen Verfügung,** abgegeben wird. Dem Antragsgegner steht es frei, ob er mit einer Abschlusserklärung oder mit einer strafbewehrten Unterlassungserklärung reagiert.[326] – Die Wiederholungsgefahr entfällt auch dann, wenn der Schuldner die Unterwerfungserklärung erst nach Rechtskraft des Unterlassungstitels abgibt. Seiner Vollstreckungsgegenklage steht nicht § 767 Abs. 2 ZPO entgegen.[327] 171

Fraglich ist, ob ein Rechtsanwalt, der eine **Titelschutzanzeige** für einen nicht genannten Mandanten aufgegeben und auf eine Abmahnung hin für diesen, ohne aber dessen Namen zu nennen, eine Verpflichtungserklärung abgegeben hat, dadurch die Erstbegehungsgefahr ausgeräumt hat.[328] Diese Frage ist dann von Bedeutung, wenn sich der Abmahner mit einer solchen Erklärung nicht zufrieden gibt oder wenn auch noch ein Dritter abmahnt; sie ist zu verneinen. Zweifel ergeben sich schon daraus, dass der Abmahner nicht überprüfen kann, ob der Rechtsanwalt auch insoweit Vollmacht hat. Ferner erfährt er erst im Falle eines Verstoßes, wer sein Vertragspartner ist und gegen wen er dann vorgehen muss. 172

6. Auswirkung auf die gesetzlichen Ansprüche. a) Unterlassungsanspruch.
Durch die Annahme der Unterlassungserklärung tritt der vertragliche Unterlassungsanspruch an die Stelle des gesetzlichen Unterlassungsanspruches. Dieser erlischt mit der Abgabe und dem Zugang der Unterwerfungserklärung wegen Wegfalls der Wiederholungsgefahr. Bestand dagegen kein gesetzlicher Unterlassungsanspruch, entsteht erstmals ein (vertraglicher) Unterlassungsanspruch. Ein solcher ist leichter durchzusetzen, weil bei einem zukünftigen Verstoß die Voraussetzungen der zugrunde liegenden Norm einschließlich der Klagebefugnis grundsätzlich nicht mehr zu prüfen sind. Außerdem haftet der Schuldner für Handlungen Dritter statt nach § 8 Abs. 2 jetzt nach § 278 BGB. 173

Haben die Parteien zwar eine Vereinbarung getroffen, ist aber die darin enthaltene **Unterwerfungserklärung** des Schuldners **unzureichend,** weil sie sich allein auf die konkrete Verletzungsform beschränkt (→ Rn. 145 ff.), eine unzulässige Bedingung enthält oder keine Vertragsstrafe vorsieht, oder ist die vereinbarte Vertragsstrafe zu niedrig, so entfällt zwar nicht die Wiederholungsgefahr, was anderen Gläubigern gegenüber von Bedeutung ist. Inter partes tritt aber **auch in einem solchen Falle der vertragliche** 174

---

[322] *Köhler* FS Erdmann, 2002, 845 (856).

[323] *Teplitzky* WRP 1990, 26.

[324] BGH GRUR 1997, 379 (380) – Wegfall der Wiederholungsgefahr II; GRUR 2000, 438 (441) – Gesetzeswiederholende Unterlassungsanträge; GRUR 2002, 180 f. – Weit-Vor-Winter-Schluss-Verkauf.

[325] BGH GRUR 1986, 814 (815) – Whisky-Mischgetränk; GRUR 2001, 422 (424) – ZOCOR; GroßKommUWG/*Feddersen* § 12 Rn. 122; Teplitzky/*Kessen* Kap. 8 Rn. 16d; Teplitzky/*Bacher* Kap. 41 Rn. 65, *Teplitzky* WRP 2005, 654 (656); *v. Ungern-Sternberg* GRUR 2011, 486 (488) Fn. 26; vgl. dazu auch OLG Hamburg GRUR-RR 2009, 446 f.; OLG Oldenburg MD VSW 2017, 328 (331).

[326] OLG Bamberg WRP 2003, 102 f.; Teplitzky/*Kessen* Kap. 8 Rn. 32; vgl. aber OLG Köln MD VSW 2002, 803 Ls. für den Fall, dass der Gläubiger durch zwei Instanzen ein rechtskräftiges Urteil erwirkt hat.

[327] AM KG MD VSW 2005, 1052 (1053).

[328] Vgl. OLG Hamburg NJWE-WettbR 2000, 217 f.

Unterlassungsanspruch an die Stelle des gesetzlichen Unterlassungsanspruches, auf den der Gläubiger nicht mehr zurückgreifen kann. Der gesetzliche Unterlassungsanspruch entsteht erst wieder neu, wenn es zu einem erneuten Verstoß kommt oder wenigstens ein solcher droht. Es handelt sich um einen „Verzicht" auf den gesetzlichen Unterlassungsanspruch in der Rechtsform eines Erlassvertrages,[329] oder um eine Schuldersetzung, zumindest um ein pactum de non petendo.

175 Durch einen **zukünftigen Verstoß oder eine zukünftige Berühmung** wird **erneut Begehungsgefahr** begründet, so dass neben den fortbestehenden vertraglichen Unterlassungsanspruch zusätzlich ein gesetzlicher Unterlassungsanspruch tritt.[330] Die durch den Verstoß neu entstandene Wiederholungsgefahr kann der Schuldner, wenn überhaupt, nur durch das **Versprechen einer höheren Vertragsstrafe** ausräumen[331] (vgl. auch → § 13 Rn. 10).

176 Hat der Abgemahnte sich nur teilweise unterworfen und hat der Abmahner die **Teilunterwerfung** (→ Rn. 170) angenommen, bleibt davon der weitergehende Unterlassungsanspruch grundsätzlich unberührt. In der Regel liegt in der Teilunterwerfung kein Angebot auf Abschluss eines Erlassvertrages im Übrigen. Anders ist es nur, wenn das unmissverständlich zum Ausdruck kommt. In der Annahme der Teilunterwerfung liegt regelmäßig **kein Verzicht** des Abmahners **auf einen weitergehenden Unterlassungsanspruch.**[332] Verlangt dagegen der Abmahner lediglich eine Unterwerfungserklärung, die nur die konkrete Verletzungsform einschließlich kerngleicher Handlungen erfasst, kann er nach Abgabe einer solchen Erklärung durch den Abgemahnten grundsätzlich aus dem konkreten Verletzungsfall keinen weitergehenden, verallgemeinerten Unterlassungsanspruch mehr herleiten.[333] Das gilt auch, wenn der Abgemahnte von sich aus eine solche Unterwerfungserklärung abgibt und der Abmahner sie annimmt.[334]

177 **b) Sonstige Ansprüche.** Grundsätzlich bleiben die gesetzlichen Ansprüche auf **Beseitigung, Schadensersatz und Auskunft** unberührt. Sie erlöschen nur, wenn zugleich ausdrücklich oder konkludent über diese Ansprüche ein Erlassvertrag geschlossen wird. Die bloße Annahme der Unterlassungserklärung reicht dazu nicht aus. Anders könnte es etwa sein, wenn der Schuldner sich zur Unterlassung verpflichten will, diese Verpflichtung aber ausdrücklich mit einem Verzicht des Gläubigers auf weitere, bereits entstandene Ansprüche verknüpft und der Gläubiger die Unterlassungserklärung vorbehaltlos annimmt.[335] Liegt ein solcher Verzicht vor, so erstreckt er sich nicht auf zukünftige Ansprüche. Die Abgabe der Unterlassungserklärung enthält kein Anerkenntnis der anderen Ansprüche im Sinne von § 212 Abs. 1 Nr. 1 BGB.[336]

178 **7. Rechtsnachfolge. a) Rechtsnachfolge auf Seiten des Gläubigers.** Sie ist möglich durch **Abtretung** oder **Vertragsübernahme,** insbesondere bei einer **Veräußerung des Unternehmens** an einen Dritten, falls nicht § 399 BGB entgegensteht.[337] Der Umstand, dass dem Unterwerfungsvertrag ein gesetzlicher Unterlassungsanspruch aus dem UWG zugrunde liegt, der nicht abtretbar ist,[338] sondern für den Erwerber gegebenenfalls neu entsteht, verhindert nicht die **Abtretbarkeit der Ansprüche aus dem Unterwerfungs-**

---

[329] OLG Stuttgart WRP 1997, 1219 (1221, 1222); OLG Hamm NJWE-WettbR 1999, 90; OLG Frankfurt a. M. GRUR-RR 2003, 198 (199 f.); Teplitzky/*Kessen* Kap. 7 Rn. 11, Kap. 11 Rn. 5; vgl. dazu *Rehart* WRP 2016, 1322 ff.; vgl. OLG Hamburg WRP 2018, 861 (865).
[330] OLG Stuttgart WRP 1997, 1219 (1223).
[331] BGH GRUR 1990, 534 – Abruf-Coupon; kritisch dazu Teplitzky/*Kessen* Kap. 8 Rn. 53.
[332] BGH GRUR 2002, 824 f. – Teilunterwerfung.
[333] OLG Hamburg MD VSW 2004, 192 (200).
[334] OLG Hamburg MD VSW 2012, 1041 (1044 ff.).
[335] OLG Stuttgart WRP 1997, 1219 (1221).
[336] BGH GRUR 1992, 61 (63) – Preisvergleichsliste.
[337] Vgl. zu § 399 BGB: *Dornis/Förster* GRUR 2006, 195 (196 f.).
[338] Teplitzky/*Büch* Kap. 15 Rn. 3 f.

vertrag.[339] Mit der Abtretung des vertraglichen Unterlassungsanspruches geht im Zweifel auch der Anspruch aus dem Vertragsstrafeversprechen über (§ 401 BGB analog). Liegt auf Seiten des Gläubigers eine **Unternehmensnachfolge** vor, greift **§ 25 Abs. 1 S. 2 HGB** ein.[340]

b) Rechtsnachfolge auf Seiten des Schuldners. aa) Vertragliche Rechtsnachfolge. Veränderungen auf der Schuldnerseite können auf einem Vertrag beruhen. Ein neuer Schuldner tritt vertraglich entweder an die Stelle des alten Schuldners (befreiende Vertragsübernahme) oder neben diesen (Schuldbeitritt, Vertragsbeitritt). Beide Alternativen sind möglich.[341] Eine vertragliche Rechtsnachfolge kommt insbesondere in Betracht, wenn der **Schuldner seinen Geschäftsbetrieb auf einen Dritten überträgt.** Der Vertrag wird entweder zwischen allen drei Beteiligten oder zwischen dem Schuldner und dem Dritten unter Zustimmung des Gläubigers geschlossen. 179

bb) Gesetzlicher Schuldbeitritt. Zweifelhaft ist die Rechtslage, wenn der **Erwerber eines Unternehmens** die **Firma des Schuldners fortführt** und es an einer vertraglichen Vereinbarung mit dem Gläubiger über den Übergang der Verpflichtungen fehlt. 180

Haftung des Neuschuldners. Nach § 25 Abs. 1 S. 1 HGB haftet der Erwerber für die Verpflichtungen des früheren Geschäftsinhabers, wenn der Übergang nicht gemäß § 25 Abs. 2 HGB ausgeschlossen worden ist. Demnach handelt es sich um einen gesetzlichen Schuldbeitritt. Soweit der frühere Geschäftsinhaber einen Unterwerfungsvertrag abgeschlossen hatte, bestehen die sich daraus ergebenden Verpflichtungen auch für den Erwerber. Dieser ist vertraglich zur Unterlassung und im Falle eines Verstoßes zur Zahlung der vereinbarten Vertragsstrafe verpflichtet.[342] 181

Es gibt keine zwingenden Gründe für die Annahme, die vertragliche Unterlassungsverpflichtung sei ebenso wie die gesetzliche Unterlassungsverpflichtung eine höchstpersönliche Pflicht, die nicht auf einen Dritten übergehen könnte. Die Parteien können aber im Unterwerfungsvertrag ausdrücklich oder konkludent vereinbaren, dass es sich um eine höchstpersönliche Pflicht handelt.[343] Der Schutzzweck des § 25 HGB erfordert auch im erörterten Fall einen **Übergang der Verpflichtungen.** Zwar soll die Unterwerfung den Schuldner davon abhalten, einen Wettbewerbsverstoß zu begehen. Diese Verpflichtung ist aber nicht mit der Person des Inhabers verknüpft, sondern mit seinem Unternehmen verbunden. Der Unterwerfungsvertrag bestimmt, in welcher Weise der Schuldner sich werblich nicht verhalten darf, und regelt damit die Art und Weise seiner geschäftlichen Betätigung. Insoweit verhält es sich nicht anders als bei originären vertraglichen Verboten wie der Vereinbarung eines rein vertraglichen Wettbewerbs- oder Vertriebsverbots. 182

Wenn **sowohl der Alt- als auch der Neuschuldner** zur Unterlassung verpflichtet sind, ist das kein unbefriedigendes Ergebnis. Die Haftung beider entspricht vielmehr der Interessenlage. Der Altschuldner ist nach wie vor verpflichtet, weil er mit dem Gläubiger den Unterwerfungsvertrag geschlossen hat, und daneben der Erwerber, weil er das Unternehmen unter derselben Firma fortführt. Kennt dieser den Unterwerfungsvertrag nicht, muss er sich mit dem früheren Geschäftsinhaber auseinandersetzen. Schließt er die Haftung gemäß § 25 Abs. 2 HGB aus, bleibt immer noch die Möglichkeit, dass der Gläubiger im Falle eines Gesetzesverstoßes gegen ihn einen gesetzlichen Unterlassungsanspruch hat. Allerdings ist dann erneut zu prüfen, ob ein Wettbewerbsverstoß vorliegt. – Auf jeden Fall geht die 183

---

[339] *Köhler* WRP 2000, 921 (926 f.); *Dornis/Förster* GRUR 2006, 195 (196 f.); aM Teplitzky/*Büch* Kap. 15 Rn. 5, vgl. → Rn. 7 zur Gesamtrechtsnachfolge; zur Frage, ob der Unterlassungsverpflichtete ein Recht zur Kündigung hat vgl. *Dornis/Förster* GRUR 2006, 195 (198 f.).

[340] *Köhler* WRP 2000, 921 (927); vgl. dazu *Dornis/Förster* GRUR 2006, 195 (197 f.).

[341] Vgl. Teplitzky/*Büch* Kap. 15 Rn. 9, 11; *Dornis/Förster* GRUR 2006, 195 (199).

[342] BGH GRUR 1996, 995 (996) – Übergang des Vertragsstrafeversprechens; Köhler/*Bornkamm*/Feddersen § 12 Rn. 1.201; Teplitzky/*Büch* Kap. 15 Rn. 11; aM *Köhler* WRP 2000, 921 (925 f.); *Isele* WRP 2011, 292 (294 f.); vgl. dazu *Dornis/Förster* GRUR 2006, 195 (199 f.); vgl. auch OLG Karlsruhe GRUR-RR 2014, 362 (363 ff.) zu einer Gesamtrechtsnachfolge gemäß § 113 Abs. 1 Nr. 1 UmwG.

[343] Teplitzky/*Büch* Kap. 15 Rn. 13.

Verpflichtung auf Zahlung einer Vertragsstrafe über, die bereits der Altschuldner verwirkt hat.[344]

184 **Haftung des Altschuldners.** Wenn der Schuldner sein Unternehmen veräußert, folgt daraus grundsätzlich nicht, dass er ein Recht zur fristlosen Kündigung des Unterwerfungsvertrages hat und dadurch seine vertragliche Unterlassungspflicht beenden kann. Die Verpflichtung des früheren Geschäftsinhabers aus dem Unterwerfungsvertrag besteht im zeitlichen Rahmen des § 26 HGB weiter. Im Falle eines Verstoßes durch den Erwerber ist aber genau zu prüfen, ob der Altschuldner für diesen Verstoß noch mitverantwortlich ist. Zugunsten des Gläubigers greift nicht § 8 Abs. 2 ein. Vielmehr kommt eine **Mithaftung nur auf Grund eigenen Verhaltens oder des Verhaltens seiner Erfüllungsgehilfen** in Betracht, zu denen – abgesehen von der Veräußerung an einen Strohmann – nicht der Erwerber gehört,[345] insbesondere weil er dem Erwerber wichtige Informationen vorenthalten hat. Bei der Beantwortung der Frage ist von Bedeutung, worauf sich die Unterlassungsverpflichtung bezieht. Der Veräußerer ist etwa mitverantwortlich, wenn er den Erwerber, der irreführend wirbt, insoweit nicht genügend informiert hat.

185 **8. Zuwiderhandlung. a) Allgemeines.** Wenn im Einzelfall nicht eindeutig ist, ob ein Verhalten des Schuldners gegen die vertragliche **Unterlassungspflicht** verstößt, ist deren **Reichweite durch Auslegung** zu ermitteln (→ Rn. 142 ff.). Dabei ist auch zu berücksichtigen, wie hoch die **vereinbarte Vertragsstrafe im Verhältnis zur Bedeutung des gesicherten Unterlassungsanspruchs** ist. Je höher sie ist, um so eher ist eine eng am Wortlaut orientierte Auslegung geboten.[346] Ohne ausdrückliche zeitliche Einschränkung ist die Unterwerfungserklärung im allgemeinen dahin zu verstehen, dass sie Verstöße nicht erst ab Zustandekommen des Vertrages, sondern bereits ab ihrem Zugang beim Gläubiger erfasst.[347] Ebenso wie bei einem Verbotstitel kommt auch eine Pflicht zum positiven Tun in Betracht, etwa auf Löschung im Internet (vgl. dazu → Vor § 12 Rn. 306)[348] oder zum Rückruf.[349]

186 Das Verhalten des Schuldners verstößt auch dann gegen das vertragliche Verbot, wenn die nunmehr beanstandete Handlung nicht mit der im Vertrag formulierten identisch ist, sondern – ebenso wie es sich bei einem gerichtlichen Verbot verhält – mit ihr nur **im wesentlichen Kern übereinstimmt.**[350] Vielfach ist aber gerade zweifelhaft, was noch zum wesentlichen Kern gehört (vgl. zu gerichtlichen Verboten → Vor § 12 Rn. 295). Das wiederum ist eine Frage der Auslegung nach den Umständen des Einzelfalles. Jedenfalls genügt nicht die Feststellung, dass auch das nunmehr beanstandete Verhalten des Schuldners wettbewerbswidrig ist. Erfordert dieses eine erneute, selbständige rechtliche Bewertung, gehört es nicht mehr zum wesentlichen Kern. Ebenso ist es im Regelfall, wenn sich die Verpflichtung auf bestimmte Waren und/oder auf bestimmte Werbeformen beschränkt und das nunmehr beanstandete Verhalten andere Waren oder Werbeformen betrifft. Die auf die konkrete Verletzungsform – und ihr kerngleiche Handlungen – beschränkte Unterwerfung

---

[344] So auch *Köhler* WRP 2000, 921 (926); *Isele* WRP 2011, 292 (295 f.).

[345] *Köhler* WRP 2000, 921 (925).

[346] BGH GRUR 2003, 545 f. – Hotelfoto (keine Verpflichtung des Schuldners, sicherzustellen, dass bereits ausgelieferte Exemplare eines Gastronomieführers nicht weiterverbreitet werden); OLG Jena GRUR-RR 2007, 332.

[347] AM BGH GRUR 2006, 878 f. – Vertragsstrafevereinbarung; GRUR 2017, 823 (824) – Luftentfeuchter; OLG Köln GRUR-RR 2010, 339 (340) und 2010, 354 (355); OLG Düsseldorf GRUR-RR 2016, 259 (261 f.); Köhler/*Bornkamm*/Feddersen § 12 Rn. 1.180; *Klein* GRUR 2007, 664 (666 ff.).

[348] BGH GRUR 2015, 258 (262 f.) – CT-Paradies; OLG Frankfurt a. M. GRUR-RR 2018, 122; OLG Dresden WRP 2018, 978 f.

[349] BGH GRUR 2017, 823 (824 f.) – Luftentfeuchter.

[350] BGH GRUR 1997, 931 – Sekundenschnell; GRUR 2003, 899 f. – Olympiasiegerin; GRUR 2010, 167 (168) – Unrichtige Aufsichtsbehörde; GRUR 2010, 749 (753) – Erinnerungswerbung im Internet; OLG Köln WRP 2000, 226 (227); OLG Frankfurt a. M. GRUR-RR 2018, 351 (352); aM OLG Hamm WRP 2004, 1076 (1077).

erfasst im Zweifel nicht auch verallgemeinernd Handlungen, die ebenso wettbewerbswidrig sind.

Hat neben einer juristischen Person, etwa einer GmbH, **auch der Geschäftsführer eine Verpflichtungserklärung** abgegeben und handelt jetzt eine Schwester-GmbH, deren Geschäftsführer er ebenfalls ist, so hängt von den Umständen ab, ob er gegen die von ihm persönlich eingegangene Verpflichtung verstößt, ob er nämlich eine Verpflichtung eingegangen ist, die losgelöst von der der GmbH gelten soll. In vielen Fällen wird die Mithaftung des Geschäftsführers, der für mehrere verbundene Unternehmen tätig ist, nicht als bloßer Annex zur Verpflichtung der in Anspruch genommenen GmbH, sondern unabhängig von deren Verpflichtung begründet. Die Parteien sollten das aber im Vertrag klarstellen, um spätere Streitigkeiten zu vermeiden. Eine entsprechende Frage taucht auf, wenn der Geschäftsführer sich selbständig macht und dann die auch ihm vertraglich verbotene Handlung vornimmt. In einem Fall, in dem **nur die GmbH Vertragsschuldner** ist, haftet diese nicht für Handlungen eines Schwesterunternehmens, auch wenn beide denselben Geschäftsführer haben. Gibt eine GbR eine Verpflichtungserklärung ab, so haften die einzelnen Gesellschafter grundsätzlich nicht persönlich auf Unterlassung.[351] 187

b) Vertretenmüssen. Der Schuldner haftet für eigenes Verhalten bzw. für das Verhalten seiner Organe (§ 31 BGB), ferner für Dritte nicht nur gemäß § 8 Abs. 2 wie bei einem gesetzlichen Unterlassungsanspruch oder gemäß § 831 BGB bei einem gesetzlichen Schadensersatzanspruch, sondern weitergehend gemäß § 278 BGB.[352] **Erfüllungsgehilfen** sind alle, die mit Willen des Schuldners rein tatsächlich bei der Erfüllung der Unterlassungsverpflichtung als Hilfspersonen tätig sind, wie etwa Presseverlage, Werbeagenturen, Rechtsanwälte und deren Erfüllungsgehilfen.[353] Das gilt auch für technische Versehen in einem Verlag, wenn es sich um das Fehlverhalten eines Erfüllungsgehilfen handelt.[354] Es kommt nicht darauf an, ob der Erfüllungsgehilfe die Vertragspflicht kennt oder sich im Rahmen von Weisungen hält.[355] Kein Erfüllungsgehilfe des Vorbehaltsverkäufers ist der Vorbehaltskäufer bei einem Eigentumsvorbehalt, wenn es um den Rückruf bereits ausgelieferter Ware geht. Zur Erfüllung seiner Rückrufpflicht ist er jedoch verpflichtet, im Rahmen des Möglichen und Zumutbaren auf Dritte einzuwirken.[356] 188

Abweichende Vereinbarungen kommen nur ausnahmsweise in Betracht. Notwendig ist in der Regel eine ausdrückliche Erklärung. Ein stillschweigender Haftungsausschluss für Erfüllungsgehilfen setzt eindeutige Anhaltspunkte für eine solche Auslegung voraus.[357] **Schließt der Schuldner** aber **seine Haftung für Erfüllungsgehilfen aus, wird grundsätzlich die Wiederholungsgefahr nicht ausgeschlossen.**[358] Dagegen dürfte es zulässig sein, die Haftung auf den Personenkreis des § 8 Abs. 2 zu beschränken, weil die gesetzliche Zurechnung für fremdes Verhalten auch nicht weiter geht. Will der Schuldner das Risiko für – einen unübersehbaren Kreis von – Erfüllungsgehilfen ausschließen, bleibt ihm nichts anderes übrig, als einen gerichtlichen Titel gegen sich erwirken zu lassen, bei dessen Vollstreckung er gemäß § 890 ZPO nur für eigenes Verschulden haftet. 189

---

351 BGH GRUR 2013, 1268 – Markenheftchen II.

352 BGH GRUR 1985, 1065 (1066) – Erfüllungsgehilfe; GRUR 1987, 648 (649) – Anwalts-Eilbrief; GRUR 1988, 561 (562 f.) – Verlagsverschulden I; GRUR 1998, 963 (964 f.) – Verlagsverschulden II; Köhler/*Bornkamm*/Feddersen § 12 Rn. 1.224; *Nieder* WRP 2001, 117 (118) Fn. 16.

353 BGH GRUR 1998, 561 (563) – Verlagsverschulden I.

354 Vgl. aber LG Mönchen-Gladbach NJWE-WettbR 2000, 25 (26).

355 BGH GRUR 1988, 561 (562) – Verlagsverschulden I; GRUR 1998, 963 (965) – Verlagsverschulden II.

356 BGH GRUR 2017, 823 (824 f.) – Luftentfeuchter.

357 BGH GRUR 1987, 648 (649) – Anwalts-Eilbrief; Köhler/*Bornkamm*/Feddersen § 12 Rn. 1.227.

358 KG MD VSW 1995, 1225; OLG Frankfurt a. M. GRUR-RR 2003, 198 (199); WRP 1994, 709 (712); GRUR 1996, 696 (700); vgl. auch *Steinbeck* GRUR 1994, 90 (93); aM GroßKommUWG/*Feddersen* § 12 Rn. 134; Köhler/*Bornkamm*/Feddersen § 12 Rn. 156; *Apel/Drescher* WRP 2017, 524 (527 f.); Teplitzky/*Kessen* Kap. 8 Rn. 29 f.

190 **c) Beweislast.** Der Gläubiger hat die objektive Zuwiderhandlung zu beweisen. Der Schuldner hat zu beweisen, dass er den Verstoß nicht zu vertreten hat (§ 280 Abs. 1 S. 2 BGB), insbesondere er selbst alle ihm möglichen und zumutbaren Maßnahmen getroffen hat, um einen Verstoß zu vermeiden.[359] Außerdem muss er sich für seine Erfüllungsgehilfen entlasten und erforderlichenfalls beweisen, dass sie nicht schuldhaft gehandelt haben.

191 **d) Rechtsfolgen. aa) Unterlassungs- und Beseitigungsanspruch.** Da der Schuldner bereits vertraglich zur Unterlassung verpflichtet ist, begründet eine **Zuwiderhandlung** keinen neuen vertraglichen Unterlassungsanspruch. Dieser setzt keine Wiederholungs- oder Erstbegehungsgefahr voraus.[360] Der Verstoß bewirkt insoweit lediglich, dass der Gläubiger **auf jeden Fall Klage erheben kann** (vgl. → Vor § 12 Rn. 71). Daneben hat der Gläubiger, wenn das vertraglich verbotene Verhalten wettbewerbswidrig ist, einen **gesetzlichen Unterlassungsanspruch.**[361] Beide Ansprüche können **nebeneinander** geltend gemacht werden.[362] Denkbar ist, dass ein Verhalten des Schuldners gegen den Vertrag, aber nicht zugleich gegen das Gesetz verstößt. Der vertragliche Anspruch ist nicht davon abhängig, dass auch ein gesetzlicher Anspruch besteht.[363] Ferner kann der Schuldner zur Beseitigung verpflichtet sein, wozu vertraglich und gesetzlich eine objektive Zuwiderhandlung genügt.

192 **bb) Sonstige Ansprüche.** Bei schuldhaftem Verstoß hat der Gläubiger Anspruch auf **Schadensersatz,** und zwar sowohl aus Vertrag als auch in der Regel aus Gesetz. Für das Verhalten Dritter haftet der Schuldner gesetzlich aber nur gemäß § 831 BGB, für Organe ebenso wie aus Vertrag gemäß § 31 BGB, aus Vertrag außerdem für Erfüllungsgehilfen (§ 278 BGB). Der **vertragliche Schadensersatzanspruch** ist aus diesem Grunde und wegen der günstigeren Beweislastverteilung (→ Rn. 190) für den Gläubiger vorteilhafter als der gesetzliche. Daneben kommt ein Anspruch auf Auskunft in Betracht. Enthält der Unterwerfungsvertrag wie regelmäßig ein Vertragsstrafeversprechen, kann der Schuldner eine Vertragsstrafe verwirkt haben (unten zu § 13a).

§ 13a Vertragsstrafe

(1) **Bei der Festlegung einer angemessenen Vertragsstrafe nach § 13 Absatz 1 sind folgende Umstände zu berücksichtigen:**

1. Art und Ausmaß und Folgen der Zuwiderhandlung,
2. Schuldhaftigkeit der Zuwiderhandlung und bei schuldhafter Zuwiderhandlung die Schwere des Verschuldens,
3. Größe, Marktstärke und Wettbewerbsfähigkeit des Abgemahnten sowie
4. wirtschaftliches Interesse des Abgemahnten an erfolgten und zukünftigen Verstößen.

(2) **Die Vereinbarung einer Vertragsstrafe nach Absatz 1 ist für Anspruchsberechtigte nach § 8 Absatz 3 Nummer 1 bei einer erstmaligen Abmahnung nach § 13 Absatz 4 ausgeschlossen, wenn der Abgemahnte in der Regel weniger als 100 Mitarbeiter beschäftigt.**

(3) **Vertragsstrafen dürfen eine Höhe von 1 000 Euro nicht überschreiten, wenn die Zuwiderhandlung angesichts ihrer Art, ihres Ausmaßes und ihrer Folgen die Interessen von Verbrauchern, Mitbewerbern und sonstigen Marktteilnehmern in nur unerhebli-**

[359] BGH GRUR 2003, 889 (890) – Olympiasiegerin; GRUR 2009, 181 (183) – Kinderwärmekissen; GRUR 2010, 167 (168) – Unrichtige Aufsichtsbehörde; GRUR 2014, 595 (598) – Vertragsstrafenklausel; OLG Düsseldorf WRP 1985, 30 (31); GRUR-RR 2017, 75 (76 ff.).
[360] BGH GRUR 1999, 522 (524) – Datenbankabgleich.
[361] Vgl. zum Schadensersatzanspruch BGH GRUR 1992, 61 (62 f.) – Preisvergleichsliste.
[362] Teplitzky/*Kessen* Kap. 12 Rn. 11.
[363] *BGH GRUR* 1997, 386 – Altunterwerfung II.

chen Maße beeinträchtigt, und wenn der Abgemahnte in der Regel weniger als 100 Mitarbeiter beschäftigt.

(4) **Verspricht der Abgemahnte auf Verlangen des Abmahnenden eine unangemessen hohe Vertragsstrafe, schuldet er lediglich eine Vertragsstrafe in angemessener Höhe.**

(5) **Ist lediglich eine Vertragsstrafe vereinbart, deren Höhe noch nicht beziffert wurde, kann der Abgemahnte bei Uneinigkeit über die Höhe auch ohne Zustimmung des Abmahnenden eine Einigungsstelle nach § 15 anrufen. Das Gleiche gilt, wenn der Abgemahnte nach Absatz 4 nur eine Vertragsstrafe in angemessener Höhe schuldet. Ist ein Verfahren vor der Einigungsstelle anhängig, so ist eine erst nach Anrufung der Einigungsstelle erhobene Klage nicht zulässig.**

Übersicht

A. Überblick

Die Vorschrift befasst sich mit der **Bemessung einer Vertragsstrafe** nach § 13 Abs. 1. 1

Absatz 1 bestimmt, welche **Umstände** bei der Bemessung der Vertragsstrafe zu berücksichtigen sind. 1a

1b Absatz 2 schließt die Vereinbarung einer Vertragsstrafe für einen Mitbewerber aus, wenn dieser erstmalig eine Verpflichtung zur Unterlassung gemäß § 13 Abs. 4 fordert, falls der Abgemahnte ein **kleineres Unternehmen** ist.

1c Absatz 3 **begrenzt die Höhe der Vertragsstrafe** bei einfach gelagerten Fällen, falls der Abgemahnte ein kleineres Unternehmen ist.

1d Absatz 4 befasst sich mit **unangemessen hohen Vertragsstrafen.**

1e Absatz 5 regelt den **Streit über die angemessene Höhe** einer Vertragsstrafe.

B. Vertragsstrafenabrede

Schrifttum: *Bernreuther,* Zur Auslegung und Inhaltskontrolle von Vertragsstrafenvereinbarungen, GRUR 2003, 114; *Heckelmann/Wettich,* Zur Frage der Angemessenheit von Vertragsstrafen oder: Nachdenken ist angesagt, WRP 2003, 184; *Hess,* Vertragsstrafe bei der Verteilung von Werbematerial, WRP 2004, 296; *Klein,* Keine Vertragsstrafe für die Schwebezeit, GRUR 2007, 664; *Rieble,* „Kinderwärmekissen" und Vertragsstrafendogmatik, GRUR 2009, 824; *Schmitt-Gaedke/Arz,* Die Vertragsstrafe: Fallstricke bei Vereinbarung und Durchsetzung, WRP 2015, 1196; *Schmitz-Temming,* Einzelhandel und Vertragsstrafe am Beispiel der C&A-Rabattaktion, WRP 2003, 189; *Ulrici,* Die Eindämmung von Abmahnmissbrauch und das Recht der Vertragsstrafe, WRP 2019, 1117.

2 **1. Allgemeines.** § 13a regelt erstmals wesentliche Aspekte einer Vertragsstrafenabrede, insbesondere zur Höhe. Die Vorschrift betrifft Abreden gemäß § 13 Abs. 1, nicht etwa auch Abreden außerhalb dieser Norm. Als Sanktion für eine Zuwiderhandlung soll die vereinbarte Vertragsstrafe zum einen auf den Schuldner dahin Druck ausüben, dass er sich an die Unterlassungserklärung hält, und zum anderen dem Gläubiger, der Mitbewerber ist, einen Mindestausgleich seines Schadens sichern.[1] Die Vertragsstrafe muss **angemessen** sein, damit die Wiederholungsgefahr ausgeschlossen wird.[2] Insoweit geht es ausschließlich um die **Sicherungsfunktion der Vertragsstrafe,** so dass nicht zwischen Mitbewerbern und Verbänden zu unterscheiden ist. Auf eine unangemessen niedrige Vertragsstrafe oder auf eine Verpflichtung ohne Vertragsstrafe braucht sich der Abmahner nicht einzulassen. Das gilt auch gegenüber seriösen Unternehmen und der öffentlichen Hand, wenn sie wie ein privates Unternehmen am Geschäftsverkehr teilnimmt.[3]

3 **2. Wirksamkeit.** Die Wirksamkeit der Vertragsstrafenabrede hängt zunächst von der **Wirksamkeit des Unterlassungsvertrages** ab (vgl. → § 13 Rn. 151 ff.). Sie kann aber auch aus Gründen unwirksam sein, die allein die Vertragsstrafe betreffen. In einem solchen Falle kommt in Betracht, dass der Unterlassungsvertrag gemäß § 139 BGB nicht nichtig ist.[4] Fehlt eine Regelung darüber, wer die Höhe der Vertragsstrafe festsetzen soll, kann die Vertragsstrafenabrede unwirksam sein.[5] Wegen **übermäßiger Höhe der Vertragsstrafe** kommt eine Nichtigkeit gemäß § 138 BGB kaum in Betracht. Insoweit enthält **§ 8c Abs. 2 Nr. 4** (**Rechtsmissbrauch bei erheblich erhöhter Vertragsstrafe**) und **§ 13a Abs. 4** (**Reduzierung einer unangemessen hohen Vertragsstrafe**) eine Regelung. Handelt es sich um eine Abrede, die als AGB des Gläubigers anzusehen ist, besteht die Möglichkeit einer **Inhaltskontrolle nach §§ 307 ff. BGB.**[6] Das gilt vor allem für Vereinbarungen, die eine Handlungseinheit bei mehreren Zuwiderhandlungen ausschließen (→ Rn. 25). Aus § 307 BGB ergibt sich nicht etwa die Pflicht, im kaufmännischen Verkehr eine Vertragsstrafenabrede ausschließlich nach „Hamburger Brauch" abzuschließen.[7] Nach **§ 13a Abs. 2** ist für Mitbewerber die **Vereinbarung** einer Vertragsstrafe **ausgeschlossen,** wenn es sich um eine **erstmalige Abmahnung bei Verstößen nach § 13 Abs. 4**

[1] BGH GRUR 2001, 758 (759, 760) – Trainingsvertrag.
[2] BGH GRUR 1996, 290 (292 f.) – Wegfall der Wiederholungsgefahr.
[3] BGH GRUR 1994, 516 (517) – Auskunft über Notdienste.
[4] OLG Hamm WRP 2013, 1487 (1490).
[5] LG Berlin MD VSW 2014, 313 (314 f.).
[6] BGH GRUR 2014, 595 f. – Vertragsstrafenklausel.
[7] *BGH GRUR 2014,* 595 (597) – Vertragsstrafenklausel.

handelt, wenn der Abgemahnte in der Regel weniger als 100 Mitarbeiter beschäftigt. Maßgebend für die Berechnung (vgl. dazu § 13 Rn. 78) ist der Zeitpunkt der Vereinbarung, wie sich aus dem Wortlaut und dem Sinn der Bestimmung ergibt. Die Vorschrift bezieht sich nur auf die „erstmalige Abmahnung". Eine „zweite" Abmahnung liegt nur dann vor, wenn es sich um einen zumindest kerngleichen Verstoß handelt. – Eine Unterlassungs-Vereinbarung ohne Vertragsstrafen-Abrede ist allerdings nicht geeignet, Dritten gegenüber die unteilbare Wiederholungsgefahr auszuräumen.[8] Sie bewirkt aber, dass inter partes der gesetzliche Unterlassungsanspruch des Abmahners erlischt (vgl. § 13 Rn. 174) und deshalb eine darauf gestützte Unterlassungsklage unbegründet ist. In solchen Fällen dürfte der Anreiz zur Abmahnung vielfach gering sein.

3. Inhalt. a) Allgemeines. Aus dem Prinzip der Vertragsfreiheit folgt, dass die Parteien grundsätzlich – mit den Einschränkungen gemäß § 13a Abs. 1 und 3–5 – eine Vertragsstrafe nach ihren eigenen Vorstellungen vereinbaren können.[9] Ist sie aber unzureichend, insbesondere unangemessen niedrig, bleibt die Wiederholungsgefahr bestehen, auch wenn der Abmahner die Unterwerfungserklärung annimmt. Dritte können daher weiterhin gegen den Schuldner vorgehen. 4

Die Parteien können festlegen, dass die **Vertragsstrafe an einen Dritten** zu leisten ist, insbesondere an eine gemeinnützige Organisation. Eine solche Unterwerfung ist zu unterscheiden von der Unterwerfung gegenüber einem Dritten. Der Vertrag, nach dem eine verwirkte Vertragsstrafe an einen Dritten zu zahlen ist, kann ein echter Vertrag zugunsten eines Dritten gemäß 328 Abs. 1 BGB sein, insbesondere wenn das eine Konzernunternehmen abmahnt und Dritte andere Konzernunternehmen sind.[10] Notwendig ist das aber nicht; möglich ist auch, dass allein der Vertragspartner einen Anspruch auf Zahlung an den Dritten haben soll. Im Falle des § 328 Abs. 1 BGB hat er im Zweifel diesen Anspruch neben dem Dritten (§ 335 BGB). In beiden Varianten hat er demnach die Möglichkeit, Verstöße selbst zu verfolgen. – Ob durch einen solchen Vertrag die Wiederholungsgefahr **mit Wirkung gegenüber anderen Gläubigern** (vgl. dazu → § 13 Rn. 174) ausgeräumt wird, hängt von den Umständen des Einzelfalles ab, insbesondere davon, wer der Dritte ist.[11] In der Regel wird die Wiederholungsgefahr nicht entfallen,[12] auch nicht, wenn der Dritte eine karitative Organisation ist, weil für den Schuldner kein genügender Druck besteht, anders jedoch, wenn der Dritte ein Verband wie die Wettbewerbszentrale ist. Maßgebend ist, ob ein ernsthafter Unterlassungswille anzunehmen ist oder ob daran Zweifel bestehen. Daran kann es fehlen, wenn der Schuldner gegen den Willen des Gläubigers eine Vertragsstrafe nur an einen Dritten zahlen will.[13] 5

b) Höhe der Vertragsstrafe. § 13a Abs. 1, 3–5. Die Unterwerfung unter eine Vertragsstrafe muss so gestaltet sein, dass diese dem Verletzer voraussichtlich **jeden Anreiz nimmt, den Verstoß zu wiederholen** und die Vertragsstrafe in Kauf zu nehmen.[14] **§ 13a Abs. 1** regelt in **Nr. 1–4**, welche Umstände bei der Festlegung einer angemessenen Vertragsstrafe zu berücksichtigen sind. Weitere Umstände können hinzukommen. Die Vorschrift enthält keine abschließende Regelung.[15] Die Formulierung in Abs. 1 schließt nicht aus, dass bei der Bemessung **alle** Umstände des Falles zu berücksichtigen sind. 6

---

[8] *Ulrici* WRP 2019, 1117 (1120).

[9] BGH GRUR 2001, 758 (759) – Trainingsvertrag.

[10] BGH GRUR 2002, 357 (359) – Missbräuchliche Mehrfachabmahnung; *Teplitzky* WRP 1995, 359 (360 f.).

[11] Köhler/*Bornkamm*/Feddersen § 12 Rn. 1.217 f.

[12] BGH GRUR 1987, 748 (749 f.) – Getarnte Werbung II GRUR 1987, 750 f.; Teplitzky/*Kessen* Kap. 8 Rn. 26 ff.; *Teplitzky* GRUR 1996, 696 (700); *Strömer/Grootz* WRP 2008, 1148 (1149 f., 1153).

[13] BGH GRUR 1987, 748 (749 f.) – Getarnte Werbung II (im konkreten Fall an das DRK); LG Köln WRP 2013, 123 f. (SOS-Kinderdorf) und WRP 2014, 110 f. (Deutsche Krebshilfe).

[14] BGH GRUR 2014, 595 (596) – Vertragsstrafenklausel; OLG Köln WRP 1981, 547; OLG Hamm WRP 1985, 436 (437).

[15] AM *Ulrici* WRP 2019, 1117 (1120).

7 **aa) Fester Betrag.** Die Parteien können für jeden Fall der (schuldhaften) Zuwiderhandlung einen **festen Betrag** bestimmen. Dieser Betrag muss angemessen sein,[16] damit die Wiederholungsgefahr ausgeräumt wird. Maßgebend ist insoweit der Zeitpunkt der „Abgabe" (§ 13 Abs. 1).

8 Welcher Betrag **angemessen** ist, hängt von sämtlichen **Umständen des Einzelfalles** ab:

1. Von der **Art, dem Ausmaß und den Folgen des Verstoßes,** insbesondere von der Gefährlichkeit des Verstoßes für den Abmahner,[17] und zwar – im vorliegenden Zusammenhang – ohne Berücksichtigung der weiteren Funktion der Vertragsstrafe als pauschaliertem Schadensersatzes.[18] Demgemäß ist die angemessene Vertragsstrafe nicht niedriger anzusetzen, weil der Abmahner nicht ein Wettbewerber, sondern ein Verband ist.[19]
2. Von der Schuldhaftigkeit der Zuwiderhandlung und der Schwere des Verschuldens des Abgemahnten.
3. Von der **Größe, Marktstärke und Wettbewerbsfähigkeit des Abgemahnten,** dh von seiner Bedeutung, insbesondere von seinem Umsatz, seiner Rendite und seinem Werbekostenaufwand.[20] Die Ermittlung der dazu erforderlichen Daten dürfte aber nicht immer einfach, sondern eher aufwendig sein. Das gilt vor allem im Stadium der Abmahnung. Liegen die Daten aber vor, steht damit die Höhe der angemessenen Vertragsstrafe noch nicht fest. Jedenfalls ist es nicht angemessen, (stets) einen bestimmten Prozentsatz des Umsatzes oder der Rendite (welchen?) zugrunde zu legen. Da jeder Einzelfall anders liegen kann, ist es nicht möglich, allgemein anzugeben, welche Beträge angemessen sind.[21]
4. Vom wirtschaftlichen Interesse des Abgemahnten an erfolgten und zukünftigen Verstößen.

Nach **§ 13a Abs. 3** darf die Vertragsstrafe, wenn der Abgemahnte in der Regel weniger als 100 Mitarbeiter beschäftigt (vgl. dazu § 13 Rn. 78), **1.000 EUR nicht überschreiten,** *wenn* es sich nach Art, Ausmaß und Folgen um eine **Zuwiderhandlung** handelt, die die **Interessen** von Verbrauchern, Mitbewerbern und sonstigen Marktteilnehmern **in nur unerheblichem Maße beeinträchtigt (Bagatellfälle),** wobei die Umstände des konkreten Einzelfalles zu bewerten sind. Die Vorschrift betrifft nicht die Vereinbarung der Vertragsstrafe, sondern die nachfolgende Zuwiderhandlung, die die Vertragsstrafe auslöst, wie sich aus dem Wortlaut und dem Sinne der Regelung ergibt.[22] Nach der Bagatellklausel[23] liegt die Schwelle höher als bei dem allgemeinen Spürbarkeits- und Relevanzerfordernis (§ 2 Abs. 1 Nr. 8) für die Bejahung eines Verstoßes.

9 Nach **§ 13a Abs. 4** schuldet der Abgemahnte **lediglich eine Vertragsstrafe in angemessener Höhe, wenn** er **auf Verlangen des Abmahners**[24] eine **unangemessen hohe Vertragsstrafe** verspricht.[25] Fraglich ist, welcher Zeitpunkt im vorliegenden Zusammenhang für die Beurteilung der Angemessenheit maßgebend ist: Der Zeitpunkt der

---

[16] OLG Hamburg WRP 1989, 28 (30); OLG Köln WRP 2001, 1101 (1102); *Bürglen* FS Erdmann, 2002, 785 (787 ff.).

[17] BGH GRUR 1983, 127 (128 f.) – Vertragsstrafeversprechen; GRUR 2002, 180 (181 f.) – Weit-Vor-Winter-Schluss-Verkauf; GRUR 2014, 595 (596) – Vertragsstrafenklausel; *Heckelmann/Wettich* WRP 2003, 184 (185 ff.).

[18] Teplitzky/*Kessen* Kap. 8 Rn. 19; *Heckelmann/Wettich* WRP 2003, 184 (186).

[19] BGH GRUR 1983, 127 (128) – Vertragsstrafeversprechen; Teplitzky/*Kessen* Kap. 8 Rn. 21.

[20] Vgl. *Heckelmann/Wettich* WRP 2003, 184 (188).

[21] BGH GRUR 1983, 127 (128 f.) – Vertragsstrafeversprechen; vgl. zur Höhe: BGH GRUR 1998, 824 (828) – Testpreis-Angebot; KG MD VSW 2000, 581 (584); OLG Hamburg MD VSW 2001, 849 (852); OLG Oldenburg GRUR-RR 2010, 252 f.

[22] *Ulrici* WRP 2019, 1117 (1120 f.).

[23] Vgl. *Omsels/Zott* WRP 2021, 278 (286).

[24] Vgl. dazu *Rätze* WRP 2020, 1519 (1522).

[25] Zum Verständnis der Vorschrift: *Ulrici* WRP 2019, 1117 (1121).

Vereinbarung, des Verstoßes, des Schlusses der mündlichen Tatsachen-Verhandlung? Der Wortlaut des ersten Halbsatzes in Verbindung mit § 13 Abs. 1 spricht eher für den Zeitpunkt der Vereinbarung („Verlangen" + „verspricht"). Da es aber um die Sanktion eines nachfolgenden Verstoßes geht, der je nach Einzelfall von unterschiedlichem Gewicht sein und demgemäß zu einer unterschiedlichen Beurteilung der Angemessenheit führen kann, dürfte es ähnlich wie bei § 343 BGB auf den Zeitraum ab Zuwiderhandlung ankommen.[26] Der Wortlaut des zweiten Halbsatzes der Vorschrift („schuldet") lässt eine solche Auslegung zu, und zwar für die gesamte Bestimmung. Daraus folgt letztlich eine praktische Gleichstellung mit einer Vertragsstrafen-Abrede nach Hamburger Brauch. Besteht Streit über die Höhe, kann der Abgemahnte ohne Zustimmung des Abmahnenden gemäß **§ 13a Abs. 5** eine Einigungsstelle nach § 15 anrufen (vgl. Rn. 11). Ist dort ein Verfahren anhängig, ist eine nach Anrufung der Einigungsstelle erhobene Klage unzulässig (Abs. 5 Satz 3). Im Falle einer **erheblich überhöhten Vertragsstrafe** liegt sogar **ein Missbrauch gemäß § 8c Abs. 2 S. 4** vor, mit der Folge des § 8c Abs. 1 (Unzulässigkeit der Geltendmachung des Unterlassungsanspruchs, daher kein Anspruch auf Aufwendungsersatz). In der Praxis wird es im Einzelfall problematisch sein, eine „unangemessen hohe Vertragsstrafe" von einer „erheblich überhöhten Vertragsstrafe" abzugrenzen, was wegen der unterschiedlichen Rechtsfolgen von ganz erheblicher Bedeutung ist. – Verlangt der Gläubiger eine **feste Vertragsstrafe,** steht der Schuldner vor der Frage, ob sie angemessen ist. Hält er sie für zu hoch, muss er von sich aus eine Vertragsstrafe anbieten, wie er sie für angemessen hält. Können die Parteien sich nicht einigen, droht ein gerichtliches Verfahren mit ungewissem Ausgang, der davon abhängt, wie das Gericht die Angemessenheit der Vertragsstrafe beurteilt. Einigen sie sich auf den niedrigeren Betrag und ist dieser unangemessen, besteht die Wiederholungsgefahr fort, so dass Dritte den Schuldner noch auf Unterlassung in Anspruch nehmen können.

Haben die Parteien im Vertrag für jeden Verstoß einen festen Betrag als Vertragsstrafe vorgesehen, so kann der Gläubiger **nach einem Verstoß die Vereinbarung eines höheren Festbetrages** verlangen.[27] Eine andere Frage ist es, ob sich die durch den Verstoß begründete, erneute Wiederholungsgefahr überhaupt noch durch eine solche Erhöhung ausräumen lässt (→ § 13 Rn. 175). Das hängt von den Umständen ab.[28] Jedenfalls genügt nicht die Abgabe einer erneuten Unterwerfungserklärung nunmehr nach „Hamburger Brauch" ohne Mindestbetrag.[29] 10

bb) „Hamburger Brauch". Möglich ist auch eine Abrede, nach der die Vertragsstrafe durch einen Dritten oder durch den Gläubiger bestimmt wird, insbesondere eine Abrede nach „Hamburger Brauch", wovon § 13a Abs. 5 ausgeht. Danach setzt der Gläubiger die Vertragsstrafe gemäß §§ 315, 316 BGB **nach billigem Ermessen** fest, wobei die oben genannten Grundsätze maßgebend sind (→ Rn. 8). Der Schuldner kann die Festsetzung gemäß §§ 315 Abs. 3, 319 BGB durch das Gericht überprüfen lassen.[30] Zweckmäßigerweise wird damit, soweit rechtlich möglich (§ 38 ZPO), eine Vereinbarung über die Zuständigkeit verbunden. Der Schuldner kann auch gemäß **§ 13 Abs. 5** eine **Einigungsstelle anrufen** (vgl. → Rn. 9). 11

Eine **Obergrenze** braucht nicht angegeben zu werden.[31] Geschieht das aber, muss der Betrag mindestens ungefähr doppelt so hoch sein wie ein angemessener fester Betrag; sonst 12

[26] A. M. *Ulrici* WRP 2019, 1117 (1121 ff.).
[27] BGH GRUR 1990, 534 – Abruf-Coupon; OLG Köln NJW-RR 1987, 1448 f.
[28] Teplitzky/*Kessen* Kap. 8 Rn. 53.
[29] OLG Hamburg MD VSW 2000, 1111 (1112 f.).
[30] BGH GRUR 1978, 192 (193) – Hamburger Brauch; GRUR 1985, 155 (157) – Vertragsstrafe bis zu... I; GRUR 1994, 146 f. – Vertragsstrafebemessung; GRUR 2010, 355 (358) – Testfundstelle; GRUR 2014, 595 (596) – Vertragsstrafenklausel; Köhler/*Bornkamm*/Feddersen § 12 Rn. 1.210; kritisch *Heckelmann*/*Wettich* WRP 2003, 184 (187 f.).
[31] BGH GRUR 1990, 1051 (1052) – Vertragsstrafe ohne Obergrenze.

wird die Wiederholungsgefahr nicht beseitigt.[32] Ein **Mindestbetrag** ist nicht erforderlich.[33]

13 Eine Unterwerfungserklärung nach **„Hamburger Brauch"** lautet etwa wie folgt: „Der Schuldner verpflichtet sich, es bei Meidung einer vom Gläubiger nach billigem Ermessen festzusetzenden, im Streitfall vom Landgericht... zu überprüfenden Vertragsstrafe zu unterlassen, ...". Auf Grund langjähriger Erfahrung lässt sich sagen, dass sich solche Erklärungen in der Praxis bewährt haben.

14 Der **Vorteil** einer solchen Abrede besteht darin, dass die Schwere und der Umfang eines Verstoßes sowie weitere Verstöße der Höhe nach angemessen bewertet werden können, ohne dass eine Bindung an einen festen Betrag besteht. Außerdem werden bei Abschluss des Vertrages Meinungsverschiedenheiten über die Höhe eines festen Betrages vermieden. Allerdings trägt der Gläubiger das **Risiko,** im Falle der Klage einen Teil der Kosten tragen zu müssen, wenn er die Vertragsstrafe zu hoch festgesetzt hat. Daher spricht für einen festen Betrag, dass im Falle eines Verstoßes ein Streit über die Höhe grundsätzlich – Ausnahme: § 13a Abs. 4 (→ Rn. 9) – unterbleibt. Der Gläubiger könnte das Kostenrisiko vielleicht dadurch mindern, dass er im Rechtsstreit die Zahlung einer „angemessenen Vertragsstrafe" verlangt, die das Gericht gemäß § 287 ZPO zu schätzen hat. Das ändert jedoch nichts daran, dass der Gläubiger nach billigem Ermessen zunächst eine bestimmte Vertragsstrafe festgesetzt hat und diese durch das Gericht zu überprüfen ist. Da er sich im Rechtsstreit darauf zwangsläufig berufen wird, kommt es im Rahmen des § 92 Abs. 1 ZPO doch auf das Verhältnis zwischen der vom Gläubiger bestimmten und der vom Gericht zuerkannten Vertragsstrafe an.

15 Der Vorteil einer Abrede nach „Hamburger Brauch" besteht insbesondere darin, dass im Falle eines Verstoßes eine **Anpassung** der Vertragsstrafe **im Hinblick auf zukünftige Verstöße nicht geboten** ist, weil in solchen Fällen ohne weiteres mit einer höheren Vertragsstrafe als beim ersten Verstoß reagiert werden kann. **Nach einem Verstoß** kann der Gläubiger aber im Hinblick auf weitere, zukünftige Verstöße die Vereinbarung eines **festen, angemessenen Mindestbetrages** verlangen,[34] und zwar in der Regel mindestens in Höhe der Vertragsstrafe, die für den ersten Verstoß angemessen ist. Ein fester Mindestbetrag kann auch von vornherein vereinbart und nach einem Verstoß erhöht werden. Letztlich entscheidet in der Regel der Schuldner, ob er zur Ausräumung der Wiederholungsgefahr eine feste Vertragsstrafe oder eine Vertragsstrafe nach „Hamburger Brauch" vereinbaren will. In Ausnahmefällen kann aber die Vereinbarung einer flexiblen Höhe für ihn geboten sein.[35]

16 **c) Auslegung.** Die Auslegung der Vertragsstrafenabrede erfolgt ebenso wie die der Unterlassungserklärung (vgl. → § 13 Rn. 142 ff.) nach den allgemeinen Regeln. Dabei kann nicht ohne weiteres auf die Grundsätze zurückgegriffen werden, die für die Verhängung von Ordnungsmitteln nach § 890 ZPO gelten.[36]

17 Der Gläubiger hat einen Anspruch auf die vereinbarte Vertragsstrafe auch dann, wenn er **keinen Schaden** erlitten hat. Von der Auslegung des Vertrages hängt ferner ab, ob **mehrere Handlungen des Schuldners zu einer rechtlichen Einheit zusammenzufassen** sind (→ Rn. 25 ff.).

18 Haben sich mehrere, etwa eine GmbH und ihr Geschäftsführer unterworfen, so haften sie für einen Verstoß ebenso wie beim Schadensersatz regelmäßig als **Gesamtschuldner.**[37] Die Vertragsstrafe ist daher nur einmal zu zahlen. Insoweit bedarf es keiner entsprechenden

[32] BGH GRUR 1985, 155 (157) – Vertragsstrafe bis zu... I; GRUR 1985, 937 (938) – Vertragsstrafe bis zu ... II; OLG Hamburg WRP 2015, 377; Köhler/*Bornkamm*/Feddersen § 12 Rn. 1.211.

[33] KG MD VSW 1991, 511; Teplitzky/*Kessen* Kap. 8 Rn. 22a.

[34] OLG Köln WRP 2015, 387 (388 f.); *Nieder* WRP 2001, 117 (119 f.); vgl. auch Köhler/*Bornkamm*/Feddersen § 12 Rn. 1.228.

[35] Vgl. näher Teplitzky/*Kessen* Kap. 8 Rn. 22b ff., Teplitzky/*Schaub* Kap. 20 Rn. 17c.

[36] BGH GRUR 2001, 758 (759) – Trainingsvertrag.

[37] *BGH GRUR* 2014, 797 (801) – fishtailparka.

Vereinbarung.[38] Das gilt gegebenenfalls auch für Mitarbeiter der Gesellschaft, die einen Verstoß begehen.

Wenn die Parteien nichts Gegenteiliges verabreden, haftet der Schuldner auch für seine Erfüllungsgehilfen und **nur bei Verschulden** (→ Rn. 33). § 339 S. 2 BGB stellt seinem Wortlaut nach zwar nicht auf ein Verschulden ab; gleichwohl gilt aber auch hier der Verschuldensgrundsatz.[39] Mit dem **Zusatz „schuldhaft"** in einer Vertragsstrafenabrede ist **keine Beweislastabrede** verbunden, nach der entgegen § 280 Abs. 1 S. 2 BGB der Gläubiger dem Schuldner ein Verschulden nachzuweisen hat,[40] auch nicht, dass die Haftung für Erfüllungsgehilfen ausgeschlossen sein soll.[41] 19

4. Prozessvergleich. Schließen die Parteien in einem gerichtlichen Verfahren einen Prozessvergleich, so taucht die Frage auf, ob die Unterwerfungserklärung mit einer Vertragsstrafe abgesichert werden soll. Das ist deshalb nicht selbstverständlich, weil der Prozessvergleich ein **Vollstreckungstitel** ist, aus dem der Gläubiger bei Verstößen vollstrecken kann, sobald er einen Androhungsbeschluss des Gerichts gemäß § 890 Abs. 2 ZPO erwirkt hat, was in der Regel allerdings nicht vor dem ersten Verstoß geschieht (→ Vor § 12 Rn. 279). 20

Unterwirft sich der Schuldner einer Vertragsstrafe, besteht für ihn die Gefahr einer **Doppelsanktion.** Denn bei einem Verstoß, der nach einem Androhungsbeschluss liegt, darf der Gläubiger nebeneinander einen Antrag auf Festsetzung von Ordnungsmitteln und außerdem eine Klage auf Zahlung einer Vertragsstrafe einreichen (→ Rn. 52, → Vor § 12 Rn. 282, 314). Andererseits wird der Gläubiger vielfach Wert auf die Vereinbarung einer Vertragsstrafe legen, weil er selbst – und nicht wie beim Ordnungsgeld die Staatskasse – den verwirkten Betrag und damit einen Ausgleich für seine etwaigen Nachteile erhält. Außerdem kommt es, wenn der Schuldner erstmals gegen den Vergleich verstößt, auf jeden Fall zu einer Sanktion, nämlich zur Verwirkung einer Vertragsstrafe, während regelmäßig kein Ordnungsmittel verhängt werden kann, weil noch kein Androhungsbeschluss des Gerichts vorliegt. Den Interessen beider Parteien wird dadurch Genüge getan, dass sie bereits im Prozessvergleich vereinbaren, dass der Gläubiger darauf **verzichtet,** im Falle eines Verstoßes **Ordnungsmittel zu beantragen** (→ Vor § 12 Rn. 282).[42] Das ist zulässig. 21

Fraglich ist, ob die **Wiederholungsgefahr** auch dann **ausgeräumt** wird, **wenn** der Prozessvergleich **keine Vertragsstrafenabrede** enthält. Der Prozessvergleich ist zwar ein Vollstreckungstitel. Bei Verstößen haftet der Beklagte aber nicht für Erfüllungsgehilfen (vgl. dazu → § 13 Rn. 189). Ähnlich problematisch ist, ob die Wiederholungsgefahr entfällt, wenn der Schuldner nach der Zustellung einer einstweiligen Verfügung eine **Abschlusserklärung** abgibt (vgl. dazu → § 13 Rn. 171). Da in beiden Fällen eine ernsthafte, verbindliche Unterwerfungserklärung des Schuldners verbunden mit einer titelmäßigen Sicherung für den Fall eines Verstoßes vorliegt, wird jeweils die Wiederholungsgefahr beseitigt. Die Sanktion über § 890 ZPO genügt.[43] Ebenso verhält es sich, wenn ein **Urteil rechtskräftig** wird, das einer Unterlassungsklage stattgegeben hat, der Verletzer sich einem weiteren Verletzten gegenüber darauf beruft und dadurch zu erkennen gibt, dass das Urteil auch diesen Streit regelt.[44] 22

5. Verwirkung der Vertragsstrafe. a) Zuwiderhandlung. Nach § 339 S. 2 BGB wird die Vertragsstrafe mit der Zuwiderhandlung verwirkt. Nach dem Grundsatz der Vertragsfreiheit können die Parteien grundsätzlich frei vereinbaren, unter welchen Vorausset- 23

---

[38] Vgl. aber BGH GRUR 2009, 181 (183) – Kinderwärmekissen; Teplitzky/*Schaub* Kap. 20 Rn. 18 ff.; vgl. LG Berlin MD VSW 2010, 104 (112); OLG Köln WRP 2013, 195 f.

[39] *Palandt/Grüneberg* BGB § 339 Rn. 15.

[40] OLG Hamburg GRUR 1980, 874.

[41] Teplitzky/*Kessen* Kap. 8 Rn. 29.

[42] *Nieder* WRP 2001, 117 (118).

[43] Vgl. dazu Teplitzky/*Kessen* Kap. 7 Rn. 15.

[44] BGH GRUR 2003, 450 (452 f.) – Begrenzte Preissenkung; *Bornkamm* FS Tilmann, 2003, 769 ff.

zungen die Vertragsstrafe verwirkt sein soll.[45] In der Regel soll die Vertragsstrafe **„für jeden Fall der (schuldhaften) Zuwiderhandlung“** gezahlt werden. Das gilt auch dann, wenn die Parteien insoweit nichts vereinbart haben.[46] Daher genügt der **Versuch** nur, wenn das ausdrücklich vereinbart worden ist. Verstößt der Schuldner nach wirksamer Abgabe seiner Unterwerfungserklärung, aber vor dem Zustandekommen des Vertrages, so ist der Vertrag im Zweifel dahin zu verstehen, dass auch ein solcher Verstoß eine Vertragsstrafe auslöst (→ § 13 Rn. 185).

24 **b) Mehrere Zuwiderhandlungen. aa) Allgemeines.** Hat der Schuldner mehrfach verstoßen, taucht die Frage auf, ob die mehreren Handlungen als **rechtliche Einheit** anzusehen sind und daher nur ein einziger Verstoß vorliegt. Das ist vor allem von Bedeutung, wenn die Parteien für jeden Verstoß einen festen Betrag als Vertragsstrafe vereinbart haben, während bei einer Vertragsstrafenabrede nach „Hamburger Brauch“ der Umfang einer als rechtliche Einheit zu betrachtenden Zuwiderhandlung ohne weiteres bei der Festsetzung der Höhe nach billigem Ermessen zu berücksichtigen ist, ebenso wie das im Rahmen des § 890 ZPO geschieht (→ Vor § 12 Rn. 296 f.). Von der Beantwortung der Frage hängt auch ab, was im gerichtlichen Verfahren Streitgegenstand ist. Handelt es sich um eine rechtliche Einheit, so erfasst die Klage sämtliche Einzelakte, die zur rechtlichen Einheit gehören, unabhängig davon, ob der Gläubiger sie kennt oder nicht. Mehrere Vertragsstrafen, die auf **gesonderte Verstöße** gestützt werden, sind in der Regel **unterschiedliche Streitgegenstände.**[47] Verstößt der Schuldner mit einer Werbemaßnahme gegen zwei selbständige Verpflichtungserklärungen, die er demselben Gläubiger gegenüber abgegeben hat, so wird die Vertragsstrafe zweimal verwirkt.[48]

25 Die Parteien können in einer **Individualabrede** vereinbaren, dass mehrere Verstöße **nicht zu einer rechtlichen Einheit** zusammengefasst werden sollen.[49] In AGB ist das wegen § 307 Abs. 2 BGB nicht möglich, falls sich die Abrede nicht nur auf vorsätzlich begangene Verstöße bezieht.[50] Die Wiederholungsgefahr wird auch dann ausgeräumt, wenn der Schuldner in seiner Unterwerfungserklärung entgegen dem Verlangen des Gläubigers **nicht** die Zusammenfassung mehrerer Verstöße zu einer rechtlichen Einheit ausschließt. Der Gläubiger kann aber einen Ausschluss fordern, soweit es um vorsätzliche Zuwiderhandlungen[51] und um Zuwiderhandlungen mit erheblichen wirtschaftlichen Auswirkungen[52] geht.

26 **bb) Auslegung des Vertrages.** Die Frage, ob bei mehreren Handlungen eine „natürliche Handlungseinheit“ oder eine rechtliche Einheit vorliegt oder nicht, ist durch Auslegung des konkreten Vertrages unter Berücksichtigung aller Umstände zu beantworten.[53]

27 Nach der **älteren Rechtsprechung**[54] konnten mehrere Teilakte unter dem Gesichtspunkt des **„Fortsetzungszusammenhanges“** zusammengefasst werden, um so eine unerträgliche Summierung von Vertragsstrafen zu vermeiden. Nach der **neueren Rechtsprechung**[55] wird ein solcher, vorgegebener Begriff – ebenso wie im Strafrecht[56] – **nicht**

[45] BGH GRUR 2001, 758 (759) – Trainingsvertrag.

[46] OLG Köln MD VSW 2007, 961 (962).

[47] BGH GRUR 2010, 167 (169) – Unrichtige Aufsichtsbehörde; GRUR 2015, 258 (259 f.) – CT-Paradies.

[48] Ebenso *Schmid/Rieger* WRP 2010, 606 f.; aM OLG Bamberg WRP 2010, 667 ff.

[49] BGH GRUR 2009, 181 (183) – Kinderwärmekissen; Köhler/*Bornkamm*/Feddersen § 12 Rn. 1.221 f.

[50] BGH NJW 1993, 721 (722 f.) – Fortsetzungszusammenhang.

[51] BGH NJW 1993, 721 (723) – Fortsetzungszusammenhang.

[52] Teplitzky/*Kessen* Kap. 8 Rn. 30b.

[53] BGH GRUR 2001, 758 (759) – Trainingsvertrag; GRUR 2013, 531 (533) – Einwilligung in Werbeanrufe II.

[54] BGH NJW 1993, 721 (722 f.) – Fortsetzungszusammenhang; GRUR 1993, 926 f. – Apothekenzeitschriften.

[55] BGH GRUR 2001, 758 (759 f.) – Trainingsvertrag; Köhler/*Bornkamm*/Feddersen § 12 Rn. 1.219; Teplitzky/*Schaub* Kap. 20 Rn. 17a f.

[56] BGHSt 40, *138* = NJW 1994, 1663.

mehr anerkannt. Vielmehr kommt es verstärkt auf die Besonderheiten des Einzelfalles an, wobei aber auch die Grundsätze herangezogen werden können, die zum Fortsetzungszusammenhang entwickelt worden sind.

Häufig ergibt eine interessengerechte Auslegung, dass mehrere Handlungen eine **rechtliche Einheit** bilden, weil es sonst zu einer unbilligen, den Schuldner übermäßig belastenden Summierung von Vertragsstrafen kommen kann.[57] Das gilt gerade bei Fahrlässigkeit.[58] **Vorrangig** kann außerdem nach wie vor von einer **„natürlichen Handlungseinheit"** gesprochen werden,[59] die als eine einzige Zuwiderhandlung anzusehen ist, wenn die Einzelakte bei objektiver, natürlicher Betrachtungsweise als einheitliches Geschehen empfunden werden, wenn sie nämlich gleichartig sind, in einem räumlichen und zeitlichen Zusammenhang stehen und auf einem einheitlichen Entschluss[60] oder auf dem Fehlen eines Entschlusses beruhen.[61] 28

Dafür, dass eine Zusammenfassung zu einer rechtlichen Einheit gewollt war, spricht die **Vereinbarung einer verhältnismäßig hohen Vertragsstrafe,**[62] dagegen, dass die Einzelakte ein hohes wirtschaftliches Gewicht mit der Gefahr eines entsprechend hohen Schadens haben,[63] ferner dass es sich um vorsätzliche Verstöße handelt, die der Schuldner in Wiederholungsabsicht begangen hat; denn sonst büßt die Vertragsstrafe bereits nach der ersten Handlung ihre Sicherungsfunktion ein.[64] Stets kommt es auf alle Umstände des Einzelfalles an. 29

Von der Auslegung der Vertragsstrafenabrede hängt auch ab, ob bereits die Aufforderung zur Zahlung einer Vertragsstrafe[65] oder eine Klage eine **rechtliche Einheit begrenzt.** Beides ist eher zu verneinen. Anders verhält es sich jedenfalls mit der Verurteilung zur Zahlung einer Vertragsstrafe.[66] 30

cc) Beispiele. Die **Zusammenfassung** zu einem einzigen Verstoß ist **zu bejahen,**[67] wenn es sich um die Verbreitung einer Werbebroschüre, eines Katalogs, eines Rundschreibens, eines Serienbriefs handelt oder eine Anzeige in mehreren Zeitungen veröffentlicht wird, auch in mehreren Ausgaben, insbesondere im Rahmen eines Dauerauftrags, der nicht storniert worden ist,[68] oder wenn ein Fernsehspot wiederholt gesendet wird. 31

Dagegen ist zu Recht eine **Zusammenfassung verneint** worden bei einer Anzeige mit mehreren unrichtigen unverbindlichen Preisempfehlungen,[69] bei verschieden ausgestalteten und in zeitlichem Abstand ausgesandten Mailings[70] und bei unterschiedlichen Maßnahmen redaktioneller Werbung über mehrere Jahre hinweg.[71] 32

c) Verschulden. Grundsätzlich verwirkt der Schuldner nur dann eine Vertragsstrafe, wenn er oder ein Erfüllungsgehilfe schuldhaft gehandelt hat.[72] Das Verschulden wird 33

[57] BGH GRUR 2001, 758 (760) – Trainingsvertrag; Köhler/*Bornkamm* § 12 Rn. 1.149.
[58] BGH GRUR 2001, 758 (761) – Trainingsvertrag; OLG Hamburg GRUR 1987, 561 (562).
[59] BGH GRUR 2001, 758 (760) – Trainingsvertrag; GRUR 2017, 823 (826 f.) – Luftentfeuchter; OLG Köln WRP 2004, 387 f.; OLG Bremen OLG Report 2006, 16 (17); Teplitzky/*Schaub* Kap. 20 Rn. 16; vgl. dazu *Teplitzky* WRP 2005, 654 (658 f.).
[60] BGH GRUR 2017, 823 (827) – Luftentfeuchter; OLG Koblenz GRUR 1992, 884 (885).
[61] OLG Frankfurt a. M. WRP 2013, 1496 (1497 f.).
[62] BGH GRUR 2001, 758 (760) – Trainingsvertrag.
[63] BGH GRUR 1984, 72 (74) – Vertragsstrafe für versuchte Vertreterabwerbung; GRUR 2001, 758 (760) – Trainingsvertrag.
[64] BGH GRUR 2001, 758 (760) – Trainingsvertrag.
[65] BGH GRUR 2001, 758 (761 f.) – Trainingsvertrag; OLG Hamburg GRUR 1987, 561 (562). Eingehend zu den Einwendungen und Einreden *Goldmann* → Vor §§ 8 ff. Rn. 121 ff., 190 ff.
[66] OLG Hamburg WRP 1977, 34 (35).
[67] BGH NJW 1993, 721 – Fortsetzungszusammenhang; OLG Köln WRP 2004, 387 f.
[68] OLG Hamburg OLG-Report 2000, 223 (Ordnungsmittel-Verfahren).
[69] KG MD VSW 2000, 175 (176 f.).
[70] OLG Köln WRP 2000, 226 (229).
[71] BGH GRUR 1998, 471 (473) – Modenschau im Salvatorkeller.
[72] BGH GRUR 1985, 1065 (1066) – Erfüllungsgehilfe; GRUR 1987, 648 (649) – Anwalts-Eilbrief; GRUR 1988, 561 (562) – Verlagsverschulden I.

vermutet (→ § 13 Rn. 190).[73] Der Schuldner hat daher darzulegen, dass auf seiner Seite alles Erforderliche getan worden ist, um einen Verstoß auszuschließen.[74] Es gelten die gleichen Anforderungen, insbesondere zum eigenen Verschulden des Schuldners, wie im Rahmen des § 890 ZPO (→ Vor § 12 Rn. 302 ff.). Bei einem einmaligen Versehen nach jahrelanger Beachtung mag es ausnahmsweise an einem Verschulden fehlen.

34 **6. Einwendungen und Einreden. a) Rechtsmissbrauch. aa) Allgemeines.** Bei einer erheblich überhöhten Vertragsstrafe liegt eine missbräuchliche Geltendmachung vor (§ 8c Abs. 2 Nr. 4), auf die sich der Abgemahnte berufen kann. Einen sonstigen Rechtsmissbrauch,[75] der eine Einwendung gemäß § 242 BGB begründet,[76] kann der Schuldner nur in Ausnahmefällen einwenden. Liegt hier eine **Mitverantwortung des Gläubigers** vor, ermöglicht eine analoge Anwendung des § 254 BGB eine flexible Handhabung nach den Umständen des Einzelfalles.

35 **bb) Verleitung zum Verstoß.** Ein Rechtsmissbrauch kann vorliegen, wenn der Gläubiger den Schuldner zum Verstoß **verleitet** hat.[77] Das trifft jedoch **nicht** zu, wenn es sich um einen **Testkauf** handelt, bei dem der Testkäufer wie ein normaler Käufer aufgetreten ist;[78] denn hier hat sich der Schuldner so verhalten, wie er es auch sonst tut.

36 **cc) Unclean hands.** Ebenso wie gegenüber einem Schadensersatzanspruch kann sich der Schuldner darauf berufen, dass sich der Gläubiger ebenso oder in ähnlicher Weise verhalten hat, obwohl die Geltendmachung von Vertragsstrafeansprüchen auch im Interesse der Allgemeinheit liegt.

37 **dd) Unterlassenes Eingreifen.** Ein Rechtsmissbrauch wegen unterlassenen Eingreifens wird kaum in Betracht kommen. Liegt objektiv zwar ein Verstoß vor, fehlt es bereits am Verschulden, wenn der Schuldner alles ihm Zumutbare getan hat, damit seine Unterwerfungserklärung umgesetzt wird. Ist aber sein Verschulden zu bejahen, so handelt der Gläubiger im Regelfall nicht rechtsmissbräuchlich, wenn er den Schuldner nicht auf die **Unzulänglichkeit von Abhilfemaßnahmen** hinweist, insbesondere wenn er abwartet, um ausreichende Beweise zu erlangen.[79]

38 Allerdings soll den Gläubiger die **Obliegenheit** treffen, das Verhalten des Schuldners zu **beobachten,** es auf seine Vereinbarkeit mit der Unterlassungserklärung zeitnah zu überprüfen und verwirkte Vertragsstrafen alsbald geltend zu machen, um den Schuldner von weiteren Verstößen abzuhalten und ein Anwachsen von Vertragsstrafen zu verhindern.[80] Verletzt er diese Obliegenheit, so soll der Schuldner ihm den Einwand des Rechtsmissbrauchs oder des Mitverschuldens entgegenhalten können, mit der Folge, dass der Anspruch auf Vertragsstrafe zwar nicht völlig ausgeschlossen, die Vertragsstrafe aber herabzusetzen ist, wobei es darauf ankommen soll, wie weit die einzelnen Verstöße zurückliegen und welche Tragweite und Schwere ihnen zukommt.[81]

39 Dem ist zwar für den vom BGH entschiedenen Fall, aber **nicht allgemein zuzustimmen.** Der Schuldner hat grundsätzlich von sich aus dafür zu sorgen, dass die abgegebene Unterlassungserklärung von seinen Mitarbeitern beachtet wird. Im Regelfall ist es **unbillig,**

---

[73] BGH GRUR 1982, 688 (691) – Senioren-Pass; BGH NJW 1993, 721 (723) – Fortsetzungszusammenhang.

[74] BGH GRUR 1998, 471 (473) – Modenschau im Salvatorkeller; GRUR 2014, 595 (598) – Vertragsstrafenklausel; OLG Düsseldorf GRUR-RR 2014, 155 (156); Teplitzky/*Schaub* Kap. 20 Rn. 15.

[75] BGH GRUR 2017, 1140 (1141 f.) – Testkauf im Internet; GRUR 2019, 638 (639 ff.) – Kündigung eines Unterlassungsvertrages; GRUR 2020, 292 (293) – Da Vinci.

[76] BGH GRUR 2012, 949 (950 f.) – Missbräuchliche Vertragsstrafe.

[77] BGH GRUR 1984, 72 (74) – Vertragsstrafe für versuchte Vertreterabwerbung; OLG Karlsruhe GRUR 1984, 75.

[78] BGH GRUR 1965, 612 (614) – Warnschild; OLG Hamburg WRP 1985, 277 (280).

[79] BGH GRUR 1984, 72 (74) – Vertragsstrafe für versuchte Vertreterabwerbung.

[80] BGH GRUR 1998, 471 (474) – Modenschau im Salvatorkeller.

[81] *BGH GRUR 1998*, 471 (474) – Modenschau im Salvatorkeller.

dem Gläubiger vorzuwerfen, er habe den Schuldner nicht genügend überwacht und sei nicht alsbald gegen Verstöße eingeschritten. Sonst würde er unter Umständen bereits bei fahrlässiger Unkenntnis rechtsmissbräuchlich handeln. Erst wenn er Kenntnis davon erlangt hat, dass der Schuldner zuwidergehandelt hat, kommt ein Rechtsmissbrauch in Betracht.[82]

40 Ein Verstoß gegen die **Pflicht zur Rücksichtnahme aus dem Abmahnverhältnis** kann dagegen vorliegen, wenn der Gläubiger weiß, dass sich der Schuldner nach der Abmahnung bemüht hat, die beanstandete Werbung zu ändern, ihn aber auf die Unzulänglichkeit der Änderung nicht hinweist, sondern sofort nach Eingang der Unterwerfungserklärung eine Vertragsstrafe verlangt.[83]

41 **ee) Kein Schaden des Gläubigers.** Ein Rechtsmissbrauch lässt sich nicht daraus herleiten, dass der Gläubiger **keinen Schaden erlitten** hat und auch im übrigen seine Interessen nicht gefährdet sind.[84] Einem Verband könnte ohnehin kein Schaden entstehen, abgesehen von Kosten der Rechtsverfolgung.

42 **b) Verjährung und Verwirkung.** Der Anspruch auf die Vertragsstrafe **verjährt** nach §§ 195, 199 BGB, nicht entsprechend § 11 UWG, obwohl der vertraglichen Unterlassungsverpflichtung ein Unterlassungsanspruch aus dem UWG zugrunde liegt.[85]

43 Macht der Gläubiger, obwohl er weiß, dass der Schuldner verstoßen hat, seinen Anspruch auf Vertragsstrafe nicht geltend, so kann der Anspruch nach genügendem Zeitablauf **verwirkt** sein.[86] Vom Gläubiger ist zu erwarten, dass er seinen Anspruch in angemessener Zeit geltend macht, um Druck auf den Schuldner auszuüben. Sonst kann dieser darauf vertrauen, dass der Gläubiger seinen Anspruch nicht mehr geltend machen werde. Angemessen ist ein Zeitablauf von mindestens zwei Jahren.[87]

44 **7. Höhe der Vertragsstrafe. a) Festsetzung.** Haben die Parteien als Vertragsstrafe einen **festen Betrag** vereinbart, so steht grundsätzlich fest, wie hoch die verwirkte Vertragsstrafe ist. Anders ist es, wenn die Parteien eine **Vertragsstrafe nach „Hamburger Brauch"** vereinbart haben (→ Rn. 11 ff.). Dann hat der Gläubiger die Vertragsstrafe, die eine Sanktion für den begangenen Verstoß sein, weitere Verstöße verhüten und als Mindestschadensersatz dienen soll, nach **billigem Ermessen** festzusetzen. Er ist grundsätzlich an seine Festsetzung gebunden.[88]

45 Im Rahmen seiner Entscheidung hat der Gläubiger **alle Umstände des Einzelfalles** zu beachten, wie die Schwere und das Ausmaß des Verstoßes, die Gefährlichkeit des Verstoßes für den Gläubiger, den Grad des Verschuldens des Schuldners, sein wirtschaftliches Interesse an begangenen und zukünftigen Verstößen.[89] Dabei spielt auch eine Rolle, ob es sich um den ersten Verstoß, für den eine Vertragsstrafe verlangt wird, oder um einen wiederholten Verstoß handelt; dieser wiegt wegen der Wiederholung schwerer als der erste.

46 Als Bewertungsfaktor neben anderen Faktoren ist auch die Funktion der Vertragsstrafe als **pauschalierter Mindestschadensersatz** zu beachten,[90] ohne dass aber der festgestellte konkrete Schaden als Mindestgrenze anzusehen ist; § 340 Abs. 2 BGB sieht eine Anrechnung der Vertragsstrafe auf den (möglicherweise höheren) Schaden vor.

47 Eine **Pauschalierung,** die an einen Bruchteil des Streitwerts für einen entsprechenden Unterlassungsantrag anknüpft, **verbietet sich** ebenso wie bei der Festsetzung eines Ordnungsgeldes nach § 890 ZPO.[91]

---

[82] OLG Frankfurt a. M. GRUR 1996, 996; OLG Düsseldorf WRP 1997, 93 (98).
[83] OLG Köln GRUR-RR 2001, 46 (47).
[84] BGH GRUR 1984, 72 (74) – Vertragsstrafe für versuchte Vertreterabwerbung.
[85] BGH GRUR 1995, 678 (680 f.) – Kurze Verjährungsfrist; Ahrens/*Bornkamm* Kap. 34 Rn. 29.
[86] OLG Frankfurt a. M. GRUR 1996, 996.
[87] OLG Düsseldorf WRP 1997, 93 (98).
[88] OLG Hamburg AfP 2003, 56 (58).
[89] BGH GRUR 1994, 146 (147) – Vertragsstrafebemessung; GRUR 2009, 181 (184) – Kinderwärmekissen.
[90] BGH GRUR 1994, 146 (148) – Vertragsstrafebemessung; vgl. OLG Köln WRP 2011, 1489 (1491).
[91] BGH GRUR 1994, 146 (147) – Vertragsstrafebemessung. Das OLG Hamburg (GRUR 1988, 240 Ls.; GRUR 1988, 929) hatte keine starre Pauschalierung vorgenommen, sondern war von einem bestimmten

48 **b) Herabsetzung. aa) §§ 315 Abs. 3, 319 BGB.** Ist die Vertragsstrafe durch den Gläubiger oder durch einen Dritten nach „billigem Ermessen" festgesetzt worden, kann der Schuldner eine **Überprüfung durch das zuständige Gericht** vornehmen lassen, das ebenfalls die vorgenannten Gesichtspunkte zu beachten hat (→ Rn. 11, 44 ff.). Zugunsten des Schuldners greift außerdem § 13 Abs. 5 ein (vgl. bereits → Rn. 9, 11: Anrufung einer Einigungsstelle nach § 15). Die Überprüfung konnte auch noch in der **Revisionsinstanz** erfolgen.[92] Das dürfte auch noch nach den neueren Vorschriften der ZPO möglich sein.

49 **bb) § 13a Abs. 4.** Ist die auf Verlangen des Abmahnenden vereinbarte Vertragsstrafe unangemessen hoch, schuldet der Abgemahnte lediglich eine Vertragsstrafe in angemessener Höhe (→ Rn. 9), ohne dass es, entgegen der bisherigen Rechtslage (§ 343 Abs. 1 BGB), einer Herabsetzung durch Urteil bedarf. Die Vorschrift ist auch in Fällen des § 13a Abs. 3 anwendbar.[93] Daneben kommt bei einem Versprechen ohne Verlangen ergänzend eine Herabsetzung gemäß § 343 Abs. 1 BGB in Betracht.

50 Das gilt auch für Kaufleute, für die wegen § 348 HGB eine Herabsetzung gemäß § 343 Abs. 1 BGB nicht möglich war.

51 **cc) § 242 BGB.** In besonderen Ausnahmefällen kommt auch eine Herabsetzung der Vertragsstrafe gemäß § 242 BGB in Betracht,[94] so bei einem **„Ansammeln von Vertragsstrafen" in wirtschaftlich bedrohlicher Höhe**[95] (vgl. bereits → Rn. 37 ff.). Anhaltspunkt für die Bestimmung des Betrages kann das Doppelte der für den Einzelfall angemessenen Vertragsstrafe sein.[96] Hat sich der Verletzer zwei Verletzten gegenüber strafbewehrt zur Unterlassung verpflichtet, so ist die mit ihnen vereinbarte Vertragsstrafe nicht ohne weiteres herabzusetzen, wenn die Zuwiderhandlung nur die Rechte eines der Vertragsstrafegläubiger verletzt.[97]

52 **8. Vertragsstrafe und Ordnungsgeld.** Ist der Unterlassungsanspruch sowohl durch eine Vertragsstrafenabrede als auch durch einen Titel gesichert, etwa durch einen Prozessvergleich nebst Androhungsbeschluss des Gerichts, so kann der Gläubiger die **verwirkte Vertragsstrafe verlangen und zugleich einen Antrag nach § 890 ZPO stellen.**[98] Das beruht darauf, dass Vertragsstrafe und Ordnungsgeld in ihren Funktionen und Auswirkungen nicht übereinstimmen. Bei der Festsetzung des Ordnungsgeldes ist aber die Bezahlung oder Verurteilung zu einer Vertragsstrafe (→ Vor § 12 Rn. 323) und umgekehrt bei der Festsetzung der Vertragsstrafe die Festsetzung eines Ordnungsgeldes zu berücksichtigen.[99] Soweit die **Vertragsstrafe nach billigem Ermessen** festzusetzen ist, kann dieser Umstand ohne weiteres **bei der Ausübung des Ermessens** berücksichtigt werden.[100] Haben die

---

Bruchteil des Streitwerts lediglich als Faustregel bei Annahme eines durchschnittlichen, fahrlässig begangenen Erstverstoßes ausgegangen, weil der Streitwert das Interesse des Gläubigers an der Verfolgung des Unterlassungsanspruches ausdrückt und es bei der Festsetzung der Vertragsstrafe um die Verletzung dieses Anspruchs geht, wobei es maßgebend auf das Interesse des Gläubigers ankommt.

[92] BGH GRUR 1994, 146 (147) – Vertragsstrafebemessung.

[93] *Ulrici* WRP 2019, 1117 (1123).

[94] BGH GRUR 2009, 181 (184) – Kinderwärmekissen: Vertragsstrafe von mehr als 53 Mio. EUR; GRUR 2013, 531 (534) – Einwilligung in Werbeanrufe II; OLG Köln WRP 1985, 108 (110); aM *Rieble* GRUR 2009, 824 ff.: Lösung über § 138 BGB.

[95] BGH GRUR 1998, 471 (474) – Modenschau im Salvatorkeller: Klagforderung 92 × 3.000 DM!; Köhler/*Bornkamm*/Feddersen § 12 Rn. 1.220; vgl. dazu OLG Hamburg MD VSW 2007, 819 (825 f.).

[96] vgl. BGH GRUR 2009, 181 (184) – Kinderwärmekissen.

[97] OLG Frankfurt a. M. GRUR-RR 2004, 375 f. für den Fall der rechtswidrigen Veröffentlichung eines Fotos.

[98] BGH GRUR 1998, 1053 (1054) – Vertragsstrafe/Ordnungsgeld (auch: Behinderung in der Jagdausübung); GRUR 2014, 909 (910 f.) – Ordnungsmittelandrohung nach Prozessvergleich; aM OLG Frankfurt a. M. GRUR-RR 2013, 494 f. und MD VSW 2016, 647 f.; vgl. auch OLG Hamburg (7. ZS) GRUR-RR 2013, 495.

[99] BGH GRUR 1998, 1053 (1054) – Vertragsstrafe/Ordnungsgeld; OLG Köln GRUR 1986, 688 f.; WRP 1987, 265 (266); OLG Düsseldorf GRUR 1988, 857; Teplitzky/*Schaub* Kap. 20 Rn. 22.

[100] *BGH GRUR* 2010, 355 (358) – Testfundstelle.

Parteien dagegen als Vertragsstrafe einen **festen Betrag** vereinbart, hilft dem Schuldner **§ 242 BGB** (→ Rn. 51). Bei der Festsetzung bzw. Herabsetzung der Vertragsstrafe ist aber zu beachten, dass diese auch einen Mindestschadensausgleich darstellen soll.[101]

9. Vertragsstrafe und Schadensersatz. Die **Vertragsstrafe** ist auf den Schadensersatzanspruch **anzurechnen** (§ 340 Abs. 2 S. 1 BGB). Der Gläubiger kann daher ohne weiteres einen weitergehenden Schadensersatzanspruch geltend machen. Für eine entsprechende Feststellungsklage besteht wie sonst ein Rechtsschutzbedürfnis.[102] Daran fehlt es jedoch, wenn er keinen weitergehenden Schaden darlegt.[103] Die Vertragsstrafe ist **nicht** auf einen Anspruch auf Ersatz von Anwaltskosten anzurechnen, die durch die Geltendmachung einer Vertragsstrafe entstanden sind,[104] auch nicht auf einen Schadensersatzanspruch, der im Zeitpunkt des Vertragsstrafeversprechens bereits entstanden ist.[105] 53

§ 14 Sachliche und örtliche Zuständigkeit; Verordnungsermächtigung

(1) [1] Für alle bürgerlichen Rechtsstreitigkeiten, in denen ein Anspruch auf Grund dieses Gesetzes geltend gemacht wird, sind die Landgerichte ausschließlich zuständig.

(2) [1] Für alle bürgerlichen Rechtsstreitigkeiten, mit denen ein Anspruch auf Grund dieses Gesetzes geltend gemacht wird, ist das Gericht zuständige, in dessen Bezirk der Beklagte seinen allgemeinen Gerichtsstand hat. [2] Für alle bürgerlichen Rechtsstreitigkeiten, mit denen ein Anspruch auf Grund dieses Gesetzes geltend gemacht wird, ist außerdem das Gericht zuständig, in dessen Bezirk die Zuwiderhandlung begangen wurde. Satz 2 gilt nicht für

1. Rechtsstreitigkeiten wegen Zuwiderhandlungen im elektronischen Geschäftsverkehr oder in Telemedien oder

2. Rechtsstreitigkeiten, die von den nach § 8 Absatz 3 Nummer 2 bis 4 zur Geltendmachung eines Unterlassungsanspruchs Berechtigten geltend gemacht werden,

es sei denn, der Beklagte hat im Inland keinen allgemeinen Gerichtsstand.

(3) [1] Die Landesregierungen werden ermächtigt, durch Rechtsverordnung für die Bezirke mehrerer Landgerichte eines von ihnen als Gericht für Wettbewerbsstreitsachen zu bestimmen, wenn dies der Rechtspflege in Wettbewerbsstreitsachen dienlich ist. [2] Die Landesregierungen können die Ermächtigung durch Rechtsverordnung auf die Landesjustizverwaltungen übertragen. Die Länder können außerdem durch Vereinbarung die den Gerichten eines Landes obliegenden Klagen nach Absatz 1 insgesamt oder teilweise dem zuständigen Gericht eines anderen Landes übertragen.

§ 95 GVG Begriff der Handelssachen

(1) Handelssachen im Sinne dieses Gesetzes sind die bürgerlichen Rechtsstreitigkeiten, in denen durch die Klage ein Anspruch geltend gemacht wird:

1. gegen einen Kaufmann im Sinne des Handelsgesetzbuches, sofern er in das Handelsregister oder Genossenschaftsregister eingetragen ist oder auf Grund einer gesetzlichen Sonderregelung für juristische Personen des öffentlichen Rechts nicht eingetragen zu werden braucht, aus Geschäften, die für beide Teile Handelsgeschäfte sind;

...

4. aus einem der nachstehend bezeichneten Rechtsverhältnisse:

...

b) aus dem Rechtsverhältnis, welches das Recht zum Gebrauch der Handelsfirma betrifft;

[101] *Teplitzky* WRP 1994, 709 (712).
[102] *Teplitzky* WRP 1994, 709 (712).
[103] BGH GRUR 1993, 926 f. – Apothekenzeitschriften.
[104] BGH GRUR 2008, 929 (930) – Vertragsstrafeneinforderung.
[105] BGH GRUR 2009, 660 (662) – Resellervertrag.

c) aus den Rechtsverhältnissen, die sich auf den Schutz der Marken und sonstigen Kennzeichen sowie der eingetragenen Designs beziehen;

...

5. auf Grund des Gesetzes gegen den unlauteren Wettbewerb;

Übersicht

Schrifttum zu § 14 Abs. 1: *Asendorf,* Wettbewerbs- und Patentsachen vor Arbeitsgerichten?, GRUR 1990, 229; *Brandi-Dohrn,* Die Zuständigkeit der Kammer für Handelssachen bei mehrfacher Klagebegründung, NJW 1981, 2453; *Bumiller,* Zur Zuständigkeit der Sozialgerichte für kartellrechtliche Streitigkeiten, GRUR 2000, 484; *Fischer,* Der Rechtsweg zu den Arbeitsgerichten in UWG-Sachen, DB 1998, 1182; *Gaul,* Das Zuständigkeitsverhältnis der Zivilkammer zur Kammer für Handelssachen bei gemischter Klagehäufung und handelsrechtlicher Widerklage, JZ 1984, 57; *Goldbeck,* Zur Ermittlung des sachlich zuständigen Gerichts bei der Vertragsstrafenklage wettbewerbsrechtlichen Ursprungs, WRP 2006, 37; *Hess,* Vertragsstrafenklage und wettbewerbsrechtliche Gerichtszuständigkeit, in: FS Ullmann, S. 927; *ders.,* Aktuelles Wettbewerbsverfahrensrecht, WRP 2015, 317; *Kamlah,* Zum Konkurrenzverhältnis des UWG zum UKlaG, WRP 2006, 33; *Lindacher,* Streitwertunabhängige landgerichtliche Zuständigkeit für Vertragsstrafenklagen, in: FS Ullmann, S. 977; *Nill,* Sachliche Zuständigkeit bei Geltendmachung der Abmahnkosten, GRUR 2005, 740; *Nippes,* Notarielle Unterlassungserklärung und Gerichtszuständigkeit für die Androhung gesetzlicher Ordnungsmittel, WRP 2015, 532; *Rieble,* Vertragsstrafenklage und gerichtliche Zuständigkeit, JZ 2009, 716; *Teplitzky,* Die Regelung der Abmahnung in § 12 Abs. 1 UWG, ihre Reichweite und einige ihrer Folgen, in: FS Ullmann, S. 999; *ders.,* Probleme der notariell beurkundeten und für vollstreckbar erklärten Unterlassungsverpflichtungserklärung (§ 794 Abs. 1 Nr. 5 ZPO), WRP 2015, 527; *Tetzner,* Die Änderung des UWG durch das Gesetz v. 26.6.1969, NJW 1969, 1701.

Schrifttum zu § 14 Abs. 2, Abs. 3: *Ahrens,* Das Herkunftslandprinzip in der E-Commerce-Richtlinie, CR 2000, 835; *Behr,* Internationale Tatortzuständigkeit für vorbeugende Unterlassungsklagen bei Wettbewerbsverstößen, GRUR Int. 1992, 604; *Berger,* Die internationale Zuständigkeit bei Urheberrechtsverletzungen in Interet-Websites aufgrund des Gerichtsstands der unerlaubten Handlung nach Art. 5 Nr. 3 EuGVVO, GRUR Int. 2005, 465; *Bernreuther,* Der Ort der Rechtsdurchsetzung des Herkunftslandsrechtes nach Art. 3 Abs. 2 EC-RiL und das Grundgesetz, WRP 2001, 385 und 513; *Bettinger,* Kennzeichenrecht im Cyberspace: Der Kampf um die Domainnamen, GRUR Int. 1997, 402; *Bettinger/Thum,* Territoriales Markenrecht im Global Village, GRUR Int. 1999, 659; *Brannekämper,* Wettbewerbsstreitigkeiten mit Auslandsbeziehung im Verfahren der einstweiligen Verfügung, WRP 1994, 661; *Bornkamm,* Gerichtsstand und anwendbares Recht bei Kennzeichen- und Wettbewerbsverstößen im Internet, in: Neues Recht für neue Medien, Bartsch/Lutterbeck (Hrsg.); *ders.,* Machtwort des BVerfG zum rechtlichen Gehör im Verfügungsverfahren, GRUR 2020, 715; *Dethloff,* Marketing im Internet und Internationales Wettbewerbsrecht, NJW 1998, 1596; *Dieselhorst,* Der „unmittelbar Verletzte" im Wettbewerbsrecht nach der UWG-Novelle, WRP 1995, 1; *Geschke,* Vom EuGVÜ zur EuGVVO – ein Überblick, Mitt. 2003, 249; *Danckwerts,* Örtliche

Zuständigkeit bei Urheber-, Marken- und Wettbewerbsverletzungen, GRUR 2007, 104; *Habbe/Wimalasena,* Inanspruchnahme deutscher Gerichte bei rufschädigenden Internet-Äußerungen von Wettbewerbern im Ausland, BB 2015, 520; *Höder,* Die kollisionsrechtliche Behandlung unteilbarer Multistate-Verstöße, 2002; *Hösch,* Die Auswirkungen des § 24 Abs. 2 S. 2 UWG auf Wettbewerbsvereinigungen, WRP 1996, 849; *Johannes,* Markenpiraterie im Internet, GRUR Int. 2004, 928; *Jürgens,* Abgestürzte Gerichtsstände – Der fliegende Gerichtsstand im Presserecht, NJW 2014, 3061; *Kiethe,* Internationale Tatortzuständigkeit bei unerlaubter Handlung – die Problematik des Vermögensschadens, NJW 1994, 222; *Köhler,* Stellungnahme zum Entwurf eines Gesetzes zur Stärkung des fairen Wettbewerbs, WRP 2019, 1550; *Kotthof,* Die Anwendbarkeit des deutschen Wettbewerbsrechts auf Werbemaßnahmen im Internet, CR 1997, 1596; *Kubis,* Das revidierte Lugano-Übereinkommen über die gesetzliche Zuständigkeit und die Vollstreckung gerichtlicher Entscheidungen in Zivil- und Handelssachen, Mitt. 2010, 151; *Kur,* Immaterialgüterrechte im Vollstreckungs- und Gerichtsstandsabkommen, GRUR Int. 2001, 908; *dies.,* Territorialität versus Globalität – Kennzeichenkonflikte im Internet, WRP 2000, 935; *dies.,* Das Herkunftslandprinzip der E-Commerce-Richtlinie: Chancen und Risiken, FS Erdmann, 2002, S. 629; *Lange,* Der internationale Gerichtsstand der unerlaubten Handlung nah dem EuGVÜ bei Verletzung von nationalen Kennzeichen, WRP 2000, 940; *Laucken/Oehler,* Fliegender Gerichtsstand mit gestutzten Flügeln? ZUM 2009, 824; *Lindacher,* Der „Gegenschlag" des Abgemahnten, in: FS v. Gamm, 1990, S. 83; *ders.,* Internationale Zuständigkeit in Wettbewerbssachen. Der Gerichtsstand der Wettbewerbshandlung nach autonomen deutschen IZPR, in: FS Nakamura, 1996, S. 323; *Löffler,* Werbung im Cyberspace – Eine kollisionsrechtliche Betrachtung, WRP 2001, 379; *Loschelder,* Zur wechselvollen Geschichte und zur zweifelhaften Zukunft des § 14 Abs. 2 UWG, in FS Köhler, 2013; *Lüttringhaus,* Der Missbrauch des fliegenden Gerichtsstandes, ZZP 2014, 29; *Mankowski,* Internet und Internationales Wettbewerbsrecht, GRUR Int. 1999, 909; *ders.,* Besondere Formen von Wettbewerbsverstößen im Internet und Internationales Wettbewerbsrecht, GRUR Int. 1999, 995; *ders.,* Wettbewerbsrechtliches Gerichtspflichtigkeits- und Rechtsanwendungsrisiko bei Werbung über Websites, CR 2000, 763; *v. Maltzahn,* Zum sog. fliegenden Gerichtsstand bei Wettbewerbsverstößen durch Zeitungsinserate, GRUR 1983, 711; *Michailidou,* Internationale Zuständigkeit bei vorbeugenden Verbandsklagen, IPRax 2003, 223; *Müller-Feldhammer,* Der Deliktsgerichtsstand des Art. 5 Nr. 3 EuGVÜ im internationalen Wettbewerbsrecht, EWS 1998, 162; *Ohly,* Herkunftslandprinzip und Kollisionsrecht, GRUR Int. 2001, 899; *Peglau,* Zur Behandlung nicht deliktischer Anspruchsgrundlagen im Gerichtsstand nach § 32 ZPO, JA 1999, 140; *Reber,* Die internationale gerichtliche Zuständigkeit bei grenzüberschreitenden Urheberrechtsverletzungen, ZUM 2005, 194; *Ruess,* Die E-Commerce-Richtlinie und das deutsche Wettbewerbsrecht, 2003; *Sack,* Die kollisions- und wettbewerbsrechtliche Beurteilung grenzüberschreitender Werbe- und Absatztätigkeit nach deutschem Recht, GRUR Int. 1988, 320; *ders.,* Art 30, 36 EWGV und das internationale Wettbewerbsrecht, WRP 1994, 281; *ders.,* Die wettbewerbsrechtliche Klagebefugnis des „unmittelbar Verletzten" nach der Neufassung des § 13 Abs. 2 Nr. 1 UWG, BB 1995, 1; *ders.,* Das internationale Wettbewerbs- und Immaterialgüterrecht nach der EGBGB-Novelle, WRP 2000, 269; *ders.,* Das internationale Wettbewerbsrecht nach der E-Commerce-Richtlinie (ECRL) und dem EGG-/TDG-Entwurf, WRP 2001, 1408; *ders.,* Herkunftslandprinzip und internationale Werbung nach der Novellierung des Teledienstgesetzes (TDG), WRP 2002, 271; *Schack,* Internationale Urheber-, Marken- und Wettbewerbsverletzungen im Internet, MMR 2000, 135; *Schmittmann,* Rom II-Verordnung: Neues Internationales Privatrecht innerhalb der Europäischen Union für mediale Distanzdelikte?, AfP 2003, 121; *Schnichels/Stege,* Die Entwicklung des europäischen Zivilprozessrechts im Bereich der EuGVVO im Jahr 2014, EuZW 781; *Schricker,* Die Durchsetzbarkeit deutscher Werberegelungen bei grenzüberschreitender Rundfunkwerbung, GRUR Int. 1982, 720; *Schröder,* Ein Plädoyer gegen den Missbrauch des „Fliegenden Gerichtsstandes" im Online-Handel, WRP 2014, 153; *Spellenberg,* Zuständigkeit bei Anspruchskonkurrenz und kraft Sachzusammenhang, ZZP 95 (1982), 17; *Spindler,* Das Herkunftslandprinzip im neuen Teledienstgesetz, RIW 2002, 183; *ders.,* Herkunftslandprinzip und Kollisionsrecht – Binnenmarktintegration ohne Harmonisierung?, RabelsZ Bd. 66 (2002) S. 633; *Stapenhorst,* Der „fliegende Gerichtsstand" des § 24 Abs. 2 UWG, GRUR 1989, 176; *Thole,* Aktuelle Entwicklungen bei der negativen Feststellungsklage, NJW 2013, 1192; *Traub,* § 24 UWG und die Subsidiarität des Eingriffs in das Recht am Gewerbebetrieb, NJW 1964, 2237; *Ulrich,* Der Mißbrauch der Verbandsklagebefugnis – ein Rückblick, GRUR 1984, 368; *Wahlers,* Die Neuregelung des „fliegenden" Gerichtsstandes in § 24 Abs. 2 UWG, WiB 1994, 902; *Wernicke/Hoppe,* Die neue EuGVVO – Auswirkungen auf die internationale Zuständigkeit bei Internetverträgen, MMR 2002, 643; *Willems,* Wettbewerbsstreitsachen am Mittelpunkt des klägerischen Interesses, GRUR 2013, 462; *Würthwein,* Zur Problematik der örtlichen und internationalen Zuständigkeit aufgrund unerlaubter Handlung, ZZP 106 (1993) 51; *Zigann,* Entscheidungen inländischer Gerichte über ausländische gewerbliche Schutzrechte und Urheberrechte, 2001; *Zöller,* Ansätze zur Bekämpfung des Abmahnvereinunwesens, WRP 1994, 156.

A. Sachliche Zuständigkeit (§ 14 Abs. 1)

I. Entstehungsgeschichte

1 § 14 ordnet die bisherigen Zuständigkeitsregelungen der §§ 13, 14 aF neu, wobei die Vorschrift des § 13 aF über die sachliche Zuständigkeit unverändert in § 14 Abs. 1 nF

aufgegangen ist. Beibehalten hat der Gesetzgeber damit die streitwertunabhängige ausschließliche sachliche Zuständigkeit der Landgerichte. Dies bedeutet, dass die Zuständigkeit eines Amtsgerichts nicht durch eine Gerichtsstandsvereinbarung (§ 40 Abs. 2 S. 1 Nr. 2 ZPO) oder aufgrund rügelosen Einlassens (§ 40 Abs. 2 S. 2 ZPO) begründet werden kann. Darüber hinaus unterliegen alle Klagen dem Anwaltszwang (§ 78 Abs. 1 S. 1 ZPO). Streitigkeiten aus Handelssachen im Sinne von § 95 GVG und damit auch UWG-Sachen im Sinne von § 13 Abs. 1 S. 1 (§ 95 Abs. 1 Nr. 5 GVG) sind von der originären Einzelrichterzuständigkeit ausgenommen (§ 348 Abs. 1 S. 2 lit. f bzw. auch lit. k ZPO). An der bisherigen Handhabung der nach der Geschäftsverteilung bei vielen Gerichten spezialisierten Zivilkammern, bei denen eine Übertragung auf den Einzelrichter die Ausnahme darstellt, hat sich nichts geändert.

II. „Für alle bürgerlichen Rechtsstreitigkeiten"

§ 14 Abs. 1 beinhaltet – ebenso wenig wie die §§ 93 ff. HGB – eine Regelung hinsichtlich des Rechtsweges, sondern **setzt das Vorliegen einer bürgerlichen,** den ordentlichen Gerichten zugewiesenen **Rechtsstreitigkeit** im Sinne von § 13 GVG **voraus** (→ Vor § 12 Rn. 2 ff.). Hierzu gehören jedoch nicht die in die ausschließliche Zuständigkeit der **Arbeitsgerichte** fallenden sowie die den **Sozial-** oder den **Verwaltungsgerichten** zugewiesenen Streitigkeiten.[1] 2

1. Zuständigkeit der Arbeitsgerichte. Eine den Rechtsweg (vgl. § 48 Abs. 1 ArbGG)[2] zu den ordentlichen Gerichten ausschließende Zuweisung an die Arbeitsgerichte gemäß § 2 Abs. 1 ArbGG[3] besteht für 3

3. bürgerliche Rechtsstreitigkeiten zwischen Arbeitnehmern und Arbeitgebern

a) aus dem Arbeitsverhältnis;

c) aus Verhandlungen über die Eingehung eines Arbeitsverhältnisses und aus dessen Nachwirkungen;[4]

d) aus unerlaubten Handlungen, soweit diese mit dem Arbeitsverhältnis im Zusammenhang stehen;[5]

4. bürgerliche Rechtsstreitigkeiten zwischen Arbeitnehmern oder ihren Hinterbliebenen und

a) Arbeitgebern über Ansprüche, die mit dem Arbeitsverhältnis in rechtlichem oder unmittelbar wirtschaftlichem Zusammenhang stehen.

Trotz der danach eröffneten Zuständigkeit der Arbeitsgerichte für **Streitigkeiten zwischen ehemaligen Arbeitgebern und ehemaligen Arbeitnehmern** vor allem wegen einer während oder auch nach Beendigung des Arbeitsverhältnisses – einschließlich des Streits über das Vorliegen einer Arbeitnehmerstellung[6] – aufgenommenen Konkurrenz- 4

---

[1] Teplitzky/*Schaub* Kap. 45 Rn. 2a; Gloy/Loschelder/Danckwerts/*Spätgens/Danckwerts* HdbWettbR § 85 Rn. 4 ff.; MüKoUWG/*Ehricke* § 13 Rn. 4; Zöller/*Lückemann* GVG § 13 Rn. 1, GVG Vor §§ 17–17b Rn. 10.

[2] Vgl. zum Verhältnis der ordentlichen Gerichte zu den Arbeitsgerichten BGH NJW 2003, 2989, 2990 mwN.

[3] Zur Zuständigkeit nach § 2 Abs. 2 lit. B ArbGG/§ 104 UrhG für Urheberrechtsstreitsachen aus Arbeitsverhältnissen vgl. BAG NJW 1997, 1026; zur Zuständigkeit für Patentstreitsachen einschließlich Klagen wegen Arbeitnehmererfindungen, § 143 PatG, § 39 Abs. 1, 2 ArbEG/§ 2 Abs. 2 lit. A ArbGG vgl. BAG NZA 1997, 1181; zu § 2 Abs. 1 Nr. 9 ArbGG betreffend eine Streitigkeit von Chefärzten BAG NJW 1998, 2745.

[4] Verletzung nachvertraglicher Pflichten, die zugleich Wettbewerbsverstöße darstellen, Ohly/*Sosnitza* § 12 Rn. 50.

[5] KG NJWE-WettbR 1998, 283 (284).

[6] Vgl. zB BGH NJW 1999, 218; Mitt. 2003, 235 (237 f.) mwN: zur Arbeitnehmereigenschaft eines Franchisenehmers; BAG BB 2001, 2220 mit Besprechung *Linnenkohl* BB 2002, 622 f.: Kurierdienstfahrer als selbständiger Gewerbetreibender; BAG NJW 1996, 2533 zu den für die Prüfung der Rechtswegfrage entwickelten Fallgruppen.

tätigkeit, Abwerbung von Mitarbeitern bzw. Kunden,[7] Verwertung von während der Betriebszugehörigkeit erlangtem Wissen,[8] Mitnahme von Arbeitsgeräten[9] etc wird von den **ordentlichen Gerichten** in der Praxis oftmals **die eigene Zuständigkeit zu Unrecht angenommen,**[10] zumal die meist klagenden (ehemaligen) Arbeitgeber im Hinblick auf die vermeintlich arbeitnehmerfreundliche Rechtsprechung der Arbeitsgerichte und die Kostenregelung in § 12a ArbGG den Weg zu den ordentlichen Gerichten bevorzugen. Nach überwiegend vertretener Auffassung kann für die Frage, ob hinsichtlich der geltend gemachten Wettbewerbsverstöße – unerlaubte Handlungen im Sinne von § 2 Abs. 1 lit. d ArbGG – ein Zusammenhang mit dem Arbeitsverhältnis besteht, nicht darauf abgestellt werden, ob dieses noch fortbesteht bzw. ob der fragliche Wettbewerbsverstoß vor oder nach Beendigung des Arbeitsverhältnisses stattgefunden hat[11] und sich somit gleichzeitig als Verletzung des Arbeitsvertrages bzw. daraus folgender nachvertraglicher Treuepflichten darstellt.[12] Allerdings wird durch § 13 Abs. 1 die Erhebung einer Zusammenhangsklage iSv § 2 Abs. 3 ArbGG gegen Nichtarbeitnehmer vor dem Arbeitsgericht ausgeschlossen.[13]

5 **2. Zuständigkeit der Sozial- und der Verwaltungsgerichte.** Maßgeblich für die Abgrenzung der Zuständigkeit der ordentlichen Gerichte von der Zuständigkeit der Sozialgerichte ist **§ 51 Abs. 2 S. 1 SGG**[14]

„Die Gerichte der Sozialgerichtsbarkeit entscheiden auch über privatrechtliche Streitigkeiten in Angelegenheiten der Zulassung von Trägern und Maßnahmen durch fachkundige Stellen nach dem Fünften Kapitel des Dritten Buches Sozialgesetzbuch und in Angelegenheiten der gesetzlichen Krankenversicherung, auch soweit durch diese Angelegenheiten Dritte betroffen werden."

[15] Wegen der Einzelheiten wird auf die eingehende Darstellung bei *Brüning* → Vor § 12 Rn. 5 ff. verwiesen.[16]

6 Nach § 40 Abs. 1 VwGO sind **öffentlich-rechtliche Streitigkeiten** den **Verwaltungsgerichten** zugewiesen. Dazu soll – weil es sich um eine Frage des Marktzutritts handelt – ein Rechtsstreit gehören, bei der die Frage zu entscheiden ist, ob es einer

---

[7] BGH GRUR 1964, 215 – Milchfahrer; BAG ZIP 1988, 733 (736); KG NJWE-WettR 1998, 283 f.

[8] Verletzung von Betriebsgeheimnissen durch ehemalige Mitarbeiter: BGH GRUR 2003, 356 (358) – Präzisionsmessgeräte; GRUR 2002, 91 – Spritzgießwerkzeuge; GRUR 1985, 294 – Füllanlage: GRUR 1983, 179 – Stapelautomat; GRUR 1963, 367 – Industrieböden; BAG NJW 1983, 134 (135); DB 1986, 2289.

[9] BGH NJW 1993, 1991 – Maschinenbeseitigung: Der Beklagte hatte die fraglichen Maschinen noch während des bestehenden Arbeitsverhältnisses an sich gebracht.

[10] Ahrens/*Bornkamm* Kap. 15 Rn. 11.

[11] OLG Düsseldorf GRUR-RR 2003, 63; OLG München MD 2004, 431; KG NJWE-WettbR 1998, 282 (284); MD 2005, 138 (139 f.): Klage gegen eine von einem ehemaligen Arbeitnehmer gegründete GmbH; OLG Stuttgart NZA-RR 1997, 267: Klage gegen ausgeschiedenen Mitarbeiter auf Schadensersatz wegen Geheimnisverrats wegen Weitergabe unerlaubt mitgenommener Unterlagen an den neuen Arbeitgeber; OLG Frankfurt a. M. GRUR 2005, 792; OLG Zweibrücken OLG Report 1997, 298; Gloy/Loschelder/Danckwerts/*Spätgens/Danckwerts* HdbWettbR § 85 Rn. 11; aA OLG Frankfurt a. M. GRUR 1992, 209, das entscheidend darauf abstellt, dass das fragliche Verhalten nach dem Ausscheiden des Arbeitnehmers stattgefunden haben soll; OLG Hamm NJW-RR 1988, 1022; *Asendorf* GRUR 1990, 229 (231 f.); *Busse/Keukenschrijver* § 143 Rn. 44, der danach differenziert, ob die Klage ausschließlich auf die Verletzung arbeitsvertraglicher Geheimhaltungspflichten gestützt wird bzw. wenn die Know-How-Verletzung während des Bestehens des Arbeitsvertrags erfolgt.

[12] → Vor § 12 Rn. 4; vgl. auch Ahrens/*Bornkamm* Kap. 15 Rn. 11 ff.

[13] BAG NJW 2010, 3387 mAnm *Möller* juris-PR-WettbR 12/2010 Anm. 4.

[14] Vgl. BGH GRUR 2004, 444 – Arzneimittelsubstitution; WRP 2006, 517 – Blutdruckmessungen; OLG Hamburg MD 2003, 634 (636 f.) unter Hinweis auf die Amtl. Begründung BT-Drs. 14/5943, 24, wonach es sich lediglich um eine redaktionelle Änderung – Zusammenfassung der bisher in § 51 Abs. 2 S. 1 und 2 SGG genannten privaten Streitigkeiten – handelt; OLG München WRP 2004, 406 Ls.

[15] Siehe die Nachweise bei BGH GRUR 2003, 979 (980) – Wiederverwendbare Hilfsmittel und bei *Teplitzky* GRUR 2003, 272 (277); OLG Düsseldorf GRUR-RR 2003, 378.

[16] Vgl. auch BGH NJW 2003, 1192; OLG Hamm WRP 2002, 753; OLG Celle WRP 2002, 858; OLG Hamburg MD 2001, 1138 (1139); OLG Frankfurt a. M. 2.8.2000 – 6 U 27/00; zur Mitgliederwerbung von Krankenkassen BGH WRP 2007, 641 – Gesamtzufriedenheit; GRUR 2012, 94 – Radiologisch-diagnostische Untersuchungen; OLG München MD 2007, 389 (395 f.).

Kommune erlaubt ist, ihren Kunden die kostenlose Anfertigung von Fotografien zur Erteilung von Pässen anzubieten.[17]

III. „Anspruch aufgrund dieses Gesetzes“

7 **1. UWG-Norm als Anspruchsgrundlage.** § 14 Abs. 1 S. 1 setzt weiter voraus, dass ein „Anspruch aufgrund dieses Gesetzes geltend gemacht wird“. Der prozessuale Anspruch muss auf eine Anspruchsgrundlage des UWG gestützt werden, wobei es jedoch nicht erforderlich ist, dass eine solche Anspruchsgrundlage ausdrücklich in der Klage angeführt wird; ausreichend ist, wenn sich dies aus dem Klageantrag und dem Klagevorbringen schlüssig entnehmen lässt. Dementsprechend kann selbst die ausdrückliche Nennung einer solchen Anspruchsgrundlage nicht als maßgebend angesehen werden, wenn ein solcher Anspruch nach dem eigenen Sachvortrag des Klägers nicht in Betracht kommt; so etwa die oftmalige Nennung von UWG-Tatbeständen bei Anträgen/Klagen von Privatpersonen, die sich gegen unerbetene Telefax-, Telefon- oder E-mail-Werbung wenden. **Einwendungen** des Beklagten, die auf UWG-Tatbestände gestützt werden, sind ohne Bedeutung.[18]

8 Soweit nach früherem Recht aus **Verstößen gegen Vorschriften außerhalb des UWG** (zB HWG, LMBG, PAngVO) Ansprüche hergeleitet wurden, musste ohnehin auf § 1 UWG aF als Anspruchsgrundlage zurückgegriffen werden. Dem entspricht der Tatbestand des § 3a UWG.

9 Ansprüche auf Erstattung der **Abmahnkosten** gemäß § 13 Abs. 3 sowie Gegenansprüche wegen unberechtigter Abmahnungen gemäß § 13 Abs. 5 unterfallen entsprechend der Intention des Gesetzgebers der ausschließlichen sachlichen Zuständigkeit der Landgerichte. Gleiches muss im Ergebnis auch für die Klagen auf Erstattung der Kosten des **Abschlussschreibens** gelten.[19]

10 **aa) Vertragliche Ansprüche.** Ausschließlich auf vertraglicher Grundlage geltend gemachte Ansprüche **(Vertragsstrafe, vertraglicher Unterlassungsanspruch)** werden **von § 14 Abs. 1 nach der jüngeren Rspr. des BGH ebenfalls erfasst.**[20] Danach soll es sich bei dem vertraglichen Anspruch deshalb um einen solchen „aufgrund dieses Gesetzes“ handeln, weil der Abschluss des Unterwerfungsvertrages mit dem Vertragsstrafeversprechen den gesetzlichen Unterlassungsanspruch entfallen lassen und diesen in einen vertraglichen umwandele. Den gegenüber § 140 Abs. 1 MarkenG oder § 52 Abs. 1 DesignG engeren Wortlaut des § 14 Abs. 1 legt der BGH im Hinblick auf das mit der Vorschrift verfolgte Ziel, die Verfahren mit wettbewerbsrechtlichen Bezügen bei den insoweit besonders erfahrenen Landgerichten zu bündeln, weit aus. Die Androhung von Ordnungsmitteln nach Abgabe einer **notariell beurkundeten Unterlassungserklärung** stellt der Sache nach jedoch keinen „Anspruch auf Grund dieses Gesetzes“ dar; sachlich zuständig ist in entsprechender Anwendung des § 797 Abs. 3, 6 ZPO das **Amtsgericht am Sitz des Notars,** nicht hingegen das Gericht der Hauptsache.[21]

11 **bb) Verbraucherklagen.** Eine **ausschließliche Zuständigkeit der Landgerichte** ist **bei Klagen von Verbrauchern zu verneinen,** die wegen (vermeintlicher) Ansprüche wegen der Verletzung von UWG-Tatbeständen unter dem Gesichtspunkt der Schutzgesetzverletzung (§ 823 Abs. 2 BGB) geltend gemacht werden, da eine entsprechende Klagebefugnis im Gesetz nicht vorgesehen ist und auch eine Schutzlücke zu verneinen ist.[22]

---

17 OLG Hamm WRP 2014, 333.

18 Offen gelassen von BGH GRUR 2006, 158 Rn. 15 – segnitz.de, zu § 140 Abs. 1 MarkenG.

19 Fezer/*Büscher*/Obergfell § 14 Rn. 8.

20 BGH WRP 2017, 179 Rn. 20 ff. mwN zum Streitstand.

21 Offen gelassen von BGH GRUR 2016, 1316 – Notarielle Unterlassungserklärung, allerdings mwN zum Streitstand.

22 Vgl. *Köhler* GRUR 2003, 265 (271 f.); *Sack* BB 2003, 1073 (1078 ff.); *Engels/Salomon* WRP 2004, 32, 41; *Keßler* WRP 2005, 264.

12 **cc) „Folgeverfahren“. (a) Gebührenklagen von Anwälten** betreffend Gebühren und Auslagen, die in einem Rechtsstreit entstanden sind, können nach § 34 ZPO auch (§ 35 ZPO)[23] beim Gericht des Hauptprozesses erhoben werden, wobei nach der Geschäftsverteilung der Gerichte oftmals der Spruchkörper des Hauptprozesses als zuständig bestimmt ist (zur Zuständigkeit der Kammer für Handelssachen → Rn. 32 ff.). Stellt man auf die Auslegung der als „Vorbild“ dienenden Bestimmungen ab, so könnte die Entstehungsgeschichte dafür sprechen, derartige (auch eine rein außerprozessuale Tätigkeit, zB eine Abmahntätigkeit betreffende) Gebührenklagen, die aus der Bearbeitung eines Wettbewerbsfalles resultieren, von § 14 Abs. 1 S. 1 UWG als erfasst anzusehen, da der Begriff der Patentstreitsache im Sinne von § 143 Abs. 1 PatG bzw. der Kennzeichenstreitigkeit im Sinne von § 140 Abs. 1 MarkenG nach umstrittener Auffassung auch derartige Gebührenklagen umfassen soll.[24] Dabei ist aber zu berücksichtigen, dass die zum Begriff der Patentstreitsache und der Kennzeichenstreitsache vorgenommene Auslegung wesentlich auf der dem Normzweck entsprechenden weiten Fassung der Bestimmungen („ein Anspruch aus einem der in diesem Gesetz geregelten Rechtsverhältnisse“) beruht.[25] Aufgrund der wesentlich engeren Fassung des § 14 Abs. 1 S. 1 („ein Anspruch aufgrund dieses Gesetzes“) sollte eine Auslegung, dass hierunter auch Ansprüche aus dem Geschäftsbesorgungsvertrag zwischen Anwalt und Mandant fallen, nicht gerechtfertigt sein.[26] Da die Rspr. in der gesetzlichen Formulierung allerdings kein Hindernis sieht, Ansprüche aus Vertragsstrafeversprechen dem § 14 Abs. 1 zu unterwerfen, dürfte der Umstand, dass auch in derartigen Verfahren – etwa wenn eine unzutreffende Beratung eingewendet wird – wettbewerbsrechtliche Sachverhalte zu beurteilen sind, für eine Anwendung des § 14 Abs. 1 UWG sprechen.[27]

13 **(b)** Vom Wortlaut ausgehend handelt es sich auch bei einem **Schadensersatzanspruch gemäß § 945 ZPO** bzw. einem Anspruch nach **§ 717 Abs. 2 ZPO,** wenn dieser isoliert geltend gemacht wird, **eigentlich auch nicht** um einen UWG-Anspruch,[28] auch wenn die einstweilige Verfügung bzw. das Urteil auf einen UWG-Anspruch gestützt war. Anspruchsgrundlage sind die Bestimmungen der ZPO, die an eine rechtswidrige Vollziehung einer einstweiligen Verfügung bzw. die Vollstreckung aus einem später aufgehobenen Urteil anknüpfen. Gleichwohl kommt dem Wortlaut nach der Rspr. des BGH keine entscheidende Bedeutung zu. Das funktionale Argument, die Kompetenz der Landgerichte für die wettbewerbsrechtlichen Sachverhalte nutzbar zu machen, dürfte insoweit wiederum für die Anwendung des § 14 Abs. 1 sprechen. Zur Zuständigkeit der Kammer für Handelssachen → Rn. 15 f.

14 **2. Klageart.** Welcher Anspruch (Unterlassung, Schadensersatz(feststellung), Auskunft, Beseitigung, Widerruf etc) geltend gemacht wird, ist nicht entscheidend. Um einen Anspruch aufgrund des UWG handelt es sich folglich auch, wenn das Nichtbestehen eines solchen Anspruches im Wege der **negativen Feststellungsklage** geltend gemacht wird.[29] Hinsichtlich des Anwendungsbereichs (erfasste Ansprüche, Klagearten) im Übrigen kann auf die Ausführungen zur örtlichen Zuständigkeit (→ Rn. 66 ff.) verwiesen werden.

[23] Vgl. BGH NJW 2004, 54, wonach der Gerichtsstand des § 29 ZPO idR nicht gegeben ist.
[24] Siehe zum Meinungsstand *Horak* Mitt. 2007, 449; Ströbele/Hacker/*Thiering* § 140 Rn. 7 jeweils mwN.
[25] BGH GRUR 2004, 622 – ritter.de; Ströbele/Hacker/*Thiering* § 140 Rn. 3.
[26] MüKoUWG/*Ehricke* § 13 Rn. 9; Götting/Nordemann/*Albert* § 13 Rn. 11.
[27] Vgl. BGH GRUR 2013, 757 Rn. 4 zum weiter gefassten Begriff der Urheberrechtsstreitsache iSd § 107 – urheberrechtliche Honorarklage UrhG.
[28] AA zu § 140 MarkenG Ströbele/Hacker/*Thiering* § 140 Rn. 5.
[29] OLG Frankfurt a. M. WRP 1981, 112 f.

B. Zuständigkeit der Kammer für Handelssachen

I. Kein Verweis auf § 95 Abs. 1 Nr. 5 GVG

Der neue § 14 Abs. 1 verzichtet im Gegensatz zu der bisherigen Regelung des § 13 Abs. 1 S. 2 auf einen ausdrücklichen Verweis auf die Regelung § 95 Abs. 1 Nr. 5 GVG. Das ist sachgerecht, weil es sich bei dem Verweis nach altem Recht ohnehin nur um eine klarstellende Regelung handelte. Die Zuständigkeit richtet sich insofern allein nach den Bestimmungen des GVG, das in § 95 Abs. 1 Nr. 5 bürgerliche Rechtsstreitigkeiten aufgrund des Gesetzes gegen den unlauteren Wettbewerb als **Handelssachen** definiert. 15

II. Kammer für Handelssachen – Zivilkammer

1. Funktionelle Zuständigkeit. Bei der Kammer für Handelssachen handelt es sich um eine „Spezial-Zivilkammer" des Landgerichts, die nicht von Gesetzes wegen bei jedem Landgericht besteht (§ 93 GVG), und die sich von ihrer Besetzung her von der Zivilkammer unterscheidet (§ 105 GVG).[30] Soweit bei den Landgerichten eine (oder wie bei größeren Gerichten mehrere, zum Teil auf bestimmte Materien spezialisierte) Kammern für Handelssachen gebildet sind, tritt bzw. treten sie gemäß § 94 GVG für Handelssachen (hierzu nachfolgend → Rn. 31 ff.) an die Stelle der Zivilkammern. Die Verteilung der Zuständigkeit zwischen den Kammern für Handelssachen und den Zivilkammern, dh zwischen verschiedenen Spruchkörpern desselben Gerichts, wird somit unmittelbar durch das Gesetz selbst vorgenommen, sodass die hM zutreffend von einer **„gesetzlichen Geschäftsverteilung"**[31] bzw. einer **funktionellen,**[32] **nicht von einer sachlichen Zuständigkeitsregelung** ausgeht. Die Zuständigkeit der Handelskammer ist damit unmittelbar dem Gesetz (zB § 95 GVG, § 87 Abs. 2, § 97 S. 1 Hs. 1 GWB) zu entnehmen. Dies bedeutet: 16

Die Zuständigkeit der Kammern für Handelssachen kann durch die **gerichtliche Geschäftsverteilung (§ 21e GVG) weder eingeschränkt noch erweitert** werden. Regelungen in der gerichtlichen Geschäftsverteilung müssen sich daher im vom Gesetz gezogenen Rahmen halten. Auch wenn im Geschäftsverteilungsplan eine von § 95 Abs. 1 Nr. 5 GVG abweichende Definition von Wettbewerbssachen vorgenommen wurde bzw. auch Einwendungen des Beklagten für die Zuständigkeit nach dem Geschäftsverteilungsplan als maßgeblich bestimmt werden, berührt dies nicht die **gesetzliche** Zuständigkeit der Kammer für Handelssachen.[33] Die Kammer für Handelssachen kann folglich – von Fällen des § 95 Abs. 1 Nr. 1 GVG abgesehen – in Urheberrechtssachen nicht durch den Geschäftsverteilungsplan als zuständig bestimmt werden.[34] 17

Die Zuständigkeit der Kammer für Handelssachen kann durch eine **Parteivereinbarung** nicht erweitert bzw. begründet werden.[35] 18

Im Falle eines Kompetenzkonfliktes zwischen einer Kammer für Handelssachen und einer Zivilkammer entscheidet nicht das Präsidium des Gerichts, sondern die Zuständigkeitsfrage ist im Verfahren nach § 36 Abs. 1 Nr. 6 GVG (entsprechend) zu klären.[36] 19

[30] Hierzu eingehend *Kissel/Mayer* GVG § 93 Rn. 2 ff.

[31] RGZ 48, 27 (28); OLG München NJW 1967, 2165; OLG Düsseldorf OLGZ 1973, 243 (244); OLG Nürnberg NJW 1975, 2345; OLG Braunschweig NJW 1979, 223; *Kissel/Mayer* § 94 Rn. 8 mwN; eingehend hierzu *Gaul* JZ 1984, 57 f.; vgl. auch BGHZ 63, 214 (217): „und dass es sich insoweit auch nicht um eine Frage der sachlichen Zuständigkeit im üblichen Sinne der ZPO handelt ..."

[32] So BGH WM 1992, 415 (416); OLG Bremen MDR 1980, 410; Teplitzky/*Schaub* Kap. 45 Rn. 9 ff.

[33] Vgl. OLG München 12.9.1985 – 5 U 4430/85, insoweit in OLGZ 1985, 444 und NJW 1986, 1880 nicht abgedruckt.

[34] Wandtke/Bullinger/*Kefferpütz* UrhR § 104 Rn. 12; aA *Dreier/Schulze* § 105 Rn. 4; § 104 Rn. 10.

[35] GroßKommUWG/Zülch § 13 Rn. 34; *Kissel/Mayer* GVG § 94 Rn. 3 mwN; *Gaul* JZ 1984, 57 (58); Zöller/*Lückemann* GVG § 95 Rn. 1, GVG Vor § 93 Rn. 4; MüKoUWG/*Ehricke* § 13 Rn. 27.

[36] BGHZ 71, 264 (271) = NJW 1978, 1532; OLG Braunschweig NJW-RR 1995, 1535; OLG Frankfurt a. M. NJW 1992, 2900; OLG Schleswig NJW-RR 2003, 1650; OLG Düsseldorf MDR 1996, 524; *Kissel/Mayer* § 94 Rn. 8 mwN.

20 **2. Antragserfordernis.** Auch wenn beim Landgericht eine Kammer für Handelssachen besteht und eine Handelssache vorliegt, wird hierdurch die Zuständigkeit der Zivilkammer nur in den Fällen des § 96 Abs. 1 und des § 98 Abs. 1 GVG eingeschränkt.

21 **a)** Nach **§ 96 Abs. 1 GVG** muss der Kläger **bereits in der Klageschrift/Antragsschrift** (oder einem gleichzeitig bei Gericht eingehenden Schriftsatz)[37] den **Antrag** stellen, den Rechtsstreit vor der Kammer für Handelssachen zu verhandeln, was zweifelsfrei auch durch die Adressierung (Landgericht ... „Kammer für Handelssachen") zum Ausdruck kommt.[38] Es muss auch als ausreichend angesehen werden, wenn dies an anderer Stelle in der Klage mit der erforderlichen Eindeutigkeit zum Ausdruck gebracht wird. Mit Eingang der Klage bei der Zivilkammer ist das dem Kläger grundsätzlich zustehende Wahlrecht, eine Handelssache entweder bei der Kammer für Handelssachen oder bei der Zivilkammer anhängig zu machen, verloren.[39] Im Falle der Verweisung vom Amtsgericht an das Landgericht muss der Antrag auf Verhandlung vor der Kammer für Handelssachen bereits vor dem Amtsgericht gestellt werden (§ 96 Abs. 2 GVG).

22 Der Antrag auf Verhandlung vor der Kammer für Handelssachen kann **nicht** mehr **zurückgenommen** werden.[40]

23 **b)** Der **Beklagte** kann die Verhandlung einer bei der Zivilkammer erhobenen Klage vor der Kammer für Handelssachen (nur) durch einen **rechtzeitigen Antrag** gemäß **§ 98 Abs. 1 GVG** erreichen.

24 **aa)** Ein solcher Antrag wird auch in der **Rüge der Unzuständigkeit der Zivilkammer** zu sehen sein, wenn darin mit der erforderlichen Eindeutigkeit zum Ausdruck kommt, dass der Beklagte eine Verhandlung vor der Kammer für Handelssachen erreichen will. Daran dürfte kein Zweifel bestehen, wenn die Zuständigkeitsrüge ausdrücklich mit dem Vorliegen einer Handelssache begründet wird.[41] Es empfiehlt sich dennoch, derartige Zweifel erst gar nicht aufkommen zu lassen und von Beklagtenseite einen ausdrücklichen Antrag zu formulieren.[42]

25 **bb)** Der Antrag muss **vor der Verhandlung zur Sache** (§ 101 Abs. 1 S. 1 GVG)[43] und, falls dem Beklagten eine **Frist zur Klageerwiderung** (§ 275 Abs. 1 S. 1, § 276 Abs. 1 S. 2 ZPO) gesetzt war, bereits innerhalb dieser Frist gestellt werden (§ 101 Abs. 1 S. 2 und 3 GVG). An diesem Erfordernis ändert sich auch dann nichts, wenn dem Beklagten sodann eine nochmalige Erwiderungsfrist eingeräumt wird.[44] Ob der Verweisungsantrag noch innerhalb der verlängerten Klageerwiderungsfrist gestellt werden kann, wird unterschiedlich beurteilt.[45]

26 **cc)** Auch im Verfahren der **einstweiligen Verfügung,** bei dem es an einer Fristsetzung zur Klageerwiderung fehlt, besteht ein Interesse an der möglichst frühzeitigen Klärung der Zuständigkeit der Kammer für Handelssachen. Ist von einer Zivilkammer eine einstweilige Verfügung im Beschlusswege erlassen worden, wird der Antragsgegner in der Regel im eigenen Interesse einen etwaigen Verweisungsantrag schon vor dem Termin zur Verhandlung über den Widerspruch – meist schon mit dessen Einlegung – stellen. Anders kann sich

---

[37] *Kissel/Mayer* § 96 Rn. 2 mwN.

[38] OLG Brandenburg NJW-RR 2001, 419; Zöller/*Lückemann* GVG § 96 Rn. 1 mwN.

[39] Allgemeine Meinung: OLG Frankfurt a. M. Rpfleger 1980, 231; *Kissel/Mayer* § 96 Rn. 4, 6; *Bergerfurth* NJW 1974, 221; zu Ausnahmen (Mahnverfahren, nachträgliche Bildung einer Kammer für Handelssachen oder Verweisung an ein Landgericht bei dem eine Kammer für Handelssachen besteht) vgl. *Kissel/Mayer* § 96 Rn. 4 f. mwN.

[40] Allgemeine Meinung vgl. *Kissel/Mayer* § 96 Rn. 7 mwN.

[41] OLG München 14.6.2004 – 22 AR 48/04; Musielak/Voit/*Wittschier* GVG § 101 Rn. 2 und (noch weitergehend) *van der Hövel* NJW 2001, 354 f. mit Nachweisen zur gegenteiligen hM, die auf den „eindeutigen Wortlaut" des § 98 GVG abstellt unter Hinweis auf RG Gruchot 37, 765 (766).

[42] Zöller/*Lückemann* GVG § 98 Rn. 2.

[43] Hierzu *Kissel/Mayer* GVG § 101 Rn. 3 ff.

[44] Thomas/Putzo/*Hüßtege* GVG § 101 Rn. 4.

[45] Verneinend: LG Heilbronn MDR 2003, 231; BLAH GVG § 101 Rn. 2; bejahend: OLG München 16.4.2004 – 22 AR 48/04; OLGR 2009, 636 mwN.

die Interessenlage gestalten, wenn von der Zivilkammer über den Antrag auf Erlass einer einstweiligen Verfügung mündlich verhandelt wird. Hier wird der Verweisungsantrag manchmal erst im Termin zur mündlichen Verhandlung gestellt, was – sofern noch nicht zur Sache verhandelt wurde – als rechtzeitig angesehen werden muss.

dd) Über den Verweisungsantrag ist gemäß **§ 102 Abs. 2 S. 1 GVG vorab,** dh vor der 27
Verhandlung über die Zulässigkeit und Begründetheit der Klage zu entscheiden. Bis zum Ergehen einer solchen Entscheidung kann der Beklagte seinen Verweisungsantrag noch zurücknehmen.[46]

3. Verweisung von Amts wegen. Die Kammer für Handelssachen kann ein Verfahren 28
wegen anfänglicher (§ 97 Abs. 1 GVG) – Nichtvorliegen einer Handelssache – oder nachträglicher Unzuständigkeit (§ 97 Abs. 2; § 99 GVG) **von Amts wegen** (unter Beachtung der zeitlichen Schranke des § 97 Abs. 2 GVG) an die Zivilkammer **verweisen.**

4. Bindungswirkung. Verweisungsbeschlüsse von der Kammer für Handelssachen zur 29
Zivilkammer bzw. umgekehrt – eine formlose Abgabe nach dem Geschäftsverteilungsplan des Gerichts kommt nur im Verhältnis von einer Kammer für Handelssachen zu einer anderen Kammer für Handelssachen bzw. von einer Zivilkammer zu einer anderen Zivilkammer in Betracht[47] – sind **nicht anfechtbar** (§ 102 S. 1 GVG) und für die Kammer, an die verwiesen wurde, bindend (§ 102 S. 2 GVG). Damit soll „der Verzögerung und Verteuerung der Prozesse durch unfruchtbare Zuständigkeitsstreitigkeiten … vorgebeugt werden".[48] Ebenso unanfechtbar ist die den Verweisungsantrag zurückweisende Entscheidung. Die Bindungswirkung nach Satz 2 tritt entsprechend der zu § 281 ZPO ergangenen Rechtsprechung nur dann nicht ein, wenn der Beschluss an groben Mängeln leidet.[49]

Auch mit einem **Rechtsmittel** in der Hauptsache kann nicht geltend gemacht werden, 30
dass zu Unrecht anstelle der Zivilkammer die Handelskammer (oder umgekehrt) entschieden hat.[50] Hiervon wird auch der Rechtsmittelzug zum OLG (§ 119 GVG) nicht beeinflusst. Etwas anders kann nur bei willkürlicher Zuständigkeitsanmaßung oder Zuständigkeitsleugnung gelten.[51]

III. Zuständigkeit der Kammer für Handelssachen

1. § 95 Abs. 1 Nr. 5 GVG. Gemäß § 95 Abs. 1 Nr. 5 GVG sind die Kammern für 31
Handelssachen für bürgerliche Rechtsstreitigkeiten zuständig, in denen durch die Klage ein Anspruch auf Grund des Gesetzes gegen den unlauteren Wettbewerb geltend gemacht wird. Insoweit enthält die Bestimmung keinen von § 14 Abs. 1 UWG abweichenden Regelungsgehalt (→ Rn. 7 ff.).

2. § 95 Abs. 1 Nr. 1 GVG. Die Zuständigkeit der Kammer für Handelssachen wird 32
durch § 95 Abs. 1 Nr. 1 GVG gegenüber Abs. 1 Nr. 5 dahingehend **erweitert,** als eine Zuständigkeit auch für vertragliche Ansprüche aus einem beiderseitigen Handelsgeschäft (§§ 343, 344 HGB) besteht, so etwa für eine Klage mit der ein Anspruch aus einer **Vertragsstrafenvereinbarung** geltend gemacht wird. Liegt dagegen kein beiderseitiges Handelsgeschäft vor, ist die Zuständigkeit der Kammer für Handelssachen nicht gegeben, auch wenn die Vertragsstrafe auf einen behaupteten Wettbewerbsverstoß gestützt wird.[52]

---

[46] *Kissel/Mayer* § 101 Rn. 2 mwN.

[47] OLG Hamburg MDR 1970, 1019; OLG Nürnberg MDR 1973, 507; OLG Frankfurt a. M. WRP 1981, 112 (113); *Kissel/Mayer* § 102 Rn. 14.

[48] BGHZ 63, 214 (217 f.). Im Hinblick auf die nunmehrige Regelung des § 17a Abs. 4 S. 3 GVG gilt die Unanfechtbarkeit jedoch nicht mehr hinsichtlich der Frage des Rechtswegs, wie in der Entscheidung noch angenommen.

[49] OLG Köln NJW-RR 2002, 426 (427) mwN; OLG München OLGR 2009, 636.

[50] RGZ 48, 27; Gruchot 37, 765; *Kissel/Mayer* § 94 Rn. 5 mwN; Zöller/*Lückemann* GVG Vor § 93 Rn. 3: Grenze ist Willkür.

[51] BGH WRP 2003, 730 f. mwN – rechtsbetreuende Verwaltungshilfe.

[52] Ahrens/*Bähr* Kap. 17 Rn. 54; aA GroßKommUWG/*Zülch* § 13 Rn. 33.

33 **3. Zuständigkeit bei mehreren Streitgegenständen/mehreren Anspruchsgrundlagen. a) Klagehäufung.** Für die Fallgestaltungen der **objektiven** (§ 260 ZPO)[53] sowie der **subjektiven Klagehäufung auf Aktiv- oder Passivseite** (§ 59 ZPO) besteht im Ausgangspunkt Einigkeit darüber, dass eine Zuständigkeit der Kammer für Handelssachen nur dann gegeben ist, wenn für jeden Streitgegenstand bzw. für die Klage jedes Klägers bzw. gegen jeden Beklagten eine Handelssache vorliegt. Soweit die Kammer für Handelssachen nicht zuständig ist, wird zum Teil nach Prozesstrennung (§ 145 ZPO) eine Verweisung an die Zivilkammer für möglich gehalten.[54] Auch eine Verweisung des gesamten Rechtsstreits wird zum Teil für zulässig angesehen.[55] Eine Zuständigkeit der Zivilkammer kraft Sachzusammenhangs wird abgelehnt.[56]

34 **b) Mehrere Anspruchsgrundlagen.** Unterschiedlich beurteilt wird die Zuständigkeit in den Fällen, in denen ein einheitlicher Anspruch auf **mehrere Anspruchsgrundlagen** gestützt wird, für die nicht sämtlich eine Zuständigkeit der Kammer für Handelssachen gegeben ist. Da eine Abtrennung und Teilverweisung des Rechtsstreits wegen einzelner Anspruchsgrundlagen nach zutreffender hM nicht in Betracht kommt,[57] kann die Entscheidungsbefugnis der Kammer für Handelssachen nicht auf diese Weise „beschränkt" werden. Sie kann nur damit begründet werden, weil sich der Kläger auch auf zuständigkeitsbegründende Anspruchsgrundlagen stützt. Anderenfalls ist die Zuständigkeit der Kammer für Handelssachen nicht eröffnet und es muss bei der umfassenderen Zuständigkeit der Zivilkammer verbleiben, was von der überwiegend vertretenen Meinung[58] abgelehnt wird, da anderenfalls das Wahlrecht des Klägers in sachlich nicht zu rechtfertigender Weise eingeschränkt würde. Denn die Eigenschaft als Handelssache, im Sinne einer Materie, die den Gesetzgeber dazu veranlasst hat, die Möglichkeit der Anrufung spezialisierter Spruchkörper vorzusehen (vgl. auch §§ 109, 114 GVG), gehe nicht dadurch verloren, dass die Klage nach dem maßgeblichen Klägervorbringen auch auf andere Anspruchsgrundlagen gestützt werden könne.[59] Den Kammern für Handelssachen für andere Anspruchsgrundlagen die Sachkompetenz abzusprechen, sei angesichts des Umfangs und der Komplexität der in § 95 GVG und in Spezialregelungen enthaltenen Materien nicht zu begründen und stünde auch im Widerspruch zu dem in § 17 Abs. 2 S. 1 GVG zum Ausdruck kommenden Grundgedanken der Prozessökonomie.[60]

35 **c) Stellungnahme.** Zutreffend ist, dass ein auf das UWG und/oder das Markenrecht gestützter Anspruch nicht seine Eigenschaft als UWG-Anspruch im Sinne von § 95 Abs. 1 Nr. 5 bzw. als Kennzeichenstreitigkeit im Sinne von § 95 Abs. 1 Nr. 4 lit. c GVG dadurch verliert, dass daneben auch andere Anspruchsgrundlagen genannt werden. Berücksichtigt werden muss aber auch die Schwierigkeit, die verschiedenen Fallgestaltungen überhaupt voneinander abzugrenzen. Werden **mehrere Streitgegenstände**[61] geltend gemacht oder

[53] Eingehend hierzu MüKoUWG/*Ehricke* § 13 Rn. 21 f.

[54] Vgl. Musielak/Voit/*Wittschier* GVG § 97 Rn. 5; *Kissel/Mayer* § 97 Rn. 4; *Gaul* JZ 1984, 57 (59); Zöller/*Lückemann* GVG § 97 Rn. 2.

[55] Zöller/*Lückemann* GVG § 97 Rn. 8.

[56] *Gaul* JZ 1984, 57 (59); *Kissel/Mayer* § 97 Rn. 4.

[57] BGH NJW 1952, 619; 1954, 1321; 1961, 72; 1968, 351; 1971, 564; OLG Frankfurt a. M. MDR 1982, 1023; BVerwGE 18, 181 (182); GroßKommUWG/*Zülch* § 13 Rn. 35; *Kissel/Mayer* § 97 Rn. 4; eingehende Darstellung des Meinungsstandes bei MüKoZPO/*Patzina* § 12 Rn. 51 ff.

[58] *Brandi-Dohrn* NJW 1981, 2453; *Kissel/Mayer* GVG § 97 Rn. 4; Thomas/Putzo/*Hüßtege* GVG § 95 Rn. 1; OLG Köln Mitt. 2012, 294 Ls.; LG Düsseldorf GRUR 1951, 82; OLG München 24.1.2002 – 29 U 4932/01; *Melullis* Rn. 126; aA Gloy/Loschelder/Danckwerts/*Spätgens/Danckwerts* HdbWettbR § 85 Rn. 24; *BLAH* GVG § 97 Rn. 4; *Ingerl/Rohnke* § 140 Rn. 51; *Rohnke* in Münchner Prozessformularbuch, 1. Aufl., Bd. 4 B.11 Anm. 3; vgl. auch LG München I CR 1997, 479: Entscheidung durch Kammer für Handelssachen, gestützt auf § 12 BGB.

[59] Vgl. BGH WRP 2002, 333 (334) – LDL-Behandlung: Zur Qualifizierung eines Anspruchs als kartellrechtliche Streitigkeit, auch wenn daneben nichtkartellrechtliche Anspruchsgrundlagen (§ 1 UWG, § 823 Abs. 1 BGB) herangezogen wurden.

[60] GroßKommUWG/*Zülch* § 13 Rn. 12.

[61] Vgl. hierzu → Vor § 12 Rn. 18 ff.; s. auch *Köhler*/Bornkamm/Feddersen § 12 Rn. 2.23 ff.

handelt es sich nur um eine **Anspruchsgrundlagenkonkurrenz?** Auch das „Rangverhältnis" der verschiedenen Rechtsgebiete, wie es in verschiedenen gesetzlichen Regelungen betreffend die Zuständigkeit (vgl. § 141 MarkenG, § 52 GeschmMG, § 88 GWB, § 143 Abs. 1 PatG, § 27 Abs. 1 GebrMG) zum Ausdruck kommt bzw. das (materiell-rechtliche) Verhältnis des Sonderrechtsschutzes zu UWG-Tatbeständen darf nicht aus dem Auge verloren werden.

Danach kann die Zuständigkeit der Kammer für Handelssachen nicht ohne weiteres bereits dann verneint werden, wenn derselbe Anspruch auf **mehrere Anspruchsgrundlagen** gestützt wird, die nicht sämtlich für sich die Zuständigkeit nach § 95 GVG begründen könnten. Wird der Anspruch neben Bestimmungen des UWG/MarkenG auch auf Bestimmungen des BGB gestützt bzw. kommen auch Bestimmungen des BGB als Anspruchsgrundlagen in Betracht, sind letztere nach der Rechtsprechung ohnehin nur lückenfüllend heranzuziehen.[62] Aber auch soweit diese nicht von den UWG-Normen verdrängt werden – wie etwa § 826 BGB im Verhältnis zu UWG-Tatbeständen[63] – kann die Zuständigkeit der Kammern für Handelssachen nicht verneint werden.[64] 36

Dies bedeutet: Wurde eine solche, auf **mehrere „gemischte" Anspruchsgrundlagen** gestützte Klage zur Kammer für Handelssachen erhoben, kommt eine Verweisung an die Zivilkammer gemäß § 97 GVG nicht in Betracht. Ist die Klage zur Zivilkammer erhoben, muss ein Verweisungsantrag des Beklagten (§§ 98, 101 GVG) ohne Erfolg bleiben, da die Zuständigkeit der Zivilkammer aufgrund der nicht unter § 14 Abs. 1 S. 1 UWG bzw. § 95 GVG fallenden Anspruchsgrundlagen gegeben ist.[65] 37

Soweit die Klage dagegen auf **verschiedene Anspruchsgrundlagen** – meist wird es sich ohnehin um verschiedene Streitgegenstände handeln – gestützt wird, für die zum Teil eine **vorrangige Zuständigkeit der Zivilkammern** begründet ist (so ausdrücklich in § 143 Abs. 1 PatG und § 27 Abs. 1 GebrMG), scheidet eine Zuständigkeit der Kammer für Handelssachen aus. 38

Dieses **„Rangverhältnis"**[66] muss, auch wenn nach der Regelung des § 5 Abs. 2 nicht mehr uneingeschränkt von einem (materiell-rechtlichen) Vorrang des Sonderrechtsschutzes[67] ausgegangen werden kann, auch weiterhin im Verhältnis zu einer auf Urheberrecht und UWG/MarkenG gestützten Klage gelten. Bei Vorliegen mehrerer Streitgegenstände ist zwar grundsätzlich auch eine Abtrennung und Teilverweisung möglich. Eine solche Vorgehensweise wird aber in der Regel ausscheiden. Denn meist werden vorrangig urheberrechtliche Ansprüche verfolgt und nur hilfsweise wettbewerbsrechtliche Ansprüche, sodass bereits im Hinblick auf die bedingte Klagehäufung eine Abtrennung und Teilverweisung nicht in Betracht kommt. Aber auch bei einer kumulativen Klagehäufung ist bei derartigen Fallgestaltungen die Zivilkammer zur Entscheidung des gesamten Prozessstoffes berufen. 39

4. UKlaG. Für Verfahren nach §§ 1, 2 UKlaG besteht gemäß § 6 Abs. 1 S. 1 UKlaG eine ausschließliche Zuständigkeit der Landgerichte. Eine funktionelle Zuständigkeit der 40

---

[62] ZB BGHZ 36, 252 (256) – Gründerbildnis; NJW 1988, 3154 (3155) – Entfernung von Kontrollnummern: § 1 UWG aF – §§ 823 Abs. 1, 1004 BGB; zum Verhältnis §§ 5, 15 MarkenG zu § 12 BGB vgl. BGH GRUR 2002, 622 – shell.de.

[63] BGH GRUR 1964, 218 (220) – Düngekalkhandel; GRUR 1977, 539 – Prozessrechner; zu § 824 BGB: BGHZ 36, 252 (258) – Gründerbildnis; siehe auch BGH GRUR 1999, 364 (365) – Autovermietung: zum Verhältnis von wettbewerbsrechtlichen zu deliktsrechtlichen Ansprüchen.

[64] GroßKommentarUWG/*Zülch* § 13 Rn. 35; aA *Ingerl/Rohnke* § 140 Rn. 51; vgl. demgegenüber LG München I CR 1997, 479: Entscheidung durch Kammer für Handelssachen, gestützt auf § 12 BGB; *Brandi-Dohrn* NJW 1981, 2453 f.

[65] *Melullis* Rn. 126 mwN; aA MüKoZPO/*Zimmermann* GVG § 98 Rn. 4.

[66] Vgl. zum Vorrang der Kartellgerichte gemäß § 88 GWB: BGH GRUR 1960, 350 – Malzflocken; GRUR 1968, 218 f. – Kugelschreiber; *Bornkamm/Tolkmitt* in Langen/Bunte GWB § 88 Rn. 5; *Ingerl/Rohnke* MarkenG § 140 Rn. 40; *Ekey/Klippel* § 140 Rn. 6; *Busse/Keukenschrijver* § 143 Rn. 69.

[67] So die frühere Rspr. BGH GRUR 1993, 34 (37) – Bedienungsanweisung; GRUR 1992, 697 (699) – ALF; GRUR 1994, 630 (632) – Cartier Armreif.

Kammern für Handelssachen ist nicht gegeben[68] und zwar auch dann nicht, wenn man, wie zum Teil zu §§ 1, 3 UWG aF vertreten wurde,[69] das UWG als Verbraucherschutzgesetz ansieht.[70]

41 **5. Einzelfragen.** Ist die **Zuständigkeit** der Kammer für Handelssachen **begründet,** so tritt sie **in vollem Umfang** an die Stelle der Zivilkammer, dh in der Hauptsache sowie für alle Neben- und Folgeentscheidungen einschließlich der dem Prozessgericht obliegenden Vollstreckung (§§ 887–890 ZPO) und Zwangsvollstreckungsgegenklagen,[71] wenn der titulierte Anspruch aus einem Verfahren vor der Kammer für Handelssachen herrührt.

42 **a) „Folgeverfahren".** Für **Schadensersatzklagen gemäß § 945 ZPO** ist nach allgemeiner Auffassung die Kammer für Handelssachen zuständig, wenn der geltend gemachte Schaden auf der Vollziehung einer einstweiligen Verfügung (Arrest) einer Kammer für Handelssachen beruht.[72] Folgt man dieser Auffassung, wird dies auch dann zu gelten haben, wenn ein Schadensersatzanspruch gemäß § 717 Abs. 2 S. 1 ZPO in einem selbständigen Verfahren aufgrund eines von der Kammer für Handelssachen erlassenen Urteils geltend gemacht wird.

43 Ob für **Honorarklagen** nach § 34 ZPO die Kammer für Handelssachen zuständig ist, hat der BGH[73] offengelassen. Dies ist zu verneinen, da die Frage des sich aus § 34 ZPO ergebenen Gerichtsstandes von der funktionellen Zuständigkeit zu trennen ist.[74]

44 **b) Zuständigkeit der Kammer.** Zuständigkeit der Kammer für Handelssachen im **Einigungsstellenverfahren** → § 15 Rn. 11.

45 **c) Zur Zuständigkeit als Gericht der Hauptsache.** Zur Zuständigkeit als **Gericht der Hauptsache** gemäß § 937 Abs. 1, § 943 Abs. 1 ZPO → § 12 Rn. 118 ff.

IV. Besetzung

46 **1. § 105 GVG, § 349 Abs. 2, 3, § 944 ZPO.** Die Kammer für Handelssachen entscheidet – soweit nicht die Zuständigkeit des Vorsitzenden der Kammer für Handelssachen allein gemäß § 349 Abs. 2, 3 ZPO oder nach § 944 ZPO[75] begründet ist – gemäß § 105 GVG in der Besetzung mit dem **Vorsitzenden und zwei ehrenamtlichen Richtern** (Handelsrichtern, § 109 GVG, § 44 DRiG).

47 **2. Vorsitzender der Kammer für Handelssachen als Einzelrichter im Sinne von § 568 ZPO?** Der Vorsitzende der Kammer für Handelssachen ist kein Einzelrichter im Sinne von § 568 ZPO.[76]

[68] Palandt/*Grüneberg* UKlaG § 6 Rn. 2 mwN; Staudinger/*Schlosser* UKlaG § 6 Rn. 1; *Köhler*/Bornkamm/Feddersen UKlaG § 6 Rn. 2; aA LG Dortmund MD 2003, 1182 (1183) das die örtliche Zuständigkeit dem UKlaG iVm der ergangenen ZuständigkeitsVO entnimmt, hinsichtlich der Zuständigkeit der Kammer für Handelssachen aber auf § 95 Abs. 1 Nr. 5 GVG abstellt.

[69] LG Dortmund MD 2003, 1182 (1183); OLG Naumburg MD 2004, 102 (106).

[70] Verneinend *Kamlah* WRP 2006, 33 (34 ff.); differenzierend nach Inkrafttreten der UGP-RL *Köhler*/Bornkamm/Feddersen UKlaG § 2 Rn. 11 ff.

[71] BGH LM ZPO § 767 Nr. 42; *Kissel/Mayer* § 95 Rn. 25; Zöller/*Lückemann* GVG § 95 Rn. 17.

[72] LG Oldenburg NJW-RR 2002, 1724; Zöller/*Lückemann* GVG § 95 Rn. 17.

[73] NJW 1986, 1178 (1179).

[74] Zöller/*Lückemann* GVG § 95 Rn. 17; aA MüKoZPO/Zimmermann GVG § 95 Rn. 4.

[75] LG Zweibrücken NJW-RR 1986, 715; Zöller/*Vollkommer* § 944 Rn. 1; hierzu auch → § 12 Rn. 398.

[76] BGH NJW 2004, 856.

C. Örtliche Zuständigkeit (§ 14 Abs. 2)

I. Entstehungsgeschichte

§ 14 Abs. 2 regelt die örtliche Zuständigkeit. Die Norm ist das Ergebnis eines jahrelangen Ringens interessierter Kreise um die Frage, ob der in Wettbewerbsstreitsachen oft genutzte „fliegende Gerichtsstand" einer Einschränkung bedarf. Die nunmehr Gesetz gewordene Fassung hat ersichtlich Kompromisscharakter und schließt den Deliktsgerichtsstand für den Bereich der im Internet begangenen Rechtsverstöße aus. 47a

1. UWG-Fassung von 1909. § 24 idF des UWG von 1909 48

> *Für Klagen aufgrund dieses Gesetzes ist ausschließlich zuständig das Gericht, in dessen Bezirke der Beklagte seine gewerbliche Niederlassung oder in Ermangelung einer solchen seinen Wohnsitz hat. Für Personen, die im Inlande weder eine gewerbliche Niederlassung noch einen Wohnsitz haben, ist ausschließlich zuständig das Gericht des inländischen Aufenthaltsorts, oder wenn ein solcher nicht bekannt ist, das Gericht, in dessen Bezirke die Handlung begangen ist.*

knüpfte an die Regelung des Wettbewerbsgesetzes von 1896 an, die in § 2 – allerdings nur für den Irreführungstatbestand – eine ausschließliche gerichtliche Zuständigkeit vorsah. Hierdurch sollte eine Konzentration der Klagen am vorrangigen (ausschließlichen) Gerichtsstand der gewerblichen Niederlassung abweichend von den allgemeinen Bestimmungen der ZPO herbeigeführt werden.[77] Bereits das RG[78] ließ jedoch die Ausschließlichkeit des § 24 für die Fälle nicht durchgreifen, in denen die Klage auch auf eine Verletzung von Bestimmungen des BGB (§§ 823 ff.) gestützt wurde. Lediglich für Schutzgesetzverletzungen (§ 823 Abs. 2 BGB iVm UWG-Bestimmungen) sollte es im Hinblick auf die „Abhängigkeit" des Tatbestandes bei dem Vorrang des § 24 bleiben, da dieser ansonsten „restlos entwertet" würde.[79]

1936 wurde mit § 33 WZG eine dem heutigen § 141 MarkenG (→ Rn. 5) inhaltlich entsprechende Regelung in das Gesetz aufgenommen, was insbesondere in Bezug auf firmenrechtliche Ansprüche (§ 16 UWG in der bis 31.12.1994 geltenden Fassung) von großer Bedeutung war.[80] 49

Der **BGH** hat, an die Rechtsprechung des Reichsgerichts anknüpfend, § 24 nur dann als andere Gerichtsstände nach den §§ 12 ff. ZPO verdrängende Regelung angesehen, wenn der geltend gemachte Anspruch **nur aus dem UWG zu begründen** war.[81] Danach hatten unmittelbar verletzte Mitbewerber – vor allem unter dem Gesichtspunkt des Eingriffs in den eingerichteten und ausgeübten Gewerbebetrieb (§ 823 Abs. 1 BGB) bzw. gestützt auf § 823 Abs. 2 BGB wegen Schutzgesetzverletzung – ein Wahlrecht zwischen § 24 UWG und § 32 ZPO.[82] Mangels Geschäftsbetrieb bzw. unmittelbarer Betroffenheit konnten gemäß § 13 Abs. 1, 1a aF klagebefugte Verbände jedoch nicht im Gerichtsstand des § 32 ZPO klagen.[83] 50

---

[77] Hierzu eingehend GroßKommUWG (1. Aufl.)/*Erdmann* § 24 Rn. 1–3 sowie Entwurf eines UWGÄndG 1994, BT-Drs. 12/7345 = WRP 1994, 369 (378 f.) unter 6. 1. Abs.

[78] RG GRUR 1931, 1299; 1939, 407 (409).

[79] Vgl. die Nachweise bei BGH GRUR 1955, 101 re. Sp.; OLG Köln WRP 1970, 188 sowie *Reimer,* Wettbewerbs- und Warenzeichenrecht, Kap. 118 Rn. 1 mwN; *Godin/Hoth,* Wettbewerbsrecht, § 24 Anm. 1; gegen jedwede einschränkende Anwendung des § 24: *Baumbach,* Kommentar zum Wettbewerbsrecht, 1929, S. 488.

[80] Vgl. *v. Gamm* WZG § 32 Rn. 2 mwN.

[81] BGH GRUR 1955, 351 (357) – Gema; GRUR 1964, 567 (568) – Lavamat I; GRUR 1956, 279 (280) – Olivin.

[82] Vgl. *Reimer* GRUR 1964, 569, der die Beibehaltung der Klagemöglichkeit auch am Tatort befürwortete.

[83] GroßkommUWG (1. Aufl.)/*Erdmann* § 24 Rn. 3 mwN; aA *Hösch* WRP 1996, 849 (859).

51 **2. UWG-Änderungsgesetz 1969.** Mit dem UWG-Änderungsgesetz vom 26.6.1969 (BGBl. I S. 663) wurden ein neuer Absatz 2 – „Für Klagen auf Grund dieses Gesetzes ist außerdem nur das Gericht zuständig, in dessen Bezirk die Handlung begangen ist." – angefügt und das Wort „ausschließlich" in Abs. 1 Satz 1 sowie § 24 S. 2[84] gestrichen. Damit wurde den **Verbänden** neben dem Gerichtsstand des Abs. 1 **auch der Gerichtsstand des Begehungsortes eröffnet.**[85]

52 **3. UWG-Änderungsgesetz 1994.** Diese **Ausweitung der Gerichtsstandswahl** wurde mit dem UWG-Änderungsgesetz vom 25.7.1994 (BGBl. I S. 1374) wegen „intensiver" Handhabung des so genannten fliegenden Gerichtsstands[86] **wieder „korrigiert".** Neben der Änderung des § 13 Abs. 2 wurde in § 24 Abs. 2 ein zweiter Satz angefügt: „Satz 1 gilt für Klagen, die von den in § 13 Abs. 2 Nr. 1 bis 4 genannten Gewerbetreibenden, Verbänden oder Kammern erhoben werden, nur dann, wenn der Beklagte im Inland keinen Wohnsitz hat."

53 Da die Neufassung zum 1.8.1994 sowohl für die örtliche Zuständigkeit als auch für die Begründetheit der Klage entscheidende Bedeutung erlangte, waren die Literatur und Instanzgerichte bemüht, Kriterien für die **Abgrenzung des „unmittelbar Verletzten" von den lediglich „abstrakt" Klagebefugten** im vorstehenden Sinne zu erarbeiten. Dabei wurde zum Teil nicht ohne Berechtigung darauf abgestellt, dass der „unmittelbar Verletzte" durch das beanstandete Verhalten in seiner Stellung im Wettbewerb „mehr" betroffen sein müsse als der Mitbewerber im Sinne von § 13 Abs. 2 Nr. 1 UWG aF, bei dem die Tätigkeit auf demselben räumlichen und sächlichen Markt nur eine „abstrakte" Mitbewerbereigenschaft begründe.[87] Der **BGH** ist dieser **einschränkenden Definition des „unmittelbar Verletzten" nicht gefolgt.** Als solche sind danach grundsätzlich (bereits) diejenigen Mitbewerber anzusehen, die zum Verletzer (oder dem von ihm Geförderten) in einem konkreten Wettbewerbsverhältnis[88] stehen, dh gleichartige Waren innerhalb desselben Endverbraucherkreises abzusetzen versuchen – mit der Folge, dass das konkret beanstandete Wettbewerbsverhalten den anderen beeinträchtigen, dh im Absatz behindern oder stören kann.[89] Nach der Neufassung des § 13 Abs. 2 Nr. 1 im Jahre 1994 wurden somit keine strengeren Anforderungen an die unmittelbare Betroffenheit gestellt, auch wenn damit der Regelung des § 13 Abs. 2 Nr. 1 („Wesentlichkeit") und der Einschränkung in § 24 Abs. 2 S. 2 für Wettbewerber in der Praxis kaum mehr Bedeutung zukam.[90]

54 **4. Neufassung 2004. a) Neufassung von § 14.** Der Vorschlag für eine Richtlinie zum Lauterkeitsrecht und eine UWG-Reform von *Köhler/Bornkamm/Henning-Bodewig*[91] sah eine weitgehend unveränderte Übernahme der Regelung über die örtliche Zuständigkeit in § 12-E vor.

---

[84] „Zuständig ist auch das Amtsgericht, in dessen Bezirk die den Anspruch begründende Handlung begangen ist; im Übrigen finden die Vorschriften des § 942 der ZPO Anwendung."

[85] Bericht des Rechtsausschusses BT-Drs. V/4035 = GRUR 1969, 338 (340).

[86] Vgl. BT-Drs. 12/7345 = WRP 1994, 369 (372) li. Sp.; *Zöller* WRP 1994, 156 (161 f.).

[87] OLG Hamburg WRP 1994, 884; KG GRUR 1995, 141; OLG Düsseldorf GRUR 1994, 837 = NJW 1995, 60; OLG Bremen WRP 1996, 19; *Sack* BB 1995, 1 (2 ff.); *v. Linstow* WRP 1994, 787; *Dieselhorst* WRP 1995, 1 ff.; *Wahlers* WiB 1994, 902; gegen eine einschränkende Auslegung des Begriffs *Melullis* Rn. 105 und 106.

[88] Vgl. hierzu BGH GRUR 1966, 445 (446) – Glutamal; GRUR 1977, 503, 504 – Datenzentrale; GRUR 1990, 375 (376) – Steuersparmodell.

[89] BGH GRUR 1998, 1039 f. – Fotovergrößerungen; seither stRspr, vgl. nur GRUR 1999, 69 – Preisvergleichsliste II; GRUR 1999, 177 (178) – Umgelenkte Auktionskunden; WRP 2000, 1258 – Filialleiterfehler; GRUR 2001, 78 – Falsche Herstellerpreisempfehlung; GRUR 2001, 260 – Vielfachabmahner; GRUR 2002, 75 – SOOO ... BILLIG; so auch bereits zuvor teilweise die Instanzrechtsprechung: OLG Stuttgart WRP 1995, 347 (350); 1996, 469, 473; OLG Frankfurt a. M. WRP 1995, 411; OLG München WRP 1995, 1054 (1055 f.).

[90] Vgl. aber BGH GRUR 2001, 258 – Immobilienpreisangaben; LG Hamburg GRUR 2001, 95; *Melullis* Rn. 105 sieht die Abgrenzung zu Recht als unscharf an.

[91] WRP 2002, 1317 Rn. 31.

Dem entsprach auch der **Referentenentwurf** vom Januar 2003 in § 13, bzw. der Regierungsentwurf in § 14, die lediglich auf das klarstellende Wort „nur" in Abs. 2 verzichteten, obwohl sich an der Ausschließlichkeit der Gerichtsstände nichts ändern sollte: „Die Vorschrift entspricht § 24 UWG a. F. Bei den genannten Gerichtsständen handelt es sich um ausschließliche Gerichtsstände."[92] Im Regierungsentwurf heißt es zudem in Abs. 1 anstelle von „seine gewerbliche Niederlassung" „seine gewerbliche oder selbständige berufliche Niederlassung". 55

Aufgrund der **Stellungnahme des Bundesrates** vom 20.6.2003[93] wurde in § 14 Abs. 2 S. 1 wiederum das Wort „nur" aufgenommen, um keine Zweifel an der weiteren Qualifizierung als ausschließliche Gerichtsstände aufkommen zu lassen. 56

b) Neufassung von § 8 Abs. 3. § 14 Abs. 2 S. 2 bezieht sich auf **die in § 8 Abs. 3 Nr. 2–4** (= § 13 Abs. 2 Nr. 2–4 UWG aF) **genannten Verbände,** nicht mehr auf lediglich „abstrakte" Mitbewerber im Sinne von → Rn. 53, denen nach der gesetzlichen Neuregelung eine Klagebefugnis überhaupt nicht mehr zukommt, da § 8 Abs. 3 Nr. 1 nur mehr eine Anspruchsberechtigung der „unmittelbar Verletzten" vorsieht. 57

Bei der **Mitbewerbereigenschaft** im Sinne von § 8 Abs. 3 Nr. 1 handelt es sich um eine doppelrelevante Tatsache, wenn der Kläger im Gerichtsstand des § 14 Abs. 2 S. 1 vorgeht. Wird die Mitbewerbereigenschaft verneint, führt dies zur Abweisung der Klage als unbegründet (→ Rn. 14). 58

5. Gesetz gegen unseriöse Geschäftspraktiken (2013). Art. 7 Nr. 4 des Entwurfs eines Gesetzes gegen unseriöse Geschäftspraktiken sah zunächst noch eine weitgehende Abschaffung des Gerichtstands der unerlaubten Handlung vor:"(2) Für Klagen aufgrund dieses Gesetzes ist außerdem nur das Gericht zuständig, in dessen Bezirk die Handlung begangen ist, wenn der Beklagte im Inland weder eine gewerbliche oder selbständige berufliche Niederlassung noch einen Wohnsitz hat." 59

Bereits dieses Vorhaben wurde mit der missbräuchlichen Ausnutzung des „fliegenden Gerichtsstands" begründet.[94] Der Entwurf stieß aber, was die geplante Neufassung des § 14 Abs. 2 UWG betrifft, im Zuge des Gesetzgebungsverfahrens auf nachhaltige Kritik,[95] woraufhin der Gesetzgeber von einer Neufassung des § 14 vollständig Abstand nahm.[96] Stattdessen hat er kurzer Hand die entsprechende Zuständigkeit im UrhG beschnitten und Klagen gegen natürliche Personen, die geschützte Werke nicht für ihre gewerbliche Tätigkeit nutzen, an deren Wohnsitz konzentriert. 60

6. Gesetz zur Stärkung des faires Wettbewerbs (2020). Nachdem der Versuch zur Einschränkung des „fliegenden Gerichtsstands" 2013 gescheitert war, hat der Gesetzgeber aufgrund der Vorgaben des Koalitionsvertrages für die 19. Legislaturperiode einen neuen Anlauf zur Begrenzung des Gerichtsstands des Begehungsortes genommen. Begründet hat er ihn mit dem Hinweis darauf, dass die angesichts der Ubiquität der Mehrzahl aller Rechtsverletzungen bestehende Möglichkeit des Klägers, sich einen Gerichtsstand frei auszuwählen, das – grundrechtlich verbriefte – Recht des Beklagten auf prozessuale Waffengleichheit verletze. Die Begründung des Gesetzentwurfs hatte dabei eine Praxis im Blick, wonach Kläger vermeintliche Rechtsverletzer absichtlich an weit entfernten Gerichten in Anspruch nehmen und zudem solche Gerichte verstärkt anrufen würden, die eher in ihrem Sinn und einstweilige Verfügungen „bereitwillig und ohne Anhörung des Gegners" unter 61

[92] So die Begründung des Referentenentwurfs S. 51 und die Begründung des Regierungsentwurfs S. 56.

[93] BR-Drs. 301/03.

[94] Entwurf S. 45: „Anträge auf Erlass einer einstweiligen Verfügung werden oft bei Gerichten gestellt, von denen der Antragsteller weiß, dass sie seiner Rechtsauffassung zuneigen, einstweilige Verfügungen bereitwillig und ohne Anhörung des Gegners erlassen oder regelmäßig hohe Streitwerte festsetzen. Häufig wählen Antragsteller auch Gerichte, die weit entfernt vom Wohn- oder Geschäftssitz des Antragsgegners liegen, da sie hoffen, dass der Antragsgegner aufgrund der Entfernung keinen Widerspruch mit der Folge einer mündlichen Verhandlung (§ 924 ZPO) einlegt …", s. dazu *Schröder* WRP 2013, 153 ff.; *Willems* GRUR 2013, 462.

[95] So etwa in einer GRUR-Stellungnahme vom 19. April 2012; ebenso *Buchmann,* WRP 2012, 1345, 1354.

[96] Vgl. Gesetz gegen unseriöse Geschäftspraktiken, BGBl. 2013 I vom 8.10.2013.

Ansetzung hoher Streitwerte erließen.[97] Auch wenn man den Zusammenhang zwischen einem „Wettbewerb der Gerichtsstandort" und einer gewissen Klägerfreundlichkeit nicht von der Hand weisen kann, wäre es mehr als verfehlt, den Gerichten pauschal zu unterstellen, sie handelten in der Sache nicht nach Gesetz. Dafür gibt es auch keine Belege. Der durchaus umstrittenen prozessualen Handhabung des einstweiligen Verfügungsverfahrens im gewerblichen Rechtsschutz[98] hatte das BVerfG bereits zuvor einen Riegel vorgeschoben (vgl. näher → § 12 Rn. 141 ff.), so dass dieses Motiv für eine Begrenzung des Deliktsgerichtsstands nicht mehr überzeugt.

62 Mit § 14 Abs. 2, der nun mit dem Gesetz zur Stärkung des fairen Wettbewerbs **am 2.12.2020 in Kraft getreten** ist, können Klage wegen Zuwiderhandlungen gegen Vorschriften des UWG „im elektronischen Geschäftsverkehr oder in Telemedien" regelmäßig nur noch am allgemeinen Gerichtsstand des Beklagten erhoben werden.[99] Das stellt eine gravierende Einschränkung des deliktischen Gerichtsstands dar und wird nicht ohne Folgen für die bundesdeutsche Prozesslandschaft bleiben. Die Fachkompetenz, die sich aufgrund der vermehrten Anrufung einer überschaubaren Zahl von Gerichten gebildet hat, wird nun auch an anderen Gerichtsstandorten aufgebaut werden müssen. Das hat der Gesetzgeber mit dem Argument hingenommen, es sei nicht Sinn und Zweck des deliktischen Gerichtsstands, eine Spezialisierung einzelner Gerichte auf bestimmte Rechtsmaterien zu fördern. Auch wenn das zutreffen mag, muss im Gegenzug gefragt werden, ob die Zerschlagung gewachsener gerichtlicher Strukturen dem eigentlichen Ziel des UWG dient, die Durchsetzung des lauteren Wettbewerbs mit Mitteln des Privatrechts zu gewährleisten.

II. Örtliche Zuständigkeit als Prozessvoraussetzung

63 Ob das angegangene Gericht örtlich zuständig ist, ist als Prozessvoraussetzung **von Amts wegen** auf der Grundlage des vom Kläger vorgetragenen Sachverhalts – unter dem Gesichtspunkt des in Art. 101 Abs. 1 S. 2 GG verbürgten gesetzlichen Richters[100] – zu prüfen. Seine rechtliche Begründung und die rechtliche Bewertung der von ihm vorgetragenen Tatsachen sind dabei nicht entscheidend.[101] Maßgeblich ist die objektiv rechtliche Einordnung seines Klagebegehrens.[102] Sind allein die zuständigkeitsbegründenden Tatsachen streitig – etwa der Wohnsitz oder das Bestehen einer Niederlassung –, ist hierüber Beweis zu erheben;[103] anders bei sogenannten **doppelrelevanten Tatsachen.**[104] In diesen Fällen, in denen die streitige zuständigkeitsbegründende Tatsache zugleich für die materiell-rechtliche Beurteilung des Rechtsstreits erheblich ist, wird die Zuständigkeit des Gerichts aufgrund des schlüssigen Vortrags eines Verstoßes im Gerichtsbezirk begründet, ohne dass eine Begründetheitsprüfung anzustellen wäre.[105] Beim Handlungs- oder Erfolgsort handelt es sich allerdings nicht notwendigerweise um eine solche doppelrelevante Tatsache. So wird der Vortrag des Klägers, der Beklagte habe eine unerlaubte Handlung begangen, zwar unterstellt; dass dies aber (auch) im Bezirk des angerufenen Gerichts der Fall war, muss der Kläger im Bestreitensfall beweisen.[106] Kann der Kläger den Nachweis

---

[97] Begr. RegE BT-Drs. 19/12084, 35.

[98] Vgl. dazu ausführlich *Bornkamm,* 2020, 715 ff.

[99] Der insbesondere von *Köhler* propagierte Kompromissvorschlag, vgl. WRP 2019, 1550 (1551), lediglich Kleinunternehmen von der „fliegenden Gerichtspflichtigkeit" auszunehmen, fand kein Gehör.

[100] Ahrens/*Bähr* Kap. 17 Rn. 1.

[101] RGZ 95, 268 (270); BGHZ 16, 275 (280 f.).

[102] BGH NJW 1994, 1413 f. mwN; Stein/Jonas/*Roth* § 1 Rn. 18.

[103] MüKoZPO/*Patzina* § 12 Rn. 55.

[104] Vgl. BGH GRUR 1987, 172 (173) – Unternehmensberatungsgesellschaft; BGH NJW 1994, 1413 f. mwN; OLG München GRUR 1990, 677 f. – Postervertrieb; NJW 1996, 2382 (Ls. 2); *Melullis* Rn. 117; MüKoZPO/*Patzina* § 12 Rn. 56; Zöller/*Vollkommer* § 12 Rn. 14.

[105] BGH NJW 1994, 1413 (1414); NJW-RR 2004, 1146 – Produktvermarktung; jeweils mwN.

[106] BGH GRUR 2015, 689 Rn. 21 – Parfumflakon III (dort zur internationalen Zuständigkeit); MüKoZPO/*Patzina* § 12 Rn. 56; Stein/Jonas/*Roth* § 1 Rn. 28 f.; Zöller/*Vollkommer* § 32 Rn. 19; *Würthwein* ZZP 106 (1993), 51 (56).

einer doppelrelevanten Tatsache nicht führen, ist die Klage nach hM[107] als unbegründet und nicht als unzulässig abzuweisen.

Fehlt es **nach dem** im Bereich der Zulässigkeitsprüfung zugrunde zu legenden **Klägervortrag an der örtlichen Zuständigkeit,** ist die Klage, falls kein **Verweisungsantrag** (§ 281 ZPO) gestellt wird, **als unzulässig abzuweisen.** Hiergegen steht dem Kläger die **Berufung** offen,[108] **nicht jedoch die Revision** (§ 545 Abs. 2 ZPO).[109] Wird die örtliche Zuständigkeit in erster Instanz bejaht, unterliegt diese im Interesse der Verfahrensbeschleunigung weder in der Berufungs- (§ 513 Abs. 2 ZPO) noch in der Revisionsinstanz (§ 545 Abs. 2 ZPO) der Nachprüfung,[110] wobei aber eine Willkürkontrolle im Hinblick auf Art. 101 Abs. 1 S. 2 GG („gesetzlicher Richter") Platz greifen sollte. Die Revision kann nicht darauf gestützt werden, dass das Berufungsgericht seine Zuständigkeit zu Unrecht angenommen hat.[111] Wird die Revision dennoch wegen der Frage der örtlichen Zuständigkeit zugelassen, ist die Revision als unbegründet zurück zu weisen.[112] Ein Verweisungsbeschluss ist gemäß § 281 Abs. 2 S. 2 ZPO unanfechtbar. Dies gilt auch dann, wenn sie – auf einen Hilfsantrag hin – mit Urteil erfolgt ist.[113] 64

III. Kein ausschließlicher Gerichtsstand

§ 14 Abs. 2 begründet nach der ausdrücklichen Intention des Gesetzgebers des Gesetzes zur Stärkung des fairen Wettbewerbs im Gegensatz zur früheren Rechtslage **keinen ausschließlichen Gerichtsstand mehr.**[114] Die Folge ist, dass nunmehr durch Gerichtsstandsvereinbarungen (§ 38 ZPO) oder durch rügeloses Verhandeln zur Hauptsache (§ 39 ZPO) die Zuständigkeit eines anderen Gerichts begründet werden kann.[115] Das – allerdings mit der Neuregelung nunmehr eingeschränkte – **Wahlrecht** des § 35 ZPO zwischen den von § 14 Abs. 2 eröffneten Gerichtsständen besteht im Grundsatz **nur für die Mitbewerber** iSd § 8 Abs. 3 Nr. 1. Berufs- und Verbraucherverbänden sowie Industrie- und Handwerkskammern steht das Wahlrecht nur zu, wenn der Beklagte gemäß § 14 Abs. 2 S. 2 Nr. 2 im Inland keinen allgemeinen Gerichtsstand hat. 65

IV. Anwendungsbereich von § 14 Abs. 2

1. „Klagen aufgrund dieses Gesetzes". a) UWG-Ansprüche. Nach allgemeiner Auffassung steht dem Kläger (wahlweise, § 35 ZPO) nur der Gerichtsstand der gewerblichen Niederlassung (bzw. des Wohnsitzes bzw. des inländischen Aufenthaltsorts) oder des Begehungsortes zur Verfügung (den nur nach § 8 Abs. 3 Nr. 2–4 Klagebefugten letzterer nur unter den Voraussetzungen des § 14 Abs. 2 S. 2, vgl. → Rn. 5), wenn die **Klage nur auf Bestimmungen des UWG** – „aufgrund dieses Gesetzes" – **gestützt werden kann.**[116] Es kommt dabei nicht entscheidend darauf an, welche Anspruchsnormen in der Klage angeführt werden. Die ausdrückliche Nennung von UWG-Bestimmungen ist nicht 66

[107] BGH NJW 1994, 1413 (1414); Zöller/*Vollkommer* § 32 Rn. 19.

[108] MüKoZPO/*Rimmelspacher,* 2002, § 513 Rn. 14.

[109] BGH WM 2003, 2251.

[110] Vgl. zu § 549 Abs. 2 ZPO aF BGH GRUR 1988, 785 – Örtliche Zuständigkeit I; NJW 1998, 3205 (3206); GRUR 2001, 368 – Örtliche Zuständigkeit II; GRUR 1996, 800 (801) – EDV-Geräte; Teplitzky/*Schaub* Kap. 45 Rn. 22; unklar BGH NJW 2002, 2029 f. zu § 7 Abs. 1 HWiG, ohne auf § 549 Abs. 2 ZPO aF einzugehen; MüKoZPO/*Krüger* § 545 Rn. 15; zu § 545 Abs. 2 ZPO: BGH WM 2003, 2251; zu § 513 Abs. 2 ZPO OLG Koblenz WRP 2015, 221; OLG Düsseldorf WRP 2021, 513 (514).

[111] BGH WRP 2005, 628.

[112] BGH NJW-RR 2006, 930; vgl. auch BGH NJW 2004, 54.

[113] BGH 8.12.2012 – I ZR 55/11 Rn. 2 mwN.

[114] BegrRegE BT-Drs. 19/12084, 35; dafür, dass sich an dieser gesetzgeberischen Intention im Laufe des Gesetzgebungsverfahrens etwas geändert hat, gibt es keine Anhaltspunkte, vgl. Beschlussempfehlung und Bericht des Ausschusses für Recht und Verbraucherschutz, BT-Drs. 19/22238, 18.

[115] OLG Düsseldorf WRP 2021, 513 (515); aA Köhler/Bornkamm/*Feddersen* § 14 Rn. 7.

[116] RG GRUR 1939, 407 (409) – Schüßler-Salze; BGH GRUR 1955, 351 (357) – Gema; GRUR 1964, 567 (568) – Lavamat I; Großkomm/*Zülch* § 14 Rn. 15; Ahrens/*Bähr* Kap. 17 Rn. 2; *Melullis* Rn. 93.

erforderlich.[117] Maßgeblich ist vielmehr, ob das Klagevorbringen schlüssig einen Anspruch aufgrund des UWG zu begründen vermag.[118] Eine Begründetheitsprüfung ist nicht anzustellen. Die Ordnungsmittelandrohung nach Abgabe einer notariell beurkundeten Unterlassungserklärung ist eine Vollstreckungsmaßnahme und fällt somit weder unter § 13 im Hinblick auf die sachliche noch unter § 14 im Hinblick auf die örtliche Zuständigkeit.[119]

67 **b) Vertragliche Ansprüche.** Dass die Klage auch nach anderen als UWG-Bestimmungen begründet sein kann, ist ohne Bedeutung[120] (auch → Rn. 7 ff.). Ob § 14 Abs. 2 auch zur Anwendung kommt, wenn das Klagebegehren nicht (auch) auf UWG-Bestimmungen gestützt werden kann, so etwa bei rein vertraglichen Ansprüchen, ist noch nicht abschließend geklärt. Macht der Kläger lediglich einen Anspruch auf **Vertragsstrafe** oder einen (nur) auf Vertrag gestützten Unterlassungsanspruch[121] geltend, so dürfte allerdings im Hinblick auf die Rspr. des BGH zur sachlichen Zuständigkeit nach § 14 Abs. 1[122] die Regelung des § 14 Abs. 2 Anwendung finden, jedenfalls soweit die vertragliche Regelung ihren Ursprung in einem auf einer wettbewerbsrechtlichen Abmahnung beruhenden Unterlassungsvertrag hat.

68 Konnten **Abmahnkosten** früher nur unter dem rechtlichen Gesichtspunkt der Geschäftsführung ohne Auftrag und nicht als Schadensersatz (Rechtsverfolgungskosten)[123] geltend gemacht werden (wie von Verbänden im Sinne von § 13 Abs. 2 Nr. 2–4 UWG aF), war der Gerichtsstand des § 24 UWG aF nicht eröffnet; anders dagegen bei Klagen auf Ersatz der erforderlichen Aufwendungen für Abmahnungen nach Inkrafttreten der gesetzlichen Neuregelung, für die im Hinblick auf die ausdrückliche Regelungen in § 13 Abs. 3 nunmehr – ebenso wie für Gegenansprüche wegen unberechtigter Abmahnungen nach § 13 Abs. 5 – die Zuständigkeitsregelung des § 14 Abs. 2 eingreift. Kommt dagegen nur ein Anspruch nach den Grundsätzen der GoA in Anspruch, verbleibt es bei den Gerichtsständen der §§ 12 ff. ZPO.[124] Dies gilt auch für die Kosten des Abschlussschreibens.[125]

69 **c) Mehrere Anspruchsgrundlagen.** Wird der einheitliche prozessuale Anspruch auch auf Bestimmungen außerhalb des UWG gestützt (mehrere Anspruchsgrundlagen), ist dies für die Bejahung der örtlichen Zuständigkeit nach § 14 Abs. 2 unschädlich. Bei einer **Konkurrenz zwischen UWG und BGB-Ansprüchen** kann der Kläger daneben wahlweise (§ 35 ZPO) auch die allgemeinen Gerichtsstände in Anspruch nehmen.[126]

70 Nach einer in Teilen der Literatur und der Instanzrechtsprechung vertretenen Auffassung, die sich vor allem auf die Regelung in § 17 Abs. 2 S. 1 GVG stützt, hat das für einen Klagegrund örtlich zuständige Gericht das Klagebegehren unter allen rechtlichen Gesichtspunkten zu prüfen,[127] während die Gegenansicht einen derartigen Gerichtsstand des Sachzusammenhangs nicht anerkennt.[128] Diese Streitfrage hat der BGH[129] dahingehend entschieden, dass das zulässigerweise im Gerichtstand der unerlaubten Handlung angegangene

[117] Vgl. *Ingerl/Rohnke* § 140 Rn. 6 mwN zur Frage der Einordnung als Kennzeichenstreitsache.

[118] BGH GRUR 1964, 567 (568) – Lavamat I; zu § 32 ZPO: BGH NJW 2002, 1425 (1426); JZ 2003, 1120 (1121); BGHZ 132, 105 (110); 124, 137 (240 f.); zur internationalen Zuständigkeit: BGH NJW-RR 2004, 1146 – Produktvermarktung.

[119] Ahrens/*Büttner/Spätgens* Kap. 67 Rn. 8; wohl auch *Hess* WRP 2015, 317; aA *Nippe* WRP 2015, 532; *Teplitzky* WRP 2015, 527 (529), s. auch Fußnote 45.

[120] GroßkommUWG/*Zülch* § 14 Rn. 20.

[121] BGH NJW 1974, 410 (411).

[122] BGH WRP 2017, 179 Rn. 21.

[123] BGH GRUR 1995, 338 (342) – Kleiderbügel; → § 12 Rn. 101 mwN.

[124] Ahrens/*Bähr* Kap. 17 Rn. 37; Teplitzky/*Schaub* Kap. 45 Rn. 16.

[125] AA Fezer/*Büscher*/Obergfell § 14 Rn. 7.

[126] Ahrens/*Bähr* Kap. 17 Rn. 2; Teplitzky/*Schaub* Kap. 45 Rn. 15; Zöller/*Vollkommer* § 32 Rn. 10 mwN; einschränkend GroßKommUWG/*Zülch* § 14 Rn. 21; AA Fezer/*Büscher*/Obergfell § 14 Rn. 7.

[127] BayObLG NJW-RR 1996, 508; Ahrens/*Bähr* Kap. 17 Rn. 3 f.; eingehend MüKoZPO/*Patzina* § 12 Rn. 37 ff. und Zöller/*Vollkommer* § 12 Rn. 20, 21, § 32 Rn. 20 jeweils mwN; *Spellenberg* ZZP 95 (1982), 17 ff.; vgl. auch die weiteren Nachweise bei BGH NJW 2002, 1425 (1426).

[128] RGZ 27, 385 (386 ff.); BGH NJW 1971, 564; 1974, 411 (Delikt/Vertrag); 1986, 2437; offen gelassen von *BGH NJW* 1996, 1411 (1413) da nur die internationale Zuständigkeit betreffend; ebenso BGH NJW

Gericht den Rechtsstreit **umfassend entscheidet** und nicht nur über die deliktischen Anspruchsgrundlagen.

d) Mehrere Streitgegenstände. Werden dagegen mehrere Streitgegenstände (auch hilfsweise) zur Entscheidung gestellt,[130] **muss die örtliche Zuständigkeit für jeden gegeben sein.**[131] 71

Aufgrund der (mit dem früheren § 33 WZG übereinstimmenden) Regelung des § 141 MarkenG[132] 72

> *Ansprüche, welche die in diesem Gesetz geregelten Rechtsverhältnisse betreffen und auf Vorschriften des Gesetzes gegen den unlauteren Wettbewerb begründet werden, brauchen nicht im Gerichtsstand des § 14 des Gesetzes gegen den unlauteren Wettbewerb geltend gemacht zu werden.*

kommt § 14 Abs. 2 nicht zur Anwendung, wenn in **Zusammenhang mit kennzeichenrechtlichen Ansprüchen** (Marke, Unternehmenskennzeichnung, Titel, geografische Herkunftsangaben)[133] auch UWG-Ansprüche geltend gemacht werden.[134] Gleiches gilt nach § 53 DesignG. Hierbei sind die spezialgesetzlichen Zuständigkeitskonzentrationen zu beachten[135] wobei teilweise nicht alle Kennzeichengerichte auch für Streitigkeiten aus Gemeinschaftsmarken oder das Gemeinschaftsgeschmacksmuster zuständig sind.[136] Ebenso kann die Zuständigkeit der für UWG-Ansprüche zuständigen Landgerichte (→ Rn. 41) mit den ausschließlichen Zuständigkeiten der Kartellgerichte (§§ 87, 89, 95 GWB), der Gerichte für Patentstreitsachen (§ 143 PatG) oder mit anderen (ausschließlichen) Zuständigkeiten (§ 27 GebrMG; § 39 ArbEG; ArbGG) kollidieren.

Das Kennzeichengericht kann nach allgemeiner Auffassung auch über nichtkennzeichenrechtliche Anspruchsgrundlagen (UWG, BGB) entscheiden, soweit keine vorrangige ausschließliche Zuständigkeit besteht.[137] Gleiches gilt für die **Kartellgerichte** (vgl. § 88 GWB) sowie für die **Gerichte für Patent-,**[138] **Gebrauchs- und Designstreitsachen** (vgl. § 53 DesignG), soweit derselbe Streitgegenstand betroffen ist; nicht jedoch beim Zusammentreffen von mehreren Streitgegenständen, für die unterschiedliche ausschließliche örtliche Zuständigkeiten begründet sind.[139] Die fehlende örtliche Zuständigkeit kann in diesen Fällen auch nicht unter Hinweis auf § 17 Abs. 2 S. 1 GVG als unbeachtlich angesehen werden, da sich die Zuständigkeit „kraft Sachzusammenhang" nur auf „alle in Betracht kommenden rechtlichen Gesichtspunkte" erstreckt.[140] 73

1998, 988; OLG Hamm NJW-RR 2002, 1291; zur Vorfragenkompetenz des Tatortgerichts vgl. BGH GRUR 1988, 483 – AGIAV.

[129] NJW 2003, 828; vgl. weiter Götting/Nordemann/*Albert* § 14 Rn. 6; Zöller/*Vollkommer* § 32 Rn. 20, § 12 Rn. 20; *Kiethe* NJW 2003, 1294.

[130] Vgl. zur in der Praxis oft schwierigen Abgrenzung zur Anspruchskonkurrenz → Vor § 12 Rn. 19 ff.

[131] Ahrens/*Bähr* Kap. 17 Rn. 6; GroßKomm/*Zülch* § 14 Rn. 22; Ohly/*Sosnitza* § 14 Rn. 4; Zöller/*Vollkommer* § 12 Rn. 21; vgl. auch OLG Köln GRUR 2002, 104: Aufgrund der Zuständigkeit zur Entscheidung über die geltend gemachten nationalen Marken durfte eine Abtrennung und Verweisung nur hinsichtlich der klagegegenständlichen Gemeinschaftsmarken erfolgen.

[132] Eine inhaltlich übereinstimmende Regelung enthalten § 53, § 63 Abs. 4 DesignG; vgl. auch § 88 GWB.

[133] Zum Begriff der Kennzeichenstreitsache im Sinne von § 140 MarkenG BGH GRUR 2004, 622 – ritter.de; *Ingerl/Rohnke* § 140 Rn. 5 ff.; Ströbele/Hacker/*Thiering* § 140 Rn. 3 f.; siehe auch Ahrens/*Bähr* Kap. 17 Rn. 40 ff.

[134] BGH GRUR 1998, 697 (698) – VENUS MULTI und GRUR 1998, 942 (943) re. Sp. unter 4. – Alka Selzer: UWG-Ansprüche jeweils als eigene Streitgegenstände neben markenrechtlichen Ansprüchen; GRUR 1999, 1017 – Kontrollnummernbeseitigung I; GRUR 2000, 226 (227) – Planungsmappe (§§ 1, 3 UWG aF – § 97 UrhG); GRUR 2002, 755 (757) – Telefonkarte.

[135] Vgl. die Übersicht bei Ströbele/Hacker*Thiering* § 140 Rn. 36 ff.

[136] Vgl. für Nordrhein-Westphalen *Ingerl/Rohnke* MarkenG § 125e Rn. 5; OLG Köln GRUR 2002, 104.

[137] Vgl. *Ingerl/Rohnke* § 140 Rn. 7 mwN.

[138] Vgl. *Busse/Keukenschrijver* § 143 Rn. 69 f.

[139] Vgl. OLG Köln GRUR 2002, 104.

[140] Vgl. Zöller/*Lückemann* GVG § 17 Rn. 6.

74 **2. Klage/einstweilige Verfügung.** Der Gerichtsstand des § 14 Abs. 2 gilt für Hauptsacheklagen und aufgrund der Regelung in § 937 Abs. 1, § 802 ZPO auch für Verfahren der einstweiligen Verfügung (hierzu → § 12 Rn. 351 ff.);[141] die Zuständigkeit des Amtsgerichts gemäß § 942 ZPO bleibt davon unberührt. Gericht der Hauptsache nach § 937 ZPO ist nicht das Gericht, an dem bereits eine negative Feststellungsklage erhoben ist.[142]

75 **3. Einigungsstellenverfahren.** Für das Einigungsstellenverfahren verweist § 15 Abs. 4 auf § 14 (auch → § 15 Rn. 28).

76 **4. Gegenstand der Klage.** Welche Ansprüche mit der auf UWG-Bestimmungen gestützten Klage verfolgt werden (Unterlassung, Beseitigung, Auskunft, Schadensersatz), ist – ebenso wie bei einer auf eine unerlaubte Handlung im Sinne von § 32 ZPO gestützten Klage[143] – ohne Bedeutung.

77 **5. Feststellungsklagen.** Der Gerichtsstand der **positiven** Feststellungsklage richtet sich nach dem Gerichtsstand der entsprechenden Leistungsklage.

78 Für die **negative** Feststellungsklage ist das Gericht örtlich zuständig, das für die Leistungsklage mit umgekehrtem Rubrum zuständig wäre.[144] Daraus folgt aber keine Beschränkung, dass eine negative Feststellungsklage *nur* dort erhoben werden kann, wo auch ein Gerichtsstand für die Leistungsklage mit umgekehrtem Rubrum eröffnet wäre. So kann eine negative Feststellungsklage, etwa gegen einen Verband (§ 8 Abs. 3 Abs. 2–4), auch an dessen Sitz erhoben werden, auch wenn dort für den Verband kein Gerichtsstand gegeben ist.[145]

79 **6. Klagehäufung.** Bei einer **subjektiven Klagehäufung auf Beklagtenseite** (§§ 59, 60 ZPO) muss die örtliche Zuständigkeit für jeden Beklagten gegeben sein. Ist kein gemeinsamer Gerichtsstand vorhanden, kommt nur eine Gerichtsstandsbestimmung nach § 36 Nr. 3 ZPO in Betracht.[146]

80 Bei **subjektiver Klagehäufung auf Klägerseite** muss ebenfalls für jeden Kläger die Zuständigkeit des angerufenen Gerichts gegeben sein. Dabei dürfte es sich aber um eine eher theoretische Fallgestaltung handeln. Eine Streitgenossenschaft auf Klageseite bestehend aus „unmittelbar Verletzten" und einem lediglich „abstrakt" Klagebefugten kann es nach dem Wegfall der Klageberechtigung von Letzterem nicht mehr geben.

81 **7. Widerklage.** Bei Erhebung einer Widerklage, die allein auf einen UWG-Anspruch gestützt ist, muss das Gericht gemäß § 14 Abs. 2 zuständig sein. Ein bestehender **Zusammenhang mit der Klage** (§ 33 Abs. 1 ZPO) ist im Hinblick auf § 33 Abs. 2 iVm § 40 Abs. 2 ZPO **nicht ausreichend.**[147] Ansonsten gelten für die Widerklage im Wettbewerbsrecht – oftmals als Reaktion auf eine negative Feststellungsklage des vermeintlichen Verletzers – keine Besonderheiten, sodass auch Drittwiderklagen im Rahmen der von der Rechtsprechung hierzu entwickelten Grundsätze[148] zulässig sind. Auch die internationale Zuständigkeit kann nach dem autonomen deutschen Recht durch § 33 ZPO begründet werden,[149] nicht jedoch im Falle der Drittwiderklage.[150]

---

[141] MüKoUWG/*Ehricke* § 14 Rn. 16.

[142] OLG Frankfurt a. M. WRP 2014, 106.

[143] Zöller/*Vollkommer* § 32 Rn. 14.

[144] OLG Hamburg WRP 1995, 851 (852); OLG Köln GRUR 1978, 658; OLG München OLGR 2009, 911; GroßKomm/Zülch § 14 Rn. 24; Teplitzky/*Bacher* Kap. 41 Rn. 71; *Melullis* Rn. 1165; *Köhler*/Bornkamm/*Feddersen* § 14 Rn. 9; *Nirk/Kurtze* Rn. 343; Ahrens/*Bähr* Kap. 17 Rn. 28 f. unter Hinweis auf BGH GRUR 1994, 846 – Parallelverfahren II; *Keller* WRP 2000, 908 (910).

[145] OLG München 20.2.2003 – 29 W 1954/02.

[146] Vgl. aber auch zu Art. 8 Nr. 1 EuGVO → Rn. 103.

[147] Ahrens/*Bähr* Kap. 17 Rn. 30; GroßKommUWG/*Zülch* § 14 Rn. 23; Teplitzky/*Schaub* Kap. 45 Rn. 17.

[148] Vgl. BGHZ 40, 185; NJW 2001, 2094 (2095) mwN.

[149] BGH NJW-RR 1987, 228; Zöller/*Vollkommer* § 33 Rn. 4 mwN.

[150] *BGH NJW* 1981, 2642 (2643).

8. Prozessstandschaft. Für eine **Klage in Prozessstandschaft** ist der Gerichtsstand maßgeblich, der für die Klage des Rechtsinhabers gelten würde.[151] Dieser allgemeine Grundsatz hat jedoch durch das UWG-Änderungsgesetz 1994 eine Begrenzung erfahren, als die Klagemöglichkeiten der lediglich „abstrakt" Klagebefugten auch in Bezug auf die Wahl des Gerichtsstands (→ Rn. 5) eingeschränkt wurden. Nachdem der BGH in Übereinstimmung mit der in der Literatur[152] hierzu vertretenen Auffassung, das Vorgehen im Wege der **gewillkürten Prozessstandschaft** durch selbst nicht klagebefugte Verbände nach der Neufassung des § 13 Abs. 2 UWG aF für unzulässig angesehen hat,[153] ist die Klage aus diesem Grund bereits als unzulässig abzuweisen. Ebenso ist es einem Verband, der selbst nur im Gerichtsstand des § 14 Abs. 2 S. 1 vorgehen kann, versagt, den Anspruch eines „unmittelbar Verletzten" (= Mitbewerber im Sinne von § 8 Abs. 3 Nr. 1) im Gerichtsstand des Begehungsortes geltend zu machen, denn auch dies stellt sich als nicht vereinbar mit der Einschränkung der Klagemöglichkeiten durch das UWG-Änderungsgesetz von 1994 dar[154] und müsste jedenfalls als unzulässige Umgehung angesehen werden. Ob es sich dabei um einen „etablierten" Verband handelt oder nicht, ist dabei ohne Bedeutung. 82

V. Allgemeiner Gerichtsstand

Nach der Neufassung der Vorschrift bestimmt § 14 Abs. 2 S. 1 die örtliche Zuständigkeit im Ausgangspunkt nach dem allgemeinen Gerichtsstand des Beklagten. Damit sind die **Gerichtsstände der §§ 12–19a ZPO** in Bezug genommen. Juristische Personen sind an ihrem Sitz (§ 17 Abs. 1 ZPO) zu verklagten. Am Ort der gewerblichen Niederlassung, welcher dem besonderen Gerichtsstand des § 21 ZPO entsprach, kann im Gegensatz zum alten Recht nicht mehr geklagte werden. Natürliche Personen müssen an ihrem Wohnsitz in Anspruch genommen werden (§ 13 ZPO), Wohnsitzlose am Aufenthaltsort (§ 16 ZPO)[155] und Insolvenzverwalter am Sitz des Insolvenzgerichts, wenn es sich um eine Masseklage handelt. Insoweit kann auf die Kommentierungen zu den einschlägigen Vorschriften der ZPO verwiesen werden. **Fehlt ein allgemeiner Gerichtstand** im Inland, kann nach § 14 Abs. 2 S. 3 am Begehungsort geklagt werden. Das gilt auch dann, wenn Gegenstand der Klage eine Zuwiderhandlung im „im elektronischen Geschäftsverkehr oder in Telemedien" ist, für die der Gerichtsstand des Begehungsortes nach § 14 Abs. 2 S. 3 Nr. 1 eigentlich nicht eröffnet ist. Auch die klagebefugten Verbände können dann am Begehungsort klagen. 83

Hat der Beklagte zum Zeitpunkt der Klageerhebung (§ 261 Abs. 3 Nr. 2 ZPO) **mehrere Wohnsitze** (§ 7 Abs. 2 BGB), kann der Kläger unter diesen wählen (§ 35 ZPO). 84

VI. Gerichtsstand des Begehungsorts

§ 14 Abs. 2 S. 2 eröffnet als Wahlgerichtstand („auch") den Klägern die Möglichkeit, ihre Klage bei dem am Begehungsort belegenen Gericht zu erheben. **Dem Mitbewerber** im Sinne von § 8 Abs. 3 Nr. 1 steht es nach § 14 Abs. 2 S. 2 grundsätzlich frei (§ 35 ZPO), ob er den Beklagten im Gerichtsstand des Abs. 2 Satz 1 oder im Gerichtsstand des Begehungsortes in Anspruch nimmt.[156] Eine **gravierende Einschränkung** im Vergleich zur alten Rechtslage sieht das Gesetz nunmehr in § 14 Abs. 2 S. 3 Nr. 1 vor. Danach steht der Wahlgerichtstand des Begehungsortes für Mitbewerber nicht mehr zur Verfügung, wenn es sich um Rechtstreitigkeiten wegen Zuwiderhandlungen im **elektronischen Geschäfts-** 84a

[151] Ahrens/*Bähr* Kap. 17 Rn. 26; vgl. BGH GRUR 1956, 279 (280) re. Sp. unter 2. – Olivin.

[152] *Ulrich* WRP 1995, 441 ff.; *Hinz* FS Piper, 1996, 257; *Köhler* Anm. zu BGH LM UWG § 13 Nr. 76 – Preisrätselgewinnauslobung III; vgl. auch Wettbewerbszentrale WRP 1996, 410; auch das KG hält an seiner in GRUR 1995, 141 vertretenen Auffassung nicht mehr fest, vgl. KG GRUR-RR 2001, 159.

[153] BGH GRUR 1998, 417 – Verbandsklage in Prozessstandschaft.

[154] OLG Nürnberg WRP 1996, 358 (361 f.).

[155] Neben Darlegungen zum Fehlen einer gewerblichen Niederlassung sowie eines Wohnsitzes bedarf es vor allem eines Vortrags dazu, wo sich der Beklagte für eine gewisse Dauer im Inland (zB Durchreise, Ausstellung auf Messe) aufhält, damit ihm die Klage zugestellt werden kann.

[156] Wird die Klage auch auf Anspruchsgrundlagen außerhalb des UWG gestützt, stehen ihm nach den obigen Ausführungen unter → Rn. 18 die allgemeinen Gerichtsstände der §§ 12 ff. ZPO zur Verfügung.

verkehr oder in **Telemedien** handelt (dazu → Rn. 85). Dann ist der Mitbewerber allein auf den allgemeinen Gerichtsstand verwiesen. Nach mehreren vergeblichen Anläufen hat der Gesetzgeber nun sein Anliegen verwirklicht, eine als missbräuchlich gebrandmarkte Handhabung des „fliegenden Gerichtsstandes" einzudämmen, indem insbesondere kleine und mittlere Unternehmen davor bewahrt werden sollen, vor weit von Sitz oder Wohnsitz entfernten, unterstellt klägerfreundlichen Gerichten in Anspruch genommen zu werden. Die dagegen von berufener Seite im Gesetzgebungsverfahren vorgebrachten Argumente[157] vermochten den Gesetzgeber von seinem Vorhaben nicht abzubringen, haben aber immerhin erreichen können, dass der Deliktsgerichtstand des Begehungsortes für die Bereiche außerhalb des Internethandel beibehalten wurde.

85 **1. Bereichsausnahme. a) elektronischer Geschäftsverkehr, Telemedien.** § 14 Abs. 2 S. 3 Nr. 1 schließt den Deliktsgerichtsstand des Begehungsortes zunächst für Rechtsstreitigkeiten wegen Zuwiderhandlungen „im elektronischen Geschäftsverkehr" aus. Damit sind im Wesentlichen der Internethandel und sonstige im Internet verfügbare („online") Angebote gemeint. Der Begriff des **elektronischen Geschäftsverkehrs** wird in § 312i Abs. 1 BGB verwendet und nimmt in der Sache Bezug auf die Richtlinie 2000/31/EG über den elektronischen Geschäftsverkehr (E-Commerce-Richtlinie). Dort wird allerdings der Begriff des elektronischen Geschäftsverkehrs nur in den Erwägungsgründen verwendet. Maßgeblich ist stattdessen der Begriff der „Dienste in der Informationsgesellschaft", der jede in der Regel gegen Entgelt elektronisch im Fernabsatz und auf individuellen Abruf eines Empfängers erbrachte Dienstleistung erfasst.[158] Darüber hinaus gilt der Deliktsgerichtsstand auch nicht für Zuwiderhandlungen „in Telemedien". Der Bedeutungsgehalt der Begriffe überschneidet sich in vielen Bereichen. Telemedien sind nach § 1 Abs. 1 TMG **alle elektronischen Informations- und Kommunikationsdienste,** soweit sie nicht Telekommunikationsdienste nach § 3 Nr. 24 des TKG, telekommunikationsgestützte Dienste nach § 3 Nr. 25 des TKG oder Rundfunk nach § 2 des RStV sind. Der Begriff der **Telemedien** ist ebenso wie im Rahmen des § 1 TMG weit auszulegen. Erfasst werden alle Formen der elektronischen (nicht mechanischen) Verbreitung von Text-, Bild- und Toninhalten, soweit sie nicht Rundfunk oder Telekommunikation sind. Eine Beschränkung auf Dienstleistungsangebote oder interaktive Dienste besteht bei Telemedien nicht. Damit fallen praktisch alle online-Angebote unter den Ausschlusstatbestand, solange sie nicht negativ als Rundfunk und Telekommunikation ausgeschlossen sind.[159] Die Bereichsausnahme ist – das legen vor allem Wortlaut („im"/„in") und Systematik (Vergleich zu § 13 Abs. 4 Nr. 1) nahe – nicht auf Verstöße beschränkt, die tatbestandlich an ein Handeln im elektronischen Geschäftsverkehr anknüpfen.[160]

85a Wie **Konkurrenzen** innerhalb des § 14 Abs. 2 zu lösen sind, ist unklar; damit auch die Frage, ob die Beschränkung des Abs. 2 Satz 3 Nr. 1 dadurch umgangen werden kann, dass die Klage auf **parallel gelagerte Rechtsverstöße** in der „realen" Welt gestützt wird, für die der Deliktsgerichtsstand nicht ausgeschlossen ist. Nach allgemeinen Regeln sollte das Gericht bei einem einheitlichen Streitgegenstand in Anwendung des Rechtsgedankens des § 17 Abs. 2 S. 1 GVG über den Streitgegenstand insgesamt entscheiden können. Da sich der gesetzgeberische Kompromiss darauf beschränken wollte, die Gerichtspflichtigkeit nur für die „besonders missbrauchanfälligen Verstöße" im Internet zu beschränken, sollte diese Ausnahme nicht greifen, wenn die Klage gleichzeitig auf „offline-Verstöße" gestützt wird. Ist im Einzelfall allerdings von unterschiedlichen Streitgegenständen auszugehen, kann das Gericht nur über den Teil entscheiden, für den es zuständig ist.

---

[157] Vgl. die Stellungnahme von *Köhler* im Rahmen der Sachverständigenanhörung im Ausschuss für Recht und Verbraucherschutz, abgedruckt in WRP 2019, 1550 ff.

[158] Vgl. Art. 2 lit. a E-Commerce-Richtlinie, der auf Art. 1 Nr. 2 der Richtlinie 98/34/EG in der Fassung der Richtlinie 98/48/EG Bezug nimmt.

[159] Näher *Spindler*/Schmitz TMG § 1 Rn. 8 ff.; Spindler/Schuster/*Ricke* TMG § 1 Rn. 2 ff.

[160] OLG Düsseldorf WRP 2021, 513, 514 f., Feddersen WRP 2021, 713, 717 f., Rüther WRP 2021, 726, 727 ff.; a. A. *LG* Düsseldorf WRP 2021, 395 und 688, 689; LG Frankfurt a.M. GRUR-RR 2021, 326, 327.

b) Verbände. § 14 Abs. 2 S. 3 Nr. 2 erstreckt den Ausschluss des Deliktsgerichtsstands – wie bisher – auch auf die klagebefugten Verbände und Einrichtungen. 85b

c) Rückausnahme. Der Gerichtsstand nach Abs. 2 Satz 2 steht allerdings dann wieder offen, wenn die Kläger – auch die Verbände – dartun und gegebenenfalls nachweisen, dass der Beklagte **im Inland keine gewerbliche oder selbständige berufliche Niederlassung und keinen Wohnsitz** hat. 85c

2. § 14 Abs. 2 S. 2 – § 32 ZPO. a) Unerlaubte Handlung. Da unter einer unerlaubten Handlung im Sinne von § 32 ZPO **jeder rechtswidrige Eingriff in eine fremde Rechtssphäre** zu verstehen ist,[161] § 14 Abs. 2 S. 1 bewusst an den deliktischen Gerichtsstand des Begehungsortes anknüpft und Wettbewerbsverstöße in ständiger Rechtsprechung als unerlaubte Handlungen im weiteren Sinne zu qualifizieren sind, werden beide Bestimmungen nach denselben Grundsätzen gehandhabt.[162] Stellt sich jeder Wettbewerbsverstoß im Verhältnis zu dem „unmittelbar Verletzten" (= Mitbewerber im Sinne von § 8 Abs. 3 Nr. 1) als unerlaubte Handlung dar, kann dieser auch immer auf den Gerichtsstand des § 32 ZPO zugreifen.[163] Diese Privilegierung gegenüber dem allgemeinen Gerichtsstand des Beklagten beruht einerseits auf dem Gedanken der Sachnähe, dass nämlich am Ort der Begehung einer unerlaubten/wettbewerbswidrigen Handlung die Sachaufklärung und Beweiserhebung am besten erfolgen kann,[164] andererseits auf der Erwägung, dem Deliktsgläubiger mit dem Ziel der Waffengleichheit die Prozessführung gegenüber dem weniger schutzwürdigen Deliktsschuldner zu erleichtern. Diese Rechtfertigung ist in jüngerer Zeit verstärkt in Zweifel gezogen worden,[165] was sich in der Beschränkung des „fliegenden Gerichtsstandes" in § 14 Abs. 2 S. 3 niedergeschlagen hat. 86

b) Erstbegehungsgefahr. Der Gerichtsstand des **Begehungsortes** nach § 14 Abs. 2 S. 2 gilt für **alle auf UWG gestützten Klagearten** (→ Rn. 25 ff.) und für **alle daraus hergeleiteten Ansprüche,** etwa Unterlassung,[166] Schadensersatz(-feststellung),[167] Auskunft,[168] Rechnungslegung, Widerruf, Beseitigung, Löschung.[169] Allerdings ist die Bereichsausnahme für Zuwiderhandlungen im elektronischen Geschäftsverkehr und in Telemedien zu beachten. 87

Wird die (vorbeugende) Unterlassungsklage auf **Erstbegehungsgefahr** gestützt, so ist überall dort der Gerichtsstand des Begehungsortes begründet, **wo eine erstmalige Zuwiderhandlung ernsthaft** droht oder **wo das geschützte Rechtsgut belegen ist.** Dabei ist es nicht entscheidend, ob eine Verletzungshandlung im Inland – wettbewerbswidrige Handlungen im Ausland können für das Inland allenfalls eine Erstbegehungsgefahr begründen[170] – bereits begangen wurde oder erst droht.[171] Insoweit sind die Wiederholungsgefahr 88

[161] Stein/Jonas/*Roth* § 32 Rn. 10; Zöller/*Vollkommer* § 32 Rn. 4 ff.

[162] Vgl. BGH GRUR 1998, 1039 (1040) – Fotovergrößerungen; OLG Köln WRP 1970, 188; GRUR 1978, 658; *Bornkamm* GRUR 1996, 527 (528 f.).

[163] GroßKommUWG/*Zülch* § 14 Rn. 47; *Melullis* Rn. 93 aE, 112.

[164] Zöller/*Vollkommer* § 32 Rn. 1 mwN; *Borck* WRP 1984, 583 (586); so auch für Art. 5 Nr. 3 EuGVÜ EuGH NJW 2002, 3617 (3619) – Henkel.

[165] *Jürgens* NJW 2014, 3061 mit besonderem Blick auf das Presserecht; dagegen *Dölling* NJW 2015, 124; s. a. *Lüttringhaus* ZZP 2014, 29.

[166] Auch im Geltungsbereich des § 32 ZPO bedarf es keines Verschuldens, zur Anwendbarkeit von § 32 ZPO, wenn die Klage auf § 1004 BGB gestützt wird: OLG München BB 1986, 425; MüKoZPO/*Patzina* § 32 Rn. 37; Zöller/*Vollkommer* § 32 Rn. 14.

[167] OLG Hamburg MD 2004, 594 (597).

[168] Sehr weitgehend OLG Hamburg GRUR-RR 2005, 31, für Klage auf Auskunft- und Schadensersatz im Gerichtsstand der vorbeugenden Unterlassungsklage.

[169] GroßKommUWG/*Zülch* § 14 Rn. 32; Stein/Jonas/*Roth* § 32 Rn. 22.

[170] OLG Hamburg GRUR 1987, 403; OLG Düsseldorf WRP 1994, 877 (879).

[171] BGH GRUR 1994, 530 (531 f.) mwN – Beta; KG NJW 1997, 3321; vgl. auch EuGH NJW 2002, 3617 (3618 f.) – Henkel, zu Art. 5 Nr. 3 EuGVÜ aF mAnm *Michailidou* IPRax 2003, 223; vgl. weiter OLG Hamburg NJWE-WettbR 1999, 138: Messepräsentation gegenüber potentiellen Kunden aus dem Gerichtsbezirk; KG NJW 1997, 3321; OLG Köln MD 2012, 301 (305) = WRP 2012, 499 (Ls.); LG Hamburg MD 2003, 921 (924): bundesweiter Vertrieb der Software, deshalb auch Erstbegehungsgefahr im Gerichtsbezirk.

und die (Erst-)Begehungsgefahr in Bezug auf die Begründung eines Gerichtstands des Begehungsorts nach allgemeiner Auffassung „gleichwertig". Deshalb kann die Zuständigkeit eines Gerichts, in dessen Bezirk eine solche Zuwiderhandlung lediglich droht, nicht deshalb verneint werden, weil in einem anderen Gerichtsbezirk bereits eine Verletzungshandlung begangen wurde. Eine zunächst bestehende (Erst-)Begehungsgefahr wird durch eine in einem anderen Gerichtsbezirk begangene Zuwiderhandlung also nicht beseitigt. Maßgeblich bleibt, ob im Hinblick auf bereits vorgekommene Zuwiderhandlungen auch anderen Orts (noch) mit solchen Zuwiderhandlungen ernsthaft zu rechnen ist.[172] Dass bereits Zuwiderhandlungen vorgekommen sind, ist für sich allein jedoch nicht geeignet, auch anderen Orts eine Wiederholungsgefahr oder eine (Erst-)Begehungsgefahr zu begründen;[173] hierzu bedarf es vielmehr des Vortrags entsprechender Umstände, aus denen mit der erforderlichen Wahrscheinlichkeit auf eine örtliche „Ausweitung" der beanstandeten Verhaltensweise geschlossen werden kann.

89 **3. Entscheidungsbefugnis.** Die Entscheidungsbefugnis des Gerichts des Begehungsortes kann bei einem einheitlichen Geschehen[174] nicht auf diejenigen Einzelhandlungen begrenzt werden, die im Gerichtsbezirk begangen wurden,[175] denn anderenfalls müsste der Kläger, insbesondere bei Fehlen eines allgemeinen Gerichtsstands im Inland, mehrere Prozesse führen. Der Kläger kann bei jedem der nach § 35 ZPO in Betracht kommenden Gerichte **Unterlassung für das gesamte Bundesgebiet** verlangen und seinen Gesamtschaden geltend machen.[176] Bei mehreren selbständigen Handlungen gilt diese umfassende Zuständigkeit jedoch nicht.[177] Die Entscheidungsbefugnis erstreckt sich innerhalb eines einheitlichen prozessualen Anspruchs auch auf diejenigen Anspruchsgrundlagen, die außerhalb des UWG liegen. Das Gericht hat den Rechtsstreit unter allen in Betracht kommenden Gesichtspunkten zu prüfen (§ 17 Abs. 2 GVG).[178]

90 **4. Mittäter, Teilnehmer.** Der Gerichtsstand des Begehungsortes erfasst nicht nur die Klage gegen den unmittelbar Handelnden, sondern begründet auch einen Gerichtsstand gegenüber **Mittätern,**[179] **Teilnehmern** (§ 830 BGB),[180] sowie gegenüber den nach Gesetz **Haftenden** (§§ 31, 89, 831[181] BGB; § 8 Abs. 2 UWG;[182] § 128, § 161 Abs. 2 HGB),[183] ebenso gegenüber (Gesamt- oder Einzel-)Rechtsnachfolgern.[184] Sollen Teilnehmer in An-

[172] Vgl. OLG Stuttgart WRP 1988, 331 (332); OLG Düsseldorf WRP 1991, 728 (729); Teplitzky/*Schaub* Kap. 45 Rn. 13; *Ingerl/Rohnke* § 140 Rn. 48.

[173] Vgl. OLG München WRP 1986, 172; OLG Köln WRP 1988, 126 (127); MD 2012, 301 (305) = WRP 2012, 499 (Ls.); *Melullis* Rn. 114; krit. *Ingerl/Rohnke* § 140 Rn. 48.

[174] Insoweit ist die Anlegung eines großzügigen Maßstabes angezeigt, vgl. Benkard/Rogge/*Grabinski* § 139 Rn. 98 unter Hinweis auf RG GRUR 1938, 602 (603) (Patentverletzung); Stein/Jonas/*Roth* § 32 Rn. 48 (aus kollisionsrechtlicher Sicht); BGH GRUR 1980, 130 (132) – Kfz-Händler zur Frage der internationalen Zuständigkeit: „Teile eines zusammenhängenden Vorgehens".

[175] So aber noch RGZ 60, 363 (365), wonach das Gericht nur den Ersatz desjenigen Schadens zusprechen kann, der durch die Verbreitung des beanstandeten Presseerzeugnisses im Gerichtsbezirk entstanden ist; aufgegeben durch RGZ (VZS) 72, 41 (44).

[176] Wieczorek/Schütze/*Smid/Hartmann* § 32 Rn. 72; Benkard/Rogge/*Grabinski* § 139 Rn. 98; RG GRUR 1938, 602 (603); OLG Hamburg NJW-RR 1993, 173: Ankündigen und Durchführen einer Verkaufsveranstaltung an verschiedenen Orten unter Hinweis auf RGZ 72, 41 (44); OLG München 25.1.2001 – 29 U 4248/00, S. 3 f.

[177] Stein/Jonas/*Roth* § 32 Rn. 15 aE, 32; *Würthwein* ZZP 106 (1993), 51 (73 f.); *Geimer/Schütze* EuZVR Rn. 182; vgl. auch OLG München NJW 1990, 3097 f., zur Frage der internationalen Zuständigkeit für alle Verletzungshandlungen im Sinne von § 15 UrhG.

[178] Fezer/*Büscher*/Obergfell § 14 Rn. 5.

[179] BGH NJW 1995, 1225 f.; NJW-RR 1990, 604; jeweils zu § 823 Abs. 2 BGB, § 32 ZPO.

[180] BGH NJW 1995, 1225 (1226); ZIP 2010, 749 Rn. 19; OLG München WRP 2012, 501 (Ls.); vgl. auch High Court of Justice GRUR-Int 1999, 784 (786 f.) – Telfast zu den Anforderungen an die Feststellung einer mittäterschaftlichen Patentverletzung bei internationalen Unternehmenverbünden.

[181] BGH IPRax 1989, 409 f. mAnm *Ahrens* IPRax 1990, 128.

[182] RGZ 150, 270.

[183] BayObLGZ 1980, 13 (15) = Rpfleger 1980, 156.

[184] Zöller/Vollkommer § 32 Rn. 13 mwN.

spruch genommen werden, ist maßgeblich, wo der Wettbewerbsverstoß, an dem sie sich beteiligt haben oder den sie für sich ausgenutzt haben, als begangen anzusehen ist. Alle an einer wettbewerbswidrigen Handlung Beteiligten können an dem Ort verklagt werden, an dem auch nur einer von ihnen gehandelt hat, weil alle Tatbeiträge über § 830 Abs. 1 S. 1 BGB **wechselseitig zugerechnet** werden.[185] Hat der Beklagte für das Handeln Dritter einzustehen (zB nach § 8 Abs. 2 UWG bzw. § 831 BGB), kommt es darauf an, wo diese Dritten gehandelt haben.[186]

5. Rechtsnachfolger. Da es – von den obigen Einschränkungen bezüglich eines Vor- 91
gehens in Prozessstandschaft abgesehen (→ Rn. 33) – nicht darauf ankommt, wer den (quasi-)deliktischen Anspruch verfolgt, kann auch der Rechtsnachfolger des Verletzten den Gerichtsstand des Begehungsortes für sich in Anspruch nehmen.[187]

6. Handlungs- und Erfolgsort. Begehungsort ist jeder Ort, an dem zumindest ein 92
wesentliches Tatbestandsmerkmal (Teilakt) des in Rede stehenden Verbotstatbestandes begangen wurde.[188] Begehungsort kann bei mehraktigen Tatbeständen sowohl der Ort sein, an dem der Täter gehandelt hat – **Handlungsort** – als auch der Ort, an dem das geschützte Rechtsgut belegen ist – **Erfolgsort** – mit der Folge, dass der Kläger gegebenenfalls zwischen mehreren Gerichtsständen wählen kann[189] (§ 35 ZPO). Dagegen ist der Ort des Schadenseintrittes nur in den Fällen zur Begründung eines Gerichtsstandes geeignet, in denen der Schadenseintritt zum Tatbestand der Rechtsverletzung gehört,[190] wie dies in den Fällen des Betrugs bzw. der sittenwidrigen Schädigung sowie der Diskriminierung für den Wohnsitz/Sitz des Geschädigten/Diskriminierten angenommen wurde.[191]

a) Handlungsort. Der Handlungsort wird durch die Vornahme von **tatbestandsmäßi-** 93
gen Ausführungshandlungen, auch Teilakten,[192] mit Außenwirkung begründet, sofern diese über bloße Vorbereitungshandlungen hinausgehen,[193] wie dies auch für die ernsthafte Drohung mit einer unerlaubten Handlung bejaht wurde.[194] Dagegen handelt es sich bei der Entwicklung und Herstellung von Maschinen oder sonstigen Produkten, sofern darin nicht bereits ausnahmsweise eine wettbewerbswidrige Handlung gesehen werden kann,[195] idR

---

[185] BGH NJW 1995, 1225 (1226); NJW-RR 1990, 604: zur Frage des Begehungsorts bei betrügerischem Zusammenwirken von Mittätern; BayObLGZ 1995, 301 (303) zu § 17 Abs. 2 GVG; Fezer/*Büscher*/Obergfell § 14 Rn. 27; Stein/Jonas/*Roth* § 32 Rn. 24; anders allerdings im Anwendungsbereich von Art. 7 Nr. 2 EuGVVO, wenn nur ein im Ausland handelnder Teilnehmer im Inland in Anspruch genommen wird – in diesem Fall kann im Inland eine internationale Zuständigkeit allein auf Grundlage des Erfolgsortes begründet werden, wenn und soweit sich der Schaden im Inland auswirkt (dazu → Rn. 97).

[186] GroßKommUWG/*Zülch* § 14 Rn. 51. In der Entscheidung BGH GRUR 1987, 172 (173) – Unternehmensberatungsgesellschaft I wurden der Beklagten die Handlungen ihres im Inland ansässigen Erfüllungsgehilfen als eigene Handlungen zugerechnet.

[187] BGH NJW 1990, 2316.

[188] RGZ 72, 41 (44); BGH GRUR 1994, 530 (532) – Beta; BGH GRUR 1962, 243 (245 f.) – Kindersaugflaschen; BGH GRUR 1964, 316 (318) – Stahlexport; GRUR 1978, 194 (195) – profil; OLG Hamburg GRUR 1994, 143 (144); OLG Hamm NJW-RR 1987, 1047; Fezer/*Büscher*/Obergfell § 14 Rn. 27.

[189] Vgl. OLG Köln MD 2012, 301 (303 f.) = WRP 2012, 499 (Ls.), wonach auch bei bundesweiter Tätigkeit ein Begehungsort nur dort angenommen werden kann, an dem die behauptete Verletzungshandlung begangen wurde bzw. deren Erfolg eingetreten ist.

[190] BGHZ 98, 263 (275); GRUR 1969, 564 (565) – Festzeltbetrieb; GRUR 1964, 316 (318) – Stahlexport (§ 826 BGB) und GRUR 1978, 194 (195) – profil; GRUR 1980, 130 (131) – Kfz-Händler; NJW 1990, 1533; GRUR 1977, 740 = NJW 1977, 1590.

[191] BGH GRUR 1980, 130 (131) – Kfz-Händler; Zöller/*Vollkommer* § 32 Rn. 16 mwN.

[192] RGZ 72, 41 (44); BGH GRUR 1964, 316 (318) – Stahlexport.

[193] BGH GRUR 1962, 243 (245 f.) – Kindersaugflaschen; BGH NJW 1954, 1931 – Farina Belgien: Auftrag an ausländischen Anwalt als „Initiativhandlung"; BGH GRUR 1957, 231 (235) – Pertussin I; GRUR 1982, 495 (497) – Domgarten-Brand (Etikettierung eines zum Export bestimmten Weins); BGH WRP 2008, 236 Rn. 42 – THE HOME STORE: Steuerung der Markenverwendung in anderen Ländern von Deutschland aus stellt noch keine Benutzungshandlung dar.

[194] OLG Hamburg GRUR 1987, 403.

[195] Vgl. BGH GRUR 2002, 91 (94) – Spritzgießwerkzeuge.

um bloße **Vorbereitungshandlungen;**[196] wie die Herstellung der nachgeahmten Waren in Fällen des § 4 Nr. 3,[197] ebenso bei der Herstellung von Werbematerial. Derartige Vorbereitungshandlungen können jedoch uU auch am Ort ihrer Vornahme eine Erstbegehungsgefahr begründen, wenn aufgrund der Gegebenheiten zu erwarten ist, dass auch dort die fraglichen Gegenstände in Verkehr gebracht werden.

94 **aa) Absatzkette.** Bei einem Vertrieb von Waren über **verschiedene Wirtschaftsstufen** (Hersteller – Großhandel – Einzelhandel – Käufer) wurde allerdings ein Gerichtsstand nicht nur am Ort des Verkaufs an den Endverbraucher als begründet angesehen,[198] sondern auch am Herstellungsort.[199]

95 **bb) Durchfuhr.** Ob die bloße **Durchfuhr** von Waren im Inland einen Gerichtsstand begründet, wird für kennzeichenrechtliche Tatbestände überwiegend im Gegensatz zu der früher vertretenen Auffassung[200] verneint.[201] Auf rein wettbewerbsrechtliche Tatbestände konnte auch die frühere Sichtweise mangels Außenwirkung („Marktort", siehe nachfolgend; auch beim ergänzenden Leistungsschutz ist erst das Anbieten bzw. Inverkehrbringen tatbestandsmäßig) bereits nicht übertragen werden.[202]

96 **cc) Unterlassung.** Besteht das beanstandete Verhalten in einem Unterlassen, so ist als Begehungsort der Ort anzusehen, wo die **pflichtwidrig unterlassene Handlung** hätte vorgenommen werden müssen.[203] Wird dagegen ein positives Tun beanstandet, so ist der Gerichtsstand des Begehungsortes nicht dort begründet, an dem pflichtgemäß hätte gehandelt werden müssen (zB Einholung einer Lizenz),[204] da es sich um kein Unterlassungsdelikt handelt.

97 **dd) Marktort, Ort des wettbewerblichen Interessenkonflikts.** (a) Als Begehungsort ist bei marktbezogenen Wettbewerbshandlungen (Werbung, Verkauf etc) derjenige Ort anzusehen, wo die Erzeugnisse beworben und dadurch irrige Vorstellungen über die Herkunft und Güte erzeugt werden bzw. eine Ausnutzung des Rufs der nachgeahmten Ware stattfindet[205] – **Marktort, bzw. Ort des wettbewerblichen Interessenkonflikts.**[206] Wo der Leistungsaustausch (Warenabsatz) dann später stattfindet, ist nicht entscheidend.[207] Nach ständiger Rechtsprechung wird im Hinblick auf die Besonderheiten des (handlungsbezogenen) Wettbewerbsrechts als Begehungsort nur der Ort angesehen, an dem die wettbewerblichen Interessen der Mitbewerber aufeinander treffen, da bei Verstößen mit Kundenkontakt maßgeblich auf den Absatzmarkt abzustellen ist, auf dem auf die Kunden

[196] Zöller/Vollkommer § 32 Rn. 16.

[197] Vgl. MüKoUWG/*Ehricke* § 14 Rn. 53.

[198] Vgl. auch BGH GRUR 2002, 599 – Funkuhr, zur Verantwortlichkeit des ausländischen Lieferanten.

[199] LG Mainz BB 1971, 143 f.; aA im Hinblick auf Nachahmungstatbestände GroßkommUWG/*Zülch* § 14 Rn. 55.

[200] Vgl. BGH GRUR 1957, 231 (233 f.) – Pertussin I; BGH GRUR 1958, 189 (197) – Zeiß.

[201] Vgl. EuGH GRUR 2007, 146 – Montex Holdings/Diesel; BGH GRUR 2007, 876 – Diesel II; GRUR 2007, 875 – Durchfuhr von Originalware; GRUR 2012, 1263 – Clinique happy; *Ströbele/Hacker* MarkenG § 14 Rn. 155 ff.; *Hacker* MarkenR 2004, 257 ff.; *Leitzen* GRUR 2006, 89 (95).

[202] *Köhler*/Bornkamm/*Feddersen* § 14 Rn. 19; Fezer/*Büscher*/Obergfell § 14 Rn. 28.

[203] OLG Karlsruhe MDR 1960, 56; OLG Hamm NJW-RR 1989, 305 und 1987, 1337; Großkomm/Zülch § 14 Rn. 51; Stein/Jonas/*Roth* § 32 Rn. 27; MüKoZPO/*Patzina* § 32 Rn. 17.

[204] BGH GRUR 1969, 564 (565) – Festzeltbetrieb; Stein/Jonas/*Roth* § 32 Rn. 27.

[205] *Köhler*/Bornkamm/Feddersen Einl. Rn. 5.19 ff. zum anwendbaren Recht.

[206] *Glöckner* → Einl. Rn. 721 ff.; vgl. zur Frage des anwendbaren Rechts: BGH GRUR 1962, 243 (245 f.) – Kindersaugflaschen; GRUR 1964, 316 (318) – Stahlexport; GRUR 1982, 495 (497) – Domgarten-Brand; GRUR 1988, 453 (454) – Ein Champagner unter den Mineralwässern; GRUR 1988, 916 (917) – PKW-Schleichbezug; BGH GRUR 1991, 463 – Kauf im Ausland; GRUR 1994, 447 (448) – Sistierung von Aufträgen; GRUR 1995, 424 (425) – Abnehmerverwarnung; GRUR 1998, 419 (420) – Gewinnspiel im Ausland; GRUR 1998, 945 (946) – Co-Verlagsvereinbarung; GRUR 2014, 601 Rn. 16 ff. – englischsprachige Pressemitteilung, zu Art. 7 Nr. 2 EuGVVO und Art. 6 Abs. 1 ROM-II; OLG München MD 2003, 679 (689); 2004, 88 (90).

[207] BGH GRUR 1991, 463 (464 f.) – Kauf im Ausland; GRUR 1998, 419 (420) – Gewinnspiel im Ausland; jeweils zum anwendbaren Recht.

eingewirkt wird. Handlungs- und Erfolgsort fallen somit am Ort der wettbewerblichen Interessenkollision zusammen.

(b) Von der Rechtsprechung werden für die Frage der örtlichen und der internationalen Zuständigkeit und des anwendbaren Rechts dieselben Kriterien – **„Ort der Interessenkollision"** bzw. **„kollisionsrechtliche Spürbarkeitsgrenze"** – angelegt,[208]

> *„Die internationale und örtliche Zuständigkeit der deutschen Gerichte, ferner hier die Anwendung des deutschen Rechts und den Unterlassungsanspruch materiell begründenden Umstände sind dieselben; hat die Beklagte auf dem Gebiet der BRD zu Zwecken des Wettbewerbs gehandelt und durch dieses Handeln gegen die Vorschriften der §§ 1, 3 UWG verstoßen, dann ist damit nach § 32 ZPO die internationale und örtliche Zuständigkeit der deutschen Gerichte und nach dem dann anzuwendenden deutschen internationalen Privatrecht die Anwendbarkeit des deutschen Rechts gegeben …"*

was von einem Teil der Literatur[209] als unzulässige Vermengung von inländischer Deliktszuständigkeit und deutschem Deliktsrecht kritisiert wird, da der Handlungsort im Sinne der kollisionsrechtlichen Anknüpfung nicht identisch sei mit dem für die Kompetenzanknüpfung nach § 32 ZPO bzw. § 14 relevanten. Dieser Gleichlauf zeichnet sich auch in der Rechtsprechung zu Art. 7 Nr. 2 EuGVVO einerseits und Art. 6 Abs. 2 Rom-II andererseits ab (dazu → Einl. D Rn. 701 ff.).[210]

ee) „Fliegender Gerichtsstand". Er ist wegen der Bereichsausnahme des § 14 Abs. 2 98
S. 3 Nr. 1 (elektronischer Geschäftsverkehr, Telemedien, → Rn. 85) nur noch für „offline"-Sachverhalte relevant. Bei Druckschriften (Bücher, Zeitungen, Zeitschriften, Anzeigeblättern, Prospekten, einschließlich CD-ROM) wird in ständiger Rechtsprechung als Begehungsort[211] nicht nur der Erscheinungsort, sondern auch **jeder Ort** angesehen, **an dem die Druckschrift verbreitet wird.**[212] Zur Eingrenzung des „fliegenden Gerichtsstands" wird der Begriff des Verbreitens einschränkend dahingehend ausgelegt, dass die Druckschrift Dritten **bestimmungsgemäß** und nicht bloß zufällig zur Kenntnis gebracht wird. Maßgeblich ist also das Gebiet, das der Verleger bzw. Herausgeber erreichen will bzw. in dem er mit einer Verbreitung rechnen muss,[213] wobei hierunter auch die bestimmungsgemäße Weiterverbreitung durch die Empfänger und Bezieher fällt (Weitergabe durch Pressedienste; Weitergabe innerhalb von Behörden etc).[214] Dieses regelmäßige Verbreitungsgebiet wird bei Zeitungen und Zeitschriften durch das Gebiet bestimmt, das der Verleger regelmäßig zu beliefern pflegt.[215] Gleiches gilt für die Verbreitung von Werbematerial.[216] Ein solches bestimmungsgemäßes Verbreiten wurde verneint, wenn ein Exemplar einer Druckschrift ausnahmsweise an einen Ort außerhalb des regelmäßigen Verbreitungsgebietes versandt wurde[217] oder wenn die zugrunde liegende

---

[208] BGH GRUR 1971, 153 (154) – Tampax; zustimmend Gloy/Loschelder/Danckwerts/*Schütze* HdbWettbR § 11 Rn. 16; *Koch* CR 1999, 121 (124 f.).

[209] *Geimer* IZPR Rn. 1517a, 1527; *Lindacher* FS Nakamura, 1996, 323 (325 ff.); *Melullis* Rn. 131 mit Fn. 1, der darauf abstellt, dass eine Handlung im Inland – wie in sonstigen Fällen auch – zur Begründung der Zuständigkeit ausreichend sein müsse, auch wenn sich diese nur im Ausland auswirke; Stein/Jonas/*Roth* § 32 Rn. 26, allgemein zum Verhältnis zwischen lex fori und lex cause in Bezug auf die Auslegung des § 32 ZPO.

[210] BGH GRUR 2014, 601 Rn. 16 ff. – englischsprachige Pressemitteilung mwN.

[211] Als Handlungsort ist der Verlagssitz anzusehen, *Ehmann/Thorn* AfP 1996, 20 (23); *Koch* CR 1999, 121 (122); vgl. auch EuGH NJW 1995, 1881 – Shevill, zu Art. 5 Nr. 3 EuGVÜ aF.

[212] BGH NJW 1996, 1128; GRUR 1978, 194 f. – profil.

[213] BGH GRUR 1978, 194 f. – profil; GroßkommUWG/*Zülch* § 14 Rn. 57 mwN; *Melullis* Rn. 118; anders bei Kennzeichenstreitigkeiten *Ingerl/Rohnke* § 140 Rn. 44.

[214] OLG Hamburg WRP 1985, 351; OLG Düsseldorf WRP 1987, 476 (477) verneint bei einem Nachsenden an den Urlaubsort.

[215] BGH GRUR 1971, 153 (154) – Tampax; GRUR 1978, 194 f. – profil; GRUR 2005, 431 – HOTEL MARITIME.

[216] OLG München WRP 1986, 172 f.: Versendung eines Prospekts.

[217] OLG Düsseldorf GRUR 1971, 82; OLG Köln WRP 1972, 590 (591); OLG Karlsruhe WRP 1976, 490; vgl. auch OLG Brandenburg OLG Report-NL 2002, 180 f.: kein Verbreiten bei nur vorstellbarer Verbreitung auch im Gerichtsbezirk.

Anforderung nur dem Zweck diente, um am Empfangsort den Gerichtsstand des Begehungsorts zu begründen.[218]

99 Ist eine bestimmungsgemäße Verbreitung im Gerichtsbezirk im vorstehenden Sinne gegeben, wird von einem Teil der Rechtsprechung und Literatur darüber hinaus zu Recht gefordert, dass die Druckschrift **in wettbewerbsrechtlich relevanter Weise**[219] verbreitet sein muss, während nach anderer Auffassung ein rein tatsächliches Verbreiten von wenigen Exemplaren oder auch nur einem Exemplar ausreichend ist.[220] Nach der erstgenannten Auffassung, die der gesetzgeberischen Intention des sachnahen Gerichtsstandes zutreffend Rechnung trägt, kommt es darauf an, ob die Verbreitungshandlungen objektiv geeignet sind, den Wettbewerb im Bezirk des angerufenen Gerichts zu beeinflussen, was nicht erfordert, dass der Beklagte (oder der von ihm geförderte Dritte) dort auch einen Wettbewerbsvorteil erlangt hat.[221] Danach bestimmt sich die örtliche Zuständigkeit nach denselben Regeln, wie sie von der Rechtsprechung für die Bestimmung des anwendbaren Rechts zugrunde gelegt werden,[222] dh ein Gerichtsstand ist nur dort begründet, wo wettbewerbliche Interessen der Mitbewerber aufeinander stoßen. Ob diese Voraussetzungen gegeben sind, kann nur anhand der jeweiligen Umstände des Einzelfalls[223] beurteilt werden, wobei eine bestimmte Intensität der Interessenbeeinträchtigung allerdings nicht gefordert wird.[224] Diese für „Pressedelikte" entwickelten Grundsätze finden auch bei der Beurteilung von Wettbewerbsverstößen Anwendung, die über das Internet begangen werden (→ Rn. 75 ff.). Daraus folgt, dass nicht in jedem dieser Fälle eine bundesweite Zuständigkeit gegeben ist, insbesondere dann nicht, wenn der wettbewerbliche Wirkungskreis eines Verletzers lokal oder regional beschränkt ist.[225]

100 **b) Erfolgsort.** Erfolgsort ist der Ort, an dem das durch die fragliche Norm geschützte Rechtsgut nach dem Vortrag des Klägers verletzt wurde, sofern ohne den Erfolg die Handlung nicht vollendet wäre.[226]

101 **c) Einzelfälle.** Richtet sich eine Maßnahme gezielt gegen einen Mitbewerber **(individuelle Behinderung)** ist auf den Ort abzustellen, wo der Mitbewerber gehindert wird, tätig zu werden bzw. seine Leistung zur Geltung zu bringen:[227]

---

[218] BGH GRUR 1978, 194 f. – profil: Bestellung der in Wien erscheinenden Zeitschrift, um in Berlin einen Gerichtsstand zu begründen unter Hinweis auf OLG Köln MDR 1973, 143; WRP 1988, 126 (127): nachträgliche Anforderung einer Werbebeilage durch den Prozessbevollmächtigten; vgl. auch BGH GRUR 1980, 227 (230) li. Sp. – Monumenta Germaniae Historica, wo eine Einzellieferung eines umfangreichen Werkes von der Schweiz nach Deutschland als Ausdruck einer allgemeinen Lieferbereitschaft und nicht als unbeachtliche Provokationsbestellung angesehen wurde; OLG Karlsruhe GRUR 1985, 556 (557); OLG München WRP 1986, 357.

[219] OLG Köln WRP 1972, 590; GRUR 1991, 775 (776); OLG Düsseldorf GRUR-RR 2006, 33; OLG Karlsruhe GRUR 1985, 556 (557); OLG München WRP 1986, 357 (358); OLG Stuttgart GRUR 1985, 125; *Stapenhorst* GRUR 1989, 176 (177 f.); *Köhler*/Bornkamm/*Feddersen* § 14 Rn. 17; Ohly/*Sosnitza* § 14 Rn. 11; Teplitzky/*Schaub* Kap. 45 Rn. 13; *v. Ungern-Sternberg* FS Klaka, 1987, 73 (85 f.).

[220] KG GRUR 1989, 134 (135); OLG Hamburg GRUR 1982, 174 (175); OLG Düsseldorf; GRUR 1987, 476 (477) (unter Aufgabe von WRP 1981, 278 (279)); OLG München GRUR 1984, 830 (831); *Melullis* Rn. 119 f.; Ahrens/*Bähr* Kap. 17 Rn. 16 unter Hinweis auf die Einschränkung in § 24 Abs. 2 S. 2 aF, mit der dem Missbrauch des „fliegenden Gerichtsstands" bereits hinreichend Rechnung getragen worden sei.

[221] *Köhler*/Bornkamm/*Feddersen* § 14 Rn. 15; Fezer/*Büscher*/Obergfell § 14 Rn. 28; GroßKommUWG/*Zülch* § 14 Rn. 59. und *Melullis* Rn. 119 jeweils mit Darstellung des Meinungsstandes.

[222] Hierzu eingehend MüKoBGB/*Drexl* Intern. Lauterkeitsrecht Rn. 102 ff.

[223] Verhältnis des Verbreitungsorts zum Marktort: vgl. OLG Frankfurt a. M. GRUR 1989, 136; OLG Köln GRUR 1988, 148 (149); OLG München WRP 1986, 357 (358).

[224] BGH GRUR 1978, 194 (196) – profil; KG GRUR 1989, 134 (135); OLG Düsseldorf WRP 1987, 476 (477); OLG München GRUR 1984, 830 (831); im Ansatz kritisch, im Ergebnis wohl zustimmend *Melullis* Rn. 120.

[225] Fezer/*Büscher*/Obergfell § 14 Rn. 29; vgl. zum Kennzeichenrecht BGH GRUR 2005, 262 (265) – soco.de.

[226] BGH GRUR 1964, 316 (318) mwN – Stahlexport; Wieczorek/Schütze/*Smid*/*Hartmann* § 32 Rn. 36.

[227] *Köhler*/Bornkamm/Feddersen Einl. Rn. 5.20.

Bei der **Abwerbung von Kunden** wird auf den **Sitz der Kunden** abgestellt;[228] anders bei betriebsbezogenen Eingriffen (Boykott;[229] Diskriminierung;[230] Geschäftsehrverletzung;[231] unberechtigte Schutzrechtsverwarnung;[232] wettbewerbsrechtliche Abmahnung,[233] Betriebsspionage;[234] Abwerbung von Mitarbeitern), bei denen der **Sitz des betroffenen Unternehmens** als Handlungs- und/oder Erfolgsort einen Gerichtsstand begründet. 102

Da das bloße **Ausnutzen eines Vertragsbruchs** noch nicht als relevanter Teilakt eines Wettbewerbsverstoßes angesehen werden kann, sondern erst bei Hinzutreten besonderer Umstände zur Sittenwidrigkeit führt, will *Hefermehl* darauf abstellen, wo diese besonderen Umstände verwirklicht werden.[235] 103

Wird das wettbewerbswidrige Verhalten mit einem **Verstoß gegen Rechtsnormen** begründet, kommt es auf den Ort an, wo die Gesetzesverletzung stattgefunden hat (bzw. droht). 104

Bei der **Einwirkung auf** im Rahmen eines Vertriebssystems **gebundene Lieferanten** durch Ankäufe von „Strohmännern" ist für die Frage des Begehungsortes darauf abgestellt worden, wo diese Einkäufe getätigt werden.[236] 105

Bei der Verbreitung von Informationen über das **Internet** greift nunmehr die Bereichsausnahme des § 14 Abs. 2 S. 3 Nr. 1 und zwingt zur Klageerhebung am allgemeinen Gerichtsstand des Verletzers. 106

Bei der **Versendung** von **(Telefax-)Schreiben, Prospekten** etc mit wettbewerbswidrigem Inhalt im Rahmen von Individualkommunikation, die weder Telemedium noch elektronischen Geschäftsverkehr darstellt, wird sowohl am Ort der Absendung als auch am Empfangsort ein Gerichtsstand begründet; nicht entscheidend ist, wo der Brief geschrieben bzw. der Prospekt hergestellt wurde.[237] Ebenso ist bei der Versendung von E-mails (SMS) und bei Äußerungen am Telefon[238] auf den Absende- und Empfangsort bzw. die Aufenthaltsorte der Gesprächsteilnehmer abzustellen.

Bei **Rundfunk- und Fernsehsendungen,** die jedenfalls auch in Form des Live-Stream nicht der Bereichsausnahme des § 14 Abs. 2 S. 3 Nr. 1 unterfallen, ist der Sitz der betreffenden Sendeanstalt als Handlungsort[239] und jeder Ort im Gebiet, in dem die Sendung bestimmungsgemäß[240] ausgestrahlt wird, als Erfolgsort[241] anzusehen. 107

---

[228] Ohly/*Sosnitza* UWG Einf. Rn. 95; vgl. auch BGH GRUR 1994, 447 (448) – Sistierung von Aufträgen, wo für die Frage des anwendbaren Rechts auf die im Inland befindliche Niederlassung der ausländischen Klägerin abgestellt wurde.

[229] BGH GRUR 1980, 130 f. – Kfz-Händler: Sitz des boykottierten Unternehmens als Erfolgsort; OLG Hamburg GRUR-RR 2008, 31; aA OLG Frankfurt a. M. NJW-RR 1986, 1189, wonach maßgeblich nur der Ort sein kann, wo die Aufforderung verlautbart wurde und wo sie dem Adressaten zugegangen ist.

[230] OLG Stuttgart BB 1979, 390; *Winkler* BB 1979, 402: Sitz des auf Belieferung klagenden Unternehmens maßgebend, da dort hätte gehandelt werden müssen.

[231] Ohly/*Sosnitza* Einf. B Rn. 16 und *Sack* WRP 2000, 269 (273), Erfolgsort; Handlungsort, wo auf den Dritten eingewirkt wird.

[232] Sitz des betroffenen Unternehmens als Erfolgsort: OLG Celle GRUR-Int 1977, 238 (239); LG Mannheim IPRspr. 1980, 143; OLG Karlsruhe GRUR 1984, 143 (144); Ohly/*Sosnitza* Einf. B Rn. 17; *Sack* GRUR-Int 1988, 320 (330).

[233] Ort der Absendung als Handlungsort, Empfangsort als Erfolgsort; vgl. BGH GRUR 1964, 316 (317 f.) – Stahlexport; OLG Karlsruhe GRUR 1984, 422 (423); Musielak/Voit/*Heinrich* § 32 Rn. 16.

[234] *Ohly*/Sosnitza Einf. Rn. 97.

[235] *Baumbach/Hefermehl,* Wettbewerbsrecht, 23. Aufl., Einl. Rn. 188.

[236] *Ohly/Sosnitza* Einf. Rn. 93 unter Hinw. auf BGH GRUR 1988, 916 (917) – PKW-Schleichbezug.

[237] RGZ 27, 418 (419 f.); BGH GRUR 1964, 316 (317 f.) – Stahlexport; OLG Karlsruhe WRP 1976, 381; OLG Oldenburg NJW 1989, 400; OLG Rostock OLG-NL 2001, 143; Stein/Jonas/*Roth* § 32 Rn. 32; GroßkommUWG/*Zülch* § 14 Rn. 53; Gloy/Loschelder/Danckwerts/*Schütze* HdbWettbR § 11 Rn. 17.

[238] MüKoZPO/*Patzina* § 32 Rn. 34 Stichwort „Telekommunikation"; einschränkend OLG München NJW-RR 1994, 190: Angabe eines unzutreffenden Gesprächsort kann nicht dazu führen, dass eine bei dem Gespräch gemachte Äußerung am tatsächlichen Gesprächsort als Erfolgsort einen Gerichtsstand begründet.

[239] Vgl. BGH GRUR 2003, 328 (329 f.) – Sender Felsberg, zur ähnlich gelagerten Frage des anwendbaren Rechts.

[240] OLG Düsseldorf GRUR-RR 2006, 33, betreffend Ausstrahlung eines Werbespots.

[241] BGH GRUR 1994, 530 (531 f.) – Beta; GRUR 2012, 621 Rn. 21 – OSCAR; OLG München OLGZ 1987, 216 (217); *Köhler*/Bornkamm/*Feddersen* § 14 Rn. 18; Ohly/*Sosnitza* § 14 Rn. 12.

VII. Testkäufe, Rechtsmissbrauch

108 Nach dem auch im Prozessrecht von Amts wegen zu beachtenden Grundsatz von **Treu und Glauben** (§ 242 BGB), kann sich die Anrufung eines Gerichts als rechtsmissbräuchlich darstellen.[242]

109 Die Inanspruchnahme des Gerichtsstands des Begehungsorts ist aber nicht bereits deshalb zu beanstanden, wenn die im Gerichtsbezirk begangene Handlung vom Kläger selbst veranlasst wurde. In der Entscheidung *„profil"*[243] hat der BGH allerdings die Bestellung der in Wien erscheinenden Zeitschrift, um hierdurch in Berlin einen Gerichtsstand zu begründen, als nicht ausreichend angesehen (unter Hinweis auf OLG Köln MDR 1973, 143), da hierin kein bestimmungsgemäßer Vertrieb gesehen wurde. Hiervon zu unterscheiden sind allerdings **Testkäufe,** die der Kläger zum Nachweis anderen Orts bereits begangener Verletzungshandlungen vornehmen lässt, wenn sich hierdurch eine ohnehin bestehende allgemeine Begehungsgefahr konkretisiert.[244] Unter dem Gesichtspunkt des Rechtsmissbrauchs – Zuständigkeitserschleichung – kann die Klage nur dann als unzulässig abgewiesen werden, wenn die Verletzungshandlung unter Verstoß gegen Treu und Glauben im Bezirk des angerufenen Gerichts provoziert wurde.[245]

110 Ist bei mehreren Gerichten eine örtliche Zuständigkeit begründet, kann die **Wahl** eines aus Sicht des Klägers „günstigen" Gerichtsstandes im Hinblick auf die vom Gesetz angenommene „Gleichwertigkeit" mehrerer zuständiger Gerichte (§ 35 ZPO) ohne das Hinzutreten weiterer zu missbilligender Umstände nicht den Einwand des Rechtsmissbrauchs begründen oder das grundsätzlich anzunehmende Rechtsschutzbedürfnis entfallen lassen.[246]

Der Kläger muss sich im Rahmen der Kostenerstattung auch nicht entgegenhalten lassen, dass bei der Anrufung eines anderen (ortsnäheren) Gerichts geringere Kosten angefallen wären.[247]

D. Internationale Zuständigkeit

111 Die internationale Zuständigkeit wird von *Glöckner* → Einl. Rn. 701 ff. behandelt, worauf verwiesen wird.

E. Zuständigkeitskonzentration, § 14 Abs. 3

112 **I. § 14 Abs. 3,** der § 27 Abs. 2–4 UWG aF[248] und weitegehend auch § 13 Abs. 2 aF entspricht, soll die **Einheitlichkeit der Rechtsprechung,** insbesondere der Instanzgerichte, **auf diesem Spezialgebiet sichern.**[249] Damit wurde, ähnlich wie in anderen Gesetzen (§ 125e Abs. 3, § 140 Abs. 2 MarkenG, § 143 Abs. 2 PatG, § 27 Abs. 2 GebrMG, § 52 Abs. 2, 3, § 63 Abs. 2–4 DesignG, § 105 Abs. 1, 2 UrhG, § 89 Abs. 1, 2 GWB, § 6 Abs. 2 UKlaG),[250] eine Möglichkeit geschaffen, für die Bezirke mehrerer Landgerichte ein gemeinsames Gericht für Wettbewerbsstreitsachen zu bestimmen. Damit

---

[242] BGH VersR 1984, 77 (78); OLG Köln MDR 1974, 310 (311); GRUR 1978, 658.

[243] GRUR 1978, 194 (195 f.).

[244] BGH GRUR 1980, 227 (230) – Monumenta Germaniae Historica; ebenso Benkard/Rogge/*Grabisnki* § 139 Rn. 98 mwN.

[245] OLG Düsseldorf GRUR 1951, 516; LG Hamburg GRUR 1951, 391; *Melullis* Rn. 111; Geimer/Schütze EuZVR Rn. 199; *Schack* MMR 2000, 135 (139).

[246] KG GRUR 1991, 944 (945 f.); OLG Hamburg WRP 1994, 125 (127); *Jacobs* Anm. zu BGH GRUR 1988, 785 (787); *Geimer* IZPR Rn. 1105 ff.; vgl. dazu auch Ahrens/*Bähr* Kap. 17 Rn. 18 ff.

[247] OLG Hamburg MDR 1999, 638; *Melullis* Rn. 112.

[248] Eingefügt durch das UWG-Änderungsgesetz vom 26.6.1969, BGBl. I S. 633; hierzu *Tetzner* NJW 1969, 1701 (1702); *Borck* WRP 1969, 253 (254).

[249] Schriftlicher Bericht des Rechtsausschusses, BT-Drs. V/4035, abgedruckt auch WRP 1969, 292 (295).

[250] Vgl. die Übersicht zu den Zuständigkeitskonzentrationen unter www.grur.de unter „Landgerichte".

stimmt die geltende Regelung in § 14 Abs. 3 überein. Unter **Wettbewerbsstreitsachen** im Sinne von § 27 Abs. 2 UWG aF wurden nicht nur diejenigen Ansprüche, für die nach § 27 Abs. 1 UWG aF die Zuständigkeit der Kammer für Handelssachen gegeben war, sondern weitergehend auch Hilfs- und Annexansprüche darunter gefasst, sodass auch Kostenerstattungsansprüche (vor allem Abmahnkosten, die nunmehr von § 13 Abs. 1 S. 1, § 12 Abs. 1 S. 2 bereits erfasst werden), Ansprüche aus Vertragsstrafenerklärungen (Unterlassung, Zahlung) sowie auch sonstige Ansprüche auf vertraglicher Grundlage, soweit sie aus einem wettbewerbswidrigen Verhalten hergeleitet werden, darunter fallen. Dies gilt ohne weiteres für § 14 Abs. 3 fort.

Neu ist allerdings die Öffnungsklausel in Satz 3, nach der auch eine **bundeslandübergreifende Zuständigkeitskonzentration durch Staatsvertrag** möglich ist, so wie dies bspw. § 143 Abs. 2 S. 2 PatG vorsieht. Diese Konzentrationsmöglichkeit soll nach den Vorstellungen des Gesetzgebers die mit der teilweisen Aufgabe des Deliktsgerichtsstands verbundenen, zu erwartenden und beabsichtigten Verlagerung der UWG-Streitsachen „in die Fläche" entgegenwirken können. Ob die Bundesländer davon tatsächlich Gebrauch machen werden, bleibt abzuwarten.

II. Auf der Grundlage der alten Rechtslage wurden rein bundesland-interne Zuständigkeitskonzentrationen nur von **Sachsen** und **Mecklenburg-Vorpommern** vorgenommen. 113

Soweit neben einem wettbewerbsrechtlichen Anspruch auch Ansprüche verfolgt werden, hinsichtlich derer, wie zB in Marken-, Patent- und Kartellsache bzw. für Verfahren nach dem UKlaG **anderweitig Zuständigkeitskonzentrationen** vorgenommen wurden, ist dem Rechnung zu tragen.[251] 114

Wird eine Klage bei einem wegen einer Zuständigkeitskonzentration unzuständigen Gericht eingereicht, hat dieses das Verfahren auf Antrag des Klägers gemäß § 281 ZPO zu **verweisen.**[252] 115

Bejaht ein Gericht unter Verkennung der aufgrund der erfolgten Zuständigkeitskonzentration bestehenden ausschließlichen Zuständigkeit seine Zuständigkeit, kann hierauf ein **Rechtsmittel** jedoch **nicht** gestützt werden (§ 513 Abs. 2, § 545 Abs. 2 ZPO).[253] 116

F. UWG 2022

§ 14 wurde mit Geltung ab 28.5.2022 geändert durch das UWG 2022, siehe dazu die Kommentierung im Anhang ab Seite 3069. 117

§ 15 Einigungsstellen

(1) **Die Landesregierungen errichten bei Industrie- und Handelskammern Einigungsstellen zur Beilegung von bürgerlichen Rechtsstreitigkeiten, in denen ein Anspruch auf Grund dieses Gesetzes geltend gemacht wird (Einigungsstellen).**

(2) [1]**Die Einigungsstellen sind mit einer vorsitzenden Person, die die Befähigung zum Richteramt nach dem Deutschen Richtergesetz hat, und beisitzenden Personen zu besetzen.** [2]**Als beisitzende Personen werden im Falle einer Anrufung durch eine nach § 8 Abs. 3 Nr. 3 zur Geltendmachung eines Unterlassungsanspruchs berechtigte qualifizierte Einrichtung Unternehmer und Verbraucher in gleicher Anzahl tätig, sonst mindestens zwei sachverständige Unternehmer.** [3]**Die vorsitzende Person soll auf**

[251] Hierzu eingehend Ahrens/*Bähr* Kap. 17 Rn. 40 ff.

[252] Zu §§ 104, 105 UrhG geht die Literatur zT von einer Abgabe von Amts wegen aus, Fromm/Nordemann/*Nordemann,* Urheberrecht, § 105 Rn. 1; Wandtke/Bullinger/*Kefferpütz* UrhR § 105 Rn. 4: Verweisung von Amts wegen; vgl. auch die weiteren Nachweise bei *Dreier/Schulze* § 105 Rn. 7 sowie BayObLG ZUM 2004, 672 (673).

[253] MüKoZPO/*Rimmelspacher* § 513 Rn. 15; Zöller/*Heßler* § 513 Rn. 7.

dem Gebiet des Wettbewerbsrechts erfahren sein. [4]Die beisitzenden Personen werden von der vorsitzenden Person für den jeweiligen Streitfall aus einer alljährlich für das Kalenderjahr aufzustellenden Liste berufen. [5]Die Berufung soll im Einvernehmen mit den Parteien erfolgen. [6]Für die Ausschließung und Ablehnung von Mitgliedern der Einigungsstelle sind die §§ 41 bis 43 und § 44 Abs. 2 bis 4 der Zivilprozessordnung entsprechend anzuwenden. [7]Über das Ablehnungsgesuch entscheidet das für den Sitz der Einigungsstelle zuständige Landgericht (Kammer für Handelssachen oder, falls es an einer solchen fehlt, Zivilkammer).

(3) **[1]Die Einigungsstellen können bei bürgerlichen Rechtsstreitigkeiten, in denen ein Anspruch auf Grund dieses Gesetzes geltend gemacht wird, angerufen werden, wenn der Gegner zustimmt. [2]Soweit die geschäftlichen Handlungen Verbraucher betreffen, können die Einigungsstellen von jeder Partei zu einer Aussprache mit dem Gegner über den Streitfall angerufen werden; einer Zustimmung des Gegners bedarf es nicht.**

(4) **Für die Zuständigkeit der Einigungsstellen ist § 14 entsprechend anzuwenden.**

(5) **[1]Die der Einigungsstelle vorsitzende Person kann das persönliche Erscheinen der Parteien anordnen. [2]Gegen eine unentschuldigt ausbleibende Partei kann die Einigungsstelle ein Ordnungsgeld festsetzen. [3]Gegen die Anordnung des persönlichen Erscheinens und gegen die Festsetzung des Ordnungsgeldes findet die sofortige Beschwerde nach den Vorschriften der Zivilprozessordnung an das für den Sitz der Einigungsstelle zuständige Landgericht (Kammer für Handelssachen oder, falls es an einer solchen fehlt, Zivilkammer) statt.**

(6) **[1]Die Einigungsstelle hat einen gütlichen Ausgleich anzustreben. Sie kann den Parteien einen schriftlichen, mit Gründen versehenen Einigungsvorschlag machen. [2]Der Einigungsvorschlag und seine Begründung dürfen nur mit Zustimmung der Parteien veröffentlicht werden.**

(7) **[1]Kommt ein Vergleich zustande, so muss er in einem besonderen Schriftstück niedergelegt und unter Angabe des Tages seines Zustandekommens von den Mitgliedern der Einigungsstelle, welche in der Verhandlung mitgewirkt haben, sowie von den Parteien unterschrieben werden. [2]Aus einem vor der Einigungsstelle geschlossenen Vergleich findet die Zwangsvollstreckung statt; § 797a der Zivilprozessordnung ist entsprechend anzuwenden.**

(8) **Die Einigungsstelle kann, wenn sie den geltend gemachten Anspruch von vornherein für unbegründet oder sich selbst für unzuständig erachtet, die Einleitung von Einigungsverhandlungen ablehnen.**

(9) **[1]Durch die Anrufung der Einigungsstelle wird die Verjährung in gleicher Weise wie durch Klageerhebung gehemmt. [2]Kommt ein Vergleich nicht zustande, so ist der Zeitpunkt, zu dem das Verfahren beendet ist, von der Einigungsstelle festzustellen. [3]Die vorsitzende Person hat dies den Parteien mitzuteilen.**

(10) **[1]Ist ein Rechtsstreit der in Absatz 3 Satz 2 bezeichneten Art ohne vorherige Anrufung der Einigungsstelle anhängig gemacht worden, so kann das Gericht auf Antrag den Parteien unter Anberaumung eines neuen Termins aufgeben, vor diesem Termin die Einigungsstelle zur Herbeiführung eines gütlichen Ausgleichs anzurufen. [2]In dem Verfahren über den Antrag auf Erlass einer einstweiligen Verfügung ist diese Anordnung nur zulässig, wenn der Gegner zustimmt. [3]Absatz 8 ist nicht anzuwenden. [4]Ist ein Verfahren vor der Einigungsstelle anhängig, so ist eine erst nach Anrufung der Einigungsstelle erhobene Klage des Antragsgegners auf Feststellung, dass der geltend gemachte Anspruch nicht bestehe, nicht zulässig.**

(11) **[1]Die Landesregierungen werden ermächtigt, durch Rechtsverordnung die zur Durchführung der vorstehenden Bestimmungen und zur Regelung des Verfahrens vor den Einigungsstellen erforderlichen Vorschriften zu erlassen, insbesondere über die Aufsicht über die Einigungsstellen, über ihre Besetzung unter angemessener Beteiligung der nicht den Industrie- und Handelskammern angehörenden Unternehmern (§ 2 Abs. 2 bis 6 des Gesetzes zur vorläufigen Regelung des Rechts der Industrie- und**

Handelskammern in der im Bundesgesetzblatt Teil III, Gliederungsnummer 701-1, veröffentlichten bereinigten Fassung) und über die Vollsteckung von Ordnungsgeldern sowie Bestimmungen über die Erhebung von Auslagen durch die Einigungsstelle zu treffen. [2]Bei der Besetzung der Einigungsstellen sind die Vorschläge der für ein Bundesland errichteten, mit öffentlichen Mitteln geförderten Verbraucherzentralen zur Bestimmung der in Abs. 2 Satz 2 genannten Verbraucher zu berücksichtigen.

(12) **Abweichend von Absatz 2 Satz 1 kann in den Ländern Brandenburg, Mecklenburg-Vorpommern, Sachsen, Sachsen-Anhalt und Thüringen die Einigungsstelle auch mit einem Rechtskundigen als Vorsitzendem besetzt werden, der die Befähigung zum Berufsrichter nach dem Recht der Deutschen Demokratischen Republik erworben hat.**

§ 12 UKlaG Einigungsstelle

Für Klagen nach § 2 gelten § 15 des Gesetzes gegen den unlauteren Wettbewerb und die darin enthaltene Verordnungsermächtigung entsprechend

Übersicht

Schrifttum: *Bernreuther,* Zur Zuständigkeit der Einigungsstelle gemäß § 27a UWG und der dort gegebenen Möglichkeit der Erörterung wettbewerbswidriger AGB, WRP 1994, 853; *Katzenmeier,* Zivilprozess und außergerichtliche Streitbeilegung, ZZP 115 (2002), S. 50; *Köhler,* Das Einigungsverfahren nach § 27a UWG: Rechtstatsachen, Rechtsfragen, Rechtspolitik, WRP 1991, 617; *Krieger,* Die Wiedererrichtung von Einigungsstellen zur Beilegung von Wettbewerbsstreitigkeiten, GRUR 1957, 197; *Lukes,* Die freiwilligen Einigungsstellen bzw. Einigungsämter bei den Industrie- und Handelskammern, in: FS Nipperdey (1965), S. 365; *Nieder,* Außergerichtliche Konfliktlösung im gewerblichen Rechtsschutz, S. 68 ff., 159 ff.; *Ottofülling,* Außergerichtliches Konfliktmanagement nach § 15 UWG, WRP 2006, 410; *Pohlmann,* Das Rechtsschutzbedürfnis bei der Durchsetzung wettbewerbsrechtlicher Ansprüche, GRUR 1993, 361, 364; *Probandt,* Die Einigungsstelle nach § 27a UWG, 1993; *Tetzner,* Die Neuregelung der Einigungsstellen für Wettbewerbsstreitigkeiten, GmbHR 1957, 129; *von Thenen,* Tätigkeit und Aufgaben der Wettbewerbseinigungsämter, GRUR 1937, 105.

I. Entstehungsgeschichte

1 Die Tätigkeit von Einigungsstellen (damals „Einigungsämter“) geht auf das Jahr 1932 zurück. Sie kam nach dem zweiten Weltkrieg zunächst zum Erliegen. Eine Neuregelung erfolgte erst im Jahre 1957. Nach verschiedenen Ergänzungen und Änderungen – unter anderem durch das SchuldrechtsmodernisierungsG von 2001 – wurde der **heutige Gesetzestext** durch das **UWG 2004** in Kraft gesetzt.

II. Organisation, Rechtsstellung und Besetzung der Einigungsstellen

2 **1. Errichtung der Einigungsstellen.** Gemäß § 15 Abs. 1 sind die Landesregierungen verpflichtet, Einigungsstellen bei den Industrie- und Handelskammern einzurichten. Aufgrund der Ermächtigung in § 27a Abs. 11 aF haben **alle Landesregierungen** entsprechende **Durchführungsverordnungen erlassen,** bei *Ottofülling*[1] abgedruckt sind. Ebenso finden sich dort die Anschriften der 83 Einigungsstellen.[2]

3 Zur Bedeutung der Tätigkeit der Einigungsstellen ist auf die bei *Köhler,*[3] *Melullis,*[4] *Ahrens*[5] *Ottofülling,*[6] *Mees*[7] und insbesondere in den Tätigkeitsberichten der Zentrale zur Bekämpfung des unlauteren Wettbewerbs zu verweisen.

4 **2. Rechtsstellung.** Die Einigungsstellen sind aufgrund der gesetzlichen Verpflichtung in § 15 Abs. 1 bei den als öffentlich-rechtliche Körperschaften bestehenden Industrie- und Handelskammern von den Landesregierungen errichtet worden. Sie sind, wie sich aus Abs. 5 Satz 1 und 2 ergibt, (weiterhin) **mit hoheitlichen Befugnissen ausgestattet** und unterliegen gemäß Abs. 11 (iVm den Durchführungsverordnungen) der **staatlichen (Rechts-) Aufsicht.**[8] Sie werden daher zu Recht als **Träger öffentlicher Verwaltung** qualifiziert,[9] nicht lediglich als privatrechtliche Schlichtungsstellen. Auch wenn die Mitglieder der Einigungsstelle gegenüber ihrem Träger, der jeweiligen Industrie- und Handelskammer, die für sie die Geschäfte führt, nicht weisungsabhängig sind,[10] kommt der Einigungsstelle **nicht die Stellung eines Gerichts** zu,[11] da ihr die Kompetenz fehlt, einen ihr unterbreiteten Streitfall kraft dahingehender hoheitlicher Befugnis verbindlich zu entscheiden (Abs. 3 Satz 1 „... zu einer Aussprache mit dem Gegner über den Streitfall angerufen werden.“; Abs. 6 Satz 1: „... hat einen gütlichen Ausgleich anzustreben.“).[12] Sie besitzt auch **nicht die Stellung eines (institutionellen**[13]**) Schiedsgerichts** (§§ 1065 ff. ZPO), da sie nicht aufgrund eines mit den Parteien abgeschlossenen Schiedsvertrages tätig wird.[14] Ihre Aufgabe besteht darin, eine **gütliche Einigung** über den Streitfall **aufgrund einer Aussprache mit den Parteien herbei zu führen.**[15] Es wird allerdings als zulässig angesehen, dass die Parteien übereinstimmend die Einigungsstelle als Schiedsgericht vereinbaren[16] bzw. diese in einem Vergleich

[1] MüKoUWG/*Ottofülling* § 15 Rn. 155 ff.
[2] *Nieder* Anhang 3, S. 159 ff.; MüKoUWG/*Ottofülling* § 15 Rn. 171.
[3] GroßKommUWG (1. Aufl.) § 27a Rn. 14–16; *Ottofülling* WRP 1991, 617 f.
[4] Rn. 53.
[5] Ahrens/*Ahrens* Kap. 13 Rn. 4 f.
[6] MüKoUWG/*Ottofülling* § 15 Rn. 25 ff. und WRP 2006, 410 (426 f.).
[7] Fezer/Büscher/Obergfell/*Mees* § 15 Rn. 10.
[8] *Nieder* S. 67 f.; Ahrens/*Ahrens* Kap. 13 Rn. 7.
[9] OLG Hamm DB 1961, 1288 („Diese Einigungsstellen als Behörden,...“); GroßkommUWG/*Nippe* § 15 Rn. 35; MüKoUWG/*Ottofülling* § 15 Rn. 10.
[10] Vgl. OLG Stuttgart NJWE-WettbR 1996, 197 (200).
[11] Vgl. zur Amtshaftung der Industrie- und Handelskammer und zum fehlenden Spruchrichterprivileg der Mitglieder der Einigungsstelle GroßKommUWG/*Nippe* § 15 Rn. 66 f.; Teplitzky/*Bacher* Kap. 42 Rn. 53.
[12] GroßKommUWG/*Nippe* § 15 Rn. 38; Bericht (ohne Verfasser) BB 1957, 278 (279).
[13] Vgl. hierzu *Schwab/Walter,* Schiedsgerichtsbarkeit, 6. Aufl., Kap. 1 Rn. 10.
[14] OLG Frankfurt a. M. GRUR 1988, 150 – Einigungsstelle; GroßKommUWG/*Nippe* § 15 Rn. 40; MüKoUWG/*Ottofülling* § 15 Rn. 12.
[15] OLG Stuttgart NJWE-WettbR 1997, 197 (200); *Köhler*/Bornkamm/*Feddersen* § 15 Rn. 2; Ahrens/*Ahrens* Kap. 13 Rn. 8; *Ottofülling* WRP 2006, 410 (427).
[16] *Ottofülling* WRP 2006, 410 (411); aA GroßKommUWG/*Nippe* § 15 Rn. 11.

als Schiedsgutachter einsetzen, um gegebenenfalls das Vorliegen von Verstößen gegen eine strafbewehrte Unterlassungserklärung verbindlich festzustellen.[17]

Die Einigungsstelle wird auch **nicht als Schlichtungsstelle** tätig, wie sie – auch von den Industrie- und Handelskammern – für die Beilegung von Beschwerden von Kunden (Patienten) zwischenzeitlich in vielen Bereichen eingerichtet wurden.[18] 5

Sie ist auch von den **gemäß § 15a EGZPO** (iVm den Schlichtungsgesetzen der Länder) durch die **Landesjustizverwaltung eingerichteten und anerkannten Gütestellen** zu **unterscheiden.**[19] Denn unabhängig davon, dass ihre Anrufung keine Zulässigkeitsvoraussetzung für eine Klage („obligatorische Schlichtung") darstellt, sind Einigungsstellen nicht durch die Landesjustizverwaltungen eingerichtet worden. Aus diesem Grund, erfüllen sie auch nicht die Voraussetzungen einer Gütestelle im Sinne von § 91 Abs. 3,[20] § 794 Abs. 1 Nr. 1, § 797a ZPO (vgl. aber → Rn. 31; Abs. 7 S. 2 Hs. 2) sowie von § 204 Abs. 1 Nr. 4 und Nr. 12 BGB. 6

Dagegen bestehen keine Bedenken, die Einigungsstellen als **Gütestellen im Sinne von § 278 Abs. 2 S. 1 ZPO** anzusehen,[21] wie bereits der von § 794 Abs. 1 Nr. 1 ZPO abweichende Wortlaut („außergerichtliche Gütestelle") nahe legt. Auch der Sache nach besteht zwischen einem erfolglosen Einigungsversuch vor der Einigungsstelle und einer „anerkannten" Gütestelle im vorstehenden Sinne kein Unterschied. 7

3. Besetzung. Anstelle der Begriffe „Vorsitzender" und „Beisitzer" – die nachfolgend allerdings aus Vereinfachungsgründen beibehalten werden – verwendet das Gesetz geschlechtsneutrale Formulierungen – **vorsitzende und beisitzende Person(en)** –, ohne dass damit eine inhaltliche Änderung verbunden wäre. Gleiches gilt für den Begriff des „Unternehmers" (vgl. § 14 BGB iVm § 2 Abs. 2 UWG) anstelle des „Gewerbetreibenden". Die vorsitzende Person muss die Befähigung zum Richteramt nach dem DRiG (Abs. 2 Satz 1) bzw. nach dem Recht der DDR (Abs. 12)[22] aufweisen. 8

Bei der Besetzung unterscheidet das Gesetz danach, ob die Einigungsstellen von einem **Verbraucherverband** im Sinne von § 8 Abs. 3 Nr. 3, dh einer qualifizierten Einrichtungen im Sinne von § 4 UKlaG[23] oder von einem **sonstigen Antragsberechtigten** angerufen werden. Im ersteren Fall – dem steht nach überwiegender Meinung[24] gleich, wenn ein Verbraucherverband Antragsgegner ist – setzt sich die Einigungsstelle neben dem Vorsitzenden und aus einer gleichen Anzahl von Unternehmern und Verbrauchern (§ 13 BGB iVm § 2 Abs. 2 UWG) als Beisitzern zusammen; im Übrigen aus der Vorsitzenden und mindestens zwei sachverständigen Unternehmern als Beisitzer. Der Vorsitzende, der auf dem Gebiet des Wettbewerbsrechts erfahren sein soll (Abs. 2 Satz 3), muss die Befähigung zum Richteramt besitzen.[25] Die Industrie- und Handelskammern haben für jedes Kalenderjahr eine **Liste der Beisitzer** aufzustellen und nach den Bestimmungen der jeweiligen Durchführungsverordnung bekannt zu machen. Hinsichtlich der Besetzung mit Verbrauchern sind die Vorschläge der in dem jeweiligen Bundesland errichteten Verbraucherzentrale zu berücksichtigen (Abs. 2 Satz 2, Abs. 11 Satz 2). Die Berufung der Vorsitzenden (Stellvertreter) sowie der Beisitzer erfolgt aufgrund der nähe- 9

---

[17] OLG Hamm WRP 1991, 135 f.

[18] Vgl. *Prütting* JZ 1985, 261 (265); *Schwab/Walter* Kap. 1 Rn. 6; Stein/Jonas/*Leipold* § 279 Rn. 38 mwN; *Lukes* FS Nipperdey, 1965, 365 ff.

[19] Vgl. MüKoUWG/*Ottofülling* § 15 Rn. 11.

[20] OLG München NJW 1965, 2112 geht aber von einer ähnlichen Rechtsstellung aus; vgl. auch Stein/Jonas/*Bork* § 91 Rn. 43 und Stein/Jonas/*Leipold* § 279 Rn. 29 ff., 35.

[21] Vgl. Zöller/*Greger* § 278 Rn. 22.

[22] Abs. 12 wurde eingefügt durch Art. 165 des Gesetzes vom 19.4.2006, BGBl. S. 866; vgl. auch Einigungsvertrag Anl. I Kap. III Sachgebiet E Abs. 3.

[23] Hierzu → § 8 Rn. 299 ff.

[24] *Nieder* S. 68; aA GroßKommUWG/*Nippe* § 15 Rn. 99; *Melullis* Rn. 57: Entscheidend ist nur, wer Antragsteller ist.

[25] Zur Bedeutung der Stellung des Vorsitzenden Teplitzky/*Bacher* Kap. 42 Rn. 7 und GroßKommUWG/*Nippe* § 15 Rn. 70 ff.

ren Bestimmungen in den Durchführungsverordnungen der Länder bisher üblicherweise für zwei oder drei Jahre.[26]

10 Die **Beisitzer** werden vom Vorsitzenden **für den jeweiligen Streitfall berufen** (Abs. 2 Satz 4). Dies soll im Einvernehmen mit den Parteien erfolgen (Abs. 2 Satz 5), was bedeuten würde, dass den Parteien vorher mitgeteilt wird, die Berufung welcher Beisitzer vorgesehen ist bzw. zumindest zusammen mit der Ladung die Besetzung der Einigungsstelle für den konkreten Streitfall mitgeteilt wird.[27] Eine abweichende Handhabung – wie in der Praxis allgemein üblich – begründet aber keinen Verfahrensfehler („soll").[28]

11 Hinsichtlich der **Ausschließung oder Ablehnung wegen Befangenheit** von einzelnen Mitgliedern der Einigungsstelle – nicht der Einigungsstelle als solcher[29] – sieht Abs. 2 Satz 6 eine entsprechende Anwendung der für Richter geltenden Bestimmungen der §§ 41 –43 und § 42 Abs. 2–4 ZPO vor.[30] Über den Antrag, der hinsichtlich eines Beisitzers erst nach dessen Berufung gemäß Abs. 2 Satz 4 gestellt werden kann,[31] entscheidet das für den Sitz der Einigungsstelle zuständige Landgericht (§ 15 Abs. 2 S. 7). Gesetzlich[32] funktionell zuständig ist die Kammer für Handelssachen, wenn bei dem zuständigen Landgericht, wovon in der Regel auszugehen sein wird, eine solche gebildet ist.[33] Da es an einer Verweisung auf § 46 Abs. 2 ZPO fehlt, ist eine sofortige Beschwerde gegen die Entscheidung des Landgerichts nicht statthaft.[34] Für eine entsprechende Anwendung des § 567 Abs. 1 Nr. 2 ZPO fehlt es an einer Regelungslücke.

III. Zuständigkeit

12 **1. Sachliche Zuständigkeit.** UWG-Anspruch. Die Einigungsstellen können in „bürgerlichen Rechtsstreitigkeiten, in denen ein Anspruch auf Grund dieses Gesetzes geltend gemacht wird, angerufen werden" (Abs. 1 und Abs. 3 Satz 1). Damit ergibt sich bereits aus dem Wortlaut („Anspruch"), dass es sich um einen konkreten Streitfall und nicht lediglich um eine abstrakte Rechtsfrage handeln muss.

13 Es kommt gemäß § 15 Abs. 1 und Abs. 3 S. 1 ebenso wie nach § 14 Abs. 1, Abs. 2 darauf an, dass ein bürgerlich-rechtlicher Anspruch aufgrund dieses Gesetzes geltend gemacht wird. Insoweit kann auf die Kommentierung zu § 14 (→ Rn. 1 ff., 10 ff.) verwiesen werden. Zudem eröffnet § 13a Abs. 5 für den Abgemahnten die Möglichkeit, bei Uneinigkeit über die Höhe der Vertragsstrafe die Einigungsstelle anzurufen.

14 § 12 UKlaG. Die Zuständigkeit der Einigungsstellen wird durch die Regelung in § 12 UKlaG auf Unterlassungsansprüche wegen verbrauchergesetzwidriger Praktiken gemäß § 2 UKlaG ausgedehnt.[35]

15 Gerichtliche Anordnung. Die Zuständigkeit der Einigungsstelle ist darüber hinaus auch dann begründet, wenn das Gericht bei Wettbewerbsstreitigkeiten, die Verbraucher betreffen, den Parteien auf Antrag aufgegeben hat, die Einigungsstelle zur Herbeiführung eines

[26] GroßKommUWG/*Nippe* § 15 Rn. 77; *Nieder* S. 69 f.

[27] Vgl. Ahrens/*Ahrens* Kap. 13 Rn. 23.

[28] *Melullis* Rn. 60, 68; GroßKommUWG/*Nippe* § 15 Rn. 97; MüKoUWG/*Ottofülling* § 15 Rn. 49; Fezer/Büscher/Obergfell/*Mees* § 15 Rn. 25.

[29] LG Dresden WRP 2007, 359 (360); LG Hannover WRP 2007, 1520 (Ls.); LG Lübeck WRP 1993, 642; *Melullis* Rn. 61; Ahrens/*Ahrens* Kap. 13 Rn. 24.

[30] Rspr.-Beispiele: OLG Stuttgart NJW-RR 1990, 245; WRP 1996, 951; LG Braunschweig WRP 1995, 670; LG Lübeck WRP 1993, 642.

[31] OLG Frankfurt a. M. WRP 1969, 387 f.; Ahrens/*Ahrens* Kap. 13 Rn. 24.

[32] Dh es bedarf weder eines Antrags von Seiten des Antragstellers noch eines Verweisungsantrags des Antragsgegners.

[33] Hiervon allerdings unberührt bleibt die ausschließliche Zuständigkeit der Landgerichte gemäß § 6 UklaG für Ansprüche gemäß § 2 UKlaG; vgl. Palandt/*Grüneberg* UKlaG § 12 Rn. 2; vgl. → § 13 Rn. 14 ff.

[34] OLG Stuttgart NJW-RR 1990, 245; Teplitzky/*Bacher* Kap. 42 Rn. 34; ausführlich GroßKommUWG/*Nippe* § 15 Rn. 106; Ahrens/*Ahrens* Kap. 13 Rn. 25; aA OLG Frankfurt a. M. WRP 1969, 367 f.

[35] Palandt/*Grüneberg* UKlaG § 12 Rn. 2; *Ottofülling* WRP 2006, 410 (415) sowie in MüKoUWG § 15 Rn. 61 ff.

gütlichen Ausgleichs anzurufen (Abs. 10 Satz 1 iVm Abs. 3 Satz 2; → Rn. 52). In diesen Fällen kann die Einigungsstelle ihre Zuständigkeit nicht gemäß Abs. 8 ablehnen.[36]

Parteivereinbarungen. Dagegen kann die Zuständigkeit der Einigungsstelle entgegen § 15 Abs. 3 und 4 nicht durch Parteivereinbarung begründet werden.[37] Eine entsprechende Vereinbarung könnte allenfalls in eine Schiedsvereinbarung bzw. einen Schiedsgutachenvertrag umgedeutet werden. 16

2. Örtliche Zuständigkeit. Hinsichtlich der örtlichen Zuständigkeit verweist § 15 Abs. 4 auf eine entsprechende Anwendung von § 14 Abs. 2, dh zuständig ist die Einigungsstelle, in deren Bezirk der **Anspruchsgegner** (dies kann auch der Antragsteller des Einigungsverfahrens sein) seinen (Wohn-)Sitz hat. Daneben ist gemäß § 14 Abs. 2 S. 2 (gegebenenfalls, siehe Satz 3) auch der **Begehungsort** (→ § 14 Rn. 83 ff.) maßgeblich. 17

IV. Das Verfahren

1. Unvollständigkeit der Verfahrensregeln. Das Einigungsstellenverfahren ist in § 15 Abs. 3–10 sowie den aufgrund der Ermächtigung in Abs. 11 erlassenen Durchführungsverordnungen nur **unvollständig (und nicht einheitlich)** geregelt, sodass verbleibende Lücken unter Rückgriff auf den Charakter des Einigungsverfahrens als Güteverfahren zu schließen sind.[38] 18

2. Antragserfordernis. Die Einigungsstelle wird **nicht von Amts wegen,** sondern nur auf einen entsprechenden **Antrag**[39] hin tätig (Abs. 3). Die Antragsbefugnis setzt eine Stellung als Gläubiger oder Schuldner eines in § 15 Abs. 3 genannten Anspruchs voraus.[40] Dabei wird zwischen Wettbewerbshandlungen, die den geschäftlichen Verkehr mit dem letzten Verbraucher betreffen (Satz 2), und sonstigen bürgerlichen Rechtsstreitigkeiten differenziert (Satz 1). Bei letzteren kann sowohl der Gläubiger als auch der Schuldner des gegenständlichen Begehrens die Einigungsstelle unabhängig von einer Zustimmung der Gegenseite anrufen. Der geschäftliche Verkehr mit dem letzten Verbraucher ist in diesem Sinne betroffen, wenn es um Umsatzgeschäfte mit dem Endverbraucher geht, ebenso wenn dieser unmittelbar oder auch nur mittelbar Adressat von Werbemaßnahmen ist;[41] anders, wenn sich das beanstandete Verhalten auf vorgeordnete Wirtschaftsstufen beschränkt. In diesen Fällen bedarf es der Zustimmung des Gegners, die gegenüber dem Antragsteller oder der Einigungsstelle (unwiderruflich) erklärt werden kann. Lässt sich der Gegner widerspruchslos auf das Verfahren ein, kann darin nur dann eine (konkludente) Zustimmung gesehen werden, wenn er sich eines solchen Erklärungsgehalts bewusst ist.[42] 19

3. Form, Inhalt, Vertretung. Die einzuhaltende **Form** und der erforderliche **Inhalt** eines Antrags ergeben sich aus den Bestimmungen der jeweils einschlägigen Durchführungsverordnung. Nach den (insoweit weitgehend übereinstimmenden) Regelungen ist der Antrag schriftlich (unter Beifügung der vorgeschriebenen 3 bzw. 5 Abschriften) einzureichen. Der Antrag kann auch zu Protokoll der Geschäftsstelle der Einigungsstelle erklärt werden.[43] 20

---

[36] Ahrens/*Ahrens* Kap. 13 Rn. 14; GroßKommUWG/*Nippe* § 15 Rn. 129; Teplitzky/*Bacher* Kap. 42 Rn. 8.

[37] Allgemeine Meinung; vgl. statt vieler GroßKommUWG/*Nippe* § 15 Rn. 130; MüKoUWG/*Ottofülling* § 15 Rn. 65.

[38] GroßKommUWG/*Nippe* § 15 Rn. 132.

[39] Vgl. das Beispiel bei *Völker/Zecher* in Münchner Prozessformularbuch, Bd. 5, A. 3.

[40] *Nieder* S. 71.

[41] *Krieger* GRUR 1957, 197 (202); *Ottofülling* WRP 2006, 410 (415 f.); GroßKommUWG/*Nippe* § 15 Rn. 123.

[42] GroßKommUWG/*Nippe* § 15 Rn. 125; *Nieder* S. 71 f., die hierfür eine ausdrückliche Belehrung über das Zustimmungserfordernis verlangen, was aber nicht zwingend erforderlich erscheint; so etwa, wenn dem (anwaltlich vertretenen) Gegner dieses, zB aus vorangegangenen Verfahren, bekannt ist.

[43] Vgl. zB § 4 BayDVO: „Anträge sind schriftlich mit Begründung in fünffacher Fertigung unter Bezeichnung der Beweismittel und unter Beifügung etwa vorhandener Unterlagen in Urschrift oder Abschrift und sonstiger Beweisstücke einzureichen; sie können auch zur Niederschrift der Einigungsstelle gestellt werden."

Er muss – im Hinblick auf die verjährungshemmende Wirkung (Abs. 9 Satz 1; → Rn. 35) und zur Ermöglichung der in Abs. 8 vorgesehenen „Vorprüfung" – hinreichende Angaben zu den Parteien und zum Gegenstand des Verfahrens, gegebenenfalls unter Beifügung von aussagekräftigen Unterlagen beinhalten. Änderungen des Antrags – gegebenenfalls nach entsprechendem Hinweis von Seiten der Einigungsstelle – sind möglich, soweit diese von einer etwaig erforderlichen Zustimmung (noch) gedeckt ist.

21 Für das Verfahren besteht **kein Anwaltszwang;** die Parteien können sich jedoch durch Anwälte, und in den Grenzen des RBerG, auch von **sonstigen Dritten vertreten** lassen.[44]

22 Der Antrag kann auch nach bereits erfolgter mündlicher Verhandlung ohne Zustimmung des Gegners **zurückgenommen** werden, sofern nicht die maßgebliche Durchführungsverordnung (zB § 6 Abs. 7 BayDVO) die entsprechende Anwendung von § 269 ZPO vorsieht.[45]

23 **4. Einleitung des Verfahrens.** Anhand des vom Antragsteller vorgetragenen Sachverhalts hat der Vorsitzende die (sachliche und örtliche) **Zuständigkeit der Einigungsstelle zu prüfen,** ebenso das Vorliegen einer nach Abs. 3 Satz 1 erforderlichen **Zustimmung.** Ist danach die Zuständigkeit nicht gegeben, kann die Einigungsstelle – nicht die vorsitzende Person allein – die **Einleitung von Einigungsverhandlungen,** von den Fällen einer gerichtlichen Anordnung nach Abs. 10 Satz 1 abgesehen, durch Beschluss, gegen den, mangels Rechtsgrundlage, kein Rechtsmittel stattfindet,[46] **ablehnen** (Abs. 8).[47] Fehlt es lediglich an der Zustimmung des Antragsgegners, wird eine solche Vorgehensweise nur dann in Betracht kommen, wenn mit einer Zustimmung auch nicht mehr zu rechnen ist. Die Ablehnung steht im pflichtgemäßen Ermessen der Einigungsstelle („kann").[48] Wird die Zustimmung nicht erteilt oder beruft sich eine Partei auf die örtliche oder sachliche Unzuständigkeit, muss die Einigungsstelle die weitere Tätigkeit ablehnen.[49] Dagegen soll es in ihrem Ermessen liegen, das Verfahren fortzusetzen, wenn beide Parteien mit der Durchführung des Einigungsverfahrens trotz der Unzuständigkeit einverstanden sind.[50]

24 Die Einleitung von Einigungsverhandlungen kann – von dem Fall des Abs. 10 Satz 1 und 3 abgesehen – auch dann abgelehnt werden, wenn die Einigungsstelle den geltend gemachten **Anspruch von vorneherein für unbegründet erachtet,** etwa wenn der vom (angeblichen) Gläubiger behauptete Anspruch offensichtlich nicht gegeben ist; ebenso kann die Einigungsstelle die Einleitung des Verfahrens ablehnen, wenn sich der Antrag offensichtlich als **rechtsmissbräuchlich** im Sinne von § 8b darstellt.[51] Dem Wortlaut („den geltend gemachten Anspruch") kann nicht zwingend entnommen werden, dass die Einigungsstelle, falls sie vom Anspruchsgegner angerufen wird, die Einleitung eines Einigungsverfahrens deshalb ablehnen kann, weil der Antragsteller des Verfahrens offensichtlich zu Unrecht vom Antragsgegner in Anspruch genommen wird. Eine solche Auslegung stünde in erkennbarem Widerspruch zu dem Sinn und Zweck des Einigungsverfahrens; die anzustrebende einvernehmliche Regelung kann nämlich auch darin bestehen, dass der Anspruchsteller davon überzeugt wird, einen unbegründeten Anspruch nicht weiter zu verfolgen.[52] Zwangsbefugnisse nach Abs. 5 stehen ihr in diesem Fall aber nicht zu.[53]

25 Gelangt die Einigungsstelle **nach der Einleitung des Verfahrens** zu der Auffassung, dass ihre Zuständigkeit bzw. der geltend gemachte Anspruch offensichtlich nicht gegeben

---

[44] Teplitzky/*Bacher* Kap. 42 Rn. 16; MüKoUWG/*Ottofülling* § 15 Rn. 72.
[45] *Ottofülling* WRP 2006, 410 (417); aA GroßKommUWG/*Nippe* § 15 Rn. 124 mwN.
[46] Teplitzky/*Bacher* Kap. 42 Rn. 23; Köhler/Bornkamm/*Köhler/Feddersen* § 15 Rn. 18.
[47] MüKoUWG/*Ottofülling* § 15 Rn. 77.
[48] GroßKommUWG/*Nippe* § 15 Rn. 144; Teplitzky/*Bacher* Kap. 42 Rn. 14.
[49] Einschränkend *Ottofülling* WRP 2006, 410 (418), wenn die Rüge der örtlichen Unzuständigkeit erst im Termin erhoben wird.
[50] GroßKommUWG/*Nippe* § 15 Rn. 146; Teplitzky/*Bacher* Kap. 42 Rn. 14.
[51] GroßKommUWG/*Nippe* § 15 Rn. 143; MüKoUWG/*Ottofülling* § 15 Rn. 77.
[52] AA GroßKommUWG/*Nippe* § 15 Rn. 143; *Köhler*/Bornkamm/*Feddersen* § 15 Rn. 18.
[53] MüKoUWG/*Ottofülling* § 15 Rn. 46; *Ottofülling* WRP 2006, 410 (418 f.); Fezer/Büscher/Obergfell/*Mees* § 15 Rn. 46.

ist, hat sie die Parteien auf diesen Umstand hinzuweisen. Sie kann nach allgemeiner Auffassung die weitere Tätigkeit aber nicht mehr nach Abs. 8 (entsprechend) ablehnen.[54] Ob sie berechtigt ist, sich weiterhin um einen einvernehmlichen Ausgleich zu bemühen, hängt von der Bereitschaft der Parteien ab, trotz der fehlenden Zuständigkeit der Einigungsstelle eine vergleichsweise Regelung anzustreben.[55]

Kommt es zur Einleitung eines Einigungsverfahrens, so hat der Vorsitzende die für den Fall hinzuziehenden **Beisitzer (im Einvernehmen mit den Parteien) zu bestimmen** (Abs. 2 Satz 3). Das hinsichtlich der Ladung, Terminsbestimmung und Fristen einzuhaltende Verfahren richtet sich nach den Regelungen in den einzelnen Durchführungsverordnungen der Länder. In der Regel ist die Einhaltung einer Mindestfrist (3 Tage) ab Zustellung der Ladung, die gegebenenfalls abgekürzt werden kann, vorgeschrieben. 26

5. Anordnung des persönlichen Erscheinens. Zu dem anzuberaumenden Termin vor der Einigungsstelle kann vom Vorsitzenden das **persönliche Erscheinen** einer oder auch beider Parteien angeordnet werden (Abs. 5 Satz 1). Die Anordnung muss nach den Regelungen in den Durchführungsverordnungen (bzw. iVm § 141 Abs. 2 S. 2 ZPO) auch dann der Partei selbst zugestellt werden, wenn sie einen Vertreter bestellt hat.[56] Sie muss einen Hinweis auf die möglichen Folgen eines unentschuldigten Ausbleibens[57] sowie die Möglichkeit der sofortigen Beschwerde nach Abs. 5 Satz 3 (hierzu → Rn. 40) enthalten.[58] Ob das persönliche Erscheinen angeordnet wird, hat sich in erster Linie anhand der in § 141 Abs. 1 S. 2 ZPO genannten Kriterien – große Entfernung oder sonstige wichtige Gründe – aber auch der Bedeutung der Angelegenheit für die Parteien, deren Stellung im Wettbewerb und anhand der Umstände des Einzelfalls zu orientieren.[59] Auch wenn der Antragsgegner bereits zu erkennen gegeben hat, dass er an einer einvernehmlichen Regelung nicht interessiert ist, kann die Anordnung des persönlichen Erscheinens nicht ohne weiteres als ermessensfehlerhaft angesehen werden, da es auch bei einer solchen ablehnenden Haltung nicht von vorneherein ausgeschlossen erscheint, dass nach Erörterung der Sachargumente doch noch eine einvernehmliche Regelung zustande kommt.[60] 27

Bleibt eine Partei unentschuldigt[61] dem Termin fern und erscheint für sie auch kein mit der Sache vertrauter und zum Abschluss eines Vergleichs bevollmächtigter Vertreter[62] (vgl. § 141 Abs. 3 S. 2 ZPO), so kann gegen sie ein Ordnungsgeld[63] festgesetzt werden (Abs. 5 Satz 2). Umstritten ist die Frage, ob die Einigungsstelle von dieser 28

---

[54] GroßKommUWG/*Nippe* § 15 Rn. 147; Teplitzky/*Bacher* Kap. 42 Rn. 15.

[55] GroßKommUWG/Nippe § 15 Rn. 147.

[56] Vgl. LG Magdeburg WRP 1996, 1134.

[57] Vgl. *Ottofülling* WRP 2006, 410 (419) Fn. 129.

[58] LG Hannover NJW-RR 1987, 817; WRP 1988, 574; GroßKommUWG/*Nippe* § 15 Rn. 170.

[59] Hierzu eingehend GroßKomm/*Nippe* § 15 Rn. 163 ff. mwN.

[60] OLG Hamm WRP 1984, 336; LG Regensburg WRP 2020, 136 (Ls.); *Ottofülling* WRP 2006, 410 (419); *Krieger* GRUR 1957, 197 (203); anders wohl *Nieder* S. 76 für den Fall, dass ein Nichterscheinen ohne Sanktion bliebe.

[61] Ob ein hinreichender Grund für das Nichterscheinen vorliegt, richtet sich ebenfalls nach den Umständen des Einzelfalles (Entfernung, anfallende Reise- oder Vertretungskosten, Krankheit oder sonstige Verhinderungsgründe); vgl. GroßKomm/*Nippe* § 15 Rn. 178; Rspr.-Beispiele: OLG Koblenz GRUR 1988, 560: Anordnung des persönlichen Erscheinens auch dann möglich, wenn die Partei erklärt, sich dem Einigungsverfahren nicht unterwerfen zu wollen oder wenn sie erklärt, nicht zu einem Vergleich bereit zu sein; ebenso OLG Hamm GRUR 1984, 600 (offen bei wiederholtem Fernbleiben); LG Schwerin WRP 1997, 881 f.: Für die Festsetzung eines Ordnungsgeldes wegen unentschuldigten Ausbleibens ist es ohne Bedeutung, ob ein Wettbewerbsverstoß vorliegt; zu den erforderlichen organisatorischen Vorkehrungen bei Urlaub bzw. sonstiger Abwesenheit vgl. LG Hannover WRP 1991, 64; weitere Nachw. aus der unveröffentlichten Rspr. bei *Ottofülling* WRP 2006, 410 (420) und in MüKoUWG § 15 Rn. 92 ff.; zustimmend Fezer/Büscher/Obergfell/*Mees* § 15 Rn. 58.

[62] Inwieweit eine entsprechende Anwendung von § 85 Abs. 2 ZPO in Betracht kommt, ist streitig; bejahend: LG Münster WRP 1984, 302; vgl. Großkomm/*Nippe* § 15 Rn. 178 mwN.

[63] Vgl. LG Regensburg WRP 2020, 136 (Ls.); LG Arnsberg WRP 2017, 117 (Ls.); das Ordnungsgeld bestimmt sich nach Art. 6 Abs. 1 S. 1 EGStGB und wird von der IHK als Träger der Einigungsstellen wie Beiträge eingezogen (zB § 6 Abs. 2 S. 2 BayDVO).

Möglichkeit überhaupt Gebrauch machen soll bzw. ob sie sich im Rahmen einer pflichtgemäßen Ermessensausübung hält, wenn gegen eine nicht erschienene Partei, die bereits erklärt hat, nicht verhandlungs- und vergleichsbereit zu sein, ein Ordnungsgeld festgesetzt wird. Liegt eine ausdrücklich **ablehnende Erklärung des Antragsgegners** vor, so sollte kein Ordnungsgeld festgesetzt werden.[64] Denn die bestehende „theoretische" Möglichkeit, dass der Antragsgegner zu einem zweiten Termin erscheinen wird und seine Meinung ändert, kann hierfür nicht ausreichen. Ebenso ist nicht ohne weiteres zu begründen, wieso erst beim Nichterscheinen im zweiten oder sogar dritten Termin[65] von einem Scheitern des Einigungsverfahrens ausgegangen werden soll. Zwar sieht § 278 Abs. 3 S. 2 ZPO seit dem 1.1.2002 die entsprechende Anwendung von § 141 Abs. 3 ZPO vor. Der ansonsten obligatorischen Güteverhandlung bedarf es jedoch nicht, wenn sie **„erkennbar aussichtslos"** erscheint (§ 278 Abs. 2 S. 1 Alt. 2 ZPO), wovon bei Vorliegen entsprechend eindeutiger Parteierklärungen und auch dann, wenn der Beklagte (etwa in der Klageerwiderung) jegliche Vergleichsbereitschaft in Abrede stellt, in der Regel auszugehen sein wird.

29 Gegen die **Anordnung des persönlichen Erscheinens** sowie gegen die **Verhängung eines Ordnungsgeldes** findet die **sofortige Beschwerde** statt (Abs. 5 Satz 3, § 567 Abs. 1 Nr. 1 ZPO).[66] Hierüber entscheidet das für den Sitz der Einigungsstelle zuständige Landgericht (Abs. 5 Satz 2). Die einzuhaltende Frist und Form ergibt sich aus § 569 Abs. 1 S. 1 und 2, Abs. 2, Abs. 3 Nr. 1 ZPO. Der sofortigen Beschwerde gegen die Festsetzung eines Ordnungsgeldes kommt aufschiebende Wirkung zu (§ 570 Abs. 1 ZPO). Nach der Neuregelung des Beschwerderechts – Einführung einer Abhilfemöglichkeit auch bei der sofortigen Beschwerde (§ 572 Abs. 1 ZPO) – muss diese Möglichkeit auch für den Vorsitzenden (im Falle der Anordnung des persönlichen Erscheinens) sowie für die Einigungsstelle (bei der Verhängung eines Ordnungsgeldes) bestehen.[67] Die Besonderheiten des Einigungsverfahrens stehen einer derartigen Maßnahme der „Selbstkontrolle" nicht entgegen.[68]

30 Gegen die Entscheidung des Landgerichts findet die **Rechtsbeschwerde** nur im Falle ihrer Zulassung statt (§ 574 Abs. 1 Nr. 2, Abs. 3 ZPO).[69]

31 Im Falle der Aufhebung des durch die Einigungsstelle festgesetzten Ordnungsgeldes durch das Landgericht ist weder für den Gegner[70] noch für die Industrie- und Handelskammer[71] eine Beschwerdemöglichkeit eröffnet. Unter den Voraussetzungen des § 574 ZPO kann die Rechtsbeschwerde zugelassen werden.[72]

32 **6. Mündliche Verhandlung.** § 15 enthält keine Bestimmungen über den **Ablauf der mündlichen Verhandlung.** Hierzu bestimmen die Durchführungsverordnungen der Länder übereinstimmend die **Nichtöffentlichkeit** der Verhandlung;[73] jedoch kann der Vorsitzende im Falle eines berechtigten Interesses Dritten die Anwesenheit gestatten (zB § 5 Abs. 1 BayDVO). Über die mündliche Verhandlung, zu der ein Schriftführer hinzugezogen werden kann, ist eine **Niederschrift** anzufertigen, die die wesentlichen Forma-

[64] *Köhler*/Bornkamm/*Feddersen* § 1 Rn. 19; vgl. ausführlich und zur Gegenauffassung GroßkommUWG/*Nippe* § 15 Rn. 184 ff. mwN.

[65] So *Ottofülling* WRP 2006, 410 (423).

[66] LG Arnsberg WRP 2017, 117 (Ls.).

[67] OLG Frankfurt a. M. GRUR-RR 2003, 358; OLG Köln Mitt. 2010, 317 (Ls.); Teplitzky/*Bacher* Kap. 42 Rn. 31; Fezer/Büscher/Obergfell/*Mees* § 15 Rn. 59, 98.

[68] Vgl. aber *Ottofülling* WRP 2006, 410 (419) und in MüKoUWG § 15 Rn. 88, wonach für die Einigungsstelle nur eine Aussetzung in Betracht kommt.

[69] OLG Köln Mitt. 2010, 317 (Ls.); vgl. auch OLG Hamburg GRUR 1991, 78 und OLG Stuttgart WRP 1994, 280 (Ls.) zur Frage der Zulässigkeit der weiteren Beschwerde nach altem Recht.

[70] Vgl. OLG Frankfurt a. M. GRUR 1991, 249 f.; OLG Hamm WRP 1989, 190 f.; *Nieder* S. 77 aA OLG Frankfurt a. M. GRUR 1988, 150 f.

[71] OLG Frankfurt a. M. GRUR 1988, 150; OLG Hamm WRP 1987, 187; OLG Hamburg GRUR 1991, 78; *Nieder* S. 77.

[72] OLG Frankfurt a. M. GRUR-RR 2003, 358.

[73] MüKoUWG/*Ottofülling* § 15 Rn. 99; Fezer/Büscher/Obergfell/*Mees* § 15 Rn. 64.

lien (Ort, Zeit, Beteiligte etc) enthalten soll und von dem Vorsitzenden und gegebenenfalls dem Schriftführer zu unterzeichnen ist. Die Mitglieder der Einigungsstelle sind zur Verschwiegenheit verpflichtet (zum Teil erklären die Durchführungsverordnungen § 43 DRiG für entsprechend anwendbar, so § 6 Abs. 4 BayDVO).

Wie sich aus dem Zweck des Einigungsverfahrens ergibt, soll in der mündlichen Verhandlung aufgrund einer Aussprache ein **gütlicher Ausgleich** zwischen den Parteien herbeigeführt werden (Abs. 6 Satz 1). Die Parteien sind aber nicht verpflichtet, sich zur Sache zu äußern; sie unterliegen auch nicht der prozessualen Wahrheitspflicht.[74] Bei ihren Bemühungen um einen gütlichen Ausgleich ist die Einigungsstelle zur Objektivität und Neutralität verpflichtet[75] und hat sich jeder unsachlichen Einwirkung auf die Parteien oder eine Partei zu enthalten. Dies bedeutet allerdings nicht, dass sie nicht aufgrund der objektiven Einschätzung der Sach- und Rechtslage auf ein sachgerechtes Ergebnis des Einigungsverfahrens hinwirken dürfte, auch wenn dies darin besteht, dass dem Antragsteller nahe gelegt wird, seinen unbegründeten Antrag zurückzunehmen.[76] Die Einigungsstelle kann den Parteien auch einen schriftlichen Vergleichsvorschlag, als Ergebnis der mündlichen Verhandlung aber auch schon vor dem Termin, unterbreiten, der nur mit Zustimmung der Parteien veröffentlicht werden darf (Abs. 6). 33

Über die Erörterung der Angelegenheit hinaus gehört die **Sachaufklärung** nicht zur Aufgabe der Einigungsstelle. Zur Ladung von Zeugen und Sachverständigen ist die Einigungsstelle nicht befugt. Sie kann jedoch Zeugen und Sachverständige („Auskunftspersonen", so § 5 Abs. 2 Bay-DVO), die freiwillig zum Termin (in der Regel auf Veranlassung einer der Parteien) erschienen, sind, anzuhören. Deren Vereidigung (bzw. einer Partei) ist nicht zulässig. Soweit die Zulässigkeit der Inanspruchnahme von Amtshilfe entsprechend § 1050 ZPO (früher § 1036 ZPO) diskutiert wird, erscheint dies – von der offensichtlichen fehlenden Relevanz in der Praxis abgesehen – mit der Aufgabenstellung der Einigungsstelle nicht vereinbar.[77] 34

Kommt es zum Abschluss eines **Vergleichs,** der in entsprechender Anwendung von Abs. 6 Satz 2 ebenfalls nur mit Zustimmung der Parteien veröffentlicht werden darf, muss dieser gemäß § 15 Abs. 7 S. 1 in einem besonderen Schriftstück unter Angabe des Datums niedergelegt und von den Mitgliedern der Einigungsstelle und den Parteien unterschrieben werden (gesetzliche Schriftform im Sinne von § 125 S. 1 BGB). Eine entsprechende Anwendung von § 278 Abs. 6 ZPO kommt nicht in Betracht; ein vor der mündlichen Verhandlung von der Einigungsstelle gemachter Einigungsvorschlag kann von den Parteien daher nicht durch schriftliche Erklärung angenommen werden.[78] Die Regelung in Absatz 7 setzt ferner eine schriftliche Abfassung aufgrund mündlicher Vorhandlung voraus. Zwar ist es den Parteien unbenommen, sich über den Streitfall anderweitig zu vergleichen (§ 779 BGB); ein solcher Vergleich erfüllt aber nicht die Voraussetzungen des § 15 Abs. 7 und kann daher kein Vollstreckungstitel nach Satz 2 Halbsatz 1 sein.[79] 35

Aus dem Vergleich findet die **Vollstreckung** statt.[80] Für die Erteilung der Vollstreckungsklausel ist der Urkundsbeamte des Amtsgerichts am Sitz der Einigungsstelle zuständig (Abs. 7 Satz 2 Halbsatz 2, § 797a ZPO). Im Übrigen bestimmt sich das ausschließlich (§ 802 ZPO) zuständige Vollstreckungsgericht nach dem Inhalt des Vergleichs. Beinhaltet 36

[74] RG GRUR 1937, 236 (237); Teplitzky/*Bacher* Kap. 42 Rn. 20; GroßKommUWG/*Nippe* § 15 Rn. 210.

[75] OLG Frankfurt a. M. GRUR 1988, 150 (151); GroßKommUWG/*Nippe* § 15 Rn. 209.

[76] GroßKommUWG/*Nippe* § 15 Rn. 210.

[77] Teplitzky/*Bacher Kap. 42* Rn. 21.

[78] Vgl. auch Teplitzky/*Bacher* Kap. 42 Rn. 19.

[79] Die Unzuständigkeit der Einigungsstelle, Mängel bei deren Anrufung oder Besetzung stehen der Bejahung eines wirksamen Vollstreckungstitels allerdings nicht entgegen, GroßKommUWG/*Nippe* § 15 Rn. 229; *Nieder* S. 79.

[80] Vgl. OLG Schleswig OLG Report 1999, 267 = WRP 1999, 1320 (Ls.) zur Bejahung eines Rechtsschutzbedürfnisses für eine Unterlassungsklage trotz Bestehens eines vollstreckbaren Vergleichs, wenn die neue Werbung Abweichungen gegenüber der im Einigungsverfahren gegenständlichen aufweist.

er eine Unterlassungspflicht, ist für die Vollstreckung sowie für die vorherige Androhung von Ordnungsmitteln nach § 890 Abs. 2 ZPO das Prozessgericht erster Instanz (§ 890 Abs. 1 ZPO) zuständig, das für eine entsprechende gerichtliche Geltendmachung zuständig gewesen wäre; ebenso bei einer Vollstreckung nach §§ 887, 888 ZPO.[81]

37 **7. Beendigung des Verfahrens.** Kommt es nicht zum Abschluss eines Vergleichs, so hat der Vorsitzende den **Zeitpunkt der Beendigung des Verfahrens** wegen

- der Rücknahme des Antrags (die, soweit in den Durchführungsverordnungen nicht auf § 269 ZPO verwiesen wird, § 6 Abs. 7 BayDVO, auch ohne Zustimmung des Gegners möglich ist),[82]
- der Ablehnung der Einleitung von Einigungsverhandlungen nach Abs. 8,
- einer anderweitigen Regelung der Parteien außerhalb des Einigungsverfahrens, oder
- Scheiterns der Verhandlungen (einschließlich des Nichterscheinens einer Partei)

festzustellen und den Parteien mitzuteilen (Abs. 9 Satz 2 und 3). Ein Rechtsmittel gegen diese Festlegung ist nicht gegeben, was unbedenklich ist, da damit keine – für ein streitiges Verfahren – verbindliche Feststellung in Bezug auf die Hemmung der Verjährung (§ 209 BGB) verbunden ist.[83] Eine dahingehende Wirkung kann Abs. 9 nicht entnommen werden.

V. Hemmung der Verjährung (Abs. 9 Satz 1)

38 Durch die Anrufung der Einigungsstelle wird gemäß Abs. 9 Satz 1 die **Verjährung in gleicher Weise wie durch Klageerhebung gehemmt.** Entsprechend der Regelung in § 204 Abs. 1 Nr. 1 BGB tritt die Hemmungswirkung danach nicht bereits mit Eingang des Antrags bei der Einigungsstelle sondern mit dessen Zustellung an den Gegner ein,[84] wobei jedoch § 167 ZPO (vgl. auch § 204 Abs. 1 Nr. 4 Hs. 2 BGB) entsprechend anzuwenden ist. Im Hinblick auf die vorgesehene „Gleichwirkung" zur Klageerhebung – die Verteidigung gegen eine negative Feststellungsklage ist zur Hemmung der Verjährung nicht geeignet[85] – wird auch der Anrufung einer unzuständigen Einigungsstelle eine Hemmungswirkung zukommen,[86] sofern im Übrigen ein wirksamer Antrag, insbesondere in den Fällen des Abs. 3 Satz 1 die Zustimmung des Gegners vorliegt.

39 Aufgrund der vorgesehenen Gleichwirkung zur Klageerhebung besteht allerdings keine Veranlassung, eine Hemmung auch bei Anrufung durch den **Schuldner** des fraglichen Anspruchs eintreten zu lassen, vielmehr ist der Auffassung beizupflichten, dass ein vom Schuldner eingeleitetes Verfahren nur dann eine Hemmung herbeiführt, wenn sich der Gläubiger hierauf einlässt,[87] auch wenn die frühere Regelung in Abs. 9 Satz 5 (→ Rn. 6) hierfür nicht mehr mit als Argument herangezogen werden kann.

40 Der **Ablauf der Hemmung** richtet sich nach § 204 Abs. 2 S. 1, 2 BGB, die erneute Hemmung nach Satz 3.

---

[81] *Köhler*/Bornkamm/*Feddersen* § 15 Rn. 26.

[82] MüKoUWG/*Ottofülling* § 15 Rn. 74, 113.

[83] GroßKommUWG/*Nippe* § 15 Rn. 239.

[84] AA Ohly/*Sonitza* § 15 Rn. 16; Fezer/Büscher/Obergfell/*Mees* § 15 Rn. 111; Ahrens/*Ahrens* Kap. 13 Rn. 18; MüKoUWG/*Ottofülling* § 15 Rn. 146 unter Hinweis auf die kurze Verjährungsfrist.

[85] BGHZ 72, 23 (28); NJW 1972, 157 (159 und 1043).

[86] Teplitzky/*Bacher Kap. 42* Rn. 48 mit Darstellung des Meinungsstandes; offen gelassen von OLG Köln NJWE-WettbR 1997, 282 (284); vgl. auch BGH NJW-RR 1993, 1495; NJW 1978, 1058; Palandt/*Ellenberger* § 204 Rn. 19, 5; Staudinger/*Eidenmüller* NJW 2004, 23; *Friedrich* NJW 2003, 1781 (1782).

[87] *Köhler* WRP 1991, 617 (620 f.); Ohly/*Sosnitza* § 15 Rn. 17; Teplitzky/*Bacher* Kap. 42 Rn. 48; *Köhler*/Bornkamm/*Feddersen* § 15 Rn. 34; Fezer/Büscher/Obergfell/*Mees* § 15 Rn. 112; *Melullis* Rn. 87; aA OLG Koblenz GRUR 1988, 566 mit zust. Anm. *Ahrens* EWiR 1988, 723 f.; Ahrens/*Ahrens* Kap. 13 Rn. 18: *jedenfalls Hemmung* gemäß § 203 BGB; offen gelassen von OLG Köln NJWE-WettbR 1997, 282 (284).

VI. Anrufung aufgrund gerichtlicher Anordnung

In **„Verbraucherstreitigkeiten"** im Sinne von Abs. 3 Satz 2 (→ Rn. 21) ohne vorherige Durchführung eines Einigungsverfahrens kann das Gericht auf Antrag einer der Parteien, diesen aufgeben, die Einigungsstelle zur Herbeiführung eines gütlichen Ausgleichs anzurufen (Abs. 10 Satz 1). Eine solche im **Ermessen des Gerichts** stehende Entscheidung wird (nur) dann in Betracht kommen, wenn dies von beiden Parteien beantragt wird oder – bei nur einseitigem Antrag – wenn Umstände dargetan oder sonst ersichtlich sind, wonach von einer Befassung der Einigungsstelle eine vergleichsweise schnellere und/oder kostengünstigere Erledigung der Streitigkeit zu erwarten ist.[88] Hierbei ist auch zu berücksichtigen, dass die Anordnung vom Gericht nicht durchgesetzt werden kann, sodass auch darauf zu achten ist, ob mit einseitigen Anträgen nicht lediglich eine Verfahrensverzögerung verbunden ist. Das Gesetz[89] geht ersichtlich davon aus, dass diese Anordnung **aufgrund mündlicher Verhandlung** ergeht, da vorgesehen ist, dass mit der Anordnung ein neuer Termin anberaumt wird. Im Falle eines übereinstimmenden Antrags vor dem Termin zur mündlichen Verhandlung erscheint es auch sachgerecht, einen bereits anberaumten Termin zu verlegen oder einen entsprechend weit hinausgeschobenen Termin zur mündlichen Verhandlung zu bestimmen. Eine Anfechtbarkeit der Anordnung (sofortige Beschwerde) ist entsprechend § 252 ZPO nur dann gegeben, wenn mit der entsprechenden Vertagung bzw. Terminierung im Ergebnis eine Rechtsverweigerung verbunden ist.[90] **41**

In einstweiligen Verfügungsverfahren ist eine solche Anordnung nur auf übereinstimmenden Antrag zulässig (Abs. 10 Satz 2). Eine derartige Vorgehensweise birgt aber für den Antragsteller des Verfügungsverfahrens die Gefahr, dass eine damit verbundene Verzögerung des gerichtlichen Verfahrens als dringlichkeitsschädlich angesehen wird.[91] **42**

Ist eine gerichtliche Anordnung nach Abs. 10 Satz 1 ergangen, kann die in der Anordnung vom Gericht zu benennende Einigungsstelle die Einleitung von Einigungsverhandlungen nicht gemäß Abs. 8 ablehnen (Absatz 10 Satz 3). **43**

VII. Klageerhebung nach Einleitung eines Einigungsverfahrens

1. Negative Feststellungsklage des Antragsgegners. Das Gesetz trifft in Abs. 10 Satz 4 nur für den Fall der negativen Feststellungsklage von Seiten des Anspruchsgegners eine Regelung. Nach Anrufung der Einigungsstelle (Eingang des Antrags) durch den Anspruchsteller und erst Recht durch den Anspruchsgegner selbst soll diesem durch die Erhebung[92] einer negativen Feststellungsklage nicht die Grundlage für die angestrebte gütliche Streitbeilegung entzogen werden. Eine negative Feststellungsklage ist für die Dauer des Einigungsstellenverfahrens unzulässig[93] und daher abzuweisen. Eine Aussetzung gemäß § 148 ZPO kommt nicht in Betracht.[94] **44**

2. Leistungsklage, positive Feststellungsklage. Für die Fälle der Erhebung einer Leistungsklage bzw. einer positiven Feststellungsklage während der Anhängigkeit eines Einigungsverfahren wird hinsichtlich der Zulässigkeit einer solchen Vorgehensweise zu Recht danach differenziert, wer die Einigungsstelle angerufen hat.[95] **45**

---

[88] Vgl. hierzu GroßKommUWG/*Nippe* § 15 Rn. 335; Teplitzky/*Bacher* Kap. 42 Rn. 35.

[89] Bisher ist die Regelung ohne praktische Bedeutung geblieben, MüKoUWG/*Ottofülling* § 15 Rn. 144.

[90] Vgl. Zöller/*Stöber* § 227 Rn. 28 zur Anfechtbarkeit von Entscheidungen gemäß § 227 ZPO; vgl. auch Teplitzky/*Bacher* Kap. 42 Rn. 35; vgl. auch OLG Stuttgart WRP 1997, 350; weiter GroßKommUWG/*Nippe* § 15 Rn. 337 und *Köhler*/Bornkamm/*Feddersen* § 15 Rn. 33, wonach Gegenstand der Überprüfung auch das Vorliegen der gesetzlichen Voraussetzungen und die ordnungsgemäße Ausübung des Ermessens sein sollen.

[91] Vgl. auch *Melullis* Rn. 90; GroßKommUWG/*Nippe* § 15 Rn. 334.

[92] Maßgeblich ist die Zustellung, OLG Hamburg WRP 1994, 315 (321); Teplitzky/*Bacher* Kap. 42 Rn. 36.

[93] OLG Hamburg WRP 1994, 315 (321); GroßKommUWG/*Nippe* § 15 Rn. 319.

[94] OLG Stuttgart WRP 1997, 350.

[95] Teplitzky/*Bacher* Kap. 42 Rn. 39 ff.; GroßKommUWG/*Nippe* § 15 Rn. 127 ff.; *Melullis* Rn. 90.

46 Wurde die Einigungsstelle vom **Anspruchsgegner** angerufen, ist der Anspruchsteller nur dann an einer gerichtlichen Rechtsverfolgung gehindert, wenn er der Anrufung der Einigungsstelle als Voraussetzung für deren Tätigwerden (Abs. 3 Satz 1) zugestimmt hat.[96] Dies wird damit begründet, dass dem Anspruchsteller eine Verzögerung der gerichtlichen Durchsetzung im Hinblick auf die nur beschränkten Erkenntnismöglichkeiten des Einigungsverfahrens nicht zumutbar sei.

47 Hat der **Anspruchsteller** selbst die Einigungsstelle angerufen, wird es für die Bejahung eines Rechtsschutzbedürfnisses für eine danach erhobene, denselben Streitgegenstand betreffende Klage zu verlangen sein, dass er Umstände dartut,[97] die es ihm nicht (mehr) zumutbar erscheinen lassen, dass er den Ausgang des eingeleiteten Einigungsverfahrens abwartet.[98]

48 Die bloße Erklärung der Bereitschaft einer Partei zur Durchführung des Einigungsstellenverfahren lässt das Rechtsschutzbedürfnis für eine gerichtliche Durchsetzung nicht entfallen.[99]

49 **3. Einstweilige Verfügung.** Einigkeit besteht, dass die Zulässigkeit einer gerichtlichen Geltendmachung im Wege der einstweiligen Verfügung durch die Anhängigkeit eines Einigungsverfahrens nicht eingeschränkt wird.[100]

VIII. Kosten

50 **1. Gebühren, Auslagen der Einigungsstelle.** Im Hinblick auf den Wegfall der Ermächtigung zur Erhebung von **Gebühren** (→ Rn. 1) enthalten die Durchführungsverordnungen keine Bestimmungen zur Erhebung von Gebühren mehr.[101] Das Verfahren vor der Einigungsstelle ist **gebührenfrei.** Es werden zum Teil lediglich **Auslagen** entsprechend der Regelung im GKG erhoben (§ 8 BayDVO; § 12 Abs. 2 Hamburger DVO), zum Teil erfassen die zu ersetzenden Auslagen auch Vergütungen und Aufwendungen für die Mitglieder der Einigungsstelle (zB § 13 Abs. 3 DVO Mecklenburg-Vorpommern). Diese unterschiedlich definierten Aufwendungen werden vom Vorsitzenden festgestellt bzw. von der Einigungsstelle festgesetzt,[102] zum Teil nur auf entsprechenden Antrag. Auch wenn eine Einigung in der Sache nicht zustande kommt, soll die Einigungsstelle eine gütliche Einigung der Parteien über die Kosten herbeiführen.[103] Kommt eine Einigung nicht zustande, entscheidet die Einigungsstelle hierüber nach billigem Ermessen[104] (Ausnahme: § 13 Abs. 4 S. 1 DVO Rheinland-Pfalz, wonach jede Partei die Hälfte der Kosten zu tragen hat[105]). Gegen die Entscheidung ist nach den Durchführungsverordnungen die sofortige Beschwerde eröffnet, über die das für den Sitz der Einigungsstelle zuständige Landgericht – Kammer für Handelsachen bzw. die Zivilkammer – entscheidet. Die Aufwendungen werden von der Industrie- und Handelskammer wie Beiträge eingezogen.

---

[96] KG MD 1985, 770 = DB 1985, 2403; OLG München WRP 1971, 487; OLG Stuttgart WRP 1980, 508 (509); *Köhler*/Bornkamm/*Feddersen* § 15 Rn. 30; Teplitzky/*Bacher* Kap. 42 Rn. 41 mwN.

[97] Vgl. LG Magdeburg WRP 1998, 540: Klageerhebung nach Fristsetzung gemäß § 926 ZPO.

[98] *Köhler*/Bornkamm/*Feddersen* § 15 Rn. 30; Teplitzky/*Bacher* Kap. 42 Rn. 40; jeweils mwN; *Melullis* Rn. 90; aA *Pohlmann* GRUR 1993, 361 (364); vgl. auch OLG Hamm WRP 1982, 233 (234 f.) zum Fehlen des Rechtsschutzbedürfnisses für ein gerichtliches Vorgehen nach Abschluss des Einigungsverfahrens in einem besonders gelagerten Fall – Koppelung von Kostenübernahme und Unterlassungserklärung.

[99] LG Rostock 11.4.2014 – 5 HK O 193/13 – juris.

[100] KG DB 1985, 2403 = MD 1985, 770 (774); OLG Stuttgart WRP 1980, 508 (509); OLG München WRP 1971, 487; MD 1985, 616 (618); Teplitzky/*Bacher* Kap. 42 Rn. 38; GroßKommUWG/*Nippe* § 15 Rn. 318; Ahrens/*Ahrens* Kap. 13 Rn. 16; aA OLG Koblenz NJW-RR 1989, 38 (39).

[101] Die frühere Regelung § 11 DVO Bremen wurde bereits 1999 aufgehoben, worauf von *Ottofülling* WRP 2006, 410 (424) Fn. 200 zutreffend hingewiesen wird.

[102] Vgl. LG Hannover WRP 1993, 852 (Ls.) zur Frage der Zulässigkeit einer sofortigen Beschwerde gegen einen Kostenbeschluss; *Nieder* S. 80.

[103] *Steinmetz* S. 131.

[104] OLG Stuttgart NJWE-WettbR 1996, 197 (200).

[105] Hierzu Teplitzky/*Bacher* Kap. 42 Rn. 29 Fn. 75 gegen die einschränkende Anwendung der Regelung im Falle der Antragsrücknahme bei GroßKommUWG/*Nippe* § 15 Rn. 251; Ahrens/*Ahrens* Kap. 13 Rn. 52.

2. Kosten der Parteien. a) Kostenerstattung. Eine Erstattung der Kosten der Parteien ist in den Durchführungsverordnungen nicht vorgesehen. Soweit Regelungen in den Durchführungsverordnungen enthalten sind, lauten diese dahin, dass die Parteien ihre entstandenen Kosten selbst zu tragen haben (zB § 12 Abs. 4 EinigungsstellenVO Baden-Württemberg[106]). Eine Erstattungspflicht kann für den Antragsteller aufgrund materiellrechtlicher Grundlage unter dem Gesichtspunkt der Geschäftsführung ohne Auftrag (§ 683 S. 1, § 677, 670 BGB)[107] oder des Schadensersatzes (Rechtsverfolgungskosten[108]) begründet werden. Die Einleitung eines Einigungsverfahrens nach einer erfolglosen Abmahnung entspricht allerdings nicht mehr dem mutmaßlichen Willen des Schuldners.[109] Demgegenüber wird die Auffassung vertreten, dass bei bestimmten Fallgestaltungen – eindeutige Verstöße – dennoch ein Anspruch gemäß § 12 Abs. 1 S. 2 analog zu bejahen sei, da die Rspr. des BGH zur Geschäftsführung ohne Auftrag auf die neue Rechtslage nicht übertragbar sei.[110] Eine analoge Anwendung von § 12 Abs. 1 S. 2 aF (jetzt § 13 Abs. 3) für derartige Fallgestaltung wird zu Recht überwiegend abgelehnt.[111] Wenn die Einigungsstelle ohne vorherige Abmahnung angerufen wird, wird eine Kostenerstattung gemäß § 12 Abs. 1 S. 2 analog angenommen, wenn sich der Antragsgegner unterwirft und der Anspruch begründet war.[112] 51

Von den **Ausnahmefällen** einer vorsätzlichen **sittenwidrigen Schädigung** (§ 826 BGB) abgesehen, kann der Antragsgegner seine **Aufwendungen nicht ersetzt verlangen,** auch wenn der geltend gemachte Anspruch für unbegründet erachtet wurde.[113] 52

Die mit dem Einigungsstellenverfahren verbundenen Kosten der Parteien können **nicht** aufgrund einer Kostenentscheidung **in einem nachfolgenden Gerichtsverfahren erstattet verlangt** werden,[114] auch dann nicht, wenn dieses wegen des Einigungsstellenverfahrens ausgesetzt worden war. 53

b) Anwaltsgebühren. Die Vergütung für die anwaltliche Tätigkeit richtet sich nach Nr. 2303 Nr. 4 VV-RVG (1,5 Gebühr). Es handelt sich um eine **eigene Angelegenheit** im Sinne von § 17 Nr. 7 RVG. Im Falle einer Einigung kann eine **Einigungsgebühr** gemäß Nr. 1000 VV-RVG in Ansatz gebracht werden.[115] 54

§ 15a Überleitungsvorschrift zum Gesetz zur Stärkung des fairen Wettbewerbs

(1) **§ 8 Absatz 3 Nummer 2 ist nicht anzuwenden auf Verfahren, die am 1. September 2021 bereits rechtshängig sind.**

(2) **Die §§ 13 und 13a Absatz 2 und 3 sind nicht anzuwenden auf Abmahnungen, die vor dem 2. Dezember 2020 bereits zugegangen sind.**

Schrifttum: *Fritzsche,* Endlich: Das Gesetz zur Stärkung des fairen Wettbewerbs, WRP 2020, 1367.

---

[106] Vgl. OLG Stuttgart NJWE-WettbR 1996, 197 (200).
[107] BGH GRUR 2001, 1166 (1169 f.) – Fernflugpreise; OLG Hamm GRUR 1988, 715; GroßKommUWG/*Nippe* § 15 Rn. 266 ff.; Ohly/*Sosnitza* § 15 Rn. 12.
[108] MüKoUWG/*Ottofülling* § 15 Rn. 118; *Melullis* Rn. 84.
[109] BGH GRUR 2001, 1166 (1169 f.) – Fernflugpreise; OLG Hamm GRUR 1988, 715; *Brüning* § 12 Abs. 1 Rn. 93; *Köhler* WRP 1991, 617 (622).
[110] *Ottofülling* WRP 2006, 410 (424 f.); *Ottofülling* in MüKoUWG § 15 Rn. 120; jeweils unter Bezugnahme auf unveröffentlichte Instanzrechtsprechung.
[111] *Köhler*/Bornkamm/*Feddersen* § 15 Rn. 29; Fezer/Büscher/Obergfell/*Mees* § 15 Rn. 89.
[112] MüKoUWG/*Ottofülling* § 15 Rn. 119; *Köhler*/Bornkamm/*Feddersen* § 15 Rn. 29.
[113] *Melullis* Rn. 85; vgl. auch OLG München NJWE-WettbR 1999, 185; OLG Stuttgart NJWE-WettbR 1997, 197 (200); weitergehend *Köhler* WRP 1991, 617 (622): Anspruch aus cic; ablehnend *Melullis* Rn. 85.
[114] OLG München NJWE-WettbR 1999, 185; vgl. auch OLG München NJW 1965, 2212.
[115] Vgl. MüKoUWG/*Ottofülling* § 15 Rn. 37 Fn. 66; *Ottofülling* WRP 2006, 410 (412) Fn. 26.

A. Überleitungsvorschrift zur Anspruchsbefugnis der Wirtschaftsverbände

I. Normzweck

1 Mit der Überleitungsvorschrift soll nach dem Willen des Gesetzgebers sichergestellt werden, dass Wirtschaftsverbände bei bereits rechtshängig gemachten Ansprüchen nicht ihre Klagebefugnis verlieren.[1] Zu diesem Zweck ist vorgesehen, dass § 8 Abs. 3 Nr. 2 nicht auf Verfahren anzuwenden ist, die am 1.9.2021 bereits rechtshängig sind. Dies ist das Datum des ersten Tages des neunten auf die Verkündung des Gesetzes folgenden Kalendermonats.[2] Diese Übergangsfrist soll den Verbänden ermöglichen, auch noch nach Inkrafttreten des § 8 Abs. 2 zum 2.12.2021 bis zum 1.9.2021 rechtshängige Ansprüche zu verfolgen, obwohl sie noch nicht gem. §§ 8 Abs. 3 Nr. 2, 8b auf der vom BfJ geführten Liste qualifizierter Wirtschaftsverbände eingetragen sind. Diese Übergangsphase wird ihnen zugebilligt, um das Eintragungsverfahren erfolgreich zum Abschluss zu bringen.[3] Ohne die Übergangsfrist müssten die bisher nach § 8 Abs. 3 Nr. 2 UWG 2004 anspruchsberechtigten Wirtschaftsverbände, die auch noch nach dem 2.12.2022 nicht in die beim BfJ geführte Liste eingetragen sind, mit diesem Datum bereits laufende Rechtsstreitigkeiten für erledigt erklären. Dies wird durch § 15a vermieden.

II. Rechtshängigkeit von Verfahren bereits zum 1.9.2021

2 **1. Hauptsacheverfahren.** Die Vorschrift ist unproblematisch auf Hauptsacheverfahren anwendbar, die bereits zum 1.9.2021 rechtshängig waren. Gem. § 261 Abs. 1 ZPO wird die Rechtshängigkeit eine Hauptsacheklage durch **Erhebung der Klage** begründet. Die Klageerhebung erfordert **gem. §§ 261 Abs. 1, 253 Abs. 1 ZPO** die **Zustellung der Klageschrift.**

3 Gem. **§ 167 ZPO** tritt in den Fällen, in denen durch die Zustellung der Klage eine Frist gewahrt werden soll, tritt die fristwahrende Wirkung bereits mit der **Anhängigmachung** der Klage ein, wenn die **Zustellung demnächst** erfolgt. Diese **Rückwirkung** gilt allgemein, also auch im Rahmen der gesetzlichen Frist des § 15a. Derjenige, der § 167 ZPO beim Wort nimmt, kann zu Recht erwarten, dass die Zustellung durch Vermittlung des Gerichts Rückwirkung entfaltet; er hat keinen Grund anzunehmen, dass insoweit danach zu unterscheiden sein könnte, welche Art von Frist durch die Zustellung gewahrt werden soll. Wer mit der Klage die stärkste Form der Geltendmachung von Ansprüchen wählt, muss sich deshalb darauf verlassen können, dass die Einreichung der Klageschrift die Frist wahrt.[4] Die Zustellung erfolgt „demnächst", wenn sie innerhalb einer den Umständen nach angemessenen, selbst längeren Zeitspanne stattfindet und der Kläger alles Mögliche und Zumutbare für die alsbaldige Zustellung getan hat und ihr keine Nachlässigkeit zur Last fällt.[5] Was den gem. § 12 GKG zu leistenden Gerichtskostenvorschuss angeht, so fällt dem Kläger im allgemeinen keine Nachlässigkeit zur Last, wenn er nach Anforderung des Gerichtskostenvorschusses innerhalb von 14 Tagen zahlt.[6]

4 **2. Verfügungsverfahren.** Die Vorschrift ist auch auf das Verfügungsverfahren anwendbar, sofern der Verfügungsantrag bereits bis zum 1.9.2021 gestellt wurde. Zwar setzt nach dem Wortlaut des § 261 Abs. 1 ZPO die Rechtshängigkeit die Erhebung der Haupt-

[1] BT-Drs. 19/12084, 37.
[2] BT-Drs. 19/20664, 8.
[3] Vgl. *Fritzsche* WRP 2020, 1367 Rn. 57.
[4] BGH NJW 2009, 765 Rn. 25.
[5] BGH NJW 2015, 2666 Rn. 6 f.; 2016, 568 Rn. 9 f.; *Wittschier* in Musielak/Voit ZPO § 167 Rn. 6; MüKoZPO/*Häublein/Müller* § 167 Rn. 10 f.
[6] BGH NJW 2015, 2666 f. Rn. 6 f., 9; 2016, 568 Rn. 9 f.

sacheklage voraus. Es ist aber anerkannt, dass auch im Verfügungsverfahren eine Rechtshängigkeit besteht, die allerdings nicht für die Hauptsache, sondern nur für ein identisches weiteres Verfügungsverfahren die Sperrwirkung des § 261 Abs. 3 ZPO auslöst.[7] Diese **Rechtshängigkeit** wird bereits mit der **Stellung des Verfügungsantrags,** also seine Einreichung bei Gericht, und nicht erst mit seiner Zustellung an den Antragsgegner begründet.[8]

III. Anwendbarkeit des § 8 Abs. 3 Nr. 2 UWG 2004

Ist ein Verfahren bereits am 1.9.2021 rechtshängig gewesen, so ist § 8 Abs. 3 Nr. 2 in der Fassung durch das „Gesetz zur Stärkung des fairen Wettbewerbs" nicht anwendbar. Vielmehr sich die Anspruchsbefugnis des klagenden Wirtschaftsverbands weiterhin nach § 8 Abs. 3 Nr. 2 UWG 2004 (hierzu Vorauflage *Goldmann* → § 8 Rn. 286 ff.). 5

B. Überleitungsvorschrift für Abmahnungen und Vertragsstrafen

I. Normzweck

§ 15a Abs. 2 soll sicherstellen, dass nach Inkrafttreten des „Gesetzes zur Stärkung des fairen Wettbewerbs" keine Gegenansprüche für Abmahnungen entstehen könnten, die noch vor Inkrafttreten des Gesetzes zugegangen sind und zum damaligen Zeitpunkt noch nicht den in dem Gesetz vorgesehenen Transparenzregelungen entsprechen mussten.[9] Die Regelung ist nur eine Klarstellung des ohnehin Selbstverständlichen. Zum **Zugang** der Abmahnung und der ihn betreffenden Beweislastverteilung *Brüning* → § 13 Rn. 23 ff. 6

II. Abmahnungen (§ 13)

Gem. § 15a ist § 13 Abs. 2 und 3 nicht anzuwenden auf Abmahnungen, die dem Abgemahnten bereits vor dem 2.12.2020 bereits zugegangen sind. Für solche Abmahnungen bleibt **§ 12 Abs. 1 UWG 2004 weiterhin anwendbar,** einschließlich der Regelung der **Abmahnkostenerstattung in Satz 2.** Dies bedeutet, dass die Transparenzanforderungen des § 13 Abs. 2 vor Inkrafttreten des „Gesetzes zur Stärkung des fairen Wettbewerbs" nicht anwendbar und auch keine Voraussetzung für die Kostenerstattung sind. Außerdem wird gem. § 12 Abs. 1 S. 2 UWG 2004 auch in denjenigen Fällen ein Ersatz der Abmahnkosten geschuldet, in denen nach neuem Recht gem. § 13 Abs. 4 der Anspruch ausgeschlossen ist. Gegenansprüche gem. § 13 Abs. 5 können nicht geltend gemacht werden. 7

III. Vertragsstrafen (§ 13a)

Gem. § 15a sind die neu eingeführten Vorschriften § 13a Abs. 2 und 3 nicht anzuwenden auf Abmahnungen, die dem Abgemahnten bereits vor dem 2.12.2020 bereits zugegangen sind. Dies betrifft die Unzulässigkeit einer strafbewehrten Unterlassungserklärung in bestimmten Fällen (Abs. 2) und die Deckelung auf 1.000 EUR in anderen (Abs. 3). Die Vorschriften in § 13a Abs. 1 (Grundsätze der Vertragsstrafebemessung), Abs. 4 (Reduzierung einer unangemessen hohen Vertragsstrafe auf eine angemessene), Abs. 5 (Verfahren vor Einigungsstellen) sind auch auf Abmahnungen anwendbar, die bereits vor Inkrafttreten des „Gesetzes zur Stärkung des fairen Wettbewerbs" zugegangen sind. 8

---

[7] OLG Koblenz GRUR 1980, 1022 (1023); OLG Karlsruhe WRP 1982, 44; OLG Hamm NJWE-WettbR 1996, 234; OLG Düsseldorf WRP 1996, 156; *Berneke/Schüttpelz* Rn. 215 f., MüKoZPO/*Drescher* § 916 Rn. 16 f.

[8] OLG Köln GRUR 1988, 646; *Berneke/Schüttpelz* Rn. 215, MüKoZPO/*Drescher* § 916 Rn. 16.

[9] BT-Drs. 19/22238, 37.

sachlage voraus. Es ist aber anerkannt, dass auch im Verfügungsverfahren eine Rechtshängigkeit besteht, die allerdings nicht für die Hauptsache, sondern nur für ein identisches weiteres Verfügungsverfahren die Sperrwirkung des § 261 Abs. 3 ZPO auslöst. Diese **Rechtshängigkeit** wird bereits mit der **Stellung des Verfügungsantrags**, also seiner Einreichung bei Gericht, und nicht erst mit seiner Zustellung an den Antragsgegner begründet.[5]

III. Anwendbarkeit des § 8 Abs. 3 Nr. 2 UWG 2004

5 Ist ein Verfahren bereits am 1.9.2021 rechtshängig gewesen, so ist § 8 Abs. 3 Nr. 2 in der Fassung durch das „Gesetz zur Stärkung des fairen Wettbewerbs" nicht anwendbar. Vielmehr sich die Anspruchsbefugnis des klagenden Wirtschaftsverbands weiterhin nach § 8 Abs. 3 Nr. 2 UWG 2004 (hierzu Vorauflage *Goldmann* → § 8 Rn. 286 ff.).

B. Überleitungsvorschrift für Abmahnungen und Vertragsstrafen

I. Normzweck

6 § 15a Abs. 2 soll sicherstellen, dass nach Inkrafttreten des „Gesetzes zur Stärkung des fairen Wettbewerbs" keine Gegenansprüche für Abmahnungen entstehen könnten, die noch vor Inkrafttreten des Gesetzes zugegangen sind und zum damaligen Zeitpunkt noch nicht den in dem Gesetz vorgesehenen Transparenzregelungen entsprechen mussten.[6] Die Regelung ist nur eine Klarstellung des ohnehin Selbstverständlichen. Zum **Zugang** der Abmahnung und der ihn betreffenden Beweislastverteilung *Brüning* → § 13 Rn. 25 ff.

II. Abmahnungen (§ 13)

7 Gem. § 15a ist § 13 Abs. 2 und 3 nicht anzuwenden auf Abmahnungen, die dem Abgemahnten bereits vor dem 2.12.2020 bereits zugegangen sind. Für solche Abmahnungen bleibt § 12 Abs. 1 **UWG 2004 weiterhin anwendbar**, einschließlich der Regelung der **Abmahnkostenerstattung in Satz 2**. Dies bedeutet, dass die Transparenzanforderungen des § 13 Abs. 2 vor Inkrafttreten des „Gesetzes zur Stärkung des fairen Wettbewerbs" nicht anwendbar und auch keine Voraussetzung für die Kostenerstattung sind. Außerdem wird gem. § 12 Abs. 1 S. 2 UWG 2004 auch in denjenigen Fällen ein Ersatz der Abmahnkosten geschuldet, in denen nach neuem Recht gem. § 13 Abs. 4 der Anspruch ausgeschlossen ist. Gegenansprüche gem. § 13 Abs. 5 können nicht geltend gemacht werden.

III. Vertragsstrafen (§ 13a)

8 Gem. § 15a sind die neu eingeführten Vorschriften § 13a Abs. 2 und 3 nicht anzuwenden auf Abmahnungen, die dem Abgemahnten bereits vor dem 2.12.2020 bereits zugegangen sind. Dies betrifft die Unzulässigkeit einer strafbewehrten Unterlassungserklärung in bestimmten Fällen (Abs. 2) und die Deckelung auf 1.000 EUR in anderen (Abs. 3). Die Vorschriften in § 13a Abs. 1 (Grundsätze der Vertragsstrafebemessung), Abs. 4 (Reduzierung einer unangemessen hohen Vertragsstrafe auf eine angemessene), Abs. 5 (Verfahren vor Einigungsstellen) sind auch auf Abmahnungen anwendbar, die bereits vor Inkrafttreten des „Gesetzes zur Stärkung des fairen Wettbewerbs" zugegangen sind.

[4] OLG Koblenz GRUR 1980, 1022 (1023); OLG Karlsruhe WRP 1982, 44; OLG Hamm NJWE-WettbR 1996, 234; OLG Düsseldorf WRP 1996, 156; *Bender/Schüngele* Rn. 215; MüKoZPO/*Drescher* § 916 Rn. 15f.

[5] OLG Köln GRUR 1988, 646; *Bender/Schüngele* Rn. 216; MüKoZPO/*Drescher* § 916 Rn. 16.

[6] BT-Drs. 19/22238, 37.

Kapitel 4. Straf- und Bußgeldvorschriften

§ 16 Strafbare Werbung

(1) **Wer in der Absicht, den Anschein eines besonders günstigen Angebots hervorzurufen, in öffentlichen Bekanntmachungen oder in Mitteilungen, die für einen größeren Kreis von Personen bestimmt sind, durch unwahre Angaben irreführend wirbt, wird mit Freiheitsstrafe bis zu zwei Jahren oder mit Geldstrafe bestraft.**

(2) **Wer es im geschäftlichen Verkehr unternimmt, Verbraucher zur Abnahme von Waren, Dienstleistungen oder Rechten durch das Versprechen zu veranlassen, sie würden entweder vom Veranstalter selbst oder von einem Dritten besondere Vorteile erlangen, wenn sie andere zum Abschluss gleichartiger Geschäfte veranlassen, die ihrerseits nach der Art dieser Werbung derartige Vorteile für eine entsprechende Werbung weiterer Abnehmer erlangen sollen, wird mit Freiheitsstrafe bis zu zwei Jahren oder mit Geldstrafe bestraft.**

Übersicht

Schrifttum: *Achenbach,* Das zweite Gesetz zur Bekämpfung der Wirtschaftskriminalität, NJW 1986, 1835; *ders.,* Aus der veröffentlichten Rechtsprechung zum Wirtschaftsstrafrecht, NStZ 1991, 409 und 1993, 477; *Alexander,* Die strafbare Werbung in der UWG-Reform, WRP 2004, 407; *Beckemper,* Die Strafbarkeit des Veranstaltens eines Pyramidenspiels nach § 6c UWG, wistra 1999, 169; *Brammsen,* Zur Frage der strafbaren Werbung durch unzutreffende Gewinnversprechen – Anm. zu BGH Urt. v. 30.5.2008, Az. 1 StR 166/07, NStZ 2009, 279; *Brammsen/Apel,* Anm. zum Beschluss des BGH vom 24.2.2011, Az. 5 StR 514/09 – Zum Verbraucherbegriff bei der progressiven Kundenwerbung, EWiR 2011, 439; *dies.,* Madoff, Phoenix, Ponzi und Co. – Bedarf das „Schneeballverbot" der progressiven Kundenwerbung in § 16 II UWG der Erweiterung? WPR 2011, 400; *dies.,* Schneeballsysteme nach der 4finance-Entscheidung des EuGH – Abstimmungsprobleme im Verhältnis von Nr. 14 Anh. I UGP-RL und Nr. 14 Anhang zu § 3 Abs. 3 UWG untereinander und zu § 16 Abs. 2 UWG, GRUR Int. 2014, 1119; *dies.,* Strafbare Werbung für „Abo-Fallen", WRP 2011, 1254; *Brammsen/Leible,* Multi-Level-Marketing im System des deutschen Lauterkeitsrechts, BB 1997 Beilage 10 zu Heft 32, S. 1; *Brand/Hotz* Der „VW-Skandal" unter wirtschaftsstrafrechtlichen Vorzeichen, NZG 2017, 976; *Claus,* Die Strafbarkeit der Lüge nach § 16 I UWG, Jura 2009, 439; *Dannecker,* Die Dynamik des materiellen Strafrechts unter dem Einfluss europäischer und internationaler Entwicklungen, ZStW 177 (2005), 697; *ders.,* in: Eser/Huber, Strafrechtsentwicklung in Europa 4.3, 1995, S. 64; *Dierlamm,* Strafbarkeit falscher Versprechungen bei Kaffeefahrten, NStZ 2003, 268; *Dornis,* Der „Schenkkreis" in der Strafbarkeitslücke? – Zum Tatbestandsmerkmal des „geschäftlichen Verkehrs" in § 16 Abs. 2 UWG, WRP 2007, 1303; *ders.,* Der „Anschein eines besonders günstigen Angebots" im Sinne des § 16 Abs. 1 UWG, GRUR 2008, 742; *Ebbing,* Strukturvertrieb oder Schneeballsystem? – Zur Zulässigkeit des Multilevel Marketing im US-amerikanischen Recht, GRUR Int. 1998; 15; *Eisele,* Europäisches Strafrecht – Systematik des Rechtsgüterschutzes durch die Mitgliedstaaten, JA 2000, 991; *Erbs/Kohlhaas,* Strafrechtliche Nebengesetze, Std. 224. Ergl. Febr. 2019; *Finger,* Strafbarkeitslücken bei so genannten Kettenbrief-, Schneeball- und Pyramidensystemen, ZRP 2006, 159; *Fromm,* Ist gekennzeichnete redaktionelle Werbung auf Webseiten strafbar? Strafrechtliche Relevanz des Verschleierns von Werbehandlungen, MMR 2011, 359; *Granderath,* Das Zweite Gesetz zur Bekämpfung der Wirtschaftskriminalität, DB 1986, Beilage 18, S. 1; *ders.,* Strafbarkeit von Kettenbriefaktionen!, wistra 1988, 173; *Hamacher* Der sog. Dieselskandal und die (fast) in Vergessenheit geratene Vorschrift des § 16 Abs. 1 UWG, WRP Die erste Seite 2018, Nr. 04; *Hartlage,* Progressive Kundenwerbung – immer wettbewerbswidrig? – zugleich Anmerkung zu OLG München, WRP 1996, 42 – Vertriebssystem –, WRP 1997, 1; *Joecks,* Anleger- und Verbraucherschutz durch das 2. WiKG, wistra 1986, 142; *Keller,* Progressive Systeme zur Verkaufsförderung im Recht des unlauteren Wettbewerbs, WRP 2017, 262; *Kempf/Schilling,* Nepper, Schlepper, Bauernfänger – zum Tatbestand strafbarer Werbung (§ 16 Abs. 1 UWG), wistra 2007, 41; *Kiethe/Groeschke,* Die Mogelpackung – Lebensmittel- und wettbewerbsrechtliche Risiken der Produkteinführung, WRP 2003, 962; *Kilian,* Strafbare Werbung (§ 16 UWG), 2011; *ders.,* Zur Strafbarkeit von

Ponzischemes – Der Fall Madoff nach deutschem Wettbewerbs- und Kapitalstrafrecht, HHRS 2009, 285; *Kisseler,* Ein Meilenstein für den Verbraucherschutz, WRP 1997, 625; *Klug,* Zur Strafbarkeit irreführender Werbeangaben, GRUR 1975, 217 und 289; *Krack,* Legitimationsdefizite des § 16 Abs. 2 UWG, in: FS für Harro Otto, 2007, S. 609; *Kühl, Johannes,* Strafbare Werbung mit manipulierten Abgaswerten im Dieselskandal, WRP 2019, 573; *Kugeler,* Die strafbare Werbung (§ 16 Abs. 1 UWG) nach der UWG-Reform 2004, Konstanz 2008; *Kunkel,* Zur praktischen Bedeutung der strafbaren Werbung gemäß § 16 Abs. 1 UWG vor dem Hintergrund der Ausgestaltung als Privatklagedelikt, WRP 2008, 292; *Lagodny,* Anm. zu BGH, Urt. v. 30.5.2008, Az. 1 StR 166/2008, JR 2009, 36; *Lange,* Steht das Powershopping in Deutschland vor dem Aus?, WRP 2001, 888; *Lange/Spätgens,* Rabatte und Zugaben im Wettbewerb, 2001; *Lindloff/Fromm,* Ist gekennzeichnete redaktionelle Werbung auf Webseiten strafbar?, MMR 2011, 359; *Lhose,* Verfall (von Wertersatz) bei Vertragsschluss aufgrund Korruption – zugleich Anmerkung zu BGH v. 30.5.2008 – 1 StR 166/07 –, JR 2009, 188; *ders.,* Zur strafbaren Werbung (§ 16 Abs. 1 UWG) in Fällen der Gewinnmitteilungen. Zugleich Besprechung von BGH, Urteil vom 30. Mai 2008 – 1 StR 166/07 = BGH HRRS 2008 Nr. 591, HRRS 2008 418; *Mäsch/Hesse,* Multi-Level-Marketing im straffreien Raum, GRUR 2010, 10; *Majer/Buchmann,* Die „Abo-Falle" im Internet – Mitverschulden des Betrogenen und Europarecht, NJW 2014, 3342; *Mankowski,* Besondere Formen von Wettbewerbsverstößen im Internet und Internationales Wettbewerbsrecht, GRUR Int. 1999, 995; *Meyer/Möhrenschlager,* Möglichkeiten des Straf- und Ordnungswidrigkeitenrechts zur Bekämpfung unlauteren Wettbewerbs, WiVerw. 1982, 21; *Olesch,* § 16 II UWG – Ein Schiff ohne Wasser, WRP 2007, 908; *Otto,* Die strafrechtliche Bekämpfung unseriöser Geschäftstätigkeit, 1990; *ders.,* „Geldgewinnspiele" und verbotene Schneeballsysteme nach § 6c UWG, wistra 1997, 81; *Pluskat,* Die Tücken von „Kaffeefahrten" – Zugleich Besprechung des Urteils des BGH vom 15.8.2002 – 3 StR 11/02, – WRP 2002, 1432, WRP 2003, 18; *Prütting,* Der Vermögensschutz von Gesellschaften gegenüber externer Einflussnahme – geprüft am Beispiel der GmbH, ZGR 2015, 849; *Rengier,* Strafbare Werbung durch Unterlassen, FS Otto, 2007, S. 727; *Richter,* Kettenbriefe doch straflos?, wistra 1990, 216; *Rose,* Verkaufswerbung mit (unzutreffenden) Gewinnversprechen – Möglichkeiten und Grenzen eines strafrechtlichen Verbraucherschutzes, wistra 2002, 370; *Schorsch,* Ponzi-Schemes und Prime Bank Instruments Fraud, Kriminalistik 2007, 236; *Schricker,* Die Rolle des Zivil-, Straf- und Verwaltungsrechts bei der Bekämpfung unlauteren Wettbewerbs, GRUR Int. 1973, 694; *ders.,* Rechtsvergleichende Bemerkungen zum strafrechtlichen Schutz gegen unlauteren Wettbewerb – Ein Beitrag zur Reform des § 4 UWG, GRUR Int. 1975, 33; *Schricker/Henning-Bodewig,* Elemente einer Harmonisierung des Rechts des unlauteren Wettbewerbs in der Europäischen Union, WRP 2001, 1367; *Sosnitza,* Der Regierungsentwurf zur Änderung des Gesetzes gegen unlauteren Wettbewerb, GRUR 2015, 318; *Soyka,* Einschränkungen des Betrugstatbestands durch sekundäres Gemeinschaftsrecht am Beispiel der Richtlinie 2005/29/EG über unlautere Geschäftspraktiken, wistra 2007, 127; *ders.,* Zur strafbaren Werbung (§ 16 Abs. 1 UWG) in Fällen der Gewinnmitteilungen. Zugleich Besprechung von BGH, Urteil vom 30. Mai 2008 – 1 StR 166/07 = BGH HRRS 2008 Nr. 591, HRRS 2008, 418; *Thomas,* Die Anwendung europäischen materiellen Rechts im Strafverfahren, NJW 1991, 2232; *Thume,* Multi-Level-Marketing, ein stets sittenwidriges Vertriebssystem?, WRP 1999, 280; *Tiedemann,* Die strafrechtliche Vertreter- und Unternehmenshaftung, NJW 1986, 1842; *ders.,* Europäisches Gemeinschaftsrecht und Strafrecht, NJW 1992, 23; *Tilmann,* Irreführende Werbeangaben und täuschende Werbung, GRUR 1976, 544; *Többens,* Straftaten nach dem Gesetz gegen den unlauteren Wettbewerb (§§ 16–19 UWG), WRP 2005, 552; *Wegner,* Reform der Progressiven Kundenwerbung (§ 6c), wistra 2001, 171; *Willingmann,* Sittenwidrigkeit von Schneeball-Gewinnspielen und Kondiktionsausschluss, NJW 1997, 2932; *Wünsche,* Abgrenzung zulässiger Multi-Level-Marketing-Systeme von unzulässiger progressiver Werbung, BB 2012, 273; *Würtenberger/Loschelder,* Stellungnahme der Deutschen Vereinigung für gewerblichen Rechtsschutz und Urheberrecht zum Entwurf eines Zweiten Gesetzes zur Änderung des Gesetzes gegen den unlauteren Wettbewerb, GRUR 2014, 1185.

A. Allgemeines zu § 16 Abs. 1 und Abs. 2

I. Einfluss des europäischen Rechts

Der zivilrechtliche Schutz der Verbraucher vor irreführenden Wettbewerbshandlungen ist in der **Richtlinie über unlautere Geschäftspraktiken (UGP-RL)**[1] abschließend geregelt.[2] Zu den irreführenden Geschäftspraktiken, die stets unzulässig sind, wenn sie gegenüber Verbrauchern vorgenommen werden, gehören nach **Nr. 14 der im Anhang I enthaltenen „Schwarzen Liste"** auch: 1

> *„Einführung, Betrieb oder Förderung eines Schneeballsystems zur Verkaufsförderung, bei dem der Verbraucher die Möglichkeit vor Augen hat, eine Vergütung zu erzielen, die hauptsächlich*

[1] Richtlinie 2005/29/EG vom 11.5.2005, ABl. 2005 L 149, S. 22.

[2] EuGH C-304/08, EU:C:2010:12 Rn. 41 – Plus Warenhandelsgesellschaft; BGH GRUR 2011, 532 (534) – Millionen-Chance II. Zum Strafrecht sogleich → Rn. 4.

durch die Einführung neuer Verbraucher in ein solches System und weniger durch den Verkauf oder Verbrauch von Produkten zu erzielen ist.“

Auf die **Kommentierung der Nr. 14 des Anhangs zu § 3 Abs. 3** Anh. § 3 Rn. 288 ff. wird verwiesen.

2 Die **Werberichtlinie**[3] sieht darüber hinaus einen Mindestschutz der Gewerbetreibenden vor irreführender Werbung vor. Zu den Richtlinien s. näher die ausführliche Kommentierung bei *Glöckner* Einl. B.

3 Beide Richtlinien verpflichten die Mitgliedstaaten dazu, geeignete und wirksame Mittel bereitzustellen, um die Einhaltung der Richtlinien durchzusetzen, und geeignete Sanktionen bei Verstößen festzulegen, überlassen dem nationalen Gesetzgeber aber die Entscheidung über die **Rechtsbehelfe,** das **Verfahren** und die **zuständigen Stellen** (Art. 11, 13 UGP-RL, Art. 5 Irreführungsrichtlinie).

4 **§ 16 Abs. 1 und Abs. 2 UWG sind unionskonform anhand der UGP-RL auszulegen.** Der **Vorrang des Europarechts** einschließlich der **Pflicht zur richtlinienkonformen Auslegung schließt das Strafrecht ein.**[4] Richtlinienkonform auszulegen sind zunächst diejenigen Vorschriften, die **unmittelbar der Umsetzung einer EU-Richtlinie dienen.**[5] Die Verpflichtung zur richtlinienkonformen Auslegung besteht jedoch darüber hinaus auch hinsichtlich nationaler Vorschriften, die vor oder unabhängig von dem Erlass der Richtlinie ergangen sind.[6] Zu prüfen ist ferner, ob der **Regelungsinhalt der Richtlinie nach deren Sinn und Zweck auf die Strafnorm durchschlägt.**[7] Dabei ist zu beachten, dass der normative Gehalt einer nationalen Vorschrift im Wege der richtlinienkonformen Auslegung nicht grundlegend neu bestimmt werden darf.[8] Nach Maßgabe dieser Grundsätze besteht sowohl bei § 16 Abs. 1 als auch bei § 16 Abs. 2 UWG eine Verpflichtung zur richtlinienkonformen Auslegung. § 16 Abs. 1 und 2 UWG **ergänzen die zivilrechtlichen Schutzmechanismen** gegen irreführende Werbung im Hinblick auf die Durchsetzung des europäischen Irreführungsschutzstandards.[9] Anders als § 263 StGB, für den der BGH eine richtlinienkonforme Auslegung abgelehnt hat,[10] zielen sie als flankierende Strafvorschriften in erster Linie auf eine Ergänzung und Absicherung des lauterkeitsrechtlichen Täuschungsschutzes.

5 Diese **Annexfunktion des Wettbewerbsstrafrechts** zum UWG[11] wird auch daran deutlich, dass beide Strafbestimmungen eng auf den lauterkeitsrechtlichen Irreführungsschutz abgestimmt und auf die damit verfolgten Ziele zugeschnitten sind. Die in § 16 Abs. 1 und 2 UWG geregelten Bereiche fallen in den unmittelbaren Anwendungsbereich der UGP-RL und **setzen deren Regelungsgehalt mithilfe strafrechtlicher Sanktionen um.** Eine autonome Auslegung und Anwendung der § 16 Abs. 1 und 2 UWG würde damit aber zur **„Stellschraube“, über die der Lauterkeitsschutz im vollharmonisierten Regelungsbereich national abweichend von der UGP-RL ausgestaltet und**

[3] Richtlinie 2006/114/EG vom 12.12.2006 über irreführende und vergleichende Werbung (kodifizierte Fassung), ABl. 2006 L 376, S. 21.

[4] BGH GRUR 2014, 886 Rn. 25; *Dannecker* in Eser/Huber S. 64; *Dannecker* ZStW 177 (2005), 697 ff.; *Eisele* JA 2000, 991 (998); *Hecker,* Europäisches Strafrecht, § 10 Rn. 10 ff.; *Satzger,* Europäisierung des Strafrechts, 2001, 560; *Satzger,* Internationales und Europäisches Strafrecht, § 9 Rn. 104; *Soyka* wistra 2007, 127 (128); *Tiedemann* in LK-StGB Vor § 263 Rn. 98; *Tiedemann* NJW 1993, 23 (24 f.); *Thomas* NJW 1991, 2233 (2235).

[5] BGH GRUR 2014, 886 Rn. 24 – Routenplaner; *Satzger* in *Sieber* § 9 Rn. 63; *Hecker* § 10 Rn. 10.

[6] EuGH C-106/99, BeckRS 2004, 74075; NJW 1994, 2473 (2474); 1998, 3185 (3187); BGH GRUR 2014, 886 Rn. 24.

[7] BGH GRUR 2014, 886 Rn. 27 mwN – Routenplaner; *Schröder,* Europäische Richtlinien und deutsches Strafrecht, 2002, S. 434, 452 f.

[8] BGH GRUR 2014, 886 Rn. 27 mwN – Routenplaner; *Satzger,* Die Europäisierung des Strafrechts, S. 533.

[9] Vgl. Amtl. Begr., BT-Drs. 16/10145, 18; s. schon zur UWG-Reform 2004 Amtl. Begr., BT-Drs. 15/1487, 26.

[10] BGH GRUR 2014, 886 ff. – Routenplaner.

[11] *Vgl. MüKoStGB/Janssen/Maluga,* UWG § 16 Rn. 74 (zu § 16 Abs. 1).

insbesondere auch über das vorgegebene Schutzniveau hinaus verstärkt werden kann. Das Ziel der UGP-RL, durch die Angleichung der Rechts- und Verwaltungsvorschriften der Mitgliedsstaaten über unlautere Geschäftspraktiken zu einem reibungslosen Funktionieren des Binnenmarkts und zu einem hohen Verbraucherschutzniveau beizutragen, lässt sich daher nur im Wege einer richtlinienkonformen Auslegung erreichen, die die UGP-RL berücksichtigt.

II. Gesetzesgeschichte

Im Zuge des **UWG 2008** ist § 16 UWG, der die früheren Strafvorschriften in §§ 4 und 6c UWG aF umfasst, unverändert geblieben. Die deutschen **Sanktionssysteme** in §§ 8–10 UWG bzw. §§ 16–19 UWG erfüllten nach Auffassung des deutschen Gesetzgebers bereits die vom europäischen Recht geforderten Voraussetzungen.[12] Erhebliche Änderungen wurden hingegen an § 5 UWG vorgenommen. Darüber hinaus hat das deutsche Gesetz in einem neuen § 3 Abs. 3 UWG die „Schwarze Liste" in Anhang I der UGP-RL und die darin enthaltene Nummer 14 über Schneeballsysteme übernommen. Durch diese Veränderungen sind in §§ 5, 16 UWG gemeinsam enthaltene Tatbestandsmerkmale (zB „Werbung") teilweise entfallen. 6

Durch das Zweite Gesetz zur Änderung des Gesetzes gegen den unlauteren Wettbewerb[13] **(UWG 2015)** wurde lediglich der Wortlaut von Nr. 14 des Anhangs zu § 3 Abs. 3 an die Rspr. des EuGH in der „4finance"-Entscheidung[14] angeglichen; § 16 Abs. 2 blieb zwar sprachlich unverändert,[15] ist jedoch im Lichte der Rspr. des EuGH unionskonform auszulegen, dazu → Rn. 4, 46. 7

III. Zuständigkeit

Zuständig für die Entscheidung nach § 16 UWG sind die **Strafgerichte.** Systematisch handelt es sich bei § 16 UWG um einen **sondergesetzlichen Straftatbestand.** Ergänzend finden die allgemeinen Vorschriften des StGB Anwendung. Soweit es um **wettbewerbsrechtliche Vorfragen,** etwa darum geht, ob eine Werbung irreführend war, sind die Bestimmungen des UWG maßgeblich. 8

B. Strafbare irreführende Werbung (§ 16 Abs. 1 UWG)

I. Auslegungsmaßstab und Normzweck

Die Vorschrift ist **richtlinienkonform auszulegen** (→ Rn. 4). **Zweck** des § 16 Abs. 1 UWG ist der Schutz der **Verbraucher** und **Mitbewerber** vor bestimmten Formen irreführender Werbung. Die besondere Gefährlichkeit der erfassten Sachverhalte ergibt sich insbesondere daraus, dass eine Vielzahl von Abnehmern betroffen ist.[16] Die Vorschrift ist als **abstraktes Gefährdungsdelikt** ausgestaltet, so dass nicht nachgewiesen werden muss, dass tatsächlich Personen getäuscht wurden; das Herbeiführen der gefahrenvollen Situation genügt.[17] § 16 Abs. 1 UWG ist **im Vorfeld des Betrugs angesiedelt;**[18] einen Vermögensschaden setzt die Vorschrift nicht voraus. 9

[12] Amtl. Begr., BT-Drs. 16/10145, 18.
[13] BGBl. 2015 I S. 2158.
[14] EuGH C-515/12, EU:2014:211 – 4finance.
[15] Vgl. Amtl. Begr. zum Gesetzentwurf der BReg., BT-Drs. 18/4535, 17.
[16] Amtl. Begr., BT-Drs. 15/1487, 26; *Többen* WRP 2005, 552 (553).
[17] *Alexander* WRP 2004, 407 (411) mwN; MüKoStGB/*Hohmann,* § 16 Rn. 5; vgl. BGH NJW 2002, 3415 (3416); GRUR 2008, 818 (822) – Strafbare Werbung im Versandhandel.
[18] Ebenso *Brand/Hotz* NZG 2017, 976 (979) mwN.

II. Objektiver Tatbestand

10 **1. Irreführende Werbung durch unwahre Angaben.** § 16 Abs. 1 UWG findet auf die irreführende Werbung mit unwahren Angaben Anwendung.

11 **a) Werbung.** Der Begriff der „Werbung“ ist im Sinne von Art. 2 lit. a der Irreführungsrichtlinie auszulegen als „jede Äußerung bei der Ausübung eines Handels, Gewerbes, Handwerks oder freien Berufs mit dem Ziel, den Absatz von Waren oder die Erbringung von Dienstleistungen einschließlich unbeweglicher Sachen, Rechte und Verpflichtungen, zu fördern.“ Während § 5 UWG von der irreführenden Werbung auf irreführende Wettbewerbshandlungen allgemein erweitert wurde, ist es in § 16 Abs. 1 UWG dabei geblieben, dass sich nur derjenige strafbar macht, der mit unwahren und täuschenden Angaben „wirbt“.

12 **b) Angabe.** Der Begriff der „Angabe“ entspricht dem des § 5 Abs. 1 S. 2 und ist weit zu verstehen, zu den Einzelheiten → § 5 Rn. 181 ff. Erfasst wird jede **Information mit Tatsachengehalt;** reine Werturteile fallen nicht darunter. Ob die Information mündlich oder schriftlich, durch Wort oder Bild, ausdrücklich oder konkludent gegeben wird, ist ohne Belang. So enthält zB eine „Mogelpackung“ eine Angabe über die Menge/Größe des verpackten Produkts.[19] § 16 Abs. 1 greift ungeachtet des um die „Vorrangthese“ geführten Streits (→ § 5 Rn. 1278 ff.) auch bei irreführender Werbung mit objektiv unwahren geografischen Herkunftsangaben; nach der Amtlichen Begründung zum MarkenG[20] sollte eine strafbare irreführende Werbung auch bei der Irreführung über geografische Herkunftsangaben in Betracht kommen.

13 **c) Bezugspunkte.** Die Angaben **müssen einen der in § 5 Abs. 1 S. 2 UWG genannten Umstände betreffen,** also die wesentlichen Merkmale der Ware oder Dienstleistung einschließlich ihrer Zwecktauglichkeit,[21] Preise bzw. Preisvorteile, die Person des Unternehmers,[22] Eigenschaften oder Rechte des Unternehmers, Aussagen und Symbole, die Notwendigkeit einer Leistung, eines Austauschs oder einer Reparatur, Verhaltenskodizes oder die Rechte des Verbrauchers. Auch die Zusendung von Serien-Werbeschreiben mit rechnungsähnlich aufgemachten Angeboten kann nach § 16 Abs. 1 UWG strafbar sein,[23] wenn sie bei objektiver Betrachtung die Angabe enthält, dass der Vertrag schon geschlossen und der Rechnungsbetrag geschuldet sei. Sie führt den Adressaten in relevanter Weise über die Vertragsbedingungen irre.[24] Im Hinblick auf den abschließenden Charakter der UGP-Richtlinie können innerhalb ihres Anwendungsbereichs dort nicht genannte Umstände eine Irreführung nicht begründen (vgl. → Rn. 4). Wegen der Einzelheiten der **Bezugspunkte** wird auf die **Kommentierung zu § 5 UWG** verwiesen. Die ausdrückliche Regelung in § 4 UWG aF, nach der sich die Angaben auf geschäftliche Verhältnisse beziehen musste,[25] wurde in § 16 Abs. 1 UWG nF nicht übernommen. Liegen die genannten Voraussetzungen vor, erfasst § 16 Abs. 1 daher auch die Täuschung über die persönlichen Lebensverhältnisse des Unternehmers.[26] Allerdings wird es dann häufig an der Absicht fehlen, den Anschein eines besonders günstigen Angebots hervorzurufen (→ Rn. 31).[27]

---

[19] Zu Letzterem *Kiethe/Groschke* WRP 2003, 962 (967).
[20] Zu Teil 6 (geografische Herkunftsangaben), BT-Drs. 12/6581, 116.
[21] *Diemer* in Erbs/Kohlhaas § 16 Rn. 13; vgl. AG Dortmund VuR 2002, 143: Einwerben von Anzeigen für eine Zeitschrift, die nur den Zweck erfüllt, Anzeigen zu veröffentlichen.
[22] Vgl. AG Achim wistra 2002, 172: Täuschung über Vertragspartner.
[23] AA *Alexander* DB 2001, 1133 (1135).
[24] Vgl. BGH NStZ 1997, 186; *Eisele* NStZ 2010, 193 f.
[25] Dazu BGH NJW 1990, 2395; BayObLG wistra 1991, 119.
[26] Köhler/*Bornkamm*/Feddersen, § 16 Rn. 8; vgl. auch BGH NJW 2008, 818 (822) – Strafbare Werbung im Versandhandel, wo die Frage im Ergebnis jedoch offen bleiben konnte.
[27] Köhler/*Bornkamm*/Feddersen, § 16 Rn. 8.

d) Unwahr und täuschend. Im Sinne der Vorschrift „**durch unwahre Angaben irreführend** wirbt“, wer Angaben macht, die **unwahr und täuschend** sind. Seit dem UWG 2008 besteht zwar bei § 5 UWG zwischen der Herbeiführung einer Irreführung durch unwahre und durch täuschende Angaben ein Alternativverhältnis (näher → § 5 Rn. 229 ff., 315 ff.). Für § 16 Abs. 1 UWG ist es aber dabei geblieben, dass wie zuvor[28] nur Angaben erfasst werden, die **objektiv** unwahr und zugleich täuschend sind.[29] § 16 UWG sollte durch die Änderungen des § 5 UWG nicht berührt werden (schon → Rn. 6). 14

Unwahr iSd § 16 Abs. 1 ist die Angabe somit, wenn sie **objektiv falsch** ist,[30] näher auch → § 5 Rn. 310 ff. Entsteht durch richtige Angaben beim Verkehr ein Irrtum, greift § 16 Abs. 1 UWG nicht ein. Die Gesetzesmaterialien zu § 16 UWG zeigen, dass die Einbeziehung wahrer, aber irreführender Angaben erwogen und abgelehnt worden war. 15

Zur Frage unwahrer Angaben im „Dieselskandal“ s. *Kühl* WRP 2019, 573 ff.

Als **zusätzliche** Voraussetzung muss beim Straftatbestand des § 16 Abs. 1 hinzutreten, dass die unwahre Angabe **täuschend** ist. Unwahre Angaben sind täuschend, wenn sie geeignet sind, beim durchschnittlich informierten, verständigen und aufmerksamen Verbraucher eine **Fehlvorstellung** zu erwecken. Entscheidend ist wie bei § 5 der Gesamteindruck.[31] Die **Eignung** zur Irreführung reicht aus.[32] Im Geltungsbereich von § 4 UWG aF, dem Vorgänger von § 16 Abs. 1 UWG, wurde zT angenommen, dass für eine strafrechtliche Sanktion eine höhere Mindestirreführungsquote zu fordern sei als bei dem zivilrechtlichen Irreführungstatbestand.[33] Dafür besteht aber nach Zugrundelegung des neuen Leitbilds des **Durchschnittsumworbenen** kein Raum, denn der lauterkeitsrechtliche Schutz vor Irreführung ist abschließend in der UGP-RL geregelt. Abzustellen ist auf die Sicht eines durchschnittlich (angemessen) aufmerksamen, verständigen und informierten Verbrauchers des Kreises, an den sich die Werbung richtet,[34] also zB eines Kreises von älteren Personen mit geringem Bildungsniveau und besonderer Empfänglichkeit für die Werbeaussage, wenn sich die Werbung vorwiegend an diese Personen wendet.[35] Richtet sich die Werbung an einen aus mehreren Personengruppen zusammengesetzten, inhomogenen Personenkreis, ist für den Werbenden aber vernünftiger Weise vorhersehbar, dass sie wesentlichen Einfluss auf das wirtschaftliche Verhalten nur einer dieser Personengruppen haben wird, deren Mitglieder infolge geistiger oder körperlicher Gebrechen, Alter oder Leichtgläubigkeit im Hinblick auf die Praktiken des Werbenden oder die ihnen zugrunde liegenden Produkte **besonders schutzbedürftig** sind, ist auf ein durchschnittlich (angemessen) aufmerksames, verständiges und informiertes Mitglied dieses Kreises abzustellen, näher → § 5 Rn. 160 ff. 16

Häufig wird dem Strafverfahren ein Zivilverfahren über denselben Sachverhalt vorangegangen sein. Einem Urteil, das den Angeklagten gemäß §§ 3, 5, 8 bzw. 9 UWG zur Unterlassung oder zum Schadenersatz verpflichtet, kommt für den Strafprozess jedoch **keine Bindungswirkung** zu; das Strafgericht entscheidet über die wettbewerbsrechtlichen Vorfragen nach den für das Verfahren und den Beweis in Strafsachen geltenden Vorschriften (§ 262 StPO). 17

---

[28] Vgl. zum früheren Recht Hefermehl/Köhler/*Bornkamm,* 26. Aufl. 2008, § 16 Rn. 9 f.; Piper/Ohly/*Sosnitza,* 5. Aufl. 2010, § 16 Rn. 9 f.

[29] Köhler/*Bornkamm*/Feddersen, § 16 Rn. 9/10; *Kühl* WRP 2019, 573 (575).

[30] *Alexander* WRP 2004, 407 (415); *Kühl* WRP 2019, 573 (576); *Lindloff/Fromm* MMR 2011, 359 (362); MüKoUWG/*Brammsen* § 16 Rn. 32; MüKoStGB/*Hohmann,* UWG § 16 Rn. 23; *Többens* WRP 2005, 552 (553); Köhler/*Bornkamm*/Feddersen, § 16 Rn. 10.

[31] Vgl. BGH GRUR 2008, 818 (822) – Strafbare Werbung im Versandhandel.

[32] BGH GRUR 2008, 818 (822) – Strafbare Werbung im Versandhandel; Köhler/*Bornkamm*/Feddersen, § 16 Rn. 9; Ohly/*Sosnitza,* § 16 Rn. 8.

[33] *Tilmann/Ohde* GRUR 1989, 229.

[34] Vgl. BGH GRUR 2008, 818 (822) – Strafbare Werbung im Versandhandel; *Diemer* in Erbs/Kohlhaas § 16 Rn. 35.

[35] Vgl. BGH GRUR 2008, 818 (822) – Strafbare Werbung im Versandhandel.

18 **e) Verschweigen.** § 16 UWG kann auch durch das **Verschweigen** von Informationen begangen werden. Hierfür ist eine **Garantenstellung** zu verlangen;[36] klärt der Unternehmer den Verkehr trotz bestehender **Garantenstellung** nicht über bestimmte Umstände auf, wird § 16 Abs. 1 UWG durch **Unterlassen** begangen, § 13 StGB.[37] Eine Garantenstellung kann sich grundsätzlich sowohl aus vorangegangenen Werbemaßnahmen[38] als auch daraus ergeben, dass der Werbende rechtlich verpflichtet ist, nicht durch Weglassen wesentlicher Umstände eine Irreführung herbeizuführen.[39] Dabei darf allerdings der für den Bereich B2C abschließend in der UGP-RL geregelte wettbewerbliche Irreführungsschutz für Verbraucher nicht mit den Mitteln des Wettbewerbstrafrechts weiter ausgedehnt werden als dort vorgesehen, schon → Rn. 4. Das **bloße Fehlen von Informationen** vermag folglich nur unter den in **§ 5a** geregelten Voraussetzungen eine Tatbegehung durch Unterlassen zu begründen; darüber hinaus wird man angesichts der Ausweitung der Informationspflichten durch § 5a nicht schon in jeder Verletzung einer Informationspflicht nach § 5a die Verletzung einer **Garantenstellung** sehen können, sondern für die Strafbarkeit der Irreführung durch Unterlassen von **höhere Anforderungen** ausgehen müssen.[40]

19 Kein Fall der Irreführung durch Unterlassen, sondern durch **positives Handeln** ist die **unterbliebene Richtigstellung** einer unwahren und täuschenden Angabe, s. zur Abgrenzung ausführlich unter → § 5 Rn. 209 ff. So ist § 16 Abs. 1 UWG bei einer Werbeanzeige in einer russischsprachigen Zeitschrift „... Kostenlos! Zum Zwecke der Werbung unserer Telefongesellschaft bieten wir Ihnen an, die Qualität der neuen Telefonleitungen zu testen ... Die Gesprächsdauer ist auf 10 Minuten eingeschränkt ..." durch positives Tun erfüllt, wenn die Einschränkung, dass lediglich die ersten beiden Minuten kostenlos sind und anschließend 20 EUR pro Verbindung zzgl. 2,49 EUR/Minute anfallen, sich nur aus einem kaum lesbaren Hinweis in deutscher Sprache auf der Seite der Anzeige ergibt, auf den im Übrigen, in russischer Sprache gehaltenen Text nicht, etwa durch Sternchen, Bezug genommen wird.[41] Auch das Verschweigen, dass kein Arbeitsangebot, sondern nur eine Arbeitsvermittlung, zudem unter einer kostenpflichtigen Telefonnummer, stattfinden würde, wurde als strafbare Irreführung durch positives Tun angesehen.[42]

20 **2. In öffentlichen Bekanntmachungen oder in Mitteilungen für einen größeren Personenkreis.** Nur Werbung in öffentlichen Bekanntmachungen bzw. in Mitteilungen, die für einen größeren Kreis von Personen bestimmt sind, wird erfasst. Dahinter steht die Erwägung, die schon § 4 UWG aF zugrunde lag, dass nämlich der schwere Vorwurf unrechten Handelns mit den gravierenden Folgen einer Freiheitsstrafe von immerhin bis zu zwei Jahren nur gerechtfertigt ist, wenn die Werbung ihrer Art nach geeignet ist, das **Vertrauen der Bevölkerung erheblich zu erschüttern.** Beschränkt sie sich auf eine oder einige wenige Personen, ist das regelmäßig nicht der Fall.

21 Eine **öffentliche Bekanntmachung** richtet sich an einen nicht näher abgegrenzten bzw. abgrenzbaren Personenkreis, der mit dem Werbenden nicht durch persönliche Beziehungen verbunden ist. Ausreichend ist, dass die Mitteilung in solchen Bekanntmachungen enthalten ist. Es kommt nicht darauf an, ob die Öffentlichkeit sie auch **zur Kenntnis**

---

36 Köhler/*Bornkamm*/Feddersen, § 16 Rn. 13; *Kühl* WRP 2019, 573 (577).

37 Fezer/*Rengier* § 16 Rn. 72; Köhler/*Bornkamm*/Feddersen, § 16 Rn. 12 f.; *Rengier* FS Otto, 2007, 727 (740 f.).

38 Ohly/*Sosnitza,* § 16 Rn. 7; Fezer/*Rengier* § 16 Rn. 72 ff.

39 *Diemer* in Erbs/Kohlhaas § 16 Rn. 20; Köhler/*Bornkamm*/Feddersen, 37. Aufl. 2019, § 16 Rn. 12 f.

40 *Kühl* WRP 2019, 573 (577); *Rengier* FS Otto, 2007, 727 (740 f.); *Rengier* in Fezer, Lauterkeitsrecht, § 16 Rn. 70: Täter erklärt konkludent etwas Falsches; MüKoUWG/*Brammsen* § 16 Rn. 21: Manipulation des Empfängers durch Weglassen inhaltsrelevanter Schlüsselinformationen; MüKoStGB/*Hohmann,* § 16 Rn. 12; *Kugeler* S. 199: Täter muss objektiv eine Halbwahrheit erklärt haben; Köhler/*Bornkamm*/Feddersen, § 16 Rn. 13.

41 OLG Celle MMR 2004, 821.

42 AG Achim wistra 2002, 272 ff.

nimmt.[43] Dadurch wird die **Strafbarkeit** auf bestimmte Bereiche des Versuchs **vorverlagert.**

22 Auch werbende **Mitteilungen für einen größeren Personenkreis,** der nicht öffentlich ist, weil er bestimmt abgegrenzt oder mit dem Werbenden durch persönliche Beziehungen verbunden ist, sind ausreichend. Im Hinblick auf die sich hier ergebenden Abgrenzungsschwierigkeiten sind Zweifel an der Vereinbarkeit der Vorschrift mit dem verfassungsrechtlichen Bestimmtheitsgebot geäußert worden.[44] Die hM stellt darauf ab, dass es sich um eine nach Zahl und Persönlichkeit im Voraus unbestimmte und unbegrenzte Mehrheit von Personen handeln müsse, so dass geschlossene Personenkreise nicht erfasst würden,[45] schränkt dies aber dadurch ein, dass sehr große Personenkreise wie die Mitglieder eines größeren Vereins nicht als geschlossener Personenkreis anzusehen seien.[46] Entscheidend ist jedoch nicht die Geschlossenheit des Personenkreises, sondern ob dieser **so groß ist, dass er für den Täter nicht mehr kontrollierbar ist.** Hierfür kommt es zum einen auf das Maß der individuellen Beziehungen der Teilnehmer untereinander bzw. zum Veranstalter an, und andererseits auf die absolute Größe des Personenkreises. Ist nach Art und Struktur des Kreises mit der Weitergabe der Informationen an einen größeren Personenkreis zu rechnen, ist das ausreichend;[47] allerdings muss der Täter auch insoweit vorsätzlich handeln.

23 Nicht erforderlich ist, dass die Werbung alle Adressaten **gleichzeitig** erreicht,[48] so dass auch die Werbung auf Briefbögen, die der Werbende für seine Korrespondenz an einen größeren Personenkreis während eines bestimmten Zeitraums verwendet, erfasst wird. Von der Einzelwerbung grenzt sich die für einen größeren Personenkreis bestimmte Werbung dadurch ab, dass die Einzelwerbung, obgleich sich der Werbende immer wiederholender Phrasen bedienen mag, prinzipiell für jeden Kunden individuell gestaltet wird, während bei der Mitteilung für einen größeren Personenkreis für alle Umworbenen dieselbe Werbung verwandt wird. Entscheidend ist nicht die äußere Form, sondern der sachliche Gehalt der Werbung.[49] Ausreichend ist, dass die Mitteilung für einen größeren Kreis von Personen bestimmt ist. Dadurch wird die Strafbarkeit auf bestimmte Bereiche des Versuchs vorverlagert. Ob der beworbene Personenkreis die Werbung dann tatsächlich **zur Kenntnis nimmt** oder auch nur zur Kenntnis nehmen kann, ist unerheblich.[50] Wer in Unkenntnis eines auf Seiten des Umworbenen aufgetretenen Providerausfalls, welcher dem Empfang der E-Mail entgegen steht, in der von § 16 Abs. 1 UWG geforderten Absicht irreführend wirbt, macht sich daher genauso strafbar wie derjenige, der die Werbeveranstaltung während einer Busreise durchführt, obgleich nur eine einzige Person an dem der Werbung dienenden Teil der Verkaufsfahrt teilnimmt. Scheitert das Projekt hingegen, bevor der Werbende die Mitteilung „aus der Hand gibt", lassen sich etwa durch einen Providerausfall beim Werbenden die E-Mails nicht absenden oder führt dieser den werbenden Teil der Verkaufsfahrt im Hinblick auf die geringe Teilnehmerzahl nicht durch, liegt schon gar keine Mitteilung vor.

24 Öffentliche Bekanntmachungen bzw. Mitteilungen für einen größeren Personenkreis sind **zum Beispiel die werbenden Angaben** auf der (nicht durch ein Passwort oder auf ähnliche Weise geschützten) Homepage im **Internet,** in **Tageszeitungen** und **Zeitschriften;**[51] in **Werbebeilagen,** auf an öffentlich zugänglichen Orten und Plätzen angebrachten **Plakaten,** auf Heißluftballonen, durch Kurzfilm oder Werbeeinblendung im **Fernsehen**

[43] *Diemer* in Erbs/Kohlhaas § 16 Rn. 80; *Többens* WRP 2005, 552 (553) mwN.
[44] *Kempf/Schilling* wistra 2007, 41 (42 ff.).
[45] RGSt 40, 122 (129 f.); 63, 107 (110); Köhler/*Bornkamm*/Feddersen, § 16 Rn. 15; *Diemer* in Erbs/Kohlhaas § 16 Rn. 98. – AA MüKoUWG/*Brammsen* § 16 Rn. 14; *Kugeler* S. 104 mwN.
[46] RG LZ 1932, 186; BayObLG GA 76, 105; Köhler/*Bornkamm*/Feddersen, § 16 Rn. 15.
[47] Köhler/*Bornkamm*/Feddersen, § 16 Rn. 15.
[48] BGH GRUR 1972, 479 – Vorführgeräte.
[49] BGHSt 24, 272; OLG Frankfurt a. M. GA 1977, 153; OLG Köln GA 1977, 188; BayObLG NStZ 1990, 133; *Diemer* in Erbs/Kohlhaas § 16 Rn. 83 mwN.
[50] AG Achim wistra 2002, 272; *Diemer* in Erbs/Kohlhaas § 16 Rn. 80; *Kugeler* S. 99.
[51] Vgl. OLG Celle MMR 2004, 821.

bzw. Kino, auf **Speisekarten,** im **Telefonbuch,** mittels **Handzetteln** bzw. durch Lichtwerbung in der Fußgängerzone, auf einer **Verkaufsveranstaltung für Busreisende,**[52] während einer Tagung, an der ein großer, aber namentlich bekannter und abgegrenzter Kreis von Personen teilnimmt, im Unternehmensnetzwerk oder im unternehmenseigenen „Informationsblatt",[53] in **Netzwerken,** an die ein größerer Personenkreis angeschlossen ist, auf der Aktionärsversammlung, im Geschäftsbericht des Unternehmens und per zielgerichtet an eine größere Zahl ausgewählter Geschäftskunden oder die gesamten Verwandten des Werbenden versandte Serien-E-Mails oder **Serien-Briefe,** auf dem **Geschäftspapier,** auf **Etiketten** oder durch eine **„Mogelpackung".**[54]

25 **3. Relevanz bzw. Erheblichkeit.** Ungeschriebenes Tatbestandsmerkmal ist die **Relevanz der unwahren und täuschenden Angaben,**[55] denn nach Art. 6 der bei der Auslegung heranzuziehenden (→ **Rn. 4**) Richtlinie unlautere Geschäftspraktiken können selbst unwahre und täuschende Angaben nur als irreführend verboten werden, wenn sie geeignet sind, die geschäftliche Entscheidung des Verkehrs zu beeinflussen. Im Hinblick auf die jedenfalls im Verhältnis zwischen Unternehmer und Verbraucher abschließende Regelung durch die Richtlinie kann hiervon nicht abgewichen werden, näher → Rn. 4.[56] Zum Relevanzerfordernis allgemein sowie zu Beispielsfällen ausführlich → § 5 Rn. 331 ff.

26 **4. Entbehrliche Voraussetzungen. a) Wettbewerbsbezug.** Ob der Werbende im Sinne von § 2 Abs. 1 Ziff. 1 UWG eine **geschäftliche Handlung** vornehmen muss, damit § 16 Abs. 1 UWG zur Anwendung kommt,[57] ist ohne praktische Relevanz, da ohnehin jede „Werbung" auch „geschäftliche Handlung" ist.[58] Ein **Wettbewerbsverhältnis** kann jedenfalls nicht gefordert werden,[59] da dies seit der UWG-Reform 2004 nicht mehr Voraussetzung einer geschäftlichen Handlung ist;[60] deshalb können sich nach § 16 Abs. 1 UWG auch Monopolisten strafbar machen.

27 Während sich die Angaben nach der Vorgängervorschrift des § 16, § 4 UWG aF, auf „geschäftliche Verhältnisse" beziehen mussten, ist dieses Erfordernis für § 16 Abs. 1 UWG entfallen.[61] **Angaben über nicht-geschäftliche Verhältnisse** werden aber nach Umsetzung der Richtlinie unlautere Geschäftspraktiken in deutsches Recht dann nicht erfasst, wenn die unwahren und täuschenden Angaben keinen der in § 5 Abs. 1 S. 2 UWG aufgezählten Bezugspunkte betreffen.[62] Zur **unterbliebenen Erweiterung** des § 16 Abs. 1 UWG auf Wettbewerbshandlungen, die keine „Werbung" sind, schon → Rn. 11.

28 **b) Vermögensschaden.** Der Eintritt eines Vermögensschadens ist anders als beim Betrug **nicht Voraussetzung.**[63]

III. Subjektiver Tatbestand

29 **1. Vorsatz.** Nur **vorsätzliches Handeln** steht unter Strafe **(§ 15 StGB).** Eine Strafbarkeit wegen fahrlässig irreführender Werbung sieht das Gesetz nicht vor. Daher liegt in der Streichung des in der Vorgängervorschrift des § 16, § 4 Abs. 1 S. 1 UWG aF, enthaltenen

[52] BGH NJW 2002, 3415 betraf nur den Fall der öffentlichen Werbung für eine solche Verkaufsveranstaltung und setzt sich mit den auf derselben getätigten Äußerungen nicht auseinander.
[53] Vgl. OLG Celle MMR 2004, 821.
[54] Zu Letzterem *Kiethe/Groschke* WRP 2003, 962 (967).
[55] *Dornis* GRUR 2008, 742 (747) mwN; *Kühl* WRP 2019, 573 (574). – Anders wohl *Hamacher* WRP Die erste Seite 2018, Nr. 04.
[56] Ebenso *Diemer* in Erbs/Kohlhaas § 16 Rn. 31.
[57] Ausführlich *Alexander* WRP 2004, 407 (413); Harte/Henning/*Dreyer* 2. Aufl. → Rn. 5.
[58] Köhler/*Bornkamm*/Feddersen, § 16 Rn. 5; Ohly/*Sosnitza* § 16 Rn. 5; auch → § 5 Rn. 133 ff.
[59] Anders *Diemer* in Erbs/Kohlhaas § 16 Rn. 13.
[60] Siehe die Kommentierung bei *Keller* § 2 Nr. 1.
[61] BGH GRUR 2008, 818 (822) – Strafbare Werbung im Versandhandel; – AA *Diemer* in Erbs/Kohlhaas § 16 Rn. 13.
[62] Ebenso *Diemer* in Erbs/Kohlhaas § 6 Rn. 44.
[63] *Amtl. Begr.* zum RegE zu § 16 Abs. 1, BT-Drs. 15/1487, 26; ebenso *Többens* WRP 2005, 552 (553).

Tatbestandsmerkmals „wissentlich", für dessen Erfüllung schon vor der Reform Eventualvorsatz als ausreichend angesehen wurde, keine inhaltliche Abweichung vom früheren Recht. Vom Vorsatz umfasst sein müssen alle Tatbestandsvoraussetzungen. Der Täter muss also auch wissen und zumindest billigend in Kauf nehmen, dass die Werbung unrichtig und zur Täuschung des Verkehrs geeignet ist.[64] **Bedingter Vorsatz** genügt auch hinsichtlich der Unwahrheit der Angaben.[65]

Stellt sich der Werbende **irrig** Umstände vor, welche den **objektiven** Tatbestand des § 16 Abs. 1 UWG eröffnen würden, beurteilt er die Werbung zB fälschlich als unwahr, begründet dieser Irrtum nicht die Strafbarkeit. Da § 16 Abs. 1 UWG ein Vergehen ist, ist der Versuch der Tat nicht strafbar. Hingegen reicht für das **Absichtserfordernis** (→ Rn. 31 ff.) die irrige Annahme aus, näher → Rn. 33. 30

2. Absichtserfordernis. Neben dem Vorsatz erfordert der subjektive Tatbestand die Absicht, den **Anschein eines besonders günstigen Angebots** hervorzurufen. Erforderlich ist direkter Vorsatz (*dolus directus* ersten Grades).[66] Aus dem Absichtserfordernis ergibt sich, dass ein **Zusammenhang zwischen Werbung und beworbenem Produkt** bestehen muss.[67] Dieser ist jedenfalls dann gegeben, wenn im Sinne eines **rechtlichen Zusammenhangs** der in der Werbeaussage versprochene Vorteil vom beabsichtigten Erwerbsgeschäft abhängig gemacht wird, so dass die Vorteilserlangung im Sinne einer vertraglichen Gegenleistung an die Bestellung gekoppelt ist.[68] Daran fehlt es, wenn nicht über das verkaufte Produkt, sondern nur über die persönlichen Verhältnisse des Werbers getäuscht wird, zB indem dieser eine Behinderung vortäuscht.[69] In seiner „Kaffeefahrtenentscheidung" hat der BGH der Auffassung zugeneigt, dass auch ein sog. **wirtschaftlicher Zusammenhang** zwischen dem Vorteil und dem Produkt ausreichen könnte, weil die Anpreisung der geldwerten Vorteile als Werbemaßnahme zur Förderung des Absatzes eingesetzt werden, aus deren Erlös wiederum die Kosten der Werbung zu finanzieren sind, dies aber im Ergebnis offen gelassen.[70] Für Sachverhalte, in denen Verbraucher durch Werbesendungen mit unzutreffenden Gewinnmitteilungen und Geschenkversprechen zur Abnahme von Waren veranlasst werden, hat der BGH entschieden, dass ein rechtlicher Zusammenhang nicht zwingend erforderlich ist, sondern es im Sinne eines wirtschaftlichen Zusammenhangs darauf ankomme, dass nach den Vorstellungen des Täters („Absicht") die Entscheidung der Adressaten für das Erwerbsgeschäft unter wirtschaftlichen Gesichtspunkten von dem angepriesenen geldwerten Vorteil beeinflusst werde.[71] 31

Es muss dem Täter darum gehen, dass der Verkehr die Leistung, die der Täter tatsächlich erbringen kann bzw. will,[72] für besonders günstig hält. Verspricht der Werbende hingegen eine Leistung, die er überhaupt nicht erbringen kann oder will, so liegt nur eine Täuschung über die Vertragstreue vor.[73] **„Günstig"** ist ein Angebot nicht nur dann, wenn es materiell besonders vorteilhaft ist (zB in Bezug auf Preis oder Qualität), sondern auch, wenn es die Bedürfnisse des angesprochenen Verkehrs in Bezug auf das angebotene Produkt aus anderen Gründen besonders befriedigt (zB weil vorgespiegelt wird, dass das auf Medizinschadensfälle spezialisierte Institut unter ärztlicher Verantwortung für die Beurtei- 32

[64] BayObLG ZLR 1993, 404.

[65] OLG Hamm WRP 1959, 53; OLG Köln NJW 1957, 1042; KG GA 1973, 346 (347); AG Achim wistra 2002, 172 ff.; vgl. Köhler/*Bornkamm*/Feddersen, § 16 Rn. 17.

[66] Fezer/*Rengier* § 6 Rn. 94; *Többens* WRP 2005, 552 (553).

[67] BGH NJW 2002, 3415 (3416); Erbs/Kohlhaas/*Diemer* UWG § 16 Rn. 106; Köhler/*Bornkamm*/Feddersen, § 16 Rn. 21; Fezer/*Rengier* § 16 Rn. 98. AA *Dornis* GRUR 2008, 742 (746, 749).

[68] BGH NJW 2002, 3415 (3416); GRUR 2008, 818 (822) – Strafbare Werbung im Versandhandel.

[69] BGHSt 36, 389 (395); BayObLG wistra 1991, 119; *Alexander* WRP 2004, 407 (416); *Diemer* in Erbs/Kohlhaas § 16 Rn. 105; Köhler/*Bornkamm*/Feddersen, § 16 Rn. 21.

[70] BGH NJW 2002, 3415 (3416).

[71] BGH GRUR 2008, 818 (822) – Strafbare Werbung im Versandhandel; s. dazu *Lhose* JR 2009, 188 ff.

[72] BayObLG WRP 1989, 521 (522); Ohly/*Sosnitza,* § 16 Rn. 19.

[73] BGH NJW 1978, 173 – Branchen- und Telexverzeichnis; Köhler/*Bornkamm*/Feddersen, § 16 Rn. 19.

lung von Problemfällen besonders qualifiziert sei).[74] Welche Vorteile der Leistung (Preis, Güte, fachliche Kompetenz des werbenden Arztes, Lukrativität der beworbenen Kapitalanlage[75]) der Täter zu diesem Zweck herausstellt, ist unerheblich.[76] Es muss sich aber um Vorteile des Produktangebots handeln (also nicht: unwahre Angaben über die Lebenssituation des Werbenden, um Mitleid zu erwecken).[77] Das „bloße" Versprechen einer (Gesamt-)Leistung, die der Täter überhaupt nicht erbringen will, verstößt für sich genommen nicht gegen § 16 Abs. 1 UWG,[78] wohl aber das Vorspiegeln von Leistungsbestandteilen, die der Täter nicht oder nicht so erbringen will.[79] Selbst durch unwahre und täuschende Angaben über **tatsächlich vorhandene Vorteile** kann der Anschein eines besonders günstigen Angebots hervorgerufen werden; so wenn der Täter den Verkehr darüber täuscht, dass diese Vorteile von Mitbewerbern nicht geboten werden. Verhindert wird so, dass der Täter in unredlich-irreführender Weise mit tatsächlich vorhandenen oder vermeintlichen Vorteilen wirbt.[80] Eine bestehende Möglichkeit der Kunden, ihre Bestellung später zu **widerrufen** oder von dem Vertrag zurückzutreten, hat der BGH als unerheblich angesehen.[81]

33 Entscheidend ist, ob der **Täter** seine Ankündigung für geeignet hält, beim Verkehr den Anschein eines besonders günstigen Angebots zu erwecken.[82] Davon kann bei einer Werbung mit unrichtigen Gewinnmitteilungen ausgegangen werden, wenn der Täter erkennt, dass „dieses Geschäft im Wesentlichen ohne Gewinnspiele nicht läuft".[83] Dass der Täter Erfolg hat, ist nicht erforderlich. Es reicht aus, wenn er seine Ankündigung nur **irrig** für geeignet hält, beim Verkehr den Anschein eines besonders günstigen Angebots zu erwecken.[84] Auch muss der Täter den **Erfolg** seines Handelns nicht sicher voraussehen; es reicht, wenn er ihn nur möglich hält.[85] Die **Absicht** muss sich nur auf das **Erwecken des Anscheins** eines besonders günstigen Angebots beziehen. Bezüglich der anderen Tatbestandsmerkmale reicht Vorsatz aus.

33a Zur Frage subjektiver Tatbestandsmerkmale im sog. Abgasskandal s. *Kühl* WRP 2019, 573 ff.

IV. Rechtswidrigkeit und Schuld

34 Für das **Unrechtsbewusstsein** genügt es, wenn der Täter bei der Tat mit der Möglichkeit rechnet, sein Verhalten könnte verboten sein, und diese Möglichkeit in seinen Willen aufnimmt.[86] Ein **Verbotsirrtum** liegt deshalb nicht schon dann vor, wenn der Täter von der Strafbarkeit seines Verhaltens und von der Anwendbarkeit (konkret) des § 16 Abs. 1 keine Kenntnis hat, sondern nur dann, wenn ihm die Einsicht fehlt, dass sein Tun überhaupt gegen verbindliches Recht verstößt.[87]

---

[74] BGH wistra 1987, 221.
[75] Vgl. *Richter* wistra 1987, 117 (118); *Otto* WM 1988, 729 (735).
[76] BGHSt 4, 44 (45): Herstellung durch Blinde.
[77] BGHSt 36, 389 (395); BayObLG wistra 1991, 119; *Alexander* WRP 2004, 407 (416); *Diemer* in Erbs/Kohlhaas § 16 Rn. 105; Köhler/*Bornkamm*/Feddersen, § 16 Rn. 21.
[78] BGHSt 27, 293 ff.; *Dierlamm* NStZ 2003, 268.
[79] Vgl. BGH NStZ 2003, 39 f. mAnm *Dierlamm* NStZ 2003, 268.
[80] BGH LRE 1, 19 (20); OLG Celle NJW 1987, 78 (79); Ohly/*Sosnitza,* § 16 Rn. 17.
[81] Vgl. BGH GRUR 2008, 818 (823) – Strafbare Werbung im Versandhandel.
[82] BGH LRE 1, 19 (20); OLG Celle NJW 1987, 78; *Diemer* in Erbs/Kohlhaas § 16 Rn. 104; *Kempf/Schilling* wistra 2007, 41 (44).
[83] Vgl. BGH GRUR 2008, 818 (823) – Strafbare Werbung im Versandhandel.
[84] BGH LRE 1, 19 (20); OLG Celle NJW 1987, 78; *Diemer* in Erbs/Kohlhaas § 16 Rn. 103; *Kempf/Schilling* wistra 2007, 41 (44).
[85] BayObLGSt 1971, 199 (207); *Richter* wistra 1987, 117 (118); *Diemer* in Erbs/Kohlhaas § 16 Rn. 102.
[86] BGH NJW 1953, 431 (432); 2002, 3415 (3417).
[87] *BGH GRUR* 2008, 818 (823) – Strafbare Werbung im Versandhandel.

V. Täter und Teilnehmer

Als Täter wird bestraft, wer die Tat **selbst oder durch einen anderen** begeht (§ 25 Abs. 1 StGB). Werben mehrere gemeinschaftlich iSd § 16 Abs. 1 UWG, werden sie als Mittäter bestraft (§ 25 Abs. 2 StGB). Streitig ist, ob es sich bei § 16 Abs. 1 um ein Sonderdelikt handelt.[88] Auf Organe findet § 16 Abs. 1 UWG nach streitiger Auffassung über **§ 14 Abs. 1 Nr. 1 StGB** Anwendung.[89] **Anstifter** und **Gehilfen** machen sich nach allgemeinen Grundsätzen strafbar (§§ 26 f. StGB). Die vormals in § 4 Abs. 2 UWG geregelte Haftung des **Inhabers bzw. Leiters eines Betriebs** für eine mit seinem Wissen verübte irreführende Werbung iSd § 16 Abs. 1 UWG ist entfallen, so dass der Betriebsinhaber bzw. Betriebsleiter sich nach neuem Recht nur strafbar macht, wenn er die Tat begeht oder an ihr mitwirkt. Der Gesetzgeber ging aber von einer Garantenpflicht des Betriebsinhabers des Inhalts aus, dass in seinem Betrieb keine irreführenden Werbeangaben gemacht werden.[90] 35

VI. Konkurrenzen

1. Strafrecht. Für das Verhältnis von **§ 16 Abs. 1 und Abs. 2** UWG wird inzwischen überwiegend von **Tateinheit** ausgegangen.[91] Handelt der Täter in der Absicht, sich durch die Tat einen Vermögensvorteil zu verschaffen, so kann neben der strafbaren irreführenden Werbung auch ein **Betrug (§ 263 StGB)** vorliegen.[92] Liegt der Betrug in der Täuschungshandlung, die auch den Irreführungsvorwurf begründet, ist Tateinheit gegeben.[93] Nicht jede falsche Werbeversprechung ist allerdings auf die Erlangung eines Vermögensvorteils gerichtet. Werden Dritte durch falsche Angaben zur Teilnahme an einer „Butterfahrt" bewogen, so begründet das für sich genommen beispielsweise noch nicht einen versuchten oder vollendeten Vermögensnachteil.[94] Tateinheit kann ferner bestehen mit § 287 StGB,[95] § 143 MarkenG,[96] §§ 11, 59 Abs. 1 Nr. 7 und 9 LFBG, §§ 19, 59 Abs. 1 Nr. 11 LFBG, §§ 27, 59 Abs. 1 Nr. 13 LFGB, §§ 33, 59 Abs. 1 Nr. 18 LFBG,[97] §§ 8 Abs. 1 Nr. 2, 96 Nr. 3 AMG, §§ 25, 49 Nr. 4 WeinG,[98] §§ 3, 14 HWG.[99] Hinter § 264a StGB[100] und §§ 399 Abs. 1 Nr. 3, 400 Abs. 1 Nr. 1 AktG, § 82 Abs. 2 Nr. 2 GmbHG, §§ 26 Abs. 1, 49 BörsG tritt § 16 Abs. 1 UWG zurück, soweit die genannten Vorschriften den Sachverhalt erfassen, im Übrigen kann Tateinheit bestehen. 36

2. Zivilrecht. Für die Getäuschten sind oftmals die zivilrechtlichen Folgen wichtiger als die Strafverfolgung des Täters.[101] **Wettbewerbsrechtlich** kommt bei Erfüllung des Straftatbestandes aus § 16 Abs. 1 UWG neben der Irreführung nach §§ 3, 5 UWG ein Verstoß gegen § 3a UWG in Betracht. § 16 Abs. 1 UWG ist gesetzliche Vorschrift zur Regelung 37

---

[88] Vgl. *Tiedemann* NJW 1986, 1842 (zu § 4 aF); *Brand/Hotz* NZG 2017, 976 (980).

[89] *Brand/Hotz* NZG 2017, 976 (980) mwN zum Meinungsstreit.

[90] Amtl. Begr. BT-Drs. 8/2145, 11 f.; *Alexander* WRP 2004, 407 (411); anders MüKoStGB/*Janssen/Maluga,* 2. Aufl. 2015, UWG § 16 Rn. 58: unmittelbare Zurechnung nach § 14 StGB.

[91] So *Alexander* WRP 2004, 407 (417); MüKoStGB/*Hohmann,* UWG § 16 Rn. 54; Ohly/*Sosnitza,* § 16 Rn. 28. – AA *Diemer* in Erbs/Kohlhaas § 16 Rn. 118.

[92] BGH NJW 1972, 594.

[93] BGH NJW 2002, 3415 (3417).

[94] Vgl. hierzu *Pluskat* WRP 2003, 18 (22).

[95] BGHSt 2, 139 (145); MüKoStGB/*Hohmann,* UWG § 16 Rn. 55.

[96] MüKoStGB/*Janssen/Maluga* UWG § 16 Rn. 76.

[97] MüKoStGB/*Janssen/Maluga* UWG § 16 Rn. 76; Köhler/*Bornkamm*/Feddersen, § 16 Rn. 33.

[98] LG Bad Kreuznach ZLR 1999, 60; *Diemer* in Erbs/Kohlhaas § 16 Rn. 118; MüKoStGB/*Janssen/Maluga,* UWG § 16 Rn. 76; Köhler/*Bornkamm*/Feddersen, § 16 Rn. 33. – AA *Meyer/Möhrenschlager* Wiverw. 1982, 21 (27 f.).

[99] MüKoStGB/*Janssen/Maluga* UWG § 16 Rn. 76.

[100] Park/*Park,* Kapitalmarktstrafrecht, 3. Aufl. 2013, StGB § 264a Rn. 25; vgl. *Diemer* in Erbs/Kohlhaas § 16 Rn. 118 mwN. – AA MüKoStGB/*Hohmann,* UWG § 16 Rn. 55: Tateinheit.

[101] Amtl. Begr. (zu § 16) zum Gesetzentwurf der Bundesregierung, BT-Drs. 15/1487, 26; ebenso zu § 6c UWG aF zutreffend *Hartlage* WRP 1997, 1 (2).

des Marktverhaltens im Interesse der Marktteilnehmer iSd § 3a UWG.[102] Richtet sich die Werbung an Verbraucher, kann § 3 Abs. 3 UWG einschlägig sein, so zB bei rechnungsähnlich aufgemachten Werbeschreiben an Verbraucher Nummer 22 des Anhangs zu § 3 Abs. 3. Wettbewerbsrechtliche Ansprüche auf Unterlassung und Schadensersatz stehen aber nur den in §§ 8 Abs. 3, 9 UWG Genannten zu. Die gemäß § 8 Abs. 3 Nr. 2–4 UWG zur Geltendmachung eines Unterlassungsanspruchs Befugten können den Werbenden darüber hinaus auch auf Herausgabe des erzielten Gewinnes in Anspruch nehmen (§ 10 Abs. 1 UWG). **Getäuschte Verbraucher** können sich **mit den Mitteln des BGB** gegen die Täuschung zur Wehr setzen. § 16 Abs. 1 UWG wird von der hM als Schutzgesetz iSd § 823 Abs. 2 BGB angesehen.[103] Das hat die Folge, dass Ansprüche aus § 823 Abs. 2 BGB iVm § 16 Abs. 1 UWG nicht in der kurzen Frist des § 11 UWG verjähren, sondern die dreijährige Verjährungsfrist der §§ 195, 199 BGB gilt.[104] Die **Pressegesetze** der Länder enthalten teilweise deliktsrechtliche Sondervorschriften. Unter Einfluss von Täuschung abgeschlossene Verträge können außerdem **nichtig** (§ 138 BGB) oder **anfechtbar** sein (§ 123 BGB). Wurde der Vertrag auf einer im Interesse des Unternehmers durchgeführten Freizeitfahrt oder im Anschluss an ein überraschendes Ansprechen in Verkehrsmitteln oder auf öffentlichen Flächen geschlossen, kann ihn der Verbraucher unter bestimmten Umständen **widerrufen** (§§ 312, 355 BGB). Auch bei Fernabsatzverträgen kommt ein Widerruf in Betracht (§§ 312d, 355 BGB). Öffentlich falsche Äußerungen des Verkäufers, des Herstellers oder seines Gehilfen insbesondere in der Werbung oder bei der Kennzeichnung über bestimmte Eigenschaften der Sache begründen uU einen Sachmangel (vgl. § 434 Abs. 1 S. 3 BGB) mit der Folge von **Mängelgewährleistungsansprüchen.**

VII. Versuch, Strafmaß und -verfolgung, Verfahren und Einziehung

38 **1. Versuch.** Die Tat ist ein **Vergehen.** Der **Versuch** ist daher **nicht strafbar** (§ 23 Abs. 1 aE StGB). **Vollendet** ist die Tat, wenn die unwahren Angaben der Öffentlichkeit bzw. dem größeren Personenkreis zugänglich geworden sind (zB Abdruck in der Zeitung, nicht schon Aufgabe der Anzeige).[105] Ob sie dort tatsächlich zur Kenntnis genommen werden, spielt keine Rolle.[106] Beendet ist die Tat, wenn sie tatsächlich abgeschlossen ist, also spätestens, wenn die Möglichkeit der Kenntnisnahme weggefallen ist.[107]

39 **2. Strafmaß.** Die allgemeinen Vorschriften des StGB über die Strafen (§§ 38 ff. StGB) und die Strafbemessung (§§ 46 ff. StGB) finden Anwendung. Das Gericht verhängt gegen den Täter eine **Freiheitsstrafe von bis zu zwei Jahren** oder **Geldstrafe.** Für deren Bemessung gelten die Vorschriften des StGB. Neben die Freiheitsstrafe, nicht aber neben eine Geldstrafe, kann nach § 41 StGB eine Geldstrafe treten, wenn sich der Angeklagte durch die Tat bereichert oder zu bereichern versucht hat und dies auch unter Berücksichtigung der persönlichen und wirtschaftlichen Verhältnisse des Angeklagten angebracht ist. Zahlungserleichterungen können gewährt werden (§ 42 StGB).

40 Die **Schuld des Täters** ist **Grundlage für die Strafbemessung** (§ 46 Abs. 1 S. 1 StGB). Eine kurze Freiheitsstrafe von unter sechs Monaten wird nur in Ausnahmefällen verhängt (§ 47 StGB). Eine Geldstrafe beträgt mindestens fünf und höchstens 360 Tagessätze, wobei sich die Höhe der Tagessätze nach den persönlichen und wirtschaftlichen Verhältnissen des Täters richtet und mindestens einen und höchstens 5.000 Euro beträgt (§ 40 StGB).

[102] Amtl. Begr. (zu § 16) zum Gesetzentwurf der Bundesregierung, BT-Drs. 15/1487, 26.
[103] BGH GRUR 2008, 818 (825) – Strafbare Werbung im Versandhandel; *Diemer* in Erbs/Kohlhaas Vor § 16; siehe ferner Amtl. Begr. zu § 8 des Gesetzentwurfs der Bundesregierung, BT-Drs. 15/1487, 22.
[104] BGH GRUR 2008, 818 (825) – Strafbare Werbung im Versandhandel.
[105] *Diemer* in Erbs/Kohlhaas § 16 Rn. 111.
[106] Näher schon → Rn. 9.
[107] *Diemer* in Erbs/Kohlhaas § 16 Rn. 112.

3. Einziehung. Hat der **Täter** für die irreführende Werbung oder aus ihr etwas erlangt, kann das Gericht die **Einziehung** anordnen (§§ 73 ff. StGB). Dies gilt auch gegenüber einem **Drittbegünstigten,** der aufgrund dazwischen geschalteter Rechtsgeschäfte als weitergeleiteten Gewinn etwas „aus“ der Tat erlangt hat.[108] Der Umfang des **„Erlangten“** ist nach Maßgabe des **Bruttoprinzips** zu bestimmen;[109] die Neufassung ab 1.7.2017 hat diese Rspr. des 1. Strafsenats des BGH bestätigt.[110] Das Bruttoprinzip gilt auch für den Drittbegünstigten.[111] Dahinter steht der Gedanke, dass sich die Tat für den Täter nicht lohnen darf und der Drittbegünstigte gezwungen werden soll, zur Verhinderung solcher Taten wirksame Kontrollmechanismen zu errichten oder aufrechtzuerhalten. Abzuschöpfen sind nach dem Bruttoprinzip alle Vermögenswerte, die der Täter oder Teilnehmer in irgendeiner Phase des Tatablaufs unmittelbar erlangt hat, ohne dass Gegenleistungen oder sonstige Aufwendungen in Abzug gebracht werden. Ein „Wettbewerbsvorteil“ ist als solcher kein tauglicher Anknüpfungspunkt für eine Einziehung.[112] 41

Die Eröffnung des **Insolvenzverfahrens** hindert die Einziehung nicht, solange nicht feststeht, dass kein verwertbares Vermögen vorhanden ist.[113] 42

Das Verhältnis zu **privatrechtlichen Ansprüchen Dritter** wurde im Zuge der zum 1.7.2017 in Kraft getretenen Reform der §§ 73 ff. StGB neu geregelt. § 73 Abs. 1 S. 2 StGB aF, der den Vorrang von Ansprüchen Verletzter regelte, wurde gestrichen und durch ein **„Entschädigungsmodell“** ersetzt.[114] Die **Gewinnabschöpfungsmöglichkeit aus § 10 UWG** geht – erst Recht nach der Reform – der Einziehung nicht vor.[115] Der Gefahr der doppelten Inanspruchnahme kann sowohl im Zivil- als auch im Strafverfahren, namentlich mit § 10 Abs. 2 UWG und § 459g Abs. 5 StPO, wirksam entgegen getreten werden.[116] 43

Durch die Tat hervorgebrachte oder zu ihrer Begehung oder Vorbereitung gebraucht oder bestimmt gewesene Gegenstände kann das Gericht für **eingezogen** erklären (§§ 74 ff. StGB). 44

4. Strafverfolgung. § 16 Abs. 1 UWG ist **kein Antragsdelikt.** Die **öffentliche Klage** wird aber nur dann erhoben, wenn dies im **öffentlichen Interesse** liegt (§§ 376, 374 Abs. 1 Nr. 7 StPO). Das Delikt kann im Wege der **Privatklage** verfolgt werden (§ 374 Abs. 1 Nr. 7 StPO). Die Strafverfolgung **verjährt** in fünf Jahren beginnend ab Beendigung der Tat (§§ 78 Abs. 3 Nr. 4, 78a StGB), also idR dem ersten Verbreitungsakt.[117] 45

C. Progressive Kundenwerbung (§ 16 Abs. 2 UWG)

I. Auslegungsmaßstab und Gesetzeszweck

1. Auslegungsmaßstab. Anders als Nr. 14 des Anhangs zu § 3 Abs. 3 ist § 16 Abs. 2 durch das UWG 2015 nicht sprachlich an die „4finance“-Entscheidung des EuGH[118] angeglichen worden. Aufgrund des Erfordernisses der **unionskonformen Auslegung des § 16 Abs. 2** anhand der Vorgaben von Nr. 14 der „schwarzen Liste“ der UGP-RL im Lichte der Rspr. des EuGH ist diese Entscheidung jedoch auch bei der Auslegung von § 16 Abs. 2 zu berücksichtigen. Die Tatbestandsvoraussetzungen des § 16 Abs. 2 entsprechen 46

[108] BGH GRUR 2008, 818 (824) – Strafbare Werbung im Versandhandel; vgl. § 73b StGB.
[109] BGHZ 50, 227; NStZ 2011, 83.
[110] *Fischer,* StGB, 66. Aufl. 2019, § 73 Rn. 19.
[111] *Fischer,* StGB, 66. Aufl. 2019, § 73b Rn. 2.
[112] BGH GRUR 2008, 818 (826) – Strafbare Werbung im Versandhandel.
[113] BGH GRUR 2008, 818 (826) – Strafbare Werbung im Versandhandel.
[114] Vgl. BGH NStZ 2018, 400 mAnm *Müller-Metz; Fischer,* 66. Aufl. 2019, Vor §§ 73–76a Rn. 5.
[115] BGH GRUR 2008, 818 (829) – Strafbare Werbung im Versandhandel; MüKoStGB/*Hohmann,* Bd. 7, UWG § 16 Rn. 103.
[116] Vgl. BGH GRUR 2008, 818 (829) – Strafbare Werbung im Versandhandel.
[117] BGH NJW 1974, 2140.
[118] EuGH C-515/12, GRUR Int. 2014, 594 – 4finance.

daher abgesehen von dem Erfordernis von Vorsatz, Rechtswidrigkeit und Schuld bei § 16 Abs. 2 inhaltlich jenen von Nr. 14 des Anhangs zu § 3 Abs. 3.[119]

Neben § 16 Abs. 2 bleibt **Nr. 14 des Anhangs zu § 3 Abs. 3 UWG** anwendbar. Nach der Rspr. und Teilen der Literatur decken sich bis auf die bei § 16 Abs. 2 zusätzlich zu prüfende Frage von Vorsatz, Rechtswidrigkeit und Schuld die Anwendungsbereiche beider Vorschriften, sodass (zivilrechtlich) Gesetzeskonkurrenz besteht.[120] Die Gegenmeinung geht davon aus, dass Nr. 14 (zivilrechtlich) vorrangig zu prüfen sei.[121]

47 **2. Gesetzeszweck.** Die besondere Gefährlichkeit, der § 16 Abs. 2 UWG Rechnung tragen will, folgt aus der **Einbeziehung der Kunden in die Vertriebsorganisation des Unternehmers** und der sich daraus ergebenden **lawinenähnlichen Absatzstruktur.** Ein System, das seine Umsätze in größerem Umfang durch den eigenen Ausbau erwirtschaftet, das also **nicht produktiv tätig ist,** ist auf eine rapide Verengung des Absatzkanals bis hin zur Marktverstopfung angelegt. Weil es die Abnehmer zu Verkäufern „des Systems" macht und darauf angelegt ist, dass jeder „Verkäufer" mehrere Abnehmer wirbt, gibt es bei einem funktionierenden System zwangsläufig nach einiger Zeit nur noch eine große Schicht von „Verkäufern" und keine Abnehmer mehr. Das System fällt dann in sich zusammen, wobei die große Masse der zuletzt Geworbenen, deren „Einsatz" sich noch nicht amortisiert hat, Verluste erleidet.[122] Weil der Umworbene seine Stellung im System nicht genau kennt und nicht weiß, ob ihm die Anwerbung einer für die Amortisierung seines „Einsatzes" hinreichend großen Kreises von Abnehmern gelingen wird, hat das System auch stark aleatorischen Charakter. Da nur wenige Verbraucher bereit sind, sich an einem System zu beteiligen, das sich auf Dauer nicht amortisieren kann, werden bei der Anwerbung von Systemteilnehmern häufig unwahre oder jedenfalls irreführende Angaben gemacht. Diese Verbindung aleatorischer, irreführungsgeeigneter und vermögensgefährdender Elemente ist bezeichnend für ein System progressiver Kundenwerbung **(„Schneeballsystem")** iSv Nr. 14 UGP-RL Anh.[123] Es macht seine abstrakte Gefährlichkeit und auch seine Strafwürdigkeit aus.[124]

§ 16 Abs. 2 UWG **schützt** in erster Linie die **Verbraucher** vor **Täuschung, glücksspielartiger Willensbeeinflussung und Vermögensgefährdung,**[125] dient mittelbar aber auch dem Interesse der Mitbewerber und der Allgemeinheit, da die genannten Praktiken den lauteren Wettbewerb beeinträchtigen.[126] Bei § 16 Abs. 2 UWG handelt es sich um ein **abstraktes Gefährdungsdelikt,** so dass das Herbeiführen der gefahrenvollen Situation genügt.[127] Ob Abnehmer auf das System „hereinfallen"[128] oder geschädigt werden, ist ohne Belang.

II. Objektiver Tatbestand

48 **1. Voraussetzungen.** Der Täter muss es im geschäftlichen Verkehr unternehmen, Verbraucher zur Abnahme von Waren, Dienstleistungen oder Rechten durch das **Versprechen** zu veranlassen, sie würden entweder vom Veranstalter oder von Dritten **besondere**

[119] OLG Frankfurt a. M. beckRS 2011, 16 036; *Wünsche* BB 2012, 273 (276); *Mäsch* GRUR-Prax. 2011, 385; *Olesch* WRP 2007, 908 (911).

[120] OLG Frankfurt a. M. beckRS 2011, 16 036; WRP 2016, 631 Rn. 4; *Wünsche* BB 2012, 273 (276); *Mäsch* GRUR-Prax. 2011, 385; *Olesch* WRP 2007, 908 (911); aA *Keller* WRP 2017, 262 ff.

[121] *Brammsen/Apel* GRUR Int. 2014, 1119, 1124 f.; *Dau/Franke* in Flohr/Wauschkuhn, Vertriebsrecht, 2014, UWG § 3 Abs. 1, 3 Rn. 8; *Hoeren* BB 2008, 1182 (1189); Köhler/Bornkamm/Feddersen/*Bornkamm,* § 16 Rn. 59.

[122] Vgl. EuGH C-515/12, GRUR Int. 2014, 592 Rn. 22 – 4finance.

[123] Vgl. EuGH GRUR Int. 2014, 592 Rn. 22 – 4finance.

[124] Amtl. Begr. BR-Drs. 60/82, 13 f.; BT-Drs. 9/1707, 14 f.; BT-Drs. 10/5058, 38. Dagegen *Krack* FS Otto, 2007, 609 ff.

[125] Amtl. Begr. BT-Drs. 10/5058, 39; *Diemer* in Erbs/Kohlhaas § 16 Rn. 104.

[126] Vgl. *Diemer* in Erbs/Kohlhaas § 16 Rn. 124.

[127] BGH GRUR 2011, 941 (942); *Alexander* WRP 2004, 407 (411) mwN; *Keller* WRP 2017, 262 (264).

[128] BGH GRUR 2011, 941 (942).

Vorteile erlangen, wenn sie **andere zum Abschluss gleichartiger Geschäfte veranlassen.**

a) Versuch der Teilnehmergewinnung. Strafbar ist bereits das „Unternehmen", also der **Versuch der Gewinnung von Kunden** (§ 11 Abs. 1 Nr. 6 StGB), wenn es im geschäftlichen Verkehr erfolgt. Ausreichend ist, dass es der Täter unternimmt, Verbraucher durch entsprechende Vorteilsversprechen zu veranlassen, Waren oder Leistungen abzunehmen, sie also zur Teilnahme am System zu bewegen. Nicht erforderlich ist, dass nachgewiesener Maßen Kunden gewonnen wurden, schon → Rn. 47. 49

b) Im geschäftlichen Verkehr. Nur der **im geschäftlichen Verkehr erfolgende Aufbau** bzw. Versuch des Aufbaus eines Systems progressiver Kundenwerbung ist strafbar. Unter den Begriff des Handelns im geschäftlichen Verkehr fällt jede selbständige, wirtschaftliche Zwecke verfolgende Tätigkeit, in der eine Teilnahme am Erwerbsleben zum Ausdruck kommt.[129] Zu den geschäftlichen Verhältnissen zählen alle Umstände, die eine gewerbliche Tätigkeit im Wettbewerb irgendwie zu fördern vermögen.[130] Der Begriff ist weit zu fassen;[131] unerheblich ist, ob ein Gewinn erzielt wird.[132] Dass der Initiator einer **Kettenbriefaktion** einen Gewerbebetrieb besitzt, ist für ein Handeln im geschäftlichen Verkehr nicht erforderlich. Im geschäftlichen Verkehr handelt auch derjenige, der sich durch das System – zB durch eine anteilsmäßige Beteiligung an jedem neu geworbenen Teilnehmer – eine auf längere Zeit angelegte Erwerbsquelle schaffen will.[133] Daran fehlt es allerdings, wenn sich die fragliche Tätigkeit auf das In-Gang-Setzen einer Aktion beschränkt, im Übrigen aber die Veranstaltung allein in der Verantwortung der privaten Teilnehmer liegt und eine den Spielfluss kontrollierende Einwirkung nicht stattfindet.[134] Außerhalb des geschäftlichen Verkehrs liegen rein private Tätigkeiten außerhalb von Erwerb und Berufsausübung[135] sowie rein betriebs- und dienstinterne oder hoheitliche Handlungen.[136] 50

Ein darüber hinausgehendes **Handeln** gerade **zu Zwecken des Wettbewerbs** wird **nicht verlangt.**[137] Es ergibt sich auch nicht im Umkehrschluss aus §§ 17–19 UWG aF, die alternativ ein Handeln zu Zwecken des Wettbewerbs oder aus den genannten sonstigen Gründen (aus Eigennutz, in schädigender Absicht usw) verlangen. Denn während es dort um den Schutz von Geschäfts- bzw. Betriebsgeheimnissen ging, der besonders gegenüber Mitbewerbern gewahrt werden muss, dient § 16 Abs. 2 UWG in besonderem Maße auch dem Schutze der Verbraucher bzw. Abnehmer. Er ist bei progressiven Kundenwerbungssystemen aber gerade dann besonders nötig, wenn das System wegen seiner Unlauterkeit konkurrenzlos ist. Dementsprechend fordert auch Nummer 14 des Anhangs I der UPG-RL nur, dass es sich um eine „Geschäftspraxis", also eine unmittelbar mit der Absatzförderung, dem Verkauf oder der Lieferung eines Produkts an Verbraucher zusammenhängende Maßnahme, und ein System „zur Verkaufsförderung" handeln müsse. 51

Ein **„spezifischer Wettbewerbsbezug"**, wie er vom OLG Rostock verlangt wurde,[138] ist für § 16 Abs. 2 UWG **nicht erforderlich.**[139] Die Unterordnung der Vorschrift unter 52

---

[129] BGH NJW 1998, 390 ff. (zu LIFE); wistra 1994, 24; BayObLG NJW 1990, 1862; *Keller* WRP 2017, 262 (267).

[130] BGH GRUR 1964, 33 (36) – Bodenbeläge; OLG Karlsruhe GRUR 1989, 615.

[131] BGH GRUR 1964, 33 (36) – Bodenbeläge.

[132] OLG Karlsruhe GRUR 1989, 615.

[133] OLG Karlsruhe GRUR 1989, 615; BayObLG NJW 1990, 1862.

[134] BGH NJW 1987, 851 (853); Fezer/*Rengier,* UWG, § 16 Rn. 138; *Keller* WRP 2017, 262 (267).

[135] BGHSt 2, 396 (403); *Diemer* in Erbs/Kohlhaas § 16 Rn. 128; *Dornis* WRP 2007, 1303 (1305); *Többens* WRP 2005, 552 (554).

[136] *Dornis* WRP 2007, 1303 (1305); Ohly/*Sosnitza,* § 16 Rn. 37.

[137] AA *Alexander* WRP 2004, 407 (413).

[138] OLG Rostock wistra 1998, 234 (betr. Titan).

[139] OLG Jena OLGSt UWG § 6c Nr. 1; *Alexander* WRP 2004, 407 (413 f.).

den Schutzzweck des UWG (§ 1 UWG) ist schon dadurch gewahrt, dass ein Handeln im geschäftlichen Verkehr erforderlich ist.

53 **c) Verbraucher.** Es müssen Verbraucher zur Abnahme von Waren, Dienstleistungen oder Rechten durch das Versprechen besonderer Vorteile für die Veranlassung Dritter zum Abschluss gleichartiger Geschäfte veranlasst werden. Im Gegensatz zum früheren Recht (§ 6c UWG aF), das alle Nichtkaufleute schützte, beschränkt sich der Schutz des § 16 Abs. 2 UWG auf Verbraucher iSd § 13 BGB.[140] Der Gesetzgeber ging davon aus, dass nur insoweit ein erhebliches Gefährdungspotenzial gegeben sei.[141]

54 Maßgeblich bleibt auch nach Umsetzung der UGP-RL durch das UWG 2008 der **deutsche Verbraucherbegriff iSv § 2 Abs. 2 UWG iVm § 13 BGB.**[142] Diese Auslegung ist mit europäischem Recht vereinbar.[143] Zwar ist der im Verhältnis zu dem der UGP-RL zu Grunde liegenden Verbraucherbegriff möglicherweise umfassender, s. näher die Kommentierung zu → § 2 Rn. 232 ff. Da der europäische Verbraucherbegriff jedoch zugleich den Anwendungsbereich der UGP-RL begrenzt und die im Übrigen einschlägige Irreführungsrichtlinie nur einen Mindest-, aber keinen Höchstschutz vorgibt, war der deutsche Gesetzgeber in der Beibehaltung des dem BGB entlehnten Verbraucherbegriffs frei; hiervon hat er Gebrauch gemacht.[144]

55 Da das Verhalten im Vorgriff auf den Abschluss eines Rechtsgeschäfts pönalisiert werden soll, ist für die **Beurteilung der Verbrauchereigenschaft** nicht der Zeitpunkt des Vertragsschlusses maßgeblich, sondern derjenige **Zeitpunkt,** in dem der Geworbene erstmals durch das Absatzkonzept des Veranstalters in der Weise angesprochen wird, dass die Werbung unmittelbar in die Abnahme des Produkte einmünden soll.[145] Das ist der Zeitpunkt der Kontaktaufnahme, spätestens der Zeitpunkt, zu dem die Teilnehmer zu den Präsentationsveranstaltungen gefahren werden.[146] Damit unterfallen auch Vertriebssysteme § 16 Abs. 2, die auf den Aufbau eines selbständigen, gewinnorientierten Gewerbes als „Verkaufsberater" bzw. „Vertriebsrepräsentanten" gerichtet sind, solange die Interessenten erst durch die Veranstalter (zB auf der Verkaufsveranstaltung) für die selbständige unternehmerische Tätigkeit gewonnen werden.[147]

56 **d) Vorteilsversprechen mit dem Ziel der Veranlassung zur Abnahme von Waren, Dienstleistungen oder Rechten.** Das Verbot der Schneeballsysteme basiert nach der zu Nr. 14 der „schwarzen Liste" ergangenen „4finance"-Entscheidung des **EuGH,** die bei der richtlinienkonformen Auslegung zu berücksichtigen ist, auf vier Voraussetzungen: (1) Zusage, dass der Verbraucher die Möglichkeit haben wird, einen wirtschaftlichen Vorteil zu erlangen.[148] (2) Die Einhaltung dieser Zusage hängt von der Einführung weiterer Verbraucher in das System ab.[149] (3) Der Großteil der Einkünfte, mit denen die den Verbrauchern zugesagte Vergütung finanziert werden kann, stammt nicht aus einer tatsächlichen wirtschaftlichen Tätigkeit.[150] (4) Das System verlangt von dem Verbraucher einen finanziellen Beitrag gleich welcher Höhe im Austausch für die Möglichkeit, eine Vergütung

---

140 BGH GRUR 2011, 941 (942).

141 Amtliche Begründung zum Regierungsentwurf (zu § 16 Abs. 2), BT-Drs. 15/1487, 26.

142 BGH GRUR 2011, 941 (942); *Brammsen/Apel* GRUR Int. 2014, 1119 (1122); *Alexander* in MüKoUWG § 3 Abs. 3 Nr. 14 Rn. 15; GroßKommUWG/*Lindacher* § 3 (E) Anh. Nr. 14 Rn. 3.

143 BGH GRUR 2011, 941 (942).

144 Amtl. Begr., BT-Drs. 16/10145, 17 f.

145 BGH GRUR 2011, 941 (942); Köhler/*Bornkamm*/Feddersen, § 16 Rn. 41; *Brammsen/Apel* GRUR Int. 2014, 1119 (1122) mwN auch zur Gegenmeinung.

146 BGH GRUR 2011, 941 (942).

147 BGH GRUR 2011, 941 (942) und zu § 263 StGB in: GRUR 2014, 886 (888) – Routenplaner; *Brammsen/Apel* GRUR Int. 2014, 1119 (1122) mwN; Götting/Nordemann/*Trepper* § 16 Rn. 26; MüKoStGB/*Hohmann,* § 16 Rn. 94; – AA OLG Naumburg 18.11.2009 – 1 Ws 673/09, juris; *Mäsch/Hesse* GRUR 2010, 10.

148 EuGH C-515/12, GRUR Int. 2014, 592 Rn. 20 – 4finance.

149 EuGH C-515/12, GRUR Int. 2014, 592 Rn. 20 – 4finance.

150 EuGH C-515/12, GRUR Int. 2014, 592 Rn. 20 – 4finance.

zu erzielen, die hauptsächlich für die Einführung neuer Verbraucher in ein solches System zu erzielen ist und weniger durch den Verkauf oder Verbrauch von Produkten.[151]

„Besondere Vorteile" sind alle **wirtschaftlichen**[152] Vorteile, die nach ihrer Beeinflussungswirkung geeignet sind, die typische Dynamik eines Systems der progressiven Kundenwerbung in Gang zu setzen.[153] Die **Ware bzw. Leistung selbst** scheidet damit als „besonderer Vorteil" aus.[154] Erfasst werden alle nicht nur unerheblichen geldwerten Zuwendungen (Geld, Kaufpreisminderung, Ware, Provision, Prämie usw), die dem Umworbenen nicht aus anderem Rechtsgrund, zB einem zum Werbenden bestehenden Dienstleistungsverhältnis, zustehen.[155] Ein „besonderer Vorteil" kann auch die Möglichkeit sein, unentgeltlich oder verbilligt Waren zu beziehen.[156] Im Verhältnis zu dem vom Abnehmer zu zahlenden Entgelt ganz geringwertige Vorteile, die nicht geeignet sind, jemanden zum Eintritt in das Werbe- und Absatzsystem zu veranlassen, sind keine „besonderen" Vorteile.[157] Eine allgemeingültige feste Wertgrenze lässt sich mit dem Zweck der Einschränkung, nämlich die typische Dynamik einer progressiven Kundenwerbung in Gang zu setzen, nicht in Einklang bringen.[158] 57

Der tätigkeits- und erfolgsbedingte Anspruch des Teilnehmers auf Zahlung von Provision bzw. Folgeprovision für die Anwerbung weiterer Mitglieder ist dabei **vom Mitgliedschaftsrecht und der Anwartschaft auf Provision zu unterscheiden.** Gegenstand der Abnahme des Teilnehmers ist das Mitgliedschaftsrecht samt Anwartschaften; versprochener Vorteil hingegen die Prämie, Provision oder der sonstige Vorteil, der für das Anwerben anderer Teilnehmer gewährt wird.[159] Deshalb können auch Kettenbriefsysteme unter § 16 Abs. 2 UWG fallen.[160] 58

Ist der „besondere Vorteil" **im Entgelt enthalten,** das für die Ware, die Dienstleistung bzw. das Recht zu zahlen ist, muss er **„herausgerechnet"** werden. Dies geschieht dadurch, dass der Wert der Ware, der Dienstleistung bzw. des Rechtes dem dafür zu zahlenden Entgelt gegenübergestellt wird. Rechte, die dem Teilnehmer nur eine Stellung innerhalb des Systems oder einen Anteil am Umsatz nachfolgender Teilnehmer verbriefen, sind in einem auf den eigenen Ausbau angelegten System mit Null anzusetzen. 59

§ 16 Abs. 2 UWG stellt ausdrücklich klar, dass auch **von Dritten stammende Vorteile** ausreichend sind.[161] Deshalb genügt es, wenn dem Verbraucher ein Anteil am Einsatz oder Umsatz der von ihm geworbenen Personen versprochen wird. Deshalb können auch **Kettenbriefsysteme,** bei denen der effektive Vorteil in der Zahlung der nachfolgenden Teilnehmer an früher eingetretene Spieler besteht, strafbar sein.[162] Die einseitige verbindliche Ankündigung eines Vorteils reicht aus. Weder ist die Annahme des Angebots durch den Privaten erforderlich noch kommt es auf die Einklagbarkeit des Versprechens an. Ohnehin werden solche Systeme idR sittenwidrig sein.[163] Ob der versprochene Vorteil später erbracht wird oder der Werbende überhaupt bereit ist, ihn zu gewähren, ist ohne Belang. Auch ob die Umworbenen oder die von ihnen Geworbenen von der Möglichkeit der Gewinnung weiterer Kunden Gebrauch machen, spielt keine Rolle. 60

---

[151] EuGH C-515/12, GRUR Int. 2014, 592 Rn. 34 – 4finance.
[152] Vgl. EuGH C-515/12, GRUR Int. 2014, 592 Rn. 20 – 4finance.
[153] BGH NJW 1998, 390 ff.; vgl. Amtl. Begr. BT-Drs. 10/5058, 39.
[154] *Wegner* wistra 2001, 171 (172); Köhler/*Bornkamm*/Feddersen, § 16 Rn. 46 f.
[155] BT-Drs. 10/5058, 39; MüKoStGB/*Janssen/Maluga* UWG § 16 Rn. 109; *Wünsche* BB 2012, 273 (275).
[156] Vgl. *Diemer* in Erbs/Kohlhaas § 16 Rn. 137; Köhler/*Bornkamm*/Feddersen, § 16 Rn. 45; *Többens* WRP 2005, 552 (554); aA offenbar BayObLG wistra 1990, 240 (241) und ihm folgend *Richter* wistra 1990, 216 (217).
[157] MüKoStGB/*Janssen/Maluga,* UWG § 16 Rn. 111.
[158] Vgl. MüKoStGB/*Hohmann,* UWG § 16 Rn. 87.
[159] BGH NJW 1998, 390 ff.
[160] *Diemer* in Erbs/Kohlhaas § 16 Rn. 125; vgl. auch BGH NJW 1987, 851 (853); aA Ohly/*Sosnitza,* § 16 Rn. 48.
[161] BGH NJW 1998, 390 ff.
[162] Ebenso MüKoStGB/*Hohmann,* UWG § 16 Rn. 70.
[163] Vgl. BGH NJW 1997, 2314 f. – „World Trading System" – WTS.

61 Der Vorteil muss dafür in Aussicht gestellt werden, dass die Verbraucher andere zum Abschluss gleichartiger Geschäfte veranlassen. Der Begriff des **Veranlassens** ist weit zu verstehen. Erfasst werden alle Tätigkeiten, die aus der Sicht des Täters auf den Willen des vorgestellten Personenkreises Einfluss ausüben können, sich zur Abnahme der angebotenen Gegenstände zu entschließen.[164] Völlige Gleichheit der von den Erstkunden und den Zweitkunden, Drittkunden usw geschlossenen Verträge ist nicht erforderlich; ihre **Gleichartigkeit** reicht aus. Sie setzt voraus, dass auch den Zweit- bzw. Drittgeworbenen usw gekoppelt mit dem Absatz besondere Vorteile für die Anwerbung weiterer Personen geboten werden. Ist die Tätigkeit, zu welcher der Vorteil die Erstumworbenen bestimmen soll, hingegen auf den reinen Warenabsatz beschränkt, scheidet eine Strafbarkeit nach § 16 Abs. 2 UWG aus. Dadurch fällt der bloße Vertrieb von Waren über Laienwerber aus dem Anwendungsbereich der Norm.

62 Der in Aussicht gestellte Vorteil muss dazu dienen, die Umworbenen zur Abnahme von **Waren, Dienstleistungen oder Rechten** zu veranlassen. Vom Begriff der „Rechte" umfasst werden neben geistigen Eigentumsrechten auch alle Arten von **Forderungen einschließlich der Mitgliedschaft und des Rechts auf eine Gewinnchance.**[165] Deshalb sind auch Systeme strafbar, deren alleiniges Ziel in der Werbung neuer „Spieler" besteht und bei denen der Verbraucher einen Geldbetrag als „Spieleinsatz" aufbringen muss, um sich dadurch die Möglichkeit zu erkaufen, an den „Spieleinsätzen" der von ihnen geworbenen neuen „Spieler" anteilsmäßig beteiligt zu werden.[166] Gleichermaßen unterfällt § 16 Abs. 2 UWG ein System, das darauf angelegt ist, Verbrauchern Anteile an der werbenden „Gesellschaft" zu verkaufen, deren Wert mit der Zahl der von ihnen geworbenen „Mitglieder" steigt. In welcher Weise die **Abnahme** der Waren, Dienstleistungen oder Rechte erfolgt, ist unerheblich. Nicht nur die auf deren Verkauf, sondern genauso die auf Vermietung, Verleihung oder Leasing gerichteten Systeme werden erfasst.

63 Durch die „4finance"-Entscheidung des **EuGH** ist geklärt, dass das System von dem Verbraucher einen finanziellen Beitrag verlangen muss.[167] Erfasst wird **jeglicher finanzielle Beitrag gleich welcher Höhe, der im Austausch für die Möglichkeit der Vorteilserziehung verlangt wird.**[168]

Ausreichend ist **jeglicher** Beitrag, wobei „finanziell" im Sinne von **„geldwert"** zu verstehen ist,[169] sodass auch andere Einsätze als Geldleistungen wie **immaterielle Leistungen** oder **Arbeitsleistungen** ausreichen.[170] Das Erfordernis eines „Beitrags" enthält keine Einschränkung in zeitlicher Hinsicht, sondern ist im Sinne eines **konzeptionellen Zusammenhangs** zwischen dem Beitrag und einer im **Austausch** gewährten Möglichkeit der Vorteilserzielung zu verstehen.[171] Nicht nur bei Eintritt in das System zu erbringende Leistungen, sondern auch **„Austrittsgelder"** und andere für die Partizipation am System geschuldete Leistungen werden daher erfasst.[172] Auch auf die Bezeichnung des Entgelts kommt es nicht an.[173]

64 Die Verbraucher müssen gerade durch das Versprechen von Vorteilen für die Anwerbung Dritter, die ihrerseits durch ein Vorteilsversprechen **zu einer gleichartigen Tätigkeit bestimmt** werden sollen, zur Abnahme der Waren, Dienstleistungen bzw. Rechte ver-

[164] *Otto* wistra 1997, 81 (85); s. auch Köhler/*Bornkamm*/Feddersen, § 16 Rn. 41: psychische Beeinflussung.
[165] BGH NJW 1998, 390 ff.; OLG Bamberg wistra 1997, 114 f.; BayObLG NJW 1990, 1862; LG Rostock wistra 2002, 75.
[166] Köhler/*Bornkamm*/Feddersen, § 16 Rn. 43; MüKoStGB/*Hohmann,* UWG § 16 Rn. 71.
[167] EuGH C-515/12, GRUR Int. 2014, 592 Rn. 34 – 4finance.
[168] Vgl. EuGH C-515/12, GRUR Int. 2014, 592 Rn. 34 – 4finance.
[169] *Brammsen/Apel* GRUR Int. 2014, 1119 (1121, 1122).
[170] *Brammsen/Apel* GRUR Int. 2014, 1119 (1121, 1122).
[171] Vgl. EuGH C-515/12, GRUR Int. 2014, 592 Rn. 34 – 4finance: „… wenn ein solches System vom Verbraucher einen finanziellen Beitrag gleich welcher Höhe im Austausch für die Möglichkeit verlangt, eine Vergütung zu erzielen, die …".
[172] AA *Brammsen/Apel* GRUR Int. 2014, 1119 (1121).
[173] MüKoUWG/*Brammsen* § 16 Rn. 81; Götting/Nordemann/*A. Nordemann* § 16 Rn. 28.

anlasst werden.[174] Das **Vorteilsversprechen muss also das Bindeglied bilden** zwischen der Abnahme der Waren, Dienstleistungen oder Rechte und der Gewinnung weiterer Personen, die ihrerseits gleichartige Verträge schließen, also Systemteilnehmer werden sollen.[175] Diese Verknüpfung von Warenbezug und Vorteilsgewährung für die Werbung Dritter macht das **Progressive** des Systems aus und unterscheidet die (strafbare) progressive Kundenwerbung von der (ohne Hinzutreten weiterer Umstände nicht strafbaren) Gewinnung von Laienwerbern.[176] Daraus ergibt sich nach der Rspr. des **EuGH** das Erfordernis, dass die den Teilnehmern im Aussicht gestellte **Vergütung hauptsächlich durch die Einführung neuer Verbraucher in das System (Systemausbau) und weniger durch den Verkauf oder Verbrauch von Produkten** zu erzielen sein muss.[177] Dies hielt der EuGH bei der zugrunde liegenden Werbemaßnahme, bei der eine Gesellschaft, die kurzfristig im Fernabsatz Kleinkredite gewährte, jedem neuen Kunden eine Prämie von 20 LTL (rd. 5,80 EUR) für die Anmeldung jedes anderen durch ihn angeworbenen Kunden anbot, für unwahrscheinlich, weil die Anmeldung als neuer Kunde auf der Internetseite lediglich mit Anmeldekosten in Höhe von 0,01 LTL möglich war.[178] Die Abgrenzung ist durch eine **Gesamtbetrachtung** des Vergütungssystems möglich. Es kommt darauf an, ob dessen Ausgestaltung in erster Linie dem Waren(ab)verkauf dient oder ob es typischerweise darauf zielt, neue Teilnehmer in die Absatzstruktur einzubinden.[179] Letzteres ist dann der Fall, wenn dem Teilnehmer durch das Vergütungssystem besondere Vorteile versprochen werden, die nach ihrer Beeinflussungswirkung geeignet sind, die **typische Dynamik** eines Systems der progressiven Kundenwerbung in Gang zu setzen.[180] Ein wichtiger Gesichtspunkt für bzw. gegen die **Progressivität** des Systems ist es, ob nur einmal eine „Marge" verdient werden kann, oder ob Gratifikationen innerhalb der Absatzlinie „nach oben" gereicht werden müssen, also eine Verteuerung des Produkts innerhalb der Absatzstruktur droht.[181]

e) Abgrenzung. Die Abgrenzung (strafbarer) Systeme progressiver Kundenwerbung **von nicht strafbaren Systemen,** in die ebenfalls Laienwerber eingeschaltet sind, ist anhand dieser Kriterien vorzunehmen. Findet sich die Koppelung des Absatzes von Waren, Dienstleistungen bzw. Rechten nur auf der ersten Stufe des Systems, werden die Erstgeworbenen also nur im Warenabsatz tätig, ohne dass „ihren" Kunden Vorteile für eine entsprechende Werbung weiterer Abnehmer geboten werden, so scheidet eine Strafbarkeit nach § 16 Abs. 2 UWG aus. Bei Systemen, in denen der Warenabsatz prinzipiell auf allen Stufen mit der Einbindung von Laien verbunden ist, kommt es vor allem darauf an, ob Absatz und Teilnahme gerade mittels des versprochenen Vorteils aneinander gekoppelt werden. Daran kann es fehlen, wenn reale, nicht nur auf dem Papier bestehende Rückgaberechte für den Fall des Nichtabsatzes abgenommener Waren bestehen. Auch die abstrakte Höhe des für die Anwerbung Dritter zu erhaltenden Vorteils und dessen Verhältnis zu den bezogenen Waren oder Dienstleistungen spielt eine Rolle. Von im Verhältnis zum Wert der Waren, Dienstleistungen oder Rechte ganz geringfügigen Vorteilen geht hingegen meist keine nennenswerte Anlockwirkung aus. Umgekehrt spricht es für eine progressive Kundenwerbung, wenn sich die „Einsätze" der Verbraucher („Kaufpreis", „Teilnahmegebühr", „Spieleinsatz" oÄ) nur im Falle einer Tätigkeit als Anwerber amortisieren können. 65

[174] Ebenso MüKoStGB/*Hohmann,* UWG § 16 Rn. 83.

[175] Vgl. EuGH C-515/12, GRUR Int. 2014, 592 Rn. 27, 33, 34 – 4finance.

[176] Ebenso MüKoStGB/*Janssen/Maluga,* UWG § 16 Rn. 105.

[177] EuGH C-515/12, GRUR Int. 2014, 592 Rn. 27 ff., 33, 34 – 4finance.

[178] EuGH C-515/12, GRUR Int. 2014, 592 ff. insbes. Rn. 12, 33 – 4finance.

[179] Vgl. OLG Frankfurt a. M. 12.5.2011 – 6 U 29/11 GRUR-RR 2012, 77 (78); krit. dazu *Mösch* GRUR-Prax 2011, 385. Wie hier Köhler/*Bornkamm*/Feddersen, § 16 Rn. 42; *Hartlage* WRP 1997, 1; *Leible* WRP 1998, 18; *Thume* WRP 1999, 280; *Wünsche* BB 2012, 273 (275).

[180] BGH GRUR 2011, 941 (943); OLG Frankfurt a. M. 12.5.2011 – 6 U 29/11 GRUR-RR 2012, 77 (78).

[181] BGH GRUR 2011, 941 (943); OLG Frankfurt a. M. 12.5.2011 – 6 U 29/11 GRUR-RR 2012, 77 (78); vgl. auch OLG Hamm 3 Ws 399–402/10 BeckRS 2011, 6546.

66 **2. Haupterscheinungsformen.** Die progressive Kundenwerbung kann in Form des Schneeballsystems oder in Form des Pyramidensystems auftreten. Beim **Schneeballsystem** basiert der Absatz darauf, dass der Unternehmer mit allen Kunden kontrahiert, also auch mit den von den Erstkunden geworbenen Zweitkunden, mit den von den Zweitkunden geworbenen Drittkunden usw. Beim **Pyramidensystem** kontrahiert der Unternehmer nur mit der ersten „Schicht" von Kunden, den sog. Erstkunden. Diese schließen ihrerseits Verträge mit den von ihnen geworbenen Zweitkunden ab, die Zweitkunden mit den Drittkunden usw. Bildlich betrachtet ergibt sich so die Pyramidenform, weil jeder Kunde idR mehrere Abnehmer wirbt. Bezeichnend für beide Haupterscheinungsformen der progressiven Kundenwerbung ist die Einbindung der Umworbenen als Werber in das Vertriebssystem, die notwendig ist, damit sich deren Einsatz amortisiert.

67 **3. Arten. a) Pyramidenspiele.** Zahlreich sind verschiedene Formen von **Pyramidenspielen,** bei denen der Umworbene durch einen „Spielbeitrag" eine „Spielerfigur", eine „Mitgliedschaft" oder eine „Beteiligung an der Spielerorganisation" und damit das Recht auf einen Anteil an den „Spielbeiträgen" später Geworbener erwirbt.[182] Im Allgemeinen sind solche „Spiele" darauf angelegt, Verbraucher durch den Erwerb dieser „Berechtigung" dazu zu veranlassen, weitere Personen anzuwerben, von deren „Beiträgen" der Initiator sich eine dauerhafte Einnahmequelle erhofft. Typischerweise bleibt dem Umworbenen seine Stellung – meist ganz am Ende einer schon großen Lawine – innerhalb des Spiels verborgen. Üblicherweise werden die Teilnehmer mittels falscher Angaben angeworben, etwa dergestalt, dass sie „die Chance ihres Lebens haben" könnten. Hierin liegt wegen der typischen Gefahren und Unwägbarkeiten für den Umworbenen eine Urform der strafbaren progressiven Kundenwerbung. Die Rspr. sieht daher in derartigen Gewinnspielen meist einen Verstoß gegen § 16 Abs. 2 UWG.[183] Neben § 16 Abs. 2 UWG können die „Spiele" nach § 284 StGB strafbar sein.

68 **b) Kettenbriefe.** Sie werden heute meist über soziale Netzwerke versandt und enthalten die mit dem Versprechen von Belohnungen oder der Androhung schwerwiegender Folgen im Falle der Nichtbefolgung versehene Aufforderung, den Brief an mehrere weitere Empfänger weiterzusenden. Bei ihnen geht es nicht um den Produktabsatz, sondern der versprochene Vorteil besteht in der Gewinnchance durch Teilnahme am System; das ist für § 16 Abs. 2 ausreichend (→ **Rn. 58, 60**).[184] Ferner werden von § 16 Abs. 2 auch solche Systeme erfasst, bei denen der effektive Vorteil in der Zahlung der nachfolgenden Teilnehmer an früher eingetretene Spieler besteht (→ Rn. 60).[185] Kettenbriefsysteme können daher unter § 16 Abs. 2 fallen, wenn das konkrete System aufgrund seiner Konzeption und Ausgestaltung die og Tatbestandsvoraussetzungen erfüllt, was im Einzelfall zu prüfen ist. § 16 Abs. 2 erfordert das Versprechen eines besonderen Vorteils; **Druck** oder Drohungen sind nicht ausreichend, können aber die Strafbarkeit nach anderen Vorschriften begründen. An einem Vorteilsversprechen fehlt es auch, wenn lediglich **vage Chancen** oder unerhebliche geldwerte Zuwendungen in Aussicht gestellt werden (→ Rn. 57).[186] Die Abgrenzung zwischen **geschäftlichem** und privatem Handeln erweist sich auch deshalb als schwierig, weil hinter einem augenscheinlich altruistischen Anlass des Kettenbriefes ein wirtschaftliches Interesse des Veranstalters an der Generierung von **Adressen** und Einwilligungserklärungen als handelbares Gut stecken kann.[187] Von Privaten gestartete Kettenbriefaktionen, bei denen

[182] Siehe *Otto* wistra 1997, 81 ff.

[183] BGH NJW 1998, 390 (LIFE); OLG Bamberg wistra 1997, 114 f.; OLG Jena OLGSt UWG § 6c Nr. 1; LG Hamburg NStZ-RR 1997, 57 (Titan); LG Rostock wistra 2002, 75 (LIFE, Jump, Titan); differenzierend OLG Rostock wistra 1998, 234 ff.; OLG Brandenburg wista 2003, 74; s. auch die Rechtsprechungsübersicht bei *Achenbach* NStZ 1997, 539; NStZ 1998, 563.

[184] Köhler/*Bornkamm*/Feddersen, 37. Aufl. 2019, § 16 Rn. 36 f.; MüKoStGB/*Janssen*/*Maluga* UWG § 16 Rn. 95, 98, 102; aA Ohly/*Sosnitza,* § 16 Rn. 48.

[185] *Diemer* in Erbs/Kohlhaas § 16 Rn. 128; Köhler/*Bornkamm*/Feddersen, § 16 Rn. 37 ff., 40.

[186] Vgl. MüKoStGB/*Hohmann,* UWG § 16 Rn. 87.

[187] Vgl. MüKoStGB/*Hohmann,* UWG § 16 Rn. 76.

es nur darum geht, auf bestimmte Themen aufmerksam zu machen oder einer anderen Person eine Vielzahl von Briefen zukommen zu lassen, erfüllen nicht die Voraussetzungen eines Handelns im geschäftlichen Verkehr;[188] anders wenn der Veranstalter das System zentral steuert und eine vom Spielgewinn unabhängige Bearbeitungsgebühr verlangt.[189]

c) Schenkkreisen. Bei Schenkkreisen[190] kommt eine Strafbarkeit jedenfalls derjenigen Personen in Betracht, die mit der Kontrolle von Ablauf und Organisation des Systems befasst sind, insbes. wenn Bearbeitungsgebühren nach § 16 Abs. 2 UWG erhoben werden.[191] Darüber hinaus kommt aber auch eine Strafbarkeit derjenigen Personen in Betracht, die über die bloße Teilnahme am System hinaus **aktiv an dessen Erhaltung oder Förderung mitwirken,** etwa indem sie Räume für Veranstaltungen zur Verfügung stellen oder sie über mehrere Spielrunden hinweg immer wieder am System teilnehmen.[192] 69

d) Powershopping. Unter § 16 Abs. 2 UWG fällt **nicht** das **reguläre Powershopping.**[193] Dabei schließen sich mehrere Interessierte zusammen, um unter Ausnutzung der so gebündelten Nachfragemacht günstigere Preise zu erzielen. Der Zusammenschluss erfolgt nicht auf die Initiative eines einzelnen, der den Sich-Zusammenschließenden entsprechende Vorteile in Aussicht stellt, sondern ist auf die Anlockwirkung des Angebots selbst zurückzuführen. 70

e) Reverse auction. Von § 16 Abs. 2 UWG **nicht** erfasst werden **die regulären reverse auctions.**[194] Darunter versteht man die – meist im Internet stattfindenden – Auktionen, bei denen das Exponat umso billiger wird, je mehr Tage ohne Zuschlag verstreichen. Die Teilnehmer werden hier vom Angebot selbst angelockt und nicht durch Verbraucher, denen für diesen Fall ein Vorteil vom Werbenden versprochen wird, zur Teilnahme veranlasst. 71

f) Multi-Level-Marketing. MLM (Strukturvertrieb) tritt in unterschiedlichen Formen auf. Im Unterschied zum klassischen Direktverkauf werden den Kunden je nach Ausgestaltung des Systems teils hohe wirtschaftliche Anreize und uU auch Aufstiegsmöglichkeiten im System für das Anwerben weiterer Neukunden gewährt.[195] 72

Aufgrund der unterschiedlichen Konzeption und Ausgestaltung ist eine **differenzierte** Betrachtung erforderlich und muss jeweils im Einzelfall geprüft werden, ob die og Voraussetzungen erfüllt sind.[196] Es kommt darauf an, ob die Ausgestaltung des Vergütungssystems in erster Linie dem Waren(ab)verkauf dient oder ob es typischerweise darauf zielt, neue Teilnehmer in die Absatzstruktur einzubinden.[197] Letzteres ist dann der Fall, wenn dem Teilnehmer durch das Vergütungssystem besondere Vorteile versprochen werden, die nach ihrer Beeinflussungswirkung geeignet sind, die typische Dynamik eines Systems der progressiven Kundenwerbung in Gang zu setzen.[198] Häufig fehlt es bei Multi-Level-Marketing an mehreren Tatbestandsmerkmalen des § 16 Abs. 2 UWG:[199] Erfolgt der Absatz zwar von 73

---

188 Vgl. BGH NJW 1987, 851 (853).

189 *Diemer* in Erbs/Kohlhaas § 16 Rn. 128.

190 Zum Begriff BGH 6.11.2008 – III ZR 121/08, NJW 2008, 1942; *LG Bonn* NJW-RR 2005, 490; *Dornis* WRP 2007, 1303.

191 *Dornis* WRP 2007, 1303 (1306).

192 *Dornis* WRP 2007, 1303 (1306).

193 Wie hier MüKoStGB/*Janssen/Maluga* UWG § 16 Rn. 96 mwN.

194 *Lange/Spätgens,* Rabatte und Zugaben im Wettbewerb, 2001, § 4 Rn. 133; MüKoStGB/*Hohmann,* UWG § 16 Rn. 72.

195 Siehe näher *Brammsen/Leible* BB 1997 Beilage 10, S. 1 (3); *Leible* WRP 1998, 18 ff.; *Thume* WRP 1999, 280 (283).

196 *Brammsen/Apel* WRP 2011, 400 (407); *Brammsen/Leible* BB 1997 Beilage 10 zu Heft 32, S. 1 ff.; *Leible* WRP 1998, 18 ff.; *Thume* WRP 1999, 280 ff.; Ohly/*Sosnitza,* § 16 Rn. 35.

197 OLG Frankfurt a. M. 12.5.2011 – 6 U 29/11 GRUR-RR 2012, 77 (78).

198 BGH GRUR 2011, 941 (943); OLG Frankfurt a. M. 12.5.2011 – 6 U 29/11 GRUR-RR 2012, 77 (78); Köhler/*Bornkamm*/Feddersen, § 16 Rn. 40.

199 Näher *Brammsen/Leible* BB 1997 Beilage 10 zu Heft 32, S. 1 (5 ff.); *Finger* ZRP 2006, 159 ff.

Verbrauchern an Verbraucher, sollen die Letzteren aber nicht als Laienwerber gewonnen werden, so scheidet § 16 Abs. 2 UWG aus. Werden zwar in größerem Umfang multiplikative Strukturen unter Einbindung in den Warenabsatz entwickelt, sind die Kunden aber nicht veranlasst, mehr Waren (Dienstleistungen, Rechte) als von ihnen benötigt abzunehmen und an Dritte weiter zu veräußern, um sich die versprochenen Vorteile zu sichern, so ist der Straftatbestand ebenfalls nicht erfüllt. Gleiches gilt bei einer Werbung, bei der eine Gesellschaft, die kurzfristig im Fernabsatz Kleinkredite gewährt, jedem neuen Kunden eine Prämie von 20 LTL (rd. 5,80 EUR) für die Anmeldung jedes anderen durch ihn angeworbenen Kunden verspricht, wenn die Anmeldung als neuer Kunde auf der Internetseite lediglich Anmeldekosten in Höhe von 0,01 LTL verursacht und weitere Verbindlichkeiten nicht auslöst.[200] In beiden Fällen dient das Versprechen der Gewährung von Vorteilen nicht dazu, die Kunden zur Abnahme zu veranlassen, sondern soll ihnen nur einen Anreiz bieten, als Laienwerber tätig zu werden. Enthält die vom Verbraucher als „Startkapital" zu erwerbende Beratergrundausstattung neben anderen Dingen auch Waren, ist zwar das Tatbestandsmerkmal der Veranlassung zur Abnahme von Waren durch In-Aussichtstellen eines Vorteils erfüllt. Es fehlt aber an der Verknüpfung mit der Veranlassung Dritter zum Abschluss gleichartiger Geschäfte, wenn der Laienwerber die Waren üblicherweise nur an Dritte absetzen, diese aber nicht auch als weitere Laienwerber gewinnen soll.

73a **g) Ponzi-Schemes.** Bei Ponzi-Schemes handelt es sich in aller Regel darum, dass durch **unrealistisch hohe Renditeversprechen** Anleger gewonnen werden, deren Gelder für eigene Zwecke und nach Art eines Schneeballsystems zur **Befriedigung von Rendite- sowie Rückzahlungsforderungen der Altinvestoren** verwandt werden, um so Investoren in Sicherheit zu wiegen und zu weiteren Einzahlungen zu bewegen, bis das System schließlich zusammenbricht.[201] Ponzi-Schemes treten in unterschiedlichen Ausgestaltungen auf.[202] Es ist daher jeweils im Einzelfall zu prüfen, ob in der konkreten Ausgestaltung die Voraussetzungen des § 16 Abs. 2 vorliegen. Die typische Dynamik eines Schneeballsystems liegt bei Ponzi-Schemes zwar vor, in bekannt gewordenen Fällen wurden von den Betreibern neue Investoren jedoch selbst bzw. durch Mitarbeiter angeworben und in der Vergangenheit eine Strafbarkeit nach § 16 Abs. 2 daher verneint, weil nicht Anleger gegen Inaussichtstellung besonderer Vorteile als Werber eingesetzt wurden.[203] Es kommt jedoch eine Strafbarkeit nach § 263 StGB, § 264a StGB und § 266 StGB in Betracht.[204]

III. Subjektiver Tatbestand

74 § 16 Abs. 2 UWG verlagert die Strafbarkeit ins **Versuchsstadium** vor („Wer es ... unternimmt ...", vgl. § 11 Nr. 6 StGB). Vom **Vorsatz** umfasst sein müssen alle Tatbestandsmerkmale einschließlich jenes des Handelns im geschäftlichen Verkehr. Ein Tatbestandsirrtum, etwa über die Stellung des Umworbenen als „Verbraucher", schließt den Vorsatz aus.

IV. Rechtswidrigkeit und Schuld

75 Kein Rechtfertigungsgrund ist es, dass der Täter selbst durch einen Dritten zum fraglichen System hinzugeworben wurde. Die ihm durch den Beitritt entstehenden Nachteile darf er nicht auf Kosten Dritter kompensieren.

[200] Vgl. EuGH C-515/12, GRUR Int. 2014, 592 ff. – 4finance.
[201] Vgl. BGH JR 2009, 294; *Brammsen/Apel* WRP 2011, 400 ff.; *Kilian* HRSS 2009, 285 ff.; Köhler/*Bornkamm*/Feddersen, § 16 Rn. 47.
[202] S. zu verschiedenen Fällen näher *Brammsen/Apel* WRP 2011, 400 (407 ff.).
[203] *Brammsen/Apel* WRP 2011, 400 (409 f.); *Kilian* HRSS 2009, 285 (289).
[204] Vgl. BGH JR 2009, 294; *Brammsen/Apel* WRP 2011, 400 ff.; *Kilian* HRSS 2009, 285 ff.

V. Täter und Teilnehmer

Täter ist, wer es im geschäftlichen Verkehr unternimmt, Verbraucher zur Abnahme der Waren unter dem Versprechen besonderer Vorteile für die Veranlassung zum Abschluss gleichartiger Geschäfte zu bestimmen. Das ist der im geschäftlichen Verkehr handelnde Veranstalter des Systems, selbst wenn er die Einleitung und Durchführung des Systems durch andere besorgen lässt und selbst im Hintergrund bleibt.[205] Ist dies eine juristische Person, ist der jeweils im Namen der Gesellschaft Handelnde verantwortlich.[206] Der Veranstalter kann auch durch andere handeln, zB die der Anwerbung dienenden Veranstaltungen seinen Handlangern überlassen. Dritte, auch die auf den verschiedenen Stufen werbend Tätigen, können aber uU **Mittäter oder Gehilfen** sein. Nach der Amtlichen Begründung zu § 6c UWG aF sind Personen, die „im Einzelfall Opfer dieser Art von Werbung geworden sind,... straflos, da sie allenfalls als **notwendige Teilnehmer** angesehen werden können".[207] Dem lässt sich aber nur entnehmen, was ohnehin selbstverständlich ist: dass die notwendige Mitwirkung an der Tat durch das Sich-Anwerben-Lassen nicht strafbegründend wirkt. Wirbt der Angeworbene hingegen Dritte an, kommt seine Strafbarkeit durchaus in Betracht.[208] Für eine Strafbarkeit als Gehilfe ist nicht erforderlich, dass er selbst im geschäftlichen Verkehr handelt. 76

VI. Konkurrenzen

1. Strafrecht. Durch die **Veranstaltung mehrerer Präsentationen,** die demselben System der Kundenwerbung dienen, wird der Tatbestand der progressiven Kundenwerbung nur einmal verwirklicht;[209] allerdings bewirkt dies keine Verklammerung mehrerer selbständiger Betrugstaten, s. hierzu sogleich. Für das Verhältnis von **§ 16 Abs. 1** und Abs. 2 UWG wird inzwischen überwiegend von Tateinheit ausgegangen.[210] Tateinheit besteht zum Betrug **(§ 263 StGB);** eine Verklammerung mehrerer im Zusammenhang mit § 16 Abs. 2 verwirklichter Betrugstaten zu einer einheitlichen Tat wird angesichts der im Vergleich zum Strafrahmen des § 263 StGB erheblich niedrigeren Strafandrohung des § 16 Abs. 2 aber nicht bewirkt.[211] Tateinheit besteht ferner zum unerlaubten Glücksspiel **(§ 284 StGB)** und zur unerlaubten Veranstaltung einer Lotterie bzw. Ausspielung **(§ 287 StGB).**[212] 77

2. Zivilrecht. Lauterkeitsrechtliche Ansprüche kommen insbesondere aus § 3 Abs. 3 UWG iVm Nr. 14 der Anlage, aus §§ 3, 3a iVm §§ 8 ff. UWG und aus §§ 3, 5 iVm §§ 8 ff. UWG in Betracht. § 16 Abs. 2 UWG ist gesetzliche Vorschrift zur Regelung des Marktverhaltens im Interesse der Marktteilnehmer iSd § 3a UWG.[213] Neben § 16 Abs. 2 bleibt **Nr. 14 des Anhangs zu § 3 Abs. 3 UWG** grundsätzlich anwendbar. Nach der Rspr. und Teilen der Literatur decken sich bis auf die bei § 16 Abs. 2 zusätzlich zu prüfende Frage von Vorsatz, Rechtswidrigkeit und Schuld die Anwendungsbereiche beider 78

[205] *Többens* WRP 2005, 552 (555).
[206] *Diemer* in Erbs/Kohlhaas § 16 Rn. 125.
[207] BR-Drs. 60/82, 15; BT-Drs. 9/1707, 16; BT-Drs. 10/5058, 39.
[208] *Diemer* in Erbs/Kohlhaas § 16 Rn. 125; *Többens* WRP 2005, 552 (555); vgl. LG Halle 4.7.2013 – 2 KLs 3/12, 2 KLs 927 Js 25257/10 (3/12), juris-Rn. 57: Über bloße Teilnahme hinausgehende, aktive Tätigkeit, das System aufrecht zu erhalten und zu fördern, durch Organisation und Leitung des laufenden Betriebs einer Untergruppe, Besuch von Schulungen und Weiterreichung der daraus erlangten Verhaltensanweisungen, Teilnahme an Beschenkungsveranstaltungen, Verauslagung von Geld sowie durch Vorhalten, Hinweise und durch Hilfsangebote an Teilnehmer des Kreises.
[209] BGH 9.11.2011 – 4 StR 252/11, BeckRS 2011, 29719, Rn. 12; KG NStZ-RR 2005, 26 (27 f.); OLG Jena OLGSt UWG § 6c Nr. 1.
[210] So *Alexander* WRP 2004, 407 (417); Köhler/*Bornkamm*/Feddersen, § 16 Rn. 60; Ohly/*Sosnitza,* § 16 Rn. 28; aA *Diemer* in Erbs/Kohlhaas § 16 Rn. 144.
[211] BGH 9.11.2011 – 4 StR 252/11, BeckRS 2011, 29719, Rn. 12.
[212] Köhler/*Bornkamm*/Feddersen, § 16 Rn. 60.
[213] Amtl. Begr. (zu § 16) zum Gesetzentwurf der Bundesregierung, BT-Drs. 15/1487, 26.

Vorschriften;[214] die Gegenmeinung geht davon aus, dass Nr. 14 (zivilrechtlich) vorrangig zu prüfen sei.[215] Gegen Letzteres spricht, dass abgesehen von bei § 16 Abs. 2 zusätzlich zu prüfenden Merkmalen (Vorsatz, Rechtswidrigkeit, Schuld) die tatbestandlichen Voraussetzungen identisch sind, insbesondere auch § 16 Abs. 2 richtlinienkonform auszulegen ist.[216] Bedeutung gewinnt die Frage für Schadenersatzansprüche von Verbrauchern. Nach hM ist § 16 Abs. 2 (anders als § 3)[217] Schutzgesetz iSd **§ 823 Abs. 2 BGB,**[218] die Individualansprüche der Geschädigten unterliegen somit der längeren dreijährigen Verjährungsfrist des § 195 BGB. Da es nach Art. 13 UGP-RL den Mitgliedstaaten vorbehalten bleibt, die anzuwendenden Sanktionen festzulegen, besteht jedenfalls keine Notwendigkeit, bislang gewährte **Ersatzansprüche der geschädigten Verbraucher** einzuschränken. Für die Ersatzpflicht zu Gunsten der Mitbewerber wurde schon bislang von einer abschließenden Regelung im UWG ausgegangen.[219] Vertragliche Beziehungen zwischen dem Veranstalter und den Teilnehmern sowie unter den Teilnehmern sind nach **§§ 134, 138 Abs. 1 BGB** nichtig.[220] Das Geleistete kann gemäß **§§ 812 ff. BGB** zurückgefordert werden.[221] Die Kondiktionssperre des § 817 S. 2 BGB greift nach der Rspr. nicht.[222] Die „generalpräventive" Funktion der generellen Rückforderbarkeit sei allein geeignet, dem sozialschädlichen Treiben entgegenzuwirken.[223]

VII. Versuchsstrafbarkeit

79 Strafbar ist schon das **„Unternehmen" der Tat,** also deren Versuch (§ 11 Abs. 1 Nr. 6 StGB). Vollendet ist die Tat, wenn der Täter unmittelbar dazu angesetzt hat (§ 22 StGB), das Werbe- und Vertriebssystem in Gang zu setzen.[224] Das Verhalten des Täters muss darauf gerichtet gewesen sein, den geschützten Personenkreis zur Abnahme von Waren, Dienstleistungen oder Rechten zu veranlassen.[225] Bei § 16 Abs. 2 UWG handelt es sich um ein **abstraktes Gefährdungsdelikt,** so dass das Herbeiführen der gefahrenvollen Situation genügt.[226] Ob es gelingt, auch nur einen Kunden zu werben und ob ggf. Angeworbene getäuscht, durch den aleatorischen Anreiz verlockt oder in ihrem Vermögen geschädigt werden, ist für die Strafbarkeit als solche ohne Belang;[227] dies kann aber beim Strafmaß eine Rolle spielen.

VIII. Strafmaß

80 Die allgemeinen Vorschriften des StGB über die Strafen (§§ 38 ff. StGB) und die Strafbemessung (§§ 46 ff. StGB) finden Anwendung. Das Gericht verhängt gegen den Täter eine **Freiheitsstrafe von bis zu zwei Jahren** oder **Geldstrafe.** Neben die Freiheitsstrafe, nicht aber neben eine Geldstrafe, kann nach § 41 StGB eine Geldstrafe treten, wenn sich der

[214] OLG Frankfurt a. M. BeckRS 2011, 16 036; *Wünsche* BB 2012, 273 (276); *Mäsch* GRUR-Prax. 2011, 385; *Olesch* WRP 2007, 908 (911); aA *Keller* WRP 2017, 262 ff.

[215] *Brammsen/Apel* GRUR Int. 2014, 1119 (1124 f.); *Dau/Franke* in Flohr/Wauschkuhn, Vertriebsrecht, 2014, UWG § 3 Abs. 1, 3 Rn. 8; *Hoeren* BB 2008, 1182 (1189); Köhler/*Bornkamm*/Feddersen, § 16 Rn. 51.

[216] OLG Frankfurt a. M. BeckRS 2011, 16036; *Wünsche* BB 2012, 273 (276).

[217] Vgl. Amtl. Begr. Zu § 8, BT-Drs. 15/1487, 22; MüKoUWG/*Fritzsche* § 9 Rn. 48 f.; Harte/Henning/*Goldmann* § 9 Rn. 17; aA Fezer/*Koos* § 9 Rn. 3; *Sack* FS Ullmann, 2006, 825 (841 ff.).

[218] *Alexander* WRP 2004, 407 (420); *Keller* WRP 2017, 262 (264); Köhler/*Bornkamm*/Feddersen, § 16 Rn. 59.

[219] *Alexander* WRP 2004, 407 (420).

[220] BGHZ 71, 358 (366) – Golden Products; WRP 1997, 783 (784) – World Trading System; OLG München NJW 1986, 1881; OLG Celle NJW 1996, 2660; Köhler/*Bornkamm*/Feddersen, § 16 Rn. 59.

[221] BGH NJW 2008, 1942; 6.11.2008 – III ZR 121/08, juris.

[222] BGH NJW 2008, 1942.

[223] BGH NJW 2008, 1942.

[224] BGH GRUR 2011, 941 (942); *Keller* WRP 2017, 262 (264); *Többens* WRP 2005, 552 (554) mwN.

[225] BGH GRUR 2011, 941 (942); vgl. MüKoStGB/*Janssen/Maluga* UWG § 16 Rn. 100; Erbs/Kohlhaas/*Diemer* § 16 Rn. 143; Ohly/*Sosnitza,* 7. Aufl. 2016, § 16 Rn. 36.

[226] BGH GRUR 2011, 941 (942); *Alexander* WRP 2004, 407 (411) mwN; *Keller* WRP 2017, 262 (264).

[227] *Keller* WRP 2017, 262 (263).

Angeklagte durch die Tat bereichert bzw. zu bereichern versucht hat und dies auch unter Berücksichtigung der persönlichen und wirtschaftlichen Verhältnisse des Angeklagten angebracht ist. Zahlungserleichterungen können gewährt werden (§ 42 StGB).

Die Schuld des Täters ist Grundlage für die **Strafbemessung** (§ 46 Abs. 1 S. 1 StGB). Eine kurze Freiheitsstrafe von unter sechs Monaten wird nur in Ausnahmefällen verhängt (§ 47 StGB). Eine Geldstrafe beträgt mindestens fünf und höchstens 360 Tagessätze, wobei sich die Höhe der Tagessätze nach den persönlichen und wirtschaftlichen Verhältnissen des Täters richtet und mindestens einen und höchstens 5.000 Euro beträgt (§ 40 StGB). 81

IX. Einziehung

Hat der Täter für die Tat oder aus ihr etwas erlangt, kann das Gericht die Einziehung anordnen (§§ 73 ff. StGB). Ob im Hinblick auf die Möglichkeiten der Gewinnabschöpfung eine Einziehungsanordnung noch in Betracht kommt, ist streitig (**näher → Rn. 41 ff.**). Auch durch die Tat hervorgebrachte oder zu ihrer Begehung oder Vorbereitung gebraucht oder bestimmt gewesene Gegenstände können eingezogen werden (§§ 74 ff. StGB). Zu den Einzelheiten kann auf die Ausführungen zu § 16 Abs. 1 (→ Rn. 41 ff.) verwiesen werden. 82

X. Strafverfolgung

§ 16 Abs. 2 UWG ist **kein Antragsdelikt.** Die **öffentliche Klage** wird aber nur dann erhoben, wenn dies im **öffentlichen Interesse** liegt (§§ 376, 374 Abs. 1 Nr. 7 StPO). Das Delikt kann im Wege der **Privatklage** verfolgt werden (§ 374 Abs. 1 Nr. 7 StPO). Die Strafverfolgung **verjährt** in fünf Jahren beginnend mit der Beendigung der Tat (§§ 78 Abs. 3 Nr. 4, 78a StGB). 83

§§ 17–19 UWG (aufgehoben)

Mit Inkrafttreten des Gesetzes zum Schutz von Geschäftsgeheimnissen (GeschGehG)[1] am 26.4.2019 wurden die §§ 17–19 UWG aufgehoben. Zur Auslegung und Anwendung der §§ 17–19 UWG wird auf die Vorauflage,[2] auf *Harte-Bavendamm* in Gloy/Loschelder/Danckwerts[3] (bereits mit umfassenden Hinweisen zur Übergangszeit und zu den Grundzügen des neuen Geheimnisschutzrechts), auf *Ohly*/Sosnitza[4] und auf *Brammsen*[5] verwiesen. 1

Das GeschGehG dient der Umsetzung der Richtlinie (EU) 2016/943 des Europäischen Parlaments und des Rates vom 18.6.2016 über den Schutz vertraulichen Know-hows und vertraulicher Geschäftsinformationen (Geschäftsgeheimnisse) vor rechtswidrigem Erwerb sowie rechtswidriger Nutzung und Offenlegung[6] (Geschäftsgeheimnis-RL). Wie diese verwendet das GeschGehG den Begriff „Geschäftsgeheimnis" als Oberbegriff für geheime, wirtschaftlich werthaltige Informationen technischer oder kommerzieller Natur. Die den Mitgliedstaaten eingeräumte Frist zur Umsetzung der Geschäftsgeheimnis-RL (9.6.2018) war bei Inkrafttreten des GeschGehG bereits seit geraumer Zeit abgelaufen. 2

Voraussetzungen und Grenzen des zivilrechtlichen Schutzes von Geschäftsgeheimnissen richten sich seit dem 26.4.2019 **nach neuem Recht,** wie es im GeschGehG niedergelegt wurde und in dem von der Geschäftsgeheimnis-RL vollharmonisierten 3

[1] BGBl. I S. 466.
[2] Harte/Henning/*Harte-Bavendamm,* 4. Aufl. 2016.
[3] HdbWettbR, 5. Aufl. 2019, § 77.
[4] 7. Aufl. 2016.
[5] Lauterkeitsstrafrecht, Sonderband zum MüKoUWG, 3. Aufl. 2020.
[6] ABl. 2016 L 157, S. 1.

Bereich[7] an deren Vorgaben zu messen ist. In Bezug auf **„Altfälle"** im Sinne von Handlungen, die vor Inkrafttreten des GeschGehG begangen wurden oder begonnen haben, gelten jedoch einige **wichtige Vorbehalte.**[8] Diese betreffen zum einen den **Zeitpunkt oder Zeitraum der zu prüfenden Handlungen** und hängen zum anderen von der **Hierarchie der jeweils anwendbaren Normen** ab. Auch ist zwischen den in Rede stehenden Ansprüchen zu differenzieren.

4 **Die Neuordnung des Schutzes von Geschäftsgeheimnissen aufgrund der Geschäftsgeheimnis-RL und des GeschGehG wird in Teil III dieses Werkes erläutert.**

5 § 19 wurde mit Geltung ab 28.5.2022 neu gefasst durch das UWG 2022, siehe dazu die Kommentierung im Anhang ab Seite 3069.

§ 20 Bußgeldvorschriften

(1) **Ordnungswidrig handelt, wer vorsätzlich oder fahrlässig**

1. **entgegen § 7 Absatz 1 Satz 1 in Verbindung mit Absatz 2 Nummer 2 oder 3 mit einem Telefonanruf oder unter Verwendung einer automatischen Anrufmaschine gegenüber einem Verbraucher ohne dessen vorherige ausdrückliche Einwilligung wirbt,**
2. **entgegen § 7a Absatz 1 eine dort genannte Einwilligung nicht, nicht richtig, nicht vollständig oder nicht rechtzeitig dokumentiert oder nicht oder nicht mindestens fünf Jahre aufbewahrt,**
3. **entgegen § 8b Absatz 3 in Verbindung mit § 4b Absatz 1 des Unterlassungsklagengesetzes, auch in Verbindung mit einer Rechtsverordnung nach § 4d Nummer 2 des Unterlassungsklagengesetzes, einen dort genannten Bericht nicht, nicht richtig, nicht vollständig oder nicht rechtzeitig erstattet oder**
4. **einer Rechtsverordnung nach § 8b Absatz 3 in Verbindung mit § 4d Nummer 1 des Unterlassungsklagengesetzes oder einer vollziehbaren Anordnung auf Grund einer solchen Rechtsverordnung zuwiderhandelt, soweit die Rechtsverordnung für einen bestimmten Tatbestand auf diese Bußgeldvorschrift verweist.**

(2) **Die Ordnungswidrigkeit kann in den Fällen des Absatzes 1 Nummer 1 mit einer Geldbuße bis zu dreihunderttausend Euro, in den Fällen des Absatzes 1 Nummer 2 mit einer Geldbuße bis zu fünfzigtausend Euro und in den übrigen Fällen mit einer Geldbuße bis zu hunderttausend Euro geahndet werden.**

(3) **Verwaltungsbehörde im Sinne des § 36 Absatz 1 Nummer 1 des Gesetzes über Ordnungswidrigkeiten ist in den Fällen des Absatzes 1 Nummer 1 und 2 die Bundesnetzagentur für Elektrizität, Gas, Telekommunikation, Post und Eisenbahnen, in den übrigen Fällen das Bundesamt für Justiz.**[1]

I. Hintergrund der Norm und Normzweck

1 Die Norm wurde durch das **Gesetz zur Bekämpfung unerlaubter Telefonwerbung** und zur **Verbesserung des Verbraucherschutzes** bei besonderen Vertriebsformen vom 29.7.2009, das am 4.8.2009 in Kraft getreten ist,[2] in das UWG eingefügt, durch das Gesetz gegen unseriöse Geschäftspraktiken vom 20.9.2013, in Kraft getreten am 9.10.2013,[3] ergänzt und verschärft und durch das Gesetz zur Stärkung des fairen Wettbewerbs modifi-

[7] Hierzu näher Harte-Bavendamm/Ohly/*Kalbfus* Einl. A. III. Rn. 60; *Harte-Bavendamm* FS Köhler, 2014, 235 (240); Köhler/Bornkamm/Feddersen/*Alexander* GeschGehG Vor § 1 Rn. 19 ff.

[8] Zur Bestimmung des anwendbaren Rechts in der Übergangszeit auch *Steinmann* WRP 2019, 703; *Harte-Bavendamm*/Ohly/Kalbfus GeschGehG Einl. A. VIII.; *Hoppe/Oldekop* GRUR-Prax. 2019, 324.

[1] § 20 UWG wurde im Wege des Gesetzes zur Stärkung des fairen Wettbewerbs vom 26.11.2020 (BGBl. I S. 2568) um die Nr. 1–3 ergänzt und in den Absätzen 2 und 3 modifiziert. In Bezug auf Verstöße gegen § 7 UWG haben diese Änderungen keine Auswirkungen.

[2] BGBl. I S. 2413.

[3] BGBl. I S. 3714.

ziert (→ Fn. 1), um auch Verstöße gegen § 8a iV mit § 4b UKlaG und § 4d UKlaG sanktionieren zu können. § 20 ermöglicht der **Bundesnetzagentur,** unmittelbar und ohne vorherige Abmahnung **strafrechtliche Sanktionen gegen unerlaubte Telefonwerbung** iSd **§ 7 Abs. 2 Nr. 2 Alt. 1 und Nr. 3 Alt. 1** zu verhängen.[4] Darüber hinaus kann sie nunmehr auch Verstöße gegen die mit dem Gesetz für faire Verbraucherverträge – mit Wirkung zum 1.10.2021 – eingefügten Dokumentations- und Aufbewahrungspflichten nach § 7a ahnden (siehe dazu den neu eingefügten § 20 Abs. 1 Nr. 2). Die auch der Prävention dienende Norm stellt einen Sonderfall innerhalb des UWG dar, da wettbewerbsrechtlich unlautere Handlungen im Übrigen mit Ausnahme von § 16 nur zivilrechtliche Sanktionen auslösen. Dabei beschränkt sich § 20 auf den Tatbestand der unerwünschten Telefonwerbung einschließlich der Verwendung automatischer Anrufmaschinen gegenüber Verbrauchern sowie auf die diesbezüglichen Dokumentations- und Aufbewahrungspflichten nach § 7a, während die übrigen in § 7 geregelten Fälle unzumutbarer Belästigungen nicht erfasst sind. Die Werbung mittels automatischer Anrufmaschinen im Sine des § 7 Abs. 2 Nr. 3 Alt. 1 ist seit der Gesetzesänderung 2013 von § 20 mit erfasst. Im Rahmen des Gesetzes zur Stärkung des fairen Wettbewerbs wurde das Gesetz um die jetzigen Nr. 3–4 des Absatzes 1 ergänzt.

II. Tatbestandsvoraussetzungen

1. Allgemeines. Voraussetzung des akzessorischen § 20 ist die vollständige Erfüllung des Tatbestands der unerlaubten Telefonwerbung nach § 7 Abs. 2 Nr. 2 Alt. 1 oder Nr. 3 Alt. 1, also ein **vorsätzlicher oder fahrlässiger Telefonanruf zu Werbezwecken gegenüber einem Verbraucher,** ohne dass dessen vorherige ausdrückliche Einwilligung vorliegt[5] oder die Werbung mittels automatischer Anrufmaschinen gegenüber einem Verbraucher. Nicht erfasst ist die in § 7 Abs. 2 Nr. 2 Alt. 2 geregelte Telefonwerbung gegenüber sonstigen Marktteilnehmern. Der Geltungsbereich des § 20 ist – entgegen den Bestimmungen des § 7 Abs. 2 Nr. 2 und Nr. 3 – ausdrücklich auf die Werbung gegenüber einem Verbraucher beschränkt. Gemäß § 20 Abs. 1 Nr. 2 ist auch der Verstoß gegen die **Dokumentations- und Aufbewahrungspflichten nach § 7a** im Hinblick auf die erforderliche Einwilligung der Verbraucher bußgeldbewehrt. § 20 Abs. 1 Nr. 3 und 4 setzen den Verstoß gegen eine in diesen Regelungen genannten Berichts-, Mitteilungs- oder Nachweispflichten voraus. 2

2. Täter. Täter der Ordnungswidrigkeit iSd § 14 Abs. 1 OWiG ist der Werbende. In Betracht **kommen alle Personen, die den Anruf selbst tätigen,** insbesondere auch Mitarbeiter in Call-Centern. Daneben sollen nach der Gesetzesbegründung aber auch sämtliche Personen als Täter in Frage kommen, die an der Tat, etwa durch Bereitstellung der technischen Voraussetzungen oder Übernahme der Organisation, **wesentlich mitwirken.** Zu denken ist dabei insbesondere an den Betreiber sowie den Auftraggeber des **Call-Centers.**[6] Dabei kommt es wegen des im Ordnungswidrigkeitenrecht im Rahmen des § 14 OWiG anerkannten **Einheitstäterbegriffs** auf die Abgrenzung zwischen Mittäterschaft (§ 25 Abs. 2 StGB) oder Teilnehmer (§§ 26, 27 StGB) im Ergebnis nicht an. Handelt der Auftraggeber des Call-Centers ebenso wie die weitere beteiligte Person vorsätzlich, ist er als Anstifter anzusehen; fahrlässig handelnde Täter haften unabhängig voneinander als Nebentäter. Daneben kommen auch ein Begehen durch Unterlassen sowie eine mittelbare Täterschaft in Betracht. Die **Dokumentations- und Aufbewahrungspflichten** nach § 7a richten sich an die **werbenden Unternehmen** selbst. 3

3. Vorsatz oder Fahrlässigkeit. Der Täter muss vorsätzlich oder fahrlässig handeln. **Vorsatz** setzt Wissen und Wollen aller objektiven Tatbestandsmerkmale voraus. Fahrlässig- 4

[4] Begr. RegE, BT-Drs. 16/10734, 13.
[5] Hierzu → § 7 Rn. 149 ff.
[6] Begr. RegE, BT-Drs. 16/10734, 13.

keit liegt vor, wenn der Täter die im Verkehr erforderliche Sorgfalt außer Acht lässt und die Verwirklichung des Tatbestands für ihn vorhersehbar und vermeidbar ist.[7] Die Erfüllung der Sorgfaltspflicht setzt voraus, dass der Anrufer sich vor dem Anruf **darüber Sicherheit verschafft,** ob es sich bei dem Angerufenen um einen **Verbraucher** handelt, ob dessen **wirksame vorherige ausdrückliche Einwilligung** vorliegt und ob deren Reichweite den **konkreten Werbeanruf umfasst.**[8] Call-Center haben darüber hinaus eine ordnungsgemäße **Dokumentation** der vorliegenden Einwilligungserklärungen vorzuweisen. Wird ihnen eine entsprechende Liste vom Auftraggeber zur Verfügung gestellt, haben die Betreiber von Call-Centern diese jedenfalls dann zu überprüfen, wenn Anlass besteht, an der Richtigkeit der Angaben zu zweifeln. Eine Entlastung wegen des guten Glaubens an das Vorliegen einer Einwilligung kommt nicht in Betracht.[9] Daran ändert sich durch die mit der Vorschrift des § 7a neu eingeführten Dokumentationspflichten des werbenden Unternehmens nichts.

5 Nimmt der Betreiber des Call-Centers Verstöße seiner Mitarbeiter gegen § 7 Abs. 2 Nr. 2 Alt. 1 billigend in Kauf, handelt er vorsätzlich. Der einzelne Mitarbeiter des Call-Centers wird in der Regel auf die Richtigkeit der ihm zur Verfügung gestellten Liste vertrauen dürfen. Wählt er die Adressaten seiner Anrufe allerdings selbständig aus, ist **bedingter Vorsatz** anzunehmen. Dasselbe gilt in diesem Fall freilich für den Betreiber des Call-Centers, der seinen Mitarbeitern bei der Auswahl der Anzurufenden freie Hand lässt.

6 Der Auftraggeber hat bereits nach § 7a die erforderliche Einwilligung angemessen zu dokumentieren und diesen Nachweis für mindestens fünf Jahre aufzubewahren. Auf dieser Grundlage hat er zu prüfen, ob im Zeitpunkt des Anrufs tatsächlich eine aktuelle Einwilligung vorliegt. Darüber hinaus trifft den Auftraggeber die Pflicht, das **Call-Center sorgfältig auszuwählen** und im Zweifel Nachforschungen anzustellen, ob dieses unerlaubte Telefonwerbung durchführt.

III. Sanktionen

7 Ordnungswidrigkeiten nach § 20 Abs. 1 Nr. 1 können seit der Gesetzesänderung aus dem Jahr 2013 mit einer **Geldbuße von bis zu 300.000 EUR** geahndet werden; der auf die Dokumentations- und Aufbewahrungspflichten nach § 7a bezogene Tatbestand des § 20 Abs. 1 Nr. 2 sieht der wegen des damit verbundenen geringeren Unrechtsgehalts nur eine Geldbuße von bis zu 50 000 EUR vor, Verstöße nach § 20 Abs. 1 Nr. 3 und 4 können mit Bußgeldern von bis zu **100.000 EUR** geahndet werden. Dies stellt eine drastische Erhöhung gegenüber der vorherigen Gesetzeslage dar, die eine Geldbuße lediglich bis zu einer Höhe von 50.000 EUR vorsah. Sie dient der Abschreckung und damit dem wirksameren Schutz der Verbraucher gegen unerwünschte Telefonwerbung und findet ihre Rechtfertigung insbesondere in der Praxis werbender Unternehmen, Call-Center durch nur eine ordnungswidrigkeitsrechtliche relevante Handlung mit einer Vielzahl von unerlaubten Werbeanrufen zu beauftragen.[10] Im Einzelfall bestimmt sich der Umfang der Geldbuße nach § 17 OWiG. Als Anhaltspunkte für die Bemessung der Höhe dienen nach § 17 Abs. 3 S. 1 OWiG die Bedeutung der Ordnungswidrigkeit und der Vorwurf, der den Täter trifft. Im Falle **fahrlässigen Handelns** kann sich die Geldbuße nach § 17 Abs. 2 OWiG höchstens auf die Hälfte des angedrohten Höchstbetrags belaufen. Die **wirtschaftlichen Umstände des Täters** bleiben bei geringfügigen Ordnungswidrigkeiten in der Regel außer Betracht (§ 17 Abs. 3 S. 2 OWiG), können jedoch ansonsten berücksichtigt werden. Sofern gegen den Täter keine Geldbuße festgelegt wird, kann nach § 29a OWiG der Verfall eines Geldbetrages bis zu einer Höhe angeordnet werden, die dem Wert des Erlangten entspricht. Hat der Täter für eine juristische Person oder eine rechtsfähige

---

[7] KK-OWiG/*Rengier* § 14 Rn. 3, 16.

[8] Vgl. Begr. RegE, BT-Drs. 16/10734, 14.

[9] Begr. RegE, BT-Drs. 16/10734, 14.

[10] Vgl. Begr. RegE, BT-Drs. 17/13057, 28; siehe hierzu auch MüKoUWG/*Brammsen* § 20 Rn. 47. Nach dem Jahresbericht der Bundesnetzagentur vom 16.5.2019 wurden im Jahr 2018 Bußgelder in Höhe von 1,1 Mio € verhängt, siehe hierzu auch bundesnetzagentur.de.

Personengesellschaft gehandelt, so kann die Geldbuße auch gegen dieses **Unternehmen** festgesetzt werden (§ 30 OWiG).

Zuständig für die **Verfolgung der Ordnungswidrigkeit** nach § 20 Abs. 1 Nr. 1 und 2 ist nach § 20 Abs. 3 iVm § 36 Abs. 1 Nr. 1 die **Bundesnetzagentur für Elektrizität, Gas, Telekommunikation, Post und Eisenbahn** mit Sitz in Bonn. Zuständig für **Einsprüche** gegen **Bußgeldbescheide ist das Amtsgericht Bonn** (§ 68 Abs. 1 S. 1 OWiG). Für die Ahndung von Ordnungswidrigkeiten nach § 20 Abs. 1 Nr. 3 und 4 ist das auch in Bonn ansässige Bundesamt für Justiz zuständig. Für den Einspruch gegen Bußgeldbescheide ist daher ebenfalls das Amtsgericht Bonn zuständig. 8

Die Bundesnetzagentur hat **zusätzliche Befugnisse nach § 67 Abs. 1 TKG;** insbesondere kann sie unter bestimmten Voraussetzungen **Rufnummern abschalten oder entziehen** (§ 67 Abs. 1 S. 4 und 5 TKG). Zusätzliche Sanktionen zieht die vorsätzliche oder fahrlässige **Rufnummernunterdrückung** nach sich, sie kann nach § 149 Abs. 1 Nr. 17c, Abs. 2 Nr. 3 iVm § 102 Abs. 2 TKG mit einer Geldbuße bis zu 100.000 **EUR** geahndet werden.

Preisangabenverordnung (PAngV)

in der Fassung der Bekanntmachung vom 18.10.2002 (BGBl. I S. 4197),

zuletzt geändert durch Artikel 5 des Gesetzes vom 17.7.2017 (BGBl. I S. 2394)

FNA 720-17-1

§ 1 Grundvorschriften

(1) [1]Wer Verbrauchern gemäß § 13 des Bürgerlichen Gesetzbuchs gewerbs- oder geschäftsmäßig oder wer ihnen regelmäßig in sonstiger Weise Waren oder Leistungen anbietet oder als Anbieter von Waren oder Leistungen gegenüber Verbrauchern unter Angabe von Preisen wirbt, hat die Preise anzugeben, die einschließlich der Umsatzsteuer und sonstiger Preisbestandteile zu zahlen sind (Gesamtpreise). [2]Soweit es der allgemeinen Verkehrsauffassung entspricht, sind auch die Verkaufs- oder Leistungseinheit und die Gütebezeichnung anzugeben, auf die sich die Preise beziehen. [3]Auf die Bereitschaft, über den angegebenen Preis zu verhandeln, kann hingewiesen werden, soweit es der allgemeinen Verkehrsauffassung entspricht und Rechtsvorschriften nicht entgegenstehen.

(2) [1]Wer Verbrauchern gewerbs- oder geschäftsmäßig oder wer ihnen regelmäßig in sonstiger Weise Waren oder Leistungen zum Abschluss eines Fernabsatzvertrages anbietet, hat zusätzlich zu Absatz 1 und § 2 Absatz 2 anzugeben,

1. dass die für Waren oder Leistungen geforderten Preise die Umsatzsteuer und sonstige Preisbestandteile enthalten und
2. ob zusätzlich Fracht-, Liefer- oder Versandkosten oder sonstige Kosten anfallen.

[2]Fallen zusätzliche Fracht-, Liefer- oder Versandkosten oder sonstige Kosten an, so ist deren Höhe anzugeben, soweit diese Kosten vernünftigerweise im Voraus berechnet werden können.

(3) [1]Bei Leistungen können, soweit es üblich ist, abweichend von Absatz 1 Satz 1 Stundensätze, Kilometersätze und andere Verrechnungssätze angegeben werden, die alle Leistungselemente einschließlich der anteiligen Umsatzsteuer enthalten. [2]Die Materialkosten können in die Verrechnungssätze einbezogen werden.

(4) Wird außer dem Entgelt für eine Ware oder Leistung eine rückerstattbare Sicherheit gefordert, so ist deren Höhe neben dem Preis für die Ware oder Leistung anzugeben und kein Gesamtbetrag zu bilden.

(5) Die Angabe von Preisen mit einem Änderungsvorbehalt ist abweichend von Absatz 1 Satz 1 nur zulässig

1. bei Waren oder Leistungen, für die Liefer- oder Leistungsfristen von mehr als vier Monaten bestehen, soweit zugleich die voraussichtlichen Liefer- und Leistungsfristen angegeben werden, oder
2. bei Waren oder Leistungen, die im Rahmen von Dauerschuldverhältnissen erbracht werden.

(6) Der in der Werbung, auf der Webseite oder in Prospekten eines Reiseveranstalters angegebene Reisepreis kann abweichend von Absatz 1 Satz 1 nach Maßgabe des § 651d Absatz 3 Satz 1 des Bürgerlichen Gesetzbuchs und des Artikels 250 § 1 Absatz 2 des Einführungsgesetzes zum Bürgerlichen Gesetzbuche geändert werden.

(7) [1]Die Angaben nach dieser Verordnung müssen der allgemeinen Verkehrsauffassung und den Grundsätzen von Preisklarheit und Preiswahrheit entsprechen. [2]Wer zu Angaben nach dieser Verordnung verpflichtet ist, hat diese dem Angebot oder der Werbung eindeutig zuzuordnen sowie leicht erkennbar und deutlich lesbar oder sonst gut wahrnehmbar zu machen. [3]Bei der Aufgliederung von Preisen sind die Gesamtpreise hervorzuheben.

§ 2 Grundpreis

(1) [1]Wer Verbrauchern gewerbs- oder geschäftsmäßig oder wer ihnen regelmäßig in sonstiger Weise Waren in Fertigpackungen, offenen Packungen oder als Verkaufseinheiten ohne Umhüllung nach Gewicht, Volumen, Länge oder Fläche anbietet, hat neben dem Gesamtpreis auch den Preis je Mengeneinheit einschließlich der Umsatzsteuer und sonstiger Preisbestandteile (Grundpreis) in unmittelbarer Nähe des Gesamtpreises gemäß Absatz 3 Satz 1, 2, 4 oder 5 anzugeben. [2]Dies gilt auch für denjenigen, der als Anbieter dieser Waren gegenüber Verbrauchern unter Angabe von Preisen wirbt. [3]Auf die Angabe des Grundpreises kann verzichtet werden, wenn dieser mit dem Gesamtpreis identisch ist.

(2) Wer Verbrauchern gewerbs- oder geschäftsmäßig oder wer ihnen regelmäßig in sonstiger Weise unverpackte Waren, die in deren Anwesenheit oder auf deren Veranlassung abgemessen werden (lose Ware), nach Gewicht, Volumen, Länge oder Fläche anbietet oder als Anbieter dieser Waren gegenüber Verbrauchern unter Angabe von Preisen wirbt, hat lediglich den Grundpreis gemäß Absatz 3 anzugeben.

(3) [1]Die Mengeneinheit für den Grundpreis ist jeweils 1 Kilogramm, 1 Liter, 1 Kubikmeter, 1 Meter oder 1 Quadratmeter der Ware. [2]Bei Waren, deren Nenngewicht oder Nennvolumen üblicherweise 250 Gramm oder Milliliter nicht übersteigt, dürfen als Mengeneinheit für den Grundpreis 100 Gramm oder Milliliter verwendet werden. [3]Bei nach Gewicht oder nach Volumen angebotener loser Ware ist als Mengeneinheit für den Grundpreis entsprechend der allgemeinen Verkehrsauffassung entweder 1 Kilogramm oder 100 Gramm oder 1 Liter oder 100 Milliliter zu verwenden. [4]Bei Waren, die üblicherweise in Mengen von 100 Liter und mehr, 50 Kilogramm und mehr oder 100 Meter und mehr abgegeben werden, ist für den Grundpreis die Mengeneinheit zu verwenden, die der allgemeinen Verkehrsauffassung entspricht. [5]Bei Waren, bei denen das Abtropfgewicht anzugeben ist, ist der Grundpreis auf das angegebene Abtropfgewicht zu beziehen.

(4) [1]Bei Haushaltswaschmitteln kann als Mengeneinheit für den Grundpreis eine übliche Anwendung verwendet werden. [2]Dies gilt auch für Wasch- und Reinigungsmittel, sofern sie einzeln portioniert sind und die Zahl der Portionen zusätzlich zur Gesamtfüllmenge angegeben ist.

§ 3 Elektrizität, Gas, Fernwärme und Wasser

[1]Wer Verbrauchern gewerbs- oder geschäftsmäßig oder wer ihnen regelmäßig in sonstiger Weise Elektrizität, Gas, Fernwärme oder Wasser leitungsgebunden anbietet oder als Anbieter dieser Waren gegenüber Verbrauchern unter Angabe von Preisen wirbt, hat den verbrauchsabhängigen Preis je Mengeneinheit einschließlich der Umsatzsteuer und aller spezifischen Verbrauchssteuern (Arbeits- oder Mengenpreis) gemäß Satz 2 im Angebot oder in der Werbung anzugeben. [2]Als Mengeneinheit für den Arbeitspreis bei Elektrizität, Gas und Fernwärme ist 1 Kilowattstunde und für den Mengenpreis bei Wasser 1 Kubikmeter zu verwenden. [3]Wer neben dem Arbeits- oder Mengenpreis leistungsabhängige Preise fordert, hat diese vollständig in unmittelbarer Nähe des Arbeits- oder Mengenpreises anzugeben. [4]Satz 3 gilt entsprechend für die Forderungen nicht verbrauchsabhängiger Preise.

§ 4 Handel

(1) Waren, die in Schaufenstern, Schaukästen, innerhalb oder außerhalb des Verkaufsraumes auf Verkaufsständen oder in sonstiger Weise sichtbar ausgestellt werden, und Waren, die vom Verbraucher unmittelbar entnommen werden können, sind durch Preisschilder oder Beschriftung der Ware auszuzeichnen.

(2) Waren, die nicht unter den Voraussetzungen des Absatzes 1 im Verkaufsraum zum Verkauf bereitgehalten werden, sind entweder nach Absatz 1 auszuzeichnen oder dadurch, dass die Behältnisse oder Regale, in denen sich die Waren befinden, beschriftet werden oder dass Preisverzeichnisse angebracht oder zur Einsichtnahme aufgelegt werden.

(3) Waren, die nach Musterbüchern angeboten werden, sind dadurch auszuzeichnen, dass die Preise für die Verkaufseinheit auf den Mustern oder damit verbundenen Preisschildern oder Preisverzeichnissen angegeben werden.

(4) Waren, die nach Katalogen oder Warenlisten oder auf Bildschirmen angeboten werden, sind dadurch auszuzeichnen, dass die Preise unmittelbar bei den Abbildungen oder Beschreibungen der Waren oder in mit den Katalogen oder Warenlisten im Zusammenhang stehenden Preisverzeichnissen angegeben werden.

(5) Auf Angebote von Waren, deren Preise üblicherweise aufgrund von Tarifen oder Gebührenregelungen bemessen werden, ist § 5 Abs. 1 und 2 entsprechend anzuwenden.

§ 5 Leistungen

(1) [1]Wer Leistungen anbietet, hat ein Preisverzeichnis mit den Preisen für seine wesentlichen Leistungen oder in den Fällen des § 1 Abs. 3 mit seinen Verrechnungssätzen aufzustellen. [2]Dieses ist im Geschäftslokal oder am sonstigen Ort des Leistungsangebots und, sofern vorhanden, zusätzlich im Schaufenster oder Schaukasten anzubringen. [3]Ort des Leistungsangebots ist auch die Bildschirmanzeige. [4]Wird eine Leistung über Bildschirmanzeige erbracht und nach Einheiten berechnet, ist eine gesonderte Anzeige über den Preis der fortlaufenden Nutzung unentgeltlich anzubieten.

(2) Werden entsprechend der allgemeinen Verkehrsauffassung die Preise und Verrechnungssätze für sämtliche angebotenen Leistungen in Preisverzeichnisse aufgenommen, so sind diese zur Einsichtnahme am Ort des Leistungsangebots bereitzuhalten, wenn das Anbringen der Preisverzeichnisse wegen ihres Umfangs nicht zumutbar ist.

(3) Werden die Leistungen in Fachabteilungen von Handelsbetrieben angeboten, so genügt das Anbringen der Preisverzeichnisse in den Fachabteilungen.

§ 6 Verbraucherdarlehen

(1) Wer Verbrauchern gewerbs- oder geschäftsmäßig oder wer ihnen regelmäßig in sonstiger Weise den Abschluss von Verbraucherdarlehen im Sinne des § 491 des Bürgerlichen Gesetzbuchs anbietet, hat als Preis die nach den Absätzen 2 bis 6 und 8 berechneten Gesamtkosten des Verbraucherdarlehens für den Verbraucher, ausgedrückt als jährlicher Prozentsatz des Nettodarlehensbetrags, soweit zutreffend, einschließlich der Kosten gemäß Absatz 3 Satz 2 Nummer 1, anzugeben und als effektiven Jahreszins zu bezeichnen.

(2) [1]Der anzugebende effektive Jahreszins gemäß Absatz 1 ist mit der in der Anlage angegebenen mathematischen Formel und nach den in der Anlage zugrunde gelegten Vorgehensweisen zu berechnen. [2]Bei der Berechnung des effektiven Jahreszinses wird von der Annahme ausgegangen, dass der Verbraucherdarlehensvertrag für den vereinbarten Zeitraum gilt und dass Darlehensgeber und Verbraucher ihren Verpflichtungen zu den im Verbraucherdarlehensvertrag niedergelegten Bedingungen und Terminen nachkommen.

(3) [1]In die Berechnung des anzugebenden effektiven Jahreszinses sind als Gesamtkosten die vom Verbraucher zu entrichtenden Zinsen und alle sonstigen Kosten einschließlich etwaiger Vermittlungskosten einzubeziehen, die der Verbraucher im Zusammenhang mit dem Verbraucherdarlehensvertrag zu entrichten hat und die dem Darlehensgeber bekannt sind. [2]Zu den sonstigen Kosten gehören:

1. Kosten für die Eröffnung und Führung eines spezifischen Kontos, Kosten für die Verwendung eines Zahlungsmittels, mit dem sowohl Geschäfte auf diesem Konto getätigt als auch Verbraucherdarlehensbeträge in Anspruch genommen werden können, sowie sonstige Kosten für Zahlungsgeschäfte, wenn die Eröffnung oder Führung eines Kontos Voraussetzung dafür ist, dass das Verbraucherdarlehen überhaupt oder nach den vorgesehenen Vertragsbedingungen gewährt wird;
2. Kosten für die Immobilienbewertung, sofern eine solche Bewertung für die Gewährung des Verbraucherdarlehens erforderlich ist.

(4) Nicht in die Berechnung der Gesamtkosten einzubeziehen sind, soweit zutreffend:

1. Kosten, die vom Verbraucher bei Nichterfüllung seiner Verpflichtungen aus dem Verbraucherdarlehensvertrag zu tragen sind;
2. Kosten für solche Versicherungen und für solche anderen Zusatzleistungen, die keine Voraussetzung für die Verbraucherdarlehensvergabe oder für die Verbraucherdarlehensvergabe zu den vorgesehenen Vertragsbedingungen sind;
3. Kosten mit Ausnahme des Kaufpreises, die vom Verbraucher beim Erwerb von Waren oder Dienstleistungen unabhängig davon zu tragen sind, ob es sich um ein Bar- oder Verbraucherdarlehensgeschäft handelt;
4. Gebühren für die Eintragung der Eigentumsübertragung oder der Übertragung eines grundstücksgleichen Rechts in das Grundbuch;
5. Notarkosten.

(5) Ist eine Änderung des Zinssatzes oder sonstiger in die Berechnung des anzugebenden effektiven Jahreszinses einzubeziehender Kosten vorbehalten und ist ihre zahlenmäßige Bestimmung im Zeitpunkt der Berechnung des anzugebenden effektiven Jahreszinses nicht möglich, so wird bei der Berechnung von der Annahme ausgegangen, dass der Sollzinssatz und die sonstigen Kosten gemessen an der ursprünglichen Höhe fest bleiben und bis zum Ende des Verbraucherdarlehensvertrags gelten.

(6) Erforderlichenfalls ist bei der Berechnung des anzugebenden effektiven Jahreszinses von den in der Anlage niedergelegten Annahmen auszugehen.

(7) Ist der Abschluss eines Vertrags über die Inanspruchnahme einer Nebenleistung, insbesondere eines Versicherungsvertrags oder allgemein einer Mitgliedschaft, zwingende Voraussetzung dafür, dass das Verbraucherdarlehen überhaupt oder nach den vorgesehenen Vertragsbedingungen gewährt wird, und können die Kosten der Nebenleistung nicht im Voraus bestimmt werden, so ist in klarer, eindeutiger und auffallender Art und Weise darauf hinzuweisen,

1. dass eine Verpflichtung zum Abschluss des Vertrages über die Nebenleistung besteht und
2. wie hoch der effektive Jahreszins des Verbraucherdarlehens ist.

(8) [1]Bei Bauspardarlehen ist bei der Berechnung des anzugebenden effektiven Jahreszinses davon auszugehen, dass im Zeitpunkt der Verbraucherdarlehensauszahlung das vertragliche Mindestsparguthaben angespart ist. [2]Von der Abschlussgebühr ist im Zweifel lediglich der Teil zu berücksichtigen, der auf den Verbraucherdarlehensanteil der Bausparsumme entfällt. [3]Bei Verbraucherdarlehen, die der Vor- oder Zwischenfinanzierung von Leistungen einer Bausparkasse aus Bausparverträgen dienen und deren preisbestimmende Faktoren bis zur Zuteilung unveränderbar sind, ist als Laufzeit von den Zuteilungsfristen auszugehen, die sich aus der Zielbewertungszahl für Bausparverträge gleicher Art ergeben. [4]Bei vor- oder zwischenfinanzierten Bausparverträgen gemäß Satz 3 ist für das Gesamt-

produkt aus Vor- oder Zwischenfinanzierungsdarlehen und Bausparvertrag der effektive Jahreszins für die Gesamtlaufzeit anzugeben.

§ 6a Werbung für Verbraucherdarlehen

(1) [1]Jegliche Kommunikation für Werbe- und Marketingzwecke, die Verbraucherdarlehen betrifft, hat den Kriterien der Redlichkeit und Eindeutigkeit zu genügen und darf nicht irreführend sein. [2]Insbesondere sind Formulierungen unzulässig, die beim Verbraucher falsche Erwartungen in Bezug auf die Möglichkeit, ein Verbraucherdarlehen zu erhalten oder in Bezug auf die Kosten eines Verbraucherdarlehens wecken.

(2) [1]Wer gegenüber Verbrauchern für den Abschluss eines Verbraucherdarlehensvertrags mit Zinssätzen oder sonstigen Zahlen, die die Kosten betreffen, wirbt, hat in klarer, eindeutiger und auffallender Art und Weise anzugeben:

1. die Identität und Anschrift des Darlehensgebers oder gegebenenfalls des Darlehensvermittlers,
2. den Nettodarlehensbetrag,
3. den Sollzinssatz und die Auskunft, ob es sich um einen festen oder einen variablen Zinssatz oder um eine Kombination aus beiden handelt, sowie Einzelheiten aller für den Verbraucher anfallenden, in die Gesamtkosten einbezogenen Kosten,
4. den effektiven Jahreszins.

[2]In der Werbung ist der effektive Jahreszins mindestens genauso hervorzuheben wie jeder andere Zinssatz.

(3) In der Werbung gemäß Absatz 2 sind zusätzlich, soweit zutreffend, folgende Angaben zu machen:

1. der vom Verbraucher zu zahlende Gesamtbetrag,
2. die Laufzeit des Verbraucherdarlehensvertrags,
3. die Höhe der Raten,
4. die Anzahl der Raten,
5. bei Immobiliar-Verbraucherdarlehen der Hinweis, dass der Verbraucherdarlehensvertrag durch ein Grundpfandrecht oder eine Reallast besichert wird,
6. bei Immobiliar-Verbraucherdarlehen in Fremdwährung ein Warnhinweis, dass sich mögliche Wechselkursschwankungen auf die Höhe des vom Verbraucher zu zahlenden Gesamtbetrags auswirken könnten.

(4) [1]Die in den Absätzen 2 und 3 genannten Angaben sind mit Ausnahme der Angaben nach Absatz 2 Satz 1 Nummer 1 und Absatz 3 Nummer 5 und 6 mit einem Beispiel zu versehen. [2]Bei der Auswahl des Beispiels muss der Werbende von einem effektiven Jahreszins ausgehen, von dem er erwarten darf, dass er mindestens zwei Drittel der auf Grund der Werbung zustande kommenden Verträge zu dem angegebenen oder einem niedrigeren effektiven Jahreszins abschließen wird.

(5) Verlangt der Werbende den Abschluss eines Versicherungsvertrags oder eines Vertrags über andere Zusatzleistungen und können die Kosten für diesen Vertrag nicht im Voraus bestimmt werden, ist auf die Verpflichtung zum Abschluss dieses Vertrags klar und verständlich an gestalterisch hervorgehobener Stelle zusammen mit dem effektiven Jahreszins hinzuweisen.

(6) Die Informationen nach den Absätzen 2, 3 und 5 müssen in Abhängigkeit vom Medium, das für die Werbung gewählt wird, akustisch gut verständlich oder deutlich lesbar sein.

(7) Auf Immobiliar-Verbraucherdarlehensverträge gemäß § 491 Absatz 2 Satz 2 Nummer 5 des Bürgerlichen Gesetzbuchs ist nur Absatz 1 anwendbar.

§ 6b Überziehungsmöglichkeiten

Bei Überziehungsmöglichkeiten im Sinne des § 504 Abs. 2 des Bürgerlichen Gesetzbuchs hat der Darlehensgeber statt des effektiven Jahreszinses den Sollzinssatz pro Jahr und die Zinsbelastungsperiode anzugeben, wenn diese nicht kürzer als drei Monate ist und der Darlehensgeber außer den Sollzinsen keine weiteren Kosten verlangt.

§ 6c Entgeltliche Finanzierungshilfen

Die §§ 6 und 6a sind auf Verträge entsprechend anzuwenden, durch die ein Unternehmer einem Verbraucher einen entgeltlichen Zahlungsaufschub oder eine sonstige entgeltliche Finanzierungshilfe im Sinne des § 506 des Bürgerlichen Gesetzbuchs gewährt.

§ 7 Gaststätten, Beherbergungsbetriebe

(1) [1] In Gaststätten und ähnlichen Betrieben, in denen Speisen oder Getränke angeboten werden, sind die Preise in Preisverzeichnissen anzugeben. [2] Die Preisverzeichnisse sind entweder auf Tischen aufzulegen oder jedem Gast vor Entgegennahme von Bestellungen und auf Verlangen bei Abrechnung vorzulegen oder gut lesbar anzubringen. [3] Werden Speisen und Getränke gemäß § 4 Abs. 1 angeboten, so muss die Preisangabe dieser Vorschrift entsprechen.

(2) [1] Neben dem Eingang der Gaststätte ist ein Preisverzeichnis anzubringen, aus dem die Preise für die wesentlichen angebotenen Speisen und Getränke ersichtlich sind. [2] Ist der Gaststättenbetrieb Teil eines Handelsbetriebes, so genügt das Anbringen des Preisverzeichnisses am Eingang des Gaststättenteils.

(3) In Beherbergungsbetrieben ist beim Eingang oder bei der Anmeldestelle des Betriebes an gut sichtbarer Stelle ein Verzeichnis anzubringen oder auszulegen, aus dem die Preise der im Wesentlichen angebotenen Zimmer und gegebenenfalls der Frühstückspreis ersichtlich sind.

(4) Kann in Gaststätten- und Beherbergungsbetrieben eine Telekommunikationsanlage benutzt werden, so ist der bei Benutzung geforderte Preis je Minute oder je Benutzung in der Nähe der Telekommunikationsanlage anzugeben.

(5) Die in den Preisverzeichnissen aufgeführten Preise müssen das Bedienungsgeld und sonstige Zuschläge einschließen.

§ 8 Tankstellen, Parkplätze

(1) [1] An Tankstellen sind die Kraftstoffpreise so auszuzeichnen, dass sie
1. für den auf der Straße heranfahrenden Kraftfahrer,
2. auf Bundesautobahnen für den in den Tankstellenbereich einfahrenden Kraftfahrer

deutlich lesbar sind. [2] Dies gilt nicht für Kraftstoffmischungen, die erst in der Tankstelle hergestellt werden.

(2) Wer für weniger als einen Monat Garagen, Einstellplätze oder Parkplätze vermietet oder bewacht oder Kraftfahrzeuge verwahrt, hat am Anfang der Zufahrt ein Preisverzeichnis anzubringen, aus dem die von ihm geforderten Preise ersichtlich sind.

§ 9 Ausnahmen

(1) Die Vorschriften dieser Verordnung sind nicht anzuwenden
1. auf Angebote oder Werbung gegenüber Verbrauchern, die die Ware oder Leistung in ihrer selbständigen beruflichen oder gewerblichen oder in ihrer behördlichen oder

dienstlichen Tätigkeit verwenden; für Handelsbetriebe gilt dies nur, wenn sie sicherstellen, dass als Verbraucher ausschließlich die in Halbsatz 1 genannten Personen Zutritt haben, und wenn sie durch geeignete Maßnahmen dafür Sorge tragen, dass diese Personen nur die in ihrer jeweiligen Tätigkeit verwendbaren Waren kaufen;
2. auf Leistungen von Gebietskörperschaften des öffentlichen Rechts, soweit es sich nicht um Leistungen handelt, für die Benutzungsgebühren oder privatrechtliche Entgelte zu entrichten sind;
3. auf Waren und Leistungen, soweit für sie aufgrund von Rechtsvorschriften eine Werbung untersagt ist;
4. auf mündliche Angebote, die ohne Angabe von Preisen abgegeben werden;
5. auf Warenangebote bei Versteigerungen.

(2) § 1 Abs. 1 und § 2 Abs. 1 sind nicht anzuwenden auf individuelle Preisnachlässe sowie auf nach Kalendertagen zeitlich begrenzte und durch Werbung bekannt gemachte generelle Preisnachlässe.

(3) § 1 Abs. 2 ist nicht anzuwenden auf die in § 312 Absatz 2 Nummer 2, 3, 6, 9 und 10 und Absatz 6 des Bürgerlichen Gesetzbuchs genannten Verträge.

(4) § 2 Abs. 1 ist nicht anzuwenden auf Waren, die
1. über ein Nenngewicht oder Nennvolumen von weniger als 10 Gramm oder Milliliter verfügen;
2. verschiedenartige Erzeugnisse enthalten, die nicht miteinander vermischt oder vermengt sind;
3. von kleinen Direktvermarktern sowie kleinen Einzelhandelsgeschäften angeboten werden, bei denen die Warenausgabe überwiegend im Wege der Bedienung erfolgt, es sei denn, dass das Warensortiment im Rahmen eines Vertriebssystems bezogen wird;
4. im Rahmen einer Dienstleistung angeboten werden;
5. in Getränke- und Verpflegungsautomaten angeboten werden.

(5) § 2 Abs. 1 ist ferner nicht anzuwenden bei
1. Kau- und Schnupftabak mit einem Nenngewicht bis 25 Gramm;
2. kosmetischen Mitteln, die ausschließlich der Färbung oder Verschönerung der Haut, des Haares oder der Nägel dienen;
3. Parfüms und parfümierten Duftwässern, die mindestens 3 Volumenprozent Duftöl und mindestens 70 Volumenprozent reinen Äthylalkohol enthalten.

(6) Die Angabe eines neuen Grundpreises nach § 2 Abs. 1 ist nicht erforderlich bei
1. Waren ungleichen Nenngewichts oder -volumens oder ungleicher Nennlänge oder -fläche mit gleichem Grundpreis, wenn der geforderte Gesamtpreis um einen einheitlichen Betrag herabgesetzt wird;
2. leicht verderblichen Lebensmitteln, wenn der geforderte Gesamtpreis wegen einer drohenden Gefahr des Verderbs herabgesetzt wird.

(7) § 4 ist nicht anzuwenden
1. auf Kunstgegenstände, Sammlungsstücke und Antiquitäten im Sinne des Kapitels 97 des Gemeinsamen Zolltarifs;
2. auf Waren, die in Werbevorführungen angeboten werden, sofern der Preis der jeweiligen Ware bei deren Vorführung und unmittelbar vor Abschluss des Kaufvertrages genannt wird;
3. auf Blumen und Pflanzen, die unmittelbar vom Freiland, Treibbeet oder Treibhaus verkauft werden.

(8) § 5 ist nicht anzuwenden
1. auf Leistungen, die üblicherweise aufgrund von schriftlichen Angeboten oder schriftlichen Voranschlägen erbracht werden, die auf den Einzelfall abgestellt sind;

2. auf künstlerische, wissenschaftliche und pädagogische Leistungen; dies gilt nicht, wenn die Leistungen in Konzertsälen, Theatern, Filmtheatern, Schulen, Instituten oder dergleichen erbracht werden;
3. auf Leistungen, bei denen in Gesetzen oder Rechtsverordnungen die Angabe von Preisen besonders geregelt ist.

§ 10 Ordnungswidrigkeiten

(1) Ordnungswidrig im Sinne des § 3 Abs. 1 Nr. 2 des Wirtschaftsstrafgesetzes 1954 handelt, wer vorsätzlich oder fahrlässig

1. entgegen § 1 Abs. 1 Satz 1 Preise nicht, nicht richtig oder nicht vollständig angibt,
2. entgegen § 1 Abs. 1 Satz 2 die Verkaufs- oder Leistungseinheit oder Gütebezeichnung nicht oder nicht richtig angibt, auf die sich die Preise beziehen,
3. entgegen § 1 Abs. 2 Satz 1 Nr. 1, eine Angabe nicht, nicht richtig oder nicht vollständig macht,
4. entgegen § 1 Abs. 3 Satz 1 Stundensätze, Kilometersätze oder andere Verrechnungssätze nicht richtig angibt,
5. entgegen § 1 Abs. 4 oder 7 Satz 2 Angaben nicht in der dort vorgeschriebenen Form macht,
6. entgegen § 1 Abs. 7 Satz 3 den Gesamtpreis nicht hervorhebt oder
7. entgegen § 2 Abs. 1 Satz 1, auch in Verbindung mit Satz 2, oder § 2 Abs. 2 oder § 3 Satz 1 oder 3, auch in Verbindung mit Satz 4, eine Angabe nicht, nicht richtig oder nicht vollständig macht.

(2) Ordnungswidrig im Sinne des § 3 Abs. 1 Nr. 2 des Wirtschaftsstrafgesetzes 1954 handelt auch, wer vorsätzlich oder fahrlässig einer Vorschrift

1. des § 4 Abs. 1 bis 4 über das Auszeichnen von Waren,
2. des § 5 Abs. 1 Satz 1, 2 oder 4 oder Abs. 2, jeweils auch in Verbindung mit § 4 Abs. 5, über das Aufstellen, das Anbringen oder das Bereithalten von Preisverzeichnissen oder über das Anbieten einer Anzeige des Preises,
3. des § 6 Absatz 1 über die Angabe oder die Bezeichnung des Preises bei Verbraucherdarlehen,
4. des § 6 Absatz 7 oder § 6b über die Angabe von Voraussetzungen für die Verbraucherdarlehensgewährung oder des Zinssatzes oder der Zinsbelastungsperiode,
5. des § 6a Absatz 2 Satz 1 oder Absatz 3 über die Pflichtangaben in der Werbung,
6. des § 7 Abs. 1 Satz 1 oder 2, Abs. 2 Satz 1, Abs. 3 oder 4 über die Angabe von Preisen oder über das Auflegen, das Vorlegen, das Anbringen oder das Auslegen eines dort genannten Verzeichnisses,
7. des § 8 Abs. 1 Satz 1 über das Auszeichnen von Kraftstoffpreisen oder
8. des § 8 Abs. 2 über das Anbringen eines Preisverzeichnisses

zuwiderhandelt.

(3) Ordnungswidrig im Sinne des § 3 Abs. 1 Satz 1 Nr. 3 des Wirtschaftsstrafgesetzes 1954 handelt, wer vorsätzlich oder fahrlässig entgegen § 1 Abs. 2 Satz 1 Nr. 2 oder Satz 2, eine Angabe nicht, nicht richtig oder nicht vollständig macht.

§ 11 *(aufgehoben)*

Anlage

(zu § 6)

Berechnung des effektiven Jahreszinses

1. Grundgleichung zur Darstellung der Gleichheit zwischen Verbraucherdarlehens-Auszahlungsbeträgen einerseits und Rückzahlungen (Tilgung, Zinsen und Verbraucherdarlehenskosten) andererseits.

   Die nachstehende Gleichung zur Ermittlung des effektiven Jahreszinses drückt auf jährlicher Basis die rechnerische Gleichheit zwischen der Summe der Gegenwartswerte der in Anspruch genommenen Verbraucherdarlehens-Auszahlungsbeträge einerseits und der Summe der Gegenwartswerte der Rückzahlungen (Tilgung, Zinsen und Verbraucherdarlehenskosten) andererseits aus:

$$\sum_{k=1}^{m} C_k(1+X)^{-t_k} = \sum_{l=1}^{m'} D_l(1+X)^{-s_l}$$

   Hierbei ist

   – X der effektive Jahreszins;
   – m die laufende Nummer des letzten Verbraucherdarlehens-Auszahlungsbetrags;
   – k die laufende Nummer eines Verbraucherdarlehens-Auszahlungsbetrags, wobei $1 \leq k \leq m$;
   – C_k die Höhe des Verbraucherdarlehens-Auszahlungsbetrags mit der Nummer k;
   – t_k der in Jahren oder Jahresbruchteilen ausgedrückte Zeitraum zwischen der ersten Verbraucherdarlehensvergabe und dem Zeitpunkt der einzelnen nachfolgenden in Anspruch genommenen VerbraucherdarlehensAuszahlungsbeträge, wobei $t_1 = 0$;
   – m' die laufende Nummer der letzten Tilgungs-, Zins- oder Kostenzahlung;
   – l die laufende Nummer einer Tilgungs-, Zins- oder Kostenzahlung;
   – D_l der Betrag einer Tilgungs-, Zins- oder Kostenzahlung;
   – s_l der in Jahren oder Jahresbruchteilen ausgedrückte Zeitraum zwischen dem Zeitpunkt der Inanspruchnahme des ersten Verbraucherdarlehens-Auszahlungsbetrags und dem Zeitpunkt jeder einzelnen Tilgungs-, Zins- oder Kostenzahlung.

   Anmerkungen:

   a) Die von beiden Seiten zu unterschiedlichen Zeitpunkten gezahlten Beträge sind nicht notwendigerweise gleich groß und werden nicht notwendigerweise in gleichen Zeitabständen entrichtet.
   b) Anfangszeitpunkt ist der Tag der Auszahlung des ersten Verbraucherdarlehensbetrags.
   c) Der Zeitraum zwischen diesen Zeitpunkten wird in Jahren oder Jahresbruchteilen ausgedrückt. Zugrunde gelegt werden für ein Jahr 365 Tage (bzw. für ein Schaltjahr 366 Tage), 52 Wochen oder zwölf Standardmonate. Ein Standardmonat hat 30,41666 Tage (d. h. 365/12), unabhängig davon, ob es sich um ein Schaltjahr handelt oder nicht.

      Können die Zeiträume zwischen den in den Berechnungen verwendeten Zeitpunkten nicht als ganze Zahl von Wochen, Monaten oder Jahren ausgedrückt werden, so sind sie als ganze Zahl eines dieser Zeitabschnitte in Kombination mit einer Anzahl von Tagen auszudrücken. Bei der Verwendung von Tagen

      aa) werden alle Tage einschließlich Wochenenden und Feiertagen gezählt;
      bb) werden gleich lange Zeitabschnitte und dann Tage bis zur Inanspruchnahme des ersten Verbraucherdarlehensbetrags zurückgezählt;
      cc) wird die Länge des in Tagen bemessenen Zeitabschnitts ohne den ersten und einschließlich des letzten Tages berechnet und in Jahren ausgedrückt, indem

dieser Zeitabschnitt durch die Anzahl von Tagen des gesamten Jahres (365 oder 366 Tage), zurückgezählt ab dem letzten Tag bis zum gleichen Tag des Vorjahres, geteilt wird.

d) Das Rechenergebnis wird auf zwei Dezimalstellen genau angegeben. Ist die Ziffer der dritten Dezimalstelle größer als oder gleich 5, so erhöht sich die Ziffer der zweiten Dezimalstelle um den Wert 1.

e) Mathematisch darstellen lässt sich diese Gleichung durch eine einzige Summation unter Verwendung des Faktors „Ströme“ (A_k), die entweder positiv oder negativ sind, je nachdem, ob sie für Auszahlungen oder für Rückzahlungen innerhalb der Perioden 1 bis n, ausgedrückt in Jahren, stehen:

$$S=\sum_{k=1}^{n} A_k(1+X)^{-t_k},$$

dabei ist S der Saldo der Gegenwartswerte aller „Ströme“, deren Wert gleich Null sein muss, damit die Gleichheit zwischen den „Strömen“ gewahrt bleibt.

2. Es gelten die folgenden zusätzlichen Annahmen für die Berechnung des effektiven Jahreszinses:

a) Ist dem Verbraucher nach dem Verbraucherdarlehensvertrag freigestellt, wann er das Verbraucherdarlehen in Anspruch nehmen will, so gilt das gesamte Verbraucherdarlehen als sofort in voller Höhe in Anspruch genommen.

b) Ist dem Verbraucher nach dem Verbraucherdarlehensvertrag generell freigestellt, wann er das Verbraucherdarlehen in Anspruch nehmen will, sind jedoch je nach Art der Inanspruchnahme Beschränkungen in Bezug auf Verbraucherdarlehensbetrag und Zeitraum vorgesehen, so gilt das gesamte Verbraucherdarlehen als zu dem im Verbraucherdarlehensvertrag vorgesehenen frühestmöglichen Zeitpunkt mit den entsprechenden Beschränkungen in Anspruch genommen.

c) Sieht der Verbraucherdarlehensvertrag verschiedene Arten der Inanspruchnahme mit unterschiedlichen Kosten oder Sollzinssätzen vor, so gilt das gesamte Verbraucherdarlehen als zu den höchsten Kosten und zum höchsten Sollzinssatz in Anspruch genommen, wie sie für die Kategorie von Geschäften gelten, die bei dieser Art von Verbraucherdarlehensverträgen am häufigsten vorkommt.

d) Bei einer Überziehungsmöglichkeit gilt das gesamte Verbraucherdarlehen als in voller Höhe und für die gesamte Laufzeit des Verbraucherdarlehensvertrags in Anspruch genommen. Ist die Dauer der Überziehungsmöglichkeit nicht bekannt, so ist bei der Berechnung des effektiven Jahreszinses von der Annahme auszugehen, dass die Laufzeit des Verbraucherdarlehensvertrags drei Monate beträgt.

e) Bei einem Überbrückungsdarlehen gilt das gesamte Verbraucherdarlehen als in voller Höhe und für die gesamte Laufzeit des Verbraucherdarlehensvertrags in Anspruch genommen. Ist die Laufzeit des Verbraucherdarlehensvertrags nicht bekannt, so wird bei der Berechnung des effektiven Jahreszinses von der Annahme ausgegangen, dass sie zwölf Monate beträgt.

f) Bei einem unbefristeten Verbraucherdarlehensvertrag, der weder eine Überziehungsmöglichkeit noch ein Überbrückungsdarlehen beinhaltet, wird angenommen, dass

aa) das Verbraucherdarlehen bei Immobiliar-Verbraucherdarlehensverträgen für einen Zeitraum von 20 Jahren ab der ersten Inanspruchnahme gewährt wird und dass mit der letzten Zahlung des Verbrauchers der Saldo, die Zinsen und etwaige sonstige Kosten ausgeglichen sind; bei Allgemein-Verbraucherdarlehensverträgen, die nicht für den Erwerb oder die Erhaltung von Rechten an Immobilien bestimmt sind oder bei denen das Verbraucherdarlehen im Rahmen von Debit-Karten mit Zahlungsaufschub oder Kreditkarten in Anspruch genommen wird, dieser Zeitraum ein Jahr beträgt und dass mit der letzten Zahlung des Verbrauchers der Saldo, die Zinsen und etwaige sonstige Kosten ausgeglichen sind;

bb) der Verbraucherdarlehensbetrag in gleich hohen monatlichen Zahlungen, beginnend einen Monat nach dem Zeitpunkt der ersten Inanspruchnahme, zurückgezahlt wird; muss der Verbraucherdarlehensbetrag jedoch vollständig, in Form einer einmaligen Zahlung, innerhalb jedes Zahlungszeitraums zurückgezahlt werden, so ist anzunehmen, dass spätere Inanspruchnahmen und Rückzahlungen des gesamten Verbraucherdarlehensbetrags durch den Verbraucher innerhalb eines Jahres stattfinden; Zinsen und sonstige Kosten werden entsprechend diesen Inanspruchnahmen und Tilgungszahlungen und nach den Bestimmungen des Verbraucherdarlehensvertrags festgelegt.

Als unbefristete Verbraucherdarlehensverträge gelten für die Zwecke dieses Buchstabens Verbraucherdarlehensverträge ohne feste Laufzeit, einschließlich solcher Verbraucherdarlehen, bei denen der Verbraucherdarlehensbetrag innerhalb oder nach Ablauf eines Zeitraums vollständig zurückgezahlt werden muss, dann aber erneut in Anspruch genommen werden kann.

g) Bei Verbraucherdarlehensverträgen, die weder Überziehungsmöglichkeiten beinhalten noch Überbrückungsdarlehen, Verbraucherdarlehensverträge mit Wertbeteiligung, Eventualverpflichtungen oder Garantien sind, und bei unbefristeten Verbraucherdarlehensverträgen (siehe die Annahmen unter den Buchstaben d, e, f, l und m) gilt Folgendes:

aa) Lassen sich der Zeitpunkt oder die Höhe einer vom Verbraucher zu leistenden Tilgungszahlung nicht feststellen, so ist anzunehmen, dass die Rückzahlung zu dem im Verbraucherdarlehensvertrag genannten frühestmöglichen Zeitpunkt und in der darin festgelegten geringsten Höhe erfolgt.

bb) Lässt sich der Zeitraum zwischen der ersten Inanspruchnahme und der ersten vom Verbraucher zu leistenden Zahlung nicht feststellen, so wird der kürzestmögliche Zeitraum angenommen.

cc) Ist der Zeitpunkt des Abschlusses des Verbraucherdarlehensvertrags nicht bekannt, so ist anzunehmen, dass das Verbraucherdarlehen erstmals zu dem Zeitpunkt in Anspruch genommen wurde, der sich aus dem kürzesten zeitlichen Abstand zwischen diesem Zeitpunkt und der Fälligkeit der ersten vom Verbraucher zu leistenden Zahlung ergibt.

h) Lassen sich der Zeitpunkt oder die Höhe einer vom Verbraucher zu leistenden Zahlung nicht anhand des Verbraucherdarlehensvertrags oder der Annahmen nach den Buchstaben d, e, f, g, l oder m feststellen, so ist anzunehmen, dass die Zahlung in Übereinstimmung mit den vom Darlehensgeber bestimmten Fristen und Bedingungen erfolgt und dass, falls diese nicht bekannt sind,

aa) die Zinszahlungen zusammen mit den Tilgungszahlungen erfolgen,

bb) Zahlungen für Kosten, die keine Zinsen sind und die als Einmalbetrag ausgedrückt sind, bei Abschluss des Verbraucherdarlehensvertrags erfolgen,

cc) Zahlungen für Kosten, die keine Zinsen sind und die als Mehrfachzahlungen ausgedrückt sind, beginnend mit der ersten Tilgungszahlung in regelmäßigen Abständen erfolgen und es sich, falls die Höhe dieser Zahlungen nicht bekannt ist, um jeweils gleich hohe Beträge handelt,

dd) mit der letzten Zahlung der Saldo, die Zinsen und etwaige sonstige Kosten ausgeglichen sind.

i) Ist keine Verbraucherdarlehensobergrenze vereinbart, ist anzunehmen, dass die Obergrenze des gewährten Verbraucherdarlehens 170 000 Euro beträgt. Bei Verbraucherdarlehensverträgen, die weder Eventualverpflichtungen noch Garantien sind und die nicht für den Erwerb oder die Erhaltung eines Rechts an Wohnimmobilien oder Grundstücken bestimmt sind, sowie bei Überziehungsmöglichkeiten, Debit-Karten mit Zahlungsaufschub oder Kreditkarten ist anzunehmen, dass die Obergrenze des gewährten Verbraucherdarlehens 1500 Euro beträgt.

j) Werden für einen begrenzten Zeitraum oder Betrag verschiedene Sollzinssätze und Kosten angeboten, so sind während der gesamten Laufzeit des Verbraucherdarlehensvertrags der höchste Sollzinssatz und die höchsten Kosten anzunehmen.

k) Bei Verbraucherdarlehensverträgen, bei denen für den Anfangszeitraum ein fester Sollzinssatz vereinbart wurde, nach dessen Ablauf ein neuer Sollzinssatz festgelegt wird, der anschließend in regelmäßigen Abständen nach einem vereinbarten Indikator oder einem internen Referenzzinssatz angepasst wird, wird bei der Berechnung des effektiven Jahreszinses von der Annahme ausgegangen, dass der Sollzinssatz ab dem Ende der Festzinsperiode dem Sollzinssatz entspricht, der sich aus dem Wert des vereinbarten Indikators oder des internen Referenzzinssatzes zum Zeitpunkt der Berechnung des effektiven Jahreszinses ergibt, die Höhe des festen Sollzinssatzes jedoch nicht unterschreitet.

l) Bei Eventualverpflichtungen oder Garantien wird angenommen, dass das gesamte Verbraucherdarlehen zum früheren der beiden folgenden Zeitpunkte als einmaliger Betrag vollständig in Anspruch genommen wird:
   aa) zum letztzulässigen Zeitpunkt nach dem Verbraucherdarlehensvertrag, welcher die potenzielle Quelle der Eventualverbindlichkeit oder Garantie ist, oder
   bb) bei einem Roll-over-Verbraucherdarlehensvertrag am Ende der ersten Zinsperiode vor der Erneuerung der Vereinbarung.

m) Bei Verbraucherdarlehensverträgen mit Wertbeteiligung wird angenommen, dass
   aa) die Zahlungen der Verbraucher zu den letzten nach dem Verbraucherdarlehensvertrag möglichen Zeitpunkten geleistet werden;
   bb) die prozentuale Wertsteigerung der Immobilie, die die Sicherheit für den Vertrag darstellt, und ein in dem Vertrag genannter Inflationsindex ein Prozentsatz ist, der – je nachdem, welcher Satz höher ist – dem aktuellen Inflationsziel der Zentralbank oder der Höhe der Inflation in dem Mitgliedstaat, in dem die Immobilie belegen ist, zum Zeitpunkt des Abschlusses des Verbraucherdarlehensvertrags oder dem Wert 0 %, falls diese Prozentsätze negativ sind, entspricht.

Einleitung

Übersicht

Schrifttum: *Amschewitz,* Anforderungen an die Werbung für Verbraucherkredite – der neue § 6a Preisangabenverordnung, DB 2011, 1565; *Amschewitz,* keine Pflicht zur Preisangabe bei Online-Konfigurator, GRUR-Prax 2016, 339; *Berlit,* Auswirkungen der Aufhebung des Rabattgesetzes und der Zugabeverordnung auf die Auslegung von § 1 UWG und § 3 UWG, WRP 2001, 349; *Boest,* Die Neuregelung der Preisangabe für Kredite, NJW 1993, 40; *Brommer,* Grundpreisangabe bei nach Stückzahlen angebotenen Waren, GRUR-Prax 2018, 276; *Bruggmann,* Grundpreisangaben bei in Kapseln und ähnlichen Darreichungsformen angebotenen Nahrungsergänzungsmitteln – zwingend erforderlich?, LMuR 2019, 141; *Buchmann,* Die Angabe von

Grundpreisen im Internet, K&R 2012, 90; *Bullinger,* Internet-Auktionen – Die Versteigerung von Neuwaren im Internet aus wettbewerbsrechtlicher Sicht, WRP 2000, 253; *Deutsch,* Preisangaben und „Opt-out"-Versicherungen bei Flugbuchungen im Internet, GRUR 2011, 187; *Domke/Sperlich,* Werbung für Verbraucherkredite mit Zinsangaben, BB 2010, 2069; *Eckert,* Grundsätze der Preisangabenverordnung im Lichte der neuesten BGH-Entscheidungen, GRUR 2011, 678; *Enßlin,* Verpflichtung zur Angabe von Preisen in der Werbung für Telefonmehrwertdienste, WRP 2001, 359; *Goldberg,* (K)ein „Haircut" bei der Preisangabenverordnung?, WRP 2013, 1561; *Hollerbach,* Die rechtlichen Rahmenbedingungen für Internet-Auktionen, DB 2000, 2001; *Huppertz,* Rechtliche Probleme von Online-Auktionen, MMR 2000, 65; *Jacobs,* Die PreisangabenVO bei Immobilienanzeigen, GRUR 1983, 619; *Jacobs,* Die optische Vergrößerung der Grundpreisangabe – Notwendigkeit und Umsetzung, WRP 2010, 1217; *Köhler,* „Haircut" bei der Preisangabenverordnung am 12.6.2013, WRP 2013, 723; *Köhler,* Die „Citroën"-Entscheidung des EuGH und ihre Folgen, GRUR 2016, 891; *Köhler,* Die Preisangabenverordnung: Noch richtlinienkonform oder schon richtlinienwidrig?, WRP 2016, 541; *Köhler,* Die Regelungen zur Angabe des effektiven Jahreszinses bei Immobilienkrediten: Mehr – oder weniger – Transparenz und Vergleichbarkeit von Kreditangeboten?, WM 2012, 149; *Lange,* Steht das Powershopping in Deutschland vor dem Aus?, WRP 2001, 888; *Mankowski,* Die „Biet & Flieg"-Entscheidung – Preisangaben und Internet?, K & R 2001, 257; *Menke,* Community Shopping und Wettbewerbsrecht, WRP 2000, 337; *Omsels,* Die Auswirkungen einer Verletzung richtlinienwidriger Marktverhaltensregelungen auf § 4 Nr. 11 UWG, WRP 2013, 1286; *Reiner,* Darstellung der Angaben zu Gesamtpreis, Grundpreis und Verkaufseinheit in der Verkaufsstelle, GWR 2018, 207; *Sack,* Das internationale Wettbewerbs- und Immaterialgüterrecht nach der EGBGB-Novelle, WRP 2000, 269; *Schricker,* Funktionstreue des Großhandels – ein Rechtswert? Bemerkungen zur Metro III- und Metro IV-Entscheidung des Bundesgerichtshofs; *Schröder,* Preisauszeichnung de lege lata mit Risiken?, WRP 2019, 984; *Stögmüller,* Auktionen im Internet, K & R 1999, 391; *Tonner,* Preisangaben bei Online-Buchungen, VuR 2015, 454; *Torka,* Neue Vorgaben für Finanzierungswerbung durch § 6a PAngV, WRP 2011, 1247; *Ungnade,* Ausgewählte Einzelfragen aus dem Wettbewerbsrecht der Kreditinstitute, WM 1975, 1078; *Widmann,* Die Preisangabenverordnung im Handwerk, WRP 2010, 1443; *Willems,* Preisangaben vor dem „Frisierspiegel" des Europarechts?, GRUR 2014, 734; *Wintermeier,* Informationspflichten bei Werbung mit Verbraucherdarlehen gem. § 6a PAngV, WRP 2017, 520.

A. Ziele der Preisangabenverordnung[1]

Zweck der Preisangabenverordnung ist es, durch eine sachlich zutreffende und vollständige Verbraucherinformation **Preiswahrheit und Preisklarheit** zu gewährleisten und durch optimale Preisvergleichsmöglichkeiten die Stellung der Verbraucher gegenüber Handel und Gewerbe zu stärken und den Wettbewerb zu fördern.[2] Daher soll verhindert werden, dass der Verbraucher seine Preisvorstellungen anhand untereinander nicht vergleichbarer Preise gewinnen muss.[3] Das bedeutet nicht, dass der Unternehmer stets mit Preisen werben muss. Wenn er aber mit Preisen wirbt bzw. Produkte anbietet, dann sind die Regelungen der PAngV zu beachten. 1

B. Räumlicher Geltungsbereich

Der räumliche Anwendungsbereich der PAngV entspricht dem des UWG. Die PAngV gilt somit im Ansatz grundsätzlich **für alle Angebote und jede Werbung unter Angabe von Preisen iSv § 1 Abs. 1 S. 1 im Inland,** und zwar unabhängig davon, ob es sich beim Anbieter/Werbenden um einen Inländer oder Ausländer handelt; sie gilt also zB auch für ausländische Werbeinserate in inländischen Zeitschriften.[4] Damit findet die PAngV auf Werbeunterlagen, die zwar im Ausland hergestellt, aber (zumindest auch) im Inland vertrieben werden, grundsätzlich jedenfalls dann Anwendung, wenn von einer gezielten Verbreitung auch im Inland ausgegangen werden kann, also nicht nur da und dort Einzelstücke 2

---

[1] Zu Begriff und Bedeutung des Preisangabenrechts *Völker* PreisangabenR Einf. PAngV Rn. 1 ff.

[2] BGH GRUR 2003, 971 (972) – Telefonischer Auskunftsdienst; GRUR 2008, 84 Rn. 25 – Versandkosten; GRUR 2013, 850 Rn. 13 – Grundpreisangabe im Supermarkt; GRUR 2014, 576 Rn. 19 – 2 Flaschen GRATIS.

[3] Vgl. BGHZ 108, 39 (40 f.) – Stundungsangebote; BGH GRUR 1995, 274 (275) – Dollar-Preisangaben; GRUR 2001, 1166 (1168) – Fernflugpreise; GRUR 2010, 652 Rn. 11 – Costa del Sol. Ähnlich EuGH Urt. v. 7.7.2016 – C-476/14, GRUR 2016, 945 Rn. 26 – Citroën/ZLW zur Richtlinie 98/6/EG.

[4] Vgl. BGH GRUR 1993, 53 (55). – Ausländischer Inserent.

über die Grenze gelangen.[5] Die PAngV gilt grundsätzlich auch für Angebote und Preiswerbung im Inland, wenn sich diese gezielt an im Inland ansässige Angehörige anderer Staaten richtet. **Besonderheiten** gelten allerdings für die Werbung in **Telemedien und in audiovisuellen Medien.** Bei **Telemedien,** insbesondere also bei der Werbung im Internet, ist gegenüber EU-Anbietern das sog. **Herkunftslandprinzip** zu beachten, § 3 TMG. Die Regelung dient der Umsetzung von Art. 3 der Richtlinie 2001/31/EG (E-Commerce-Richtlinie), so dass Rechtsnatur und Reichweite der Regelung in Einklang mit der E-Commerce-Richtlinie zu bestimmen sind.[6] Bei dieser Norm handelt es sich nach der Rechtsprechung des EuGH, der auch der BGH folgt, nicht um eine Kollisionsnorm, dh es ist nicht von vornherein nur das Recht des Heimatlandes des Diensteanbieters anzuwenden, sondern um ein sachrechtliches Beschränkungsverbot.[7] Es ist mithin sicherzustellen, dass ein Diensteanbieter mit Sitz in der EU im elektronischen Verkehr nicht strengeren Anforderungen in Deutschland unterliegt als es in seinem Sitzmitgliedstaat der Fall wäre. Nach § 3 Abs. 2 TMG kann daher eine Werbung, die nach deutschem Recht verboten wäre, trotzdem hinzunehmen sein, wenn sie nach dem Recht des Sitzlandes des jeweiligen EU-Diensteanbieters erlaubt wäre. Zu beachten ist jedoch, dass das Herkunftslandprinzip nur für Anbieter mit Sitz in einem EU-Mitgliedstaat gilt.

3 Für Werbung in **audiovisuellen Mediendiensten,** insbesondere im Fernsehen, gilt nach Art. 2 Abs. 1 Richtlinie 2010/13/EU (AVMD-Richtlinie) grundsätzlich ebenfalls das Herkunftslandprinzip, dh maßgeblich wäre das Recht des Sendelandes. Allerdings greift das Herkunftslandprinzip nur in Rechtsbereiche ein, die durch die Richtlinie selbst harmonisiert werden, da sein Zweck lediglich ist, eine Doppelkontrolle zu verhindern. Die Fernsehrichtlinie als Vorgängerin der AVMD-Richtlinie regelte auch werberechtliche Fragen, koordinierte aber das Lauterkeitsrecht nicht abschließend. Sie stand daher einer nationalen Regelung nicht entgegen, die allgemein dem Verbraucherschutz diente, dabei aber keine zweite Kontrolle der Fernsehsendungen zusätzlich zu der vom Sendestaat durchzuführenden Kontrolle einführte.[8] Diese Rechtsprechung behält auch unter Geltung der AVMD-Richtlinie ihre Bedeutung,[9] zumal auch diese Richtlinie keine Vorschriften für die Werbung unter Angabe von Preisen enthält. Damit können auch im Ausland ausgestrahlte Fernsehsendungen, die im Inland spürbar empfangen werden können, dennoch dem deutschen Lauterkeitsrecht unterliegen.[10]

4 Umgekehrt ist die PAngV grundsätzlich nicht auf Angebote und Werbung inländischer oder ausländischer **Wirtschaftsteilnehmer im Ausland** anwendbar, selbst wenn sie sich im Einzelfall an Adressaten richtet, die ihren gewöhnlichen Aufenthalt im Inland haben, zB deutsche Urlauber im Ausland.[11] Allerdings gibt es auch hier Ausnahmen: Telemediendiensten und in der Bundesrepublik Deutschland niedergelassenen Diensteanbietern dürfen im Europäischen Ausland nicht Verhaltensweisen verboten werden, die nach der PAngV erlaubt wären.[12]

---

[5] Vgl. BGH GRUR 1971, 153 (154) – Tampax, zum Wettbewerbsrecht; Art. 6 Abs. 1 VO (EG) Nr. 864/2007 („Rom II").

[6] BGH GRUR 2012, 850 Rn. 23 – rainbow.at II.

[7] EuGH Urt. v. 25.10.2011 – C-509/09 und C-161/10, GRUR Int. 2012, 47 Rn. 63 – eDate Advertising; BGH GRUR 2012, 850 Rn. 27 – rainbow.at II.

[8] EuGH Urt. v. 9.7.1997 – C-34/95, C-35/95, C-36/95, GRUR Int. 1997, 913 Rn. 34 – De Agostini.

[9] MüKoBGB/*Drexl,* Rom II-VO Art. 6 Rn. 58.

[10] Köhler/Bornkamm/Feddersen/*Köhler* UWG Einl. Rn. 5.10; *Sack* WRP 2000, 269 (284).

[11] Vgl. BGH GRUR 1991, 463 (464 f.) – Kauf im Ausland, zum ehemaligen HWiG iVm § 1 UWG aF.

[12] Vgl. EuGH Urt. v. 25.10.2011 – C-509/09 und C.161/10, GRUR 2012, 300 Rn. 68 – eDate Advertising (zu Art. 3 RL 2001/31/EG). Art. 6 Abs. 2 der Rom II VO dürfte hingegen bei Verstößen gegen die PAngV im Regelfall nicht anwendbar sein.

C. Persönlicher und sachlicher Anwendungsbereich

Die PAngV gilt nicht für alle Preisangaben. Auf **Anbieterseite** ist ihr persönlicher und sachlicher Anwendungsbereich durch § 1 Abs. 1 S. 1 auf diejenigen beschränkt, die gewerbs- oder geschäftsmäßig oder regelmäßig in sonstiger Weise Waren oder Leistungen anbieten oder dafür als Anbieter unter Angabe von Preisen werben. Keine Normadressaten sind also insbesondere Privatleute, die gelegentlich und vereinzelt etwas veräußern. Auch rein betriebsinterne oder hoheitliche Angebote sind ausgenommen. Ferner ergeben sich auf der Anbieterseite Einschränkungen aus der E-Commerce-Richtlinie und deren Umsetzung im TMG.[13] 5

Hinsichtlich der **Nachfrageseite** beschränkt sich der Anwendungsbereich der PAngV auf Angebote und Preiswerbung gegenüber **Verbrauchern** iSv § 13 BGB (§ 1 Abs. 1 S. 1). Bis März 2016 war hier noch von **„Letztverbrauchern"** die Rede.[14] Gemeint waren damit Personen, die die Ware oder Leistung nicht weiter umsetzten, sondern für sich verwandten.[15] Nicht erfasst wurden insbesondere Preisangaben im Verhältnis zum Groß- und Einzelhandel. Wohl aber hätten Letztverbraucher auch gewerbliche oder selbständig beruflich tätige Personen oder die öffentliche Hand sein können. Der Begriff war somit nicht identisch mit dem Begriff des Verbrauchers in § 13 BGB oder § 2 Abs. 2 UWG. § 9 Abs. 1 Nr. 1 PAngV schränkte den Anwendungsbereich allerdings dergestalt weiter ein, dass Preisangaben gegenüber Abnehmern, die die Ware/Leistung (nur) in ihrer selbstständigen beruflichen, gewerblichen oder behördlich/dienstlichen Tätigkeit verwandten, nicht erfasst waren. Im Ergebnis fand die PAngV daher nur auf private Endverbraucher Anwendung. Mit dem Inkrafttreten des Gesetzes zur Umsetzung der Wohnimmobilienkreditrichtlinie ist in § 1 Abs. 1 S. 1 PAngV nur noch von „Verbraucher" iSv § 13 BGB die Rede. Dadurch soll das Nebeneinander der Begriffe „Endverbraucher", „Verbraucher" und „Kreditnehmer" in der PAngV beseitigt werden.[16] Es ist in Zukunft mithin unerheblich, ob der Erwerber ein Letztverbraucher ist oder ob er die erworbene Ware weiter verarbeitet oder veräußert, solange nur die Kriterien des Verbraucherbegriffs erfüllt sind. Allerdings ist derjenige, der Ware erwirbt, um sie weiter zu veräußern, in der Regel kein Verbraucher iSd § 13 BGB. Bei sog. Dual-Use Verträgen, die sowohl zu gewerblichen als auch zu privaten Zwecken geschlossen werden, kommt es darauf an, welcher Zweck überwiegt. Überwiegt nicht der gewerbliche Zweck, so ist nach Erwägungsgrund 17 der Richtlinie 2011/83/EU der Erwerber als „Verbraucher" zu betrachten. Durch das Abstellen auf den Verbraucherbegriff des § 13 BGB hat die Ausnahmeregelung in § 9 Abs. 1 Nr. 1 PAngV an praktischer Bedeutung verloren. Denn eine Person, die die erworbene Ware (überwiegend) in ihrer selbständigen beruflichen Tätigkeit verwendet, ist kein „Verbraucher" iSd § 13 BGB. Von Bedeutung ist die Ausnahmeregelung in § 9 Abs. 1 Nr. 1 allerdings weiterhin für den Fall, dass Gewerbetreibende ihren privaten Bedarf mit Mitteln decken, die für betriebliche Zwecke erworben wurden und die im Betrieb verwendbar sind. Hier findet die PAngV keine Anwendung (siehe hierzu auch die Kommentierung in § 9). Zugleich haben die Handelsbetriebe nach § 9 Abs. 1 Nr. 1 Hs. 2 weiterhin sicherzustellen, dass Gewerbetreibende den Einkauf nicht zum Erwerb betriebs**fremder** Mittel nutzen, denn solche Einkäufe sollen nicht privilegiert sein. Die übrigen Bestimmungen von § 9 enthalten **weitere sektorale Ausnahmen** vom Anwendungsbereich der PAngV. Die Frage, ob sich ein Angebot oder eine Werbung nur an Wiederverkäufer, Gewerbetreibende oder selbständig beruflich Tätige oder zumindest auch an Verbraucher iSd § 13 BGB 6

[13] Näher *Völker* PreisangabenR Einf. Rn. 47 ff. noch zur Vorgängerregelung im TDG.

[14] Die Änderung erfolgte durch Art. 11 des Gesetzes zur Umsetzung der Wohnimmobilienkreditrichtlinie, BGBl. 2016 I S. 396.

[15] BGH GRUR 2011, 82 Rn. 23 – Preiswerbung ohne Umsatzsteuer; GRUR 1974, 474 (475) – Großhandelshaus. auch → § 1 Rn. 3.

[16] Begründung des Regierungsentwurfs eines Gesetzes zur Umsetzung der Wohnimmobilienkreditrichtlinie, BT-Drs. 18/5922, 130.

richtet, ist aus der **Sicht der Adressaten der Werbung** zu beurteilen. Es kommt nicht darauf an, an welchen Abnehmerkreis der Werbende die Anzeige richten wollte.[17] Bei **Internetangeboten,** die für jedermann zugänglich sind, ist daher davon auszugehen, dass sie zumindest **auch Verbraucher** iSd § 13 BGB ansprechen, wenn sie nicht eindeutig und unmissverständlich eine Beschränkung auf Wiederverkäufer, andere Gewerbetreibende oder selbständig beruflich Tätige und auf dafür überwiegende Zwecke enthalten und dies in der Praxis auch entsprechend umgesetzt wird. Richtet sich die Werbung nach dem Verständnis der Adressaten auch an Verbraucher, so kann sich der Anbieter der Anwendung der PAngV nicht mit dem Argument entziehen, dass er seine Waren/Dienstleistungen nicht an Verbraucher verkaufe/erbringe.[18]

D. Verhältnis zum Unionsrecht

7 Wie zahlreiche andere Rechtsgebiete ist auch das Preisangabenrecht stark von **unionsrechtlichen Vorgaben** geprägt. Soweit EU-Verordnungen **unmittelbar anwendbar** sind, wie zB Art. 23 Abs. 1 **VO (EG) Nr. 1008/2008 für Flugpreise,** haben sie direkt Vorrang vor etwaigen entgegenstehenden Regelungen der PAngV. Einschlägige EU-Richtlinien erfordern eine **richtlinienkonforme Auslegung** der PAngV, jedenfalls soweit Vorgaben in Richtlinien im Hinblick auf Art. 3 Abs. 5 UGP-Richtlinie noch relevant sind und es sich nicht nur um Mindestklauseln handelt, deren nationale Umsetzungsvorschriften nach dem 12.6.2013 nicht weiter aufrechterhalten werden dürfen.

8 Die wichtigsten unionsrechtlichen Regelungen zu Preisangaben finden sich in folgenden Normen: Die Auslegung des „Verbraucher"-Begriffs, auf den die PAngV nunmehr ausdrücklich abstellt, hat sich zu orientieren an den Regelungen der **Richtlinie 2011/83/EU (Verbraucherrechterichtlinie).**[19] Eine allgemeine Informationspflicht gegenüber Verbrauchern mit Bezug auf „wesentliche Informationen" ergibt sich zunächst aus Art. 7 Abs. 1, 2 der **Richtlinie 2005/29/EG über unlautere Geschäftspraktiken (UGP-Richtlinie).**[20] Art. 7 Abs. 4 lit. c UGP-Richtlinie nennt dabei als wesentliche Information den Preis eines Produktes bzw. die Art der Preisberechnung, falls ein Endpreis nicht angegeben werden kann. Art. 7 Abs. 5 iVm Anhang II integriert außerdem spezielle unionsrechtliche Informationsanforderungen aus den Bereichen Werbung und kommerzielle Kommunikation, welche ebenfalls als „wesentliche Informationen" gelten sollen. Solche speziellen Informationspflichten iSv Art. 7 Abs. 5 UGP-Richtlinie finden sich für „Erzeugnisse" – das betrifft nur Waren[21] – in der **Richtlinie 98/6/EG (Preisangabenrichtlinie).**[22] Der EuGH hatte die Preisangabenrichtlinie zwischenzeitlich sehr eng ausgelegt und hielt sie – so hatte es den Anschein – nur für anwendbar zum Schutz der Verbraucher bei der Preisangabe von Waren unter Bezugnahme auf unterschiedliche Maßeinheiten, nicht aber bei der Angabe von Preisen im Allgemeinen.[23] Mittlerweile ist der EuGH von dieser Auslegung aber wieder abgerückt und hat erläutert, dass er mit dieser Aussage nur auf eine Stellungnahme der belgischen Regierung eingehen wollte.[24] Wie

---

[17] BGH GRUR 2011, 82 Rn. 23 – Preiswerbung ohne Umsatzsteuer; GRUR 1990, 617 (623) – Metro III.

[18] BGH GRUR 2011, 82 Rn. 23 – Preiswerbung ohne Umsatzsteuer.

[19] Richtlinie 2011/83/EU des Europäischen Parlaments und des Rates vom 25.10.2011 über die Rechte der Verbraucher (...), ABl. 2011 L 304, S. 64.

[20] Richtlinie 2005/29/EG des Europäischen Parlaments und des Rates vom 11.5.2005 über unlautere Geschäftspraktiken von Unternehmen gegenüber Verbrauchern im Binnenmarkt, ABl. 2005 L 149, S. 22.

[21] BGH GRUR 2015, 1240 Rn. 24 – Der Zauber des Nordens.

[22] Richtlinie 98/6/EG des Europäischen Parlaments und des Rates vom 16.2.1998 über den Schutz der Verbraucher bei der Angabe der Preise der ihnen angebotenen Erzeugnisse, ABl. 1998 L 80, S. 27.

[23] EuGH Urt. v. 10.7.2014 – C-421/12, GRUR Int. 2014, 964 Rn. 59 – Kommission/Belgien.

[24] EuGH Urt. v. 7.7.2016 – C-476/14, GRUR 2016, 945 Rn. 33, 34 – Citroën/ZLW. Anders noch Generalanwalt Mengozzi in seinen Schlussanträgen vom 16.12.2015. Dazu auch BGH GRUR 2017, 286 Rn. 11 – Hörgeräteausstellung.

Art. 7 Abs. 5 UGP-Richtlinie ausdrücklich bestimmt, ist die Liste in Anhang II nicht abschließend, sodass neben dem explizit aufgeführten Art. 3 Abs. 4 Preisangabenrichtlinie (Pflicht zur Grundpreisangabe bei der Werbung unter Angabe von Preisen) auch die Verpflichtung zur Grundpreisangabe beim Angebot von Waren nach Art. 3 Abs. 1 Preisangabenrichtlinie als wesentlich gilt.[25] Und für Dienstleistungen können zB die Pflichten nach Art. 22 Abs. 1 lit. i, Abs. 3 lit. a der **Dienstleistungsrichtlinie**[26] wesentlich sein.[27] Weitere Informationspflichten finden sich für Verträge mit Verbrauchern in der **Verbraucherrechterichtlinie** – und zwar sowohl bei Fernabsatz- und Außergeschäftsraumverträgen (Art. 6 Abs. 1 lit. e) als auch bei sonstigen Verbraucherverträgen (Art. 5 Abs. 1 lit. c) –, für Fernabsatzverträge über Finanzdienstleistungen in Art. 3 der **Fernabsatzfinanzdienstleistungsrichtlinie,**[28] für den elektronischen Geschäftsverkehr in Art. 5 Abs. 2 der **E-Commerce Richtlinie,**[29] für Pauschalreisen in Art. 5 der **Pauschalreisenrichtlinie,**[30] für Zahlungsdienste in Art. 44 ff. und Art. 56 ff. der **Zahlungsdiensterichtlinie,**[31] für (allgemeine) Verbraucherkreditverträge in Art. 5, 6 der **Verbraucherkreditrichtlinie,**[32] speziell für Wohnimmobilienkredite in Art. 11 ff., 17 der **Wohnimmobilienkreditrichtlinie**[33] sowie jüngst in der **sog. Omnibus-Richtlinie zum EU-Verbraucherrecht,**[34] insbesondere in Art. 2 und Art. 4 Nr. 4.

I. Art. 23 LuftverkehrsdiensteVO

Im Unterschied zu den vorgenannten Richtlinienbestimmungen ist Art. 23 Abs. 1 der VO (EG) 1008/2008 **(LuftverkehrsdiensteVO)**[35] unmittelbar anwendbar und hat damit in seinem spezifischen Anwendungsbereich nicht nur vor der PAngV, sondern auch vor der UGP-Richtlinie Vorrang (Art. 3 Abs. 4 UGP-Richtlinie), mit der Folge, dass einige der älteren BGH-Entscheidungen, die sich mit Flugreisen und der PAngV befassen, mittlerweile durch die LuftverkehrsdiensteVO überholt sind.[36] Bei den Regelungen des Art. 23 Abs. 1 LuftverkehrsdiensteVO handelt es sich zudem um Marktverhaltensregelungen iSv § 3a UWG.[37] 9

[25] BGH GRUR 2019, 641 Rn. 32 – Kaffeekapseln.

[26] Richtlinie 2006/123/EG des Europäischen Parlaments und des Rates vom 12.12.2006 über Dienstleistungen im Binnenmarkt, ABl. 2006 L 376, S. 36.

[27] BGH GRUR 2015, 1240 Rn. 25 – Der Zauber des Nordens; Köhler/Bornkamm/Feddersen/*Köhler* Vorb. PAngV Rn. 10b.

[28] Richtlinie 2002/65/EG des Europäischen Parlaments und des Rates vom 23.9.2002 über den Fernabsatz von Finanzdienstleistungen an Verbraucher, ABl. 2002 L 271, S. 16, zuletzt geändert durch Art. 110 Richtlinie (EU) 2015/2366 des Europäischen Parlaments und des Rates vom 25.11.2015, ABl. 2015 L 337, S. 35.

[29] Richtlinie 2000/31/EG des Europäischen Parlaments und des Rates vom 8.6.2000 über bestimmte rechtliche Aspekte der Dienste der Informationsgesellschaft, insbesondere des elektronischen Geschäftsverkehrs, im Binnenmarkt, ABl. 2000 L 178, S. 1.

[30] Richtlinie (EU) 2015/2302 des Europäischen Parlaments und des Rates vom 25.11.2015 über Pauschalreisen und verbundene Reiseleistungen, ABl. 2015 L 326, S. 1.

[31] Richtlinie 2015/2366 des Europäischen Parlaments und des Rates vom 25.11.2015 über Zahlungsdienste im Binnenmarkt, ABl. 2015 L 337, S. 35.

[32] Richtlinie 2008/48/EG des Europäischen Parlaments und des Rates vom 23.4.2008 über Verbraucherkreditverträge, ABl. 2008 L 133, S. 66, zuletzt geändert durch Art. 1 VO (EU) 2019/1243 vom 20.6.2019, ABl. 2019 L 198, S. 241.

[33] Richtlinie 2014/17/EU des Europäischen Parlaments und des Rates vom 4.2.2014 über Wohnimmobilienkreditverträge für Verbraucher, ABl. 2014 L 60, S. 34.

[34] Richtlinie (EU) 2019/2161 des Europäischen Parlaments und des Rates vom 27.11.2019 zur Änderung der Richtlinie 93/13/EWG des Rates und der Richtlinien 98/6/EG, 2005/29/EG und 2011/83/EU des Europäischen Parlaments und des Rates zur besseren Durchsetzung und Modernisierung der Verbraucherschutzvorschriften der Union, ABl. 2019 L 328, S. 7.

[35] Verordnung (EG) Nr. 1008/2008 des Europäischen Parlaments und des Rates vom 24.9.2008 über gemeinsame Vorschriften für die Durchführung von Luftverkehrsdiensten in der Gemeinschaft, ABl. 2008 L 293, S. 3.

[36] AA anscheinend *Deutsch* GRUR 2011, 187 (191).

[37] BGH GRUR 2016, 392 Rn. 15 – Buchungssystem II; GRUR 2016, 716 Rn. 16 – Flugpreise; *Deutsch* GRUR 2011, 187 (190).

10 Nach Art. 23 Abs. 1 S. 2 LuftverkehrsdiensteVO muss der zu zahlende **Endpreis** stets ausgewiesen werden und den anwendbaren Flugpreis sowie alle anwendbaren Steuern und Gebühren, Zuschläge und Entgelte einschließen, die **unvermeidbar** und zum Zeitpunkt der Veröffentlichung **vorhersehbar** sind. Dabei sind Entgelte nicht nur dann unvermeidbar, wenn jeder Kunde sie aufzuwenden hat, sondern auch schon dann, wenn nicht jeder Kunde sie vermeiden kann, wie zB Servicepauschalen die nur bei Bezahlung mit bestimmten Zahlungsmitteln (bestimmten Kreditkarten) anfallen.[38] Nach Art. 23 Abs. 1 S. 3 sind „neben" dem Endpreis mindestens der **Flugpreis, Steuern, Flughafengebühren** und **sonstige Gebühren, Zuschläge und Entgelte** (wie etwa Kraftstoff- und Sicherheitsgebühren) auszuweisen, was den BGH zur Vorlage an den EuGH veranlasste mit der Frage, ob die in Art. 23 Abs. 1 S. 3 lit. b, c und d genannten Steuern, Flughafengebühren und sonstigen Gebühren stets in tatsächlich entstehender Höhe gesondert auszuweisen sind (so die Auffassung des BGH), oder ob sie in den Endpreis einbezogen werden dürfen.[39] Nach Ansicht des EuGH ergänzt Satz 3 die allgemeine Pflicht zur Angabe des Endpreises mit der Folge, dass der Anbieter die – zum Zeitpunkt der Zahlung geschätzten – Steuern und sonstigen Gebühren **gesondert ausweisen** muss und sie nicht in den Endpreis einbeziehen darf.[40] Praktische Bedeutung kann das insbesondere bei einer Stornierung eines Flugs haben. Die Preisangabenregelung der LuftverkehrsdiensteVO gilt auch für bzw. mit Bezug auf **Vermittler,** so dass etwaig von ihnen zusätzlich geforderte oder an sie zu zahlende und für den Kunden unvermeidbare Servicegebühren ebenfalls im Endpreis ausgewiesen werden müssen.[41] Der Endpreis muss **„stets"**, dh bei jeder Angabe von Preisen für Flüge angezeigt werden. Das gilt somit auch schon für die erstmalige Angabe und nicht erst bei der Auswahl des Flugs durch den Kunden[42] und betrifft jeden Flug, dessen Preis angezeigt wird (zB in einer Übersicht) und nicht nur den vom Kunden ausgewählten Flug.[43] **Fakultative Zusatzkosten,** wie etwa die Kosten für eine Reiserücktrittsversicherung, Sitzplatzreservierung oder für aufzugebendes Gepäck sowie Check-In Gebühren, die sich durch eine bestimmte Art des Check-Ins vermeiden lassen,[44] müssen hingegen nach Art. 23 Abs. 1 S. 4 LuftverkehrsdiensteVO zwar auf klare, transparente und eindeutige Art und Weise mitgeteilt werden, und zwar unabhängig davon, wer Anbieter des jeweiligen Zusatzangebotes ist.[45] Jedoch muss diese Angabe nicht stets, sondern nur einmalig erfolgen, und zwar **am Beginn jedes Buchungsvorgangs.** Gemeint ist damit der „eigentliche Buchungsvorgang", dh der Zeitpunkt, zu dem die jeweilige Zusatzoption gebucht werden kann.[46] Die Angabe muss somit nicht bereits bei erstmaliger Angabe des Endpreises erfolgen. Die

[38] BGH GRUR 2017, 283 Rn. 31 – Servicepauschale; OLG Dresden K&R 2020, 80, 81 mwN (nicht rechtskräftig).

[39] BGH GRUR 2016, 716 Rn. 16 – Flugpreise.

[40] EuGH Urt. v. 6.7.2017 – C-290/16, GRUR 2018, 305 Rn. 23 ff., 36 – Air Berlin/Bundesverband (Flugpreise).

[41] OLG Dresden GRUR 2011, 248 (249); OLG Frankfurt a. M. GRUR-RR 2012, 392 (395) (dazu nachfolgend BGH NJW 2014, 2504, allerdings nicht zu den hier relevanten Fragen der Preisgestaltung); OLG Hamburg BeckRS 2014, 351; *Müggenborg/Frenz* NJW 2012, 1537. Vgl. auch § 108 LuftVZO.

[42] EuGH Urt. v. 15.1.2015 – C-573/13, GRUR 2015, 281 Rn. 35 – Air Berlin/Bundesverband Verbraucherzentrale, auf Vorlage durch den BGH GRUR 2013, 1247 – Buchungssystem; dem folgend dann BGH GRUR 2016, 392 Rn. 18 – Buchungssystem II.

[43] EuGH Urt. v. 15.1.2015 – C-573/13, GRUR 2015, 281 Rn. 45 – Air Berlin/Bundesverband Verbraucherzentrale auf Vorlage durch den BGH GRUR 2013, 1247 – Buchungssystem; dem folgend dann BGH GRUR 2016, 392 Rn. 18 – Buchungssystem II.

[44] EuGH, Urt. v. 23.4.2020 – C-28/19, WRP 2020, 40 Rn. 20 ff. – Ryanair u. a.; Urt. v. 19.7.2012 – C-112/11, NJW 2012, 2867, Rn. 20 – ebookers.com; Urt. v. 18.9.2014 – C-487/12, EuZW 2014, 837 Rn. 39 – Vueling Airlines.

[45] OLG München WRP 2015, 1522 Rn. 34 – Ticketschutz; vgl. OLG Dresden GRUR-RR 2019, 264 Rn. 12, 18– Gepäckbuchungskosten.

[46] KG MMR 2016, 249 Rn. 42 ff. – Sitzplatzreservierung. OLG Dresden GRUR-RR 2019, 264 Rn. 15 ff. – Gepäckbuchungskosten bejaht diesbezügliche Informationspflicht sogar, wenn nicht beim Buchungsvorgang selbst, wohl aber zu späterem Zeitpunkt Gepäck (nach)gebucht werden kann (Nichtzulassungsbeschwerde wird beim BGH unter X ZR 130/15, BeckRS 2017, 109732 geführt).

Buchung solcher Dienste darf zudem nicht voreingestellt sein, sondern muss auf **Opt-In** Basis erfolgen,[47] was eine bewusste Auswahlentscheidung des Kunden erfordert.[48] Die Gestaltung des Buchungsvorgangs muss dem Gebot der Klarheit, Transparenz und Eindeutigkeit genügen und dem Verbraucher eine bewusste und informierte Entscheidungsmöglichkeit eröffnen.[49] Durch diese Regelung soll der Verbraucher vor einer Überrumpelung geschützt werden, damit er nicht Leistungen in Anspruch nimmt, die er freiwillig nicht bzw. nicht zu den relevanten Preisen ausgewählt hätte.[50] Dies bedeutet auch, dass der Verbraucher, der eine fakultative Zusatzleistung (zB Reiseversicherung) bereits abgewählt hat, im weiteren Verlauf der Buchung nicht über die erneute Notwendigkeit der Abwahl getäuscht werden darf.[51] Nach Art. 23 Abs. 1 iVm Art. 2 Nr. 18 LuftverkehrsdiensteVO sind die Flugpreise bei innergemeinschaftlichen Flügen in Euro oder in Landeswährung anzugeben. Dies bedeutet nicht, dass ein Flugunternehmen mit Sitz in Deutschland stets seine Preise in Euro anzugeben hat. Vielmehr können bei Flügen mit einem Abflug- oder Ankunftsort im EU-Ausland, in dem eine andere Währung gesetzliches Zahlungsmittel ist, die Preise auch in dieser Währung ausgewiesen werden.[52] Unklar bleibt, ob auch der Niederlassungsort des Luftfahrtunternehmens eine zulässige Landeswährung begründen kann. Da der EuGH aber eine mit dem angebotenen Flugdienst objektiv in Verbindung stehende Landeswährung verlangt,[53] dürfte die Flugpreisangabe in der anderen Währung des Mitgliedstaats, in dem das Luftfahrtunternehmen ansässig ist, unzulässig sein, wenn sowohl am Abflug- als auch am Ankunftsort der Euro als Zahlungsmittel gilt.

II. UGP-, Preisangaben- und Dienstleistungs-Richtlinie

Unklar ist der Umgang mit Vorschriften der PAngV, die dem Regelungsbereich der vollharmonisierenden UGP-Richtlinie unterfallen[54] und gegenüber dieser **strengere oder restriktivere Regelungen** vorsehen. Soweit Vorschriften der PAngV auf einer anderen Richtlinie beruhen, die besondere Aspekte unlauterer Geschäftspraktiken unmittelbar regelt (zB Preisangabenrichtlinie oder E-Commerce-Richtlinie) und bei denen es sich nicht nur um reine Mindestangleichungsklauseln handelt (hierzu nachfolgend → Rn. 12), gilt nach Art. 3 Abs. 4 UGP-Richtlinie der Vorrang dieser spezielleren Regelung, dh die entsprechende Regelung im deutschen Recht kann beibehalten werden und ist nach Maßgabe der zugrunde liegenden EU-Richtlinie auszulegen. So sind beispielsweise die Regelungen zu Preisangaben in Art. 3 **Preisangabenrichtlinie** vorrangig gegenüber Art. 7 Abs. 4 lit. c UGP-Richtlinie, wie der EuGH[55] und mittlerweile auch der BGH[56] feststellen. Das betrifft insbesondere eine Werbung für Waren, in der kumulativ deren Besonderheiten, ein aus Sicht des Durchschnittsverbrauchers dem Verkaufspreis gleichkommender Preis sowie ein Datum, bis zu dem das „Angebot" des Gewerbetreibenden gültig bleibt, genannt sind.[57] Der Annahme eines entsprechenden Vorrangverhältnisses für die Vorschriften zu Preis- 11

[47] Art. 23 Abs. 1 LuftverkehrsdiensteVO aE; EuGH Urt. v. 19.7.2017 – C-112/11, NJW 2012, 2867 Rn. 20 – ebookers.com; BGH MMR 2013, 238 Rn. 9 ff.; GRUR 2017, 283 Rn. 19 – Servicepauschale; aA *Deutsch* GRUR 2011, 187 (190 f.).

[48] OLG München WRP 2015, 1522 Rn. 35 – Ticketschutz.

[49] BGH GRUR 2017, 283 Rn. 24 – Servicepauschale.

[50] KG MMR 2016, 249 Rn. 35 – Sitzplatzreservierung.

[51] BGH GRUR 2017, 283 Rn. 25 – Servicepauschale.

[52] EuGH Urt. v. 15.11.2018 – C-330/17, NJW 2019, 985 Rn. 39 f. – Verbraucherzentrale Baden-Württemberg/Germanwings. Auf Vorlage von BGH GRUR 2017, 742 – Flugpreisangabe.

[53] EuGH Urt. v. 15.11.2018 – C-330/17, NJW 2019, 985 Rn. 39 – Verbraucherzentrale Baden-Württemberg/Germanwings.

[54] Soweit Vorschriften nicht dem Regelungsbereich der UGP-Richtlinie unterfallen, unterliegen sie auch nicht der Vollharmonisierung durch die UGP-Richtlinie und können daher beibehalten werden.

[55] EuGH Urt. v. 7.7.2016 – C-476/14, GRUR 2016, 945 Rn. 45 – Citroën/ZLW.

[56] BGH GRUR 2017, 286 Rn. 11 – Hörgeräteausstellung: *„(alleinige) unionsrechtliche Grundlage in der RL 98/6/EG"*; OLG Hamm GRUR-RR 2017, 409 Rn. 49 – Lederrundecke. Anders noch BGH GRUR 2014, 576 Rn. 15 – 2 Flaschen GRATIS.

[57] EuGH Urt. v. 7.7.2016 – C-476/14, GRUR 2016, 945 Rn. 30 – Citroën/ZLW.

angaben in der **Dienstleistungsrichtlinie** dürfte hingegen deren Art. 22 Abs. 5 Hs. 1 entgegenstehen. Danach ergänzt die Dienstleistungsrichtlinie andere unionsrechtliche Informationsanforderungen. Demzufolge sind auch nach Ansicht des BGH die Regelungen des Art. 22 Abs. 1–4 Dienstleistungsrichtlinie neben denjenigen der UGP-Richtlinie anwendbar.[58] Insofern fuhr der BGH hier bislang eine pragmatische Entscheidungslinie und ließ es ausreichen, wenn ein Ver- bzw. Gebot bestimmter Preisangaben im deutschen Recht der Umsetzung von Art. 7 Abs. 4 lit. c UGP-Richtlinie dient.[59] Daran lässt sich auch nach der EuGH-Entscheidung *Citroën/ZLW* festhalten, so lange die Dienstleistungsrichtlinie mit den Vorgaben der UGP-Richtlinie in Einklang steht (wovon erstere nach ihrem Erwägungsgrund 32 selbst ausgeht) und insbesondere keine strengeren Regelungen vorsieht.[60] Nach ihrem Art. 22 Abs. 5 Hs. 1 und Erwägungsgrund 32 stellt die Dienstleistungsrichtlinie gerade keine kollidierende Spezialregelung dar, die nach Art. 3 Abs. 4 UGP-Richtlinie dieser gegenüber Vorrang hätte. So werden unter Berufung auf die BGH-Rechtsprechung auch in neueren oberlandesgerichtlichen Entscheidungen die Regelungen der UGP-Richtlinie zu Preisangaben nicht als durch die Dienstleistungsrichtlinie verdrängt angesehen.[61]

12 Waren (oder sind) im Vergleich zur UGP-Richtlinie strengere oder restriktivere Vorschriften in der PAngV hingegen lediglich von sog. **Mindestangleichungsklauseln** in anderen (damals bereits bestehenden) Richtlinien gedeckt, so durften die Mitgliedstaaten nach Art. 3 Abs. 5 S. 1 UGP-Richtlinie solche Regelungen im Anwendungsbereich der UGP-Richtlinie (also insbesondere B2C) nur bis zum 12.6.2013 beibehalten.[62] Diese Verfallsklausel gilt – erst recht – auch für solche Vorschriften, die nicht zur Umsetzung von EU-Richtlinien erlassen wurden, aber dem Regelungsbereich der UGP-Richtlinie unterfallen.[63] Denn wenn Art. 3 Abs. 5 UGP-Richtlinie bereits strengere oder restriktivere Regelungen ausschließt, die von einer Mindestangleichungsklausel einer anderen Richtlinie erfasst sind, muss dies erst recht für Vorschriften gelten, die überhaupt nicht der Umsetzung unionsrechtlicher Vorgaben dienen. Nur durch ein solches Verständnis kann die von der UGP-Richtlinie bezweckte Vollharmonisierung und damit ein einheitliches hohes Verbraucherschutzniveau erreicht werden.[64] Ob der Vorrang auch für Mindestangleichungsklauseln wie Art. 22 Abs. 5 Dienstleistungsrichtlinie gilt, die zeitlich erst *nach* Inkrafttreten der UGP-Richtlinie erlassen wurden, ist hingegen umstritten[65] und wurde vom BGH bislang offen gelassen.[66]

13 Damit stellt sich die Frage, was aus der Regelung des Art. 3 Abs. 5 S. 1 UGP-Richtlinie für strengere oder restriktivere Regelungen in der PAngV im Einzelfall konkret folgt. Die Bundesregierung will diese Frage umgehen, indem sie behauptet, dass die PAngV strengere oder restriktivere Regelungen nicht aufstelle.[67] Dies ist jedoch nicht zutreffend. So enthalten beispielsweise die Pflicht zur hervorgehobenen Angabe des Gesamtpreises, wenn

[58] BGH GRUR 2015, 1240 Rn. 29 – Der Zauber des Nordens; GRUR 2016, 516 Rn. 21 – Wir helfen im Trauerfall.

[59] BGH GRUR 2015, 1240 Rn. 30 – Der Zauber des Nordens; GRUR 2016, 516 Rn. 25 – Wir helfen im Trauerfall.

[60] So hat der EuGH etwa die Zulässigkeit einer Preiswerbung für Flugreisen (Dienstleistung) allein an Art. 7 Abs. 4 UGP-RL gemessen, GRUR 2011, 930 – Ving Sverige.

[61] OLG Stuttgart WRP 2018, 1248 Rn. 12 ff. – „Null-Gebühren"-Girokonto; vgl. OLG Hamburg WRP 2019, 1358 Rn. 26, das ohne Erwähnung der Dienstleistungsrichtlinie auf Art. 7 Abs. 4 lit. c UGP-Richtlinie zurückgreift, und nach OLG Dresden MMR 2016, 823 Rn. 14 setzt § 1 PAngV ua Art. 7 Abs. 4 lit. c UGP-Richtlinie um.

[62] Nicht dem Anwendungsbereich der UGP-Richtlinie unterfallen die Regelungen zum Flaschenpfand; ebenso wenig Regelungen im B2B-Bereich.

[63] AA wohl *Goldberg* WRP 2013, 1561 ff.

[64] *Köhler* WRP 2013, 723 f.

[65] Dafür *Köhler* WRP 2013, 723; unter Hinweis auf den Wortlaut des Art. 3 Abs. 5 UGP-Richtlinie zurückhaltender *Goldberg* WRP 2013, 1561.

[66] BGH GRUR 2015, 1240 Rn. 34 – Der Zauber des Nordens; GRUR 2016, 516 Rn. 25 – Wir helfen im Trauerfall.

[67] Vgl. amtl. Begr. des Gesetzentwurfes der Bundesregierung vom 20.8.2008, BT-Drs. 16/10145, 14.

Preise aufgegliedert werden (§ 1 Abs. 7 S. 3 PAngV), und die Pflicht, den Grundpreis (Preis je Mengeneinheit) in unmittelbarer Nähe zum Gesamtpreis anzugeben (§ 2 Abs. 1 PAngV), strengere als vom Unionsrecht vorgeschriebene Regelungen, da die Preisangabenrichtlinie in Art. 4 Abs. 1 nur vorsieht, dass der Verkaufspreis und der Preis je Maßeinheit unmissverständlich, klar erkennbar und gut lesbar sein müssen. Eine Pflicht zur Hervorhebung des Gesamtpreises (Verkaufspreises) oder zur Angabe des Grundpreises in unmittelbarer Nähe zum Gesamtpreis ist dagegen nicht vorgesehen.[68] Ebenso wenig gibt es in der Preisangabenrichtlinie spezielle Vorschriften zu Preisangaben in Schaufenstern, wie sie § 4 Abs. 1 PAngV fordert. Und auch bei Pfandauszeichnungen stellt sich die Frage, ob die Regelung in § 1 Abs. 4 PAngV mangels unionsrechtlicher Vorgabe überhaupt noch anwendbar ist und ob ein etwaiger Pfandbetrag nicht in den Gesamtpreis einzurechnen und entsprechend anzugeben ist (wobei dieser Gesamtpreis dann auch wieder entsprechend aufgeschlüsselt und auf die Erstattbarkeit des Pfandbetrags hingewiesen werden könnte) bzw. ob die Regelung zwar unanwendbar, aber für den Einzelnen dennoch rechtsgültig ist und daher entsprechende Preisauszeichnungen aus rechtsstaatlichen Gründen nicht verboten werden dürfen (dazu → PAngV § 1 Rn. 73).

Für die Regelungen der PAngV gilt folgendes Prüfungsschema: Es ist für jede einzelne Regelung der PAngV zu klären, ob sie im Anwendungsbereich der UGP-Richtlinie oder einer anderen vorrangigen EU-Regelung liegt. Ist das der Fall, so ist zu prüfen, ob die Regelung mit den Vorgaben der UGP-Richtlinie oder der anderen privilegierten EU-Regelung (außerhalb von Mindestklauseln) übereinstimmt. Handelt es sich dabei um eine Verordnung, so gelten die entsprechenden Regelungen unmittelbar im nationalen Recht. Bei Richtlinien hingegen sind das Gebot, aber auch die Grenzen, einer **richtlinienkonformen Auslegung** zu beachten.[69] Das bedeutet konkret, dass die Auslegung der nationalen Regelung mit den allgemeinen Rechtsgrundsätzen des Unionsrechts in Einklang stehen muss und nicht contra legem, dh gegen den Wortlaut und gegen den erklärten Willen des nationalen Gesetzgebers, erfolgen darf.[70] Das ist angesichts der Äußerungen des deutschen Gesetzgebers bzw. der Bundesregierung, die bewusst keine Änderung der PAngV vornehmen will, von Bedeutung. 14

Ist eine richtlinienkonforme Auslegung nicht möglich, würde sich grundsätzlich die Frage stellen, ob die jeweiligen Bestimmungen der relevanten Richtlinie unmittelbar anwendbar sind. Das erfordert, dass die Bestimmung inhaltlich unbedingt und hinreichend genau ist.[71] Allerdings kommt die unmittelbare Anwendung einer Richtlinie nicht im Verhältnis zwischen Privaten oder zu Lasten von Privatpersonen in Betracht[72] und darum wird es bei der PAngV zumeist gehen. 15

Somit stellt sich die Frage, ob eine Regelung der PAngV, die strenger oder restriktiver als die Vorgaben der UGP-Richtlinie ist und auch im Rahmen richtlinienkonformer Auslegung nicht mit anderen Vorgaben des Unionsrechts außerhalb von Mindestklauseln in Einklang zu bringen ist, von den nationalen Gerichten schlichtweg unangewendet bleiben soll oder gar muss.[73] Immerhin hat der EuGH in Sachen *Unilever Italia/Central* 16

---

[68] Ebenso im Ergebnis LG Hamburg BeckRS 2019, 19701 Rn. 9 f.; *Omsels* WRP 2013, 1286; für weitere Beispiele für strengere als vom Unionsrecht vorgesehene Regelungen der PAngV siehe *Köhler* WRP 2013, 723; *Goldberg* WRP 2013, 1561 ff. Siehe auch die Vorlagefragen in BGH GRUR 2014, 1208 – Preis zuzüglich Überführung.

[69] Vgl. BGH GRUR 2014, 1208 Rn. 17 ff. – Preis zuzüglich Überführung. Zur richtlinienkonformen Auslegung eingehend *Glöckner* → Einl. Rn. 246, 272.

[70] BGH MDR 2015, 1350 Rn. 17, 41, 45; NJW 2013, 2674 Rn. 42; BVerfG NJW 2012, 669 Rn. 56; EuGH Urt. v. 19.7.2016 – C-441/14, NZA 2016, 537 Rn. 32; OLG Schleswig, GRUR-RS 2020, 18624 Rn. 43 – Pfandgläser.

[71] EuGH Urt. v. 24.1.2012 – C-282/10, NJW 2012, 509 Rn. 33 – Maribel Dominguez; NJW 1992, 165 Rn. 11 – Francovich ua; BGH MDR 2015, 1350 Rn. 65.

[72] EuGH Urt. v. 24.1.2012 – C-282/10, NJW 2012, 509 Rn. 37 – Maribel Dominguez; NJW 1986, 2178 Rn. 48 – Marshall; BGH MDR 2015, 1350 Rn. 66.

[73] Dafür *Köhler* WRP 2013, 723 (727); vgl. EuGH Urt. v. 19.7.26.9.2000 – C-441/14, NZA 2016, 537 Rn. 35 – Dansk Industri.

Food[74] die Anwendung richtlinienwidriger nationaler Vorschriften untersagt. Dort ging es jedoch um einen Spezialfall, nämlich um technische Vorschriften, bei deren Erlass bestimmte, von der Richtlinie vorgeschriebene Verfahren nicht beachtet wurden. Aufgrund eines wesentlichen Verfahrensfehlers bei der Erstellung der technischen Vorschriften waren die nationalen Regelungen daher unbeachtlich. Wegen ihres Ausnahmecharakters kann die Entscheidung nicht verallgemeinert werden.[75] Der Nichtanwendung steht zudem entgegen, dass es sich bei der PAngV um geltendes Recht handelt,[76] welches durch die Gerichte nicht einfach ignoriert werden darf, indem sich diese entgegen Art. 20 Abs. 3 GG aus der Rolle des Normanwenders in die einer normsetzenden Instanz begeben und sich damit der Bindung an Recht und Gesetz entziehen.[77]

17 Stattdessen ist zu beachten, dass die nationalen Gerichte nach der Rechtsprechung des EuGH unter Berücksichtigung des gesamten innerstaatlichen Rechts und unter Anwendung der dort anerkannten Auslegungsmethoden alles tun müssen, was in ihrer Zuständigkeit liegt, um die volle Wirksamkeit einer Richtlinie zu gewährleisten und zu einem Ergebnis zu gelangen, das mit dem von der Richtlinie verfolgten Zweck in Einklang steht.[78] Es ist daher nach anderen Wegen aus der Richtlinienwidrigkeit zu suchen. Die PAngV ist eine Marktverhaltensregelung zum Schutze der Verbraucher iSd § 3a UWG (§ 4 Nr. 11 UWG aF).[79] Verstöße gegen die materiellen Bestimmungen der PAngV stellten daher regelmäßig auch eine Verletzung von § 4 Nr. 11 UWG aF / § 3a UWG dar (siehe nachfolgend Punkt E).[80] Unter dem Regierungsentwurf zur Änderung des § 4 (Nr. 11) UWG aF im Rahmen der UWG-Reform 2015[81] hätte es sich angeboten, dieses Problem über die dort vorgesehene *Vermutung* des Verstoßes gegen die fachliche Sorgfalt bzw. deren Widerlegung zu regeln. Der nach Beratung im Ausschuss in Kraft getretene § 3a UWG nF sieht eine solche Vermutung jedoch nicht (mehr) vor. Gleichwohl sind auch mit Blick auf den Rechtsbruchtatbestand des § 3a UWG zwei Ansatzpunkte denkbar, wie bei einem Verstoß gegen richtlinienwidrige Vorschriften der PAngV ein unlauteres Verhalten im Ergebnis verneint werden kann: Zum einen könnte die Relevanz bzw. Spürbarkeit verneint werden bei einem Verstoß gegen eine Norm der PAngV, soweit diese nicht in Einklang mit den vollharmonisierenden EU-Richtlinienvorgaben steht; und zwar allein schon deshalb, weil der europäische Normgeber die in Rede stehende geschäftliche Handlung nicht als unzulässig ansieht. Dies gilt besonders vor dem Hintergrund, dass § 3a UWG im Anwendungsbereich des § 5a Abs. 4 UWG europarechtskonform am Maßstab des Art. 7 UGP-Richtlinie auszulegen ist (dazu → Rn. 20). Alternativ könnte man dem Konflikt der PAngV mit den Richtlinienvorgaben nicht erst auf Relevanzebene (näher dazu sogleich), sondern bereits auf der Ebene des Unwertkriteriums der zweigliedrigen Lauterkeitsprüfung begegnen: Die Prüfung des Unwertkriteriums der Unlauterkeit im Rahmen des Rechtsbruchtatbestands ist zweistufig vorzunehmen, sodass ein aufgrund des Normtextes anzunehmender Verhaltensvorwurf in einem zweiten Schritt durch europäische Wertungen korrigiert werden kann, um zu einem europarechtskonformen Ergebnis zu gelangen. Denn auszugehen ist von einem einheitlichen unionsrechtlich geprägten Unlauterkeitsbegriff, der

---

[74] EuGH Urt. v. 26.9.2000 – C-443/98, EuZW 2001, 153 Rn. 48 ff. – Unilever Italia/Central Food.

[75] *Omsels* WRP 2013, 1286 (1287).

[76] Wie hier auch Ohly/Sosnitza/*Sosnitza* PAngV Einf. Rn. 14; zurückhaltend hinsichtlich einer Unanwendbarkeit einzelner Vorschriften der PAngV daher auch *Omsels* WRP 2013, 1286 (1287 ff.).

[77] BVerfG NJW 2012, 669 Rn. 44 mwN.

[78] EuGH Urt. v. 5.10.2004 – C-397/01, NJW 2004, 3547 Rn. 115 – Bernhard Pfeiffer ua/Deutsches Rotes Kreuz, Kreisverband Waldshut eV.

[79] BGH GRUR 2008, 84 Rn. 25 – Versandkosten; GRUR 2009, 1180 Rn. 24 – 0,00 Grundgebühr; GRUR 2010, 744 Rn. 25 – Sondernewsletter; GRUR 2012, 1159 Rn. 9 – Preisverzeichnis bei Mietwagenangebot; GRUR 2013, 186 Rn. 9 – Traum-Kombi; GRUR 2014, 576 Rn. 18 – 2 Flaschen GRATIS; KG MD 2012, 994 (995).

[80] Vgl. hinsichtlich § 3 UWG aF BGH GRUR 2008, 84 Rn. 25 – Versandkosten; GRUR 2010, 652 Rn. 11 – Costa del Sol; OLG Köln GRUR-RR 2007, 329. So auch schon zu § 1 UWG aF BGH GRUR 2003, 971 (972) – Telefonischer Auskunftsdienst; GRUR 2004, 435 (436) – FrühlingsgeFlüge.

[81] Vgl. BT-Drs. 18/4535, 6.

durch die einzelnen Unlauterkeitstatbestände konkretisiert wird. Insofern ist bei Vorliegen der Voraussetzungen des § 3a UWG eine Unlauterkeit nach dieser Vorschrift nur anzunehmen, wenn dies mit den unionsrechtlichen Vorschriften und Wertungen in Einklang steht. Bei einer richtlinienwidrigen Marktverhaltensregel kann hingegen kein Wettbewerbsverstoß angenommen werden. In diesem Fall ist das Vorliegen einer unlauteren geschäftlichen Handlung ausnahmsweise zu verneinen, selbst wenn der Tatbestand des § 3a UWG grundsätzlich erfüllt sein mag.[82] Eine dritte, von den Gerichten offensichtlich bevorzugte Lösung, stellt auf die Rechtsstaatlichkeit ab. Eine Norm (wie zB S 1 Abs. 4) mag gegen EU-Richtlinien verstoßen, mit der Folge, dass dem Einzelnen der Verstoß gegen diese nicht zum Vorwurf gemacht werden darf und daher nicht zu Unterlassungs- oder gar Schadensersatzansprüchen oder Ordnungswidrigkeiten führen kann. Umgekehrt darf es dem Einzelnen wegen Art. 20 Abs. 3 GG aber auch nicht zum Vorwurf gemacht werden, dass er sich an das weiterhin geltende nationale Recht hält.[83]

E. Verhältnis zum Wettbewerbsrecht

Auch das Verhältnis zwischen der PAngV und dem allgemeinen Wettbewerbsrecht ist aufgrund der unionsrechtlichen Vorgaben und Überlappungen kein einfaches: 18

Die PAngV ist eine **Marktverhaltensregelung** zum Schutze der Verbraucher iSd **§ 3a UWG** (§ 4 Nr. 11 UWG aF).[84] Die Neuregelung des Rechtsbruchtatbestands verlangt unmittelbar in § 3a UWG, dass der Verstoß geeignet ist, die Interessen von Verbrauchern, sonstigen Marktteilnehmern oder Mitbewerbern **spürbar** zu beeinträchtigen. Das galt auch schon nach altem Recht über den zentralen § 3 Abs. 1 UWG aF, sodass Bagatellverstöße nicht relevant waren.[85] An die **Wesentlichkeitsschwelle** waren und sind dabei keine allzu hohen Anforderungen zu stellen.[86] Denn was Preise und Preisangaben anbelangt, ist für die Wertung zu berücksichtigen, dass sowohl für die Anbieter- als auch für die Nachfrageseite der Preisgestaltung (und damit auch der Preisangabe) zentrale Bedeutung zukommt. Für die Verbraucher ist der Preis neben der Beschaffenheit und Qualität der Ware oder Leistung regelmäßig das entscheidende Kriterium für die Marktorientierung und die Bewertung der verschiedenen Angebote. Preisangaben und Preiswerbung haben daher häufig für die angesprochenen Verkehrskreise einen **besonders hohen Anlockeffekt.**[87] Bei Verstößen gegen die PAngV wird daher häufig von einer wesentlichen Beeinflussung auszugehen sein, da hierdurch die Möglichkeit des Preisvergleichs, der ein unerlässlicher Bestandteil wirtschaftlichen Wettbewerbs ist, erschwert wird.[88] Auch kann eine ernsthafte und konkret feststellbare Nachahmungsgefahr ein Überschreiten der Bagatellgrenze begründen.[89] Ver-

---

[82] Vgl. OLG Hamburg PharmR 2009, 40 (46) – Nichts hilft schneller zu § 4 Nr. 11 UWG aF; zustimmend *Omsels* WRP 2013, 1286 (1289).

[83] Vgl. OLG Schleswig, GRUR-RS 2020, 18624 Rn. 41 ff. Vgl. auch → Rn. 73 ff.

[84] BGH GRUR 2008, 84 Rn. 25 – Versandkosten; GRUR 2009, 1180 Rn. 24 – 0,00 Grundgebühr; GRUR 2010, 744 Rn. 25 – Sondernewsletter; GRUR 2012, 1159 Rn. 9 – Preisverzeichnis bei Mietwagenangebot; GRUR 2013, 186 Rn. 9 – Traum-Kombi; GRUR 2014, 576 Rn. 18 – 2 Flaschen GRATIS; KG MD 2012, 994 (995).

[85] BGH GRUR 2008, 442 Rn. 15 – Fehlerhafte Preisauszeichnung; GRUR 2011, 82 Rn. 27 – Preiswerbung ohne Umsatzsteuer.

[86] OLG Hamburg MMR 2007, 321; zu Einzelfragen der Erheblichkeit bei Verstößen gegen die PAngV *Willems* GRUR 2014, 734 (737 ff.).

[87] BGH GRUR 1995, 353 (354) – Super-Spar-Fahrkarten.

[88] Vgl. BGH GRUR 1997, 767 (770) – Brillenpreise II; GRUR 1999, 762 (763) – Herabgesetzte Schlussverkaufspreise; differenzierend GRUR 2001, 1166 (1168 f.) – Fernflugpreise.

[89] OLG Jena GRUR 2006, 246; aA *Köhler* GRUR 2005, 1 (5); Köhler/Bornkamm/Feddersen/*Köhler* UWG § 3a Rn. 1.109 ff.; für eine Berücksichtigung als Teil der Gesamtumstände, aber gegen ein Ausreichenlassen der Nachahmungsgefahr zur Überschreitung der Bagatellgrenze OLG Koblenz GRUR-RR 2007, 23 (24).

stöße gegen die materiellen Bestimmungen der PAngV stellen daher regelmäßig auch eine Verletzung von § 4 Nr. 11 UWG aF / § 3a UWG dar.[90]

19 Ein solches Ergebnis ist im Einzelfall auch aufgrund einer richtlinienkonformen Auslegung geboten. Werden nämlich Informationen vorenthalten, die das Unionsrecht als wesentlich einstuft (Art. 7 UGP-Richtlinie), so wurde auch das Erfordernis der Spürbarkeit ohne weiteres als erfüllt angesehen.[91] Hierbei ist zu beachten, dass § 5a Abs. 2 Anforderungen an die Angaben wesentlicher Informationen stellt – darunter gem. § 5a Abs. 3 Nr. 3 UWG auch Preisangaben – die auf Art. 7 Abs. 1, Abs. 4 lit. c UGP-Richtlinie zurückzuführen sind; die UGP-Richtlinie bezweckt eine Vollharmonisierung. Teilweise wird daraus ein genereller Vorrang des § 5a Abs. 2–4 UWG vor § 3a UWG hergeleitet.[92] Allerdings gewährt die UGP-Richtlinie in Art. 3 Abs. 4 anderen Rechtsvorschriften des Unionsrechts, die besondere Aspekte unlauterer Geschäftspraktiken regeln, den Vorrang. Zu diesen Regelungen zählen zB auch die Bestimmungen der Preisangabenrichtlinie, deren Anwendungsbereich sich allerdings auf Waren beschränkt. Infolgedessen kann die UGP-Richtlinie und mithin auch § 5a UWG mit Bezug auf Preisangaben bei **Waren,** die sich aus der Preisangabenrichtlinie ergeben, **keine Anwendung** finden.[93] Daher sind Verstöße gegen die Anforderungen der Preisangabenrichtlinie allein nach § 3a UWG zu beurteilen und nicht (auch) nach § 5a UWG.

20 Allerdings ist zu beachten, dass auch § 3a UWG einen **spürbaren** Verstoß erfordert. Und bei der Prüfung der Spürbarkeit greift der BGH wieder auf die Anforderungen zurück, die in § 5a Abs. 2 S. 1 Nr. 1 und Nr. 2 UWG festgelegt sind: Besteht der Verstoß gegen eine Marktverhaltensregelung darin, dass dem Verbraucher eine wesentliche Information vorenthalten wird, ist dieser Verstoß nicht ohne weiteres, sondern nur dann spürbar iSv § 3a UWG, wenn der Verbraucher die ihm vorenthaltene wesentliche Information je nach den Umständen benötigt, um eine informierte Entscheidung zu treffen, und deren Vorenthalten geeignet ist, den Verbraucher zu einer geschäftlichen Entscheidung zu veranlassen, die er andernfalls nicht getroffen hätte.[94] Das ist im Anwendungsbereich der UGP-Richtlinie folgerichtig und zwingend, denn wegen deren Vollharmonisierungsansatzes ist § 3a UWG hier – aber auch nur hier – im Lichte des Art. 7 UGP-Richtlinie auszulegen. Jedoch hat der BGH die aufgestellten Grundsätze in der Entscheidung *Kaffeekapseln* im Kontext von Preisangaben als wesentlichen Informationen uneingeschränkt übertragen. Das scheint zu dem vom EuGH und mittlerweile auch vom BGH angenommenen Vorrang der Regelungen zu Preisangaben in Art. 3 Preisangabenrichtlinie gegenüber Art. 7 Abs. 4 lit. c UGP-Richtlinie (dazu → Rn. 11) in Widerspruch zu stehen. Ein generelles Vorrangverhältnis würde umgangen, wendete man die Kriterien des Art. 7 Abs. 1 UGP-RL auf die Anforderungen an Preisangaben an, welche die Preisangabenrichtlinie und deren nationale Umsetzungsvorschriften statuieren. Zu beachten ist jedoch, dass der Vorrang nach der *Citroën/ZLW*-Entscheidung des EuGH hinsichtlich des in Verkaufsangeboten und Werbungen anzugebenden Verkaufspreises gilt; mithin allein für den Inhalt der Informationspflicht, nicht auch für die weiteren Anforderungen des Unlauterkeitstatbestands. Entsprechend erwähnt das Urteil lediglich Art. 7 Abs. 4 lit. c UGP-Richtlinie (der keiner Auslegung bedürfe), nicht hingegen die anderen Absätze der Vorschrift. Der Vorrang der Preisangabenrichtlinie iVm Art. 3 Abs. 4 UGP-RL gilt folglich nur gegenüber

---

[90] Vgl. hinsichtlich § 3 UWG aF BGH GRUR 2008, 84 Rn. 25 – Versandkosten; GRUR 2010, 652 Rn. 11 – Costa del Sol; OLG Köln GRUR-RR 2007, 329. So auch schon zu § 1 UWG aF BGH GRUR 2003, 971 (972) – Telefonischer Auskunftsdienst; GRUR 2004, 435 (436) – FrühlingsgeFlüge.

[91] BGH GRUR 2015, 1240 Rn. 46 – Der Zauber des Nordens; GRUR 2010, 852 Rn. 21 – Gallardo Spyder.

[92] OLG Frankfurt a. M. WRP 2018, 241 Rn. 22; Köhler/Bornkamm/Feddersen/*Köhler* UWG § 3a Rn. 1.18 f.; Köhler/Bornkamm/Feddersen/*Köhler* PAngV § 1 Rn. 24; Ohly/Sosnitza/*Ohly* UWG § 3a Rn. 8a, 30d.

[93] Vgl. EuGH Urt. v. 7.7.2016 – C-476/14, GRUR 2016, 945 Rn. 42 ff. – Citroën/ZLW; BGH GRUR 2017, 286 Rn. 15 – Hörgeräteausstellung.

[94] BGH GRUR 2019, 82 Rn. 31 – Jogginghosen; GRUR 2019, 641 Rn. 30 – Kaffeekapseln.

Art. 7 Abs. 4 UGP-RL.[95] Damit darf die lauterkeitsrechtliche Sanktionierung eines Verstoßes gegen die besonderen Vorgaben für Preisangaben in dem von der UGP-Richtlinie vollharmonisierten Bereich unter den Vorbehalt gestellt werden, dass die Voraussetzungen des § 5a Abs. 2 S. 1 Nr. 1 und Nr. 2 UWG erfüllt sind. Die Wertungen der in Bezug auf den Verkaufspreis vorrangigen spezifischen unionsrechtlichen Rechtsvorschriften der Preisangabenrichtlinie werden hierdurch nicht unterlaufen. Bei Nichtvorliegen der Anforderungen bleibt es bei den preisangabenrechtlichen Rechtsfolgen. Der BGH geht sogar noch einen Schritt weiter: Dass die Merkmale des § 5a Abs. 2 S. 1 Nr. 1 und Nr. 2 UWG zusätzlich zu prüfen sind, gelte nicht nur für Informationen, die das Unionsrecht als wesentlich einstuft, sondern erst recht, wenn dem Verbraucher eine unwesentliche Information vorenthalten wird.[96] Dem ist im Ergebnis zu folgen, soweit der Anwendungsbereich der UGP-Richtlinie eröffnet ist, da hier § 3a UWG im Lichte von Art. 7 der UGP-Richtlinie auszulegen ist, sodass über den Rechtsbruchtatbestand keine weitergehenden Informationspflichten begründet werden dürfen. Bei unwesentlichen Informationen dürfte jedoch auch nach allgemeinen Grundsätzen die Spürbarkeit zu verneinen sein.

Mit Bezug auf Preisangaben bei **Dienstleistungen** sowie bei sonstigen Anforderungen an Preisangaben kann letzten Endes nichts anderes gelten: Auch hier kann das Vorenthalten der geforderten Informationen nur dann einen Rechtsverstoß nach § 3a UWG begründen oder nach § 5a Abs. 2 UWG unlauter sein, wenn der Verbraucher die ihm vorenthaltene Information je nach den Umständen benötigt, um eine informierte Entscheidung zu treffen, und deren Vorenthalten geeignet ist, den Verbraucher zu einer geschäftlichen Entscheidung zu veranlassen, die er andernfalls nicht getroffen hätte. 21

Will ein Unternehmer sich darauf berufen, dass der Verbraucher eine ihm vorenthaltene wesentliche Information – abweichend vom Regelfall – nicht benötigt und dass ihn das Vorenthalten dieser Information nicht zu einer anderen Kaufentscheidung veranlassen kann, so trifft ihn insoweit eine sekundäre Darlegungslast.[97] Bei der Prüfung der besonderen Umstände, die eine Information entbehrlich machen, ist auf den Informationserfolg abzustellen; ist dieser auf anderem Wege bereits erreicht worden, ist das Vorenthalten der Information nicht geeignet, den Verbraucher zu einer geschäftlichen Entscheidung zu veranlassen, die er andernfalls nicht getroffen hätte.[98] 22

F. Verhältnis zum sonstigen Zivilrecht

I. Vertragsrecht

Die PAngV ist Teil des **formellen Preisrechts** bzw. **Preisordnungsrechts** und regelt ausschließlich die Art und Weise der Preisangabe, nicht aber die Preisgestaltung. Sie enthält keine Bestimmungen des materiellen Preisrechts (das die Zulässigkeit von bestimmten Preisen regelt), insbesondere kein **gesetzliches Verbot iSv § 134 BGB,** das – als Einschränkung der Vertragsfreiheit – Vereinbarungen untersagt, die auf unzureichend gekennzeichneten Angeboten beruhen.[99] Dementsprechend hat ein Verstoß gegen die PAngV, zB eine inkorrekte Preisauszeichnung der Ware, ein preisangabenrechtlich nicht zulässiger Preisänderungsvorbehalt oder eine sonst nicht den Anforderungen der PAngV genügende Preisangabe bei einem Vertragsangebot nicht ohne weiteres die Unwirksamkeit der davon betroffenen Klauseln oder gar die Gesamtnichtigkeit des Vertrags zur Folge.[100] Allerdings kann, zB bei der Gesamtwürdigung eines Verbraucherdarlehensvertrags nach § 138 BGB, 23

[95] Köhler/Bornkamm/Feddersen/*Köhler* UWG § 5a Rn. 5.1a.

[96] BGH GRUR 2019, 641 Rn. 30 – Kaffeekapseln; BeckRS 2019, 5642 Rn. 27.

[97] BGH GRUR 2019, 641 Rn. 31 – Kaffeekapseln; BeckRS 2019, 5642 Rn. 29; GRUR 2019, 82 Rn. 32 – Jogginghosen; kritisch *Büscher* WRP 2019, 1249 ff.

[98] BGH GRUR 2019, 746 Rn. 30 – Energieeffizienzklasse III.

[99] Vgl. BGH GRUR 1974, 416 (417) – Tagespreis; NJW 1979, 540 (541).

[100] BGH GRUR 1974, 416 (417); NJW 1979, 805 (807).

auch das Fehlen der in § 6 PAngV vorgeschriebenen Angabe des effektiven Jahreszinses ein zum Nachteil des Darlehensgebers zu berücksichtigender Einzelfaktor sein.[101] Ferner können die Bestimmungen der PAngV (bzw. die daran orientierte Praxis im Geschäftsverkehr) bei der **Auslegung von Willenserklärungen** und Vertragsklauseln von Relevanz sein (§§ 133, 157 BGB), weil es zB im Verhältnis zu Verbrauchern vorgeschrieben und üblich ist – und daher auch erwartet werden darf –, dass sich Preise als Gesamtpreise (einschließlich der Mehrwertsteuer) verstehen.[102] Dies kann bei Preisangaben, die sich offensichtlich an die Allgemeinheit richten, auch für die Auslegung gegenüber vorsteuerabzugsberechtigten Unternehmen gelten.[103] Zu beachten ist zudem Art. 6 Abs. 6 der Richtlinie 2011/83/EU, nach dem ein Verbraucher zusätzliche Kosten, die im E-Commerce nicht entsprechend den Vorgaben in der Richtlinie angegeben sind, nicht tragen muss.

II. § 823 Abs. 2 BGB; § 831 BGB

24 Die Bestimmungen der PAngV sind **keine Schutzgesetze** iSv § 823 Abs. 2 BGB.[104] Die Entlastungsmöglichkeit nach § 831 Abs. 1 S. 2 BGB ist ebenfalls nicht anwendbar; der Unternehmer haftet vielmehr auf Unterlassung gemäß § 8 Abs. 2 UWG für die Richtigkeit und Vollständigkeit von Preisangaben auch bei Versehen und Nachlässigkeiten von ansonsten zuverlässigen Mitarbeitern und Beauftragten, wie sie im Massengeschäft immer wieder vorkommen können; dies gilt für stationäre Händler genauso wie für Internetversandhändler.[105]

III. Art. 246 ff. EGBGB; §§ 66a ff. TKG

25 Zusätzlich bzw. zumeist vorrangig sind die Informationspflichten nach Art. 246, 246a, 246b, 247, 248 EGBGB zu beachten, wobei zahlreiche Querverweise bestehen. So verweist § 6b PAngV für Dispositionskredite auf § 504 BGB und Art. 247 § 3 Abs. 2 S. 3 EGBGB verweist auf § 6 PAngV. In den meisten Fällen ergänzt die PAngV die Regelungen des EGBGB,[106] allerdings sind die Anwendungsbereiche der jeweiligen Normen nicht immer deckungsgleich, so dass es stets auf den Einzelfall ankommt. So ist beispielsweise der Begriff des „Unternehmers" in Art. 2 Nr. 2 der Richtlinie 2011/83/EU und in § 312j BGB dem Wortlaut nach weitgehend gleich, als ausdrücklich neben den gewerblichen und geschäftlichen Tätigkeiten auch berufliche und handwerkliche erfasst werden. Zudem müssen Angaben „klar und verständlich" und „unmittelbar" vor der Bestellung gemacht werden.

26 Weitere **Sonderregelungen** enthalten §§ 66a ff. TKG für **Telekommunikationsdienstleistungen,** § 32 FahrlG für **Fahrschulen** und Art. 23 Abs. 1 der VO (EG) Nr. 1008/2008 für **Flugpreise.**

G. Verhältnis zum Strafrecht

27 Für das Verhältnis zum Strafrecht gelten keine Besonderheiten. Die PAngV selbst regelt in § 10 Ordnungswidrigkeiten, enthält aber keine Straftatbestände. Jedoch kann Verhaltensweisen, die nach der PAngV verboten sind, im Rahmen der Prüfung von allgemeinen Straftatbeständen, wie etwa Betrug, eine inzidentelle Wirkung zukommen, zB zur Beurteilung eines Vorsatzes zur Täuschung, wenn auf einer Webseite Angaben zur Kostenpflicht nur an versteckter Stelle gemacht werden.[107]

---

101 Vgl. BGH NJW 1979, 2089 (2091).
102 Köhler/Bornkamm/Feddersen/*Köhler* PAngV Vorb. Rn. 7.
103 OLG Zweibrücken GRUR-RR 2002, 306 (307) – Neu zum Gebrauchtpreis.
104 Ohly/Sosnitza/*Sosnitza* PAngV Einf. Rn. 30.
105 OLG Köln GRUR-RR 2013, 116 (118) – Versandhandelausreißer.
106 BGH GRUR 2010, 652 Rn. 15 – Costa del Sol zu § 4 BGB-InfoV.
107 BGH GRUR 2014, 886 Rn. 18 – Routenplaner.

H. Änderungen infolge der sog. Omnibus-Richtlinie

Die sog. **Omnibus-Richtlinie**[108], die von den Mitgliedstaaten bis zum 28. Mai 2022 umgesetzt werden muss und durch die sich aufgrund des Gesetzes zur Stärkung des Verbraucherschutzes im Wettbewerbs- und Gewerberecht[109] vor allem Änderungen im UWG ergeben, hat auch **Auswirkungen auf die Preisangabenverordnung.** Die Bundesregierung hat dazu kürzlich **eine Verordnung zur Novellierung der Preisangabenverordnung**[110] vorgelegt, mit dem Art. 2 der Omnibus-Richtlinie umgesetzt werden soll. Durch diesen Art. 2 wurde ein neuer Art. 6a in die **Preisangaben-RL**[111] eingefügt und Art. 8 neu gefasst. Die deutschen Neuregelungen sollen nach dem PAngV-E nunmehr in **§§ 4, 11 und 20 PAngV-E** getroffen werden. Die Regelung zu **personalisierten Preisen** aus Art. 4 Nr. 4 der Omnibus-Richtlinie, mit dem Art. 6 Abs. 1 der Verbraucherrechte-Richtlinie geändert wird, soll hingegen in **Art. 246a EGBGB** aufgenommen werden.[112] **28**

Gemäß § 11 PAngV-E soll die Regelung aus Art. 6a Preisangaben-RL umgesetzt werden, wonach **bei jeder Bekanntgabe einer Preisermäßigung** der **vorherige Preis anzugeben** ist. „Vorheriger Preis" meint dabei den niedrigsten Gesamtpreis, den der Händler innerhalb der letzten 30 Tage vor der Anwendung der Preisermäßigung angewandt hat (§ 11 Abs. 1 PAngV-E). Der Entwurf übernimmt damit die in der Omnibus-Richtlinie vorgesehene Mindestfrist. Für den Fall, dass die Ware vor Bekanntgabe der Preisermäßigung weniger als 30 Tage zum Verkauf angeboten wurde, soll der **niedrigste Gesamtpreis** anzugeben sein, den der Händler von Verbrauchern gefordert hat, seit er die Ware anbietet (§ 11 Abs. 2 PAngV-E). Bei einer schrittweisen Preisermäßigung kann nach § 11 Abs. 2 PAngV-E der niedrigste Gesamtpreis angegeben werden, den der Händler vor Beginn der schrittweisen Ermäßigung angewendet hat. **29**

Ausweislich der Begründung des Regierungsentwurfs[113] soll der neue § 11 dann gelten, wenn Händler **Preisermäßigungen** (auch prozentuale) **für konkrete, einzelne Produkte aus ihrem Sortiment** angeben bzw. **zu Werbezwecken nutzen,** und zwar unabhängig davon, ob die Preisermäßigung durch den Händler selbst oder durch einen von ihm beauftragten Dritten erfolgt. Dies soll sowohl für den stationären als auch für den Online-Handel gelten. Dadurch soll verhindert werden, dass Händler durch ein kurzzeitiges Anheben der Preise den Anschein besonders günstiger Preise erwecken. Die Vorschrift soll lt. Begründung des Regierungsentwurfs hingegen **nicht gelten** für allgemeine Preisaussagen, für Einführungspreise, für Werbung mit Drauf- bzw. Dreingaben oder Rabatte aufgrund von Loyalitätsprogrammen. **30**

---

108 Richtlinie (EU) 2019/2161 des Europäischen Parlamentes und des Rates vom 27. November 2019 zur Änderung der Richtlinie 93/13/EWG des Rates und der Richtlinien 98/6/EG, 2005/29/EG und 2011/83/EU des Europäischen Parlaments und des Rates zur besseren Durchsetzung und Modernisierung der Verbraucherschutzvorschriften der Union.

109 Vgl. dazu das Gesetz zur Stärkung des Verbraucherschutzes im Wettbewerbs- und Gewerberecht v. 10.8.2021 (BGBl. I S. 3504).

110 BMWi, Regierungsentwurf einer Verordnung zur Novellierung der Preisangabenverordnung, BR-Drs. 669/21 vom 25.8.2021. Vgl. dazu → UWG § 5 Rn. 755a.

111 Richtlinie 98/6/EG des Europäischen Parlaments und des Rates vom 16. Februar 1998 über den Schutz der Verbraucher bei der Angabe der Preise der ihnen angebotenen Erzeugnisse.

112 Vgl. dazu den Regierungsentwurf zur Änderung des Bürgerlichen Gesetzbuchs und des Einführungsgesetzes zum Bürgerlichen Gesetzbuche in Umsetzung der EU-Richtlinie zur besseren Durchsetzung und Modernisierung der Verbraucherschutzvorschriften der Union und zur Aufhebung der Verordnung zur Übertragung der Zuständigkeit für die Durchführung der Verordnung (EG) Nr. 2006/2004 auf das Bundesministerium der Justiz und für Verbraucherschutz, S. 8. Die Verortung im EGBGB statt in der Preisangabenverordnung ist auch folgerichtig, da die Preisangabenverordnung nur Bestimmungen zur Angabe von Preisen, nicht aber solche zur Preisbildung enthält (Ohly/Sosnitza/*Sosnitza,* PAngV Einführung Rn. 1).

113 BMWi, Referentenentwurf einer Verordnung zur Novellierung der Preisangabenverordnung, S. 42 ff.

31 In § 11 Abs. 4 Nr. 2 PAngV-E macht die Bundesregierung von der Möglichkeit einer **Sonderregelung** für die Preisangabe bei Preisermäßigungen **für schnell verderbliche oder kurz haltbare Waren** gem. Art. 6a Abs. 3 Preisangaben-RL Gebrauch. Danach ist bei solchen Waren keine Angabe eines neuen Grundpreises erforderlich, wenn der geforderte Gesamtpreis wegen einer drohenden Gefahr des Verderbs oder eines drohenden Ablaufs der Haltbarkeit herabgesetzt wird und dies in geeigneter Weise kenntlich gemacht wird. Auch für die individuelle Preisermäßigung wird in § 11 Abs. 4 PAngV-E eine Ausnahme statuiert.

32 In Übereinstimmung mit Art. 8 der Preisangaben-RL wird in § 20 Abs. 2 Nr. 1 PAngV-E ein neuer Ordnungswidrigkeitentatbestand für den Verstoß gegen § 11 PAngV-E aufgenommen.

33 Zudem sieht der Entwurf eine **grundsätzliche Umstrukturierung der PAngV** vor und will dadurch die Unübersichtlichkeit der gegenwärtig geltenden Verordnung beseitigen. Zugleich will er dem **Anpassungs- und Klarstellungsbedarf** nachkommen, der sich in den letzten Jahren durch diverse **Gerichtsurteile** insbesondere aufgrund europarechtlicher Vorgaben ergeben hat. Dazu gehört zum Beispiel und vor allem die Klärung der Frage, ob **rückerstattbare Sicherheiten** (im Volksmund: **Flaschenpfand**) in den Gesamtpreis einzubeziehen sind, vgl. § 7 RefE-PAngV.[114]

34 Bei Redaktionsschluss dieser Auflage stand die Zustimmung des Bundesrates zum Entwurf der Bundesregierung noch aus.

§ 1 Grundvorschriften

(1) [1]**Wer Verbrauchern gemäß § 13 des Bürgerlichen Gesetzbuchs gewerbs- oder geschäftsmäßig oder wer ihnen regelmäßig in sonstiger Weise Waren oder Leistungen anbietet oder als Anbieter von Waren oder Leistungen gegenüber Verbrauchern unter Angabe von Preisen wirbt, hat die Preise anzugeben, die einschließlich der Umsatzsteuer und sonstiger Preisbestandteile zu zahlen sind (Gesamtpreise).** [2]**Soweit es der allgemeinen Verkehrsauffassung entspricht, sind auch die Verkaufs- oder Leistungseinheit und die Gütebezeichnung anzugeben, auf die sich die Preise beziehen. Auf die Bereitschaft, über den angegebenen Preis zu verhandeln, kann hingewiesen werden, soweit es der allgemeinen Verkehrsauffassung entspricht und Rechtsvorschriften nicht entgegenstehen.**

(2) [1]**Wer Verbrauchern gewerbs- oder geschäftsmäßig oder wer ihnen regelmäßig in sonstiger Weise Waren oder Leistungen zum Abschluss eines Fernabsatzvertrages anbietet hat zusätzlich zu Abs. 1 und § 2 Absatz 2 anzugeben,**

1. **dass die für Waren oder Leistungen geforderten Preise die Umsatzsteuer und sonstige Preisbestandteile enthalten und**
2. **ob zusätzlich Fracht-, Liefer- oder Versandkosten oder sonstige Kosten anfallen.**

[2]**Fallen zusätzlich Liefer- und Versandkosten an, so ist deren Höhe anzugeben, soweit diese Kosten vernünftigerweise im Voraus berechnet werden können.**

(3) [1]**Bei Leistungen können, soweit es üblich ist, abweichend von Absatz 1 Satz 1 Stundensätze, Kilometersätze und andere Verrechnungssätze angegeben werden, die alle Leistungselemente einschließlich der anteiligen Umsatzsteuer enthalten.** [2]**Die Materialkosten können in die Verrechnungssätze einbezogen werden.**

(4) **Wird außer dem Entgelt für eine Ware oder Leistung eine rückerstattbare Sicherheit gefordert, so ist deren Höhe neben dem Preis für die Ware oder Leistung anzugeben und kein Gesamtbetrag zu bilden.**

(5) **Die Angabe von Preisen mit einem Änderungsvorbehalt ist abweichend von Absatz 1 Satz 1 nur zulässig**

---

[114] Vgl. dazu → § 1 Rn. 72 ff.

1. **bei Waren oder Leistungen, für die Liefer- oder Leistungsfristen von mehr als vier Monaten bestehen, soweit zugleich die voraussichtlichen Liefer- und Leistungsfristen angegeben werden,**
2. **bei Waren oder Leistungen, die im Rahmen von Dauerschuldverhältnissen erbracht werden.**

(6) **Der in der Werbung, auf der Webseite oder in Prospekten eines Reiseveranstalters angegebene Reisepreis kann abweichend von Absatz 1 Satz 1 nach Maßgabe des § 651d Absatz 3 Satz 1 des Bürgerlichen Gesetzbuchs und des Artikels 250 § 1 Absatz 2 des Einführungsgesetzes zum Bürgerlichen Gesetzbuche geändert werden.**

(7) **[1]Die Angaben nach dieser Verordnung müssen der allgemeinen Verkehrsauffassung und den Grundsätzen von Preisklarheit und Preiswahrheit entsprechen. [2]Wer zu Angaben nach dieser Verordnung verpflichtet ist, hat diese dem Angebot oder der Werbung eindeutig zuzuordnen sowie leicht erkennbar und deutlich lesbar oder sonst gut wahrnehmbar zu machen. [3]Bei der Aufgliederung von Preisen sind die Gesamtpreise hervorzuheben.**

Übersicht

A. Allgemeines, unionsrechtliche Vorgaben

1 § 1 ist die **Grundnorm** der PAngV und des Preisangabenrechts insgesamt. Die in Abs. 1 enthaltene Regelung der **Gesamtpreisangabe** gegenüber Verbrauchern ist die zentrale Pflicht der PAngV. Die weiteren Vorschriften in den folgenden Absätzen sowie in §§ 2–8 sind grundsätzlich nur anwendbar, wenn die in § 1 Abs. 1 S. 1 normierten Tatbestandsvoraussetzungen gegeben sind.[1] Abs. 2–6 enthalten Einzelbestimmungen zu den Modalitäten der Preisangaben und bestimmte Ausnahmen. Neben Abs. 1 ist insbesondere noch Abs. 6 S. 1 von besonderer Bedeutung. Er bestimmt, dass alle Angaben nach der PAngV sowohl der **allgemeinen Verkehrsauffassung** als auch den **Grundsätzen von Preisklarheit und Preiswahrheit** entsprechen müssen.

2 Soweit nicht spezielle Richtlinien oder Verordnungen gelten, wie zB die unmittelbar und vorrangig geltende Luftverkehrsdiensteverordnung (→ Einf. Rn. 9 f.), ergeben sich **unionsrechtliche Vorgaben** aus Art. 7 Abs. 4 lit. c UGP-RL sowie für Waren aus der Preisangabenrichtlinie und für Dienstleistungen aus der Dienstleistungsrichtlinie, wobei allerdings im Hinblick auf die abschließende Harmonisierung und die Verfallsklausel des § 3 Abs. 5 UGP-RL nach dem 12.6.2013 genau zu prüfen ist, durch welche Regelung und in welchem Umfang die Regelungen des § 1 PAngV durch die Richtlinien gedeckt sind oder jedenfalls richtlinienkonform ausgelegt werden können (→ Einf. Rn. 11 ff.). Soweit Regelungen in § 1 PAngV im Anwendungsbereich der UGP-RL auch nach richtlinienkonformer Auslegung strengere Anforderungen aufstellen als Art. 7 Abs. 4 UGP-RL und nicht auf privilegierte Regelungen in vorrangigen anderen Bestimmungen des Unionsrechts (wie zB der Luftverkehrsdiensteverordnung oder der Preisangabenrichtlinie) sondern

[1] AllgM, zB *Wenglorz* in Fezer/Büscher/Obergfell UWG S 14 Rn. 82.

nur auf Mindestanpassungsklauseln im Unionsrecht zurückzuführen sind, kann aus ihnen gem. Art. 3 Abs. 5 UGP-RL kein Wettbewerbsverstoß mehr abgeleitet werden. Insbesondere die Tatbestände des Anbietens von Leistungen sowie der Werbung für Waren oder Leistungen unter Angabe von Preisen sind daher richtlinienkonform auszulegen.

B. Pflicht zur Angabe der Gesamtpreise (Abs. 1)

I. Grundvoraussetzungen und Verhältnis zum Unionsrecht

1. Grundvoraussetzungen. Abs. 1 S. 1 ist die zentrale Vorschrift des Preisangabenrechts. Sie enthält die **Pflicht zur Angabe des Gesamtpreises gegenüber Verbrauchern,** soweit Waren oder Leistungen **angeboten** oder **unter Angabe von Preisen beworben** werden. Die Tatbestandsmerkmale der Vorschrift sind bewusst weit gefasst. Die PAngV zielt darauf ab, sämtliche Geschäftsanbahnungen gegenüber Verbrauchern zu erfassen. Aus dieser Vorschrift ergeben sich bei genauer Betrachtung zwei Pflichten: Zum einen besteht unter den Tatbestandsvoraussetzungen der Norm eine **Verpflichtung zur (Gesamt-)Preisangabe.** Wer also Verbrauchern Waren oder Leistungen anbietet, ist zur Angabe eines Preises verpflichtet. In diesen Fällen ist es nicht in das Belieben von Anbietern gestellt, ob sie überhaupt einen Preis angeben oder nicht.[2] Wenn also ein Angebot für eine Ware iSv Abs. 1 S. 1 vorliegt, kann man sich der Pflicht zur Angabe des Gesamtpreises nicht durch einen Hinweis wie *„Preis auf Anfrage"* entziehen.[3] Zum anderen muss unter den Voraussetzungen des Abs. 1 S. 1 nicht irgendein Preis, sondern der **Gesamtpreis** (vormals als **„Endpreis"** bezeichnet) angegeben werden. 3

2. Verhältnis zum Unionsrecht. Genau betrachtet umfasst der Tatbestand des Abs. 1 S. 1 PAngV somit vier Varianten: 1. Das Angebot einer Ware. 2. Die Werbung für eine Ware unter Angabe von Preisen. 3. Das Angebot einer Leistung. 4. Die Werbung für eine Leistung unter Angabe von Preisen. Das Unionsrecht spiegelt die vier Varianten des deutschen Rechts nicht ohne weiteres wieder. **Art. 7 Abs. 4 lit. c UGP-RL** regelt nur die Angabe des Preises einschließlich aller Steuern und Abgaben bei einer **„Aufforderung zum Kauf".** Nach der Rechtsprechung des EuGH,[4] die der BGH übernimmt mit dem Hinweis, dass dieser Begriff nicht restriktiv ausgelegt werden darf,[5] liegt eine solche Aufforderung vor, wenn der Verkehr über das beworbene Produkt[6] und dessen Preis hinreichend informiert ist, um eine geschäftliche Entscheidung treffen zu können, ohne dass die kommerzielle Kommunikation auch eine tatsächliche Möglichkeit bieten muss, das Produkt zu kaufen oder dass sie im Zusammenhang mit einer solchen Möglichkeit steht. Dabei wird auch der Begriff der geschäftlichen Entscheidung weit ausgelegt als jede Entscheidung eines Verbrauchers darüber, ob, wie und unter welchen Bedingungen er einen Kauf tätigen will (Art. 2 lit. k UGP-RL), einschließlich der mit der Entscheidung über den Erwerb oder Nichterwerb eines Produkts unmittelbar zusammenhängenden Entscheidungen wie zB das Betreten eines Geschäfts.[7] **Art. 3 der Preisangabenrichtlinie** regelt in Abs. 1 bei Erzeugnissen, die im Sinne von Art. 1 *angeboten* werden, die Angabe des Verkaufspreises. Für die Werbung gibt es eine entsprechende Verpflichtung nicht, allerdings erwähnt die Preisangabenrichtlinie in Art. 3 Abs. 4 eine Werbung, bei der der Verkaufspreis genannt ist. 4

[2] Vgl. OLG Düsseldorf WRP 2001, 291; LG Landau/Pfalz MD 1997, 801 (804).

[3] Anders sieht es nunmehr allerdings mit Bezug auf *Leistungen* aus, bei denen nach Art. 22 Abs. 3 lit. a Dienstleistungsrichtlinie ein Preis erst auf Anfrage mitgeteilt werden muss, wenn dieser Preis noch nicht im Vornhinein festgelegt wurde; dazu nachfolgend → Rn. 2.

[4] EuGH Urt. v. 12.5.2011 – C-122/10, GRUR 2011, 930 Rn. 33 und 49 – Ving Sverige.

[5] ZB BGH GRUR 2016, 516 Rn. 28 – Wir helfen im Trauerfall; ebenso BGH GRUR 2015, 1240 Rn. 37 – Der Zauber des Nordens; GRUR 2014, 580 Rn. 12 – Alpenpanorama im Heißluftballon.

[6] Darunter fällt gem. Art. 2 lit. c UGP-RL jede Ware oder Dienstleistung.

[7] EuGH Urt. v. 19.12.2013 – C-281/12, GRUR 2014, 196 Rn. 36 – Trento Sviluppo; BGH GRUR 2016, 516 Rn. 28 – Wir helfen im Trauerfall.

Generalanwalt Mengozzi folgerte daraus in seinen Schlussanträgen in Sachen *Citroën/ZLW*, dass es nach dem Unionsrecht keine Verpflichtung zur Angabe eines Endpreises bei der Werbung für Erzeugnisse gebe. Der EuGH ist dem jedoch nicht gefolgt, sondern hat ua unter Hinweis auf Art. 3 Abs. 4 entschieden, dass die Preisangabenrichtlinie auch für bestimmte Aspekte der Werbung, in der ein Verkaufspreis genannt wird, gilt.[8] Für **Dienstleistungen** regelt **Art. 22 der Dienstleistungsrichtlinie** ein differenziertes Geflecht unterschiedlicher Angaben, je nachdem ob der Preis für eine Dienstleistung bereits im Voraus festgelegt wurde oder nicht. Die Regelung des § 1 Abs. 1 S. 1 PAngV geht, soweit sie das Anbieten von und das Werben unter Angabe von Preisen für Leistungen betrifft, über den Regelungsgehalt des Art. 22 Dienstleistungsrichtlinie hinaus, da dem Dienstleistungserbringer in Abs. 2 mehrere Möglichkeiten eingeräumt werden, wie er die Informationen nach Abs. 1 lit. i zur Verfügung stellen kann. Wurde der Preis nicht von vornherein festgelegt, ist er zudem gemäß Art. 22 Abs. 3 lit. a Dienstleistungsrichtlinie vom Dienstleister nur auf Anfrage mitzuteilen. Die Regelung im deutschen Recht konnte in der Vergangenheit über die Mindestanpassungsklausel des Art. 22 Abs. 5 Dienstleistungsrichtlinie beibehalten bleiben. Seit dem 13.6.2013 ist das hingegen nicht mehr möglich, sofern man davon ausgeht, dass der Vorrang der UGP-Richtlinie nach deren Art. 3 Abs. 5 auch für zeitlich später erlassene Mindestangleichungsklauseln gilt (was umstritten ist, vgl. → Einf. Rn. 12).

5 Eine (theoretisch) einfache Lösung, um die Regelungen des deutschen Rechts auch weiterhin beizubehalten, wäre die **richtlinienkonforme Auslegung** aller vier og Varianten unter den Begriff **„Aufforderung zum Kauf"** iSv Art. 7 Abs. 4 UGP-RL, was angesichts der weiten Definition des Begriffs durch den EuGH durchaus naheliegt.[9] Und tatsächlich hatte der BGH in der Entscheidung „DER NEUE" im September 2013 den Begriff des „Angebots von Waren" in § 1 Abs. 1 PAngV noch in Übereinstimmung mit Art. 7 Abs. 4 UGP-RL („Aufforderung zum Kauf") ausgelegt.[10] In der Entscheidung „Preis zzgl. Überführungskosten" im Jahr 2014 betonte er hingegen, dass die Regelungen der Preisangabenrichtlinie – soweit sie die Angabe des Verkaufspreises bei Erzeugnissen zum Gegenstand haben – gegenüber Art. 7 Abs. 4 UGP-RL vorrangig seien, und legte dem EuGH die Frage vor, ob eine Werbung für ein Erzeugnis unter Angabe des dafür zu zahlenden Preises ein Anbieten iSd Art. 1 der Preisangabenrichtlinie darstellt.[11] Der EuGH bestätigte, dass die Preisangabenrichtlinie eine gegenüber Art. 7 Abs. 4 UGP-Richtlinie vorrangige Spezialregelung sei.[12] Das betrifft insbesondere eine Werbung für Waren, in der kumulativ Folgendes genannt wird: die Besonderheiten der Ware; ein Preis, der aus Sicht eines normal informierten, angemessen aufmerksamen und verständigen Durchschnittsverbrauchers dem Verkaufspreis gleichkommt; sowie ein Datum, bis zu dem das „Angebot" des Gewerbetreibenden gültig bleibt.[13] In diesem Fall unterliegt die Preisangabe für Waren (allein) den Anforderungen der Preisangabenrichtlinie; auf die vom BGH hilfsweise gefragte Auslegung von Art. 7 Abs. 4 der UGP-RL ging der EuGH daher nicht mehr ein. Jedoch ist diese Aufzählung keinesfalls abschließend. Auch unter anderen Umständen kann der Verbraucher eine Werbung für Waren unter Angabe eines Preises als ein „Angebot" eines

[8] EuGH Urt. v. 7.7.2016 – C-476/14, GRUR 2016, 945 Rn. 29 – Citroën/ZLW.

[9] AA Büscher/*Schilling* PAngV § 1 Rn. 16; Köhler/Bornkamm/Feddersen/*Köhler* PAngV § 1 Rn. 6, 9, der hier nicht mehr den Begriff der „Aufforderung zum Kauf" heranzieht, da in Bezug auf Waren die Preisangabenrichtlinie vorgehe und für Dienstleistungen eine richtlinienkonforme Auslegung ausscheide, da § 1 Abs. 1 S. 1 PAngV nicht der Umsetzung des Art. 7 Abs. 4 lit. c UGP-RL diene und § 5a Abs. 3 Nr. 3 UWG ihm daher vorgehe. Dagegen lässt OLG Stuttgart NJW-RR 2018, 1313 Rn. 12 die parallele Anwendbarkeit ausdrücklich offen.

[10] BGH GRUR 2014, 403 Rn. 8 – DER NEUE.

[11] BGH GRUR 2014, 1208 Rn. 17 ff. – Preis zzgl. Überführung. Ähnlich *Goldberg* WRP 2013, 1561 (1562 f.); aA *Köhler* WRP 2013, 723 (725 f.).

[12] EuGH Urt. v. 7.7.2016 – C-476/14, GRUR 2016, 945 Rn. 42 ff. – Citroën/ZLW.

[13] EuGH Urt. v. 7.7.2016 – C-476/14, GRUR 2016, 945 Rn. 30 – Citroën/ZLW.

Gewerbetreibenden für ein Produkt verstehen, für das dann auch ein Gesamtpreis anzugeben ist.

Für das Anbieten oder die Preiswerbung für ***Leistungen*** geht hingegen kein Weg an einer richtlinienkonformen Auslegung gemäß Art. 7 Abs. 4 UGP-Richtlinie vorbei,[14] um zu vermeiden, dass es sich um eine ansonsten strengere oder restriktivere Regelung handelt, die der Ausschlussregelung des Art. 3 Abs. 5 UGP-RL unterfällt. Besonderheiten gelten für Flugpreise: Hier besteht die Pflicht zur Angabe von Gesamtpreisen unter Geltung von Art. 23 LuftverkehrsdiensteVO bereits bei einer bloßen **„Veröffentlichung" von Flugpreisen** (→ Einf. Rn. 15). 5a

II. Verbraucher (vormals: „Letztverbraucher")

→ Einf. Rn. 6. Maßgeblich ist nicht mehr das Geschäft mit dem „Letztverbraucher", sondern mit einem Verbraucher iSv § 13 BGB. Nach bisherigem Verständnis war im Bereich der **Leistungen** Letztverbraucher derjenige, der die Leistung **unmittelbar in Anspruch nahm** bzw. dem die **Leistung oder ihr Ergebnis unmittelbar zugutekam.** Bei **Waren war Letztverbraucher jeder, der die Ware erwarb, ohne** sie **weiterverkaufen** oder im Wege der **Be- oder Verarbeitung** weiterveräußern oder sonst wie umsetzen zu wollen, sondern um sie **für sich zu verwenden.**[15] Der Letztverbraucher erwarb die Ware also zum eigenen Gebrauch oder zum Verbrauch ohne Weiterveräußerung (vgl. auch → § 9 Rn. 4). Die PAngV galt nicht für Angebote und Werbung unter Angabe von Preisen gegenüber Herstellern, Importeuren, Groß- und Einzelhändlern, soweit sie nicht als Letztverbraucher in diesem Sinne angesprochen wurden. Wegen der Ausnahmevorschrift in § 9 Abs. 1 Nr. 1 fand die PAngV jedoch letztlich nur gegenüber **privaten Letztverbrauchern** Anwendung (näher → § 9 Rn. 3 ff.). Mit dem Verweis auf § 13 BGB hat sich das im Ergebnis nicht geändert. Zwar ist nicht mehr maßgeblich, ob der Verbraucher die Ware oder Leistung weiter umsetzen oder nur für sich verwenden will. Maßgeblich ist vielmehr, ob das Geschäft zu einem Zweck abgeschlossen werden soll, der **nicht überwiegend** der **gewerblichen oder selbständigen beruflichen Tätigkeit** des Werbeadressaten zugerechnet werden kann. Gegenüber Importeuren, Groß- und Einzelhändlern bewirkt das mit Bezug auf Handelsware im Ergebnis aber keinen Unterschied, weil diese keine Verbrauchergeschäfte iSv § 13 BGB tätigen. Bei sog. Dual-Use Verträgen kommt es darauf an, welcher Zweck überwiegt. Das entspricht möglicherweise nicht der ursprünglichen Konzeption der PAngV – wie insbesondere die Ausnahmeregelung in § 9 Abs. 1 Nr. 1 PAngV vermuten lässt – war aber aufgrund der Vorgaben in der Verbraucherrechterichtlinie (Speziell Erwägungsgrund 17) auch schon seit längerem zu beachten. Ob sich ein Angebot oder eine Werbung nur an Wiederverkäufer, Gewerbetreibende oder sonstige Unternehmer oder zumindest auch an Verbraucher richtet, ist dabei aus der Sicht der Adressaten der Werbung zu beurteilen. Es kommt nicht darauf an, an welchen Abnehmerkreis der Werbende die Anzeige richten wollte.[16] Bei Internetangeboten, die für jedermann zugänglich sind, ist daher davon auszugehen, dass sie zumindest auch Verbraucher ansprechen, wenn sie nicht eindeutig und unmissverständlich eine Beschränkung auf Unternehmer enthalten.[17] 6

---

[14] So auch BGH GRUR 2015, 1240 Rn. 37 – Der Zauber des Nordens.; GRUR 2016, 516 Rn. 28 – Wir helfen im Trauerfall; OLG Dresden MMR 2016, 823 Rn. 14 ff.; Büscher/*Schilling* PAngV § 1 Rn. 24; aA Köhler/Bornkamm/Feddersen/*Köhler* PAngV § 1 Rn. 9.

[15] BGH GRUR 2011, 82 Rn. 23 – Preiswerbung ohne Umsatzsteuer; GRUR 1974, 474 (475) – Großhandelshaus; BGHZ 70, 18 (34) – Metro I.

[16] BGH GRUR 2011, 82 Rn. 23 – Preiswerbung ohne Umsatzsteuer; GRUR 1990, 617 (623) – Metro III.

[17] BGH GRUR 2011, 82 Rn. 23 – Preiswerbung ohne Umsatzsteuer.

III. Gewerbs- oder geschäftsmäßig oder regelmäßig in sonstiger Weise

7 Auf **Anbieterseite** setzt die Anwendung der PAngV ein **gewerbs- oder geschäftsmäßiges** Handeln oder ein Handeln **„regelmäßig in sonstiger Weise"** voraus. Nicht in den Anwendungsbereich der PAngV fallen namentlich rein privates Handeln und innerbetriebliche Vorgänge.[18] **Gewerbsmäßig** handelt, wer sich bei seinem Handeln von der **Absicht** leiten lässt, **durch wiederholte Tätigkeit dauernd Gewinn von einigem Umfang zu erzielen.**[19] Ob es sich um eine Haupt- oder Nebentätigkeit handelt, spielt keine Rolle. Erfasst werden alle Tätigkeiten in Gewinnerzielungsabsicht, gleich, ob es sich um eine private oder um eine wirtschaftliche Betätigung der öffentlichen Hand handelt. **Geschäftsmäßig** iSd PAngV handelt, wer bestimmte Geschäftsabschlüsse mit einer gewissen **Regelmäßigkeit** tätigt oder dies wenigstens beabsichtigt, und diese Tätigkeit dadurch zu einem **dauernden oder wenigstens zu einem wiederkehrenden Bestandteil seiner Beschäftigung** macht.[20] Ein geschäftsmäßiges Handeln in diesem Sinn setzt allerdings keine Gewinnerzielungsabsicht voraus.[21] Nicht erfasst werden also einmalige oder seltene, ganz unregelmäßige Vorgänge, zB der Verkauf eines Eigenheims oder Privatfahrzeugs durch eine Privatperson. Im Ergebnis nähert man sich somit dem Begriff der geschäftlichen Handlung gem. § 2 Abs. 1 Nr. 1 UWG an. Bei **„regelmäßig in sonstiger Weise"** handelt es sich um einen Auffangtatbestand, dem angesichts der weiten Begriffe „gewerbsmäßig" und „geschäftsmäßig" kaum praktische Bedeutung zukommt. Unter diesen Begriff lassen sich im Regelfall allerdings auch Angebote subsumieren, die von einem „Unternehmer" iSv Art. 2 Nr. 2 Verbraucherrechterichtlinie in Ausübung seiner beruflichen oder handwerklichen Tätigkeit gemacht werden.

IV. Waren oder Leistungen

8 **1. Waren.** Der Begriff ist im Interesse einer umfassenden Anwendbarkeit der Vorschrift weit auszulegen. „Waren" sind **alle verkehrsfähigen Wirtschaftsgüter,**[22] also nicht nur Sachen iSv § 90 BGB, sondern **auch unkörperliche Gegenstände** (zB elektrische Energie, Betriebsgeheimnisse, Goodwill), Immobilien wie Grundstücke und Eigentumswohnungen,[23] Software,[24] gewerbliche Schutzrechte (zB Patente, Marken) und andere immaterielle Güter und übertragbare Rechte (zB urheberrechtliche Nutzungsrechte). Erfasst werden auch Hörgeräte oder andere Produkte, selbst wenn der zu zahlende Preis sich regelmäßig erst am Ende eines Anpassungsprozesses ergibt.[25] Allgemein ausgedrückt umfasst der Warenbegriff jeden wirtschaftlich eigenständigen Wert, der im Geschäftsverkehr Gegenstand von entgeltlichen Umsatzgeschäften sein kann.[26] Für die Zukunft ist zur richtlinienkonformen Auslegung des Begriffs auch und vor allem die Rechtsprechung des EuGH zum Begriff „Produkt" in Art. 2 lit. c UGP-Richtlinie, der allerdings neben Waren auch Dienstleistungen umfasst, zu beachten.

9 **2. Leistungen.** Auch dieser Begriff ist weit zu verstehen und zukünftig richtlinienkonform entsprechend der jeweils relevanten Richtlinie, insbesondere der Dienstleistungsrichtlinie auszulegen. Er erfasst **alle geldwerten und wirtschaftlich verwertbaren Leistun-**

[18] Vgl. Ohly/Sosnitza/*Sosnitza* PAngV Einf. Rn. 24.
[19] Vgl. BGHZ 49, 258 (260) sowie BGHSt 19, 63 (76); BGH MDR 1975, 725.
[20] Vgl. OLG München WRP 1983, 705.
[21] Vgl. *Gimbel/Boest,* Die neue Preisangabenverordnung, 1985, § 1 Anm. 4.
[22] Vgl. zB GK/*Peukert* 2. Aufl. UWG § 2 Rn. 115 ff. mwN u. Bsp.
[23] BGH GRUR 1982, 493 (494) – Sonnenring; GRUR 1983, 665 (666) – qm-Preisangaben I.
[24] Vgl. BGH GRUR 1985, 1055 – Datenverarbeitungsprogramme als „Ware"; GRUR 1990, 517 (518) – SMARTWARE; BGHZ 94, 276 (286 ff.) – Inkasso-Programm.
[25] LG München WRP 2014, 358 Rn. 17; LG Berlin GewArch 2013, 414.
[26] KG WRP 1980, 414 (415).

gen,[27] die nicht bereits unter den Warenbegriff fallen, gleichgültig, ob es sich um den Hauptgegenstand eines Vertrags bzw. Leistungsaustausches oder um eine „Nebenleistung" handelt.[28] Das umfasst auch Telekommunikationsdienstleistungen,[29] Maklerleistungen,[30] Kreuzfahrten, die Vermietung von Ferienwohnungen, die Vergabe von Verbraucherdarlehen (inkl. Wohnimmobilienkrediten) (siehe §§ 6–6b PAngV) und die entgeltliche Überlassung einer Ware ohne Eigentumserwerb des Empfängers (zB Miete,[31] Leasing).

V. Anbieten, Anbieter

1. Anbieten in Abgrenzung zur Werbung unter Angabe von Preisen. Die PAngV verpflichtet den Händler nicht schlechthin zu Preisangaben, sondern nur dann, wenn er Waren oder Leistungen **anbietet** oder als Anbieter **unter Preisangaben dafür wirbt.**[32] Die Abgrenzung zwischen Angebot und Werbung ist nicht immer einfach. Sie ist dennoch von Bedeutung, weil die reine Werbung dem Anwendungsbereich der PAngV nur dann unterfällt, wenn sie unter Angabe von Preisen erfolgt. Wer nur wirbt, muss auch keine Preise angeben; wirbt er allerdings mit Preisen, muss er die Gesamtpreise nennen. Umgekehrt setzt ein „Anbieten" immer eine Preisangabe voraus.[33] Fehlt die Preisangabe, liegt kein Angebot iSd PAngV vor. Das führt zu dem auf den ersten Blick merkwürdigen Ergebnis, dass § 1 Abs. 1 PAngV eine Preisangabe vorschreibt, wenn eine Ware unter Preisangabe angeboten wird, was aber im Ergebnis dennoch akzeptabel ist, weil sich die Informationspflichten der PAngV nicht allein auf den Preis als solchen beschränken, sondern sich auch auf dessen Zusammensetzung, die Art der Preisangabe etc beziehen.[34] 10

2. Verhältnis zur UGP-Richtlinie und zur Preisangabenrichtlinie. Für die Zukunft ist zu beachten, dass die deutschen Regelungen zur Werbung unter Preisangaben nur dann aufrecht erhalten bleiben können, wenn sie sich entsprechend den Regelungen zur Aufforderung zum Kauf iSv Art. 7 Abs. 4 UGP-RL bzw. zum Angebot eines Erzeugnisses (allein) iSv Art. 1 der Preisangabenrichtlinie und der dazugehörigen Auslegung durch den EuGH richtlinienkonform auslegen lassen (→ Rn. 4 ff. und → Einf. Rn. 7 f. und 11 ff.). Der Begriff des Anbietens sollte daher jede gezielt auf den Absatz eines bestimmten Produkts oder einer bestimmten Leistung gerichtete werbliche Ankündigung unter Angabe eines Preises umfassen.[35] Unter einer solchen gezielten Ankündigung ist nach der Rechtsprechung des EuGH (zu Art. 7 Abs. 4 UGP-Richtlinie) und des BGH jede Form der Werbung zu verstehen, durch die der Verbraucher so viel über das Produkt und dessen Preis erfährt, dass er eine geschäftliche Entscheidung treffen kann, ohne dass er durch die Art der kommerziellen Kommunikation schon die tatsächliche Möglichkeit zum Kauf erlangt oder die Auswahl anderer Ausführungen des Produkts aufgegeben haben muss.[36] Umfasst ist nach der Rechtsprechung des EuGH zur Preisangabenrichtlinie insbesondere jede Werbung, die sowohl die Besonderheiten der beworbenen Ware (für Dienstleistungen 11

[27] *Gimbel/Boest,* Die neue Preisangabenverordnung, 1985, § 1 Anm. 7; Ohly/Sosnitza/*Sosnitza* PAngV § 1 Rn. 22.

[28] Bsp. bei GK/*Peukert* UWG 2. Aufl. § 2 Rn. 120 ff. mwN.

[29] BGH GRUR 2003, 971 (972) – Telefonischer Auskunftsdienst.

[30] LG Bielefeld GRUR-RR 2014, 259 (Ls.); LG Berlin WRP 2014, 892.

[31] ZB OLG Rostock WRP 2014, 985; OLG Schleswig GRUR-RR 2013, 295: jeweils Vermietung einer Ferienwohnung ohne Angabe der Kosten für die Endreinigung.

[32] Vgl. BGH GRUR 1983, 661 (663) – Sie sparen 4000,– DM.

[33] BGH GRUR 2017, 286 Rn. 12 – Hörgeräteausstellung; OLG München GRUR-RR 2016, 509 Rn. 39 – Möbelkonfigurator; OLG Hamm GRUR-RR 2018, 113 Rn. 43 – Fernwärmeversorgung.

[34] OLG München GRUR-RR 2016, 509 Rn. 52 – Möbelkonfigurator; zustimmend *Amschewitz* GRUR-Prax 2016, 339; vgl. auch BGH GRUR 2017, 286 Rn. 14 – Hörgeräteausstellung.

[35] BGH GRUR 2014, 403 Rn. 8 – DER NEUE, mit Verw. auf GRUR 2010, 248 Rn. 16 – Kamerakauf im Internet; OLG Celle WRP 2015, 1396 Rn. 16.

[36] EuGH Urt. v. 12.5.2011 – C-122/10, GRUR 2011, 930 Rn. 33 und 41 – Ving Sverige; BGH GRUR 2015, 1240 Rn. 37 – Der Zauber des Nordens; GRUR 2016, 516 Rn. 28 – Wir helfen im Trauerfall; GRUR 2014, 580 Rn. 12 – Alpenpanorama im Heißluftballon.

gilt die Preisangabenrichtlinie nicht), als auch einen vermeintlichen Verkaufspreis und ein Datum, bis zu dem das „Angebot" gültig bleibt, nennt und die der normal informierte, angemessen aufmerksame und verständige Durchschnittsverbraucher daher als Angebot des Gewerbetreibenden auffasst, die Ware zu den genannten Konditionen zu verkaufen.[37] Dabei ist es Aufgabe des jeweiligen (nationalen) Gerichts, im Einzelfall unter Berücksichtigung der Beschaffenheit und der Merkmale des Produkts sowie des verwendeten Kommunikationsmediums zu ermitteln, ob der Verbraucher hinreichend informiert ist, um das Produkt im Hinblick auf eine geschäftliche Entscheidung identifizieren und unterscheiden zu können[38] bzw. ob er die Werbung als Angebot versteht.

12 Die vorstehenden Anforderungen kann **grundsätzlich jede Form der kommerziellen Kommunikation** erfüllen, ob mündlich oder schriftlich, ob allgemein und an eine unbestimmte Vielzahl von Personen gerichtet (zB im Fernsehen oder Internet) oder bei einer gezielten Ansprache von Individuen, zB in einem Beratungs- oder Verkaufsgespräch oder in einem Telefonat.[39] Auch Angebote über elektronische Medien (Videotext, E-Mail, Internet) werden erfasst.[40] Selbst **mündliche und fernmündliche Angebote** unterliegen grundsätzlich der Pflicht zur Gesamtpreisangabe, es sei denn, das mündliche Angebot wird ohne Angabe von Preisen oder Preisbestandteilen abgegeben (vgl. § 9 Abs. 1 Nr. 4). Auf die „Üblichkeit" oder „Unüblichkeit" der Preisangabe kommt es nicht an.[41]

13 Der Begriff des Anbietens in § 1 Abs. 1 PAngV ist somit auch (weiterhin) nicht auf Angebote im vertragsrechtlichen Sinne (§ 145 BGB) beschränkt. Er umfasst vielmehr im Sinne des allgemeinen Sprachgebrauchs jede Erklärung oder Handlung des Normadressaten, die im Verkehr üblicherweise als Angebot an den Verbraucher verstanden wird. Ein Anbieten liegt in **jedem Verhalten, das die Bereitschaft zum Ausdruck bringt, eine bestimmte Ware oder Leistung gegen ein genanntes Entgelt zur Verfügung zu stellen,**[42] wobei im Interesse eines effektiven Verbraucherschutzes von der Rechtsprechung bislang keine hohen Anforderungen an die Bestimmtheit des Leistungsangebots gestellt wurden.[43] Erfasst sind zB auch das Aufstellen und der Betrieb von Warenautomaten oder Münzschließfächern. Auch in den Fällen der invitatio ad offerendum wird häufig ein Angebot im preisangabenrechtlichen Sinne vorliegen. Hierunter versteht die zivilrechtliche Rechtsgeschäftslehre die bloße Aufforderung zur Abgabe von Angeboten, wozu in aller Regel Kataloge, Preislisten, Speisekarten, Ankündigungen von Theatervorstellungen wie auch Warenauslagen in Schaufenstern gerechnet werden.

14 Erforderlich ist allerdings auf jeden Fall, dass der Kunde **gezielt** auf den Kauf einer Ware, die Abnahme einer Leistung oder die Inanspruchnahme eines Kredits/Darlehens angesprochen wird. **Bedarf es für ein Geschäft (aus Sicht des Verbrauchers) noch weiterer Angaben und Verhandlungen, liegt noch kein Angebot vor.**[44] Die Ankündigung muss ihrem Inhalt nach also so **konkret** gefasst sein, dass sie den Abschluss des Geschäfts auch **aus Kundensicht ohne weiteres zulässt,**[45] also zB bei Warenkatalogen mit Bestellzettel und in aller Regel auch bei Schaufensterauslagen,[46] zumindest wenn detaillierte Informationen zur Ware gemacht werden, die eine unmittelbare Kaufentscheidung ermög-

---

[37] EuGH Urt. v. 7.7.2016 – C-476/14, GRUR 2016, 945 Rn. 30 – Citroën/ZLW.

[38] EuGH Urt. v. 12.5.2011 – C-122/10, GRUR 2011, 930 Rn. 48 f. – Ving Sverige; BGH GRUR 2014, 403 Rn. 10 – DER NEUE.

[39] Vgl. OLG Hamburg WRP 1983, 279 (280 f.).

[40] ZB OLG Oldenburg ZUM-RD 2001, 354.

[41] AA *Gimbel/Boest,* Die neue Preisangabenverordnung, 1985, § 1 Anm. 8e.

[42] BGH GRUR 1980, 304 (306) – Effektiver Jahreszins.

[43] OLG Hamburg NJW-RR 2011, 1674 (1675).

[44] BGH GRUR 1982, 493 (494) – Sonnenring; GRUR 1994, 222 (223) – Flaschenpfand; OLG Hamburg WRP 2013, 1212 Rn. 16.

[45] BGH GRUR 2014, 403 Rn. 10 – DER NEUE; GRUR 1983, 658 (659 f.) – Hersteller-Preisempfehlungen in Kfz-Händlerwerbung; GRUR 1983, 661 (662) – Sie sparen 4000,– DM; GRUR 2003, 971 (972) – Telefonischer Auskunftsdienst; OLG München GRUR-RR 2016, 509 Rn. 39 – Möbelkonfigurator.

[46] Vgl. *Gimbel/Boest,* Die neue Preisangabenverordnung, 1985, § 1 Anm. 8d; LG Berlin GewArch 2013, 414; LG München WRP 2014, 358 Rn. 19.

lichen.[47] Gleiches gilt beim Teleshopping, also Fernsehsendungen, bei denen Waren/Leistungen werblich präsentiert werden und vom Zuschauer unmittelbar (idR telefonisch) bestellt werden können, wenngleich eine unmittelbare Bestellmöglichkeit nicht zwingend erforderlich ist. Entsprechendes gilt zB auch für durch Typbezeichnungen genau individualisierte Geräte der Unterhaltungselektronik bzw. Navigationsgeräte, die im Internet angeboten werden. Noch **kein „Angebot"** (und auch keine Werbung mit Preisangaben) sind hingegen Gemeinschaftsanzeigen für ein bestimmtes PKW-Modell mit Angabe (nur) der unverbindlichen Preisempfehlung des Herstellers bei gleichzeitiger Angabe, dass die individuellen Gesamtpreise bei den jeweiligen Händlern zu erfahren sind[48] oder die Präsentation von Fahrzeugen auf einer Automobil-Fachmesse, die nur an besonderen Tagen für Endverbraucher geöffnet ist und bei der die ausgestellten Fahrzeuge daher nicht als Angebot zum Kauf aufgefasst werden.[49] Ebenso kein Angebot sind kleine Bilder in einer Übersicht (sog. Minigalerie), wenn für den Adressaten nicht ersichtlich ist, aus welchem Material die jeweilige Ware hergestellt und für welchen Einsatz sie geeignet ist.[50]

Die früher gültige Aussage, dass Anzeigen in Zeitungen und Zeitschriften, Prospekte, 15 Plakate, Rundfunk- und Fernsehspots im Grundsatz noch nicht als **Angebot,** sondern als **Werbung** iSd Vorschrift zu werten sind,[51] lässt sich so ohne weiteres nicht mehr aufrecht erhalten. Genauer gesagt: Sie mögen zwar weiterhin „Werbung" im Sinne des deutschen Rechts sein, können aber durchaus ein hinreichend konkretes „Angebot" im Sinne des Unionsrechts sein, da dieses gerade keine unmittelbare Bestellmöglichkeit voraussetzt. Etwas Anderes gilt für Angaben, bei denen es noch ergänzender Angaben und Verhandlungen bedarf, bevor es zu einem Vertragsschluss kommen kann. So ist zB der bloße werbliche Hinweis eines Fahrschulunternehmens, jeder Fahrschüler erhalte zur bestandenen Prüfung einen Gutschein in Höhe von (damals noch) 500,00 DM für einen Fahrzeugkauf bei einem bestimmten Autohaus, lediglich Werbung[52] und noch kein „Angebot" im Sinne des Unionsrechts. Anders kann es sein, wenn die Anzeige – über die bloße Anpreisung hinausgehend – bereits auf einen konkreten Vertragsabschluss gerichtete Gestaltungselemente enthält: Eine Anzeige mit einer Postkarte als Antragsformular für einen Kredit ist ein Angebot,[53] ebenso ein vom Verkäufer ausgefüllter Kaufantrag, den der Käufer eines Gebrauchtwagens unterschreiben soll.[54] Entsprechendes gilt für eine Internet-Website, die konkrete Flugreisen mit allen für eine Buchungsentscheidung notwendigen Angaben aus dem Flugplan der Fluggesellschaft auflistet; hierin liegt ein Angebot, weshalb es nicht dem interessierten Kunden überlassen werden kann, seinerseits für einen bestimmten Flug einen Preis zu benennen, den zu zahlen er bereit wäre und über dessen Annahme die Fluggesellschaft entscheidet.[55] Eine Anzeige ist auch dann ein Angebot, wenn sie bereits alle für die Inanspruchnahme einer Leistung erforderlichen Informationen enthält, zB die Werbung mit der Telefonnummer für einen telefonischen Auskunftsdienst, mit deren Wahl auf die angebotene Dienstleistung unmittelbar zugegriffen werden kann.[56] Eine Immobilienwerbung, bei der noch wesentliche Angaben (zB Größe der Eigentumswohnungen in Quadratmetern) fehlen, ist dagegen kein Angebot.[57] Ebenso sind in der Regel allgemein gehaltene Kfz-Anzeigen kein Angebot, da zahlreiche für den Kaufentschluss wesentliche

[47] OLG Düsseldorf WRP 2015, 467 Rn. 19 ff.

[48] BGH GRUR 2014, 403 Rn. 10 – DER NEUE; anders noch OLG Hamburg MD 2004, 324 (327); OLG Köln MD 2012, 1060 (1062).

[49] OLG Frankfurt a. M. GRUR-RR 2014, 121 – IAA.

[50] OLG Stuttgart GRUR-RR 2018, 526 Rn. 12 – Minigalerie.

[51] Vgl. GA WRP 1981, 609; OLG Koblenz WRP 1987, 264 f.

[52] BGH GRUR 2004, 960 – 500 DM-Gutschein für Autokauf.

[53] BGH GRUR 1980, 304 (306) – Effektiver Jahreszins.

[54] BayObLG GewArch 1977, 101 f.

[55] OLG Düsseldorf WRP 2001, 291 (293) und *Mankowski* K & R 2001, 257; vgl. für ein zulässiges Internet-Reservierungssystem BGH GRUR 2003, 889 f. – Internet-Reservierungssystem.

[56] BGH GRUR 2003, 971 (972) – Telefonischer Auskunftsdienst.

[57] BGH GRUR 1982, 493 – Sonnenring; OLG München GRUR 1981, 916 f. – Immobilien-Anzeige; KG NJW 1983, 894 f.; GRUR 1983, 667 f. – Preis VB bei Einfamilienhaus; OLG Hamm MD 1994, 914

Faktoren meist unerwähnt bleiben.[58] Anders liegt der Fall aber bei der Werbung für ein bestimmtes Kraftfahrzeugmodell unter Hinweis auf die es individualisierenden Merkmale.[59]

16 Bei reinen – als solche erkennbaren – **Dekorationsstücken** handelt es sich zwar um Waren iSv Abs. 1;[60] sie werden jedoch nicht angeboten.[61] Das gleiche gilt für Waren, bei denen der Verbraucher erkennt, dass es erst noch umfangreicher Zwischenschritte, zB Anpassungen von Hörgeräten, bedarf, ehe die Ware erworben werden kann. Daher besteht keine Pflicht zur Preisauszeichnung.[62] Dagegen treten Schaufensterauslagen, zur Schau gestellte **Attrappen,** ebenso wie **leere Verpackungen** (zB Schallplattenhüllen), die stellvertretend für eine konkrete Ware ausgestellt werden, an die Stelle des Originals und können daher Gegenstand eines zur Preisangabe verpflichtenden Angebots sein.[63]

17 Zur Unterscheidung zwischen einheitlichen Leistungsangeboten und kombinierten Leistungen nachfolgend → Rn. 26.

18 **3. Anbieter.** Die Verpflichtung zur Gesamtpreisangabe in S. 1 Alt. 1 trifft grundsätzlich nur denjenigen, der **als Anbieter** von Waren oder Leistungen gegenüber Verbrauchern auftritt. Diese Pflicht soll also denjenigen treffen, der letztlich auch den **Gesamtpreis gegenüber dem Verbraucher festsetzt bzw. von ihm fordert.**[64] „Anbieter" in diesem Sinne ist auch, wer als **Vertreter** eines anderen oder als (ein Angebot abgebender) **Vermittler** auftritt, also zB der Immobilienmakler.[65] Entsprechendes gilt auch für Kommissionäre und Reiseveranstalter bzw. Reisevermittler,[66] ebenso für Kreditvermittler, wenn diese Offerten machen, die der Verbraucher in einem rein tatsächlichen Sinn als Angebot versteht (auch wenn der Kredit rechtlich dann von einem Dritten gewährt wird).[67]

VI. Werbung als Anbieter unter Angabe von Preisen

19 Auch für die Werbung unter Angabe von Preisen sind zukünftig die Vorgaben des Unionsrechts zu beachten. Die Regelungen in § 1 Abs. 1 zur Werbung unter Preisangaben können nur dann aufrecht erhalten bleiben, wenn sie sich richtlinienkonform auslegen lassen und die jeweilige Werbung entweder als „Aufforderung zum Kauf" iSv Art. 7 Abs. 4 UGP-Richtlinie oder als Angebot von Waren iSv Art. 1 Preisangabenrichtlinie[68] qualifiziert werden kann. Umgekehrt unterfällt eine Werbung ohne Preisangaben auch weiterhin nicht der PAngV.

20 Ob Werbung im Verhältnis zum „Angebot" weiterhin kein *aliud,* sondern ein *minus* im Sinne einer **Vorstufe** darstellt, so wie der BGH meint,[69] ist nach der jüngsten Rechtsprechung des EuGH fraglich. Der Begriff ist jedenfalls enger zu verstehen als die Definition von Werbung in Art. 2 lit. a der Werbe-Richtlinie (Richtlinie 2006/114/EG; zuvor Richtlinie 84/450/EWG, geändert durch die Richtlinie 97/55/EG). Auch diese Tatbestandsal-

(916); vgl. allerdings KG GRUR 1983, 668 f. – Traumbauplatz – Kaufpreis VB: bei genau beschriebenem unbebautem Grundstück Angebot bejaht; näher *Jacobs* GRUR 1983, 619 (620 f.).

[58] Vgl. BGH GRUR 1983, 658 (660); 1983, 661 (662 f.); OLG Köln MD 2004, 791 (792).

[59] Vgl. BGH GRUR 2018, 324 Rn. 16 – Kraftfahrzeugwerbung im Kontext von § 5a Abs. 3 UWG.

[60] AA *Gelberg,* Kommentar zur Preisangabenverordnung, 1975, § 1 Anm. 3.2.

[61] LG Berlin GewArch 2013, 414; aA LG München WRP 2014, 358 Rn. 19.

[62] Ohly/Sosnitza/*Sosnitza* PAngV § 1 Rn. 16; im Ergebnis auch *Gelberg,* Kommentar zur Preisangabenverordnung, 1975, § 1 Anm. 3.2.

[63] LG München I WRP 2014, 358 Rn. 19; Ohly/Sosnitza/*Sosnitza* PAngV § 1 Rn. 21; *Gimbel/Boest,* Die neue Preisangabenverordnung, 1985, § 2 Anm. 2.

[64] BGH GRUR 1990, 1022 (1023) – Importeurwerbung; GRUR 1994, 224 (225) – Teilzahlungspreis III.

[65] Vgl. BGH GRUR 1983, 665 und GRUR 1988, 699 – qm-Preisangaben I, II; OLG Düsseldorf WRP 1981, 150 f.; OLG Bremen WRP 1992, 111 (112) – qm-Preis; LG Berlin WRP 2014, 892; LG Bielefeld GRUR-RR 2014, 259 – Maklercourtage.

[66] Vgl. BGH GRUR 1991, 845 (846) – Nebenkosten; GRUR 2001, 1166 (1168) – Fernflugpreise; OLG Frankfurt a. M. GRUR-RR 2018, 351 Rn. 19 – Schiffsreisenkatalog.

[67] Vgl. BGH GRUR 1980, 304 (306) – Effektiver Jahreszins.

[68] → Rn. 11.

[69] *BGH GRUR* 2009, 982 (Ls.) – Dr. Clauder's Hufpflege.

ternative betrifft zudem nur solche Werbenden, die selbst **Anbieter** der beworbenen Waren oder Leistungen im oben (→ Rn. 18) beschriebenen Sinne sind. Auch im Bereich der Werbung unter Angabe von Preisen ist eine Werbung des Anbieters selbst der Werbung durch seine **Vertreter** oder **Vermittler** gleichzustellen, die gleichfalls zur Angabe des Gesamtpreises verpflichtet sind.

Der Begriff des **„Werbens"** umfasst **jede auf Absatz zielende waren- oder leistungsbezogene Kommunikation im geschäftlichen Verkehr,** ob visuell oder akustisch, die hinreichende Angaben über das Produkt und dessen Preis enthält, sodass der Verbraucher eine geschäftliche Entscheidung treffen kann. Eine **Angabe von Preisen** in diesem Sinne liegt vor, wenn sie geeignet ist, beim Publikum **konkrete Vorstellungen über den Preis oder zumindest das Preisniveau** der beworbenen Ware/Leistung hervorzurufen. Allgemeine Hinweise, die den Preis gerade offen lassen[70] oder nur auf die Verhandlungsfähigkeit des Preises hinweisen,[71] ohne einen Preis zu nennen,[72] sind – für sich genommen – keine Angabe von Preisen in diesem Sinn, ebenso wenig wie ganz abstrakte werbliche Äußerungen zur Preisgestaltung (zB *„Superpreise"*). Dasselbe gilt für die Angabe von unverbindlichen Preisempfehlungen des Herstellers in einer gemeinschaftlichen Kfz-Werbung mehrerer Händler bei gleichzeitigem Hinweis auf die individuell bei den jeweiligen Händlern zu erfragenden Preise.[73] Dagegen ist die Angabe eines bestimmten **Preisbestandteils** oder eines **Einzelpreises** (bei Preisaufgliederung) regelmäßig eine Angabe von Preisen in diesem Sinne, da der Verkehr hieraus Rückschlüsse auf den vermutlichen Gesamtpreis zieht. Wer etwa als Telefon-Anbieter mit der Angabe *„Telefonieren für 0 Cent"* wirbt und zugleich angibt, um welchen Betrag sich der monatliche Grundpreis bei dieser Tarifoption erhöht, der wirbt unter Angabe von Preisen und muss den Gesamtpreis angeben, dh er muss auch ein etwaiges Bereitstellungsentgelt und monatlich anfallende Grundgebühren in der Werbung angeben.[74] Entsprechendes gilt für die Werbung für mehrere Waren mit einem „ab...-Preis".[75] Eine Werbeanzeige für Eigentumswohnungen, welche die **monatliche Belastung** (unter Annahme eines bestimmten Eigenkapitals, eines „bankeigenen Aufwandsdarlehens" und bestimmter Steuervorteile) benennt, ist eine (Einzel-)Preisangabe, die zur Angabe des Gesamtpreises verpflichtet.[76] Dementsprechend ist auch bei **Immobilien** die Angabe des **qm-Preises** eine Einzelpreisangabe für einen Teil des gesamten Kaufobjekts, die zur Gesamtpreisangabe verpflichtet,[77] und zwar auch bei der Werbung für unbebaute Grundstücke,[78] ebenso die Nennung eines notwendigen Eigenkapitalbetrags.[79] In diesen Fällen besteht die Pflicht zur Gesamtpreisangabe auch, wenn die Werbung alle für die Ermittlung des Gesamtpreises außerdem erforderlichen Angaben enthält.[80] 21

Eine **unverbindliche Preisempfehlung** durch den *Hersteller* bzw. *Vorlieferanten* der Ware (zB auf der Packung) ist im Verhältnis zum Endverbraucher keine Werbung unter Angabe von Preisen (der Hersteller ist nicht der Anbieter; es handelt sich zudem um eine Empfehlung, nicht um eine Angabe) und unterliegt daher nicht der PAngV. Ob die **Bezugnahme auf eine unverbindliche Preisempfehlung** des Herstellers bzw. Lieferanten aus Sicht der angesprochenen Verkehrskreise jedoch als Preisangabe des *Händlers* empfunden wird, hängt im Einzelfall jeweils davon ab, ob die angesprochenen Verkehrskreise nach dem Gesamteindruck der Anzeige den angegebenen Preis als auf die eigene 22

---

[70] ZB „Preis auf Anfrage"; vgl. OLG Koblenz WRP 1987, 264 f.; OLG Stuttgart WRP 1989, 277 (280).
[71] ZB „Preis Verhandlungssache" oder „Preis VB"; vgl. KG NJW 1983, 894 f.
[72] Sonst Werbung unter Angabe von Preisen, *Helm/Sonntag/Burger* in Gloy/Loschelder/Danckwerts HdbWettbR § 75 Rn. 11.
[73] BGH GRUR 2014, 403 Rn. 10 – DER NEUE.
[74] BGH GRUR 2009, 73 Rn. 16 – Telefonieren für 0 Cent.
[75] BGH GRUR 2015, 1240 Rn. 41 – Der Zauber des Nordens; OLG Stuttgart NJW-RR 1988, 358.
[76] BGH GRUR 1982, 493 (494 f.) – Sonnenring; vgl. auch KG NJW-RR 1987, 1128 f.
[77] BGH GRUR 1983, 665 (666) – qm-Preisangaben I.
[78] BGH GRUR 1983, 665 (666) – qm-Preisangaben I.
[79] Vgl. LG Leipzig MD 1996, 582 (585).
[80] BGH GRUR 1988, 699 f. – qm-Preisangaben II.

Preisgestaltung bezogene Angabe des Händlers (etwa im Sinne eines „Basispreises" oder einer „ca.-Preisangabe" des Händlers) oder lediglich als eine neutrale Information über den Inhalt der Preisempfehlung eines Dritten verstehen.[81] In aller Regel wird die **Bezugnahme in der Gemeinschaftswerbung mehrerer Händler** auf die unverbindliche Preisempfehlung des Herstellers bzw. Lieferanten vom Verkehr zumindest dann als bloße „neutrale Information" verstanden werden, wenn die Anzeige zugleich einen Hinweis auf den individuell beim jeweiligen Händler zu erfragenden Preis enthält.[82] Dies gilt selbst dann, wenn der Hinweis lediglich in einer Fußnote enthalten ist und die unverbindliche Preisempfehlung blickfangartig herausgestellt ist.[83] Etwas anderes kann jedoch gelten, wenn ein Händler ausgelegte Herstellerlisten mit unverbindlichen Preisempfehlungen mit seinem Stempel versehen hat[84] oder bei Händleranzeigen, die eine Preisempfehlung des Herstellers herausstellen, ohne dass ihr ein eigener Preis gegenübergestellt wird und die auch sonst keine Hinweise auf einen abweichenden Händlerpreis enthalten.[85] Andererseits schließt allein der Umstand, dass ein Hinweis auf die unverbindliche Herstellerpreisempfehlung in einer Gemeinschaftsanzeige mehrerer Händler erfolgt, den Eindruck einer Preisangabe nicht von vornherein aus.

23 Die bloße **Angabe einer Preisersparnis** ist für sich allein keine Preisangabe, gleich ob die Angabe in Prozenten oder als bestimmter Betrag erfolgt.[86] Dies gilt jedoch nur, wenn die Werbung sonst keine Informationen enthält, die Rückschlüsse auf den vom Werbenden geforderten Preis zulassen. **Anders** dagegen, wenn in einer Anzeige zB mit den **alten durchgestrichenen Preisen** und einer blickfangmäßig herausgestellten Preisherabsetzung („bis zu ca. 50 % billiger") geworben wird: Diese Kombination gibt dem Verbraucher die Möglichkeit einer überschlägigen Preisberechnung und ist daher eine Werbung mit Angaben von Preisen.[87] Entsprechendes gilt auch, wenn nur mit dem früheren durchgestrichenen Preis geworben wird.[88]

VII. Verpflichtung zur Angabe des Gesamtpreises

24 **1. Bestimmung des „Gesamtpreises".** Nach der Legaldefinition in § 1 S. 1 ist „Gesamtpreis" (bis zum 12.6.2013 wurde der Begriff „Endpreis" verwendet, der so heute auch noch in der Luftverkehrsdiensteverordnung steht) der **tatsächlich zu zahlende Preis** einschließlich der **Umsatzsteuer** und **sonstiger Preisbestandteile,** also der Preis, der für die jeweils angebotene oder unter Preisangabe beworbene Ware oder Leistung insgesamt zu zahlen ist.[89] Verkürzt gesagt ist der Gesamtpreis somit das **tatsächlich und zwingend zu zahlende Gesamtentgelt.** Die Pflicht zur Gesamtpreisangabe besteht dabei unabhängig davon, ob der Gesamtpreis aus den angegebenen Einzelpreisen oder sonstigen Daten einfach oder nur unter Schwierigkeiten errechenbar ist[90] und ob sich die Werbung an geschäftserfahrene Kunden oder an das allgemeine Publikum richtet.[91] Es genügt daher nicht, nur sämtliche Einzelpreise anzugeben, auch wenn der Kunde deren Summe leicht

[81] BGH GRUR 2014, 403 Rn. 15 f. – DER NEUE; GRUR 1983, 658 (659 f.) – Hersteller-Preisempfehlung in Kfz-Händlerwerbung; GRUR 1989, 606 (607 f.) – Unverb. Preisempfehlung; GRUR 1990, 1022 (1023 f.) – Importeurwerbung; krit. *Gimbel/Boest,* Die neue Preisangabenverordnung, 1985, § 1 Anm. 10 mwN; Vgl. auch BGH GRUR 1985, 983 (984 f.) – Kraftfahrzeug-Rabatt.

[82] BGH GRUR 2014, 403 Rn. 15 f. – DER NEUE.

[83] BGH GRUR 2014, 403 Rn. 15 f. – DER NEUE.

[84] *Helm/Sonntag/Burger* in Gloy/Loschelder/Danckwerts HdbWettbR § 75 Rn. 11.

[85] BGH GRUR 1989, 606 (607 f.) – Unverb. Preisempfehlung; OLG Köln MD 2000, 1232 (1236 f.); LG München I WRP 2013, 1666 Rn. 11.

[86] BGH GRUR 1983, 661 (663) – Sie sparen 4000,– DM; OLG Stuttgart NJW-RR 1991, 1451 f.; anders OLG München WRP 1979, 890 f. für die Angabe „bis zu 20 % unter der unverbindlichen Preisempfehlung!"; *Helm/Sonntag/Burger* in Gloy/Loschelder/Danckwerts HdbWettbR § 75 Rn. 11.

[87] BGH GRUR 1991, 685 f. – Zirka-Preisangabe.

[88] OLG München WRP 1978, 312.

[89] BGH GRUR 1983, 665 (666) – qm-Preisangaben I.

[90] BGH GRUR 2015, 1240 Rn. 44 – Der Zauber des Nordens.

[91] Vgl. BGH GRUR 1983, 665 (666) – qm-Preisangaben I; GRUR 2001, 1166 (1168) – Fernflugpreise.

ausrechnen kann.[92] Unerheblich ist im Grundsatz auch, ob der Verkehr bei Angeboten einer bestimmten Art gewöhnt ist, den Gesamtpreis anhand angegebener Preisbestandteile zusammenzurechnen.[93] Daher ist beispielsweise bei Zeitungs- und Zeitschriftenabonnements nicht lediglich der Preis einer einzelnen Zeitung oder Zeitschrift im Abonnement anzugeben, sondern der Gesamtpreis für den Abonnementzeitraum bis zum frühestmöglichen Termin der Beendigung des Abonnements.[94] Kann ein Gesamtpreis im Einzelfall nicht im Voraus angegeben werden, weil zB einzelne Preiskomponenten zeit- oder verbrauchsabhängig sind, so ist zumindest anzugeben, dass solche zusätzlichen Kosten anfallen können und es sind die maßgeblichen Berechnungsparameter und deren Höhe anzugeben. Das ergibt sich aus Art. 7 Abs. 4 lit. c UGP-RL.[95]

a) Maßgeblichkeit des jeweiligen Vertragsgegenstands. Grundsätzlich ist für **jede einzelne Ware bzw. Leistung,** die angeboten oder für die unter Angabe von Preisen geworben wird, der jeweilige Gesamtpreis anzugeben. Dabei ist der Gesamtpreis **genau** zu beziffern. Eine Angabe von **Eckpreisen („ab"-Preisen)** und **Preismargen („von-bis"-Preise)** ist allerdings **zulässig,** wenn in allgemeiner Form für eine bestimmte **Warengattung geworben** wird, soweit für die Einzelstücke unterschiedliche Preise verlangt werden,[96] **nicht** aber in **Angeboten,** zB Preisverzeichnissen.[97] Ebenso zulässig sind „ab"-Preise, wenn das Produkt aufgrund seiner Beschaffenheit und Merkmale vernünftigerweise nicht im Voraus berechnet werden kann, weil es zB auf variable Faktoren (wie zB Zeit oder Verbrauch) ankommt.[98] Grundsätzlich **unzulässig** ist dagegen die bloße Angabe eines **„ca."-Preises,** da dies kein fester Gesamtpreis ist und mangels Ober- und Untergrenze auch keinen Preisvergleich zulässt.[99] Ausnahmen sind allerdings bei Ankündigung geplanter Neuerscheinungen im Buchhandel denkbar, bei denen der genaue Preis noch nicht feststeht, allerdings dürfte dann auch noch keine konkrete Bestellmöglichkeit gegeben sein, sondern bloße Werbung vorliegen.[100] 25

b) Einheitliches Leistungsangebot/Koppelungsgeschäfte. Die Verpflichtung zur Angabe des Gesamtpreises besteht grundsätzlich allein mit Blick auf die unmittelbar angebotenen oder beworbenen Produkte. Bei einer Mehrzahl von Waren oder Leistungen ist maßgeblich, ob das Angebot sich aus Sicht der Verbraucher – die Sicht des Anbieters ist insoweit unerheblich – als **einheitliches Leistungsangebot** und Gegenstand eines **einheitlichen Vertragsentschlusses** darstellt.[101] Denn der Verbraucher soll wissen, wie viel er bezahlen muss, wenn er das konkrete Angebot in Anspruch nimmt. Das betrifft beispielsweise das Angebot einer Möbelecke in den Geschäftsräumen eines Möbelhauses oder die Abbildung einer Möbelkombination in einem Katalog, bei dem der Verkehr davon ausgeht, dass sich der angegebene Preis auf das konkrete Ausstellungsstück/die konkrete Katalogabbildung (also mit dieser Ausstattung) bezieht.[102] Ein einheitliches Leistungsangebot liegt 26

[92] OLG Köln WRP 2013, 192.
[93] BGH GRUR 2001, 1166 (1168) – Fernflugpreise.
[94] Vgl. OLG Köln NJWE-WettbR 1997, 9.
[95] BGH GRUR 2016, 516 Rn. 36 – Wir helfen im Trauerfall. Hierzu nachfolgend → Rn. 31.
[96] Vgl. *Gimbel/Boest,* Die neue Preisangabenverordnung, 1985, § 1 Anm. 12; Ohly/Sosnitza/*Sosnitza* PAngV § 1 Rn. 31; *Knauth,* Preisangabenverordnung, in: *Amann/Japsers* (Hrsg.), RWW, Abschn. 5.0 Rn. 28; OLG Stuttgart WRP 1983, 51 (52) und NJW-RR 1988, 358; anders für komplexe Koppelungsangebote im Telekommunikationsbereich hinsichtlich der verbrauchsabhängigen Preiskomponenten mit Recht KG MMR 2000, 220 sowie für Hotelzimmer OLG Schleswig WRP 2007, 1127 (1129).
[97] Vgl. OLG Saarbrücken NJW 1961, 743 (744).
[98] BGH GRUR 2015, 1240 Rn. 41 – Der Zauber des Nordens; OLG Dresden MMR 2016, 823 Rn. 16; OLG Hamburg WRP 2020, 636 Rn. 22 – Endreinigung (deren Höhe von der Mietdauer und der Anzahl der Mieter abhängt).
[99] *Gimbel/Boest,* Die neue Preisangabenverordnung, 1985, § 1 Anm. 12.
[100] Vgl. *Gelberg* GewArch 1981, 1 (3, 6).
[101] BGH GRUR 1991, 845 (846) – Nebenkosten; GRUR 2001, 1166 (1168) – Fernflugpreise; GRUR 2009, 73 Rn. 21 ff. – Telefonieren für 0 Cent.
[102] OLG Hamm GRUR-RR 2017, 409 Rn. 43, 44 – Lederrundecke; OLG München WRP 2019, 791 Rn. 54 ff. – Werbepreise.

nach der Verkehrsauffassung in aller Regel auch bei Waren und/oder Leistungen vor, die nur zusammen erworben werden können oder wenn die Inanspruchnahme der angebotenen/beworbenen Leistung zwangsläufig die Inanspruchnahme einer weiteren Leistung voraussetzt.[103] Dies gilt nicht nur für die Preiswerbung, sondern auch für entsprechende Angebote. Daher ist bei sog. **Koppelungsgeschäften** und **Vorspannangeboten,** bei denen bestimmte Waren/Leistungen nur zusammen angeboten werden, grundsätzlich (zumindest auch) der Gesamtpreis anzugeben.

27 Bei der Gestaltung bzw. Zusammenstellung des einheitlichen Leistungsangebots, für das der Gesamtpreis anzugeben ist, ist der Anbieter – jedenfalls preisangabenrechtlich – zu solchen Leistungsangeboten zwar prinzipiell frei. Er muss nicht alle eventuellen zusätzlichen Leistungen in ein Gesamtangebot einbeziehen, die der Kunde möglicherweise von sich aus, dh freiwillig ergänzend in Anspruch nehmen will. So muss zB bei einem Mietwagenangebot mit einer für den normalen Bedarf ausreichenden Kilometerpauschale im Grundsatz nicht der Preis für eventuelle Mehrkilometer angegeben werden.[104] Entschließt sich der Anbieter jedoch zu einem für den Kunden aus dessen Sicht einheitlichen Gesamtangebot mit vergütungspflichtigen Elementen, die zwingend anfallen, so hat er den jeweiligen Gesamtpreis anzugeben. Das gilt auch, wenn einzelne Elemente eines einheitlichen Angebots (zB Girokonto mit EC- oder Kreditkarte) erst ab einer bestimmten Anzahl an Benutzungen kostenfrei werden. In diesem Fall müssen die Gebühren für diese Zusatzleistungen im Gesamtpreis aufgeführt werden, und zwar insbesondere wenn diese Gebühren mit Vertragsbeginn zu zahlen sind und erst später nach Erreichen der Mindestwerte zurückerstattet werden.[105] Ebenso handelt es sich um ein einheitliches Gesamtangebot, wenn Zusatzkomponenten als Vertragsbestandteil voreingestellt sind und als Vertrags- und Preiskomponenten erst entfallen, wenn sie zu einem späteren Zeitpunkt einzeln gekündigt werden.[106] Somit muss das Entgelt für diese Zusatzkomponenten im Gesamtpreis mit einbezogen sein, und zwar auch dann, wenn diese Komponenten in der Anfangszeit unentgeltlich sind, später aber ein Entgelt anfällt, wenn nicht rechtzeitig gekündigt wird. Umgekehrt muss für solche Komponenten, die zwingender Bestandteil eines Koppelungsangebots sind, kein Einzelpreis angegeben werden, zB für Software, die auf einem Rechner vorinstalliert ist, sofern der Rechner nur mit dieser vorinstallierten Software verkauft wird.[107]

28 **Kein einheitliches Leistungsangebot** besteht in der Regel bei Waren/Dienstleistungen, die aus Sicht der angesprochenen Verkehrskreise aufgrund mehrerer, gesondert und **nach freier Wahl** abzuschließender Verträge zu erhalten sind. Entsprechendes gilt für Produkte, die für die Verwendung (nicht für den Erwerb) der beworbenen oder angebotenen Produkte (faktisch) erforderlich oder mit diesen kompatibel sind – wie zB **Zubehör, Ersatzteile oder Verbrauchsmaterialien** – oder die lediglich Gegenstand von möglichen **Folgegeschäften** (zB Wartungsverträge) sind, und die **freiwillig** und gesondert erworben werden können, ohne dass eine Verpflichtung zum Eingehen eines solchen Folgegeschäfts besteht. Der Anbieter oder Werbende muss die Preise für diese Produkte nicht bei der Angabe des Gesamtpreises berücksichtigen, und zwar auch dann nicht, wenn er diese Produkte selbst anbietet und mittelbar mitbewirbt.[108] Allerdings kann sich eine Verpflichtung zum deutlichen **Hinweis** auf diese Kosten aus § 1 Abs. 7 PAngV ergeben. Entsprechendes gilt für den Fall, dass nicht von vornherein feststeht, ob bzw. welche konkreten

[103] BGH GRUR 2010, 744 Rn. 30 – Sondernewsletter; GRUR 2009, 73 Rn. 23 – Telefonieren für 0 Cent; OLG Hamm GRUR-RR 2017, 409 Rn. 43 – Lederrundecke.

[104] OLG Köln GRUR 1991, 59 f. – Pauschale mit Freikilometern.

[105] OLG Stuttgart WRP 2018, 1248 Rn. 24 – „Null-Gebühren"-Girokonto.

[106] OLG Dresden MMR 2016, 823 Rn. 19; OLG Stuttgart WRP 2018, 1248 Rn. 22 – „Null-Gebühren"-Girokonto (Unfallversicherung als Ergänzung zu einem Girokonto).

[107] EuGH Urt. v. 7.9.2016 – C-310/15, GRUR 2016, 1180 Rn. 46 ff. – Deroo-Blanquart/Sony.

[108] BGH GRUR 2010, 744 Rn. 29 – Sondernewsletter; GRUR 2008, 729 Rn. 15 – Werbung für Telefondienstleistungen; GRUR 2009, 73 Rn. 17 – Telefonieren für 0,00 Cent; GRUR 2009, 690 Rn. 9 – XtraPac.

Leistungen der Kunde aus einem bestimmten Leistungspaket benötigt bzw. welche Kosten von ihm zu tragen sind.[109] Wenn zB ein günstiger Telefonanschluss und eine günstige Internet-Flatrate (nur) in Verbindung mit einem Kabelanschluss angeboten werden, so handelt es sich zwar um ein einheitliches Leistungsangebot. Da jedoch der Anschlussnehmer des Telefonanschlusses oder der Internet-Flatrate und der Anschlussnehmer des Kabelanschlusses oft nicht miteinander identisch sind, steht es nicht von vornherein fest, ob und gegebenenfalls in welcher Höhe derjenige, der sich für den Telefonanschluss oder die Internet-Flatrate entscheidet, auch die Kosten für den Kabelanschluss zu tragen hat. Daher muss zwar kein Gesamtpreis für das Gesamtangebot angegeben werden, wohl aber sind die Kosten des Kabelanschlusses neben den Kosten des Telefonanschlusses und der Internet-Flatrate kenntlich zu machen.[110] Dies kann auch durch einen **Sternchenhinweis** erfolgen.[111] Demgegenüber genügt es nicht der Pflicht zur Gesamtpreisangabe, wenn Foto-Farbabzüge blickfangmäßig zu einem Preis von einem Pfennig/Cent beworben wurden, ohne dass auf die erheblich höheren Kosten der Erstentwicklung und des Indexabzugs hingewiesen wurde bzw. für (damals) ebenfalls übliche Filme mit vierundzwanzig und sechsunddreißig Aufnahmen entsprechende Gesamtpreise angegeben wurden.[112]

c) Nebenleistungen. Auch die Kosten für **Nebenleistungen** sind in den Gesamtpreis 29
einzubeziehen, wenn sie auf jeden Fall und **ohne Wahlmöglichkeit des Kunden anfallen**[113] und aus Sicht der angesprochenen Verkehrskreise ein Teil des einheitlichen Leistungsangebots des Anbieters sind. In den Worten des EuGH muss der Endpreis/Gesamtpreis die „**unvermeidbaren und vorhersehbaren** Bestandteile des Preises enthalten, die **obligatorisch vom Verbraucher zu tragen** sind und die Gegenleistung in Geld für den Erwerb des betreffenden Erzeugnisses bilden."[114] Eine entsprechende Formulierung („unvermeidbar und vorhersehbar") findet sich übrigens in Art. 23 Abs. 1 der VO (EG) Nr. 1008/2008 zu Flugdienstleistungen. Daher muss der Mietpreis für **Ferienwohnungen** auch die pauschal und in jedem Fall zu zahlenden **Tourismusabgaben/Bettensteuern**[115] (auch wenn diese Abgabe eigentlich vom Hotelbetreiber zu leisten ist, er sie aber an seine Kunden weitergibt) sowie **Nebenkosten** für Strom, Wasser, Gas und Heizung enthalten, ebenso die von vornherein festgelegten Kosten für Bettwäsche und Endreinigung, soweit die Inanspruchnahme dieser Leistungen nicht ausdrücklich freigestellt ist, sie also für den Kunden obligatorisch sind[116] und sie nicht von variablen Faktoren abhängen, wie zB die Kosten der Endreinigung einer Ferienwohnung je nach Mietdauer und Anzahl der Gäste.[117] Dies gilt auch dann, wenn im Rahmen eines solchen einheitlichen Leistungsangebots bestimmte Nebenleistungen von Dritten erbracht worden und an Dritte zu vergüten sind (wie zB die obligatorische Endreinigung einer Ferienwohnung).[118] Ebenso sind sog. **Saisonzuschläge** in den Gesamtpreis einzuberechnen, da sie in einem bestimmten Zeitraum allgemein und ohne Wahlmöglichkeit des Kunden berechnet werden.[119] Dagegen sind die Preise für **fakultative Zusatzleistungen,** die der Kunde beliebig auswählen kann, in der Regel **nicht** Teil des einheitlichen Leistungsangebots.[120] Somit sind zB die Kosten der

---

[109] Vgl. BGH GRUR 2010, 744 Rn. 33 – Sondernewsletter; GRUR 2011, 742 Rn. 29 – Leistungspakete im Preisvergleich.
[110] BGH GRUR 2010, 744 Rn. 33 – Sondernewsletter.
[111] OLG Köln WRP 2012, 1285 Rn. 10.
[112] BGH GRUR 2001, 446 (447) – 1-Pfennig-Farbbild.
[113] OLG Dresden MD 2013, 1022 (1024).
[114] EuGH Urt. v. 7.7.2016 – C-476/14, GRUR 2016, 945 Rn. 37 – Citroën/ZLW.
[115] OLG Köln GRUR-RR 2014, 298 (299) – Tourismusabgabe; LG Hamburg MD 2014, 489 (494) – City Tax.
[116] BGH GRUR 1991, 845 (846) – Nebenkosten; OLG Schleswig GRUR-RR 2013, 295 (296) – Endreinigung; LG München WRP 2008, 273 f.; OLG Rostock WRP 2014, 985 Rn. 3, 5, 7 – Endreinigung.
[117] OLG Hamburg WRP 2020, 636 Rn. 22 – Endreinigung.
[118] BGH GRUR 1991, 845 (846) – Nebenkosten.
[119] *Völker* PreisangabenR § 1 Rn. 46; aA *Ambs* in Erbs/Kohlhaas Strafr. NebenG PAngV § 1 Rn. 16b.
[120] Vgl. BGH GRUR 1981, 140 (141) – Flughafengebühr.

Überführung eines Fahrzeugs zum Sitz des verkaufenden Händlers in den Gesamtpreis einzubeziehen, wenn und soweit diese Kosten für den Verbraucher zwingend anfallen und er sich nicht für eine Selbstabholung entscheiden kann. Demgegenüber sind die Kosten für den freiwilligen **Transport** eines Fahrzeugs zum Kunden eine nicht obligatorische Extraleistung, deren Preis daher nicht in den Gesamtpreis einzubeziehen ist.[121] Ebenso nicht Teil des Gesamtpreises sind freiwillige Extras wie zB Seitenairbag, Metalliclackierung oder andere nicht serienmäßige „Extras" bei einem Fahrzeug oder zB Kosten für eine freiwillige Sitzplatzreservierung in einem Zug. Entsprechendes gilt für Kosten, die aufgrund eines gesonderten Vertrags mit einem Dritten anfallen und die aus Sicht des Verbrauchers nicht Teil des einheitlichen Leistungsangebots des Anbieters sind (wie zB Notarkosten oder Maklerprovisionen beim Erwerb einer Wohnung oder die Kurtaxe, die der jeweilige Ferienort von den Urlaubern erhebt[122]). Der Umstand, dass Kosten möglicherweise nicht bei allen Kunden/Waren anfallen, macht sie noch nicht insgesamt zu fakultativen Kosten. Vielmehr sind solche Kosten in den Fällen, in denen sie obligatorisch anfallen, auch bei der Angabe des Gesamtpreises zu berücksichtigen. Fallen zB für Reisen in die USA obligatorisch Servicegebühren an, für Reisen nach China hingegen nicht, so sind diese Gebühren in den Angeboten für die USA-Reisen in den Gesamtpreis einzubeziehen.

30 Ob ein Reiseveranstalter ein **„Serviceentgelt"** beim Gesamtpreis zu berücksichtigen hat, hängt davon ab, ob das Entgelt verbrauchs- oder bedingungsabhängig ist und richtet sich folglich nach den Geschäftsbedingungen des Reiseveranstalters.[123] Die bloße Möglichkeit, dass bei Beanstandungen ein ansonsten fälliges „Serviceentgelt" wegfällt, genügt nach Ansicht des BGH nicht, um dieses Entgelt von vornherein nicht im Gesamtpreis anzugeben, dh ein solches Entgelt muss bei der Gesamtpreisangabe berücksichtigt werden.[124] Ein solches Service-Entgelt ist nach Auffassung des BGH kein variabler Faktor, sondern kann im Voraus berechnet werden. Dass es bei etwaigen Mängeln nicht berechnet wird, spielt keine Rolle, weil der mit dem Preis werbende Veranstalter zu einer mangelfreien Leistung verpflichtet ist.

31 **d) Ausnahmen. Nicht in den Gesamtpreis einzubeziehen** sind nach der amtlichen Begründung[125] Belastungen, von denen zwar sicher ist, dass der Verbraucher sie im Zusammenhang mit dem Erwerbsvorgang zu übernehmen hat, deren **Höhe** aber von **Umständen** abhängt, die zum Zeitpunkt des Angebots oder der Werbung **noch nicht bekannt sind.** Als Beispiel nennt die amtliche Begründung **Erschließungskosten** beim Verkauf eines noch nicht erschlossenen Baugrundstücks.[126] Die Rechtsprechung hatte dieses Kriterium bereits leicht modifiziert. Insoweit stellt der BGH darauf ab, ob ein Gesamtpreis wegen der **Zeit- und Verbrauchsabhängigkeit** einzelner Preiskomponenten oder anderer variabler Faktoren nicht gebildet werden kann.[127] Kann hingegen ein Gesamtpreis gebildet werden und verlangt der Anbieter sogar Pauschalpreise für die einzelnen Komponenten, so sind diese anzugeben.[128] Bei **Flugreisen** ist die Gesamtpreisbildung ebenfalls nicht schon wegen unterschiedlicher Flughafenzu- und -abschläge ausgeschlossen,[129] selbst wenn die

---

[121] EuGH Urt. v. 7.7.2016 – C-476/14, GRUR 2016, 945 – Citroën/ZLW.

[122] OLG Köln GRUR-RR 2014, 298 (299) – Tourismusabgabe. Anders LG Hamburg zur Amsterdamer „City Tax", die unabhängig von der Personenanzahl zunächst an den Hotelbetreiber zu entrichten ist, MD 2014, 489.

[123] LG Rostock MD 2009, 108 (Ls.); OLG Hamburg MD 2009, 328 (329).

[124] BGH GRUR 2015, 1240 Rn. 43 – Der Zauber des Nordens; ebenso OLG Frankfurt a. M. GRUR-RR 2018, 351 Rn. 20 – Schiffsreisenkatalog; WRP 2015, 1244 Rn. 9 ff.; OLG München MD 2014, 842 (849); OLG Jena GRUR-RR 2014, 294 (295) – Serviceentgelt; KG MD 2014, 1276 (1277); GRUR-RR 2013, 309; OLG Dresden MD 2013, 1022 (1024).

[125] BAnz. 1985 Nr. 70, S. 3730, Ziff. 3 zu § 1 Abs. 1.

[126] So auch KG WRP 1989, 168 (170); *Gelberg* GewArch 1986, 281 (285).

[127] BGH GRUR 2010, 652 Rn. 18 – Costa del Sol; GRUR 2010, 744 Rn. 30 – Sondernewsletter. Ebenso BGH GRUR 2016, 516 Rn. 34 – Wir helfen im Trauerfall.

[128] OLG Dresden MMR 2016, 823 Rn. 17.

[129] *BGH GRUR* 2010, 652 Rn. 18 – Costa del Sol.

relevanten Preise je nach Abflughafen, Abreisetermin und Fluggesellschaft um bis zu 50 Euro steigen oder sinken können. Dies gilt umso mehr, als Art. 23 Abs. 1 S. 2 VO (EG) Nr. 1008/2008 **(LuftverkehrsdiensteVO)** die Pflicht statuiert, einen Gesamtpreis (in der VO: „Endpreis") anzugeben, der alle anwendbaren Steuern und Gebühren, Zuschläge und Entgelte enthält, die unvermeidbar und zum Zeitpunkt der Veröffentlichung vorhersehbar sind und dabei ausdrücklich in lit. c die Flughafengebühren aufführt. Dies bestätigt (zumindest in diesem Punkt) die frühere Rechtsprechung des BGH zur Gesamtpreisangabe bei Flugreisen.[130] Kann hingegen wegen der **Zeit- und Verbrauchsabhängigkeit** ein Gesamtpreis nicht gebildet werden, so muss der „Gesamtpreis" auch nicht nur aufgrund der (teilweisen) Komponenten gebildet werden, die bereits bei Vertragsschluss feststehen. Stattdessen sind die **einzelnen Preisbestandteile** anzugeben und hinreichend deutlich zu machen, einschließlich der **maßgeblichen Berechnungsparameter** (Art der Berechnung) und deren **Höhe.** Dieses Erfordernis ergibt sich aus **Art. 7 Abs. 4 lit. c UGP-RL:** Danach ist in Fällen, in denen der (Gesamt-)Preis aufgrund der Beschaffenheit des Produkts[131] vernünftigerweise nicht im Voraus berechnet werden kann, die Art der Preisberechnung anzugeben. Wenn zB bei einer Beerdigung neben den jeweiligen Bestattungsleistungen auch Überführungskosten abgerechnet werden und diese Überführungskosten entweder in Form von Entfernungspauschalen oder anhand eines Kilometerpreises berechnet werden (so dass ihre konkrete Höhe jeweils vom Einzelfall abhängt), so sind in einer Werbung für die Bestattungsleistungen unter Angabe von Preisen zumindest auch die maßgeblichen Parameter für die Berechnung der Überführungskosten und deren Höhe (zB „x Euro je km") anzugeben.[132] Ein weiteres Musterbeispiel ist das (im Prinzip zulässige) **gekoppelte Angebot eines Netzkartenvertrags mit der Abgabe eines Mobiltelefons (Handy),** wobei Letzteres zu einem sehr günstigen Preis oder ohne zusätzliche Vergütung abgegeben wird. Hier besteht keine Pflicht zur Bildung eines einheitlichen „Gesamtpreises" für Handy und Netzkartenvergütung, da die Höhe letzterer verbrauchsabhängig ist.[133] Für die einzelnen Preisbestandteile muss aber dennoch – soweit möglich – ein Betrag ausgewiesen werden.[134] Die Angaben über die Kosten des Netzzugangs müssen nach § 1 Abs. 7 PAngV ausgewiesen und dabei räumlich eindeutig dem (blickfangmäßig herausgestellten) Preis für das Mobiltelefon zugeordnet sein.[135] Dies kann auch durch einen entsprechend klaren und unmissverständlichen **Sternchenhinweis** geschehen.[136] Die für die Freischaltung des Kartenvertrags anfallenden (fixen) Aktivierungskosten dürfen nicht zwischen untergeordneten Informationen versteckt werden.[137]

Die Angaben müssen gut lesbar und grundsätzlich vollständig sein. Die Angabe der zusätzlichen Preisbestandteile in sehr kleiner Schrift genügt diesen Anforderungen nicht, sie kommt vielmehr einem Verschweigen der Angaben gleich.[138] Dabei muss der Anbieter zwar ein komplexes Tarifsystem nicht in jedem Fall vollständig wiedergeben; es besteht **32**

[130] OLG Hamburg BeckRS 2014, 351. Vgl. zu weiteren Anforderungen auch EuGH Urt. v. 15.1.2015 – C-573/13, GRUR 2015, 281 – Air Berlin/Bundesverband Verbraucherzentrale.

[131] Wobei die Definition von „Produkt" nach Art. 2 lit. c UGP-RL ausdrücklich auch Dienstleistungen umfasst.

[132] BGH GRUR 2016, 516 Rn. 37 ff. – Wir helfen im Trauerfall.

[133] BGH GRUR 1999, 261 (262 f.) – Handy-Endpreis; GRUR 1999, 264 (266) – Handy für 0,00 DM; ebenso für den Verkauf eines Mobiltelefons zusammen mit einer Prepaid-Karte: GRUR 2009, 690 – XtraPac.

[134] Als unzulässig wurde bspw. die Aufsplittung des Preises für das Mobiltelefon in eine Anzahlung und in monatliche Raten ohne Angabe der Summe angesehen, KG GRUR-Prax 2012, 148.

[135] BGH GRUR 2009, 1180 Rn. 26 – 0,00 Grundgebühr; OLG Stuttgart WRP 2005, 919 f.; vgl. auch OLG Karlsruhe GRUR-RR 2002, 168 (169) zur Koppelung von Fernseher und Stromvertrag.

[136] Vgl. auch BGH GRUR 1983, 661 (663) – Sie sparen 4000,– DM; GRUR 1990, 1027 (1028) – inkl. MwSt. I; GRUR 2002, 976 (978 f.) – Koppelungsangebot I; OLG Köln WRP 2012, 1285 Rn. 10. Negativbeispiel OLG Hamburg MD 2007, 129 (133 f.) (bei Blickfang auf Prospektvorderseite reicht aufklärender Hinweis auf hinteren Blättern nicht aus).

[137] BGH GRUR 2006, 164 (166) – Aktivierungskosten II.

[138] BGH GRUR 2009, 1180 Rn. 29 – 0,00 Grundgebühr.

auch keine Pflicht, ein Tarifsystem einfach und übersichtlich zu gestalten.[139] Für die **verbrauchsabhängigen Preise** ist vielmehr eine **vereinfachte Darstellung** (zB durch Preismargen wie „von ... bis ...“ oder „max ....“) zulässig;[140] nach (zweifelhafter) Auffassung des Kammergerichts soll hingegen die bloße Angabe der günstigsten Tarifstufe für ein Ortsgespräch, verbunden mit dem Hinweis „ab...“ in der Regel nicht ausreichend sein,[141] obwohl „ab …“ Preise per se nicht grundsätzlich verboten sind und insbesondere in Betracht kommen, weil die Berechnung des Gesamtpreises aufgrund diverser variabler Faktoren nicht von vornherein möglich ist. Die **verbrauchsunabhängigen festen Entgelte** (Einmalzahlungen, Mindestumsätze, monatliche Grundgebühren) sowie die **Mindestlaufzeit** sind auf jeden Fall anzugeben,[142] ebenso das Erfordernis eines Mindest-Prepaidkontos.[143] Im Übrigen sollte auch die grafische Gestaltung der gesamten Anzeige das richtige Verständnis der Preisangaben nicht erschweren.[144] Wird allerdings ein Mobiltelefon mit einer Prepaid-Card mit einem ausgewiesenen, relativ geringfügigen Startkapital gekoppelt zu einem bestimmten Festpreis angeboten, wobei die Höhe des Startguthabens ausgewiesen wird, ist daneben nicht auch noch eine Aufschlüsselung der Tarifstruktur des Mobilfunkdienstleisters erforderlich.[145] Ist das Mobiltelefon mit einem SIM-Lock verriegelt, so ist auf die Dauer der Verriegelung und die Kosten einer vorzeitigen Freischaltung hinzuweisen.[146] Die vorstehend dargestellten Grundsätze gelten auch für vergleichbare **gekoppelte Angebote,** die zum einen aus Verträgen über die **Internetnutzung** bzw. einen ISDN-Anschluss und zum anderen aus dem Angebot hiermit zusammenhängender Produkte (Softwarepaket, ISDN-Box, PC-Karte, Adapter) bestehen,[147] ebenso bei der Koppelung von **Internetzugang** und **Telefonvertrag**[148] oder **Telefonanschluss**/Internet-Flatrate mit einem **Kabelanschluss**[149] sowie beim gekoppelten Angebot von **Stromverträgen** mit Elektrogeräten (zB Fernsehern).[150] Anders liegt der Fall aber, wenn bloß verschiedene Leistungspakete zu Vertragsbeginn aufgrund Voreinstellung des Anbieters miteinander gekoppelt werden und erst später unabhängig voneinander kündbar sind. In diesem Fall ist zu Vertragsbeginn der Gesamtpreis anzugeben.[151]

33 Weitere Konstellationen aus dem **Telekommunikationsbereich,** bei denen die letztlich zu leistende Vergütung regelmäßig[152] nicht von vornherein feststeht, betreffen die sogenannten **„Mehrwertdienste“** mit den Vorwahlen „0900“ und „0180“, die – anders als die Sondernummern mit der Vorwahl „0800“ – **gebührenpflichtig** sind, wobei die anfallenden Gebühren meist höher als die üblichen Gebühren für ein normales Telefonat sind. Eine Regelung zu Preisangaben bei Mehrwertdiensten findet sich in **§ 66a TKG,** wonach der Preis für die Inanspruchnahme des Dienstes zeitabhängig je Minute oder zeitunabhängig je Inanspruchnahme einschließlich der Umsatzsteuer und sonstiger Preisbestandteile anzugeben ist. Neben dieser Regelung sind die Vorschriften der PAngV weiterhin anwendbar.[153] Die Pflicht aus § 66a S. 1 TKG, bei zeitabhängiger Abrechnung

[139] BGH GRUR 1999, 264 (267) – Handy für 0,00 DM.
[140] BGH GRUR 1999, 264 (267) – Handy für 0,00 DM.
[141] KG MMR 2000, 220.
[142] BGH GRUR 1999, 264 (267) – Handy für 0,00 DM; GRUR 2009, 73 Rn. 21 ff. – Telefonieren für 0 Cent!; OLG Frankfurt a. M. GRUR-RR 2002, 113; OLG Düsseldorf GRUR-RR 2005, 87 (88 f.).
[143] OLG Frankfurt a. M. GRUR-RR 2005, 355 (Ls.).
[144] OLG Köln WRP 1999, 1198.
[145] BGH GRUR 2009, 690 – XtraPac; OLG Köln MMR 2000, 753; 2006, 466.
[146] BGH GRUR 2009, 690 Rn. 18 – XtraPac.
[147] OLG Hamburg NJWE-WettbR 2000, 57 und MD 2007, 129 (133 f.); großzügiger OLG Hamburg ZUM-RD 2001, 531 für Online-Dienst-Werbung ohne Koppelung mit Hardware und ohne Nennung der Grundgebühr im Blickfang.
[148] OLG Frankfurt a. M. GRUR-RR 2007, 165 (167) – Sparpaket Surf + Phone.
[149] BGH GRUR 2010, 744 – Sondernewsletter.
[150] BGH GRUR 2002, 976 ff. – Koppelungsangebot I und 979 ff. – Koppelungsangebot II.
[151] OLG Dresden MMR 2016, 823 Rn. 17 – Online-Werbung mit unvollständigen Preisangaben.
[152] Anders, wenn die Abrechnung des Dienstes zeitunabhängig je Inanspruchnahme erfolgt, vgl. § 66a S. 1 TKG.
[153] *Dittscheid/Rudloff*/Beck'scher TKG Kommentar § 66a Rn. 18.

Minutenpreise anzugeben, entspricht der bisherigen Rechtsprechung zur PAngV. Dies wird sowohl für die „0900"-Nummern (früher „0190"), über die üblicherweise gewerblich bestimmte Informationen oder andere Leistungen angeboten werden, bejaht,[154] als auch für Fälle, in denen Unternehmen ihren Kunden als zusätzlichen ergänzenden Service – zB mit der Vorwahl „0180" – Informationen bzw. Unterstützung oder andere Serviceleistungen zum Hauptangebot anbieten.[155] Entsprechendes gilt auch für telefonische Auskunftsdienste, die unter anderen Nummern angeboten werden.[156] Der anzugebende Minutenpreis ist Verrechnungssatz iSv Abs. 1 S. 2. Soweit ein „**Webhosting-**Dienstleistungspaket" mit einem bestimmten monatlichen Datentransfervolumen zu einem Festpreis angeboten wird, muss jedenfalls dann in leicht erkennbarer Weise über das (volumenabhängige) Zusatzentgelt bei Überschreiten des monatlich fest vergüteten Volumens informiert werden, wenn sich dieses Überschreiten für den Verbraucher im Rahmen üblicher Nutzungen unbemerkt und letztlich nicht steuerbar vollzieht.[157]

e) Weitere Einzelfälle. Bei der Werbung für **bebaute Immobilien** (Häuser, Eigentumswohnungen) ist **„Gesamtpreis"** der Preis, der nach der Vorstellung des Werbenden, wie sie in der Werbung aus Sicht des angesprochenen Durchschnittsverbrauchers zum Ausdruck kommt, **im Grundstückskaufvertrag als Kaufpreis beurkundet werden soll.**[158] Die Angabe des Quadratmeterpreises reicht nicht aus,[159] kann aber bei Hervorhebung des Gesamtpreises zusätzlich erfolgen. Bei **bebauten** Grundstücken umfasst dieser Gesamtpreis in aller Regel den **Preis für Gebäude und Grundstück**[160] oder für eine Eigentumswohnung,[161] **nicht** dagegen die auf **Drittleistungen** entfallenden Entgelte wie **Maklerprovision,**[162] **Grundbuch-** und **Notarkosten** sowie **Grunderwerbsteuer**[163] und die noch nicht angefallenen **Erschließungskosten.**[164] Bei **zu vermietenden Immobilien** ist Gesamtpreis der Preis, der nach der Vorstellung des Anbieters im Mietvertrag als das Gesamtentgelt für die Gebrauchsüberlassung vereinbart werden soll, allerdings ohne die erst später entstehenden verbrauchsabhängigen Kosten wie Heiz- und Warmwasserkosten und ohne die auf Drittleistungen entfallenden Entgelte wie Maklergebühren.[165] Bei einer Immobilie, die aufgrund eines Erbbaurechts errichtet worden ist, zählt als sonstiger Preisbestandteil auch der wiederkehrende Erbbauzins, der damit in den Gesamtpreis aufzunehmen ist.[166] Zu Ferienwohnungen → Rn. 29. 34

Bei der Werbung für Waren, die in **Fertigpackungen unterschiedlicher Größe** bzw. verschiedenen Gewichts angeboten werden (zB vorverpackte Fleischwaren und Geflügel) ist in der Werbung neben dem Kilopreis im Grundsatz auch der Gesamtpreis für die konkreten Packungen anzugeben. Da dies bei zahlreichen verschiedenen Packungen unmöglich ist, gestattet die Rechtsprechung neben der Angabe des Kilogrammpreises die 35

---

154 OLG Frankfurt a. M. NJW-RR 1999, 409 für Finanz-Service mit Angebot und Informationen zum Telefax-Abruf.

155 OLG Frankfurt a. M. NJWE-WettbR 1997, 217; OLG Karlsruhe OLGR 2000, 76; LG München I WRP 1999, 247; aA *Enßlin* WRP 2001, 359: kein Angebot.

156 OLG München MD 2001, 494 (496 f.); aA OLG Köln MD 2001, 1409 (1413): kein Angebot.

157 OLG Hamburg MD 2006, 1361; großzügiger zuvor OLG Hamburg MD 2005, 452.

158 Vgl. BGH GRUR 1983, 665 (666) – qm-Preisangaben I.

159 Vgl. BGH GRUR 1983, 665 (666) – qm-Preisangaben I; GRUR 1988, 699 f. – qm-Preisangaben II; GRUR 2001, 258 (259) – Immobilienpreisangaben; OLG Düsseldorf WRP 1982, 62; KG MD 1995, 133 (135); 1995, 553 (555); OLG München NJWE-WettbR 1998, 275.

160 Vgl. OLG Hamm GRUR 1989, 362 f. mit Nichtannahmebeschluss BGH GRUR 1989, S. 363 f.; der Hinweis auf die Einbeziehung des Grundstücks ist aber keine irreführende Werbung mit Selbstverständlichkeiten, OLG Hamm WRP 1987, 488 f.

161 Vgl. KG WRP 1980, 414 (415).

162 OLG Frankfurt a. M. WRP 1992, 67 (69).

163 BGH GRUR 1983, 665 (666); KG WRP 1980, 414 (416).

164 ZB Ohly/Sosnitza/*Sosnitza* PAngV § 1 Rn. 34; anders für bereits bekannte Erschließungskosten KG WRP 1988, 167 (169). Näher zu unvermessenem Bauland *Völker* PreisangabenR § 1 Rn. 51.

165 BGH GRUR 1988, 699 – qm-Preisangaben II.

166 LG Karlsruhe WRP 2014, 1120 Rn. 16, 18 f.

beispielhafte Angabe des Gesamtpreises für ein Gebinde (zB 1,4 kg = 6,98 Euro) oder die Angabe der Marge für die Preise der einzelnen Fertigpackungen.[167] Bei der letztgenannten Alternative können also in einer „von... bis"-Formulierung der Preis der jeweils kleinsten und größten Packungen angegeben werden. Der Preistransparenz und Preisvergleichsmöglichkeit wird im Übrigen durch die Angabe des Grundpreises nach § 2 PAngV Rechnung getragen.

36 Bei **Brillen** ist der anzugebende Gesamtpreis grundsätzlich der sog. **„Selbstzahlerpreis"**, auch wenn bei Krankenkassenmitgliedern ein Teil des Preises von der Kasse gezahlt wird; die Angabe der Selbstbeteiligung des Kunden genügt nicht,[168] selbst wenn der Optiker nur an Kassenpatienten verkauft.[169] Weiterer Angaben bedarf es nach der PAngV grundsätzlich nicht. Zulässig ist die Angabe von Einzelpreisen für zuzahlungspflichtige Sonderleistungen, soweit nicht für bestimmte Brillengläser unter Angabe von Preisen geworben wird.[170] Im Allgemeinen sind Vergütungen, die auf jeden Fall von einem **Dritten** geleistet werden und den Kunden nicht belasten, grundsätzlich nicht Bestandteil des Gesamtpreises.[171] Bei **Preisänderungen,** zB Preisherabsetzungen, ist der Gesamtpreis entsprechend der Änderung anzugeben. So reicht es, zB bei einer generellen Herabsetzung aller Preise eines größeren Warensortiments um 10 % (etwa im Schlussverkauf), nicht aus, auf diese prozentuale Herabsetzung hinzuweisen. Vielmehr ist, soweit eine Pflicht zur Gesamtpreisangabe besteht, der **konkrete geänderte Gesamtpreis** unter Berücksichtigung der Preisherabsetzung anzugeben.[172]

Bei einem **Girokonto** ist das Entgelt für EC- und Kreditkarte in den Gesamtpreis mit einzubeziehen, wenn diese Kartenleistungen erst ab einem bestimmten Mindestumsatz kostenlos sind und die relevante Gebühr zudem nur rückwirkend erstattet wird.[173]

37 **2. Umsatzsteuer.** Die (nationale oder ausländische) Umsatzsteuer ist in den Gesamtpreis einzurechnen. Anzugeben sind also Bruttopreise, nicht Nettopreise. Die alleinige Angabe des Nettopreises mit dem Zusatz *„+ MwSt"* oder *„zzgl. Steuern und Gebühren"* oder mit anderen Hinweisen, dass die Mehrwertsteuer noch hinzukomme, genügt § 1 Abs. 1 somit nicht.[174] Wohl aber ist die *zusätzliche* Angabe von Nettopreisen preisangabenrechtlich zulässig, wenn der Bruttopreis als Gesamtpreis gemäß Abs. 7 S. 3 hervorgehoben wird. Im Fernabsatz ist außerdem § 1 Abs. 2 Nr. 1 PAngV zu beachten. Danach ist zusätzlich anzugeben, ob die geforderten Preise die Umsatzsteuer und sonstige Preisbestandteile enthalten.

38 **3. Sonstige Preisbestandteile.** Hierzu gehören neben den bereits erörterten Preiskomponenten zB **bei Reisen Bearbeitungskosten** einer Reisebuchung[175] bzw. eine „Buchungsgebühr".[176] Nach Art. 23 Abs. 1 VO (EG) Nr. 1008/2008 muss der anzugebende Endpreis alle anwendbaren Steuern, Gebühren, Zuschläge und Entgelte, die unvermeidbar und vorhersehbar sind, enthalten. Die zuvor zur PAngV ergangene Rechtsprechung verlangte insbesondere die Angabe der Flughafengebühr,[177] sowie Einreise- und Sicherheits-

---

[167] BGH GRUR 1991, 847 (848) – Kilopreise II.

[168] BGH NJW-RR 1989, 101 (102 f.) – Brillenpreise I; vgl. auch OLG Düsseldorf WRP 1983, 157 (158); vgl. zu Einzelheiten der Optikerpreisangaben *Gelberg* GewArch 1994, 457 ff.; *Schricker* GewArch 1996, 137 ff.

[169] BGH GRUR 1997, 767 ff. – Brillenpreise II.

[170] OLG Düsseldorf WRP 1988, 678 ff.

[171] Vgl. OLG Stuttgart WRP 1995, 757 (762).

[172] BGH GRUR 1999, 762 (763) – Herabgesetzte Schlussverkaufspreise. Zur Ausnahme nach § 9 Abs. 2 vgl. → § 9 Rn. 17 ff.

[173] OLG Stuttgart WRP 2018, 1248 Rn. 24 – „Null-Gebühren"-Girokonto.

[174] BGH GRUR 2001, 1167 (1168) – Fernflugpreise; GRUR 1979, 553 – Luxus-Ferienhäuser.

[175] OLG Frankfurt a. M. GRUR 1988, 49 f.

[176] OLG Karlsruhe WRP 2005, 1188.

[177] BGH GRUR 1981, 140 (141 f.) – Flughafengebühr; GRUR 2001, 1166 – Fernflugpreise; GRUR 2003, 889 f. – Internet-Reservierungssystem; GRUR 2004, 435 (436) – FrühlingsgeFlüge; GRUR 2010, 652 Rn. 15 – Costa del Sol.

gebühren und Einreisesteuern[178], außerdem eine Ausweisung der Zusatzgebühren für die (zwingende) Zahlung mit Kreditkarte,[179] also allgemein gesprochen alle Entgelte für solche Leistungen Dritter, die bei jeder Reise in Anspruch genommen werden müssen.[180] Obwohl diese Entscheidungen damit vergleichbaren Grundsätzen folgen, sind Flugpreisbestandteile seit Geltung von **Art. 23 Abs. 1 VO (EG) Nr. 1008/2008 allein** an dessen Vorgaben zu messen (→ Einf. Rn. 9 f.).

Unklarheiten bei einzelnen Preiskomponenten ändern grundsätzlich nichts an der Verpflichtung, einen bestimmten Gesamtpreis anzugeben. So ist eine Preisangabe mit dem Hinweis, dass je nach Abflughafen, Abreisetermin und Fluggesellschaft die Preise um bis zu 50 Euro steigen oder sinken können, nicht zulässig.[181] Ob der früher hinsichtlich etwaiger Kostenerhöhungen (zB Flughafengebühren) vom BGH zugelassene[182] Vorbehalt einer Preisanpassung (nach dem damals noch in Kraft befindlichen § 4 Abs. 2 S. 3 BGB-InfoV) mit Art. 23 Abs. 1 VO (EG) Nr. 1008/2008 vereinbar ist, ist noch nicht geklärt und muss letzten Endes vom EuGH entschieden werden, wenngleich Einiges für die Zulässigkeit eines Anpassungsvorbehalts spricht. **39**

Bei der Werbung für aus dem Ausland **importierte Kraftfahrzeuge** sind auch die Kosten für die **Umrüstung** und **TÜV-Abnahme** in den Gesamtpreis aufzunehmen, soweit die Gestaltung der Werbung den Eindruck erweckt, diese Kosten seien im Gesamtpreis enthalten[183] oder soweit diese Kosten von dem Kunden obligatorisch zu entrichten sind. Bei einer Werbung für ein beim inländischen Händler bereitstehendes, für den Verkehr im Inland fertig hergerichtetes Fahrzeug wird in der Regel eine solche Verkehrserwartung bestehen.[184] Entsprechendes gilt für **im Inland hergestellte Fahrzeuge.** Für **Überführungskosten** ist die gesonderte Angabe nur dann zulässig, wenn dem Kunden die Wahl zwischen Selbstabholung und Überführung überlassen und auf das bestehende Wahlrecht in der Werbung unmissverständlich hingewiesen wird.[185] Die Preise für die Überführung sind dann lediglich gemäß § 5 Abs. 1 (bzw. bei Fernabsatzgeschäften gemäß § 1 Abs. 2 S. 2) anzugeben. Besteht ein Wahlrecht hingegen nicht, so sind nach bisheriger Rechtsprechung auch die Kosten der Überführung vom Hersteller zum Händler in den Gesamtpreis aufzunehmen, weil der Verkehr solche Nebenkosten nicht als zusätzliche Frachtkosten, sondern als Bestandteile des Gesamtpreises auffasst.[186] Daran hat sich auch nichts dadurch geändert, dass in Art. 7 Abs. 4 lit. c UGP-Richtlinie „alle zusätzlichen Fracht-, Liefer- oder Zustellkosten" ausdrücklich neben dem „Preis einschließlich aller Steuern und Abgaben" erwähnt werden, was dafür sprechen könnte, dass diese Fracht- und Lieferkosten gerade nicht Teil des (Gesamt-)Preises sind. Jedoch sieht der EuGH insoweit, ebenso wie der BGH,[187] die Preisangabenrichtlinie als vorrangige Regelung an und bestätigt im Ergebnis die og Rechtsprechung.[188] Definitiv **nicht** in den Gesamtpreis einzubeziehen sind die **Zulassungskosten** als Entgelt für eine Drittleistung.[189] Das vorstehend **40**

[178] BGH GRUR 2001, 1166 (1168) – Fernflugpreise; BGH GRUR 2003, 889 f. – Internet-Reservierungssystem und FrühlingsgeFlüge.

[179] OLG Hamburg GRUR-RR 2014, 170 – Kreditkartenzuschlag; LG Berlin WRP 2005, 1569.

[180] BGH GRUR 2011, 1166 (1168), GRUR 2003, 889 f. – Fernflugpreise und Internet-Reservierungssystem.

[181] BGH GRUR 2010, 652 Rn. 18 – Costa del Sol.

[182] BGH GRUR 2010, 652 Rn. 19 – Costa del Sol.

[183] BGH GRUR 1983, 443 (444 f.) – Kfz-Endpreis; OLG Düsseldorf WRP 1995, 732 (734); 1997, 260 (261) und MD 2007, 1161 (1163).

[184] Vgl. OLG Schleswig MD 2007, 505.

[185] EuGH Urt. v. 7.7.2016 – C-476/14, GRUR 2016, 945 Rn. 37 – Citroën/ZLW; BGH GRUR 1983, 443 (444 f.) – Kfz-Endpreis; BGH GRUR 1983, 658 (661) – Hersteller-Preisempfehlung in Kfz-Händlerwerbung; OLG Stuttgart NJWE-WettbR 1998, 78 (79). Kein Wahlrecht bestand bei KG MD 2012, 994 (996); 1424, 1426.

[186] StRspr BGH GRUR 1983, 443 (445) – Kfz-Endpreis.

[187] BGH GRUR 2014, 1208 Rn. 27 – Preis zuzüglich Überführung. AA im Ergebnis OLG München WRP 2012, 736 Rn. 21.

[188] EuGH Urt. v. 7.7.2016 – C-476/14, GRUR 2016, 945 Rn. 29 ff., 45 – Citroën/ZLW.

[189] *Gelberg*, Kommentar zur Preisangabenverordnung, 1975, § 1 Abs. 1 Anm. 8.4.1.2c.

Ausgeführte gilt im Grundsatz auch für Kfz-Leasingangebote.[190] Ebenfalls nicht in den Gesamtpreis einzubeziehen sind nach dem og gesonderte **Frachtkosten** für eine Lieferung an einen anderen Ort als den Sitz des Händlers, die nicht zwingend sind, sondern nur bei (freiwilliger) Anfrage durch den Kunden anfallen. Auch Art. 7 Abs. 4 lit. c UGP-RL unterscheidet (sogar unabhängig von einer etwaigen Freiwilligkeit) klar zwischen dem Preis einschließlich aller Steuern und Abgaben und den zusätzlichen Fracht-, Liefer- oder Zustellkosten.[191]

41 **Versandkosten** werden grundsätzlich nicht auf die Ware, sondern auf die Sendung erhoben. Daher stuft der BGH sie als in aller Regel nicht auf den Gesamtpreis anzurechnenden Preisbestandteil ein.[192] Nach dem Wortlaut von Art. 7 Abs. 4 lit. c UGP-RL gilt das nunmehr erst recht. Dies gilt auch für **Warenversicherungen** im Versandhandel.[193] Im Versandhandel ist allerdings nach Abs. 2 S. 1 Nr. 2 anzugeben, ob Liefer- und Versandkosten anfallen. **Mindermengenzuschläge** hingegen sind wie sonstige Preisbestandteile anzugeben.[194]

42 **4. Preisnachlässe.** Preisnachlässe sind ein Unterfall der Preisänderung. Bei Preisänderungen ist selbstverständlich ab dem Zeitpunkt der Änderung der geänderte Preis anzugeben. Dies gilt im Grundsatz auch für Preisnachlässe. Allerdings ist der Preisnachlass per se, dh ohne Angabe des Bezugspreises, noch keine Preisangabe, weil er für sich allein gesehen noch keinen Preisvergleich ermöglicht.[195]

43 Für **individuelle Preisnachlässe** und bestimmte, **zeitlich begrenzte generelle Preisnachlässe** ist zudem die Ausnahmevorschrift in **§ 9 Abs. 2** zu berücksichtigen (vgl. → § 9 Rn. 17).

VIII. Zusätzliche Angaben (Abs. 1 S. 2)

44 **1. Allgemeines und Vereinbarkeit mit Unionsrecht.** Grundsätzlich steht es dem Anbieter preisangabenrechtlich frei, ob er in seinen Angeboten und der Werbung auch bestimmte **Verkaufs- oder Leistungseinheiten** oder **Gütebezeichnungen** angeben will, auf die sich die Preise beziehen. Nach S. 2 ist diese Angabe jedoch **zusätzlich erforderlich,** soweit es der **allgemeinen Verkehrsauffassung** entspricht. Diese Vorschrift hat nur insoweit Bedeutung, als derartige Angaben **nicht ohnehin gesetzlich zwingend vorgeschrieben** sind; besteht hingegen eine solche anderweitige Vorschrift, müssen die Angaben in der gesetzlich vorgeschriebenen Weise erfolgen, und zwar unabhängig von der tatsächlich bestehenden Verkehrsauffassung.[196]

45 Das Erfordernis, die **„Verkaufseinheit"** anzugeben, bezieht sich auf Waren und entspricht Art. 3 Abs. 1 S. 1 Preisangabenrichtlinie. Wenn die Richtlinie verlangt, dass der „Preis einer Maßeinheit" anzugeben ist, setzt dies zwingend auch die Angabe dieser Maßeinheit voraus. Ein qualitativer Unterschied zwischen der Angabe einer Maßeinheit und der Angabe einer Verkaufseinheit ist insbesondere unter Berücksichtigung der Definition einer Maßeinheit in Art. 2 lit. b Preisangabenrichtlinie, die über die in § 2 Abs. 3 PAngV genannten Einheiten hinausgeht („anderen Mengeneinheiten"), nicht ersichtlich. Das Erfordernis der Angabe einer Verkaufseinheit lässt sich daher richtlinienkonform aus Art. 3 Preisangabenrichtlinie ableiten. Eines Rückgriffs auf die Mindestangleichungsklausel des Art. 10 Preisangabenrichtlinie bedarf es nicht, so dass auch die Verfallsregelung des Art. 3

---

[190] OLG Frankfurt a. M. WRP 1998, 324; KG MD 1998, 167.

[191] Die gesonderte Angabe der Frachtkosten nur auf den Fall zu beziehen, dass der Preis aufgrund der Beschaffenheit des Produktes nicht im Voraus berechnet werden kann, macht wenig Sinn. Dagegen sprechen auch die Formulierungen der englischen und der französischen Fassung der UGP-Richtlinie, welche die jeweiligen Bestandteile durch Kommata trennen.

[192] BGH GRUR 1997, 479 (480) – Münzangebot. Näher unter → Rn. 61 ff.

[193] Ohly/Sosnitza/*Sosnitza* PAngV § 1 Rn. 34.

[194] OLG Hamm MMR 2012, 825 (826).

[195] BGH GRUR 1983, 661 (663) – Sie sparen 4000,– DM.

[196] Ohly/Sosnitza/*Sosnitza* PAngV § 1 Rn. 40; Beispiele bei *Völker* PreisangabenR § 1 Rn. 62 ff.

Abs. 5 S. 1 UGP-Richtlinie nicht einschlägig ist.[197] Auch die (zwischenzeitlich) eingeschränkte Auslegung des Anwendungsbereichs der Preisangabenrichtlinie durch den EuGH (→ Einf. Rn. 8) schadet insoweit nicht, weil es hier gerade um Preisangaben unter Bezugnahme auf Maßeinheiten geht. Abgesehen davon ist der EuGH von dieser Auslegung mittlerweile schon wieder abgerückt.[198]

Die Angabe der **„Leistungseinheit"** bezieht sich auf Dienstleistungen, wird hingegen weder von der Dienstleistungsrichtlinie noch von der UGP-Richtlinie gefordert, wenn dies (nur) der Verkehrsauffassung entspricht. Als zusätzliche Voraussetzung bei der Preisangabe handelt es sich um eine strengere Vorschrift iSd Art. 3 Abs. 5 UGP-RL.[199] Gleiches gilt für das Erfordernis, bei bloßer Verkehrsauffassung die **Gütebezeichnung** angeben zu müssen. Weder in der Preisangabenrichtlinie noch in der Dienstleistungsrichtlinie findet sich hierzu eine Entsprechung, weshalb die Bestimmung lediglich von den Mindestangleichungsklauseln gedeckt ist und als strengere Regelung daher Art. 3 Abs. 5 S. 1 UGP-RL unterfällt.[200] Die fehlende Angabe der Leistungseinheit und der Gütebezeichnung ist daher seit dem 13.6.2013 nicht mehr unlauter iSv § 3a UWG. Die Pflicht zur Angabe kann sich allenfalls – aber auch immerhin – aus Gründen der Klarheit und Eindeutigkeit gem. § 1 Abs. 7 S. 2 PAngV ergeben. Daneben kann eine Angabepflicht gem. § 5a Abs. 3 Nr. 3 bzw. Nr. 1 UWG unter den dortigen Voraussetzungen bestehen.[201] 46

2. Verkaufs- oder Leistungseinheit. Der Begriff **„Verkaufseinheit"** bezieht sich auf Waren. Man versteht hierunter eine bestimmte Menge der Ware, die sich nach Gewicht (zB Kilogramm/kg oder Gramm/g), Volumen (zB Liter/l), nach der Fläche, der Länge oder der Stückzahl bemisst.[202] Eine **„Leistungseinheit"** ist eine Maßeinheit zur Quantifizierung von Leistungen, zB für elektrische Energie die Kilowattstunde (kWh), beim Bearbeiten von Flächen (zB Tapezieren, Verlegen von Fußböden) der Quadratmeter/qm.[203] 47

3. Gütebezeichnung. Hierunter versteht man alle Angaben, die eine Aussage über die **Qualität** der Ware oder Leistung enthalten. Dabei muss es sich nicht unbedingt um eine besonders „kurze" oder „einprägsame" Bezeichnung handeln, die „möglichst umfassend" über die Qualität der angebotenen Ware/Leistung informiert.[204] Erfasst werden neben sprachlichen Angaben auch entsprechende Symbole, insbesondere sog. **Gütezeichen.** Hierunter versteht man Kollektivzeichen (Wort- und/oder Bildzeichen), die von einer Mehrheit von Gewerbetreibenden zur Kennzeichnung ihrer Ware verwendet werden, um auf die Einhaltung bestimmter qualitativer Standards hinzuweisen. Träger der Gütezeichen und im Regelfall auch Inhaber entsprechender Marken[205] sind häufig sog. **Gütegemeinschaften,** die Gütebedingungen aufstellen und deren Erfüllung durch die Mitglieder/Benutzer der Zeichen überwachen.[206] Der Begriff der Gütebezeichnung – der weiter ist als derjenige des „Gütezeichens" – erfasst nicht nur Hinweise auf eine besonders gute, sondern auch Hinweise auf eine **mindere oder unterdurchschnittliche Qualität** (zB „2. Wahl"; „Mängelexemplar"). In Betracht kommen hier nur verkehrsübliche oder in Rechtsvorschriften definierte Gütebezeichnungen; andere können nicht der allgemeinen Verkehrsauffassung entsprechen. 48

---

[197] *Goldberg* WRP 2013, 1561 (1563).
[198] EuGH Urt. v. 7.7.2016 – C.476/14, GRUR 2016, 945 Rn. 33 f. – Citroën/ZLW.
[199] *Köhler* WRP 2013, 723 (726).
[200] *Köhler* WRP 2013, 723 (726). AA *Goldberg* WRP 2013, 1561 (1563), der in der Bestimmung eine zulässige Konkretisierung der Generalklausel der Preisangabenrichtlinie sieht.
[201] Köhler/Bornkamm/Feddersen/*Köhler* PAngV § 1 Rn. 20.
[202] *Gelberg* GewArch 1982, 286; *Gimbel/Boest,* Die neue Preisangabenverordnung, 1985, § 1 Anm. 16; Ohly/Sosnitza/*Sosnitza* PAngV § 1 Rn. 41.
[203] *Gimbel/Boest,* Die neue Preisangabenverordnung, 1985, § 1 Anm. 17.
[204] So aber BayObLG ZLR 1983, 147 (148) m. zustimmender Anm. *Hahn.*
[205] Kollektivmarken iSv §§ 97 ff. MarkenG.
[206] Zu Gütezeichen auch → § 5 Rn. 675 ff.

49 **4. Allgemeine Verkehrsauffassung.** Die ergänzende Angabe der Verkaufseinheit neben der Preisangabe ist nur erforderlich, soweit dies der allgemeinen Verkehrsauffassung entspricht. Wann dies der Fall ist, lässt sich nicht allgemeingültig bestimmen. Ob **regional unterschiedliche Verkehrsauffassungen** (innerhalb eines Mitgliedstaats) weiterhin möglich sind oder ob die relevante Verkehrsauffassung in dem gesamten Mitgliedstaat bestehen muss, ist angesichts des Wortlauts der Regelung in Art. 2 lit. b Preisangabenrichtlinie *(„in dem betreffenden Mitgliedstaat allgemein verwendet und üblich")* fraglich und letzten Endes durch den EuGH zu entscheiden. Maßgeblich sind jeweils die Umstände des Einzelfalls. Die Angabe der Verkaufseinheit wird sich jedenfalls erübrigen, wenn sie aus den Umständen offensichtlich bzw. eindeutig erkennbar ist, zB bei Preisangaben für Fertigpackungen gleicher Nennfüllmenge im Einzelhandelsgeschäft.[207] Bei der **Verkaufseinheit** kommt es entscheidend darauf an, in welchen Verkaufseinheiten die Waren üblicherweise abgegeben werden. Bei einem Verkauf von Ware, die meterweise zugemessen und abgegeben wird (Meterware), muss die Preisangabe meterbezogen erfolgen; Kilopreise sind dann unzulässig,[208] ebenso Quadratmeterpreise[209] und Quadratmillimeterpreise.[210] Dagegen ist die Werbeankündigung „1 kg CDs zum Preis von 25 Euro" zulässig, soweit gleichzeitig die Erläuterung erfolgt, mit 1 kg CDs sei die Anzahl von 10 CDs gemeint,[211] weil dem Verbraucher hierdurch letztlich doch die zu erwerbende Menge in der für diese Ware üblichen Einheit (Anzahl) verdeutlicht wird. **Weitere Beispiele für Verkaufseinheiten nach Verkehrsauffassung:** Bei Kerzen ist nach der Verkehrsauffassung die Verkaufseinheit entweder eine einzelne Kerze oder eine Packung mit einer bestimmten Anzahl (gleicher) Kerzen, nicht aber das Gewicht.[212] Beim Verkauf einzelner Kerzen ist also der Stückpreis anzugeben; daneben kann auch der Kilopreis genannt werden. Bei Handtüchern, Badetüchern, Waschlappen und anderen flächigen Textilwaren, die unverpackt verkauft werden, ist nach der Verkehrsauffassung die Verkaufseinheit grundsätzlich nach Fläche, nicht nach Gewicht zu bezeichnen; unzulässig ist daher zB das Angebot loser flächiger Frottierware zu Kilopreisen.[213]

IX. Verhandlungsbereitschaft über den Preis (S. 3)

50 Auf die **Bereitschaft, über den angegebenen Preis zu verhandeln,** kann hingewiesen werden, soweit dem nicht gesetzliche Vorschriften entgegenstehen (zB bei Arzneimitteln) und dies der allgemeinen Verkehrsauffassung in der betreffenden Branche oder für die fraglichen Waren oder Leistungen entspricht; das ist zB von jeher bei **Immobilien** und **Gebrauchtwagen** der Fall.[214] Auch bei anderen Branchen kommt eine entsprechende Verkehrsauffassung in Betracht, soweit es üblich ist oder wird, dass der Preis vom Käufer nicht in der Regel akzeptiert, sondern durch Verhandlungen zwischen den Parteien festgelegt wird. Gerade nach Abschaffung des Rabattgesetzes haben sich in zusätzlichen Branchen und Warenbereichen Handelsübungen herausgebildet, über den Preis zu verhandeln und eine entsprechende Bereitschaft von Seiten des Händlers auch anzukündigen. Verstärkt wird dieser Trend durch die zunehmend populäreren Preisgarantien. Mittlerweile gibt es sogar Einzelhandelsketten, die damit werben, dass man mit ihnen über den Preis verhandeln soll *(„wir unterbieten fast jeden Preis")*.

---

[207] Siehe auch Art. 3 Abs. 1 S. 2 Preisangabenrichtlinie: „Der Preis je Maßeinheit muss nicht angegeben werden, wenn er mit dem Verkaufspreis identisch ist."

[208] BGH GRUR 1981, 289 f. – Kilopreise I.

[209] OLG München WRP 1977, 819 zu Gardinen.

[210] LG Mannheim/OLG Karlsruhe WRP 1981, 551 f. zur Werbung „100 qm Teppichbodenbelag ab 0,05 Pfennige".

[211] OLG Frankfurt a. M. WRP 1995, 848 f.

[212] BGH GRUR 1993, 62 (63) – Kilopreise III.

[213] BGH GRUR 1992, 856 f. – Kilopreise IV.

[214] ZB OLG Köln GRUR 1986, 177 – Zusatz VB, für Immobilien; OLG Koblenz WRP 1983, 438 für Gebrauchtwagen; *Gimbel/Boest,* Die neue Preisangabenverordnung, 1985, § 1 Rn. 17.

Auch **der Hinweis auf die Verhandlungsbereitschaft selbst muss der allgemeinen Verkehrsauffassung entsprechen,** was zB bei Immobilien und im Kfz-Bereich für den Zusatz **„VB"** oder **„VHB"** (für „Verhandlungsbasis") zur Preisangabe der Fall ist. Selbstverständlich darf der Hinweis selbst auch nicht irreführend sein. Der Hinweis auf die Verhandlungsbereitschaft kann nicht die nach Abs. 1 S. 1 für Angebote vorgeschriebene Angabe des Gesamtpreises ersetzen.[215] Auch wenn also der (Ausgangs-)Preis, der dem Veräußerer vorschwebt, in Verhandlungen zur Disposition steht, ist er zunächst anzugeben. 51

C. Zusatzangaben bei Fernabsatzverträgen (Abs. 2)

I. Allgemeines

1. Zweck und wesentlicher Inhalt der Vorschrift; Vereinbarkeit mit Unionsrecht. § 1 Abs. 2 PAngV schreibt für Fernabsatzverträge zusätzlich zu Abs. 1 und § 2 Abs. 2 folgende Angaben vor: Zum einen ist anzugeben, dass die Preise die Umsatzsteuer und sonstige Preisbestandteile enthalten. Zum anderen ist anzugeben, ob zusätzliche Liefer- oder Versandkosten oder sonstige Kosten anfallen. Lassen sich die zusätzlichen Liefer- und Versandkosten vernünftigerweise im Voraus berechnen, so ist deren konkrete Höhe anzugeben. Lassen sich diese Kosten nicht vernünftigerweise im Voraus berechnen, so sind zwar nicht mehr Einzelheiten zu deren Berechnung anzugeben, wohl aber ist anzugeben, dass solche Kosten anfallen. Das ergibt sich aus einer richtlinienkonformen Auslegung der Norm (→ Rn. 62). 52

Abs. 2 wurde durch die Vierte ÄnderungsVO vom 18.10.2002[216] eingeführt und zuletzt im Zuge der Umsetzung der Verbraucherrechterichtlinie neu gefasst. Durch die seit dem 13.6.2014 geltende Neufassung ist der Wortlaut der Vorschrift an die Verbraucherrechterichtlinie, dort speziell an Art. 6 Abs. 1 lit. e angeglichen worden, was die Angabe der Fracht-, Liefer- oder Versandkosten oder die sonstigen Kosten anbelangt. Entsprechende Anforderungen ergeben sich auch aus Art. 7 Abs. 4 lit. c der UGP-Richtlinie. Die Verpflichtung zum Hinweis auf die enthaltene Umsatzsteuer und sonstige Preisbestandteile ergibt sich hingegen nicht aus diesen Normen, sondern aus Art. 5 Abs. 2 der E-Commerce-Richtlinie (Richtlinie 2000/31/EG), wobei sich dessen Anwendungsbereich nicht auf sämtliche Fernabsatzverträge erstreckt, sondern nur auf den elektronischen Rechtsverkehr. Insoweit hat der deutsche Gesetzgeber die Regelung (bewusst) richtlinienüberschießend umgesetzt.[217] Dies läuft jedoch außerhalb des speziellen Anwendungsbereichs der Richtlinie (elektronisch geschlossene Fernabsatzverträge) den vollharmonisierenden Vorgaben der UGP-Richtlinie entgegen und kann insoweit keine Geltung beanspruchen. 53

Bei Flügen ist vorrangig die Regelung in **Art. 23 Abs. 1 S. 4 der VO (EG) Nr. 1008/2008 (LuftverkehrsdiensteVO)** zu beachten, nach der fakultative Zusatzkosten auf klare, transparente und eindeutige Weise am Beginn jedes Buchungsvorgangs mitgeteilt werden müssen (→ Einf. Rn. 9 f.). 54

2. Anwendungsbereich. Die Bestimmung gilt für **Fernabsatzverträge,** also für Verträge über die Lieferung von Waren oder über die Erbringung von Dienstleistungen, die zwischen einem Unternehmen und einem Verbraucher unter ausschließlicher Verwendung von Fernkommunikationsmitteln abgeschlossen werden, es sei denn, dass der Vertragsschluss nicht im Rahmen eines für den Fernabsatz organisierten Vertriebs- oder Dienstleistungssystems erfolgt. Dies ist die Legaldefinition der Fernabsatzverträge in **§ 312c** Abs. 1 BGB (auf die auch die amtl. Begr.[218] verweist). Ausgenommen sind nach § 9 Abs. 3 PAngV allerdings die in § 312 Abs. 2 Nr. 2, 3, 6, 9 und 10 und Abs. 6 BGB genannten Verträge 55

[215] LG Berlin WRP 2014, 892.
[216] BGBl. I S. 4195.
[217] BR-Drs. 579/02, 7.
[218] BR-Drs. 579/02, 7.

(insbesondere über Veräußerung von Grundstücken, Bau und Teilzeitnutzung von Gebäuden, Verträge an Warenautomaten, Versicherungen und deren Vermittlung).

56 Der Anwendungsbereich des § 1 Abs. 2 beschränkte sich nach dem Wortlaut der ursprünglichen Fassung vom 18.10.2002 auf Sachverhalte, in denen gegenüber Verbrauchern gewerbs- oder geschäftsmäßig oder regelmäßig in sonstiger Weise Waren oder Leistungen **angeboten** wurden. Die Rechtsprechung erweiterte den Anwendungsbereich auf Fälle, bei denen unter Angabe von Preisen **geworben** wurde, um auch insoweit den Vorgaben von Art. 5 Abs. 2 der Richtlinie 2000/31/EG über den elektronischen Geschäftsverkehr im Binnenmarkt, der sog. E-Commerce-Richtlinie, gerecht zu werden.[219] Der Verordnungsgeber selbst übernahm eine entsprechende Erweiterung sodann auch zunächst in den Text des § 1 Abs. 2 S. 1 PAngV in der Fassung vom 1.8.2012. Die seit dem 13.6.2014 geltende Neufassung des § 1 Abs. 2 S. 1 PAngV hat diese Erweiterung des Anwendungsbereichs auf die Werbung dann allerdings wieder zurückgenommen. Der Verordnungsgeber wollte damit den Wortlaut der Vorschrift an die Verbraucherrechterichtlinie angleichen.[220] Ob auch weiterhin die Preis**werbung** bei Fernabsatzverträgen die zusätzlichen Informationspflichten nach § 1 Abs. 2 PAngV auslöst, ist mit Blick auf den Wortlaut der Norm und die Beschränkung des Anwendungsbereiches gegenüber der Vorfassung somit zweifelhaft. Wenn der Gesetzgeber den Anwendungsbereich zunächst sprachlich erweitert, diese Erweiterung dann jedoch zurücknimmt, kann nicht davon ausgegangen werden, dass damit keine Änderung des Regelungsgehaltes einhergehen sollte.[221] Andererseits dürfen die Vorgaben der E-Commerce-Richtlinie nicht außer Acht gelassen werden. Diese sieht vor, dass bestimmte Angaben erforderlich sind, soweit „Dienste der Informationsgesellschaft auf Preise Bezug nehmen". Daher ist wenigstens im Regelungsbereich der E-Commerce-Richtlinie auch weiterhin eine richtlinienkonforme Auslegung geboten. Denn augenscheinlich hat der Gesetzgeber bei der letzten Änderung übersehen, dass § 1 Abs. 2 PAngV nicht nur Vorgaben der Verbraucherrechterichtlinie, sondern auch Vorgaben der E-Commerce-Richtlinie umsetzt. Zumindest sofern ein Fernabsatz im Rahmen des E-Commerce erfolgt, erstreckt sich der Anwendungsbereich des § 1 Abs. 2 PAngV daher weiterhin auch auf das Werben unter Angabe von Preisen und, für jeglichen Fernabsatz, auf das Anbieten von Produkten unter Angabe von Preisen. Soweit § 1 Abs. 2 PAngV Vorgaben des Art. 7 Abs. 4 lit. c UGP-Richtlinie umsetzt (dh bzgl. der anfallenden Fracht-, Liefer- und Zustellkosten), müsste die Vorschrift für jede „Aufforderung zum Kauf" und damit auch für Werbung unter Angabe von Preisen gelten. Für § 1 Abs. 2 S. 1 Nr. 1 gilt das hingegen außerhalb des elektronischen Rechtsverkehrs mangels Grundlage in der UGP-Richtlinie nicht.

57 Somit findet § 1 Abs. 2 S. 1 Nr. 2 auf alle Angebote und Preiswerbungen iSv Abs. 1 S. 1 Anwendung (soweit auf den Abschluss eines Fernabsatzvertrages gerichtet), während Abs. 2 S. 1 Nr. 1 in europarechtskonformer Auslegung nur Angebote und Preiswerbungen im Fernabsatz via E-Commerce erfasst. Die Informationspflichten nach Abs. 2 gelten bei Angabe des Gesamtpreises iSv Abs. 1 S. 1 sowie bei der Angabe von Grundpreisen gemäß § 2 Abs. 2 (weil hier kein Gesamtpreis angegeben werden muss). Die Bestimmung gilt somit nicht bei Angaben nach § 1 Abs. 3 und 4 sowie §§ 3–8.

58 **3. Verhältnis zum sonstigen Fernabsatzrecht.** Die preisangabenrechtlichen Bestimmungen bei Fernabsatzverträgen und im elektronischen Geschäftsverkehr in **Art. 246a § 1 Abs. 1 Nr. 4, 5, 6 EGBGB (iVm § 312d Abs. 1 BGB** bzw. § 312j Abs. 2 BGB) gelten neben der PAngV. Soweit jedoch im Vorfeld des Abschlusses eines Fernabsatzvertrages für

[219] BGH GRUR 2010, 251 Rn. 12 – Versandkosten bei Froogle; GRUR 2008, 532 Rn. 28 – Umsatzsteuerhinweis; OLG Hamburg GRUR-RR 2005, 236 (238) – madeleine.de; MMR 2005, 467; MD 2007, 444 (446).

[220] BT-Drs. 17/12637, 80.

[221] Daran ändert auch die Vorlage des BGH an den EuGH, ob eine „Werbung" für ein Erzeugnis unter Angabe des Preises nicht ein „Anbieten" darstellt, nichts, weil dieser Fall die Preisangabenrichtlinie betraf, BGH GRUR 2014, 1208 Rn. 25 – Preis zuzüglich Überführung.

das entsprechende Angebot des Unternehmens die nach der PAngV erforderliche Preisinformation gegenüber dem Verbraucher zu erfolgen hat, wird hierdurch die Pflicht zur Preisangabe nach den erwähnten Bestimmungen in der Regel verdrängt. Wer also bei einem entsprechenden Angebot gemäß § 1 Abs. 2 PAngV zB die Liefer- und Versandkosten angegeben hat, muss dies nicht noch einmal gemäß Art. 246a § 1 Abs. 1 Nr. 4 EGBGB tun. Zu beachten ist allerdings, dass § 312j Abs. 2 BGB zusätzlich noch ein „unmittelbar"-Erfordernis enthält.

II. Hinweis auf enthaltene Umsatzsteuer (S. 1 Nr. 1)

Bei Angeboten und bei Preiswerbung im E-Commerce, die jeweils auf den Abschluss eines Fernabsatzvertrages gerichtet sind, ist anzugeben, dass die Preise die **Umsatzsteuer und sonstige Preisbestandteile** enthalten. Nachdem gegenüber Verbrauchern bereits seit Jahrzehnten die Gesamtpreise einschließlich Umsatzsteuer und sonstiger Preisbestandteile anzugeben sind, erscheint dies überflüssig, weil hier letztlich ein Hinweis auf etwas Selbstverständliches vorgeschrieben wird. Dementsprechend wurde der Hinweis darauf, dass der angegebene Gesamtpreis auch die Umsatzsteuer enthält, vor Einführung des § 1 Abs. 2 auch als irreführende Werbung mit Selbstverständlichkeiten angesehen. Heute könnte das allerdings nur noch der Fall sein, wenn der Hinweis besonders hervorgehoben wird. Aber selbst das ist fraglich, weil nach § 312j Abs. 2 BGB die Informationen zumindest im E-Commerce „in hervorgehobener Weise" zur Verfügung gestellt werden müssen. Umgekehrt ist der Hinweis nach § 1 Abs. 2 S. 1 Nr. 1 auf die enthaltene Umsatzsteuer aber auch nicht nur eine bloße unbedeutende Bagatelle. Unterbleibt er, so beurteilt sich die Unlauterkeit des Verhaltens iSv § 3a UWG vielmehr nach den besonderen Umständen des Einzelfalls; es kann nicht grundsätzlich ein Bagatellfall angenommen werden.[222] 59

Die **Formulierung** und die **Platzierung** des Hinweises werden in der PAngV nicht vorgeschrieben. Nach der Rechtsprechung des BGH ist es nicht erforderlich, dass der Hinweis in unmittelbarem Zusammenhang mit dem angegebenen Preis erfolgt. In der **Anzeigenwerbung** (und im Internet) reicht es vielmehr aus, wenn der Hinweis räumlich eindeutig dem Preis zugeordnet wird, zB durch **Sternchenhinweis.**[223] Bei Preisangaben im **Internet** ließ es der BGH (als Alternative zum Sternchenhinweis) ausreichen, wenn der Hinweis auf einer dem Angebot nachgeordneten Seite gegeben wurde, sofern diese Seite vom Kunden zwingend vor Einleiten des Bestellvorgangs durch Einlegen in den Warenkorb aufzurufen war.[224] Als Formulierung ausreichend war zB die Angabe *„einschließlich Umsatzsteuer und sonstiger Preisbestandteile"*. Abkürzungen sind ebenfalls zulässig, soweit allgemein verständlich und nicht irreführend. So haben sich zB für den Hinweis *„einschließlich Umsatzsteuer"* Abkürzungen wie *„inkl. MwSt."* eingebürgert und sind dem Verbraucher geläufig. Für „sonstige Preisbestandteile" gibt es bislang noch keine gängige Abkürzung. Für den E-Commerce ergibt sich allerdings insoweit eine Verschärfung, als § 312j Abs. 2 BGB verlangt, dass die Preisangaben „unmittelbar" vor Abgabe der Bestellung und „in hervorgehobener Weise" zur Verfügung zu stellen sind. 60

III. Zusätzliche Fracht-, Liefer- oder Versandkosten oder sonstige Kosten (S. 1 Nr. 2 und S. 2)

Nach diesen Bestimmungen (ergänzt durch Art. 246a § 1 Abs. 1 Nr. 4 EGBGB) ist anzugeben, ob zusätzliche **Fracht-, Liefer- oder Versandkosten** oder **sonstige Kosten** anfallen, sowie deren **konkrete Höhe,** soweit die Kosten vernünftigerweise im Voraus berechnet werden können. Durch die Angabe der konkreten Höhe von Liefer- und Versandkosten iSv S. 2 ist dabei gleichzeitig auch gesagt, dass solche zusätzlichen Kosten 61

[222] OLG Hamburg MD 2009, 560 (Ls.).
[223] BGH GRUR 2008, 532 Rn. 23 – Umsatzsteuerhinweis.
[224] BGH GRUR 2010, 251 Rn. 13 – Versandkosten bei Froogle; GRUR 2010, 248 Rn. 24ff. – Kamerakauf im Internet; GRUR 2008, 84 Rn. 34 – Versandkosten.

anfallen. Diese Kosten sind somit nicht in den Gesamtpreis einzubeziehen. Vom BGH wurden Versandkosten seit jeher als nicht in den Gesamtpreis einzubeziehender Preisbestandteil eingestuft.[225]

62 Diese Regelungen stehen in Einklang mit Art. 7 Abs. 4 lit. c UGP-RL. In richtlinienkonformer Auslegung (vgl. Art. 7 Abs. 4 lit. c letzter Halbsatz UGP-Richtlinie) ist außerdem zu ergänzen, dass in Fällen, in denen die Kosten vernünftigerweise nicht im Voraus berechnet werden können, zumindest die Angabe erfolgen muss, **dass** solche zusätzlichen Kosten anfallen können[226] (siehe auch die nachfolgende Kommentierung). Wann Kosten „vernünftigerweise" nicht mehr im Voraus berechnet werden können, muss durch die Rechtsprechung entschieden werden.[227] In der Sache geht es um Zumutbarkeit und Verhältnismäßigkeit.

Bei Flügen gelten vorrangig die Regelungen in **Art. 23 Abs. 1 S. 4 VO (EG) Nr. 1008/2008** (LuftverkehrsdiensteVO; → Einf. Rn. 9 f.).

63 Bei mehreren Preisangaben in einer Werbung kommt ein einmaliger Hinweis in geeigneter Form in Betracht.[228] Im **Internet** gilt folgendes: Es besteht keine gesetzliche Verpflichtung, die Angaben zu zusätzlichen Liefer- und Versandkosten jeweils räumlich *unmittelbar* neben der Preisangabe zu platzieren. Denn der Verbraucher rechnet beim Versandhandel damit, dass zusätzlich zum Warenpreis noch Versandkosten anfallen können. Es reichte daher nach der Rechtsprechung des BGH aus, dass die Versandkosten **„alsbald** sowie **leicht erkennbar und gut wahrnehmbar"** auf **einer gesonderten Seite** angegeben wurden; allerdings musste diese Seite noch **vor** Einlegen der Ware in den virtuellen Warenkorb notwendig aufgerufen werden.[229] Denn das Einlegen der Ware in den virtuellen Warenkorb leitet bereits die Bestellung ein und der Verordnungsgeber will, dass der Kunde eine informierte Entscheidung über die Bestellung trifft. Der erstmalige Hinweis auf die Versandkosten *nach* dem Einlegen der Ware in den Warenkorb genügte daher nicht.[230] Da bei mehreren Waren die Fracht-, Liefer- oder Versandkosten je nach Umfang der Gesamtbestellung variieren können, reichte es nach der Rechtsprechung sogar aus, bei der Werbung für das einzelne Produkt nur den Hinweis **„zzgl. Versandkosten"** aufzunehmen, wenn sich beim **Anklicken** oder Ansteuern dieses Hinweises ein Bildschirmfenster mit einer übersichtlichen und verständlichen Erläuterung der allgemeinen **Berechnungsmodalitäten** für die Versandkosten öffnete und außerdem die tatsächliche Höhe der für den jeweiligen Einkauf konkret anfallenden Versandkosten jeweils bei Aufruf des virtuellen Warenkorbs in der Preisaufstellung gesondert ausgewiesen wurde.[231] Ob diese (ohnehin schon gelockerten) Anforderungen der Rechtsprechung zur Erläuterung der Berechnungsmodalitäten auch weiterhin gelten, nachdem die Verpflichtung zur Angabe der Berechnungsmodalitäten in § 1 Abs. 2 S. 3 PAngV gestrichen wurde, bleibt abzuwarten. Das OLG Frankfurt a. M. hat diese Anforderungen wiederholt, es hat sich dabei indes inhaltlich nicht weiter mit den Berechnungsmodalitäten auseinandergesetzt.[232] Der BGH hat die entsprechende Anforderung zwar nicht ausdrücklich auf Abs. 2 S. 3 aF gestützt, aber auch nicht mit einer anderen Norm konkret begründet. Auch Art. 7 Abs. 4 lit. c UGP-Richtlinie erfordert nur die Angabe, *dass* zusätzliche Kosten anfallen können, aber nicht die

[225] BGH GRUR 1997, 479 (480) – Münzangebot; GRUR 2008, 84 Rn. 31 – Versandkosten.

[226] KG WRP 2015, 1535 Rn. 6.

[227] Siehe Beispiele dazu bei KG WRP 2015, 1535.

[228] Vgl. OLG Hamburg MD 2008, 1208 ff. für Versandkataloge.

[229] BGH GRUR 2008, 84 Rn. 31 – Versandkosten; GRUR 2010, 251 Rn. 13 – Versandkosten bei Froogle; GRUR 2010, 248 Rn. 24 – Kamerakauf im Internet; GRUR 2010, 1110 Rn. 23 – Versandkosten bei Froogle II; OLG Stuttgart MMR 2008, 754; OLG Hamburg MMR 2007, 723.

[230] BGH GRUR 2010, 248 Rn. 24 – Kamerakauf im Internet; ebenso OLG Hamm MMR 2009, 850 Rn. 23; KG GRUR-RR 2009, 316. Dagegen *Föhlisch* MMR 2010, 246 ff.; *Rohnke* GRUR 2007, 381 (383); *Schlegel* MDR 2008, 417 (419).

[231] BGH GRUR 2010, 248 Rn. 27 – Kamerakauf im Internet; GRUR 2008, 84 – Versandkosten; zu den strengeren Anforderungen an die Angabe der Versandkosten im Rahmen einer Suchmaschinenwerbung siehe allerdings BGH GRUR 2012, 1110 Rn. 25 – Versandkosten bei Froogle II.

[232] OLG Frankfurt a. M. GRUR-RR 2019, 267 Rn. 20.

Angabe wie diese berechnet werden; Art. 5 Abs. 2 E-Commerce Richtlinie verlangt ebenfalls nur ein Ob, kein Wie. Das spricht dafür, dass in Fällen, in denen diese Kosten vernünftigerweise nicht im Voraus berechnet werden können, nunmehr der Hinweis „zzgl. Versandkosten" ausreicht und ein Bildschirmfenster mit einer übersichtlichen und verständlichen Erläuterung der allgemeinen Berechnungsmodalitäten nicht mehr erforderlich ist. Ebenso ist bei der Angabe der Lieferkosten nicht erforderlich, dass dieser Hinweis räumlich *unmittelbar* bei der *Preisangabe* zu geben ist.[233] Zwar ist in der BGH-Entscheidung *„Kamerakauf im Internet"* von einem Hinweis „unmittelbar bei der Werbung" die Rede, aber eben nur „bei der Werbung" und nicht „bei der Preisangabe". Hinzu kommt, dass in der zeitlich nachfolgenden Entscheidung *„Versandkosten bei Froogle II"* das Wort „unmittelbar" in diesem Zusammenhang schon nicht mehr erwähnt wird.[234] Allerdings reicht es auch nicht aus, wenn die Hinweise ohne Zuordnung zu den Warenangeboten erfolgen und nur am unteren Ende der Internetseite nach Herabscrollen zum Seitenende sichtbar werden.[235] Auch ist es **nicht** genügend, wenn Angaben zu Liefer- und Versandkosten sowie zur Umsatzsteuer **nur in allgemeinen Rubriken** oder gar nur in den **AGB** des Anbieters erscheinen, die über allgemeine Links erreichbar sind.[236] Noch strengere Anforderungen gelten für Preisangaben in **Preissuchmaschinen** und Preisvergleichslisten. Denn hier geht es erstens nicht um mehrere Waren, sondern immer nur um verschiedene Preise für eine Ware und anders als bei Angeboten auf „normalen" Webseiten erwartet (und erhält im Regelfall) der Verbraucher hier einen Preis zuzüglich der konkreten Versandkosten, weil er nur dann effektiv die Preise vergleichen kann. Dementsprechend sind hier die Versandkosten und sonstige Kosten **bereits in der Preisvergleichsliste** mit aufzuführen und ein Verweis auf die Internetseiten des Händlers genügt nicht,[237] und zwar auch dann nicht, wenn die entsprechende Angabe noch vor dem Einleiten des Bestellvorgangs aufgerufen werden müsste. Für die fehlende Angabe der Versandkosten in der Preisvergleichsliste ist dabei sogar der Anbieter der Ware selbst verantwortlich, wenn er dem Suchmaschinenbetreiber den Kaufpreis der Ware ohne die Versandkosten übermittelt hat.[238] Auch hier ist im E-Commerce allerdings die Verschärfung gem. § 312j Abs. 2 BGB zu beachten, wonach die Angaben zeitlich unmittelbar vor der Bestellung anzugeben sind. Außerdem ist bei Preisangaben in Preissuchmaschinen und Preisvergleichslisten das 2019 neu eingefügte per-se Verbot in Nr. 11a) der Schwarzen Liste im Anhang I zur UGP-RL zu beachten, wonach etwaige bezahlte Werbung oder spezielle Zahlungen mit dem Ziel eines höheren Rankings der jeweiligen Produkte im Rahmen der Suchergebnisse eindeutig offenzulegen sind (→ UWG Anh. S 3 Rn. 28).

D. Verrechnungssätze bei Leistungen (Abs. 3)

I. Allgemeines

1. Zweck der Vorschrift. Abs. 3 enthält eine **Ausnahme** von der grundsätzlichen Pflicht zur Angabe von Gesamtpreisen gem. Abs. 1 für bestimmte Leistungen. Die Vorschrift gilt für Vertragsverhältnisse, bei denen die **Hauptleistung** des Anbieters in einer **Dienstleistung** besteht. Sie trägt dem Umstand Rechnung, dass bei vielen Leistungen der erforderliche Aufwand (insbesondere Zeitaufwand) sich nicht von vornherein, also zum 64

[233] AA *Eckert* GRUR 2011, 678 (683).

[234] BGH GRUR 2010, 1110 Rn. 24 – Versandkosten bei Froogle II, unter Verweis auf BGH GRUR 2010, 248 Rn. 27 – Kamerakauf im Internet.

[235] OLG Hamburg GRUR-RR 2009, 268; hierzu auch *Blasek* GRUR-RR 2009, 241 (243).

[236] BGH GRUR 2008, 84 Rn. 32 – Versandkosten; OLG Hamburg MMR 2005, 108; OLG Frankfurt a. M. K&R 2008, 462 Rn. 17 ff.

[237] BGH GRUR 2010, 251 Rn. 14 – Versandkosten bei Froogle, wobei der BGH dieses Ergebnis vor allem aus § 1 Abs. 6 PAngV aF ableitet. OLG Naumburg WRP 2016, 1283 Rn. 19 – Versandkosten.

[238] OLG Hamburg GRUR-RR 2015, 14 Rn. 43 – Versteckte Verpackungskosten; OLG Naumburg WRP 2016, 1283 Rn. 21 ff. – Versandkosten.

Zeitpunkt des Angebots bzw. Vertragsschlusses, genau bestimmen lässt, wie es namentlich im Bereich des **Handwerks** (zB bei Reparaturen) häufig der Fall ist. In derartigen Fällen kann daher anstelle des Gesamtpreises auch ein **Verrechnungssatz** angegeben werden. Im Bereich der **Telekommunikation** sind die Sondervorschriften für die Preisangabe, -ansage und -anzeige in **§§ 66a–c TKG** zu berücksichtigen. Darüber hinaus sind im Wege richtlinienkonformer Auslegung die Vorgaben und Möglichkeiten nach Art. 22 Abs. 3 lit. a und Abs. 5 der Dienstleistungsrichtlinie sowie Art. 7 Abs. 4 lit. c UGP-RL zu berücksichtigen. Zum Verhältnis zwischen § 5a Abs. 3 Nr. 3 UWG und § 1 Abs. 3 PAngV siehe *Dreyer* → § 5 Rn. 116 ff.; → § 5a Rn. 155.

65 **2. Vorgaben des Unionsrechts.** Nach Art. 7 Abs. 4 lit. c UGP-RL ist in Fällen, in denen aufgrund der Beschaffenheit der Leistung der Preis vernünftigerweise nicht im Voraus *berechnet* werden *kann,* zumindest die **Art** der Preisberechnung anzugeben. § 5a Abs. 3 Nr. 3 UWG setzt diese Anforderungen der UGP-RL fast wörtlich um. Dem entspricht § 1 Abs. 3 PAngV hingegen nicht, weil dort darauf abgestellt wird, ob es *üblich* ist, bestimmte Verrechnungssätze anzugeben und in diesen Fällen die Verrechnungssätze angegeben werden *können*. Die Regelung in Abs. 3 bleibt somit hinter den Anforderungen von Art. 7 UGP-RL zurück, soweit sie die Angabe von Verrechnungssätzen selbst für den Fall ermöglicht, dass ein Preis angegeben werden kann (sofern die Angabe der Verrechnungssätze nur üblich ist). Angesichts der weitergehenden Anforderungen in § 5a Abs. 3 Nr. 3 UWG wird die Regelung des § 1 Abs. 3 PAngV insoweit leer laufen.[239] Andererseits ist die Regelung in Abs. 3 strenger als Art. 7 UGP-RL / § 5a Abs. 3 Nr. 3 UWG, als selbst in Fällen, in denen kein Preis im Voraus berechnet werden kann, die Angabe zur Art der Preisberechnung nicht möglich sein soll, wenn sie nicht üblich ist. Dem ist angesichts der abschließenden Harmonisierung durch die UGP-Richtlinie durch eine richtlinienkonforme Auslegung Rechnung zu tragen.

66 Nach Art. 22 Abs. 3 lit. a Dienstleistungsrichtlinie ist dem Dienstleistungsempfänger auf Anfrage die Vorgehensweise zur Berechnung des Preises mitzuteilen, wenn kein genauer Preis angegeben werden kann. Alternativ kann der Dienstleistungserbringer einen Kostenvoranschlag unterbreiten. Auch diese Regelung wurde nicht umgesetzt bzw. nicht gegenüber Verbrauchern, sondern nur in § 4 Abs. 1 Nr. 2 DL-InfoV. Da davon auszugehen ist, dass der Verordnungsgeber die Regelung bewusst nicht gegenüber Endverbrauchern umsetzen wollte, kommt *contra legem* insoweit auch keine richtlinienkonforme Auslegung in Betracht.[240]

II. Verrechnungssätze

67 **1. Stundensätze.** Die Vorschrift nennt als praktisch wichtigste Beispiele der zulässigen Verrechnungssätze die Stundensätze und Kilometersätze. Stundensätze sind **Verrechnungssätze für den Zeitaufwand.** Der Begriff des „Stundensatzes" geht vom Regelfall der Angabe eines Kostensatzes pro Stunde aus. Zulässig sind jedoch auch Kostensätze für andere Zeiteinheiten, sofern sie für die betreffende Leistung üblich[241] oder durch Rechtsvorschrift ausdrücklich vorgeschrieben sind.[242]

68 **2. Kilometersätze.** Dies sind **Verrechnungssätze für einen Fahrtaufwand auf Kilometerbasis.** Soweit üblich, können sie sowohl für Hauptleistungen (insbesondere Transportleistungen) als auch Nebenleistungen (zB Anfahrten für handwerkliche Arbeiten) verwendet werden, bei Nebenleistungen allerdings nur, soweit auch die Hauptleistung zulässigerweise als Verrechnungssatz angegeben wird. Im Rahmen des Üblichen ist also eine

[239] Ebenso Köhler/Bornkamm/Feddersen/*Köhler* PAngV § 1 Rn. 27a.
[240] AA wohl Büscher/*Schilling* PAngV § 1 Rn. 56.
[241] So auch *Ambs* in Erbs/Kohlhaas Strafr. NebenG PAngV § 1 Rn. 27a; aA *Gimbel/Boest,* Die neue Preisangabenverordnung, 1985, § 1 Anm. 18.
[242] ZB Preisangabe für 45 Minuten bei Fahrstunden, § 32 Abs. 2 Nr. 2 FahrlG.

Kombination von Teil-Verrechnungssätzen (also zB bei Reparaturen die Bildung eines Kilometersatzes für die Anfahrt und eines Stundensatzes für die eigentliche Reparaturleistung) möglich.

3. Andere Verrechnungssätze. Hierzu gehören zB die sog. **Arbeitswerte** für standardisierte Reparaturleistungen im Kfz-Handwerk, die auf vorgegebenen Arbeitszeiten für die Reparatur basieren, aber von der tatsächlichen Reparaturdauer unabhängig berechnet werden.[243] Zu den anderen Verrechnungssätzen gehört beispielsweise auch der Tagestarif bei der Autovermietung; die Angabe des Tagestarifs ist auch dann ausreichend, wenn generell oder zu bestimmten Zeiten eine Mindestmietzeit von mehr als einem Tag vorgesehen ist,[244] soweit auf diesen Umstand im Zusammenhang mit der Angabe des Tagestarifs hingewiesen wird. 69

III. Alle Leistungselemente

Die Verrechnungssätze müssen **alle Leistungselemente einschließlich der Umsatzsteuer** enthalten. Der Begriff „Leistungselemente" umfasst sowohl alle Bestandteile der zu erbringenden Leistung als auch alle Elemente der Gegenleistung (also alle Preisbestandteile), mit Ausnahme der Materialkosten (dazu nachfolgend → Rn. 71). 70

IV. Materialkosten (S. 2)

Nach S. 2 **können** die **Materialkosten** in die Verrechnungssätze für die Leistungen **einbezogen werden.** Daraus ergibt sich im Umkehrschluss, dass sie **grundsätzlich nicht einbezogen werden müssen,** da sie – insbesondere bei Reparaturleistungen – häufig vorab nicht überschaubar sind. Aus dem Zweck der Regelung ergibt sich jedoch auch, dass „Material" in diesem Sinne nur die vom Leistungserbringer bei Durchführung der Leistung verarbeiteten und anschließend im Leistungsergebnis verkörperten Gegenstände sind, nicht aber zB das bei Transportleistungen verbrauchte Benzin. 71

E. Rückerstattbare Sicherheiten (zB Flaschenpfand) (Abs. 4)

I. Rückerstattbare Sicherheit

Die Vorschrift gilt für alle Fälle, in denen außer dem Entgelt für eine Ware oder Leistung eine sog. „rückerstattbare Sicherheit" gefordert wird. Der praktisch wichtigste Anwendungsbereich ist der Getränkeeinzelhandel. Für diesen Bereich stellt Abs. 4 klar, dass eine rückerstattbare Sicherheit – im Volksmund auch **„Flaschenpfand"** genannt – nicht zum Preis der Ware zählt und daher kein Gesamtbetrag zu bilden ist. Keine Sicherheit in diesem Sinn ist hingegen ein Entgelt, das zunächst berechnet und eingezogen wird und erst später, zB bei Erreichen eines bestimmten Mindestumsatzes erstattet wird.[245] 72

Trotz des klaren Wortlautes der Bestimmung ist die Frage, ob das Flaschenpfand in den Gesamtpreis iSv Abs. 1 S. 1 einzubeziehen ist oder ob es im Sinne von Abs. 4 gesondert auszuweisen ist, stark umstritten. Das äußert sich in der Praxis dergestalt, dass es einerseits Urteile gibt, die eine gesonderte Ausweisung des Flaschenpfands verurteilen[246] und andererseits Urteile, die eine solche gesonderte Ausweisung jedenfalls im Ergebnis nicht untersagen wollen, solange § 1 Abs. 4 formal noch Rechtsbestand hat,[247] während wieder andere 73

[243] *Gimbel/Boest,* Die neue Preisangabenverordnung, 1985, § 1 Anm. 19 und § 3 Anm. 12; LG Frankfurt a. M. GRUR-RS 2019, 36697.

[244] OLG München MD 1996, 1019 (1020).

[245] OLG Stuttgart WRP 2018, 1248 Rn. 24 – „Null-Gebühren"-Girokonto.

[246] LG Essen BeckRS 2019, 26639; ebenso LG Berlin GRUR-RS 2019, 35364 Rn. 24; LG Frankfurt a. M. GRUR-RS 2019, 36697 Rn. 30.

[247] OLG Köln GRUR-RR 2020, 384; OLG Schleswig GRUR-RS 2020, 18624 Rn. 51 ff.; LG Bonn BeckRS 2019, 17822 Rn. 19, 20.

Urteile die Einbeziehung des Flaschenpfands in den Gesamtpreis ausdrücklich fordern.[248] Quelle allen Übels ist die unstrittige Tatsache, dass die Vorschrift des Abs. 4 keine Entsprechung in der Preisangabenrichtlinie, der Dienstleistungsrichtlinie oder der UGP-Richtlinie findet. Auch herrscht Einigkeit darüber, dass, wenn die Regelung in 1 Abs. 4 dem vollharmonisierten Bereich der UGP-Richtlinie unterfällt, sie als gegenüber Art. 7 Abs. 4 lit. c) UGP-RL strengere Regelung aufgrund der Verfallsklausel des Art. 3 Abs. 5 S. 1 UGP-RL a. F.[249] selbst als Ausnahmeregelung iSv Art. 10 Preisangabenrichtlinie nach dem 12. Juni 2013 nicht mehr aufrechterhalten werden könnte und in diesem Fall auch eine unionsrechtskonforme Auslegung contra legem nicht in Betracht käme.[250] Doch damit hört die Einigkeit auch schon auf.

73a An dem einen Rand des Meinungsspektrums steht die auch hier in der Vorauflage vertretene Ansicht, dass mit der Pfandregelung des § 1 Abs. 4 umweltpolitische Zielsetzungen verfolgt wurden,[251] die außerhalb des Regelungsbereiches der UGP-RL liegen.[252] Die Vorschrift würde damit nicht in den von der UGP-RL vollharmonisierten Bereich fallen und Art. 3 Abs. 5 S. 1 UGP-RL stünde der Anwendung nicht entgegen. Eine gesonderte Angabe des Flaschenpfands wäre daher weiterhin nicht zu untersagen. Dagegen spricht allerdings, dass es dem Gesetzgeber nach der Gesetzesbegründung bei der Pfandregelung primär um die Preistransparenz ging und er in diesem Zusammenhang erläutert, warum die Preistransparenz (auch) zu einer am Umweltschutz ausgerichteten Kaufentscheidung führen könne.[253]

An dem anderen Rand des Spektrums steht die Ansicht, dass § 1 Abs. 4 wegen Verstoßes gegen Art. 4 UGP-RL unionsrechtswidrig und daher gemäß Art. 3 Abs. 5 S. 1 UGP-RL nicht anzuwenden sei. Vielmehr sei nach Maßgabe der allgemeinen Regelung des § 1 Abs. 1 ein Gesamtpreis zu bilden.[254]

73b Dazwischen liegen diverse modifizierende Variationen: Eine stellt in Frage, ob bei Beibehaltung der im Handel gängigen separaten Pfandauszeichnung die Spürbarkeit eines Verstoßes iSv § 3a UWG überhaupt gegeben wäre.[255] Andere betonen, dass der Handel keineswegs daran gehindert sei, den anzugebenden Gesamtpreis (inkl. Pfand) aufzuschlüsseln und auf die Erstattbarkeit des Pfandbetrags hinzuweisen.[256]

73c Eine andere Variante verneint einen Verstoß gegen § 3a UWG mit der Begründung, dass § 1 Abs. 4 als gültige Rechtsnorm, die nicht richtlinienkonform ausgelegt werden kann, von den Gerichten allein schon aus rechtsstaatlichen Gründen gem. Art. 20 Abs. 3 GG weiterhin beachtet werden müsse.[257] Zu demselben Ergebnis gelangt man, wenn man § 1 Abs. 4 zwar wegen der Unionsrechtswidrigkeit zwar für Behörden und Gerichte nicht anwendbar hält, zugleich aber hierein weiterhin gültiges Recht sieht, dass für das einzelne Rechtssubjekt bindend ist,[258] zumal die Unionsrechtswidrigkeit auf der

---

[248] KG WRP 2018, 226 – Lieferservice-Portal.

[249] *Köhler* WRP 2013, 723, 726; Köhler/Bornkamm/Feddersen/*Köhler* § 1 PAngV Rn. 28; KG WRP 2018, 226 Rn. 30 ff. – Lieferservice-Portal; LG Kiel MD 2019, 907; LG Nürnberg-Fürth MD 2019, 910; OLG Schleswig GRUR-RS 2020, 18624 Rn. 51 – Pfandgläser.

[250] Köhler/Bornkamm/Feddersen/*Köhler,* UWG Einl. 3.13a.

[251] BR-Drucks. 238/97, S. 7 f.

[252] Wie hier auch OLG Köln GRUR-RR 2020, 384 Rn. 22 – Flaschenpfand; *Goldberg* WRP 2013, 1561, 1564; Büscher/*Schilling* § 1 PAngV Rdn. 58; sowie *Schröder* WRP 2019, 984, 985, der § 1 Abs. 4 PAngV jedoch im Ergebnis aus Rechtssicherheitsgründen für unanwendbar hält.

[253] OLG Schleswig, GRUR-RS 2020, 18624 – Pfandgläser; ebenso LG Essen BeckRS 2019, 26639; LG Frankfurt a. M. GRUR-RS 2019, 36697.

[254] Vgl. KG WRP 2018, 226 Rn. 37 – Lieferservice-Portal.

[255] *Schröder* WRP 2019, 984, 985 f. Für das Vorliegen der Spürbarkeit hingegen LG Kiel MD 2019, 907 Rn. 21; LG Essen BeckRS 2019, 26639 Rn. 71 ff., das eine abweichende Beurteilung insbesondere auch nicht unter Berufung auf einen entschuldbaren Rechtsirrtum oder die Marktüblichkeit der separaten Pfandauszeichnung zulässt; ebenso LG Berlin GRUR-RS 2019, 35364; LG Frankfurt a. M. GRUR-RS 2019, 36697.

[256] Vgl. KG WRP 2018, 226 Rn. 35 – Lieferservice-Portal.

[257] OLG Köln GRUR-RR 2020, 384 Rn. 15 – Flaschenpfand.

[258] OLG Schleswig, GRUR-RS 2020, 18624 Rn. 52 – Pfandgläser.

Unvereinbarkeit mit einer Richtlinie beruht, die gegenüber Privaten keine unmittelbare Wirkung entfaltet. Wenn aber der Einzelne sich an eine gültige Rechtsnorm hält, so könne ihm das aus rechtsstaatlichen Gründen nicht untersagt werden; ein rechtlich gebotenes Verhalten kann nicht Grundlage für eine Verurteilung sein.[259] Diese Meinung kommt übrigens auch zu dem Ergebnis, dass eine Ausweisung des Gesamtpreises iSv § 1 Abs. 1 ebenfalls nicht verboten wäre. D. h. im Ergebnis wären sowohl eine Einbeziehung des Pfands in den Gesamtpreis als auch dessen gesonderte Ausweisung möglich und nicht zu untersagen.[260] Diese Lösung ist in der Tat vorzugswürdig.[261] Sie zwingt letzten Endes den Gesetzgeber, seiner Verantwortung gerecht zu werden. Das ist auch deshalb erforderlich, weil keinesfalls klar ist, ob ein Flaschenpfand wirklich Teil des Gesamtpreises im Sinne von § 1 Abs. 1 ist.[262] Maßgeblich ist insoweit die Verkehrsauffassung,[263] die in den letzten 20 Jahren von der gesonderten Ausweisung des Flaschenpfands geprägt wurde.[264] Hinzu kommt, dass es sich beim Flaschenpfand nicht um eine Gegenleistung für die erworbene Ware (das Getränk) handelt, sondern vielmehr um eine Sicherheit im Interesse der Wiederverwertung des Warengebindes.[265] Dafür spricht jedoch, dass es sich beim Pfand um einen unvermeidbaren und vorhersehbaren Bestandteil des Preises handelt, der obligatorisch vom Verbraucher zu tragen ist es dem Verbraucher bei seiner Kaufentscheidung regelmäßig darauf ankommt, was ihn der Einkauf konkret, also insgesamt unter Einbeziehung des Pfandes, kosten wird.[266] Die von der Bundesregierung beschlossene **Novelle zur Preisangabenordnung** vom 25.8.2021[266a] soll nun für Klarheit in dieser Frage sorgen. Der Entwurf sieht eine Neufassung des § 1 Abs. 4 PAngV-E in § 7 PAngV-E vor. Es wird klargestellt, dass **rückerstattbare Sicherheiten,** insbesondere **Pfandbeträge,** weder in den Gesamtpreis einzubeziehen noch bei der Berechnung des Grundpreises zu berücksichtigen sind. Der Verordnungsgeber begründet dies damit, dass es sich beim Pfand gerade nicht um ein Entgelt als Gegenwert für den Erwerb einer Getränkeverpackung handele, sondern um eine rückerstattbare Sicherheit mit der Zusage des Handels, dass dieser Betrag bei Rückgabe der Getränkeverpackung in voller Höhe erstattet werde. Weder die Richtlinie 98/6/EG (Preisangabenrichtlinie) noch die Richtlinie 2006/123/EG (Dienstleistungrichtlinie) träfen Vorgaben über die Art und Weise der Angabe von rückerstattbaren Sicherheiten, sodass Regelungen dazu dem nationalen Verordnungsgeber überlassen blieben.[266b] Im Ergebnis würde damit alles beim Alten bleiben. Ob sich diese Auffassung des Verordnungsgebers (Regelung liegt außerhalb des harmonisierten Bereichs) halten lässt, wird letzten Endes der EuGH entscheiden müssen.

II. Angabe neben dem Preis der Ware oder Leistung

Die Höhe der rückerstattbaren Sicherheit ist **„neben" dem Preis** für die Ware oder Leistung anzugeben. Damit ist zum einen – und in erster Linie – die Nichteinbeziehung **74**

[259] OLG Schleswig, GRUR-RS 2020, 18624 Rn. 46 – Pfandgläser.

[260] OLG Schleswig, GRUR-RS 2020, 18624 Rn. 53 – Pfandgläser bringt das prägnant auf den Punkt.

[261] So im Ergebnis auch OLG Dresden, Urteil v. 17.9.2020 – 6 U 49/19.

[262] Offengelassen durch OLG Schleswig, GRUR-RS 2020, 18624 – Pfandgläser. Dagegen OLG Köln GRUR-RR 2020, 384 – Flaschenpfand; LG Bonn BeckRS 2019, 17822. Zustimmend KG WRP 2018, 226 – Lieferservice-Portal ebenso LG Essen BeckRS 2019, 26639; LG Berlin GRUR-RS 2019, 35364; LG Frankfurt a. M. GRUR-RS 2019, 36697.

[263] LG Essen BeckRS 2019, 26639 Rn. 48; LG Berlin GRUR-RS 2019, 35364 Rn. 24; LG Frankfurt a. M. GRUR-RS 2019, 36697 Rn. 36.

[264] So zutreffen OLG Schleswig, GRUR-RS 2020, 18624 Rn. 36 – Pfandgläser.

[265] OLG Köln GRUR-RR 2020, 384 Rn. 25 – Flaschenpfand. A. A. LG Essen BeckRS 2019, 26639 Rn. 53; LG Berlin GRUR-RS 2019, 35364 Rn. 24; LG Frankfurt a. M. GRUR-RS 2019, 36697 Rn. 38: Teil des Gesamtpreises, da Gegenleistung für die Zuverfügungstellung des Getränkebehältnisses.

[266] LG Essen BeckRS 2019, 26639 Rn. 81; LG Berlin GRUR-RS 2019, 35364; LG Frankfurt a. M. GRUR-RS 2019, 36697 Rn. 36.

[266a] Verordnung der Bundesregierung zur Novellierung der Preisangabenverordnung vom 25.8.2021, BR-Drs. 669/21.

[266b] BR-Drs. 669/21, S. 34.

der Sicherheit in den Gesamtpreis der Ware oder Leistung iSv Abs. 1 S. 1 gemeint. Zum anderen wird man der Formulierung aber auch das Erfordernis entnehmen können, dass die Höhe der Sicherheit in ausreichender **räumlicher Nähe** zur Angabe des Gesamtpreises erfolgt und diesem in der Verbraucherwahrnehmung eindeutig zugeordnet werden kann (vgl. Abs. 7 S. 2), so dass für das Publikum die Notwendigkeit einer neben dem Gesamtpreis zunächst (wenn auch nur vorübergehend) zusätzlich zu leistenden Summe ohne weiteres deutlich wird. Daher muss die Angabe der Höhe der Sicherheit auch leicht erkennbar und deutlich lesbar iSv Abs. 7 S. 2 sein.

F. Änderungsvorbehalte (Abs. 5)

75 Abs. 5 gestattet in zwei bestimmten, **konkret definierten Ausnahmefällen** die Angabe von Preisen mit einem Änderungsvorbehalt. Diese Ausnahmen tragen dem Umstand Rechnung, dass bei längeren Liefer- oder Leistungsfristen ein Festhalten des Anbieters an einem auszuzeichnenden Festpreis wegen der schwierigen Preiskalkulation zu unzumutbaren Härten führen könnte.[267] Entsprechendes gilt für Dauerschuldverhältnisse. Aus dieser Ausnahmeregelung ergibt sich im Umkehrschluss, dass derartige **Vorbehalte einer eventuellen Preisänderung im Anwendungsbereich der PAngV im Übrigen** im Interesse von Preisklarheit und Preiswahrheit **grundsätzlich unzulässig** sind. Nicht gestattet ist insbesondere die Angabe von **Tagespreisen,** welche die Höhe des Kaufpreises von der Preisentwicklung abhängig machen und damit den letztlich zu zahlenden Preis ins Ungewisse rücken.[268] Selbstverständlich werden durch die PAngV **Preisänderungen** – auch wenn sie häufiger und (zB bei „Saisonangeboten", also etwa Obst und Gemüse) kurzfristig erfolgen – **nicht ausgeschlossen.** Entsprechende Hinweise und Vorbehalte im Hinblick auf mögliche Preisänderungen sind jedoch nur nach Maßgabe von Abs. 5 zulässig.

I. Liefer- oder Leistungsfristen von mehr als vier Monaten (Nr. 1)

76 Nach **Nr. 1** ist ein Änderungsvorbehalt für angegebene Preise zulässig, soweit die vereinbarte **Liefer- oder Leistungsfrist mehr als vier Monate** nach dem Vertragsabschluss beträgt und die voraussichtlichen Liefer- oder Leistungsfristen angegeben werden. Insoweit besteht Gleichklang mit § 309 Nr. 1 BGB, wonach in Allgemeinen Geschäftsbedingungen Klauseln generell unwirksam sind, die außerhalb von Dauerschuldverhältnissen (dazu nachfolgend Nr. 2) die Erhöhung des Entgelts für Waren oder Leistungen vorsehen, welche innerhalb von vier Monaten nach Vertragsabschluss geliefert und erbracht werden sollen; der Begriff des Entgelts ist hier gleich zu verstehen wie der des Preises iSv § 1 Abs. 4 PAngV und erfasst daher auch hier die Umsatzsteuer und auf deren mögliche Erhöhung bezogene Änderungsvorbehalte.[269] Mit anderen Worten: Beträgt die Lieferfrist weniger als vier Monate, so ist eine Preisanpassungsklausel in AGB unwirksam; beträgt die Frist mehr als vier Monate, so kann die Anpassungsklausel wirksam sein und dann ist ein entsprechender Hinweis auch nach der PAngV erlaubt. Voraussetzung ist allerdings, dass zugleich auch die voraussichtlichen Liefer- oder Leistungsfristen angegeben werden. Die Regelung unterfällt auch nicht dem Anwendungsbereich der UGP-RL, da es um Vertragsrecht geht (vgl. Art. 3 Abs. 2 UGP-RL).

II. Dauerschuldverhältnisse (Nr. 2)

77 Dauerschuldverhältnisse iSv Nr. 2 sind entsprechend der Nomenklatur für das BGB alle auf ein **dauerndes Verhalten** oder auf **wiederkehrende Leistungen** gerichteten ver-

[267] Vgl. BGH GRUR 1974, 416 (417) – Tagespreis, mit Anm. *Schwanhäusser* GRUR 1974, 417.
[268] Vgl. BGH GRUR 1981, 206 (207) – 4 Monate Preisschutz.
[269] BGHZ 77, 79 ff.

traglichen Leistungsbeziehungen, insbesondere Miete, Pacht, Versicherungsverträge sowie Dienst- und Darlehensverträge, ebenso Abonnementverträge, sog. **Sukzessivlieferungsverträge** und **Wiederkehrschuldverhältnisse** (zB beim Bezug von Strom, Gas oder Wasser). Verträge, bei denen ein von vornherein bestimmter Leistungsgegenstand in Teilen oder Raten zu liefern oder herzustellen ist, sind dagegen keine Dauerschuldverhältnisse. Auch dies steht im Einklang mit dem AGB-Recht, nämlich mit § 309 Nr. 1 Hs. 2 BGB. Und auch diese Regelung unterfällt nicht dem Anwendungsbereich der UGP-RL, da es um Vertragsrecht geht.

G. Werbung, Webseite und Prospekte eines Reiseveranstalters (Abs. 6)

Die Regelung in Abs. 6 wurde durch das dritte ReiseRÄndG mit Geltung ab dem 1.7.2018 eingeführt. Sie entspricht den Vorgaben in Art. 10 Abs. 1 der Pauschalreiserichtlinie[270]. Danach kann der in der Werbung, auf der Webseite oder in Prospekten eines Reiseveranstalters angegebene Reisepreis nach Maßgabe des § 651d Abs. 3 S. 1 BGB und des Art. 250 § 1 Abs. 2 EGBGB geändert werden.[271] So kann zB ein „tagesaktuelles Preissystem", bei dem sich der Reiseveranstalter Flughafenzu- oder -abschläge von bis zu 50 EUR vorbehält, zulässig sein, sofern dies im Prospekt angegeben wird.[272] Das bedeutet umgekehrt aber auch, dass die bei der Prospekterstellung gegebenen Zuschläge in den anzugebenden Gesamtpreis einzubeziehen sind. 78

H. Preisklarheit und Preiswahrheit (Abs. 7)

§ 1 Abs. 7 ist neben Abs. 1 die zentrale Norm der PAngV. Fast alle jüngeren Entscheidungen des BGH zur PAngV berufen sich neben der jeweiligen Spezialregelung auch auf Abs. 6 aF (jetzt Abs. 7). S. 1 enthält das **allgemeine Gebot von Preisklarheit und Preiswahrheit** und die **Maßgeblichkeit der allgemeinen Verkehrsauffassung.** S. 2 präzisiert diese Preisklarheit dahingehend, dass Pflichtangaben eindeutig zuzuordnen, leicht erkennbar und deutlich lesbar oder sonst gut wahrnehmbar sein müssen. S. 3 fordert die Hervorhebung von Gesamtpreisen bei der Aufgliederung von Preisen. Diese Regelungen gelten für alle nach der PAngV zu machenden Preisangaben.[273] Weitergehende Anforderungen enthalten § 2 Abs. 1, wo Angaben „in unmittelbarer Nähe" gefordert werden, sowie § 312j Abs. 2 BGB bei Angaben im E-Commerce. Eine Ergänzung findet sich darüber hinaus in § 6a Abs. 1 PAngV mit Anforderungen an die Werbung für Verbraucherdarlehen. Auch für § 1 Abs. 7 gilt, dass die Vorgaben des Unionsrechts zu beachten sind, insbesondere Art. 4 Abs. 1 der Preisangabenrichtlinie und Art. 22 Abs. 4 der Dienstleistungsrichtlinie. 79

I. Preisklarheit

Preisklarheit bedeutet, dass der angesprochene **Verbraucher** den angegebenen **Preis sofort** und ohne weiteres Nachdenken und Nachlesen, gewissermaßen **„auf einen Blick"**, richtig **versteht.** Dem entspricht das Kriterium „klar und verständlich" in § 312j 80

[270] Richtlinie (EU) 2015/2302 des Europäischen Parlaments und des Rates vom 25.11.2015 über Pauschalreisen und verbundene Reiseleistungen, ABl. 2015 L 326, S. 1.

[271] ZB nach Erstellung des Prospekts eintretende Erhöhung von Flughafengebühren, Änderung von Wechselkursen, Einkauf zusätzlicher Kontingente. Die Aufzählung ist nicht abschließend, BGH GRUR 2010, 652 Rn. 20 – Costa del Sol.

[272] BGH GRUR 2010, 652 (Ls.) – Costa del Sol.

[273] BGH GRUR 2009, 982 Rn. 12 – Dr. Clauder's Hufpflege.

Abs. 2 BGB. Dieser Grundsatz wird in Abs. 7 S. 2 noch weiter präzisiert. **Preisdifferenzierungen** werden durch den Grundsatz der Preisklarheit nicht ohne weiteres ausgeschlossen, wenn die Voraussetzungen für die Gültigkeit des einen oder anderen Preises klar zum Ausdruck gebracht werden. Auch eine Preisdifferenzierung in der Form, dass die Höhe des zu zahlenden Preises bei Internet-Angeboten davon abhängt, wie viele Käufer sich bereitfinden, das Produkt zu einem bestimmten Preis zu erwerben (sog. **Powershopping** oder **Community Shopping**), ist preisangabenrechtlich nicht von vornherein unzulässig, soweit der Kaufinteressent sich für eine bestimmte Preisstufe entscheiden kann und damit sicher ist, das Produkt bei Zustandekommen des Kaufvertrags auch tatsächlich zu diesem Preis (oder zu einem noch günstigeren Preis) zu erhalten; bei einer solchen Gestaltung besteht keine Unklarheit über den Preis. Es ist lediglich ungewiss, ob ein Kaufvertrag mit diesem Preis überhaupt zustande kommt; die Verhinderung einer solchen Ungewissheit ist aber nicht Aufgabe des Preisangabenrechts.[274]

81 Ebenso ist es im Grundsatz preisangabenrechtlich zulässig, als **Preisvergleich** neben dem aktuellen Preis auch den eigenen früheren Preis anzugeben (um etwa auf eine Preisherabsetzung aufmerksam zu machen), soweit eindeutig erkennbar ist, welches der frühere und welches der aktuelle Preis ist, zB indem der alte Preis deutlich sichtbar **durchgestrichen** wird.[275] Auch ist der Vergleich mit anderen Preisen zulässig, allerdings muss klar sein, um welchen Preis es sich bei dem durchgestrichenen Preis handelt. Es darf neben dem Gesamtpreis auch eine **unverbindliche Preisempfehlung** des Herstellers für diese Ware angegeben werden; letztere ist aber unmissverständlich als unverbindliche Preisempfehlung zu kennzeichnen und der geforderte Gesamtpreis ist aus Gründen der Preisklarheit hervorzuheben. Dagegen ist die scheinbar gleichwertige Angabe von zwei verschiedenen (aktuellen) Preisen für ein und dieselbe Ware oder Leistung ohne jeden Unterschied und ohne sonstige sachliche Rechtfertigung weder mit dem Grundsatz der Preisklarheit noch mit dem der Preiswahrheit zu vereinbaren.[276] Zur Irreführung durch Werbung mit durchgestrichenen Preisen → § 5 Rn. 754.

82 Bei **Koppelungsangeboten** kann es leicht zu einem Verstoß gegen § 1 Abs. 7 PAngV und zu einer Irreführung über die Preiswürdigkeit einer Ware oder Dienstleistung iSv § 5 UWG kommen.[277] Werden kombinierte Produkte angeboten, die aus Sicht des angesprochenen Verkehrs als einheitliches Leistungsangebot und Gegenstand eines einheitlichen Vertragsschlusses erscheinen, so ist grundsätzlich ein Gesamtpreis für das Gesamtangebot anzugeben.[278] Ist die Angabe eines Gesamtpreises nicht möglich, zB weil Einzelteile des Gesamtangebots verbrauchsabhängig und damit variabel sind, so sind zumindest die einzelnen Preisbestandteile anzugeben.[279] Das betrifft beispielsweise den Erwerb **eines Handys** zu einem günstigen Preis bzw. für 0 DM bei gleichzeitigem Abschluss eines entgeltpflichtigen **Netzkartenvertrags.**[280] In solchen Fällen darf jedenfalls nicht nur mit der Preiswürdigkeit eines Bestandteils geworben werden, während der Gesamtpreis für die weiteren Teile verschwiegen wird oder aufgrund der Darstellung untergeht. Ebenso wenig darf nur eine unentgeltliche oder besonders günstige Teilleistung herausgestellt werden, ohne gleichzeitig in klarer Zuordnung auf das Entgelt für andere Teilleistungen des Gesamtangebots hinzuweisen. Diese Grundsätze gelten auch

---

[274] Vgl. *Menke* WRP 2000, 337 (343 f.); *Leible/Sosnitza* ZIP 2000, 732 (738 f.); *Lange* WRP 2001, 888; zur wettbewerbsrechtlichen Beurteilung OLG Köln GRUR-RR 2002, 40 (41 f.) mit krit. Anm. *Hucke* ZUM 2001, 770; durch Abschaffung des RabattG überholt OLG Hamburg WRP 2000, 412.

[275] Vgl. BGH GRUR 1988, 836 (837 f.) – Durchgestrichener Preis.

[276] Vgl. KG LRE 27, 246.

[277] Siehe zB BGH GRUR 2011, 742 Rn. 31 und 34 – Leistungspakete im Preisvergleich; GRUR 2010, 744 Rn. 33 und 43 – Sondernewsletter; ebenso BGH GRUR 1999, 264 (267) – Handy für 0,00 DM.

[278] BGH GRUR 2010, 744 Rn. 30 – Sondernewsletter; GRUR 2009, 73 Rn. 18 – Telefonieren für 0,00 Cent!

[279] BGH GRUR 2009, 73 Rn. 24 – Telefonieren für 0 Cent; GRUR 1999, 264 (267) – Handy für 0,00 DM.

[280] BGH GRUR 1999, 264 (267) – Handy für 0,00 DM.

dann, wenn zwar konkret nur bestimmte Waren oder Leistungen beworben werden, mit dem Erwerb dieser Produkte aber zugleich eine Entscheidung oder eine nicht ohne weiteres abzuändernde **Vorentscheidung** im Hinblick auf ein anderes Produkt des Anbieters verbunden ist. In diesem Fall sind auch die für dieses weitere Produkt entstehenden Kosten deutlich kenntlich zu machen.[281] Bejaht wurde das beispielsweise für die Kosten eines **Kabelanschlusses** in Ergänzung zur Werbung für ein Leistungspaket bestehend aus einem Internet- und Telefonanschluss und einer Internet- und Telefon-Flatrate, die nur bei Bestehen eines entsprechenden Kabelanschlusses genutzt werden können. In einem solchen Fall ist zumindest ein hinreichend deutlicher Hinweis erforderlich, dass für die Inanspruchnahme des Leistungspakets ein Kabelanschluss erforderlich ist und dass dafür monatliche Gebühren und eine Installationspauschale anfallen. Dabei kommt es nach der Rechtsprechung des BGH noch nicht einmal darauf an, wer die Kosten für diesen Kabelanschluss zu tragen hat (zB der Vermieter eines Mehrparteien-Mietshauses) und ob ein solcher Anschluss im Einzelfall schon besteht, sofern die Werbung auch an Dritte gerichtet ist, die noch keinen entsprechenden Kabelanschluss haben.[282] Entsprechendes gilt auch für andere gekoppelte Produkte, die sich aus Sicht der angesprochenen Adressaten als ein einheitliches Leistungsangebot darstellen; etwa weil die Inanspruchnahme der beworbenen Leistung zwangsläufig die Inanspruchnahme einer anderen Leistung voraussetzt.[283] So zB das Angebot, für 0 Cent am Wochenende zu telefonieren, wenn dies die Bestellung eines bestimmten Telefontarifs voraussetzt, für den ein Bereitstellungsentgelt und monatliche Kosten anfallen.[284]

Gegen das Gebot der Preisklarheit verstößt es auch, **Meterware** (zB Textilstoffe) **nach Kilopreisen** anzubieten, da der Kunde seinen Bedarf zB nach Metern (also Länge, nicht Gewicht) bemisst und die Ware auch in dieser Form abgegeben wird.[285] Unzulässig ist es auch, wenn ein Einzelhändler äußerlich völlig gleiche Kleidungsstücke auf dem einen Ständer (II. Wahl) einheitlich mit sofort auffallenden, außen angebrachten Etiketten auszeichnet, auf dem anderen Ständer dagegen (I. Wahl) mit innen in den Kleidungsstücken angebrachten Etiketten.[286] Ein Verstoß ist außerdem gegeben, wenn die ein bestimmtes Angebot einschränkenden Bedingungen nur **unleserlich** angegeben werden.[287] 83

Sog. **Kostenfallen** im Internet verstoßen ebenfalls gegen das Gebot der Preisklarheit.[288] 84
Hierbei handelt es sich um Angebote, die im konkreten Fall entgeltpflichtig sind, ohne dass dies hinreichend deutlich gemacht wird, obwohl der Verkehr bei entsprechenden Angeboten üblicherweise von einer Unentgeltlichkeit ausgeht (zB beim Download von grundsätzlich frei verfügbarer Software oder Updates dazu).[289]

Zu **Preisangaben im Internet,** insbesondere zur Angabe der Versandkosten und deren 85
Berechnungsmodalitäten, sowie zu Preisangaben bei **Suchmaschinen** vorstehend → Rn. 63.

---

[281] BGH GRUR 2011, 742 Rn. 26 ff. – Leistungspakete im Preisvergleich; GRUR 2010, 744 Rn. 30 – Sondernewsletter.

[282] BGH GRUR 2011, 742 Rn. 29 – Leistungspakete im Preisvergleich; GRUR 2010, 744 Rn. 30 – Sondernewsletter.

[283] BGH GRUR 2010, 744 Rn. 30 – Sondernewsletter.

[284] BGH GRUR 2009, 73 Rn. 24 – Telefonieren für 0 Cent. Ähnlich OLG Frankfurt a. M. WRP 2005, 635: Günstige Minutenpreise bei gesonderter Einrichtung eines Prepaid-Kontos.

[285] BGH GRUR 1981, 289 f. – Kilopreise I.

[286] Vgl. OLG Hamm GRUR 1990, 629 ff. – Blusen von der Stange.

[287] OLG Köln MD 2009, 152 (154).

[288] OLG Frankfurt a. M. K&R 2009, 197; GRUR-RR 2009, 265; OLG Hamburg WRP 2009, 1305 (Ls.).

[289] Inzwischen findet sich eine sog. „Buttonlösung" in § 312j Abs. 3 und 4 BGB. Siehe hierzu *Bierekoven* ITRB 2012, 186.

II. Preiswahrheit

86 Preiswahrheit bedeutet allgemein, dass der **angegebene Preis** den Tatsachen entsprechen muss, also **tatsächlich verlangt wird und zu bezahlen ist.**[290] Ansonsten verstößt die Angabe nicht nur gegen § 1 Abs. 7 PAngV, sondern ist auch irreführend iSv § 5 Abs. 1 S. 2 Nr. 2 UWG.[291] Bei einer Händlerwerbung mit **herabgesetzten Preisen** gebietet es der Grundsatz der Preiswahrheit zB, dass im Geschäft durch organisatorische Maßnahmen die Übereinstimmung des an der Ware ausgezeichneten Preises mit dem Werbepreis sichergestellt wird.[292] Wird allerdings an der Ware ein höherer als der tatsächlich verlangte Preis ausgezeichnet, liegt zwar ein Verstoß gegen § 1 Abs. 7 vor; in der Vergangenheit wurde dieser jedoch als bloßer Bagatellverstoß iSv § 3 Abs. 1 UWG angesehen, wenn sichergestellt war, dass an der Kasse stets automatisch nur der niedrigere Preis berechnet wird.[293] Es spricht viel dafür, diese Beurteilung im Ergebnis beizubehalten und einen Verstoß gegen § 3a UWG iVm § 1 Abs. 7 PAngV mangels Eignung zur spürbaren Interessenbeeinträchtigung abzulehnen. Zur möglichen Irreführung durch solche Preisangaben → § 5 Rn. 736 ff.

87 Preiswahrheit bedeutet auch, dass der Preis in der **Währung** anzugeben ist, in der bezahlt werden muss. Das ist im Regelfall der **Euro** als maßgebliche inländische Währung. Ein ausdrücklicher Hinweis auf den Euro als maßgebliche Währung ist dabei im Regelfall nicht mehr erforderlich. Soweit dennoch ein Hinweis auf die Währung erfolgt, kann dies durch die Angaben *„Euro“*, *„EUR“* oder durch das grafische Symbol *„€“* geschehen.[294] Für den Cent hat sich bislang noch keine Abkürzung eingebürgert. Wegen § 244 Abs. 1 BGB ist der Preis in aller Regel zumindest in **inländischer Währung** anzugeben. Die Angabe eines in Euro zu bezahlenden Preises allein in einer Fremdwährung verstößt demgegenüber gegen den Grundsatz der Preiswahrheit.[295] Ist der Preis allerdings im Ausnahmefall zulässigerweise in ausländischer Währung zu bezahlen (etwa bei Zahlung im Ausland), ist der Preis in der jeweiligen Fremdwährung anzugeben, selbst wenn die Geldschuld nach § 244 BGB auch in inländischer Währung beglichen werden kann.[296] In diesen Fällen ist eine ergänzende Angabe des in Euro umgerechneten Preises nicht erforderlich.[297] Eine solche zusätzliche Angabe wäre der Preiswahrheit eher abträglich, da die Währungskurse Schwankungen unterliegen.[298] Zur Angabe von Flugpreisen → Einf. Rn. 10.

III. Allgemeine Verkehrsauffassung

88 Dies ist ein **zentraler Begriff** der PAngV, die in zahlreichen Einzelbestimmungen auf dieses Kriterium Bezug nimmt (zB § 1 Abs. 1 S. 2 und 3; § 2 Abs. 3 S. 3 und 4; § 5 Abs. 2). Durch diesen flexiblen Maßstab wird den verschiedenen – auch dem Wandel unterworfenen – Anschauungen des Verkehrs zur Gestaltung von Preisangaben Rechnung getragen. Für die Feststellung der allgemeinen Verkehrsauffassung sind in erster Linie die Auffassung und Erwartungen der **angesprochenen Verkehrskreise,** also der **Verbraucher, an die sich Angebot und Werbung richten,** maßgeblich.[299] Dabei ist – ent-

[290] BGH WRP 2008, 659 (660 f.) – Fehlerhafte Preisauszeichnung; BGHSt 31, 91 (92); BayObLG NStZ 1982, 74.
[291] LG Hamburg WRP 2013, 237 Rn. 21 ff., 29.
[292] Vgl. BGH GRUR 1988, 629 (630) – Konfitüre, zum wettbewerbsrechtlichen Irreführungsverbot.
[293] BGH WRP 2008, 659 (660 f.) – Fehlerhafte Preisauszeichnung.
[294] Vgl. zum Euro-Zeichen „€“ OLG Köln GRUR 2000, 823.
[295] OLG Frankfurt a. M. GRUR 1987, 554 f.; 1989, 841 ff.; vgl. auch LG Frankfurt a. M. WRP 1990, 724.
[296] BGH GRUR 1995, 274 (275) – Dollar-Preisangaben; OLG Köln WRP 2014, 88 Rn. 32 – Flugpreisangabe in GBP; OLG Hamburg AfP 1993, 491; krit. *Mankowski* GRUR 1995, 539 ff. aA Köhler/Bornkamm/Feddersen/*Köhler* PAngV § 1 Rn. 39, der eine Angabe in ausländischer Währung nur befürwortet, wenn ausschließlich in dieser Währung gezahlt werden kann.
[297] BGH GRUR 1995, 274 (275) – Dollar Preisangaben; OLG Hamburg AfP 1993, 491.
[298] BGH GRUR 1995, 274 (275) – Dollar-Preisangaben.
[299] BGH GRUR 1997, 479 (480) mwN – Münzangebot; OLG Köln GRUR 1984, 71 (72) – Werbung für Unterhaltungselektronik.

sprechend der Rechtsprechung des EuGH und des BGH zum Verbraucherleitbild – **auf den durchschnittlich informierten, situationsadäquat aufmerksamen und verständigen Verbraucher abzustellen.** Richtet sich das Angebot an eine bestimmte Gruppe, so kommt es auf das Verständnis eines durchschnittlichen Mitglieds dieser Gruppe an (§ 3 Abs. 4 UWG). Bei Preisangaben im Internet wird zB auf den durchschnittlichen Nutzer des Internets abgestellt,[300] wobei Internetnutzer heutzutage keine besondere Verbrauchergruppe mehr darstellen dürften.[301]

IV. Form der Angabe (S. 2)

Die Angaben nach der PAngV müssen dem Angebot oder der Preiswerbung eindeutig 89 zugeordnet, leicht erkennbar und deutlich lesbar oder sonst gut wahrnehmbar sein. Dies kann, je nach Einzelfall, auf unterschiedliche Weise geschehen.[302] Maßstab ist aber auch hier die allgemeine Verkehrsauffassung (→ Rn. 88). Im Einzelnen wird häufig nicht genau unterschieden, welches konkrete Merkmal verletzt ist, was auch grundsätzlich zulässig ist, weil sich die einzelnen Merkmale nicht immer scharf trennen lassen.

1. Eindeutige Zuordnung. Das Gebot der eindeutigen Zuordnung gilt für **alle** 90 **Pflichtangaben im Sinne der PAngV,** also für Angaben, die im Einzelfall durch die PAngV zwingend vorgeschrieben sind, nicht aber für Angaben, die freiwillig erfolgen.[303] Das Erfordernis der eindeutigen Zuordnung ist eine Ausprägung **des Grundsatzes der Preisklarheit.** Die Verbraucher müssen **sofort und mühelos erkennen** können, auf welche Ware oder Leistung sich eine Angabe bezieht. Dementsprechend ist zB eine blickfangmäßig herausgestellte Preisangabe unvollständig, wenn in der entsprechenden Werbung die weiteren Preisbestandteile nicht so dargestellt werden, dass sie dem **Blickfang** eindeutig zugeordnet, leicht erkennbar und deutlich lesbar sind.[304]

Bei der Beurteilung ist zwischen der Zuordnung des Preises und der weiteren Angaben 91 zu unterscheiden: Die Preisangabe muss nach § 4 Abs. 4 PAngV bei Katalogwaren oder Internetangeboten unmittelbar bei den Abbildungen der Ware oder deren Beschreibungen stehen oder in Preisverzeichnissen angegeben werden (siehe aber die Kommentierung dort). Zwischen den Angaben nach § 1 und der Ware oder deren Abbildung ist hingegen kein unmittelbarer räumlicher Bezug erforderlich. Die Zuordnung kann vielmehr auch durch einen klaren und eindeutigen **Sternchenhinweis** erfolgen.[305] Zur Angabe der Versand- und Lieferkosten im Internet und bei Suchmaschinen → Rn. 63.

2. Leicht erkennbar. Dieses Merkmal bezieht sich (ebenso wie die Merkmale „deutlich 92 lesbar oder sonst gut wahrnehmbar") auf die **sinnliche Wahrnehmbarkeit der Angaben.**[306] Grob gesprochen betrifft die Anforderung der leichten Erkennbarkeit eher das **„Wo"** (also die Platzierung), das Kriterium der deutlichen Lesbarkeit eher das „Wie" (also ua die Schriftgröße) der Preisangabe. Beide Anforderungen sind jedoch nicht völlig unabhängig voneinander, sondern stets im Rahmen einer **Gesamtwürdigung** zu beurteilen. Beide Merkmale beziehen sich auf alle Formen der Preisangabe (schriftlich oder mündlich, in Annoncen, Werbung in Rundfunk und Fernsehen, im Internet usw). Die **Preisangabe** ist nur dann leicht erkennbar, wenn der Verbraucher sie **ohne Schwierigkeiten auffin-**

[300] BGH GRUR 2008, 84 Rn. 30 – Versandkosten.
[301] So auch Büscher/*Schilling* PAngV § 1 Rn. 66.
[302] BGH GRUR 2010, 744 Rn. 35 – Sondernewsletter; GRUR 2008, 84 Rn. 30 – Versandkosten; GRUR 2013, 850 Rn. 13 – Grundpreisangabe im Supermarkt.
[303] BGH GRUR 2009, 982 Rn. 12 – Dr. Clauder's Hufpflege.
[304] BGH GRUR 2011, 742 Rn. 31 – Leistungspakete im Preisvergleich; GRUR 2010, 744 Rn. 35 – Sondernewsletter; GRUR 1999, 264 (267) – Handy für 0,00 DM; GRUR 2008, 164 Rn. 21 – Aktivierungskosten II. Zur Irreführung über die Preiswürdigkeit → § 5 Rn. 754.
[305] → § 1 Rn. 17 und 19; vgl. BGH GRUR 1983, 665, 666 – qm-Preisangaben I; GRUR 2001, 1166, 1168 – Fernflugpreise.
[306] OVG Koblenz GRUR 1983, 458; Erbs/Kohlhaas Strafr. NebenG/*Häberle* PAngV § 1 Rn. 36.

den kann.[307] Die Preisangabe darf also **nicht versteckt** werden. Auch die Preisangabe oder der Hinweis auf die Mehrwertsteuer in den AGB des Anbieters wären nicht leicht erkennbar.[308] Bei **Schaufensterauslagen** müssen Preisangaben nach außen gewandt sein, so dass Passanten sie erkennen können, ohne das Geschäft betreten zu müssen, wenn die Auslage als Angebot iSd § 1 Abs. 1 S. 1 PAngV zu qualifizieren ist;[309] hiergegen wird nicht selten verstoßen. Angaben sind in der Regel nur dann leicht erkennbar, wenn sie aus Sicht des Betrachters **horizontal** sind, also bei Schaufensterauslagen zB nicht auf dem Kopf stehen oder bei Zeitungsanzeigen zu einer Drehung der Werbeanzeige nötigen.[310] Außerdem muss der tatsächlich an der Kasse geforderte Preis den Preisangaben an der Ware entsprechen. Das Aufstellen eines Schildes mit dem Hinweis auf einen in Prozent angegebenen Abzug an der Kasse genügt – zumindest außerhalb der Ausnahmeregelung des § 9 Abs. 2 – dem Gebot der Preistransparenz nicht, da hierdurch ein Preisvergleich erheblich erschwert wird.[311]

93 **3. Deutlich lesbar oder sonst gut wahrnehmbar.** Eine Angabe ist **deutlich lesbar,** wenn sie **von einem Verbraucher mit normaler Sehkraft aus angemessener Entfernung ohne Hilfsmittel und ohne Mühe gelesen werden kann.**[312] Ähnliche Anforderungen an die Lesbarkeit sind auch für die Grundpreisangabe bei **Fertigpackungen,**[313] für die Pflichtangaben bei **Lebensmitteln**[314] und bei **Fertigarzneimitteln**[315] gesetzlich vorgeschrieben. Der Begriff „deutlich lesbar" ist in der PAngV gleich zu verstehen wie in § 18 FertigPackV *(„leicht erkennbar, deutlich lesbar und unverwischbar"),*[316] und wie in § 66a S. 2 TKG. Ob eine Angabe **deutlich lesbar** ist, ist unter Berücksichtigung aller relevanten Umstände festzustellen. Neben der **Schriftgröße** spielt auch das **Druckbild** (Wort- und Zahlenanordnung, Gliederung, Papier, Farbe, Hintergrund, Kontrast, Umrandungen, Länge des Textes, Anzahl der Zeilen usw) eine Rolle.[317] Weiterhin ist der **Abstand** zu berücksichtigen, aus dem der Kunde nach Lage des Falls die Angabe liest.[318] Bei Waren, die im Selbstbedienungseinzelhandel ohne besondere Herausstellung in Regalen **zur Entnahme bereitgehalten** werden, sind **Preisetiketten in der üblichen Größe von 1 bis 2 cm normalerweise ausreichend,** soweit der Verbraucher nach der Platzierung der Ware den Preis auf dem Etikett mühelos lesen kann, wenn er sich direkt vor dem Regal mit der Ware befindet;[319] es ist nicht erforderlich, dass in solchen Fällen die Preise aus einem oder mehreren Metern Entfernung erkennbar sind.[320] Andererseits soll eine Preisangabe auf einem Werbeplakat in einer umfangreichen Fußnote wenige Zentimeter über dem Boden den Anforderungen an die deutliche Lesbarkeit nicht genügen.[321] **Grundpreise** können deutlich kleiner sein, um noch deutlich lesbar zu sein – **2mm** Höhe können

[307] Vgl. OLG Hamm GRUR 1990, 629 (630) – Blusen von der Stange; OLG Düsseldorf WRP 1988, 40 (42); *Gimbel/Boest,* Die neue Preisangabenverordnung, 1985, § 1 Anm. 36.

[308] BGH GRUR 2008, 84 Rn. 32 – Versandkosten; OLG Hamburg MMR 2005, 108; OLG Frankfurt a. M. K&R 2008, 462 Rn. 17 ff.

[309] OLG Düsseldorf WRP 2015, 467 Rn. 16 ff.; Ohly/Sosnitza/*Sosnitza* PAngV § 1 Rn. 54; → § 1 Rn. 7.

[310] Vgl. BGH GRUR 2002, 979 (981 f.) – Koppelungsangebot II; GRUR 1991, 859 (860) – Leserichtung bei Pflichtangaben, zu § 4 Abs. 4 HWG.

[311] BGH GRUR 1999, 762 (763) – Herabgesetzte Schlussverkaufspreise.

[312] BGH GRUR 2013, 850 Rn. 13 – Grundpreisangabe im Supermarkt; *Gimbel/Boest,* Die neue Preisangabenverordnung, 1985, § 1 Anm. 37; Ohly/Sosnitza/*Sosnitza* PAngV § 1 Rn. 56.

[313] §§ 2 Abs. 1, 1 Abs. 7 PAngV.

[314] Art. 13 Abs. 1 LMIV.

[315] § 10 Abs. 1 AMG.

[316] Zu dieser Vorschrift zB *Zipfel/Rathke,* Lebensmittelrecht (Loseblattsammlung), Abschn. C 116, FertigPackV § 18 Rn. 15 f.

[317] BGH GRUR 2013, 850 Rn. 13 f. – Grundpreisangabe im Supermarkt; GRUR 2016, 295 Rn. 20 – Preisangabe für Telekommunikationsleistung; instruktiv OLG Köln GRUR-RR 2012, 32 (33).

[318] BGH GRUR 2013, 850 Rn. 13 – Grundpreisangabe im Supermarkt.

[319] AA insoweit BayObLG BB 1973, 352 = ZLR 1974, 66 (68).

[320] OVG Koblenz GRUR 1983, 458 – Preisauszeichnung in SB-Geschäft, mAnm *Warzacha* ZLR 1983, 422 und *Strecker* ZLR 1984, 53.

[321] OLG Köln WRP 2013, 655 Rn. 4.

je nach Gestaltung und sonstigen Umständen schon genügen,[322] wobei 2mm nicht das absolute Mindestmaß ist, sondern es vielmehr auf die Gesamtumstände des Einzelfalls ankommt.[323] Die Lesbarkeit aus **50 cm** Entfernung genügt.[324] Dass der Verbraucher sich bücken muss, um Grundpreise auf Schildern an unteren Regalebenen lesen zu können, spricht nicht gegen die deutliche Lesbarkeit.[325]

Die Lesbarkeit ist stets anhand der konkreten Gegebenheiten des Einzelfalls zu beurteilen, **94** abstrakt gültige Vorgaben, wie zB eine bestimmte Schriftgröße, können nicht aufgestellt werden.[326] Auch die DIN 1450 „Schriften – Leserlichkeit" ist nicht anwendbar.[327] Die Anforderungen an Preisangaben sind nicht so streng wie diejenigen für die Pflichtangaben zu Arzneimitteln gemäß § 4 Abs. 1, 4 HWG.[328]

Das Tatbestandsmerkmal **„sonst gut wahrnehmbar"** ist ein **Auffangtatbestand.**[329] **95** Da schriftliche Angaben in erster Linie durch das Merkmal „deutlich lesbar" erfasst werden und dieser Anforderung stets genügen müssen, kommt diesem Tatbestand in erster Linie im Hinblick auf die **akustische Werbung** Bedeutung zu.[330] Daneben kann dieses Merkmal bei nur **vorübergehend wahrnehmbaren Preisangaben** eine Rolle spielen. So müssen zB **Preisangaben in der Fernseh- und Kinowerbung** lange genug eingeblendet werden, um eine mühelose Kenntnisnahme zu ermöglichen.[331] Auch dürfen die relevanten Angaben in einem **Umfeld** mit vielen anderen Informationen nicht so „erdrückt" werden, dass der Verbraucher sie letzten Endes – obwohl isoliert betrachtet von der Lesbarkeit auszugehen wäre – kaum noch wahrnimmt.[332]

V. Hervorhebung der Gesamtpreise (S. 3)

Bei einer **Aufgliederung** von Preisen ist der **Gesamtpreis** hervorzuheben. Daraus **96** ergibt sich zugleich, dass eine etwaige Aufgliederung von Preisen den Anbieter nicht von der Verpflichtung zur Angabe eines Gesamtpreises befreit. Die Angabe des Grundpreises nach § 2 neben dem Gesamtpreis ist noch keine „Aufgliederung" in diesem Sinn.[333] Hervorzuheben ist (nur) der Gesamtpreis. Die Hervorhebung weiterer Preisbestandteile neben dem Gesamtpreis genügt daher nicht den Anforderungen. Erst recht reicht es nicht, nur andere Preisbestandteile hervorzuheben, wie zB den qm-Preis für eine Immobilie.[334] Die **Art und Weise der Hervorhebung** bleibt **dem Anbieter überlassen.** Bei schriftlichen Angaben kommen als **Hervorhebungsmittel** zB **Fettdruck, größere Schrift** bzw. **Unterstreichung** oder **Einrahmung** in Betracht. Während eine bloß farblich unterschiedliche Gestaltung des Gesamtpreises und anderer Preisangaben (bei gleichem Schriftbild und gleicher Schrifthöhe) für eine Hervorhebung nicht ohne weiteres ausreicht,[335] kann eine ausreichende Hervorhebung vorliegen, wenn sich die Angabe des Gesamtpreises zB durch Verwendung einer **Signalfarbe** (etwa leuchtendes Rot gegenüber sonstigem schwarzen Text) deutlich abhebt. Die Hervorhebung kann auch dadurch erfolgen, dass

---

[322] BGH GRUR 2013, 850 (Ls.) – Grundpreisangabe im Supermarkt.
[323] Vgl. GRUR 2016, 295 Rn. 20 – Preisangabe für Telekommunikationsleistung.
[324] BGH GRUR 2013, 850 Rn. 14 – Grundpreisangabe im Supermarkt.
[325] BGH GRUR 2013, 850 Rn. 15 – Grundpreisangabe im Supermarkt.
[326] OLG Köln WRP 2012, 89 Rn. 19.
[327] BGH GRUR 2013, 850 Rn. 13 – Grundpreisangabe im Supermarkt.
[328] BGH GRUR 2013, 850 Rn. 16 – Grundpreisangabe im Supermarkt.
[329] AA Köhler/Bornkamm/Feddersen/*Köhler* PAngV § 1 Rn. 50, der offenbar in der sonstigen guten Wahrnehmbarkeit ein zusätzliches Erfordernis sieht, welches sich auf das Umfeld bezieht, in dem die Angaben gemacht werden. Mit Blick auf den Wortlaut des § 1 Abs. 7 PAngV ist dies jedoch anders als bei § 66a TKG, zu dem das OLG Düsseldorf WRP 2014, 1094 Rn. 28 eine Parallele zieht, abzulehnen.
[330] Vgl. Amtl. Begr. BAnz. 1985 Nr. 70, S. 3731.
[331] Vgl. *Gimbel/Boest,* Die neue Preisangabenverordnung, 1985, § 1 Anm. 39.
[332] OLG Düsseldorf WRP 2014, 1094 Rn. 28, bestätigt durch BGH GRUR 2016, 295 Rn. 24 – Preisangabe für Telekommunikationsleistungen.
[333] BGH GRUR 2009, 982 Rn. 12 – Dr. Clauder's Hufpflege.
[334] BGH GRUR 2001, 258 (259) – Immobilienpreisangaben.
[335] BGH GRUR 2001, 846 (849) – Metro V.

zwar nicht die Preisangabe selbst, wohl aber ein ihr unmittelbar beigefügter Hinweis wie „Gesamtpreis“, „Endpreis“ oder „Kaufpreis“ hervorgehoben wird.[336] Die bloße Beifügung eines solchen Hinweises ohne weitere Hervorhebung reicht jedoch nicht ohne weiteres aus.[337] Der Gesamtpreis wird ferner nicht iSv § 1 Abs. 7 „hervorgehoben“, wenn der sich nach dem rechnerischen Abzug einer nur erwarteten staatlichen Vergünstigung ergebende Preis in Fettschrift genannt wird, der vertraglich maßgebliche Gesamtpreis sich aber nur in kleiner Schrift in einer Sternchen-Auflösung findet.[338]

97 Die Pflicht zur Hervorhebung des Gesamtpreises findet keine Entsprechung in der Preisangabenrichtlinie oder der Dienstleistungsrichtlinie und ist damit nur durch die jeweiligen Mindestangleichungsklauseln gedeckt. Auch Art. 7 Abs. 4 lit. c iVm Abs. 2 UGP-RL verlangt lediglich die Angabe des Preises in klarer, verständlicher und eindeutiger Form. Da eine solche Form auch ohne die Hervorhebung des Gesamtpreises sichergestellt werden kann, wird durch § 1 Abs. 7 S. 3 PAngV die unternehmerische Flexibilität bei der Angabe von Preisen beschränkt. Eine richtlinienkonforme Auslegung im Sinne einer teleologischen Reduktion ist mit Blick auf den Wortlaut, der die Hervorhebung ausdrücklich als zusätzliche Voraussetzung nennt, den Gesetzeszweck, der gerade ein höheres Maß an Verbraucherschutz beabsichtigte, und die Entstehungsgeschichte der Norm nicht möglich.[339] Damit handelt es sich um eine strengere Regelung iSd Art. 3 Abs. 5 S. 1 UGP-RL.[340] Ein Verstoß gegen § 1 Abs. 7 S. 3 PAngV ist daher seit dem 13.6.2013 nicht mehr unlauter iSv § 3a UWG.

§ 2 Grundpreis

(1) [1] **Wer Verbrauchern gewerbs- oder geschäftsmäßig oder wer ihnen regelmäßig in sonstiger Weise Waren in Fertigpackungen, offenen Packungen oder als Verkaufseinheiten ohne Umhüllung nach Gewicht, Volumen, Länge oder Fläche anbietet, hat neben dem Gesamtpreis auch den Preis je Mengeneinheit einschließlich der Umsatzsteuer und sonstiger Preisbestandteile (Grundpreis) in unmittelbarer Nähe des Gesamtpreises gemäß Abs. 3 Satz 1, 2, 4 oder 5 anzugeben.** [2] **Dies gilt auch für denjenigen, der als Anbieter dieser Waren gegenüber Verbrauchern unter Angabe von Preisen wirbt.** [3] **Auf die Angabe des Grundpreises kann verzichtet werden, wenn dieser mit dem Gesamtpreis identisch ist.**

(2) **Wer Verbrauchern gewerbs- oder geschäftsmäßig oder regelmäßig in sonstiger Weise unverpackte Waren, die in deren Anwesenheit oder auf deren Veranlassung abgemessen werden (lose Ware), nach Gewicht, Volumen, Länge oder Fläche anbietet oder als Anbieter dieser Waren gegenüber Verbrauchern unter Angabe von Preisen wirbt, hat lediglich den Grundpreis gemäß Abs. 3 anzugeben.**

(3) [1] **Die Mengeneinheit für den Grundpreis ist jeweils ein Kilogramm, ein Liter, ein Kubikmeter, ein Meter oder ein Quadratmeter der Ware.** [2] **Bei Waren deren Nenngewicht oder Nennvolumen üblicherweise zweihundertfünfzig Gramm oder Milliliter nicht übersteigt, dürfen als Mengeneinheit für den Grundpreis einhundert Gramm oder Milliliter verwendet werden.** [3] **Bei nach Gewicht oder nach Volumen angebotener loser Ware ist als Mengeneinheit für den Grundpreis entsprechend der allgemeinen Verkehrsauffassung entweder ein Kilogramm oder einhundert Gramm oder ein Liter oder einhundert Milliliter zu verwenden.** [4] **Bei Waren, die üblicherweise in Mengen von 100 Liter und mehr, 50 Kilogramm und mehr oder 100 Meter und mehr abgegeben**

[336] Vgl. KG WRP 1983, 56 (Ls.).
[337] OLG Köln CR 1997, 410 (411 f.); KG WRP 1990, 39 (42); großzügiger offenbar Ohly/Sosnitza/*Sosnitza* PAngV § 1 Rn. 61 und Köhler/Bornkamm/Feddersen/*Köhler* PAngV § 1 Rn. 51.
[338] OLG Köln MD 2010, 200 (Ls.).
[339] Vgl. *Omsels* WRP 2013, 1286 (1287 f.).
[340] *Köhler* WRP 2013, 723 (727); *Omsels* WRP 2013, 1286 (1287 f.); Ohly/Sosnitza/*Sosnitza* PAngV § 1 Rn. 59; aA *Goldberg* WRP 2013, 1561 (1565).

werden, ist für den Grundpreis die Mengeneinheit zu verwenden, die der allgemeinen Verkehrsauffassung entspricht. 5 Bei Waren, bei denen das Abtropfgewicht anzugeben ist, ist der Grundpreis auf das angegebene Abtropfgewicht zu beziehen.

(4) **1 Bei Haushaltswaschmitteln kann als Mengeneinheit für den Grundpreis eine übliche Anwendung verwendet werden. 2 Dies gilt auch für Wasch- und Reinigungsmittel, sofern sie einzeln portioniert sind und die Zahl der Portionen zusätzlich zur Gesamtfüllmenge angegeben ist.**

Übersicht

A. Allgemeines, Inhalt der Regelung, unionsrechtliche Vorgaben, Konsequenz bei Verstößen

Die Regelung des § 2 schreibt in seinem Anwendungsbereich im Grundsatz die **Angabe eines Grundpreises neben dem Gesamtpreis** für alle **Waren im Verkehr mit Verbrauchern** vor, die **in Fertigpackungen, offenen Packungen oder als Verkaufseinheiten ohne Umhüllung nach Gewicht, Volumen, Länge oder Fläche** angeboten werden. Es sollen also **zwei Preise** angegeben werden.[1] Dabei handelt es sich allerdings nicht um eine Aufgliederung von Preisen iSv § 1 Abs. 7 S. 3, so dass der Gesamtpreis nicht hervorzuheben ist.[2] Durch den anzugebenden Grundpreis wird eine leicht vergleichbare Größe einer Verkaufseinheit geschaffen, auf welche die anderen Angaben (Gewicht, Volumen, Länge oder Fläche) umgerechnet werden. Durch diese Regelung soll dem Verbraucher im Interesse der Preisklarheit eine leichtere Übersicht über die Preisgestaltung für 1

[1] Ebenso KG MMR 2017, 830 Rn. 16 – Lieferservice-Portal.
[2] BGH GRUR 2009, 982 Rn. 12 – Dr. Clauder's Hufpflege.

vergleichbare Warenangebote und damit eine vereinfachte Möglichkeit zum Preisvergleich verschafft werden.[3]

2 Die gesamte Grundpreisregelung gilt **ausschließlich für Waren, nicht für Leistungen.** Abgesehen von der Sonderregelung für Haushaltswaschmittel in Abs. 4 gibt es eine Reihe von grundsätzlichen Ausnahmen von der Pflicht zur Grundpreisangabe, die in § 9 Abs. 4–6 enthalten sind, zB für Kombinationsangebote. Ebenso wenig besteht eine Pflicht zur Grundpreisangabe in den Fällen, welche § 9 Abs. 1 generell von der Anwendbarkeit der PAngV ausnimmt. Allerdings führt der Umstand, dass eine Ware in einer Fertigpackung an den Endkunden geliefert wird, nicht dazu, dass eine Leistung vorliegt und daher § 2 nicht anwendbar oder die Leistung nach § 9 Abs. 4 Nr. 4 privilegiert wäre.[4] Der Verkauf und die Lieferung von Waren in einer Fertigpackung durch einen Lieferservice unterliegen daher grundsätzlich ebenfalls dem Anwendungsbereich des § 2.[5] Keine Pflicht zur Grundpreisangabe besteht ferner bei den in § 7 Abs. 1 und 2 geregelten Angeboten von Speisen und Getränken in Gaststätten. Die relativ lockere Regelung des § 4 Abs. 4 zur Preisauszeichnung bei Angeboten im Versandhandel/Internet ist auf die Verpflichtung nach § 2 zur Angabe des Grundpreises nicht übertragbar.[6] Bei eBay-Angeboten ist deshalb die Grundpreisangabe auch im Rahmen der Angebotsübersicht erforderlich, eine Angabe erst auf der eigentlichen Angebotsseite genügt dagegen nicht.[7]

3 Die Regelung des § 2 beruht auf Art. 3 Abs. 1, 4 Preisangabenrichtlinie,[8] wobei in der Richtlinie von „Preis je Maßeinheit" die Rede und dieser Begriff in Art. 2 lit. b definiert ist. Ausnahmemöglichkeiten für die einzelnen Mitgliedstaaten von dieser Verpflichtung erlauben Art. 5 und 6 der Richtlinie. Soweit die Regelung in § 2 mit Art. 3 Abs. 1, 4 Preisangabenrichtlinie in Einklang steht, unterfällt sie nicht der Regelung des Art. 3 Abs. 5 der UGP-Richtlinie und wäre somit auch nach dem 12.6.2013 noch anwendbar. Ob das allerdings für sämtliche Anforderungen des § 2 gilt, ist fraglich. Das betrifft speziell das Näheerfordernis. Nach Art. 4 der Preisangabenrichtlinie muss der Preis je Maßeinheit nämlich (nur) „unmissverständlich, klar erkennbar und gut lesbar" sein. Er muss nicht „in unmittelbarer Nähe" zum Gesamtpreis stehen. Die Konsequenz kann allerdings nur sein, dass allein das Näheerfordernis im Rahmen richtlinienkonformer Auslegung entfällt,[9] nicht aber die gesamte Regelung des § 2 nicht mehr anzuwenden ist (auch → Rn. 12). Falls und soweit die Regelung des § 2 PAngV weiterhin anwendbar ist, stellt ein Verstoß hiergegen grundsätzlich auch einen Verstoß gegen § 3a UWG dar.[10] Dagegen wird § 5a UWG im Kontext der PAngV vom BGH nicht mehr als Anspruchsgrundlage herangezogen. Im Rahmen der Spürbarkeitsklausel des § 3a UWG prüft der BGH allerdings die Voraussetzungen des § 5a Abs. 2 S. 1 Nr. 1 und 2 UWG bzw. Art. 7 Abs. 2 UGP-Richtlinie.[11] Insofern betrifft der Vorrang der Preisangabenrichtlinie deren Art. 3 gegenüber Art. 7 Abs. 4 lit. c UGP-Richtlinie (dazu → Einf. Rn. 11, 20). Dagegen wird Art. 7 Abs. 5 UGP-Richtlinie iVm dem Anhang II nicht verdrängt. Das Vorenthalten der Grundpreisangabe ist dabei grundsätzlich auch geeignet, die Interessen der Verbraucher spürbar zu beeinträchtigen.[12] Zwar wird die

[3] BGH BeckRS 2019, 5642 Rn. 17; GRUR 2014, 576 Rn. 15 – 2 Flaschen GRATIS; KG MMR 2017, 830 Rn. 16 – Lieferservice-Portal; *Jacobi* WRP 2010, 1217 (1219).

[4] BGH GRUR 2013, 186 Rn. 13 – Traum-Kombi.

[5] BGH GRUR 2013, 186 Rn. 13 – Traum-Kombi. Daran ändert auch ein etwaiges Erfordernis eines Mindestbestellwerts nichts, der nur durch die Bestellung von Waren (zB individuell zuzubereitenden Speisen) erreicht werden kann, für die unstrittig kein Grundpreis angegeben werden muss.

[6] BGH GRUR 2009, 982 – Dr. Clauder's Hufpflege.

[7] OLG Hamburg MMR 2013, 173 (174).

[8] BGH GRUR 2019, 641 Rn. 13 – Kaffeekapseln.

[9] So auch LG Hamburg BeckRS 2019, 19701 Rn. 8 ff.

[10] BGH GRUR 2019, 641 Rn. 11, 13 – Kaffeekapseln; GRUR 2013, 186 Rn. 9 – Traum Kombi; OLG Köln WRP 2016, 90 Rn. 16 ff. – Grundpreisangabe bei Amazon II.

[11] BGH GRUR 2019, 82 Rn. 31 – Jogginghosen; GRUR 2019, 641 Rn. 30 – Kaffeekapseln, in Rn. 32 wird § 5a Abs. 4 UWG explizit erwähnt. Dazu auch → Einf. Rn. 20.

[12] BGH GRUR 2019, 641 Rn. 29 ff. – Kaffeekapseln; KG MMR 2017, 830 Rn. 14, 19 – Lieferservice-Portal; OLG Köln MMR 2016, 321 Rn. 21 ff. – Textilkennzeichnung bei Amazon.

Pflicht zur Angabe des Grundpreises beim Angebot von Waren (Art. 3 Abs. 1 Preisangabenrichtlinie) in der – nicht abschließenden – Liste des Anhangs II zu Art. 7 Abs. 5 UGP-Richtlinie nicht erwähnt (dort wird lediglich auf die Werbung unter Angabe von Preisen Bezug genommen, Art. 3 Abs. 4 Preisangabenrichtlinie, so dass es auch nur insoweit einen Vorrang geben kann). Dennoch ist es eine wesentliche Pflicht.[13] Wer daher behauptet, dass der Verbraucher die Grundpreisangabe für seine Kaufentscheidung nicht benötigt und ihn das Vorenthalten dieser Information nicht zu einer anderen Kaufentscheidung veranlassen konnte, hat dies im Rahmen einer sekundären Darlegungslast substantiiert darzulegen.[14]

B. Pflicht zur Angabe des Grundpreises (Abs. 1)

I. Betroffene Produkte

1. Fertigpackungen. Maßgeblich als **Legaldefinition** ist **§ 42 MessEG**[15] (vormals § 6 Abs. 1 EichG), während Einzelheiten zu den Füllmengen und deren Kennzeichnung in der **Fertigpackungsverordnung** (FertigPackV)[16] bzw. für Lebensmittel, die an Verbraucher abgegeben werden sollen, in Art. 9 Abs. 1 lit. e, Art. 23 und Anhang IX der Lebensmittelinformationsverordnung (LMIV)[17] und für Kosmetikartikel in Art. 19 der Kosmetikverordnung (Kosmetik-VO)[18] geregelt sind.[19] § 42 Abs. 1 MessEG definiert Fertigpackungen als Verpackungen beliebiger Art, in die in Abwesenheit des Käufers Erzeugnisse abgepackt und die in Abwesenheit des Käufers verschlossen werden, wobei die Menge des darin enthaltenen Erzeugnisses ohne Öffnen oder merkliche Änderung der Verpackung nicht verändert werden kann.[20] Die Pflicht zur Grundpreisangabe gilt somit für vorverpackte Produkte in geschlossenen Packungen. Keine Fertigpackungen sind also etwa Erzeugnisse, die in Anwesenheit des Käufers verpackt werden (zB Fleisch- und Wurstwaren in Metzgereien oder Backwaren in Bäckereien) sowie offene Packungen (dazu nachfolgend). Für Kombiangebote allerdings → § 9 Rn. 24. 4

2. Offene Packungen. Es handelt sich um das begriffliche Gegenstück zu Fertigpackungen im Sinne von § 42 Abs. 1 MessEG. Man versteht hierunter **Packungen, die nicht oder nicht völlig geschlossen** sind, so dass der Packungsinhalt ohne Öffnen der Verpackung oder deren merkliche Veränderung zugänglich ist.[21] Ein Beispiel für von dieser Vorschrift erfasste Packungen sind offene Obstkörbchen im Einzelhandel, die für die Käufer mitnahmebereit angeboten werden. Auch hier erfolgt die Abfüllung der Packung in Abwesenheit des Käufers, § 29 FPackV (§ 31a FPackV aF). Bei einer Abfüllung der Ware in *Anwesenheit* des Käufers handelt es sich hingegen in der Regel um lose Ware im Sinne von § 2 Abs. 2 PAngV, § 30 FPackV (§§ 32, 33 FPackV aF). Auch für nicht vorverpackte Lebensmittel, die an Verbraucher abgegeben werden sollen, ist seit dem 13.12.2014 zwar die LMIV anstelle der FertigPackV einschlägig, aber nach Art. 44 LMIV können hier 5

[13] BGH GRUR 2019, 641 Rn. 32 – Kaffeekapseln.

[14] BGH GRUR 2019, 641 Rn. 31 – Kaffeekapseln unter Bezugnahme auf GRUR 2019, 82 Rn. 32 – Jogginghosen.

[15] Gesetz über das Inverkehrbringen und die Bereitstellung von Messgeräten auf dem Markt, ihre Verwendung und Eichung sowie über Fertigpackungen (Mess- und EichG – MessEG) vom 25.7.2013 (BGBl. I S. 2722 (2723)).

[16] Fertigpackungsverordnung in der Fassung der Bek. vom 8.3.1994 (BGBl. I 1994 S. 451, 1307).

[17] Verordnung (EU) Nr. 1169/2011 des Europäischen Parlaments und des Rates vom 25.10.2011 betreffend die Information der Verbraucher über Lebensmittel (LMIV), ABl. 2011 L 304, S. 18.

[18] Verordnung (EG) Nr. 1223/2009 des Europäischen Parlaments und des Rates vom 30.11.2009 über kosmetische Mittel (Kosmetik-VO), ABl. 2009 L 342, S. 59.

[19] Auch nachfolgend → Rn. 4.

[20] Näher *Strecker* (Hrsg.), Kommentar Fertigpackungsrecht (Loseblatt), EichG § 6 Anm. 3.

[21] Näher *Strecker* (Hrsg.), Kommentar Fertigpackungsrecht (Loseblatt), FertigPackV § 31a Anm. 3 (die Kommentare in dieser und den folgenden Fußnoten beziehen sich noch auf die FPackV aF); Zipfel/Rathke, Lebensmittelrecht (Loseblattsammlung)/*Sosnitza*, Abschn. C 119, PAngV § 2 Rn. 31.

(neben den verpflichtenden Allergie- und Unverträglichkeitskennzeichnungen) die nationalen Vorschriften aufrechterhalten werden, sodass § 30 FPackV (§§ 32, 33 FPackV a. F.) weiter anwendbar ist.[22] Siehe für nicht vorverpackte Lebensmittel auch §§ 2, 4 Lebensmittelinformations-Durchführungsverordnung (LMIDV).

6 **3. Verkaufseinheiten, die ohne Umhüllung nach Gewicht, Volumen, Länge oder Fläche angeboten werden.** Hierdurch wird **unverpackte Ware** erfasst, die aber **bereits in bestimmten festen Verkaufseinheiten angeboten** (also nicht erst in Anwesenheit und nach den Wünschen des Käufers abgemessen) wird, wobei die Menge der Ware nach Gewicht, Volumen, Länge oder Fläche angegeben wird. Die andere Variante unverpackter Ware, welche die Vorschrift behandelt, ist **lose Ware** im Sinne von Abs. 2, die dadurch charakterisiert ist, dass sie in Anwesenheit des Kunden abgemessen wird. Nicht von dieser Begriffsbestimmung erfasst werden insbesondere Waren, die stückweise abgegeben werden (beispielsweise Ananas). Typische Beispiele für unverpackte Waren im Sinne dieser Vorschrift sind Garne, Draht, Kabel, Schläuche, flächige Gewebe und Geflechte usw.[23] Da Tapeten zumindest im Selbstbedienungseinzelhandel (Baumärkte usw) inzwischen fast ausschließlich als sog. Euro-Rolle (10,05m lang, 0,53m breit) angeboten werden, dürfte die Rolle als Verkaufseinheit der allgemeinen Verkehrsauffassung entsprechen, weshalb keine Grundpreisangabe erforderlich ist.

7 **4. Angebot einer Ware nach Gewicht, Volumen, Länge oder Fläche (oder Werbung dafür mit Preisbezug).** § 2 (mit Ausnahme von Abs. 4) gilt insgesamt nur für Ware, die ***nach* Gewicht, Volumen, Länge oder Fläche angeboten** oder für die vom Anbieter Werbung unter Angabe von Preisen gemacht wird. Keine Pflicht zur Grundpreisangabe besteht also bei Waren, die allein nach anderen Mengeneinheiten – insbesondere stückweise oder je Paar – abgegeben werden oder bei denen Angaben *über* Gewicht, Volumen, Länge oder Flächen allein zur Erläuterung von Produkteigenschaften der Ware erfolgen, wie zB Länge und Breite eines Handtuchs, Länge bei Gürteln oder Schnürsenkeln.[24] Die Verpflichtung zur Angabe einer der vorgenannten Verkaufseinheiten (zB Gewicht) ergibt sich aus den Kennzeichnungsregeln in allgemeinen Vorschriften (zB FertigPackV) oder Spezialvorschriften (zB Handelsklassenrecht) oder auf der Grundlage der allgemeinen Verkehrsauffassung nach § 1 Abs. 1 S. 2 PAngV.[25] Dabei ist zu beachten, dass diese Pflichten für Lebensmittel, die an Verbraucher abgegeben werden sollen, mittlerweile in Art. 9 Abs. 1 lit. e, Art. 23 und Anhang IX LMIV und für Kosmetikartikel in Art. 19 Kosmetik-VO geregelt sind. In den Bereichen, die durch diese Verordnungen reguliert werden, ist die FertigPackV nicht mehr anwendbar.[26] Ist von Gesetzes wegen eine Gewichtsangabe vorgeschrieben – wie etwa bei der Verpflichtung zur Angabe der Nettofüllmenge von Lebensmitteln nach Art. 23 Abs. 1 LMIV – so führt dies bei einem Angebot dieser Ware oder einer Werbung mit Preisangabe auch zur Verpflichtung einer Grundpreisangabe nach § 2 PAngV, mit der Folge, dass insbesondere für Ware in Fertigpackungen grundsätzlich die Verpflichtung zur Angabe des Grundpreises besteht. Das gilt unabhängig davon, ob die betroffene Ware nach der Verkehrsauffassung nicht nach Gewicht, sondern nach Stück angeboten wird. Die gesetzliche Verpflichtung zB zur Füllmengenangabe nach Gewicht und – daraus folgend – die Verpflichtung zur Grundpreisangabe können daher

---

[22] Zipfel/Rathke, Lebensmittelrecht (Loseblattsammlung)/*Rathke,* Abschn. C 116, FertigPackV § 32 Rn. 5b.

[23] Vgl. § 30 FPackV.

[24] OLG Karlsruhe BeckRS 2015, 20888 Rn. 18 – Seifenblasenflüssigkeit mit weiteren Beispielen.

[25] Amtl. Begr., BT-Drs. 180/00, 23.

[26] BGH BeckRS 2019, 5642 Rn. 17; *Brommer* GRUR-Prax 2018, 276; *Zipfel/Rathke,* Lebensmittelrecht (Loseblattsammlung), Abschn. C 116, FertigPackV aF § 6 Rn. 16. Die Bundesregierung hat zwar von der in Art. 42 LMIV eingeräumten Befugnis Gebrauch gemacht, der Kommission die Fortgeltung einiger Paragraphen der FertigPackV in der damals noch geltenden Fassung zu erklären, namentlich §§ 6 Abs. 4, 5, 7 Abs. 1, 2 Nr. 1–5, 8 Abs. 1–3, 10 Abs. 1, 2 S. 1 Nr. 1–6, S. 2, 33a Nr. 3 FertigPackV. Das gilt aber nicht für § 6 Abs. 1–3 FertigPackV aF.

auch nicht dadurch umgangen werden, dass keine Füllmenge angegeben wird, sondern die Ware nach Stückzahl verkauft bzw. angeboten wird.[27] Es ist somit in diesem Fall für die Pflicht zur Grundpreisangabe nicht von Belang, ob die Ware nach Gewicht angeboten wird, sondern ob sie von Gesetzes wegen so angeboten werden müsste.[28] Ebenso ist es (schon dem Wortlaut der Regelung nach) unerheblich, ob mit einer Gewichtsangabe geworben wird.[29] Auch kommt es für die Verpflichtung zur Grundpreisangabe nicht darauf an, ob das konkrete Angebot der Kennzeichnungspflicht nach dem Spezialgesetz genügt. Dementsprechend ist beim Verkauf von Kaffeekapseln, bei denen die Nettofüllmenge anzugeben ist, auch die Angabe eines Grundpreises erforderlich.[30] Nicht erfasst von der Pflicht zur Grundpreisangabe werden hingegen Waren, bei denen eine Angabe über Gewicht, Volumen, Länge oder Fläche nur fakultativ zur Information des Verbrauchers bzw. zur Erläuterung des Produkts erfolgt. Die amtliche Begründung[31] nennt als Beispiel die Angabe von Länge und Breite bei Handtüchern und Bettwäsche, die Angabe der Länge bei Reißverschlüssen und Gürteln, die Angabe des Volumens bei Töpfen. Soweit diese Produkte trotz der Maßinformation nach anderen Mengeneinheiten (insbesondere Stückzahl) vertrieben werden, findet die Pflicht zur Grundpreisangabe keine Anwendung. Dies gilt auch für bebaute und unbebaute Grundstücke; diese werden in aller Regel als selbstständige Gesamteinheiten angeboten, auch wenn über die qm-Zahl informiert wird.

II. Weitere Tatbestandsvoraussetzungen

Die weiteren Tatbestandsvoraussetzungen in Abs. 1 entsprechen im Prinzip denjenigen der Grundnorm in § 1 Abs. 1: Die Pflicht zur Grundpreisangabe besteht also im Verkehr mit Verbrauchern für Verkäufer, die gewerbs- oder geschäftsmäßig oder regelmäßig in sonstiger Weise tätig werden, und zwar sowohl beim „Anbieten" der Ware als auch (nach Abs. 1 S. 2) für die Werbung als Anbieter unter Angabe von Preisen. 8

III. Angabe des Grundpreises

Nach der Legaldefinition in S. 1 ist der Grundpreis der **Preis je Mengeneinheit.** Art. 2 lit. b Preisangabenrichtlinie definiert den „Preis je Maßeinheit" als den Gesamtpreis, der die Mehrwertsteuer und alle sonstigen Steuern einschließt, für ein Kilogramm, einen Liter, einen Meter, einen Quadratmeter oder einen Kubikmeter des Erzeugnisses oder eine einzige andere Mengeneinheit, die beim Verkauf spezifischer Erzeugnisse in dem betreffenden Mitgliedstaat allgemein verwendet wird und üblich ist. Gemeint ist also nicht der Preis für das angebotene bzw. beworbene Gesamtprodukt, sondern für eine bestimmte (stets gleiche) Menge dieses Produkts. Dadurch soll ein Preisvergleich auch in solchen Fällen ermöglicht werden, in denen das Produkt auf dem Markt in verschiedenen Quantitäten angeboten wird.[32] Die Mengeneinheit, für die der Grundpreis anzugeben ist, kann der Anbieter nicht beliebig auswählen. Vielmehr ist er an die in Abs. 3 bestimmten Mengeneinheiten gebunden (→ Rn. 17 ff.). Zwar erwähnt die Definition in Art. 2 lit. b Preisangabenrichtlinie auch die Möglichkeit, eine andere Mengeneinheit zu wählen, sofern diese Einheit in dem jeweiligen Mitgliedstaat allgemein verwendet wird und üblich ist. Jedoch ist das ausweislich Erwägungsgrund 8 und der Regelung in Art. 4 Abs. 2 Preisangabenrichtlinie nur als Öffnungsklausel für die Mitgliedstaaten gedacht und nicht als Wahlrecht des einzelnen Unternehmers. Ähnlich wie der Gesamtpreis ist der Grundpreis einschließlich 9

---

[27] BGH BeckRS 2019, 5642 Rn. 17.

[28] BGH GRUR 2019, 641 Rn. 18 – Kaffeekapseln; BeckRS 2019, 5642 Rn. 17; OLG Koblenz GRUR-RR 2018, 297 Rn. 15 – Kaffeekapseln; zu Nahrungsergänzungsmitteln: *Bruggmann* LMuR 2019, 141.

[29] OLG Jena GRUR-RR 2018, 424 Rn. 22 – Kaffeekapsel; OLG Koblenz GRUR-RR 2018, 297 Rn. 12 – Kaffeekapseln.

[30] BGH GRUR 2019, 641 Rn. 18 ff. – Kaffeekapseln; BeckRS 2019, 5642 Rn. 17; OLG Jena GRUR-RR 2018, 424 Rn. 27 – Kaffeekapsel; OLG Koblenz GRUR-RR 2018, 297 Rn. 10 – Kaffeekapseln.

[31] Amtl. Begr., BT-Drs. 180/00, 24.

[32] OLG Köln GRUR-RR 2002, 304 (305) – Sprudelwasserpreis.

der Umsatzsteuer und sonstiger Preisbestandteile und Steuern anzugeben. Die **Berechnungsmethode** für den Grundpreis ist weder in der PAngV noch in der Preisangabenrichtlinie vorgegeben.[33] Bei Waren, die mit einer identischen, als „gratis" bezeichneten Zugabe angeboten werden, ist es zulässig, den Grundpreis auf Basis der Gesamtmenge, die der Kunde erhält (also Verkaufsmenge inklusive der Gratiszugabe) zu berechnen, auch wenn sich dadurch der Grundpreis reduziert.[34] Dies folgt aus dem Zweck der Vorschrift, die Vergleichbarkeit der Preise auch bei unterschiedlichen Mengen zu ermöglichen.[35] Den Verbraucher interessiert letzten Endes, welche Gesamtmenge an Waren er für einen bestimmten Preis erhält.

IV. Pflicht zur doppelten Preisangabe in unmittelbarer Nähe?

10 Der Grundpreis ist gemäß § 2 Abs. 1 S. 1 PAngV **in unmittelbarer Nähe** des Gesamtpreises anzugeben. Der Verbraucher soll also beide Preise stets gemeinsam wahrnehmen. Diese Anforderung ist strenger als die Regelung zu Liefer- und Versandkosten nach § 1 PAngV. „Unmittelbare Nähe" ist nach der bisherigen (so allerdings nicht länger aufrecht zu erhaltenden) Rechtsprechung so zu verstehen, dass zwischen beiden Preisangaben nur ein geringer (bei optischen Angaben räumlicher, bei akustischen Angaben zeitlicher) Abstand besteht.[36] Insbesondere dürfen sich zwischen beiden Preisangaben im Normalfall keine weiteren Angaben befinden. Der Verbraucher muss Grundpreis und Gesamtpreis **auf einen Blick** wahrnehmen können;[37] andere Gerichte sprechen von „direkt dabei" oder „so nah wie möglich".[38] Nicht ausreichend ist es demnach, wenn die Grundpreisangabe erst durch ein „Herunterscrollen" sichtbar wird.[39] Die Erleichterung des § 4 Abs. 4, der bei Katalogware oder Warenlisten auch eine Angabe in Preisverzeichnissen genügen lässt, ist auf die Verpflichtung zur Angabe des Grundpreises nicht übertragbar.[40]

11 Eine Pflicht, die Gesamtpreise gegenüber den Grundpreisen **hervorzuheben,** besteht im Normalfall hingegen nicht, da es sich bei dieser doppelten Preisangabe nicht um eine „Preisaufgliederung" im Sinne von § 1 Abs. 7 S. 3 handelt.[41] Die beiden Preise müssen auch nicht gleich groß angegeben werden. Der Grundpreis kann kleiner angegeben werden. Er kann auch grafisch anders als der Gesamtpreis gestaltet werden.[42] Bedenklich wären aber im Hinblick auf die Grundsätze von Preisklarheit und Preiswahrheit (§ 1 Abs. 7 S. 1) Gestaltungen, bei denen der Grundpreis gegenüber dem Gesamtpreis in einer Weise hervorgehoben würde, die Letzteren in den Hintergrund treten lässt (mit der Folge einer möglichen Verbrauchertäuschung).[43]

12 Die Pflicht zur **Wahrnehmbarkeit des Grundpreises auf einen Blick,** nämlich „in unmittelbarer Nähe" des Gesamtpreises, hat allerdings keine Entsprechung in der Preisangabenrichtlinie, nach der Grundpreise lediglich „unmissverständlich, klar erkennbar und gut lesbar" sein müssen. Etwas anderes würde nur dann gelten, wenn der EuGH die Merkmale „unmissverständlich, klar erkennbar und gut lesbar" in Art. 4 Abs. 1 S. 1 Preisangabenrichtlinie so auslegt, dass er daraus ebenfalls ein Erfordernis räumlichen Zusammenhangs zwischen Gesamtpreis und Grundpreis herleitet, zumal es nach Erwägungsgrund 6

[33] BGH GRUR 2014, 576 Rn. 21 – 2 Flaschen GRATIS.
[34] BGH GRUR 2014, 576 Rn. 26 – 2 Flaschen GRATIS.
[35] BGH GRUR 2014, 576 Rn. 23, 25 – 2 Flaschen GRATIS.
[36] Als unzureichend wurde daher auch eine Grundpreisangabe angesehen, die lediglich über eine Mouse-Over-Anzeige erfolgte, LG Bochum K&R 2013, 754.
[37] BGH GRUR 2009, 982 Rn. 12 – Dr. Clauder's Hufpflege; *Buchmann* K&R 2012, 90 (93).
[38] OLG Hamburg MMR 2013, 173 (174).
[39] OLG Celle WRP 2013, 934 Rn. 6.
[40] BGH GRUR 2009, 982 (Ls.) – Dr. Clauder's Hufpflege.
[41] BGH GRUR 2009, 982 – Dr. Claudet Hufpflege; *Zipfel/Rathke,* Lebensmittelrecht (Loseblattsammlung), Abschn. C 119, PAngV § 2 Rn. 36; Ohly/Sosnitza/*Sosnitza* PAngV § 2 Rn. 5; Fezer/Büscher/Obergfell UWG/*Wenglorz* S. 14 Rn. 175; Köhler/Bornkamm/Feddersen/*Köhler* PAngV § 2 Rn. 4.
[42] Zipfel/Rathke, Lebensmittelrecht (Loseblattsammlung)/*Sosnitza,* Abschn. C 119, PAngV § 2 Rn. 35.
[43] Ohly/Sosnitza/*Sosnitza* PAngV § 2 Rn. 5; Fezer/Büscher/Obergfell UWG/*Wenglorz* S. 14 Rn. 175.

das Ziel dieser Richtlinie sein soll, „auf einfachste Weise optimale Möglichkeiten" zu bieten, um die Preise von Waren zu beurteilen und miteinander zu vergleichen.[44] Diesen Weg hat der EuGH jedoch nicht eingeschlagen, so dass es sich bei dem Näheerfordernis um eine zusätzliche Voraussetzung handelt, die über die Vorgaben des Art. 4 Abs. 1 S. 1 Preisangabenrichtlinie hinausgeht,[45] daher nur durch die Mindestangleichungsklausel des Art. 10 Preisangabenrichtlinie gedeckt war und somit seit dem 13.6.2013 nicht mehr durch diese Regelung gedeckt ist. Dem ließe sich mit einer richtlinienkonformen Auslegung des § 2 mittels teleologischer Reduktion begegnen,[46] was allerdings angesichts des klaren (und unveränderten) Wortlauts nicht unproblematisch ist.[47] Jedenfalls entfällt durch richtlinienkonforme Auslegung allenfalls das strenge Näheerfordernis („auf einen Blick"),[48] während die restlichen Regelungen des § 2 anwendbar bleiben (bereits → Rn. 3). Der BGH hat sich dazu bislang noch nicht eindeutig geäußert. Er wendet weiterhin uneingeschränkt den Grundtatbestand des § 2 PAngV iVm § 3a UWG an, ohne auf eine etwaige Unionsrechtswidrigkeit des Näheerfordernisses und eine richtlinienkonforme Auslegung oder (teilweise) Unanwendbarkeit der nationalen Norm bzw. eine unmittelbare Anwendung der Richtlinie[49] einzugehen.[50] Das OLG Hamburg hat in einer jüngeren Entscheidung geurteilt, dass das Kriterium der „unmittelbaren Nähe" aufgrund der Vorrangregelung des Art. 3 Abs. 4 RL 2005/29/EG nicht zu berücksichtigen ist.[51] Eine Anpassung an die Preisangabenrichtlinie soll nun mit der Novelle der Preisangabenverordnung erfolgen. In § 4 Abs. 1 S. 1 der von der Bundesregierung beschlossenen Novelle zur PAngV[51a], die die grundsätzlichen Vorgaben für die Grundpreisangabe aus § 2 Abs. 1 S. 1 und S. 2 übernimmt, wird die Formulierung „in unmittelbarer Nähe des Gesamtpreises" durch die Formulierung „unmissverständlich, klar erkennbar und gut lesbar" ersetzt.

V. Identität von Grundpreis und Gesamtpreis (S. 3)

Wird ein Produkt gerade in der Quantität vertrieben, die der für die Kalkulation des Grundpreises zugrunde zu legenden Mengeneinheit entspricht, sind Grundpreis und Gesamtpreis für das Produkt identisch. Daher kann in solchen Fällen nach S. 3 **auf die Angabe des Grundpreises verzichtet** werden. Der Anbieter darf also auch den Grundpreis angeben, er muss aber nicht (ebenso Art. 3 Abs. 1 S. 2 Preisangabenrichtlinie). 13

C. Lose Ware (Abs. 2)

I. Begriff der „losen Ware"

Die Definition der **„losen Ware"** in Abs. 2 ist relativ einfach: Es muss sich um Ware handeln, die **unverpackt** ist und **in Anwesenheit des Verbrauchers abgemessen** wird. 14

[44] In diese Richtung gehend auch LG Karlsruhe MMR 2016, 611 Rn. 55 ff. in unmittelbarer Anwendung der Preisangabenrichtlinie.

[45] Ohly/Sosnitza/*Sosnitza* PAngV § 2 Rn. 5; *Goldberg* WRP 2013, 1561 (1565); *Köhler* WRP 2013, 723 (727); *Omsels* WRP 2013, 1286 (1288); im Fall BGH GRUR 2014, 476 Rn. 18 – 2 Flaschen GRATIS spielte dieser Aspekt keine Rolle; die pauschale Aussage, dass die Regelungen in § 2 Abs. 1 S. 1 PAngV nicht von Art. 3 Abs. 5 UGP-Richtlinie betroffen seien, geht allerdings zu weit.

[46] *Willems* GRUR 2014, 734 (736 f.), in Anlehnung an BGH NJW 2012, 1073; LG Hamburg BeckRS 2019, 19701 Rn. 8 ff.; in diese Richtung auch LG Düsseldorf BeckRS 2014, 17710.

[47] Vgl. EuGH Urt. v. 4.7.2006 – C-212/04, NJW 2006, 2465 Rn. 110 – Adeneler.

[48] *Willems* GRUR 2014, 734 (738 f.); OLG Köln WRP 2016, 90 Rn. 15 – Grundpreisangabe bei Amazon II; OLG Koblenz GRUR-RR 2018, 297 Rn. 10 – Kaffeekapseln.

[49] Im Verhältnis zwischen Privaten oder zu Lasten von Privatpersonen kommt eine unmittelbare Anwendung der Richtlinie jedoch nicht in Betracht, dazu → Einf. Rn. 15.

[50] BGH GRUR 2019, 641 – Kaffeekapseln; BeckRS 2019, 5642.

[51] OLG Hamburg GRUR-RS 2020, 14897 – Gesamtpreisangabe.

[51a] Regierungsentwurf des Bundesministeriums für Wirtschaft und Energie einer Verordnung zur Novellierung der Preisangabenverordnung vom 25.8.2021, BR-Drs. 669/21.

Dies entspricht der Definition von „in losem Zustand zum Verkauf angebotenen Erzeugnissen" gemäß Art. 2 lit. c Preisangabenrichtlinie. Nicht unter den Begriff der „unverpackten" Ware fallen insbesondere Waren in Fertigpackungen (→ Rn. 4) oder in offenen Packungen (→ Rn. 5). Maßgeblich ist der Zeitpunkt, zu dem die Ware Verbrauchern angeboten wird. Auch das Tatbestandsmerkmal der Abmessung **„in deren Anwesenheit"** ist klar. Dies bedeutet, dass die Abgabemenge sich nach den Wünschen des Verbrauchers im Einzelfall bestimmt. Entsprechendes gilt für die Tatbestandsalternative **„oder auf deren Veranlassung".** Der einzige Unterschied besteht darin, dass der Verbraucher beim Abmessen nicht anwesend ist, dem Abmessenden aber die gewünschte Abgabemenge mitgeteilt hat (entweder zu einem früheren Zeitpunkt mündlich oder auf andere Weise, zB schriftlich, telefonisch, per E-Mail usw). Zu beachten ist allerdings, dass die Preisangabenrichtlinie die Variante einer Abmessung „auf Veranlassung der Verbraucher" so wie in § 2 Abs. 2 PAngV, nicht kennt. Sollte daher im Einzelfall die Preisangabe bei unverpackter Ware, die zwar nicht in Anwesenheit wohl aber auf Veranlassung des Verbrauchers abgemessen wird, in Frage stehen, so muss durch den EuGH entschieden werden, ob dies der Richtlinie unterfällt. Unter das **„Abmessen"** fällt bei nach Gewicht abgegebener Ware auch das Abwiegen. Unerheblich ist, ob die Werbung oder das Angebot auf das Vorhandensein oder Fehlen einer Verpackung hinweist oder dies offenlässt. Maßgeblich ist, in welcher Form die Ware (auf die sich die Werbung oder das Angebot bezieht) tatsächlich abgegeben wird.[52] Als lose Waren werden zB unverpackte Lebensmittel (vor allem Obst und Gemüse), daneben etwa Nägel, Farben, Teppichböden, Holze, Stoffe, Kabel, Schrauben, nicht abgepackte Schreibwaren und ähnlicher Bürobedarf angeboten.[53]

II. Angebot nach Gewicht, Volumen, Länge oder Fläche

15 Die Bestimmung gilt nicht für jede Art von loser Ware. Voraussetzung für deren Anwendbarkeit ist das **Angebot** (und regelmäßig die Abgabe) **nach Gewicht, Volumen, Länge oder Fläche.** Dabei steht es auch hier nicht im Belieben des Anbieters, nach welcher Einheit er die Ware anbietet. Das Angebot nach Gewicht, Volumen, Länge oder Fläche und hierauf bezogene Preisangaben sind also nicht zulässig, wenn dies nicht der allgemeinen Verkehrsauffassung im Sinne von § 1 Abs. 7 S. 1 entspricht. Umgekehrt entfällt die Anwendbarkeit der Vorschrift nicht dadurch, dass der Verkäufer die Ware nach einer anderen Einheit anbietet, obgleich sie unter Berücksichtigung der allgemeinen Verkehrsauffassung nach Gewicht, Volumen, Länge oder Fläche anzubieten ist.[54] Damit fallen Angebote loser Waren nicht unter diese Vorschrift, wenn sie zulässigerweise nach anderen Einheiten abgegeben (und preislich berechnet) werden, insbesondere die Abgabe nach der Stückzahl. In solchen Fällen ist als Gesamtpreis der Stückpreis und als Grundpreis der Preis pro Mengeneinheit nach Abs. 3 anzugeben.

III. Beschränkung auf die Grundpreisangabe

16 Bei loser Ware im Sinne dieser Bestimmung, die nach Gewicht, Volumen, Länge oder Fläche angeboten wird, ist lediglich der Grundpreis gemäß Abs. 3 anzugeben. Das entspricht Art. 3 Abs. 3 Preisangabenrichtlinie. Es handelt sich systematisch um eine privilegierende Ausnahmevorschrift. Bei loser Ware, die in dieser Art angeboten wird, muss der Gesamtpreis nicht angegeben werden. Dies ist auch sinnvoll, weil in diesen Fällen der Gesamtpreis sich aus der vom Verbraucher beim Kauf individuell bestimmten Abgabemenge berechnet. Bei Fernabsatzverträgen sind neben dem Grundpreis auch die Angaben nach § 1 Abs. 2 erforderlich.

[52] Vgl. BGH GRUR 1991, 847 – Kilopreise II.

[53] Vgl. *Gimbel/Boest,* Die neue Preisangabenverordnung 1985, § 1 Anm. 27.

[54] Insoweit lässt sich die Argumentation aus BGH GRUR 2019, 641 Rn. 18 – Kaffeekapseln und BeckRS 2019, 5642 Rn. 17 übertragen.

D. Mengeneinheiten für die Grundpreisangabe (Abs. 3)

I. Grundsatz (S. 1)

Im Prinzip ist nach S. 1 die Mengeneinheit für den Grundpreis jeweils ein Kilogramm, ein Liter, ein Kubikmeter, ein Meter oder ein Quadratmeter der Ware (je nachdem, ob die Ware nach Gewicht, Volumen, Länge oder Fläche angeboten wird). Selbstverständlich ist der Grundpreis anhand der Mengeneinheit anzugeben, in welcher die Ware angeboten wird, bei Getränken also zB in Litern. 17

II. Grundpreisangabe pro hundert Gramm/Milliliter (S. 2)

Bei Waren, deren Nenngewicht oder Nennvolumen üblicherweise zweihundertfünfzig Gramm oder Milliliter nicht übersteigt, dürfen als Mengeneinheit für den Grundpreis hundert Gramm oder Milliliter verwendet werden. Diese privilegierende Ausnahmebestimmung betrifft lediglich Ware, die nach Gewicht oder Volumen abgegeben wird, nicht aber nach Länge oder Fläche angebotene Ware. Es handelt sich um eine Kannvorschrift; der Anbieter kann die Mengeneinheit auch bezogen auf ein Kilogramm oder einen Liter angeben. Nicht verboten ist auch die kumulative Angabe des Grundpreises pro Kilogramm/Liter und pro Gramm/Milliliter, soweit die konkrete Form der Angabe nicht zu einer Irreführung im Sinne des Wettbewerbsrechts führt. Die Bestimmung gilt nicht für lose Ware im Sinne von Abs. 2 (bei der es kein Nenngewicht oder Nennvolumen gibt). Hier gilt S. 3. 18

Das Nenngewicht oder Nennvolumen darf „üblicherweise“ nicht zweihundertfünfzig Gramm oder Milliliter übersteigen. Es kann also durchaus einzelne Fälle geben, in denen diese Grenzen überschritten werden. Erforderlich ist lediglich, dass dies bei der überwiegenden Mehrzahl der zum gegebenen Zeitpunkt am Markt erhältlichen Angebote dieser Warenart nicht der Fall ist. 19

Da nach S. 5 bei Waren mit Pflichtangabe des Abtropfgewichts der Grundpreis auf dieses zu beziehen ist (dazu → Rn. 23), gilt S. 2 auch dann, wenn das Abtropfgewicht üblicherweise zweihundertfünfzig Gramm oder Milliliter nicht übersteigt. Der Begriff des „Nenngewichts“ bzw. „Nennvolumens“ ist bei Fertigpackungen im Sinne der Nennfüllmenge gemäß §§ 9 f. FPackV (§§ 6 ff. FPackV aF) bzw. – bei Lebensmitteln – gem. Art. 9 LMIV zu verstehen. Bei sonstigen nach Gewicht oder Volumen angebotenen offenen Verpackungen oder als Verkaufseinheiten angebotenen Waren ist die für das Angebot bzw. in der Preiswerbung genannte Füllmenge gemeint. 20

III. Mengeneinheit bei nach Gewicht oder Volumen angebotener loser Ware (S. 3)

Für nach Gewicht oder Volumen angebotene lose Ware gilt ausschließlich die Sonderbestimmung in S. 3 (außer bei üblicherweise in großen Mengen abgegebenen Waren). Danach entscheidet die allgemeine Verkehrsauffassung darüber, ob der Grundpreis entweder für ein Kilogramm oder für hundert Gramm bzw. entweder für einen Liter oder hundert Milliliter anzugeben ist.[55] Wird eine Ware im Einklang mit der allgemeinen Verkehrsauffassung nach Gewicht vermarktet, ist der Preis entweder auf 1 Kilogramm oder auf 100 Gramm zu beziehen. Dies gilt auch, wenn die Ware nur in anderen Einheiten abgegeben wird.[56] Allerdings ist dann aus Gründen der Preisklarheit der Preis für diese Einheiten anzugeben. Entspricht eine auf das Volumen bezogene Preisangabe der allgemeinen Verkehrsauffassung, hat die Preisangabe für 1 Liter (l)/100 Milliliter (ml) zu erfolgen. 21

55 Näher *Völker* PreisangabenR § 2 Rn. 34 ff.

56 BVerwG GewArch 1996, 254 ff. für die Abgabe von Kaffee ausschließlich in Einheiten von 250g und 500 g.

IV. Großmengen (S. 4)

22 Die Bestimmung für Großmengen in S. 4 gilt zwar im Prinzip sowohl für Waren im Sinne von Abs. 1 als auch von Abs. 2, dürfte aber in der Regel hauptsächlich für lose Waren von Relevanz sein. Manche losen Waren werden üblicherweise in größeren Mengen abgegeben, und zwar auch an private Verbraucher (zB Brennstoffe wie Heizöl oder Kohle, teilweise auch Kartoffeln, die direkt beim Bauern gekauft werden). Hier ist bei Abgabe nach Gewicht eine Angabe des Preises pro Kilogramm häufig nicht üblich und im Interesse der Preisklarheit auch nicht sinnvoll. Daher gestattet S. 4 für Waren, die üblicherweise in Mengen von 100 l und mehr oder 50 kg und mehr abgegeben werden, den Bezug der Preisangabe auf die nach allgemeiner Verkehrsauffassung übliche Verkaufseinheit. Bei in größeren Mengen abgegebenen Kartoffeln und festen Brennstoffen ist dies in der Regel ein Zentner oder Doppelzentner. Dagegen entspricht bei Heizöl nach wie vor der Preis pro Liter der allgemeinen Verkehrsauffassung. Auch bestimmten der Länge nach angebotenen Waren eröffnet die Vorschrift die Möglichkeit einer auf eine andere Längeneinheit als ein Meter bezogenen Grundpreisangabe. Die amtliche Begründung[57] nennt als Beispiele Nähgarne und Angelschnüre. Es habe sich gezeigt, dass sich Preisunterschiede bei solchen Waren auf den Grundpreis bezogen auf ein Meter erst ab der dritten Stelle nach dem Komma auswirkten. Soweit also solche Waren tatsächlich in Mengen von 100 Metern und mehr abgegebenen werden, kann die Grundpreisangabe auf der Basis einer größeren Mengeneinheit als ein Meter (zB 100 Meter) stattfinden, wenn es der allgemeinen Verkehrsauffassung entspricht.

V. Waren mit Pflichtangabe des Abtropfgewichts (S. 5)

23 Für bestimmte Waren ist nach § 5 Abs. 1 FPackV (§ 1 Abs. 1 S. 1 FPackV aF) bzw. für Lebensmittel, die an Verbraucher abgegeben werden sollen, nach Art. 23 Abs. 3 LMIV iVm Anhang IX Nr. 5 neben der gesamten Füllmenge auch das Abtropfgewicht anzugeben. Dies betrifft **feste Lebensmittel, die in Fertigpackungen in einer Aufgussflüssigkeit** vertrieben werden. Da diese in der Regel nicht verzehrt wird und somit nicht wertbestimmend ist, soll der Verbraucher die Gewichtsinformation über das Produkt ohne Aufgussflüssigkeit erhalten. Beispiele hierfür sind bestimmte Obst- und Gemüsedosen/-gläser sowie manche Fischkonserven.[58] In solchen Fällen ist daher der Grundpreis nicht auf die – ebenfalls auf der Fertigpackung angegebene – gesamte Füllmenge, sondern lediglich auf das angegebene Abtropfgewicht (und damit auf den für die Verbraucher letztlich im Normalfall relevanten Teil des Gesamtprodukts) zu beziehen. Diese Regelung entspricht Art. 4 Abs. 2 S. 2 Preisangabenrichtlinie. Bei konzentrierten Waren (zB konzentrierte Suppen, Brühen, Saucen usw) ist der Grundpreis für das Trockengewicht anzugeben.

E. Ausnahme für Wasch- und Reinigungsmittel (Abs. 4)

I. Haushaltswaschmittel (S. 1)

24 Die Ausnahmeregelung in Abs. 4 lässt es zu, dass bei Haushaltswaschmitteln an Stelle der in Abs. 3 vorgesehenen Mengeneinheit eine „übliche Anwendung“ verwendet werden kann. Eine „übliche Anwendung“ wird in der Regel eine **Messbecherfüllung** bzw. **Produkteinheit für einen Waschgang** sein. Hierdurch wird nach Auffassung des Verordnungsgebers eine höhere Preistransparenz erreicht, weil die Ergiebigkeit der Produkte sich unterscheide und die auf das Gewicht bezogene Grundpreisangabe daher einen geringeren Informationswert habe. Damit soll letztlich auch verhindert werden, dass besonders um-

[57] BR-Drs. 579/02, 8.

[58] Näher *Zipfel/Rathke,* Lebensmittelrecht (Loseblattsammlung), Abschn. C 116, FertigPackV aF § 11 Rn. 1.

weltgerechte (also besonders ergiebige) Produkte durch eine rein gewichtsbezogene Grundpreisangabe benachteiligt werden. Es handelt sich um eine Kannvorschrift. Der Grundpreis kann also auch nach Maßgabe von Abs. 3 angegeben werden. Zulässig ist auch eine Angabe des Grundpreises bezogen auf beide Größenordnungen, soweit die konkrete Art der Darstellung nicht zu einer Irreführung führen kann und den Grundsätzen von Preisklarheit und Preiswahrheit entspricht. Die Regelung ist durch Art. 5 Abs. 1 Preisangabenrichtlinie gedeckt.

II. Sonstige Wasch- und Reinigungsmittel (S. 2)

Entsprechendes gilt auch für sonstige Wasch- und Reinigungsmittel, allerdings nur, 25
sofern sie **einzeln portioniert** sind und die Zahl der Portionen zusätzlich zur Gesamtfüllmenge angegeben ist. „Portioniert" ist das Produkt nicht nur, wenn eine Anwendung gesondert abgepackt ist,[59] sondern auch dann, wenn das Produkt in unverpackten Produkteinheiten abgegeben wird, die der üblichen Anwendung entsprechen und vom Verbraucher einfach entnommen und verwendet werden können; entscheidend ist, dass nicht der Verbraucher selbst (zB mit einem Messbecher oder -löffel) das Produkt portionieren muss. Wegen der Bezugnahme auf S. 1 muss die portionierte Menge zudem einer „üblichen Anwendung" entsprechen. Dies setzt voraus, dass zumindest die Mehrzahl der Hersteller der betreffenden Art von Wasch- und Reinigungsmitteln die Anwendung einer Portion des Produkts für eine vergleichbare Bezugsgröße (zB eine bestimmte Wäschemenge oder bei Reinigungsmitteln eine gewisse Wassermenge) empfehlen.[60] Unter den Begriff der Wasch- und Reinigungsmittel fallen insbesondere Waschmittel für Wäsche (einschließlich Bleichmittel und Weichspüler), Geschirrspülmittel und Scheuerpulver.

§ 3 Elektrizität, Gas, Fernwärme und Wasser

[1] Wer Verbrauchern gewerbs- oder geschäftsmäßig oder wer ihnen regelmäßig in sonstiger Weise Elektrizität, Gas, Fernwärme oder Wasser leitungsgebunden anbietet oder als Anbieter dieser Ware gegenüber Verbrauchern unter Angabe von Preisen wirbt, hat den verbrauchsabhängigen Preis je Mengeneinheit einschließlich der Umsatzsteuer und aller spezifischen Verbrauchssteuern (Arbeits- oder Mengenpreis) gemäß Satz 2 im Angebot oder in der Werbung anzugeben. [2] Als Mengeneinheit für den Arbeitspreis bei Elektrizität, Gas und Fernwärme ist eine Kilowattstunde und für den Mengenpreis bei Wasser ein Kubikmeter zu verwenden. [3] Wer neben dem Arbeits- oder Mengenpreis leistungsabhängige Preise fordert, hat diese vollständig in unmittelbarer Nähe des Arbeits- oder Mengenpreises anzugeben. [4] Satz 3 gilt entsprechend für die Forderungen nicht verbrauchsabhängiger Preise.

A. Allgemeines

Die Vorschrift betrifft konkret lediglich vier Waren im Sinne des Preisangabenrechts, 1
nämlich **Elektrizität, Gas, Fernwärme oder Wasser,** wenn diese **leitungsgebunden angeboten** werden. Sie trägt dem Umstand Rechnung, dass bei diesen Versorgungsangeboten in der Regel die vom Verbraucher zu zahlende Vergütung sich aus einer **verbrauchsunabhängigen Komponente** (in der Branchensprache meist „Grundpreis" genannt) und einem **verbrauchsabhängigen Preisbestandteil** zusammensetzt. Die Bestimmung gilt nur, soweit diese Waren leitungsgebunden angeboten werden. Sie gilt also nicht zB für das Angebot von Elektrizität in Batterieform oder von Gas bzw. Wasser in

[59] So Zipfel/Rathke, Lebensmittelrecht (Loseblattsammlung)/*Sosnitza,* Abschn. C 119, PAngV § 2 Rn. 23.

[60] Zipfel/Rathke, Lebensmittelrecht (Loseblattsammlung)/*Sosnitza,* Abschn. C 119, PAngV § 2 Rn. 22.

anderen Behältnissen (insbesondere Flaschen). Die Pflicht zur Preisangabe nach § 3 besteht bei jedem Angebot dieser leitungsgebundenen Waren sowie bei jeder Werbung unter Angabe von Preisen (§ 1 Abs. 1 S. 1). Auch ansonsten sind die allgemeinen Bestimmungen der PAngV zu beachten (insbesondere § 1 Abs. 7 S. 1 und 2). Da es sich beim Bezug leitungsgebundener Angebote im Sinne der Vorschrift meist um Dauerschuldverhältnisse handelt, ist die Angabe von Preisen mit einem Änderungsvorbehalt zulässig (§ 1 Abs. 5 Nr. 2). Dagegen finden die Bestimmungen über den Grundpreis in § 2 auf leitungsgebundene Angebote im Sinne von § 3 keine Anwendung, ebenso wenig die Vorschriften über den Handel in § 4 Abs. 1–4, wohl aber theoretisch § 4 Abs. 5 iVm § 5 Abs. 1 und 2 hinsichtlich des Erfordernisses von Preisverzeichnissen in Geschäftslokalen bzw. an sonstigen Orten des Leistungsangebots, allerdings gelten die Bedenken hinsichtlich der Fortgeltung dieser Regelung nach dem 12.6.2013 entsprechend auch für leitungsgebundene Angebote.

B. Angabe des Arbeits- oder Mengenpreises (S. 1 und 2)

2 S. 1 regelt in Verbindung mit S. 2 die Preisangabe im Hinblick auf den **Preisbestandteil des leitungsgebundenen Warenangebots,** der **verbrauchsabhängig** ist. Ähnlich wie bei der Angabe von Verrechnungssätzen bei Leistungen ist insoweit also nicht der Gesamtpreis für die gesamte in Anspruch genommene Warenmenge anzugeben, da diese zum Zeitpunkt des Angebots bzw. der Preiswerbung noch nicht feststeht. In der Sache entspricht der anzugebende Preis je Mengeneinheit dem für die meisten anderen Waren in § 2 geregelten Grundpreis. Allerdings wird dieser Preis je Mengeneinheit für die leitungsgebundenen Angebote gerade nicht als Grundpreis bezeichnet. Vielmehr bildet der Verordnungsgeber für den Preis je Mengeneinheit bei Elektrizität, Gas und Fernwärme den Begriff **„Arbeitspreis"** und bei Wasser den Begriff **„Mengenpreis".** Der Grund für diese von § 2 abweichende Terminologie liegt darin, dass in diesen Branchen der Begriff „Grundpreis" häufig für den verbrauchsunabhängigen Preis verwendet wird, der neben dem verbrauchsabhängigen Teil des Preises zu zahlen ist (also insbesondere für eine monatlich anfallende „Grundgebühr"). Nach S. 2 ist als Mengeneinheit für den Arbeitspreis bei Elektrizität, Gas und Fernwärme eine Kilowattstunde und für den Mengenpreis bei Wasser ein Kubikmeter zu verwenden. Dies entsprach bislang bereits der Übung. Wie der Gesamtpreis nach § 1 Abs. 1 S. 1 und der Grundpreis nach § 2 ist auch der Arbeits- bzw. Mengenpreis im Sinne von § 3 stets einschließlich der Umsatzsteuer und aller spezifischen Verbrauchssteuern anzugeben. Es ist also der Arbeits- oder Mengenpreis zu nennen, der den Verbrauchern später bei der Abrechnung auch tatsächlich in Rechnung gestellt wird. Aus der Pflicht zur Angabe des Arbeits- oder Mengenpreises ergibt sich aber keine Pflicht der Anbieter, nur einen einzigen Arbeits- oder Mengenpreis anzugeben. Es bleibt nach wie vor zulässig, nach der Menge der Gesamtabnahme zu differenzieren. Dies kann zB in der Form geschehen, dass – berechnet auf den Jahresverbrauch – für den Verbraucher von ein bis eintausend Kilowattstunden ein Betrag von x Euro und für den weiteren Verbrauch ab tausendeins Kilowattstunden ein Preis von y Euro pro Kilowattstunde berechnet wird usw. Die Bestimmung erfordert lediglich – in Verbindung mit den Grundsätzen von Preisklarheit und Preiswahrheit (§ 1 Abs. 7 S. 1) –, dass in solchen Fällen durch Verwendung entsprechender Tabellen oder Hinweise für die Verbraucher in unzweideutiger verständlicher Form verdeutlicht wird, unter welchen Bedingungen welcher Preis berechnet wird.

C. Zusätzliche Angabe leistungsabhängiger Preise (S. 3)

Die Bestimmung ist ausschließlich durch den **Elektrizitätsbereich** motiviert.[1] Zur Begründung wurde ausgeführt, Energielieferungen für Endverbraucher würden nicht ausschließlich nach Kilowattstunden abgerechnet, sondern – wie etwa nach den Vorschriften der Bundestarifordnung Elektrizität – in einzelnen Fällen auch nach verbrauchsabhängigen Leistungspreisen. Dabei bezögen die Abnehmer Energie über Zähler mit Leistungsmessung. Die Leistungspreise würden (so die damalige Gesetzesbegründung) in den entsprechenden Preisblättern unter der Mengeneinheit „DM (Euro)/Leistungswert und Jahr" bzw. mit „DM (Euro)/Kilowatt und Jahr" angegeben. Der leistungsabhängige Preis ist in unmittelbarer Nähe des Arbeits- oder Mengenpreises (bei Elektrizität also des Arbeitspreises) anzugeben. Eine besondere Hervorhebung des Arbeitspreises oder des leistungsabhängigen Preises ist nicht erforderlich, da es sich weder bei dem einen noch dem anderen Preis um einen Gesamtpreis im Sinne von § 1 Abs. 7 S. 3 handelt. Die freiwillige Hervorhebung des einen oder anderen Preises ist aber auch nicht von vornherein unzulässig, soweit die Gestaltung im Einzelfall nicht der allgemeinen Verkehrsauffassung und den Grundsätzen von Preisklarheit und Preiswahrheit (§ 1 Abs. 7 S. 1) widerspricht. 3

D. Zusätzliche Angabe nicht verbrauchsabhängiger Preise (S. 4)

Neben den verbrauchs- bzw. leistungsabhängigen Preisbestandteilen, die in S. 1–3 geregelt sind, werden dem Verbraucher häufig auch **verbrauchsunabhängige Beträge** in Rechnung gestellt. Diese können entweder einmalig anfallen (zB eine **Anschlussgebühr**) oder periodisch (zB eine **monatliche Grundvergütung**). Diese zusätzliche Berechnung verbrauchsunabhängiger Entgelte bleibt auch weiterhin zulässig. S. 4 in Verbindung mit S. 3 schreibt für diese verbrauchsunabhängigen Preiskomponenten allerdings vor, dass sie in Angeboten und in der Preiswerbung vollständig anzugeben sind. Es sind also jeweils alle verbrauchsunabhängigen Preiskomponenten komplett aufzuführen. 4

§ 4 Handel

(1) **Waren, die in Schaufenstern, Schaukästen, innerhalb oder außerhalb des Verkaufsraumes auf Verkaufsständen oder in sonstiger Weise sichtbar ausgestellt werden, und Waren, die vom Verbraucher unmittelbar entnommen werden können, sind durch Preisschilder oder Beschriftung der Ware auszuzeichnen.**

(2) **Waren, die nicht unter den Voraussetzungen des Absatzes 1 im Verkaufsraum zum Verkauf bereitgehalten werden, sind entweder nach Absatz 1 auszuzeichnen oder dadurch, dass die Behältnisse oder Regale, in denen sich die Waren befinden, beschriftet werden oder dass Preisverzeichnisse angebracht oder zur Einsichtnahme aufgelegt werden.**

(3) **Waren, die nach Musterbüchern angeboten werden, sind dadurch auszuzeichnen, dass die Preise für die Verkaufseinheit auf den Mustern oder damit verbundenen Preisschildern oder Preisverzeichnissen angegeben werden.**

(4) **Waren, die nach Katalogen oder Warenlisten oder Bildschirmen angeboten werden, sind dadurch auszuzeichnen, dass die Preise unmittelbar bei den Abbildungen oder Beschreibungen der Waren oder in mit den Katalogen oder Warenlisten im Zusammenhang stehenden Preisverzeichnissen angegeben werden.**

---

[1] Vgl. BR-Drs. 180/1/00 und BR-Drs. 180/00.

(5) **Auf Angebote von Waren, deren Preise üblicherweise auf Grund von Tarifen oder Gebührenregelungen bemessen werden, ist § 5 Abs. 1 und 2 entsprechend anzuwenden.**

Übersicht

A. Allgemeines, Vereinbarkeit mit Unionsrecht

1 § 4 enthält nähere Regelungen für die **Form der Preisauszeichnung bei Waren.** Dabei geht es um Situationen, in denen grundsätzlich der Verbraucher ein Kaufangebot an den Händler richtet, möglicherweise aufgrund von dessen vorheriger Werbung. Weil in der Werbung aber nicht Preise genannt werden müssen, will § 4 für bestimmte Situationen verhindern, dass der Verbraucher sich über den von ihm zu entrichtenden Preis nicht im Klaren ist. Die Regelung betrifft die Hauptvarianten des Warenangebots im Einzelhandel, nämlich insbesondere präsent angebotene Waren im Einzelhandel (Abs. 1 und 2), aber auch in Musterbüchern angebotene Waren (Abs. 3) und den Versandhandel einschließlich des Internethandels sowie andere Formen des E-Commerce (Abs. 4), wobei sich die konkrete Form (das Wie) der Auszeichnung je nach Variante unterscheidet. § 4 gilt nicht nur für den „klassischen" Einzelhandel, sondern generell für alle Anbieter, bei denen die Tatbestandsvoraussetzungen erfüllt sind, also zB auch für Verkaufsstände mit sichtbar ausgestellten Waren auf Messen und Märkten mit Verkauf an Verbraucher. Die Vorschrift findet also grundsätzlich auch auf Tankstellen und Gaststättenbetriebe Anwendung, wenn sie in entsprechender Weise Waren zum Verkauf anbieten,[1] allerdings gilt für das eigentliche Angebot im Gaststättengewerbe § 7 und für die Angabe von Kraftstoffpreisen bei Tankstellen § 8 Abs. 1. Die Vorschrift erfasst nur das Angebot von Waren gegenüber Verbrauchern iSv § 1 Abs. 1. Auf das Angebot von Leistungen findet die Vorschrift keine Anwendung, sondern gegebenenfalls § 5. In den in § 9 Abs. 1 und 7 geregelten Fällen ist § 4 nicht

[1] BayObLG NJW 1973, 1088; Erbs/Kohlhaas Strafr. NebenG/*Häberle* PAngV § 4 Rn. 1; *Gimbel/Boest,* Die neue Preisangabenverordnung, 1985, § 2 Anm. 1; Ohly/Sosnitza/*Sosnitza* PAngV § 4 Rn. 2; *Gelberg,* Kommentar zur Preisangabenverordnung, 1975, § 2 Abs. 1 Anm. 1.1, 1.2.

anzuwenden.[2] Das führt dazu, dass für Hörfunkwerbung einerseits und Fernseh- oder Internetwerbung andererseits unterschiedliche Anforderungen gelten können, denn für Hörfunkwerbung ohne Preisangaben gilt nach § 9 Abs. 1 Nr. 4 die PAngV nicht, während dies für Internetangebote sehr wohl der Fall ist, wie § 4 Abs. 4 und § 5 Abs. 1 S. 3 belegen.[3] Bei mehrfachen Preisreduktionen im Rahmen zulässiger Sonderveranstaltungen ist die Ausnahmevorschrift in § 9 Abs. 2 von Relevanz.

Allerdings ist seit dem 13.6.2013 fraglich, ob und in welchem Umfang die Regelungen des § 4 PAngV überhaupt noch angewendet werden dürfen bzw. ob bei Verletzungen gegen diese Norm eine Unlauterkeit iSv § 3a UWG gegeben ist. Zwar gehen die Regelungen des § 4 PAngV rechtstechnisch auf § 2 Abs. 3 der Preisauszeichnungsverordnung vom 18.9.1969 (BGBl. I S. 1733) zurück. Sie dienen aber auch der Umsetzung der Preisangabenrichtlinie, da sie auch nach Inkrafttreten der Richtlinie unverändert beibehalten wurden. Dabei gehen einige Bestimmungen in § 4 PAngV offensichtlich über die Vorgaben der Preisangabenrichtlinie hinaus. Diese Regelungen waren in der Vergangenheit nach hM durch die Mindestangleichungsklausel des Art. 10 Preisangabenrichtlinie gedeckt, wegen Art. 3 Abs. 5 UGP-Richtlinie allerdings nur bis zum 12.6.2013. Somit ist bei den Regelungen des § 4 PAngV jeweils konkret zu fragen, ob und in welchem Umfang sie über die Vorgaben der Preisangabenrichtlinie hinausgehen und strengere Anforderungen enthalten.[4] 2

Über die Vorgaben der Richtlinien hinaus geht § 4 Abs. 1 PAngV, der für in Schaufenstern ausgestellte Waren die Preisauszeichnung durch Preisschilder oder Beschriftung der Ware fordert. Hierdurch wird die Preisangabenpflicht auf nicht „angebotene" Waren ausgedehnt; zudem ist die vorgeschriebene Art und Weise der Preisangabe strenger als in Art. 4 Abs. 1 Preisangabenrichtlinie gefordert.[5] Zwar könnte sich theoretisch eine richtlinienkonforme Auslegung von § 4 Abs. 1 PAngV dahingehend vertreten lassen, dass „ausgestellte" Waren nur solche seien, die auch „angeboten" würden, und auch die Vorgaben zur Art und Weise der Preisangabe nicht verbindlich, sondern nur als Beispiele aufzufassen seien. Dies scheint die Lösung des BGH zu sein,[6] die allerdings nur im Ergebnis überzeugt. Denn wenn § 4 Abs. 1 als Rechtsfolge eine Preisauszeichnung verlangt, dann kann die Angabe eines Preises nicht bereits Tatbestandsvoraussetzung sein. Genau das wäre bei der Auslegung des BGH aber der Fall, da ein „Angebot" iSd PAngV die Angabe eines Preises erfordert. Wie dem auch sei: Im Ergebnis besteht Einigkeit, dass § 4 Abs. 1 PAngV heute bedeutungslos ist und gegenüber § 1 Abs. 1 S. 1 PAngV keinen eigenständigen Anwendungsbereich mehr hat. 3

§ 4 Abs. 2 PAngV ist richtlinienkonform dahin auszulegen, dass sein Anwendungsbereich nur eröffnet ist, wenn das „Bereithalten" der Ware zugleich als „Anbieten" bzw. als eine Aufforderung zum Kauf zu qualifizieren ist und die genannten Vorgaben hinsichtlich der Art und Weise der Preisangabe nicht abschließend sind. Letzteres gilt auch für § 4 Abs. 3 und 4 PAngV, die zwar ein Angebot voraussetzen, jedoch ebenfalls über die Vorgaben der Preisangabenrichtlinie (und Art. 7 Abs. 4 UGP-Richtlinie) hinausgehende Vorgaben zur Art und Weise der Preisangabe enthalten. Auch bei diesen Vorschriften ist der Verbleib eines eigenständigen Anwendungsbereichs selbst bei richtlinienkonformer Auslegung somit fraglich. Mit dieser Maßgabe ist die nachfolgende Kommentierung zu lesen. Zu beachten ist zudem, dass die Regelungen des § 4 Abs. 1 und 2 nunmehr in § 10 PangV-E (BR-Drs. 669/21) sprachlich neu gefasst werden sollen. 4

---

[2] Zur Verfassungsmäßigkeit von § 9 Abs. 7 Nr. 1 siehe BVerfG GRUR-RR 2010, 338.

[3] BGH GRUR 2003, 971 (972) – Telefonischer Auskunftsdienst.

[4] Laut *Köhler* WRP 2013, 723 (727) und Köhler/Bornkamm/Feddersen/*Köhler* PAngV § 4 Rn. 4 ff. betrifft das den gesamten § 4 PAngV. Der BGH sieht das offensichtlich differenzierter und wendet § 4 PAngV weiterhin an, siehe zB BGH GRUR 2017, 286 Rn. 13 ff.– Hörgeräteausstellung.

[5] OLG Düsseldorf WRP 2015, 467 Rn. 29 ff.

[6] BGH GRUR 2017, 286 Rn. 12 – Hörgeräteausstellung.

B. Sichtbar ausgestellte und von Kunden entnehmbare Waren (Abs. 1)

I. Sichtbar ausgestellte Waren

5 **1. Begriff.** Abs. 1 betrifft in erster Linie sichtbar ausgestellte Waren, für welche die Vorschrift an die Preisauszeichnung verhältnismäßig strenge (und wegen ihrer Unvereinbarkeit mit Unionsrecht nicht mehr anwendbare) Anforderungen stellt. Da von sichtbar präsentierter Ware ein besonderer Werbe- und Anlockeffekt ausgeht, soll der Kunde gerade in solchen Fällen die Möglichkeit haben, möglichst gleichzeitig mit Betrachtung der Ware deren Preis zu erfahren.[7] Nicht jede für den Kunden sichtbare Ware ist jedoch „sichtbar ausgestellt". Die Ware muss den Kunden besonders präsentiert, also „zur Schau gestellt" werden. Dies ist der Fall, wenn sie aus Werbezwecken in auffallender Form, die über den bloßen Zweck der Lagerung oder Aufbewahrung hinausgeht und die Kauflust des Publikums anregen soll, als dekorativer Blickfang zur Schau gestellt und damit zum Verkauf angeboten wird.[8]

6 **2. Schaufenster, Schaukästen, Verkaufsstände.** In **Schaufenstern** und **Schaukästen** präsentierte Waren sind stets sichtbar ausgestellt. Nach ihrem Sinn und Zweck gilt die Vorschrift auch für Schaukästen außerhalb des Verkaufsraums, also zB für Glasvitrinen vor dem Geschäft. Auch Waren, die nicht unmittelbar „im" Schaufenster ausgestellt sind, sich also nicht auf einer unmittelbar am Schaufenster angebrachten Konsole zur Warenpräsentation befinden, fallen unter diese Tatbestandsvariante, wenn sie durch das Fenster von der Straße aus sichtbar sind.[9] Eine besondere Trennung von Fenster und Verkaufsraum setzt der Begriff des „Schaufensters" nicht voraus. Erfasst werden jedoch nur Waren, die durch die Fenster des Geschäfts von außen sichtbar sind und dadurch eine Werbewirkung entfalten.[10] Nicht jedes Fenster zu einem Ladengeschäft ist somit auch ein Schaufenster. Nicht um Schaufenster handelt es sich insbesondere, wenn zwar Einblicke in Geschäftsräume mit Büromobiliar, typischen Utensilien zur Leistungserbringung und dem Geschäftsgegenstand angepasster Dekoration (zB Weihnachtsdekoration) möglich sind, die dort erbrachten oder angebotenen Leistungen aber nicht „zur Schau gestellt", also nicht in Kauflust anregender Weise präsentiert werden und der potentielle Kunde somit auch nicht mit dem konkreten Leistungsangebot des Unternehmers konfrontiert wird.[11] **Verkaufsstände** sind insbesondere Regale, in denen die Ware dem Verbraucher in besonders werbewirksamer und aufmerksamkeitsheischender Weise präsentiert wird, aber auch Verkaufstische. Auf den Wert der ausgestellten Ware kommt es nicht an. Die Pflicht zur Preisauszeichnung gilt daher auch für hochwertige Luxuswaren wie zB Schmuck; die fehlende Möglichkeit eines Preisvergleichs, ein generell bestehender Verhandlungsspielraum oder versicherungstechnische Notwendigkeiten können der Anwendung nicht entgegen gehalten werden.[12] Die dadurch bewirkte Unterscheidung zwischen Schmuck einerseits und Antiquitäten und Kunstgegenständen andererseits, für die nach § 9 Abs. 7 Nr. 1 die Regelung des § 4 nicht gilt, ist verfassungsgemäß.[13]

---

[7] Vgl. BayObLG BB 1973, 353.

[8] Vgl. BayObLG BB 1973, 353; OLG Köln BB 1957, 981; OLG Düsseldorf WRP 1978, 460 (461); *Gimbel/Boest,* Die neue Preisangabenverordnung, 1985, § 1 Anm. 2; *Gelberg,* Kommentar zur Preisangabenverordnung, 1975, § 2 Abs. 1, Anm. 2.1.1. mwN.

[9] OLG Köln GewArch 1980, 196 f.; VG Stade GewArch 1993, 33; Erbs/Kohlhaas Strafr. NebenG/*Häberle* PAngV § 4 Rn. 2; Ohly/Sosnitza/*Sosnitza* PAngV § 4 Rn. 4; *Gimbel/Boest,* Die neue Preisangabenverordnung, 1985, § 2 Anm. 2; sog. „Durchschau-Fenster".

[10] Vgl. VG Stade NJW-RR 1993, 299 f.

[11] OLG Hamburg WRP 2013, 1212 Rn. 13 f. (zu § 5 Abs. 1 S. 2 PAngV) mit Bezugnahme auf OLG Hamburg 5 U 27/11. *Widmann* WRP 2010, 1443 (1449).

[12] OLG Hamburg MD 2010, 611.

[13] BVerfG GRUR-RR 2010, 338.

II. Waren, die vom Verbraucher unmittelbar entnommen werden können

Dies sind Waren, die der Verbraucher ohne Hilfe des Personals und ohne Überwindung besonderer Hindernisse (zB Öffnung einer Packung) entnehmen kann, insbesondere dem Publikum unmittelbar zugängliche **Regalware.** Hierunter fallen zB auch Waren in **Tiefkühlvitrinen,** die der Verbraucher selbst zur Entnahme der Ware öffnen kann und darf. Damit sind im Grundsatz alle in Selbstbedienungsgeschäften angebotenen Waren erfasst, auch wenn sie im Einzelfall nicht „sichtbar ausgestellt" sind. 7

III. Form der Preisauszeichnung

1. Allgemeines. Der Begriff des „Auszeichnens" von Preisen wird in §§ 4 und 8 verwendet. Er ist enger als der allgemeine Begriff der „Angabe" von Preisen und beschreibt lediglich die in diesen Bestimmungen näher geregelten Formen der Preisangabe. Preiswerbung in Zeitungsanzeigen fällt daher nicht unter den Begriff des „Auszeichnens".[14] Bei Waren im Sinne von Abs. 1 hat der Anbieter die Wahl, die Preisauszeichnung auf Preisschildern oder durch Beschriftung der Ware vorzunehmen. Er kann diese beiden Varianten auch kombinieren. Er kann sie jedoch nicht durch eine andere Form der Preisangabe (zB Preisverzeichnisse) ersetzen.[15] Andere Formen der Preisangabe sind also nur ergänzend neben den vorgeschriebenen Formen der Preisauszeichnung zulässig. Bei mehreren Preisangaben für dieselbe Ware müssen alle Preisangaben (auch die ergänzende „freiwillige") den Grundsätzen von Preisklarheit und Preiswahrheit iSv § 1 Abs. 7 genügen und auch sonst müssen selbstverständlich die allgemeinen Anforderungen an Preiswahrheit und Preisklarheit erfüllt sein. 8

2. Preisschilder. Hierunter fallen namentlich an der Ware befestigte Anhänger und insbesondere Preisaufkleber (Preisetikette). Das Preisschild muss nicht unmittelbar an der Ware befestigt oder angebracht sein, sich aber unmittelbar bei ihr befinden. Die Gestaltung des Preisschilds ist nicht speziell geregelt. Auch Preisschilder in Form von Stelltafeln sind grundsätzlich zulässig, soweit die eindeutige Zuordnung zur Ware gewährleistet ist. Das Preisschild muss grundsätzlich auch die Preisangabe selbst enthalten. Dies ist zB nicht der Fall, wenn auf der Ware angebrachte Etikette nicht den Preis selbst, sondern nur einen Kennbuchstaben oder ein Symbol für eine bestimmte Preisgruppe enthalten.[16] Zusammengestellte Waren gleicher Art, Verkaufseinheit und Güte (zB Konservendosen mit einem bestimmten Essen eines Herstellers) können durch ein Preisschild ausgezeichnet werden;[17] entsprechendes gilt aber auch für andere Warenmengen, sofern für diese der gleiche Preis gilt und sich dies aus dem Preisschild unzweideutig ergibt. 9

3. Beschriftung der Ware. Anders als bei der Preisauszeichnung durch Preisschilder muss die Preisauszeichnung durch Beschriftung der Ware stets auf jedem einzelnen Artikel erfolgen. 10

IV. Beginn und Dauer der Auszeichnungspflicht

Die Preisauszeichnungspflicht besteht, sobald und solange die Ware **sichtbar ausgestellt** wird bzw. **vom Verbraucher unmittelbar entnommen** werden kann. In Fällen neu ausgestellter Ware bzw. bei einer Umdekoration ist die erforderliche Preisauszeichnung daher umgehend vorzunehmen.[18] Auch bei einer Preisänderung ist die Preisauszeichnung 11

[14] OLG Hamburg BB 1989, 937.
[15] Vgl. OLG Hamm BB 1967, 1264.
[16] OLG München GRUR 1983, 76 f. – Schuhwaren.
[17] OLG Hamm BB 1967, 1264 f.
[18] Vgl. BGH GRUR 1973, 655 ff. – Möbelauszeichnung; Gimbel/Boest, Die neue Preisangabenverordnung, 1985, § 2 Anm. 3.

umgehend anzupassen.[19] Dies gilt grundsätzlich auch bei vorübergehenden und kurzfristigen Preisherabsetzungen.[20] Soweit allerdings bei zulässigen Sonderveranstaltungen (Winter- und Sommerschlussverkäufe sowie Jubiläumsverkäufe) auf die bereits ausgezeichneten reduzierten Preise generell tageweise eine weitere Preisherabsetzung erfolgt, muss diese nach § 9 Abs. 2 nicht nochmals ausgezeichnet werden.

C. Sonstiges präsentes Warenangebot (Abs. 2)

I. Form der Präsentation

12 Abs. 2 gilt für Waren, die **im Verkaufsraum zum Verkauf bereitgehalten** werden, ohne den Voraussetzungen von Abs. 1 zu genügen. Negativ ausgedrückt geht es also um präsente verkaufsbereite Ware, die nicht sichtbar ausgestellt wird und auch nicht vom Verbraucher unmittelbar entnommen werden kann. Positiv formuliert handelt es sich in der Regel um Ware, die – für das Publikum sichtbar oder unsichtbar – in geschlossenen Schränken, Vitrinen oder Schubladen oder in Regalen hinter dem Verkaufstresen im Verkaufsraum aufbewahrt wird.[21] Unionsrechtskonform ist die Vorschrift dahin auszulegen, dass das „Bereithalten" der Waren zugleich ein „Anbieten" darstellen muss, was wiederum eine Preisangabe erfordert.

13 Erfasst wird nur Ware im Verkaufsraum, also in den dem Publikum zugänglichen Teilen des Geschäfts. Die Vorschrift gilt **nicht für Ware in Lagerräumen,** die **dem Publikum nicht zugänglich** sind. Findet jedoch auch im Lager ein Warenvertrieb statt, ist § 4 anwendbar, auch wenn der Verkauf nur an bestimmte Personengruppen (zB Betriebsangehörige) erfolgt. Die Vorschrift gilt nur für „zum Verkauf bereitgehaltene" Waren. Ob Waren im Verkaufsraum zum Verkauf bereitgehalten werden, ist aus Sicht der angesprochenen Verkehrskreise zu bestimmen, also nicht in das Belieben des Händlers gestellt. Aus Sicht des Publikums ist Ware, die in den ihm zugänglichen Verkaufsräumen vorhanden ist, in aller Regel auch zum Verkauf bestimmt.[22] Erkennbar nicht zum Verkauf bestimmt sind dagegen zB im normalen Einzelhandel Waren in Umverpackungen auf Paletten, die offensichtlich erst noch zu ihrem Regalstandort transportiert, ausgepackt und aufgestellt werden sollen.

II. Form der Preisangabe

14 **1. Allgemeines.** Hier hat der Händler nach dem Gesetzestext die **Wahl zwischen vier Möglichkeiten,** die jedoch – in unionsrechtskonformer Auslegung – als **nicht abschließend** angesehen werden müssen, weil ansonsten die deutsche Regelung über die Anforderungen des Art. 4 Abs. 1 S. 1 Preisangabenrichtlinie hinausgehen würde: Er kann die Ware iSv Abs. 1 durch Preisschilder oder Beschriftung auszeichnen; er kann aber auch die Behältnisse oder Regale, in denen sich die Waren befinden, beschriften oder entsprechende Preisverzeichnisse anbringen oder zur Einsichtnahme auflegen. Alle Varianten sind gleichwertig. Der Händler kann sich auch für eine differenzierte Preisangabe unter Einsatz verschiedener Varianten entscheiden, also zB einen Teil dieser Waren durch Preisschilder, andere Waren durch Beschriftung der Behältnisse auszuzeichnen, soweit insgesamt und im Einzelfall eine eindeutige Zuordnung und die leichte Erkennbarkeit der Preisangaben gewahrt bleibt.

15 **2. Beschriftung der Behältnisse oder Regale. „Beschriftung"** bedeutet die Preisangabe und alle sonstigen nach der PAngV erforderlichen Angaben. Der **Unterschied**

[19] BGH GRUR 1999, 762 (763) – Herabgesetzte Schlussverkaufspreise; vgl. auch BGH GRUR 1988, 629 (630) – Konfitüre, zu § 3 UWG.
[20] BGH GRUR 1999, 762 (763) – Herabgesetzte Schlussverkaufspreise.
[21] Vgl. BayObLG BB 1973, 353.
[22] Vgl. BGH GRUR 1973, 655 ff. – Möbelauszeichnung, zu neu angelieferten Möbeln in Verkaufshallen.

zum „Preisschild" iSv Abs. 1 ist marginal. Bei für den Verbraucher nicht sichtbaren Waren wird zudem eine weitere Konkretisierung (Beschreibung bzw. Benennung) der Ware durch die Beschriftung erforderlich sein, um ihre eindeutige Zuordnung zur Preisangabe iSv § 1 Abs. 7 S. 2 zu gewährleisten. Die Beschriftung ist jeweils an dem Regal/Behältnis anzubringen, in dem sich die jeweilige Ware befindet.

3. Preisverzeichnisse. Hierunter versteht man Listen verschiedener Waren, in denen neben der Bezeichnung der Ware (oder Leistung) jeweils ihr Preis und gegebenenfalls die sonstigen in der PAngV geregelten Angaben (zB gem. § 1 Abs. 1 S. 2 sowie § 2) enthalten sind.[23] Die Preisverzeichnisse sind entweder an den Behältnissen oder Regalen anzubringen, in denen sich die Waren befinden, oder zur Einsichtnahme aufzulegen. Letzteres bedeutet, dass das Preisverzeichnis im Geschäft sichtbar ausgelegt oder aufgehängt wird, so dass die Kunden ohne Schwierigkeiten und Rückfragen Einsicht nehmen können. 16

D. Nach Musterbüchern angebotene Waren (Abs. 3)

Hierunter versteht man **Druckerzeugnisse, die Muster der Ware selbst enthalten.** Nicht gemeint sind Druckerzeugnisse mit Warenabbildungen; dies sind Kataloge iSv Abs. 4. Musterbücher finden sich vor allem im Handel mit Tapeten, Stoffen, Gardinen, Teppichböden und Bodenbelägen.[24] Bei Angeboten nach Musterbüchern ist der Preis stets für eine bestimmte Verkaufseinheit anzugeben. Die Verkaufseinheit muss der allgemeinen Verkehrsauffassung iSv § 1 Abs. 1 S. 2 und Abs. 7 entsprechen. Die Preisangabe mit der jeweiligen Verkaufseinheit muss sich entweder auf den Mustern selbst oder auf Preisschildern/Preisverzeichnissen befinden, wobei das Preisschild mit dem Muster und das Preisverzeichnis mit dem Musterbuch körperlich fest verbunden sein muss. Auch diese Vorgaben sind in unionsrechtskonformer Auslegung als **nicht abschließend** anzusehen. 17

E. Nach Katalogen oder Warenlisten oder auf Bildschirmen angebotene Waren (= Versandhandelsware) (Abs. 4)

I. Form des Warenangebots

Auch für Abs. 4 gilt: Die teilweise sehr detaillierten Anforderungen des deutschen Rechts gehen über die Anforderungen von Art. 4 Abs. 1 Preisangabenrichtlinie hinaus, wonach der Verkaufspreis nur unmissverständlich, klar erkennbar und gut lesbar sein muss. Als Mindestklausel lässt sich die Regelung seit dem 13.6.2013 nicht mehr rechtfertigen. Sie ist daher richtlinienkonform – restriktiv – auszulegen.[25] Die Vorschrift war in der Praxis bis vor einigen Jahren vor allem für die Angebote des Versandhandels und der Buch- und Schallplattenclubs sowie im Neuwagenhandel von Bedeutung. Erfasst werden zum einen Angebote in Katalogen. Hierunter versteht man Druckerzeugnisse mit Abbildungen einer größeren Anzahl abgebildeter Waren. Daneben werden auch Angebote nach Warenlisten erfasst. Hierunter versteht man schriftliche Aufstellungen verschiedener Waren. Durch die dritte ÄnderungsVO zur PAngV vom 22.7.1997[26] wurde der rasanten Entwicklung des elektronischen Geschäftsverkehrs (E-Commerce) dadurch Rechnung getragen, dass die Anwendbarkeit der Vorschrift auch auf Waren erstreckt wurde, die „auf Bildschirmen angeboten" werden. Die Art des **Bildschirms** ist gleichgültig. Es kann sich ebenso um einen Fernsehbildschirm oder Computermonitor wie um den Bildschirm eines Tablet PC 18

[23] Vgl. *Gelberg,* Kommentar zur Preisangabenverordnung, 1975, § 2 Abs. 2, Anm. 1.3.

[24] *Gimbel/Boest,* Die neue Preisangabenverordnung, 1985, § 2 Anm. 6; Ohly/Sosnitza/*Sosnitza* PAngV § 4 Rn. 8.

[25] Weitergehend OLG München GRUR-RR 2016, 509 Rn. 54 – Möbelkonfigurator: die Regelung ist nicht mehr anwendbar.

[26] BGBl. I S. 1910.

oder eines Smartphones handeln. Hörfunkwerbung hingegen ist nicht erfasst; sie kann nach § 9 Abs. 1 Nr. 4 als mündliches Angebot privilegiert sein, was für Fernsehwerbung oder andere Bildschirmwerbung nicht der Fall ist.[27] Auch die Form des Datenabrufs spielt keine Rolle. Erfasst werden Angebote, die online (insbesondere über das Internet) oder offline (etwa über eine DVD) auf Bildschirmen abrufbar sind.[28] Nicht entscheidend ist auch, ob das Angebot interaktiv ist, man also auch gleich per Bildschirm bestellen kann (wie etwa im Internet) oder hierfür auf andere Formen der Kommunikation angewiesen ist (wie etwa bei Teleshopping oder Videotext). Kein „Bildschirm" im Sinne der Vorschrift ist die Kinoleinwand.[29]

19 Es muss sich um ein Angebot iSv § 1 Abs. 1 handeln, woran es somit auch hier fehlt, wenn keine Preisangabe vorliegt.[30] Ein Angebot in diesem Sinn liegt bei **Printmedien** vor allem dann vor, wenn dem Kunden (zB durch einen Bestellzettel, ein Bestellformular oder die Angabe einer entsprechenden Anschrift/Telefonnummer) die Möglichkeit gegeben wird, mit Hilfe des Katalogs/der Warenliste ohne weiteres Ware zu bestellen. Bei über **Bildschirm** abrufbaren Ankündigungen gelten für die Beurteilung der Frage, ob ein Angebot vorliegt, die allgemeinen Grundsätze: Die Ankündigung muss ihrem Inhalt nach also so konkret gefasst sein, dass sie den Abschluss des Geschäfts auch aus Kundensicht ohne weiteres zulässt.[31] Dies ist im **Internet** auf jeden Fall dann zu bejahen, wenn die Kunden auf einer Website angebotene Waren ohne weiteres online bestellen können. Eine Übertragung dieser (lockeren) Grundsätze auf die Verpflichtung zur Angabe des Grundpreises bereits in der Werbung gem. § 2 ist allerdings nicht möglich.[32] Außerdem ist zu beachten, dass § 4 Abs. 4 allein die Angabe der Preise regelt und nicht auch für die etwaig erforderlichen Angaben von Versandkosten gem. § 1 Abs. 2 (hierzu → § 1 Rn. 61 ff.) gilt. Zudem sind die Anforderungen des § 312j Abs. 2 BGB iVm Art. 246a § 1 Nr. 4, 5 EGBGB zu beachten. Für Leistungsangebote im Internet gilt § 5 Abs. 1 S. 3; hier kommt auch ein Link auf Preislisten in Betracht.

II. Form der Preisangabe

20 Die Form der Preisangabe ist hier relativ großzügig geregelt. Sie kann unmittelbar bei der jeweiligen Warenabbildung oder Warenbeschreibung erfolgen, bei Katalogen oder Warenlisten aber auch in Preisverzeichnissen (zum Begriff → Rn. 12). Die Preisverzeichnisse müssen nicht zwingend im Katalog oder in der Warenliste enthalten oder auch nur damit fest verbunden sein; es kann im Einzelfall ausreichen, wenn sie lose beigelegt sind.[33] Dabei muss jedoch stets eine **eindeutige Zuordnung der Preisangabe zum Angebot** gewährleistet sein (§ 1 Abs. 7 S. 2). Bei Angeboten auf Bildschirmen, insbesondere also bei der Internetwerbung, ist hingegen darauf zu achten, dass die Preisangabe – entsprechend dem Wortlaut der Regelung in § 4 Abs. 4 – „unmittelbar" bei der Abbildung oder der Beschreibung der Ware erfolgt. Ein bloßer Link, der auf ein entsprechendes Preisverzeichnis verweist, ist danach – anders als bei dem Hinweis auf etwaige Versand- und Lieferkosten, der ggf. nach § 1 Abs. 2 zu machen ist – nicht ausreichend.[34] Auch die in Abs. 4 genannten Anforderungen an die Form der Preisangabe sind wegen der gebotenen unionsrechtskonformen Auslegung als nicht abschließend zu betrachten.

[27] BGH GRUR 2003, 971 (972) – Telefonischer Auskunftsdienst.
[28] Erbs/Kohlhaas Strafr. NebenG/*Häberle* PAngV § 4 Rn. 7.
[29] Zipfel/Rathke, Lebensmittelrecht (Loseblattsammlung)/*Sosnitza,* Abschn. C 119, PAngV § 4 Rn. 13.
[30] OLG München GRUR-RR 2016, 509 Rn. 55 – Möbelkonfigurator. → PAngV § 1 Rn. 10.
[31] Vgl. → § 1 Rn. 5, 10.
[32] BGH GRUR 2009, 982 (Ls.) – Dr. Clauder's Hufpflege.
[33] *Gimbel/Boest,* Die neue Preisangabenverordnung, 1985, § 2 Anm. 8.
[34] Das ergibt sich im Umkehrschluss aus BGH GRUR 2008, 84 Rn. 29 – Versandkosten, wo eine Anwendung des § 4 Abs. 4 auf die Versandkostenangabe nach § 1 Abs. 2 ausdrücklich abgelehnt und ein Link erlaubt wird. AA Büscher/*Schilling* PAngV § 4 Rn. 10.

F. Preise aufgrund von Tarifen oder Gebührenregelungen (Abs. 5)

Nach Abs. 5 ist auf Angebote von Waren, deren Preise **üblicherweise aufgrund von Tarifen oder Gebührenregelungen bemessen** werden, § 5 Abs. 1 und 2 entsprechend anzuwenden. Es sind also Preisverzeichnisse aufzustellen. Die Vorschrift betrifft in der Praxis in erster Linie **leitungsgebundene Angebote** iSv § 3. Bei diesen hat in allen Angeboten und in der Preiswerbung die Angabe des Arbeits- oder Mengenpreises (iSv § 3 S. 1 und 2) und gegebenenfalls auch des leistungsabhängigen bzw. verbrauchsunabhängigen Preises (iSv §§ 3 und 4) zu erfolgen; daneben gelten für entsprechende Geschäftslokale bzw. den sonstigen Ort des Leistungsangebots die Bestimmungen über Preisverzeichnisse in § 5 Abs. 1 und 2. 21

§ 5 Leistungen

(1) [1] **Wer Leistungen anbietet, hat ein Preisverzeichnis mit den Preisen für seine wesentlichen Leistungen oder in den Fällen des § 1 Abs. 3 mit seinen Verrechnungssätzen aufzustellen.** [2] **Dieses ist im Geschäftslokal oder am sonstigen Ort des Leistungsangebots und, sofern vorhanden, zusätzlich im Schaufenster oder Schaukasten anzubringen.** [3] **Ort des Leistungsangebots ist auch die Bildschirmanzeige.** [4] **Wird eine Leistung über Bildschirmanzeige erbracht und nach Einheiten berechnet, ist eine gesonderte Anzeige über den Preis der fortlaufenden Nutzung unentgeltlich anzubieten.**

(2) **Werden entsprechend der allgemeinen Verkehrsauffassung die Preise und Verrechnungssätze für sämtliche angebotenen Leistungen in Preisverzeichnisse aufgenommen, so sind diese zur Einsichtnahme am Ort des Leistungsangebots bereitzuhalten, wenn das Anbringen der Preisverzeichnisse wegen ihres Umfangs nicht zumutbar ist.**

(3) **Werden die Leistungen in Fachabteilungen von Handelsbetrieben angeboten, so genügt das Anbringen der Preisverzeichnisse in den Fachabteilungen.**

A. Allgemeines, Vereinbarkeit mit Unionsrecht

I. Allgemeines

Als Pendant zur Regelung des § 4 für den Handel mit Waren, enthält § 5 nähere Regelungen für die **Preisangaben beim Angebot von Leistungen.** Der Begriff der Leistungen ist wie in § 1 auszulegen (vgl. → § 1 Rn. 9). Auf das Angebot von Waren findet die Vorschrift grundsätzlich keine Anwendung (Ausnahme § 4 Abs. 5: Waren, deren Preise üblicherweise aufgrund von Tarifen oder Gebührenregelungen bemessen werden). Grundsätzlich haben Anbieter von Leistungen ein Preis- und Leistungsverzeichnis auszuhängen. Die Grundvorschrift befindet sich in Abs. 1; Absätze 2 und 3 regeln Sonderfälle (umfassende Preisverzeichnisse und das Leistungsangebot in Fachabteilungen). § 5 gilt nicht nur für Angebote von Unternehmen, die ausschließlich oder schwerpunktmäßig Leistungen iSd Vorschrift anbieten. Er gilt auch für Angebote von Leistungen im Einzelhandel und in Mischbetrieben, die gleichermaßen Waren und Leistungen anbieten, zB für Änderungsleistungen im Bekleidungshandel sowie für gewerbliche und freiberufliche Leistungen. Die Pflichten aus § 5 bestehen allerdings nur während der Öffnungszeiten des Betriebs bzw. für die Dauer des Angebots am Ort des Leistungsangebots.[1] Wie alle Vorschriften der PAngV ist § 5 zudem nur anwendbar, wenn die Tatbestandsvoraussetzungen des § 1 Abs. 1 S. 1 gegeben sind, also nur im geschäftlichen Verkehr mit dem Verbraucher. § 5 ist nicht 1

[1] Vgl. BayObLG NJW 1976, 984 f.

anwendbar in den in § 9 Abs. 1 und Abs. 6 geregelten Fällen. Im Verkehr mit Unternehmen gilt allerdings § 4 Abs. 1 DL-InfoV. § 5 PAngV regelt wie § 4 nur das *Anbieten* von Leistungen, nicht aber die Werbung (einschließlich der „Werbung unter Angabe von Preisen" iSv § 1 Abs. 1 S. 1).

II. Verhältnis zu anderen Regelungen der PAngV

2 § 5 ist keine abschließende Spezialvorschrift mit Ausschlusswirkung für die allgemeineren Bestimmungen in § 1; diese werden lediglich **ergänzt.** Auch im Bereich von § 5 gilt daher zB die Pflicht zur Angabe der Gesamtpreise (§ 1 Abs. 1 S. 1). Die Preisangaben iSv § 5 müssen ebenfalls der allgemeinen Verkehrsauffassung und den Grundsätzen von Preisklarheit und Preiswahrheit entsprechen (§ 1 Abs. 7 S. 1) usw. Insbesondere entfällt im Anwendungsbereich von § 5 nicht die Pflicht zur individuellen Preisangabe bei jedem Angebot (bzw. jeder Werbung unter Angabe von Preisen), zB auch beim individuellen mündlichen Angebot einer („wesentlichen" oder anderen) Leistung im Geschäftslokal, etwa im Gespräch zwischen dem Kunden und dem Anbieter, sofern dabei Preise genannt werden. Für bestimmte Leistungen enthält die PAngV noch **Spezialvorschriften,** die in ihrem Regelungsbereich vor § 5 Vorrang haben, nämlich für Gaststätten- und Beherbergungsbetriebe (§ 7), die kurzfristige Vermietung von Abstellflächen für Kraftfahrzeuge sowie deren Bewachung und Verwahrung (§ 8 Abs. 2) und für Kredite (§ 6).

III. (Un-)Vereinbarkeit mit Unionsrecht

3 Ebenso wie die besonderen Anforderungen des § 4 PAngV gehen auch die Vorgaben des § 5 PAngV über die Anforderungen des Art. 22 Abs. 1 lit. i, Abs. 2 und 3 Dienstleistungsrichtlinie hinaus und sind lediglich von der Mindestangleichungsklausel des Art. 22 Abs. 5 Dienstleistungsrichtlinie gedeckt.[2] Eine richtlinienkonforme Auslegung entsprechend den Vorgaben in Art. 7 Abs. 2, 4 lit. c UGP-RL verbietet sich aufgrund des Wortlauts des § 5 PAngV. Denn eine Auslegung, dass Preisverzeichnisse nur dann aufzustellen sind, sofern dies für eine klare, verständliche und eindeutige Darstellung iSd Art. 7 Abs. 2 UGP-RL erforderlich ist, widerspricht bereits dem unbedingten Wortlaut der Norm und würde bedeuten, dass ihr gegenüber § 1 Abs. 7 PAngV kein eigenständiger Anwendungsbereich mehr zukäme. Da es sich um strengere Anforderungen als die in Art. 7 Abs. 4 lit. c iVm Abs. 2 UGP-RL aufgestellten Anforderungen handelt, unterfällt § 5 PAngV damit der Verfallsklausel des Art. 3 Abs. 5 UGP-RL.[3] Ein Verstoß gegen die Marktverhaltensregel[4] des § 5 PAngV begründet daher seit dem 13.6.2013 nicht mehr automatisch die Wettbewerbswidrigkeit gem. §§ 3, 3a UWG, weil seit diesem Zeitpunkt Regelungen allein aufgrund der Mindestangleichungsklauseln nicht mehr aufrechterhalten werden dürfen.

B. Grundvorschrift (Abs. 1)

I. Anbieten von Leistungen

4 Die Begriffe „Anbieten" und „Leistungen" sind **wie in § 1 Abs. 1 S. 1 auszulegen** (vgl. → § 1 Rn. 9 ff.).

II. Preisverzeichnis für wesentliche Leistungen

5 **1. Wesentliche Leistungen.** Die Grundvorschrift des Abs. 1 beschränkt im Regelfall die Preisauszeichnungspflicht auf die „wesentlichen" Leistungen. Wesentliche Leistungen

[2] BGH GRUR 2012, 1159 Rn. 10 – Preisverzeichnis bei Mietwagenangebot.
[3] *Köhler* WRP 2013, 723 (727).
[4] BGH GRUR 2012, 1159 Rn. 9 – Preisverzeichnis bei Mietwagenangebot; OLG Hamburg WRP 2013, 1212 Rn. 11.

sind nach allgemeiner Auffassung alle Leistungen, die vom Publikum erfahrungsgemäß häufig in Anspruch genommen werden.[5] Welche Leistungen in diesem Sinne „wesentlich“ sind, bestimmt sich grundsätzlich nach den individuellen Gegebenheiten des einzelnen Betriebs,[6] also nicht abstrakt leistungs- oder branchenbezogen; allerdings wird innerhalb einer Branche häufig eine Identität oder zumindest Ähnlichkeit der „wesentlichen“ Leistungen bestehen. Wird eine Gesamtleistung (zB Bestattung) angeboten, die aus mehreren Teilleistungen besteht, so kommt es nicht darauf an, ob einzelne Teilleistungen häufig nachgefragt werden, sondern ob bestimmte Kombinationen dieser Teilleistungen als Gesamtleistung häufig in Anspruch genommen werden.[7] Für die Bestimmung der Wesentlichkeit ist stets eine **Gesamtwürdigung des Angebots** erforderlich. Dies gilt insbesondere für Handelsbetriebe, die neben schwerpunktmäßig angebotenen Waren auch Leistungen anbieten. Würde hier nur auf die Leistungen abgestellt, unterläge der Handelsbetrieb unter Umständen der Preisauszeichnungspflicht nach Abs. 1 auch für Leistungen, die im Rahmen eines reinen Dienstleistungsbetriebs vergleichbarer Art als unwesentlich angesehen würden.[8] Bei einem Angebot in Fachabteilungen von Handelsbetrieben (Abs. 3) ist nur auf das Angebot in der Fachabteilung abzustellen.[9] Entsprechendes gilt für Betriebe nach dem „shop in the shop“-Prinzip.

2. Preisverzeichnis. Für die Preise der wesentlichen Leistungen ist ein **Preisverzeichnis** aufzustellen. Die jeweilige Leistung ist möglichst präzise und unmissverständlich zu benennen bzw. zu beschreiben, wobei insbesondere ähnliche Leistungen klar voneinander abzugrenzen sind. Die Preise und sonstige nach der PAngV vorgeschriebene Angaben sind **der jeweiligen Leistung eindeutig zuzuordnen.** Soweit bei einer bestimmten Art von Leistung preislich differenziert wird (zB nach Größe des zu bearbeitenden Gegenstands oder bei Reinigungen, Schneidern, Schuhmachern), müssen mehrere bestimmte Preise angegeben und einer konkret definierten Leistung zugeordnet werden. Die Angabe von „ab“ oder „von-bis“-Preisen widerspräche dem Grundsatz der Preisklarheit.[10] Der pauschale Hinweis auf die gesonderte Vergütungspflicht für Sonderwünsche ist stets zulässig. Standardisierte fakultative Zusatzleistungen unterliegen hingegen der Preisangabenpflicht, soweit sie zu den „wesentlichen“ Leistungen zählen, also von der Kundschaft häufig in Anspruch genommen werden. Änderungsvorbehalte sind unter den Voraussetzungen des § 1 Abs. 5 möglich (vgl. → § 1 Rn. 75 f.), werden im Bereich der Leistungen jedoch nur selten in Betracht kommen. Nicht wesentliche Leistungen im oben beschriebenen Sinne müssen nicht, dürfen aber in das Preisverzeichnis einbezogen werden. 6

Anstelle der Preise für die Leistungen können, soweit üblich, im Preisverzeichnis nach Maßgabe von § 1 Abs. 3 **Verrechnungssätze** angegeben werden (näher → § 1 Rn. 64 ff.). Aus Gründen der Preisklarheit ist darauf hinzuweisen, ob die Verrechnungssätze die Materialkosten enthalten oder nicht.[11] Auch bei Verrechnungssätzen muss das Preisverzeichnis lediglich die wesentlichen Verrechnungssätze umfassen.[12] 7

[5] OLG Saarbrücken NJW 1961, 743 (744); *Gimbel/Boest,* Die neue Preisangabenverordnung, 1985, § 3 Anm. 1; *Gelberg,* Kommentar zur Preisangabenverordnung, 1975, Anm. 2.2 zu § 3 Abs. 1; Erbs/Kohlhaas Strafr. NebenG/*Häberle* PAngV § 5 Rn. 2.

[6] LG Hamburg WRP 2012, 605 Rn. 21; *Gimbel/Boest,* Die neue Preisangabenverordnung, 1985; Erbs/Kohlhaas Strafr. NebenG/*Häberle* PAngV § 5 Rn. 2.

[7] LG Hamburg WRP 2012, 605 Rn. 21.

[8] Vgl. *Gimbel/Boest,* Die neue Preisangabenverordnung, 1985, § 3 Anm. 2; Erbs/Kohlhaas Strafr. NebenG/*Häberle* PAngV § 5 Rn. 2.

[9] *Gimbel/Boest,* Die neue Preisangabenverordnung, 1985, § 3 Anm. 2.

[10] Vgl. *Gimbel/Boest,* Die neue Preisangabenverordnung, 1985, § 3 Anm. 7.

[11] *Gimbel/Boest,* Die neue Preisangabenverordnung, 1985, § 3 Anm. 7.

[12] Arg. e Abs. 2; Erbs/Kohlhaas Strafr. NebenG/*Häberle* PAngV § 5 Rn. 2.

III. Anbringung am Ort des Leistungsangebots (S. 2)

8 Das Preisverzeichnis ist – vorbehaltlich der Ausnahmeregelung in § 5 Abs. 2 – am **Ort des Leistungsangebots** anzubringen und sofern Schaufenster oder Schaukästen vorhanden sind, zusätzlich auch dort. Leistungsort ist der Ort, an dem der Kunde bzw. das angesprochene Publikum mit dem Leistungsangebot konfrontiert wird. Als klassischen Regel- und Beispielsfall definiert die Vorschrift daher das Geschäftslokal des Anbieters als (praktisch wesentlichsten) Ort des Leistungsangebots. Hierunter ist – ähnlich wie beim „Verkaufsraum" in § 4 (vgl. → § 4 Rn. 13) – der dem Publikum bestimmungsgemäß zugängliche Teil des Betriebs zu verstehen,[13] in dem der Kunde regelmäßig mit dem Angebot konfrontiert wird und auch häufig (aber nicht notwendig) der Vertrag geschlossen wird. Der Ort des Leistungsangebots ist zwar häufig, aber keineswegs notwendig der Ort der Leistungserbringung. Auch die Annahmestelle einer chemischen Reinigung ist daher Ort des Leistungsangebots.[14] Im Abschlepp- und Bergungsgewerbe ist – neben dem Geschäftslokal – auch das Abschleppfahrzeug Ort des Leistungsangebots,[15] da der Kunde häufig nur oder jedenfalls erstmals bei Eintreffen des Fahrzeugs mit dem Angebot konfrontiert wird; das Preisverzeichnis ist daher grundsätzlich außen am Fahrzeug anzubringen. Auch Geldautomaten sind Ort des Leistungsangebots; die Gebühr für eine Auszahlung ist daher grundsätzlich (auch hier gilt: vorbehaltlich der Ausnahmeregelung in Abs. 2) am Geldautomaten anzugeben.[16] Dagegen müssen die Kreditinstitute eigene Kunden an Geldautomaten nicht darauf hinweisen, falls bei Abhebungen (wie auch bei anderen Kontobewegungen) Buchungskosten in bestimmter Höhe anfallen,[17] weil dies kein Entgelt zur Benutzung des Geldautomaten, sondern für die Führung des Kontos ist.

9 Das Preisverzeichnis ist im Geschäftslokal **„anzubringen"**. Hierfür reicht es in der Regel nicht aus, wenn das Preisverzeichnis lediglich zur Einsicht bereitgehalten wird (arg. e § 4 Abs. 3). Vielmehr wird es in der Regel ausgehängt werden müssen, um für den Kunden hinreichend leicht erkennbar iSv § 1 Abs. 7 zu sein. Hierfür spricht auch, dass der Begriff „anzubringen" gleichzeitig für Schaufenster oder Schaukästen verwendet wird. Bei größeren Geschäftslokalen oder solchen, die aus mehreren Räumen bestehen, ist das Preisverzeichnis (zumindest) in dem Bereich anzubringen, in dem der Kunde regelmäßig seinen Auftrag erteilt.[18] Soweit vorhanden, ist das Preisverzeichnis auch im **Schaufenster** oder **Schaukasten** (vgl. → § 4 Rn. 3 und Kommentierung dort) anzubringen (also auszuhängen).[19] Diese Pflicht besteht **zusätzlich** und neben der Pflicht zur Anbringung des Preisverzeichnisses im Geschäftslokal und am Ort des Leistungsangebots. Soweit allerdings an einem Geschäftslokal bzw. einem Ort sowohl ein Schaukasten als auch ein Schaufenster oder mehrere Schaufenster/Schaukästen vorhanden sind, genügt der Aushang in einem Schaufenster oder einem Schaukasten.

IV. Bildschirmanzeige als Ort des Leistungsangebots (S. 3)

10 Nach dieser Vorschrift kann der Ort des Leistungsangebots auch eine Bildschirmanzeige sein. Dadurch soll erreicht werden, dass insbesondere auch bei **vergütungspflichtigen Leistungsangeboten durch Telemedien** iSd TMG eine Preisangabe erfolgen muss. Nach seinem Wortlaut erfasst S. 3 allerdings nicht nur Online-Bildschirmangebote, son-

[13] *Gimbel/Boest,* Die neue Preisangabenverordnung, 1985, § 3 Anm. 8.
[14] BayObLGSt 1972, 279 ff.
[15] *Gimbel/Boest,* Die neue Preisangabenverordnung, 1985, § 3 Anm. 8; Erbs/Kohlhaas Strafr. NebenG/*Häberle* PAngV § 5 Rn. 2.
[16] *Gelberg* GewArch 1994, 54 (56); *Gimbel/Boest,* Die neue Preisangabenverordnung, 1985, § 3 Anm. 8; aA *Knauth* PAngV in *Amann/Jaspers* (Hrsg.), RWW, Abschn. 5.0 (198) Rn. 71.
[17] OLG Frankfurt a. M. NJW-RR 1999, 1347.
[18] Vgl. *Gelberg,* Kommentar zur Preisangabenverordnung, 1975, § 3 Abs. 1 Anm. 3.1.1; Erbs/Kohlhaas Strafr. NebenG/*Häberle* PAngV § 5 Rn. 2.
[19] OLG Hamburg WRP 2013, 1212 Rn. 13 ff.

dern auch Leistungsangebote, die Offline erfolgen (etwa über DVD).[20] Nicht erforderlich für die Anwendung des S. 3 ist also, dass die Leistung auch „per Bildschirm" erbracht wird (das regelt S. 4). Vielmehr unterliegen der Bestimmung auch nicht-interaktive Angebote, zB über Videotext. Voraussetzung für die Anwendbarkeit der Vorschrift ist allerdings, dass per Bildschirm tatsächlich eine Leistung **„angeboten"** wird. Insoweit gelten die allgemeinen Voraussetzungen (vgl. → § 1 Rn. 7 ff.). Nicht unter die Bestimmung (wie die gesamte Regelung des § 5) fällt die *bloße Werbung* für Leistungen; soweit allerdings für Leistungen per Bildschirm unter Angabe von Preisen geworben wird, ergeben sich dieselben preisangabenrechtlichen Pflichten aus den allgemeinen Grundbestimmungen in § 1 Abs. 1 und 2.

Betrifft das Bildschirmangebot lediglich eine **einzige Leistung,** ist für diese der Gesamtpreis im Sinne von § 1 Abs. 1 S. 1 oder der Verrechnungssatz im Sinne von § 1 Abs. 3 anzugeben. Umfasst das Leistungsspektrum **verschiedene Leistungen,** ist das Angebot so zu gestalten, dass über die Bildschirmanzeige auch ein den Anforderungen von § 5 genügendes Preisverzeichnis abgerufen werden kann. Die Art und Weise des Abrufs des Preisverzeichnisses ist nicht näher geregelt, muss aber den allgemeinen Anforderungen in § 1 Abs. 7 genügen, also namentlich den Grundsätzen von Preisklarheit und Preiswahrheit entsprechen;[21] ferner muss das Preisverzeichnis dem Angebot eindeutig zuzuordnen sein sowie leicht erkennbar und deutlich lesbar bzw. sonst gut wahrnehmbar gemacht werden. Dies setzt allerdings nicht stets voraus, dass das Preisverzeichnis gleichzeitig und somit unmittelbar mit dem Leistungsangebot auf dem Bildschirm erscheint. Bei einer entsprechend transparenten und leicht verständlichen Gestaltung kann den Anforderungen der Vorschriften durchaus auch genügt sein, wenn vom Angebot einzelner Leistungen aus eine **elektronische Verknüpfung (Link) zu einem allgemeinen Preisverzeichnis** besteht, der Verbraucher also – durch Anklicken des Links – vom Leistungsangebot unschwer zum Preisverzeichnis (und gegebenenfalls wieder zurück) gelangen kann. 11

V. Erbringung der Leistung über Bildschirmanzeige (S. 4)

Während S. 3 das Angebot einer Leistung per Bildschirm erfasst, regelt S. 4 die Erbringung einer Leistung „über Bildschirmanzeige". Wird eine Leistung somit sowohl über den Bildschirm angeboten als auch erbracht (und „nach Einheiten berechnet"), sind also beide Vorschriften anwendbar. 12

S. 4 setzt zunächst eine **„Leistung über Bildschirmanzeige"** voraus. Hierunter fällt vor allem der entgeltliche Online-Abruf von Daten bzw. Informationen aus dem Internet. Ferner muss das Entgelt **„nach Einheiten berechnet"** werden; dies ist etwa der Fall, wenn sich die Höhe des Entgelts nach bestimmten Zeiteinheiten oder der Menge der abgerufenen Daten richtet. Das Entgelt darf also nicht von vornherein feststehen (insbesondere im Sinne eines vor Inanspruchnahme der Leistung angegebenen bzw. vereinbarten Pauschalbetrags), sondern muss vielmehr zum Zeitpunkt des Beginns der Inanspruchnahme der Leistung noch offen sein und von der Dauer der Leistung (die vom Verbraucher bestimmt wird) abhängen. Voraussetzung ist also letztlich, dass die Höhe des Entgelts von der Dauer der Inanspruchnahme der Leistung bzw. der Dauer der Nutzung abhängt. Anzugeben ist der „**Preis der fortlaufenden** Nutzung". Gemeint ist der zum jeweiligen Zeitpunkt für die bislang beanspruchte Leistungszeit angefallene Gesamtpreis im Sinne von § 1 Abs. 1 S. 1. Weitere Angaben (zB der zugrunde liegende Verrechnungssatz) sind nicht vorgeschrieben. Diese fortlaufende Preisinformation hat in Form einer **„gesonderten Anzeige"** zu erfolgen. Gemeint ist eine Bildschirmanzeige, die von der eigentlichen Leistung (also zB der Wiedergabe von Daten auf dem Bildschirm) gesondert erfolgt, wobei das nicht zwingend auf einer eigenen Website erfolgen muss, sondern zB auch über 13

---

[20] Fezer/Büscher/Obergfell UWG/*Wenglorz* S. 14 Rn. 212.

[21] Vgl. BGH GRUR 2003, 889 f. – Internet-Reservierungssystem; OLG Köln GRUR-RR 2007, 329; OLG Frankfurt a. M. NJW-RR 2001, 1696 f.; OLG Hamburg MD 2004, 314 ff.

Banner oÄ geschehen kann. Diese Anzeige über den Preis der fortlaufenden Nutzung ist den Verbrauchern **„anzubieten"**. Dies bedeutet, dass der (sich ständig erhöhende) Preis der fortlaufenden Nutzung nicht kontinuierlich angezeigt werden muss, wenn der Kunde dies nicht wünscht. Da eine solche kontinuierliche Preisanzeige unter Umständen als optisch störend empfunden werden könnte, soll der Verbraucher die Möglichkeit haben, auf die Anzeige zu verzichten.[22] Den Verbrauchern muss also eine technische Möglichkeit geboten werden, diese Preisinformation jederzeit während der Leistungserbringung aufzurufen oder (zB durch „Anklicken" eines Feldes) auszublenden. Diese Anzeigemöglichkeit ist **„unentgeltlich"** anzubieten. Der Anbieter der Leistung darf also für die Anzeige des Preises keine zusätzliche Vergütung neben dem für die Leistung selbst zu zahlenden Entgelt verlangen.

C. Sondervorschrift (Ausnahme) für umfassende Preisverzeichnisse (Abs. 2)

14 Abs. 2 privilegiert als **Ausnahmevorschrift** zur Regelung in Abs. 1 unter bestimmten Voraussetzungen umfassende Preisverzeichnisse, welche diese Preise und/oder Verrechnungssätze für sämtliche angebotenen Leistungen enthalten. Es muss sich um **sämtliche Leistungen** handeln, die im Geschäftslokal bzw. am Ort des Leistungsangebots angeboten werden. Auch alle auf Wunsch möglichen Sonder- und Zusatzleistungen müssen enthalten sein. Die Privilegierung greift dann unter zwei kumulativen Voraussetzungen ein: Zum einen muss das umfassende Preisverzeichnis für den fraglichen Geschäftsbetrieb der **allgemeinen Verkehrsauffassung** (zum Begriff → § 1 Rn. 88) entsprechen; individuelle Vorstellungen des Anbieters genügen also nicht. Bejaht wurde das zB für überregional tätige Autovermieter.[23] Zum anderen muss das Anbringen der (mehreren) Preisverzeichnisse wegen ihres Umfangs **unzumutbar** sein. Dadurch soll verhindert werden, dass umfassende Preisverzeichnisse lediglich mit der Absicht erstellt werden, der Aushangpflicht nach Abs. 1 zu entgehen. Nach allgemeiner Verkehrsauffassung wird dies nur bei Leistungen in Betracht kommen, zwischen denen wegen ihrer ähnlichen Nachfrageintensität eine Unterscheidung unter dem Gesichtspunkt der Wesentlichkeit nicht möglich ist. Dabei ist grundsätzlich ein strenger Maßstab anzulegen, um eine Umgehung der Aushangpflicht nach Abs. 1 zu verhindern.[24] Bei nur aus Verrechnungssätzen bestehenden Preisverzeichnissen ist der Aushang in der Regel zumutbar.[25]

15 Greift die Privilegierung ein, muss das Preisverzeichnis nicht im Geschäftslokal/am Ort des Leistungsangebots „angebracht" werden. Es genügt die „Bereithaltung" des Preisverzeichnisses. Bereithalten ist weniger als „zur Einsichtnahme auflegen" iSv § 4 Abs. 2. Das Preisverzeichnis muss dem Publikum nicht unmittelbar zugänglich sein.[26] Es reicht aus, wenn dem Kunden auf Verlangen Einsicht gewährt wird. Bereitgehalten wird ein Preisverzeichnis, wenn es dem Kunden jederzeit und von jedem Betriebsangehörigen mit Publikumskontakt zur Einsichtnahme vorgelegt werden kann, ohne dass er sich durchfragen muss. Selbstverständlich muss das Preisverzeichnis unmittelbar im Geschäftslokal bzw. am Ort des Leistungsangebots entweder körperlich vorhanden oder (zB auf einem Bildschirm) abrufbar sein.[27] Ein Hinweis auf die Einsichtsmöglichkeit in das umfassende Preisverzeichnis ist preisangabenrechtlich grundsätzlich nicht erforderlich.

16 Die Beweislast für das Vorliegen der Voraussetzungen für die Ausnahmeregelung trägt der Unternehmer, der sich darauf beruft. Dabei kann ein Gericht eine Verkehrsauffassung

[22] Vgl. Begr. zum Gesetzentwurf der Bundesregierung zum IuKDG, BT-Drs. 13/7385, 49.
[23] BGH GRUR 2012, 1159 (1160) – Preisverzeichnis bei Mietwagenangebot.
[24] *Gelberg,* Kommentar zur Preisangabenverordnung, 1975, § 3 Abs. 2 Anm. 1.2; Erbs/Kohlhaas Strafr. NebenG/*Häberle* PAngV § 5 Rn. 6.
[25] *Gimbel/Boest,* Die neue Preisangabenverordnung, 1985, § 3 Anm. 9.
[26] BGH GRUR 2012, 1159 Rn. 23 – Preisverzeichnis bei Mietwagenangebot.
[27] BGH GRUR 2012, 1159 Rn. 23 – Preisverzeichnis bei Mietwagenangebot.

auch aus eigener Sachkunde beurteilen. Dem Unternehmer obliegt daher nicht der Beweis, dass umfassende Preisverzeichnisse unüblich sind.[28]

D. Sondervorschrift für Fachabteilungen von Handelsbetrieben (Abs. 3)

Abs. 3 betrifft Handelsbetriebe, welche Fachabteilungen für Leistungen unterhalten. Hier 17
genügt das **Anbringen der Preisverzeichnisse in den Fachabteilungen.** Ein **Handelsbetrieb** iS dieser Vorschrift liegt nur vor, wenn das Warenangebot aus Sicht der angesprochenen Verkehrskreise bei einer Gesamtbetrachtung klar im Vordergrund steht und im Vergleich zum Leistungsangebot eindeutig überwiegt. So wird ein Kfz-Reparaturbetrieb zB nicht dadurch zum Handelsbetrieb iS dieser Vorschrift, dass er als Nebengeschäft auch Zubehör oder Ersatzteile verkauft. Eine Fachabteilung liegt nur vor, wenn es innerhalb des gesamten Handelsbetriebs einen abgegrenzten Bereich gibt, in dem die fraglichen Leistungen ausschließlich angeboten werden. Dieser Bereich ist dann Ort des Leistungsangebots, weil der Kunde nur hier mit dem Leistungsangebot konfrontiert wird. Eine „Ausgliederung" aus dem Gesamtbetrieb oder eine besondere räumliche Trennung ist allerdings nicht erforderlich.[29] Erfasst werden zudem auch Fachabteilungen, in denen sowohl Waren als auch Leistungen angeboten werden, zB eine Fachabteilung für Elektroartikel mit angeschlossenem Reparatur- und Servicebetrieb.[30] Weitere Beispiele sind etwa Friseursalons oder -abteilungen, Reisebüros, Schlüssel- oder Schuhreparaturdienste in Kaufhäusern.[31] Liegen die Tatbestandsvoraussetzungen vor, genügt das Anbringen des Preisverzeichnisses in der Fachabteilung. Es muss also nicht auch in den Schaufenstern oder Schaukästen des Handelsbetriebs ausgehängt werden. Ein Aushang des Preisverzeichnisses für Leistungen ist im Schaufenster oder Schaukasten nur dann erforderlich, wenn der Handelsbetrieb dort auf die in der jeweiligen Fachabteilung angebotenen Leistungen ausdrücklich hinweist.[32] Werden Dienstleistungsbetriebe innerhalb von Kaufhäusern von selbständigen Unternehmern betrieben (nach dem **„shop in the shop"**-System), handelt es sich bereits begrifflich nicht um eine Fachabteilung des Handelsbetriebs, sondern um einen selbständigen Betrieb. Bereits aus diesem Grund entfällt für den „shop in the shop" die Pflicht zum Aushang eines Preisverzeichnisses in den Schaufenstern des Kaufhauses. Andererseits greift die Privilegierung des Abs. 3 auch nicht ein. Hat also der „shop in the shop" ein eigenes Schaufenster oder einen Schaukasten, hat auch hier der Aushang des Preisverzeichnisses zu erfolgen.

§ 6 Verbraucherdarlehen

(1) Wer Verbrauchern gewerbs- oder geschäftsmäßig oder wer ihnen regelmäßig in sonstiger Weise den Abschluss von Verbraucherdarlehen im Sinne des § 491 des Bürgerlichen Gesetzbuchs anbietet, hat als Preis die nach den Absätzen 2 bis 6 und 8 berechneten Gesamtkosten des Verbraucherdarlehens für den Verbraucher, ausgedrückt als jährlicher Prozentsatz des Nettodarlehensbetrags, soweit zutreffend, einschließlich der Kosten gemäß Absatz 3 Satz 2 Nummer 1, anzugeben und als effektiven Jahreszins zu bezeichnen.

(2) **1 Der anzugebende effektive Jahreszins gemäß Absatz 1 ist mit der in der Anlage angegebenen mathematischen Formel und nach den in der Anlage zugrunde gelegten Vorgehensweisen zu berechnen. 2 Bei der Berechnung des effektiven Jahreszinses wird**

[28] BGH GRUR 2012, 1159 Rn. 17 – Preisverzeichnis bei Mietwagenangebot.

[29] So jetzt auch Erbs/Kohlhass Strafr. NebenG/*Häberle* PAngV § 5 Rn. 7; a. A. aber *Gimbel/Boest,* Die neue Preisangabenverordnung, 1985, § 3 Anm. 10.

[30] So jetzt wohl auch Erbs/Kohlhass Strafr. NebenG/*Häberle* PAngV § 5 Rn. 7; a. A. *Gimbel/Boest,* Die neue Preisangabenverordnung, 1985, § 3 Anm. 10.

[31] *Gimbel/Boest,* Die neue Preisangabenverordnung, 1985, § 3 Anm. 10.

[32] *Gimbel/Boest,* Die neue Preisangabenverordnung, 1985, § 3 Anm. 10; Erbs/Kohlhaas Strafr. NebenG/*Häberle* PAngV § 5 Rn. 7.

von der Annahme ausgegangen, dass der Verbraucherdarlehensvertrag für den vereinbarten Zeitraum gilt und dass Darlehensgeber und Verbraucher ihren Verpflichtungen zu den im Verbraucherdarlehensvertrag niedergelegten Bedingungen und Terminen nachkommen.

(3) **In die Berechnung des anzugebenden effektiven Jahreszinses sind als Gesamtkosten die vom Verbraucher zu entrichtenden Zinsen und alle sonstigen Kosten einschließlich etwaiger Vermittlungskosten einzubeziehen, die der Verbraucher im Zusammenhang mit dem Verbraucherdarlehensvertrag zu entrichten hat und die dem Darlehensgeber bekannt sind. Zu den sonstigen Kosten gehören:**

1. **Kosten für die Eröffnung und Führung eines spezifischen Kontos, Kosten für die Verwendung eines Zahlungsmittels, mit dem sowohl Geschäfte auf diesem Konto getätigt als auch Verbraucherdarlehensbeträge in Anspruch genommen werden können, sowie sonstige Kosten für Zahlungsgeschäfte, wenn die Eröffnung oder Führung eines Kontos Voraussetzung dafür ist, dass das Verbraucherdarlehen überhaupt oder nach den vorgesehenen Vertragsbedingungen gewährt wird;**
2. **Kosten für die Immobilienbewertung, sofern eine solche Bewertung für die Gewährung des Verbraucherdarlehens erforderlich ist.**

(4) **Nicht in die Berechnung der Gesamtkosten einzubeziehen sind, soweit zutreffend:**

1. **Kosten, die vom Verbraucher bei Nichterfüllung seiner Verpflichtungen aus dem Verbraucherdarlehensvertrag zu tragen sind;**
2. **Kosten für solche Versicherungen und für solche anderen Zusatzleistungen, die keine Voraussetzung für die Verbraucherdarlehensvergabe oder für die Verbraucherdarlehensvergabe zu den vorgesehenen Vertragsbedingungen sind;**
3. **Kosten mit Ausnahme des Kaufpreises, die vom Verbraucher beim Erwerb von Waren oder Dienstleistungen unabhängig davon zu tragen sind, ob es sich um ein Bar- oder Verbraucherdarlehensgeschäft handelt;**
4. **Gebühren für die Eintragung der Eigentumsübertragung oder der Übertragung eines grundstücksgleichen Rechts in das Grundbuch;**
5. **Notarkosten;**

(5) **Ist eine Änderung des Zinssatzes oder sonstiger in die Berechnung des anzugebenden effektiven Jahreszinses einzubeziehender Kosten vorbehalten und ist ihre zahlenmäßige Bestimmung im Zeitpunkt der Berechnung des anzugebenden effektiven Jahreszinses nicht möglich, so wird bei der Berechnung von der Annahme ausgegangen, dass der Sollzinssatz und die sonstigen Kosten gemessen an der ursprünglichen Höhe fest bleiben und bis zum Ende des Kreditvertrages gelten.**

(6) **Erforderlichenfalls ist bei der Berechnung des anzugebenden effektiven Jahreszinses von den in der Anlage niedergelegten Annahmen auszugehen.**

(7) **Ist der Abschluss eines Vertrags über die Inanspruchnahme einer Nebenleistung, insbesondere eines Versicherungsvertrags oder allgemein einer Mitgliedschaft, zwingende Voraussetzung dafür, dass das Verbraucherdarlehen überhaupt oder nach den vorgesehenen Vertragsbedingungen gewährt wird, und können die Kosten der Nebenleistung nicht im Voraus bestimmt werden, so ist in klarer, eindeutiger und auffallender Art und Weise darauf hinzuweisen,**

1. **dass eine Verpflichtung zum Abschluss des Vertrages über die Nebenleistung besteht und**
2. **wie hoch der effektive Jahreszins des Verbraucherdarlehens ist.**

(8) [1] **Bei Bauspardarlehen ist bei der Berechnung des anzugebenden effektiven Jahreszinses davon auszugehen, dass im Zeitpunkt der Verbraucherdarlehensauszahlung das vertragliche Mindestsparguthaben angespart ist.** [2] **Von der Abschlussgebühr ist im Zweifel lediglich der Teil zu berücksichtigen, der auf den Verbraucherdarlehensanteil der Bausparsumme entfällt.** [3] **Bei Verbraucherdarlehen, die der Vor- oder Zwischenfinanzierung von Leistungen einer Bausparkasse aus Bausparverträgen dienen und**

deren preisbestimmende Faktoren bis zur Zuteilung unveränderbar sind, ist als Laufzeit von den Zuteilungsfristen auszugehen, die sich aus der Zielbewertungszahl für Bausparverträge gleicher Art ergeben. [4]Bei vor- oder zwischenfinanzierten Bausparverträgen gemäß Satz 3 ist für das Gesamtprodukt aus Vor- oder Zwischenfinanzierungsdarlehen und Bausparvertrag der effektive Jahreszins für die Gesamtlaufzeit anzugeben.

Übersicht

A. Allgemeines

1 Die Regelung wurde in letzter Zeit mehrfach geändert – zuletzt mit Wirkung zum 21.3.2016 zur Umsetzung der **Wohnimmobilienkreditrichtlinie 2014/17/EU,**[1] die in ihrem Anwendungsbereich teilweise – zu den Ausnahmen siehe insbesondere Erwägungsgrund 9 – eine vollständige Harmonisierung bezweckt und deren Vorgaben daher im Wege richtlinienkonformer Auslegung zu berücksichtigen sind. Mit der Umsetzung der Wohnimmobilienkreditrichtlinie wurde insbesondere der früher verwendete Terminus „Kredit" aufgegeben; nunmehr ist von **„Verbraucherdarlehen"**, konkret von „Verbraucherdarlehen i. S. d. § 491 BGB", die Rede, obwohl in der Richtlinie von **„Kreditvertrag"** gesprochen wird. Nachfolgend bezieht sich der Ausdruck „Kreditvertrag" somit auf die Regelungen in der Richtlinie und der Ausdruck „Verbraucherdarlehen" auf die Regelungen im deutschen Recht.

2 § 6 regelt die Angaben, die bei Angeboten zum Abschluss von Verbraucherdarlehen zu machen sind; § 6a die Angaben in der Werbung für Verbraucherdarlehen mit Zinssätzen oder sonstigen Kosten; § 6b betrifft die Angaben bei Überziehungsmöglichkeiten und § 6c entgeltliche Finanzierungshilfen.

3 Ergänzend sind die Bestimmungen in der **Anlage** zu § 6 zum effektiven Jahreszins zu berücksichtigen. Die in dieser Anlage enthaltenen Regelungen wurden durch die Umsetzungen der Verbraucherkreditrichtlinie 2008/48/EG und der Wohnimmobilienkreditrichtlinie im Laufe der Zeit erheblich erweitert.

4 Weitergehende Pflichten aus der UGP-Richtlinie bleiben durch die Wohnimmobilienkreditrichtlinie gem. deren Art. 11 Abs. 7 ausdrücklich unberührt.

I. Zweck der Vorschrift

5 Die Preisermittlung und der Preisvergleich sind bei Darlehen besonders schwierig. Dies liegt zum einen an der erheblichen Zahl von Kostenfaktoren, die für die Ermittlung der Gesamtbelastung des Darlehensnehmers zu berücksichtigen sind. Zum anderen sind die verschiedenen Darlehensangebote, denen der Verbraucher begegnet, sehr unterschiedlich strukturiert, was einen Preisvergleich zusätzlich erschwert. § 6 enthält daher eine Sonderregelung, die vom Prinzip der Gesamtpreisangabe (§ 1 Abs. 1) abweicht. Stattdessen ist die **Angabe des „effektiven Jahreszinses" als Vergleichsgröße** vorgeschrieben. Durch die Angabe des effektiven Jahreszinses, bei dessen Berechnung alle wesentlichen Kostenfaktoren für die Inanspruchnahme des Darlehens einzubeziehen sind, soll die Preistransparenz für Darlehen erhöht, die finanzielle Gesamtbelastung voraussehbar gemacht und ein Preisvergleich zwischen verschiedenen Angeboten erleichtert werden.[2] Ob das gelingt, ist allerdings umstritten.[3]

II. Verbraucherdarlehen, Darlehensvertrag, Darlehensgeber

6 § 6 gilt für **Verbraucherdarlehen.**[4] Hierunter sind nach § 491 Abs. 2 S. 1 BGB entgeltliche Darlehensverträge zwischen einem Unternehmer als Darlehensgeber und einem Verbraucher als Darlehensnehmer zu verstehen. Der Anwendungsbereich erstreckt sich dabei aber nicht nur auf die entgeltliche Überlassung von Geld (nicht von vertretbaren Sachen iS eines Sachdarlehens, §§ 607–609 BGB) als Darlehen (§§ 488 ff. BGB), sondern erfasst nach dem im Jahr 2016 neu eingefügten § 6c auch den **entgeltlichen Zahlungs-**

[1] Art. 11 des Gesetzes zur Umsetzung der Wohnimmobilienkreditrichtlinie vom 11.3.2016, BGBl. 2016 I S. 396.

[2] Vgl. BGH NJW 1979, 805 (806) und BGH NJW 2089, 2091; GRUR 1989, 59 – Anfängl. effekt. Jahreszinssatz; WM 1990, 1307 (1308) – Mietkauf.

[3] *Köhler* WM 2012, 149 ff.; Finanztest 10/2010, S. 48.

[4] Zu Mietkauf und Leasing *Völker* PreisangabenR § 6 Rn. 7.

aufschub (§ 506 Abs. 1 BGB) sowie sonstige entgeltliche ähnliche Finanzierungshilfen (§ 506 Abs. 1, 2 BGB). Hierdurch wird die Definition des Begriffs **„Kreditvertrag"** in Art. 3 lit. c der Richtlinie 2008/48/EG bzw. Art. 4 Nr. 3 der Richtlinie 2014/17/EU umgesetzt. Die Vorschrift bezieht sich somit allgemein auf entgeltliche Geldkreditgeschäfte.

Praktisch bedeutsam ist § 6 (iVm § 6c) vor allem für Verbraucherdarlehen, private Immobiliendarlehen und Bauspardarlehen. Der nur **unentgeltliche** Zahlungsaufschub wird hingegen nicht erfasst.[5] Auf die Art der Darlehensgewährung (-auszahlung), deren Höhe oder die Modalitäten der Rückzahlungsverpflichtung kommt es im Einzelnen hingegen nicht an. Ebenso ist unerheblich, ob die Tilgung oder Zinszahlung in Raten oder als einmaliger Betrag fällig wird.[6] Eine Pflicht zur Angabe des effektiven Jahreszinses besteht zB auch, wenn ein Händler einen zinspflichtigen Zahlungsaufschub anbietet, wobei Kaufpreis und Zinsen als einmaliger Gesamtbetrag nach sechs Monaten fällig werden.[7] In solchen Fällen reicht es daher nicht aus, den Zins als bestimmten Betrag oder als Prozentsatz des Kaufpreises anzugeben. Die Vorschrift erfasst auch Darlehen und sonstige Finanzierungshilfen, die zur Finanzierung des Warenerwerbs vom Händler selbst angeboten werden, ohne dass ein Dritter als Kreditgeber eingeschaltet wird.[8] Ebenso erfasst wird ein **Mietkauf,** bei dem die zuvor gezahlten Mietraten nicht in voller Höhe auf den nach Ausübung der Kaufoption zu zahlenden Kaufpreis angerechnet werden.[9] Dagegen liegt nicht ohne weiteres ein Darlehen bzw. eine sonstige Finanzierungshilfe iSd § 6 (iVm § 6c) vor, wenn bei einem Ratenlieferungsvertrag (§ 510 BGB) entsprechend der Leistungserbringung in Raten auch die Zahlung in Teilbeträgen erfolgt.[10] 7

Nach der Definition des Begriffs „Kreditvertrag" in Art. 3 lit. c der Richtlinie 2008/48/EG bzw. Art. 4 Nr. 3 der Richtlinie 2014/17/EU ist der Kredit von einem **„Kreditgeber"** zu gewähren. Dieser Begriff wird in Art. 3 lit. b der Richtlinie 2008/48/EG bzw. Art. 4 Nr. 2 der Richtlinie 2014/17/EU definiert als eine Person, die in Ausübung ihrer gewerblichen oder beruflichen Tätigkeit einen Kredit gewährt oder zu gewähren verspricht. Demgegenüber gelten die Pflichten der PAngV nach § 1 Abs. 1 S. 1 für einen Anbieter, der „gewerbs- oder geschäftsmäßig oder […] regelmäßig in sonstiger Weise" Verbrauchern iSd § 13 BGB Waren oder Leistungen anbietet oder dafür unter Angabe von Preisen wirbt. Selbst wenn man „geschäftsmäßig" mit „beruflich" gleichsetzt, so wäre die „regelmäßig in sonstiger Weise" erfolgende Tätigkeit, die in § 1 PAngV genannt wird, von der Richtlinie nicht erfasst. Es stellt sich daher die Frage, ob der Anwendungsbereich des § 6 nicht entsprechend richtlinienkonform zu beschränken ist. Dagegen spricht allerdings, dass Erwägungsgrund 14 der Richtlinie 2014/17/EU den Mitgliedstaaten ausdrücklich erlaubt, die Bestimmungen der Richtlinie auch auf „Bereiche" anzuwenden, die nicht in deren Geltungsbereich fallen. Dabei sollen die „Bereiche" durch die Begriffsbestimmungen definiert werden, so dass eine Ausweitung der Definition und damit auch des personellen Anwendungsbereichs möglich erscheint. Zudem kommt dem Merkmal „regelmäßig in sonstiger Weise" in Deutschland kaum praktische Bedeutung zu. Letzten Endes muss das aber durch den EuGH entschieden werden. 8

III. Angebot des Abschlusses von Verbraucherdarlehen

Nach alter Fassung enthielt § 6 keine eigenständige Verpflichtung, dass bei Verbraucherdarlehen bestimmte Angaben zu machen sind. Stattdessen wurde nur definiert, was bei Krediten als „Preis" im Sinne von § 1 Abs. 1 zu verstehen ist. Die Verpflichtung zur Angabe des Preises leitete sich somit aus § 1 Abs. 1 PAngV ab, der wiederum auf das 9

[5] BGH GRUR 1994, 311 (312) – Finanzkaufpreis ohne Mehrkosten.
[6] BGHZ 108, 39 ff. – Stundungsangebote.
[7] Vgl. OLG Düsseldorf WRP 1988, 40 (41 f.); vgl. auch OLG Düsseldorf GRUR 1987, 727 (728) – 6-Monats-Kredit.
[8] BGHZ 138, 39 ff. – Stundungsangebote.
[9] BGH WM 1990, 1307 (1308) – Mietkauf.
[10] Vgl. BGH NJW 1996, 457 f. – Ausbildungsverträge.

Angebot oder die **Werbung** unter Angabe von Preisen abstellte. § 6 regelt nunmehr eigenständig die Pflichtangaben beim Angebot zum **Abschluss von Darlehensverträgen,** während die **Werbung** für Darlehensverträge in § 6a geregelt ist. **Angebote** in diesem Sinne sind insbesondere vom Kunden zu unterschreibende Darlehensantragsformulare, vor Unterschrift des Kunden auch die Darlehensvertragsformulare der Kreditinstitute, wenn sie zum Zweck des Vertragsabschlusses ausgefüllt werden,[11] ebenso durch Zeitungsanzeigen verbreitete Darlehensantragsformulare.[12] Von Kreditinstituten beworbene Kapitalanlagen sind hingegen für sich genommen bereits begrifflich keine Angebote im preisangabenrechtlichen Sinn, da der Kapitalempfänger – und nicht der Anleger – bei solchen Geschäften der Nachfrager ist und den Preis (nämlich den Zins für das Kapital) zahlt.

10 **Anbieter** ist auch bei § 6, wer den Preis (also die Vergütung für die Darlehensgewährung) gegenüber dem Endverbraucher festsetzt oder von ihm fordert (näher → § 1 Rn. 18). Dabei kommt es nicht zwingend darauf an, wer rechtlich den Kredit gewährt,[13] ob dies also der Handelnde oder ein Dritter ist. Als Anbieter in diesem Sinne kommen daher in erster Linie die eigentlichen Kreditinstitute (vor allem Banken und Sparkassen) in Betracht, daneben aber auch Bausparkassen, Versicherungen und Händler, soweit sie Verbraucherdarlehen anbieten, etwa wenn ein Händler einen (entgeltlichen) Zahlungsaufschub gegen Zahlung einer zusätzlichen Gebühr anbietet. „Anbieter" in diesem Sinn war nach der Rechtsprechung des BGH (unter Berufung auf die alte Gesetzesbegründung) auch ein Kreditvermittler, wenn dieser eine Offerte machte, die der Verkehr rein tatsächlich als Angebot verstand.[14] In der Richtlinie 2014/17/EU werden „Kreditvermittler" nunmehr ausdrücklich als Verpflichtete genannt und in Art. 4 Nr. 5 definiert. Danach ist es nicht ausreichend, einen Verbraucher direkt oder indirekt mit einem Kreditgeber in Kontakt zu bringen. Erforderlich ist vielmehr, dass eine Tätigkeit gegen Vergütung erfolgt, und der Betreffende entweder Kreditverträge vorstellt oder anbietet oder für den Kreditgeber mit dem Verbraucher abschließt oder bei Vorarbeiten (außer reiner Vermittlung) behilflich ist.

IV. Verhältnis zum Verbraucherdarlehensrecht und zu den vorvertraglichen Informationspflichten

11 In den meisten Fällen werden neben § 6 zum Schutz der privaten Verbraucher auch die Vorschriften zum **Verbraucherdarlehensvertrag** (§§ 491 ff. BGB) zur Anwendung kommen. Die Anwendungsbereiche sind allerdings keineswegs völlig deckungsgleich: So findet § 6 zB keine Anwendung, wenn das Darlehen für eine erst noch aufzunehmende gewerbliche oder selbständige berufliche Tätigkeit bestimmt ist, während das Verbraucherkreditrecht in diesen Fällen bei Nettokreditbeträgen bis zu 75.000 Euro anwendbar ist (§ 513 BGB). Umgekehrt gilt § 6 auch für Kleinkredite unter 200 Euro (anders § 491 Abs. 2 S. 1 Nr. 1 BGB). Das ist auch durch die Richtlinie 2008/48/EG (Verbraucherkreditrichtlinie) trotz der beabsichtigten Vollharmonisierung und der Ausnahmeregelung in Art. 2 Abs. 2 gedeckt; Erwägungsgrund 10 erwähnt diesen Fall sogar ausdrücklich.

12 Weitere vorvertragliche Informationspflichten sind in **Art. 247 EGBGB** geregelt. Diese Regelungen stehen selbständig neben denen des § 6; teilweise überschneiden sie sich, wie zB hinsichtlich der Angabe des effektiven Jahreszinses, teilweise finden Querverweise statt. Die Regelung in Art. 247 EGBGB führte in der Vergangenheit teilweise auch dazu, dass Bestimmungen in § 6 gestrichen wurden (zB zu den Änderungsvorbehalten in § 6 Abs. 3 aF).

---

[11] BGH NJW 1980, 2076 (2078).

[12] BGH GRUR 1980, 304 (305 f.) – Effektiver Jahreszins; vgl. auch OLG Celle NJW 1978, 1268. Zu Angaben auf Rechnungen vgl. BGH GRUR 1990, 609 ff.

[13] Köhler/Bornkamm/Feddersen/*Köhler* PAngV § 6 Rn. 6.

[14] BGH GRUR 1980, 304 (306) – Effektiver Jahreszins; OLG Düsseldorf GRUR 1987, 727 (728).

B. Pflicht zur Angabe des effektiven Jahreszinses (Abs. 1)

I. Angabe als jährlicher Prozentsatz des Verbraucherdarlehens

Anders als bei anderen Leistungen oder bei Waren ist bei Verbraucherdarlehen nicht der Gesamtpreis (vgl. § 1 Abs. 1 S. 1) anzugeben, den der Darlehensnehmer letztlich insgesamt für das Verbraucherdarlehen zu bezahlen hat. Stattdessen sind als Vergleichszahl die **Gesamtkosten** (→ Rn. 17 f.) **des Darlehens für den Verbraucher** als jährlicher Prozentsatz des Nettodarlehensbetrags anzugeben und als „effektiver Jahreszins" zu bezeichnen. Dies entspricht auch der Definition von „effektiver Jahreszins" in Art. 3 lit. i der Richtlinie 2008/48/EG (Verbraucherkreditrichtlinie) bzw. Art. 4 Nr. 15 der Richtlinie 2014/17/EU (Wohnimmobilienkreditrichtlinie). Dieser effektive Jahreszins beziffert den Zinssatz, mit dem sich das Darlehen bei regelmäßigem Darlehensverlauf, ausgehend von den tatsächlichen Zahlungen des Darlehensgebers und des Darlehensnehmers, auf der Grundlage taggenauer Verrechnung aller Leistungen abrechnen lässt. Die Einzelheiten zur Berechnung ergeben sich aus Abs. 2–8 iVm der Anlage zu § 6, wobei es dabei Anfang 2016 mit der Umsetzung der Wohnimmobilienkreditrichtlinie zu einigen Änderungen kam, die Einfluss auf die Berechnung des effektiven Jahreszinses haben.[15] 13

II. Bezeichnung als „effektiver Jahreszins"

Abs. 1 schreibt nicht nur eine **einheitliche Berechnung,** sondern auch eine **einheitliche Bezeichnung** vor. Die in einen jährlichen Prozentsatz des Nettodarlehensbetrags umgerechneten Gesamtkosten des Verbraucherdarlehens müssen als „effektiver Jahreszins" bezeichnet werden, um bei den Kunden eine Begriffsverwirrung zu vermeiden und damit die Vergleichbarkeit zu erleichtern. Andere Bezeichnungen (zB „Gesamtbelastung", „Bruttozins", „Vergleichszins nach PAngV", „Rate", „effektiver Zinssatz", „Effektivzins",[16] „J. eff."[17] usw) sind unzulässig. Zulässig bleibt allerdings die Verwendung allgemein verständlicher Abkürzungen, die für die Verbraucher ebenso verständlich sind wie die ausgeschriebene Bezeichnung „Effektiver Jahreszins".[18] Auch die Richtlinien 2008/48/EG und 2014/17/EU schreiben nicht vor, dass nur die ausgeschriebene Bezeichnung verwendet werden kann. 14

Der Begriff „anfänglicher effektiver Jahreszins", der nach der alten Regelung zu verwenden war, wenn eine Änderung preisbestimmender Faktoren vorbehalten wurde, ist mit der Änderung des Verordnungstextes im Jahr 2010 gestrichen worden.[19] Gleichzeitig entfiel auch die Regelung zur Angabe des frühesten Änderungszeitpunkts bei Änderungsvorbehalten für preisbestimmende Faktoren. Neben den vorvertraglichen Informationspflichten in Art. 247 EGBGB wurde eine doppelte Informationspflicht in der PAngV in solchen Fällen nicht mehr für erforderlich gehalten. 15

C. Berechnung des effektiven Jahreszinses (Abs. 2)

Der effektive Jahreszins ist als **bestimmter Prozentsatz** anzugeben, der unter Berücksichtigung der in § 6 Abs. 3 festgelegten Kosten nach der mathematischen Formel in der 16

[15] Vgl. Begründung des Regierungsentwurfs eines Gesetzes zur Umsetzung der Wohnimmobilienkreditrichtlinie, BT-Drs. 18/5922, 139 f.

[16] BGH WM 1996, 838 (839) – Effektivzins.

[17] OLG Frankfurt a. M. GRUR 1990, 58.

[18] BGH GRUR 1989, 59 f. – Anfängl. effekt. Jahreszinssatz; BGH WM 1996, 838 (839) – Effektivzins; OLG Koblenz WRP 1989, 677 (678) für „eff Jahreszins"; aA OLG Düsseldorf WRP 1988, 613.

[19] Gesetz zur Umsetzung der Verbraucherkreditrichtlinie, des zivilrechtlichen Teils der Zahlungsdiensterichtlinie sowie zur Neuordnung der Vorschriften über das Widerrufs- und Rückgaberecht vom 29.7.2009, BGBl. I S. 2355.

Anlage zu § 6 und den dort dargelegten Vorgehensweisen sowie – soweit erforderlich – den dort und in § 6 Abs. 2 festgelegten Annahmen zu berechnen ist. Diese Annahmen wurden zuletzt Anfang 2016 geändert (siehe Anhang I zur Richtlinie 2014/17/EU). Zu diesen Annahmen zählt, dass das Verbraucherdarlehen für den vereinbarten Zeitraum gilt und beide Parteien ihren Verpflichtungen pünktlich nachkommen, § 6 Abs. 2 S. 3 PAngV bzw. Art. 17 Abs. 3 Richtlinie 2014/17/EU. Das Rechenergebnis hat auf zwei Dezimalstellen genau zu erfolgen, wobei aufzurunden ist, wenn die auf die zweite Dezimalstelle folgende Dezimalstelle größer als oder gleich fünf ist (Anlage zu § 6 Abs. 1 lit. d).

D. Berechnungsgrundlagen für die Ermittlung des effektiven Jahreszinses (Abs. 3)

I. Zu berücksichtigende Kosten

17 **1. Grundsatz.** In die Berechnung des effektiven Jahreszinses sind nach § 6 Abs. 3 grundsätzlich alle vom Verbraucher zu entrichtenden **Gesamtkosten** des Darlehens einzubeziehen, insbesondere die vom Verbraucher zu entrichtenden **Zinsen** und alle **sonstigen Kosten,** einschließlich etwaiger Vermittlungskosten, die dem Darlehensgeber bekannt sind. Ausgenommen sind allerdings die in Abs. 4 Nr. 1–5 abschließend aufgeführten Kosten.

18 Der Begriff „Gesamtkosten" greift dabei auf die Definition in der Verbraucherkreditrichtlinie (2008/48/EG) zurück. Er umfasst grundsätzlich alle finanziellen Verpflichtungen des Verbrauchers, die dieser bei regulärem Vertragsverlauf über die Rückzahlung des Darlehens hinaus zu tragen hat. Neben dem für das Darlehen zu zahlenden Nominalzins sind also auch alle anderen Kosten bzw. Preisbestandteile, die unmittelbar oder mittelbar mit der Inanspruchnahme des Darlehens rechtlich oder wirtschaftlich verbunden sind, zu berücksichtigen.[20] Dabei ist nicht erforderlich, dass diese Kosten ihren rechtlichen Ursprung im Darlehensvertrag selbst haben. Ausdrücklich erwähnt werden insbesondere die Kosten für die **Eröffnung und Führung eines spezifischen Kontos,** für die **Verwendung bestimmter Zahlungsmittel** sowie **sonstiger Zahlungsgeschäfte,** deren Abschluss Voraussetzung für die Zahlung des Verbraucherdarlehens ist, § 6 Abs. 3 Nr. 1. Zu berücksichtigen sind auch die Kosten einer erforderlichen **Immobilienbewertung,** § 6 Abs. 3 Nr. 2. Auch etwaige weitere Kosten für **zwingende Nebenleistungen,** wie zB den Abschluss von Versicherungen (zB Risiko-Lebensversicherung oder Rentenversicherung, einschließlich etwaiger Abschluss- und Verwaltungskosten aber ohne Berücksichtigung etwaiger Ansparleistungen),[21] sind zu berücksichtigen, sofern deren Abschluss zur Bedingung des Darlehensvertrags gemacht wird und diese Kosten im Voraus bestimmt werden können (Umkehrschluss aus § 6 Abs. 7);[22] andernfalls ist klar, eindeutig und auffallend auf diese Kosten hinzuweisen. Zivilrechtlich wird die Regelung ergänzt durch die Forderung, dass die Gesamtkosten im Vertrag angegeben sein müssen (§ 492 Abs. 2 BGB) und auf nicht angegebene Kosten kein Anspruch besteht.

19 Die Regelungen in § 6 Abs. 3 dienen der Umsetzung von Art. 3 lit. g der Richtlinie 2008/48/EG bzw. Art. 4 Nr. 13 der Richtlinie 2014/17/EU und der dort definierten **„Gesamtkosten des Kredits für den Verbraucher".** Diese werden definiert als sämtliche Kosten, einschließlich der Zinsen, Provisionen, Steuern und Kosten jeder Art – ausgenommen Notargebühren –, die der Verbraucher im Zusammenhang mit dem Kredit-

[20] *Boest* NJW 1993, 40 (41); näher zu einzelnen Kostenfaktoren *Völker* PreisangabenR § 6 Rn. 58 ff.
[21] Vgl. Begründung des Regierungsentwurfs eines Gesetzes zur Umsetzung der Wohnimmobilienkreditrichtlinie, BT-Drs. 18/5922, 132.
[22] Siehe auch BT-Drs. 16/11643, 141.

vertrag zu zahlen hat und die dem Kreditgeber bekannt sind. Der erforderliche Kausalzusammenhang ist dabei weit zu verstehen.[23]

2. Kenntnis des Darlehensgebers. Die Definition der Gesamtkosten in Art. 3 lit. g der Richtlinie 2008/48/EG legt fest, dass bei der Berechnung der Gesamtkosten nur solche sonstigen Kosten oder Bestandteile zu berücksichtigen sind, die **dem Kreditgeber bekannt** sind. Das scheint zunächst selbstverständlich zu sein, denn der Kreditgeber kann eigentlich nur das berücksichtigen, was ihm bekannt ist. Die Kenntnis des Kreditgebers ist allerdings nicht subjektiv zu bestimmen – dann wäre sie leicht zu umgehen – sondern sie ist **objektiv** danach **zu beurteilen,** welche Kosten der Kreditgeber kennen muss – wobei die Anforderungen an die berufliche Sorgfalt zu berücksichtigen sind.[24] Auf besondere Sachkenntnis des Kreditgebers bzw. auf eine vermeintliche besondere subjektive Unkenntnis kommt es demnach nicht an. Zu den bekannten Kosten zählen somit im Regelfall alle objektiven Kosten, die nicht von besonderen persönlichen Verhältnissen des Kreditnehmers abhängen, insbesondere die Vermittlungsgebühren. 20

II. Ausnahmen, dh nicht zu berücksichtigende Kosten

§ 6 Abs. 4 listet in 5 Nummern **abschließend** die Kosten auf, die **bei der Berechnung der Gesamtkosten** und damit bei der Angabe des effektiven Jahreszinses **nicht zu berücksichtigen** sind: 21

1. Kosten, die vom Verbraucher bei Nichterfüllung seiner Verpflichtungen aus dem Darlehensvertrag zu tragen sind (Nr. 1). Diese Regelung entspricht Art. 19 Abs. 2 S. 1 Alt. 1 der Verbraucherkreditrichtlinie (2008/48/EG) und Art. 4 Nr. 13 S. 2 der Wohnimmobilienkreditrichtlinie (2014/17/EU). Die bei einer Nichterfüllung anfallenden Kosten sind im Voraus nicht absehbar und können daher nicht einbezogen werden. Der Begriff der **„Nichterfüllung"** erfasst dabei auch alle Fälle der Schlechterfüllung, wenn also zB verspätet oder nicht in voller Höhe bezahlt wird, und die hierdurch entstehenden Kosten (insbesondere Verzugszinsen, Mahn- und Beitreibungskosten). Nr. 1 gilt allerdings nicht für Zinsen, die Kreditinstitute im Rahmen eines sog. geduldeten Überziehungskredits bei Überschreitung des dem Kunden für sein Konto eingeräumten Dispositionsrahmens verlangen (§ 505 BGB). 22

2. Kosten für solche Versicherungen und für solche anderen Zusatzleistungen, die keine Voraussetzung für die Darlehensvergabe oder für die Darlehensvergabe zu den vorgesehenen Vertragsbedingungen sind (Nr. 2). Nach Art. 3 lit. g Hs. 2 der Verbraucherkreditrichtlinie sind **Kosten für Nebenleistungen** im Zusammenhang mit dem Kreditvertrag insbesondere **Versicherungsprämien,** bei der Berechnung der Gesamtkosten des Kredits für den Verbraucher zu berücksichtigen, wenn der Abschluss des Vertrags über diese Nebenleistung eine zusätzliche **zwingende** Voraussetzung für die Kreditvergabe zu den vorgesehenen Konditionen ist. § 6a Abs. 5 enthält eine entsprechende Verpflichtung für die Werbung für Verbraucherdarlehensverträge. Das bedeutet im Umkehrschluss – und dem trägt § 6 Abs. 4 Nr. 2 Rechnung – dass die Kosten für **fakultative Nebenleistungen nicht zu berücksichtigen** sind. Um welche **Art der Versicherung** es sich handelt, ist für die Regelung **unerheblich.** Dass die Verbraucherkreditrichtlinie und die Wohnimmobilienkreditrichtlinie dabei von „Nebenleistungen" sprechen, § 6 Abs. 4 Nr. 2 dagegen von **„Zusatzleistungen",** macht in der Sache ebenfalls keinen Unterschied. Der Begriff der „Zusatzleistungen" wird in Artikel 247 § 8 EGBGB erklärt. Er umfasst sowohl weitere Leistungen innerhalb desselben Vertrags als auch den Abschluss eines weiteren Vertrags. 23

---

[23] Vgl. Begründung des Regierungsentwurfs eines Gesetzes zur Umsetzung der Wohnimmobilienkreditrichtlinie, BT-Drs. 18/5922, 132.

[24] Erwägungsgrund 20 der RL 2008/48/EG und Erwägungsgrund 50 der RL 2014/17/EU. Zum Begriff der beruflichen Sorgfalt vgl. Art. 2 lit. h der UGP-Richtlinie.

24 Die Kosten für fakultative Nebenleistungen sind bei der Berechnung des effektiven Jahreszinses somit grundsätzlich nicht zu berücksichtigen, zwingende Nebenleistungen hingegen schon. Allerdings müssen die Kosten der zwingenden Nebenleistung im Voraus bestimmbar sein. Ist das nicht der Fall, kann der effektive Jahreszins nicht berechnet werden. In diesem Fall ist auf die Kosten in klarer, eindeutiger und auffallender Art und Weise hinzuweisen, vgl. Abs. 7 und Art. 11 Abs. 4 der Wohnimmobilienkreditrichtlinie.

3. Kosten mit Ausnahme des Kaufpreises, die vom Verbraucher beim Erwerb von Waren oder Dienstleistungen unabhängig davon zu tragen sind, ob es sich um ein Bar- oder Verbraucherdarlehensgeschäft handelt (Kreditunabhängige Kosten)
25 **(Nr. 3).** Diese Regelung entspricht Art. 19 Abs. 2 S. 1 Alt. 2 der Verbraucherkreditrichtlinie (2008/48/EG). Nach Nr. 3 sind für die Berechnung des effektiven Jahreszinses Kosten nicht zu berücksichtigen, die der Kreditnehmer im Hinblick auf die durch den Kredit finanzierten Geschäfte **unabhängig** davon zu tragen hat, ob es sich um ein Bar- oder Verbraucherdarlehensgeschäft handelt. Derartige Kosten gehören bereits begrifflich nicht zu den Darlehenskosten. Gemeint sein dürften zB Nebenkosten beim Grundstückskauf (etwa Grundbuchkosten, Maklerkosten). Zu Notarkosten siehe Nr. 5.

26 **4. Gebühren für die Eintragung der Eigentumsübertragung oder der Übertragung eines grundstücksgleichen Rechts in das Grundbuch (Nr. 4).** Ebenfalls nicht zu berücksichtigen sind Gebühren für die Eintragung der Eigentumsübertragung oder der Übertragung eines grundstücksgleichen Rechts. Der Ausschluss der Eintragungskosten in das Grundbuch ergibt sich aus der Definition von „Gesamtkosten des Kredits für den Verbraucher" in Art. 4 Nr. 13 der Wohnimmobilienkreditrichtlinie (2014/17/EU). „Kosten für die Übertragung eines grundstücksgleichen Rechts" werden dort allerdings nicht aufgeführt, so dass ihre Erwähnung zwar in der Sache sinnvoll ist, sofern es sich im Einzelfall um Kosten handelt, die unabhängig von dem Verbraucherdarlehensvertrag entstehen. Eindeutig ist ihr Ausschluss allerdings nicht.

27 **5. Notarkosten (Nr. 5).** In Umsetzung von Art. 3 lit. g der Verbraucherkreditrichtlinie sind außerdem die **Notarkosten,** die der Darlehensnehmer infolge des Vertragsabschlusses zu entrichten hat, von der Berechnung der effektiven Jahreszinsen ausgenommen. Diese werden in Nr. 5 ausdrücklich genannt. Man hätte sie auch unter Nr. 3 subsumieren können. In der Begründung des deutschen Gesetzentwurfs werden in diesem Zusammenhang zudem auch die Notarkosten und Gebühren im Zusammenhang mit der Bestellung, Eintragung oder Inhaltsänderung eines Grundpfandrechts oder einer Reallast als Ausnahme genannt.[25] Allerdings muss man insoweit unterscheiden: Erfolgt die Änderung nur im Zusammenhang mit dem Eigentumserwerb so gilt für diese Kosten dasselbe wie für die Grundstücksübertragungskosten. Dienen die Rechte hingegen der erforderlichen Sicherung des Verbraucherkreditvertrags, so sind sie bei der Berechnung des effektiven Jahreszinses zu berücksichtigen. Das gilt insbesondere wenn man bedenkt, dass der deutsche Gesetzgeber die Ausnahmeregelung für Kosten für Sicherheiten bei Immobiliendarlehen ausdrücklich aus dem Gesetzestext gestrichen hat, weil eine solche Ausnahme in der Wohnimmobilienkreditrichtlinie nicht vorgesehen ist (siehe nachfolgend Ziff. 6).

28 **6. Keine Ausnahme mehr für Kontoführungsgebühren und Kosten für Sicherheiten bei Immobiliendarlehensverträgen.** Infolge der Umsetzung der Wohnimmobilienkreditrichtlinie sind zwei Ausnahmen gestrichen worden: Zum einen wurde die Ausnahme für fakultative Kontoführungsgebühren (vormals Abs. 3 Nr. 3) gestrichen. Trotz der Streichung der Ausnahme sind die Kosten einer *fakultativen* Kontoführung aber auch weiterhin nicht einzuberechnen, weil sie eine nicht zwingende Nebenleistung der Kreditgewährung darstellen (vgl. Art. 3 lit. g der Verbraucherkreditrichtlinie). Die Gebühren

[25] Begründung des Regierungsentwurfs eines Gesetzes zur Umsetzung der Wohnimmobilienkreditrichtlinie, BT-Drs. 18/5922, 132.

einer zwingenden Kontoführung sind hingegen nach Abs. 3 Nr. 1 als sonstige Kosten bei der Berechnung des effektiven Jahreszinses zu berücksichtigen. Dieses Regel-Ausnahme-Verhältnis entspricht den Regelungen in Art. 19 Abs. 2 S. 2 der Verbraucherkreditrichtlinie und Art. 17 Abs. 2 der Wohnimmobilienkreditrichtlinie.

Zum anderen wurde die Ausnahme für Kosten der Bestellung von Sicherheiten bei Immobiliendarlehensverträgen gestrichen. Diese Kosten sind bei der Berechnung der Gesamtkosten des Kredits mithin zu berücksichtigen. Hierzu auch → Rn. 21. 29

E. Berechnung des effektiven Jahreszinses bei variablen Konditionen, Änderungsvorbehalt; Annahme des beibehaltenen Sollzinssatzes (Abs. 5)

Die Regelung setzt Art. 19 Abs. 4 der Verbraucherkreditrichtlinie (2008/48/EG) und Art. 17 Abs. 4 der Wohnimmobilienkreditrichtlinie (2014/17/EU) um. Abs. 5 enthält eine Sondervorschrift für die Berechnung des effektiven Jahreszinses, wenn der Zinssatz oder sonstige für die Berechnung des effektiven Jahreszinses maßgebliche Kosten nicht für die gesamte Darlehenslaufzeit festgeschrieben sind – sei es weil ein Änderungsvorbehalt besteht oder weil die zahlenmäßige Bestimmung zunächst nicht möglich ist. Abs. 5 bestimmt, dass in diesen Fällen bei der Berechnung des effektiven Jahreszinses von der Annahme auszugehen ist, dass der Zinssatz und die sonstigen Kosten gemessen an der ursprünglichen Höhe fest bleiben und bis zum Ende des Darlehensvertrags gelten. Das kann insbesondere dann zu Problemen führen, wenn in einer Niedrigzinsphase ein sehr niedriger fester Zinssatz für eine kurze Laufzeit vereinbart wird und danach für längere Zeit ein variabler Zinssatz gelten soll.[26] Abs. 5 findet keine Anwendung, wenn sich die Darlehenskonditionen zwar während der Darlehenslaufzeit ändern, diese Änderungen jedoch von vornherein fest vereinbart sind (zB bei Vereinbarung eines zeitlich gestaffelten Nominalzinses). In diesem Fall sind die Gesamtkosten des Darlehens bereits im Zeitpunkt der Berechnung des effektiven Jahreszinses bestimmbar. 30

Abs. 5 ist anwendbar, wenn eine **Änderung des Zinssatzes** oder sonstiger für die Berechnung des effektiven Jahreszinses relevanter Kosten **vorbehalten** ist. Der Begriff der „einzubeziehenden Kosten" ist gleichbedeutend mit dem der preisbestimmenden Faktoren. Damit ist die Vorschrift auch anwendbar, wenn sich der Änderungsvorbehalt nicht auf die Darlehenskosten im engeren Sinne, sondern zB auf die Fälligkeit der Zinszahlungen oder die Verrechnungstermine bezieht. Bei den vom Änderungsvorbehalt betroffenen Konditionen ist im Rahmen der Berechnung zu fingieren, dass sie für die gesamte Darlehenslaufzeit in der ursprünglichen Form gelten.[27] 31

F. Berechnungsvorgaben bei variablen Darlehenskonditionen (Abs. 6)

In der vor Umsetzung der Verbraucherkreditrichtlinie (2008/48/EG) geltenden Fassung stellte Abs. 6 zusätzliche **Vermutungen** bei der Berechnung des effektiven Jahreszinses auf. Diese Vermutungen erfuhren durch die Umsetzung der Verbraucherkreditrichtlinie eine erhebliche Erweiterung und werden seitdem in der **Anlage zu § 6** geregelt.[28] Damit folgt der deutsche Gesetzgeber der Regelungssystematik des Unionsrechts. Die Annahmen zur Berechnung des effektiven Jahreszinses sind nach Art. 17 Abs. 7 der Wohnimmobilienkreditrichtlinie (2014/17/EU) ebenfalls in einer Anlage geregelt. 32

[26] Hierzu ausführlich *Köhler* WM 2012, 149 (150).
[27] Näher *Völker* PreisangabenR § 6 Rn. 77 f.
[28] Begründung des Gesetzentwurfes der Bundesregierung vom 21.1.2009, BT-Drs. 16/11643, 142.

G. Hinweispflicht auf Erforderlichkeit einer zwingenden Nebenleistung, deren Kosten nicht im Voraus bestimmt werden können (Abs. 7)

33 Nach Abs. 7 besteht die zusätzliche Pflicht des Darlehensanbieters, in klarer, eindeutiger und auffallender Art und Weise auf die **Erforderlichkeit der Inanspruchnahme einer Nebenleistung** hinzuweisen, wenn die Darlehensgewährung hiervon allgemein abhängig gemacht wird, es sich also um eine zwingende Nebenleistung handelt,[29] und die Kosten der Nebenleistung nicht im Voraus bestimmt werden können. Können die Kosten hingegen im Voraus bestimmt werden, sind sie bei der Berechnung des effektiven Jahreszinses zu berücksichtigen. Handelt es sich um eine fakultative Nebenleistung, sind die Kosten nicht zu berücksichtigen und es muss auch kein Hinweis erfolgen.

34 Die Regelung dient der Umsetzung von Art. 11 Abs. 4 der Wohnimmobilienkreditrichtlinie (2014/17/EU). Gleichgültig ist, um welche **Art der Nebenleistung** es sich handelt (vgl. Art. 4 Nr. 4 Wohnimmobilienkreditrichtlinie). Der Abschluss einer Versicherung oder das Eingehen einer Mitgliedschaft sind (nach Umsetzung der Wohnimmobilienkreditrichtlinie) „nur noch" als Beispiele für solche Nebenleistungen genannt.

35 Das Erfordernis einer Mitgliedschaft umfasst zB die Mitgliedschaft in einem Verein, einer Genossenschaft, einem Klub oder in jeder anderen Gruppe. Unerheblich ist, ob die Mitgliedschaft mit einer einmaligen Eintrittsgebühr, regelmäßig wiederkehrenden Beiträgen oder anderen Pflichten und Belastungen (zB einmalige oder wiederkehrende Pflicht zum Bezug von Waren oder zur Inanspruchnahme von Leistungen) verbunden ist. Bei Versicherungen werden zB sowohl Versicherungen erfasst, die der Sicherung der Tilgung (zB Risiko-Lebensversicherung, Rentenversicherung) dienen, als auch Versicherungen, die sich auf den mit dem Darlehen erworbenen Gegenstand beziehen (zB Kfz-Kaskoversicherung, Gebäudeversicherung usw).

36 Abs. 7 schreibt allerdings nicht die Pflicht zur Angabe der mit der Nebenleistung verbundenen Kosten vor, was auch schwerlich möglich wäre, weil Voraussetzung für das Eingreifen von Abs. 7 ist, dass die Kosten der Nebenleistung nicht im Voraus bestimmt werden können. Insoweit gelten die allgemeinen Bestimmungen der PAngV.[30]

H. Sonderbestimmungen für Bauspardarlehen und mit ihnen zusammenhängende Darlehen (Abs. 8)

I. Allgemeines

37 **Bausparkassen** sind Kreditinstitute, deren Geschäftsbetrieb darauf gerichtet ist, Einlagen von Bausparern entgegenzunehmen und aus den angesammelten Beträgen den Bausparern für **wohnungswirtschaftliche Maßnahmen** Gelddarlehen (Bauspardarlehen) zu gewähren.[31] Im Vergleich zu normalen Darlehen sind Bauspardarlehen also durch eine Reihe von Besonderheiten gekennzeichnet, namentlich durch das grundsätzliche Erfordernis für den Bausparer, zunächst in einer **Ansparphase** durch Bauspareinlagen bei der Bausparkasse ein **Guthaben** in bestimmter Höhe zu **akkumulieren,** um durch Leistung dieser Bauspareinlagen einen Rechtsanspruch auf Gewährung eines Bauspardarlehens[32] für wohnungswirtschaftliche Maßnahmen[33] zu erwerben. Wie sich aus Abs. 8 ergibt, besteht auch bei einer Preiswerbung und bei Angeboten für Bauspardarlehen die Pflicht zur Angabe des

[29] Näher *Völker* PreisangabenR § 6 Rn. 90 f.
[30] *Gimbel/Boest,* Die neue Preisangabenverordnung, 1985, § 4 Anm. 22.
[31] § 1 Abs. 1 S. 1 BauSparkG.
[32] Vgl. § 1 Abs. 1 S. 1 BauSparkG.
[33] Vgl. § 1 Abs. 3 BauSparkG.

effektiven Jahreszinses. Zweck der Vorschrift ist es, einigen Besonderheiten des Bauspargeschäfts und mit ihm zusammenhängenden Vor- und Zwischenfinanzierungen Rechnung zu tragen.

II. Berechnung der Darlehenssumme (S. 1)

Die dem Bausparer nach Zuteilung des Bauspardarlehens ausbezahlte Bausparsumme setzt sich regelmäßig aus dem **angesparten Guthaben** und einem **Darlehensanteil** zusammen. Da dieser im Verhältnis zum Guthaben von Fall zu Fall unterschiedlich sein kann und dieses Verhältnis von Guthaben zu Darlehen zum Zeitpunkt der Werbung oder des Angebots in der Regel noch nicht absehbar ist, sieht S. 1 vor, dass für die Berechnung des effektiven Jahreszinses von der Ansparung des vertraglich vorgesehenen Mindestsparguthabens zum Zeitpunkt der Darlehensauszahlung (also von der maximal möglichen Darlehenshöhe) auszugehen ist. Die Angabe des Guthabenanteils an der Bausparsumme ist bei Zugrundelegung des Mindestguthabens nicht erforderlich. Wird jedoch der effektive Jahreszins ergänzend auch für andere Kreditvarianten mit höherem Guthabenanteil angegeben, muss aus Gründen der Preisklarheit (§ 1 Abs. 7 S. 1) bei allen Varianten neben dem effektiven Jahreszins auch der Guthabenanteil angegeben werden. **38**

III. Berücksichtigung der Abschlussgebühr (S. 2)

Der Bausparer muss üblicherweise eine **Abschlussgebühr** zahlen, die (wie das für die Zuteilung erforderliche Mindestsparguthaben) idR als ein bestimmter Prozentsatz der Bausparsumme berechnet wird. Diese Abschlussgebühr ist als Teil der Gesamtkosten des Bauspardarlehens iSv Abs. 3 bei der Berechnung des effektiven Jahreszinses grundsätzlich zu berücksichtigen. Nach Abs. 8 S. 2 ist für diese Berechnung im Zweifel lediglich der Teil der Abschlussgebühr zu berücksichtigen, der auf den Darlehensanteil der Bausparsumme entfällt; dies ist der Prozentsatz der Abschlussgebühr, der dem Verhältnis des Kreditbetrags zur gesamten Bausparsumme entspricht. In der Werbung kann dabei der sich bei der betreffenden Bausparkasse üblicherweise, also im Normalfall, ergebende Anteil zugrunde gelegt werden.[34] Bei individuellen Angeboten ist der konkrete Darlehensanteil zugrunde zu legen. Dies gilt jedoch nur „im Zweifel", also nicht wenn das Angebot oder die Werbung der Bausparkasse eine andere Verteilung der Abschlussgebühr auf Anspar- und Darlehensanteil des Bauspargeschäfts vorsieht; wird die Abschlussgebühr zB bei vorzeitiger Beendigung des Bausparvertrags ohne Inanspruchnahme des Darlehens voll erstattet, bezieht sie sich ausschließlich auf den Darlehensanteil des Geschäfts und ist demgemäß bei der Berechnung des effektiven Jahreszinses in voller Höhe zu berücksichtigen.[35] **39**

IV. Laufzeitfiktion für Verbraucherdarlehen zur Vor- und Zwischenfinanzierung von Bauspardarlehen (S. 3)

S. 3 betrifft nicht die Preisangabe für Bauspardarlehen selbst, sondern für **Verbraucherdarlehen,** die ihrer **Vor- oder Zwischenfinanzierung** dienen. Die Vorschrift betrifft also vor allem Fälle, in denen der Bausparer bereits vor Zuteilung der Bausparsumme eine Immobilie erwirbt und bis zu ihrer Auszahlung ein Zwischenfinanzierungsdarlehen aufnimmt. Dabei ist es unerheblich, ob die Vor- bzw. Zwischenfinanzierung durch die Bausparkasse selbst oder ein anderes Kreditinstitut erfolgt. Nach § 4 Abs. 5 BauSparkG können sich Bausparkassen nicht vor Zuteilung eines Bausparvertrags verpflichten, die Bausparsumme zu einem bestimmten Zeitpunkt auszuzahlen. Die Laufzeit eines der Vor- oder Zwischenfinanzierung der Bausparsumme dienenden Darlehens lässt sich daher zum Zeitpunkt des Angebots nicht fest bestimmen. Die Laufzeit ist jedoch für die Berechnung des effektiven Jahreszinses von Bedeutung, da Einmalkosten (Disagio, Vermittlungs-, Be- **40**

[34] Vgl. *Steppeler/Astfalk,* Preisrecht und Preisangaben in der Kreditwirtschaft, 1986, Rn. 66.
[35] *Gimbel/Boest,* Die neue Preisangabenverordnung, 1985, § 4 Rn. 24.

arbeitungskosten usw) bei einer längeren Laufzeit stärker zu Buche schlagen als bei einer kürzeren. Daher ist nach S. 3 als Laufzeit des der Vor-/Zwischenfinanzierung dienenden Darlehens von der Zuteilungsfrist auszugehen, die sich aus der **Zielbewertungszahl gleichartiger Bausparverträge** ergibt. Dies ist die von der betreffenden Bausparkasse aufgrund der derzeitigen Verhältnisse geschätzte Frist bis zur Zuteilung der Bausparsumme für Bausparverträge der in Rede stehenden Kategorie (unter Berücksichtigung des bereits zurückliegenden Teils der Ansparphase, des vorhandenen Guthabens, der Bausparsumme und anderer relevanter Faktoren), also ein Erfahrungswert.[36]

V. Angabe des effektiven Jahreszinses für Gesamtlaufzeit bei Vor- oder Zwischenfinanzierungsdarlehen (S. 4)

41 Im Zuge der Umsetzung der Wohnimmobilienkreditrichtlinie neu eingefügt wurde S. 4, nach dem bei einer Vor- oder Zwischenfinanzierung der effektive Jahreszins für die **Gesamtlaufzeit** des Vertrags – also auch für die Zeit der Vor- und Zwischenfinanzierung und die Laufzeit des Bauspardarlehens – anzugeben ist. Bausparverträge mit Sofortfinanzierung werden damit den Verbraucherdarlehensverträgen gleichgestellt.[37] Ziel dieser Regelung ist es, Informationsasymmetrien abzubauen und die Regelungen zu Riester-Bausparverträgen auch auf sonstige Bausparverträge zu übertragen, so dass auch ungeförderte Bausparkombidarlehen miteinander und mit anderen Bankangeboten verglichen werden können.

Anlage zu § 6

42 I. Grundgleichung zur Darstellung der Gleichheit zwischen Verbraucherdarlehens-Auszahlungsbeträgen einerseits und Rückzahlungen (Tilgung, Zinsen und Verbraucherdarlehenskosten) andererseits.

Die nachstehende Gleichung zur Ermittlung des effektiven Jahreszinses drückt auf jährlicher Basis die rechnerische Gleichheit zwischen der Summe der Gegenwartswerte der in Anspruch genommenen Verbraucherdarlehens-Auszahlungsbeträge einerseits und der Summe der Gegenwartswerte der Rückzahlungen (Tilgung, Zinsen und Verbraucherdarlehenskosten) andererseits aus:

$$\sum_{k=1}^{m} C_k (1+X)^{-t_k} = \sum_{l=1}^{m'} D_l (1+X)^{-s_l}$$

Hierbei ist

– X der effektive Jahreszins;
– m die laufende Nummer des letzten Verbraucherdarlehens-Auszahlungsbetrags;
– k die laufende Nummer eines Verbraucherdarlehens-Auszahlungsbetrags, wobei $1 \leq k \leq m$;
– C_k die Höhe des Verbraucherdarlehens-Auszahlungsbetrags mit der Nummer k;
– t_k der in Jahren oder Jahresbruchteilen ausgedrückte Zeitraum zwischen der ersten Verbraucherdarlehensvergabe und dem Zeitpunkt der einzelnen nachfolgenden in Anspruch genommenen Verbraucherdarlehens-Auszahlungsbeträge, wobei $t_1 = 0$;
– m' die laufende Nummer der letzten Tilgungs-, Zins- oder Kostenzahlung;
– l die laufende Nummer einer Tilgungs-, Zins- oder Kostenzahlung;
– D_l der Betrag einer Tilgungs-, Zins- oder Kostenzahlung;

36 Vgl. *Steppeler/Astfalk,* Preisrecht und Preisangaben in der Kreditwirtschaft, 1986, Rn. 67.

37 Begründung des Regierungsentwurfs eines Gesetzes zur Umsetzung der Wohnimmobilienkreditrichtlinie, BT-Drs. 18/5922, 133.

– s_l der in Jahren oder Jahresbruchteilen ausgedrückte Zeitraum zwischen dem Zeitpunkt der Inanspruchnahme des ersten Verbraucherdarlehens-Auszahlungsbetrags und dem Zeitpunkt jeder einzelnen Tilgungs-, Zins- oder Kostenzahlung.

Anmerkungen:

a) Die von beiden Seiten zu unterschiedlichen Zeitpunkten gezahlten Beträge sind nicht notwendigerweise gleich groß und werden nicht notwendigerweise in gleichen Zeitabständen entrichtet.

b) Anfangszeitpunkt ist der Tag der Auszahlung des ersten Verbraucherdarlehensbetrags.

c) Der Zeitraum zwischen diesen Zeitpunkten wird in Jahren oder Jahresbruchteilen ausgedrückt. Zugrunde gelegt werden für ein Jahr 365 Tage (bzw. für ein Schaltjahr 366 Tage), 52 Wochen oder zwölf Standardmonate. Ein Standardmonat hat 30,41666 Tage (d. h. 365/12), unabhängig davon, ob es sich um ein Schaltjahr handelt oder nicht.

Können die Zeiträume zwischen den in den Berechnungen verwendeten Zeitpunkten nicht als ganze Zahl von Wochen, Monaten oder Jahren ausgedrückt werden, so sind sie als ganze Zahl eines dieser Zeitabschnitte in Kombination mit einer Anzahl von Tagen auszudrücken. Bei der Verwendung von Tagen

aa) werden alle Tage einschließlich Wochenenden und Feiertagen gezählt;

bb) werden gleich lange Zeitabschnitte und dann Tage bis zur Inanspruchnahme des ersten Verbraucherdarlehensbetrags zurückgezählt;

cc) wird die Länge des in Tagen bemessenen Zeitabschnitts ohne den ersten und einschließlich des letzten Tages berechnet und in Jahren ausgedrückt, indem dieser Zeitabschnitt durch die Anzahl von Tagen des gesamten Jahres (365 oder 366 Tage), zurückgezählt ab dem letzten Tag bis zum gleichen Tag des Vorjahres, geteilt wird.

d) Das Rechenergebnis wird auf zwei Dezimalstellen genau angegeben. Ist die Ziffer der dritten Dezimalstelle größer als oder gleich 5, so erhöht sich die Ziffer der zweiten Dezimalstelle um den Wert 1.

e) Mathematisch darstellen lässt sich diese Gleichung durch eine einzige Summation unter Verwendung des Faktors „Ströme“ (A_k), die entweder positiv oder negativ sind, je nachdem, ob sie für Auszahlungen oder für Rückzahlungen innerhalb der Perioden 1 bis n, ausgedrückt in Jahren, stehen:

$$S = \sum_{k=1}^{n} A_k (1+X)^{-t_k},$$

dabei ist S der Saldo der Gegenwartswerte aller „Ströme“, deren Wert gleich null sein muss, damit die Gleichheit zwischen den „Strömen“ gewahrt bleibt.

II. Es gelten die folgenden zusätzlichen Annahmen für die Berechnung des effektiven Jahreszinses: 43

a) Ist dem Verbraucher nach dem Verbraucherdarlehensvertrag freigestellt, wann er das Verbraucherdarlehen in Anspruch nehmen will, so gilt das gesamte Verbraucherdarlehen als sofort in voller Höhe in Anspruch genommen.

b) Ist dem Verbraucher nach dem Verbraucherdarlehensvertrag generell freigestellt, wann er das Verbraucherdarlehen in Anspruch nehmen will, sind jedoch je nach Art der Inanspruchnahme Beschränkungen in Bezug auf Verbraucherdarlehensbetrag und Zeitraum vorgesehen, so gilt das gesamte Verbraucherdarlehen als zu dem im Verbraucherdarlehensvertrag vorgesehenen frühestmöglichen Zeitpunkt mit den entsprechenden Beschränkungen in Anspruch genommen.

c) Sieht der Verbraucherdarlehensvertrag verschiedene Arten der Inanspruchnahme mit unterschiedlichen Kosten oder Sollzinssätzen vor, so gilt das gesamte Verbraucherdarlehen als zu den höchsten Kosten und zum höchsten Sollzinssatz in Anspruch genommen, wie sie für die Kategorie von Geschäften gelten, die bei dieser Art von Verbraucherdarlehensverträgen am häufigsten vorkommt.

d) Bei einer Überziehungsmöglichkeit gilt das gesamte Verbraucherdarlehen als in voller Höhe und für die gesamte Laufzeit des Verbraucherdarlehensvertrags in Anspruch genommen. Ist die Dauer der Überziehungsmöglichkeit nicht bekannt, so ist bei der Berechnung des effektiven Jahreszinses von der Annahme auszugehen, dass die Laufzeit des Verbraucherdarlehensvertrags drei Monate beträgt.

e) Bei einem Überbrückungsdarlehen gilt das gesamte Verbraucherdarlehen als in voller Höhe und für die gesamte Laufzeit des Verbraucherdarlehensvertrags in Anspruch genommen. Ist die Laufzeit des Verbraucherdarlehensvertrags nicht bekannt, so wird bei der Berechnung des effektiven Jahreszinses von der Annahme ausgegangen, dass sie zwölf Monate beträgt.

f) Bei einem unbefristeten Verbraucherdarlehensvertrag, der weder eine Überziehungsmöglichkeit noch ein Überbrückungsdarlehen beinhaltet, wird angenommen, dass

aa) das Verbraucherdarlehen bei Immobiliar-Verbraucherdarlehensverträgen für einen Zeitraum von 20 Jahren ab der ersten Inanspruchnahme gewährt wird und dass mit der letzten Zahlung des Verbrauchers der Saldo, die Zinsen und etwaige sonstige Kosten ausgeglichen sind; bei Allgemein-Verbraucherdarlehensverträgen, die nicht für den Erwerb oder die Erhaltung von Rechten an Immobilien bestimmt sind oder bei denen das Verbraucherdarlehen im Rahmen von Debit-Karten mit Zahlungsaufschub oder Kreditkarten in Anspruch genommen wird, dieser Zeitraum ein Jahr beträgt und dass mit der letzten Zahlung des Verbrauchers der Saldo, die Zinsen und etwaige sonstige Kosten ausgeglichen sind;

bb) der Verbraucherdarlehensbetrag in gleich hohen monatlichen Zahlungen, beginnend einen Monat nach dem Zeitpunkt der ersten Inanspruchnahme, zurückgezahlt wird; muss der Verbraucherdarlehensbetrag jedoch vollständig, in Form einer einmaligen Zahlung, innerhalb jedes Zahlungszeitraums zurückgezahlt werden, so ist anzunehmen, dass spätere Inanspruchnahmen und Rückzahlungen des gesamten Verbraucherdarlehensbetrags durch den Verbraucher innerhalb eines Jahres stattfinden; Zinsen und sonstige Kosten werden entsprechend diesen Inanspruchnahmen und Tilgungszahlungen und nach den Bestimmungen des Verbraucherdarlehensvertrags festgelegt.

Als unbefristete Verbraucherdarlehensverträge gelten für die Zwecke dieses Buchstabens Verbraucherdarlehensverträge ohne feste Laufzeit, einschließlich solcher Verbraucherdarlehen, bei denen der Verbraucherdarlehensbetrag innerhalb oder nach Ablauf eines Zeitraums vollständig zurückgezahlt werden muss, dann aber erneut in Anspruch genommen werden kann.

g) Bei Verbraucherdarlehensverträgen, die weder Überziehungsmöglichkeiten beinhalten noch Überbrückungsdarlehen, Verbraucherdarlehensverträge mit Wertbeteiligung, Eventualverpflichtungen oder Garantien sind, und bei unbefristeten Verbraucherdarlehensverträgen (siehe die Annahmen unter den Buchstaben d, e, f, l und m) gilt Folgendes:

aa) Lassen sich der Zeitpunkt oder die Höhe einer vom Verbraucher zu leistenden Tilgungszahlung nicht feststellen, so ist anzunehmen, dass die Rückzahlung zu dem im Verbraucherdarlehensvertrag genannten frühestmöglichen Zeitpunkt und in der darin festgelegten geringsten Höhe erfolgt.

bb) Lässt sich der Zeitraum zwischen der ersten Inanspruchnahme und der ersten vom Verbraucher zu leistenden Zahlung nicht feststellen, so wird der kürzest mögliche Zeitraum angenommen.

cc) Ist der Zeitpunkt des Abschlusses des Verbraucherdarlehensvertrags nicht bekannt, so ist anzunehmen, dass das Verbraucherdarlehen erstmals zu dem Zeitpunkt in Anspruch genommen wurde, der sich aus dem kürzesten zeitlichen Abstand zwischen diesem Zeitpunkt und der Fälligkeit der ersten vom Verbraucher zu leistenden Zahlung ergibt.

h) Lassen sich der Zeitpunkt oder die Höhe einer vom Verbraucher zu leistenden Zahlung nicht anhand des Verbraucherdarlehensvertrags oder der Annahmen nach den Buchstaben d, e, f, g, l oder m feststellen, so ist anzunehmen, dass die Zahlung in Übereinstimmung mit den vom Darlehensgeber bestimmten Fristen und Bedingungen erfolgt und dass, falls diese nicht bekannt sind,

aa) die Zinszahlungen zusammen mit den Tilgungszahlungen erfolgen,

bb) Zahlungen für Kosten, die keine Zinsen sind und die als Einmalbetrag ausgedrückt sind, bei Abschluss des Verbraucherdarlehensvertrags erfolgen,

cc) Zahlungen für Kosten, die keine Zinsen sind und die als Mehrfachzahlungen ausgedrückt sind, beginnend mit der ersten Tilgungszahlung in regelmäßigen Abständen erfolgen und es sich, falls die Höhe dieser Zahlungen nicht bekannt ist, um jeweils gleich hohe Beträge handelt,

dd) mit der letzten Zahlung der Saldo, die Zinsen und etwaige sonstige Kosten ausgeglichen sind.

i) Ist keine Verbraucherdarlehensobergrenze vereinbart, ist anzunehmen, dass die Obergrenze des gewährten Verbraucherdarlehens 170 000 Euro beträgt. Bei Verbraucherdarlehensverträgen, die weder Eventualverpflichtungen noch Garantien sind und die nicht für den Erwerb oder die Erhaltung eines Rechts an Wohnimmobilien oder Grundstücken bestimmt sind, sowie bei Überziehungsmöglichkeiten, Debit-Karten mit Zahlungsaufschub oder Kreditkarten ist anzunehmen, dass die Obergrenze des gewährten Verbraucherdarlehens 1500 Euro beträgt.

j) Werden für einen begrenzten Zeitraum oder Betrag verschiedene Sollzinssätze und Kosten angeboten, so sind während der gesamten Laufzeit des Verbraucherdarlehensvertrags der höchste Sollzinssatz und die höchsten Kosten anzunehmen.

k) Bei Verbraucherdarlehensverträgen, bei denen für den Anfangszeitraum ein fester Sollzinssatz vereinbart wurde, nach dessen Ablauf ein neuer Sollzinssatz festgelegt wird, der anschließend in regelmäßigen Abständen nach einem vereinbarten Indikator oder einem internen Referenzzinssatz angepasst wird, wird bei der Berechnung des effektiven Jahreszinses von der Annahme ausgegangen, dass der Sollzinssatz ab dem Ende der Festzinsperiode dem Sollzinssatz entspricht, der sich aus dem Wert des vereinbarten Indikators oder des internen Referenzzinssatzes zum Zeitpunkt der Berechnung des effektiven Jahreszinses ergibt, die Höhe des festen Sollzinssatzes jedoch nicht unterschreitet.

l) Bei Eventualverpflichtungen oder Garantien wird angenommen, dass das gesamte Verbraucherdarlehen zum früheren der beiden folgenden Zeitpunkte als einmaliger Betrag vollständig in Anspruch genommen wird:

aa) zum letztzulässigen Zeitpunkt nach dem Verbraucherdarlehensvertrag, welcher die potenzielle Quelle der Eventualverbindlichkeit oder Garantie ist, oder

bb) bei einem Roll-over-Verbraucherdarlehensvertrag am Ende der ersten Zinsperiode vor der Erneuerung der Vereinbarung.

m) Bei Verbraucherdarlehensverträgen mit Wertbeteiligung wird angenommen, dass
   aa) die Zahlungen der Verbraucher zu den letzten nach dem Verbraucherdarlehensvertrag möglichen Zeitpunkten geleistet werden;
   bb) die prozentuale Wertsteigerung der Immobilie, die die Sicherheit für den Vertrag darstellt, und ein in dem Vertrag genannter Inflationsindex ein Prozentsatz ist, der – je nachdem, welcher Satz höher ist – dem aktuellen Inflationsziel der Zentralbank oder der Höhe der Inflation in dem Mitgliedstaat, in dem die Immobilie belegen ist, zum Zeitpunkt des Abschlusses des Verbraucherdarlehensvertrags oder dem Wert 0 %, falls diese Prozentsätze negativ sind, entspricht.

§ 6a Werbung für Verbraucherdarlehen

(1) [1]**Jegliche Kommunikation für Werbe- und Marketingzwecke, die Verbraucherdarlehen betrifft, hat den Kriterien der Redlichkeit und Eindeutigkeit zu genügen und darf nicht irreführend sein. [2]Insbesondere sind Formulierungen unzulässig, die beim Verbraucher falsche Erwartungen in Bezug auf die Möglichkeit, ein Verbraucherdarlehen zu erhalten oder in Bezug auf die Kosten eines Verbraucherdarlehens wecken.**

(2) [1]**Wer gegenüber Verbrauchern für den Abschluss eines Verbraucherdarlehensvertrags mit Zinssätzen oder sonstigen Zahlen, die die Kosten betreffen, wirbt, hat in klarer, eindeutiger und auffallender Art und Weise angeben:**

1. die Identität und Anschrift des Darlehensgebers oder gegebenenfalls des Darlehensvermittlers,
2. den Nettodarlehensbetrag,
3. den Sollzinssatz und die Auskunft, ob es sich um einen festen oder einen variablen Zinssatz oder um eine Kombination aus beiden handelt, sowie Einzelheiten aller für den Verbraucher anfallenden, in die Gesamtkosten einbezogenen Kosten,
4. den effektiven Jahreszins.

[2]**In der Werbung ist der effektive Jahreszins mindestens genauso hervorzuheben wie jeder andere Zinssatz.**

(3) **In der Werbung gemäß Absatz 2 sind zusätzlich, soweit zutreffend, folgende Angaben zu machen:**

1. der vom Verbraucher zu zahlende Gesamtbetrag,
2. die Laufzeit des Verbraucherdarlehensvertrags,
3. die Höhe der Raten,
4. die Anzahl der Raten,
5. bei Immobiliar-Verbraucherdarlehen der Hinweis, dass der Verbraucherdarlehensvertrag durch ein Grundpfandrecht oder eine Reallast besichert wird,
6. bei Immobiliar-Verbraucherdarlehen in Fremdwährung ein Warnhinweis, dass sich mögliche Wechselkursschwankungen auf die Höhe des vom Verbraucher zu zahlenden Gesamtbetrags auswirken könnten.

(4) [1]**Die in den Absätzen 2 und 3 genannten Angaben sind mit Ausnahme der Angaben nach Absatz 2 Satz 1 Nummer 1 und Absatz 3 Nummer 5 und 6 mit einem Beispiel zu versehen. [2]Bei der Auswahl des Beispiels muss der Werbende von einem effektiven Jahreszins ausgehen, von dem er erwarten darf, dass er mindestens zwei Drittel der auf Grund der Werbung zustande kommenden Verträge zu dem angegebenen oder einem niedrigeren effektiven Jahreszins abschließen wird.**

(5) **Verlangt der Werbende den Abschluss eines Versicherungsvertrags oder eines Vertrags über andere Zusatzleistungen und können die Kosten für diesen Vertrag nicht im Voraus bestimmt werden, ist auf die Verpflichtung zum Abschluss dieses Vertrags**

klar und verständlich an gestalterisch hervorgehobener Stelle zusammen mit dem effektiven Jahreszins hinzuweisen.

(6) **Die Informationen nach den Absätzen 2, 3 und 5 müssen in Abhängigkeit vom Medium, das für die Werbung gewählt wird, akustisch gut verständlich oder deutlich lesbar sein.**

(7) **Auf Immobiliar-Verbraucherdarlehensverträge gemäß § 491 Absatz 2 Satz 2 Nummer 5 des Bürgerlichen Gesetzbuchs ist nur Absatz 1 anwendbar.**

Übersicht

A. Unionsrechtliche Vorgaben, Aufbau und Zweck der Norm

§ 6a PAngV trat zum 11.6.2010 in Kraft, zunächst zur Umsetzung von Art. 4 der Verbraucherkreditrichtlinie 2008/48/EG. Im Jahr 2016 kam es dann zu einer umfassenden Überarbeitung, indem die Abs. 1–3 neu gefasst und die Abs. 6 und 7 neu eingefügt wurden. Dies dient der Umsetzung von **Art. 10 und 11 der Wohnimmobilienkreditrichtlinie 2014/17/EU,** die wie folgt lauten: 1

Art. 10 Allgemeine Bestimmungen zu Werbung und Marketing

Unbeschadet der Richtlinie 2005/29/EG schreiben die Mitgliedstaaten vor, dass jegliche Kreditverträge betreffend Kommunikation für Werbe- und Marketingzwecke den Kriterien der Redlichkeit und Eindeutigkeit genügt und nicht irreführend ist. Insbesondere werden Formulierungen untersagt, die beim Verbraucher falsche Erwartungen in Bezug auf die Zugänglichkeit oder die Kosten eines Kredits wecken.

Art. 1 Standardinformationen, die in die Werbung aufzunehmen sind

(1) Die Mitgliedstaaten stellen sicher, dass Werbung für Kreditverträge, in der Zinssätze oder sonstige auf die Kosten eines Kredits für den Verbraucher bezogene Zahlen genannt werden, die in diesem Artikel angegebenen Standardinformationen enthält.

Die Mitgliedstaaten können vorsehen, dass Unterabsatz 1 nicht gilt, wenn nationales Recht verlangt, dass bei der Werbung für Kreditverträge, die keine Angaben über den Zinssatz oder Zahlenangaben über dem Verbraucher entstehende Kosten des Kredits im Sinne von Unterabsatz 1 enthält, der effektive Jahreszins anzugeben ist.

(2) Die Standardinformationen nennen folgende Elemente in klarer, prägnanter und auffallender Art und Weise:

a) die Identität des Kreditgebers oder gegebenenfalls des Kreditvermittlers oder des benannten Vertreters,
b) gegebenenfalls den Hinweis, dass der Kreditvertrag durch eine Hypothek oder eine vergleichbare Sicherheit, die in einem Mitgliedstaat gewöhnlich für Wohnimmobilien genutzt wird, oder durch ein Recht an Wohnimmobilien gesichert wird,
c) Sollzinssatz und Angabe, ob es sich um einen festen oder einen variablen Zinssatz oder eine Kombination aus beiden handelt, sowie Einzelheiten aller für den Verbraucher anfallenden, in die Gesamtkreditkosten einbezogenen Kosten,
d) den Gesamtkreditbetrag,
e) den effektiven Jahreszins, der in der Werbung mindestens genauso hervorzuheben ist wie jeder Zinssatz,
f) gegebenenfalls die Laufzeit des Kreditvertrags,
g) gegebenenfalls die Höhe der Raten,
h) gegebenenfalls den vom Verbraucher zu zahlenden Gesamtbetrag,
i) gegebenenfalls die Anzahl der Raten,
j) gegebenenfalls einen Warnhinweis, dass sich mögliche Wechselkursschwankungen auf die Höhe des vom Verbraucher zu zahlenden Betrags auswirken könnten.

(3) Die in Absatz 2 aufgeführten Informationen mit Ausnahme der Angaben nach den Buchstaben a, b und j sind durch ein repräsentatives Beispiel zu veranschaulichen und richten sich durchweg nach diesem repräsentativen Beispiel. Die Mitgliedstaaten erlassen Kriterien für die Festlegung eines repräsentativen Beispiels.

(4) Ist der Abschluss eines Vertrags über die Inanspruchnahme einer Nebenleistung, insbesondere eines Versicherungsvertrags, zwingende Voraussetzung dafür, dass der Kredit überhaupt oder nach den vorgesehenen Vertragsbedingungen gewährt wird, und können die Kosten der Nebenleistung nicht im Voraus bestimmt werden, so ist auf die Verpflichtung zum Abschluss jenes Vertrags in klarer, prägnanter und auffallender Art und Weise zusammen mit dem effektiven Jahreszins hinzuweisen.

(5) Die Informationen nach den Absätzen 2 und 4 müssen gut lesbar bzw. akustisch gut verständlich sein – je nachdem, welches Medium für die Werbung verwendet wird.

(6) Die Mitgliedstaaten können die Aufnahme eines präzisen und verhältnismäßigen Warnhinweises hinsichtlich der mit Kreditverträgen verbundenen spezifischen Risiken vorschreiben. Sie teilen diese Anforderungen der Kommission unverzüglich mit.

(7) Dieser Artikel gilt unbeschadet der Richtlinie 2005/29/EG.

1a Zur Umsetzung der Wohnimmobilienkreditrichtlinie werden somit die bestehenden Regelungen, die ihrerseits zur Umsetzung der Verbraucherkreditrichtlinie galten, erweitert und konkretisiert.[1] Der deutsche Gesetzgeber geht dabei sogar noch über die Vorgaben der Richtlinien hinaus, indem er die Angaben gem. § 6a Abs. 2 zur Identität des Darlehensgebers und eines etwaigen Darlehensvermittlers nicht nur für Wohnimmobilienkredite verlangt, sondern für alle Verbraucherdarlehen, obwohl eine solche Angabe nur in der Wohnimmobilienkreditrichtlinie verlangt wird, nicht aber auch in der Verbraucherkreditrichtlinie.

2 Wie nunmehr bereits die Überschrift der Regelung verdeutlicht, ist es **Zweck** der Vorschrift, ergänzend zu den Regelungen der §§ 1 Abs. 7, 6 PAngV, 5, 5a UWG und der UGP-Richtlinie, allgemeine Anforderungen an die Werbung für Verbraucherdarlehensverträge zu regeln und zusätzlich insbesondere zu gewährleisten, dass Verbraucher bei der **Konditionenwerbung** für Verbraucherdarlehensverträge auf jeden Fall bestimmte **Stan-**

[1] Begründung des Regierungsentwurfs eines Gesetzes zur Umsetzung der Wohnimmobilienkreditrichtlinie, *BT-Drs. 18/5922*, 133.

dardinformationen erhalten, damit sie verschiedene Darlehensangebote miteinander vergleichen können. Durch § 6a werden die Anforderungen des § 6 PAngV erheblich erweitert. Wird mit Zinssätzen oder sonstigen Zahlen zu den Kosten von Verbraucherdarlehen geworben, so ist die bloße Angabe des effektiven Jahreszinses allein nicht mehr ausreichend, sondern es sind weitere Angaben zu machen. Die Regelung des § 6a PAngV geht dabei in ihrem Anwendungsbereich den Anforderungen des § 6 PAngV vor. Die Regelung des § 1 Abs. 7 PAngV zu Preiswahrheit und Preisklarheit wird durch § 6a Abs. 1 ergänzt, aber auch erheblich erweitert. Die Bestimmungen sind richtlinienkonform auszulegen und etwaige Auslegungsfragen sind letzten Endes vom EuGH zu entscheiden.

§ 6a Abs. 1 regelt die **allgemeinen Anforderungen** an (jegliche) Werbung für Ver- 3
braucherdarlehen. Die **Absätze 2–6** regeln die **Konditionenwerbung.** Dabei bestimmen **Abs. 2 und 3,** welche Angaben bei der **Konditionenwerbung** für Verbraucherdarlehen speziell gemacht werden müssen. **Abs. 6** konkretisiert die Anforderungen an die Wiedergabe für **verschiedene Medientypen. Abs. 4** verlangt zusätzlich die Angabe eines **Beispiels. Abs. 5** regelt die Anforderungen, wenn von dem Werbenden neben dem Darlehensvertrag zusätzlich der Abschluss eines **Versicherungsvertrags** oder eines Vertrags über andere Zusatzleistungen verlangt wird. In **Abs. 7** werden **Immobiliar-Förderdarlehen** gemäß § 491 Abs. 2 S. 2 Nr. 5 BGB vom Anwendungsbereich des § 6a PAngV **ausgenommen,** mit Ausnahme der allgemeinen Regelung in § 6a Abs. 1. Der deutsche Gesetzgeber macht damit von der Option in Art. 3 Abs. 3 lit. c der Richtlinie 2014/17/EU Gebrauch.

B. Allgemeine Anforderungen an jegliche Kommunikation für Werbe- und Marketingzwecke (Abs. 1)

Nach Abs. 1, der der Umsetzung von Art. 10 der Wohnimmobilienkreditrichtlinie 4
2014/17/EU dient, muss **jede Kommunikation für Werbe- und Marketingzwecke,** die Verbraucherdarlehen betrifft, **redlich und eindeutig** sein. Sie darf zudem **nicht irreführend** sein. Als – nicht abschließende – Beispiele nennt S. 2 das Hervorrufen falscher Erwartungen in Bezug auf die Möglichkeit, ein Verbraucherdarlehen zu erhalten, oder die hervorgerufenen Kosten. Abs. 1 spricht dabei von **jeglicher Kommunikation** für **Werbe- und Marketingzwecke** und übernimmt die Formulierung aus Art. 10 der Richtlinie 2014/17/EU. In Abs. 2 ist hingegen nur von Werbung die Rede. Man könnte daher meinen, dass der Anwendungsbereich des Abs. 1 auch insoweit weiter ist, als er nicht nur Werbung, sondern auch Marketing umfasst.[2] Im Ergebnis dürfte das aber keinen Unterschied machen. Der Begriff Marketing wird in der Wohnimmobilienkreditrichtlinie oder in der UGP-Richtlinie nicht definiert. Und in Erwägungsgrund 37 der Richtlinie 2014/17/EU ist die Rede von einer Liste der Punkte, die in „Werbe- und Marketingmaterial" enthalten sein müssen, soweit „in diesem Werbematerial" Zinssätze oder sonstige Kosten genannt werden. Für den Gesetzgeber scheinen daher Werbung und Marketing synonyme Begriffe zu sein.

Ebenso wie die Regelungen in Abs. 2–6 betrifft auch § 6a Abs. 1 nur **Aussagen gegen-** 5
über Verbrauchern. Das ergibt sich nicht zwingend aus dem Wortlaut der Regelung in Abs. 1 (anders als bei Abs. 2 ist hier nicht von Werbung „gegenüber Verbrauchern" die Rede)[3], wohl aber aus dem Sinn und Zweck. Auch bei der Wohnimmobilienkreditrichtlinie 2014/17/EU geht es allein um Verbraucherschutz.

Im Hinblick auf die Erwartungen des Verbrauchers an die Kosten eines Kredits dient die 6
Vorschrift der Ergänzung der bestehenden Vorgaben zur Preiswahrheit und Preisklarheit

[2] Vgl. auch die Überschriften in Art. 10 („… Werbung und Marketing") und Art. 11 („… Werbung …") der RL 2014/17/EU.

[3] Allerdings ist in Abs. 1 und auch in Art. 10 der Richtlinie 2014/17/EU in dem „insbesondere" Satz die Rede von falschen Erwartungen „beim Verbraucher".

aus § 1 Abs. 7 PAngV.[4] Die Regelung in Abs. 1 geht aber auch deutlich über den Anwendungsbereich des § 1 Abs. 7 und der PAngV im Allgemeinen hinaus, indem sie nicht nur Anforderungen an Preisangaben oder an die Werbung mit Kosten für Verbraucherdarlehen stellt, sondern Vorgaben macht für „jegliche Kommunikation für Werbe- und Marketingzwecke, die Verbraucherdarlehen betrifft". Es handelt sich somit um ein **allgemeines Irreführungsverbot** im Zusammenhang mit Verbraucherdarlehen. Insoweit stellt sich die Frage, ob die PAngV der richtige Ort für eine solche Regelung ist oder ob die Umsetzung des Art. 10 Wohnimmobilienkreditrichtlinie nicht besser im UWG erfolgt wäre, zumal die Regelungen des UWG (und die Vorgaben der UGP-Richtlinie) unberührt bleiben.

C. Voraussetzungen für die Sonderregelungen zur Konditionenwerbung bei Verbraucherdarlehensverträgen (Abs. 2–6)

I. Werbung gegenüber Verbrauchern

7 § 6a Abs. 2–6 PAngV betrifft **nur die Werbung** gegenüber **Verbrauchern.** Für beide Begriffe kann auf die allgemeinen Grundsätze verwiesen werden (→ § 1 Rn. 6, 19 ff.).[5] Ein bloßer Preisaushang kann ohne weitere hinzutretende Umstände nicht als Werbung qualifiziert werden und unterliegt demnach nicht dem Regelungsgehalt des § 6a;[6] anders kann es bei Standardschreiben aussehen, die nicht auf individuelle Sachverhalte eingehen.

II. Für den Abschluss eines Verbraucherdarlehensvertrags

8 Direkt anwendbar ist Abs. 2 S. 1, wenn die Werbung auf den Abschluss eines **Verbraucherdarlehensvertrags** gerichtet ist. Nach **§ 6c** gilt die Vorschrift aber **auch für entgeltliche Zahlungsaufschübe** und **sonstige entgeltliche Finanzierungshilfen.** Dies kann auch entgeltliche Finanzierungsangebote für Waren betreffen.[7] Die Erweiterung des Anwendungsbereichs dient der Umsetzung des Begriffs „Kreditvertrag" nach Art. 3 lit. c der Richtlinie 2008/48/EG bzw. Art. 4 Nr. 3 der Richtlinie 2014/17/EU. Vom Anwendungsbereich des § 6a **ausgenommen** sind Verträge über die wiederkehrende Erbringung von Dienstleistungen oder über die Lieferung von Waren gleicher Art, bei denen der Verbraucher für die Dauer der Erbringung oder Lieferung Teilzahlungen für diese Dienstleistungen oder Waren leistet. Außerdem muss das Darlehen (bzw. der Zahlungsaufschub oder die sonstige Finanzierungshilfe), wie sich aus dem Gesamtzusammenhang ergibt, **entgeltlich** sein.

9 Vor Umsetzung der Richtlinien 2008/48/EG und 2014/17/EU war der BGH der Auffassung, dass ein Händler, der in seiner Werbung auf die **Möglichkeit der Darlehensfinanzierung des Warenerwerbs durch einen Dritten** hingewiesen hat (ohne selbst tatsächlich ein entsprechendes Angebot zu machen), zwar hinsichtlich des Darlehensangebots zur Angabe des effektiven Jahreszinses nach § 6a verpflichtet war, nicht aber zur Angabe des Finanzierungsendpreises (Teilzahlungspreises), und zwar selbst dann nicht, wenn sich der Finanzierungshinweis auf ein konzernverbundenes Unternehmen bezogen hat und die umworbenen Verbraucher Verkäufer und Bankinstitut als wirtschaftliche Einheit angesehen haben.[8] Nach Umsetzung der Verbraucherkredit- und der Wohnimmobilienkreditrichtlinien sind derartige Fälle anders zu entscheiden: Der Händler ist als

---

[4] Begründung des Regierungsentwurfs eines Gesetzes zur Umsetzung der Wohnimmobilienkreditrichtlinie, BT-Drs. 18/5922, 133.

[5] Umfassend zum Werbebegriff in § 6a OLG Düsseldorf WRP 2019, 662 Rn. 14 – Verbraucherkredit.

[6] LG Frankfurt a. M. WM 2011, 2322 (2323); offen gelassen in OLG Düsseldorf WRP 2019, 662 Rn. 15 – Verbraucherkredit.

[7] *Amschewitz* DB 2011, 1565.

[8] BGH GRUR 1992, 857 f.; 1993, 127 f.; 1994, 224 (225 f.) – Teilzahlungspreis I–III.

Darlehensvermittler anzusehen, weil er in diesen Fällen Verbrauchern Darlehensverträge „vorstellt" (Art. 3 lit. f der Richtlinie 2008/48/EG bzw. Art. 4 Nr. 5 der Richtlinie 2014/17/EU). Die Informationspflichten aus § 6a treffen den Händler somit unmittelbar. Der „Finanzierungsendpreis" entspricht dem vom Verbraucher zu zahlenden Gesamtbetrag nach Abs. 3 Nr. 1, der sich nach Art. 3 lit. h der Richtlinie 2008/48/EG bzw. Art. 4 Nr. 14 der Richtlinie 2014/17/EU zusammensetzt aus der Summe des Darlehensbetrags (also dem Preis der finanzierten Ware) und den Gesamtkosten des Darlehens für den Verbraucher (also den Zinsen, Provisionen usw).

III. Mit Zinssätzen oder sonstigen Zahlen, die Kosten betreffen

§ 6a Abs. 2 PAngV greift ein, wenn entweder mit **Zinssätzen** geworben wird oder **mit sonstigen Zahlen,** welche die **Kosten des Verbraucherdarlehens** betreffen. Wird mit konkreten Zahlen (seien es Zinssätze oder sonstige Kosten) geworben, dann sollen dem Verbraucher auch weitere Standardinformationen, nämlich die in § 6a Abs. 2 und 3 aufgeführten, mitgeteilt werden. § 6a Abs. 2 greift hingegen nicht bei reiner Imagewerbung ohne Verwendung von Zahlen. 10

„Zinssatz" in diesem Sinn kann dabei jeder Zinssatz sein, insbesondere also auch der effektive Jahreszins.[9] Allerdings muss man insoweit eine Einschränkung vornehmen für den Fall, dass ein Angebot für ein Verbraucherdarlehen im Sinne von § 6 Abs. 1 vorliegt, dieses zugleich als Werbung iSv § 6a zu qualifizieren ist, und die Angabe des effektiven Jahreszinses somit nicht auf der freiwilligen Entscheidung des Werbenden, sondern auf der gesetzlichen Vorgabe des § 6 beruht (vgl. Art. 4 Abs. 1 UAbs. 2 Verbraucherkreditrichtlinie sowie Art. 11 Abs. 1 UAbs. 2 Wohnimmobilienkreditrichtlinie).[10] Ob ein solcher Fall überhaupt eintreten kann, hängt vor allem davon ab, ob sich die Begriffe „Angebot" in § 6 und Werbung in § 6a scharf trennen lassen, was vor allem durch die Rechtsprechung des EuGH bestimmt wird. Der BGH scheint jedenfalls nicht von einer scharfen Trennung auszugehen.[11] Seiner Meinung nach stellt eine „Aufforderung zum Kauf" eine besondere Form der Werbung dar. Beispiele für eine **Werbung mit Zahlen** in diesem Sinne sind zB: die Werbung mit Bearbeitungsgebühren oder Monatsraten,[12] eine Darstellung verschiedener Darlehenssummen und Ratenzahlungsmöglichkeiten. Auch bei einer bezifferten Zinssenkungswerbung[13] ist der effektive Jahreszins anzugeben. Erfasst wird nach der Rechtsprechung des BGH auch der Fall, dass ein Einzelhändler in seiner Werbung die Vermittlung eines „soliden Bankdarlehens" zur Finanzierung eines Warenendpreises verspricht, wenn die möglichen Darlehenskosten bereits in den Gesamtpreis eingerechnet sind und dem Kunden das bewusst ist; dass dem Kunden bei Inanspruchnahme des Kredits selbst keine zusätzlichen Kosten berechnet werden, ist dann unerheblich.[14] Eine Werbung für ein Verbraucherdarlehen unter Angabe von Zinssätzen oder sonstigen Zahlen, die die Kosten betreffen, liegt auch vor, wenn ein Anbieter von Immobilien die Möglichkeit einer von ihm vermittelten Darlehensfinanzierung unter Nennung der monatlichen Belastungsrate bewirbt.[15] Dagegen trifft einen Händler keine Pflicht zur Angabe der Pflichtangaben gem. § 6a Abs. 2 (wie zB den effektiven Jahreszins), wenn er auf die Finanzierungsmöglichkeit durch eine Bank lediglich hinweist, ohne zu den Kreditkosten Angaben zu machen.[16] 11

---

[9] Vgl. OLG Düsseldorf BeckRS 2016, 03723 Rn. 22 f., zu § 6a PAngV aF.

[10] Wobei zu beachten ist, dass die Verbraucherkreditrichtlinie dies unmittelbar als Ausnahme vorsieht, während die Wohnimmobilienkreditrichtlinie nur einen Vorbehalt zur Umsetzung durch die Mitgliedstaaten enthält.

[11] GRUR 2016, 516 Rn. 28 – Wir helfen im Trauerfall.

[12] Vgl. OLG Karlsruhe BB 1978, 1379; KG GewArch 1983, 311 und NJW-RR 1987, 1128.

[13] *Ungnade* WM 1975, 1078 (1079).

[14] BGH GRUR 1994, 311 (313) – Finanzkaufpreis „ohne Mehrkosten"; aA OLG Hamburg GRUR 1990, 289 (290) – Clever bezahlen.

[15] OLG Köln WRP 2008, 679 (Ls.).

[16] OLG Düsseldorf WRP 1988, 34 f.

D. Folge: Verpflichtung zu bestimmten weiteren Angaben (Abs. 2 und 3) in bestimmter Art und Weise

12 Sind die Voraussetzungen des Abs. 2 erfüllt, darf sich die Werbung nicht allein auf die Angabe der Zinssätze, der sonstigen Kosten oder des effektiven Jahreszinses beschränken, sondern es sind auch noch weitere Angaben zu machen, nämlich zur **Identität** des Darlehensgebers oder ggf. des Darlehensvermittlers, zum **Nettodarlehensbetrag,** zum **Sollzinssatz** und dazu, ob es sich um einen **festen oder variablen Zinssatz** oder um eine Kombination aus beiden handelt. Außerdem sind Einzelheiten aller für den Verbraucher anfallenden, **in die Gesamtkosten einbezogenen Kosten** mitzuteilen. Außerdem sind, soweit zutreffend, Angaben zu machen zu dem vom Verbraucher zu zahlenden **Gesamtbetrag,** zur **Laufzeit** des Verbraucherdarlehensvertrags sowie zur **Höhe** und zur **Anzahl der Raten.** Speziell bei Immobiliar-Verbraucherdarlehen sind zudem Angaben zu den Sicherungsrechten sowie – bei Fremdwährungsdarlehen – zu etwaigen Wechselkursschwankungen zu machen. Dabei sind die Angaben jeweils gesondert und unter Verwendung der jeweiligen Bezeichnungen zu machen und zwar auch dann, wenn einzelne Werte identisch sind, wenn also zB der effektive Jahreszins dem Sollzinssatz entspricht.[17] Die Angaben müssen in klarer, eindeutiger und auffallender Art und Weise gemacht werden und sind mit einem repräsentativen Beispiel (Abs. 4) zu versehen.

I. Angabe der Identität und Anschrift des Darlehensgebers oder gegebenenfalls des Darlehensvermittlers

13 Nach Abs. 2 S. 1 Nr. 1 sind die Identität und Anschrift des Darlehensgebers oder ggf. des Darlehensvermittlers anzugeben. Die Richtlinie erwähnt zusätzlich auch noch den „benannten Vermittler". Erforderlich ist die Angabe des vollständigen Namens bzw. der Unternehmensbezeichnung sowie der Geschäftsanschrift des Darlehensgebers bzw. des Darlehensvermittlers. Ziel der Wohnimmobilienkreditrichtlinie ist es, größtmögliche **Transparenz** bei Verbraucherdarlehen (bzw. -krediten) zu gewährleisten (vgl. Erwägungsgrund 47) und einem etwaigen Missbrauch infolge möglicher Interessenkonflikte entgegenzuwirken. Denkt man diesen Gedanken konsequent zu Ende, dann sind sowohl die Daten des Darlehensgebers als auch ggf. des Darlehensvermittlers anzugeben, wenn ein Darlehensvermittler eingeschaltet wird, auch wenn Art. 11 Abs. 2 lit. a Wohnimmobilienkreditrichtlinie und § 6a Abs. 2 S. 1 Nr. 1 ihrem Wortlaut nach nur die alternative Angabe („oder") vorsehen. Die Verpflichtung zur Angabe des Anbieters ergibt sich nur aus der Wohnimmobilienkreditrichtlinie, nicht auch aus der Verbraucherkreditrichtlinie. Der deutsche Gesetzgeber hat diese Anforderung im Interesse des Verbraucherschutzes aber bewusst auf alle Verbraucherdarlehen erstreckt.[18]

II. Angabe des Nettodarlehensbetrags

14 § 6a Abs. 2 S. 1 Nr. 2 verlangt die Angabe des „Nettodarlehensbetrags". Dies ist nach Art. 247 § 3 Abs. 2 S. 2 EGBGB der **Höchstbetrag,** auf den der Darlehensnehmer aufgrund des Darlehensvertrags Anspruch hat. Er wird in Art. 3 lit. l der Richtlinie 2008/48/EG bzw. Art. 4 Nr. 12 der Richtlinie 2014/17/EU definiert als die Obergrenze oder die Summe aller Beträge, die aufgrund eines Kreditvertrags zur Verfügung gestellt werden.

[17] *Amschewitz* DB 2011, 1565 (1566).

[18] Vgl. Begründung des Regierungsentwurfs eines Gesetzes zur Umsetzung der Wohnimmobilienkreditrichtlinie, BT-Drs. 18/5922, 133.

III. Angabe des Sollzinssatzes; Auskunft, ob es sich um einen festen oder einen variablen Zinssatz handelt; Einzelheiten aller für den Verbraucher anfallenden, in die Gesamtkosten einbezogenen Kosten

Der **Sollzinssatz** ist nach der Definition in Art. 3 lit. j der Richtlinie 2008/48/EG bzw. Art. 4 Nr. 16 der Richtlinie 2014/17/EU der **als Prozentsatz ausgedrückte Zinssatz,** der auf jährlicher Basis auf die in Anspruch genommenen Kredit-Auszahlungsbeträge angewandt wird. Zusätzlich ist nach Abs. 2 S. 1 Nr. 3 anzugeben, ob der Zinssatz **gebunden** (also fest) oder **veränderlich** oder **eine Kombination** von beidem ist. Ferner ist anzugeben, welche sonstigen Kosten der Beworbene, also der angesprochene Verbraucher, beim Vertragsabschluss als **Gesamtkosten** zusätzlich zu entrichten hätte. Gemeint sind damit insbesondere etwaige **Bearbeitungsentgelte,** die der Darlehensgeber verlangt. Dabei beschränken sich die anzugebenden Kosten auch nicht allein auf solche, die unmittelbar beim Abschluss des Vertrags anfallen; erfasst werden vielmehr auch Kosten, die erst während der Laufzeit des Vertrags anfallen. Die Richtlinie 2008/48/EG spricht insoweit von den „für den Verbraucher anfallenden, in die Gesamtkreditkosten einbezogenen Kosten". Diese Kosten sind „im Einzelnen" anzugeben. Das bedeutet, dass diese Kosten jeweils konkret darzulegen sind;[19] es genügt weder ein Gesamtbetrag bei mehreren Einzelposten noch eine prozentuale Spanne („von x% bis y%"). Das Erfordernis, die sonstigen Kosten „beim" Sollzinssatz, also in dessen räumlicher Nähe, anzugeben, ist mit der Umsetzung der Wohnimmobilienkreditrichtlinie weggefallen, so dass „nur" noch eine Darstellung in klarer, eindeutiger und auffallender Art und Weise erforderlich ist. Soweit der deutsche Gesetzestext von einer „Auskunft" über den Zinssatz und die Gesamtkosten spricht, darf das nicht dahin missverstanden werden, dass diese Angaben nur auf Nachfrage des Verbrauchers gemacht werden müssen. Im Text der Richtlinie ist vielmehr von „Angabe" die Rede. 15

IV. Angabe des effektiven Jahreszinses

Außerdem ist, als eine der Kernpflichten, auch weiterhin der **effektive Jahreszins** anzugeben (§ 6a Abs. 2 S. 1 Nr. 4). Insoweit gibt es im Vergleich zum bisherigen Recht aber keine Neuigkeit. Der effektive Jahreszins ist entsprechend der Vorgabe in Art. 17 Abs. 1, Anhang I der Richtlinie 2014/17/EU gem. § 6 Abs. 2 PAngV und der dazugehörigen Anlage mit einer mathematischen Formel als jährlicher Prozentsatz zu berechnen, wobei von bestimmten, in der Anlage genannten Voraussetzungen auszugehen ist. Der Jahreszinssatz muss mindestens genauso hervorgehoben werden wie jeder andere Zinssatz, § 6a Abs. 2 S. 2. 16

V. Weitere Angaben (Abs. 3)

Nach Abs. 3 sind darüber hinaus in einer Werbung, in der Zahlen zu den Kosten eines Verbraucherkredits genannt werden, **zusätzliche Angaben** zu machen über den vom Verbraucher zu zahlenden **Gesamtbetrag,** die **Laufzeit** des Verbraucherdarlehensvertrags sowie über die **Höhe und Anzahl der Raten,** soweit dies jeweils zutrifft. Bei Immobiliar-Verbraucherdarlehen ist ggf. zusätzlich darauf hinzuweisen, dass das Darlehen durch ein Grundpfandrecht oder eine Reallast besichert wird und im Falle von Fremdwährungsdarlehen ist zu warnen, dass sich Wechselkursschwankungen auf den Gesamtbetrag auswirken können. 17

---

[19] BT-Drs. 16/11643, 143.

VI. Angabe in klarer, eindeutiger und auffallender Art und Weise, sowie gut verständlich und deutlich lesbar

18 Die nach § 6a Abs. 2 erforderlichen Angaben (Identität des Darlehensgebers bzw. des Darlehensvermittlers, Sollzinssatz, Nettodarlehensbetrag und effektiver Jahreszins) sind „in **klarer, eindeutiger und auffallender Art und Weise**" zu machen (Abs. 2 und 6). Die Richtlinien 2008/48/EG und 2014/17/EU sprechen von „klarer, *prägnanter* und auffallender Art und Weise". Beurteilungsmaßstab ist dabei die Wahrnehmung durch den angemessen gut unterrichteten, aufmerksamen und kritischen Durchschnittsverbraucher. In welcher Reihenfolge die Angaben gemacht werden, ist unerheblich.[20] Auch werden nicht bestimmte Darstellungsarten vorgegeben. Nach der Gesetzesbegründung soll eine **„auffallende" Angabe** erfordern, dass diese in besonderer Weise gegenüber anderen Informationen optisch, akustisch oder sonst wahrnehmungsfähig hervorgehoben wird,[21] obwohl dieses Verständnis nach dem Wortlaut der Regelung nicht unbedingt zwingend ist. Die Anforderungen gelten unabhängig davon, welches Medium verwendet wird, was sich nunmehr zusätzlich aus Abs. 6 ergibt. Ausgeschlossen sind somit Fußnoten oder Sternchenhinweise[22] oder die Darstellung auf einer gesonderten Internetseite, auf die der Verbraucher nicht zwangsläufig gelangt.[23] Aber auch ein gewöhnlicher Hyperlink in einem Internettext dürfte nicht ausreichen.[24] Etwas anderes könnte bestenfalls bei einem sog. sprechenden Link gelten, der für sich genommen auffällig gestaltet ist und aus dem deutlich wird, dass er weitergehende Informationen enthält. Maßgeblich muss jeweils der Gesamteindruck der Werbung sein. Dabei ist auch die Gestaltung der einzelnen Pflichtangaben untereinander zu beachten.[25] Die besondere Hervorhebung einer Angabe kann dazu führen, dass die weiteren Angaben nicht mehr auffallend sind, auch wenn sie gegenüber dem übrigen Text bereits hervorgehoben sind. Insbesondere darf der effektive Jahreszins nicht weniger hervorgehoben werden als jeder andere Zinssatz, zB der Sollzinssatz (Abs. 2 S. 2). Bei der Art der Darstellung genügen – anders als bei den sonstigen Kosten – die Angaben von Beitragsspannen, also zB „Nettodarlehensbetrag von X bis Y Euro" sowie eine „ab x%" Jahreszinsangabe[26]. Konkrete Angaben können insoweit nicht verlangt sein, weil andernfalls die Angabe eines Beispiels nach Abs. 4 sinnlos wäre.

19 Die Anforderung einer Angabe in klarer, eindeutiger und auffallender Art und Weise besteht nicht nur für die in Abs. 2 genannten Angaben, sondern **auch für die Angaben in Abs. 3.** Zwar enthält Abs. 3 keine entsprechende ausdrückliche Verpflichtung. Allerdings kennt die Richtlinie 2014/17/EU die vom deutschen Gesetzgeber vorgenommene Unterteilung nicht (Art. 11 Abs. 2), so dass sich das Erfordernis aus einer **richtlinienkonformen Auslegung** ergibt. Hinzu kommt, dass nach Abs. 6, der explizit auch für die Angaben nach Abs. 3 gilt, ohnehin eine akustisch gut verständliche oder deutlich lesbare Darstellung erforderlich ist. Mit Umsetzung der Wohnimmobilienkreditrichtlinie ist zudem klargestellt worden, dass sich die Verpflichtung zur klaren, eindeutigen Angabe in auffallender Art und Weise auch auf die weiteren Angaben erstreckt, die im Zusammenhang mit dem Sollzins (Abs. 2 S. 1 Nr. 3) zu machen sind.[27]

---

[20] BT-Drs. 16/11643, 143. Anders noch Vorentwürfe der RL 2008/48/EG.

[21] BT-Drs. 16/11643, 143.

[22] LG Düsseldorf, VuR 2020, 31 Tz. 2 – Formanforderungen an Kreditwerbung; *Torka* WRP 2011, 1247 (1250); *Domke/Sperlich* BB 2010, 2069.

[23] LG Potsdam GRUR-Prax 2013, 522.

[24] AA *Torka* WRP 2011, 1247 (1252).

[25] OLG Jena WRP 2013, 822 Rn. 15 ff.

[26] Dagegen hält Büscher/*Hohlweck* PAngV § 6a Rn. 9 die Angabe der Spanne mit Ober- und Untergrenze für erforderlich.

[27] Dies war zuvor noch umstritten; gegen die Verpflichtung etwa *Amschewitz* DB 2010, 1565 (1566).

VII. Repräsentatives Beispiel (Abs. 4)

20 Die nach § 6a Abs. 2 und Abs. 3 erforderlichen Angaben sind – mit Ausnahme der Informationen über die Identität des Darlehensgebers bzw. -vermittlers, die Angaben zur Besicherung von Immobiliar-Verbraucherdarlehen und den Hinweisen bei Fremdwährungsdarlehen – mit einem Beispiel zu versehen, wobei dieses Beispiel nicht zusätzlich gegeben werden muss, sondern die erforderlichen Angaben auch **„anhand" dieses Beispiels** (so der Wortlaut von Art. 4 Abs. 2 der RL 2008/48/EG) bzw. durch dieses Beispiel (Art. 11 Abs. 3 RL 2014/17/EU) gemacht werden können, sofern die weiteren Voraussetzungen der Abs. 2 und 3 erfüllt sind. Das Beispiel muss **repräsentativ** sein. Nach § 6a Abs. 4 S. 2 muss der Werbende bei seinem Beispiel sogar von einem effektiven Jahreszins ausgehen, von dem er erwarten darf, dass **mindestens zwei Drittel** der auf Grund der Werbung zustande kommenden Verträge zu dem angegebenen oder einem niedrigeren effektiven Jahreszins abgeschlossen werden. Dadurch sollen **Lockvogelangebote verhindert** werden.[28] Dieses zusätzliche Erfordernis ist unionsrechtskonform.[29] Art. 11 Abs. 3 S. 2 der Richtlinie 2014/17/EU erlaubt es den Mitgliedstaaten, Kriterien für die Festlegung des repräsentativen Beispiels zu erlassen. Nach Erwägungsgrund 53 kann dabei auch die Verbreitung bestimmter Kreditverträge auf einem speziellen Markt berücksichtigt werden. Erforderlich ist eine objektivierte ex ante **Prognoseentscheidung** aus Sicht des Werbenden. Es kommt weder darauf an, was der Werbende rein subjektiv erwartet hat noch darauf, wie viele Verträge tatsächlich zu dem in dem Beispiel genannten effektiven Jahreszins oder zu einem geringeren Zins zustande gekommen sind. Maßgeblich ist allein, was der Werbende objektiv erwarten durfte. Dabei trifft im Streitfall den Werbenden zumindest die sekundäre Darlegungslast dafür, aus welchen konkreten Gründen er von der Repräsentativität des gewählten Beispiels ausgehen durfte.

VIII. Zusätzliche Angaben bei Zusatzverträgen oder Zusatzleistungen (Abs. 5)

21 Über die Angaben nach § 6a Abs. 2 und 3 hinaus können in besonderen Fällen noch weitere Angaben erforderlich sein. Das betrifft gem. Abs. 5 Verbraucherdarlehensverträge, die mit anderen Verträgen gekoppelt sein sollen.

22 Will der Werbende den Abschluss des Verbraucherdarlehensvertrags an **den (zwingenden) Abschluss eines zusätzlichen Versicherungsvertrags,** insbesondere eine Kreditversicherung, oder an einen **Vertrag über andere Zusatzleistungen** (gemeint sind „Nebenleistungen" im Sinne von § 6 Abs. 7 bzw. Art. 4 Nr. 4 RL 2014/17/EU) knüpfen, wie zB einen Kontoführungsvertrag, und können die Kosten für diesen Vertrag nicht im Voraus bestimmt werden, muss in der Werbung für den Verbraucherdarlehensvertrag auf die **Verpflichtung zum Abschluss** dieses Vertrags **hingewiesen** werden. Auch dieser Hinweis muss **klar, gut verständlich und deutlich lesbar** sein sowie an gestalterisch hervorgehobener Stelle zusammen mit dem effektiven Jahreszins erfolgen. Ist der Abschluss eines solchen Versicherungsvertrags hingegen nur **fakultativ,** so sind die damit verbundenen Kosten beim effektiven Jahreszins gem. § 6 Abs. 4 Nr. 2 nicht zu berücksichtigen.

23 Auffällig ist die andere Terminologie in Abs. 5 (**„an gestalterisch hervorgehobener Stelle"**) im Vergleich zu Abs. 2 („in auffallender Art und Weise"). Unterschiedliche Anforderungen sind damit aber nicht verbunden. Die Richtlinie 2014/17/EU schreibt vor, dass auch auf die zwingenden Nebenleistungen „in klarer, prägnanter und auffallender Art und Weise" hinzuweisen ist (Art. 11 Abs. 4), dh die Wohnimmobilienkreditrichtlinie stellt insoweit die gleichen Anforderungen wie an die anderen Elemente.

---

[28] *Domke/Sperlich* BB 2010, 2069 (2070).

[29] Noch umstritten unter Geltung der RL 2008/48/EG, da die Erlaubnis zur Festlegung weiterer Kriterien dort nicht vorgesehen war; für die Europarechtswidrigkeit etwa: *Torka* WRP 2011, 1247 (1252 f.).

E. Teilzahlungsgeschäfte und Immobiliar-Verbraucherdarlehensverträge nach § 491 Abs. 2 S. 2 Nr. 5 BGB (Abs. 7)

24 Auf Immobiliar-Verbraucherdarlehensverträge nach § 491 Abs. 2 S. 2 Nr. 5 BGB sind die Regelungen zu den besonderen Pflichtangaben nach Abs. 2–6 nicht anwendbar (Abs. 7). Der deutsche Gesetzgeber macht damit von der Option in Art. 3 Abs. 3 lit. c der Wohnimmobilienkreditrichtlinie Gebrauch. Es gelten insoweit nur, aber auch immerhin, die allgemeinen Anforderungen an die Lauterkeit nach Abs. 1.

25 Die vormals noch bestehenden Informationspflichten bei **Teilzahlungsgeschäften** sind bei der Umsetzung der Wohnimmobilienkreditrichtlinie ebenfalls **gestrichen** worden. Abs. 2 Nr. 1 aF hatte noch vorgesehen, dass Angaben über die Sach- oder Dienstleistung, den Barzahlungspreis sowie den Betrag der Anzahlung gemacht werden müssen. Ob derartige Pflichten über die mittelbare Anwendung von § 6a über § 6c, der auch Teilzahlungsgeschäfte erfasst, hergeleitet werden können, erscheint fraglich. Allenfalls könnten solche Informationspflichten aus der allgemeinen Verpflichtung zu redlichen und eindeutigen Angaben (§ 6a Abs. 1) hergeleitet werden.

§ 6b Überziehungsmöglichkeiten

Bei Überziehungsmöglichkeiten im Sinne des § 504 Abs. 2 des Bürgerlichen Gesetzbuchs hat der Darlehensgeber statt des effektiven Jahreszinses den Sollzinssatz pro Jahr und die Zinsbelastungsperiode anzugeben, wenn diese nicht kürzer als drei Monate ist und der Darlehensgeber außer den Sollzinsen keine weiteren Kosten verlangt.

A. Unionsrechtliche Vorgaben und Entstehungsaufgabe

1 § 6b wurde durch das Gesetz zur Umsetzung der Verbraucherkreditrichtlinie, des zivilrechtlichen Teils der Zahlungsdiensterichtlinie sowie zur Neuordnung der Vorschriften über das Widerrufs- und Rückgaberecht vom 29.7.2009 (BGBl. I S. 2355) mit Wirkung zum 11.6.2010 eingefügt. Es handelt sich um eine **Ausnahmeregelung,** die zu **Erleichterungen bei Darlehensverträgen** führen soll, die dem Verbraucher eine Überziehungsmöglichkeit einräumen. Der deutsche Gesetzgeber hat insoweit von einer Möglichkeit Gebrauch gemacht, die ihm Art. 4 Abs. 2 lit. c und Art. 6 Abs. 2 der Richtlinie 2008/48/EG[1] einräumt; danach muss bei Kreditverträgen in Form einer **Überziehungsmöglichkeit,** bei denen der Kredit nach Aufforderung oder innerhalb von drei Monaten zurückzuzahlen ist, **kein effektiver Jahreszins** angegeben werden. § 6 Abs. 9 PAngV aF, der eine entsprechende Regelung für Kreditrahmen bei laufenden Konten vorsah, wurde dafür gestrichen.

B. Regelungsinhalt

2 § 6b gilt für vereinbarte Überziehungsmöglichkeiten iSd § 504 Abs. 2 BGB (der seinerseits die frühere Regelung in § 493 Abs. 1 BGB ersetzt hat), bei denen zusätzlich zwei weitere Voraussetzungen erfüllt sind: Erstens darf die Zinsbelastungsperiode nicht kürzer als 3 Monate sein. Zweitens darf der Darlehensgeber außer den Sollzinsen keine weiteren Kosten verlangen.

[1] Richtlinie 2008/48/EG des Europäischen Parlaments und des Rates vom 23.4.2008 über Verbraucherkreditverträge und zur Aufhebung der Richtlinie 87/102/EWG des Rates, ABl. 2008 L 133, S. 66, sog. Verbraucherkreditrichtlinie, zuletzt geändert durch Art. 1 VO (EU) 2019/1243 vom 20.6.2019, ABl. 2019 L 198, S. 241.

I. Überziehungsmöglichkeiten iSd § 504 Abs. 2 BGB

Bei **§ 504 BGB** geht es um eine **eingeräumte Überziehungsmöglichkeit im Rahmen eines laufenden Kontos,** das ein Verbraucher bei einem Kreditinstitut unterhält. Umgangssprachlich ist oft auch von einem **Dispositionskredit** die Rede. Voraussetzung ist somit ein Vertrag zwischen einem Kreditinstitut als Darlehensgeber[2] und einem Verbraucher. Außerdem muss die Überziehungsmöglichkeit **vereinbart** („eingeräumt") worden sein, bevor sie vom Verbraucher in Anspruch genommen wird. Zwar könnte theoretisch auch die geduldete Überziehung als „eingeräumt" angesehen werden. Allerdings ist dieser Fall in § 505 BGB gesondert geregelt und damit von dem Verweis in § 6b PAngV, der sich ausdrücklich nur auf § 504 Abs. 2 BGB bezieht, nicht erfasst. Insoweit gelten die Informationspflichten aus Art. 247 § 17 EGBGB. Erst recht findet § 6b PAngV keine Anwendung auf Überziehungen, die weder im Voraus vereinbart noch nachträglich geduldet werden. § 504 Abs. 2 BGB setzt außerdem voraus, dass die Laufzeit der Überziehungsmöglichkeit nach der Auszahlung höchstens 3 Monate beträgt oder (bei unbestimmter Laufzeit) der Darlehensgeber (das Kreditinstitut) fristlos kündigen kann. 3

II. Zinsbelastungsperiode ist nicht kürzer als drei Monate

Die Zinsbelastungsperiode ist der **Zeitraum bis zur Fälligkeit der Zinsen.** Diese Periode darf nicht kürzer als drei Monate sein. 4

III. Darlehensgeber verlangt keine weiteren Kosten außer den Sollzinsen

Weitere kumulative Voraussetzung ist, dass der Darlehensgeber **keine weiteren Kosten** verlangt **als die Sollzinsen.** Unschädlich sind allerdings auch die **allgemeinen Kontoführungsgebühren,** die für das laufende Konto und somit unabhängig von einer etwaigen Überziehung des Kontos anfallen. Etwaige Provisionen, deren Höhe sich nach dem Kreditrahmen richtet, würden hingegen der Anwendung des § 6b PAngV entgegenstehen. 5

C. Folgen

Sind die Voraussetzungen des § 6b gegeben, so muss der werbende Darlehensgeber nicht den effektiven Jahreszins angeben, sondern „nur" den **Sollzinssatz pro Jahr** und die **Zinsbelastungsperiode.** Zum Begriff des „Sollzinssatzes" → § 6a Rn. 15 und Art. 3 lit. j Richtlinie 2008/48/EG. 6

§ 6c Entgeltliche Finanzierungshilfen

Die §§ 6 und 6a sind auf Verträge entsprechend anzuwenden, durch die ein Unternehmer einem Verbraucher einen entgeltlichen Zahlungsaufschub oder eine sonstige entgeltliche Finanzierungshilfe im Sinne des § 506 des Bürgerlichen Gesetzbuchs gewährt.

A. Unionsrechtliche Vorgaben

Der 2016 eingefügte § 6c dient der Umsetzung des Begriffs „Kreditvertrag" in Art. 3 lit. c der Richtlinie 2008/48/EG bzw. Art. 4 Nr. 3 der Richtlinie 2014/17/EU, der neben Darlehen auch Zahlungsaufschübe und sonstige ähnliche Finanzierungshilfen erfasst. 1

[2] Der „Kreditgeber" iSd § 6b PAngV ist identisch mit dem „Darlehensgeber" iSd § 504 BGB.

B. Regelungsinhalt

2 § 6c erklärt die §§ 6 und 6a auch auf den **entgeltlichen** Zahlungsaufschub (§ 506 Abs. 1 BGB) sowie sonstige entgeltliche ähnliche Finanzierungshilfen (§ 506 Abs. 1, 2 BGB) für anwendbar. Das Vorliegen eines entgeltlichen Zahlungsaufschubs setzt voraus, dass die Fälligkeit der vom Verbraucher geschuldeten Zahlung abweichend vom dispositiven Recht gegen Entgelt hinausgeschoben wird, um ihm die Zahlung der vereinbarten Gegenleistung zu erleichtern.[1] Der Anwendungsbereich des § 6c ist zB eröffnet, wenn ein Händler einen **zinspflichtigen Zahlungsaufschub** anbietet, wobei Kaufpreis und Zinsen als einmaliger Gesamtbetrag nach sechs Monaten fällig werden. In solchen Fällen reicht es daher nicht aus, den Zins als bestimmten Betrag oder als Prozentsatz des Kaufpreises anzugeben. Ebenso erfasst werden das Finanzierungsleasing[2] oder ein **Mietkauf,** bei dem die zuvor gezahlten Mietraten nicht in voller Höhe auf den nach Ausübung der Kaufoption zu zahlenden Kaufpreis angerechnet werden. Dagegen liegt nicht ohne weiteres eine sonstige Finanzierungshilfe iSd § 6c vor, wenn bei einem Ratenlieferungsvertrag (§ 510 BGB) entsprechend der Leistungserbringung in Raten auch die Zahlung in Teilbeträgen erfolgt. Ebenso wenig stellt die vertraglich vereinbarte unterjährige Zahlungsweise von Versicherungsprämien eine Kreditgewährung in Form eines entgeltlichen Zahlungsaufschubs dar.[3]

C. Folgen

3 Die Vorschriften nach §§ 6 und 6a sind **entsprechend** auf entgeltliche Zahlungsaufschübe und sonstige entgeltliche Finanzierungshilfen **anwendbar.** Eine „nur" entsprechende Anwendung der Vorschriften macht einerseits Sinn, um den Besonderheiten dieser Finanzierungshilfen Rechnung zu tragen. Andererseits werden in §§ 6 und 6a bestimmte Pflichten nicht genannt, die auf die weiteren Finanzierungsinstrumente zugeschnitten sind, wie zB Informationen zum Barzahlungspreis und etwaigen Anzahlungen bei der Finanzierung in Form eines Zahlungsaufschubs, die auch Art. 4 Abs. 2 lit. e Richtlinie 2008/48/EG nennt. Ob diese Pflichten auch weiterhin gelten, ist ungewiss, was zu einiger Rechtsunsicherheit führt. Jedenfalls bei Informationspflichten, die in den Richtlinien 2008/48/EG und 2014/17/EU genannt sind (wie zB das genannte Beispiel beim Zahlungsaufschub), wird man die Vorschriften richtlinienkonform dahin auszulegen haben, dass die Informationspflichten gelten.

§ 7 Gaststätten, Beherbergungsbetriebe

(1) **[1]In Gaststätten und ähnlichen Betrieben, in denen Speisen oder Getränke angeboten werden, sind die Preise in Preisverzeichnissen anzugeben. [2]Die Preisverzeichnisse sind entweder auf Tischen aufzulegen oder jedem Gast vor Entgegennahme von Bestellungen und auf Verlangen bei Abrechnung vorzulegen oder gut lesbar anzubringen. [3]Werden Speisen und Getränke gemäß § 4 Abs. 1 angeboten, so muss die Preisangabe dieser Vorschrift entsprechen.**

(2) **[1]Neben dem Eingang zur Gaststätte ist ein Preisverzeichnis anzubringen, aus dem die Preise für die wesentlichen angebotenen Speisen und Getränke ersichtlich sind. [2]Ist der Gaststättenbetrieb Teil eines Handelsbetriebes, so genügt das Anbringen des Preisverzeichnisses am Eingang des Gaststättenteils.**

[1] BGH NJW 2013, 2195 Rn. 11 mwN.
[2] Büscher/*Hohlweck* PAngV § 6c Rn. 5; *Gutachterausschuss für Wettbewerbsfragen* WRP 2017, 1449 f. Mangels Entgeltlichkeit nicht erfasst werden allerdings das sog. Null-Leasing bzw. die Vereinbarung eines negativen Vertragszinses OLG Stuttgart BeckRS 2019, 13291 Rn. 11.
[3] *BGH* NJW 2013, 2195 Rn. 18 f.

(3) **In Beherbergungsbetrieben ist beim Eingang oder bei der Anmeldestelle des Betriebes an gut sichtbarer Stelle ein Verzeichnis anzubringen oder auszulegen, aus dem die Preise der im Wesentlichen angebotenen Zimmer und gegebenenfalls der Frühstückspreise ersichtlich sind.**

(4) **Kann in Gaststätten- und Beherbergungsbetrieben eine Telekommunikationsanlage benutzt werden, so ist der bei Benutzung geforderte Preis je Minute oder je Benutzung in der Nähe der Telekommunikationsanlage anzugeben.**

(5) **Die in den Preisverzeichnissen aufgeführten Preise müssen das Bedienungsgeld und sonstige Zuschläge einschließen.**

A. Allgemeines, (Un-)Vereinbarkeit mit Unionsrecht

§ 7 enthält eine **Spezialregelung zu § 5 PAngV** im Hinblick auf **Gaststätten,** Gaststätten ähnliche Betriebe und **Beherbergungsbetriebe.** Soweit Leistungen nicht in § 7 geregelt werden, unterfallen sie dem Anwendungsbereich des § 5; ebenso sind in solchen Fällen aber möglicherweise auch die Ausnahmeregelungen des § 9 Abs. 8 anwendbar. Bei § 7 geht es in den Abs. 1 und 2 hauptsächlich um Waren, die in Gaststätten angeboten werden, in Abs. 3 um Leistungen in Beherbergungsbetrieben und in Abs. 4 ebenfalls um Leistungen, nämlich Telekommunikationsleistungen in Gaststätten oder Beherbergungsbetrieben – wobei die Norm heute praktisch überholt ist. In allen Fällen wird allein das jeweilige Angebot geregelt, nicht auch die Werbung. Abs. 5 präzisiert nur die allgemeinen Anforderungen des § 1 Abs. 1 S. 1 PAngV und ist insoweit eigentlich überflüssig, zumal die allgemeinen Anforderungen des § 1 durch § 7 ohnehin unberührt bleiben. 1

Die Regelungen in den **Abs. 1 und 2** gehen über die Bestimmungen zu Preisangaben in Art. 4 Preisangabenrichtlinie hinaus[1] und weil sie zudem auch strenger sind als die Vorgaben in Art. 7 Abs. 4 UGP-Richtlinie waren diese Regelungen nach bisheriger hM bis zum 12.6.2013 nur aufgrund der Mindestangleichungsklausel des Art. 10 Preisangabenrichtlinie noch zu rechtfertigen. Für die Zeit danach unterfallen sie der Verfallsklausel des Art. 3 Abs. 5 UGP-Richtlinie mit der Folge, dass die Bejahung eines unlauteren Wettbewerbsverstoßes gem. § 3a UWG nicht mehr auf diese Bestimmung gestützt werden kann. 2

Die Regelungen in **Abs. 3 und 4** gehen ihrerseits über die Vorgaben des Art. 22 Abs. 2 Dienstleistungsrichtlinie hinaus, weil es an dem nach der Richtlinie vorgesehenen Wahlrecht fehlt. Im Wege richtlinienkonformer Auslegung muss es daher dem Inhaber des Beherbergungsbetriebs möglich sein, den Anforderungen an die Preisangabe entsprechend den Vorgaben der Dienstleistungsrichtlinie (mit entsprechendem Wahlrecht) nachzukommen.[2] 3

Abs. 5 hingegen steht mit den Vorgaben des Art. 7 Abs. 4 lit. c UGP-Richtlinie in Einklang, ist für sich genommen aber überflüssig. 4

B. Preisverzeichnis in Gaststätten (Abs. 1)

I. Inhaber von Gaststätten

Der Begriff der **Gaststätte** entspricht im Wesentlichen der Definition des „Gaststättengewerbes" in § 1 Abs. 1 Gaststättengesetz idF der Bekanntmachung vom 20.11.1998.[3] 5

[1] Wie hier auch Köhler/Bornkamm/Feddersen/*Köhler* PAngV § 7 Rn. 1a; aA Büscher/*Hohlweck* PAngV § 7 Rn. 2, der im Kontext des § 7 PAngV allein die Dienstleistungsrichtlinie für einschlägig hält.

[2] Köhler/Bornkamm/Feddersen/*Köhler* PAngV § 7 Rn. 1b; aA Büscher/*Hohlweck* PAngV § 7 Rn. 3, der wegen Art. 22 Abs. 5 Dienstleistungsrichtlinie die strengeren mitgliedstaatlichen Bestimmungen für zulässig hält.

[3] BGBl. I S. 3418.

Erfasst werden also grundsätzlich alle Geschäftsbetriebe, die im stehenden Gewerbe Getränke und/oder zubereitete Speisen zum Verzehr an Ort und Stelle anbieten (Schankwirtschaften und Speisewirtschaften), wenn der Betrieb jedermann oder bestimmten Personenkreisen zugänglich ist. Erfasst wird auch der Gaststättenteil von Beherbergungsbetrieben (also zB Bars und Restaurants in Hotels). Neben diesen sogenannten „eigentlichen" Gaststättenbetrieben gilt die Vorschrift aber auch für alle **„ähnlichen Betriebe"**, in denen Speisen oder Getränke angeboten werden. Hierunter fallen Selbstbedienungsgaststätten, Erfrischungshallen, Kioske, Stehbierhallen und Bierzelte. Insbesondere werden hierdurch auch alle Betriebe erfasst, in denen der Kunde sich selbst bedienen kann oder jedenfalls nicht am Tisch bedient wird (also zB Speisen und Getränke an einer Theke bestellt und bezahlt und sie selbst zum Tisch bringt) und/oder der Verzehr im Stehen stattfindet. Hierzu zählen zB der Kaffeeausschank in Kaffeeröstereien, ebenso Schnellimbissstuben und sog. Fast-Food-Restaurants.[4] Erfasst werden auch Betriebe, die nur vorübergehend an einem bestimmten Standort tätig sind, insbesondere bei Volksfesten, Jahrmärkten und dergleichen.

II. Preisverzeichnisse für Speisen und Getränke

6 Die Verpflichteten (→ Rn. 5) haben Preisverzeichnisse (zum Begriff → § 4 Rn. 16) für Speisen und Getränke aufzustellen (Speise- und Getränkekarten). Ein **einheitliches Preisverzeichnis für Speisen und Getränke** ist ebenso zulässig wie **gesonderte Verzeichnisse** (zB auch gesondert für Desserts, Wein, Kinder- oder Tagesgerichte). Die Preisverzeichnisse müssen jedoch in ihrer Gesamtheit **alle im Betrieb angebotenen Speisen und Getränke** enthalten. Anzugeben sind die Gesamtpreise (Abs. 5), daneben gegebenenfalls auch die Verkaufs- oder Leistungseinheit und die Gütebezeichnung (§ 1 Abs. 1 S. 2). „Von-bis", „Ab-„ oder „ca."- Preisangaben sind im Preisverzeichnis nicht zulässig, ebenso wenig allgemeine Angaben wie „Preis je nach Gewicht oder Größe".[5] Allerdings kann bei Speisen anstelle der Preisangabe für das Gedeck/Menü oder die Portion auch der Preis für bestimmte Einheiten (zB nach Gewicht oder Stückzahl) angegeben werden, wenn der Gast auf dieser Grundlage die Größe der Portion bestimmen kann zB bei Hummer oder Steak. Im Rahmen des Verkehrsüblichen ist auch die Preisangabe für eine „große Portion" oder „kleine Portion" zulässig.[6] Hinzuweisen ist auch auf Zuschläge bei Erfüllung von Sonderwünschen oder bei Zahlung mit Kreditkarte.[7] Wird ein Eintrittsgeld und ein Mindestverzehr verlangt (zB in Clubs), ist hierauf im Preisverzeichnis am Eingang hinzuweisen. Bei Getränken ist stets die Verkaufseinheit nach Volumen anzugeben (§ 1 Abs. 1 S. 2). Im Prinzip ist der Preis für jede einzelne Speise und jedes einzelne Getränk anzugeben. Dies schließt aber preisangabenrechtlich Gesamtangebote nicht aus (zB Mittagsmenüs mit einem bestimmten Getränk). Zulässig ist auch die Preisangabe für Gesamtangebote in Form eines Büffets bzw. sog. „Brunch-Angebote", bei denen vom Büffet beliebig viel konsumiert werden kann und im Angebot Getränke (zB Kaffee und Säfte) enthalten sind.

III. Pflicht zur Auslage oder Vorlage

7 Die Preisverzeichnisse können dem Publikum **nach Wahl des Anbieters** in drei Varianten zur Verfügung gestellt werden: Zum einen können sie auf den Tischen aufgelegt werden. Bei dieser Variante muss auf jedem Tisch von jedem Preisverzeichnis zumindest ein Exemplar ständig aufliegen. Eine hinreichende Zahl von Preisverzeichnissen liegt dann aus, wenn sich jeder Gast ohne nennenswerte Verzögerung über das Speisen- und Getränkeangebot unterrichten kann.[8] Dies bedeutet, dass je nach Größe des Tisches und Umfang

[4] LG Hamburg GRUR-RR 2011, 477 (478) – Fastfood-Restaurant.
[5] *Gimbel/Boest,* Die neue Preisangabenverordnung, 1985, § 5 Anm. 2.
[6] *Gimbel/Boest,* Die neue Preisangabenverordnung, 1985, § 5 Anm. 2.
[7] *Gelberg* GewArch 1995, 393 (398).
[8] Erbs/Kohlhaas Strafr. NebenG/*Häberle* PAngV § 7 Rn. 3.

der Verzeichnisse auch die Auflage von mehr als einem Exemplar im Einzelfall erforderlich sein kann. Alternativ können die Preisverzeichnisse auch vor Entgegennahme von Bestellungen den Gästen vorgelegt werden. Die Vorlage hat sowohl bei der ersten Bestellung als auch, wenn der Gast darum bittet, bei weiteren Bestellungen und bei der Abrechnung zu erfolgen. Als dritte Variante (neben dem Auslegen oder Vorlegen der Preisverzeichnisse) gestattet die Vorschrift stattdessen auch, die Preisverzeichnisse gut lesbar anzubringen. Die Art und Weise der Anbringung genügt diesen Voraussetzungen, wenn der Gast von dem Ort aus, von dem er seine Bestellung aufgibt (später bezahlt) das Verzeichnis mühelos lesen kann.

IV. Sichtbar angebotene Speisen und Getränke (S. 3)

Diese Bestimmung betrifft den Fall, dass Speisen und Getränke – gewissermaßen als Blickfang – innerhalb oder außerhalb der Gaststätte auf Verkaufsständen oder in sonstiger Weise angeboten werden, das **Publikum** also **durch die Speisen und Getränke selbst angesprochen** werden soll. Da die Vorschrift das „Anbieten" von Speisen und Getränken voraussetzt, ist der Anwendungsbereich nicht eröffnet, wenn Speisen und Getränke in Schaufenstern, Schaukästen oder Vitrinen lediglich „ausgestellt" werden (hierzu → § 4 Rn. 6). Liegt hingegen ein Angebot vor, muss die Preisauszeichnung den Vorgaben des § 4 Abs. 1 PAngV entsprechen. Da die Vorgaben des § 4 Abs. 1 PAngV, die eine Kennzeichnung durch Preisschilder oder Beschriftungen vorsehen, wiederum strenger als Art. 4 Abs. 1 Preisangabenrichtlinie sind, stellt sich auch im Zusammenhang mit § 7 Abs. 1 S. 3 PAngV die Frage, ob die Vorschrift unionsrechtskonform ausgelegt werden kann bzw. muss. Bei § 4 Abs. 1 PAngV sind die Vorgaben zur Art und Weise der Preisangabe nicht verbindlich, sondern nur als Beispiele aufzufassen. Dasselbe gilt für § 7 Abs. 1 S. 3 PAngV. Im Ergebnis muss der Gastwirt damit lediglich die allgemeinen Anforderungen aus § 1 Abs. 1 S. 1 PAngV erfüllen. Die weiter gehenden Vorgaben nach § 7 Abs. 1 S. 3 iVm § 4 Abs. 1 PAngV sind nicht mit dem Unionsrecht vereinbar. 8

C. Aushang des Preisverzeichnisses (Abs. 2)

I. Allgemeines

Abs. 2 regelt die Pflicht zum **Aushang** eines Preisverzeichnisses **neben dem Eingang zur Gaststätte.** Durch den Aushang am Eingang wird es dem Gast ermöglicht, sich über Angebot und Preisniveau einen Überblick zu verschaffen, *bevor* er sich zum Betreten der Gaststätte entschließt. Die Pflicht des Abs. 2 gilt nur für Gaststätten, nicht für ähnliche Betriebe im Sinne von Abs. 1 und deshalb insbesondere auch nicht für Schnellrestaurants.[9] 9

II. Ort des Aushangs

Das Preisverzeichnis muss neben dem Eingang, also in seiner unmittelbaren Nähe angebracht werden. **„Eingang"** ist jeder Zugang von öffentlich zugänglichen Flächen zum eigentlichen Gaststättenbereich, bei umzäunten Gartenlokalen also zB bereits das Eingangstor.[10] Bei Gaststätten mit mehreren Eingängen gilt die Aushangpflicht für jeden Eingang.[11] Der Aushang des Preisverzeichnisses im Fenster der Gaststätte ist zulässig, wenn es sich unmittelbar neben dem Eingang befindet und mühelos einsehbar ist.[12] Ist der Gaststättenbetrieb Teil eines **Handelsbetriebs**, also zB Kaufhaus, Supermarkt oder Möbelhaus, so 10

[9] LG Hamburg GRUR-RR 2011, 477 (478) – Fastfood-Restaurant.; aA Büscher/*Hohlweck* PAngV § 7 Rn. 7.

[10] Erbs/Kohlhaas Strafr. NebenG/*Häberle* PAngV § 7 Rn. 5.

[11] Erbs/Kohlhaas Strafr. NebenG/*Häberle* PAngV § 7 Rn. 5.

[12] *Gelberg,* Kommentar zur Preisangabenverordnung, 1975, Anm. 3.2.3.3 zu § 4 Abs. 1–3.

genügt der Aushang des Preisverzeichnisses am Eingang des Gaststättenteils, Abs. 2 S. 2. Zulässig ist jedoch auch die Anbringung am Eingang des Handelsbetriebs.[13]

III. Inhalt des Preisverzeichnisses

11 Anders als das Preisverzeichnis in der Gaststätte, das nach Abs. 1 umfassend zu sein hat, soll der Aushang am Eingang lediglich einen Überblick verschaffen. Angegeben werden müssen daher nur wesentliche Teile des Angebots. **„Wesentlich"** sind die im jeweiligen Gaststättenbetrieb häufig nachgefragten Speisen und Getränke. Dies entspricht der Auslegung des Begriffs „wesentliche Leistungen" in § 5 Abs. 1. Maßgeblich ist die Nachfragehäufigkeit im individuellen Betrieb.

D. Beherbergungsbetriebe (Abs. 3)

12 Abs. 3 gilt für **Beherbergungsbetriebe,** also für Betriebe, die Gäste beherbergen, wenn der Betrieb jedermann oder bestimmten Personenkreisen (zB Jugendherbergen) zugänglich ist, also insbesondere für Hotels, Motels und Pensionen, ebenso für Gaststätten mit Fremdenzimmern. Unerheblich ist, ob nach § 2 Gaststättengesetz eine Erlaubnispflicht besteht; es kommt darauf an, ob die Beherbergung gewerbs- oder geschäftsmäßig oder sonst regelmäßig iSv § 1 Abs. 1 S. 1 erfolgt.[14] Damit werden auch kleinere Beherbergungsbetriebe (zB private Vermieter von Urlaubsquartieren und Ferienwohnungen) erfasst, soweit die allgemeinen Voraussetzungen erfüllt sind.[15]

13 Abs. 3 dient der Information von Verbrauchern bereits im Eingangsbereich der Beherbergungsbetriebe. Hier ist ein Preisverzeichnis (zum Begriff → § 4 Rn. 16 und → Rn. 6) anzubringen oder auszulegen (→ Rn. 7). Es hat die Preise der **„im Wesentlichen angebotenen"** Zimmer (also für die gängigen Zimmerkategorien, die den überwiegenden Teil des Angebots abdecken) und gegebenenfalls den Frühstückspreis zu enthalten, bei zwingenden **Komplettangeboten** zudem den hervorgehobenen Gesamtpreis (§ 1 Abs. 7 S. 3) für Zimmer und Frühstück. Was die Zimmerpreise anbelangt, können einzelne Zimmer oder Suiten, die sich aufgrund ihrer Ausstattung bzw. ihres Preises deutlich vom sonstigen Angebot des Betriebs (nach oben oder unten hin) abheben, außer Betracht bleiben. Der Aushang oder die Auslage des Preisverzeichnisses kann zum einen **„beim Eingang"** (also im Außenbereich am Eingang oder innen im unmittelbaren Eingangsbereich) oder **„bei der Anmeldestelle"** (also an der Rezeption) erfolgen. Es besteht mithin keine Pflicht für Beherbergungsbetriebe, diese Preisinformationen neben dem Eingang (also an einer von außen einsehbaren Stelle) auszuhängen. **„An gut sichtbarer Stelle"** bedeutet, dass das Preisverzeichnis nicht versteckt oder verdeckt angebracht werden darf, sondern spätestens beim Betreten des Eingangsbereichs bzw. an der Rezeption mühelos und ohne großes Suchen zur Kenntnis genommen werden kann.

E. Telekommunikationsanlagen (Abs. 4)

14 Diese Bestimmung regelt die Preisangabe für **Telekommunikationsanlagen,** die **in Gaststätten und Beherbergungsbetrieben entgeltlich zur Verfügung gestellt** werden. Angesichts der weiten Verbreitung von Handys und Smartphones kommt der Bestimmung eine zunehmend geringere praktische Bedeutung zu. Der Begriff „Telekommunikationsanlagen" ist weit zu verstehen. Er umfasst neben Telefon- und Telefaxgeräten zB auch alle Anlagen, die eine Internetbenutzung ermöglichen. Die Höhe des Entgelts

[13] *Bülow,* Kennzeichnungsrecht und Produktwerbung für Lebens-, Genuss-, Arzneimittel und Kosmetika, Bd. 2, Abschn. L 1141.

[14] *Gelberg* GewArch 1987, 313 f.; GewArch 1992, 217 (220).

[15] Köhler/Bornkamm/Feddersen/*Köhler* PAngV § 7 Rn. 7.

muss bezogen auf die Zeiteinheit des Minutentakts oder für jede Benutzung angegeben werden. Dadurch wird für diesen Bereich über die bloße Art und Weise der Angabe hinaus auch die Art und Weise der Berechnung des Preises vorgeschrieben.

F. Bedienungsgeld und sonstige Zuschläge (Abs. 5)

Abs. 5 **konkretisiert und ergänzt** für den gesamten Gaststätten- und Beherbergungs- 15
bereich die **Pflicht zur Angabe des Gesamtpreises** nach § 1 Abs. 1 S. 1. Der anzugebende Gesamtpreis für alle betreffenden Leistungen hat das **Bedienungsgeld** (also sämtliche anfallenden Personalkosten für die von § 7 erfassten Leistungen) und **alle „sonstigen Zuschläge"** zu enthalten, zB in Restaurants die Kosten für das Gedeck/Couvert, bei vermieteten Zimmern die Kosten der Heizung/Klimatisierung. Letztlich müssen die für den Verzehr von Speisen und Getränken bzw. die Beherbergung angegebenen Preise das gesamte mit dem jeweiligen Angebot zwingend verbundene Leistungsprogramm abdecken. Eine Aufgliederung mit Angabe einzelner Preisbestandteile bzw. Positionen ist zulässig, soweit der Gesamtpreis hervorgehoben wird (§ 1 Abs. 7 S. 3). In Restaurants sind Kosten für eine Musikunterhaltung nur einzubeziehen, wenn eine Umlage der hierdurch entstehenden Kosten auf die Getränke- und Speisepreise erfolgt,[16] nicht aber bei einem gesondert zu entrichtenden Eintrittsgeld.[17] Nicht in den Gesamtpreis einzubeziehen – auch nicht als „Zuschlag" – sind von Dritten verlangte Entgelte für deren Leistung, zB die Kurtaxe. Stellen Gaststätten- oder Beherbergungsbetriebe nach Wahl des Kunden und gegen gesonderte Vergütung Einstellplätze/Parkplätze zur Verfügung, gilt § 8 Abs. 2.

§ 8 Tankstellen, Parkplätze

(1) [1] **An Tankstellen sind die Kraftstoffpreise so auszuzeichnen, dass sie**
1. für den auf der Straße heranfahrenden Kraftfahrer,
2. auf Bundesautobahnen für den in den Tankstellenbereich einfahrenden Kraftfahrer
deutlich lesbar sind. [2] **Dies gilt nicht für Kraftstoffmischungen, die erst in der Tankstelle hergestellt werden.**

(2) **Wer für weniger als einen Monat Garagen, Einstellplätze oder Parkplätze vermietet oder bewacht oder Kraftfahrzeuge verwahrt, hat am Anfang der Zufahrt ein Preisverzeichnis anzubringen, aus dem die von ihm geforderten Preise ersichtlich sind.**

A. Allgemeines, Vereinbarkeit mit Unionsrecht

Ähnlich wie § 7 enthält § 8 branchenspezifische Sondervorschriften, nämlich zum einen 1
für die **Preisauszeichnung für Kraftstoff bei Tankstellen** (Abs. 1) und zum anderen für **Leistungen im Zusammenhang mit der vorübergehenden Unterbringung/Bewachung von Fahrzeugen** (Abs. 2). In ihrem jeweiligen Anwendungsbereich gehen Abs. 1 der Spezialvorschrift § 4 und Abs. 2 der Spezialvorschrift § 5 vor. Für das Angebot anderer Waren und Leistungen gelten §§ 4 und 5 jedoch uneingeschränkt. Bieten also zB Tankstellen – wie heute vielfach üblich (sog. **„Tankstellenshops"**) – neben Kraftstoff ein mehr oder minder umfangreiches Warensortiment an, gilt hierfür § 4. Bietet die Tankstelle auch Leistungen an (zB Öl- und Reifenwechsel, kleinere Reparaturen, Autowaschstraße), findet § 5 Anwendung (Abs. 1 allerdings nur, soweit es sich nach den betrieblichen Gegebenheiten um „wesentliche Leistungen" handelt, vgl. → § 5 Rn. 5). Wird die Tankstelle in

[16] *Gimbel/Boest,* Die neue Preisangabenverordnung, 1985, § 5 Anm. 11.
[17] *Gelberg,* Kommentar zur Preisangabenverordnung, 1975, S. 92.

Verbindung mit einer Gaststätte betrieben, gilt für den Gaststättenbetrieb § 7. Auf die Zahlungsweise kommt es für die Anwendung von § 8 grundsätzlich nicht an.[1] Verlangt allerdings die Tankstelle bei Zahlung mit Kreditkarte für Kraftstoff und anderes einen pauschalierten Aufschlag, ist hierauf zumindest auf den Zapfsäulen,[2] aber auch im Geschäftslokal durch Aushang hinreichend deutlich hinzuweisen. Wie die anderen besonderen Bestimmungen in §§ 4–7 ist auch § 8 **keine abschließende Spezialvorschrift mit Ausschlusswirkung** für die allgemeineren Bestimmungen in § 1. § 1 ist daher neben § 8 in vollem Umfang anwendbar. Die Pflicht zur Angabe des Grundpreises nach § 2 ist für die in § 8 geregelten Sachverhalte (noch) weitgehend irrelevant, da bei flüssigen Kraftstoffen der Preis ohnehin pro Liter angegeben wird und daher mit dem ebenfalls pro Liter anzugebenden Grundpreis identisch wäre (§ 2 Abs. 1 S. 3) und für die in § 8 Abs. 2 geregelten Dienstleistungen ohnehin keine Pflicht zur Grundpreisangabe besteht. Ändern könnte sich das allerdings in Zukunft zB in Zusammenhang mit Elektroautos. Die Ausnahmevorschriften in § 9 spielen im Anwendungsbereich von § 8 keine praktische Rolle.

2 Abs. 1 bewirkt **lediglich eine Präzisierung der Preisangabenpflicht für Waren.** Die Regelung geht nicht über Art. 4 Abs. 1 Preisangabenrichtlinie bzw. Art. 7 Abs. 4 UGP-Richtlinie hinaus und unterfällt daher auch nicht der Verfallsklausel des Art. 3 Abs. 5 UGP-Richtlinie.

3 Die Regelungen in Abs. 2 hingegen betreffen **Dienstleistungen.** Sie gehen über die Vorgaben des Art. 22 Abs. 2 Dienstleistungsrichtlinie hinaus, weil es an dem nach der Richtlinie vorgesehenen Wahlrecht fehlt. Im Wege richtlinienkonformer Auslegung muss es daher dem Betreiber der Tankstelle möglich sein, den Anforderungen an die Preisangabe entsprechend den Vorgaben der Dienstleistungsrichtlinie (mit entsprechendem Wahlrecht) nachzukommen.[3]

B. Preisauszeichnung bei Tankstellen (Abs. 1)

I. Allgemeines

4 **Normadressat** der Preisauszeichnungspflicht nach Abs. 1 ist **derjenige, der die Tankstelle tatsächlich betreibt** und damit als Anbieter iSv § 1 Abs. 1 S. 1 auftritt.[4] Ob er im eigenen Namen oder, wie zumeist bei Tankstellenpächtern der Fall, in fremdem Namen handelt, ist dabei unerheblich. Die Vorschrift regelt die **Preisauszeichnung für Kraftstoffe.** Dies sind alle Stoffe, durch deren Verbrauch Kraftfahrzeuge angetrieben werden (Benzin, Dieselkraftstoff, Gas, Elektrizität).[5] Schmierstoffe sind keine Kraftstoffe; für sie gilt § 4. Nach S. 2 sind von der Anwendbarkeit der Vorschrift Kraftstoffmischungen ausgenommen, die erst an der Tankstelle hergestellt werden; diese Ausnahme gilt allerdings nicht für Gemische, die automatisch gemischt aus der Zapfsäule fließen.[6]

5 Der **Inhalt der Preisauszeichnung** ist **in § 8 nicht näher geregelt.** Hier gilt § 1. Entsprechend der allgemeinen Verkehrsauffassung hat die Preisangabe für die jeweilige Verkaufseinheit (bei Flüssigkraftstoffen also jeweils für einen Liter) zu erfolgen (§ 1 Abs. 1 S. 2). Eine ausdrückliche Nennung der Verkaufseinheit ist bei der Preisauszeichnung zumindest für Flüssigkraftstoffe nach Abs. 1 nicht erforderlich, da diese Verkaufseinheit absolut verkehrsüblich ist und von den Kraftfahrern selbstverständlich zugrunde gelegt wird.[7] Dagegen sind die angebotenen Kraftstoffe nach allgemeiner Verkehrsauffassung

[1] OLG Karlsruhe NJWE-Wettb 1996, 248 (249).
[2] Vgl. *Gelberg* GewArch 1995, 393 (398).
[3] Köhler/Bornkamm/Feddersen/*Köhler* PAngV § 8 Rn. 1b.
[4] ZB der Eigentümer oder Pächter, OLG Düsseldorf WRP 1988, 170 (172).
[5] Vgl. Köhler/Bornkamm/Feddersen/*Köhler* PAngV § 8 Rn. 2.
[6] *Gelberg,* Kommentar zur Preisangabenverordnung, 1975, S. 101; *Gimbel/Boest,* Die neue Preisangabenverordnung, 1985, § 6 Anm. 7; Erbs/Kohlhaas Strafr. NebenG/*Häberle* PAngV § 8 Rn. 5.
[7] Vgl. OLG Düsseldorf WRP 1988, 170 (171).

durch eine verkehrsübliche Gütebezeichnung (zB Benzin, Super, Diesel, E10) zu kennzeichnen.[8] Verkaufseinheit und Gütebezeichnung sind der jeweiligen Preisangabe eindeutig zuzuordnen (§ 1 Abs. 7 S. 2).

II. Autobahntankstellen (Abs. 1 Nr. 2)

Abs. 1 S. 1 Nr. 2 enthält eine Privilegierung der **Autobahntankstellen.** Bei Tankstellen 6
auf Bundesautobahnen muss die Preisauszeichnung erst für den in den Tankstellenbereich einfahrenden Kraftfahrer deutlich lesbar sein. Eine Lesbarkeit der Preise von der Autobahn aus wäre wegen der Geschwindigkeit der Fahrzeuge und häufig auch wegen des Abstands der Tankstelle zur Autobahn kaum praktikabel und wegen einer möglichen Ablenkung der Fahrer aus Sicherheitsgründen auch nicht wünschenswert. Die Preisangaben müssen für den Kraftfahrer **beim Einfahren in den Tankstellenbereich** lesbar sein. Dieser Bereich beginnt heute in der Regel nicht zwingend direkt nach dem Ende der Autobahnausfahrt oder dem Beginn des Tankstellengrundstücks, weil sich heute bei vielen großen Tankstellen und Raststätten die Tankstellen nicht immer direkt an die Ausfahrt anschließen. Maßgeblich ist daher nicht das Ende der Autobahnausfahrt, sondern der **Beginn des Tankstellenbereichs im engeren Sinn.** Die Fahrer müssen unmittelbar bei Einfahrt in den Tankstellenbereich die Preise lesen können, und zwar so rechtzeitig, dass sie die Tankstelle gleich wieder verlassen können, falls ihnen die Preise zu hoch sind.[9] Es genügt daher nicht, wenn der Kraftfahrer erst an die Zapfsäule heranfahren muss, um die Preise zu lesen.

III. Sonstige Tankstellen

Bei allen anderen Tankstellen (außer Autobahntankstellen) muss die Preisauszeichnung 7
so erfolgen, dass sie bereits **für den auf der Straße heranfahrenden Kraftfahrer deutlich lesbar** ist. Dies betrifft nicht nur die Preisangabe selbst, sondern auch die nach allgemeiner Verkehrsauffassung erforderliche **Angabe der Gütebezeichnungen** (→ Rn. 5). Die Vorschrift gilt im Hinblick auf alle Straßen, von denen aus eine direkte Zufahrt auf das Tankstellengrundstück möglich ist, bei Tankstellen an Straßenkreuzungen daher häufig für zwei Straßen. Die Bestimmung gilt im Prinzip für alle Tankstellen, auch für reine **Kartentankstellen,** die Kraftstoff ausschließlich an Inhaber codierter Kundenkarten abgeben.[10] Die Preisauszeichnung muss für die heranfahrenden Fahrer zumindest ab dem Abschnitt der Straße ohne Mühe und mit einem kurzen Blick deutlich lesbar sein, an dem er sich ohne Störung des Verkehrsflusses (und selbstverständlich ohne Verkehrsgefährdung) noch auf die Einfahrt in die Tankstelle einrichten kann,[11] also insbesondere ohne ruckartiges Abbremsen. Eine Preisangabe nur an den Zapfsäulen wird diesen Anforderungen kaum je genügen. Die Umstände des Einzelfalls sind zu berücksichtigen, insbesondere die Geschwindigkeit der heranfahrenden Kraftfahrer. Dabei ist von der jeweiligen straßenverkehrsrechtlich zulässigen Höchstgeschwindigkeit auszugehen.[12] Im Übrigen ist von normalen Straßenverhältnissen (also nicht etwa von vereisten Straßen) und normalen Verkehrsverhältnissen (also zB kein Stau) auszugehen.[13] Insbesondere muss der Tankstelleninhaber nicht berücksichtigen, dass auf einer Durchgangsstraße Geschwindigkeitsüberschreitungen zur Regel geworden sind. Die erforderliche Größe der Ziffern und Buchstaben ist unter Berücksichtigung dieser Umstände im Einzelfall, auch unter Berücksichtigung der farblichen Gestaltung, zu bestimmen. In der Regel wird bei rechtwinklig zur

[8] Näher *Völker* PreisangabenR § 8 Rn. 5.

[9] *Gimbel/Boest,* Die neue Preisangabenverordnung, 1985, § 6 Anm. 4.

[10] OLG Karlsruhe NJWE-WettbR 1996, 248 (249).

[11] *Gimbel/Boest,* Die neue Preisangabenverordnung, 1985, § 6 Anm. 2; Erbs/Kohlhaas Strafr. NebenG/*Häberle* PAngV § 8 Rn. 3.

[12] AA *Gimbel/Boest,* Die neue Preisangabenverordnung, 1985, § 1 Anm. 4.

[13] Vgl. OLG Düsseldorf WRP 1988, 170 (172): „Bei normaler Fahrt".

Fahrbahn angebrachten Schildern im innerörtlichen Bereich eine Ziffergröße von zumindest 40 cm ausreichen.[14] Auch die Kraftstoffsorten müssen entsprechend gut lesbar sein; hierfür reicht jedenfalls eine Buchstabengröße von 9 cm nicht aus.[15]

C. Garagen, Einstellplätze, Parkplätze (Abs. 2)

8 Abs. 2 regelt die **Preisauszeichnung bei kurzfristiger Vermietung oder Bewachung von Garagen, Einstellplätzen oder Parkplätzen** und einer **sonstigen kurzfristigen Verwahrung von Kraftfahrzeugen.** Die Vorschrift gilt **auch für Gaststätten und Beherbergungsbetriebe,** soweit sie solche Leistungen auf Wunsch des Kunden und gegen gesonderte Vergütung anbieten. Parkuhren und Parkscheinautomaten (§ 13 StVO) unterfallen der Vorschrift nicht, da es bereits am Tatbestandsmerkmal des „Vermietens" fehlt. Erfasst werden nur Angebote für einen **Zeitraum von weniger als einem Monat.** Werden die Leistungen gleichzeitig auch für Zeiträume von einem Monat oder mehr angeboten, gilt die Preisauszeichnungspflicht nach Abs. 2 für diese längerfristigen Angebote nicht, sondern § 1 und ggf. § 5. Da sich bei diesen Leistungen die Höhe der Vergütung in der Regel nach der zeitlichen Dauer der Inanspruchnahme der Leistung richtet, hat das Preisverzeichnis entweder aus einer entsprechenden Tabelle oder aus der Angabe entsprechender Verrechnungssätze iSv § 1 Abs. 2 zu bestehen (zB „2 Euro je angefangener Stunde"); auch Kombinationen sind zulässig (zB „erste Stunde 2 Euro, zweite Stunde 1 Euro, jede weitere angefangene Stunde 50 Cent"). Das Preisverzeichnis ist **am Anfang der Zufahrt** anzubringen. Es muss also nicht bereits für den auf der Straße heranfahrenden Kraftfahrer lesbar sein (wie bei Tankstellen gemäß Abs. 1 S. 1 Nr. 2). Allerdings muss nach Sinn und Zweck der Vorschrift das Preisverzeichnis für den Kraftfahrer, der den Anfang der Zufahrt erreicht hat, leicht erkennbar und deutlich lesbar (§ 1 Abs. 7 S. 2) sein, bevor er in die Zufahrt einfährt, damit er die Preisinformation noch vor seiner Entscheidung über die Einfahrt erhält.[16] Nur wenn dies wegen der besonderen örtlichen Verhältnisse nicht möglich ist, kann das Preisverzeichnis an einem späteren Punkt (zB Einfahrt in die Tiefgarage oder das Parkhaus) angebracht werden.[17] An die Zulässigkeit solcher Ausnahmen sind strenge Anforderungen zu stellen; sie sind nur zuzulassen, wenn der Kunde nach Kenntnisnahme des Preisverzeichnisses den Betrieb ohne Kostenfolgen sofort wieder verlassen kann.[18]

§ 9 Ausnahmen

(1) **Die Vorschriften dieser Verordnung sind nicht anzuwenden**

1. auf Angebote oder Werbung gegenüber Verbrauchern, die die Ware oder Leistung in ihrer selbständigen beruflichen oder gewerblichen oder in ihrer behördlichen oder dienstlichen Tätigkeit verwenden; für Handelsbetriebe gilt dies nur, wenn sie sicherstellen, dass als Verbraucher ausschließlich die in Halbsatz 1 genannten Personen Zutritt haben, und wenn sie durch geeignete Maßnahmen dafür Sorge tragen, dass diese Personen nur die in ihrer jeweiligen Tätigkeit verwendbaren Waren kaufen;

---

[14] *Gelberg,* Kommentar zur Preisangabenverordnung, 1975, S. 99; *Gimbel/Boest,* Die neue Preisangabenverordnung, 1985, § 6 Anm. 2; für Mindestgröße 25 cm das BMWi, vgl. *Gelberg* GewArch 1987, 353 (357); GewArch 1989, 177 (182 f.).

[15] OLG Düsseldorf WRP 1988, 170 (172).

[16] Vgl. *Gimbel/Boest,* Die neue Preisangabenverordnung, 1985, § 6 Anm. 9.

[17] *Gelberg* GewArch 1983, 353 (367).

[18] *Gimbel/Boest,* Die neue Preisangabenverordnung, 1985, § 6 Anm. 9; *Gelberg* GewArch 1989, 177 (183); GewArch *1994*, 54 (58).

2. **auf Leistungen von Gebietskörperschaften des öffentlichen Rechts, soweit es sich nicht um Leistungen handelt, für die Benutzungsgebühren oder privatrechtliche Entgelte zu entrichten sind;**
3. **auf Waren und Leistungen, soweit für sie auf Grund von Rechtsvorschriften eine Werbung untersagt ist;**
4. **auf mündliche Angebote, die ohne Angabe von Preisen abgegeben werden;**
5. **auf Warenangebote bei Versteigerungen.**

(2) **§ 1 Abs. 1 und § 2 Abs. 1 sind nicht anzuwenden auf individuelle Preisnachlässe sowie auf nach Kalendertagen zeitlich begrenzte und durch Werbung bekannt gemachte generelle Preisnachlässe.**

(3) **§ 1 Abs. 2 ist nicht anzuwenden auf die in § 312 Absatz 2 Nummer 2, 3, 6, 9 und 10 und Absatz 6 des Bürgerlichen Gesetzbuchs genannten Verträge.**

(4) **§ 2 Abs. 1 ist nicht anzuwenden auf Waren, die**

1. **über ein Nenngewicht oder Nennvolumen von weniger als 10 Gramm oder Milliliter verfügen;**
2. **verschiedenartige Erzeugnisse enthalten, die nicht miteinander vermischt oder vermengt sind;**
3. **von kleinen Direktvermarktern sowie kleinen Einzelhandelsgeschäften angeboten werden, bei denen die Warenausgabe überwiegend im Wege der Bedienung erfolgt, es sei denn, dass das Warensortiment im Rahmen eines Vertriebssystems bezogen wird;**
4. **im Rahmen einer Dienstleistung angeboten werden;**
5. **in Getränke- und Verpflegungsautomaten angeboten werden.**

(5) **§ 2 Abs. 1 ist ferner nicht anzuwenden bei**

1. **Kau- und Schnupftabak mit einem Nenngewicht bis 25 Gramm;**
2. **kosmetischen Mitteln, die ausschließlich der Färbung oder Verschönerung der Haut, des Haares oder der Nägel dienen;**
3. **Parfüms und parfümierten Duftwässern, die mindestens 3 Volumenprozent Duftöl und mindestens 70 Volumenprozent reinen Äthylalkohol enthalten.**

(6) **Die Angabe eines neuen Grundpreises nach § 2 Abs. 1 ist nicht erforderlich bei**

1. **Waren ungleichen Nenngewichts oder -volumens oder ungleicher Nennlänge oder -fläche mit gleichem Grundpreis, wenn der geforderte Gesamtpreis um einen einheitlichen Betrag herabgesetzt wird;**
2. **leicht verderblichen Lebensmitteln, wenn der geforderte Gesamtpreis wegen einer drohenden Gefahr des Verderbs herabgesetzt wird.**

(7) **§ 4 ist nicht anzuwenden**

1. **auf Kunstgegenstände, Sammlungsstücke und Antiquitäten im Sinne des Kapitels 97 des Gemeinsamen Zolltarifs;**
2. **auf Waren, die in Werbevorführungen angeboten werden, sofern der Preis der jeweiligen Ware bei deren Vorführung und unmittelbar vor Abschluss des Kaufvertrags genannt wird;**
3. **auf Blumen und Pflanzen, die unmittelbar vom Freiland, Treibbeet oder Treibhaus verkauft werden.**

(8) **§ 5 ist nicht anzuwenden**

1. **auf Leistungen, die üblicherweise aufgrund von schriftlichen Angeboten oder schriftlichen Voranschlägen erbracht werden, die auf den Einzelfall abgestellt sind;**
2. **auf künstlerische, wissenschaftliche und pädagogische Leistungen; dies gilt nicht, wenn die Leistungen in Konzertsälen, Theatern, Filmtheatern, Schulen, Instituten oder dergleichen erbracht werden;**
3. **auf Leistungen, bei denen in Gesetzen oder Rechtsverordnungen die Angabe von Preisen besonders geregelt ist.**

Übersicht

A. Allgemeines

1 § 9 enthält einen in mehrfacher Hinsicht recht **heterogenen Ausnahmenkatalog:** *Einige Ausnahmen* betreffen die PAngV insgesamt (Abs. 1), bei anderen sind nur bestimmte

Vorschriften nicht anwendbar (Abs. 2–8). Während Abs. 1 Nr. 1 auf die Verhältnisse beim Kunden abstellt, gehen andere Ausnahmen vom Anbieter (Abs. 1 Nr. 2, Abs. 4 Nr. 3), den Eigenschaften der angebotenen Waren und Leistungen (Abs. 4 Nr. 1, 2, Abs. 5 und 6, Abs. 7 Nr. 1, Abs. 8 Nr. 2) oder von den Umständen des Angebots (Abs. 1 Nr. 4 und 5, Abs. 4 Nr. 5, Abs. 7 Nr. 2 und 3, Abs. 8 Nr. 1) aus; Abs. 1 Nr. 3 und Abs. 8 Nr. 3 tragen anderen Rechtsvorschriften Rechnung. Abs. 1 Nr. 5 und Abs. 4–7 beziehen sich nur auf Waren, Abs. 1 Nr. 2 und Abs. 8 nur auf Leistungen, Abs. 1 Nr. 1, 3 und 4 auf beides. Da es sich um Ausnahmetatbestände handelt, sind sie grundsätzlich eng auszulegen.[1] Im Übrigen sind die Begriffe Verbraucher, Angebot, Werbung, Waren, Leistungen wie in § 1 und den anderen Vorschriften der PAngV auszulegen. Innerhalb der PAngV ist der Ausnahmekatalog in § 9 **abschließend.**[2] Andere Ausnahmen sind jedoch möglich, sei es kraft Gewohnheitsrechts, sei es kraft speziellerer oder höherrangiger Vorschriften.

B. Keine Anwendung der PAngV (Abs. 1)

I. Allgemeines

Bei den in Abs. 1 geregelten Fällen findet die **PAngV insgesamt keine Anwendung.** 2
Die Nichtanwendbarkeit der PAngV bedeutet insbesondere, dass grundsätzlich weder eine Pflicht zur Preisangabe überhaupt noch zur Angabe der Gesamtpreise (einschließlich Umsatzsteuer und sonstiger Preisbestandteile) oder von Grundpreisen besteht (vgl. § 1 Abs. 1 und § 2). Ebenso wenig finden die Bestimmungen Anwendung, die zur Angabe von oder Bezugnahme auf bestimmte Verkaufs- oder Leistungseinheiten verpflichten (vgl. § 1 Abs. 1 S. 2). Schließlich gelten auch die in § 1 Abs. 7 geregelten Grundsätze von Preisklarheit und Preiswahrheit und die Gebote der eindeutigen Zuordnung, leichten Erkennbarkeit und deutlichen Lesbarkeit nicht. Unlautere und irreführende Formen der Preisangabe finden allerdings auch hier ihre Grenzen in den Bestimmungen des UWG.

II. Verbraucher (vormals „nichtprivate Letztverbraucher") (Nr. 1)

1. Allgemeines. Abs. 1 Nr. 1 war in der Vergangenheit die praktisch wohl bedeutendste Ausnahmevorschrift. Die Regelung zielt darauf ab, Angebote und Werbung gegenüber nichtprivaten Letztverbrauchern vom Anwendungsbereich der PAngV auszunehmen. Bis zur Umsetzung der Wohnimmobilienkreditrichtlinie im März 2016 war in § 9 noch von „Letztverbrauchern" die Rede, denn auch nach § 1 Abs. 1 aF hatte die PAngV grundsätzlich im geschäftlichen Verkehr mit dem Letztverbraucher gegolten. Durch § 9 Abs. 1 Nr. 1 wurden jedoch Angebote und Werbung gegenüber allen Letztverbrauchern ausgenommen, welche die Ware oder Leistung **in ihrer selbstständigen oder gewerblichen** oder in ihrer **behördlichen oder dienstlichen Tätigkeit** verwandten. Umgekehrt formuliert fand die PAngV damit nur auf Angebote und Werbung gegenüber dem „privaten" Letztverbraucher im Hinblick auf Waren und Leistungen Anwendung, die der privaten Lebensführung und der persönlichen Bedarfsdeckung dienten. Somit sollte auch Gewerbetreibenden der Schutz der PAngV zugutekommen, soweit sie ihren privaten Bedarf als Verbraucher deckten, sofern dies nicht allein durch Abzweigung von Mitteln geschah, die für den Betrieb erworben worden waren.[3] Durch das Abstellen auf den Begriff des Verbrauchers iSv § 13 BGB in § 1 PAngV hat sich die praktische Bedeutung der Ausnahmeregelung in § 9 Abs. 1 Nr. 1 stark reduziert, weil Personen, die Waren zu (überwiegend) selbständig beruflich oder gewerblichen Zwecken erwerben, keine Verbraucher iSd § 13 BGB sind, so dass die PAngV auf Verträge oder Angebote ihnen gegenüber von vornherein 3

[1] OLG Frankfurt a. M. GRUR-RS 2016, 20413 Rn. 20; BayObLG GewArch 1983, 35; *Gelberg,* Kommentar zur Preisangabenverordnung, 1975, S. 109.
[2] Insoweit wie Ohly/Sosnitza/*Sosnitza* PAngV § 9 Rn. 1.
[3] BGHZ 70, 18 (38) = GRUR 1978, 173 (178) – Metro I.

nicht anwendbar ist und es daher keiner Ausnahmeregelung bedarf. Leider hat der Gesetzgeber diese Konsequenz aber entweder nicht erkannt oder er wollte sie nicht sauber regeln. Stattdessen hat er einfach den Begriff „Letztverbraucher" durch „Verbraucher" ausgetauscht und hat dadurch streng dogmatisch schwer nachvollziehbare Regelungen geschaffen. Denn Verbraucher, die Waren in ihrer gewerblichen Tätigkeit verwenden, gibt es nicht. Und der zweite Halbsatz in § 9 Abs. 1 Nr. 1 zielt darauf ab, dass Handelsbetriebe, insbesondere im Bereich des sog. SB-Großhandels nur dann von den Regelungen der PAngV abweichen können, wenn sie sicherstellen, dass Kunden nur Zutritt erlangen für den Erwerb von Waren, die für ihre jeweilige gewerbliche Tätigkeit verwendbar sind. Ein Zutritt „als Verbraucher" (so jetzt der Wortlaut in § 9) soll hingegen gerade nicht erlaubt werden.

4 **2. Verbraucher (vormals „Letztverbraucher"). a) Begriff.** Der Gesetzgeber wollte das Nebeneinander von „Verbraucher" und „Letztverbraucher" beenden und einheitlich auf den Begriff „Verbraucher" im Sinne von § 13 BGB abstellen. Das sollte dem Verbraucherschutz dienen. Bei § 9 ist das jedoch misslungen. Denn eine Person, die Ware zu (überwiegend) gewerblichen Zwecken erwirbt, ist von vornherein kein „Verbraucher" iSd § 13 BGB. Der Sinn und Zweck der Regelung in § 9 Abs. 1 Nr. 1 erschließt sich daher nur, wenn man die ursprünglichen Formulierungen berücksichtigt und den Begriff des Verbrauchers nicht im Sinne von § 13 BGB, sondern im Sinne der ursprünglichen Formulierung als „Letztverbraucher" versteht. Im Bereich der Leistungen war Letztverbraucher derjenige, an den die **Leistung** erbracht wurde, dem sie also als Leistungsempfänger **unmittelbar zugutekam.** Im Bereich der **Waren** war Letztverbraucher jeder, der die **Ware erwarb, ohne sie weiter umsetzen** – also unverändert weiterverkaufen oder im Wege der Be- oder Verarbeitung weiterveräußern – zu wollen.[4] Letztverbraucher war also auch derjenige, der – namentlich im Rahmen seines Geschäftsbetriebs – Dritten den Gebrauch der erworbenen Ware nur vorübergehend – entgeltlich oder unentgeltlich – gestattete, da keine Weiterveräußerung erfolgte.[5] Wer Ware erwarb, um sie privat zu verschenken, war ebenfalls Letztverbraucher iSd PAngV aF. Wer die Ware erwarb, um sie in seinem Geschäftsbetrieb als Werbegeschenk einzusetzen, war bei ihrem Erwerb nicht Letztverbraucher, da die Ware im Geschäftsverkehr – wenn auch unentgeltlich – weiter umgesetzt wurde.[6] Somit fielen auch gewerbliche Abnehmer und Großabnehmer von Waren/Leistungen unter den Begriff des Letztverbrauchers im Sinne der PAngV aF. Da gewerbliche Letztverbraucher jedoch auch im Bereich der PAngV als weniger schutzbedürftig angesehen werden, nahm Abs. 1 Nr. 1 die Personenkreise von ihrem Anwendungsbereich aus, welche die Waren/Leistungen im Rahmen der nachfolgend genannten Tätigkeiten verwendeten. Die entsprechenden Regelungen haben auch weiterhin Bedeutung, nunmehr allerdings schon eine Prüfungsstufe höher bei der Prüfung des Anwendungsbereichs der PAngV und nicht erst bei den Ausnahmeregelungen:

5 **b) Selbständige berufliche Tätigkeit.** Hierunter fallen insbesondere die Angehörigen freier Berufe (Ärzte, Rechtsanwälte, Wirtschaftsprüfer, Architekten usw) sowie Landwirte. Nicht anwendbar war (und ist) die PAngV daher zB auf ein Maklerangebot von Büroräumen für Arzt- oder Anwaltspraxen.[7] Nicht erfasst wird der berufsbedingte Bedarf unselbständig Beschäftigter (zB hinsichtlich deren Arbeitskleidung).

6 **c) Selbständige gewerbliche Tätigkeit.** Dieser Begriff umfasst die Bereiche Industrie, Handel, Handwerk und Gaststätten und gewerbliche Erbringer anderer Dienstleistungen (zB Versicherungen, Kreditinstitute, Transport- und Beförderungsleistungen usw). Nicht

[4] Vgl. BGHZ 70, 18 (34) = GRUR 1978, 173 (177) – Metro I; *Gimbel/Boest,* Die neue Preisangabenverordnung, 1985, § 1 Anm. 2; vgl. auch → § 1 Rn. 8 f.
[5] Vgl. BGH GRUR 1977, 264 (267) – Miniaturgolf.
[6] Vgl. BGH GRUR 1975, 320 f. – Werbegeschenk, zu § 1 Abs. 1 RabG.
[7] Vgl. OLG Düsseldorf WRP 1982, 588 f.

erfasst werden grundsätzlich Idealvereine iSv § 21 BGB, wenn und soweit es sich nicht um Angebote im Hinblick auf einen von ihnen im Rahmen ihres Nebenzweckprivilegs[8] unterhaltenen geschäftlichen Betrieb handelt.[9] Dagegen werden Angebote gegenüber wirtschaftlichen Vereinen iSv § 22 BGB regelmäßig unter Nr. 1 fallen.

d) Behördliche oder dienstliche Tätigkeit. Hierunter fallen alle Tätigkeiten des öffentlichen Dienstes auf staatlicher und kommunaler Ebene sowie bei Körperschaften des öffentlichen Rechts (Universitäten usw) sowie kirchlichen Einrichtungen.[10] Soweit sich die öffentliche Hand privatwirtschaftlich bzw. als Unternehmer betätigt, unterfällt dies bereits dem Tatbestandsmerkmal der selbständigen gewerblichen Tätigkeit. 7

3. Verwendung in der nichtprivaten Tätigkeit. Der Verbraucher muss die Ware/Leistung in seiner **selbständigen beruflichen, gewerblichen, behördlichen oder dienstlichen Tätigkeit** verwenden. Dies ist bei Waren stets der Fall, wenn sie im Rahmen dieser Tätigkeiten verarbeitet oder sonst verbraucht werden (Verwertung). Erfasst werden jedoch auch alle anderen Fälle einer Verwendung, bei denen die Waren im Geschäftsbetrieb verbleiben und dort benutzt werden (zB Arbeitsgeräte, Büroeinrichtung). Im Bereich der Leistungen gilt die Vorschrift für alle Angebote, die sich ersichtlich ausschließlich an nicht private Abnehmer richten.[11] Dient die fragliche Ware/Leistung im Einzelfall sowohl einer privaten als auch zB einer selbständigen beruflichen Verwendung (Beispiel: Baukredit eines Selbständigen für Eigenheim mit Büro), findet die PAngV in richtlinienkonformer Auslegung entsprechend der Regelung in der Richtlinie 2011/83/EU Anwendung, solange der gewerbliche/selbständig berufliche Zweck nicht überwiegt.[12] 8

4. Angebote oder Werbung. Zum Begriff des Angebots vgl. → § 1 Rn. 10ff. Zum Begriff der Werbung vgl. → § 1 Rn. 19ff. Angebote und Werbung müssen sich nach dem Sinn und Zweck der Regelung (nicht nach dem irritierenden Wortlaut) **gezielt an nicht** private **Letztverbraucher richten.** Dabei kommt es nicht entscheidend darauf an, an welchen Abnehmerkreis die Werbung aus Sicht des werbenden Unternehmens gerichtet sein soll; maßgeblich ist die **Sicht der angesprochenen Verkehrskreise,** die mit der Werbung in Berührung kommen.[13] Eine Qualifizierung als nur an nichtprivate Letztverbraucher gerichtete Werbung scheidet grundsätzlich aus, wenn die Werbung in erheblichem Umfang auch gegenüber Verbrauchern betrieben wird.[14] Bei **Internetangeboten,** die für jedermann zugänglich sind, ist daher davon auszugehen, dass sie zumindest auch Privatkunden und damit Verbraucher ansprechen, sofern sie nicht eindeutig und unmissverständlich eine Beschränkung auf Unternehmer enthalten und dies auch entsprechend in die Praxis umgesetzt wird.[15] Bei der **Werbung in Katalogen und Prospekten** für Waren und Leistungen, die auch im privaten Bereich Verwendung finden können, reicht es ebenfalls nicht aus, wenn lediglich ein Hinweis wie „nur für Industrie, Handel, Handwerk und Gewerbe" oÄ erfolgt. Vielmehr muss durch geeignete Maßnahmen (zB durch die Adressenbeschaffung bzw. -auswahl bei Mailings) sichergestellt werden, dass (von unvermeidli- 9

---

[8] Vgl. BGHZ 85, 89 ff.

[9] AA *Steppeler/Astfalk,* Preisrecht und Preisangaben in der Kreditwirtschaft, 1986, Rn. 175, für den Kreditbereich.

[10] OLG Karlsruhe GRUR-RR 2008, 351 f. – Altarkerzen.

[11] Vgl. OLG Hamburg MD 2005, 445 (448).

[12] So auch schon früher *Gerhard/Langbein,* PAngV 1993 – Die neue Preisangabenverordnung, 1994, S. 35, *Steppeler/Astfalk,* Preisrecht und Preisangaben in der Kreditwirtschaft, 1986, Rn. 174, für den Kreditbereich: es soll bereits ein Überwiegen des nichtprivaten Verwendungszwecks genügen.

[13] BGH GRUR 2011, 82 Rn. 23 – Preiswerbung ohne Umsatzsteuer; GRUR 1990, 617 (623) – Metro III.

[14] BGH GRUR 1979, 61 (62) – Schäfer-Shop; vgl. für Internetangebote LG Ellwangen/Jagst CR 2000, 188 (189).

[15] BGH GRUR 2011, 82 Rn. 23 – Preiswerbung ohne Umsatzsteuer. Differenzierend LG Berlin MMR 2017, 128: Hinweis nebst Zusicherung des Käufers genügen bei einem Produktangebot, das nicht Verbraucher anspricht und in einem Spezial-Online-Shop eines Verkäufers erfolgt.

chen Irrläufern abgesehen) auch tatsächlich nur Nicht-Verbraucher Personenkreise von der Werbung Kenntnis nehmen.[16] Dabei ist es allerdings hinzunehmen, wenn Angestellte, die nicht selbst zu diesem Personenkreis gehören, von der Werbung Kenntnis erlangen können, soweit der Versender allgemein die notwendige strenge Kontrolle ausübt, die auch eine Lieferungsverweigerung bei erkennbar lediglich privaten Bestellungen einschließt.[17] Auch kann der Anwendungsbereich der PAngV nicht allein dadurch umgangen werden, dass Waren tatsächlich nicht an Verbraucher verkauft werden, wenn sich die Werbung zuvor an die Allgemeinheit richtet.[18]

10 Ferner ist zu berücksichtigen, ob das angebotene Sortiment **auf den gewerblichen Bedarf des Adressatenkreises zugeschnitten** ist. Hier darf allerdings im Bereich der Werbung kein übertrieben strenger Maßstab angelegt werden: Kommen Waren ihrer Gattung nach als im gewerblichen Bereich verwendbar in Betracht, ist es für die Anwendung von Abs. 1 Nr. 1 unschädlich, wenn sie außerdem auch als Gegenstände des Privatbedarfs Verwendung finden können.[19] Erforderlich ist jeweils eine **Würdigung des gesamten Angebots.** Je spezieller das Sortiment und der angesprochene Adressatenkreis, desto eher ist von einer Werbung iSv Abs. 1 Nr. 1 auszugehen, während umgekehrt bei einem sehr weiten Adressatenkreis und einem warenhausartigen Sortiment typischer Privatverbrauchsartikel die Annahme einer Werbung iSv Abs. 1 Nr. 1 eher fern liegt.[20] Bei bestimmten Waren/Leistungen kommen ihrer Natur nach nur Nicht-Verbraucher als Abnehmer in Betracht, zB bei der Vermietung von Büroräumen, Arzt- oder Anwaltspraxen,[21] beim Handel mit LKWs,[22] juristischen Fachseminaren[23] oder Computern mit nur betrieblich verwendbarer Software;[24] dementsprechend ist es auch unschädlich, wenn entsprechende Angebote/Werbung auch von anderen Personenkreisen zur Kenntnis genommen werden. Die Anwendbarkeit von Abs. 1 Nr. 1 setzt nicht voraus, dass die Adressaten die gewerbliche Tätigkeit im Zeitpunkt des Angebots bzw. der Werbung bereits ausüben. Die Privilegierung gilt vielmehr grundsätzlich auch im Verhältnis zu „Geschäftsgründungswilligen", also für Angebote/Werbung, die sich (auch) an Personen richten, welche die Ware/Leistung in ihrer beabsichtigten künftigen selbständigen beruflichen oder gewerblichen Tätigkeit verwenden wollen.[25]

11 **5. Kontrollpflicht der Handelsbetriebe (2. Halbsatz).** Diese Regelung zielt darauf ab, die vom BGH zu §§ 6a und 6b UWG aF entwickelte Rechtsprechung zu den **Kontrollpflichten im SB-Großhandel**[26] auch **für den Bereich der PAngV festzuschreiben.**[27] Die Tatsache, dass die Regelungen der §§ 6a und 6b UWG aF mittlerweile entfallen sind, ändert dabei nichts am Geltungsbereich und der Auslegung der Norm in der PAngV, die weiterhin fortbesteht und in diesem Punkt ausdrücklich nicht geändert wurde. Auch

---

[16] BGH GRUR 1979, 61 (62) – Schäfer-Shop; *Gimbel/Boest,* Die neue Preisangabenverordnung, 1985, § 7 Anm. 1.

[17] BGH GRUR 1979, 61 (62) – Schäfer-Shop.

[18] BGH GRUR 2011, 82 Rn. 26 – Preiswerbung ohne Umsatzsteuer.

[19] BGH GRUR 1979, 61 (62) – Schäfer-Shop.

[20] BGH GRUR 1979, 61 (62) – Schäfer-Shop; KG MD 1992, 469 ff.

[21] OLG Düsseldorf WRP 1982, 588 f.; LG München I MD 1991, 649 (657 f.).

[22] BayObLG GewArch 1983, 35; nicht bei Werbung für Kombiwagen, die auch von Privatleuten gekauft werden; OLG Oldenburg WRP 1974, 105 sowie MD 2001, 1457 (1458) für „Vans", oder angebliche „Export"-Pkw; KG WRP 1989, 95 ff.

[23] KG NJW-RR 1987, 417 f. – Werbung für juristische Seminare.

[24] KG WRP 1983, 271 f. = GewArch 1983, 310 f.; anders aber mit Recht für normale Personal Computer/PC und PC-Zeitschrift OLG Frankfurt a. M. NJW 1990, 1612.

[25] BGH GRUR 1993, 984 f. – Geschäftsraumwerbung, für das Angebot von Büroflächen gegen KG NJW-RR 1990, 1458; vgl. auch BGH NJW 1994, 2759 f. zu § 6 HWiG aF.

[26] Insbes. BGHZ 70, 18 ff. = GRUR 1978, 173 ff. – Metro I; BGH GRUR 1979, 411 ff. – Metro II; GRUR 1990, 617 ff. – Metro III; zur Kritik an dieser Rspr. zB *Leisner,* Selbstbedienungsgroßhandel und Verfassungsrecht, 1986; *Schricker* GRUR 1990, 567 ff. mwN.

[27] Vgl. Bericht der Bundesregierung über die Entwicklung der Preisauszeichnung im Großhandel, BT-Drs. 10/5815.

das geänderte Verbraucherleitbild ändert daran nichts, weil es bei der Ausnahmeregelung nicht auf das Verständnis der angesprochenen Verbraucher ankommt. Sinn und Zweck der Regelung ist es, dass die Regelungen der PAngV nicht anwendbar sein sollen beim Verkauf von Waren an Nicht-Verbraucher für deren jeweilige gewerblichen oder selbständig beruflichen Zwecke, es aber keine Ausnahme für den Erwerb betriebsfremder Zwecke geben soll und daher zu diesem Zweck Kontrollen durchzuführen sind. Daher können sich Handelsbetriebe auf die Privilegierung von Halbsatz 1 nur berufen, wenn sie zwei Voraussetzungen erfüllen: Sie müssen zum einen sicherstellen, dass nur die in Halbsatz 1 genannten Personen – gemeint sind damit in der Sache nichtprivate Letztverbraucher – **Zutritt** zum Geschäft haben. Dies setzt eine wirksame **Eingangskontrolle** durch das Handelsunternehmen voraus.[28] Soweit das Handelsunternehmen Ausweise ausgibt, die zum Zutritt berechtigen, muss bei Ausstellung des Ausweises und auch später von Zeit zu Zeit geprüft werden, ob es sich um einen gewerblichen Kunden handelt. Vor Gewährung des Zutritts ist zudem eine **Überprüfung der Identität des Ausweisbenutzers** mit dem Berechtigten erforderlich.[29] Als weitere Maßnahmen kommen eine angemessene **zeitliche Beschränkung der Geltungsdauer** der Ausweise (zB auf zwei Jahre) und entsprechende vertragliche Vereinbarungen mit den Kunden[30] in Betracht.

Zum anderen muss der Handelsbetrieb auch im Hinblick auf die Kunden, denen er Zutritt zum Geschäft gewährt, dafür Sorge tragen, dass sie nur die in ihrer jeweiligen Tätigkeit verwendbaren Waren kaufen **(Verhinderung des Erwerbs betriebsfremder Ware).** In Betracht kommt namentlich eine entsprechende Ausgangskontrolle. Dadurch soll gewährleistet werden, dass auch gewerblichen Abnehmern im Bereich ihrer privaten Bedarfsdeckung der Schutz der PAngV zugutekommt. Eine Prüfung, ob der Kunde die erworbene Ware auch tatsächlich für gewerbliche Zwecke verwendet, ist dem Handelsunternehmen hingegen nicht möglich. Daher stellt die Vorschrift nicht auf die tatsächliche spätere Verwendung, sondern darauf ab, ob es sich um eine in der jeweiligen Tätigkeit verwend**bare** Ware handelt. Dementsprechend unterfällt der Erwerb von Mitteln, die im jeweiligen Betrieb verwendbar sind, die dann aber tatsächlich für den privaten Gebrauch des Gewerbetreibenden abgezweigt werden, auch weiterhin der Ausnahmeregelung und die PAngV findet hierauf keine Anwendung. Zur Beurteilung der betrieblichen Verwendbarkeit ist ein objektivierender Maßstab anzulegen, der auch der im Handel üblichen Sortimentsdiversifikation Rechnung trägt.[31] Auch eine branchen- oder betriebsfremde Ware ist dann dem gewerblichen Bedarf zuzurechnen, wenn sie tatsächlich zu Betriebszwecken benötigt wird.[32] Die Vorschrift bestimmt nicht näher, welche Maßnahmen zur Verhinderung der Deckung betriebsfremden Eigenbedarfs „geeignet“ bzw. erforderlich sind. Dies hängt nicht zuletzt von Struktur und Sortiment des Handelsunternehmens ab. Das Handelsunternehmen hat zum einen sein Warensortiment so zu strukturieren, dass es im Wesentlichen der betrieblichen Bedarfsdeckung der angesprochenen Gewerbetreibenden dient. Namentlich im **SB- bzw. C & C-Großhandel** mit breit gestreutem Warensortiment sind zum anderen **Kontrollvorkehrungen des Handelsunternehmens** erforderlich, die unter Berücksichtigung des Warensortiments und des Verkaufssystems darauf angelegt sein müssen, die Deckung betriebsfremden Eigenbedarfs nach Möglichkeit auszuschließen bzw. auf ein „unvermeidbares Restrisiko“ zu reduzieren.[33] Eine wirkungsvolle Kontrolle im C & C-Großhandel mit Ausweissystem erfordert jedenfalls, dass auf dem 12

[28] Vgl. BGH GRUR 1990, 617 (623) – Metro III. AA Köhler/Bornkamm/Feddersen/*Köhler* PAngV § 9 Rn. 2, der die Metro-Rspr. als obsolet bezeichnet.

[29] BGH GRUR 1990, 617 (622); krit. *Gröner/Köhler,* Der Selbstbedienungsgroßhandel zwischen Rechtszwang und Wettbewerb, 1986, S. 126 f.

[30] ZB Verbot der Weitergabe des Ausweises, Pflicht zur Rückgabe bei Wegfall der Voraussetzungen; vgl. *Gelberg* GewArch 1986, 281 (289).

[31] BGH GRUR 1979, 411 (412 f.) – Metro II; GRUR 1990, 617 (619 ff.) – Metro III; GRUR 2001, 846 (847) – Metro V.

[32] BGHZ 70, 18 (29 f.) = GRUR 1978, 173 (176) – Metro I; GRUR 1990, 617 (619) – Metro III.

[33] BGH GRUR 1990, 617 ff. (623) – Metro III.

Einkaufsberechtigungsschein die jeweilige Branche des Bezugsberechtigten genau erfasst und gegenüber diesem Berechtigten auf den Verkauf von Artikeln verzichtet wird, die ihrer Art nach betriebsfremd oder – als Anhalt für die Betriebsfremdheit – branchenunüblich sind, wofür in aller Regel auch eine geeignete Ausgangskontrolle erforderlich ist.[34] Dies gilt allerdings nicht, wenn bei einem bestimmten Handelsbetrieb die betrieblich nicht verwendbaren Einkäufe nur so marginal sind, dass Kontrollmaßnahmen unterbleiben können.[35] Eine endgültige Bestimmung, wann im Sinne dieser Rechtsprechung lediglich „marginale" Einkäufe betriebsfremder Waren vorliegen, ist noch nicht erfolgt. Aus der Metro V-Entscheidung ergibt sich bislang lediglich, dass der BGH hierfür einen Anteil von weniger als 10 % voraussetzt und jedenfalls einen Anteil in der Größenordnung von 3 % als marginal einstufen würde.

III. Gebietskörperschaften (Nr. 2)

13 Nach Nr. 2 sind Leistungen (also nicht das Warenangebot) von **Gebietskörperschaften des öffentlichen Rechts** von der Anwendung der PAngV ausgenommen. Hierzu zählen der Bund, die Länder, die Kommunen (Städte und Gemeinden) sowie Landkreise. Auch **gemeindliche Zweckverbände** sind nach Sinn und Zweck Gebietskörperschaften im Sinne dieser Vorschrift; es handelt sich um Verbandskörperschaften, deren Mitglieder ihrerseits Gebietskörperschaften des öffentlichen Rechts sind. Nicht erfasst werden sonstige Körperschaften des öffentlichen Rechts, die nicht Gebietskörperschaften sind, also insbesondere die Berufskammern (zB Rechtsanwaltskammern, Handwerksinnungen und -kammern) und Träger der Sozialversicherung (zB Allgemeine Ortskrankenkassen, Ersatzkrankenkassen, Jagdgenossenschaften usw). Leistungen von Gebietskörperschaften des öffentlichen Rechts sind zwar grundsätzlich von der Anwendbarkeit der PAngV ausgenommen. Diese Privilegierung gilt jedoch nicht bei Leistungen, für die Benutzungsgebühren oder privatrechtliche Entgelte zu entrichten sind. Damit ist die praktische Bedeutung der Vorschrift letztlich gering.

IV. Waren und Leistungen mit Werbeverbot (Nr. 3)

14 Nach Abs. 1 Nr. 3 ist die PAngV insgesamt **nicht anzuwenden auf Waren und Leistungen,** soweit für sie aufgrund von Rechtsvorschriften eine **Werbung untersagt** ist. Das Bestreben, mehr Preistransparenz und dadurch einen intensiven Wettbewerb zu erreichen, soll dort zurückstehen, wo aus übergeordneten Gesichtspunkten die Werbung nicht erlaubt ist. Werbeverbote können sich zum einen auf bestimmte Waren und Leistungen als solche beziehen. Hier greift § 9 Abs. 1 Nr. 3 stets ein. Zum anderen können sich Werbeverbote auf Angehörige bestimmter Berufe bzw. deren Tätigkeit beziehen; hier greift § 9 Abs. 1 Nr. 3 nur für die Leistungen bzw. den Teil des Warenangebots ein, auf welche sich das Werbeverbot bezieht.[36] Werbeverbote in diesem Sinne sind im Bereich der Waren relativ selten (zB im HWG und im AMG). Im Bereich der Leistungen existieren Werbeverbote bzw. Werbebeschränkungen hauptsächlich für Ausübende bestimmter freier Berufe. Diese Beschränkungen sind zwar in den letzten Jahren namentlich unter verfassungsrechtlichen und kartellrechtlichen Gesichtspunkten in die Kritik geraten und von der Rechtsprechung auch teilweise für unwirksam erklärt bzw. eingeschränkt worden. In ihrem Kern bestehen die Werbeverbote (bezogen auf eine reklamehafte Werbung) bei den freien Berufen aber jedenfalls bislang noch fort. Damit ist § 9 Abs. 1 Nr. 3 PAngV in den meisten Fällen auch noch anwendbar.[37]

---

[34] BGHZ 70, 18 (38) = GRUR 1978, 173 (178); GRUR 1990, 617 (621) – Metro III. AA Köhler/Bornkamm/Feddersen/*Köhler* PAngV § 9 Rn. 2, der die Metro-Rspr. als obsolet bezeichnet.

[35] BGH GRUR 2001, 846 (849) – Metro V unter Berücksichtigung von BVerfG GRUR 1999, 247 (249).

[36] Vgl. *Gimbel/Boest,* Die neue Preisangabenverordnung, 1985, § 7 Anm. 7.

[37] Näher *Völker* PreisangabenR § 9 Rn. 27 ff.

V. Mündliche Angebote ohne Angabe von Preisen (Nr. 4)

15 Nach Abs. 1 Nr. 4 findet die PAngV insgesamt **keine Anwendung auf mündliche Angebote** von Waren und Leistungen, die ohne Angabe von Preisen erfolgen. Diese Ausnahmevorschrift gilt auch für fernmündliche Angebote ohne Angabe von Preisen[38] sowie für die **Hörfunkwerbung,** nicht aber für Werbesendungen im Fernsehen. Das führt dazu, dass für Hörfunkwerbung einerseits und Fernseh- oder Internetwerbung andererseits unterschiedliche Anforderungen gelten können, denn für Hörfunkwerbung ohne Preisangaben gilt nach § 9 Abs. 1 Nr. 4 die PAngV nicht, während dies für Internetangebote und Werbesendungen im Fernsehen sehr wohl der Fall ist, wie §§ 4 Abs. 4 und 5 Abs. 1 S. 3 belegen.[39] Wird allerdings ein solches mündliches Angebot vom Anbieter schriftlich bestätigt oder wiederholt, findet die PAngV – und damit insbesondere die Pflicht zur Gesamtpreisangabe – Anwendung. Die Ausnahmevorschrift gilt nur für mündliche Angebote ohne Preisangabe. Wird (freiwillig) der Preis angegeben, findet die PAngV uneingeschränkt Anwendung.[40] Insbesondere ist dann der Gesamtpreis iSv § 1 Abs. 1 S. 1 anzugeben. Abs. 1 Nr. 4 gilt nicht für mündliche Werbevorführungen für Waren. Hier hat in systematischer Auslegung die speziellere Vorschrift in Abs. 7 Nr. 2 Vorrang (vgl. → Rn. 46).

VI. Versteigerungen (Nr. 5)

16 Schließlich findet die PAngV insgesamt **keine Anwendung auf Warenangebote bei Versteigerungen.** Erfasst wird nicht nur die Versteigerungsveranstaltung selbst, sondern ggf. auch die Ankündigungen und entsprechende Versteigerungskataloge. Die Ausnahme gilt jedenfalls für Versteigerungen, die materiell und formell den anwendbaren öffentlich-rechtlichen Rechtsvorschriften entsprechen.[41] Inzwischen gibt es zudem zahlreiche Formen „virtueller Versteigerungen" im Internet.[42] Unabhängig von den Einzelheiten gewerbe- und wettbewerbsrechtlicher Zulässigkeitserfordernisse ist die Grundsituation letztlich nicht anders als bei den bislang lediglich bekannten „klassischen" Versteigerungen im herkömmlichen und bisher üblichen Sinn: Der Preis steht nicht von vornherein fest. Eine unterschiedliche preisangabenrechtliche Beurteilung ist daher nicht geboten. Darauf, dass § 156 BGB keine Anwendung auf Internetversteigerungen findet, kommt es dabei nicht an. Insbesondere hängt die Höhe des Preises letztlich davon ab, wie viel die Teilnehmer an der Versteigerung bieten. Dies gilt im Prinzip auch für die im **Internet** stattfindenden sogenannten **„umgekehrten Versteigerungen"** oder **„Rückwärtsauktionen"** („Dutch Auctions").[43] Daher entspricht es Sinn und Zweck der Ausnahmebestimmung (wie auch deren Wortlaut), auch solche Online-Versteigerungen in den Anwendungsbereich der Ausnahmeregelung im Grundsatz einzubeziehen (und damit dem Anwendungsbereich der PAngV zu entziehen).[44] Allerdings gilt die Ausnahmevorschrift nur für das Warenangebot, also die durch die Versteigerung zum Verkauf angebotene Ware. Die Ausnahmevorschrift gilt dagegen nicht für die Leistung des Versteigerers und dessen Vergütung, auf welche die PAngV Anwendung findet.[45]

---

[38] OLG Hamburg NJWE-WettbR 2000, 37 (38).

[39] BGH GRUR 2003, 971 (972) – Telefonischer Auskunftsdienst.

[40] Erbs/Kohlhaas Strafr. NebenG/*Häberle* PAngV § 9 Rn. 6; vgl. auch OLG Hamburg WRP 1983, 279 ff.

[41] Insbesondere § 34b GewO und nach der VO über gewerbsmäßige Versteigerungen vom 1.6.1976, BGBl. I S. 1345.

[42] Umfassend dazu *Borges* (Hrsg.), Recht der Internet-Auktion, 2. Aufl. 2012; Zur vertragsrechtlichen Beurteilung BGH ZUM 2002, 134 (135 ff.).

[43] Vgl. zur wettbewerbsrechtlichen Beurteilung BGH GRUR 2004, 249 f. – Umgekehrte Versteigerung im Internet.

[44] LG Hamburg MMR 1999, 678 (680) = K&R 1999, 424 (426) = DB 1999, 1951 (1953); LG Hof MMR 2007, 460 f.; *Bullinger* WRP 2000, 253 (255 f.); *Hollerbach* DB 2000, 2001 (2005); *Huppertz* MMR 2000, 65 (68 f.); *Stögmüller* K&R 1999, 391 (396); aA offenbar *Berlit* WRP 2001, 349 (354): Vorliegen einer Gewerbeerlaubnis Voraussetzung.

[45] Näher *Völker* PreisangabenR § 9 Rn. 94.

C. Ausnahme von § 1 Abs. 1 nach Abs. 2 (individuelle Preisnachlässe; zeitlich begrenzte generelle Preisnachlässe)

17 Diese Vorschrift privilegiert **individuelle** und **bestimmte generelle Preisnachlässe:** Zunächst sind individuelle Preisnachlässe von der Pflicht zur Angabe des Gesamtpreises iSv § 1 Abs. 1 S. 1 bzw. Grundpreises iSv § 2 Abs. 1 ausgenommen. Ein **individueller Preisnachlass** liegt vor, wenn von einem ansonsten allgemein geforderten Preis in einem speziellen Einzelfall ein Nachlass gewährt wird. An der Pflicht zur korrekten Angabe des allgemein geforderten Preises ändert sich hierdurch nichts. Ebenso wenig betrifft diese privilegierende Ausnahmevorschrift die Fälle der Preisspaltung bzw. der **Sonderpreise,** die für bestimmte abstrakt definierte Verbraucherkreise gelten (zB besondere Schüler-, Familien- oder Seniorentarife, ebenso Sonderpreise für die Mitarbeiter des Unternehmens und deren Angehörige). Preisangabenrechtlich handelt es sich bei solchen Sonderpreisen um weitere Gesamtpreise iSv § 1 Abs. 1 S. 1; daher besteht jedenfalls dann eine Pflicht, auch diese Sonderpreise anzugeben, wenn sie allgemein und bei jedem Abnehmer, der die Voraussetzung für die Gewährung des Sonderpreises erfüllt, gewährt werden. Bei solchen Sonderpreisen handelt es sich also nicht um „individuelle Preisnachlässe" im Sinne dieser Ausnahmebestimmung.

18 Ferner privilegiert die Ausnahmevorschrift unter bestimmten Voraussetzungen auch **generelle Preisnachlässe,** also Fälle einer allgemeinen – und für alle Abnehmer (oder für einen bestimmten Personenkreis, zB Inhaber von Kundenkarten)[46] geltenden – Preisherabsetzung. In solchen Fällen muss der neue (reduzierte) Gesamtpreis iSv § 1 Abs. 1 bzw. Grundpreis iSv § 2 Abs. 1 nicht angegeben werden, wenn die Preisherabsetzung vorübergehend ist, nämlich **nach Kalendertagen zeitlich begrenzt;** der Endtermin, bis zu dem die Preisherabsetzung gilt, muss also für das Publikum durch Datumsangabe erkennbar sein. Dies ist jedenfalls dann der Fall, wenn der Endtermin als Kalendertag angegeben wird; zulässig wäre aber zB auch eine Radiowerbung, in der die Aktion als „noch für drei Tage" laufend beworben wird.[47] Dagegen ist eine Bezeichnung nach Wochen nicht ausreichend.[48] Ferner muss diese vorübergehende Preisherabsetzung **durch Werbung bekannt gemacht** worden sein (also zB durch Zeitungsanzeigen, Prospekte, aber auch von außen sichtbare Schaufenstertafeln im Geschäft oder entsprechende Internetwerbung). In solchen besonderen Fällen ist es also nicht erforderlich, bei sämtlichen betroffenen Waren im Geschäft die Preisauszeichnung zu ändern. Voraussetzung ist jedoch, dass der Preisnachlass tatsächlich in diesem Sinne zeitlich begrenzt ist; dies bedeutet, dass die betroffene Ware nach Ende der Aktion entweder wieder zum alten Preis oder jedenfalls zu einem höheren Preis oder überhaupt nicht mehr angeboten wird. Eine Mindest- oder Höchstdauer solcher Sonderaktionen sieht die Bestimmung nicht ausdrücklich vor. Ein Zeitraum von zehn bis fünfzehn Werktagen ist jedenfalls unbedenklich.[49] Als Höchstgrenze wird man einen Zeitraum ansehen können, in dem der Verkehr unter Berücksichtigung der Gesamtumstände – insbesondere auch der Warenart – noch von einer Preissenkung (also einem Preisnachlass im Sinne der Vorschrift) ausgeht; insoweit kann auf die im Wettbewerbsrecht entwickelten Grundsätze und Maßstäbe für die zeitliche Zulässigkeit einer Preissenkungswerbung zurückgegriffen werden.[50]

---

[46] *Helm/Sonntag/Burger* in Gloy/Loschelder/Danckwerts HdbWettbR § 75 Rn. 17.

[47] AA Köhler/Bornkamm/Feddersen/*Köhler* PAngV § 9 Rn. 11: Angabe des Anfangs- und Endtermins als Kalendertag erforderlich.

[48] Köhler/Bornkamm/Feddersen/*Köhler* PAngV § 9 Rn. 11.

[49] *Helm/Sonntag/Burger* in Gloy/Loschelder/Danckwerts HdbWettbR § 75 Rn. 17.

[50] Vgl. → § 5 Rn. 1379 ff.

D. Ausnahme von § 1 Abs. 2 nach Abs. 3 (bestimmte Verträge)

Diese Bestimmung enthält Ausnahmen von der Pflicht, bei Fernabsatzverträgen nach § 1 Abs. 2 anzugeben, dass die Preise die Umsatzsteuer und sonstige Preisbestandteile enthalten und darauf hinzuweisen, ob (und ggf. in welcher Höhe) zusätzlich Liefer- und Versandkosten anfallen.[51] Durch diese Ausnahmebestimmung wird ein teilweiser Gleichklang mit den Regelungen im BGB über **Fernabsatzverträge** hergestellt: Nach § 312 Abs. 2 BGB finden die BGB-Bestimmungen über Fernabsatzverträge für bestimmte Vertragstypen keine Anwendung. Dies gilt nach § 9 Abs. 3 PAngV für einen Teil dieser privilegierten Vertragstypen auch im Hinblick auf § 1 Abs. 2 PAngV. Allerdings finden auch auf diese Vertragstypen die sonstigen Bestimmungen der PAngV im Grundsatz unverändert Anwendung, also namentlich die Pflicht zur Angabe des Gesamtpreises iSv § 1 Abs. 1 bzw. die Pflicht zur Angabe des effektiven Jahreszinses gemäß § 6. 19

In diesem Sinne privilegiert sind Verträge über die **Teilnutzung von Wohngebäuden** (§ 312 Abs. 2 Nr. 6 BGB), da spezialgesetzliche Regelungen (§§ 481 ff. BGB) bestehen, ebenso wie bei **Versicherungsverträgen und deren Vermittlung** (ausgenommen Darlehensvermittlungsverträge) iSv § 312 Abs. 6 BGB.[52] Auch bei **Immobiliengeschäften** iSv § 312 Abs. 2 Nr. 2 BGB sind die Verbraucher bereits durch anderweitige Bestimmungen hinreichend geschützt, namentlich durch das Erfordernis der notariellen Beurkundung. Von den Informationspflichten nach § 1 Abs. 2 ausgenommen sind schließlich noch **Automatenverträge** und **öffentliche Fernsprecher** (§ 312 Abs. 2 Nr. 9, 10 BGB). 20

Dagegen findet die Ausnahmebestimmung keine Anwendung auf die **regelmäßige Hauslieferung von Lebensmitteln und Gegenständen des täglichen Bedarfs** (§ 312 Abs. 2 Nr. 8 BGB) und auf die **weiteren in § 312 Abs. 2 Nr. 1, 4, 5, 7, 8, 11, 12 und 13 BGB genannten Vertragstypen.** Bei solchen Geschäften sind die Angaben nach § 1 Abs. 2 bei Fernabsatzgeschäften erforderlich.[53] 21

E. Ausnahme von § 2 Abs. 1 nach Abs. 4

I. Allgemeines

Parallel zur Einführung der Regelung für die Grundpreisangabe in § 2 PAngV durch die VO zur Änderung der PAngV und der FertigPackV (aF) vom 28.7.2000[54] wurden in § 9 (heute in Abs. 4–6) eine Reihe von Ausnahmeregelungen von der grundsätzlichen Pflicht zur Grundpreisangabe eingefügt. Die Ausnahmebestimmungen beruhen auf entsprechenden Vorgaben in Art. 3 Abs. 2 und Art. 5 der Preisangabenrichtlinie.[55] Der **Ausnahmekatalog in Abs. 4** ist allerdings recht **heterogen.** Alle Ausnahmeregelungen in dieser Bestimmung beschränken sich zwar auf § 2 Abs. 1 und die dort geregelten Warenkategorien, also Waren in Fertigpackungen, offenen Packungen oder als Verkaufseinheiten ohne Umhüllung nach Gewicht, Volumen, Länge oder Fläche angebotene Ware. Dagegen gelten diese Ausnahmebestimmungen nicht für lose Ware im Sinne von § 2 Abs. 2. Auch die sonstigen Bestimmungen der PAngV bleiben unberührt. Dies gilt insbesondere für die preisangabenrechtlichen Grundpflichten in § 1 (namentlich die Pflicht zur Angabe des Gesamtpreises) sowie für die Pflichten zur Preisauszeichnung im Handel gemäß § 4, jeweils vorbehaltlich ihrer Vereinbarkeit mit dem Unionsrecht nach dem 12.6.2013. 22

---

[51] Vgl. → § 1 Rn. 52 ff.

[52] Amtl. Begr., BT-Drs. 579/02, 9.

[53] KG GRUR-RR 2009, 316 (317).

[54] BGBl. I S. 1238.

[55] Näher *Völker* PreisangabenR Einf. Rn. 23 ff.

II. Nenngewicht/Nennvolumen von weniger als zehn Gramm/Millilitern (Nr. 1)

23 Diese Ausnahmeregelung betrifft nur **Fertigpackungen** im Sinne von § 42 MessEG (vormals § 6 Abs. 1 EichG), weil der Gesetzgeber allein im Hinblick auf solche Verpackungen den Begriff der „Nennfüllmenge" benutzt. Dies ist nach § 42 Abs. 3 Nr. 2 MessEG die Menge, die die Fertigpackung enthalten soll. Das ist die auf der Fertigpackung auch anzugebende Menge (§ 43 Abs. 1 MessEG, vormals § 7 Abs. 1 EichG). Ob die tatsächliche Menge in jedem Einzelfall dieser Nennfüllmenge entspricht, ist für diese Ausnahmebestimmung ohne Belang.[56] Der Sinn der Bestimmung liegt darin, dass bei derartigen Kleinstmengen eine Grundpreisangabe bezogen zB auf einen Liter oder ein Kilogramm (oder auch auf 100 Gramm/Milliliter) wenig zur Preistransparenz und zur Möglichkeit des Preisvergleichs beitragen würde. Werden einzelne Fertigpackungen, die von der Kennzeichnung der Nennfüllmenge befreit, zusätzlich verpackt und beträgt die gesamte Nennfüllmenge mehr als 100 Gramm, so ist auf dieser Verpackung die Anzahl und Nennfüllmenge der einzelnen Fertigpackungen anzugeben.[57] [58]

III. Verschiedenartige Erzeugnisse (Nr. 2)

24 Wie bereits früher nach § 13 Abs. 1 Nr. 2 FertigPackV aF besteht keine Pflicht zur Grundpreisangabe bei Waren im Sinne von § 2 Abs. 1, welche verschiedenartige Erzeugnisse enthalten, die nicht miteinander vermischt oder vermengt sind. Hier ist ein Preisvergleich mit anderen Waren durch die Verbindung verschiedener Produkte in einer Packung ohnehin erschwert und würde in der Regel durch die Angabe eines Grundpreises auch nicht nennenswert erleichtert, sondern könnte beim Verbraucher sogar zu falschen Schlüssen führen.[59] Die Ausnahmebestimmung gilt (anders als Nr. 1) nicht nur für Fertigpackungen, sondern für alle von § 2 Abs. 1 erfassten Warenkategorien; sie gilt aber nicht für lose Ware, die in § 2 Abs. 2 geregelt ist. Verschiedenartig sind Erzeugnisse, die nicht in ihren charakteristischen Merkmalen übereinstimmen[60] und sich dementsprechend in ihrer Anwendung, Funktion, ihren Wirkungen und/oder ihrem Geschmack nicht unerheblich unterscheiden. Was in diesem Sinne „verschiedenartig" ist, lässt sich unter Berücksichtigung des Zwecks der Grundpreisangabe und dieser Ausnahmevorschrift nur im Einzelfall entscheiden. Typisches Beispiel ist ein **Kombinationsangebot** zB aus Pizza oder einem anderen Gericht (= zubereitete Speise) und Getränk (= fertig abgepackte Ware), das von einem Lieferservice zu einem Preis angeboten wird.[61] Soweit die Getränke daneben allerdings auch einzeln angeboten werden, ist deren Grundpreis zu nennen.[62] Nicht von der Ausnahme erfasst ist hingegen ein Kombinationsprodukt bestehend aus Joghurt und Schokoriegeln, die in den Joghurt geschüttet werden, bei dem es sich nach der Verkehrsauffassung um ein Joghurtprodukt handelt, das mit anderen Joghurtprodukten verglichen werden kann.[63] Ebenso ein Produkt und nicht zwei verschiedenartige Produkte (Kaffee und Aluminiumhülle) und daher nicht von der Ausnahmeregelung erfasst, sind Kaffeekapseln.[64]

[56] Zipfel/Rathke, Lebensmittelrecht (Loseblattsammlung)/*Sosnitza,* Abschn. C 119, PAngV § 9 Rn. 8.

[57] § 22 Abs. 2 S. 2 FPackV.

[58] Vgl. vormals § 6 Abs. 3 und Abs. 5 S. 1 FPackV a. F. zu sog. Sammelpackungen.

[59] Ebenso BGH GRUR 2019, 641 Rn. 26 – Kaffeekapseln, dort im Ergebnis aber abgelehnt. Ebenso BGH BeckRS 2019, 5642 Rn. 23.

[60] Zipfel/Rathke, Lebensmittelrecht (Loseblattsammlung)/*Sosnitza,* Abschn. C 119, PAngV § 9 Rn. 12; OLG Jena GRUR-RR 2018, 424 Rn. 36 – Kaffeekapsel.

[61] BGH GRUR 2013, 186 Rn. 8 – Traum-Kombi.

[62] KG MMR 2017, 830 Rn. 16 – Lieferservice-Portal.

[63] OLG Frankfurt a. M. GRUR-RS 2016, 20413 Rn. 21.

[64] BGH GRUR 2019, 641 Rn. 26 – Kaffeekapseln; OLG Jena GRUR-RR 2018, 424 Rn. 36 – Kaffeekapsel; OLG Koblenz GRUR-RR 2018, 297 Rn. 29 – Kaffeekapseln.

Die Vorschrift setzt ferner voraus, dass die verschiedenartigen Erzeugnisse **nicht miteinander vermischt oder vermengt** sind. Anders als bei § 948 BGB muss es sich nicht um eine untrennbare Vermischung oder Vermengung handeln. Bei der Vermischung verlieren die Erzeugnisse ihre körperliche Abgrenzung (insbesondere bei Flüssigkeiten). Eine Vermengung im Sinne der Vorschrift liegt vor, wenn die einzelnen Erzeugnisse nicht voneinander getrennt sind und aus Sicht der angesprochenen Verkehrskreise eine in dieser Form zu verwendende bzw. zu konsumierende Sachgesamtheit bilden (wie zB die Zutaten beim sog. „Studentenfutter"). 25

IV. Kleine Direktvermarkter und Einzelhändler (Nr. 3)

1. Kleine Direktvermarkter. „Direktvermarkter" sind Betriebe, die von ihnen erzeugte Waren unmittelbar an die Verbraucher vertreiben. Gedacht ist offenbar vor allem an **landwirtschaftliche Direktvermarkter.** In Betracht kommen namentlich Winzerbetriebe, Brennereien und Bauernhöfe. Wann ein solcher Betrieb als „klein" einzustufen ist, lässt sich nur mit Rücksicht auf Sinn und Zweck der Ausnahmebestimmung bestimmen: Ein „kleiner" Betrieb liegt dann vor, wenn der mit der Erfüllung der Pflicht zur Grundpreisangabe verbundene Aufwand im Verhältnis zu dem durch den Vertrieb der betreffenden Erzeugnisse erzielten Erlös in keinem angemessenen Verhältnis mehr stünde. In der Regel werden diese Voraussetzungen zB bei **Familien-, Freizeit- bzw. Feierabendbetrieben** gegeben sein, ebenso – allgemeiner gesprochen – bei solchen Betrieben, die einen in kaufmännischer Weise eingerichteten Geschäftsbetrieb im Sinne von § 1 Abs. 2 HGB nicht erfordern. 26

2. Kleine Einzelhandelsgeschäfte. Was die Einzelhandelsgeschäfte anbelangt, liegt jedenfalls ein **„kleines Geschäft"** im Sinne der Vorschrift vor, wenn die vorstehend (→ Rn. 26) für „kleine Direktvermarkter" beschriebenen Voraussetzungen bei diesem Einzelhandelsgeschäft gegeben sind. Daneben wird vor allem das (im Prinzip auch für die Direktvermarkter geltende) weitere Tatbestandserfordernis für die Abgrenzung privilegierter und nicht privilegierter Betriebe von Relevanz sein, wonach die Warenausgabe überwiegend im Wege der Bedienung erfolgen muss. Damit fällt der gesamte SB-Einzelhandel aus dem Anwendungsbereich der Vorschrift heraus. 27

3. Warenausgabe überwiegend im Wege der Bedienung. Für die Anwendung der Vorschrift in Betracht kommen namentlich **Kioske** und Geschäfte, bei denen sich die **Ware überwiegend hinter dem Verkaufstresen** befindet oder auf sonstige Art dem unmittelbaren Zugriff des Publikums entzogen ist. Damit profitieren auch sehr kleine Einzelhandelsgeschäfte nicht von dieser Ausnahmebestimmung, wenn den Kunden (wie häufiger bei kleinen „Tante-Emma-Läden") die Möglichkeit eröffnet wird, sich die Ware selbst aus den Regalen zu holen und dann an der Kasse zu bezahlen. Gerade deshalb erscheint dieses Kriterium als wenig geeignet, den angestrebten Schutzzweck zu erreichen. 28

4. Warenbezug „im Rahmen eines Vertriebssystems". Die Ausnahmebestimmung greift nicht ein, wenn das Warensortiment **„im Rahmen eines Vertriebssystems"** bezogen wird. Diese Einschränkung betrifft nur die kleinen Einzelhandelsgeschäfte, da die kleinen Direktvermarkter die vertriebenen Waren selbst erzeugen. Auch diese Gegenausnahme ist unklar formuliert. Alle Waren werden im Wirtschaftsverkehr über „Vertriebssysteme" irgendeiner Art bezogen. Ziel der Formulierung ist es, eine Privilegierung von Filialbetrieben und Franchise-Unternehmen zu vermeiden. Entsprechend restriktiv ist sie auszulegen. Sie betrifft lediglich Fälle, in denen entweder verschiedene Verkaufsstellen (Filialen) eines Unternehmens oder aber zwar rechtlich selbstständige, wirtschaftlich oder organisatorisch aber verbundene Einzelbetriebe aufgrund eines einheitlich organisierten überörtlichen Vertriebssystems ihre Waren beziehen.[65] Dagegen liegt nicht bereits ein 29

[65] Insbesondere mit entsprechenden Bezugspflichten für das Kernsortiment, vgl. Zipfel/Rathke, Lebensmittelrecht (Loseblattsammlung)/*Sosnitza,* Abschn. C 119, PAngV § 9 Rn. 15.

„Vertriebssystem" in diesem Sinne vor, wenn ein Kleinbetrieb das wesentliche Warensortiment von einem einzigen Lieferanten bezieht; hierdurch scheidet folglich die Ausnahmemöglichkeit von der Pflicht zur Grundpreisangabe nicht ohne weiteres aus, zumal der Handelsbetrieb in der Gestaltung seiner Preise unter Berücksichtigung des Kartellrechts frei bleiben muss.[66]

V. Warenangebot im Rahmen einer Dienstleistung (Nr. 4)

30 Diese Ausnahme beruht auf Art. 3 Abs. 2, 1. Spiegelstrich der Preisangabenrichtlinie, der es den Mitgliedstaaten gestattet, die Pflicht zur **Grundpreisangabe nicht anzuwenden auf „bei Erbringen einer Dienstleistung gelieferte Erzeugnisse"**. Der Wortlaut der deutschen Umsetzungsvorschrift weicht hiervon leicht ab. Nach dem Wortlaut der deutschen Regelung muss die Ware nicht „geliefert" werden. Vielmehr wird jede Form des Angebots der Ware erfasst. Insoweit ist eine richtlinienkonforme Auslegung geboten, die den Anwendungsbereich der Ausnahme auf gelieferte Erzeugnisse beschränkt. Das Angebot der Ware muss zudem „im Rahmen einer Dienstleistung" erfolgen. Es ist also nicht zwingend erforderlich, dass sich das Angebot der Ware zeitlich mit dem Erbringen der Dienstleistung deckt bzw. überschneidet. Ein enger sachlicher und zeitlicher Zusammenhang mit der Dienstleistung reicht aus. Ob dies durch die Vorgabe der Preisangabenrichtlinie noch gedeckt ist, muss letzten Endes der EuGH entscheiden. Es spricht aber Einiges dafür, dass auch solche Angebote noch „bei Erbringen" einer Dienstleistung erfolgen, die mit der Dienstleistung in einem engen sachlichen und zeitlichen Zusammenhang stehen. Bei den Angeboten eines Speisenlieferdienstes erfolgen allerdings nur die frisch zubereiteten Speisen im Rahmen einer Dienstleistung bzw. beim Erbringen einer Dienstleistung. Der Lieferservice selbst stellt hingegen keine hinreichende eigenständige Dienstleistung dar mit der Folge, dass zB bei einzeln angebotenen, fertig verpackten Getränken der jeweilige Grundpreis anzugeben ist (anders hingegen bei Kombinationsangeboten mit Speisen, siehe oben Nr. 2).[67] Unerheblich ist, ob die Ware zur Erbringung der Dienstleistung erforderlich ist.

VI. Waren in Getränke- und Verpflegungsautomaten (Nr. 5)

31 Diese Ausnahmebestimmung betrifft ausschließlich Lebensmittel, die in Automaten angeboten werden. Auf die Art, Menge und Verpackungsform des Lebensmittels kommt es nicht entscheidend an. Der Verbraucher muss – wie aus dem Begriff „Automat" hervorgeht – nach Auswahl und Zahlung am Automaten das Lebensmittel ohne weiteres menschliches Zutun dem Automaten entnehmen können. Wenn nach Entnahme der Ware an einer Kasse bezahlt werden muss, findet die Bestimmung keine Anwendung.[68] Diese Ausnahmebestimmung berücksichtigt die ansonsten unverhältnismäßig hohen Umrüstungskosten bei Getränke- und Verpflegungsautomaten.[69]

F. Ausnahme von § 2 Abs. 1 nach Abs. 5

I. Allgemeines

32 Vgl. → Rn. 22.

[66] Anders Zipfel/Rathke, Lebensmittelrecht (Loseblattsammlung)/*Sosnitza,* Abschn. C 119, PAngV § 9 Rn. 15.
[67] OLG Köln MD 2011, 818 (819 f.); bestätigt durch BGH GRUR 2013, 186 Rn. 13 – Traum-Kombi.
[68] Zipfel/Rathke, Lebensmittelrecht (Loseblattsammlung)/*Sosnitza,* Abschn. C 119, PAngV § 9 Rn. 18.
[69] Begr. des Bundesrats, vgl. BR-Drs. 180/00.

II. Kau- und Schnupftabak (Nr. 1)

Da diese Ausnahmebestimmung auf **Kau- und Schnupftabak eines gewissen „Nenngewichts"** (als Unterfall der Nennfüllmenge) abstellt, betrifft die Ausnahmebestimmung lediglich Waren dieser Art in **Fertigpackungen** (→ § 2 Rn. 4). Daher ist für die Anwendbarkeit der Vorschrift im Grundsatz auch nicht das tatsächliche Gewicht der Packung im Einzelfall maßgeblich, sondern das auf der Verpackung angegebene Gewicht. **33**

III. Kosmetische Mittel zur Färbung und Verschönerung (Nr. 2)

Für den **Begriff der kosmetischen Mittel** ist die **Legaldefinition in § 2 Abs. 5 LFGB** bzw. **Art. 2 Abs. 1 lit. a der Kosmetik-VO (Verordnung (EG) Nr. 1223/2009**) maßgeblich. Danach sind kosmetische Mittel Stoffe oder Gemische aus Stoffen, die ausschließlich oder überwiegend dazu bestimmt sind, äußerlich am Menschen oder in seiner Mundhöhle zur Reinigung, zum Schutz, zur Erhaltung eines guten Zustands, zur Parfümierung, zur Veränderung des Aussehens oder dazu angewendet werden, den Körpergeruch zu beeinflussen. Stoffe oder Gemische aus Stoffen die zur Beeinflussung der Körperformen bestimmt sind, sind keine kosmetischen Mittel (§ 2 Abs. 5 S. 2 LFGB). **34**

Die Bestimmung nimmt kosmetische Mittel von der Pflicht zur Grundpreisangabe aus, wenn sie ausschließlich der Färbung oder Verschönerung der Haut, des Haares oder der Nägel dienen. Das betreffende Produkt darf also keine andere Funktion (auch nicht als Nebenfunktion oder erwünschte Nebenwirkung) haben. **Färbung** ist jede (auch geringfügige) Änderung der ursprünglichen bzw. vorherigen Farbe von Haut, Haar oder Nägeln einschließlich der Bleichung.[70] **Verschönerung** ist jede Änderung des äußeren Erscheinungsbilds einer Person, die allgemein oder zumindest von dieser Person als Verbesserung empfunden wird. In der Regel werden diese Produkte nur eine kurzfristige Veränderung des Äußeren bewirken; die kurzfristige Wirkung ist aber keine zwingende Voraussetzung der Anwendbarkeit dieser Bestimmung.[71] Die Ausnahme erstreckt sich im Einzelnen beispielsweise auf Schminke, Bräunungsmittel, Gesichtspuder, Nagellack sowie Haartönungs- und auch Haarfärbemittel.[72] Mittel, die gleichzeitig der Pflege von Haut, Haar oder Nägeln oder gar medizinischen Zwecken dienen, werden nicht erfasst („ausschließlich").[73] Daher unterfallen ein Haarwuchsserum oder eine Anti-Falten-Creme, die auch der intensiven Pflege der Haare bzw. der Haut dienen sollen, nicht der Bestimmung;[74] Parfüms und andere Stoffe zur Beeinflussung des Geruchssinns sind ebenfalls nicht erfasst;[75] vgl. aber Nr. 3 und nachfolgend → Rn. 36. **35**

IV. Parfüms und parfümierte Duftwässer (Nr. 3)

Die parfümierten Duftwässer müssen zur äußerlichen Anwendung am Menschen (und nicht an Gegenständen) bestimmt sein; sonst handelt es sich nicht um kosmetische Mittel im Sinne von § 2 Abs. 5 S. 1 LFGB. **36**

---

[70] Zipfel/Rathke, Lebensmittelrecht (Loseblattsammlung)/*Sosnitza,* Abschn. C 119, PAngV § 9 Rn. 22.

[71] AA offenbar Zipfel/Rathke, Lebensmittelrecht (Loseblattsammlung)/*Sosnitza,* Abschn. C 119, PAngV § 9 Rn. 23.

[72] Vgl. die „nicht abschließende" Auflistung in Anlage 6 zu den Erläuterungen und vorläufigen Vollzugshinweisen des Bayerischen Wirtschaftsministeriums (früher: Bayerisches Staatsministerium für Wirtschaft, Verkehr und Technologie) vom 7.12.2000 zum Vollzug der Verordnung zur Änderung der Preisangaben- und Fertigpackungsverordnung vom 28.7.2000.

[73] Ebenso OLG Celle WRP 2017, 714 Rn. 13 f.

[74] OLG Celle WRP 2017, 714 Rn. 18.

[75] Zipfel/Rathke, Lebensmittelrecht (Loseblattsammlung)/*Sosnitza,* Abschn. C 119, PAngV § 9 Rn. 23 f.

G. Ausnahmen von § 2 Abs. 1 nach Abs. 6

I. Allgemeines

37 Vgl. → Rn. 22. Die in Abs. 6 geregelten Ausnahmen betreffen Fälle, in denen die Angabe der geänderten Grundpreisauszeichnung **mit unverhältnismäßigem Aufwand verbunden** wäre (Nr. 1) oder sogar den rechtzeitigen **Verkauf der Ware gefährden** könnte (Nr. 2).

II. Waren ungleicher Nennquantität (Nr. 1)

38 Die Bestimmung betrifft Fälle, in denen ein und dieselbe Ware (also nicht verschiedene Waren) **in unterschiedlichen Quantitäten** angeboten wird. Dabei kann es sich entweder um Fertigpackungen iSv § 42 Abs. 1 MessEG (vormals § 6 Abs. 1 EichG) handeln, bei denen die Nennfüllmenge iSv § 42 Abs. 3 Nr. 2 MessEG nach Gewicht oder Volumen angegeben ist (zB in Abwesenheit des Verbrauchers fertig abgepackte Fleisch-, Käse- oder Wurstportionen) oder um Waren, die als Verkaufseinheiten ohne Umhüllung iSv § 2 Abs. 1 nach Länge oder Fläche angeboten werden, wobei auf der einzelnen Verkaufseinheit eine bestimmte Länge oder Fläche jeweils individuell benannt ist („Nennlänge oder -fläche"). Voraussetzung ist ferner, dass die einzelnen Packungen bzw. Verkaufseinheiten bislang auf der Grundlage eines einheitlichen Grundpreises – wenn auch wegen der unterschiedlichen Mengen zu unterschiedlichen Gesamtpreisen – angeboten wurden.

39 Die privilegierende Ausnahmevorschrift in Nr. 1 greift in solchen Konstellationen dann ein, wenn der geforderte **Gesamtpreis um einen einheitlichen Betrag** – also um denselben Betrag für jede Packung oder Verkaufseinheit – **herabgesetzt** wird. Sie greift nicht ein, wenn der Gesamtpreis um unterschiedliche Beträge herabgesetzt wird,[76] ebenso wenig bei einer prozentualen Senkung der Gesamtpreise oder des Grundpreises (und damit mittelbar der Gesamtpreise). Da sich bei einer solchen Senkung der unterschiedlichen Gesamtpreise um jeweils einen einheitlichen Betrag für jede einzelne Packung oder Verkaufseinheit ein anderer Grundpreis ergeben würde, wäre die Ausrechnung und Angabe dieser einzelnen Grundpreise mit einem erheblichen Kosten- und Zeitaufwand verbunden. Zudem wäre die Angabe vieler verschiedener Grundpreise für den Verbraucher eher verwirrend.[77] Daher kann (nicht muss) in solchen Fällen auf die Angabe des neuen Grundpreises verzichtet werden.

40 Nicht geregelt ist, ob die Angabe des bisher geltenden Grundpreises entfallen bzw. entfernt bzw. unkenntlich gemacht werden muss. Streng genommen ist dies im Hinblick auf die Grundsätze von Preisklarheit und Preiswahrheit (§ 1 Abs. 7 S. 1) erforderlich, da der bisherige Grundpreis nicht mehr gilt. Ferner stellt sich die Frage, ob auf jeder Packung bzw. Verkaufseinheit der neue Gesamtpreis anzugeben ist. Streng genommen ist dies nach § 1 Abs. 1 S. 1 und § 4 regelmäßig erforderlich. Da sich die Ausnahmebestimmung ausdrücklich nur auf die Angabe eines neuen Grundpreises nach § 2 Abs. 1 bezieht, wird man von einem Fortbestand der Pflicht zur Angabe des aktuellen Gesamtpreises und zur Entfernung des früheren Grundpreises ausgehen müssen. Dadurch wird allerdings die angestrebte Vereinfachung dieser Art von Preisänderung nur recht unvollkommen erreicht.

41 Die Bestimmung gilt auch für **offene Packungen ungleicher Nennfüllmenge** im Sinne von § 2 Abs. 1 PAngV und § 31 FPackV, also zB für offene Obstkörbchen ungleicher Nennfüllmenge, deren Preis um einen einheitlichen Betrag herabgesetzt wird. § 29 FertigPackV bleibt trotz Geltung der LMIV auch für nicht vorverpackte Lebensmittel, die an Verbraucher abgegeben werden sollen, wegen Art. 44 LMIV weiterhin anwendbar.[78]

---

[76] Zipfel/Rathke, Lebensmittelrecht (Loseblattsammlung)/*Sosnitza,* Abschn. C 119, PAngV § 9 Rn. 27.
[77] Zipfel/Rathke, Lebensmittelrecht (Loseblattsammlung)/*Sosnitza,* Abschn. C 119, PAngV § 9 Rn. 26.
[78] Zipfel/Rathke, Lebensmittelrecht (Loseblattsammlung)/*Sosnitza,*, Abschn. C 116, FertigPackV aF § 31a Rn. 4a; dazu auch → § 2 Rn. 5.

Dagegen gilt § 9 Abs. 6 Nr. 1 PAngV nicht für die in § 2 Abs. 2 geregelte lose Ware, für die ohnehin begrifflich keine vorbestehenden Packungen oder Verkaufseinheiten unterschiedlicher Nennfüllmenge existieren können und für die daher ohnehin nur der Grundpreis anzugeben ist.

III. Fertigpackungen mit leicht verderblichen Lebensmitteln (Nr. 2)

Zweck der Vorschrift ist die **Erleichterung des raschen Abverkaufs verderblicher Lebensmittel.** Die Bestimmung bezieht sich auf Fertigpackungen im Sinne von § 42 Abs. 1 MessEG (vormals § 6 Abs. 1 EichG, zum Begriff → § 2 Rn. 4), ferner auf offene Packungen im Sinne von § 2 Abs. 1 PAngV (→ § 2 Rn. 5) und § 29 FertigPackV, ebenso auf Lebensmittel, die als Verkaufseinheiten ohne Umhüllung im Sinne von § 2 Abs. 1 vertrieben werden. Die Fertigpackungen müssen Lebensmittel enthalten, die leicht verderblich sind. Dies ist in der Regel der Fall, wenn sie nicht ihrem Wesen nach oder durch Konservierung bzw. die Art der Verpackung oder auf andere Weise für einen längeren Zeitraum haltbar sind und deshalb in kurzer Zeit (ca. 2 bis 3 Tagen) verderben.[79] 42

Voraussetzung ist ferner eine **drohende Gefahr des Verderbs.** Der Verderb darf also noch nicht eingetreten sein; ansonsten wäre das Lebensmittel ohnehin nicht mehr verkehrsfähig, weil nicht mehr zum Verzehr geeignet. Der Verderb muss allerdings unmittelbar bevorstehen. Es muss mit ihm am selben Tag oder am nächsten Verkaufstag – an Wochenenden dem Montag – zu rechnen sein.[80] Unter „Verderb" wird man jede nachteilige Veränderung des Lebensmittels verstehen können, durch welche seine Tauglichkeit zum Verzehr aufgehoben oder erheblich herabgesetzt wird. Der Gesamtpreis muss wegen dieser drohenden Gefahr des Verderbs (also nicht oder jedenfalls nicht ausschließlich aus anderen Gründen) herabgesetzt werden. Ist dies der Fall, ist die Angabe des neuen Grundpreises nach § 2 Abs. 1 nicht erforderlich. Auch hier stellt sich die Frage, ob dennoch der bislang geforderte Grundpreis entfernt und der neue Gesamtpreis angegeben werden muss. Das oben zu Nr. 1 Ausgeführte (→ Rn. 40) gilt entsprechend. 43

H. Keine Anwendung von § 4 (Abs. 7)

I. Allgemeines

Die in **Abs. 7** enthaltenen **Ausnahmen** betreffen **nur Waren, nicht Leistungen.** 44
Weiter gelten diese Ausnahmebestimmungen nur für die Pflichten gem. § 4, also die besonderen Preisauszeichnungspflichten im Handel. Dies bedeutet, dass die preisangabenrechtlichen Pflichten aus § 1 (insbesondere Abs. 1 und 7) auch in den in § 9 Abs. 7 genannten Fällen weiterhin uneingeschränkt gelten.[81] Es gelten also – vorbehaltlich der Vereinbarkeit mit dem Unionsrecht – die Grundsätze von Preisklarheit und Preiswahrheit, die Pflicht zur Angabe des Gesamtpreises und gegebenenfalls auch des Grundpreises (§ 2), der Verkaufseinheit bzw. Gütebezeichnung sowie prinzipiell die Pflicht zur Preisangabe bei allen Angeboten (mit Ausnahme der in § 4 konkret geregelten Angebotsformen) und jeglicher Werbung unter Angabe von Preisen iSv § 1 Abs. 1 S. 1.

II. Kunstgegenstände, Sammlungsstücke und Antiquitäten (Nr. 1)

Nach Abs. 7 Nr. 1 sind Kunstgegenstände, Sammlerstücke und Antiquitäten im Sinne 45
des Kapitels 97 des Gemeinsamen Zolltarifs von der Anwendung des § 4 ausgenommen.[82]

[79] Zipfel/Rathke, Lebensmittelrecht (Loseblattsammlung)/*Sosnitza,* Abschn. C 119, PAngV § 9 Rn. 31.
[80] Zipfel/Rathke, Lebensmittelrecht (Loseblattsammlung)/*Sosnitza,* Abschn. C 119, PAngV § 9 Rn. 33.
[81] *Gimbel/Boest,* Die neue Preisangabenverordnung, 1985, § 7 Anm. 10.
[82] Näher *Völker* PreisangabenR § 9 Rn. 75 ff. Zur Verfassungsmäßigkeit dieser Ausnahmeregelung siehe BVerfG NJW 2010, 2501.

III. Werbevorführungen (Nr. 2)

46 Nach Abs. 7 Nr. 2 findet § 4 keine Anwendung auf **Waren, die in Werbevorführungen angeboten** werden, sofern der Preis der jeweiligen Ware bei deren Vorführung und unmittelbar vor Abschluss des Kaufvertrags genannt wird. Die Vorschrift privilegiert insbesondere sog. „Marktschreier" durch die Befreiung von der Preisauszeichnungspflicht nach § 4. Voraussetzung ist, dass die Ware zum Zwecke der Werbung vorgeführt wird, ihre praktische Anwendung bzw. Benutzung also eingehend erklärt und demonstriert wird. Eine Werbevorführung kann sowohl bei einer Demonstration durch einen präsenten Verkäufer als auch bei einer Videodemonstration der Ware (zB in Kaufhäusern oder Supermärkten) vorliegen. Die Anwendung der Vorschrift setzt dabei nicht voraus, dass es sich um neuartige oder besonders erklärungsbedürftige Waren handelt.[83]

47 Die privilegierende Ausnahme von § 4 gilt **nur für die Dauer der Werbevorführung.** Findet also zB zwischen gelegentlichen Werbevorträgen an einem Stand ein regelmäßiger Verkauf statt, handelt es sich um ein normales Angebot, für das § 4 gilt,[84] soweit nicht lediglich nach jeder Demonstration der Ware den dann anwesenden Kaufinteressenten Gelegenheit zum Erwerb der Ware vor Beginn der nächsten Demonstration gegeben wird.

48 Der Preis muss **bei der Vorführung (mündlich) genannt** werden. Dies geschieht regelmäßig zum Schluss. Weiter muss der Preis unmittelbar vor Abschluss jedes Kaufvertrags genannt werden. Eine einmalige Preisangabe genügt jedoch, wenn sich der Verkauf unmittelbar an die Vorführung anschließt und der Verkauf an die bei der Vorführung Anwesenden erfolgt.[85]

49 Für die Anwendung der Vorschrift ist **unerheblich,** ob die **Werbevorführung öffentlich** (also jedermann zugänglich) ist oder **in privatem Rahmen** stattfindet (sog. „Hausparties", wie zB Tupperware-Parties). Auch bei Hausparties ist die Anwendung von § 9 Abs. 1 Nr. 4 durch Abs. 7 Nr. 2 ausgeschlossen. Die Pflicht zur Preisauszeichnung nach § 4 entfällt also nur, wenn bei der Vorführung und vor Vertragsschluss mündlich die Preise genannt werden, auch wenn der Vertragsschluss erst bei einem gesonderten und späteren Besuch beim Interessenten stattfindet.[86]

IV. Blumen und Pflanzen im Direktverkauf beim Produzenten (Nr. 3)

50 Nach Abs. 7 Nr. 3 findet § 4 keine Anwendung auf **Blumen und Pflanzen,** die **unmittelbar vom Freiland, Treibbeet oder Treibhaus verkauft** werden, also bei Direktangeboten des Urproduzenten. Die Pflanzen und Blumen müssen sich noch in der Erde befinden bzw. dürfen noch nicht gepflückt sein, denn die Ausnahme knüpft daran an, dass die Blumen/Pflanzen unmittelbar „vom Freiland" und nicht „unmittelbar vom Freiland-Bauern" verkauft werden. Die Ausnahmevorschrift gilt nicht für andere Waren (zB Eier, Milch, Geflügel, Obst).[87]

I. Keine Anwendung von § 5 (Abs. 8)

I. Allgemeines

51 Die **Ausnahmen in Abs. 8** betreffen **nur Leistungen, nicht Waren.** Sie enthalten nur Ausnahmen von der Pflicht zur Preisauszeichnung durch Preisverzeichnisse gemäß § 5. Die

[83] Vgl. *Gimbel/Boest,* Die neue Preisangabenverordnung, 1985, § 7 Anm. 12.
[84] *Gimbel/Boest,* Die neue Preisangabenverordnung, 1985, § 7 Anm. 12.
[85] Vgl. *Gelberg,* Kommentar zur Preisangabenverordnung, 1975, S. 117; *Gimbel/Boest,* Die neue Preisangabenverordnung, 1985, § 7 Anm. 12.
[86] Vgl. KG GewArch 1975, 32 ff.; OVG Koblenz GewArch 1979, 132 ff.; *Gimbel/Boest,* Die neue Preisangabenverordnung, 1985, § 7 Anm. 12.
[87] *Gelberg,* Kommentar zur Preisangabenverordnung, 1975, S. 117; Ohly/Sosnitza/*Sosnitza* PAngV § 9 Rn. 22. AA *Gimbel/Boest,* Die neue Preisangabenverordnung, 1985, § 7 Anm. 13.

preisangabenrechtlichen Grundpflichten in § 1 gelten auch in den durch Abs. 8 ausgenommenen Fällen unbeschränkt fort, insbesondere die Pflicht zur Angabe des Gesamtpreises.

II. Schriftliche Individualangebote (Nr. 1)

Ein Preisverzeichnis ist nur sinnvoll und möglich bei standardisierten Leistungen, die in einer Vielzahl von Fällen in gleicher Weise angeboten und erbracht werden, nicht bei individuellen Leistungen, die von Fall zu Fall verschieden und an den besonderen Gegebenheiten des Einzelfalls orientiert sind. Daher enthält Abs. 8 Nr. 1 eine **Ausnahme für einzelfallbezogene Leistungsangebote,** wenn folgende Voraussetzungen erfüllt sind: Die Leistungen müssen **üblicherweise** (vgl. → § 1 Rn. 49) **aufgrund von schriftlichen Angeboten** oder schriftlichen Voranschlägen erbracht werden. Eine solche Branchenübung besteht beispielsweise bei Neu-, Ein- und Umbauten im Bau- und Ausbaugewerbe,[88] möglicherweise auch im Bestattergewerbe.[89] Weiterhin muss die Leistung **üblicherweise auf den Einzelfall abgestellt** sein. Dies bedeutet, dass sowohl Umfang und Einzelheiten der Leistungserbringung als auch der Preis üblicherweise auf die Umstände des Einzelfalls abgestimmt werden müssen. Fehlt es an der Üblichkeit, ist bei Leistungen mit variablem und nicht von vornherein abzusehendem Leistungsumfang ein Preisverzeichnis nach § 5 mit Verrechnungssätzen erforderlich.[90] Im Versicherungsbereich findet Abs. 8 Nr. 1 bei Gesprächen über übliche Versicherungen zur Absicherung üblicher Risiken grundsätzlich keine Anwendung. Nur bei Verhandlungen über die Versicherung besonderer Risiken, für die keine Standardtarife bestehen, kann die Ausnahmevorschrift im Einzelfall Anwendung finden.[91] 52

III. Künstlerische, wissenschaftliche und pädagogische Leistungen (Nr. 2)

Nach Abs. 8 Nr. 2 sind künstlerische, wissenschaftliche und pädagogische Leistungen von der Preisauszeichnungspflicht durch Preisverzeichnisse nach § 5 ausgenommen. Beispiele: privater Musikunterricht, Nachhilfestunden, individuelle Privatrepetitorien, wissenschaftliche Gutachten, Portraitmalerei und andere künstlerische Auftragswerke, zB auch Leistungen von Tätowierern.[92] Dies gilt allerdings nicht für Leistungen, die in Konzertsälen, Theatern, Filmtheatern, Schulen, Instituten oder dergleichen erbracht werden, also für die Öffentlichkeit oder zumindest eine größere Zahl von Personen zugänglich oder bestimmt sind. Letztlich beschränkt sich die Ausnahme damit im Wesentlichen auf **Leistungen für einzelne Personen oder kleine Personengruppen in privaten Räumen des Leistungsempfängers oder -erbringers.**[93] Allerdings können auch in Gewerbebetrieben, deren Räume für jedermann zugänglich sind, Leistungen individuell gegenüber jedem Kunden erbracht werden und dadurch in den Anwendungsbereich von § 9 Abs. 8 Nr. 2 fallen.[94] 53

IV. Leistungen mit spezialgesetzlichen Preisangabenregelungen (Nr. 3)

Abs. 8 Nr. 3 regelt an sich eine Selbstverständlichkeit, nämlich den **Vorrang spezialgesetzlicher Vorschriften.** Die Bestimmung bezieht sich jedoch nicht generell auf preisangabenrechtliche Sondervorschriften für Leistungen, sondern auf Sondervorschriften, welche die Pflichten aus § 5 im Hinblick auf Preisverzeichnisse für Leistungen betreffen.[95] 54

---

[88] *Gelberg,* Kommentar zur Preisangabenverordnung, 1975, S. 120; *Gimbel/Boest,* Die neue Preisangabenverordnung, 1985, § 7 Anm. 3.
[89] OLG Hamburg WRP 2013, 1212 Rn. 20.
[90] *Gimbel/Boest,* Die neue Preisangabenverordnung, 1985, § 7 Anm. 3.
[91] Vgl. VerBAV 1974, 34 (35).
[92] OLG Hamburg NJW-RR 2011, 1674 (1675 f.).
[93] Ähnlich *Gimbel/Boest,* Die neue Preisangabenverordnung, 1985, § 7 Anm. 17.
[94] So zB in einem Tätowierstudio: OLG Hamburg NJW-RR 2011, 1674 (1676).
[95] Näher zu einzelnen spezialgesetzlichen Preisangabenregelungen *Völker* PreisangabenR § 9 Rn. 90 ff.

§ 10 Ordnungswidrigkeiten

(1) **Ordnungswidrig im Sinne des § 3 Abs. 1 Nr. 2 des Wirtschaftsstrafgesetzes 1954 handelt, wer vorsätzlich oder fahrlässig**

1. entgegen § 1 Abs. 1 Satz 1 Preise nicht, nicht richtig oder nicht vollständig angibt,
2. entgegen § 1 Abs. 1 Satz 2 die Verkaufs- oder Leistungseinheit oder Gütebezeichnung nicht oder nicht richtig angibt, auf die sich die Preise beziehen,
3. entgegen § 1 Abs. 2 Satz 1 Nr. 1 eine Angabe nicht, nicht richtig oder nicht vollständig macht,
4. entgegen § 1 Abs. 3 Satz 1 Stundensätze, Kilometersätze oder andere Verrechnungssätze nicht richtig angibt,
5. entgegen § 1 Abs. 4 oder 7 Satz 2 Angaben nicht in der dort vorgeschriebenen Form macht,
6. entgegen § 1 Absatz 7 Satz 3 den Gesamtpreis nicht hervorhebt oder
7. entgegen § 2 Abs. 1 Satz 1, auch in Verbindung mit Satz 2, oder § 2 Abs. 2 oder § 3 Satz 1 oder 3, auch in Verbindung mit Satz 4, eine Angabe nicht, nicht richtig oder nicht vollständig macht.

(2) **Ordnungswidrig im Sinne des § 3 Abs. 1 Nr. 2 des Wirtschaftsstrafgesetzes 1954 handelt auch, wer vorsätzlich oder fahrlässig einer Vorschrift**

1. des § 4 Abs. 1 bis 4 über das Auszeichnen von Waren,
2. des § 5 Abs. 1 Satz 1, 2 oder 4 oder Abs. 2, jeweils auch in Verbindung mit § 4 Abs. 5, über das Aufstellen, das Anbringen oder das Bereithalten von Preisverzeichnissen oder über das Anbieten einer Anzeige des Preises,
3. des § 6 Absatz 1 über die Angabe oder die Bezeichnung des Preises bei Verbraucherdarlehen,
4. des § 6 Absatz 7 oder § 6b über die Angabe von Voraussetzungen für die Verbraucherdarlehensgewährung oder des Zinssatzes oder der Zinsbelastungsperiode,
5. des § 6a Absatz 2 Satz 1 oder Absatz 3 über die Pflichtangaben in der Werbung,
6. des § 7 Abs. 1 Satz 1 oder 2, Abs. 2 Satz 1, Abs. 3 oder 4 über die Angabe von Preisen oder über das Auflegen, das Vorlegen, das Anbringen oder das Auslegen eines dort genannten Verzeichnisses,
7. des § 8 Abs. 1 Satz 1 über das Auszeichnen von Kraftstoffpreisen oder
8. des § 8 Abs. 2 über das Anbringen eines Preisverzeichnisses

zuwiderhandelt.

(3) **Ordnungswidrig im Sinne des § 3 Abs. 1 Satz 1 Nr. 3 des Wirtschaftsstrafgesetzes 1954 handelt, wer vorsätzlich oder fahrlässig gegen § 1 Abs. 2 Satz 1 Nr. 2 oder Satz 2 eine Angabe nicht, nicht richtig oder nicht vollständig macht.**

Übersicht

A. Allgemeines

Verstöße gegen die PAngV sind keine Straftaten, sondern lediglich **Ordnungswidrigkeiten** iSv § 3 Abs. 1 Nr. 2 (bzw. Nr. 3) Wirtschaftsstrafgesetz 1954 (WiStG). Die einzelnen Bußgeldtatbestände sind in zweifacher Hinsicht Blankettvorschriften:[1] § 3 Abs. 1 Nr. 2 WiStG wird durch § 10 PAngV konkretisiert. Die einzelnen Tatbestände in § 10 nehmen wiederum auf die speziellen preisangabenrechtlichen Regelungen der PAngV Bezug. Für die Prüfung sind daher jeweils neben dem relevanten Tatbestand in § 10 auch die Normen der PAngV zu berücksichtigen, auf die konkret verwiesen wird. Weiter ist stets zu prüfen, ob die Grundvoraussetzungen für die Anwendbarkeit der PAngV gemäß § 1 Abs. 1 S. 1 gegeben sind (vgl. → § 1 Rn. 6 ff.). Schließlich sind auch immer die Ausnahmevorschriften zu berücksichtigen (§ 5 Abs. 3, § 7 Abs. 2 S. 2, § 8 Abs. 1 S. 2 und insbesondere § 9). Und stets ist zu fragen: Beruht die jeweilige Norm der PAngV auf einer Richtlinie, die besondere Aspekte unlauterer Geschäftspraktiken regelt (so etwa die Preisangabenrichtlinie für Waren und die E-Commerce-Richtlinie), und ist daher richtlinienkonform auszulegen, kann aber beibehalten werden (→ Einf. Rn. 11). Oder unterfällt sie dem Regelungsbereich der vollharmonisierenden UGP-Richtlinie und sieht gegenüber dieser strengere oder restriktivere Regelungen vor mit der Folge, dass sie insoweit nach Ablauf des 12.6.2013 aufgrund der Verfallsklausel des Art. 3 Abs. 5 UGP-Richtlinie nicht mehr aufrechtzuerhalten ist (dazu näher → Einf. Rn. 11 ff.). Ist eine Marktverhaltensregel der PAngV einer richtlinienkonformen Auslegung nicht zugänglich, scheidet bei einem Verstoß ausnahmsweise die Annahme einer unlauteren geschäftlichen Handlung aus, selbst wenn der Tatbestand des § 3a UWG grundsätzlich erfüllt sein mag (→ Einf. Rn. 17). Dies muss gleichermaßen für die Sanktion nach § 10 PAngV gelten. Ansonsten würden die unionsrechtlichen Wertungen und Vorgaben unterlaufen, die eine abschließende Regelung des Lauterkeitsrechts im B2C-Verkehr einschließlich der hier bestehenden Informationspflichten bezwecken. 1

[1] Zum Begriff zB BVerfGE 37, 201 (208 ff.); BGHSt 28, 213 (215).

2 § 10 Abs. 1 und 3 erfassen **Verstöße gegen die Grundvorschriften in § 1 und §§ 2, 3;** dabei werden die relevanten Tatbestände konkret genannt, zB „Preise nicht vollständig angibt" oder „Gütebezeichnung nicht richtig angibt". Abs. 2 hingegen regelt Verstöße gegen die speziellen Bestimmungen in §§ 4–8, wobei hier allgemein auf die einzelnen Gesetze Bezug genommen und die Verletzung (irgend)einer Vorschrift hieraus als Ordnungswidrigkeit behandelt wird. Der Ordnungswidrigkeitenkatalog des § 10 erfasst nicht nur Verstöße gegen Vorschriften der PAngV, welche die Preisangabe selbst regeln, sondern auch Verstöße gegen vorgeschriebene ergänzende Angaben (zB § 1 Abs. 1 S. 2, § 6 Abs. 7 usw).

3 § 10 **pönalisiert allerdings nicht alle Verstöße gegen Vorschriften der PAngV.** Nicht erfasst sind zB Verstöße gegen § 2 Abs. 3 S. 5. Der Katalog des § 10 deckt aber nahezu alle Bestimmungen der PAngV und damit so gut wie alle wesentlichen Verstöße gegen die PAngV ab. Eine bemerkenswerte Ausnahme bildet allerdings die in § 1 Abs. 7 S. 1 enthaltene Regelung, wonach die Angaben nach der PAngV generell der allgemeinen Verkehrsauffassung und den Grundsätzen von Preisklarheit und Preiswahrheit entsprechen müssen. Bei dieser Generalklausel hat man mit gutem Grund (Art. 103 Abs. 2 GG) von der Sanktionierung von Verstößen als Ordnungswidrigkeit abgesehen.

4 Verstößt ein Täter gegen eine **behördliche Verfügung** (Verwaltungsakt), die der Einhaltung der nach § 10 bußgeldbewehrten Vorschriften der PAngV dient, ist auch der Verstoß gegen diese Verfügung eine Ordnungswidrigkeit iSv § 3 Abs. 1 WiStG.[2]

B. Einzelfragen

I. Täterschaft, Beteiligung, Schuld

5 Als **Täter** kommen die **Normadressaten der PAngV** in Betracht, also namentlich alle, die im Sinne von § 1 Abs. 1 S. 1 Waren oder Leistungen anbieten oder für sie unter Angabe von Preisen werben. Bei Unternehmen und Betrieben sind dies in der Regel der oder die Inhaber. Aber auch ein selbständiger Handelsvertreter kommt als Täter von Verstößen gegen die PAngV in Betracht.[3] Bei juristischen Personen und Personenhandelsgesellschaften kommt eine Haftung der in § 9 Abs. 1 Nr. 1 und 2 OWiG geregelten vertretungsberechtigten natürlichen Personen in Betracht. Weiter kommen als Täter diejenigen natürlichen Personen in Betracht, die beauftragt sind, den Betrieb ganz oder zum Teil zu leiten oder die entsprechenden Aufgaben (also insbesondere Preisauszeichnung/Preiswerbung) in eigener Verantwortung wahrzunehmen (§ 9 Abs. 2 OWiG). **Juristische Personen und Personenhandelsgesellschaften** kommen zwar als Täter nicht in Betracht; gegen sie kann jedoch unter den Voraussetzungen von § 30 OWiG als Nebenfolge eine Geldbuße verhängt werden, unter den Voraussetzungen des § 30 Abs. 4 OWiG auch selbständig.

6 Erfasst wird auch **jede Form der Beteiligung iSv § 14 OWiG.** Soweit Unternehmensinhaber die Erfüllung der preisangabenrechtlichen Verpflichtungen auf andere Betriebsangehörige delegieren und diese nicht ordnungsgemäß überwachen, kommt hinsichtlich des Betriebsinhabers ein Verstoß gegen § 130 OWiG wegen Verletzung der Aufsichtspflicht in Betracht.

7 § 10 erfasst **vorsätzliche und fahrlässige Verstöße.**[4] Der vermeidbare Verbotsirrtum ist grundsätzlich unbeachtlich.[5]

---

[2] *Gimbel/Boest,* Die neue Preisangabenverordnung, 1985, § 8 Anm. 6.
[3] BayObLGSt 1972, 91 (93 f.); Büscher/*Schilling* PAngV § 10 Rn. 2.
[4] Näher Erbs/Kohlhaas Strafr. NebenG/*Häberle* PAngV § 10 Rn. 24 ff.
[5] Vgl. § 11 Abs. 2 OWiG und Erbs/Kohlhaas Strafr. NebenG/*Häberle* PAngV § 10 Rn. 25; *Gimbel/Boest,* Die neue Preisangabenverordnung, 1985, § 8 Anm. 4; Ohly/Sosnitza/*Sosnitza* PAngV § 10 Rn. 4.

II. Rechtsfolgen, Verfahren, Verjährung

Vorsätzliche Verstöße können mit einer **Geldbuße von bis zu 25.000 Euro** (§ 3 Abs. 2 WiStG), fahrlässige mit einer Geldbuße bis zu 12.500 Euro (§ 17 Abs. 2 OWiG) geahndet werden; eine Überschreitung dieser Höchstgrenzen ist unter den Voraussetzungen des § 17 Abs. 4 OWiG möglich. Für **Zuständigkeit, Verfahren und Rechtsbehelfe** gelten die **allgemeinen Bestimmungen des Ordnungswidrigkeitenrechts** (§§ 35 ff. OWiG), ebenso für Konkurrenzen (§§ 19–21 OWiG). **Verfolgungsverjährung** tritt nach drei Jahren ein (§ 31 Abs. 2 Nr. 1 OWG), wobei die Verjährung beginnt, sobald die relevante Handlung beendet ist. Soweit der Verstoß durch Verbreitung eines Druckwerks erfolgt, finden stattdessen die kürzeren presserechtlichen Verjährungsvorschriften analoge Anwendung.[6] 8

III. Einzeltatbestände

1. Grundtatbestand des § 1 Abs. 1 S. 1, Preise nicht, nicht richtig oder nicht vollständig angegeben (Abs. 1 Nr. 1). Der Tatbestand erfasst Verstöße gegen § 1 Abs. 1 S. 1, indem **Preise nicht, nicht richtig oder nicht vollständig angegeben** werden. Die erste Variante (Nichtangabe) ist nur beim Angebot von Waren/Leistungen relevant, die beiden anderen auch bei der Werbung unter Angabe von Preisen. Nicht richtig ist eine Preisangabe, wenn nicht der tatsächlich vom Anbieter für die Ware/Leistung verlangte Gesamtpreis angegeben wird. Ein Preis ist auch dann nicht richtig, wenn **wesentliche Preisbestandteile** (zB Umsatzsteuer) **nicht angegeben oder nicht in den Gesamtpreis einbezogen** werden. Im erstgenannten Fall ist die Preisangabe zugleich auch nicht vollständig. Nicht vollständig ist die Preisangabe auch dann, wenn zwar alle Preisbestandteile aufgeführt werden, der Gesamtpreis aber nicht genannt wird. Die Vorschrift erfasst nicht Verstöße gegen den allgemeinen Grundsatz der Preisklarheit gem. § 1 Abs. 7 S. 1, der ausdrücklich nicht genannt wird.[7] 9

2. Fehlende oder unrichtige Angabe der Verkaufs- oder Leistungseinheit (Abs. 1 Nr. 2). Die Vorschrift betrifft Verstöße gegen § 1 Abs. 1 S. 2. Fehlen diese ergänzenden Angaben, liegt ein Verstoß nur vor, soweit die **Angabe nach allgemeiner Verkehrsauffassung erforderlich** war (vgl. → § 1 Rn. 49). Bei unrichtigen Angaben liegt ein Verstoß auch vor, wenn die Angabe nicht zwingend erforderlich war. 10

3. Fehlende oder unrichtige Angaben bei Fernabsatzverträgen (Abs. 1 Nr. 3). Erfasst werden Verstöße gegen die Pflicht nach **§ 1 Abs. 2 S. 1 Nr. 1,** bei **Fernabsatzverträgen** anzugeben, dass die **Preise die Umsatzsteuer und sonstige Preisbestandteile enthalten.** Verstöße gegen die zusätzliche Pflicht, bei Fernabsatzverträgen anzugeben, ob zusätzlich Liefer- und Versandkosten anfallen (sowie ggf. deren Höhe) gemäß § 1 Abs. 2 S. 1 Nr. 2 und S. 2 werden durch § 10 Abs. 3 erfasst. 11

4. Unrichtige Angaben von Stundensätzen, Kilometersätzen und anderen Verrechnungssätzen (Abs. 1 Nr. 4). Die Vorschrift betrifft Verstöße gegen **§ 1 Abs. 3 S. 1,** etwa durch Angabe von Verrechnungssätzen, die nicht alle Leistungselemente enthalten oder bei denen die Umsatzsteuer fehlt. 12

5. Fehlerhafte Angaben bei rückerstattbaren Sicherheiten und Preisaufgliederungen (Abs. 1 Nr. 5). Die Vorschrift betrifft zum einen Verstöße gegen **§ 1 Abs. 7 S. 2,** wonach alle Angaben nach der PAngV dem Angebot oder der Werbung eindeutig zugeordnet, leicht erkennbar, und deutlich lesbar oder sonst gut wahrnehmbar sein müssen. 13

---

[6] *Ambs* in Erbs/Kohlhaas Strafr. NebenG 228. EL Januar 2020 PAngV § 10 Rn. 26 unter Berufung auf BGHSt 28, 53 (55 f.).

[7] Dazu auch → Rn. 3. AA noch *Ambs* in Erbs/Kohlhaas Strafr. NebenG 228. EL Januar 2020 PAngV § 10 Rn. 6.

Für die Verwirklichung dieses Tatbestands genügt der Verstoß gegen eines dieser Merkmale. Verstöße gegen diese Bestimmungen fallen nicht gleichzeitig unter den Grundtatbestand des Abs. 1 Nr. 1.[8] Zum anderen erfasst die Norm Verstöße gegen **§ 1 Abs. 4,** wonach bei Forderung einer rückerstattbaren Sicherheit (insbesondere Flaschenpfand) die Höhe dieser Sicherheit neben dem Preis für die Ware oder Leistung anzugeben und kein Gesamtbetrag zu bilden ist. Ein Verstoß gegen diese Bestimmung kommt in Betracht, wenn entweder überhaupt kein Hinweis auf die rückerstattbare Sicherheit erfolgt, der Hinweis in der Höhe unrichtig ist oder die Sicherheit und der Preis für die Ware oder Leistung zu einem Gesamtbetrag addiert werden.

14 **6. Fehlende Hervorhebung des Gesamtpreises (Abs. 1 Nr. 6).** Erfasst werden Verstöße gegen § 1 Abs. 7 S. 3, wonach bei einer zulässigen Preisaufgliederung die Gesamtpreise hervorzuheben sind.

15 **7. Verstöße bei der Grundpreisangabe und bei leitungsgebundenen Angeboten (Abs. 1 Nr. 7).** Hier werden zum einen Verstöße gegen die Pflicht zur Angabe des Grundpreises nach **§ 2 Abs. 1 und 2** geregelt, indem der Grundpreis überhaupt nicht, nicht richtig oder unvollständig angegeben wird. Zum anderen bezieht sich die Bestimmung auch auf Verstöße gegen die Vorschriften zur Preisangabe bei bestimmten leitungsgebundenen Waren gemäß **§ 3,** und zwar sowohl im Hinblick auf die Angabe des Arbeits- oder Mengenpreises im Sinne von § 3 S. 1 als auch hinsichtlich leistungsabhängiger sowie nicht verbrauchsabhängiger Preise gemäß § 3 S. 3 und 4.

16 **8. Verstöße gegen die Bestimmungen zur Preisauszeichnung beim Warenhandel gem. § 4 Abs. 1–4 (Abs. 2 Nr. 1).** Dieser Tatbestand erfasst alle (und nicht nur bestimmte) Verstöße gegen die besonderen Bestimmungen für die Preisangabe von Waren im Einzelhandel gem. **§ 4 Abs. 1–4.** Als Verstöße kommen zB in Betracht die fehlende Auszeichnung von Waren durch Preisschilder oder Beschriftung der Ware unter den Voraussetzungen des § 2 Abs. 1. Inhaltlich unrichtige oder unvollständige Preisangaben werden dagegen durch Abs. 1 Nr. 1 erfasst.

17 **9. Verstöße gegen die besonderen Bestimmungen für Preisangaben bei Leistungen gem. § 5 Abs. 1 S. 1, 2 oder 4 oder Abs. 2 (Abs. 2 Nr. 2).** Die Vorschrift betrifft alle Verstöße gegen die besonderen Bestimmungen für das Angebot von Leistungen in **§ 5 Abs. 1 und 2** (der nicht erwähnte Abs. 1 S. 3 enthält keinen eigenständigen Verbotstatbestand). Erfasst werden daneben auch Verstöße gegen **§ 4 Abs. 5,** der für Waren, deren Preise üblicherweise aufgrund von Tarifen oder Gebührenregelungen bemessen werden, seinerseits auf § 5 Abs. 1 und 2 verweist. Ein Verstoß liegt vor, wenn das vorgeschriebene Preisverzeichnis entweder überhaupt nicht aufgestellt wird oder nicht die wesentlichen Leistungen enthält, ebenso, wenn es nicht in der vorgeschriebenen Weise angebracht bzw. zur Einsichtnahme bereitgehalten wird. Werden die Preise überhaupt nicht – auch nicht auf andere Weise – angegeben, liegt gleichzeitig ein Verstoß gegen Abs. 1 Nr. 1 vor. Bei inhaltlich unrichtiger oder unvollständiger Angabe der Preise oder Verrechnungssätze verstößt dies nicht gegen Abs. 2 Nr. 2, wohl aber gegen Abs. 1 Nr. 1. Gegen diese Vorschrift verstößt auch, wer entgegen § 5 Abs. 1 S. 4 bei Erbringung einer Leistung über Bildschirmanzeige dem Kunden nicht die gesonderte Anzeige über den Preis der fortlaufenden Nutzung unentgeltlich anbietet oder den Preis der fortlaufenden Nutzung unrichtig oder unvollständig anzeigt.

18 **10. Verstöße gegen die Pflicht zur Angabe des effektiven Jahreszinses gem. § 6 Abs. 1 (Abs. 2 Nr. 3).** Die Vorschrift betrifft alle Verstöße gegen **§ 6 Abs. 1.** Erfasst wird vor allem – aber nicht nur – die fehlende, fehlerhafte oder unvollständige Angabe des effektiven Jahreszinses (Gesamtkosten als jährlicher Prozentsatz). Gegen die Vorschrift ver-

[8] So nun auch Erbs/Kohlhaas Strafr. NebenG/*Häberle* PAngV § 10 Rn. 8, der allerdings von einer Verdrängung des Grundtatbestands durch die Sonderregelung ausgeht.

stößt auch, wer die Bezeichnung „effektiver Jahreszins" nicht in der vorgeschriebenen Weise verwendet; auch hier wird das Fehlen der Bezeichnungen ebenso wie ihre fehlerhafte Verwendung erfasst.

11. Angabe von Voraussetzungen für die Verbraucherdarlehensgewährung oder des effektiven Jahreszinses oder der Zinsbelastungsperiode gem. § 6 Abs. 7 oder 6b (Abs. 2 Nr. 4). Die Vorschrift erfasst alle Verstöße gegen **§ 6 Abs. 7 oder § 6b,** indem zB die Gewährung eines Verbraucherdarlehens von dem Abschluss einer Versicherung abhängig gemacht wird, ohne darauf hinzuweisen, oder wenn der Sollzins pro Jahr entgegen § 6b nicht angegeben wird. Anders als zB Abs. 1 Nr. 1 erwähnen dabei weder § 10 Abs. 2 Nr. 4 noch § 6 Abs. 7 ausdrücklich, dass auch unrichtige oder unvollständige Angaben den Tatbestand verwirklichen können. Das könnte so verstanden werden, dass die Handlungen nicht erfasst sind, zumal hier auch ein Rückgriff auf § 10 Abs. 1 Nr. 1 ausscheidet, da es nicht um die Angabe von „Preisen" geht. Allerdings wäre dieses Verständnis falsch. Denn andernfalls wäre selbst die vorsätzlich falsche Angabe, die möglicherweise im Einzelfall noch schlimmer ist als die „nur" fehlende Angabe, vom Tatbestand nicht erfasst. Das kann aber nicht gewollt sein. Dieser Auslegung stehen auch nicht Art. 103 Abs. 2 GG und das Analogieverbot entgegen, denn die Tatbestände des § 6 Abs. 7 und § 6b lassen sich auch ohne ausdrückliche Erwähnung so verstehen, dass die relevanten Angaben nicht nur irgendwie zu machen sind, sondern inhaltlich zutreffend und vollständig.[9] Für diese Auslegung spricht bei § 6 Abs. 7 zudem, dass die Angaben in klarer, eindeutiger und auffallender Art und Weise zu machen sind, was bei falschen Angaben schwerlich der Fall sein wird. 19

12. Pflichtangaben in der Werbung für Verbraucherdarlehensverträge gem. § 6a Abs. 2 S. 1 oder Abs. 3 (Abs. 2 Nr. 5). Die Norm erfasst Verstöße gegen **§ 6a Abs. 2 S. 1 oder Abs. 3,** also die Nichtangabe der dort aufgeführten Informationen. Seit der Umsetzung der Wohnimmobilienkreditrichtlinie im März 2016 nicht mehr erfasst ist hingegen die fehlende Angabe eines Beispiels gem. § 6a Abs. 4, auf den Abs. 2 Nr. 5 (anders als noch Abs. 2 Nr. 6 aF) nicht verweist. Auch hier stellt sich die Frage, ob unrichtige oder unvollständige Angaben im Rahmen der Ordnungswidrigkeit der fehlenden Angabe gleichgestellt sind. Insoweit gelten die Ausführungen zu Abs. 2 Nr. 4 (→ Rn. 19) entsprechend. 20

13. Angabe von Preisen oder über das Auflegen, das Vorlegen, das Anbringen oder das Auslegen eines dort genannten Verzeichnisses (Abs. 2 Nr. 6). Nicht sämtliche Regelungen des **§ 7** werden erfasst, sondern nur **Abs. 1 S. 1 und 2** (Angabe von Preisen in Preisverzeichnissen in Gaststätten für Getränke oder Speisen), **Abs. 2 S. 1** (Anbringung am Eingang), **Abs. 3 und Abs. 4.** 21

Die Tatsache, dass § 7 Abs. 2 S. 2 nicht erwähnt wird, bedeutet nicht, dass die fehlende Anbringung eines Preisverzeichnisses bei Gaststätten in Handelsbetrieben keine Ordnungswidrigkeit ist. Die Regelung in § 7 Abs. 2 S. 2 ist vielmehr eine Privilegierung im Verhältnis zu § 7 Abs. 2 S. 1 und daher kein eigenständiges Gebot. Dh wird das Preisverzeichnis nicht entsprechend § 7 Abs. 2 S. 1 angebracht und sind auch die erleichterten Voraussetzungen des § 7 Abs. 2 S. 2 nicht erfüllt, ist der Tatbestand des § 10 Abs. 2 Nr. 6 erfüllt. 22

Nicht ausdrücklich erwähnt wird allerdings die Vorgabe des § 7 Abs. 5 (Einbeziehung des Bedienungsgeldes und sonstiger Zuschläge). Das bedeutet aber nicht, dass ein Verstoß hiergegen grundsätzlich keine Ordnungswidrigkeit darstellt. Denn bei dieser Regelung in § 7 Abs. 5 handelt es sich um eine Konkretisierung von § 1 Abs. 1,[10] so dass eine Ordnungswidrigkeit nach § 10 Abs. 1 Nr. 1 in Betracht kommt – vorbehaltlich der Frage, ob und in welchem Umfang die Regelungen des § 7 nach dem 12.6.2013 überhaupt noch anwendbar sind. 23

[9] AA Erbs/Kohlhaas Strafr. NebenG/*Häberle* PAngV § 10 Rn. 18.

[10] Dazu → § 7 Rn. 15; Köhler/Bornkamm/Feddersen/*Köhler* PAngV § 7 Rn. 11.

24 **14. Verstöße bei der Preisauszeichnung von Kraftstoffen an Tankstellen gem. § 8 Abs. 1 S. 1 (Abs. 2 Nr. 7).** Der Tatbestand erfasst alle Fälle, in denen die Preisauszeichnung für Kraftstoffe an Tankstellen fehlt oder nicht im Sinne von § 8 Abs. 1 S. 1 deutlich lesbar ist. Unrichtige und unvollständige Preisangaben fallen unter Abs. 1 Nr. 1.[11]

25 **15. Verstöße beim Anbringen eines Preisverzeichnisses gem. § 8 Abs. 2 (Abs. 2 Nr. 8).** Auch das vorsätzlich oder fahrlässig unterlassene Anbringen eines Preisverzeichnisses für vermietete Garagen- oder Parkplätze am Anfang der Zufahrt stellt eine Ordnungswidrigkeit dar. Auch hier stellt sich die Frage, wie unrichtige oder unvollständige Angaben zu behandeln sind (→ Rn. 19).

26 **16. Fehlende oder fehlerhafte Angaben zu zusätzlichen Liefer- und Versandkosten bei Fernabsatzverträgen (Abs. 3).** Diese Bestimmung erfasst Verstöße gegen die Pflicht, bei Fernabsatzverträgen anzugeben, ob zusätzlich Liefer- und Versandkosten anfallen, sowie gegebenenfalls deren Höhe (§ 1 Abs. 2 S. 1 Nr. 2 und S. 2). Verstöße gegen Abs. 2 S. 1 Nr. 1 (Hinweis, dass die Preise die Umsatzsteuer und sonstige Preisbestandteile enthalten) fallen unter § 10 Abs. 1 Nr. 3.

[11] Vgl. Erbs/Kohlhaas Strafr. NebenG/*Häberle* PAngV § 10 Rn. 21.

Schutz von Geschäftsgeheimnissen

Die Neuordnung des Geschäftsgeheimnisschutzes durch die Richtlinie (EU) 2016/943[1] und das Gesetz zum Schutz von Geschäftsgeheimnissen (GeschGehG)[2]

Gesetz zum Schutz von Geschäftsgeheimnissen (GeschGehG)[3] [4]

Vom 18. April 2019

(BGBl. I S. 466)

FNA 427-1

Abschnitt 1. Allgemeines

§ 1 Anwendungsbereich

(1) Dieses Gesetz dient dem Schutz von Geschäftsgeheimnissen vor unerlaubter Erlangung, Nutzung und Offenlegung.

(2) Öffentlich-rechtliche Vorschriften zur Geheimhaltung, Erlangung, Nutzung oder Offenlegung von Geschäftsgeheimnissen gehen vor.

(3) Es bleiben unberührt:

1. der berufs- und strafrechtliche Schutz von Geschäftsgeheimnissen, deren unbefugte Offenbarung von § 203 des Strafgesetzbuches erfasst wird,
2. die Ausübung des Rechts der freien Meinungsäußerung und der Informationsfreiheit nach der Charta der Grundrechte der Europäischen Union (ABl. C 202 vom 7.6.2016, S. 389), einschließlich der Achtung der Freiheit und der Pluralität der Medien,
3. die Autonomie der Sozialpartner und ihr Recht, Kollektivverträge nach den bestehenden europäischen und nationalen Vorschriften abzuschließen,
4. die Rechte und Pflichten aus dem Arbeitsverhältnis und die Rechte der Arbeitnehmervertretungen.

§ 2 Begriffsbestimmungen

Im Sinne dieses Gesetzes ist

[1] Richtlinie (EU) 2016/943 des Europäischen Parlaments und des Rates vom 8.6.2016 über den Schutz vertraulichen Know-hows und vertraulicher Geschäftsinformationen (Geschäftsgeheimnisse) vor rechtswidrigem Erwerb sowie rechtswidriger Nutzung und Offenlegung, ABl. 2016 L 157, S. 1 (im Folgenden nur „Geschäftsgeheimnis-RL“), abrufbar unter https://eur-lex.europa.eu/legal-content/DE/TXT/?uri=CELEX:32016L0943.

[2] Verkündet als Art. 1 des Gesetzes zur Umsetzung der Richtlinie (EU) zum Schutz von Geschäftsgeheimnissen vor rechtswidrigem Erwerb sowie rechtswidriger Nutzung und Offenlegung, BGBl. 2019 I S. 466, in Kraft getreten am 26.4.2019.

[3] Verkündet als Art. 1 G v. 18.4.2019 (BGBl. I S. 466); Inkrafttreten gem. Art. 6 dieses G am 26.4.2019.

[4] **Amtl. Anm. zum Titel des ArtikelG:** Artikel 1 dieses Gesetzes dient der Umsetzung der Richtlinie (EU) 2016/943 des Europäischen Parlaments und des Rates vom 8. Juni 2016 über den Schutz vertraulichen Know-hows und vertraulicher Geschäftsinformationen (Geschäftsgeheimnisse) vor rechtswidrigem Erwerb sowie rechtswidriger Nutzung und Offenlegung (ABl. L 157 vom 15.6.2016, S. 1).

1. Geschäftsgeheimnis
   eine Information
   a) die weder insgesamt noch in der genauen Anordnung und Zusammensetzung ihrer Bestandteile den Personen in den Kreisen, die üblicherweise mit dieser Art von Informationen umgehen, allgemein bekannt oder ohne Weiteres zugänglich ist und daher von wirtschaftlichem Wert ist und
   b) die Gegenstand von den Umständen nach angemessenen Geheimhaltungsmaßnahmen durch ihren rechtmäßigen Inhaber ist und
   c) bei der ein berechtigtes Interesse an der Geheimhaltung besteht;
2. Inhaber eines Geschäftsgeheimnisses
   jede natürliche oder juristische Person, die die rechtmäßige Kontrolle über ein Geschäftsgeheimnis hat;
3. Rechtsverletzer
   jede natürliche oder juristische Person, die entgegen § 4 ein Geschäftsgeheimnis rechtswidrig erlangt, nutzt oder offenlegt; Rechtsverletzer ist nicht, wer sich auf eine Ausnahme nach § 5 berufen kann;
4. rechtsverletzendes Produkt
   ein Produkt, dessen Konzeption, Merkmale, Funktionsweise, Herstellungsprozess oder Marketing in erheblichem Umfang auf einem rechtswidrig erlangten, genutzten oder offengelegten Geschäftsgeheimnis beruht.

§ 3 Erlaubte Handlungen

(1) Ein Geschäftsgeheimnis darf insbesondere erlangt werden durch
1. eine eigenständige Entdeckung oder Schöpfung;
2. ein Beobachten, Untersuchen, Rückbauen oder Testen eines Produkts oder Gegenstands, das oder der
   a) öffentlich verfügbar gemacht wurde oder
   b) sich im rechtmäßigen Besitz des Beobachtenden, Untersuchenden, Rückbauenden oder Testenden befindet und dieser keiner Pflicht zur Beschränkung der Erlangung des Geschäftsgeheimnisses unterliegt;
3. ein Ausüben von Informations- und Anhörungsrechten der Arbeitnehmer oder Mitwirkungs- und Mitbestimmungsrechte der Arbeitnehmervertretung.

(2) Ein Geschäftsgeheimnis darf erlangt, genutzt oder offengelegt werden, wenn dies durch Gesetz, aufgrund eines Gesetzes oder durch Rechtsgeschäft gestattet ist.

§ 4 Handlungsverbote

(1) Ein Geschäftsgeheimnis darf nicht erlangt werden durch
1. unbefugten Zugang zu, unbefugte Aneignung oder unbefugtes Kopieren von Dokumenten, Gegenständen, Materialien, Stoffen oder elektronischen Dateien, die der rechtmäßigen Kontrolle des Inhabers des Geschäftsgeheimnisses unterliegen und die das Geschäftsgeheimnis enthalten oder aus denen sich das Geschäftsgeheimnis ableiten lässt, oder
2. jedes sonstige Verhalten, das unter den jeweiligen Umständen nicht dem Grundsatz von Treu und Glauben unter Berücksichtigung der anständigen Marktgepflogenheit entspricht.

(2) Ein Geschäftsgeheimnis darf nicht nutzen oder offenlegen, wer
1. das Geschäftsgeheimnis durch eine eigene Handlung nach Absatz 1
   a) Nummer 1 oder
   b) Nummer 2
   erlangt hat,

2. gegen eine Verpflichtung zur Beschränkung der Nutzung des Geschäftsgeheimnisses verstößt oder
3. gegen eine Verpflichtung verstößt, das Geschäftsgeheimnis nicht offenzulegen.

(3) [1]Ein Geschäftsgeheimnis darf nicht erlangen, nutzen oder offenlegen, wer das Geschäftsgeheimnis über eine andere Person erlangt hat und zum Zeitpunkt der Erlangung, Nutzung oder Offenlegung weiß oder wissen müsste, dass diese das Geschäftsgeheimnis entgegen Absatz 2 genutzt oder offengelegt hat. [2]Das gilt insbesondere, wenn die Nutzung in der Herstellung, dem Anbieten, dem Inverkehrbringen oder der Einfuhr, der Ausfuhr oder der Lagerung für diese Zwecke von rechtsverletzenden Produkten besteht.

§ 5 Ausnahmen

Die Erlangung, die Nutzung oder die Offenlegung eines Geschäftsgeheimnisses fällt nicht unter die Verbote des § 4, wenn dies zum Schutz eines berechtigten Interesses erfolgt, insbesondere
1. zur Ausübung des Rechts der freien Meinungsäußerung und der Informationsfreiheit, einschließlich der Achtung der Freiheit und der Pluralität der Medien;
2. zur Aufdeckung einer rechtswidrigen Handlung oder eines beruflichen oder sonstigen Fehlverhaltens, wenn die Erlangung, Nutzung oder Offenlegung geeignet ist, das allgemeine öffentliche Interesse zu schützen;
3. im Rahmen der Offenlegung durch Arbeitnehmer gegenüber der Arbeitnehmervertretung, wenn dies erforderlich ist, damit die Arbeitnehmervertretung ihre Aufgaben erfüllen kann.

Abschnitt 2. Ansprüche bei Rechtsverletzungen

§ 6 Beseitigung und Unterlassung

[1]Der Inhaber des Geschäftsgeheimnisses kann den Rechtsverletzer auf Beseitigung der Beeinträchtigung und bei Wiederholungsgefahr auch auf Unterlassung in Anspruch nehmen. [2]Der Anspruch auf Unterlassung besteht auch dann, wenn eine Rechtsverletzung erstmalig droht.

§ 7 Vernichtung; Herausgabe; Rückruf; Entfernung und Rücknahme vom Markt

Der Inhaber des Geschäftsgeheimnisses kann den Rechtsverletzer auch in Anspruch nehmen auf
1. Vernichtung oder Herausgabe der im Besitz oder Eigentum des Rechtsverletzers stehenden Dokumente, Gegenstände, Materialien, Stoffe oder elektronischen Dateien, die das Geschäftsgeheimnis enthalten oder verkörpern,
2. Rückruf des rechtsverletzenden Produkts,
3. dauerhafte Entfernung der rechtsverletzenden Produkte aus den Vertriebswegen,
4. Vernichtung der rechtsverletzenden Produkte oder
5. Rücknahme der rechtsverletzenden Produkte vom Markt, wenn der Schutz des Geschäftsgeheimnisses hierdurch nicht beeinträchtigt wird.

§ 8 Auskunft über rechtsverletzende Produkte; Schadensersatz bei Verletzung der Auskunftspflicht

(1) Der Inhaber des Geschäftsgeheimnisses kann vom Rechtsverletzer Auskunft über Folgendes verlangen:

1. Name und Anschrift der Hersteller, Lieferanten und anderer Vorbesitzer der rechtsverletzenden Produkte sowie der gewerblichen Abnehmer und Verkaufsstellen, für die sie bestimmt waren,
2. die Menge der hergestellten, bestellten, ausgelieferten oder erhaltenen rechtsverletzenden Produkte sowie über die Kaufpreise,
3. diejenigen im Besitz oder Eigentum des Rechtsverletzers stehenden Dokumente, Gegenstände, Materialien, Stoffe oder elektronischen Dateien, die das Geschäftsgeheimnis enthalten oder verkörpern, und
4. die Person, von der sie das Geschäftsgeheimnis erlangt haben und der gegenüber sie es offenbart haben.

(2) Erteilt der Rechtsverletzer vorsätzlich oder grob fahrlässig die Auskunft nicht, verspätet, falsch oder unvollständig, ist er dem Inhaber des Geschäftsgeheimnisses zum Ersatz des daraus entstehenden Schadens verpflichtet.

§ 9 Anspruchsausschluss bei Unverhältnismäßigkeit

Die Ansprüche nach den §§ 6 bis 8 Absatz 1 sind ausgeschlossen, wenn die Erfüllung im Einzelfall unverhältnismäßig wäre, unter Berücksichtigung insbesondere

1. des Wertes oder eines anderen spezifischen Merkmals des Geschäftsgeheimnisses,
2. der getroffenen Geheimhaltungsmaßnahmen,
3. des Verhaltens des Rechtsverletzers bei Erlangung, Nutzung oder Offenlegung des Geschäftsgeheimnisses,
4. der Folgen der rechtswidrigen Nutzung oder Offenlegung des Geschäftsgeheimnisses,
5. der berechtigten Interessen des Inhabers des Geschäftsgeheimnisses und des Rechtsverletzers sowie der Auswirkungen, die die Erfüllung der Ansprüche für beide haben könnte,
6. der berechtigten Interessen Dritter oder
7. des öffentlichen Interesses.

§ 10 Haftung des Rechtsverletzers

(1) [1]Ein Rechtsverletzer, der vorsätzlich oder fahrlässig handelt, ist dem Inhaber des Geschäftsgeheimnisses zum Ersatz des daraus entstehenden Schadens verpflichtet. [2]§ 619a des Bürgerlichen Gesetzbuchs bleibt unberührt.

(2) [1]Bei der Bemessung des Schadensersatzes kann auch der Gewinn, den der Rechtsverletzer durch die Verletzung des Rechts erzielt hat, berücksichtigt werden. [2]Der Schadensersatzanspruch kann auch auf der Grundlage des Betrages bestimmt werden, den der Rechtsverletzer als angemessene Vergütung hätte entrichten müssen, wenn er die Zustimmung zur Erlangung, Nutzung oder Offenlegung des Geschäftsgeheimnisses eingeholt hätte.

(3) Der Inhaber des Geschäftsgeheimnisses kann auch wegen des Schadens, der nicht Vermögensschaden ist, von dem Rechtsverletzer eine Entschädigung in Geld verlangen, soweit dies der Billigkeit entspricht.

§ 11 Abfindung in Geld

(1) Ein Rechtsverletzer, der weder vorsätzlich noch fahrlässig gehandelt hat, kann zur Abwendung der Ansprüche nach den §§ 6 oder 7 den Inhaber des Geschäftsgeheimnisses in Geld abfinden, wenn dem Rechtsverletzer durch die Erfüllung der Ansprüche ein unverhältnismäßig großer Nachteil entstehen würde und wenn die Abfindung in Geld als angemessen erscheint.

(2) [1]Die Höhe der Abfindung in Geld bemisst sich nach der Vergütung, die im Falle einer vertraglichen Einräumung des Nutzungsrechts angemessen wäre. [2]Sie darf den Betrag nicht übersteigen, der einer Vergütung im Sinne von Satz 1 für die Länge des Zeitraums entspricht, in dem dem Inhaber des Geschäftsgeheimnisses ein Unterlassungsanspruch zusteht.

§ 12 Haftung des Inhabers eines Unternehmens

[1]Ist der Rechtsverletzer Beschäftigter oder Beauftragter eines Unternehmens, so hat der Inhaber des Geschäftsgeheimnisses die Ansprüche nach den §§ 6 bis 8 auch gegen den Inhaber des Unternehmens. [2]Für den Anspruch nach § 8 Absatz 2 gilt dies nur, wenn der Inhaber des Unternehmens vorsätzlich oder grob fahrlässig die Auskunft nicht, verspätet, falsch oder unvollständig erteilt hat.

§ 13 Herausgabeanspruch nach Eintritt der Verjährung

[1]Hat der Rechtsverletzer ein Geschäftsgeheimnis vorsätzlich oder fahrlässig erlangt, offengelegt oder genutzt und durch diese Verletzung eines Geschäftsgeheimnisses auf Kosten des Inhabers des Geschäftsgeheimnisses etwas erlangt, so ist er auch nach Eintritt der Verjährung des Schadensersatzanspruchs nach § 10 zur Herausgabe nach den Vorschriften des Bürgerlichen Gesetzbuchs über die Herausgabe einer ungerechtfertigten Bereicherung verpflichtet. [2]Dieser Anspruch verjährt sechs Jahre nach seiner Entstehung.

§ 14 Missbrauchsverbot

[1]Die Geltendmachung der Ansprüche nach diesem Gesetz ist unzulässig, wenn sie unter Berücksichtigung der gesamten Umstände missbräuchlich ist. [2]Bei missbräuchlicher Geltendmachung kann der Anspruchsgegner Ersatz der für seine Rechtsverteidigung erforderlichen Aufwendungen verlangen. [3]Weitergehende Ersatzansprüche bleiben unberührt.

Abschnitt 3. Verfahren in Geschäftsgeheimnisstreitsachen

§ 15 Sachliche und örtliche Zuständigkeit; Verordnungsermächtigung

(1) Für Klagen vor den ordentlichen Gerichten, durch die Ansprüche nach diesem Gesetz geltend gemacht werden, sind die Landgerichte ohne Rücksicht auf den Streitwert ausschließlich zuständig.

(2) [1]Für Klagen nach Absatz 1 ist das Gericht ausschließlich zuständig, in dessen Bezirk der Beklagte seinen allgemeinen Gerichtsstand hat. [2]Hat der Beklagte im Inland keinen allgemeinen Gerichtsstand, ist nur das Gericht zuständig, in dessen Bezirk die Handlung begangen worden ist.

(3) [1]Die Landesregierungen werden ermächtigt, durch Rechtsverordnung einem Landgericht die Klagen nach Absatz 1 der Bezirke mehrerer Landgerichte zuzuweisen. [2]Die Landesregierungen können diese Ermächtigung durch Rechtsverordnung auf die Landesjustizverwaltungen übertragen. [3]Die Länder können außerdem durch Vereinbarung die

den Gerichten eines Landes obliegenden Klagen nach Absatz 1 insgesamt oder teilweise dem zuständigen Gericht eines anderen Landes übertragen.

§ 16 Geheimhaltung

(1) Bei Klagen, durch die Ansprüche nach diesem Gesetz geltend gemacht werden (Geschäftsgeheimnisstreitsachen) kann das Gericht der Hauptsache auf Antrag einer Partei streitgegenständliche Informationen ganz oder teilweise als geheimhaltungsbedürftig einstufen, wenn diese ein Geschäftsgeheimnis sein können.

(2) Die Parteien, ihre Prozessvertreter, Zeugen, Sachverständige, sonstige Vertreter und alle sonstigen Personen, die an Geschäftsgeheimnisstreitsachen beteiligt sind oder die Zugang zu Dokumenten eines solchen Verfahrens haben, müssen als geheimhaltungsbedürftig eingestufte Informationen vertraulich behandeln und dürfen diese außerhalb eines gerichtlichen Verfahrens nicht nutzen oder offenlegen, es sei denn, dass sie von diesen außerhalb des Verfahrens Kenntnis erlangt haben.

(3) Wenn das Gericht eine Entscheidung nach Absatz 1 trifft, darf Dritten, die ein Recht auf Akteneinsicht haben, nur ein Akteninhalt zur Verfügung gestellt werden, in dem die Geschäftsgeheimnisse enthaltenden Ausführungen unkenntlich gemacht wurden.

§ 17 Ordnungsmittel

[1]Das Gericht der Hauptsache kann auf Antrag einer Partei bei Zuwiderhandlungen gegen die Verpflichtungen nach § 16 Absatz 2 ein Ordnungsgeld bis zu 100 000 Euro oder Ordnungshaft bis zu sechs Monaten festsetzen und sofort vollstrecken. [2]Bei der Festsetzung von Ordnungsgeld ist zugleich für den Fall, dass dieses nicht beigetrieben werden kann, zu bestimmen, in welchem Maße Ordnungshaft an seine Stelle tritt. [3]Die Beschwerde gegen ein nach Satz 1 verhängtes Ordnungsmittel entfaltet aufschiebende Wirkung.

§ 18 Geheimhaltung nach Abschluss des Verfahrens

[1]Die Verpflichtungen nach § 16 Absatz 2 bestehen auch nach Abschluss des gerichtlichen Verfahrens fort. [2]Dies gilt nicht, wenn das Gericht der Hauptsache das Vorliegen des streitgegenständlichen Geschäftsgeheimnisses durch rechtskräftiges Urteil verneint hat oder sobald die streitgegenständlichen Informationen für Personen in den Kreisen, die üblicherweise mit solchen Informationen umgehen, bekannt oder ohne Weiteres zugänglich werden.

§ 19 Weitere gerichtliche Beschränkungen

(1) [1]Zusätzlich zu § 16 Absatz 1 beschränkt das Gericht der Hauptsache zur Wahrung von Geschäftsgeheimnissen auf Antrag einer Partei den Zugang ganz oder teilweise auf eine bestimmte Anzahl von zuverlässigen Personen

1. zu von den Parteien oder Dritten eingereichten oder vorgelegten Dokumenten, die Geschäftsgeheimnisse enthalten können, oder
2. zur mündlichen Verhandlung, bei der Geschäftsgeheimnisse offengelegt werden könnten, und zu der Aufzeichnung oder dem Protokoll der mündlichen Verhandlung.

[2]Dies gilt nur, soweit nach Abwägung aller Umstände das Geheimhaltungsinteresse das Recht der Beteiligten auf rechtliches Gehör auch unter Beachtung ihres Rechts auf effektiven Rechtsschutz und ein faires Verfahren übersteigt. [3]Es ist jeweils mindestens einer natürlichen Person jeder Partei und ihren Prozessvertretern oder sonstigen Vertretern Zugang zu gewähren. [4]Im Übrigen bestimmt das Gericht nach freiem Ermessen, welche Anordnungen zur Erreichung des Zwecks erforderlich sind.

(2) Wenn das Gericht Beschränkungen nach Absatz 1 Satz 1 trifft,

1. kann die Öffentlichkeit auf Antrag von der mündlichen Verhandlung ausgeschlossen werden und
2. gilt § 16 Absatz 3 für nicht zugelassene Personen.

(3) Die §§ 16 bis 19 Absatz 1 und 2 gelten entsprechend im Verfahren der Zwangsvollstreckung, wenn das Gericht der Hauptsache Informationen nach § 16 Absatz 1 als geheimhaltungsbedürftig eingestuft oder zusätzliche Beschränkungen nach Absatz 1 Satz 1 getroffen hat.

§ 20 Verfahren bei Maßnahmen nach den §§ 16 bis 19

(1) Das Gericht der Hauptsache kann eine Beschränkung nach § 16 Absatz 1 und § 19 Absatz 1 ab Anhängigkeit des Rechtsstreits anordnen.

(2) [1]Die andere Partei ist spätestens nach Anordnung der Maßnahme vom Gericht zu hören. [2]Das Gericht kann die Maßnahmen nach Anhörung der Parteien aufheben oder abändern.

(3) Die den Antrag nach § 16 Absatz 1 oder § 19 Absatz 1 stellende Partei muss glaubhaft machen, dass es sich bei der streitgegenständlichen Information um ein Geschäftsgeheimnis handelt.

(4) [1]Werden mit dem Antrag oder nach einer Anordnung nach § 16 Absatz 1 oder einer Anordnung nach § 19 Absatz 1 Satz 1 Nummer 1 Schriftstücke und sonstige Unterlagen eingereicht oder vorgelegt, muss die den Antrag stellende Partei diejenigen Ausführungen kennzeichnen, die nach ihrem Vorbringen Geschäftsgeheimnisse enthalten. [2]Im Fall des § 19 Absatz 1 Satz 1 Nummer 1 muss sie zusätzlich eine Fassung ohne Preisgabe von Geschäftsgeheimnissen vorlegen, die eingesehen werden kann. [3]Wird keine solche um die Geschäftsgeheimnisse reduzierte Fassung vorgelegt, kann das Gericht von der Zustimmung zur Einsichtnahme ausgehen, es sei denn, ihm sind besondere Umstände bekannt, die eine solche Vermutung nicht rechtfertigen.

(5) [1]Das Gericht entscheidet über den Antrag durch Beschluss. [2]Gibt es dem Antrag statt, hat es die Beteiligten auf die Wirkung der Anordnung nach § 16 Absatz 2 und § 18 und Folgen der Zuwiderhandlung nach § 17 hinzuweisen. [3]Beabsichtigt das Gericht die Zurückweisung des Antrags, hat es die den Antrag stellende Partei darauf und auf die Gründe hierfür hinzuweisen und ihr binnen einer zu bestimmenden Frist Gelegenheit zur Stellungnahme zu geben. [4]Die Einstufung als geheimhaltungsbedürftig nach § 16 Absatz 1 und die Anordnung der Beschränkung nach § 19 Absatz 1 können nur gemeinsam mit dem Rechtsmittel in der Hauptsache angefochten werden. [5]Im Übrigen findet die sofortige Beschwerde statt.

(6) Gericht der Hauptsache im Sinne dieses Abschnitts ist

1. das Gericht des ersten Rechtszuges oder
2. das Berufungsgericht, wenn die Hauptsache in der Berufungsinstanz anhängig ist.

§ 21 Bekanntmachung des Urteils

(1) [1]Der obsiegenden Partei einer Geschäftsgeheimnisstreitsache kann auf Antrag in der Urteilsformel die Befugnis zugesprochen werden, das Urteil oder Informationen über das Urteil auf Kosten der unterliegenden Partei öffentlich bekannt zu machen, wenn die obsiegende Partei hierfür ein berechtigtes Interesse darlegt. [2]Form und Umfang der öffentlichen Bekanntmachung werden unter Berücksichtigung der berechtigten Interessen der im Urteil genannten Personen in der Urteilsformel bestimmt.

(2) Bei den Entscheidungen über die öffentliche Bekanntmachung nach Absatz 1 Satz 1 ist insbesondere zu berücksichtigen:
1. der Wert des Geschäftsgeheimnisses,
2. das Verhalten des Rechtsverletzers bei Erlangung, Nutzung oder Offenlegung des Geschäftsgeheimnisses,
3. die Folgen der rechtswidrigen Nutzung oder Offenlegung des Geschäftsgeheimnisses und
4. die Wahrscheinlichkeit einer weiteren rechtswidrigen Nutzung oder Offenlegung des Geschäftsgeheimnisses durch den Rechtsverletzer.

(3) Das Urteil darf erst nach Rechtskraft bekannt gemacht werden, es sei denn, das Gericht bestimmt etwas anderes.

§ 22 Streitwertbegünstigung

(1) Macht bei Geschäftsgeheimnisstreitsachen eine Partei glaubhaft, dass die Belastung mit den Prozesskosten nach dem vollen Streitwert ihre wirtschaftliche Lage erheblich gefährden würde, so kann das Gericht auf ihren Antrag anordnen, dass die Verpflichtung dieser Partei zur Zahlung von Gerichtskosten sich nach dem ihrer Wirtschaftslage angepassten Teil des Streitwerts bemisst.

(2) Die Anordnung nach Absatz 1 bewirkt auch, dass
1. die begünstigte Partei die Gebühren ihres Rechtsanwalts ebenfalls nur nach diesem Teil des Streitwerts zu entrichten hat,
2. die begünstigte Partei, soweit ihr Kosten des Rechtsstreits auferlegt werden oder soweit sie diese übernimmt, die von dem Gegner entrichteten Gerichtsgebühren und die Gebühren seines Rechtsanwalts nur nach diesem Teil des Streitwerts zu erstatten hat und
3. der Rechtsanwalt der begünstigten Partei seine Gebühren von dem Gegner nach dem für diesen geltenden Streitwert beitreiben kann, soweit die außergerichtlichen Kosten dem Gegner auferlegt oder von ihm übernommen werden.

(3) [1] Der Antrag nach Absatz 1 ist vor der Verhandlung zur Hauptsache zu stellen. [2] Danach ist er nur zulässig, wenn der angenommene oder festgesetzte Streitwert durch das Gericht heraufgesetzt wird. [3] Der Antrag kann vor der Geschäftsstelle des Gerichts zur Niederschrift erklärt werden. [4] Vor der Entscheidung über den Antrag ist der Gegner zu hören.

Abschnitt 4. Strafvorschriften

§ 23 Verletzung von Geschäftsgeheimnissen

(1) Mit Freiheitsstrafe bis zu drei Jahren oder mit Geldstrafe wird bestraft, wer zur Förderung des eigenen oder fremden Wettbewerbs, aus Eigennutz, zugunsten eines Dritten oder in der Absicht, dem Inhaber eines Unternehmens Schaden zuzufügen,
1. entgegen § 4 Absatz 1 Nummer 1 ein Geschäftsgeheimnis erlangt,
2. entgegen § 4 Absatz 2 Nummer 1 Buchstabe a ein Geschäftsgeheimnis nutzt oder offenlegt oder
3. entgegen § 4 Absatz 2 Nummer 3 als eine bei einem Unternehmen beschäftigte Person ein Geschäftsgeheimnis, das ihr im Rahmen des Beschäftigungsverhältnisses anvertraut worden oder zugänglich geworden ist, während der Geltungsdauer des Beschäftigungsverhältnisses offenlegt.

(2) Ebenso wird bestraft, wer zur Förderung des eigenen oder fremden Wettbewerbs, aus Eigennutz, zugunsten eines Dritten oder in der Absicht, dem Inhaber eines Unternehmens

Schaden zuzufügen, ein Geschäftsgeheimnis nutzt oder offenlegt, das er durch eine fremde Handlung nach Absatz 1 Nummer 2 oder Nummer 3 erlangt hat.

(3) Mit Freiheitsstrafe bis zu zwei Jahren oder mit Geldstrafe wird bestraft, wer zur Förderung des eigenen oder fremden Wettbewerbs oder aus Eigennutz entgegen § 4 Absatz 2 Nummer 2 oder Nummer 3 ein Geschäftsgeheimnis, das eine ihm im geschäftlichen Verkehr anvertraute geheime Vorlage oder Vorschrift technischer Art ist, nutzt oder offenlegt.

(4) Mit Freiheitsstrafe bis zu fünf Jahren oder mit Geldstrafe wird bestraft, wer
1. in den Fällen des Absatzes 1 oder des Absatzes 2 gewerbsmäßig handelt,
2. in den Fällen des Absatzes 1 Nummer 2 oder Nummer 3 oder des Absatzes 2 bei der Offenlegung weiß, dass das Geschäftsgeheimnis im Ausland genutzt werden soll, oder
3. in den Fällen des Absatzes 1 Nummer 2 oder des Absatzes 2 das Geschäftsgeheimnis im Ausland nutzt.

(5) Der Versuch ist strafbar.

(6) Beihilfehandlungen einer in § 53 Absatz 1 Satz 1 Nummer 5 der Strafprozessordnung genannten Person sind nicht rechtswidrig, wenn sie sich auf die Entgegennahme, Auswertung oder Veröffentlichung des Geschäftsgeheimnisses beschränken.

(7) [1] § 5 Nummer 7 des Strafgesetzbuches gilt entsprechend. [2] Die §§ 30 und 31 des Strafgesetzbuches gelten entsprechend, wenn der Täter zur Förderung des eigenen oder fremden Wettbewerbs oder aus Eigennutz handelt.

(8) Die Tat wird nur auf Antrag verfolgt, es sei denn, dass die Strafverfolgungsbehörde wegen des besonderen öffentlichen Interesses an der Strafverfolgung ein Einschreiten von Amts wegen für geboten hält.

Übersicht

Schrifttum (Auswahl)*: *Ahrens/McGuire,* Modellgesetz für Geistiges Eigentum, 2012; *Ann,* Geheimnisschutz – Kernaufgabe des Informationsmanagements im Unternehmen, GRUR 2014, 12; *Alexander,* Gegenstand, Inhalt und Umfang des Schutzes von Geschäftsgeheimnissen nach der Richtlinie (EU) 2016/943, WRP 2017, 1034; *Alexander,* Grundstrukturen des Schutzes von Geschäftsgeheimnissen durch das neue GeschGehG, WRP 2019, 673; *Alexander,* Geschäftsgeheimnisgesetz, in Köhler/Bornkamm/Feddersen, Gesetz gegen den unlauteren Wettbewerb, 39. Aufl. 2021 (zit. Köhler/Bornkamm/Feddersen/*Alexander,* GeschGehG); *Alexander,* Zwingendes oder dispositives Recht: Welchen privatautonomen Gestaltungsspielraum belässt das GeschGehG?, WRP 2020, 1385; *Ann,* Geheimnisschutz – Kernaufgabe des Informationsmanagements im Unternehmen, GRUR 2014, 12; *Ann/Loschelder/Grosch,* Praxishandbuch Know-how-Schutz, 2010; *Baranowski/Glaßl,* Anforderungen an den Geheimnisschutz nach der neuen EU-Richtlinie, BB 2016, 2563; *Brammsen,* Lauterkeitsstrafrecht, Sonderband zum Münchener Kommentar Lauterkeitsrecht, 3. Aufl. 2019, (§§ 16–20 UWG); *Brammsen,* Die EU-Know-how-Richtlinie 943/2016, §§ 17 ff. UWG und das geplante Geschäftsgeheimnisstrafrecht, wistra 2018, 449; *Brammsen,* Reformbedürftig! – Der Regierungsentwurf des neuen Geschäftsgeheimnisschutzgesetzes, BB 2018, 2446; *Busche/Stoll/Wiebe,* TRIPs, 2. Aufl. 2013; *Dann/Markgraf,* Das neue Gesetz zum Schutz von Geschäftsgeheimnissen, NJW 2019, 1774; *Deichfuß,* Rechtsdurchsetzung unter Wahrung der Vertraulichkeit von Geschäftsgeheimnissen – Das praktizierte Beispiel: der Schutz des verdächtigen Patentverletzers im Düsseldorfer Verfahren, GRUR 2015, 436; *Ess,* Wieweit reicht der Geheimnisschutz? Zum rechtsverletzenden Produkt i. S. d. § 2 Nr. 4 GeschGehG, WRP 2020, 988; *Fuhlrott/Hiéramente,* BeckOK-GeschGehG; *Gloy/Loschelder/Danckwerts,* Handbuch des Wettbewerbsrechts, 5. Aufl. 2019; *Götz,* Der Schutz von Betriebs- und Geschäftsgeheimnisses im Zivilverfahren, 2014; GRUR-Stellungnahme (19.3.2014) zum Vorschlag für eine Richtlinie über den Schutz vertraulichen Know-hows und vertraulicher Geschäftsinformationen (Geschäftsgeheimnisse) vor rechtswidrigem Erwerb sowie rechtswidriger Nutzung und Offenlegung, COM(2013) 813 final, abrufbar unter http://www.grur.org/de/stellungnahmen.html; GRUR-Fachausschusssitzung (Protokoll) vom 25.4.2018 zum RefE-GeschGehG, GRUR 2018, 706; GRUR-Verbraucherschutz zur Umsetzung der Richtlinie (EU) 2016/943, GRUR 2018, 708, auch abrufbar unter http://www.grur.org/de/stellungnahmen.html; *Harte-Bavendamm,* Reform des Geheimnisschutzes: Naht Rettung aus Brüssel? Zum Richtlinienvorschlag zum Schutz von Geschäftsgeheimnissen, FS Köhler (2014) 235; *Harte-Bavendamm,* Der Begriff des Geschäftsgeheimnisses nach harmonisiertem Recht, FS Büscher, 2018, 311; *Harte-Bavendamm/Henning-Bodewig,* UWG, 4. Aufl. 2016 (zit. Harte/Henning 2016); *Hauck,* Geheimnisschutz im Prozess – was bringt die neue EU-Richtlinie für das deutsche Recht?, WRP 2016, 2218; *ders.,* Berichtigungsanspruch und Geheimnisschutz im Patentrecht und (Software-)Urheberrecht nach Inkrafttreten des GeschGehG, GRUR 2020, 817; *Harte-Bavendamm/Ohly/Kalbfus,* Geschäftsgeheimnisgesetz, Kommentar, 2020; *Hauck,* Besichtigungsanspruch und Geheimnisschutz im Patentrecht und (Software-)Urheberrecht nach Inkrafttreten des GeschGehG, GRUR 2020, 817; *Hofmann,* „Equity" im deutschen Lauterkeitsrecht? Der „Unterlassungsanspruch" nach der Geschäftsgeheimnis-RL, WRP 2018, 1; *Hoppe/Oldekop,* Behandlung von Unterlassungsansprüchen für Altfälle nach dem Gesetz zum Schutz von Geschäftsgeheimnissen, GRUR-Prax. 2019, 324; *Jestaedt,* Die Ansprüche auf Rückruf und Entfernen schutzrechtsverletzender Gegenstände aus den Vertriebswegen, GRUR 2009, 102; *Kalbfus,* Know-how-Schutz in Deutschland zwischen Strafrecht und Zivilrecht – welcher Reformbedarf besteht? 2011 (zit. Know-how-Schutz); *Kalbfus,* Die EU-Geschäftsgeheimnis-Richtlinie – welcher Umsetzungsbedarf besteht in Deutschland? GRUR 2016, 1009; *Kalbfus,* Angemessene Geheimhaltungsmaßnahmen nach der Geschäftsgeheimnis-Richtlinie, GRUR-Prax 2017, 391; *Kalbfus,* Rechtsdurchsetzung bei Geheimnisverletzungen – Welchen prozessualen Schutz gewährt das Geschäftsgeheimnisgesetz dem Kläger?, WRP 2019, 692; Köhler/Bornkamm/Feddersen, Gesetz gegen den unlauteren Wettbewerb, 37. Aufl. 2019 (zit. Köhler/Bornkamm/Feddersen 2019); Köhler/Bornkamm/Feddersen/*Alexander,* GeschGehG, in Köhler/Bornkamm/Feddersen, Gesetz gegen den unlauteren Wettbewerb, 39. Aufl. 2021; *Krüger/Wienecke/Koch,* Der Datenpool als Geschäftsgeheimnis, GRUR 2020, 578; *Lerach,* Urheberrechtlicher Geheimnisschutz, GRUR-Prax. 2020, 299; *Maaßen,* „Angemessene Geheimhaltungsmaßnahmen" für Geschäftsgeheimnisse,

GRUR 2019, 352; Max-Planck-Institut für Innovation und Wettbewerb, Stellungnahme vom 12.5.2014 zum Vorschlag der Europäischen Kommission für eine Richtlinie über den Schutz vertraulichen Know-hows und vertraulicher Geschäftsinformationen (Geschäftsgeheimnisse) vor rechtswidrigem Erwerb sowie rechtswidriger Nutzung und Offenlegung vom 28.11.2013, COM(2013) 813 final, GRUR Int. 2014, 554 (zit. 1. MPI-Stellungnahme); Max-Planck-Institut für Innovation und Wettbewerb *(Desaunettes/Hilty/Knaack/Kur),* Stellungnahme zum Referentenentwurf eines Gesetzes zur Umsetzung der Richtlinie (EU) 2016/943 zum Schutz von Geschäftsgeheimnissen vor rechtswidrigem Erwerb sowie rechtwidriger Nutzung und Offenlegung vom 17.4.2018 (zit. 2. MPI-Stellungnahme); *McGuire,* GeschGehG (Kommentar auf Grundlage des Regierungsentwurfs), in Büscher, Gesetz gegen den unlauteren Wettbewerb, UWG, 2019 (zit. Büscher/*McGuire* RegE-GeschGehG); *dies.,* Der Schutz von Know-how im System des Immaterialgüterrechts, GRUR 2016, 1000; *McGuire/Joachim/Künzel/Weber,* Der Schutz von Geschäftsgeheinissen nach dem Recht des geistigen Eigentums und durch das Recht des unlauteren Wettbewerbs (Q215), GRUR Int. 2010, 829; *Miosga,* Die Ansprüche auf Rückruf und Entfernen im Recht des geistigen Eigentums, Geistiges Eigentum und Wettbewerbsrecht, Bd. 48 (2010); *Nabert/Peukert/Seeger,* Arbeitsrechtliche Aspekte des Geschäftsgeheimnisgesetzes, NZA 2019, 583; *Ohly,* Der Geheimnisschutz im deutschen Recht: heutiger Stand und Perspektiven, GRUR 2014, 1; *Ohly,* Das neue Geschäftsgeheimnisgesetz im Überblick, GRUR 2019, 441; *Ohly/Sosnitza,* UWG, 7. Aufl. 2016; *Redeker/Pres/Gittinger,* Einheitlicher Geheimnisschutz in Europa; WRP 2015, 681 und 812; *Reinfeld,* Das neue Gesetz zum Schutz von Geschäftsgeheimnissen, 2019; *Rönnau,* Die Haftungsfreistellung „Whistleblowers" nach § 5 Nr. 2 GeschGehG – eine gelungene Regelung?, FS Merkel (2020), 909; *Schlingloff,* Zivilprozess der „Know-how-Schutz-Richtlinie" – Was muss sich im deutschen Prozessrecht ändern?, WRP 2018, 666; *Schröder/Drescher,* Praktische Fragen bei der Anwendung von § 11 GeschGehG, WRP 2021, 6; *Steinmann,* Die Geschäftsgeheimnis-RL: Vorwirkung und unmittelbare Anwendbarkeit, WRP 2019, 703; *Thiel,* Das neue Geschäftsgeheimnisgesetz /GeschGehG) – Riskien und Chancen für Geschäftsgeheimnisinhaber, WRP 2019, 700.*Ullrich,* Der Schutz von Whistleblowern aus strafrechtlicher Perspektive – Rechtslage de lege lata und de lege ferenda, NZWiSt 2019, 65; *Voigt/Herrmann/Grabenschöer,* Das neue Geschäftsgeheimnisgesetz – praktische Hinweise zu Umsetzungsmaßnahmen für Unternehmen, BB 2019, 142.

* Umfassendere Übersichten finden sich bei *Harte/Bavendamm/Ohly/Kalbfus* (GeschGehG) im allgemeinen Literaturverzeichnis und vor den Einzelkommentierungen. Zum früheren Recht (§§ 17–19 UWG) s. die Literaturverzeichnisse bei *Harte-Bavendamm* in Gloy/Loschelder/Danckwerts, Handbuch des Wettbewerbsrechts, 5. Aufl. 2019, und *Brammsen,* Lauterkeitsstrafrecht, Vor § 17 UWG.

A. Von §§ 17–19 UWG zum GeschGehG

I. Aufhebung der §§ 17–19 UWG, intertemporales Recht

1 Mit Inkrafttreten des **Gesetzes zum Schutz von Geschäftsgeheimnissen (GeschGehG)** am 26.4.2019 wurden die **§§ 17–19 UWG aufgehoben,** Vorschriften des Nebenstrafrechts, die den Schutz von Betriebs- und Geschäftsgeheimnissen in Deutschland seit über hundert Jahren geprägt hatten und im Laufe der Zeit nur maßvoll erweitert worden waren.[1] Für die Entwicklung eines schlüssigen zivilrechtlichen Schutzsystems hatte sich der strafrechtliche Charakter der wesentlichen Bestimmungen als eher hinderlich erwiesen. Mit Umsetzung der Geschäftsgeheimnis-RL 2016/943 vom 8.6.2016[2] wurde in Gestalt des GeschGehG endlich[3] ein **zivilrechtlich orientiertes Stammgesetz** geschaffen, in dessen Rahmen die strafrechtlichen Vorschriften des § 23 GeschGehG nur noch flankierende Funktion besitzen. Sie erfassen keine Handlungen, die nicht auch zivilrechtswidrig sind. Zu den **wichtigsten Änderungen gegenüber dem bisherigen deutschen Recht** wird auf *Harte-Bavendamm*[4] und *Kalbfus*[5] verwiesen. Einen Überblick über das neue GeschGehG geben unter anderem *Ohly*[6] und *Alexander.*[7]

[1] Zur historischen Entwicklung des Geheimnisschutzes in Deutschland seit Ende des 19. Jahrhunderts *Harte-Bavendamm*/Ohly/Kalbfus Einl. A. II.; zur Entwicklung bis zum UWG 1896 *Brammsen,* Lauterkeitsstrafrecht, Vor §§ 17–19 Rn. 1 ff.

[2] Richtlinie (EU) 2016/943 des Europäischen Parlaments und des Rates vom 8.6.2016 über den Schutz vertraulichen Know-hows und vertraulicher Geschäftsinformationen (Geschäftsgeheimnisse) vor rechtswiderigem Erwerb sowie rechtswidriger Nutzung und Offenlegung, ABl. 2016 L 157, S. 1.

[3] Wie etwa von *Kalbfus,* Know-how-Schutz, S. 339 ff. schon 2010 vorgeschlagen; vgl. auch die Einbettung des Geheimnisschutzes in das Modellgesetz für geistiges Eigentum *(Ahrens/McGuire).*

[4] *Harte-Bavendamm*/Ohly/Kalbfus Einl. A. V.

[5] GRUR 2016, 1009.

[6] GRUR 2019, 441.

[7] WRP 2019, 673.

Für **„Altfälle"** werden die **§§ 17–19 UWG** allerdings noch mehrere Jahre lang **relevant** bleiben. So setzt der **Unterlassungsanspruch** als ein in die Zukunft gerichteter Anspruch voraus, dass die in Rede stehende Handlung sowohl bei Begehung rechtswidrig war als auch zum Zeitpunkt der letzten mündlichen Verhandlung rechtswidrig ist. Vor Inkrafttreten des GeschGehG begangene Taten, über die erst nach dem 26.4.2019 befunden wird, sind folglich auch anhand des alten Rechts zu bewerten. Der Unterlassungsanspruch entfällt, wenn die Erlangung, Nutzung oder Offenlegung zwar nach §§ 17–19 UWG verboten war, nach neuem Recht aber rechtmäßig ist. Dieser Fall kann in verschiedenen Konstellationen eintreten, etwa im Bereich des „Reverse Engineering" oder des „Whistleblowing", dh zwei Handlungsweisen, die nach altem Recht überwiegend als rechtswidrig betrachtet wurden, unter den in § 3 Abs. 2 bzw. § 5 Nr. 2 GeschGehG genannten Voraussetzungen aber erlaubt sind. Weitere Beispiele bilden Handlungen, die nunmehr von der Generalklausel des § 3 Abs. 2 oder von der stärkeren Betonung des Verhältnismäßigkeitsgrundsatzes in § 9 GeschGehG profitieren. Sind schließlich die fraglichen Handlungen umgekehrt erst aufgrund des GeschGehG rechtswidrig geworden, so scheidet eine Verurteilung aufgrund früherer Verstöße aus.[8] 2

In Bezug auf **Schadensersatz- und Auskunftsansprüche** sind Verletzungshandlungen allein nach dem zum Zeitpunkt des Schadenseintritts geltenden Recht zu beurteilen.[9] Für „Altfälle" gelten mithin nach wie vor die §§ 17–19 UWG. Soweit sich die Handlungen in die Zeit nach Inkrafttreten des GeschGehG erstrecken, sind sie hinsichtlich dieses Zeitraums nach dessen Regelungen zu bewerten. Für diesen Zeit- und Handlungsabschnitt kann sich also eine infolge der Geschäftsgeheimnis-RL eingetretene, für den Handelnden günstigere Rechtslage auswirken, beispielsweise in den schon erwähnten Fällen der §§ 3 oder 5 oder aufgrund einer Verhältnismäßigkeitsprüfung gemäß § 9 GeschGehG. 3

Für die Ermittlung des anwendbaren Rechts ist ferner die folgende **zeitliche Staffelung** zu beachten, die in Beziehung zum Entstehungsprozess, zur Verabschiedung und zur Umsetzung der Geschäftsgeheimnis-RL steht.[10] 4

Bis zum Inkrafttreten der Geschäftsgeheimnis-RL am 7.7.2016 galt allein deutsches Recht. Die verschiedenen Entwurfsstadien, von denen die Endfassung der RL in einigen Punkten nicht unerheblich abweicht, entfalteten noch keinerlei Bindungswirkung.[11] 5

Nach Inkrafttreten der RL und **bis zum Ablauf der Umsetzungsfrist** am 9.6.2018 waren die Bestimmungen der RL noch nicht unmittelbar anwendbar. Wo die §§ 17–19 UWG Interpretationsspielraum ließen (wie etwa hinsichtlich des Begriffs „Betriebs- oder Geschäftsgeheimnis" oder des Merkmals „unbefugt"), bot sich schon vor formeller Umsetzung eine **richtlinienkonforme Auslegung** an. Dies galt allerdings nur in Bezug auf die (zahlreichen) von der RL verbindlich vorgegebenen Bestimmungen, jedoch nicht für denjenigen Bereich, in dem der nationale Gesetzgeber über eigenen Gestaltungsspielraum verfügte. 6

Handlungen, die in die Zeit **zwischen Ablauf der Umsetzungsfrist** (9.6.2018) und dem **Inkrafttreten des GeschGehG** (26.4.2019) fielen, sind im Einklang mit dem Inhalt, der Systematik und den Zielen der RL zu beurteilen. Soweit die betreffenden Richtlinienvorschriften zwingend und hinreichend bestimmt sind, müssen sie **von allen Trägern öffentlicher Gewalt von Amts wegen beachtet** werden. In Bezug auf das „horizontale" Verhältnis der Marktbürger untereinander besteht lediglich eine **Pflicht zur richtlinienkonformen Auslegung.**[12] 7

---

[8] Näher *Harte-Bavendamm*/Ohly/Kalbfus Einl. A VIII. Rn. 2–4; zum intertemporalen Recht ferner *Hoppe/Oldekop* GRUR-Prax 2019, 324.

[9] Vgl. nur BGH GRUR 2008, 727 Rn. 11 – Schweißmodulgenerator; GRUR 2016, 418 Rn. 13 – Feuchtigkeitsspendendes Gel-Reservoir; Köhler/Bornkamm/Feddersen/*Alexander* GeschGehG Vor § 1 Rn. 101.

[10] Näher *Harte-Bavendamm*/Ohly/Kalbfus Einl. A. VIII. Rn. 6 ff.

[11] *Steinmann* WRP 2019, 70.3, 705.

[12] *Alexander* WRP 2017, 1034 (1037); *Steinmann* WRP 2019, 703 (707 ff.); Büscher/*McGuire* RegE-GeschGehG Einl. Rn. 15 ff.

8 Auf Vorgänge seit **Inkrafttreten des GeschGehG** sind **allein dessen Regelungen** anzuwenden, dies allerdings unter der Voraussetzung, dass sie in dem von der RL verbindlich vorgegebenen Bereich[13] **zutreffend umgesetzt** wurden. Soweit Letzteres nicht geschehen ist, entfaltet die RL unmittelbare Wirkung. Wo die RL zwar ordnungsgemäß transformiert, aber richtlinienwidrig angewandt wurde, kann sich der Betroffene auf die zwingenden Bestimmungen der RL berufen. In Zweifelsfällen ist eine verbindliche Auslegung durch den **EuGH** herbeizuführen.[14]

9 Für das **Prozessrecht** ist stets das zum Zeitpunkt der jeweiligen Verfahrenshandlung geltende Recht maßgeblich.[15]

10 Die Harmonisierung bezieht sich ausschließlich auf die zivilrechtliche Seite des Geheimnisschutzes. Die **Neuregelung der Straftatbestände** in **§ 23 GeschGehG** betrifft erst die Zeit ab Inkrafttreten des GeschGehG.[16] Bis zum Inkrafttreten des GeschGehG galten weiter die §§ 17–19 UWG. Da diese nach deutschem Recht bisher vom zivilrechtlichen Schutz unabhängig waren, historisch vielmehr dessen wichtigsten Ausgangspunkt bildeten, können sie von einer rein zivilrechtlichen Rechtsangleichung nicht unmittelbar berührt sein. Es wäre allerdings ein eigenartiges Ergebnis, wenn die strafrechtliche Verfolgung in dieser Übergangszeit noch Verhaltensweisen einschlösse, die nach der Geschäftsgeheimnis-RL – und damit aus heutiger Sicht – nicht mehr als rechtswidrig anzusehen sind (wie vor allem die in Art. 3 Abs. 1 lit. d genannten Handlungen oder die durch Art. 5 geschaffenen Ausnahmen). Soweit § 23 GeschGehG die strafrechtlichen Sanktionen infolge der Anknüpfung an großzügigere zivilrechtliche Vorschriften enger fasst als §§ 17–19 UWG, ist dies zugunsten der handelnden Personen schon für die Übergangszeit zu beachten.[17] Dies ist schon deshalb ohne größere Probleme möglich, weil die wichtigsten Tatbestandsmerkmale, nämlich die Begriffe „Geschäfts- oder Betriebsgeheimnisse" und „unbefugt", gesetzlich nicht definiert waren und damit hinreichende Flexibilität bieten.

II. Geschäftsgeheimnis-RL 2016/943

11 **1. Entstehungsgeschichte.** Der Schutz von Geschäftsgeheimnissen stellte lange Zeit einen der wenigen Bereiche des Lauterkeits- und Immaterialgüterrechts dar, in dem auf Unionsebene noch keinerlei Rechtsangleichung stattgefunden hatte. Allerdings waren sowohl die Europäische Union als auch Deutschland und andere Mitgliedstaaten an das **TRIPS-Abkommen von 1994**[18] gebunden, das in Art. 39 Abs. 2 einen völkerrechtlichen Mindestschutz für „nicht offenbarte Informationen" geschäftlicher oder technischer Art vorsieht, soweit diese geheim und deshalb von einem gewissen wirtschaftlichen Wert sind und angemessenen Geheimhaltungsmaßnahmen des Rechtsinhabers unterliegen.[19]

12 Angesichts der starken **Zersplitterung des Schutzes von Geschäftsgeheimnissen** begann die Kommission die verschiedenen Regelungsmodelle[20] näher zu beleuchten und eine rechtsvergleichende Einschätzung vorzubereiten. Ausgehend von einer 2010 veröffentlichten „Strategie für intelligentes, nachhaltiges und integratives Wachstum" gab die Kommission zwei umfangreiche, der rechtlichen und ökonomischen Bestandsaufnahme und den

[13] Vgl. Art. 1 S. 2 Geschäftsgeheimnis-RL; zur Verbindlichkeit der Definitionen *Harte-Bavendamm*/Ohly/Kalbfus § 2 Rn. 2; Köhler/Bornkamm/Feddersen/*Alexander* GeschGehG § 2 Rn. 5.

[14] Zu den unionsrechtlichen Auslegungsmethoden und zur Vorlagepflicht der nationalen Gerichte → Einl. G. Rn. 238 ff. *(Ahrens);* Köhler/Bornkamm/Feddersen/*Alexander* GeschGehG Vor § 1 Rn. 54 ff.

[15] OLG Stuttgart v. 19.11.2020 GRUR-RS 2020, 35613 – *Schaumstoffsysteme;* Büscher/*McGuire* RegE-GeschGehG Einl. Rn. 26.

[16] Büscher/*McGuire* RegE-GeschGehG Einl. Rn. 21.

[17] Ähnlich Büscher/*McGuire* RegE-GeschGehG Einl. Rn. 21.

[18] BGBl. 1994 II S. 1730.

[19] Hierzu *Peter/Wiebe* in Busche/Stoll/Wiebe Art. 39 Abs. 2 TRIPS; Harte-Bavendamm/Ohly/*Kalbfus* Einl. A. VI. Rn. 1 ff.

[20] *Ohly* GRUR 2019, 441, mwN; Harte-Bavendamm/Ohly/*Kalbfus* Einl. A. III. Rn. 16.

Möglichkeiten einer Rechtsangleichung dienende Studien in Auftrag.[21] Im Anschluss an diese Vorarbeiten präsentierte die Kommission am 28.11.2013 auf Grundlage von Art. 114 AEUV einen **Vorschlag für eine Richtlinie über den Schutz vertraulichen Know-hows und vertraulicher Geschäftsinformationen (Geschäftsgeheimnisse) vor rechtswidrigem Erwerb sowie rechtswidriger Nutzung und Offenlegung,**[22] der die Struktur der Geschäftsgeheimnis-RL in wesentlichen Zügen vorwegnahm. Er enthielt neben Begriffsbestimmungen (Art. 2, in enger Anlehnung an Art. 39 TRIPs) jeweils Vorschriften über rechtmäßige und rechtswidrige Formen des Erwerbs, der Nutzung und Offenlegung von Geschäftsgeheimnissen (Art. 3–4) sowie über Rechtsbehelfe (Art. 5 ff.) und über den Schutz von Geschäftsgeheimnissen in Gerichtsverfahren (Art. 8). In der Fachöffentlichkeit wurde das Ziel einer Rechtsharmonisierung im Bereich der Geschäftsgeheimnisse ganz **überwiegend begrüßt.**[23] Einzelne Aspekte des Vorschlags riefen allerdings **Bedenken** hervor. Dies galt etwa für Unklarheiten hinsichtlich des von der Kommission angestrebten **Harmonisierungsgrads,**[24] für eine fragwürdige **Verknüpfung von Rechtswidrigkeits- und Verschuldenselementen,**[25] für die fast schrankenlose Zulassung des **Reverse Engineering**[26] oder für die Vermeidung praktisch verwertbarer Leitlinien zum Umgang mit dem Konflikt zwischen Geheimnisschutz und Arbeitnehmermobilität.[27]

Der gemeinsame **Standpunkt des Rates**[28] griff mehrere dieser Kritikpunkte auf.[29] 13
Insbesondere stellte er klar, dass die RL im Grundsatz lediglich eine **Mindestharmonisierung** herbeiführen sollte, führte gleichzeitig aber einen (später noch leicht abgewandelten) Katalog von Richtlinienvorschriften ein, die den Regelungsspielraum der Mitgliedstaaten auch „nach oben" begrenzten. Andererseits wurde das Niveau des im Kommissionsvorschlag geregelten **Geheimnisschutzes in gerichtlichen Verfahren** abgesenkt; insbesondere wurde statt eines weitreichenden *in-camera*-Verfahrens vorgesehen, dass mindestens eine natürliche Person jeder Partei Zugang zu Dokumenten und Anhörungen erhalten muss, die Geschäftsgeheimnisse inkorporieren.[30]

Ein Bericht des Rechtsausschusses des **Europäischen Parlaments** vom 22.6.2015 14
schlug erneut etliche Änderungen vor. Die parlamentarische Debatte betraf primär die Voraussetzungen und Grenzen des **Hinweisgeberschutzes** und (wiederum) das **Interesse der Arbeitnehmer,** ihre redlich erworbenen Kenntnisse und Erfahrungen auch im Rahmen künftiger Arbeitsverhältnisse frei verwerten zu können. Eine konkrete Regelung dieses Konflikts kam jedoch nicht zustande; die Endfassung der Geschäftsgeheimnis-RL begnügt sich in Art. 1 Abs. 3 mit allgemeinen Leitsätzen und überlässt einen auf den Einzelfall bezogenen Interessenausgleich den Gerichten. Parlament, Rat und Kommission nahmen schließlich informelle **Trilog-Verhandlungen** auf, die im Dezember 2015 in einen konsensfähigen Kompromissvorschlag mündeten. Nach formeller Zustimmung des Parlaments und des Rates im April und Mai 2016 wurde die **Geschäftsgeheimnis-RL** am 15.6.2016 im Amtsblatt[31] veröffentlicht; sie trat gemäß Art. 20 **am 5.7.2016 in Kraft.**

---

[21] Hierzu sowie generell zur Genese der Geschäftsgeheimnis-RL Harte-Bavendamm/Ohly/*Kalbfus* Einl. A. III. Rn. 15 ff.

[22] COM(2013) 813 final.

[23] Harte-Bavendamm/Ohly/*Kalbfus* Einl. A. III. Rn. 17; GRUR-Stellungnahme S. 1; 1. MPI-Stellungnahme GRUR Int. 2014, 554 Rn. 1.

[24] GRUR-Stellungnahme S. 2; *Kalbfus/Harte-Bavendamm* GRUR 2014, 453.

[25] *Harte-Bavendamm* FS Köhler, 2014, 235 (242).

[26] GRUR-Stellungnahme S. 8; 1. MPI-Stellungnahme GRUR Int. 2014, 5544 Rn. 35, 37.

[27] *Harte-Bavendamm* FS Köhler, 2014, 235 (243); Harte-Bavendamm/Ohly/*Kalbfus* Einl. A. III., Rn. 17.

[28] Ratsdokument 9870/2014.

[29] Näher Harte-Bavendamm/Ohly/*Kalbfus* Einl. A. III. Rn. 18.

[30] Eingehend zum Geheimnisschutz in Geschäftsgeheimnisstreitsachen Harte-Bavendamm/Ohly/*Kalbfus* Vor §§ 16–22, und WRP 2019, 692; Köhler/Bornkamm/Feddersen/*Alexander* GeschGehG § 16 Rn. 1 ff.; *Redeker/Pries/Gittinger* WRP 2015, 812 ff.; *Schlingloff* WRP 2018, 666: *Hauck* WRP 2016, 2218.

[31] ABl. (EU) Nr. L 157 v. 15.6.2016, S. 1.

15 **2. Harmonisierungskonzept.** Der Umsetzungsspielraum der Mitgliedstaaten hängt von dem von der einschlägigen Richtlinie vorgegebenen Grad der Harmonisierung (Mindest- oder Vollharmonisierung) ab.[32] Wie bereits anklang, sieht die Geschäftsgeheimnis-RL im **Ausgangspunkt** – wie schon des TRIPS-Abkommen[33]) – lediglich eine **Mindestharmonisierung** des Schutzes von Geschäftsgeheimnissen vor: Laut Art. 1 Abs. 1 UAbs. 2 steht es den Mitgliedstaaten frei, einen weitergehenden als den durch die RL vorgeschriebenen Schutz von Geschäftsgeheimnissen vor rechtswidrigem Erwerb und rechtswidriger Nutzung oder Offenlegung zu gewähren. Dieser Grundsatz wird durch einen sich unmittelbar anschließenden **Vorbehalt** aber stark eingeschränkt. Zahlreiche Vorschriften, die dazu dienen, einen **angemessenen Interessenausgleich** zwischen dem Geheimnisinhaber einerseits und Arbeitnehmern, Mitbewerbern, Forschungseinrichtungen, Medien und/oder der Allgemeinheit anderseits herbeizuführen, dürfen nicht angetastet werden. Die RL zeichnet sich mithin durch eine **Gemengelage zwischen Voll- und Teilharmonisierung** aus.[34] Bedenkt man das sehr erhebliche sachliche Gewicht der RL-Bestimmungen, die der Ausweitung durch die Mitgliedstaaten entzogen sind, und folgt man darüber hinaus der Auffassung, dass – trotz ihrer Nichterwähnung in Art. 1 Abs. 1 UAbs. 2 – zumindest die Definition des Begriffs „Geschäftsgeheimnis" (wenn nicht auch der weiteren drei Begriffe des Art. 2) verbindlich ist,[35] so gelangt man zu einem **der Vollharmonisierung recht nahekommenden Harmonisierungsgrad.**

III. Umsetzung durch das GeschGehG

16 **1. Entstehungsgeschichte.** Die Geschäftsgeheimnis-RL hätte bis zum 9.6.2018 in nationales Recht umgesetzt werden müssen. Wegen stark verzögerter Regierungsbildung konnte der **Referentenentwurf** eines entsprechenden Gesetzes (RefE-GeschGehG) erst am 18.4.2018 veröffentlicht werden. Der RefE-GeschGehG wurde weitgehend als gelungen betrachtet.[36] Ungeachtet dessen wurden von der Rechtswissenschaft[37] und von verschiedensten Verbänden und Interessengruppen[38] eine ganze Reihe von Änderungen vorgeschlagen. Einige dieser Anregungen wurden vom BMJV in der einen oder anderen Form aufgegriffen und in den **Regierungsentwurf** (RegE-GeschGehG) vom 4.10.2018 (BT-Drs. 19/4724) übernommen. Weitere, im RegE-GeschGehG noch nicht berücksichtigte Vorschläge fanden anschließend Eingang in die Beschlussempfehlung des Ausschusses für Recht und Verbraucherschutz vom 13.3.2019 (BT-Drs. 19/8300) und damit schließlich auch in das am 25.4.2019 verkündete[39] und am 26.4.2019 in Kraft getretene Gesetz zum Schutz von Geschäftsgeheimnissen (GeschGehG). Die **politische und rechtliche Diskussion in der Endphase des Gesetzgebungsverfahrens** richtete sich vor allem auf die Definition des Begriffs „Geschäftsgeheimnis" (der in unionsrechtlich fragwürdiger Weise[40] im letzten Moment durch das in Art. 2 Nr. 1 der Geschäftsgeheimnis-RL nicht vorgesehene Merkmal eines „berechtigten Interesses an der Geheimhaltung" ergänzt wurde), die Wahrung der Pressefreiheit (insbesondere in Bezug auf den investigativen Journalismus), das

---

[32] *Alexander* WRP 2017, 1034 (1036).

[33] Hierzu näher Harte-Bavendamm/Ohly/*Kalbfus* Einl. A. VI. Rn. 1 ff.; *Peter/Wiebe* in Busche/Stoll/Wiebe Art. 39; *Harte-Bavendamm*/Ohly/Kalbfus § 2 Rn. 1, 6 ff.

[34] *Harte-Bavendamm* FS Köhler, 2014, 235 (241).

[35] Vgl. ErwGr 14 der RL und *Harte-Bavendamm* FS Büscher, 2018, 311 (312 f.). Für eine Verbindlichkeit aller vier Definitionen *Harte-Bavendamm*/Ohly/Kalbfus § 2 Rn. 2; Köhler/Bornkamm/Feddersen/*Alexander* GeschGehG § 2 Rn. 5; Büscher/*McGuire* RegE-GeschGehG § 2 Rn. 3.

[36] Vgl. nur die GRUR-Stellungnahme GRUR 2018, 708.

[37] Vgl. neben der GRUR-Stellungnahme vor allem die 2. MPI-Stellungnahme und eine Eingabe von *Hauck*.

[38] Übersicht bei *Harte-Bavendamm*/Ohly/Kalbfus Einl. A. IV. Rn. 5 ff.

[39] BGBl. I S. 466.

[40] Vgl. *Ohly* GRUR 2019, 441 (444); *Harte-Bavendamm*/Ohly/Kalbfus § 2 Rn. 66 ff.; *Rönnau* FS Merkel, 2020, 909 (914 ff.); Erklärung der Bundesregierung, BT-Drs. 19/8300, S. 12.

benachbarte Thema des Hinweisgeberschutzes („Whistleblowing") und das Verhältnis zum Arbeitsrecht.[41]

17 **2. Struktur.** Strukturell **folgt das GeschGehG** sinnvoller Weise – und zwar in weiterem Umfang als noch der RefE-GeschGehG – weitgehend dem **Aufbau der Geschäftsgeheimnis-RL.**[42] In **§ 1 GeschGehG** wurde – wie in der RL, nach moderner deutscher Gesetzestechnik allerdings unüblicher Weise – der **Zweck des Gesetzes** vorangestellt (Schutz von Geschäftsgeheimnissen vor unerlaubter Erlangung, Nutzung und Offenlegung). Wo sich in Art. 1 die Liste der für die Mitgliedstaaten verbindlichen Vorgaben anschließt, wurden in § 1 Abs. 2 und 3 verschiedene weitgehend überflüssige, in der rechtspolitischen Diskussion aber vielfach geforderte Klarstellungen vorgenommen, nach denen **öffentlich-rechtliche Geheimhaltungsvorschriften** und verschiedene **weitere Rechtsbereiche** von den Bestimmungen des GeschGehG **unberührt** bleiben. Diese Aufzählung ist in keiner Weise abschließend.

18 In seinem ersten, **allgemeinen Abschnitt** enthält das GeschGehG ferner die **Definitionen** von vier zentralen Begriffen des Geheimnisschutzes (§ 2) und die Regelung der **Verletzungstatbestände** sowie der **Tatbestandsausnahmen** (§§ 3–5). Der **zweite Abschnitt** betrifft die **Ansprüche des Geheimnisinhabers** im Falle von Rechtsverletzungen einschließlich gewisser Grenzen, die sich aus einem ausdrücklichen Missbrauchsverbot (§ 14) und insbesondere aus einer so bisher nicht existierenden, auf den Einzelfall bezogenen **Prüfung der Verhältnismäßigkeit** ergeben (§ 9, in wohl nicht ganz treffender Umsetzung des Art. 11 Geschäftsgeheimnis-RL[43]). Nur relativ sparsam wurde von der Möglichkeit Gebrauch gemacht, das Mindestinstrumentarium der Geschäftsgeheimnis-RL zu erweitern – so wurde zwar ein Anspruch auf **Auskunft über die Vertriebswege** aufgenommen (§ 8), wie er in den Sonderschutzgesetzen des geistigen Eigentums gewährt wird, nicht jedoch der auf die Durchsetzungsrichtlinie zurückgehende verbesserte Zugang zu Beweismitteln, die sich im Besitz des mutmaßlichen Verletzers oder gar eines Dritten befinden.

19 Der **dritte Abschnitt** regelt das **Verfahren in Geschäftsgeheimnisstreitsachen.** Er betrifft damit den – wegen der schwierigen Verzahnung mit dem geltenden deutschen Verfassungs-, Verfahrens- und Gerichtsverfassungsrecht – wohl anspruchsvollsten Bereich der Umsetzung. Der hier erforderliche Spagat zwischen hinreichender **Gewährung rechtlichen Gehörs** einerseits und den **berechtigten Geheimhaltungsbelangen des Anspruchstellers** anderseits wird zwar noch nicht als rundum gelungen bewertet,[44] bedeutet aber immerhin einen deutlichen Fortschritt gegenüber der herkömmlichen deutschen Prozesssituation[45]: Hier sah sich der klagende Geheimnisinhaber der Gefahr ausgesetzt, entweder den Prozess oder sein Geheimnis zu verlieren, womöglich sogar beides.[46]

20 Unter Umkehrung der Vorzeichen im Vergleich zu den §§ 17–19 UWG wird die **Strafbarkeit** von Geheimnisverletzungen nur noch **akzessorisch** zu den zivilrechtlichen Verletzungstatbeständen geregelt. Schon äußerlich kommt dies in der Verortung der Strafbestimmungen im **vierten und letzten Abschnitt** des GeschGehG zum Ausdruck. In der Begründung zum RegE-GeschGehG wurde denn auch ausdrücklich hervorgehoben, zivilrechtlich erlaubte Handlungen sollten unter keinen Umständen strafrechtlich sanktioniert werden.[47] Dies ist vollkommen richtig, kann die Strafverfolgung in Grenzfällen allerdings erschweren, dies insbesondere mit Blick auf die in Art. 3 Abs. 1 lit. d Geschäftsgeheimnis-RL enthaltene, in § 3 Abs. 2 GeschGehG nicht deckungsgleich umgesetzte Generalklausel.

---

[41] Näher *Harte-Bavendamm*/Ohly/Kalbfus Einl. A. IV. Rn. 42 ff.
[42] Hierzu ua *Ohly* GRUR 2019, 441 ff.; *Alexander* WRP 2019, 673 (676 ff.).
[43] Hierzu Harte-Bavendamm/*Ohly*/Kalbfus § 9 Rn. XX.
[44] Vgl. nur *Schlingloff* WRP 2018, 666.
[45] *Kalbfus* WRP 2019, 692 (699).
[46] *Rojahn* FS Loewenheim, 2009, 251 (255); Harte-Bavendamm/Ohly/*Kalbfus* vor §§ 16–20 Rn. 1 f.
[47] BT-Drs. 19/4724, 40.

B. GeschGehG

I. Anwendungsbereich (§ 1)

21 Ähnlich wie in Art. 1 S. 1 Geschäftsgeheimnis-RL findet sich in § 1 Abs. 1 GeschGehG der **allgemeine Programmsatz,** dieses Gesetz diene dem **Schutz von Geschäftsgeheimnissen vor unerlaubter Erlangung, Nutzung oder Offenlegung.** In § 1 Abs. 2 werden öffentlich-rechtliche Vorschriften als vorrangig bezeichnet. § 1 Abs. 3 enthält eine Auswahl anderer Vorschriften und Rechtsgrundsätze, die das GeschGehG unberührt lässt. § 1 verdeutlicht, dass Geschäftsgeheimnisse nach dem GeschGehG zwar vor spezifischen „Angriffsformen" geschützt werden, aber **keinen allgemeinen Rechtsschutz vor jeglicher Beeinträchtigung** genießen.[48]

22 Dass in Abs. 2 der **Anwendungsvorrang**[49] **öffentlich-rechtlicher Vorschriften** zur Geheimhaltung, Erlangung, Nutzung oder Offenlegung von Geschäftsgeheimnissen hervorgehoben wird, ist lediglich klarstellend zu verstehen. Das GeschGehG bezieht sich (mit Ausnahme der akzessorischen Strafvorschriften des § 23) wie die Geschäftsgeheimnis-RL ohnehin nur auf die zivilrechtlichen Schutzvoraussetzungen, -grenzen und -folgen.[50] Öffentlich-rechtliche Stellen unterliegen den Vorschriften des GeschGehG nur insoweit, als sie am privatwirtschaftlichen Verkehr teilnehmen.[51]

23 Die Aufzählung von **Vorschriften und Rechtsgrundsätzen,** die gemäß Abs. 3 **unberührt** bleiben, ist nicht abschließend und mutet eher zufällig an. Sie bleibt hinter dem Katalog des Art. 1 Abs. 2 Geschäftsgeheimnis-RL teils zurück, teils geht sie über diesen hinaus. Zwei der vier Fälle, nämlich Abs. 3 Nr. 2 **(Meinungsäußerungs- und Informationsfreiheit)** und Nr. 3 **(Autonomie der Sozialpartner)** wurden aus der RL übernommen. Die Ergänzung durch zwei andere Beispiele in Nr. 1 (**berufs- und strafrechtlicher Schutz** von Geschäftsgeheimnissen, deren unbefugte Offenbarung von § **203 StGB** erfasst wird) und Nr. 4 (**Rechte und Pflichten aus dem Arbeitsverhältnis** und die Rechte der **Arbeitnehmervertretungen**) dürfte sich am ehesten aus den rechtspolitischen Stellungnahmen während der letzten Phase des Gesetzgebungsverfahrens erklären.[52] Anders als in einigen dieser Stellungnahmen gefordert, begründet der Katalog des Abs. 3 seinem Wortlaut nach **keinen „Vorrang"** der dort angesprochenen Fälle und Grundsätze, sondern lässt diese eben nur „unberührt". Allerdings ging die Beschlussempfehlung des Ausschusses für Recht und Verbraucherschutz[53] insbesondere hinsichtlich der Nr. 3 und 4 („spezieller Vorrang rechtsgeschäftlicher Vereinbarungen in Arbeitsverträgen sowie spezialgesetzlicher arbeitsrechtlicher Regelungen im Bereich der Mitbestimmung") – entgegen der Wortwahl in Art. 1 Abs. 2 Geschäftsgeheimnis-RL – doch von einem Vorrang aus. Dass dies nicht einschränkungslos gelten kann, zeigt sich am Beispiel des in Nr. 2 als unberührt bezeichneten Rechts der freien Meinungsäußerung und der Informationsfreiheit. Selbst diese hochrangigen Freiheitsrechte (Art. 11 Abs. 1 und 2 EU-GrCh) setzen sich gegen andere Grundrechte nicht schrankenlos durch. Auch Inhaber von Geschäftsgeheimnissen können sich auf grundrechtlichen Schutz (sei es aus dem Eigentumsrecht Art. 17 Abs. 2 EU-GrCh, sei es aus der unternehmerischen Freiheit, Art. 16 EU-GrCh)[54] berufen. Erforderlich ist deshalb eine Grundrechtsabwägung im Einzelfall, auch wenn der Meinungsfreiheit hierbei beson-

---

[48] Köhler/Bornkamm/Feddersen/*Alexander* GeschGehG § 1 Rn. 23.

[49] RegE-GeschGehG, BT-Drs. 19/4724, 23; näher *Harte-Bavendamm*/Ohly/Kalbfus § 1 Rn. 4 f.

[50] Ausführlicher zum Verhältnis zwischen Geheimnisschutz und Verwaltungsrecht Harte-Bavendamm/Ohly/*Kalbfus* Einl. A. VI. Rn. 71 ff.; vgl. auch *Hauck* WRP 2018, 1032 (1036).

[51] Zur öffentlichen Hand als Unternehmer → Einl. Rn. 1016 ff. *(Ahrens)*.

[52] Näher hierzu *Harte-Bavendamm*/Ohly/Kalbfus Einl. A. IV. Rn. 20, 28 f.; 46.

[53] BT-Drs. 19/8300, 13.

[54] Zum verfassungsrechtlichen Schutz von Geschäftsgeheimnissen näher Harte-Bavendamm/Ohly/*Kalbfus* Einl. A. VI. Rn. 15 ff.

deres Gewicht zukommt.[55] § 1 Abs. 3 Nr. 2 schafft also **keine Bereichsausnahme zugunsten der Medien,** sondern hat Signalwirkung und interpretationsleitenden Charakter.[56]

Nicht ausdrücklich umgesetzt wurden die in **Art. 1 Abs. 3** Geschäftsgeheimnis-RL sehr allgemein formulierten, auch durch Erwägungsgrund 13 nicht weiter erhellten **Auslegungsregeln zum Schutz der Mobilität der Arbeitnehmer.** Sie tragen nichts Greifbares zur Abgrenzung zwischen dem Interesse des Unternehmens an der Wahrung seiner Geschäftsgeheimnisse und den nicht minder gewichtigen Belangen der Arbeitnehmer bei, ihre redlich erworbenen Kenntnisse und Erfahrungen auch anderweitig für ihr berufliches Fortkommen einzusetzen.[57] 24

II. Begriffsbestimmungen (§ 2)

Der RL im Grundsatz (allerdings mit zwei wenig glücklichen Ausnahmen) folgend werden in § 2 GeschGehG **vier zentrale Begriffe des Schutzes von Geschäftsgeheimnissen definiert.** Im herkömmlichen deutschen Recht war es die Rechtsprechung, die insbesondere die Voraussetzungen für die Anerkennung einer Information als Betriebs- oder Geschäftsgeheimnis zu entwickeln und mit Leben zu erfüllen hatte. Dies geschah in teilweise abweichender Begrifflichkeit, und zwar auch noch nach 1994, dh zu einer Zeit, als die Bundesrepublik Deutschland bereits an den in **Art. 39 Abs. 2 des TRIPS-Abkommens** geregelten Mindestschutz für „nicht offenbarte Informationen" gebunden war.[58] Die Definition des „Geschäftsgeheimnisses" in Art. 2 Nr. 1 Geschäftsgeheimnis-RL, die das GeschGehG weitgehend übernommen hat, orientiert sich in der Sache und ganz überwiegend auch im Wortlaut an Art. 39 Abs. 2 TRIPS. Infolge der Aufnahme der TRIPS-Kriterien in Art. 2 Nr. 1 der RL haben diese auch **unionsrechtliche Qualität** erhalten. Dies führt zum einen dazu, dass sie nicht mehr durchgehend – wie TRIPS – nur einen Mindeststandard schaffen, sondern auch „nach oben" eingegrenzt werden, soweit die Geschäftsgeheimnis-RL dies ausdrücklich oder implizit vorsieht. Zum anderen sind die vier Begriffsmerkmale des § 2 GeschGehG in Zweifelsfällen **vom EuGH verbindlich auszulegen,** und zwar **autonom** aus Sicht des europäischen Rechts. Dies gebietet eine gewisse Vorsicht im Umgang mit Definitionen aus GeschGehG und RL, die mit herkömmlichen deutschen Begriffen mehr oder weniger übereinzustimmen scheinen, vom EuGH aber zumindest in Nuancen anders interpretiert werden könnten.[59] 25

1. Geschäftsgeheimnis (§ 2 Nr. 1). Der Begriff „Geschäftsgeheimnis" wird in Art. 2 Nr. 1 Geschäftsgeheimnis-RL anhand von drei Merkmalen definiert (keine allgemeine Bekanntheit oder leichte Zugänglichkeit, ein darauf beruhender wirtschaftlicher Wert, angemessene Geheimhaltungsmaßnahmen), die in § 2 Nr. 1 lit. a und b ohne Not in zwei Absätzen zusammengefasst wurden.[60] Dafür wurde in der letzten Phase des Gesetzgebungsverfahrens in unionsrechtlich fragwürdiger Weise ein zusätzliches Kriterium eingeführt, nämlich das in lit. c erwähnte berechtigte Interesse an der Geheimhaltung. 26

---

[55] *Ohly* GRUR 2019, 441 (448); instruktiv zur Abwägung zwischen dem Informationszugangsrecht gem. § 1 Abs. 1 IFG und dem Geheimhaltungsinteresse an dem Inhalt einer Bauartzulassung für bestimmte Messgeräte BVerwG, Beschluss vom 5.3.2020 – 20 F 3.19 [ECLI:DE:BVerwG:2020:050320B20F3.19.0].

[56] *Alexander* AfP 2019, 1 (3 f.); *Ohly* GRUR 2019, 441 (448) (Fn. 64).

[57] Zur nachvertraglichen Treuepflicht von Arbeitnehmern im Lichte des Art. 1 Abs. 3 *Wunner* WRP 2019, 710 (713 f.); zum Verhältnis von Arbeitsrecht und Geheimnisschutz Harte-Bavendamm/Ohly/*Kalbfus* Einl. C.

[58] Vgl. BGH GRUR 2006, 1044 Rn. 19 – Kundendatenprogramm; vgl. auch BGH GRUR 2018, 1161 Rn. 28 – Hohlfasermembranspinnanlage II.

[59] Zum Vergleich der Elemente des Geschäftsgeheimnisbegriffs nach bisherigem und neuem Recht ua *Harte-Bavendamm*/Ohly/Kalbfus Einl. A. V. Rn. 6 ff., und *Harte-Bavendamm*/Ohly/Kalbfus § 2 Rn. 3 ff.; *Kalbfus* GRUR 2016, 1009 (1010 f.); *Alexander* WRP 2017, 1034 (1037 f.).

[60] Kritisch *Ohly* GRUR 2019, 441 (442) „Aus drei mach zwei".

27 **a) Geheimer Charakter der Information.** Erste Voraussetzung ist es, dass die in Rede stehende **Information** weder insgesamt noch in der genauen Anordnung und Zusammensetzung ihrer Bestandteile den Personen in den Kreisen, die üblicherweise mit dieser Art von Informationen umgehen, **allgemein bekannt oder ohne Weiteres zugänglich** ist. Sachlich gleichbedeutend hat die herkömmliche deutsche Terminologie diese beiden Fälle unter dem Begriff der **Nichtoffenkundigkeit** zusammengefasst.[61] Indem § 2 Nr. 1 lit. a auf die **genaue Anordnung und Zusammensetzung der Bestandteile** Bezug nimmt, wird deutlich, dass auch ein **Bündel von Informationen,** die jeweils für sich genommen bekannt oder leicht zugänglich sein mögen, als geheim einzustufen sein kann.[62]

28 **Allgemein bekannt** ist eine Tatsache, wenn sie von Anfang an offenkundig war oder – von wem und wann auch immer, mit oder ohne Billigung des Unternehmens – später bekannt gemacht worden ist und eine Kenntnisnahme seitens interessierter Kreise erwartet werden kann.[63] Hierfür reicht es aus, wenn ein nicht näher überschaubarer und nicht durch Verschwiegenheitspflichten gebundener Kreis von Personen, die aufgrund ihrer Fachkunde oder aus sonstigen Gründen an den betreffenden Informationen interessiert sein könnten, in der Lage ist, diese ohne Weiteres aufzufinden. Die Informationen müssen **beliebigem Zugriff preisgegeben** sein.[64]

29 **Ohne Weiteres zugänglich** sind Informationen, die zwar nicht bereits allgemein bekannt sind, von denen sich interessierte Personen aber **ohne größere Schwierigkeiten und Aufwendungen Kenntnis verschaffen** können. Kann ein mit Zustimmung des Geheimnisinhabers **auf den Markt gelangtes Produkt** – etwa eine Maschine – hinsichtlich der genauen Maße und Konstruktionsmerkmale nur durch eine an sich nicht vorgesehene Zerlegung und ein genaues Ausmessen der Einzelteile analysiert werden, so führt der Vertrieb dieses Erzeugnisses jedenfalls dann nicht zur Offenkundigkeit, wenn diese Rückerschließung **(„Reverse Engineering")** mit erheblichem Aufwand verbunden ist. Eine ganz andere, unter den Voraussetzungen des Art. 4 Abs. 1 lit. b Geschäftsgeheimnis-RL (§ 3 Abs. 1 Nr. 2 GeschGehG) nun eindeutig zu verneinende Frage ist es, ob die betreffenden Handlungen als rechtswidrig anzusehen sind.[65]

30 **b) Wirtschaftlicher Wert.** Die zweite Voraussetzung für die Anerkennung bestimmter Informationen als Geschäftsgeheimnis besteht darin, dass diese aufgrund ihres geheimen Charakters von **wirtschaftlichem Wert** (commercial value) sind. Hauptfunktion dieses Merkmals ist es, Geschäftsgeheimnisse von rein wissenschaftlichen Erkenntnissen und von ideellen oder persönlichen, **nicht auf wirtschaftliche Verwertung gerichteten Informationen abzugrenzen.** Ein konkreter Wert braucht nicht „vorgerechnet" zu werden. Wie in den Erwägungsgründen 1, 3 und 14 anklingt, geht die RL von einem **großzügigen Verständnis der Werthaltigkeit** aus.[66] Erfasst werden nicht nur Informationen, die in Geschäften mit der „Außenwelt" unmittelbar verwertet werden können, sondern auch solche, die für den Inhaber von irgendeinem sonstigen Wert sind. Keine wesentliche Schwelle dürfte auch darin bestehen, dass § 2 Nr. 1 lit. a eine **Kausalität** zwischen der Nichtoffenkundigkeit der Information und deren wirtschaftlichem Wert anspricht. In Erwägungsgrund 14 wird dieser Aspekt nicht einmal erwähnt. Es reicht aus, dass der wirtschaftliche **Wert zumindest auch aus der Geheimhaltung resultiert,** also auf dem

[61] Hierzu ausführlich Harte/Henning, 4. Aufl. 2016, § 17 Rn. 3 f.

[62] „Mosaiktheorie", vgl. *Kalbfus* WRP 2013, 584 (585); *Ohly* GRUR 2019, 441 (443); *Harte-Bavendamm*/Ohly/Kalbfus § 2 Rn. 22 ff.

[63] *Köhler*/Bornkamm/Feddersen, 37. Aufl. 2019, § 17 Rn. 7 mwN.

[64] Vgl. BGH GRUR 2009, 91 – Spritzgießwerkzeuge. Näher *Harte-Bavendamm*/Ohly/Kalbfus § 2 Rn. 23 ff.

[65] Hierzu Harte-Bavendamm/*Ohly*/Kalbfus § 3 Rn. 20 ff.; *Harte-Bavendamm*/Ohly/Kalbfus § 2 Rn. 33.

[66] Ebenso *Ohly* GRUR 2019, 441 (443); *Harte-Bavendamm*/Ohly/Kalbfus § 2 Rn. 36 ff.; *Desaunettes/Hilty/Kur/Knaack* MPI-Stellungnahme Rn. 6; ähnlich *Alexander* WRP 2017, 1034; RegE-GeschGehG, BT-Drs. 19/4724, 24; öOGH WRP 2021, 503 (509) – Flüsteraggregat: Die Beeinträchtigung der Wettbewerbsfähigkeit ist nur eine mögliche Erscheinungsform des kommerziellen Werts, die gleichrangig neben den (sonstigen) finanziellen Interessen des Inhabers steht.

Umstand beruht, dass die Information gerade nicht der Allgemeinheit oder den einschlägigen Fachkreisen bekannt oder für diese ohne Weiteres zugänglich sind.[67] Wie nach herkömmlicher deutscher Rechtsprechung[68] wird es ausreichen, dass die wirtschaftlichen Interessen des Inhabers durch eine Offenbarung seines geheimen Wissens spürbar beeinträchtigt werden könnten.[69] Nicht gefolgt werden kann der Auffassung,[70] eine drohende Überschuldung sei nicht als Geschäftsgeheimnis anzuerkennen; die Veröffentlichung dieser Entwicklung hätte mit hoher Wahrscheinlichkeit die praktische Folge, dass das Unternehmen endgültig in den Sog der Insolvenz geriete und kaum noch die Chance hätte, diese doch noch abzuwenden. Umstritten ist, ob der wirtschaftliche Wert – oder ein legitimes Interesse an der Geheimhaltung – zu verneinen ist, wenn es um Informationen über **betriebsinterne Rechtsverstöße** geht.[71] Vorzugswürdig erscheint es, den hier auftretenden **Konflikt zwischen Geheimhaltungsinteressen des Unternehmens und Informationsinteressen der Allgemeinheit** flexibel im Rahmen des **§ 5 Nr. 2 GeschGehG** zu lösen, statt solchen Informationen generell die Anerkennung als Geschäftsgeheimnisse zu versagen.[72] Dies ermöglicht es auch, die Art und Schwere des mutmaßlichen Rechtsverstoßes in die Abwägung einzubeziehen.

c) Angemessene Geheimhaltungsmaßnahmen. Drittes Definitionsmerkmal des Geschäftsgeheimnisbegriffs ist es, dass die betreffenden Informationen „**Gegenstand von den Umständen nach angemessenen Geheimhaltungsmaßnahmen** durch ihren rechtmäßigen Inhaber" sind. Rechtstechnisch handelt es sich um eine **Obliegenheit:** Wird ihr der Inhaber nicht gerecht, so verliert er den Geheimnisschutz.[73] Keine andere Komponente der Definition hat seit Erlass der Geschäftsgeheimnis-RL eine ähnlich lebhafte Diskussion ausgelöst. Ob die Rechtslage in Deutschland durch dieses – immerhin schon seit Inkrafttreten des TRIPS-Abkommens im Jahr 1994 relevante – Merkmal wirklich nachhaltig verändert wird, ob umfangreiche Maßnahmen ergriffen werden müssen, die stets dem neuesten Stand der Technik entsprechen,[74] erscheint aus verschiedenen Gründen fraglich.[75] Richtig ist jedoch, dass der klagende Inhaber einer geheimen und deshalb wirtschaftlich werthaltigen Information nach dem GeschGehG die **Darlegungs- und Beweislast** für die Durchführung der genannten Maßnahmen trägt, während ihn nach früherem Recht nur eine sekundäre Darlegungs- und Beweislast traf.[76] 31

Dass die Anforderungen an die Geheimhaltungsmaßnahmen nicht überspannt werden dürfen,[77] ergibt sich bereits daraus, dass die RL – wie auch Art. 39 Abs. 2 lit. c TRIPS – eben **keine bestmöglichen, der Perfektion nahekommenden Schutzvorkehrungen** verlangt, sondern nur dasjenige, was **unter den gegebenen Umständen angemessen** erscheint.[78] In praktischer Hinsicht ist unübersehbar, dass selbst bei allergrößtem, ver- 32

[67] *Peter/Wiebe* in Busche/Stoll/Wiebe Art. 39 Rn. 22; *Alexander* WRP 2017, 1034 (1035).

[68] Vgl. BGH NJW 1995, 230 – Angebotsunterlagen; GRUR 2006, 1044 Rn. 19 – Kundendatenprogramm.

[69] Ebenso *Redeker/Pres/Gittiniger* WRP 2015, 681 (683); *Alexander* WRP 2017, 1034 (1039); aA *Kalbfus* GRUR 2016, 1009 (1011); Büscher/*McGuire* RegE-GeschGehG § 2 Rn. 40.

[70] Büscher/*McGuire* RegE-GeschGehG § 2 Rn. 40.

[71] Ausführlich zum Meinungsstand *Harte-Bavendamm*/Ohly/Kalbfus § 2 Rn. 39; *Rönnau* FS Merkel, 2020, 909 (917 f.).

[72] Ebenso *Ohly* GRUR 2019, 441 (443); aA *Hauck* WRP 2018, 1032 (1034 f.); Köhler/Bornkamm/Feddersen/*Alexander* GeschGehG § Rn. 79.

[73] *Ohly* GRUR 2019, 441 (443).

[74] Vgl. etwa *Redeker/Pres/Gittinger* WRP 2015, 681 (683); *Hoeren/Münker* WRP 2018, 150 (151); zurückhaltender *Hauck* NJW 2016, 2218 (2220).

[75] Eingehend hierzu *Harte-Bavendamm*/Ohly/Kalbfus § 2 Rn. 40 ff.; *Kalbfus* GRUR-Prax 2017, 391 (392 f.); *Maaßen* WRP 2019, 352 (355 ff.).

[76] *Redeker/Pres/Gittinger* WRP 2015, 681 (683); *McGuire* GRUR 2016, 1000 (1006).

[77] So schon die GRUR-Stellungnahme vom 19.3.2014 zum RL-Vorschlag der Kommission.; Köhler/Bornkamm/Feddersen/*Alexander* GeschGehG § 2 Rn. 52 ff.; *Dann/Markgraf* NJW 2019, 1774 (1775).

[78] *Alexander* WRP 2017, 1034; *Kalbfus* GRUR-Prax 2017, 391 (392); *Ohly* GRUR 2019, 441 (443 f.); *Maaßen* WRP 2019, 352 (355 f.); vgl. auch OLG Stuttgart GRUR-RS 2020, 35613, Rz. 167 ff. – Schaumstoffsysteme; LAG Düsseldorf GRUR-RS 2020, 23408, Rz. 79 ff.

meintlich bestmöglichem Aufwand eine vollständige Abschottung betriebsinternen Wissens heute unmöglicher ist als je zuvor. Alle Arten physischer Schranken lassen sich ebenso durchbrechen oder umgehen wie jede denkbare Art der elektronischen Sicherung. Es kann deshalb nur darum gehen, ein Mindestmaß an Vorkehrungen zu treffen, die in Anbetracht des Unternehmenszuschnitts, der Art der Informationen und der ihrer Geheimhaltung typischerweise drohenden Gefahren **wirtschaftlich vernünftig und verhältnismäßig,** insbesondere mit **noch überschaubarem organisatorischem, physischem, digitalem, personellem und finanziellem Aufwand realisierbar** sind.[79] Es wäre auch nach Art. 39 Abs. 2 TRIPS unzulässig, eine undifferenziert aufwändige, unter kaufmännischen Gesichtspunkten unverhältnismäßige Absicherung der internen Informationen zu fordern.

33 Rechtlich spricht vor allem die **Zwecksetzung der Geschäftsgeheimnis-RL** für einen maßvollen und eher zurückhaltenden Umgang mit diesem Definitionsmerkmal: Zum einen kommt in Erwägungsgrund 9 zum Ausdruck, dass eine **Kosten-Nutzen-Betrachtung** ein ganz wesentlicher Gesichtspunkt für die Ausgestaltung eines angemessenen rechtlichen Schutzes von Geschäftsgeheimnissen ist: Es wird hervorgehoben, dass ein unzureichendes Schutzregime zu einer **ineffizienten Kapitalallokation** führt. Verhindert werden soll die Fehlleitung finanzieller Ressourcen, die produktiver für die Forschung, Entwicklung, Herstellung und Vermarktung innovativer Produkte eingesetzt werden könnten. Zum anderen ist fundamentales Ziel der RL, den Schutz von Geschäftsgeheimnissen unionsweit auf ein **insgesamt effektives Niveau anzuheben.** Wollte man an die „den Umständen nach angemessenen Geheimhaltungsmaßnahmen" allzu strenge Anforderungen stellen, so geriete man schnell in einen Teufelskreis: Je höher die Anforderungen an die Breite und Tiefe der betrieblichen Schutzvorrichtungen, desto größer der zusätzliche finanzielle und organisatorische Aufwand, um überhaupt die Existenz eines „Geschäftsgeheimnisses" nachweisen zu können. Je weiter die verlangte Perfektionierung und die damit verbundenen Investitionen gingen, desto stärker würde das Grundanliegen der RL verfehlt. Anders gewendet: Gäbe es einen nahezu perfekten, um den Preis außerordentlichen Aufwands erzielbaren praktischen Schutz, so erwiese sich ein **rechtliches Schutzsystem,** das gemäß Art. 6 Abs. 2 Geschäftsgeheimnis-RL **fair und gerecht, wirksam und abschreckend** und **weder unnötig kompliziert noch kostspielig** sein soll, als weitgehend überflüssig.

34 Diese rechtlichen Überlegungen sind allerdings nicht so zu verstehen, als könnten die Unternehmen auf ein bewusstes, **sorgfältig eingerichtetes, dokumentiertes und hinsichtlich seiner Einhaltung angemessen überwachtes Schutzsystem** verzichten. Das „Manifestationsgebot"[80] wird durch ein angesichts veränderter Umstände angemessenes „Anpassungsgebot" ergänzt.[81] Die Erkennbarkeit gewisser Schutzvorkehrungen erfüllt zugleich eine wichtige **Warnfunktion.**[82] Die Notwendigkeit, ein angemessenes Schutzsystem zu errichten, folgt bereits aus rein wirtschaftlichen Erwägungen, wenn man die bei so manchem Unternehmen zu verzeichnenden Defizite bedenkt.[83] Aber auch in rechtlicher Hinsicht empfiehlt sich eine angemessene Vorsorge,[84] zumal noch nicht verlässlich abzusehen ist, mit welcher Milde oder Strenge die Gerichte mit dieser zwar (wegen Art. 39 Abs. 2 TRIPS) nicht neuen, aber neu ins Bewusstsein gerückten Schutzvoraussetzung umgehen werden. Je nach Einzelfall („den Umständen nach") können für die Angemessenheit der Geheimhaltungsmaßnahmen die verschiedensten Faktoren relevant werden, darunter Größe, Zuschnitt, Branchenzugehörigkeit und konkrete Geschäftstätigkeit des Unternehmens,

---

[79] Ähnlich *Maaßen* WRP 2019, 352 (355 f.); *Ohly* GRUR 2019, 441 (443 f.); Büscher/*McGuire* RegE-GeschGehG § 2 Rn. 45 ff.; Köhler/Bornkamm/Feddersen/*Alexander* GeschGehG § 2 Rn. 51 f.

[80] *Kalbfus* GRUR 2016, 1009 (1011).

[81] *Brammsen* wistra 2018, 449 (451); *Alexander* WRP 2017, 1034 (1039).

[82] *McGuire* WRP 2019, 679 (682).

[83] Vgl. die Beispiele von *Ann* GRUR 2014, 12 ff.

[84] *Kalbfus* GRUR-Prax 2017, 391 (392 f.); *Ohly* GRUR 2019, 441 (444).

die Art der betroffenen Produkte und vor allem die Natur der in Rede stehenden geheimen Informationen.[85]

Am Anfang eines den möglichen Anforderungen entsprechenden Schutzsystems steht die Erarbeitung eines durchdachten **Gesamtkonzepts,** das den typischen Risikofeldern für den Abfluss von Know-how[86] Rechnung trägt. Die Erstellung eines **geeigneten Maßnahmenkatalogs** lässt sich in **mehrere Schritte** unterteilen (Identifizierung der geheimhaltungsbedürftigen Informationen, Bewertung und Gewichtung dieser Informationen, Bildung von Prioritäten, Schaffung klarer Zuständigkeiten, betriebsinterne Absicherung gegenüber den „eigenen Leuten").[87] Neben **physischen, elektronischen und organisatorischen Zugangsbeschränkungen** empfehlen sich **vertragliche Absicherungen** gegenüber Beschäftigten, Auftragnehmern und (potentiellen) Geschäftspartnern auch dort, wo Verschwiegenheitspflichten in mehr oder weniger erheblichem Umfang bereits von Gesetzes wegen bestehen mögen. Hier hat die ausdrückliche vertragliche Flankierung zumindest eine zusätzliche Warnfunktion; auch kann sie die Beweisführung erleichtern.[88] 35

d) Berechtigtes Interesse an der Geheimhaltung. Aufgrund einer Beschlussempfehlung des Ausschusses für Recht und Verbraucherschutz[89] wurde in die Definition des Begriffs „Geschäftsgeheimnis" in letzter Minute ein viertes, in Art. 2 Nr. 1 der RL nicht enthaltenes Begriffsmerkmal aufgenommen, nämlich ein **berechtigtes Interesse an der Geheimhaltung.** Zur Begründung wurde zwar auf die Erwähnung eines legitimen Interesses in Erwägungsgrund 14 verwiesen. Diese Argumentation impliziert aber die wohl unzutreffende Auffassung, der europäische Gesetzgeber habe es sachwidrig unterlassen, diese Überlegungen auch in die Definition in Art. 2 Nr. 1 zu übernehmen. Sie verkennt nicht nur den Vorrang des Unionsrechts und die Verbindlichkeit von Art. 39 Abs. 2 TRIPS, sondern übersieht auch, dass ein **Interessenausgleich nach dem Konzept der RL** durch die „checks and balances" der **Art. 3–5** (wobei Art. 5 und § 5 GeschGehG eine Geheimnisverletzung ausdrücklich entfallen lassen, wenn sich der Handelnde auf ein legitimes Interesse berufen kann) und die besondere Betonung des Grundsatzes der Verhältnismäßigkeit in **Art. 11 Abs. 2** herbeigeführt wird. In der Erweiterung der Definition um eine zusätzliche, stets tatbestandsmäßig mit zu prüfende Schutzvoraussetzung liegt entweder eine überflüssige, eher verwirrende „Klarstellung" oder eine richtlinienwidrige Senkung des Schutzniveaus, auch wenn deren Bedeutung schwer zu quantifizieren sein mag.[90] 36

2. Inhaber eines Geschäftsgeheimnisses (§ 2 Nr. 2). „Inhaber eines Geschäftsgeheimnisses" ist nach § 2 Nr. 2 jede natürliche oder juristische **Person, die die rechtmäßige Kontrolle über ein Geschäftsgeheimnis hat.** Ob jemand die Kontrolle über das Geschäftsgeheimnis besitzt, richtet sich allein nach den **tatsächlichen Gegebenheiten;** erfasst wird jeder, der die betreffenden Informationen nutzen und weitergeben kann.[91] Von dieser rein faktischen Dispositionsmöglichkeit zu unterscheiden bleibt deren **Rechtmäßig-** 37

[85] Hierzu eingehend *Kalbfus* GRUR-Prax 2017, 391 (392 f.); *Maaßen* WRP 2019, 352 (354); *Brammsen* in MüKoUWG § 17 Rn. 30; *Harte-Bavendamm*/Ohly/Kalbfus § 2 Rn. 52 ff.; *Hiéramente/Golzio* CCZ 2018, 262 (266 f.); *Thiel* WRP 2019, 700 (702 f.), *Voigt/Herrmann/Grabenschröer* BB 2019, 142 (144 ff.); OLG Stuttgart v. 19.11.2020, 2 U 575/19, GRUR-RS 2020, 35613, Rz. 167 ff. – Schaumstoffsysteme; LAG Düsseldorf v. 3.6.2020, 12 SaGa 4/20, GRUR-RS 2020, 23408, Rz. 79 ff.

[86] *Huber* in Ann/Loschelder/Grosch Kap. 10 Rn. 1–11; *Maaßen* WRP 2019, 352 (356 ff.).

[87] Vgl. etwa *Redeker/Pres/Gittinger* WRP 2015, 681 (684); *Huber* in Ann/Loschelder/Grosch Kap. 10 Rn. 23 ff.; *Ann* GRUR 2014, 12 (14 f.); *Kalbfus* GRUR-Prax 2017, 391 ff.; *Maaßen* WRP 2019, 352 (356 ff.); *Harte-Bavendamm*/Ohly/Kalbfus § 2 Rn. 57 ff.

[88] Eingehend hierzu *Harte-Bavendamm*/Ohly/Kalbfus § 2 Rn. 61 ff.; *Redeker/Pres/Gittinger* WRP 2015, 681 (685); *Ann* GRUR 2014, 12 (14 f.); *Huber* in Ann/Loschelder/Grosch Kap. 10 Rn. 41 ff.; *Kalbfus* GRUR-Prax 2017, 391 ff.; *Maaßen* WRP 2019, 352 (357 ff.); zu möglichen neuen Anforderungen an die Gestaltung von Geheimhaltungsvereinbarungen *McGuire* WRP 2019, 679 (683 ff.).

[89] BT-Drs. 19/8300, 4, 13 f.

[90] *Ohly* GRUR 2019, 441 (444); *Harte-Bavendamm*/Ohly/Kalbfus § 2 Rn. 66 ff.

[91] *Peter/Wiebe* in Busche/Stoll/Wiebe Art. 39 Rn. 17.

keit. Diese ist immer dann zu verneinen, wenn die in Rede stehende Person die **Kontrolle auf rechtswidrige Weise erlangt** hat. In Betracht kommen insbesondere die nach § 4 verbotenen Handlungen (soweit nicht nach § 3 oder § 5 ausgenommen), darüber hinaus aber auch alle sonstigen mit dem Erwerb der Dispositionsmöglichkeit verbundenen Rechtsverstöße der die Kontrolle ausübenden Person oder desjenigen, von dem diese Person ihre faktische Position unmittelbar oder mittelbar ableitet. Kein mittels einschränkender Auslegung des Inhaberbegriffs zu lösendes Problem stellt der rechtliche Umgang mit Geschäftsgeheimnissen dar, die sich auf rechtswidrige Vorgänge innerhalb des Unternehmens beziehen.[92]

38 Die rechtmäßige Kontrolle übt in erster Linie derjenige aus, in dessen Einflussbereich die geheimen Informationen **entstanden, entdeckt, entwickelt oder zusammengestellt** wurden **(originäre Inhaberschaft).** Dies gilt gleichermaßen für das vom **Unternehmensinhaber** persönlich erlangte oder geschaffene Wissen wie für die Leistungsergebnisse, die seine **Beschäftigten im Rahmen ihrer Anstellung** erbracht haben. Arbeitsrechtlich stehen diese Leistungsergebnisse dem Arbeitgeber unmittelbar zu, und zwar unabhängig davon, ob dieser bereits Kenntnis von den betreffenden Informationen erlangt hat. Der Arbeitnehmer ist verpflichtet, dem Unternehmen solche Informationen zugänglich zu machen und sich jeder Nutzung für eigene Zwecke und jeder Weitergabe an Dritte zu enthalten.[93]

39 Die rechtmäßige Kontrolle besitzt darüber hinaus auch derjenige, der seine Position **wirksam von einem Dritten ableitet,** welcher seinerseits die rechtmäßige Kontrolle innehatte (**abgeleitete Inhaberschaft**). Der ursprüngliche Inhaber eines Geschäftsgeheimnisses kann dieses isoliert oder dem dazugehörigen Unternehmen **veräußern.**[94] Der Erwerber wird neuer „Inhaber des Geschäftsgeheimnisses".[95]

40 Noch nicht umfassend geklärt ist die Frage, ob auch ein **Lizenznehmer** „Inhaber eines Geschäftsgeheimnisses" sein kann.[96] So hieß es im RegE-GeschGehG,[97] unter diesen Begriff könnten auch Lizenznehmer fallen. Schon in Bezug auf Art. 39 Abs. 2 TRIPS wurde die Ansicht vertreten, unter den Personen, die die rechtmäßige Kontrolle über ein Geschäftsgeheimnis ausübten, seien auch Lizenznehmer zu verstehen.[98] Der „Inhaber eines Geschäftsgeheimnisses" ist nach der Struktur, dem Wortlaut und Zweck des GeschGehG derjenige, der **die in §§ 6 ff. geregelten Ansprüche besitzt** und **aktivlegitimiert** ist, sie in den zur Verfügung stehenden Verfahren **durchzusetzen.** Ein Lizenznehmer nutzt zwar *per definitionem* kein eigenes, sondern ein fremdes Recht.[99] Damit ist aber die Frage nach der Reichweite der in § 2 Nr. 2 enthaltenen Definition nicht umfassend geklärt. Der Lizenznehmer besitzt die **rechtmäßige Kontrolle** jedenfalls **über sein *eigenes* Geschäftsgeheimnis** (nämlich dass und in welcher Weise er das ihm zur Nutzung überlassene fremde Geschäftsgeheimnis in seinem eigenen Unternehmen einsetzt). In sonstiger Hinsicht könnte

[92] Vgl. → Rn. 27; gegen den Schutz von sog. „illegalen Geheimnissen" ua *Rützel* GRUR 1995, 557, und *Hauck* WRP 2018, 1032 (1034); Köhler/Bornkamm/Feddersen/*Alexander* GeschGehG § 2 Rn. 78 f.; aA (im Sinne einer Lösung über § 5 Nr. 2) *Ohly* GRUR 2019, 441 (445); *Harte-Bavendamm*/Ohly/Kalbfus § 2 Rn. 39, 72; *Rönnau* FS Merkel, 2020, 909 (917 f.).

[93] Harte-Bavendamm/Ohly/*Kalbfus* Einl. C Rn. 5 ff. mwN.

[94] BGH GRUR 2006, 1044 Rn. 19 – Kundendatenprogramm; *Maaßen* in Ann/Loschelder/Grosch Kap. 5 Rn. 6 ff.; zu den Pflichten des Veräußerers *Harte-Bavendamm*/Ohly/Kalbfus § 2 Rn. 78 f.

[95] Näher zu den vertraglichen Rechten und Pflichten im Falle der Veräußerung *Harte-Bavendamm*/Ohly/Kalbfus Einl. B Rn. 96 ff.; zu vertraglichen Abreden als „gewichtiges Wertungskriterium" für die Bestimmung des „Inhabers eines Geschäftsgeheimnisses" *Alexander* WRP 2020, 1385 (1389); zur Inhaberschaft hinsichtlich eines im Auftrag eines „Treugebers" geschaffenen Geschäftsgeheimnisses OLG Düsseldorf v. 21.11.2019, 2 U 34/19, GRUR-RS 2019, 33225, Rn. 38.

[96] Zu den verschiedenen Typen eines Lizenzvertrages und zu den wesentlichen Vertragspflichten *Harte-Bavendamm*/Ohly/Kalbfus § 2 Rn. 81 ff. mwN.

[97] BT-Drs. 19/4724, 25.

[98] *Peter/Wiebe* in Busche Stoll/Wiebe Art. 39 Rn. 17; allerdings ist nicht ganz eindeutig, ob die Verfasser sich hierbei nur auf die faktische Kontrolle oder auch auf deren Rechtmäßigkeit beziehen wollen.

[99] Büscher/*McGuire* RegE-GeschGehG § 2 Rn. 57.

es sich anbieten, zwischen der Stellung eines einfachen und derjenigen eines ausschließlichen Lizenznehmers zu **differenzieren.** Zumindest der **einfache Lizenznehmer** könnte danach gegen Dritte im eigenen Namen nur im Wege der **Prozessstandschaft** vorgehen, bedürfte mithin der ausdrücklichen Ermächtigung durch den Geheimnisinhaber als Lizenzgeber. Dem Inhaber einer **ausschließlichen Lizenz** wäre dagegen für den ihm eingeräumten Verwertungsbereich eine **„rechtmäßige Kontrolle"** iSd § 2 Nr. 2 zuzugestehen, die **auch gegenüber dem Lizenzgeber** eingreift. Was die **Rechtsdurchsetzung gegenüber mutmaßlichen Rechtsverletzern** betrifft, bleibt allerdings zu berücksichtigen, dass Geschäftsgeheimnisse weit verletzlicher sind als die durch Sondergesetze geschützten Rechte des geistigen Eigentums. Sie können ihren Geheimnischarakter und damit jeden rechtlichen Schutz jederzeit einbüßen, wenn sie auch nur durch einen einzigen unbedachten Schritt allgemein bekannt oder ohne weiteres zugänglich werden. Diese Gefahr besteht nicht zuletzt dann, wenn die **geheimen Informationen im Verletzungsprozess aufgedeckt** werden (müssen) – der mit Art. 9 Geschäftsgeheimnis-RL und §§ 16–20 GeschGehG unternommene Versuch, die Vertraulichkeit von Geschäftsgeheimnissen im Verlauf von Gerichtsverfahren zu wahren, wird als immer noch unbefriedigend bewertet.[100] Insbesondere solange die Erstreckung der Definition des § 2 Nr. 2 auf Lizenznehmer nicht – spätestens durch den EuGH – eindeutig geklärt ist, tun die Parteien eines Lizenzvertrages über Geschäftsgeheimnisse gut daran, **vertraglich** sehr genau **festzulegen,** welche **konkreten Rechte der Lizenznehmer im Falle einer seinen Bereich betreffenden Verletzung besitzt** und wie er sich im Einzelnen mit dem Lizenzgeber abzustimmen hat. Aus dieser Regelung könnte sich auch ableiten lassen, in **welchem Umfang die „rechtmäßige Kontrolle"** über das Geschäftsgeheimnis beim Lizenznehmer liegt. Da die Rechtmäßigkeit der Kontrolle ausschließlich **auf dem Lizenzvertrag beruht,** könnte es sich anbieten, auch deren Voraussetzungen und Reichweite anhand der Vertragsbestimmungen zu beurteilen. Die „rechtmäßige Kontrolle" wäre einem Lizenznehmer danach **nicht generell zu- oder abzusprechen,** sondern **anhand des Wortlauts und Zwecks des individuellen Lizenzvertrages zu bestimmen.** Hiervon hinge ab, ob der Lizenznehmer als „Inhaber" des Geschäftsgeheimnisses iSd § 2 Nr. 2 gelten und damit die in §§ 6 ff. geregelten Ansprüche im eigenen Namen geltend machen könnte.

3. Rechtsverletzer (§ 2 Nr. 3). Dieser Begriff erfasst gemäß § 2 Nr. 3 jede natürliche **41**
oder juristische **Person, die entgegen § 4 ein Geschäftsgeheimnis rechtswidrig erlangt, nutzt oder offenlegt.** Die Rechtswidrigkeit gemäß § 4 setzt dabei stets voraus, dass weder eine nach § 3 als rechtmäßig geltende Handlung vorliegt noch eine Ausnahme nach § 5 eingreift. Der Begriff des Rechtsverletzers, wie er in § 2 Nr. 3 (entsprechend Art. 2 Nr. 3 Geschäftsgeheimnis-RL) definiert wird, unterliegt dem **Unionsrecht.** Es ist deshalb nicht in vollem Umfang gesichert, dass die deutsche Dogmatik zur Täterschaft und Teilnahme in allen Nuancen aufrechterhalten werden wird.[101] Mit diesem Vorbehalt kann auf die in der deutschen Rechtsprechung und -lehre anerkannten Maßstäbe zur Täterschaft und Teilnahme verwiesen werden.[102]

Der Rechtsverletzer ist der Schuldner der Ansprüche, die der Inhaber eines Geschäfts- **42**
geheimnisses nach den §§ 6 ff. geltend machen kann.[103] Erfasst wird jedenfalls jeder, der als alleiniger **Täter oder Mittäter** ein fremdes Geschäftsgeheimnis rechtswidrig erlangt, nutzt oder offenlegt, sei es **unmittelbar,** sei es als **mittelbarer Täter.** Dieser veranlasst die Zuwiderhandlung im eigenen Interesse und besitzt die Kontrolle über das Verhalten des anderen; an der mittelbaren Täterschaft des Hintermanns fehlt es, wenn der unmittelbar Handelnde selbst als Täter haftet.[104] Mangels Tatherrschaft kommen bloße Hilfspersonen

---

[100] Vgl. nur *Schlingloff* WRP 2018, 666 ff.
[101] Näher *Harte-Bavendamm*/Ohly/Kalbfus § 2 Rn. 89, 97 ff.
[102] Eingehend hierzu → UWG § 8 Rn. 350 ff. *(Goldmann).*
[103] Köhler/Bornkamm/Feddersen/*Alexander* GeschGehG § 2 Rn. 111.
[104] BGH GRUR 2012, 1279 – DAS GROSSE RÄTSELHEFT; *Ohly*/Sosnitza § 8 Rn. 116.

ohne eigene Entscheidungsbefugnis nicht als Täter in Betracht, wohl aber als Teilnehmer. Eine Geheimnisverletzung kann auch durch **Unterlassen** begangen werden; dies setzt eine gesetzliche oder vertragliche Rechtspflicht voraus, der schadenstiftenden Handlung vorzubeugen. Auch die Inanspruchnahme erhöhten Vertrauens kann zu einer speziellen Pflicht zur Abwendung des drohenden Schadens führen.[105] Im Bereich des Geheimnisschutzes mag dies etwa dann zu erwägen sein, wenn ein Angestellter (wie der Leiter eines mit geheimer Forschungs- oder Entwicklungsarbeit betrauten Labors) eine herausgehobene Vertrauensposition einnimmt und es unterlässt, die Einhaltung der angeordneten Zugangssperren zu überwachen. Auch ein für die IT-Sicherheit verantwortlicher Beschäftigter kann zum Täter werden, wenn er einen rechtswidrigen Zugriff auf die Geschäftsgeheimnisse des Unternehmens geschehen lässt, obwohl er die Pflicht und die Möglichkeit gehabt hätte, eben diese Tatbestandserfüllung zu verhindern.

43 Auch Personen, die an einer Geheimnisverletzung als Anstifter oder Gehilfen **teilnehmen,** dürften als „Rechtsverletzer" iSd § 2 Nr. 3 GeschGehG infrage kommen. Sie haben keine Tatherrschaft, sondern machen das Ob und Wie der Tat vom Willen eines anderen abhängig und unterscheiden sich hierdurch von einem Täter.[106] **Anstifter** ist derjenige, der einen anderen vorsätzlich zu dessen vorsätzlich begangener Tat bestimmt, also dessen Tatentschluss weckt oder bestärkt. Hierfür genügt bedingter Vorsatz; der Vorsatz des Anstifters muss das Bewusstsein der Rechtswidrigkeit der Haupttat einschließen.[107] **Beihilfe** leistet, wer einen anderen physisch oder psychisch darin unterstützt, eine Rechtsverletzung zu begehen. Anstifter und Gehilfen stehen nach deutschem Verständnis Mittätern gleich. (§ 830 Abs. 2 BGB). Für den Schutz von Geschäftsgeheimnissen ist die – zu bejahende – Frage, ob auch Anstifter und Gehilfen als „Rechtsverletzer" gelten und damit den in §§ 6 ff. GeschGehG geregelten Rechtsfolgen ausgesetzt sind, von erheblicher praktischer Bedeutung. Da das Gros der **Geheimnisverletzungen im Zusammenhang mit dem Ausscheiden von Beschäftigten** oder Gesellschaftern des Unternehmens steht, liegt es nahe, dass die an der unbefugten Mitnahme geheimen Wissens interessierten Personen nicht selten andere Beschäftigte dazu bewegen, sie bei der Aneignung und Entwendung entsprechender Unterlagen oder Dateien zu unterstützen. Auch in Fällen der **Betriebsspionage** kommt es vor, dass Beschäftigte des Geheimnisinhabers von Außenstehenden zur rechtswidrigen Offenlegung angestiftet oder zur Beihilfe verleitet werden.[108]

44 Für den Inhaber eines Geschäftsgeheimnisses kann es von erheblicher praktischer Bedeutung sein, gegen **Intermediäre** vorzugehen zu können, also gegen Personen, die eine Verletzungshandlung erst ermöglichen, ohne sie selbst zu begehen. Hierzu gehören etwa **Plattformbetreiber** und **Zugangsvermittler.**[109] Sie wirken in zurechenbarer Weise zwar vorsatzlos, aber dennoch willentlich und adäquat kausal an einer rechtswidrigen Beeinträchtigung eines anderen mit und hätten die rechtliche Möglichkeit, die Rechtsverletzung zu verhindern.[110] Der BGH hat die **Störerhaftung von Mittelspersonen** für den Bereich des Lauterkeitsrechts aufgegeben,[111] in Bezug auf die Rechte des geistigen Eigentums und des Persönlichkeitsrechts aber aufrechterhalten.[112] Dass die Störerhaftung für Verletzungen des geistigen Eigentums auch unter Geltung des Unionsrechts aufrechterhalten werden kann, ist vor allem damit begründet worden, dass Art. 11 S. 3 Durchsetzungs-RL eine

[105] Vgl. nur → UWG § 8 Rn. 392 f. *(Goldmann)* und *Köhler*/Bornkamm/*Feddersen* § 8 Rn. 2.16.

[106] Auch zu den verschiedenen Formen der Teilnahme wird auf → UWG § 8 Rn. 357 ff. *(Goldmann)* verwiesen.

[107] BGH GRUR 2007, 890 Rn. 21 – Jugendgefährdende Schriften bei eBay.

[108] Reales Beispiel bei *Harte-Bavendamm*/Ohly/Kalbfus § 2 Rn. 96.

[109] → UWG § 8 Rn. 418 *(Goldmann);* Harte-Bavendamm/*Ohly*/Kalbfus § 6 Rn. 72 ff.

[110] BGH GRUR 1955, 97 (99) – Constanze II; GRUR 1996, 905 (907) – GmbH-Werbung für ambulante ärztliche Leistungen; → UWG § 8 Rn. 419, 433 ff. (*Goldmann*); *Ohly*/Sosnitza § 8 Rn. 121.

[111] GRUR 2011, 152 Rn. 48 – Kinderhochstühle im Internet; GRUR 2015, 672 Rn. 81 – Videospiel-Konsolen II; kritisch *Goldmann* UWG § 8 Rn. 422 ff.

[112] BGH GRUR 2004, 860 (864) – Internet-Versteigerung I; GRUR 2013, 511 Rn. 41 – Morpheus; kritisch *Ohly*/Sosnitza § 8 Rn. 123c; Harte-Bavendamm/*Ohly*/Kalbfus § 6 Rn. 75 ff.

Unterlassungshaftung von Mittelspersonen vorsieht.[113] Ob Letzteres aus Sicht des EuGH die Anwendung der Störerhaftung auch im Bereich des Geheimnisschutzes rechtfertigt, ist offen. Jedenfalls ist der Intermediär **kein Täter oder Teilnehmer,** solange ihm keine Verletzung von Verkehrspflichten vorgeworfen werden kann oder er nicht konkret auf eine von ihm ermöglichte Rechtsverletzung hingewiesen wurde.[114] Im Bereich des GeschGehG dürften Mittelspersonen wegen **§ 4 Abs. 3** in Verbindung mit der Definition in § 2 Nr. 3 nur dann als „Rechtsverletzer" in Betracht kommen, wenn und sobald ihnen **Vorsatz oder Fahrlässigkeit** vorgeworfen werden kann.[115]

4. Rechtsverletzende Produkte (§ 2 Nr. 4). § 2 Nr. 4 definiert wie Art. 4 Nr. 4 der RL die „rechtsverletzenden Produkte" als solche Erzeugnisse, deren Konzeption, Merkmale, Funktionsweise, Herstellungsprozess oder Marketing in erheblichem Umfang auf rechtswidrig erworbenen, genutzten oder offengelegten Geschäftsgeheimnissen basiert. Eine ganz trennscharfe Abgrenzung zwischen diesen Vorgängen ist nicht immer möglich, aber auch nicht erforderlich. Es geht erkennbar darum, **alle denkbaren Stufen der Planung, Herstellung, Funktion und Verwendung der Produkte** zu erfassen. Rechtsverletzende Produkte sind gewissermaßen die Früchte, die aus einer vorangegangenen Geheimnisverletzung gezogen werden.[116] Der Vertrieb rechtsverletzender Produkte stellt eine unerlaubte Handlung nach § 4 Abs. 3 dar; nach § 7 können ihre Vernichtung, ihr Rückruf und ihre Herausgabe verlangt werden. Ob der Produktbegriff auch **Dienstleistungen** erfasst, was wirtschaftlich und angesichts der Zwecksetzung der RL an sich naheliegend erscheint, bedarf noch der Klärung.[117] 45

Während die übrigen in § 2 Nr. 4 aufgeführten Vorgänge keine Auslegungsschwierigkeiten bereiten, ist der schillernde, durch die RL vorgegeben Begriff des **„Marketing"** ausgesprochen unbestimmt.[118] Er hat nur dann eine eigenständige Bedeutung, wenn hierdurch ein von der Herstellungsweise und den Produkteigenschaften unabhängiger Unrechtsgehalt beschrieben werden soll. Dies könnte bedeuten, dass auch dann von „rechtsverletzenden Produkten" die Rede sein könnte, wenn in diesen überhaupt keine rechtswidrig erlangten geheimen Informationen anderer Unternehmen verkörpert sind. Es käme lediglich darauf an, dass die Art und Weise der Vermarktung zu beanstanden wäre. So fragt sich, ob dieses Merkmal beispielsweise bedeuten soll, dass Produkte schon dann als „rechtsverletzend" anzusehen sind, wenn ihr Vertrieb durch die unbefugte Verwertung vertraulicher Kundenlisten oder Werbekonzepte ermöglicht wird.[119] Jedenfalls bedarf der Begriff „Marketing" im Rahmen des § 2 Nr. 4 einer **engen Interpretation,** wenn er nicht jede Kontur verlieren soll. Besonders kritisch wird hier auch zu beleuchten sein, ob die betreffenden Handlungen wirklich „in erheblichem Umfang" auf einem fremden Geschäftsgeheimnis beruhen:[120] 46

Weiter ist nämlich der Nachweis erforderlich, dass die zuvor genannten Produkteigenschaften, die Herstellungsverfahren oder die Vermarktung **„in erheblichem Umfang"** auf rechtswidrig erlangte, genutzte oder offengelegte Geschäftsgeheimnisse zurückgehen. Dies soll laut Erwägungsgrund 28 der RL dann der Fall sein, wenn sich das Geheimnis erheblich „auf die Qualität, den Wert oder den Preis der aus dieser rechtswidrigen Nutzung gewonnenen Endprodukte auswirkt, die Kosten der Prozesse für die Herstellung oder Vermarktung senkt oder diese Prozesse erleichtert oder beschleunigt". In ähnlicher Weise 47

---

[113] Vgl. die Begründung zum Regierungsentwurf des DurchsetzungsG, BT-Drs. 16/5048, 30, 32.

[114] → UWG § 8 Rn. 433 ff. *(Goldmann);* Harte-Bavendamm/*Ohly*/Kalbfus § 6 Rn. 75.

[115] Harte-Bavendamm/*Ohly*/Kalbfus § 6 Rn. 77 f.

[116] Köhler/Bornkamm/Feddersen/*Alexander* GeschGehG § 2 Rn. 122.

[117] Zum Für und Wider näher *Harte-Bavendamm*/Ohly/Kalbfus § 2 Rn. 112.

[118] Kritisch ua die GRUR-Stellungnahme vom 19.3.2014, S. 5, die 1. MPI-Stellungnahme GRUR Int. 2014, 554 (556), und *Ohly* GRUR 2019. 441, 445.

[119] *Ohly* GRUR 2019, 441 (445).

[120] *Ohly* GRUR 2019, 441 (444); *Harte-Bavendamm*/Ohly/Kalbfus § 2 Rn. 112; zur Reichweite des Geheimnisschutzes im Falle „rechtsverletzender Produkte" auch *Ess* WRP 2020, 988 (990 ff.).

wurden schon nach § 17 UWG auch abgewandelte Produkt- und Verwertungsformen erfasst, soweit diese in nicht unerheblichem Umfang auf den rechtswidrig erlangten Kenntnissen beruhten.[121]

III. Erlaubte Handlungen (§ 3)

48 Die Art. 3–5 Geschäftsgeheimnis-RL (§§ 3–5 GeschGehG) bilden den **materiellen Kern** des von der RL verfolgten Schutzkonzepts.[122] Zusammen mit den Vorschriften über die Wahrung der Verhältnismäßigkeit (Art. 11 Abs. 2; in § 9 GeschGehG nicht ganz deckungsgleich umgesetzt) lassen sie ein System von **„checks and balances"** erkennen, das einen angemessenen Ausgleich der aufeinandertreffenden Interessen gewährleisten soll. Das GeschGehG folgt der ungewöhnlichen Regelungstechnik der RL,[123] indem es noch vor Aufzählung der verbotenen Handlungen in der Art einer **„Positivliste"**[124] einige Verhaltensweisen nennt, die stets als rechtmäßig gelten sollen. Dabei geht es in **§ 3 Abs. 1** „insbesondere" um **drei Spezialfälle;** es fehlt eine klare Umsetzung der in Art. 3 Abs. 1 lit. d enthaltenen **Generalklausel,** nach der auch jede andere Vorgehensweise als rechtmäßig gilt, „die unter den gegebenen Umständen mit einer seriösen Geschäftspraxis vereinbar ist". **§ 3 Abs. 2** bestimmt, dass die **Erlangung, Nutzung oder Offenlegung** eines Geschäftsgeheimnisses erlaubt sind, wenn dies durch Gesetz, aufgrund eines Gesetzes oder durch Rechtsgeschäft **gestattet** ist.

49 **1. Spezialfälle (§ 3 Abs. 1).** Zu Beginn wird klargestellt, dass eine **eigenständige**[125] **Entdeckung oder Schöpfung** bestimmter Informationen nicht als unerlaubte Erlangung eines fremden Geschäftsgeheimnisses zu werten ist – auch nach bisherigem deutschen Rechtsverständnis eine Selbstverständlichkeit, durch die sich die Rechte an einem Geschäftsgeheimnis von den absoluten Rechten aus einem Patent unterscheiden.

50 Weit wichtiger ist der zweite Fall. Er betrifft die Freigabe des sog. **„Reverse Engineering"**, dessen Rechtmäßigkeit unter Geltung des § 17 UWG 2015 umstritten war.[126] Sofern ein Produkt **öffentlich verfügbar** gemacht wurde oder sich im **rechtmäßigen Besitz** einer Person befindet, die keinen gegenläufigen (vertraglichen) Beschränkungen[127] unterliegt, dürfen seine Beschaffenheit und Funktionsweise untersucht, entschlüsselt und verwertet werden. Das **„Beobachten, Untersuchen, Rückbauen oder Testen"** frei verfügbarer Produkte stellt auch dann keine Geheimnisverletzung[128] dar, wenn die im Erzeugnis verkörperten Informationen weder allgemein bekannt noch ohne Weiteres zugänglich waren, also ihren Geheimnischarakter noch nicht verloren haben.[129]

51 Ausdrücklich freigestellt werden ferner – wie in Art. 3 Abs. 1 lit. c – die Ausübung von **Informations- und Anhörungsrechten der Arbeitnehmer** sowie die Mitwirkungs- und Mitbestimmungsrechte der Arbeitnehmervertretungen.[130]

52 **2. Generalklausel (Art. 3 Abs. 1 lit. d Geschäftsgeheimnis-RL).** Art. 3 Abs. 1 lit. d Geschäftsgeheimnis-RL erlaubt darüber hinaus **„jede andere Vorgehensweise, die un-**

[121] Vgl. BGH GRUR 1985, 294 (296) – Füllanlage; GRUR 2018, 424 Rn. 19 – Knochenzement I.
[122] *Alexander* WRP 2017, 1034 (1041).
[123] *Ohly* GRUR 2019, 441 (447).
[124] Köhler/Bornkamm/Feddersen/*Alexander* GeschGehG § 3 Rn. 1.
[125] In richtlinienkonformer Auslegung als „unabhängig" zu lesen, *Ohly* GRUR 2019, 441 (447).
[126] Zum damaligen Meinungsstand ua *Ohly* FS Josef Straus, 2009, 535, und GRUR 2014, 1 (7); *Harte-Bavendamm* in Gloy/Loschelder/Erdmann HdbWettbR (4. Aufl. 2010) § 77 Rn. 9 f., und FS Köhler, 2014, 235 (245 ff.); *Köhler*/Bornkamm/Feddersen § 17 Rn. 8a; *Alexander* WRP 2017, 1034 (1041); *Triebe* WRP 2018, 795 (801 ff.); eingehend zur neuen Rechtslage Harte-Bavendamm/*Ohly*/Kalbfus § 3 Rn. 19 ff.
[127] Grundsätzlich zulässig, vgl. Erwägungsgrund 16; zu den Bedenken gegen eine vertragliche Beschränkung der Rückwärtsanalyse durch AGB Harte-Bavendamm/*Ohly*/Kalbfus § 3 Rn. 27 mwN.
[128] Hiervon zu unterscheiden sind mögliche Verletzungen geistiger Schutzrechte im engeren Sinne, vgl. *Schweyer* S. 136 f., 359 f.; *Ohly* GRUR 2019, 441 (447).
[129] Vgl. *Harte-Bavendamm*/Ohly/Kalbfus § 2 Rn. 33.
[130] Hierzu näher Harte-Bavendamm/*Ohly*/Kalbfus § 3 Rn. 37 ff.; *Reinfeld* § 2 Rn. 37 f.

ter den gegebenen Umständen mit einer seriösen Geschäftspraxis vereinbar ist" („honest commercial practices"). Diese Regelung kehrt in § 3 GeschGehG nicht wieder, ist aber von den Gerichten zu beachten, da der gesamte Art. 3 zu den vollharmonisierten Regelungen zählt. Die Generalklausel ist autonom nach Unionsrecht auszulegen, nicht nach dem nationalen Lauterkeitsrecht der Mitgliedstaaten. Eine erste Orientierung mag die Anmerkung zu Art. 39 Abs. 2 TRIPS liefern, in der als typische Verstöße gegen die „anständigen Gepflogenheiten in Gewerbe und Handel" auf Vertragsbruch, Vertrauensbruch und die Verleitung zu solchen Handlungen verwiesen wird.[131] Art. 3 Abs. 1 lit. d bildet das Gegenstück zu Art. 4 Abs. 2 lit. b, der in § 4 Abs. 1 Nr. 2 GeschGehG umgesetzt wurde.[132] Es erscheint allerdings zweifelhaft, dass Art. 3 Abs. 1 lit. d in der Praxis eine nennenswerte Bedeutung erhält, zumal eine **auf den Einzelfall bezogene Interessenabwägung** nach Art. 11 Abs. 2 (in § 9 GeschGehG wohl nicht ganz treffend umgesetzt)[133] ohnehin stattzufinden hat.

3. Gesetzliche oder rechtsgeschäftliche Gestattung (§ 3 Abs. 2). § 3 Abs. 3 GeschGehG stellt im Einklang mit Art. 3 Abs. 2 der RL klar, dass die Erlangung, Nutzung oder Offenlegung eines Geschäftsgeheimnisses **rechtmäßig** ist, soweit dies **durch Gesetz, aufgrund eines Gesetzes** oder durch Rechtsgeschäft **gestattet** ist.[134] Der RegE-GeschGehG[135] verweist beispielhaft auf gesetzlich verankerte Rechte der Interessenvertretungen der Arbeitnehmer (die allerdings bereits vollständig von § 3 Abs. 1 Nr. 3 erfasst sein dürften).[136] Entgegen der Begründung zum RegE-GeschGehG[137] ergibt sich aus § 3 Abs. 2 **kein pauschaler Anwendungsvorrang anderer gesetzlicher Vorschriften** gegenüber dem GeschGehG.[138] 53

Für die **rechtsgeschäftliche** Gestattung der Erlangung, Nutzung oder Offenlegung eines Geschäftsgeheimnisses steht dessen Inhaber die gesamte **Stufenleiter der Gestattungen** zur Verfügung, also die Übertragung, die Erteilung ausschließlicher oder einfacher Lizenzen sowie schlichte, widerrufliche Einwilligungen.[139] 54

Stets ist zu prüfen, **welche konkreten Handlungen von der** gesetzlichen oder rechtsgeschäftlichen **Gestattung gedeckt** werden. Wenn etwa eine Offenlegung gegenüber einer Behörde erforderlich oder zulässig ist, folgt daraus nicht ohne weiteres, dass der Geheimnischarakter generell entfällt oder dass der Informant oder die Behörde befugt ist, die betreffenden Informationen auch sonstigen Personen oder Institutionen gegenüber bekanntzugeben.[140] 55

IV. Verletzungshandlungen (§ 4)

§ 4 beschreibt eine **„Kaskade der Verletzungshandlungen"**[141], die sich an der zeitlichen Abfolge der infrage kommenden Eingriffe orientiert: (1) Erlangung, (2) Nutzung oder Offenlegung, (3) Erwerb, Nutzung oder Offenlegung eines über Dritte erlangten Geschäftsgeheimnisses, (4) Vertrieb rechtsverletzender Produkte. Lediglich in den beiden in § 4 Abs. 3 behandelten Fällen kommt es noch auf ein Verschulden des Handelnden an. Ein Verstoß gegen einen der in § 4 beschriebenen Verletzungstatbestände ist Voraussetzung für 56

[131] *Alexander* WRP 2017, 1034 (1041).
[132] *Alexander* WRP 2017, 1034 (1041).
[133] Harte-Bavendamm/*Ohly*/Kalbfus § 9 Rn. 6.
[134] Näher Harte-Bavendamm/*Ohly*/Kalbfus § 3 Rn. 33 ff.
[135] BT-Drs. 19/4724, 26.
[136] Harte-Bavendamm/*Ohly*/Kalbfus § 3 Rn. 34.
[137] BT-Drs. 19/4724, 26.
[138] Näher Harte-Bavendamm/*Ohly*/Kalbfus § 3 Rn. 47.
[139] Harte-Bavendamm/*Ohly*/Kalbfus § 3 Rn. 50; zur Übertragung und Lizenzerteilung → § 2 Rn. 38 ff. und näher *Harte-Bavendamm*/Ohly/Kalbfus Einl. B. IV. und V.
[140] Vgl. etwa *Kalbfus* WRP 2013, 584 – Anm. zu BGH GRUR 2012, 1048 – MOVICOL-Zulassungsantrag; *Harte-Bavendamm*/Ohly/Kalbfus § 2 Rn. 25; zum Schutz von Geschäftsgeheimnissen gegenüber einem Informationsanspruch nach §§ 1 und 6 IFG BVerwG v. 5.3.2020, ECLI:DE:BVerwG:2020:050320B20F3.19.0.
[141] *Ohly* GRUR 2019, 441 (445).

die Gewährung der in §§ 6 ff. geregelten zivilrechtlichen Ansprüche wie auch für die Anwendung der strafrechtlichen Sanktionen gemäß § 23. Da nicht alle Handlungen abschließend festgelegt werden können, die als rechtswidrige Eingriffe in fremde Geschäftsgeheimnisse zu qualifizieren sind, enthält § 4 Abs. 1 Nr. 2 einen **Auffangtatbestand.**[142] Dieser erfasst „jedes sonstige Verhalten, das unter den jeweiligen Umständen nicht dem Grundsatz von Treu und Glauben unter Berücksichtigung der anständigen Marktgepflogenheiten entspricht", und bildet das Gegenwicht zu den in Art. 3 Abs. 1 lit. d[143] und Art. 5 lit. d[144] enthaltenen Öffnungsklauseln. Über die in § 4 Abs. 2 und 3 vorgenommene Anknüpfung (auch) an § 4 Abs. 1 Nr. 2 wird die Generalklausel **auch für die spätere Nutzung oder Offenlegung des rechtswidrig erlangten Geschäftsgeheimnisses relevant.**[145]

57 Für keine der nach § 4 verbotenen Geheimnisverletzungen spielt es eine Rolle, ob sie von **Beschäftigten des Geheimnisinhabers** oder von **externen Angreifern** wie etwa ehemaligen Arbeitnehmern oder Gesellschaftern, Besuchern, Verhandlungspartnern oder Hackern vorgenommen werden. Ein § 17 Abs. 1 UWG entsprechender Spezialtatbestand, der sich gegen den während der Geltungsdauer des Dienstverhältnisses begangenen Geheimnisverrat durch Beschäftigte des Geheimnisinhabers richtet, kehrt nur noch in der Strafvorschrift des § 23 Abs. 1 Nr. 3 wieder.

58 **1. Unbefugte Erlangung (§ 4 Abs. 1). § 4 Abs. 1 Nr. 1** erfasst als **Handlungsformen** den unbefugten Zugang, die unbefugte Aneignung und das unbefugte Kopieren. Als **Objekte** dieser Handlungen werden Dokumente, Gegenstände, Materialien, Stoffe und elektronische Dateien genannt, die der rechtmäßigen Kontrolle des Geheimnisinhabers[146] unterliegen und die das Geschäftsgeheimnis enthalten oder aus denen sich dieses ableiten lässt.[147]

59 Die Handlungsvarianten des § 4 Abs. 1 entsprechen im Wesentlichen den objektiven Tatbeständen des § 17 Abs. 2 Nr. 1 UWG 2015 (unbefugte Verschaffung oder Sicherung eines fremden Geschäfts- oder Betriebsgeheimnisses); sie lassen sich untechnisch unter dem Begriff der **„Betriebsspionage"** zusammenfassen.[148] Wenn sich der Täter die Informationen lediglich einprägt,[149] so kopiert er diese zwar nicht;[150] er kann sich aber unbefugten Zugang verschafft haben und deshalb in gleicher Weise gegen § 4 Abs. 1 Nr. 1 verstoßen und an der späteren Nutzung und Offenlegung gehindert sein.[151] Die nach § 4 Abs. 1 Nr. 1 verbotenen Handlungen sind zwar abschließend formuliert, sollen jedoch ersichtlich denkbar weit verstanden werden und **„technik- und ergebnisoffen"**[152] sein.

60 Künftige, den derzeitigen Kriterien des § 4 Abs. 1 Nr. 1 nicht eindeutig zuzuordnende Grenzfälle, die einen vergleichbaren Unrechtsgehalt aufweisen, können unter die **Generalklausel der Nr. 2** fallen. Diese ist sehr unbestimmt formuliert (und bildet deshalb auch keinen Anknüpfungspunkt für eine Bestrafung nach § 23). Sie soll wohl – wie schon Art. 4 Abs. 2 lit. b Geschäftsgeheimnis-RL – der völkerrechtlichen Verpflichtung aus dem ebenfalls generalklauselartig gefassten Art. 39 Abs. 2 TRIPS Rechnung tragen.[153] **Beispiele** für die Anwendung der Generalklausel können die in Fn. 10 zu Art. 39 Abs. 2 TRIPS

---

142 RegE-GeschGehG, BT-Drs. 19/4724, 27.
143 → Rn. 52.
144 → Rn. 78.
145 Zum völker- und unionsrechtlichen Rahmen Harte-Bavendamm/*Ohly*/Kalbfus § 4 Rn. 4 ff.
146 Hierzu *Harte-Bavendamm*/Ohly/Kalbfus § 2 Rn. 74 ff.
147 Näher Harte-Bavendamm/*Ohly*/Kalbfus § 4 Rn. 15; *Reinfeld* § 2 Rn. 46 ff.
148 *Ohly* GRUR 2019, 441 (446); *Harte-Bavendamm*/Ohly/Kalbfus § 23 Rn. 9, 12.
149 Vgl. zu § 17 UWG BGH GRUR 1963, 367 (369) – Industrieböden; GRUR 1983, 179 (181) – Stapel-Automat.
150 *Hoeren/Münker* WRP 2018, 150 (152 f.).
151 Vgl. Harte-Bavendamm/*Ohly*/Kalbfus § 4 Rn. 13.
152 Köhler/Bornkamm/Feddersen/*Alexander* GeschGehG § 4 Rn. 13.
153 *Ohly* GRUR 2019, 441 (446); kritisch zur Abweichung des Wortlauts von § 4 Abs. 1 Nr. 2 vom Text des Art. 4 Abs. 2 lit. b Köhler/Bornkamm/Feddersen/*Alexander* GeschGehG § 4 Rn. 27.

beschriebenen Verhaltensweisen (insbesondere **Vertragsbruch, Vertrauensbruch und Verleitung zum Vertragsbruch**) darstellen, ferner jede Erlangung der Informationen durch **Drohung, Bestechung oder Täuschung.**[154]

Unbefugt handelt jeder, der sich nicht auf eine **rechtsgeschäftliche oder gesetzliche** 61 **Erlaubnis** des Geheimnisinhabers berufen kann. Grund und Grenzen der Befugnis werden sich in aller Regel aus **Verträgen** ergeben. Hierbei ist auch zu prüfen, ob sich die jeweilige vertragliche Gestattung auf die in Rede stehende Handlung erstreckt; so kann jemandem zwar der Zugang zu den geheimen Informationen, nicht aber deren Aneignung oder Kopieren gestattet worden sein.[155]

2. Unbefugte Nutzung oder Offenlegung (§ 4 Abs. 2). § 4 Abs. 2 verbietet die 62 Nutzung oder Offenlegung fremder Geschäftsgeheimnisse für **drei Konstellationen:** Der Täter hat das Geschäftsgeheimnis zuvor durch eine eigene Handlung nach Abs. 1 erlangt oder er verstößt gegen eine Verpflichtung zur Nutzungsbeschränkung oder zur Geheimhaltung.

Eine **Nutzung** liegt in jeder Handlung, durch die der Täter sich oder anderen den im 63 Geschäftsgeheimnis verkörperten Wert ganz oder teilweise zunutze macht,[156] etwa indem er die Informationen selbst nutzt oder sie an einen Dritten veräußert oder ihm zur Verwertung überlässt. Ob es sich stets um eine **Verwendung zu wirtschaftlichen** (im Gegensatz zu wissenschaftlichen oder anderen persönlichen) **Zwecken** handeln muss, wird letztlich der EuGH klären müssen.[157] Eine rechtswidrige Benutzung setzt **keine identische Umsetzung** des fremden Geschäftsgeheimnisses voraus. Dies war schon im Rahmen des § 17 Abs. 2 Nr. 2 UWG 2015 anerkannt. Nach zutreffender Auffassung des BGH genügte es, wenn die unbefugt erlangten Kenntnisse die Eigenschaften des neuen Produkts in einer Weise mitbestimmten, die nicht als bedeutungslos anzusehen war.[158] Eine ähnliche Bewertung schlägt sich in der Definition der „rechtsverletzenden Produkte" (§ 2 Nr. 4) nieder.[159]

Eine **Offenlegung** ist in **jeder beliebigen Bekanntgabe** zu sehen, die irgendeine 64 Nutzung durch den unmittelbaren Empfänger oder einen Dritten nach sich ziehen kann.[160] Auf die tatsächliche Nutzung der offengelegten Informationen kommt es für die Erfüllung des Tatbestands nicht mehr an. Die Offenlegung ist **nicht mit einer Herbeiführung der Offenkundigkeit gleichzusetzen.** Anders als diese ist sie stets schon dann vollendet, wenn das Geschäftsgeheimnis auch nur einem einzigen Dritten mitgeteilt wird.[161] Die Offenlegung kann auch durch **Unterlassen** begangen werden, wenn – wie es zumindest für höhere Angestellte die Regel ist – eine vertragliche Pflicht besteht, die Kenntniserlangung durch unbefugte Dritte zu verhindern.

Eine **Verpflichtung zur Beschränkung der Nutzung eines Geschäftsgeheimnisses** 65 **(§ 4 Abs. 2 Nr. 2)** kann sich aus einer vertraglichen Regelung oder aus gesetzlichen Vorschriften ergeben. **Vertragliche Nutzungsbeschränkungen** (gegenständlicher, räumlicher oder zeitlicher Art) finden sich etwa in **Lizenzverträgen**[162] oder in **Vertraulichkeitsvereinbarungen.** Letztere verbieten meist sowohl die Offenlegung (§ 4 Abs. 2 Nr. 3) als auch die zweckwidrige Nutzung (§ 4 Abs. 2 Nr. 2) der anvertrauten Geheiminformationen. Sie werden überall dort abgeschlossen, wo die wirtschaftliche Verwertung von Geschäftsgeheimnissen es erfordert, einzelne Personen oder Unternehmen in

---

[154] Näher Harte-Bavendamm/*Ohly*/Kalbfus § 4 Rn. 21 ff.

[155] Köhler/Bornkamm/Feddersen/*Alexander* GeschGehG § 4 Rn. 24.

[156] Harte-Bavendamm/*Ohly*/Kalbfus § 4 Rn. 28; *Harte-Bavendamm*/Ohly/Kalbfus § 23 Rn. 16.

[157] Zum Meinungsstand zu § 17 Abs. 2 Nr. 2 UWG aF *Harte-Bavendamm*/Ohly/Kalbfus § 23 Rn. 16.

[158] Vgl. BGH GRUR 1985, 294 (296) – Füllanlage; WRP 2008, 938 f. – Entwendete Datensätze mit Konstruktionszeichnungen.

[159] *Harte-Bavendamm*/Ohly/Kalbfus § 2 Rn. 102 ff. und § 23 Rn. 16; zur Frage, wann ein Produkt auf einem fremden Geschäftsgeheimnis beruht, näher *Ess* WRP 2020, 988 (992 f.).

[160] Vgl. schon OLG Hamm WRP 1959, 182: Verwahrung vertraulicher Unterlagen in einer Weise, die einen Dritten in die Lage versetzte, von diesen Gebrauch zu machen.

[161] Vgl. RegE-GeschGehG BT-Drs. 19/4724, 27; Harte-Bavendamm/*Ohly*/Kalbfus § 4 Rn. 29.

[162] *Harte-Bavendamm*/Ohly/Kalbfus Einl. B Rn. 116 ff.

den Kreis der Mitwisser aufzunehmen.[163] Dies beginnt bei den Beschäftigten und Beauftragten des Geheimnisinhabers und setzt sich fort in Verträgen mit Outsourcing-Dienstleistern, in F&E-Vereinbarungen, Lohnfertigungsverträgen oder Ausschreibungsverfahren. Auch im Zusammenhang mit Unternehmenstransaktionen oder im Vorfeld des möglichen Abschlusses von Lizenz-, Kooperations- und weiteren Verträgen kommt es häufig zu schriftlichen **Non Disclosure Agreements.**[164] Je nach Zusammenhang kommt solchen Vereinbarungen eine Konkretisierungsfunktion, Hinweis- und Warnfunktion oder die Aufgabe zu, bestehende vertragliche oder gesetzliche Verschwiegenheitspflichten zu ergänzen und zu erweitern, dies etwa auch zur Schaffung eines einheitlichen Schutzniveaus über mehrere Jurisdiktionen.[165] Geheimhaltungspflichten können auch **konkludent** vereinbart worden sein, dem in Rede stehenden **Vertragsverhältnis** in Form von Nebenpflichten **immanent** sein und/oder sich durch **Auslegung** des Vertrages ermitteln lassen, So sind Arbeitnehmer in aller Regel verpflichtet, die Geschäftsgeheimnisse ihres Arbeitgebers mindestens während der Dauer des Beschäftigungsverhältnisses, unter Umständen aber auch nach dessen Beendigung vertraulich zu behandeln und weder für eigene Zwecke zu nutzen noch Dritten zugänglich zu machen.[166]

66 **Gesetzliche Pflichten zur Nutzungsbeschränkung** treffen beispielsweise **Arbeitnehmer-Erfinder,** wenn der Arbeitgeber die Erfindung nach §§ 6 und 7 ArbNErfG in Anspruch genommen hat,[167] oder **Handelsvertreter** (§ 90 HGB).

67 Für den in **§ 4 Abs. 2 Nr. 3** geregelten Fall eines Verstoßes gegen eine **Verpflichtung, das Geschäftsgeheimnis nicht offenzulegen,** gelten die gleichen Erwägungen wie für das Nutzungsverbot nach Nr. 2. Wie erwähnt, fallen beide Verpflichtungen häufig zusammen. Anders ist es in der Regel in Lizenzverträgen; hier wird dem Lizenznehmer üblicherweise gestattet, das ihm zur Verfügung gestellte Geschäftsgeheimnis innerhalb eines bestimmten „field of use" (das allerdings nicht überschritten werden darf, s. Nr. 2) zu verwerten, während die Offenlegung gegenüber Dritten streng untersagt ist.[168]

68 **3. Unbefugte Erlangung, Nutzung oder Offenlegung eines Geschäftsgeheimnisses, das über eine rechtswidrig handelnde andere Person erlangt wurde (§ 4 Abs. 3).** § 4 Abs. 3 enthält zwei Varianten **mittelbarer Verletzungshandlungen,** die – entgegen dem von Art. 4 Abs. 4 und 5 abweichenden Wortlaut von Satz 2 („insbesondere …") – in der Sache selbständig nebeneinander stehen und den Schutz von Geschäftsgeheimnissen im Vergleich zu § 17 UWG 2015 in diesem Bereich erheblich **erweitern.**[169] Beide Fälle setzen im Gegensatz zu den unter § 4 Abs. 1 oder 2 fallenden Handlungen **vorsätzliches oder fahrlässiges Verhalten** voraus.[170]

69 Die erste Variante untersagt die Erlangung, Nutzung oder Offenlegung eines Geschäftsgeheimnisses, welches der Handelnde **über eine andere Person erhalten** hat, von der er zum Handlungszeitpunkt weiß oder unter den gegebenen Umständen (so Art. 4 Abs. 4 Geschäftsgeheimnis-RL) wissen müsste, dass dieser Dritte die betreffenden Informationen **entgegen § 4 Abs. 2 genutzt oder offengelegt hat.** Je effektiver und für den Handelnden unübersehbarer die nach § 2 Nr. 1 lit. b erforderlichen angemessenen Geheimhaltungsmaßnahmen sind, desto eher wird er Anlass dazu haben, Verdacht zu schöpfen; er

---

[163] Harte-Bavendamm/Ohly/*Kalbfus* Einl. B Rn. 16 ff.; Ann/*Loschelder*/Grosch Kap. 3 Rn. 30 ff.
[164] Harte-Bavendamm/Ohly/*Kalbfus* Einl. B Rn. 16 ff.; Ann/*Loschelder*/Grosch Kap. 3 Rn. 31 ff.
[165] Harte-Bavendamm/Ohly/*Kalbfus* Einl. B Rn. 19.
[166] Eingehend hierzu Harte-Bavendamm/Ohly/*Kalbfus* Einl. B Rn. 5 ff.; zu der schwierigen Abgrenzung zwischen der unredlichen Geheimniserlangung und -nutzung einerseits und dem auch der beruflichen Mobilität dienenden Erfahrungswissen früherer Beschäftigter des Geheimnisinhabers *Ohly* GRUR 2019, 441 (446), und in Harte-Bavendamm/*Ohly*/Kalbfus § 4 Rn. 37 ff.; Harte-Bavendamm/Ohly/*Kalbfus* Einl. B Rn. 37 ff. *Kolasa,* Trade Secrets and Employee Mobility, 2018.
[167] Büscher/*McGuire* RegE-GeschGehG § 4 Rn. 30.
[168] *Harte-Bavendamm*/Ohly/Kalbfus Einl. B. V. Rn. 30 f.
[169] Köhler/Bornkamm/Feddersen/*Alexander* GeschGehG § 4 Rn. 60.
[170] Zu den hier geltenden – unionsrechtlich determinierten – Maßstäben *Ohly* GRUR 2019, 441 (447).

muss dann umso sorgfältiger nachforschen, ob sein „Lieferant" wirklich befugt war, die Informationen zu verwerten und offenzulegen.[171]

Nach der zweiten Variante sind auch das Herstellen, Anbieten oder Inverkehrbringen **rechtsverletzender Produkte**[172] oder die Einfuhr, Ausfuhr oder zu solchen Zwecken erfolgende Lagerung rechtverletzender Produkte als rechtswidrige Nutzung anzusehen, wenn der Handelnde wusste oder unter den gegebenen Umständen annehmen musste, dass das Geheimnis iSd § 4 Abs. 2 genutzt wurde.[173] In der Sache wirkt sich § 4 Abs. 3 S. 2 nur auf Konstellationen aus, in denen die in Rede stehenden Produkte rechtswidrig von einem Dritten hergestellt oder auf andere Weise genutzt wurden, denn wenn der Täter diese Handlungen selbst durchgeführt hat, hat bereits selbst gegen § 4 Abs. 2 verstoßen.[174] 70

V. Ausnahmen (§ 5)

1. Allgemeines. Erlangung, Nutzung oder Offenlegung fremder Geschäftsgeheimnisse fallen nicht unter die Verbote des § 4, wenn sie zum **Schutz eines berechtigten Interesses** erfolgen. Dies kann jedes von der Rechtsordnung gebilligte Interesse (etwa wirtschaftlicher oder ideeller Art) sein.[175] § 5 nennt sodann drei Beispielsfälle, wie sie sich auch in **Art. 5 lit. a–c** finden. Eine nachhaltige Diskussion entfaltete sich in der letzten Phase des Umsetzungsverfahrens darüber, ob § 5 **Rechtfertigungsgründe**[176] oder **Tatbestandsausnahmen** enthält. Entsprechend der Empfehlung des Ausschusses für Recht und Verbraucherschutz setzte sich die letztgenannte Ansicht durch; sie beruht auf der Befürchtung, bereits die Erfüllung eines Verbotstatbestands könne einen abschreckenden Effekt auf die Arbeit von Journalisten haben,[177] und bezieht sich damit auf § 5 Nr. 1. Die rechtlichen Auswirkungen dieser – richtliniengetreuen – „punktuellen Nachjustierung" sind allerdings sehr begrenzt.[178] 71

Die Fälle des § 5 stellen **keine negativen Tatbestandsausnahmen** dar, deren Anwendbarkeit in jedem möglichen Verletzungsfall routinemäßig zu untersuchen wäre. Eine nähere Prüfung ist nur dann geboten, wenn greifbare **Anhaltspunkte** dafür vorliegen, dass einer der Ausnahmetatbestände eingreifen könnte.[179] Andererseits ist der Begriff **„Ausnahme"** unionsrechtlich **nicht** (mehr) so zu verstehen, als sei er im Ansatz **eng auszulegen.** Ziel ist vielmehr – ähnlich wie bei den Schrankenbestimmungen des Immaterialgüterrechts – die fallbezogene **Lösung von Grundrechtskonflikten** im Sinne **praktischer Konkordanz.**[180] 72

2. Ausübung der Meinungsäußerungs-, Informations- und Medienfreiheit (§ 5 Nr. 1). Laut **§ 5 Nr. 1** liegt eine Geheimnisverletzung nicht vor, soweit eine sonst von § 4 erfasste Handlung zur **Ausübung des Rechts der freien Meinungsäußerung** und der **Informationsfreiheit** einschließlich der Achtung der **Freiheit und der Pluralität der** 73

---

[171] Vgl. *Ohly* GRUR 2019, 441 (447).

[172] § 2 Nr. 4 → Rn. 45 ff.

[173] So der Inhalt von Art. 4 Abs. 4 Geschäftsgeheimnis-RL; kritisch zur mindestens vom Wortlaut her abweichenden Umsetzung in § 4 Abs. 3 S. 2 Köhler/Bornkamm/Feddersen/*Alexander* GeschGehG § 4 Rn. 74; *Ohly* GRUR 2019, 441 (447).

[174] *Ohly* GRUR 2019, 441 (447).

[175] RegE-GeschGehG BT-Drs. 19/4724, 28.

[176] RegE-GeschGehG BT-Drs. 19/4724, 28; *Ohly* GRUR 2019, 441 (448), und in Harte-Bavendamm/*Ohly*/Kalbfus § 5 Rn. 4, 11; zu den dogmatischen Unterschieden vgl. die 2. MPI-Stellungnahme S. 10.

[177] Vgl. BT-Drs. 19/8300, 14.

[178] Vgl. BT-Drs. 19/8300, 13 f.; Harte-Bavendamm/*Ohly*/Kalbfus § 5 Rn. 4; *Hiéramente* in BeckOK GeschGehG § 5 Rn. 6; *Rönnau* FS Merkel, 2020, 909 (920 f.), bezeichnet die vermeintlich erreichte Verbesserung aus strafrechtlicher Sicht als „kurios".

[179] Köhler/Bornkamm/Feddersen/*Alexander* GeschGehG § 5 Rn. 62, unter Hinweis auf den allgemeinen Regelungsansatz der RL, wonach bei der rechtlichen Beurteilung von Geheimnisverletzungen stets alle Umstände des Einzelfalles zu berücksichtigen seien.

[180] Harte-Bavendamm/*Ohly*/Kalbfus § 5 Rn. 1, 3 mwN; vgl. zum Urheberrecht EuGH GRUR 2019, 940 Rn. 36 – Reformistischer Aufbruch; Schricker/Loewenheim/*Stieper* Vor §§ 44a ff. Rn. 34.

Medien erfolgt (Art. 11 Abs. 1 und 2 EU-GrCh). Das GeschGehG räumt dem Geheimnisschutz mithin keinen generellen Vorrang gegenüber den Kommunikationsfreiheiten ein. Aber auch diese werden sich nicht ausnahmslos durchsetzen. Vielmehr ist eine am Einzelfall ausgerichtete **Abwägung** zwischen zwei grundrechtlich geschützten Rechtsgütern erforderlich, wobei der besonderen Bedeutung der Kommunikationsfreiheiten Rechnung zu tragen ist.[181] Dabei ist insbesondere zu berücksichtigen, ob die Offenlegung des Geschäftsgeheimnisses durch die Medien von einem öffentlichen Informationsinteresse gedeckt ist und die dem Betroffenen zugefügten Nachteile in einem angemessenen Verhältnis zu den angestrebten Zielen stehen; auch die Verfolgung legitimer Interessen muss sich am **Grundsatz der Verhältnismäßigkeit** messen lassen.[182]

74 **3. Aufdeckung rechtswidriger Handlungen oder sonstigen Fehlverhaltens (§ 5 Nr. 2).** Die in **§ 5 Nr. 2** getroffene Regelung des **Hinweisgeberschutzes** bildete das rechtspolitisch umstrittenste Thema der Richtlinienumsetzung in deutsches Recht. Die bisweilen sehr heftige Kritik am RefE und RegE-GeschGehG übersah dabei vor allem zweierlei: Zum einen brachte schon der in Art. 5 lit. b festgeschriebene Standard im Vergleich zur herkömmlichen deutschen Rechtslage eine **sehr wesentliche Verstärkung des Whistleblower-Schutzes** mit sich.[183] Zum anderen gehört Art. 5 zu den laut Art. 1 Abs. 1 S. 2 verbindlichen Richtlinienbestimmungen. Der Endfassung des Art. 5 lit. b war bereits auf Unionsebene eine intensive Auseinandersetzung vorausgegangen. Überdies lag bereits der Entwurf einer **allgemeineren Richtlinie zum Hinweisgeberschutz** vor, der wenige Monate später zur Verabschiedung der am 16.12.2019 in Kraft getretenen **Richtlinie (EU) 2019/1937** führte.[184] Der deutsche Gesetzgeber war insofern nicht der richtige Adressat für Forderungen nach einer noch weitergehenden Privilegierung des Whistleblowing. Auf Empfehlung des Ausschusses für Recht und Verbraucherschutz[185] erhielt § 5 Nr. 2 seinen endgültigen Wortlaut, indem auf das subjektive Merkmal der Absicht, das **allgemeine öffentliche Interesse zu schützen,** verzichtet und stattdessen auf die **Eignung** zur Erreichung dieses Ziels abgestellt wurde. Der Whistleblower muss zumindest einen gewissen Anlass gehabt haben, ein relevantes Fehlverhalten anzunehmen.[186]

75 Die Erlangung, Nutzung oder Offenlegung des fremden Geschäftsgeheimnisses muss zur **Aufdeckung einer rechtswidrigen Handlung,** dh eines Verstoßes gegen eine in Deutschland geltende Rechtsnorm, oder eines **beruflichen oder sonstigen Fehlverhaltens** erfolgen. Eine Abstufung nach der Schwere des vermuteten Rechtsverstoßes ist der Vorschrift ebenso wenig zu entnehmen wie eine Konturierung des „sonstigen Fehlverhaltens". Während die Bezugnahme auf berufliches Fehlverhalten hinreichende Konturen aufweist,[187] erscheint die Freischaltung von Verstößen gegen sonstiges Fehlverhalten – soweit hierunter auch **als unethisch empfundene,** jedoch nicht gesetzeswidrige Handlungen und Vorgänge verstanden werden sollen[188] – als rechtsstaatlich höchst problematisch.[189] Auch enthalten Art. 5 lit. b und § 5 Nr. 2 entgegen anderen Modellen **keine**

---

[181] Ebenso *Ohly* GRUR 2019, 442 (448), und in Harte-Bavendamm//*Ohly*/Kalbfus § 5 Rn. 21, 26 ff.; ähnlich der RegE-GeschGehG, BT-Drs. 19/4724, 28, unter Hinweis auf Erwägungsgrund 21.

[182] Köhler/Bornkamm/Feddersen/*Alexander* GeschGehG § 5 Rn. 22 f.

[183] Ebenso *Alexander* WRP 2019, 673 (677); vgl. auch *Müllmann* ZRP 2019, 25 (26); *Trebeck/Schulte-Wissermann* NZA 2018, 1175 (1180).

[184] Richtlinie (EU) 2019/1937 des Europäischen Parlaments und des Rates vom 23.10.2019 zum Schutz von Personen, die Verstöße gegen das Unionsrecht melden, ABl. 2019 L 305, S. 17. Die RL ist bis zum 17.12.2021 in nationales Recht umzusetzen (Art. 26 Abs. 1); → Rn. 76.

[185] Vgl. BT-Drs. 19/8300, 14.

[186] Vgl. BT-Drs. 19/8300, 14; zu den Tatbestandsmerkmalen im Einzelnen wird auf Harte-Bavendamm/*Ohly*/Kalbfus § 5 Rn. 44 ff. verwiesen; zu Recht sehr kritisch hinsichtlich der Unschärfe des Ausnahmetatbestands *Rönnau* FS Merkel, 2020, 909 (922 ff.).

[187] Vgl. den Verweis auf Verstöße gegen berufliches Standesrecht im RegE-GeschGehG, BT-Drs. 19/4724, 29.

[188] So jedenfalls der RegE-GeschGehG, BT-Drs. 19/4724, 29.

[189] Harte-Bavendamm/*Ohly*/Kalbfus § 5 Rn. 40 ff.; *Dann/Markgraf* NJW 2019, 1774 (1777); *Hiéramente/Golzio* CCZ 2018, 262 (264); *Ullrich* NZWiSt 2019, 65 (69); *Bürkle* CCZ 2018, 193).

„Stufenleiter der Offenlegung"[190] in dem Sinne, dass Arbeitnehmer erst dann zur Unterrichtung der Öffentlichkeit schreiten dürfen, wenn der Versuch einer innerbetrieblichen Abhilfe erfolglos geblieben ist oder unzumutbar gewesen wäre. Dennoch dürfte eine am Einzelfall ausgerichtete Prüfung der **Verhältnismäßigkeit** nicht entbehrlich sein. Wollte man dies verneinen, so ergäbe sich ein Konflikt mit der Rechtsprechung des EGMR, der eine Abwägung zwischen der Meinungsäußerungsfreiheit und der Pflicht des Arbeitnehmers zur Loyalität und Vertraulichkeit vornimmt.[191]

Die **Richtlinie (EU) 2019/1937**[192] gilt nur in Bezug auf **Verstöße gegen Rechtsakte der Union** in bestimmten „Politikbereichen" (Art. 2 Abs. 1, 5 Nr. 1; Erwägungsgründe 3 und 106); erfasst werden allerdings auch Verstöße gegen nationales Recht, das der Umsetzung von Richtlinien dient.[193] Die Whistleblower-RL macht den Schutz von Hinweisgebern davon abhängig, dass diese – letztlich ohne Erfolg – **zunächst über interne oder externe Kanäle Meldung erstattet** haben.[194] Diese Voraussetzung entfällt nur dann, wenn der Hinweisgeber hinreichenden Grund zu der Annahme hatte, dass der Verstoß eine **unmittelbare oder offenkundige Gefährdung des öffentlichen Interesses** darstellen kann (Notsituation, Gefahr eines irreversiblen Schadens) oder im Fall einer externen Meldung Repressalien zu befürchten wären oder nur geringe Erfolgsaussichten bestünden (Art. 15 Abs. 1 und 2). Eine weitere **Ausnahme** gilt für den Fall, dass jemand aufgrund spezifischer nationaler Bestimmungen, die ein Schutzsystem für die Freiheit der Meinungsäußerung und die Informationsfreiheit bilden, Informationen unmittelbar gegenüber der Presse offenlegt (Art. 15 Abs. 3). Generell greift der Schutz nach der RL (EU) 2019/1937 nur ein, wenn der Hinweisgeber **hinreichenden Grund zu der Annahme** hatte, dass die gemeldeten Informationen **zum Zeitpunkt der Meldung der Wahrheit entsprachen** und in den Anwendungsbereich dieser RL fielen (Art. 6 Abs. 1 lit. a). Das **Verhältnis der beiden Richtlinien zueinander** bedarf noch der Klärung. **Erwägungsgrund 98 der RL (EU) 2019/1937** allein schafft keine vollständige Klarheit. Einerseits heißt es dort, beide Richtlinien sollten „als einander ergänzend betrachtet werden". Andererseits deutet der hierauf folgende Satzteil an, dass die in der Geschäftsgeheimnis-RL vorgesehenen Schutzmaßnahmen (auch) dann entfallen, wenn der Anwendungsbereich der RL (EU) 2019/1937 betroffen und das Whistleblowing nach deren Regelungen zulässig ist.[195] 76

4. Offenlegung gegenüber Arbeitnehmervertretungen (§ 5 Nr. 3). § 5 Nr. 3 schließlich betrifft die **Offenlegung durch Arbeitnehmer gegenüber der Arbeitnehmervertretung.** Voraussetzung für diese Privilegierung ist es, dass die Offenlegung erforderlich ist, damit die Arbeitnehmervertretung ihre Aufgaben erfüllen kann.[196] 77

5. Handeln aus sonstigen legitimen Interessen (Art. 5 lit. d Geschäftsgeheimnis-RL). Art. 5 lit. d Geschäftsgeheimnis-RL enthält zusätzlich zu den drei genannten Spezialregelungen einen **offenen Ausnahmetatbestand,** der in § 5 GeschGehG nicht wortgetreu und möglicherweise auch im sachlichen Gehalt nicht völlig deckungsgleich wiedergegeben wird. Während die einleitende Formulierung des § 5 das Handeln „zum Schutz eines berechtigten Interesses…, insbesondere" zu einem der in Nr. 1–3 angesprochenen Zwecke voraussetzt, erstreckt Art. 5 lit. d die Ausnahmen auf jeden Fall, in dem der angebliche Erwerb oder die angebliche Nutzung oder Offenlegung des Geschäftsgeheim- 78

[190] *Ohly* GRUR 2019, 441 (448).

[191] EGMR NJW 2011, 3501 – Heinisch/Deutschland; EGMR v. 16.2.2021, 23922/19 – Gawlik/Liechtenstein; *Ohly* GRUR 2019, 441 (448), und in Harte-Bavendamm/*Ohly*/Kalbfus § 5 Rn. 32; *Alexander* AfP 2019, 1 (8).

[192] → Rn. 74.

[193] Harte-Bavendamm/*Ohly*/Kalbfus § 5 Rn. 33.

[194] Für eine entsprechende Auslegung des § 5 Nr. 2 Harte-Bavendamm/*Ohly*/Kalbfus § 5 Rn. 52; *Dann/Markgraf* NJW 2019, 1174 (1177).

[195] In diesem Sinne auch Harte-Bavendamm/*Ohly*/Kalbfus § 5 Rn. 33 f.; zur Whistleblower-RL auch *Dillinig* CCZ 2019, 214; *Garden/Hiéramente* BB 2019, 963.

[196] Hierzu näher Harte-Bavendamm/*Ohly*/Kalbfus § 5 Rn. 53 ff.

nisses **„zum Schutz eines durch das Unionsrecht oder das nationale Recht anerkannten legitimen Interesses“** erfolgt. Da der gesamte Art. 5 gemäß Art. 1 Abs. 1 UAbs. 2 zum vollständig harmonisierten Bereich des Schutzes von Geschäftsgeheimnissen gehört, hat sich die Auslegung des § 5 GeschGehG im Zweifel am Wortlaut und Zweck des Art. 5 lit. d zu orientieren.

79 **Legitime Interessen,** die nach Unions- oder nationalem Recht anerkannt sind, dürften diese Ausnahme in der Regel nur dann eröffnen, wenn sie von einem ähnlichen Gewicht wie die drei grundrechtlich gestützten Spezialfälle sind.[197] Maßgeblich ist auch hier letztlich eine auf den Einzelfall zugeschnittene Wahrung des Grundsatzes der **Verhältnismäßigkeit.**

VI. Ansprüche bei Rechtsverletzungen (§§ 6–14)

80 **1. Beseitigung und Unterlassung (§ 6).** Die zivilrechtlichen Folgen der Geheimnisverletzung sind in §§ 6–10 GeschGehG geregelt, ergänzt durch die Sondertatbestände der §§ 11–14, welche die Ansprüche des Geheimnisinhabers gegen den Rechtsverletzer teils einschränken (§§ 11 und 14), teils ergänzen (§§ 12 und 13). Ganz im Vordergrund steht der Unterlassungsanspruch. Wie in § 8 Abs. 1 UWG wird im gleichen Atemzug der Beseitigungsanspruch genannt. Beide **Abwehransprüche** ergänzen sich. Sie haben zwar unterschiedliche Zielrichtungen und bilden verschiedene Streitgegenstände,[198] können im Ergebnis jedoch auf dasselbe hinauslaufen, nämlich die Beseitigung eines Störungszustands.

81 Der **Unterlassungsanspruch** richtet sich inhaltlich unmittelbar auf ein Unterlassen, nämlich das **Nichtbegehen einer** im Klageantrag, dem Urteilstenor bzw. einer Unterwerfungserklärung konkret beschriebenen **Zuwiderhandlung** gegen das jeweilige gesetzliche Verbot. Er kann aber die Pflicht Schuldners einschließen, durch **positives Tun** bevorstehende oder andauernde Verstöße zu verhindern oder rückgängig zu machen.[199]

82 Der **Beseitigungsanspruch** ist stets auf eine **aktive Ausräumung noch andauernder Beeinträchtigungen** gerichtet, die infolge der Rechtsverletzung eingetreten sind. Als Beispiele für eine Beseitigung im Bereich der Geheimnisverletzung nennt der RegE-GeschGehG[200] den Rückruf einer Publikation, in der das Geschäftsgeheimnis offenbart wird (was aber allenfalls dann noch helfen kann, wenn die Publikation die interessierten Kreise zu diesem Zeitpunkt noch nicht erreicht hatte), die Löschung vertraulicher Informationen auf einer Internetseite (wofür der gleiche Einwand gilt) und die Möglichkeit, im Einklang mit Art. 12 Abs. 2 lit. b Geschäftsgeheimnis-RL die „rechtsverletzende Qualität der rechtsverletzenden Produkte“ zu beseitigen, indem aus einem rechtsverletzenden Produkt einzelne, die Rechtsverletzung begründende Komponenten entfernt werden.

83 Die **Geschäftsgeheimnis-RL** fordert von den Mitgliedstaaten sicherzustellen, dass die Gerichte gegen Rechtsverletzer **vorläufige und endgültige Verbote** erlassen können, die gegen die rechtswidrige Nutzung oder Offenlegung von Geschäftsgeheimnissen wie auch gegen die Herstellung, das Anbieten, die Vermarktung oder Nutzung, die Einfuhr, Ausfuhr oder Lagerung rechtsverletzender Produkte gerichtet sind (Art. 10 Abs. 1 lit. a und b; Art. 12 Abs. 1 lit. a und b). Dieser Mindeststandard (vgl. Art. 1 UAbs. 2) wird durch § 6 ohne Weiteres gewahrt. Unter Nutzung des vorhandenen Spielraums hat sich der deutsche Gesetzgeber zu Recht dafür entschieden, eine allgemeinere Regelungstechnik zu wählen, die zu einem weitgehenden **Gleichlauf mit den bewährten Strukturen des Immaterialgüterrechts und des UWG** führt.[201]

---

[197] Ebenso Harte-Bavendamm/*Ohly*/Kalbfus § 5 Rn. 54; Köhler/Bornkamm/Feddersen/*Alexander* GeschGehG § 5 Rn. 61.

[198] Vgl. BGH GRUR 2015, 258 Rn. 64 – CT-Paradies; GRUR GRUR 1974, 99 (101) – Brünova; Teplitzky/*Löffler* Kap. 22 Rn. 7; eingehend zum Verhältnis beider Ansprüche → UWG § 8 Rn. 21 ff. *(Goldmann)*.

[199] Näher → UWG § 8 Rn. 6 ff. *(Goldmann)*.

[200] BT-Drs. 19/4724, 30.

[201] Vgl. *Köhler/Bornkamm/Feddersen/Alexander* GeschGehG § 6 Rn. 8.

Wie (unter anderem) § 8 Abs. 1 UWG bestimmt auch § 6 GeschGehG, dass der **Unterlassungsanspruch** eine **Wiederholungsgefahr** (einer bereits erfolgten Rechtsverletzung) voraussetzt, aber auch dann eingreift, wenn eine **Rechtsverletzung erstmalig droht.** Um eine **Erstbegehungsgefahr** zu begründen, muss sich die bevorstehende Verletzungshandlung so konkret abzeichnen, dass sich für alle Tatbestandsmerkmale die drohende Verwirklichung zuverlässig beurteilen lässt.[202] Hinsichtlich dieser beiden Formen der **Begehungsgefahr** ergeben sich aus § 6 GeschGehG keine Besonderheiten gegenüber den zu § 8 Abs. 1 UWG entwickelten Maßstäben. Gleiches gilt für die Voraussetzungen für eine den **Unterlassungsanspruch erfüllende Ausräumung der Begehungsgefahr.** Hierzu und zu weiteren Einzelheiten der Auslegung und Anwendung des § 6 wird deshalb **umfassend auf die Kommentierung zu § 8 UWG** *(Goldmann)* und die dortigen Nachweise **Bezug genommen.** 84

Als **Gläubiger** der Abwehransprüche **aktivlegitimiert** ist der **Inhaber des Geschäftsgeheimnisses** (§ 2 Nr. 2) oder ein von diesem zur Durchsetzung der Ansprüche autorisierter Lizenznehmer.[203] 85

Als **Schuldner passivlegitimiert** ist jeder **Rechtsverletzer,** gemäß § 2 Nr. 3 also jede natürliche oder juristische Person, die den Tatbestand einer der in § 4 beschriebenen Verletzungshandlungen verwirklicht. Gesetzestechnisch wird damit über den Begriff des Rechtsverletzers die bereits erfolgte oder unmittelbar zu befürchtende Begehung einer oder mehrerer Verletzungshandlungen iSd § 4 auch zum Tatbestandsmerkmal des § 6. Für die **Mittäterschaft** und die **Teilnahme** gelten die gleichen Grundsätze wie im Rahmen des UWG.[204] Auch diese nach allgemeinen deliktsrechtlichen Grundsätzen zu bestimmenden Personen fallen unter den Begriff des Rechtsverletzers iSd § 6.[205] Nach welchen Grundsätzen die Betreiber von Plattformen, Blogs, Suchmaschinenbetreiber und andere **Intermediäre** im Anwendungsbereich des GeschGehG haften, bedarf noch der Klärung. Wie im Marken-, Urheber- oder Lauterkeitsrecht[206] dürfte eine Haftung erst dann eintreten, wenn der Intermediär in hinreichend konkreter Form auf eine Geheimnisverletzung iSd § 4 hingewiesen worden ist. Zumindest bei eindeutigen Verletzungen wird er die geheimzuhaltenden Informationen löschen oder den Zugang zu ihnen sperren müssen **(„notice and takedown").**[207] Außerdem sind Vorkehrungen gegen gleichartige künftige Verletzungshandlungen erforderlich. Zur Abwägung widerstreitender Interessen wie sie etwa im Falle des § 5 geboten sein kann, wird der Intermediär kaum verpflichtet werden können.[208] 86

Da die Anwendungsvoraussetzungen und -folgen des § 6 GeschGehG so weitgehend mit denjenigen des § 8 Abs. 1 UWG übereinstimmen, sei hier nur noch ein Sonderaspekt angesprochen, unter dem sich die Neuregelung der Abwehransprüche auf Grundlage der Geschäftsgeheimnis-RL von der bisherigen Rechtslage unterscheidet. Er betrifft die Frage, in welchem Ausmaß in die Durchsetzbarkeit der Abwehransprüche künftig auch **Verschuldenselemente** einfließen. Im Rahmen der **§§ 17 und 18 UWG aF** (iVm §§ 3, 3a, § 4 Nr. 4 und/oder § 823 Abs. 2 BGB) wurde der **Unterlassungsanspruch verschuldensunabhängig** gewährt.[209] Nach der Neuregelung könnte es demgegenüber unter zwei Gesichtspunkten zu einer Aufweichung dieses Grundsatzes kommen. 87

---

[202] Vgl. BGH GRUR 2019, 189 Rn. 61 – Crailsheimer Stadtblatt II; Köhler/Bornkamm/Feddersen/*Alexander* GeschGehG § 6 Rn. 35.

[203] Zur Stellung von Lizenznehmern und deren Aktivlegitimation → § 2 Rn. 40; Harte-Bavendamm/*Ohly*/Kalbfus § 6 Rn. 60; zur Erlangung der Inhaberschaft durch Erwerb *Harte-Bavendamm*/Ohly/Kalbfus Einl. B. IV.

[204] Hierzu → UWG § 8 Rn. 350 ff. *(Goldmann).* Eingehend zur Passivlegitimation im Rahmen des § 6 GeschGehG Harte-Bavendamm/*Ohly*/Kalbfus § 6 Rn. 62 ff.

[205] Näher Harte-Bavendamm/*Ohly*/Kalbfus § 6 Rn. 67 ff.

[206] Vgl. etwa BGH GRUR 2011, 1038 Rn. 39, 44; 2011, 152 Rn. 48 – Kinderhochstühle im Internet; → UWG § 8 Rn. 474 ff. *(Goldmann);* Ströbele/Hacker/*Thiering* § 14 Rn. 483 ff.

[207] Harte-Bavendamm/*Ohly*/Kalbfus § 6 Rn. 78, 85.

[208] Harte-Bavendamm/*Ohly*/Kalbfus § 6 Rn. 82.

[209] Vgl. nur BGH GRUR 1961, 40 (42) – Wurftaubenpresse; unverständlich die gegenteilige Anmerkung von *Tochtermann* (Büscher/*Tochtermann* RegE-GeschGehG § 6 Rn. 14).

88 Zum einen sind die von **§ 4 Abs. 3** erfassten **mittelbaren Geheimnisverletzungen** (anders als die Verstöße nach § 4 Abs. 1 und 2) von einem vorsätzlichen oder fahrlässigen Verhalten des Täters abhängig, der das von ihm erlangte, genutzte oder offengelegte Geschäftsgeheimnis von einem rechtswidrig handelnden Dritten erlangt hat. Nach einer Anmerkung im RegE-GeschGehG[210] setzen die Abwehransprüche zwar kein Verschulden voraus. Es sei aber zu berücksichtigen, dass hinsichtlich der Frage, ob eine rechtswidrige Handlung gemäß § 4 Abs. 3 vorliege, subjektive Elemente eine Rolle spielten. Ob diese Formulierung wirklich bedeuten soll, dass der Geheimnisinhaber gegen einen Verwerter seines Geschäftsgeheimnisses, der dieses von einer anderen Person erlangt hat, ohne von deren Rechtsverletzung Kenntnis zu haben oder haben zu müssen, keinen Unterlassungsanspruch geltend machen kann,[211] bleibt allerdings unklar und erscheint eher fraglich.

89 Zum anderen unterliegen alle Ansprüche aus §§ 6–8 Abs. 1 dem **Verhältnismäßigkeitsvorbehalt gemäß § 9.** Nach § 9 Nr. 3 ist auch das **Verhalten des Rechtsverletzers** bei Erlangung, Nutzung oder Offenlegung des Geschäftsgeheimnisses in die Abwägung einzubeziehen. Diese Formulierung schließt eine **Berücksichtigung subjektiver Komponenten beim Rechtsverletzer** ein, kann mithin auch dazu führen, dass ein Abwehranspruch nicht gewährt wird, weil der vermeintliche Verletzer schuldlos gehandelt hat. Während § 9 eher als Ausnahmetatbestand formuliert ist („Anspruchsausschluss bei Unverhältnismäßigkeit"), legen die zwingenden Vorschriften in **Art. 11 Abs. 2** (bezogen auf vorläufige Maßnahmen) und **Art. 13 Abs. 1 Geschäftsgeheimnis-RL** (bezogen auf Maßnahmen aufgrund einer Sachentscheidung, dh die im Klageverfahren ergehenden Entscheidungen) eine **stets vorzunehmende, die Gegebenheiten des konkreten Einzelfalls würdigende Interessenabwägung** nahe. Bei richtlinienkonformer Auslegung wird man davon ausgehen müssen, dass die Verhältnismäßigkeit der anzuordnenden Maßnahme **von Amts wegen** zu prüfen ist.[212] Das Gericht wird jedoch von der Verhältnismäßigkeit ausgehen können, wenn sich aus dem Sachvortrag des Klägers nichts anderes ergibt und der Beklagte keine Anhaltspunkte für eine Unverhältnismäßigkeit vorträgt.[213]

90 *Hofmann*[214] sieht in der Betonung der – im Grundsatz in der Tat alle Ansprüche nach §§ 6–8 Abs. 1 erfassenden – Verhältnismäßigkeitsprüfung „das Ende des Paradigmas des verschuldensunabhängigen Unterlassungsanspruchs" und versteht dies zugleich als Bestätigung eines aus der Rechtsprechung des EuGH abzuleitenden Trends, **Rechte situativ differenziert durchzusetzen.** Auch wenn man dem im Lichte der Art. 11 Abs. 2 und 13 Abs. 1 Geschäftsgeheimnis-RL folgt, muss dies allerdings bei Weitem nicht darauf hinauslaufen, den gegen Geheimnisverletzungen gerichteten Unterlassungsanspruch künftig spürbar zu verwässern. So stellt das vom Verletzer an den Tag gelegte Verhalten im Rahmen der genannten Richtlinienbestimmungen und des § 9 lediglich einen von zahlreichen – nicht abschließend aufgelisteten – Faktoren für eine umfassende Prüfung der Verhältnismäßigkeit dar. Der Unterlassungsanspruch ist nun einmal im gesamten Bereich der Immaterialgüterrechte und des Lauterkeitsrechts der **Fundamentalanspruch schlechthin.**[215] Fortdauernde oder konkret bevorstehende Eingriffe in die geschützten Rechtspositionen zu unterbinden, hat für die Schaffung eines insgesamt effektiven, innovations- und investitionsfreundlichen Schutzregimes – wie es gerade auch von der Geschäftsgeheimnis-RL angestrebt wird – weit höhere Bedeutung als die Durchsetzung von Schadensersatz-, Vernichtungs-, Rückrufs- und ähnlichen Ansprüchen.

91 Bestimmte Sanktionen einzelfallbezogen zugunsten des Verletzers einzuschränken oder ganz fallen zu lassen, dürfte **am ehesten in Bezug auf die teilweise drastischen Maß-**

210 BT-Drs. 19/4724, 30.

211 So wohl Köhler/Bornkamm/Feddersen/*Alexander* GeschGehG § 6 Rn. 26.

212 Köhler/Bornkamm/Feddersen/*Alexander* GeschGehG § 9 Rn. 12 ff., 36; Büscher/*Tochtermann* RegE-GeschGehG § 9 Rn. 3 f.

213 Harte-Bavendamm/*Ohly*/Kalbfus § 6 Rn. 15.

214 WRP 2018, 1 (6).

215 Vgl. → UWG § 8 Rn. 2 *(Goldmann)*.

nahmen nach § 7 in Betracht kommen. Im Falle des Unterlassungsanspruchs mag in ganz besonderen Fällen die Gewährung einer **Aufbrauchfrist** erleichtert werden. Dagegen ist schwer vorstellbar, dass die Abwehransprüche des § 6 aufgrund von § 9 GeschGehG bzw. Art. 13 Abs. 1 Geschäftsgeheimnis-RL grundlegend aufgeweicht werden, indem erhebliches Gewicht auf einen Nachweis schuldhaften Handelns gelegt wird. Allzu leicht könnte dies die aus den Erwägungsgründen ersichtliche Zwecksetzung der Geschäftsgeheimnis-RL unterlaufen. Auch bietet **§ 11** ohnehin noch die Möglichkeit, im Einzelfall allzu harsch erscheinende Eingriffe durch eine **Abfindung in Geld** abzumildern.

Bei der zur **gerichtlichen Durchsetzung eines Unterlassungsanspruchs** dienenden **Antragsfassung** – wie auch bei der Tenorierung des gerichtlichen Verbots – gilt es, einen angemessenen Ausgleich zwischen der Wahrnehmung des verfahrensrechtlichen **Bestimmtheitserfordernisses** nach § 253 Abs. 2 Nr. 2 ZPO einerseits und dem anzuerkennenden **Interesse des Geheimnisinhabers** anderseits zu finden, den Schutz seiner von § 2 Nr. 1 GeschGehG erfassten **Informationen nicht ausgerechnet aufgrund der Prozessführung zu gefährden.**[216] Das Geheimnis braucht nur so eingehend beschrieben zu werden, dass sowohl für den Unterlassungsschuldner als auch für das Vollstreckungsgericht deutlich genug erkennbar ist, welche Handlungen im Erkenntnisverfahren als rechtswidrig untersagt werden sollen bzw. worden sind. Dabei braucht sich die **hinreichende Konkretisierung** nicht allein aus dem Antrag bzw. Tenor zu ergeben. Vielmehr kann **auf begleitendes Aktenmaterial Bezug genommen** werden, das dann seinerseits Anordnungen gem. §§ 16 ff. GeschGehG unterliegen kann.[217] Weder darf allgemein auf „Geschäftsgeheimnisse“ des Anspruchstellers abgestellt werden noch genügt eine Verknüpfung mit bestimmten Anlagen oder Dateien, wenn diese ihrerseits nicht klar genug definieren, welche der dort zusammengestellten Informationen als Geschäftsgeheimnisse zu qualifizieren sind.[218] Der Bestimmtheitsgrundsatz ist idR gewahrt, wenn die **konkrete Verletzungshandlung oder -form angegriffen** wird und der Vortrag des Gläubigers unzweideutig erkennen lässt, welche Verhaltens- oder Produktmerkmale die behauptete Geheimnisverletzung begründen.[219] 91a

2. Vernichtung; Herausgabe; Rückruf; Entfernung und Rücknahme vom Markt (§ 7). a) Allgemeines. § 7 gewährt dem Inhaber eines Geschäftsgeheimnisses eine Reihe von Ansprüchen, die neben die Abwehransprüche des § 6 treten und zu gravierenden (wenn auch der Verhältnismäßigkeitsprüfung nach § 9 unterliegenden) **Eingriffen in den Betrieb und den Ruf des Rechtsverletzers** führen können. Ihrer Natur nach lassen sich alle in § 7 geregelten Ansprüche als konkrete **Ausprägungen eines Beseitigungsanspruchs** charakterisieren, die in ihrem Anwendungsbereich dem in § 6 Abs. 1 S. 1 Alt. 1 vorgehen.[220] Wie dieser setzen sie **kein Verschulden** voraus. Hier kommt in besonderem Maße der Wille des deutschen wie auch des europäischen Gesetzgebers zum Ausdruck, Schutzrechtsverletzungen und deren Folgen mit harten Sanktionen umfassend zu unterbinden. Ein erheblicher Teil dieser Maßnahmen war in das Immaterialgüterrecht bereits aufgrund des **ProduktpiraterieG** von 1990[221] implantiert worden. So wurde die Vernichtung rechtsverletzender Produkte von der Ausnahme zur Regel; ferner wurde der Vernichtungsanspruch auf Vorrichtungen ausgedehnt, die (nahezu) ausschließlich zur wider- 92

[216] Hierzu jeweils mwN *Doepner,* FS Tilmann, 2003, 105 (112 ff.); *Harte-Bavendamm* in Gloy/Loschelder/Danckwerts, HdbWettbR, 5. Aufl. 2019, § 77 Rn. 73 f.; Harte-Bavendamm/*Ohly*/Kalbfus § 6 Rn. 59 f.; BGH GRUR 1961, 40 (42) – Wurftaubenpresse; GRUR 2018, 1161 Rn. 16 – Hohlfasermembranspinnanlage II; OLG Frankfurt a. M. GRUR-RR 2021, 229 Rn. 14 ff. – Vliesstoffe; LAG Düsseldorf GRUR-RS 2020, 23408, Rn. 62 – Unterlassungsverfügung wegen der Nutzung von Geschäftsgeheimnissen.

[217] Harte-Bavendamm/*Ohly*/Kalbfus § 6 Rn. 60.

[218] Vgl. OLG Frankfurt a. M. GRUR-RR 2021, 229, Rn. 14 ff. – Vliesstoffe.

[219] Vgl. BGH GRUR 2018, 1161, Rn. 16, 19 – Hohlfasermembranspinnanlage II; Harte-Bavendamm/*Ohly*/Kalbfus § 6 Rn. 60.

[220] Harte-Bavendamm/Ohly/*Kalbfus* § 7 Rn. 1.

[221] BGBl. 1990 I S. 422; hierzu *Harte-Bavendamm,* Handbuch der Markenpiraterie in Europa (2000), S. 78, 121.

rechtlichen Kennzeichnung benutzt oder bestimmt waren (vgl. § 25a WZG). Dieses sehr bewusst auch auf **Generalprävention** setzende Konzept wurde in ähnlicher Form in Art. 10 Abs. 1 **Durchsetzungs-RL** aufgegriffen und mit dem **DurchsetzungsG** von 2008[222] in die verschiedenen Schutzgesetze (etwa § 18 Abs. 2 MarkenG und § 140a Abs. 2 PatentG) übernommen, fand aber keine Anwendung in Bezug auf die Verletzung von Geschäftsgeheimnissen. **Art. 12 Geschäftsgeheimnis-RL** (vgl. auch Erwägungsgrund 28) folgt diesen Vorbildern und transferiert sie mit leichten Modifikationen in den Bereich des Geheimnisschutzes, enthält zusätzlich aber in § 12 Abs. 1 lit. d eine speziell auf den Geheimnismissbrauch zugeschnittene Vorschrift zur Vernichtung oder Herausgabe von analogen und digitalen Speichermedien und Gegenständen, die das Geheimnis enthalten oder verkörpern.

93 § 7 dient der **Umsetzung von Art. 12 Abs. 1 lit. d und Abs. 2,** dessen Schutzniveau gemäß Art. 1 Abs. 1 UAbs. 2 über-, aber nicht unterschritten werden darf. Unter dem letztgenannten Gesichtspunkt ist eine **richtlinienkonforme Auslegung** geboten. Zweifeln unterliegt die Umsetzung jedenfalls insofern, als § 7 Nr. 1 die Vernichtungs- und Herausgabeansprüche auf solche Gegenstände begrenzt, die sich im Besitz oder Eigentum des Rechtsverletzers befinden; richtigerweise wird man diese Ansprüche auch auf nichtkörperliche Gegenstände und Medien beziehen müssen, wobei es auch nicht auf die bürgerlich-rechtlichen Kategorien von Besitz und Eigentum, sondern auf den **Einflussbereich des Rechtsverletzers** ankommen dürfte.[223] Ferner schlägt sich im Wortlaut des § 7 nicht die in Art. 12 Abs. 4 enthaltene Vorgabe nieder, dass die genannten Maßnahmen **auf Kosten des Rechtsverletzers** durchgeführt werden, soweit keine besonderen Gründe vorliegen, hiervon abzusehen. Der **Umfang des Schadensersatzanspruchs** wird hierdurch gemäß Art. 12 Abs. 4 im Grundsatz **nicht eingeschränkt;** allerdings trägt die Durchsetzung dieser Maßnahmen dazu bei, dass die Schaden stiftenden Handlungen sich nicht noch weiter in die Zukunft erstrecken. Soweit aus § 7 Abs. 4 im Rahmen eines einstweiligen Verfügungsverfahrens ein auf **Sequestrierung** gerichteter Verfügungsanspruch hergeleitet wird, dient die Norm auch der Umsetzung von **Art. 10 Abs. 1 lit. c Geschäftsgeheimnis-RL.**[224]

94 Für die Begriffe des **Rechtsverletzers** und der **rechtsverletzenden Produkte** gelten die Definitionen des § 2 Nr. 3 und 4. Hinsichtlich der **Aktiv- und Passivlegitimation** kann auf die Ausführungen zum Unterlassungsanspruch,[225] in Bezug auf die **Verhältnismäßigkeit** auf § 9 und zur **Abwendungsbefugnis** auf § 11 verwiesen werden. **Alle fünf Ansprüche aus § 7** können **parallel zueinander** wie auch neben den Abwehransprüchen und dem Schadensersatzanspruch geltend gemacht werden.

95 **b) Vernichtung oder Herausgabe von Trägermedien (§ 7 Nr. 1).** Die Ansprüche aus Nr. 1 betreffen als einzige der fünf in § 7 geregelten Maßnahmen nicht die rechtsverletzenden Produkte, sondern verschiedene **Gegenstände und Datenträger** physischer und nicht-physischer Art, die **das Geschäftsgeheimnis enthalten oder verkörpern.** Diese Tatbestandsmerkmale sind dem erkennbaren Zweck des Art. 12 entsprechend (vgl. Erwägungsgrund 28) **weit auszulegen.** Erfasst werden beispielsweise auch Daten, die der Rechtsverletzer auf Drittservern (etwa in einer Cloud) für sich speichern lässt.[226] Unerheblich ist, ob die Informationsträger oder die Verkörperungen sämtliche Einzelheiten oder nur **Teilaspekte** des fremden Geschäftsgeheimnisses beinhalten oder wiedergeben; das Gleiche gilt für **Abwandlungen,** die noch in erheblichem Umfang auf den geschützten Informationen beruhen.[227]

---

[222] Gesetz zur Verbesserung der Durchsetzung von Rechten des geistigen Eigentums vom 7.7.2008, BGBl. 2008 I S. 1191.

[223] Köhler/Bornkamm/Feddersen/*Alexander* GeschGehG § 7 Rn. 12 ff.

[224] Harte-Bavendamm/Ohly/*Kalbfus* § 7 Rn. 6.

[225] → Rn. 85.

[226] Vgl. Köhler/Bornkamm/Feddersen/*Alexander* GeschGehG § 7 Rn. 12.

[227] Vgl. zum früheren Recht BGH GRUR 1985, 294 (296) – Füllanlage; WRP 2008, 938 Rn. 9 – Entwendete Datensätze; Harte-Bavendamm/Ohly/*Kalbfus* § 7 Rn. 16.

Die Ansprüche richten sich gegen die **Gesamtheit** der in Rede stehenden Trägermedien und der auf ihnen fixierten Geschäftsgeheimnisse, es sei denn, es ließen sich bestimmte **Teile zuverlässig** so **abspalten,** dass keine der dem Geheimnisinhaber zuzurechnenden Informationen dem Zugriff des Rechtsverletzers ausgesetzt bleiben (vgl. Art. 12 Abs. 1 lit. d). 96

Der Anspruchsgläubiger kann zwischen der Herausgabe und der Vernichtung **wählen.** Seine Entscheidung wird sich daran ausrichten, auf welchem Wege er nach den Umständen des Einzelfalls am besten sicherstellen kann, zum einen selbst wieder sämtliche Informationen zur Verfügung zu haben und zum anderen jede weitere Speicherung und Verwertung durch den Rechtsverletzer zu verhindern. Um den Vernichtungs- und Herausgabeanspruch vorläufig zu sichern, kann im Wege der **einstweiligen Verfügung** die Herausgabe an einen **Gerichtsvollzieher als Sequester** verlangt werden.[228] 97

c) Rückruf der rechtsverletzenden Produkte (§ 7 Nr. 2). Nr. 2 setzt Art. 12 Abs. 1 lit. a Geschäftsgeheimnis-RL um. Vergleichbare Rückrufansprüche finden sich aufgrund der Durchsetzungs-RL (Art. 10 Abs. 2) schon in § 140a PatentG, § 18 Abs. 2 MarkenG und weiteren Schutzgesetzen des geistigen Eigentums. Im Gegensatz zu den benachbarten Ansprüchen aus Nr. 3 und Nr. 5 schuldet der Rechtsverletzer im Rahmen der Nr. 1 nicht den Erfolg seiner Maßnahmen, wohl aber **konkrete und ernsthafte Anstrengungen,** seine **Abnehmer zur Rückgabe der Produkte zu bewegen.** Im Rückgabeverlangen muss auf die rechtsverletzende Qualität der Produkte ausdrücklich hingewiesen werden.[229] Weiter muss dem Abnehmer ggf. die Erstattung des gezahlten Kaufpreises und die Übernahme der Rückführungskosten angeboten werden.[230] 98

Geschuldet ist in aller Regel **kein öffentlicher Rückruf,** sondern nur eine Kontaktaufnahme zu den eigenen Kunden. Sofern anzunehmen ist, dass diese die rechtsverletzenden Produkte insgesamt oder teilweise bereits an andere gewerbliche Abnehmer weitergeliefert haben, kann die Rückrufpflicht so weit gehen, dass der Rechtsverletzer auch dazu aufgefordert werden kann, seinerseits die eigenen Geschäftspartner zur Rückgabe anzuhalten.[231] Nach Wiedererhalt der zurückgerufenen Erzeugnisse kann der Inhaber des Geschäftsgeheimnisses **Auskunft über den Erfolg des Rückrufs**[232] verlangen und den **Vernichtungsanspruch** nach § 7 Nr. 4 durchsetzen.[233] Zur **Rückrufpflicht als Element eines Unterlassungs- oder Beseitigungstitels** wird auf → **UWG § 8 Rn. 215 ff.** *(Goldmann)* verwiesen. Der Rückrufanspruch dürfte nicht im Wege der einstweiligen Verfügung durchsetzbar sein.[234] 99

d) Dauerhafte Entfernung aus den Vertriebswegen (§ 7 Nr. 3). Dieser in der Geschäftsgeheimnis-RL nicht ausdrücklich erwähnte Anspruch geht mittelbar auf Art. **10 Abs. 1 S. 2 lit. b Durchsetzungs-RL** zurück und führt zu einer Angleichung an die Rechtslage im Fall der Verletzung von Rechten des geistigen Eigentums (wie § 140a Abs. 3 PatentG oder § 18 Abs. 2 MarkenG) herbei. Der Rechtsverletzer schuldet hier eine **erfolgreiche, endgültige Entfernung** der rechtsverletzenden Produkte aus der Vertriebskette. Er muss alle ihm zur Verfügung stehenden und zumutbaren (also mit dem Grundsatz der Verhältnismäßigkeit noch zu vereinbarenden) faktischen und rechtlichen Maßnahmen durchführen, um die **weitere Zirkulation der rechtsverletzenden Produkte aus-** 100

[228] Vgl. OLG Hamm WRP 1993, 36 (37) – Tierohrmarken; Harte-Bavendamm/Ohly/*Kalbfus* § 7 Rn. 24.

[229] Vgl. BGH GRUR 2018, 292 Rn. 32 – Produkte zur Wundversorgung; OLG Köln GRUR-RR 2008, 365 (366) – Möbelhandel; *Jänich* MarkenR 2008, 413 (415 f.); *Voß/Kühnen* in Schulte PatG § 140a Rn. 31; Harte-Bavendamm/Ohly/*Kalbfus* § 7 Rn. 26; *Jestaedt* GRUR 2009, 102 (103).

[230] Vgl. zum Markenrecht Ströbele/Hacker/*Thiering* § 18 Rn. 69 ff.; *Jestaedt* GRUR 2009, 102 (103).

[231] Eingehend zum mehrstufigen Rückruf *Miosga* Geistiges Eigentum und Wettbewerbsrecht Bd. 48, 170 ff.

[232] *Miosga* Geistiges Eigentum und Wettbewerbsrecht Bd. 48 (2010), 208.

[233] Vgl. BGH GRUR 2017, 785 Rn. 33 – Abdichtsystem (zum Patentrecht).

[234] Harte-Bavendamm/Ohly/*Kalbfus* § 7 Rn. 34 ff. mwN.

zuschließen.[235] Für das Angebot zur Rückzahlung des Kaufpreises und zur Kostentragung gilt das Gleiche wie im Rahmen des Rückrufanspruchs nach Nr. 2.

101 **e) Vernichtung der rechtsverletzenden Produkte (§ 7 Nr. 4).** Wie Art. 12 Abs. 2 lit. c Geschäftsgeheimnis-RL sieht § 7 Nr. 4 die Vernichtung der rechtsverletzenden Produkte vor. Wie im Bereich des geistigen Eigentums schon seit Inkrafttreten des ProduktpiraterieG von 1990,[236] ist gemäß § 7 Nr. 4 nun auch bei Geheimnisverletzungen die **Vernichtung** der **Regelfall.**[237] Sie stellt das sicherste Mittel dar, um weitere von solchen Produkten ausgehende Geheimnisverletzungen zu unterbinden. Daneben dient sie nach den Wertungen des ProduktpiraterieG und der Durchsetzungs-RL explizit auch der **Abschreckung.** Dennoch gilt auch hier der Grundsatz der **Verhältnismäßigkeit.** Dies ergibt sich nicht nur aus § 9,[238] sondern klingt auch in Art. 12 Abs. 2 lit. c und in der Begründung zum RegE-GeschGehG[239] an. Die Rücknahme vom Markt soll hiernach offenbar als milderes, an die Stelle einer Vernichtung tretendes Mittel in Betracht gezogen werden, falls der Schutz des betreffenden Geschäftsgeheimnisses durch die bloße Rücknahme nicht beeinträchtigt wird.[240]

102 Auf welche Weise die Vernichtung erfolgt, ist nicht vorgegeben und richtet sich nach der Art der Produkte und nach Zweckmäßigkeitsgesichtspunkten. Entscheidend ist, dass die rechtsverletzenden Produkte definitiv nicht mehr in den Marktkreislauf gelangen oder von Unbefugten verwendet werden können. Die Vernichtung wird zwar vom Rechtsverletzer geschuldet. Dieser muss jedoch dem Geheimnisinhaber Gelegenheit geben, die **Vernichtung zuverlässig zu überwachen.** Weitergehend spricht viel dafür, dem Inhaber einen **Anspruch auf Herausgabe zum Zweck der Vernichtung** zuzugestehen.[241] Diese Art der Abwicklung vermeidet die in der Praxis andernfalls leicht auftretende Ungewissheit über die Vollständigkeit und Endgültigkeit der getroffenen Maßnahmen. Sie ist dem Rechtsverletzer in der Regel zumutbar, da der Geheimnisinhaber seinerseits gehalten ist, keine über einen objektiv vertretbaren Rahmen hinausgehenden Kosten zu produzieren.

103 Solange die Angelegenheit noch **dringlich** ist,[242] und eine gewisse Wahrscheinlichkeit dafür spricht, dass der Rechtsverletzer noch im Besitz rechtsverletzender Produkte ist, empfiehlt es sich aus der Sicht des Geheimnisinhabers, den Vernichtungsanspruch **im Wege der einstweiligen Verfügung zu sichern** (während die Vernichtung als solche nicht im Verfügungsverfahren durchgesetzt werden kann). Mit dem Verbot der rechtswidrigen Handlungen wird dann das Gebot verbunden, die näher beschriebenen, mutmaßlich rechtsverletzenden Produkte zur einstweiligen Verwahrung an den die Zustellung ausführenden **Gerichtsvollzieher herauszugeben.**[243]

104 **f) Rücknahme vom Markt (§ 7 Nr. 5).** Die in § 7 Nr. 5 geregelte **Rücknahme vom Markt** kann wie erwähnt (→ Rn. 101) in geeigneten Fällen, dh wenn dies mit keinerlei Beeinträchtigung der anzuerkennenden Interessen des Geheimnisinhabers verbunden ist, an die Stelle der als härter empfundenen Sanktion der Vernichtung treten. Dass dies stets voraussetzen soll, dass sich die Ware **noch im Besitz des Verletzers** befindet,[244] leuchtet nicht unbedingt ein. Denkbar erscheint auch hier, dass ein einsichtiger Anspruchsschuldner

[235] Vgl. BGH GRUR 2017, 785 Rn. 18 – Abdichtsystem (zu § 140a PatG); zum Meinungsstand im Einzelnen *Miosga* Geistiges Eigentum und Wettbewerbsrecht Bd. 48 (2010), 65 ff.

[236] → Rn. 92.

[237] *Harte-Bavendamm,* Handbuch der Markenpiraterie in Europa (2000), S. 121.

[238] → Rn. 113 ff.

[239] BT-Drs. 19/4724, 31.

[240] Eingehend zum Anspruchsausschluss bei Unverhältnismäßigkeit Harte-Bavendamm/Ohly/*Kalbfus* § 7 Rn. 49 ff.; zum Patentrecht Benkard/*Grabinski/Zülch* § 140a Rn. 8b; vgl. auch § 18 Abs. 3 MarkenG.

[241] Vgl. BGH GRUR 2003, 228 (230 f.) – P-Vermerk; GRUR 2009, 694 Rn. 45 – Orange-Book-Standard (zum Urheberrecht); Ströbele/Hacker/*Thiering* MarkenG § 18 Rn. 46 (zum Markenrecht).

[242] Generell zur Dringlichkeit und zu den diesbezüglichen Unterschieden in der OLG-Rechtsprechung → UWG § 12 Rn. 55 ff. und den Anhang zu § 12 UWG *(Retzer).*

[243] Harte-Bavendamm/Ohly/*Kalbfus* § 7 Rn. 59; *Harte-Bavendamm* Markenpiraterie S. 127.

[244] So Büscher/*Tochtermann* § 7 Rn. 31; Köhler/Bornkamm/Feddersen/*Alexander* § 7 Rn. 38.

die bereits weitergelieferten rechtsverletzenden Produkte zurückruft und -nimmt und sie dem Geheimnisinhaber dann aushändigt.

3. Auskunft über rechtsverletzende Produkte (§ 8). a) Allgemeines. Ungeachtet der enger formulierten Überschrift sieht § 8 Abs. 1 nicht nur die Informationserteilung über rechtsverletzende Produkte (§ 2 Nr. 4) vor (Nr. 1 und 2), sondern erfasst auch Auskünfte über die verschiedensten Gegenstände, die das Geschäftsgeheimnis enthalten oder verkörpern (Nr. 3), und über Personen, die an der Weitergabe des Geschäftsgeheimnis beteiligt waren (Nr. 4). Das deutsche Recht sah für Immaterialgüterrechte (vgl. etwa § 25b WZG, später § 19 MarkenG) eine Auskunft über die Quellen und Vertriebswege schutzrechtsverletzender Gegenstände schon aufgrund des ProduktpiraterieG vom 7.3.1990 vor.[245] Der Auskunftsanspruch soll den Verletzten in die Lage versetzen, mithilfe der so gewonnenen Kenntnisse **gegen weitere Glieder der Hersteller- und Verletzerkette vorzugehen** und auf diese Weise der Vermarktung weiterer Exemplare der inkriminierten Produkte möglichst noch zu verhindern. Nach Erlass der Durchsetzungs-RL wurde im Hinblick auf deren Art. 8 Abs. 1 lit. a–d die Auskunftspflicht nach § 19 MarkenG und den Parallelvorschriften in weiteren Gesetzen zum Schutz des geistigen Eigentums auch auf bestimmte Dritte ausgedehnt, die in einem näher bezeichneten Zusammenhang mit der Verletzungshandlung stehen, für diese aber nicht verantwortlich sind.[246] Von dem in § 8 geregelten **selbständigen Auskunftsanspruch** (auch **Drittauskunftsanspruch**) abzugrenzen ist der aus § 242 BGB hergeleitete, gewohnheitsrechtlich verfestigte **akzessorische Auskunftsanspruch,** dessen Funktion es ist, die Schadensberechnung oder -schätzung vorzubereiten.[247] Von § 8 unberührt bleibt der **Anspruch auf Vorlage und Besichtigung (§§ 809, 810 BGB)**; er dient zur Gewinnung von Informationen und Beweismitteln und bereitet die anschließende Durchsetzung der Hauptansprüche vor.[248] 105

Die Geschäftsgeheimnis-RL enthält keinen Anspruch dieser Art. Der deutsche Gesetzgeber hat aber mit § 8 GeschGehG von der in **Art. 1 UAbs. 2** Geschäftsgeheimnis-RL eröffneten Möglichkeit Gebrauch gemacht, einen **weitergehenden Schutz für Geschäftsgeheimnisse** vorzusehen.[249] Er hat sich in diesem Punkt an § 19 MarkenG, § 140b Abs. 1 PatG und § 101 UrhG orientiert. Anders als dort schließt der Anspruch aus § 8 jedoch **keine Auskunftspflichten Dritter** ein; der RegE-GeschGehG begründet dies mit der allzu lapidar anmutenden Bemerkung, Geschäftsgeheimnisse seien keine Immaterialgüterrechte.[250] § 8 gilt für alle unmittelbaren und mittelbaren Rechtsverletzungen iSd § 4. **Gläubiger** ist der Inhaber des Geschäftsgeheimnisses (§ 2 Nr. 2), **Schuldner** jeder Rechtsverletzer (§ 2 Nr. 3), Teilnehmer eingeschlossen. 106

b) Umfang der Auskunftspflicht (§ 8 Abs. 1). Der Auskunftsanspruch betrifft laut **§ 8 Abs. 1 Nr. 1** (inhaltlich übereinstimmend mit § 19 Abs. 3 Nr. 1 MarkenG) die **Namen und Anschriften der Hersteller, Lieferanten und anderer Vorbesitzer** der rechtsverletzenden Produkte sowie der **gewerblichen Abnehmer** und Verkaufsstellen, für die sie bestimmt waren. Nach **§ 8 Abs. 1 Nr. 2** hat der Verletzer (ebenfalls im Gleichlauf mit dem Markenrecht) ferner die **Menge** der hergestellten, bestellten, ausgelieferten oder erhaltenen rechtsverletzenden Produkte sowie über die **Kaufpreise** mitzuteilen. 107

---

[245] BGBl. 1990 I S. 422.

[246] Vgl. zum Markenrecht Ströbele/Hacker/*Thiering* MarkenG § 19 Rn. 1 ff.

[247] Hierzu näher Harte-Bavendamm/Ohly/*Kalbfus* § 8 Rn. 41 ff.; zum Markenrecht Ströbele/Hacker/*Thiering* MarkenG § 14 Rn. 734 ff.

[248] Eingehend hierzu Harte-Bavendamm/Ohly/*Kalbfus* § 8 Rn. 64 ff.

[249] Dagegen wurde bedauerlicherweise nicht auch der Vorschlag aufgegriffen, dem Rechtsinhaber wie im Immaterialgüterrecht (etwa § 19a MarkenG) erleichterten Zugang zu Beweismitteln zu verschaffen, die sich in der Sphäre des mutmaßlichen Verletzers befinden (vgl. die GRUR-Stellungnahme in GRUR 2018, 708 (711)).

[250] Zur Rechtnatur von Geschäftsgeheimnissen Harte-Bavendamm/*Ohly*/Kalbfus Einl. A. I.; zum „Näheverhältnis“ zwischen Geheimnisschutz und Schutz des geistigen Eigentums Köhler/Bornkamm/Feddersen/*Alexander* GeschGehG Vor § 1 Rn. 73 ff.; *Harte-Bavendamm* FS Köhler, 2014, 235 (238 f.).

108 Die in **§ 8 Abs. 1 Nr. 3 und 4** geregelten Auskunftspflichten sind **speziell auf die Verfolgung von Geheimnisverletzungen zugeschnitten.** In Nr. 3 geht es um verschiedene **Gegenstände und Dateien, die das Geschäftsgeheimnis** entweder **enthalten** (mithin als analoge oder elektronische Datenträger dienen) oder **verkörpern** (in deren Beschaffenheit sich das Geheimnis ausdrückt), wobei eine genaue Abgrenzung dieser beiden Varianten nicht erforderlich ist. Nr. 4 schließlich verpflichtet den Rechtsverletzer, die **Person(en) zu identifizieren,** von denen er das Geschäftsgeheimnis **erlangt** oder **der gegenüber** er es **offenbart** hat.[251] Letzteres hatte in der Endphase des Gesetzgebungsverfahrens in Medienkreisen die Befürchtung aufkommen lassen, diese Vorschrift könnte den **Informanten- und Quellenschutz von Journalisten** unterlaufen.[252] Solche Befürchtungen sind weitestgehend unbegründet. Zum einen wird die journalistische Tätigkeit kaum jemals den Tatbestand einer Rechtsverletzung nach § 4 erfüllen, der in den Fällen der §§ 3 und 5 von vornherein nicht berührt wird. Zum anderen ist die Ausübung der Meinungs-, Informations- und Medienfreiheit durch höherrangiges Recht (Art. 11 EU-GrCh) geschützt. Darüber hinaus kann letztlich auf § 9 Nr. 6 zurückgegriffen werden, wenn das berechtigte Interesse eines Dritten die Durchsetzung eines Anspruchs nach §§ 6 oder 7 als **unverhältnismäßig** erscheinen lässt.[253] Die Auskunftsansprüche nach § 19 Abs. 1–3 MarkenG stehen gemäß ausdrücklicher Regelung in Abs. 4 unter dem Vorbehalt der Verhältnismäßigkeit. Im GeschGehG gilt dieser Vorbehalt in gleicher Weise; er ist nur in die allgemeinere Form des § 9 gegossen.

109 Der Schuldner muss die entsprechenden Auskünfte **unverzüglich, vollständig und wahrheitsgemäß** erteilen und erforderlichenfalls **Nachforschungen** bei seinen in der Produktions- und Lieferkette über und unter ihm stehenden Geschäftspartnern anstellen. Die Erteilung hat **schriftlich** und in nachvollziehbar gegliederter Zusammenstellung zu erfolgen, da die Auskunft als Beweismittel gegenüber anderen Beteiligten dienen soll.[254] Aus diesem Grund spricht ferner viel dafür (der deutschen Rechtsprechung etwa zum Markenrecht entsprechend), den Anspruch auch auf die **Herausgabe geeigneter Belege** zu richten. Diese können das erwünschte Einschreiten gegen andere Personen aus der Verletzerkette erleichtern, die in der Praxis häufig auftretenden Zweifel an der Richtigkeit und Vollständigkeit der Auskunft ausräumen und damit ggf. auch die Abgabe einer eidesstattlichen Versicherung überflüssig machen.[255]

110 Wenn der Auskunftsanspruch seinen wesentlichen Zweck erfüllen, nämlich eine zügige Aufdeckung der Produktions- und Vertriebskette und die Bereinigung des Marktes von weiteren Exemplaren der rechtsverletzenden Produkte ermöglichen soll, wäre es unerlässlich, ihn in Fällen offensichtlicher Rechtsverletzung[256] auch im Wege der **einstweiligen Verfügung** durchsetzen zu können. Diese unter anderem in § 19 Abs. 7 MarkenG anzutreffende Regelung wurde in das GeschGehG allerdings nicht übernommen. Es gibt keinen konkreten Anhaltspunkt dafür, dass diese Durchsetzungsmöglichkeit ausgeschlossen werden sollte; dennoch bleibt zweifelhaft, ob eine Analogie zu § 19 Abs. 7 MarkenG unter diesen Umständen in Betracht kommt.[257] In jedem Fall wäre dieser Verfahrensweg im Geheimnisschutzrecht dornenreicher als etwa im Markenrecht, denn die Offensichtlichkeit

---

[251] Der Gesetzestext verwendet hier den Plural („erlangt haben …"), während der einleitende Halbsatz („Der Inhaber kann …") im Singular steht. Welcher Gedanke dahinter steht oder ob es sich nur um einen redaktionellen Fehler handelt, ist unklar.

[252] Hierzu *Harte-Bavendamm*/Ohly/Kalbfus Einl. A. IV. Rn. 15 ff.

[253] Köhler/Bornkamm/Feddersen/*Alexander* GeschGehG § 8 Rn. 34.

[254] Vgl. Ströbele/Hacker/*Thiering* MarkenG § 19 Rn. 50 f.

[255] Vgl. Ströbele/Hacker/*Thiering* MarkenG § 19 Rn. 49 mwN. Ob ein ausgeurteilter Anspruch auf Auskunft und Rechnungslegung erfüllt worden ist, bemisst sich im Zwangsvollstreckungsverfahren allein nach den Vorgaben, die sich Urteilstenor und -gründen des Erkenntnisverfahrens entnehmen lassen, vgl. zum Patentverletzungsverfahren OLG Düsseldorf GRUR 2020, 734, Rn. 3 – Cholesterinsenker.

[256] Zur Auslegung dieses Begriffs im Markenrecht s. Ströbele/Hacker/*Thiering* MarkenG § 19 Rn. 84 ff., im Patentrecht s. Benkard/*Grabinski*/*Zülch* § 140b Rn. 20.

[257] Dagegen Harte-Bavendamm/Ohly/*Kalbfus* § 8 Rn. 63.

einer Rechtsverletzung dürfte oft schwieriger zu beurteilen sein und einen höheren Begründungaufwand erfordern.

111 **c) Schadensersatz bei schuldhafter Verletzung der Auskunftspflicht (§ 8 Abs. 2).** Nach § 8 Abs. 2 hat der Rechtsverletzer, der **vorsätzlich oder grob fahrlässig** die gebotene **Auskunft nicht, verspätet, falsch oder unvollständig erteilt** hat, dem Geheimnisinhaber den daraus entstehenden Schaden zu ersetzen. Eine Verletzung der Auskunftspflichten aus § 8 Abs. 1 Nr. 1–4 kann aufseiten des Inhabers des Geschäftsgeheimnisses erhebliche finanzielle Nachteile herbeiführen, die zu dem bereits durch den ursprünglichen Verstoß gegen § 4 verursachten Schaden hinzutreten. So liegt es nahe, dass der Inhaber **weitere Umsatz- und Gewinnverluste** erleidet, weil er nicht oder nicht rechtzeitig gegen die an Herstellung und Vertrieb beteiligten Personen und Unternehmen vorgehen konnte.

112 Insgesamt bleiben die **rechtlichen Instrumente** des Geheimnisinhabers, die **Unrichtigkeit der ihm erteilten Auskunft zu erkennen und nachzuweisen, unbefriedigend.** Wenn die Auskunft nicht mit der erforderlichen Sorgfalt oder gar bewusst falsch erteilt wurde, kann der Geheimnisinhaber zwar in analoger Anwendung der §§ 259 Abs. 2 und 260 Abs. 2 BGB die Abgabe einer **eidesstattlichen Versicherung** verlangen; hierfür muss ein anhand indizieller Tatsachen begründeter Verdacht nachgewiesen werden. Der Auskunftsschuldner muss dann an Eides statt versichern, dass er die Auskunft nach bestem Wissen so vollständig abgegeben hat, als er dazu im Stande war.[258] Ist die Auskunft trotzdem falsch oder lückenhaft, ist der Gläubiger meist am Ende seines Lateins. Die **strafrechtliche Sanktion nach § 156 StGB** erweist sich in der Praxis schon deshalb als **stumpfes Schwert,** weil die Strafverfolgungsbehörden entsprechende Ermittlungsverfahren im Immaterialgüterrecht und Wettbewerbsrecht kaum jemals durchführen. Dies gilt insbesondere, wenn der geschädigte Rechtsinhaber keine gravierenden Verdachtsmomente oder gar Beweise vorlegen kann. Verlässliche Erkenntnisse ergeben sich in solchen Fällen – Monate oder Jahre später – erst im Wege der Akteneinsicht, nachdem wegen hinreichenden Tatverdachts einer von § 23 (§§ 17, 18 UWG aF) erfassten Straftat eine Beschlagnahme durchgeführt wurde und geeignete Beweise zu Tage gefördert hat. Eine gewisse Abhilfe hätten zivilrechtliche **Vorlage- und Besichtigungsansprüche** schaffen können, wie sie etwa § 19a MarkenG vorsieht,[259] in das GeschGehG aber nicht übernommen wurden.

113 **4. Anspruchsausschluss bei Unverhältnismäßigkeit (§ 9).** Nach § 9 sind die Ansprüche nach den §§ 6–8 Abs. 1 ausgeschlossen, wenn ihre **Erfüllung im Einzelfall unverhältnismäßig** wäre. Ob dies der Fall ist, soll „insbesondere" unter Berücksichtigung von sieben explizit aufgeführten Kriterien bewertet werden. Der deutsche Gesetzgeber bewegt sich mit dieser Umsetzung – jedenfalls hinsichtlich der Ansprüche aus §§ 6 und 7[260] – in einem Bereich, der den **zwingenden Vorgaben der Geschäftsgeheimnis-RL** unterliegt, nämlich **Art. 11 Abs. 2** (betreffend vorläufige und vorläufige Maßnahmen, also einstweilige Verfügungen) und **Art. 13 Abs. 1** (bezogen auf Sachentscheidungen, die im ordentlichen Verfahren getroffen werden). Beide Vorschriften sehen vor, dass die Gerichte bei der Entscheidung über die beantragten Anordnungen und Abhilfemaßnahmen und bei der – in Art. 7 Abs. 1 lit. a bereits angelegten – Beurteilung von deren Verhältnismäßigkeit den besonderen Umständen des Falls Rechnung tragen müssen. Zu diesen Umständen gehören „gegebenenfalls" acht Gesichtspunkte, darunter der – in § 9 GeschGehG nicht

[258] Vgl. zum Markenrecht BGH GRUR 1994, 630 (633) – Cartier-Armreif; GRUR 2007, 877 Rn. 40 – Windsor Estate.

[259] Vgl. die GRUR-Stellungnahme GRUR 2018, 708 (711); zum Vorlage- und Besichtigungsanspruch nach §§ 809, 810 BGB → Rn. 105.

[260] Nicht von der RL vorgegeben, jedoch zulässig und sinnvoll ist die Bezugnahme auf § 8 Abs. 1 (Auskunftsanspruch), vgl. RegE-GeschGehG BT-Drs. 19/4724, 31.

ausdrücklich übernommene – Schutz der Grundrechte.[261] Ergänzend heißt es hierzu in Erwägungsgrund 21, es solle sichergestellt sein, dass die zuständigen Gerichte über das Ermessen verfügen, die **Interessen** der an einem Rechtsstreit beteiligten **Parteien** und die Interessen **Dritter,** gegebenenfalls auch der Verbraucher, **gegeneinander abzuwägen.**

114 Die RL stellt die Ansprüche aus §§ 6–8 Abs. 1 unter den **generellen Vorbehalt** einer **Prüfung der Verhältnismäßigkeit.**[262] Sie beruht insoweit auf einem Konzept der flexiblen Rechtsdurchsetzung, das nicht mit einer Verkürzung des Rechtsschutzes gleichzusetzen ist, sondern einen angemessenen Interessenausgleich anstrebt.[263] § 9 schafft eine **von Amts wegen** zu berücksichtigende Einwendung.[264] Auf die praktischen Anwendungsergebnisse wird sich dies allerdings nur begrenzt auswirken, denn die Gerichte dürften Anhaltspunkte für eine mögliche Unverhältnismäßigkeit meist nur aufgrund entsprechenden Sachvortrags des Anspruchsgegners erlangen.[265] Unter dem Strich stellt der Ausschluss der Abwehransprüche wegen Unverhältnismäßigkeit eine **Ausnahme** dar, die nur bei Vorliegen besonderer Umstände eingreift, zumal gegenläufige Interessen schon nach §§ 3 und 5 berücksichtigt werden.[266] Im Übrigen wird in aller Regel **nach der Art des Anspruchs zu differenzieren** sein, der auf dem Prüfstand des § 9 steht.

115 So wird die Interessenabwägung im Falle des **Unterlassungsanspruchs**[267] ganz überwiegend und ohne großen Begründungsaufwand zugunsten des geschädigten Geheimnisinhabers ausfallen, denn diesem wird kaum jemals zuzumuten sein, einen objektiv festgestellten Eingriff in seine Rechte in Zukunft (weiter) hinzunehmen. Hinzu kommt, dass erfahrungsgemäß die meisten Fälle des Geheimnisverrats und der unbefugten Verwertung von Geschäftsgeheimnissen von (ehemaligen) Beschäftigten des Geheimnisinhabers begangen werden. Ebenso wie bei der Betriebsspionage, bei Hackerattacken oder anderen von außen kommenden Angriffen wird typischerweise (§ 286 ZPO) auf vorsätzliches, zumindest aber grob fahrlässiges Verhalten zu schließen sein. Dieses nicht per Unterlassungsanspruch wenigstens für die Zukunft abzustellen, wird einem Geheimnisinhaber kaum zuzumuten sein. Ausnahmsweise mag die Gewährung einer **Aufbrauchfrist**[268] zu erwägen sein, wenn der Verletzer schuldlos oder allenfalls mit leichter Fahrlässigkeit gehandelt hat und aus atypischen Gründen ein vorübergehender Abverkauf die Belange des Geheimnisinhabers nur noch ganz geringfügig berührt.[269] Auch bleibt dem schuldlos handelnden Anspruchsgegner immer noch die Möglichkeit, zur **Vermeidung unverhältnismäßiger Nachteile gemäß § 11** die Durchsetzung des Unterlassungsanspruchs unter Umständen durch eine finanzielle Abfindung abzuwenden.[270] § 9 schließt die Abwehransprüche aus, während § 11 als Anspruchsgrundlage für eine vom Verletzer anzubietende Abfindung den Schadensersatzanspruch des § 10 für den Fall der schuldlosen Verletzung ergänzt.[271]

116 Größere Bedeutung dürfte die Verhältnismäßigkeitsbetrachtung nach § 9 in Bezug auf die **in § 7 geregelten Ansprüche** erlangen. Diese sind entweder – wie die Vernichtung (§ 7 Nr. 1 und Nr. 4) – **besonders einschneidend** oder haben – wie der Rückruf und die Rücknahme der rechtsverletzenden Produkte sowie deren Entfernung aus dem Markt

[261] Die Wertungen der Grundrechte dienen als allgemeine Leitlinien für die Interessenabwägung, Harte-Bavendamm/*Ohly*/Kalbfus § 9 Rn. 4, 18.

[262] Köhler/Bornkamm/Feddersen/*Alexander* GeschGehG § 9 Rn. 8.

[263] Vgl. *Hofmann* WRP 2018, 1 (4 f.).

[264] Harte-Bavendamm/*Ohly*/Kalbfus § 9 Rn. 6; *Tochtermann* WRP 2019, 688 (690 ff.).

[265] Köhler/Bornkamm/Feddersen/*Alexander* GeschGehG § 9 Rn. 14; Harte-Bavendamm/*Ohly*/Kalbfus § 9 Rn. 6.

[266] *Tochtermann* WRP 2019, 688 (691); Harte-Bavendamm/*Ohly*/Kalbfus § 9 Rn. 21.

[267] hierzu auch → Rn. 87 ff. (zu § 6).

[268] Ebenso Köhler/Bornkamm/Feddersen/*Alexander* GeschGehG § 9 Rn. 34.

[269] Zu weiteren denkbaren Ausnahmen vgl. Harte-Bavendamm/*Ohly*/Kalbfus § 9 Rn. 2 unter Bezugnahme auf patentrechtliche Entwicklungen und Beispiele.

[270] AA Büscher/*Tochtermann* RegE-GeschGehG § 11 Rn. 13; Köhler/Bornkamm/Feddersen/Alexander GeschGehG § 11 Rn. 28.

[271] Näher zum Verhältnis zwischen § 9 und § 11 Harte-Bavendamm/*Ohly*/Kalbfus § 11 Rn. 7 ff., wonach beide Vorschriften als Einheit zu verstehen sind.

(Nr. 2, 3 und 5) – unter Umständen eine so **starke Außenwirkung,** dass die hiermit verbundene Rufschädigung zulasten des Verletzers – ähnlich wie im Falle der Urteilsbekanntmachung nach § 21 – außer Verhältnis zu den wesentlichen Belangen des Geheimnisinhabers geraten kann. Die Begründung des RegE-GeschGehG[272] weist in die gleiche Richtung: Alle drei dort erwähnten Beispiele betreffen die Vernichtung, den Rückruf und die Rücknahme rechtsverletzender Produkte aus den Vertriebswegen; die Abwehransprüche bleiben ebenso unerwähnt wie der Auskunftsanspruch über Beteiligte und Vertriebswege (§ 8 Abs. 1).

Wenn in § 9 **sieben bei der Interessenabwägung zu berücksichtigende Faktoren** erwähnt werden, so schließt dies die Heranziehung sonstiger Gesichtspunkte nicht aus. Ebenso wenig lässt sich pauschal sagen, **welches Gewicht** ihnen im Verhältnis zueinander **im konkreten Fall zuzumessen** ist, auch wenn einige Kriterien eher Bedeutung erlangen werden als andere. Dies gilt etwa für das Verhalten des Rechtsverletzers (Nr. 3) im Vergleich zu den sicher nur selten überwiegenden Interessen Dritter (Nr. 6) oder für Nr. 5, die den Kern der Interessenabwägung formuliert.[273] Die Relevanz einzelner Merkmale kann – je nach Sachverhalt – gegen Null tendieren oder stark in den Vordergrund treten. Es handelt sich um ein insgesamt **offenes System,** das lediglich einen (flexiblen) Rahmen für eine an den Gegebenheiten des Einzelfalls ausgerichtete Überprüfung dessen liefert, ob und in welchem Umfang einzelne in §§ 6–8 Abs. 1 vorgesehene Rechtsbehelfe auszuschließen oder nur abzumildern sind. 117

Die **Interpretation der sieben Beispiele,** die in der Sache mit denjenigen des Art. 13 Abs. 1 lit. a–g übereinstimmen, lässt keine nennenswerten Schwierigkeiten erwarten. Dies gilt umso mehr, als der Katalog nicht abschließend ist und die konkrete Bedeutung der genannten Faktoren stark schwanken kann. Die in der Begründung des **RegE-GeschGehG[274] angeführten möglichen Anwendungsfälle** sind insofern mit ein wenig Vorsicht zu genießen, als sie ausschließlich das jeweilige gesetzliche Beispiel (Nr. 1–7) in den Blick nehmen. Dies darf nicht davon ablenken, dass im Rahmen der Gesamtbewertung kaum jemals ein einziger Gesichtspunkt allein den Ausschlag geben dürfte. 118

Es liegt nahe, dass der **Wert oder ein anderes spezifisches Merkmal des Geschäftsgeheimnisses (§ 9 Nr. 1)** ein für die Interessenabwägung relevanter Faktor, zumindest aber Merkposten sein kann. So heißt es im RegE-GeschGehG erläuternd, ein nur geringer Wert des Geschäftsgeheimnisses könne im Einzelfall dazu führen, dass umfangreiche oder kostspielige Rückrufmaßnahmen als unverhältnismäßig beurteilt werden könnten. Dies besagt selbstverständlich nicht, dass geringwertigere Geheimnisse nicht geschützt würden oder ihre Verletzung meist keine Abwehransprüche auslösen könnte.[275] Nach dem flexiblen Konzept des § 9 stehen die einzelnen Gesichtspunkte in **Wechselwirkung**[276] zueinander; ihr jeweiliges Gewicht hängt von den Umständen des Einzelfalls ab. 119

Nr. 2 betrifft die vom Inhaber getroffenen **Geheimhaltungsmaßnahmen.**[277] Die Bemerkung im RegE-GeschGehG, es könne im Einzelfall zur Unverhältnismäßigkeit der Ansprüche nach den §§ 6–8 Abs. 1 führen, wenn der Inhaber des Geschäftsgeheimnisses nur geringfügige Maßnahmen zu dessen Schutz getroffen habe, bestätigt einerseits die zutreffende Auffassung, dass auch relativ bescheidene Geheimhaltungsmaßnahmen den Geheimnischarakter der Informationen nicht unbedingt ausschließen. Andererseits müsste es richtigerweise heißen, ein niedriges Niveau an Geheihaltungsmaßnahmen könne im Einzelfall dazu *beitragen* (statt bereits für sich genommen dazu zu *führen*), die eigentlich vorgesehenen Sanktionen abzumildern oder entfallen zu lassen. Grundsätzlich verdienen 120

[272] BT-Drs. 19/4724, 31 f.
[273] Harte-Bavendamm/*Ohly*/Kalbfus § 9 Rn. 16.
[274] BT-Drs. 19/4724, 31 f.
[275] Köhler/Bornkamm/Feddersen/*Alexander* GeschGehG § 9 Rn. 21; Harte-Bavendamm/*Ohly*/Kalbfus § 9 Rn. 22 ff.
[276] Harte-Bavendamm/*Ohly*/Kalbfus § 9 Rn. 16.
[277] Zu den „den Umständen nach angemessene Geheimhaltungsmaßnahmen" → Rn. 31 ff. (zu § 2).

alle die Begriffsmerkmale des § 2 Nr. 1 erfüllenden Informationen gesetzlichen Schutz.[278]

121 Das **Verhalten des Rechtsverletzers bei Erlangung, Nutzung oder Offenlegung des Geschäftsgeheimnisses (Nr. 3)** stellt einen für die Schwere der Tat und die Spürbarkeit der Sanktionen wichtigen Faktor dar. Hier kann insbesondere eine Rolle spielen, ob dem Handelnden fahrlässiges oder gar vorsätzliches Verhalten anzukreiden ist. Dies trifft erfahrungsgemäß auf die große Mehrzahl der Geheimnisverletzungen zu. Anders liegt es, wenn der Anspruchsgegner die Informationen zunächst in gutem Glauben erlangt hat, später Kenntnis von der Rechtswidrigkeit der Vortat erhält, mittlerweile aber erhebliche Investitionen im Vertrauen auf die Nutzbarkeit der Informationen getätigt hat.[279] Von Bedeutung kann auch sein, wie umfassend und systematisch der Täter in die Geheimsphäre eingedrungen ist, ob er Mitarbeiter des Geheimnisinhabers zur Mitwirkung verleitet oder begleitende Straftaten (etwa Diebstahl, Betrug, Hausfriedensbruch) begangen hat.

122 Dass gemäß **Nr. 4** auch die **Folgen der rechtswidrigen Nutzung oder Offenlegung** in die Betrachtung einzubeziehen sind, erscheint für eine Interessenabwägung selbstverständlich. Hier ist beispielsweise zu berücksichtigen, ob der Geheimnisinhaber infolge der unbefugten Nutzung gravierende Umsatz- und Gewinnausfälle erlitten hat oder ob die verbotene Offenlegung zu einer generellen Offenkundigkeit der bis dahin geheimen Informationen geführt hat.[280]

123 Ohne dass eine trennscharfe Abgrenzung zu § 4 möglich oder erforderlich wäre, spricht **Nr. 5** die **berechtigten Interessen** beider Seiten und die **Auswirkungen** an, die mit der Durchsetzung der gesetzlich vorgesehenen Ansprüche für **die eine und die andere Seite** verbunden sind.[281] Die Ausgewogenheit dieser Formulierung bedeutet nicht, dass sich die Belange des Geheimnisinhabers und des Verletzers im Ausgangspunkt gleichgewichtig gegenüberstehen und erst auf dieser Grundlage danach zu forschen ist, ob und weshalb im Einzelfall die Interessen des Geheimnisinhabers den Vorrang verdienen. Dies würde der Zwecksetzung der Geschäftsgeheimnis-RL grundlegend zuwiderlaufen. Gemeint ist vielmehr eine **Sondersituation,** in der auch der Verletzer anerkennenswerte gegenläufige Belange ins Feld führen kann, die eine umfassendere Gesamtabwägung überhaupt erst erforderlich machen. Einige typische Konstellationen dieser Art werden bereits von **§ 3 oder § 5** erfasst, so dass die Prüfungsstufe des § 9 gar nicht mehr erreicht wird. In der Begründung zum RegE-GeschGehG wird erwähnt, unter Nr. 5 könne jedes von der Rechtsordnung gebilligte Interesse wirtschaftlicher oder auch ideeller Art fallen.

124 **Berechtigte Interessen Dritter (Nr. 6)** können laut RegE-GeschGehG beispielsweise dann berücksichtigt werden, wenn Dritte auf die rechtsverletzenden Produkte angewiesen sind[282] oder diese im Eigentum eines Dritten stehen.

125 Das **öffentliche Interesse (Nr. 7)** schließlich „umfasst neben den grundsätzlichen Interessen an der Herstellung eines rechtskonformen Zustands auch Interessen des Staates, zum Beispiel im Bereich der öffentlichen Sicherheit". Nur wenig konkreter erwähnt Erwägungsgrund 21 der Geschäftsgeheimnis-RL die öffentliche Sicherheit, den Verbraucherschutz, die öffentliche Gesundheit und den Umweltschutz als Belange, die nicht gefährdet oder untergraben werden sollen. Im gleichen Atemzug wie auch in weiteren Erwägungsgründen wird jedoch deutlich, dass umgekehrt gerade das öffentliche Interesse an einem „reibungslos funktionierenden Binnenmarkt für Forschung und Innovation" eine, wenn nicht *die* wesentliche Triebfeder für den Erlass der Geschäftsgeheimnis-RL war.

126 Zusätzlich ist auch der in Art. 13 Abs. 1 lit. h der RL angesprochene **Schutz der Grundrechte** zu beachten, der dem deutschen Gesetzgeber offenbar so selbstverständlich

[278] Harte-Bavendamm/*Ohly*/Kalbfus § 9 Rn. 26.
[279] Harte-Bavendamm/*Ohly*/Kalbfus § 9 Rn. 28.
[280] Zur Unterscheidung von Offenlegung und Offenkundigkeit → Rn. 64.
[281] Näher hierzu Harte-Bavendamm/*Ohly*/Kalbfus § 9 Rn. 33 ff.
[282] Vgl. die aus dem Patentrecht bekannten Beispiele (Medikamente, Medizinprodukte), näher Harte-Bavendamm/*Ohly*/Kalbfus § 9 Rn. 37.

erschien, dass er in den Kriterienkatalog des § 9 nicht übernommen werden musste. Ohnehin fließen grundrechtliche Gesichtspunkte bereits in die Gewichtung der sieben ausdrücklich aufgeführten Kriterien ein, von der Berücksichtigung der Meinungs-, Informations- und Medienfreiheit in § 5 Nr. 1 ganz abgesehen.[283]

Auf der **Rechtsfolgenseite** sind statt eines vollständigen Anspruchsausschlusses auch **sachliche oder zeitliche Beschränkungen** der in Rede stehenden Ansprüche zu erwägen, wenn diese – was häufig der Fall sein wird – ausrechen, um dem Grundsatz der Verhältnismäßigkeit Rechnung zu tragen.[284] **127**

Der **Verletzer** hat **Anhaltspunkte für die Unverhältnismäßigkeit** darzulegen und zu beweisen.[285] Hinsichtlich der in die **Sphäre des Geheimnisinhabers** fallenden Gesichtspunkte trifft diesen aber ein **sekundäre Darlegungslast.**[286] **128**

5. Haftung des Rechtsverletzers (§ 10). a) Allgemeines. § 10 regelt den Schadensersatzanspruch des Geheimnisinhabers in Anlehnung an **Art. 14 Geschäftsgeheimnis-RL.** Die Abweichungen von Struktur und Wortlaut des Art. 14 sind von dem erkennbaren Ziel des deutschen Gesetzgebers getragen, die Schadensersatzhaftung weitgehend den **Parallelvorschriften im Recht des geistigen Eigentums (etwa § 14 Abs. 6 MarkenG)** anzupassen.[287] Dies war sachgerecht und unionsrechtlich unproblematisch. Das Schutzniveau des Art. 14 wurde nicht unterschritten und Art. 1 Abs. 1 UAbs. 2 macht keine weiteren Vorgaben. Mit Ausnahme der Einbeziehung des **immateriellen Schadens** (Art. 14 Abs. 2, § 10 Abs. 3) ergeben sich keine signifikanten Unterschiede gegenüber der Handhabung des Schadensersatzanspruchs wegen Verstoßes gegen §§ 17–19 UWG aF; insbesondere war bereits anerkannt, dass dem Inhaber des Geschäftsgeheimnisses auch die sog. **dreifache Schadensberechnung** zur Verfügung stand, wie sie zunächst bei Eingriffen in Immaterialgüterrechte und später auch im Falle wettbewerbswidriger Produktnachahmungen etabliert worden war.[288] **129**

b) Haftungsvoraussetzungen (§ 10 Abs. 1). Ein schuldhaft handelnder **Rechtsverletzer,** gemäß § 2 Nr. 3 also jede natürliche oder juristische Person, die ein Geschäftsgeheimnis entgegen § 4 rechtswidrig erlangt, nutzt oder offenlegt (einschließlich der Mittäter und Teilnehmer), hat dem **Inhaber des Geschäftsgeheimnisses** (§ 2 Nr. 2) den gesamten Schaden zu ersetzen, der diesem aus der Geheimnisverletzung entsteht.[289] Zwischen dem Verstoß und dem Schadenseintritt muss ein **adäquat-kausaler Ursachenzusammenhang** bestehen.[290] Die in § 12 geregelte Haftung des Unternehmers für die von seinen **Beschäftigten** oder **Beauftragten** begangenen Verstöße erstreckt sich ebenso wenig wie die Abwendungsbefugnis nach § 11 auf Schadensersatzansprüche.[291] Unberührt bleibt aber die Haftung des Unternehmens nach **§ 31 BGB** (Zurechnung des Handelns von **130**

---

[283] Köhler/Bornkamm/Feddersen/*Alexander* GeschGehG § 9 Rn. 32; Harte-Bavendamm/*Ohly*/Kalbfus § 9 Rn. 18.

[284] Näher Harte-Bavendamm/*Ohly*/Kalbfus § 9 Rn. 42 ff.; Köhler/Bornkamm/Feddersen/*Alexander* GeschGehG § 9 Rn. 34; *Tochtermann* WRP 2019, 688 (690).

[285] Büscher/*Tochtermann* RegE-GeschGehG § 9 Rn. 26; Köhler/Bornkamm/Feddersen/*Alexander* § 9 Rn. 36.

[286] Harte-Bavendamm/*Ohly*/Kalbfus § 9 Rn. 46.

[287] Wobei es zu einigen unnötigen terminologischen Abweichungen von den sachlich vergleichbaren Normen wie § 14 MarkenG oder § 97 UrhG gekommen ist; auch ist die Normüberschrift „Haftung" zu weit, vgl. Harte-Bavendamm/Ohly/*Kalbfus* § 10 Rn. 1.

[288] Vgl. BGH GRUR 1977, 539 (541 ff.) – Prozessrechner; Harte/Henning/*Harte-Bavendamm,* 4. Aufl. 2016, § 17 Rn. 59 f.; eingehend zur Schadensberechnung im Lauterkeitsrecht → UWG § 9 Rn. 103 ff., 141 ff. *(Goldmann),* und zum Markenrecht Ströbele/Hacker/*Thiering* MarkenG § 14 Rn. 670 ff.

[289] Näher zur Aktiv- und Passivlegitimation Harte-Bavendamm/Ohly/*Kalbfus* § 10 Rn. 21 ff.

[290] Einzelheiten zur haftungsausfüllenden Kausalität und zur Darlegungs- und Beweislast bei Harte-Bavendamm/Ohly/*Kalbfus* § 10 Rn. 15 ff.

[291] Zurecht kritisch unter rechtspolitischen Gesichtspunkten Köhler/Bornkamm/Feddersen/*Alexander* GeschGehG § 10 Rn. 14.

Personen in Leitungsfunktionen), **§ 89 BGB** (Organhaftung) und **§ 831 BGB** (Haftung für Verrichtungsgehilfen).[292]

131 Die Haftung des Rechtsverletzers setzt (sei es auch nur bedingten) Vorsatz oder Fahrlässigkeit voraus. Es gelten die allgemeinen Regeln. **Vorsatz** liegt vor, wenn der Handelnde alle die Rechtswidrigkeit begründenden Umstände kennt (zu denen die Verursachung eines Schadens allerdings nicht gehört) und sich der Rechtswidrigkeit bewusst ist (kognitives Element). Das Unrechtsbewusstsein spielt im Ergebnis allerdings insofern kaum eine Rolle, als die Haftung wegen Fahrlässigkeit in der Regel ebenso weit reicht wie die für vorsätzliches Handeln. Hinzukommen muss ein voluntatives Element: Hierzu gehört, dass der Handelnde den objektiven Tatbestand verwirklichen will.[293] Der Vorsatz muss sich nicht nur auf die **tatsächlichen Umstände** erstrecken, sondern das **Bewusstsein der Rechtswidrigkeit** einschließen.[294]

132 **Fahrlässig** handelt, wer die im Verkehr erforderliche Sorgfalt außer Acht lässt (§ 276 Abs. 2 BGB). Dabei gilt im Bereich der Immaterialgüterrechte, aber auch des Wettbewerbsrechts ein **strenger Sorgfaltsmaßstab.**[295] Zwar lässt sich die Schutzrechtssituation auf dem Sektor des Geheimnisschutzes nicht in gleicher Weise klären wie im Falle registrierter Immaterialgüterrechte.[296] Die Mehrzahl schwerer Geheimnisverletzungen wird typischerweise aber von unredlich handelnden Beschäftigten begangen, dies häufig im Zusammenhang mit einem (beabsichtigten) Wechsel des Arbeitgebers, oder von geschäftserfahrenen Personen, insbesondere Kaufleuten, von denen gemäß **§ 347 Abs. 1 HGB** die Sorgfalt eines ordentlichen Kaufmanns verlangt wird.[297] Bei allen Tätern, die **von außen in die Geheimsphäre eines Unternehmens eindringen** und/oder vorhandene Schutzvorkehrungen durchbrechen, wird das Verschulden in aller Regel ohnehin auf der Hand liegen. Schwierigkeiten dürften sich am ehesten bei der Vermarktung **rechtsverletzender Produkte** ergeben, denen nicht anzusehen ist, dass und in welchem (erheblichem) Umfang sie auf der rechtswidrigen Verwertung fremder Geschäftsgeheimnisse beruhen.

133 Für Beschäftigte des Geheimnisinhabers stellt **§ 10 Abs. 1 S. 2** klar, dass **§ 619a BGB** unberührt bleibt. Dies soll den von der arbeitsgerichtlichen Rechtsprechung entwickelten **Beschränkungen der Arbeitnehmerhaftung** Raum geben. Der Gedanke, dass die Verantwortung des Arbeitgebers für die Organisation des Betriebs und die Gestaltung der Arbeitsbedingungen sowie das darin liegende Betriebsrisiko des Arbeitgebers in die Betrachtung mit einzubeziehen sind, finden auf alle Arbeiten Anwendung, die durch den Betrieb veranlasst und aufgrund des Arbeitsverhältnisses geleistet werden.[298]

134 **c) Bemessung des Schadensersatzes (§ 10 Abs. 2).** § 10 Abs. 2 definiert die **Bemessung des Schadensersatzes** und die neben der **Naturalrestitution nach § 249 Abs. 1 BGB** in Betracht kommenden **objektiven Berechnungsmethoden** im Einklang mit den schon bei der Verletzung von Immaterialgüterrechten[299] wie auch im Rahmen der §§ 17 ff. UWG[300] anerkannten Maßstäben. Dem Inhaber des Geschäftsgeheimnisses wird das **Wahlrecht** zugebilligt, ob er anstelle der Naturalrestitution, also des Ersatzes des ihm

---

292 Hierzu eingehend → UWG § 9 Rn. 15 f., 71 ff., und zur Haftung von Geschäftsführern und Gesellschaftern → UWG § 9 Rn. 14a, 15a *(Goldmann)*.

293 Eingehend zum Vorsatzerfordernis einschließlich des bedingten Vorsatzes → UWG § 9 Rn. 20 ff. *(Goldmann)*.

294 BGH NJW 2002, 3255 (3256); Harte-Bavendamm/Ohly/*Kalbfus* § 10 Rn. 9.

295 Harte-Bavendamm/Ohly/*Kalbfus* § 10 Rn. 10 mwN; zu den Einzelheiten auch → UWG § 9 Rn. 52 ff. *(Goldmann)* und für das MarkenR Ströbele/Hacker/*Thiering* MarkenG § 14 Rn. 661 ff.

296 Büscher/*Tochtermann* Reg-GeschGehG § 10 Rn. 10, mit dem zutreffenden Hinweis darauf, dass sichtbare Geheimhaltungsmaßnahmen den Nachweis schuldhaften Verhaltens erleichtern.

297 Köhler/Bornkamm/Feddersen/*Alexander* GeschGehG § 10 Rn. 21 f.

298 BAG NJW 377, 378; Köhler/Bornkamm/Feddersen/*Alexander* GeschGehG § 10 Rn. 25.

299 Vgl. Ströbele/Hacker/*Thiering* MarkenG § 14 Rn. 33 ff.

300 Hierzu BGH GRUR 1960, 554 (557) – Handstrickverfahren; GRUR 1977, 539 (541) – Prozeßrechner; *Heil/Roos* GRUR 1994, 26 (30 f.); → UWG § 9 Rn. 149; *Harte-Bavendamm* in Gloy/Loschelder/Danckwerts Kap. 77 Rn. 75.

konkret entstandenen Schadens, die Herausgabe des durch die Rechtsverletzung entstandenen **Verletzergewinns** oder die Zahlung einer **(fiktiven) Lizenzgebühr** verlangen will. Dies entspricht den Vorgaben in **Art. 14 Abs. 2 Geschäftsgeheimnis-RL,**[301] der seinerseits das entsprechende Modell aus **Art. 13 Durchsetzungs-RL**[302] aufgegriffen hat. Wegen der Einzelheiten der sog. **dreifachen Schadensberechnung** wird auf die Kommentierungen zu § 9 UWG und § 14 MarkenG[303] verwiesen. Alle drei Berechnungsmodelle stehen **gleichberechtigt nebeneinander;** ein Wechsel der Berechnungsarten ist bis zur Erfüllung oder bis zur Rechtskraft des zusprechenden Urteils möglich.[304] Das nach herkömmlicher deutscher Auffassung geltende Vermengungsverbot der drei Methoden wird sich im Lichte des Art. 13 Abs. 1 Durchsetzungs-RL und des Art. 14 Abs. 2 Geschäftsgeheimnis-RL in der bisherigen Strenge nicht mehr aufrechterhalten lassen.[305]

d) Berücksichtigung immateriellen Schadens (§ 10 Abs. 3). Wenn dies der Billigkeit entspricht, kann der Geheimnisinhaber auch wegen des Schadens, der kein Vermögensschaden ist, eine Entschädigung verlangen. Die Vorschrift setzt **Art. 14 Abs. 2 S. 1 Geschäftsgeheimnis-RL** um. Systematisch handelt es sich um eine gesetzliche **Ausnahmebestimmung iSd § 253 Abs. 1 BGB,** die in Abweichung von der Differenzhypothese einen Ersatz für immaterielle Schäden zulässt.[306] Ein vergleichbarer Anspruch auf einen Ausgleich **immateriellen Schadens** findet sich in § 97 Abs. 2 S. 4 UrhG, ist für den Bereich des Geheimnisschutzes aber neu. Die Entschädigung nach § 10 Abs. 3 kann neben oder gesondert von einem Ersatz des Vermögensschadens geltend gemacht werden; das Tatbestandsmerkmal der **Billigkeit** betrifft sowohl das Bestehen als auch die Höhe der Kompensationspflicht.[307] Der Anspruch kommt wie im Urheberrecht insbesondere in Betracht, wenn die Rechtsverletzung auch **persönlichkeitsrechtliche Elemente** aufweist. Dies kann etwa dann der Fall sein, wenn es sich um anerkannt innovatives, vom Geheimnisinhaber selbst entwickeltes Know-how handelt und die Art der Rechtsverletzung in den interessierten Verkehrskreisen den Eindruck erweckt, der Geschädigte habe sich zu Unrecht solcher technischen Leistungen berühmt.[308] 135

e) Schätzung nach § 287 ZPO. Der nach einem der drei Modelle des Abs. 2 anzuerkennende Schaden und erst recht ein immaterieller Schaden gemäß Abs. 3 wird sich kaum jemals zuverlässig berechnen lassen. Die Gerichte sind gehalten, sich des ihnen in **§ 287 ZPO** zugewiesenen weiten Ermessens zu bedienen, die **Höhe des Schadens** wie auch die **Kausalität** zwischen Verletzungshandlung und eingetretenem Schaden zu **schätzen.**[309] Diese doppelte Funktion des verfahrensrechtlich eröffneten richterlichen Ermessensspielraums überlagert sich mit der dort vorgesehenen materiellrechtlichen Bewertung der Billigkeit. 136

---

301 So auch RegE-GeschGehG BT-Drs. 19/4724, 32.

302 Richtlinie 2004/48 (EG) des Europäischen Parlaments und des Rates vom 29.4.2004 zur Durchsetzung der Rechte des geistigen Eigentums, ABl. (EU) Nr. L 157, S. 45.

303 → UWG § 9 Rn. 141 ff. *(Goldmann);* Ströbele/Hacker/*Thiering,* MarkenG § 14 Rn. 670 ff.; eingehend zur Bemessung des Schadensersatzes für Geheimnisverletzungen Harte-Bavendamm/Ohly/*Kalbfus* § 10 Rn. 29 ff.

304 BGH GRUR 1966, 375 (379) – Meßmer-Tee II; GRUR 2008, 93 Rn. 8 – Zerkleinerungsvorrichtung; dem Kläger ist gleichwohl zu empfehlen, zu einem möglichst frühen Zeitpunkt zu entscheiden, welche Art der Schadensberechnung er wählen will, oder von Beginn an verschieden Schadensberechnungsmethoden im Wege der Haupt- und Hilfsanträge zu verfolgen, → § 9 Rn. 184 *(Goldmann).*

305 *Köhler*/Bornkamm/Feddersen § 9 Rn. 1.39a; *Goldmann* WRP 2011, 950 (965); Ströbele/Hacker/*Thiering* MarkenG § 14 Rn. 675.

306 Harte-Bavendamm/Ohly/*Kalbfus* § 10 Rn. 75 ff.

307 RegE-GeschGehG BT-Drs. 19/4724, 32.

308 Weitere Beispiele bei *Ohly* GRUR 2019, 441 (449), und bei Harte-Bavendamm/Ohly/*Kalbfus* § 10 Rn. 78.

309 Vgl. nur BGH GRUR 1960, 554 (556) – Handstrickverfahren; → UWG § 9 Rn. 150 *(Goldmann)* mwN; Harte-Bavendamm/Ohly/*Kalbfus* § 10 Rn. 43.

137 **6. Abfindung in Geld (§ 11).** § 11 schafft (nur) hinsichtlich der **Abwehransprüche des § 6** und der **besonderen Maßnahmen des § 7 (Vernichtung, Herausgabe, Rückruf, Entfernung und Rücknahme vom Markt)** eine dem Grundsatz der Verhältnismäßigkeit Rechnung tragende Sonderregelung. Die Vorschrift dient der **Umsetzung von Art. 13 Abs. 3 Geschäftsgeheimnis-RL,** verallgemeinert aber dessen Regelungsgehalt.[310] Im Erwägungsgrund 29 wird der Fall angesprochen, dass eine Person ein fremdes Geschäftsgeheimnis ursprünglich in gutem Glauben erworben und erst zu einem späteren Zeitpunkt erfahren haben kann, dass ihre Kenntnis der betreffenden Informationen auf Quellen zurückgeht, die diese auf unrechtmäßige Weise genutzt oder offengelegt hatten. Art. 13 gehört zu den gemäß Art. 1 UAbs. 2 vollharmonisierten Bestimmungen. Wegen einzelner Abweichungen vom Wortlaut, möglicherweise aber auch vom Regelungsgehalt des Art. 13 Abs. 3[311] ist bei Anwendung des § 11 stets auf eine **richtlinienkonforme Auslegung** zu achten.

138 Schwierigkeiten bereitet das **Verhältnis zwischen einer Abfindung nach § 11** und dem **Anspruchsausschluss wegen Unverhältnismäßigkeit iSd § 9.** Nach einer Ansicht ist es im Rahmen des § 11 Sache des Verletzers, dem geschädigten Geheimnisinhaber ein angemessenes **Abfindungsangebot** zu unterbreiten, wobei § 11 nicht anwendbar sein soll, wenn der Abwehranspruch bereits an der Verhältnismäßigkeitsprüfung nach § 9 scheitert.[312] Nach der Gegenansicht[313] sind die **§§ 9 und 11 als Einheit** zu verstehen. Hiernach ist zunächst unter § 9 die Unverhältnismäßigkeit umfassend zu prüfen. In einem zweiten Schritt soll das Gericht über eine finanzielle Kompensation entscheiden: Bei schuldhafter Verletzung erfolgt diese in Gestalt des Schadensersatzes nach § 10; hier ist ein Rückgriff auf § 11 überflüssig und tatbestandlich ausgeschlossen. Bei schuldlosen Verletzungen besteht kein Schadensersatzanspruch; hier kommt nur eine Abfindung gemäß § 11 in Betracht.

139 Wenn es in der Begründung zum RegE-GeschGehG[314] heißt, die Vorschrift solle verhindern, dass es in Fällen, in denen eine Geheimnisverletzung nur versehentlich erfolgt sei, zu einer unbilligen Vernichtung wirtschaftlicher Werte oder einer unbilligen Behinderung von Wettbewerb und Innovation komme, so darf dies nicht als Türöffner für eine allgemeine Abwägung unter Billigkeitsgesichtspunkten missverstanden werden. Die Ersatzregelung des § 11 kommt erst zum Zuge, wenn dem Verletzer durch die Erfüllung der Abwehransprüche so gravierende Nachteile entstehen würden, dass sie außer Verhältnis zu dem Durchsetzungsinteresse des Geheimnisinhabers stünden.[315] Tendenziell dürfte dies eher in Fällen des § 7 (Rückruf und Vernichtung rechtsverletzender Produkte) in Betracht kommen als in Bezug auf die Durchsetzung des in die Zukunft gerichteten Unterlassungsanspruchs. Im RegE-GeschGehG findet sich das Beispiel, dass „lediglich ein geringer rechtsverletzender Teil in einem Produkt enthalten ist und dieser nur über eine sehr kostspielige Änderung entfernt werden könnte, insbesondere wenn die Kosten der Änderung weit über der üblicherweise für die Nutzung des Geschäftsgeheimnisses zu zahlenden Lizenzgebühr liegen würde".

140 Weitere Anwendungsvoraussetzung ist es, dass die Zahlung einer Abfindung an die geschädigte Person als **angemessene Entschädigung** erscheint. Dies ist dann der Fall, wenn die Erfüllung des Abwehranspruchs zwar mit unverhältnismäßigen Nachteilen aufseiten des Verletzers verbunden wäre, ihm aber die Nutzung oder Offenlegung des Geschäftsgeheimnisses einen Vorteil auf Kosten des Geheimnisinhabers verschafft.[316] Maßgeb-

[310] Harte-Bavendamm/*Ohly*/Kalbfus § 11 Rn. 5.

[311] Hierzu im Einzelnen Köhler/Bornkamm/Feddersen/*Alexander* GeschGehG § 11 Rn. 6 f.

[312] So Köhler/Bornkamm/Feddersen/*Alexander* GeschGehG § Rn. 28; Büscher/*Tochtermann* RegE-GeschGehG § 11 Rn. 13.

[313] Harte-Bavendamm/*Ohly*/Kalbfus § 11 Rn. 9, 12 f.; differenzierend *Schröder/Drescher* WRP 2021, 6 (9): Sollte es der Rechtsverletzer ohne zwingende Gründe unterlassen, sich auf § 11 zu berufen, kann dies gegen eine anspruchsausschließende, absolute Unverhältnismäßigkeit iSd § 9 sprechen.

[314] BT-Drs. 19/4724, 33.

[315] Ähnlich Köhler/Bornkamm/Feddersen/*Alexander* § 11 Rn. 16.

[316] Harte-Bavendamm/*Ohly*/Kalbfus § 11 Rn. 14.

lich ist eine **objektive Betrachtung,** nicht die subjektive Perspektive des geschädigten Geheimnisinhabers.

Die **Höhe der finanziellen Abfindung** bemisst sich gemäß **§ 11 Abs. 2** nach der Vergütung, die im Rahmen einer vertraglichen Einräumung des Nutzungsrechts am betroffenen Geschäftsgeheimnis angemessen gewesen wäre. Insoweit gelten die gleichen Maßstäbe wie für die **Lizenzanalogie** im Rahmen der Schadensberechnung.[317] Die auf diese Weise ermittelte oder geschätzte Vergütung beläuft sich nach § 11 Abs. 2 S. 2 allerdings höchsten auf den (fiktiven) Betrag, der als Lizenzgebühr für die **Nutzung während des vom Unterlassungsanspruch des Geheimnisinhabers abgedeckten Zeitraums** angemessen gewesen wäre. 141

7. Haftung des Unternehmensinhabers (§ 12). § 12 begründet wie schon § 8 Abs. 2 UWG, § 14 Abs. 7 MarkenG, § 99 UrhG und § 44 DesignG eine **Erfolgshaftung** des Unternehmensinhabers **für fremdes Verhalten,** nämlich die nach §§ 6–8 zu verfolgenden Geheimnisverletzungen durch seine Mitarbeiter oder Beauftragten. **Deren Verstöße** werden dem Unternehmensinhaber **als eigene zugerechnet;** die Haftung nach § 12 ist akzessorisch an Ansprüche gegen den Rechtsverletzer geknüpft,[318] eine Entlastungsmöglichkeit besteht nicht. Die Regelung soll verhindern, dass sich der Inhaber eines Unternehmens bei Verletzungen von Geschäftsgeheimnissen den Ansprüchen des Verletzten deswegen entziehen kann, weil er an der Rechtsverletzung nicht selbst beteiligt war.[319] Kein Unternehmer, der am Wirtschaftsleben teilnimmt, soll die Verantwortung für Handlungen, die im Zuge seiner Unternehmenstätigkeit begangen werden, auf jemanden abwälzen können, der zu seiner Betriebsorganisation gehört.[320] 142

Hiervon zu **unterscheiden** ist eine **Haftung des Unternehmers für eigenes rechtwidriges Verhalten,** das den Tatbestand eines Handlungsverbots gemäß § 4 erfüllt. Dies kann etwa dann der Fall sein, wenn ein Know-how-Lizenznehmer einen hierfür ungeeigneten Mitarbeiter mit der Verwertung und Geheimhaltung von Geschäftsgeheimnissen des Lizenzgebers betraut hat. Beide Haftungsgrundlagen zulasten des Unternehmers bestehen nebeneinander, schließen einander also nicht aus.[321] Ebenso wenig schränkt § 12 in irgendeiner Weise die eigene Haftung des Mitarbeiters oder Beauftragten ein. 143

Die **Geschäftsgeheimnis-RL** enthält keine dem § 12 entsprechende Regelung. Sie stellt die Befugnis der Mitgliedstaaten, den Kreis der für Geheimnisverletzungen zur Rechenschaft zu ziehenden Personen in dieser Weise zu erweitern, aber auch nicht in Frage. Vielmehr steht § 12 im Einklang mit dem Ziel der RL, unter Wahrung des Grundsatzes der Verhältnismäßigkeit einen zugunsten der Geheimnisinhaber effektiven und zugleich der Generalprävention dienenden Schutz von Geschäftsgeheimnissen zu gewährleisten.[322] Auch § 12 unterliegt der **Prüfung der Verhältnismäßigkeit nach § 9.** Noch nicht eindeutig geklärt ist die Frage, ob im Verhältnis zum Unternehmensinhaber eine eigene Verhältnismäßigkeitsprüfung stattfinden muss.[323] 144

Der Begriff **„Inhaber eines Unternehmens"** wie auch die Begriffe **„Beschäftigter"** (gleichbedeutend mit „Mitarbeiter" iSd § 8 Abs. 2 UWG) und **„Beauftragter"** sind **weit auszulegen.**[324] Schon aufgrund der bewussten Anknüpfung des Gesetzgebers an die vergleichbare Regelung in (unter anderem) § 8 Abs. 2 UWG kann wegen der Einzelheiten des Begriffsverständnisses auf die Kommentierung dieser Vorschrift verwiesen werden.[325] 145

---

[317] Vgl. Harte-Bavendamm/Ohly/*Kalbfus* § 10 Rn. 44 ff.; → UWG § 8 Rn. 151 ff. *(Goldmann);* Benkard/*Grabinski/Zülch* § 139 PatG Rn. 61 ff.

[318] RegE-GeschGehG BT-Drs. 19/4724, 33.

[319] RegE-GeschGehG BT-Drs. 19/4724, 33.

[320] → UWG § 8 Rn. 564 *(Goldmann)* mwN.

[321] Vgl. BGH GRUR 1995, 605 (607) – Franchise-Nehmer.

[322] Ebenso Köhler/Bornkamm/Feddersen/*Alexander* GeschGehG § 12 Rn. 4.

[323] Hierzu Harte-Bavendamm/*Ohly*/Kalbfus § 12 Rn. 17.

[324] Näher Harte-Bavendamm/*Ohly*/Kalbfus § 12 Rn. 11 ff.

[325] → § 8 Rn. 576 ff. *(Goldmann).*

Die Haftung setzt voraus, dass der Mitarbeiter oder Beauftragte die Verletzungshandlung in einem **unmittelbaren inneren Zusammenhang** mit den von ihm wahrgenommenen **Aufgaben in dem oder für das Unternehmen** begangen hat; ein Handeln für einen Dritten oder im Eigeninteresse reicht nicht aus.[326]

146 Der **Anwendungsbereich** des § 12 beschränkt sich auf die **Abwehransprüche** des § 6, die in § 7 vorgesehenen Maßnahmen **(Vernichtung, Herausgabe, Rückruf, Entfernung und Rücknahme vom Markt)** und die **Auskunftspflicht über rechtsverletzende Produkte** (§ 8). In letzterer Hinsicht stellt § 12 S. 2 klar, dass die in **§ 8 Abs. 2** geregelte Schadensersatzpflicht den Unternehmensinhaber nur dann trifft, wenn dieser vorsätzlich oder grob fahrlässig die Auskunft über den Vertriebsweg der rechtsverletzenden Produkte nicht, verspätet, falsch oder unvollständig erteilt hat. Dies ist Ausdruck der Besonderheit, dass der Schadensersatzanspruch nach § 8 Abs. 2 im Gegensatz zu den Ansprüchen aus §§ 6–8 Abs. 1 ein Verschulden voraussetzt;[327] Dagegen erstreckt sich der Anwendungsbereich des § 12 – im Gleichlauf mit § 8 Abs. 2 UWG, aber anders als bei § 14 Abs. 7 MarkenG – **nicht** auf den **Schadensersatzanspruch** nach § 10.[328] Anwendbar bleiben aber die allgemeinen Bestimmungen, insbesondere die **§§ 31, 89, 278, 831 BGB –** so kommt ggf. eine Haftung für Verrichtungsgehilfen in Betracht.[329]

147 **8. Herausgabeanspruch nach Eintritt der Verjährung (§ 13).** Hat der Rechtsverletzer ein Geschäftsgeheimnis vorsätzlich oder fahrlässig verletzt und hierdurch auf Kosten des Inhabers etwas erlangt, so ist er auch nach Eintritt der Verjährung des Schadensersatzanspruchs nach § 10 zur Herausgabe nach Bereicherungsrecht verpflichtet. Dieser Anspruch verjährt nach sechs Jahren. Laut RegE-GeschGehG[330] ist § 13 als lex specialis zu § 852 BGB anzusehen; eine analoge Anwendung des § 852 BGB sei wegen verjährungsrechtlicher Besonderheiten des Art. 8 Geschäftsgeheimnis-RL[331] nicht möglich. In seinem materiell-rechtlichen Gehalt stimmt der Anspruch aus § 13 aber mit dem sog. Restschadensersatzanspruch des § 852 BGB[332] überein. Nach Ablauf der Regelverjährungsfrist der §§ 195, 199 BGB wird der Schädiger zwar davor geschützt, sein eigenes Vermögen für den Ausgleich des Schadens einzusetzen, aber nicht davor, wenigstens die durch die unerlaubte Handlung erlangten Vorteile herausgeben zu müssen. Der Geschädigte wird in die Lage versetzt, trotz Kenntnis von haftungsbegründenden Umständen und der Person des Verletzers länger als drei Jahre (§ 195 BGB) zuzuwarten, bevor er den Anspruch gerichtlich geltend macht. Im Bereich des geistigen Eigentums und in erhöhtem Maße im Fall mutmaßlicher Geheimnisverletzungen kann diese Situation durchaus auftreten, dies vor allem dann, wenn für eine erfolgversprechende Beweisführung zunächst die Ermittlungsergebnisse aus einem Strafverfahren abgewartet werden müssen.[333]

148 **9. Missbrauchsverbot (§ 14). Ansprüche nach dem GeschGehG** können nicht geltend gemacht werden, wenn dies unter Berücksichtigung der gesamten Umstände missbräuchlich ist. Bei **missbräuchlicher Geltendmachung** kann der Anspruchsgegner Ersatz der für seine Rechtsverteidigung erforderlichen Aufwendungen verlangen. Weiter gehende Ersatzansprüche bleiben unberührt. § 14 GeschGehG formuliert dieses Verbot in so allgemeiner Form, dass die Vorschrift lediglich als Wiedergabe eines entsprechenden, im gesamten deutschen Zivil- und Zivilprozessrecht ohnehin anerkannten Prinzips erscheint.

---

[326] RegE-GeschGehG BT-Drs. 19/4724, 33; Harte-Bavendamm/*Ohly*/Kalbfus § 12 Rn. 8 ff.; eingehend zum erforderlichen Unternehmensbezug → UWG § 8 Rn. 606 ff. *(Goldmann)*.

[327] RegE-GeschGehG BT-Drs. 19/4724, 33.

[328] De lege ferenda zu Recht kritisch Köhler/Bornkamm/Feddersen/*Alexander* GeschGehG § 12 Rn. 12 f.

[329] Vgl. → UWG § 8 Rn. 574 *(Goldmann);* angedeutet auch im RegE-GeschGehG BT-Drs. 19/4724, 33.

[330] BT-Drs. 19/4724, 34.

[331] Hierzu *Harte-Bavendamm*/Ohly/Kalbfus § 13 Rn. 1 f.

[332] BGHZ 71, 86 (99) = GRUR 1978, 492 – Fahrradgepäckträger II.

[333] Weitere Einzelheiten zu den Voraussetzungen und Rechtsfolgen des § 13 bei *Harte-Bavendamm*/Ohly/*Kalbfus* § 13 Rn. 5 ff.

Im RegE-GeschGehG[334] wird auf die Ähnlichkeit mit **§ 8 Abs. 4 UWG** hingewiesen. Dieser beruht allerdings auf einer besonderen Zwecksetzung und Genese,[335] die in Geschäftsgeheimnisstreitsachen kaum eine Rolle spielen wird. Eine weitere Unstimmigkeit liegt darin, dass im RegE-GeschGehG zwar auf Art. 7 Abs. 2 und auf Erwägungsgrund 22 der Geschäftsgeheimnis-RL Bezug genommen wird, diese RL-Vorschrift aber weitestgehend leerläuft; § 14 befindet sich dagegen im Einklang mit **Art. 7 Abs. 1** der RL.[336] Das Missbrauchsverbot des § 14 GeschGehG wird voraussichtlich eine erheblich geringere praktische Bedeutung erlangen als § 8 Abs. 4 UWG.

§ 14 erfasst **alle nach den Vorschriften des GeschGehG gegebenen Ansprüche,** also auf die Ansprüche auf Unterlassung und Beseitigung (§ 6), Vernichtung, Herausgabe, Rückruf, Entfernung und Rücknahme vom Markt (§ 7), Auskunft über den Vertriebsweg rechtsverletzender Produkte (§ 8) und Schadensersatz (§ 10). Seine Reichweite übertrifft damit den auf lauterkeitsrechtliche Beseitigungs- und Unterlassungsansprüche beschränkten Anwendungsbereich des § 8 Abs. 4 UWG. Das Missbrauchsverbot richtet sich sowohl gegen gerichtlich als auch gegen außergerichtlich geltend gemachte Ansprüche. Ob eine Abmahnung oder Klage **missbräuchlich** ist, ist anhand **einer umfassenden, von den besonderen Gegebenheiten des Einzelfalls ausgehenden Interessenabwägung** zu ermitteln. Sowohl in Erwägungsgrund 22 der RL als auch in der Begründung zu § 14 wird versucht, die Regelung durch **konkrete Beispiele** mit Leben zu erfüllen. Dieser Versuch schlägt allerdings weitgehend fehl.[337] 149

Wichtigste **Rechtsfolge** der missbräuchlichen Geltendmachung von Ansprüchen ist die in § 14 S. 1 angeordnete **Unzulässigkeit** des Vorgehens. In S. 2 wird sodann eine spezielle Folge dieser Unzulässigkeit behandelt, nämlich die Pflicht zum **Ersatz der für die Rechtsverfolgung erforderlichen Aufwendungen** des missbräuchlich in Anspruch genommenen Gegners.[338] 150

VII. Verfahren in Geschäftsgeheimnissachen (§§ 15–22)

1. Allgemeines. Abschnitt 3 des GeschGehG widmet sich den **verfahrensrechtlichen Besonderheiten von Geschäftsgeheimnisstreitsachen.** Dies sind nach der in § 16 Abs. 1 enthaltenen Definition alle Klagen, durch die Ansprüche nach dem GeschGehG geltend gemacht werden.[339] Der deutsche Gesetzgeber hat insoweit eine „kleine Lösung" gewählt, als er davon abgesehen hat, den Schutz von Geschäftsgeheimnissen für sämtliche Verfahrensarten neu zu ordnen.[340] In **§ 15** wird die sachliche und örtliche **Zuständigkeit der ordentlichen Gerichte** geregelt, wobei die für Streitigkeiten mit – auch ehemaligen – Beschäftigten vorrangige Zuständigkeit der **Arbeitsgerichte** zu beachten bleibt. 151

Die eigentlichen Vorschriften für den **verfahrensrechtlichen Schutz von Geschäftsgeheimnissen** finden sich in den §§ 16–22, die auch für das **arbeitsgerichtliche Verfahren** gelten. Dabei dienen die §§ 16–20 der Umsetzung von **Art. 9 Geschäftsgeheimnis-RL** (Wahrung der Vertraulichkeit von Geschäftsgeheimnissen im Verlauf von Gerichtsverfahren), während die Urteilbekanntmachung (§ 21) auf Art. 15 Geschäftsgeheimnis-RL zurückgeht. **§ 16** gibt dem Gericht die Möglichkeit, bestimmte **Informationen als geheimhaltungsbedürftig einzustufen.** **§ 17** regelt die bei Missachtung der Geheimhaltungspflichten zu verhängenden **Ordnungsmittel.** **§ 18** betrifft die **Geheimhaltung nach Abschluss des Verfahrens.** Nach **§ 19** kann das Gericht den **Zugang zu Dokumenten** 152

[334] BT-Drs. 4724, 34.
[335] Vgl. nur → § 8 Rn. 628 ff. *(Goldmann)* und MüKoUWG-*Fritzsche* § 8 Rn. 446 f.
[336] Näher *Harte-Bavendamm*/Ohly/Kalbfus § 14 Rn. 22 f.
[337] Näher *Harte-Bavendamm*/Ohly/Kalbfus § 14 Rn. 10 f.
[338] Näher zu den Folgen der missbräuchlichen Rechtsverfolgung und zu verfahrensrechtlichen Gesichtspunkten *Harte-Bavendamm*/Ohly/Kalbfus § 14 Rn. 15 ff.
[339] Zur richtlinienkonformen, weiten Auslegung dieses Begriffs → Rn. 160.
[340] Harte-Bavendamm/Ohly/*Kalbfus* Vor §§ 16–20 Rn. 4 ff.; *Hauck* NJW 2016, 2218 (2223); *Kalbfus* WRP 2019, 692 Rn. 53; vgl. auch die GRUR-Stellungnahme GRUR 2018, 708 (712).

und **zur mündlichen Verhandlung** auf eine bestimmte Anzahl von zuverlässigen Personen beschränken und die Öffentlichkeit ausschließen; Voraussetzung für die Anwendung des § 19 ist es, dass die betreffenden Informationen zuvor gemäß § 16 Abs. 1 als geheimhaltungsbedürftig eingestuft wurden. **§ 20** regelt Einzelheiten des **Verfahrens bei Maßnahmen** nach den §§ 16–19. Gemäß **§ 21** kann das Gericht der obsiegenden Partei die Befugnis zusprechen, das Urteil oder Informationen über das **Urteil auf Kosten der unterliegenden Partei öffentlich bekannt zu machen.** **§ 22** schließlich sieht eine **Streitwertbegünstigung** einer Partei vor, deren wirtschaftliche Lage bei Belastung mit dem vollen Streitwert erheblich gefährdet würde.

153 Ausgangspunkt für die Einführung spezieller Schutzmechanismen ist die nicht nur in Deutschland, sondern auch in anderen Mitgliedstaaten sowie auf Unionsebene gewachsene Erkenntnis, dass ein wirksamer Schutz von Geschäftsgeheimnissen nicht nur einer soliden materiell-rechtlichen Grundlage bedarf, sondern sehr wesentlich auch von angemessenen verfahrensrechtlichen Schutzvorkehrungen abhängt. Im **Verletzungsprozess** müssen die anspruchsbegründenden Tatsachen schlüssig dargelegt und bewiesen werden. Dies schließt notwendigerweise die **Tatbestandsmerkmale eines Geschäftsgeheimnisses** (§ 2 Nr. 1) einschließlich der diesem zugrundeliegenden Informationen ein. Der Inhaber sieht sich deshalb dem Dilemma ausgesetzt, entweder seine Klage nicht hinreichend begründen zu können oder sein Geschäftsgeheimnis zu gefährden, wenn nicht zu verlieren.[341] So heißt es im Erwägungsgrund 24 der Geschäftsgeheimnis-RL, angesichts der Möglichkeit, dass die Vertraulichkeit eines Geschäftsgeheimnisses im Verlauf von Gerichtsverfahren nicht gewahrt bleibe, schreckten die rechtmäßigen Inhaber von Geschäftsgeheimnissen häufig davor zurück, gerichtliche Verfahren einzuleiten. Dies stelle die Wirksamkeit der vorgesehenen Maßnahmen, Verfahren und Rechtsbehelfe infrage. Den Besonderheiten des Schutzgutes, das bei Anlegung allgemeiner verfahrensrechtlicher Maßstäbe in seinem Bestand gefährdet würde, muss schon im Hinblick auf den allgemeinen rechtsstaatlichen **Justizgewährungsanspruch** (Art. 20 Abs. 1 GG; Art. 47 Abs. 1 EU-GrCh), der auch ein **Gebot effektiven Rechtsschutzes** umfasst, Rechnung getragen werden.[342] Das allgemeine Verfahrensrecht kennt nur punktuelle Vorschriften zum Schutz von vertraulichen Informationen.[343] Diese gesetzlichen Regelungen werden zum Schutz der Geschäftsgeheimnisse der nicht beweisbelasteten Partei durch das richterrechtlich vor allem für Patentstreitsachen entwickelte **„Düsseldorfer Verfahren"** ergänzt.[344]

154 Wie Art. 9 Abs. 1 Geschäftsgeheimnis-RL sehen die §§ 16–20 vor, dass die dort geregelten Maßnahmen auf **Antrag einer Partei** angeordnet werden können. Die prozessualen Schutzvorkehrungen können also nicht nur zugunsten des klagenden Geheimnisinhabers getroffen werden, sondern auch im Interesse des Beklagten, wenn dieser es zu Verteidigungszwecken für geboten hält, seinerseits geheime Informationen in den Rechtsstreit einzuführen.[345] Dies kann etwa dann zutreffen, wenn der (vermeintliche) Verletzer darlegen und beweisen will, dass die Herstellung und Beschaffenheit des streitbefangenen Produkts

[341] Harte-Bavendamm/Ohly/*Kalbfus* Vor §§ 16–20 Rn. 1; *Götz,* Der Schutz von Betriebs- und Geschäftsgeheimnissen im Zivilverfahren, 2014; *Stürner* JZ 1985, 453 (457); *Stadler* NJW 1989, 1202 ff.; *McGuire* GRUR 2015, 424 (427 ff.); RegE-GeschGehG BT-Drs. 19/4724, 34; zur „Auflösung des Spannugnsverhältnisses zwischen dem Bestimmtheitsgrundsatz und dem Geheimhaltungsschutz" OLG Stuttgart v. 19.11.2020, 2 U 575/19, GRUR-RS 2020, 35613, Rn. 80 ff. – Schaumstoffsysteme.

[342] Vgl. BVerfGE 91, 176 (181); BVerfG NJW 1993, 1635; 2004, 3320; BeckRS 2012, 56106 Rn. 4; Harte-Bavendamm/Ohly/*Kalbfus* Vor §§ 16–20 Rn. 2.

[343] Überblick bei *Schlingloff* WRP 2018, 666 (668); Harte-Bavendamm/Ohly/*Kalbfus* Vor §§ 16–20 Rn. 20, 26 ff., 36 ff.; Köhler/Bornkamm/Feddersen/*Alexander* § 16 Rn. 2; Harte-Bavendamm/Ohly/*Kalbfus* Vor §§ 16–20 Rn. 4; zu den Defiziten des bisherigen Rechts auch *Gärtner/Goßler* Mitt. 2018, 204 ff.; *McGuire* GRUR 2015, 424 (427 ff.).

[344] Hierzu eingehend *Deichfuß* GRUR 2015, 436 ff.; Harte-Bavendamm/Ohly/*Kalbfus* Vor §§ 16–20 Rn. 25 ff. mwN; *Hauck* NJW 2016, 2218 (2222); *Druschel/Jauch* BB 2018, 1794 ff.; vgl. auch BGH GRUR 2010, 318 Rn. 35 – Lichtbogenschnürung; OLG Düsseldorf BeckRS 2016, 114380 Rn. 1; OLG Köln WRP 2017, 728 ff. (Einsicht in Akten mit Quellcode der Gegenseite); *Kühnen* GRUR 2020, 576 ff.

[345] Harte-Bavendamm/Ohly/*Kalbfus* Vor §§ 16–20 Rn. 6, 22 ff.

auf geheimen Kenntnissen beruht, die er unabhängig vom Know-how des Gegners entwickelt hatte.

Ein **in-camera-Verfahren,**[346] wie es während des europäischen Gesetzgebungsprozesses diskutiert worden und im ersten Richtlinienvorschlag der Kommission noch vorgesehen war,[347] findet sich weder in der Geschäftsgeheimnis-RL noch in den §§ 16–20 GeschGehG. Es hätte bedeutet, dass das Geschäftsgeheimnis nur dem Gericht gegenüber offengelegt worden wäre. Eine abgemilderte Variante hätte in der sog. „*Counsel's eyes only*" Verfahrensweise bestehen können, bei der das Geschäftsgeheimnis nicht dem Gegner, aber dessen – ihrem Mandanten gegenüber zur Verschwiegenheit verpflichteten – Anwälten zugänglich gemacht worden wäre.[348] Wegen des mit diesen Lösungen verbundenen Konflikts mit den Geboten prozessualer Waffengleichheit und der Gewährung rechtlichen Gehörs bestimmen Art. 9 Abs. 2 UAbs. 3 Geschäftsgeheimnis-RL und § 19 Abs. 1 S. 3 GeschGehG, dass jeweils **mindestens einer natürlichen Person jeder Partei** und ihren **Prozessvertretern** oder sonstigen Vertretern **Zugang** zu gewähren ist. 155

2. Sachliche und örtliche Zuständigkeit (§ 15). Für Klagen vor den ordentlichen Gerichten, durch die Ansprüche nach dem GeschGehG geltend gemacht werden (Geschäftsgeheimnisstreitsachen, § 16 Abs. 1) sind die Landgerichte ohne Rücksicht auf den Streitwert ausschließlich zuständig (§ 15 Abs. 1). Zu beachten bleibt aber die **vorrangige Zuständigkeit der Arbeitsgerichte** gemäß § 2 Abs. 1 Nr. 3a, 3c und 3d ArbGG. Sie gilt für alle **Streitigkeiten mit Arbeitnehmern,** und zwar unabhängig davon, ob das Beschäftigungsverhältnis noch besteht oder beendet wurde.[349] Diese arbeitsgerichtliche Zuständigkeit wird durch § 15 nicht berührt; andererseits gelten die Verfahrensvorschriften der §§ 16–22 auch im arbeitsgerichtlichen Verfahren.[350] 156

In § 15 Abs. 2 wurde die schon für das UWG angestrebte,[351] mittlerweile aufgrund des Gesetzes zur Stärkung des fairen Wettbewerbs in § 14 Abs. 2 UWG geregelte **weitgehende Aufhebung des Gerichtsstands der unerlaubten Handlung** vorweggenommen. Für im Inland ansässige Beklagte ist das Gericht ausschließlich zuständig, in dessen Bezirk der Beklagte seinen allgemeinen Gerichtsstand hat. In Anbetracht dessen, dass es sich bei Geschäftsgeheimnisstreitsachen um eine komplexe Spezialmaterie handelt, die nicht weniger Erfahrung und Einarbeitung erfordert als so manche patent- oder urheberrechtliche Auseinandersetzung, erscheint die mit der Neuregelung verbundene Verwässerung wenig sachgerecht.[352] Umso mehr ist zu hoffen, dass die Landesregierungen zügig und flächendeckend von der in § 15 Abs. 3 vorgesehenen Möglichkeit Gebrauch machen, Geschäftsgeheimnisstreitsachen einem bestimmten Landgericht zuzuweisen oder – noch weitergehend – durch Vereinbarungen mit anderen Bundesländern eine über die betreffenden Landesgrenzen hinausreichende Spezialzuständigkeit zu schaffen. Ziel der **Konzentrationsermächtigung** ist es, richterliche Sachkunde zum Schutz von Geschäftsgeheimnissen einschließlich seiner besonderen prozessualen Regeln so zu zentralisieren, dass sie effektiver und arbeitsökonomischer ausgeübt werden kann.[353] 157

3. Geheimhaltung (§ 16). a) Allgemeines. Beruhend auf der schon erwähnten Erkenntnis, dass eine wirksame Durchsetzung von Rechten an Geschäftsgeheimnissen ver- 158

---

[346] Hierzu *Stürner* JZ 1985, 453 (459); *Stadler* NJW 1989, 1202 f.; *Bornkamm* FS Ullmann, 2006, 893 (909); *McGuire* GRUR 2015, 424 (433 f.); *Redeker/Pres/Gittinger* WRP 2015, 811 (812 f.); Harte-Bavendamm/Ohly/*Kalbfus* Vor §§ 16–20 Rn. 7 ff.

[347] Harte-Bavendamm/Ohly/*Kalbfus* Vor §§ 16–20 Rn. 9.

[348] *McGuire* GRUR 2015, 424 (431); Harte-Bavendamm/Ohly/*Kalbfus* Vor §§ 16–20 Rn. 7; vgl. auch BGH GRUR 2010, 318 Rn. 19 ff. – Lichtbogenschnürung.

[349] Näher Harte-Bavendamm/Ohly/*Kalbfus* § 15 Rn. 8 ff.; *Reinfeld* S. 147 f.

[350] RegE-GeschGehG BT-Drs. 19/4724, 34.

[351] Vgl. den RegE eines Gesetzes zur Stärkung des fairen Wettbewerbs, BT-Drs. 19/12084, und die kritische GRUR-Stellungnahme zum RefE GRUR 2019, 59, 60 ff.

[352] Vgl. die GRUR-Stellungnahme GRUR 2019, 59, 60 ff.; *Köhler* WRP 2019, 1550 f.

[353] RegE-GeschGehG BT-Drs. 19/4724, 35.

fahrensrechtliche Schutzvorkehrungen erfordert,[354] setzt § 16 die **Vorgaben aus Art. 9 Abs. 1 UAbs. 1 Geschäftsgeheimnis-RL** um. Der Gesetzgeber stand dabei vor der schwierigen Aufgabe, einerseits einen effektiven prozessualen Geheimnisschutz zu gewährleisten, anderseits aber verfahrens- und verfassungsrechtliche Maximen zum Schutz des Prozessgegners nicht auszuhöhlen.[355] Dieser Konflikt tritt auf der durch § 19 geregelten zweiten Stufe prozessualer Schutzmaßnahmen noch deutlicher zutage als im Rahmen des § 16.[356] Einzelne **Verfahrensaspekte** sind in **§ 20** geregelt.

159 **§ 16 Abs. 1** schafft die weit über die bisherigen Schutzvorschriften hinausgehende Möglichkeit, **streitgegenständliche Informationen** auf Antrag einer Partei ganz oder teilweise **als geheimhaltungsbedürftig einzustufen,** wenn diese ein Geschäftsgeheimnis darstellen können. Ist dies geschehen, so verpflichtet **§ 16 Abs. 2** einen großen **Kreis von Verfahrensbeteiligten,** die betreffenden Informationen vertraulich zu behandeln und außerhalb des Verfahrens **weder zu nutzen noch offenzulegen,** sofern sie nicht den Nachweis führen, entsprechende Kenntnis aus anderen Quellen erlangt zu haben. Diese Pflichten bestehen unabhängig von anderen Vertraulichkeitsverpflichtungen, etwa den Verschwiegenheitspflichten von Amtsträgern oder den Angehörigen bestimmter Berufe;[357] auch die allgemeinen prozessualen Schutzinstrumente nach § 174 Abs. 3 GVG und § 299 ZPO werden nicht verdrängt. **§ 16 Abs. 3** schließlich **beschränkt das Akteneinsichtsrecht** dritter, nicht selbst am Prozess beteiligter Personen.

160 § 16 gilt nur für **Geschäftsgeheimnisstreitsachen.** Dies sind nach der in § 16 Abs. 1 – allzu eng – formulierten Definition alle **Klagen,** durch die Ansprüche nach dem GeschGehG geltend gemacht werden. Angesichts des deutlich allgemeineren Wortlauts des Art. 9 Abs. 1 Geschäftsgeheimnis-RL führt eine richtlinienkonforme Auslegung jedoch zu dem Verständnis, dass keineswegs nur „Klagen", sondern **auch andere Verfahrensarten** erfasst werden, insbesondere Verfügungsverfahren, selbständige Beweisverfahren nach § 485 ZPO und die Verfahren der Zwangsvollstreckung.[358]

161 Aber auch die Bezugnahme auf **„Ansprüche nach diesem Gesetz"** bedarf mit Blick auf die RL einer gewissen Aufweichung. Zwar wird im RegE-GeschGehG[359] ausdrücklich erwähnt, die Vorschriften des Abschnitts 3 (Verfahren in Geschäftsgeheimnisstreitsachen) fänden keine Anwendung auf Ansprüche, die auf andere Gesetze gestützt würden. **Art. 9 Abs. 1** spricht aber ganz allgemein von Gerichtsverfahren, die den rechtswidrigen Erwerb oder die rechtswidrige Nutzung oder Offenlegung eines Geschäftsgeheimnisses zum Gegenstand haben; für alle Verfahren dieser Art sind geeignete Schutzvorkehrungen gegen des Verlust des Geheimnischarakters zu schaffen.[360] Es wird deshalb weniger auf eine konkret dem GeschGehG zu entnehmende Anspruchsgrundlage, sondern auf den **Gegenstand des Rechtsstreits** ankommen. Dies würde beispielsweise für eine **Ausdehnung des Anwendungsbereichs** auf Bereicherungsansprüche, Besichtigungsansprüche und Ansprüche auf Zahlung einer Vertragsstrafe wegen Verstoßes gegen eine geheimnisbezogene Unterlassungserklärung sprechen. Auch **Altfälle,** die noch nach §§ 17–19 UWG iVm §§ 3, 3a UWG oder § 823 Abs. 2 BGB zu beurteilen sind, also genau genommen keine „Ansprüche nach diesem Gesetz" darstellen, sind nach den §§ 16 ff. GeschGehG zu behandeln.[361]

---

[354] → Rn. 153; vgl. insbesondere Erwägungsgrund 24 der Geschäftsgeheimnis-RL.

[355] *Hauck* NJW 2016, 2218 (2222).

[356] Harte-Bavendamm/Ohly/*Kalbfus* § 16 Rn. 6.

[357] RegE-GeschGehG BT-Drs. 19/4724, 35.

[358] Harte-Bavendamm/Ohly/*Kalbfus* § 16 Rn. 13 f.; für Verfahren des einstweiligen Rechtsschutzes ebenso Köhler/Bornkamm/Feddersen/*Alexander* GeschGehG § 16 Rn. 12; für analoge Anwendung Büscher/*McGuire* RegE-GeschGehG § 16 Rn. 9.

[359] BT-Drs. 19/4724, 34.

[360] Harte-Bavendamm/Ohly/*Kalbfus* § 16 Rn. 8; vgl. auch *Druschel/Jauch* BB 2018, 1218 (1221); *Hauck* GRUR-Prax 2019, 223 (225).

[361] OLG Stuttgart v. 19.11.2020, 2 U 575/19, GRUR-RS 35613, Rn. 81 – Schaumstoffsysteme; Harte-Bavendamm/Ohly/*Kalbfus* § 16 Rn. 8 ff.; Köhler/Bornkamm/Feddersen/*Alexander* GeschGehG vor § 1 Rn. 105.

b) Einstufung von Informationen als geheimhaltungsbedürftig (§ 16 Abs. 1). Die Anordnung, streitgegenständliche Informationen als geheimhaltungsbedürftig zu behandeln, trifft das Gericht **auf Antrag einer Partei.** Es kann also durchaus auch der (tatsächliche oder vermeintliche) Verletzer sein, der bestimmte eigene Geschäftsgeheimnisse geschützt sehen möchte, die er zu seiner Verteidigung in das Verfahren einführen will.[362] Einzelheiten zur Zuständigkeit, zum Verfahren und zur Form des Antrags sind in **§ 20** geregelt. **161a**

Wenn der Gesetzeswortlaut auf **streitgegenständliche Informationen** ausgerichtet ist, so liegt hierin keine starre Beschränkung auf den verfahrensrechtlichen Begriff des Streitgegenstands. Vielmehr legen Wortlaut und Zweck des Art. 9 Abs. 1 Geschäftsgeheimnis-RL auch hier eine großzügigere Interpretation nahe. Erfasst werden danach auch solche Tatsachen, die zum **Streitstoff** des Verfahrens gehören oder mit diesem in einem engen Zusammenhang stehen.[363] **162**

Dass die genannten Informationen tatsächlich alle in § 2 Nr. 1 aufgeführten Voraussetzungen für die Anerkennung als Geschäftsgeheimnis erfüllen, ist nicht erforderlich. Es ist lediglich **glaubhaft zu machen** (§ 20 Abs. 3), **dass es sich um ein Geschäftsgeheimnis handeln kann.** Noch deutlicher bezieht sich Art. 9 Abs. 1 Geschäftsgeheimnis-RL auf „ein Geschäftsgeheimnis oder ein angebliches Geschäftsgeheimnis". Eine besondere Schutzbedürftigkeit des (möglichen) Geschäftsgeheimnisses ist nicht erforderlich.[364] § 16 Abs. 1 gibt dem Gericht jedenfalls die Möglichkeit, den Rechtsstreit in Grenzfällen nicht schon im Rahmen des Einstufungsverfahrens vorentscheiden zu müssen; dabei wird das **gerichtliche Ermessen** („kann") in der Regel auf Null reduziert sein, soweit der Antrag nicht erkennbar unglaubhaft ist oder aus anderen Gründen missbräuchlich erscheint.[365] **163**

c) Geheimhaltungspflichten der Verfahrensbeteiligten (§ 16 Abs. 2). Werden bestimmte Informationen als geheimhaltungsbedürftig eingestuft, so ergeben sich die **Rechtsfolgen** unmittelbar aus § 16 Abs. 2. Wer an der Geschäftsgeheimnisstreitsache **beteiligt** ist oder **Zugang zu den Dokumenten** dieses Verfahrens hat, muss die fraglichen Informationen vertraulich behandeln. Diese dürfen **außerhalb des Verfahrens weder genutzt noch offengelegt** werden. Etwas anderes gilt nur in dem – in der Praxis voraussichtlich sehr seltenen – Fall, dass der Betreffende nachweisen kann, von der geheimhaltungsbedürftigen Information auf rechtmäßige Weise[366] außerhalb des Verfahrens Kenntnis erlangt zu haben und diese nutzen und offenlegen zu dürfen. **164**

Adressaten der Geheimhaltungspflicht sind nach § 16 Abs. 2 nicht nur die Parteien, sondern auch deren Prozess- und andere Vertreter, ferner Zeugen, Sachverständige und alle sonstigen Personen, die zum Zeitpunkt der Einstufung nach § 16 Abs. 1 oder später am Verfahren in irgendeiner Weise beteiligt sind. Gleiches gilt für jeden, der Zugang zu den in das Verfahren eingeführten Dokumenten hat oder diesen Zugang im weiteren Verlauf des Rechtsstreits erlangt. Nach **§ 20 Abs. 5 S. 2** hat das Gericht die betroffenen Personen – einschließlich solcher, die erst später zu Verfahrensbeteiligten werden – **auf die aus § 16 Abs. 2 resultierenden Pflichten** und auf die in § 17 geregelten **Folgen einer Zuwiderhandlung hinzuweisen.** Die Pflichten aus § 16 Abs. 2 treffen auch **„Gerichtsbedienstete"** (um die entsprechende Formulierung aus Art. 9 Abs. 1 Geschäftsgeheimnis-RL aufzugreifen), also unter anderem Richterinnen, Rechtspfleger und Geschäftsstellenbeamte.[367] **165**

---

[362] Einzelheiten bei Harte-Bavendamm/Ohly/*Kalbfus* § 16 Rn. 16; vgl. auch *Schlingloff* WRP 2018, 666 (668).

[363] *Kalbfus* WRP 2019, 692 (694); zustimmend Köhler/Bornkamm/Feddersen/*Alexander* GeschGehG § 16 Rn. 25.

[364] RegE-GeschGehG BT-Drs. 19/4724, 35.

[365] Harte-Bavendamm/Ohly/*Kalbfus* § 16 Rn. 22, 25 f.

[366] Zur Erforderlichkeit einer teleologischen Reduktion auf diese Konstellation Harte-Bavendamm/Ohly/*Kalbfus* § 16 Rn. 50.

[367] Vgl. RegE-GeschGehG BT-Drs. 19/4724, 35 f.

Dieser Personenkreis hat die als geheimhaltungsbedürftig eingestuften Informationen zwar im Rahmen seiner amtlichen Aufgaben zu bewerten und ggf. in seinen Entscheidungen zu „verarbeiten“, ist zu einer weitergehenden Nutzung oder Offenlegung aber ebenso wenig befugt wie andere Beteiligte. Schwierig bleibt die Grenzziehung allerdings insoweit, als es um den **Konflikt** zwischen möglichst weitgehender **Wahrung der streitgegenständlichen Geschäftsgeheimnisse** und dem rechtsstaatlichen Gebot geht, **Entscheidungen schlüssig und transparent zu begründen.** Hier sind die widerstreitenden Interessen in einer dem Einzelfall gerecht werdenden Weise auszutarieren. Dies impliziert, dass eine vollständige Vertraulichkeit auf gerichtlicher Ebene nicht durchgehend zu erreichen sein wird.

166 Auch auf Seiten der **Prozessparteien** wird es nicht immer einfach sein, den Pflichtenkreis des § 16 Abs. 2 in angemessener Weise abzustecken. Den Parteien ist eine Nutzung und kontrollierte Offenlegung insoweit zu ermöglichen, als dies **zur zweckentsprechenden Rechtsverfolgung oder -verteidigung erforderlich** ist; hierbei wird ihnen ein gewisser **Beurteilungsspielraum** zuzugestehen sein.[368] Dies wird das Recht einschließen, die zur Rechtsdurchsetzung oder Verteidigung notwendigen Informationen auch **innerhalb des Unternehmens weiterzugeben** und bewerten zu lassen, erforderlichenfalls auch gegenüber Privatgutachtern aufzudecken. Voraussetzung ist stets, dass solche Kommunikationswege mit großer Sorgfalt kanalisiert und geschützt werden. Dies wird die Pflicht einschließen, den Zugang zu den in Rede stehenden Informationen nach dem **need-to-know-Prinzip** zu begrenzen.[369] Alle Empfänger sind ihrerseits zur streng vertraulichen, auf die Zwecke des Verfahrens begrenzten Behandlung anzuhalten und über die Folgen einer unbefugten Nutzung oder Offenlegung in ähnlicher Weise zu unterrichten, wie es den Gerichten nach § 20 Abs. 5 S. 1 aufgegeben ist.

167 **d) Beschränkung des Akteneinsichtsrechts Dritter (§ 16 Abs. 3).** Personen, die ein **Recht auf Akteneinsicht** ausüben und nicht dem weiten Kreis der Verfahrensbeteiligten gemäß § 16 Abs. 2 zuzurechnen sind, darf nach § 16 Abs. 3 nur ein Akteninhalt zur Verfügung gestellt werden, in dem die **als geheimhaltungsbedürftig eingestuften Informationen unkenntlich gemacht** wurden. Soweit dies nicht möglich ist, muss die Akteneinsicht verweigert werden. Bezugspunkt für § 16 Abs. 3 ist das Akteneinsichtsrecht nach **§ 299 Abs. 2 ZPO.** Falls zulasten der von § 16 Abs. 2 erfassten Beteiligten zusätzliche Zugangsbeschränkungen gemäß § 19 angeordnet wurden, gilt § 16 Abs. 3 auch für die hiervon betroffenen Personen (§ 19 Abs. 2 Nr. 2). Der Schutz der streitbefangenen Geschäftsgeheimnisse gegenüber Dritten kann durch den **Ausschluss der Öffentlichkeit** ergänzt werden; Grundlagen hierfür liefern § 19 Abs. 2 Nr. 1 sowie – begrenzt auf „wichtige“ Geschäftsgeheimnisse – § 172 GVG.[370]

168 Der Verfahrensbeteiligte, der einen Antrag nach § 16 Abs. 1 oder nach § 19 Abs. 1 stellt oder – nachdem eine Anordnung nach einer dieser Vorschriften getroffen wurde – Schriftstücke und weitere Unterlagen einreicht, hat nach § 20 Abs. 4 die **Obliegenheit,** diejenigen **Ausführungen zu kennzeichnen,** die nach seinem Vorbringen Geschäftsgeheimnisse enthalten. Im Fall des § 19 Abs. 1 S. 1 Nr. 1 muss er zusätzlich eine um die Geschäftsgeheimnisse reduzierte Fassung einreichen, von Dritten eingesehen werden kann. Andernfalls kann das Gericht von der Zustimmung zur Einsichtnahme ausgehen, soweit ihm keine besonderen gegenläufigen Umstände bekannt sind (§ 20 Abs. 4 S. 3).

169 **4. Ordnungsmittel (§ 17).** Laut **Art. 16** Geschäftsgeheimnis-RL haben die Mitgliedstaaten sicherzustellen, dass Verstöße gegen die Vorschriften zum Schutz von Geschäftsgeheimnissen in gerichtlichen Verfahren (Art. 9) mit **wirksamen, verhältnismäßigen und abschreckenden Sanktionen** belegt werden können. Hieran anknüpfend schafft

---

[368] Harte-Bavendamm/Ohly/*Kalbfus* § 16 Rn. 39 ff.
[369] Harte-Bavendamm/Ohly/*Kalbfus* § 16 Rn. 40.
[370] Näher Harte-Bavendamm/Ohly/*Kalbfus* § 16 Rn. 59.

§ 17 eine eigenständige, von einem bestehenden Titel unabhängige Grundlage für das Gericht, auf Antrag sofortige Ordnungsmaßnahmen zu ergreifen, um **Verstöße gegen Geheimhaltungspflichten gemäß § 16 Abs. 2** zu ahnden. Aufgrund der teilweise erheblichen wirtschaftlichen Bedeutung von Geschäftsgeheimnissen soll die Höhe des **Ordnungsgeldes** von **bis zu 100.000 Euro** als Abschreckung wirken.[371] Gleichzeitig soll bestimmt werden, in welchem Maße **Ordnungshaft** zu verhängen ist, falls das Ordnungsgeld nicht beigetrieben werden kann.[372] Festsetzung und Vollstreckung der Ordnungsmaßnahmen schließen weder zivilrechtliche Sanktionen wegen (weiterer) Geheimnisverletzung noch strafrechtliche Verfolgung nach § 23 aus.[373]

Auch wenn der Wortlaut des § 17 dies nicht ausdrücklich bestimmt, ist davon aus- 170
zugehen, dass die Verhängung der Ordnungsmittel ein **eigenes Verschulden** des zur Geheimhaltung Verpflichteten voraussetzt,[374] wobei jede Form fahrlässigen Handelns ausreicht. Das Verschuldenserfordernis folgt aus dem (auch) strafrechtlichen Element solcher Sanktionen und der diesbezüglichen Rechtsprechung des BVerfG zu § 890 ZPO.[375] Das eigene Verschulden kann auch in einem **Organisationsverschulden** des Verpflichteten bestehen. Ihn treffen weitreichende Pflichten hinsichtlich der Auswahl und Überwachung Dritter; vor allem muss er alle erforderlichen und zumutbaren Maßnahmen treffen, um Zuwiderhandlungen durch Beschäftigte und Beauftragte zu unterbinden.[376]

Die in § 16 Abs. 2 geregelten Geheimhaltungspflichten bestehen idR nach Abschluss des 171
Gerichtsverfahrens fort (§ 18 S. 1). Noch zu klären ist, ob die Ordnungsmittel des § 17 deshalb auch zur **Ahndung von Verstößen** dienen können, zu denen es erst **nach Verfahrensende** gekommen ist. Entgegen dem von der Bundesregierung eingenommenen Standpunkt[377] spricht – auch unter dem Gesichtspunkt der richtlinienkonformen Auslegung – einiges dafür, dass § 17 auch auf Verstöße in dem von § 18 erfassten Zeitraum anzuwenden ist.[378]

Ob eine Zuwiderhandlung gegen § 16 Abs. 2 vorliegt, hat grundsätzlich der Geheimnis- 172
inhaber als **Antragsteller** darzulegen und zu **beweisen.**[379] Allerdings kommen **Beweiserleichterungen** in Betracht, wenn gewichtige Indizien für einen in der Sphäre des Geheimnisinhabers geschehenen Verstoß sprechen und es nur dem Geheimnisinhaber möglich (aber auch zumutbar) ist darzulegen, dass der vermutete Verstoß nicht vorliegt.[380] Soweit es bei einem objektiv vorliegenden Verstoß um den **Nachweis des Verschuldens** geht, kann es zu einer **Beweislastumkehr** zulasten des Verpflichteten kommen, zumindest aber zur Annahme eines **Anscheinsbeweises.**[381]

Festgesetzt werden die Ordnungsmittel auf **Antrag** einer Partei durch **Beschluss** des 173
Gerichts der Hauptsache. Vor der Beschlussfassung ist der Antragsgegner zu hören. Gegen die Verhängung eines Ordnungsmittels wie auch gegen die Ablehnung eines entsprechenden Antrags ist die **sofortige Beschwerde** statthaft. Die sofortige Beschwerde gegen den Beschluss, mit dem ein Ordnungsmittel verhängt wurde, hat aufschiebende

---

[371] Vgl. RegE-GeschGehG BT-Drs. 19/4724, 36. § 16 RefE-GeschGehG hatte noch die unverständlich niedrige und wohl kaum richtlinienkonforme Obergrenze von 1.000 Euro vorgesehen (hierzu die GRUR-Stellungnahme GRUR 2018, 708 (712)); aber auch der jetzt vorgesehene Sanktionsrahmen, der weit hinter § 890 ZPO zurückbleibt, erscheint (allzu) moderat; Harte-Bavendamm/Ohly/*Kalbfus* § 17 Rn. 11; kritisch auch Köhler/Bornkamm/Feddersen/*Alexander* § 17 Rn. 14.

[372] Einzelheiten zur Auswahl und Bemessung der Ordnungsmittel bei Harte-Bavendamm/Ohly/*Kalbfus* § 17 Rn. 10 ff.

[373] RegE-GeschGehG BT-Drs. 19/4724, 36.

[374] Köhler/Bornkamm/Feddersen/*Alexander* § 17 Rn. 9; Harte-Bavendamm/Ohly/*Kalbfus* § 17 Rn. 5.

[375] Vgl. BVerfGE 20, 323 = NJW 1967, 195; GRUR 2017, 618 Rn. 11.

[376] Einzelheiten bei Harte-Bavendamm/Ohly/*Kalbfus* § 17 Rn. 5 f.

[377] Gegenäußerung zur Stellungnahme des Bundesrates, BT-Drs. 19/4724, 47, 49.

[378] Harte-Bavendamm/Ohly/*Kalbfus* § 17 Rn. 7 ff.

[379] Vgl. OLG Zweibrücken GRUR 1986, 839 f.: Beweislast bei Zwangsvollstreckung (zu § 890 ZPO).

[380] Vgl. OLG Frankfurt a. M. GRUR-RR 2018, 389 Rn. 23 – Bettwaren „Made in Germany"; Harte-Bavendamm/Ohly/*Kalbfus* § 17 Rn. 4.

[381] Harte-Bavendamm/Ohly/*Kalbfus* § 17 Rn. 6 mwN.

Wirkung (§ 17 S. 3). Für das Verfahren vor den **Arbeitsgerichten** verweist § 78 S. 1 ArbGG auf die §§ 567 ff. ZPO.[382]

174 **5. Geheimhaltung nach Abschluss des Verfahrens (§ 18).** In Umsetzung von Art. 9 Abs. 1 S. 3 Geschäftsgeheimnis-RL schreibt § 18 S. 1 den in § 16 Abs. 2 vorgesehenen Schutz für die Zeit nach Abschluss der Geschäftsgeheimnisstreitsache fort. Dies ist Ausdruck des Grundsatzes, dass der **Schutz von Geschäftsgeheimnissen nicht befristet** ist und erst dann endet, wenn der Geheimnischarakter entfällt. Gemäß Erwägungsgrund 24 soll das mit der Durchführung von Geschäftsgeheimnisstreitsachen verbundene Risiko eingedämmt werden, dass die betreffenden Informationen ihren Status als Geschäftsgeheimnisse verlieren. Konsequenter Weise ist sicherzustellen, dass die **verfahrensbezogenen Geheimhaltungspflichten** während der **gesamten Lebensdauer des Geschäftsgeheimnisses** weitergelten.[383] Die in § 17 vorgesehenen Sanktionen (Ordnungsgeld, Ordnungshaft) dürften auch auf die Verletzung der nach Verfahrensende geltenden Geheimhaltungsgebote anwendbar sein.[384]

175 Die in § 18 S. 1 getroffene Regelung unterliegt nach § 18 S. 2 zwei **Ausnahmen.** Zum einen entfällt die Geheimhaltungspflicht, wenn das Gericht der Hauptsache das Vorliegen des streitgegenständlichen **Geschäftsgeheimnisses durch rechtskräftiges Urteil**[385] **verneint** hat. Diese Ausnahme erstreckt sich nicht auf andere Gründe, aus denen der Geheimnisinhaber unterlegen ist. So kann das Gericht den Geheimnischarakter der Informationen bejaht oder offengelassen, die Klage aber beispielsweise wegen fehlender Passivlegitimation, Eingreifens eines Ausnahmetatbestands gemäß § 5 oder Verjährung abgewiesen haben.[386] Die zweite Ausnahme betrifft den Fall, dass die streitgegenständlichen **Informationen** noch während des Rechtsstreit oder nach dessen Beendigung ihre **Geheimnisqualität verlieren,** indem sie für Personen in den Kreisen, die üblicherweise mit solchen Informationen umgehen, **bekannt oder ohne Weiteres zugänglich werden.** Dieser Wortlaut entspricht der in § 2 Nr. 1 lit. a formulierten Voraussetzung für die Anerkennung einer Information als Geschäftsgeheimnis. Die Ausnahme greift allerdings nicht ein, wenn der Wegfall der Geheimnisqualität auf einem vom Antragsgegner zu vertretendem Grund beruht.[387]

176 **6. Weitere gerichtliche Beschränkungen (§ 19). a) Allgemeines.** § 19 setzt in abweichender Struktur[388] die Vorgaben aus **Art. 19 Abs. 2 und 3** Geschäftsgeheimnis-RL und die in Erwägungsgrund 25 zum Ausdruck gebrachten Überlegungen um. Die verfahrensrechtlichen Schutzvorkehrungen des § 19 bauen auf einer nach **§ 16 Abs. 1 vorgenommenen Einstufung** der zum Streitstoff gehörenden Informationen als **geheimhaltungsbedürftig** auf; sie gelten damit ebenfalls nur für Geschäftsgeheimnisstreitsachen.[389] Über § 16 Abs. 1 hinaus ermöglichen sie die in Abs. 1 vorgesehenen Zugangsbeschränkungen auf einen vom Gericht zu bestimmenden Personenkreis. § 19 Abs. 2 sieht bestimmte Anordnungen zur weiteren Absicherung der Zugangsbeschränkungen vor. Abs. 3 dehnt die Maßnahmen der §§ 16–19 Abs. 1 und 2 auf das Zwangsvollstreckungsverfahren aus. Die allgemeinen Schutzvorschriften wie § 172 Nr. 2 GVG (Ausschluss der Öffentlichkeit bei Gefährdung wichtiger Geschäftsgeheimnisse), § 174 Abs. 3 GVG (Verpflichtung zur Geheimhaltung) oder § 299 Abs. 2 ZPO (Beschränkung des Akteneinsichtsrechts Dritter) bleiben unberührt. Einzelheiten zum **Verfahren** sind in **§ 20** geregelt.

[382] Weitere Einzelheiten des Verfahrens einschließlich der Vollstreckung bei Harte-Bavendamm/Ohly/*Kalbfus* § 17 Rn. 15 ff.

[383] Harte-Bavendamm/Ohly/*Kalbfus* § 18 Rn. 7.

[384] → Rn. 171.

[385] Hierzu im Einzelnen Harte-Bavendamm/Ohly/*Kalbfus* § 18 Rn. 9 ff.

[386] Vgl. Köhler/Bornkamm/Feddersen/*Alexander* § 18 Rn. 8; Büscher/*McGuire* RegE-GeschGehG § 18 Rn. 7; Harte-Bavendamm/Ohly/*Kalbfus* § 18 Rn. 13.

[387] Vgl. Erwägungsgrund 27 der Geschäftsgeheimnis-RL.

[388] Hierzu Harte-Bavendamm/Ohly/*Kalbfus* § 19 Rn. 3 ff.

[389] → Rn. *160* f.

b) Zugangsbeschränkungen (§ 19 Abs. 1). § 19 Abs. 1 S. 1 ermöglicht eine **Eingrenzung des Personenkreises,** der Zugang zu den in einer Geschäftsgeheimnisstreitsache eingereichten, als geheimhaltungsbedürftig eingestuften Dokumenten und zu mündlichen Verhandlungen erhält. Diese Zugangsbeschränkungen sind sowohl **quantitativer** als auch **qualitativer** Art. Zum einen ist eine Begrenzung auf eine bestimmte Anzahl von Personen vorgesehen. Zum anderen müssen die betreffenden Personen zuverlässig sein. 177

Was die **Anzahl** der zugangsberechtigten Personen betrifft, so gilt die in § 19 Abs. 1 S. 3 definierte **Untergrenze** von **mindestens einer natürlichen Person jeder Partei** und sowie deren Prozessvertretern oder sonstigen Vertretern.[390] Der RegE-GeschGehG spricht insoweit von „einigen Personen".[391] Das in Abs. 1 S. 4 hervorgehobene freie Ermessen des Gerichts ist – was im Wortlaut des § 19 Abs. 1 nicht zum Ausdruck kommt[392] – durch Art. 9 Abs. 2 UAbs. 3 Geschäftsgeheimnis-RL begrenzt: Hiernach darf die Zahl der Personen, die Zugang zum Geschäftsgeheimnis erhält, nicht größer sein, als zur Wahrung des Rechts der Verfahrensparteien auf einen wirksamen Rechtsbehelf und für ein faires Verfahren erforderlich ist. Der **Kreis der zugangsberechtigten Personen** ist mithin **möglichst eng** zu ziehen.[393] Die betroffene Prozesspartei hat die erforderlichen Schutzmechanismen einzurichten und zu überwachen, um die **innerbetriebliche Einhaltung** der gerichtlichen Anordnungen zu gewährleisten. 178

Dass die vom Gericht zu bestimmenden Personen **zuverlässig** sein müssen, geht auf eine Empfehlung des Ausschusses für Recht und Verbraucherschutz zurück, der unter dem Eindruck der von Verbänden geäußerten Befürchtung stand, Geschäftsgeheimnisse könnten durch eine Beteiligung unzuverlässiger Personen gefährdet werden.[394] In der Praxis werden die Gerichte allerdings kaum jemals in der Lage sein, im Voraus festzustellen, dass eine bestimmte, von einer Partei vorgeschlagene und als zuverlässig bezeichnete Person keine Gewähr für die Beachtung der angeordneten verfahrensrechtlichen Schutzmaßnahmen bietet.[395] 179

Gegenständlich sieht § 19 Abs. 1 S. 1 zwei **Arten der Zugangsbeschränkung** vor, die auch nebeneinander angeordnet werden können. Sie betreffen zum einen den Zugang zu **Dokumenten,** die von den Parteien oder von Dritten eingereicht oder vorgelegt wurden und Geschäftsgeheimnisse enthalten können. Unter Dokumenten sind dabei nicht nur Schriftstücke zu verstehen, sondern **sämtliche Informationsmedien analoger oder digitaler Art.** Zum anderen kann der Zugang zu **mündlichen Verhandlungen** auf eine bestimmte Anzahl zuverlässiger Personen beschränkt werden, wenn Grund zu der Annahme besteht, dass im Verlauf der Verhandlungen Geschäftsgeheimnisse offengelegt werden könnten. Entsprechendes gilt konsequenter Weise auch für **Aufzeichnungen** (§ 160a Abs. 1 ZPO) und **Protokolle** (§ 159 ff. ZPO) über solche Verhandlungen. Ob die Gerichte gemäß **§ 19 Abs. 1 S. 4** auch **sonstige Schutzmaßnahmen** treffen können, die ihnen unter den Gegebenheiten des Einzelfalls sinnvoll und angemessen erscheinen, oder ob S. 4 ihnen entsprechenden Freiraum nur in Bezug auf die zuvor ausdrücklich genannten Anordnungen eröffnet, bedarf noch der Klärung.[396] 180

Nach § 19 Abs. 1 S. 2 können die in S. 1 vorgesehenen Zugangsbeschränkungen nur angeordnet werden, soweit nach **Abwägung aller Umstände** das **Geheimhaltungsinte-** 181

---

[390] Zum damit ausgeschlossenen in-camera-Verfahren im engeren Sinne → Rn. 155.

[391] BT-Drs. 19/4724, 37.

[392] Im Gegenteil heißt es im RegE-GeschGehG (BT-Drs. 19/4724, 36), eine Beschränkung des Personenkreises dürfe nur insoweit erfolgen, als dies zum Schutz des Geschäftsgeheimnisses erforderlich sei. In praktischer Hinsicht dürfte dieser Umkehrung der Vorzeichen allerdings nur geringe Bedeutung zukommen.

[393] Harte-Bavendamm/Ohly/*Kalbfus* § 19 Rn. 23 f.

[394] Vgl. BT-Drs. 19/8300, 15.

[395] Zum Verfahren einschließlich eines Vorschlagsrechts der Partei und der Möglichkeit der Gegenpartei, hierzu Stellung zu nehmen, vgl. Köhler/Bornkamm/Feddersen/*Alexander* GeschGehG § 19 Rn. 13; Büscher/*McGuire* RegE-GeschGehG § 19 Rn. 18.

[396] Für eine erweiternde Auslegung *Kalbfus* WRP 2019, 692 (697); aA Köhler/Bornkamm/Feddersen/*Alexander* GeschGehG § 19 Rn. 30 f.

resse das Recht der Beteiligen auf **rechtliches Gehör** auch unter Beachtung ihres Rechts auf effektiven Rechtsschutz und ein faires Verfahren **übersteigt.** Diese Formulierungen, in denen möglicherweise ein Regel-/Ausnahmeverhältnis anklingt, sind im Lichte der verbindlichen Vorgaben des Art. 9 Abs. 3 Geschäftsgeheimnis-RL zu interpretieren. Die Richtlinienbestimmung sieht eine **freie Gesamtabwägung** unter Berücksichtigung des **Verhältnismäßigkeitsgrundsatzes** vor und erscheint etwas deutlicher und aussagekräftiger als der Wortlaut des § 19 Abs. 1 S. 2: Gemäß Art. 9 Abs. 3 berücksichtigen die Gerichte „die Notwendigkeit, das Recht auf einen wirksamen Rechtsbehelf und ein faires Verfahren zu gewährleisten, die legitimen Interessen der Partien und gegebenenfalls etwaiger Dritter sowie den möglichen Schaden, der einer der Parteien oder gegebenenfalls etwaigen Dritten durch die Gewährung oder Ablehnung dieser Maßnahmen entstehen kann“. Für die zusätzlichen Schutzmaßnahmen des § 19 Abs. 1 können etwa ein unmittelbares Wettbewerbsverhältnis zwischen den Parteien oder ein erkennbar unredliches Vorgehen des (mutmaßlichen) Verletzers sprechen; demgegenüber kann insoweit Zurückhaltung geboten sein, als andernfalls die Verteidigungsmöglichkeiten des wirklichen oder angeblichen Verletzers in unzumutbarer Weise beschnitten würden.[397]

182 Die Entscheidung ergeht auf **Antrag einer Partei**[398] durch Beschluss. Der Gegenpartei ist zuvor rechtliches Gehör zu gewähren. Antragsteller wird meist der klagende Geheimnisinhaber sein. Zwingend ist dies aber ebenso wenig wie im Rahmen des § 16,[399] Der (mutmaßliche) Verletzer kann ein objektives Interesse daran haben, zu seiner Verteidigung eigene Geschäftsgeheimnisse aufzudecken, die ihrerseits verfahrensrechtlichen Schutz verdienen.

183 **c) Ausschluss der Öffentlichkeit, Beschränkung der Akteneinsicht Dritter (§ 19 Abs. 2).** Wenn das Gericht Zugangsbeschränkungen nach § 19 Abs. 1 S. 1 trifft, können diese – ebenfalls nur auf Antrag einer Partei – durch den Ausschluss der Öffentlichkeit und durch eine Beschränkung des Akteneinsichtsrechts Dritter ergänzt werden. Der **Ausschluss der Öffentlichkeit** wird jedenfalls dann geboten sein, wenn schon das Zugangsrecht einer Partei signifikant beschränkt wurde. Er kann aber auch dort in Betracht kommen, wo die für die Verfahrensbeteiligten geltenden Restriktionen relativ zurückhaltend ausgefallen sind.

184 Die **Beschränkung des Akteneinsichtsrechts** soll verhindern, dass die Personen, die nach § 19 Abs. 1 S. 1 keinen Zugang zu Dokumenten und zur mündlichen Verhandlung haben, über den Umweg der Akteneinsicht doch noch Kenntnis von den als geheimhaltungsbedürftig eingestuften Informationen erhalten.[400] Den zur Einsicht berechtigten Dritten darf nur ein Akteninhalt zur Verfügung gestellt werden, in dem die Ausführungen, die Geschäftsgeheimnisse enthalten, unkenntlich gemacht wurden.

185 **d) Zwangsvollstreckungsverfahren (§ 19 Abs. 3).** § 19 Abs. 3 **erstreckt den** vom Gericht der Hauptsache **im Erkenntnisverfahren angeordneten Schutz** geheimhaltungsbedürftiger Informationen (§§ 16–19 Abs. 1 und 2) auf das **Verfahren der Zwangsvollstreckung.** Die Fortgeltung der im Erkenntnisverfahren getroffenen Anordnungen hat die Funktion, dass auch solche Personen, die erstmals im Verfahren der Zwangsvollstreckung mit den geheimhaltungsbedürftigen Informationen in Berührung kommen, die entsprechenden Pflichten zur Wahrung des Geschäftsgeheimnisses zu erfüllen haben und den Zugangsbeschränkungen nach § 19 Abs. 1 und 2 unterliegen.[401] Demgegenüber bleiben diejenigen Personen, die mit dem Geschäftsgeheimnis schon im Erkenntnisverfahren in Berührung gekommen sind, bereits nach § 18 an die zuvor angeordneten Beschränkungen

---

[397] Vgl. Harte-Bavendamm/Ohly/*Kalbfus* § 19 Rn. 14 f.

[398] Von der durch Art. 9 Abs. 2 Nr. 2 Geschäftsgeheimnis-RL eröffneten Möglichkeit, solche Anordnungen auch von Amts wegen zu treffen, hat der deutsche Gesetzgeber keinen Gebrauch gemacht.

[399] → Rn. 161.

[400] Köhler/Bornkamm/Feddersen/*Alexander* GeschGehG § 19 Rn. 38.

[401] RegE-GeschGehG BT-Drs. 19/4724, 37.

gebunden. Nach dem Wortlaut des § 19 Abs. 3 und den diesbezüglichen Ausführungen im RegE-GeschGehG[402] kann ein Antrag auf die vorgesehenen Schutzvorkehrungen nicht erst im Zwangsvollstreckungsverfahren gestellt und die erforderliche Interessenabwägung auf dieser Stufe auch nicht mehr vorgenommen werden.[403]

7. Verfahren bei Maßnahmen nach den §§ 16–19 (§ 20). a) Allgemeines. § 20 regelt die **verfahrensrechtlichen Aspekte** der in §§ 16 Abs. 1 und 19 Abs. 1 vorgesehenen Maßnahmen. Abs. 1 und 2 behandeln den (frühesten) Zeitpunkt möglicher Anordnungen und die – vorherige oder nachgeschaltete – Anhörung der Gegenpartei. Abs. 3 und 4 betreffen Einzelheiten der Antragstellung einschließlich des – auf eine Glaubhaftmachung der relevanten Tatsachen reduzierten – Beweismaßes. Abs. 5 legt die Form der Entscheidung, begleitende Hinweise und die Rechtsbehelfe der Parteien fest. Abs. 6 definiert das entscheidungsbefugte Gericht der Hauptsache. **186**

Art. 9 Geschäftsgeheimnis-RL hat die Ausgestaltung des Verfahrens weitgehend dem nationalen Gesetzgeber überlassen. Dem allgemeinen Gebot des **Art. 6 Abs. 2,** zum Schutz von Geschäftsgeheimnissen Maßnahmen, Verfahren und Rechtsbehelfe vorzusehen, die fair und gerecht, nicht unnötig kompliziert oder kostspielig, wirksam und abschreckend sind und weder unangemessene Fristen noch ungerechtfertigte Verzögerungen mit sich bringen, wird § 20 ohne Weiteres gerecht. **187**

b) Zeitpunkt der Anordnung (§ 20 Abs. 1). Die angestrebte Effektivität des Geheimnisschutzes in gerichtlichen Auseinandersetzungen setzt voraus, dass geeignete Schutzvorkehrungen möglichst frühzeitig angeordnet werden können. Insofern lässt sich von einem **Vorschaltverfahren**[404] sprechen – ohne die Möglichkeit auszuschließen, Anordnungen gemäß §§ 16 Abs. 1 und 19 Abs. 1 auch noch in einem **späteren Stadium einer Geschäftsgeheimnisstreitsache,**[405] so auch noch in der Berufungsinstanz zu treffen. Folgerichtig legt § 20 Abs. 1 mit dem Datum der **Anhängigkeit des Rechtsstreits** lediglich den frühesten Zeitpunkt fest, zu dem das nach Abs. 6 zu bestimmende Gericht der Hauptsache die vorgesehenen Beschränkungen anordnen kann. Anhängig wird die Geschäftsgeheimnisstreitsache mit **Einreichung der Klage** oder des Verfügungsantrags bei Gericht (§ 253 Abs. 5 ZPO). Wenn – was sich als Regel herausstellen dürfte – der Schutzantrag in der Klageschrift gestellt wird, weil diese bereits geheimhaltungsbedürftige Informationen enthält, wird das Gericht die erforderlich erscheinenden Maßnahmen **vor der Zustellung der Klage** treffen und die Anhörung des Gegners nach § 20 Abs. 2 S. 1 nachzuholen haben.[406] **188**

c) Anhörung, Abänderung (§ 20 Abs. 2). Der Anspruch der Gegenpartei, zum Begehren des Antragstellers gehört zu werden, folgt schon aus **Art. 103 Abs. 1 GG.** Verfassungsrechtlich ist ein **Verzicht auf eine vorherige Anhörung** nur zulässig, wenn der Zweck der Maßnahme andernfalls gefährdet wäre.[407] Der – vorläufige – Schutz eines zum Streitstoff gehörenden Geschäftsgeheimnisses erfüllt die Voraussetzungen für eine solche Ausnahme: Der prozessuale Geheimnisschutz würde ausgehöhlt, wenn ein in der Klage beschriebenes Geschäftsgeheimnis dem Beklagten in ungesicherter Form zugänglich gemacht werden müsste, um ihm Gelegenheit zur Stellungnahme zu geben. Im **Regelfall**[408] wird das Gericht deshalb von den gemäß Abs. 3 glaubhaft gemachten Tatsachen ausgehen, **189**

---

[402] BT-Drs. 19/4724, 37.

[403] Zweifelnd Harte-Bavendamm/Ohly/*Kalbfus* § 19 Rn. 45, 47 insbesondere in Bezug auf die Vollstreckungsabwehrklage sowie für den Fall, dass es sich bei dem Vollstreckungsorgan um das Prozessgericht des ersten Rechtszuges handelt; im Zwangsmittelverfahren kann der zur Erteilung einer Auskunft verurteilte Schuldner Geheimhaltungsinteressen nur noch insoweit geltend machen, als sich ein entsprechender Vorbehalt schon aus dem Tenor des zu vollstreckenden Titels ergibt, OLG Düsseldorf GRUR 2020, 734 (735 f.).

[404] *Schlingloff* WRP 2018, 666, Rn. 27.

[405] → Rn. 160 f.

[406] Harte-Bavendamm/Ohly/*Kalbfus* § 20 Rn. 7.

[407] Vgl. BVerfGE 9, 89 (98) – Gehör bei Haftbefehl.

[408] So auch die im RegE-GeschGehG (BT-Drs. 19/4724, 38) geäußerte Erwartung.

die für eine Geheimhaltungsbedürftigkeit der in Rede stehenden Informationen sprechen, und die ihm geeignet erscheinenden Maßnahmen nach § 16 Abs. 1 und – weitergehend – ggf. auch nach § 19 Abs. 1 anordnen. Erst danach – und zwar so bald wie möglich[409] – wird der Gegenpartei **rechtliches Gehör** gewährt.

190 Als **Korrektiv** sieht Abs. 2 S. 2 ausdrücklich die **Aufhebung oder Abänderung** der zunächst verhängten Schutzmaßnahmen vor. Hat die – nachgeholte – Anhörung relevante neue Gesichtspunkte zur Einstufung der fraglichen Informationen zutage gefördert, so kann und muss das Gericht seine Entscheidung an die neuen Erkenntnisse anpassen. Nach der im RegE-GeschGehG[410] geäußerten Auffassung kann diese **Anpassung auch ohne entsprechenden Antrag** der belasteten Partei vorgenommen werden. Die **Abänderungskompetenz** dürfte auch für den **weiteren Verlauf des Verfahrens** gelten, dies zumindest dann, wenn eine Partei glaubhaft macht, dass sich die Sach- und Rechtslage – soweit sie die Geheimhaltungsbedürftigkeit bestimmter Informationen betrifft – mittlerweile maßgeblich geändert hat.[411]

191 **d) Glaubhaftmachung (§ 20 Abs. 3).** Die den Antrag nach § 16 Abs. 1 oder § 19 Abs. 1 stellende Partei muss glaubhaft machen, dass es sich bei den aus ihrer Sicht geheimhaltungsbedürftigen Informationen um Geschäftsgeheimnisse handelt. Als **Glaubhaftmachungsmittel** kommen gemäß **§ 294 Abs. 1 ZPO** alle Beweismittel in Betracht, die für einen **Freibeweis**[412] ausreichen. Eine herausgehobene Rolle werden dabei wie im Lauterkeitsrecht und bei der Durchsetzung von Immaterialgüterrechten **eidesstattliche Versicherungen** spielen, denn allein aus Dokumenten wird sich der vom Antragsteller in Anspruch genommene Geheimnischarakter meist nicht ableiten lassen.[413]

192 Für die Glaubhaftmachung genügt es, wenn die relevante Tatsache zur Überzeugung des Gerichts (§ 286 ZPO) mit **überwiegender Wahrscheinlichkeit** zutrifft.[414] Die Umstände, aus denen sich dieser Grad der Wahrscheinlichkeit ergeben soll, sind möglichst **konkret und nachvollziehbar darzulegen.**[415] Insoweit dürften allerdings keine strengeren Maßstäbe als für andere Fälle der Glaubhaftmachung gelten, zumal Art. 9 Abs. 1 Geschäftsgeheimnis-RL nur auf ein „angebliches" Geschäftsgeheimnis Bezug nimmt und keine besonderen Anforderungen an den entsprechenden Nachweis erkennen lässt.[416] **Keine Glaubhaftmachung** ist hinsichtlich **unstreitiger Tatsachen** erforderlich. So kann die nach Abs. 2 erforderliche Anhörung des Prozessgegners ergeben, dass der Geheimnischarakter der Informationen nicht (oder nicht substantiiert) bestritten wird. Falls das Gericht die andere Partei erst nach Anordnung der Schutzmaßnahmen zu hören gedenkt, wird es zu erwägen haben, ob es zunächst einen schlüssigen, aus nachvollziehbaren Gründen noch nicht durchgehend glaubhaft gemachten Vortrag des Antragstellers genügen lässt und die Maßnahmen nach Anhörung des Gegners entweder bestätigt, abändert oder aufhebt.[417]

193 **e) Anforderungen an Schriftsätze und Anlagen (§ 20 Abs. 4).** Schutzmaßnahmen können nur auf Antrag einer Partei – in der Praxis meist des klagenden Inhabers der (mutmaßlichen) Geschäftsgeheimnisse – angeordnet werden. Das **Antragserfordernis** selbst ergibt sich bereits aus **§ 16 Abs. 1 und § 19 Abs. 1.** Ergänzend regelt § 20 Abs. 4

[409] Harte-Bavendamm/Ohly/*Kalbfus* § 20 Rn. 13 mwN.

[410] BT-Drs. 19/4724, 38.

[411] Harte-Bavendamm/Ohly/*Kalbfus* § 20 Rn. 15 ff.; solange das Gericht nicht über einen Antrag des Klägers nach § 16 Abs. 1 entschieden hat, kann der Unterlassungsanspruch nicht mangels ausreichender Bestimmtheit als unzulässig abgewiesen werden, OLG Stuttgart GRUR-RS 2020, 35613, Rn. 84 – Schaumstoffsysteme.

[412] Hierzu *Ahrens,* Der Beweis im Zivilprozess, Kap. 17 Rn. 91.

[413] Zur Glaubhaftmachung im Allgemeinen und zu eidesstattlichen Versicherungen im Besonderen → § UWG § 12 Rn. 172 ff.; Harte-Bavendamm/Ohly/*Kalbfus* § 20 Rn. 24 ff.

[414] BGH NJW 1994, 2898; *Ahrens,* Der Beweis im Zivilprozess, Kap. 17 Rn. 89.

[415] Vgl. *Schlingloff* WRP 2018, 666 (670); Köhler/Bornkamm/Feddersen/*Alexander* GeschGehG § 20 Rn. 16.

[416] Harte-Bavendamm/Ohly/*Kalbfus* § 20 Rn. 21.

[417] Für einen großzügigen Ansatz dieser Art Harte-Bavendamm/Ohly/*Kalbfus* § 20 Rn. 24.

bestimmte Anforderungen an die vom Antragsteller einzureichenden Schriftstücke und sonstigen Unterlagen (also Schriftsätze und Anlagen jeder Art). Hierbei geht es zum einen um die **Kennzeichnung der als geheimhaltungsbedürftig betrachteten Informationen (S. 1).** Erst hierdurch wird das Gericht in die Lage versetzt, das Anliegen des Antragstellers konkret nachzuvollziehen und auf dieser Grundlage – ausreichende Glaubhaftmachung gemäß Abs. 3 vorausgesetzt – sachgerechte, auf die Umstände des Rechtsstreits zugeschnittene Anordnungen zu treffen. In der Regel dürften die Einstufungsanträge unmittelbar mit den „geheimnisträchtigen" Schriftsätzen und Anlagen verbunden sein oder zumindest zeitgleich mit diesen eingereicht werden. Abs. 4 S. 1 deckt daneben aber auch den Fall ab, dass (erste) Anordnungen bereits erfolgt sind und danach weitere geheimhaltungsbedürftige Informationen in den Rechtsstreit eingeführt werden. Falls das Gericht Defizite in der Kennzeichnung der relevanten Informationen sieht, wird es dem Antragsteller **Gelegenheit zur Nachbesserung** geben; dieser Schritt kann vor einem **Hinweis gemäß Abs. 5 S. 3** erfolgen oder mit diesem verbunden werden.

Zum anderen werden **zusätzliche Voraussetzungen für Anträge nach § 19 Abs. 1** 194
statuiert. **Abs. 4 S. 2** gibt dem Antragsteller für diesen Fall auf, neben der gemäß S. 1 konkretisierten Fassung seiner Eingabe ein **weiteres Exemplar** einzureichen, das **um die in Rede stehenden Geschäftsgeheimnisse bereinigt** worden ist. Erfüllt er diese Obliegenheit nicht, so kann das Gericht von der Zustimmung zur Einsichtnahme ausgehen, es sei denn, ihm seien besondere Umstände bekannt, die eine solche Vermutung nicht rechtfertigen.

f) Entscheidung, Rechtsmittel (§ 20 Abs. 5). Die Entscheidung über den Antrag, 195
bestimmte Informationen als geheimhaltungsbedürftig einzustufen, ergeht durch **Beschluss.** Wird dem **Antrag stattgegeben,** so hat das Gericht die **Beteiligten** auf die **Wirkung der Anordnung** nach § 16 Abs. 2 und § 18 sowie auf die in § 17 niedergelegten **Folgen einer Zuwiderhandlung hinzuweisen.** Als Beteiligte sind über die Parteien hinaus auch die übrigen in § 16 Abs. 2 genannten Personen anzusehen, also die Prozessvertreter, Zeugen, Sachverständigen, sonstigen Vertreter und **alle** sonstigen **Personen, die an der Geschäftsgeheimnisstreitsache beteiligt sind** oder **Zugang zu den Dokumenten** des Verfahrens haben. Die Weite dieses Personenkreises bringt es mit sich, dass die Hinweispflicht im Laufe des Verfahrens erneut entsteht, sobald weitere Personen zu Beteiligten werden, insbesondere wenn es tatsächlich zur Vernehmung einzelner von den Parteien benannter Zeugen kommt. Die Rechtsfolgen der §§ 16 Abs. 2 und 18 treten allerdings unabhängig von der Erfüllung der gesetzlichen Hinweispflichten ein; unterlassene Hinweise mögen aber Einfluss auf die Verschuldensprüfung im Rahmen des § 17[418] oder auf die Höhe des Ordnungsgeldes haben.

Wenn das Gericht **beabsichtigt,** den **Schutzantrag** insgesamt oder zum Teil **zurück-** 196
zuweisen, hat es den Antragsteller hierauf unter Nennung der Gründe hinzuweisen und ihm binnen einer zu bestimmenden Frist **Gelegenheit zur Stellungnahme** zu geben. Um die Möglichkeit der gegen eine Zurückweisung statthaften Beschwerde nach Abs. 5 S. 5 nicht zu unterlaufen, wird es sich empfehlen, dem Antragsteller vor Übermittlung der fraglichen Informationen an den Antragsgegner Gelegenheit zu geben, die relevanten Unterlagen zurückzunehmen oder gegen geschwärzte Exemplare auszutauschen.[419]

Nach S. 4 können **Anordnungen** gemäß § 16 Abs. 1 und 19 Abs. 1 nur **gemeinsam** 197
mit dem Rechtsmittel in der Hauptsache angefochten werden. Im Übrigen – also bei **Zurückweisung** des Schutzantrags durch das Land- oder Arbeitsgericht – findet die **sofortige Beschwerde** statt (§ 567 Abs. 1 Nr. 1 ZPO; § 78 ArbGG). Sie kann binnen einer **Notfrist von zwei Wochen** ab Zustellung der ablehnenden Entscheidung entweder beim Ausgangsgericht oder beim Beschwerdegericht (dh dem Oberlandesgericht bzw. dem

---

[418] Harte-Bavendamm/Ohly/*Kalbfus* § 20 Rn. 37.

[419] Harte-Bavendamm/Ohly/*Kalbfus* § 20 Rn. 38 unter Hinweis auf OLG Düsseldorf BeckRS 2016, 114380 Rn. 3 f.

Landesarbeitsgericht) eingelegt werden. Die hierin liegende **„gespaltene Anfechtbarkeit"** erklärt der RegE-GeschGehG[420] damit, dass sich der Rechtsweg am Zweck der materiellen Regelungen orientieren müsse: Lehne das Ausgangsgericht die beantragten Schutzmaßnahmen ab, so gerate das Geschäftsgeheimnis in Gefahr; deshalb solle die ablehnende Entscheidung zunächst im Wege der sofortigen Beschwerde überprüfbar sein. Werde dem Antrag dagegen stattgegeben, so sei für den Prozessgegner hinnehmbar, die Anordnungen erst zusammen mit dem Rechtsmittel in der Hauptsache anzugreifen. Eine sofortige Beschwerde ist nur im ersten Rechtszug möglich.

198 **g) Gericht der Hauptsache (§ 20 Abs. 6).** Für sämtliche nach §§ 16–20 zu treffenden Entscheidungen ist allein das **Gericht der Hauptsache** zuständig. Nach der in § 20 Abs. 6 gegebenen Definition ist dies das **Gericht des ersten Rechtszuges** oder – wenn die Hauptsache in der Berufungsinstanz anhängig ist – das **Berufungsgericht.** Diese Regelung soll sicherstellen, dass das jeweils mit der Sache befasste Gericht auch über die Maßnahmen nach §§ 16 oder 19 entscheiden kann.[421] Für Verfahren vor den ordentlichen Gerichten ist das Gericht des ersten Rechtszuges das örtlich zuständige Landgericht (§ 15). Für alle Streitigkeiten mit Arbeitnehmern – unabhängig davon, ob das Beschäftigungsverhältnis noch besteht oder beendet wurde – ist Eingangsinstanz das Arbeitsgericht.[422]

199 **8. Bekanntmachung des Urteils (§ 21).** § 21 dient der Umsetzung von Art. 15 der Geschäftsgeheimnis-RL, gewährt den Bekanntmachungsanspruch aber nicht nur dem in seinen Rechten verletzten Inhaber eines Geschäftsgeheimnisses, sondern der **in einer Geschäftsgeheimnisstreitsache**[423] **obsiegenden Partei** generell. Dieser kann in der Urteilsformel die Befugnis zugesprochen werden, das **Urteil oder Informationen über das Urteil** auf Kosten der unterliegenden Partei **öffentlich bekannt zu machen,** wenn die obsiegende Partei hierfür ein berechtigtes Interesse darlegt. Form und Umfang der Bekanntmachung werden vom Gericht unter **Abwägung der Interessen** der am Verfahren beteiligten Parteien nach pflichtgemäßem Ermessen bestimmt.[424] Maßgeblich sind nach § 21 Abs. 2 der Wert des Geschäftsgeheimnisses, das Verhalten des Rechtsverletzers, die Folgen der Geheimnisverletzung und die Wahrscheinlichkeit einer erneuten Geheimnisverletzung durch den Rechtsverletzer. Diese Aufzählung schließt entgegen dem durch ihren Wortlaut vermittelten Eindruck die **Berücksichtigung anderer den Einzelfall charakterisierender Gesichtspunkte** nicht aus.[425] Unglücklich ist es, dass der Gesetzgeber in § 21 nicht auch die verbindliche Vorgabe aus Art. 15 Abs. 3 S. 2 der RL übernommen hat, nach der auch zu berücksichtigen ist, ob die veröffentlichten Informationen die **Identifizierung einer natürlichen Person** ermöglichen würden; Letzteres schließt den Bekanntmachungsanspruch zwar nicht aus, erfordert aber eine bewusste Einbeziehung der damit verbundenen persönlichen Beeinträchtigungen in die Gesamtabwägung.

200 Die **Abwägungskriterien,** die gemäß Art. 15 Abs. 3 (nur) „gegebenenfalls" zu berücksichtigen sind, sind erkennbar ausschließlich auf den Fall gemünzt, dass der Inhaber des Geschäftsgeheimnisses obsiegt. Für den von § 21 darüber hinaus erfassten Fall der **Klageabweisung** muss das Gericht eine **freie Interessenabwägung** vornehmen, die von der Umkehrung der Vorzeichen ausgeht. Gleiches gilt bereits im Rahmen der entsprechenden, wenn auch nicht ganz deckungsgleichen Vorschriften aus den Gesetzen des geistigen Eigentums im engeren Sinne, wie etwa § 103 UrhG, § 140e PatG oder § 19c MarkenG.

[420] BT-Drs. 19/4724, 38.
[421] RegE-GeschGehG BT-Drs. 19/4724, 39.
[422] → Rn. 156.
[423] → Rn. 160.
[424] Näher *Harte-Bavendamm*/Ohly/Kalbfus § 21 Rn. 15 ff.
[425] *Harte-Bavendamm*/Ohly/Kalbfus § 21 Rn. 22; aA Köhler/Bornkamm/Feddersen/*Alexander* GeschGehG § 21 Rn. 7, 23.

Wie dort will der Gesetzgeber auch dem sich im Verletzungsprozess durchsetzenden Beklagten die Möglichkeit geben, seinen **Ruf wiederherzustellen.**[426]

Zweck des § 21 ist jedoch in erster Linie, potentielle **Rechtsverletzer abzuschrecken** und die **Öffentlichkeit zu sensibilisieren.** Die Bedeutung der Vorschrift liegt ferner darin, der unterliegenden Partei die **Kosten der Veröffentlichung** aufzubürden und die **Veröffentlichung zu legitimieren.** Eine Bekanntmachung des Urteils oder einzelner Auszüge kann grundsätzlich zwar auch **auf privater Basis** erfolgen, ist dann aber mit dem nicht unerheblichen **Risiko** behaftet, dass gegen andere Vorschriften (etwa §§ 3, 4 Nr. 1 und Nr. 2 UWG oder § 824 BGB) verstoßen wird. Die Bekanntmachungsbefugnis nach § 21 wird nur auf **Antrag** gewährt. Im Hinblick auf das weite gerichtliche Ermessen kann der Antrag allgemein formuliert werden; ratsam ist es allerdings, zu den Abwägungskriterien substantiiert vorzutragen. Auch können dem Gericht **Anregungen** in Bezug auf die Wahl der zur Erreichung der relevanten Verkehrskreise geeigneten Medien und zu sonstigen Aspekten der Form und des Umfangs der Veröffentlichung gegeben werden.[427] 201

9. Streitwertbegünstigung (§ 22). Die in § 22 getroffenen, nicht auf die RL zurückgehenden Regelungen zur Minderung des Streitwerts entsprechen in der Sache vollständig denen des **§ 12 Abs. 3 UWG** (§ 12 Abs. 4 UWG 2015), der gemäß § 3 iVm §§ 17 und 18 UWG auch für Rechtsstreitigkeiten über Geschäftsgeheimnisse galt. Auch der Wortlaut stimmt überein – mit Ausnahme dessen, dass sich die Streitwertbegünstigung nach § 12 Abs. 3 S. 1 UWG nur auf die im Klageweg erfolgende Anspruchsdurchsetzung zu beziehen schien,[428] während § 22 GeschGehG diese verbale Einschränkung von vornherein nicht enthält. **Zweck** der Streitwertbegünstigung ist es zu verhindern, dass die **Bereitschaft einer wirtschaftlich schwachen Partei** – also des Klägers oder des Beklagten – zur Führung eines Rechtsstreits **nicht durch hohe Streitwerte beeinträchtigt** wird, die in Geschäftsgeheimnisstreitsachen eher Regel als Ausnahme sein dürften. Im Sinne einer Härtefallregelung ist in diesem Fall die einseitige Streitwertbegünstigung der wirtschaftlich unterlegenen Partei möglich.[429] Sie betrifft nur den **Gebührenstreitwert.** Nicht anwendbar ist § 22 GeschGehG – wie § 12 Abs. 3 UWG – auf außergerichtlich ausgetragene Rechtsstreitigkeiten, auf Schadensersatzklagen nach § 945 ZPO oder auf Verfahren zur Durchsetzung einer Vertragsstrafe.[430] Zu den Einzelheiten der Voraussetzungen, Rechtsfolgen und Antragstellung wird auf Harte-Bavendamm/Ohly/Kalbfus[431] verwiesen. 202

VIII. Strafvorschriften (§ 23)

1. Allgemeines. Mit der Geschäftsgeheimnis-RL wurde der Schutz von Geschäftsgeheimnissen von seinen strafrechtlichen Fesseln befreit.[432] Die zivilrechtlichen Voraussetzungen und Grenzen des Geheimnisschutzes stehen nun ganz im Vordergrund. Die Geschäftsgeheimnis-RL hat den Mitgliedstaaten bei der strafrechtlichen Flankierung des Geheimnisschutzes freie Hand gelassen, soweit nicht ein Verhalten unter Strafe gestellt wird, das nach der RL erlaubt ist. Im RegE-GeschGehG[433] wird ausdrücklich hervorgehoben, mit den Mitteln des Strafrechts sollten **keine zivilrechtlich zulässigen Handlungen sanktioniert** werden. Dies schlägt sich in aller Deutlichkeit auch im Wortlaut des § 23 nieder, demzufolge konkret benannte Verstöße gegen § 4 den Ausgangspunkt aller Strafandrohungen bilden. Da § 4 auf Art. 4 der RL zurückgeht, strahlt diese zumindest mittel- 203

[426] So die Begründung zum RegE, BT-Drs. 19/4724, 39.

[427] Zu weiteren Einzelheiten *Harte-Bavendamm*/Ohly/Kalbfus § 21 Rn. 30 ff.

[428] Nach allgemeiner Meinung konnte § 12 Abs. 4 UWG allerdings sinngemäß auch im Verfügungsverfahren herangezogen werden, vgl. nur Ohly/*Sosnitza* § 12 Rn. 239; *Schlingloff* in MüKoUWG § 12 Rn. 642.

[429] Vgl. RegE-GeschGehG, BT-Drs. 19/4724, 39.

[430] Vgl. → § 12 Rn. 908 *(Retzer/Tolkmitt).*

[431] *Harte-Bavendamm*/Ohly/Kalbfus § 22 Rn. 4 ff.

[432] Zur Entwicklung des Schutzes von Betriebs- und Geschäftsgeheimnissen in Deutschland *Harte-Bavendamm*/Ohly/Kalbfus Einl. A II.; *Brammsen,* Lauterkeitsstrafrecht, §§ 17–19 Rn. 1 ff.

[433] BT-Drs. 19/4724, 40.

bar auch auf das neue Strafrechtsregime aus. Ferner werden die Strafverfolgungsbehörden stets auch prüfen müssen, ob ein vom Wortlaut des § 4 erfasstes Verhalten nicht unter eine der **Ausnahmen der §§ 3 oder 5** fällt,[434] deshalb zivilrechtlich nicht zu beanstanden und folglich auch strafrechtlich nicht zu sanktionieren ist. Schwierigkeiten könnte hier vor allem die **in Art. 3 Abs. 1 lit. d Geschäftsgeheimnis-RL enthaltene,** in § 3 Abs. 2 GeschGehG nicht sehr klar umgesetzte **Generalklausel** bereiten, nach welcher der Erwerb eines fremden Geschäftsgeheimnisses als rechtmäßig gilt, wenn die betreffende „Vorgehensweise … unter den gegebenen Umständen", also bei starker Berücksichtigung des Einzelfalls, „mit einer seriösen Geschäftspraxis vereinbar" ist.

204 Ungeachtet der neuen gesetzlichen Struktur und der konkreten Anknüpfung an die auf der Geschäftsgeheimnis-RL beruhenden Handlungsverbote gibt es auf der strafrechtlichen Seite andererseits **erhebliche Übereinstimmungen** mit dem bisherigen Gehalt der **§§ 17–19 UWG.** Der RegE-GeschGehG[435] hebt hervor, § 23 entspreche im Wesentlichen den bisherigen §§ 17–19 UWG. Diese seien anhand der geänderten Anforderungen an das Nebenstrafrecht modernisiert und an die Begriffe des GeschGehG angepasst worden. Übereinstimmungen bestehen beispielsweise hinsichtlich der subjektiven Beweggründe der Täter, der Strafandrohung gegen die Offenlegung von Geschäftsgeheimnissen durch Beschäftigte des Geheimnisinhabers, des Missbrauchs anvertrauter „Vorlagen und Vorschriften technischer Art" und des erhöhten Strafrahmens für gewerbsmäßiges Handeln und für bestimmte Verstöße mit Auslandsbezug.

205 **2. Strafbare Erlangung, Nutzung oder Offenlegung fremder Geschäftsgeheimnisse (§ 23 Abs. 1).** Mit **Freiheitsstrafe bis zu drei Jahren** oder mit **Geldstrafe** bedroht § 23 Abs. 1 drei verschiedene Arten der Geheimnisverletzung. Diese erfassen jeweils mehrere Handlungsvarianten, teils unmittelbar („nutzt oder offenlegt"), teils mittelbar, nämlich durch Anknüpfung an einzelne Tatbestände des § 4. So geht es in § 23 Abs. 1 Nr. 1 um die gemäß § 4 Abs. 1 Nr. 1 unbefugte Erlangung eines fremden Geschäftsgeheimnisses. § 23 Abs. 1 Nr. 2 betrifft die Nutzung oder Offenlegung eines Geschäftsgeheimnisses, welches der Täter durch eine eigene, nach § 4 Abs. 1 Nr. 1 verbotene Handlung erlangt hat (während die Nutzung oder Offenlegung von Geschäftsgeheimnissen, die der Täter aufgrund fremder Handlungen erlangt hat, in § 23 Abs. 2 separat, aber sachlich übereinstimmend geregelt wird). § 23 Abs. 1 Nr. 3 schließlich bezieht sich auf den Geheimnisverrat, den eine in einem Unternehmen des Geheimnisinhabers beschäftigte Person während der Geltungsdauer des Beschäftigungsverhältnisses begeht.

206 **§ 23 Abs. 1 Nr. 1 (strafbare Erlangung)** soll im Wesentlichen dem früheren **§ 17 Abs. 2 Nr. 1 UWG** entsprechen. Hierbei soll der Begriff der „Erlangung" eines fremden Geschäftsgeheimnisses die Fälle abdecken, in denen sich jemand im Sinne des herkömmlichen Rechts das Geschäftsgeheimnis **unbefugt verschafft oder gesichert** hat. Diese Erscheinungsform der Geheimnisverletzung wurde üblicherweise mit dem Schlagwort **„Betriebsspionage"** charakterisiert.[436] Die Vorverlagerung der Strafbarkeit auf einzelne typische, als **besonders gefährlich** angesehene Erscheinungsformen der Wirtschaftsspionage greift unabhängig davon ein, ob es anschließend tatsächlich noch zu einer Nutzung oder Offenlegung der unbefugt erlangten Geheiminformationen kommt. Als **Täter** kommen betriebsfremde Personen ebenso in Betracht wie die im Unternehmen beschäftigten Arbeitnehmer oder andere Personen, die in rechtlichen Sonderbeziehungen zum Geheimnisinhaber stehen. Hinsichtlich der **rechtswidrigen Handlungen,** an deren Begehung § 23 Abs. 1 Nr. 1 strafrechtlich anknüpft, kann auf die Kommentierung zu **§ 4 Abs. 1 Nr. 1** und, was die Ausnahmetatbestände betrifft, auf § 5 verwiesen werden.[437]

---

434 Vgl. *Harte-Bavendamm*/Ohly/Kalbfus § 23 Rn. 2 f., 26 ff.

435 BT-Drs. 19/4724, 40.

436 Vgl. nur *Ohly*/Sosnitza § 17 Rn. 17; *Brammsen,* Lauterkeitsstrafrecht, § 17 Rn. 80.

437 Vgl. insbesondere Harte-Bavendamm/*Ohly*/Kalbfus § 4 Rn. 11 ff. und § 5; zu § 23 Abs. 1 Nr. 1 näher *Harte-Bavendamm*/Ohly/Kalbfus § 23 Rn. 6 ff.

§ 23 **Abs. 1 Nr. 2** betrifft die **Nutzung oder Offenlegung** entgegen § 4 Abs. 2 Nr. 1 lit. a. Hiernach darf ein Geschäftsgeheimnis weder nutzen noch offenlegen, wer dieses **durch eine eigene nach § 4 Abs. 1 Nr. 1 rechtswidrige Vortat erlangt** hat. Diese stellt sich rückblickend als Vorbereitung der eigentlichen Verwertungs- oder Verratshandlung dar. Wie eben erwähnt, ist sie aber wegen ihres Gefährdungspotentials unabhängig davon strafbar, ob es zu den Folgetaten noch kommt oder ob eine bestimmte Eigennutzung oder Weitergabe von Beginn an konkret geplant war. **Täter** kann auch hier jedermann sein. Der rechtswidrige Zugriff durch Außenstehende kann durch verschiedenste Formen der Betriebsspionage erfolgt sein. In Betracht kommen aber unter anderem auch frühere Beschäftigte des Geheimnisinhabers an, die sich die geheimen Informationen noch während ihres Beschäftigungsverhältnisses verschafft haben. Die Weitergabe von Geschäftsgeheimnissen nach dem Ende des Beschäftigungsverhältnisses setzt **keine identische Umsetzung des fremden Geschäftsgeheimnisses** voraus. Auch im Rahmen des § 17 Abs. 2 Nr. 2 UWG genügte es, wenn die unbefugt erlangten Kenntnisse die Eigenschaften der neuen Erzeugnisse in einer Weise mitbestimmten, die nicht als bedeutungslos angesehen werden konnte.[438] Eine **Offenlegung** ist in **jeder beliebigen Bekanntgabe** zu sehen, die irgendeine Nutzung oder Weitergabe des Geschäftsgeheimnisses durch den unmittelbaren Empfänger oder einen Dritten nach sich ziehen könnte.[439] 207

§ 23 Abs. 1 Nr. 3 sanktioniert die **Offenlegung durch Beschäftigte** entgegen **§ 4 Abs. 2 Nr. 3.** Geschützt werden Geschäftsgeheimnisse, die den Beschäftigten im Rahmen des Beschäftigungsverhältnisses **anvertraut** wurden oder **zugänglich geworden** sind. Wie § 17 Abs. 1 UWG begnügt sich § 4 Abs. 2 Nr. 2 mit einer Strafandrohung hinsichtlich des noch **während des Beschäftigungsverhältnisses begangenen Geheimnisverrats.** Die Weitergabe von Geschäftsgeheimnissen nach Beschäftigungsende kann deshalb nach wie vor nur zivilrechtlich verfolgt werden. **Täter** kann jede (noch) im Unternehmen des Geheimnisinhabers beschäftigte Person sein. Weisungsgebundenheit oder Arbeitnehmereigenschaft im arbeitsrechtlichen Sinn werden nicht vorausgesetzt. Der **Kreis der Normadressaten** ist wie schon im Rahmen des § 17 Abs. 1 UWG **weit zu ziehen.** 208

Rechtswidrig sind die in § 23 Abs. 1 definierten Handlungen, wenn kein Rechtsfertigungsgrund eingreift. Nach dem Willen des Gesetzgebers (im Gegensatz zu der im RegE-GeschGehG vertretenen Ansicht) sind die Fälle des § 5 nicht als Rechtfertigungsgründe, sondern als Tatbestandsausnahmen zu verstehen.[440] Auf das in den §§ 17 und 18 UWG aF verwendete Merkmal Förderung eigenen oder fremden Wettbewerbs, deutlich wird, dass nur eine auch zivilrechtlich rechtswidrige Handlung unter die Strafvorschriften fallen kann.[441] Abgesehen von dem **besonderen Rechtfertigungsgrund des § 23 Abs. 6** (Informationserlangung, -auswertung und -veröffentlichung durch Journalisten) gelten die **allgemein anerkannten Rechtfertigungsgründe** wie die **Einwilligung** des Berechtigten oder die Erfüllung von **Anzeige-, Offenbarungs- und Aussagepflichten.**[442] 209

Alle drei von § 23 Abs. 1 erfassten Fälle setzen wie schon § 17 UWG aF eine **vorsätzliche Tat** voraus. Ebenfalls in der Sache unverändert wurden **vier weitere subjektive Tatbestandsmerkmale** übernommen, von denen mindestens eins erfüllt sein muss: Die Förderung eigenen oder fremden Wettbewerbs, Eigennutz, Begünstigung eines Dritten oder Schädigungsabsicht.[443] 210

[438] Vgl. BGH GRUR 1985, 294 (296) – Füllanlage; WRP 2008, 938 f. – Entwendete Datensätze mit Konstruktionszeichnungen. Vgl. jetzt auch die Definition der „rechtsverletzenden Produkte" in § 2 Nr. 4.

[439] Vgl. OLG Hamm WRP 1959, 182.

[440] Näher Harte-Bavendamm/*Ohly*/Kalbfus § 5 Rn. 4, und *Harte-Bavendamm*/Ohly/Kalbfus § 23 Rn. 24 ff.

[441] BT-Drs. 19/4724, 40; *Harte-Bavendamm*/Ohly/Kalbfus in HB/O/K § 23 Rn. 29 f.

[442] Näher *Harte-Bavendamm*/Ohly/Kalbfus § 23 Rn. 31 ff.

[443] Näher *Harte-Bavendamm*/Ohly/Kalbfus § 23 Rn. 38–45; *Brammsen,* Lauterkeitsstrafrecht, § 17 Rn. 50 ff.

211 **3. „Geheimnishehlerei" (§ 23 Abs. 2).** § 23 Abs. 2 bedroht denjenigen mit Freiheits- oder Geldstrafe, der mit einem der schon in § 23 Abs. 1 genannten Handlungsziele ein **Geschäftsgeheimnis nutzt oder offenlegt,** dass er durch eine fremde Handlung nach § 23 Abs. 2 Nr. 2 oder Nr. 3 **erlangt** hat. Laut RegE-GeschGehG soll der terminologische Wechsel von den Tatbestandsmerkmalen „Verwerten" und „Mitteilen" (§ 17 Abs. 2 Nr. 2 UWG aF) zu den Begriffen „Nutzen" und „Offenlegen" keine inhaltlichen Änderungen mit sich bringen.[444]

212 **4. Missbrauch anvertrauter Vorlagen und Vorschriften technischer Art (§ 23 Abs. 3).** § 23 Abs. 3 soll laut RegE-GeschGehG[445] dem Regelungsbereich des **§ 18 UWG aF** entsprechen. Klargestellt wurde lediglich, dass die zu schützenden Vorlagen oder Vorschriften – der schon bisher vorherrschenden Meinung entsprechend – **geheim** sein müssen. Ferner wurde auf die allzu zufällige Aufzählung einzelner Beispiele der in Betracht kommenden Schutzgegenstände verzichtet. Beibehalten wurde aber das historisch gewachsene, nicht mehr zeitgemäße Konzept des § 18 UWG aF, die Strafandrohung auf eine **bestimmte Kategorie von Informationen** zu **beschränken,** nämlich auf **Vorschriften technischer Art** und auf **Vorlagen,** die dem Täter im geschäftlichen Verkehr **anvertraut** und zweckwidrig genutzt oder offengelegt wurden. Auch die ganz unzureichende Strafandrohung des § 18 UWG aF wurde übernommen.[446]

213 **5. Weitere Regelungen (§ 23 Abs. 4–8). § 23 Abs. 4** behandelt **drei Fälle,** in denen der Strafrahmen auf eine **Freiheitsstrafe von fünf Jahren** erweitert wird. Die Neuregelung ist starrer als § 17 Abs. 4 UWG aF: Die verschärfte Strafandrohung gilt nur, aber auch immer, wenn eine der drei angesprochenen Konstellationen vorliegt. Wie bisher wird in Nr. 1 das **gewerbsmäßige Handeln** geregelt. Dieses setzt voraus, dass der Täter sich durch wiederholtes Handeln eine nicht nur vorübergehende **Einnahmequelle von einigem Umfang** verschaffen will; in diesem Fall ist schon die erste der ins Auge gefassten Tathandlungen als gewerbsmäßig anzusehen.[447] Nach Nr. 2 gilt der erweiterte Strafrahmen auch für die rechtswidrige **Offenlegung eines Geschäftsgeheimnisses,** wenn der Täter weiß, dass dieses **im Ausland genutzt** werden soll. Nr. 3 schließlich betrifft den Fall, dass der Täter das Geschäftsgeheimnis im Ausland nutzt.

214 **§ 23 Abs. 5** regelt wie zuvor § 17 Abs. 3 UWG aF die Strafbarkeit des **Versuchs. § 23 Abs. 6** enthält einen besonderen **Rechtsfertigungsgrund für Medienschaffende.** Diese werden von einer Strafbarkeit wegen **Beihilfe** unter der Voraussetzung freigestellt, dass sich ihr Handeln auf die **Entgegennahme, Auswertung oder Veröffentlichung** von Geschäftsgeheimnissen beschränkt.[448] **§ 23 Abs. 7** verweist in Bezug auf **im Ausland begangene Verletzungen von Geschäftsgeheimnissen deutscher Unternehmen** wie das bisherige Recht auf **§ 5 Nr. 7 StGB. § 23 Abs. 8** macht – ohne Abweichung vom § 17 Abs. 5 UWG aF – die Strafverfolgung von einem **Strafantrag** des unmittelbar Verletzten abhängig, es sei denn, die Strafverfolgungsbehörde hielte wegen eines **besonderen öffentlichen Interesses** ein Einschreiten von Amts wegen für geboten.[449]

[444] BT-Drs. 19/4724, 40; zu Zweifeln an der vollständigen Kongruenz der Begriffe *Brammsen* wistra 2018, 449 (455 f.).
[445] BT-Drs. 19/4724, 41.
[446] Einzelheiten bei *Harte-Bavendamm*/Ohly/Kalbfus § 23 Rn. 50 ff.
[447] BGH NJW 1988, 2913 f.; 2012, 325 (328).
[448] Näheres bei *Harte-Bavendamm*/Ohly/Kalbfus § 23 Rn. 70 ff.
[449] Einzelheiten bei *Harte-Bavendamm*/Ohly/Kalbfus § 23 Rn. 74 ff.

Anhang UWG 2022

Gesetz gegen den unlauteren Wettbewerb

in der ab 28. Mai 2022 geltenden Fassung

(im Folgenden informell als „UWG 2022" bezeichnet)

Anmerkungen der Herausgeber:

Hinsichtlich aller Vorschriften, die gegenüber der Gesetzesfassung vom 26. November 2020 (im Folgenden informell als „UWG 2020" bezeichnet) unverändert sind, sowie bezüglich der aufgrund des Gesetzes für faire Verbraucherverträge eingefügten Vorschriften des § 7a und einzelner Regelungen in § 20 wird in vollem Umfang auf die Kommentierung im ersten Teil dieses Werkes verwiesen.

An dieser Stelle werden ausschließlich die inhaltlichen und redaktionellen Neuerungen behandelt, die das UWG 2022 gegenüber dem UWG 2020 aufweist.

Zu Beginn jedes Paragrafen wird erwähnt, ob er Änderungen gegenüber dem UWG 2020 enthält. Wo dies der Fall ist, werden die Änderungen in den Vorbemerkungen zum jeweiligen Paragrafen kurz charakterisiert und sodann in unmittelbarem Zusammenhang mit dem betroffenen Absatz oder Unterabsatz näher beschrieben.

Soweit es um inhaltliche, dh um nicht rein redaktionelle Änderungen geht, werden diese am Ende des jeweiligen Paragrafen kommentiert.

Gesetz gegen den unlauteren Wettbewerb (UWG)

Gesetz gegen den unlauteren Wettbewerb in der Fassung der Bekanntmachung vom 3. März 2010 (BGBl. 2010 I 254), zuletzt geändert durch Artikel 1 des Gesetzes zur Stärkung des fairen Wettbewerbs vom 26. November 2020 (BGBl. 2020 I 2568), durch Artikel 1 des Gesetzes zur Stärkung des Verbraucherschutzes im Wettbewerbs- und Gewerberecht vom 10. August 2021[1] und durch Art. 3 des Gesetzes für faire Verbraucherverträge vom 10. August 2021.[2]

Kapitel 1. Allgemeine Bestimmungen

§ 1 Zweck des Gesetzes; Anwendungsbereich

Vorbemerkung: § 1 Abs. 1 ist – abgesehen von der Streichung der Wörter „Verbraucherinnen und…" – gegenüber dem UWG 2020 unverändert; Kommentierung siehe dort (Podszun). Abs. 2 ist neu; Kommentierung → Rn. 1 ff.

[1] BGBl. 2021 I S. 3504. Das Gesetz zur Stärkung des Verbraucherschutzes im Wettbewerbs- und Gewerberecht vom 10. August 2021 dient der Umsetzung der Richtlinie 2019/2161/EU des Europäischen Parlaments und des Rates vom 27.11.2019 zur Änderung der Richtlinie 93/13/EWG des Rates und der Richtlinien 98/6/EG und 2011/83/EU des Europäischen Parlaments und des Rates zur besseren Durchsetzung und Modernisierung des Verbraucherschutzvorschriften der Union (ABl. 2019 L 328, 7) und tritt am 28.5.2022 in Kraft.

[2] BGBl. 2021 I S. 3433, hinsichtlich seiner das UWG betreffenden Bestimmungen (§ 7a, § 20 Abs. 1 Nr. 2) am 1.10.2021 in Kraft getreten.

(1) **Dieses Gesetz dient dem Schutz der Mitbewerber, der Verbraucher sowie der sonstigen Marktteilnehmer vor unlauteren geschäftlichen Handlungen. Es schützt zugleich das Interesse der Allgemeinheit an einem unverfälschten Wettbewerb.**

(2) **Vorschriften zur Regelung besonderer Aspekte unlauterer geschäftlicher Handlungen gehen bei der Beurteilung, ob eine unlautere geschäftliche Handlung vorliegt, den Regelungen dieses Gesetzes vor.**

Zu § 1 Abs. 2

Übersicht

A. Grundlagen

I. Grundgedanke der Regelung

1 Mit der Einführung von § 1 Abs. 2 soll klargestellt werden, dass andere Vorschriften (außerhalb des UWG), die **spezielle Aspekte unlauterer geschäftlicher Handlungen** regeln sollen, denen des UWG vorgehen.[1] Dies ist auch bisher so gehandhabt worden; Änderungen der Rechtspraxis sind deshalb kaum zu erwarten. Abs. 2 soll insbesondere Influencern Gewissheit verschaffen, dass sich die Kennzeichnung ihrer Beiträge nach **Medienrecht,** nicht nach dem UWG richtet.[2]

II. Praktische Bedeutung und Beispiele

2 Die Frage nach dem Verhältnis des UWG zu anderen Vorschriften, die besondere Voraussetzungen für das Vorliegen einer unlauteren geschäftlichen Handlung in speziellen Konstellationen bestimmen, stellt sich immer wieder.[3] Hintergrund ist, dass es den Gesetzgebern oft nicht mehr gelingt, ein einzelnes kohärentes Regelungskonzept für Sachverhalte in einem einheitlichen Rechtsakt zu entwickeln. So bedürfen Konkurrenzfragen zunehmend der Klärung. Für viele Fragen ist dieses Verhältnis längst geklärt, etwa im Hinblick auf den Vorrang des Heilmittelwerberechts gegenüber den Bestimmungen im UWG. Die Thematik wird sich bei Neuregelungen jedoch immer wieder stellen, etwa im Bereich **e-Commerce** und bei der **Regulierung audiovisueller Medien.**

[1] Regierungsentwurf eines Gesetzes zur Stärkung des Verbraucherschutzes im Wettbewerbs- und Gewerberecht, Stand 20.1.21, abrufbar unter www.bmjv.de/SharedDocs/Gesetzgebungsverfahren/Dokumente/RegE_Staerkung_Verbraucherschutz_Wettbewerbs-_und_Gewerberecht.pdf (im Folgenden RegE), S. 31.
[2] RegE, S. 20.
[3] RegE, S. 31.

Die deutsche Rechtsprechung löste die Frage, wie mit sich überlappenden Vorschriften umzugehen ist, bislang entsprechend **Art. 3 Abs. 4 RL 2005/29/EG.**[4] Demnach werden die spezielleren Regeln aus den sonstigen Rechtsakten der Union angewendet, wenn diese besondere Aspekte unlauterer Geschäftspraktiken regeln. Da zahlreiche Regelungen in diesem Bereich auf **europäisches Recht** zurückgehen, sind in diesen Fällen die Vorgaben des europäischen Rechts entscheidend (zahlreiche dieser Regelungen benennt *Glöckner* → Einl. Rn. 120 ff.). Nur wenn es an solchen Vorgaben fehlt, kommt es überhaupt auf § 1 Abs. 2 an.[5] Beispielhaft ist ein Fall zu nennen, in dem beanstandet worden war, dass das Glaspfand nicht im Gesamtpreis für ein Produkt angegeben war, sondern gesondert ausgewiesen wurde („zzgl. …"). Das OLG Schleswig hielt § 5a Abs. 2, Abs. 3 Nr. 3 UWG für nicht anwendbar, da § 1 PAngV vorrangig sei.[6] Dies sei insofern unproblematisch, als § 1 PAngV seine Grundlage in der europäischen PAng-RL habe.[7] Die nationale Umsetzungsregel sei gleichermaßen vorrangig wie die speziellere europäische Richtlinie. 3

Im **Fall *RLvS*** hatte der EuGH auf Vorlage des BGH angesichts der Kennzeichnung „Sponsored by…" in einer Presseveröffentlichung über das **Verhältnis von § 10 LPresseG zu den Vorschriften des UWG** zur Kennzeichnung von Werbung zu entscheiden.[8] Hier traf sich eine nationale medienrechtliche Vorschrift mit dem Vollharmonisierungsansatz der Richtlinie. Der BGH hatte Zweifel, ob die nationale Regelung zur Kennzeichnung nicht durch den Vollharmonisierungsansatz der UGP-Richtlinie verdrängt wird. Der EuGH differenzierte zunächst sehr genau, ob der Fall angesichts der Beteiligtenverhältnisse überhaupt von der Richtlinie erfasst wird. Er stellte aber zudem klar, dass das UWG der nationalen Regelung nicht entgegensteht, wenn es äquivalente Verpflichtungen im europäischen Recht gibt (im konkreten Fall bejaht für audiovisuelle Medien) oder noch keine europäische Regelung des Bereichs vorliegt (bejaht für das Presserecht) und letztlich (auch) andere Regelungszwecke (hier: Unabhängigkeit der Presse) verfolgt werden (*Glöckner* → Einl. Rn. 288). 4

III. Entstehungsgeschichte

Schon im RefE[9] vom 4.11.2020 war eine Vorrangregel vorgesehen, die allerdings an die Unterschiedlichkeit von Rechtsfolgen anknüpfte. Die jetzt gewählte Regelung ist demgegenüber klarer und räumt den Vorrang allgemein ein. In den Stellungnahmen zum Referentenentwurf wurde die Einführung von § 1 Abs. 2 weitgehend für überflüssig gehalten,[10] nicht zuletzt weil der Gesetzgeber durch die Vorrangregelung lediglich die Geltung des Grundsatzes ***lex specialis*** *derogat legi generali* und damit eine Selbstverständlichkeit normiere. Das Ziel, Rechtsunsicherheiten für Influencer zu beseitigen, setzte sich jedoch durch.[11] 5

IV. Rechtliche Einordnung

Es handelt sich um eine Vorrangregel, die den Anwendungsbereich des UWG limitiert. 6
Sie ist nicht darauf beschränkt, den Vorrang europäischer Regelwerke klarzustellen, son-

---

[4] RegE, S. 31.

[5] Vgl. EuGH C-391/12, GRUR 2013, 1245 – RLvS.

[6] OLG Schleswig-Holstein Urt. v. 30.7.2020 – 6 U 49/19, GRUR-RR 2021, 133 Rn. 57 (anhängig beim BGH – I ZR 135/20), der BGH hat dem EuGH vorgelegt.

[7] Vgl. BGH Urt. v. 10.11.2016 – I ZR 29/15, GRUR 2017, 286, 288 Rn. 15 – Hörgeräteausstellung.

[8] EuGH C-391/12, GRUR 2013, 1245 – RLvS.

[9] Referentenentwurf des Bundesministeriums der Justiz und für Verbraucherschutz, Entwurf eines Gesetzes zur Stärkung des Verbraucherschutzes im Wettbewerbs- und Gewerberecht, Stand 4.11.20, abrufbar unter www.bmjv.de/SharedDocs/Gesetzgebungsverfahren/Dokumente/RefE_Staerkung_Verbraucherschutz_Wettbewerbs-_und_Gewerberecht.pdf (im Folgenden RefE).

[10] Max-Planck-Institut für Innovation und Wettbewerb, Stellungnahme zum Referentenentwurf, 2020, S. 6; Deutscher Konsumentenbund, Stellungnahme zum RefE, 30.11.20, S. 5; IHK Sachsen, Stellungnahme zum RefE, 1.12.20, S. 1; Verbund Sozialer Wettbewerb e. V., Stellungnahme zum RefE, 19.11.20, S. 2; *Alexander* WRP 2021, 136, 138.

[11] Deutscher Anwaltsverein, Stellungnahme zum RefE, 12.20, S. 5; Interessenverband für das Rechts- und Finanzconsulting deutscher Online-Unternehmen e.V, Stellungnahme RefE, 02.12.20, S. 7

dern begrenzt den Zugriff des UWG auch, soweit es speziellere Regeln in anderen Bundesgesetzen gibt.[12]

V. Kernfragen

7 Die Neuregelung enthält **zwei Kernfragen:** Erstens ist zu klären, welche die vorrangigen Rechtsvorschriften sind. Diese müssen **besondere Aspekte unlauterer geschäftlicher Handlungen** regeln. Die zweite Kernfrage ist, in welchem Verhältnis diese Regeln künftig zu § 3a UWG stehen sollen. Diese zweite Frage ist in der Gesetzesbegründung eindeutig beantwortet worden. Die Ergänzung habe **keine Auswirkungen auf den Rechtsbruchtatbestand des § 3a UWG.** Liege ein Verstoß gegen eine Vorschrift vor, die besondere Aspekte unlauterer geschäftlicher Handlungen regelt, und sei diese als Marktverhaltensregelung einzuordnen, so sei § 3a UWG grundsätzlich weiterhin anwendbar.[13]

B. Europäisches Recht

8 Durch die Einführung von § 1 Abs. 2 übernimmt der Gesetzgeber die Vorbildregelung des **Art. 3 Abs. 4 der Richtlinie 2005/29/EG.**[14] Einer Umsetzung bedurfte es insoweit freilich nicht, da sich diese Vorschrift lediglich auf das Verhältnis der Richtlinie zu anderen Sekundärrechtsakten der EU bezieht.[15] Soweit spezielle Regelungen auf europäischem Recht beruhen, ergibt sich der Vorrang aus der Richtlinie (siehe schon → Rn. 3).

C. Vorrangige Vorschriften

I. Erfasste Vorschriften

9 Spezielles Lauterkeitsrecht geht den Bestimmungen des UWG vor. Dieser altbekannte lex-specialis-Einwand hat hier seine schriftliche Bestätigung gefunden. Vorrangig sind **europarechtliche Vorschriften** (Aufstellung bei *Glöckner* → Einl. Rn. 120 ff.), bei denen sich dies bereits aus dem Vorrang des Unionsrechts ergibt. Im Konkurrenzbereich folgt der Vorrang aus Art. 3 Abs. 4 UGP-RL. Vorrang genießen auch **nationale Umsetzungsgesetze,** die auf europäischem Recht basieren.[16]

10 Spezielleres deutsches **Landesrecht** kann keinen Vorrang vor dem bundesrechtlichen UWG genießen; auch insoweit dürften aber die landesrechtlichen Wertungen zu berücksichtigen sein:[17] Das bedeutet, dass Landesrecht sich faktisch durchsetzt, wenn es keine spezielle Regel auf nationaler oder unionaler Ebene gibt.[18]

11 Damit ist der wesentliche Anwendungsbereich für § 1 Abs. 2 auf **bundesrechtliche Regelungen** beschränkt, die in Konkurrenz zum UWG stehen.

12 Der Gesetzgeber hat in erster Linie an Vorschriften gedacht, die **Kennzeichnungspflichten für Influencer** enthalten, also die Regelungen des § 6 Abs. 1 Nr. 1 TMG bzw. § 22 Abs. 1 MStV.[19] In diesem Zusammenhang wird teilweise auch eine strengere Regelung für Influencer gefordert, die für die Werbung zwar keine Bezahlung vom Unternehmen erhalten, ihre Followerzahlen aber auf sonstige Weise monetarisieren können.[20]

---

[12] Vgl. Max-Planck-Institut für Innovation und Wettbewerb, Stellungnahme zum Referentenentwurf, 2020, S. 6.

[13] RegE, S. 32.

[14] RegE, S. 31.

[15] *Alexander* WRP 2021, 136 (137); GRUR-Stellungnahme zum RefE, 7.12.20, Rn. 7.

[16] Vgl. EuGH C-391/12, GRUR 2013, 1245 – RLvS; OLG Schleswig-Holstein Urt. v. 30.6.2020 – 6 U 49/19, Rn. 57 (anhängig beim BGH – I ZR 135/20); BGH, Urt. v. 10.11.2016 – I ZR 29/15, GRUR 2017, 286, 288 Rn. 15 – Hörgeräteausstellung.

[17] Vgl. Verband der deutschen Games-Branche, Stellungnahme zum RefE, 02.12.20, S. 4.

[18] Vgl. EuGH C-391/12, GRUR 2013, 1245 – RLvS.

[19] Luther Rechtsanwaltsgesellschaft, Stellungnahme zum RefE, 26.11.20, S. 3.

[20] Die Familienunternehmer e. V., Stellungnahme RefE, 01.12.20, S. 5.

Zutreffend ist im RegE aber auch darauf hingewiesen worden, dass es zahlreiche weitere besondere lauterkeitsrechtliche Vorschriften gibt, beispielsweise im **Heilmittelwerberecht** (§ 17 HWG)[21] und im **Jugendschutz** (§ 6 JMStV)[22]. Die Vorschriften für **Finanzprodukte** (z. B. § 33 KAGB iVm § 23 KWG) dürften nicht abschließend sein.

Die zahlreichen Vorschriften, die im Rahmen von § 3a als **Marktverhaltensregeln** 13
eingreifen, betreffen regelmäßig ebenfalls Teilaspekte des Lauterkeitsrechts, treffen aber keine umfassende Regelung. Sie gehen dann gem. § 1 Abs. 2 den allgemeineren Regeln des UWG vor, es wird daneben aber weiterhin Anwendungsraum für Regelungen des UWG geben.

II. Abschließende Regelung

Der Vorrang reicht nur so weit, wie der betroffene Aspekt der spezielleren Vorschrift in 14
dieser **abschließend** geregelt ist.[23] So bleiben etwa die Informationsanforderungen der §§ 5a und 5b weiter anwendbar, wenn in der spezielleren Vorschrift nur **ergänzende Informationsanforderungen** gestellt werden, aber keine umfassende Regelung getroffen wird. Im Einzelfall wird schwierig abzugrenzen sein, ob eine Regel lediglich ergänzenden Charakter hat oder ob sie abschließend sein soll. Abzustellen ist dann auf die gesetzgeberische Intention und die Systematik: Handelt es sich um eine Konkretisierung des grundlegenden lauterkeitsrechtlichen Regelungsanspruchs für dieses spezifische Feld? Oder werden nur Details angesprochen, die der Einbettung ins UWG bedürfen? Was theoretisch schwierig sein mag, wird sich in der Einzelfallpraxis weitgehend als unproblematisch herausstellen: Abzustellen ist auf die Konkretisierung. Werden die konkreten Vorgaben eines speziellen Gesetzes erfüllt, so wird es schwerfallen, aus dem UWG heraus noch weitere Anforderungen zu ersinnen. Dies wird bestenfalls bei **Umgehungslösungen** in Frage kommen, in denen dem Wortlaut der spezielleren Vorschrift zwar Genüge getan wird, nicht aber dem Sinn der Vorschrift.

Soweit **Lücken** gelassen werden, ist wieder das UWG anwendbar. Es wird dann nicht 15
auf Vorschriften des Rechtsgebiets rekurriert, aus dem die speziellere Norm stammt. Ggf. ist aber ein Wertungsgleichlauf herzustellen.

III. Zugehörigkeit zum Lauterkeitsrecht

Die Regelungen, die in Konkurrenz mit dem UWG stehen, müssen zum Lauterkeits- 16
recht gehören. Im Fall ***RLvS*** hatte der EuGH eine ausschließende Konkurrenz zwischen Presserecht und Lauterkeitsrecht im Anwendungsfall der Kennzeichnung gesponsorter Beiträge in Zeitungen verneint, da beide Rechtsgebiete unterschiedliche Schutzzwecke verfolgten.[24] Das Presserecht diene zwar auch dem Verbraucherschutz, aber eben auch der Unabhängigkeit der Presse (*Glöckner* → Einl. Rn. 288).

Damit kann es im Einzelfall auf die seit je umstrittene Frage ankommen, was eigentlich 17
das „Proprium" des Lauterkeitsrechts ist. Es muss dann definiert werden, **was Lauterkeitsrecht ist.** Dessen gegenständlicher Anwendungsbereich wird von der UGP-Richtlinie und von § 1 UWG allerdings nur sehr ungefähr umrissen. Es geht um Vorschriften zur Sicherstellung des Schutzes von Verbrauchern, Mitbewerbern, sonstigen Marktteilnehmern sowie der Allgemeinheit. Dazu soll der Wettbewerb fair sein und also ungehindert funktionieren können (*Podszun* → § 1 UWG Rn. 3). Verzerrt wird der Wettbewerb durch einzelne Verhaltensweisen, die die freie Entscheidung der Marktteilnehmer beeinträchtigen. Dies geschieht, indem entweder die Informationsgrundlage für die Entscheidung verfälscht wird oder die Überlegungs- und Auswahlmöglichkeiten bei der Entscheidung eingeschränkt werden (etwa durch aggressive oder behindernde Verhaltensweisen).

---

[21] GRUR-Stellungnahme zum RefE, Rn. 5.
[22] Verband der deutschen Games-Branche, Stellungnahme zum RefE, 2.12.20, S. 4.
[23] RegE, S. 31 f.
[24] EuGH C-391/12, GRUR 2013, 1245 – RLvS.

18 Was damit genau gemeint ist, lässt sich lange diskutieren. *Henning-Bodewig* hat sie wie folgt beantwortet: Der Fokus des Lauterkeitsrechts liege auf denjenigen Marktverhaltensregeln, bei denen es – direkt oder indirekt – um den Schutz aller Marktbeteiligten gehe. „Maßgebliches Wertungskriterium sind die geschäftlichen Anforderungen an Unternehmen unter dem Gesichtspunkt der funktionalen Lauterkeit; Hauptdomäne sind Handlungen mit Marktbezug vor Vertragsschluss. Nach der hier vertretenen Auffassung geht es in einem Kernbereich um die Sicherung der wirtschaftlichen Entscheidungsfreiheit aller Marktbeteiligten."[25] Damit ist eine griffige Formel gefunden, die insbesondere den Hinweis auf das Funktionieren des Markts durch informierte und freie Entscheidungen aller Akteure enthält.

IV. Verhältnis zu § 3a

19 Sofern ein Verstoß gegen eine Vorschrift vorliegt, die besondere Aspekte unlauterer geschäftlicher Handlungen regelt, ist **§ 3a UWG grundsätzlich weiterhin anwendbar.** Das geht eindeutig aus der Gesetzesbegründung hervor.[26] § 1 Abs. 2 soll demnach keinerlei Auswirkungen auf den Rechtsbruchtatbestand des § 3a haben, sondern lediglich auf die vorrangige Berücksichtigung der in spezielleren Vorschriften getroffenen Bewertungen zur Unlauterkeit eines Verhaltens hinweisen. Das Wort „grundsätzlich" irritiert und lässt eine Hintertür offen. Mit der Gesetzesbegründung ist aber davon auszugehen, dass sich die Vorrangregel nur auf den materiellen Teil bezieht, nicht auf die (über § 3a UWG erfolgende) Durchsetzung der Regel. Insoweit wurde der Kritik Rechnung getragen, die am noch anders formulierten Referentenentwurf geübt worden war.[27]

V. Verhältnis zu § 5b Abs. 4 UWG-E

20 Auf **§ 5b Abs. 4 UWG 2020** (§ 5a Abs. 4 a. F.) soll § 1 Abs. 2 ebenfalls keine Auswirkungen haben: Bei der Beurteilung einer Information als wesentlich i. S. d. § 5a Abs. 1 sind weiterhin **Informationspflichten** zu berücksichtigen, die sich auf das Unionsrecht gründen. §§ 1 Abs. 2, 5b Abs. 4 stimmen damit insoweit überein, als dass beide lediglich darauf hinweisen, dass bei der Beurteilung, ob eine unlautere geschäftliche Handlung vorliegt, jeweils Wertungen speziellerer Gesetze zu berücksichtigen sind.[28]

§ 2 Begriffsbestimmungen

Vorbemerkung: § 2 wurde gegenüber dem UWG 2020 hinsichtlich der (nunmehr alphabetischen) Reihenfolge der Definitionen (nunmehr: „Begriffsbestimmungen") in Abs. 1 neu geordnet (zu Einzelheiten siehe die Anmerkungen zu Nr. 1 bis Nr. 5 und zu Nr. 8 bis Nr. 11). Neu sind Nr. 6 und Nr. 7. Kleinere, zumeist sprachliche Änderungen finden sich in Nr. 2, 3, 5 und 10 (neue Zählung). Abs. 2 wurde redaktionell leicht geändert.

(1) **Im Sinne dieses Gesetzes ist**

1. „geschäftliche Entscheidung" jede Entscheidung eines Verbrauchers oder sonstigen Marktteilnehmers darüber, ob, wie und unter welchen Bedingungen er ein Geschäft abschließen, eine Zahlung leisten, eine Ware oder Dienstleistung behalten oder abgeben oder ein vertragliches Recht im Zusammenhang mit einer Ware oder Dienstleistung ausüben will, unabhängig davon, ob der Verbraucher oder sonstige Marktteilnehmer sich entschließt, tätig zu werden;

Nr. 1 entspricht § 2 Abs. 1 Nr. 9 UWG 2020. Dort Rn. 216 ff. (Keller)

[25] *Henning-Bodewig,* Was gehört zum Lauterkeitsrecht?, in: Hilty/Henning-Bodewig, Lauterkeitsrecht und Acquis Communautaire, 2009, S. 9, 23.
[26] RegE, S. 32.
[27] Vgl. *Alexander* WRP 2021, 136, 137 f.; GRUR-Stellungnahme zum RefE, 7.12.2020, Rn. 5 f.
[28] RegE, S. 32; siehe auch *Alexander* WRP 2021, 136, 137; GRUR-Stellungnahme zum RefE, 7.12.2020, Rn. 8.

2. **„geschäftliche Handlung" jedes Verhalten einer Person zugunsten des eigenen oder eines fremden Unternehmens vor, bei oder nach einem Geschäftsabschluss, das mit der Förderung des Absatzes oder des Bezugs von Waren oder Dienstleistungen oder mit dem Abschluss oder der Durchführung eines Vertrags über Waren oder Dienstleistungen unmittelbar und objektiv zusammenhängt; als Waren gelten auch Grundstücke und digitale Inhalte, Dienstleistungen sind auch digitale Dienstleistungen, als Dienstleistungen gelten auch Rechte und Verpflichtungen;**

   Nr. 2 entspricht im Wesentlichen der bisherigen Definition gem. § 2 Abs. 1 Nr. 1 UWG 2020. Neu aufgenommen in die Begriffsbestimmung sind die Worte „unmittelbar" im Zusammenhang mit der Absatzförderung und die Worte „digitale Inhalte" bzw. „digitale Dienstleistungen" in Bezug auf den Begriff der Norm bzw. Dienstleistungen. Siehe zu diesen Änderungen im einzelnen die Kommentierung Rn. 2 ff. (Keller)

3. **„Marktteilnehmer" neben Mitbewerber und Verbraucher auch jede weitere Person, die als Anbieter oder Nachfrager von Waren oder Dienstleistungen tätig ist;**

   Nr. 3 entspricht im Wesentlichen der bisherigen Definition gemäß § 2 Abs. 1 Nr. 2 UWG 2020. Hinsichtlich der zur Ergänzung um „jede weitere Person" siehe die Kommentierung bis → Rn. 8

4. **„Mitbewerber" jeder Unternehmer, der mit einem oder mehreren Unternehmern als Anbieter oder Nachfrager von Waren oder Dienstleistungen in einem konkreten Wettbewerbsverhältnis steht;**

   Nr. 4 entspricht der Definition in § 2 Abs. 1 Nr. 3 UWG 2020. Dort → Rn. 113 ff. (Keller)

5. **„Nachricht" jede Information, die zwischen einer endlichen Zahl von Beteiligten über einen öffentlich zugänglichen elektronischen Kommunikationsdienst ausgetauscht oder weitergeleitet wird; nicht umfasst sind Informationen, die als Teil eines Rundfunkdienstes über ein elektronisches Kommunikationsnetz an die Öffentlichkeit weitergeleitet werden, soweit diese Informationen nicht mit dem identifizierbaren Teilnehmer oder Nutzer, der sie erhält, in Verbindung gebracht werden können;**

   Nr. 5 entspricht mit kleineren sprachlichen, sachlich aber nicht ins Gewicht fallenden Anpassungen der Definition in § 2 Abs. 1 Nr. 4 UWG 2020. Dort Rn. 155 ff. (Keller)

6. **„Online-Marktplatz" ein Dienst, der es Verbrauchern ermöglicht, durch die Verwendung von Software, die von einem Unternehmer oder in dessen Namen betrieben wird, einschließlich einer Website, eines Teils einer Website oder einer Anwendung, Fernabsatzverträge (§ 312c des Bürgerlichen Gesetzbuchs) mit anderen Unternehmern oder Verbrauchern abzuschließen;**

   Kommentierung → Rn. 9 ff.

7. **„Ranking" die von einem Unternehmer veranlasste relative Hervorhebung von Waren oder Dienstleistungen, unabhängig von den hierfür verwendeten technischen Mitteln;**

   Kommentierung → Rn. 13 ff.

8. **„Unternehmer" jede natürliche oder juristische Person, die geschäftliche Handlungen im Rahmen ihrer gewerblichen, handwerklichen oder beruflichen Tätigkeit vornimmt, und jede Person, die im Namen oder Auftrag einer solchen Person handelt;**

   Nr. 8 entspricht § 2 Abs. 1 Nr. 6 UWG 2020. Dort Rn. 232 ff. (Keller)

9. **„unternehmerische Sorgfalt" der Standard an Fachkenntnissen und Sorgfalt, von dem billigerweise angenommen werden kann, dass ein Unternehmer ihn in seinem Tätigkeitsbereich gegenüber Verbrauchern nach Treu und Glauben unter Berücksichtigung der anständigen Marktgepflogenheiten einhält;**

Nr. 9 entspricht § 2 Abs. 1 Nr. 7 UWG 2020. Dort Rn. 180 ff. (Keller)

10. **„Verhaltenskodex" jede Vereinbarung oder Vorschrift über das Verhalten von Unternehmern, zu welchem diese sich in Bezug auf Wirtschaftszweige oder einzelne geschäftliche Handlungen verpflichtet haben, ohne dass sich solche Verpflichtungen aus Gesetzes- oder Verwaltungsvorschriften ergeben;**

Nr. 10 entspricht – abgesehen von einer kleineren sprachlichen, sachlich nicht ins Gewicht fallenden Anpassung („jede Vereinbarung oder Vorschrift" statt wie bisher „Vereinbarungen oder Vorschriften") – der Definition in § 2 Abs. 1 Nr. 5 UWG 2020. Dort → Rn. 164 ff. (Keller)

11. **„wesentliche Beeinflussung des wirtschaftlichen Verhaltens des Verbrauchers" die Vornahme einer geschäftlichen Handlung, um die Fähigkeit des Verbrauchers, eine informierte Entscheidung zu treffen, spürbar zu beeinträchtigen und damit den Verbraucher zu einer geschäftlichen Entscheidung zu veranlassen, die er andernfalls nicht getroffen hätte.**

Nr. 11 entspricht § 2 Abs. 1 Nr. 8 UWG 2020. Dort → § 2 UWG Rn. 205 ff. (Keller)

(2) **Für den Verbraucherbegriff ist § 13 des Bürgerlichen Gesetzbuchs entsprechend anwendbar.**

Abs. 2 wird redaktionell leicht verändert („… ist entsprechend … anwendbar" statt „… gilt… entsprechend"), ohne dass hiermit eine sachliche Änderung verbunden wäre. siehe deshalb die Kommentierung zu § 2 Abs. 2 UWG 2020 Rn. 232 ff. (Keller).

Überblick zu den Änderungen des § 2

1 Die Vorschrift des § 2 wird gegenüber dem UWG 2020 in der **Überschrift** entsprechend vergleichbaren Gesetzen wie dem Telemediengesetz in „Begriffsbestimmungen" (statt „Definitionen") geändert. In Abs. 1 werden überdies die **Begriffsbestimmungen alphabetisch geordnet** und insoweit in ihrer Reihenfolge und somit auch in ihrer Nummerierung geändert, was allerdings zu Lasten der Auffindbarkeit und Transparenz bei ihrer bisherigen Behandlung in der Rechtsprechung und der Literatur geht. Die Regelung des § 2 Abs. 1 Nr. 2 UWG 2022 über den **Zentralbegriff der „geschäftlichen Handlung"** ist redaktionell überarbeitet, ohne dass hiermit eine sachliche Änderung verbunden sein soll. Darüber hinaus ist auch die Begriffsbestimmungen des **„Marktteilnehmers"** (§ 2 Abs. 1 Nr. 3), der **„Nachricht"** (§ 2 Abs. 1 Nr. 5) sowie des **„Verhaltenskodex"** (§ 2 Abs. 1 Nr. 10) redaktionell überarbeitet. In den Definitionskatalog neu aufgenommen sind Begriffsbestimmungen über den **„Online-Marktplatz" in § 2 Abs. 1 Nr. 6** und über das **„Ranking" in § 2 Abs. 1 Nr. 7 UWG 2022.** Schließlich ist im UWG 2022 auch die Definition des **Verbraucherbegriffs in § 2 Abs. 2** redaktionell überarbeitet.

Zu § 2 Abs. 1 Nr. 2

2 **a) Allgemeines.** Die Begriffsbestimmung über die **„geschäftliche Handlung"** gemäß § 2 Abs. 1 Nr. 2 UWG 2022 entspricht im Wesentlichen der bisherigen Definitionsbestimmung des § 2 Abs. 1 Nr. 1 UWG 2020. Die Begriffsbestimmung unterscheidet sich allerdings vom bisherigen Recht durch die **Aufnahme des Wortes „unmittelbar"** im Zusammenhang mit der Absatzförderung sowie die **klarstellende Einbeziehung von**

„digitalen Inhalten" unter dem Begriff der Waren **sowie von „digitalen Dienstleistungen"** unter den allgemeinen Begriff der Dienstleistungen.

b) „Unmittelbarer und objektiver" Zusammenhang mit einer Absatzförderung. Die Regelung des § 2 Abs. 1 Nr. 2 UWG 2022 zur geschäftlichen Handlung stellt künftig 3 nicht nur – wie das bisherige Recht – darauf ab, dass die geschäftliche Handlung mit der **Förderung des Absatzes** oder des Bezugs von Waren oder Dienstleistungen oder mit dem Abschluss oder der Durchführung eines Vertrags über Waren oder Dienstleistungen „objektiv" zusammenhängen muss. Vielmehr muss der Zusammenhang nunmehr **„unmittelbar und objektiv"** sein. Die Regelung knüpft damit noch stärker als bislang an die Definition der „Geschäftspraktiken" von Unternehmen gegenüber Verbrauchern entsprechend der Vorschrift des **Art. 2 lit. d der UGP-Richtlinie** an. Dort ist geregelt, dass unter Geschäftspraktiken jede Handlung, Unterlassung, Verhaltensweise oder Erklärung, kommerzielle Mitteilung einschließlich Werbung und Marketing eines Gewerbetreibenden zu verstehen ist, die *unmittelbar* mit der Absatzförderung, dem Verkauf oder der Belieferung eines Verbrauchers zusammenhängt.

Der Gesetzgeber hat die gesetzliche Klarstellung in der richtigen Erkenntnis getroffen, 4 dass schon das bisher verwandte Kriterium „objektiv" bei Handlungen gegenüber Verbrauchern im Sinne eines „unmittelbaren Zusammenhangs" ausgelegt werden musste und so auch ausgelegt wurde (*Keller* → UWG § 2 Rn. 12 und 52). Im **B2C**-Verhältnis ergibt sich somit mit der Aufnahme des Begriffs „unmittelbar" kein sachlicher Unterschied zum bisherigen Recht. Der Gesetzgeber hat gleichwohl angesichts der Bedeutung dieser zentralen Begriffsbestimmung eine „Klarstellung" durch die Aufnahme des Wortes „unmittelbar" für angebracht gehalten.[1] Eine sachliche Änderung zum bisherigen Recht könnte sich allenfalls im **B2B**-Verhältnis ergeben, weil das mitbewerberbezogene Lauterkeitsrecht nicht durch die Vorgaben der UGP-Richtlinie und die Rechtsprechung des EuGH gebunden ist und dort ein objektiver Absatzförderungszusammenhang jedenfalls nicht zwingend im Sinne eines unmittelbaren Zusammenhangs zu verstehen war. Es ist aber nicht zu ersehen, dass insoweit das verbraucherbezogene und das mitbewerberbezogene Recht unterschiedlich ausgelegt worden wäre. Es sollte insbesondere auch dabei bleiben, dass nicht direkt auf einen Kaufentschluss zielende Absatzförderungsmaßnahmen wie etwa eine **Imagewerbung** oder das auf einen späteren Kaufentschluss abzielende **Verschenken von Ware** oder die **Werbung mit CSR-Grundsätzen** noch als „unmittelbare" Absatzförderungsmaßnahmen und somit als geschäftliche Handlungen angesehen werden, die der lauterkeitsrechtlichen Kontrolle unterliegen (*Keller* → UWG § 2 Rn. 27). Eine unmittelbare Absatzförderung kann insbesondere auch in einem „mittelbaren Wettbewerbsverhältnis"[2] bei der Förderung eines dritten Unternehmens erfolgen (*Keller* → UWG § 2 Rn. 142).

Die Gesetzesbegründung hebt hervor, es erscheine möglich, dass bei bestimmten 5 Formen der Förderung des eigenen Unternehmens kein unmittelbarer Zusammenhang zur Absatzförderung bestehe, z. B. wenn eine **Influencerin oder ein Influencer** Waren oder Dienstleistungen empfehle oder erwähne und hierfür kein Entgelt oder eine ähnliche Gegenleistung erhalten habe und die Erwähnung ggf. lediglich ihre oder seine eigene Bekanntheit fördere.[3] Es erscheint jedoch im höchsten Maße zweifelhaft, bei einem sehr breit wirkenden Influencerverhalten mit einem offen zu Tage liegenden Absatzförderungsbezug nur deshalb einen „unmittelbaren" Absatzförderungszusammenhang zu verneinen, weil hierfür an die Influencerin/den Influencer kein Entgelt oder eine ähnliche Gegenleistung gezahlt wird. Die Förderung der eigenen wettbewerblichen Position ist im Gegenteil eine klassische geschäftliche Handlung, ohne dass hiermit schon abschließend

[1] Vgl. die Begründung des Gesetzesentwurfes der Bundesregierung, BT-Drs. 19/27873, 32.

[2] Vgl. BGH GRUR 2021, 497 Rn. 24 – Zweitmarkt für Lebensversicherungen; BGH GRUR 2017, 537 Rn. 64 – ARD-Buffet.

[3] Vgl. Gesetzesbegründung BT-Drs. 19/27873, 32.

über eine mögliche Kennzeichnungspflicht entschieden wäre (zu diesem Aspekt *Keller* → § 2 UWG Rn. 32a ff.).[4]

6 **c) Digitale Inhalte.** Der Begriff der Ware umfasst nicht nur körperliche Gegenstände, sondern auch „digitale Inhalte", was schon nach bisherigen Recht unbestritten war. Die ausdrückliche **Einbeziehung der digitalen Inhalte** in den Begriff der „Waren" ist deshalb allein **klarstellender Natur.** Diese Klarstellung setzt Art. 3 Nr. 1a der sogenannten „Omnibus-Richtlinie" (EU) 2019/2161 (*Keller* → Einl. A Rn. 71 ff.) um, der die UGP-Richtlinie 2005/29/EG entsprechend ergänzt und der damit an die entsprechenden Begriffe aus Art. 2 Nr. 1 und 2 der Richtlinie (EU) 2019/770 vom 20. Mai 2019 über bestimmte vertragsrechtliche Aspekte der Bereitstellung digitaler Inhalte und digitaler Dienstleistungen (ABl. L 136 vom 22.5.2019, S. 1) anknüpft. **Digitale Inhalte sind danach Daten, die in digitaler Form erstellt und bereitgestellt werden** (Art. 2 Nr. 1 RL 2019/770). Digitale Inhalte stellen dabei **Unterkategorien von Waren** und keine eigenen Kategorien dar.[5] Elektronische Dateien jedweder Art sind unabhängig davon erfasst, ob die Dateien einen unmittelbar zugänglichen Inhalt wie eine **Textdatei** aufweisen, eine Steuerungsfunktion übernehmen oder ein komplettes Programm wie eine **App** darstellen. Wo die elektronischen Inhalte gespeichert sind, auf einem physischen Datenträger wie einem Stick oder einer Festplatte oder etwa in einer Cloud, ist unerheblich.

7 **d) Digitale Dienstleistungen.** Elektronische Dienstleistungen waren auch schon bislang von dem Begriff der „Dienstleistungen" erfasst. Auch insoweit ist die ausdrückliche Einbeziehung der digitalen Dienstleistungen in den Begriff der Dienstleistungen allein **klarstellender Natur.** Sie beruht wiederum auf Art. 3 Nr. 1a der „Omnibus-Richtlinie" (EU) 2019/2161, der seinerseits an die entsprechenden Begriffe aus Art. 2 Nr. 1 und 2 der Richtlinie (EU) 2019/770 vom 20. Mai 2019 über bestimmte vertragsrechtliche Aspekte der Bereitstellung digitaler Inhalte und digitaler Dienstleistungen (ABl. L 136 vom 22.5.2019, S. 1) anknüpft. **Digitale Dienstleistungen** sind danach alle Dienstleistungen, die dem Verbraucher die Erstellung, Verarbeitung oder Speicherung von Daten in digitaler Form oder den Zugang zu solchen Daten ermöglichen, oder Dienstleistungen, die die gemeinsame Nutzung der vom Verbraucher oder von anderen Nutzern der entsprechenden Dienstleistungen in digitaler Form hochgeladenen oder erstellten Daten oder sonstige Interaktionen mit diesen Daten ermöglichen (Art. 2 Nr. 2 lit. a und lit. b RL 2019/770). Auch der Begriff der digitalen Dienstleistungen stellt eine **Unterkategorie von Dienstleistungen** und keine eigene Kategorie dar.[6] Die elektronischen Dienstleistungen können in jedem denkbaren Bereich erfolgen.

Zu § 2 Abs. 1 Nr. 3

8 Der Begriff der **„Marktteilnehmer"** ist im UWG 2020 in § 2 Abs. 1 Nr. 2 definiert und erfasst alle Personen, die als Anbieter oder Nachfrager von Waren oder Dienstleistungen tätig sind. Das UWG 2022 hat diese Definition redaktionell überarbeitet und erfasst nunmehr neben Mitbewerbern und Verbrauchern **„auch jede weitere Person"** (statt: „alle Personen"), die **als Anbieter oder Nachfrager von Waren oder Dienstleistungen tätig** ist. Die redaktionelle Überarbeitung stellt lediglich eine gesetzgeberische Präzisierung dar und verdeutlicht, dass schon jede einzelne weitere Person den lauterkeitsrechtlich auch den Marktteilnehmern gewährten Schutz in Anspruch nehmen

[4] OLG Karlsruhe WRP 2020, 1467 Rn. 46 ff – Tap-Tags; OLG Koblenz GRUR-RS 2020, 42980 Rn. 61 ff. und Rn. 67 f.

[5] Gesetzesbegründung BT-Drs. 19/27873, 32.

[6] Gesetzesbegründung BT-Drs. 19/27873, 32.

kann. Im übrigen ist hier auf die Kommentierung des § 2 Abs. 1 Nr. 2 UWG 2020 zu verweisen.

Zu § 2 Abs. 1 Nr. 6

a) Allgemeines. Die Regelung des § 2 Abs. 1 Nr. 6 UWG 2022 enthält den neuen Begriff des **„Online-Marktplatzes“.** Die Regelung setzt Art. 3 Nr. 1 lit. b der „Omnibus-Richtlinie“ (EU) 2019/2161 um. Der Begriff des Online-Marktplatzes findet sich in **§ 5b Abs. 1 Nr. 6 UWG 2022.**[7] Der Entwurf des Gesetzes zur Änderung des Bürgerlichen Gesetzbuch verwendet den Begriff in Umsetzung der Richtlinie (EU) 2019/2161 in § 312k Abs. 3 des Bürgerlichen Gesetzbuches (Entwurfsfassung). Die Begriffsbestimmung kann auch für Online-Marktplätze herangezogen werden, die es **sonstigen Marktteilnehmern** neben oder an Stelle von Verbrauchern ermöglicht, Fernabsatzverträge mit anderen Unternehmern oder Verbrauchern abzuschließen. 9

b) Online-Marktplatz – inhaltliche Erfassung. Ein Online-Marktplatz ist – wie dies die Gesetzesbegründung im einzelnen erläutert[8] – ein **virtueller Marktraum,** der seinen Nutzerinnen und Nutzern den Abschluss von Fernabsatzverträgen über eine von dem Betreiber des Online-Markplatzes oder in dessen Namen betriebene Software unmittelbar ermöglicht, wie dies etwa bei ebay, booking.com, HRS oder Expedia der Fall ist. Für den Begriff der **Fernabsatzverträge** verweist die Begriffsbestimmung auf die Definition in **§ 312c Abs. 1 BGB.** Der Begriff des Online-Marktplatzes ist bewusst **technologieoffen** formuliert und erfasst bspw. auch Sprachassistenten oder Shopping-Plattformen auf der Grundlage von Augmented Reality.[9] 10

Auch der Begriff der **Software** ist weit zu verstehen und schließt jede von einem Unternehmer oder in dessen Namen betriebene Website, einen Teil einer Website oder eine Anwendung ein. Eine Software ist – ebenso wie „digitale Dienstleistungen“ bzw. „digitale Inhalte“ i. S. d. § 2 Abs. 1 Nr. 2 UWG 2022 – unabhängig davon erfasst, ob sie einen unmittelbar zugänglichen Inhalt aufweist, eine Steuerungsfunktion übernimmt oder ein komplettes Programm wie eine App darstellt. Erfasst werden Internet-Plattformen, auf denen Waren oder Dienstleistungen vertrieben werden, aber auch Bewertungs- und Vergleichsportale, auf denen Verbraucher unmittelbar Verträge abschließen können. Die Definition setzt voraus, dass der Betreiber des Dienstes **dritten Personen** ein Angebot von Waren oder Dienstleistungen an Verbraucher (oder sonstige Marktteilnehmer) ermöglicht.[10] **Keine Online-Marktplätze** sind deshalb Online-Shops von Unternehmen, in denen diese nur ihre **eigenen Waren oder Dienstleistungen** anbieten. Ebenfalls nicht erfasst sind Preisvergleichsseiten[11] oder Bewertungsportale, die auf Angebote hinweisen, bei denen die Verbraucher aber für einen Vertragsschluss auf die **Internetseite eines anderen Anbieters** weitergeleitet werden. 11

Die Begriffsbestimmung ist entsprechend auf **„sonstige Marktteilnehmer“** anzuwenden, die Fernabsatzverträge über Online-Marktplätze abschließen. 12

---

[7] Der Begriff des „Online-Marktplatzes“ wurde durch Art. 4 Nr. 1 lit. e der „Omnibus-Richtline“ 2019/2161/EU mit gleichlautender Definition auch in die RL 2011/83/EU vom 25.10.2011 über die Rechte der Verbraucher, zur Abänderung der RL 93/13/EWG und der RL 1999/44/EG sowie zur Aufhebung der RL 85/577/EWG und der RL 97/7/EG (Abl. 2011 L 304, 64, geändert durch die RL 2015/2302/EU Abl. 2015 L 306, 1), aufgenommen.

[8] Gesetzesbegründung BT-Drs. 19/27873, 32 f.

[9] Vgl. insoweit etwa *Busch* GRUR 2019, 788 (789).

[10] Der BGH hat auch Amazon als „Online-Marktplatz“ bezeichnet, vgl. BGH GRUR 2020, 1311 Rn. 54 ff. – Vorwerk, was richtig ist, soweit dort auch dritte Unternehmen ihre Produkte anbieten können.

[11] Siehe dazu etwa BGH GRUR 2017, 1265 – Preisportal.

Zu § 2 Abs. 1 Nr. 7

Übersicht

13 **a) Allgemeines.** Die Vorschrift des § 2 Abs. 1 Nr. 7 UWG 2022 enthält den neuen Begriff des **„Ranking"**. Hierbei handelt es sich um die **von einem Unternehmer veranlasste relative Hervorhebung von Waren oder Dienstleistungen, unabhängig von den hierfür verwendeten technischen Mitteln.** Mit der Begriffsbestimmung wird Art. 3 Nr. 1 lit. b der „Omnibus-Richtlinie" (EU) 2019/2161 in sprachlich leicht angepasster Form umgesetzt. Der Begriff wird in **§ 5b Abs. 2 S. 1 Nr. 1 UWG 2022 und Nr. 11a des Anhangs UWG 2022** verwendet.

14 **b) „Ranking" als relative Hervorhebung.** Nach Erwägungsgrund 19 der „Omnibus"-Richtlinie (EU) 2019/2161 bezieht sich der Begriff auf die **relative Hervorhebung der Angebote von Unternehmern** oder die Relevanz, die Suchergebnissen zugemessen wird, je nachdem, wie sie von den Anbietern von Online-Suchfunktionen, einschließlich der Verwendung von algorithmischer Sequenzierung, Beurteilungs- oder Bewertungsmechanismen oder von visueller Hervorhebung oder anderen Hervorhebungsinstrumenten oder einer Kombination davon, dargestellt, organisiert oder kommuniziert werden. Diese Definition entspricht inhaltlich weitgehend der Begriffsbestimmung in Art. 2 Nr. 8 der Verordnung (EU) 2019/1150 des Europäischen Parlaments und des Rates vom 20. Juni 2019 zur Förderung von Fairness und Transparenz für gewerbliche Nutzer von Online-Vermittlungsdiensten (ABl. L 186 vom 11.7.2019, S. 57). Entscheidend ist, dass Waren oder Dienstleistungen strukturiert präsentiert werden.

15 **Online-Suchfunktionen** werden z. B. von Vermittlern wie Suchmaschinen und Vergleichwebsites wie Preisvergleichsportalen[1] bereit gestellt, denen gemein ist, die Suche nach Waren und/oder Dienstleistungen unterschiedlicher Anbieter zu ermöglichen.[2] Erfasst werden demnach sowohl Portale, die z. B. auf die einzelnen Online-Shops der Anbieter weiterleiten, als auch solche Portale, bei denen online nur eine Terminreservierung stattfindet und der Vertragsschluss typischerweise offline erfolgt. Anders als bei „Online-Marktplätzen" kommt es im Rahmen des Rankings nicht darauf an, ob auf der Plattform die Möglichkeit zum Vertragsschluss besteht.[3] Vom Anwendungsbereich des Rankings ausgeschlossen sind Suchfunktionen innerhalb eines Onlineshops eines Unternehmens, da dieses nur eigene Waren und/oder Dienstleistungen vertreibt.[4]

16 **„Ranking" und § 5b Abs. 2 UWG 2022.** Ein Unternehmen, das Verbrauchern die Möglichkeit bietet, nach Waren oder Dienstleistungen zu suchen, die von verschiedenen Unternehmen oder von Verbrauchern angeboten werden, muss gemäß **§ 5b Abs. 2 UWG 2022** unabhängig davon, wo das Rechtsgeschäft abgeschlossen werden kann, die folgenden Informationen als wesentlich angeben, nämlich

1. die **Hauptparameter zur Festlegung des Rankings** der dem Verbraucher als Ergebnis seiner Suchanfrage präsentierten Waren oder Dienstleistungen sowie
2. die **relative Gewichtung der Hauptparameter zur Festlegung des Rankings** im Vergleich zu anderen Parametern.

---

[1] Dazu BGH GRUR 2017, 1265 – Preisportal.
[2] Vgl. Gesetzesbegründung BT-Drs. 19/27873, 36, 44.
[3] Vgl. Gesetzesbegründung BT-Drs. 19/27873, 36.
[4] Vgl. Gesetzesbegründung BT-Drs. 19/27873, 36.

Die vorstehendenden Informationen müssen von der Anzeige der Suchergebnisse aus **unmittelbar und leicht zugänglich** sein (§ 5b Abs. 2 S. 2 UWG 2022). Die Transparenzanforderungen in Bezug auf die Hauptparameter des Rankings sind auch in der **Verordnung (EU) 2019/1150**[5] geregelt. Die Transparenzanforderungen nach Maßgabe dieser Verordnung erfassen ein breites Spektrum von Online-Vermittlern, einschließlich **Online-Marktplätzen, gelten jedoch nur im Verhältnis zwischen Unternehmern und Online-Vermittlern.** Die auf Art. 3 Ziff. 4 lit. b der „Omnibus"-Richtlinie (EU) 2019/2161 beruhende Ergänzung der UGP-Richtlinie und die darauf basierende Regelung des § 5b Abs. 2 UWG 2022 soll gleichartige Transparenzanforderungen schaffen (vgl. dazu auch Erwgr. 21 der „Omnibus-Richtlinie (EU) 2019/2161). Wegen aller Einzelheiten ist auf die Kommentierung des § 5b UWG 2022 zu verweisen. 17

c) „Ranking" und der „black-list"-Tatbestand des Nr. 11a des Anhangs. Die neue Vorschrift der Nr. 11a des Anhangs zu § 3 Abs. 3 UWG 2022 enthält ein Verbot ungekennzeichneter Werbung oder verdeckter Zahlungen für eine Beeinflussung des Rankings bei Suchergebnissen aufgrund der Online-Suchanfrage von Verbrauchern. Hiermit wird Art. 3 Nr. 7 lit. a der „Omnibus"-Richtlinie (EU) 2019/2161 umgesetzt. Der Verbotstatbestand richtet sich gegen die **verdeckte Beeinflussung des Rankings** durch erkaufte Platzierungen. Bezahlte Werbung in Rankings oder Zahlungen, die speziell dazu dienen, das Ranking zu beeinflussen, sind nur dann zulässig, wenn sie eindeutig offengelegt werden.[6] Die Information hierüber muss in kurzer, einfach zugänglicher und verständlicher Weise erfolgen. Wegen aller Einzelheiten ist auf die Kommentierung der Nr. 11a des Anhangs zu verweisen. 18

§ 3 Verbot unlauterer geschäftlicher Handlungen

Vorbemerkung: § 3 ist gegenüber dem UWG 2020 unverändert; dort Rn. 1 ff. (Podszun). Einige Ergänzungen wurden aber im Anhang zu § 3 Abs. 3 vorgenommen.

(1) **Unlautere geschäftliche Handlungen sind unzulässig.**

(2) **Geschäftliche Handlungen, die sich an Verbraucher richten oder diese erreichen, sind unlauter, wenn sie nicht der unternehmerischen Sorgfalt entsprechen und dazu geeignet sind, das wirtschaftliche Verhalten des Verbrauchers wesentlich zu beeinflussen.**

(3) **Die im Anhang dieses Gesetzes aufgeführten geschäftlichen Handlungen gegenüber Verbrauchern sind stets unzulässig.**

(4) [1] **Bei der Beurteilung von geschäftlichen Handlungen gegenüber Verbrauchern ist auf den durchschnittlichen Verbraucher oder, wenn sich die geschäftliche Handlung an eine bestimmte Gruppe von Verbrauchern wendet, auf ein durchschnittliches Mitglied dieser Gruppe abzustellen.** [2] **Geschäftliche Handlungen, die für den Unternehmer vorhersehbar das wirtschaftliche Verhalten nur einer eindeutig identifizierbaren Gruppe von Verbrauchern wesentlich beeinflussen, die auf Grund von geistigen oder körperlichen Beeinträchtigungen, Alter oder Leichtgläubigkeit im Hinblick auf diese geschäftlichen Handlungen oder die diesen zugrunde liegenden Waren oder Dienstleistungen besonders schutzbedürftig sind, sind aus der Sicht eines durchschnittlichen Mitglieds dieser Gruppe zu beurteilen.**

---

[5] Verordnung (EU) 2019/1150 des europäischen Parlaments und des Rates vom 20. Juni 2019 zur Förderung von Fairness und Transparenz für gewerbliche Nutzung von Online-Vermittlungsdiensten (ABl. 2019 L 186, 57).

[6] Vgl. hierzu auch LG Hamburg GRUR-RS 2020, 19790 Rn. 17 f. – Ranglisten auf Hotelbuchungsportal.

§ 3a Rechtsbruch

Vorbemerkung: § 3a ist gegenüber dem UWG 2020 unverändert; → § 3a UWG Rn. 1ff. (v. Jagow).

Unlauter handelt, wer einer gesetzlichen Vorschrift zuwiderhandelt, die auch dazu bestimmt ist, im Interesse der Marktteilnehmer das Marktverhalten zu regeln, und der Verstoß geeignet ist, die Interessen von Verbrauchern, sonstigen Marktteilnehmern oder Mitbewerbern spürbar zu beeinträchtigen.

§ 4 Mitbewerberschutz

Vorbemerkung: § 4 ist gegenüber dem UWG 2020 unverändert; → § 4 UWG Rn. 1ff. (Omsels, Bruhn, Sambuc).

Unlauter handelt, wer

1. die Kennzeichen, Waren, Dienstleistungen, Tätigkeiten oder persönlichen oder geschäftlichen Verhältnisse eines Mitbewerbers herabsetzt oder verunglimpft;
2. über die Waren, Dienstleistungen oder das Unternehmen eines Mitbewerbers oder über den Unternehmer oder ein Mitglied der Unternehmensleitung Tatsachen behauptet oder verbreitet, die geeignet sind, den Betrieb des Unternehmens oder den Kredit des Unternehmers zu schädigen, sofern die Tatsachen nicht erweislich wahr sind; handelt es sich um vertrauliche Mitteilungen und hat der Mitteilende oder der Empfänger der Mitteilung an ihr ein berechtigtes Interesse, so ist die Handlung nur dann unlauter, wenn die Tatsachen der Wahrheit zuwider behauptet oder verbreitet wurden;
3. Waren oder Dienstleistungen anbietet, die eine Nachahmung der Waren oder Dienstleistungen eines Mitbewerbers sind, wenn er
   a) eine vermeidbare Täuschung der Abnehmer über die betriebliche Herkunft herbeiführt,
   b) die Wertschätzung der nachgeahmten Ware oder Dienstleistung unangemessen ausnutzt oder beeinträchtigt oder
   c) die für die Nachahmung erforderlichen Kenntnisse oder Unterlagen unredlich erlangt hat;
4. Mitbewerber gezielt behindert.

§ 4a Aggressive geschäftliche Handlungen

Vorbemerkung: § 4a ist gegenüber dem UWG 2020 unverändert; → § 4a UWG Rn. 1ff. (Picht).

(1) [1] **Unlauter handelt, wer eine aggressive geschäftliche Handlung vornimmt, die geeignet ist, den Verbraucher oder sonstigen Marktteilnehmer zu einer geschäftlichen Entscheidung zu veranlassen, die dieser andernfalls nicht getroffen hätte.** [2] **Eine geschäftliche Handlung ist aggressiv, wenn sie im konkreten Fall unter Berücksichtigung aller Umstände geeignet ist, die Entscheidungsfreiheit des Verbrauchers oder sonstigen Marktteilnehmers erheblich zu beeinträchtigen durch**

1. Belästigung,
2. Nötigung einschließlich der Anwendung körperlicher Gewalt oder
3. unzulässige Beeinflussung.

[3] **Eine unzulässige Beeinflussung liegt vor, wenn der Unternehmer eine Machtposition gegenüber dem Verbraucher oder sonstigen Marktteilnehmer zur Ausübung von Druck, auch ohne Anwendung oder Androhung von körperlicher Gewalt, in einer**

Weise ausnutzt, die die Fähigkeit des Verbrauchers oder sonstigen Marktteilnehmers zu einer informierten Entscheidung wesentlich einschränkt.

(2) [1] **Bei der Feststellung, ob eine geschäftliche Handlung aggressiv im Sinne des Absatzes 1 Satz 2 ist, ist abzustellen auf**

1. **Zeitpunkt, Ort, Art oder Dauer der Handlung;**
2. **die Verwendung drohender oder beleidigender Formulierungen oder Verhaltensweisen;**
3. **die bewusste Ausnutzung von konkreten Unglückssituationen oder Umständen von solcher Schwere, dass sie das Urteilsvermögen des Verbrauchers oder sonstigen Marktteilnehmers beeinträchtigen, um dessen Entscheidung zu beeinflussen;**
4. **belastende oder unverhältnismäßige Hindernisse nichtvertraglicher Art, mit denen der Unternehmer den Verbraucher oder sonstigen Marktteilnehmer an der Ausübung seiner vertraglichen Rechte zu hindern versucht, wozu auch das Recht gehört, den Vertrag zu kündigen oder zu einer anderen Ware oder Dienstleistung oder einem anderen Unternehmer zu wechseln;**
5. **Drohungen mit rechtlich unzulässigen Handlungen.**

[2] **Zu den Umständen, die nach Nummer 3 zu berücksichtigen sind, zählen insbesondere geistige und körperliche Beeinträchtigungen, das Alter, die geschäftliche Unerfahrenheit, die Leichtgläubigkeit, die Angst und die Zwangslage von Verbrauchern.**

§ 5 Irreführende geschäftliche Handlungen

Vorbemerkung: § 5 wurde gegenüber § 5 UWG 2020 neu strukturiert (zu Einzelheiten siehe die Anmerkungen zu den betreffenden Absätzen) und um die Neuregelung in Abs. 3 Nr. 2 ergänzt; → Rn. 1 ff. (Dreyer).

(1) **Unlauter handelt, wer eine irreführende geschäftliche Handlung vornimmt, die geeignet ist, den Verbraucher oder sonstigen Marktteilnehmer zu einer geschäftlichen Entscheidung zu veranlassen, die er andernfalls nicht getroffen hätte.**

Abs. 1 entspricht § 5 Abs. 1 S. 1 UWG 2020 → UWG § 5 Rn. 132 ff. (Dreyer).

(2) **Eine geschäftliche Handlung ist irreführend, wenn sie unwahre Angaben enthält oder sonstige zur Täuschung geeignete Angaben über folgende Umstände enthält:**

1. **die wesentlichen Merkmale der Ware oder Dienstleistung wie Verfügbarkeit, Art, Ausführung, Vorteile, Risiken, Zusammensetzung, Zubehör, Verfahren oder Zeitpunkt der Herstellung, Lieferung oder Erbringung, Zwecktauglichkeit, Verwendungsmöglichkeit, Menge, Beschaffenheit, Kundendienst und Beschwerdeverfahren, geographische oder betriebliche Herkunft, von der Verwendung zu erwartende Ergebnisse oder die Ergebnisse oder wesentlichen Bestandteile von Tests der Waren oder Dienstleistungen;**
2. **den Anlass des Verkaufs wie das Vorhandensein eines besonderen Preisvorteils, den Preis oder die Art und Weise, in der er berechnet wird, oder die Bedingungen, unter denen die Ware geliefert oder die Dienstleistung erbracht wird;**
3. **die Person, Eigenschaften oder Rechte des Unternehmers wie Identität, Vermögen einschließlich der Rechte des geistigen Eigentums, den Umfang von Verpflichtungen, Befähigung, Status, Zulassung, Mitgliedschaften oder Beziehungen, Auszeichnungen oder Ehrungen, Beweggründe für die geschäftliche Handlung oder die Art des Vertriebs;**
4. **Aussagen oder Symbole, die im Zusammenhang mit direktem oder indirektem Sponsoring stehen oder sich auf eine Zulassung des Unternehmers oder der Waren oder Dienstleistungen beziehen;**
5. **die Notwendigkeit einer Leistung, eines Ersatzteils, eines Austauschs oder einer Reparatur;**

6. die Einhaltung eines Verhaltenskodexes, auf den sich der Unternehmer verbindlich verpflichtet hat, wenn er auf diese Bindung hinweist, oder

7. Rechte des Verbrauchers, insbesondere solche auf Grund von Garantieversprechen oder Gewährleistungsrechte bei Leistungsstörungen.

Abs. 2 entspricht § 5 Abs. 1 S. 2 UWG 2020 → UWG § 5 Rn. 132 ff. (Dreyer).

(3) **Eine geschäftliche Handlung ist auch irreführend, wenn**

1. sie im Zusammenhang mit der Vermarktung von Waren oder Dienstleistungen einschließlich vergleichender Werbung eine Verwechslungsgefahr mit einer anderen Ware oder Dienstleistung oder mit der Marke oder einem anderen Kennzeichen eines Mitbewerbers hervorruft oder

Abs. 3 Nr. 1 entspricht § 5 Abs. 2 UWG 2020 → UWG § 5 Rn. 1277 ff. (Dreyer).

2. mit ihr eine Ware in einem Mitgliedstaat der Europäischen Union als identisch mit einer in anderen Mitgliedstaaten der Europäischen Union auf dem Markt bereitgestellten Ware vermarktet wird, obwohl sich diese Waren in ihrer Zusammensetzung oder in ihren Merkmalen wesentlich voneinander unterscheiden, sofern dies nicht durch legitime und objektive Faktoren gerechtfertigt ist.

Kommentierung → Rn. 1 ff. (Dreyer)

(4) **Angaben im Sinne von Absatz 1 Satz 2 sind auch Angaben im Rahmen vergleichender Werbung sowie bildliche Darstellungen und sonstige Veranstaltungen, die darauf zielen und geeignet sind, solche Angaben zu ersetzen.**

Abs. 4 entspricht § 5 Abs. 3 UWG 2020 → UWG § 5 Rn. 1340 ff. (Dreyer).

(5) [1] **Es wird vermutet, dass es irreführend ist, mit der Herabsetzung eines Preises zu werben, sofern der Preis nur für eine unangemessen kurze Zeit gefordert worden ist.** [2] **Ist streitig, ob und in welchem Zeitraum der Preis gefordert worden ist, so trifft die Beweislast denjenigen, der mit der Preisherabsetzung geworben hat.**

Abs. 5 entspricht § 5 Abs. 4 UWG 2020 → UWG § 5 Rn. 1377 ff. (Weidert).

Zu § 5 Abs. 3 Nr. 2

Schrifttum: *Alexander,* New Deal for Consumers, WRP 2019, I, Nr. 01; *Augenhofer,* Die Reform des Verbraucherrechts durch den „New Deal" – ein Schritt zu einer effektiven Rechtsdurchsetzung?, EuZW 2019, 5; *Birk,* UWG-Novelle 2022 – Klagerecht für Verbraucher!, GRUR-Prax 2020, 605; *Dröge,* Der „New Deal for Consumers" – Ein Paradigmenwechsel im deutschen UWG, WRP 2019, 160; *v. Duivenvoorde,* The Upcoming Changes in the Unfair Commercial Practices Directive: A Better Deal for Consumers?, EuCML 2019, 219; GRUR-Stellungnahme zum Referentenentwurf des Bundesministeriums der Justiz und für Verbraucherschutz zum Entwurf eines Gesetzes zur Stärkung des Verbraucherschutzes im Wettbewerbs- und Gewerberecht, GRUR 2021, 456; *Harmsen,* Anm. zu BGH GRUR 1965, 665 – Nevada-Skibindung – GRUR 1965, 680; *Henning-Bodewig,* Das ungeklärte Verhältnis der IP-Rechte zum Lauterkeitsrecht, Festschrift für Sabine Rojahn, 2020, 319; *Kuchar,* Markenrecht und Dual Quality. Die Pläne der EU zur Bekämpfung der Nutella®-Kränkung, ÖBl. 218, 214.

Übersicht

I. Kontext, Historie, Gesetzeszweck, Konkurrenzen

1 Die mit Wirkung zum 28.5.2022 eingefügte Vorschrift setzt Art. 3 Nr. 3 **RL (EU) 2019/2161 v. 27.11.2019 („Omnibus-Richtlinie")**[1] um, der die UGP-Richtlinie **mWz 7.1.2020** um einen neuen **Art. 6 Abs. 2 lit. c) UGP-Richtlinie** ergänzt. Danach gilt eine Geschäftspraxis als irreführend, wenn sie im konkreten Fall unter Berücksichtigung aller tatsächlichen Umstände einen Durchschnittsverbraucher zu einer geschäftlichen Entscheidung veranlasst oder zu veranlassen geeignet ist, die er ansonsten nicht getroffen hätte, und (die) Folgendes beinhaltet: *„jegliche Art der Vermarktung einer Ware in einem Mitgliedstaat als identisch mit der in einem anderen Mitgliedstaat vermarkteten Ware, obgleich sich diese Waren in ihrer Zusammensetzung oder ihren Merkmalen wesentlich voneinander unterscheiden, sofern dies nicht durch legitime und objektive Faktoren gerechtfertigt ist"*.

2 Hintergrund für die neue Vorschrift waren Beschwerden einiger Mitgliedstaaten, in ihren Gebieten würden unter der gleichen Marke Erzeugnisse in schlechterer Qualität als in anderen Teilen der Europäischen Union **(„dual quality")** vertrieben.[2]

3 Bei der Änderung durch Art. 6 Abs. 2 lit. c) UGP-RL (2019) handelt es sich lediglich um eine **Klarstellung,** da diese Geschäftspraxis sich schon bislang unter das allgemeine Irreführungsverbot des Art. 6 UGP-RL/§ 5 UWG subsumieren ließ (→ § 5 UWG Rn. 3).[3] Durch die ausdrückliche Regelung wollte der Richtliniengeber für Gewerbetreibende wie auch für die Durchsetzungsbehörden **Rechtssicherheit** schaffen.[4]

4 Die Vorschrift ist unabhängig von und auch neben markenrechtlichen Tatbeständen anwendbar. Ein Vorrang des **Markenrechts** besteht nicht; allerdings sind die Wertungen des Markenrechts zu beachten[5] → UWG § 5 Rn. 1278 ff.

II. Tatbestandliche Voraussetzungen

5 **1. Ware.** Der **Anwendungsbereich** der Vorschrift ist **auf Waren begrenzt;** auf Dienstleistungen ist die Regelung nicht anwendbar.[6]

6 **2. Vermarktung als identisch.** Das Erfordernis der **„Vermarktung als identisch"** stellt im Lichte des 53. Erwgr. der Richtlinie 2019/2161 in erster Linie auf die **Kennzeichnung** des Produktes, also die Marke und Verpackung ab. Erst in zweiter Linie kommt es auf Gestaltungsaspekte wie Farbe und Form oder Füllmenge an, die zu einer Täuschungseignung entweder beitragen oder sie verhindern können.[7]

[1] Richtlinie (EU) 2019/2161 des Europäischen Parlaments und des Rates vom 27.11.2019 zur Änderung der Richtlinie 93/13/EWG des Rates und der Richtlinien 98/6/EG, 2005/29/EG und 2011/83/EU des Europäischen Parlaments und des Rates zur besseren Durchsetzung und Modernisierung der Verbraucherschutzvorschriften der Union (ABl. 2019 L 328/7).

[2] Vgl. Mitteilung der Kommission an das Europäische Parlament, den Rat und den Europäischen Wirtschafts- und Sozialausschuss Neugestaltung der Rahmenbedingungen für die Verbraucher, COM(2018) 183 final v. 11.4.2018, S. 13 ff.; Amtl. Begr. zum RegE, BT-Drs. 19/27873, 33; *Alexander* WRP 2021, 136 (139).

[3] 51. und 52. Erwgr. der RL (EU) 2019/2161; Pressemitteilung der Europäischen Kommission vom 26.9.2017 – IP17/3403; *Augenhofer* EuZW 2019, 5 (7); *GRUR-Fachausschuss* GRUR 2021, 456 (457).

[4] 53. Erwgr. der RL (EU) 2019/2161.

[5] S. dazu auch näher *Henning-Bodewig* FS Rojahn, 2020, 319 (329 ff.).

[6] Amtl. Begr. zum RegE, BT-Drs. 19/27873, 33.

[7] *Dröge* WRP 2019, 160 (164).

7 **3. Mit einer in einem anderen Mitgliedstaat auf dem Markt bereitgestellten Ware.** Erforderlich ist ein **grenzüberschreitender Bezug:** Die identisch vermarktete und die auf dem anderen Markt bereitgestellte Ware müssen in unterschiedlichen Mitgliedstaaten vermarktet bzw. bereitgestellt werden. Die Vorschrift will verhindern, dass den Verbrauchern **in manchen Teilen Europas qualitativ schlechtere Produkte verkauft werden als in anderen,** obwohl Markenkennzeichnung und Verpackung identisch sind.[8]

8 **4. Trotz wesentlicher Unterschiede in Zusammensetzung oder Merkmalen („dual quality").** Die als identisch vermarkteten Waren müssen sich in ihrer **Zusammensetzung oder** ihren **Merkmalen** voneinander **wesentlich unterscheiden.** Maßgeblich sind Unterschiede, die Einfluss auf die **Qualität** der Produkte haben. Verhindert werden soll, dass die Produkte trotz identischer Vermarktung in einigen Mitgliedstaaten in schlechterer Qualität vertrieben werden → Rn. 7. Einer Vermarktung qualitativ gleichwertiger Produkte zu unterschiedlichen Preisen steht § 5 Abs. 3 Nr. 2 nicht entgegen.

9 **5. Täuschungseignung und Relevanz.** Im Unterschied zu den übrigen Einzeltatbeständen des § 5 setzt § 5 Abs. 3 Nr. 2 UWG 2022 dem Wortlaut nach weder eine Täuschungseignung bzw. Verwechslungsgefahr noch deren wettbewerbliche Relevanz voraus. Es stellt sich daher die Frage, ob die abstrakte Gefährdung ausreicht oder aber **Irreführungsgefahr und Relevanz ungeschriebene Tatbestandsmerkmale** sind. Letzteres ist der Fall. Art. 6 UGP-Richtlinie statuiert im Unterschied zu Art. 7 UGP-Richtlinie **keine „echten Informationspflichten"** (→ UWG § 5 Rn. 45, 53 ff.). Die Vorschrift will (nur) **berechtigte Qualitätserwartungen** der Verbraucher schützen.[9] Dem Richtliniengeber ging es bei dem neuen Art. 6 Abs. 2 lit. c) auch nur um eine Klarstellung bislang schon von der Richtlinie erfasster Sachverhalte (→ § 5 UWG Rn. 3).[10]

10 Ob die identische Vermarktung von „dual quality"-Produkten eine relevante Irreführung des Verbrauchers bewirkt, bedarf einer **Einzelfallprüfung.**[11] Eine Irreführungsgefahr kann die identische Vermarktung von „dual quality"-Ware nur bewirken, wenn die unterschiedlichen Verkehrskreise in den betroffenen Mitgliedsländern daran überhaupt **berechtigte Qualitätserwartungen** knüpfen.[12] Dies wird am ehesten in Grenzgebieten in Betracht kommen.[13]

11 Der Verbraucher rechnet damit, dass sich Rezeptur oder Zusammensetzung von Produkten aufgrund von Innovation oder Marktanpassungsmaßnahmen verändern können. Durch geeignete **Hinweise** lässt sich eine Irreführung daher verhindern.[14]

12 **6. Fehlende Rechtfertigung.** Zu den legitimen und objektiven Faktoren, welche die identische Vermarktung von Waren derselben Marke in Packungen mit unterschiedlichem Gewicht oder unterschiedlicher Füllmenge rechtfertigen, gehören nach **Erwgr. 53** der Richtlinie (EU) 2019/2161 **spezifische Vorgaben des nationalen Rechts, die Verfügbarkeit oder Saisonabhängigkeit von Rohstoffen** oder die Beachtung von freiwilligen Strategien zur **Verbesserung des Zugangs zu gesunden und nährstoffreichen Lebensmitteln.**[15] In derartigen Fällen ist unter Berücksichtigung von Verfügbarkeit und Angemessenheit von Informationen einzelfallabhängig zu prüfen, ob solche Unterschiede für den Verbraucher leicht zu erkennen sind.[16]

---

[8] Vgl. Pressemitteilung der Europäischen Kommission v. 26.9.2017.

[9] Vgl. 51. Erwgr. der RL 2019/2161:

[10] 51. und 52. Erwgr. der RL (EU) 2019/2161; Pressemitteilung der Europäischen Kommission vom 26.9.2017 – IP17/3403; *Augenhofer* EuZW 2019, 5 (7); *GRUR-Fachausschuss* GRUR 2021, 456 (457).

[11] Vgl. auch Amtl. Begr. zum RegE, BT-Drs. 19/27873, 34: „Ob eine Irreführung aufgrund legitimer und objektiver Faktoren ausgeschlossen werden kann, unterliegt … einer Einzelfallprüfung."

[12] Vgl. BGH GRUR 1965, 676, 678 – Nevada-Skibindung – m. Anm. *Harmsen* GRUR 1965, 680; *Dröge* WRP 2019, 160 (165); *Henning-Bodewig* FS Rojahn, 2020, 319 (332).

[13] *Henning-Bodewig* FS Rojahn, 2020, 319 (332).

[14] Vgl. *Henning-Bodewig* FS Rojahn, 2020, 319 (332).

[15] 53. Erwgr. der RL (EU) 2019/2161; *Alexander* WRP 2021, 136 (139); *Sosnitza* WRP 2021, 29.

[16] 53. Erwgr. der RL (EU) 2019/2161.

Ob **Verbraucherpräferenzen** eine identische Vermarktung rechtfertigen können, erscheint fraglich.[17] Die Aufzählung in Erwgr. 53 der Richtlinie ist zwar nicht abschließend.[18] In Erwgr. 53 der Richtlinie 2019/2161 sind diese im Unterschied zum Kommissionsentwurf[19] nicht mehr enthalten.[20] Nach den Gesetzesmaterialien sollen Verbraucherpräferenzen eine identische Vermarktung rechtfertigen können, wobei einer Einzelfallprüfung unterliegt, ob eine Irreführung aufgrund legitimer und objektiver Faktoren ausgeschlossen werden kann.[21] 13

Näher liegt m. E. ein Verständnis, wonach Art. 6 Abs. 2 lit. c) letzter HS UGP-RL als **Ausprägung des allgemeinen Verhältnismäßigkeitsgrundsatzes** zu verstehen ist, dem bei der Regelung des **grenzüberschreitenden Warenverkehrs** besondere Bedeutung zukommt: Eine auf das Irreführungsverbot gestützte Beschränkung der mitgliedstaatenübergreifenden Vermarktung von Waren als identisch kann in **Art. 16 EU-GrRCharta** eingreifen, der die unternehmerische Freiheit nach dem Unionsrecht und den einzelstaatlichen Rechtsvorschriften und Gepflogenheiten garantiert.[22] Die UGP-Richtlinie (wie auch die Irreführungsrichtlinie) hat den Vorrang des europäischen Primärrechts zu wahren und steht unter der Geltung des Verhältnismäßigkeitsgrundsatzes (→ § 5 UWG Rn. 381). 14

Deshalb kann es sich als erforderlich erweisen, eine mit einer Mitgliedstaaten übergreifenden Vermarktung von Waren als identisch verbundene (Rest-) Irreführungsgefahr **ausnahmsweise** hinzunehmen, wenn Grundrechte, Grundfreiheiten oder besonders schutzwürdige Interessen dies gebieten (→ UWG § 5 Rn. 381 ff.). Dies kommt beispielsweise zum Schutze wichtiger Güter, die auch im Rahmen des Art. 36 AEUV als sog. zwingende Erfordernisse anerkannt sind, wie der **Gesundheit** oder des **Umweltschutzes** in Betracht. 15

Dies entbindet den Unternehmer nicht davon, die für ihn möglichen und zumutbaren Maßnahmen zu ergreifen, um eine Irreführungsgefahr möglichst gering zu halten. Bei der Prüfung, ob die identische Vermarktung aufgrund legitimer und objektiver Faktoren gerechtfertigt ist, sind daher auch die Verfügbarkeit und Angemessenheit von Informationen zu berücksichtigen (vgl. 53. Erwgr. der Richtlinie 2019/2161). Hinzunehmen ist lediglich eine trotz Ergreifen aller zumutbaren Maßnahmen noch verbleibende **Restirreführungsgefahr,** die sich auch durch Bereitstellung angemessener Informationen nicht ausräumen lässt. 16

Eine Rechtfertigung im Sinne des § 5 Abs. 3 Nr. 2 letzter HS ist ausgehend von dem Verständnis als Ausprägung des Verhältnismäßigkeitsgrundsatzes (→ Rn. 14) erst zu prüfen, wenn, abstellend auf die maßgebliche Sicht eines durchschnittlich aufmerksamen, verständigen und kritischen Verbrauchers, überhaupt eine **Täuschungseignung** und **Relevanz** (→ Rn. 9) gegeben sind. 17

III. Beweislast und Prozessuales

Eine **relevante Irreführung** hat nach allgemeinen Grundsätzen im Regelfall der Anspruchsteller darzulegen und zu beweisen (→ UWG § 5 Rn. 1392 ff.). Die Voraussetzungen des § 5 Abs. 3 Nr. 2 letzter HS **(„sofern dies nicht durch legitime und objektive Faktoren gerechtfertigt ist“)** sind demgegenüber vom **Anspruchsgegner** darzulegen und zu beweisen, da es sich nach Wortlaut und Telos um einen Rechtfertigungsgrund handelt (→ Rn. 14). 18

---

[17] Vgl. Amtl. Begr. zum RegE, BT-Drs. 19/27873, S. 34; zweifelnd *Alexander* WRP 2021, 136 (139).
[18] So die Begr. zum RegE, BT-Drs. 19/27873, 34.
[19] Erwgr. 43 des Kommissionsentwurfs, COM(2018) 185 final v. 11.4.2018.
[20] Amtl. Begr. zum RegE, BT-Drs. 19/27873, 34; zweifelnd *Alexander* WRP 2021, 136 (139).
[21] Amtl. Begr. zum RegE, BT-Drs. 19/27873, 34.
[22] Vgl. Erwgr. 51 der RL 2019/2161.

IV. Anwendungsfelder

19 Zur **Irreführung durch Marken** → UWG § 5 Rn. 462 ff. *(Weidert);* durch **geografische Herkunftsangaben** → UWG § 5 Rn. 489 ff. *(Dreyer).*

20 Eine relevante Täuschung scheidet aus, wenn der Verbraucher der Marke keine Aussage über die Qualität oder Beschaffenheit der Ware entnimmt.[23] Sie kann aber in Betracht kommen, wenn die **Bedingungen für die Benutzung einer Kollektivmarke** (Art. 75 Abs. 2 UMV, § 102 Abs. 2 Nr. 5 MarkenG) oder einer **Gewährleistungsmarke** (Art. 84 Abs. 2 UMV, § 106a MarkenG) nicht eingehalten werden, weil der Verbraucher mit diesem Zeichen ganz bestimmte Eigenschaften verbindet.[24]

21 Eine Orientierungshilfe für die Anwendung der Unionsvorschriften auf Fälle von **Lebensmitteln von zweierlei Qualität** enthält bereits die Bekanntmachung der Kommission vom 29.9.2017 „zur Anwendung des EU-Lebensmittel- und Verbraucherschutzrechts auf Fragen der Produkte von zweierlei Qualität – Der besondere Fall der Lebensmittel". In diesem Zusammenhang hatte außerdem die Gemeinsame Forschungsstelle der Kommission am 25.8.2018 ein „Framework" vorgelegt.[25]

§ 5a Irreführung durch Unterlassen

Vorbemerkung: § 5a entspricht in weiten Teilen – mit kleineren redaktionellen Abweichungen – den Regelungen des § 5a UWG 2020 (Einzelheiten siehe unten). Neu sind aber die Sätze 2 und 3 des Abs. 4. § 5a Abs. 4 UWG 2020 wurde nach § 5b Abs. 4 verlagert. § 5a Abs. 1 UWG 2020 wurde aufgehoben → Rn. 1 ff.).

(1) **Unlauter handelt auch, wer einen Verbraucher oder sonstigen Marktteilnehmer irreführt, indem er ihm eine wesentliche Information vorenthält,**

1. die der Verbraucher oder der sonstige Marktteilnehmer nach den jeweiligen Umständen benötigt, um eine informierte geschäftliche Entscheidung zu treffen, und
2. deren Vorenthalten dazu geeignet ist, den Verbraucher oder den sonstigen Marktteilnehmer zu einer geschäftlichen Entscheidung zu veranlassen, die er andernfalls nicht getroffen hätte.

(2) **Als Vorenthalten gilt auch**

1. das Verheimlichen wesentlicher Informationen,
2. die Bereitstellung wesentlicher Informationen in unklarer, unverständlicher oder zweideutiger Weise sowie
3. die nicht rechtzeitige Bereitstellung wesentlicher Informationen.

Abs. 2 entspricht § 5a Abs. 2 S. 2 UWG 2020 → § 5a UWG Rn. 94 (Dreyer).

(3) **Bei der Beurteilung, ob wesentliche Informationen vorenthalten wurden, sind zu berücksichtigen:**

1. räumliche oder zeitliche Beschränkungen durch das für die geschäftliche Handlung gewählte Kommunikationsmittel sowie
2. alle Maßnahmen des Unternehmers, um dem Verbraucher oder sonstigen Marktteilnehmer die Informationen auf andere Weise als durch das für die geschäftliche Handlung gewählte Kommunikationsmittel zur Verfügung zu stellen.

Abs. 3 entspricht § 5a Abs. 5 UWG 2020; Kommentierung → UWG § 5a Rn. 224 ff. (Dreyer) mit einer redaktionellen Änderung in Nr. 2 („…durch das für die geschäftliche Hand-

---

[23] Vgl. *Dröge* WRP 2019, 160 (164).
[24] Köhler/Bornkamm/Feddersen/*Bornkamm/Feddersen* UWG § 5 Rn. 2.102.
[25] Erwgr. 52 der RL 2019/2161.

lung gewählte Kommunikationsmittel…" statt „…durch das Kommunikationsmittel nach Nummer 1…").

(4) **Unlauter handelt auch, wer den kommerziellen Zweck einer geschäftlichen Handlung nicht kenntlich macht, sofern sich dieser nicht unmittelbar aus den Umständen ergibt, und das Nichtkenntlichmachen geeignet ist, den Verbraucher oder sonstigen Marktteilnehmer zu einer geschäftlichen Entscheidung zu veranlassen, die er andernfalls nicht getroffen hätte. Ein kommerzieller Zweck liegt bei einer Handlung zugunsten eines fremden Unternehmens nicht vor, wenn der Handelnde kein Entgelt oder keine ähnliche Gegenleistung für die Handlung von dem fremden Unternehmens erhält oder sich versprechen lässt. Der Erhalt oder das Versprechen einer Gegenleistung wird vermutet, es sei denn der Handelnde macht glaubhaft, dass er eine solche nicht erhalten hat.**

Abs. 4 S. 1 entspricht § 5a Abs. 6 UWG 2020 → UWG § 5a Rn. 237ff. (Frank), wird jedoch auf „sonstige Marktteilnehmer" erstreckt. Abs. 4 S. 2 und S. 3 sind neu; Kommentierung → Rn. 8ff. (Frank).

Zur Aufhebung des § 5a Abs. 1 UWG 2020 und zu weiteren Änderungen

Schrifttum: *Alexander,* New Deal for Consumers, WRP 2019, I, Nr. 01; *Augenhofer,* Die Reform des Verbraucherrechts durch den „New Deal" – ein Schritt zu einer effektiven Rechtsdurchsetzung?, EuZW 2019, 5; *Birk,* UWG-Novelle 2022 – Klagerecht für Verbraucher!, GRUR-Prax 2020, 605; *Dröge,* Der „New Deal for Consumers" – Ein Paradigmenwechsel im deutschen UWG, WRP 2019, 160; GRUR-Stellungnahme zum Referentenentwurf des Bundesministeriums der Justiz und für Verbraucherschutz zum Entwurf eines Gesetzes zur Stärkung des Verbraucherschutzes im Wettbewerbs- und Gewerberecht, GRUR 2021, 456; *Harmsen,* Anm. zu BGH GRUR 1965, 665 – Nevada-Skibindung, GRUR 1965, 680; *Sosnitza,* Bewertungen und Rankings im Internet – Neue lauterkeitsrechtliche Anforderungen, CR 2021, 329.

Mit Wirkung zum 28.5.2022 wurde **§ 5a Abs. 1 UWG 2020 aufgehoben;** er regelte 1
die Irreführung durch Unterlassen im Verhältnis **B2B** und B2C. Der Gesetzesbegründung[1] zufolge enthielt § 5a Abs. 1 UWG 2020 keinen eigenen Unlauterkeitstatbestand. Eigenständige Bedeutung sei der Regelung vor allem im Verhältnis zwischen Unternehmern und sonstigen Marktteilnehmern zugekommen. Der Schutz der sonstigen Marktteilnehmer werde durch die Aufhebung im Vergleich zur bisherigen Rechtslage weder erweitert noch verkürzt, da die sonstigen Marktteilnehmer nunmehr in den Anwendungsbereich des bisherigen Abs. 2 aufgenommen würden, welcher zuvor nur im Verhältnis zwischen Unternehmen und Verbraucherinnen und Verbrauchern anwendbar gewesen sei.

Der bisherige Abs. 2 S. 1 wurde der neue Abs. 1 des § 5a; er wurde auf die Irreführung 2
gegenüber **sonstigen Marktteilnehmern** erstreckt. § 5a Abs. 2 S. 2 UWG 2020 blieb mit dieser Maßgabe (Geltung auch im Verhältnis B2B) als neuer Abs. 2 bestehen. Die **nur für das Verhältnis B2C geltenden Informationspflichten** der vormaligen Absätze 3 und 4 **wurden in den neuen § 5b ausgelagert.** Der dadurch zum neuen Abs. 4 aufgerückte vormalige Abs. 6, der aufgrund der Verknüpfung mit Abs. 1 nunmehr ebenfalls auch im Verhältnis B2B gilt, wurde um eine **Sondervorschrift für das Influencer-Marketing (§ 5a Abs. 4 S. 2, 3) ergänzt** (hierzu *Frank → Rn. 8ff.*).

Die Trennung der Bereiche B2B (§ 5a Abs. 1 UWG 2020) und B2C (§ 5a Abs. 1–6 3
UWG 2020) wurde aufgegeben. Die Irreführung durch Unterlassen **gegenüber Verbrauchern und sonstigen Marktteilnehmern (B2B)** wird ab dem 28.5.2022 **in § 5a Abs. 1–4 einheitlich geregelt.** Inhaltliche Änderungen waren damit nicht bezweckt. Unterschiedlichen Schutzanforderungen ist im Rahmen der unbestimmten Rechtsbegriffe durch Auslegung Rechnung zu tragen.[2]

[1] BT-Drs. 19/27873, 34.
[2] Vgl. GRUR-Stellungnahme GRUR 2021, 456 (457).

4 Im Verhältnis zu **Mitbewerbern** ist § 5a auch weiterhin (→ UWG § 5a Rn. 4) **nicht anwendbar.**

5 Zum **Harmonisierungsgrad** → UWG § 5a Rn. 1, → UWG § 5 Rn. 26 ff. Im Bereich B2B verbleibt grundsätzlich nationaler Spielraum für eine autonom nationale Auslegung, da die Werberichtlinie 2006/114/EG abgesehen von der vergleichenden Werbung lediglich einen Mindeststandard vorgibt. Schon bislang waren jedoch im Interesse einer einheitlichen Auslegung und Anwendung des § 5a die für die vollharmonisierten Bereiche geltenden Maßstäbe auch hier heranzuziehen, soweit nicht Unterschiede der Interessenlage eine abweichende Auslegung erforderten (→ UWG § 5 Rn. 29). Die Neustrukturierung des § 5a macht dies nun auch ausdrücklich durch Erstreckung der Art. 7 Abs. 1–3 UGP-Richtlinie umsetzenden § 5a Abs. 1–4 UWG 2022 auf das Verhältnis B2B deutlich. Diese Gesetzgebungstechnik entspricht der „überschießenden" Umsetzung der UGP-Richtlinie auch in anderen Kernbestimmungen des UWG wie § 4a und § 5 UWG 2020.[3] Da § 5a Abs. 1 UWG 2020 schon bislang nach Maßgabe dieser Grundsätze auszulegen war (→ UWG § 5 Rn. 28 f.), ergeben sich durch die Neufassung keine inhaltlichen Änderungen.

Zu § 5a Abs. 1 UWG 2022

6 § 5a Abs. 1 UWG 2022 **entspricht weitgehend § 5a Abs. 2 S. 1 UWG 2020,** wurde jedoch auf „sonstige Marktteilnehmer" erstreckt und redaktionell leicht geändert. So wurden im einleitenden Satzteil die Wörter „im konkreten Fall unter Berücksichtigung aller Umstände" gestrichen; andererseits wurde das Wort „vorenthält" durch die Formulierung „irreführt, indem er … vorenthält" ersetzt.

7 § 5a Abs. 1 UWG 2022 hat den Wortlaut von § 5a Abs. 2 UWG 2020 übernommen, gilt im Unterschied zur bisherigen Rechtslage nun aber **auch für sonstige Marktteilnehmer,** dh neben Mitbewerbern und Verbrauchern auch für alle weiteren Personen, die als Anbieter oder Nachfrager von Waren oder Dienstleistungen tätig sind (vgl. § 2 Abs. 1 Nr. 3 UWG 2022). Eine inhaltliche Änderung ist mit dieser Erweiterung nicht bezweckt.[4] Von einer Erstreckung des Anwendungsbereichs der § 5a Abs. 2–6 UWG 2020 auf das Verhältnis B2B hatte der Gesetzgeber bislang abgesehen, um den Geschäftsverkehr nicht übermäßig mit Informationspflichten zu belasten (§ 5 UWG 2020 Rn. 4). Nach den Gesetzesmaterialien ist mit der Neustrukturierung aber **keine Erweiterung von Informationspflichten** verbunden. Vielmehr handelt es sich bei dem nunmehr einheitlichen Konzept in § 5a lediglich um eine **redaktionelle Änderung,** da der Regelungsbereich des vormaligen Abs. 1 in dem Anwendungsbereich des neuen Abs. 1 aufgeht.[5] Schon bislang war der die Irreführung durch Unterlassen gegenüber sonstigen Marktteilnehmern regelnde § 5a Abs. 1 UWG im Interesse einer einheitlichen Auslegung des nationalen Rechts weitmöglichst am Maßstab der UGP-Richtlinie auszulegen (→ § 5 UWG Rn. 28 f.).

Zu § 5a Abs. 4 S. 2 und S. 3 UWG 2022

8 Während § 5a Abs. 4 S. 1 UWG 2022, abgesehen von der Erweiterung auf „sonstige Marktteilnehmer" (hierzu → Rn. 7, *Dreyer*), inhaltlich § 5a Abs. 6 UWG 2020 entspricht, beziehen sich die neuen Sätze 2 und 3 UWG 2022 auf das sog. **Influencer-Marketing.** Unter **„Influencern"** werden **Privatpersonen** verstanden, die – meist über Online-Plattformen wie Instagram, Facebook, Twitter oder Snapshot – Waren und Dienstleistungen

[3] Vgl. GRUR-Stellungnahme GRUR 2021, 456.
[4] Amtl. Begr. zum RegE, BT-Drs. 19/27873, 33.
[5] Amtl. Begr. zum RegE, BT-Drs. 19/27873, 33.

Dritter anpreisen und diese Verkaufsförderung mit Bildern, Informationen und Geschehnissen aus ihrem privaten Bereich verweben. Anders gewendet, verbreiten die hinter den betreffenden Produkten stehenden Hersteller und Handelsunternehmen ihre Werbung unter Einschaltung privater Personen, die durch inhaltliche Beiträge oder schlicht ihre in bestimmten Kreisen erlangte Prominenz ein relevantes Netzwerk von Abonnenten oder Followern aufgebaut haben (hierzu näher *Frank* → UWG § 5a Rn. 378 f.).[1] In Weiterentwicklung der für Presse, Rundfunk und andere Medien geltenden Grundsätze wurden Influencer in den vergangenen Jahren des Öfteren nach § 5a Abs. 2 und Abs. 6 UWG 2020 wegen irreführender Werbung verurteilt (vgl. Überblick bei *Frank* → UWG § 5a Rn. 376 ff., 383 ff.).[2]

Aus dem Geflecht von Sachverhaltskonstellationen, wie sie herkömmlich unter dem Begriff der „Schleichwerbung" zusammengefasst wurden, hat das Gesetz zur Förderung des Verbraucherschutzes im Wettbewerbs- und Gewerberecht den Spezialaspekt des Influencer-Marketings herausgegriffen und sich – noch enger – der Frage gewidmet, unter welchen Umständen **ausgeschlossen** werden kann, dass eine **Handlung zugunsten eines fremden Unternehmens** vorliegt. Dagegen soll die Frage, ob eine unentgeltlich abgegebene Empfehlung durch Influencer auch insofern eine geschäftliche Handlung darstellt, als dass sie den Zweck der **Förderung des eigenen Unternehmens** verfolgt, allein nach § 5a Abs. 4 S. 1 bzw. der Definition der geschäftlichen Handlung in § 2 Abs. 1 Nr. 2 zu beantworten sein.[3] 9

Die Regelung im neuen S. 2 soll einen **sicheren Rechtsrahmen für Handlungen von Influencern** schaffen, sofern sie **Produkte** und Leistungen **anderer Unternehmen empfehlen, ohne hiervon unmittelbar zu profitieren.**[4] Der Gesetzgeber spezifiziert in Bezug auf Handlungen zugunsten eines fremden Unternehmens die Voraussetzungen für die Bejahung eines **kommerziellen Zweckes:** Dieser ist nur gegeben, wenn der Handelnde ein Entgelt oder eine ähnliche Gegenleistung erhält oder sich versprechen lässt. In S. 3 wird die widerlegliche **Vermutung** aufgestellt, dass das begünstigte Unternehmen eine Gegenleistung gewährt oder versprochen hat. Mit dieser Regelung hat der deutsche Gesetzgeber aus eigener Initiative Neuland beschritten. Sie war weder durch die Richtlinie (EU) 2019/2161 noch durch andere unionsrechtliche Vorgaben veranlasst. 10

Laut Begründung zum RegE steht diese neue Vermarktungsform in einem Spannungsverhältnis zur UGP-Richtlinie 2005/29/EG. Diese definiere den Begriff der erfassten Geschäftspraktiken mit einer besonders weiten Formulierung. **Geschäftspraktiken** müssten aber **gewerblicher Natur** sein, somit von Gewerbetreibenden ausgeübt werden und unmittelbar mit der Absatzförderung, dem Verkauf oder der Lieferung ihrer Produkte an Verbraucherinnen und Verbraucher zusammenhängen, wofür auch auf das EuGH-Urteil vom 17.10.2013 – RLvS Verlagsgesellschaft verwiesen wird.[5] Hier ergebe sich eine Lücke: Handlungen, die ***ausschließlich*** **zur Förderung von** ***fremden*** **Unternehmen** führten, würden nicht erfasst; folglich bestehe insoweit Spielraum für Regelungen des nationalen Rechts.[6] 11

Argumentativ überzeugt diese Begründung kaum. Sie berührt aber das Grundproblem des Regelungsgegenstandes der Gesetzesänderung:[7] Wie erwähnt heißt es in den Erläute- 12

[1] Allgemeiner zur Verschleierung des kommerziellen Zwecks geschäftlicher Handlungen → UWG § 5a Rn. 237 ff. *(Frank)*.

[2] Köhler/Bornkamm/Feddersen/*Köhler* § 5a Rn. 7.80.

[3] Vgl. die Begründung zum RegE, BT-Drs. 19/27873, 35.

[4] BT-Drs. 19/27873, 34, letzter Absatz.

[5] EuGH C-391/12, GRUR 2013, 1245, Rn. 37.

[6] Der Ausschuss für Recht und Verbraucherschutz hat in seiner Beschlussempfehlung und seinem Bericht vom 9.6.2021, BT-Drs. 19/30527, 11 die zutreffende sprachliche Korrektur vorgeschlagen, das im ursprüngliche Entwurf in S. 2 enthaltene Wort „Unternehmer" durch „Unternehmen" zu ersetzen, um den Gleichklang mit der Formulierung in § 2 Abs. 1 Nummer 2 UWG-E herzustellen.

[7] Vgl. hierzu auch die Kritik des GRUR-Fachausschusses für Wettbewerbs- und Markenrecht, GRUR 2021, 456 (457).

rungen, S. 2 sei nicht für die Beurteilung der Frage relevant, ob eine **unentgeltlich abgegebene Empfehlung** deshalb **als geschäftliche Handlung** zu qualifizieren sei, weil sie **auch der Förderung des *eigenen* Unternehmens** diene. Die Gerichte hatten Letzteres bisher in den meisten Influencer-Urteilen mit teilweise unterschiedlichen und nicht durchweg überzeugenden Begründungen bejaht (vgl. die Hinweise bei → UWG § 5a Rn. 264). Sofern es bei dieser Gerichtspraxis bleibt, wird sich die praktische Relevanz der Gesetzesänderung in Grenzen halten: Wenn die Empfehlung fremder Produkte unter den Gegebenheiten des konkreten Sachverhalts jedenfalls auch der Steigerung der eigenen (wirtschaftlich zu verwertenden) Bekanntheit und damit dem eigenen Unternehmen dient und insofern eine geschäftliche Handlung anzunehmen ist, wird es im Ergebnis kaum darauf ankommen, ob außerdem der Handlungszweck nachzuweisen ist, ein fremdes Unternehmen zu fördern.

13 Der Begriff der einem Entgelt ***ähnlichen*** **Gegenleistung** soll der üblichen Logik im Bereich der Schleichwerbung folgend auch **Provisionen und Waren** erfassen, **welche das fremde Unternehmen dem Influencer zusendet und die er nutzen oder behalten darf.** Gleiches gilt für Pressereisen, Stellung von Ausrüstung oder Kostenübernahmen. Die Gesetzesbegründung stellt ferner klar, dass die **Gegenleistung vorübergehender Natur** sein kann und nicht in unmittelbarem zeitlichem Zusammenhang zufließen muss. Dass die eigene Bekanntheit des Influencers durch die Empfehlung steigt (oder besser steigen könnte), reicht hingegen ebenso wenig aus wie die bloße Hoffnung auf eine Gegenleistung.

14 Zur Illustration des Begriffs der ***Gegen*leistung** wird ferner ausgeführt, dass sie von dem durch die Empfehlung begünstigten Unternehmer veranlasst worden sein muss. Schaltet er hierfür Dritte ein, etwa eine Agentur, so wird ihm dies nach allgemeinen Grundsätzen zugerechnet. Irrelevant ist hingegen eine Gegenleistung aus einem anderen Leistungsverhältnis. Die Gesetzesbegründung hat hier ähnliche Konstellationen wie bei Medienunternehmen im Auge, bei denen Angestellte für die Erstellung von Beiträgen eine Gegenleistung in Form ihres Lohns erhalten.

15 Schließlich regelt der neue § 5a Abs. 4 in **S. 3** auch **verfahrensrechtliche Aspekte.** Bislang trägt der Kläger die **Darlegungs- und Beweislast für das Vorliegen eines kommerziellen Zwecks.** Ihm wird regelmäßig unbekannt sein, ob für die Handlung zugunsten eines fremden Unternehmens nun eine Gegenleistung erbracht oder versprochen wurde. Daher bestimmt S. 3, dass Letzteres vermutet wird, es sei denn, der **Influencer macht glaubhaft,** dass ihm eine **Gegenleistung nicht gewährt oder versprochen** wurde. Gelingt diese Glaubhaftmachung, so entfällt die Vermutungswirkung des dritten Satzes. Dann treffen Darlegungs- und Beweislast für das Vorliegen einer Gegenleistung wieder den Kläger. Die Neuregelung liegt auf der Linie des überzeugenden Lösungsansatzes des KG (hierzu auch → UWG § 5a Rn. 267).[8] Letzteres hatte eine sekundäre Beweislast „jedenfalls dann" angenommen, wenn der Kläger über bloße Verdachtsmomente hinaus die für einen Wettbewerbsverstoß sprechenden Tatsachen vorgetragen und glaubhaft gemacht habe.[9] Konzeptionell verschiebt der Entwurf mit der Vermutungsregelung die Darlegungs- und Beweislast zulasten der Influencer.[10] Ob dies in der Praxis wirklich zu unterschiedlichen Ergebnissen führen wird, ist eher fraglich, da Anforderungen an die primäre Darlegungslast des Klägers sich in der weiteren Rechtsprechung vermutlich als relativ niedrig herausgestellt hätten. Es stellt sich aber die Frage nach der Notwendigkeit der gesetzlichen Regelung: das Urteil des KG hat bereits einen ausgewogenen Lösungsansatz aufgezeigt und im zweiten Halbjahr 2021 stehen drei Revisionsentscheidungen an,

---

[8] GRUR 2019, 543, Rn. 70 ff.
[9] KG GRUR 2019, 543, Rn 73.
[10] So zutreffend der Fachausschuß für Wettbewerbs- und Markenrecht der GRUR in GRUR 2021, 456, 457.

von denen wesentliche Hinweise für die **Aufklärungspflichten von Influencern** zu erwarten sind.[11]

§ 5b Wesentliche Informationen

Vorbemerkung: Abs. 1 wurde gegenüber § 5a Abs. 3 UWG 2020 um die neue Nr. 6 erweitert; Kommentierung siehe → Rn. 1 ff. (Harte-Bavendamm). Abs. 2 und Abs. 3 sind neu; Kommentierung siehe → Rn. 5 ff. (Frank). Abs. 4 entspricht § 5a Abs. 4 UWG 2020; (Dreyer → UWG § 5a Rn. 180 ff.

(1) **Werden Waren oder Dienstleistungen unter Hinweis auf deren Merkmale und Preis in einer dem verwendeten Kommunikationsmittel angemessenen Weise so angeboten, dass ein durchschnittlicher Verbraucher das Geschäft abschließen kann, so gelten die folgenden Informationen als wesentlich im Sinne des § 5a Absatz 1, sofern sie sich nicht unmittelbar aus den Umständen ergeben:**

1. **alle wesentlichen Merkmale der Ware oder Dienstleistung in dem der Ware oder Dienstleistung und dem verwendeten Kommunikationsmittel angemessenen Umfang,**
2. **die Identität und Anschrift des Unternehmers, gegebenenfalls die Identität und Anschrift desjenigen Unternehmers, für den er handelt,**
3. **der Gesamtpreis oder in Fällen, in denen ein solcher Preis auf Grund der Beschaffenheit der Ware oder Dienstleistung nicht im Voraus berechnet werden kann, die Art der Preisberechnung sowie gegebenenfalls alle zusätzlichen Fracht-, Liefer- und Zustellkosten oder in Fällen, in denen diese Kosten nicht im Voraus berechnet werden können, die Tatsache, dass solche zusätzlichen Kosten anfallen können,**
4. **Zahlungs-, Liefer- und Leistungsbedingungen, soweit diese von den Erfordernissen unternehmerischer Sorgfalt abweichen,**
5. **das Bestehen des Rechts auf Rücktritt oder Widerruf und**
6. **bei Waren oder Dienstleistungen, die über einen Online-Marktplatz angeboten werden, die Information, ob es sich bei dem Anbieter der Waren oder Dienstleistungen nach dessen eigener Erklärung gegenüber dem Betreiber des Online-Marktplatzes um einen Unternehmer handelt.**

Abs. 1 entspricht § 5a Abs. 3 UWG 2020 mit geringfügigen redaktionellen Änderungen und Streichung der Wörter „sowie Verfahren zum Umgang mit Beschwerden" in Nr. 4. Abs. 1 Nr. 6 ist neu; Kommentierung → UWG § 5a Rn. 1 ff. (Harte-Bavendamm)

(2) **Bietet ein Unternehmer Verbrauchern die Möglichkeit, nach Waren oder Dienstleistungen zu suchen, die von verschiedenen Unternehmern oder von Verbrauchern angeboten werden, so gelten unabhängig davon, wo das Rechtsgeschäft abgeschlossen werden kann, folgende allgemeine Informationen als wesentlich:**

1. **die Hauptparameter zur Festlegung des Rankings der dem Verbraucher als Ergebnis seiner Suchanfrage präsentierten Waren oder Dienstleistungen sowie**
2. **die relative Gewichtung der Hauptparameter zur Festlegung des Rankings im Vergleich zu anderen Parametern.**

Die Informationen nach Satz 1 müssen von der Anzeige der Suchergebnisse aus unmittelbar und leicht zugänglich sein. Die Sätze 1 und 2 gelten nicht für Betreiber von Online-Suchmaschinen im Sinne des Artikels 2 Nummer 6 der Verordnung (EU) 2019/1150 des Europäischen Parlaments und des Rates vom 20. Juni 2019 zur Förderung von Fairness und Transparenz für gewerbliche Nutzer von Online-Vermittlungsdiensten (ABl. L 186 vom 11.7.2019, S. 57).

[11] Der BGH hat für den 29.7.2021 (dh nach Redaktionsschluss diesees Kommentars) in drei Verfahren (I ZR 90/20, Vorinstanz OLG Braunschweig; I ZR 125/20, Vorinstanz OLG Hamburg; I ZR 126/20, Vorinstanz OLG München) Revisionsverhandlungen zur Pflicht von Influencerinnen anberaumt, ihre Instagram-Beiträge als Werbung zu kennzeichnen.

(3) **Macht ein Unternehmer Bewertungen zugänglich, die Verbraucher im Hinblick auf Waren oder Dienstleistungen vorgenommen haben, so gelten als wesentlich Informationen darüber, ob und wie der Unternehmer sicherstellt, dass die veröffentlichten Bewertungen von solchen Verbrauchern stammen, die die Waren oder Dienstleistungen tatsächlich genutzt oder erworben haben.**

(4) **Als wesentlich im Sinne des § 5a Absatz 1 gelten auch solche Informationen, die dem Verbraucher auf Grund unionsrechtlicher Verordnungen oder nach Rechtsvorschriften zur Umsetzung unionsrechtlicher Richtlinien für kommerzielle Kommunikation einschließlich Werbung und Marketing nicht vorenthalten werden dürfen.**

Abs. 4 entspricht § 5a Abs. 4 UWG 2020; Dreyer → UWG § 5a Rn. 180.

Zu § 5b Abs. 1 Nr. 6

1 Die Liste der gemäß § 5a Abs. 1 UWG 2022 (vgl. § 5a Abs. 2 S. 1 UWG 2020) **als wesentlich geltenden Informationen** wird in Umsetzung von Art. 3 Nr. 4 Buchstabe a (ii) der Richtlinie (EU) 2019/2161 durch eine neue Nr. 6 erweitert. Der Grundsatz, dass Verbrauchern als potentiellen Vertragspartnern diejenigen Informationen zur Verfügung gestellt werden müssen, die für eine informierte geschäftliche Entscheidung benötigt werden, wird in Nr. 6 hinsichtlich der über einen **Online-Marktplatz** (vgl. *Keller* § 2 Nr. 6 UWG 2022 Rn. 9 ff. verbreiteten Angebote konkretisiert: Die über diesen Vertriebsweg angesprochenen Verbraucher bedürfen ausreichender Informationen über den Anbieter der betreffenden Waren oder Dienstleistungen. Hierzu gehört die Information darüber, ob es sich bei dem **Anbieter** um eine **Privatperson oder** um einen **Unternehmer** handelt. Denn nur, wenn Letzteres der Fall ist, stehen den Adressaten die im **Verbraucherschutzrecht** der Europäischen Union vorgesehenen Ansprüche und Rechte zu.[1] Der Gesetz- wie zuvor der Richtliniengeber geht mithin davon aus, dass der durchschnittliche Verbraucher die Unternehmereigenschaft des Anbieters unter diesem Aspekt positiv bewertet. Umgekehrt könnte ein nicht unerheblicher Teil der Verbraucher (je nach den Umständen zu Recht oder zu Unrecht) davon ausgehen, dass private Anbieter weniger geschäftstüchtig kalkulieren und sich in denkbaren Preisverhandlungen anders, nämlich zugunsten der Nachfrager flexibler verhalten als erfahrene Unternehmer.

2 Die Betreiber von Online-Marktplätzen werden deshalb dazu verpflichtet, von den jeweiligen Anbietern zu verlangen, dass diese ihnen gegenüber **offenlegen,** ob sie als Unternehmer gemäß § 2 Abs. 1 Nr. 8 oder als Verbraucher im Sinne des § 2 Abs. 2 UWG 2022 tätig werden. Diese Pflicht wird zwar im Gesetzestext nicht unmittelbar zum Ausdruck gebracht. Sie ergibt sich aber mittelbar daraus, dass jeder Betreiber eines Online-Marktplatzes den Nachfragern (Verbrauchern oder sonstigen Marktteilnehmern, vgl. § 5a Abs. 1 UWG 2022) zur Kenntnis zu bringen hat, ob der jeweilige Anbieter nach dessen **eigener, dem Betreiber gegenüber abgegebenen Erklärung** Unternehmer ist. Mitzuteilen ist demgemäß nur die **Selbsteinstufung des Anbieters.** Dagegen sind die Betreiber von Online-Marktplätzen im Einklang mit § 7 Abs. 2 TMG nicht dazu verpflichtet, den Status von Anbietern anlasslos zu überprüfen.[2]

3 **Auf welche Art** die **Information** über den Unternehmerstatus **erteilt** werden muss, hängt von einer situationsbezogenen Betrachtung ab (vgl. auch § 5a Abs. 3 UWG 2022 und → UWG § 5a Rn. 224 ff.). Bereitgestellt werden muss die Information jedenfalls in einer nach den gegebenen Umständen **klaren, verständlichen und eindeutigen Weise** (vgl. § 5a Abs. 2 Nr. 2 UWG 2022).

4 Die Pflicht des Marktplatzbetreibers zur ausdrücklichen Mitteilung der vom Anbieter vorgenommenen Selbsteinstufung **entfällt** nur dann, wenn sich dessen **Unternehmer-**

[1] So die Begründung im RegE, BT-Drs. 19/27873, 35.
[2] Vgl. die Begründung zum RegE, BT-Drs. 19/27873, 36.

eigenschaft bereits **unmittelbar aus den Umständen** des Angebots ergibt (§ 5b Abs. 1 Hs. 4), etwa aufgrund der Verwendung einer auf eine Kapitalgesellschaft hinweisenden Firma.

Zu § 5b Abs. 2

Die Neuregelung setzt in § 5b Abs. 2 die Änderung der UGP-Richtlinie im Rahmen des **„New Deal for Consumers"** um. Art. 3 Abs. 4 lit. b der Richtlinie (EU) 2019/2161 hat Art. 7 um einen neuen Abs. 4a ergänzt, der **Transparenzanforderungen für** die Darstellung des **Rankings** eines Angebotes in den Ergebnissen einer Online-Suchanfrage enthält, welche in der Kommentierung zu § 5a UWG 2020 bereits erläutert wurden (hierzu bereits → UWG § 5a Rn. 373). 5

Die Regelung erfasst neben **Online-Marktplätzen** und **Suchmaschinen** auch **Vergleichsplattformen** und **sonstige Vermittlungsdienste.**[1] Ausgenommen hiervon sind zum einen die Online-Shops von Unternehmern, die nur ihre eigenen Waren oder Dienstleistungen anbieten, denn die Richtlinie (EU) 2019/2161 stellt Transparenzanforderungen nur in Bezug auf das **Verhältnis zwischen Unternehmern und Online-Vermittlern.**[2] Zum anderen klammert die Neuregelung entsprechend den Vorgaben aus der Richtlinie Online-Suchmaschinen im Sinne des Art. 2 Nr. der Verordnung (EU) 2019/1150 ausdrücklich aus dem Anwendungsbereich der Vorschrift aus. Die Umsetzung folgt weitgehend den Vorgaben aus der Richtlinie, ist allerdings sprachlich deutlich gelungener. 6

Zu Abs. 3

In § 5b Abs. 3 UWG 2022 realisiert die Vorgaben aus Art. 3 Nr. 4 lit. (c) der Richtlinie 2019/2161, mit welcher Art. 7 der UGP-Richtlinie um einen neuen Abs. 6 ergänzt wurde (vgl. hierzu bereits → § 5a UWG Rn. 380). Wer als Unternehmer **Verbraucherbewertungen von Produkten** zugänglich macht, muss künftig Transparenz darüber herstellen, ob und wie er sicherstellt, dass die veröffentlichten Bewertungen von Verbrauchern stammen, die **die Produkte tatsächlich erworben oder verwendet** haben. Die Regelung wendet sich gegen missbräuchliche Praktiken durch die Manipulation angeblicher Verbraucherbewertungen, welche insbesondere im Online-Handel einen Einfluss auf geschäftliche Entscheidungen haben. Die Begründung übernimmt weitgehend die überzeugende Ratio, welche bereits in Erwägungsgrund 47 der Richtlinie (EU) 2019/2161 dargelegt wurde. 7

Weitergehend als die Richtlinie weist die Gesetzesbegründung darauf hin, dass der Regelungsumfang von Abs. 3 nur solche Unternehmer erfasst, die die betreffenden Verbraucherbewertungen Dritten selbst zugänglich machen. Verweisen sie hingegen lediglich per Link auf **von Dritten veröffentlichte Verbraucherbewertungen,** greift die Bestimmung nicht ein. 8

§ 5c Verbotene Verletzung von Verbraucherinteressen durch unlautere geschäftliche Handlungen

Vorbemerkung: § 5c ist gegenüber dem UWG 2020 insgesamt neu; Kommentierung siehe → UWG § 5c Rn. 1 ff. (Podszun).

(1) **Die Verletzung von Verbraucherinteressen durch unlautere geschäftliche Handlungen ist verboten, wenn es sich um einen weitverbreiteten Verstoß gemäß Artikel 3 Nummer 3 der Verordnung (EU) 2017/2394 des Europäischen Parlaments und des**

---

[1] BT-Drs 19/27873, 36, 2. Absatz, vgl. hierzu auch die Ausführungen in Erwägungsgrund 20 der Richtlinie (EU) 2019/2161.

[2] Erwägungsgrund 21 der Richtlinie (EU) 2019/2161.

Rates vom 12. Dezember 2017 über die Zusammenarbeit zwischen den für die Durchsetzung der Verbraucherschutzgesetze zuständigen nationalen Behörden und zur Aufhebung der Verordnung (EG) Nr. 2006/2004 (ABl. L 345 vom 27.12.2017, S. 1), die zuletzt durch die Richtlinie (EU) 2019/771 (ABl. L 136 vom 22.5.2019, S. 28; L 305 vom 26.11.2019, S. 66) geändert worden ist, oder einen weitverbreiteten Verstoß mit Unions-Dimension gemäß Artikel 3 Nummer 4 der Verordnung (EU) 2017/2394 handelt.

(2) **Eine Verletzung von Verbraucherinteressen durch unlautere geschäftliche Handlungen im Sinne des Absatzes 1 liegt vor, wenn**

1. eine unlautere geschäftliche Handlung nach § 3 Absatz 3 in Verbindung mit den Nummern 1 bis 31 des Anhangs vorgenommen wird,
2. eine aggressive geschäftliche Handlung nach § 4a Absatz 1 Satz 1 vorgenommen wird,
3. eine irreführende geschäftliche Handlung nach § 5 Absatz 1 oder § 5a Absatz 1 vorgenommen wird oder
4. eine unlautere geschäftliche Handlung nach § 3 Absatz 1 fortgesetzt vorgenommen wird, die durch eine vollziehbare Anordnung der zuständigen Behörde im Sinne des Artikels 3 Nummer 6 der Verordnung (EU) 2017/2394 oder durch eine vollstreckbare Entscheidung eines Gerichts untersagt worden ist, sofern die Handlung nicht bereits von den Nummern 1 bis 3 erfasst ist.

(3) **Eine Verletzung von Verbraucherinteressen durch unlautere geschäftliche Handlungen im Sinne des Absatzes 1 liegt auch vor, wenn**

1. eine geschäftliche Handlung die tatsächlichen Voraussetzungen eines der in Absatz 2 geregelten Fälle erfüllt und
2. auf die geschäftliche Handlung das nationale Recht eines anderen Mitgliedstaates der Europäischen Union anwendbar ist, welches eine Vorschrift enthält, die der jeweiligen in Absatz 2 genannten Vorschrift entspricht.

Kommentierung § 5c

Übersicht

A. Grundlagen

I. Grundgedanken der Regelung

Durch §§ 5c, 19 UWG wird eine **Bußgeldsanktion** für bestimmte grenzüberschreitende Verstöße gegen lauterkeitsrechtliche Vorschriften eingeführt. Das ist eine geradezu revolutionäre Neuerung für das in Deutschland bislang ganz weitgehend von privater Rechtsdurchsetzung geprägte System des Lauterkeitsrechts. Allerdings hat sich der deutsche Gesetzgeber, der zur Einführung einer solchen Sanktion verpflichtet war, bemüht, den Anwendungsbereich so eng wie möglich zu ziehen. 1

Auch weiterhin gibt es **für rein nationale Verstöße gegen das UWG kein Bußgeld.** Die zuständigen Behörden können jedoch ein Bußgeld verhängen, wenn sich der Verstoß auch in anderen EU-Mitgliedsstaaten auswirkt und somit ein „weitverbreiteter Verstoß" vorliegt. Zuvor muss jedoch der **Koordinierungsmechanismus** nach Art. 16 ff. CPC-Verordnung aktiviert werden. 2

§ 5c ist eine **Brückennorm,** um die **Anwendung der CPC-Verordnung** sicherzustellen. Die CPC-Verordnung (VO (EU) 2017/2394)[1] regelt die Zusammenarbeit der Behörden in der EU bei der Bekämpfung von Verbraucherrechtsverstößen (CPC = cooperation protection consumers) (zur CPC-Verordnung siehe *Glöckner* → Einl. Rn. 406 ff.).[2] Die europäische Zusammenarbeit soll bei weitverbreiteten Verstößen gegen Verbraucherschutznormen greifen (vgl. Abs. 1). Dann ist die Verhängung von **Geldbußen gem. § 19 UWG** möglich. Abs. 2 benennt die einschlägigen Tatbestände im UWG. Abs. 3 dehnt den Zugriff auf Fälle aus, in denen es um die Verletzung des Unlauterkeitsrechts in anderen EU-Mitgliedsstaaten geht. 3

Zweck der Regelung ist es, **Deutschlands Mitwirkung im CPC-Netzwerk abzusichern.** Damit soll eine effektive Bekämpfung grenzüberschreitender Verstöße gegen das Lauterkeitsrecht und andere Verbraucherrechtsverstöße in der EU erreicht werden.[3] Die allgemeinen Vorschriften für die deutsche Beteiligung am CPC-Netzwerk sind im **EU-Verbraucherschutzdurchführungsgesetz (EU-VSchDG)** geregelt.[4] 4

II. Praktische Bedeutung

Die Norm tritt als Teil des UWG 2022 am 28.5.2022 in Kraft. Deutschland hat sich jedoch auch bislang schon im CPC-Netzwerk an den gemeinsamen Maßnahmen gegen Verbraucherrechtsverstöße in der EU beteiligt. Nach den früher geltenden, nicht so strengen Vorschriften (zur Entstehungsgeschichte → Rn. 10 f.) hat die **Nutzung der CPC-Instrumente** in Deutschland eine überschaubare Relevanz erlangt. Dies zeigt ein 5

[1] Verordnung (EU) 2017/2394 des Europäischen Parlaments und des Rates vom 12.12.2017 über die Zusammenarbeit zwischen den für die Durchsetzung der Verbraucherschutzgesetze zuständigen nationalen Behörden und zur Aufhebung der Verordnung (EG) Nr. 2006/2004 (ABl. 2017 L 345/1).

[2] *Podszun* FS Harte-Bavendamm, 2020, 417 ff.; *Schmidt-Kessel* K&R 10/2017, Editorial.

[3] Regierungsentwurf eines Gesetzes zur Stärkung des Verbraucherschutzes im Wettbewerbs- und Gewerberecht vom 20.1.2021, abrufbar unter www.bmjv.de/SharedDocs/Gesetzgebungsverfahren/Dokumente/RegE_Staerkung_Verbraucherschutz_Wettbewerbs-_und_Gewerberecht.pdf (RegE-UWG 2022), S. 38 f.

[4] Gesetz zur Durchführung der Verordnung (EU) 2017/2394 des Europäischen Parlaments und des Rates über die Zusammenarbeit zwischen den für die Durchsetzung der Verbraucherschutzgesetze zuständigen nationalen Behörden und zur Aufhebung der Verordnung (EG) Nr. 2006/2004.

Bericht für das Jahr 2017:[5] 2017 gingen vier Informationsersuchen und 19 Durchsetzungsersuchen aus dem Ausland bei der zuständigen Verbindungsstelle, dem Bundesministerium der Justiz und für Verbraucherschutz (BMJV), ein, davon neun Durchsetzungsersuchen mit Bezug zur UGP-Richtlinie. 18 Durchsetzungsersuchen sandte das BMJV an Verbindungsstellen im Ausland, davon 12 mit Bezug zur UGP-Richtlinie. Die übrigen Fälle betrafen v. a. die Verbraucherrechte-Richtlinie und die AGB-Richtlinie. Besonders häufige „Partnerländer" waren Italien und Frankreich.

6 Auch wenn diese Zahlen, im Vergleich zur übrigen Zahl der UWG-Fälle, klein erscheinen mögen, ist doch festzuhalten, dass es in diesen Fällen um **wichtige, weil grenzüberschreitend wirkende Verstöße** ging. Während die Schwellen für die Annahme eines „weitverbreiteten Verstoßes" gering sind, ist der **Durchsetzungsmechanismus relativ komplex.** Bleibt Deutschland bei seiner Reserviertheit gegenüber dem **„public enforcement"** im UWG, werden die Fallzahlen sehr gering bleiben.[6]

7 Die Europäische Kommission hat in einem Bericht 2014 zudem auf weitere Maßnahmen verwiesen, ebenfalls nach dem weniger strengen damaligen Recht, die eine gewisse Bedeutung erlangten. So hat die Kommission mit den nationalen Behörden etwa 3.000 Websites geprüft.[7] Solche **„Sweeps"** (Art. 3 Nr. 16 CPC-VO) werden künftig häufiger stattfinden.

8 Die **gerichtliche Praxis** hat auf das VSchDG (inzwischen ersetzt durch das EU-VSchDG) nur vereinzelt Bezug genommen. Geklärt wurde insbesondere die Zuständigkeit im Inland für Verstöße, die sich im Ausland ausgewirkt haben.[8] Beispielhaft ist ein Fall des LG Leipzig, bei dem es um ein Vorgehen gegen ein deutsches Reiseunternehmen ging, das vor allem Kunden mit gewöhnlichem Aufenthalt in Frankreich geschädigt hatte.[9] An diese Praxis knüpft Abs. 3 der Neuregelung an.

9 So überschaubar die Zahl der Fälle ist, so **bahnbrechend** ist die Etablierung des Prinzips, dass Verstöße gegen Verbraucherrecht mit Bußgeldern in jedem EU-Mitgliedsstaat verfolgt werden können, auch wenn die Auswirkungen schwerpunktmäßig im Ausland eintreten. Die Regelung ist im Grunde auf ein behördliches Durchsetzungsmodell zugeschnitten. Insofern ist es für Deutschland als revolutionär anzusehen, welches **Arsenal an Ermittlungs- und Durchsetzungsmaßnahmen** durch die CPC-Verordnung Einzug ins deutsche Lauterkeitsrecht findet. Damit wird das deutsche UWG um eine Komponente der **behördlichen Rechtsdurchsetzung** angereichert.[10]

III. Entstehungsgeschichte

10 § 5c beruht auf Art. 1 des Gesetzes zur Stärkung des Verbraucherschutzes im Wettbewerbs- und Gewerberecht (BGBl. I S. 3504) und tritt am 28.5.2022 in Kraft. Der Vorschrift vorausgegangen ist die Einführung der VO (EU) 2017/2394 **(CPC-Verordnung),** die die bisherige Verordnung über die Zusammenarbeit im Verbraucherschutz vom 27.10.2004 (VO (EG) Nr. 2006/2004) abgelöst hat. Die Neufassung wurde durch einen Bericht der Kommission 2014 und ein Impact Assessment 2016 vorbereitet.[11] Mit der

[5] BMJV, Bericht der Zentralen Verbindungsstelle gem. § 3 Absatz 2 EG-Verbraucherschutzdurchsetzungsgesetz (VSchDG) – Bericht für das Jahr 2017, 2018.

[6] Vgl. *Maaßen* GRUR-Prax 2021, 41 (44).

[7] KOM, Bericht über die Anwendung der Verordnung (EG) Nr. 2006/2004 über die Zusammenarbeit der für die Durchsetzung der Verbraucherschutzgesetze zuständigen nationalen Behörden vom 1.7.2014, COM (2014) 439 final, S. 2 f.

[8] LG Berlin BeckRS 2016, 13955; OLG Köln GRUR-RR 2016, 471.

[9] LG Leipzig, Urt. v. 8.3.2013 – 5 O 2324/12 – Unister; siehe dazu *Podszun* FS Harte-Bavendamm, 2020, 417 (423).

[10] Umfassend *Podszun/Busch/Henning-Bodewig,* Behördliche Durchsetzung des Verbraucherrechts?, 2018, abrufbar unter www.bmwi.de/Redaktion/DE/Publikationen/Studien/behoerdliche-durchsetzung-des-verbraucherrechts.pdf; siehe auch *Podszun/Busch/Henning-Bodewig* GRUR 2018, 1004. Siehe zur Umsetzung der Befugnisse der CPC-Verordnung in deutsches Recht auch *Podszun* FS Harte-Bavendamm, 2020, 417 ff.

[11] KOM(2014) 439 final; KOM, Impact Assessment vom 25.5.2016 zum Vorschlag für eine neue CPC-Verordnung, SWD(2016) 164.

Verordnung von 2004 wollte der Gesetzgeber den „Schutz der Verbraucher gegen innergemeinschaftliche Verstöße" durch die „Schaffung eines gemeinschaftsweiten Netzes von Durchsetzungsbehörden" sowie ein Mindestmaß an gemeinsamen Ermittlungs- und Durchsetzungsbefugnissen stärken.[12] Die deutsche Entsprechung fand die Verordnung im **Verbraucherschutzdurchsetzungsgesetz (VSchDG).** Dass die Umsetzung nicht im UWG erfolgte, war richtig, da auch weitere Rechtsakte vom CPC-Netz erfasst sind. Mit der reformierten CPC-Verordnung wurde in Deutschland ein neues Umsetzungsgesetz erforderlich. Die Umsetzung ist im **EU-VSchDG** erfolgt. Hier ist u. a. das Verwaltungsverfahren bei Verstößen i. S. d. CPC-Verordnung geregelt. Als **zuständige Behörde** für Fälle der UGP-Richtlinie wurde in § 2 Nr. 1a EU-VSchDG das **Bundesamt für Justiz** bestimmt. Die jetzt gefundenen Regelungen in §§ 5c und 19 UWG 2022 ergänzen dieses Instrumentarium speziell für das Lauterkeitsrecht.

Die Einführung **behördlicher Sanktionen** durch die Einbindung ins CPC-Netzwerk blieb nicht ohne **Kritik,** die Umsetzung durch den deutschen Gesetzgeber ist aber in Anbetracht der europäischen Vorgaben alternativlos.[13] Irritierend ist die systematische Stellung von § 5c: Die Norm müsste eher bei § 19 UWG 2022 angesiedelt sein statt im Kontext des Irreführungsschutzes.[14] Gelobt wurde die enge Begrenzung der Bußgeldvorschriften auch von denjenigen, die ein Interesse daran haben, dass das System der privaten Rechtsdurchsetzung nicht aus der Balance gerät.[15] Der deutsche Gesetzgeber hat insoweit die Spielräume ausgenutzt, die gegeben waren und hat insbesondere **nicht** weitergehend auch **nationale Rechtsverstöße** der Bußgeldandrohung unterworfen. 11

IV. Rechtliche Einordnung und Systematik

§ 5c muss mit § 19 UWG 2022 gemeinsam gelesen werden und schafft als **Verbotsnorm** die **Anknüpfung für die Bußgeldnorm.** Verwaltungsrechtlich komplettiert werden diese beiden Normen durch das EU-VSchDG. Damit soll die Mitwirkung im Rahmen der Durchsetzung im CPC-Netzwerk abgesichert werden. Das bisherige System der privaten Rechtsdurchsetzung des UWG wird im Zuge der Umsetzung durchbrochen.[16] 12

In **§ 5c Abs. 1** wird das Verbot der Verletzung von Verbraucherinteressen durch unlautere geschäftliche Handlungen aufgestellt. Wann ein solcher Verstoß vorliegt, wird in **Abs. 2** konkretisiert. **Abs. 3** erweitert das Verbot von Abs. 1 auf Fälle, in denen zwar eine Handlung i. S. d. Abs. 2 und damit eine Verletzung von Verbraucherinteressen vorliegt, auf diese Handlung aber ausschließlich das Recht eines anderen Mitgliedsstaates anwendbar ist.[17] Ein Verstoß gegen § 5c Abs. 1 stellt eine **Ordnungswidrigkeit** dar **(§ 19 Abs. 1),** die im Rahmen einer koordinierten Durchsetzungsmaßnahme nach Art. 21 VO (EU) 2017/2394 mit einem Bußgeld geahndet werden kann (§ 19 Abs. 2, 3). 13

Im Vorfeld der Gesetzgebung war die **Kritik** geäußert worden, dass es einer solchen Anknüpfungsvorschrift überhaupt nicht bedürfe. Sie sei vielmehr systematisch fehlerhaft: Die genannten Verhaltensweisen seien bereits aufgrund anderer Vorschriften verboten.[18] 14

---

[12] 6. Erwgrd. VO (EG) Nr. 2006/2004.

[13] Stellungnahme der GRUR zum RefE-UWG 2020 vom 7.12.2020, Rn. 25 ff.

[14] *Alexander* WRP 2021, 136 (144); *Maaßen* GRUR-Prax 2021, 41 (42); Stellungnahme der GRUR zum RefE-UWG 2020 vom 7.12.2020, Rn. 28, 33; Stellungnahme des Max-Planck-Instituts für Innovation und Wettbewerb zum RefE-UWG 2020 vom 8.12.2020, S. 12.

[15] Stellungnahme des ZAW zum RefE-UWG 2020 vom 2.12.2020, S. 3; Stellungnahme des VZBV zum RefE-UWG 2020 vom 2.12.2020, S. 7.

[16] Dazu *Podszun/Busch/Henning-Bodewig,* Behördliche Durchsetzung des Verbraucherrechts?, 2018, 63 ff., 211 ff., 231, 301; kritisch Stellungnahme der GRUR zum RefE-UWG 2020 vom 7.12.2020, Rn. 23.

[17] RegE-UWG 2021, S. 38 ff.

[18] Kritisch Stellungnahme der GRUR zum RefE-UWG 2020 vom 7.12.2020, Rn. 26 ff.; *Alexander* WRP 2021, 136 (144).

V. Europäisches Recht

15 § 5c setzt Art. 3 Nr. 6 der RL (EU) 2019/2161 um, durch den **Art. 13 RL 2005/29/EG** neu gefasst wird. Die Neufassung verpflichtet die Mitgliedsstaaten dazu, sicherzustellen, dass sie bei der Verhängung von Sanktionen im Rahmen koordinierter Durchsetzungsmaßnahmen nach VO (EU) 2017/2394 (CPC-Verordnung) bei bestimmten Verstößen gegen die RL 2005/29/EG auch Geldbußen verhängen können. Bezweckt wird damit eine **einheitliche und effektive europaweite Durchsetzung von Verbraucherrechten.**[19]

B. Verbotstatbestand (Abs. 1)

16 In Abs. 1 wird festgelegt, dass die unlautere Verletzung von Verbraucherinteressen durch einen weitverbreiteten Verstoß oder einen weitverbreiteten Verstoß mit Unions-Dimension i. S. d. Art. 3 Nr. 3 und 4 CPC-Verordnung verboten ist. Die Gesetzesbegründung formuliert es so, dass darin der **„sozialethische Vorwurf"** liege, der eine Bußgeldbewehrung rechtfertigt.[20] Rein nationale Verstöße sind nicht von diesem Verbot erfasst. Allerdings kann die Schwelle des weitverbreiteten Verstoßes rasch überschritten sein (→ Rn. 27).

17 Der wesentliche Inhalt dieses Absatzes liegt darin, dass die genannten Fälle aus der CPC-Verordnung als nach dem UWG **verboten** eingestuft werden. Damit stellt ein Verstoß einen Anknüpfungspunkt für die Verhängung eines Bußgelds gem. § 19 UWG 2022 dar. Hierin liegt eine Doppelung, da die genannten Fälle nach dem UWG ohnehin verboten sind.

I. Unlautere geschäftliche Handlung

18 Vorliegen muss eine **unlautere geschäftliche Handlung.** Dies wird in Abs. 2 **auf bestimmte Verstöße** (nämlich die verbraucherbezogenen Verstöße des UWG) **reduziert.** Was eine unlautere geschäftliche Handlung ist, ergibt sich aus den sonstigen Vorschriften des UWG. Welche Handlungen umfasst sind, ergibt sich aus Abs. 2.

II. Verletzung von Verbraucherinteressen

19 Es müssen **Verbraucherinteressen verletzt** worden sein. Diese die Vorschrift einleitende Klausel hat keine eigenständige Bedeutung.[21] Sie soll lediglich deutlich machen, dass die Verbotsvorschrift dem **B2C-Bereich** zugeordnet ist und aus der UGP-Richtlinie stammt. Eine Verletzung von Verbraucherinteressen ist bei einem Verstoß gegen die in Abs. 2 genannten Vorschriften automatisch gegeben. Insbesondere findet über diese Klausel **keine Spürbarkeitskontrolle** statt (siehe aber Art. 18 Abs. 1 lit. c CPC-Verordnung). Angedeutet wird damit jedoch, dass die **mitbewerberbezogenen Tatbestände** des UWG **nicht von der Bußgeldbewehrung erfasst** sind.[22]

III. Weitverbreiteter Verstoß oder weitverbreiteter Verstoß mit Unionsdimension

20 Das Verbot findet nur im Rahmen koordinierter Maßnahmen nach der CPC-Verordnung statt. In rein nationalen Fällen, in denen der UWG-Verstoß sich auf das Inland beschränkt, greifen das Verbot in § 5c und die Bußgeldsanktion in § 19 nicht.

[19] RegE-UWG 2021, S. 38 f.

[20] RegE-UWG 2021, S. 39.

[21] GRUR, Stellungnahme zum RefE-UWG 2020 vom 7.12.2020, Rn. 26, hält diese Formulierung gar für einen „Systembruch". Siehe auch Stellungnahme des Max-Planck-Instituts für Innovation und Wettbewerb zum RefE-UWG 2020 vom 4.11.2020, S. 12.

[22] Eine solche Differenzierung der Schutzzwecke ist nach dem integrierten Ansatz des UWG freilich nicht angezeigt, so *Stellungnahme* der GRUR zum RefE-UWG 2020 vom 7.12.2020, Rn. 26.

1. Definition „weitverbreitet“. Es muss sich um einen weitverbreiteten Verstoß oder einen weitverbreiteten Verstoß mit Unions-Dimension handeln. Diese Arten von Verstößen sind in der CPC-Verordnung definiert. 21

Ein **weitverbreiteter Verstoß** liegt gem. Art. 3 Nr. 3 CPC-Verordnung in folgenden Fällen vor: 22

„a) jede Handlung oder Unterlassung, die gegen Unionsrecht zum Schutz der Verbraucherinteressen verstößt und die Kollektivinteressen von Verbrauchern geschädigt hat, schädigt oder voraussichtlich schädigen kann, die in mindestens zwei anderen Mitgliedstaaten als dem Mitgliedstaat ansässig sind, in dem

i) die Handlung oder die Unterlassung ihren Ursprung hatte oder stattfand,

ii) der für die Handlung oder Unterlassung verantwortliche Unternehmer niedergelassen ist, oder

iii) Beweismittel oder Vermögensgegenstände des Unternehmers vorhanden sind, die einen Zusammenhang mit der Handlung oder der Unterlassung aufweisen, oder

b) alle Handlungen oder Unterlassungen desselben Unternehmers, die gegen Unionsrecht zum Schutz der Verbraucherinteressen verstoßen und die Kollektivinteressen von Verbrauchern geschädigt haben, schädigen oder voraussichtlich schädigen können, und in mindestens drei Mitgliedstaaten gleichzeitig stattfinden sowie gemeinsame Merkmale aufweisen, einschließlich derselben unerlaubten Verhaltensweise und derselben verletzten Interessen“.

Anknüpfungspunkt ist also vor allem die **grenzüberschreitende Wirkung** in mindestens zwei oder drei Mitgliedsstaaten. 23

Ein **weitverbreiteter Verstoß mit Unions-Dimension** bezeichnet nach Art. 3 Nr. 4 CPC-Verordnung einen 24

„weitverbreiteten Verstoß, der in mindestens zwei Dritteln der Mitgliedstaaten, die zusammen mindestens zwei Drittel der Bevölkerung der Union ausmachen, die Kollektivinteressen von Verbrauchern geschädigt hat, schädigt oder voraussichtlich schädigen kann“.

In diesem Fall ist also ein Großteil der EU betroffen. Die **Unterscheidung** zwischen beiden Fällen ist wegen des unterschiedlichen Koordinationsmechanismus nach Art. 15 ff. CPC-Verordnung erforderlich. In Fällen mit Unions-Dimension übernimmt die Europäische Kommission eine zentrale Führungsrolle (vgl. Art. 17 Abs. 3 CPC-Verordnung).[23] 25

In der Verordnung werden aber neben der quantitativen Dimension (Schädigung von Verbrauchern in mehreren Mitgliedsstaaten) im Übrigen **keine besonderen qualitativen Anforderungen** an die **Schädlichkeit des Verstoßes** gestellt.[24] Es muss sich also nicht um besonders intensive Schädigungen handeln. Gem. Art. 3 Nr. 14 CPC-VO meint die Schädigung der kollektiven Verbraucherinteressen „die tatsächliche oder mögliche Schädigung der Interessen mehrerer Verbraucher“. Auch für dieses Element des Tatbestands wird also auf die Quantität, nicht die Qualität der Schädigung abgestellt. 26

Die Schwelle kann dabei insbesondere **in digitalen Fällen** rasch überschritten sein, wenn z. B. Werbung bestimmungsgemäß Adressaten in mehreren Mitgliedsstaaten erreicht.[25] Dies ist im Onlinebereich leicht möglich, wenn nicht ausdrücklich eine Einschränkung erfolgt (z. B. wenn Werbung auf Englisch gehalten ist.) 27

2. Verfahren. Ein Bußgeld kommt nur in Betracht, wenn **zuvor der Koordinierungsmechanismus nach Art. 16 ff. CPC-Verordnung** eingeleitet wurde. Für die Einleitung einer koordinierten Durchsetzungsmaßnahme ist nach Art. 17 CPC-Verordnung der Verdacht eines weitverbreiteten oder weitverbreiteten Verstoßes mit Unions-Dimension erforderlich. Dieses Verfahren beginnt gem. Art. 16 CPC-Verordnung mit einer **Warnmeldung** gem. Art. 26 CPC-Verordnung. Die Warnmeldung löst dann ggf. eine koordinierte Aktion aus. 28

[23] Vgl. *Podszun* FS Harte-Bavendamm, 2020, 417 (431).
[24] Ebenso *Maaßen* GRUR-Prax 2021, 41 (43).
[25] *Maaßen* GRUR-Prax 2021, 41 (42).

29 Die zuständigen Behörden können unter Berufung auf Art. 18 CPC-Verordnung die Teilnahme an einer koordinierten Aktion auch ablehnen. Die **Ablehnungsgründe** sind in Art. 18 aufgeführt. Sie umfassen insbesondere die Fälle, dass bereits Maßnahmen in dem Mitgliedsstaat eingeleitet wurden oder abgeschlossen sind (Art. 18 Abs. 1 lit. a, b, e) oder kein Verstoß im Mitgliedsstaat vorliegt (Art. 18 Abs. 1 lit. d) oder die **Auswirkungen vernachlässigbar** sind (Art. 18 Abs. 1 lit. c). Gerade der letztgenannte Fall eröffnet den Behörden die Möglichkeit, ein Bußgeld zu vermeiden. Voraussetzung ist aber, dass „angemessene Ermittlungen" stattgefunden haben.

30 Das behördliche System und die Ermessensausübung der Behörden stellt insoweit sicher, dass keine Petitessen das CPC-System überfluten. Nochmals ist an das **Ziel der Vorschriften** in der CPC-Verordnung zu erinnern: Sie sollen vermeiden, dass sich Unternehmer innerhalb der EU ihrer lauterkeitsrechtlichen Verantwortung entziehen. Die Durchsetzung wird daher grenzüberschreitend koordiniert, soweit Fälle einen grenzüberschreitenden Charakter haben. Im Prinzip wirkt die CPC-Verordnung insofern wie die **Schaffung eines unionsweiten Durchsetzungsraums.**

31 **3. Auslegung.** Die **Auslegung** aller relevanten Begrifflichkeiten richtet sich allein nach europäischem Recht. Erw.Gr. 3 der CPC-Verordnung macht dabei klar, dass es in der CPC-Verordnung primär um **grenzüberschreitende Verstöße** geht (nicht zuletzt im digitalen Umfeld). Eine effiziente Durchsetzung ist zum Schutz des Verbrauchervertrauens, der gesetzestreuen Unternehmer und des Binnenmarktziels erforderlich. Unternehmen sollen sich nicht ihrer Verantwortung entziehen dürfen.

C. Konkretisierung (Abs. 2)

32 In § 5c Abs. 2 wird das Verbot des Abs. 1 konkretisiert.

I. Verstöße gegen §§ 3 Abs. 3, 4a, 5, 5a (Nr. 1–3)

33 Verwiesen wird auf die Unlauterkeitstatbestände des § 3 Abs. 3 iVm **Nr. 1–31 des Anhangs** sowie **§§ 4a Abs. 1 S. 1, 5 Abs. 1, 5a Abs. 1.** Nur Verstöße gegen diese (verbraucherbezogenen) Vorschriften unterfallen der Bußgeldbewehrung. Mit den Nrn. 1–3 werden Art. 5 Abs. 5 iVm Anhang I, Art. 6–9 der RL 2005/29/EG umgesetzt. In § 5c Abs. 2 Nr. 1–3 wird auf die der Richtlinie entsprechenden nationalen Vorschriften verwiesen. **Nr. 32 des Anhangs** zum UWG ist nicht erfasst.

II. Verstöße gegen behördliche Anordnung oder gerichtliche Entscheidung (Nr. 4)

34 Durch Nr. 4 wird der fortgesetzte Verstoß gegen eine behördliche Anordnung oder eine vollstreckbare gerichtliche Entscheidung bußgeldbewehrt. Damit erhalten Anordnungen und Gerichtsentscheidungen ein starkes Sanktionspotenzial, das von der privaten Rechtsdurchsetzung teilweise unabhängig ist. Erfasst wird hiervon der Verstoß gegen die **verbraucherrechtliche Generalklausel** in § 3 Abs. 2 und § 3 Abs. 1, soweit es den B2C-Schutz betrifft. Andere Unlauterkeitstatbestände des UWG (§§ 3a, 4, 6, 7) sind nicht erfasst, da sie nicht von der CPC-Verordnung erfasst sind. Es kommt im UWG damit zu einem gespaltenen Sanktionsapparat.

35 Der Gesetzgeber macht mit Nr. 4 von der in Art. 13 Abs. 3 lit. b RL 2005/29/EG enthaltenen Möglichkeit Gebrauch, bei Verstößen gegen sonstige Unlauterkeitstatbestände erst ab einem zweiten bzw. fortgesetzten Verstoß ein Bußgeld zu verhängen. Auf Nr. 4 muss nur zurückgegriffen werden, wenn nicht bereits ein Fall der Nr. 1–3 vorliegt.

36 **1. Verstöße gegen verbraucherbezogene Generalklausel.** Es muss eine unlautere geschäftliche Handlung nach § 3 Abs. 1 im B2C-Verhältnis vorliegen. Soweit bereits die

Nr. 1–3 des § 5c eingreifen, ist für § 5c Nr. 4 kein Raum. Es handelt sich insofern um eine subsidiäre Regelung. Für § 5c Nr. 4 bleibt damit Anwendungsraum nur für Verstöße gegen die verbraucherbezogene Generalklausel in § 3 Abs. 1 und Abs. 2 (dazu siehe *Podszun* → UWG § 3 Rn. 66 ff.).

Verstöße gegen § 7 UWG 2020 werden nicht erfasst. Das ist insofern konsequent, als es dafür mit § 20 UWG eine eigene Bußgeldvorschrift gibt. Verstöße gegen mitbewerberbezogene Unlauterkeitstatbestände sind ebenfalls nicht erfasst. Dies ergibt sich daraus, dass Abs. 2 Abs. 1 konkretisiert. 37

2. Behördliche Anordnung oder gerichtliche Entscheidung. In Betracht kommt ein Bußgeld nur beim Verstoß gegen eine vollziehbare behördliche Anordnung oder eine vollstreckbare gerichtliche Entscheidung. 38

a) Zweck der Einschränkung. Hintergrund dieser einschränkenden Regelung ist die Sorge des Gesetzgebers um das verfassungsrechtliche **Bestimmtheitsgebot.** Danach müssen Handlungsverbote, die mit einem Bußgeld bewehrt sind, so klar formuliert sein, dass Adressaten im Vorhinein erkennen können, ob bei einer bestimmten Handlung ein Bußgeld droht. Die Generalklauseln allein, ohne Konkretisierung durch eine Behörde oder ein Gericht, normieren zwar die Unzulässigkeit unlauterer geschäftlicher Handlungen, sind aber nach Auffassung des Gesetzgebers so weit gefasst, dass für Adressaten nicht zwingend im Vorhinein ersichtlich ist, welche Verhaltensweisen exakt darunterfallen.[26] Daran ändert auch der den Abs. 1 konkretisierende Abs. 2 nach Ansicht des Gesetzgebers nichts: Die Generalklausel bleibe zu weit für eine Bewehrung mit Bußgeld ab dem ersten Verstoß.[27] Eine gewisse Entwicklungsoffenheit ist ja auch gerade Sinn der Generalklausel. Sie soll im dynamischen Wettbewerbsprozess zur Verfügung stehen, damit neuartige Verstöße auch ohne Gesetzesänderung erfasst werden können (siehe *Podszun* → UWG § 3 Rn. 14). 39

b) Vollziehbare behördliche Anordnung. Eine **vollziehbare Anordnung der zuständigen Behörde** im Sinne von Art. 3 Nr. 6 CPC-Verordnung ist erforderlich. Demnach geht es in diesen Fällen um eine Anordnung, die das Bundesamt für Justiz wegen eines Verstoßes gegen die UGP-Richtlinie getroffen hat. 40

Der **Verfahrensweg** richtet sich gem. § 13 Abs. 1 Nr. 1 EU-VSchDG nach dem EU-VSchDG, ergänzend nach dem VwVfG (vgl. § 6 EU-VSchDG). Zuständige **Behörden** in Deutschland für Verstöße, die sich aus der UGP-Richtlinie ergeben, sind gem. § 2 Nr. 1a EU-VSchDG sowie § 19 Abs. 4 UWG das **Bundesamt für Justiz** sowie ggf. die **BaFin** (§ 2 Nr. 2 EU-VSchDG) und **zuständige Landesbehörden** (§ 2 Nr. 4 EU-VSchDG). Eine **Anordnung** ist eine Verfügung mit Regelungscharakter, die einen Untersagungstatbestand enthält und deutlich macht, welches Verhalten verboten ist. Ihr Inhalt ist, dass ein bestimmter Verstoß einzustellen ist (Art. 9 Abs. 4e) CPC-Verordnung). 41

Die Anordnung ist **vollziehbar,** wenn die Beschwerdefrist nach § 15 EU-VSchDG abgelaufen ist, der Rechtsweg erschöpft ist (vgl. § 24–26 EU-VSchDG) oder die sofortige Vollziehbarkeit gem. § 14 Abs. 2 EU-VSchDG angeordnet ist. Siehe zur aufschiebenden Wirkung und der Anordnung der sofortigen Vollziehung auch die übrigen Nummern des § 14 EU-VSchDG. 42

c) Vollstreckbare Entscheidung eines Gerichts. Es kann auch eine vollstreckbare Entscheidung eines Gerichts vorliegen. Gemeint sind nur **Gerichtsentscheidungen im Rahmen des § 5c Abs. 1,** die also im Zuge eines **CPC-Kooperationsverfahrens** wegen eines weitverbreiteten Verstoßes ergehen. Der deutsche Gesetzgeber hat davon abgesehen, die Bußgeldvorschriften in §§ 5c, 19 UWG 2022 auf weitere Verstöße auszudehnen. 43

---

[26] Zur Diskussion siehe *Podszun/Busch/Henning-Bodewig,* Behördliche Durchsetzung des Verbraucherrechts?, 2018, 215.

[27] RegE-UWG 2022, S. 39.

44 Als gerichtliche Entscheidungen kommen daher solche in Betracht, die im **Beschwerde- und Rechtsbeschwerdeverfahren** nach §§ 13 ff. EU-VSchDG ergehen. Zuständig ist in erster Instanz das Landgericht Bonn, wie sich aus § 13 Abs. 4 S. 1 EU-VSchDG ergibt. In Betracht kommen eine Beschwerdeentscheidung nach § 20 EU-VSchDG, aber auch eine einstweilige Anordnung nach § 23 EU-VSchDG. Die einstweilige Anordnung hat schon ihrer Natur nach vollziehenden Charakter. Die Überprüfung der Beschwerdeentscheidung findet direkt durch den Bundesgerichtshof statt, zu dem die Rechtsbeschwerde nach § 24 EU-VSchDG bzw. die Nichtzulassungsbeschwerde nach § 25 EU-VSchDG in der in § 26 EU-VSchDG vorgesehenen Form und Frist möglich ist.

45 **Vollstreckbar** ist die Entscheidung, wenn die **Rechtsbeschwerdefrist des § 26 EU-VSchDG abgelaufen** ist oder die **Rechtskraft der Rechtsbeschwerdeentscheidung** eingetreten ist oder die Nichtzulassungsbeschwerde durch Beschluss erfolglos blieb (§ 25 Abs. 5 EU-VSchDG). Das Beschwerdegericht kann seine Entscheidung gem. § 22 S. 1 Nr. 2 EU-VSchDG iVm §§ 708, 709 ZPO für vorläufig vollstreckbar erklären.

46 **d) Weitere Hinweise.** Anordnungen, die nach § 44 VwVfG **nichtig** sind, können nicht zur Grundlage eines Bußgelds werden.[28] Für **rechtswidrige Anordnungen** ist dies im Parallelfall des § 81 Abs. 2 Nr. 2 GWB umstritten.[29] Richtigerweise kann aber auch eine rechtswidrige Anordnung vom Verbot erfasst sein, solange die Rechtswidrigkeit nicht durch ein Gericht festgestellt ist. Es ist nicht ins Ermessen des Unternehmers gestellt, das Befolgen der Anordnung selbst einzuschätzen, selbst wenn er im Nachhinein Recht bekommen sollte.

47 Das gilt auch mit Blick auf den **Geltungszeitpunkt:** Für Vollziehbarkeit und Vollstreckbarkeit kommt es auf den Zeitpunkt der **Zuwiderhandlung** an.[30] Wird beispielsweise die Vollziehbarkeit nach erneuter Zuwiderhandlung aufgehoben, liegt der Rechtsverstoß dennoch vor.

48 Anordnung oder Entscheidung müssen **bestimmt genug** gewesen sein, um dem Adressaten deutlich zu machen, welches Verhalten genau verboten ist. Dazu muss der Ausspruch im Wesentlichen verständlich sein und eindeutige Handlungsanforderungen aufstellen.

49 **Rechtskraft** ist **nicht erforderlich,** wenn die **vorläufige Vollstreckbarkeit** oder Vollziehbarkeit angeordnet wurde.

50 Die Bußgeldbewehrung muss nicht im Tenor ausgesprochen werden, sondern ergibt sich **kraft Gesetzes.** Es muss nicht auf die besondere Folge der §§ 5c, 19 UWG 2022 hingewiesen werden.

51 **3. Fortgesetzte Vornahme.** Der Fall der Nr. 4 tritt erst nach einem **fortgesetzten Verstoß** ein.

52 **a) Begriff der Fortsetzung.** Der Verstoß ist fortgesetzt, wenn dasjenige Verhalten weitergeführt oder erneut durchgeführt wird, das Anlass für die Anordnung oder Entscheidung war und in dieser untersagt wurde. Fortsetzung meint **nicht nur** den Fall der **bruchlosen Weiterführung** trotz entgegenstehender Entscheidung. Das Verhalten kann auch erneut durchgeführt oder wiederholt werden. Die Gesetzesbegründung spricht insoweit auch von **„Zweitverstößen"** und **„wiederholten Verstößen".**[31]

53 Um festzustellen, ob ein Verstoß gegen die Anordnung oder Entscheidung vorliegt, ist in erster Linie auf den Tenor abzustellen. Dieser wird jedoch durch die Begründung konkretisiert. Der Verbotstatbestand ergibt sich folglich aus **Zusammenschau von Tenor und Begründung.**

---

[28] Vgl. für das Kartellrecht Langen/Bunte/*Raum* GWB § 81 Rn. 125.
[29] Vgl. Langen/Bunte/*Raum* Kartellrecht, GWB § 81 Rn. 125; Schöner in: Kölner Kommentar – Kartellrecht, GWB § 81 Rn. 78 mwN.
[30] Vgl. für das Kartellrecht Langen/Bunte/*Raum* Kartellrecht, GWB § 81 Rn. 124.
[31] RegE-UWG 2022, S. 39 f.

Ob ein zweiter, fortgesetzter Verstoß vorliegt, oder ob noch der alte, bereits von der Erstanordnung erfasst Verstoß vorliegt, richtet sich in erster Linie nach dem Zeitpunkt. Es kann aber auch Fälle geben, in denen zum bisherigen Handeln eine „natürliche Handlungseinheit“ besteht, sodass mehrere Verstöße als ein einziger zu sehen sind.[32] Grundsätzlich wird aber erwartet, dass mit der Anordnung oder der Entscheidung eine Zäsur stattfindet, sodass eine **zeitlich klare Abgrenzung** vorgenommen werden kann. Sprachlich geringfügige Änderungen in einer Werbung sprechen für einen neuen Tatentschluss und damit für eine Verwirklichung des Bußgeldtatbestands.[33] 54

b) Miterfasste Abweichungen („kerngleicher Verstoß“). Eine schwierige Frage im Einzelfall kann sein, welche Abweichungen vom vorherigen Verhalten durch das Verbot miterfasst sind. Ändert das betroffene Unternehmen sein Verhalten geringfügig nach der gerichtlichen Entscheidung, könnte es sein, dass im Ergebnis weiterhin ein Verstoß gegen § 3 Abs. 1 UWG vorliegt. Zu klären ist aber, ob dieser Verstoß „fortgesetzt“ (Wortlaut Nr. 4) ist, oder ob ein neuer Verstoß vorliegt, der noch nicht von § 5c und damit einem Bußgeld erfasst ist. Zur Klärung ist zu ermitteln, welche Handlungsverbote aus Anordnung oder Entscheidung folgen. Dazu ist der Inhalt des Verbots ggf. auszulegen. Die Anordnung muss auch bestimmt genug sein. 55

Zunächst ist eindeutig, dass die Weiterführung oder erneute **Durchführung des identischen Verhaltens** dem Verbot unterfällt. 56

Sodann ist eindeutig, dass der **Tenor** der Anordnung oder gerichtlichen Entscheidung maßgeblich ist: Verhaltensweisen, die der Urteilsformel oder dem behördlichen Untersagungsausspruch unterfallen, sollen verboten sein. Der Tenor muss aber ggf. in Zusammenschau mit der Begründung und ggf. auch dem Parteivorbringen gelesen werden.[34] 57

Die Entscheidung muss aber ein gewisses **Konkretisierungsniveau** erreichen. Hier ist auf den Sinn und Zweck der Vorschrift, auch im Abgleich mit Nr. 1–3 des § 5c, abzustellen: Der Unternehmer soll wissen, was erlaubt ist und was nicht. Das setzt eine **Bestimmtheit** voraus, die den verfassungsrechtlichen Anforderungen an das Bestimmtheitsgebot des Art. 103 Abs. 2 GG genügt.[35] Der Tenor braucht dabei aber letztlich nicht konkreter zu sein als die Vorschriften, die in Nr. 1–3 genannt sind. Bei diesen geht der Gesetzgeber ja von einem Konkretisierungsgrad aus, der genügt, um eindeutige Handlungsverbote für Unternehmen herauslesen zu können. **Geringfügige Abweichungen** vom Vorgehen, die weiterhin den Unrechtsgehalt verwirklichen, Umgehungslösungen des Unternehmers und Pseudoanpassungen sind also weiterhin bußgeldbewehrt. Ist der Tenor aber **unbestimmt** oder unklar, kann darauf keine Entscheidung nach § 5c gestützt werden. Es fehlt dann an einem vollstreckbaren oder vollziehbaren Inhalt (*Brüning* → UWG Vor § 12 Rn. 75 ff. mwN). 58

Für die Auslegung des Inhalts ist angesichts des Kontexts des Ordnungswidrigkeitenrechts der **Wortlaut** die maßgebliche Grenze. Wird, wie für das UWG typisch, mit Formulierungen gearbeitet, die vergleichbare Varianten erfassen sollen („wenn das geschieht wie…“), liegt noch kein Verstoß gegen das Bestimmtheitsgebot vor. Es ist dann durch Auslegung zu ermitteln, welche **Varianten** des Verhaltens vom Verbot miterfasst sind. 59

Insoweit sind die Grundsätze heranzuziehen, die im deutschen Recht bislang für die Verhängung von Ordnungsmaßnahmen nach § 89 ZPO bei Verstößen gegen Verfügungen mit Hilfe der „Kerntheorie“ entwickelt wurden **(„kerngleiche Verstöße“).** Erfasst sind also „alle zwar leicht abgewandelten, aber im Kern gleichartigen Verletzungsformen“ (*Goldmann* → UWG § 8 Rn. 155 ff. mwN). Strengere Maßstäbe gelten angesichts der Bußgeldsanktion für §§ 5c, 19 UWG 2022 nicht als im Recht der Ordnungsmittel. Das Bundesverfassungsgericht hatte bereits klargestellt, dass auch § 890 ZPO strafrechtliche 60

[32] Vgl. BGH GRUR 2021, 767.
[33] Vgl. BGH GRUR 2021, 767; BGH GRUR 2001, 758.
[34] Vgl. BGH GRUR 2015, 269 Rn. 19 – K-Theory; BGH GRUR 2014, 298 Rn. 16 – Runes of Magic.
[35] Vgl. BVerfG GRUR 2007, 618 Rn. 11.

Elemente enthält und daher hohe Anforderungen zu stellen sind, die „Kerntheorie" hatte das Gericht aber gebilligt.[36] Das ist auch sachgerecht, da andernfalls ein Katz-und-Maus-Spiel mit dem Täter beginnen könnte, das ohne angemessene Sanktionsmöglichkeit bliebe. Die **effektive Durchsetzung** des Lauterkeitsrechts macht es unvermeidlich, verschiedene Varianten zu erfassen, ohne dass diese im Detail ausbuchstabiert werden können.

D. Erstreckung bei Verstoß im Ausland (Abs. 3)

61 Durch § 5c Abs. 3 wird den nationalen Behörden ermöglicht, **Bußgelder gegen deutsche Unternehmen** zu verhängen, die **in einem anderen europäischen Mitgliedsstaat** Verbraucherinteressen durch Handlungen i. S. d. Abs. 2 verletzt haben.

62 Nach der Rom II-Verordnung (VO (EG) Nr. 864/2007) gilt für außervertragliche Schuldverhältnisse aus unlauterem Wettbewerbsverhalten grundsätzlich das Marktortprinzip, d.h. es ist das Recht des Staates anzuwenden, in dem die Verbraucherinteressen beeinträchtigt werden. Sofern eine Handlung § 5c Abs. 2 unterfallen würde und die Rechtsordnung des Mitgliedsstaats, dessen Recht anwendbar ist, eine dem Abs. 2 entsprechende Regelung enthält, liegt ein Verstoß gegen Abs. 1 vor. Die beiden Voraussetzungen sind kumulativ zu erfüllen. Sodann können auch nationale Behörden ein Bußgeld gegen das deutsche Unternehmen, welches in einem anderen Mitgliedsstaat Verbraucherinteressen verletzt hat, verhängen. Damit kann die deutsche Behörde der Verpflichtung aus Art. 21 CPC-Verordnung nachkommen.

63 Davon, dass die Rechtsordnung eines Mitgliedsstaates dem Abs. 2 sowie den darin verwiesenen Normen entsprechende Regelungen enthält, ist aufgrund der gemeinsamen unionsrechtlichen Grundlagen und der angestrebten **Vollharmonisierung** auszugehen.[37]

64 Die Vorschrift macht noch einmal deutlich, welche wegweisende Änderung mit der CPC-Verordnung einhergeht, nämlich die Schaffung eines EU-weiten Raums, in dem die Grundsätze des Verbraucherrechts gleichermaßen gelten und die überall in der EU effektiv durchgesetzt werden können.[38]

§ 6 Vergleichende Werbung

Vorbemerkung: § 6 ist gegenüber dem UWG 2020 insgesamt unverändert

(1) **Vergleichende Werbung ist jede Werbung, die unmittelbar oder mittelbar einen Mitbewerber oder die von einem Mitbewerber angebotenen Waren oder Dienstleistungen erkennbar macht.**

(2) **Unlauter handelt, wer vergleichend wirbt, wenn der Vergleich**

1. **sich nicht auf Waren oder Dienstleistungen für den gleichen Bedarf oder dieselbe Zweckbestimmung bezieht,**
2. **nicht objektiv auf eine oder mehrere wesentliche, relevante, nachprüfbare und typische Eigenschaften oder den Preis dieser Waren oder Dienstleistungen bezogen ist,**
3. **im geschäftlichen Verkehr zu einer Gefahr von Verwechslungen zwischen dem Werbenden und einem Mitbewerber oder zwischen den von diesen angebotenen Waren oder Dienstleistungen oder den von ihnen verwendeten Kennzeichen führt,**
4. **den Ruf des von einem Mitbewerber verwendeten Kennzeichens in unlauterer Weise ausnutzt oder beeinträchtigt,**
5. **die Waren, Dienstleistungen, Tätigkeiten oder persönlichen oder geschäftlichen Verhältnisse eines Mitbewerbers herabsetzt oder verunglimpft oder**
6. **eine Ware oder Dienstleistung als Imitation oder Nachahmung einer unter einem geschützten Kennzeichen vertriebenen Ware oder Dienstleistung darstellt.**

---

[36] BVerfG GRUR 2007, 618 Rn. 11, 20.
[37] RegE-UWG 2021, S. 40.
[38] Vgl. *Podszun* FS Harte-Bavendamm, 2020, 417 (430).

§ 7 Unzumutbare Belästigungen

Vorbemerkung: § 7 Abs. 1 ist gegenüber dem UWG 2020 unverändert. Abs. 2 Nr. 1 UWG 2020 wurde aufgehoben, der Inhalt unter stärkerer Angleichung an den Wortlaut der Richtlinie 2005/29/ EG (UGP-RL) nach Nr. 26 des Anhangs zu § 3 Abs. 3 verlagert; Kommentierung siehe dort. Die Nummerierung in Abs. 2 und die Bezugnahme in Abs. 3 wurden entsprechend angepasst.

(1) **Eine geschäftliche Handlung, durch die ein Marktteilnehmer in unzumutbarer Weise belästigt wird, ist unzulässig. Dies gilt insbesondere für Werbung, obwohl erkennbar ist, dass der angesprochene Marktteilnehmer diese Werbung nicht wünscht.**

(2) **Eine unzumutbare Belästigung ist stets anzunehmen**

1. **bei Werbung mit einem Telefonanruf gegenüber einem Verbraucher ohne dessen vorherige ausdrückliche Einwilligung oder gegenüber einem sonstigen Marktteilnehmer ohne dessen zumindest mutmaßliche Einwilligung,**
2. **bei Werbung unter Verwendung einer automatischen Anrufmaschine, eines Faxgerätes oder elektronischer Post, ohne dass eine vorherige ausdrückliche Einwilligung des Adressaten vorliegt, oder**
3. **bei Werbung mit einer Nachricht,**
   a) **bei der die Identität des Absenders, in dessen Auftrag die Nachricht übermittelt wird, verschleiert oder verheimlicht wird oder**
   b) **bei der gegen § 6 Absatz 1 des Telemediengesetzes verstoßen wird oder in der der Empfänger aufgefordert wird, eine Website aufzurufen, die gegen diese Vorschrift verstößt, oder**
   c) **bei der keine gültige Adresse vorhanden ist, an die der Empfänger eine Aufforderung zur Einstellung solcher Nachrichten richten kann, ohne dass hierfür andere als die Übermittlungskosten nach den Basistarifen entstehen.**

(3) **Abweichend von Absatz 2 Nummer 2 ist eine unzumutbare Belästigung bei einer Werbung unter Verwendung elektronischer Post nicht anzunehmen, wenn**

1. **ein Unternehmer im Zusammenhang mit dem Verkauf einer Ware oder Dienstleistung von dem Kunden dessen elektronische Postadresse erhalten hat,**
2. **der Unternehmer die Adresse zur Direktwerbung für eigene ähnliche Waren oder Dienstleistungen verwendet,**
3. **der Kunde der Verwendung nicht widersprochen hat und**
4. **der Kunde bei Erhebung der Adresse und bei jeder Verwendung klar und deutlich darauf hingewiesen wird, dass er der Verwendung jederzeit widersprechen kann, ohne dass hierfür andere als die Übermittlungskosten nach den Basistarifen entstehen.**

§ 7a Einwilligung in Telefonwerbung

Vorbemerkung: § 7a wurde in das UWG 2020 aufgrund des Gesetzes für faire Verbraucherverträge vom 10.8.2021 (BGBl. I S. 3433) eingefügt, das am gleichen Tage wie das Gesetz zur Stärkung des Verbraucherschutzes im Wettbewerbs- und Gewerberecht (BGBl. 2021 I 3504) verabschiedet wurde. Es ist jedoch früher als dieses, nämlich am 1.10.2021, in Kraft getreten. Kommentiert wird diese Vorschrift im ersten Teil dieses Werks (Tolkmitt → UWG § 7).

(1) **Wer mit einem Telefonanruf gegenüber einem Verbraucher wirbt, hat dessen vorherige ausdrückliche Einwilligung in die Telefonwerbung zum Zeitpunkt der Erteilung in angemessener Form zu dokumentieren und gemäß Absatz 2 Satz 1 aufzubewahren.**

(2) **Die werbenden Unternehmen müssen den Nachweis nach Absatz 1 ab Erteilung der Einwilligung sowie nach jeder Verwendung der Einwilligung fünf Jahre aufbewahren. Die werbenden Unternehmen haben der nach § 20 Absatz 3 zuständigen Verwaltungsbehörde den Nachweis nach Absatz 1 auf Verlangen unverzüglich vorzulegen.**

Kapitel 2. Rechtsfolgen

§ 8 Beseitigung und Unterlassung

Vorbemerkung: § 8 ist gegenüber dem UWG 2020 unverändert, wobei die durch das UWG 2020 herbeigeführte Änderung des § 8 Abs. 3 erst am 1.12.2021 in Kraft tritt bzw. getreten ist. Hier wird der Gesetzestext in der ab diesem Datum geltenden neuen Fassung abgedruckt. Die Kommentierung des § 8 Abs. 3 n. F. erfolgt im ersten Teil dieses Werks; Kommentierung siehe dort (Goldmann → UWG § 8).

(1) **Wer eine nach § 3 oder § 7 unzulässige geschäftliche Handlung vornimmt, kann auf Beseitigung und bei Wiederholungsgefahr auf Unterlassung in Anspruch genommen werden. Der Anspruch auf Unterlassung besteht bereits dann, wenn eine derartige Zuwiderhandlung gegen § 3 oder § 7 droht.**

(2) **Werden die Zuwiderhandlungen in einem Unternehmen von einem Mitarbeiter oder Beauftragten begangen, so sind der Unterlassungsanspruch und der Beseitigungsanspruch auch gegen den Inhaber des Unternehmens begründet.**

(3) **Die Ansprüche aus Absatz 1 stehen zu:**

1. **jedem Mitbewerber, der Waren oder Dienstleistungen in nicht unerheblichem Maße und nicht nur gelegentlich vertreibt,**
2. **denjenigen rechtsfähigen Verbänden zur Förderung gewerblicher oder selbständiger beruflicher Interessen, die in der Liste der qualifizierten Wirtschaftsverbände nach § 8b eingetragen sind, soweit ihnen eine erhebliche Zahl von Unternehmen angehört, die Waren oder Dienstleistungen gleicher oder verwandter Art auf demselben Markt vertreiben, und die Zuwiderhandlung die Interessen ihrer Mitglieder berührt,**
3. **den qualifizierten Einrichtungen, die in der Liste der qualifizierten Einrichtungen nach § 4 des Unterlassungsklagengesetzes eingetragen sind, oder den qualifizierten Einrichtungen aus anderen Mitgliedstaaten der Europäischen Union, die in dem Verzeichnis der Europäischen Kommission nach Artikel 4 Absatz 3 der Richtlinie 2009/22/EG des Europäischen Parlaments und des Rates vom 23. April 2009 über Unterlassungsklagen zum Schutz der Verbraucherinteressen (ABl. L 110 vom 1.5.2009, S. 30), die zuletzt durch die Verordnung (EU) 2018/302 (ABl. L 60 vom 2.3.2018, S. 1) geändert worden ist, eingetragen sind,**
4. **den Industrie- und Handelskammern, den nach der Handwerksordnung errichteten Organisationen und anderen berufsständischen Körperschaften des öffentlichen Rechts im Rahmen der Erfüllung ihrer Aufgaben sowie den Gewerkschaften im Rahmen der Erfüllung ihrer Aufgaben bei der Vertretung selbständiger beruflicher Interessen.**

(4) **Stellen nach Absatz 3 Nummer 2 und 3 können die Ansprüche nicht geltend machen, solange ihre Eintragung ruht.**

(5) **§ 13 des Unterlassungsklagengesetzes ist entsprechend anzuwenden; in § 13 Absatz 1 und 3 Satz 2 des Unterlassungsklagengesetzes treten an die Stelle der dort aufgeführten Ansprüche nach dem Unterlassungsklagengesetz die Ansprüche nach dieser Vorschrift. Im Übrigen findet das Unterlassungsklagengesetz keine Anwendung, es sei denn, es liegt ein Fall des § 4e des Unterlassungsklagengesetzes vor.**

§ 8a Anspruchsberechtigte bei einem Verstoß gegen die Verordnung (EU) 2019/1150

Vorbemerkung: § 8a ist gegenüber dem UWG 2020 insgesamt unverändert; (Goldmann → UWG § 8a).

Anspruchsberechtigt nach § 8 Absatz 1 sind bei einem Verstoß gegen die Verordnung (EU) 2019/1150 des Europäischen Parlaments und des Rates vom 20. Juni 2019 zur Förderung von Fairness und Transparenz für gewerbliche Nutzer von Online-Vermittlungsdiensten (ABl. L 186 vom 11.7.2019, S. 57) abweichend von § 8 Absatz 3 die Verbände, Organisationen und öffentlichen Stellen, die die Voraussetzungen des Artikels 14 Absatz 3 und 4 der Verordnung (EU) 2019/1150 erfüllen.

§ 8b Liste der qualifizierten Wirtschaftsverbände

Vorbemerkung: § 8b ist gegenüber dem UWG 2020 insgesamt unverändert; Kommentierung siehe dort (Goldmann → UWG § 8b).

(1) **Das Bundesamt für Justiz führt eine Liste der qualifizierten Wirtschaftsverbände und veröffentlicht sie in der jeweils aktuellen Fassung auf seiner Internetseite.**

(2) **Ein rechtsfähiger Verband, zu dessen satzungsmäßigen Aufgaben es gehört, gewerbliche oder selbstständige berufliche Interessen zu verfolgen und zu fördern sowie zu Fragen des lauteren Wettbewerbs zu beraten und zu informieren, wird auf seinen Antrag in die Liste eingetragen, wenn**

1. **er mindestens 75 Unternehmer als Mitglieder hat,**
2. **er zum Zeitpunkt der Antragstellung seit mindestens einem Jahr seine satzungsmäßigen Aufgaben wahrgenommen hat,**
3. **auf Grund seiner bisherigen Tätigkeit sowie seiner personellen, sachlichen und finanziellen Ausstattung gesichert erscheint, dass er**
   a) **seine satzungsmäßigen Aufgaben auch künftig dauerhaft wirksam und sachgerecht erfüllen wird und**
   b) **seine Ansprüche nicht vorwiegend geltend machen wird, um für sich Einnahmen aus Abmahnungen oder Vertragsstrafen zu erzielen,**
4. **seinen Mitgliedern keine Zuwendungen aus dem Verbandsvermögen gewährt werden und Personen, die für den Verband tätig sind, nicht durch unangemessen hohe Vergütungen oder andere Zuwendungen begünstigt werden.**

(3) **§ 4 Absatz 3 und 4 sowie die §§ 4a bis 4d des Unterlassungsklagengesetzes sind entsprechend anzuwenden.**

§ 8c Verbot der missbräuchlichen Geltendmachung von Ansprüchen; Haftung

Vorbemerkung: § 8c ist gegenüber dem UWG 2020 insgesamt unverändert; Kommentierung siehe dort (Goldmann → UWG § 8c).

(1) **Die Geltendmachung der Ansprüche aus § 8 Absatz 1 ist unzulässig, wenn sie unter Berücksichtigung der gesamten Umstände missbräuchlich ist.**

(2) **Eine missbräuchliche Geltendmachung ist im Zweifel anzunehmen, wenn**

1. **die Geltendmachung der Ansprüche vorwiegend dazu dient, gegen den Zuwiderhandelnden einen Anspruch auf Ersatz von Aufwendungen oder von Kosten der Rechtsverfolgung oder die Zahlung einer Vertragsstrafe entstehen zu lassen,**
2. **ein Mitbewerber eine erhebliche Anzahl von Verstößen gegen die gleiche Rechtsvorschrift durch Abmahnungen geltend macht, wenn die Anzahl der geltend ge-**

machten Verstöße außer Verhältnis zum Umfang der eigenen Geschäftstätigkeit steht oder wenn anzunehmen ist, dass der Mitbewerber das wirtschaftliche Risiko seines außergerichtlichen oder gerichtlichen Vorgehens nicht selbst trägt,

3. ein Mitbewerber den Gegenstandswert für eine Abmahnung unangemessen hoch ansetzt,

4. offensichtlich überhöhte Vertragsstrafen vereinbart oder gefordert werden,

5. eine vorgeschlagene Unterlassungsverpflichtung offensichtlich über die abgemahnte Rechtsverletzung hinausgeht,

6. mehrere Zuwiderhandlungen, die zusammen hätten abgemahnt werden können, einzeln abgemahnt werden oder

7. wegen einer Zuwiderhandlung, für die mehrere Zuwiderhandelnde verantwortlich sind, die Ansprüche gegen die Zuwiderhandelnden ohne sachlichen Grund nicht zusammen geltend gemacht werden.

(3) **Im Fall der missbräuchlichen Geltendmachung von Ansprüchen kann der Anspruchsgegner vom Anspruchsteller Ersatz der für seine Rechtsverteidigung erforderlichen Aufwendungen fordern. Weitergehende Ersatzansprüche bleiben unberührt.**

§ 9 Schadensersatz

Vorbemerkung: Abs. 1 (bisher § 9 S. 1) ist gegenüber dem UWG 2020 unverändert; (Goldmann → UWG § 9). Abs. 2 ist neu; Kommentierung siehe → Rn. 1 ff. (Goldmann). Abs. 3 (bisher § 9 S. 2) erfasst als Folgeänderung der Einführung des Anspruchs gem. § 9 Abs. 2 auch diesen, ist aber ansonsten unverändert.

(1) **Wer vorsätzlich oder fahrlässig eine nach § 3 oder § 7 unzulässige geschäftliche Handlung vornimmt, ist den Mitbewerbern zum Ersatz des daraus entstehenden Schadens verpflichtet.**

(2) **Wer vorsätzlich oder fahrlässig eine nach § 3 unzulässige geschäftliche Handlung vornimmt und hierdurch Verbraucher zu einer geschäftlichen Entscheidung veranlasst, die sie andernfalls nicht getroffen hätten, ist ihnen zum Ersatz des daraus entstehenden Schadens verpflichtet. Dies gilt nicht für unlautere geschäftliche Handlungen nach den §§ 3a, 4 und 6 sowie nach Nummer 32 des Anhangs.**

(3) **Gegen verantwortliche Personen von periodischen Druckschriften kann der Anspruch auf Schadensersatz nach den Absätzen 1 und 2 nur bei einer vorsätzlichen Zuwiderhandlung geltend gemacht werden.**

Zu § 9 Abs. 2

Schrifttum: *Alexander,* Schadensersatz und Abschöpfung im Lauterkeits- und Kartellrecht, 2010; *ders.,* Überblick und Anmerkungen zum Referentenentwurf eines Gesetzes zur Stärkung des Verbraucherschutzes im Wettbewerbs- und Gewerberecht, WRP 2021, 126; *Fezer,* Das wettbewerbsrechtliche Vertragsauflösungsrecht in der UWG-Reform, 2003, 127; *Goldmann,* Die Pflicht zur Anbringung des eigenen Namens am Geschäftslokal – zwischen Geistigem Eigentum, Marktkommunikation und Verbraucherschutz, FS Fezer, 2016, 225; *Heinze,* Schadensersatz im Unionsprivatrecht, 2017; *Klette,* Anmerkung zu BGH GRUR 1985, 876 – Tchibo/Rolex I, GRUR 1985, 878; *Köhler,* Der Schadensersatzanspruch der Verbraucher im künftigen UWG, WRP 2021, 129; *Potacs,* Effet utile als Auslegungsgrundsatz, EuR 2009, 465; *Reich,* Der Effektivitätsgrundsatz im EU-Verbraucherrecht, VuR 2012, 327; *Scherer,* Verbraucherschadensersatz durch § 9 Abs. 2 UWG Reg-E als Umsetzung von Art. 3 Nr. 5 Omnibus-RL – eine Revolution im Lauterkeitsrecht, WRP 2021, 561; *Sack,* Regierungsentwurf einer UWG-Novelle – ausgewählte Probleme, BB 2003, 1073; *ders.,* Folgeverträge unlauteren Wettbewerbs, GRUR 2004, 625; *ders.,* Neuere Entwicklungen der Individualklagebefugnis im Wettbewerbsrecht, GRUR 2011, 953; *Schmidt-Kessel,* Paradigmenwechsel im UWG – Individualschutz für Verbraucher, VuR 2021, 121; *Schulze,* Nutzungsausfallentschädigung – Zu Funktion und

Grenzen des § 253 BGB, NJW 1997, 3337; *Weitenberg,* Der Begriff der Kausalität in der haftungsrechtlichen Rechtsprechung der Unionsgerichte, 2014.

Übersicht

A. Umfang der Neuregelung

I. Schadensersatzanspruch der Mitbewerber

1 Das „Gesetz zur Stärkung des Verbraucherschutzes im Wettbewerbs- und Gewerberecht" vom 10. August 2021,[1] das gem. Art. 3 am 28. Mai 2022 in Kraft treten wird, hat § 9 neu

[1] *BGBl I S. 3504.*

gefasst und erweitert. Der Schadensersatzanspruch der Mitbewerber, der bislang den alleinigen Regelungsgegenstand bildete, wird ohne sachliche Änderung nun in Abs. 1 geregelt.

II. Schadensersatzanspruch der Verbraucher

Neu eingeführt wird in Abs. 2 ein **Schadensersatz für Verbraucher.** Er ist Gegenstand dieser die Kommentierung des UWG 2020 ergänzenden Erläuterungen (*Goldmann* → UWG § 9) beziehen sich auf den Hauptkommentar im ersten Teil dieses Werkes. 2

III. Presseprivileg

Das **bisher in § 9 S. 2 UWG 2004 geregelte Presseprivileg** findet sich nun in **Abs. 3,** wobei sich das Presseprivileg folgerichtig nicht nur auf den jetzt in § 9 Abs. 1 geregelten Schadensersatzanspruch der Mitbewerber, sondern **auch** auf den nunmehr **in § 9 Abs. 2 S. 1** geregelten Schadensersatzanspruch der Verbraucher bezieht. Da sich die wettbewerbsrechtliche Verantwortlichkeit der Presse grundsätzlich auch auf fremdverfasste Inhalte, insbesondere Anzeigen, bezieht, ist es auch im Verhältnis zu Verbrauchern sachgerecht, dass die Haftung auf vorsätzliche Verstöße beschränkt ist. Eine Einbeziehung fahrlässiger Verstöße würde einen unzumutbaren personellen und zeitlichen Mehraufwand bei der Überprüfung von Anzeigen und eine unzumutbare Reduzierung der regelmäßig existenznotwendigen Einnahmen aus dem Anzeigengeschäft bedeuten. Die Einschränkung des Schadensersatzanspruches ist daher zur Sicherstellung der in Artikel 5 Abs. 1 GG und in Art. 11 Abs. 2 EU-Grundrechte-Charta gewährleisteten Freiheit der Presse gerechtfertigt. Da die Regelung im Übrigen keine Personen erfasst, die den Inhalt der Anzeige gestaltet haben, bleibt es den Verbrauchern unbenommen, Schadensersatzansprüche gegen die betreffenden Personen geltend zu machen.[2] 3

B. Entstehungsgeschichte und Normzweck

I. Zum bisherigen Rechtszustand

Bisher hatten Verbraucher, die durch unlautere Geschäftspraktiken geschädigt wurden, **keinen Anspruch auf Schadensersatz,** weder unmittelbar nach § 9 UWG, noch über den Umweg des § 823 Abs. 2 BGB, weil trotz Einbeziehung des Verbraucherschutzes in die sog. „Schutzzwecktrias" (*Podszun* → UWG § 1 Rn. 11) UWG-Normen (mit Ausnahme des § 16 UWG) vom BGH, von der überwiegenden Meinung im Schrifttum und auch nach der erklärten Absicht des Gesetzgebers nicht als Schutzgesetz im Sinne dieser allgemeinen deliktsrechtlichen Norm gewertet wurden (ausf. *Goldmann* → UWG § 9 Rn. 17 mwN). Auch ein Recht auf Preisminderung oder Beendigung des Vertrags bestand nicht. Das seit 1987 in § 13a UWG 1909 verankerte **individuelle Vertragslösungsrecht** der Verbraucher, das anstelle eines zunächst erwogenen kollektiven Schadensersatzanspruches für Verbraucher eingeführt worden war, war praktisch bedeutungslos und nur von kurzer Dauer; es wurde mit der großen UWG-Reform 2004 ersatzlos **gestrichen** (*Goldmann* → UWG § 10 Rn. 10 f.). 4

Der deutsche **Gesetzgeber** hatte sich allen neueren Bestrebungen, **individuelle Ansprüche der Verbraucher** im UWG zu verankern, **hartnäckig widersetzt.** Begründet wurde die Skepsis gegenüber individuellen Ansprüchen der Verbraucher mit der ebenso protektionistischen wie paradoxen Erwägung, dass das hohe Schutzniveau des UWG, das gerade auch im Interesse der Verbraucher bestehe, durch die Einführung solcher Ansprüche im Ergebnis in Frage gestellt würde. Unternehmer müssten bei Beibehaltung des materiellen Schutzniveaus jederzeit mit einer Vielzahl von Klagen von Verbrauchern wegen eines (angeblichen) Verstoßes gegen das UWG rechnen. Dies würde zu sehr hohen Belastungen 5

[2] BT-Drs. 19/27873, 41.

der Wirtschaft führen und hätte einen erheblichen Standortnachteil zur Folge. Diese Belastungen seien nur dadurch auf ein für die Wirtschaft akzeptables Maß zu verringern, dass man das Schutzniveau absenke und dadurch wiederum das Prozessrisiko für die Unternehmen verringere.[3]

II. Umsetzung von Art. 11a UGP-RL

6 **1. Pflicht zur Umsetzung des Art. 11a UGP-RL.** Nunmehr zwingt Art. 11a UGP-RL den deutschen Gesetzgeber zur Einführung solcher individuellen Ansprüche (ausf. → Rn. 13 ff.). § 9 Abs. 2 dient der Umsetzung des durch Art. 3 Nr. 5 der Omnibus-Richtlinie eingeführten Art. 11a UGP-RL in deutsches Recht und gibt erstmals Verbrauchern einen individuellen Anspruch auf Ersatz von Schäden, die ihnen aus einer aufgrund unlauteren Wettbewerbs veranlassten geschäftlichen Entscheidung erwachsen. Damit werden nach der Absicht des Gesetzgebers zum einen vorhandene **Schutzlücken geschlossen.** Der Gesetzgeber identifiziert etwa Fälle, in denen Verbrauchern durch fahrlässige (also nicht iSd § 826 BGB vorsätzlich sittenwidrige[4]) irreführende geschäftliche Handlungen ein Schaden entstanden ist, aber zu dem Werbendem kein Vertragsverhältnis oder vorvertragliches Schuldverhältnis bestanden hat. Auch hat der Gesetzgeber Fälle im Blick, in denen Verbraucher durch psychisch vermittelten Zwang im Rahmen einer aggressiven geschäftlichen Handlung iSv § 4a UWG zu einer wirtschaftlich nachteiligen Handlung veranlasst worden sind, hierbei aber keine Drohung iSv § 123 Abs. 1 BGB vorgelegen hat.[5] Zum anderen soll ein **„klarer und umfassender Rechtsrahmen zur Beseitigung der individuellen Folgen** unlauterer geschäftlicher Handlungen" geschaffen werden.[6] Der neu eingeführte Schadensersatzanspruch steht **in freier Anspruchskonkurrenz neben** den schon vorhandenen **vertraglichen oder deliktischen Ansprüchen des bürgerlichen Rechts** (→ Rn. 155).[7] Der Schutz der Verbraucher vor unlauteren geschäftlichen Handlungen, wie er in der „Schutzzwecktrias" des § 1 UWG verankert ist, wird auf diese Weise vervollständigt, indem das UWG auch den Ausgleich der individuellen Nachteile von unlauteren geschäftlichen Handlungen bei der einzelnen Verbraucherin oder dem einzelnen Verbraucher sicherstellt.[8]

7 Dagegen soll diese Ergänzung des UWG um einen Schadensersatzanspruch für Verbraucher in § 9 Abs. 2 nichts daran ändern, dass die §§ 8 bis 10 UWG die lauterkeitsrechtlichen Ansprüche aufgrund von Wettbewerbsverstößen abschließend regeln und die **Vorschriften des UWG** (mit Ausnahme der Strafnorm des § 16 UWG) daher grundsätzlich **keine Schutzgesetze** iSd § 823 Abs. 2 BGB sind, wie es auch bisherigem Verständnis entspricht.[9]

8 Nach der Überzeugung des deutschen Gesetzgebers stellt § 9 Abs. 2 auf eine **1:1-Umsetzung** der Vorgaben des Art. 11a UGP-RL dar.[10]

9 **2. Inhalt und Normzweck des Art. 11a UGP-RL.** Art. 11a UGP-RL lautet:

„(1) Verbraucher, die durch unlautere Geschäftspraktiken geschädigt wurden, haben Zugang zu angemessenen und wirksamen Rechtsbehelfen, einschließlich Ersatz des dem Verbraucher entstandenen Schadens sowie gegebenenfalls Preisminderung oder Beendigung des Vertrages. Die Mitgliedstaaten können die Voraussetzungen für die Anwendung und die Folgen der Rechtsbehelfe festlegen. Die Mitgliedstaaten können gegebenenfalls die Schwere und Art der unlauteren Geschäftspraktiken, den dem Verbraucher entstandenen Schaden sowie weitere relevante Umstände berücksichtigen.

[3] BT-Dr 15/1487, 22; krit. hierzu *Sack* GRUR 2004, 625 (630); *Sack* GRUR 2011, 953 (960 ff.).
[4] Zum auf § 826 BGB gestützten Schadensersatz in solchen Fällen (sog. „Dieselskandal") BGH NJW 2020, 1962 Rn. 47.
[5] BT-Drs. 19/27873, 20.
[6] BT-Drs. 19/27873, 20, 40.
[7] BT-Drs. 19/27873, 40.
[8] BT-Drs. 19/27873, 20.
[9] BT-Drs. 19/27873, 20 unter Bezugnahme auf BT-Drs. 15/1487, 22.
[10] BT-Drs. 19/27873, 41.

(2) Diese Rechtsbehelfe berühren nicht die Anwendung anderer Rechtsbehelfe, die den Verbrauchern nach dem Unionsrecht oder dem nationalen Recht zur Verfügung stehen."

Hintergrund dieser Regelung ist eine vom Richtliniengeber wahrgenommene Lücke im System des verbraucherschützenden Lauterkeitsrechts der UGP-RL. Diese besteht darin, dass den Verbrauchern vielfach **individuelle Rechtsbehelfe** fehlen, **die gerade an die Unlauterkeit einer Geschäftspraxis anknüpfen** und nicht an andere Haftungsgründe wie etwa die vertragliche Gewährleistung. Die vorhandenen Rechtsbehelfe der Verbraucher aus anderen Rechtsgründen werden als unklar, unzureichend und nicht effektiv genug wahrgenommen. Exemplarisch belegt wird die fehlende Wirksamkeit der vorhandenen Rechtsbehelfe durch den sog. „Abgasskandal" und die Schwierigkeiten der Verbraucher, Ansprüche gegen Autohersteller durchzusetzen, da vertragliche Ansprüche nur gegen den jeweiligen Autohändler bestanden.[11] Durch die Einführung individueller Rechtsbehelfe gerade mit Blick auf die Unlauterkeit einer Geschäftspraxis soll der **Verbraucherschutz verstärkt** werden. Gleichzeitig sollen Unternehmer davon abgeschreckt werden, sich unlauterer Geschäftspraktiken zu bedienen, wobei aber der Präventionsgedanke bei der Einführung individueller Verbraucherrechte nicht im Vordergrund zu stehen scheint, sondern eher der Einführung behördlicher Sanktionen zugrunde legt (vgl. Erwägungsgrund 3 der Omnibus-Richtlinie, → Rn. 12). Damit scheint die **Abschreckung** für Art. 11a UGP-RL zwar kein Leitprinzip zu sein, aber wohl doch jedenfalls „ein erwünschtes Nebenprodukt der Schadensersatzpflicht",[12] was der Rechtsprechung des BGH zur ergänzenden präventiven Funktion des Schadensersatzes entspricht **(„nützliche Folge").**[13] In der deutschen Gesetzesbegründung wird dies so formuliert, dass mit dem neu geschaffenen individuellen Schadensersatzanspruch für Verbraucher „ein weiterer **ökonomischer Anreiz zur Einhaltung** der bestehenden wettbewerbsrechtlichen Regelungen gesetzt" wird.[14] 10

Die UGP-RL wurde nach der Vorstellung des Richtliniengebers, wie er in Erwägungsgrund 13 des Entwurfs zur Omnibus-Richtlinie zum Ausdruck kommt, zwar ursprünglich vor allem deshalb konzipiert, um das Marktverhalten von Unternehmern auf der Grundlage der behördlichen Rechtsdurchsetzung zu regeln; allerdings machten die Erfahrungen aus ihrer über zehnjährigen Anwendung die Mängel deutlich, die darauf zurückzuführen sind, dass ein klarer Rahmen zur Festlegung der Rechte im Zusammenhang mit der Einlegung individueller Rechtsbehelfe für Verbraucher fehlt.[15] Die nationalen Vorschriften über individuelle Rechtsbehelfe für Verbraucher, die durch unlautere Geschäftspraktiken geschädigt wurden, wichen bislang voneinander ab, wie die Kommission in Erwägungsgrund 14 des Entwurfs zur Omnibus-Richtlinie feststellt. In der Situation vor Erlass der Omnibus-Richtlinie, in der es den Mitgliedstaaten weitgehend überlassen blieb festzulegen, ob und inwiefern Rechtsbehelfe zur Verfügung stehen sollten, **konnte die bisherige UGP-RL** nach Auffassung der Kommission **nicht ihre volle Wirkung entfalten.** Der doppelte Zweck der Richtlinie, die sowohl zu einem reibungslosen Funktionieren des Binnenmarkts als auch zum Erreichen eines hohen Verbraucherschutzniveaus beitragen soll, konnte somit immer noch nicht erreicht werden. Trotz der nach nationalem Recht durchaus bestehenden Rechtsbehelfe konnte die Kommission im Rahmen der Eignungsprüfung **keine signifikanten Fälle** aus der Rechtsprechung ermitteln, in denen Opfer unlauterer Geschäftspraktiken von Rechtsbehelfen Gebrauch gemacht hatten. Für die Kommission ist es jedoch eine ausgemachte Sache, dass **unlautere Geschäftspraktiken** europaweit **das häufigste Problem im Zusammenhang mit Verbraucherrechten** darstellen. Dies lässt nach Auffassung der Kommission darauf schließen, dass die bestehenden Rechtsbehelfe nicht gewährleisten, dass Probleme von Verbrauchern gelöst werden können, wenn deren Rech- 11

[11] COM (2018) 185 final, 16.
[12] Formulierung von *Alexander* S. 141.
[13] BGH NJW 2020, 1962 Rn. 67; zur Präventionswirkung ebenfalls *Köhler* WRP 2021, 121 Rn. 63.
[14] BT-Drs. 19/27873, 21.
[15] COM (2018) 185 final, 26.

te aus der Richtlinie verletzt worden sind. Daher würde nach Auffassung der Kommission die **Einführung eines klaren Rahmens für individuelle Rechtsbehelfe die private Rechtsdurchsetzung erleichtern** und die bestehende Verpflichtung der Mitgliedstaaten ergänzen, sicherzustellen, dass geeignete und wirksame Mittel vorhanden sind, um die Einhaltung der Richtlinie durchzusetzen. Dies entspräche nach Auffassung der Kommission auch dem Ansatz für individuelle Rechtsbehelfe in anderen Verbraucherschutzrichtlinien wie der Richtlinie 93/13/EWG und der Richtlinie 1999/44/EG und würde eine kohärentere und konsequentere Anwendung der Verbraucherschutzvorschriften gewährleisten.[16]

12 In Erwägungsgrund 3 der dann verabschiedeten Omnibus-Richtlinie heißt es zu dem Desiderat wirksamer, verhältnismäßiger und abschreckender individueller Rechtsbehelfe für Verbraucher allgemein:

„Die Union hat bereits eine Reihe von Maßnahmen ergriffen, um Verbraucher, Unternehmer und Angehörige der Rechtsberufe besser für die Rechte der Verbraucher zu sensibilisieren und für eine wirksamere Durchsetzung der Verbraucherrechte und des Rechtsschutzes für Verbraucher zu sorgen. Allerdings gibt es nach wie vor Lücken im nationalen Recht hinsichtlich wirklich wirksamer und verhältnismäßiger Sanktionen, um von Verstößen innerhalb der Union abzuschrecken und diese zu ahnden, hinsichtlich unzureichender individueller Rechtsbehelfe, die Verbrauchern, die durch Verstöße gegen die nationalen Rechtsvorschriften zur Umsetzung der Richtlinie 2005/29/EG des Europäischen Parlaments und des Rates geschädigt wurden, zur Verfügung stehen […].“

In Erwägungsgrund 26 der Omnibus-Richtlinie heißt es dann konkreter:

„Zur Beseitigung jeglicher Folgen unlauterer Geschäftspraktiken sollten die Mitgliedstaaten sicherstellen, dass Verbrauchern, die durch solche Geschäftspraktiken geschädigt wurden, Rechtsbehelfe zur Verfügung stehen. Ein klarer Rahmen für individuelle Rechtsbehelfe würde die private Rechtsdurchsetzung erleichtern. Die Verbraucher sollten die Möglichkeit haben, in verhältnismäßiger und wirksamer Form Schadenersatz sowie gegebenenfalls eine Preisminderung zu erhalten oder den Vertrag zu beendigen. Den Mitgliedstaaten sollte es freistehen, Rechte im Zusammenhang mit weiteren Rechtsbehelfen, etwa Reparatur oder Ersatzlieferung, für Verbraucher, die durch unlautere Geschäftspraktiken geschädigt wurden, beizubehalten oder einzuführen, um sicherzustellen, dass die Folgen solcher Geschäftspraktiken vollständig beseitigt werden. Den Mitgliedstaaten sollte es freistehen, Voraussetzungen für die Anwendung und die Folgen der Rechtsbehelfe für die Verbraucher festzulegen. Bei der Anwendung der Rechtsbehelfe könnten gegebenenfalls die Schwere und Art der unlauteren Geschäftspraktik, der dem Verbraucher entstandene Schaden sowie weitere relevante Umstände, etwa Fehlverhalten oder Vertragsverstoß seitens des Unternehmers, berücksichtigt werden.“

13 **3. Zur Reichweite der Harmonisierung. a) Einführung eigenständiger Rechtsbehelfe.** Art. 11a UGP-RL erfordert nach seiner Entstehungsgeschichte und seinem Sinn und Zweck die Einführung angemessener und wirksamer individueller Verbraucher-Rechtsbehelfe, die gerade an die Unlauterkeit einer Geschäftspraxis anknüpfen. Denn diese Rechtsbehelfe dienen laut Erwägungsgrund 26 der Omnibus-Richtlinie gerade der „Beseitigung jeglicher Folgen unlauterer Geschäftspraktiken“.

14 Erwägungsgrund 26 der Omnibus-Richtlinie verlangt entsprechend einen **„klaren Rahmen“** für diese individuellen **Rechtsbehelfe** der Verbraucher. Die Rechtsbehelfe **müssen eigenständig sein** und zu den bereits vorhandenen Rechtsbehelfen des allgemeinen Zivilrechts, insbesondere vertraglichen Rechtsbehelfen, hinzutreten.[17] Die bereits vorhandenen Rechtsbehelfe sind nämlich nach Auffassung des Richtliniengebers unzureichend, um in hinreichend abschreckender Weise Verstöße gegen das verbraucherschützende Lauterkeitsrecht zu sanktionieren, und bilden keinen hinreichend klaren Rahmen für die Rechtsdurchsetzung.[18]

15 Dies gilt gerade auch für **das bisherige deutsche Recht.** Denn auch wenn dem Betroffenen im Einzelfall durchaus wirksame rechtliche Mittel zur Verfügung stehen und er

[16] COM (2018) 185 final, 26.
[17] AA *Alexander* WRP 2021, 136 Rn. 61 ff.
[18] BT-Drs. 19/27873, 20.

etwa über einen Bereicherungsausgleich nach Anfechtung, Rückzahlungsansprüche nach Rücktritt, Sachmängelgewährleistung oder die Regeln der *culpa in contrahendo* einen Ausgleich erlangen könnte, ist die allgemeine zivilrechtliche Anspruchssystematik für einen Verbraucher nicht einfach zu durchschauen und **bietet keinen klaren Rahmen.** Hinzu kommt, dass die traditionellen Rechtsbehelfe des bürgerlichen Rechts nicht der Bekämpfung von Wettbewerbsdelikten dienen, sondern unter anderen, spezifischen Gesichtspunkten (Bindung an eine Willenserklärung, Gesetz- oder Sittenwidrigkeit des Vertragsinhalts, Sicherung des vertraglich vorausgesetzten Interessenausgleichs, sittenwidrige Schädigung, Verstoß gegen Schutzgesetze wie z. B. § 263 StGB iVm § 823 Abs. 2 BGB) Rechtsschutzmöglichkeiten bieten, die im Einzelnen sehr unterschiedlich sind und jeweils von spezifischen Voraussetzungen abhängen, die keinesfalls immer erfüllt sind, wenn eine geschäftliche Handlung eines Verbrauchers durch unlauteren Wettbewerb veranlasst ist[19] (vgl. *Goldmann* → UWG § 10 Rn. 18).

16 Diese Voraussetzungen mögen zwar im Einzelfall durchaus gegeben sein, wenn eine Geschäftspraxis nicht im Einklang mit dem verbraucherschützenden Lauterkeitsrecht steht. Insoweit wurden die bisherigen zivilrechtlichen Instrumente in Deutschland überwiegend auch als ausreichend zur Gewährleistung eines individuellen Verbraucherschutzes bei unlauteren Geschäftspraktiken angesehen.[20] Aus Sicht des Gesetzgebers bietet das bestehende bürgerliche Recht aber jedenfalls **keinen lückenlosen Schutz** (→ Rn. 6).[21]

17 Aber auch dort, wo Anspruchsgrundlagen bestehen, die bei unlauteren Geschäftspraktiken greifen können, sind sie **nicht speziell hierauf zugeschnitten** und verlangen jeweils eine eigenständige Prüfung, die den Verbraucher regelmäßig überfordern wird. Von dieser Prüfung soll Art. 11a UGP-RL den Verbraucher gerade entlasten. Insoweit stand der in der Gesetzgebungsdiskussion verschiedentlich gemachte Vorschlag, den Verbraucherschadensersatz subsidiär auszugestalten und den Anspruch nur zu gewähren, soweit keine vertraglichen Ansprüche geltend gemacht werden können,[22] mit den Zielen der Richtlinie nicht in Einklang. Denn dem Verbraucher sollen im Falle eines Verstoßes gegen die verbraucherschützenden Normen, die in Umsetzung der UGP-RL im jeweiligen Mitgliedstaat gelten, ohne Wenn und Aber wirksame und von bereits bestehenden Rechtsbehelfen unabhängige außervertragliche Rechtsbehelfe zustehen, und zwar nicht nur gegen den unmittelbaren Vertragspartner, sondern etwa auch gegen einen Hersteller, der unlauter geworben und damit den Vertragsschluss verursacht hat.[23]

18 Die von der Omnibus-Richtlinie geforderten eigenständigen individuellen Rechtsbehelfe, die **gerade an die Unlauterkeit einer Geschäftspraxis anknüpfen,** sollen gem. Art. 11a Abs. 2 UGP-RL die Anwendung anderer Rechtsbehelfe, die den Verbrauchern nach Unionsrecht oder nationalem Recht zur Verfügung stehen, nicht berühren.

19 **b) Einführung eines Anspruchs auf Schadensersatz.** In diesem Rahmen ist es gem. Art. 11a UGP-RL jedenfalls unerlässlich, dass die nationalen Gesetzgeber für Verbraucher einen individuellen Anspruch auf Schadensersatz bereithalten und, soweit es ihn – wie in Deutschland – noch nicht gab, neu einführen.[24]

20 **c) Einführung eines Anspruchs auf Preisminderung oder Beendigung des Vertrags.** Die deutsche Fassung des Art. 11a S. 1 UGP-RL suggeriert, dass nur die Einführung eines individuellen Schadensersatzanspruchs für Verbraucher zwingend ist, dass aber ein

[19] Ausf. *Fezer* WRP 2003, 127 ff.; *Sack* GRUR 2004, 225 ff.

[20] Köhler/Bornkamm/Feddersen/*Köhler* § 1 Rn. 39 mwN; aA *Sack* BB 2003, 1073 (1079); *Sack* GRUR 2004, 625 ff.

[21] BT-Drs. 19/27873, 20.

[22] *Alexander* WRP 2021, 136 Rn. 76 f.; Stellungnahme des Fachausschusses für Wettbewerbs- und Markenrecht der GRUR zum Referentenentwurf des Bundesministeriums der Justiz und Verbraucherschutz zum Entwurf eines Gesetzes zur Stärkung des Verbraucherschutzes im Wettbewerbs- und Gewerberecht, GRUR 2021, 456 Rn. 44 ff.

[23] Vgl. den Entwurf der Omnibus-Richtlinie, COM (2018) 185 final, 16.

[24] BT-Drs. 19/27873, 39.

Anspruch auf Preisminderung oder Beendigung des Vertrages nur **„gegebenenfalls"** bereitgestellt werden muss, dass also die Einführung solcher Ansprüche für die nationalen Gesetzgeber nur optional und somit freiwillig ist. In dieser Weise wurde der Harmonisierungsauftrag vom Gesetzgeber gedeutet, der deshalb, obwohl er vom Grundsatz einer „1:1-Umsetzung" beseelt war,[25] darauf verzichtet hat, diese individuellen Rechtsbehelfe des Verbrauchers gesondert zu regeln.[26]

21 Dies beruht auf einem offensichtlichen Missverständnis: Zielrichtung der Omnibus-Richtlinie war im Sinne von **Mindestanforderungen** an das Sanktionensystem der Mitgliedstaaten nämlich ganz eindeutig, nicht nur einen Anspruch auf Schadensersatz einzuführen, sondern jedenfalls **auch einen Anspruch auf Beendigung des Vertrags.**[27] So heißt es in der Begründung zum Entwurf der Omnibus-Richtlinie: *„Hinsichtlich der Anforderungen im Bereich der individuellen Rechtsbehelfe bei Verstößen gegen die Richtlinie 2005/29/EU lässt der Vorschlag den Mitgliedstaaten einen gewissen Handlungsspielraum in Bezug auf mögliche konkrete Rechtsbehelfe. Mit dem Vorschlag werden lediglich die Vertragskündigung als vertraglicher Rechtsbehelf und der Schadensersatz als außervertraglicher Rechtsbehelf als Mindestanforderungen festgelegt. Diese sind die beiden gängigsten Rechtsbehelfe nach dem nationalen Zivilrecht der Mitgliedstaaten."*[28]

22 Nach Erwägungsgrund 15 des Entwurfs der Omnibus-Richtlinie sollten dementsprechend sowohl vertragliche als auch außervertragliche Rechtsbehelfe eingeführt werden: *„Zur Beseitigung jeglicher Wirkung unlauterer Geschäftspraktiken sollten die Mitgliedstaaten sicherstellen, dass Verbraucher, die durch solche Geschäftspraktiken geschädigt wurden, Rechtsbehelfe einlegen können. Um dieses Ziel zu erreichen, sollten die Mitgliedstaaten sowohl vertragliche als auch außervertragliche Rechtsbehelfe bereitstellen. Die von den Mitgliedstaaten vorgesehenen vertraglichen Rechtsbehelfe sollten mindestens das Recht auf Vertragskündigung beinhalten. Die nach nationalem Recht vorgesehenen außervertraglichen Rechtsbehelfe sollten mindestens das Recht auf Schadensersatz beinhalten."*[29]

23 Die **deutsche Fassung** des Art. 11a UGP-RL macht durch den Begriff **„gegebenenfalls"** nicht deutlich, dass ein Anspruch auf Beendigung des Vertrags und auf die dort zusätzlich erwähnte Preisminderung zwingend einzuführen sind. Der Begriff „gegebenenfalls" bezieht sich im Zusammenhang aber keineswegs auf die Reichweite der Umsetzungspflicht durch die nationalen Gesetzgeber, sondern schlicht auf den Umstand, dass ein Anspruch auf Beendigung des Vertrags und auf Preisminderung natürlich nur dann einschlägig ist, bestehen kann und gewährt werden muss, **wenn ein Vertrag zustande gekommen ist.** Nur hiervon sollen die Ansprüche abhängig sein, nicht von einem Umsetzungsermessen des nationalen Gesetzgebers. Art. 11a S. 1 UGP-RL ist also nach Maßgabe des hinzugefügten Einschub wie folgt zu verstehen: *„Verbraucher, die durch unlautere Geschäftspraktiken geschädigt wurden, haben Zugang zu angemessenen und wirksamen Rechtsbehelfen, einschließlich Ersatz des dem Verbraucher entstandenen Schadens sowie gegebenenfalls [, nämlich für den Fall, dass ein Vertrag geschlossen wurde,] Preisminderung oder Beendigung des Vertrages".*

24 Bestätigt wird dieses Verständnis von **anderen Sprachfassungen** der Richtlinie, die darauf abstellen, dass der **Anspruch** dort zu gewähren wird, **wo er einschlägig bzw. relevant ist.**[30] Das sind die Fälle, in denen ein Vertrag zustande gekommen ist. In der schwedischen Fassung heißt es, solche Ansprüche seien zu gewähren „„i relevanta fall", sinnverwandt hiermit in der dänischen Fassung („hvor det er relevant"), in der niederländischen Fassung („indien relevant") und in der englischen Fassung („where relevant"). Besonders deutlich sind die französische Fassung mit der Formulierung „„le cas échéant",

[25] BT-Drs. 19/27873, 41.
[26] BT-Drs. 19/27873, 39.
[27] COM (2018) 185 final, 11.
[28] COM (2018) 185 final, 11.
[29] COM (2018) 185 final, 28 f.
[30] Vgl. *Schmidt-Kessel* VuR 2021, 121 (122).

die portugiesische Fassung („se for caso disso"), die spanische Fassung („cuando proceda") und die italienische Fassung („se pertinente").

Der deutsche Gesetzgeber hat demnach seinen **Umsetzungsauftrag** offensichtlich nur **unzureichend erfüllt** und wird sein Versäumnis schleunigst beheben müssen. Dass sich im Ergebnis mit dem Schadensersatzanspruch eine „Beendigung des Vertrags" erreichen lässt, weil es im Einzelfall im Wege des Schadensersatzes einen Anspruch auf Aufhebung bzw. Rückgängigmachung des Vertrags gem. § 249 Abs. 1 BGB geben kann (→ Rn. 114 ff.), reicht zur ordnungsgemäßen Umsetzung im Sinne der Schaffung eines für den Verbraucher einfach zu verstehenden „klaren Rahmens" für individuellen Rechtsbehelfe nicht aus. Dasselbe gilt, soweit sich im Einzelfall im Wege des Schadensersatzes eine „Preisminderung" erreichen lässt (→ Rn. 127 f.). Die Richtlinie verlangt, dass der Rechtsbehelf einer Preisminderung oder Beendigung des Vertrags **nach Rechtsschutzziel und Voraussetzungen ausdrücklich geregelt** wird. 25

4. Zur Intensität der Harmonisierung mit Blick auf den Anspruch auf Schadensersatz. a) Für die Auslegung bestimmende Vorfrage. Was der deutsche Gesetzgeber umgesetzt hat, ist der Anspruch auf Schadensersatz, der sich nach seiner Vorstellung ohne weiteres in das System der §§ 249 ff. BGB einfügt und der in aller Regel nur auf das negative Interesse gerichtet sein soll.[31] Eine der Auslegung der Begriffe „Schaden" und „Ersatz" innerhalb des § 9 Abs. 2 S. 1 vorgelagerte Frage ist die nach der Intensität der Harmonisierung. Sie bestimmt, ob in der Rechtsanwendung mit deutschen Begriffen und deutsche Systematik operiert werden kann, oder ob es sich bei diesen Begriffen um **autonomes Unionsrecht** handelt, das allein der Auslegungshoheit des EuGH unterliegt. 26

b) Spielräume bei der Richtlinienumsetzung und ihre Grenzen. Bei der Harmonisierung durch Richtlinien gilt gem. Art. 288 Abs. 3 AEUV allgemein: Eine Richtlinie ist für jeden Mitgliedstaat, an den sie gerichtet wird, **hinsichtlich des zu erreichenden Ziels verbindlich,** überlässt jedoch den innerstaatlichen Stellen die Wahl der Form und der Mittel (*Glöckner* → Einl. Rn. 239). Richtlinien bestimmen aber häufig nicht nur die von ihnen verfolgten Ziele, sondern oftmals auch den von ihnen angestrebten Rechtszustand, den die Mitgliedstaaten durch die Umsetzung in nationales Recht herstellen und beibehalten müssen. Dabei nimmt der Europäische Gesetzgeber dann auch Einfluss auf die Wahl der Mittel, welche die Mitgliedstaaten zur Zielerreichung einsetzen. Der Europäische Gesetzgeber ist grundsätzlich frei in der Festlegung der Regelungsintensität, die er der Richtlinie zugrunde legt. Dies gilt sowohl für die Frage der Detailliertheit der inhaltlichen Vorgaben als auch für die Frage, ob die Richtlinie eine **Vollharmonisierung** anstrebt oder ob Mitgliedstaaten ggf. auch strengere oder weniger strenge Regelungen erlassen dürfen. 27

Dort, wo es an detaillierten Regelungen fehlt und die Richtlinie nur eine Zielvorgabe für den zu erreichenden Rechtszustand macht, besteht ein **Spielraum für den nationalen Gesetzgeber** zur Ausfüllung. Dieser Spielraum ist wiederum umso kleiner, je detaillierter die Regelungsdichte der Richtlinie ist und umso größer, je weniger detailliert die Richtlinie ist, aber er ist selbstverständlich nicht grenzenlos. Dies gilt auch dort, wo eine Richtlinie wie Art. 11a UGP-RL ausdrücklich Spielräume eröffnet. 28

Um eine effektive Richtliniendurchsetzung sicherzustellen, kommen bei der Kontrolle der Richtlinienkonformität von nationalen Regelungen durch den EuGH zwei von diesem aus dem **Loyalitätsgrundsatz** des Art. 4 Abs. 3 EUV entwickelten zur Anwendung, nämlich der Äquivalenzgrundsatz und der Effektivitätsgrundsatz.[32] Diese sind als Schranken des Gestaltungsspielraums, der den Mitgliedstaaten zur Verfügung steht, zu verstehen. Der **Effektivitätsgrundsatz** (auch „Effizienzgebot"[33] oder „Grundsatz der Wirksamkeit des Unionsrechts") besagt, dass die Wirksamkeit des Unionsrechts und im Speziellen die Aus- 29

[31] Vgl. BT-Drs. 19/27873, 41.

[32] Vgl. EuGH EuZW 2014, 223 Rn. 40 mwN; GA *Szpunar,* Schlussantrag 3.9.2020 – C-485/19 Rn. 33; *Reich* VuR 2012, 327.

[33] BGH NJW 2020, 1962 Rn. 76.

übung der unionsrechtlich gewährten Rechte nicht praktisch unmöglich gemacht oder allzu sehr erschwert werden darf.[34] Der **Äquivalenzgrundsatz** fordert, dass Ansprüche aus Unionsrecht nicht schlechter gestellt werden als Klagen, die vom innerstaatlichen Recht gewährte vergleichbare Ansprüche betreffen.[35] Diese Grundsätze wirken primär „negativ". Sie schreiben noch kein bestimmtes Niveau von Rechtsbehelfen qua Durchsetzung unionsrechtlich begründeter Rechte vor, seien sie materiell-rechtlicher oder verfahrensrechtlicher Art, sondern schaffen lediglich einen Mindestsockel, an dem etwa nationale Verjährungsregeln oder Ausschlussfristen, prozessuale Hindernisse wie Beweisregeln usw. gemessen werden können.[36] Eine weitere wichtige Begrenzung der Entscheidungsfreiheit der Mitgliedstaaten bei der Umsetzung ist der **Grundsatz des *effet utile*.** Danach sind die die Mitgliedstaaten auch innerhalb der ihnen nach Art. 288 AEUV belassenen Entscheidungsfreiheit verpflichtet, die Formen und Mittel zu wählen, die sich zur Gewährleistung der praktischen Wirksamkeit der Richtlinie unter Berücksichtigung des mit ihnen verfolgten Zweckes am besten eignen.[37] Der Grundsatz des *effet utile* verlangt von den Gerichten der Mitgliedstaaten darüber hinaus, nationales Recht so anzuwenden, dass die **„volle Wirksamkeit"** des Unionsrechts gewährleistet und nicht abgeschwächt wird; ggf. hat eine Vorschrift des nationalen Rechts sogar unangewendet zu bleiben, wenn sie der vollen Wirksamkeit des Unionsrechts entgegensteht.[38]

30 Jegliche Umsetzung hat sich zunächst an dem Inhalt und den **Zielvorgaben der Richtlinie** zu orientieren,[39] wobei die Erwägungsgründe als Auslegungshilfen herangezogen werden können. Dabei existieren je nach Ausgestaltung der Richtlinie vollkommen unterschiedliche Vorgaben in unterschiedlich ausgestaltete Detailtreue. So können etwa bestimmte Teile eines Haftungsanspruchs, wie die Aktivlegitimation, unionsrechtlich vorgegeben sein, während die übrige Ausformung den Rechtsordnungen der Mitgliedstaaten überlassen ist.[40] Die Produkthaftungsrichtlinie[41] z. B. enthält umfassende Regelungen zum Schadensersatz. So wird in Art. 1 die grundsätzliche Haftung des Herstellers normiert, Artt. 4 und 7 enthalten Beweislastregeln Art. 10 Verjährungsregelungen und Art. 9 normiert, was vom Begriff des Schadens umfasst ist *(„Der Begriff ‚Schaden' im Sinne des Artikels 1 umfasst (…)")*. Trotz dieser hohen Regelungsdichte und der von der Richtlinie angestrebten Vollharmonisierung entschied der EuGH, dass es dem nationalen Gesetzgeber überlassen bleibt, die Schadensarten genauer zu definieren, dass den Mitgliedstaaten also auch hier ein Umsetzungsspielraum zusteht.[42] Allerdings durfte der nationale Gesetzgeber dem Effektivitätsgrundsatz zufolge die Arten des zu ersetzenden materiellen Schadens, der durch Tod oder Körperverletzungen verursacht wird oder sich aus der Beschädigung oder Zerstörung einer Sache ergibt, nicht einschränken.[43]

31 **c) Der weite Spielraum des Art. 11a UGP-RL und seine Grenzen.** Bei der UGP-RL handelt es sich um eine Richtlinie, die eine **Vollharmonisierung** und damit ein einheitliches Schutzniveau anstrebt, das die Mitgliedstaaten weder über- noch unterschreiten dürfen (*Keller* → Einl. Rn. 19; *Podszun* → UWG § 1 Rn. 23). Der mit der Omnibus-Richtlinie eingeführte Art. 11a UGP-RL fügt sich grundsätzlich in dieses System der Vollharmonisierung ein.

---

[34] Vgl. EuGH NJW 1996, 1267 Rn. 95 – Brasserie du Pêcheur; EuGH NJW 2001, 2781 Rn. 27 – Veedfald; EuGH GRUR 2002, 367 Rn. 30 – Courage.

[35] Vgl. EuGH NJW 1996, 1267 Rn. 90 – Brasserie du Pêcheur; EuGH GRUR 2002, 367 Rn. 30 – Courage; *Reich* VuR 2012, 327.

[36] *Reich* VuR 2012, 327.

[37] EuGH NJW 1976, 2065 (2067) – Royer.

[38] EuGH NJW 1991, 2271 Rn. 21 –Factortame; ausf. *Potacs* EuR 2009, 465 (467 ff.).

[39] Vgl. EuGH NJW 2001, 2781 Rn. 27 ff. – Veedfald.

[40] Vgl. *Heinze* S. 580.

[41] Richtlinie 85/374/EWG des Rates v. 25.7.1985 zur Angleichung der Rechts- und Verwaltungsvorschriften der Mitgliedstaaten über die Haftung für fehlerhafte Produkte, ABl. L 210/29.

[42] Vgl. EuGH NJW 2001, 2781 Rn. 23 ff. – Veedfald.

[43] EuGH NJW 2001, 2781 Rn. 27 f. – Veedfald.

Die UGP-RL ist in ihren materiellen Verbotstatbeständen eine Richtlinie, die sehr detaillierte inhaltliche Vorgaben macht und dem nationalen Gesetzgeber kaum einen Spielraum läßt. Was die Sanktionen angeht, war der von Art. 11 UGP-RL den Mitgliedstaaten bislang eingeräumte Spielraum aber äußerst groß. Dass nunmehr bestimmte Sanktionen im Sinne von individuellen Ansprüchen der Verbraucher vorgesehen sein müssen – nämlich Anspruch auf Schadensersatz, und, im Falle eines Vertragsschlusses, Anspruch auf Preisminderung oder Beendigung des Vertrags (→ Rn. 19 ff.) – schränkt den Spielraum der Mitgliedstaaten zwar insoweit ein, als solche eigenständigen, gerade an die Unlauterkeit einer Geschäftspraxis anknüpfende Ansprüche eingeführt werden müssen und der nationale Gesetzgeber nicht die Wahl hat, die Verbraucher auf andere vertragliche oder deliktische Anspruchsgrundlagen zu verweisen. **Art. 11a UGP-RL** eröffnet aber im Rahmen dieser Pflicht zur Einführung individueller Rechtsbehelfe wiederum einen **weiten Spielraum.** Insbesondere können die Mitgliedstaaten gem. Art. 11a Abs. 1 S. 2 UGP-RL die Voraussetzungen für die **Anwendung** und die **Folgen der Rechtsbehelfe** festlegen. Die Mitgliedstaaten können gem. Art. 11a Abs. 1 S. 3 UGP-RL außerdem gegebenenfalls die Schwere und Art der unlauteren Geschäftspraktiken, den dem Verbraucher entstandenen Schaden sowie weitere relevante Umstände berücksichtigen. Die Freiheit, einerseits die „Voraussetzungen für die Anwendung" und andererseits die „Folgen der Rechtsbehelfe" festzulegen, findet ihre **Grenzen** gleichwohl im **Äquivalenz- und Effektivitätsgrundsatz** sowie dem **effet utile** der Richtlinie.[44] Denn diese Grundsätze sind als Schranken des Gestaltungsspielraums, der den Mitgliedstaaten zur Verfügung steht, zu verstehen und kommen immer dort zur Anwendung, wo gemeinschaftsrechtliche Regelungen nicht existieren. Auch der deutsche Gesetzgeber sieht einen Spielraum für sich nur, *„solange die eingeräumten Ansprüche und Rechte Verbraucherinnen und Verbraucher wirksam schützen"*.[45] Der neue **Art. 11a UGP-RL dient** zudem gerade dazu, dass die materiellen Regelungen der UGP-RL ihre **volle Wirkung entfalten** können (→ Rn. 11). 32

Dementsprechend muss gem. Erwägungsgrund 26 der Omnibus-Richtlinie Schadensersatz „in verhältnismäßiger und **wirksamer Form**" gewährt werden, und zwar „zur Beseitigung jeglicher Folgen unlauterer Geschäftspraktiken" (zum Verhältnis der Rechtsschutzziele Schadensersatz und Beseitigung → Rn. 36 ff.). Dies bedeutet, dass die Wirksamkeit des Schadensersatzanspruchs von einer **vollständigen Kompensation** des Verbrauchers abhängt und nur bei einer solchen vollständigen Kompensation die UGP-RL ihre volle Wirkung entfalten kann. Dies wiederum hat zur Folge, dass der **Schadensbegriff** im Sinne einer vollständigen Kompensation letztlich **autonom unionsrechtlich** auszulegen ist.[46] Jedenfalls besteht ein **unionsrechtlich abgesicherter Kern** dessen, was einen gerechten Schadensersatz im Sinne einer vollständigen Kompensation ausmacht (ausf. → Rn. 93 ff.). Der Umsetzungsspielraum, der nach Art. 11a Abs. 1 S. 2 UGP-RL darin besteht, die „Voraussetzungen für die Anwendung" und die „Folgen der Rechtsbehelfe" festzulegen, gewährt dem nationalen Gesetzgeber daher nicht die Freiheit, den Begriff des ersatzfähigen Schadens in jeder Hinsicht selbst zu definieren. Hierauf deutet auch die Formulierung in Art. 11a Abs. 1 S. 3 UGP-RL hin, wonach die Mitgliedstaaten *„gegebenenfalls die Schwere und Art der unlauteren Geschäftspraktiken, den dem Verbraucher entstandenen Schaden sowie weitere relevante Umstände berücksichtigen"* können. Wenn der dem Verbraucher entstandene Schaden vom nationalen Gesetzgeber „berücksichtigt" werden kann, so muss dieser berücksichtigungsfähige entstandene Schaden autonom unionsrechtlich interpretiert werden, weil auch nur so ein **einheitlicher Maßstab für den** jedem nationalen Gesetzgeber gleichermaßen eingeräumten **Spielraum** gewährleistet werden kann. 33

Der nationale Gesetzgeber kann als Anwendungsvoraussetzung etwa vorsehen, dass der Schadensersatz von einem Verschulden abhängig sein soll, solange der Äquivalenzgrundsatz 34

---

[44] Vgl. *Heinze* S. 579 f.
[45] BT-Drs. 19/27873, 39.
[46] So *Maaßen* GRUR-Prax 2021, 7 (9).

gewahrt ist. Damit wird dann auch gleichzeitig „Schwere und Art der unlauteren Geschäftspraktiken" berücksichtigt. Auch kann er bei Wahrung des Äquivalenzgrundsatzes Fragen der Haftung für Dritte (§ 8 Abs. 2) nach den Maßstäben der jeweiligen nationalen Rechtsordnung regeln. Er kann als Folge des Rechtsbehelfs auch eine Verzinsung in bestimmter Höhe ab einem bestimmten Stichtag vorsehen und unter Beachtung des Äquivalenzgrundsatzes die Verjährung eigenständig regeln, letzteres aufgrund des Effektivitätsgrundsatzes freilich nur, wenn damit der Schadensersatzanspruch nicht *de facto* leerläuft (näher → Rn. 160 ff.). Er darf aber **nicht uneingeschränkt** seine eigene Sichtweise dessen zugrunde legen, was eine vollständige Kompensation und damit den **ersatzfähigen Schaden sowie seine Art und ggf. Höhe** ausmacht. Zumindest darf der nationale Gesetzgeber keinen Schadensbegriff zugrunde legen, der nicht eine volle Kompensation gewährleistet.

35 Deshalb ist das System der §§ 249 ff. BGB im Lichte eines sich an den Zielen der Richtlinie orientierenden **Schadensbegriffs des Unionsrechts** anzuwenden und auszulegen, der eine **vollständige Kompensation** und eine vollständige Beseitigung der Folgen, also aller Folgen, einer unlauteren Geschäftspraxis zum Ziel hat (→ Rn. 93). Das ändert selbstverständlich nichts an der Tatsache, dass die traditionellen Grundsätze des deutschen Schadensersatzrechts im wesentlichen den unionsrechtlichen Grundsätzen entsprechen und insoweit unionsweit „anschlussfähig" sind. Dies gilt etwa für die **adäquate Kausalität,** die ohne weiteres mit dem Unionsrecht in Einklang steht,[47] für die Lehre vom **Schutzzweck der Norm,**[48] für die schutzzweckabhängige Möglichkeit der Berücksichtigung eines **Mitverschuldens** des Geschädigten (→ Rn. 101) sowie für das **Bereicherungsverbot** und die Grundsätze der **Vorteilsausgleichung** (→ Rn. 94 ff.) Und es trifft auch auf die **Differenzhypothese** zu, die eine zentrale Grundlage des deutschen Schadensersatzrechts bildet (*Goldmann* → UWG § 9 Rn. 115).[49] Hierauf gibt Erwägungsgrund 13 des Richtlinienentwurfs einen Hinweis, wo es heißt: *„Der Zugang zu individuellen Rechtsbehelfen für Verbraucher, die durch unlautere Geschäftspraktiken geschädigt wurden, sollte im Rahmen der Richtlinie 2005/29/EG verbessert werden, um den Verbraucher in die Situation zu versetzen, in der er ohne die unlautere Geschäftspraktik gewesen wäre."*[50] Diese fiktive Vorher-nachher-Betrachtung entspricht sachlich der Differenzhypothese. Allerdings ist der Ersatz von **Nichtvermögensschäden** nach deutschem Recht nur sehr begrenzt möglich (§ 253 Abs. 1 BGB). Das Art. 11a UGP-RL zugrundeliegende Prinzip der vollständigen Kompensation gebietet aber grundsätzlich auch den Ersatz **immaterieller Schäden** (ausf. zu Art und Umfang des ersatzfähigen Schadens → Rn. 105 ff.).

III. Verhältnis der Rechtsschutzziele Schadensersatz und Beseitigung

36 Nach Auffassung des Gesetzgebers wird mit dem Schadensersatzanspruch der Verbraucher gem. § 9 Abs. 2 „ein klarer und umfassender Rechtsrahmen **zur Beseitigung der individuellen Folgen** unlauterer geschäftlicher Handlungen geschaffen".[51] Es bleibt aber dabei, dass den Verbrauchern mit § 9 Abs. 2 S. 1 gerade **kein Beseitigungsanspruch, sondern** nur ein **Schadensersatzanspruch** zugebilligt wird. Insoweit wird nur ein Ausschnitt der in Art. 11a UGP-RL vorgesehenen Ansprüche geregelt, was hinter dem Harmonisierungsauftrag zurückbleibt (→ Rn. 20 ff.). Ein Anspruch, den man bei einer sehr weit gehenden, an den Zielen der Richtlinie ausgerichteten Begriffsdefinition als einen Anspruch gerichtet auf „Beseitigung" der individuellen Folgen unlauterer geschäftlicher Handlungen einordnen könnte, wäre am ehesten ein Anspruch auf Beendigung des Vertrages, worauf Erwägungs-

---

[47] BGH GRUR 2012, 291 Rn. 44 – ORWI (zum Kartellschadensersatz unter Bezugnahme auf EuG T-184/95, Slg. II-1998, 667 Rn. 72 = BeckRS 1998, 55207 – Dorsch Consult: *„eine bei gewöhnlichem Geschehensablauf objektiv vorhersehbare Folge"*).

[48] *Heinze* S. 588, 592, 608 mwN; vgl. EuGH NJW 2005, 3551 Rn. 97–99 – Schulte; vgl. auch *Weitenberg* S. 778: „Vorrangige Bedeutung des Schutzzwecks der Norm".

[49] *Heinze* S. 129; vgl. EuGH NJW 2005, 3551 Rn. 97–99 – Schulte.

[50] COM (2018) 185 final, 28.

[51] BT-Drs. 19/27873, 20, 40.

grund 26 der Omnibus-Richtlinie hindeutet. Auch andere, bereits bestehende mitgliedstaatliche Rechtsbehelfe können nach diesem Erwägungsgrund aus Sicht des Richtliniengebers zur „Beseitigung" der Folgen unlauterer Geschäftspraktiken dienen, weshalb sie beibehalten oder zusätzlich eingeführt werden können. Der Richtliniengeber hat hier vor allem Gewährleistungsansprüche im Auge: *„Den Mitgliedstaaten sollte es freistehen, Rechte im Zusammenhang mit weiteren Rechtsbehelfen, etwa Reparatur oder Ersatzlieferung, für Verbraucher, die durch unlautere Geschäftspraktiken geschädigt wurden, beizubehalten oder einzuführen, um sicherzustellen, dass die Folgen solcher Geschäftspraktiken vollständig beseitigt werden."*

Dennoch findet sich hier eine eigenartige Vermischung von Schadenskompensation und Beseitigung, weil die Beseitigung der Folgen gerade Verbrauchern zugute kommen soll, die „geschädigt" wurden. Auch soll ausweislich Erwägungsgrund 26 S. 1 Omnibus-Richtlinie die gesamte Palette der dem geschädigten Verbraucher durch Art. 11a UGP-RL zugebilligten Rechtsbehelfe letztlich dem Ziel der „Beseitigung" dienen: *„Zur Beseitigung jeglicher Folgen unlauterer Geschäftspraktiken sollten die Mitgliedstaaten sicherstellen, dass Verbrauchern, die durch solche Geschäftspraktiken geschädigt wurden, Rechtsbehelfe zur Verfügung stehen. Ein klarer Rahmen für individuelle Rechtsbehelfe würde die private Rechtsdurchsetzung erleichtern. Die Verbraucher sollten die Möglichkeit haben, in verhältnismäßiger und wirksamer Form Schadenersatz sowie gegebenenfalls eine Preisminderung zu erhalten oder den Vertrag zu beendigen."* Diese **Überlappungen der Rechtsschutzziele Schadensersatz und Beseitigung** sind im Unionsrecht unvermeidlich, da das Prinzip des vollständigen Schadensausgleichs (→ Rn. 35, → Rn. 93) wesentliches Merkmal des Schadensersatzanspruchs auf Unionsebene ist und ein Schritt zur Kompensation die Beseitigung ihrer rechtswidrigen Folgen sind.[52] Im deutschen Schadensersatzrecht entspricht dem der Grundsatz der **Naturalrestitution** in § 249 Abs. 1 BGB, wonach der Gläubiger vom Schuldner verlangen kann, *„den Zustand herzustellen, der bestehen würde, wenn der zum Ersatz verpflichtende Umstand nicht eingetreten wäre"* (→ Rn. 105). Vielfach entspricht die **Naturalrestitution,** wo sie tatsächlich möglich ist, vom Rechtsschutzziel her dem Beseitigungsanspruch (*Goldmann* → UWG § 9 Rn. 171 f.). 37

Während beim Schadensersatzanspruch der Mitbewerber gem. § 9 Abs. 1 Konstellationen, bei denen eine Naturalrestitution in Betracht kommt, eher selten sind (*Goldmann* → UWG § 9 Rn. 172), hat die Naturalrestitution beim Schadensersatzanspruch der Verbraucher gem. § 9 Abs. 2 S. 1 eine große Bedeutung. Sie kommt vor allem dann in Betracht, wenn als Ergebnis der unlauteren geschäftlichen Handlung und der daraufhin getroffenen geschäftlichen Entscheidung ein Vertrag zustande kommt. Nach dem Grundsatz der **Naturalrestitution** ist dann gem. § 249 Abs. 1 BGB die Befreiung von dem Vertrag geschuldet; der Anspruch geht dann auf **Aufhebung bzw. Rückgängigmachung des Vertrags** (→ Rn. 114 ff.).[53] 38

C. Rechtsnatur

Der Anspruch aus § 9 Abs. 2 S. 1 ist ein Anspruch aus unerlaubter Handlung, gehört also zum Deliktsrecht. Für ihn gelten daher die Regelungen des allgemeinen Deliktsrechts in den §§ 830, 831, 840, 852 und 853 BGB.[54] 39

D. Aktiv- und Passivlegitimation

I. Aktivlegitimation

1. Aktivlegitimation der Verbraucher. Aktivlegitimiert ist jeder Verbraucher, der durch eine vorsätzlich oder fahrlässig begangene, nach § 3 unzulässige und nicht unter §§ 3a, 40

[52] *Heinze* S. 139 mwN.
[53] BT-Drs. 19/27873, 41.
[54] *Köhler* WRP 2021,129 Rn. 51.

4, 6 oder **Nr. 32 des Anhangs zu § 3 Abs. 3** fallende geschäftliche Handlung zu einer geschäftlichen Entscheidung veranlasst wurde, die er andernfalls nicht getroffen hätte. Vor allem bei Gütern des täglichen Bedarfs entsteht dem Verbraucher durch einen UWG-Verstoß regelmäßig nur ein geringer Schaden, so dass dieser oftmals die Mühe einer individuellen (gerichtlichen) Durchsetzung scheuen wird (vgl. zu den Durchsetzungsdefiziten bei den sog. „Streuschäden" *Goldmann* → UWG § 10 Rn. 18).[55] Als Grundlage für eine individuelle Durchsetzung von Schadenersatzansprüchen wird die praktische Bedeutung der Vorschrift daher begrenzt bleiben. Besondere Relevanz für die praktische Durchsetzung haben deshalb gegenwärtig die Möglichkeit der **Abtretung** (→ Rn. 41) und künftig die **Verbandsklage** (→ Rn. 45). Sie ermöglichen eine gebündelte Anspruchsdurchsetzung.

41 **2. Abtretung.** Wird ein Schadensersatz gem. **§ 249 Abs. 1 BGB** im Wege der **Naturalrestitution** geltend gemacht, kann diese Naturalrestitution nur dem an sich aktivlegitimierten Gläubiger selbst zugute kommen. Eine **Abtretung** ist dann **nicht möglich.** Sie käme einer Inhaltsänderung des Schuldverhältnisses iSd §§ 413, 399 BGB gleich. Dies gilt auch für den Schadensersatzanspruch der Mitbewerber gem. § 9 Abs. 1.

42 Besteht der Anspruch auf Schadensersatz in den Fällen des **§ 251 Abs. 1** in einer **Geldforderung** (→ Rn. 105), ist gem. § 398 BGB **abtretbar.** Hieraus könnte ein neues Geschäftsfeld für Legal-Tech-Unternehmen entstehen, die in einem Abtretungsmodell gewerblich Bagatellschäden für Verbraucher eintreiben bzw. einklagen und im Erfolgsfall einen Teil des erzielten Betrags als Entgelt einbehalten.[56]

43 **3. Prozessstandschaft.** Eine gewillkürte **Prozessstandschaft** ist nach den allgemeinen Regeln möglich. Voraussetzung sind ein schutzwürdiges rechtliches Interesse und eine Ermächtigung zur Prozessführung. Ein solches ist gegeben, wenn die Entscheidung Einfluss auf die eigene Rechtslage hat und kann auch wirtschaftlicher Natur sein.[57] Interessen der Prozesswirtschaftlichkeit und der technischen Erleichterung der Prozessführung genügen dazu nicht.[58]

44 Der Kläger muss aber in den Fällen einer gewillkürten Prozessstandschaft grundsätzlich Zahlung an den Verbraucher verlangen. Auf Leistung an sich selbst darf er nur dann klagen, wenn ihm zusätzlich zur Zustimmung zur Prozessführung auch eine **materiell-rechtliche Einziehungsermächtigung** erteilt worden ist.[59] Eine Einziehungsermächtigung gem. §§ 362 Abs. 2, 185 Abs. 1 BGB kann auch ohne Abtretung erteilt werden, indem der Gläubiger entweder den Dritten ermächtigt, die Leistung in Empfang zu nehmen (Inkassovollmacht), oder den Schuldner ermächtigt, die Leistung an den Dritten zu erbringen.[60] Sie ist ein abgespaltenes Gläubigerrecht und stellt einen Fall der Einwilligung zur Verfügung über ein fremdes Recht iSv § 185 Abs. 1 BGB dar.[61] Auch bei einer Einziehungsermächtigung sind die Voraussetzungen einer gewillkürten Prozessstandschaft grundsätzlich nur dann gegeben, wenn ein schutzwürdiges Eigeninteresse des Ermächtigten besteht.[62] Dies gilt auch für den Schadensersatzanspruch der Mitbewerber gem. § 9 Abs. 1.

45 **4. Verbandsklage. Anhang I zu Art. 2 Verbandsklagen-Richtlinie,**[63] die gem. ihres Art. 24 Abs. 1 bis zum 25. Dezember 2022 in nationales Recht umzusetzen ist,

[55] *Maaßen* GRUR-Prax 2021, 7 (10).
[56] Ausf. *Scherer* WRP 2021, 561 Rn. 40 ff.
[57] St. Rspr., vgl. BGH NJW 2009, 1213 Rn. 21 mwN; NJW 2017, 487 Rn. 17 mwN.
[58] BGH NJW 2009, 1213 Rn. 21 mwN.
[59] Vgl. OLG Hamburg Urt. v. 14.1.2011 – 4 U 122/09, BeckRS 2012, 3347; LG Hamburg ZUM-RD 2018, 629 (639).
[60] BGH Urt. v. 9.10.2014 – IX ZR 41/14 Tz. 32, NJW 2015, 341; LG Hamburg Urt. v. 14.3.2019 – 327 O 289/17, GRUR-RS 2019, 39676 – Converse All Star.
[61] BGHZ 82, 283 (288); Prütting/Wegen/Weinreich/*Frensch* BGB § 185 Rn. 15.
[62] BGH NJW 2003, 2231 (2232).
[63] Richtlinie (EU) 2020/1828 des Europäischen Parlaments und des Rates v. 25.11.2020 über Verbandsklagen zum Schutz der Kollektivinteressen der Verbraucher und zur Aufhebung der Richtlinie 2009/22/EG (ABl. 409, 1).

enthält eine Liste der unionsrechtlichen Vorschriften, die mit der Verbandsklage durchgesetzt werden können. Ziff. 14 des Anhangs I benennt die UGP-RL ohne Beschränkung auf bestimmte Vorschriften. Dies dürfte als dynamische Verweisung auf die UGP-RL in ihrer jeweils geltenden Fassung zu verstehen sein,[64] so dass auch der Anspruch aus Art. 11a UGP-Richtlinie bzw. der nationalen Umsetzung durch eine Verbandsklage durchsetzbar ist und die gem. Art. 9 Abs. 1 der Richtlinie zur Fällen der Abhilfeentscheidung dem Betroffenen Verbraucher zugute kommt.[65]

II. Passivlegitimation

Die Passivlegitimation richtet sich **nach den allgemeinen Grundsätzen.** Gegenüber dem Schadensersatzanspruch der Mitbewerber gem. § 9 Abs. 1 ergeben sich keine Besonderheiten (*Goldmann* → UWG § 9 Rn. 19 ff.). 46

E. Voraussetzungen des Schadensersatzanspruchs

I. Zuwiderhandlung

1. Nach § 3 unzulässige geschäftliche Handlung. Der Anspruch aus § 9 Abs. 2 S. 1 ist ein Anspruch aus schuldhafter unerlaubter Handlung. Die Rechtswidrigkeit, die Grundlage eines jeden Deliktsanspruchs ist, ergibt sich aus der Unzulässigkeit der vorgenommenen geschäftlichen Handlung. Der Schadensersatzanspruch der Verbraucher setzt eine nach **§ 3 unzulässige geschäftliche Handlung** voraus. Sie muss ebenso wie beim Schadensersatzanspruch der Mitbewerber aus § 9 Abs. 1 bereits **begangen worden** sein. Dies setzt eine **vollendete Zuwiderhandlung** voraus; eine bloße Erstbegehungsgefahr genügt nicht (*Goldmann* → UWG § 9 Rn. 24). 47

Dadurch, dass das hartnäckige und unerwünschte Ansprechen von Verbrauchern auch in Form von Werbung mittels Telefonanrufen aus § 7, gegen den Verstöße keine Schadensersatzanspruch auslösen, ausgekoppelt wurde und in der neu gefassten Nr. 26 des Anhangs zu § 3 Abs. 3 nunmehr gleichlaufend zu dem entsprechenden Verbotstatbestand der UGP-RL geregelt sind, sind diese besonders gravierenden Fälle unerlaubter Werbung in den Anwendungsbereich des Schadensersatzanspruchs einbezogen.[66] 48

Als Verstöße, die einen Schadensersatz auslösen, kommen folgende Verstöße in Betracht: Verstöße gegen die „Schwarze Liste" des UWG-Anhangs iVm § 3 Abs. 3 (mit Ausnahme der neu geschaffenen Nr. 32), Verstöße gegen §§ 4a, 5 und 5a (jeweils iVm § 3 Abs. 1) sowie Verstöße gegen die Verbrauchergeneralklausel des § 3 Abs. 2 iVm § 3 Abs. 1.[67] 49

Soweit aus der allgemeinen Generalklausel des § 3 Abs. 1 **Verhaltensnormen** abgeleitet werden, die **lediglich Mitbewerber schützen** (vgl. *Goldmann* → UWG § 8 Rn. 352), so würde ein Verstoß hiergegen zwar dem Wortlaut nach unter § 9 Abs. 2 S. 1 fallen. Soweit Verbraucher daraufhin aber eine geschäftliche Entscheidung fällen und in den hierdurch ein Schaden entsteht, so läge dieser Schaden **außerhalb des Schutzzwecks** der Verhaltensnormen wäre nicht ersatzfähig. 50

2. Ausschluss für bestimmte unlautere geschäftliche Handlungen. Um dem Grundsatz der „1:1-Umsetzung" Rechnung zu tragen, erfasst der Schadensersatzanspruch nur Verstöße gegen Vorschriften, welche die UGP-RL umsetzen. **§ 9 Abs. 2 S. 2** nimmt daher Verstöße gegen UWG-Normen vom Schadensanspruch aus, die nicht in Umsetzung der UGP-RL erlassen wurden. Damit fallen unlautere geschäftliche Handlungen nach den **§§ 3a, 4 und 6** nicht in den Anwendungsbereich des neuen Schadensersatzanspruchs.[68] 51

[64] *Maaßen* GRUR-Prax 2021, 7 (10).
[65] *Köhler* WRP 2021, 129 Rn. 76 f.; *Maaßen* GRUR-Prax 2021, 7 (10).
[66] BT-Drs. 19/27873, 41; *Scherer* WRP 2021, 561 Rn. 13.
[67] *Scherer* WRP 2021, 561 Rn. 14.
[68] BT-Drs. 19/27873, 41.

Dasselbe gilt für die neu geschaffene **Nr. 32 des Anhangs zu § 3 Abs. 3.**[69] Auch der neu gefasste **§ 7** stellt, auch soweit er Verbraucher betrifft, keine Umsetzung der UGP-RL dar, weshalb eine unzulässige geschäftliche Handlung nach § 7 Verbrauchern keinen Schadensersatzanspruch nach § 9 Abs. 2 S. 1 eröffnet.[70]

52 **3. Maßgeblicher Zeitpunkt.** Maßgeblicher Zeitpunkt für die Beurteilung, ob eine geschäftliche Handlung unzulässig war, ist der **Zeitpunkt der Begehung.**[71]

53 **4. Darlegungs- und Beweislast.** Nach den allgemeinen Grundsätzen trifft den Verbraucher die volle Darlegungs- und Beweislast dafür, dass der Anspruchsgegner eine unzulässige geschäftliche Handlung vorgenommen hat.[72]

54 Ebenso wie jedem anderen Kläger kommen auch dem Verbraucher gewisse, ggf. weitreichende und im Einzelfall auf eine sekundäre Darlegungslast oder eine Beweislastumkehr hinauslaufende **Beweiserleichterungen** zugute.[73] Solche Beweiserleichterungen sind anerkannt bei mangelnder eigener Aufklärungsmöglichkeit über Tatsachen aus dem Verantwortungsbereich des Anspruchsgegners, insbesondere hinsichtlich **innerbetrieblicher Tatsachen und Vorgänge** (*Brüning* → UWG Vor § 12 Rn. 209 f.), z. B. bei **Nr. 5 des Anhangs zu § 3 Abs. 3** zu den Anhaltspunkten, welche die Annahme einer unzureichenden Lieferfähigkeit nahelegen (*Weidert* → UWG Anh. § 3 Abs. 3 Rn. 144), bei der Absicht der Geschäftsaufgabe oder Verlegung der Geschäftsräume gem. **Nr. 15 des Anhangs zu § 3 Abs. 3** (*Weidert* → UWG Anh. § 3 Abs. 3 Rn. 307) und allgemein bei der **Irreführung gem. § 5** (*Dreyer* → UWG § 5 Rn. 1400; *Brüning* → UWG Vor § 12 Rn. 207 ff.), insbesondere bei **Allein- und Spitzenstellungsbehauptungen** (*Dreyer* → UWG § 5 Rn. 1404; *Brüning* → UWG Vor § 12 Rn. 211), bei **fachlich umstrittenen Angaben** (hier Beweislastumkehr; *Brüning* → UWG Vor § 12 Rn. 2012) und bei der **vergleichenden Werbung gem. § 6** nach Maßgabe des Art. 7 der Werberichtlinie 2006/114/EG (*Dreyer* → UWG § 5 Rn. 1399; *Brüning* → UWG Vor § 12 Rn. 213) sowie bei der Frage der **wettbewerblichen Relevanz** von Fehlvorstellungen (*Dreyer* → UWG § 5 Rn. 1431).

55 Darüber hinaus könnte eine Beweiserleichterung für mögliche künftige Verbandsklagen eingeführt werden: **Art. 18 Verbandsklagen-Richtlinie** (→ Rn. 45) sieht im Hinblick auf bestehende Informationsasymmetrien zwischen Verbrauchern und Unternehmern vor, dass letztere durch das Gericht zur Vorlage von Beweisen verpflichtet werden können, welche die Einrichtung für die Klage benötigt.[74]

56 Zu Beweiserleichterungen bei der Zurechnung fremder Handlungen → Rn. 59.

II. Schuldhaftes Handeln (Vorsatz und Fahrlässigkeit)

57 **1. Unionsrechtskonformität des Verschuldenserfordernisses.** Der Anspruch aus § 9 Abs. 2 S. 1 setzt voraus, dass eine nach § 3 unzulässige geschäftliche Handlung **vorsätzlich oder fahrlässig** vorgenommen wurde, verlangt also schuldhaftes Handeln. Der deutsche Gesetzgeber hat damit von dem ihm durch Art. 11a UGP-RL eingeräumten Umsetzungsermessen, die Voraussetzungen des Anspruchs festzulegen, Gebrauch gemacht. Dies ist nicht zu beanstanden. Zum einen steht es mit dem **Äquivalenzgrundsatz** im Einklang, da auch der Schadensersatzanspruch der Mitbewerber gem. § 9 Abs. 1 verschuldensabhängig ist. Zum anderen ist nicht ersichtlich, dass das Verschuldenserfordernis die Anspruchsverwirklichung praktisch unmöglich macht oder allzu sehr er-

---

[69] Ausschuss für Recht und Verbraucherschutz, Änderungsantrag der Fraktionen der CDU/CSU und SPD zu dem Gesetzentwurf der Bundesregierung – Drs. 19/27873 – Entwurf eines Gesetzes zur Stärkung des Verbraucherschutzes im Wettbewerbs- und Gewerberecht, Ausschuss-Drs. 19(6)259 v. 4.6.2021, 5 f.

[70] BT-Drs. 19/27873, 41.

[71] BGH GRUR 2005, 442 – Direkt ab Werk; GRUR 2012, 193 Rn. 14 – Sportwetten im Internet II.

[72] *Maaßen* GRUR-Prax 2021, 7 (10).

[73] *Maaßen* GRUR-Prax 2021, 7 (10).

[74] *Maaßen* GRUR-Prax 2021, 7 (10).

schwert, womit auch der **Effektivitätsgrundsatz** eingehalten wurde. Dies gilt insbesondere mit Blick auf den sehr strengen Verschuldensmaßstab für die Fahrlässigkeit (*Goldmann* → UWG § 9 Rn. 76 ff., 79 ff.). Schließlich trägt das Verschuldenserfordernis auch dem Grundsatz der **Verhältnismäßigkeit** Rechnung, der jedenfalls nicht nach einem verschuldensunabhängigen Schadensersatzanspruch verlangt. Eine Beschränkung der Haftung auf vorsätzliches Handeln, wie sie in § 10 vorgesehen ist, hätte allerdings im Widerspruch zum Effektivitätsgrundsatz und mit Blick auf § 9 Abs. 1 wohl auch zum Äquivalenzgrundsatz gestanden.[75]

2. Vorsatz und Fahrlässigkeit. Vorsatz und Fahrlässigkeit sind beim Anspruch aus § 9 Abs. 2 S. 1 ebenso zu beurteilen wie beim Anspruch aus § 9 Abs. 1 (*Goldmann* → UWG § 9 Rn. 27 ff.). 58

3. Zurechnung schuldhaften Handelns und Haftung für Dritte. Die Grundsätze zur Zurechnung schuldhaften Handelns und der Haftung für Dritte werden beim Anspruch aus § 9 Abs. 2 S. 1 ebenso gehandhabt wie beim Anspruch aus § 9 Abs. 1. Hier ist die allgemeine Regel des **§ 831 BGB** mit ihrer Exkulpationsmöglichkeit anwendbar. Hinzu kommt die Lehre vom **Organisationsverschulden** (*Goldmann* → UWG § 9 Rn. 96 ff.). **§ 8 Abs. 2 gilt** nur für Abwehr- und **nicht** für Schadensersatzansprüche. 59

4. Darlegungs- und Beweislast. Nach den allgemeinen Regeln muss der Verbraucher das Verschulden als anspruchsbegründende Tatsache darlegen und beweisen.[76] Allerdings kommt ihm die Umkehrung der Beweislast im Rahmen der Exkulpation bei § 831 BGB (*Goldmann* → UWG § 9 Rn. 110 ff.) und beim Entlastungsbeweis im Rahmen des Organisationsverschuldens zugute (*Goldmann* → UWG § 9 Rn. 113). Zudem sind mit Blick auf ein fahrlässiges Handeln die Sorgfaltsanforderungen derart streng, dass an die Darlegung der Pflichtwidrigkeit nur geringe Anforderungen gestellt werden. 60

F. Haftungsausfüllende Kausalität und Schutzzweck der Norm

I. Zur Bedeutung der haftungsausfüllenden Kausalität

Allgemein gilt: Eine Schadensersatzpflicht setzt voraus, dass der Schaden durch das zum Schadensersatz verpflichtende Ereignis **verursacht** worden ist. Das Verhalten des Schädigers muss für den Schaden kausal sein. Dabei ist zu unterscheiden: 61

Bei der **haftungsbegründenden Kausalität** geht es darum, ob zwischen dem Verhalten des Schädigers und der eingetretenen Rechts- oder Rechtsgutsverletzung ein Ursachenzusammenhang gegeben ist. Systematisch gehört dieser Teil der Kausalkette zum Haftungs- und nicht zum Schadensrecht. Für den Anspruch aus § 9 Abs. 2 S. 1 ist die haftungsbegründende Kausalität als Rechtsproblem nicht relevant, da die tatbestandliche Anknüpfung an die Zuwiderhandlung gegen § 3 die Rechtsverletzung bereits voraussetzt. 62

Die **haftungsausfüllende Kausalität** ist der Ursachenzusammenhang zwischen der Rechtsverletzung und dem entstandenen Schaden. Eine Haftung besteht allgemein nur für diejenigen äquivalent und adäquat verursachten Folgen (zur **äquivalenten und adäquaten Kausalität** ausf. *Goldmann* → UWG § 9 Rn. 144 ff.), die aus dem Bereich der Gefahren stammen, zu deren Abwendung die verletzte Norm wurde (zur Lehre vom Schutzzweck der Norm allgemein *Goldmann* → UWG § 9 Rn. 147 ff.).[77] Sowohl der Maßstab der adä- 63

[75] AA offenbar Stellungnahme des Max-Planck-Instituts für Innovation und Wettbewerb, München, zum Referentenentwurf eines Gesetzes zur Stärkung des Verbraucherschutzes im Wettbewerbs- und Gewerberecht v. 4.11.2020, 11.

[76] *Maaßen* GRUR-Prax 2021, 7 (10).

[77] BGH GRUR 2016, 831 Rn. 15 – Lebens-Kost.

quaten Kausalität als auch die Lehre vom **Schutzzweck der Norm** stehen mit dem Unionsrecht im Einklang (→ Rn. 35).

64 **§ 9 Abs. 2 S. 1** trifft für die haftungsausfüllende Kausalität eine **ausdrückliche Regelung,** die den Maßstab der adäquaten Kausalität im Lichte der Lehre vom Schutzzweck der Norm nachzeichnet. Sie berücksichtigt, dass es sich bei der Schadensentstehung um eine **psychisch vermittelte Kausalität** handelt und dass der geltend gemachte Schaden nicht ohne eigenes Verhalten des Schädigers entstehen kann (zur psychisch vermittelten Kausalität ausf. *Goldmann* → UWG § 9 Rn. 146), sondern nur infolge einer durch die nach § 3 unzulässige geschäftliche Handlung veranlassten geschäftlichen Entscheidung des Verbrauchers, die er andernfalls nicht getroffen hätte. Dies steht im Einklang mit dem allgemeinen Grundsatz, dass eine Ersatzpflicht der Billigkeit entspricht, wenn für das tatsächliche Verhalten des Geschädigten nach dem haftungsbegründenden Ereignis ein rechtfertigender Anlass bestand oder es durch dieses Ereignis herausgefordert wurde und eine **nicht ungewöhnliche oder unangemessene Reaktion** darauf darstellte.[78]

II. Veranlassung des Verbrauchers zu einer geschäftlichen Entscheidung und hieraus entstehender Schaden

65 **1. Doppelter Kausalzusammenhang.** Der Schadensersatzanspruch besteht nur, wenn der Verbraucher durch die betreffende vorsätzlich oder fahrlässig vorgenommene unzulässige geschäftliche Handlung zu einer geschäftlichen Entscheidung veranlasst worden ist, die er andernfalls nicht getroffen hätten, und ihm hierdurch ein Schaden entstanden ist.[79] Erforderlich ist also ein **doppelter Kausalzusammenhang:** Zum einen muss die gem. § 3 unzulässige geschäftliche Handlung eine geschäftliche Entscheidung des Verbrauchers „veranlasst" haben. Zum anderen muss „daraus", also aus der veranlassten geschäftlichen Handlung, dem Verbraucher ein Schaden entstanden sein. Im einzelnen gilt folgendes:

66 **2. Kausalzusammenhang zwischen unzulässiger geschäftlicher Handlung und geschäftlicher Entscheidung des Verbrauchers. a) Grundsatz.** Es handelt sich bei den entstandenen Schäden um das Ergebnis einer vom durch die nach § 3 unzulässige geschäftliche Handlung herausgeforderten Selbstschädigung.[80] Das Tatbestandsmerkmal der **durch die unzulässige geschäftliche Handlung veranlassten geschäftlichen Entscheidung,** die der Verbraucher ansonsten nicht getroffen hätte, war im Referentenentwurf nicht vorhanden. Hier hieß es schlicht: „Wer vorsätzlich oder fahrlässig eine nach § 3 unzulässige geschäftliche Handlung vornimmt, ist den Verbrauchern zum Ersatz des daraus entstehenden Schadens verpflichtet."[81] Die Einführung des Tatbestandsmerkmals war in der Gesetzgebungsdiskussion insbesondere von Köhler gefordert worden.[82] In dem von ihm vorgeschlagenen Sinne dient es der **Präzisierung des erforderlichen Kausalzusammenhangs** zwischen der unzulässigen geschäftlichen Handlung und dem den Verbrauchern entstandenen Schaden (ausf. → Rn. 81).[83] Das Tatbestandsmerkmal ist aber lediglich eine **Klarstellung** dessen, was sich ohnehin aus den anerkannten Grundsätzen der äquivalenten und adäquaten Kausalität unter Einschluss der psychisch vermittelten Kausalität ergibt.

67 Hierzu knüpft der Tatbestand an das Merkmal der **„geschäftlichen Relevanz"** der geschäftlichen Handlung des Unternehmers für die betroffenen Verbraucher an. Dieses

---

[78] BGH GRUR 2007, 631 Rn. 24 – Abmahnaktion mwN; GRUR 2016, 526 Rn. 31 – Irreführende Lieferantenangabe; vgl. auch OLG Frankfurt a. M. GRUR-RR 2010, 482 (483) – heute gratis.
[79] BT-Drs. 19/27873, 40.
[80] *Köhler* WRP 2021, 129 Rn. 19.
[81] Referentenentwurf des BMJV eines Gesetzes zur Stärkung des Verbraucherschutzes im Wettbewerbs- und Gewerberecht v. 4.11.2020, 8, 34 f.
[82] *Köhler* WRP 2021, 129 Rn. 11, 19 ff.
[83] *BT-Drs. 19/27873*, 40.

Tatbestandsmerkmal findet sich jeweils auch in der Definition der unlauteren geschäftlichen Handlung nach § 4a Abs. 1 S. 1, § 5 Abs. 1 S. 1 und in § 5a Abs. 1 Nr. 2 sowie in der Verbrauchergeneralklausel in § 3 Abs. 2 über die Definition einer „wesentlichen Beeinflussung des wirtschaftlichen Verhaltens des Verbrauchers" in § 2 Nr. 11 wieder. In diesem Zusammenhang ist diese Voraussetzung allerdings jeweils abstrakt-generell formuliert, indem darauf abgestellt wird, dass die geschäftliche Handlung geeignet sein muss, Verbraucher zu einer Entscheidung zu veranlassen, die sie andernfalls nicht getroffen hätten. Als abstrakt-generelle Eignung, eine geschäftliche Entscheidung eines Verbrauchers zu veranlassen, ist die „geschäftliche Relevanz" bereits Teil der Prüfung des Tatbestands der gem. § 3 unzulässigen geschäftlichen Handlung. Für den Schadensersatzanspruchs als Rechtsfolge reicht das nicht aus. Hier muss sich das **abstrakt-generelle Risiko in einem** ihnen **individuell entstandenen Schaden realisiert** haben, indem die betreffenden Verbraucher durch die unlautere geschäftliche Handlung im konkreten Einzelfall zu einer geschäftlichen Entscheidung veranlasst worden sind, die sie andernfalls nicht getroffen hätten und ihnen hierdurch ein Schaden entstanden ist.[84] Dies verlangt jeweils eine gesonderte Prüfung, die über die Feststellung des Vorliegens einer „geschäftlichen Relevanz" hinausgeht.

b) Geschäftliche Entscheidung. aa) Zum Begriff der geschäftlichen Entscheidung. Damit wird auch klar, dass Anknüpfungspunkt selbstverständlich nicht die bloße „Entscheidung" im Sinne einer Willensbildung ist, die im Bewusstsein des Verbrauchers als forum internum stattfindet. Es kommt vielmehr darauf an, dass die getroffene Entscheidung durch einen **Willensentschluss** umgesetzt wird, der sich **nach außen** in einem **konkreten Handeln als Tun oder Unterlassen** manifestiert, um und dass dieses Handeln oder Unterlassen dann zu einem Schaden führt (→ Rn. 64 ff.). Unerheblich für die Annahme einer geschäftlichen Entscheidung ist, ob diese rational begründet ist.[85] Dies entspricht der Definition der „geschäftlichen Handlung" in **Art. 2 lit. k UGP-RL** wo es heißt: 68

„Im Sinne dieser Richtlinie bezeichnet der Ausdruck ‚geschäftliche Entscheidung' jede Entscheidung eines Verbrauchers darüber, ob, wie und unter welchen Bedingungen er einen Kauf tätigen, eine Zahlung insgesamt oder teilweise leisten, ein Produkt behalten oder abgeben oder ein vertragliches Recht im Zusammenhang mit dem Produkt ausüben will, unabhängig davon, ob der Verbraucher beschließt, tätig zu werden oder ein Tätigwerden zu unterlassen."

Hiernach ist die Handlungskomponente, mit welcher der Willensentschluss umgesetzt wird, integraler Bestandteil und Wesensmerkmal der geschäftlichen Entscheidung, wobei das Tun und das Unterlassen rechtlich gleichgestellt sind. Der Wortlaut der Definition der „geschäftlichen Entscheidung" in § 2 Nr. 1 in der Fassung durch das „Gesetz zur Stärkung des Verbraucherschutzes im Wettbewerbs- und Gewerberecht" verunklart dies allerdings. Hiernach liegt eine geschäftliche Entscheidung über zu den in der Definition genannten rechtsgeschäftlichen Themen nämlich vor, *„unabhängig davon, ob der Verbraucher oder sonstige Marktteilnehmer sich entschließt, tätig zu werden"*. Diese Formulierung kann eigentlich nur so verstanden werden, dass ein Willensentschluss, der sich durch ein Tun oder Unterlassen nach außen manifestiert überhaupt nicht erforderlich ist und dass es gleichgültig ist, ob überhaupt ein Willensentschluss fällt, weil hiervon die Einordnung als geschäftliche Entscheidung unabhängig ist. Die Schadensentstehung ist aber gerade davon abhängig, dass sich der Verbraucher entschließt, in einem bestimmten Sinne tätig zu werden, also etwas zu tun oder zu unterlassen. Selbstverständlich ist in richtlinienkonformer Interpretation nicht die Definition in § 2 Nr. 1 maßgeblich, sondern die Definition des Art. 2 lit. k UGP-RL. **§ 2 Nr. 1 ist richtlinienkonform zu interpretieren** (*Keller* → UWG § 2 Rn. 220 mwN). 69

[84] BT-Drs. 19/27873, 40.
[85] EuGH GRUR 2012, 1269 Rn. 37 f. und 49 – Purely Creative.

70 Der Begriff der geschäftlichen Entscheidung ist nach der Rechtsprechung des EuGH weit auszulegen und geht in dieser weiten Auslegung über die neue Legaldefinition hinaus (umfassend zum Begriff der geschäftlichen Entscheidung und ihren Ausprägungen *Keller* → UWG § 2 Rn. 226 mwN). Er erfasst etwa nicht nur die Entscheidung über den **Erwerb oder Nichterwerb** einer Ware oder Dienstleistung, sondern auch damit unmittelbar zusammenhängende Entscheidungen. Hierzu gehören die **Entscheidung über das Aufsuchen eines Geschäfts** (etwa aufgrund einer irreführenden Werbeaussage über die Verfügbarkeit einer als besonders günstig beworbenen Ware),[86] die Beschäftigung mit einer Werbung oder einer Website, deren Öffnen dem Betreten eines stationären Geschäfts gleichsteht, die Verlinkung auf eine Website oder einen Social-Media-Account, das Anfordern von Informations- und Prospektmaterial oder von Warenproben, die Beteiligung an werbenden Maßnahmen von Unternehmen oder die Entscheidung, einen Vertrag mit einem Mitbewerber zu kündigen etc. (ausf. *Keller* → UWG § 2 Rn. 226 mwN). Auch die Entscheidung, ein **Geschäftslokal zu verlassen,** kann eine geschäftliche Entscheidung sein, wenn sie unmittelbar mit der Entscheidung über den Nichterwerb einer Ware oder Dienstleistung steht.[87]

71 **bb) Einzelfälle.** Nach diesem weiten Begriffsverständnis können sich geschäftliche Entscheidungen in vielfacher Weise in einem konkreten Handeln – Tun oder Unterlassen – ausdrücken, das Schadensfolgen zeitigen kann. Als – keineswegs abschließende – Beispiele lassen sich die folgenden anführen:

72 **(1) Vertragsschluss, Vertragsverlängerung.** Aufgrund einer unzulässigen geschäftlichen Handlung wird die Entscheidung gefällt und umgesetzt mit dem unzulässig handelnden Unternehmer oder mit einem Dritten einen Vertrag zu schließen oder zu verlängern. Hier besteht die Umsetzung der geschäftlichen Entscheidung in einem positiven Tun. Dies kann etwa auf eine Irreführung gem. § 5 zurückzuführen sein oder auf das Vorenthalten wesentlicher Informationen § 5a oder auf aggressive geschäftliche Handlungen gem. § 4a, ebenso auf ein hartnäckiges unerwünschtes Ansprechen gem. Nr. 26 des Anhangs zu § 3 Abs. 3.

73 **(2) Unterbleibender Vertragsschluss mit einem Dritten, unterbleibende Vertragsverlängerung.** Aufgrund einer unzulässigen geschäftlichen Handlung wird die Entscheidung gefällt und umgesetzt, einen mit einem Dritten möglichen und für den Verbraucher vorteilhaften Vertrag nicht zu schließen oder nicht zu verlängern. Hier besteht die Umsetzung der geschäftlichen Entscheidung in einem Unterlassen. In solchen Fällen kann es auch stattdessen zu einem Vertragsschluss mit dem unzulässig handelnden Unternehmer kommen; dies muss aber nicht der Fall sein. Zurückzuführen sein kann die Abstandnahme von einem möglichen Vertragsschluss auf eine Irreführung gem. § 5 oder auch auf das Vorenthalten wesentlicher Informationen § 5a, wenn sich hieraus für den Verbraucher der Eindruck ergibt, ein möglicher Vertragsschluss mit dem Dritten sei für ihn unvorteilhaft bzw. ein Vertragsschluss mit dem unzulässig handelnden Unternehmer sei für ihn vorteilhafter, so dass der Verbraucher davon Abstand nimmt, den anderweit möglichen Vertrag zu schließen.

74 **(3) Kündigung des Vertrags mit einem Dritten.** Aufgrund einer unzulässigen geschäftlichen Handlung wird vom Verbraucher die Entscheidung gefällt und umgesetzt, einen mit einem Dritten geschlossenen und für den Verbraucher vorteilhaften Vertrag zu kündigen. Hier besteht die Umsetzung der geschäftlichen Entscheidung in einem Unterlassen. Zurückzuführen sein kann eine solche geschäftliche Entscheidung beispielsweise auf eine Irreführung gem. § 5 oder durch eine aggressive geschäftliche Handlung gem. § 4a.

[86] EuGH GRUR 2014, 196 Rn. 36 – Trento Sviluppo/Autorità Garante della Concorrenza e del Marcato; hierauf Bezug nehmend BT-Drs. 19/27873, 40.
[87] Vgl. hierzu das Beispiel von *Köhler* WRP 2021, 129 Rn. 16.

(4) Nichtgeltendmachung vertraglicher Rechte. Aufgrund einer unzulässigen geschäftlichen Handlung macht der Verbraucher vertragliche Rechte (z. B. Nachbesserung, Kündigung, Preisminderung, Aufrechnung, Erhebung von Einreden etc.), die ihm zustehen, nicht geltend, weshalb er einen Nachteil hat. Hier besteht die Umsetzung der geschäftlichen Entscheidung ebenfalls in einem Unterlassen. Verursacht worden sein kann eine solche geschäftliche Entscheidung wiederum durch Irreführung gem. § 5, durch das Vorenthalten wesentlicher Informationen § 5a iVm § 5b Abs. 1 Nr. 5 oder auch durch aggressive geschäftliche Handlungen gem. § 4a. 75

(5) Handlungen mit Blick auf einen möglichen Vertragsschluss, frustrierte Aufwendungen. Aufgrund einer unzulässigen geschäftlichen Handlung sucht der Verbraucher das Ladengeschäft des unzulässig handelnden Unternehmers auf, um dort eine beworbene Ware zu erwerben. Diese ist aber nicht vorhanden oder entspricht nicht den Auslobung in der Werbung, so dass der Verbraucher von einem Kauf Abstand nimmt. Der Verbraucher hat aber Aufwendungen getätigt, um überhaupt zum Ladengeschäft zu gelangen (sog. „Anlockfälle", die in der Gesetzesbegründung eine besonders prominente Rolle spielen[88]). Hier besteht die Umsetzung der geschäftlichen Entscheidung in einem aktiven Tun. Veranlasst worden sein kann eine solche geschäftliche Entscheidung wiederum etwa durch eine Irreführung gem. § 5 oder durch Verstoß gegen Nr. 5 des Anhangs zu § 3 Abs. 3. 76

(6) Preisgabe von Daten. Aufgrund einer unzulässigen geschäftlichen Handlung entschließt der Verbraucher dazu, sich in den Einfluss unzulässig handelnden Unternehmers zu begeben, etwa unter Angabe von persönlichen Daten Kontakt mit dem Unternehmer aufzunehmen[89] oder seine persönlichen Daten (z. B. für Werbezwecke) zur Verfügung zu stellen (*Keller* → UWG § 2 Rn. 227). Hier besteht die Umsetzung der geschäftlichen Entscheidung ebenfalls einem aktiven Tun. Auch hier kann die geschäftliche Entscheidung auf eine Irreführung gem. § 5 zurückgehen, aber auch auf andere unzulässige geschäftliche Handlungen. 77

(7) Rechtsgrundlose Zahlungen. Werden Verbraucher nach einem Identitätsdiebstahl von einem Inkassounternehmen zur Bezahlung tatsächlich nicht bestellter Waren oder Dienstleistungen aufgefordert, kann dies eine unlautere geschäftliche Handlung im Sinne von § 5 Abs. 1 S. 2 Alt. 1 UWG darstellen,[90] worauf die Gesetzesbegründung besonders hinweist.[91] Entschließt sich der Verbraucher daraufhin zur Zahlung – etwa, weil er den Überblick über seine Zahlungsverpflichtungen verloren hat und das Zahlungsbegehren für plausibel hält – besteht die Umsetzung der geschäftlichen Entscheidung ebenfalls in einem aktiven Tun. 78

cc) Abgrenzung zu anderen Verhaltensweisen des Verbrauchers. Keine geschäftliche Entscheidung liegt vor, wenn es überhaupt am Entscheidungscharakter fehlt. Eine „Entscheidung" liegt in jeder tatsächlichen oder rechtlichen Maßnahme eines Verbrauchers oder Marktbeteiligten in Richtung auf den vom Unternehmer letztlich angestrebten Geschäftsabschluss, was zwar keine rechtsgeschäftliche Willenserklärung, jedenfalls aber doch eine **bewusste, willensgesteuerte Handlung** voraussetzt (vgl. *Keller* → UWG § 2 Rn. 223). *Scherer* hat zur Abgrenzung das Beispiel gebildet, dass ein Verbraucher, der durch eine aggressive geschäftliche Handlung psychisch massiv unter Druck gesetzt wird, vor lauter Aufregung einen Herzinfarkt erleidet. Hier ist zwar die unzulässige geschäftliche Handlung des Unternehmers adäquat-kausal schadensbegründend, es fehlt aber an einer durch die unzulässige geschäftliche Handlung veranlassten geschäftlichen Entscheidung des Verbrauchers als kausales Bindeglied zwischen unzulässiger geschäftliche Handlung und 79

[88] BT-Drs. 19/27873, 39 f.
[89] LG München Urt. v. 31.3.2015 – 33 O 15881/14, GRURRS 2015, 07219.
[90] BGH GRUR 2019, 1202 Rn. 15 ff. – Identitätsdiebstahl.
[91] BT-Drs. 19/27873, 39.

Schadenseintritt.[92] Eine solche Konstellation trägt nicht das Gepräge der durch die nach § 3 unzulässige geschäftliche Handlung herausgeforderten Selbstschädigung (→ Rn. 66).

80 **dd) Abgrenzung zu unternehmerischen Entscheidungen.** Nach Sinn und Zweck des § 9 Abs. 2 S. 1, gerade Verbrauchern als solchen einen Schadensersatzanspruch zuzubilligen, muss es sich auch um eine geschäftliche Entscheidung handeln, die der Verbraucher **in seiner Eigenschaft als Verbraucher** getroffen hat. In Konstellationen, in denen der Verbraucher gleichzeitig auch Unternehmer ist, müssen geschäftliche Entscheidungen, die er **als Unternehmer** trifft, von denjenigen abgegrenzt werden, die er als Verbraucher trifft. Geht der Schaden auf eine unternehmerische Entscheidung zurück, so entsteht er **nicht** aus der geschäftlichen Handlung des Verbrauchers. Entscheidet sich z. B. ein Verbraucher, der von Beruf Rechtsanwalt ist, eine irreführend beworbene Zirkusvorstellung zu besuchen, ist dies die geschäftliche Entscheidung eines Verbrauchers. Entscheidet er sich aber, einen Mandantenauftrag abzulehnen, um die Vorstellung besuchen zu können, ist dies eine unternehmerische Entscheidung. Entgeht ihm daraus ein Gewinn, ist dies allein auf seine unternehmerische Entscheidung zurückzuführen und nicht auf die geschäftliche Entscheidung, die er als Verbraucher getroffen hat.

81 **c) Veranlassung der geschäftlichen Entscheidung. aa) Kausalitätsmaßstab.** Die geschäftliche Entscheidung des Verbrauchers muss durch die gem. § 3 unzulässige geschäftliche Handlung in dem Sinne veranlasst worden sein, dass der Verbraucher sie andernfalls nicht getroffen hätte. Erforderlich ist insgesamt eine **adäquate Kausalität,** die aber als Vorfrage die **äquivalente Kausalität** einschließt (zum Begriff. *Goldmann* → UWG § 9 Rn. 144 ff.).

82 **bb) Äquivalente Kausalität.** Demnach ist es im Sinne einer äquivalenten Kausalität zunächst erforderlich, dass die unzulässige geschäftliche Handlung nicht hinweggedacht werden kann, ohne dass die geschäftliche Entscheidung des Verbrauchers entfiele („die er ansonsten nicht getroffen hätte"). **Maßstab i**st hier der **betroffene individuelle Verbraucher** selbst in seiner konkreten Situation. Ein Schadensersatzanspruch ist demnach ausgeschlossen, wenn der Verbraucher die geschäftliche Entscheidung in Unkenntnis der unzulässigen geschäftlichen Handlung und daher unbeeinflusst von ihr getroffen hat.[93] Dann lässt sich die unzulässige geschäftliche Handlung nämlich ohne weiteres wegdenken, ohne dass die geschäftliche Entscheidung entfällt.

83 Bei der Frage, ob der individuelle Verbraucher seine geschäftliche Entscheidung nicht getroffen hätte, wenn die unzulässige geschäftliche Handlung nicht vorgenommen worden wäre, findet **keine richterliche Motivkontrolle** auf Vernünftigkeit oder soziale Erwünschtheit statt. Geschützt wird die souveräne, informierten Verbraucherentscheidung. Hier gilt das Prinzip der „Gleichwertigkeit der Kundenmotive", Angeberei, Modetorheiten, Freude am Fremden, landsmannschaftliche oder weltanschauliche Verbundenheit etc. eingeschlossen.[94] Wenn beispielsweise der Inhaber eines italienischen Restaurants, der kein Italiener ist, sondern, wie sein Name verraten würde, aus einem ganz anderen Land kommt, seinen Namen entgegen § 5a Abs. 1 iVm § 5b Abs. 1 Nr. 2 nicht deutlich am Eingang seines Lokals anbringt (früher: § 15a GewO), so kann dies auch einen eingefleischten Freund echter italienischer Küche dazu verleiten, in diesem Restaurant zu essen.[95] Er hätte dies aber nicht getan, wenn er aufgrund des Inhabernamens darauf hätte schließen können, dass der Inhaber nicht aus Italien stammt. In diesem Beispiel ist die adäquate Kausalität zu bejahen. Darauf, dass die Küche möglicherweise genauso gut oder gar besser ist, als in

[92] *Scherer* WRP 2021, 561 Rn. 37.
[93] *Köhler* WRP 2021, 129 Rn. 38.
[94] Vgl. zur geschäftlichen Relevanz *Goldmann* Unternehmenskennzeichen, § 7 Rn. 106; *Klette* GRUR 1985, 878 (880).
[95] Hierzu *Goldmann* FS Fezer, 2016, 225 (230 ff.).

einem Restaurant mit italienischem Inhaber, kommt es für die Kausalität nicht an, aber möglicherweise für die Frage, ob ein Schaden zu bejahen ist (→ Rn. 117).

Da es zum einen für die Annahme einer geschäftlichen Entscheidung gleichgültig ist, ob diese rational begründet ist,[96] und es auf dieser Stufe der Prüfung zum anderen nur um den äquivalenten Kausalzusammenhang geht, ist unerheblich, ob die tatsächlich getroffene geschäftliche Entscheidung des Verbrauchers auf der Grundlage seines Informationsstands vernünftig bzw. war oder nicht. Solche Aspekte kommen erst auf einer weiteren Prüfungsstufe zum Tragen: 84

cc) Adäquate Kausalität. Zusätzlich muss nämlich der Verbraucher gerade durch die unzulässige geschäftliche Handlung zu der geschäftlichen Entscheidung **„veranlasst" worden** sein, wofür eine **adäquate Kausalität** verlangt wird. Dies bedeutet im Lichte an die allgemeinen Anforderungen an die **psychisch vermittelte Kausalität** bei Schäden, die durch eine eigene Handlung des Geschädigten hervorgerufen werden (*Goldmann* → UWG § 9 Rn. 146), dass die unzulässige geschäftliche Handlung aus Sicht eines optimalen Betrachters, dem das gesamte menschliche Erfahrungswissen zur Verfügung steht, im allgemeinen und nicht nur unter besonders eigenartigen, unwahrscheinlichen und nach dem gewöhnlichen Verlauf der Dinge außer Betracht zu lassenden Umständen geeignet gewesen sein muss, eine solche geschäftliche Entscheidung hervorzurufen, so dass sich die geschäftliche Handlung nach den gesamten Umständen als eine **nicht ungewöhnliche oder unangemessene Reaktion** auf die unzulässige geschäftliche Handlung darstellt (→ Rn. 64). 85

Diese **normative** Wertung filtert solche geschäftlichen Entscheidungen heraus, mit denen vernünftigerweise überhaupt nicht zu rechnen ist und vor denen bei normativer Betrachtung der Durchschnittsverbraucher auch nicht zu schützen ist. Dies gehört mit zur **Beurteilung** der geschäftlichen Handlung iSd § 3 Abs. 4. Maßstab ist daher **nicht der individuelle betroffene Verbraucher,** sondern der nach Erwägungsgrund 18 der UGP-Richtlinie maßgebliche **Durchschnittsverbraucher,** der angemessen gut unterrichtet und angemessen aufmerksam und kritisch ist, freilich hineingedacht in die Position des individuell betroffenen Verbrauchers und die konkreten Umstände des Falles. Soweit sich die unzulässige geschäftliche Handlung speziell an eine bestimmte Gruppe von Verbrauchern wendet (z. B. Kinder, Jugendliche, Senioren), ist auf ein durchschnittliches Mitglied dieser Gruppe abzustellen. Dasselbe gilt bei geschäftlichen Handlungen, die sich an eine eindeutig identifizierbaren Gruppe von Verbrauchern richten, die auf Grund von geistigen oder körperlichen Beeinträchtigungen, Alter oder Leichtgläubigkeit im Hinblick auf diese geschäftlichen Handlungen oder die diesen zugrunde liegenden Waren oder Dienstleistungen besonders schutzbedürftig sind. 86

Die adäquate Kausalität wäre in dem oben gebrachten Beispiel des italienischen Restaurants zu bejahen (→ Rn. 83). Sie ist aber dort zu verneinen, wo ein Verbraucher um eines kleinen Preisvorteils willen, der ihm in einer anderen Stadt zu winken scheint, enorme Fahrtkosten auf sich nimmt, weil dies ungewöhnlich und unangemessen ist. 87

dd) Mitverursachung durch Begleitumstände. Die zuletzt beschriebene Konstellation lässt sich abwandeln: Der Verbraucher möchte ohnehin einen Freund im der anderen Stadt besuchen, er entscheidet sich aber erst aufgrund des von ihm dort erwarteten kleinen Preisvorteils dazu, die Fahrt anzutreten. Derartige Fälle, in denen **weitere Lebensumstände hinzutreten,** und in denen einerseits die geschäftliche Entscheidung nur mit Rücksicht auf diese zusätzlichen Umstände durch die unzulässige geschäftliche Handlung veranlasst wird, andererseits die geschäftliche Entscheidung gleichwohl nicht ohne die unzulässige geschäftliche Handlung getroffen worden wäre, sind in außerordentlich vielfältigen Konstellationen denkbar und dürften einen Großteil des praktischen Anwendungsbereichs des § 9 Abs. 2 S. 1 ausmachen. Sie sind nach den allgemeinen Regeln der adäquaten, psychisch 88

[96] EuGH GRUR 2012, 1269 Rn. 37 f. und 49 – Purely Creative.

vermittelten Kausalität zu lösen. Hier gilt: Auch eine **Mitursächlichkeit,** sei sie auch nur „Auslöser" neben erheblichen anderen Umständen, **steht einer Alleinursächlichkeit** in vollem Umfang **gleich.**[97]

89 **ee) Darlegungs- und Beweislast.** Dass der Verbraucher durch eine unzulässige geschäftliche Handlung gem. § 3 zu einer geschäftlichen Entscheidung veranlasst wurde, die er ansonsten nicht getroffen hätte – für diese anspruchsbegründenden Tatsachen trägt der Verbraucher nach den allgemeinen Grundsätzen die Darlegungs- und Beweislast.[98]

90 Zunächst muss im Sinne einer **äquivalenten Kausalität** dargelegt und bewiesen werden, dass die unzulässige geschäftliche Handlung nicht hinweggedacht werden kann, ohne dass die geschäftliche Entscheidung des individuell betroffenen Verbrauchers entfiele. Hierzu muss der Verbraucher darlegen und ggf. beweisen, dass und wann er der unzulässigen geschäftlichen Handlung ausgesetzt war, dass er zeitlich danach seine geschäftliche Entscheidung getroffen hat und dass er seine geschäftliche Entscheidung nicht getroffen hätte, wenn die unzulässige geschäftliche Handlung nicht stattgefunden hätte. Ist dies nachvollziehbar dargelegt, so ist im Zweifel davon auszugehen, dass der Verbraucher die geschäftliche Handlung ohne diese Beeinflussung nicht getroffen hätte.[99] Es ist dann im Sinne einer **sekundären Darlegungslast** Sache des unzulässig handelnden Unternehmers, das Gegenteil darzulegen.[100] Eine richterliche Motivkontrolle findet nicht statt (→ Rn. 83). Bei der Tatsachenwürdigung können aber selbstverständlich **erfahrungsbasierte Plausibilitätserwägungen** eine Rolle spielen, etwa die, dass die Ankündigung einer besonders günstigen Kaufgelegenheit üblicherweise einen nicht unerheblichen Teil der in einem bestimmten Gebiet vorhandenen Kaufkraft auf sich zieht[101] und dass es umso wahrscheinlicher ist, dass sich ein Verbraucher aufgrund einer Werbung für ein Angebot interessiert, je größer dessen Attraktivität und Suggestivkraft ist,[102] etc.

91 Ob sich die geschäftliche Entscheidung des Verbrauchers im Sinne einer **adäquaten,** wenn auch **psychisch vermittelten Kausalität** im Rahmen des aufgrund der unzulässigen geschäftlichen Handlung Erwartbaren und Angemessenen hält und daher durch sie „veranlasst" wurde, ist demgegenüber eine Entscheidung, die durchaus einen **normativen Einschlag** hat. Gleichwohl ist auch sie im Wesentlichen tatsächlicher Natur, so dass sie der Tatrichter nach der Feststellung der Anschauung des Durchschnittsverbrauchers **aus eigener Sachkunde** treffen kann. Hierbei kommt ihm die gesteigerte Freiheit der Beurteilung der haftungsausfüllenden Kausalität nach § 287 ZPO zugute. Diese Beurteilung ist wie die Beurteilung eines Kausalzusammenhangs zum Schadensrecht allgemein **durch das Revisionsgericht nur beschränkt** daraufhin **überprüfbar,** ob sich der Tatrichter entsprechend dem Gebot des § 286 ZPO mit dem Streitstoff und den Beweisergebnissen umfassend und widerspruchsfrei auseinandergesetzt hat, die Beweiswürdigung also vollständig und rechtlich möglich ist und nicht gegen Denkgesetze und Erfahrungssätze verstößt.[103]

92 **3. Kausalzusammenhang zwischen geschäftlicher Entscheidung des Verbrauchers und Schaden. a) Grundsatz.** Der Schadensersatzanspruch beschränkt sich auf diejenigen Schaden, der durch die – ihrerseits durch die unzulässige geschäftliche Handlung veranlasste – geschäftliche Entscheidung entstanden ist (→ Rn. 65 ff.). Es gelten die **§§ 249 ff. BGB,** die allerdings **im Lichte des** Schadensbegriffs im **Unionsrecht** und im Lichte der **Ziele des Art. 11a UGP-RL** auszulegen sind.

---

[97] BGH NJW-RR 2005, 897 (898).
[98] *Köhler* WRP 2021, 129 Rn. 38; *Maaßen* GRUR-Prax 2021, 7 (10).
[99] *Köhler* WRP 2021, 129 Rn. 38.
[100] *Köhler* WRP 2021, 129 Rn. 39.
[101] Vgl. LG Hamburg 20.7.2006 – 327 O 23/06, BeckRS 2006, 13686.
[102] Vgl. BGH GRUR 2002, 715 (717) – Scanner-Werbung; KG WRP 1999, 339 (342) – Werbevergleich; OLG Hamburg NJW-RR 2004, 196 (198) – Rexona.
[103] St. Rspr.; vgl. BGH NJW-RR 2005, 897 (898) mwN.

93 **b) Zum Begriff des Schadens im Unionsrecht. aa) Allgemeines.** Der Begriff des Schadens entzieht sich im Unionsrecht einer gleichermaßen abstrakten wie griffigen und allgemeinverbindlichen Definition. Der Rechtsbegriff des Schadens kann insbesondere nicht gedacht werden, ohne gleichzeitig auch an dasjenige zu denken, was seinen Ersatz ausmacht oder ausmachen könnte. Will man sich dem Begriff des Schadens im Unionsrecht annähern, lässt sich sagen: Als Schaden im Rechtssinne ist **jeder Nachteil** anzusehen, der von der Rechtsordnung als Schaden gewertet wird und entsprechend den haftungsrechtlich Geboten in einer bestimmten Form zu ersetzen ist. Damit ist der Schadensbegriff also **von den Wertungen der** Rechtsordnung abhängig und stets auch unter **normativen Gesichtspunkten** (Schutzzweck der Norm) und **nicht rein naturalistisch** zu betrachten.[104] Kennzeichnend für die Betrachtung dessen, was den Schaden ausmacht, ist zum einen die Vorher-nachher-Betrachtung nach Art der **Differenzhypothese,** seine **Verursachung** durch den als Schädiger in Anspruch Genommenen und die normative **Wertung als ersatzfähig** im Lichte der Ziele der jeweils verletzten Unionsrechtsnorm.[105] Tragendes Prinzip für die Bestimmung des Schadensumfangs im Unionsprivatrecht ist, dass die **„tatsächlich entstandenen" Schäden in vollem Umfang auszugleichen** sind.[106] **Vollständige Kompensation** bedeutet dabei, dass grundsätzlich sämtliche aus Sicht des Unionsrechts ersatzfähigen unmittelbaren und mittelbaren Nachteile auszugleichen sind, also auch **entgangener Gewinn,** die **Kosten der Rechtsverfolgung** etc. Symbolischer Schadensersatz ist ebenso unzulässig wie Schadenhöchstgrenzen.[107] Insbesondere sind **immaterielle Schäden (Nichtvermögensschäden)** im Unionsrecht grundsätzlich ersatzfähig, was Heinze umfassend nachgewiesen hat.[108]

94 **bb) Zur Rolle von Vorteilsausgleichung und Bereicherungsverbot.** Nach gefestigter deutsche Rechtsprechung gilt im Schadensersatzrecht allgemein der Grundsatz des **Bereicherungsverbots:** Der Geschädigte darf durch den Schadensersatz nicht besser stehen, als er ohne das schädigende Ereignis stehen würde.[109] Hiermit hängt das Gebot der **Vorteilsausgleichung** zusammen. Nach deren Grundsätzen sind dem Geschädigten diejenigen Vorteile anzurechnen, die ihm in adäquatem Zusammenhang mit dem Schadensereignis zufließen. Die vorteilhaften Umstände müssen mit dem schädigenden Ereignis in einem qualifizierten Zusammenhang stehen. Zu berücksichtigen ist ferner, ob eine Anrechnung dem **Sinn und Zweck des Schadensersatzes** entspricht und weder der Geschädigte unzumutbar belastet noch der Schädiger unbillig entlastet wird.[110]

95 Das Konzept der Vorteilsausgleichung und der Gedanke eines Bereicherungsverbots sind auch **dem Unionsrecht nicht fremd.**[111] Das Unionsrecht hindert die nationalen Gerichte nicht daran, dafür Sorge zu tragen, dass der Schutz der durch das Unionsrecht gewährleisteten Rechte nicht zu einer ungerechtfertigten Bereicherung des Anspruchsberechtigten führt.[112] Insoweit ist es mit dem unionsrechtlichen Effektivitätsgrundsatz verein im Wege der Vorteilsausgleichung einen Ersatzanspruch zu versagen, der zu einer ungerechtfertigten Bereicherung führen würde.[113] Auch hier gilt aber der Grundsatz, dass die Anrechnung von Vorteilen **nicht in Betracht** kommt, soweit der **Schutzzweck der verletzten Unionsrechtsnorm** der Anrechnung dem Ausgleich von Vorteilen widerspricht.[114]

---

[104] *Heinze* S. 126 f.
[105] *Heinze* S. 127 ff.
[106] EuGH EuZW 2016, 183 Rn. 33, 73 – Camacho (zum Antidiskriminierungsrecht); *Heinze* S. 585 f. mwN.
[107] Vgl. *Heinze* S. 586 ff. mit einer Fülle von Nachweisen aus Rechtsprechung und Literatur.
[108] *Heinze* S. 586 ff. mwN.
[109] BGH NJW 1992, 3096 (3103) unter Hinweis auf Mot. Bd. II, S. 17 ff.
[110] BGH NJW 2019, 215 Rn. 17 mwN.
[111] *Heinze* S. 616 f.
[112] EuGH EuZW 2006, 529 Rn. 94 – Manfredi; BGH NJW 2020, 1962 Rn. 76.
[113] EuGH GRUR 2002, 367 Rn. 30 f. – Courage; BGH NJW 2012, 928 Rn. 63 mwN; NJW 2020, 1962 Rn. 76.
[114] *Heinze* S. 617.

96 Eine **Vorteilsausgleichung** ist im Rahmen des § 9 Abs. 2 S. 1 daher **ausgeschlossen,** wo sie dem **Schutzzweck** der verletzten Verhaltensnorm widerspricht, oder wenn sie dem Prinzip der **vollständigen Kompensation** zuwiderliefe.

97 **cc) Zum ersatzfähigen Schaden nach Art. 11a UGP-RL.** Ausgehend hiervon besteht kein Zweifel, dass auch Art. 11a UGP-RL als Schadensersatz eine **vollständige Kompensation** fordert. Wenn der Rechtsbehelf des Schadensersatzes gem. Erwägungsgrund 16 der Omnibus-Richtlinie „in wirksamer Form" und „zur Beseitigung jeglicher Folgen unlauterer Geschäftspraktiken" gewährt wird, so muss auch er **sämtliche unmittelbaren und mittelbaren Nachteile** ausgleichen, einschließlich der **Kosten der Rechtsverfolgung,** des **entgangenen Gewinns** und spiegelbildlich hierzu der Mehraufwendungen als Form des **positiven Schadens,** sowie **immaterielle Schäden (Nichtvermögensschäden).** Weil dies den **Kernbestand** dessen ausmacht, was das Unionsrecht als Ersatz des Schadens vorsieht, sind **§ 9 Abs. 2 S. 1 bzw. §§ 249 ff. BGB richtlinienkonform** so auszulegen, dass auch hier grundsätzlich all diese Positionen ersatzfähig sind, sofern sie adäquat-kausal verursacht wurden und im Schutzzweck der verletzten Verhaltensnorm liegen.

98 **c) Kausalität der geschäftlichen Handlung des Verbrauchers für die Entstehung des Schadens.** Der Schaden des Verbrauchers muss gerade aus der geschäftlichen Entscheidung des Verbrauchers entstanden sein, die durch die gem. § 3 unzulässige geschäftliche Handlung in dem Sinne veranlasst worden ist. Hier gilt wiederum der Grundsatz der **adäquaten Kausalität,** die aber als Vorfrage die **äquivalente Kausalität** einschließt und bei der die Grundsätze der psychisch vermittelten Kausalität zu beachten sind. Zurechenbare Schadensfolgen sind daher auch solche, die durch das eigene Verhalten des Geschädigten entstanden sind und durch das schädigende Ereignis – hier die eigene geschäftliche Handlung – herausgefordert wurden und keine unangemessene Reaktion darauf darstellen (ausf. *Goldmann* → UWG § 9 Rn. 144 ff.).

III. Schutzzweck der Norm und rechtmäßiges Alternativverhalten

99 **1. Schutzzweck der Norm.** Ebenso wie beim Schadensersatzanspruch der Mitbewerber gem. § 9 Abs. 1 gilt für den Schadensersatzanspruch der Verbraucher gem. § 9 Abs. 2 S. 1: Eine Schadensersatzpflicht besteht nur, wenn und soweit der geltend gemachte Schaden nach Art und Entstehungsweise unter den durch Auslegung zu ermittelnden **Schutzzweck der verletzten** Norm fällt (ausf. *Goldmann* → UWG § 9 Rn. 147). Verletzte Norm ist die jeweilige **Verhaltensnorm,** also diejenige, deren Bruch die Wertung einer gem. § 3 unzulässigen geschäftlichen Handlung trägt. Die in Betracht kommenden Normen sind in Rn. 49
aufgelistet. Die Lehre vom Schutzzweck der Norm, die im deutschen Schadensersatzrecht allgemein anerkannt ist, steht **im Einklang mit dem Unionsrecht** (→ Rn. 35).

100 **2. Rechtmäßiges Alternativverhalten.** Eine Schadensersatzpflicht besteht nach allgemeinen Grundsätzen nicht, wenn er auch bei rechtmäßigem Handeln des Schädigers eingetreten wäre. Ersatzfähig ist nur der Schaden, der durch dasjenige Verhalten verursacht worden ist, das als widerrechtlich festgestellt worden ist (ausf. *Goldmann* → UWG § 9 Rn. 159 ff.). Dies gilt auch im Rahmen des Anspruchs aus § 9 Abs. 2 S. 1 und ergibt sich bereits aus dem Wortlaut („Ersatz des daraus entstehenden Schadens"). Dies entspricht dem Anliegen des Richtliniengebers, *„den Verbraucher in die Situation zu versetzen, in der er ohne die unlautere Geschäftspraktik gewesen wäre"*.[115]

[115] COM (2018) 185 final, 28.

IV. Mitverschulden

1. Grundsatz. Der Schadensersatzanspruch kann bei Mitverschulden des Geschädigten **gem. § 254 Abs. 1 BGB** gemindert oder ganz ausgeschlossen werden (ausf. *Goldmann* → UWG § 9 Rn. 162 ff.) Dies steht **mit dem Unionsrecht im Einklang,** da sich der Geschädigte nach einem allgemeinen, den Rechtsordnung der Mitgliedstaaten gemeinsam Grundsatz *„in angemessener Form um die Verhinderung des Schadenseintritts oder um die Begrenzung des Schadensumfangs bemühen [muss], wenn er nicht Gefahr laufen will, den Schaden selbst tragen zu müssen"*.[116] Dahinter steht für den EuGH die Wertung, dass der Kausalzusammenhang durch ein nachlässiges, nicht der angemessenen Sorgfalt eines verständig Handelnden entsprechendes Verhalten des Geschädigten unterbrochen wird, wenn sich herausstellt, dass dieses Verhalten ausschlaggebend für den Schaden war.[117] **101**

2. Handhabung des Mitverschuldens mit Blick auf den Schutzzweck der Norm. Welche Maßnahmen zur Verhinderung der Schadensentstehung oder der Schadensminderung der Sorgfalt eines verständig handelnden entsprechen, kann nur nach den Umständen des Einzelfalls beurteilt werden. Dabei müssen auch die **rechtlichen Wertungen der vom Schädiger verletzten Verhaltensnorm berücksichtigt werden.**[118] Im Verbrauchervertragsrecht etwa gebietet der Schutzzweck Informationspflichten, dass sich der Verbrauch auf die Richtigkeit der vom Unternehmer erteilten Informationen verlassen kann und nicht gehalten ist, die Angaben zu prüfen. Würde bei mangelnder Prüfung oder Nachfrage der Einwand des Mitverschuldens zugelassen, so würde der Schutzzweck der Informationspflichten konterkariert.[119] **102**

Diese Wertungen bei der **Verletzung von Informationspflichten** können auf das Lauterkeitsrecht übertragen werden. Auch das verbraucherschützende Lauterkeitsrecht schreibt Informationspflichten gerade deshalb vor, um dem Verbraucher Entscheidungsgrundlagen zu geben, auf die er sich verlassen kann. **Der Verbraucher** darf daher in aller Regel davon ausgehen, dass die ihm gegebenen Informationen zutreffen, und muss sich nicht erst durch Nachfrage vergewissern. Auch kann er, wenn wesentliche Informationen gegeben werden müssen (§ 5a), bei ihrem Fehlen davon ausgehen, dass er insoweit nichts weiter beachten muss. Auch hier **braucht** er **sich nicht zu vergewissern.** Ebenso kann er, wenn bei einem Sonderangebot nicht gem. Nr. 5 des Anhangs zu § 3 Abs. 3 UWG über die Grenzen der Bevorratung aufgeklärt wird, ohne weiteres davon ausgehen, dass er die beworbene Ware im Ladengeschäft kaufen kann, und muss nicht telefonisch nachfragen, ob noch genug Vorrat vorhanden ist. Dasselbe – **keine Obliegenheit zur Aufklärung** – hat für irreführende Angaben allgemein zu gelten (§ 5). **103**

Ein **Mitverschulden kommt** in solchen Fällen erst **in Betracht,** wenn sich dem Verbraucher die **Unrichtigkeit oder Unvollständigkeit** der gemachten Angaben **aufdrängen muss** und er dennoch nichts unternimmt, um eine Schadensentstehung oder Schadensvertiefung (etwa durch Weiterbenutzung eines von den Werbeangaben abweichenden, funktionsuntüchtigen und deshalb Sachschäden verursachenden Produkts) zu verhindern.[120] **104**

G. Art und Umfang des Schadensersatzes

I. Grundlagen

1. Verhältnis von Naturalrestitution und Schadensersatz in Geld. Inhalt und Umfang des Schadensersatzanspruchs richten sich nach den allgemeinen Vorschriften der **105**

---

[116] Vgl. EuGH NVwZ 1992, 1077 Rn. 33 – Milchreferenzmengen; EuGH NJW 1996, 1267 Rn. 84 f. – Brasserie du Pêcheur; EuGH Urt. v. 18.3.2010 – C-419/08 P, Rn. 61 – Trubowest; *Heinze* S. 320, 609 f. mwN.

[117] EuGH 18.3.2010 – C-419/08 P, Rn. 61 – Trubowest.

[118] Vgl. *Heinze* S. 610 f. mwN.

[119] BGH NJW 2011, 1949 Rn. 41 mwN; *Heinze* S. 320 f., 611.

[120] Vgl. *Heinze* S. 321: „Anhaltspunkte für die Unrichtigkeit".

§§ 249 ff. BGB.[121] Gem. **§ 249 Abs. 1 BGB** hat, wer zum Schadensersatz verpflichtet ist, *„den Zustand herzustellen, der bestehen würde, wenn der zum Ersatz verpflichtende Umstand nicht eingetreten wäre"*. Ist die tatsächliche Herstellung dieser Zustands im Sinne einer **Naturalrestitution** nicht möglich oder zur Entschädigung des Gläubigers nicht genügend, tritt gem. § 251 Abs. 1 BGB an die Stelle der Naturalrestitution ein **Schadensersatz in Geld.** Der Geschädigte hat nicht die Wahl zwischen dem Restitutionsanspruch nach § 249 BGB und dem Kompensationsanspruch nach § 251 BGB. Der Vorrang liegt bei der Restitution. Ist sie möglich und ausreichend, so ist er zur Kompensation nicht berechtigt.[122] Der Kompensationsanspruch nach § 251 BGB soll, wo er gegeben ist, allerdings sicherstellen, dass zumindest das von § 249 BGB geschützte Vermögensinteresse des Geschädigten befriedigt wird. An die Stelle der Restitution tritt die Kompensation durch Ersatz des objektiven Werts.[123]

106 Der geschädigte Verbraucher ist vom Schädiger deshalb entweder tatsächlich (Naturalrestitution) oder wirtschaftlich (Geldersatz) so zu stellen sind, als wäre die unzulässige geschäftliche Handlung nicht vorgenommen und der Verbraucher nicht zu der jeweiligen geschäftlichen Entscheidung veranlasst worden.[124] Dies entspricht der Vorstellung des Richtliniengebers, dem es mit der Einführung individueller Rechtsbehelfe darum geht, **„den Verbraucher in die Situation zu versetzen, in der er ohne die unlautere Geschäftspraktik gewesen wäre."**[125]

107 **2. Zu ersetzende Interessen.** Nach Auffassung des deutschen Gesetzgebers soll dies praktisch darauf hinauslaufen, dass sich der Anspruch regelmäßig nur auf das **„negative Interesse"** richtet.[126] Das mag zwar vielen Fällen zutreffen, gleichwohl ist in bestimmten Fallkonstellationen auch Ersatz des **„Erfüllungsinteresses"** (→ Rn. 140 ff.) sowie des **„Integritätsinteresses"** (→ Rn. 129 f., 146) geboten. Der Verbraucher ist stets so zu stellen, wie er stehen würde, wenn die gem. § 3 unzulässige geschäftliche Handlung nicht vorgenommen worden wäre und er daher die schadensverursachende geschäftliche Entscheidung nicht getroffen hätte.

108 **3. Ersatz immaterieller Schäden.** Da der Begriff des ersatzfähigen Schadens nach Unionsrecht ganz allgemein **auch immaterielle Schäden** einschließt (→ Rn. 93), wird man in unionsrechtskonformer Auslegung des § 253 Abs. 1 BGB im Lichte des Art. 11a UGP-RL so anwenden müssen, dass man es hier grundsätzlich mit einem der „durch das Gesetz bestimmten Fälle" nach § 253 Abs. 1 BGB zu tun hat, in denen ein Ersatz des Nichtvermögensschadens gefordert werden kann. Ob immaterielle Schäden unter den **Schutzzweck der verletzten Verhaltensnorm** fallen (→ Rn. 99), ist aber jeweils gesondert durch Auslegung zu ermitteln. Die deutschen Gerichte werden in einschlägigen Fällen dem **EuGH gem. Art. 267 AEUV** die **Gelegenheit zur Klärung** geben müssen, ob immaterielle Schäden zum einen grundsätzlich ersatzfähig sind und zum anderen unter den Schutzzweck der jeweils verletzten Verhaltensnorm fallen. In diesem Zusammenhang werden ggf. Maßstäbe entwickelt werden müssen, wie die immateriellen Schäden monetär zu bemessen zu kompensieren sind.

109 **4. Einzelfallbetrachtung.** Insgesamt sind ganz unterschiedliche Konstellationen und Schadensposten zu berücksichtigen, wobei es im Einzelfall immer darauf ankommt, worin die unzulässige geschäftliche Handlung besteht und welche geschäftliche Entscheidung der Verbraucher daraufhin getroffen hat (→ Rn. 71 ff.):[127]

[121] BT-Drs. 19/27873, 41; *Köhler* WRP 2021, 129 Rn. 41; *Maaßen* GRUR-Prax 2021, 7 (8).
[122] BGH NJW 1997, 520 f. mwN; *Maaßen* GRUR-Prax 2021, 7 (8).
[123] MüKoBGB/*Oetker* BGB § 251 Rn. 4.
[124] BT-Drs. 19/27873, 41.
[125] COM (2018) 185 final, 28.
[126] BT-Drs. 19/27873, 41.
[127] Nachfolgende Fallgruppenbildung in Anlehnung an *Scherer* WRP 2021, 561 Rn. 17 ff.

II. Fallgruppen

1. Vertrag mit dem unzulässig Handelnden nicht zustande gekommen. a) Ersatz frustrierter Aufwendungen. Die Gesetzesbegründung hat als ersatzfähige Schäden insbesondere Aufwendungen im Auge, die der Verbraucher mit Blick auf den Erwerb einer Ware tätigt, es aber gar nicht zum Vertragsschluss mit dem unzulässig handelnden Unternehmer kommt. Sie nennt ausdrücklich die „Anlockfälle", also Irreführungen des Unternehmers über die Verfügbarkeit einer als besonders günstig beworbenen Ware, die nicht in angemessener Menge zur Befriedigung der zu erwartenden Nachfrage vorgehalten wird (Verstoß gegen § 5 und/oder Nr. 5 des Anhangs zu § 3 Abs. 3). 110

In solchen Fällen kann der Verbraucher **Ersatz frustrierter Aufwendungen** für das vergebliche Aufsuchen des Geschäfts verlangen.[128] Denn hierbei handelt es sich um eine geschäftliche Entscheidung (→ Rn. 76), die durch die unzulässige geschäftliche Handlung veranlasst wurde und ohne sie nicht getroffen worden wäre. Die Aufwendungen, die der Verbraucher getätigt hat, sind psychisch vermittelte, adäquat kausal verursachte Schadensfolgen, die von einer unzulässigen geschäftlichen Handlung herausgefordert wurden und keine unangemessene Reaktion auf diese darstellen (→ Rn. 64 mwN). Eines Rückgriffs auf den „Vertrauensschaden"[129] bedarf es nicht. Als Schadensersatz gem. **§ 251 Abs. 1 BGB** geschuldet sind jedenfalls die **Fahrtkosten zum Geschäftslokal.**[130] Auch die Kosten für die Rückfahrt gehören zum ersatzfähigen Schaden. 111

b) Kompensation des Integritätsinteresses? Als adäquat-kausal verursachte Schäden kommen grundsätzlich auch Körper- und Sachschäden und deren Folgekosten in Betracht. Erleidet etwa ein unzulässig angelockter Verbraucher auf dem Weg zum Geschäftslokal oder zurück einen **Unfall** und fallen daher Arztkosten an, so ist dies ein Schaden, der gerade aus der durch die unzulässige Handlung veranlasste geschäftlichen Entscheidung (nämlich das Geschäftslokal aufzusuchen, Rn. 76) entsteht und für den optimalen Betrachter noch innerhalb der vorhersehbaren Kausalverläufe liegt. Solche Schäden liegen aber **außerhalb des Schutzzwecks der Norm.** Ziel des Nr. 5 des Anhangs zu § 3 Abs. 3 ist es zu verhindern, dass der Verbraucher durch konkrete Angebote angelockt wird und sich dann mangels Verfügbarkeit für ein anderes Produkt entscheidet (*Weidert* → UWG Anh. zu § 3 Abs. 3 Rn. 96). Geschützt wird also die Verbraucherentscheidung über den Erwerb eines Produkts, **nicht** aber andere Rechtsgüter wie etwa die **körperliche Unversehrtheit.** 112

c) Kein Ersatz immaterieller Schäden. Demgegenüber besteht nach der Systematik des BGB-Schadensersatzrechts kein Anspruch für vergeblich aufgewandte **(Fahrt-)Zeit und sonstige Mühen** des Verbrauchers. Entgangene Freizeit bildet kein vermögenswertes Rechtsgut und stellt daher als **immaterieller Schaden** einen gem. § 253 Abs. 1 BGB grundsätzlich nicht ersatzfähigen Nichtvermögensschaden dar.[131] In unionsrechtskonformer Auslegung kämen immaterielle Schäden durchaus als ersatzfähig in Betracht (→ Rn. 93). Eine davon unabhängige Frage ist aber, ob es im Schutzzweck der verletzten Verhaltensnormen liegt, dem Verbraucher Zeit und Mühen zu ersparen. Dies kann man angesichts der Zielrichtung des Nr. 5 des Anhangs zu § 3 Abs. 3 (→ Rn. 112) getrost verneinen. Geschützt wird die Verbraucherentscheidung über den Erwerb eines Produkts, nicht aber sein **Zeitbudget** oder seine **Mühe.** Diese liegen **außerhalb des Schutzzwecks der Norm.** Das gleiche gilt für § 5. 113

---

[128] BT-Drs. 19/27873, 39.

[129] Vgl. hierzu *Scherer* WRP 2021, 561 Rn. 18.

[130] *Köhler* WRP 2021,129 Rn. 37; *Maaßen* GRUR-Prax 2021, 7 (9); *Scherer* WRP 2021, 561 Rn. 18.

[131] *Maaßen* GRUR-Prax 2021, 7 (9).

114 **2. Vertrag mit dem unzulässig handelnden Unternehmer zustande gekommen. a) Naturalrestitution mit Blick auf Bestand des Vertrags. aa) Vertragsaufhebung als Schutz des negativen Interesses.** Hat die gem. § 3 unzulässige geschäftliche Handlung des Unternehmers den Verbraucher dazu veranlasst, mit dem Unternehmer einen Vertrag über eine Ware oder Dienstleistung zu schließen, und hätte er den Vertrag ansonsten nicht geschlossen, so kann der Verbraucher nach **§ 249 Abs. 1 BGB Naturalrestitution** in Gestalt der **Aufhebung bzw. Rückgängigmachung des Vertrags** verlangen.[132] Denn es ist der Zustand herzustellen, der ohne diese auf der unzulässigen geschäftlichen Handlung basierenden geschäftlichen Entscheidung bestehen würde. Ohne diese Kausalfaktoren gäbe es aber den konkreten Vertrag nicht.[133] Der Schadensersatzanspruch richtet sich insoweit auf **Ersatz des negativen Interesses.**[134] Die Gesetzesbegründung geht davon aus, dass dieser Anspruch auf Aufhebung bzw. Rückgängigmachung des Vertrags nur im Falle eines wirtschaftlich nachteiligen Vertrags gegeben ist.[135] Dies setzt aber jedenfalls nicht voraus, dass der Vertrag bei einem Vergleich der Leistung mit der Gegenleistung zu einer Verschlechterung der Gesamtvermögenslage führt. Der Schaden des Verbrauchers kann nämlich insoweit schon in der Bindung an den Vertrag bestehen. Dies gilt grundsätzlich **unabhängig davon,** ob **Leistung und Gegenleistung objektiv gleichwertig** sind (subjektbezogener Schadensbegriff).[136]

115 Nach st. Rspr. des BGH ist ein Vermögensschaden nicht nur dann gegeben, wenn sich bei dem vorzunehmenden Vergleich der infolge des haftungsbegründenden Ereignisses eingetretenen Vermögenslage mit derjenigen, die ohne jenes Ereignis eingetreten wäre, nach der Differenzhypothese ein rechnerisches Minus ergibt. Erforderlich ist vielmehr eine wertende Überprüfung des anhand der Differenzhypothese gewonnenen Ergebnisses gemessen am **Schutzzweck der Haftung** und an der Ausgleichsfunktion des Schadensersatzes.[137] Da der Schadensersatz dazu dient, den konkreten Nachteil des Geschädigten auszugleichen, ist der **Schadensbegriff** im Ansatz **subjektbezogen.**[138] Im Fall einer vorsätzlichen sittenwidrigen Schädigung gem. **§ 826 BGB** etwa dient der Schadensersatzanspruch nicht nur dem Ausgleich jeder nachteiligen Einwirkung auf die objektive Vermögenslage des Geschädigten. Vielmehr muss sich der Geschädigte auch von einer auf dem sittenwidrigen Verhalten beruhenden **Belastung mit einer „ungewollten" Verpflichtung** wieder befreien können. Schon eine solche stellt jedenfalls dann einen gem. § 826 BGB zu ersetzenden **Schaden** dar, wenn trotz objektiver Werthaltigkeit von Leistung und Gegenleistung die Leistung für die Zwecke des Geschädigten nicht voll brauchbar ist. Insoweit bewirkt § 826 BGB einen Schutz der allgemeinen Handlungsfreiheit und speziell des wirtschaftlichen Selbstbestimmungsrechts des Einzelnen[139] bzw. die Dispositionsfreiheit des Geschädigten über sein Vermögen.[140] Es bleibt aber dennoch dabei, dass der Anspruch aus § 826 BGB einen **Vermögensschaden** voraussetzt. Dieser wird bei der Belastung mit einem ungewollten Vertrag aber nicht schlechthin angenommen, sondern setzt nach der Rspr. voraus, dass die durch den Vertrag erlangte Leistung nicht nur aus rein subjektiv willkürlicher Sicht als Schaden angesehen wird, sondern dass auch die **Verkehrsanschauung** bei Berücksichtigung der obwaltenden Umstände den Vertragsschluss als unvernünftig, **den konkreten Vermögensinteressen nicht angemessen** und damit als nachteilig

[132] *Köhler* WRP 2021, 129 Rn. 26; *Scherer* WRP 2021, 561 Rn. 19 f.
[133] *Scherer* WRP 2021, 561 Rn. 19.
[134] Vgl. zum Schadensersatzanspruch aus §§ 826, 249 ff. BGB, wenn der Schaden in der Belastung mit dem abgeschlossenen Vertrag liegt, OLG Hamm Urt. v. 14.8.2020 – 45 U 22/19, BeckRS 2020, 21442.
[135] BT-Drs. 19/27873, 41; ebenso grundsätzlich *Maaßen* GRUR-Prax 2021, 7 (8 f).
[136] *Köhler* WRP 2021, 129 Rn. 26; *Scherer* WRP 2021, 561 Rn. 19 f.
[137] BGH NJW 2020, 1962 Rn. 45 mwN.
[138] BGH NJW 2020, 1962 Rn. 46.
[139] BGH NJW 2020, 1962 Rn. 47 mwN.
[140] OLG Hamm Urt. v. 14.8.2020 – 45 U 22/19, BeckRS 2020, 21442.

ansieht.[141] Damit wird der Begriff des Vermögensschadens zwar extrem weitherzig ausgelegt, völlig auf ihn verzichtet wird jedoch nicht.

Der subjektbezogene Schadensbegriff ist auch der Anwendung des **§ 9 Abs. 2 S. 1** **116**
zugrunde zu legen. Ein Schaden kann daher schon in dem abgeschlossenen Vertrag selbst liegen, unabhängig davon, ob die vom Verbraucher empfangene Leistung ihr Geld wert war. Die **verbraucherschützenden Normen des UWG,** die **in Umsetzung der UGP-RL** erlassen wurden, schützen die Fähigkeit zu einer souveränen, informierten Verbraucherentscheidung[142] und damit das **wirtschaftliche Selbstbestimmungsrecht.** Wird der Verbraucher durch eine unzulässige geschäftliche Handlung zu einem Vertragsschluss veranlasst und hätte der Verbraucher ohne die unzulässige geschäftliche Handlung den Vertrag nicht geschlossen, so besteht schon in der **Belastung durch den Vertrag** der **ersatzfähigen Schaden.** Von Bedeutung ist dabei auch, dass der Art. 11a UGP-RL zugrundeliegende unionsrechtliche Schadensbegriff, in dessen Lichte § 249 ff. BGB im Rahmen eines Schadensanspruchs aus § 9 Abs. 2 S. 1 ausgelegt werden müssen, grundsätzlich auch Schäden erfasst, die **nicht Vermögensschäden** sind (→ Rn. 93). Es kann daher anders als in § 826 BGB nicht darauf ankommen, ob die Belastung mit dem ungewollten Vertrag nicht nur aus rein **subjektiv willkürlicher Sicht des Verbrauchers,** sondern auch nach der Verkehrsanschauung und nachteilig ist und daher – bei einer äußerst weitherzigen Auslegung dieses Begriffs – gerade noch als Vermögensschaden einzuordnen ist. Wenn nach diesen Kriterien der Vertragsschluss aber als **Vermögensschaden** einzuordnen ist, liegt **selbstverständlich** auch stets ein **Schaden iSd § 9 Abs. 2 S. 1** vor.

Im Beispiel mit dem italienischen Restaurant (→ Rn. 83) wäre ein Vermögensschaden **117**
jedenfalls dann zu bejahen, wenn die Qualität des Essens hinter den Erwartungen des Verbrauchers zurückbleibt. Ob dies auch dann der Fall ist, wenn das Essen qualitativ hervorragend ist, kann aber bezweifelt werden. Hier wäre wohl nur das Affektionsinteresse des Verbrauchers betroffen. Sog. **Affektionsinteressen** oder Liebhaberinteressen, die sich nicht vermögensrechtlich fassen und bewerten lassen, finden aber nach gem. **§ 253 Abs. 1 BGB** nur in bestimmten, ausdrücklich gesetzlich geregelten Fällen Berücksichtigung,[143] wozu § 9 Abs. 2 S. 1 seinem Wortlaut nach **nich**t gehört. Aus einer richtlinienkonformen Interpretation im Lichte des Art. 11a UGP-RL und dem **unionsrechtlichen Schadensbegriff** mag sich aber etwas **anderes** ergeben. Nicht bloß das Affektionsinteresse ist betroffen, wenn der Verbraucher einen Vertrag nur deshalb schließt, weil er durch eine irreführende Werbung in die Vorstellung versetzt wird, durch den Kauf ein Schnäppchen im Räumungsverkauf zu machen.[144] Die **Schnäppchenjagd** ist ihrem Wesen nach **vermögensbezogen.** Ein vermeintliches Schnäppchen, das in Wahrheit keines ist, wird – gerade dann, wenn es nur um seines vermeintlich billigen Preises und nicht zur eigentlichen Bedarfsdeckung gekauft wird – den konkreten Vermögensinteressen des Verbrauchers nicht angemessen sein, womit nach den Grundsätzen der Rechtsprechung zu § 826 BGB auch ein Vermögensschaden vorliegt.

Die Frage, ob Art. 11a UGP-RL eine Aufhebung bzw. Rückgängigmachung eines Ver- **118**
trages als Schadensersatz – je nach dem Schutzzweck der verletzten Verhaltensnorm – auch bei der Verletzung von **Affektionsinteressen** gebietet **oder** von einem **Vermögensschaden** abhängig macht und, wenn Letzteres der Fall ist, wie das Vorliegen eines Vermögensschadens bei objektiv werthaltiger Leistung zu ermitteln ist, ist ggf. dem EuGH gem. **Art. 267 AEUV zur Vorabentscheidung** vorzulegen.

Wurde aufgrund einer gem. § 3 unzulässigen geschäftlichen Handlung ein bereits beste- **119**
hender **Vertrag verlängert,** so geht im Wege der Naturalrestitution gem. § 249 Abs. 1

[141] BGH NJW-RR 2015, 275 (276); NJW 2020, 1962 Rn. 46; OLG Hamm Urt. v. 14.8.2020 – 45 U 22/19, BeckRS 2020, 21442.

[142] *Köhler* WRP 2021, 129 Rn. 67.

[143] LG Wuppertal NJW 1979, 2213.

[144] AA *Maaßen* GRUR-Prax 2021, 7 (9).

BGB der auf Aufhebung bzw. Rückgängigmachung des Vertrags gerichtete Anspruch im Ergebnis Anspruch auf **Zurückführung** des Vertrags **auf die ursprüngliche Laufzeit.**

120 **bb) Abwicklung.** Hat der Verbraucher den Vertrag seinerseits bereits erfüllt, kann er im Wege des auf Aufhebung bzw. Rückgängigmachung des geschlossenen Vertrags gerichteten Anspruchs gem. § 9 Abs. 2 S. 1 iVm § 249 Abs. 1 BGB die **Rückzahlung** der von ihm erbrachten Leistung verlangen, allerdings grundsätzlich nur **Zug um Zug gegen Rückgewähr** der von ihm empfangenen Leistung (sog. Vorteilsausgleichung bzw. Bereicherungsverbot; → Rn. 94 ff.).[145]

121 Wurde der Kaufgegenstand oder die sonstige Leistung (z. B. Essen in einem Restaurant) vom Verbraucher bereits verbraucht oder kann es aus einem anderen Grund nicht mehr oder nur verschlechtert herausgegeben werden, müsste der geschädigte Verbraucher nach dem Grundsatz der Vorteilsausgleichung sich eigentlich den Wert des Produktes von seinem Schadensersatzanspruch abziehen lassen.[146] Dies würde jedoch im Ergebnis bedeuten, dass der Vertrag wirtschaftlich aufrecht erhalten bliebe, da der Unternehmer dann lediglich den Teil des Kaufpreises zurückzahlen müsste, der über den Wert des Produktes hinausginge, ggf. keinerlei Kaufpreis zurückzahlen müsste, wenn der Wert des verbrauchten Produktes dem Kaufpreis entsprach.[147] Dies wird in vielen Fällen dem Schutzzweck der verletzten Verhaltensnorm widersprechen, was zur Versagung der Vorteilsausgleichung führt (→ Rn. 94 ff.). Auch ist eine **generelle Vorteilsausgleichung mit der Zielsetzung des Art. 11a UGP-RL nicht zu vereinbaren,** der nach Erwägungsgrund 26 der Omnibus-Richtlinie auf die „Beseitigung jeglicher Folgen unlauterer Geschäftspraktiken" abzielt. Schließlich steht dieses Ergebnis – Wertersatz bei Untergang oder Verschlechterung des Kaufgegenstands – im Widerspruch zu den Wertungen des Rücktrittsrechts, da gem. § 346 Abs. 2, Abs. 3 Nr. 3 BGB beim gesetzlichen Rücktrittsrecht die Pflicht zum Wertersatz entfällt, wenn die Verschlechterung oder der Untergang des Produkts beim Berechtigten lediglich auf Handlungen zurückzuführen sind, die der *diligentia quam in suis* entsprechen (§ 277 BGB, Befreiung für Haftung für gewöhnliche, aber nicht für grobe Fahrlässigkeit).[148] Wenn man den Verbraucherschadensersatz jedenfalls dann, wenn er als Naturalrestitution gem. § 249 Abs. 1 BGB auf Vertragsaufhebung gerichtet ist, für ein mit dem gesetzlichen Rücktrittsrecht vergleichbares Rechtsinstitut hält, gebietet auch der **Äquivalenzgrundsatz,** den Schadensersatzgläubiger insoweit nicht schlechter zu stellen als den Rücktrittsgläubiger. Aus all diesen Gründen kann der Verbraucher bei Aufhebung des Vertrags grundsätzlich seinen **vollen Kaufpreis zurückverlangen,** selbst wenn er das **Produkt nicht oder nur verschlechtert zurückgeben** kann. Es mag allerdings – entsprechend der Wertung des § 346 Abs. 3 Nr. 3 BGB – der Billigkeit entsprechen, dass ein Verbraucher, der den Kaufgegenstand vorsätzlich oder grobfahrlässig zerstört oder beschädigt, Wertersatz zu leisten hat. Dies würde dann dazu führen, dass der Zahlungsanspruch um den Betrag des Wertersatzes gemindert wird und der Verbraucher nur einen geringeren Betrag oder ggf. gar nichts beanspruchen kann.[149]

122 Auch diese Fragen muss ggf. der EuGH in einem Vorabentscheidungsverfahren gem. **Art. 267 AEUV** klären.

123 **cc) Einrede.** Hat der Verbraucher den Vertrag seinerseits nicht erfüllt und verlangt der unzulässig handelnde Unternehmer Erfüllung des Vertrages, so kann der Anspruch auf Aufhebung bzw. Rückgängigmachung dem **Erfüllungsverlangen des Unternehmers** gem. § 242 BGB einredeweise entgegengehalten werden. Die Erfüllungsleistung des Verbrauchers wäre nämlich nach Aufhebung des Vertrags alsbald zurückzugewähren

[145] BGH NJW 2020, 1962 Rn. 58 (zu §§ 826, 249 Abs. 1 BGB); vgl. auch *Köhler* WRP 2021, 129 Rn. 32; *Scherer* WRP 2021, 561 Rn. 21.
[146] *Scherer* WRP 2021, 561 Rn. 21.
[147] *Scherer* WRP 2021, 561 Rn. 22.
[148] *Scherer* WRP 2021, 561 Rn. 22.
[149] *Scherer* WRP 2021, 561 Rn. 23.

(→ Rn. 120), was den Einwand des *dolo agit* begründet.[150] Darüber hinaus ist auch daran zu denken, dass, wenn der Verbraucher den Vertrag seinerseits noch nicht erfüllt hat und insoweit einer vertraglichen Verbindlichkeit ausgesetzt ist, gem. § 249 Abs. 1 BGB auch ein Anspruch auf Befreiung von der Verbindlichkeit besteht.[151] Dieser Anspruch kann ebenfalls dem Erfüllungsverlangen gem. § 242 BGB einredeweise entgegengehalten werden.

b) Keine Kompensation des Erfüllungsinteresses. Werden einem Produkt in der Werbung Eigenschaften zugeschrieben, die es tatsächlich nicht hat, und kauft der Verbraucher das Produkt gerade im Hinblick auf diese Eigenschaften, hätte es bei Kenntnis der wahren Sachlage aber nicht gekauft, so stellt sich folgende Frage: Muss der Verbraucher wirtschaftlich so gestellt werden, wie er stehen würde, wenn das Produkt die ihm zugeschriebenen Eigenschaften hätte? 124

Ein Beispiel: Auf einer Internet-Handelsplattform wird eine Krawatte mit den typischen rot-weiß-blauen Regimentsstreifen der Royal Air Force aus reiner Seide neu zum Preis von 10 EUR angeboten, wofür sonst nur entsprechende Krawatten aus Polyester zu haben sind. Der Verbraucher entschließt sich zum Kauf, weil er eine solche Krawatte unbedingt haben will, Polyesterkrawatten ablehnt und reinseidene Krawatten dieses Musters sonst mindestens 40 EUR kosten. Die ihm zugeschickte Krawatte ist aber aus 100 % Polyester. In diesem Fall kann der Verbraucher aus § 9 Abs. 2 S. 1 weder Übergabe und Übereignung einer reinseidenen Krawatte verlangen, noch zusätzlich zur Rückzahlung des Kaufpreises von 10 EUR den Differenzbetrag von 30 EUR zwecks Erwerb der gewünschten reinseidenen Krawatte von einem Dritten. Ein Schadensersatz statt der Leistung ist nicht geschuldet.[152] 125

Denn der zum deliktischen Schadensersatz verpflichtende Umstand ist in solchen Fällen nicht die Tatsache, dass eine Ware die beworbenen Eigenschaften nicht hat. Hierfür ist das vertragliche Gewährleistungsrecht zuständig. Der zum Ersatz verpflichtende Umstand ist vielmehr, dass die Ware **so beworben wurde, als ob sie die beworbenen Eigenschaften hätte.** Das ist die gem. § 3 iVm § 5 Abs. 1 S. 2 Nr. 1 Alt. 1 unzulässige und daher unerlaubte Handlung. Geschuldet ist daher nach den allgemeinen Grundsätzen der adäquat-kausalen Schadensverursachung nur der **Ersatz des negativen Interesses.** Wäre im Beispielsfall die Krawatte nicht verbotenerweise als Seidenkrawatte, sondern erlaubterweise als aus 100 % Polyester bestehend beworben worden, so hätte der Verbraucher jedenfalls diese Krawatte nicht gekauft und muss – lediglich – so gestellt werden, als hätte er es nicht getan. Entsprechend ist auch in solchen Fällen als Schadensersatz im Wege der Naturalrestitution gem. § 249 Abs. 1 BGB Aufhebung bzw. Rückgängigmachung des Vertrags verlangen, also Rückzahlung des Kaufpreises Zug um Zug gegen Rückgabe und Rückübereignung des Kaufgegenstands (→ Rn. 120).[153] 126

c) Kompensation des Vertrauensschadens durch Preisherabsetzung. Nach der Rechtsprechung des BGH zu §§ 249, 280 Abs. 1, 311 Abs. 2, 141 Abs. 2 BGB *(culpa in contrahendo)* steht dem Geschädigten nach einer Verletzung von Aufklärungspflichten bei Vertragsverhandlungen zwar kein Anspruch auf Anpassung des Vertrags zu. Er hat aber das Recht, an dem für ihn ungünstigen Vertrag festzuhalten und den verbliebenen **Vertrauensschaden** zu liquidieren.[154] Zur Berechnung dieses Restvertrauensschadens ist der Geschädigte so zu behandeln, als wäre es ihm bei Kenntnis der wahren Sachlage gelungen, den Vertrag zu einem niedrigeren Preis abzuschließen; ihm ist dann **der Betrag zu ersetzen,** um den er den **Kaufgegenstand zu teuer erworben** hat. Auf den Nachweis, dass die 127

[150] *Köhler* WRP 2021, 129 Rn. 31; *Scherer* WRP 2021, 561 Rn. 20.
[151] BGH NJW-RR 1987, 43 (44); NJW 2007, 1809 Rn. 20.
[152] *Scherer* WRP 2021, 561 Rn. 31.
[153] *Köhler* WRP 2021, 129 Rn. 33; *Scherer* WRP 2021, 561 Rn. 30 ff.
[154] BGH NJW 2006, 3139 Rn. 21 und Ls 1.

andere Vertragspartei sich darauf eingelassen hätte, kommt es dabei nicht an.[155] Dies läuft im **Ergebnis** auf eine **Minderung des Kaufpreises** hinaus.

128 Diese Rechtsprechung kann grundsätzlich auf § 9 Abs. 2 S. 1 übertragen werden.[156] Voraussetzung ist aber selbstverständlich, dass der Vertragsschluss durch eine unzulässige geschäftliche Handlung veranlasst wurde und der Verbraucher den konkreten Vertrag unbeeinflusst von dieser nicht geschlossen hätte.

129 **d) Kompensation des Integritätsinteresses bei Folgeschäden.** Wenn eine beworbene Ware die ihr in der Werbung zugeschriebenen Eigenschaften nicht hat oder etwa eine Dienstleistung – z. B. im Gesundheitswesen oder in der Rechtsberatung – von einer hierfür nicht qualifizierten Person erbracht wird, so kann dies u. U. gravierende Schäden an den Rechtsgütern des Verbrauchers verursachen (Beispiele: als feuerfest beworbene Produkte fangen plötzlich Feuer und setzen die Küche in Brand, durch seine Löschversuche trägt der Verbraucher Brandwunden davon;[157] der durch eine Vermittlungsplattform vermittelte angebliche Klempner ist in Wirklichkeit keiner und setzt durch eine völlig unsachgemäße Reparaturmaßnahme den gesamten Keller unter Wasser, wodurch sein Inhalt zerstört wird).

130 Für § 9 Abs. 2 S. 1 gilt: Wird die Ware oder Dienstleistung irreführend so beworben, dass der Verbraucher sie ohne weiteres für tauglich erachtet, und trifft er daraufhin die geschäftliche Entscheidung, einen Vertrag zu schließen und die Ware zu kaufen oder die Dienstleistung in Anspruch zu nehmen (was er nicht getan hätte, wenn er die wahren Sachlage gekannt hätte), so sind nicht völlig außerhalb der Vorhersehbarkeit liegende Schäden, die auf die mangelnde Tauglichkeit zurückzuführen sind, adäquat-kausal durch die Irreführung und die durch diese veranlasste geschäftliche Entscheidung des Verbrauchers verursacht, wenn auch nur mittelbar. Sie sind deshalb in vollem Umfang zu ersetzen. In solchen Fällen schützt § 9 Abs. 2 S. 1 auch das **Integritätsinteresse.**[158] Derartige Schäden liegen auch **innerhalb des Schutzzwecks** der verletzten Verhaltensnorm, nämlich **des Irreführungsverbots.** Dieses schützt die informierte Verbraucherentscheidung selbstverständlich nicht als Selbstzweck, sondern mit Blick darauf, dass der mündige Verbraucher eine rational abgewogene geschäftliche Entscheidungen als Sachwalter seiner eigenen Interessen treffen kann, wozu das Interesse an der Integrität seiner Rechte und Rechtsgüter gehört.

131 **e) Entgangener Gewinn.** Nach § 252 S. 1 BGB umfasst der zu ersetzende Schaden auch den entgangenen Gewinn. Gem. § 252 S. 2 BGB gilt als entgangen der Gewinn, welcher nach dem gewöhnlichen Lauf der Dinge oder nach den besonderen Umständen, insbesondere nach den getroffenen Anstalten und Vorkehrungen, mit Wahrscheinlichkeit erwartet werden konnte. Dies gilt selbstverständlich auch im Rahmen des § 9 Abs. 2 S. 1, zumal nach dem unionsrechtlichen Schadensbegriff, der Art. 11a UGP-RL zugrunde liegt, auch der **entgangene Gewinn ersatzfähig** ist (→ Rn. 93). Zu ersetzen ist derjenige entgangene Gewinn, den der Verbraucher **im Rahmen seiner privaten Lebensführung** hätte erzielen können. Voraussetzung ist, dass der Gewinnentgang adäquat-kausale Folge gerade derjenigen geschäftlichen Entscheidung des Verbrauchers ist, die er ohne die unzulässige geschäftliche Handlung des Unternehmers nicht getroffen hätte und die durch diese veranlasst wurde.

132 Als Beispiel soll der in Rn. 129 erwähnte Fall mit dem falschen Klempner dienen: In dem unter Wasser gesetzten Keller befand sich eine ererbte Sammlung antiker Bücher, die der Verbraucher einige Tage zuvor für einen Preis von 1.000 EUR an einen Sammler verkauft hatte, der sie demnächst bezahlen und abholen wollte. Die Bücher sind durch den Wasserschaden ruiniert, wertlos und unverkäuflich, so dass der Käufer vom Kauf Abstand nimmt. In diesem Fall ist der entgangene Gewinn adäquat-kausal durch die geschäftliche

[155] BGH NJW 2006, 3139 Rn. 22 und Ls 2.
[156] *Scherer* WRP 2021, 561 Rn. 28.
[157] *Scherer* WRP 2021, 561 Rn. 36.
[158] *Scherer* WRP 2021, 561 Rn. 95 f.

Handlung des Verbrauchers – Beauftragung des falschen Klempners – verursacht und die Beauftragung wiederum durch die irreführende Werbung über die Fachkompetenz des Beauftragten.

Ein **Gewinnentgang in der unternehmerischen Sphäre** eines Verbrauchers, der durch eine unternehmerische Entscheidung verursacht wurde, entsteht jedoch **nicht** aufgrund einer geschäftlichen Entscheidung des Verbrauchers, weshalb der Tatbestand des § 9 Abs. 2 S. 1 nicht erfüllt ist (→ Rn. 80). 133

f) Entgangene Möglichkeiten und Kommerzialisierungsgedanke. Eine unzulässige geschäftliche Handlung, z. B. eine Irreführung, kann in zahlreichen Fallgestaltungen eine geschäftliche Entscheidung des Verbrauchers nach sich ziehen, die diesem im Ergebnis **Handlungs-, Nutzungs- und Genussmöglichkeiten** nimmt. Zu denken ist z. B. an entgangene Urlaubsfreuden, wenn Urlaubsziel oder Urlaubsunterkunft irreführend beworben wurden, an die entgangene Möglichkeit, das eigene Kraftfahrzeug zu nutzen, wenn die als unbedenklich beworbene Nachrüstmaßnahme tatsächlich zum Erlöschen der Betriebserlaubnis und damit zur zeitweiligen Stilllegung des Autos führt. 134

Durch einen Schadensersatz in Geld gem. § 251 S. 1 BGB ersatzfähig können ggf. auch entgangene Handlungs-, Nutzungs- und Genussmöglichkeiten sein. Solche Möglichkeiten werden allerdings grundsätzlich als **Nichtvermögensschäden** gem. § 253 Abs. 1 BGB eingeordnet und sind daher nach den traditionellen Grundsätzen des deutschen Schadensersatzrechts prinzipiell nicht ersatzfähig. Nur in bestimmten Fällen wird die **„Sperrfunktion des § 253 BGB“**[159] außer Kraft gesetzt: Soweit ein **Lebensgut** im Verkehr in gewisser Weise **„kommerzialisiert“** ist, dh durch entsprechende Vermögensaufwendungen „erkauft“ werden kann, stellt eine Einbuße an ihm einen materiellen Schaden dar.[160] Eine **„individuelle Genussschmälerung“**, die nicht einen weitgehend unentbehrlich erscheinenden Bestandteil allgemeiner und alltäglicher Bedürfnisse betrifft, soll hierfür jedoch **nicht** ausreichen.[161] Bejaht wurde ein materieller Schaden und damit die Ersatzfähigkeit gem. § 251 Abs. 1 BGB für entgangene Urlaubsfreuden,[162] für die Nutzung des eigenen Kraftfahrzeugs[163] und den eigenen Internetzugang.[164] Verneint wurde dies für die Nutzung des eigenen Privatflugzeugs[165] und des eigenen Motorboots,[166] des privaten Schwimmbads[167] und eines Pelzmantels.[168] 135

Ob hieran im Lichte des unionsrechtlichen Schadensbegriffs, der Art. 11a UGP-RL zugrunde liegt, festgehalten werden kann oder ob die Ersatzfähigkeit auf verlorene Handlungs-, Nutzungs- und Genussmöglichkeiten ausgeweitet werden muss, ist fraglich und sollte durch eine **Vorlage an den EuGH gem. Art. 267 AEUV** geklärt werden. 136

3. Vertrag mit einem Dritten zustande gekommen. a) Naturalrestitution mit Blick auf den Bestand des Vertrags. aa) Schutz des negativen Interesses. Der Schadensersatzanspruch gem. § 9 Abs. 2 S. 1, der im Wege der Naturalrestitution gem. § 249 Abs. 1 BGB auf die Befreiung einer durch Täuschung eingegangenen vertraglichen Verbindlichkeit abzielt (→ Rn. 114 ff.), kann in Art und Umfang grundsätzlich nur gegen den direkten Vertragspartner gerichtet sein, weil nur in diesem Verhältnis ein Vertrag besteht und unmittelbar rückabgewickelt werden kann. Wenn nicht der unzulässig handelnde Unternehmer (z. B. ein Automobilhersteller), sondern ein Dritter (z. B. ein Autohändler) Vertragspartner des Verbrauchers geworden ist, so kann der unzulässig handelnde 137

[159] Krit. zu ihr und für eine einschränkende Auslegung des § 253 BGB *Schulze* NJW 1997, 3137 ff.
[160] BGH NJW 1975, 40 (41).
[161] BGH NJW 1984, 724 (725); NJW 2013, 1073 Rn. 10; OLG Oldenburg NJW-RR 1993, 1437 (1438).
[162] BGH NJW 1975, 40 (41).
[163] BGH NJW 1964, 542 (543 f.).
[164] BGH NJW 2013, 1073 Rn. 8 ff.
[165] OLG Oldenburg NJW-RR 1993, 1437 (1438).
[166] BGH NJW 1984, 724 (725).
[167] BGH NJW 1980, 1386 (1387).
[168] BGH NJW 1975, 733 (734).

Unternehmer die **Rückabwicklung des Vertrags** selbst gar **nicht leisten,** weil er an ihm nicht beteiligt ist. Dennoch ist rechtlich und wirtschaftlich keine abweichende Betrachtung angezeigt und der Verbraucher nicht etwa auf den Vertrauensschaden beschränkt. Auch in Fällen des Vertragsschlusses mit einem Dritten ist das negative Interesse zu ersetzen. Der Verbraucher kann deshalb **auch hier** verlangen, **wirtschaftlich so gestellt zu werden,** wie er stehen würde, wenn der durch die unzulässige geschäftliche Handlung veranlasste Vertragsschluss unterblieben wäre.[169]

138 **bb) Abwicklung.** Der Verbraucher kann daher **direkt** die **Zahlung** einer dem Kaufpreis entsprechenden Summe unmittelbar von dem unzulässig handelnden Unternehmer **verlangen,** obwohl er den Kaufpreis ursprünglich nicht an ihn, sondern an seinem Vertragspartner, nämlich den Dritten, gezahlt hat. Allerdings hat der Verbraucher dann auch den erworbenen Kaufgegenstand **Zug um Zug** an den unzulässig handelnden Unternehmer herauszugeben und zu übereignen und nicht etwa an den Dritten, der sein Vertragspartner ist.[170] Kann der Kaufgegenstand nicht oder nur verschlechtert übergeben werden, gelten dieselben Grundsätze wie bei der unmittelbaren Abwicklung zwischen den Parteien des Kaufvertrags (→ Rn. 121).

139 **cc) Keine Einrede.** Hat der Verbraucher den **Vertrag mit dem Dritten noch nicht erfüllt,** so kann er den Schadensersatzpruch **nicht einredeweise geltend machen,** weil er sich nur gegen den unlauter handelnden Unternehmer und nicht gegen den Vertragspartner richtet. Er hat dann allerdings gem. § 249 Abs. 1 BGB gegen den Dritten einen Anspruch auf Befreiung von der Verbindlichkeit.

140 **4. Vertrag mit einem Dritten nicht zustande gekommen oder gekündigt. a) Kompensation des Erfüllungsinteresses. aa) Grundsatz.** Eine gem. § 3 unzulässige geschäftliche Handlung kann dazu führen, dass der Verbraucher die Gelegenheit zum Vertragsschluss mit einem Dritten nicht wahrnimmt (z. B. weil ihm aufgrund einer Irreführung das Angebot des unzulässig handelnden Unternehmers verlockender erscheint) oder einen mit einem Dritten bereits bestehenden Vertrag kündigt (z. B. weil der Verbraucher durch den unzulässig handelnden Unternehmer unter Druck gesetzt wird oder dieser ihm vermeintlich günstigere Vertragskonditionen vorgaukelt). In solchen Fällen kann es zugleich zu einem Vertragsschluss mit dem unzulässig handelnden Unternehmer kommen. Dann besteht ggf. ein Anspruch auf Aufhebung oder Rückgängigmachung dieses Vertrags (→ Rn. 114 ff.). Denkbar ist aber auch, dass es überhaupt nicht zu einem Vertragsschluss kommt. Jedenfalls wird in der einen wie in der anderen Konstellation der **Vertrag mit dem Dritten nicht geschlossen und nicht erfüllt.** Daran ändert sich auch nichts dadurch, dass ein ggf. mit dem unzulässig handelnde Unternehmer geschlossenen Vertrag aufgehoben wird, weshalb der Verbraucher damit nicht umfassend so gestellt wird, wie er ohne die unzulässige geschäftliche Handlung stünde.[171] Wäre es also nachweislich ohne die unzulässige geschäftliche Handlung zum Vertragsschluss mit dem Dritten gekommen, so ist der Verbraucher so zu stellen, als sei der Vertrag mit dem Dritten abgeschlossen worden. Ersatzfähig ist daher grundsätzlich das sich auf diesen Vertrag mit dem Dritten beziehende **Erfüllungsinteresse.**[172] Hier kann weiter differenziert werden:

141 **bb) Vertrag mit dem unzulässig handelnden Unternehmer zustande gekommen.** Wenn der Vertrag mit dem Dritten nachweislich deshalb nicht zustande kommt, weil der Verbraucher mit dem unzulässig handelnden Unternehmer kontrahiert, soll es nach einer im Schrifttum vertretenen Auffassung darauf ankommen, ob der nicht geschlossene

[169] Vgl. OLG Hamm Urt. v. 14.8.2020 – 45 U 22/19, BeckRS 2020, 21442 (zum Schadensersatzanspruch aus §§ 826, 249 ff. BGB).

[170] Vgl. OLG Hamm Urt. v. 14.8.2020 – 45 U 22/19, BeckRS 2020, 21442 (zum Schadensersatzanspruch aus §§ 826, 249 ff. BGB).

[171] *Scherer* WRP 2021, 561 Rn. 24.

[172] *Scherer* WRP 2021, 561 Rn. 24 unter Hinweis auf BGH NJW 1998, 2900 (2901).

Vertrag mit dem Dritten für den Verbraucher günstiger gewesen wäre als der tatsächlich geschlossene Vertrag. Die Beurteilung der „Günstigkeit" soll aber nur dann möglich sein, wenn es sich bei dem hier wie dort angebotenen Produkt um ein „standardisiertes Produkt" handelt, weil dann ein Vergleichsmaßstab gewährleistet sei und eine Preisdifferenz errechnet werden und so das Erfüllungsinteresse beziffert werden könne. Seien die Produkte aus Verbrauchersicht lediglich substituierbar – wobei offen bleibt, ob es hier auf die Sicht des Durchschnittsverbrauchers oder auf die Sicht des konkreten Verbrauchers ankommen soll –, so könne ein Vergleich nicht stattfinden, weil man in diesem Fall „Äpfel mit Birnen vergleichen" müsse.[173]

Dies überzeugt nicht. Es kommt allein darauf an, ob es für den Verbraucher einen Schaden darstellt, dass der Vertrag, den er ansonsten geschlossen hätte, nicht geschlossen wurde. Dafür ist es unerheblich, ob der Vertrag „günstiger" war als der tatsächlich zustande gekommene. Es reicht, wenn der Vertrag, der nachweislich zustande gekommen wäre und insoweit vom Verbraucher „erwünscht" war, für ihn überhaupt „günstig" war. Hier drängt sich eine parallele – oder, besser: spiegelbildliche – Wertung zum „unerwünschten" Vertrag auf: Die **Belastung mit einem ungewollten Vertrag** wird jedenfalls dann **als Vermögensschaden gewertet,** wenn die durch den unerwünschten Vertrag erlangte Leistung nicht nur aus rein subjektiv willkürlicher Sicht als Schaden angesehen wird, sondern dass auch die Verkehrsanschauung bei Berücksichtigung der obwaltenden Umstände den Vertragsschluss als unvernünftig, den konkreten Vermögensinteressen nicht angemessen und damit als nachteilig ansieht (→ Rn. 115).[174] Ebenso muss das Nichtzustandekommen eines vom Verbraucher an sich gewollten Vertrags als Vermögensschaden gewertet werden, wenn die durch diesen Vertrag zu erlangen gewesene Leistung nicht nur aus rein subjektiv willkürlicher Sicht als Vorteil angesehen wird, sondern dass auch die Verkehrsanschauung bei Berücksichtigung der obwaltenden Umstände den Vertragsschluss als vernünftig, den konkreten Vermögensinteressen angemessen und damit als vorteilhaft ansieht. 142

Hierzu ein Beispiel in Abwandlung des in → Rn 125 gebrachten Krawatten-Falls: Die Royal-Air-Force-Krawatte aus reiner Seide zum Preis von 40 EUR war relativ günstig, weil der gewöhnliche Marktpreis und Wert solcher Krawatten 60 EUR beträgt. Der Verbraucher hat sie nur deswegen nicht gekauft, weil er geglaubt hat, eine solche Krawatte beim unzulässig handelnden Unternehmer zum Preis von 10 EUR bekommen zu können. Alle weiteren Royal-Air-Force-Krawatten aus reiner Seide hätten nämlich 60 EUR gekostet. Nachdem der Verbraucher erkannt hat, dass die von ihm erworbene Krawatte nicht aus Seide ist, muss er feststellen, dass die Krawatte für 40 EUR verkauft wurde. Das Erfüllungsinteresse am entgangenen Vertrag – der nicht nur aus subjektiv willkürlicher Sicht, auch nach der Verkehrsanschauung bei Berücksichtigung der obwaltenden Umstände als vernünftig, den konkreten Vermögensinteressen angemessen und damit als vorteilhaft erscheint – lässt sich auf 20 EUR beziffern. Der Fall wäre auch nicht anders zu beurteilen, wenn es sich um ein völlig anderes Produkt handeln würde (wenn also z. B. das alternative, nicht wahrgenommene und für sich genommen günstige Angebot eine Krawatte mit anderen Muster oder eine Flasche Wein gewesen wäre, etwa wenn das Produkt als Geschenk gedacht war). Von Bedeutung ist allein, dass nachgewiesen ist, dass dieses andere Produkt tatsächlich gekauft worden wäre, wenn die unzulässige geschäftliche Handlung nicht stattgefunden hätte. Hier kommt es allein auf das Tatsächliche an. 143

cc) Kein Vertrag mit dem unzulässig handelnden Unternehmer zustande gekommen. Nichts anderes gilt in solchen Konstellationen, in denen gar kein Vertrag zustande kommt, solange nachgewiesen ist, dass das günstige Alternativangebot wahrgenommen worden wäre. Auch dann ist das Erfüllungsinteresse mit Blick auf den nicht zustande gekommenen Vertrag mit dem Dritten zu ersetzen. Hierzu eine weitere Abwand- 144

[173] *Scherer* WRP 2021, 561 Rn. 24 ff.

[174] BGH NJW-RR 2015, 275 (276); NJW 2020, 1962 Rn. 46; OLG Hamm Urt. v. 14.8.2020 – 45 U 22/19, BeckRS 2020, 21442.

lung des modifizierten Krawatten-Falles aus → Rn. 125 und → Rn. 143: Der Verbraucher gibt auf das Angebot der angeblichen Seitenkrawatte zu 10 EUR *(invitatio ad offerendum)* eine Kaufofferte ab und erhält die Antwort, dass die Krawatte im Moment nicht auf Lager, aber als fester Sortimentsbestandteil in wenigen Wochen wieder verfügbar sei und sich der Verbraucher dann wieder melden möge. In der Zwischenzeit wird die reinseidene Krawatte des Drittanbieters zu 40 EUR – die der Verbraucher gekauft hätte, wenn er gewusst hätte, dass die ihn in erster Linie interessierende Krawatte zu 10 EUR aus Polyester ist – verkauft und steht nicht mehr zur Verfügung. Nach wenigen Wochen wird die Krawatte zu 10 EUR wieder gelistet, aber dann korrekt als Erzeugnis aus 100 % Polyester. Auch hier ist das Erfüllungsinteresse als Differenz zum Wert und Marktpreis von 60 EUR auf 20 EUR zu beziffern und als Schaden zu ersetzen.

145 **b) Entgangener Gewinn.** Auch ein entgangener Gewinn kann ersatzfähig sein. Dies ist denkbar, wenn der Verbraucher **im Rahmen seiner privaten Lebensführung** einen Gewinn hätte erzielen können. Wenn im Krawatten-Beispiel in → Rn. 144 für 40 EUR zwei identische Krawatten angeboten werden, und hätte der Verbraucher in diesem Fall nur eine Krawatte für sich behalten und die andere nachweislich für 30 EUR an einen Freund verkauft und damit 10 EUR Gewinn gemacht, so ist ihm dieser Gewinn entgangen. Der entgangene Gewinn ist gem. §§ 249, 251, 252 BGB zu ersetzen, weil er ohne das irreführende, unterm Strich vermeintlich günstigere Angebot der vermeintlichen Seidenkrawatte zu 10 EUR gemacht worden wäre.

146 **c) Integritätsinteresse.** Ebenso kann das Unterbleiben eines Vertragsschlusses mit einem Dritten dazu führen, dass Rechtsgüter des Verbrauchers beeinträchtigt werden. Hierzu eine Abwandlung des Klempner-Beispiels aus → Rn. 129: Der falsche Klempner wird gerufen, um einen gerade entstandenen Rohrbruch zu beheben. Sein Angebot war auf der Vermittlungsplattform günstiger als das nächstgünstigere eines echten Klempners, der sonst sofort beauftragt worden wäre. Der falsche Klempner erkennt nach seinem Eintreffen, dass er nicht in der Lage ist, die Reparatur durchzuführen. Deshalb entstehen Wasserschäden an Wohnung und Einrichtung, ehe der dann herbeigerufene echte Klempner den Rohrbruch schließlich beheben kann. Der echte Klempner wäre aber, wenn er gleich gerufen worden wäre, auch sofort gekommen und hätte den Rohrbruch schnell fachgerecht behoben, so dass keine weiteren Schäden entstanden wären. Der durch die verzögerte Beauftragung des echten Klempners entstandene Schaden muss erstattet werden. Er wäre nämlich nicht entstanden, wenn der Verbraucher nicht mit dem irreführenden, vermeintlich günstigeren Angebot des falschen Klempners konfrontiert worden wäre und nicht die geschäftliche Entscheidung getroffen hätte, den echten Klempner nicht zu rufen.

147 **5. Zahlungen. a) Rechtsgrundlose Zahlungen.** Bestand die durch die unzulässige geschäftliche Handlung veranlasste und ansonsten nicht getroffene geschäftliche Entscheidung darin, dass der Verbraucher eine rechtsgrundlose Zahlung leistet, so hat er gem. § 9 Abs. 2 S. 1 UWG iVm § 249 Abs. 1 BGB einen Anspruch auf Rückzahlung. Die Gesetzesbegründung nennt als Beispiel den Fall, in dem Verbraucher nach einem Identitätsdiebstahl von einem Inkassounternehmen zur Bezahlung tatsächlich nicht bestellter Waren oder Dienstleistungen aufgefordert werden, was nach höchstrichterlicher Rechtsprechung eine unlautere geschäftliche Handlung im Sinne von § 5 Abs. 1 S. 2 Alt. 1 UWG darstellen kann.

148 **b) Zahlungen auf einen einredefreien Anspruch.** Steht dem Unternehmer gegen den Verbraucher ein fälliger und einredefreier Anspruch zu, zahlt der Verbraucher aber nicht freiwillig, sondern allein aufgrund einer aggressiven geschäftlichen Handlung, so kann er zwar grundsätzlich gem. § 9 Abs. 2 S. 1 UWG iVm § 249 Abs. 1 BGB Rückzahlung verlangen.[175] Dem Unternehmer steht aber die Einrede des *dolo agit* zu, weil aufgrund des

[175] *Köhler* WRP 2021, 129 Rn. 35; *Scherer* WRP 2021, 561 Rn. 33.

fälligen einredefreien Anspruchs der Verbraucher den Betrag ohnehin einen Unternehmer zahlen müsste.[176]

6. Nichtausübung vertraglicher Rechte. Ging die geschäftliche Entscheidung des Verbrauchers dahin, dass er ein vertragliches Recht nicht oder nicht fristgerecht ausgeübt hat, es aber ohne die unzulässige Beeinflussung ausgeübt hätte, so ist er gem. § 249 Abs. 1 BGB so zu stellen, wie er ohne Veranlassung dieser Entscheidung durch die unzulässige geschäftliche Handlung stehen würde. Er muss dann so gestellt werden, als hätte er sein vertragliches Recht fristgerecht ausgeübt.[177] 149

7. Preisgabe von Daten. Besteht die durch die unzulässige geschäftliche Handlung veranlasste geschäftliche Entscheidung des Verbrauchers in der Preisgabe seiner persönlichen Daten, so steht dem Verbraucher gem. § 249 Abs. 1 BGB ein **Anspruch auf Löschung** dieser Daten zu. Darüber hinaus kommt jedenfalls bei Weitergabe der Daten auch ein Ersatz des **immateriellen Schadens** entsprechend Art. 82 Abs. 1 DSGVO in Betracht.[178] 150

III. Rechtsverfolgungskosten

1. Anspruch auf erforderliche und zweckmäßige Rechtsverfolgungskosten. Nach § 249 Abs. 1 BGB sind dem Geschädigten diejenigen **adäquat verursachten Rechtsverfolgungskosten,** zu denen auch Rechtsanwaltskosten gehören, zu ersetzen, die aus Sicht des Schadensersatzgläubigers zur Wahrnehmung und Durchsetzung seiner Rechte erforderlich und zweckmäßig waren.[179] Dabei gebietet die Schadensminderungsobliegenheit gem. § 254 Abs. 2 BGB dem Geschädigten, den Schaden möglichst gering zu halten, also nur diejenigen weiteren Aufwendungen zu verursachen, die zu einer zweckentsprechenden Rechtsverfolgung unerlässlich sind (zu Details und möglichen Schadensposten ausf. *Goldmann* → UWG § 9 Rn. 183 ff.).[180] 151

Nach einer im Schrifttum vertretenen Ansicht soll bei den meisten Sachverhalten die Hinzuziehung eines Anwalts ohne vorherige Kontaktaufnahme zum Unternehmer jedoch nicht zweckmäßig sein, weil ein mündiger Verbraucher seine Angelegenheiten zunächst selbst regeln könne. Eine niedrigere Schwelle solle dabei nur in Ausnahmefällen anzunehmen sein, wenn der Geschädigte aus Mangel an geschäftlicher Gewandtheit oder sonstigen Gründen wie Krankheit oder Abwesenheit nicht in der Lage sei, den Schaden selbst geltend zu machen.[181] Dem kann nicht gefolgt werden. Die Kosten für die **vorgerichtliche Geltendmachung** von Ansprüchen **durch einen Rechtsanwalt** sind dann ersatzfähig, wenn sie adäquat kausal auf dem Schadensereignis beruhen und die Inanspruchnahme anwaltlicher Hilfe unter den Umständen des Falles erforderlich war.[182] Im Bereich des Wettbewerbsrechts, gerade des europäisch beeinflussten verbraucherschützenden Lauterkeitsrechts mit seinen komplexen Regelungen und seiner Determinierung durch vorgelagertes und übergeordnetes Richtlinienrecht, ist es **in aller Regel zweckmäßig und erforderlich,** vor der Geltendmachung anwaltlichen Rat einzuholen.[183] Hier stellen sich vielfach schwierige Fragen der Auslegung und Anwendung des Lauterkeitsrechts.[184] Die Beurteilung von Sachverhalten auf diesem Rechtsgebiet ist stets einzelfallbezogen und erfordert komplexe Wertungen unter Berücksichtigung der jeweils neuesten höchst- und 152

[176] *Scherer* WRP 2021, 561 Rn. 33.
[177] *Köhler* WRP 2021, 129 Rn. 36; *Scherer* WRP 2021, 561 Rn. 34.
[178] Vgl. hierzu LG Darmstadt Urt. v. 26.5.2020 – 13 O 244/19, BeckRS 2020, 25785.
[179] BGH NJW 2006, 1065 Rn. 5; GRUR 2017, 1160 Rn. 64 f. – BretarisGenuair.
[180] OLG Karlsruhe WRP 1988, 381 (382 f.) – Kosten für einen Testkauf.
[181] *Maaßen* GRUR-Prax 2021, 7 (9) unter Berufung auf BGH NJW 2006, 1065 Rn. 8.
[182] BGH NJW 2006, 1065 Rn. 8.
[183] Vgl. auch die Beschlussempfehlung des Ausschusses für Recht Verbraucherschutz, BT-Drs. 19/30527, 12: „da die Verbraucherinnen und Verbraucher in vielen Fällen erst externen Rat einholen müssen, um die Erfolgsaussichten von Durchsetzungsmaßnahmen einschätzen zu können".
[184] *Köhler* WRP 2021, 561 Rn. 72.

instanzgerichtlichen Rechtsprechung, die sich schnell und dynamisch entwickelt. Sie verlangt **anwaltliches Spezialistenwissen** (vgl. *Goldmann* → UWG § 9 Rn. 191). Sowohl die Begründung wie auch die Bezifferung eines Schadens unter Berücksichtigung von adäquater Kausalität und Schutzzweck der Norm wird einen Verbraucher regelmäßig überfordern. Die Geltendmachung konkreter Ansprüche setzt daher in aller Regel eine anwaltliche Beratung voraus.

153 Diese Beratungskosten werden häufig deutlich höher sein als der Schadensersatzbetrag, zu dessen Liquidierung der Rechtsrat eingeholt wird. In der ganz überwiegenden Mehrzahl der Fälle werden die betroffenen Verbraucher diesen Aufwand von vornherein scheuen. Wendet der geschädigte Verbraucher die notwendigen Anwaltskosten aber auf, so kann ihm **nicht** entgegengehalten werden, dass die Kosten der anwaltlichen Beratung daher **unverhältnismäßig** und vom Schädiger nicht zu übernehmen seien. Denn dann würde der Schadensersatzanspruch regelmäßig ins Leere laufen, was mit dem Regelungsziel der Richtlinie, wirksame Sanktionen einzuführen, und mit deren effet utile nicht zu vereinbaren wäre.

154 **2. Zur Höhe der Erstattung von Rechtsanwaltskosten.** Zur Höhe der Erstattung von Rechtsanwaltskosten *Goldmann* → UWG § 9 Rn. 124.

H. Anspruchskonkurrenzen

155 Der Schadensersatzanspruch für Verbraucher steht in **freier Anspruchskonkurrenz** zu den bereits bestehenden Ansprüchen des bürgerlichen Rechts. Dh, die Verbraucher können bei Vorliegen der jeweiligen Voraussetzungen frei entscheiden, ob sie gegen den Schädiger den Schadensersatzanspruch aus § 9 Abs. 2 S. 1 UWG oder einen ebenfalls bestehenden **Gewährleistungs- oder außervertraglichen Haftungsanspruch** geltend machen.[185] Dies ergibt sich in richtlinienkonformer Interpretation aus **Art. 11a Abs. 2 UGP-RL.** Diese Regelung sieht vor, dass die von den Mitgliedstaaten neu einzuführenden Rechtsbehelfe die den Verbrauchern nach dem Unionsrecht oder dem nationalen Recht zur Verfügung stehen, nicht berühren. *Köhler* hatte vorgeschlagen, eine entsprechende Regelung ausdrücklich in den Gesetzestext aufzunehmen.[186] Dem ist der Gesetzgeber nicht gefolgt.

I. Verjährung: Einjährige Verjährungsfrist

156 Der Schadensersatzanspruch der Verbraucher gem. § 9 Abs. 2 S. 1 verjährt gem. § 11 Abs. 1 **in einem Jahr.** Der Beginn der Verjährungsfrist richtet sich nach § 11 Abs. 2.[187] Darüber hinaus gilt auch für den Schadensanspruch der Verbraucher gem. § 11 Abs. 3 eine absolute Verjährungsfrist von 30 Jahren.

Mit einem Jahr ist die Verjährungsfrist zwar immer noch relativ kurz, aber immerhin doppelt so lang wie die Verjährungsfrist der Ansprüche aus den §§ 8, 9 Abs. 1 und § 13 Abs. 3, die gem. § 11 Abs. 1 unverändert in sechs Monaten verjähren.

II. Zur Entstehungsgeschichte

157 Die einjährige Verjährungsfrist ist erst in der letzten Phase des Gesetzgebungsverfahrens durch die Beschlussempfehlung des Ausschusses für Recht und Verbraucherschutz in § 11 Abs. 1 ist gekommen.[188] Der Gesetzgeber hat sich hier im Ergebnis **an** der Dauer der Frist zur Anfechtung von Rechtsgeschäften bei Täuschung nach **§ 124 BGB orientiert.**[189] Die

[185] BT-Drs. 19/27873, 40.
[186] *Köhler* WRP 2021, 129 Rn. 11.
[187] BT-Drs. 19/27873, 40.
[188] BT-Drs. 19/30527, 4, 12.
[189] BT-Drs. 19/30527, 12.

Dauer der Verjährungsfrist für Ansprüche aus § 9 Abs. 2 S. 1 war eine der am stärksten umstrittenen Neuerungen des „Gesetzes zur Stärkung des Verbraucherschutzes im Wettbewerbs- und Gewerberecht".

Der **Referentenentwurf** hatte für den Schadensersatzanspruch der Verbraucher die 158 **Regelverjährung** des **§ 195 BGB** vorgesehen. Die ansonsten für UWG-Ansprüche geltende sechsmonatige Verjährungsfrist in § 11 Abs. 1 sei für Verbraucher unangemessen kurz. Zudem stehe die Dauer der Verjährungsfrist dann in Einklang mit der Dauer der Verjährung von deliktischen Ansprüchen nach dem bürgerlichen Recht.[190] Nach massiver Kritik am Referentenentwurf[191] hatte der **Regierungsentwurf** vorgesehen, dass der Schadensersatzanspruch der Verbraucher derselben kurzen **sechsmonatigen Verjährung** unterworfen sein sollte wie alle anderen UWG-Ansprüche.[192] Hiergegen wandte sich wiederum der Bundesrat. Er befürchtete, dass die Rechtsdurchsetzung durch die kurze Verjährungsfrist von sechs Monaten erheblich erschwert werde. Er bat daher um Prüfung, ob die Verjährungsfrist verlängert werden könne und regte eine Angleichung an die Verjährungsregelungen im Gewährleistungsrecht oder die regelmäßige Verjährungsfrist des § 195 BGB angeregt. Im Ergebnis schlug er eine Verjährungsfrist von drei Jahren vorgeschlagen, dies insbesondere mit Blick auf die durch die **Verbandsklagen-Richtlinie** vorgesehene und am Horizont stehende Kollektivklage (hierzu → Rn. 45). Eine Verjährungsfrist von drei Jahren sei für Verbraucher insbesondere erforderlich, um auch bei komplexeren Rechtslagen sowie Streu- und Massenschäden von ihrem Anspruch Gebrauch machen zu können. Eine Frist von lediglich sechs Monaten würde den Verbrauchern eine **kollektive Wahrnehmung** ihrer Rechte **erheblich erschweren.** Dies gelte sowohl im Hinblick auf das sukzessive Bekanntwerden von Schadensfällen wie auch für den Vorbereitungsaufwand einer Kollektivklage. Zudem wäre nach Auffassung des Bundesrates eine Kollektivklage im Binnenmarkt – die durch die Verbandsklagen-Richtlinie (ausdrücklich auf Schadensersatz erweitert wird – bei einer kurzen Verjährungsfrist praktisch nicht anwendbar, da sie eine grenzüberschreitende Beteiligung von Verbraucherinnen und Verbrauchern voraussetzt. Die Verlängerung der Verjährungsfrist auf **drei Jahre** sei deshalb sowohl unter praktischen Erwägungen des Verbraucherschutzes wie auch aus unionsrechtlichen Gründen erforderlich.[193]

Die nunmehr in § 11 Abs. 1 festgeschriebene Verjährungsdauer von **einem Jahr** ist also 159 ein **Kompromiss** zwischen der kurzen sechsmonatigen und einer dreijährigen Verjährungsfrist. Er beruht auf der Erwägung, dass Verbraucher regelmäßig mehr Zeit für die Durchsetzung ihrer Schadensersatzansprüche benötigten als Mitbewerber, da Verbraucher in vielen Fällen erst externen Rat einholen müssten, um die Erfolgsaussichten von Durchsetzungsmaßnahmen einschätzen zu können. Auch mit Blick auf eine wirksame kollektive Durchsetzung solcher Ansprüche im Wege einer Abhilfeklage, die mit der Umsetzung der **Verbandsklagen-Richtlinie** zum Schutz der Kollektivinteressen der Verbraucher und zur Aufhebung der Richtlinie ermöglicht werden muss, sei eine längere Verjährungsfrist zweckmäßig. Die einjährige Verjährungsfrist führe auch zu einem **Gleichklang** mit der Frist zur Anfechtung von Rechtsgeschäften bei Täuschung der Verbraucher nach **§ 124 BGB.**[194]

---

[190] Referentenentwurf des BMJV eines Gesetzes zur Stärkung des Verbraucherschutzes im Wettbewerbs- und Gewerberecht v. 4.11.2020, 8, 36.

[191] Vgl. Stellungnahme des Markenverbandes zum Entwurf eines Gesetzes zur Stärkung des Verbraucherschutzes im Wettbewerbs- und Gewerberecht v. 26.11.2020, 4; Stellungnahme des Deutscher Reiseverband e. V. zum Referentenentwurf eines Gesetzes zur Stärkung des Verbraucherschutzes im Wettbewerbs- und Gewerberecht v. 1.12.2020, S. 1 f.: „nicht nachvollziehbar"; Stellungnahme der Zentrale zur Bekämpfung unlauteren Wettbewerbs Frankfurt am Main e. V. zum Entwurf eines Gesetzes zur Stärkung des Verbraucherschutzes im Wettbewerbs- und Gewerberecht v. 30.11.2020, 3: nicht zu rechtfertigende Privilegierung des Verbrauchers gegenüber anderen Anspruchsberechtigten.

[192] BT-Drs. 19/27873, 40.

[193] BT-Drs. 19/27873, 59 f.

[194] BT-Drs. 19/30527, 12.

III. Beurteilung nach Unionsrecht

160 Die kurze sechsmonatige Verjährung wäre mit Blick auf den Effektivitätsgrundsatz und den Äquivalenzgrundsatz (→ Rn. 29) in der Tat unionsrechtliche äußerst problematisch gewesen, zumal es eine derart kurze Verjährungsfrist bei sonstigen Verbrauchansprüchen nicht gibt. Die unionsrechtliche Beurteilung der nunmehr eingeführte Verjährungsfrist von einem Jahr fällt günstiger aus.

161 Der **Äquivalenzgrundsatz** ist dann gewahrt, wenn man wie der Ausschuss für Recht und Verbraucherschutz als mit dem Verbraucherschadensersatz vergleichbares Rechtsinstitut die Anfechtung einer Willenserklärung nach arglistiger Täuschung oder widerrechtlicher Drohung gem. § 123 BGB heranzieht, wo gem. **§ 124 BGB** eine **Anfechtungsfrist von einem Jahr** gilt. Dies ist ohne weiteres sachgerecht, hat man es doch bei denjenigen unzulässigen geschäftlichen Handlungen gem. § 3, die den Schadensanspruch auslösen mit irreführenden oder aggressiven geschäftlichen Handlungen zu tun. Es ist daher nicht nötig gewesen, die Verjährung an anderen Ansprüchen auszurichten, für die eine längere Verjährungsfrist gilt (z.B. beim Kauf von beweglichen Sachen Verjährung in zwei Jahren ab Übergabe gem. § 438 Abs. 1 Nr. 3 BGB, soweit nicht zulässigerweise die Gewährleistung bei gebrauchten Sachen auf ein Jahr beschränkt wurde; dreijährige Ultimoverjährung bei deliktischen Ansprüchen wegen der Verletzung nicht höchstpersönlicher Güter gem. §§ 195, 199 Abs. 1 BGB). Auch dem **Effektivitätsgrundsatz,** demzufolge die Ausübung der unionsrechtlich gewährten Rechte nicht praktisch unmöglich gemacht oder allzu sehr erschwert werden darf, ist mit einer einjährigen Verjährungsfrist genüge getan.

162 Ob § 11 Abs. 1 insoweit mit dem Unionsrecht in Einklang steht, muss ggf. der EuGH im Wege eines Vorabentscheidungsverfahrens gem. Art. 267 AEUV klären.

K. Gerichtliche Zuständigkeit

163 Abweichend von den § 14 Abs. 1–3, die für die gerichtliche Geltendmachung von UWG-Ansprüchen abschließende Sonderregelungen zur sachlichen und örtlichen Zuständigkeit der Landgerichte treffen, richtet sich gem. **§ 14 Abs. 4** die sachliche und örtliche Zuständigkeit für bürgerlich-rechtliche Rechtsstreitigkeiten, mit denen der individuelle Schadensersatzanspruch für Verbraucher nach § 9 Abs. 2 S. 1 geltend gemacht wird, **nach den allgemeinen Vorschriften** über die gerichtliche Zuständigkeit. **In Abhängigkeit vom jeweiligen Streitwert** kann damit auch die sachliche Zuständigkeit der **Amtsgerichte** begründet sein.[195] Näher → § 14 Abs. 4 UWG *(Tolkmitt)*.

L. Schadensersatzanspruch gem. § 9 Abs. 2 S. 1 als Grundlage von Abwehransprüchen?

164 Der Schadensersatzanspruch der Verbraucher gem. § 9 Abs. 2 S. I bietet keine Grundlage für Abwehransprüche gem. § 1004 BGB analog.[196] Zwar ist anerkannt dass der Beseitigungs- und Unterlassungsanspruch nach § 1004 BGB nicht nur bei Beeinträchtigung des Eigentums, sondern analoge Anwendung auch bei Verletzung aller nach § 823 Abs. 2 S. 1 BGB geschützten Rechtsgütern besteht.[197] Und es ist auch richtig, dass der Schadensersatz-

[195] BT-Drs. 19/27873, 41.

[196] AA *Köhler* WRP 2021, 129 Rn. 66 ff.

[197] BGH NJW 1952, 417 (418) – Nadelfabrikanten; BGH GRUR 2008, 996 Rn. 13 – Clone-CD; *Köhler* WRP 2021, 129 Rn. 66.

anspruch nach § 9 Abs. 2 S. 1 funktional dem § 823 Abs. 2 BGB entspricht.[198] Daraus folgt aber nicht, dass sich durch die Zwischenschaltung des § 9 Abs. 2 S. 1 bei Verstößen gegen § 3 Abwehransprüche auf § 1004 BGB analog stützen lassen. Denn die in den § 8 ff. geregelten Ansprüche hinsichtlich der Aktivlegitimation abschließend geregelt.[199] § 8 sieht eine Aktivlegitimation für Verbraucher bei Ansprüchen auf Unterlassung oder Beseitigung nicht vor. Hieran wollte der Gesetzgeber trotz Einführung des § 9 Abs. 2 S. 1 ersichtlich festhalten.[200] Er wollte auch daran festhalten, dass die **Vorschriften des UWG** (mit Ausnahme der Strafnorm des § 16 UWG) grundsätzlich **keine Schutzgesetze** iSd § 823 Abs. 2 BGB sind, wie es auch bisherigem Verständnis entspricht (→ Rn. 7).[201] Damit wollte er ersichtlich gerade verhindern, dass über die Zwischenschaltung des § 823 Abs. 2 S. 1 BGB in analoger Anwendung des § 1004 BGB durch Verbraucher doch Abwehransprüche geltend gemacht werden können. Dies ist zu respektieren. Es fehlt daher für die Fälle von UWG-Verstößen insoweit an einer planwidrigen Regelungslücke, die Voraussetzung für eine Analogie wäre.

§ 10 Gewinnabschöpfung

Vorbemerkung: § 10 ist gegenüber dem UWG 2020 insgesamt unverändert; (Goldmann → UWG § 10).

(1) **Wer vorsätzlich eine nach § 3 oder § 7 unzulässige geschäftliche Handlung vornimmt und hierdurch zu Lasten einer Vielzahl von Abnehmern einen Gewinn erzielt, kann von den gemäß § 8 Absatz 3 Nummer 2 bis 4 zur Geltendmachung eines Unterlassungsanspruchs Berechtigten auf Herausgabe dieses Gewinns an den Bundeshaushalt in Anspruch genommen werden.**

(2) **Auf den Gewinn sind die Leistungen anzurechnen, die der Schuldner auf Grund der Zuwiderhandlung an Dritte oder an den Staat erbracht hat. Soweit der Schuldner solche Leistungen erst nach Erfüllung des Anspruchs nach Absatz 1 erbracht hat, erstattet die zuständige Stelle des Bundes dem Schuldner den abgeführten Gewinn in Höhe der nachgewiesenen Zahlungen zurück.**

(3) **Beanspruchen mehrere Gläubiger den Gewinn, so gelten die §§ 428 bis 430 des Bürgerlichen Gesetzbuchs entsprechend.**

(4) **Die Gläubiger haben der zuständigen Stelle des Bundes über die Geltendmachung von Ansprüchen nach Absatz 1 Auskunft zu erteilen. Sie können von der zuständigen Stelle des Bundes Erstattung der für die Geltendmachung des Anspruchs erforderlichen Aufwendungen verlangen, soweit sie vom Schuldner keinen Ausgleich erlangen können. Der Erstattungsanspruch ist auf die Höhe des an den Bundeshaushalt abgeführten Gewinns beschränkt.**

(5) Zuständige Stelle im Sinn der Absätze 2 und 4 ist das Bundesamt für Justiz.

§ 11 Verjährung

Vorbemerkung: § 11 ist, was seinen bisherigen Regelungsgegenstand betrifft, gegenüber dem UWG 2020 unverändert; Schulz → § 11 UWG. Für den neu geschaffenen Schadensersatzanspruch der Verbraucher gem. § 9 Abs. 2 wurde abweichend von der kurzen sechsmonatigen Verjährung der sonstigen Ansprüche in Abs. 1 eine Verjährungsfrist von einem Jahr angeordnet. Diese Neuerung wird in der Kommentierung zu § 9 Abs. 2 erläutert (→ § 9 UWG 2022 Rn. 156 ff.)

---

198 *Köhler* WRP 2021, 129 Rn. 66.
199 BT-Drs. 15/1487, 22.
200 BT-Drs. 19/27873, 20 unter Bezugnahme auf BT-Dr 15/1487, 22.
201 BT-Drs. 19/27873, 20 unter Bezugnahme auf BT-Dr 15/1487, 22.

(1) **Die Ansprüche aus §§ 8, 9 Absatz 1 und § 13 Absatz 3 verjähren in sechs Monaten und der Anspruch aus § 9 Absatz 2 Satz 1 verjährt in einem Jahr.**

(2) **Die Verjährungsfrist beginnt, wenn**

1. **der Anspruch entstanden ist und**
2. **der Gläubiger von den den Anspruch begründenden Umständen und der Person des Schuldners Kenntnis erlangt oder ohne grobe Fahrlässigkeit erlangen müsste.**

(3) **Schadensersatzansprüche verjähren ohne Rücksicht auf die Kenntnis oder grob fahrlässige Unkenntnis in zehn Jahren von ihrer Entstehung, spätestens in 30 Jahren von der den Schaden auslösenden Handlung an.**

(4) **Andere Ansprüche verjähren ohne Rücksicht auf die Kenntnis oder grob fahrlässige Unkenntnis in drei Jahren von der Entstehung an.**

Kapitel 3. Verfahrensvorschriften

§ 12 Einstweiliger Rechtsschutz; Veröffentlichungsbefugnis; Streitwertminderung

Vorbemerkung: § 12 ist gegenüber dem UWG 2020 insgesamt unverändert; Kommentierung siehe dort (Retzer, Tolkmitt → UWG § 12).

(1) **Zur Sicherung der in diesem Gesetz bezeichneten Ansprüche auf Unterlassung können einstweilige Verfügungen auch ohne die Darlegung und Glaubhaftmachung der in den §§ 935 und 940 der Zivilprozessordnung bezeichneten Voraussetzungen erlassen werden.**

(2) **Ist auf Grund dieses Gesetzes Klage auf Unterlassung erhoben worden, so kann das Gericht der obsiegenden Partei die Befugnis zusprechen, das Urteil auf Kosten der unterliegenden Partei öffentlich bekannt zu machen, wenn sie ein berechtigtes Interesse dartut. Art und Umfang der Bekanntmachung werden im Urteil bestimmt. Die Befugnis erlischt, wenn von ihr nicht innerhalb von drei Monaten nach Eintritt der Rechtskraft Gebrauch gemacht worden ist. Der Ausspruch nach Satz 1 ist nicht vorläufig vollstreckbar.**

(3) **Macht eine Partei in Rechtsstreitigkeiten, in denen durch Klage ein Anspruch aus einem der in diesem Gesetz geregelten Rechtsverhältnisse geltend gemacht wird, glaubhaft, dass die Belastung mit den Prozesskosten nach dem vollen Streitwert ihre wirtschaftliche Lage erheblich gefährden würde, so kann das Gericht auf ihren Antrag anordnen, dass die Verpflichtung dieser Partei zur Zahlung von Gerichtskosten sich nach einem ihrer Wirtschaftslage angepassten Teil des Streitwerts bemisst. Die Anordnung hat zur Folge, dass**

1. **die begünstigte Partei die Gebühren ihres Rechtsanwalts ebenfalls nur nach diesem Teil des Streitwerts zu entrichten hat,**
2. **die begünstigte Partei, soweit ihr Kosten des Rechtsstreits auferlegt werden oder soweit sie diese übernimmt, die von dem Gegner entrichteten Gerichtsgebühren und die Gebühren seines Rechtsanwalts nur nach dem Teil des Streitwerts zu erstatten hat und**
3. **der Rechtsanwalt der begünstigten Partei, soweit die außergerichtlichen Kosten dem Gegner auferlegt oder von ihm übernommen werden, seine Gebühren von dem Gegner nach dem für diesen geltenden Streitwert beitreiben kann.**

(4) **Der Antrag nach Absatz 3 kann vor der Geschäftsstelle des Gerichts zur Niederschrift erklärt werden. Er ist vor der Verhandlung zur Hauptsache anzubringen. Danach ist er nur zulässig, wenn der angenommene oder festgesetzte Streitwert später**

durch das Gericht heraufgesetzt wird. Vor der Entscheidung über den Antrag ist der Gegner zu hören.

§ 13 Abmahnung; Unterlassungsverpflichtung; Haftung

Vorbemerkung: § 13 ist gegenüber dem UWG 2020 insgesamt unverändert; (Brüning → UWG § 13).

(1) **Die zur Geltendmachung eines Unterlassungsanspruchs Berechtigten sollen den Schuldner vor der Einleitung eines gerichtlichen Verfahrens abmahnen und ihm Gelegenheit geben, den Streit durch Abgabe einer mit einer angemessenen Vertragsstrafe bewehrten Unterlassungsverpflichtung beizulegen.**

(2) **In der Abmahnung muss klar und verständlich angegeben werden:**

1. **Name oder Firma des Abmahnenden sowie im Fall einer Vertretung zusätzlich Name oder Firma des Vertreters,**
2. **die Voraussetzungen der Anspruchsberechtigung nach § 8 Absatz 3,**
3. **ob und in welcher Höhe ein Aufwendungsersatzanspruch geltend gemacht wird und wie sich dieser berechnet,**
4. **die Rechtsverletzung unter Angabe der tatsächlichen Umstände,**
5. **in den Fällen des Absatzes 4, dass der Anspruch auf Aufwendungsersatz ausgeschlossen ist.**

(3) **Soweit die Abmahnung berechtigt ist und den Anforderungen des Absatzes 2 entspricht, kann der Abmahnende vom Abgemahnten Ersatz der erforderlichen Aufwendungen verlangen.**

(4) **Der Anspruch auf Ersatz der erforderlichen Aufwendungen nach Absatz 3 ist für Anspruchsberechtigte nach § 8 Absatz 3 Nummer 1 ausgeschlossen bei**

1. **im elektronischen Geschäftsverkehr oder in Telemedien begangenen Verstößen gegen gesetzliche Informations- und Kennzeichnungspflichten oder**
2. **sonstigen Verstößen gegen die Verordnung (EU) 2016/679 des Europäischen Parlaments und des Rates vom 27. April 2016 zum Schutz natürlicher Personen bei der Verarbeitung personenbezogener Daten, zum freien Datenverkehr und zur Aufhebung der Richtlinie 95/46/EG (Datenschutz-Grundverordnung) (ABl. L 119 vom 4.5.2016, S. 1; L 314 vom 22.11.2016, S. 72; L 127 vom 23.5.2018, S. 2) und das Bundesdatenschutzgesetz durch Unternehmen sowie gewerblich tätige Vereine, sofern sie in der Regel weniger als 250 Mitarbeiter beschäftigen.**

(5) **Soweit die Abmahnung unberechtigt ist oder nicht den Anforderungen des Absatzes 2 entspricht oder soweit entgegen Absatz 4 ein Anspruch auf Aufwendungsersatz geltend gemacht wird, hat der Abgemahnte gegen den Abmahnenden einen Anspruch auf Ersatz der für seine Rechtsverteidigung erforderlichen Aufwendungen. Der Anspruch nach Satz 1 ist beschränkt auf die Höhe des Aufwendungsersatzanspruchs, die der Abmahnende geltend macht. Bei einer unberechtigten Abmahnung ist der Anspruch nach Satz 1 ausgeschlossen, wenn die fehlende Berechtigung der Abmahnung für den Abmahnenden zum Zeitpunkt der Abmahnung nicht erkennbar war. Weitergehende Ersatzansprüche bleiben unberührt.**

§ 13a Vertragsstrafe

Vorbemerkung: § 13a ist gegenüber dem UWG 2020 insgesamt unverändert; Kommentierung siehe dort (Brüning → UWG § 13a).

(1) **Bei der Festlegung einer angemessenen Vertragsstrafe nach § 13 Absatz 1 sind folgende Umstände zu berücksichtigen:**

1. **Art, Ausmaß und Folgen der Zuwiderhandlung,**

2. Schuldhaftigkeit der Zuwiderhandlung und bei schuldhafter Zuwiderhandlung die Schwere des Verschuldens,
3. Größe, Marktstärke und Wettbewerbsfähigkeit des Abgemahnten sowie
4. wirtschaftliches Interesse des Abgemahnten an erfolgten und zukünftigen Verstößen.

(2) **Die Vereinbarung einer Vertragsstrafe nach Absatz 1 ist für Anspruchsberechtigte nach § 8 Absatz 3 Nummer 1 bei einer erstmaligen Abmahnung bei Verstößen nach § 13 Absatz 4 ausgeschlossen, wenn der Abgemahnte in der Regel weniger als 100 Mitarbeiter beschäftigt.**

(3) **Vertragsstrafen dürfen eine Höhe von 1 000 Euro nicht überschreiten, wenn die Zuwiderhandlung angesichts ihrer Art, ihres Ausmaßes und ihrer Folgen die Interessen von Verbrauchern, Mitbewerbern und sonstigen Marktteilnehmern in nur unerheblichem Maße beeinträchtigt und wenn der Abgemahnte in der Regel weniger als 100 Mitarbeiter beschäftigt.**

(4) **Verspricht der Abgemahnte auf Verlangen des Abmahnenden eine unangemessen hohe Vertragsstrafe, schuldet er lediglich eine Vertragsstrafe in angemessener Höhe.**

(5) **Ist lediglich eine Vertragsstrafe vereinbart, deren Höhe noch nicht beziffert wurde, kann der Abgemahnte bei Uneinigkeit über die Höhe auch ohne Zustimmung des Abmahnenden eine Einigungsstelle nach § 15 anrufen. Das Gleiche gilt, wenn der Abgemahnte nach Absatz 4 nur eine Vertragsstrafe in angemessener Höhe schuldet. Ist ein Verfahren vor der Einigungsstelle anhängig, so ist eine erst nach Anrufung der Einigungsstelle erhobene Klage nicht zulässig.**

§ 14 Sachliche und örtliche Zuständigkeit; Verordnungsermächtigung

Vorbemerkung: § 14 Abs. 1 bis Abs. 3 sind gegenüber dem UWG 2020 unverändert (Tolkmitt → UWG § 14). Abs. 4 ist neu; Kommentierung siehe → UWG § 14 Rn. 1 ff. (Tolkmitt).

(1) **Für alle bürgerlichen Rechtsstreitigkeiten, mit denen ein Anspruch auf Grund dieses Gesetzes geltend gemacht wird, sind die Landgerichte ausschließlich zuständig.**

(2) **Für alle bürgerlichen Rechtsstreitigkeiten, mit denen ein Anspruch auf Grund dieses Gesetzes geltend gemacht wird, ist das Gericht zuständig, in dessen Bezirk der Beklagte seinen allgemeinen Gerichtsstand hat. Für alle bürgerlichen Rechtsstreitigkeiten, mit denen ein Anspruch auf Grund dieses Gesetzes geltend gemacht wird, ist außerdem das Gericht zuständig, in dessen Bezirk die Zuwiderhandlung begangen wurde. Satz 2 gilt nicht für**
1. Rechtsstreitigkeiten wegen Zuwiderhandlungen im elektronischen Geschäftsverkehr oder in Telemedien oder
2. Rechtsstreitigkeiten, die von den nach § 8 Absatz 3 Nummer 2 bis 4 zur Geltendmachung eines Unterlassungsanspruchs Berechtigten geltend gemacht werden, es sei denn, der Beklagte hat im Inland keinen allgemeinen Gerichtsstand.

(3) **Die Landesregierungen werden ermächtigt, durch Rechtsverordnung für die Bezirke mehrerer Landgerichte eines von ihnen als Gericht für Wettbewerbsstreitsachen zu bestimmen, wenn dies der Rechtspflege in Wettbewerbsstreitsachen dienlich ist. Die Landesregierungen können die Ermächtigung durch Rechtsverordnung auf die Landesjustizverwaltungen übertragen. Die Länder können außerdem durch Vereinbarung die den Gerichten eines Landes obliegenden Klagen nach Absatz 1 insgesamt oder teilweise dem zuständigen Gericht eines anderen Landes übertragen.**

(4) **Abweichend von den Absätzen 1 bis 3 richtet sich die Zuständigkeit für bürgerliche Rechtsstreitigkeiten, mit denen ein Anspruch nach § 9 Absatz 2 Satz 1 geltend gemacht wird, nach den allgemeinen Vorschriften.**

Zu § 14 Abs. 4

§ 14 Abs. 4 UWG 2022 enthält Ausnahmebestimmungen zu der in § 14 Abs. 1 bis 3 geregelten sachlichen und örtlichen Zuständigkeit. Mit Inkrafttreten des Gesetzes zur Stärkung des Verbraucherschutzes im Wettbewerbs- und Gewerberecht zum 28. Mai 2022 wird zunächst eine von § 14 Abs. 1 abweichende **sachliche Zuständigkeit** für bürgerlich-rechtliche Streitigkeiten begründet, die über die mit gleichem Gesetz auf Grundlage des geänderten Art. 11a Richtlinie 2005/29/EG eingefügten Schadensersatzansprüche der Verbraucher nach § 9 Abs. 2 S. 1 (*Goldmann* → § 9 Rn. 1 ff.UWG 2022) geführt werden. Während nach § 14 Abs. 1 bislang die **Landgerichte** für sämtliche Verfahren, in denen Ansprüche auf Grund dieses Gesetzes geltend gemacht werden, erstinstanzlich allein zuständig waren, richtet sich die sachliche Zuständigkeit der Gerichte für Verfahren betreffend Schadensersatzansprüche nach § 9 Abs. 2 S. 1 nunmehr nach den allgemeinen Vorschriften. Daher sind nach § 23 Nr. 1 GVG nur noch diejenigen Streitigkeiten nach § 9 Abs. 2 vor den Landgerichten zu verhandeln, bei denen der Streitwert 5.000 EUR übersteigt. Alle übrigen Streitigkeiten fallen in die Zuständigkeit der **Amtsgerichte.** Mit dieser Regelung wollte der Gesetzgeber zum einen der Überlastung der Landgerichte entgegenwirken, insbesondere der Kammern für Handelssachen, die er angesichts ihrer Spezialisierung und der Besetzung mit einem Berufsrichter und zwei ehrenamtlichen „Handelsrichtern" auch als ungeeignet erachtet, um Streitigkeiten unter Beteiligung von Verbrauchern zu entscheiden, bei denen zugleich allgemeine kaufrechtliche Fragen zu klären sind. Zum anderen sah er im Anwaltszwang, der mit einer Zuständigkeit der Landgerichte verbunden gewesen wäre, ein weiteres Abschreckungspotential, welches die ohnehin zu erwartende **„rationalen Apathie" bei der Durchsetzung** von Schadensersatzansprüchen nach § 9 Abs. 2 S. 1 nur noch vergrößert hätte.[1] Die **örtliche Zuständigkeit** folgt ebenfalls den allgemeinen Regeln. Insofern sind die Gerichtsstände nach § 12 ff. ZPO einschlägig. Den Verbrauchern kommt damit grundsätzlich auch uneingeschränkt der Deliktsgerichtsstand des § 32 ZPO, insbesondere der des Erfolgsortes, zugute, welcher den Unternehmen nach § 14 Abs. 2 S. 1 seit dem Inkrafttreten des Gesetzes zur Stärkung des fairen Wettbewerbs nur noch eingeschränkt zur Verfügung steht. Da nach den Erwartungen des Gesetzgebers Schadensersatzansprüche nach § 9 Abs. 2 S. 1 oftmals mit vertraglichen Ansprüchen zusammenfallen werden und § 32 ZPO für die im Zusammenhang stehenden vertraglichen Ansprüche keinen Gerichtsstand begründet, ist allerdings darauf zu achten, dass auch für die vertraglichen Ansprüche die örtliche Zuständigkeit des angerufenen Gerichts am Deliktsgerichtsstand gegeben ist. 1

§ 15 Einigungsstellen

Vorbemerkung: § 15 ist gegenüber dem UWG 2020 insgesamt unverändert (Tolkmitt → UWG § 15).

(1) **Die Landesregierungen errichten bei Industrie- und Handelskammern Einigungsstellen zur Beilegung von bürgerlichen Rechtsstreitigkeiten, in denen ein Anspruch auf Grund dieses Gesetzes geltend gemacht wird (Einigungsstellen).**

(2) **Die Einigungsstellen sind mit einer vorsitzenden Person, die die Befähigung zum Richteramt nach dem Deutschen Richtergesetz hat, und beisitzenden Personen zu besetzen. Als beisitzende Personen werden im Falle einer Anrufung durch eine nach § 8 Absatz 3 Nummer 3 zur Geltendmachung eines Unterlassungsanspruchs berechtigte qualifizierte Einrichtung Unternehmer und Verbraucher in gleicher Anzahl tätig, sonst mindestens zwei sachverständige Unternehmer. Die vorsitzende Person soll auf**

[1] Vgl. BT-Drs. 19/27873, 41 f.

dem Gebiet des Wettbewerbsrechts erfahren sein. Die beisitzenden Personen werden von der vorsitzenden Person für den jeweiligen Streitfall aus einer alljährlich für das Kalenderjahr aufzustellenden Liste berufen. Die Berufung soll im Einvernehmen mit den Parteien erfolgen. Für die Ausschließung und Ablehnung von Mitgliedern der Einigungsstelle sind die §§ 41 bis 43 und 44 Absatz 2 bis 4 der Zivilprozessordnung entsprechend anzuwenden. Über das Ablehnungsgesuch entscheidet das für den Sitz der Einigungsstelle zuständige Landgericht (Kammer für Handelssachen oder, falls es an einer solchen fehlt, Zivilkammer).

(3) **Die Einigungsstellen können bei bürgerlichen Rechtsstreitigkeiten, in denen ein Anspruch auf Grund dieses Gesetzes geltend gemacht wird, angerufen werden, wenn der Gegner zustimmt. Soweit die geschäftlichen Handlungen Verbraucher betreffen, können die Einigungsstellen von jeder Partei zu einer Aussprache mit dem Gegner über den Streitfall angerufen werden; einer Zustimmung des Gegners bedarf es nicht.**

(4) **Für die Zuständigkeit der Einigungsstellen ist § 14 entsprechend anzuwenden.**

(5) **Die der Einigungsstelle vorsitzende Person kann das persönliche Erscheinen der Parteien anordnen. Gegen eine unentschuldigt ausbleibende Partei kann die Einigungsstelle ein Ordnungsgeld festsetzen. Gegen die Anordnung des persönlichen Erscheinens und gegen die Festsetzung des Ordnungsgeldes findet die sofortige Beschwerde nach den Vorschriften der Zivilprozessordnung an das für den Sitz der Einigungsstelle zuständige Landgericht (Kammer für Handelssachen oder, falls es an einer solchen fehlt, Zivilkammer) statt.**

(6) **Die Einigungsstelle hat einen gütlichen Ausgleich anzustreben. Sie kann den Parteien einen schriftlichen, mit Gründen versehenen Einigungsvorschlag machen. Der Einigungsvorschlag und seine Begründung dürfen nur mit Zustimmung der Parteien veröffentlicht werden.**

(7) **Kommt ein Vergleich zustande, so muss er in einem besonderen Schriftstück niedergelegt und unter Angabe des Tages seines Zustandekommens von den Mitgliedern der Einigungsstelle, welche in der Verhandlung mitgewirkt haben, sowie von den Parteien unterschrieben werden. Aus einem vor der Einigungsstelle geschlossenen Vergleich findet die Zwangsvollstreckung statt; § 797a der Zivilprozessordnung ist entsprechend anzuwenden.**

(8) **Die Einigungsstelle kann, wenn sie den geltend gemachten Anspruch von vornherein für unbegründet oder sich selbst für unzuständig erachtet, die Einleitung von Einigungsverhandlungen ablehnen.**

(9) **Durch die Anrufung der Einigungsstelle wird die Verjährung in gleicher Weise wie durch Klageerhebung gehemmt. Kommt ein Vergleich nicht zustande, so ist der Zeitpunkt, zu dem das Verfahren beendet ist, von der Einigungsstelle festzustellen. Die vorsitzende Person hat dies den Parteien mitzuteilen.**

(10) **Ist ein Rechtsstreit der in Absatz 3 Satz 2 bezeichneten Art ohne vorherige Anrufung der Einigungsstelle anhängig gemacht worden, so kann das Gericht auf Antrag den Parteien unter Anberaumung eines neuen Termins aufgeben, vor diesem Termin die Einigungsstelle zur Herbeiführung eines gütlichen Ausgleichs anzurufen. In dem Verfahren über den Antrag auf Erlass einer einstweiligen Verfügung ist diese Anordnung nur zulässig, wenn der Gegner zustimmt. Absatz 8 ist nicht anzuwenden. Ist ein Verfahren vor der Einigungsstelle anhängig, so ist eine erst nach Anrufung der Einigungsstelle erhobene Klage des Antragsgegners auf Feststellung, dass der geltend gemachte Anspruch nicht bestehe, nicht zulässig.**

(11) **Die Landesregierungen werden ermächtigt, durch Rechtsverordnung die zur Durchführung der vorstehenden Bestimmungen und zur Regelung des Verfahrens vor den Einigungsstellen erforderlichen Vorschriften zu erlassen, insbesondere über die Aufsicht über die Einigungsstellen, über ihre Besetzung unter angemessener Beteiligung der nicht den Industrie- und Handelskammern angehörenden Unternehmer (§ 2 Absatz 2 bis 6 des Gesetzes zur vorläufigen Regelung des Rechts der Industrie-**

und Handelskammern in der im Bundesgesetzblatt Teil III, Gliederungsnummer 701-1, veröffentlichten bereinigten Fassung), und über die Vollstreckung von Ordnungsgeldern, sowie Bestimmungen über die Erhebung von Auslagen durch die Einigungsstelle zu treffen. Bei der Besetzung der Einigungsstellen sind die Vorschläge der für ein Bundesland errichteten, mit öffentlichen Mitteln geförderten Verbraucherzentralen zur Bestimmung der in Absatz 2 Satz 2 genannten Verbraucher zu berücksichtigen.

(12) **Abweichend von Absatz 2 Satz 1 kann in den Ländern Brandenburg, Mecklenburg-Vorpommern, Sachsen, Sachsen-Anhalt und Thüringen die Einigungsstelle auch mit einem Rechtskundigen als Vorsitzendem besetzt werden, der die Befähigung zum Berufsrichter nach dem Recht der Deutschen Demokratischen Republik erworben hat.**

§ 15a Überleitungsvorschrift zum Gesetz zur Stärkung des fairen Wettbewerbs

Vorbemerkung: § 15a ist gegenüber dem UWG 2020 insgesamt unverändert(Goldmann → UWG § 15a).

(1) **§ 8 Absatz 3 Nummer 2 ist nicht anzuwenden auf Verfahren, die am 1. September 2021 bereits rechtshängig sind.**

(2) **Die §§ 13 und 13a Absatz 2 13a Absatz 3 sind nicht anzuwenden auf Abmahnungen, die vor dem 2. Dezember 2020 bereits zugegangen sind.**

§ 16 Strafbare Werbung

Vorbemerkung: § 16 ist gegenüber dem UWG 2020 insgesamt unverändert (Dreyer → UWG § 16).

(1) **Wer in der Absicht, den Anschein eines besonders günstigen Angebots hervorzurufen, in öffentlichen Bekanntmachungen oder in Mitteilungen, die für einen größeren Kreis von Personen bestimmt sind, durch unwahre Angaben irreführend wirbt, wird mit Freiheitsstrafe bis zu zwei Jahren oder mit Geldstrafe bestraft.**

(2) **Wer es im geschäftlichen Verkehr unternimmt, Verbraucher zur Abnahme von Waren, Dienstleistungen oder Rechten durch das Versprechen zu veranlassen, sie würden entweder vom Veranstalter selbst oder von einem Dritten besondere Vorteile erlangen, wenn sie andere zum Abschluss gleichartiger Geschäfte veranlassen, die ihrerseits nach der Art dieser Werbung derartige Vorteile für eine entsprechende Werbung weiterer Abnehmer erlangen sollen, wird mit Freiheitsstrafe bis zu zwei Jahren oder mit Geldstrafe bestraft.**

§ 19 Bußgeldvorschriften bei einem weitverbreiteten Verstoß und einem weitverbreiteten Verstoß mit Unions-Dimension

Vorbemerkung: § 19 ist gegenüber dem UWG 2020 insgesamt neu; Kommentierung siehe → Rn. 1ff. (Podszun).

(1) **Ordnungswidrig handelt, wer vorsätzlich oder fahrlässig entgegen § 5c Absatz 1 Verbraucherinteressen verletzt.**

(2) **Die Ordnungswidrigkeit kann mit einer Geldbuße bis zu fünfzigtausend Euro geahndet werden. Gegenüber einem Unternehmer, der in den von dem Verstoß betroffenen Mitgliedstaaten der Europäischen Union in dem der Behördenentscheidung vorausgegangenen Geschäftsjahr mehr als eine Million zweihundertfünfzigtausend Euro Jahresumsatz erzielt hat, kann eine höhere Geldbuße verhängt werden; diese**

darf 4 Prozent des Jahresumsatzes nicht übersteigen. Die Höhe des Jahresumsatzes kann geschätzt werden. Liegen keine Anhaltspunkte für eine Schätzung des Jahresumsatzes vor, so beträgt das Höchstmaß der Geldbuße zwei Millionen Euro. Abweichend von den Sätzen 2 bis 4 gilt gegenüber einem Täter oder einem Beteiligten, der im Sinne des § 9 des Gesetzes über Ordnungswidrigkeiten für einen Unternehmer handelt, und gegenüber einem Beteiligten im Sinne des § 14 Absatz 1 Satz 2 des Gesetzes über Ordnungswidrigkeiten, der kein Unternehmer ist, der Bußgeldrahmen des Satzes 1. Das für die Ordnungswidrigkeit angedrohte Höchstmaß der Geldbuße im Sinne des § 30 Absatz 2 Satz 2 des Gesetzes über Ordnungswidrigkeiten ist das nach den Sätzen 1 bis 4 anwendbare Höchstmaß.

(3) **Die Ordnungswidrigkeit kann nur im Rahmen einer koordinierten Durchsetzungsmaßnahme nach Artikel 21 der Verordnung (EU) 2017/2394 geahndet werden.**

(4) **Verwaltungsbehörden im Sinne des § 36 Absatz 1 Nummer 1 des Gesetzes über Ordnungswidrigkeiten sind**

1. **das Bundesamt für Justiz,**
2. **die Bundesanstalt für Finanzdienstleistungsaufsicht bei einer Zuwiderhandlung, die sich auf die Tätigkeit eines Unternehmens im Sinne des § 2 Nummer 2 des EU-Verbraucherschutzdurchführungsgesetzes bezieht, und**
3. **die nach Landesrecht zuständige Behörde bei einer Zuwiderhandlung, die sich auf die Tätigkeit eines Unternehmens im Sinne des § 2 Nummer 4 des EU-Verbraucherschutzdurchführungsgesetzes bezieht.**

Kommentierung

Übersicht

A. Grundlagen

I. Grundgedanken der Regelung

1 Mit Geltung ab 28.5.2022 wird in Gestalt des § 19 UWG erstmalig eine **Bußgeldsanktion für bestimmte weitverbreitete Verstöße im Sinne der CPC-Verordnung** eingeführt. Damit sind grenzüberschreitende Verstöße gegen das Lauterkeitsrecht bußgeldbewehrt. Die Norm ist mit § 5c zusammen zu lesen. Weiterhin **kein Bußgeld** gibt es **für rein nationale Verstöße.** Vor der Verhängung eines Bußgelds ist der Koordinierungsmecha-

nismus der CPC-Verordnung (Art. 16 ff.) zu aktivieren (dazu *Podszun* → § 5c UWG 2022 Rn. 28).

§ 19 sichert damit die Anwendung der **CPC-Verordnung** (VO (EU) 2017/2394)[1], die die Zusammenarbeit der Behörden in der EU bei der **Bekämpfung von Verbraucherrechtsverstößen** regelt (CPC = cooperation protection consumers).[2] Abs. 1 stellt die Ordnungswidrigkeit fest und wird durch § 5c UWG 2022 konkretisiert. Abs. 2 bestimmt die Bußgeldhöhe. Abs. 3 stellt klar, dass nur Verstöße im Kontext der CPC-Verordnung von der Bußgelddrohung erfasst sind. Abs. 4 legt fest, welche Behörden zuständig sind. 2

Die neue Bußgeldregelung führt zu einer **Ergänzung** des bislang ganz von Privaten dominierten **Rechtsdurchsetzungssystems** um eine **behördliche Komponente.** Diese Entwicklung ist bahnbrechend für Deutschland (nicht für andere Mitgliedsstaaten), und sie stößt nicht nur auf Gegenliebe. Der deutsche Gesetzgeber hat, soweit im Rahmen der europarechtlichen Vorgaben möglich, den Anwendungsbereich so eng wie möglich gezogen. Für die Praxis ist nur mit einer Handvoll Fällen pro Jahr zu rechnen. Für die typischen UWG-Verstöße, die sich allein in Deutschland auswirken, gibt es mit dieser Regelung kein Bußgeld. 3

Zweck der Regelung in § 19 ist es, wie auch bei § 5c, **Deutschlands Mitwirkung bei der Sanktionsverhängung im CPC-Netzwerk abzusichern.** Durch die Einführung von Bußgeldern bei Verstößen gegen die in der UGP-Richtlinie vorgesehenen Verpflichtungen soll eine **abschreckende Wirkung** erzielt werden. Damit sollen weitverbreitete Verstöße gegen das Lauterkeitsrecht effektiv abgestellt werden.

In der Gesetzesbegründung wurde allerdings deutlich gemacht, dass weiterhin das **Primat der privaten Rechtsdurchsetzung** gebührt und die Bußgeldsanktion nur mit einer gewissen Zurückhaltung umgesetzt wird.[3] Insbesondere hat der deutsche Gesetzgeber davon abgesehen, die behördliche Rechtsdurchsetzung im UWG auch für nicht von der CPC-Verordnung erfasste Verstöße zu stärken und Bußgelder vorzusehen.[4] 4

Rechtspolitisch kann man an der gefundenen Lösung zweifeln. Bei einer Stakeholderbefragung in Deutschland waren Bußgelder nicht durchweg abgelehnt worden.[5] Durch die Neuregelung entsteht eine gewisse Unwucht: Bußgelder können zwar über den Umweg des „weitverbreiteten Verstoßes" (dazu *Podszun* → § 5c UWG 2022 Rn. 21 ff.) verhängt werden, aber nicht für gravierende Verstöße im Inland, die sich nicht in anderen Mitgliedsstaaten auswirken. In der Praxis wird es zu einer kuriosen Konstellation kommen: Die deutsche Behörde (in der Regel das Bundesamt für Justiz) hat gar **keinen Anlass** zu eigenen Ermittlungen, da sie mit der UWG-Durchsetzung im Übrigen gar nicht befasst ist. Sie wird faktisch nur auf Aufruf durch eine ausländische Behörde aktiv. Das wird dazu führen, dass für Unternehmen, die schwerpunktmäßig in Deutschland tätig sind, die Verhängung eines Bußgelds davon abhängt, ob eine Behörde im Ausland den Mechanismus auslöst. Selbst dann kann die Mitwirkung von der deutschen Behörde gem. **Art. 18 CPC-** 5

---

[1] Verordnung (EU) 2017/2394 des Europäischen Parlaments und des Rates vom 12.12.2017 über die Zusammenarbeit zwischen den für die Durchsetzung der Verbraucherschutzgesetze zuständigen nationalen Behörden und zur Aufhebung der Verordnung (EG) Nr. 2006/2004 (ABl. 2017 L 345/1).

[2] Zur CPC-Verordnung siehe *Podszun* FS Harte-Bavendamm, 2020, 417 ff.; *Schmidt-Kessel* K&R 10/2017, Editorial.

[3] Regierungsentwurf eines Gesetzes zur Stärkung des Verbraucherschutzes im Wettbewerbs- und Gewerberecht vom 20.1.2021, abrufbar unter www.bmjv.de/SharedDocs/Gesetzgebungsverfahren/Dokumente/RegE_Staerkung_Verbraucherschutz_Wettbewerbs-_und_Gewerberecht.pdf (RegE-UWG 2021), S. 19.

[4] Umfassend *Podszun/Busch/Henning-Bodewig*, Behördliche Durchsetzung des Verbraucherrechts?, 2018, abrufbar unter www.bmwi.de/Redaktion/DE/Publikationen/Studien/behoerdliche-durchsetzung-des-verbraucherrechts.pdf; siehe auch *Podszun/Busch/Henning-Bodewig* GRUR 2018, 1004. Vgl. Stellungnahme des Deutschen Dialogmarketing Verbands zum Referentenentwurf eines Gesetzes zur Stärkung des Verbraucherschutzes im Wettbewerbs- und Gewerberecht (RefE-UWG 2020) vom 2.12.2020, S. 2; Stellungnahme des Handelsverbands Deutschland zum RefE-UWG 2020 vom 26.11.2020, S. 5; Stellungnahme des Markenverbands zum RefE-UWG 2020 vom 26.11.2020, S. 3; Stellungnahme des Zentralverbands der deutschen Werbewirtschaft zum RefE-UWG 2020 vom 2.12.2020, S. 3.

[5] *Podszun/Busch/Henning-Bodewig,* Behördliche Durchsetzung des Verbraucherrechts?, 2018, 264.

Verordnung noch abgelehnt werden, etwa wenn der Verstoß schon reguliert wurde oder die Auswirkungen „vernachlässigbar" sind. Welche Rolle hier das **Bundesamt für Justiz** spielen wird, wird interessant zu beobachten sein.

6 Die allgemeinen Vorschriften für die deutsche Beteiligung am CPC-Netzwerk sind im **EU-Verbraucherschutzdurchführungsgesetz** (EU-VSchDG) geregelt.[6]

II. Praktische Bedeutung

7 Die Verhängung von Bußgeldern in Deutschland im Anschluss an die CPC-Verordnung ist neuartig. Die praktische Bedeutung ist schwer einzuschätzen. Der Gesetzentwurf der Bundesregierung ging von fünf Bußgeldverfahren pro Jahr aus.[7] Auch wenn diese Zahl **gering** erscheint, wird es hierbei um besonders ausgeprägte, weil grenzüberschreitende Verstöße gegen Verbraucherrecht gehen. Zudem dürfte sich im Laufe der Zeit die Skepsis gegen die Bußgeldbewehrung von UWG-Verstößen legen. Die ersten Verfahren werden dann Maßstäbe für eine eventuelle spätere Ausdehnung der Bußgeldbefugnisse sein.[8]

8 Die Einführung von Bußgeldern außerhalb des bisherigen engen Bereichs in § 20 UWG 2020 ist für das UWG revolutionär. Verbraucherrechtsverstößen wird damit ein **erheblicher sozialethischer Unrechtsgehalt** attestiert. Das ist für einige Verstöße gegen das UWG, die flächendeckend, in hohen Fallzahlen, mit erheblichen volkswirtschaftlichen Schäden vorgenommen werden, gerechtfertigt. Für andere Verstöße gegen das UWG, die eher wie Bagatellen anmuten, wäre ein Bußgeld überzogen. In § 32e Abs. 5 S. 1 GWB hat der Gesetzgeber (im Rahmen der Erteilung von Ermittlungsbefugnissen ans Bundeskartellamt) eine Abgrenzung vorgenommen, indem er nur „erhebliche, dauerhafte oder wiederholte Verstöße gegen verbraucherrechtliche Vorschriften, die nach ihrer Art oder ihrem Umfang die Interessen einer Vielzahl von Verbraucherinnen und Verbrauchern beeinträchtigen" als ermittlungswürdig einstufte.[9] Diese Formulierung wurde für das Bußgeldrecht nicht aufgegriffen.

III. Entstehungsgeschichte

9 Siehe zur Entstehungsgeschichte die Ausführungen bei *Podszun* → § 5c UWG 2022 Rn. 10 f.

IV. Rechtliche Einordnung und Systematik

10 § 19 leistet die **Verbindung ins Ordnungswidrigkeitenrecht** und führt zu einer Bußgeldbewehrung der Verstöße, die in § 5c gelistet sind. Auf das OWiG ist hinzuweisen. Zugleich ist § 19 eng eingepasst in die Koordination im CPC-Netzwerk.

11 Das bisherige System der privaten Rechtsdurchsetzung des UWG wird im Zuge der Umsetzung durchbrochen.[10]

12 In **§ 19 Abs. 1** wird der Ordnungswidrigkeitentatbestand in Anknüpfung an § 5c UWG festgelegt. In **Abs. 2** wird der Bußgeldrahmen bestimmt. Hier ist insbesondere § 17 Abs. 3 OWiG mitzulesen, der die Kriterien für die Bußgeldzumessung allgemein bestimmt. Bei offenen Fragen kann auch das Kartellrecht herangezogen werden, an das die Vorschriften

[6] Gesetz zur Durchführung der Verordnung (EU) 2017/2394 des Europäischen Parlaments und des Rates über die Zusammenarbeit zwischen den für die Durchsetzung der Verbraucherschutzgesetze zuständigen nationalen Behörden und zur Aufhebung der Verordnung (EG) Nr. 2006/2004.

[7] RegE-UWG 2021, S. 28.; vgl. *Maaßen* GRUR-Prax 2021, 41 (44).

[8] Vgl. perspektivisch *Podszun* FS Harte-Bavendamm, 2020, 417 (437).

[9] Siehe dazu *Podszun/Schmieder* in Kersting/Podszun 9. GWB-Novelle Kap. 6 Rn. 49 ff.

[10] Dazu *Podszun/Busch/Henning-Bodewig,* Behördliche Durchsetzung des Verbraucherrechts?, 2018, 63 ff., 211 ff., 231, 301; kritisch Stellungnahme der GRUR zum RefE-UWG 2020 vom 7.12.2020, Rn. 23.

ersichtlich angelehnt sind.[11] **Abs. 3** stellt den Bezug zu den koordinierten Durchsetzungsmaßnahmen noch einmal her. **Abs. 4** bestimmt die zuständigen Behörden.

V. Europäisches Recht

§ 19 gibt der deutschen Durchsetzungsbehörde die in Art. 9 Abs. 4h) VO (EU 2017/ 13
2394 (CPC-Verordnung) vorgesehene **Mindestbefugnis,** „Sanktionen, wie beispielsweise Geldbußen" zu verhängen. Diese Mindestbefugnis müsste nach Art. 9 Abs. 5 CPC-Verordnung auch für die UGP-Richtlinie verlangt werden. Das ist mit Art. 13 Nr. 6 der RL (EU) 2019/2161 geschehen, durch den **Art. 13 RL 2005/29/EG** neu gefasst wurde. Die Neufassung verpflichtet die Mitgliedsstaaten dazu sicherzustellen, dass sie bei der Verhängung von Sanktionen im Rahmen koordinierter Durchsetzungsmaßnahmen nach der CPC-Verordnung bei bestimmten Verstößen gegen die RL 2005/29/EG auch Geldbußen verhängen können. Bezweckt wird damit eine **einheitliche und effektive europaweite Durchsetzung von Verbraucherrecht,** wobei indirekt die **Präferenz für ein Behördenmodell** zum Ausdruck kommt.[12] Art. 13 RL 2005/29/EG wird durch die Bundesregierung in §§ 5c, 19 umgesetzt. Zweifel an der korrekten Umsetzung sind bislang nicht ersichtlich.

B. Ordnungswidrigkeit (Abs. 1 und 3)

I. Anknüpfungspunkt der Ordnungswidrigkeit

§ 19 Abs. 1 legt fest, dass der vorsätzliche oder fahrlässige Verstoß gegen § 5c eine 14
Ordnungswidrigkeit im Sinne des OWiG darstellt. Damit wird von der Verbotsnorm technisch in das **OWiG-Verfahren** übergeleitet. Die Verletzung der Verbraucherinteressen wird nur der Farbigkeit des Ausdrucks wegen verwendet. Zugleich wird damit noch einmal signalisiert, dass **mitbewerberbezogene Verstöße nicht erfasst** sind. Durch § 19 Abs. 1 wird auch der Unrechtsgehalt klargestellt. Der Gesetzgeber erkennt damit an, dass die Verstöße so erheblich sind, dass mit dem schärferen Schwert der Geldbuße (gegenüber den sonstigen Möglichkeiten des UWG) sanktioniert werden muss. Im Übrigen kann auf die Kommentierung zu § 5c verwiesen werden.

Abs. 3 stellt klar, dass das Bußgeldverfahren **nur im Rahmen des koordinierten** 15
Durchsetzungsmechanismus nach der **CPC-Verordnung** angewendet wird. Der ausdrückliche Bezug auf Art. 21 CPC-Verordnung stellt dies klar. Insbesondere findet **keine isolierte Verhängung von Bußgeldern in rein nationalen Fällen** statt. Allerdings ist darauf hinzuweisen, dass für die Annahme eines weitverbreiteten Verstoßes nach Unionsrecht **keine qualitative Hürde** gilt (*Podszun* → § 5c UWG 2022 Rn. 26).[13] Es genügt allein der **grenzüberschreitende Charakter** einer Verhaltensweise. Das ist gerade bei Internet-Fällen rasch erreicht. Damit wird auch deutlich, dass der EU-Gesetzgeber wohl davon ausgeht, dass Verstöße gegen die verbraucherschützenden Vorschriften per se bußgeldwürdig sind.

Im Rahmen der europäischen Zusammenarbeit können auch andere Maßnahmen ergrif- 16
fen werden, die in der CPC-Verordnung genannt sind. So kann das Unternehmen z. B.

[11] Auf die kartellrechtliche Rechtsprechung nimmt auch der RegE-UWG 2021, S. 45 Bezug. Zu grundlegenden Fragen des Bußgeldrechts siehe Bundeskartellamt, Kartellbußgeldverfahren zwischen deutschem Systemdenken und europäischer Konvergenz, Hintergrundpapier vom 4.10.2012, abrufbar unter www.bundeskartellamt.de/SharedDocs/Publikation/DE/Diskussions_Hintergrundpapier/Bundeskartellamt%20-%20Kartellbu%C3%9Fgeldverfahren%20zwischen%20deutschem%20Systemdenken%20und%20europ%C3%A4ischer%20Konvergenz.html.

[12] Vgl. Erwgrd. 5 der sog. Omnibus-Richtlinie RL 2019/2161/EU; RegE-UWG 2021, S. 38 f.

[13] Stellungnahme des Händlerbunds zum RefE-UWG 2020 vom 2.12.2020, S. 5; *Maaßen* GRUR-Prax 2021, 41 (42 f.).

Zusagen anbieten, auch um weitergehende Sanktionen abzuwenden (Art. 20 CPC-Verordnung).[14]

II. Täterschaft

17 Erforderlich ist eine Bestimmung des Täters. § 19 Abs. 1 beschränkt sich auf die allgemeine Aussage **„wer"**. Folglich gelten die **allgemeinen Vorschriften des OWiG** für Täterschaft. Täter ist die handelnde Person, die durch ihr Handeln den Tatbestand der Verbotsnorm verwirklicht. Abs. 2 geht davon aus, dass dies im Regelfall der „Unternehmer" ist. Dieser in § 2 Abs. 1 Nr. 6 UWG definierte Begriff kann im UWG natürliche und juristische Personen umfassen (siehe *Keller* → UWG § 2 Rn. 248). Das beißt sich freilich mit dem Schuldgrundsatz des Ordnungswidrigkeitenrechts, welches vom Handeln einer natürlichen Person ausgeht.[15] Auch Abs. 1 stellt klar, dass Vorsatz oder Fahrlässigkeit erforderlich sind und also nur eine natürliche Person gemeint sein kann. Täter ist damit derjenige, der z. B. die irreführende Werbung schaltet. Bei einer Beteiligung, also Mitwirkung an der Verwirklichung, ist gem. § 14 OWiG der sog. **Einheitstäterbegriff** maßgeblich.[16] Beteiligte handeln also auch als Täter. Die Tat kann auch durch Unterlassen (§ 8 OWiG) und durch mittelbare Täterschaft (§ 9 OWiG) verwirklicht werden. Es ist zu ermitteln, wer tatsächlich gehandelt hat.

18 Davon unabhängig ist die Frage zu beantworten, wer **Adressat des Bußgelds** ist. Die Behörden haben im Ordnungswidrigkeitenrecht ein pflichtgemäßes Ermessen hinsichtlich sämtlicher Vorgehensweisen.[17] Im deutschen Kartellrecht, in dem sich die Parallelproblematik stellt, werden in erster Linie die Unternehmen belangt. Diese Möglichkeit eröffnet **§ 30 OWiG** mit Hilfe einer Zurechnung. Voraussetzung dafür ist, dass eine der in § 30 Abs. 1 OWiG genannten Personen die Ordnungswidrigkeit begangen hat und dadurch eine Pflicht des Unternehmens (nämlich zur Beachtung des Lauterkeitsrechts) verletzt hat. Das wird regelmäßig unproblematisch vorliegen. Im deutschen Kartellrecht ist es (anders als im europäischen Kartellrecht) aber auch nicht unüblich, die **Unternehmensleitung** (Geschäftsführer/Vorstand) **mit einem Bußgeld unmittelbar zu belangen.**

III. Verschulden

19 Der Täter muss gem. Abs. 1 **vorsätzlich oder fahrlässig** handeln (vgl. § 10 OWiG). Vorsatz setzt Wissen und Wollen der Verwirklichung der Tatbestandsmerkmale voraus. Fahrlässig handelt, wer die im Verkehr erforderliche Sorgfalt außer Acht lässt. Vorwerfbar ist die Tat, wenn sie vorhersehbar und vermeidbar war.[18] Dies ist jeweils für die einzelnen Tatbestandsmerkmale zu prüfen.

C. Bußgeldrahmen (Abs. 2)

20 Der Bußgeldrahmen wird durch **Art. 13 UGP-Richtlinie** vorgegeben und ist vom deutschen Gesetzeber in Abs. 2 iVm OWiG umgesetzt worden.

I. Bußgeldhöhe für natürliche Personen

21 In § 19 Abs. 2 wird ein gestufter Bußgeldrahmen bestimmt. **Grundsätzlich** geht das Gesetz von einer **Geldbuße von bis zu 50.000 Euro** aus **(S. 1).** Der Gesetzgeber bezeichnet diese Summe als **Sockelbetrag.** Im Vergleich zur unerlaubten Telefonwerbung (300.000 Euro gem. § 20 Abs. 2 UWG) wirkt der Betrag, der ja eine Höchstgrenze

[14] RegE-UWG 2021, S. 46; *Maaßen* GRUR-Prax 2021, 41 (43).
[15] KK-OWiG/*Mitsch* Einl. Rn. 123; siehe auch KK-OWiG/*Rogall* § 30 Rn. 6.
[16] Dazu KK-OWiG/*Rengier* § 14 Rn. 4 ff.
[17] § 47 OWiG, vgl. KK-OWiG/*Mitsch* § 47 Rn. 3.
[18] KK-OWiG/*Rengier* § 10 Rn. 40.

darstellt, eher niedrig. Die Geldbuße kann **für Unternehmen** allerdings **erheblich empfindlicher** ausfallen (→ Rn. 23 ff.).

Der Höchstsatz von 50.000 Euro gilt gemäß **S. 5** auch für diejenigen, die für das Unternehmen handeln, sei es als Organ, Gesellschafter, Vertreter oder Beauftragter (Fälle des § 9 OWiG) oder als Beteiligte i. S. d. § 14 OWiG. Für **natürliche Personen** ist damit die Bußgeldhöhe auf 50.000 Euro begrenzt. Gedacht ist hier beispielsweise an GmbH-Geschäftsführer oder Angestellte, die an dem Verstoß beteiligt waren.[19] Für diese Personen gilt die Vorgabe des Art. 13 Abs. 3 UGP-RL (Bußgeldrahmen von mindestens 4 % Jahresumsatz) nicht.[20] Bei der Festsetzung der Geldbuße sind aber die finanziellen Verhältnisse der Betroffenen zu würdigen.[21] Gerade bei Angestellten, die nicht in Leitungsfunktionen tätig sind, dürfte das Bußgeld also schmal ausfallen, wenn überhaupt eines verhängt wird. Letzteres kommt insbesondere in Betracht, wenn diese Person (z. B. ein Vertriebsmitarbeiter) in besonderer Weise den Verstoß verantwortet oder vorangetrieben hat, evtl. auch gegen Widerstände. 22

II. Bußgeldhöhe für Unternehmen

Die in S. 1 genannten 50.000 Euro stellen die Höchstgrenze für Unternehmen dar, die nicht mehr als 1,25 Mio. Euro Jahresumsatz erzielen. Damit entspricht der Betrag bis zu 4 % des Jahresumsatzes, sodass der Vorgabe in Art. 13 Abs. 3 UGP-Richtlinie Rechnung getragen wird. Für **umsatzstärkere Unternehmen** wird die Höchstgrenze auf **maximal 4 % des Jahresumsatzes** festgelegt **(S. 2).** Dazu muss das Unternehmen mehr als 1,25 Mio. Euro Jahresumsatz im Geschäftsjahr vor der Behördenentscheidung in den vom Verstoß betroffenen Mitgliedsstaaten erwirtschaftet haben. 23

Dieser **flexible Bußgeldrahmen** mit Angabe einer Prozentzahl ist aus dem Kartellrecht (§ 81 Abs. 4 GWB) und anderen Rechtsgebieten vertraut. Verfassungsrechtliche Bedenken wegen Unbestimmtheit hat der Bundesgerichtshof jedenfalls nicht geäußert.[22] Er hat die Relation zum Jahresumsatz als **Obergrenze** angesehen. So wird es auch in der Gesetzesbegründung zum UWG bezeichnet. Damit handelt es sich **nicht** um eine **Kappungsgrenze.** Eine Kappungsgrenze liegt vor, wenn die Bußgeldzumessung unabhängig vorgenommen wird und sodann das Bußgeld auf die Höhe der Grenze (hier 4 %) heruntergekürzt wird. Eine Obergrenze hingegen steckt den maximalen Rahmen von vornherein ab, sodass sich die 4 %-Grenze als Fixpunkt nach oben schon bei der Bußgeldzumessung erweist.[23] 24

Die **Umsatzberechnung** wird **auf die Mitgliedsstaaten beschränkt,** in denen gegen das Gesetz verstoßen wurde oder wo sich der **Verstoß ausgewirkt** hat („von dem Verstoß betroffen"). Die Einbeziehung wird aber nicht auf den Umsatz beschränkt, der dank des Verstoßes erwirtschaftet wurde, oder der mit Produkten erzielt wurde, für die in rechtsverletzender Weise geworben wurde. Vielmehr ist der **gesamte Unternehmensumsatz,** sowohl für die Berechnung der Schwelle von 1,25 Mio. Euro, als auch für die 4 %-Grenze anzusetzen. 25

Der **Unternehmensbegriff** ist dabei unklar. Legt man wie im Kartellrecht einen funktionalen Unternehmensbegriff zugrunde, so ist der **gesamte Konzernumsatz** erfasst, einschließlich aller abhängigen Unternehmen (vgl. § 81c Abs. 5). Das kann bei größeren Konzernen erheblich sein. Nach anderer Lesart könnte die Berechnung auf die Umsätze beschränkt werden, die von der **konkret handelnden Unternehmenseinheit** erzielt werden (z. B. eine Tochtergesellschaft). Der Wortlaut spricht hier für die Annahme, dass das gesamte Unternehmen gemeint ist und keine Differenzierung stattfindet. 26

[19] RegE-UWG 2021, S. 45.
[20] RegE-UWG 2021, S. 45.
[21] RegE-UWG 2021, S. 45.
[22] BGH NJW 2013, 1972, Rn. 50 ff. – Grauzementkartell. Kritisch aber Stellungnahme der GRUR zum RefE-UWG 2020 vom 7.12.2020, Rn. 54.
[23] Siehe BGH NJW 2013, 1972, Rn. 50 ff. – Grauzementkartell.

27 Der Umsatz kann gemäß **S. 3** geschätzt werden, falls keine Anhaltspunkte für eine genauere Umsatzberechnung vorliegen. Das dürfte regelmäßig bei kriminellen Unternehmungen, Schattenfirmen oder nicht-kooperierenden Unternehmen mit Sitz im Ausland gegeben sein. Auch bei einer **Schätzung** sind Behörde und Gericht nicht völlig frei, sondern müssen alle denkbaren Anknüpfungspunkte einbeziehen. Eine Schätzung kommt nur in Betracht, wenn die Feststellung des Umsatzes mit erheblichen Schwierigkeiten verbunden ist.[24] Im Fall der Schätzung liegt der **Bußgeldrahmen bei maximal 2 Mio. Euro (S. 4).** Dies soll die Kooperation anreizen. Umgesetzt wird damit Art. 13 Abs. 4 UGP-RL.

28 **S. 6** enthält eine rechtstechnisch erforderliche Androhung (vgl. § 30 Abs. 2 S. 2 OWiG), sodass Unternehmen tatsächlich dem höheren Bußgeldrahmen unterliegen.[25]

III. Zumessungsfaktoren

29 Die Geldbuße muss **wirksam, verhältnismäßig und abschreckend** sein (Art. 13 Abs. 1 S. 2 UGP-RL).

30 In der Praxis stellt sich die Frage, welche **Methodik** die Behörde anwendet und welche **Zumessungsfaktoren** gegeben sind. Dass es für die Festsetzung einer Geldbuße kein exakt richtiges Ergebnis geben kann, muss dabei immer berücksichtigt werden.

31 Die UGP-Richtlinie gibt die Zumessungsfaktoren in Art. 13 Abs. 2 vor. Der deutsche Gesetzgeber hat von einer Umsetzung in § 19 abgesehen, da die Kriterien denen des **§ 17 Abs. 3 OWiG** entsprechen, die ohnehin zu berücksichtigen sind.[26] Sie sind hinsichtlich des „Ob" und der Höhe der Geldbuße zu berücksichtigen.[27] Die Gesetzesbegründung verweist zudem auf den Verhältnismäßigkeitsgrundsatz.[28]

32 In § 17 Abs. 3 OWiG werden als Faktoren genannt: Bedeutung der Ordnungswidrigkeit; Vorwurf, der den Täter trifft; wirtschaftliche Verhältnisse des Täters. Der „beispielhafte" **Katalog des Art. 13 Abs. 2 UGP-RL** geht darüber hinaus und nennt folgende Kriterien:

„a) die Art, die Schwere, der Umfang und die Dauer des Verstoßes;

b) Maßnahmen des Gewerbetreibenden zur Minderung oder Beseitigung des Schadens, der Verbrauchern entstanden ist;

c) frühere Verstöße des Gewerbetreibenden;

d) vom Gewerbetreibenden aufgrund des Verstoßes erlangte finanzielle Vorteile oder vermiedene Verluste, wenn dazu die entsprechenden Daten verfügbar sind;

e) Sanktionen, die gegen den Gewerbetreibenden für denselben Verstoß in grenzüberschreitenden Fällen in anderen Mitgliedstaaten verhängt wurden, sofern Informationen über solche Sanktionen im Rahmen des aufgrund der Verordnung (EU) 2017/2394 des Europäischen Parlaments und des Rates errichteten Mechanismus verfügbar sind;

f) andere erschwerende oder mildernde Umstände im jeweiligen Fall."

33 Für die Bemessung des Bußgelds kann wiederum parallel herangezogen werden, wie das in durchaus vergleichbaren Fällen vielfach erfahrene Bundeskartellamt vorgeht. In § 81d GWB besteht dafür der gesetzliche Anknüpfungspunkt. Das Bundeskartellamt hat zudem **Bußgeldleitlinien** erlassen, die für Methodik und Detailfragen sehr hilfreich sein können.[29]

34 Anders als im Kartellrecht gibt es keine besonderen Regeln für Verzinsung (§ 81f GWB), Verjährung (§ 81g GWB) und die Ausfall-/Umgehungshaftung beim Wechsel des Rechts-

[24] RegE-UWG 2021, S. 45.

[25] Vgl. RegE-UWG 2021, S. 46.

[26] RegE-UWG 2021, S. 44 unter Verweis auf KK-OWiG/*Rogall* § 30 Rn. 136, 140, der an diesen Stellen auf Ahndungs- und Abschöpfungsfunktion des Bußgelds verweist.

[27] *Maaßen* GRUR-Prax 2021, 41 (43).

[28] RegE-UWG 2021, S. 44.

[29] Bundeskartellamt, Leitlinien für die Bußgeldzumessung in Kartellordnungswidrigkeitenverfahren vom 25.6.2013, abrufbar unter www.bundeskartellamt.de/SharedDocs/Publikation/DE/Leitlinien/Bekanntmachung%20-%20Bu%C3%9Fgeldleitlinien-Juni%202013.html.

trägers (§§ 81a und 81e), gesamtschuldnerische Haftung mehrerer Täter (§ 81a Abs. 5 GWB) oder die Bebußung von Unternehmensvereinigungen (§ 81b GWB).

Die teilweise befürchtete **Doppelsanktionierung** kann unter Hinweis auf *ne bis in idem,* Art. 13 Abs. 2e) UGP-RL und Art. 18 Abs. 1a) CPC-VO vermieden werden.[30] In der Entscheidung muss zu den entsprechenden Aspekten Stellung genommen werden. Wie Behörden und Gerichte diese Aspekte dann im Einzelfall würdigen, bleibt letztlich kaum vorhersehbar und bedarf an dieser Stelle vorerst keiner abstrakten Ausführungen. 35

D. Behörden (Abs. 4), Verfahren und Rechtsschutz

Gemäß Abs. 4 werden das Bundesamt für Justiz, die BaFin und eventuell zuständige Landesbehörden als **zuständige Behörden i. S. d. § 36 Abs. 1 Nr. 1 OWiG** benannt. Grundsätzlich liegt die Zuständigkeit für weitverbreitete Verstöße oder weitverbreitete Verstöße mit Unions-Dimension beim **Bundesamt für Justiz.** Die rechtspolitische Entscheidung für diese Behörde statt für das bei Ermittlungen, im Bußgeldrecht und in der internationalen Kooperation mit anderen Wettbewerbsbehörden äußerst erfahrene Bundeskartellamt, das ja bereits verbraucherrechtliche Befugnisse in § 32e Abs. 5 und § 90 Abs. 6 GWB hat, ist rechtspolitisch schwer nachvollziehbar.[31] Sofern dies der Sorge geschuldet ist, dass das Bundeskartellamt zu großen Einfluss im Lauterkeitsrecht erhielte, ließe sich dies durch das Einziehen besonderer Voraussetzungen eingrenzen.[32] 36

Handeln Unternehmen i. S. d. § 2 Nr. 2 EU-VSchDG, also solche, die der Aufsicht durch die **BaFin** unterliegen, ist das BaFin zuständige Behörde. 37

Für bestimmte **Versicherungsunternehmen** und Pensionsfonds sind Landesbehörden zuständig, vgl. § 2 Nr. 2 EU-VSchDG. 38

Das **Verfahren** richtet sich nach dem Ordnungswidrigkeitenrecht iVm der CPC-Verordnung und dem EU-VSchDG. Insoweit sind keine abweichenden Vorgaben im UWG getroffen worden. 39

Eine Bußgeldsanktion kommt **nur im Rahmen des Koordinierungsmechanismus** gem. Art. 16 ff. CPC-Verordnung in Betracht. Sie setzt also eine Aktivierung dieses Netzwerks voraus (typischerweise durch eine Warnmeldung, Art. 26 CPC-Verordnung). Dieses **Verfahren der CPC-Verordnung** ist **vorgeschaltet.** 40

Der **Rechtsweg** richtet sich ebenfalls nach OWiG.[33] Die Vorschriften in §§ 13 ff. EU-VSchDG erfassen die Verhängung von Bußgeldern nicht. Das ist insofern misslich, als gerade die Bußgeldverhängung durchaus auch dem Rechtszug LG – BGH hätte zugeordnet werden können. Folglich ist für den Einspruch aber das örtlich zuständige Amtsgericht gem. §§ 67 Abs. 1, 68 Abs. 1 OWiG zuständig (AG Bonn beim Bundesamt für Justiz). Von dort ist die Rechtsbeschwerde zum OLG möglich (§ 79 Abs. 1 Nr. 1 OWiG). Im Bereich der unlauteren Telefonwerbung hat sich die **Zuweisung zum Amtsgericht** als wenig hilfreich erwiesen: Die das Bußgeld verhängende Behörde ist kaum am Verfahren beteiligt (§ 76 OWiG), und es besteht ein institutioneller Anreiz, dass sich Gericht und betroffenes Unternehmen auf eine geringere Bußgeldhöhe einigen.[34] 41

---

[30] Vgl. die Befürchtung vom Händlerbund in der Stellungnahme zum RefE-UWG 2020 vom 2.12.2020, S. 6.

[31] So auch *Alexander* WRP 2021, 136 (144 Rn. 89). Siehe schon *Podszun/Busch/Henning-Bodewig* GRUR 2018, 1004 ff. mwN.

[32] Vgl. *Podszun/Busch/Henning-Bodewig* GRUR 2018, 1004 ff. mwN.

[33] *Maaßen* GRUR-Prax 2021, 41 (44).

[34] Siehe *Schulte-Nölke/Henning-Bodewig/Podszun,* Evaluierung der verbraucherschützenden Regelungen im Gesetz gegen unseriöse Geschäftspraktiken, 2017, S. 102 ff.

§ 20 Bußgeldvorschriften

Vorbemerkung: § 20 ist gegenüber dem UWG 2020 weitgehend unverändert. Ausnahmen bilden die in Abs. 1 Nr. 1 vorgenommene redaktionelle Anpassung der Bezugnahme auf § 7 Abs. 2 (ausgelöst durch die Verlagerung des § 7 Abs. 2 Nr. 1 UWG 2020 nach Nr. 26 des Anhangs zu § 3 Abs. 3) und die in der neuen Nr. 2 enthaltene Anknüpfung an Verstöße gegen § 7a (eingefügt in das UWG 2020 durch das Gesetz für faire Verbraucherverträge vom 10.8.2021 mit redaktionellen Anpassungen in § 20 Abs. 2 und 3).

(1) **Ordnungswidrig handelt, wer vorsätzlich oder fahrlässig**

1. **entgegen § 7 Absatz 1 in Verbindung mit § 7 Absatz 2 Nummer 1 oder 2 mit einem Telefonanruf oder unter Verwendung einer automatischen Anrufmaschine gegenüber einem Verbraucher ohne dessen vorherige ausdrückliche Einwilligung wirbt,**
2. **entgegen § 7a Absatz 1 eine dort genannte Einwilligung nicht, nicht richtig, nicht vollständig oder nicht rechtzeitig dokumentiert oder nicht oder nicht mindestens fünf Jahre aufbewahrt,**
3. **entgegen § 8b Absatz 3 in Verbindung mit § 4b Absatz 1 des Unterlassungsklagengesetzes, auch in Verbindung mit einer Rechtsverordnung nach § 4d Nummer 2 des Unterlassungsklagengesetzes, einen dort genannten Bericht nicht, nicht richtig, nicht vollständig oder nicht rechtzeitig erstattet oder**
4. **einer Rechtsverordnung nach § 8b Absatz 3 in Verbindung mit § 4d Nummer 1 des Unterlassungsklagengesetzes oder einer vollziehbaren Anordnung auf Grund einer solchen Rechtsverordnung zuwiderhandelt, soweit die Rechtsverordnung für einen bestimmten Tatbestand auf diese Bußgeldvorschrift verweist.**

(2) **Die Ordnungswidrigkeit kann in den Fällen des Absatzes 1 Nummer 1 mit einer Geldbuße bis zu dreihunderttausend Euro, in den Fällen des Absatzes 1 Nummer 2 mit einer Geldbuße von bis zu fünfzigtausend Euro und in den übrigen Fällen mit einer Geldbuße bis zu hunderttausend Euro geahndet werden.**

(3) **Verwaltungsbehörde im Sinne des § 36 Absatz 1 Nummer 1 des Gesetzes über Ordnungswidrigkeiten ist in den Fällen des Absatzes 1 Nummer 1 die Bundesnetzagentur für Elektrizität, Gas, Telekommunikation, Post und Eisenbahnen, in den übrigen Fällen das Bundesamt für Justiz.**

Anhang zu § 3 Abs. 3 UWG

Vorbemerkung: Gegenüber dem UWG 2020 wurde die einleitende Formulierung redaktionell geändert („Folgende geschäftlichen Handlungen sind gegenüber Verbrauchern stets unzulässig:" statt „Unzulässige geschäftliche Handlungen im Sinne des § 3 Absatz 3 sind…"). Die Nummerierung des Anhangs zu § 3 Abs. 3 wurde an diejenige des Anhangs zur Richtlinie 2005/29/EG (UGP-RL) angepasst.

Durch die neuen Zwischenüberschriften „Irreführende geschäftliche Handlungen" (Nummern 1 bis 23c) und „Aggressive geschäftliche Handlungen" (Nummern 24 bis 31) wurde der Katalog der gegenüber Verbrauchern stets unzulässigen geschäftlichen Handlungen thematisch untergliedert.

Ferner erhielt jeder der 31 Tatbestände eine eigene, der besseren Orientierung dienende Überschrift; inhaltliche Änderungen sind hiermit nicht verbunden.

Neu sind die Nummern 11a, 23a, 23b und 23c; Kommentierung siehe unten (Frank → Rn. 1 ff.). Nr. 26 entspricht § 7 Abs. 2 Nr. 1 UWG 2020, ist jedoch der UGP-RL stärker angepasst worden; Kommentierung siehe unten (Schöler). Nr. 31 entspricht Nr. 17 UWG 2020 (Bruhn → UWG Anh zu § 3 Abs. 3 Rn. 340 f.). Nr. 32 ist neu; Kommentierung siehe unten (Schöler).

Folgende geschäftliche Handlungensind gegenüber Verbrauchern stets unzulässig:

Irreführende geschäftliche Handlungen

1. unwahre Angabe über die Unterzeichnung eines Verhaltenskodexes

die unwahre Angabe eines Unternehmers, zu den Unterzeichnern eines Verhaltenskodexes zu gehören;

2. unerlaubte Verwendung von Gütezeichen und Ähnlichem

die Verwendung von Gütezeichen, Qualitätskennzeichen oder Ähnlichem ohne die erforderliche Genehmigung;

3. unwahre Angabe über die Billigung eines Verhaltenskodexes

die unwahre Angabe, ein Verhaltenskodex sei von einer öffentlichen oder anderen Stelle gebilligt;

4. unwahre Angabe über Anerkennungen durch Dritte

die unwahre Angabe,

a) ein Unternehmer, eine von ihm vorgenommene geschäftliche Handlung oder eine Ware oder Dienstleistung sei von einer öffentlichen oder privaten Stelle bestätigt, gebilligt oder genehmigt worden, oder
b) den Bedingungen für die Bestätigung, Billigung oder Genehmigung werde entsprochen;

5. Lockangebote ohne Hinweis auf Unangemessenheit der Bevorratungsmenge

Waren- oder Dienstleistungsangebote im Sinne des § 5b Absatz 1 zu einem bestimmten Preis, wenn der Unternehmer nicht darüber aufklärt, dass er hinreichende Gründe für die Annahme hat, er werde nicht in der Lage sein, diese oder gleichartige Waren oder Dienstleistungen für einen angemessenen Zeitraum in angemessener Menge zum genannten Preis bereitzustellen oder bereitstellen zu lassen; ist die Bevorratung kürzer als zwei Tage, obliegt es dem Unternehmer, die Angemessenheit nachzuweisen;

6. Lockangebote zum Absatz anderer Waren oder Dienstleistungen

Waren- oder Dienstleistungsangebote im Sinne des § 5b Absatz 1 zu einem bestimmten Preis, wenn der Unternehmer sodann in der Absicht, stattdessen eine andere Ware oder Dienstleistung abzusetzen,

a) eine fehlerhafte Ausführung der Ware oder Dienstleistung vorführt,
b) sich weigert zu zeigen, was er beworben hat, oder
c) sich weigert, Bestellungen dafür anzunehmen oder die beworbene Leistung innerhalb einer vertretbaren Zeit zu erbringen;

7. unwahre Angabe über zeitliche Begrenzung des Angebots

die unwahre Angabe, bestimmte Waren oder Dienstleistungen seien allgemein oder zu bestimmten Bedingungen nur für einen sehr begrenzten Zeitraum verfügbar, um den Verbraucher zu einer sofortigen geschäftlichen Entscheidung zu veranlassen, ohne dass dieser Zeit und Gelegenheit hat, sich auf Grund von Informationen zu entscheiden;

8. Sprachenwechsel für Kundendienstleistungen bei einer in einer Fremdsprache geführten Vertragsverhandlung

Kundendienstleistungen in einer anderen Sprache als derjenigen, in der die Verhandlungen vor dem Abschluss des Geschäfts geführt worden sind, wenn die ursprünglich verwendete Sprache nicht Amtssprache desjenigen Mitgliedstaats der Europäischen Union ist, in dem der Unternehmer niedergelassen ist; dies gilt nicht, soweit Verbraucher vor dem Abschluss des Geschäfts darüber aufgeklärt werden, dass diese Leistungen in einer anderen als der ursprünglich verwendeten Sprache erbracht werden;

9. unwahre Angabe über die Verkehrsfähigkeit

die unwahre Angabe oder das Erwecken des unzutreffenden Eindrucks, eine Ware oder Dienstleistung sei verkehrsfähig;

10. Darstellung gesetzlicher Verpflichtungen als Besonderheit eines Angebots

die unwahre Angabe oder das Erwecken des unzutreffenden Eindrucks, gesetzlich bestehende Rechte stellten eine Besonderheit des Angebots dar;

11. als Information getarnte Werbung

der vom Unternehmer finanzierte Einsatz redaktioneller Inhalte zu Zwecken der Verkaufsförderung, ohne dass sich dieser Zusammenhang aus dem Inhalt oder aus der Art der optischen oder akustischen Darstellung eindeutig ergibt;

11a. verdeckte Werbung in Suchergebnissen

die Anzeige von Suchergebnissen aufgrund der Online-Suchanfrage eines Verbrauchers, ohne dass etwaige bezahlte Werbung oder spezielle Zahlungen, die dazu dienen, ein höheres Ranking der jeweiligen Waren oder Dienstleistungen im Rahmen der Suchergebnisse zu erreichen, eindeutig offengelegt werden;

Kommentierung siehe unten (Frank).

12. unwahre Angabe über Gefahren für die persönliche Sicherheit

unwahre Angaben über Art und Ausmaß einer Gefahr für die persönliche Sicherheit des Verbrauchers oder seiner Familie für den Fall, dass er die angebotene Ware nicht erwirbt oder die angebotene Dienstleistung nicht in Anspruch nimmt;

13. Täuschung über betriebliche Herkunft

Werbung für eine Ware oder Dienstleistung, die der Ware oder Dienstleistung eines bestimmten Herstellers ähnlich ist, wenn in der Absicht geworben wird, über die betriebliche Herkunft der beworbenen Ware oder Dienstleistung zu täuschen;

14. Schneeball- oder Pyramidensystem

die Einführung, der Betrieb oder die Förderung eines Systems zur Verkaufsförderung, bei dem vom Verbraucher ein finanzieller Beitrag für die Möglichkeit verlangt wird, eine Vergütung allein oder zumindest hauptsächlich durch die Einführung weiterer Teilnehmer in das System zu erlangen;

15. unwahre Angabe über Geschäftsaufgabe

die unwahre Angabe, der Unternehmer werde demnächst sein Geschäft aufgeben oder seine Geschäftsräume verlegen;

16. Angaben über die Erhöhung der Gewinnchancen bei Glücksspielen

die Angabe, durch eine bestimmte Ware oder Dienstleistung ließen sich die Gewinnchancen bei einem Glücksspiel erhöhen;

Ab hier neue Nummerierung, da Nr. 17 UWG 2020 aufgehoben und ihr Inhalt zur Anpassung an die Nummerierung im entsprechenden Anhang zur UGP-RL nach Nr. 31 verlagert wurde.

17. unwahre Angaben über die Heilung von Krankheiten

die unwahre Angabe, eine Ware oder Dienstleistung könne Krankheiten, Funktionsstörungen oder Missbildungen heilen;

18. unwahre Angabe über Marktbedingungen oder Bezugsquellen

eine unwahre Angabe über die Marktbedingungen oder Bezugsquellen, um den Verbraucher dazu zu bewegen, eine Ware oder Dienstleistung zu weniger günstigen Bedingungen als den allgemeinen Marktbedingungen abzunehmen oder in Anspruch zu nehmen;

19. Nichtgewährung ausgelobter Preise

das Angebot eines Wettbewerbs oder Preisausschreibens, wenn weder die in Aussicht gestellten Preise noch ein angemessenes Äquivalent vergeben werden;

20. unwahre Bewerbung als kostenlos

das Angebot einer Ware oder Dienstleistung als „gratis", „umsonst", „kostenfrei" oder dergleichen, wenn für die Ware oder Dienstleistung gleichwohl Kosten zu tragen sind; dies gilt nicht für Kosten, die im Zusammenhang mit dem Eingehen auf das Waren- oder Dienstleistungsangebot oder für die Abholung oder Lieferung der Ware oder die Inanspruchnahme der Dienstleistung unvermeidbar sind;

21. Irreführung über das Vorliegen einer Bestellung

die Übermittlung von Werbematerial unter Beifügung einer Zahlungsaufforderung, wenn damit der unzutreffende Eindruck vermittelt wird, die beworbene Ware oder Dienstleistung sei bereits bestellt;

22. Irreführung über Unternehmereigenschaft

die unwahre Angabe oder das Erwecken des unzutreffenden Eindrucks, der Unternehmer sei Verbraucher oder nicht für Zwecke seines Geschäfts, Handels, Gewerbes oder Berufs tätig;

23. Irreführung über Kundendienst in anderen Mitgliedstaaten der Europäischen Union

die unwahre Angabe oder das Erwecken des unzutreffenden Eindrucks, es sei im Zusammenhang mit Waren oder Dienstleistungen in einem anderen Mitgliedstaat der Europäischen Union als dem des Warenverkaufs oder der Dienstleistung ein Kundendienst verfügbar;

23a. Wiederverkauf von Eintrittskarten für Veranstaltungen

der Wiederverkauf von Eintrittskarten für Veranstaltungen an Verbraucher, wenn der Unternehmer diese Eintrittskarten unter Verwendung solcher automatisierter Verfahren erworben hat, die dazu dienen, Beschränkungen zu umgehen in Bezug auf die Zahl der von einer Person zu erwerbenden Eintrittskarten oder in Bezug auf andere für den Verkauf der Eintrittskarten geltende Regeln;

Kommentierung siehe unten (Frank).

23b. Irreführung über die Echtheit von Verbraucherbewertungen

die Behauptung, dass Bewertungen einer Ware oder Dienstleistung von solchen Verbrauchern stammen, die diese Ware oder Dienstleistung tatsächlich erworben oder genutzt haben, ohne dass angemessene und verhältnismäßige Maßnahmen zur Überprüfung ergriffen wurden, ob die Bewertungen tatsächlich von solchen Verbrauchern stammen;

Kommentierung siehe unten (Frank).

23c. gefälschte Verbraucherbewertungen

die Übermittlung oder Beauftragung gefälschter Bewertungen oder Empfehlungen von Verbrauchern sowie die falsche Darstellung von Bewertungen oder Empfehlungen von Verbrauchern in sozialen Medien zu Zwecken der Verkaufsförderung;

Kommentierung siehe unten (Frank).

Aggressive geschäftliche Handlungen

24. räumliches Festhalten des Verbrauchers

das Erwecken des Eindrucks, der Verbraucher könne bestimmte Räumlichkeiten nicht ohne vorherigen Vertragsabschluss verlassen;

25. Nichtverlassen der Wohnung des Verbrauchers trotz Aufforderung

bei persönlichem Aufsuchen des Verbrauchers in dessen Wohnung die Nichtbeachtung seiner Aufforderung, die Wohnung zu verlassen oder nicht zu ihr zurückzukehren, es sein denn, das Aufsuchen ist zur rechtmäßigen Durchsetzung einer vertraglichen Verpflichtung gerechtfertigt;

26. unzulässiges hartnäckiges Ansprechen über Fernabsatzmittel

hartnäckiges und unerwünschtes Ansprechen des Verbrauchers mittels Telefonanrufen, unter Verwendung eines Faxgerätes, elektronischer Post oder sonstiger für den Fernabsatz geeigneter Mittel der kommerziellen Kommunikation, es sei denn, dieses Verhalten ist zur rechtmäßigen Durchsetzung einer vertraglichen Verpflichtung gerechtfertigt;

Kommentierung siehe unten (Schöler).

27. Verhinderung der Durchsetzung vertraglicher Rechte im Versicherungsverhältnis

Maßnahmen, durch die der Verbraucher von der Durchsetzung seiner vertraglichen Rechte aus einem Versicherungsverhältnis dadurch abgehalten werden soll, dass

a) von ihm bei der Geltendmachung eines Anspruchs die Vorlage von Unterlagen verlangt wird, die zum Nachweis dieses Anspruchs nicht erforderlich sind, oder
b) Schreiben zur Geltendmachung eines Anspruchs systematisch nicht beantwortet werden;

28. Kaufaufforderung an Kinder

die in eine Werbung einbezogene unmittelbare Aufforderung an Kinder, selbst die beworbene Ware zu erwerben oder die beworbene Dienstleistung in Anspruch zu nehmen oder ihre Eltern oder andere Erwachsene dazu zu veranlassen;

29. Aufforderung zur Bezahlung nicht bestellter Waren oder Dienstleistungen

die Aufforderung zur Bezahlung nicht bestellter, aber gelieferter Waren oder erbrachter Dienstleistungen oder eine Aufforderung zur Rücksendung oder Aufbewahrung nicht bestellter Waren;

30. Angaben über die Gefährdung des Arbeitsplatzes oder des Lebensunterhalts

die ausdrückliche Angabe, dass der Arbeitsplatz oder Lebensunterhalt des Unternehmers gefährdet sei, wenn der Verbraucher die Ware oder Dienstleistung nicht abnehme;

31. Irreführung über Preis oder Gewinn

die unwahre Angabe oder das Erwecken des unzutreffenden Eindrucks, der Verbraucher habe bereits einen Preis gewonnen oder werde ihn gewinnen oder werde durch eine bestimmte Handlung einen Preis gewinnen oder einen sonstigen Vorteil erlangen, wenn

a) es einen solchen Preis oder Vorteil tatsächlich nicht gibt oder
b) die Möglichkeit, einen solchen Preis oder Vorteil zu erlangen, von der Zahlung eines Geldbetrags oder der Übernahme von Kosten abhängig gemacht wird.

Nr. 31 enthält eine geringfügige redaktionelle Änderung gegenüber dem Wortlaut der hierher verlagerten Ziffer 17 UWG 2020 (Streichung der Wörter „wenn jedenfalls" vor dem Inhalt von Buchstabe b)

32. Aufforderung zur Zahlung bei unerbetenen Besuchen in der Wohnung eines Verbrauchers am Tag des Vertragsschlusses

bei einem im Rahmen eines unerbetenen Besuchs in der Wohnung eines Verbrauchers geschlossenen Vertrag die an den Verbraucher gerichtete Aufforderung zur Bezahlung der Ware oder Dienstleistung vor Ablauf des Tages des Vertragsschlusses; dies gilt nicht, wenn der Verbraucher einen Betrag unter 50 Euro schuldet.

Kommentierung siehe unten (Schöler).

Kommentierung der neuen Verbotstatbestände

Zu Nr. 11a

In **Ergänzung der nunmehr in § 5b Abs. 4 UWG 2022** geregelten **Transparenzpflicht** (*Frank* → UWG § 5b Abs. 4 Rn. 8 ff.) enthält die neue Nummer 11a des Anhangs zu § 3 Abs. 3 UWG ein **spezielles *per-se*-Verbot** für den Fall, dass ein in Suchergebnissen erscheinendes **Ranking** der Angebote **auf verkappte Zuwendungen seitens eines Anbieters** oder mehrerer Anbieter **zurückgeht:**[1] Wird das Ranking von Suchergebnissen durch bezahlte Werbung oder spezielle Zahlungen **beeinflusst,** so muss dies gegenüber den angesprochenen Verbrauchern **eindeutig offengelegt** werden (→ UWG § 5a 2020 Rn. 373). Von dieser Informationspflicht sind dieselben Unternehmen betroffen, welche auch in den Anwendungsbereich der **Informationspflicht nach § 5a Abs. 2 UWG 2022** fallen. 1

Der Begriff **„Ranking"** bezieht sich auf die relative Hervorhebung der Angebote von Unternehmen oder auf die Relevanz, die Suchergebnissen in Abhängigkeit davon, wie sie die **Anbieter von Online-Suchfunktionen** darstellen, organisieren oder kommunizieren (*Keller* → UWG § 2 Rn. 13 ff.). 2

Begründet wird die Schaffung dieses durch die **Richtlinie 2019/2161/EU** vorgegebenen Black-List-Tatbestands in deren Erwägungsgrund 20 unter anderem folgendermaßen (dazu auch → Anh zu § 3 Abs. 3 UWG 2020 Rn. 248 ff.): 3

„Wenn ein Gewerbetreibender den Anbieter einer Online-Suchfunktion unmittelbar oder mittelbar dafür bezahlt hat, dass ein Produkt im Rahmen der Suchergebnisse ein höheres Ranking erhält, sollte der Anbieter der Online-suchfunktion die Verbraucher über diese Tatsache in kurzer, einfach zugänglicher und verständlicher Weise informieren. Eine mittelbare Bezahlung könnte darin bestehen, dass ein Gewerbetreibender zusätzliche Verpflichtungen jeglicher Art gegenüber dem Anbieter der Online-Suchfunktion eingeht, die im konkreten Fall zu einem höheren Ranking führen. Die mittelbare Bezahlung könnte aus einer erhöhten Provision pro Transaktion sowie aus unterschiedlichen Vergütungsregelungen bestehen, die gezielt zu einem höheren Ranking führen. Zahlungen für allgemeine Dienstleistungen wie Listungsgebühren oder Mitgliedsbeiträge, die ein breite Palette an Funktionen abdecken, die der Anbieter der Online-Suchmaschine für den Gewerbetreibenden erbringt, sollen nicht als spezielle Zahlungen für ein höheres Ranking eines Produkts betrachtet werden, sofern diese Zahlungen nicht dazu bestimmt sind, ein höheres Ranking zu bewirken. Online-Suchfunktionen können von unterschiedlichen Arten von Online-Anbietern bereitgestellt werden, darunter Vermittler wie Online-Marktplätze, Suchmaschinen und Vergleichswebsites.

Zu Nr. 23a

Die neue Ziffer 23a des Anhangs zu § 3 Abs. 3 UWG verbietet den **Wiederverkauf von Eintrittskarten,** welche ein **Händler durch den Einsatz besonderer Software erworben** hat, und setzt so die entsprechenden Vorgaben aus der Richtlinie 2019/2161 um (kritisch hierzu *Glöckner* → Einl. B Rn. 193 UWG 2020). Werden Tickets für Sport – und Kulturveranstaltungen, bei denen das Angebot die Nachfrage deutlich übersteigt, zu einem bestimmten Zeitpunkt über das Internet verkauft, kommen Verbraucher trotzdem häufig nicht oder nur in sehr geringen Maße zum Zug: Durch den Einsatz von Funktionalitäten, die ursprünglich vermutlich für den Hochfrequenzhandel an Wertpapierbörsen entwickelt wurden, können Hochleistungsrechner selbstständig oder mit Einwirken von Menschen innerhalb von Sekunden bis in den Mikrosekundenbereich nach den zuvor 1

[1] BT-Drs. 19/27873, 44.

programmierten Algorithmen für den Verkauf im Internet freigegebene Eintrittskarten erwerben und verkaufen diese dann im Nachgang zu einem Vielfachen des ursprünglichen Preises an Verbraucher. Dieser **Hintergrun**d war in **Erwägungsgrund 50 der Richtlinie (EU) 2019/2161** dargelegt worden (abgedruckt in Anhang zu § 3 Abs. 3 Rn. 457 UWG 2020). Der Richtliniengeber versucht, die vom Erstverkäufer auferlegten technischen Beschränkungen für den Kauf von Eintrittskarten oder andere von ihm eingerichtete technische Mittel zu schützen, welche gewährleisten sollen, dass grundsätzlich **alle Personen den Zugang zu Eintrittskarten** erhalten. In der Richtlinie war zudem klargestellt worden, dass dies keine abschließende Regelung sein soll: Mitgliedstaaten dürfen ergänzend Maßnahmen ergreifen, wie beispielsweise die Wiederverkaufspreise für Eintrittskarten regulieren, um einen **breiten Zugang aller zu Kultur- und Sportveranstaltungen sicherzustellen,** sowie Verbraucherinteressen und Kulturpolitik zu schützen.

2 In der Begründung zum RegE UWG 2022 wird hierzu ergänzend darauf hingewiesen, dass bereits nach bisheriger Rechtslage und Rechtsprechung ein **„Schleichbezug" gegen § 4 Nr. 4 verstoße,** wenn nämlich ein Veranstalter, der die Eintrittskarten ausschließlich selbst vermarktet und vertraglich den gewerblichen Weiterverkauf verbietet, vom Käufer über dessen Wiederverkaufsabsicht des Käufers getäuscht wird (vgl. hierzu bereits *Omsels* → UWG § 4 Rn. 432 f.). Der Hinweis zielt u. a. auf das Urteil des BGH zum Verkauf von Eintrittskarten für Spiele der Fußball Bundesliga aus 2009 ab (vgl. hierzu auch *Podszun* → UWG § 3 Rn. 195).[2] Ziffer 23 ist enger gefasst und regelt nur den Teilbereich des Verkaufs von Eintrittskarten an Verbraucher und den **Einsatz automatisierter Verfahren zur Umgehung der Verkaufsbeschränkungen.** § 4 Nr. 4 soll hingegen Mitbewerber vor der gezielten Behinderung schützen. Die Gesetzesbegründung führt insofern zutreffend aus, dass § 4 Nr. 4 deswegen nicht in den Anwendungsbereich der Richtlinie 2005/29/EG fällt, folglich auch künftig neben dem neuen verbraucherschützenden Verbotstatbestand in Nummer 23a anwendbar bleibt. § 4 Nr. 4 ist damit eine der Maßnahmen, welche der Richtliniengeber im Auge hatte, als er in den Erwägungsgründen festhielt, dass die Ziffer 23a eben keine abschließende Regelung sein solle.

Zu Nr. 23b

1 Die Transparenzanforderungen im **§ 5b Abs. 2 UWG 2022** (dazu werden den **Vorgaben aus der Richtlinie 2019/2161** entsprechend ergänzt durch die Erweiterung der „Schwarzen Liste" im Anhang zu § 3 Abs. 3. Die neue Ziffer 23b stellt klar, dass ein Unternehmer stets unzulässig handelt, wenn er erklärt, Bewertungen eines Produkts stammten von Verbrauchern, die das Produkt tatsächlich genutzt oder erworben haben, obwohl er keine sinnvollen und angemessenen Schritte unternommen hat, um dies zu überprüfen (vgl. hierzu → UWG § 5a Rn. 380).[3]

2 Der Unternehmer ergreift den Ausführungen in Erwägungsgrund 47 der Richtlinie → (abgedruckt in Anhang zu § 3 Absatz 3 UWG 2020 Rn. 458) zufolge angemessene und verhältnismäßige Maßnahmen zur Überprüfung, wenn er etwa durch einen **Abgleich mit seiner Kundenhistorie** überprüft, ob ein Verbraucher die Ware oder Dienstleistung tatsächlich genutzt oder erworben hat, da er insoweit die **Glaubwürdigkeit** der die Bewertung veröffentlichenden Person zumindest rudimentär überprüft hat.[4] Es bleibt abzuwarten, ob sich bei Etablierung eines entsprechenden technischen Abgleichs aus datenschutzrechtlicher Sicht erhöhte Anforderungen an die Aufklärungspflichten der Unterneh-

[2] BGH GRUR 2009, 173 – bundesligakarten.de, das OLG Hamburg hatte zuvor den nicht-autorisierten Verkauf von Bundesliga-Karten als Fall der Generalklausel gewertet, NJW 2005, 3003 – Fußball-Eintrittskarten.

[3] Vgl. hierzu *Alexander* WRP 2019, 1235, 1240 Rz. 58 f.

[4] BT-Drs. 19/27873, 45, 1. Abs.

mer hinsichtlich der Verwendung der von ihnen verarbeiteten Kundendaten ergeben werden.[5]

Diese Neuregelung liegt auf der Linie jüngerer Urteile in Deutschland, nach denen ein 3 Portalbetreiber als mittelbarer Störer dafür haftet, wenn er seiner Pflicht zur Sachverhaltsaufklärung nach dem Hinweis nicht nachkommt, dass einer konkreten Bewertung jegliche Tatsachengrundlage fehlt.[6]

Zu Nr. 23c

Ziffer 23c wendet sich gegen missbräuchliche Praktiken im Zusammenhang mit Ver- 1 braucherbewertungen und Empfehlungen zu Zwecken der Verkaufsförderung (vgl. hierzu bereits die Anmerkungen zu → UWG § 5a Rn. 381).[7] Die Regelung erfasst die Übermittlung von per se gefälschten Verbraucherbewertungen oder Empfehlungen sowie deren falsche Darstellung in sozialen Medien. Neben der eigenen Abgabe ist auch die Beauftragung Dritter zu diesem Zweck stets unzulässig. Hintergrund der Regelung sind insbesondere **gefälschte „Likes" in sozialen Medien** oder Manipulationen des hierdurch entstehenden Eindrucks, indem nur positive Bewertungen veröffentlicht, negative hingegen gelöscht werden.[8]

Dem Richtliniengeber folgend erwähnt die Gesetzesbegründung in diesem Zusammen- 2 hang ferner die Extrapolation von Empfehlungen, indem die positive Interaktion eines Nutzers mit einem bestimmten Online-Inhalt mit einem anderen, jedoch im Zusammenhang damit stehenden Inhalt verknüpft oder auf diesen übertragen wird, was den Anschein erwecke, der Nutzer befürworte auch den im Zusammenhang damit stehenden Inhalte.[9] Ziffer 23c erfasst gleichermaßen Bewertungen von Verbrauchern und von Unternehmen.[10]

Zu Nr. 26

Der bisherige § 7 Abs. 2 Nr. 1 wurde in eine neue Nr. 26 des Anhangs zu § 3 Abs. 3 1 verlagert. Hierdurch wird ein Gleichlauf zu dem entsprechenden Verbotstatbestand der Nr. 26 des Anhangs I der Richtlinie 2005/29/EG erreicht. Inhaltlich ergibt sich eine Änderung insoweit, als zukünftig nicht nur ein hartnäckiges Ansprechen zu Werbezwecken, sondern darüberhinausgehend **jede Art der hartnäckigen und unerwünschten Kontaktaufnahme mittels eines Fernabsatzmittels** erfasst ist, sofern diese nicht zur rechtmäßigen Durchsetzung einer vertraglichen Verpflichtung gerechtfertigt ist. Neben **Telefonanrufen** fallen unter den Verbotstatbestand auch das **hartnäckige Ansprechen mittels Fax, elektronischer Post oder mittels anderer für den Fernabsatz geeigneter Mittel.** Diese besonders aggressiven Formen der Belästigung fallen damit zugleich auch in den Anwendungsbereich des neuen **§ 9 Abs. 2 S. 1 UWG 2022,** der einen individuellen Schadensersatzanspruch der Verbraucher und Verbraucherinnen auch für den Fall regelt, dass kein Vertragsverhältnis oder vorvertragliches Schuldverhältnis entstanden ist. Sofern das hartnäckige Ansprechen bereits zum Abschluss eines für den Verbraucher ungünstigen Vertrages geführt hat, kann im Wege der Naturalrestitution nach § 249 BGB ggf. ein Anspruch auf Aufhebung des Vertrags bestehen.

---

[5] Art. 6 DGSVO.
[6] Etwa LG Lübeck, ZUM 2019, 74.
[7] BT-Drs. 19/27873, 37, 3. Abs.
[8] Vgl. Erwägungsgrund 49.
[9] BT-Drs. 19/27873, 45, 2. Abs.; Richtlinie 2019/2161, Erwägungsgrund 49 der RL 2019/2161/EU (abgedruckt im Anhang zu § 3 Absatz 3 UWG 2020).
[10] *Alexander* WRP 2019, 1235, 1240 Rz. 62 ff.

Zu Nr. 32

1 Der Anhang zu § 3 Abs. 3 wurde aufgrund des Gesetzes zur Stärkung des Verbraucherschutzes im Wettbewerbs- und Gewerberecht um eine neue Nr. 32 ergänzt. Danach ist es unzulässig, von Verbrauchern oder Verbraucherinnen, die **im Rahmen eines unerbetenen Haustürbesuchs** in ihrer Wohnung **einen Vertrag schließen,** vor Ablauf des Tages des Vertragsschlusses die Bezahlung der Ware zu verlangen, sofern der Betrag nicht unter 50 EUR liegt. Unzulässig ist dabei die Aufforderung des Unternehmers, nicht aber die Annahme der Leistung, sofern diese unaufgefordert erfolgt. Dies steht im Einklang mit Artikel 9 Abs. 3 der Richtlinie 2011/83 /EU des Europäischen Parlaments und des Rates vom 25. Oktober 2011. **Verhindert** werden soll **die vorschnelle Zahlung der Verbraucher** mit den damit verbundenen Schwierigkeiten der Rückabwicklung der Zahlung, die insbesondere bei unseriösen Geschäftspartnern trotz des Widerrufsrechts nach § 312g Abs. 1 BGB nicht selten scheitern dürfte. Der neue Tatbestand schafft wenigstens einen gewissen Ausgleich für die von der Rechtsprechung geduldete Zwangssituation, in welche der Verbraucher durch den unerbetenen und unerwarteten Haustürbesuch gebracht wird. Ein Verstoß gegen Nr. 32 löst Unterlassungsansprüche aus, der Tatbestand fällt indes nicht in den Anwendungsbereich des neuen individuellen Schadensersatzanspruches nach § 9 Abs. 2 S. 1 UWG 2022.

Text-Anhang

Richtlinie 2005/29/EG des Europäischen Parlaments und des Rates vom 11. Mai 2005 über unlautere Geschäftspraktiken von Unternehmen gegenüber Verbrauchern im Binnenmarkt und zur Änderung der Richtlinie 84/450/EWG des Rates, der Richtlinien 97/7/EG, 98/27/EG und 2002/65/EG des Europäischen Parlaments und des Rates sowie der Verordnung (EG) Nr. 2006/2004 des Europäischen Parlaments und des Rates (Richtlinie über unlautere Geschäftspraktiken)

(Text von Bedeutung für den EWR)

Vom 11. Mai 2005

(ABl. L 149 S. 22, ber. ABl. 2009 L 253 S. 18)

Celex-Nr. 3 2005 L 0029

Zuletzt geändert durch Art. 3 RL (EU) 2019/2161 vom 27.11.2019 (ABl. L 328 S. 7)

DAS EUROPÄISCHE PARLAMENT UND DER RAT DER EUROPÄISCHEN UNION –

gestützt auf den Vertrag zur Gründung der Europäischen Gemeinschaft, insbesondere auf Artikel 95,

auf Vorschlag der Kommission,

nach Stellungnahme des Europäischen Wirtschafts- und Sozialausschusses,

gemäß dem Verfahren des Artikel 251 des Vertrags,

in Erwägung nachstehender Gründe:

(1) Nach Artikel 153 Absatz 1 und Absatz 3 Buchstabe a des Vertrags hat die Gemeinschaft durch Maßnahmen, die sie nach Artikel 95 erlässt, einen Beitrag zur Gewährleistung eines hohen Verbraucherschutzniveaus zu leisten.

(2) Gemäß Artikel 14 Absatz 2 des Vertrags umfasst der Binnenmarkt einen Raum ohne Binnengrenzen, in dem der freie Verkehr von Waren und Dienstleistungen sowie die Niederlassungsfreiheit gewährleistet sind. Die Entwicklung der Lauterkeit des Geschäftsverkehrs innerhalb dieses Raums ohne Binnengrenzen ist für die Förderung grenzüberschreitender Geschäftstätigkeiten wesentlich.

(3) Die Rechtsvorschriften der Mitgliedstaaten in Bezug auf unlautere Geschäftspraktiken unterscheiden sich deutlich voneinander, wodurch erhebliche Verzerrungen des Wettbewerbs und Hemmnisse für das ordnungsgemäße Funktionieren des Binnenmarktes entstehen können. Im Bereich der Werbung legt die Richtlinie 84/450/EWG des Rates vom 10. September 1984 über irreführende und vergleichende Werbung Mindestkriterien für die Angleichung der Rechtsvorschriften im Bereich der irreführenden Werbung fest, hindert die Mitgliedstaaten jedoch nicht daran, Vorschriften aufrechtzuerhalten oder zu erlassen, die einen weiterreichenden Schutz der Verbraucher vorsehen. Deshalb unterscheiden sich die Rechtsvorschriften der Mitgliedstaaten im Bereich der irreführenden Werbung erheblich.

(4) Diese Unterschiede führen zu Unsicherheit darüber, welche nationalen Regeln für unlautere Geschäftspraktiken gelten, die die wirtschaftlichen Interessen der Verbraucher

schädigen, und schaffen viele Hemmnisse für Unternehmen wie Verbraucher. Diese Hemmnisse verteuern für die Unternehmen die Ausübung der Freiheiten des Binnenmarkts, insbesondere, wenn Unternehmen grenzüberschreitend Marketing-, Werbe- oder Verkaufskampagnen betreiben wollen. Auch für Verbraucher schaffen solche Hemmnisse Unsicherheit hinsichtlich ihrer Rechte und untergraben ihr Vertrauen in den Binnenmarkt.

(5) In Ermangelung einheitlicher Regeln auf Gemeinschaftsebene könnten Hemmnisse für den grenzüberschreitenden Dienstleistungs- und Warenverkehr oder die Niederlassungsfreiheit im Lichte der Rechtsprechung des Gerichtshofs der Europäischen Gemeinschaften gerechtfertigt sein, sofern sie dem Schutz anerkannter Ziele des öffentlichen Interesses dienen und diesen Zielen angemessen sind. Angesichts der Ziele der Gemeinschaft, wie sie in den Bestimmungen des Vertrags und im sekundären Gemeinschaftsrecht über die Freizügigkeit niedergelegt sind, und in Übereinstimmung mit der in der Mitteilung der Kommission „Folgedokument zum Grünbuch über kommerzielle Kommunikationen im Binnenmarkt" genannten Politik der Kommission auf dem Gebiet der kommerziellen Kommunikation sollten solche Hemmnisse beseitigt werden. Diese Hemmnisse können nur beseitigt werden, indem in dem Maße, wie es für das ordnungsgemäße Funktionieren des Binnenmarktes und im Hinblick auf das Erfordernis der Rechtssicherheit notwendig ist, auf Gemeinschaftsebene einheitliche Regeln, die ein hohes Verbraucherschutzniveau gewährleisten, festgelegt und bestimmte Rechtskonzepte geklärt werden.

(6) Die vorliegende Richtlinie gleicht deshalb die Rechtsvorschriften der Mitgliedstaaten über unlautere Geschäftspraktiken einschließlich der unlauteren Werbung an, die die wirtschaftlichen Interessen der Verbraucher unmittelbar und dadurch die wirtschaftlichen Interessen rechtmäßig handelnder Mitbewerber mittelbar schädigen. Im Einklang mit dem Verhältnismäßigkeitsprinzip schützt diese Richtlinie die Verbraucher vor den Auswirkungen solcher unlauteren Geschäftspraktiken, soweit sie als wesentlich anzusehen sind, berücksichtigt jedoch, dass die Auswirkungen für den Verbraucher in manchen Fällen unerheblich sein können. Sie erfasst und berührt nicht die nationalen Rechtsvorschriften in Bezug auf unlautere Geschäftspraktiken, die lediglich die wirtschaftlichen Interessen von Mitbewerbern schädigen oder sich auf ein Rechtsgeschäft zwischen Gewerbetreibenden beziehen; die Mitgliedstaaten können solche Praktiken, falls sie es wünschen, unter uneingeschränkter Wahrung des Subsidiaritätsprinzips im Einklang mit dem Gemeinschaftsrecht weiterhin regeln. Diese Richtlinie erfasst und berührt auch nicht die Bestimmungen der Richtlinie 84/450/EWG über Werbung, die für Unternehmen, nicht aber für Verbraucher irreführend ist, noch die Bestimmungen über vergleichende Werbung. Darüber hinaus berührt diese Richtlinie auch nicht die anerkannten Werbe- und Marketingmethoden wie rechtmäßige Produktplatzierung, Markendifferenzierung oder Anreize, die auf rechtmäßige Weise die Wahrnehmung von Produkten durch den Verbraucher und sein Verhalten beeinflussen können, die jedoch seine Fähigkeit, eine informierte Entscheidung zu treffen, nicht beeinträchtigen.

(7) Diese Richtlinie bezieht sich auf Geschäftspraktiken, die in unmittelbarem Zusammenhang mit der Beeinflussung der geschäftlichen Entscheidungen des Verbrauchers in Bezug auf Produkte stehen. Sie bezieht sich nicht auf Geschäftspraktiken, die vorrangig anderen Zielen dienen, wie etwa bei kommerziellen, für Investoren gedachten Mitteilungen, wie Jahresberichten und Unternehmensprospekten. Sie bezieht sich nicht auf die gesetzlichen Anforderungen in Fragen der guten Sitten und des Anstands, die in den Mitgliedstaaten sehr unterschiedlich sind. Geschäftspraktiken wie beispielsweise das Ansprechen von Personen auf der Straße zu Verkaufszwecken können in manchen Mitgliedstaaten aus kulturellen Gründen unerwünscht sein. Die Mitgliedstaaten sollten daher im Einklang mit dem Gemeinschaftsrecht in ihrem Hoheitsgebiet weiterhin Geschäftspraktiken aus Gründen der guten Sitten und des Anstands verbieten können, auch wenn diese Praktiken die Wahlfreiheit des Verbrauchers nicht beeinträchtigen. Bei der Anwendung dieser Richt-

linie, insbesondere der Generalklauseln, sollten die Umstände des Einzelfalles umfassend gewürdigt werden.

(8) Diese Richtlinie schützt unmittelbar die wirtschaftlichen Interessen der Verbraucher vor unlauteren Geschäftspraktiken von Unternehmen gegenüber Verbrauchern. Sie schützt somit auch mittelbar rechtmäßig handelnde Unternehmen vor Mitbewerbern, die sich nicht an die Regeln dieser Richtlinie halten, und gewährleistet damit einen lauteren Wettbewerb in dem durch sie koordinierten Bereich. Selbstverständlich gibt es andere Geschäftspraktiken, die zwar nicht den Verbraucher schädigen, sich jedoch nachteilig für die Mitbewerber und gewerblichen Kunden auswirken können. Die Kommission sollte sorgfältig prüfen, ob auf dem Gebiet des unlauteren Wettbewerbs über den Regelungsbereich dieser Richtlinie hinausgehende gemeinschaftliche Maßnahmen erforderlich sind, und sollte gegebenenfalls einen Gesetzgebungsvorschlag zur Erfassung dieser anderen Aspekte des unlauteren Wettbewerbs vorlegen.

(9) Diese Richtlinie berührt nicht individuelle Klagen von Personen, die durch eine unlautere Geschäftspraxis geschädigt wurden. Sie berührt ferner nicht die gemeinschaftlichen und nationalen Vorschriften in den Bereichen Vertragsrecht, Schutz des geistigen Eigentums, Sicherheit und Gesundheitsschutz im Zusammenhang mit Produkten, Niederlassungsbedingungen und Genehmigungsregelungen, einschließlich solcher Vorschriften, die sich im Einklang mit dem Gemeinschaftsrecht auf Glücksspiele beziehen, sowie die Wettbewerbsregeln der Gemeinschaft und die nationalen Rechtsvorschriften zur Umsetzung derselben. Die Mitgliedstaaten können somit unabhängig davon, wo der Gewerbetreibende niedergelassen ist, unter Berufung auf den Schutz der Gesundheit und der Sicherheit der Verbraucher in ihrem Hoheitsgebiet für Geschäftspraktiken Beschränkungen aufrechterhalten oder einführen oder diese Praktiken verbieten, beispielsweise im Zusammenhang mit Spirituosen, Tabakwaren und Arzneimitteln. Für Finanzdienstleistungen und Immobilien sind aufgrund ihrer Komplexität und der ihnen inhärenten ernsten Risiken detaillierte Anforderungen erforderlich, einschließlich positiver Verpflichtungen für die betreffenden Gewerbetreibenden. Deshalb lässt diese Richtlinie im Bereich der Finanzdienstleistungen und Immobilien das Recht der Mitgliedstaaten unberührt, zum Schutz der wirtschaftlichen Interessen der Verbraucher über ihre Bestimmungen hinauszugehen. Es ist nicht angezeigt, in dieser Richtlinie die Zertifizierung und Angabe des Feingehalts von Artikeln aus Edelmetall zu regeln.

(10) Es muss sichergestellt werden, dass diese Richtlinie insbesondere in Fällen, in denen Einzelvorschriften über unlautere Geschäftspraktiken in speziellen Sektoren anwendbar sind auf das geltende Gemeinschaftsrecht abgestimmt ist. Diese Richtlinie ändert daher die Richtlinie 84/450/EWG, die Richtlinie 97/7/EG des Europäischen Parlaments und des Rates vom 20. Mai 1997 über den Verbraucherschutz bei Vertragsabschlüssen im Fernabsatz, die Richtlinie 98/27/EG des Europäischen Parlaments und des Rates vom 19. Mai 1998 über Unterlassungsklagen zum Schutz der Verbraucherinteressen und die Richtlinie 2002/65/EG des Europäischen Parlaments und des Rates vom 23. September 2002 über den Fernabsatz von Finanzdienstleistungen an Verbraucher. Diese Richtlinie gilt dementsprechend nur insoweit, als keine spezifischen Vorschriften des Gemeinschaftsrechts vorliegen, die spezielle Aspekte unlauterer Geschäftspraktiken regeln, wie etwa Informationsanforderungen oder Regeln darüber, wie dem Verbraucher Informationen zu vermitteln sind. Sie bietet den Verbrauchern in den Fällen Schutz, in denen es keine spezifischen sektoralen Vorschriften auf Gemeinschaftsebene gibt, und untersagt es Gewerbetreibenden, eine Fehlvorstellung von der Art ihrer Produkte zu wecken. Dies ist besonders wichtig bei komplexen Produkten mit einem hohen Risikograd für die Verbraucher, wie etwa bestimmten Finanzdienstleistungen. Diese Richtlinie ergänzt somit den gemeinschaftlichen Besitzstand in Bezug auf Geschäftspraktiken, die den wirtschaftlichen Interessen der Verbraucher schaden.

(11) Das hohe Maß an Konvergenz, das die Angleichung der nationalen Rechtsvorschriften durch diese Richtlinie hervorbringt, schafft ein hohes allgemeines Verbraucherschutzniveau. Diese Richtlinie stellt ein einziges generelles Verbot jener unlauteren Geschäfts-

praktiken auf, die das wirtschaftliche Verhalten des Verbrauchers beeinträchtigen. Sie stellt außerdem Regeln über aggressive Geschäftspraktiken auf, die gegenwärtig auf Gemeinschaftsebene nicht geregelt sind.

(12) Durch die Angleichung wird die Rechtssicherheit sowohl für Verbraucher als auch für Unternehmen beträchtlich erhöht. Sowohl die Verbraucher als auch die Unternehmen werden in die Lage versetzt, sich an einem einzigen Rechtsrahmen zu orientieren, der auf einem klar definierten Rechtskonzept beruht, das alle Aspekte unlauterer Geschäftspraktiken in der EU regelt. Dies wird zur Folge haben, dass die durch die Fragmentierung der Vorschriften über unlautere, die wirtschaftlichen Interessen der Verbraucher schädigende Geschäftspraktiken verursachten Handelshemmnisse beseitigt werden und die Verwirklichung des Binnenmarktes in diesem Bereich ermöglicht wird.

(13) Zur Erreichung der Ziele der Gemeinschaft durch die Beseitigung von Hemmnissen für den Binnenmarkt ist es notwendig, die in den Mitgliedstaaten existierenden unterschiedlichen Generalklauseln und Rechtsgrundsätze zu ersetzen. Das durch diese Richtlinie eingeführte einzige, gemeinsame generelle Verbot umfasst daher unlautere Geschäftspraktiken, die das wirtschaftliche Verhalten der Verbraucher beeinträchtigen. Zur Förderung des Verbrauchervertrauens sollte das generelle Verbot für unlautere Geschäftspraktiken sowohl außerhalb einer vertraglichen Beziehung zwischen Gewerbetreibenden und Verbrauchern als auch nach Abschluss eines Vertrags und während dessen Ausführung gelten. Das generelle Verbot wird durch Regeln über die beiden bei weitem am meisten verbreiteten Arten von Geschäftspraktiken konkretisiert, nämlich die irreführenden und die aggressiven Geschäftspraktiken.

(14) Es ist wünschenswert, dass der Begriff der irreführenden Praktiken auch Praktiken, einschließlich irreführender Werbung, umfasst, die den Verbraucher durch Täuschung davon abhalten, eine informierte und deshalb effektive Wahl zu treffen. In Übereinstimmung mit dem Recht und den Praktiken der Mitgliedstaaten zur irreführenden Werbung unterteilt diese Richtlinie irreführende Praktiken in irreführende Handlungen und irreführende Unterlassungen. Im Hinblick auf Unterlassungen legt diese Richtlinie eine bestimmte Anzahl von Basisinformationen fest, die der Verbraucher benötigt, um eine informierte geschäftliche Entscheidung treffen zu können. Solche Informationen müssen nicht notwendigerweise in jeder Werbung enthalten sein, sondern nur dann, wenn der Gewerbetreibende zum Kauf auffordert; dieses Konzept wird in dieser Richtlinie klar definiert. Die in dieser Richtlinie vorgesehene vollständige Angleichung hindert die Mitgliedstaaten nicht daran, in ihren nationalen Rechtsvorschriften für bestimmte Produkte, zum Beispiel Sammlungsstücke oder elektrische Geräte, die wesentlichen Kennzeichen festzulegen, deren Weglassen bei einer Aufforderung zum Kauf rechtserheblich wäre. Mit dieser Richtlinie wird nicht beabsichtigt, die Wahl für die Verbraucher einzuschränken, indem die Werbung für Produkte, die anderen Produkten ähneln, untersagt wird, es sei denn, dass diese Ähnlichkeit eine Verwechslungsgefahr für die Verbraucher hinsichtlich der kommerziellen Herkunft des Produkts begründet und daher irreführend ist. Diese Richtlinie sollte das bestehende Gemeinschaftsrecht unberührt lassen, das den Mitgliedstaaten ausdrücklich die Wahl zwischen mehreren Regelungsoptionen für den Verbraucherschutz auf dem Gebiet der Geschäftspraktiken lässt. Die vorliegende Richtlinie sollte insbesondere Artikel 13 Absatz 3 der Richtlinie 2002/58/EG des Europäischen Parlaments und des Rates vom 12. Juli 2002 über die Verarbeitung personenbezogener Daten und den Schutz der Privatsphäre in der elektronischen Kommunikation unberührt lassen.

(15) Legt das Gemeinschaftsrecht Informationsanforderungen in Bezug auf Werbung, kommerzielle Kommunikation oder Marketing fest, so werden die betreffenden Informationen im Rahmen dieser Richtlinie als wesentlich angesehen. Die Mitgliedstaaten können die Informationsanforderungen in Bezug auf das Vertragsrecht oder mit vertragsrechtlichen Auswirkungen aufrechterhalten oder erweitern, wenn dies aufgrund der Mindestklauseln in den bestehenden gemeinschaftlichen Rechtsakten zulässig ist. Eine nicht erschöpfende Auflistung solcher im Besitzstand vorgesehenen Informationsanforderungen ist in Anhang II enthalten. Aufgrund der durch diese Richtlinie eingeführten vollständigen Anglei-

chung werden nur die nach dem Gemeinschaftsrecht vorgeschriebenen Informationen als wesentlich für die Zwecke des Artikels 7 Absatz 5 dieser Richtlinie betrachtet. Haben die Mitgliedstaaten auf der Grundlage von Mindestklauseln Informationsanforderungen eingeführt, die über das hinausgehen, was im Gemeinschaftsrecht geregelt ist, so kommt das Vorenthalten dieser Informationen einem irreführenden Unterlassen nach dieser Richtlinie nicht gleich. Die Mitgliedstaaten können demgegenüber, sofern dies nach den gemeinschaftsrechtlichen Mindestklauseln zulässig ist, im Einklang mit dem Gemeinschaftsrecht strengere Bestimmungen aufrechterhalten oder einführen, um ein höheres Schutzniveau für die individuellen vertraglichen Rechte der Verbraucher zu gewährleisten.

(16) Die Bestimmungen über aggressive Handelspraktiken sollten solche Praktiken einschließen, die die Wahlfreiheit des Verbrauchers wesentlich beeinträchtigen. Dabei handelt es sich um Praktiken, die sich der Belästigung, der Nötigung, einschließlich der Anwendung von Gewalt, und der unzulässigen Beeinflussung bedienen.

(17) Es ist wünschenswert, dass diejenigen Geschäftspraktiken, die unter allen Umständen unlauter sind, identifiziert werden, um größere Rechtssicherheit zu schaffen. Anhang I enthält daher eine umfassende Liste solcher Praktiken. Hierbei handelt es sich um die einzigen Geschäftspraktiken, die ohne eine Beurteilung des Einzelfalls anhand der Bestimmungen der Artikel 5 bis 9 als unlauter gelten können. Die Liste kann nur durch eine Änderung dieser Richtlinie abgeändert werden.

(18) Es ist angezeigt, alle Verbraucher vor unlauteren Geschäftspraktiken zu schützen; der Gerichtshof hat es allerdings bei seiner Rechtsprechung im Zusammenhang mit Werbung seit dem Erlass der Richtlinie 84/450/EWG für erforderlich gehalten, die Auswirkungen auf einen fiktiven typischen Verbraucher zu prüfen. Dem Verhältnismäßigkeitsprinzip entsprechend und um die wirksame Anwendung der vorgesehenen Schutzmaßnahmen zu ermöglichen, nimmt diese Richtlinie den Durchschnittsverbraucher, der angemessen gut unterrichtet und angemessen aufmerksam und kritisch ist, unter Berücksichtigung sozialer, kultureller und sprachlicher Faktoren in der Auslegung des Gerichtshofs als Maßstab, enthält aber auch Bestimmungen zur Vermeidung der Ausnutzung von Verbrauchern, deren Eigenschaften sie für unlautere Geschäftspraktiken besonders anfällig machen. Richtet sich eine Geschäftspraxis speziell an eine besondere Verbrauchergruppe wie z. B. Kinder, so sollte die Auswirkung der Geschäftspraxis aus der Sicht eines Durchschnittsmitglieds dieser Gruppe beurteilt werden. Es ist deshalb angezeigt, in die Liste der Geschäftspraktiken, die unter allen Umständen unlauter sind, eine Bestimmung aufzunehmen, mit der an Kinder gerichtete Werbung zwar nicht völlig untersagt wird, mit der Kinder aber vor unmittelbaren Kaufaufforderungen geschützt werden. Der Begriff des Durchschnittsverbrauchers beruht dabei nicht auf einer statistischen Grundlage. Die nationalen Gerichte und Verwaltungsbehörden müssen sich bei der Beurteilung der Frage, wie der Durchschnittsverbraucher in einem gegebenen Fall typischerweise reagieren würde, auf ihre eigene Urteilsfähigkeit unter Berücksichtigung der Rechtsprechung des Gerichtshofs verlassen.

(19) Sind Verbraucher aufgrund bestimmter Eigenschaften wie Alter, geistige oder körperliche Gebrechen oder Leichtgläubigkeit besonders für eine Geschäftspraxis oder das ihr zugrunde liegende Produkt anfällig und wird durch diese Praxis voraussichtlich das wirtschaftliche Verhalten nur dieser Verbraucher in einer für den Gewerbetreibenden vernünftigerweise vorhersehbaren Art und Weise wesentlich beeinflusst, muss sichergestellt werden, dass diese entsprechend geschützt werden, indem die Praxis aus der Sicht eines Durchschnittsmitglieds dieser Gruppe beurteilt wird.

(20) Es ist zweckmäßig, die Möglichkeit von Verhaltenskodizes vorzusehen, die es Gewerbetreibenden ermöglichen, die Grundsätze dieser Richtlinie in spezifischen Wirtschaftsbranchen wirksam anzuwenden. In Branchen, in denen es spezifische zwingende Vorschriften gibt, die das Verhalten von Gewerbetreibenden regeln, ist es zweckmäßig, dass aus diesen auch die Anforderungen an die berufliche Sorgfalt in dieser Branche ersichtlich sind. Die von den Urhebern der Kodizes auf nationaler oder auf Gemeinschaftsebene ausgeübte Kontrolle hinsichtlich der Beseitigung unlauterer Geschäftspraktiken könnte die

Inanspruchnahme der Verwaltungsbehörden oder Gerichte unnötig machen und sollte daher gefördert werden. Mit dem Ziel, ein hohes Verbraucherschutzniveau zu erreichen, könnten Verbraucherverbände informiert und an der Ausarbeitung von Verhaltenskodizes beteiligt werden.

(21) Personen oder Organisationen, die nach dem nationalen Recht ein berechtigtes Interesse geltend machen können, müssen über Rechtsbehelfe verfügen, die es ihnen erlauben, vor Gericht oder bei einer Verwaltungsbehörde, die über Beschwerden entscheiden oder geeignete gerichtliche Schritte einleiten kann, gegen unlautere Geschäftspraktiken vorzugehen. Zwar wird die Beweislast vom nationalen Recht bestimmt, die Gerichte und Verwaltungsbehörden sollten aber in die Lage versetzt werden, von Gewerbetreibenden zu verlangen, dass sie den Beweis für die Richtigkeit der von ihnen behaupteten Tatsachen erbringen.

(22) Es ist notwendig, dass die Mitgliedstaaten Sanktionen für Verstöße gegen diese Richtlinie festlegen und für deren Durchsetzung sorgen. Die Sanktionen müssen wirksam, verhältnismäßig und abschreckend sein.

(23) Da die Ziele dieser Richtlinie, nämlich durch Angleichung der Rechts- und Verwaltungsvorschriften der Mitgliedstaaten über unlautere Geschäftspraktiken die durch derartige Vorschriften verursachten Handelshemmnisse zu beseitigen und ein hohes gemeinsames Verbraucherschutzniveau zu gewährleisten, auf Ebene der Mitgliedstaaten nicht ausreichend erreicht werden können und daher besser auf Gemeinschaftsebene zu erreichen sind, kann die Gemeinschaft im Einklang mit dem in Artikel 5 des Vertrags niedergelegten Subsidiaritätsprinzip tätig werden. Entsprechend dem in demselben Artikel genannten Verhältnismäßigkeitsprinzip geht diese Richtlinie nicht über das für die Beseitigung der Handelshemmnisse und die Gewährleistung eines hohen gemeinsamen Verbraucherschutzniveaus erforderliche Maß hinaus.

(24) Diese Richtlinie sollte überprüft werden um sicherzustellen, dass Handelshemmnisse für den Binnenmarkt beseitigt und ein hohes Verbraucherschutzniveau erreicht wurden. Diese Überprüfung könnte zu einem Vorschlag der Kommission zur Änderung dieser Richtlinie führen, der eine begrenzte Verlängerung der Geltungsdauer der Ausnahmeregelung des Artikels 3 Absatz 5 vorsehen und/oder Änderungsvorschläge zu anderen Rechtsvorschriften über den Verbraucherschutz beinhalten könnte, in denen die von der Kommission im Rahmen der verbraucherpolitischen Strategie der Gemeinschaft eingegangene Verpflichtung zur Überprüfung des Besitzstands zur Erreichung eines hohen gemeinsamen Verbraucherschutzniveaus zum Ausdruck kommt.

(25) Diese Richtlinie achtet die insbesondere in der Charta der Grundrechte der Europäischen Union anerkannten Grundrechte und Grundsätze –

HABEN FOLGENDE RICHTLINIE ERLASSEN:

Kapitel 1 Allgemeine Bestimmungen

Art. 1 Zweck der Richtlinie

Zweck dieser Richtlinie ist es, durch Angleichung der Rechts- und Verwaltungsvorschriften der Mitgliedstaaten über unlautere Geschäftspraktiken, die die wirtschaftlichen Interessen der Verbraucher beeinträchtigen, zu einem reibungslosen Funktionieren des Binnenmarkts und zum Erreichen eines hohen Verbraucherschutzniveaus beizutragen.

Art. 2 Definitionen

Im Sinne dieser Richtlinie bezeichnet der Ausdruck

a) „Verbraucher" jede natürliche Person, die im Geschäftsverkehr im Sinne dieser Richtlinie zu Zwecken handelt, die nicht ihrer gewerblichen, handwerklichen oder beruflichen Tätigkeit zugerechnet werden können;
b) „Gewerbetreibender" jede natürliche oder juristische Person, die im Geschäftsverkehr im Sinne dieser Richtlinie im Rahmen ihrer gewerblichen, handwerklichen oder beruflichen Tätigkeit handelt, und jede Person, die im Namen oder Auftrag des Gewerbetreibenden handelt;
c) „Produkte" jede Ware oder Dienstleistung, einschließlich Immobilien, digitaler Dienstleistungen und digitaler Inhalte, sowie Rechte und Verpflichtungen;
d) „Geschäftspraktiken von Unternehmen gegenüber Verbrauchern" (nachstehend auch „Geschäftspraktiken" genannt) jede Handlung, Unterlassung, Verhaltensweise oder Erklärung, kommerzielle Mitteilung einschließlich Werbung und Marketing eines Gewerbetreibenden, die unmittelbar mit der Absatzförderung, dem Verkauf oder der Lieferung eines Produkts an Verbraucher zusammenhängt;
e) „wesentliche Beeinflussung des wirtschaftlichen Verhaltens des Verbrauchers" die Anwendung einer Geschäftspraxis, um die Fähigkeit des Verbrauchers, eine informierte Entscheidung zu treffen, spürbar zu beeinträchtigen und damit den Verbraucher zu einer geschäftlichen Entscheidung zu veranlassen, die er andernfalls nicht getroffen hätte;
f) „Verhaltenskodex" eine Vereinbarung oder ein Vorschriftenkatalog, die bzw. der nicht durch die Rechts- und Verwaltungsvorschriften eines Mitgliedstaates vorgeschrieben ist und das Verhalten der Gewerbetreibenden definiert, die sich in Bezug auf eine oder mehrere spezielle Geschäftspraktiken oder Wirtschaftszweige auf diesen Kodex verpflichten;
g) „Urheber eines Kodex" jede Rechtspersönlichkeit, einschließlich einzelner Gewerbetreibender oder Gruppen von Gewerbetreibenden, die für die Formulierung und Überarbeitung eines Verhaltenskodex und/oder für die Überwachung der Einhaltung dieses Kodex durch alle diejenigen, die sich darauf verpflichtet haben, zuständig ist;
h) „berufliche Sorgfalt" der Standard an Fachkenntnissen und Sorgfalt, bei denen billigerweise davon ausgegangen werden kann, dass der Gewerbetreibende sie gegenüber dem Verbraucher gemäß den anständigen Marktgepflogenheiten und/oder dem allgemeinen Grundsatz von Treu und Glauben in seinem Tätigkeitsbereich anwendet;
i) „Aufforderung zum Kauf" jede kommerzielle Kommunikation, die die Merkmale des Produkts und den Preis in einer Weise angibt, die den Mitteln der verwendeten kommerziellen Kommunikation angemessen ist und den Verbraucher dadurch in die Lage versetzt, einen Kauf zu tätigen;
j) „unzulässige Beeinflussung" die Ausnutzung einer Machtposition gegenüber dem Verbraucher zur Ausübung von Druck, auch ohne die Anwendung oder Androhung von körperlicher Gewalt, in einer Weise, die die Fähigkeit des Verbrauchers zu einer informierten Entscheidung wesentlich einschränkt;
k) „geschäftliche Entscheidung" jede Entscheidung eines Verbrauchers darüber, ob, wie und unter welchen Bedingungen er einen Kauf tätigen, eine Zahlung insgesamt oder teilweise leisten, ein Produkt behalten oder abgeben oder ein vertragliches Recht im Zusammenhang mit dem Produkt ausüben will, unabhängig davon, ob der Verbraucher beschließt, tätig zu werden oder ein Tätigwerden zu unterlassen;
l) „reglementierter Beruf" eine berufliche Tätigkeit oder eine Reihe beruflicher Tätigkeiten, bei der die Aufnahme oder Ausübung oder eine der Arten der Ausübung direkt oder indirekt durch Rechts- oder Verwaltungsvorschriften an das Vorhandensein bestimmter Berufsqualifikationen gebunden ist.
m) „Ranking" die relative Hervorhebung von Produkten, wie sie vom Gewerbetreibenden dargestellt, organisiert oder kommuniziert wird, unabhängig von den technischen Mitteln, die für die Darstellung, Organisation oder Kommunikation verwendet werden;
n) „Online-Marktplatz" einen Dienst, der es Verbrauchern durch die Verwendung von Software, einschließlich einer Website, eines Teils einer Website oder einer Anwendung, die vom oder im Namen des Gewerbetreibenden betrieben wird, ermöglicht, Fernabsatzverträge mit anderen Gewerbetreibenden oder Verbrauchern, abzuschließen.

Art. 3 Anwendungsbereich

(1) Diese Richtlinie gilt für unlautere Geschäftspraktiken im Sinne des Artikels 5 von Unternehmen gegenüber Verbrauchern vor, während und nach Abschluss eines auf ein Produkt bezogenen Handelsgeschäfts.

(2) Diese Richtlinie lässt das Vertragsrecht und insbesondere die Bestimmungen über die Wirksamkeit, das Zustandekommen oder die Wirkungen eines Vertrags unberührt.

(3) Diese Richtlinie lässt die Rechtsvorschriften der Gemeinschaft oder der Mitgliedstaaten in Bezug auf die Gesundheits- und Sicherheitsaspekte von Produkten unberührt.

(4) Kollidieren die Bestimmungen dieser Richtlinie mit anderen Rechtsvorschriften der Gemeinschaft, die besondere Aspekte unlauterer Geschäftspraktiken regeln, so gehen die Letzteren vor und sind für diese besonderen Aspekte maßgebend.

(5) [1] Diese Richtlinie hindert die Mitgliedstaaten nicht daran, Bestimmungen zum Schutz der berechtigten Interessen der Verbraucher in Bezug auf aggressive oder irreführende Vermarktungs- oder Verkaufspraktiken im Zusammenhang mit unerbetenen Besuchen eines Gewerbetreibenden in der Wohnung eines Verbrauchers oder Ausflügen, die von einem Gewerbetreibenden in der Absicht oder mit dem Ergebnis organisiert werden, dass für den Verkauf von Produkten bei Verbrauchern geworben wird oder Produkte an Verbraucher verkauft werden, zu erlassen. [2] Diese Bestimmungen müssen verhältnismäßig, nicht diskriminierend und aus Gründen des Verbraucherschutzes gerechtfertigt sein.

(6) [1] Die Mitgliedstaaten teilen der Kommission unverzüglich die auf der Grundlage von Absatz 5 erlassenen nationalen Vorschriften sowie alle nachfolgenden Änderungen mit. [2] Die Kommission stellt diese Informationen den Verbrauchern und den Gewerbetreibenden in leicht zugänglicher Weise auf einer speziellen Website zur Verfügung.

(7) Diese Richtlinie lässt die Bestimmungen über die Zuständigkeit der Gerichte unberührt.

(8) Diese Richtlinie lässt alle Niederlassungs- oder Genehmigungsbedingungen, berufsständischen Verhaltenskodizes oder andere spezifische Regeln für reglementierte Berufe unberührt, damit die strengen Integritätsstandards, die die Mitgliedstaaten den in dem Beruf tätigen Personen nach Maßgabe des Gemeinschaftsrechts auferlegen können, gewährleistet bleiben.

(9) Im Zusammenhang mit „Finanzdienstleistungen" im Sinne der Richtlinie 2002/65/EG und Immobilien können die Mitgliedstaaten Anforderungen stellen, die im Vergleich zu dem durch diese Richtlinie angeglichenen Bereich restriktiver und strenger sind.

(10) Diese Richtlinie gilt nicht für die Anwendung der Rechts- und Verwaltungsvorschriften der Mitgliedstaaten in Bezug auf die Zertifizierung und Angabe des Feingehalts von Artikeln aus Edelmetall.

Art. 4 Binnenmarkt

Die Mitgliedstaaten dürfen den freien Dienstleistungsverkehr und den freien Warenverkehr nicht aus Gründen, die mit dem durch diese Richtlinie angeglichenen Bereich zusammenhängen, einschränken.

Kapitel 2 Unlautere Geschäftspraktiken

Art. 5 Verbot unlauterer Geschäftspraktiken

(1) Unlautere Geschäftspraktiken sind verboten.

(2) Eine Geschäftspraxis ist unlauter, wenn

a) sie den Erfordernissen der beruflichen Sorgfaltspflicht widerspricht
und

b) sie in Bezug auf das jeweilige Produkt das wirtschaftliche Verhalten des Durchschnittsverbrauchers, den sie erreicht oder an den sie sich richtet oder des durchschnittlichen Mitglieds einer Gruppe von Verbrauchern, wenn sich eine Geschäftspraxis an eine bestimmte Gruppe von Verbrauchern wendet, wesentlich beeinflusst oder dazu geeignet ist, es wesentlich zu beeinflussen.

(3) [1] Geschäftspraktiken, die voraussichtlich in einer für den Gewerbetreibenden vernünftigerweise vorhersehbaren Art und Weise das wirtschaftliche Verhalten nur einer eindeutig identifizierbaren Gruppe von Verbrauchern wesentlich beeinflussen, die aufgrund von geistigen oder körperlichen Gebrechen, Alter oder Leichtgläubigkeit im Hinblick auf diese Praktiken oder die ihnen zugrunde liegenden Produkte besonders schutzbedürftig sind, werden aus der Perspektive eines durchschnittlichen Mitglieds dieser Gruppe beurteilt [2] Die übliche und rechtmäßige Werbepraxis, übertriebene Behauptungen oder nicht wörtlich zu nehmende Behauptungen aufzustellen, bleibt davon unberührt.

(4) Unlautere Geschäftspraktiken sind insbesondere solche, die

a) irreführend im Sinne der Artikel 6 und 7
oder
b) aggressiv im Sinne der Artikel 8 und 9 sind.

(5) [1] Anhang I enthält eine Liste jener Geschäftspraktiken, die unter allen Umständen als unlauter anzusehen sind. [2] Diese Liste gilt einheitlich in allen Mitgliedstaaten und kann nur durch eine Änderung dieser Richtlinie abgeändert werden.

Abschnitt 1 Irreführende Geschäftspraktiken

Art. 6 Irreführende Handlungen

(1) Eine Geschäftspraxis gilt als irreführend, wenn sie falsche Angaben enthält und somit unwahr ist oder wenn sie in irgendeiner Weise, einschließlich sämtlicher Umstände ihrer Präsentation, selbst mit sachlich richtigen Angaben den Durchschnittsverbraucher in Bezug auf einen oder mehrere der nachstehend aufgeführten Punkte täuscht oder ihn zu täuschen geeignet ist und ihn in jedem Fall tatsächlich oder voraussichtlich zu einer geschäftlichen Entscheidung veranlasst, die er ansonsten nicht getroffen hätte:

a) das Vorhandensein oder die Art des Produkts;
b) die wesentlichen Merkmale des Produkts wie Verfügbarkeit, Vorteile, Risiken, Ausführung, Zusammensetzung, Zubehör, Kundendienst und Beschwerdeverfahren, Verfahren und Zeitpunkt der Herstellung oder Erbringung, Lieferung, Zwecktauglichkeit, Verwendung, Menge, Beschaffenheit, geografische oder kommerzielle Herkunft oder die von der Verwendung zu erwartenden Ergebnisse oder die Ergebnisse und wesentlichen Merkmale von Tests oder Untersuchungen, denen das Produkt unterzogen wurde;
c) den Umfang der Verpflichtungen des Gewerbetreibenden, die Beweggründe für die Geschäftspraxis und die Art des Vertriebsverfahrens, die Aussagen oder Symbole jeder Art, die im Zusammenhang mit direktem oder indirektem Sponsoring stehen oder sich auf eine Zulassung des Gewerbetreibenden oder des Produkts beziehen;
d) der Preis, die Art der Preisberechnung oder das Vorhandensein eines besonderer Preisvorteils;
e) die Notwendigkeit einer Leistung, eines Ersatzteils, eines Austauschs oder einer Reparatur;
f) die Person, die Eigenschaften oder die Rechte des Gewerbetreibenden oder seines Vertreters, wie Identität und Vermögen, seine Befähigungen, seinen Status, seine Zulassung, Mitgliedschaften oder Beziehungen sowie gewerbliche oder kommerzielle Eigentumsrechte oder Rechte an geistigem Eigentum oder seine Auszeichnungen und Ehrungen;
g) die Rechte des Verbrauchers einschließlich des Rechts auf Ersatzlieferung oder Erstattung gemäß der Richtlinie 1999/44/EG des Europäischen Parlaments und des Rates vom 25. Mai 1999 zu bestimmten Aspekten des Verbrauchsgüterkaufs und der Garantien für Verbrauchsgüter oder die Risiken, denen er sich möglicherweise aussetzt.

(2) Eine Geschäftspraxis gilt ferner als irreführend, wenn sie im konkreten Fall unter Berücksichtigung aller tatsächlichen Umstände einen Durchschnittsverbraucher zu einer geschäftlichen Entscheidung veranlasst oder zu veranlassen geeignet ist, die er ansonsten nicht getroffen hätte, und Folgendes beinhaltet:

a) jegliche Art der Vermarktung eines Produkts, einschließlich vergleichender Werbung, die eine Verwechslungsgefahr mit einem anderen Produkt, Warenzeichen, Warennamen oder anderen Kennzeichen eines Mitbewerbers begründet;

b) die Nichteinhaltung von Verpflichtungen, die der Gewerbetreibende im Rahmen von Verhaltenskodizes, auf die er sich verpflichtet hat, eingegangen ist, sofern

i) es sich nicht um eine Absichtserklärung, sondern um eine eindeutige Verpflichtung handelt, deren Einhaltung nachprüfbar ist, und

ii) der Gewerbetreibende im Rahmen einer Geschäftspraxis darauf hinweist, dass er durch den Kodex gebunden ist.

c) jegliche Art der Vermarktung einer Ware in einem Mitgliedstaat als identisch mit einer in anderen Mitgliedstaaten vermarkteten Ware, obgleich sich diese Waren in ihrer Zusammensetzung oder ihren Merkmalen wesentlich voneinander unterscheiden, sofern dies nicht durch legitime und objektive Faktoren gerechtfertigt ist;

Art. 7 Irreführende Unterlassungen

(1) Eine Geschäftspraxis gilt als irreführend, wenn sie im konkreten Fall unter Berücksichtigung aller tatsächlichen Umstände und der Beschränkungen des Kommunikationsmediums wesentliche Informationen vorenthält, die der durchschnittliche Verbraucher je nach den Umständen benötigt, um eine informierte geschäftliche Entscheidung zu treffen, und die somit einen Durchschnittsverbraucher zu einer geschäftlichen Entscheidung veranlasst oder zu veranlassen geeignet ist, die er sonst nicht getroffen hätte.

(2) Als irreführende Unterlassung gilt es auch, wenn ein Gewerbetreibender wesentliche Informationen gemäß Absatz 1 unter Berücksichtigung der darin beschriebenen Einzelheiten verheimlicht oder auf unklare, unverständliche, zweideutige Weise oder nicht rechtzeitig bereitstellt oder wenn er den kommerziellen Zweck der Geschäftspraxis nicht kenntlich macht, sofern er sich nicht unmittelbar aus den Umständen ergibt, und dies jeweils einen Durchschnittsverbraucher zu einer geschäftlichen Entscheidung veranlasst oder zu veranlassen geeignet ist, die er ansonsten nicht getroffen hätte.

(3) Werden durch das für die Geschäftspraxis verwendete Kommunikationsmedium räumliche oder zeitliche Beschränkungen auferlegt, so werden diese Beschränkungen und alle Maßnahmen, die der Gewerbetreibende getroffen hat, um den Verbrauchern die Informationen anderweitig zur Verfügung zu stellen, bei der Entscheidung darüber, ob Informationen vorenthalten wurden, berücksichtigt.

(4) Im Falle der Aufforderung zum Kauf gelten folgende Informationen als wesentlich, sofern sie sich nicht unmittelbar aus den Umständen ergeben:

a) die wesentlichen Merkmale des Produkts in dem für das Medium und das Produkt angemessenen Umfang;

b) Anschrift und Identität des Gewerbetreibenden, wie sein Handelsname und gegebenenfalls Anschrift und Identität des Gewerbetreibenden, für den er handelt;

c) der Preis einschließlich aller Steuern und Abgaben oder in den Fällen, in denen der Preis aufgrund der Beschaffenheit des Produkts vernünftigerweise nicht im Voraus berechnet werden kann, die Art der Preisberechnung sowie gegebenenfalls alle zusätzlichen Fracht-, Liefer- oder Zustellkosten oder in den Fällen, in denen diese Kosten vernünftigerweise nicht im Voraus berechnet werden können, die Tatsache, dass solche zusätzliche Kosten anfallen können;

d) die Zahlungs-, Liefer- und Leistungsbedingungen, falls sie von den Erfordernissen der beruflichen Sorgfalt abweichen;

e) für Produkte und Rechtsgeschäfte, die ein Rücktritts- oder Widerrufsrecht beinhalten, das Bestehen eines solchen Rechts.

f) für Produkte, die auf Online-Marktplätzen angeboten werden, ob es sich bei dem Dritten, der die Produkte anbietet, um einen Gewerbetreibenden handelt oder nicht, auf der Grundlage der Erklärung dieses Dritten gegenüber dem Anbieter des Online-Marktplatzes.

(4a) [1] Wenn Verbrauchern die Möglichkeit geboten wird, mithilfe eines Stichworts, einer Wortgruppe oder einer anderen Eingabe nach Produkten zu suchen, die von verschiedenen Gewerbetreibenden oder von Verbrauchern angeboten werden, gelten, unabhängig davon, wo Rechtsgeschäfte letztendlich abgeschlossen werden, allgemeine Informationen, die die Hauptparameter für die Festlegung des Rankings der dem Verbraucher im Ergebnis der Suche vorgeschlagenen Produkte, sowie die relative Gewichtung dieser Parameter im Vergleich zu anderen Parametern, betreffen und die in einem bestimmten Bereich der Online-Benutzeroberfläche zur Verfügung gestellt werden, der von der Seite, auf der die Suchergebnisse angezeigt werden, unmittelbar und leicht zugänglich ist, als wesentlich. [2] Dieser Absatz gilt nicht für Anbieter von Online-Suchmaschinen im Sinne von Artikel 2 Nummer 6 der Verordnung (EU) 2019/1150 des Europäischen Parlaments und des Rates.

(5) Die im Gemeinschaftsrecht festgelegten Informationsanforderungen in Bezug auf kommerzielle Kommunikation einschließlich Werbung oder Marketing, auf die in der nicht erschöpfenden Liste des Anhangs II verwiesen wird, gelten als wesentlich.

(6) Wenn ein Gewerbetreibender Verbraucherbewertungen von Produkten zugänglich macht, gelten Informationen darüber, ob und wie der Gewerbetreibende sicherstellt, dass die veröffentlichten Bewertungen von Verbrauchern stammen, die die Produkte tatsächlich verwendet oder erworben haben, als wesentlich.

Abschnitt 2 Aggressive Geschäftspraktiken

Art. 8 Aggressive Geschäftspraktiken

Eine Geschäftspraxis gilt als aggressiv, wenn sie im konkreten Fall unter Berücksichtigung aller tatsächlichen Umstände die Entscheidungs- oder Verhaltensfreiheit des Durchschnittsverbrauchers in Bezug auf das Produkt durch Belästigung, Nötigung, einschließlich der Anwendung körperlicher Gewalt, oder durch unzulässige Beeinflussung tatsächlich oder voraussichtlich erheblich beeinträchtigt und dieser dadurch tatsächlich oder voraussichtlich dazu veranlasst wird, eine geschäftliche Entscheidung zu treffen, die er andernfalls nicht getroffen hätte.

Art. 9 Belästigung, Nötigung und unzulässige Beeinflussung

Bei der Feststellung, ob im Rahmen einer Geschäftspraxis die Mittel der Belästigung, der Nötigung, einschließlich der Anwendung körperlicher Gewalt, oder der unzulässigen Beeinflussung eingesetzt werden, ist abzustellen auf:

a) Zeitpunkt, Ort, Art oder Dauer des Einsatzes;

b) die Verwendung drohender oder beleidigender Formulierungen oder Verhaltensweisen;

c) die Ausnutzung durch den Gewerbetreibenden von konkreten Unglückssituationen oder Umständen von solcher Schwere, dass sie das Urteilsvermögen des Verbrauchers beeinträchtigen, worüber sich der Gewerbetreibende bewusst ist, um die Entscheidung des Verbrauchers in Bezug auf das Produkt zu beeinflussen;

d) belastende oder unverhältnismäßige Hindernisse nichtvertraglicher Art, mit denen der Gewerbetreibende den Verbraucher an der Ausübung seiner vertraglichen Rechte zu hindern versucht, wozu auch das Recht gehört, den Vertrag zu kündigen oder zu einem anderen Produkt oder einem anderen Gewerbetreibenden zu wechseln;

e) Drohungen mit rechtlich unzulässigen Handlungen.

Kapitel 3 Verhaltenskodizes

Art. 10 Verhaltenskodizes

(1) Diese Richtlinie schließt die Kontrolle – die von den Mitgliedstaaten gefördert werden kann – unlauterer Geschäftspraktiken durch die Urheber von Kodizes und die Inanspruchnahme solcher Einrichtungen durch die in Artikel 11 genannten Personen oder Organisationen nicht aus, wenn entsprechende Verfahren vor solchen Einrichtungen zusätzlich zu den Gerichts- oder Verwaltungsverfahren gemäß dem genannten Artikel zur Verfügung stehen.

(2) Die Inanspruchnahme derartiger Kontrolleinrichtungen bedeutet keineswegs einen Verzicht auf einen Rechtsbehelf vor einem Gericht oder einer Verwaltungsbehörde gemäß Artikel 11.

Kapitel 4 Schlussbestimmungen

Art. 11 Durchsetzung

(1) *[1]* Die Mitgliedstaaten stellen im Interesse der Verbraucher sicher, dass geeignete und wirksame Mittel zur Bekämpfung unlauterer Geschäftspraktiken vorhanden sind, um die Einhaltung dieser Richtlinie durchzusetzen.

[2] Diese Mittel umfassen Rechtsvorschriften, die es Personen oder Organisationen, die nach dem nationalen Recht ein berechtigtes Interesse an der Bekämpfung unlauterer Geschäftspraktiken haben, einschließlich Mitbewerbern, gestatten,

a) gerichtlich gegen solche unlauteren Geschäftspraktiken vorzugehen und/oder
b) gegen solche unlauteren Geschäftspraktiken ein Verfahren bei einer Verwaltungsbehörde einzuleiten, die für die Entscheidung über Beschwerden oder für die Einleitung eines geeigneten gerichtlichen Verfahrens zuständig ist.

[3] [1]Jedem Mitgliedstaat bleibt es vorbehalten zu entscheiden, welcher dieser Rechtsbehelfe zur Verfügung stehen wird und ob das Gericht oder die Verwaltungsbehörde ermächtigt werden soll, vorab die Durchführung eines Verfahrens vor anderen bestehenden Einrichtungen zur Regelung von Beschwerden, einschließlich der in Artikel 10 genannten Einrichtungen, zu verlangen. [2]Diese Rechtsbehelfe stehen unabhängig davon zur Verfügung, ob die Verbraucher sich im Hoheitsgebiet des Mitgliedstaats, in dem der Gewerbetreibende niedergelassen ist, oder in einem anderen Mitgliedstaat befinden.

[4] Jedem Mitgliedstaat bleibt vorbehalten zu entscheiden,

a) ob sich diese Rechtsbehelfe getrennt oder gemeinsam gegen mehrere Gewerbetreibende desselben Wirtschaftssektors richten können und
b) ob sich diese Rechtsbehelfe gegen den Urheber eines Verhaltenskodex richten können, wenn der betreffende Kodex der Nichteinhaltung rechtlicher Vorschriften Vorschub leistet.

(2) *[1]* Im Rahmen der in Absatz 1 genannten Rechtsvorschriften übertragen die Mitgliedstaaten den Gerichten oder Verwaltungsbehörden Befugnisse, die sie ermächtigen, in Fällen, in denen sie diese Maßnahmen unter Berücksichtigung aller betroffenen Interessen und insbesondere des öffentlichen Interesses für erforderlich halten,

a) die Einstellung der unlauteren Geschäftspraktiken anzuordnen oder ein geeignetes gerichtliches Verfahren zur Anordnung der Einstellung der betreffenden unlauteren Geschäftspraxis einzuleiten,
oder
b) falls die unlautere Geschäftspraxis noch nicht angewandt wurde, ihre Anwendung jedoch bevorsteht, diese Praxis zu verbieten oder ein geeignetes gerichtliches Verfahren zur Anordnung des Verbots dieser Praxis einzuleiten,

auch wenn kein tatsächlicher Verlust oder Schaden bzw. Vorsatz oder Fahrlässigkeit seitens des Gewerbetreibenden nachweisbar ist.

[2] Die Mitgliedstaaten sehen ferner vor, dass die in Unterabsatz 1 genannten Maßnahmen im Rahmen eines beschleunigten Verfahrens mit
– vorläufiger Wirkung
oder
– endgültiger Wirkung
getroffen werden können, wobei jedem Mitgliedstaat vorbehalten bleibt zu entscheiden, welche dieser beiden Möglichkeiten gewählt wird.

[3] Außerdem können die Mitgliedstaaten den Gerichten oder Verwaltungsbehörden Befugnisse übertragen, die sie ermächtigen, zur Beseitigung der fortdauernden Wirkung unlauterer Geschäftspraktiken, deren Einstellung durch eine rechtskräftige Entscheidung angeordnet worden ist,

a) die Veröffentlichung dieser Entscheidung ganz oder auszugsweise und in der von ihnen für angemessen erachteten Form zu verlangen;
b) außerdem die Veröffentlichung einer berichtigenden Erklärung zu verlangen.

(3) *[1]* Die in Absatz 1 genannten Verwaltungsbehörden müssen

a) so zusammengesetzt sein, dass ihre Unparteilichkeit nicht in Zweifel gezogen werden kann;
b) über ausreichende Befugnisse verfügen, um die Einhaltung ihrer Entscheidungen über Beschwerden wirksam überwachen und durchsetzen zu können;
c) in der Regel ihre Entscheidungen begründen.

[2] [1]Werden die in Absatz 2 genannten Befugnisse ausschließlich von einer Verwaltungsbehörde ausgeübt, so sind die Entscheidungen stets zu begründen. [2]In diesem Fall sind ferner Verfahren vorzusehen, in denen eine fehlerhafte oder unsachgemäße Ausübung der Befugnisse durch die Verwaltungsbehörde oder eine fehlerhafte oder unsachgemäße Nichtausübung dieser Befugnisse von den Gerichten überprüft werden kann.

Art. 11a Rechtsschutz

(1) [1]Verbraucher, die durch unlautere Geschäftspraktiken geschädigt wurden, haben Zugang zu angemessenen und wirksamen Rechtsbehelfen, einschließlich Ersatz des dem Verbraucher entstandenen Schadens sowie gegebenenfalls Preisminderung oder Beendigung des Vertrags. [2]Die Mitgliedstaaten können die Voraussetzungen für die Anwendung und die Folgen der Rechtsbehelfe festlegen. [3]Die Mitgliedstaaten können gegebenenfalls die Schwere und Art der unlauteren Geschäftspraktik, den dem Verbraucher entstandenen Schaden sowie weitere relevante Umstände berücksichtigen.

(2) Diese Rechtsbehelfe berühren nicht die Anwendung anderer Rechtsbehelfe, die den Verbrauchern nach dem Unionsrecht oder dem nationalen Recht zur Verfügung stehen.

Art. 12 Gerichte und Verwaltungsbehörden: Begründung von Behauptungen

Die Mitgliedstaaten übertragen den Gerichten oder Verwaltungsbehörden Befugnisse, die sie ermächtigen, in den in Artikel 11 vorgesehenen Verfahren vor den Zivilgerichten oder Verwaltungsbehörden

a) vom Gewerbetreibenden den Beweis der Richtigkeit von Tatsachenbehauptungen im Zusammenhang mit einer Geschäftspraxis zu verlangen, wenn ein solches Verlangen unter Berücksichtigung der berechtigten Interessen des Gewerbetreibenden und anderer Verfahrensbeteiligter im Hinblick auf die Umstände des Einzelfalls angemessen erscheint,
b) Tatsachenbehauptungen als unrichtig anzusehen, wenn der gemäß Buchstabe a verlangte Beweis nicht angetreten wird oder wenn er von dem Gericht oder der Verwaltungsbehörde für unzureichend erachtet wird.

Art. 13 Sanktionen

(1) [1] Die Mitgliedstaaten erlassen Vorschriften über Sanktionen, die bei Verstößen gegen die gemäß dieser Richtlinie erlassenen nationalen Vorschriften zu verhängen sind, und treffen alle für die Anwendung der Sanktionen erforderlichen Maßnahmen. [2] Die vorgesehenen Sanktionen müssen wirksam, verhältnismäßig und abschreckend sein.

(2) Die Mitgliedstaaten stellen sicher, dass bei der Verhängung der Sanktionen folgende als nicht abschließend zu verstehende und beispielhafte Kriterien, sofern zutreffend, berücksichtigt werden:

a) die Art, die Schwere, der Umfang und die Dauer des Verstoßes;
b) Maßnahmen des Gewerbetreibenden zur Minderung oder Beseitigung des Schadens, der Verbrauchern entstanden ist;
c) frühere Verstöße des Gewerbetreibenden;
d) vom Gewerbetreibenden aufgrund des Verstoßes erlangte finanzielle Vorteile oder vermiedene Verluste, wenn dazu die entsprechenden Daten verfügbar sind;
e) Sanktionen, die gegen den Gewerbetreibenden für denselben Verstoß in grenzüberschreitenden Fällen in anderen Mitgliedstaaten verhängt wurden, sofern Informationen über solche Sanktionen im Rahmen des aufgrund der Verordnung (EU) 2017/2394 des Europäischen Parlaments und des Rates errichteten Mechanismus verfügbar sind;
f) andere erschwerende oder mildernde Umstände im jeweiligen Fall.

(3) [1] Die Mitgliedstaaten stellen sicher, dass im Rahmen der Verhängung von Sanktionen nach Artikel 21 der Verordnung (EU) 2017/2394 entweder Geldbußen im Verwaltungsverfahren verhängt werden können oder gerichtliche Verfahren zur Verhängung von Geldbußen eingeleitet werden können oder beides erfolgen kann, wobei sich der Höchstbetrag solcher Geldbußen auf mindestens 4 % des Jahresumsatzes des Gewerbetreibenden in dem (den) betreffenden Mitgliedstaat(en) beläuft. [2] Unbeschadet der genannten Verordnung können die Mitgliedstaaten die Verhängung von Geldbußen aus verfassungsrechtlichen Gründen beschränken auf:

a) Verstöße gegen die Artikel 6, 7, 8 und 9 sowie gegen Anhang I dieser Richtlinie und
b) die fortgesetzte Anwendung einer Geschäftspraktik durch einen Gewerbetreibenden, die von der zuständigen nationalen Behörde oder dem zuständigen nationalen Gericht als unlauter eingestuft worden ist, wenn diese Geschäftspraktik keinen Verstoß gemäß Buchstaben a darstellt.

(4) Für den Fall, dass eine Geldbuße gemäß Absatz 3 zu verhängen ist, jedoch keine Informationen über den Jahresumsatz des Gewerbetreibenden verfügbar sind, sehen die Mitgliedstaaten die Möglichkeit der Verhängung von Geldbußen mit einem Höchstbetrag von mindestens 2 Mio. EUR vor.

(5) Die Mitgliedstaaten teilen der Kommission ihre Vorschriften und Maßnahmen nach Absatz 1 bis zum 28. November 2021 mit und unterrichten sie unverzüglich über etwaige spätere Änderungen dieser Vorschriften und Maßnahmen.

Art. 14 [Änderung der Richtlinie 84/450/EWG]

[hier nicht wiedergegeben]

Art. 15 [Änderung der Richtlinien 97/7/EG und 2002/65/EG]

[hier nicht wiedergegeben]

Art. 16 [Änderung der Richtlinie 98/27/EG und der Verordnung (EG) Nr. 2006/2004]

[hier nicht wiedergegeben]

Art. 17 Information

Die Mitgliedstaaten treffen angemessene Maßnahmen, um die Verbraucher über die nationalen Bestimmungen zur Umsetzung dieser Richtlinie zu informieren, und regen gegebenenfalls Gewerbetreibende und Urheber von Kodizes dazu an, die Verbraucher über ihre Verhaltenskodizes zu informieren.

Art. 18 Änderung

(1) 1 Die Kommission legt dem Europäischen Parlament und dem Rat spätestens am 12. Juni 2011 einen umfassenden Bericht über die Anwendung dieser Richtlinie, insbesondere von Artikel 3 Absatz 9, Artikel 4 und Anhang I, den Anwendungsbereich einer weiteren Angleichung und die Vereinfachung des Gemeinschaftsrechts zum Verbraucherschutz sowie, unter Berücksichtigung des Artikels 3 Absatz 5, über Maßnahmen vor, die auf Gemeinschaftsebene ergriffen werden müssen, um sicherzustellen, dass ein angemessenes Verbraucherschutzniveau beibehalten wird. 2 Dem Bericht wird erforderlichenfalls ein Vorschlag zur Änderung dieser Richtlinie oder anderer einschlägiger Teile des Gemeinschaftsrechts beigefügt.

(2) Das Europäische Parlament und der Rat streben gemäß dem Vertrag danach, binnen zwei Jahren nach Vorlage eines Vorschlags der Kommission nach Absatz 1 geeignete Maßnahmen zu treffen.

Art. 19 Umsetzung

[1] 1 Die Mitgliedstaaten erlassen und veröffentlichen bis zum 12. Juni 2007 die Rechts- und Verwaltungsvorschriften, die erforderlich sind, um dieser Richtlinie nachzukommen. 2 Sie setzen die Kommission davon und von allen späteren Änderungen unverzüglich in Kenntnis.

[2] 1 Sie wenden diese Vorschriften ab dem 12. Dezember 2007 an. 2 Wenn die Mitgliedstaaten diese Vorschriften erlassen, nehmen sie in den Vorschriften selbst oder durch einen Hinweis bei der amtlichen Veröffentlichung auf diese Richtlinie Bezug. 3 Die Mitgliedstaaten regeln die Einzelheiten der Bezugnahme.

Art. 20 Inkrafttreten

Diese Richtlinie tritt am Tag nach ihrer Veröffentlichung im *Amtsblatt der Europäischen Union* in Kraft.

Art. 21 Adressaten

Diese Richtlinie ist an die Mitgliedstaaten gerichtet.

Anhang I Geschäftspraktiken, die unter allen Umständen als Unlauter gelten

Irreführende Geschäftspraktiken

1. Die Behauptung eines Gewerbetreibenden, zu den Unterzeichnern eines Verhaltenskodex zu gehören, obgleich dies nicht der Fall ist.
2. Die Verwendung von Gütezeichen, Qualitätskennzeichen oder Ähnlichem ohne die erforderliche Genehmigung.
3. Die Behauptung, ein Verhaltenskodex sei von einer öffentlichen oder anderen Stelle gebilligt, obgleich dies nicht der Fall ist.
4. Die Behauptung, dass ein Gewerbetreibender (einschließlich seiner Geschäftspraktiken) oder ein Produkt von einer öffentlichen oder privaten Stelle bestätigt, gebilligt oder genehmigt worden sei, obwohl dies nicht der Fall ist, oder die Aufstellung einer solchen Behauptung, ohne dass den Bedingungen für die Bestätigung, Billigung oder Genehmigung entsprochen wird.
5. Aufforderung zum Kauf von Produkten zu einem bestimmten Preis, ohne dass darüber aufgeklärt wird, dass der Gewerbetreibende hinreichende Gründe für die Annahme hat, dass er nicht in der Lage sein wird, dieses oder ein gleichwertiges Produkt zu dem genannten Preis für einen Zeitraum und in einer Menge zur Lieferung bereitzustellen oder durch einen anderen Gewerbetreibenden bereitstellen zu lassen, wie es in Bezug auf das Produkt, den Umfang der für das Produkt eingesetzten Werbung und den Angebotspreis angemessen wäre (Lockangebote).
6. Aufforderung zum Kauf von Produkten zu einem bestimmten Preis und dann
   a) Weigerung, dem Verbraucher den beworbenen Artikel zu zeigen,
   oder
   b) Weigerung, Bestellungen dafür anzunehmen oder innerhalb einer vertretbaren Zeit zu liefern,
   oder
   c) Vorführung eines fehlerhaften Exemplars

   in der Absicht, stattdessen ein anderes Produkt abzusetzen („bait-and-switch"-Technik).
7. Falsche Behauptung, dass das Produkt nur eine sehr begrenzte Zeit oder nur eine sehr begrenzte Zeit zu bestimmten Bedingungen verfügbar sein werde, um so den Verbraucher zu einer sofortigen Entscheidung zu verleiten, so dass er weder Zeit noch Gelegenheit hat, eine informierte Entscheidung zu treffen.
8. Verbrauchern, mit denen der Gewerbetreibende vor Abschluss des Geschäfts in einer Sprache kommuniziert hat, bei der es sich nicht um eine Amtssprache des Mitgliedstaats handelt, in dem der Gewerbetreibende niedergelassen ist, wird eine nach Abschluss des Geschäfts zu erbringende Leistung zugesichert, diese Leistung wird anschließend aber nur in einer anderen Sprache erbracht, ohne dass der Verbraucher eindeutig hierüber aufgeklärt wird, bevor er das Geschäft tätigt.
9. Behauptung oder anderweitige Herbeiführung des Eindrucks, ein Produkt könne rechtmäßig verkauft werden, obgleich dies nicht der Fall ist.
10. Den Verbrauchern gesetzlich zugestandene Rechte werden als Besonderheit des Angebots des Gewerbetreibenden präsentiert.
11. Es werden redaktionelle Inhalte in Medien zu Zwecken der Verkaufsförderung eingesetzt und der Gewerbetreibende hat diese Verkaufsförderung bezahlt, ohne dass dies aus dem Inhalt oder aus für den Verbraucher klar erkennbaren Bildern und Tönen eindeutig hervorgehen würde (als Information getarnte Werbung). Die Richtlinie 89/552/EWG bleibt davon unberührt.

11a. Anzeige von Suchergebnissen aufgrund der Online-Suchanfrage eines Verbrauchers ohne dass etwaige bezahlte Werbung oder spezielle Zahlungen, die dazu dienen, ein höheres Ranking der jeweiligen Produkte im Rahmen der Suchergebnisse zu erreichen, eindeutig offengelegt werden.

12. Aufstellen einer sachlich falschen Behauptung über die Art und das Ausmaß der Gefahr für die persönliche Sicherheit des Verbrauchers oder seiner Familie für den Fall, dass er das Produkt nicht kauft.

13. Werbung für ein Produkt, das einem Produkt eines bestimmten Herstellers ähnlich ist, in einer Weise, die den Verbraucher absichtlich dazu verleitet, zu glauben, das Produkt sei von jenem Hersteller hergestellt worden, obwohl dies nicht der Fall ist.

14. Einführung, Betrieb oder Förderung eines Schneeballsystems zur Verkaufsförderung, bei dem der Verbraucher die Möglichkeit vor Augen hat, eine Vergütung zu erzielen, die hauptsächlich durch die Einführung neuer Verbraucher in ein solches System und weniger durch den Verkauf oder Verbrauch von Produkten zu erzielen ist.

15. Behauptung, der Gewerbetreibende werde demnächst sein Geschäft aufgeben oder seine Geschäftsräume verlegen, obwohl er dies keineswegs beabsichtigt.

16. Behauptung, Produkte könnten die Gewinnchancen bei Glücksspielen erhöhen.

17. Falsche Behauptung, ein Produkt könne Krankheiten, Funktionsstörungen oder Missbildungen heilen.

18. Erteilung sachlich falscher Informationen über die Marktbedingungen oder die Möglichkeit, das Produkt zu finden, mit dem Ziel, den Verbraucher dazu zu bewegen, das Produkt zu weniger günstigen Bedingungen als den normalen Marktbedingungen zu kaufen.

19. Es werden Wettbewerbe und Preisausschreiben angeboten, ohne dass die beschriebenen Preise oder ein angemessenes Äquivalent vergeben werden.

20. Ein Produkt wird als „gratis“, „umsonst“, „kostenfrei“ oder Ähnliches beschrieben, obwohl der Verbraucher weitere Kosten als die Kosten zu tragen hat, die im Rahmen des Eingehens auf die Geschäftspraktik und für die Abholung oder Lieferung der Ware unvermeidbar sind.

21. Werbematerialien wird eine Rechnung oder ein ähnliches Dokument mit einer Zahlungsaufforderung beigefügt, die dem Verbraucher den Eindruck vermitteln, dass er das beworbene Produkt bereits bestellt hat, obwohl dies nicht der Fall ist.

22. Fälschliche Behauptung oder Erweckung des Eindrucks, dass der Händler nicht für die Zwecke seines Handels, Geschäfts, Gewerbes oder Berufs handelt, oder fälschliches Auftreten als Verbraucher.

23. Erwecken des fälschlichen Eindrucks, dass der Kundendienst im Zusammenhang mit einem Produkt in einem anderen Mitgliedstaat verfügbar sei als demjenigen, in dem das Produkt verkauft wird.

23a. Der Wiederverkauf von Eintrittskarten für Veranstaltungen an Verbraucher, wenn der Gewerbetreibende diese Eintrittskarten unter Verwendung automatisierter Verfahren erworben hat, die dazu dienen, Beschränkungen in Bezug auf die Zahl der von einer Person zu erwerbenden Eintrittskarten oder andere für den Verkauf der Eintrittskarten geltende Regeln zu umgehen.

23b. Die Behauptung, dass Bewertungen eines Produkts von Verbrauchern stammen, die das Produkt tatsächlich verwendet oder erworben haben, ohne dass angemessene und verhältnismäßige Schritte unternommen wurden, um zu prüfen, ob die Bewertungen wirklich von solchen Verbrauchern stammen.

23c. Die Abgabe gefälschter Bewertungen oder Empfehlungen von Verbrauchern bzw. die Erteilung des Auftrags an andere juristische oder natürliche Personen, gefälschte Bewertungen oder Empfehlungen von Verbrauchern abzugeben, sowie die falsche Darstellung von Verbraucherbewertungen oder Empfehlungen in sozialen Medien zu Zwecken der Verkaufsförderung.

Aggressive Geschäftspraktiken

24. Erwecken des Eindrucks, der Verbraucher könne die Räumlichkeiten ohne Vertragsabschluss nicht verlassen.
25. Nichtbeachtung der Aufforderung des Verbrauchers bei persönlichen Besuchen in dessen Wohnung, diese zu verlassen bzw. nicht zurückzukehren, außer in Fällen und in den Grenzen, in denen dies nach dem nationalen Recht gerechtfertigt ist, um eine vertragliche Verpflichtung durchzusetzen.
26. Kunden werden durch hartnäckiges und unerwünschtes Ansprechen über Telefon, Fax, E-Mail oder sonstige für den Fernabsatz geeignete Medien geworben, außer in Fällen und in den Grenzen, in denen ein solches Verhalten nach den nationalen Rechtsvorschriften gerechtfertigt ist, um eine vertragliche Verpflichtung durchzusetzen. Dies gilt unbeschadet des Artikels 10 der Richtlinie 97/7/EG sowie der Richtlinien 95/46/EG und 2002/58/EG.
27. Aufforderung eines Verbrauchers, der eine Versicherungspolice in Anspruch nehmen möchte, Dokumente vorzulegen, die vernünftigerweise nicht als relevant für die Gültigkeit des Anspruchs anzusehen sind, oder systematische Nichtbeantwortung einschlägiger Schreiben, um so den Verbraucher von der Ausübung seiner vertraglichen Rechte abzuhalten.
28. Einbeziehung einer direkten Aufforderung an Kinder in eine Werbung, die beworbenen Produkte zu kaufen oder ihre Eltern oder andere Erwachsene zu überreden, die beworbenen Produkte für sie zu kaufen. Diese Bestimmung gilt unbeschadet des Artikels 16 der Richtlinie 89/552/EWG über die Ausübung der Fernsehtätigkeit.
29. Aufforderung des Verbrauchers zur sofortigen oder späteren Bezahlung oder zur Rücksendung oder Verwahrung von Produkten, die der Gewerbetreibende geliefert, der Verbraucher aber nicht bestellt hat (unbestellte Waren oder Dienstleistungen); ausgenommen hiervon sind Produkte, bei denen es sich um Ersatzlieferungen gemäß Artikel 7 Absatz 3 der Richtlinie 97/7/EG handelt.
30. Ausdrücklicher Hinweis gegenüber dem Verbraucher, dass Arbeitsplatz oder Lebensunterhalt des Gewerbetreibenden gefährdet sind, falls der Verbraucher das Produkt oder die Dienstleistung nicht erwirbt.
31. Erwecken des fälschlichen Eindrucks, der Verbraucher habe bereits einen Preis gewonnen, werde einen Preis gewinnen oder werde durch eine bestimmte Handlung einen Preis oder einen sonstigen Vorteil gewinnen, obwohl:
    - es in Wirklichkeit keinen Preis oder sonstigen Vorteil gibt,
    oder
    - die Möglichkeit des Verbrauchers, Handlungen in Bezug auf die Inanspruchnahme des Preises oder eines sonstigen Vorteils vorzunehmen, in Wirklichkeit von der Zahlung eines Betrags oder der Übernahme von Kosten durch den Verbraucher abhängig gemacht wird.

Anhang II Bestimmungen des Gemeinschaftsrechts zur Regelung der Bereiche Werbung und kommerzielle Kommunikation

Artikel 4 und 5 der Richtlinie 97/7/EG

Artikel 3 der Richtlinie 90/314/EWG des Rates vom 13. Juni 1990 über Pauschalreisen

Artikel 3 Absatz 3 der Richtlinie 94/47/EG des Europäischen Parlaments und des Rates vom 26. Oktober 1994 zum Schutz der Erwerber im Hinblick auf bestimmte Aspekte von Verträgen über den Erwerb von Teilzeitnutzungsrechten an Immobilien

Artikel 3 Absatz 4 der Richtlinie 98/6/EG des Europäischen Parlaments und des Rates vom 16. Februar 1998 über den Schutz der Verbraucher bei der Angabe der Preise der ihnen angebotenen Erzeugnisse

Artikel 86 bis 100 der Richtlinie 2001/83/EG des Europäischen Parlaments und des Rates vom 6. November 2001 zur Schaffung eines Gemeinschaftskodexes für Humanarzneimittel

Artikel 5 und 6 der Richtlinie 2000/31/EG des Europäischen Parlaments und des Rates vom 8. Juni 2000 über bestimmte rechtliche Aspekte der Dienste der Informationsgesellschaft, insbesondere des elektronischen Geschäftsverkehrs, im Binnenmarkt („Richtlinie über den elektronischen Geschäftsverkehr")

Artikel 1 Buchstabe d der Richtlinie 98/7/EG des Europäischen Parlaments und des Rates vom 16. Februar 1998 zur Änderung der Richtlinie 87/102/EWG des Rates zur Angleichung der Rechts- und Verwaltungsvorschriften der Mitgliedstaaten über den Verbraucherkredit

Artikel 3 und 4 der Richtlinie 2002/65/EG

Artikel 1 Nummer 9 der Richtlinie 2001/107/EG des Europäischen Parlaments und des Rates vom 21. Januar 2002 zur Änderung der Richtlinie 85/611/EWG des Rates zur Koordinierung der Rechts- und Verwaltungsvorschriften betreffend bestimmte Organismen für gemeinsame Anlagen in Wertpapieren (OGAW) zwecks Festlegung von Bestimmungen für Verwaltungsgesellschaften und vereinfachte Prospekte

Artikel 12 und 13 der Richtlinie 2002/92/EG des Europäischen Parlaments und des Rates vom 9. Dezember 2002 über Versicherungsvermittlung

Artikel 36 der Richtlinie 2002/83/EG des Europäischen Parlaments und des Rates vom 5. November 2002 über Lebensversicherungen

Artikel 19 der Richtlinie 2004/39/EG des Europäischen Parlaments und des Rates vom 21. April 2004 über Märkte für Finanzinstrumente

Artikel 31 und 43 der Richtlinie 92/49/EWG des Rates vom 18. Juni 1992 zur Koordinierung der Rechts- und Verwaltungsvorschriften für die Direktversicherung (mit Ausnahme der Lebensversicherung) (Dritte Richtlinie Schadenversicherung)

Artikel 5, 7 und 8 der Richtlinie 2003/71/EG des Europäischen Parlaments und des Rates vom 4. November 2003 betreffend den Prospekt, der beim öffentlichen Angebot von Wertpapieren oder bei deren Zulassung zum Handel zu veröffentlichen.

Sachregister

Die halbfetten Zahlen beziffern den jeweiligen Teil/§, die mageren die jeweilige Randnummer.